VOB – Teile A und B – KOMMENTAR

HEINZ INGENSTAU † / HERMANN KORBION

VOB
Verdingungsordnung für Bauleistungen
Teile A und B
DIN 1960/61 (Fassung 1988)

KOMMENTAR

von

HERMANN KORBION
Vorsitzender Richter am Oberlandesgericht Düsseldorf
Honorarprofessor an der Universität Hannover

unter Mitarbeit von
Dr. Reiner Hochstein
Direktor der Landeszentrale für private Rundfunkveranstalter Rheinland-Pfalz

11., grundlegend neugestaltete,
völlig neubearbeitete und erweiterte Auflage 1989

WERNER-VERLAG

1. Auflage 1960
2. Auflage 1962
3. Auflage 1964
4. Auflage 1966
5. Auflage 1968
6. Auflage 1971
7. Auflage 1974
8. Auflage 1977
9. Auflage 1980
10. Auflage 1984
11. Auflage 1989

CIP-Kurztitelaufnahme der Deutschen Bibliothek

Korbion, Hermann:
Verdingungsordnung für Bauleistungen: VOB; Teil A u. B;
DIN 1960/61 (Fassung 1988); Kommentar / Heinz Ingenstau;
Hermann Korbion. Von Hermann Korbion. Unter Mitarb. von
Reiner Hochstein. – 11., grundlegend neugestaltete, völlig
neubearb. u. erw. Aufl. – Düsseldorf: Werner, 1989
Bis 10. Aufl. u. d. T.: Ingenstau, Heinz: Verdingungsordnung für Bauleistungen
ISBN 3-8041-2116-0
NE: Ingenstau, Heinz: Verdingungsordnung für Bauleistungen

ISB N 3-8041-2116-0

DK 351.712
© Werner-Verlag GmbH · Düsseldorf · 1989
Alle Rechte, auch das der Übersetzung, vorbehalten. Ohne ausdrückliche Genehmigung des Verlages ist es auch nicht
gestattet, dieses Buch oder Teile daraus auf fotomechanischem Wege (Fotokopie, Mikrokopie) zu vervielfältigen.
Zahlenangaben ohne Gewähr
Printed in Germany
Archiv-Nr.: 404/11 – 1.89
Konvertierung der Fremddaten: J. F. Ziegler KG, Remscheid
Druck und Verarbeitung: Graphische Betriebe Bercker GmbH, Kevelaer
Bestell-Nr.: 02116

In besonderer Dankbarkeit

meiner lieben Frau, insbesondere für die langjährige Geduld und Nachsicht, durch die mir diese Arbeit über nunmehr elf Auflagen möglich wurde, zugleich auch meinem Sohn.

Hermann Korbion

Zitierweise:
Ingenstau/Korbion, 11. Aufl., Seite ...
oder
Ingenstau/Korbion, 11. Aufl., A § 9 Rdn. 3 (gemeint ist die Randnummer)

Vorwort zur elften Auflage

Dieser Kommentar hat nunmehr über 28 Jahre nach Erscheinen der ersten Auflage Bestand. Die Fertigstellung der jetzt vorgelegten elften Auflage hat sich entgegen früherer Gepflogenheit allerdings etwas verzögert, obwohl die Vorauflage seit einiger Zeit vergriffen ist.

Das hat seinen Grund keineswegs nur darin, daß ich zunächst die Neufassung 1988 der VOB – Teile A und B – abwarten mußte, zumal die Änderungen in diesen beiden Teilen, vor allem aus rechtlicher Sicht, eigentlich nur unbedeutend sind. Diese Änderungen sind im Text und in der Kommentierung im übrigen besonders herausgestellt. Entscheidend für die Verzögerung waren vielmehr mehrere andere Gründe: Zunächst hat sich gerade in den Jahren seit der Vorauflage 1984 das private Bauvertragsrecht in ungewöhnlichem Maße weiterentwickelt, was für den Uneingeweihten, der nur die äußerliche Entwicklung auf dem Baumarkt der letzten Jahre im Auge hat, überraschend klingen mag. Belegt wird meine Feststellung z. B. jedoch durch die Tatsache, daß für die jetzige Auflage eine ungewöhnlich große Zahl von gerichtlichen Entscheidungen (von ihnen sind über 800 in die neue Kommentierung einbezogen) beachtet werden mußte. Hinzu kommt aber die außerordentlich große Zahl von fachlich einschlägigen Veröffentlichungen (Kommentaren, Sammelbänden, Lehrbüchern und Einzeldarstellungen, hier vor allem über spezielle Teilgebiete). Das alles zwang dazu, umfassendes neues Material bei der Bearbeitung der elften Auflage zu würdigen und zu beachten. Dazu hat nicht zuletzt auch die mir vor zwei Jahren gewidmete Festschrift beigetragen, für die ich an dieser Stelle nochmals dem Herausgeber, Herrn Richter am OLG Dr. Walter Pastor, und allen Verfassern der überaus wertvollen Fachbeiträge herzlich danke. Nicht unerwähnt darf in diesem Zusammenhang auch die von Herrn Professor Dr. Horst Locher und mir seit einigen Jahren herausgegebene Reihe „Baurechtliche Schriften" bleiben, die vielerorts dankenswerten Anklang gefunden hat. Alles zusammen ergab eine außergewöhnliche Fülle von Stoff, der bestmöglich und nach Kräften zu bewältigen war.

Aus diesen Gründen ergab sich in wesentlich stärkerem Maße als bisher die Notwendigkeit, den Kommentar völlig neu zu bearbeiten, früher vertretene Standpunkte zu überdenken, zahlreiche neue Gesichtspunkte zu würdigen und in die Erläuterungen einzubeziehen. Darüber hinaus war es jedoch vor allem auch an der Zeit, in der inhaltlichen Gestaltung wie auch in der äußeren Form der Gefahr mangelnder Übersichtlichkeit im Rahmen der Einzeldarstellungen möglichst wirkungsvoll zu begegnen. Deshalb habe ich versucht, unter Beibehaltung von Bewährtem die Gliederung bei der Kommentierung der Einzelbestimmungen zu verfeinern, vor allem die Inhaltsübersichten vor den einzelnen Bestimmungen stärker aufzuschlüsseln und die Zahl der Randnummern deutlich zu vermehren. Alles das soll dem Benutzer helfen, das Gesuchte schneller aufzufinden. Ich hoffe, daß dies gelungen ist.

Darüber hinaus wurde für die Bearbeitung dieser Auflage vom Manuskript bis zur Drucklegung erstmals modernste EDV-Technik eingesetzt. Sie hat dazu beigetragen, den zeitlichen Abstand zwischen Abschluß des Manuskripts und Erscheinen des Kommentars auf ein Mindestmaß zu verkürzen und so dem Benutzer den Stand von Rechtsprechung und Wissenschaft besonders zeitnah und aktuell zur Verfügung zu stellen. Gerade hier bin ich meinem langjährigen Mitarbeiter und Freund, Herrn Direktor Dr. Reiner Hochstein, der in diesem Bereich sein Wissen und seine Erfahrung zur Verfügung gestellt hat, zu besonderem Dank verpflichtet. Ihm danke ich auch im übrigen herzlich für die seit der achten Auflage bestehende Zusammenarbeit auf wissenschaftlichem Gebiet, die uns beide eng verbindet. Über diesen Kommentar hinaus wird dies nach wie vor durch seine maßgebende Tätigkeit bei dem von uns gemeinsam herausgegebenen Handbuch „Der VOB-Vertrag", das 1986 in vierter Auflage erscheinen konnte, sowie durch die von ihm herausgegebene baurechtliche Entscheidungssammlung „Schäfer/Finnern/Hochstein, Rechtsprechung zum privaten Baurecht" dokumentiert. Ich hoffe auf weitere und wie bisher ungetrübte Zusammenarbeit mit ihm.

Unser beider Dank richtet sich aufrichtig an Frau Renate Wirz, die die technische Manuskriptbearbeitung und Reinschrift mit herausragender Sorgfalt, Zuverlässigkeit und besonders hervorzuhebender Pünktlichkeit bewerkstelligt hat.

Wie immer gilt besonderer Dank dem Werner-Verlag, dort insbesondere der Abteilung Herstellung, die wie bisher überaus entgegenkommend und mit besonderer Aufmerksamkeit und Zuverlässigkeit die Drucklegung verantwortet hat. Ich darf in diesem Zusammenhang auch erwähnen, daß mich in diesem Jahr eine dreißigjährige Zusammenarbeit mit dem Werner-Verlag verbindet, die aus meiner Sicht nicht nur durchweg erfreulich, sondern darüber hinaus im Lauf der Jahre auch freundschaftlich geworden ist.

Auch heute danke ich wieder allen, die mich mit vielfältiger Kritik und Anregung unterstützt haben. Wenn ich diesem oder jenem nicht gefolgt bin, so geschah das stets nach sorgfältiger Überlegung und Abwägung. Dieser Auflage werden im gewohnten Abstand weitere folgen; deshalb geht meine herzliche Bitte an alle, mich weiterhin zu unterstützen. Das dient keineswegs nur meinem Interesse, sondern dem mit diesem Kommentar seit jeher verfolgten Ziel einer möglichst großen Objektivierung im Rahmen einer sachlichen Gesamtausgewogenheit.

Bearbeitungsstand: September 1988

Düsseldorf, im Oktober 1988 					Der Verfasser

Inhaltsverzeichnis

	Seite
Abkürzungsverzeichnis	XI
Literaturverzeichnis	XV

Text der VOB 1988
    Teil A 1
    Teil B 19

Allgemeine Einleitung 34
    Entwicklung der Verdingungsordnung für Bauleistungen (VOB) 35
    Die drei Teile der VOB 37
    Die rechtliche Tragweite der VOB 39
    Die rechtliche Unterscheidung zwischen den Teilen A und B der VOB 45
    Heutige Bedeutung der VOB 63

Erläuterungen zu Teil A der VOB
    § 1 Bauleistungen 71
        Vorbemerkung vor § 2 91
    § 2 Grundsätze der Vergabe 96
    § 3 Arten der Vergabe 108
    § 4 Einheitliche Vergabe, Vergabe nach Losen 129
    § 5 Leistungsvertrag, Stundenlohnvertrag, Selbstkostenerstattungsvertrag 136
    § 6 Angebotsverfahren 149
    § 7 Mitwirkung von Sachverständigen 154
    § 8 Teilnehmer am Wettbewerb 174
        Vorbemerkung zu den §§ 9-15 200
    § 9 Leistungsbeschreibung 200
    § 10 Vertragsbedingungen 258
        AGB-Gesetz 286
    § 11 Ausführungsfristen 325
    § 12 Vertragsstrafen und Beschleunigungsvergütungen 333
    § 13 Gewährleistung 344
    § 14 Sicherheitsleistung 365
    § 15 Änderung der Vergütung 371
    § 16 Grundsätze der Ausschreibung 382
    § 17 Bekanntmachung 385
    § 18 Angebotsfrist 414
    § 19 Zuschlags- und Bindefrist 420
    § 20 Kosten 432
        Vorbemerkung zu Teil A §§ 21 ff. 452
    § 21 Inhalt der Angebote 457
    § 22 Eröffnungstermin 468
    § 23 Prüfung der Angebote 481
    § 24 Verhandlungen mit Bietern 488
    § 25 Wertung der Angebote 496
    § 26 Aufhebung der Ausschreibung 527
    § 27 Nicht berücksichtigte Angebote 533
    § 28 Zuschlag 537
    § 29 Vertragsurkunde 547

Inhaltsverzeichnis

Anhang: Die Unternehmereinsatzformen 550

  Begriff der Unternehmereinsatzformen 554
  Der Alleinunternehmer 554
  Die Arbeitsgemeinschaft 555
  Beteiligungs- und Beihilfegemeinschaft 579
  Von der Arbeitsgemeinschaft zu unterscheidende weitere Sonderformen 580
  General-(Haupt-) und Nachunternehmer 583
  Die sogenannte Baubetreuung 605
  Der Erwerb von Wohnungseigentum 635

Erläuterungen zu Teil B der VOB 646

  § 1 Art und Umfang der Leistung 649
  § 2 Vergütung 664
  § 3 Ausführungsunterlagen 785
  § 4 Ausführung 805
  § 5 Ausführungsfristen 938
  § 6 Behinderung und Unterbrechung der Ausführung 956
  § 7 Verteilung der Gefahr 1001
      Vorbemerkung vor §§ 8 und 9 1013
  § 8 Kündigung durch den Auftraggeber 1024
  § 9 Kündigung durch den Auftragnehmer 1071
  § 10 Haftung der Vertragsparteien 1086
  § 11 Vertragsstrafe 1148
  § 12 Abnahme 1167
  § 13 Gewährleistung 1209
  § 14 Abrechnung 1465
  § 15 Stundenlohnarbeiten 1486
  § 16 Zahlung 1506
  § 17 Sicherheitsleistung 1638
  § 18 Streitigkeiten 1670

Stichwortverzeichnis 1713

Abkürzungsverzeichnis

a. A.	anderer Ansicht
a. a. O.	am angegebenen Ort
AbzG	Abzahlungsgesetz
ABN	Allgemeine Bedingungen für die Bauwesenversicherung von Neubauten
AcP	Archiv für die civilistische Praxis
AFG	Arbeitsförderungsgesetz
AG	Amtsgericht
AGB	Allgemeine Geschäftsbedingungen
AGB-Gesetz bzw.	
AGBG	Gesetz zur Regelung des Rechts der Allgemeinen Geschäftsbedingungen vom 9. 12. 1976 (BGBl. I S. 3317)
AHaftpflichtVB	Allgemeine Haftpflichtversicherungsbedingungen
AHB	Allg. Versicherungsbedingungen für die Haftpflichtversicherung
a. M.	anderer Meinung
AMoB	Allgemeine Montageversicherungsbedingungen
Anh.	Anhang
AnwBl.	Anwaltsblatt
AO	Abgabenordnung
AÖR	Archiv für Öffentliches Recht
AR	Arbeit und Recht
ArchBR	Archiv für Bürgerliches Recht
Arge	Arbeitsgemeinschaft
AÜG	Arbeitnehmerüberlassungsgesetz
BAG	Bundesarbeitsgericht, auch amtliche Sammlung der Entscheidungen des Bundesarbeitsgerichts
BAnz.	Bundesanzeiger
BaupreisVO	Baupreisverordnung
BauR	baurecht, Zeitschrift für das gesamte öffentliche und zivile Baurecht, erscheint seit März 1970
BayObLG	Bayerisches Oberstes Landesgericht
BayVBl.	Bayerische Verwaltungsblätter
BayVGH	Bayerischer Verwaltungsgerichtshof
BB	Der Betriebs-Berater
BEG	Bundesentschädigungsgesetz
Beil.	Beilage
Betrieb	Der Betrieb
BEvakG	Bundesevakuiertengesetz
BGB	Bürgerliches Gesetzbuch
BGBl. I	Bundesgesetzblatt Teil I
BGH	Bundesgerichtshof
BGHZ	Amtliche Sammlung der Entscheidungen des Bundesgerichtshofes in Zivilsachen
BHO	Bundeshaushaltsordnung
BImSchG	Bundes-Immissionsschutzgesetz
BLB	Bauleistungsbuch
BlGBW	Blätter für Grundstücks-, Bau- und Wohnungsrecht
BStBl.	Bundessteuerblatt
BVB	Besondere Vertragsbedingungen
BVerwG	Bundesverwaltungsgericht
BVerwGE	Amtliche Sammlung der Entscheidungssammlung des Bundesverwaltungsgerichts
BVFG	Bundesvertriebenengesetz
bzw.	beziehungsweise
DAB	Deutsches Architektenblatt
DAR	Deutsches Autorecht
d. h.	das heißt

Abkürzungsverzeichnis

DIN	Norm des Deutschen Instituts für Normung e. V.
Diss.	Dissertation
DJ	Deutsche Justiz
DNA	Deutscher Normenausschuß
DNotZ	Deutsche Notar-Zeitschrift
DRiZ	Deutsche Richterzeitung
DÖV	Die Öffentliche Verwaltung
DVA	Deutscher Verdingungsausschuß
DVBl.	Deutsches Verwaltungsblatt
DWW	Deutsche Wohnungswirtschaft
EG	Europäische Gemeinschaften
EKStG	Einkommensteuergesetz
EVM	Einheitliche Verdingungsmuster der Finanzbauverwaltungen
EWG	Europäische Wirtschaftsgemeinschaft
EWiR	Entscheidungen zum Wirtschaftsrecht, mit Angabe des Verfassers der Anmerkungen
GewA	Gewerbearchiv, Fachzeitschrift
GewO	Gewerbeordnung
GG	Grundgesetz
GMBl.	Gemeinsames Ministerialblatt des Bundesministers für Wirtschaft und Finanzen
GOA	Gebührenordnung für Architekten
GOI	Gebührenordnung für Ingenieure
Gruchot	Beiträge zur Erläuterung des Deutschen Rechts, begründet von Gruchot
GrundE	Das Grundeigentum
GRUR	Gewerblicher Rechtsschutz und Urheberrecht
GVG	Gerichtsverfassungsgesetz
GWB	Gesetz gegen Wettbewerbsbeschränkungen
HGB	Handelsgesetzbuch
HO	Handwerksordnung i. d. F. v. 28. 12. 1965 (BGBl. I 1966, S. 1)
HOAI	Verordnung über die Leistungen und Honorare der Architekten und Ingenieure vom 17. 9. 1976 (BGBl. I, S. 2805) i. d. F. vom 17. 7. 1984 (BGBl. I, S. 948) sowie der Änderungsverordnungen vom 10. 6. 1985 (BGBl. I, S. 961) und vom 17. 3. 1988 (BGBl. I, S. 359)
HRR	Höchstrichterliche Rechtsprechung
IB	Wussow, Informationen zum Baurecht
i. S.	im Sinne
JA	Juristische Arbeitsblätter
JBl. Saar	Justizblatt Saar
JMBl. NW.	Justizministerialblatt für das Land Nordrhein-Westfalen
JR	Juristische Rundschau
Jura	Juristische Ausbildung
JurBüro	Das Juristische Büro
JuS	Juristische Schulung
JW	Juristische Wochenschrift
JZ	Juristenzeitung
KG	Kammergericht
KO	Konkursordnung
KTSch	Konkurs-, Treuhand- und Schiedsgerichtswesen, Zeitschrift für
(L)	Im Rahmen zitierter Entscheidungen: nur Leitsatz veröffentlicht
LBO	Landesbauordnung
LG	Landgericht
LHO	Leistungs- und Honorarordnung für Ingenieure
LM	Lindenmaier/Möhring (Nachschlagewerk des Bundesgerichtshofes)
LSP-Bau	Leitsätze für die Ermittlung von Preisen für Bauleistungen auf Grund von Selbstkosten; Anlage zur VO PR Nr. 1/72 vom 6. 3. 1972 (BGBl. I, S. 293)
LZ	Leipziger Zeitschrift
MaBV	Makler- und Bauträgerverordnung vom 11. 6. 1975 (BGBl. I, S. 1352) i. d. F. der 2. Verordnung zur Änderung gewerberechtlicher Vorschriften (BGBl. I 1979, S. 1986)

Abkürzungsverzeichnis

mit Anm.	mit Anmerkung
MBl.	Ministerialblatt
MDR	Monatsschrift für Deutsches Recht
MinBlFin.	Ministerialblatt des Bundesfinanzministers
MittBayNot	Mitteilungen des Bayerischen Notarvereins, der Notarkasse und der Landesnotarkammer Bayern, herausgegeben vom Bayerischen Notarverein e. V., München
MRVO	Verordnung der Britischen Militärregierung
NdsRPfl.	Niedersächsische Rechtspflege
n. F.	neue Fassung
NJW	Neue Juristische Wochenschrift
NJW-RR	NJW-Rechtsprechungsreport Zivilrecht
NVwZ	Neue Zeitschrift für Verwaltungsrecht
NW.	Nordrhein-Westfalen
OGH	Oberster Gerichtshof für die Britische Zone
OGHZ	Oberster Gerichtshof für die Britische Zone, Entscheidungen in Zivilsachen
OLG	Oberlandesgericht (mit Ortsnamen), zugleich Sammlung der Rechtsprechung der Oberlandesgerichte (Band oder Jahr und Seite)
OLGZ	Entscheidungen der Oberlandesgerichte in Zivilsachen
OVG	Oberverwaltungsgericht
Pal.	Palandt, Kommentar zum BGB
Pr. ALR	Preußisches Allgemeines Landrecht
RBBau	Richtlinien des Bundesministers für Raumordnung, Bauwesen und Städtebau für die Durchführung von Bauaufgaben des Bundes im Zuständigkeitsbereich der Finanzbauverwaltungen
RdA	Recht der Arbeit
RG	Reichsgericht
RGRK	Kommentar der Reichsgerichtsräte zum BGB, herausgegeben von Mitgliedern des Bundesgerichtshofes
RGSt	Amtliche Entscheidungssammlung des Reichsgerichts in Strafsachen
RG Warn. Rspr.	Warneyer, Die Rechtsprechung des Reichsgerichts
RGZ	Amtliche Entscheidungssammlung des Reichsgerichts in Zivilsachen
RIW	Recht der Internationalen Wirtschaft
Rpfleger	Der Deutsche Rechtspfleger, Fachzeitschrift
RVO	Reichsversicherungsordnung
SchlHA	Schleswig-Holsteinische Anzeigen
Seuff. Arch.	Seufferts Archiv für Entscheidungen oberster Gerichte
SFH	Schäfer/Finnern/Hochstein, Rechtsprechung zum privaten Baurecht (vormals: Schäfer/Finnern, Rechtsprechung der Bau-Ausführung)
SMBl.	Sammelblatt
Staud.	Staudinger, Kommentar zum BGB, 11. Auflage
StGB	Strafgesetzbuch
u. a.	unter anderem
UFITA	Archiv für Urheber-, Film-, Funk- und Theaterrecht
UrhG	Urheberrechtsgesetz
usw.	und so weiter
u. U.	unter Umständen
UVV	Unfallverhütungsvorschriften der Bauberufsgenossenschaften
UWG	Gesetz gegen unlauteren Wettbewerb
v.	vom, von
VerglO	Vergleichsordnung
VerkMitt.	Verkehrsmitteilungen
VersPrax.	Versicherungspraxis
VersR	Versicherungsrecht
VG	Verwaltungsgericht

Abkürzungsverzeichnis

VHB	Vergabehandbuch für die Durchführung von Bauaufgaben des Bundes im Zuständigkeitsbereich der Finanzbauverwaltungen, Ausgabe 1985 (teilweise: 6. Austauschlieferung 1988)
VOB	Verdingungsordnung für Bauleistungen
VOB/A	Verdingungsordnung für Bauleistungen, Teil A
VOB/B	Verdingungsordnung für Bauleistungen, Teil B
VOB/C	Verdingungsordnung für Bauleistungen, Teil C
VOL	Verdingungsordnung für Leistungen
VRS	Verkehrsrechtssammlung
VVG	Versicherungsvertragsgesetz
VW	Versicherungswirtschaft
VwGO	Verwaltungsgerichtsordnung
Warn.	Warneyer, Die Rechtsprechung des Reichsgerichts
WEZ	Zeitschrift für Wohnungseigentumsrecht
WHG	Wasserhaushaltsgesetz
WM	Wertpapiermitteilungen
WRP	Wettbewerb in Recht und Praxis
WuW	Wirtschaft und Wettbewerb
z. B.	zum Beispiel
ZfA	Zeitschrift für Arbeitsrecht
ZfBR	Zeitschrift für deutsches und internationales Baurecht
ZIP	Zeitschrift für Wirtschaftsrecht
ZMR	Zeitschrift für Miet- und Raumrecht
ZPO	Zivilprozeßordnung
ZRP	Zeitschrift für Rechtspolitik; Beilage zur Neuen Juristischen Wochenschrift
ZSW	Zeitschrift für das gesamte Sachverständigenwesen
ZuSEG	Gesetz über die Entschädigung von Zeugen und Sachverständigen
ZVB	Zusätzliche Vertragsbedingungen
ZVersWiss.	Zeitschrift für Versicherungswissenschaft
ZZP	Zeitschrift für Zivilprozeß

Literaturverzeichnis

Altmann, Die Baupreisverordnung, 3. Aufl. 1974, Verlagsgesellschaft R. Müller, Köln-Braunsfeld
Altmann, Erläuterungen zur VOB Teil A und B, Verlagsgesellschaft R. Müller, Köln-Braunsfeld
Anwaltsblatt, Fachzeitschrift, Hans-Soldan-Stiftung, Essen
Arbeit und Recht, Fachzeitschrift, Bund-Verlag, Köln
Architekt und Ingenieur, Fachzeitschrift
Archiv für Bürgerliches Recht
Archiv für die civilistische Praxis
Archiv für Öffentliches Recht
Archiv für Urheber-, Film-, Funk- und Theaterrecht, Verlag Dokumentation, München
von Bar, Verkehrspflichten, 1980, Carl Heymanns Verlag KG, Köln – Berlin – Bonn – München
Bärmann/Pick/Merle, Kommentar zum Wohnungseigentumsgesetz, 6. Aufl. 1987, C. H. Beck'sche Verlagsbuchhandlung, München
Bärmann/Seuß, Praxis des Wohnungseigentums, 4. Aufl., C. H. Beck'sche Verlagsbuchhandlung, München
Barnickel, Aktuelle kartellrechtliche Probleme der Bauwirtschaft, RWS-Seminarskript Nr. 30, Kommunikationsforum Recht – Wirtschaft – Steuern mbH, Köln
Bassenge, Aktuelle Fragen aus der Rechtsprechung und Rechtspraxis des Wohnungseigentums, 1981, RWS-Skript Nr. 85, Kommunikationsforum Recht – Wirtschaft – Steuern, Köln
Baubetriebswirtschaft (seit 1. 1. 1965: Baubetriebswirtschaft, Baurecht), Beilage zu „Bau und Bauindustrie", Werner-Verlag, Düsseldorf (bis Ende 1971)
Baumbach/Duden, fortgesetzt von Hopf, Kommentar zum Handelsgesetzbuch, 27. Aufl. 1987, Beck Verlag, München
Baumbach/Lauterbach/Albers/Hartmann, Kommentar zur Zivilprozeßordnung, 46. Aufl. 1988, Beck Verlag, München
Baumgärtel, Handbuch der Beweislast im Privatrecht, Band 1, 1981, Carl Heymanns Verlag, Köln – Berlin – Bonn – München
Baur, Der schiedsrichterliche Vergleich, NJW-Schriftenreihe, Heft 17, 1971
baurecht, Zeitschrift für das gesamte öffentliche und zivile Baurecht, Werner-Verlag, Düsseldorf
Bau und Bauindustrie, Fachblatt für Bautechnik und Bauwirtschaft, Werner-Verlag, Düsseldorf (bis Ende 1971)
Bauwelt, Fachzeitschrift, Bertelsmann Fachzeitschriften GmbH, Berlin
Bayerische Verwaltungsblätter, Fachzeitschrift
Belz, Das Wohnungseigentum, 1980, Boorberg-Bücherei, Das Recht der Wirtschaft, Stuttgart – München – Hannover
Berg, Beitrag zur Gestaltung der Vergütung von Bauleistungen im Einheitspreisvertrag, 1972, Werner-Verlag, Düsseldorf
Berthold, Grundlagen der Bauvergabe, Werner-Ingenieur-Texte Bd. 74, 1983, Werner-Verlag, Düsseldorf
Berthold, Systematische Untersuchung über die Einbeziehung von technischen Normen und anderen technischen Regelwerken in Bauverträgen, Beuth-Verlag GmbH, Berlin, Köln, 1985
Bindhardt/Jagenburg, Die Haftung des Architekten, 8. Aufl. 1981, Werner-Verlag, Düsseldorf
Blaese, Der Erfüllungsanspruch und seine Konkretisierung im Werkvertrag, Baurechtliche Schriften, Band 11, 1988, Werner-Verlag, Düsseldorf
Blätter für Grundstücks-, Bau- und Wohnungsrecht, Fachzeitschrift, Luchterhand Verlag, Neuwied
Bohl/Döbereiner/Graf Keyserlingk, Die Haftung der Ingenieure im Bauwesen, 1980, Verlagsgesellschaft Vieweg, Braunschweig
Booz, Die Verjährung bauvertraglicher Gewährleistungsansprüche, Dissertation, Freiburg 1979
Bremer, Der Sachverständige, Seine Stellung im privaten und öffentlichen Recht, 2. Aufl. 1973, Verlagsgesellschaft Recht und Wirtschaft, Heidelberg
Brügmann, Der Bauvertrag, 1974, Verlagsgesellschaft R. Müller, Köln-Braunsfeld
Brügmann, Im Spannungsfeld der Baustelle, 1979, Verlagsgesellschaft R. Müller, Köln-Braunsfeld
Brügmann, Prozeßleitung im Bauprozeß, 1969, Verlagsgesellschaft R. Müller, Köln-Braunsfeld
Bunte, Entscheidungssammlung zum AGB-Gesetz, Bände I-V, Verlagsgesellschaft Recht und Wirtschaft mbH, Heidelberg
von Chossy, Bauarbeiterschutz, 1966, Verlagsgesellschaft R. Müller, Köln-Braunsfeld
Christoffel, Bauunternehmer- und Bauhandwerkerrecht, Carl Heymanns Verlag, Berlin – Köln

Literaturverzeichnis

Clemm, Bauvertragsrecht, 1987, Vorlesungsskript, Format-Druck, Berlin
Cremers Bouwrecht, von Prof. Dr. Zonderland (Niederländisches Baurecht), Verlag Quint und Brouwer Zoon, Arnheim
Crome/Müller, VOB-Fälle, Band 1 1973, Band 2 1977, Band 3 1985 (mit Kleemeyer), Werner-Verlag, Düsseldorf
Dähne, Risiken und Absicherungsmöglichkeiten bei der Bauabnahme, 1981, Weka-Verlag, Kissing
Damerau, von der/Tauterat, VOB im Bild, Regeln für die Ermittlung und Abrechnung aller Bauleistungen nach den Bestimmungen in den Allgemeinen Technischen Vorschriften (Teil C) der Verdingungsordnung für Bauleistungen, 11. Aufl. 1985 m. Ergänzungsband 1986, Bauverlag GmbH Wiesbaden/Verlagsgesellschaft R. Müller, Köln-Braunsfeld
Das Baugewerbe, Organ des Zentralverbandes des Deutschen Baugewerbes
Das Grundeigentum, Fachzeitschrift, Grundeigentum-Verlag GmbH, Berlin
Daub, Baupreisrecht der Bundesrepublik, 3. Aufl. 1978, Werner-Verlag, Düsseldorf
Daub, Bauvergabevorschriften, 1969, Werner-Verlag, Düsseldorf
Daub, Die Preise bei öffentlichen Aufträgen, 7. Aufl. 1980, Werner-Verlag, Düsseldorf
Daub/Meierrose, Kommentar zur Verdingungsordnung für Leistungen, 2. Aufl. 1976, Werner-Verlag, Düsseldorf
Daub/Piel/Soergel, Kommentar zur VOB Teil A (Band 1), 1981, Bauverlag Wiesbaden/Verlagsgesellschaft R. Müller, Köln-Braunsfeld
Daub/Piel/Soergel/Steffani, Kommentar zur VOB Teil B (Band 2), 1976, Bauverlag Wiesbaden/Verlagsgesellschaft R. Müller, Köln-Braunsfeld
Deckert, Baumängel am Gemeinschaftseigentum der Eigentumswohnung, Gewährleistungsansprüche in der Praxis, Dissertation, 1977 Mainz; ders. 1978 Rudolf Haufe Verlag, Freiburg (2. Aufl. 1980)
Der Architekt, Fachzeitschrift, Forum Verlag GmbH, Stuttgart
Der Baubetriebs-Berater, Beilage zu „Die Bauwirtschaft"
Der Baumarkt, Fachzeitschrift, Bertelsmann Fachverlag, Gütersloh
Der Bausachverständige, Zeitschrift für den Erfahrungsaustausch
Der Betrieb, Fachzeitschrift, Verlag Handelsblatt, Düsseldorf
Der Betriebsberater, Fachzeitschrift, Verlagsgesellschaft Recht und Wirtschaft mbH, Heidelberg
Der Rechtspfleger, Fachzeitschrift, Bund Deutscher Rechtspfleger, Mannheim
Derichs, Wohnungseigentumsrechtssammlung, Bände 1-2, 1975/76, 1977, Werner-Verlag, Düsseldorf
Deutsche Bauzeitschrift, Fachzeitschrift, Bertelsmann Fachverlag, Gütersloh
Deutsche Justiz, Fachzeitschrift
Deutsche Notar-Zeitschrift, Fachzeitschrift
Deutsche Richterzeitung, Fachzeitschrift, Carl Heymanns Verlag, Köln – Berlin – Bonn – München
Deutsche Wohnungswirtschaft, Fachzeitschrift, Düsseldorf
Deutsches Architektenblatt, Fachzeitschrift
Deutsches Autorecht, Fachzeitschrift, ADAC-Verlag, München
Deutsches Verwaltungsblatt, Fachzeitschrift
Die Bauverwaltung, vereinigt mit Bauamt und Gemeindebau, Fachzeitschrift, Vincentz Verlag, Hannover
Die Bauwirtschaft, Zentralblatt für das gesamte Bauwesen
Die Öffentliche Verwaltung, Fachzeitschrift, W. Kohlhammer, Stuttgart
Dittmann/Stahl, AGB, Kommentar, 1977, Bauverlag Wiesbaden
Döbereiner/Graf Keyserlingk, Sachverständigenhaftung, 1979, Bauverlag, Wiesbaden
Döbereiner/Liegert, Baurecht für Praktiker, 2. Aufl. 1977, Bauverlag, Wiesbaden und Berlin
Döderlein/Vygen, Taschenbuch bau- und architektenrechtlicher Entscheidungen, Erich Schmidt Verlag, Bielefeld
Döser/Krämer, Preisgleitklauseln in Bauverträgen, 3. Aufl. 1974, Schriftenreihe des Hauptverbandes der Deutschen Bauindustrie, Heft 19, Bauverlag, Wiesbaden und Berlin
Donus, Der Fertighausvertrag, Baurechtliche Schriften, Band 13, 1988, Werner-Verlag, Düsseldorf
Dohmen, Handlungsformen und Rechtsschutzfragen bei der Vergabe öffentlicher Aufträge, Vorabdruck aus dem Jahrbuch der Deutschen Bundespost 1985, Verlag f. Wissenschaft und Leben, Bad Windsheim
Ebisch/Gottschalk, Preise und Preisprüfungen bei öffentlichen Aufträgen, fortgeführt von Knauss/Schmidt, 5. Aufl. 1987, Verlag Franz Vahlen GmbH, München

Literaturverzeichnis

Ehrhardt/Renken, Kostenvorschuß zur Mängelbeseitigung, Baurechtliche Schriften, Band 6, 1986, Werner-Verlag, Düsseldorf

Enders, VOB/B und BGB-Bauvertrag im Rechtsvergleich, unter besonderer Berücksichtigung des Vergütungsrechtes, Baurechtliche Schriften, Band 7, 1986, Werner-Verlag, Düsseldorf

Englert/Bauer, Rechtsfragen zum Baugrund, Baurechtliche Schriften, Band 5, 1986, Werner-Verlag, Düsseldorf

Enneccerus/Lehmann, BGB, Schuldrecht, Lehrbuch, 15. Aufl. 1958

Enneccerus/Nipperdey, BGB, Allg. Teil, Lehrbuch, 15. Aufl. 1959/60

Entscheidungen der Oberlandesgerichte, Rechtsprechungssammlung

Entscheidungen der VOB-Prüf- und Beratungsstelle Hamburg, Schriftenreihe des Zentralverbandes des Deutschen Baugewerbes e. V., Heft 6, Verlagsgesellschaft R. Müller, Köln-Braunsfeld, 1966

Entscheidungen des Bundesarbeitsgerichts, Rechtsprechungssammlung

Entscheidungen des Bundesgerichtshofs in Zivilsachen, Rechtsprechungssammlung

Entscheidungen des Bundesverwaltungsgerichts, Rechtsprechungssammlung

Entscheidungen des Obersten Gerichts f. d. Brit. Zone, Rechtsprechungssammlung

Entscheidungen des Reichsgerichts in Strafsachen, Rechtsprechungssammlung

Entscheidungen des Reichsgerichts in Zivilsachen, Rechtsprechungssammlung

Entscheidungen zum Wirtschaftsrecht, ab 1985, Verlag Kommunikationsforum Recht Wirtschaft Steuern, Köln

Eplinius, Der Bauvertrag, 3. Aufl. 1940, Carl Heymanns Verlag, Berlin – Köln

Erman, Handkommentar zum BGB, 7. Aufl. 1981, Verlag Aschendorff, Münster i. W.

Ernst, Rechtsgutachten zur Gestaltung der Verhältnisses der überbetrieblichen technischen Norm zur Rechtsordnung, Normenheft 1, herausgegeben vom Deutschen Normenausschuß, 1973, Beuth-Vertrieb GmbH, Berlin – Köln – Frankfurt/M.

Fabricius/v. Nordenflycht/Bindhardt, Gebührenordnung für Architekten, 8. Aufl. 1973, Werner-Verlag, Düsseldorf

Fahrenschon u. a., Arge-Kommentar, Juristische und betriebswirtschaftliche Erläuterungen zum Arbeitsgemeinschaftsvertrag, 2. Aufl. 1982, Bauverlag, Wiesbaden

Feber, Schadensersatzansprüche bei der Auftragsvergabe nach VOB/A, Baurechtliche Schriften, Band 9, 1987, Werner-Verlag, Düsseldorf

Fehl, Systematik des Rechts der Allgemeinen Geschäftsbedingungen, Abhandlungen zum Arbeits- und Wirtschaftsrecht, Band 33, 1979, Verlagsgesellschaft Recht und Wirtschaft, Heidelberg

Feil/Langer, Der Werkvertrag in der Lehre und Rechtsprechung, 1974, Prugg Verlag, Eisenstadt (Österreichisches Recht)

Festschrift f. E. v. Caemmerer, 1978, Verlag J. C. B. Mohr (Paul Siebeck), Tübingen

Festschrift f. Hermann Korbion, 1986, Werner-Verlag, Düsseldorf

Fikentscher, Die Geschäftsgrundlage als Frage des Vertragsrisikos, 1971, Beck Verlag, München

Fischer, Die Regeln der Technik im Bauvertragsrecht, Baurechtliche Schriften, Band 2, 1986, Werner-Verlag, Düsseldorf

Flach, Die VOB/B und das Leitbild des gesetzlichen Werkvertragsrechts, 1984

Frikell/Glatzel/Hofmann, Bauvertragsklauseln und AGB-Gesetz, 2. Aufl. 1980, Verlagsgesellschaft R. Müller, Köln-Braunsfeld – Verlag f. Wirtschaft und Verwaltung H. Wingen, Essen

Fritz, Haftungsfreizeichnung im Bauträger- und Architektenvertrag nach dem AGBG, 1979, Verlagsgesellschaft R. Müller, Köln-Braunsfeld

Frommhold/Hasenjäger, Wohnungsbau-Normen, 17. Aufl. 1983, völlig neu bearbeitet von Prof. Dipl.-Ing. Fleischmann, Schneider und Wormuth, Werner-Verlag, Düsseldorf

Gädtke/Böckenförde/Temme, Kommentar zur Bauordnung für das Land Nordrhein-Westfalen, 7. Aufl. 1985, Werner-Verlag, Düsseldorf

Ganten, Pflichtverletzung und Schadensrisiko im privaten Baurecht, 1974, Verlag Ernst und Werner Gieseking, Bielefeld

Gauch, Peter, Der Werkvertrag, 3. Aufl. 1985, Schulthess Polygraphischer Verlag, Zürich (Schweizerisches Recht)

Geigel, Der Haftpflichtprozeß, 19. Aufl. 1986, Beck Verlag, München

Gerland, Der Schiedsvertrag im Baugewerbe, Verlag „Das Baugewerbe", Köln-Braunsfeld

Gerstenberg, Die Urheberrechte an Werken der Kunst, der Architektur und der Photographie, 1968, Beck Verlag, München

Gewerbearchiv, Fachzeitschrift

Giefers, Arbeitsgemeinschaften, Rudolf Haufe Verlag, Freiburg

Literaturverzeichnis

Glaser, Das Architektenrecht in der Praxis, 3. Aufl. 1981, Verlag Neue Wirtschafts-Briefe, Herne – Berlin

Glatzel/Hofmann/Frikell, Unwirksame Bauvertragsklauseln nach dem AGB-Gesetz, 3. Aufl. 1982, Verlag E. Vögel, München

Glossner, Schiedsgericht in der Praxis, 2. Aufl. 1978, Verlagsgesellschaft Recht und Wirtschaft, Heidelberg

Goltz, Hanno, Motivirrtum und Geschäftsgrundlage im Schuldvertrag, 1973, Carl Heymanns Verlag, Köln – Berlin – Bonn – München

Grave, Baustellensicherung, 1976, Werner-Verlag, Düsseldorf

Grimme, Die Vergütung beim Werkvertrag, Schriften zum Bürgerlichen Recht, Band 105, 1987, Duncker Humblot GmbH, Berlin

Groß, Die Bauhandwerkersicherungshypothek, 1978, Werner-Verlag, Düsseldorf

Groß, Die Sicherung der Ansprüche aus dem Bauvertrag vor dem Hauptsacheprozeß, RWS-Skript Nr. 78, 5. Aufl. 1984, Kommunikationsforum Recht – Wirtschaft – Steuern, Köln

Groß, Haftungsrisiken des Architekten bei Planung, Beratung, Überwachung, Koordinierung und Kostenermittlung, 1981, Weka-Verlag, Kissing

Groß u. a., VOB-Haftungs- und Prozeßrisiken in Bauverträgen, Handbuch, Loseblattausgabe, seit 1985, Weka-Verlag, Kissing

Gruchots Beiträge zur Erläuterung des Deutschen Rechts

Grün/Grün, Bautaschenbuch für Richter und Rechtsanwälte, 1978, Vieweg Verlag, Braunschweig

Haas, Der Sachverständige des Handwerks, 2. Aufl. 1986, Gentner Verlag, Stuttgart

Häring, Das Wettbewerbs- und Kartellrecht in der Bauwirtschaft, 1973, Luchterhand Verlag, Neuwied – Berlin

Häring, Der Fertighausbau und seine Rechtsprobleme, 1968, Luchterhand Verlag, Neuwied – Berlin

Halm, Rückforderungen im Bauvertragsrecht, Anspruch und Verwirkung beim öffentlichen Auftrag, Baurechtliche Schriften, Band 4, 1986, Werner-Verlag, Düsseldorf

Heiermann/Kroppen, Kommentar zur Schiedsgerichtsordnung für das Bauwesen, 1975, Bauverlag, Wiesbaden – Berlin

Heiermann/Linke, AGB im Bauwesen, 1978, Bauverlag, Wiesbaden – Berlin

Heiermann/Riedl/Rusam/Schwaab, Handkommentar zur VOB Teile A und B, 4. Aufl. 1986, Bauverlag, Wiesbaden – Berlin

Heiermann/Stüve, VOB-Praxis, Bd. 1, 2 und 3, 1971, 1974 und 1977, Bauverlag, Wiesbaden

Heiermann, VOB-Praxis, Bd. 4, 1980, Bauverlag, Wiesbaden – Berlin

Heinrich, Der Baucontrollingvertrag, Bauplanung und Baumanagement nach HOAI und BGB, Baurechtliche Schriften, Band 10, 1987, Werner-Verlag, Düsseldorf

Hellwig/Oertmann, System des deutschen Zivilprozeßrechts

Herde, Die Bauwesenversicherung des Bauunternehmers, 2. Aufl., Bauverlag, Wiesbaden

Herding/Schmalzl, Vertragsgestaltung und Haftung im Bauwesen, 2. Aufl. 1966, Beck Verlag, München

Hereth/Crome, Baupreisrecht, 3. Aufl. 1973, Beck Verlag, München

Hereth/Lehning/Petzold, Kommentar zur Baupreisverordnung, Beck Verlag, München

Hereth/Naschold, Kommentar zur VOB, Teil A, 2. Aufl. 1960, Bauverlag, Wiesbaden

Hereth/Ludwig/Naschold, Kommentar zur VOB, Teil B, 1954, Bauverlag, Wiesbaden

Hess, Die Haftung des Architekten für Mängel des errichteten Bauwerks, 1966 Gieseking Verlag, Bielefeld

Hesse/Korbion/Mantscheff, Kommentar zur HOAI, 2. Aufl. 1983, Beck Verlag, München

Hochstein/Jagenburg, Der Arbeitsgemeinschaftsvertrag, 1974, Werner-Verlag, Düsseldorf

Höchstrichterliche Rechtsprechung, Rechtsprechungssammlung

Hoffmann/Frikell, Die Vergabe öffentlicher Bauleistungen in Bayern, 1976, Verlag Ernst Vögel, München

Huhn, Vahlens Rechtsbücher, Zivilrecht Band 3, Der Bauvertrag, S. 123 ff.; Verlag Franz Vahlen, München

Jaeger/Henckel/Weber, Kommentar zur Konkursordnung, 9. Aufl. 1977 ff., Verlag de Gruyter, Berlin

Jagenburg/Mohns/Böcking, Das private Baurecht im Spiegel der Rechtsprechung, 2. Aufl., 1984, Werner-Verlag, Düsseldorf

Jahrbuch des Deutschen Baugewerbes, herausgegeben vom Zentralverband des Deutschen Baugewerbes, Bonn-Bad Godesberg

Jauernig/Schlechtriem/Stürner/Teichmann/Vollhommer, Kommentar zum BGB, 4. Aufl. 1987, Beck Verlag, München

Literaturverzeichnis

Jebe, Preisermittlung für Bauleistungen, 1974, Werner-Verlag, Düsseldorf
Jebe/Schubert, Untersuchungen über die Vergabe von Bauleistungen zu Pauschalpreisen, 1972, Werner-Verlag, Düsseldorf
Jebe/Vygen, Der Bauingénieur in seiner rechtlichen Verantwortung, 1981, Werner-Verlag, Düsseldorf
Jessnitzer, Der gerichtliche Sachverständige, 8. Aufl. 1980, Carl Heymanns Verlag, Köln – Berlin – Bonn – München
Jura, Juristische Ausbildung, Fachzeitschrift, W. de Gruyter, Berlin
Juristenzeitung, Fachzeitschrift, J. C. B. Mohr, Tübingen
Juristische Arbeitsblätter, Ausbildungszeitschrift, Gieseking Verlag, Bielefeld
Juristische Rundschau, Fachzeitschrift, W. de Gruyter, Berlin
Juristische Schulung, Fachzeitschrift, C. H. Beck, München
Juristische Wochenschrift, Fachzeitschrift
Justiz (Baden-Württemberg), Fachzeitschrift
Justizblatt Saar, Fachzeitschrift
Justizministerialblatt für das Land Nordrhein-Westfalen, Fachzeitschrift
Kainzbaur/Krämer, Amtliche Werte und Bewertungsrichtlinien für die Baupreisermittlung bei öffentlichen Aufträgen, Schriftenreihe des Hauptverbandes der Deutschen Bauindustrie, Heft 20, 1975, Bauverlag, Wiesbaden – Berlin
Kaiser, Das Mängelhaftungsrecht der Verdingungsordnung für Bauleistungen Teil B, 5. Aufl. 1986, C. F. Müller Juristischer Verlag, Heidelberg – Karlsruhe
Keil/Martinsen, Einführung in die Kostenrechnung für Bauingenieure, 5. Aufl. 1985, Werner-Verlag, Düsseldorf
Keisers, Die Verjährung von bauvertraglichen Mängelansprüchen, insbesondere solchen aus mangelhafter Mängelbeseitigung, Dissertation 1977, Köln
Kiesel, VOB-Teil B, Kommentar 1984, Kohlhammer-Verlag, Stuttgart/Berlin/Köln/Mainz
Klocke, Der Sachverständige und seine Auftraggeber, 2. Aufl. 1987, Bauverlag Wiesbaden
Knacke, Die Vertragsstrafe im Baurecht, 1988, Baurechtliche Schriften, Band 14, Werner-Verlag, Düsseldorf
Koch/Stübing, Allgemeine Geschäftsbedingungen, 1977, Luchterhand Verlag, Neuwied – Darmstadt
Kopal/Kuhnen, Die Geschäftsführung der Arbeitsgemeinschaft in der Bauwirtschaft, 1968, Werner-Verlag, Düsseldorf
Korbion, Fristgerechte Bauvertragserfüllung, RWS-Skript Nr. 110, 1982, Verlag Kommunikationsforum, Köln
Korbion, Vergütungsanspruch des Auftragnehmers beim Bauvertrag, RWS-Skript Nr. 126, 1983, Verlag Kommunikationsforum, Köln
Korbion, Voraussetzungen und Folgen der Bauabnahme, RWS-Skript Nr. 136, 2. Aufl. 1988, Verlag Kommunikationsforum, Köln
Korbion/Hochstein, Der VOB-Vertrag, Handbuch zum System der VOB-Vertragsbedingungen, 4. Aufl. 1986, Werner-Verlag, Düsseldorf
Korbion/Locher, AGB-Gesetz und Bauerrichtungsverträge, 1987, Werner-Verlag, Düsseldorf
Korbion/Scherer, Gesetzliches Bauhaftungsrecht – Bauliches Nachbarrecht, 1964, Werner-Verlag, Düsseldorf
Kromik/Schwager, Aktuelles Bauvertragsrecht (VOB) unter den neuen Bestimmungen des AGB-Gesetzes, 1978, Weka-Verlag, Kissing
Kromik/Schwager, Die neue VOB (Teil B), 1980, Weka-Verlag, Kissing
Kromik/Schwager, Straftaten und Ordnungswidrigkeiten bei der Durchführung von Bauvorhaben, 1982, Werner-Verlag, Düsseldorf
Kroppen/Heyers/Schmitz, Beweissicherung im Bauwesen, 1982, Bauverlag, Wiesbaden
Krüger/Lindemann, VOB Materialsammlung, Vorbereitung und Auslegung von Bauverträgen, Loseblattausgabe, Beuth-Verlag, Berlin/Köln und Verlagsgesellschaft R. Müller, Köln
Küppers/Frey, Der Baukaufmann, 4. Aufl. 1974, Werner-Verlag, Düsseldorf
Larenz, Allgemeiner Teil des deutschen Bürgerlichen Rechts, Lehrbuch, 6. Aufl. 1983, Beck Verlag, München
Larenz, Lehrbuch des Schuldrechts, Bd. I, Allgemeiner Teil, 14. Aufl. 1987, Bd. II, Besonderer Teil, 13. Aufl. 1986, Beck Verlag, München
Lindenmaier/Möhring, Nachschlagewerk des Bundesgerichtshofs, Beck Verlag, München
Littbarski, Haftungs- und Versicherungsrecht im Bauwesen, 1986, Werner-Verlag, Düsseldorf

Literaturverzeichnis

Locher, Aktuelle Fragen zum Baubetreuungs- und Bauträgerrecht, RWS-Skript Nr. 84, 3. Aufl., 1985, Kommunikationsforum Recht – Wirtschaft – Steuern, Köln
Locher, Das private Baurecht, Kurzlehrbuch, 4. Aufl. 1988, Beck Verlag, München
Locher, Das Recht der Allgemeinen Geschäftsbedingungen, JuS-Schriftenreihe, Heft 72, C. H. Beck'sche Verlagsbuchhandlung, München
Locher, Taktik im Bauprozeß, 2. Aufl. 1988, RWS-Skript 140, Kommunikationsforum Recht – Wirtschaft – Steuern, Köln
Locher/Koeble, Baubetreuungs- und Bauträgerrecht, 4. Aufl. 1985, Werner-Verlag, Düsseldorf
Locher/König, Bauherrenmodelle in zivil- und steuerrechtlicher Sicht, Baurechtliche Schriften, Band 1, 1982, Werner-Verlag Düsseldorf
Locher/Mes, Beck'sches Prozeßformularbuch, 4. Aufl. 1986, C. H. Beck'sche Verlagsbuchhandlung, München
Löhr/Bast/Sucrow/Seeling, VOB-gerechte Ausschreibung und Vergabe, 1979, Verlagsgesellschaft R. Müller, Köln-Braunsfeld
Löwe/Graf v. Westphalen/Trinkner, Kommentar zum Gesetz des Rechts der Allgemeinen Geschäftsbedingungen, 2. Aufl. 1983, ferner Band III, Einzelklauseln und Klauselwerke, 1985, Verlagsgesellschaft Recht und Wirtschaft mbH, Heidelberg
Lotter, Haftpflicht- und Bauwesenversicherungsschutz im Baugewerbe, 1973, Luchterhand Verlag, Neuwied – Berlin
Ludwigs, Das Baugewerbe, Carl Heymanns Verlag, Köln – Berlin – Bonn – München
Ludwigs/Ludwigs, Der Architekt, Vertragsrecht – Haftung – Gebührenordnung, 1964, Carl Heymanns Verlag, Köln – Berlin – Bonn – München
Maier, Handbuch der Schiedsgerichtsbarkeit, 1979, Verlag Neue Wirtschafts-Briefe, Herne – Berlin
Mantscheff, Einführung in die Baubetriebslehre, Teil 1, 3. Aufl. 1985; Teil 2, 3. Aufl. 1986, Werner-Verlag, Düsseldorf
Marburger, Die Regeln der Technik im Recht, 1979, Heymanns Verlag, Köln/Berlin/Bonn/München
Martin, Montageversicherung, 1972, Beck Verlag, München
Medicus, Bürgerliches Recht, 13. Aufl. 1987, Carl Heymanns Verlag, Köln – Berlin – Bonn – München
Meyer, Wegweiser durch die neue VOB, 1953, Werner-Verlag, Düsseldorf
Meyer/Höver, Gesetz über die Entschädigung von Zeugen und Sachverständigen, 16. Aufl. 1987, Carl Heymanns Verlag, Köln
Mitteilungen des Bayerischen Notarvereins, der Notarkasse und der Landesnotarkammer Bayern, herausgegeben vom Bayerischen Notarverein e. V., München, Fachzeitschrift
Möhring/Nicolini, Kommentar zum Urheberrechtsgesetz, 1970 mit Nachtrag 1979, Verlag Franz Vahlen, Berlin – Frankfurt
Monatsschrift für Deutsches Recht, Verlag Otto Schmidt, Köln
Motzke, Die Bauhandwerkerversicherungshypothek, Baurecht und Bautechnik, Band 3, 1981, Erich Schmidt Verlag, Berlin
Motzke, Die Vorteile des Beweissicherungsverfahrens in Baustreitigkeiten, 1981, Weka-Verlag, Kissing
Müller, Paul, Die Generalbauunternehmer, 1972, Bauverlag, Wiesbaden – Berlin
Müller-Foell, Die Mitwirkung des Bestellers beim Werkvertrag, 1982, Schriften zum Bürgerlichen Recht, Band 69, Duncker & Humblot GmbH, Berlin
Münchener Kommentar, Bürgerliches Gesetzbuch (Bearbeiter), Band 1 Allgemeiner Teil mit AGB-Gesetz, 2. Aufl. 1984, Band 2 Schuldrecht Allgemeiner Teil, 2. Aufl. 1985, Schuldrecht, Besonderer Teil/1. Halbband, 2. Aufl. 1988, Beck Verlag, München
Neue Juristische Wochenschrift, Beck Verlag, München, Fachzeitschrift
NJW-Rechtsprechungsreport Zivilrecht, Beck Verlag, München, Fachzeitschrift
Neue Zeitschrift für Verwaltungsrecht, Beck Verlag, München, Fachzeitschrift
Neuenfeld, Architekt und Recht, Einführung in die Zusammenhänge, Grundlagen der Architekturplanung, herausgegeben von Gernot Feldhusen, Deutsche Verlags-Anstalt, Stuttgart, 1977
Neuenfeld, Bauversicherungen, 1976, Forum Verlag GmbH, Stuttgart
Neuenfeld, Handbuch des Architektenrechts, 1973 ff., Verlag W. Kohlhammer, Stuttgart – Berlin – Köln – Mainz
Nicklisch/Weick, VOB Teil B, Kommentar, 1981, Verlag C. H. Beck'sche Verlagsbuchhandlung, München
Nicklisch (Hrsg.), Der Subunternehmer bei Bau- und Anlagenverträgen im In- und Auslandsgeschäft, Heidelberger Kolloquium Technologie und Recht, 1985, Verlag C. F. Müller, Heidelberg

Literaturverzeichnis

Nicklisch (Hrsg.), Bau- und Anlagenverträge, Risiken, Haftung, Streitbeilegung, Heidelberger Kolloquium Technologie und Recht, 1983, Verlag C. F. Müller, Heidelberg

Nicklische (Hrsg.), Leistungsstörungen bei Bau- und Anlagenverträgen, Heidelberger Kolloquium Technologie und Recht, 1984, Verlag C. F. Müller, Heidelberg

Nicknig, Die Haftung der Mitglieder einer BGB-Gesellschaft für Gesellschaftsschulden, 1972, Carl Heymanns Verlag, Köln – Berlin – Bonn – München

Niedersächsische Rechtspflege, Fachzeitschrift

Opitz, Preisermittlung für Bauleistungen, 1949, Werner-Verlag, Düsseldorf

Opitz, Selbstkostenermittlung für Bauarbeiten, 5. Aufl. 1963, Werner-Verlag, Düsseldorf

Osenbrück, Der Ingenieurvertrag, 1982, Deutscher Consulting Verlag, Essen

Ott, Abänderungen der VOB durch Allgemeine Geschäftsbedingungen, Rechtswissenschaftliche Forschung und Entwicklung, Band 75, Herausgeber Prof. Dr. Lehmann, Verlag V. Florentz, München, 1986

Palandt (Bearbeiter), Kommentar zum BGB, 47. Aufl. 1988, Beck Verlag, München

Pauschalpreisprobleme, Bauwesenversicherung und Baupreisrecht, Schriftenreihe der Deutschen Gesellschaft für Baurecht e. V., Band 4

Pause/Schmieder, Baupreis und Baupreiskalkulation, Wibau-Verlag, Düsseldorf/Verlag R. Müller, Köln, 1986

Pieper/Breunung/Stahlmann, Der Sachverständige im Zivilprozeß, 1982, C. H. Beck'sche Verlagsbuchhandlung, München

Platen, Handbuch der Versicherung von Bauleistungen, 2. Aufl., 1982, Verlag Versicherungswirtschaft e. V., Karlsruhe

Plümecke, Preisermittlung für Bauarbeiten, 21. Aufl. 1982, Verlagsgesellschaft R. Müller, Köln-Braunsfeld

Prange, Preisvorbehalte in Bauverträgen (Lohn- und Stoffpreisgleitklauseln), 1969, Bauverlag, Wiesbaden

Prölss/Martin, Versicherungsvertragsgesetz, 24. Aufl. 1988, Beck Verlag, München

Recht der Arbeit, Fachzeitschrift, Beck Verlag, München

Rechtsprechung der Bau-Ausführung, Schäfer/Finnern, seit 1978: Schäfer/Finnern/Hochstein, Rechtsprechungssammlung, herausgegeben von Direktor Dr. Reiner Hochstein, Werner-Verlag, Düsseldorf

Rechtsprechung der Oberlandesgerichte, Rechtsprechungssammlung

Rehm, Bauwesenversicherung, Kommentar, 1977, Bauverlag, Wiesbaden – Berlin

Reichsgerichtsrätekommentar zum BGB (Bearbeiter), 12. Aufl. 1974 ff., de Gruyter-Verlag, Berlin

Reithmann/Brych/Manhart, Kauf von Bauträger, 5. Aufl. 1983, Verlag Dr. Otto Schmidt KG, Köln

Riemenschneider, Sicherung des Werkunternehmers, 1967, Appel-Verlag, Hamburg, Schriften des Europa-Kollegs Band 4

Rogmans, Öffentliches Auftragswesen, Leitfaden für die Vergabe und Abwicklung von öffentlichen Aufträgen einschließlich Bauaufträgen (VO PR 30/53 und VO PR 1/72), 1982, Erich Schmidt Verlag, Berlin

Sachse/Senf, Bauen und Gleitklauseln, 1974, Verlagsgesellschaft R. Müller, Köln-Braunsfeld

Schäfer/Finnern/Hochstein, vgl. Rechtsprechung der Bau-Ausführung

Schelle/Erkelenz, VOB/A, Alltagsfragen und Problemfälle zu Ausschreibung und Vergabe von Bauleistungen, 1983, Bauverlag, Wiesbaden

Scherer, Baustrafrecht in der Praxis, 1965, Werner-Verlag, Düsseldorf

Schiedsgerichtsordnung des Deutschen Ausschusses f. Schiedsgerichtswesen, Verlag Girardet Co., Bonn

Schiedsgerichtsordnung für das Bauwesen, herausgegeben von der Deutschen Gesellschaft für Baurecht und vom Deutschen Betonverein, Wiesbaden

Schlegelberger, Kommentar zum Handelsgesetzbuch, erläutert von Geßler, Hefermehl, Hildebrandt, Schröder, Martens und Schmidt, 5. Aufl. 1973-1982, Verlag Franz Vahlen, München

Schleswig-Holsteinische Anzeigen, Fachzeitschrift, Oberlandesgericht Schleswig

Schlosser, AGB-Gesetz, Sonderausgabe des AGBG aus Staudingers Kommentar, 1980, J. Schweitzer Verlag, Berlin

Schlosser/Coester-Waltjen/Graba, AGBG-Kommentar 1977, Gieseking Verlag, Bielefeld

Schlünder/Rasch, Rechtsprechungskommentar VOB/Teil B, 2. Aufl. 1986, Verlage Wingen, Ersen und Rudolf Müller, Köln

Schmalzl, Die Haftung des Architekten und des Bauunternehmers, NJW-Schriftenreihe, Heft 4, 4. Aufl. 1980, Beck Verlag, München

Literaturverzeichnis

Schmalzl (früher Herding/Schmalzl), Der Prüfingenieur für Baustatik – seine Tätigkeit und seine Haftung, 2. Aufl. 1974, Werner-Verlag, Düsseldorf
Schmidt, Die Vergütung für Bauleistungen, 1969, Luchterhand Verlag, Neuwied – Berlin
Schmidt-Salzer, Allgemeine Geschäftsbedingungen, NJW-Schriftenreihe, 2. Aufl. 1977, C. H. Beck'sche Verlagsbuchhandlung, München
Schneider, Streitwert-Kommentar für den Zivilprozeß, 6. Aufl. 1983
Schriftenreihe der Deutschen Gesellschaft für Baurecht, Frankfurt
Schubert, Die Erfaßbarkeit des Risikos einer Bauunternehmung bei Angebot und Abwicklung einer Baumaßnahme, Schriftenreihe des Lehrstuhles für Baubetriebswirtschaft an der TU Hannover, Heft 7, Werner-Verlag, Düsseldorf
Schumacher, Das Bauhandwerkerpfandrecht, 2. Aufl. 1982, Schulthess Polygraphischer Verlag, Zürich (Schweizerisches Recht)
Schwab, Schiedsgerichtsbarkeit, 3. Aufl. 1979, Beck Verlag, München
Seufferts Archiv für Entscheidungen oberster Gerichte, Entscheidungssammlung
Siegburg, Gewährleistung beim Bauvertrag, 1987, Verlag Kommunikationsforum Recht Wirtschaft Steuern, Köln
Siemsen, Abrechnungsfragen nach der VOB, 1979, Verlagsgesellschaft R. Müller, Köln-Braunsfeld
Simon, Bayerische Bauordnung, 9. Aufl. 1987, Verlag C. H. Beck, München
Soergel/Siebert (Bearbeiter), Kommentar zum BGB, 11. Aufl. ab 1978
Staudinger (Bearbeiter), Kommentar zum BGB, 12. Aufl. 1978 ff., Verlag de Gruyter, Berlin
Steenbock, Vergabe- und Preisvorschriften für Bauaufträge – Allgemeine Zuweisungsrichtlinien, 1977, Deutscher Gemeindeverlag W. Kohlhammer, Köln
Stein, Gesetz zur Regelung des Rechts der Allgemeinen Geschäftsbedingungen, 1977, Kohlhammer-Verlag, Stuttgart
Steinbeißer, Neues Handwörterbuch des Baurechts, 2. Aufl., Vincentz Verlag, Hannover
Stieff, Bauherr und Bauunternehmer, Das Recht des Bauvertrages, 1928, Carl Heymanns Verlag, Berlin – Köln
Stoffel, Die Submission nach schweizerischem Baurecht, 1981, Verlag H. Schellenberg, Winterthur
Strauß, Bauabwicklung ohne Risiko, 4.Aufl. 1981, Verlagsgesellschaft R. Müller, Köln
Tetzner, Kartellrecht, 2. Aufl. 1967, Beck Verlag, München
Thomas/Putzo, Kommentar zur Zivilprozeßordnung mit Nebengesetzen, 15. Aufl. 1987, Beck Verlag, München
Thürmann, Der Sachschadenbegriff in der Bauleistungsversicherung – insbesondere in Abgrenzung zum Leistungsmangel, 1988, Verlag Versicherungswirtschaft e. V., Karlsruhe
Ullrich/Drevermann, Rechtslexikon für den Architekten, 2. Aufl. 1970, Luchterhand Verlag, Neuwied – Berlin
Ulmer/Brandner/Hensen/Schmidt, AGB-Kommentar, 5. Aufl. 1987, Verlag Dr. Otto Schmidt KG, Köln
Vergabehandbuch für die Durchführung von Bauaufgaben des Bundes im Zuständigkeitsbereich der Finanzbauverwaltungen (VHB), Ausgabe 1973 mit fortlaufenden Austauschlieferungen, herausgegeben vom Bundesminister für Raumordnung, Bauwesen und Städtebau, Deutscher Bundes-Verlag GmbH, Bonn
Verkehrsmitteilungen, Fachzeitschrift
Verkehrsrechtssammlung, Entscheidungssammlung
Versicherungs-Praxis, Fachzeitschrift, DVS-Wirtschaftsgesellschaft, Bonn
Versicherungsrecht, Fachzeitschrift, Verlag Versicherungswirtschaft e. V., Karlsruhe
Versicherungswirtschaft, Fachzeitschrift, Karlsruhe
VOB, Verdingungsordnung für Bauleistungen, Ausgabe 1988, Beuth-Verlag, Berlin/Köln
Vygen, Bauvertragsrecht nach VOB und BGB, Handbuch des privaten Baurechts, 1984, Bauverlag GmbH, Wiesbaden und Berlin
Vygen/Schubert/Lang, Bauverzögerung und Leistungsänderung, Rechtliche und baubetriebliche Probleme und ihre Lösungen, 1988, Bauverlag GmbH, Wiesbaden und Berlin
Wäldner, Funktionale Grundbegriffe der Bauleistungsversicherung im Hinblick auf moderne Unternehmenseinsatzformen, Beiträge zum Privat- und Wirtschaftsrecht, Bd. 39, 1981, Verlag Versicherungswirtschaft, Karlsruhe
Warneyer, Die Rechtsprechung des Reichsgerichts
Weckesser, Einführung in das Bauvertragsrecht anhand von Fällen, 1978, Bauverlag, Wiesbaden – Berlin, Verlagsgesellschaft R. Müller, Köln-Braunsfeld

Literaturverzeichnis

Weick, Vereinbarte Standardbedingungen im deutschen und englischen Bauvertragsrecht, Beck Verlag, München

Weilbier/Wiesen, Bauvergabe und Bauverträge, Baufachlicher Kommentar zu Teil A und B der VOB, 1967, Ullstein-Fachverlag, Berlin

Weiß, Rechtliche Probleme des Schallschutzes, Rechtsfragen mit technischer Einführung, Baurechtliche Schriften, Band 3, 1986, Werner-Verlag, Düsseldorf

Weitnauer, Wohnungseigentumsgesetz, 7. Aufl. 1988, Verlag Franz Vahlen GmbH, München

Wellmann, Der Sachverständige in der Praxis, 5. Aufl. 1988, Werner-Verlag, Düsseldorf

Werner/Pastor, Der Bauprozeß, 5. Aufl. 1986, Werner-Verlag, Düsseldorf

Werner/Pastor/Müller, Lexikon des Baurechts, 5. Aufl., 1988, Beck Verlag, München

Werner/Pastor, Rechtsfragen beim Bauen, 5. Aufl. 1984, Beck Verlag, München

Wertpapiermitteilungen, Wertpapier- und Bankfragen, Rechtsprechung

Westhelle, Nichterfüllung und positive Vertragsverletzung, Beiträge zum Zivilrecht und Zivilprozeß, Heft 20, 1978, Grotesche Verlagsbuchhandlung, Köln

Wettbewerb in Recht und Praxis, Fachzeitschrift, Deutscher Fachverlag, Frankfurt

Winkler, VOB, Gesamtkommentar, 6. Aufl. 1986, Vieweg-Verlag, Braunschweig 1980

Wirtschaft und Wettbewerb, Fachzeitschrift, Handelsblatt, Düsseldorf

Witt, Der Bauvertrag nach VOB/B, Boorberg Verlag, Stuttgart – München – Hannover

Wolf/Horn/Lindacher, AGB-Gesetz, Kommentar, 1984, Beck Verlag, München

Wolfensberger/Wolfensberger, Baurechtsfälle, 1984, Verlagsgesellschaft R. Müller, Köln

Wussow, Das gerichtliche Beweissicherungsverfahren in Bausachen, 2. Aufl. 1982, Verlagsgesellschaft R. Müller, Köln-Braunsfeld

Wussow, Das Unfallhaftpflichtrecht, 12. Aufl. 1975, Carl Heymanns Verlag, Köln – Berlin – Bonn – München

Wussow, Haftung und Versicherung bei der Bauausführung, 3. Aufl. 1971, Verlagsgesellschaft R. Müller, Köln-Braunsfeld

Wussow, Informationen zum Baurecht, Akademische Verlagsgesellschaft, Frankfurt (von 1964 bis 1968)

Wussow, Rechtslexikon für das Bauwesen, 2. Aufl. 1975, Carl Heymanns Verlag, Köln – Berlin – Bonn – München, und Verlagsgesellschaft R. Müller, Köln-Braunsfeld

Zehn Jahre AGB-Gesetz, RWS-Forum 2, herausgegeben von Heinrichs, Löwe, Ulmer, 1987, Verlag Kommunikationsforum Recht, Wirtschaft, Steuern, Köln

Zeitschrift für das gesamte Sachverständigenwesen, Carl Heymanns Verlag, Köln – Berlin – Bonn – München

Zeitschrift für deutsches und internationales Baurecht, Bauverlag, Wiesbaden

Zeitschrift für gewerblichen Rechtsschutz und Urheberrecht, Fachzeitschrift

Zeitschrift für Konkurs-, Treuhand- und Schiedsgerichtswesen, Fachzeitschrift

Zeitschrift für Miet- und Raumrecht, Fachzeitschrift, Werner-Verlag, Düsseldorf

Zeitschrift für Rechtspolitik; Beilage zur Neuen Juristischen Wochenschrift, Beck Verlag, München

Zeitschrift für Wirtschaftsrecht, Verlag Kommunikationsforum Recht, Wirtschaft, Steuern, Köln

Zeitschrift für Wohnungseigentumsrecht (ab 1987), Werner-Verlag, Düsseldorf

Zeitschrift für Zivilprozeß, Fachzeitschrift

Zemlin, Die überbetrieblichen technischen Normen – ihre Wesensmerkmale und ihre Bedeutung im rechtlichen Bereich, 1973, Carl Heymanns Verlag, Köln – Berlin – Bonn – München

Zöller (Bearbeiter), Kommentar zur Zivilprozeßordnung, 15. Aufl. 1987, Verlag Dr. O. Schmidt KG, Köln

Zonderland, Compendium Van Het Bouwrecht, Agon Elsevier, Amsterdam

VOB Teil A

Allgemeine Bestimmungen für die Vergabe von Bauleistungen

DIN 1960 – Fassung 1988

§ 1 Bauleistungen

1. Bauleistungen sind Bauarbeiten jeder Art mit oder ohne Lieferung von Stoffen oder Bauteilen.

2. Lieferung und Montage maschineller Einrichtungen sind keine Bauleistungen.

§ 2 Grundsätze der Vergabe

1. Bauleistungen sind an fachkundige, leistungsfähige und zuverlässige Bewerber zu angemessenen Preisen zu vergeben. Der Wettbewerb soll die Regel sein. Ungesunde Begleiterscheinungen, wie z. B. wettbewerbsbeschränkende Verhaltensweisen, sollen bekämpft werden.

2. Es ist anzustreben, die Aufträge so zu erteilen, daß die ganzjährige Bautätigkeit gefördert wird.

§ 3 Arten der Vergabe

1. (1) Bei Öffentlicher Ausschreibung werden Bauleistungen im vorgeschriebenen Verfahren nach öffentlicher Aufforderung einer unbeschränkten Zahl von Unternehmern zur Einreichung von Angeboten vergeben.

(2) Bei Beschränkter Ausschreibung werden Bauleistungen im vorgeschriebenen Verfahren nach Aufforderung einer beschränkten Zahl von Unternehmern zur Einreichung von Angeboten vergeben, gegebenenfalls nach öffentlicher Aufforderung, Teilnahmeanträge zu stellen (Beschränkte Ausschreibung nach öffentlichem Teilnahmewettbewerb).

(3) Bei Freihändiger Vergabe werden Bauleistungen ohne ein förmliches Verfahren vergeben, gegebenenfalls nach öffentlicher Aufforderung, Teilnahmeanträge zu stellen (Freihändige Vergabe nach öffentlichem Teilnahmewettbewerb).

2. Der zuständige Bundesminister gibt bekannt, in welchen Vergabefällen bei Beschränkter Ausschreibung und Freihändiger Vergabe ein öffentlicher Teilnahmewettbewerb erforderlich ist; Nr. 6 bleibt unberührt.

3. Öffentliche Ausschreibung soll stattfinden, wenn nicht die Eigenart der Leistung oder besondere Umstände eine Abweichung rechtfertigen.

4. Beschränkte Ausschreibung soll stattfinden,

a) wenn die Leistung nach ihrer Eigenart nur von einem beschränkten Kreis von Unternehmern in geeigneter Weise ausgeführt werden kann, besonders wenn außergewöhnliche Zuverlässigkeit oder Leistungsfähigkeit (z. B. Erfahrung, technische Einrichtungen oder fachkundige Arbeitskräfte) erforderlich ist,

Text VOB Teil A § 3

b) wenn die Öffentliche Ausschreibung für den Auftraggeber oder die Bewerber einen Aufwand verursachen würde, der zu dem erreichbaren Vorteil oder dem Wert der Leistung im Mißverhältnis stehen würde,

c) wenn eine Öffentliche Ausschreibung kein annehmbares Ergebnis gehabt hat,

d) wenn die Öffentliche Ausschreibung aus anderen Gründen (z. B. Dringlichkeit, Geheimhaltung) unzweckmäßig ist.

5. Freihändige Vergabe soll nur stattfinden, wenn die Öffentliche oder Beschränkte Ausschreibung unzweckmäßig ist, besonders

a) weil für die Leistung aus besonderen Gründen (z. B. Patentschutz, besondere Erfahrungen oder Geräte) nur ein bestimmter Unternehmer in Betracht kommt,

b) weil die Leistung nach Art und Umfang vor der Vergabe nicht eindeutig und erschöpfend festgelegt werden kann,

c) weil sich eine kleine Leistung von einer vergebenen größeren Leistung nicht ohne Nachteil trennen läßt,

d) weil die Leistung besonders dringlich ist,

e) weil nach Aufhebung einer Öffentlichen oder Beschränkten Ausschreibung eine erneute Ausschreibung kein annehmbares Ergebnis verspricht.

6. Die Verpflichtung, einen öffentlichen Teilnahmewettbewerb bei Beschränkter Ausschreibung oder Freihändiger Vergabe zu veranstalten (Nr. 2), besteht nicht, wenn

a) nur ein Unternehmer für die Ausführung der Leistung in Betracht kommt (Nr. 5 a),

b) im Ausnahmefall die Leistung nach Art und Umfang oder wegen der damit verbundenen Wagnisse nicht eindeutig und so erschöpfend beschrieben werden kann, daß eine einwandfreie Preisermittlung zwecks Vereinbarung einer festen Vergütung möglich ist (vgl. auch Nr. 5 b),

c) an einen Auftragnehmer zusätzliche Leistungen vergeben werden sollen, die weder in seinem Vertrag noch in dem ihm zugrundeliegenden Entwurf enthalten sind, jedoch wegen eines unvorhergesehenen Ereignisses zur Ausführung der im Hauptauftrag beschriebenen Leistung erforderlich sind, sofern diese Leistungen

– sich entweder aus technischen oder wirtschaftlichen Gründen nicht ohne wesentliche Nachteile für den Auftraggeber vom Hauptauftrag trennen lassen oder

– für die Verbesserung der im Hauptauftrag beschriebenen Leistung unbedingt erforderlich sind, auch wenn sie getrennt vergeben werden könnten,

vorausgesetzt, daß die geschätzte Vergütung für alle solche zusätzlichen Leistungen die Hälfte der Vergütung der Leistung nach dem Hauptauftrag nicht überschreitet (vgl. auch Nr. 5 c),

d) wegen der Dringlichkeit die vorgeschriebenen Bewerbungs- und Angebotsfristen (§ 17 Nr. 2 Absatz 3, § 18 Nr. 3) aus zwingenden Gründen infolge vom Auftraggeber nicht voraussehbarer Ereignisse nicht eingehalten werden können (vgl. auch Nr. 5 d),

e) bei Öffentlicher Ausschreibung beziehungsweise bei Beschränkter Ausschreibung oder Freihändiger Vergabe mit öffentlichem Teilnahmewettbewerb keine annehmbaren Angebote abgegeben oder keine ordnungsgemäßen Teilnahmeanträge gestellt worden sind und eine Wiederholung eines solchen Verfahrens kein brauchbares Ergebnis erwarten läßt (Nr. 5 e), vorausgesetzt, daß die ursprünglich vorgesehene Leistung nach Art, Umfang und Ausführungsbedingungen grundsätzlich nicht geändert wird,

f) die auszuführende Leistung Geheimhaltungsvorschriften unterworfen ist.

§ 4 Einheitliche Vergabe, Vergabe nach Losen

1. Bauleistungen sollen so vergeben werden, daß eine einheitliche Ausführung und zweifelsfreie umfassende Gewährleistung erreicht wird; sie sollen daher in der Regel mit den zur Leistung gehörigen Lieferungen vergeben werden.

2. Umfangreiche Bauleistungen sollen möglichst in Lose geteilt und nach Losen vergeben werden (Teillose).

3. Bauleistungen verschiedener Handwerks- oder Gewerbezweige sind in der Regel nach Fachgebieten oder Gewerbezweigen getrennt zu vergeben (Fachlose). Aus wirtschaftlichen oder technischen Gründen können mehrere Fachlose zusammen vergeben werden.

§ 5 Leistungsvertrag, Stundenlohnvertrag, Selbstkostenerstattungsvertrag

1. Bauleistungen sollen grundsätzlich so vergeben werden, daß die Vergütung nach Leistung bemessen wird (Leistungsvertrag), und zwar:

a) in der Regel zu Einheitspreisen für technisch und wirtschaftlich einheitliche Teilleistungen, deren Menge nach Maß, Gewicht oder Stückzahl vom Auftraggeber in den Verdingungsunterlagen anzugeben ist (Einheitspreisvertrag),

b) in geeigneten Fällen für eine Pauschalsumme, wenn die Leistung nach Ausführungsart und Umfang genau bestimmt ist und mit einer Änderung bei der Ausführung nicht zu rechnen ist (Pauschalvertrag).

2. Bauleistungen geringeren Umfangs, die überwiegend Lohnkosten verursachen, können im Stundenlohn vergeben werden (Stundenlohnvertrag).

3. (1) Bauleistungen größeren Umfangs dürfen ausnahmsweise nach Selbstkosten vergeben werden, wenn sie vor der Vergabe nicht eindeutig und so erschöpfend bestimmt werden können, daß eine einwandfreie Preisermittlung möglich ist (Selbstkostenerstattungsvertrag).

(2) Bei der Vergabe ist festzulegen, wie Löhne, Stoffe, Gerätevorhaltung und andere Kosten einschließlich der Gemeinkosten zu vergüten sind und der Gewinn zu bemessen ist.

(3) Wird während der Bauausführung eine einwandfreie Preisermittlung möglich, so soll ein Leistungsvertrag abgeschlossen werden. Wird das bereits Geleistete nicht in den Leistungsvertrag einbezogen, so ist auf klare Leistungsabgrenzung zu achten.

Text VOB Teil A §§ 6–8

§ 6 Angebotsverfahren

1. Das Angebotsverfahren ist darauf abzustellen, daß der Bewerber die Preise, die er für seine Leistungen fordert, in die Leistungsbeschreibung einzusetzen oder in anderer Weise im Angebot anzugeben hat.

2. Das Auf- und Abgebotsverfahren, bei dem vom Auftraggeber angegebene Preise dem Auf- und Abgebot der Bewerber unterstellt werden, soll nur ausnahmsweise bei regelmäßig wiederkehrenden Unterhaltungsarbeiten, deren Umfang möglichst zu umgrenzen ist, angewandt werden.

§ 7 Mitwirkung von Sachverständigen

1. Ist die Mitwirkung von besonderen Sachverständigen zweckmäßig, um

a) die Vergabe, insbesondere die Verdingungsunterlagen, vorzubereiten oder

b) die geforderten Preise einschließlich der Vergütungen für Stundenlohnarbeiten (Stundenlohnzuschläge, Verrechnungssätze) zu beurteilen oder

c) die vertragsgemäße Ausführung der Leistung zu begutachten, so sollen die Sachverständigen in der Regel von den Berufsvertretungen vorgeschlagen werden; diese Sachverständigen dürfen weder unmittelbar noch mittelbar an der betreffenden Vergabe beteiligt sein.

2. Sachverständige im Sinn von Nr. 1 sollen in geeigneten Fällen auf Antrag der Berufsvertretungen gehört werden, wenn dem Auftraggeber dadurch keine Kosten entstehen.

§ 8 Teilnehmer am Wettbewerb

1. Alle Bewerber sind gleich zu behandeln. Der Wettbewerb soll insbesondere nicht auf Bewerber, die in bestimmten Bezirken ansässig sind, beschränkt werden.

2. (1) Bei Öffentlicher Ausschreibung sind die Unterlagen an alle Bewerber abzugeben, die sich gewerbsmäßig mit der Ausführung von Leistungen der ausgeschriebenen Art befassen.

(2) Bei Beschränkter Ausschreibung sollen im allgemeinen nur 3 bis 8 fachkundige, leistungsfähige und zuverlässige Bewerber aufgefordert werden. Werden von den Bewerbern umfangreiche Vorarbeiten verlangt, die einen besonderen Aufwand erfordern, so soll die Zahl der Bewerber möglichst eingeschränkt werden.

(3) Bei Beschränkter Ausschreibung und Freihändiger Vergabe soll unter den Bewerbern möglichst gewechselt werden.

3. (1) Von den Bewerbern können zum Nachweis ihrer Fachkunde, Leistungsfähigkeit und Zuverlässigkeit Angaben verlangt werden über:

a) den Umsatz des Bewerbers in den letzten 3 abgeschlossenen Geschäftsjahren, soweit er Bauleistungen und andere Leistungen betrifft, die mit der zu vergebenden Leistung vergleichbar sind, unter Einschluß des Anteils bei Arbeitsgemeinschaften und anderen gemeinschaftlichen Bietern,

b) die Ausführung von Leistungen in den letzten 3 abgeschlossenen Geschäftsjahren, die mit der zu vergebenden Leistung vergleichbar sind,

c) die Zahl der in den letzten 3 abgeschlossenen Geschäftsjahren jahresdurchschnittlich beschäftigten Arbeitskräfte, gegebenenfalls gegliedert nach Berufsgruppen,

d) die dem Bewerber für die Ausführung der zu vergebenden Leistung zur Verfügung stehende technische Ausrüstung,

e) die Eintragung in das Berufsregister ihres Sitzes oder Wohnsitzes.

Die Nachweise nach Satz 1 a, c und e können durch eine von der zuständigen Stelle ausgestellte Bescheinigung erbracht werden, aus der hervorgeht, daß der Bewerber in einer amtlichen Liste in einer Gruppe geführt wird, die den genannten Leistungsmerkmalen entspricht.

(2) Der Auftraggeber wird andere ihm geeignet erscheinende Nachweise der wirtschaftlichen und finanziellen Leistungsfähigkeit zulassen, wenn er feststellt, daß stichhaltige Gründe dafür bestehen.

(3) Bei Öffentlicher Ausschreibung sind in der Aufforderung zur Angebotsabgabe die Nachweise zu bezeichnen, deren Vorlage mit dem Angebot verlangt oder deren spätere Anforderung vorbehalten wird. Bei Beschränkter Ausschreibung und Freihändiger Vergabe mit öffentlichem Teilnahmewettbewerb ist zu verlangen, daß die Nachweise bereits mit dem Teilnahmeantrag vorgelegt werden.

4. (1) Von der Teilnahme am Wettbewerb können Bewerber ausgeschlossen werden,

a) über deren Vermögen das Konkursverfahren oder das Vergleichsverfahren eröffnet oder die Eröffnung beantragt worden ist,

b) die sich in Liquidation befinden,

c) die nachweislich eine schwere Verfehlung begangen haben, die ihre Zuverlässigkeit als Bewerber in Frage stellt,

d) die ihre Verpflichtung zur Zahlung von Steuern und Abgaben sowie der Beiträge zur gesetzlichen Sozialversicherung nicht ordnungsgemäß erfüllt haben,

e) die im Vergabeverfahren vorsätzlich unzutreffende Erklärungen in bezug auf ihre Fachkunde, Leistungsfähigkeit und Zuverlässigkeit abgegeben haben,

f) die sich nicht bei der Berufsgenossenschaft angemeldet haben.

(2) Der Auftraggeber kann von den Bewerbern oder Bietern entsprechende Bescheinigungen der zuständigen Stellen oder Erklärungen verlangen.

(3) Der Nachweis, daß Ausschlußgründe im Sinn von Absatz 1 nicht vorliegen, kann auch durch eine Bescheinigung nach Nr. 3 Absatz 2 geführt werden, es sei denn, daß dies widerlegt wird.

5. Justizvollzugsanstalten, Fürsorgeheime (-anstalten), Aus- und Fortbildungsstätten und ähnliche Einrichtungen sowie Betriebe der öffentlichen Hand und Verwaltungen sind zum Wettbewerb mit gewerblichen Unternehmern nicht zuzulassen.

Text VOB Teil A § 9

§ 9 Leistungsbeschreibung

Allgemeines

1. Die Leistung ist eindeutig und so erschöpfend zu beschreiben, daß alle Bewerber die Beschreibung im gleichen Sinne verstehen müssen, und ihre Preise sicher und ohne umfangreiche Vorarbeiten berechnen können.

2. Dem Auftragnehmer soll kein ungewöhnliches Wagnis aufgebürdet werden für Umstände und Ereignisse, auf die er keinen Einfluß hat, und deren Einwirkung auf die Preise und Fristen er nicht im voraus schätzen kann.

Leistungsbeschreibung mit Leistungsverzeichnis

3. Die Leistung soll in der Regel durch eine allgemeine Darstellung der Bauaufgabe (Baubeschreibung) und ein in Teilleistungen gegliedertes Leistungsverzeichnis beschrieben werden.

4. (1) Um eine einwandfreie Preisermittlung zu ermöglichen, sind alle sie beeinflussenden Umstände festzustellen und in den Verdingungsunterlagen anzugeben. *Die „Hinweise für das Aufstellen der Leistungsbeschreibung" in Abschnitt 0 der Allgemeinen Technischen Vertragsbedingungen für Bauleistungen DIN 18 299 ff. sind zu beachten.*

5. *(1)* Erforderlichenfalls ist die Leistung auch zeichnerisch oder durch Probestücke darzustellen oder anders zu erklären, z. B. durch Hinweise auf ähnliche Leistungen, durch Mengen- oder statische Berechnungen. Zeichnungen und Proben, die für die Ausführung maßgebend sein sollen, sind eindeutig zu bezeichnen.

(2) Erforderlichenfalls sind auch der Zweck und die vorgesehene Beanspruchung der fertigen Leistung anzugeben.

(3) Die für die Ausführung der Leistung wesentlichen Verhältnisse der Baustelle, z. B. Boden- und Wasserverhältnisse, sind so zu beschreiben, daß der Bewerber ihre Auswirkungen auf die bauliche Anlage und die Bauausführung hinreichend beurteilen kann.

6. Leistungen, die nach den Vertragsbedingungen, den Technischen Vertragsbedingungen oder der gewerblichen Verkehrssitte zu der geforderten Leistung gehören (B § 2 Nr. 1), brauchen nicht besonders aufgeführt zu werden.

7. (1) Bei der Beschreibung der Leistung sind die verkehrsüblichen Bezeichnungen anzuwenden und die einschlägigen Normen zu beachten.

(2) Bestimmte Erzeugnisse oder Verfahren sowie bestimmte Ursprungsorte und Bezugsquellen dürfen nur dann ausdrücklich vorgeschrieben werden, wenn dies durch die Art der geforderten Leistung gerechtfertigt ist.

(3) Bezeichnungen für bestimmte Erzeugnisse oder Verfahren (z. B. Markennamen) dürfen ausnahmsweise, jedoch nur mit dem Zusatz „oder gleichwertiger Art" verwendet werden, wenn eine Beschreibung durch hinreichend genaue, allgemeinverständliche Bezeichnungen nicht möglich ist.

8. Im Leistungsverzeichnis ist die Leistung derart aufzugliedern, daß unter einer Ordnungszahl (Position) nur solche Leistungen aufgenommen werden, die nach ihrer technischen Beschaffenheit und für die Preisbildung als in sich gleichartig anzusehen sind. Ungleichartige Leistungen sollen unter einer Ordnungszahl (Sammelposition) nur zusammengefaßt werden, wenn eine Teilleistung gegenüber einer anderen für die Bildung eines Durchschnittspreises ohne nennenswerten Einfluß ist.

9. Für Änderungsvorschläge und Nebenangebote gilt § 17 Nr. 4 Absatz 3.

Leistungsbeschreibung mit Leistungsprogramm

10. Wenn es nach Abwägen aller Umstände zweckmäßig ist, abweichend von Nr. 3 zusammen mit der Bauausführung auch den Entwurf für die Leistung dem Wettbewerb zu unterstellen, um die technisch, wirtschaftlich und gestalterisch beste sowie funktionsgerechte Lösung der Bauaufgabe zu ermitteln, kann die Leistung durch ein Leistungsprogramm dargestellt werden.

11. (1) Das Leistungsprogramm umfaßt eine Beschreibung der Bauaufgabe, aus der die Bewerber alle für die Entwurfsbearbeitung und ihr Angebot maßgebenden Bedingungen und Umstände erkennen können und in der sowohl der Zweck der fertigen Leistung als auch die an sie gestellten technischen, wirtschaftlichen, gestalterischen und funktionsbedingten Anforderungen angegeben sind, sowie gegebenenfalls ein Musterleistungsverzeichnis, in dem die Mengenangaben ganz oder teilweise offengelassen sind.

(2) Nrn. 4 bis 9 gelten sinngemäß.

12. Von dem Bieter ist ein Angebot zu verlangen, das außer der Ausführung der Leistung den Entwurf nebst eingehender Erläuterung und eine Darstellung der Bauausführung sowie eine eingehende und zweckmäßig gegliederte Beschreibung der Leistung – gegebenenfalls mit Mengen- und Preisangaben für Teile der Leistung – umfaßt. Bei Beschreibung der Leistung mit Mengen- und Preisangaben ist vom Bieter zu verlangen, daß er

a) die Vollständigkeit seiner Angaben, insbesondere die von ihm selbst ermittelten Mengen, entweder ohne Einschränkung oder im Rahmen einer in den Verdingungsunterlagen anzugebenden Mengentoleranz vertritt und daß er

b) etwaige Annahmen, zu denen er in besonderen Fällen gezwungen ist, weil zum Zeitpunkt der Angebotsabgabe einzelne Teilleistungen nach Art und Menge noch nicht bestimmt werden können (z. B. Aushub-, Abbruch- oder Wasserhaltungsarbeiten) – erforderlichenfalls anhand von Plänen und Mengenermittlungen –, begründet.

§ 10 Vertragsbedingungen

1. In den Verdingungsunterlagen ist vorzuschreiben, daß die Allgemeinen Vertragsbedingungen für die Ausführung von Bauleistungen (VOB/B) und die Allgemeinen Technischen *Vertragsbedingungen* für Bauleistungen (VOB/C) Bestandteile des Vertrages werden. Das gilt auch für etwaige Zusätzliche Vertragsbedingungen und etwaige Zusätzliche Technische *Vertragsbedingungen,* soweit sie Bestandteile des Vertrages werden sollen.

2. (1) Die Allgemeinen Vertragsbedingungen bleiben grundsätzlich unverändert. Sie können von Auftraggebern, die ständig Bauleistungen vergeben, für die bei ihnen allgemein gegebenen Verhältnisse durch Zusätzliche Vertragsbedingungen ergänzt werden. Diese dürfen den Allgemeinen Vertragsbedingungen nicht widersprechen.

(2) Für die Erfordernisse des Einzelfalles sind die Allgemeinen Vertragsbedingungen und etwaige Zusätzliche Vertragsbedingungen durch Besondere Vertragsbedingungen zu ergänzen. In diesen sollen sich Abweichungen von den Allgemeinen Vertragsbedingungen auf die Fälle beschränken, in denen dort besondere Vereinbarungen ausdrücklich vorgesehen sind und auch nur soweit es die Eigenart der Leistung und ihre Ausführung erfordern.

Text VOB Teil A § 10

3. Die Allgemeinen Technischen *Vertragsbedingungen* bleiben grundsätzlich unverändert. Sie können durch Zusätzliche Technische *Vertragsbedingungen* ergänzt werden. Für die Erfordernisse des Einzelfalles sind Ergänzungen und Änderungen in der Leistungsbeschreibung festzulegen.

4. (1) In den Zusätzlichen Vertragsbedingungen oder in den Besonderen Vertragsbedingungen sollen, soweit erforderlich, folgende Punkte geregelt werden:

a) Unterlagen (A § 20 Nr. 3, B § 3 Nr. 5),

b) Benutzung von Lager- und Arbeitsplätzen, Zufahrtswegen, Anschlußgleisen, Wasser- und Energieanschlüssen (B § 4 Nr. 4),

c) Weitervergabe an Nachunternehmer (B § 4 Nr. 8),

d) Ausführungsfristen (A § 11, B § 5),

e) Haftung (B § 10 Nr. 2),

f) Vertragsstrafen und Beschleunigungsvergütungen (A § 12, B § 11),

g) Abnahme (B § 12),

h) Vertragsart (A § 5), Abrechnung (B § 14),

i) Stundenlohnarbeiten (B § 15),

k) Zahlung (B § 16),

l) Sicherheitsleistung (A § 14, B § 17),

m) Gerichtsstand (B § 18 Nr. 1),

n) Lohn- und Gehaltsnebenkosten,

o) Änderung der Vertragspreise (A § 15).

(2) Im Einzelfall erforderliche besondere Vereinbarungen über die Gewährleistung (A § 13 Nr. 2, B § 13 Nrn. 1, 4, 7) und über die Verteilung der Gefahr bei Schäden, die durch Hochwasser, Sturmfluten, Grundwasser, Wind, Schnee, Eis und dergleichen entstehen können (B § 7), sind in den Besonderen Vertragsbedingungen zu treffen. Sind für bestimmte Bauleistungen gleichgelagerte Voraussetzungen im Sinne von § 13 Nr. 2 gegeben, so können die besonderen Vereinbarungen auch in Zusätzlichen Technischen *Vertragsbedingungen* vorgesehen werden.

5. Sollen Streitigkeiten aus dem Vertrag unter Ausschluß des ordentlichen Rechtsweges im schiedsrichterlichen Verfahren ausgetragen werden, so ist es in besonderer, nur das Schiedsverfahren betreffender Urkunde zu vereinbaren, soweit nicht § 1027 Absatz 2 der Zivilprozeßordnung auch eine andere Form der Vereinbarung zuläßt.

§ 11 Ausführungsfristen

1. (1) Die Ausführungsfristen sind ausreichend zu bemessen; Jahreszeit, Arbeitsverhältnisse und etwaige besondere Schwierigkeiten sind zu berücksichtigen. Für die Bauvorbereitung ist dem Auftragnehmer genügend Zeit zu gewähren.

(2) Außergewöhnlich kurze Fristen sind nur bei besonderer Dringlichkeit vorzusehen.

(3) Soll vereinbart werden, daß mit der Ausführung erst nach Aufforderung zu beginnen ist (B § 5 Nr. 2), so muß die Frist, innerhalb deren die Aufforderung ausgesprochen werden kann, unter billiger Berücksichtigung der für die Ausführung maßgebenden Verhältnisse zumutbar sein; sie ist in den Verdingungsunterlagen festzulegen.

2. (1) Wenn es ein erhebliches Interesse des Auftraggebers erfordert, sind Einzelfristen für in sich abgeschlossene Teile der Leistung zu bestimmen.

(2) Wird ein Bauzeitenplan aufgestellt, damit die Leistungen aller Unternehmer sicher ineinandergreifen, so sollen nur die für den Fortgang der Gesamtarbeit besonders wichtigen Einzelfristen als vertraglich verbindliche Fristen (Vertragsfristen) bezeichnet werden.

3. Ist für die Einhaltung von Ausführungsfristen die Übergabe von Zeichnungen oder anderen Unterlagen wichtig, so soll hierfür ebenfalls eine Frist festgelegt werden.

§ 12 Vertragsstrafen und Beschleunigungsvergütungen

1. Vertragsstrafen für die Überschreitung von Vertragsfristen sollen nur ausbedungen werden, wenn die Überschreitung erhebliche Nachteile verursachen kann. Die Strafe ist in angemessenen Grenzen zu halten.

2. Beschleunigungsvergütungen (Prämien) sollen nur vorgesehen werden, wenn die Fertigstellung vor Ablauf der Vertragsfristen erhebliche Vorteile bringt.

§ 13 Gewährleistung

1. Auf Gewährleistung über die Abnahme hinaus soll verzichtet werden bei Bauleistungen, deren einwandfreie, vertragsgemäße Beschaffenheit sich bei der Abnahme unzweifelhaft feststellen läßt und bei denen auch später keine Mängel zu erwarten sind.

2. Andere Verjährungsfristen als nach § 13 Nr. 4 der Allgemeinen Vertragsbedingungen sollen nur vorgesehen werden, wenn dies wegen der Eigenart der Leistung erforderlich ist. In solchen Fällen sind alle Umstände gegeneinander abzuwägen, insbesondere, wann etwaige Mängel wahrscheinlich erkennbar werden und wieweit die Mängelursachen noch nachgewiesen werden können, aber auch die Wirkung auf die Preise und die Notwendigkeit einer billigen Bemessung der Verjährungsfristen für Gewährleistungsansprüche.

§ 14 Sicherheitsleistung

1. Auf Sicherheitsleistung soll ganz oder teilweise verzichtet werden, wenn Mängel der Leistung voraussichtlich nicht eintreten oder wenn der Auftragnehmer hinreichend bekannt ist und genügende Gewähr für die vertragsgemäße Leistung und die Beseitigung etwa auftretender Mängel bietet.

2. Die Sicherheit soll nicht höher bemessen und ihre Rückgabe nicht für einen späteren Zeitpunkt vorgesehen werden, als nötig ist, um den Auftraggeber vor Schaden zu bewahren. Sie soll 5 v. H. der Auftragssumme nicht überschreiten.

3. Wenn bei der Abnahme die Leistung nicht beanstandet wird, soll die Sicherheit ganz oder zum größeren Teil zurückgegeben werden.

§ 15 Änderung der Vergütung

Sind wesentliche Änderungen der Preisermittlungsgrundlagen zu erwarten, deren Eintritt oder Ausmaß ungewiß ist, so kann eine angemessene Änderung der Vergütung in den Verdingungsunterlagen vorgesehen werden. Die Einzelheiten der Preisänderungen sind festzulegen.

§ 16 Grundsätze der Ausschreibung

1. Der Auftraggeber soll erst dann ausschreiben, wenn alle Verdingungsunterlagen fertiggestellt sind und wenn innerhalb der angegebenen Fristen mit der Ausführung begonnen werden kann.

2. Ausschreibungen für vergabefremde Zwecke (z. B. Ertragsberechnungen) sind unzulässig.

§ 17 Bekanntmachung

1. (1) Öffentliche Ausschreibungen sind durch Tageszeitungen, amtliche Veröffentlichungsblätter oder Fachzeitschriften bekanntzumachen.

(2) Diese Bekanntmachungen sollen mindestens folgende Angaben enthalten:

a) Art und Umfang der Leistung (einschließlich der etwaigen Teilung in Lose) sowie den Ausführungsort,

b) etwaige Bestimmungen über die Ausführungszeit,

c) Bezeichnung (Anschrift) der zur Angebotsabgabe auffordernden Stelle, der den Zuschlag erteilenden Stelle sowie der Stelle, bei der die Angebote einzureichen sind,

d) Bezeichnung (Anschrift) der Stelle, die die Vergabeunterlagen (Anschreiben und Verdingungsunterlagen; vgl. Nr. 4) abgibt, sowie des Tages, bis zu dem sie bei ihr spätestens angefordert werden können,

e) Bezeichnung (Anschriften) der Stellen, bei denen die Vergabeunterlagen eingesehen werden können,

f) Art der Vergabe (A § 3),

g) Ort und Zeit des Eröffnungstermins (Ablauf der Angebotsfrist, A § 18 Nr. 2) sowie Angabe, welche Personen zum Eröffnungstermin zugelassen sind,

h) Zuschlags- und Bindefrist (A § 19),

i) die Höhe einer etwaigen Entschädigung für die Verdingungsunterlagen und die Zahlungsweise (A § 20 Nr. 1 Absatz 1),

k) etwaige Vorbehalte wegen der Teilung in Lose und Vergabe der Lose an verschiedene Bieter,

l) die Höhe etwa geforderter Sicherheitsleistungen,

m) etwa vom Auftraggeber zur Vorlage mit dem Angebot für die Beurteilung der Eignung (Fachkunde, Leistungsfähigkeit und Zuverlässigkeit, A § 2 Satz 1) des Bieters verlangte Unterlagen (A § 8 Nrn. 3 und 4),

n) die wesentlichen Zahlungsbedingungen oder Angabe der Unterlagen, in denen sie enthalten sind (z. B. B § 16).

In den vom zuständigen Bundesminister bestimmten Vergabefällen muß die Bekanntmachung außer den unter a bis n bezeichneten Angaben enthalten:

o) die Bestimmung, daß die Angebote in deutscher Sprache abzufassen sind, sowie

p) die Angabe des Tages der Absendung der Bekanntmachung an das „Amt für amtliche Veröffentlichungen der Europäischen Gemeinschaften".

2. (1) Bei Beschränkten Ausschreibungen und Freihändigen Vergaben mit öffentlichem Teilnahmewettbewerb sind die Unternehmer durch Bekanntmachungen in Tageszeitungen, amtlichen Veröffentlichungsblättern oder Fachzeitschriften aufzufordern, ihre Teilnahme am Wettbewerb zu beantragen.

(2) Diese Bekanntmachungen sollen mindestens folgende Angaben enthalten:

a) Art und Umfang der Leistung (einschließlich der etwaigen Teilung in Lose) sowie den Ausführungsort,

b) etwaige Bestimmungen über die Ausführungszeit,

c) Bezeichnung (Anschrift) der zur Angebotsabgabe auffordernden Stelle und der den Zuschlag erteilenden Stelle,

d) Bezeichnung (Anschrift) der Stelle, bei der der Teilnahmeantrag zu stellen ist,

e) Art der Vergabe (A § 3),

f) Tag, bis zu dem der Teilnahmeantrag bei der zur Angebotsabgabe auffordernden Stelle eingegangen sein muß ,

g) Tag, an dem die Aufforderung zur Angebotsabgabe spätestens abgesandt wird,

h) etwaige Vorbehalte wegen der Teilung in Lose und Vergabe der Lose an verschiedene Bieter,

i) etwa vom Auftraggeber zur Vorlage mit dem Teilnahmeantrag für die Beurteilung der Eignung (Fachkunde, Leistungsfähigkeit und Zuverlässigkeit, A § 2 Nr. 1 Satz 1) des Bieters verlangte Unterlagen (A § 8 Nrn. 3 und 4).

In den vom zuständigen Bundesminister bestimmten Vergabefällen muß die Bekanntmachung außer den unter a bis i bezeichneten Angaben enthalten:

k) die Angabe des Tages der Absendung der Bekanntmachung an das „Amt für amtliche Veröffentlichungen der Europäischen Gemeinschaften".

Text VOB Teil A § 17

(3) In den vom zuständigen Bundesminister bestimmten Vergabefällen beträgt die Frist für die Einreichung von Teilnahmeanträgen (Bewerbungsfrist) mindestens 18 Werktage, gerechnet vom Tag der Absendung der Bekanntmachung an, in Fällen besonderer Dringlichkeit ausnahmsweise 12 Werktage.

3. In den vom zuständigen Bundesminister bestimmten Vergabefällen ist der Auftraggeber verpflichtet, die Bekanntmachung nach Nrn. 1 oder 2 gleichzeitig an die inländischen Veröffentlichungsblätter und an das „Amt für amtliche Veröffentlichungen der Europäischen Gemeinschaften" zu übersenden.

4. (1) Die Verdingungsunterlagen sind den Bewerbern mit einem Anschreiben (Aufforderung zur Angebotsabgabe) zu übergeben, das alle Angaben enthält, die außer den Verdingungsunterlagen für den Entschluß zur Abgabe eines Angebots notwendig sind, namentlich über

a) Art und Umfang der Leistung sowie den Ausführungsort,

b) etwaige Bestimmungen über die Ausführungszeit,

c) Bezeichnung (Anschrift) der zur Angebotsabgabe auffordernden Stelle und der den Zuschlag erteilenden Stelle,

d) Bezeichnung (Anschrift) der Stellen, bei denen Verdingungsunterlagen eingesehen werden können, die nicht abgegeben werden,

e) Art der Vergabe (A § 3),

f) etwaige Ortsbesichtigungen,

g) genaue Aufschrift der Angebote,

h) Ort und Zeit des Eröffnungstermins (Ablauf der Angebotsfrist, A § 18 Nr. 2) sowie Angabe, welche Personen zum Eröffnungstermin zugelassen sind (A § 22 Nr. 1 Satz 1),

i) etwa vom Auftraggeber zur Vorlage mit dem Angebot für die Beurteilung der Eignung (Fachkunde, Leistungsfähigkeit und Zuverlässigkeit, A § 2 Nr. 1 Satz 1) des Bieters verlangte Unterlagen (A § 8 Nrn. 3 und 4),

k) die Höhe etwa geforderter Sicherheitsleistungen,

l) Änderungsvorschläge und Nebenangebote (vgl. Absatz 3),

m) etwaige Vorbehalte wegen der Teilung in Lose und Vergabe der Lose an verschiedene Bieter,

n) Zuschlags- und Bindefrist (A § 19),

o) sonstige Erfordernisse, die die Bewerber bei der Bearbeitung ihrer Angebote beachten müssen (vgl. auch A § 18 Nrn. 2 und 4, A § 19 Nr. 1, A § 21),

p) die wesentlichen Zahlungsbedingungen oder Angabe der Unterlagen, in denen sie enthalten sind (z. B. B § 16).

In den vom zuständigen Bundesminister bestimmten Vergabefällen muß außerdem angegeben werden:

q) unter Bezugnahme auf § 25 der Hinweis, daß der Auftraggeber den Zuschlag auf das Angebot erteilen wird, das unter Berücksichtigung aller technischen und wirtschaftlichen, gegebenenfalls auch gestalterischen und funktionsbedingten Gesichtspunkte als das annehmbarste erscheint, ergänzt durch nähere Bezeichnung der Umstände, auf die der Auftraggeber bei der Beurteilung der Angebote besonderen Wert legt, wie beispielsweise Bauunterhaltungs- oder Betriebskosten, Lebensdauer, Ausführungsfrist, künstlerische Gestaltung, möglichst in der Reihenfolge der ihnen zuerkannten Bedeutung,

r) daß die Angebote in deutscher Sprache abzufassen sind,

s) bei Beschränkter Ausschreibung und Freihändiger Vergabe ein Hinweis auf die Bekanntmachung nach Nr. 2.

(2) Auftraggeber, die ständig Bauleistungen vergeben, sollen die Erfordernisse, die die Bewerber bei der Bearbeitung ihrer Angebote beachten müssen, in Bewerbungsbedingungen zusammenfassen und dem Anschreiben beifügen (vgl. auch A § 18 Nrn. 2 und 4, A § 19 Nr. 1 und A § 21).

(3) Wenn der Auftraggeber Änderungsvorschläge oder Nebenangebote wünscht, ausdrücklich zulassen oder ausschließen will, so ist dies anzugeben; ebenso ist anzugeben, wenn Nebenangebote ohne gleichzeitige Abgabe eines Hauptangebotes ausnahmsweise ausgeschlossen werden. Soweit der Bieter eine Leistung anbietet, deren Ausführung nicht in Allgemeinen Technischen *Vertragsbedingungen* oder in den Verdingungsunterlagen geregelt ist, sind von ihm im Angebot entsprechende Angaben über Ausführung und Beschaffenheit dieser Leistung zu verlangen.

(4) Die Aufforderung zur Angebotsabgabe ist bei Beschränkter Ausschreibung sowie bei Freihändiger Vergabe mit öffentlichem Teilnahmewettbewerb an alle ausgewählten Bewerber am gleichen Tag abzusenden.

5. Jeder Bewerber soll die Leistungsbeschreibung doppelt und alle anderen für die Preisermittlung wesentlichen Unterlagen einfach erhalten. Wenn von den Unterlagen (außer der Leistungsbeschreibung) keine Vervielfältigungen abgegeben werden können, sind sie in ausreichender Weise zur Einsicht auszulegen, wenn nötig nicht nur am Geschäftssitz des Auftraggebers, sondern auch am Ausführungsort oder an einem Nachbarort.

6. Die Namen der Bewerber, die Verdingungsunterlagen erhalten oder eingesehen haben, sind geheimzuhalten.

7. (1) Erbitten Bewerber zusätzliche sachdienliche Auskünfte über die Vergabeunterlagen, so sind die Auskünfte unverzüglich zu erteilen. In den vom zuständigen Bundesminister bestimmten Vergabefällen müssen rechtzeitig beantragte Auskünfte spätestens 6 Tage – in Fällen besonderer Dringlichkeit (Nr. 2 Absatz 3) 4 Tage – vor Ablauf der Angebotsfrist erteilt werden.

(2) Werden einem Bewerber wichtige Aufklärungen über die geforderte Leistung oder die Grundlagen der Preisermittlung gegeben, so sind sie auch den anderen Bewerbern unverzüglich mitzuteilen, soweit diese bekannt sind.

Text VOB Teil A §§ 18-20

§ 18 Angebotsfrist

1. Für die Bearbeitung und Einreichung der Angebote sind ausreichende Fristen vorzusehen, auch bei kleinen Bauleistungen nicht unter 10 Werktagen. Dabei ist insbesondere der zusätzliche Aufwand für die Besichtigung von Baustellen oder die Beschaffung von Unterlagen für die Angebotsbearbeitung zu berücksichtigen.

2. Die Angebotsfrist läuft ab, sobald im Eröffnungstermin der Verhandlungsleiter mit der Öffnung der Angebote beginnt.

3. In den vom zuständigen Bundesminister bestimmten Vergabefällen dürfen folgende Fristen für die Angebotsabgabe nicht unterschritten werden:

a) bei Öffentlicher Ausschreibung 31 Werktage, gerechnet von dem Tag ab, an dem die Bekanntmachung nach § 17 Nr. 1 zur Veröffentlichung abgesandt worden ist,

b) bei Beschränkter Ausschreibung oder Freihändiger Vergabe mit öffentlichem Teilnahmewettbewerb 18 Werktage, in Fällen besonderer Dringlichkeit ausnahmsweise 9 Werktage, gerechnet von dem Tag ab, an dem die Aufforderung zur Angebotsabgabe abgesandt worden ist.

Ist für die Angebotsabgabe eine Ortsbesichtigung oder die Einsichtnahme in ausgelegte Verdingungsunterlagen (A § 17 Nr. 1 e bzw. Nr. 4 d) notwendig, so sind diese Fristen angemessen zu verlängern.

4. Bis zum Ablauf der Angebotsfrist können Angebote schriftlich, fernschriftlich oder telegrafisch zurückgezogen werden.

§ 19 Zuschlags- und Bindefrist

1. Die Zuschlagsfrist beginnt mit dem Eröffnungstermin.

2. Die Zuschlagsfrist soll so kurz wie möglich und nicht länger bemessen werden, als der Auftraggeber für eine zügige Prüfung und Wertung der Angebote (A §§ 23 bis 25) benötigt. Sie soll nicht mehr als 24 Werktage betragen; eine längere Zuschlagsfrist soll nur in begründeten Fällen festgelegt werden. Das Ende der Zuschlagsfrist soll durch Angabe des Kalendertages bezeichnet werden.

3. Es ist vorzusehen, daß der Bieter bis zum Ablauf der Zuschlagsfrist an sein Angebot gebunden ist (Bindefrist).

4. Nrn. 1 bis Nr. 3 gelten bei Freihändiger Vergabe entsprechend.

§ 20 Kosten

1. (1) Bei Öffentlicher Ausschreibung darf für die Leistungsbeschreibung und die anderen Unterlagen eine Entschädigung gefordert werden; sie darf die Selbstkosten der Vervielfältigung nicht überschreiten. In der Bekanntmachung (A § 17 Nr. 1) ist anzugeben, wie hoch sie ist; ferner ist in der Bekanntmachung sowie im Anschreiben (A § 17 Nr. 4) anzugeben, ob und unter welchen Bedingungen sie erstattet wird.

(2) Bei Beschränkter Ausschreibung und Freihändiger Vergabe sind alle Unterlagen unentgeltlich abzugeben.

2. (1) Für die Bearbeitung des Angebots wird keine Entschädigung gewährt. Verlangt jedoch der Auftraggeber, daß der Bewerber Entwürfe, Pläne, Zeichnungen, statische Berechnungen, Mengenberechnungen oder andere Unterlagen ausarbeitet, insbesondere in den Fällen des § 9 Nrn. 10 bis 12, so ist einheitlich für alle Bieter in der Ausschreibung eine angemessene Entschädigung festzusetzen. Ist eine Entschädigung festgesetzt, so steht sie jedem Bieter zu, der ein der Ausschreibung entsprechendes Angebot mit den geforderten Unterlagen rechtzeitig eingereicht hat.

(2) Diese Grundsätze gelten für die Freihändige Vergabe entsprechend.

3. Der Auftraggeber darf Angebotsunterlagen und die in den Angeboten enthaltenen eigenen Vorschläge eines Bieters nur für die Prüfung und Wertung der Angebote (A §§ 23 und 25) verwenden. Eine darüber hinausgehende Verwendung bedarf der vorherigen schriftlichen Vereinbarung.

§ 21 Inhalt der Angebote

1. (1) Die Angebote sollen nur die Preise und die geforderten Erklärungen enthalten. Sie müssen mit rechtsverbindlicher Unterschrift versehen sein. Änderungen des Bieters an seinen Eintragungen müssen zweifelsfrei sein.

(2) Änderungen an den Verdingungsunterlagen sind unzulässig.

(3) Der Auftraggeber soll allgemein oder im Einzelfall zulassen, daß Bieter für die Angebotsabgabe eine selbstgefertigte Abschrift oder statt dessen eine selbstgefertigte Kurzfassung des Leistungsverzeichnisses benutzen, wenn sie in besonderer Erklärung den vom Auftraggeber verfaßten Wortlaut der Urschrift des Leistungsverzeichnisses als allein verbindlich anerkennen; Kurzfassungen müssen jedoch die Ordnungszahlen (Positionen) vollzählig, in der gleichen Reihenfolge und mit den gleichen Nummern wie in der Urschrift wiedergeben.

(4) Muster und Proben der Bieter müssen als zum Angebot gehörig gekennzeichnet sein.

2. Etwaige Änderungsvorschläge oder Nebenangebote müssen auf besonderer Anlage gemacht und als solche deutlich gekennzeichnet werden.

3. (1) Arbeitsgemeinschaften und andere gemeinschaftliche Bieter haben eins ihrer Mitglieder als bevollmächtigten Vertreter für den Abschluß und die Durchführung des Vertrages zu bezeichnen. Reichen Vereinigungen von Unternehmern Angebote ein, so haben sie das Mitglied zu bezeichnen, das als Auftragnehmer in Betracht kommen soll.

(2) Fehlt die Bezeichnung im Angebot, so ist sie vor der Zuschlagserteilung beizubringen.

§ 22 Eröffnungstermin

1. Bei Ausschreibungen ist für die Öffnung und Verlesung (Eröffnung) der Angebote ein Eröffnungstermin abzuhalten, in dem nur die Bieter und ihre Bevollmächtigten zugegen sein dürfen. Bis zu diesem Termin sind die Angebote, die beim Eingang auf dem ungeöffneten Umschlag zu kennzeichnen sind, unter Verschluß zu halten.

2. Zur Eröffnung zuzulassen sind nur Angebote, die dem Verhandlungsleiter bei Öffnung des ersten Angebots vorliegen.

3. (1) Der Verhandlungsleiter stellt fest, ob der Verschluß der Angebote unversehrt ist.

Text VOB Teil A §§ 22, 23

(2) Die Angebote werden geöffnet und in allen wesentlichen Teilen gekennzeichnet. Name und Wohnort der Bieter und die Endbeträge der Angebote oder ihrer einzelnen Abschnitte, ferner andere den Preis betreffende Angaben werden verlesen. Es wird bekanntgegeben, ob und von wem Änderungsvorschläge oder Nebenangebote eingereicht sind. Weiteres aus dem Inhalt der Angebote soll nicht mitgeteilt werden.

(3) Muster und Proben der Bieter müssen im Termin zur Stelle sein.

4. (1) Über den Eröffnungstermin ist eine Niederschrift zu fertigen. Sie ist zu verlesen; in ihr ist zu vermerken, daß sie verlesen und als richtig anerkannt worden ist oder welche Einwendungen erhoben worden sind.

(2) Sie ist vom Verhandlungsleiter zu unterschreiben; die anwesenden Bieter und Bevollmächtigten sind berechtigt, mit zu unterzeichnen.

5. Angebote, die bei der Öffnung des ersten Angebots nicht vorgelegen haben (Nr. 2), sind in der Niederschrift oder in einem Nachtrag besonders aufzuführen. Die Eingangszeiten und die etwa bekannten Gründe, aus denen die Angebote nicht vorgelegen haben, sind zu vermerken. Der Umschlag und andere Beweismittel sind aufzubewahren.

6. Den Bietern und ihren Bevollmächtigten ist die Einsicht in die Niederschrift und ihre Nachträge (Nr. 5 und A § 23 Nr. 4) zu gestatten; den Bietern können die Namen der Bieter und die Endbeträge der Angebote sowie die Zahl ihrer Änderungsvorschläge und Nebenangebote mitgeteilt werden. Die Niederschrift darf nicht veröffentlicht werden.

7. Die Angebote und ihre Anlagen sind sorgfältig zu verwahren und geheimzuhalten; dies gilt auch bei Freihändiger Vergabe.

§ 23 Prüfung der Angebote

1. Angebote, die im Eröffnungstermin dem Verhandlungsleiter bei Öffnung des ersten Angebotes nicht vorgelegen haben, und Angebote, die den Bestimmungen des § 21 Nr. 1 Absätze 1 und 2 nicht entsprechen, brauchen nicht geprüft zu werden.

2. Die übrigen Angebote sind rechnerisch, technisch und wirtschaftlich zu prüfen, gegebenenfalls mit Hilfe von Sachverständigen (A § 7).

3. (1) Stimmt der Gesamtbetrag einer Ordnungszahl (Position) mit dem Einheitspreis nicht überein, so ist der Einheitspreis maßgebend. Ist der Einheitspreis in Ziffern und in Worten angegeben und stimmen diese Angaben nicht überein, so gilt der dem Gesamtbetrag der Ordnungszahl entsprechende Einheitspreis. Entspricht weder der in Worten noch der in Ziffern angegebene Einheitspreis dem Gesamtbetrag der Ordnungszahl, so gilt der in Worten angegebene Einheitspreis.

(2) Bei Vergabe für eine Pauschalsumme gilt diese ohne Rücksicht auf etwa angegebene Einzelpreise.

(3) Absätze 1 und 2 gelten auch bei Freihändiger Vergabe.

4. Die auf Grund der Prüfung festgestellten Angebotsendsummen sind in der Niederschrift über den Eröffnungstermin zu vermerken.

§ 24 Verhandlung mit Bietern

1. (1) Nach Öffnung der Angebote bis zur Zuschlagserteilung darf der Auftraggeber mit einem Bieter nur verhandeln, um sich über seine technische und wirtschaftliche Leistungsfähigkeit, das Angebot selbst, etwaige Änderungsvorschläge und Nebenangebote, die geplante Art der Durchführung, etwaige Ursprungsorte oder Bezugsquellen von Stoffen oder Bauteilen und um sich über die Angemessenheit der Preise, wenn nötig durch Einsicht in die vorzulegenden Preisermittlungen (Kalkulationen), zu unterrichten.

(2) Die Ergebnisse solcher Verhandlungen sind geheimzuhalten. Sie sollen, wenn es zweckmäßig ist, schriftlich niedergelegt werden.

2. Verweigert ein Bieter die geforderten Aufklärungen und Angaben, so kann sein Angebot unberücksichtigt bleiben.

3. Andere Verhandlungen, besonders über Änderung der Angebote oder Preise, sind unstatthaft, außer wenn sie bei Nebenangeboten, Änderungsvorschlägen oder Angeboten auf Grund eines Leistungsprogramms nötig sind, um unumgängliche technische Änderungen geringen Umfangs und daraus sich ergebende Änderungen der Preise zu vereinbaren.

§ 25 Wertung der Angebote

1. (1) Ausgeschlossen werden:

a) Angebote, die im Eröffnungstermin dem Verhandlungsleiter bei Öffnung des ersten Angebotes nicht vorgelegen haben,

b) Angebote, die dem § 21 Nr. 1 Absätze 1 und 2 nicht entsprechen,

c) Angebote von Bietern, die in bezug auf die Ausschreibung eine Abrede getroffen haben, die eine unzulässige Wettbewerbsbeschränkung darstellt,

d) Änderungsvorschläge und Nebenangebote, soweit der Auftraggeber dies nach § 17 Nr. 4 Absatz 3 erklärt hat.

(2) Außerdem können Angebote von Bietern nach § 8 Nr. 4 ausgeschlossen werden.

2. (1) Bei der Auswahl der Angebote, die für den Zuschlag in Betracht kommen, sind nur Bieter zu berücksichtigen, die für die Erfüllung der vertraglichen Verpflichtungen die notwendige Sicherheit bieten. Dazu gehört, daß sie die erforderliche Fachkunde, Leistungsfähigkeit und Zuverlässigkeit besitzen und über ausreichende technische und wirtschaftliche Mittel verfügen.

(2) Angebote, deren Preise in offenbarem Mißverhältnis zur Leistung stehen, werden ausgeschieden. In die engere Wahl kommen nur solche Angebote, die unter Berücksichtigung rationellen Baubetriebs und sparsamer Wirtschaftsführung eine einwandfreie Ausführung einschließlich Gewährleistung erwarten lassen. Unter diesen Angeboten soll der Zuschlag auf das Angebot erteilt werden, das unter Berücksichtigung aller technischen und wirtschaftlichen, gegebenenfalls auch gestalterischen und funktionsbedingten Gesichtspunkten als das annehmbarste erscheint. Der niedrigste Angebotspreis allein ist nicht entscheidend.

3. Änderungsvorschläge und Nebenangebote, die der Auftraggeber bei der Ausschreibung gewünscht oder ausdrücklich zugelassen hat, sind ebenso zu werten wie die Hauptangebote. Sonstige Änderungsvorschläge und Nebenangebote können berücksichtigt werden.

4. Arbeitsgemeinschaften und andere gemeinschaftliche Bieter sind Einzelbewerbern gleichzusetzen, wenn sie die Arbeiten im eigenen Betrieb oder in den Betrieben der Mitglieder ausführen.

5. Die Bestimmungen der Nr. 2 gelten auch bei Freihändiger Vergabe. Die Nrn. 1, 3 und 4 sind entsprechend auch bei Freihändiger Vergabe anzuwenden.

§ 26 Aufhebung der Ausschreibung

1. Die Ausschreibung kann aufgehoben werden:

a) wenn kein Angebot eingegangen ist, das den Ausschreibungsbedingungen entspricht,

b) wenn sich die Grundlagen der Ausschreibung wesentlich geändert haben,

c) wenn andere schwerwiegende Gründe bestehen.

2. Die Bieter sind von der Aufhebung der Ausschreibung unter Bekanntgabe der Gründe unverzüglich zu benachrichtigen.

§ 27 Nicht berücksichtigte Angebote

1. Bieter, deren Angebote ausgeschlossen worden sind (A § 25 Nr. 1) und solche, deren Angebote nicht in die engere Wahl kommen, sollen sobald wie möglich verständigt werden. Die übrigen Bieter sind zu verständigen, sobald der Zuschlag erteilt worden ist.

2. Nicht berücksichtigte Angebote und Ausarbeitungen der Bieter dürfen nur mit ihrer Zustimmung für eine neue Vergabe oder für andere Zwecke benutzt werden.

3. Entwürfe, Ausarbeitungen, Muster und Proben zu nicht berücksichtigten Angeboten sind herauszugeben, wenn dies im Angebot oder innerhalb von 24 Werktagen nach Ablehnung des Angebots verlangt wird.

§ 28 Zuschlag

1. Der Zuschlag ist möglichst bald, mindestens aber so rechtzeitig zu erteilen, daß dem Bieter die Erklärung noch vor Ablauf der Zuschlagsfrist (A § 19) zugeht.

2. (1) Wird auf ein Angebot rechtzeitig und ohne Abänderungen der Zuschlag erteilt, so ist damit nach allgemeinen Rechtsgrundsätzen der Vertrag abgeschlossen, auch wenn spätere urkundliche Festlegung vorgesehen ist.

(2) Werden dagegen Erweiterungen, Einschränkungen oder Änderungen vorgenommen oder wird der Zuschlag verspätet erteilt, so ist der Bieter bei Erteilung des Zuschlages aufzufordern, sich unverzüglich über die Annahme zu erklären.

§ 29 Vertragsurkunde

1. Eine besondere Urkunde braucht über den Vertrag nur dann gefertigt zu werden, wenn der Vertragsinhalt nicht schon durch das Angebot mit den zugehörigen Unterlagen, das Zuschlagsschreiben und andere Schriftstücke eindeutig und erschöpfend festgelegt ist.

2. Die Urkunde ist doppelt auszufertigen und von den beiden Vertragsparteien zu unterzeichnen. Die Beglaubigung einer Unterschrift kann in besonderen Fällen verlangt werden.

VOB Teil B

Allgemeine Vertragsbedingungen
für die Ausführung von Bauleistungen

DIN 1961 – Fassung 1988

§ 1 Art und Umfang der Leistung

1. Die auszuführende Leistung wird nach Art und Umfang durch den Vertrag bestimmt. Als Bestandteil des Vertrages gelten auch die Allgemeinen Technischen *Vertragsbedingungen* für Bauleistungen.

2. Bei Widersprüchen im Vertrag gelten nacheinander:

a) die Leistungsbeschreibung,

b) die Besonderen Vertragsbedingungen,

c) etwaige Zusätzliche Vertragsbedingungen,

d) etwaige Zusätzliche Technische *Vertragsbedingungen*,

e) die Allgemeinen Technischen *Vertragsbedingungen* für Bauleistungen,

f) die Allgemeinen Vertragsbedingungen für die Ausführung von Bauleistungen.

3. Änderungen des Bauentwurfs anzuordnen, bleibt dem Auftraggeber vorbehalten.

4. Nicht vereinbarte Leistungen, die zur Ausführung der vertraglichen Leistung erforderlich werden, hat der Auftragnehmer auf Verlangen des Auftraggebers mit auszuführen, außer wenn sein Betrieb auf derartige Leistungen nicht eingerichtet ist. Andere Leistungen können dem Auftragnehmer nur mit seiner Zustimmung übertragen werden.

§ 2 Vergütung

1. Durch die vereinbarten Preise werden alle Leistungen abgegolten, die nach der Leistungsbeschreibung, den Besonderen Vertragsbedingungen, den Zusätzlichen Vertragsbedingungen, den Zusätzlichen Technischen *Vertragsbedingungen*, den Allgemeinen Technischen *Vertragsbedingungen* für Bauleistungen und der gewerblichen Verkehrssitte zur vertraglichen Leistung gehören.

2. Die Vergütung wird nach den vertraglichen Einheitspreisen und den tatsächlich ausgeführten Leistungen berechnet, wenn keine andere Berechnungsart (z. B. durch Pauschalsumme, nach Stundenlohnsätzen, nach Selbstkosten) vereinbart ist.

3. (1) Weicht die ausgeführte Menge der unter einem Einheitspreis erfaßten Leistung oder Teilleistung um nicht mehr als 10 v. H. von dem im Vertrag vorgesehenen Umfang ab, so gilt der vertragliche Einheitspreis.

Text VOB Teil B § 2

(2) Für die über 10 v. H. hinausgehende Überschreitung des Mengenansatzes ist auf Verlangen ein neuer Preis unter Berücksichtigung der Mehr- oder Minderkosten zu vereinbaren.

(3) Bei einer über 10 v. H. hinausgehenden Unterschreitung des Mengenansatzes ist auf Verlangen der Einheitspreis für die tatsächlich ausgeführte Menge der Leistung oder Teilleistung zu erhöhen, soweit der Auftragnehmer nicht durch Erhöhung der Mengen bei anderen Ordnungszahlen (Positionen) oder in anderer Weise einen Ausgleich erhält. Die Erhöhung des Einheitspreises soll im wesentlichen dem Mehrbetrag entsprechen, der sich durch Verteilung der Baustelleneinrichtungs- und Baustellengemeinkosten und der Allgemeinen Geschäftskosten auf die verringerte Menge ergibt. Die Umsatzsteuer wird entsprechend dem neuen Preis vergütet.

(4) Sind von der unter einem Einheitspreis erfaßten Leistung oder Teilleistung andere Leistungen abhängig, für die eine Pauschalsumme vereinbart ist, so kann mit der Änderung des Einheitspreises auch eine angemessene Änderung der Pauschalsumme gefordert werden.

4. Werden im Vertrag ausbedungene Leistungen des Auftragnehmers vom Auftraggeber selbst übernommen (z. B. Lieferung von Bau-, Bauhilfs- und Betriebsstoffen), so gilt, wenn nichts anderes vereinbart wird, § 8 Nr. 1 Absatz 2 entsprechend.

5. Werden durch Änderung des Bauentwurfs oder andere Anordnungen des Auftraggebers die Grundlagen des Preises für eine im Vertrag vorgesehene Leistung geändert, so ist ein neuer Preis unter Berücksichtigung der Mehr- oder Minderkosten zu vereinbaren. Die Vereinbarung soll vor der Ausführung getroffen werden.

6. (1) Wird eine im Vertrag nicht vorgesehene Leistung gefordert, so hat der Auftragnehmer Anspruch auf besondere Vergütung. Er muß jedoch den Anspruch dem Auftraggeber ankündigen, bevor er mit der Ausführung der Leistung beginnt.

(2) Die Vergütung bestimmt sich nach den Grundlagen der Preisermittlung für die vertragliche Leistung und den besonderen Kosten der geforderten Leistung. Sie ist möglichst vor Beginn der Ausführung zu vereinbaren.

7. (1) Ist als Vergütung der Leistung eine Pauschalsumme vereinbart, so bleibt die Vergütung unverändert. Weicht jedoch die ausgeführte Leistung von der vertraglich vorgesehenen Leistung so erheblich ab, daß ein Festhalten an der Pauschalsumme nicht zumutbar ist (§ 242 BGB), so ist auf Verlangen ein Ausgleich unter Berücksichtigung der Mehr- oder Minderkosten zu gewähren. Für die Bemessung des Ausgleichs ist von den Grundlagen der Preisermittlung auszugehen. Nrn. 4, 5 und 6 bleiben unberührt.

(2) Wenn nichts anderes vereinbart ist, gilt Absatz 1 auch für Pauschalsummen, die für Teile der Leistung vereinbart sind; Nr. 3 Absatz 4 bleibt unberührt.

8. (1) Leistungen, die der Auftragnehmer ohne Auftrag oder unter eigenmächtiger Abweichung vom Vertrag ausführt, werden nicht vergütet. Der Auftragnehmer hat sie auf Verlangen innerhalb einer angemessenen Frist zu beseitigen; sonst kann es auf seine Kosten geschehen. Er haftet außerdem für andere Schäden, die dem Auftraggeber hieraus entstehen, wenn die Vorschriften des BGB über die Geschäftsführung ohne Auftrag (§§ 677 ff.) nichts anderes ergeben.

(2) Eine Vergütung steht dem Auftragnehmer jedoch zu, wenn der Auftraggeber solche Leistungen nachträglich anerkennt. Eine Vergütung steht ihm auch zu, wenn die Leistungen für

die Erfüllung des Vertrages notwendig waren, dem mutmaßlichen Willen des Auftraggebers entsprachen und ihm unverzüglich angezeigt wurden.

9. (1) Verlangt der Auftraggeber Zeichnungen, Berechnungen oder andere Unterlagen, die der Auftragnehmer nach dem Vertrag, besonders den Technischen *Vertragsbedingungen* oder der gewerblichen Verkehrssitte, nicht zu beschaffen hat, so hat er sie zu vergüten.

(2) Läßt er vom Auftragnehmer nicht aufgestellte technische Berechnungen durch den Auftragnehmer nachprüfen, so hat er die Kosten zu tragen.

10. Stundenlohnarbeiten werden nur vergütet, wenn sie als solche vor ihrem Beginn ausdrücklich vereinbart worden sind (§ 15).

§ 3 Ausführungsunterlagen

1. Die für die Ausführung nötigen Unterlagen sind dem Auftragnehmer unentgeltlich und rechtzeitig zu übergeben.

2. Das Abstecken der Hauptachsen der baulichen Anlagen, ebenso der Grenzen des Geländes, das dem Auftragnehmer zur Verfügung gestellt wird, und das Schaffen der notwendigen Höhenfestpunkte in unmittelbarer Nähe der baulichen Anlagen sind Sache des Auftraggebers.

3. Die vom Auftraggeber zur Verfügung gestellten Geländeaufnahmen und Absteckungen und die übrigen für die Ausführung übergebenen Unterlagen sind für den Auftragnehmer maßgebend. Jedoch hat er sie, soweit es zur ordnungsgemäßen Vertragserfüllung gehört, auf etwaige Unstimmigkeiten zu überprüfen und den Auftraggeber auf entdeckte oder vermutete Mängel hinzuweisen.

4. Vor Beginn der Arbeiten ist, soweit notwendig, der Zustand der Straßen und Geländeoberfläche, der Vorfluter und Vorflutleitungen, ferner der baulichen Anlagen im Baubereich in einer Niederschrift festzuhalten, die vom Auftraggeber und Auftragnehmer anzuerkennen ist.

5. Zeichnungen, Berechnungen, Nachprüfungen von Berechnungen oder andere Unterlagen, die der Auftragnehmer nach dem Vertrag, besonders den Technischen *Vertragsbedingungen*, oder der gewerblichen Verkehrssitte oder auf besonderes Verlangen des Auftraggebers (§ 2 Nr. 9) zu beschaffen hat, sind dem Auftraggeber nach Aufforderung rechtzeitig vorzulegen.

6. Die in Nr. 5 genannten Unterlagen dürfen ohne Genehmigung ihres Urhebers weder veröffentlicht noch vervielfältigt noch für einen anderen als den vereinbarten Zweck benutzt werden. Sie sind auf Verlangen zurückzugeben, wenn nichts anderes vereinbart ist. Der Auftraggeber darf jedoch die vom Auftragnehmer gelieferten Unterlagen so lange behalten, wie er sie zur Rechnungsprüfung braucht.

§ 4 Ausführung

1. (1) Der Auftraggeber hat für die Aufrechterhaltung der allgemeinen Ordnung auf der Baustelle zu sorgen und das Zusammenwirken der verschiedenen Unternehmer zu regeln. Er hat die erforderlichen öffentlich-rechtlichen Genehmigungen und Erlaubnisse – z. B. nach dem Baurecht, dem Straßenverkehrsrecht, dem Wasserrecht, dem Gewerberecht – herbeizuführen.

Text VOB Teil B § 4

(2) Der Auftraggeber hat das Recht, die vertragsgemäße Ausführung der Leistung zu überwachen. Hierzu hat er Zutritt zu den Arbeitsplätzen, Werkstätten und Lagerräumen, wo die vertragliche Leistung oder Teile von ihr hergestellt oder die hierfür bestimmten Stoffe und Bauteile gelagert werden. Auf Verlangen sind ihm die Werkzeichnungen oder andere Ausführungsunterlagen sowie die Ergebnisse von Güteprüfungen zur Einsicht vorzulegen und die erforderlichen Auskünfte zu erteilen, wenn hierdurch keine Geschäftsgeheimnisse preisgegeben werden. Als Geschäftsgeheimnis bezeichnete Auskünfte und Unterlagen hat er vertraulich zu behandeln.

(3) Der Auftraggeber ist befugt, unter Wahrung der dem Auftragnehmer zustehenden Leistung (Nr. 2) Anordnungen zu treffen, die zur vertragsgemäßen Ausführung der Leistung notwendig sind. Die Anordnungen sind grundsätzlich nur dem Auftragnehmer oder seinem für die Leitung der Ausführung bestellten Vertreter zu erteilen, außer wenn Gefahr im Verzug ist. Dem Auftraggeber ist mitzuteilen, wer jeweils als Vertreter des Auftragnehmers für die Leitung der Ausführung bestellt ist.

(4) Hält der Auftragnehmer die Anordnungen des Auftraggebers für unberechtigt oder unzweckmäßig, so hat er seine Bedenken geltend zu machen, die Anordnungen jedoch auf Verlangen auszuführen, wenn nicht gesetzliche oder behördliche Bestimmungen entgegenstehen. Wenn dadurch eine ungerechtfertigte Erschwerung verursacht wird, hat der Auftraggeber die Mehrkosten zu tragen.

2. (1) Der Auftragnehmer hat die Leistung unter eigener Verantwortung nach dem Vertrag auszuführen. Dabei hat er die anerkannten Regeln der Technik und die gesetzlichen und behördlichen Bestimmungen zu beachten. Es ist seine Sache, die Ausführung seiner vertraglichen Leistung zu leiten und für Ordnung auf seiner Arbeitsstelle zu sorgen.

(2) Er ist für die Erfüllung der gesetzlichen, behördlichen und berufsgenossenschaftlichen Verpflichtungen gegenüber seinen Arbeitnehmern allein verantwortlich. Es ist ausschließlich seine Aufgabe, die Vereinbarungen und Maßnahmen zu treffen, die sein Verhältnis zu den Arbeitnehmern regeln.

3. Hat der Auftragnehmer Bedenken gegen die vorgesehene Art der Ausführung (auch wegen der Sicherung gegen Unfallgefahren), gegen die Güte der vom Auftraggeber gelieferten Stoffe oder Bauteile oder gegen die Leistungen anderer Unternehmer, so hat er sie dem Auftraggeber unverzüglich – möglichst schon vor Beginn der Arbeiten – schriftlich mitzuteilen; der Auftraggeber bleibt jedoch für seine Angaben, Anordnungen oder Lieferungen verantwortlich.

4. Der Auftraggeber hat, wenn nichts anderes vereinbart ist, dem Auftragnehmer unentgeltlich zur Benutzung oder Mitbenutzung zu überlassen:

a) die notwendigen Lager- und Arbeitsplätze auf der Baustelle,

b) vorhandene Zufahrtswege und Anschlußgleise,

c) vorhandene Anschlüsse für Wasser und Energie. Die Kosten für den Verbrauch und den Messer oder Zähler trägt der Auftragnehmer, mehrere Auftragnehmer tragen sie anteilig.

5. Der Auftragnehmer hat die von ihm ausgeführten Leistungen und die ihm für die Ausführung übergebenen Gegenstände bis zur Abnahme vor Beschädigung und Diebstahl zu schützen. Auf Verlangen des Auftraggebers hat er sie vor Winterschäden und Grundwasser zu schützen, ferner Schnee und Eis zu beseitigen. Obliegt ihm die Verpflichtung nach Satz 2 nicht schon nach dem Vertrag, so regelt sich die Vergütung nach § 2 Nr. 6.

6. Stoffe oder Bauteile, die dem Vertrag oder den Proben nicht entsprechen, sind auf Anordnung des Auftraggebers innerhalb einer von ihm bestimmten Frist von der Baustelle zu entfernen. Geschieht es nicht, so können sie auf Kosten des Auftragnehmers entfernt oder für seine Rechnung veräußert werden.

7. Leistungen, die schon während der Ausführung als mangelhaft oder vertragswidrig erkannt werden, hat der Auftragnehmer auf eigene Kosten durch mangelfreie zu ersetzen. Hat der Auftragnehmer den Mangel oder die Vertragswidrigkeit zu vertreten, so hat er auch den daraus entstehenden Schaden zu ersetzen. Kommt der Auftragnehmer der Pflicht zur Beseitigung des Mangels nicht nach, so kann ihm der Auftraggeber eine angemessene Frist zur Beseitigung des Mangels setzen und erklären, daß er ihm nach fruchtlosem Ablauf der Frist den Auftrag entziehe (§ 8 Nr. 3).

8. (1) Der Auftragnehmer hat die Leistung im eigenen Betrieb auszuführen. Mit schriftlicher Zustimmung des Auftraggebers darf er sie an Nachunternehmer übertragen. Die Zustimmung ist nicht notwendig bei Leistungen, auf die der Betrieb des Auftragnehmers nicht eingerichtet ist.

(2) Der Auftragnehmer hat bei der Weitervergabe von Bauleistungen an Nachunternehmer die Verdingungsordnung für Bauleistungen zugrunde zu legen.

(3) Der Auftragnehmer hat die Nachunternehmer dem Auftraggeber auf Verlangen bekanntzugeben.

9. Werden bei Ausführung der Leistung auf einem Grundstück Gegenstände von Altertums-, Kunst- oder wissenschaftlichem Wert entdeckt, so hat der Auftragnehmer vor jedem weiteren Aufdecken oder Ändern dem Auftraggeber den Fund anzuzeigen und ihm die Gegenstände nach näherer Weisung abzuliefern. Die Vergütung etwaiger Mehrkosten regelt sich nach § 2 Nr. 6. Die Rechte des Entdeckers (§ 984 BGB) hat der Auftraggeber.

§ 5 Ausführungsfristen

1. Die Ausführung ist nach den verbindlichen Fristen (Vertragsfristen) zu beginnen, angemessen zu fördern und zu vollenden. In einem Bauzeitenplan enthaltene Einzelfristen gelten nur dann als Vertragsfristen, wenn dies im Vertrag ausdrücklich vereinbart ist.

2. Ist für den Beginn der Ausführung keine Frist vereinbart, so hat der Auftraggeber dem Auftragnehmer auf Verlangen Auskunft über den voraussichtlichen Beginn zu erteilen. Der Auftragnehmer hat innerhalb von 12 Werktagen nach Aufforderung zu beginnen. Der Beginn der Ausführung ist dem Auftraggeber anzuzeigen.

3. Wenn Arbeitskräfte, Geräte, Gerüste, Stoffe oder Bauteile so unzureichend sind, daß die Ausführungsfristen offenbar nicht eingehalten werden können, muß der Auftragnehmer auf Verlangen unverzüglich Abhilfe schaffen.

4. Verzögert der Auftragnehmer den Beginn der Ausführung, gerät er mit der Vollendung in Verzug oder kommt er der in Nr. 3 erwähnten Verpflichtung nicht nach, so kann der Auftraggeber bei Aufrechterhaltung des Vertrages Schadensersatz nach § 6 Nr. 6 verlangen oder dem Auftragnehmer eine angemessene Frist zur Vertragserfüllung setzen und erklären, daß er ihm nach fruchtlosem Ablauf der Frist den Auftrag entziehe (§ 8 Nr. 3).

Text VOB Teil B §§ 6, 7

§ 6 Behinderung und Unterbrechung der Ausführung

1. Glaubt sich der Auftragnehmer in der ordnungsgemäßen Ausführung der Leistung behindert, so hat er es dem Auftraggeber unverzüglich schriftlich anzuzeigen. Unterläßt er die Anzeige, so hat er nur dann Anspruch auf Berücksichtigung der hindernden Umstände, wenn dem Auftraggeber offenkundig die Tatsache und deren hindernde Wirkung bekannt waren.

2. (1) Ausführungsfristen werden verlängert, soweit die Behinderung verursacht ist:

a) durch einen vom Auftraggeber zu vertretenden Umstand,

b) durch Streik oder eine von der Berufsvertretung der Arbeitgeber angeordnete Aussperrung im Betrieb des Auftragnehmers oder in einem unmittelbar für ihn arbeitenden Betrieb,

c) durch höhere Gewalt oder andere für den Auftragnehmer unabwendbare Umstände.

(2) Witterungseinflüsse während der Ausführungszeit, mit denen bei Abgabe des Angebots normalerweise gerechnet werden mußte, gelten nicht als Behinderung.

3. Der Auftragnehmer hat alles zu tun, was ihm billigerweise zugemutet werden kann, um die Weiterführung der Arbeiten zu ermöglichen. Sobald die hindernden Umstände wegfallen, hat er ohne weiteres und unverzüglich die Arbeiten wiederaufzunehmen und den Auftraggeber davon zu benachrichtigen.

4. Die Fristverlängerung wird berechnet nach der Dauer der Behinderung mit einem Zuschlag für die Wiederaufnahme der Arbeiten und die etwaige Verschiebung in eine ungünstigere Jahreszeit.

5. Wird die Ausführung für voraussichtlich längere Dauer unterbrochen, ohne daß die Leistung dauernd unmöglich wird, so sind die ausgeführten Leistungen nach den Vertragspreisen abzurechnen und außerdem die Kosten zu vergüten, die dem Auftragnehmer bereits entstanden und in den Vertragspreisen des nicht ausgeführten Teiles der Leistung enthalten sind.

6. Sind die hindernden Umstände von einem Vertragsteil zu vertreten, so hat der andere Teil Anspruch auf Ersatz des nachweislich entstandenen Schadens, des entgangenen Gewinns aber nur bei Vorsatz oder grober Fahrlässigkeit.

7. Dauert eine Unterbrechung länger als 3 Monate, so kann jeder Teil nach Ablauf dieser Zeit den Vertrag schriftlich kündigen. Die Abrechnung regelt sich nach Nrn. 5 und 6; wenn der Auftragnehmer die Unterbrechung nicht zu vertreten hat, sind auch die Kosten der Baustellenräumung zu vergüten, soweit sie nicht in der Vergütung für die bereits ausgeführten Leistungen enthalten sind.

§ 7 Verteilung der Gefahr

Wird die ganz oder teilweise ausgeführte Leistung vor der Abnahme durch höhere Gewalt, Krieg, Aufruhr oder andere unabwendbare vom Auftragnehmer nicht zu vertretende Umstände beschädigt oder zerstört, so hat dieser für die ausgeführten Teile der Leistung die Ansprüche nach § 6 Nr. 5; für andere Schäden besteht keine gegenseitige Ersatzpflicht.

§ 8 Kündigung durch den Auftraggeber

1. (1) Der Auftraggeber kann bis zur Vollendung der Leistung jederzeit den Vertrag kündigen.

(2) Dem Auftragnehmer steht die vereinbarte Vergütung zu. Er muß sich jedoch anrechnen lassen, was er infolge der Aufhebung des Vertrages an Kosten erspart oder durch anderweitige Verwendung seiner Arbeitskraft und seines Betriebes erwirbt oder zu erwerben böswillig unterläßt (§ 649 BGB).

2. (1) Der Auftraggeber kann den Vertrag kündigen, wenn der Auftragnehmer seine Zahlungen einstellt, das Vergleichsverfahren beantragt oder in Konkurs gerät.

(2) Die ausgeführten Leistungen sind nach § 6 Nr. 5 abzurechnen. Der Auftraggeber kann Schadensersatz wegen Nichterfüllung des Restes verlangen.

3. (1) Der Auftraggeber kann den Vertrag kündigen, wenn in den Fällen des § 4 Nr. 7 und des § 5 Nr. 4 die gesetzte Frist fruchtlos abgelaufen ist (Entziehung des Auftrags). Die Entziehung des Auftrags kann auf einen in sich abgeschlossenen Teil der vertraglichen Leistung beschränkt werden.

(2) Nach der Entziehung des Auftrags ist der Auftraggeber berechtigt, den noch nicht vollendeten Teil der Leistung zu Lasten des Auftragnehmers durch einen Dritten ausführen zu lassen, doch bleiben seine Ansprüche auf Ersatz des etwa entstehenden weiteren Schadens bestehen. Er ist auch berechtigt, auf die weitere Ausführung zu verzichten und Schadensersatz wegen Nichterfüllung zu verlangen, wenn die Ausführung aus den Gründen, die zur Entziehung des Auftrags geführt haben, für ihn kein Interesse mehr hat.

(3) Für die Weiterführung der Arbeiten kann der Auftraggeber Geräte, Gerüste, auf der Baustelle vorhandene andere Einrichtungen und angelieferte Stoffe und Bauteile gegen angemessene Vergütung in Anspruch nehmen.

(4) Der Auftraggeber hat dem Auftragnehmer eine Aufstellung über die entstandenen Mehrkosten und über seine anderen Ansprüche spätestens binnen 12 Werktagen nach Abrechnung mit dem Dritten zuzusenden.

4. Der Auftraggeber kann den Auftrag entziehen, wenn der Auftragnehmer aus Anlaß der Vergabe eine Abrede getroffen hatte, die eine unzulässige Wettbewerbsbeschränkung darstellt. Die Kündigung ist innerhalb von 12 Werktagen nach Bekanntwerden des Kündigungsgrundes auszusprechen. Die Nr. 3 gilt entsprechend.

5. Die Kündigung ist schriftlich zu erklären.

6. Der Auftragnehmer kann Aufmaß und Abnahme der von ihm ausgeführten Leistungen alsbald nach der Kündigung verlangen; er hat unverzüglich eine prüfbare Rechnung über die ausgeführten Leistungen vorzulegen.

7. Eine wegen Verzugs verwirkte, nach Zeit bemessene Vertragsstrafe kann nur für die Zeit bis zum Tag der Kündigung des Vertrages gefordert werden.

Text VOB Teil B §§ 9, 10

§ 9 Kündigung durch den Auftragnehmer

1. Der Auftragnehmer kann den Vertrag kündigen:

a) wenn der Auftraggeber eine ihm obliegende Handlung unterläßt und dadurch den Auftragnehmer außerstand setzt, die Leistung auszuführen (Annahmeverzug nach §§ 293 ff. BGB),

b) wenn der Auftraggeber eine fällige Zahlung nicht leistet oder sonst in Schuldnerverzug gerät.

2. Die Kündigung ist schriftlich zu erklären. Sie ist erst zulässig, wenn der Auftragnehmer dem Auftraggeber ohne Erfolg eine angemessene Frist zur Vertragserfüllung gesetzt und erklärt hat, daß er nach fruchtlosem Ablauf der Frist den Vertrag kündigen werde.

3. Die bisherigen Leistungen sind nach den Vertragspreisen abzurechnen. Außerdem hat der Auftragnehmer Anspruch auf angemessene Entschädigung nach § 642 BGB; etwaige weitergehende Ansprüche des Auftragnehmers bleiben unberührt.

§ 10 Haftung der Vertragsparteien

1. Die Vertragsparteien haften einander für eigenes Verschulden sowie für das Verschulden ihrer gesetzlichen Vertreter und der Personen, deren sie sich zur Erfüllung ihrer Verbindlichkeiten bedienen (§§ 276, 278 BGB).

2. (1) Entsteht einem Dritten im Zusammenhang mit der Leistung ein Schaden, für den auf Grund gesetzlicher Haftpflichtbestimmungen beide Vertragsparteien haften, so gelten für den Ausgleich zwischen den Vertragsparteien die allgemeinen gesetzlichen Bestimmungen, soweit im Einzelfall nichts anderes vereinbart ist. Soweit der Schaden des Dritten nur die Folge einer Maßnahme ist, die der Auftraggeber in dieser Form angeordnet hat, trägt er den Schaden allein, wenn ihn der Auftragnehmer auf die mit der angeordneten Ausführung verbundene Gefahr nach § 4 Nr. 3 hingewiesen hat.

(2) Der Auftragnehmer trägt den Schaden allein, soweit er ihn durch Versicherung seiner gesetzlichen Haftpflicht gedeckt hat oder innerhalb der von der Versicherungsaufsichtsbehörde genehmigten Allgemeinen Versicherungsbedingungen zu tarifmäßigen, nicht auf außergewöhnliche Verhältnisse abgestellten Prämien und Prämienzuschlägen bei einem im Inland zum Geschäftsbetrieb zugelassenen Versicherer hätte decken können.

3. Ist der Auftragnehmer einem Dritten nach §§ 823 ff. BGB zu Schadensersatz verpflichtet wegen unbefugten Betretens oder Beschädigung angrenzender Grundstücke, wegen Entnahme oder Auflagerung von Boden oder anderen Gegenständen außerhalb der vom Auftraggeber dazu angewiesenen Flächen oder wegen der Folgen eigenmächtiger Versperrung von Wegen oder Wasserläufen, so trägt er im Verhältnis zum Auftraggeber den Schaden allein.

4. Für die Verletzung gewerblicher Schutzrechte haftet im Verhältnis der Vertragsparteien zueinander der Auftragnehmer allein, wenn er selbst das geschützte Verfahren oder die Verwendung geschützter Gegenstände angeboten oder wenn der Auftraggeber die Verwendung vorgeschrieben und auf das Schutzrecht hingewiesen hat.

5. Ist eine Vertragspartei gegenüber der anderen nach Nrn. 2, 3 oder 4 von der Ausgleichspflicht befreit, so gilt diese Befreiung auch zugunsten ihrer gesetzlichen Vertreter und Erfüllungsgehilfen, wenn sie nicht vorsätzlich oder grob fahrlässig gehandelt haben.

6. Soweit eine Vertragspartei von dem Dritten für einen Schaden in Anspruch genommen wird, den nach Nrn. 2, 3 oder 4 die andere Vertragspartei zu tragen hat, kann sie verlangen, daß ihre Vertragspartei sie von der Verbindlichkeit gegenüber dem Dritten befreit. Sie darf den Anspruch des Dritten nicht anerkennen oder befriedigen, ohne der anderen Vertragspartei vorher Gelegenheit zur Äußerung gegeben zu haben.

§ 11 Vertragsstrafe

1. Wenn Vertragsstrafen vereinbart sind, gelten die §§ 339 bis 345 BGB.

2. Ist die Vertragsstrafe für den Fall vereinbart, daß der Auftragnehmer nicht in der vorgesehenen Frist erfüllt, so wird sie fällig, wenn der Auftragnehmer in Verzug gerät.

3. Ist die Vertragsstrafe nach Tagen bemessen, so zählen nur Werktage; ist sie nach Wochen bemessen, so wird jeder Werktag angefangener Wochen als 1/6 Woche gerechnet.

4. Hat der Auftraggeber die Leistung abgenommen, so kann er die Strafe nur verlangen, wenn er dies bei der Abnahme vorbehalten hat.

§ 12 Abnahme

1. Verlangt der Auftragnehmer nach der Fertigstellung – gegebenenfalls auch vor Ablauf der vereinbarten Ausführungsfrist – die Abnahme der Leistung, so hat sie der Auftraggeber binnen 12 Werktagen durchzuführen; eine andere Frist kann vereinbart werden.

2. Besonders abzunehmen sind auf Verlangen:

a) in sich abgeschlossene Teile der Leistung,

b) andere Teile der Leistung, wenn sie durch die weitere Ausführung der Prüfung und Feststellung entzogen werden.

3. Wegen wesentlicher Mängel kann die Abnahme bis zur Beseitigung verweigert werden.

4. (1) Eine förmliche Abnahme hat stattzufinden, wenn eine Vertragspartei es verlangt. Jede Partei kann auf ihre Kosten einen Sachverständigen zuziehen. Der Befund ist in gemeinsamer Verhandlung schriftlich niederzulegen. In die Niederschrift sind etwaige Vorbehalte wegen bekannter Mängel und wegen Vertragsstrafen aufzunehmen, ebenso etwaige Einwendungen des Auftragnehmers. Jede Partei erhält eine Ausfertigung.

(2) Die förmliche Abnahme kann in Abwesenheit des Auftragnehmers stattfinden, wenn der Termin vereinbart war oder der Auftraggeber mit genügender Frist dazu eingeladen hatte. Das Ergebnis der Abnahme ist dem Auftragnehmer alsbald mitzuteilen.

5. (1) Wird keine Abnahme verlangt, so gilt die Leistung als abgenommen mit Ablauf von 12 Werktagen nach schriftlicher Mitteilung über die Fertigstellung der Leistung.

(2) Hat der Auftraggeber die Leistung oder einen Teil der Leistung in Benutzung genommen, so gilt die Abnahme nach Ablauf von 6 Werktagen nach Beginn der Benutzung als erfolgt, wenn nichts anderes vereinbart ist. Die Benutzung von Teilen einer baulichen Anlage zur Weiterführung der Arbeiten gilt nicht als Abnahme.

(3) Vorbehalte wegen bekannter Mängel oder wegen Vertragsstrafen hat der Auftraggeber spätestens zu den in den Absätzen 1 und 2 bezeichneten Zeitpunkten geltend zu machen.

6. Mit der Abnahme geht die Gefahr auf den Auftraggeber über, soweit er sie nicht schon nach § 7 trägt.

§ 13 Gewährleistung

1. Der Auftragnehmer übernimmt die Gewähr, daß seine Leistung zur Zeit der Abnahme die vertraglich zugesicherten Eigenschaften hat, den anerkannten Regeln der Technik entspricht und nicht mit Fehlern behaftet ist, die den Wert oder die Tauglichkeit zu dem gewöhnlichen oder dem nach dem Vertrag vorausgesetzten Gebrauch aufheben oder mindern.

2. Bei Leistungen nach Probe gelten die Eigenschaften der Probe als zugesichert, soweit nicht Abweichungen nach der Verkehrssitte als bedeutungslos anzusehen sind. Dies gilt auch für Proben, die erst nach Vertragsabschluß als solche anerkannt sind.

3. Ist ein Mangel zurückzuführen auf die Leistungsbeschreibung oder auf Anordnungen des Auftraggebers, auf die von diesem gelieferten oder vorgeschriebenen Stoffe oder Bauteile oder die Beschaffenheit der Vorleistung eines anderen Unternehmers, so ist der Auftragnehmer von der Gewährleistung für diese Mängel frei, außer wenn er die ihm nach § 4 Nr. 3 obliegende Mitteilung über die zu befürchtenden Mängel unterlassen hat.

4. Ist für die Gewährleistung keine Verjährungsfrist im Vertrag vereinbart, so beträgt sie für Bauwerke und für Holzerkrankungen 2 Jahre, für Arbeiten an einem Grundstück und für die vom Feuer berührten Teile von Feuerungsanlagen ein Jahr. Die Frist beginnt mit der Abnahme der gesamten Leistung; nur für in sich abgeschlossene Teile der Leistung beginnt sie mit der Teilabnahme (§ 12 Nr. 2 a).

5. (1) Der Auftragnehmer ist verpflichtet, alle während der Verjährungsfrist hervortretenden Mängel, die auf vertragswidrige Leistung zurückzuführen sind, auf seine Kosten zu beseitigen, wenn es der Auftraggeber vor Ablauf der Frist schriftlich verlangt. Der Anspruch auf Beseitigung der gerügten Mängel verjährt mit Ablauf der Regelfristen der Nr. 4, gerechnet vom Zugang des schriftlichen Verlangens an, jedoch nicht vor Ablauf der vereinbarten Frist. Nach Abnahme der Mängelbeseitigungsleistung beginnen für diese Leistung die Regelfristen der Nr. 4, wenn nichts anderes vereinbart ist.

(2) Kommt der Auftragnehmer der Aufforderung zur Mängelbeseitigung in einer vom Auftraggeber gesetzten angemessenen Frist nicht nach, so kann der Auftraggeber die Mängel auf Kosten des Auftragnehmers beseitigen lassen.

6. Ist die Beseitigung des Mangels unmöglich oder würde sie einen unverhältnismäßig hohen Aufwand erfordern und wird sie deshalb vom Auftragnehmer verweigert, so kann der Auftraggeber Minderung der Vergütung verlangen (§ 634 Absatz 4, § 472 BGB). Der Auftraggeber kann ausnahmsweise auch dann Minderung der Vergütung verlangen, wenn die Beseitigung des Mangels für ihn unzumutbar ist.

7. (1) Ist ein wesentlicher Mangel, der die Gebrauchsfähigkeit erheblich beeinträchtigt, auf ein Verschulden des Auftragnehmers oder seiner Erfüllungsgehilfen zurückzuführen, so ist der Auftragnehmer außerdem verpflichtet, dem Auftraggeber den Schaden an der baulichen Anlage zu ersetzen, zu deren Herstellung, Instandhaltung oder Änderung die Leistung dient.

(2) Den darüber hinausgehenden Schaden hat er nur dann zu ersetzen:

a) wenn der Mangel auf Vorsatz oder grober Fahrlässigkeit beruht,

b) wenn der Mangel auf einem Verstoß gegen die anerkannten Regeln der Technik beruht,

c) wenn der Mangel in dem Fehlen einer vertraglich zugesicherten Eigenschaft besteht oder

d) soweit der Auftragnehmer den Schaden durch Versicherung seiner gesetzlichen Haftpflicht gedeckt hat oder innerhalb der von der Versicherungsaufsichtsbehörde genehmigten Allgemeinen Versicherungsbedingungen zu tarifmäßigen, nicht auf außergewöhnliche Verhältnisse abgestellten Prämien und Prämienzuschlägen bei einem im Inland zum Geschäftsbetrieb zugelassenen Versicherer hätte decken können.

(3) Abweichend von Nr. 4 gelten die gesetzlichen Verjährungsfristen, soweit sich der Auftragnehmer nach Absatz 2 durch Versicherung geschützt hat oder hätte schützen können oder soweit ein besonderer Versicherungsschutz vereinbart ist.

(4) Eine Einschränkung oder Erweiterung der Haftung kann in begründeten Sonderfällen vereinbart werden.

§ 14 Abrechnung

1. Der Auftragnehmer hat seine Leistungen prüfbar abzurechnen. Er hat die Rechnungen übersichtlich aufzustellen und dabei die Reihenfolge der Posten einzuhalten und die in den Vertragsbestandteilen enthaltenen Bezeichnungen zu verwenden. Die zum Nachweis von Art und Umfang der Leistung erforderlichen Mengenberechnungen, Zeichnungen und andere Belege sind beizufügen. Änderungen und Ergänzungen des Vertrages sind in der Rechnung besonders kenntlich zu machen; sie sind auf Verlangen getrennt abzurechnen.

2. Die für die Abrechnung notwendigen Feststellungen sind dem Fortgang der Leistung entsprechend möglichst gemeinsam vorzunehmen. Die Abrechnungsbestimmungen in den Technischen *Vertragsbedingungen* und den anderen Vertragsunterlagen sind zu beachten. Für Leistungen, die bei Weiterführung der Arbeiten nur schwer feststellbar sind, hat der Auftragnehmer rechtzeitig gemeinsame Feststellungen zu beantragen.

3. Die Schlußrechnung muß bei Leistungen mit einer vertraglichen Ausführungsfrist von höchstens 3 Monaten spätestens 12 Werktage nach Fertigstellung eingereicht werden, wenn nichts anderes vereinbart ist; diese Frist wird um je 6 Werktage für je weitere 3 Monate Ausführungsfrist verlängert.

4. Reicht der Auftragnehmer eine prüfbare Rechnung nicht ein, obwohl ihm der Auftraggeber dafür eine angemessene Frist gesetzt hat, so kann sie der Auftraggeber selbst auf Kosten des Auftragnehmers aufstellen.

§ 15 Stundenlohnarbeiten

1. (1) Stundenlohnarbeiten werden nach den vertraglichen Vereinbarungen abgerechnet.

(2) Soweit für die Vergütung keine Vereinbarungen getroffen worden sind, gilt die ortsübliche Vergütung. Ist diese nicht zu ermitteln, so werden die Aufwendungen des Auftragnehmers für
Lohn- und Gehaltskosten der Baustelle, Lohn- und Gehaltsnebenkosten der Baustelle, Stoffkosten der Baustelle, Kosten der Einrichtungen, Geräte, Maschinen und maschinellen Anlagen der Baustelle, Fracht-, Fuhr- und Ladekosten, Sozialkassenbeiträge und Sonderkosten,
die bei wirtschaftlicher Betriebsführung entstehen, mit angemessenen Zuschlägen für Gemeinkosten und Gewinn (einschließlich allgemeinem Unternehmerwagnis) zuzüglich Umsatzsteuer vergütet.

Text VOB Teil B §§ 15, 16

2. Verlangt der Auftraggeber, daß die Stundenlohnarbeiten durch einen Polier oder eine andere Aufsichtsperson beaufsichtigt werden, oder ist die Aufsicht nach den einschlägigen Unfallverhütungsvorschriften notwendig, so gilt Nr. 1 entsprechend.

3. Dem Auftraggeber ist die Ausführung von Stundenlohnarbeiten vor Beginn anzuzeigen. Über die geleisteten Arbeitsstunden und den dabei erforderlichen, besonders zu vergütenden Aufwand für den Verbrauch von Stoffen, für Vorhaltung von Einrichtungen, Geräten, Maschinen und maschinellen Anlagen, für Frachten, Fuhr- und Ladeleistungen sowie etwaige Sonderkosten sind, wenn nichts anderes vereinbart ist, je nach der Verkehrssitte werktäglich oder wöchentlich Listen (Stundenlohnzettel) einzureichen. Der Auftraggeber hat die von ihm bescheinigten Stundenlohnzettel unverzüglich, spätestens jedoch innerhalb von 6 Werktagen nach Zugang, zurückzugeben. Dabei kann er Einwendungen auf den Stundenlohnzetteln oder gesondert schriftlich erheben. Nicht fristgemäß zurückgegebene Stundenlohnzettel gelten als anerkannt.

4. Stundenlohnrechnungen sind alsbald nach Abschluß der Stundenlohnarbeiten, längstens jedoch in Abständen von 4 Wochen, einzureichen. Für die Zahlung gilt § 16.

5. Wenn Stundenlohnarbeiten zwar vereinbart waren, über den Umfang der Stundenlohnleistungen aber mangels rechtzeitiger Vorlage der Stundenlohnzettel Zweifel bestehen, so kann der Auftraggeber verlangen, daß für die nachweisbar ausgeführten Leistungen eine Vergütung vereinbart wird, die nach Maßgabe von Nr. 1 Absatz 2 für einen wirtschaftlich vertretbaren Aufwand an Arbeitszeit und Verbrauch von Stoffen, für Vorhaltung von Einrichtungen, Geräten, Maschinen und maschinellen Anlagen, für Frachten, Fuhr- und Ladeleistungen sowie etwaige Sonderkosten ermittelt wird.

§ 16 Zahlung

1. (1) Abschlagszahlungen sind auf Antrag in Höhe des Wertes der jeweils nachgewiesenen vertragsgemäßen Leistungen einschließlich des ausgewiesenen, darauf entfallenden Umsatzsteuerbetrages in möglichst kurzen Zeitabständen zu gewähren. Die Leistungen sind durch eine prüfbare Aufstellung nachzuweisen, die eine rasche und sichere Beurteilung der Leistungen ermöglichen muß. Als Leistungen gelten hierbei auch die für die geforderte Leistung eigens angefertigten und bereitgestellten Bauteile sowie die auf der Baustelle angelieferten Stoffe und Bauteile, wenn dem Auftraggeber nach seiner Wahl das Eigentum an ihnen übertragen ist oder entsprechende Sicherheit gegeben wird.

(2) Gegenforderungen können einbehalten werden. Andere Einbehalte sind nur in den im Vertrag und in den gesetzlichen Bestimmungen vorgesehenen Fällen zulässig.

(3) Abschlagszahlungen sind binnen 12 Werktagen nach Zugang der Aufstellung zu leisten.

(4) Die Abschlagszahlungen sind ohne Einfluß auf die Haftung und Gewährleistung des Auftragnehmers; sie gelten nicht als Abnahme von Teilen der Leistung.

2. (1) Vorauszahlungen können auch nach Vertragsabschluß vereinbart werden; hierfür ist auf Verlangen des Auftraggebers ausreichende Sicherheit zu leisten. Diese Vorauszahlungen sind, sofern nichts anderes vereinbart wird, mit 1 v. H. über dem Lombardsatz der Deutschen Bundesbank zu verzinsen.

(2) Vorauszahlungen sind auf die nächstfälligen Zahlungen anzurechnen, soweit damit Leistungen abzugelten sind, für welche die Vorauszahlungen gewährt worden sind.

3. (1) Die Schlußzahlung ist alsbald nach Prüfung und Feststellung der vom Auftragnehmer vorgelegten Schlußrechnung zu leisten, spätestens innerhalb von 2 Monaten nach Zugang. Die

Prüfung der Schlußrechnung ist nach Möglichkeit zu beschleunigen. Verzögert sie sich, so ist das unbestrittene Guthaben als Abschlagszahlung sofort zu zahlen.

(2) Die vorbehaltlose Annahme der als solche gekennzeichneten Schlußzahlung schließt Nachforderungen aus. Einer Schlußzahlung steht es gleich, wenn der Auftraggeber unter Hinweis auf geleistete Zahlungen weitere Zahlungen endgültig und schriftlich ablehnt. Auch früher gestellte, aber unerledigte Forderungen sind ausgeschlossen, wenn sie nicht nochmals vorbehalten werden. Ein Vorbehalt ist innerhalb von 12 Werktagen nach Eingang der Schlußzahlung zu erklären. Er wird hinfällig, wenn nicht innerhalb von weiteren 24 Werktagen eine prüfbare Rechnung über die vorbehaltenen Forderungen eingereicht oder, wenn das nicht möglich ist, der Vorbehalt eingehend begründet wird.

4. In sich abgeschlossene Teile der Leistung können nach Teilabnahme ohne Rücksicht auf die Vollendung der übrigen Leistungen endgültig festgestellt und bezahlt werden.

5. (1) Alle Zahlungen sind aufs äußerste zu beschleunigen.

(2) Nicht vereinbarte Skontoabzüge sind unzulässig.

(3) Zahlt der Auftraggeber bei Fälligkeit nicht, so kann ihm der Auftragnehmer eine angemessene Nachfrist setzen. Zahlt er auch innerhalb der Nachfrist nicht, so hat der Auftragnehmer vom Ende der Nachfrist an Anspruch auf Zinsen in Höhe von 1 v. H. über dem Lombardsatz der Deutschen Bundesbank, wenn er nicht einen höheren Verzugsschaden nachweist. Außerdem darf er die Arbeiten bis zur Zahlung einstellen.

6. Der Auftraggeber ist berechtigt, zur Erfüllung seiner Verpflichtungen aus Nrn. 1 bis 5 Zahlungen an Gläubiger des Auftragnehmers zu leisten, soweit sie an der Ausführung der vertraglichen Leistung des Auftragnehmers auf Grund eines mit diesem abgeschlossenen Dienst- oder Werkvertrags beteiligt sind und der Auftragnehmer in Zahlungsverzug gekommen ist. Der Auftragnehmer ist verpflichtet, sich auf Verlangen des Auftraggebers innerhalb einer von diesem gesetzten Frist darüber zu erklären, ob und inwieweit er die Forderungen seiner Gläubiger anerkennt; wird diese Erklärung nicht rechtzeitig abgegeben, so gelten die Forderungen als anerkannt und der Zahlungsverzug als bestätigt.

§ 17 Sicherheitsleistung

1. (1) Wenn Sicherheitsleistung vereinbart ist, gelten die §§ 232 bis 240 BGB, soweit sich aus den nachstehenden Bestimmungen nichts anderes ergibt.

(2) Die Sicherheit dient dazu, die vertragsgemäße Ausführung der Leistung und die Gewährleistung sicherzustellen.

2. Wenn im Vertrag nichts anderes vereinbart ist, kann Sicherheit durch Einbehalt oder Hinterlegung von Geld oder durch Bürgschaft eines *in den Europäischen Gemeinschaften* zugelassenen Kreditinstituts geleistet werden.

3. Der Auftragnehmer hat die Wahl unter den verschiedenen Arten der Sicherheit; er kann eine Sicherheit durch eine andere ersetzen.

4. Bei Sicherheitsleistung durch Bürgschaft ist Voraussetzung, daß der Auftraggeber den Bürgen als tauglich anerkannt hat. Die Bürgschaftserklärung ist schriftlich unter Verzicht auf die Einrede der Vorausklage abzugeben (§ 771 BGB); sie darf nicht auf bestimmte Zeit begrenzt sein und muß nach Vorschrift des Auftraggebers ausgestellt sein.

5. Wird Sicherheit durch Hinterlegung von Geld geleistet, so hat der Auftragnehmer den Betrag bei einem zu vereinbarenden Geldinstitut auf ein Sperrkonto einzuzahlen, über das

beide Parteien nur gemeinsam verfügen können. Etwaige Zinsen stehen dem Auftragnehmer zu.

6. (1) Soll der Auftraggeber vereinbarungsgemäß die Sicherheit in Teilbeträgen von seinen Zahlungen einbehalten, so darf er jeweils die Zahlung um höchstens 10 v. H. kürzen, bis die vereinbarte Sicherheitssumme erreicht ist. Den jeweils einbehaltenen Betrag hat er dem Auftragnehmer mitzuteilen und binnen 18 Werktagen nach dieser Mitteilung auf ein Sperrkonto bei dem vereinbarten Geldinstitut einzuzahlen. Gleichzeitig muß er veranlassen, daß dieses Geldinstitut den Auftragnehmer von der Einzahlung des Sicherheitsbetrages benachrichtigt. Nr. 5 gilt entsprechend.

(2) Bei kleineren oder kurzfristigen Aufträgen ist es zulässig, daß der Auftraggeber den einbehaltenen Sicherheitsbetrag erst bei der Schlußzahlung auf Sperrkonto einzahlt.

(3) Zahlt der Auftraggeber den einbehaltenen Betrag nicht rechtzeitig ein, so kann ihm der Auftragnehmer hierfür eine angemessene Nachfrist setzen. Läßt der Auftraggeber auch diese verstreichen, so kann der Auftragnehmer die sofortige Auszahlung des einbehaltenen Betrages verlangen und braucht dann keine Sicherheit mehr zu leisten.

(4) Öffentliche Auftraggeber sind berechtigt, den als Sicherheit einbehaltenen Betrag auf eigenes Verwahrgeldkonto zu nehmen; der Betrag wird nicht verzinst.

7. Der Auftragnehmer hat die Sicherheit binnen 18 Werktagen nach Vertragsabschluß zu leisten, wenn nichts anderes vereinbart ist. Soweit er diese Verpflichtung nicht erfüllt hat, ist der Auftraggeber berechtigt, vom Guthaben des Auftragnehmers einen Betrag in Höhe der vereinbarten Sicherheit einzubehalten. Im übrigen gelten Nr. 5 und Nr. 6 außer Absatz 1 Satz 1 entsprechend.

8. Der Auftraggeber hat eine nicht verwertete Sicherheit zum vereinbarten Zeitpunkt, spätestens nach Ablauf der Verjährungsfrist für die Gewährleistung, zurückzugeben. Soweit jedoch zu dieser Zeit seine Ansprüche noch nicht erfüllt sind, darf er einen entsprechenden Teil der Sicherheit zurückhalten.

§ 18 Streitigkeiten

1. Liegen die Voraussetzungen für eine Gerichtsstandsvereinbarung nach § 38 Zivilprozeßordnung vor, richtet sich der Gerichtsstand für Streitigkeiten aus dem Vertrag nach dem Sitz der für die Prozeßvertretung des Auftraggebers zuständigen Stelle, wenn nichts anderes vereinbart ist. Sie ist dem Auftragnehmer auf Verlangen mitzuteilen.

2. Entstehen bei Verträgen mit Behörden Meinungsverschiedenheiten, so soll der Auftragnehmer zunächst die der auftraggebenden Stelle unmittelbar vorgesetzte Stelle anrufen. Diese soll dem Auftragnehmer Gelegenheit zur mündlichen Aussprache geben und ihn möglichst innerhalb von 2 Monaten nach der Anrufung schriftlich bescheiden und dabei auf die Rechtsfolgen des Satzes 3 hinweisen. Die Entscheidung gilt als anerkannt, wenn der Auftragnehmer nicht innerhalb von 2 Monaten nach Eingang des Bescheides schriftlich Einspruch beim Auftraggeber erhebt und dieser ihn auf die Ausschlußfrist hingewiesen hat.

3. Bei Meinungsverschiedenheiten über die Eigenschaft von Stoffen und Bauteilen, für die allgemeingültige Prüfungsverfahren bestehen, und über die Zulässigkeit oder Zuverlässigkeit der bei der Prüfung verwendeten Maschinen oder angewendeten Prüfungsverfahren kann jede Vertragspartei nach vorheriger Benachrichtigung der anderen Vertragspartei die materialtechnische Untersuchung durch eine staatliche oder staatlich anerkannte Materialprüfungsstelle vornehmen lassen; deren Feststellungen sind verbindlich. Die Kosten trägt der unterliegende Teil.

4. Streitfälle berechtigen den Auftragnehmer nicht, die Arbeiten einzustellen.

Verdingungsordnung für Bauleistungen (VOB)

Einleitung

Inhaltsübersicht

	Rdn.
A. Allgemeine Einleitung	1-5
I. Ziviles Vertragsrecht als Grundlage	1-4
II. VOB beruht auf allgemeiner Erfahrung	5
B. Entwicklung der Verdingungsordnung für Bauleistungen	6-11
C. Die drei Teile der VOB	12-17
I. Teil A	12-13
II. Teil B	14
III. Teil C	15-17
D. Die rechtliche Tragweite der VOB (Teile A und B)	18-36
I. Weder Gesetz noch Rechtsverordnung; grundsätzlich Vereinbarung notwendig	18-28
1. Auch nicht Gewohnheitsrecht	18
2. Klare Vereinbarung erforderlich	19-25
3. Ausnahmsweise Geltung der VOB ohne ausdrückliche Absprache	26-27
4. Befugnis des Architekten zur Vereinbarung der VOB	28
II. VOB kein Handelsbrauch	29-31
III. Gewerbeüblichkeit einzelner VOB-Regelungen	32-34
IV. Verhältnis VOB – BGB	35-36
E. Die rechtliche Unterscheidung zwischen den Teilen A und B der VOB	37-90
I. Teil A der VOB	38-71
1. Grundsätzlich kein klagbarer Anspruch für Bewerber und Bieter	38-39
2. Möglichkeit von dienstaufsichtsrechtlichen Maßnahmen bei Mißachtung der Vergaberegeln durch öffentliche Auftraggeber – VOB-Stellen	40-43
3. Durchsetzbare Ansprüche jedoch bei unerlaubten Handlungen auf Auftraggeberseite	44-50
4. Haftung aus Verschulden bei Vertragsverhandlungen (culpa in contrahendo)	51-57
a) Grundlage	51
b) Voraussetzung: Eingehen auf Vertragsverhandlungen	52
c) Grundlegende Pflichten	53-55
d) Insbesondere auch Pflicht zur Gleichbehandlung	56
e) Aufklärungspflicht des Bieters	57
5. Verantwortlichkeit bei culpa in contrahendo liegt bei Vertretenem – etwaige Haftung des Vertreters	58-61
6. Voraussetzungen des Schadensersatzanspruches bei culpa in contrahendo	62-65
a) Verletzung berechtigten Vertrauens	62
b) Verschulden grundsätzlich Voraussetzung	63
c) Eingrenzung der Haftung	64
d) Etwaiges Mitverschulden des Geschädigten	65
7. Grundsätzlich nur Anspruch auf Ersatz des Vertrauensinteresses bei culpa in contrahendo	66-68
8. Verjährung von Ansprüchen aus culpa in contrahendo	69
9. Möglich auch Anspruch aus § 26 Abs. 2 GWB	70-71
II. Teil B der VOB	72-74
III. Für die Teile A und B der VOB geltende gesetzliche Bestimmungen	75-90
1. Ansprüche aus unerlaubter Handlung (§§ 823 ff. BGB)	76-78
2. VOB ist kein Schutzgesetz (§ 823 Abs. 2 BGB)	79
3. Haftung bei arglistigem Handeln (§ 123 BGB)	80-84
4. Nichtigkeit bei Verstößen gegen gesetzliches Verbot (§ 134 BGB)	85-86
5. Nichtigkeit bei Verstößen gegen die guten Sitten (§ 138 BGB)	87-90

F. Heutige Bedeutung der VOB	91-108
I. Kenntnis der VOB erforderlich – Einbeziehung nach § 2 AGB-Gesetz	91-98
1. Vorauszusetzende Kenntnis	91
2. Einbeziehungsvoraussetzungen nach § 2 AGB-Gesetz	92-98
a) Ausdrücklicher Hinweis	93
b) Zumutbare Kenntnisverschaffung	94-96
c) Strengere Voraussetzungen bei sonstigen AGB	97
d) Beweislast	98
II. VOB als ausgewogenes Vertragswerk	99
III. Allgemeingültigkeit der VOB für Bauvorhaben der öffentlichen Hand	100-101
IV. Vergabehandbuch als Hilfe bei öffentlichen Bauaufträgen	102-105
V. Die Fassung der VOB von 1988	106-108
G. Hinweis	109

Aufsätze: Unger, „Rechtsfragen im Zusammenhang mit der Vergabe öffentlicher Aufträge", BauR 1985, 465; v. Westphalen, „VOB-Vertrag und AGB-Gesetz", ZfBR 1985, 252; Lampe-Helbig, „Die Verdingungsordnung für Bauleistungen (VOB) und der Bauvertrag", Festschrift Korbion, 1986, S. 249; Schubert, „Zur Entstehung der VOB (Teile A und B) von 1926", Festschrift Korbion, 1986, S. 389; Säcker, „Zur Bedeutung der Nachfragemacht für die Feststellung von Angebotsmacht", BB 1988, 416; Strohs, „Die Berücksichtigung vergabefremder Kriterien bei Vergabe von Bauaufträgen der öffentlichen Hand", BauR 1988, 144.

A. Allgemeine Einleitung

I. Ziviles Vertragsrecht als Grundlage

1 Grundlage der in diesem Kommentar angestellten Erörterungen bilden die Bauleistungen und die Bauverträge, die der Besteller (Auftraggeber) mit bauausführenden Unternehmern (im allgemeinen Auftragnehmern) abschließt. Sie haben rein ziviles Recht, vor allem Vertragsrecht, zum Gegenstand. Das gilt vor allem auch für Bauverträge, die der öffentliche Auftraggeber mit den genannten Unternehmern eingeht (vgl. dazu u. a. Unger BauR 1984, 465 f.). Sie haben als sogenannte fiskalische Hilfsgeschäfte zu gelten. Über die Abgrenzung zwischen öffentlich-rechtlichen und privatrechtlichen Verträgen vgl. BGHZ 32, 214, ferner BGH NJW 1961, 73. Wenn auch hier und da in den zu kommentierenden Teilen der VOB – vornehmlich bei Teil A – Anklänge an Gedanken zu finden sind, die dem öffentlichen Recht entstammen könnten, so wäre es dennoch nicht richtig, bei der Beurteilung und Auslegung Maßstäbe anzulegen, die dem Charakter des zivilen Rechts nicht voll entsprechen würden. Das gilt vor allem auch für das bei öffentlichen Bauaufträgen vorgesehene und geübte Vergabeverfahren nach Teil A. Es ist nämlich als grundlegender Obersatz zu beachten, daß **zwischen Partnern von Bauleistungen und Bauverträgen** niemals das Verhältnis der Über- und Unterordnung mit allen seinen Auswirkungen herrschen kann, sondern daß hier die **uneingeschränkte Gleichordnung der Verhandlungs- und Vertragspartner** maßgebend ist, die allen Beteiligten die Stellung von gleichberechtigten Partnern gibt, so auch BVerwGE 5, 325, 327 = NJW 1958, 394; BVerwGE 7, 89, 90 = NJW 1959, 115; BVerwGE 14, 65, 72 = NJW 1962, 1535; BGH NJW 1968, 547.

2 Für das Vergabeverfahren kann eine Ausnahme nur in Erwägung gezogen werden, wenn Entscheidungen aufgrund Anweisung einer vorgesetzten Dienststelle oder sonst in Wahrnehmung oder zur Erfüllung besonderer behördlicher Aufgaben oder Pflichten i. S. eines Verwaltungsaktes als typisch öffentlich-rechtlichen Gestaltungsmittels (vgl. BVerfGE 34, 213, 215) getroffen werden, wie z. B. in Fällen, in denen es darum geht, einen Flüchtling oder einen Vertriebenen bei der Vergabe öffentlicher Aufträge nach § 74 BVFG oder § 68 BEG zu bevorzugen (BGH NJW 1968, 547 m. w. N.; ebenso Schwerbeschädigte) oder zwingende Vorschriften des **Baupreisrechts nach der BaupreisVO 1972** einzuhalten.

3 Zur besonderen Problematik der „Privatautonomie" der auftragvergebenden und auftragabwickelnden Bauverwaltung grundlegend und beachtlich Kaiser BauR 1980, 99. Den von Kaiser in rechtssystematischer Hinsicht angestellten Erwägungen dürfte für die Rechtsfortbildung in der Zukunft wesentliche Bedeutung zukommen, vor allem hinsichtlich des von ihm vorgeschlagenen Weges, Unzuträglichkeiten nach dem **Rechtsgedanken des Rechtsmißbrau-**

ches einer Lösung zuzuführen. Zuzugeben ist allerdings, daß der Vorschlag von Kaiser nach derzeit geltendem Recht seine **Grenzen in dem Anwendungsbereich des § 242 BGB** hat, daher nicht alle Fälle einer etwaigen Ungleichbehandlung auf der Seite der Nachfrager nach öffentlichen Aufträgen erfaßt werden (zutreffend Dohmen S. 37 ff.). Daran läßt sich aber gegenwärtig nichts ändern, solange nicht für das Bauvergabewesen noch fehlende gesetzgeberische Maßnahmen getroffen werden, zumal die mittelbare Grundrechtsbindung auf der Basis des Art. 3 Abs. 1 GG auch nicht in allen Fällen hilft (Dohmen a. a. O.). Im übrigen: Da die Idee von Kaiser (a. a. O.) dazu bestimmt ist, vorhandene Lücken auszufüllen, kommt sie nur zum Tragen, wenn nicht andere, „konkretere" Rechtsgrundlagen zugunsten des Betroffenen in Betracht kommen, wie z. B. aus culpa in contrahendo, positiver Vertragsverletzung, unerlaubter Handlung, ungerechtfertigter Bereicherung, Verletzung von Bestimmungen des GWB usw.

Im übrigen unterliegt das öffentliche Bauwesen in seiner **zivilrechtlichen Gestaltung** nicht der Gesetzgebungskompetenz des Bundes, sondern der der Länder. Es gehört weder zum Siedlungswesen (Art. 74 Nr. 18 GG) noch zum Recht der Wirtschaft (Art. 74 Nr. 11 GG) im Rahmen der konkurrierenden Gesetzgebung (BVerwG, Urteil vom 22. 11. 1959). Daher sind gegenwärtig etwaige **Streitigkeiten** aus Bauvergaben und der Abwicklung von Bauverträgen grundsätzlich vor den **ordentlichen Gerichten** auszutragen (vgl. dazu auch Unger BauR 1984, 465, 467 m. w. N.).

II. VOB beruht auf allgemeiner Erfahrung

Das für Bauverträge und Bauleistungen ausschlaggebende eigentliche zivile Vertragsrecht hat seine entscheidende Regelung im **Bürgerlichen Gesetzbuch (§§ 631 ff.)** gefunden, das im Jahre 1900 in Kraft getreten ist. Das hat zwangsläufig dazu geführt, daß die gesetzliche Regelung für die Beurteilung bauvertraglicher Verhältnisse seit längerem nicht mehr hinreichend ist, was für den jeweils Betroffenen immer die Gefahr von Rechtsnachteilen mit sich bringt. Gerade im zivilen Vertragsrecht ist durch die Lebensentwicklung der letzten Jahrzehnte eine erhebliche Ausdehnung vertraglicher Möglichkeiten, Erscheinungsformen und Folgen aufgetreten. So sind verschiedene Gebiete, wie z. B. das Arbeitsrecht, inzwischen weitgehend durch Sondergesetze geregelt worden. **Soweit es die Herstellung und Lieferung auf dem Bausektor anbetrifft, hat man – ohne allerdings den Weg der Gesetzgebung zu beschreiten – mit der Verdingungsordnung für Bauleistungen (VOB) allgemeingültige Sätze aufgestellt, die sich aus Erfahrungswerten der täglichen Praxis ergeben haben. Sie entsprechen grundsätzlich den Regeln von Treu und Glauben** (vgl. RG DR 1941, 210; BGH LM§ 633 BGB Nr. 3 = JR 1958, 59 = BB 1957, 524 = Betrieb 1957, 504 = SFH Z 2.41 Bl. 1; OLG Köln BauR 1975, 351; Nicklisch BB 1974, Beil. 10) **und gelten jedenfalls noch als ausgewogen** (vgl. u. a. BGH NJW 1957, 344 = BB 1956, 1168 = SFH Z 2.400 Bl. 6; BGHZ 55, 198, 200 = BauR 1971, 124 = NJW 1971, 615 = MDR 1971, 385 = BB 1971, 290; insbesondere für die Zeit nach Inkrafttreten des AGB-Gesetzes grundlegend BGHZ 86, 135 = BauR 1983, 161 mit Anm. Locher a. a. O. S. 362 = NJW 1983, 816 = SFH § 16 Nr. 3 VOB/B Nr. 25 = MDR 1983, 393 = Betrieb 1983, 819 = BB 1983, 599 = ZIP 1983, 325 = ZfBR 1983, 85 m. w. N.).

B. Entwicklung der Verdingungsordnung für Bauleistungen

Die VOB ist nicht „aus heiterem Himmel" geschaffen worden. Vielmehr hat es bis zu ihrer erstmaligen Veröffentlichung eine längere rechtsgeschichtliche Entwicklung gegeben. Vgl. dazu die interessanten Ausführungen von Schubert, Festschrift Korbion, 1986, S. 389. Sie entstand in den Jahren nach dem ersten Weltkrieg aus dem Bedürfnis und insbesondere der Notwendigkeit, für die Vergabe und Durchführung von Bauleistungen der öffentlichen Hand, möglichst aber auch darüber hinaus, klare und einheitliche Grundsätze und Vorschriften zu schaffen. Der Reichsverdingungsausschuß (vgl. dazu und seiner Tätigkeit näher Schubert, a. a. O. S. 395 ff.), der sich auf Ersuchen des damaligen Reichstages letztlich unter der ge-

Einl., Rdn. 7-9

schäftsführenden Leitung des Reichsfinanzministeriums (Reichsbauverwaltung) aus Vertretern der Reichsverwaltungen, der Länderregierungen, der Städte, der Wirtschaft und der Gewerkschaften zusammengesetzt hatte, schuf dieses Werk in der Zeit von 1921 bis 1926 mit dem Ziel, „... für die Vergebung von Leistungen und Lieferungen einheitliche Grundsätze für Reich und Länder zu schaffen." Es wurden zunächst mehrere Entwürfe zur Diskussion gebracht (vgl. Schubert, a. a. O. S. 403 ff.). Am 6. 5. 1926 wurde die Erstfassung der VOB, die schon damals aus den Teilen A, B und C bestand, beschlossen. Zur Entstehungsgeschichte der VOB siehe auch Kaiser, Mängelhaftungsrecht, Rdn. 3 ff.; Daub (Die Bauverwaltung 1966, 257); Tomasczewski (a. a. O. 1969, 193), letzterer zu einem Erlaß des preußischen Ministeriums der öffentlichen Arbeiten vom 24. 6. 1880; Heinrich BauR 1982, 224; ferner Nicklisch BB1974, Beil. 10 S. 2 sowie Nicklisch in Nicklisch/Weick Teil B Einl. Rdn. 23 ff.

7   Die Technischen Vertragsbedingungen (Teil C) (früher: Technische Vorschriften) wurden anschließend laufend ergänzt und überarbeitet. Auch heute liegt dort insofern das Schwergewicht. Nach dem zweiten Weltkrieg wurde die VOB neu bearbeitet, und zwar durch den 1947 gegründeten **Deutschen Verdingungsausschuß für Bauleistungen (DVA)** (dazu näher Lampe-Helbig, Festschrift Korbion, 1986, S. 249, 250 f.). In diesem Ausschuß sind die am heutigen Baugeschehen beteiligten Ministerien, öffentlichen Verwaltungen, Wirtschafts- und Berufsverbände sowohl der Auftraggeber- als auch der Auftragnehmerseite vertreten. Drei Hauptarbeitsausschüsse sind vom DVA im Oktober 1949 zur Neubearbeitung der VOB eingesetzt worden. Das Ergebnis legte der Allgemeine Hauptarbeitsausschuß dem DVA in seiner Hauptversammlung in Stuttgart im Juni 1952 vor. Durch Beschluß der Hauptversammlung wurden dann in der Fassung 1952 festgelegt: **Teil A (DIN 1960):** Allgemeine Bestimmungen über die Vergabe von Bauleistungen, und **Teil B (DIN1961):** Allgemeine Vertragsbedingungen für die Ausführungen von Bauleistungen. Der in der Grundgestaltung technische **Teil C** war schon vorher laufend überarbeitet worden, was auch weiterhin geschah. Später ist die Ausgabe 1965 der VOB (Teile A, B und C) erschienen. Für die hier interessierenden Teile A und B waren damals aber keine Änderungen zur Fassung 1952 vorgenommen worden.

8   Die seit 1952 fortschreitende Entwicklung von Technik, Wirtschaft, vor allem auch der Rechtsprechung sowie die zwischenzeitliche Entstehung des Gemeinsamen Marktes bedingten die erneute **grundlegende Überarbeitung der VOB.** Diese begann im Frühjahr 1967 und wurde im Oktober 1973 hinsichtlich der Teile A und B abgeschlossen, während die Überarbeitung des Teils C erst 1974 vorläufig beendet wurde, inzwischen noch weiter erfolgt ist und fortlaufend geschieht. Der DVA hat in seiner 8. Hauptversammlung vom 10. bis 12. 10. 1973 in Kassel die überarbeiteten Teile A und B sowie die bis dahin in der Überarbeitung abgeschlossenen Gebiete des Teils C verabschiedet. Diese Gestaltung der VOB, insbesondere in den im Rahmen dieser Kommentierung besonders interessierenden Teilen A und B, erhielt die Bezeichnung „**Fassung 1973**". Sie wurde erstmalig in sich geschlossen mit den Teilen A und B in einem Sonderdruck der Beilage zum Bundesanzeiger Nr. 216 vom 15. 11. 1973 (= MinBlFin. 1973, 691) veröffentlicht. Siehe zu dieser Neufassung Korbion Betrieb 1974, 78 = Die Bauverwaltung 1973, 583 = Der Architekt 1974, 47; Schmidt MDR 1974, 636, 637; auch Appelhagen BB 1974, 343. Die bis 1974 erfolgte weitere Bearbeitung des Teils C wurde durch Rundschreiben des Bundesministers für Raumordnung, Bauwesen und Städtebau vom 28. 10. 1974 (MinBlFin. 1974, 677) mit Wirkung vom 1. 1. 1975 verbindlich eingeführt. Über die **nachträgliche Änderung** der Gerichtsstandsvereinbarung in **Teil B § 18 Nr. 1** siehe Teil B § 18 Rdn. 16 ff. Im Juli 1976 wurde ein Ergänzungsband zur VOB-Ausgabe von 1973 herausgegeben, der die bis dahin weiterhin fortlaufend auf den neuesten Stand gebrachten DIN-Normen, soweit solche seit der Ausgabe 1973 neugefaßt oder verändert worden waren, beinhaltet.

9   Im wesentlichen durch das **AGB-Gesetz** vom 9. 12. 1976 (BGBl. IS. 3317), das am 1. 4. 1977 in Kraft trat, sowie durch das am 1. 1. 1980 in Kraft getretene **Umsatzsteuergesetz** (1980) vom 26. 11. 1979 (BGBl. I S. 2359) ergab sich die **Notwendigkeit zur Anpassung von VOB-**

Bestimmungen an diese neue Lage. Dies betraf die Regelungen in Teil B § 6 Nr. 6 einerseits und §§ 16 Nr. 1 Abs. 1 und 17 Nr. 6 Abs. 1 andererseits. Außerdem waren noch kleinere Änderungen im Hinblick auf die EG-Baukoordinierungsrichtlinie vorzunehmen. Aus diesem Anlaß wurde eine neue Gesamtausgabe der VOB, dabei vor allem auch unter Berücksichtigung zwischenzeitlicher weiterer Änderungen und Ergänzungen im Bereich der Allgemeinen Technischen Vorschriften des Teils C, im Oktober 1979 herausgegeben (dazu Bekanntmachung der Neufassung im Bundesanzeiger Nr. 206 vom 6. 11. 1979 sowie durch den Bundesminister für Raumordnung, Bauwesen und Städtebau vom 25. 10. 1979, Bauverwaltung 1980, 32). Die nunmehr gültige Gesamtausgabe der drei Teile der VOB trägt die Bezeichnung **„Ausgabe 1979"**. Für den technischen Bereich wurden Ergänzungsbände 1984 und 1985 herausgegeben.

In den folgenden Jahren wurde weiter an der VOB, vor allem mit dem Ziel sachgerechter Änderungen und Ergänzungen, gearbeitet. Das **vorläufige Endergebnis ist die im Oktober 1988 vorgestellte Fassung von 1988,** die zu der bisherigen allerdings vor allem für den rechtlichen Bereich nur wenige neue Punkte bringt (vgl. dazu im einzelnen Rdn. 106). In Anbetracht der für 1991 zu erreichenden **Anpassung an den Gemeinsamen Markt der EG** wird es noch einer **weiteren Bearbeitung** der VOB – vor allem im vergaberechtlichen Teil A – bedürfen, die sicherlich bis dahin abgeschlossen sein wird.

Über die **Maßgeblichkeit der VOB für den Bereich der öffentlichen Bauvorhaben** siehe Rdn. 100.

C. Die drei Teile der VOB
I. Teil A

Teil A beinhaltet nach seiner Überschrift **„Allgemeine Bestimmungen für die Vergabe von Bauleistungen".** Damit sind Inhalt und Grenzen deutlich festgelegt. **Teil A der VOB bezieht sich auf den Geschehensablauf bis zum endgültigen Abschluß eines Bauvertrages.** Grundlage sind an sich die allgemeinen gesetzlichen Vorschriften des BGB (vor allem die §§ 145 ff.), die durch die Einzelbestimmungen des Teils A der VOB erläutert, ergänzt, abgeändert oder eingeschränkt werden. Man versteht im allgemeinen unter Verfahrensvorschrift eine solche mit formellem Inhalt, d. h. eine Bestimmung über den äußeren Ablauf und die notwendigen Einzelheiten einer Verhandlung oder eines Prozesses. Das ist aber für die Beurteilung des Wesensgehaltes des Teils A zu eng. Vielmehr besitzt er **ganz wesentlich materiellen Gehalt.** Somit sind hier nicht nur rein äußere, formelle Einzelregelungen für das Vertragsverhandlungsstadium festgelegt, sondern auch solche, die für die den Beteiligten zukommende Rechtsstellung von maßgeblicher Bedeutung sind (vgl. auch Feber S. 21 ff.).

Die hierher zählenden Vergaberegeln des Teils A beziehen und beschränken sich grundsätzlich auf Bauvergaben öffentlicher Auftraggeber. Die jetzige Fassung des Teils A berücksichtigt die **bisherige Richtlinie des Rates der Europäischen Gemeinschaft über die Koordinierung der Verfahren zur Vergabe öffentlicher Bauaufträge** vom 26. 7. 1971 (Amtsblatt der EG vom 16. 8. 1971 Nr. L 185/5).

II. Teil B

Die Allgemeinen Vertragsbedingungen für die Ausführung von Bauleistungen (Teil B der VOB) behandeln die rechtlichen Beziehungen der Beteiligten, somit deren Rechte und Pflichten, nach Vertragsabschluß. Hierunter fallen alle Vorgänge, die für die durch den Vertrag Verpflichteten und Berechtigten von Bedeutung sind, und zwar so lange, bis vollständige Erfüllung eingetreten ist, d. h. der Auftragnehmer das geschuldete Werk ordnungsgemäß hergestellt hat, die Gewährleistungsfristen abgelaufen sind und der Auftraggeber die vereinbarte Vergütung voll bezahlt hat. Dabei sind insbesondere auch Regelungen für Fälle getroffen

Einl., Rdn. 15+16

worden, die bei Bauverträgen erfahrungsgemäß häufig wiederkehrende Abweichungen von dem vorauszusetzenden normalen Geschehensablauf beinhalten und Handlungen oder Unterlassungen darstellen, die grundsätzlich als Verletzung auferlegter Pflichten oder eingeräumter Rechte aufgefaßt werden müssen. **Teil B enthält in seinen Einzelregelungen auf ein spezielles Sachgebiet abgestellte Ergänzungen der ungenügenden gesetzlichen Rahmenvorschriften.**

III. Teil C

15 Teil C erfaßt die **Allgemeinen Technischen Vertragsbedingungen (bis zur Fassung 1988: Vorschriften) für Bauleistungen.** Diese Bestimmungen sind hier in folgender Hinsicht beachtenswert: Nach Teil B § 1 Nr. 1 Satz 2 sind sie **Gegenstand eines VOB- Bauvertrages** (vgl. auch Teil B § 2 Nr. 1, § 4 Nr. 2 Abs. 1, § 13 Nr. 1). **Sie gehören also mit zum VOB-Bauvertrag.** Das kann bei ihrer Nichtbeachtung für den Auftragnehmer zu Schwierigkeiten, vor allem zu Mängelrügen, somit Nachbesserungspflichten oder Minderung der Vergütung, unter Umständen sogar zu Schadensersatzpflichten führen. Es ist für die Beteiligten dringend geboten, den Teil C nicht als etwas Nebensächliches zu betrachten, sondern ihm die Beachtung zu schenken, die ihm zukommt. Wie viele Auftragnehmer mußten schon im Verlauf eines Zivilprozesses erfahren, daß ihre Arbeit nicht den technischen Richtlinien entsprochen hat.

16 Dabei muß man sich insbesondere aber auch darüber im klaren sein, daß die **Einzelheiten der Technischen Vertragsbedingungen auch dann eine Rolle spielen können, wenn sie oder überhaupt Teil B der VOB im Bauvertrag nicht ausdrücklich vereinbart** worden sind, das Gericht aber darüber zu entscheiden hat, ob die geleistete Arbeit nach allgemeinen werkvertraglichen Grundsätzen den Anforderungen fach- bzw. handwerksgerechter Erfüllung entspricht. Denn die Technischen Vertragsbedingungen bieten jedenfalls in der Grundlage eine Richtlinie für die Beurteilung, sei es unmittelbar für das Gericht, sei es für das Gutachten eines Sachverständigen. Es ist somit zumindest für den Auftragnehmer geboten, die Technischen Vertragsbedingungen zu kennen und sich daran zu orientieren. Dabei ist zu beachten, daß die Allgemeinen Technischen Vertragsbedingungen in ihrer Grundlage die sogenannte **Normalausführung** festlegen. Abweichungen davon müssen grundsätzlich ausdrücklich vertraglich festgelegt werden, um verbindlich zu sein (vgl. Teil A § 10 Nr. 3), wobei die für den konkreten Fall aufgestellte Leistungsbeschreibung (vgl. Teil A § 9) Vorrang hat. Entscheidend für die Vertragsgerechtheit einer Leistung sind aber letztlich die **anerkannten Regeln der Technik,** die der Auftraggeber zu berücksichtigen und der Auftragnehmer einzuhalten hat (vgl. Teil B § 4 Rdn. 144 ff.). **Besonders zu beachten ist die neue DIN 18 299, die mit „Allgemeine Regelungen für Bauarbeiten jeder Art" überschrieben ist.** Inhaltlich erfaßt sie diejenigen technischen Vertragsbedingungen, die für alle oder den überwiegenden Teil der bauvertraglichen Leistungsbereiche gelten. Die weiteren und bisher schon bekannten DIN 18 300 ff. enthalten dann die leistungsspezifischen Regelungen für die einzelnen Leistungsbereiche (Gewerke) entsprechend deren allgemeinen technischen Erfordernissen. Soweit die DIN 18 300 ff. abweichende Regelungen haben, gehen diese der DIN 18 299 vor, was dem rechtlichen Grundsatz entspricht, daß die mehr speziellere Regelung der allgemeinen gegenüber Vorrang hat. Nach diesen neuen Gegebenheiten im Normenwerk sind die DIN 18 300 ff. zum großen Teil neu überarbeitet worden, um Überschneidungen zur DIN 18 299 zu vermeiden. Einzelne Überarbeitungen, wie die der DIN 18 379, 18 380 und 18 381, sind noch nicht abgeschlossen, jedoch für eine Ergänzungsausgabe der VOB im Jahre 1989 zu erwarten. **Wesentlicher Ausfluß der neugeschaffenen DIN 18 299 ist nicht nur eine angestrebte Vereinfachung des Normenwerkes für Bauleistungen, sondern nicht zuletzt auch, daß die Baubeteiligten in der Zukunft nicht nur die betreffenden, für sie jeweils maßgebenden Gewerksnormen (DIN 18 300 ff.) kennen müssen, sondern insbesondere auch die jeder dieser Normen vorgeschaltete DIN 18 299.** Diese gilt im übrigen auch für jene bauvertraglichen Leistungen, für deren Bereich noch keine

Gewerksnormen bestehen. Über das Zustandekommen der DIN-Normen vgl. Lindemann DAB1978, 947. Teil C der VOB gehört nicht zu den gemäß § 5 UrhG vom Urheberrechtsschutz freigestellten Werken (BGH NJW 1984, 1621 = MDR 1984, 290 = SFH § 5 UrhG Nr. 1 = ZfBR 1984, 84; dazu beachtlich Lukes NJW1984, 1595, insbesondere zur Frage des Erwerbs der urheberrechtlichen Befugnisse an den DIN-Normen, a. a. O. S. 1598).

Nach der Ausgabe der VOB von 1988 sind folgende Normen im Rahmen Allgemeiner Technischer Vertragsbedingungen maßgebend: 17

DIN 18 299 ATV, Allgemeine Regelungen für Bauarbeiten jeder Art
DIN 18 300 ATV, Erdarbeiten
DIN 18 301 ATV, Bohrarbeiten
DIN 18 302 ATV, Brunnenbauarbeiten
DIN 18 303 ATV, Verbauarbeiten
DIN 18 304 ATV, Rammarbeiten
DIN 18 305 ATV, Wasserhaltungsarbeiten
DIN 18 306 ATV, Entwässerungskanalarbeiten
DIN 18 307 ATV, Gas- und Wasserleitungsarbeiten im Erdreich
DIN 18 308 ATV, Dränarbeiten
DIN 18 309 ATV, Einpreßarbeiten
DIN 18 310 ATV, Sicherungsarbeiten an Gewässern, Deichen und Küstendünen
DIN 18 311 ATV, Naßbaggerarbeiten
DIN 18 312 ATV, Untertagebauarbeiten
DIN 18 313 ATV, Schlitzwandarbeiten mit stützenden Flüssigkeiten
DIN 18 314 ATV, Spritzbetonarbeiten
DIN 18 315 ATV, Straßenbauarbeiten; Oberbauschichten ohne Bindemittel
DIN 18 316 ATV, Straßenbauarbeiten; Oberbauschichten mit hydraulischen Bindemitteln
DIN 18 317 ATV, Straßenbauarbeiten; Oberbauschichten mit bituminösen Bindemitteln
DIN 18 318 ATV, Straßenbauarbeiten; Pflasterdecken und Plattenbeläge
DIN 18 320 ATV, Landschaftsbauarbeiten
DIN 18 325 ATV, Gleisbauarbeiten
DIN 18 330 ATV, Maurerarbeiten
DIN 18 331 ATV, Beton- und Stahlbetonarbeiten
DIN 18 332 ATV, Naturwerksteinarbeiten
DIN 18 333 ATV, Betonwerksteinarbeiten
DIN 18 334 ATV, Zimmer- und Holzbauarbeiten
DIN 18 335 ATV, Stahlbauarbeiten
DIN 18 336 ATV, Abdichtungsarbeiten
DIN 18 338 ATV, Dachdeckungs- und Dachabdichtungsarbeiten
DIN 18 339 ATV, Klempnerarbeiten
DIN 18 350 ATV, Putz- und Stuckarbeiten
DIN 18 352 ATV, Fliesen- und Plattenarbeiten
DIN 18 353 ATV, Estricharbeiten
DIN 18 354 ATV, Asphaltbelagarbeiten
DIN 18 355 ATV, Tischlerarbeiten
DIN 18 356 ATV, Parkettarbeiten
DIN 18 357 ATV, Beschlagarbeiten
DIN 18 358 ATV, Rolladenarbeiten
DIN 18 360 ATV, Metallbauarbeiten, Schlosserarbeiten
DIN 18 361 ATV, Verglasungsarbeiten
DIN 18 363 ATV, Maler- und Lackiererarbeiten
DIN 18 364 ATV, Korrosionsschutzarbeiten an Stahl- und Aluminiumbauten
DIN 18 365 ATV, Bodenbelagarbeiten
DIN 18 366 ATV, Tapezierarbeiten
DIN 18 367 ATV, Holzpflasterarbeiten
DIN 18 379 ATV, Lüftungstechnische Anlagen
DIN 18 380 ATV, Heizungs- und Brauchwassererwärmungsanlagen
DIN 18 381 ATV, Gas-, Wasser- und Abwasser-Installationsarbeiten innerhalb von Gebäuden
DIN 18 382 ATV, Elektrische Kabel- und Leitungsanlagen in Gebäuden
DIN 18 384 ATV, Blitzschutzanlagen
DIN 18 421 ATV, Wärmedämmarbeiten an betriebstechnischen Anlagen
DIN 18 451 ATV, Gerüstarbeiten

D. Die rechtliche Tragweite der VOB (Teile A und B)

I. Weder Gesetz noch Rechtsverordnung; grundsätzlich Vereinbarung notwendig

1. Die VOB ist weder Gesetz noch Rechtsverordnung, was schon seit langem allgemeine Erkenntnis für den rechtlichen Bereich ist (u. a. OLG Hamm, BGH, OLG München; sämtlich SFH Z 2.0 Bl. 2 bis 4). Es ist auch **nicht** – jedenfalls noch nicht – möglich, sie als **Gewohnheitsrecht** zu bezeichnen (so u. a. auch OLG Karlsruhe SFH § 24 VOB/A Nr. 1 mit zutreffender krit. Anm. von Hochstein zu dem dort entschiedenen Fall selbst). Es ist nämlich noch immer nicht die Auffassung gerechtfertigt, die VOB sei in den Kreisen der Auftragnehmer und der Auftraggeber (zu diesen Begriffen vgl. Vor Teil A § 2 Rdn. 3) bereits derart verbreitet, daß sie als allgemein anerkannte Rechtsnorm Allgemeingültigkeit besitze (auch Kaiser, Mängelhaftungsrecht, Rdn. 11; Heinrich BauR1982, 224; weiter u. a. Nicklisch in Nicklisch/Weick, Teil B, Einl. Rdn. 29; vgl. auch Teil A § 10 Rdn. 12). Zwar ist es richtig, daß dieses Werk bei **Behördenbauvorhaben regelmäßig Anwendung** findet und insofern bindende behördeninterne Anordnungen (vgl. Rdn. 100) vorliegen. Behörden als Auftraggeber sind aber nur ein 18

Teil der „Beteiligten". In den Kreisen der privaten Auftraggeber ist die VOB – ausgerichtet nach ihrer Gesamtregelung – teilweise noch immer nicht hinreichend bekannt und hat demgemäß dort noch nicht überall Eingang gefunden. Wenn auch die VOB unbestritten in der Vergangenheit die rechtlichen, wirtschaftlichen und technischen Vorgänge des Baugeschehens sehr stark beeinflußt hat, so kann ihrer Anwendung als allgemeingültiges Gewohnheitsrecht bisher nicht zugestimmt werden (a. M. früher und entgegen der vorangehend zitierten Rechtsprechung: LG Würzburg, LG Düsseldorf, beide SFHZ 2.0 Bl. 5 bis 10 mit abl. Anm.; außerdem hinsichtlich der Anwendung des Teils B Köderitz, Bauwirtschaft 1955, S. 1101 ff., 1124 ff.).

19 2. Daraus folgt, daß die VOB zumindest in ihrem vertragsrechtlichen Kern (Teile B und C) anstelle des gesetzlichen oder diesem gleichgestellten Rechts nur treten kann, wenn ihre Anwendung im konkreten Einzelfall zwischen den Partnern des Bauvertrages vereinbart worden ist (OLG Hamm, OLG München, BGH a. a. O.), was an sich auch, aber auch nur ausnahmsweise, stillschweigend erfolgen kann (vgl. OLG Stuttgart BauR 1972, 238 und Rdn. 26 f.).

Die Vereinbarung der VOB geschieht zur Vermeidung eventueller Beweisschwierigkeiten **am besten schriftlich,** wenn auch Schriftform keinesfalls Voraussetzung für die Gültigkeit ist, sondern eine mündliche Abrede ausreicht.

Allerdings ist für eine wirksame Vereinbarung der VOB zu beachten, daß möglicherweise im betreffenden Fall das AGB-Gesetz Anwendung findet, so daß dessen zwingende Regelungen Vorrang haben und unbedingt zu beachten sind (vgl. dazu in allgemeiner Hinsicht Rdn. 91 ff. sowie Teil A § 10 Rdn. 77 ff.). Ansonsten:

20 Soll die **VOB in ihrer Gesamtheit,** insbesondere Teil B, zum Verhandlungs- oder Vertragsgegenstand werden, **wozu hinsichtlich des letzteren im eigenen Interesse der Vertragspartner dringend zu raten ist** (vgl. dazu Teil A § 10 Rdn. 131 ff.), so ist die Aufnahme sämtlicher Bestimmungen in das Angebot oder in den Vertrag nicht erforderlich. Es genügt vielmehr ein allgemeiner Hinweis oder eine Bezugnahme auf die VOB, RGZ 105, 292; zu weitgehend Huhn (Vahlens Rechtsbücher, Zivilrecht Bd. 3, S. 128), der **generell** auch die Übersendung oder Aushändigung des Vertragstextes der VOB verlangt, wohl in Verkennung des heutigen Bekanntheitsgrades der VOB, jedenfalls aber der Tatsache, daß der Text der VOB für jeden ohne weiteres erhältlich ist **(allerdings: zu den Einbeziehungsvoraussetzungen bei Anwendbarkeit des AGB-Gesetzes vgl. Rdn. 91 ff.).** Wird z. B. eine Siedlung von mehreren Häusern einheitlichen Typs gebaut, dabei nur für ein Haus ein Leistungsverzeichnis unter Hinweis auf Teil B der VOB als Vertragsgrundlage aufgestellt, so genügt es für die Annahme des Teils B der VOB als Vertragsgrundlage auch hinsichtlich der übrigen Häuser, wenn bei der Vergabe auf die Maßgeblichkeit des einen Leistungsverzeichnisses hingewiesen wird (vgl. dazu BGH SFHZ 2.331 Bl. 45 ff.). Über die **Einbeziehung von Ergänzungs-, Zusatz- oder Nachtragsaufträgen** in den VOB- Vertrag vgl. Vor B Rdn. 10.

21 Es ist auch jedem unbenommen, sich vor Erteilung oder vor Übernahme eines Bauauftrages, insbesondere bei den hier zu führenden Verhandlungen, zu überlegen, ob er alle Bestimmungen der VOB (Teile B und C) zum Gegenstand der Vertragsabrede machen will oder nicht, **sofern nicht die bereits vorangehend erwähnten zwingenden Grenzen des AGB-Gesetzes entgegenstehen, also regelmäßig in sogenannten Individualverträgen.** Von der Möglichkeit abweichender oder ergänzender Vertragsregelungen geht an sich auch die VOB aus, indem sie in Teil A § 10 Nr. 2, 3 und 4 die Vereinbarung **Besonderer oder Zusätzlicher Vertragsbedingungen** in den dort aufgezeigten Grenzen vorsieht. Sollen einzelne Teile der VOB aus dem Vertrag ausgeklammert werden, empfiehlt es sich dringend, dies **klar zum Ausdruck** zu bringen, insbesondere die Abgrenzung im einzelnen.

22 Das gilt insbesondere angesichts der §§ 5 und 3, nicht zuletzt aber auch § 9 (vgl. dazu Teil A § 10 Rdn. 170 ff.) AGB-Gesetz, die allgemeine, also **auch für Individualverträge maßgebende Rechtsgedanken** enthalten; erst recht trifft das zu, wenn dieses Gesetz auf den betreffenden Bauvertrag Anwendung findet (vgl. Teil A § 10 Rdn. 77 ff.). So geht es nicht an, im Bauvertrag zu vereinbaren, Vertragsbedingungen seien „die Bestimmungen der VOB Teil A, B und C und des BGB, wobei jeweils die dem Bauherrn und seinem Architekten günstige Regelung" Anwendung finde. Gleiches gilt von der Bestimmung, der Unternehmer hafte „für seine Leistungen nach VOB und BGB" (vgl. dazu OLG Düsseldorf BauR1972, 117) oder die Regelung „Der Auftragnehmer leistet Gewähr nach den Bestimmungen der VOB/B **und** des BGB" bzw. „Gewährleistung und Haftung des Unternehmers richten sich nach der VOB bzw. BGB; bei unterschiedlicher Auffassung gilt die jeweils günstigere für den Bauherrn" (vgl. dazu BGH BauR 1986, 200 = SFH § 5 AGBG Nr. 1 = NJW 1986, 924 = Betrieb 1986, 640 = MDR 1986, 401 = JZ 1986, 355 = BB 1986, 222 = LM § 5 AGBG Nr. 8 = ZfBR 1986, 79 = Bunte EWiR § 6 AGBG 1/86, 211). Eine solche Vertragsregelung führt nicht nur zu Unklarheiten, sondern sie trägt den Keim späterer Prozesse in sich, und sie geht immer **zu Lasten desjenigen, der sie aufgestellt,** also in den Vertrag hineingebracht hat. Nicht selten haben solche Klauseln zur Folge, daß der betreffende Vertrag wegen Unklarheit seines Inhalts nur nach den gesetzlichen Regeln des BGB (§§ 631 ff.) und der dazu ergangenen Rechtsprechung beurteilt werden kann (vgl. BGH a. a. O.). **Andererseits: Ist der Auftraggeber selbst Verwender von solchen Vertragsbedingungen, die dem AGB-Gesetz unterliegen, so geht das nicht selten zu seinem Nachteil aus.** Ist z. B. in dem von dem Auftraggeber aufgestellten Formularvertrag die VOB/B vereinbart und folgt dann der Satz „Garantieleistung entsprechend VOB bzw. BGB", dann gilt nach der Unklarheitenregel des § 5 AGB-Gesetz zugunsten des Auftragnehmers die Mängelgewährleistungsfrist der VOB/B (vgl. OLG Hamm NJW-RR 1988, 467 = BB 1988, 301). Hinreichend klar für den **Bereich eines Individualvertrages** – wenn auch sicherlich nicht zu empfehlen – ist dagegen die Regelung „Als Gewährleistungsfristen für die vertragsgemäße Beschaffenheit der Bauarbeiten und der Baustofflieferung gelten die in B § 13 der VOB festgesetzten Termine sowie die Bestimmungen des BGB"; daraus ist zu folgern, daß für die Gewährleistungsfrist Teil B § 13 maßgebend ist, daß im übrigen, wie etwa für die Hemmung oder Unterbrechung der Fristen gemäß § 639 BGB, die Bestimmungen des BGB gelten sollen (BGH BauR 1983, 168 = NJW 1983, 871 = VersR 1983, 268 = SFH § 13 Ziff. 4 VOB/B Nr. 3 = Betrieb 1983, 654 = BlGBW 1983, 78 = ZfBR 1983, 81 = MDR 1983, 480 = LM § 635 BGB Nr. 71).

23 Sind im Bauvertrag einschließlich seiner Anlagen nur **Vertragsbedingungen des Teils C** erwähnt, so ist **im Zweifel nicht zugleich Teil B vereinbart,** da die Einbeziehung von Regelungen des Teils C auch im Rahmen eines BGB-Werkvertrages geschehen bzw. dort ihre Anwendung auch ohne ausdrückliche Benennung im Vertrag in Betracht kommen kann (so auch BGHZ 86, 135 = BauR 1983, 161 mit Anm. Locher a. a. O. S. 362 = NJW 1983, 816 = Betrieb 1983, 819 = ZIP 1983, 325 = BB 1983, 599 = SFH § 16 Nr. 3 VOB/B Nr. 25 = MDR 1983, 393 = ZfBR 1983, 85). Soll **Teil B nach Abschluß** des Bauvertrages zum Vertragsinhalt gemacht werden, bedarf dies einer **klaren, ergänzenden Vereinbarung** der Vertragspartner (BGH a. a. O., vgl. auch Rdn. 15). Die vertragliche Vereinbarung, es werde „Garantie nach der VOB" geleistet, bedeutet, daß hinsichtlich der Gewährleistung Teil B §§ 4 und 13 gelten (vgl. BGH BauR 1970, 48 = NJW 1970, 421 = VersR 1970, 180 = Betrieb 1970, 250 = SFH Z 2.414 Bl. 231 ff. = MDR 1970, 317 = LM VOB/B Nr. 37). Darüber, ob dies bei Anwendbarkeit des AGB-Gesetzes möglich ist, vgl. Teil A § 10 Rdn. 141 ff.

24 Nicht der VOB entspricht die Vereinbarung eines sogenannten verbindlichen **Richtpreises** oder eines **Etwa-Preises.** Diese Vergütungsarten sind dem **Vergütungssystem der VOB fremd;** sie kommen bei einem Bauvertrag nach der VOB nur zum Zuge, wenn sie abweichend von den Allgemeinen Vertragsbestimmungen in Besonderen oder Zusätzlichen Vertragsbestimmungen für den betreffenden Vertrag ausdrücklich, gegebenenfalls auch unter Beachtung des § 2 AGB-Gesetz (vgl. dazu Rdn. 91 ff. sowie Teil A § 10 Rdn. 77 ff.), vereinbart sind. Zutreffend sagt das OLG Celle (BB 1972, 65 = BlGBW1972, 77) dazu, daß verbindliche Richtpreise oder Etwa-Preise nur überschritten werden können, wenn der Auftragnehmer für die Herstellung des Werkes Aufwendungen an Material und Arbeitszeit gehabt hat, die den verbindlichen Richtpreis erheblich überschreiten. In welchem Rahmen eine Überschreitung zulässig ist, kann bei der Verschiedenheit der Fälle nicht einheitlich beantwortet werden. In erster Linie kommt es darauf an, wie hoch der verbindliche Richtpreis ist und wie hoch die tatsächlichen Mehraufwendungen des Auftragnehmers an Material und Arbeitszeit waren. Zur „circa"-Klausel vgl. auch Thamm Betrieb 1982, 417.

25 **Sofern die VOB – ganz oder teilweise – und auch sonst Zusätzliche oder Besondere Vertragsbedingungen im Bauvertrag nicht oder nicht wirksam vereinbart worden sind, sind nur die einschlägigen Vorschriften des BGB anzuwenden.**

26 **3.** Allerdings kann die **VOB in seltenen Ausnahmen auch Vertragsgegenstand** werden, wenn zwar eine **ausdrückliche Absprache fehlt**, aus den gegebenen eindeutigen Umständen aber zwangsläufig nach dem Grundsatz von Treu und Glauben entnommen werden muß, daß übereinstimmender, individueller Parteiwille ihre Verbindlichkeit hat anerkennen wollen. Wann dies gegeben ist, läßt sich nur im Einzelfall beurteilen. So kann z. B. aufgrund der vorliegenden behördeninternen Anordnungen (vgl. Rdn. 100) nach der Verkehrssitte (vgl. hierzu § 151 BGB) dann die Vereinbarung der VOB nach dem erkennbaren und übereinstimmenden Parteiwillen als erfolgt gelten, wenn ein Auftragnehmer an einer dem Teil A entsprechenden Ausschreibung für ein **Behördenbauvorhaben** teilgenommen und den Zuschlag erhalten hat, ohne daß sowohl im Vergabeverfahren als auch beim Vertragsabschluß die Maßgeblichkeit der VOB ausdrücklich festgelegt worden ist. Man sollte sich aber auch dann vergegenwärtigen, daß die Frage der **konkludenten Vereinbarung** der Vorschriften **der VOB mit größter Vorsicht zu behandeln** ist und daß sie jedenfalls nur bei **eindeutiger Klarheit** im positiven Sinn beantwortet werden kann, wie etwa bei häufigen Verträgen zwischen den betreffenden Vertragspartnern über bestimmte, ihrer Art nach immer wiederkehrende Bauleistungen, die uneingeschränkt nach der VOB/B abgewickelt worden sind. Deshalb kann die Annahme, die VOB sei zum Vertragsgegenstand erhoben, **nicht allein aus der Tatsache** gefolgert werden, daß für das Bauvorhaben **öffentliche Mittel in Anspruch genommen werden**, ohne daß es sich um ein Behördenbauvorhaben handelt oder ohne daß nachgewiesen werden kann, daß dem Auftragnehmer die Kreditbedingungen, die eine entsprechende Forderung nach Abschluß des Bauvertrages gemäß der VOB enthalten, bekannt sind (insoweit zumindest unklar OLG Celle SFH Z 2.510 Bl. 15 ff.).

27 **Selbst im angegebenen engen Rahmen** kommt eine **stillschweigende Vereinbarung der VOB** auch hier wiederum nicht in Betracht, wenn einer der Vertragspartner sich auf den Schutz des AGB-Gesetzes, vornehmlich dessen § 2 (also als Nichtkaufmann, vgl. § 24 Abs. 1 a. a. O.), berufen kann (vgl. dazu Rdn. 91 ff. sowie Teil A § 10 Rdn. 77 ff.; Locher NJW 1977, 1801, 1802; teilweise anders bei Ergänzungs- und Zusatzaufträgen, vgl. Vor B § 1 Rdn. 10). Die Ansicht von Werner/Pastor (Rdn. 728), wonach eine stillschweigende Vereinbarung der VOB/B angesichts des AGB-Gesetzes überhaupt nicht mehr möglich sein soll, übersieht, daß § 24 Abs. 1 AGB-Gesetz darauf verweist, daß die Einbeziehungsvoraussetzungen des § 2 a. a. O. nicht für Kaufleute oder umgekehrt für öffentliche Auftraggeber als Vertragspartner des Verwenders – hier der VOB/B – gelten.

28 **4.** Die Frage, ob ein **Architekt befugt** ist, die VOB Teil B rechtsverbindlich **für den Auftraggeber** mit dem Bieter bzw. Auftragnehmer zu **vereinbaren**, richtet sich nach den Befugnissen, die sich aus seinem Vertrag mit dem Auftraggeber im Einzelfall ergeben. Die dem Architekten vertraglich besonders übertragene Aufgabe zur „Vergabe der Bauarbeiten" umschließt grundsätzlich das Recht, von sich aus und verbindlich für den Auftraggeber mit dem Auftragnehmer

die VOB (Teil B) zu vereinbaren (BGHZ 48, 108 = NJW 1967, 2005 = MDR 1967, 831 = BB 1967, 904 = Betrieb 1967, 1364 = SFH Z 2.331 Bl. 45). Vgl. im übrigen auch hierzu Rdn. 91 ff.

Hat der Architekt vom Auftraggeber den Auftrag, in den Verträgen mit ausführenden Unternehmern die Verjährung der Gewährleistungsansprüche nach den Bestimmungen des BGB zu regeln, so haftet er, wenn der Auftragnehmer später zu Recht die Einrede der Verjährung erhebt, dem Auftraggeber nach § 635 BGB, weil er im Bereich der **Mitwirkung bei der Vergabe eine fehlerhafte Leistung** erbracht hat. Das gilt auch, wenn der Bauvertrag so unklar ist, daß sich der Auftragnehmer mit Erfolg auf Verjährung gemäß § 13 Nr. 4 VOB/B berufen kann (BGH BauR 1983, 168 = NJW 1983, 871 = VersR 1983, 268 = SFH § 13 Ziff. 4 VOB/B Nr. 3 = Betrieb 1983, 654 = BlGBW 1983, 78 = ZfBR 1983, 81 = MDR 1983, 480 = LM § 635 BGB Nr. 71).

II. VOB kein Handelsbrauch

Die VOB hat grundsätzlich auch nicht die Geltung als Handelsbrauch. Ein solcher Handelsbrauch, der in § 346 HGB gesetzlich umrissen ist durch die im Handelsverkehr geltenden Gewohnheiten und Gebräuche, setzt eine **längere Übung voraus**. Hiernach **kann ein Handelsbrauch sich nicht auf die in den Verträgen unveränderte VOB als Ganzes beziehen**, da **insoweit Allgemeingültigkeit** im Sinne längerer und anerkannter Übung, damit steter Gewohnheit, ebensowenig in Betracht kommen kann **wie hinsichtlich** der Frage **des Gewohnheitsrechts** (vgl. Rdn. 26). Entgegen Heiermann/Riedl/Rusam/Schwaab (Teil A § 10 Rdn. 10) kann allein deswegen, weil die öffentlichen Auftraggeber dienstintern zur Anwendung der VOB verpflichtet sind, sicher nicht schon von Handelsbrauch gesprochen werden, da hierdurch nicht bereits die für Bauverträge schlechthin notwendige Allgemeingültigkeit zum Ausdruck kommt. Das gilt um so mehr, als nicht zuletzt auch öffentliche Auftraggeber in ihren Verträgen von der VOB abweichende Bedingungen aufstellen. In dieser Hinsicht würde es auch nicht schon reichen, wenn auch private Auftraggeber – was zweifelhaft ist – überwiegend die VOB vereinbaren (so aber Heiermann/Linke S. 39). Im übrigen spricht sich die VOB durch Teil A § 10 Nr. 1 selbst gegen ihre bereits erfolgte Anerkennung als Handels- oder Gewerbegebrauch aus.

29

Was demgegenüber **durchaus Handelsbrauch** sein kann, sind **Einzelvorschriften**, die der längeren tatsächlichen und dauernden Gewohnheit am jeweiligen Ort entsprechen. Jedenfalls wird so das OLG Hamm im Urteil vom 21. 9. 1953 (SFH Z 2.0 Bl. 2) zu verstehen sein. Zu beachten ist aber: Wie aus § 346 HGB ersichtlich, kann man von im „Handelsverkehr geltenden Gewohnheiten und Gebräuchen" nur sprechen, wenn die „Handelspartner" **Kaufleute** sind. Die Voraussetzungen hierfür sind in §§ 1 bis 5 HGB geregelt. Zum Kaufmann im Baugewerbe vgl. Ebenroth/Autenrieth BauR 1980, 211. Des weiteren ist das **Vorliegen eines Handelsgeschäfts** notwendig (§ 343 HGB); vgl. dazu auch OLG Düsseldorf BauR 1981, 369 mit zutreffender ablehnender Anm. von Autenrieth.

30

Allein das ergibt, daß die Frage des Handelsbrauchs in bezug auf **Einzelvorschriften der VOB nur in beschränktem Maße** zur Erörterung gelangen kann. Aus der Natur der Sache folgt, daß zunächst die Regelungen des Teils A außer Betracht zu bleiben haben, also überhaupt nicht für den „Handelsbrauch" in Frage kommen. Auch der Teil B wird nur insoweit zur Erörterung stehen können, als gewisse Einzelvorschriften über die Vertragsverpflichtungen ihrer Art und ihrem Umfang nach in dem fortlaufend mit Bauverträgen befaßten kaufmännischen Kreis unabhängig und losgelöst von der VOB zur steten und zugleich den Beteiligten bewußten Gewohnheit geworden sind. Wann eine Einzelregelung der VOB als Handelsbrauch anzusprechen ist, läßt sich nur im Einzelfall beantworten. Auch hier wird **äußerste Vorsicht** am Platze sein. Das wird z. B. in bezug auf die Abrechnungsbestimmung in Teil B § 14 Nr. 1 und 2 der Fall sein. Darüber, welche Anforderungen bei der Ermittlung des Handelsbrauchs

31

zu stellen sind, OLG Hamburg MDR1963, 849. Über Wesen, Entstehung und Feststellung eines Handelsbrauchs BGH Betrieb 1966, 29 = NJW 1966, 502 = LM § 346 (B) HGB Nr. 4. Zur Feststellung des Handelsbrauchs Wagner NJW 1969, 1282.

III. Gewerbeüblichkeit einzelner VOB-Regelungen

32 Von dem Handelsbrauch zu unterscheiden ist die **Gewerbeüblichkeit.** Diese hat nicht die vorangehend bezeichneten engen handelsrechtlichen Voraussetzungen. **Grundlage bildet** vielmehr **die in § 157 BGB enthaltene Generalklausel.** Danach sind Verträge so auszulegen, wie es Treu und Glauben mit Rücksicht auf die Verkehrssitte verlangen. Es kann also durchaus sein, daß bestimmte Einzelregelungen der VOB zur Auslegung einer oder mehrerer in einem sonst nicht nach der VOB ausgerichteten Bauvertrag nicht geregelter Fragen heranzuziehen sind. Unter den heutigen Umständen können die Bestimmungen der VOB durchaus einen Anhalt dafür geben, was im **Baugewerbe als üblich und den Beteiligten als zumutbar angesehen werden kann** (BGH, OLG Hamm, OLG München; sämtlich SFH Z 2.0 Bl. 2 bis 4). Allerdings muß hier **Grundvoraussetzung** sein, **daß die Regelungen der VOB nicht denen des BGB** – sei es in dessen allgemeinen Vorschriften, sei es in den besonderen Bestimmungen der §§ 631 ff. – **widersprechen** (BGH a. a. O.).

33 Die Auslegung dessen, was als im Baugewerbe üblich und den Beteiligten zumutbar angesehen werden kann, ist – im Rahmen des § 157 BGB – ein Fall der sogenannten **Verkehrssitte.** Diese muß **nach den Gewohnheiten und Gepflogenheiten des Bauvertragswesens** beurteilt werden. Voraussetzung ist dabei, daß Üblichkeit und Zumutbarkeit für **beide Vertragsteile** – Auftraggeber und Auftragnehmer – als gültig zu erachten sind (RGZ 135, 345). Nicht von Bedeutung kann es hingegen sein, wenn sie einer Partei des konkreten Vertrages unbekannt geblieben sind (RGZ 114, 12), allerdings nur, wenn diese Partei nicht vorher ausdrücklich erklärt hat, sich ihnen nicht unterwerfen zu wollen (RGZ 69, 126). Auch hier kommt es im Rahmen der Auslegung ganz auf den Einzelfall an. Eine generelle Formel läßt sich nicht festlegen. Dies muß daher der Kommentierung der einzelnen Regelungen des Teils B vorbehalten bleiben.

34 Allgemein ist es für die Praxis **dringend zu empfehlen, Verhandlungen und Vereinbarungen** so festzulegen, daß sie **lückenlos** sind, und sich **nicht auf spätere Auslegungen zu verlassen.** Es ist oft genug schon schwer, sich in den Gedankenbereich anderer hineinzuversetzen. Um so schwieriger ist es aber darüber hinaus, Willensrichtungen, vor allem über den Einzelfall hinausgehende, zu ermitteln, die von rechtlich bedeutsamer Tragweite sind, wie das bei der Auslegung notwendig ist.

IV. Verhältnis VOB – BGB

35 **Soweit sich die Bestimmungen der VOB mit den Vorschriften des BGB decken,** und zwar sowohl hinsichtlich der besonderen Vertragsvorschriften der §§ 631 ff. BGB als auch hinsichtlich der allgemeinen Bestimmungen, **bedarf es keiner besonderen und ausdrücklichen Vereinbarung, um ihre Anwendbarkeit herbeizuführen.** Allerdings ist dies nicht Ausfluß der VOB, sondern des BGB als des einschlägigen und allgemeingültigen Gesetzes. Daher ist es sinnlos, die Anwendbarkeit der VOB nur insoweit zu vereinbaren, als ihre Regelungen mit dem BGB übereinstimmen.

36 Eine andere **Beurteilung** ist dagegen angebracht, **wenn** die Maßgeblichkeit der **VOB ihrem Gesamtinhalt nach vereinbart ist.** Dann sind die Vorschriften, die sich mit dem Gesetz decken, nicht lediglich nach dem Gesetz zu messen, sondern nach der zwischen den Partnern abgesprochenen **Einheit der VOB**, die vor allem im Hinblick auf § 9 AGB-Gesetz von Bedeutung ist (vgl. Teil A § 10 Rdn. 170 ff.). Es würde sowohl aus praktischen als auch aus

rechtssystematischen Gründen verfehlt sein, wollte man den durch die VOB insgesamt umschriebenen Zusammenhang bestimmter Lebensvorgänge zu trennen versuchen.

E. Die rechtliche Unterscheidung zwischen den Teilen A und B der VOB

Wie Rdn. 12 ff. dargetan, behandelt **Teil A** den Weg von der Aufnahme der Vertragsverhandlungen über deren Ablauf bis zum rechtsgültigen Abschluß eines Bauvertrages. Dabei ist es wesentlich auf das Verhalten des Bauherrn als des „Vergebenden" abgestellt. **Teil B** regelt in sich abgeschlossen den weiteren Ablauf unter Zugrundelegung einer zwischen den Partnern eines Bauvertrages festgelegten vertraglichen Gestaltung mit beiderseitigen Rechten und Pflichten bis zur Erfüllung, d. h. bis zur ordnungsgemäßen Herstellung des Werkes einschließlich Gewährleistung und der endgültigen Zahlung der geschuldeten Vergütung durch den Auftraggeber. Die Verfasser der VOB haben dabei an erfahrungsgemäß häufiger wiederkehrende Möglichkeiten von Abweichungen von dem normalen Geschehensablauf denken und diese mit in das Vertragswerk einbeziehen müssen.

I. Teil A der VOB:

1. Im Zivilrecht, vor allem nach dem Aufbau des BGB, hat niemand, der an dem Abschluß eines Vertrages interessiert ist und der mit dem ihm gegenüberstehenden Bauherrn diesbezüglich verhandeln will oder verhandelt, im Grundsatz einen Anspruch darauf, daß a) die Vertragsverhandlungen mit ihm überhaupt und ihrem äußeren Gang nach in einer bestimmten Weise geführt werden, b) der Vertrag mit ihm abgeschlossen wird und c) der Vertrag so – wie von ihm gewünscht – mit ihm eingegangen wird. Diese allgemeinen Grundsätze gelten an sich auch für **Teil A der VOB.** Er gibt also insofern grundsätzlich (über Ausnahmegesichtspunkte vgl. Rdn. 70; ferner Unger BauR 1984, 465, 468 ff.) **keinen klagbaren Anspruch** (auch OLG Stuttgart BauR 1976, 435; Dohmen S. 23 m. w. N.). Diese Folgen hat offenbar auch Weil in seinem Vorwort zur VOB vom 11. 11. 1952 im Auge gehabt. Ebenso Rossig in seinem Vorwort zur VOB, Ausgabe 1958; vgl. auch Vorbemerkung zu Teil I des VHB. Grundlage für diese Folgerung ist, daß die Vergaberegeln der VOB Teil A dem Erfordernis **sparsamer Haushaltsführung durch den öffentlichen Auftraggeber dienen, grundsätzlich aber nicht dem Schutz des einzelnen Bewerbers** (vgl. dazu auch BGH BauR 1980, 63 = NJW 1980, 180 = MDR 1980, 223 = SFH § 25 VOB/A Nr. 1 = ZfBR 1980, 31 = LM VOB/A Nr. 4 im Hinblick auf Teil A § 25 Nr. 2).

Das heißt unter Zugrundelegung der gegenwärtigen Rechtslage andererseits aber nicht, daß Teil A rechtlich gänzlich bedeutungslos ist. Er zeigt nämlich zumindest in Teilbereichen die **Grenzen des zulässigen Verhandlungsspielraumes („Ermessensspielraumes!") auf,** wobei feststehender Grundsatz die **Gleichbehandlung der an einem Bauvergabewettbewerb Beteiligten** ist, wie sich ausdrücklich auch aus Teil A § 8 Nr. 1 ergibt (vgl. dazu auch Dohmen S. 45 ff.). Wenn die Bestimmungen des Teils A verletzt werden, so können daraus u. U. dem Benachteiligten folgende Möglichkeiten erwachsen:

2. In vielen Fällen kommen bei Vertragsverhandlungen nach der VOB und als spätere Auftraggeber **Behörden** in Betracht. Dies ergibt sich einmal aus der Ursprungsgeschichte (vgl. Rdn. 6 ff.) der Verdingungsordnung, zum anderen daraus, daß **behördenintern durchweg die Anweisung besteht,** auf der Grundlage der VOB Vertragsverhandlungen zu führen (Teil A) und Bauverträge nach ihren Vertragsbedingungen abzuschließen (Teil B), vgl. dazu Rdn. 100. Es handelt sich dabei **nicht** um einen **Vorgang des öffentlichen Rechts** und damit der Überordnung der staatlichen Verwaltung über den einzelnen Staatsbürger, sondern um eine **Gleichordnung** mit gleichen Rechten und Pflichten beider Teile. Sämtliche hier rechtlich beachtlichen Handlungen sind deshalb **nach zivilrechtlichen Grundsätzen** zu beurteilen

Einl., Rdn. 41+42

(vgl. Rdn. 1). Sie gehören bei Streitigkeiten nicht zum Bereich der Verwaltungsgerichte, sondern zu dem der ordentlichen Gerichte. In rechtstheoretischer Hinsicht ist auf die vollinhaltlich zu billigenden Ausführungen von Zuleeg „Zweistufige Rechtsverhältnisse bei der Vergabe öffentlicher Aufträge?" in NJW 1962, 2231 ff. hinzuweisen. Entgegen früherer Auffassung (BVerwGE 5, 325) hat das Bundesverwaltungsgericht mit Recht später die Ansicht vertreten, daß die Vergabe öffentlicher Aufträge auch dort zivilrechtlicher Natur ist, wo der Bewerber aufgrund besonderer gesetzlicher Vorschriften (z. B. § 74 BVFG, § 68 BEG, § 12 a BEvakG) bei der Vergabe bevorzugt werden soll (vgl. NJW 1962, 1535). Die Rechtsprechung des BGH stimmt damit überein (NJW1962, 196; VersR 1965, 764; 1966, 630; ebenso OLG Köln SFHZ 2.13 Bl. 53). Dazu auch Teil A § 8 Rdn. 12 ff. In allgemeiner Hinsicht ist weiter auf Daub „Der Staat als Auftraggeber", Bauverwaltung 1963, 379, hinzuweisen. Dazu ferner Kaiser (BauR 1980, 99) sowie Dohmen S. 12 ff.

41 Um der VOB **widersprechende Handlungen** oder Unterlassungen von **Behördenvertretern zu unterbinden** oder in die richtige und von der VOB gewollte Bahn zurückzubringen, gibt es den Weg der **Dienstaufsichtsbeschwerde,** die an die zuständige Aufsichtsbehörde zu richten ist. Hier kann sich vor allem auch die **Einschaltung der** für verschiedene Bereiche eingeführten sogenannten **VOB- Beratungsstellen bzw. VOB-Prüfstellen,** wie in Baden-Württemberg, Bayern, Berlin, Bremen, Hamburg, Hessen, Niedersachsen, Nordrhein-Westfalen, Rheinland-Pfalz, Saarland, Schleswig-Holstein (vgl. dazu den Überblick über die jeweiligen – unterschiedlichen – Aufgabenbereiche im Jahrbuch des Deutschen Baugewerbes, Band 28, S. 103 ff., Band 29, S. 109 ff., Band 31, S. 119 ff.; ferner Krüger/Lindemann Nr. 6.8; Marbach, Bauwirtschaft 1981, 1860), jetzt auch auf Bundesebene (Bundes-VOB- Stelle; vgl. dazu Betrieb 1986, 2374), anbieten, zumal diese Stellen häufig mit größerer Sachkunde und auch Schnelligkeit arbeiten. Ihnen wird sowohl von parlamentarischer als auch aufsichtsbehördlicher Seite zunehmend die gebührende Bedeutung eingeräumt (vgl. dazu Jahrbuch des Deutschen Baugewerbes, Band 27, 1977, S. 142 ff.). Insofern ist für den Bereich des Landes Nordrhein-Westfalen auch der Interministerielle Ausschuß für Grundsatzfragen der VOB (IMA-VOB) zu nennen (vgl. dazu Gemeinsamer Runderlaß des Ministers für Wirtschaft, Mittelstand und Verkehr NW und des Innenministers NW vom 10. 2. 1977 SMBl. NW 233). Hilfreich können auch die auf Unternehmerseite gegründeten und genehmigten **VOB-Konditionenkartelle,** wie z. B. für Bayern und Nordoberpfalz (vgl. dazu BAnz II vom 15. 12. 1983, S. 13503 und vom 20. 2. 1984, BAnz 1984, S. 1827) sein. Auch aus dieser Richtung kann jedenfalls die Unternehmerseite dazu beitragen, daß eine den Bestimmungen des Teils A entsprechende Bauvergabe erfolgt. Auch kann an eine **Gegenvorstellung** gedacht werden, die an die auftragvergebende Stelle zu richten ist.

42 Vor allem zur Dienstaufsichtsbeschwerde gilt folgendes: Soweit die VOB in Bund und Ländern als verbindlich eingeführt worden ist (vgl. Rdn. 100), handelt es sich um eine **Dienstanweisung,** deren Befolgung von den vorgesetzten Aufsichtsbehörden sowie auch von den Rechnungsprüfungsbehörden überwacht wird. Diese Dienstanweisung bewirkt eine **Bindung der Behörden im Innenverhältnis;** im allgemeinen geht aber diese Bindung **nicht nach außen auf das Verhältnis der Behörde (Auftraggeber) zu einem ihr fiskalisch gegenüberstehenden Dritten (Auftragnehmer)** über. Dazu auch Nicklisch BB 1974, Beil. 10, S. 3.

Die Bindung im Innenverhältnis bedeutet aber, daß die Behörde gehalten ist, nach den für sie als verbindlich erklärten Regelungen der VOB zu handeln, und zwar auch, wenn in der betreffenden Ausschreibung nicht ausdrücklich hervorgehoben ist, daß auf der Grundlage von VOB/A vergeben wird (LG Bochum VersR 1975, 742 für den vergleichbaren Fall der Vergabe nach VOL/A). Bezüglich des Teils A der VOB wird diese Forderung eingehalten sein, wenn eine „Verfahrensweise" festgelegt worden ist und nach ihr gehandelt wird, die diesem oder jenem Weg, wie er in Teil A aufgezeigt ist, unter den dort für zulässig gehaltenen Voraussetzungen entspricht. Dann wird eine Dienstaufsichtsbeschwerde ohne Sinn sein. Anders wird das aber zu beurteilen sein, wenn zwar eine gewisse „Verfahrensweise" nach Teil A eingeschlagen ist, es jedoch unter Berücksichtigung der Gegebenheiten des Bauvorhabens **offensichtlich** ist, daß diese **objektiv nicht gerechtfertigt** werden kann und zudem zwangsläufig zu einer Bevorteilung eines Unternehmers oder bestimmter Unternehmer unter gleichzeitigem Nachteil für andere führen muß. Als Beispiel gilt die Wahl einer Freihändigen Vergabe nach Teil A § 3 Nr. 5, um einem bestimmten Unternehmer den Auftrag zu sichern, obwohl nach vorliegenden Umständen keineswegs die sachlichen Voraussetzungen der Freihändigen Vergabe vorliegen, sondern lediglich die der Öffentlichen oder Beschränkten Ausschreibung. Gleiches gilt für öffentliche Auftraggeber, die prinzipiell ohne die nach Teil A § 25 vorgeschriebene Angebotswertung jeweils nur an den billigsten Bieter vergeben. Auch wird eine Dienstaufsichtsbeschwerde sinnvoll sein, wenn eine Behörde entgegen der für sie im Innenverhältnis bindenden Anweisung grundsätzlich und von begründeten Ausnahmen abgesehen keinen Gebrauch von der VOB/A macht und die Bauaufträge nach freiem – nicht pflichtgemäßem – Ermessen vergibt. Ferner wird eine Dienstaufsichtsbeschwerde regelmäßig nicht ohne berechtigten Anlaß sein, wenn Handlungen oder Unterlassungen von Behördenvertretern vorliegen, für die es eine **Haftungsgrundlage in der zivilen Rechtsordnung** gibt, wie z. B. bei der culpa in contrahendo (vgl. Rdn. 51 ff.) oder bei einer unerlaubten Handlung nach §§ 823 und 826 BGB.

Der Dritte (Bewerber, Bieter, Auftragnehmer) hat aber **im Wege der Dienstaufsichtsbeschwerde keinen rechtlich durchsetzbaren Anspruch** auf Vornahme oder Unterlassung einer Handlung durch die Behörde als Bauherrin. Er hat darüber hinaus gegenüber der Dienstaufsichtsbehörde auch nicht das Recht, zu verlangen, daß in seinem Sinne überhaupt entschieden wird. Insbesondere ist auch im Falle der Untätigkeit der Dienstaufsichtsbehörde **nicht** die **Untätigkeitsklage** (§§ 42 Abs. 1, 75 VwGO) gegeben. Daher ist die Dienstaufsichtsbeschwerde strenggenommen an sich ein **wenig brauchbares und geeignetes „Rechtsmittel"**, zumal hier nicht selten noch die Sorge der Unternehmerseite hinzukommt, bei etwaigen späteren Bauvorhaben des betreffenden Auftraggebers ohne berechtigten sachlichen Anlaß nicht mehr berücksichtigt zu werden. Immerhin ist sie nicht ohne weiteres von der Hand zu weisen. Einmal macht sie – im Gegensatz zum Zivilprozeß – keine Kosten, und zum anderen ist sie unter Berücksichtigung des gerade auch für den Behördenverkehr geltenden **Vertrauensgrundsatzes** im Einzelfall durchaus geeignet, die **Aufsichtsbehörde auf Mißstände aufmerksam zu machen** und sie zumindest zur Überprüfung und gegebenenfalls zur Abhilfe zu veranlassen. Jedenfalls ist das kein zu unterschätzender Vorteil, wenn man berücksichtigt, daß ein privater Auftraggeber weder selbst noch durch eine dritte Person im Grundsatz angehalten werden kann, bei der Vergabe eines Bauauftrages in bestimmter Weise zu verfahren und gewisse Regeln einzuhalten. Hier gibt es kein Aufsichtsorgan, sondern nur das Gericht, das nach der gegebenen Rechtslage lediglich über einen beschränkten Kreis **grober Rechtsverletzungen** erkennen kann. So betrachtet, ist die Verbindlicherklärung der VOB – vor allem ihres Teils A – für die Vergabestellen öffentlicher Bauaufträge und die damit erfolgte Eröffnung der Dienstaufsichtsbeschwerde für den Bewerber, Bieter oder Auftragnehmer (zu diesen Begriffen vgl. Vor Teil A § 2 Rdn. 2 f.) für den Bereich der Praxis schon ein nicht zu übersehender Vorteil.

3. Selbstverständlich kann der Unternehmer, gegen den **nach zivilrechtlichen Grundsätzen zu beurteilende Rechtsverstöße** begangen worden sind, diese gegen die betreffende Behörde bzw. die verantwortliche Person vor den ordentlichen Gerichten ebenso verfolgen wie gegen einen privaten Auftraggeber (vgl. vor allem auch Rdn. 51 ff.). Der Unternehmer kann u. a. **wegen unwahrer dienstlicher Äußerungen eines Beamten,** die ihn oder seinen Betrieb betreffen, im Wege einer **Klage aus Verletzung von Amtspflichten** gegen die Behörde vorgehen (§ 839 BGB). Für eine solche Klage, die auf den Widerruf der dienstlichen Äußerungen des Beamten im „fiskalischen Bereich" seines Dienstherrn zu richten ist, ist der Rechtsweg zulässig (BGH NJW 1961, 1356 [L] = MDR 1961, 665). Allerdings kann ein Beamter nicht

persönlich aus dem Gesichtspunkt der Amtspflichtverletzung auf Widerruf ehrkränkender Behauptungen verklagt werden, die er in engem Zusammenhang mit der Wahrnehmung dienstlicher Aufgaben aufgestellt hat (BGH VersR 1963, 677).

45 Soweit die Äußerungen im **privaten Bereich** gemacht worden sind, wofür vor allem auch § 824 BGB in Betracht kommt, muß die Klage gegen den Beamten selbst erhoben werden; insoweit besteht ein Anspruch auf Widerruf bzw. Unterlassung nicht, wenn die Behauptungen im engen Familienkreis, im Anwaltsgespräch oder zur Verteidigung von Rechten in einem Verfahren aufgestellt worden sind (vgl. OLG Düsseldorf NJW 1974, 1250). Anders liegt es wiederum, wenn die Äußerungen sonst „im kleinen Kreis" aufgestellt worden sind (vgl. BGH NJW 1984, 1104 = MDR 1984, 390).

46 Soweit der Anspruch auf Widerruf einer Äußerung geltend gemacht wird, erfordert dies, daß diese eine unrichtige Tatsachenbehauptung enthält und bei dem Betroffenen einen Schaden oder doch einen fortdauernden Störungszustand hervorgerufen hat (BGH NJW 1965, 35 = VersR 1965, 1270). Eine Verurteilung zum Widerruf setzt voraus, daß die Unwahrheit der zu widerrufenden Behauptung feststeht (BGHZ 37, 187 = LM BGB § 1004 Nr. 62 m. w. N. und Anm. Hauß; BGH LM BGB § 1004 Nr. 49; Helle NJW 1962, 1813; BGH MDR 1970, 579 = LM § 847 BGB Nr. 36 m. w. N.). Über das Urteil auf Widerruf einer ehrverletzenden Behauptung und seine Vollstreckung vgl. Helle NJW 1963, 129 ff. sowie OLG Frankfurt NJW 1982, 113 m. w. N. Die Geltendmachung eines Unterlassungsanspruchs wird durch die Erhebung einer Widerrufsklage nicht ausgeschlossen (BGH VersR 1965, 881).

47 Aber auch **außerhalb des vorerwähnten Bereiches kommt eine Haftung wegen Amtspflichtverletzung im Rahmen eines Bauvergabeverfahrens in Betracht:** Ein Beamter, der eine unrichtige, mißverständliche oder unvollständige Auskunft oder Zusage gibt, verstößt auch dann gegen eine Amtspflicht, wenn sich die Auskunft oder Zusage auf eine künftige Entscheidung oder Leistung einer Behörde bezieht; das gilt in der Regel auch für den Fall, daß die Zusage fehlerhaft ist und deswegen von der Behörde nicht eingehalten wird (vgl. BGH NJW 1970, 1414 = VersR 1970, 711). Die vom BGH hier aufgestellten Grundsätze sind entsprechend für Bauvergabeverfahren heranzuziehen.

48 Zu erwähnen ist in diesem Zusammenhang vor allem auch: **Rechte für einen von einer Ungleichbehandlung Betroffenen können sich des weiteren aus dem Rechtsgedanken der §§ 138, 242, 826 BGB in Verbindung mit dem diesen Bestimmungen innewohnenden Gleichheitsgrundsatz ergeben. Wesentlich ist dabei die willkürfreie und somit sachgerechte Anwendung der Vergaberegelungen.** Das betrifft im wesentlichen vor der Angebotseröffnung die Beteiligung am Wettbewerb mit gleichen Chancen, danach den Anspruch auf Gleichbehandlung bei der Angebotswertung und beim Zuschlag. Dabei ergibt sich allerdings für den Bewerber oder Bieter **nicht aus jeder Verletzung der Regeln der VOB/A ein Anspruch, sondern nur bei nachgewiesener Verletzung des Willkürverbotes in einer Weise, die zugleich gegen Treu und Glauben und die guten Sitten verstößt** (dazu näher Dohmen S. 52 ff.). Dabei ist z. B. eine Auftragssperre auf der Grundlage der §§ 824, 826 BGB sowie an den Regelungen des GWB (vgl. dazu Rdn. 70) zu messen, was vor allem im Hinblick auf Teil A § 8 Nr. 4 gilt (a. a. O.). Vgl. auch Feber S. 98.

49 Beachtlich sind zu dem hier erörterten Bereich auch die Ausführungen von Lehmann, Gewerbeschädigende Äußerungen und diskriminierende Maßnahmen der öffentlichen Hand unter besonderer Berücksichtigung der öffentlichen Auftragsvergabe, Dissertation 1971, Freiburg. Die Grundsätze, die das OLG Hamburg zur diffamierenden Kritik an der Leistung des Vertragspartners aufgestellt hat (BB 1973, 1409), gelten hier entsprechend. Vgl. weiter Kaiser BauR 1980, 99 sowie Menzel Betrieb 1980, 303; ferner Rdn. 76 ff.

Unwahre geschäftsschädigende Äußerungen können im Zusammenhang mit einer Bauvergabe **50**
auch durch Dritte vorkommen, die **nicht dem Bereich des öffentlichen Dienstes angehören**, die jedoch den Auftraggeber aufgrund **eigener Vertragspflichten zu beraten** haben, wie
z. B. der **Architekt im Rahmen der ihm nach § 15 Abs. 2 Nr. 7 HOAI** obliegenden Aufgabe
zur Mitwirkung bei der Vergabe. Voraussetzung für einen Schadensersatzanspruch nach § 824
BGB ist dabei, daß es sich um **Tatsachenbehauptungen handelt und nicht lediglich um
wertende Urteile;** zwar kommt in letzterer Hinsicht eine Haftung aus § 823 Abs. 1 BGB in
Betracht, jedoch müssen die aufgestellten Behauptungen nicht nur schuldhaft aufgestellt,
sondern vor allem rechtswidrig sein, wobei es sich regelmäßig um die Frage der Fachkunde,
Leistungsfähigkeit und Zuverlässigkeit des betreffenden Unternehmers handelt; daher kann
eine Haftung des Architekten gegenüber dem betreffenden Unternehmer nur in Betracht
kommen, wenn er seine sich aus Teil A §§ 2, 24, 25 ergebenden Pflichten ordnungsgemäßer
Beratung des Auftraggebers schuldhaft zum Nachteil des Unternehmers mißachtet hat, ferner
dem Unternehmer ein Schaden entstanden ist, wie durch Entziehung oder Nichterteilung des
Auftrages (vgl. dazu OLG Oldenburg BauR 1984, 539).

4. Haftung aus Verschulden bei Vertragsverhandlungen (culpa in contrahendo)

a) **Daß Teil A „nicht einklagbar" ist, besagt** aber auch sonst **keineswegs,** daß aufgrund von **51**
Vertragsverhandlungen, die Gegenstand der Regelungen in Teil A sind, **überhaupt zivilrechtliche Ansprüche** – vor allem auch Schadensersatzforderungen – der Partner gegeneinander
ausgeschlossen sind. Wenn zwischen zwei Parteien Vertragsverhandlungen ausdrücklich auf
der Grundlage des Teils A **aufgenommen** worden sind, was auch bei privaten Auftraggebern
kraft ausdrücklicher Erklärung vor oder bei der Vergabe der Fall sein kann, dann schafft diese
enge Berührung in bestimmtem Umfang ein **vertragsähnliches Vertrauensverhältnis** des
einen Partners zum anderen und umgekehrt. Es sind daher **auch im Rahmen des Teils A der
VOB die Rechtsgrundsätze anwendbar,** die die Rechtsprechung für den Fall des **Verschuldens bei der Anbahnung eines Vertragsverhältnisses (culpa in contrahendo)** aufgestellt
hat (im Grundsatz zu entnehmen schon aus den Entscheidungen des BGH vom 2. 5. 1956 und
12. 10. 1956, vgl. SFH Z 2.10 Bl. 2 ff. und Z 2.11 Bl. 1 ff.; vor allem auch BGH Betrieb 1965,
1739 = VersR 1965, 764; BGH VersR 1966, 630 und insbesondere – für den Bereich des
Angebotsverfahrens nach Teil A VOB – BGHZ 60, 221 = MDR 1973, 489 = LM VOB/A Nr. 2
Anm. Rietschel = BauR 1973, 186 = NJW 1973, 752 = Betrieb 1973, 765 = SFH Z 2.13 Bl. 42 =
BB 1973, 1048 = BlGBW 1973, 155; BGH BauR 1980, 63 = NJW 1980, 180 = MDR 1980, 223
= SFH § 25 VOB/A Nr. 1 = ZfBR 1980, 31 = LM VOB/A Nr. 4; BGH BauR 1981, 368 = SFH
§ 26 VOB/A Nr. 2 = NJW 1981, 1673 = MDR 1981, 836 = Betrieb 1981, 2121 = BB 1981, 1122
= LM § 276 [Fa] BGB Nr. 67 = ZfBR1981, 182; BGH BauR 1985, 75 = NJW 1985, 1466 =
MDR1985, 664 = SFH § 24 VOB/A Nr. 2 = LM VOB/A Nr. 7 = Betrieb 1985, 648 = ZfBR
1985, 74; OLG Köln SFH Z 2.13 Bl. 53; dasselbe NJW1985, 1475; LG Weiden NJW 1985,
1476; OLG Düsseldorf BauR 1986, 107 = NJW-RR 1986, 508 = SFH § 26 VOB/A Nr. 4 =
Vygen EWiR § 26 VOB/A 1/85, 1011; a. A., jedoch unzutreffend, OLG Karlsruhe für die
VOB-Fassung von 1952, SFH § 24 VOB/A Nr. 1 mit richtiger Anm. von Hochstein). Zu den
Grundfragen der culpa in contrahendo vgl. auch Gottwald JuS 1982, 877.

b) **Erste Voraussetzung ist, daß zwischen zwei** – natürlichen oder juristischen – **Personen** **52**
**ein bestimmter Kontakt eingetreten ist mit dem Ziel eventueller späterer vertraglicher
Bindung.** Dabei muß als Beginn einer derartigen Beziehung der „Antrag" der einen Seite und
das „Eingehen" hierauf seitens der anderen angesehen werden. Es genügt also z. B. die
Beteiligung an einer Ausschreibung nach Erhalt der Angebotsunterlagen, wie sie in Teil A der
VOB vorgesehen ist, wobei der sich an der Vergabe eines öffentlichen Bauauftrages Beteiligende grundsätzlich davon ausgehen kann, daß der Auftraggeber die **Vergaberegeln des Teils
A einhalten** wird, sofern nicht ausdrückliche Sonderregelungen getroffen sind (OLG Köln
a. a. O.), insbesondere, daß der Auftraggeber nach den in Teil A § 25 niedergelegten Grundsät-

zen den Zuschlag erteilt und die Ausschreibung nur unter den keineswegs weit auszudehnenden (wie Lampe-Helbig/Zeit BauR 1988, Heft 6 meinen) Voraussetzungen von Teil A § 26 aufhebt (vgl. OLG Düsseldorf BauR1982, 53). Nicht ist dagegen die bereits erfolgte Abgabe eines konkreten und bindenden Angebots im Ausschreibungsverfahren erforderlich. Andererseits genügt dazu nicht schon die bloße Aufforderung zur Angebotsabgabe, da allein darin nicht schon ein „Eingehen" eines Bewerbers auf Vertragsverhandlungen liegt (a. A. Dohmen S. 47).

53 c) Tritt jemand in diesem Sinne in Vertragsverhandlungen mit einem anderen und in dessen Einverständnis ein, so wird ein gesetzliches Schuldverhältnis oder – mit anderen Worten – ein **vertragsähnliches Vertrauensverhältnis** begründet. Hieraus folgen **bestimmte Einzelpflichten** der Beteiligten. Dazu gehören insbesondere **Mitteilungs-, Aufklärungs- und Erhaltungspflichten** (vgl. dazu RGZ 88, 103, 105; 95, 58, 66; BGH Betrieb 1965, 1739; BGH Betrieb 1974, 2395 = NJW 1975, 43 = MDR 1975, 127 = LM § 313 n. F. BGB Nr. 1), wie überhaupt die Pflicht, das mit Recht begründete **Vertrauen nicht zu enttäuschen.** Das gilt gerade auch im Hinblick auf vorhandene Unklarheiten oder Unsicherheiten bezüglich der Finanzierung des ausgeschriebenen Bauvorhabens (vgl. dazu OLG Düsseldorf NJW 1977, 1064 = SFH Z 2.11 Bl. 15). Ferner ist z. B. ein Auftraggeber verpflichtet, **allen** an einem Bauvergabeverfahren beteiligten Unternehmern die vor und nach Abgabe ihrer Angebote eingetretenen wesentlichen Änderungen der Angebotsgrundlagen, wie Änderungen oder Irrtümer, Unklarheiten und Unvollständigkeiten in den Verdingungsunterlagen, im einzelnen **bekanntzugeben.** Vor allem besteht die Pflicht, **schuldhaft** (vorsätzlich oder fahrlässig) **unrichtige Angaben zu unterlassen** (vgl. BGH SFH Z 2.13 Bl. 58) oder sie rechtzeitig zu berichtigen. Zu den **Aufklärungspflichten** gehört es, daß der Auftraggeber dem sich für den Auftrag interessierenden und an der Ausschreibung beteiligten Unternehmer alle Angaben macht, die überhaupt oder jedenfalls wegen etwaiger Unklarheiten in den Unterlagen erforderlich sind, um ein ernsthaft zu prüfendes Angebot abgeben zu können, wie z. B. die dem Auftraggeber bekannten Bodenverhältnisse, ebenso dort gegebene Unsicherheiten. Dazu zählt weiter die Verpflichtung des Auftraggebers, den betreffenden Unternehmern alle zwischenzeitlich bis zur Eingehung des Vertrages auftretenden Umstände, die beiderseits von Bedeutung für den Entschluß zum Vertragsabschluß sind, mitzuteilen. Von einem – an sich berechtigten – Vorwurf der Verletzung einer Aufklärungspflicht kann sich der Verletzer nur entlasten, wenn er darlegt und beweist, daß der Geschädigte auch in Kenntnis der diesem nicht mitgeteilten Umstände den Vertrag abgeschlossen hätte (BGH WM 1977, 756 = NJW 1978, 41).

54 Als Beispiel für die **Erhaltungspflicht** ist zu nennen, daß der Auftraggeber ihm mit dem Angebot überlassene wertvolle Musterstücke oder sonstige Gegenstände aus dem Vermögen des Unternehmers sorgfältig zu verwahren hat, um sie dann in ordentlichem Zustand zurückgeben zu können. Dabei darf der Begriff der **Erhaltungspflicht nicht zu eng gesehen werden. Dazu gehört auch, daß der Auftraggeber die von ihm unbedingt zu beachtenden zwingenden Vergaberegeln der VOB einhält,** so z. B. niemandem den Auftrag erteilt, dessen Angebot bei Beginn des Eröffnungstermins – zur Zeit der Eröffnung des ersten Angebotes (§§ 22 Nr. 2 und 5, vor allem § 25 Nr. 1 a) – überhaupt noch nicht vorgelegen hat (vgl. dazu OLG Hamm BB 1972, 243). Außerdem darf der Auftraggeber das durch das eingeleitete und zunächst weitergeführte Ausschreibungsverfahren geschaffene Vertrauensverhältnis nicht dadurch stören, daß er sich von diesem grundlos abkehrt, insbesondere die Ausschreibung ohne Vorliegen der Voraussetzungen von Teil A § 26 aufhebt (vgl. LG Weiden NJW 1985, 1476; OLG Düsseldorf BauR 1986, 107 = NJW-RR 1986, 508 = SFH § 26 VOB/A Nr. 4 = Vygen EWiR § 26 VOB/A1/85, 1011). Umgekehrt ist der Unternehmer verpflichtet, ihm schon vor Vertragsabschluß übergebene Sachen des Auftraggebers sorgfältig zu verwahren und vor Schaden zu schützen (BGH NJW 1977, 376 = BB 1977, 121 = VersR 1977, 370 = MDR 1977, 387 = WM 1977, 315 = LM § 276 [Fa] BGB Nr. 46).

Als weitere und im Vergabeverfahren **ganz besonders zu beachtende Verpflichtung** im Rahmen des vertragsähnlichen Vertrauensverhältnisses hat auch die **Verschwiegenheitspflicht** zu gelten. Diese ist hervorzuheben, weil am Bauvergabeverfahren in der Regel mehrere Unternehmer beteiligt sind. Der Auftraggeber hat zu beachten, daß durch seine Verhandlungen mit den Unternehmern nicht nur ein generelles, sondern **zu jedem** dieser Interessenten ein **besonderes, für sich selbständiges vertragsähnliches Vertrauensverhältnis** entsteht. Er hat es in jedem Fall zu unterlassen, ihm irgendwie im Vergabeverfahren bekannt gewordene, mit dem zu erteilenden Auftrag im Zusammenhang stehende und hierfür wesentliche Umstände, die den einen Unternehmer – günstig oder ungünstig – betreffen, einem anderen Unternehmer als Konkurrenten des ersteren mitzuteilen oder sonst zur Kenntnis zu geben. Darüber hinaus geht die Verschwiegenheitspflicht so weit, daß der Auftraggeber dafür Sorge zu tragen hat, in seinen Bereich gelangte Unterlagen, Zeichnungen, Angebote, Informationen usw. nicht in die Hände oder zur Kenntnis eines anderen Unternehmers oder eines Dritten gelangen zu lassen, wenn sie im Zusammenhang mit der über die Auftragsvergabe zu treffenden Entschließung des Auftraggebers stehen. Gerade in den Ausschreibungsverfahren ist besondere Vorsicht und Sorgfalt jedem interessierten und beteiligten Unternehmer gegenüber am Platze.

55

d) Auch sonst ist beim Ausschreibungsverfahren nach der VOB wichtig, daß der **Grundsatz der Gleichbehandlung** der Bieter im Rahmen der gebotenen Grenzen eingehalten wird, daß also nicht gegen das grundlegende Gebot in Teil A § 8 Nr. 1 verstoßen wird (vgl. dazu OLG Köln SFH Z 2.13 Bl. 53; AG Böblingen SFH Z 2.13 Bl. 46). Dazu gehört ganz allgemein die **Wahrung der Chancengleichheit** der an der Vergabe beteiligten bzw. zu beteiligenden Bewerber. So geht es nicht an, einem Bieter den Zuschlag nur unter besonderen, bis zum Ablauf der Angebotsfrist nicht erkennbar gemachten „Bedingungen" erteilen zu wollen (LG Offenburg SFHZ 2.13 Bl. 48). Besonders muß bei der Entscheidung über den Zuschlag auch die einseitige Bevorzugung bestimmter Bewerberkreise, wie z. B. die alleinige Berücksichtigung ortsässiger Bewerber, grundsätzlich vermieden werden, da dies gegen die Vergabevorschriften der VOB/A, wie z. B. der §§ 3, 8, die als eine Marktordnung jedenfalls für öffentliche Bauvergaben anzusehen sind, verstoßen würde.

56

Zu der Frage, inwieweit und unter welchen Voraussetzungen der Auftraggeber rechtlich verpflichtet ist, die Anbieter von gewerblichen Leistungen gleich zu behandeln, vgl. Lehning WuW 1966, 3ff.

e) Im Einzelfall kann im Vergabeverfahren auch eine **Aufklärungspflicht des Bieters gegenüber dem Auftraggeber** bestehen, bei deren Verletzung er sich seinerseits einer Haftung aus culpa in contrahendo ausgesetzt sieht. Das ist z. B. der Fall, wenn der Auftraggeber keinen Architekten oder sonst Sachkundigen zur Seite hat und es um die Frage geht, ob die betreffende Baumaßnahme nach den einschlägigen bauordnungsrechtlichen Vorschriften genehmigungsbedürftig ist oder ob es zweifelhaft ist und es nach der Sachlage geboten erscheint, diese Frage vor der Auftragsvergabe zu klären (vgl. OLG Stuttgart BauR 1980, 67 sowie Teil B § 4 Rdn. 17 ff.). Zu diesem Bereich gehören **auch** die Regelungen in **Teil A § 8 Nr. 3** (vgl. dazu Teil A § 8 Rdn. 49 ff.).

57

5. Die Verpflichtungen aus dem durch die Anbahnung von Vertragsverhandlungen begründeten gesetzlichen Schuldverhältnis treffen vor allem auch bei öffentlichen Bauvergaben im Falle der Einschaltung eines **Vertreters** grundsätzlich **den Vertretenen**, es sei denn, dem Vertreter ist von dem Verhandlungspartner persönlich **besonderes Vertrauen** entgegengebracht worden **oder** er hat – was bei öffentlichen Aufträgen kaum in Betracht kommt – **selbst an dem Abschluß des Vertrages ein eigenes wirtschaftliches Interesse und er erstrebt aus dem Geschäftsabschluß persönlichen Nutzen** (BGHZ 56, 81, 82; BGH LM § 276 BGB [Fa] Nr. 4, 14 sowie 21; BGH BB 1975, 1128 = NJW 1975, 1774 = MDR 1975, 1016 = Betrieb 1975, 1694 = LM § 276 BGB [Fa] Nr. 43; BGH VersR 1978, 59; BGH MDR 1983, 909 = Betrieb 1983, 2079 m. w. N.). Der Geschäftsführer einer GmbH, der in ihrem Namen Vertragsver-

58

handlungen führt, haftet nicht schon deshalb persönlich wegen Verschuldens bei Vertragsverhandlungen durch Verfolgung eigener wirtschaftlicher Interessen, weil er alleiniger oder überwiegender Inhaber der Gesellschaftsanteile ist (OLG Hamburg ZIP 1985, 352 = v. Gerkan EWiR § 13 GmbHG1/85, 169; insbesondere BGH NJW 1986, 586 = ZIP 1986, 26 = Betrieb 1986, 183 = WM 1985, 1526 = MDR 1986, 312; BGH MDR1986, 1002 m. w. N.). Der von dem Auftraggeber mit Vertragsverhandlungen beauftragte **Architekt oder Sonderfachmann** hat grundsätzlich weder eine besondere persönliche Vertrauensstellung gegenüber den am Vertragsabschlußinteressierten Bauhandwerkern noch ein eigenes wirtschaftliches Interesse am Abschluß des Bauvertrages. Im allgemeinen treffen daher etwaige, aus culpa in contrahendo aufzufassende Versäumnisse nicht den Architekten, sondern den vom ihm vertretenen Auftraggeber (vgl. BGHZ 58, 216 = NJW 1972, 942 = BauR 1972, 246 = BlGBW 1972, 195 = SFH Z 2.414 Bl. 274 = VersR 1972, 587 = MDR 1972, 596 = LM § 426 BGB Nr. 35 Anm. Rietschel).

59 Für das Vorliegen von Ausnahmegesichtspunkten, die zur Haftung des Architekten bzw. Sonderfachmannes oder des sonstigen Vertreters des Auftraggebers selbst wegen Verschuldens beim Vertragsabschlußführen könnten, ist **derjenige beweispflichtig, der sich darauf beruft,** also der – angeblich – Geschädigte, der unmittelbar gegen den Architekten bzw. sonstigen Vertreter vorgehen will.

60 Wer als Dritter bei Vertragsverhandlungen besonderes Vertrauen dahin gehend in Anspruch nimmt, er habe entscheidenden Einfluß auf die Durchführung des Vertrages, was nach dem Gesagten ausnahmsweise auf den Architekten (oder einen sonstigen Dritten, wie z. B. ein Betreuungsunternehmen oder ein projektbetreuender Ingenieur) zutreffen kann, kann wegen Verletzung von Schutzpflichten **auch dann schadensersatzpflichtig** sein, wenn er es **nach Vertragsabschluß unterläßt, dem Verhandlungspartner wesentliche Informationen** über die Undurchführbarkeit des Vertrages zu geben und wenn dieser deshalb Dispositionen trifft, die ihm schädlich sind, oder solche unterläßt, die ihn vor Schaden bewahrt hätten (vgl. dazu BGH Betrieb 1978, 978 = NJW 1978, 1374 = MDR 1978, 907 mit zust. Anm. von Zschocke VersR 1978, 1089; vgl. dazu auch Hohloch NJW 1979, 2369). Denkbar ist das unter den angegebenen Voraussetzungen z. B. bei der endgültigen Versagung der Baugenehmigung oder von für die Bauherstellung beantragten Mitteln, wenn der Auftragnehmer kostenträchtige Vorkehrungen zur Bauausführung trifft, die er sonst unterlassen hätte. Vgl. dazu auch Teil B § 10 Rdn. 56 ff.

61 Wurde eine bei Vertragsabschluß begangene **arglistige Täuschung** nicht von der Vertragspartei selbst, sondern **von ihrem Vertreter** verübt, so haftet dafür die vertretene Vertragspartei, und zwar unter dem Gesichtspunkt des Verschuldens bei Vertragsabschluß schlechthin, auf der Grundlage der unerlaubten Handlung mit der Entlastungsmöglichkeit nach § 831 BGB (BGH NJW 1974, 1505).

6. Voraussetzungen des Schadensersatzanspruches bei culpa in contrahendo

62 a) Die **Verletzung** des vertragsähnlichen Vertrauensverhältnisses (culpa in contrahendo), wie es bei Rdn. 51-61 **zunächst nur in den möglichen Grundlagen** und anhand von Einzelbeispielen umschrieben ist, gibt dem Geschädigten einen **Schadensersatzanspruch** gegenüber dem Schädiger. **Voraussetzung** eines solchen Anspruches ist **aber immer,** daß im Einzelfall **berechtigtes Vertrauen in das Handeln oder Unterlassen des anderen enttäuscht worden ist,** was jeweils festgestellt werden muß.

(RGZ 120, 249, 251; BGH LM Nr. 1 zu § 276 [Fb] BGB; BGHZ 49, 77, 79 = LM Nr. 1 zu VOB/A = NJW 1966, 498; BGHZ 60, 221 = MDR 1973, 665 = LM § 633 BGB Nr. 22 Anm. Rietschel = BauR 1973, 186 = NJW 1973, 752 = Betrieb 1973, 765 = SFH Z 2.13 Bl. 42 = BB 1973, 1048 = BlGBW 1973, 155; BGH BB 1975, 1128 = NJW 1975, 1774 = MDR 1975, 1016 =

Betrieb 1975, 1694 = LM § 276 [Fa] BGB Nr. 43; BGH VersR 1978, 59; BGH BauR 1980, 63 = Betrieb 1980, 826 = NJW 1980, 180 = SFH § 25 VOB/A Nr. 1 = ZfBR 1980, 31; BGH BauR1981, 368 = NJW 1981, 1673 = MDR 1981, 836 = Betrieb 1981, 2121 = BB1981, 1122 = SFH VOB/A § 26 Nr. 2 = LM § 276 [Fa] BGB Nr. 67 = ZfBR 1981, 182; BGH BauR 1985, 75 = NJW 1985, 1466 = MDR 1985, 663 = SFH § 24 VOB/ANr. 1 = LM VOB/A Nr. 7 = ZfBR 1985, 74; vgl. dazu auch Hahn BauR 1978, 426). Daß ein Vertrag tatsächlich zustande kommt oder abgeschlossen worden wäre, ist für die Entstehung dieses Anspruchs nicht unbedingt erforderlich (BGHZ 6, 330, 333 = NJW 1952, 1130).

b) Allerdings hat als **weitere Voraussetzung** zu gelten, daß die schadensstiftende Handlung oder Unterlassung **schuldhaft**, d. h. vorsätzlich oder fahrlässig – § 276 BGB –, geschehen ist. Sofern hierzu in **Allgemeinen Geschäftsbedingungen eine Haftungseinschränkung** im subjektiven Bereich enthalten ist, bedarf die durch **§ 11 Nr. 7 des AGB-Gesetzes gezogene Grenze** der Beachtung. Ausnahmsweise **ist ein Verschulden** für eine Haftung aus culpa in contrahendo **nicht erforderlich,** wenn zwischen den Vertragsverhandlungspartnern bereits **Einigkeit** über den Inhalt des abzuschließenden Vertrages besteht und einer der Partner dann den Vertragsabschluß ohne triftigen Grund ablehnt, obwohl er sich vorher so verhalten hat, daß der andere Teil **berechtigterweise** auf das Zustandekommen des Vertrages **vertraut** und deswegen Aufwendungen gehabt hat (vgl. BGH LM § 276 BGB [Fa] Nr. 28 = MDR 1969, 641 = BB 1969, 464; vgl. dazu auch BGH NJW 1975, 43 = Betrieb 1974, 2395 = MDR 1975, 127 = LM § 313 n. F. BGB Nr. 1).

63

c) Aus dem Gesagten folgt:
Nicht ergibt sich **bereits** ein **Schadensersatzanspruch aus der bloßen Beteiligung am Ausschreibungsverfahren und den damit verbundenen Aufwendungen,** wenn nachher der Auftrag einem anderen erteilt wird (vgl. OLG Bremen BB 1974, 577). Insofern kann derjenige, der die Verhandlungen abgebrochen hat, grundsätzlich nur aus culpa in contrahendo haftbar sein, wenn er durch sein **früheres Verhalten** in dem anderen Teil schuldhaft das Vertrauen genährt oder erweckt hat, der Vertrag werde **mit Sicherheit** mit ihm zustande kommen, wobei die bloße Kenntnis, der andere Teil mache Aufwendungen im Vertrauen auf den erwarteten Vertragsabschluß, **noch nicht genügt** (vgl. BGH WM 1962, 936 und 1174; ferner Urteile vom 8. 10. 1962 – VII ZR 146/61 – ; 22. 11. 1965 – VII ZR228/63 – ; BGH NJW 1967, 2199 = MDR 1967, 913 = BB 1967, 979 = Betrieb 1967, 1581; BGH WM 1972, 772 m. w. N.; BGH BB 1975, 1128 = NJW 1975, 1974 = MDR 1975, 1016 = Betrieb 1975, 1694 = LM § 276 [Fa] BGB Nr. 43; OLG Bremen BB 1974, 577; OLG Köln MDR 1975, 51; vgl. auch Unger BauR 1984, 465, 471 f.). **Allerdings wird man hier den Fall gleichzustellen haben, in dem der Bewerber bzw. Bieter mit Recht erwarten konnte und durfte, er werde bei ordnungsgemäßer Einhaltung der Vergaberegeln der VOB den Auftrag erhalten** (vgl. dazu Teil A § 25 Rdn. 6; so – allerdings in der Frage des bloßen Abstellens auf den niedrigsten Bieter insoweit **zu eng** – im Ausgangspunkt auch BGH BauR 1981, 368 = SFH § 26 VOB/A Nr. 2 mit zutreffender abl. Anm. von Hochstein = NJW 1981, 1673 = MDR 1981, 836 = Betrieb 1981, 2121 = BB 1981, 1122 = LM § 276 [Fa] BGBNr. 67 = ZfBR 1981, 182; BGH BauR 1984, 631 = ZfBR 1984, 225 = SFH § 26 VOB/A Nr. 3 mit insoweit zu weitgehender abl. Anm. von Hochstein, der es entscheidend auf die Beteiligung an der Vergabe für den Bereich des Vertrauensschutzes abstellt; OLG Köln SFHZ 2.13 Bl. 53; OLG Düsseldorf BauR 1983, 377; dasselbe BauR 1986, 107 = NJW-RR1986, 508 = SFH § 26 VOB/A Nr. 4 = Vygen EWiR § 26 VOB/A 1/85, 1011; vgl. dagegen BGH BauR 1985, 75 = NJW 1985, 1466 = SFH § 24 VOB/A Nr. 2 = LM VOB/A Nr. 7 = Betrieb 1985, 648 = MDR 1985, 663 = ZfBR 1985, 74). Das wird, vor allem wegen des dem Auftraggeber nach Teil A § 25 Nr. 2 eingeräumten Wertungsspielraumes, bei Bauvergaben **im allgemeinen die Ausnahme** sein, zumal an die Voraussetzungen eines Anspruchs aus Verschulden bei Vertragsverhandlungen keine zu geringen Anforderungen gestellt werden dürfen (BGH SFH Z 2.301 Bl. 29 ff.). Insbesondere ist zunächst zu verlangen, daß der Bieter ein der Ausschreibung entsprechendes Angebot abgege-

64

ben hat; fehlen z. B. ein in der Ausschreibung verlangter Bauzeitenplan und ein Baustelleneinrichtungsplan, so kann der Bieter keinen Anspruch geltend machen, wenn die Ausschreibung später aufgehoben wird, ohne daß die Voraussetzungen von Teil A § 26 vorliegen (OLG Düsseldorf in der zuerst genannten Entscheidung), auch ist zu berücksichtigen, daß derjenige, der wegen – schuldhaften – Abbruchs der Vertragsverhandlungen in Anspruch genommen wird, **nicht zeitlich unbeschränkt gebunden** ist. Vor allem muß ihm der Geschädigte binnen angemessener Frist Klarheit darüber verschaffen, ob er seinerseits einen Vertrag mit dem vorgeschlagenen Inhalt abschließen möchte oder nicht (vgl. BGH BB 1970, 1024 = NJW 1970, 1840 = MDR 1970, 831 = LM BGB § 276 [Fa] Nr. 34). Soweit das OLG Hamm (BB 1972, 243; vgl. auch Altmann BlGBW 1975, 128) die hier vertretene Auffassung für zu eng hält, kann dem nicht gefolgt werden; wenn sich das OLG Hamm zur Begründung seiner Ansicht auf die in VersR 1965, 764 veröffentlichte Entscheidung des BGH bezieht, übersieht es, daß diese den **Sonderfall** im Auge hat, der **die Begünstigung von Bewerbern kraft öffentlich-rechtlicher Normen, also auf der Grundlage von Gesetzen oder Rechtsverordnungen,** betrifft; gerade darum handelt es sich aber bei VOB/A im allgemeinen nicht (vgl. Rdn. 38 ff.). Daher müssen hier allein die allgemeinen Grundsätze zur Anwendung gelangen, die auch sonst für die Verhandlungen auf Abschluß eines Vertrages gelten.

65 **d)** Kommt eine Haftung aus culpa in contrahendo in Betracht, kann in Einzelfällen dem **Geschädigten nach dem Grundgedanken des § 254 BGB Mitverschulden** zur Last gelegt werden. Das gilt, wenn sich der Geschädigte in eine von ihm selbst erkannte Gefahren- bzw. hier Risikolage begeben hat. Dies ist der Fall, wenn ein verständiger Mensch von der zum Schaden führenden Handlung oder Maßnahme Abstand genommen hätte (vgl. dazu BGH WM 1974, 887). Andererseits kann einem Bieter, der Ansprüche gegen den Auftraggeber aus culpa in contrahendo geltend machen kann, nicht schon deshalb Mitverschulden wegen Verletzung einer Schadensminderungspflicht vorgeworfen werden, weil er sich an einer erneuten – z. B. vorher zu Unrecht aufgehobenen – Ausschreibung nicht beteiligt.

66 **7. Grundsätzlich erwächst bei der Haftung aus culpa in contrahendo für den Geschädigten nur ein Anspruch auf das Vertrauensinteresse** (§ 249 BGB) und **nur ausnahmsweise** auf das sogenannte **Erfüllungsinteresse,** das auch als positives Interesse bezeichnet wird (vgl. dazu BGH BB 1955, 429; BGH VersR 1962, 562 = WM 1962, 347; BAG NJW 1956, 398; BGH Betrieb 1974, 1719; LG Offenburg SFH Z 2.13 Bl. 48; BGH BB 1981, 996 mit Anm. Haase JR 1981, 466; Ennecerrus/Lehmann, Schuldrecht, 15. Aufl. S. 192, 62). Letzteres kommt nur in Betracht, wenn der Vertrag – hier Bauvertrag – **bei richtigem Verhalten des Schädigers ordnungsgemäß zustande gekommen wäre** (vgl. LG Weiden NJW 1985, 1476; OLG Düsseldorf BauR 1986, 107 = NJW-RR 1986, 508 = SFH § 26 VOB/A Nr. 4 = Vygen EWiR § 26 VOB/A1/85, 1011 m. w. N.). Die Ansicht von Lampe-Helbig/Zeit (BauR 1988, Heft 6), wonach für den Bereich der Bauvergabe nach VOB/A die Zuerkennung des Erfüllungsinteresses auszuscheiden habe, weil sonst die auftragvergebende Verwaltung zu sehr eingeengt sei und dies zu nicht hinnehmbaren Unsicherheiten führe, ist durch nichts zu rechtfertigen. Auch der öffentliche Auftraggeber hat sich an die zivilrechtlichen Grundsätze des Schadensersatzrechtes im Bereich der culpa in contrahendo zu halten, was gerade ihm um so leichter fällt, wenn er die für ihn maßgebenden und in ihren Grenzen ohne weiteres übersichtlichen und daher hinlänglich verständlichen Vergabegrundsätze der VOB/A einhält. Dabei ist aber besonders zu beachten, daß der **Geschädigte** für das Vorliegen der vorgenannten weiteren Voraussetzung **in besonderem Maße darlegungs- und beweispflichtig** ist. In der Praxis wird ihm dieser Beweis, insbesondere wenn es sich um Ausschreibungsverfahren handelt, unter Berücksichtigung der zu stellenden Beweisanforderungen – vor allem dazu, daß der Auftraggeber ihm den Auftrag unter normalen Umständen erteilt hätte bzw. bei sorgsamer Beachtung der Vergaberegeln des Teils A hätte erteilen müssen – **nur schwerlich gelingen** (vgl. dazu OLG Hamm VersR1979, 627). Entgegen der Ansicht des OVG Berlin (NJW 1961, 2130, 2131) läßt sich das sogenannte positive Interesse **nicht** durch eine **Klage auf Abschluß des Bauver-**

trages durchsetzen. Vielmehr gibt es keine rechtliche Handhabe, den rein privatrechtlich handelnden öffentlichen Auftraggeber zum Vertragsabschluß zu zwingen; also kann es hier den erforderlichen Ausgleich **nur im Wege des Schadensersatzes in Geld** geben (ebenso LG Offenburg SFH Z 2.13 Bl. 48 und OLG Hamm BB 1972, 243).

Ist der Geschädigte **ausnahmsweise** berechtigt, das **Erfüllungsinteresse** geltend zu machen, ist er so zu stellen, wie er gestanden haben würde, wenn er den erstrebten Auftrag erhalten hätte. Dabei muß der Geschädigte sich die negativen Seiten seiner Kalkulation, d. h. die eigenen Aufwendungen, wie Material, Löhne, Kosten der Einrichtung und Vorhaltung Baustelle einschließlich der damit verbundenen Einzelheiten, anteilige allgemeine Geschäftskosten, Steuern usw., anrechnen lassen. Das Erfüllungsinteresse ist daher rechnerisch **praktisch dem im Zeitpunkt des fiktiven Vertragsabschlusses erwarteten und im einzelnen nachzuweisenden Gewinn** gleichzusetzen (OLG Düsseldorf BauR 1986, 107 = NJW-RR 1986, 508 = SFH § 26 VOB/A Nr. 4 = Vygen EWiR § 26 VOB/A 1/85, 1011). Zum Umfang der Beweisführung bei entgangenem Gewinn vgl. BGH NJW 1964, 661. 67

Das **Vertrauensinteresse als** – regelmäßig gegebene – **Ersatzleistung** bezieht sich auf das, was der Geschädigte haben würde, wenn die rechtsgeschäftliche Anbahnung, d. h. der Eintritt in die Vertragsverhandlungen, **nicht geschehen** wäre (sogenanntes **negatives Interesse**). In der Regel kann der Geschädigte den Ersatz seiner im Rahmen der Vertragsverhandlungen gehabten **Aufwendungen** oder den **Ersatz für ein ihm entgangenes günstiges anderes Geschäft** oder den **Ersatz abhanden gekommener Gegenstände** verlangen. Zu den vergeblichen Aufwendungen rechnen z. B. die Kosten für die Beschaffung der Verdingungsunterlagen, die Besichtigung der Baustelle, die Bearbeitung und Einreichung des Angebotes sowie die Beteiligung am Eröffnungstermin (vgl. OLG Hamm BB 1972, 243). 68

Allerdings: Hier kann bei einer vergeblichen Arbeitsleistung (z. B. für die Angebotsbearbeitung, die Anfertigung von Plänen usw.) nur dann das übliche Entgelt als Schadensersatz verlangt werden, wenn die betreffende Arbeitskraft sonst anderweitig gewinnbringend hätte eingesetzt werden können (vgl. dazu BGH NJW 1977, 1446 = BB 1977, 1018 = BauR 1978, 218). Zu berücksichtigen ist auch, ob der Geschädigte die Kosten nur in dem betreffenden Angebotsverfahren gehabt hat oder ob er sie ganz oder teilweise anderweitig kalkuliert hat, sie insbesondere allgemein oder auch hier auf mehrere Ausschreibungsverfahren umgelegt hat (vgl. OLG Köln SFH Z 2.13 Bl. 53).

8. Grundsätzlich verjähren Schadensersatzansprüche aus culpa in contrahendo in 30 Jahren. Hier ist jedoch eine Ausnahme geboten, wie der BGH gerade für den Fall eines VOB-Vergabeverfahrens entschieden hat: Verlangt der Geschädigte, so gestellt zu werden, als hätte er aus dem Vertrag, der aufgrund Verschuldens seines Verhandlungspartners nicht zustande gekommen ist, einen Erfüllungsanspruch erworben, verjährt dieser Ersatzanspruch, **gleichviel,** ob er sich auf das **positive oder das negative Interesse** richtet (BGHZ 57, 191 = BauR 1972, 109 = NJW 1972, 95 = MDR 1972, 132 = BB 1971, 1531 = LM § 195 BGB Nr. 13 Anm. Rietschel = Betrieb 1971, 2356; OLG Düsseldorf BauR 1982, 53 = SFH § 25 VOB/A Nr. 2; dasselbe BauR 1986, 107 = NJW-RR 1986, 508 = SFH § 26 VOB/A Nr. 4 = Vygen EWiR § 26 VOB/A 1/85, 1011), innerhalb der **kurzen Verjährungsfrist,** die für den Erfüllungsanspruch aus dem angebahnten Vertragsverhältnis gilt (BGH NJW 1968, 547 = BB 1968, 12). Da Erfüllungsanspruch grundsätzlich der **Vergütungsanspruch** ist, kommt die **dafür maßgebliche Verjährung** in Betracht (BGH a. a. O.; vgl. dazu Teil B § 2 Rdn. 56 ff.). Für den Beginn der Verjährungsfrist kommt es darauf an, wann der erste Schaden aufgetreten ist sowie ob und inwieweit sich die jeweilige Schadensfolge nach der Verkehrsanschauung objektiv voraussehen und erwarten ließ, wobei die tatsächliche Entstehung der einzelnen Schadensfolgen nicht entscheidend ist (RGZ 119, 204; BGHZ 50, 21 = NJW 1968, 1324 = MDR 1968, 547 = BB 1968, 523; Heiermann/Riedl/Rusam/Schwaab A § 9 Rdn. 60). Maßgebend ist also z. B., ob 69 und inwieweit dem Bieter bekannt geworden ist bzw. hätte bekannt sein müssen, daß ein anderer Bieter den umstrittenen Auftrag erhalten hat oder er sonst von dem pflichtwidrigen Verhalten des Auftraggebers, aus dem der Schadensersatzanspruch hergeleitet wird, Kenntnis erlangt hat oder bei gebotener Erkundigung hätte erlangen können. Der Schluß des Jahres, in das diese Kenntnis oder das Kennenmüssen fällt, ist für den Beginn der Verjährungsfrist ausschlaggebend (vgl. § 201 BGB).

70   9. Im Einzelfall kann ein einen **Unternehmer von der Beteiligung an Vergabeverfahren sowie der Erteilung von Aufträgen ausschließendes Verhalten des Auftraggebers** – einschließlich des öffentlichen Auftraggebers – auch unter einem anderen rechtlichen Gesichtspunkt relevant sein: Es **kann den Tatbestand des § 26 Abs. 2 GWB** erfüllen, also **gegen ein zwingendes gesetzliches Verbot mit der Wirkung voller Schadensersatzpflicht nach § 35 GWB** verstoßen (vgl. dazu Fikentscher, Die Geschäftsgrundlage als Frage des Vertragsrisikos, S. 93 ff.; Häring BlGBW 1975, 227, 230 f.; ferner Hereth BB 1986, 310; Dohmen S. 50 ff.). **Voraussetzung** ist allerdings nach Satz 1 a. a. O., daß der **betreffende Auftraggeber als marktbeherrschend zu gelten** hat (vgl. dazu Fikentscher a. a. O. S. 91 ff.; zur neueren Rechtsprechung hierzu vgl. Ebel BB 1980, 1720, 1723 f.; ders. über Marktbeherrschungsvermutungen NJW 1981, 1763; weiter Säcker zur Bedeutung der Nachfragemacht für die Feststellung von Angebotsmacht BB 1988, 416). Hinsichtlich des öffentlichen Auftraggebers wird man dies jedenfalls für die Vergabe von Bauleistungen auf dem Sektor des Tiefbaus, des Eisenbahn- und Wasserstraßenbaues sowie des Post- und Fernmeldewesens (Dohmen S. 52) sagen müssen, da hier die Bauvergabe so gut wie ausschließlich durch die öffentliche Hand erfolgt. Ein Verstoß gegen § 26 Abs. 2 GWB kann einmal darin liegen, daß der Auftraggeber ohne jeglichen billigenswerten Grund einen Bewerber von der Vergabe überhaupt, d. h. von vornherein, ausschließt (vor allem entgegen den Regeln in Teil A § 8), zum anderen auch darin, daß er schuldhaft zum Nachteil des betreffenden Bewerbers oder Bieters den Bauauftrag an einen anderen Unternehmer vergibt und dabei die im Ausgangspunkt zwingenden Vergaberegeln der VOB/A (vgl. dazu Vor Teil A § 2 Rdn. 5 ff.) **grob mißachtet**, z. B. ohne nähere Prüfung der eingereichten Angebote und ohne sich weitere Gedanken zu machen den Auftrag dem niedrigsten Bieter erteilt oder wenn der Auftraggeber unter grobem Verstoß gegen Teil A § 9 von den Bewerbern Angebotsbearbeitungen verlangt, die diese in unzumutbarer Weise belasten, also dem einzelnen sonst in Betracht kommenden Bewerber die Teilnahme am Vergabewettbewerb zumindest in nicht hinnehmbarer Weise erschweren (vgl. dazu LG Berlin BauR 1985, 600). Denkbar ist auch ein Sachverhalt, der der über § 26 Abs. 2 Satz 1 GWB hinausgehenden Fassung des Abs. 2 Satz 2 a. a. O. unterliegt (zu den Grundlagen vgl. auch BGH NJW 1976, 801). **Möglich ist auch ein Verhalten des Auftraggebers, das gegen § 22 GWB verstößt.** Siehe ferner Unger BauR 1984, 465, 468 ff.; insbesondere auch Schlenke/Freise Bauwirtschaft 1987, 1128, die zutreffend darauf hinweisen, daß die §§ 22, 26 GWB ergänzungsbedürftig sind, um Mißbräuche des öffentlichen Auftraggebers im Rahmen der Nachfragemacht auf dem Baumarkt einer gebotenen besseren kartellrechtlichen Kontrolle unterziehen zu können. Die Verbotsbestimmungen des GWB gelten für jedes marktbeherrschende Unternehmen, also auch für privatrechtlich organisierte Unternehmen der öffentlichen Hand (Schlenke/Freise, Bauwirtschaft 1988, 108).

Zur Anwendbarkeit des § 134 BGB für den Bereich des § 26 Abs. 2 GBW zutreffend Venrooy BB 1979, 555. Zur Abhängigkeitsvermutung des § 26 Abs. 2 Satz 3 GWB vgl. Köhler, Betrieb 1982, 313.

Über den Rechtsweg bei wettbewerbsrechtlichen Klagen gegen Hoheitsträger siehe Scholz NJW 1978, 16 m. w. N. Siehe auch Barnickel, Aktuelle kartellrechtliche Probleme der Bauwirtschaft, RWS-Seminarskript Nr. 30.

71   In diesem Zusammenhang ist **auch § 26 Abs. 3 GWB** zu beachten, wonach Unternehmen i. S. des § 26 Abs. 2 GWB ihre Marktstellung nicht dazu mißbrauchen dürfen, andere Unternehmen **zur Einräumung sachlich nicht gerechtfertigter Vorzugsbedingungen** zu veranlas-

sen. Dabei wird die Abhängigkeit des Lieferanten (Auftragnehmers) von einem Nachfrager (Auftraggeber) gemäß § 26 Abs. 3 Satz 3 GWB vermutet, wenn letzterer regelmäßig Sondervorteile erhält, die vergleichbare andere Kunden nicht bekommen. Auch dieses ist für das Bauvergabewesen durchaus von wesentlicher Bedeutung.

II. Teil B der VOB:

Dieser Teil der VOB ist, falls er zur Anwendung kommt (vgl. Rdn. 18 ff.), **Vertragsinhalt und damit Gegenstand** eigentlichen **Vertragsrechts** mit allen sich daraus ergebenden Rechten und Pflichten. Bei der Prüfung, ob dieser oder jener Vertragspartner seine Vertragspflichten erfüllt bzw. erfüllt hat, sind die Regelungen des Teils B und der dazu ergangenen Rechtsprechung heranzuziehen und gegebenenfalls auszulegen. Soweit dort ein Aufschluß nicht zu gewinnen ist, haben die **Vorschriften des BGB und die Rechtsprechung dazu als Ergänzung und Vervollständigung** zu dienen. Das gilt u. a. sowohl für die Bestimmungen des Allgemeinen Schuldrechts als vor allem auch für die speziellen Regelungen des Werkvertrags- und Werklieferungsvertragsrechts. 72

Als **Obersatz** gilt: Ist Teil B Gegenstand des Vertrages und damit von den Parteien übereinstimmend als für sie bindend vereinbart, so kommt es in erster Linie auf seinen Inhalt und seine Tragweite an. 73

Unbestritten unterliegt die VOB, sofern deren Teil B zum Gegenstand des Bauvertrages gemacht worden ist, der freien Nachprüfung durch das Revisionsgericht (also durch den Bundesgerichtshof), da sie im ganzen Bundesgebiet gebräuchlich ist (vgl. §§ 549, 550 ZPO). 74

III. Für die Teile A und B der VOB geltende gesetzliche Bestimmungen

Neben den in den Rdn. 40 ff. für den Rahmen des Vergabeverfahrens nach Teil A aufgeführten Möglichkeiten, u. a. im Wege der Dienstaufsichtsbeschwerde oder auf der Grundlage der genannten gesetzlichen Vorschriften vorzugehen oder nach den Grundsätzen der culpa in contrahendo Ansprüche durchzusetzen, ergeben sich nach allgemeinen zivilrechtlichen Regeln **weitere Anspruchsgrundlagen, die sowohl für den Teil A als auch für den Teil B der VOB**, demnach sowohl für die Zeit vor als auch die Zeit nach Vertragsabschluß, **Geltung** haben. Sie können im Rahmen dieses Kommentars, da sie an sich außerhalb des eigentlichen Bereiches der VOB liegen, nur angedeutet, dagegen nicht eingehend behandelt werden. Dazu wird grundsätzlich auf die einschlägigen BGB-Kommentierungen verwiesen. 75

1. Zunächst sind **Schadensersatzbestimmungen** anzuführen, die unter dem Begriff der **unerlaubten Handlungen** zusammengefaßt sind (s. dazu Teil B § 10 Rdn. 69 ff.). Diese sind **außervertraglicher Natur**, d. h., ihr Entstehen ist **unabhängig von dem Vorhandensein vertraglicher Verhandlungen oder dem Bestehen eines Vertrages.** Unerlaubte Handlungen können auf Lebenssachverhalten beruhen, die in keinem Zusammenhang mit Bauvertragsverhandlungen oder Bauverträgen stehen. Sie können von der geforderten Bauleistung völlig losgelöst sein, z. B., ein Auftragnehmer überfährt fahrlässig mit seinem Wagen in einer fremden Stadt den zufällig dort anwesenden Auftraggeber. Sie können andererseits mittelbar mit der eigentlichen Bauleistung zusammenhängen, z. B., durch schuldhaftes Versehen des Auftragnehmers selbst oder eines seiner Gehilfen wird der Auftraggeber durch einen vom Bau herabfallenden Stein verletzt. Da derartige Schadensfälle im wesentlichen unabhängig von den Bauvertragsverhandlungen und den eigentlichen Rechten der Partner aus dem abgeschlossenen Vertrag sind, wird hierauf nicht näher eingegangen. Hinsichtlich der Schäden, die nicht dem einen der Vertragspartner durch den anderen zugefügt werden, sondern die im Zusammenhang mit der Bauleistung **einem Dritten entstanden** sind, vgl. Teil B § 10 Rdn. 66 ff. 76

77 Es ist aber möglich, daß **unmittelbar im Zusammenhang mit Bauvertragsverhandlungen oder der Abwicklung eines geschlossenen Bauvertrages** dem einen Verhandlungs- oder Vertragspartner durch den anderen **im Wege unerlaubter Handlung ein Schaden zugefügt wird.** Dabei kann die Haftung des Schädigers auf § 823, § 824 oder § 826 BGB beruhen.

Als Beispiele seien hier für den Rahmen von **Bauvertragsverhandlungen** genannt: Der Auftraggeber will von vornherein einen Bauunternehmer vom Wettbewerb im Rahmen eines Ausschreibungsverfahrens fernhalten und behauptet wahrheitswidrig, der Auftragnehmer sei in Konkurs geraten oder habe sich durch unstatthafte Manipulationen strafbar gemacht; der Auftraggeber öffnet entgegen der Vereinbarung das günstig liegende Angebot eines ihm nicht genehmen Unternehmers vor dem Eröffnungstermin, veranlaßt einen ihm gut bekannten anderen Unternehmer, ein billigeres Angebot abzugeben und erteilt diesem den Auftrag; der Auftragnehmer versichert dem Bauherrn, in der Lage zu sein, ein nur unter besonderen Fachkenntnissen zu errichtendes Bauwerk erstellen zu können, obwohl er diese besonderen Kenntnisse nicht hat, wodurch das Bauwerk nicht sachgerecht errichtet wird, nicht brauchbar ist oder gar einstürzt; der Auftraggeber veranstaltet unter Zugrundelegung des Teils A nur zum Schein eine Öffentliche Ausschreibung, obwohl er von vornherein vorhat, den Auftrag einem bestimmten Unternehmer zu geben, der mit ihm gut befreundet ist. Vgl. vor allem auch Rdn. 44 ff.

Beispiele für die Zeit **nach Vertragsabschluß:** Die auf der Baustelle beschäftigten Arbeitnehmer eignen sich ausgebaute Gegenstände an; der Auftragnehmer entfernt bei Nacht und Nebel ohne Wissen des Auftraggebers eingebaute Fenster und Türen, weil er ihm vermeintlich zustehende Abschlagszahlungen nicht erhalten hat; bei Gelegenheit von Umbauarbeiten werden Teile des Bauwerks, an denen im Rahmen der Erfüllung des Auftrages nicht zu arbeiten ist und auch nicht gearbeitet wird, beschädigt, wie z. B. durch große, jedoch vermeidbare Erschütterungen durch Baumaschinen oder sonstige Unachtsamkeit der Bauarbeiter (vgl. dazu Teil B § 13 Rdn. 65); der zahlungsunfähige Auftraggeber veranlaßt den Auftragnehmer zur Weiterarbeit unter Vortäuschung in Wirklichkeit nicht vorhandener Mittel; der Auftraggeber übereignet dem Auftragnehmer zur Sicherung von dessen Werklohnforderung Gegenstände, die ihm nicht gehören usw.

78 Aus diesen Beispielen ist ersichtlich, daß eine **unerlaubte Handlung** in **Betracht zu ziehen ist, wenn ganz grobe Verstöße** gegen die im Rahmen des Rechtsverkehrs vorauszusetzenden Erfordernisse des Handelns oder Unterlassens nach Treu und Glauben vorliegen. Dabei ist eine Ersatzverpflichtung nur gegeben, wenn derjenige, der den Schaden verursacht hat, **schuldhaft** (§ 276 BGB) gehandelt hat.

79 2. Eine Haftung wegen Verstoßes gegen ein **Schutzgesetz** (§ 823 Abs. 2 BGB) kommt nur zum Zuge, wenn es sich um den schuldhaften Verstoß gegen ein Gesetz handelt, das **zumindest auch den Schutz bestimmter Personen oder Personenbereiche** und nicht nur der Allgemeinheit gegen die Verletzung von Rechtsgütern bewirken soll (BGHZ 12, 146, 148; BGH NJW 1970, 1180), wie z. B. die Strafvorschriften (dazu näher Teil B § 10 Rdn. 72 ff.). Dabei ist **nicht Voraussetzung, daß es sich um ein Gesetz im eigentlichen Sinne** handelt. Vielmehr gehört unter den Begriff „Schutzgesetz" jede Rechtsnorm, also zählen dazu auch **Verordnungen, polizeiliche Vorschriften,** ferner auch behördliche Genehmigungen und die in diesen Genehmigungen festgelegten Bedingungen. Insofern ist hier und da der Glaube aufgetaucht, die VOB sei zu den Schutzgesetzen zu zählen, weil sie durch vielfache behördliche Anordnungen im Innenverhältnis für Behörden als Auftraggeber als verbindlich hinsichtlich ihrer Anwendung und Beachtung erklärt worden ist (vgl. Rdn. 100). Das würde zur Folge haben, daß in dem Falle, in dem eine Behörde Auftraggeber ist und sie sich schuldhaft entweder an die „Vergabevorschriften" des Teils A oder an die Vertragsbedingungen (Teil B) oder an beides nicht hält, eine Haftung gegenüber demjenigen, dem hieraus ein Schaden

entstanden ist, nach § 823 Abs. 2 BGB wegen Verletzung eines Schutzgesetzes gegeben wäre. Eine derartige Folge ist aber nicht gerechtfertigt, da der **VOB kein Schutzgesetzcharakter im Sinne des § 823 Abs. 2 BGB** zukommt. Es handelt sich bei den entsprechenden Beschlüssen oder Erlassen der Ministerien und Landesregierungen **lediglich um interne Verwaltungsvorschriften,** die sich an die untergeordneten Dienststellen richten und eine **gleichmäßige Behandlung der in Frage stehenden Verwaltungsgeschäfte sicherstellen** sollen, die aber nicht zum Schutze der Bewerber um öffentliche Bauaufträge erlassen sind, so OLG Celle, Urteil vom 21. 11. 1955 – 1 U 115/54 – , ferner vor allem BGH SFH Z 2.11 Bl. 1 bis 3; ebenso hinsichtlich des Teils A der VOB nochmals ausdrücklich BGH VersR 1965, 764 sowie OLG Karlsruhe SFH § 24 VOB/A Nr. 1; ferner Dohmen S. 49 f.; Feber S. 96 ff.

Allerdings kann der in der zuerst genannten Entscheidung des BGH vertretene Standpunkt, die VOB sei bei einer Öffentlichen Ausschreibung auch angesichts der Verbindlichkeitserklärung durch das niedersächsische Staatsministerium kein Schutzgesetz, „weil die VOB nur die Wahrung des Interesses der öffentlichen Hand bezweckt", so nicht hingenommen werden. Es ist bei objektiver Betrachtung nicht richtig, zu sagen, die VOB habe nur die Bedeutung, die Interessen der öffentlichen Hand wahrzunehmen. Deshalb kann nicht davon ausgegangen werden, daß hier nur einseitige Interessenwahrnehmung bezweckt wird; vielmehr ist weitgehend das wohlerwogene Interesse **beider** Verhandlungs- und Vertragspartner berücksichtigt, wie man aus der nach Erläuterung der Einzelbestimmungen zu gewinnenden Gesamtbild feststellen können wird. Diese Auffassung wird vom III. Zivilsenat des BGH im o. a. zweiten Urteil unter Bezugnahme auf diese Kommentarstelle offensichtlich gebilligt. Sicher hat der BGH sich in seiner früheren Entscheidung auch nicht in dieser strengen Form ausdrücken wollen, da er sich in seiner Begründung den Ausführungen des OLG Celle a. a. O. anschließt (vgl. hierzu auch Finnern in der Anmerkung zu Z 2.11 auf Bl. 2 und 3); insbesondere hat er in späteren Entscheidungen, zuletzt besonders auch im Hinblick auf die Bestimmungen des AGB-Gesetzes, wiederholt die noch gegebene **Ausgewogenheit der VOB/B als Gesamtvertragswerk anerkannt** (vgl. dazu u. a. die grundlegende Entscheidung BGHZ 86, 135 = BauR 1983, 161 mit Anm. Locher a. a. O. S. 362 = NJW 1983, 816 = MDR 1983, 393 = ZIP 1983, 325 = Betrieb 1983, 819 = BB 1983, 599 = SFH § 16 Nr. 3 VOB/B Nr. 25 = ZfBR 1983, 85).

3. Eine Haftung kann auch in Betracht kommen, wenn einer der Verhandlungs- oder Vertragspartner sich einer arglistigen Täuschung schuldig macht. Davon muß gesprochen werden, wenn jemand durch Vorspiegelung falscher Tatsachen oder durch Unterdrückung wahrer Tatsachen – also durch **Täuschung** – bei einem anderen einen für dessen Willensentscheidung maßgeblichen **Irrtum** hervorruft bzw. aufrechterhält. Dabei ist aber zu beachten, daß die Unterdrückung wahrer Tatsachen nur dann als arglistig bezeichnet werden kann, wenn eine **Rechtspflicht zur Aufklärung** besteht, RGZ 77, 314. Das ist nicht schlechthin der Fall (RGZ 62, 150), sondern nur, wenn die Aufklärung nach der Verkehrssitte oder dem Empfinden der billig und gerecht Denkenden als Voraussetzung für eine ordnungsgemäße Abwicklung des Rechtsverkehrs dienen muß.

Soweit Vertragsverhandlungen nach dem Willen der Verhandelnden, ferner der Vertragsabschluß und die spätere Abwicklung des Vertrages entsprechend den Regeln der VOB erfolgen, wird man hierzu folgendes sagen müssen: Eine **Rechtspflicht zur Aufklärung** wird ohne Einschränkung bejaht werden müssen, wenn es sich um tatsächliche Umstände handelt, deren Kenntnis für die Entschließung oder das sonstige Verhalten eines Partners deshalb wesentlich ist, weil hieran wichtige Folgen nach den Bestimmungen der VOB geknüpft sind. So muß im Rahmen der Vertragsverhandlungen insbesondere eine **Offenbarungspflicht** dort bestehen, wo bestimmte Umstände für die ordnungsgemäße und sachgerechte Erbringung der Bauleistung von entscheidender Bedeutung sind. Das betrifft einmal die für die Ausgestaltung der geforderten Leistung wichtigen Verhältnisse an Ort und Stelle (z. B. besondere Boden- und Grundwasserverhältnisse, besondere Anforderungen im Rahmen behördlicher Auflagen usw.). Ferner bezieht sich das auch auf alle Umstände, die für den Unternehmer bei der Aufstellung seines Angebotes von Bedeutung sind, weil sie im Rahmen seiner Kalkulation Gewicht für die Ermittlung des angemessenen Gewinns haben. Das betrifft sowohl den genauen Leistungsinhalt als auch den Leistungsumfang in den Positionen des Leistungsverzeichnisses. Umgekehrt muß sich aber auch der Unternehmer darüber erklären, ob er nach den in seinem Betrieb bestehenden Verhältnissen in der Lage ist, die Bauleistung in ihrem geforderten Umfang und in der vorausgesetzten Zeit ordnungsgemäß zu erbringen. Das gilt auch im Hinblick auf seine Vermögenslage; hat er im Angebotsverfahren seine eigene wirtschaftliche Bedrängnis verschwiegen, obwohl er wußte, daß hierdurch die Erreichung des Vertragszieles – die ordnungsgemäße Erstellung der betreffenden Bauleistung – vereitelt oder die Erfüllung in einem dem Auftraggeber unzumutbaren Maßerschwert wird, so kann dies die Anfechtung des aufgrund einer solchen Täuschung abgeschlossenen Bauvertrages durch den Auftraggeber rechtfertigen (vgl. BGH Betrieb 1976, 332 = WM 1976, 111). Ein einem Werkvertrag zugrundeliegendes Angebot zu wesentlich überhöhten Preisen (bis zu 300 %) berechtigt den Vertragspartner zur Anfechtung, wenn von der Einholung von Konkurrenzangeboten wegen längerer Geschäftsverbindung und dem Versprechen eines „ordentlichen Preises" abgesehen wird (OLG Saarbrücken OLG Z 1981, 248).

Soweit in dem skizzierten Umfang eine **Offenbarungspflicht** besteht, erstreckt sich das Verbot der Vorspiegelung falscher Tatsachen, d. h. das Verbot, unrichtige Angaben zu machen, auch hierauf.

82 Man kann aber von Arglist immer nur sprechen, wenn der dem Verbot Zuwiderhandelnde mit seinem Tun oder Unterlassen unlautere Ziele verfolgt, d. h. den **Vorsatz** hat, auf den Erklärungswillen des anderen einzuwirken. Das läßt sich in der Regel nicht schon nach den Grundsätzen des Beweises des ersten Anscheins beurteilen (BGH NJW 1968, 2139). Fahrlässiges Verhalten reicht nicht, da Zielbestimmtheit des Handelns oder Unterlassens Voraussetzung ist. Nicht erforderlich ist dagegen eine konkrete Absicht des Täuschenden, sich zu bereichern oder das Vermögen des Partners zu schädigen. Zu beachten ist, daß arglistig auch derjenige täuschen kann, dem – wie er weiß – entgegen der offensichtlichen Erwartung des Erklärungsempfängers jegliche zur sachgemäßen Beurteilung des Erklärungsgegenstandes erforderliche Kenntnis fehlt und der dies verschweigt; der gute Glaube an die Richtigkeit des Erklärten schließt in einem solchen Falle Arglist nicht aus (BGH BB1980, 1010 = ZfBR 1980, 181 = SFH § 123 BGB Nr. 2 = NJW 1980, 2460 = Betrieb 1980, 2076).

83 Derjenige, der durch die Arglist des anderen zur Abgabe einer Willenserklärung veranlaßt worden ist, hat die **Möglichkeit,** diese **nach § 123 BGB anzufechten,** mit der Wirkung, daß sie als von Anfang an nichtig anzusehen ist, § 142 BGB. Über Form der Anfechtung, Anfechtungsgegner, Frist zur Anfechtung usw. vgl. die §§ 124, 143, 144 BGB. Hinzu kommt die Möglichkeit, vom Gegner **Schadensersatz** auf der Grundlage des § 826 BGB, gegebenenfalls – je nach Sachlage – auch der §§ 823 Abs. 1 und 823 Abs. 2 BGB zu verlangen, sofern im Zeitpunkt der Anfechtung dem Anfechtenden entweder schon ein Schaden entstanden ist oder ihm später aufgrund der anfechtbaren Handlung noch unvermeidbar entsteht. Dieses Schadensersatzbegehren ist nicht von einer vorher erfolgten Anfechtung abhängig. Wegen der Einzelheiten wird auch hier auf die Bestimmungen des BGB verwiesen. Wurde eine bei Vertragsabschluß begangene arglistige Täuschung nicht von der betreffenden Vertragspartei selbst, sondern von ihrem Vertreter begangen, so haftet dafür die von diesem vertretene Vertragspartei, und zwar unter dem Gesichtspunkt des Verschuldens bei Vertragsabschluß (culpa in contrahendo) schlechthin, außerdem unter dem Gesichtspunkt der unerlaubten Handlung mit der Entlastungsmöglichkeit nach § 831 BGB (BGH NJW 1974, 1505).

84 Nimmt der Auftraggeber jedoch nach Erklärung der Anfechtung die Bauleistung entgegen und nimmt er sie ab, so ist die Annahme berechtigt, daß er aus der erklärten Anfechtung keine Rechte herleiten und den angefochtenen Vertrag bestätigen will (vgl. BGH BauR 1983, 165 = Betrieb 1983, 653 = SFH § 16 Nr. 3 VOB/B Nr. 26 = NJW 1983, 816 = ZfBR 1983, 83).

4. **Verboten** sind ferner **Rechtsgeschäfte** und demnach auch alle hierauf gerichteten Willenserklärungen, **die gegen ein gesetzliches Verbot verstoßen**. Sie sind ohne weiteres **nichtig**, wenn sich nicht aus dem in Betracht kommenden Gesetz etwas anderes ergibt (§ 134 BGB). Diese Grenze zulässigen Handelns kann durchaus auch im Baurecht von Bedeutung sein. So wird man einen Bauvertrag für unwirksam halten müssen, wenn er in seinen Einzelbedingungen verbotswidrig ist. Dabei muß es sich allerdings um ganz entscheidende Einzelpunkte handeln, die das Wesen und den Hauptinhalt dieses Bauvertrages bzw. der hiermit verbundenen Willenserklärungen im Rahmen der Vertragsverhandlungen ausmachen; anderenfalls wird der nicht gesetzwidrige Teil als nach dem Parteiwillen gültig anzusehen sein, § 139 BGB. Unter Beachtung dieser Gesichtspunkte wird man einen Bauvertrag, der mit einem nach Art. 10 § 3 MRVG nichtigen Architektenvertrag als einheitliches Geschäft verbunden ist, für unwirksam halten müssen (vgl. KG SFH Art. 10 § 3 MRVG Nr. 8). 85

Als gesetzliche Verbote sind ferner **Verstöße gegen Strafgesetze,** die das Handeln aller am Rechtsgeschäft Beteiligten unter Strafe stellen, zu bezeichnen, vgl. hierzu RGZ 104, 107; 106, 317. Hierher rechnen des weiteren aber auch die **Verbotsnormen des AGB-Gesetzes, insbesondere dessen §§ 11 und 10 sowie auch 9.** Weiter kommen in diesem Rahmen Verstöße gegen **Kartellvorschriften** (vgl. dazu auch Crome, Kartellbildung in der Bauwirtschaft, BB1959, 832 und 1961, 118; siehe auch Rdn. 70, ferner Teil A § 25 Rdn. 13 ff. und Teil B § 8 Rdn. 139 ff.), außerdem u. U. auch Verstöße gegen **öffentlich-baurechtliche (z. B. Baupreisrecht) und baubehördliche Bestimmungen** in Betracht. Das letztere gilt allerdings nur in beschränktem Umfang, und zwar insoweit, als es das Interesse der staatlichen Gemeinschaft im einzelnen erfordert, was im Wege der Gesetzesauslegung ermittelt werden muß. Überhaupt sind im Rahmen des § 134 BGB immer Sinn und Zweck des Gesetzes bzw. der diesem gleichgestellten Vorschriften, wie Verordnungen, maßgebend. Gesetzliche Verbote erkennt man auf dem Gebiet des Zivilrechts an bestimmten vom Gesetzgeber gewählten Formulierungen, wie z. B. „ist unzulässig", „kann nicht", „ist ausgeschlossen" usw. Das sind aber nur Anhaltspunkte, die die Nachprüfung des wirklichen Wesensgehaltes der in Frage kommenden Bestimmung nicht entbehrlich machen. Auch Verstöße gegen Kartellvorschriften bringen nicht ohne weiteres die Nichtigkeit des Folgevertrages. So führt die Nichtigkeit einer Preisabsprache zwischen mehreren Unternehmen grundsätzlich nicht zur (Teil-)Nichtigkeit des daraufhin zustande gekommenen Bauvertrages, den der einzelne Unternehmer mit dem Auftraggeber geschlossen hat und in dem der kartellarisch abgesprochene Preis vereinbart worden ist; davon unberührt bleibt jedoch ein etwaiger Schadensersatzanspruch des Auftraggebers (vgl. OLG Celle NJW 1963, 2126), ebenso die Kündigungsbefugnis nach Teil B § 8 Nr. 4. 86

5. **Verboten** sind ferner **Willenserklärungen und Rechtsgeschäfte, die gegen die guten Sitten verstoßen, § 138 BGB.** Nichtig sind nach der Neufassung des § 138 Abs. 2 BGB (Gesetz vom 29. 7. 1976, BGBl. I S. 2034) insbesondere Rechtsgeschäfte, durch die jemand unter Ausbeutung der Zwangslage, der Unerfahrenheit, des Mangels an Urteilsvermögen oder der erheblichen Willensschwäche eines anderen sich oder einem Dritten für eine Leistung Vermögensvorteile versprechen oder gewähren läßt, die den Wert der Leistung dergestalt übersteigen, daß den Umständen nach die Vermögensvorteile im **auffälligen Mißverhältnis zu der Leistung stehen.** Wucher ist der Hauptfall des Sittenverstoßes gegenüber einem Verhandlungs-und Geschäftsgegner. Bei der Prüfung der Frage, ob ein auffälliges Mißverhältnis zwischen Leistung und Gegenleistung vorliegt, sind alle Umstände des Falles, insbesondere die Größe des mit dem Geschäft verbundenen Risikos, zu berücksichtigen, OGH MDR 1949, 602. Ferner muß eine **verwerfliche Sinnesart** des begünstigten Teils dazukommen, RGZ 165, 14. Allerdings wird regelmäßig ein übermäßiges Mißverhältnis zwischen der verlangten bzw. der ausbedungenen Leistung und der Gegenleistung den Schluß auf eine bewußte oder grob fahrlässige Ausnutzung des Gegners nahelegen. So wird es z. B. ein gegen die guten Sitten verstoßendes Geschäft sein, wenn der Leiter eines Bauamts von einem noch im Aufbau befindlichen jungen Unternehmer private oder auch sonstige Bauleistungen zu ei- 87

nem erheblich untersetzten Preis verlangt und ihm andeutet, hiervon sei die Erteilung eines lohnenden großen Auftrages zu angemessenem Preis abhängig, oder in ihm durch schlüssiges Handeln jedenfalls einen dahin gerichteten Glauben erweckt und aufrechterhält. Allgemeine Regeln darüber, wann ein übermäßiges Mißverhältnis anzunehmen und wann daraus allein oder in Verbindung mit anderen Umständen eine verwerfliche Gesinnung zu entnehmen ist, lassen sich nicht aufstellen. Hierzu sind Vergleichsmaßstäbe nur durch die von der Rechtsprechung in Einzelfällen aufgestellten Richtlinien und Maßstäbe zu finden, so daß hierauf zu verweisen ist (vgl. die Kommentierungen zu § 138 BGB).

Schlagwortartig seien von der Rechtsprechung herausgearbeitete Begriffe aufgezählt: Knebelungsverträge, die Ausnutzung einer Macht- oder Monopolstellung, wobei das vor allem auch in Geschäftsbedingungen zum Ausdruck kommen kann, Verstöße gegen besondere Treuepflichten, Außerachtlassen jeglicher Rücksicht auf den Vertragsgegner, Mißachten der Grundvoraussetzungen eines geschäftlichen Wettbewerbs überhaupt usw.

88 Zusammengefaßt ist zu sagen, daß verwerflich und daher unsittlich jeder handelt, der im Wirtschaftsleben **die schwächere Lage des anderen bewußt ausnutzt, um übermäßigen Gewinn zu erzielen, ferner jeder, der sich böswillig oder in grob fahrlässiger Leichtfertigkeit der Erkenntnis verschließt, daß sich der andere nur aus den Nachteilen seiner Lage heraus auf die ihn beschwerenden Bedingungen einläßt,** vgl. hierzu BGH NJW 1951, 397. Hier ist in allgemeiner Hinsicht auch auf die Ausführungen von Breithaupt (JZ 1964, 283) hinzuweisen, der der Frage nachgegangen ist, wie das Verhalten zu charakterisieren ist, das gegen die guten Sitten verstößt.

89 Grundsätzlich kann ein wegen sittenwidriger Übervorteilung nichtiges Rechtsgeschäft nicht nach § 140 BGB in einen rechtlich unbedenklichen Rahmen umgedeutet werden, auch nicht dahin, daß die Leistungsverpflichtung des Übervorteilten auf einen Teil beschränkt und damit auf ein erträgliches Maß zurückgeführt wird, da sonst für denjenigen, der in sittenwidriger Weise vorgeht, das damit verbundene Risiko weitgehend entfiele (BGH BB 1977, 769 = Betrieb 1977, 995 = WM 1977, 582).

90 Besondere Beachtung verdient gerade auch die **Zahlung von Schmiergeldern** im Rahmen eines Bauvergabeverfahrens mit dem Ziel, bei der Vergabe Vorteile zu erlangen. Dazu hat der BGH (NJW 1962, 1099) ausgesprochen, daß die Zahlung von Schmiergeldern an einen Vertreter des anderen Vertragsteils, um von diesem bei der Vergabe von Aufträgen bevorzugt zu werden, gegen die guten Sitten verstößt. Das gilt auch, wenn der Vertreter zwar den Auftrag für den Vertretenen nicht zu erteilen, für diesen aber bei der Vergabe durch einen Dritten mitzubestimmen und der Vertretene an einer möglichst guten Erledigung des Auftrages ein eigenes wirtschaftliches Interesse hat (BGH NJW 1973, 363). Hat der Betroffene einen anderen mit den Bauvergabeverhandlungen beauftragt, so kann er von diesem grundsätzlich die Herausgabe des empfangenen Schmiergeldes nach Maßgabe des § 667 BGB verlangen. Insoweit ist auch auf § 12 UWG hinzuweisen; zum Verhältnis zwischen § 12 Abs. 2 UWG und § 73 StGB vgl. Mayer NJW 1983, 1300. Nimmt der Architekt „Provisionen" für die Vermittlung von Aufträgen von einem Bauhandwerker an, so gibt das dem Auftraggeber (auch) einen wichtigen Grund zur Kündigung des Architektenvertrages (BGH NJW 1977, 1915 = BauR 1977, 363 = MDR 1977, 831 = SFH Z 3.007 Bl. 9 = Betrieb 1977, 1841).

Über Nichtigkeit eines Bauvertrages nach § 138 BGB bei willkürlicher Erhöhung der Masse und gleichzeitiger Zahlung von Schmiergeld an einen Beauftragten des Auftraggebers vgl. BGH SFH Z 2.301 Bl. 18 ff.

F. Heutige Bedeutung der VOB

I. Kenntnis der VOB erforderlich – Einbeziehung nach § 2 AGB-Gesetz

1. Die **VOB** ist in ihrem Gesamtinhalt und ihrer Gesamtstruktur nach ein vom bauvertragsrechtlichen Standpunkt **durchaus zu begrüßendes Werk**. Ihre Zielrichtung, für den Bereich des Bauvertrages Lücken im Gesetz (insbesondere §§ 631 ff. BGB) zu schließen und durch ihre schriftlich niedergelegten Regelungen die Gefahr einer weitgehenden Rechtsunkenntnis und Rechtsunsicherheit auf dem Gebiet des Bauvertragsrechts auszuschließen, vermag sie durchaus zu erfüllen. Es kommt allerdings im Einzelfall darauf an, ihren **Inhalt zu kennen und ihre Tragweite richtig zu erkennen und in der Praxis** anzuwenden. Das gilt **gerade auch für den privaten Bauherrn**. Es braucht nicht zu sein, daß „Bauen Sorgen bringt", jedenfalls nicht, soweit es die Vergabe von Bauaufträgen und deren ordnungsgemäße Durchführung anbetrifft. Voraussetzung ist jedoch, **daß jeder Baubeteiligte** (Auftraggeber, Auftragnehmer, Architekt usw.) **die Regeln der VOB kennt**. Leider ist das vielfach noch nicht der Fall. Oft genug werden in einem Bauvertrag die Bestimmungen der VOB/B zum Vertragsinhalt erklärt, ohne daß die Vertragspartner deren kennen, insbesondere wenn – als Regelfall anzusprechen – in den Ausschreibungsunterlagen oder im Angebot auf diese Vertragsbestimmungen lediglich Bezug genommen worden ist (vgl. Schmidt MDR 1963, 263).

2. Das hat vor allem Bedeutung im Hinblick auf das am 1. 4. 1977 in Kraft getretene Gesetz zur Regelung des Rechts der Allgemeinen Geschäftsbedingungen (AGB-Gesetz vom 9. 12. 1976 – BGBl. IS. 3317. Soweit dessen Bestimmungen in Betracht zu ziehen sind (vgl. Teil A § 10 Rdn. 77 ff.), ist in diesem Zusammenhang **besonders § 2 dieses Gesetzes zu beachten,** der jedoch nach § 24 Abs. 1 a. a. O. grundsätzlich auf **Kaufleute nicht** anwendbar ist, so daß diesen gegenüber ein bloßer, inhaltlich jedoch zweifelsfreier Hinweis in den Vertragsunterlagen auf die VOB/B genügt, um sie rechtswirksam zu vereinbaren. Abgesehen davon, daß im Rahmen des Vertragsabschlusses ohnehin ein **hinreichend deutlich erklärtes Einverständnis beider Vertragspartner** – besonders des Vertragspartners des Verwenders der VOB – vorliegen muß (vgl. Rdn. 18 ff.), sind im nichtkaufmännischen Bereich **vor allem die** dem Vertragsabschluß vorausgehenden **zwingenden Erfordernisse in § 2 Abs. 1 Nr. 1 und 2 AGB-Gesetz zu berücksichtigen**. Das gilt vor allem **auch für die** an sich mögliche **nachträgliche Einbeziehung** der VOB in einem Bauvertrag (BGHZ 86, 135 = BauR 1983, 161 mit Anm. Locher a. a. O. S. 362 = NJW 1983, 816 = ZIP 1983, 325 = Betrieb 1983, 819 = BB 1983, 599 = SFH § 16 Nr. 3 VOB/B Nr. 25 = MDR 1983, 393 = ZfBR 1983, 85).

a) Hiernach ist zunächst **bei den Vertragsverhandlungen ausdrücklich darauf hinzuweisen, daß die VOB Teil B Vertragsgegenstand werden soll**. Also genügen von vornherein spätere einseitige Hinweise in Lieferscheinen oder gar Rechnungen auf die VOB nicht (vgl. dazu auch BGH NJW 1978, 2243). Andererseits **reichen unmißverständliche, klar erkennbare schriftliche Hinweise in den Ausschreibungs- bzw. Vertragsunterlagen aus**; eines besonderen mündlichen und zusätzlichen Hinweises bedarf es nach § 2 Abs. 1 Nr. 1 AGB-Gesetz nicht (BGHZ 86, 135 = BauR 1983, 161 = NJW 1983, 816 = ZIP 1983, 325 = Betrieb 1983, 819 = BB 1983, 599 = SFH § 16 Nr. 3 VOB/BNr. 25 = MDR 1983, 393 = ZfBR 1983, 85). Jedoch ist es, jedenfalls im Hinblick auf den privaten Bauherrn, **dringend geboten, der Klarheit wegen die Wendung „VOB Teil B" oder besser „Verdingungsordnung für Bauleistungen – Teil B"** anstelle der weniger geläufigen Wendung „DIN 1961" zu wählen (so auch Schmitz ZfBR 1979, 184, 185; v. Westphalen ZfBR 1985, 252, 258; vgl. auch OLG Hamburg BauR 1983, 371). Bei Subunternehmerverträgen genügt hier nicht schon der Hinweis auf den Vertrag des Hauptunternehmers mit dem Bauherrn, weil damit noch nicht hinreichend gesagt ist, was Gegenstand des Subunternehmervertrages werden soll; auch ist es für den Subunternehmer nicht zumutbar, sich lediglich darauf verweisen zu lassen, die Bedingungen beim Auftraggeber des Hauptunternehmers einzusehen (Locher NJW 1979, 2335, 2336 f. m. w. N.).

94 b) Besonders wichtig ist in diesen Fällen aber außerdem die Beachtung von § 2 Abs. 1 Nr. 2 AGB-Gesetz, wonach der anderen Vertragspartei die Möglichkeit verschafft werden muß, in zumutbarer Weise von dem Inhalt des Teils B der VOB Kenntnis zu nehmen. Dabei ist Voraussetzung, daß dem Gegner des Verwenders ein Text der VOB Teil B zur Verfügung steht, was u. U. dessen Zurverfügungstellung erfordert. Hier dürfen aber gerade für den Bereich der VOB **keine unzumutbaren, übertriebenen Anforderungen** gestellt werden. Überflüssig ist eine Zurverfügungstellung eines Textes der VOB Teil B zunächst dann, wenn **beide Teile bewußt und gewollt** übereinstimmend auf der Basis der Einbeziehung der VOB verhandeln und hiernach den Vertrag abschließen wollen. Gleiches gilt, wenn der **Auftraggeber** den **Vertragsabschluß** nach der VOB **wünscht,** da beim Auftragnehmer – zumal schon in einer Ausschreibung – **im allgemeinen davon auszugehen ist, daß ihm zumindest ein Text der VOB zur Verfügung steht,** was sich allein angesichts seiner gewerblichen Betätigung auf dem Bausektor, und zwar unabhängig von Größe und Umfang dieser Betätigung, rechtfertigt (BGHZ 86, 135 = BauR 1983, 161 mit Anm. Locher a. a. O. S. 362 = NJW 1983, 816 = ZIP 1983, 325 = Betrieb 1983, 819 = BB 1983, 599 = SFH § 16 Nr. 3 VOB/B Nr. 25 MDR 1983, 393 = ZfBR 1983, 85; im Ergebnis zutreffend dazu auch OLG Hamburg BauR 1983, 371; insoweit auch Locher Anm. a. a. O. sowie Das private Baurecht, Rdn. 82; Wolf/Horn/Lindacher § 23 Rdn. 242; Löwe/v. Westphalen/Trinkner § 2 Rdn. 14). Die gegenteilige Ansicht von Werner/Pastor (Rdn. 727), die unter Hinweis darauf, daß vielen – vor allem mittleren und kleinen – Unternehmern der Text der VOB/B nicht bekannt sei, von Ausnahmen abgesehen (Rdn. 16), hier eine Kenntnisverschaffung durch Auslegung oder Ausleihen des Textes (vgl. dazu Rdn. 724 f.) seitens des Auftraggebers verlangen, wertet das in § 2 Abs. 1 Nr. 2 AGB-Gesetz verwendete Tatbestandsmerkmal der **zumutbaren** Kenntnisverschaffung nicht zutreffend. Hier muß nämlich mit gutem Recht davon ausgegangen werden, daß ein im Baubereich beruflich tätiger Unternehmer die allgemein anerkannten, gängigen Regelungen für im Rahmen seines Gewerbes abzuschließende Verträge kennt, **auf die er regelmäßig schon in seiner unternehmerischen Ausbildung,** wie z. B. auch im Rahmen der Vorbereitung zur Meisterprüfung, zumindest hingewiesen wird. Dies trifft aber für Teil B der VOB ebenso zu wie für die DIN-Normen des Teils C. Gerade diese Gesichtspunkte übersieht auch Bunte (BB 1983, 732) in seiner Kritik an der vorgenannten, grundlegenden BGH-Entscheidung. Gleiches gilt für die zu sehr verallgemeinernde Ansicht von v. Westphalen (ZfBR 1985, 252, 258 f.). Insoweit kann es jedenfalls für den hier erörterten Bereich der Einbeziehungsvoraussetzungen entgegen Bunte (a. a. O.) auch keinen Unterschied machen, ob die VOB/B von vornherein oder – selbstverständlich vereinbarungsgemäß – nachträglich vereinbart wird.

95 Sofern der **Auftragnehmer** die **Vereinbarung** der VOB Teil B **wünscht,** wird abzustufen sein: Selbstverständlich muß bei einem öffentlichen Auftraggeber die Kenntnis der VOB vorausgesetzt werden (vgl. Rdn. 100), wie auch durch § 24 Abs. 1 Nr. 2 AGB-Gesetz deutlich wird. Gleiches gilt bei Auftraggebern, deren gewerbliche Betätigung im Bereich des Bauens liegt, aber auch sonst, wenn sie häufiger bauen und bei ihnen vorausgesetzt werden kann, daß sie im Bauvertragswesen ebenso bewandert sind wie der ausführende Unternehmer. Auch insoweit kann der abweichenden Ansicht von Werner/Pastor (Rdn. 727) nicht gefolgt werden, da dies sonst ein nicht zu rechtfertigendes Ungleichgewicht im Bereich der für § 2 Abs. 1 Nr. 2 AGB-Gesetz **ausschlaggebenden Zumutbarkeit** bedeuten würde. Letztlich bleibt daher der – sicher nicht kleine – Bereich übrig, in dem der Auftraggeber selten oder nur einmal in seinem Leben baut und der Auftragnehmer auf der Basis der VOB Teil B den Bauvertrag abschließen will. Ist der Auftraggeber bei den Vertragsverhandlungen durch seinen **Architekten** vertreten oder wirkt dieser dabei mit (vgl. § 15 Abs. 2 Nr. 7 HOAI), wird sich der spätere Auftragnehmer im allgemeinen darauf verlassen können, daß der Auftraggeber über Inhalt und Tragweite der VOB/B durch den Architekten als im Vertragsgestaltungswesen Bewanderten kraft des mit diesem abgeschlossenen aufgeklärt wird, ohne daß es hierzu noch weiterer Maßnahmen seinerseits bedarf. Das gilt erst recht, wenn der Architekt die Ausschreibungsunterlagen, die dem Bauvertrag unter Einbezug der VOB/B zugrunde liegen sollen, entworfen hat oder gar dann, wenn er selbst Auftraggeber ist (insoweit auch Schlosser/Coester-Waltjen/Graba § 2 Rdn. 51). Ähnlich wie beim ausführenden Unternehmer ist auch beim Architekten davon auszugehen, daß er sich im Rahmen seiner Ausbildung die Grundzüge der Bauvertragsgestaltung, vornehmlich der VOB/B, verschafft hat, um seiner sich **aus § 15 Abs. 2 Nr. 7 ergebenden normalen vertraglichen beratenden Verpflichtung gegenüber dem Auftraggeber** gerecht werden zu können, was v. Westphalen (ZfBR 1985, 252, 259) nicht beachtet, weil er § 15 Abs. 2 Nr. 7 HOAI in seine Überlegungen nicht mit einbezieht.

Ist der Auftraggeber dagegen nicht von einem Architekten vertreten oder wirkt dieser bei den Vertragsverhandlungen nicht mit, wird man von dem Auftragnehmer den **deutlichen Hinweis** (also weitergehende als es schon bisher und auch weiterhin für den kaufmännischen Bereich der Fall war bzw. ist, vgl. dazu BGHBauR 1979, 427 = BB 1979, 185 = NJW 1979, 645 = WM 1979, 302 = SFH § 477 BGB Nr. 3 = MDR 1979, 488 = LM § 477 BGB Nr. 29 = ZfBR 1979, 98) verlangen müssen, **daß er ohne besondere Berechnung bereit ist, dem Auftraggeber nach Aufforderung den VOB- Text zur Verfügung zu stellen,** um sich orientieren zu können (vgl. dazu auch Löwe/Graf v. Westphalen/Trinkner § 2 Rdn. 14). Dagegen erscheint es als **zu weitgehend, von dem Auftragnehmer insoweit grundsätzlich zu fordern, bereits mit dem Angebot,** in dem das Verlangen auf Vertragsabschluß nach der VOB enthalten ist, **auch den Text der VOB zu übersenden.** Das ginge **über** den Rahmen der in § 2 Abs. 1 Nr. 2 AGB-Gesetz festgelegten **Zumutbarkeit hinaus** (ähnlich wie hier Locher NJW 1977, 1801, 1802 sowie Das private Baurecht Rdn. 82; Jagenburg BauR 1977, Sonderheft 1, S. 8 ff.; Recken BauR 1978, 417, 419; Frikell/Glatzel/Hofmann E2.2; Schmitz ZfBR1979, 184, 186 f.; Schmidt BB1983, 1308; a. A. Schlosser/Coester-Waltjen/Graba § 2 Rdn. 56; zu weitgehend daher auch Bartsch BB 1982, 1699, 1700, und in diesem Punkt auch Kaiser, Mängelhaftungsrecht, Rdn. 12 c). Hier handelt es sich nämlich erfahrungsgemäß um Bauleistungen, die regelmäßig in so großer Zahl anfallen, daß es bei Abwägung beiderseitiger berechtigter Interessen geboten erscheint, nicht von vornherein vom Auftragnehmer zu verlangen, immer in jedem Fall dem Auftraggeber mit dem Angebot zugleich den Text der VOB zu übermitteln, es vielmehr auf das jeweils bekundete Interesse des Auftraggebers nach entsprechendem Hinweis durch den Auftragnehmer abzustellen. Das gilt um so mehr, als der Text der VOB für jedermann leicht zugänglich ist, ohne daß dies dem Auftraggeber irgendwie nennenswerte Kosten und Mühen verursacht. Dabei ist vor allem auch zu berücksichtigen, daß im allgemeinen ein Bauvorhaben nach Gewerken an verschiedene Unternehmer vergeben wird und der Auftragnehmer vielfach gar nicht weiß, ob der Auftraggeber nicht schon von einem anderen Auftragnehmer Kenntnis von dem Text der VOB erhalten hat. Andererseits ist es **zu wenig** den Vertragspartner des Verwenders bloß auf die Möglichkeit zu verweisen, den Text der VOB irgendwo einzusehen oder zu kaufen (so Heiermann, Betrieb 1977, 1733, 1736; Merz BauR 1985, 47; wie hier u. a. Ulmer/Brandner/Hensen § 2 Rdn. 47 m. w. N.). Zur Notwendigkeit **notarieller Beurkundung** der VOB vgl. Anh. Rdn. 232 ff.

c) **Grundsätzlich anders** ist es dagegen zu beurteilen, wenn **eigene AGB eines Vertragspartners** Vertragsgegenstand werden sollen, **insbesondere Zusätzliche Vertragsbedingungen** (vgl. dazu Teil A§ 10 Rdn. 77 ff.). **Diese müssen nicht nur ganz deutlich und unmißverständlich bezeichnet, sondern grundsätzlich auch dem Vertragspartner vor Vertragsabschluß zugesandt** werden, um den Anforderungen des § 2 AGB-Gesetz zu genügen. Vor allem muß bei Vorhandensein mehrerer AGB ganz zweifelsfrei zum Ausdruck gebracht werden, welche davon zum Vertragsinhalt werden sollen (vgl. BGH ZIP 1981, 1220), gegebenenfalls in welcher Reihenfolge. Anders nur dann, wenn dem Vertragspartner die AGB – etwa aus früheren, zeitlich naheliegenden Bauvorhaben oder aus ihm zugänglichen Veröffentlichungen (wie etwa bei bestimmten Zusätzlichen Vertragsbedingungen des öffentlichen Auftraggebers) – bereits bekannt sind (so auch Daub/Piel/Soergel ErlZ A 10.41). Gegenüber einem **Nichtkaufmann** genügt dies allerdings auch nur, wenn die Vertragspartner **nach § 2 Abs. 2 AGB-Gesetz im voraus eine Rahmenvereinbarung über die Geltung der AGB** des **Verwenders getroffen haben,** worauf nicht ohne weiteres geschlossen werden kann, wenn der Vertragspartner des Verwenders aus früheren Geschäftsabschlüssen weiß, daß der Verwender seine AGB in die Verträge einbezogen hat, da eine Rahmenvereinbarung sich nicht schon aus jeweils laufenden Geschäften ergibt, diese vielmehr hinreichend klar auf **künftige Verträge** bezogen sein muß. Liegt eine Rahmenvereinbarung nicht vor, so kommt gegenüber einem Nichtkaufmann die Einbeziehung von AGB nur unter den Voraussetzungen des § 2 A s. 1 AGB-Gesetz in Betracht, insbesondere wenn der Vertragspartner des Verwenders mit der Einbeziehung einverstanden war (vgl. dazu BGH BauR 1986, 569 = SFH § 2 AGBG Nr. 3 = MDR 1987, 51 = NJW-RR 1987, 112 = ZIP1986, 1126 = Betrieb 1986, 2074 = LM § 2 AGBG Nr. 6 = v. Westphalen EWiR § 2 AGBG 2/86, 743; insoweit vor allem auch zur Frage des ausdrücklichen Hinweises nach § 2 Abs. 1 Nr. 1 AGB-Gesetz). Abzustellen ist dabei auf den Zeitpunkt des Vertragsabschlusses. Möglich ist allerdings auch eine spätere Änderungsvereinbarung, bei der naturgemäß auch die Voraussetzungen des § 2 AGB-Gesetz erfüllt sein müssen.

98 **d)** Zu den Einbeziehungsvoraussetzungen vgl. grundlegend Locher JuS-Schriftenreihe Heft 72, S. 29 ff. Die **Beweislast** für die ordnungsgemäße Einbeziehung der AGB hat der **Verwender** (vgl. dazu auch Korbion/Locher Rdn. 29). Die formularmäßige Erklärung in einem Vertrag, daß der andere Vertragspartner von den auf der Rückseite des Formulars abgedruckten AGB Kenntnis genommen habe und mit deren Geltung einverstanden sei, unterliegt nicht der Inhaltskontrolle nach den §§ 9 bis 11 AGB-Gesetz, da damit nur eine für die Einbeziehung erforderliche Tatsache bestätigt wird (BGHNJW 1982, 1388 = ZIP W1982, 446 = Betrieb 1982, 1001 = BB 1983, 15 mit krit. Anm. von Bohle a. a. O. = MDR1982, 926 = JZ 1982, 687 = LM AGBG Nr. 30). Zur Anfechtung wegen Irrtums über die Einbeziehungsvoraussetzungen richtig Locher BB1981, 818. Über die Einbeziehung von AGB durch kaufmännisches Bestätigungsschreiben Lindacher WM 1981, 702. Wählen die Vertragspartner die deutsche Sprache als Verhandlungs- und Vertragssprache, muß der ausländische Vertragspartner grundsätzlich den gesamten deutschsprachigen Vertragsinhalt einschließlich der zugrunde liegenden AGB gegen sich gelten lassen (BGH BauR 1983, 266 = NJW 1983, 1489 = Betrieb 1983, 1352 = BB 1983, 1053 = MDR 1983, 657 = JZ 1983, 612 = SFH § 631 BGB Nr. 14 = ZfBR 1983, 128). Zur Kollision Allgemeiner Geschäftsbedingungen zutreffend Ebel NJW 1978, 1033.

II. VOB als ausgewogenes Vertragswerk

99 Die **Vorschriften der VOB**, insbesondere auch deren Teil B, **entsprechen in ihrer Gesamtheit in nach wie vor für die Baubeteiligten annehmbarer Weise den Regeln von Treu und Glauben** (BGHLM § 635 BGB Nr. 3; OLG Köln BauR 1975, 351). Sie sind unter Beteiligung aller mit dem Baugeschehen befaßten Kreise geschaffen worden (vgl. Rdn. 6 ff.), und sie weisen **insgesamt ein noch ausgewogenes Verhältnis** auf, was die Rechte und Pflichten der jeweiligen Vertragspartner anbelangt (so schon RG DR 1941, 1210; insbesondere im Hinblick auf das AGB-Gesetz grundlegd BGHZ 86, 135 = BauR 1983, 161 = NJW 1983, 816 = MDR 1983, 393 = ZIP 1983, 325 = Betrieb 1983, 819 = BB 1983, 599 = SFH § 16 Nr. 3 VOB/B Nr. 25 = ZfBR 1983, 85; u. a. Nicklisch BB 1974, Beil. 10, S. 2; Schmalzl MDR 1978, 619; Weide, S. 71 f.; Hesse BB 1973, 546 zutreffend entgegen Schmidt-Salzer BB Beil. 1/1973 zu Heft 3/1973; vgl. auch Weick S. 71 f.). Das ist **auch für den Bereich des AGB-Gesetzes vom Gesetzgeber anerkannt** worden, wie gerade durch die Ausnahmeregelung in § 23 Abs. 2 N. 5 des AGB-Gesetzes dokumentiert wird (vgl. dazu BGH a. a. O. sowie Teil A § 10 Rdn. 77 ff., insbesondere Rdn. 122 ff.). Im übrigen siehe dazu außer Teil A § 10 Rdn. 77 ff. bei den in Betracht zu ziehenden Einzelbestimmungen.

III. Allgemeingültigkeit der VOB für Bauvorhaben der öffentlichen Hand

100 Sog. **öffentliche Bauaufträge** liegen vor, wenn Auftraggeber die Bundesrepublik Deutschland, die Länder, die Gemeinden und Landkreise und alle übrigen Gebietskörperschaften

sowie die aus den Gebietskörperschaften bestehenden Verbände des öffentlichen Rechts (z. B. Zweckverbände), ferner die bundesunmittelbaren Körperschaften, Anstalten und Stiftungen des öffentlichen Rechts sowie die der staatlichen Kontrolle unterliegenden landesunmittelbaren Körperschaften, Anstalten und Stiftungen des öffentlichen Rechts sind (vgl. dazu Kaiser BauR 1980, 99, Fn. 1 a). Hinzuzurechnen sind aber auch die übrigen, **dem öffentlichen Auftragswesen zuzuordnenden Auftraggeber, soweit sie durch § 2 der BaupreisVO 1972 erfaßt sind**. **Privatrechtlich** ausgestaltete Gesellschaften der öffentlichen Hand haben die Pflicht zur Anwendung der VOB, sofern es ihnen als **Zuwendungsempfänger durch den Zuwendungsgeber auferlegt** worden ist oder wenn sie Auftragnehmer eines VOB-Vertrages sind und Bauleistungen an einen **Nachunternehmer übertragen**; das gilt auch für Gesellschaften, an denen die öffentliche Hand beteiligt ist.

Abgesehen davon, daß es sich nicht um einen Bauauftrag eines öffentlichen Auftraggebers handelt, ist ein Auftraggeber, der eine Modernisierungsvereinbarung abschließt, im Hinblick auf die Erstattung der Modernisierungskosten nach § 43 Abs. 4 StBauFG nicht verpflichtet, die VOB zugrunde zu legen (vgl. Dieterich ZfBR 1982, 57).

Allerdings **ersetzen die innerdienstlichen Weisungen** zur Anwendung der VOB **als solche und für sich allein nicht die Notwendigkeit der Vereinbarung des Teils B – und damit auch des Teils C – im Einzelfall** (vgl. Rdn. 18 ff.). Dagegen wird man **im allgemeinen** davon ausgehen müssen, daß ein öffentlicher Auftraggeber nach den Vergaberegeln des Teils A der VOB das Bauvergabeverfahren durchführen will, auch wenn die Ausschreibung nicht ausdrücklich die Anwendung des Teils A zum Ausdruck bringt, daß er also die an ihn ergangene Dienstanweisung befolgt (vgl. BGHZ 60, 221, 225 = BauR 1972, 186; OLG Köln BauR 1977, 343 = SFH Z 2.13 Bl. 53; offengelassen von BGH BauR 1980, 180 = SFH § 25 VOB/A Nr. 1 = ZfBR 1980, 31 = LM VOB/A Nr. 4). 101

IV. Vergabehandbuch als Hilfe bei öffentlichen Bauaufträgen

Eine **wesentliche Hilfe** insbesondere **für die Vergabe und Gestaltung von öffentlichen Bauaufträgen** ist das vom Bundesminister für Raumordnung, Bauwesen und Städtebau herausgegebene **Vergabe-Handbuch für die Durchführung von Bauaufgaben des Bundes im Zuständigkeitsbereich der Finanzbauverwaltungen – VHB Ausgabe 1973 i. d. F. der 6. Austauschlieferung mit Stand von Januar 1988**, das insbesondere in seinem Teil I Richtlinien für die Vergabe von Bauaufträgen sowie deren Abwicklung (VOB Teile A und B) enthält. Dieses Vergabe-Handbuch (VHB) ist eine **Dienstanweisung, die nach außen die Wirkung Allgemeiner Geschäftsbedingungen hat** (vgl. Nicklisch BB 1974, Beil. 10, S. 5); es löste die früheren VOB-Richtlinien des Bundesfinanzministers ab. Die Bestimmungen des VHB wurden bzw. werden weitgehend auch für die Länder und Gemeinden übernommen. Sie gelten im allgemeinen sowohl für den Hoch- als auch für den Tiefbau. Auf die wesentlichsten Bestimmungen ist im Rahmen der nachfolgenden Kommentierungen hingewiesen oder sie sind dem Wortlaut nach zitiert, um die Baubeteiligten zu informieren. 102

In der Vorbemerkung zu Teil I des VHB ist darauf aufmerksam gemacht worden, daß die VOB die einheitlichen Richtlinien enthält, nach denen beim Abschluß von Bauverträgen gemäß § 55 Abs. 2 der Bundeshaushaltsordnung (BHO) vom 19. 8. 1969 (BGBl. I S. 1284) zu verfahren ist. Weiterhin ist dort für die Bauleistungen des Bundes darauf hingewiesen worden, daß die Behörden der Bauverwaltungen bei der **Vergabe nach Teil A der VOB und den in dem VHB enthaltenen Richtlinien zu verfahren** haben, ohne daß daraus allerdings den Bewerbern oder Bietern unmittelbar Rechtsansprüche entstehen. Wegen der Besonderheiten bei der Vergabe von **NATO-Bauvorhaben** ist auf die Richtlinien zur Vergabe von Aufträgen für Bauvorhaben der gemeinsam finanzierten NATO-Infrastruktur 1977 – RiNATO (1977) – 103 hinzuweisen (vgl. dazu Rundschreiben des Bundesministers für Raumordnung, Bauwesen und Städtebau vom 2. 11. 1977, Bauverwaltung 1978, 73).

104 Hinsichtlich der **Zuständigkeiten** bei der Vergabe öffentlicher Bauaufträge sind die besonderen Regeln im Abschnitt „Zuständigkeiten" in Teil I des VHB i. d. F. der 6. Austauschlieferung, Stand Januar 1988, zur VHB-Loseblattausgabe 1973 zu beachten.

Vgl. hierzu auch die Zusammenstellung bei Steenbock, Vergabe- und Preisvorschriften für Bauaufträge – Allgemeine Zuweisungsrichtlinien, 1977, Deutscher Gemeindeverlag W. Kohlhammer, Köln, sowie – für Bayern – Hoffmann/Frikell, Die Vergabe öffentlicher Bauleistungen in Bayern, 1976, Verlag Ernst Vögel, München; dazu vor allem auch Bekanntmachung der Obersten Baubehörde in Bayern vom 17. 12. 1979 (MABl. 1980, 58).

105 Gerade für die Zukunft kann für den öffentlichen Auftraggeber die Einhaltung der Regeln des VHB neben den allgemein anerkannten, weil der praktischen Erfahrung entsprechenden Bestimmungen der VOB in ihren drei Teilen selbst von rechtsgrundsätzlicher Bedeutung sein, wie Kaiser (BauR 1980, 99) im wesentlichen überzeugend dargelegt hat (vgl. auch Rdn. 1 und 44 ff.).

V. Die Fassung der VOB von 1988

106 1. Im Verhältnis zur letzten Fassung der VOB von 1979 hat die im Oktober 1988 vorgestellte jetzige Fassung nur wenige Änderungen gebracht, die **rechtlich von Bedeutung** sind. Einmal ist dem wirklichen – gerade auch rechtlichen – Charakter des Teils C dadurch Rechnung getragen worden, daß dessen Titel jetzt „Allgemeine Technische Vertragsbedingungen für Bauleistungen" heißt. Auch die Vorschriften der EG-Koordinierungsrichtlinie wurden seit der VOB-Ausgabe 1973 voll in die VOB integriert. **Wesentliche Straffung** hat der **Teil C** erfahren. Bisher in den einzelnen ATV enthaltene gleichartige Regelungen wurden in den neu aufgenommenen „Allgemeinen Technischen Vertragsbedingungen für Bauleistungen jeder Art (ATV-DIN 18 299)" zusammengefaßt, und die sonstigen ATV wurden auf diese neue Systematik umgestellt. Die neue DIN 18 299 wurde so gefaßt, daß sie für alle Bauarbeiten angewendet werden kann, auch für solche, für die keine eigenen Normen bestehen.

107 2. Im einzelnen ergeben sich folgende Änderungen:

a) VOB Teil A:
§ 8 Nr. 4 Abs. 1 f neu (anstelle von § 25 Nr. 1 Abs. 1 c).
§ 9 Nr. 1 bis 3 unverändert.
Nr. 4 Abs. 1 ergänzt: „Die Hinweise für das Aufstellen der Leistungsbeschreibung im Abschnitt 0 der Allgemeinen Technischen Vertragsbedingungen für Bauleistungen DIN 18 299 ff. sind zu beachten."
Nr. 5 Abs. 1 und 2 unverändert von Nr. 4 Abs. 2 und 3 übernommen.
Nr. 5 Abs. 3 neu (anstelle von Nr. 4 Abs. 4): „Die für die Ausführung der Leistung wesentlichen Verhältnisse der Baustelle (z. B. Boden- und Wasserverhältnisse) sind so zu beschreiben, daß der Bewerber ihre Auswirkungen auf die bauliche Anlage und die Bauausführung hinreichend beurteilen kann."
Nr. 4 Abs. 5 alte Fassung ist entfallen.
Nr. 6 unverändert von Nr. 5 übernommen.
Nr. 6 alte Fassung ist entfallen. Entsprechende Regelungen sind in die ATVen aufgenommen worden.
Nr. 7 Abs. 1 unverändert; zweiter Halbsatz entfallen.
Nr. 7 Abs. 2 und 3 unverändert.

Nr. 8 Abs. 1 unverändert.
Nr. 8 Abs. 2 entfallen (entsprechende Regelungen sind in die ATV DIN 18 299 aufgenommen worden).
Nr. 8 Abs. 3 entfallen.
Nr. 9 bis 12 unverändert.
§ 10 Nr. 1 Satz 1 statt „Allgemeinen Technischen Vorschriften" neu „Allgemeinen Technischen Vertragsbedingungen"
Nr. 1 Satz 2 statt „Zusätzliche Technische Vorschriften" neu „Zusätzliche Technische Vertragsbedingungen"
Nr. 3 Satz 1 statt „Allgemeinen Technischen Vorschriften" neu „Allgemeinen Technischen Vertragsbedingungen"
Nr. 3 Satz 2 statt „Zusätzliche Technische Vorschriften" neu „Zusätzliche Technische Vertragsbedingungen"
Nr. 4 Abs.1 n) statt „n) Lohn- und Gehaltsnebenkosten (A § 9 Nr. 8 Absatz 3)" neu „n) Lohn- und Gehaltsnebenkosten"
Nr. 4 Satz 2 statt „Zusätzlichen Technischen Vorschriften" neu „Zusätzlichen Technischen Vertragsbedingungen"
§ 17 Nr. 4 Abs. 3 Satz 2 statt „Allgemeinen Technischen Vorschriften" neu „Allgemeinen Technischen Vertragsbedingungen"
§ 25 Nr. 1 Abs. 1 c entfallen.

b) VOB Teil B:
§ 1 Nr. 1 Satz 2 statt „Allgemeinen Technischen Vorschriften" neu „Allgemeinen Technischen Vertragsbedingungen"
Nr. 2 d statt „Zusätzliche Technische Vorschriften" neu „Zusätzliche Technische Vertragsbedingungen"
Nr. 2 e statt „Allgemeinen Technischen Vorschriften für Bauleistungen" neu „Allgemeinen Technischen Vertragsbedingungen für Bauleistungen"
§ 2 Nr. 1 statt „... den Zusätzlichen Technischen Vorschriften, den Allgemeinen Technischen Vorschriften für Bauleistungen ..." neu „... den Zusätzlichen Technischen Vertragsbedingungen, den Allgemeinen Technischen Vertragsbedingungen für Bauleistungen ..."
Nr. 9 Abs. 1 statt „Technischen Vorschriften" neu „Technischen Vertragsbedingungen"
§ 3 Nr. 5 statt „Technischen Vorschriften" neu „Technischen Vertragsbedingungen"
§ 14 Nr. 2 Satz 2 statt „Technischen Vorschriften" neu „Technischen Vertragsbedingungen"
§ 17 Nr. 2 „im Inland" ersetzt durch „in den Europäischen Gemeinschaften"; „oder Kreditversicherers" entfallen.

3. **Die jetzige Fassung der VOB ist ab ihrer Veröffentlichung bzw. für öffentliche Auftraggeber ab dem Datum ihrer Verbindlicherklärung** durch die jeweiligen vorgesetzten Dienststellen anzuwenden. Für **private Auftraggeber** kommt sie im allgemeinen **nach der Veröffentlichung und deren Bekanntwerden in Betracht,** was nach bisherigen Erfahrungen nach einer **gewissen Anlaufzeit,** wohl ab 1. 1. 1989, der Fall sein dürfte. Um **Unklarheiten zu vermeiden, ist dringend zu empfehlen, jedenfalls für die erste Zeit, möglichst darüber hinaus, in Verträgen zumindest die Jahreszahl (1988) der jetzigen Fassung der VOB anzugeben.** Vor allem ist es nötig, dort, wo **formularmäßige** Ausschreibungstexte oder Vertragstexte verwendet werden, die jeweiligen Angaben **auf das Fassungsdatum von 1988 umzustellen.** Ansonsten gilt der Grundsatz, daß für die Beurteilung der jeweiligen Vertragsverhältnisse die Fassung der VOB/B maßgebend sein soll, **die zur Zeit des Vertragsabschlusses gilt.** Daraus ergibt sich zugleich, daß für laufende Verträge, die noch zur Zeit der Gültigkeit der Fassung der VOB von 1979 (einschließlich der Ergänzungen von 1984 und 1985) abgeschlossen wurden, diese anzuwenden ist. Insofern ist gerade im Hinblick auf den Teil B der VOB die Fassung von 1979 ausschlaggebend.

G. Hinweis

109 Beachte ferner die Allgemeinen Erläuterungen zu den Verhandlungen über den Abschluß eines Bauvertrages in der Vorbemerkung zu Teil A § 2.

Zu den in diesem Kommentar nicht behandelten **FIDIC-Bauvertragsbedingungen** im internationalen Baurecht im Vergleich zur VOB siehe Goedel RIW 1982, 81.

Teil A

Allgemeine Bestimmungen für die Vergabe von Bauleistungen DIN 1960 – Fassung 1988

§ 1 Bauleistungen

1. Bauleistungen sind Bauarbeiten jeder Art mit oder ohne Lieferung von Stoffen oder Bauteilen.
2. Lieferung und Montage maschineller Einrichtungen sind keine Bauleistungen.

Inhaltsübersicht

	Rdn.
A. Allgemeines	1-2
B. Bauleistungen sind Bauarbeiten jeder Art	3-45
I. Begriff der Bauleistung	3
II. Begriff der Bauarbeiten	4-36
1. Bauwerk	4-9
a) Werke über und unter der Erdoberfläche	6-7
b) Abgrenzung	8
c) Herstellende Tätigkeit des Bauhandwerkers	9
2. Bauarbeiten jeder Art	10-20
a) Auch Herstellung einzelner Bauteile und Bauglieder	10
b) Kein Unterschied in bezug auf jeweiligen Auftragsumfang	11
c) Nicht nur Neuherstellung, auch Erneuerung oder Veränderung eines Gebäudes	12-13
d) Voraussetzung aber: wesentlich für Konstruktion, Erneuerung und Bestand des Gebäudes	14-16
e) Verkehrsanschauung maßgebend; keine Begrenzung durch § 94 BGB	17
f) Weitere Abgrenzung zum Bauwerksbegriff	18-20
3. Auch vom VOB-Vertrag erfaßte Ausnahmen	21-26
a) Bloße Ausbesserungs- und Instandsetzungsarbeiten	21
b) Bloße Erdarbeiten – Baugrubenausschachtung	22-24
c) Herstellung beweglicher Sachen – Abgrenzung zu Bauwerksleistungen	25-26
4. Bauerhaltungs- und Bauvorbereitungsarbeiten als Bauarbeiten; Architekten- und Ingenieurverträge; Bauträgerverträge; Bausatzverträge; Fertighausverträge	27-35
a) Bauerhaltungs- und Bauvorbereitungsarbeiten	27-29
b) Architekten- und Ingenieurverträge	30
c) Bauträgerverträge	31-32
d) Bausatzverträge	33-34
e) Fertighausverträge	35
5. Bauarbeiten auch alle Leistungen nach VOB/C	36
III. Reine Lieferungen keine Bauarbeiten	37-41
IV. Bloße Bereitstellung von Baugeräten; evtl. mit Bedienungspersonal	42-45
C. Lieferung von Stoffen oder Bauteilen	46-58
I. Lieferung als Oberbegriff	46-52
1. Möglich auch Gestellung oder Beschaffung von Stoffen oder Bauteilen durch Auftraggeber – keine Unterscheidung zwischen Werkvertrag und Werklieferungsvertrag	47-48
2. Abgrenzung VOB – VOL	49-51
3. Gebotene Überlegungen vor Vertragsabschluß	52
II. Stoffe – Bauteile	53-58
1. Stoffe	53

        2. Bauteile 54
        3. Art der Lieferung von Stoffen oder Bauteilen 55-58
    D. Lieferung und Montage maschineller Einrichtungen 59-63
        I. Lieferung und Montage 60-61
        II. Maschinelle Einrichtung 62
        III. Abgrenzung durch das VHB 63

Aufsätze: v. Craushaar, „Bauwerksleistungen im Sinne von § 638 BGB", NJW 1975, 993; ders., „Die Verjährung der Gewährleistungsansprüche bei Arbeiten zur Gestellung eines Gebäudes", BauR 1979, 449; ders., „Die Verjährung der Gewährleistungsansprüche bei Bauleistungen am fertigen Gebäude", BauR 1980, 112; Bild a, „Bauaufträge als „Maklerlohn"', MDR 1977, 540; Costede, „Der Eigentumswechsel beim Einbau von Sachgesamtheiten", NJW 1978, 2340; Becher, „Zur Rechtsnatur der Verträge über Bausatzhäuser zum Selbstbauen", BauR 1980, 493; Booz, „Verjährungsrechtliche Probleme der Gewährleistungsansprüche des Bauherrn gegen den Bauunternehmer – Versuch einer rechtspolitischen Lösung", BauR 1981, 107; Hesse, „Vereinbarung der VOB für Planungsleistungen", ZfBR 1980, 259; Locher, „VOB/B und Bauträgervertrag", BauR 1984, 227; Matzke, „Installierung eines Heizöltanks als Arbeit bei einem Bauwerk", NJW 1987, 363; v. Craushaar, „Der Liefer- und Montagevertrag", Festschrift Korbion, 1986, 27.

A. Allgemeines

1   Teil A § 1 klärt im Wege einer **Generalklausel** die Frage, welche Leistungen in Betracht kommen, **um Gegenstand eines VOB-Bauvertrages** werden zu können. Hier handelt es sich um eine Umschreibung und zugleich Erläuterung des Begriffes „Bauleistung" bzw. „Leistung", der als **Oberbegriff allen Teilen der VOB zugrunde liegt,** wobei allerdings auch auf die für Teil B maßgebende Begriffsbestimmung hinzuweisen ist (vgl. Vorbem. vor Teil B Rdn. 1). Immerhin ergibt sich, daß der Begriff „Bauleistung" den wichtigsten Teil der anderen Begriffe, insbesondere der „Leistung", ausmacht. Daher ist § 1 nicht nur eine Regelung im Bereich des Teils A, sondern **auch als Eingangsbestimmung für die Teile B und C** aufzufassen. Will man den in **Teil B verwendeten Begriff der Leistung,** der sich mit der Generalklausel **„Bauleistung" in Teil A § 1 deckt,** ohne Rechtsirrtum verstehen und auslegen, so muß man der Bauleistung eine Definition geben, die der höchstrichterlichen Rechtsprechung sowie der Rechtslehre entspricht. Sonst könnte man auch die unerfreulichen Fälle schlecht bekämpfen, in denen Leistungen nach der VOB, insbesondere Teil B, vergeben werden, obwohl es sich um keine eigentlichen Bauleistungen handelt und auf die die VOB deshalb keine Anwendung finden will. Die hierzu geübte Kritik von Daub/Piel/Soergel (ErlZ A 1.16) übersieht, daß es gerade hier um die Schaffung der erforderlichen **vertragsrechtlichen Rechtsklarheit** geht, was allein mit einem Vergleich zu den Vergabevorschriften der VOL/A sowie dem Argument, die VOB/A habe den Charakter einer „Einkaufsvorschrift", sicherlich nicht auszuräumen ist.

2   Nach dem Gesagten leuchtet es ohne weiteres ein, daß Teil A § 1 nicht nur eine auf die Teile B und C übergreifende Tragweite, sondern insbesondere angesichts dessen, daß die Teile B und C den Regelungen des AGB-Gesetzes unterliegen vgl. dazu Teil A§ 10 Rdn. 113 f.), eine darüber weit hinausgehende AGB-rechtliche Bedeutung hat. Hier werden nämlich die zulässigen Grenzen für die Möglichkeit der Vereinbarung der VOB/B und damit zugleich VOB/C aufgezeigt. Darüber hinaus umreißt Teil A § 1 insbesondere auch, ob und inwieweit die Ausnahmeregelung des § 23 Abs. 2 Nr. 5 AGB-Gesetz (vgl. Teil A § 10 Rdn. 122 ff.) zur Anwendung gelangen kann. Gerade durch das AGB-Gesetz ist damit die rechtliche Tragweite von Teil A § 1 erheblich gestiegen.

Nach § 1 können Gegenstand eines Bauvertrages **Bauarbeiten jeder Art** sein, sie müssen also zweckbestimmt sein, **zumindest mit der Errichtung oder dem Erhalt eines Bauwerkes im unmittelbaren Zusammenhang stehen** (BGH NJW 1971, 2219 = BauR 1971, 259) **oder nach allgemeinem Sprachverständnis im weiteren Sinne zu einer erfolgsbezogenen, an Ort und Stelle auszuführenden baulichen Leistung zu rechnen sein.** Nur so weit reicht die Tragweite aller Vorschriften der VOB.

B. Bauleistungen sind Bauarbeiten jeder Art (Nr. 1)

I. Begriff der Bauleistung

In § 1 Nr. 1 ist der wesentliche Inhalt des Bauvertrages festgelegt. Ausgegangen wird zunächst vom Begriff der **„Bauleistung"**. Leistung im Rechtssinne bedeutet jede **Zuwendung,** die eine Vermögensverschiebung aus dem Bereich des Leistenden in den des Empfängers bewirkt. Dieser recht weite Leistungsbegriff hat hier eine **Einschränkung** erfahren, indem von Bauleistungen gesprochen wird. Dadurch wird gesagt, daß nur eine Leistung in Betracht kommt, die **„mit dem Bau und mit dem Bauen"** (vgl. hierzu Rdn. 4 ff.) **im unmittelbaren Zusammenhang** steht. Wie weiter zum Ausdruck gekommen ist, sind Bauleistungen nur dann hier rechtlich von Belang, wenn sie als **Bauarbeiten** angesprochen werden können. Arbeit setzt eine „zweckgerichtete Tätigkeit" des Ausübenden bzw. des hierzu Verpflichteten voraus. Es kann sich bei der Bauarbeit im Sinne des § 1 Nr. 1 nur um das „geschuldete" **Ergebnis** der zweckgerichteten Tätigkeit handeln, ohne daß der Vertragspartner (z. B. der Bauträger) unbedingt selbst dem Empfänger der fertigen Leistung (Bauherr, Erwerber) die vorgenannte Tätigkeit zu erbringen hätte (zutreffend Schmidt BauR 1981, 119). Allein das herzurichtende bzw. hergerichtete Werk, also „der Bau" und **„das Bauwerk" interessieren, nicht** aber die vom Erfolg unabhängige **Dienstleistung.** Letztere fällt nicht unter die VOB, es sei denn, sie ist im Rahmen des Ganzen nur von untergeordneter Bedeutung. Gerade der Bauvertrag nach der VOB ist daher ein **Werkvertrag** i. S. des bürgerlichen Rechts (§§ 631 ff. BGB).

3

II. Begriff der Bauarbeiten

1. Bauwerk

Die Beschränkung der VOB auf **Bauarbeiten** (Bauherstellungen) erfordert weiter eine Erklärung der rechtlichen Tragweite dieses Begriffes. Bauarbeiten sind bauhandwerkliche oder bauindustrielle Maßnahmen, mit denen **Bauwerke unmittelbar** geschaffen, erhalten oder geändert werden (BGH BauR 1973, 110 = NJW 1973, 368 = VersR 1973, 279 = SFH Z 2.413 Bl. 51 = MDR 1973, 307 = BB 1973, 309 = LM VOB/B Nr. 58 = BlGBW 1973, 200). Daher kommt es zunächst auf die Umschreibung des Begriffes „Bauwerk" an. **Bauwerk ist eine unbewegliche, durch Verwendung von Arbeit und Material in Verbindung mit dem Erdboden hergestellte Sache** (RGZ 56, 41, 43; BGH MDR 1964, 742 = BB 1964, 820 = LM § 638 BGB Nr. 7), also nicht nur die bloße Umgestaltung des Bodens. Letzteres darf aber nicht zu weit gesehen werden: Auch ausgeschachteter Boden, der zum Dammbau verwendet wird, kann für ein Bauwerk dienen, da er Material für die Bauwerkserrichtung ist, insbesondere von anderer Stelle herangebracht, also nicht nur der Boden an seiner Lagerstelle selbst bloß umgelagert wird (über Ausschachtungsarbeiten vgl. Rdn. 24).

4

Der Gesetzgeber hat in den §§ 631 ff. BGB den Begriff des Bauwerks verschiedentlich erwähnt wie z. B. in §§ 638, 648 BGB. Die vorgenannte Definition ist keineswegs das Ergebnis einer rein juristischen Überlegung. Wenn das Gesetz von „Bauwerk" spricht, so bedient es sich eines Ausdruckes, der dem **Sprachgebrauch des Lebens** entnommen ist. Damit ergibt sich für die Auslegung im Einzelfall zunächst, daß diese den Sinn berücksichtigen muß, den das Leben und die daraus resultierende Erfahrung mit diesem Ausdruck zu verbinden pflegt (vgl. Oertmann, Bauwerk und Bauwerkvertrag in ArchBürgR Bd. 38, 169, 170), was diesen Begriff nach der Verkehrsanschauung ausmacht (BGHZ 19, 319, 324; OLG Hamm NJW 1976, 1269 = MDR 1976, 578 = BauR 1977, 62).

5

a) Dabei ist zunächst wesentlich, daß der Begriff „Bauwerk" **über und unter der Erdoberfläche** errichtete Werke erfaßt, vgl. § 1 Abs. 1 Erbbaurechtsverordnung (BGH NJW 1971, 2219 = BauR 1971, 259; BGHZ 57, 60 = NJW 1971, 2219 = BauR 1971, 259; vgl. auch BGHZ 68, 208 = NJW 1977, 1146 = BauR 1977, 203 = SFH Z 1.1 Bl. 4 = BB 1977, 673 = MDR 1977, 658 =

6

A § 1, 1, Rdn. 7-9

LM § 638 BGB Nr. 31 Anm. Doerry; BGH BauR 1983, 64 = NJW 1983, 567 = Betrieb 1983, 607 = SFH § 638 BGB Nr. 24 = MDR 1983, 391 = ZfBR 1983, 82 = LM § 638 BGB Nr. 47).

7 Als Richtlinie für den Bauwerksbegriff dienen folgende von der Rechtsprechung entschiedene Einzelfälle: Errichtung von Gebäuden, selbständigen Kellern, KG JW 33, 1335; Brücken; Straßen; Kanäle; Leitungsmasten; Masten einer Flutlichtanlage (BGH MDR 1972, 410 = LM Allg. Lieferbed. d. Elektroindustrie Nr. 1); Stützen einer Seilbahn, Kiel OLG 25, 126; Gleisanlagen KGJ 29 A 132; BGH BauR 1972, 172 = MDR 1972, 410 = LM VOB/B Nr. 51 = SFH Z 2.413 Bl. 45 = VersR 1972, 375 = BlGBW 1972, 118; Denkmäler; eine auf einem Tankstellengelände gefertigte Makadamdecke (BGH MDR 1964, 742 = ZMR 1965, 116); die Erneuerung eines großen Teils einer Hofdecke (BGH, Urt. v. 19.11.1970 – VII ZR 230/68); das Entrosten, Anstreichen mit Mennige sowie die Isolierung mit Polyurethan-Hartschaum von Lagertanks (BGHZ 90, 272 = BauR 1984, 390 = SFH § 1638 BGB Nr. 29 = NJW 1984, 1750 = BB 1984, 1447 = Betrieb 1984, 1341 = ZfBR 1984, 186); Arbeiten, die der Grundwasserabsenkung oder -haltung dienen (BGH Urt. v. 20. 4. 1966 – VII ZR 122/64); eine mit gemauerten Einsteigeschächten versehene, nach Schmutz-und Tagwasser getrennte Kanalanlage (BGH SFH Z 2.414 Bl. 208 ff.); ein Rohrbrunnen kann ein Bauwerk sein, und zwar dann, wenn das tief in die Erde reichende Rohrwerk mit der Erde – z. B. durch die Schwere des langen, nach den Regeln der Mechanik und Statik erstellten Rohrstranges – eine innige Verbindung eingegangen ist (BGHZ 57, 60 = NJW 1971, 2219 = BauR 1971, 259); Bauwerke sind auch Stahltürme oder Förderanlagen in einem Grubenschacht, obwohl sie abgebaut werden können (BGH a. a. O.); Bauwerk sind auch die Lieferung und der Einbau eines für die individuellen Bedürfnisse des Auftraggebers geplanten Blockheizkraftwerkes (BGH BauR 1987, 681 = SFH § 631 BGB Nr. 22 = ZfBR 1987, 269 = NJW-RR 1987, 1305); ebenso trifft dies für Elektroarbeiten bei Neubauten, ohne die das Gebäude nicht als hinreichend funktionsfähig anzusehen wäre, zu (BGH BauR 1978, 303 = NJW 1978, 1552 = BB 1978, 683 = SFH § 638 BGB Nr. 2 = MDR 1978, 921 = LM § 638 BGB Nr. 33; gleiches gilt für den Einbau einer Einbruchalarmanlage (OLG Hamm NJW 1976, 1269 = MDR 1976, 578 = BauR 1977, 62) sowie die Lieferung und Montage von Fertigteilgaragen, selbst wenn sie nicht durch ein Fundament mit dem Boden verbunden sind (OLG Düsseldorf BauR 1982, 164); Bauwerk ist auch ein aus genormten Fertigteilen zusammengesetztes, ins Erdreich eingelassenes Schwimmbecken, dessen Stahlblechwand mit einem Magerbetonkranz umgeben wird, auch wenn die Fertigteile wieder ausgebaut werden können (BGH BauR 1983, 64 = NJW 1983, 567 = Betrieb 1983, 607 = SFH § 638 BGB Nr. 24 = MDR 1983, 391 = ZfBR 1983, 82 = LM § 638 BGB Nr. 47). Erst recht gilt dies, wenn die Verbindung des Schwimmbades mit dem Grundstück durch Mauerwerk hergestellt wird (BGH BauR 1987, 79 = NJW 1987, 643 = Betrieb 1987, 782 = MDR 1987, 308 = JZ 1987, 160 = SFH § 633 BGB Nr. 61 = LM § 633 BGB Nr. 61 = ZfBR 1987, 32). Bauwerksleistung ist auch die Errichtung eines Sichtschutzzaunes, dessen Pfosten im Garten eines bebauten Grundstückes 80 cm in das Erdreich eingelassen sind, da er dauerhaft errichtet wird, wegen seiner massiveren Bauart nicht einem üblichen Zaun entspricht, auch dazu dient, Wind, Lärm und Geruchsbelästigungen vom Grundstück fernzuhalten (LG Hannover NJW-RR 1987, 208).

8 **b) Nicht** als **Bauwerke** sind dagegen angesehen worden bloßfestgeschraubte Maschinen, BayObLG 6, 596, lediglich lose (ohne Betonbettung, Ummantelung, ohne Verbindung miteinander) in den Erdboden gelegte Rohrleitungen (BGH BauR 1971, 259 = NJW 1971, 2219); ein Sportplatz **als solcher**, vgl. LG Braunschweig MDR 1953, 480. Zur **Abgrenzung vgl. auch Rdn. 27 ff.** sowie v. Craushaar BauR 1979, 449 sowie Hahn BauR 1980, 310.

9 **c)** Jeder Bauhandwerker, wobei es keinen Unterschied macht, ob es sich z. B. um den Rohbauunternehmer, den Schreiner, Installateur, Putzer, Dachdecker, Bodenleger oder Zimmerer

handelt, ist bei einem Bauwerk tätig, sofern er mit seiner Leistung (Arbeit) bei der Herstellung des Bauwerkes mitwirkt (vgl. BGH NJW 1956, 1195 = VersR 1956, 190 m. w. N.).

2. Bauarbeiten jeder Art

Die VOB sieht weiter als Bauleistungen Bauarbeiten jeder Art an. Da bedeutet zunächst:

a) Es liegt **nicht nur** ein Bauwerk und damit eine Bauarbeit vor, wenn es sich um das **Werk als Ganzes** handelt. Vielmehr fällt darunter **auch** die Herstellung der einzelnen **Bauteile und Bauglieder** (vgl. BGHZ 19, 319), ohne daß es darauf ankommt, ob sie einen äußerlich hervortretenden, körperlich abgesetzten Teil des ganzen Baues darstellen, vgl. RGZ 57, 377; 63, 313 (317); RGJW 1913, 133; RG Warn. 1916 Nr. 305 = Korkestrich als Teil eines Daches; BGHZ 53, 43 = BauR 1970, 45 = NJW 1970, 419 = BB 1970, 191 = VersR 1970, 1976 = MDR 1970, 316 = JZ 1970, 289 = SFH Z 2.414 Bl. 235 ff. = Fußbodenbelag; OLG Hamburg OLG 43, 76 = Anstrich einer Hausfassade. Hierher gehören auch die Lieferung und der Einbau von Schaufensterrahmen (vgl. BGH SFH Z 2.414 Bl. 113); der Verputz, der Dachstuhl, die Gesamtheit der eingesetzten Fenster und Türen, die Be- und Entwässerung, die Warmwasserbereitungsanlage, das Einziehen von Zwischenwänden usw.

10

b) Es kann **keinen Unterschied** machen, **ob ein Bau einheitlich in Auftrag gegeben worden ist oder ob die zur Gesamtherstellung erforderlichen einzelnen Werkleistungen verschiedenen Unternehmern und Handwerkern aufgetragen worden sind** (vgl. BGH-NJW1957, 1195). Voraussetzung ist allerdings, daß die erbrachten Leistungen **mit dem Gebäude fest verbunden** worden sind (BGHZ 53, 43 = BauR 1970, 45 = NJW 1970, 419 = BB 1970, 191 = VersR 1970, 176 = MDR 1970, 317 = JZ 1970, 289 = SFH Z 2.414 Bl. 235 ff. mit Nachweisen).

11

c) Des weiteren ist es **nicht erforderlich,** daß es sich bei einem Bauwerk um eine **Neuherstellung** handeln muß. Das Reichsgericht hat bereits in verschiedenen Entscheidungen zum Ausdruck gebracht, daß Arbeiten „bei einem Bauwerk" sich sowohl auf die Herstellung als auch auf die **Erneuerung** oder **Veränderung** eines Gebäudes beziehen könne, so RGZ 57, 377 (380); RG Warn. 1912 Nr. 339; RGJW 13, 133.

12

Bauwerksleistung i. S. einer „Werkschöpfung" ist daher auch die Veränderung einer vorhandenen Heizungsanlage zum Zwecke der Energieeinsparung als Leistungserfolg (vgl. dazu BGH BauR 1981, 575 = NJW 1981, 2403 = BB 1981, 1732 = Betrieb 1981, 2322 = SFH § 358 BGB Nr. 1 = MDR 1982, 49 = LM § 358 BGB Nr. 1 = ZfBR 1981, 219 m. w. N.), das Ersetzen einer Ofenheizung durch eine Ölzentralheizung mit Warmwasserbereitungsanlage, die Neueindeckung eines Daches.

13

d) Auf der anderen Seite würde es zu weit führen, würde man jeder **Reparatur** an einem Gebäude den Charakter einer Bauarbeit zusprechen (BGH NJW 1956, 1195). So kann die bloße Ausbesserung einzelner Schäden oder es können Verschleißerscheinungen nicht immer in diesen Rahmen fallen. Dabei wird letztlich der Umfang der zu erbringenden Leistung und ihre Art maßgebend sein müssen. Hierzu ist festzuhalten: Nach einem Urteil des Reichsgerichts (JW1913, 133) sind Umbauarbeiten an einem Gebäude Bauwerk, wenn sie aufgrund eines nach den Grundsätzen der geschuldeten Werkherstellung ausgerichteten Vertrages geleistet und zufolge ihres bestimmungsgemäßen Inhalts und Umfanges **für die Konstruktion,** sei es des ganzen Gebäudes, sei es eines Gebäudeteiles, **von wesentlicher Bedeutung** sind. Dem insoweit vom Reichsgericht positiv entschiedenen Fall hat zugrunde gelegen, daß in ein Lagerhaus zur Verstärkung der die Decken des Kellers und Erdgeschosses tragenden Eisenkonstruktion neue Säulenreihen und Unterzugsträger eingeführt worden waren. In späterer Zeit (JW 1933, 2017) hat auch das OLG Naumburg den Standpunkt vertreten, daß Arbeiten an

14

einem bestehenden Gebäude oder Gebäudeteil dann hierher zu zählen sind, wenn die Bauarbeit für die **Konstruktion, den Bestand und die Erhaltung des Gebäudes von wesentlicher Bedeutung** ist. Auch ist es vom OLG Hamburg (OLG 43, 76) für die Annahme eines Bauwerks als erforderlich bezeichnet worden, daß die Arbeiten **dem Bestande des Gebäudes** dienen.

15 Die Rechtsprechung des **BGH schließt daran an:** Nicht nur die Herstellung eines neuen Gebäudes, sondern auch die Arbeiten an einem Bauwerk, die für dessen **Erneuerung und Bestand von wesentlicher Bedeutung** sind, sind als Bauarbeiten (Arbeiten an einem Bauwerk) zu verstehen, **sofern** die eingebauten Teile **mit dem Gebäude fest** – d. h. eng und dauerhaft – **verbunden** worden sind (BGHZ 53, 43 = BauR 1970, 45 = NJW 1970, 419 = BB 1970, 191 = VersR 1970, 176 = MDR 1970, 316 = JZ 1970, 289 = SFH Z 2.414 Bl. 235 ff. = LM § 638 BGB Nr. 13 Anm. Rietschel = Fußbodenverlegung, weitere Nachweise, desgl. BGH BB 1957, 524 = SFH Z 2.41 Bl. 1; BGHZ 19, 319 = NJW 1956, 1195 = LM § 638 BGB Nr. 1 = BB 1956, 129 = SFH Z 2.414 Bl. 16 = Erneuerung eines Schieferdaches; BGH BauR 1970, 47 = Betrieb 1970, 537 = SFH Z 2.414 Bl. 306 = VersR 1970, 225 = BB 1970, 192 = MDR 1970, 407 = LM § 638 BGB Nr. 14 = Schutzbeschichtung auf Außenputz; BGH BauR 1972, 379 = nicht Erweiterung einer Kreisförderanlage in einer Bonbonfabrik; KG, Urt. v. 22. 3. 1972 – 4 U 2241/71 – = Neuputz einer Fassade; BGH VersR 1972, 859 = Verlegung eines Heizrohrnetzes von der Heizzentrale; BGHBauR 1977, 417 = BB 1977, 1224 = SFH § 638 BGB Nr. 1 = NJW 1977, 2361 = MDR 1978, 44 = LM § 638 BGB Nr. 32 = Übernahme auch der erforderlichen Planung baulicher Veränderungen aus Anlaß und im Zusammenhang mit der Lieferung und Montage serienmäßig hergestellter Legebatterien; BGH BauR 1978, 303 = NJW 1978, 1522 = BB 1978, 683 = SFH § 638 BGB Nr. 1 = MDR 1978, 921 = LM § 638 BGB Nr. 33 = Betrieb 1978, 2261 = Erneuerung der elektrischen Anlage in wesentlichen Teilen; BGH 1984, 64 = NJW 1984, 168 = Betrieb 1984, 113 = SFH § 638 BGB Nr. 27 = ZfBR 1984, 38 = MDR 1984, 221 = LM § 638 BGB Nr. 52 = Neuisolierung der Außenwände des Kellers eines bestehenden Hauses zur Beseitigung von Kellernässe und Verlegung von Drainagerohren an der Seite des Hauses; BGHZ 99, 160 = BauR 1987, 205 = NJW 1987, 837 = MDR 1987, 397 = Betrieb 1987, 577 = Bunte EWiR § 638 BGB 1/87, 139 = SFH § 13 Nr. 1 VOB/B Nr. 6 = LM § 9 [A] AGBG Nr. 2 = ZfBR 1987, 73 = Einbau einer Ballenpresse zur Errichtung einer Papierentsorgungsanlage im Neubau eines Verwaltungsgebäudes nach besonderer Zeichnung, weil hier nicht allein die Lieferung einer fehlerlosen, typisierten Maschine geschuldet war, sondern auch deren plangerechter Einbau und störungsfreier Lauf innerhalb der Förderanlage zu dem im Vertrag vorausgesetzten Entsorgungsgebrauch, wodurch ein unvertretbares Werk i. S. des § 651 Abs. 1 Satz 2 BGB herzustellen war, zumal die Bestandteile der Papierentsorgungsanlage fest in das Gebäude eingebaut waren, es dabei um die zweckmäßige Errichtung eines mit einer Papierentsorgungsanlage versehenen Bauwerks ging; BGHBauR 1987, 439 = Betrieb 1987, 1630 = ZfBR 1987, 197 = VersR 1987, 720 = SFH § 13 Nr. 4 VOB/B Nr. 11 = NJW-RR 1987, 1046 = ZIP 1987, 1055 = JZ 1987, 886 = MDR 1987, 834 = WEZ 1987, 258 = LM§ 11 Ziff. 10 f AGBG Nr. 7 = NJW 1988, 490 = erhebliche bauliche Einzelarbeiten beim Umbau bzw. bei Modernisierung eines Altbaues im Rahmen der Schaffung und Veräußerung von Eigentumswohnungen; BGH BauR 1987, 439 = NJW 1988, 490 = BB 1987, 1046 = SFH § 13 Nr. 4 VOB/B Nr. 11 = ZfBR 1987, 197 = Vornahme von Abdichtungsmaßnahmen.

16 Gleiches gilt für **Ergänzungsarbeiten,** wenn sie zur **engen und dauerhaften Verbindung** mit dem Gebäude führen, wie z. B. der nachträgliche Einbau einer Klimaanlage in ein Druckereigebäude (BGH Betrieb 1974, 87 = NJW 1974, 136 = BauR 1974, 57 = BB1974, 106 = BlGBW 1974, 50 = MDR 1974, 219 = LM § 638 BGB Nr. 26 = WM 1974, 80 = SFH Z 1.1 Bl. 1); ebenso hinsichtlich einer Einbruchalarmanlage (OLG Hamm NJW 1976, 1269 = MDR 1976, 578 = BauR 1977, 62); auch die Umstellung von Koks- auf Ölfeuerung zählt hierher, wenn ein einheitlicher Bauvertrag vorliegt, der dazu dient, ein teilweise zerstörtes Wohnhaus in einer modernen Wohnansprüchen genügenden Weise wiederherzustellen (BGH BauR 1973,

246 = SFH Z 4.10 Bl. 31). Daher ist auch dem LG Bielefeld beizutreten, das Malerarbeiten, die dazu dienen, durch Bombenschäden entstandene Risse zu beseitigen, als Bauwerksleistungen angesehen hat (MDR 1954, 99). Bauwerksarbeit ist auch der feste Einbau von Spülschränken, insbesondere, wenn dies im Zusammenhang mit anderen Installations- und Sanitäranlagen erfolgt.

e) Wie die vorstehenden Beispiele zeigen, ist die genannte Voraussetzung einer **dauerhaften Verbindung mit dem Gebäude** letztlich auch im technischen und nicht nur im rechtlichen Zusammenhang zu sehen, wobei vor allem die Verkehrsanschauung eine maßgebliche Rolle spielt, insbesondere unter Berücksichtigung der Zweckbestimmung im Einzelfall. Damit wird klar, daß **Arbeiten an einem Bauwerk nicht nur vorliegen, wenn dadurch wesentliche Bestandteile eines Grundstückes i. S. des § 94 BGB geschaffen werden,** wie das z. B. schon durch das Einbringen von Heizkesseln in einen Rohbau der Fall sein kann, vgl. dazu BGH BauR 1979, 149 = NJW 1979, 712 = BB 1979, 190 = SFH § 94 BGB Nr. 2 = MDR 1979, 389 = LM § 94 BGB Nr. 19, ebenso wie bei einem auf dafür bestimmten Betonhöckerfundamenten aufgestellten Pavillonbau, BGH NJW 1978, 1311 = SFH § 94 BGB Nr. 1 = MDR 1978, 912 = BB 1978, 1750 = JZ 1978, 396 = LM § 94 BGB Nr. 18, oder einem Holzfertighaus, das auf einem dafür bestimmten, im Boden eingelassenen Betonfundament sowie einer Balkenunterkonstruktion errichtet wird (Karls-ruhe Justiz 1983, 13) oder bei einer ohne Fundament oder Verankerung aufgestellten Fertiggarage, BFH NJW 1979, 392 sowie OLG Düsseldorf BauR 1982, 164 (dazu mit Recht kritisch v. Craushaar, Festschrift Korbion 1986, 27 ff.), ferner bei Einbau einer leistungsfähigen Be- und Entlüftungsanlage in einem Gaststättengroßbetrieb mit Kegelzentrum (vgl. OLG Hamm NJW-RR 1986, 376; zum Eigentumswechsel beim Einbau von Sachgesamtheiten vgl. Costede NJW 1978, 2340). Vielmehr liegen **Bauwerksleistungen auch** bei solchen Arbeiten vor, die unter Erfüllung der übrigen Voraussetzungen **lediglich** zu einem **Scheinbestandteil eines Grundstückes** führen (§ 95 BGB), wie z. B. ein von einem Mieter errichtetes Gebäude, das nach Ablauf des Mietvertrages wieder entfernt werden soll (vgl. BGHBauR 1976, 358 = NJW 1976, 1539 = Betrieb 1976, 1618 = WM 1976, 693 = SFH Z 2.10 Bl. 61 = LM § 651 BGB Nr. 1 = BlGBW 1977, 14). Unzutreffend daher OLG Köln (BB 1982, 1578), wenn es einen Vertrag über Lieferung und Montage von Heizkörpern dem Kaufvertragsbereich zuordnet, weil die Heizkörper nicht dauerhaft mit dem Gebäude verbunden seien, da sie sich leicht wieder abmontieren ließen und die Kosten der Heizkörper selbst wesentlich höher als die Kosten für die Montage seien; dabei wird übersehen, daß es sich hier allein deshalb um eine Werkleistung handelt, weil das Gebäude ohne Heizkörper nicht mehr als fertiges Gebäude anzusehen wäre, daher die Heizkörper von wesentlicher Bedeutung für seinen Bestand sind.

Zum Verhältnis des § 94 BGB zu Bauwerksleistungen vgl. auch v. Craushaar BauR1979, 449, BauR 1980, 112; insbesondere Festschrift Korbion, 1986, S. 27 ff.; ferner Booz BauR 1981, 107.

f) **Dagegen:**

Nicht Bauwerksarbeit sind bei Beachtung der hier genannten Voraussetzungen der Entwurf und die Anfertigung einer Freskomalerei an der Außenwand eines Hauses; auch nicht der bloße Umbau einer vorhandenen Lichtleitung (BGH BauR 1971, 128 = SFHZ 4.01 Bl. 65); gleiches gilt für einfache, für den Erhalt und die Funktion des Bauwerkes nicht erforderliche Anstreicherarbeiten (BGH SFH Z 2.414 Bl. 106 R und Z 2.414 Bl. 150). Dazu rechnet auch das Verlegen von Teppichböden durch Aufkleben mittels Dispersionskleber (offengelassen von BGH BauR 1970, 106 = SFH Z 2.414 Bl. 237 f. = LM § 638 BGB Nr. 15 = NJW 1970, 942). Erst recht gilt dies für lose verlegte, wenn auch zugeschnittene Teppichböden (vgl. auch LG Hamburg NJW 1979, 721 L; a. A. LG Köln NJW 1979, 1608). Anders dann, wenn es sich um die Neuverlegung von Teppichböden in den Fluren eines Hochhauses mit einem Auftragswert von über 200 000,- DM handelt, da hier die handwerkliche Arbeit mit dem Ziel der ordnungsgemäßen Benutzbarkeit des Bauwerkes im Vordergrund steht (OLG Köln BauR 1986, 441). Demgegenüber ist die bloße Lieferung und Montage einer Markise an der Außenwand eines Gebäudes noch keine Bauwerksarbeit (insoweit zutreffend LG Rottweil Betrieb 1982, 239 = BB 1972, 2073).

19 Maßgebend für die Beurteilung ist die Bedeutung der Arbeit im angegebenen Sinne, wobei auch der Auftragsumfang Anhaltspunkte geben kann. So kann es sein, daß Elektroarbeiten, die lediglich der Fertigstellung bestimmter – unwesentlicher – Restarbeiten eines anderen Unternehmers dienen, nicht mehr als Bauarbeit im Rahmen des Bauwerksbegriffes anzusehen sind, obwohl das nach dem ursprünglich dem anderen Unternehmer erteilten Auftrag der Fall war (OLG Düsseldorf BauR 1976, 283). Nicht Bauwerksarbeit sind die Lieferung und der bloße Anschluß eines serienmäßig hergestellten Heizöltanks, der lediglich in das Erdreich eingebettet und an die vorhandene Ölheizung angeschlossen wird, wenn es sich nur um die Auswechslung des vorhandenen Tanks handelt, die Leistung also nicht im Zusammenhang mit der Errichtung, Erneuerung oder Ergänzung eines Gebäudes oder ähnlichem steht; dann **überwiegt das reine Umsatzgeschäft,** so daß hier **Kaufvertragsrecht** nach den §§ 433 ff. BGB Anwendung findet; das gilt vor allem, wenn – wie hier – der auf die Montage entfallende Teil der Vergütung im Verhältnis zur Gesamtvergütung ausgesprochen gering ist (BGH BauR 1986, 437 = SFH § 638 BGB Nr. 33 = NJW 1986, 1927 = MDR 1986, 749 = JZ 1986, 698 = LM § 68 BGB Nr. 58 = Betrieb 1986, 1385).

Wenn es sich hier auch um einen Grenzfall handeln dürfte, so ist doch der Kritik von Motzke an dieser Entscheidung (NJW 1987, 363) nicht zu folgen. Bei dem vom BGH entschiedenen Sachverhalt handelte es sich um das bloße Auswechseln eines zwar zur ordnungsgemäßen Benutzung eines Hauses erforderlichen Bauteiles, jedoch stand hier nicht die werkvertragliche Herstellung, sondern die Lieferung fertiger Ware mit bloßem Anschluß an die vorhandene Leitung im Vordergrund, also eine kaufvertragliche Leistung. Insofern besteht kein rechtlich relevanter Unterschied zum bloßen Auswechseln von maschinellen Einrichtungen im Bereich eines Bauwerkes, deren Lieferung und Montage nach Teil A § 1 Nr. 2 (vgl. dazu Rdn. 59 ff.) schlechthin nicht als Bauleistung angesehen wird. Auch der Hinweis von Motzke auf einzelne Regelungen der DIN18 380 führt nicht zu einer anderen Entscheidung. Abgesehen davon, daß DIN-Vorschriften kaum entscheidendes Kriterium für die letztlich maßgebende rechtliche Einordnung sein können, ist zu bedenken, daß die genannte DIN dies auch nicht will; vielmehr verfolgt sie ersichtlich das Ziel, zu bestimmen, welche Einzelleistungen bei Heizungs- und zentralen Brauchwassererwärmungsanlagen Bauwerksleistungen sein können, ohne aber damit festzulegen, wie es sich dem Vertragstyp nach verhält, wenn nur ganz bestimmte Einzelteile den Vertragsinhalt bestimmen.

Gleiches gilt dann im Hinblick auf eine Maschine, die zwar auf Fundamenten mit dem Hallenboden verankert ist, deren Wegnahme aber die Halle ohne weiteres auch anderweitig verwendbar macht, bei welcher später auftretende Mängel solche an der Maschine und nicht an der Verbindung zum Gebäude betreffen (vgl. OLG Düsseldorf NJW-RR 1987, 563 = Thamm EWiR § 638 BGB 1/86, 1187), zumal die Lieferung und Montage maschineller Einrichtungen nach Teil A § 1 Nr. 2 keine Bauleistungen sind (vgl. dazu Rdn. 62).

20 Soweit v. Craushaar (BauR 1980, 112) die Abgrenzung von Bauwerksarbeiten darin sehen will, ob die Leistung ihrem Typus nach gewöhnlich mit dem Risiko der Späterkennbarkeit von Mängeln verbunden ist, und im Falle der Bejahung, ob die Leistung nach Art und Umfang für das Gebäude oder einen Teil des Gebäudes von wesentlicher Bedeutung ist (so im wesentlichen auch Booz BauR 1981, 107), erscheinen diese keine besseren oder klareren Kriterien für den Rechtsverkehr bzw. die Sicherheit im Rechtsverkehr zu sein. Abgesehen davon, daß dadurch in der praktischen Auswirkung kaum an den Gegebenheiten der Sachlage besser orientierte rechtliche Ergebnisse gefunden werden dürften, ist die Frage der Späterkennbarkeit wohl ebensowenig konkreter und vor allem nach allgemein anerkannten, im wesentlichen von technischen Gesichtspunkten abhängigen, Erkenntnissen einheitlicher zu beantworten als die Frage, ob eine Arbeit zur Erneuerung oder für den Erhalt des Gebäudes vorliegt; nach aller

Erfahrung, die sich aus der fortlaufenden Behandlung von Bauprozessen ergibt, wird diese Frage sogar durchweg noch schwieriger zu beantworten sein. Es erscheint daher zumindest aus praktischen Erwägungen besser, die bisherigen Abgrenzungskriterien beizubehalten, zumal die Rechtsprechung dabei durchweg sachgerechte Ergebnisse erzielt hat. Zutreffend führt im übrigen Booz (a. a. O.) aus, daß eine Differenzierung nach Arbeit und Material – vor allem im Hinblick auf die Gewährleistungsfristen – schon nach der erfolgsbedingten Zielsetzung eines Werkvertrages nicht möglich ist. Andererseits macht gerade auch er, ebenso wie v. Craushaar (a. a. O.), die Einordnung des Gewährleistungsrisikos von den jeweiligen Gefahrenlagen in bestimmten Baubereichen abhängig (statische Probleme, Feuchtigkeitsprobleme, Probleme der Außenhaut, Baustoffprobleme – insoweit gegenüber von Booz so bezeichneten allgemeinen Risiken). Dabei wird auch hier nicht beachtet, daß Rechtsfolgen sozusagen generell aufgespaltet und in Abhängigkeit von bestimmten Ausführungsbereichen aus Anlaß der Erstellung von Bauleistungen gebracht werden, dadurch letztlich die Beurteilung von Rechtsfolgen dem – fachkundigen – außerjuristischen Bereich überlassen bleibt. Daß dadurch die Gefahr der rechtlichen Fehlbewertung vergrößert wird, ergibt sich aus der Erfahrung der Bauprozeßpraxis, vor allem im Hinblick auf nicht gesicherte, unterschiedliche Auffassungen im Sachverständigenbereich. Überdies muß nach den jeweiligen, der Beurteilung zugrunde liegenden, sich häufig schnell wandelnden Erfahrungen der Bautechnik bezweifelt werden, ob die von Booz gekennzeichneten besonderen „Risikosphären" im Rahmen der Bauausführung wirklich solche sind, ob vor allem nicht noch andere dazugehören. Das ist sicher auch von der jeweiligen individuellen Bauausführung (Lage, Zweckbestimmung, konkreter Bestellerwille usw.) abhängig. Daher führt die von Booz gewünschte Aufteilung der Verjährungsfrist in eine Grundfrist und in Sonderfristen zu keinen befriedigenden, für jeden klar überschaubaren, jeweils genau einordbaren Ergebnissen. Das zeigt sich denn auch darin, daß die von Booz vorgeschlagenen Änderungen des § 638 Abs. 1 Satz 1 und 2 BGB mit einer entsprechenden Änderung von VOB/B § 13 Nr. 4 schon dem Wortlaut nach nicht die Klarheit und Schärfe besitzen – und auch nicht besitzen können –, wenn man den von ihm gewiesenen Weg beschreiten will. Dagegen ist die von Booz vorgeschlagene Einfügung einer Ausschlußfrist, innerhalb deren der Auftraggeber seine Gewährleistungsansprüche geltend machen muß, nachdem er den Mangel innerhalb der Verjährungsfrist entdeckt hat, in § 638 BGB durchaus praktikabel.

3. Auch von der VOB erfaßte Ausnahmen

a) Allerdings gilt auch **für die VOB** eine **wichtige Ausnahme: Auch Arbeiten**, die nicht dem Begriff des „Bauwerkes" unterzuordnen sind, die also für die Erneuerung **und** den Bestand **nicht von wesentlicher Bedeutung** sind, wie die vorausgehend (vgl. Rdn. 14 ff.) ausgeschiedenen reinen **Ausbesserungs und Instandsetzungsarbeiten** (z. B. Anstricherneuerung, vgl. dazu OLG Düsseldorf JMBl. NW1953, 224 und OLG Celle NJW 1954, 1607; LG München NJW 1970, 942), **können Gegenstand eines VOB-Bauvertrages sein, wenn nicht die Leistung bzw. Lieferung einem anderen Vertragstyp als dem des Werkvertrages, wie z. B. einem Kaufvertrag, zuzuordnen ist.** Das ergibt sich aus Teil B § 13 Nr. 4; es handelt sich dann nämlich im allgemeinen um **„Arbeiten an einem Grundstück".** Dies ist ein Rechtsbegriff (BGH NJW 1970, 942 = BauR 1970, 106 = SFHZ 2.414 Bl. 237 = LM § 638 BGB Nr. 15); vgl. auch BGH SFH Z 2.414 Bl. 106 ff. sowie SFH Z 2.414 Bl. 150 ff. So sind auch lediglich und ohne Zusammenhang mit einer Neuerrichtung in Auftrag gegebene Abbrucharbeiten ebenfalls dem Bauleistungsbegriff in Teil A § 1 Nr. 1 unterzuordnen, da sie jedenfalls Arbeiten an einem Grundstück sind.

b) Hierzu gehört auch sonst alles, was „eigentlich" als Arbeiten an einem Grundstück zu gelten hat. Begrifflich ist darunter die bloße, auf sich allein abgestellte Veränderung des natürlichen Zustandes des Grund und Bodens zu verstehen (vgl. BGH NJW 1971, 2219 =

BauR 1971, 259), also die alleinige Gestaltung oder Bewegung des Erdbodens, wie z. B. durch für sich allein in Auftrag gegebene Gartengestaltung, das bloße Nachziehen eines Bachbettes, bloße Planierarbeiten ohne Zusammenhang mit einer als Bauwerk anzusehenden Leistung.

23 **Anders** liegt es, wenn mit Hilfe von Erde Dämme, Molen usw. dauerhaft errichtet werden. Das sind wiederum Bauwerke, da insoweit die Erde, die von anderer Stelle – und sei es auch aus unmittelbarer Nähe – abtransportiert und dann aufgeschüttet (verarbeitet) wird, Material (vgl. Rdn. 4 ff.) ist.

24 Entgegen früher verbreiteter Ansicht sind in einem in sich abgeschlossenen Auftrag und ohne weitere Leistungen vergebene **Ausschachtungsarbeiten für eine Baugrube, sofern diese die eigentliche Bauerrichtung notwendigerweise ermöglicht,** nicht als Arbeiten an einem Grundstück, sondern als **Arbeiten an einem Bauwerk** in dem erörterten Sinne (vgl. Rdn. 4 ff.) anzusehen (so BGHZ 68, 208 = NJW 1977, 1146 = BauR 1977, 203 = SFH Z 1.1 Bl. 4 = BB 1977, 673 = MDR 1977, 658 = LM § 638 BGB Nr. 31 Anm. Doerry; vgl. dazu auch Hahn BauR 1980, 310). Geht man davon aus, daß der Begriff „Bauwerk" wesentlich von der Verkehrsanschauung bestimmt wird (vgl. Rdn. 5), so trifft die Ansicht des BGH zu, daß sich die Ausschachtungsarbeiten demnächst bestimmungsgemäß im Bauwerk „verkörpern" und deshalb auch sie mit zur mangelfreien Herstellung des Bauwerkes bestimmt sind. Werden bei der Ausführung Fehler gemacht, so schlägt sich das in einer zusätzliche Kosten verursachenden Bauausführung nieder, wodurch der **untrennbare Zusammenhang mit dem Bauwerk** selbst dokumentiert wird. Auch nach allgemeinem Sprachgebrauch gehören die Ausschachtungsarbeiten mit zu den Rohbauarbeiten, also mit zu den Bauwerksleistungen (BGH a. a. O.). Gleiches gilt für sich allein in Auftrag gegebene Verfüllungsarbeiten.

25 c) **Darüber hinaus kann es** für **den Rahmen eines** Bauvertrages nach der VOB noch eine **weitere Fallgruppe** geben, die weder unter den Begriff des „Bauwerks" (vgl. Rdn. 4 ff.) noch unter den der vorangehend erwähnten „Arbeiten an einem Grundstück" einzuordnen ist. So können als „Bauarbeit jeder Art" mit vertraglich festgelegtem Endziel der Leistung **auch bewegliche Gegenstände hergestellt** werden, die allein dadurch noch keine Verbindung mit Grund und Boden haben. Zu denken ist dabei z. B. an den Bau von Stahlbetonpontons. **Auch** eine solche Leistung kann einem **VOB-Vertrag zugänglich sein,** allerdings mit den damit verbundenen, sich aus den gesetzlichen Vorschriften ergebenden **Besonderheiten.** So wird sich hier, falls nichts anderes vereinbart ist, die Verjährungsfrist für Gewährleistungsansprüche nach § 638 Abs. 1 BGB nur auf ein halbes Jahr belaufen, zumal ein solcher Fall auch nicht in Teil B § 13 Nr. 4 berücksichtigt ist. Insoweit werden aber **seltene Ausnahmen** vorliegen, zumal die Herstellung mittels Baustoffen oder Bauteilen Voraussetzung ist (vgl. Rdn. 53 f.).

26 **Davon scharf zu unterscheiden sind aber wiederum Leistungen (Bauarbeiten), die der Herstellung durch Bearbeitung an sich – noch – beweglicher Gegenstände dienen, die jedoch dann auftragsgemäß in ein Bauwerk einzubauen sind, daher als Arbeiten bei einem Bauwerk gelten.** Das trifft zu, wenn ein Bauhandwerker Gegenstände, die **für ein bestimmtes Bauvorhaben verwendet werden sollen** – also nicht im bloßen Vorrat bei ihm vorhanden sind –, von einem anderen Unternehmer (Subunternehmer) bearbeiten läßt (z. B. Eloxieren von Fenster- und Türrahmen), auch wenn diese Arbeiten nicht auf der Baustelle ausgeführt werden (BGHZ 72, 206 = BauR 1979, 54 = NJW 1979, 158 = SFH § 638 BGB Nr. 4 = BlGBW 1979, 76 = BB 1978, 1640 = Betrieb 1978, 2469 = ZfBR 1979, 28 = MDR 1979, 220 = JZ 1979, 66 = LM § 638 BGB Nr. 34), sofern für den anderen Unternehmer die **Verwendung der bearbeiteten Teile in einem bestimmten Bauvorhaben erkennbar** ist, was regelmäßig der Fall sein dürfte (vom BGH a. a. O. offengelassen). Folgerichtig muß das **auch** gelten wenn aufgrund eines **Werklieferungsvertrages über unvertretbare Sachen Gegenstände zur Verwendung in einem bestimmten Bauwerk hergestellt** werden, also nicht nur bearbeitet werden (BGH BauR 1980, 355 = NJW 1980, 2081 = MDR 1980, 748 = BB 1980, 1240 =

Betrieb 1980, 1693 = LM § 638 BGB Nr. 39 = ZfBR 1980, 190); auch hier beträgt die Gewährleistungsfrist 5 Jahre bzw. nach Teil B § 13 Nr. 4 VOB 2 Jahre. Vgl. dazu besonders auch v. Craushaar BauR 1979, 449.

4. Bauerhaltungs- und Bauvorbereitungsarbeiten als Bauarbeiten; Architekten-, Ingenieurverträge; Bauträgerverträge; Bausatzverträge; Fertighausverträge

a) Als Bauarbeiten gelten nicht allein die unmittelbaren Tätigkeiten bei der Bauherstellung selbst. Vielmehr zählen wegen des untrennbaren Zusammenhanges hierzu auch **Arbeiten zwecks Schutzes der Bauleistung,** wie z. B. Abdeckungen, oder im Wege **der unmittelbaren Bauvorbereitung,** wie z. B. Gerüstaufbauten, Einrichtung eines Lagers an der Baustelle, im Einzelfall Planungs-und Berechnungsarbeiten, sofern **diese vom Auftragnehmer auf der Grundlage eines Bauvertrages,** dem die VOB Teil B zugrunde liegt, und im **unmittelbaren und untrennbaren Zusammenhang mit der in Auftrag gegebenen Bauleistung auszuführen** sind. Dies kommt für Planungsarbeiten in den **sachlich begrenzten** Bereichen von Teil B § 2 Nr. 9 sowie Teil B § 3 Nr. 5, vor allem auch bei Vergaben mittels Leistungsprogramms vor, wie diese in Teil A § 9 Nr. 10-12 beschrieben sind (so auch Nr. 3 zu Teil A § 1 VHB); ähnliches gilt auch für Vergaben in schlüsselfertiger Ausführung mit gleichzeitigen Planungsaufgaben oder an einen sogenannten Totalunternehmer. **Anderes gilt jedoch im Hinblick auf in sich geschlossene Architekten- und/oder Ingenieurleistungen, die selbständig ganze Teilleistungen aus dem Bereich der HOAI,** wie ganze Leistungsphasen nach § 15 oder § 55 HOAI erfassen, z. B. auf Veranlassung des Auftragnehmers übernommene Statikerleistungen, Ausführungsplanung sowie Eingabepläne (ebenso BGH BauR 1987, 702 = SFH § 13 Nr. 4 VOB/B Nr. 14 = Betrieb 1984, 41 = ZfBR 1988, 33 = NJW 1988, 142 = MDR1988, 222 = LM § 11 Ziff. 10 f AGBG Nr. 8; insoweit jedenfalls mißverstanden von OLG Hamm BauR 1987, 560 = NJW 1987, 2092; vgl. dazu Anh. Rdn. 134). Diese sind dem nachfolgend unter Rdn. 30 erörterten Bereich einzuordnen.

Immer ist aber Voraussetzung, daß diese Erhaltungs- oder Vorbereitungstätigkeiten, die für sich allein keine eigentlichen Bauarbeiten sind, im vorgenannten Zusammenhang mit Leistungen stehen, die ihrer Art und ihrem Umfang nach als die **eigentliche Aufgabe** gelten und im übrigen die Voraussetzungen erfüllen, wie sie in Rdn. 4-26 des näheren umschrieben sind. Dabei kommt es für den Bauleistungsbegriff nicht darauf an, ob die hier umrissenen Arbeiten vom Auftragnehmer selbst oder **in dessen Auftrag** lediglich durch einen Dritten ausgeführt werden. Daher werden Bauleistungen in diesem Sinne auch von Bauträgern im Verhältnis zu Erwerbern, von Generalunternehmern gegenüber Bauträgern usw. erbracht (ebenso Fritz, Rdn. 166).

Soweit Erhaltungs- oder Vorbereitungsarbeiten Bauarbeiten sind, werden sie damit doch **nicht Bestandteile des Bauwerks,** sondern sie bleiben solche Arbeiten. Daher zählen sie bei einem vorzeitigen Übergang der Gefahr nach Teil B § 7 Nr. 1 nicht zu dem vergütungspflichtigen Teil der bis dahin erbrachten Leistung (BGH BauR 1973, 110 = NJW 1973, 368 = VersR 1973, 279 = SFH Z 2.413 Bl. 51 = MDR 1973, 307 = BB 1973, 309 = LM VOB/B Nr. 58 = BlGBW1973, 200).

b) Demgegenüber **und davon scharf zu trennen fallen eigentliche, in sich abgeschlossene oder als abgeschlossen zu betrachtende und daher für sich selbständig zu bewertende Architekten-, Ingenieur- oder Statikerleistungen,** obwohl ihrem Charakter nach werkvertraglicher Art (vgl. z. B. BGHZ 31, 224; OLG Stuttgart BauR 1980, 82) sowie Arbeiten „bei Bauwerken" (vgl. BGHZ 72, 206 = BauR 1979, 54 = NJW 1979, 158 = SFH § 638 BGB Nr. 4 = BlGBW 1979, 76 = BB 1978, 1640 = Betrieb 1978, 2469 = ZfBR 1979, 28 = MDR 1979, 220 = JZ 1979, 66 = LM § 638 BGB Nr. 34 m. w. N.), **nicht** unter den Begriff der **Bauarbeiten i. S. von Teil A § 1 Nr. 1** (BGH BauR 1983, 84 = Betrieb 1983, 444 = NJW 1983, 453 = SFH § 21

WEG Nr. 6 = MDR 1983, 391 = LM § 634 BGB Nr. 19 = ZfBR 1983, 17 m. w. N.). Es ist also **nicht möglich, Architekten-, Ingenieur- oder Statikerverträge oder in dieser Hinsicht für sich selbständig zu bewertende Leistungen** auf der vertraglichen Grundlage von **Teil B der VOB zu vergeben,** wobei es nicht entscheidend ist, ob solche Arbeiten gemeinsam mit den Bauleistungen in einem Vertrag vergeben werden oder nicht. **Daher kommt für solche Verträge auch nicht die Ausnahmeregelung des § 23 Abs. 2 Nr. 5 AGB-Gesetz in Betracht** (vgl. dazu insbesondere auch Hesse ZfBR 1980, 259). Selbstverständlich kommen insoweit auch die Vergabegrundsätze des Teils A der VOB nicht zum Zuge. Das Gesagte gilt in gleicher Weise für besondere Vertragsgestaltungen im Bereich der Kostenermittlung, Planung und Aufsicht, insbesondere auf seiten des Auftraggebers, wie z. B. des sogenannten **Baucontrolling-Vertrages** (vgl. dazu Böggering BauR 1983, 402 ff.; kritisch Will BauR 1984, 333; insbesondere Heinrich, Der Baucontrolling-Vertrag, Baurechtliche Schriften, Band 10, 1987). Wie hier BGH BauR 1987, 702 = SFH § 13 Nr. 4 VOB/B Nr. 14 = Betrieb 1988, 41 = ZfBR 1988, 33 = NJW 1988, 142 = MDR 1988, 222 = LM § 11 Ziff. 10 f AGBG Nr. 8; a. A. OLG Hamm BauR 1987, 560 = NJW 1987, 2092; vgl. dazu oben Rdn. 27 ff. sowie Anh. Rdn. 134.

31 c) **Leistungen eines Bauträgers** (vgl. dazu Anh. Rdn. 189 ff.) sind **nur insoweit Bauarbeiten** i. S. von Teil A § 1 Nr. 1 und damit den Regeln der VOB zugänglich, wie sie die **eigentliche Bauherstellung** betreffen und die Bestimmungen des Teils B mit der besonderen Natur der Bauträgerschaft vereinbar sind. Dagegen sind weitere Tätigkeiten des Bauträgers, wie z. B. die Beschaffung, Bereitstellung sowie Übereignung des Grundstückes, der gesamte Bereich der wirtschaftlichen und finanziellen Betreuung sowie der architektonischen und ingenieurmäßigen Planung keine Bauarbeiten im angesprochenen Sinne; daher **passen die Vorschriften der VOB nicht auf sie** (ebenso Locher, Das private Baurecht, Rdn. 414; ders. BauR 1984, 227; Doerry ZfBR 1982, 189, 193; so wohl auch Werner/Pastor Rdn. 729; Schippel/Brambring DNotZ 1977, 211; Brych MittBayNot 1977, 170; Reithmann/Brych/Manhardt Rdn. 291; Bartsch BB1982, 1699, 1700; Koch ZfBR1983, 167; a. A. Schmidt MittBayNot 1977, 93, 100; **anders** ders. jedoch BauR1981, 119; Fritz, Rdn. 164 ff.; Kaiser, Mängelhaftungsrecht, Rdn. 12 h, vgl. jedoch Rdn. 15 a). Einem Bauträgervertrag kann demnach die VOB nur in dem gekennzeichneten Umfang zugrunde gelegt werden, selbst wenn einige ihrer Bestimmungen aus der Natur der Sache heraus nicht anwendbar sind (vgl. dazu näher und eingehend Locher BauR 1984, 225, dem voll zuzustimmen ist; ähnlich Bühl BauR 1984, 237, 239 ff.; auch Usinger NJW 1984, 153; a. A., jedoch zu eng, Kaiser a. a. O., ferner ZfBR 1984, 15; 1984, 205; 1985, 1; vgl. auch Schmidt ZfBR 1984, 57 sowie 1986, 53). Das bedingt **aber unbedingt** eine **klare Trennung** der als Bauarbeiten anzusprechenden Teilleistungen von den übrigen, falls die VOB in zulässigem Rahmen Vertragsinhalt werden soll, um keinen Zweifel an der Wirksamkeit der Absprache wegen **Unklarheit** (vgl. dazu vor allem auch § 5 AGB-Gesetz) aufkommen zu lassen. Da die **VOB nur für Teilbereiche** des Bauträgervertrages in Betracht kommt, gilt die **Ausnahmeregelung des § 23 Abs. 2 Nr. 5 AGB-Gesetz** (vgl. dazu Teil A § 10 Rdn. 122 ff.) **nur für diese, also nur für die eigentliche Bauleistung.** Zur Frage der Gewährleistungsfrist vgl. Teil A § 10 Rdn. 141 ff.

32 Sicher mag es auch sonst ein anerkennenswertes Interesse des Bauträgers geben, auch für jene anderen Bereiche, die nicht eigentlich Bauleistungen nach Teil A § 1 sind, einzelne, **der VOB Teil B entsprechende Regelungen in den Vertrag aufzunehmen.** Das kann z. B. bei Architekten- und Ingenieurverträgen im Hinblick auf das Gewährleistungssystem nach Teil B § 13 Nr. 5-7 zutreffen; z. B. kann durchaus anerkannt werden, daß ein Architekt oder Ingenieur ein berechtigtes Interesse daran haben kann, mangelhafte Leistungen am Bauwerk, die auf fehlerhafte Planung und/oder Bauaufsicht beruhen, selbst nachbessern zu lassen. Andererseits ist es unzulässig, auf diese Weise den Versuch zu machen, sich auch die kurzen Verjährungsfristen nach Teil B § 13 Nr. 4 einzuhandeln. Dies würde gegen § 11 Nr. 10 f AGB-Gesetz verstoßen, zumal die Ausnahmebestimmung in § 23 Abs. 2 Nr. 5 a. a. O. die Vereinbarung der

VOB als Ganzes voraussetzt (vgl. vor allem Teil A § 10 Rdn. 131 ff.), was hier schon wegen der Verschiedenartigkeit von Ingenieur- und Architektenleistungen im Verhältnis zu den Bauleistungen nach Teil A § 1 gar nicht möglich wäre (insoweit für den Planungsbereich BGH BauR 1983, 84 = NJW 1983, 453 = MDR 1983, 391 = Betrieb 1983, 444 = SFH § 21 WEG Nr. 6 = LM § 634 BGBNr. 19 = ZfBR 1983, 17), deshalb **nur eine Vereinbarung einzelner VOB-Bestimmungen, die jede für sich allein nicht gegen die §§ 9-11 AGB-Gesetz verstoßen**, in Betracht kommt. Vgl. dazu auch Hesse ZfBR 1980, 259. Wie hier wohl auch Bartsch BB 1982, 1699, 1700 f.

d) Schwierig kann die **rechtliche Einordnung der sogenannten Bausatzverträge** sein, also jener Verträge, in denen ein Unternehmer einem Abnehmer vorgefertigte Bauelemente liefert, ihm darüber hinaus evtl. auch noch Planungsleistungen zur Verfügung stellt oder gar Aufsichtsleistungen erbringt, jedoch die Leistung bzw. Herstellung an Ort und Stelle **durch den Abnehmer selbst** erbracht wird. Zum Begrifflichen vgl. auch Becher BauR 1980, 433. **Für die Abgrenzung** kommt den von dem **Unternehmer übernommenen Pflichten ausschlaggebende Bedeutung** zu. Hat er die genormten Teile, die Fertigteile, **nur zu liefern,** erbringt er **keine werkvertragliche Leistung**, sondern nur eine **Kaufleistung**. Übernimmt der Unternehmer Zusatzleistungen (Planung, Aufsicht), handelt es sich um einen **gemischten Vertrag,** der grundsätzlich **einheitlich zu beurteilen** ist und bei dem eine Aufspaltung in einen kaufvertraglichen und einen werkvertraglichen Teil nicht in Betracht kommt. Vielmehr ist es dann **entscheidend, ob die kaufvertragliche oder die werkvertragliche Leistung** überwiegt. Insoweit kommt regelmäßig die Annahme eines Kaufvertrages in Betracht, weil im **Vordergrund die Lieferung** des **zum Selbsteinbau vorgesehenen Materials steht** und etwaige zu erbringende Planungs- oder Aufsichtsleistungen im allgemeinen nur als **Zusatzleistungen** anzusehen sind, also das Umsatzgeschäft im herkömmlichen Sinne überwiegt und es **lediglich durch werkvertragliche Elemente ergänzt wird.**

33

Dies wird von Becher (a. a. O.) in seinen an sich beachtlichen Ausführungen nicht hinreichend beachtet. Das gilt z. B. auch dann, wenn der Unternehmer die für einen Hausbau erforderlichen und hergestellten genormten Bauteile liefert, Baupläne, Bauzeichnungen und statische Berechnungen für das Bauvorhaben erstellt, den Bauherrn bei den einzelnen Bauabschnitten berät und eine sachgemäße Bauausführung überwacht. **Auch dann überwiegt noch das kaufvertragliche Umsatzgeschäft,** so daß die Regeln des Kaufvertrages und nicht die des Werkvertrages und damit der VOB/B, überdies daher auch die des **Abzahlungsgesetzes,** zur Anwendung kommen (BGHZ 78, 375 = BauR 1981, 190 m. krit. Anm. v. Becher a. a. O. S. 193 = Betrieb 1981, 414 = SFH § 1 c AbzG Nr. 1 = MDR 1981, 312 = BB 1981, 330 = BlGBW 1981, 152 = WM 1981, 127 = ZfBR 1981, 27; vgl. auch BGH BauR 1983, 261 = SFH § 649 BGB Nr. 7 = BB 1983, 1051 = ZIP 1983, 577 = NJW 1983, 1491 = LM § 8 AGBG Nr. 3; BGHZ 87, 112 = BauR 1983, 266 = Betrieb 1983, 1352 = BB 1983, 1953 = JZ 1983, 612 = MDR 1983, 657 = SFH § 631 BGB Nr. 14 = ZfBR 1983, 128 = NJW 1983, 1489; vgl. dazu auch OLG Hamm NJW-RR 1986, 1053 für den Fall der Beauftragung mit einer Fassadenverkleidung im Wege eines sogenannten „Haustürgeschäftes"). In solchen Fällen kommt demgemäß eine **Vereinbarung der VOB/B nicht in Betracht,** da diese Verträge in entscheidendem Maße der Beurteilung nach den **§§ 433 ff. BGB** unterliegen. **Anders** liegt es jedoch **dann,** wenn ein Unternehmer aufgrund eines bestimmten, ihm vorgelegten Bauplans sowie einer daraufhin von ihm angefertigten statischen Berechnung **danach hergestellte** Zwischendecken als Fertigbauteile liefert und er dem Auftraggeber einen Verlegeplan überläßt; dann handelt es sich, auch wenn er den Einbau nicht selbst vornimmt, um als **Bauarbeiten i. S. von Teil A § 1 Nr. 1 geltende Arbeiten bei einem Bauwerk,** für die u. a. die Verjährungsfrist des § 638 BGB bzw. des Teils B § 13 Nr. 4 gilt (BGH NJW 1968, 1087 = BB 1968, 444 = MDR 1968, 485 = LM § 638 BGB Nr. 10 = SFH Z 2.331 Bl.56 ff.), **also um Bauleistungen.** Für diese Beurteilung ist entscheidend, daß der Unternehmer die Verpflichtung übernommen hatte, die benötigten Platten nach vorgegebenen Bauplänen, und zwar aufgrund einer von ihm selbst anzufertigen-

34

A § 1, 1, Rdn. 35-37

den statischen Berechnung, sozusagen nach Maß, herzustellen und einen entsprechenden Verlegeplan auszuarbeiten. Hier ist die Annahme berechtigt, daß insbesondere die Pflicht zur **Herstellung** der Platten die **werkvertraglichen Elemente überwiegen** läßt.

35 e) Von den vorerörterten Bausatzverträgen **zu unterscheiden** sind wiederum die sogenannten **Fertighausverträge** (vgl. auch Teil A § 9 Rdn. 8 ff.), bei denen der **Veräußerer** selbst eine Errichtungsverpflichtung **vertraglich eingeht**. Insoweit handelt es sich um **reine Werkverträge** (vgl. BGHZ 87, 112, 116 = BauR 1983, 261 = Betrieb 1983, 1484 = BB 1983, 1051 = NJW 1983, 1491 = ZIP 1983, 577 = LM § 8 AGBG Nr. 3 = ZfBR 1983, 125 = SFH § 649 BGB Nr. 7 = MDR 1983, 837; BGH BauR 1983, 266 = Betrieb 1983, 1352 = BB 1983, 1053 = NJW 1983, 1489 = JZ 1983, 612 = MDR 1983, 657 = SFH § 631 BGB Nr. 14 = ZfBR 1983, 128). Auf solche Verträge kommen auch die Vorschriften des Abzahlungsgesetzes nicht zur Anwendung (a. a. O.). In diesem Bereich ist es unbedenklich **möglich, Teil B der VOB zu vereinbaren**, was hier **auch für einzelne besondere Planungsleistungen** gilt (insoweit zutreffend OLG Hamm MDR 1987, 407), zumal hier die Errichtungsverpflichtung weitaus das Schwergewicht bildet und die VOB/B auch solchen – nur – begleitenden Planungsaufgaben zugänglich ist, wie Teil B §§ 3 Nr. 5, 2 Nr. 9 zeigen.

5. Bauarbeiten auch alle Leistungen nach VOB/C

36 Schließlich ist zu sagen, daß Bauarbeiten auch alle diejenigen Leistungen und Nebenleistungen sind, für die Allgemeine Technische Vorschriften (ATV) des Teils C der VOB bestehen, insoweit gelangt daher die VOB zur Anwendung (vgl. Nr. 1.1. zu Teil A §1 VHB).

III. Reine Lieferungen keine Bauarbeiten

37 Der Begriff „Bauarbeiten" erfaßt **nicht** Leistungen, die **lediglich reine Lieferungen** von beweglichen Sachen zum Inhalt haben. Beweglich sind diejenigen Sachen, die weder Grundstück noch Grundstücksbestandteil sind, vgl. RGZ 158, 368. Demnach kann man es **nicht** als **Bauarbeit** ansprechen, wenn z. B. **lediglich Baustoffe und Bauteile angeliefert** werden, ohne daß damit durch **auf ein bestimmtes Bauwerk bezogene** Be- bzw. Verarbeitung zugleich eine als gewichtig anzusehende **Herstellung** am Bauobjekt selbst verbunden ist (OLG Nürnberg MDR 1963, 499; BGH NJW 1968, 1087 = BB 1968, 444 = MDR 1968, 485 = LM § 638 BGB Nr. 10 = SFH Z 2.331 Bl. 56 ff.; insbesondere BGHZ 72, 206 = BauR 1979, 54 = NJW 1979, 158 = SFH § 638 BGB Nr. 4 = BlGBW 1979, 76 = BB 1978, 1640 = Betrieb 1978, 2469 = ZfBR 1979, 28 = MDR 1979, 220 = JZ 1979, 66 = LM§ 638 BGB Nr. 34; BGH BauR 1980, 355 = NJW 1980, 2081 = MDR 1980, 748 = BB 1980, 1240 = Betrieb 1980, 1693 = LM § 638 BGB Nr. 39 = ZfBR 1980, 190; vgl. ferner BGH BauR 1982, 175 = NJW 1981, 2248 = Betrieb 1981, 1870 = WM 1981, 952 = BB 1981, 1238 = ZIP 1981, 866 = MDR 1982, 134 = LM § 477 BGB Nr. 33; BGH BauR 1986, 437 = SFH § 638 BGB Nr. 33 = NJW 1986, 363 = MDR 1986, 749 = JZ 1986, 698 = LM § 638 BGB Nr. 58 = Betrieb 1986, 1385 für den Fall der bloßen Lieferung und Einbettung sowie den Anschluß eines serienmäßig hergestellten Öltanks durch Auswechseln des bisher vorhandenen, bei weitem Überwiegen des Umsatzgeschäfts im Verhältnis zu einer – auch vergütungsmäßig – geringfügigen Werkleistung; vgl. dazu Rdn. 14 ff.). Somit werden durch die VOB nicht reine Lieferverhandlungen und Lieferungsverträge über Baustoffe und Bauteile erfaßt. In solchen Fällen hat das **Recht des Kaufvertrages** des BGB (§§433 ff. BGB) oder, falls vertraglich vereinbart, die **VOL** (Verdingungsordnung für Leistungen, ausgenommen Bauleistungen) Berücksichtigung zu finden und maßgebend zu sein. Dem entspricht Nr. 4. zu Teil A § 1 VHB, die besagt: „Die selbständige Lieferung von Stoffen oder Bauteilen ist keine Bauleistung. Für das Vergabeverfahren ist die VOL/A anzuwenden. Nr. 1 der Richtlinie zu § 4 VOB/A ist zu beachten."

Zur Berücksichtigung des Problems der Nachfragemacht der öffentlichen Hand im Rahmen der Novellierung der VOL/A vgl. Wasle BB 1979, 915.

Bei sogenannten **Mischleistungen** kommt es in dem angesprochenen Bereich für die Frage, 38
inwieweit bei öffentlichen Aufträgen die VOB oder die VOB in Betracht kommt, im wesentlichen auf den Auftragswert für Lieferungen einerseits und den Auftragswert für Bauleistungen andererseits an; für das Vergabeverfahren ist grundsätzlich die VOL anzuwenden, es sei denn, der unter sie fallende Auftragswert ist nur gering (vgl. Nr. 2. zu Teil A § 1 VHB). Über VOL und AGB-Gesetz zutreffend Johannsen BB 1981, 208.

Wird ein ursprünglich auf Lieferung von Material (z. B. Fliesen) und dessen Einbau ausgerichteter Bauvertrag nach teilweiser Fertigstellung der Leistung dahingehend umgewandelt, daß 39
der bisherige Auftragnehmer fortan nur noch das Material liefert, so muß der ursprünglich einheitliche Werkvertrag in einen Werkvertrag und einen Kaufvertrag aufgespalten und entsprechend rechtlich beurteilt werden (vgl. OLG Köln BauR 1973, 53; zustimmend dazu Kaiser, Mängelhaftungsrecht Rdn. 15 d).

Reine Lieferung und daher nicht Bauarbeit liegt vor, wenn ein Hersteller von Stahlbeton- 40
Dachplatten diese liefert und gleichzeitig einen Monteur stellt, der die Arbeitskräfte des Bauherrn zur Verlegung **lediglich anlernt.** Hier kommt Kaufrecht zur Anwendung, BGH BB 1957, 1195 = Betrieb 1957, 1222. Es ist nicht möglich, einen Werklieferungsvertrag anzunehmen, da die Herstellung eines Werkes mittels eines vom herstellenden Unternehmer zu beschaffenden Stoffes nicht vorliegt. Hier handelt es sich um einen Kaufvertrag, der mit einem Dienstvertrag gekoppelt ist, soweit die Gestellung des Monteurs in Frage kommt. Der BGH brauchte hierauf nicht näher einzugehen, da die §§ 433 ff. BGH für die Entscheidung ohnedies Anwendung fanden.

Zur Frage zugesicherter Eigenschaften bei Baustofflieferungen sowie zur Bestimmtheit von 41
Mängelrügen bei Kaufleuten vgl. BGH BauR 1978, 482 = BB 1978, 1489 = MDR 1979, 50 = LM § 377 HGB Nr. 21 = ZfBR 1978, 26.

IV. Bloße Bereitstellung von Baugeräten; evtl. mit Bedienungspersonal

Auch die **bloße Zurverfügungstellung von Baumaschinen** und sonstigen Baugeräten ist 42
keine Bauleistung. Insofern handelt es sich **in der Regel** um einen **Mietvertrag.** Wird auch **Bedienungspersonal** gestellt (wie etwa der Kranführer oder der Baggerführer), so ist im allgemeinen mit dem Mietvertrag ein sogenannter **Dienstverschaffungsvertrag** verbunden. Der Vermieter des Gerätes haftet nur für die Gebrauchsfähigkeit bzw. Einsatzfähigkeit der Maschine und die ordnungsgemäße Auswahl des Bedienungspersonals sowie dessen Tätigkeit als solche, während der sachgerechte Einsatz des Gerätes auf der Baustelle in den Verantwortungsbereich des Mieters gehört (vgl. dazu KG NJW 1965, 976 = SFH Z 3.12 Bl. 42 ff.; BGH Betrieb 1968, 1317 = SFH Z 3.12 Bl. 61 ff. = MDR 1968, 918 = BB 1968, 809 = LM § 535 BGB Nr. 40; vgl. auch BGH BauR 1982, 90); bei Dienstverschaffungsvertrag ist der zur Dienstleistung Verpflichtete (also z. B. das Bedienungspersonal) als Verrichtungsgehilfe des zur Dienstverschaffung Verpflichteten anzusehen; siehe auch OLG Stuttgart SFH Z 2.3 Bl. 6; OLG Celle VersR 1961, 740; OLG Düsseldorf VersR 1979, 674; zur Abgrenzung zwischen Dienst-, Werk- und Arbeitnehmerüberlassungsvertrag besonders auch BAG NJW 1979, 2636 = Betrieb 1979, 1273 = BB 1980, 1326; weiter Schmidt VersR 1966, 24 und Wussow IB 1965, 98; BGH, Urt. vom 14. 7. 1970 – VI ZR 206/68. Demnach haftet der Vermieter eines Baukranes nicht für Schäden, die ein im Rahmen eines Dienstverschaffungsvertrages auf der Baustelle des Mieters eingesetzter Kranführer bei Arbeiten in Nähe einer Starkstromfahrleitung anrichtet (OLG Hamm VersR 1978, 548; vgl. dazu auch OLG Düsseldorf a. a. O.). Aus dem über die Gestellung einer Planierraupe abgeschlossenen Mietvertrag kann sich die Verpflichtung des Mieters und seines Erfüllungsgehilfen ergeben, beim Einsatz des Fahrzeuges zu Planierarbeiten in der Nähe von Betriebsgleisen der Bundesbahn in besonderer Weise für die Sicherung des mitge-

stellten Fahrers zu sorgen (BGH VersR 1971, 324). Wird die Durchführung der Bauleistung durch Witterungseinflüsse behindert, so ist für diese Zeit der Mietzins einschließlich des Lohnes für das Bedienungspersonal dennoch zu zahlen (LG Koblenz SFH Z 3.12 Bl. 59 f. = NJW 1968, 942). **Dienstvertragliche** und nicht mietvertragliche **Elemente überwiegen,** wenn Baugeräte mit Bedienungspersonal zur Verfügung gestellt werden, zu deren Bedienen **besondere, ausgefallene** Fachkenntnisse erforderlich sind, die das Bedienungspersonal besitzt oder besitzen sollte, wie z. B. bei einem besonders schweren oder einem Spezialkran (vgl. OLG Hamm VersR 1966, 641); dann haftet derjenige, der das Gerät mit Bedienung zur Verfügung stellt, für die in seinen Risikobereich (Bedienung des Geräts) fallenden Schäden (vgl. OLG Karlsruhe MDR 1972, 325). Dagegen stehen wiederum mietvertragliche Gesichtspunkte bei Bedienungsfehlern am normalen Gerät im Vordergrund, also die Haftung des „Entleihers" für funktionsgerechtes Gerät und die Auswahl ordentlichen Personals.

43 In den hier erörterten Bereich gehört auch die Zurverfügungstellung von auf der Baustelle vorhandenem Gerät eines Unternehmers an einen anderen, wie z. B. durch den Hauptunternehmer an den Subunternehmer; auch im Hinblick auf den Auftraggeber kommt dies in Betracht.

44 Zum sogenannten **Leiharbeitsverhältnis** vgl. Anh. Rdn. 107 ff. sowie Mayer/Maly ZfA 72, 1. Über Probleme der **gewerblichen Arbeitnehmerüberlassung** nach dem Arbeitnehmerüberlassungsgesetz (AÜG), vor allem im Zusammenhang mit § 12 a Arbeitsförderungsgesetz, ausführlich Becker ZfBR 1983, 47; ferner Boewer Betrieb 1982, 2033.

45 Sofern ein Bauunternehmer einen Spediteur mit der Gestellung eines Autodrehkranes zwecks Abbaues eines Turmdrehkranes beauftragt, richtet sich die von dem Unternehmer zu entrichtende Vergütung nicht ohne weiteres nach den Allgemeinen Deutschen Spediteurbedingungen, sondern nach den für eine solche Leistung objektiv zu bewertenden Maßstäben (vgl. BGH Betrieb 1976, 382 = VersR 1976, 286 = MDR 1976, 378 = SFHZ 2.10 Bl. 55).

C. Lieferung von Stoffen oder Bauteilen
I. Lieferung als Oberbegriff

46 Der Wortlaut des § 1 Nr. 1, wonach als Bauleistungen „Bauarbeiten jeder Art mit oder ohne Lieferung von Stoffen oder Bauteilen" in Betracht kommen, spricht von **„Lieferung"** und nicht von „Verwendung". Daraus folgt:

47 1. Wenn Bauarbeiten vergeben werden können **ohne** damit verbundene Lieferung von Stoffen oder Bauteilen, so heißt dies keineswegs, daß damit Stoffe oder Bauteile bei dem in Frage kommenden Objekt nicht zur Verwendung gelangen. Es kann nämlich auch so sein, daß der **Auftraggeber** die Stoffe oder Bauteile **selbst stellt oder beschafft,** was in den betreffenden Verträgen häufig durch die Worte „bauseits" oder „beigestellt" zum Ausdruck kommt. Zur Unterscheidung stehen deshalb drei Gruppen: a) ausarbeiten ohne Verwendung von Baumaterial; b) Bauarbeiten mit Verwendung von Baumaterial, das vom Auftraggeber geliefert – „gestellt" – wird; c) Bauarbeiten mit Verwendung von Baumaterial, das der Auftragnehmer mitliefert bzw. auf seine Bestellung von dritter Seite anliefern läßt (sogenannter Werklieferungsvertrag). Unter den Begriff des § 1 „ohne Lieferung" fällt nicht nur die zweite, sondern auch die erste Gruppe (auch Daub/Piel/Soergel ErlZ A 1.29).

48 In **rechtlicher Hinsicht** ergibt sich hierzu eine **wichtige Folgerung:** Die VOB unterscheidet für ihren Bereich im Gegensatz zum BGB nicht zwischen Werkvertrag (§§ 631 ff. BGB) und Werklieferungsvertrag (§ 651 BGB). Auch diejenige Bauarbeit, welche unter den Begriff des Werklieferungsvertrages fallen würde, kann Gegenstand eines nach der VOB Teil B ausgericht-

teten Bauvertrages sein; ebenso können hierauf die **Vergaberegeln des Teils A zur Anwendung kommen**, zumal es sich in der Praxis sogar um den **Hauptfall eines Bauvertrages** handelt. Es macht also z. B. keinen Unterschied für den Anwendungsbereich der VOB, ob deshalb ein Werklieferungsvertrag anzunehmen wäre, weil sich der Auftragnehmer bzw. Vertragspartner des Auftraggebers verpflichtet, zunächst selbst ein Grundstück zu beschaffen, dann darauf ein Haus zu errichten und dann erst das Hausgrundstück nach Fertigstellung dem Auftraggeber zu übereignen; jedenfalls hinsichtlich etwaiger Gewährleistungsansprüche handelt es sich hier um einen Werk- bzw. Werklieferungsvertrag (vgl. BGHZ 60, 362 = MDR 1973, 665 = JZ 1973, 735 = LM § 633 BGB Nr. 22 Anm. Rietschel = BB 1973, 681 = NJW 1973, 1235 = Betrieb 1973, 1063 = BauR 1973, 247 = SFH Z 4.02 Bl. 12 und Z 7.0 Bl. 2). Maßgebend für die Bewertung im Einzelfall, ob es sich um einen **Kauf-** oder einen **Werk-** bzw. **Werklieferungsvertrag** handelt, ist es, ob der in Betracht kommende Anspruch aus der Verpflichtung zur Übereignung des Grundstückes oder aus der Verpflichtung zur Errichtung des Gebäudes hergeleitet wird (a. a. O.). Hierzu auch BGHZ 65, 359 = BauR 1976, 133 = NJW 1976, 515 = BB 1976, 623 = Betrieb 1976, 333 = SFH Z 7.0 Bl. 10. Vgl. dazu besonders auch Anh. Rdn. 214 ff. Zur Abgrenzung zwischen Werk- und Werklieferungsvertrag bei der **Lieferung und Montage von Fertiggaragen** vgl. OLG Düsseldorf BauR 1982, 164.

2. Liefert der Auftragnehmer die Stoffe oder Bauteile, hängt es letzten Endes vom Willen der Vertragschließenden ab, ob für sämtliche Leistungen, d. h. für die **Bauarbeit als solche und** für die **Lieferung der Materialien,** die VOB Anwendung finden soll oder nicht. Wesentlich hierfür ist zunächst, **welcher Teil überwiegt.** In den weitaus meisten Fällen werden die Arbeit und die damit zusammenhängenden Aufwendungen (Löhne, Maschinen, Baustelleneinrichtungen usw.) den Vorrang vor der Lieferung der Materialien als solcher haben. Derartige Fälle eignen sich ohne weiteres für die Anwendung der VOB, so daß ihre Vereinbarung für den Gesamtauftrag einschließlich der Materiallieferung zu empfehlen ist. Dann erhält der Bauvertrag den Typ des Werklieferungsvertrages; er bleibt im allgemeinen Werkleistung, weil die individuell geschuldete Bauleistung als solche überwiegt.

Bildet dagegen die **Lieferung von Baustoffen den weitaus wesentlicheren** Teil, insbesondere deren mängelfreie Lieferung, dann wird die VOB (obwohl das dann grundsätzlich auch möglich ist) zweckmäßig jedenfalls **für diesen Vertragsteil** nicht gewählt, sondern man sollte die diesen Verhältnissen weit eher gerecht werdende VOL mit ihren Einzelbestimmungen zum Vertragsinhalt machen.

Hierzu bestimmt Nr. 2. zu Teil A § 1 VHB für den Bereich öffentlicher Bauaufträge:

Gemischte Leistungen

Eine zusammengefaßte Vergabe von Leistungen, für die die VOL gilt, zusammen mit Bauleistungen, soll vermieden werden. Sofern sie ausnahmsweise erforderlich wird, ist in den Verdingungsunterlagen zu regeln, für welche Leistungen die VOB/B bzw. VOL/B und die nach § 10 VOB/A bzw. § 9 VOL/A zu vereinbarenden Vertragsbedingungen gelten. Die Einheitlichen Verdingungsmuster EV(B)BVB und ZVB sowie EVM(L)BVB und ZVB sind beizufügen.

Das Vergabeverfahren ist nach der Verdingungsordnung durchzuführen, die für den überwiegenden Teil der Leistung gilt.

3. Zusammenfassend ist zu sagen, daß die Vertragsparteien vor Abschluß des jeweiligen Vertrages sich darüber schlüssig werden müssen, ob es wegen der für den Vertrag wesentlichen Gesichtspunkte zweckmäßig ist, die VOB/B allein zu vereinbaren, oder ob hinsichtlich der Lieferung von Stoffen oder Bauteilen andere Bestimmungen (BGB – §§ 433 ff. – oder VOL) nicht günstiger sind. Das kann nur im Einzelfall entschieden werden, somit für den Bereich des Individualvertrages. Daher eignen sich Allgemeine Geschäftsbedingungen – vor allem Zusätzliche Vertragsbedingungen – nicht für solche Festlegungen, abgesehen davon, daß hier leicht Verstöße gegen Bestimmungen des AGB-Gesetzes vorkommen können, wie z. B. gegen § 11 Nr. 10 oder § 9 a. a. O.

II. Stoffe – Bauteile

53 1. Unter **Stoffen** sind **Einzelgattungen bzw. -arten des Materials** zu verstehen, das zur Be- und Verarbeitung bei der Herstellung eines Bauwerkes Verwendung findet. Beispiele: Stahl, Zement, Bausteine, Kalk, Sand, Farbe, Leim, Holz usw. Der Begriff „Stoff" deckt sich mit dem der „Sache" im Sinne des § 90 BGB. Entgegen früherer Rechtsauffassung – vgl. RGZ 82, 12 – ist hierher auch der elektrische Strom zu zählen. Zu den Stoffen gehören also **auch** alle diejenigen **Hilfsmittel,** die der Auftragnehmer verbrauchen muß, um am Bau in eigener Tätigkeit überhaupt erst etwas zu schaffen, was vorher noch keine selbständige, aus sich kommende Gestalt im Sinne einer Werkleistung gehabt hat. Daher rechnet hierher alles, was bauwirtschaftlich als Baustoff, Bauhilfsstoff und Baubetriebsstoff bezeichnet wird.

54 2. Demgegenüber sind **Bauteile Sachen** – ebenso in der Grundlage nach § 90 BGB zu bewerten –, die bereits aus Stoffen gebildet worden sind und die einen in sich abgeschlossenen und **fertiggestellten Körper** darstellen, der durch Einbau eine selbständige Einzelfunktion im Rahmen des Gesamtbauwerks erhält. Hierzu gehören z. B. Eisenträger, Waschbecken, Leitungsrohre, Heizkörper, Fenster, Türen, Rolladenkästen, Stahlgewebe, insbesondere aber **auch vorgefertigte Bauelemente** (z. B. Wände, Decken usw.).

55 3. Stoffe oder Bauteile können dadurch geliefert werden, daß sie der Auftragnehmer von dritter Seite kauft oder herstellen läßt und sie dann nach Be- oder Verarbeitung bzw. Einbau in das Eigentum des Auftraggebers übergehen läßt. Über die „Verarbeitungsklausel" und § 950 BGB vgl. Hofmann, NJW 1962, 1798; zum Eigentumsvorbehalt des Baustofflieferanten s. Teil B § 16 Rdn. 351 ff.

56 Jedoch ist ein vorheriger Erwerb vom Dritten (Hersteller, Großhandel) nicht unbedingte Voraussetzung. Vielmehr hält es sich im Rahmen einer Lieferung, wenn der Auftragnehmer Stoffe oder Bauteile im eigenen Bereich selbst gewinnt oder herstellt und sie dann liefert. Das wird in bezug auf die Erzeugung oder Gewinnung von Stoffen kaum vorkommen, es sei denn, der Auftragnehmer hat z. B. eine eigene Kiesgrube. Eigentlich selbstverständlich ist das aber bei der Herstellung einzelner Bauteile, wie z. B. der Anfertigung von Fenstern, Türen, Eisengittern, Toren, vorgefertigten Elementen usw., also Gegenständen, die nicht erst am Bau selbst, sondern nur unter Zuhilfenahme besonderer Einrichtungen und Vorrichtungen **in der Werkstatt** hergestellt werden können.

57 Davon zu unterscheiden ist es, wenn der Auftragnehmer Stoffe oder Bauteile zwar selbst, aber nicht in den seinem eigentlichen Handwerks- oder Baubetrieb zugehörigen Werkstätten und Räumen, sondern in hiervon abgesonderten, selbständigen Betriebsstätten herstellt, wie z. B. in eigener Zementfabrik, eigener Eisengießerei, eigenem Fertigteilwerk. Diese Art der Lieferung läßt die Anwendung der VOB ebenso zu wie in dem Fall, in dem der Auftragnehmer Stoffe verarbeitet, die er von dritter Seite bezogen und dann angeliefert hat. Das gilt im übrigen so auch nach dem Wortlaut der Baupreis VO 1972 (§ 3 Abs. 1).

58 Hat der Auftragnehmer im Rahmen des Bauvertrages die Aufgabe, bei dem von ihm zu errichtenden Bauwerk eigens dafür geplante und bestimmte Bauelemente in eigener Werkstatt oder in einer eigenen davon gesonderten Betriebsstätte herzustellen, die später an Ort und Stelle in das Bauwerk eingefügt werden, so liegt darin bereits der Beginn der Herstellung der

Leistung (BGH NJW 1975, 737 = BauR 1975, 218 = BlGBW 1975, 138 = MDR 1975, 482 = BB 1975, 990 = Betrieb 1975, 786 = WM 1975, 333 = SFH Z 3.014 Bl. 1).

D. Lieferung und Montage maschineller Einrichtungen

§ 1 Nr. 2 behandelt einen in sich abgeschlossenen Bereich möglicher Leistung und schließt diesen **aus dem Kreis der** Bauleistungen **ausdrücklich** aus. **Allerdings gilt dies nicht, und die VOB kommt zur Anwendung,** wenn die Lieferung und Montage einer maschinellen Einrichtung nach dem Vertragsinhalt und den in Betracht kommenden Allgemeinen Technischen Vorschriften **notwendig sind, um eine Bauleistung zu erbringen.** Daraus folgt, daß § 1 Nr. 2 grundsätzlich **nur** eingreift, wenn die Lieferung und Montage maschineller Einrichtungen **alleiniger Gegenstand des Vertrages** sind. 59

I. Lieferung und Montage

Lieferung und Montage sind nicht dasselbe. Beides sind zwar rechtlich Erfüllungsvorgänge, jedoch in aufeinanderfolgender zeitlicher Reihenfolge; die Montage schließt sich der Lieferung an. Der Begriff **Montage** erstreckt sich auf die **Aufstellung,** den **Zusammenbau** und die **feste Verbindung an Ort und Stelle.** Dazu stellt sich die Frage, ob zur Montage auch die zur Aufstellung sowie zur festen Verbindung an Ort und Stelle erforderlichen Vorkehrungen, wie z. B. die Anfertigung von Betonsockeln bzw. Fundamenten, gehören. Dies läßt sich nicht einfach bejahen oder verneinen. Ausgehend davon, daß Bauarbeiten vorliegen, wenn ohne sie das Bauwerk im allgemeinen Sprachgebrauch nicht mehr als fertig gelten kann (vgl. Rdn. 14 ff.), muß es darauf abgestellt werden, **welchem Zweck die maschinelle Einrichtung im Einzelfalle zu dienen bestimmt ist.** Ist die Zweckbestimmung **unabhängig** von dem nach allgemeiner Anschauung fertigen und in sich geschlossenen Bauwerk, ist die maschinelle Einrichtung vor allem ohne dauerhafte und feste Verbindung mit Grund und Boden, so sind die erforderlichen Vorkehrungen zur Aufstellung und festen Verbindung an Ort und Stelle mit zur Montage, also nicht als Bauleistung, zu rechnen. Dann ist grundsätzlich nicht Werkvertragsrecht, sondern gegebenenfalls über § 651 Abs. 1 Satz 2 BGB Kaufrecht anzuwenden, weshalb insofern die Regelungen der VOB – vor allem des Teils B – nicht passen; anders dann, wenn es sich um werkvertraglich Nebenleistungen handelt (vgl. dazu v. Craushaar, Festschrift Korbion, 1986, S. 27 ff.). Das gilt z. B. für Sockel zur Aufstellung von Waschmaschinen, Spülmaschinen und sonstigen Geräten des Haushaltsbedarfs, aber auch für den Aufbau und die Befestigung größerer Maschinen, wie z. B. Sägegatter (LG Siegen SFH Z 9.2 Bl. 17 f.), vor allem von Maschinen, die einer bestimmten Produktion dienen sollen. Anders ist es zu beurteilen, wenn es sich z. B. um die Schaffung eines großen, umfassenden Fundaments für eine Entlüftungsmaschine in einem großen Hochhaus handelt, ohne die das Gebäude entsprechend seiner Bestimmung nicht ordnungsgemäß genutzt werden kann. 60

Demgegenüber gehören **Zu- und Ableitungen,** z. B. Leitungen, Abflüsse einschl. aller ihrer Einzelteile, wie Steck- und Verteilerdosen, Schalter usw. schon deshalb nicht zur Montage, weil sie **in keinem unmittelbaren Zusammenhang mit der Aufstellung** und festen Verbindung der Maschine an Ort und Stelle stehen. Sie sind Bauleistungen. Davon zu unterscheiden sind wiederum **bloße Anschlußleitungen,** wie Anschlußkabel usw., die unmittelbar von der maschinellen Einrichtung die bloße Verbindung zu den eigentlichen Zu- und Ableitungen schaffen. Deren Anlegung ist begrifflich der Montage unterzuordnen. Sie sind als ausgesprochene **Nebenleistungen** anzusehen (vgl. auch BGH BauR 1981, 575 = NJW 1981, 2403 = BB 1981, 1732 = Betrieb 1981, 2322 = SFH § 358 BGB Nr. 1 = MDR 1982, 49 = LM § 358 BGB Nr. 1 = ZfBR 1981, 218 m. w. N.). 61

II. Maschinelle Einrichtung

62 Unter Einrichtung wird eine Sache verstanden, die einer anderen körperlich hinzugefügt ist, wie z. B. ein Ofen, eine Beleuchtungsanlage, eine im Haushalt oder in einem Gewerbebetrieb verwendete Maschine. Dabei ist es unerheblich, ob diese Einrichtung Bestandteil, vor allem wesentlicher Bestandteil geworden ist, was z.B. für ein Diesel-Notstromaggregat, das in einem großen Hotelneubau eingebaut wird, zutrifft (BGH ZfBR 1987, 268 = NJW1987, 3178 = Betrieb 1987, 2636 = LM § 94 BGB Nr. 22 = MDR 1988, 131; vgl. auch Palandt/Heinrichs § 258 BGB Anm. 1). Nach Teil A § 1 Nr. 2 muß die Einrichtung aber **maschineller Art** sein, um im Rahmen ihrer Lieferung und gleichzeitigen Montage als Bauleistung auszuscheiden. Unter dem Ausdruck „Maschine" werden Gegenstände verstanden, die nach ihrer Beschaffenheit geeignet sind, mit Hilfe eines Antriebsmittels Kraft zu erzeugen, zu übertragen oder Kraft zur Arbeitsleistung zu verwerten. Hierzu gehören Ölfeuerungsmaschinen, Wärmepumpen (vgl. dazu OLG Hamm BauR 1986, 578 = Betrieb 1986, 688 = NJW-RR 1986, 477 = BB 1986, 555), Lichtmaschinen, Generatoren, Transformatoren, Waschmaschinen, Entlüftungsmaschinen. Zu beachten ist, daß man nicht den bloßen Begriff „Maschine" gewählt, sondern ihn mit dem der „Einrichtung" verbunden hat. Deshalb ist hier nicht nur die Maschine selbst und auf sich allein bezogen gemeint, sondern alles, was ihrer bestimmungsgemäßen Arbeit entsprechend den technischen Zusammenhang und damit die **maschinelle Tätigkeit als solche** bedingt. Beispiele: nicht nur der Motor, sondern auch der damit verbundene Generator; nicht nur der Motor, sondern auch der von ihm betriebene Aufzug als solcher; nicht nur die Entlüftungsmaschine, sondern auch der daran angeschlossenen Ventilatoren. Alles das ist keine Bauleistung (vgl. dazu auch OLG Düsseldorf NJW-RR 1987, 563 = Thamm EWiR § 638 BGB 1/86, 1187). Dagegen sind die Lieferung und Montage eines Ölbrenners und des Heizkessels für einen Neubau als Bauleistung anzusehen, weil diese nur im Zusammenhang mit der Gesamtheizungsanlage, also auch den montierten Leitungen und Heizkörpern, somit über die maschinelle Tätigkeit als solche hinaus, bestimmungsgemäße Wirkung zu entfalten geeignet sind. Erst recht gilt dies für eine Anlage, die individuell für die Bedürfnisse des Auftraggebers konstruiert und eingebaut wird, wie z. B. ein Blockheizkraftwerk (BGH BauR 1987, 681 = SFH § 631 BGB Nr. 22 = ZfBR 1987, 269 = NJW-RR 1987, 1305). **Anders** ist es wiederum, und es liegt ein **kaufvertragliches Umsatzgeschäft** vor, wenn es sich um die **bloße Auswechslung** solcher Gegenstände handelt, die lediglich an die vorhandene Anlage angeschlossen werden, und die Montage nur einen unbedeutenden Teil der Vergütung ausmacht (vgl. dazu BGH BauR 1986, 437 = SFH § 638 BGB Nr. 33 = NJW 1986, 1927 = MDR 1986, 749 = JZ 1986, 698 = LM § 638 BGBNr. 58 = Betrieb 1986, 1385, der insofern mit Recht ein kaufvertragliches Umsatzgeschäft annimmt, wenn ein Heizöltank gegen den bisherigen ausgetauscht, in das Erdreich eingebettet und lediglich an die bisherige Leitung angeschlossen wird, was erst recht für den Bereich maschineller Anlagen gilt).

III. Abgrenzung durch das VHB

63 Einen guten Überblick über die hier wesentlichen Abgrenzungen gibt die nachfolgende, in Nr. 1. zu Teil A § 1 VHB enthaltene Übersicht, soweit es sich um die Vergabe von maschinen- und elektrotechnischen Leistungen in Verbindung mit Bauleistungen handelt:

1. Wahl der Verdingungsordnung
1.1 Soweit für die Ausführung von Arbeiten Allgemeine Technische Vorschriften für Bauleistungen (ATV) bestehen, ist die Verdingungsordnung für Bauleistungen (VOB) anzuwenden.
Sofern nur einzelne maschinen- und elektrotechnische Einrichtungen zu liefern und zu montieren sind, ist die VOL anzuwenden.
Beispiele:
– zu DIN 18 379: Ventilatoren, Splitt-, Befeuchtungs- und Umluft-(Kühl)geräte, Klima- und Klimaprüfkammern;
– zu DIN 18 380: Wärmeerzeuger, Wärmepumpen, Warmwasserbereiter;

- zu DIN 18 381: Entkeimungs-, Enthärtungs-, Neutralisations-, Desinfektions-, Dekontaminierungseinrichtungen;
- zu DIN 18 362: Fabrikfertige Installationsverteiler.

1.2 Soweit für die Ausführung von Arbeiten keine ATV bestehen, die Leistung aber im wesentlichen Bauarbeiten umfaßt, ist die VOB anzuwenden.
Beispiele:
Kältetechnische Anlagen (auch komplette Kühlräume einschließlich Kühl- und Kältetechnik)
Außenbeleuchtungsanlagen
Sofern nur einzelne maschinen- und elektrotechnische Einrichtungen zu liefern und zu montieren sind, ist die VOL anzuwenden.
Beispiele:
Kältemaschinen, Kaltwassersätze, Rückkühlwerke, Ventilatoren.

1.3 Sofern für die Leistung Bauarbeiten nur in geringem Umfang erforderlich sind, ist die VOL anzuwenden.
Beispiele:
Kesselanlage für Heizwerke und Heizkraftwerke, Blockheizkraftwerke; Stromerzeugungs-, Schalt-, Umspann-, Umformer- und Stromspeicheranlagen; Schalt-, Steuer- und Regeleinrichtungen; Leuchten und Lampen; Fernmeldeanlagen (Fernsprechnebenstellenanlagen, Gefahrenmeldeanlagen, Ruf- und Sprechanlagen, Zentrale Leittechnik); Aufzüge und sonstige Förderanlagen; Küchen- und Wäschereieinrichtungen; Verkehrssignalanlagen, Stellwerke; Verschiebe-, Spill- und Schrankenanlagen; Schiebe-, Hebebühnen und Drehscheiben; Flugplatzbefeuerungsanlagen.
Soweit die zur Herstellung der Gesamtanlagen erforderlichen Bauleistungen gesondert vergeben werden, ist die VOB anzuwenden.

1.4 Instandsetzungsarbeiten sind nach VOB zu vergeben, soweit die Leistungen nicht aufgrund eines Instandhaltungsvertrages ausgeführt werden oder es sich um den Austausch von Teilen maschinen- und elektrotechnischer Einrichtungen handelt.

Vorbemerkung vor § 2

Allgemeine Erläuterungen zu den Verhandlungen über den Abschluß eines Bauvertrages

Inhaltsübersicht

	Rdn.
A. Grundbedeutung des Teils A und Bezeichnung der Beteiligten	1-3
I. Bedeutung des Teils A für die Vergabebeteiligten	1
II. Bezeichnung der Beteiligten	2-3
B. Rechtliche Tragweite der VOB	4
C. Unterscheidung und Bedeutung von „Istbestimmungen" und „Sollbestimmungen"	5-11
I. Sinn der Unterscheidung	6-8
II. Rechtsfolgen der Nichtbeachtung bei „Istbestimmungen" und „Sollbestimmungen"	9-11
D. Zuständigkeiten für die Vergabe öffentlicher Aufträge	12

A. Grundbedeutung des Teils A und Bezeichnung der Beteiligten

I. Bedeutung des Teils A für die Vergabebeteiligten

Bei den Vergabevorschriften des Teils A fällt auf, daß dort nur eine Seite angesprochen wird, nämlich der mögliche spätere **Auftraggeber**. Es wird ihm aufgrund von Erfahrungssätzen, die sich in **langjähriger Praxis im Bauwesen** gebildet und als zweckmäßig herausgestellt haben, 1 dargelegt, wie er vorgehen soll, wenn er Bauleistungen ausführen lassen will und zu diesem Zwecke **mit Unternehmern verhandelt**. Wenn auch die im Teil Angetroffenen Regelungen sich dem Wortlaut nach mit der Bauherrenseite, d. h. deren Handeln bei der „Vergabe" befassen, haben sie jedoch dieselbe Bedeutung auch für den Verhandlungspartner, den **Unternehmer**. Dieser ersieht hieraus nämlich, **auf welche Art und Weise Vertragsverhandlungen mit ihm eingeleitet** und geführt werden sollen. Er kann sich, wenn Teil A Verhandlungsgegenstand sein soll, zunächst überlegen, ob eine derartige Verfahrensweise seinen Interessen entspricht und ob er sich im konkreten Fall hierauf einlassen soll. Dabei wird der Unternehmer bei objektiver Betrachtung erkennen, daß die einzelnen **Vorschriften des Teils A** keineswegs einseitig dem Bauherrn freie Hand lassen oder nur seinen Interessen dienen, sondern daß ihm ganz **bestimmte Richtlinien** auferlegt sind, die dem Unternehmer als Teilnehmer am Wettbewerb – auch im Verhältnis zu Dritten – gewissen Schutz, zumindest aber einen Überblick über das zu Erwartende bieten. Gerade das ist von nicht zu übersehendem Vorteil. Während bei der Aufnahme und der Führung von Vertragsverhandlungen nach allgemeinen zivilrechtlichen Vorschriften des BGB **nur in groben Umrissen** gesetzliche Bestimmungen vorhanden sind (vgl. u. a. §145 ff. BGB) und es im übrigen den Partnern, vor allem demjenigen, der von einem Unternehmer eine Leistung haben will, im weitesten Umfang überlassen ist, wie im einzelnen bei den „Vergabeverhandlungen" vorgegangen wird, bietet Teil A insoweit zumindest einen klaren Überblick. Dies hat den Vorteil, daß der Unternehmer sein zukünftiges Verhalten sinnvoll einrichten, besonders aber auch den – nicht zuletzt finanziellen – Aufwand im Rahmen der „Vergabe" jedenfalls annähernd überschauen kann. Des weiteren ist auch eine **rechtliche Bedeutung nicht auszuschließen**. Zwar haben sich die Grundsätze einer Haftung wegen **Verschuldens bei Vertragsabschluß** (culpa in contrahendo, vgl. hierzu Einl. vor § 1 Rdn. 51 ff.) aus allgemeinen Rechtsgedanken entwickelt. Wann im Einzelfall aber ein Verstoß gegen das durch die **Aufnahme von Vertragsverhandlungen begründete Vertrauensverhältnis** vorliegt, ist im allgemeinen Frage der Einzelfallbeurteilung und richtet sich nach der pflichtgemäßen Würdigung des Richters unter Beachtung der von der Rechtsprechung aufgestellten Grenzen. Wenn demgegenüber Teil A ganz bestimmte Richtlinien für die Aufnahme und den Ablauf von Vertragsverhandlungen aufstellt und die Partner von deren Einhaltung ausgehen bzw. ausgehen müssen, so sind damit zumindest bestimmte Anhaltspunkte aufgezeichnet, wann im Einzelfall ein schuldhaftes, die gebotenen Grenzen überschreitendes Verhalten eines Verhandlungspartners unter Berücksichtigung der von der Rechtsprechung aufgestellten Grundsätze gegeben sein kann. Dadurch wird im Streitfall die Aufgabe des Richters erleichtert, ihm insbesondere dargelegt, was die Partner im Rahmen ihrer Verhandlungen als dem Vertrauensgrundsatz entsprechend angesehen haben bzw. ansehen konnten, vor allem was in den Kreisen des Bauwesens aufgrund langjähriger Erfahrung als die gebotene Umgrenzung zu gelten hat.

Das gilt dem Grundgedanken nach auch für andere Haftungsfälle, deren Ursache vor Vertragsabschluß gesetzt wird, wie z. B. für die Haftung wegen unerlaubter Handlung (§§ 823, 826 BGB), für die Anfechtung (§ 123 BGB) usw. Hier können auch Haftungsgrundsätze nach der Rechtsmißbrauchslehre unter dem Gesichtspunkt **unzulässiger Rechtsausübung** eingreifen, wie Kaiser im Hinblick auf den öffentlichen Auftraggeber überzeugend dargelegt hat (BauR 1980, 99; vgl. dazu auch Einl. Rdn. 1, 44 und 102).

Läßt der Auftraggeber trotz erklärter Anfechtung die Leistung durch den betreffenden Bieter bzw. Auftragnehmer erbringen und nimmt er sie ab, so ist davon auszugehen, daß er aus der erklärten Anfechtung keine Rechte herleiten und den angefochtenen Vertrag bestätigen will (vgl. BGH BauR 1983, 165 = NJW 1983, 816 = Betrieb 1983, 653 = SFH § 16 Nr. 3 VOB/B Nr. 26 = ZfBR 1983, 83).

II. Bezeichnung der Beteiligten

Die VOB hat für die Bezeichnung der Beteiligten verschiedene Ausdrücke gewählt.

1. Das BGB kennt keine klare Bezeichnung der Beteiligten für die Zeit **vor** Vertragsabschluß. Das ist bei der VOB/A anders. Hier werden bereits die Begriffe „**Auftraggeber**" und – vereinzelt (z. B. § 14 Nr. 1) – „**Auftragnehmer**" gebraucht, obwohl der Vertrag noch nicht zustande gekommen ist, sondern darüber erst verhandelt wird. Gerade im Zusammenhang mit dem im Gesamtsystem der VOB nicht alleinstehenden Teil B ist es zu begrüßen daß zur Vereinfachung der Personenbezeichnung gleiche Ausdrücke in Teil A und B gewählt sind. Für den Teil A sind die Begriffe „Auftragnehmer" und „Auftraggeber" aus der „Rückschau", d. h. aus der Sicht des tatsächlich erfolgten späteren Vertragsabschlusses, gewählt. Soweit es die **Auftragnehmerseite** anbetrifft, ist zu beachten, daß im Teil A teilweise auch Unterbezeichnungen zu finden sind:

a) An verschiedenen Stellen (z. B Teil A §§ 3, 11) wird vom „**Unternehmer**" gesprochen. Im Rahmen der VOB sind damit nur solche gemeint, deren Betriebe Bauleistungen gemäß Teil A § 1 Nr. 1 erbringen.

b) Des weiteren wird als Unterbegriff der des „**Bewerbers**" gebraucht. Hierunter sind Unternehmer zu verstehen, die sich an den Vertragsverhandlungen über den Abschluß eines Bauvertrages **beteiligen wollen** und eine entsprechende Absicht geäußert haben (vgl. u.a. Teil A §§ 2, 6, 8, 9, 17 Nr. 5-7, 20 Nr. 2 usw.). Dieser Ausdruck ist nur dort am Platze, wo der Unternehmer noch kein abgegeben hat, was in der VOB auch beachtet worden ist.

c) Schließlich wird das Wort „**Bieter**" verwendet. Hier handelt es sich um Unternehmer, die bereits ein **Angebot abgegeben** haben und daher in wirkliche Vertragsverhandlungen mit dem Bauherrn eingetreten sind (vgl. u. a. Teil A §§ 21, 22, 24, 25, 26, 27, 28 usw.).

2. Für die Zeit **nach** Vertragsabschluß, also bei Bestehen von Rechten und Pflichten, die aufgrund verbindlicher Abrede der Partner festgelegt worden sind, spricht Teil B der VOB einheitlich von „**Auftraggeber**" und „**Auftragnehmer**". Auftraggeber ist weitgehend gleichzusetzen mit dem „**Bauherrn**" des allgemeinen Sprachgebrauchs, ohne daß die Tragweite dieses Begriffes erschöpfend aus den dem öffentlichen Recht zugehörigen Bauordnungen oder dem Wohnungsbaugesetz umrissen werden kann (so Daub/Piel/Soergel/Steffani, Teil B , ErlZ 0.27), da es sich hier um einen **allein nach vertragsrechtlichen Grundsätzen zu bestimmenden Begriff** handelt. Deshalb kann auch der „Bauherr" bzw. „Bauträger" nach § 34 c Abs. 1 Satz 1 Nr. 2 GewO, § 3 MaBV ebensowenig wie der nach den Landesbauordnungen so Bezeichnete mit dem Begriff des Auftraggebers gleichgesetzt werden, weil in jenen Vorschriften der Herr des gesamten Baugeschehens gemeint ist, der nach außen gegenüber den Baubehörden auftritt und in der Regel auch Grundstückseigentümer ist, während dieses nicht bei jedem im privatrechtlichen Vertrag mit dem Auftragnehmer stehenden Auftraggeber (wie insbesondere auch beim Generalunternehmer im Verhältnis zum Subunternehmer) der Fall zu sein braucht (vgl. dazu BGH BauR 1978, 220 = BB 1978, 1187 = SFH § 34 c GewO Nr. 1 = NJW 1978, 1054 = MDR 1978, 657 = LM § 34 c GewO Nr. 2 = Betrieb 1978, 1638; auch BayObLG BB 1979, 1467). **Bauherr in dem hier maßgebenden Sinne ist jeder, der die Ausführung der Bauleistung für seine Rechnung in Auftrag gibt und Schuldner der dafür zu entrichtenden Vergütung ist,** also auch der Generalunternehmer oder der Hauptunternehmer, der Nachunternehmer beschäftigt, der im eigenen Namen Bauverträge abschließende Baubetreuer usw. Zum Begriff des öffentlichen Auftraggebers vgl. Einl. Rdn. 100.

Über den Begriff „Bauherr" und „Bauherrengemeinschaft" in **steuerrechtlicher Hinsicht** vgl. BFH BB 1980, 1137 = Betrieb 1980, 1669 = ZfBR 1980, 303 sowie Woeber Betrieb 1980, 2164; vgl. ferner Söffing Betrieb 1982, 1189; Brych Betrieb 1982, 1590; Wichmann Betrieb 1982, 2057.

Auftragnehmer ist ein Unternehmer, der als Bieter **den Auftrag (Zuschlag)** zur Ausführung der geforderten Bauleistung **erhalten hat**.

B. Rechtliche Tragweite der VOB

4 Über die rechtliche Tragweite der VOB, insbesondere des Teils A, vgl. Einl. vor § 1 Rdn. 18 ff. Zu den Möglichkeiten, Ansprüche auch im Rahmen des Teiles A gegebenenfalls durchzusetzen, insbesondere im Wege der Dienstaufsichtsbeschwerde oder aus sonstigen Haftungsgrundlagen, vgl. Einl. vor § 1 Rdn. 38 ff.

C. Unterscheidung und Bedeutung von „Istbestimmungen" und „Sollbestimmungen"

5 Bei den in Teil A gewählten Formulierungen fällt auf, daß zwischen „**Istbestimmungen**" und „**Sollbestimmungen**" unterschieden wird. An bestimmten Stellen heißt es: Es **ist** oder es **sind** oder es **werden** diese oder jene Handlungen bzw. Voraussetzungen **verlangt**, um ordnungsgemäße und dem Sinn des Teils A entsprechende Vertragsverhandlungen bis zu deren Abschluß zu führen. An anderen Stellen hat man sich damit begnügt, zum Ausdruck zu bringen, daß dieses oder jenes geschehen **soll** oder geschehen **kann**.

I. Sinn der Unterscheidung

6 Die verschiedene Ausdrucksweise ist nicht zufällig oder wahllos bzw. nur aus sprachlichen Gründen gewählt worden. Hinter ihr steht vielmehr ein **rechtlich bedeutsamer und zu beachtender Sinn**.

7 1. Alle Regelungen des Teils A, die für die Vergabe von Bauaufträgen von **grundlegender Bedeutung** sind, weisen die sogenannte „**Istform**" auf (z. B. §§ 2 Nr. 1 Satz 1; 3 Nr. 1; 8 Nr. 1; 9 Nr. 1 Satz 1; 10 Nr. 1; 11 Nr. 1, 2 Satz 1; 18 Nr. 1 und 2; 20 Nrn. 1 und 3; 23 Nr. 2; 24 Nr. 1 und Nr. 3; 25 Nr. 1, Nr. 2 Abs. 1, Abs. 2 Satz 1 und 2, Nr. 3 Satz 1, Nr. 4, Nr. 5; 28 Nr. 1 usw.). Zu dieser „Istform" gehören auch Wendungen wie z. B. „muß", „hat" und „wird" bzw. „werden". Alle in die „Istform" gekleideten Regelungen des Teils A bilden das **Gerippe des Vergabeverfahrens**, wie es – wenn die VOB als Grundlage dienen soll – nach den Vorstellungen ihrer Verfasser beschaffen sein muß, um eine ordnungsgemäße Vergabe zu gewährleisten.

8 2. Die überwiegende Zahl der Einzelregelungen des Teils A sind aber „**Sollvorschriften**" (vgl. z. B. §§ 2 Nr. 1 Satz 2, 3; 3 Nr. 3-5; 5 Nr. 1, 2; 9 Nr. 2, 3; 12; 13; 16 Nr. 1; 21 Nr. 1 Satz 1; 27 Nr. 1 usw.). Damit ist gemeint, daß der in diesen Bestimmungen aufgezeigte Weg **zweckmäßig** erscheint oder daß diese oder jene **Möglichkeit** besteht, um unter gewissen Voraussetzungen zu dem erstrebten Ziel einer sinnvollen Vergabe zu gelangen. Die Nichtbeachtung dieser Bestimmungen hat nicht schon zur Folge, daß hierdurch eine Vergabe nach Teil A der VOB nicht mehr gegeben ist (vgl. Rdn. 11). Insoweit können im Einzelfall durchaus zweckmäßigere bzw. andere Wege beschritten werden. Es dürfte sich aber empfehlen, sich möglichst an die aufgrund von Erfahrungen niedergelegten Regelungen auch hier zu halten, wenn nicht wirklich begründeter Anlaß besteht, davon abzuweichen.

Die verwaltungsrechtliche Bedeutung und Interpretation der sogenannten Kann- und Soll-Vorschriften (vgl. dazu u. a. BVerwG NJW 1959, 1382) kann hier nicht entsprechend herangezogen werden, weil es sich dort nicht nur um einen anderen Rechtsbereich, nämlich das öffentliche Recht, handelt, sondern weil auch Sinn und Zweck der „Sollbestimmungen" des Teils A der VOB anders geartet sind. Auch die – der verwaltungsrechtlichen Unterscheidung ähnliche – zivilrechtliche Differenzierung zwischen Muß-, Soll-

und Kann-Vorschriften (dazu näher Enneccerus/Nipperdey I, §§49, 56) kann jedenfalls unmittelbar keine Anwendung finden, da die VOB nicht mit Gesetzeskraft ausgestattet ist, sondern in ihrer Anwendung grundsätzlich der Entscheidung der (künftigen) Vertragspartner unterliegt und zu ihrer Disposition steht.

II. Rechtsfolgen der Nichtbeachtung bei „Istbestimmungen" und „Sollbestimmungen"

Werden „Istbestimmungen" oder „Sollbestimmungen" des Teils A nicht beachtet, so gilt folgendes: 9

1. **Die Nichtbeachtung von „Sollbestimmungen"** im Vergabeverfahren hat im allgemeinen **keine unmittelbaren** rechtlichen **Folgen.** Sie kann in rechtlicher Hinsicht nur dort von Bedeutung sein, wo die allgemeinen Grenzen zulässigen Handelns überschritten sind, was nicht nur bei krassen Fehlgriffen i. S. willkürlichen Handelns der Fall ist. Wenn auch der zulässige Handlungsspielraum breiter ist, so kommt aber auch hier eine **Haftung** des öffentlichen Auftraggebers aus dem Grundsatz der **culpa in contrahendo** in Betracht, wenn es sich um die schuldhafte Verletzung von zwar in die Sollform gekleideter, aber das **Vergabeverfahren tragender Gesichtspunkte** handelt, wie z.B. die nicht erfolgte Sicherstellung der Finanzierung nach Teil A § 16 Nr. 1 (insoweit zutreffend Feber S. 13). 10

2. Für die **Nichtbeachtung der „Istbestimmungen"** gilt folgendes: Es ist zu berücksichtigen, daß die VOB zwar zivilrechtlichen Charakter hat, daß sie aber andererseits insofern dem öffentlichen Bereich entstammt, als man in erster Linie an Behörden als Auftraggeber gedacht hat. So betrachtet, handelt es sich bei den „Verfahrensvorschriften" des Teils A um eine Art **Dienstanweisung"** für Behörden als zukünftige Auftraggeber bzw. eine Marktordnung, die sich der öffentliche Auftraggeber selbst gegeben hat. Die unterschiedlichen Formulierungen geben daher der Behörde intern entweder die **Verpflichtung auf, so zu handeln, oder sie zeigen ihr in den „Sollbestimmungen" an, welche** auf Erfahrungssätzen beruhenden Möglichkeiten bestehen, um zweckgerecht vorzugehen, wobei die letzte Entschließung dem pflichtgemäßen Ermessen der Behörde vorbehalten ist. Eine Verletzung von „Istvorschriften" des Teils A durch eine Behörde wird von der Aufsichtsbehörde im Dienstaufsichtsbeschwerdeverfahren (vgl. Einl. vor §1 Rdn. 41) **weit eher und strenger beachtet und geprüft werden müssen** als die Nichtbeachtung der „Sollbestimmungen". Dagegen ergeben die Einzelregelungen des Teils A weder einen Willen der Verfasser der VOB, noch läßt sich überhaupt ein dem öffentlichen Recht entstammender, hier anwendbarer Beweggrund finden, daß damit **von selbst** Rechtsfolgen des Zivilrechts verbunden wären. Deshalb ist im Ergebnis festzuhalten: Die Beurteilung bestimmten Handelns oder Unterlassens eines Verhandlungspartners dahingehend, ob hieraus Rechtsfolgen nach den **Grundsätzen der culpa in contrahendo** oder aus anderen Rechtsgründen zu entnehmen sind, richtet sich auch bei Nichtbeachtung von „Istbestimmungen" allein nach den für das gesamte Zivilrecht gültigen Richtlinien, vgl. Einl. vor § 1 Rdn. 51 ff. Nicht dagegen enthält Teil A zivilrechtlich verbindliche „zwingende" Vorschriften, deren schuldhafte Mißachtung **von sich aus** eine zum Schadensersatz verpflichtende Folge hätte. Es ist allerdings nicht zu übersehen, daß sich eine schuldhafte Verletzung gerade der „Istbestimmungen" verschiedentlich mit einer zivilrechtlichen Haftung aus dem Gesichtspunkt des Verschuldens bei der Anbahnung eines Vertragsverhältnisses (culpa in contrahendo) decken wird. Dies ergibt sich daraus, daß es sich hier um die **grundlegenden** Richtlinien **für** Bauvertragverhandlungen nach der VOB handelt, **deren Einhaltung** auch **allgemein** von den durch die Rechtsprechung aufgestellten Anforderungen an zu billigendes Verhalten im rechtsgeschäftlichen Verkehr verlangt wird und bei denen der sich an der Vergabe eines öffentlichen Bauauftrages **Beteiligende grundsätzlich davon ausgehen kann, daß sie eingehalten werden** (vgl. OLG Köln SFH Z 2.13 Bl. 53). 11

Vor A § 2, Rdn. 12, A § 2, 1, Rdn. 1

D. Zuständigkeiten für die Vergabe öffentlicher Aufträge

12 Für die Aufgabenverteilung bei der **Vergabe öffentlicher Aufträge** siehe VHB i. d. F. der 5. Austauschlieferung, Stand Januar 1985, zur VHB -Loseblattausgabe 1973 unter „Zuständigkeiten".

§ 2 Grundsätze der Vergabe

1. Bauleistungen sind an fachkundige, leistungsfähige und zuverlässige Bewerber zu angemessenen Preisen zu vergeben. Der Wettbewerb soll die Regel sein. Ungesunde Begleiterscheinungen, wie z. B. wettbewerbsbeschränkende Verhaltensweisen, sollen bekämpft werden.

2. Es ist anzustreben, die Aufträge so zu erteilen, daß die ganzjährige Bautätigkeit gefördert wird.

Inhaltsübersicht

	Rdn.
A. Anforderungen an die Person des Bewerbers (§ 2 Nr. 1 Satz 1)	1-8
I. Allgemeines	1-2
II. Fachkunde und Zuverlässigkeit	3-6
III. Leistungsfähigkeit	7
IV. Nachweis und Entscheidung	8
B. Vergabe zu angemessenen Preisen (§ 2 Nr. 1 Satz 1)	9-23
I. Begriff des Preises	9
II. Angemessenheit des Preises	10-22
1. Regelung im gesetzlichen Werkvertragsrecht	10
2. Grundregelung der VOB: angemessener Preis	11
3. Verhältnis objektiver und subjektiver Gesichtspunkte	12
4. Aufwendungen des Unternehmers und Gewinn	13-20
5. Bewertungskriterien	21
6. Grundsatz der Vertragsfreiheit	22
III. Rechtsfolgen bei Abweichung vom Grundsatz der Angemessenheit	23
C. Der Wettbewerb als Regel (§ 2 Nr. 1 Satz 2)	24-25
D. Bekämpfung ungesunder Begleiterscheinungen (§ 2 Nr. 1 Satz 3)	26-31
E. Ganzjährige Bautätigkeit (§ 2 Nr. 2)	32-33

A. Anforderungen an die Person des Bewerbers (§ 2 Nr. 1 Satz 1)

I. Allgemeines

1 In **§ 2 Nr. 1 Satz 1** sind **Richtlinien** dafür aufgestellt, **wer** auf der Auftragnehmerseite zur Ausführung von Bauleistungen als **geeignet** erscheint. Dabei hat es sich um **fachkundige, leistungsfähige und zuverlässige Unternehmer** zu handeln. In diesem Zusammenhang ist zugleich auf Teil A § 25 Nr. 2 Abs. 1 hinzuweisen. Dort ist geregelt, wer **nach Abgabe eines Angebotes** als Auftragnehmer in Betracht kommen kann. Soweit es sich um persönliche Eigenschaften des Auftragnehmers handelt, sind die in Teil A § 25 Nr. 2 Abs. 1 Satz 2 gestellten Anforderungen die gleichen wie in § 2 Nr. 1. Es empfiehlt sich daher, nicht erst die Abgabe von Angeboten abzuwarten, sondern die **notwendige Prüfung bereits** vorzunehmen, wenn es um die Frage geht, **ob in Vertragsverhandlungen** mit einem bestimmten Unternehmer **eingetreten werden soll**. Dazu ist auf Teil A § 8 Nr. 3 und 4 hinzuweisen. Daher ist es nicht nur zulässig, sondern sogar geboten, einem Unternehmer bereits die Aushändigung der Ausschreibungsunterlagen zu versagen, wenn er für den Auftraggeber in zumutbarer Weise erkennbar den hier gestellten Anforderungen nicht genügt. Insbesondere bei Beschränkter Ausschreibung und Freihändiger Vergabe müssen die betreffenden Voraussetzungen vom Auftraggeber schon bei der Auswahl der Bewerber geprüft werden, was sich vor allem auch

aus Teil A § 3 Nr. 4 bzw. Nr. 5 ergibt. Das Vorliegen sogenannter **Bietungsbürgschaften** (vgl. dazu Heiermann BB 1977, 1575, 1578) entbindet den Auftraggeber grundsätzlich nicht von der hier gebotenen Prüfung, wenn sie ihm auch erleichtert sein mag, da die Bietungsbürgschaft nur ausnahmsweise gefordert werden soll, wie z. B. bei völlig unbekannten Bietern im Rahmen Öffentlicher Ausschreibung.

Die verlangten persönlichen Eigenschaften sind nicht nur bloße „Programmsätze" ohne jegliche rechtliche Bedeutung. Es steht zwar jedem frei, die Auswahl des Verhandlungspartners nach eigener Entschließung zu treffen; das wird durch Nr. 1 Satz 1 auch nicht berührt. Wesentlich ist aber, daß es sich um eine **Schutzvorschrift zugunsten des Auftraggebers** mit dem Sinn handelt, sich **von vornherein** mit keinem Unternehmer einzulassen, der den allgemeinen Anforderungen an eine ordnungsgemäße Bauleistung nicht genügt. Bei Verstoß hiergegen wird man dem Auftraggeber im Falle der Entstehung eines Schadens unter Umständen ein **Mitverschulden nach dem in § 254 BGB** niedergelegten allgemeingültigen Rechtsgedanken zurechnen müssen. Ist der Auftraggeber aus personellen oder sonstigen Gründen selbst nicht in der Lage, die hier gebotenen Prüfungen anzustellen, entlastet ihn dies nicht; er hat nämlich die – zumutbare – Möglichkeit, die erforderlichen Nachprüfungen durch einen sachverständigen Dritten – z. B. einen Sachverständigen, vgl. Teil A § 7 – vornehmen zu lassen. 2

II. Fachkunde und Zuverlässigkeit

Die Forderung, daß Bauleistungen an **fachkundige** und **zuverlässige Bewerber** zu vergeben sind, verlangt zwei Eigenschaften, die aus der Person des Bewerbers selbst kommen müssen. Soweit Bewerber nicht natürliche, sondern **juristische Personen** sind, kommt es auf die für das betreffende Unternehmen Verantwortlichen, also auf die Personen, die das Unternehmen leiten, sowie in gleicher Weise – u. U. sogar vorrangig – auf diejenigen Personen an, die im Zusammenhang mit den Bauleistungen maßgebliche Aufgaben zu versehen haben, wie z. B. kaufmännische und technische Leiter, Abteilungsleiter, Bauleiter. 3

1. Unter „fachkundig" versteht man einen Bewerber, der nicht nur notwendige, sondern **umfassende Kenntnisse** auf dem **speziellen Sachgebiet** hat. Die **Kenntnisse müssen** den heute **allgemein anerkannten Regeln der Baukunst entsprechen.** Für die Fachkunde gilt es nicht als unbedingte Voraussetzung, daß diese auf dem üblichen Ausbildungsweg erworben worden ist. Jedoch muß man die **Eintragung in das Berufsregister** am Sitz oder Wohnort des Bewerbers verlangen (vgl. Teil A § 8 Nr. 3 Abs. 1 e), insbesondere auch im Hinblick auf das **Gesetz zur Bekämpfung von Schwarzarbeit** in der auf Art. 5 des Gesetzes zur Bekämpfung der illegalen Beschäftigung vom 15. 12. 1981 (BGB l. I S. 1390) beruhenden, seit 1. 1. 1982 geltenden Fassung (BGB l. I S. 110). Daß eine Bauvergabe nach der VOB nicht an einen sogenannten Schwarzarbeiter erfolgen darf, liegt auf der Hand. Für den Fall, daß dieses dennoch geschieht, vgl. Teil B § 4 Rdn. 36 ff. 4

Wenn auch ein üblicher Ausbildungsweg nicht Voraussetzung für die Annahme der Fachkunde ist, so ist er doch ein sehr weitgehendes **Indiz**, um diese als gegeben anzusehen (vgl. dazu die VO über die Berufsausbildung in der Bauwirtschaft vom 8. 5. 1974, BGB l. I, 1073). Der Auftraggeber darf sich andererseits aber auf solche Voraussetzung allein nicht verlassen. Wenn z. B. ein von einem Bauingenieur geleitetes Unternehmen dadurch bekannt geworden ist, daß bereits zum dritten Male eine Decke infolge technisch verfehlter Bauausführung grob fehlerhaft ausgeführt oder gar eingestürzt ist, wird man diesen Bauingenieur nicht mehr für fachkundig halten können. Wer ihm dennoch in Kenntnis dieses Umstandes einen Auftrag erteilt, wird sich darauf einrichten müssen, daß ihm ein **Mitverschulden** bei der Entstehung eines Schadens entgegengehalten werden wird. Daraus folgt aber nicht ohne weiteres, der betreffende Bewerber müsse nachweisen, daß er in der Vergangenheit fortlaufend bereits Bauleistungen bestimmter Art und Größe erbracht hat. Vielmehr kommt es auf die Kenntnisse 5 an, die im Hinblick auf eine einwandfreie Ausführung erforderlich sind, um die im **Einzelfall geforderte Leistung nach ihrer Art und nach ihrem jeweiligen Umfang zu erbringen,** was nicht zuletzt im Hinblick auf sogenannte Berufsanfänger gilt. Der Nachweis, daß bereits vergleichbare Bauleistungen erbracht worden sind, kommt nur ausnahmsweise in Betracht, wenn spezielle, besondere Erfahrungen voraussetzende Baumaßnahmen gefordert werden.

Dem Gesagten entspricht auch Nr. 1.3.2. VHB zu Teil A § 25, wo es heißt:

„Fachkundig ist der Bieter, der über die für die Vorbereitung und Ausführung der jeweiligen Leistung notwendigen technischen Kenntnisse verfügt. Bei schwierigen Leistungen wird in der Regel zu fordern sein, daß der Bieter bereits nach Art und Umfang vergleichbare Leistungen ausgeführt hat."

6   **2. Zuverlässig** ist ein Bewerber, wenn er in seiner Person und seinem allgemeinen Verhalten im täglichen Berufsleben die Gewähr dafür bietet, in der notwendigen **sorgfältigen Weise** die verlangte Bauleistung zu erbringen. Hierzu gehören u. a. Pünktlichkeit in der Aufnahme, der Durchführung und der Beendigung der Arbeit, Befolgung der anerkannten Regeln der Bautechnik, auch Sorgfalt bei früherer Angebotsbearbeitung, wie z. B. durch sorgfältige Kalkulation, ohne spätere unbegründete Nachforderungen sowie frei von Fehlern oder Änderungen an ursprünglichen Eintragungen usw. Auch wird man zur Zuverlässigkeit bei bereits länger im einschlägigen Beruf Tätigen ein gewisses Maß an **Erfahrung** auf dem Gebiet der verlangten Bauleistung voraussetzen müssen. Die Zuverlässigkeit fehlt auch, wenn ein Bewerber illegale Arbeitskräfte beschäftigt.

Daher ist zur Zuverlässigkeit in Nr. 1.3.2. VHB zu Teil A § 25 richtig gesagt:

„Zuverlässig ist ein Bieter, der seinen gesetzlichen Verpflichtungen – auch zur Entrichtung von Steuern und Abgaben – nachgekommen ist und der aufgrund der Erfüllung früherer Verträge eine einwandfreie Ausführung einschließlich Gewährleistung erwarten läßt. Zuverlässigkeit ist nicht gegeben bei Bietern, bei denen einer der in § 8 Nr. 4 Abs. 1 VOB/A genannten Gründe vorliegt."

III. Leistungsfähigkeit

7   Der Begriff der „**Leistungsfähigkeit**" kommt nicht vom bloß Persönlichen, sondern auch vom Sachlichen her. Darunter fällt zunächst der **Betrieb** des Bewerbers selbst, insbesondere sein **Umfang und** seine **Ausstattung.** Das hat für die kaufmännische wie auch für die technische Seite zu gelten. Ein **kaufmännisch** mit den üblichen Wirtschaftsunterlagen und Einrichtungen nicht oder nicht hinreichend versehener Betrieb wird in der Regel nicht als leistungsfähig gelten können. Dasselbe trifft zu, wenn die Bücher oder sonstigen erforderlichen Geschäftsunterlagen nicht auf dem laufenden gehalten und vernachlässigt werden. Ein Unternehmer, der genötigt ist, einen Teil der ihm aus einer Bauleistung zukommenden Vergütung sogleich an seine Gläubiger abzutreten, kann im allgemeinen bei seinem Auftraggeber nicht das Ansehen eines solventen Geschäftsmannes gewinnen. In **technischer Hinsicht** zeichnet sich die Leistungsfähigkeit eines Bewerbers in der Ausstattung seines Betriebes mit Maschinen, sonstigen Baugeräten, Handwerkszeug sowie auch mit üblichen Materialien, einschließlich der Möglichkeit der ihm zumutbaren alsbaldigen Beschaffung, ab. Des weiteren ist sowohl auf der kaufmännischen wie insbesondere auf der technischen Seite der **Personalbestand** des Unternehmers von wesentlicher Bedeutung. Dabei notwendige Voraussetzung ist im allgemeinen ein gewisser Stamm an gelernten Kräften, wie z. B. Gesellen oder Facharbeitern. Wer nur mit Auszubildenden und Ungelernten einen Baubetrieb betreibt, sollte nicht damit rechnen können, auf der Grundlage der VOB einen Bauauftrag zu erhalten. Andererseits muß aber auch ein „Übermaß" an Personaleinsatz vermieden werden; so geht es nicht an, für eine Arbeit, die von einem durchschnittlichen Facharbeiter ausgeführt werden könnte, einen Meister mit einem entsprechenden höheren Lohn einzusetzen, vor allem bei Stundenlohnarbeiten.

Schließlich gehört zur Leistungsfähigkeit eines Betriebes auch seine **finanzielle Zuverlässigkeit**. Damit ist ein gewisser Bestand nicht nur an sonstigem Vermögen, sondern besonders auch an sofort verfügbaren Mitteln gemeint, um den laufenden Verpflichtungen zur ordnungsgemäßen Weiterführung des Betriebes, wie Zahlung von Löhnen, Gehältern, öffentlichen Abgaben usw., aber auch den Einkauf notwendiger Materialien, nachkommen zu können.

Ferner heißt es zutreffend in Nr. 1.3.2. VHB zu Teil A § 25 u. a.: „Leistungsfähig ist der Bieter, der über das für die fach- und fristgerechte Ausführung notwendige Personal und Gerät verfügt und die Erfüllung seiner Verbindlichkeit erwarten läßt."

IV. Nachweis und Entscheidung

Über die Eigenschaften der Fachkunde, Zuverlässigkeit und Leistungsfähigkeit **entscheidet letztlich der Auftraggeber nach pflichtgemäßem Ermessen** bzw. nach der einer gebotenen Sorgfalt entsprechenden Prüfung. Insoweit ist er möglicherweise verpflichtet, die erforderlichen Auskünfte bei der Berufsvertretung des Bewerbers, den Auftragsberatungsstellen, Industrie- und Handelskammern usw. einzuholen. Auch kann dem Bewerber der Nachweis aufgegeben werden, daß er ähnliche oder gleichwertige Bauleistungen wie die nunmehr verlangten bereits ordnungsgemäß erbracht hat (vgl. Teil A § 8 Nr. 3). 8

B. Vergabe zu angemessenen Preisen (§ 2 Nr. 1 Satz 1)

Weiterhin ist in § 2 Nr. 1 Satz 1 die Forderung aufgestellt, daß Bauleistungen zu **angemessenen Preisen** zu vergeben sind.

I. Begriff des Preises

Die VOB gebraucht den Begriff des „Preises", worunter man im allgemeinen Geld versteht. Die VOB verlangt dies aber nicht. Es ist durchaus möglich, einen Bauvertrag abzuschließen mit der Bestimmung, daß die vom Auftraggeber zu erbringende **Gegenleistung** ganz oder zum Teil **nicht in Geld**, sondern in anderer Art, wie z. B. in Naturalien, Materialien, durch Verrechnung usw., erbracht werden soll. Auch dies fällt unter den Begriff des „Preises" im weiteren Sinn, wie er in Nr. 1 Satz 1 gemeint ist. Will man diesen bewerten, so ist für diese andere Art des Entgelts der entsprechende Geldwert zu berücksichtigen, wobei es, falls im konkreten Fall andere Anhaltspunkte fehlen, auf die gegenwärtigen Marktverhältnisse ankommt. 9

II. Angemessenheit des Preises

Die grundlegende Forderung der VOB geht dahin, für die Bauleistung einen **Preis** zu vereinbaren, der als **angemessen** zu gelten hat. 10

1. Das **Werkvertragsrecht** des BGB kennt den Begriff des angemessenen Preises nicht. In erster Linie kommt es auf die **Parteiabrede** an, gleichgültig auf welcher Basis diese beruht, § 631 Abs. 1 BGB. Für den Fall, daß die Vereinbarung einer Vergütung fehlt, kommt, wenn die Herstellung des Werkes den Umständen nach nur gegen Entgelt zu erwarten ist, nach der gesetzlichen Regelung zunächst die **taxmäßige Vergütung** in Betracht, § 632 Abs. 1 und Abs. 2 BGB. Eine solche scheidet jedoch allgemein für Bauverträge aus, da es für die Vergütung bei Bauleistungen grundsätzlich keine Taxen in dem vom Gesetz verstandenen Sinne (festgesetzte Tarife usw.) gibt. Vielmehr ist hier **wesentlich** auf die in § 632 Abs. 2 BGB an zweiter Stelle genannte **übliche Vergütung** abzustellen. **Üblichkeit der Vergütung bedeutet**

allgemeine Verkehrsgeltung in den beteiligten Kreisen (BGH BB 1969, 1413), **ohne daß sie den Beteiligten bekannt sein muß**. Im letzteren liegt zugleich ein objektives Element, indem auf die **allgemein anerkannte Marktgeltung** abgestellt ist, die allerdings wiederum durch die Anschauung der am Markt Beteiligten subjektiv beeinflußt wird. Im Unterschied zur Taxe wird hier jedoch die **Üblichkeit** nicht nur von der anbietenden Unternehmerseite, sondern auch gleichermaßen von der nachfragenden Auftraggeberseite bestimmt, so daß letztlich ein **verobjektiviertes subjektives Moment** den **Ausschlag** bei der Festlegung der Üblichkeit **gibt**.

11 2. Die **VOB** gebraucht keinen der vorerwähnten Preisbegriffe. Vielmehr **geht sie vom angemessenen Preis aus.** Jedoch wird der Begriff des angemessenen Preises **weitgehend mit dem des üblichen Preises** in § 632 Abs. 2 BGB **zu identifizieren** sein. Auch hier handelt es sich letztlich um den Preis, der **Marktgeltung besitzt,** der also **marktüblich** ist, was für die ordnungsgemäße Vergabe der Bauleistung ausschlaggebend sein muß (vgl. Teil A § 25 Rdn. 64 f.). Wesentlich ist jedoch, daß durch den Begriff des „angemessenen Preises" die **Verobjektivierung in der Bewertung schärfer herausgestellt** wird, wodurch die Marktbeteiligten sowohl auf der Auftraggeber- als auch der Auftragnehmerseite mit Nachdruck angehalten werden, **sich nicht bloß von ihrer subjektiven Anschauung über die Preisgerechtigkeit** leiten zu lassen, sondern von **allgemeingültigen, anerkennenswerten Marktmaßstäben im Zeitpunkt der Bauvergabe,** wobei es allerdings auf die Anforderungen des konkret zu vergebenden Objektes sowie die jeweils anzuerkennenden Verhältnisse der Vertragspartner, nicht zuletzt auf Auftragnehmerseite, und die damit verbundenen marktgerechte Preisverhältnisse ankommt. Entgegen Daub/Piel/Soergel (ErlZ A 2.29) ist dies nichts anderes als die Bewertung nach marktmäßigen Preisbildungsprozessen; denn es muß hier für die Bewertung bei der Vergabe durch den Auftraggeber letztlich auf das vorgeschilderte verobjektivierte Element maßgebend ankommen. Aus dem Gesagten folgt, daß es zwar eine weitgehende, jedoch **nicht gänzliche Identität zwischen dem üblichen Preis i. S. des § 632 BGB und dem angemessenen Preis nach der VOB gibt** (teilweise zu weitgehend Heiermann/Riedl/Rusam/Schwaab A § 2 Rdn. 9, indem sie einerseits die Grenzen erst in den § 138 Abs. 2, 242 BGB sehen, andererseits bei marktüblichen Leistungen den angemessenen mit dem üblichen Preis identifizieren).

12 3. Das ergibt sich auch aus Teil A § 25 Nr. 2 Abs. 2 Satz 2: „In die engere Wahl kommen nur solche Angebote, die unter Berücksichtigung rationellen Baubetriebes und sparsamer Wirtschaftsführung eine einwandfreie Ausführung einschließlich Gewährleistung erwarten lassen." Hier sind zunächst Bewertungsmerkmale aufgezeichnet, die unabhängig von der subjektiven Anschauung der Beteiligten sind, die sich **objektiven Gesichtspunkten** (rationeller Baubetrieb, sparsame Wirtschaftsführung, einwandfreie Ausführung einschließlich Gewährleistung) unterwerfen. Also geht die Grundforderung – auch die des § 2 Nr. 1 – dahin, daß Bauvertragsverhandlungen und spätere Vertragsabschlüsse bei der Festlegung des Preises zunächst die genannten objektiv zu bewertenden Gesichtspunkte beachten müssen. Erst wenn diese aufgrund sorgfältiger Ermittlungen festgestellt worden sind, kommt ein **subjektives Element** bei der Suche nach der Angemessenheit des Preises hinzu. Dieses findet sich in Teil A § 25 Nr. 2 Abs. 2 Satz 3 und 4. Dort ist gesagt, daß demjenigen Angebot der Zuschlag erteilt werden soll, das unter Berücksichtigung aller technischen, wirtschaftlichen, gegebenenfalls auch gestalterischen und funktionsbedingten Gesichtspunkte als das **annehmbarste erscheint:** Der niedrigste Angebotspreis allein ist nicht entscheidend. Durch das hier deutlich zutage getretene subjektive Element ist der Anschauungsweise des einzelnen – naturgemäß begrenzt auf die Frage der Annehmbarkeit – ein **gewisser Spielraum** geschaffen worden. Wieweit dieser reicht, läßt sich weder auf eine allgemeingültige Formel bringen, noch sind sonst feststehende Maßstäbe zu errichten. Es ist zu bedenken, daß in jedem Einzelfall die Anforderungen an die Annehmbarkeit verschieden sein können. Dabei ist zu berücksichtigen, daß hiermit nicht nur der dem Unternehmer selbst zufallende Gewinn gemeint ist, sondern

daß alles erfaßt wird, was vom Unternehmer auch an Aufwendungen für die konkrete Bauleistung zu erbringen ist, einschließlich des bei ihm vorliegenden Know-how. Dazu kommen der Leistungswille und die Leistungsfähigkeit des Auftraggebers hinsichtlich dessen, was er für die Bauerrichtung aufwenden will und kann. Da es also für den Begriff der Annehmbarkeit keine feststehende Formel geben kann, wird man auch die Grenzen der **Angemessenheit nicht in Prozentzahlen** oder ähnlichem festlegen können. Man wird daher nicht wie das Landgericht Berlin (vgl. SFH Z 2.300 Bl. 2) sagen können, daß ein angemessener Baupreis noch vorliege, wenn dieser 15% höher ist als die von einem Sachverständigen für angemessen erachtete Vergütung, weil eine solche Differenz bei Kostenanschlägen im Baugewerbe üblich und mit dem Begriff der Verkehrssitte gemäß Treu und Glauben zu vereinbaren sei. Insoweit ist ein falscher Ausgangspunkt gewählt worden, da eine Beurteilung sich nur nach dem Einzelfall richten kann (vgl. auch Crome BB 1959, 832, 834). Dazu ist es nötig zu untersuchen, worin jeweils die Preisdifferenz zu anderen Angeboten besteht, so daß eine inhaltlich genaue Überprüfung aller Angebote nach den aufgeführten Bewertungspunkten unerläßlich ist. Die Angemessenheit eines Preises muß sich natürlich in den allgemein zulässigen Grenzen halten. Dabei ist an das Verbot des Wuchers (§ 138 Abs. 2 BGB in Verbindung mit § 302 a Strafgesetzbuch), ferner an den Gesichtspunkt von Treu und Glauben (§ 242 BGB) zu denken. Weiterhin sind an Spezialvorschriften zu berücksichtigen: a) **gegen zu niedrige Preise:** das Reichsgesetz gegen den unlauteren Wettbewerb vom 7. 6. 1909, §§ 1 und 3; die Vergleichsordnung vom 26. 2. 1935, § 18; b) **gegen zu hohe Preise** haben, soweit es um öffentliche und mit öffentlichen Mitteln finanzierte Bauten geht, die **Baupreisverordnung** und die diese ergänzenden Bestimmungen des Preisrechts Beachtung zu finden. **Keinesfalls** sind aber **nur** in den nach diesen gesetzlichen Bestimmungen aufgezeigten Fällen die Grenzen der Angemessenheit des Preises über- oder unterschritten. Vielmehr trifft dies im Einzelfall unter Berücksichtigung der eingangs erwähnten Richtlinien bereits zu, wenn ein gesetzliches Verbot hiervon nicht berührt wird. Es ist jedenfalls falsch, von dem Begriff der Angemessenheit so lange sprechen zu wollen, wie ein gesetzliches Verbot nicht überschritten ist.

4. Ausgangspunkt für die Verhandlungen über den Preis der Bauleistung ist zunächst der **Leistungswert** selbst. Bei diesem ist von der „verobjektivierten" Sicht des Unternehmers auszugehen. Für ihn stellt sich der Wert der Leistung in zwei Teilen dar, die zu addieren sind. Bei dem ersten handelt es sich um die **Aufwendungen des Unternehmers** bei oder anläßlich der Erbringung der Bauleistung, und zwar hier unter richtiger Einschätzung des unternehmerischen Risikos. Der zweite ist die Summe, die am Ende zugunsten des eigenen Vermögens des Auftragnehmers übrigbleibt, der **Gewinn.**

a) Zu dem ersten Teil, dem **Eigenaufwand des Unternehmers,** ist zu rechnen, was als **Selbstkosten** bezeichnet wird. Nach dem hierfür maßgeblichen Kalkulationsschema werden sie in der Regel aufgegliedert in **Einzelkosten der Teilleistungen** und in **Gemeinkosten der Baustelle,** die zusammen als **Herstellkosten** bezeichnet werden, und zu denen dann die **allgemeinen Geschäftskosten, der Kapitaldienst als Zwischenfinanzierung für die Baustelle und das Wagnis** des Unternehmers zu rechnen sind.

Vgl. dazu Jebe, Preisermittlung für Bauleistungen S. 36 sowie BauR 1978, 88. Nach Opitz, Selbstkostenermittlung für Bauarbeiten, sind Einzelkosten der Teilleistungen Kosten, die unmittelbar für die einzelnen Teilleistungen, die in ihrer Gesamtheit das Bauwerk bilden, aufgewendet werden müssen. Gemeinkosten der Baustelle sind Kosten, die nicht durch die einzelnen Teilleistungen, sondern durch die Gesamtheit des Baues entstehen. Allgemeine Geschäftskosten, die zu den Herstellkosten kommen, sind die Kosten, die dem Unternehmer nicht durch einen bestimmten Bauauftrag, sondern allgemein durch den Betrieb seines Gewerbes entstehen. Zu den letzteren gehören auch die allgemeinen Verwaltungskosten. Lohnkosten und Stoffkosten sind Untergruppen der vorbezeichneten beiden Teile der Herstellkosten. Die Lohnkosten bezeichnen den erforderlichen Aufwand an Löhnen und Gehältern, die Stoffkosten sind der Aufwand an sachlichen Mitteln der Herstellung, also insbesondere Kosten für Material. Zur Baupreisermittlung nach Selbstkosten vgl. Leitsätze für die Ermittlung von Preisen für Bauleistungen aufgrund von Selbstkosten

(LSP-Bau, Anlage zur VO PR Nr. 1/72, BGB l. I 1972, 297); zur Ermittlung von Stundenlohnabrechnungspreisen s. a. a. O. 303.

Alle diese baukalkulatorisch wesentlichen Elemente sind, vgl. Rdn. 12, **nach objektiven Gesichtspunkten:** rationeller Baubetrieb, sparsame Wirtschaftsführung, einwandfreie Bauausführung, zu bewerten und **zu beurteilen.** Es handelt sich also um eine Beurteilung nach einem von dritter, unbefangener und sachkundiger Seite angelegten Maßstab, allerdings unter Berücksichtigung der jeweils als berechtigt anzusehenden Interessenlage der Beteiligten im Einzelfall. Dabei wird nicht verkannt, daß diese Anforderung in der Praxis nicht einfach zu erfüllen ist. Die Hauptschwierigkeiten liegen auf dem Gebiet der objektiven Bewertung der Einzelpunkte selbst. Denn zunächst kommt es auf die jeweils verlangte Bauleistung mit allen ihren Anforderungen und mehr oder weniger großen Schwierigkeitsgraden an. Zum anderen sind auch die Unternehmerbetriebe nach ihrer Art und insbesondere ihrer Ausstattung, ihrem Umfang usw. nicht nur nicht gleich, sondern grundsätzlich kaum auf einen Nenner zu bringen. Der eine hat einen Park von Spezialmaschinen, die nur für eine bestimmte und an sich nicht oft vorkommende Bauleistung heranzuziehen sind, der andere hat ihn nicht und muß dadurch einen anderweitigen Aufwand treiben, um die Bauaufgabe überhaupt erfüllen zu können. Der eine hat die Möglichkeit, Baumaterial bei einem Großhändler zu einem günstigeren Mengenrabatt zu erhalten als der andere. Die eine Firma hat einen größeren Lohnaufwand, den die andere vermeiden kann. Ein Unternehmer ist in der Lage, seine Arbeiter in betriebseigenen Kraftwagen zur Baustelle zu fahren, der andere muß mit Tarifen der Bahn oder der sonstigen öffentlichen Verkehrsmittel rechnen. Zu berücksichtigen ist auch das in den einzelnen Baubetrieben unterschiedlich vorhandene Know-how. Hier lassen sich eine Unmenge Beispiele bilden, um schon aus der unterschiedlichen Struktur und den unterschiedlichen Möglichkeiten der einzelnen Unternehmerfirmen heraus daran zweifeln zu können, ob ein verobjektivierter Maßstab überhaupt gegeben sein kann. Trotzdem ist das möglich, weil es von der VOB aus gesehen die hier maßgeblichen drei Grundsätze gibt, wie sie in Teil A § 25 Nr. 2 Abs. 2 Satz 2 niedergelegt sind. Dadurch ist ein für **alle gültiges gesundes Mittelmaß** festgelegt, das Anforderungen aufstellt, die der Bewertung im Einzelfall dienlich sind. Dabei kommt es auf den jeweils anstehenden Vergabefall an, wobei allerdings der aktuelle, also nicht zu alte Erfahrungsrückfluß von Baustellen, der aus Nachkalkulationen ersehen werden kann, eine wesentliche Hilfe sein kann. Bei dieser Bewertung ist nach der Forderung der VOB folgende Fragestellung geboten:

15 aa) Entspricht das, was der Bieter in den Einzelpunkten seines Angebotes an Eigenaufwendungen aufgeführt hat, nach allgemeingültigen technischen Gesichtspunkten den Anforderungen, die nach dem heutigen Stand an einen rationellen Baubetrieb zu stellen sind?

16 bb) Entspricht das, was der Bieter in den Einzelpunkten seines Angebotes an Eigenaufwendungen aufgeführt hat, nach allgemeingültigen kaufmännischen Gesichtspunkten den Anforderungen, die nach heutigem Stand des Marktes an die sparsame Wirtschaftsführung in einem Baubetrieb zu stellen sind?

17 cc) Entspricht das Angebot im einzelnen und in seiner Gesamtheit der Erwartung, daß eine einwandfreie Bauausführung gewährleistet ist? Sind in diesem Rahmen die Preisanforderungen so, daß nach den jeweils geltenden Gesichtspunkten eine gewisse Bewegungsfreiheit des Bieters bei der Bauherstellung gegeben ist und er daher „aus Zeitnot" oder sonstigen Gründen nicht genötigt ist, oberflächliche und unbefriedigende Arbeit zu leisten?

18 Beantwortet man diese Fragen bei gerechter Abwägung rein sachlich, so wird annähernd ein Bild erreicht werden, um das es bei der Ermittlung des angemessenen Preises letztlich geht. Die Ansicht von Daub/Piel/Soergel (ErlZ A 2.31), der Auftraggeber könne die vorerwähnten Fragen „überhaupt nicht" beantworten, dürfte kaum zutreffen, da ihm hierzu genügend

A § 2, 1, Rdn. 19+20

Hilfsmittel, wie auf Erfahrungen beruhende baubetriebliche Berechnungen, Preisspiegel, Statistiken usw., die die erforderliche Verobjektierung für Ort und Zeit der Bauausführung wiedergeben bzw. ermöglichen, bei entsprechender Bemühung zur Verfügung stehen dürften.

Wesentliche Hilfe für die Ermittlung des angemessenen Preises können die Schriften von Keil/Martinsen, Einführung in die Kostenrechnung für Bauingenieure, 5. Aufl. 1985, Werner-Verlag, Düsseldorf, sowie von Pause/Schmieder, Baupreis und Baupreiskalkulation, Wibau-Verlag, Düsseldorf/Verlag R. Müller, Köln, 1986, bieten. Vgl. auch Jebe, Preisermittlung für Bauleistungen 1974, ebenfalls Werner-Verlag; ders. BauR 1978; ferner zu den allgemeinen Grundlagen der Baukostenkalkulation und den Grenzen der kalkulatorischen Preisgestaltung Kunz ZSW 1980, 241. Zu theoretischen Grundlagen für die Wertermittlung durch Sachverständige vgl. Aurnhammer BauR 1981, 139.

b) Bei dem **zweiten Teil**, nämlich dem **Gewinn**, handelt es sich um den Zuschlag, der sowohl auf die Einzelleistung als auch auf die Pauschalen für die Baustelleneinrichtung usw. gemacht wird. Dem Unternehmer soll nicht nur das Risiko eines eventuellen finanziellen Verlustes abgenommen werden, sondern es soll ihm auch ein den Umständen entsprechender, **angemessener Gewinn gewährleistet** sein. Bei der Bemessung des über die Eigenaufwendungen hinausgehenden Preisteiles kommt es nach der jetzigen Fassung der VOB (Teil A § 25 Nr. 2 Satz 3 und 4 = annehmbarstes Angebot) auf die **nach objektivem Maß stäben zu prüfende Auffassung des einzelnen Unternehmers** an. Also ist auch hier ein bloß freie Ermessen des Unternehmers letztlich nicht ausschlaggebend. Vielmehr sind auch ihm durch den Begriff der **Annehmbarkeit** Richtlinien gegeben, zumindest als Rahmen, womit zugleich auch die berechtigten Belange des Auftraggebers aus objektiver Warte Berücksichtigung finden. Damit ist ein **gesundes Mittelmaß an Gewinnstreben** gemeint, das den Verhältnissen der Person und des Betriebes des Unternehmers, aber auch der anerkennenswerten Interessenlage des Auftraggebers, gerecht wird. Zu dem Begriff der Annehmbarkeit gehört auch der sogenannte „Risikozuschlag". Dieser ist nicht generell in einer bestimmten Summe oder in einem gewissen Prozentsatz festzulegen, vielmehr richtet er sich nach Art und Umfang der im Einzelfall geforderten Bauleistung (vgl. dazu auch Jebe, Preisermittlung für Bauleistungen, S. 59 ff., sowie BauR 1978, 88; ferner Schubert, Die Erfaßbarkeit des Risikos der Bauunternehmer bei Angebot und Abwicklung einer Baumaßnahme, 1971, Werner-Verlag). Denn gerade hier sind die die Grundlage dieses Zuschlages bildenden und in der Kalkulation zu berücksichtigenden sogenannten ungünstigen Annahmen niemals gleich, sondern sie sind völlig von der jeweiligen Bauleistung mit allen ihren Einzelheiten abhängig. Dabei können die „ungünstigen Annahmen" (das Risiko) nur dann ernsthaft in Erwägung gezogen werden, wenn sie im Einzelfall auch im Bereich des Möglichen liegen. So kommt ein Zuschlag nicht in Betracht, wenn bei Erdarbeiten eindeutig feststeht, daß es sich um normalen, gewachsenen Boden handelt, also keine berechtigte Annahme oder jedenfalls begründete Unsicherheit besteht, daß besondere Schwierigkeiten, wie etwa durch notwendige Sprengungen, besonderen Verbau und/oder Maschineneinsatz usw., auftreten können. Nach allem muß sich der Unternehmer bei der Aufstellung seiner über die Eigenaufwendungen hinausgehenden Gewinnforderung folgende Frage vorlegen und diese mit möglicher Objektivität beantworten: Ist das, was nach den geforderten Preisen unter Berücksichtigung der Eigenaufwendungen und aller voraussehbaren Risiken am Ende zugunsten des eigenen Vermögens des Bieters übrigbleibt, nach allgemeinen wirtschaftlichen Gesichtspunkten einer aufbauenden Fortführung des Betriebes unter Beachtung der Prinzipien vernünftigen Gewinnstrebens annehmbar, also letztlich angemessen?

19

c) Zu den in Rdn. 14 ff. gekennzeichneten Kostenelementen ist noch die **Mehrwertsteuer** zu berücksichtigen (vgl. Jebe, Preisermittlung für Bauleistungen, S. 36, sowie BauR 1978, 88), um zur **Bruttoangebotssumme** zu kommen. Diese ist jedoch im **Angebot gesondert auszuweisen,** um Vertragsbestandteil werden zu können (vgl. Honig BB 1975, 447 m. w. N.). Aus-

20

nahmsweise ist das nicht erforderlich, wenn es sich bei den späteren Bauvertragspartnern um im Handelsregister eingetragene, beiderseits vorsteuerabzugsberechtigte Unternehmen handelt, da sich insoweit ein Nettodenken i. S. eines Handelsbrauchs gebildet hatte (vgl. Schaumburg/Schaumburg NJW 1975, 1261), abgesehen davon, daß sich auch hier die gesonderte Angabe des Mehrwertsteuersatzes doch allgemein durchgesetzt hat. Es ist geboten, immer im Angebot darauf hinzuweisen, daß die Mehrwertsteuer entsprechend erhöht wird, falls sich deren Satz während der Bauausführung zu Lasten des Auftragnehmers ändert, damit der Auftragnehmer keinen Nachteil erleidet. Das gilt vornehmlich bei Pauschalpreisangeboten, erst recht bei sogenannten Festpreisangeboten. Insofern darf aber, soweit im Einzelfall anwendbar (vgl. Teil A § 10 Rdn. 77 ff.), § 11 Nr. 1 AGB-Gesetz nicht übersehen werden. Vgl. dazu auch Teil B § 2 Rdn. 127. Zur Umsatzbesteuerung in der Bauwirtschaft vgl. das Merkblatt der OFD Düsseldorf, Köln und Münster (Betrieb 1982, 466).

21 5. Der Rdn. 12 ff. vorgezeichnete Prüfungsgang kann vom Betrieblichen her gesehen nach einem durchaus verschiedenen Maßstab erfolgen. Es ist klar, daß z. B. bei einem großen Unternehmen andere Sätze zu gelten haben als bei einem mittleren oder kleineren. Handelt es sich um Großbauleistungen oder um Bauarbeiten spezieller Art, so liegt es auf der Hand, daß diese Arbeiten zweckgerecht nur entweder von Großfirmen bzw. Arbeitsgemeinschaften oder von spezialisierten Firmen ausgeführt werden können. Hier den Maßstab heranzuziehen, der für einen „normalen" Baubetrieb gilt, wäre verfehlt. Vielmehr kann der Ausgangspunkt der Würdigung der Angebote im Hinblick auf die Angemessenheit der geforderten Preise nur von den heute an einen Großbetrieb, eine Arbeitsgemeinschaft oder einen Spezialbetrieb zu stellenden allgemeinen Anforderungen hergeleitet werden. Das dürfte in der Praxis kaum auf besondere Schwierigkeiten stoßen, und zwar allein deshalb nicht, weil in diesen Fällen in der Regel eine Vergabeart (vgl. Teil A § 3) gewählt wird, bei der nur diese hier lediglich in Frage kommenden Unternehmer im Wettbewerb um den Auftrag zugelassen werden. Schwieriger ist das schon bei „normalen" Bauleistungen, auch kleineren Aufträgen. Hier bewerben sich oft sowohl größere als auch andere Firmen und Handwerker um den Auftrag. Gerade hier wird die unterschiedliche betriebliche Gestaltung zu nicht unerheblichen Unterschieden in den Ansatzpunkten des Angebotes führen. Hier könnte man der Auffassung sein, daß die Beurteilung aller Umstände wegen der Verschiedenartigkeit der jeweiligen Firmenstruktur zu gänzlich verschiedenen Ergebnissen kommt und es daher eine **„mehrfache Angemessenheit"** geben würde. Das ist zwar vom Logischen gesehen nicht falsch. Übersehen würde aber, daß die zivile Rechtsordnung für derartige Fälle, in denen in der tatsächlichen Grundlage Verschiedenheiten für dieselbe Leistung bestehen oder bestehen können, die Anlegung eines **gesunden Mittelmaßes** vorgesehen hat. Dies ist auch im BGB zum Ausdruck gekommen, wie z. B. in §§ 243 Abs. 1, 317 Abs. 2 BGB. Es erscheint daher aus allgemeingültigen rechtlichen Gesichtspunkten gerechtfertigt, bei der Bestimmung des angemessenen Preises bei den „normalen" Bauleistungen die betrieblichen Aufwendungen und Unkosten sowie die sonstigen wesentlichen Gesichtspunkte zu berücksichtigen, die bei einem **mittleren,** den allgemeinen Anforderungen entsprechenden Baubetrieb **der Üblichkeit entsprechen.** Vergleichsmaßstab ist dann nicht der konkret die Bauleistung anbietende Betrieb, sondern ein fiktives Unternehmen, das den erwähnten Anforderungen entspricht. Hierdurch ist ein hinreichendes Maß an Objektivität gewährleistet, um die im Rahmen der Prüfung der Angebote auftretenden Fragen beantworten zu können. Dadurch wird auch die immer wieder geäußerte irrige Ansicht berichtigt, das angemessene Angebot und der angemessene Preis seien gleichzusetzen mit dem **niedrigsten Angebot.** Abgesehen davon, daß dies schon nicht in den Rahmen dessen paßt, was zur Preisgestaltung ausgeführt worden ist, würde man von der grundsätzlichen Anforderung einer gesunden Beurteilung abweichen und allein die subjektive Anschauung der Beteiligten für maßgeblich erachten, was schlechthin mit dem Begriff des angemessenen Preises nicht vereinbar ist. Deshalb kann hier auch die Frage der Einhaltung oder Nichteinhaltung allgemeinverbindlicher Tarifverträge durchaus eine erhebliche Rolle spielen.

6. Durch die Erläuterungen in Rdn. 10-21 ist versucht worden, dem Auftraggeber einerseits und dem Bieter andererseits aus der hier nicht wegzudenkenden rechtlichen Sicht eine Darstellung darüber zu geben, auf welcher Basis und unter Beachtung welcher Einzelanhaltspunkte zweckmäßig bezüglich des Preises zu verhandeln und ein Bauvertrag nach der VOB abzuschließen ist. Hierdurch soll die angemessene Preisgrundlage für die **selbstverständlich immer freie Vertragsabrede** der Verhandlungspartner gefunden werden. Es ist nicht zu vergessen, daß schließlich immer der **Wille der Verhandelnden nach dem Grundsatz der Vertragsfreiheit für die letzte und bindende Entscheidung,** die zum Vertragsabschluß führt, **maßgebend** ist. Wenn man nach Teil A der VOB Bauvertragsverhandlungen führt, so wird man aber dem nur gerecht, wenn hinsichtlich der Vereinbarung der Vergütung die hiermit unabdingbar verbundenen Gesichtspunkte beachtet werden. Es mag sein, daß eine derartige Verfahrensweise mühsamer und zeitraubender ist, als es vielerorts geübter Praxis entspricht. Es ist aber besser, diese Mühe bereits bei den Vertragsverhandlungen und bei dem Vertragsabschluß aufzuwenden, als sich später in seinen Erwartungen enttäuscht zu sehen (vgl. Teil A § 25 Nr. 2 Abs. 2 Satz 4: „Der niedrigste Angebotspreis allein ist nicht entscheidend").

Daub (Die Bauverwaltung 1960, 537 f.) meint, der Preis sei ohne eine eingehende Würdigung der machtmäßigen Preisbildungsvorgänge kaum richtig zu interpretieren. Das trifft zu. Es ist aber so, daß gerade die objektive Betrachtungsweise zwangsläufig die jeweiligen Machtverhältnisse mit umfaßt. Auch diese gehören zum oben (Rdn. 21) angeführten Begriff des gesunden Mittelmaßes.

III. Rechtsfolgen bei Abweichung vom Grundsatz der Angemessenheit

Haben die Parteien **bewußt und gewollt** bei Abschluß eines Bauvertrages einen Preis vereinbart, der **nicht** den Erfordernissen der **Angemessenheit** in diesem oder jenem Sinn entspricht, so wird, wenn zwingende gesetzliche Vorschriften (z.B. §§ 134, 138 Abs. 2, 242 BGB) – einschließlich der **Baupreisverordnung** – nicht entgegenstehen, dadurch nach dem Grundsatz der Vertragsfreiheit weder der Vertrag unwirksam, noch stehen diesem oder jenem an der Festlegung dieses anderweitigen Preises bewußt und gewollt Beteiligten Aufhebungsrechte oder Schadensersatzansprüche zu. Die Beteiligten haben dann, vom Gesichtspunkt der Angemessenheit her betrachtet, entweder zu ihrem Vorteil oder zu ihrem Nachteil gehandelt und **müssen sich dies zurechnen lassen.** Daß sie sich außerhalb der Regelung der VOB begeben haben, ist von ihnen **selbst zu verantworten** (auch Daub/Piel/Soergel ErlZ A 2.34).

C. Der Wettbewerb als Regel (§ 2 Nr. 1 Satz 2)

Teil A § 2 Nr. 1 Satz 2 stellt die Forderung auf, daß bei der Vergabe der Bauleistungen der **Wettbewerb die Regel** sein soll. Die Vergabe soll also grundsätzlich auf die Beteiligung mehrerer Bewerber bzw. Bieter auf der Auftragnehmerseite abgestellt werden. Diese Forderung ist keineswegs auf eine bestimmte Vergabeart (vgl. Teil A § 3) oder eine bestimmte Art der Vergütung (vgl. Teil A § 5) abgestellt oder beschränkt. Vielmehr **gilt** sie grundsätzlich **für alle** nach der VOB ausgerichteten **Vertragsverhandlungen** (so auch Nr. 1. VHB zu Teil A § 2). Es kommt also z. B. nicht darauf an, ob die Öffentliche Ausschreibung, die Beschränkte Ausschreibung oder nur die Freihändige Vergabe gewählt worden ist. Allerdings wäre ein Wettbewerb dort nicht sinnvoll, wo er nach der Lage des Einzelfalles nicht möglich oder ohne Zweck ist (vgl. dazu z. B. Teil A § 3 Nr. 6). Dann wäre es überspitzt, auch dann noch an diesem Grundsatz festzuhalten. Andererseits ist aber zu berücksichtigen, daß diese Fälle Ausnahmecharakter tragen und es schon einer hinreichenden Überlegung und auch Begründung bedarf, warum nicht mehrere in ausreichender Zahl am Wettbewerb beteiligt worden sind. Solche Ausnahmen sind nur denkbar in bezug auf die Art und Besonderheit der geforderten Leistung, nicht aber aus anderen Gründen.

25 Der **Begriff des Wettbewerbs** ist nur im vorbezeichneten Sinne, nämlich **als Beteiligung mehrerer am Vergabeverfahren,** aufzufassen. Dabei ist das Bestreben der am Wettbewerb Beteiligten maßgebend, durch eigene Leistung, die nach Qualität oder Preis besser ist als die Leistung anderer Unternehmen, den Verbraucher (hier: Auftraggeber) zum Abschluß eines Vertrages zu veranlassen (Rupprecht, Die Bauverwaltung 1978, 1). **Nicht gemeint ist damit nur der Wettbewerb im engeren Sinne** besonderer zivilrechtlicher und auch öffentlichrechtlicher Gesetze oder Verordnungen. Ihre Einhaltung (z. B. §§ 1, 3 UWG, §§ 15, 16 GWB) ist – auch ohne die hier erörterte Bestimmung der VOB – eine Selbstverständlichkeit.

D. Bekämpfung ungesunder Begleiterscheinungen (§ 2 Nr. 1 Satz 3)

26 Letztlich sagt Teil A § 2 Nr. 1 Satz 3, daß im Vergabeverfahren **ungesunde Begleiterscheinungen bekämpft** werden sollen. Diese Formulierung weist darauf hin, daß man sich nicht auf bestimmte, umgrenzte Sachverhalte hat festlegen wollen. Nach Eplinius wurde bei der ersten Fassung der VOB an „alle Auswüchse des Wettbewerbs, Unterbietungen, unlautere Konkurrenzmittel, Auferlegung von allgemeinen oder besonderen Vertragsbedingungen, die der VOB zuwiderlaufen, Gegeneinanderausspielen der verschiedenen Bewerber durch den Bauherrn, Angebote zu Schleuderpreisen und auch an Angebote gedacht, die im Wege gegenseitiger Verabredung der Unternehmer zum Zwecke sittenwidriger Ausnutzung des Bauherrn zustande gekommen sind". Also wird man von einer **Generalklausel** sprechen müssen. Sie umfaßt einmal das Verbot, die von der Rechtsordnung allgemein aufgestellten Grenzen zulässigen Handelns zu überschreiten. Hierzu gehört im Rahmen des § 826 BGB z. B. auch das **Verbot von Preisabsprachen** zwischen mehreren Firmen mit dem Ziel, einer bestimmten Firma zu einem übersetzten Preis oder einem jedenfalls nicht angemessenen Preis den Auftrag zukommen zu lassen. Hierzu rechnen sowohl die Unternehmer als auch die Auftraggeber in ihren jeweiligen Regelungen erfassenden zwingenden gesetzlichen Bestimmungen, wie z. B. auch das **Gesetz gegen Wettbewerbsbeschränkungen** (GWB), **das Gesetz gegen unlauteren Wettbewerb** (UWG) und die **Abwerbung von Arbeitskräften** eines anderen Unternehmers, der Mitkonkurrent ist. Vgl. dazu Teil A § 25 Rdn. 35. Da es sich hier eigentlich um die Hauptfälle handelt, ist darauf in der VOB („wie z. B. wettbewerbsbeschränkende Verhaltensweisen") besonders hingewiesen worden. Dabei ergibt Sinn und Zweck dieser Regelung in der VOB , daß als unzulässig anzusehende Verhaltensweisen **auch vorliegen, wenn über den Rahmen des § 1 GWB hinaus wettbewerbswidrige Verhandlungen und Verabredungen zwischen Bewerbern oder Bietern stattgefunden haben, die nicht zum Erfolg geführt haben.**

Zur Übersicht auch Häring, Das Wettbewerbs- und Kartellrecht in der Bauwirtschaft, 1973, Luchterhand Verlag, Neuwied/Berlin; ferner Barnickel, Aktuelle kartellrechtliche Probleme der Bauwirtschaft, RWS-Seminarskript Nr. 30; ders. WUV 1984, 90. Siehe dazu auch Schelle, Bauverwaltung 1984, 110; insbesondere Schelle/Freise Bauwirtschaft 1987, 1128, die zutreffend auf die Ergänzungsbedürftigkeit der §§ 22, 26 GWB hinweisen, um den etwaigen Mißbrauch der Marktmacht durch den öffentlichen Auftraggeber besser unter kartellrechtliche Kontrolle bringen zu können. Andererseits: Zu Preisabsprachen in der Bauwirtschaft ist für öffentliche Auftraggeber des Bundes der Erlaß des Bundesministers für Raumordnung, Bauwesen und Städtebau vom 5. 9. 1973 (Die Bauverwaltung 1973, 590) wesentlich. Über Schadensersatzansprüche des Auftraggebers bei Submissionsabsprachen vgl. auch Schmid ZIP 1983, 652. Dazu auch Nr. 2.2. VHB zu Teil A § 2.

27 Sowohl für die Auftragnehmer- als auch die Auftraggeberseite ist zu beachten: Ein Vertrag über ein **Preismeldeverfahren** für abgeschlossene Geschäfte, das nur der einen Marktseite zugänglich ist, ist nach Ansicht des BGH (NJW 1975, 788 = MDR 1975, 508 mit krit. Anm. von Knöpfle NJW 1975, 986, dazu zutreffend Anm. Emmerich NJW 1975, 1599) in der Regel nach § 1 GWB unwirksam, wenn die Beteiligten nach den tatrichterlichen Feststellungen damit vertraglich auf den wettbewerbswirksamen Einsatz des Preises als Werbemittel verzich-

ten. Insoweit dürfte für die Bauwirtschaft besondere Vorsicht geboten sein (s. dazu auch Häring BlGBW 1975, 227, 230 sowie Bundeskartellamt, Stellungnahme vom 2. 7. 1976, BB 1976, 994). Anders dürfte es mit Verfahren stehen, die lediglich auf die **allgemeine Beobachtung und Förderung des Baumarktes** gerichtet sind, da sie eher wettbewerbsfördernd als wettbewerbsbehindernd sind. Sie sind wesentlich auf die sachgerechte Ausnutzung freier Kapazitäten auf dem Baumarkt abgestellt (zu solchen Verfahren in Bayern vgl. Handelsblatt vom 29. 12. 1977 Nr. 229). Aber auch hier dürfen die zulässigen Grenzen nicht überschritten werden. Das kann hinsichtlich eines von einem Verband vermittelten Meldesystems (Angebotsmeldeverfahrens; Baumarktstatistik) der Fall sein, das durch Rückmeldungen an Unternehmen, die eine Beteiligungsabsicht geäußert haben, vorsieht, daß jeder Beteiligte über den bei einer konkreten Ausschreibung zu erwartenden Bieterkreis informiert wird; hier kommt eine wettbewerbsbeschränkende Wirkung eines solchen Meldesystems dadurch zum Ausdruck, daß die Unsicherheit über die Wettbewerber bei einer bestimmten Vergabe beseitigt wird; die Kenntnis der Anzahl und Art der Mitbewerber dürfte durchaus geeignet sein, die Wettbewerbsanstrengungen des rückfragenden Unternehmens und somit den Zwang zu einer möglichst knappen Kalkulation zu vermindern, was auch gilt, wenn die Unternehmen nicht verpflichtet sind, sich an dem Verfahren zu beteiligen (BGH NJW 1987, 1821 = MDR 1987, 471 = Betrieb 1987, 1184 = WM 1987, 415 = ZIP 1987, 315 = LM § 1 GWB Nr. 37; Tätigkeitsbericht des Bundeskartellamtes 1979/80 S. 89; dazu Grauel Betrieb 1981, 2061, 2062). Über **Konditionenkartelle** in der Bauwirtschaft Schlenke, Bauwirtschaft 1979, 1018; ferner Rusam ZfBR 1986, 11 ff.

Weiter sind als ungesunde Begleiterscheinungen die Fälle zu rechnen, in denen ein Bewerber bzw. Bieter über den anderen, um ihn im Geschäftsleben zu schädigen, unwahre, **kreditschädigende Behauptungen** aufstellt, insbesondere mit dem Ziel, einen Konkurrenten im geschäftlichen Wettbewerb auszuschalten. Insoweit kommt neben § 826 BGB auch eine Haftung des Schädigers nach den §§ 823, 824, 249 BGB sowie nach dem Rechtsgedanken des § 1004 BGB in Betracht (vgl. dazu BGH NJW 1962, 731). Derartig handelnde Unternehmer dürfen bei der Vergabe nach der VOB nicht berücksichtigt werden, wenn man den Sinn dieser Vorschriften nicht unbeachtet lassen will. Voraussetzung für die Haftung des Schädigers ist es allerdings, daß sich die verbreitete Behauptung mit dem Betroffenen befassen oder doch in enger Beziehung zu seinen Verhältnissen, seiner Betätigung oder seiner gewerblichen Leistung stehen muß (vgl. BGH NJW 1973, 1871). Über das Urteil auf Widerruf ehrverletzender Behauptungen und seine Vollstreckung vgl. Helle NJW 1963, 129 ff. In diesem Zusammenhang ist für das Bauvergabeverfahren auch auf § 26 Abs. 2 GWB hinzuweisen (vgl. dazu Einl. Rdn. 70). 28

Gemeint sind mit dem Begriff der ungesunden Begleiterscheinungen aber auch alle Fälle, die **gesetzlich** nicht einmal **verboten** sind, die aber den **Gepflogenheiten eines ordentlichen Geschäftsverkehrs im Bauleben widersprechen.** An sich bringt das Prinzip des Wettbewerbs aus sich heraus gewisse Härten und Schärfen (vgl. Hereth/Naschold Teil A § 2 Ez. 57) mit sich. Diese können als mit dem Wettbewerb notwendig verbunden nicht unter Teil A § 2 Nr. 1 Satz 3 fallen. Trotzdem sind es gerade die durch den Wettbewerb auftretenden unerfreulichen Begleiterscheinungen, die ein Halt gebieten. Es ist verständlich, wenn es die VOB vermieden hat, Einzelfälle ungesunder Begleiterscheinungen aufzuzählen. Denn diese sind einmal vielfältig möglich und zum anderen wandelbar, je nach Zeit und Ort. Allgemein wird man es, selbst wenn noch im Rahmen der Gesetze liegend, als von der VOB mißbilligt erachten müssen, wenn ein an Bauvertragsverhandlungen Beteiligter sich in einer Weise verhält, daß **andere gehindert** sind im Wettbewerb aufgrund dieses Verhaltens die ihnen gegebenen und aus ihrer eigenen betrieblichen Kraft kommenden Möglichkeiten zu entfalten. Derartige Bewerber sollten nicht mehr an einem Vergabeverfahren beteiligt werden. Nicht als ungesunde Begleiterscheinung kann es aber schon angesehen werden, wenn ein Unternehmen ein besonderes Know-how auf einem Spezialgebiet des Bauwesens, wie z. B. für den Bereich der Errichtung 29 von Turn- und Sporthallen, besitzt. Die VOB/A will keineswegs die Beteiligung eines mit besonderen Kenntnissen und Erfahrungen ausgestatteten Unternehmens für den Bereich des Wettbewerbs verhindern. Zur Beteiligung eines Unternehmers, der selbst planerische Vorarbeiten geleistet hat, am Vergabeverfahren (sogenannter **Projektant**) vgl. Teil A § 8 Rdn. 42.

30 Eine ungesunde Begleiterscheinung auf der Auftraggeberseite liegt auch darin, daß jemand die Erteilung des Auftrages von der Eingehung eines Gegengeschäftes abhängig macht (vgl. Weilbier/Wiesen S. 16 f.). Wer Schwierigkeiten in der Baufinanzierung hat, sollte es unterlassen, überhaupt einen Bauvertrag einzugehen. Siehe auch Einl. Rdn. 70.

31 Zu den allgemeinen Wettbewerbsregeln der Bauindustrie vgl. Teil A § 25 Rdn. 23.

E. Ganzjährige Bautätigkeit (§ 2 Nr. 2)

32 Nr. 2, wonach anzustreben ist, die Aufträge so zu erteilen, daß die **ganzjährige Bautätigkeit gefördert** wird, hat **keinerlei rechtlichen Charakter**. Es handelt sich um eine Empfehlung wirtschaftspolitischer Art, die eine möglichst weitgehende Vollbeschäftigung auf dem Bausektor bewirken soll. Auch die Frage einer möglichst niedrigen Baupreisgestaltung durch kontinuierliche Beschäftigung spielt hier eine maßgebliche Rolle. Die Vorschrift wendet sich insbesondere an Behörden als Auftraggeber. Hier ist besonders auf den in den letzten Jahren immer mehr hervorgetretenen **Winterbau** hinzuweisen. Inwieweit ein Bauen während der kalten Jahreszeit verwirklicht werden kann, hängt im wesentlichen von der weiteren technischen Entwicklung auf dem Bausektor ab.

33 Von **besonderer Bedeutung** sind hier die Weisungen über die Rechtsanwendung und das Verfahren bei der Förderung der ganzjährigen Beschäftigung in der Bauwirtschaft im Runderlaß der Bundesanstalt für Arbeit vom 16. 8. 1973 (Beilage zu Heft 10/1973 der „Amtlichen Nachrichten der Bundesanstalt für Arbeit"). Hinzuweisen ist vor allem auch auf die **Baubetriebe-Verordnung** vom 19. 7. 1972 (BGB l. I S. 1257) in der Fassung der Verordnung vom 28. 10. 1980 (BGB l. I S. 2033), vgl. auch BB 1972, 965 und 1232 sowie BB 1975, 654. Ferner Kiehne: „Kontinuierliches Bauen", Die Bauverwaltung 1975, 370; zugleich zu den Richtlinien im VHB zu Teil A § 2, die jetzt i.d.F. der 6. Austauschlieferung 1988 vorliegen. Siehe dazu auch Rundschreiben des Bundesministers für Raumordnung, Bauwesen und Städtebau vom 24. 10. 1986, wonach die Zuschüsse nach dem Arbeitsförderungsgesetz bis zum 31. 3. 1989 ausgesetzt sind. Vgl. ferner auch Erlaß des Bundesministers für Raumordnung, Bauwesen und Städtebau vom 23. 7. 1975 (a. a. O. S. 375), der weitgehend auch von den Ländern übernommen worden ist (vgl. z. B. für Hessen Die Bauverwaltung 1976, 34, für Bayern a. a. O. S. 33). Über **Wintergeld** auf Auslandsbaustellen vgl. Schmidt BB 1978, 1016.

§ 3 Arten der Vergabe

1. (1) Bei Öffentlicher Ausschreibung werden Bauleistungen im vorgeschriebenen Verfahren nach öffentlicher Aufforderung einer unbeschränkten Zahl von Unternehmern zur Einreichung von Angeboten vergeben.

(2) Bei Beschränkter Ausschreibung werden Bauleistungen im vorgeschriebenen Verfahren nach Aufforderung einer beschränkten Zahl von Unternehmern zur Einreichung von Angeboten vergeben, gegebenenfalls nach öffentlicher Aufforderung, Teilnahmeanträge zu stellen (Beschränkte Ausschreibung nach öffentlichem Teilnahmewettbewerb).

(3) Bei Freihändiger Vergabe werden Bauleistungen ohne ein förmliches Verfahren vergeben, gegebenenfalls nach öffentlicher Aufforderung, Teilnahmeanträge zu stellen (Freihändige Vergabe nach öffentlichem Teilnahmewettbewerb).

2. Der zuständige Bundesminister gibt bekannt, in welchen Vergabefällen bei Beschränkter Ausschreibung und Freihändiger Vergabe ein öffentlicher Teilnahmewettbewerb erforderlich ist; Nr. 6 bleibt unberührt.

3. Öffentliche Ausschreibung soll stattfinden, wenn nicht die Eigenart der Leistung oder besondere Umstände eine Abweichung rechtfertigen.

4. Beschränkte Ausschreibung soll stattfinden,

a) wenn die Leistung nach ihrer Eigenart nur von einem beschränkten Kreis von Unternehmern in geeigneter Weise ausgeführt werden kann, besonders wenn außergewöhnliche Zuverlässigkeit oder Leistungsfähigkeit (z. B. Erfahrung, technische Einrichtungen oder fachkundige Arbeitskräfte) erforderlich ist,

b) wenn die Öffentliche Ausschreibung für den Auftraggeber oder die Bewerber einen Aufwand verursachen würde, der zu dem erreichbaren Vorteil oder dem Wert der Leistung im Mißverhältnis stehen würde,

c) wenn eine Öffentliche Ausschreibung kein annehmbares Ergebnis gehabt hat,

d) wenn die Öffentliche Ausschreibung aus anderen Gründen (z. B. Dringlichkeit, Geheimhaltung) unzweckmäßig ist.

5. Freihändige Vergabe soll nur stattfinden, wenn die Öffentliche oder Beschränkte Ausschreibung unzweckmäßig ist, besonders

a) weil für die Leistung aus besonderen Gründen (z. B. Patentschutz, besondere Erfahrungen oder Geräte) nur ein bestimmter Unternehmer in Betracht kommt,

b) weil die Leistung nach Art und Umfang vor der Vergabe nicht eindeutig und erschöpfend festgelegt werden kann,

c) weil sich eine kleine Leistung von einer vergebenen größeren Leistung nicht ohne Nachteil trennen läßt,

d) weil die Leistung besonders dringlich ist,

e) weil nach Aufhebung einer Öffentlichen oder Beschränkten Ausschreibung eine erneute Ausschreibung kein annehmbares Ergebnis verspricht.

6. Die Verpflichtung, einen öffentlichen Teilnahmewettbewerb bei Beschränkter Ausschreibung oder Freihändiger Vergabe zu veranstalten (Nr. 2), besteht nicht, wenn

a) nur ein Unternehmer für die Ausführung der Leistung in Betracht kommt (Nr. 5 a),

b) im Ausnahmefall die Leistung nach Art und Umfang oder wegen der damit verbundenen Wagnisse nicht eindeutig und so erschöpfend beschrieben werden kann, daß eine einwandfreie Preisermittlung zwecks Vereinbarung einer festen Vergütung möglich ist (vgl. auch Nr. 5 b),

c) an einen Auftragnehmer zusätzliche Leistungen vergeben werden sollen, die weder in seinem Vertrag noch in dem ihm zugrundeliegenden Entwurf enthalten sind, jedoch wegen eines unvorhergesehenen Ereignisses zur Ausführung der im Hauptauftrag beschriebenen Leistung erforderlich sind, sofern diese Leistungen

– sich entweder aus technischen oder wirtschaftlichen Gründen nicht ohne wesentliche Nachteile für den Auftraggeber vom Hauptauftrag trennen lassen oder

– für die Verbesserung der im Hauptauftrag beschriebenen Leistung unbedingt erforderlich sind, auch wenn sie getrennt vergeben werden könnten, vorausgesetzt, daß die geschätzte Vergütung für alle solche zusätzlichen Leistungen die Hälfte der Vergütung der Leistung nach dem Hauptauftrag nicht überschreitet (vgl. auch Nr. 5 c),

d) wegen der Dringlichkeit die vorgeschriebenen Bewerbungs- und Angebotsfristen (§ 17 Nr. 2 Absatz 3, § 18 Nr. 3) aus zwingenden Gründen infolge vom Auftraggeber nicht voraussehbarer Ereignisse nicht eingehalten werden können (vgl. auch Nr. 5 d),

e) bei Öffentlicher Ausschreibung beziehungsweise bei Beschränkter Ausschreibung oder Freihändiger Vergabe mit öffentlichem Teilnahmewettbewerb keine annehmbaren Angebote abgegeben oder keine ordnungsgemäßen Teilnahmeanträge gestellt worden sind und eine Wiederholung eines solchen Verfahrens kein brauchbares Ergebnis erwarten läßt (Nr. 5 e), vorausgesetzt, daß die ursprünglich vorgesehene Leistung nach Art, Umfang und Ausführungsbedingungen grundsätzlich nicht geändert wird,

f) die auszuführende Leistung Geheimhaltungsvorschriften unterworfen ist.

Inhaltsübersicht

	Rdn.
A. Allgemeines	1–10
I. Ausgangspunkt	1
II. Die drei Vergabearten	2
III. Grundlegendes zu den Vergabearten	3–5
IV. Reihenfolge der Vergabearten	6–7
V. Verhältnis zum BGB und Rechtsfolgen bei Verstößen gegen Vergabegebote	8–10
B. Die einzelnen Vergabearten	11–47
I. Aufforderung zur Angebotsabgabe	11
II. Öffentliche und Beschränkte Ausschreibung; Freihändige Vergabe	12–47
1. Öffentliche Ausschreibung	13–18
2. Abweichen von der Öffentlichen Ausschreibung	19–21
3. Abweichungsgründe im einzelnen	22–35
a) Eigenart der Bauleistung	23–24
b) Mißverhältnis zwischen Aufwand und Wert der Leistung	25–30
c) Vorherige ergebnislose Öffentliche Ausschreibung	31–33
d) Unzweckmäßigkeit aus anderen Gründen	34–35
4. Beschränkte Ausschreibung	36–37
5. Freihändige Vergabe	38–47
a) Ausnahmecharakter	39–41
b) Einzelbeispiele des § 3 Nr. 5	42–47

C. Öffentlicher Teilnahmewettbewerb (Nr. 1 Abs. 2, Abs. 3, Nr. 2und 6) 48-60
  I. Ursprung 48
  II. Publizitätsgrundsatz 49
  III. Ausnahmen vom Grundsatz der Publizität 50-58
  IV. Zweifelsfälle; Bekanntmachung des zuständigen Bundesministers 59
  V. Geltung nur für Vergabe der öffentlichen Hand 60
D. Vergaberichtlinien nur für den EG-Bereich 61

A. Allgemeines

I. Ausgangspunkt

Diese Vorschrift bringt eine **Regelung über Vergabearten,** die nach der VOB als zweckmäßig zu bezeichnen sind. Die Zweckmäßigkeit ist abhängig von den tatsächlichen Gegebenheiten des Einzelfalles. Es kommt darauf an, bestimmte Verhältnisse, Anforderungen und Wünsche danach zu beurteilen, ob sie ihrer Natur und ihrem Umfang nach den **typischen Merkmalen dieser oder jener Vergabeart entsprechen.** Diese typischen Merkmale sind in den Einzelregelungen des § 3 aufgezeigt. Dabei handelt es sich nicht um eine ausschließliche, abschließende Festlegung der Voraussetzungen für die einzelnen Arten der Vergabe. Dies wäre bei der Vielfalt der Möglichkeiten und Erscheinungsformen der Bauausführung nicht möglich. Vielmehr geben die Einzelregelungen dem Auftraggeber Anhaltspunkte dafür, **welche Vergabeart** für ihn im Einzelfall als **sinnvoll und zweckmäßig** anzusehen ist, um einen möglichst reibungslosen Verhandlungsgang und einen Streitpunkte ausschließenden Vertragsabschluß zu erreichen.

1

II. Die drei Vergabearten

Die VOB nennt in Teil A § 3 **drei Gruppen:** 1. die **Öffentliche Ausschreibung,** 2. die **Beschränkte Ausschreibung** und 3. die **Freihändige Vergabe.** Naturgemäß gibt es noch andere und manchmal sicherlich einfachere Arten, um über die Erteilung eines Bauauftrages zu verhandeln und dann den Vertrag abzuschließen. Immerhin ist zu bemerken, daß die genannten **drei Gruppen,** vor allem auch in ihrer grundlegenden Einteilung sowie in ihrer Unterscheidung voneinander, sich **in der Praxis** weitgehend **bewährt** und im wesentlichen Anerkennung gefunden haben. Sie dienen dem Auftraggeber als wertvolle Stütze, andererseits beeinträchtigen sie in keiner Weise die Rechte der Bewerber bzw. Bieter. Bestünde die VOB nicht, dann würde die gänzliche Verhandlungsfreiheit des zivilen Rechts gelten. Wird die VOB aber angewandt, dann hat der Bewerber bzw. Bieter bei jedenfalls zwei der Vergabearten (der Öffentlichen und der Beschränkten Ausschreibung) einen hinreichenden Anhalt dafür, wie und unter welchen äußeren Bedingungen voraussichtlich mit ihm verhandelt werden wird. Das ergibt sich aus dem Sinn der Ausschreibung, nämlich den für die betreffende Bauvergabe in Frage kommenden Bauunternehmern die vorhandene Nachfrage zur Kenntnis zu bringen (Publizitätsfunktion) und unter diesen einen Wettbewerb (Wettbewerbsfunktion) herbeizuführen (so zutreffend Wolfensberger BauR 1979, 457).

2

III. Grundlegendes zu den Vergabearten

1. Von den drei Vergabearten des Teils A sind zwei, nämlich die **Öffentliche** und die **Beschränkte Ausschreibung,** insofern hervorgehoben, als in weiteren Bestimmungen des Teils A „Verfahrensvorschriften" enthalten sind, durch die für sie ein **bestimmter Verhandlungsgang und eine bestimmte Form der Verhandlung** festgelegt sind. Diese „Verfahrensvorschriften" gelten entweder nur für eine Vergabeart, ohne daß die andere **hiervon beeinflußt** würde oder daß Überschneidungen vorkommen würden, oder sie gelten für alle Vergabearten

3

bzw. mehrere zusammen. Das letztere ist der Fall, wenn es sich um grundlegende Regeln handelt, die für eine ordnungsgemäße Bauvergabe Allgemeingültigkeit besitzen, und zwar ohne Einfluß auf spezielle Fragen dieses oder jenes Verhandlungsganges. Es ist davon auszugehen, daß die weiteren dem § 3 folgenden **Bestimmungen des Teils A grundsätzlich für alle Vergabearten Gültigkeit** besitzen, es sei denn, daß in diesen Regelungen ausdrücklich eine Einschränkung dahingehend gemacht ist, daß sie sich nur auf diese oder jene Vergabeweise beziehen.

4   2. Ein eigener Charakter kommt im Vergleich zu der Öffentlichen und der Beschränkten Ausschreibung der **Freihändigen Vergabe** zu. Wie schon der Begriff „freihändig" zeigt, handelt es sich um eine grundsätzlich **nicht an spezielle Formvorschriften des Teils A gebundene Art** des Verhandelns über den Abschluß eines in Aussicht genommenen Bauvertrages. Vielmehr kann das **Verfahren** hier **beliebig gewählt werden** ; es ist **formell ungebunden**. Diese Vergabeart ähnelt den freien Verhandlungsmöglichkeiten nach den Grundsätzen des BGB am ehesten. Trotzdem ist die **Freihändige Vergabe keineswegs mit einem den allgemeinen Vorschriften des BGB entsprechenden Verhandlungsgang gleichzusetzen**. Denn es ist zu berücksichtigen, daß auch die Freihändige Vergabe in den Rahmen des Teils A der VOB gehört und deshalb die grundlegenden Regeln bei den Vertragsverhandlungen und dem anschließenden Vertragsabschluß beachtet werden sollen. Dazu gehören z. B. die in Teil A §§ 1, 2, 4, 5, 7 enthaltenen Bestimmungen. Es wäre also ein Irrtum, anzunehmen, bei der Freihändigen Vergabe die Regeln des Teils A überhaupt nicht beachten zu brauchen. Alle Bestimmungen, die **nicht ausdrücklich** auf die Öffentliche und die Beschränkte Ausschreibung abgestellt sind und daher nicht nur diese meinen, müssen auch bei der Freihändigen Vergabe die gebührende Beachtung finden.

5   Zur Anfechtbarkeit eines etwaigen **Identitätsirrtums** auf seiten des Auftraggebers bei Beschränkter Ausschreibung oder Freihändiger Vergabe vgl. Giesen Jura 1985, 1.

IV. Reihenfolge der Vergabearten

6   Die drei **Vergabearten** stehen **nicht wahlweise** nebeneinander. Der in Teil A § 2 Nr. 1 Satz 2 ausgesprochenen Grundregel folgend, daß bei der Vergabe von Bauleistungen der **Wettbewerb die Regel** sein soll, ist in § 3 die Vergabeart **vorangestellt** worden, bei der sich der Wettbewerb aufgrund einer größtmöglichen Zahl von Bewerbern für den Bauauftrag am besten verwirklichen läßt, nämlich die **Öffentliche Ausschreibung.** Diese hat **unbedingten Vorrang** vor der Beschränkten Ausschreibung und ist jedenfalls der Freihändigen Vergabe vorzuziehen, wie sich deutlich aus Nr. 3 und dem Wortlaut der dieser nachfolgenden Regelungen ergibt.

7   Wird im Falle einer konkreten Bauabsicht geprüft, welche Vergabeart bei den Vertragsverhandlungen zu wählen ist, so kann demnach nicht von der Frage ausgegangen werden, ob diese oder jene Art der Vergabe wünschenswert ist. Dies würde dem System nicht nur des § 3, sondern des Teils A widersprechen. **Vielmehr muß die erste Frage so lauten: Sind bei der vorhandenen Bauabsicht die grundlegenden Voraussetzungen für die Öffentliche Ausschreibung gegeben?** Wird diese Frage bejaht, so entspricht es dem Sinn und Zweck der VOB, den Bauauftrag im Wege der Öffentlichen Ausschreibung zu vergeben. Ist sie zu verneinen, so ist die Beschränkte Ausschreibung in Betracht zu ziehen. Erst wenn auch die Grundregeln der Beschränkten Ausschreibung nicht den tatsächlichen Gegebenheiten gerecht werden, bleibt die Freihändige Vergabe. Diese ist also nach der VOB nicht wahlweise und neben anderen Vergabearten gleichberechtigtes, sondern vielmehr letztes Mittel zur Erreichung des angestrebten Zweckes.

V. Verhältnis zum BGB und Rechtsfolgen bei Verstößen gegen Vergabegebote

1. Bei der Öffentlichen und der Beschränkten Ausschreibung sind erhebliche sowie bei der Freihändigen Vergabe gewisse **Richtlinien im Verhandlungsgang gegeben, die das BGB weder in dieser noch in jener strengen Form kennt.** Hieraus ergibt sich, daß eine Kollision oder eine Überschneidung der Regelungen der VOB mit den Bestimmungen des BGB praktisch kaum geschehen kann. Wo das doch der Fall ist, wird in den Kommentierungen der Einzelbestimmungen des Vergabeverfahrens ausdrücklich darauf hingewiesen. Soweit die VOB eine bestimmte Regelung hat, ist diese als Ausfluß des das Zivilrecht beherrschenden Grundsatzes der Verhandlungs- und Vertragsfreiheit vorrangig vor den dann subsidiär geltenden gesetzlichen Regelungen des BGB einzuordnen, weil die Vertragsparteien die VOB zur Grundlage ihrer Verhandlungen gemacht haben. Etwas anderes ist es mit den Regelungen des BGB (z. B. §§ 145 ff.), die eine in der VOB niedergelegte Gegenvorschrift nicht haben bzw. für die die VOB nur auf das spezielle Gebiet des Bauleistungsvertrages abgestellte Ergänzungen geschaffen hat. Hier ist die Geltung und darüber hinaus die Vorrangigkeit der entsprechenden BGB-Bestimmungen unberührt geblieben. In diesen Fällen sind besondere Hinweise in die Einzelkommentierungen aufgenommen.

2. Wenn sich ein **Auftraggeber** bei den Vertragsverhandlungen über den Abschluß eines Bauvertrages **nicht auf eine der in § 3 geregelten Vergabearten einläßt,** entstehen im allgemeinen wegen der Vertragsverhandlungs- sowie der Vertragsabschlußfreiheit und wegen des Grundsatzes, daß die Vorschriften des Teils A nicht einklagbar sind und daher grundsätzlich eine klageweise durchsetzbare, rechtlich zwingende Bindung nicht schaffen (vgl. Einl. vor § 1 Rdn. 38 ff.), **keine dem Auftraggeber nachteiligen und dem Bieter zum Vorteil gereichenden Rechtsfolgen.** Eine **Ausnahme** bilden die Fälle, in denen die allgemeingültigen Grenzen zulässigen Handelns überschritten werden (vgl. Einl. vor § 1 Rdn. 40 ff.), insbesondere die Voraussetzungen einer Schadensersatzhaftung aus **Verschulden bei Vertragsabschluß** (culpa in contrahendo) gegeben sind (vgl. dazu Einl. vor § 1 Rdn. 51-69). Insofern ist bei den Klagemöglichkeiten wegen Verletzung der Vorschriften des Teils A zu unterscheiden, ob auf Einhaltung der VOB geklagt oder Schadensersatz wegen Nichteinhaltung der Vergabevorschriften verlangt werden kann. Ersteres ist zu verneinen. Auch die Entscheidung BGH NJW 1973, 752 = BauR 1973, 186 = SFH Z 2.13 Bl. 42 betrifft lediglich einen Schadensersatzanspruch und stellt ansonsten ausdrücklich fest, daß die Regeln des Teils A als solche keine klagbaren Rechte geben; eine Abkehr von der „immer noch gängigen Rechtsauffassung", daß die Einhaltung des Teils A nicht eingeklagt werden könne, ist daraus nicht herzuleiten (a. A. Heiermann/Riedl/Rusam/Schwaab). Das Gesagte gilt auch, wenn ein Verhandlungspartner – insbesondere der Auftraggeber – zunächst auf der Grundlage dieses oder jenes Vergabeverfahrens der VOB verhandelt oder eine entsprechende Verhandlung verlangt, dann aber einseitig das Verlangen stellt, hiervon aus sachlich nicht gerechtfertigten Gründen abzuweichen und daher den weiterhin von der VOB vorgeschriebenen Verhandlungsgang nicht mehr einhält. Letzteres für sich allein bildet noch keine Haftungsgrundlage im Hinblick auf klagbare Ansprüche, die durchgesetzt werden könnten, was hier, abgesehen von der erwähnten Ausnahme, auch für Schadensersatzansprüche gilt. Es ist aber, wenn der Auftraggeber eine Behörde ist, zunächst angebracht zu überlegen, ob – angesichts der Verbindlicherklärung der VOB für Behörden – nicht eine Dienstaufsichtsbeschwerde angezeigt erscheint, vgl. hierzu Einl. vor § 1 Rdn. 41. Natürlich ist es nur sinnvoll, zu einem derartigen „Rechtsmittel" zu greifen, wenn begründeter Anlaß zur Annahme besteht, daß das **Abgehen von den Richtlinien der VOB willkürlich, d. h. ohne berechtigten Grund,** erfolgt ist.

Daß es Gründe zu einer Abweichung von der vorgezeichneten Linie geben kann, ist auch von der VOB selbst als berechtigt anerkannt worden, wie sich aus Teil A § 26 ergibt.

Auszuschließen ist eine Haftung sowie die Berechtigung einer Dienstaufsichtsbeschwerde, wenn der Auftraggeber statt einer ursprünglich vorgesehenen Freihändigen Vergabe eine

Beschränkte Ausschreibung oder statt einer solchen nunmehr eine Öffentliche Ausschreibung wählt. Hierauf kann sich der Betroffene schon deshalb nicht berufen, weil dadurch nicht dem Grundgedanken der VOB im Rahmen der Vergabeverfahren zuwidergehandelt wird, wie die in Rdn. 6 f. angezeigte Rangfolge der drei Vergabearten des § 3 beweist. Es könnte hier höchstens aus dem Gesichtspunkt der culpa in contrahendo (vgl. Einl. vor § 1 Rdn. 51 ff.), falls ihre Voraussetzungen vorliegen, der Ersatz des Vertrauensschadens, nämlich der Ersatz der dem Bewerber bisher entstandenen Auslagen und Unkosten, verlangt werden.

10 Das Gesagte gilt entsprechend **auch für den privaten Bauherrn,** wenn er Vertragsverhandlungen auf der Grundlage der VOB/A beginnt. Dazu kann er u. U. sogar gehalten sein, wenn er z. B. für sein Vorhaben öffentliche Mittel in Anspruch nimmt und nach den einschlägigen Förderungsrichtlinien verpflichtet ist, die Bauvergabe nach den Richtlinien der VOB/A zu bewerkstelligen (Heiermann/Riedl/Rusam/Schwaab A § 3 Rdn. 1 a. E.), oder auch dann, wenn sich der Auftraggeber in der Ausschreibung klar erkennbar zur Vergabe nach VOB/A verpflichtet, wie z. B. durch den deutlichen – u. U. auch formularmäßig vorgedruckten – Hinweis, die Vertragsverhandlungen oder die Auftragsvergabe richteten sich nach Teil A der VOB.

B. Die einzelnen Vergabearten

I. Aufforderung zur Angebotsabgabe

11 Sowohl die Öffentliche als auch die Beschränkte Ausschreibung setzen eine **Aufforderung** an eine unbestimmte (bei der Öffentlichen) oder an eine bestimmte (bei der Beschränkten) Zahl von Unternehmern, sich an Verhandlungen über die Vergabe eines Bauauftrages zu beteiligen und ein Angebot abzugeben, voraus. Es ist dem einzelnen Unternehmer **völlig freigestellt,** ob er in Verhandlungen mit dem Auftraggeber eintreten will.

II. Öffentliche und Beschränkte Ausschreibung; Freihändige Vergabe

12 **Grundsätzlich Vorrang bei jeder Bauvergabe hat die Öffentliche Ausschreibung** (vgl. Rdn. 6). Die allgemeinen Richtlinien gibt § 3 Nr. 3. Danach soll eine Öffentliche Ausschreibung stattfinden, wenn nicht die Eigenart der Leistung oder besondere Umstände eine Abweichung rechtfertigen. Die Wahl anderer Vergabearten (Beschränkte Ausschreibung, Freihändige Vergabe) kann nur in Betracht gezogen werden, wenn aus der geforderten Leistung und den hiermit verbundenen Umständen ein Abgehen vom Grundsatz geboten ist oder zumindest gerechtfertigt erscheint (so auch Nr. 1. VHB zu Teil A § 3 unter Hinweis auf § 55 BHO). Andererseits darf man aber auch im Interesse der möglichen Bewerber den Bogen des Wettbewerbs nicht überspannen. Jedes Angebotsverfahren erfordert auch für die Bewerber einen Kostenaufwand, der zunächst allein ihrem Risiko unterliegt. Gerade deswegen muß der Auftraggeber sorgfältig prüfen, ob die geforderte Leistung sich wirklich für eine Öffentliche Ausschreibung eignet oder ob Ausnahmen von der Regel zu machen sind (vgl. Rdn. 19 ff.).

13 1. Wie sich aus § 3 Nr. 1 Abs. 1 ergibt, werden **bei der Öffentlichen Ausschreibung Bauleistungen im vorgeschriebenen Verfahren nach öffentlicher Aufforderung einer unbeschränkten Anzahl von Unternehmern zur Einreichung von Angeboten vergeben.**

14 a) Hinsichtlich des Begriffes der **Bauleistung** vgl. Teil A § 1 Rdn. 3 ff.

15 b) Mit „vorgeschriebenem Verfahren" ist ein **bestimmter Verhandlungsgang** gemeint, der in Einzelregelungen des Teils A niedergelegt ist. Dieser hat zunächst zur Voraussetzung die Beachtung der allgemeingültigen und für alle Vergabearten geltenden Vorschriften grundlegender Art. Hinzu kommen die eigentlichen „Verfahrensvorschriften", soweit sie entweder

auch für alle Vergabearten bestimmend sind oder speziell nur für die Öffentliche Ausschreibung Geltung haben. Inwieweit die Tragweite einzelner Vorschriften reicht, läßt sich **unschwer aus der Formulierung und dem damit verbundenen Inhalt** der „Verfahrensbestimmung" entnehmen. Wo nämlich kein Vorbehalt gemacht worden ist, gilt die Einzelregelung entweder als allgemeiner Grundsatz oder als allgemeingültige Richtlinie für alle Vergabearten. Ist dagegen nur eingeschränkt von der Öffentlichen Ausschreibung oder nur von der Beschränkten Ausschreibung oder nur von der Freihändigen Vergabe die Rede, so hat das dort Geregelte lediglich Gültigkeit für diese ausdrücklich erwähnte Art der Vergabe (vgl. z. B. Teil A § 8 Nr. 2).

c) Der Begriff der **„öffentlichen Aufforderung"** hat Bedeutung in zweierlei Hinsicht, und zwar einmal materiell, zum anderen formell. Materiell ist damit gemeint, daß die **Aufforderung zur Abgabe eines Vertragsangebotes** nicht an einen oder mehrere bestimmte Adressaten geht, sondern **an einen zahlenmäßig ungewissen Kreis**. Letzteres ist unabdingbar – weil begriffsnotwendig – mit der Öffentlichen Ausschreibung verbunden. Deshalb ist es nicht mehr eine Öffentliche Ausschreibung, sondern eine Freihändige Vergabe, wenn es sich bei der betreffenden Ausschreibung um eine „Freihändige Vergabe mit öffentlichem Hinweis" handelt; diese ist in Wirklichkeit eine Freihändige Vergabe (vgl. Crome/Müller, Band 2, S. 3). Formelle Bedeutung hat der Begriff der öffentlichen Aufforderung insofern, als die Aufforderung zur Angebotsabgabe im Wege der **Bekanntgabe durch** geeignete **Veröffentlichungsorgane** erfolgt. Hiermit befaßt sich Teil A § 17 Nr. 1, wonach Öffentliche Ausschreibungen durch Tageszeitungen, amtliche Veröffentlichungsblätter oder Fachzeitschriften bekanntzumachen sind.

16

d) Der Begriff der „Öffentlichen Ausschreibung" hat eine **Einschränkung**. Die öffentliche Aufforderung zur Abgabe eines Vertragsangebotes ist **nicht** allumfassend in dem Sinne, daß **jeder beliebige** angesprochen würde. Die öffentliche Aufforderung ergeht zwar an eine unbeschränkte Anzahl von Unternehmern. Es kommt aber als Adressat nur ein Unternehmer in Betracht, der nach dem Gegenstand seines Gewerbes die im Einzelfall geforderte Bauleistung ihrer Art und ihrem Umfang nach zu erbringen in der Lage ist. Diese Folgerung ergibt sich aus der Natur der Sache.

17

e) Fraglich ist, ob eine öffentliche Aufforderung einer unbeschränkten Zahl von Unternehmern auch noch vorliegt, wenn die Bekanntmachung der beabsichtigten Bauleistung dahingehend erfolgt, daß lediglich den in Betracht kommenden **Unternehmern eines bestimmten regionalen Gebietes,** wie eines Landes, eines Kreises oder eines Stadtgebietes, anheimgestellt wird, sich an der Ausschreibung zu beteiligen. Diese Frage wird man im Grundsatz **verneinen** müssen. Allerdings: Auszugehen ist davon, daß Grundlage der Öffentlichen Ausschreibung Teil A § 2 Nr. 1 Satz 2 ist, nämlich bei der Vergabe von Bauleistungen der **Wettbewerb die Regel** sein soll. In Befolgung dieser **übergeordneten Forderung** ist es geboten, daß eine möglichst große Zahl von Unternehmern sich an den Verhandlungen über die Vergabe des Bauauftrages beteiligt. Das bedingt wiederum nicht, daß dieses Ziel nur dadurch erreicht werden könnte, daß an jeder Öffentlichen Ausschreibung alle Unternehmer des betreffenden Gewerbezweiges aus dem Bundesgebiet – Geltungsbereich der VOB – beteiligt werden, soweit sie sich dafür interessieren. Vielmehr dürfte für die Praxis folgendes gelten: Handelt es sich um eine Bauleistung, für deren Ausführung sowohl nach Art als auch Umfang unter Berücksichtigung wirtschaftlicher Gesichtspunkte in einem regional begrenzten Gebiet eine nicht ohne weiteres bekannte und daher insoweit nicht beschränkte Anzahl von Unternehmern zur Verfügung steht, unter denen eine echte Konkurrenz möglich ist und die miteinander in wirklichem Wettbewerb stehen, so erscheint es durchaus zulässig, die in Betracht kommenden Unternehmer zur Abgabe eines Angebotes aufzufordern. Das gilt jedenfalls dann, wenn von entfernt wohnenden Bietern von vornherein **keine konkurrenzfähigen Angebote** zu erwarten sind, weil die geforderte Bauleistung **nur geringen Umfang hat und für den entfernt**

18

ansässigen Bieter die **Eigenaufwendungen zu hoch** wären. Dies widerspricht nicht dem Begriff der „unbeschränkten Zahl von Unternehmern". Würden z. B. in der Stadt München die einen geringen Umfang annehmenden Dachdeckerarbeiten für den Neubau einer kleinen Schule vergeben, so wäre es im Wege der Öffentlichen Ausschreibung möglich, lediglich die Dachdecker der weiteren Umgebung von München zur Abgabe eines Angebotes aufzufordern. Wird dagegen eine – auch geringfügige – Bauleistung gefordert, für deren Ausführung innerhalb eines kleineren oder größeren regionalen Gebietes nur eine bestimmte oder eine ohne weiteres bestimmbare Anzahl von Unternehmern in Betracht kommen kann, so wird eine Öffentliche Ausschreibung nicht regional beschränkt werden dürfen. Das gleiche hat für die Ausführung von Bauleistungen zu gelten, für deren Erledigung nur Firmen in die Wahl kommen, die diese oder jene besondere Voraussetzung zu erfüllen geeignet sind, was auch hinsichtlich des Auftragwertes gilt. Wird z. B. ein vielstöckiges Hochhaus mit einem Aufwand von vielen Millionen DM gebaut oder ist an einer Bundesbahnstrecke die Erneuerung des Oberbaues zu vergeben, so wird es nicht möglich sein, dem Begriff der unbeschränkten Anzahl von Unternehmern durch eine regionale Beschränkung des Interessentenkreises gerecht zu werden. Im Ergebnis kommt es daher bei einer **Öffentlichen Ausschreibung** auf eine sorgfältige – bei Behörden als Auftraggeber pflichtgemäße – Überprüfung an, ob im Rahmen der gekennzeichneten Umgrenzung, die für **Ausnahmen ohnehin nur einen geringen Spielraum** läßt, durch eine in der Ausschreibung erfolgende regionale Begrenzung des möglichen Bieterkreises aller Voraussicht nach mit einer so großen **Zahl ernsthaft** in Betracht zu ziehender **Angebote** zu rechnen ist, daß einmal die Zahl dieser zu erwartenden Angebote nicht ohne weiteres feststeht und zum anderen diese Angebote nach ihrer Zahl und ihrem Inhalt, besonders ihrer Preisgestaltung, einem **wirklichen Wettbewerb** entsprechen.

19   2. In § 3 Nr. 3 ist zum Ausdruck gebracht, daß eine **Öffentliche** Ausschreibung **stattfinden soll**, wenn nicht die Eigenart der Leistung oder besondere Umstände eine Abweichung rechtfertigen.

20   a) Die mögliche **Abweichung** ist in § 3 Nr. 3 in zweierlei Richtung festgelegt worden. **Einmal** kann sie **in der Art der geforderten Bauleistung** liegen, **zum anderen** kann sie aber auch in den mit der Leistung verknüpften **besonderen Umständen** begründet sein. Es muß sich aber um **besondere Voraussetzungen** handeln, die bei objektiver Beurteilung echten Ausnahmecharakter tragen und dadurch nicht nur von der Regel abweichen, sondern darüber hinaus eine wirkliche Sonderbehandlung erfordern.

21   b) Diese beiden grundsätzlichen Ausnahmen bilden **lediglich** eine **Richtlinie** für die Bestimmung der Fälle, in denen eine Öffentliche Ausschreibung nicht möglich oder nicht geboten ist. Daraus folgt: Die in § 3 weiter enthaltene **Aufzählung** von Einzelbeispielen (vgl. Nr. 4 a bis d und Nr. 5 a bis e), in denen nach allgemeiner Erfahrung eine Öffentliche Ausschreibung nicht zum Zuge kommen kann oder soll, ist **nicht abschließend, sondern nur beispielhaft**. Es ist also keinesfalls ausgeschlossen, daß es **auch noch andere Fälle** gibt, in denen eine Öffentliche Ausschreibung auszuscheiden hat (wie z. B. Gewährleistungs- und Instandhaltungsarbeiten, für die nur ein bestimmter Unternehmer in Betracht kommt). Dabei ist aber besonders zu beachten, daß gerade die von der VOB genannten Ausnahmen wesentliche Anhaltspunkte dafür bieten, wann es nach allgemeiner Erfahrung nach der Eigenart der Leistung und auf Grund besonderer Umstände gerechtfertigt erscheint, vom Grundsatz der Öffentlichen Ausschreibung abzuweichen. Daher empfiehlt es sich auch in den Fällen, die nicht unter die ausdrücklich genannten Ausnahmen einzuordnen sind, bei der vorzunehmenden ordnungsgemäßen Prüfung die Merkmale dieser von der VOB selbst bezeichneten Ausnahmefälle hinsichtlich ihrer Voraussetzungen und ihrer Tragweite einer eingehenden Beachtung zu unterziehen, um einen **Vergleichsmaßstab zu den Einzelheiten des zur Entscheidung stehenden Einzelfalles** zu haben. Es wird dann weiter die Frage zu beantworten sein, ob eine **Beschränkte Ausschreibung** geboten erscheint oder ob nur eine **Freihändige Ver-**

gabe in Betracht gezogen werden kann. Die Antwort kann auch hier im Wege der vergleichenden Gegenüberstellung gefunden werden. Kommt man zu dem Ergebnis, daß diese Gegenüberstellung einen berechtigten Vergleich mit den Beispielen der Beschränkten Ausschreibung (Nr. 4 a bis d) erbringt, so ist eine Beschränkte Ausschreibung am Platze. Ist es hingegen so, daß nach den Vergleichsmerkmalen nur die Nr. 5 a bis e in Betracht zu ziehen ist, so muß es bei einer Freihändigen Vergabe sein Bewenden haben.

3. Die in der VOB geregelten Anhaltspunkte für das Nichtvorliegen der Voraussetzungen einer Öffentlichen Ausschreibung ergeben sich zunächst aus Nr. 4 a bis d. Hiernach sind für die **Öffentliche Ausschreibung nicht geeignet**, dagegen aber für die Beschränkte Ausschreibung: 22

a) **Bauleistungen, die nach ihrer Eigenart nur von einem beschränkten Kreis von Unternehmern in geeigneter Weise ausgeführt werden können.** Als besondere Anhaltspunkte sind Fälle aufgezählt, in denen **außergewöhnliche Zuverlässigkeit oder Leistungsfähigkeit**, wie z. B. spezielle Erfahrung, besondere technische Einrichtungen oder hervorragend fachkundige Arbeitskräfte, erforderlich ist. Demnach muß es objektiv feststehen, daß die Bauleistung nicht von einer unbeschränkten Anzahl von an sich für die Ausführung in Betracht zu ziehenden Unternehmern durchgeführt werden kann. Hierbei ist besonders an die Fälle gedacht worden, in denen die im Rahmen des normalen Ausbildungsganges (Maurer, Schreiner, Schlosser, Dachdecker, Installateur usw.) vermittelten Kenntnisse nicht hinreichen, um die in Rede stehende Bauarbeit erbringen zu können, sondern wo nur ein im Wege einer Spezialausbildung vermitteltes Wissen den Anforderungen genügt. Hierzu zählen insbesondere Arbeiten zur Errichtung technisch komplizierter Anlagen, wie z. B. Fahrstühle, Entlüftungsanlagen, weitgespannte Brücken, vorgespannte Tragwerks- und Dachkonstruktionen, besondere Gründungen, absolut wasserdichter Beton, besondere Schalungsverfahren wie Kletter- oder Gleitschalung usw. Ferner gehören dazu Arbeiten, die ein besonderes Wissen und eine spezielle Erfahrung erfordern, wie z. B. bei **Modernisierungsarbeiten** unter weitgehender Beibehaltung des erhaltenswerten Bestandes. 23

Die sich auf die **Eigenart der Leistung beziehende Ausnahme** ist aber auch gerechtfertigt, wenn zur Ermöglichung dieser Leistung **umfangreiche Vorarbeiten** erforderlich sind. Dies ist in **Teil A § 8 Nr. 2 Abs. 2 Satz 2** zum Ausdruck gebracht worden. Dabei ist es jedoch nicht genügend, daß diese Vorarbeiten bloß umfangreich sind, sondern sie müssen – was in der Regel allerdings anzunehmen sein wird – auch einen **besonderen Aufwand** erfordern. Diese Erweiterung ist in zweierlei Hinsicht gerechtfertigt. Der Kreis der Bewerber, die in der Lage sind, umfangreiche und mit einem besonderen Aufwand verbundene Leistungen (z. B. schwierige, über das Normalmaß erheblich hinausgehende Berechnungen, komplizierte, umfangreiche sowie zahlreiche Zeichnungen, Anfertigung von Probestücken usw.) zu erbringen, wird ohnehin beschränkt sein, weil damit zwangsläufig ein besonderer betrieblicher Aufwand in personeller und finanzieller Hinsicht erforderlich ist. Daher sind Ausschreibungen im Wege von Leistungsbeschreibungen nach Leistungsprogramm gemäß Teil A § 9 Nr. 10-12 (vgl. dazu Teil A § 9 Rdn. 109 ff.) grundsätzlich nur der Beschränkten Ausschreibung zugänglich. 24

b) Eine Ausnahme bilden weiter die Fälle, in denen die Öffentliche Ausschreibung für den Auftraggeber oder die Bewerber einen Aufwand verursachen würde, der zu dem erreichbaren Vorteil oder dem Wert der Leistung im Mißverhältnis stehen würde. Hierbei handelt es sich nicht um dieselbe Ausnahme wie vorstehend angeführt. Dort ist im Grundsatz davon ausgegangen, daß die geforderte Leistung ihrer Art und ihrem Umfang nach „rentabel" ist, indem der im Rahmen des Vergabeverfahrens zu erbringende Aufwand im Falle der Auftragserteilung gedeckt wird. Demgegenüber ist hier der Fall gemeint, in dem dies nicht zutreffen würde. Dabei ist nicht nur an die Auftragnehmer-, sondern auch an die Auftraggeberseite gedacht. Im Regelfall handelt es sich um eine, wertmäßig gesehen, geringfügige oder 25

A § 3, Rdn. 26-28

jedenfalls nicht maßgeblich ins Gewicht fallende Bauleistung. Gegenüberzustellen ist der zu erreichende Vorteil oder der Wert der Leistung mit dem Aufwand der Öffentlichen Ausschreibung.

26 aa) Aus der Natur der Sache ergibt sich, daß die **Frage des** zu erreichenden **Vorteils nur im Hinblick auf den Auftraggeber Geltung haben kann,** nicht aber für den Bewerber; denn der Begriff „Vorteil" drückt wertmäßig das aus, was der Auftraggeber durch die geforderte Bauleistung an Vermögenszuwachs zu erwarten hat. Dabei ist nicht lediglich auf den objektiv bestehenden bzw. erreichbaren Vermögenswert abzustellen. Vielmehr sind **subjektive Gesichtspunkte** in dem Sinne mit einzubeziehen, als letztlich die eigene Auffassung des Auftraggebers entscheidend zu sein hat, wie er im Rahmen seines wirtschaftlichen Bereiches die zu erstellende Bauleistung für sich bewertet.

27 Soweit es den **Wert der Leistung** anbelangt, so ist er **Ausgangspunkt für die Belange der Bieter,** nicht aber für die des Auftraggebers. Der **Leistungswert** ist der Wert, der dem Bieter voraussichtlich an **Vermögenszuwachs** dadurch entsteht, daß er die Durchführung der Bauleistung übernimmt. Dabei ist – im Gegensatz zur Bauherrenseite im Rahmen des von ihr zu errechnenden erreichbaren Vorteils – zwangsläufig ein **objektiver Maßstab** heranzuziehen, allein aus dem Grunde, weil eventuelle subjektive Beweggründe des einzelnen Bieters gar nicht konkret ermittelt werden können. Deshalb kann entgegen Heiermann/Riedl/Rusam/Schwaab Teil A § 3 Rdn. 9 auch nicht der „steuerliche Nettobetrag des Werklohnes" eingesetzt werden, weil dieser zu sehr von den individuellen Verhältnissen des einzelnen Bewerbers abhängig ist. Es ist zu beachten, daß die im Rahmen des § 3 zu treffende Entscheidung darüber, ob eine Öffentliche Ausschreibung stattfinden oder welches Ausschreibungsverfahren sonst angewendet werden soll, der ordnungsgemäßen Prüfung – bei Behörden dem pflichtgemäßen Ermessen – **des Auftraggebers** unterliegt und der mögliche Auftragnehmer hierauf keinen Einfluß hat. Der Auftraggeber ist aber nicht in der Lage, subjektive, den möglichen Vermögensvorteil bzw. den Gewinn betreffende Beweggründe des einzelnen Bieters, den er zudem zum Zeitpunkt der von ihm zu treffenden Entschließung nicht einmal kennt, zu ermitteln und damit vorauszusehen. Insoweit bleibt dem Auftraggeber nichts anderes übrig, als eine nach allgemeingültigen Maßstäben auf die konkrete Bauleistung unter Berücksichtigung ihres Umfanges und ihrer Eigenarten jedenfalls überschlägige Vorausberechnung (Kalkulation) für den möglichen Auftragnehmer vorzunehmen und von deren Ergebnis seine Entschließung abhängig zu machen. Dies ist naturgemäß sehr schwierig, und es kann manchmal zweifelhaft sein, ob dabei selbst bei bester Bemühung des Auftraggebers ein annähernd den Belangen der Bieter entsprechendes Ergebnis herauskommt. Derjenige, der hier wirklich weitgehend den berechtigten Interessen der Bieter gerecht werden und mit der dem Sinn des § 3 entsprechenden gebotenen Sorgfalt das richtige Ausschreibungsverfahren ermitteln bzw. auswählen will, wird sich daher in schwierigeren Fällen der nach Teil A § 7 gegebenen Möglichkeit bedienen und einen Sachverständigen mit der vorbezeichneten Vorausberechnung beauftragen. Zu den theoretischen Grundlagen für die Wertermittlung durch Sachverständige siehe auch Aurnhammer BauR 1981, 139.

28 bb) Die **Prüfung** im Rahmen **des** zu ermittelnden **Bewertungsmaßstabes** ist also **zweigleisig,** und zwar einmal aus der Sicht des Auftraggebers – erreichbarer Vorteil – und zum anderen aus der Sicht des Bieters – Wert der Leistung – . Diese Zweigleisigkeit erfordert ihrem Sinn nach auch eine doppelte Prüfung. Kommt der Auftraggeber zu dem Ergebnis, daß wegen des erreichbaren Vorteils die Voraussetzungen der Öffentlichen Ausschreibung gegeben sind, so handelt er nach § 3 Nr. 4 b nur dann ordnungsgemäß, wenn er weiter nachprüft, ob auch für den Unternehmer trotz des erforderlichen Aufwandes der Wert der Leistung angemessen ist. Andererseits kann der Auftraggeber ohne Bedenken von einer Öffentlichen Ausschreibung schon dann Abstand nehmen, wenn der bei dieser Ausschreibung zu seinen Lasten erforderliche Aufwand in keinem rechten Verhältnis zu dem für ihn erreichbaren Vorteil steht. In

diesem Fall ist bereits einer der Ausschließungspunkte für eine Öffentliche Ausschreibung gegeben, ohne daß es auf die für die Unternehmerseite geltenden Gesichtspunkte noch ankäme.

cc) Bei der Prüfung des Verhältnisses zwischen dem Aufwand des Öffentlichen Ausschreibungsverfahrens einerseits und dem erreichbaren Vorteil oder dem Leistungswert andererseits ist die Berechnung des Aufwandes auf seiten des Auftraggebers keineswegs die gleiche wie auf seiten der Bieter. Einmal handelt es sich um die Auslagen, die der Auftraggeber selbst beisteuern muß, wenn er eine Öffentliche Ausschreibung veranstalten will. Diesen Aufwand hat er ins Verhältnis zu dem erreichbaren Vorteil zu setzen. Zum anderen handelt es sich um die Aufwendungen, die von jedem einzelnen der möglichen Bieter aufzubringen sind. Sie sind der von dem Auftraggeber an den Bieter im Falle der Auftragserteilung zu zahlenden Vergütung gegenüberzustellen. Dabei ist nicht so sehr die Vergütung insgesamt maßgebend, als vielmehr der für den Bieter zu erwartende tatsächliche **Vermögenszuwachs**, nämlich der **Gewinn**. 29

dd) Unter **Mißverhältnis** versteht man nicht nur, daß die durch den Aufwand erforderliche Vermögenseinbuße gleich oder höher ist als der zu erwartende Vermögensvorteil. Vielmehr fällt hierunter auch, daß nach allgemeiner „objektiver" Auffassung ein gesundes Verhältnis zwischen beiden nicht mehr besteht. Maßgebend ist immer, daß der Vermögensvorteil nicht nur vorhanden, sondern auch so ist, daß er sowohl auf seiten des Auftraggebers als auch auf seiten des Bieters nicht erheblich durch die Kosten der Öffentlichen Ausschreibung geschmälert wird. Es ist immer zu berücksichtigen, daß die **Kosten des Ausschreibungsverfahrens** sowohl für den Auftraggeber wie auch für den Auftragnehmer von untergeordneter Bedeutung, daher verhältnismäßig **geringfügig** sein müssen. Das läßt sich grundsätzlich aber immer nur nach den Gegebenheiten des Einzelfalles beurteilen, zumal nach den in vorangehend Rdn. 25 ff. aufgeführten Gesichtspunkten; daher dürfte eine generelle Festlegung von Wertgrenzen hier wenig hilfreich sein, zumal dies nicht ohne weiteres den in Nr. 4 b angeführten Einzelgesichtspunkten entsprechen dürfte. 30

c) Weitere Ausnahme von der Öffentlichen Ausschreibung ist, **daß bereits eine Öffentliche Ausschreibung durchgeführt worden ist und diese zu keinem annehmbaren Ergebnis geführt hat.** Hier ist an eine Situation gedacht, in der eine Öffentliche Ausschreibung bereits vollständig im vorgeschriebenen Verfahren durchgeführt und es nur deshalb nicht zum Zuschlag gekommen ist, weil diese kein annehmbares Ergebnis gebracht hat. In der Regel hat dies zur Aufhebung der Öffentlichen Ausschreibung nach Teil A § 26 geführt. 31

aa) Will man die Frage beantworten, ob ein **annehmbares Ergebnis** der vorgenommenen Öffentlichen Ausschreibung **nicht** vorgelegen hat, so wird man zunächst die Fälle im Auge haben müssen, die unter Rdn. 23 f. und 25 ff. aufgeführt sind, bei denen es sich aber erst später und wider Erwarten herausgestellt hat, daß für eine Öffentliche Ausschreibung im Rahmen einer sinnvollen Bauvergabe kein Raum ist. Dabei ist vor allem an die in Rdn. 23 f. genannten Einzelheiten zu denken, während die in Rdn. 25 ff. erörterten Fälle hier wohl kaum in Betracht kommen. Es kann sich durchaus erst bei Prüfung und/oder Wertung der in der Öffentlichen Ausschreibung angeforderten Angebote herausstellen, daß die Unternehmer, die sich an der Ausschreibung beteiligt haben, die Leistung ihrer Art und ihren besonderen Anforderungen nach nicht in geeigneter Weise durchzuführen in der Lage sind, weil sie die notwendigen persönlichen und betrieblichen Anforderungen nicht erfüllen. 32

bb) In bezug auf die **Preisgestaltung** ist es denkbar, daß die Angebote **nicht in einem gesunden und nach den Gegebenheiten im Einzelfall zu fordernden Verhältnis zu dem Wert der Leistung stehen.** Die Preise brauchen nicht in einer krassen Form „übersetzt" zu sein, sondern es genügt, daß alle Angebote über den üblicherweise zu erwartenden und 33 zuzubilligenden Spielraum hinausgehen. Dabei hat der Auftraggeber darauf zu achten, daß es bei der Ermittlung dieses Spielraumes nicht um seine persönliche und nur ihn betreffende Meinung geht, zumal er im Regelfall gerade in preislicher Hinsicht weitgehend darauf bedacht sein wird, ein möglichst kleines Entgelt erbringen zu müssen. Der hier in Rede stehende Spielraum, wie überhaupt der Gesamtaufbau der **Preisgestaltung** in den Angeboten, ist **nach dem Gesichtspunkt des angemessenen Preises** zu richten, wie dies in Teil A § 2 Nr. 1 Satz 1 niedergelegt ist; vgl. Teil A § 2 Rdn. 10 ff. Auch in diesem Zusammenhang gilt für die Vergabe nach der VOB der Maßstab, wie er in Teil A § 25 Nr. 2 Abs. 2 festgehalten ist. Demnach kommen in die engere Wahl für den Zuschlag nur solche Angebote, deren Preise unter Berücksichtigung rationellen Baubetriebes und sparsamer Wirtschaftsführung eine einwandfreie Ausführung einschließlich Gewährleistung erwarten lassen. Insbesondere wird der Auftraggeber bei der Frage, ob die durchgeführte Öffentliche Ausschreibung ein annehmbares Ergebnis gebracht hat, die berechtigten Belange des Bieters beachten müssen. Nur wenn eine einwandfreie Ausführung mit einer ordnungsgemäßen Gewährleistung nicht sichergestellt erscheint, ist im Grundsatz das Abgehen von der Öffentlichen Ausschreibung gestattet. Das ist nicht nur dann so, wenn der Bieter einen nach dem genannten Beurteilungsmaßstab „übersetzten" Preis fordert, sondern auch, wenn die einwandfreie Ausführung nicht gesichert ist, weil die Angebote derart **geringe Preise** enthalten, daß von einem Gewinn oder von normalem geschäftlichen Fortkommen des Bieters bei Anlegung eines wirklich strengen Maßstabes nicht mehr die Rede sein kann (dazu auch Crome BB 1959, 832, 834). Insgesamt sind nicht die Preise der einzelnen Positionen des Leistungsverzeichnisses zu vergleichen, sondern es ist auf den Gesamtpreis, auf die Endsumme des Angebots abzustellen (so auch BGH BauR 1977, 52 = BB 1976, 1580 = MDR 1977, 216 = Betrieb 1977, 205 = JZ 1977, 81 = LM VOB/A Nr. 3 = SFH Z 2.12 Bl. 8).

34 d) **Die Öffentliche Ausschreibung kann auch „aus anderen Gründen" unzweckmäßig sein** (Teil A § 3 Nr. 4 d). Die Unzweckmäßigkeit kann sich aus verschiedenen Gründen ergeben. Deren Festlegung ist **nicht der freien und ungebundenen Entschließung des Auftraggebers überlassen,** wie sich allein dadurch zeigt, daß Teil A § 3 eine im wesentlichen eng umgrenzte Aufzählung der Ausnahmen vom Grundsatz der Öffentlichen Ausschreibung enthält. Vielmehr wohnt dem Begriff der Unzweckmäßigkeit ein **weitgehendes Maß von Objektivität** inne, **wie die beispielsweise genannten Ausnahmefälle „Dringlichkeit" und „Geheimhaltung" zeigen.** Dringlichkeit ist hier nicht in dem Sinne aufzufassen, daß es genügend wäre, wenn der Auftraggeber die Durchführung seines Bauvorhabens für wirklich eilbedürftig hält. Vielmehr müssen konkrete und sich aus den äußeren Umständen ergebende Anhaltspunkte vorliegen, aus denen die Dringlichkeit auch für einen unbefangen Urteilenden gegeben erscheint. Das ist z. B. der Fall, wenn sich aus einer nicht früher erkennbaren Lage heraus die Notwendigkeit der unverzüglichen Durchführung einer Bauleistung ergibt. Diese Situation darf aber nicht dadurch entstehen, daß der Auftraggeber bei einem termingebundenen Bau mit der Öffentlichen Ausschreibung so lange wartet, bis für diese praktisch keine Zeit mehr übrigbleibt. Andererseits sind dabei nicht die über die hier erörterte normale Dringlichkeit hinausgehenden Fälle der **besonderen** Eilbedürftigkeit und **Dringlichkeit** gemeint, da diese noch besondere Beachtung in Teil A § 3 Nr. 5 d gefunden haben. Was zur Dringlichkeit gesagt ist, hat im allgemeinen auch für die **Geheimhaltung** zu gelten. Insbesondere darf deren Notwendigkeit nicht lediglich auf einer bloßsubjektiven Anschauung des Auftraggebers beruhen, sondern es müssen hierfür auch objektive Anhaltspunkte gegeben sein. Ein Beispiel ist die Ausführung bestimmter militärischer Bauleistungen.

35 Es sind auch noch **andere Möglichkeiten** zur Abweichung vom Prinzip der Öffentlichen Ausschreibung denkbar, worüber von Fall zu Fall zu entscheiden ist. Dabei können aber, wie aus den ausdrücklich genannten Beispielen zu erkennen ist, nur solche Gegebenheiten in Betracht gezogen werden, die einen von einem Dritten bei gerechter Beurteilung anzuerkennenden Anlaß zur Abstandnahme von der Öffentlichen Ausschreibung bieten.

4. Die in Teil A § 3 Nr. 4 a bis d enthaltenen Ausnahmefälle, in denen im Einzelfall eine Abweichung vom Grundsatz der Öffentlichen Ausschreibung berechtigt ist, haben zugleich eine andere Bedeutung. **Sie geben gleichzeitig Tatbestandsmerkmale dafür ab, wann eine andere Ausschreibungsart, nämlich die Beschränkte Ausschreibung, am Platze ist.** Wenn in Teil A § 3 Nr. 4 davon die Rede ist, daß unter den dort aufgezählten vier grundsätzlichen Punkten eine Beschränkte Ausschreibung stattfinden soll, so ist damit gesagt, daß zwar auch dann noch eine Öffentliche Ausschreibung vorgenommen werden **kann**, daß es aber unter Zugrundelegung allgemeiner Erfahrung im Baubereich zweckmäßig erscheint, nur beschränkt auszuschreiben. Wann dies der Fall sein soll, ist in den Rdn. 23-35 erläutert worden. **36**

Was unter einer Beschränkten Ausschreibung zu verstehen ist, kann aus Teil **A § 3 Nr. 1 Abs. 2 erster Halbsatz** entnommen werden. Demnach werden bei Beschränkter Ausschreibung Bauleistungen im vorgeschriebenen Verfahren **nach Aufforderung** einer **beschränkten Zahl von Unternehmern zur Einreichung von Angeboten vergeben.** In den Grundzügen handelt es sich um ein der Öffentlichen Ausschreibung vergleichbares Verfahren. Der Unterschied liegt darin, daß nicht eine unbeschränkte Anzahl von Unternehmern für die Abgabe von Angeboten in Betracht kommt. Die Bestimmung des beschränkten Kreises erfolgt dadurch, daß lediglich eine **Aufforderung an einzelne Unternehmer**, nicht aber eine öffentliche Aufforderung zur Abgabe eines Angebotes erfolgt. Über die Anzahl der aufzufordernden Unternehmer vgl. Teil A § 8 Nr. 2 Abs. 2. Zum etwa vorausgegangenen öffentlichen Teilnahmewettbewerb vgl. Rdn. 47 ff. **37**

5. Es gibt weiterhin Fälle, in denen **weder eine Öffentliche noch eine Beschränkte Ausschreibung** sachgerecht ist. Hierfür ist die **Freihändige Vergabe** vorgesehen. Hier wird es im Gegensatz zu den Vergaben durch Ausschreibung dem **Auftraggeber überlassen, welchen Verhandlungsweg** er mit dem Ziel des Abschlusses eines Bauvertrages einschlagen will. In Teil A § 3 Nr. 1 Abs. 3 heißt es, daß bei Freihändiger Vergabe Bauleistungen **ohne ein förmliches Verfahren** vergeben werden. Einmal sind die reinen Formbestimmungen, in denen ein bestimmter äußerer Ausschreibungsgang vorgeschrieben ist, ausgeschaltet. Des weiteren ist es der Bestimmung des Auftraggebers überlassen geblieben, wie und unter welchen Bedingungen verhandelt und der Auftrag vergeben wird. Trotzdem sollte der Auftraggeber die Grundregeln des Teils A der VOB beachten und einhalten, die lediglich auf die Bauvergabe als solche abgestellt sind, ohne speziell das Vergabeverfahren zu meinen. Der öffentliche Auftraggeber muß es darüber hinaus dort **tun**, wo die **Anwendbarkeit** bestimmter Vergaberegeln **auch für die Freihändige Vergabe ausdrücklich festgelegt ist,** wie z. B. in Teil A § 19 Nr. 4, § 20 Nr. 1 Abs. 2 und Nr. 2 Abs. 2, § 22 Nr. 7, § 23 Nr. 3 Abs. 3, § 25 Nr. 5. **38**

a) Die **Freihändige Vergabe** soll nach Teil A § 3 Nr. 5 **nur** gewählt werden, **wenn eine Öffentliche oder eine Beschränkte Ausschreibung unzweckmäßig** ist. Durch die Hinzufügung des Wortes „nur" wird der **Ausnahmecharakter** der Freihändigen Vergabe gegenüber den Ausschreibungen **besonders betont**. Es sind unter Nr. 5 a bis e **Beispiele** aufgezählt, in denen erfahrungsgemäß Unzweckmäßigkeit anzunehmen ist. Daß es sich hier um **Beispiele** handelt, wird durch den einleitenden Begriff „besonders" dargetan. Die Frage der Unzweckmäßigkeit der Öffentlichen oder Beschränkten Ausschreibung ist sowohl von einer objektiven wie auch von einer subjektiven Seite zu betrachten. Objektiv liegt Unzweckmäßigkeit der Vergabe durch Ausschreibung vor, wenn ein unbefangener Dritter annehmen muß, daß der konkrete Fall sich nicht eignet, um eine Ausschreibung vorzunehmen. Vergleichbare Richtlinien finden sich auch hier in der Tragweite der Einzelbeispiele, wie sie in Nr. 5 a bis e aufgeführt sind. Diese haben nämlich objektiven Charakter. Subjektiv ergibt sich die Unzweckmäßigkeit aus der billigenswerten und wohlbegründeten Anschauung des Auftraggebers. Da es sich bei den in Nr. 5 a bis e angeführten Sachverhalten nur um **Beispielsfälle** handelt, **sind auch andere Fälle denkbar, in denen eine Öffentliche oder Beschränkte Ausschreibung unzweckmäßig ist, vor allem, wenn der Aufwand, den eine Öffentliche** **39**

A § 3, Rdn. 40-42

oder Beschränkte Ausschreibung verursachen würde, in keinem Verhältnis zu dem Wert der zu vergebenden Leistung stehen würde, ohne damit dem der VOB/A zugrundeliegenden Gedanken eines ordnungsgemäßen Bauvergabewettbewerbs zuwiderzulaufen, so z.B. im Hinblick auf die Festlegung einer Wertgrenze, bei der nach aller Erfahrung der Aufwand bei einer Öffentlichen oder Beschränkten Ausschreibung unverhältnismäßig wäre. Diese Wertgrenze dürfte aber niedrig anzusetzen sein, um den der VOB/A innewohnenden Wettbewerbsgedanken nicht zu gefährden (keinesfalls höher als 10 000 DM!).

40 Für die Zulässigkeit der Freihändigen Vergabe kommt es ganz auf die Gegebenheiten des einzelnen Falles an. Gerade die Frage der Unzweckmäßigkeit setzt, um dem Auftraggeber ein ordnungsgemäßes Handeln im Sinne der VOB bescheinigen zu können, seine sorgfältige Prüfung voraus, ob nicht doch unter Berücksichtigung aller Gegebenheiten und Anforderungen eine Vergabe durch Ausschreibung möglich ist. Nur wenn er dies mit gutem Gewissen und mit einer für Dritte einleuchtenden Begründung verneinen kann, wird man ihm bescheinigen können, daß er den Anforderungen entsprechend ordnungsgemäß – bei Behörden pflichtgemäß – gehandelt hat. Der DVA hat in seiner Hauptversammlung vom 11. 6. 1952 folgenden Beschluß gefaßt:

„Eingehende Verhandlungen über die in A § 22 zum Ausdruck gebrachte Verpflichtung, bei Ausschreibungen einen Eröffnungstermin abzuhalten, gaben Anlaß, die Auffassung der Hauptversammlung des Deutschen Verdingungsausschusses für Bauleistungen durch folgenden Beschluß zum Ausdruck zu bringen:

Bei der Auslegung der Vorschriften des Teils A der VOB müssen neben den rein sachlichen Gesichtspunkten stets auch die besonderen Verhältnisse und Bedürfnisse des Auftraggebers berücksichtigt werden. Deshalb können aus der VOB beispielsweise keine Bedenken dagegen abgeleitet werden, daß ein Auftraggeber sich statt der Ausschreibung der Freihändigen Vergabe bedient, weil er aus geschäftlichen oder anderen Gründen keinen Eröffnungstermin abhalten will."

41 Dieser Beschluß gibt dem Auftraggeber jedoch keinen Freibrief für eine völlig freie Entschließung nach seinem Ermessen. Zwar können im Einzelfall geschäftliche oder andere Gründe durchaus geeignet sein, eine Vergabe durch Ausschreibung auszuschließen. Das gilt aber nur, wenn sowohl die Öffentliche als auch die Beschränkte Ausschreibung entweder das erstrebte Ziel unter Wahrung der berechtigten Belange des Auftraggebers nicht herbeiführen oder dieses zumindest ernsthaft gefährden würden. Insoweit sind also **gerade an die subjektive Seite strenge Anforderungen** zu stellen. Insbesondere Behörden als Auftraggeber müssen dies beachten, um sich nicht dem Vorwurf der Unsachlichkeit und des fehlenden Verantwortungsbewußtseins auszusetzen. Daher bestimmt Nr. 1. VHB zu Teil A § 3 unter Hinweis auf § 55 BHO, daß **gerechtfertigte** Ausnahmen von dem Grundsatz der Öffentlichen Ausschreibung in Teil A § 3 Nr. 4 und 5 geregelt sind.

42 b) Zu den in Teil A § 3 Nr. 5 a bis e aufgeführten Einzelbeispielen:

aa) Freihändige Vergabe ist möglich, wenn für die Leistung aus besonderen Gründen nur ein bestimmter Unternehmer in Betracht kommt. Hierunter sind, um eine Lücke im System der VOB bei den Vergabearten zu vermeiden, auch die Fälle zu zählen, in denen lediglich zwei Unternehmer in Betracht kommen, deswegen eine Beschränkte Ausschreibung auszuschließen ist (vgl. Teil A § 8 Nr. 2 Abs. 2). Wann besondere Gründe für die Inanspruchnahme nur eines Unternehmers gegeben sein können, ist beispielhaft und daher als Richtlinie für die Prüfung von Einzelfällen durch die Erwähnung des **Patentschutzes, besonderer Erfahrungen oder Geräte** zum Ausdruck gekommen. Es liegt auf der Hand, daß in einem Falle, in dem einem Unternehmer für die Durchführung der Bauleistung, insbesondere auch im Hinblick auf das zu verwendende Material, gewerblicher Rechtsschutz, auch im Rahmen einer **Lizenz,** zukommt, nur dieser bei der Vergabe berücksichtigt werden kann. Hier sind **auch Urheberrechte** nach dem Urheberrechtsgesetz (vgl. dazu Teil A § 20 Rdn. 27 ff.) einzuordnen; wenn auch Urheberrechte und darauf bezogene Lizenzen keine gewerblichen Schutzrechte sind, können sie für bestimmte Nutzungen ähnliche monopolisierende Wirkungen entfalten. Allerdings wird man hier hinsichtlich des Bestehens von gewerblichen Schutzrechten sowie Urheberrechten und damit verbundener Lizenzen dem Auftraggeber vor der Entschließung über die Wahl der Vergabeart keine zeitraubenden Ermittlungen auferlegen können, sondern es auf seinen zumutbaren Kenntnisstand abstellen müssen. Eine Freihändige Vergabe kommt nach dem Wortlaut der VOB ferner in Betracht, wenn z. B. ganz spezielle Erfahrungen und Geräte erforderlich sind, die nachweislich nur ein Unternehmer besitzt und mit denen nur er sachgerecht umgehen kann.

Wenn von **einem** Unternehmer als möglichem Auftragnehmer gesprochen wird, so ist das **nicht streng wörtlich zu nehmen.** Vielmehr unterliegt dies grundsätzlich der Beurteilung aus der Sicht des **örtlichen Bereiches**, in dem die Bauleistung durchzuführen ist. Soll z. B. in einem kleinen Wohnhaus in Düsseldorf eine besondere Ölheizung nach einem Spezialverfahren eingebaut werden und besitzen nur drei Firmen, nämlich eine in Essen, eine in Hamburg und eine in München, die erforderlichen Kenntnisse hierfür, so wird man vernunftgemäß nur von einem möglichen Unternehmer, nämlich der Firma in Essen, sprechen müssen. Soll dagegen in Düsseldorf eine neue Rheinbrücke gebaut werden und wird eine ganz besondere Ausführungsart verlangt, die nur durch eine Firma in Düsseldorf, eine andere in Berlin und eine dritte in München gewährleistet werden kann, so kommen sämtliche drei Firmen als Bewerber im Rahmen eines Ausschreibungsverfahrens in Betracht. Die Grenzen des örtlichen Bereiches im Hinblick auf die Frage, ob für die Bauausführung nur ein oder ob mehrere Unternehmer in Betracht zu ziehen sind, ergibt sich aus dem Verhältnis zwischen dem Umfang des Bauobjektes zu den Eigenaufwendungen, die eine Firma wegen der Entfernung vom Ort der Bauausführung für diese hat und in ordnungsgemäßer Baupreiskalkulation einrechnen muß. Ist es so, daß eine weiter entfernt sitzende Firma durch den Eigenaufwand in einem Ausschreibungsverfahren näher wohnenden Bewerbern zwangsläufig unterliegen muß, so hat diese als Bewerber für den Bauauftrag von vornherein auszuscheiden. 43

bb) **Freihändig zu vergeben ist die Bauleistung weiter, wenn sie nach Art und Umfang vor der Erteilung des Auftrages nicht eindeutig und erschöpfend festgelegt werden kann.** Auszugehen ist davon, daß eine Vergabe durch Ausschreibung im Rahmen ordnungsgemäßen Wettbewerbs nur sinnvoll ist, wenn von Beginn des Vergabeverfahrens an eindeutig und erschöpfend Leistungsinhalt und Leistungsumfang bestimmbar sind, u. U. auch durch Änderungsvorschläge und Nebenangebote. Wo dies aus anzuerkennenden Gründen nicht erfolgen kann, wird einer **Ausschreibung der Boden entzogen.** 44

cc) **Eine Ausschreibung ist auch nicht geboten, wenn bereits eine größere Leistung vergeben ist, eine kleinere dieser nachfolgt und sie sich nicht ohne Nachteil von der größeren Leistung trennen läßt.** Hier sind die Fälle gemeint, in denen objektiv ein unmittelbarer Zusammenhang zwischen der größeren vergebenen Leistung und der kleineren noch nicht vergebenen besteht. Dieser Zusammenhang muß so beschaffen sein, daß eine **Trennung Nachteile bringen würde.** Er kann einmal in bautechnischer Hinsicht, z. B. wegen der notwendigen Einheit der Durchführung, liegen, er kann aber auch finanziell begründet sein. Typisches Beispiel ist das spätere und bisher nicht eindeutig bestimmbar gewesene Stemmen von Durchbrüchen durch im Rohbau errichtete Wände und Decken. Im allgemeinen wird es sich unter Berücksichtigung der Sorgfaltspflichten des Auftraggebers – des pflichtgemäßen Ermessens der Behörden – nur um **kleinere zusätzlich notwendige** Bauleistungen handeln können, die bei der Vergabe der größeren Leistung noch nicht hinreichend bestimmbar gewesen und die eindeutig erst an dem infolge des größeren Auftrages zu errichtenden Objekt festzulegen sind. Sonst wäre es nicht billigenswert, daß diese zusätzliche Leistung erst jetzt und nicht gemeinsam mit dem größeren Objekt vergeben wird. 45

A § 3, 1, Rdn. 46-48

Allerdings kann es sein, daß dem Hauptauftrag nicht nur ein Anschlußauftrag folgt, sondern **mehrere**. Um hier Mißbrauch seitens des Auftraggebers zu vermeiden, wird man Nr. 6 c entsprechend anwenden und sagen müssen, daß eine Freihändige Vergabe nur möglich ist, wenn die Summe aller Anschlußaufträge die Hälfte der – wahrscheinlichen – Kosten des Hauptauftrages **nicht übersteigt**. Dabei ist grundsätzlich davon auszugehen, daß Anschlußaufträge für den Auftraggeber vorhersehbar sind; für das Gegenteil ist er beweispflichtig.

46 dd) **Freihändige Vergabe ist auch zu billigen, wenn die Leistung besonders dringlich ist.** Hier handelt es sich nicht um dasselbe, wie es in Teil A § 3 Nr. 4 d als Voraussetzung für eine Beschränkte Ausschreibung niedergelegt worden ist; denn hier wird **nicht nur Dringlichkeit, sondern besondere Dringlichkeit** verlangt. Aus dieser Abstufung ergibt sich, daß für die **Freihändige Vergabe nur echte Ausnahmefälle** zur Behebung einer gegebenen Ausnahmesituation in Betracht zu ziehen sind. Das gilt nicht nur, wenn es sich z. B. um die Behebung von Katastrophenschäden handelt, sondern auch, wenn es darum geht, Bauarbeiten durchzuführen, deren Notwendigkeit sich aus einer unvermutet aufgetretenen Situation ergeben hat. Die besondere Dringlichkeit wird zeitlich an der Frage zu messen sein, ob die in Teil A §§ 17 Nr. 2 Abs. 3, 18 Nr. 3 vorgeschriebenen Bewerbungs- und Angebotsfristen wegen der Dringlichkeit der Leistung nicht eingehalten werden können (vgl. hier Nr. 6 d).

47 ee) **Schließlich ist die Freihändige Vergabe möglich, wenn bereits eine Öffentliche oder eine Beschränkte Ausschreibung durchgeführt worden ist, diese aufgehoben wurde und eine erneute Ausschreibung kein annehmbares Ergebnis verspricht.** Ausgangspunkt ist zunächst die Bestimmung des § 26 Nr. 1, die die Voraussetzungen nennt, unter denen eine Ausschreibung aufgehoben werden kann (dazu Teil A § 26 Rdn. 6 ff.). Hinzu muß aber kommen, daß eine neue Ausschreibung kein annehmbares Ergebnis verspricht. Es ist zunächst unter Zugrundelegung aller Gegebenheiten die sorgfältige – bei Behörden pflichtgemäße – Nachprüfung geboten, wo die Ursachen des Mißerfolges der Ausschreibung gelegen haben. Lassen sich diese in dem Sinne beheben, daß der Mißerfolg bei einer neuen Ausschreibung in jedem Fall oder aller Voraussicht nach auszuschließen ist, so ist für eine Freihändige Vergabe noch kein Raum. Vielmehr ist dann eine erneute Ausschreibung unter Zuhilfenahme notwendiger Berichtigungen oder Änderungen vorzunehmen. Nur wenn die Ursachen des Mißerfolges der bisherigen Ausschreibung so liegen, daß sie auch in einer neuen Ausschreibung infolge konkreter Anhaltspunkte nicht zu beseitigen sein würden, ist eine Freihändige Vergabe begründet. In geeigneten Fällen erscheint es zweckmäßig, bei der Nachprüfung von der gemäß Teil A § 7 gegebenen Möglichkeit der Inanspruchnahme von Sachverständigen Gebrauch zu machen. Eine Freihändige Vergabe kann gerechtfertigt sein, wenn die erste Öffentliche oder Beschränkte Ausschreibung nachweislich deswegen fehlgeschlagen ist, weil wegen der Konjunkturlage auf dem Baumarkt keine auch nur annähernd annehmbaren Angebote eingegangen sind. Voraussetzung ist dabei allerdings, daß die besondere Situation auch jetzt noch andauert. Im übrigen greift Nr. 5 e nur ein, wenn die bisher vorgesehene Leistung nach Art, Umfang und Ausführungsbedingungen grundsätzlich keine Änderungen erfährt (vgl. auch Nr. 6 e, Rdn. 57).

C. Öffentlicher Teilnahmewettbewerb (Nr. 1 Abs. 2, Abs. 3, Nr. 2 und 6)

I. Ursprung

48 Nr. 1 Abs. 2, Abs. 3 – jeweils zweiter Halbsatz – sowie Nr. 2 und 6 haben den sogenannten öffentlichen Teilnahmewettbewerb zur Grundlage. Dieser geht zurück auf die **Richtlinie des Rates der Europäischen Gemeinschaften vom 26. 7. 1971** (Amtsblatt der Europäischen Gemeinschaften v. 18. 6. 1971 Nr. I 185/5 ff.), wobei insbesondere auf Art. 5 Abs. 2 und 3 und die dortigen Verweisungen Bezug zu nehmen ist. Da die sogenannten „nicht offenen Verfah-

ren" **nur** für den Rahmen der **Beschränkten Ausschreibung und der Freihändigen Vergabe** zum Zuge kommen können, kommt auch nur dort ein öffentlicher Teilnahmewettbewerb in Betracht, bedarf also nur in Nr. 1 Abs. 2 und Abs. 3 der Berücksichtigung.

II. Publizitätsgrundsatz

Öffentlicher Teilnahmewettbewerb ist als ein „**Vorvergabeverfahren**" zu kennzeichnen. Er dient dazu, Interessenten für die in Aussicht genommene Beschränkte oder Freihändige Vergabe zu ermitteln und diese nach vorangegangener ordnungsgemäßer Überprüfung an dem eigentlichen Angebots- und Vergabeverfahren zu beteiligen oder hiervon auszuschließen. Der öffentliche Teilnahmewettbewerb hat nicht nur den Sinn, etwaige Willkür der Auftraggeberseite bei der Auswahl möglicher Bieter auszuschließen, sondern er ist vor allem auch dazu bestimmt, im Raum der EG das beabsichtigte Bauvorhaben hinreichend unter möglichen Bietern **bekanntzumachen**. Die EG-Richtlinie gibt jedoch die Möglichkeit, die Vergabeart frei nach innerstaatlichen Vorschriften – also hier im Rahmen von Teil A § 3 – zu regeln; sie stellt grundsätzlich **nur Forderungen hinsichtlich der Publizität** (daher: **öffentlicher** Teilnahmewettbewerb), denen durch Teil A § 17 Nr. 2 Rechnung getragen worden ist. Sinn und Zweck des öffentlichen Teilnahmewettbewerbs erfordern es daher, eine **spätere eigentliche Ausschreibung bzw. Vergabe auf die Teilnehmer eines durchgeführten Wettbewerbs einzugrenzen.**

49

III. Ausnahmen vom Grundsatz der Publizität

Von der Forderung nach Publizität gibt es jedoch **Ausnahmen**. Sie sind in Teil A § 3 Nr. 6 für den Bereich der VOB-Bauvergabe aufgeführt und grundsätzlich nach dem nach Nr. 5 zulässigen Rahmen der Freihändigen Vergabe ausgerichtet. Nur insoweit kommt sowohl für Beschränkte als auch für Freihändige Vergabe ein Wegfall der Publizität in Betracht.

50

1. **Übereinstimmend** mit Nr. 5 a sind die Voraussetzungen in **Nr. 6 a** (vgl. oben Rdn. 42 f.).

51

2. Dagegen bestimmt **Nr. 6 b** im Verhältnis zu Nr. 5 b (vgl. oben Rdn. 44) zusätzlich, daß ein öffentlicher Teilnahmewettbewerb auch dann nicht in Betracht kommt, wenn die Leistung wegen der damit verbundenen Wagnisse **nicht eindeutig und so erschöpfend** beschrieben werden kann, daß eine **einwandfreie Preisermittlung** zwecks Vereinbarung einer festen Vergütung möglich ist. Dies schließt an Teil A § 9 Nr. 2 an, wonach dem Auftragnehmer **kein ungewöhnliches Wagnis** aufgebürdet werden soll für Umstände und Ereignisse, auf die er keinen Einfluß hat und deren Einwirkung auf die Preise und Fristen er nicht im voraus schätzen kann (vgl. dazu Teil A § 9 Rdn. 29 ff.). In Fällen, in denen ein derartiges ungewöhnliches Wagnis für den Auftragnehmer gegeben wäre, **scheidet** der öffentliche Teilnahmewettbewerb **aus**.

52

3. Des weiteren erfaßt **Nr. 6 c** im Verhältnis zu Nr. 5 c (vgl. Rdn. 45) alle Fälle, in denen es sich um **zusätzliche Leistungen** handelt, die weder im Vertrag des Auftragnehmers noch in dem ihm zugrundeliegenden Entwurf enthalten sind, die jedoch wegen eines **unvorhergesehenen Ereignisses** zur Ausführung der im Hauptauftrag beschriebenen Leistung erforderlich sind. Es geht im Ausgangspunkt also nicht nur um eine noch auszuführende kleinere Leistung, die sich von einer bereits vergebenen größeren nicht ohne Nachteil trennen läßt. Vielmehr wird **schlechthin** von einer zusätzlichen Leistung gesprochen, was allerdings wiederum bedeutet, daß sie im **Zusammenhang** mit der vergebenen **Hauptleistung** steht. Darüber hinaus muß sie zur Ausführung der im Hauptauftrag beschriebenen Leistung **notwendig** sein. Es muß also ein technisch enger Zusammenhang mit der vergebenen Hauptleistung in dem Sinne bestehen, daß diese – vom gesteckten Leistungsziel her gesehen – technisch nicht vollkommen wäre, somit das ursprünglich vorgesehene Leistungsergebnis **nicht erreicht**

53

würde. Daher scheiden hier alle Fälle aus, in denen es sich um eine Zusatzleistung handelt, die für das ordnungsgemäße Ergebnis der im bisherigen Hauptauftrag vorgesehenen Leistung ohne Einfluß ist, wie z. B. der spätere Wunsch auf Anbau von Garagen an einen Wohnblock oder an ein Verwaltungsgebäude. Des weiteren ist der öffentliche Vergabewettbewerb nur dann entbehrlich, wenn die zur Erfüllung des ursprünglich vorgesehenen Vertragszweckes notwendige Zusatzleistung sich **später** nach Vergabe des Hauptauftrages infolge eines **unvorhergesehenen Ereignisses** ergeben hat, wenn also weder dem einen noch dem anderen Vertragsteil der Vorwurf der Nachlässigkeit im Rahmen der dem Auftrag zugrundeliegenden Planung im weitesten Sinne gemacht werden kann. Vor allem erspart derjenige Auftraggeber nicht den öffentlichen Vergabewettbewerb für eine Zusatzleistung, der die inzwischen vergebene Hauptleistung nicht sorgfältig ausgeschrieben hat; hier wird also kein Freibrief für ihn geschaffen.

54 Diese ohnehin engen Voraussetzungen sind weiter noch dadurch verkürzt, daß ein öffentlicher Vergabewettbewerb nur ausscheiden kann, wenn sich entweder die zusätzlichen Leistungen aus technischen oder wirtschaftlichen Gründen **nicht** ohne wesentliche Nachteile für den Auftraggeber vom Hauptauftrag **trennen lassen** oder wenn sie für die Verbesserung der im Hauptauftrag beschriebenen Leistung **unbedingt erforderlich** sind, auch wenn sie getrennt vergeben werden könnten. Hier handelt es sich um eine **Alternative**, so daß wahlweise das Vorliegen der einen oder der anderen Möglichkeiten genügt. Selbst wenn also die zusätzlichen Leistungen technisch notwendig sind, um das Ziel des vergebenen Hauptauftrages zu erreichen, kommt es immer noch darauf an, ob es für den Auftraggeber aus technischen oder wirtschaftlichen Gründen – etwa wegen der Preisgestaltung bei Inanspruchnahme eines anderen bzw. weiteren Unternehmers – nicht ohne wesentliche Nachteile möglich ist, die Zusatzleistungen vom Hauptauftrag abzutrennen. Es würde aber auch genügen, wenn die zur technisch einwandfreien Herstellung der Leistung nach dem Hauptauftrag erforderlichen zusätzlichen Leistungen zur **Verbesserung** der Hauptleistung **unbedingt** – also unabweisbar – **erforderlich** sind, auch wenn eine getrennte Vergabe möglich wäre. Genaugenommen ist dieses zusätzliche Merkmal kaum ein wirkliches, weil es bereits in aller Regel in der schon erörterten Grundvoraussetzung, nämlich der Erforderlichkeit zur einwandfreien Herstellung der Hauptleistung, mit enthalten ist.

55 Des weiteren muß für die Entbehrlichkeit eines öffentlichen Vergabewettbewerbs hinzukommen, daß die für sämtliche in Betracht kommenden zusätzlichen Leistungen zu schätzende **Vergütung nicht mehr als die Hälfte** der für den vergebenen **Hauptauftrag** vereinbarten Vergütung ausmacht. Es kommt also auf den voraussichtlichen Vergütungswert aller in Betracht kommenden zusätzlichen Leistungen an; sie dürfen 50% der Vergütung für den Hauptauftrag nicht überschreiten. Insoweit ist **allein** der **Vergütungswert der zusätzlichen Leistung** maßgebend; dabei sind diejenigen Kostenbestandteile, die nicht mehr besonders anfallen, weil sie bereits im Hauptauftrag enthalten sind, wie z. B. Baustelleneinrichtung, Schalung usw., bei dem Zusatzauftrag nicht mehr gesondert, auch nicht fiktiv, anzusetzen.

Also ergibt sich, daß Fälle, in denen nach Nr. 6 c ein öffentlicher Teilnahmewettbewerb entbehrlich ist, ganz **seltene Ausnahmen** sein werden.

56 4. Auch **Nr. 6 d** enthält gegenüber Nr. 5 d eine Einschränkung. Wenn auch in der Grundlage gleiche Voraussetzungen bestehen (vgl. oben Rdn. 46), muß hier noch **hinzukommen**, daß die vorgeschriebenen Bewerbungs- und Angebotsfristen **aus zwingenden Gründen infolge vom Auftraggeber nicht voraussehbarer Ereignisse nicht eingehalten** werden können. Hier müssen zunächst Gründe vorliegen, die zwingend nur durch Abstandnahme von einem öffentlichen Teilnahmewettbewerb, vor allem in zeitlicher Hinsicht, die erforderliche Abhilfe erfahren. Hinzu muß kommen, daß diese Gründe vom Auftraggeber weder verschuldet sind, noch sonst von ihm vorauszusehen waren. Davon kann man nur sprechen, wenn der Auftrag-

geber die eingetretene Ausnahmesituation vor der Vergabe des in Betracht kommenden Auftrages bei gehöriger und von ihm zu fordernder Anspannung nicht vorhersehen konnte. Dafür ist er im Zweifelsfalle beweispflichtig.

5. Nr. 6 e enthält zunächst zu Nr. 5 e eine Abweichung dahingehend, als diese Regelung nicht nur auf eine **vorangegangene** Öffentliche oder Beschränkte Ausschreibung, sondern auch auf eine Beschränkte Ausschreibung oder Freihändige Vergabe **mit öffentlichem Teilnahmewettbewerb** abgestellt ist. Sonst handelt es sich um den gleichen Ausgangspunkt, nämlich die Befürchtung, daß eine Wiederholung **kein brauchbares Ergebnis** erwarten läßt, was gleichbedeutend mit der fehlenden Erwartung hinsichtlich eines annehmbaren Ergebnisses ist. Dabei ist hier darauf abgestellt, daß bisher entweder – bei Öffentlicher Ausschreibung – keine annehmbaren Angebote (vgl. Teil A § 25 Nr. 2) abgegeben oder – bei Beschränkter Ausschreibung oder Freihändiger Vergabe mit öffentlichem Teilnahmewettbewerb – keine ordnungsgemäßen Teilnahmeanträge (vgl. insbesondere Teil A § 8 Nr. 3 und 4) gestellt worden sind. Die weitere Voraussetzung, daß die ursprünglich vorgesehene Leistung grundsätzlich nach Art, Umfang und Ausführungsbedingungen nicht geändert wird, ist zwar im Wortlaut der Nr. 5 e nicht enthalten. Sie gilt aber auch dort – sozusagen als selbstverständlich-, weil es sonst an einer **hinreichenden Beurteilungsgrundlage** im Hinblick auf das zu erwartende Ergebnis einer – u. U. erneuten – Beschränkten Ausschreibung oder Freihändigen Vergabe mit öffentlichem Teilnahmewettbewerb fehlen würde. Dabei bedeutet das Wort „grundsätzlich", daß Änderungen der Leistung nach Art, Umfang und Ausführungsbedingungen zwar nicht ausgeschlossen sind, daß sie sich aber **in engem Rahmen** bewegen müssen, der noch einen **uneingeschränkten Vergleich** zu dem Ergebnis der bisherigen Vergabemaßnahmen, abgestellt auf deren Wiederholung, bzw. einen jetzigen öffentlichen Teilnahmewettbewerb im Rahmen Beschränkter Ausschreibung oder Freihändiger Vergabe erlaubt.

6. Hinzu kommen für den Bereich der **Nr. 6 unter f** noch jene in Nr. 5 nicht ausdrücklich vorgesehenen Fälle, in denen die auszuführende Leistung **Geheimhaltungsvorschriften** unterworfen ist. Wann dieses zutrifft, kann nur von Fall zu Fall entschieden werden und richtet sich für den Bereich der VOB nach den für die Bundesrepublik maßgeblichen Bestimmungen, selbstverständlich auch nach dem EG-Recht, soweit dieses für sie verbindlich ist. Im wesentlichen wird sich diese Ausnahmeregelung auf militärischem oder wissenschaftlichem Gebiet bewegen.

IV. Zweifelsfälle; Bekanntmachung des zuständigen Bundesministers

Es kann **Zweifelsfälle** geben, **ob und inwieweit Publizität** erforderlich ist oder nicht. Um hier Klarheit zu schaffen, sieht Teil A § 3 Nr. 2 vor, daß der zuständige Bundesminister bekanntgibt, in welchen Vergabefällen bei Beschränkter Ausschreibung und Freihändiger Vergabe ein öffentlicher Teilnahmewettbewerb erforderlich ist, wobei Nr. 6 unberührt bleibt. Hiernach ist der Bundesminister an den durch Nr. 6 vorgegebenen Rahmen **gebunden,** insoweit kann er also nicht die Vornahme eines öffentlichen Teilnahmewettbewerbs bestimmen. Davon abgesehen ergibt sich aber, daß der **Auftraggeber nur dann einen öffentlichen Teilnahmewettbewerb zu veranstalten hat, wenn dieser im betreffenden Vergabefall vom zuständigen Bundesminister als solcher bestimmt worden ist.** Dazu ist auf die **Bekanntmachung des Bundesministers für Wirtschaft zur Vergabe öffentlicher Bauaufträge nach Maßgabe der EG-Richtlinie vom 10. 12. 1973** (MinBlFin. 1974, 141) i. d. F. der Bekanntmachungen vom 4. 1. 1979, 10. 12. 1979, 9. 12. 1981 und 5. 12. 1983 (vgl. insoweit VHB Teil IV) hinzuweisen. Danach besteht für alle Vergabefälle eine Verpflichtung zur Ausschreibung, die nach der EG-Richtlinie den Bekanntmachungsvorschriften unterliegen. Dies sind nach Art. 7 dieser Richtlinie alle öffentlichen Bauaufträge, „deren geschätzter Auftragswert sich auf mindestens 1 Million Rechnungseinheiten (RE) beläuft". Die Höhe dieser Rechnungseinheiten unterliegt Schwankungen. Laut Bekanntmachung des Bundesmi-

A § 3, 6, Rdn. 60+61

nisters für Wirtschaft vom 22. 12. 1987 (BAnz Nr. 244 vom 31. 12. 1987) beträgt die Rechnungseinheit vom 1. 1. 1988-31. 12. 1989 2,07479 DM.

V. Geltung nur für Vergabe der öffentlichen Hand

60 Aus dem Gesagten folgt zugleich, daß der öffentliche Teilnahmewettbewerb **nur** für den Bereich der **öffentlichen Bauvergabe** in Betracht kommt, weil sich die genannte EG-Richtlinie nur darauf bezieht. Der private Auftraggeber ist natürlich nicht gehindert, von sich aus einen Teilnahmewettbewerb zu veranstalten, vor allem, wenn es sich um ein größeres Objekt handelt und er Klarheit über die richtige Vergabeart gewinnen will.

D. Vergaberichtlinien nur für den EG-Bereich

61 Hinsichtlich der **Vergabe öffentlicher Bauaufträge im Bereich der Europäischen Gemeinschaften** sind die Nr. 2 ff. VHB zu Teil A § 3 von Bedeutung, die wie folgt lauten:

2. Verfahren zur Vergabe öffentlicher Bauaufträge im Bereich der Europäischen Gemeinschaften

2.1. Die EWG-Richtlinie über die Koordinierung der Verfahren zur Vergabe öffentlicher Bauaufträge (Koordinierungsrichtlinie) - (71/305/EWG) - veröffentlicht im ABl. EG Nr. L 185 S. 5 -, die u. a. Anforderungen an die Publizität der Vergabe bestimmter Bauaufträge stellt, ist in die VOB/A eingearbeitet. Die dafür geltenden Bestimmungen sind in den vom zuständigen Bundesminister bestimmten Vergabefällen anzuwenden. Wegen der Einzelheiten vgl. die Bekanntmachung zur Anwendung der Koordinierungsrichtlinie (Teil IV).

Die Bestimmungen sind nicht anzuwenden für Bauaufträge
- auf Grund eines internationalen Abkommens mit einem dritten Land, das in bezug auf die Auftragsvergabe andere Bestimmungen als diese Richtlinie enthält;
- an Unternehmen eines dritten Landes aufgrund eines internationalen Abkommens, das die in der Gemeinschaft ansässigen Unternehmer ausschließt;
- auf Grund des besonderen Verfahrens einer internationalen Organisation.

Dazu zählt u. a. die Vergabe von Aufträgen zur Durchführung von Baumaßnahmen der gemeinsam finanzierten NATO-Infrastruktur.

2.2. In den vom zuständigen Bundesminister bestimmten Vergabefällen dürfen öffentliche Aufträge grundsätzlich nur
- auf Grund einer Öffentlichen Ausschreibung,
- auf Grund einer Beschränkten Ausschreibung oder Freihändigen Vergabe nach vorangegangenem öffentlichen Teilnahmewettbewerb vergeben werden.

Wegen der Ausnahmen von der Verpflichtung, einen öffentlichen Teilnahmewettbewerb bei Beschränkter Ausschreibung oder Freihändiger Vergabe zu veranstalten, vgl. § 3 Nr. 6 VOB/A, zur Bekanntgabe der Ausschreibung vgl. § 17 VOB/A und Richtlinie zu § 17 VOB/A.

2.3. Die Bundesrepublik Deutschland ist verpflichtet, der Kommission der Europäischen Gemeinschaften die Anzahl und den Wert der Aufträge mitzuteilen, bei deren Vergabe aus einem der in § 3 Nr. 6 VOB/A genannten Gründe ein öffentlicher Teilnahmewettbewerb nicht veranstaltet worden ist. Ist ein Teilnahmewettbewerb zulässig, so kann der Auftraggeber die an der Beschränkten Ausschreibung oder an der Freihändigen Vergabe zu beteiligenden Bewerber aus dem Bewerberkreis nach pflichtgemäßem Ermessen unter Berücksichtigung ihrer Eignung auswählen. Ein Anspruch des Bewerbers auf Teilnahme besteht nicht.

3. Teilnahmewettbewerb in anderen Fällen.
In anderen als den vom zuständigen Bundesminister bestimmten Vergabefällen darf ein öffentlicher Teilnahmewettbewerb vor einer Beschränkten Ausschreibung oder Freihändigen Vergabe nur veranstaltet werden, wenn

- die Voraussetzungen für eine Beschränkte Ausschreibung oder eine Freihändige Vergabe nach § 3 Nr. 4 oder 5 VOB/A gegeben sind und
- dem Bauamt nicht alle in Betracht zu ziehenden Bewerber bekannt sind.

Vgl. hier insbesondere auch die schon in Rdn. 59 erwähnte Bekanntmachung des Bundesministers für Wirtschaft zur Vergabe öffentlicher Bauaufträge nach Maßgabe der EG-Richtlinie vom 10. 12. 1973 (MinB.Fin. 1974, 141) i. d. F. der Bekanntmachungen vom 4. 1. 1979, 10. 12. 1979, 9. 12. 1981 und 5. 12. 1983 (vgl. VHB Teil IV).

§ 4 Einheitliche Vergabe, Vergabe nach Losen

1. Bauleistungen sollen so vergeben werden, daß eine einheitliche Ausführung und zweifelsfreie umfassende Gewährleistung erreicht wird; sie sollen daher in der Regel mit den zur Leistung gehörigen Lieferungen vergeben werden.

2. Umfangreiche Bauleistungen sollen möglichst in Lose geteilt und nach Losen vergeben werden (Teillose).

3. Bauleistungen verschiedener Handwerks- oder Gewerbezweige sind in der Regel nach Fachgebieten oder Gewerbezweigen getrennt zu vergeben (Fachlose). Aus wirtschaftlichen oder technischen Gründen können mehrere Fachlose zusammen vergeben werden.

Inhaltsübersicht

	Rdn.
A. Der Grundsatz der einheitlichen Vergabe (Nr. 1)	1-5
I. Allgemeines	1
II. Einheitliche Ausführung	2
III. Umfassende Gewährleistung	3
IV. Vergabe einschließlich der zur Bauleistung gehörenden Zulieferungen	4-5
B. Die Vergabe nach Losen (Nr. 2 und 3)	6-18
I. Teillose (Nr. 2)	7-9
II. Fachlose einschließlich ihrer Untergruppen (Nr. 3)	10-18
C. Sammelaufträge	19

A. Der Grundsatz der einheitlichen Vergabe (Nr. 1)

I. Allgemeines

Nach Nr. 1 sollen Bauleistungen so vergeben werden, daß eine **einheitliche Ausführung und zweifelsfreie umfassende Gewährleistung** erreicht wird. Hier wird aus der praktischen Erfahrung zum Ausdruck gebracht, daß **Bauleistungen** (vgl. hierzu die Anm. zu Teil A § 1) **grundsätzlich einheitlich vergeben** werden sollen. Grundgedanke ist die Erwägung, daß im Hinblick auf die Durchführung und ordnungsgemäße sowie mängelfreie Fertigstellung klare und eindeutig voneinander abgegrenzte Verhältnisse geschaffen werden sollen. Es gibt in Bauprozessen immer wieder die schwierige Frage zu lösen, ob die fehlende oder bemängelte Einzelleistung noch zu den vertraglichen Pflichten des Auftragnehmers gehört hat oder ob sie von einem anderen Auftragnehmer oder überhaupt zu erbringen war, wenn der Bauvertrag hinsichtlich seines Umfanges unklar gefaßt und nicht eindeutig ist. Die VOB hat die von ihr geforderte Einheitlichkeit in der Hauptsache im Hinblick auf die Gewährleistung gesehen. Andererseits nimmt sie vorrangig auf die Bauausführung und damit auf deren Gang im einzelnen Bezug. Das bedeutet, daß die Notwendigkeit der Einheitlichkeit der Vergabe auch in bezug auf andere Gesichtspunkte gesehen wird, wie z. B. die Fristen, die Termine, die Fälligkeit, die Vergütung, die Verjährung usw.

II. Einheitliche Ausführung

2 Die Forderung nach **einheitlicher Ausführung** darf nicht zu Mißverständnissen dahingehend führen, daß damit die zum betreffenden Bauvorhaben gehörigen Arbeiten in ihrer Gesamtheit einem Unternehmer als Verantwortlichem und allein Haftendem übertragen werden sollen. Gemeint ist vielmehr, daß Bauleistungen, die einem Gewerbezweig oder Handwerkszweig zuzurechnen sind (Maurer-, Schreiner-, Klempner-, Dachdecker-, Tiefbauarbeiten usw.), in der Regel an **einen** Unternehmer der entsprechenden Branche vergeben werden sollen. Auch sollen mehrere Unternehmer des gleichen Gewerbezweiges an einem Bauvorhaben nur dann als Auftragnehmer beschäftigt werden, wenn sich die einzelnen, von den verschiedenen Unternehmern getrennt zu erledigenden Arbeiten einwandfrei voneinander abgrenzen lassen. Für den letzteren Fall fordert der Gedanke der einheitlichen Ausführung weiterhin, daß die Durchführung der Arbeiten zügig und ohne gegenseitige Behinderung oder Abhängigkeit der verschiedenen Unternehmer untereinander vonstatten gehen kann.

Auch hat der **Auftraggeber besonders darauf zu achten,** daß die jeweils von ihm gesondert zu vergebenden Arbeiten **nahtlos ineinandergreifen.** Er muß sich also peinlichst bemühen, **Unklarheiten** über sogenannte „Randleistungen" hinsichtlich ihrer **Zuordnung** zu diesem oder jenem Auftrag **zu vermeiden.** Hier kann die Ursache für Kostenerhöhungen liegen, die sich der Auftraggeber dann selbst zuzuschreiben hat.

III. Umfassende Gewährleistung

3 Die Forderung nach einer zweifelsfreien **umfassenden Gewährleistung** bedeutet nicht, daß hier eine besondere, über das sonst übliche Maß hinausgehende Gewährleistung verlangt wird. Was hier mit Gewährleistung gemeint ist, ergibt sich aus Teil B § 13, insbesondere dessen Nr. 1. Demnach hat der Auftragnehmer die Gewähr zu übernehmen, daß seine Leistung zur Zeit der Abnahme die vertraglich vorausgesetzten und zugesicherten Eigenschaften hat, daß sie den anerkannten Regeln der Technik entspricht und nicht mit Fehlern behaftet ist, die den Wert oder die Tauglichkeit zu dem gewöhnlichen oder zu dem im Vertrag vorausgesetzten Gebrauch aufheben oder mindern (vgl. Teil B § 13 Rdn. 102 ff.). Die Forderung nach einer umfassenden Gewährleistung bedeutet nicht, die vorangehend definierte Gewähr in allen ihren Einzelheiten so zu erbringen, daß praktisch jede in etwa voraussehbare Schadensmöglichkeit unbedingt ausgeschlossen ist. Das würde im Ergebnis einem Garantievertrag entsprechen (vgl. hierzu Hereth/Naschold Teil A § 4 Ez. 4.7; auch Daub/Piel/Soergel ErlZ A 4.9), der damit nicht gemeint ist. Gedacht ist vielmehr daran, **durch den Umfang der Vergabe eine übersichtliche und objektiv eindeutige Gewährleistung dergestalt zu sichern, daß Klarheit über die Gewährleistungspflichten des Unternehmers herrscht.** Die Gewährleistung hängt von den Güteansprüchen ab, die an die Einzelleistung gestellt werden. In der Regel wird man von den Normen des Teils C der VOB und den diese überlagernden allgemein anerkannten Regeln der Technik (vgl. dazu Teil B § 4 Rdn. 141 ff.) ausgehen müssen, da sie aufgrund von Erfahrungen, die allgemeiner Anerkennung unterliegen, gebildet worden sind. Es bleibt also festzuhalten, daß unter dem Begriff der zweifelsfreien, umfassenden Gewährleistung **nicht** eine über das übliche Maß (Teil B § 13) hinausgehende **Garantie** zu verstehen ist. Vielmehr ist eine sich im üblichen Maß haltende Gewährleistung, die aber übersichtlich, objektiv eindeutig und zugleich auch alles umfassend sein muß, zur Grundlage der Vertragsverhandlungen und auch des späteren Vertrages zu machen. Das wird durch das in § 4 Nr. 1 gebrauchte Wort „zweifelsfreie" besonders klar hervorgehoben.

IV. Vergabe einschließlich der zur Bauleistung gehörenden Zulieferungen

4 In Nr. 1, 2. Halbsatz, heißt es, daß Bauleistungen in der Regel mit den zur Leistung gehörigen Lieferungen vergeben werden sollen. Eine einheitliche Ausführung und zugleich auch eine

zweifelsfreie umfassende Gewährleistung werden am ehesten dadurch erreicht, daß die Bauleistung **mit den zu ihr gehörenden Lieferungen** in einem Vertrag verbunden wird. Der hier verwendete Begriff der zur Leistung gehörigen Lieferung ist mit dem gleichzusetzen, was in Teil A § 1 Nr. 1 unter Stoffen oder Bauteilen verstanden wird, vgl. hierzu Teil A § 1 Rdn. 46 ff. Dem Auftraggeber steht dann nur der ihm allein verantwortliche Unternehmer gegenüber, so daß es kaum zu Unklarheiten über die Tragweite der Gewährleistungspflicht kommen kann. Diese Regelung stellt keine unzumutbare Belastung des Unternehmers dar, da er sich, wenn die Lieferung von Stoffen oder Bauteilen Mängel aufweist und er dieserhalb vom Bauherrn in Anspruch genommen wird, grundsätzlich im Wege des Rückgriffs an seinen Lieferanten halten kann. Es erscheint auch nicht unbillig, nicht dem Besteller des Werkes, sondern dem mit dessen Herstellung befaßten fachkundigen Unternehmer die Verantwortung für die Ordnungsgemäßheit und Mängelfreiheit der zur Verwendung gelangenden Stoffe oder Bauteile im Rahmen des Bauvertragsverhältnisses aufzubürden. Hierfür ist nicht zuletzt ausschlaggebend, daß durch eine derartige Handhabung der Unternehmer als Fachmann zu Recht gezwungen wird, das zur Verwendung kommende Material im Hinblick auf seine Güte, Zuverlässigkeit und Preiswürdigkeit in erforderlicher Weise zu überprüfen. Zu beachten ist aber: Nach Nr. 1, 2. Halbsatz, sollen die Bauleistungen nur in der Regel mit den zur Leistung gehörigen Lieferungen vergeben werden. Das heißt, daß eine sorgfältige – bei Behörden pflichtgemäße – Prüfung vorweg geboten ist, ob die Vergabe der Bauleistung mit den zu dieser gehörenden Lieferungen von Stoffen oder Bauteilen notwendig ist oder nicht. Das wird in der Regel zu bejahen sein. Trotzdem hat hier die VOB, weil keineswegs alle Fälle gleich sind und schon einmal eine andere Handhabung geboten sein kann, einen Hinweis gegeben, daß durchaus ein Abweichen vom Regelfall zweckmäßig, vielleicht sogar notwendig sein kann. Wann solche **Ausnahmefälle** gegeben sein können, ist Tatfrage. Dabei spielen **wirtschaftliche Gesichtspunkte** (Kosten der Beistellung von Stoffen durch Beförderung, Bruch, Versicherung, Lagerung usw.), wie sie von Hereth/Naschold zu Teil A § 4 Ez. 4.7 angeführt werden, sicher eine Rolle, doch wohl keineswegs die entscheidende. In erster Linie dürften **technische und wirtschaftliche Überlegungen** stehen. Handelt es sich z. B. bei den einzubauenden Bauteilen um solche besonderer Art oder besonderer Fabrikation, deren Verwendung weniger vom handwerksgerechten Zusammenbau, vielmehr von ihrer ordnungsgemäßen Funktion nach dem Zusammenbau abhängig ist (wie z. B. dem Zusammenbau von Fertigteilen), die Montage als solche also zurücktritt (vgl. Daub/Piel/Soergel ErlZ A 4.16), so kann es durchaus im Sinne einer zweifelsfreien umfassenden Gewährleistung liegen, wenn die Lieferung von der Bauleistung als solche getrennt und insoweit ein unmittelbares Gewährleistungsverhältnis des Auftraggebers zum Lieferanten oder Hersteller der Stoffe oder Bauteile geschaffen wird. Auch kommt es vor, daß die Beistellung von Stoffen an einzelnen Orten oder in einzelnen Gewerbezweigen der Üblichkeit entspricht. In Zweifelsfällen gibt eine Stellungnahme der zuständigen Industrie- und Handelskammer oder Handwerkskammer Aufschluß.

In diesem Sinne sagt auch Nr. 1. VHB zu Teil A § 4:

Von der Regel, daß Bauleistungen mit den zur Leistung gehörigen Lieferungen vergeben werden, darf nur abgewichen werden, wenn dies technisch oder wirtschaftlich begründet ist oder wenn die Beistellung der Stoffe oder Bauteile orts- oder gewerbeüblich ist.

In der Leistungsbeschreibung ist mit allen erforderlichen Einzelheiten eindeutig anzugeben, welche Stoffe und Bauteile beigestellt werden.

Wenn Lieferungen nicht gemeinsam mit der Bauleistung vergeben werden, der eigentliche Bauauftrag also die Lieferung von bestimmten Stoffen oder Bauteilen nicht umfaßt, ist auf **zwei wesentliche Vorschriften** hinzuweisen: Nach Teil B § 13 Nr. 3 ist der Auftragnehmer für die Gewährleistung von Mängeln frei, die auf vom Auftraggeber beigestellte Stoffe oder

Bauteile zurückzuführen sind, es sei denn, daß er die ihm nach Teil B § 4 Nr. 3 obliegende Mitteilung über zu befürchtende Mängel unterlassen hat. Nach dieser letztgenannten Bestimmung muß der Auftragnehmer, wenn er Bedenken gegen die Güte der vom Auftraggeber gelieferten Stoffe oder Bauteile hat, diese dem Auftraggeber unverzüglich, möglichst vor Arbeitsbeginn, schriftlich anzeigen. Allerdings bleibt der Auftraggeber für seine Lieferungen verantwortlich. Über die Tragweite dieser Bestimmungen im einzelnen, insbesondere auch ihre Abgrenzung voneinander, vgl. Teil B § 4 Rdn. 182 ff. und § 13 Rdn. 174 ff.

B. Die Vergabe nach Losen (Nr. 2 und 3)

6   Unter Los wird ein **Teil der Gesamtleistung**, eine **Teilleistung**, verstanden. Entscheidend ist hier, daß eine **klare und sichere Trennung der Leistung** erzielt wird, damit eine eindeutige umfassende Gewährleistung und auch einheitliche Ausführung insgesamt, also bei jeder einzelnen Teilleistung und damit zugleich bei allen zusammen, erreicht wird. Die VOB unterscheidet hier die Aufteilung in **Teillose (Nr. 2)** und in **Fachlose (Nr. 3)**.

I. Teillose (Nr. 2)

7   Die Aufteilung in Teillose bedeutet eine **räumliche Unterteilung der Gesamtleistung**. Im Grundsatz wird eine **zu einem bestimmten Handwerks- oder Gewerbezweig gehörende Gesamtbauleistung** in sich und nach äußeren Gesichtspunkten, wie z. B. nach Einzelhäusern, Einzelbauten sonstiger Art, abgeschlossenen Teilen am gleichen Objekt, aufgeteilt und zum Gegenstand besonderer Vertragsverhandlungen und regelmäßig voneinander getrennten Bauverträgen gemacht. Wann im Einzelfall eine Aufteilung in Teillose erfolgen kann oder soll, hängt von der Zweckmäßigkeit ab. Einen Leitpunkt hierfür gibt Nr. 2, indem dort von umfangreichen Bauarbeiten gesprochen wird, die nach Teillosen vergeben werden sollen. **Regelfall der Aufteilung in Teillose** werden daher **nur größere Einzel- oder Gesamtprojekte** sein können. Eine Teilung kann aber nur in Erwägung gezogen werden, wenn die räumliche Teilung in der Weise möglich ist, daß eine klare Trennung der einzelnen Aufgabengebiete (Teilleistungen) sowohl in der Auftragsvergabe als insbesondere in der praktischen Bauausführung eindeutig möglich ist. Gerade die Möglichkeit der eindeutigen Abgrenzung der Teilleistungen voneinander ist wesentliche Voraussetzung für Klarheit, Vollständigkeit und alle wesentlichen Gesichtspunkte umfassende Vertragsverhandlungen. Eine Mißachtung dieses Gebotes würde den Keim späterer Streitigkeiten in sich tragen, da Meinungsverschiedenheiten im Bauvertragswesen in großem Maße dort zu finden sind, wo es um Umfang und Grenzen von Vertragspflichten geht.

8   Es muß bei Beginn der Ausschreibung bekanntgegeben werden, daß eine Teilung geschieht und wie sie im einzelnen vorgesehen ist. Teillose können nicht erst im Eröffnungstermin und noch viel weniger nach Vertragsabschluß, also nach der Vergabe, gebildet werden, zumal letzteres bereits eine Teilkündigung des Vertrages mit den Folgen aus Teil B § 8 Nr. 1 (§ 649 BGB) oder auch Teil B § 2 Nr. 4 darstellen würde. Eine Zuwiderhandlung verstieße gegen die Regelungen der VOB (ebenso Daub/Piel/Soergel ErlZ A4.26). Insoweit ist auf Teil A § 9 hinzuweisen, wo die Voraussetzungen der Leistungsbeschreibung im einzelnen geregelt sind. Der Grundsatz der Vollständigkeit und Eindeutigkeit der Leistungsbeschreibung ist einer der Eckpfeiler des Vergabeverfahrens der VOB. Auch wäre es nicht zulässig - nicht nur nicht zweckmäßig -, die Gesamtleistung auszuschreiben und hierfür die Preisangebote einzuholen, sich in der Ausschreibung aber vorzubehalten, die ausgeschriebene Gesamtleistung auch in Teillosen zu vergeben. Insoweit bestehen auch Bedenken gegen die Nr. 2. Abs. 1 VHB zu Teil A § 4, die einen solchen Vorbehalt in den Verdingungsunterlagen für zulässig hält, zumal

im allgemeinen nicht einzusehen ist, warum der Auftraggeber nicht von vornherein in der Lage sein sollte, sich zu entschließen, ob er nach Teillosen vergeben will oder nicht. Ein derartiger Vorbehalt der wahlweisen Vergabe entspricht nicht den Einzelanforderungen, wie sie in Teil A § 9 niedergelegt sind. Wenn daher eine Änderung des Vertragsumfanges (Aufteilung der ursprünglich vorgesehenen Gesamtleistung in Teillose) erfolgen soll, so kann das nur auf dem Wege geschehen, daß zuerst die bisherige Gesamtausschreibung aufgehoben und dann eine unabhängig von der bisherigen völlig selbständige (auch was die spätere Prüfung und Wertung der Angebote anbelangt) neue Ausschreibung nach Teillosen vorgenommen wird.

Zulässig ist es dagegen, **mehrere Ausschreibungen** in verschiedenen Formen zu gleicher Zeit und **nebeneinander durchzuführen.** Es kann also einmal ein Angebot angefordert werden, das die Gesamtvergabe zum Gegenstand hat, und ein weiteres, das in den Verdingungsunterlagen (Teil A § 9) eine Aufteilung nach Teillosen enthält. Diese Handlungsweise, wenn auch nach Möglichkeit in Beachtung berechtigter Unternehmerinteressen im Falle etwa unzumutbaren Angebotsaufwandes zu vermeiden, kann deshalb nicht als unzulässig angesehen werden, weil es sich praktisch um zwei nebeneinanderlaufende Vergabeverfahren handelt. Letztlich kann auch kein Anstoß daran genommen werden, daß sich der Auftraggeber mehrere Angebote auf verschiedene Weise unterbreiten läßt, obwohl an sich nur ein Auftragsgegenstand vorhanden ist.

II. Fachlose einschließlich ihrer Untergruppen (Nr. 3)

Bezüglich der **Vergabe nach Fachlosen** heißt es in Nr. 3. und Nr. 4. VHB zu Teil A § 4:

3. Fachlose
Als Fachlose gelten auch Bauleistungen verschiedener Fachgebiete oder Gewerbezweige, wenn sie üblicherweise – allgemein oder regional – von Unternehmern in einem Betrieb ausgeführt werden.

4. Zusammenfassung von Fachlosen
Die zusammengefaßte Vergabe mehrerer oder sämtlicher Fachlose setzt voraus, daß dies aus wirtschaftlichen oder technischen Gründen notwendig ist. Eindeutige Beschreibungen aller Leistungen und vollständige zeichnerische Unterlagen müssen vor der Abgabe der Verdingungsunterlagen an die Bieter vorliegen.

1. Die **Vergabe nach Fachlosen** unterscheidet sich in ihrer Grundlage von der Vergabe nach Teillosen. Es werden aus der Gesamtbauleistung (nicht nur der nach einzelnen Gewerken) bestimmte Arbeitsarten, wie Maurer-, Zimmerer-, Klempner-, Dachdecker-, Fliesenlegerarbeiten, herausgenommen und gesondert ausgeschrieben. Es erfolgt, ohne daß allerdings eine Aufteilung nach den Bereichen einzelner DIN-Normen nach Teil C unbedingt notwendig ist (was Daub/Piel/Soergel ErlZ A 4.32 f., 4.40 in ihrer Kritik zu nachfolgend Rdn. 17 übersehen!), **getrennt nach den fachlichen Aufgabengebieten** jeweils **eine besondere Ausschreibung** auf der Basis der in Teil A § 9 niedergelegten Einzelheiten.

Nach Teil A § 4 Nr. 3 Satz 1 ist die Vergabe **nach Fachlosen die Regel.** Es ist nach Aufteilung in die einzelnen Fachgebiete nur der Unternehmer zur Abgabe eines Angebotes aufzufordern, der Fachmann auf dem betreffenden Gebiet ist. Dies entspricht nicht nur einem grundsätzlichen Gebot der Zweckmäßigkeit. Vielmehr steht dahinter auch eine wirtschaftspolitische Forderung, nämlich den Handwerker oder den Gewerbetreibenden zu beschäftigen, dessen Berufsausbildung und -ausübung es entspricht, auf dem hier maßgeblichen Gebiet beschäftigt zu werden. **Es ist vor allem auch eine staatspolitische Verpflichtung für den öffentlichen Auftraggeber, bei schlechter Konjunkturlage eine Vergabe nach Fachlosen vorzunehmen, um eine möglichst breite Streuung der Aufträge zu erreichen.**

Ist ein nach Fachlosen aufgeteilter Teil der Gesamtbauleistung (z. B. die Zimmererarbeiten an einem zu errichtenden Gebäude) derart umfangreich, daß er nach der Zweckmäßigkeit sowie den tatsächlichen und rechtlichen Möglichkeiten (vgl. oben Rdn. 1) noch einmal räumlich aufgeteilt werden soll, so steht einer Vergabe von Teilleistungen aus dem fachlich aufgeteilten Einzelkomplex nichts im Wege. Die Gesamtleistung wird also hier doppelt geteilt, und zwar einmal in ein Fachlos, und zum anderen wird dieses Fachlos in mehrere Teillose aufgeteilt, die zum Gegenstand mehrerer voneinander selbständiger Ausschreibungen bzw. Vergaben gemacht werden. Auch kann bei Aufteilung des Gesamtkomplexes in Teillose innerhalb dieser Teillose (Teilleistungen) ebenfalls eine Ausschreibung nach Fachlosen vorgenommen werden.

13   2. Wenn nach Nr. 3 Satz 1 die Bauleistungen verschiedener Handwerks- oder Gewerbezweige in der Regel nach Fachgebieten oder Gewerbezweigen getrennt zu vergeben sind, so gibt es von diesem Gebot auch **Ausnahmen.** Dafür können, wie in Satz 2 a. a. O. hervorgehoben wird, **wirtschaftliche oder technische Gründe** (etwa: Gesichtspunkte einheitlicher Ausführung und damit verbundener zweifelsfreier Gewährleistung) ausschlaggebend sein, wie z. B. bei Modernisierungsarbeiten oder bei Bauten mit besonderer Funktion, insbesondere technischer Einrichtung oder vorgesehener besonderer Nutzung, wie z.B. beim Sportstättenbau. Diese müssen jedoch im Einzelfall vorliegen, und die Auswahl der hier erörterten, auf die Struktur des Auftragnehmers abzielende Vergabeart muß aufgrund sachgerechter, die Gegebenheiten des Falles hinreichend berücksichtigender Überlegungen des Auftraggebers (vgl. dazu Skopnik, Die Bauverwaltung 1974, 278) getroffen werden.

14   **Ausnahmen** können aus im Einzelfall gerechtfertigten **Zweckmäßigkeitserwägungen begründet** sein (zutreffend Daub/Piel/Soergel ErlZ A 4.42); bestimmte Betriebe können auch außer ihrem eigenen Fachgebiet auf dem Bausektor Arbeiten mit erledigen, die zu dem fachlichen Gegenstand ihres Unternehmens an sich nicht gehören. Hier kann es technisch zweckmäßig und auch wirtschaftlich tragbar sein, von einer strengen Aufteilung in Fachlose Abstand zu nehmen. Das kann auch vom Leistungsziel her berechtigt sein, wie z. B. beim sogenannten schlüsselfertigen Bauen. Hier können Vergaben an einen oder wenige Unternehmer wirtschaftlich oder technisch sinnvoll oder gar geboten sein.

15   a) Hierunter ist zunächst der in den Rdn. 10 aufgeführten Vergaberichtlinien erwähnte Fall zu zählen, daß ein Unternehmer in seinem Betrieb die Arbeiten **verschiedener Gewerbezweige** ausführt. Dabei ist Voraussetzung, daß dieser Betrieb nicht nur den mehreren Fachgebieten entsprechend eingerichtet und personalmäßig besetzt ist, sondern daß darüber hinaus der Unternehmer selbst oder die leitenden Persönlichkeiten im Betrieb die Anforderungen der Fachkundigkeit und Zuverlässigkeit auf allen entsprechenden Gebieten besitzen. Wenn in einem derartigen Fall der betrieblichen Zusammenfassung mehrerer Fachgebiete der betreffende Unternehmer in der Lage ist, preismäßig im Angebot bzw. in den Einzelangeboten günstiger zu kalkulieren, ist es hauptsächlich eine Folge der Rationalisierung.

16   b) Aus den zuletzt genannten Gründen können hier auch vertikal gegliederte (vgl. Jebe/Vygen S. 329 f.) Arbeitsgemeinschaften einbezogen werden. Zwar handelt es sich bei diesen in der Form der BGB-Gesellschaft (§§ 705 ff. BGB) bestehenden Gemeinschaften nicht um eigene Rechtspersönlichkeiten im Sinne juristischer Personen. Man spricht aber von einer Gesamthandsgemeinschaft, jedenfalls in vermögensmäßiger Hinsicht. Auch haftungsmäßig ist es möglich, sämtliche Gesellschafter gemeinsam zur Verantwortung zu ziehen. Daher ist die Arbeitsgemeinschaft in vielen Dingen so gestaltet, **als ob** es sich um eine Einzelperson,

d. h. um einen **Einzelunternehmer,** handeln würde. Dann ist es aber gerechtfertigt, die aus mehreren Einzelunternehmern bestehende Arbeitsgemeinschaft dem Unternehmer gleichzustellen, der in seinem Betrieb mehrere Fachgebiete vereinigt. Über Arbeitsgemeinschaften vgl. Anhang zu Teil A Rdn. 5 ff.

c) Weitere Ausnahme vom Grundsatz der getrennten Vergabe nach Fachlosen sind die sogenannten **Fachlosgruppen.** Hierbei handelt es sich um Verbindungen von Fachlosen (vgl. dazu Rdn. 11), die sich nach den Gegebenheiten **im Einzelfall nach Zweckmäßigkeitsgründen** – vor allem auch in wirtschaftlicher Hinsicht – ausrichten, obwohl die verbundenen Fachlose in fachlicher Hinsicht auseinanderliegen. So kann es sinnvoll sein, Heizungs- und sanitäre Installationsarbeiten, Elektro- und Entlüftungsarbeiten zusammen auszuschreiben und zu vergeben (zutreffend Daub/Piel/Soergel ErlZA 4.40 f.). Die gesammelte Ausschreibung ist eine Fachlosgruppe. Ob eine Üblichkeit vorliegt, kann in Zweifelsfällen durch Rückfrage bei der zuständigen Industrie- und Handelskammer oder der Handwerkskammer geklärt werden.

Als Auftragnehmer für eine Fachlosgruppe kann nur ein Unternehmer in Betracht gezogen werden, der sowohl die fachlichen als auch die betrieblichen Qualitäten besitzt, die erforderlich sind, um die an sich in mehrere Fachgebiete gehörenden Arbeiten ordnungsgemäß durchführen zu können. Deshalb können in der Regel Fachlosgruppen nur da gebildet werden, wo die einzelnen Fachgebiete nicht völlig fremd einander gegenüberstehen, wie z. B. bei Zimmerer- und Installationsarbeiten, sondern wo sie miteinander verwandt sind, wie z. B. bei Erd-, Maurer- und Betonarbeiten. Die Fachlosgruppen sind ebenfalls in Nr. 3. VHB zu Teil A § 4 berücksichtigt worden (vgl. oben Rdn. 10).

Für die Zusammenfassung von Fachlosen ist vor allem auch der **Generalunternehmer** zu berücksichtigen (vgl. dazu Soergel, Bauwirtschaft 1986, 937). Während die in Rdn. 15-17 untersuchten Möglichkeiten vorwiegend nach der betrieblichen Seite ausgerichtet sind, wird hier von dem Unternehmer als solchem gesprochen, selbstverständlich auch hier unter dem Gesichtspunkt der wirtschaftlichen und technischen Zweckmäßigkeit. In diesem Zusammenhang ist der gesamte Komplex der **Unternehmereinsatzformen** zu betrachten, d. h. die Abgrenzung von Stellung und Aufgaben des Generalunternehmers, des Alleinunternehmers und der Arbeitsgemeinschaft, des Nach- und Nebenunternehmers usw. Dazu wird auf den Anhang nach Teil A § 29 verwiesen, wo diese Fragen gesondert behandelt werden.

C. Sammelaufträge

Während die in § 4 geregelten Vergaben grundsätzlich darauf abgestellt sind, auf **ein bestimmtes,** jeweils der Vergabe unterliegendes Bauobjekt bezogen zu sein, kann es aus den in Nr. 3 Satz 2 angegebenen wirtschaftlichen oder technischen Gründen angezeigt sein, bestimmte gleichartige Leistungen, die häufig bei **mehreren Bauobjekten** benötigt werden, einheitlich zu vergeben. Das betrifft insbesondere Leistungen, die nach Art und Umfang – aus technischer Sicht – **genau bestimmt oder bestimmbar** sind und die **serienmäßig hergestellt** werden. Dazu gehören vor allem vorgefertigte Bauteile, Fertighäuser, Hallen, Teile betriebstechnischer Anlagen. Hier kann es wirtschaftlich und technisch sinnvoll oder gar geboten sein, zusammengefaßt zu vergeben, wenn dadurch einmal eine günstigere Preisgestaltung und zum anderen eine einheitlichere ordnungsgemäße Ausführung gewährleistet erscheinen. Dann kann sich die sogenannte Sammelvergabe als zweckmäßig erweisen. Diese ist vom einzelnen Objekt **unabhängig,** und sie dient einer rationellen Baugestaltung entweder bei mehreren gleichzeitig ausgeführten Bauten, vor allem an verschiedenen Orten, oder auch im Rahmen einer gewissen Bevorratung für künftige Baufälle. Um dem Gesichtspunkt wirtschaftlicher oder technischer Zweckmäßigkeit voll gerecht werden zu können, ist es erforderlich, daß die in Betracht kommenden Vorhaben in einem gewissen abzusehenden **zeitlichen Rahmen** liegen, damit nicht Anschaffungen gemacht werden, die wegen der fortschreitenden Technik oder auch der weiteren wirtschaftlichen Entwicklung nicht mehr sachgemäß wären, also sozusagen zum „Ladenhüter" werden könnten.

Gerade im Bereich der öffentlichen Bauvergabe können Sammelaufträge sinnvoll sein. Hier ist aber besondere Einheitlichkeit und Vorsicht sowohl bei der Vertragsgestaltung als auch bei der Vertragsabwicklung am Platze. Insbesondere kommen hier der zu bestimmenden Leitbaudienststelle wesentliche Aufgaben zu. Hierzu sind eingehende Regelungen unter Nr. 5. VHB zu Teil A § 4 ergangen, die eine hinreichende Gewähr für eine ordnungsgemäße Handhabung bieten und die **unbedingt zu beachten** sind. Sie können auch dem privaten Bauherrn, der Sammelaufträge vergeben will, wichtige Anhaltspunkte für eine ordnungsgemäße, eine hinreichende Sicherheit bietende Handhabung geben.

§ 5 Leistungsvertrag, Stundenlohnvertrag, Selbstkostenerstattungsvertrag

1. Bauleistungen sollen grundsätzlich so vergeben werden, daß die Vergütung nach Leistung bemessen wird (Leistungsvertrag), und zwar:

a) in der Regel zu Einheitspreisen für technisch und wirtschaftlich einheitliche Teilleistungen, deren Menge nach Maß, Gewicht oder Stückzahl vom Auftraggeber in den Verdingungsunterlagen anzugeben ist (Einheitspreisvertrag),

b) in geeigneten Fällen für eine Pauschalsumme, wenn die Leistung nach Ausführungsart und Umfang genau bestimmt ist und mit einer Änderung bei der Ausführung nicht zu rechnen ist (Pauschalvertrag).

2. Bauleistungen geringeren Umfangs, die überwiegend Lohnkosten verursachen, können im Stundenlohn vergeben werden (Stundenlohnvertrag).

3. (1) Bauleistungen größeren Umfangs dürfen ausnahmsweise nach Selbstkosten vergeben werden, wenn sie vor der Vergabe nicht eindeutig und so erschöpfend bestimmt werden können, daß eine einwandfreie Preisermittlung möglich ist (Selbstkostenerstattungsvertrag).

(2) Bei der Vergabe ist festzulegen, wie Löhne, Stoffe, Gerätevorhaltung und andere Kosten einschließlich der Gemeinkosten zu vergüten sind und der Gewinn zu bemessen ist.

(3) Wird während der Bauausführung eine einwandfreie Preisermittlung möglich, so soll ein Leistungsvertrag abgeschlossen werden. Wird das bereits Geleistete nicht in den Leistungsvertrag einbezogen, so ist auf klare Leistungsabgrenzung zu achten.

Inhaltsübersicht

	Rdn.
A. Einteilung der VOB-Verträge nach der Art der Vergütung	1
B. Der angemessene Preis als Maßstab sämtlicher Vergütungsarten	2-3
C. Der Leistungsvertrag (Nr. 1)	4-6
D. Der Einheitspreisvertrag (Nr. 1 a)	7-11

E. Der Pauschalvertrag (Nr. 1 b) 12-20
    I. Genaue Bestimmung von Art und Umfang der Bauleistung 13
    II. Voraussichtlich keine Änderung bei der Ausführung 14
    III. Eindeutige Leistungsbeschreibung durch Auftraggeber 15-18
    IV. Pauschalvertrag über Teile der Leistung 19-20
F. Eindeutige Preisvereinbarung 21
G. Der Stundenlohnvertrag (Nr. 2) 22-29
    I. Nur bei lohnintensiven Bauleistungen geringeren Umfangs 23-25
    II. „Angehängte" und „selbständige" Stundenlohnarbeiten 26
    III. Ausdrückliche vorherige Vereinbarung 27
    IV. Wettbewerbsgrundsatz; Bekanntgabe von Verrechnungssätzen 28
    V. Preisrechtliche Voraussetzungen 29
H. Selbstkostenerstattungsverträge (Nr. 3) 30-36
    I. Ausnahmecharakter 31
    II. Nachträglicher Übergang zum Leistungsvertrag 32-34
    III. Selbstkosten und Gewinnsatz 35
    IV. Besonderheiten bei öffentlichen Bauvorhaben 36

A. Einteilung der VOB-Verträge nach der Art der Vergütung

Diese Vorschrift befaßt sich mit den Begriffen des **Leistungsvertrages**, des **Stundenlohnvertrages** und des **Selbstkostenerstattungsvertrages.** Hierbei handelt es sich **nicht** um **spezielle Vertragstypen**, wie sie im besonderen Schuldrecht des BGB niedergelegt sind, z. B. Kaufvertrag, Dienstvertrag, Werkvertrag usw. Vielmehr unterfallen die Leistungsverträge, Stundenlohnverträge und Selbstkostenerstattungsverträge dem einen Vertragstypus, wie er der VOB nach Teil A § 1 zugrunde gelegt ist, nämlich dem **Bauvertrag** als Sonder- oder Unterfall des Werkvertrages des BGB. Es werden durch die genannten Begriffe bestimmte **Möglichkeiten des Entgelts** für die Bauleistung des Auftragnehmers aufgezeichnet. Zu den verschiedenen Preisarten beim Bauvertrag vgl. auch Vygen ZfBR 1979, 133; Kaiser ZfBR 1987, 171.

B. Der angemessene Preis als Maßstab sämtlicher Vergütungsarten

Auszugehen ist von der grundlegenden Bestimmung des § 2 Abs. 1 Satz 1, wonach Bauleistungen zu **angemessenen Preisen** zu vergeben sind. Dies ist der **Obersatz für die Preisgestaltung** im Rahmen der VOB. Er ist der Regelung des § 5 in allen ihren Einzelheiten voranzustellen. Insoweit ist auf Rdn. 10 ff. zu Teil A § 2 als Ausgangspunkt zu verweisen. Bringt man den erwähnten Obersatz mit den Einzelbestimmungen des § 5 in die notwendige Verbindung, so ergibt sich daraus folgendes: Der angemessene Preis kann einmal den **Wert der Leistung** als Grundlage haben, des weiteren die hierfür **aufgewendete Zeit** sowie das dabei verbrauchte Material und zum dritten die für die Leistung – rückwirkend berechnet – entstandenen **Aufwendungen des Auftragnehmers**, jeweils einschließlich Gewinnzuschlag.

Verlangt der Auftraggeber in der Ausschreibung bzw. bei Einleitung des Vergabeverfahrens eine Preisberechnung auf der Grundlage einer **bestimmten**, in Teil A § 5 angesprochenen **Vergütungsart,** muß der Bieter dem Auftraggeber bei Angebotsabgabe Mitteilung machen, wenn er davon bei der Berechnung der beanspruchten Vergütung abgewichen ist, sofern die Abweichung für den Auftragnehmer nicht erkennbar ist (vgl. BGH NJW 1981, 2050), wobei dem Auftraggeber eine im Rahmen des Zumutbaren liegende Kontrolle abzuverlangen ist. Verletzt der Bieter hier seine Pflicht, kann er gegebenenfalls aus **culpa in contrahendo schadensersatzpflichtig** sein, wobei im Falle der Verletzung zumutbarer Kontrollpflichten des Auftraggebers auch ein Mitverschulden (§ 254 BGB) zu seinen Lasten in Betracht kommen kann. Der Schaden bemißt sich in diesem Fall nach dem Differenzbetrag zwischen der

A § 5, 1, Rdn. 4-6

tatsächlich eingesetzten Berechnungsart und der vom Auftraggeber verlangten (insoweit Basedow NJW 1982, 1030, der übersieht, daß hier das – auch für eine Haftung aus culpa in contrahendo mögliche – Erfüllungsinteresse, vgl. dazu Einl. Rdn. 67, für die Schadensberechnung in Betracht kommen kann).

C. Der Leistungsvertrag (Nr. 1)

4   Die Definition dieses Begriffs folgt nicht aus dem allgemeinen Sprachgebrauch des BGB, sondern aus der für alle Teile der VOB verbindlichen Begriffsbestimmung in Teil A § 1 (vgl. hierzu Rdn. 3 ff. zu § 1). Beim **Leistungsvertrag** nach Teil A § 5 wird eine enge Beziehung und Abhängigkeit der Vergütung von der **wirklichen Leistung** geschaffen. Nur der **Wert des Erbrachten** bzw. zu Erbringenden ist **Bemessungsgrundlage** für die angemessene **Vergütung** des Auftragnehmers.

Der **Leistungsvertrag**, d. h. die Bemessung der Vergütung auf der Basis der Leistung des Unternehmers, ist die **grundlegende Vergütungsform** eines Bauvertrages **nach der VOB**. Dies ergibt sich einmal aus der Voranstellung in Teil A § 5 Nr. 1 vor den übrigen Möglichkeiten des Stundenlohnvertrages und des Selbstkostenerstattungsvertrages. Zum anderen ergibt sich dies auch aus der Formulierung, wie sie von den Verfassern der VOB gewählt worden ist. Während in Nr. 1 die grundsätzliche Vergabe von Bauleistungen im Leistungsvertrag vorgesehen ist, sollen für den Stundenlohnvertrag und den Selbstkostenerstattungsvertrag einschränkende tatsächliche Voraussetzungen gegeben sein („Bauleistungen geringeren Umfanges, die überwiegend Lohnkosten verursachen..." oder „Bauleistungen größeren Umfanges dürfen ausnahmsweise nach Selbstkosten vergeben werden, wenn sie..."). Dies bedingt bei sorgfältiger Handhabung der VOB, daß von seiten des Auftraggebers und auch des Auftragnehmers zunächst zu prüfen ist, ob die Festlegung der Vergütung auf der Basis der Leistung möglich ist oder ob tatsächliche Umstände vorliegen, welche die Ausnahmeregelungen in Teil A § 5 Nr. 2 und 3 erfordern.

5   Der Leistungsvertrag umfaßt zwei verschiedene Typen, nämlich einmal den Einheitspreisvertrag und zum anderen den Pauschalvertrag. Diese Aufzählung ist abschließend. Der **Leistungsvertrag** kann also nur **als Einheitspreisvertrag oder als Pauschalvertrag** geschlossen werden.

6   Der **Leistungsvertrag** ist im übrigen **keineswegs identisch mit dem sogenannten Festpreisvertrag** (vgl. dazu Teil A § 15 Rdn. 8 ff.; Teil B § 2 Rdn. 162 f., 175 f. und 340 f. Dieser – von der VOB nicht benutzte – Begriff kennzeichnet nämlich **keinen zusätzlichen Vergütungs- bzw. Vertragstyp**. Er bedeutet – anders als die in Teil A § 5 angeführten Vertragsarten – kein besonderes Berechnungssystem und keine besondere Art der Vergütungsberechnung. Unter Festpreisvertrag versteht man vielmehr **nichts anderes als einen normalen, allgemein üblichen Vertrag („Ein Mann, ein Wort"!!)**, in dem kein Vorbehalt über Preisänderungen aufgrund solcher Umstände gemacht ist, die während der Bauausführung in bezug auf **Löhne bzw. Gehälter und die Materialpreise** (sogenannte Gleitklauseln, vgl. Teil A § 15) auftreten (vgl. BGH SFH Z 2.301 Bl. 22); deshalb schließt der bloße Gebrauch des Wortes „Festpreis" nicht ohne weiteres die in Teil B § 2 Nr. 3-6 (beim Pauschalvertrag Nr. 4-6) erwähnten Preisänderungsmöglichkeiten aus (vgl. dazu Teil B § 2 Rdn. 175 ff.). Gleiches gilt für den Schadensersatzanspruch nach Teil B § 6 Nr. 6 für den Fall schuldhafter Verletzung von Mitwirkungspflichten durch den Auftraggeber. Auch ändert sich durch die Vereinbarung des „Festpreises" nichts daran, daß es sich bei dem im übrigen unveränderten Einheits- bzw. Pauschalvertrag weiterhin um einen Leistungsvertrag handelt, da die Vergütung nach wie vor auf der Grundlage der Leistung des Unternehmers berechnet wird. Die VOB hat insbesondere im Rahmen des Leistungsvertrages den Festpreisvertrag nicht zu erwähnen brauchen (vgl.

auch OLG Bremen BB 1971, 1384). Das gilt vor allem auch hinsichtlich der Unterfälle des Leistungsvertrages (Einheitspreisvertrag und Pauschalvertrag). Der Festpreisvertrag, d. h. die Frage, ob eine spätere Preisänderung möglich ist, hat mit den Grundmaßstäben der Berechnung der Vergütung nichts zu tun. Auch sonst sind Fragen einer späteren Preisänderung im Rahmen von Teil A § 5 ohne Bedeutung. Solche liegen im Bereich von Teil B § 2. Vgl. dazu auch Vygen ZfBR 1979, 133, 135; Kaiser ZfBR1987, 171.

Die Ansicht von Daub/Piel/Soergel (ErlZ A 5.10), die Vereinbarung eines Festpreises schließe die gleichzeitige Vereinbarung von Preisvorbehalten (gemeint sind insoweit wohl Lohn- und Materialpreisgleitklauseln) nicht aus, läßt sich nach dem Gesagten begrifflich nicht rechtfertigen. Sicher ist es möglich – und das meinen Daub/Piel/Soergel a. a. O. wohl –, im Vertrag einen bei Vertragsabschlußvereinbarten Preis als Festpreis zu bezeichnen und dann in übrigen Vertragsbedingungen zugleich oder daneben eine Lohn- und Materialpreisgleitklausel aufzunehmen, etwa in Besonderen oder Zusätzlichen Vertragsbedingungen. Dann liegt in diesem Vertrag nichts anderes als eine Widersprüchlichkeit vor, die nach den in Teil B § 1 Nr. 2 aufgestellten Regeln zu lösen ist, wobei die Individualvereinbarung in der eigentlichen Vertragsurkunde bzw. dem Auftragsschreiben Vorrang besitzen muß . Die Praxis zeigt, daß entgegen Daub/Piel/Soergel a. a. O. nur in seltenen Ausnahmefällen die Regelung des § 155 BGB eingreift.

D. Der Einheitspreisvertrag (Nr. 1 a)

Der Einheitspreisvertrag ist die **regelmäßige Form** des Leistungsvertrages (so auch Nr. 1.1. VHB zu Teil A § 5). Die Vorrangigkeit des Einheitspreisvertrages vor dem Pauschalvertrag ist insofern von Bedeutung, als es notwendig ist, im Bauvertrag **ausdrücklich festzulegen, wenn ein Pauschalpreis vereinbart worden ist.** Dieser gibt sich aus Teil B § 2 Nr. 2 VOB , der eine klare – vertraglich vereinbarte – Rangfolge aufzeigt (was Daub/Piel/Soergel ErlZ A 5.29 übersehen). Erfolgt das nicht, wird sich jede Vertragspartei, vor allem auch im Hinblick auf § 632 Abs. 2 BGB, gefallen lassen müssen, daß nach Einheitspreisen abgerechnet wird, auch dann, wenn der Bauvertrag in seiner Preisvereinbarung unklar ist, ihm jedoch die VOB als Vertragsgrundlage dient. Immerhin müssen im Falle von Vertragsverhandlungen aufgrund von Einheitspreisangeboten die in den einzelnen Positionen angegebenen Einheitspreise Gegenstand der Vertragsverhandlungen, also dem Verhandlungspartner bekanntgegeben worden sein (vgl. BGH BauR1983, 384).

Beim Einheitspreisvertrag werden zum Zwecke der Bemessung der vom Auftraggeber geschuldeten Vergütung **für** technisch und wirtschaftlich **einheitliche Teilleistungen,** deren Menge nach Maß, Gewicht oder Stückzahl vom Auftraggeber in den Verdingungsunterlagen anzugeben ist (vgl. dazu vor allem auch Teil A § 9 Nr. 7 und 8), **Einheitspreise** festgesetzt. Bestimmte Teile in technischem und wirtschaftlichem Zusammenhang sind z. B. der Verputz, die anzufertigenden Türen, die zu verlegenden Lichtleitungen, die zu verlegenden Dachziegel usw. Das entspricht in dieser allgemeingehaltenen Form den Anforderungen des technischen und insbesondere auch des wirtschaftlichen Zusammenhanges aber nur, wenn es sich um **gleichartige Teile** handelt. Werden z. B. Türen, Lichtschalter, Dachziegel, Dachbalken, Waschbecken, Mauerwerk, Fenster usw. verschiedener Art, Ausführung, Beschaffenheit oder Größe verlangt, so können nur diese für sich eine Teilleistung im hier angegebenen Sinne bilden, weil nur insoweit ein technischer und wirtschaftlicher Zusammenhang gegeben ist. Sie müssen dann einzeln als selbständige Teilleistungen in das Leistungsverzeichnis aufgenommen werden. Es kommt also immer auf den nach der Verkehrsanschauung maßgeblichen technischen und wirtschaftlichen Zusammenhang im Sinne einer Einheit an.

A § 5, 1, Rdn. 9-11

9 Den Anforderungen des Einheitspreisvertrages im Rahmen des Leistungsvertrages ist aber noch nicht damit Genüge getan, daß technisch und wirtschaftlich einheitliche Teilleistungen als solche festgelegt und in das Leistungsverzeichnis aufgenommen werden. Vielmehr ist es weiter notwendig, daß der Auftraggeber in die Verdingungsunterlagen (Leistungsbeschreibung) **in den sogenannten Vordersätzen** die **Teilleistungen nach Maß, Gewicht oder Stückzahl** angeben muß. Er muß also mitteilen, wieviel m² Dachziegel von bestimmter Größe und Ausführungsart oder wieviel Fenster nach Art und Größe verlangt werden oder wieviel m² bzw. m³ eines bestimmten Mauerwerkes oder Putzes notwendig sind. Der Einheitspreis wird dann dadurch errechnet, daß der Auftragnehmer in den ihm nach den genannten Erfordernissen zugegangenen Unterlagen nach gebotener sorgfältiger Kalkulation (Lohn, Material, Baustellenkosten, allgemeine Geschäftskosten, Gewinn) den **Einzelpreis** nach der jeweils maßgeblichen Maß-, Gewichts- oder Stück**einheit** festlegt. Dies ist der Einheitspreis, so wie er in Teil A § 5 Nr. 1 a gemeint ist. Als nächstes ist der **Positionspreis** zu bestimmen, der **das Ergebnis der Multiplikation der Vordersätze mit dem Einheitspreis innerhalb der jeweiligen Position ist.** Schließlich kommt noch der **Gesamtpreis**, d.h. die Endsumme im Angebot, in Betracht. Beispiel: Es sind 100 m² Linoleum mit einem m²-Preis von 10 DM zu verlegen. Einheitspreis: 10 DM; Positionspreis 1000 DM. Hinzu kommen in einer weiteren Position Estricharbeiten je m² 8 DM. Einheitspreis: 8 DM; Positionspreis 800 DM. Gesamtpreis: 1800 DM. Aus dem Begriff Leistungsvertrag als Einheitspreisvertrag ergibt sich, daß **nicht** der aus der Summe der Positionspreise errechnete **Gesamtpreis entscheidend** ist. Der Gesamtpreis ist die bloß rechnerische Zusammenzählung der Positionspreise und – innerhalb deren – der Einheitspreise. **Auch die Positionspreise sind nicht entscheidend**; vielmehr ist **vertraglich vereinbarter Preis nur der jeweilige Einheitspreis.** Das hat vor allem folgende Bedeutung: Besteht Streit über die Berechtigung nur eines oder einiger Einheitspreise, so ist der Streit hierauf beschränkt, ohne daß die anderen Einheitspreise im Rahmen der anderen Positionen hiervon berührt werden. Diese anderen Einheitspreise hat der Auftraggeber jedenfalls zu bezahlen, ohne daß er im Grundsatz befugt ist, den Ausgang des Streites über die Berechtigung bestimmter selbständiger Einheitspreise abzuwarten. Streitigkeiten können sich demnach zur Preisfrage nur auf die bestimmte Teilleistung in Verbindung mit dem hierauf bezogenen Einheitspreis stützen. Von den Streitfragen sonst nicht betroffene Teilleistungen und die damit verbundenen Einheitspreise bleiben unberührt.

10 Daraus folgt zugleich für die spätere **Abrechnung:** Es ist zu jeder Position des Leistungsverzeichnisses die Vergütung nach der **tatsächlich ausgeführten,** durch Aufmaß ermittelten Leistung und Multiplikation mit dem vereinbarten Einheitspreis zu berechnen. **Auf einen im Angebot** früher errechneten abweichenden Gesamtbetrag kommt es nicht an; vielmehr ergibt die Summe der so nach erfolgter Ausführung errechneten Positionspreise den Gesamtpreis (vgl. BGH, Urt. vom 14. 3. 1966 – VII ZR 27/64).

11 Möglich ist es, einzelne Teilleistungen nicht nach Einheitspreisen, sondern zur Pauschale (vgl. Rdn. 12 ff., insbesondere Rdn. 19 f.) zu vergeben, wie z. B. die Baustelleneinrichtung, insoweit vor allem auch sonst notwendige Leistungsbestandteile, die über die Ansätze einzelner Positionen hinausgehen.

Bemerkenswert und zur Information unbedingt zu empfehlen ist die tiefgründige, wissenschaftlich geprägte Arbeit von Berg, „Beitrag zur Gestaltung der Vergütung von Bauleistungen im Einheitspreisvertrag", herausgegeben vom Lehrstuhl für Baubetrieb und Baubetriebswirtschaft der Universität Hannover (Prof. Dr. Jebe), Schriftenreihe Heft 9, Werner-Verlag, Düsseldorf. Diese Schrift zeichnet sich vor allem dadurch aus, daß die Frage der ordnungsgemäßen Bildung des Einheitspreises nach modernen betriebswirtschaftlichen Gesichtspunkten behandelt ist. Dazu zugleich auch Jebe, Die Bedeutung und Problematik des Einheitspreises im Bauvertrag, BauR 1973, 141; ferner ders., Ausschreibung und Preisermittlung von Bauleistungen, BauR 1978, 88; vor allem auch Mantscheff, Einführung in die Baubetriebslehre, Band 2, S. 88 ff.

E. Der Pauschalvertrag (Nr. 1 b)

Eine Preisvereinbarung nach Pauschalvertrag ist die Ausnahme im Rahmen des Leistungsvertrages. Sie kommt nur in geeigneten Fällen in Betracht. Wann diese – vor allem auch nach anerkannter baubetriebswirtschaftlicher Sicht – gegeben sein können, ist in Teil A § 5 Nr. 1 b umrissen. Demnach müssen zwei wesentliche Voraussetzungen vorliegen. Zunächst muß die geforderte **Leistung nach Ausführungsart und Umfang genau bestimmt** sein. Des weiteren darf **mit** einer **Änderung** sowohl der Leistung als auch der Ausführungsart **nicht zu rechnen** sein, selbstverständlich im Rahmen des bei der Vergabe Vorgesehenen oder Vorhersehbaren. Dies sind im Verhältnis zum Einheitspreisvertrag recht einschneidende und sehr wesentliche Einschränkungen, so daß es dringend geboten erscheint, gerade diese Gesichtspunkte einer sehr sorgfältigen und gewissenhaften Prüfung zu unterziehen. Diese an sich strengen Anforderungen beruhen darauf, daß mit der Pauschalpreisvereinbarung die Vordersätze sozusagen „festgeschrieben" werden, der Auftragnehmer also die vorgesehene Leistung grundsätzlich ohne Rücksicht darauf auszuführen hat, welche Mengen dafür tatsächlich erforderlich sind, was aber auch zum Nachteil des Auftraggebers im Falle von Mindermengen ausschlagen kann.

Beachtenswert ist hierzu die Schrift von Jebe/Schubert, „Untersuchungen über die Vergabe von Bauleistungen zu Pauschalpreisen", herausgegeben vom Lehrstuhl für Baubetriebslehre der Universität Hannover (Prof. Dr. Jebe), Schriftenreihe Heft 2, Werner-Verlag. Hier sind die wesentlichen Gesichtspunkte zusammengetragen, die für oder gegen einen Pauschalpreisvertrag aus betriebswirtschaftlicher Sicht zu gelten haben. Zu den rechtlichen Grundlagen des Pauschalvertrages vgl. insbes. Heyers BauR 1983, 297 ff.

I. Genaue Bestimmung von Art und Umfang der Bauleistung

Indem die geforderte Leistung nach Ausführungsart und Umfang genau bestimmt sein muß, wird eine Umgrenzung gezogen, die in weit engerem Sinn gemeint ist, als vielfach angenommen wird. Die Betonung ist auf das Wort „genau" zu legen. Die **genaue Bestimmtheit der Ausführungsart** erfordert, daß zwischen den Beteiligten (Auftraggeber und Bieter) zur Zeit des Vertragsabschlusses völlige Klarheit darüber herrscht, in welcher Art und Weise und wie das Bauvorhaben und seine Einzelheiten auszuführen sind, was z. B. bei Umbaumaßnahmen häufig nicht zutrifft. Hierzu gehört nicht nur die Gestaltung der baulichen Ausführung als solche (wie z. B. Gründungstiefe, Grundwasserabsenkung), sondern es gehören dazu alle damit zusammenhängenden Fragen, wie der Materialart, des Arbeitseinsatzes, der Konstruktion, hier vor allem auch in statischer Hinsicht, usw. In gleichem Sinne hat dies für den **Umfang der Bauleistung** zu gelten. Man wird zusammenfassend sagen müssen, **daß alle wesentlichen Gesichtspunkte, die Gegenstand einmal des Leistungsverzeichnisses und zum anderen auch der Kalkulation des Unternehmers in bezug auf Ausführungsart und Umfang sind, genau bestimmt sein müssen,** was im übrigen auch für die Vergabe aufgrund funktionaler Leistungsbeschreibung gilt. In diesem Sinne verhalten sich auch die Regelungen in Nr. 1.2. VHB zu Teil A § 5. Man wird nur insoweit eine Ausnahme zulassen können und dürfen, als vielleicht Zweifel hinsichtlich der Ausführungsart und des Leistungsumfangs in wenigen Einzelpunkten bestehen, die nicht von maßgebendem Einfluß auf die Preisgestaltung sind. Man sollte aber auch bei noch so gering erscheinenden Unklarheiten und Zweifeln grundsätzlich diese zu beseitigen versuchen, **bevor** man pauschal anbietet bzw. verhandelt.

II. Voraussichtlich keine Änderung bei der Ausführung

Es ist aber für den Pauschalvertrag nicht schon Raum, wenn die Leistung nach Ausführungsart und Umfang genau bestimmt ist, sondern erst, wenn nach Lage des Sachverhaltes später (nach Vertragsabschluß) mit einer **Änderung** sowohl **der Ausführungsart als auch des Leistungs-**

umfanges nicht zu rechnen ist. Darin liegt natürlich eine Schwierigkeit; denn es gibt immer Ereignisse, mit denen man nicht rechnen kann, wie z. B. bei Modernisierungsarbeiten. Es reicht aber, wenn man eine eingehende Überlegung im Zeitpunkt der Angebotsabgabe darüber anstellt, ob es nach aller Voraussicht bei den gegebenen Umständen und Voraussetzungen verbleiben wird. Es sind dabei alle vorhersehbaren Gegebenheiten zu überprüfen, die für die Bauausführung von Bedeutung sind. Hierzu gehören vor allem Fragen der Finanzierung, der Voraussetzungen, die das öffentliche Baurecht an die Bauausführung knüpft, sowie auch technische Fragen, wie die des Baugrundes, der Wasserverhältnisse usw. Nicht geeignet für eine Pauschalvereinbarung sind ferner Fälle, in denen nur eine unzulängliche Leistungsbeschreibung, lückenhafte Pläne, keine Statik, nicht hinreichend bestimmte Baumaterialien, keine klar bestimmbare Bauzeit vorliegen (zutreffend Vygen ZfBR 1979, 133, 135). Besonders ist vom Bieter zu verlangen, daß er sich **vor** Eingehung eines Pauschalabkommens **gewissenhaft** Überlegungen dahingehend unterzieht, ob alle Umstände, die für ihn und sein Pauschalangebot jetzt maßgebend sind, nach aller Voraussicht auch so lange fortbestehen werden, bis die vertraglichen Verpflichtungen zur Erbringung der Bauleistung im vollen Umfange erfüllt sind. Dabei kommt es nicht auf technische, kaufmännische, personelle und sonstige rein innerbetriebliche Fragen allein an, die bei der Angebotsabgabe eine Rolle gespielt haben, sondern vor allem auch auf sonstige Einzelpunkte, die im Bauvertrag von Bedeutung sein werden, wie z. B. die Einhaltung der Bauzeit, die möglichen Witterungsverhältnisse, die allgemeine Preisgestaltung auf dem Bausektor, Besondere oder Zusätzliche Vertragsbedingungen usw. Daß gerade auch für Behördenaufträge diese Anforderungen zu gelten haben, ergibt sich deutlich aus den Richtlinien in Nr. 1.2. VHB zu Teil A § 5. Vor allem ist in Nr. 1.2.3. mit Recht hervorgehoben, daß weder die Vergabe aufgrund eines Leistungsprogramms noch die zusammengefaßte Vergabe sämtlicher Leistungen an einen Auftragnehmer zur Vereinbarung eines Pauschalpreises zwingt.

Zu den Voraussetzungen und vertraglichen Bedingungen bei der Vergabe und Übernahme von Bauleistungen zu Pauschalpreisen und deren Berücksichtigung in der Vertragsgestaltung zwischen General- und Nachunternehmer bei schlüsselfertiger Vergabe siehe Jebe, Schriftenreihe des Lehrstuhls für Baubetriebslehre an der Universität Hannover, Heft 2, 1967.

III. Eindeutige Leistungsbeschreibung durch Auftraggeber

15 Auch bei einer Vergabe zu Pauschalpreisen ist es für den Auftraggeber grundsätzlich erforderlich, daß er eine **eindeutige,** ins einzelne gehende und darüber hinaus inhaltlich keinerlei Zweifel zulassende **Leistungsbeschreibung** aufstellt und dem Bieter überläßt, ebenso Christoffel S. 72. Deswegen ist auch die grundsätzliche Forderung nach einer Leistungsbeschreibung in Teil A § 9 Nr. 3-9 aufgestellt worden; hingegen bilden hier Leistungsbeschreibungen nach Leistungsprogramm die Ausnahme. Die Leistungsbeschreibung, aufgrund deren eine mögliche Pauschalpreisvergabe erfolgen soll, ist vom Auftraggeber **sehr sorgfältig** abzufassen. Daher bestimmt auch Nr. 1.4. Abs. 1 VHB zu Teil A § 5, daß bei der Vergabe aufgrund eines Leistungsverzeichnisses alle Teilleistungen erfaßt, eindeutig beschrieben und die Mengen vollständig und genau ermittelt werden müssen. Soweit es sich um öffentliche oder um mit öffentlichen Mitteln finanzierte Bauleistungen handelt, ist auch § 4 der Baupreisverordnung zu beachten.

16 Andererseits ist es hier vom Begrifflichen nicht unbedingt erforderlich, daß der Auftragnehmer in dem Leistungsverzeichnis in den Preisspalten alle Einzelposten ausfüllt, es sei denn, daß dies ausdrücklich verlangt wird; denn bei der Pauschalpreisvergabe kommt es letztlich darauf an, was nach Leistungsart und -umfang von dieser erfaßt wird und wie hoch der Pauschalpreis, der seiner Natur nach ein **einziger** und **einheitlicher Endpreis** ist, sich darstellt. Gegebenenfalls kann es daher sogar genügen, in das Leistungsverzeichnis nur einen Preis, und zwar den Pauschalpreis selbst, einzusetzen. Das gilt natürlich nicht, wenn vom

Auftraggeber ein zweifaches Angebot, nämlich eins nach Einheitspreisen und das andere nach einer Pauschale, über denselben Bauleistungsgegenstand gefordert wird. Dann bedingt die Forderung nach Einheitspreisen eine genaue Angabe aller wesentlichen Preispunkte, insbesondere der Einzelpreise. Eine Aufforderung, wegen des gleichen Gegenstandes zwei verschiedene Arten der Preisberechnung anzubieten, ist durchaus zulässig. In diesem Fall handelt es sich um zwei verschiedene und voneinander getrennte Angebote, wobei das eine für den Fall der Einheitspreisvergabe, das andere für den Fall der Pauschalpreisvergabe Geltung haben soll.

Es ist dem **Bieter dringend zu raten, auch bei einem Pauschalpreisangebot zunächst eine Preisberechnung so offen auszuweisen, als wenn er zu Einheitspreisen anbieten würde.** Dies gilt besonders für den Fall der späteren Preisänderung auf der Grundlage der Vorschriften in Teil B § 2 Nr. 4-6, die nach Teil B § 2 Nr. 7 Abs. 1 Satz 4 auch auf Pauschalverträge anwendbar sind, wodurch die Berechnung des neuen Preises, für die der Auftragnehmer in allen Punkten darlegungs- und beweispflichtig ist, entscheidend erleichtert, u. U. sogar erst ermöglicht wird. 17

Wird nicht die Form der Vergabe nach Leistungsverzeichnis, sondern eine solche aufgrund eines **Leistungsprogramms** (vgl. Teil A § 9 Rdn. 24-28) gewählt, so ist zwar die Aufstellung eines Leistungsverzeichnisses durch den Auftraggeber bei der Pauschalpreisvergabe an sich nicht notwendig, aber besonders hier müssen die erforderlichen Sicherheiten geschaffen werden, um die Pauschalpreisabsprache hinsichtlich des Leistungsumfangs eindeutig zu sichern. Daher muß es Grundlage für eine Pauschalpreisvereinbarung sein, daß der betreffende Bieter in den von ihm nach Teil A § 9 Nr. 12 (vgl. Teil A § 9 Rdn. 148 ff.) anzufertigenden Unterlagen sämtliche in Betracht kommenden Leistungen nach Art und Umfang eindeutig und vollständig festlegt (vgl. Nr. 1.4. Abs. 2 VHB zu Teil A § 5), was mit der gebotenen Sicherheit wiederum grundsätzlich nur durch Leistungsbeschreibung per Leistungsverzeichnis erfolgen kann. Gerade hier ist nämlich besonders darauf zu achten, daß eine klare Festlegung von Leistungsart und Leistungsumfang erfolgt, bevor eine Pauschalpreisabsprache getroffen wird. Sofern sich Leistungen bei der Vergabe nicht hinreichend bestimmen lassen, ist es **dringend geboten,** hier keine Pauschalpreisabrede zu treffen, sondern die **Vergabe nach Einheitspreisen** zu wählen. Das gilt auch hinsichtlich einzelner Teilleistungen, wie z. B. bei Erd- oder Gründungsarbeiten, bei Vereinbarung eines Pauschalpreises für die übrigen Leistungen (vgl. Rdn. 19 f. sowie auch Nr. 1.2.2.ff. VHB zu Teil A § 5). 18

IV. Pauschalvertrag über Teile der Leistung

Es ist nicht nur möglich, die gesamte Bauleistung zum Pauschalpreis zu vergeben, sondern **auch Teile** davon, insbesondere einzelne Lose, wie sie in Teil A § 4 aufgeführt sind. Auch ist es möglich, im Rahmen eines an einen Unternehmer zu vergebenden Auftrages – hinsichtlich des Gesamtvorhabens oder hinsichtlich von Teilen desselben nach Losen usw. – **bei der Preisvereinbarung Unterschiede** zu machen, und zwar dergestalt, daß ein Teil der Arbeiten im Rahmen des Leistungsvertrages zu Einheitspreisen und ein zusammengefaßter anderer Teil zu einem Pauschalpreis vergeben wird. Das gilt insbesondere, wenn hinsichtlich nur eines Teiles der von einem Unternehmer in einem einheitlichen Auftrag zu übernehmenden Einzelarbeiten die Voraussetzungen der Pauschalvereinbarung gegeben sind. Ebenso kann eine Pauschalvereinbarung in einem Vertrag wegen bestimmter Einzelarbeiten mit einer anderen Form der Vergütung, wie dem Stundenlohnvertrag oder der Selbstkostenerstattung, hinsichtlich anderer im gleichen Vertrag enthaltenen Einzelarbeiten verbunden werden. 19

Grundlegende Voraussetzung für die Zulässigkeit derartiger **Mischformen in der Preisvereinbarung** innerhalb eines bestimmten Bauvertrages mit dem gleichen Bieter bzw. Auftragnehmer ist, daß sowohl in der Leistungsbeschreibung oder im Leistungsprogramm (Teil A § 9) 20

A § 5, 2, Rdn. 21-24

als auch in dem Angebot und schließlich im Bauvertrag selbst eine **genaue Unterscheidung der Einzelleistungen** zu treffen ist, für die eine verschiedenartige Preisvereinbarung getroffen worden ist. Andernfalls kann es später hier zu unerfreulichen Auseinandersetzungen zwischen den Vertragspartnern kommen. Vgl. dazu besonders 1.2.2. und 1.2.4. VHB zu Teil A § 5.

F. Eindeutige Preisvereinbarung

21 Zu beachten ist, daß man sich im Rahmen des Leistungsvertrages bei allen Preisvereinbarungen – gleich welcher Art und welcher Mischform – hinsichtlich ihrer Arten und Tragweiten in allen Einzelheiten bei Abschluß des Bauvertrages im klaren ist. Nur dann sind die Voraussetzungen eines **eindeutigen** Vertragsabschlusses gegeben. So ist es beim Einheitspreisvertrag erforderlich, zweifelsfrei zum Ausdruck zu bringen, daß sich die Preisangabe auf Lohn und zu verwendendes Material bezieht (vgl. LG Bochum BauR 1980, 78). Zwar ist es möglich, auch **nach Vertragsabschluß** die einmal getroffene **Preisvereinbarung** zu ändern und eine andere festzulegen. Man kann z. B. eine Einheitspreisabrede in eine Pauschalvereinbarung umändern usw. Eine ähnliche Änderungsmöglichkeit sieht die VOB im übrigen auch in Teil A § 5 Nr. 3 Abs. 3 vor. In Fällen, in denen eine in einem abgeschlossenen Bauvertrag getroffene Preisvereinbarung ihrer Art nach später geändert wird, ist zu beachten, daß es hierzu einer **eindeutigen und übereinstimmenden Willenserklärung** aller beteiligten Partner bedarf. Soweit der Bauvertrag schriftlich geschlossen worden und für evtl. Änderungen die **Schriftform** vorgeschrieben ist, bedarf es grundsätzlich deren Einhaltung bei späteren Änderungsabreden. Hiervon kann es jedoch im Einzelfall Ausnahmen geben, bei denen auch eine mündliche Änderungsabsprache wirksam ist (vgl. Teil A § 29 Rdn. 2 ff.). Ob eine Änderungsvereinbarung die bisherige Preisvereinbarung voll ungültig macht, ist Tatfrage, da es auf den mutmaßlichen oder erklärten Parteiwillen ankommt. Ist die Änderung so, daß durch sie bisherige wesentliche Vertragsteile berührt werden, insbesondere bei Zweifelsfragen in dieser Hinsicht, so ist es ratsam, den Vertrag neu zu formulieren.

G. Der Stundenlohnvertrag (Nr. 2)

22 Die **Vergütung nach Stundenlöhnen** ist eine **Ausnahme** von der Grundform des Leistungsvertrages. Schon begrifflich ergibt eine Gegenüberstellung der Leistungspreisvereinbarung mit der einer Stundenlohnvergütung, daß im letzteren Fall **Bemessungsgrundlage** weniger die tatsächlich erbrachte Leistung ihrem Wert nach ist, sondern der **Aufwand an Arbeitsentgelt und Material,** der für die Erbringung der Bauleistung erforderlich ist. Man setzt hier also den Lohn- und Materialaufwand in den Vordergrund, der bei einem Leistungsvertrag auch eine wesentliche Rolle im Rahmen der Kalkulation spielt, jedoch nicht die allein maßgebende.

I. Nur bei lohnintensiven Bauleistungen geringeren Umfangs

23 Schon aus dieser Unterscheidung ergibt sich, daß nach der VOB, die für die Bemessung der Vergütung den Wert der Leistung als vorrangig anerkennt, eine Vereinbarung der **Stundenlohnvergütung** nur **ausnahmsweise in Betracht** kommen kann. Daher ist es verständlich, wenn für den Stundenlohnvertrag **zwei** wesentliche **Einschränkungen** gemacht sind.

24 **1.** Eine **Stundenlohnvergütung** soll **einmal** nur zum Zuge kommen, wenn es sich um **Bauleistungen geringeren Umfanges** handelt. Wann im Einzelfall Bauleistungen geringeren Umfanges gegeben sind, läßt sich nicht generell betragsmäßig oder in Prozentsätzen beantworten. Vielmehr kommt es auf die jeweilige Sachlage an. In der Regel wird man davon ausgehen müssen, daß nur – allerdings unentbehrliche – **Neben- oder Hilfsarbeiten** von

geringer Bedeutung und von verhältnismäßig nicht allzu großem, für sich selbständigem Wert in Betracht kommen können (z. B. das Stemmen von Löchern oder Schlitzen für Leitungsrohre in einem gleichzeitig errichteten Rohbau. Schwieriger ist die Abwägung, wenn die Stundenlohnarbeiten nicht als Nebenarbeiten (sogenannte angehängte Stundenlohnarbeiten) innerhalb eines größeren Auftrages, sondern allein durchgeführt werden sollen. Dann werden im allgemeinen nur Arbeiten von wirklich unbedeutendem Umfang und Wert in Betracht kommen können, für die sich z. B. eine Ausschreibung nicht lohnen würde, wie etwa kleinere Reparaturen. Allerdings können vereinzelt und ausnahmsweise auch größere Arbeiten für sich als Stundenlohnarbeiten in Betracht kommen, sofern dafür sachgerecht, d. h. vom letztlich maßgebenden Gesichtspunkt der Angemessenheit, eine Vergütung nur nach Stundenlöhnen gerechtfertigt ist, wie dies z. B. für Nachbesserungsarbeiten durch eine Drittfirma unter den Voraussetzungen von Teil B § 13 Nr. 5 Abs. 2 gelten kann (vgl. nachfolgende Rdn. 25).

2. Selbst wenn nach dem Gesagten die Voraussetzungen erfüllt sind, kommt als **zweites Erfordernis** für die Vergabe nach Stundenlohnvergütung hinzu, daß diese **Arbeit vorwiegend Lohnkosten** verursacht. Das ist eine ganz erhebliche Einschränkung, da hier für den Unternehmer der Lohnaufwand das maßgebliche Kriterium seiner Tätigkeit sein muß. Das ist der Fall, wenn die übrigen Kosten, wie z. B. für Planung, insbesondere Baustoffe, Baustelleneinrichtung usw. insgesamt weniger als 50 % ausmachen, während die Lohnkosten für sich allein diesen Prozentsatz überschreiten. 25

II. „Angehängte" und „selbständige" Stundenlohnarbeiten

Stundenlohnverträge können in zweierlei Hinsicht in Betracht kommen (vgl. bereits Rdn. 24). Einmal können sie zusätzlicher **Teil eines** dem Auftragnehmer in der Hauptsache nach Leistungsgrundsätzen erteilten **Gesamtauftrages** sein, wobei der Hauptteil des Auftrages nach Einheitspreisen oder nach Pauschalsätzen abzurechnen ist. Gerade mit größeren Bauverträgen sind oft gewisse Nebenarbeiten mit überwiegenden Lohnkosten verbunden, die unter die Voraussetzungen einer Stundenlohnvergütung fallen. Sie werden im Leistungsverzeichnis in der Regel am Schluß aufgeführt, und zwar als besondere Positionen. Die so zustande kommenden Stundenlohnvereinbarungen werden vielfach als **„angehängte Stundenlohnarbeiten"** (vgl. Hereth/Naschold Teil A § 5 Ez. 5.18) bezeichnet. Stundenlohnarbeiten können aber auch „selbständig" sein (vgl. Hereth/Naschold Teil A § 5 Ez. 5.19), und zwar dann, wenn nur Stundenlohnarbeiten vergeben werden und das Leistungsverzeichnis – wenn es überhaupt vorliegt – weitere und auf einer anderen Basis abzurechnende Arbeiten nicht vorsieht. 26

III. Ausdrückliche vorherige Vereinbarung

Woraus im einzelnen der Stundenlohn besteht, wie er abgerechnet wird und welche Voraussetzungen sonst nach einem abgeschlossenen Vertrag für den Eintritt gewisser Rechte oder Folgen gegeben sein müssen, ist im einzelnen in Teil B § 15 geregelt. Wichtig ist insbesondere für den Unternehmer Teil B § 2 Nr. 10, wonach **Stundenlohnarbeiten nur vergütet** werden, wenn sie **vor** ihrem **Beginn** als solche **ausdrücklich vereinbart** worden sind. Dies darf nicht dahingehend mißverstanden werden, daß es immer richtig sei, unabhängig von dem Abschluß des Bauvertrages eine Vergütung nach Stundenlöhnen erst vor Arbeitsbeginn zu vereinbaren. Vielmehr ist die ausdrückliche Absprache der Vergütung nach Stundenlöhnen grundsätzlich ebenso wesentlicher Bestandteil für die zur Vertragsgültigkeit notwendige übereinstimmende Willensbekundung der Partner bei Eingehung des Bauvertrages, wie das auch hinsichtlich der Pauschalvergütung oder hinsichtlich der Vergütung auf der Grundlage der Selbstkostenerstattung der Fall zu sein hat. Sie muß also grundsätzlich als solche schon im Bauvertrag festgelegt und bezeichnet werden. Ausnahmsweise kann aber die Stundenlohnvergütung später nach Vertragsabschluß vereinbart werden, wie die angeführte Bestimmung aus Teil B zeigt. Um 27 spätere Streitigkeiten zu vermeiden, sollte man das allerdings nur in einem besondere Umstände rechtfertigenden Ausnahmefall tun.

IV. Wettbewerbsgrundsatz; Bekanntgabe von Verrechnungssätzen

28 **Wesentlich** ist, daß für Stundenlohnverträge gleichermaßen der **Wettbewerbsgrundsatz** gilt wie für Bauverträge, bei denen für die Vergütung das Leistungsprinzip (Einheits- oder Pauschalpreise) ausschlaggebend ist. Gerade hier muß für den Auftraggeber eine hinreichende Gewähr geboten sein, daß er den geeignetsten Bieter auswählt, wofür Voraussetzung ist, daß er die Zusammensetzung der angebotenen **Verrechnungssätze** hinreichend vor Vergabe prüfen kann. Daher bestimmt hierzu Nr. 2.3. VHB zu Teil A § 5 mit Recht:

Sollen Stundenlohnarbeiten aufgrund eines Wettbewerbs vergeben werden, sind die Bieter aufzufordern, Verrechnungssätze anzubieten, in denen unaufgegliedert Lohn- und Gehaltskosten, Lohn- und Gehaltsnebenkosten, Sozialkassenbeiträge, Gemeinkostenanteile und Gewinn enthalten sind. Die Verrechnungssätze (DM/Stunde) sind nach Berufs-, Lohn- und Gehaltsgruppen getrennt zu fordern.

Tarifliche Zuschläge für Mehr-, Nacht-, Sonntags- und Feiertagsarbeiten sind in die Verrechnungssätze nicht einzubeziehen, sondern gesondert nachzuweisen. Für Mehrarbeit fallen zusätzlich die Sozialkosten in voller Höhe, für Nacht-, Sonntags- und Feiertagsarbeit nur die Beiträge zur gesetzlichen Unfallversicherung an.

Die voraussichtlich erforderliche Stundenzahl ist anzugeben.

Der Verrechnungssatz hat Gültigkeit unabhängig von der Zahl der abgerechneten Stunden, weswegen Teil B § 2 Nr. 3 VOB insoweit nicht gilt (Nr. 2.4. VHB zu Teil A § 5).

V. Preisrechtliche Voraussetzungen

29 Ferner sind auch (vgl. Rdn. 36) für die Abrechnung im Stundenlohn die **preisrechtlichen Voraussetzungen** nach der **Baupreisverordnung 1972** (BGBl. I 1972, 293), zuletzt geändert durch VOPR Nr. 1/86 (BGBl. I S. 435) zu berücksichtigen (vgl. dazu insbesondere die Kommentierung von Ebisch/Gottschalk, seit der 5. Aufl. [1987] fortgeführt von Knauss/Schmidt). Wichtig ist § 11 der VO; beachtet werden müssen vor allem aber auch die Besonderen Vorschriften für die Ermittlung von Stundenlohnabrechnungspreisen in Abschnitt IV der Leitsätze für die Ermittlung von Preisen für Bauleistungen aufgrund von Selbstkosten – LSP – Bau – (BGBl. I 1972, 303).

H. Selbstkostenerstattungsverträge (Nr. 3)

30 Während die Vergütung nach Stundenlöhnen nur bei Bauleistungen geringeren Umfanges in Betracht kommt, ist bei Bauleistungen **größeren Umfanges** eine Ausnahme vom Grundsatz des vorher hinsichtlich der Vergütung genau festliegenden Leistungsvertrages auf der Basis der Erstattung von Selbstkosten des Auftragnehmers möglich. Der **Selbstkostenerstattungsvertrag** muß eine **wirkliche Ausnahme** bleiben, weil er **noch weniger** als der Stundenlohnvertrag einen eindeutig bewertbaren Ausgleich zwischen einem zweifelsfrei feststellbaren Marktwert der Leistung des Unternehmers und der Gegenleistung des Auftraggebers darstellt. Die Bemessung der Vergütung geht auch hier nicht von dem Leistungswert als solchem aus, sondern von dem **Gesamtaufwand des Unternehmers,** und zwar aus sozusagen nachträglicher Sicht. Es ist ferner zu bedenken, daß die Arten, der Umfang und die Höhen der Einzelbestandteile, welche die Selbstkosten ausmachen, praktisch bei jedem Auftragnehmer **verschieden** sind, da sie von der Gestaltung des Betriebes und der konkreten Wirtschaftsführung abhängig sind, sich daher kaum auf einen allgemeingültigen objektiven Nenner bringen

lassen. Es läßt sich nicht leugnen, daß diese Art der Bemessung der Vergütung dem Unternehmer die Möglichkeit gibt, die angeblichen Selbstkosten auf diese oder jene Weise zu „erhöhen" und damit einen verschleierten sowie schwer nachprüfbaren Gewinn zu erzielen. Andererseits kann es aber auch sein, daß der Auftragnehmer dadurch einen Schaden erleidet, daß er nicht alle Selbstkosten erfassen kann oder erfaßt und dadurch einen auf der Basis der Selbstkosten beruhenden Bauvertrag mit nicht unerheblichem Verlust abschließt. Letztlich dient es daher dem Interesse beider Vertragspartner, **von** einem Bauvertrag nach **Selbstkostenerstattung Abstand** zu nehmen. Jedenfalls setzt ein Selbstkostenerstattungsvertrag ganz erhebliches beiderseitiges Vertrauen der Vertragspartner voraus.

I. Ausnahmecharakter

Die VOB hat auch dem **Selbstkostenerstattungsvertrag** eine ganz untergeordnete Bedeutung mit **Ausnahmecharakter** gegeben. Außerdem sind für dessen Zulässigkeit ganz **einschränkende Voraussetzungen** festgelegt worden, bei deren richtiger und sorgfältiger Anwendung es **nur sehr selten** zu einem Vertragsabschluß mit Vergütung der Bauleistung nach Selbstkosten kommen dürfte. Es muß sich um **Bauleistungen größeren Umfanges** handeln, die vor der Vergabe **nicht** so eindeutig und erschöpfend bestimmt werden können, daß eine **einwandfreie Preisermittlung möglich** ist. Dabei genügt nicht lediglich die Feststellung, zur Zeit sei die Leistung nicht genau bestimmbar, sondern es ist weiter die Überzeugung notwendig, daß diese Bestimmbarkeit auch nicht unter Einsatz aller vorhandenen, zumutbaren Mittel herbeigeführt werden kann. Es wird also z. B. nicht ausreichen, daß nicht feststeht, welcher Baugrund vorhanden ist (evtl. Fließsand), sondern es muß hinzukommen, daß die zur Ermittlung der wahren Verhältnisse führenden Untersuchungen entweder derzeit aus technischen Gründen (wie z. B. Auswechseln der Fundamente bei laufendem Betrieb, durchgebrochene Deiche) nicht möglich sind oder daß die hierfür einzusetzenden Mittel die Grenze des Zumutbaren übersteigen. Auch kann es sein, daß eine Klärung der wahren Gegebenheiten nicht jetzt, aber in absehbarer Zeit möglich ist. In diesen Fällen wird es für den Auftraggeber als zumutbar gelten können, mit der Vergabe bis dahin zu warten, es sei denn, daß **besondere Gründe** zu einer vorzeitigen Vergabe und zum Baubeginn zwingen, wie z. B. eine Termingebundenheit oder die Beseitigung einer Notlage usw. Als Termingebundenheit dürfte es für Behörden nicht genügen, daß das Bauvorhaben finanziell in einem bestimmten Etatjahr unterzubringen ist; denn die Verwendung öffentlicher Gelder erfordert gerade im Bauwesen eine ganz **besondere Sorgfalt,** der in der Regel durch rechtzeitige und sorgfältige Planung in allen Einzelheiten Genüge getan werden kann und muß.

31

II. Nachträglicher Übergang zum Leistungsvertrag

Gerade wegen der Gefahren, die ein Selbstkostenerstattungsvertrag mit sich bringen kann, sieht Teil A § 5 Nr. 3 Abs. 3 Satz 1 vor, daß noch ein **Leistungsvertrag** abgeschlossen werden soll, **wenn während der Bauausführung** eine **einwandfreie Preisermittlung**möglich wird. Diese Voraussetzung ist gegeben, wenn während der Bauausführung die Leistungen eindeutig und erschöpfend bestimmt werden können, wie das nach Nr. 1 a oder b notwendig ist. Die VOB will also durch diesen Hinweis zum Ausdruck bringen, daß ein **Selbstkostenerstattungsvertrag nur so lange Gültigkeit** haben soll, **wie das nach den Umständen unbedingt notwendig ist.** Es bleibt aber folgendes festzuhalten: Ein einmal auf der Grundlage der Selbstkostenerstattung abgeschlossener Bauvertrag bindet die Vertragspartner dergestalt, daß seine spätere **Abänderung nicht einseitig** von diesem oder jenem Vertragspartner vorgenommen werden kann. Vielmehr ist eine übereinstimmende Willenserklärung beider Teile (des Auftragnehmers und des Auftraggebers) notwendig, um die Änderung herbeizuführen (auch Daub/Piel/Soergel ErlZ A 5.54). Es empfiehlt sich dringend, **im Bauvertrag** von Anfang an eine **Klausel aufzunehmen,** wonach **beide Partner verpflichtet sind,** eine Vertragsänderung

32

zum Einheitspreisvertrag oder zum Pauschalvertrag hin vorzunehmen, wenn die tatsächlichen Voraussetzungen hierfür gegeben sind. Insofern wird dann jedem Partner ein klagbares Recht gegen den anderen auf Einwilligung zur Vertragsänderung eingeräumt, u. U. dann auch ein Recht zur Kündigung des Vertrages aus wichtigem Grund, wenn sich der Vertragspartner ohne hinreichenden Grund weigert, sich auf die Vertragsänderung einzulassen. Jedenfalls bleibt die Umwandlung des Vertrages im Ergebnis problematisch. Denn auch die Einzelheiten eines Leistungsvertrages, d. h. die hierauf aufgebaute Preisgestaltung, bedürfen einer übereinstimmenden Willensbekundung der Vertragsparteien, um zu einer neuen Preisabsprache zu kommen, die letztlich aus praktischen Gründen mit einer Klage kaum erzwingbar sein dürfte, es sei denn, man überläßt die Bestimmung dem Gericht oder einem sonstigen Dritten (§ 317 BGB). Einigen sich die Partner nicht auf die Preise eines Leistungsvertrages, wird man nur in Ausnahmefällen von einer **Änderung oder einem Wegfall der Geschäftsgrundlage** sprechen können, wodurch die Anpassung an die wirklichen Gegebenheiten oder notfalls die Auflösung des gesamten Bauvertrages bewirkt werden könnte. Häufig wird es bei dem bisherigen Vertrag auf der Basis der Selbstkostenerstattung bleiben müssen. Da dies zu recht unerfreulichen wirtschaftlichen Ergebnissen führen kann, mag es im Einzelfall gerechtfertigt sein, im Bauvertrag ein **gesondertes Kündigungs- oder Rücktrittsrecht** der Partner vom ganzen Vertrag zu vereinbaren für den Fall, daß eine Einigung bei der Umwandlung der Art der Gegenleistung nicht erzielt wird. Da eine solche Kündigungsklausel nach dem Gesagten eine in der VOB/B sonst nicht vorgesehene vertraglich fixierte Verpflichtung im Einzelfall voraussetzt, einer Umwandlung des Vertrages in einen Leistungsvertrag zuzustimmen, sobald die Voraussetzungen nach Teil A § 5 Nr. 3 Abs. 3 Satz 1 gegeben sind, handelt es sich um eine vertraglich besonders ausgestaltete Kündigung mit der Folge, daß die bisher erbrachten Leistungen auf der Basis der Selbstkostenerstattung abzurechnen sind, im allgemeinen aber darüber hinausgehende gegenseitige Ansprüche nicht bestehen, es sei denn, das Verhalten des sich sperrenden Partners stellt sich als eine schuldhafte Vereitelung des Vertragszweckes dar (a. A. Heiermann/Riedl/Rusam/Schwaab Teil A § 5 Rdn. 14). Man wird es auch für vertretbar halten können, in den Bauvertrag eine Bestimmung aufzunehmen, daß der Auftraggeber seine Zustimmung zu den später vom Auftragnehmer geforderten Einheitspreisen nur versagen kann, wenn hierfür ein wichtiger Grund gegeben ist, und zwar im Hinblick auf die Unangemessenheit der neuen Preisforderungen.

33 Die **Beweislast** dafür, daß die Voraussetzungen für die Umwandlung des Preises gegeben sind, hat diejenige Vertragspartei, die sich darauf beruft. Öffentliche Auftraggeber haben jedoch die Voraussetzungen für die Umwandlung des Preises nach § 10 Abs. 4 Baupreis VO 1972 pflichtgemäß zu prüfen, haben also insofern die Darlegungs- und Beweislast (vgl. Daub/Piel/Soergel ErlZ A 5.54).

34 Es ist selbstverständlich, daß für die **Umwandlung vom Selbstkostenerstattungsvertrag zum Leistungsvertrag** alle Voraussetzungen erfüllt sein müssen, die an einen Leistungsvertrag dieser oder jener Art zu stellen sind. Vor allem ist für den Einheitspreisvertrag ein genaues, nach Teil A § 9 Nr. 3-9 ausgerichtetes Leistungsverzeichnis mit Einzelpreisen aufzustellen, während es beim Pauschalvertrag hinreichend ist, wenn in die Leistungsaufstellung, die auch hier ins einzelne gehen muß, die Pauschalpreise oder der Pauschalpreis eingesetzt werden, vgl. hierzu Rdn. 7 ff. Nach § 5 Nr. 3 Abs. 3 Satz 2 ist bei der Umwandlung vom Selbstkostenerstattungsvertrag in einen Leistungsvertrag auf eine klare Leistungsabgrenzung zu achten, wenn das bisher Geleistete nicht in den Leistungsvertrag mitaufgenommen wird. Es ist eine scharfe Trennung zu ziehen, die entweder in Einzelheiten im neuen Vertrag festgelegt werden muß oder die jedenfalls durch das für den Leistungsvertrag maßgebliche Leistungsverzeichnis ausgewiesen wird. Was dann nicht im Leistungsverzeichnis erscheint, aber aufgrund eindeutiger Unterlagen als zur Zeit der Abänderung des Bauvertrages fertiggestellt gilt, muß nach Selbstkosten abgerechnet werden. Es ist dringend zu empfehlen, auf einer eindeutigen, ins einzelne gehenden Festlegung des Leistungsstandes, insbesondere in schriftlicher Form, zu

bestehen, wobei hinsichtlich bestimmter Einzelleistungen auch ein Aufmaß vorzunehmen sein wird, um nicht etwa später notwendige Beweismittel zu entbehren. Dabei ist insbesondere zu berücksichtigen, daß die Berechnungsart nach Selbstkosten von der nach Leistung – sei es nach Einheitspreisen, sei es nach Pauschalpreisen – in ihrer Grundlage derart verschieden ist, daß es unmöglich ist, zwischen beiden eine Kombination zu finden, die eine befriedigende Gesamtpreisgestaltung ermöglichen würde.

III. Selbstkosten und Gewinnsatz

Die Forderungen des Unternehmers, die im Rahmen eines Selbstkostenerstattungsvertrages in Ansatz gebracht werden können, sind in § 5 Nr. 3 Abs. 2 dargelegt. Demnach ist einmal zu unterscheiden zwischen den **Selbstkosten** im eigentlichen Sinne **und** dem hierauf aufgebauten **Gewinnsatz**. Zum Begriff der Selbstkosten im eigentlichen Sinne vgl. Teil A § 2 Rdn. 14 ff.. Insofern fällt unter Selbstkosten, was von seiten des Unternehmers an Aufwand (Lohn, Material, Kosten der Baustelle, allgemeine Geschäftskosten) erforderlich ist, um die Bauleistung vertragsgemäß erbringen zu können. Beim Vertragsabschluß ist weiter festzulegen, wie die einzelnen Posten der Selbstkosten zu vergüten sind. Das bedeutet, daß diese in ihren Höhen bestimmt werden müssen. Dies gilt auch für den auf die Selbstkosten zuzuschlagenden Gewinn. Es ist ratsam, die sich hieraus ergebenden Zahlen im Bauvertrag festzulegen oder jedenfalls eine entsprechende Aufstellung zu dessen Anlage zu machen, um sie als Richtpunkte für die spätere Abrechnung zu haben. 35

IV. Besonderheiten bei öffentlichen Bauvorhaben

Soweit es sich um öffentliche oder mit öffentlichen Mitteln finanzierte Bauvorhaben handelt, ist in Nr. 3.2. VHB zu Teil A § 5 festgelegt, daß eine Vergabe nach Selbstkosten der **vorherigen** Zustimmung der Technischen Aufsichtsbehörde in der Mittelinstanz bedarf. Wegen der Selbstkostenerstattungsverträge siehe die §§ 8 bis 10 und § 14 der VO PR Nr. 1/72 (Baupreisverordnung) (BGBl. I 293, 294 f.) und die Leitsätze für die Ermittlung von Preisen für Bauleistungen aufgrund von Selbstkosten – LSP – Bau – (BGBl. I 1972, 297 ff.). Dazu u. a. Altmann BlGBW 1972, 148 ff. und BauR 1981, 445 sowie BlGBW 1982, 126; ders. zu den Pflichten des Auftragnehmers in bezug auf den Preisnachweis BlGBW 1983, 168. Diese Vorschriften sind für den öffentlichen Auftraggeber besonders zu beachten (vgl. Nr. 3.1. VHB zu Teil A § 5). Zum Feststellrecht (Preisprüfrecht) des öffentlichen Auftraggebers und seiner vertraglichen Einräumung vgl. Altmann BlGBW 1980, 181. Über die Gewinnermittlung in öffentlichen Aufträgen zu Selbstkostenpreisen vgl. auch Möllhoff, Betrieb 1986, 259. 36

§ 6 Angebotsverfahren

1. Das Angebotsverfahren ist darauf abzustellen, daß der Bewerber die Preise, die er für seine Leistungen fordert, in die Leistungsbeschreibung einzusetzen oder in anderer Weise im Angebot anzugeben hat.

2. Das Auf- und Abgebotsverfahren, bei dem vom Auftraggeber angegebene Preise dem Auf- und Abgebot der Bewerber unterstellt werden, soll nur ausnahmsweise bei regelmäßig wiederkehrenden Unterhaltungsarbeiten, deren Umfang möglichst zu umgrenzen ist, angewandt werden.

Inhaltsübersicht

	Rdn.
A. Regelungsgegenstand	1
B. Allgemeine Anforderungen an das Angebot	2
C. Allgemeines zum Angebots- sowie zum Auf- und Abgebotsverfahren	3-4
D. Angebotsverfahren (Nr. 1)	5
E. Auf- und Abgebotsverfahren (Nr. 2)	6-10
I. Nur bei regelmäßig wiederkehrenden Unterhaltungsarbeiten	7-8
II. Praktische Durchführung	9-10

A. Regelungsgegenstand

1   Diese Bestimmung betrifft das **Angebotsverfahren.** Sie befaßt sich mit der Frage, was getan werden muß, und zwar sowohl von Auftraggeber- als auch von Auftragnehmerseite, um ein den allgemeinen Anforderungen entsprechendes **klares** und inhaltlich zweifelsfreies **Angebot** abgeben zu können bzw. zu erhalten. Zwar wendet sich § 6 nach seinem Wortlaut an den Auftraggeber. Doch ist zu beachten, daß ein auf sein Handeln aufbauendes oder daran anknüpfendes Handeln des Bewerbers in einer bestimmten Weise gewünscht wird. Daher ist es schon richtiger, bei § 6 von einer Bestimmung zu sprechen, die in gleicher Weise Auftraggeber und Bewerber angeht (a. A. Hereth/Naschold, Ez. 4 zu § 6).

B. Allgemeine Anforderungen an das Angebot

2   § 6 stellt das Bemühen dar, den allgemeinen Anforderungen des Zivilrechts an den Inhalt eines Vertragsangebotes unter besonderer Berücksichtigung der Gegebenheiten im Bauwesen in bestmöglicher Form gerecht zu werden. Nach allgemeinem Zivilrecht (§§ 145 ff. BGB) ist es oberstes und zwingendes Gebot für ein Vertragsangebot, dieses **klar, eindeutig** und **zweifelsfrei** abzufassen. Es kann nur so, wie es abgefaßt ist, angenommen werden. Irgendwelche **Ergänzungen, Erweiterungen und Einschränkungen** bei der Annahme machen das Angebot als solches zunächst gegenstandslos, und die entsprechende Erklärung wird als **neues Angebot** gewertet, das nun seinerseits von der Gegenseite in dieser Form und mit diesem Inhalt angenommen werden muß, um zu einem Vertragsabschluß zu kommen (vgl. auch Teil A § 28 Nr. 2).

Wie wichtig diese Voraussetzungen gerade von der Rechtsprechung genommen werden, ergibt sich aus einigen obergerichtlichen bzw. höchstrichterlichen Urteilen. So hat der BGH (SFH Z 2.10 Bl. 2 = NJW 1956, 1275 = BB 1956, 575) zum Ausdruck gebracht, daß der Vertrag über den Einbau eines Lichtspielhauses in ein schon bestehendes Bauwerk erst dann als zustande gekommen gilt, wenn beide Partner bedingungslos zugestimmt, d. h. den Vertrag abgeschlossen haben. Diese Entscheidung verdient auch insofern besondere Beachtung, als sie sich mit Fragen des Ersatzes des Vertrauensschadens (culpa in contrahendo bzw. aus anderen rechtlichen Grundlagen) befaßt. Des weiteren ist vom OLG Hamburg entschieden worden, daß ein Bauvertrag so lange nicht als geschlossen gilt, als über einen Punkt des Vertrages, über den noch eine Vereinbarung getroffen werden soll, die Einigung zwischen dem Bauherrn und dem Bauunternehmer nicht erzielt ist (SFH Z 2.1 Bl. 5). Dabei ist es ohne rechtliche Bedeutung, daß der Bauunternehmer der Behörde gegenüber als bauausführende Firma auftrat, daß mit den Bauarbeiten bereits begonnen war und daß beide Partner mit der Möglichkeit, sich vertraglich zu einigen, gerechnet hatten. Zur Frage der Einheit und Einheitlichkeit des Vertragsangebotes ist auf Entscheidungen des OLG Düsseldorf (SFH Z 2.12 Bl. 1 bis 4) hinzuweisen, wonach zwei vom Bauunternehmer für dasselbe Bauobjekt eingereichte, einen Monat auseinanderliegende Angebote mit voneinander abweichenden Leistungen, jedoch mit dem gleichen Pauschalpreis, nicht beide zugleich Gegenstand eines Bauvertrages sein können. In diesem Zusammenhang hat das OLG zu Recht den Hinweis des Bauherrn, daß nur die jeweils für den Bauherrn günstigsten Positionen aus beiden Angeboten ausgewählt werden sollten und daß daher Mehrforderungen des Bauunternehmers über den Pauschalpreis hinaus nicht begründet seien, nicht anerkannt. Beim Einheitspreisvertrag muß der Bieter hinreichend klar zum Ausdruck bringen, daß sich der von ihm angegebene Preis sowohl auf Lohn als auch auf zu verwendendes Material bezieht (vgl. LG Bochum BauR 1980, 78; vgl. ferner Teil A § 28 Rdn. 30 ff.).

C. Allgemeines zum Angebots- sowie zum Auf- und Abgebotsverfahren

§ 6 befaßt sich mit zwei verschiedenen Möglichkeiten des Vertragsangebotes, nämlich dem **normalen Angebotsverfahren** und dem **Auf- und Abgebotsverfahren** (ebenso Daub/Piel/Soergel ErlZ A 6.1). Der wesentliche Unterschied zwischen beiden liegt darin, daß im ersten Fall die geforderten Preise nur vom Bewerber anzugeben sind, während im zweiten Fall zunächst der Auftraggeber Preise nennt, zu denen der Bewerber dann Stellung nimmt (sogenanntes Verfahren der Lizitation, vgl. dazu Jebe, Preisermittlung für Bauleistungen S. 1). Bei beiden Verfahren wird zunächst ein **Handeln des Auftraggebers** bzw. dessen bevollmächtigten Vertreters, wie des Architekten, verlangt. Nach Nr. 1 soll er das **Leistungsverzeichnis** oder ein anderes als Angebotsunterlage dienendes Schriftstück soweit **ausfüllen,** als es sich um die Einzelheiten der geforderten Bauleistungen (Positionen) mit allen für die Angebotsabgabe wesentlichen Punkten in den Vordersätzen und dem eigentlichen Leistungsbeschrieb (Stückzahl, Art und Beschaffenheit, Maße, Gewichte usw.) handelt; dabei sind die Einzelvorschriften des Teils A § 9 zu beachten. Der Auftraggeber soll also vor Aushändigung der Angebotsunterlagen, insbesondere des Leistungsverzeichnisses an den Unternehmer, alles eintragen, was zur Abgabe eines inhaltlich klaren und eindeutigen Angebots erforderlich ist, und zwar so, daß der Unternehmer lediglich noch die geforderten Preise einzusetzen braucht.

Beachtliche Anhaltspunkte für den notwendigen Inhalt des Leistungsverzeichnisses im Falle des **Fertighausbaues** bietet das von der Baubehörde Hamburg unter dem 7. 5. 1962 herausgegebene Merkblatt für den Bauherrn über den Bau von Fertighäusern (BlGBW 1962, 348 f.).

Noch umfangreicher ist die „Vorarbeit" des Auftraggebers im Falle des Auf- und Abgebotsverfahrens. Hier setzt er nicht nur die geforderte Leistung im vorgeschilderten Umfang in die Angebotsunterlagen ein, sondern darüber hinaus auch noch die **ihm angemessen erscheinenden Preise**.

In beiden Fällen hat die vom Auftraggeber zunächst verlangte Tätigkeit ihren guten Sinn. Sie soll dazu dienen, einmal das Angebot so zu bekommen, wie es der geforderten Leistung in ihren Einzelheiten entspricht, ohne daß es zu Unstimmigkeiten kommen kann, und sie soll zum anderen die erwarteten mehreren Angebote einheitlich klar, erschöpfend und eindeutig machen. Das setzt naturgemäß voraus, daß der Auftraggeber alles unternimmt, um sämtliche Einzelpunkte der Bauleistung und der Preisgestaltung zu beachten, vor allem im äußeren Aufbau und Wortlaut eindeutig zu sein. Sonst kann er Gefahr laufen, bei späteren Auseinandersetzungen sich einer Haftung aus culpa in contrahendo (vgl. Allg. Einl. Rdn. 51 ff.) schuldig und damit schadensersatzpflichtig zu machen. Das gleiche trifft aber auch auf den Unternehmer zu. Von ihm muß verlangt werden, daß er alle Einzelheiten der Eintragungen des Auftraggebers nachprüft und in Zweifelsfällen, zum Zwecke der Gewinnung notwendiger Klarheit, Rückfrage beim Auftraggeber bzw. dessen Beauftragten hält. Im Falle des Auftretens späterer Streitigkeiten ist der sich aus § 254 BGB ergebende allgemeine Rechtsgedanke der Mitverursachung bzw. des Mitverschuldens von nicht unerheblicher Bedeutung. In diesem Zusammenhang ist vor allem auch auf Teil B § 3 Nr. 3 Satz 2, § 4 Nr. 2 und 3, § 13 Nr. 3 hinzuweisen.

Sofern der Auftraggeber einen **Architekten** mit den hier erörterten Aufgaben betraut, sind diese als Vorbereitung der Vergabe nach § 15 Abs. 2 Nr. 6 und damit als planerische Leistung einzuordnen, weshalb der Auftraggeber gegenüber dem Unternehmer für schuldhaftes Fehlverhalten des Architekten nach den §§ 276, 278 BGB einzustehen hat; selbstverständlich haftet dann der Architekt seinerseits dem Auftraggeber auf Schadensersatz aus § 635 BGB oder aus positiver Vertragsverletzung.

D. Angebotsverfahren (Nr. 1)

5   Der Regelfall des Angebotsverfahrens nach Nr. 1 verlangt vom Bieter einmal im Rahmen des **ihm fachlich Zumutbaren** die **inhaltliche Nachprüfung** der vom Auftraggeber aufgrund seiner **Einzeleintragungen** gemachten Angaben **und** zum anderen – nach vorangegangener ordnungsgemäßer Kalkulation – das **Einsetzen der geforderten Preise.** Diese Preise sind je nach dem Einzelfall als Einheitspreise, Pauschalbeträge, Stundenlohnsätze usw. (vgl. hierzu Teil A § 5) in das Leistungsverzeichnis einzusetzen. Bei der Vergabe nach Selbstkosten ist Teil A § 5 Nr. 3 Abs. 2 zu beachten. In der Regel wird vorausgesetzt – was zur Klarheit, Eindeutigkeit und Übersichtlichkeit unbedingt erforderlich ist -, daß als Angebotsunterlage eine **Leistungsbeschreibung** zu verwenden ist. Wenn keine Leistungsbeschreibung (Teil A § 9 Nr. 3 ff.) dem Bieter überlassen worden ist, so muß der Bieter die Preise „in anderer Weise" im Angebot angeben. Das ist besonders bei einer Vergabe nach Leistungsprogramm – vgl. Teil A § 9 Nr. 10-12 – möglich. Gerade hier muß er besonders darauf achten, daß sein Angebot einheitlich, klar und erschöpfend gehalten ist. Führt er die Preise auf einem gesonderten Blatt und getrennt von den Einzelangaben der Leistung auf, so muß er darauf achten, daß klar ersichtlich ist, welche Preise zu welchen Einzelleistungen oder Positionen gehören, worauf sie sich im einzelnen beziehen. Das ist naturgemäß weniger wichtig, wenn der Bieter befugt ist, zu Pauschalsätzen anzubieten, vor allem, wenn für die gesamte Leistung des Angebotes nur ein Pauschalpreis zu benennen ist.

E. Auf- und Abgebotsverfahren (Nr. 2)

6   Das **Auf- und Abgebotsverfahren** nimmt dem Bieter bis auf eine Nachberechnung der eingesetzten Preise fast jede von einem Anbietenden sonst zu fordernde Tätigkeit ab. Es muß jedoch als eine **Ausnahmeerscheinung** im Rahmen der Abfassung von Angeboten über den Abschluß von Bauverträgen gelten. Diese Art des „Angebotsverfahrens" birgt, wie Hereth/Naschold (Teil A § 6 Ez. 6.8) zutreffend ausführen, die Gefahr in sich, daß sich der Bieter die vom Auftraggeber gesetzten Preise zu eigen macht, und zwar ohne Rücksicht auf seine eigenen Belange. Das kann sich zum Vorteil für ihn auswirken, das kann aber auch die Folge haben, daß dem Bieter keineswegs der erwartete Gewinn verbleibt, da seine individuellen, für die Preisbildung mitentscheidenden innerbetrieblichen Belange häufig nicht hinreichend beachtet werden.

I. Nur bei regelmäßig wiederkehrenden Unterhaltungsarbeiten

7   Daher soll nur dann das Auf- und Abgebotsverfahren zur Anwendung gelangen, wenn es sich um **regelmäßig wiederkehrende Unterhaltungsarbeiten,** deren Umfang möglichst zu umgrenzen ist, handelt. Dazu können auch **zwangsläufig** mit der Unterhaltung auszuführende geringfügige Um- oder Erweiterungsbauten zählen. Dann ist eine derartige vom Auftraggeber verfaßte Angebotsabgabe vertretbar, da dort regelmäßig allgemein anerkannte Preisbildungen („Preislisten") gegeben sind, die jedenfalls in etwa die Belange des einzelnen Bieters rechtfertigen. Unterhaltungsarbeiten sind bei einem bestimmten Objekt ein regelmäßig feststehender Begriff, wie das auch für die hier zu fordernden Preise der Fall sein dürfte. Bei Unterhaltungsarbeiten handelt es sich um Bauleistungen, die nicht eine Errichtung, sondern den **Fortbestand** eines errichteten Bauwerkes zum Inhalt haben und die zur Erreichung dieses Zieles regelmäßig wiederkehrend notwendig sind, wie z. B. die Überholung einer Staumauer, die

Wartung eines Flachdaches. Ein gewisses Maß an Sicherheit wird erreicht, wenn die Leistung ihrem Umfange nach genau umgrenzbar ist und umgrenzt wird. Insoweit sollte man im Leistungsverzeichnis genau angeben, welche Arbeiten im einzelnen verlangt werden, insbesondere auch, wo sie ausgeführt werden sollen, da dies für die Kostenermittlung von entscheidender Bedeutung sein kann. Man sollte von einem Auf- und Abgebotsverfahren Abstand nehmen, wenn die genaue Umgrenzung nicht möglich ist, da es sonst zu Unzuträglichkeiten bei der späteren Abwicklung – auch bei der Durchführung der Arbeiten selbst – kommen kann. Da Unterhaltungsarbeiten vielfach durch Rahmenverträge für eine darin festgelegte Zeit vergeben werden (sogenannte „**Zeitverträge**"), muß der Bieter überlegen, ob für ihn die Abgabe eines Angebotes nach den vom Auftraggeber eingesetzten Preisen im Hinblick auf die voraussichtlich zu erwartende wirtschaftliche Entwicklung, vor allem in der Material- und Lohnpreisgestaltung, vertretbar ist. In solchen Fällen ist es für ihn zweckmäßig, darauf zu achten, ob **Lohn- und Stoffpreisgleitklauseln** (vgl. dazu Teil A § 15 Rdn. 13 ff.) nach den Angebotsunterlagen vorgesehen sind oder ob es ihm gestattet wird, diese zum Gegenstand des Angebotes zu machen.

Im Hinblick auf **Zeitverträge** haben öffentliche Auftraggeber Nr. 1. ff. VHB zu § 6 VOB/A i. d. F. der Austauschlieferung 1988 VHB-Loseblattausgabe 1973 zu beachten, vor allem auch die dort zu Nr. 1.4. festgelegten Wertgrenzen; s. dazu auch den „Leitfaden für Vergabe und Ausführung von Bauunterhaltungsarbeiten im **Zeitvertrag**" in VHB Teil VI sowie die dafür maßgebenden Musterunterlagen in VHB Teil II. Beachte dazu aber auch Rundschreiben des Bundesministers für Raumordnung, Bauwesen und Städtebau vom 4. 11. 1986, wonach mehrere Leistungsverzeichnisse für Bauunterhaltungsarbeiten geändert wurden. 8

II. Praktische Durchführung

Bei dem Auf- und Abgebotsverfahren besteht für den Bieter nicht nur die Möglichkeit, das Angebot mit den vom Auftraggeber eingesetzten Preisen abzugeben. Vielmehr ist es dem Bieter überlassen, entweder die vom Auftraggeber angegebenen Preise anzunehmen oder **andere Preise einzusetzen** und damit die Angaben des Auftraggebers zu überbieten oder zu unterbieten. Möglich, wenn auch allgemein nicht üblich, ist es auch, daß der Auftraggeber für Über- oder Unterschreitungen seiner eingesetzten Preise einen gewissen **Prozentsatz der Abweichungsmöglichkeit** festlegt. Damit bringt er praktisch zum Ausdruck, daß er ein Angebot, das außerhalb dieser Grenzen liegt, nicht anzunehmen gedenkt, so daß der Bieter, will er im Wettbewerb bleiben, sich nach diesem Verlangen richten muß. Auch kann es sein, daß der Auftraggeber verlangt, daß für alle Positionen nur ein einheitlicher Zu- oder Abschlag (in Prozentsätzen) gemacht werden kann. 9

Alles in allem ist das Auf- und Abgebotsverfahren eine **äußerst unbefriedigende** und den berechtigten Interessen der Bieter nur in Ausnahmefällen gerecht werdende Art des Angebotsverfahrens. Daher sollte man versuchen, das Angebotsverfahren nach Teil A § 6 Nr. 1 möglichst ausschließlich zur Anwendung zu bringen und nach den dort gegebenen Richtlinien zu handeln. 10

§ 7 Mitwirkung von Sachverständigen

1. Ist die Mitwirkung von besonderen Sachverständigen zweckmäßig, um

a) die Vergabe, insbesondere die Verdingungsunterlagen, vorzubereiten oder

b) die geforderten Preise einschließlich der Vergütungen für Stundenlohnarbeiten (Stundenlohnzuschläge, Verrechnungssätze) zu beurteilen oder

c) die vertragsgemäße Ausführung der Leistung zu begutachten,

so sollen die Sachverständigen in der Regel von den Berufsvertretungen vorgeschlagen werden; diese Sachverständigen dürfen weder unmittelbar noch mittelbar an der betreffenden Vergabe beteiligt sein.

2. Sachverständige im Sinn von Nr. 1 sollen in geeigneten Fällen auf Antrag der Berufsvertretungen gehört werden, wenn dem Auftraggeber dadurch keine Kosten entstehen.

Inhaltsübersicht

	Rdn.
A. Allgemeines	1
B. Unterschied: § 7 Nr. 1 und 2; Mitwirken von Berufsvertretungen	2-5
I. Die verschiedenen Ausgangspunkte	2-3
II. Zweck der Mitwirkung von Berufsvertretungen	4
III. Keine sonstige Vergabebeteiligung des Sachverständigen	5-6
C. Sachverständiger nach § 7 Nr. 1	7-21
I. Fachliche Voraussetzungen	8-9
II. Aufgaben	10
III. Anforderungen an das Gutachten	11-13
IV. Benennung	14-15
V. Vertragsbeziehungen des Sachverständigen; Vergütung	16-21
1. Vertragsgrundlagen	16-19
2. Vergütung	20
3. Kostentragungspflicht	21
D. Sachverständiger nach § 7 Nr. 2	22-27
I. Ausschließliche Benennung durch Berufsvertretung	23
II. Tätigkeitsvoraussetzungen	24-25
III. Vertragspartner und Kostenschuldner des Sachverständigen	26-27
E. Bedeutung der Gutachten nach Teil A § 7	28
F. Exkurs: Der gerichtliche Sachverständige	29-68
I. Rechtsvorschriften; Vergleich zu § 7	30-31
1. Gerichtlicher Beweisbeschluß maßgebend	30
2. Grundsätzlich persönliche Gutachtenerstattung	31
II. Neutralitätspflicht und Ablehnung	32-43
III. Mündliche Ergänzung des Gutachtens; Befragung des Sachverständigen; Obergutachten	44-47
IV. Haftung des Sachverständigen	48-49
V. Verhältnis zu den Prozeßparteien	50-52
VI. Entschädigung des Sachverständigen	53-68
1. Grundlagen	53
2. Festsetzungsverfahren	54
3. Vereinbarte Entschädigung	55
4. Behördenangehöriger als Sachverständiger	56
5. Verlust des Entschädigungsanspruches	57
6. Unzureichender Auslagenvorschuß	58

7. Grundsätze für Bemessung der Entschädigung 59
8. Erforderlichkeit des Aufwandes 60
9. Mitwirkung von Hilfskräften 61
10. Berufssachverständiger 62
11. Sonstige Erhöhung der Entschädigung 63
12. Nebenkosten 64
13. Lichtbilder 65
14. Verjährung des Entschädigungsanspruches 66
15. Rückerstattungsanspruch 67
16. Entschädigung des sachverständigen Zeugen 68

Aufsätze: Döbereiner, „Die Haftung des gerichtlichen und außergerichtlichen Sachverständigen nach der neueren Rechtsprechung des BVerfG und des BGH", BauR 1979, 282; Olzen, „Das Verhältnis von Richtern und Sachverständigen im Zivilprozeß unter besonderer Berücksichtigung des Grundsatzes der freien Beweiswürdigung", ZZP 1980 Bd. 63, 66; Pieper, „Rechtsstellung des Sachverständigen und Haftung für fehlerhafte Gutachten", Gedächtnisschrift f. R. Bruns 1980, 167 ff.; Döbereiner, „Die vertragliche Haftung des Bau- und Bewertungssachverständigen für private Gutachten und Empfehlungen", BauR 1982, 11; Müller, „Die Rolle des gerichtlichen Sachverständigen im gerichtlichen Verfahren", ZSW 1983, 100; Bleutge, „Die Hilfskräfte des Sachverständigen – Mitarbeiter ohne Verantwortung?", NJW 1985, 1185; Ankermann, „Das Recht auf mündliche Befragung des Sachverständigen: Keine Wende", NJW 1985, 1204; Pause, „Der ‚unabhängige' Sachverständige", NJW 1985, 2576; Keilholz, „Zur Haftung des Sachverständigen in (schieds-)gerichtlichen Bausachen, insbesondere bei von ihm veranlaßten Sanierungsmaßnahmen gelegentlich einer (schieds-)gerichtlichen Begutachtung", BauR 1986, 377.

A. Allgemeines

Am Wortlaut von § 7 Nr. 1 und auch Nr. 2 („Sachverständige im Sinn von Nr. 1...") fällt auf, daß der **Sachverständige** nicht nur mit Fragen befaßt werden soll, die **während der Vertragsverhandlungen** oder **beim Abschluß des Bauvertrages** zu lösen sind – a) Vorbereitung der Vergabe, insbesondere der Verdingungsunterlagen, b) Prüfung der geforderten Preise und bei Stundenlohnarbeiten der Stundenlohnzuschläge und Verrechnungssätze –, sondern die darüber hinaus die **Abwicklung eines** bereits **geschlossenen Bauvertrages** – c) Begutachtung der vertragsmäßigen Ausführung der Leistung – betreffen. Es handelt sich also um eine Bestimmung, die sich **nicht nur** auf die allgemeinen Regeln über die Vergabe von Bauleistungen des **Teils A** bezieht und hierauf beschränkt, sondern deren Tragweite auf die Allgemeinen Vertragsbedingungen für die Ausführung vertraglich vereinbarter Bauleistungen des **Teils B ausgedehnt** ist, indem sie auch dafür bereitsteht. Will man bei der Abwicklung des geschlossenen Bauvertrages (Teil B) von der in Teil A § 7 gegebenen Möglichkeit Gebrauch machen, **so muß das entweder** unmittelbar **im Bauvertrag oder in einer hierauf bezogenen Zusatzvereinbarung ausdrücklich zum Ausdruck gebracht werden,** da sonst nur die Allgemeinen Vertragsbedingungen – also ohne Teil A § 7 – Vertragsinhalt werden. Diese selbst sehen nämlich nicht schon die Beauftragung eines Sachverständigen vor.

B. Unterschied: § 7 Nr. 1 und 2; Mitwirken von Berufsvertretungen

I. Die verschiedenen Ausgangspunkte

Zu unterscheiden ist zwischen den Regelungen in Nr. 1 und in Nr. 2, da diese **zwei verschiedene Ausgangspunkte** haben. In **Nr. 1** ist ein Sachverständiger gemeint, der vom Auftraggeber oder kraft ausdrücklicher Vereinbarung auch vom Auftragnehmer oder beiden herangezogen wird. Dagegen handelt es sich nach Nr. 2 um einen Sachverständigen, der von den Berufsvertretungen auf deren eigene Initiative vorgeschlagen wird. Voraussetzung für die Tätigkeit eines solchen Sachverständigen ist die **Einwilligung des Auftraggebers**; er muß sich bereit finden, den Sachverständigen zu hören. Die Arbeitsaufnahme dieses Sachverständigen ohne Einwilligung des Auftraggebers ist unzulässig, da die Berufsvertretung keinerlei Rechtsanspruch darauf erheben kann, sich in ein vertragliches oder vertragsähnliches Verhältnis einzumischen oder auch sonst in diesem Rahmen tätig zu werden.

3   Es ist hervorzuheben, daß der Unterschied zwischen Nr. 1 und 2 aus dem **Text der VOB** 1973 bzw. 1979 besser **erkennbar** ist als früher.

Die Unterscheidung ergibt sich aus der Entstehungsgeschichte des § 7 Fassung 1952 (vgl. hierzu Hereth/Naschold Teil A § 7 Ez. 7.23). Demnach sollte Satz 2 zunächst auf Vorschlag des Handwerks folgende Fassung erhalten: „Anträge der Berufsvertretungen auf Hinzuziehung beruflicher Sachverständiger sind zu prüfen und, soweit möglich, zu berücksichtigen." Dagegen wurde eingewandt, daß diese Formulierung in der Istform den Auftraggeber ungerechtfertigt verpflichte. Im übrigen sei es eine Selbstverständlichkeit, daß der Auftraggeber aus Gründen der Höflichkeit und auch aus eigenem Interesse Anregungen und Vorschläge der Berufsvertretungen zumindest prüfe. In der Niederschrift über die Hauptversammlung des DVA vom 9. bis 13. Juni 1952 ist darauf auf Antrag des Handwerks festgelegt worden: „Die Vertreter der Bauauftraggeber bringen zum Ausdruck, daß es für sie eine Selbstverständlichkeit bedeutet, Anträge der Berufsvertretungen auf Hinzuziehung von Sachverständigen zu prüfen." Man hat daraufhin den ersten Teil des vorerwähnten Vorschlages wegfallen lassen und den zweiten Teil als Sollvorschrift als Satz 2 des § 7 (jetzt Nr. 2) aufgenommen.

II. Zweck der Mitwirkung von Berufsvertretungen

4   Die in § 7 geregelte **Mitwirkung von Berufsvertretungen** bei der Benennung von Sachverständigen (Nr. 1) oder gar die Beauftragung von Sachverständigen mit Einwilligung des Auftraggebers (Nr. 2) hat einen **tieferen und gerechtfertigten Sinn**. Dieser besteht darin, daß eine Beteiligung der Berufsvertretungen bzw. deren Vertrauenspersonen bei den entscheidenden Punkten der Bauvertragsverhandlungen bzw. bei der Abwicklung des Bauvertrages gewollt ist. Es ist zu bedenken, daß die **Aufgabe der Berufsvertretungen darin liegt**, die ihnen angeschlossenen Unternehmer in ihren **berechtigten Belangen zu vertreten und** zu betreuen, sie aber auch in der **Ausübung ihres Berufes zu überwachen**, um im ordnungsmäßen Gewerbe- und Handwerkswesen nicht zu billigende Auswüchse zu verhindern. Einerseits haben die Berufsvertretungen im Interesse ihrer Mitglieder ein gewisses Mitspracherecht im Hinblick auf die saubere und richtige Handhabung des Bauverdingungswesens für sich in Anspruch zu nehmen, zum anderen haben sie ihre Mitglieder anzuhalten, nicht nur bei der Bauverdingung, sondern allgemein im Rahmen des beruflich Vertretbaren zu handeln. Der Begriff „Berufsvertretungen" ist hier in weiterem Sinne zu verstehen. Dazu gehören nicht nur die öffentlich-rechtlichen Organisationen (Kammern), sondern auch Wirtschaftsverbände, also Vereinigungen „von Unternehmern (und Unternehmungen) des gleichen fachlichen Wirtschaftszweiges" (vgl. Huber, Wirtschaftsverwaltungsrecht, 1953, S. 243).

III. Keine sonstige Vergabebeteiligung des Sachverständigen

5   Es mag sein, daß auf der Auftraggeberseite ein gewisses Mißtrauen gegen Sachverständige herrscht, die von den Berufsvertretungen vorgeschlagen werden. Das ist letztlich eine Frage des Vertrauens, die einmal vom Auftraggeber ein verständnisvolles Entgegenkommen verlangt, die zum anderen aber gerade den Berufsvertretungen gebietet, ihrer Aufgabe dadurch gerecht zu werden, daß sie nicht nur hochqualifizierte Fachleute zu Sachverständigen auswählen, sondern darüber hinaus darauf achten, daß diese nach ihrer Einstellung und ihrem

Handeln geeignet sind, volles Vertrauen als Mittler zwischen Auftraggeber und Auftragnehmer zu verdienen.

Die VOB sucht dies auch dadurch abzusichern, daß die etwa zu beauftragenden **Sachverständigen weder unmittelbar** (z. B. als Bieter) **noch mittelbar** (z. B. als Ratgeber eines Bieters) **an der betreffenden Vergabe beteiligt sein dürfen.** Also kommen hier nicht sogenannte Projektanten, die vom Auftraggeber beauftragt sind, Bauleistungen zu planen, zu beschreiben und/oder zu überwachen, als Sachverständige in Betracht (zutreffend Schelle/Erkelenz S. 271). Diese in Nr. 1 ausdrücklich erhobene Forderung bezieht sich **auch auf Fälle der Nr. 2,** wie sich aus der Formulierung dort („Sachverständige im Sinn von Nr. 1...") ergibt. Ein Verstoß hiergegen kann im Schadensfall Ansprüche aus culpa in contrahendo, u. U. positiver Vertragsverletzung oder den §§ 823 ff. BGB auslösen, je nach Sachverhalt im einzelnen.

C. Sachverständiger nach § 7 Nr. 1

§ 7 Nr. 1 betrifft die Mitwirkung von Sachverständigen auf Anforderung des Auftraggebers oder auch des Auftragnehmers, falls dieser hierzu vertraglich berechtigt oder verpflichtet ist.

I. Fachliche Voraussetzungen

Es muß sich um eine Person handeln, die auf einem bestimmten **Sachgebiet** (z. B. einem Zweig der Bautechnik, der Baubetriebswirtschaft, des Rechts) aufgrund ihrer **Ausbildung, Erfahrung** und ihres herausragenden **Wissens geeignet und in der Lage ist, Zweifelsfragen zu erkennen und weitgehend zutreffend zu beurteilen** (vgl. auch Bleutge NJW 1985, 1185, 1187, dazu Pause NJW 1985, 2576).

Zur **Bestellung zum öffentlichen Sachverständigen** ist besondere Fachkunde erforderlich, die grundsätzlich nur bei qualifizierten Kenntnissen und langjährigen, umfangreichen Erfahrungen im Beruf vorliegt (OVG Lüneburg GewA 1977, 377); dazu im einzelnen auch Bleutge DRiZ 1977, 170. Wenn Nr. 1 von **„besonderen Sachverständigen"** spricht, heißt dies nicht, daß es sich hier um Personen handeln muß, deren Kenntnisse über das von einem Sachverständigen normalerweise zu verlangende Wissen und Können hinausgehen. Vielmehr bedeutet dies: Ein weiter Kreis der am Baugeschehen beteiligten Personen ist **ohnehin als sach- und fachkundig anzusehen,** jedenfalls unter den allgemeinen Voraussetzungen, die von der VOB verlangt werden. Das gilt im Hinblick auf Teil A § 2 Nr. 1 Satz 1 besonders für den Bewerber, Bieter und späteren Auftragnehmer (vgl. hierzu Teil A § 2 Rdn. 4 f.). Bei dem „besonderen" Sachverständigen handelt es sich dagegen um jemanden, der wegen seines besonders anerkannten Sachverstandes zusätzlich zu anderen beteiligten fachkundigen und sachverständigen Personen hinzugezogen wird, wobei er eine **unparteiische Mittlerstellung** zwischen den Beteiligten einnimmt.

II. Aufgaben

Die **Aufgaben,** mit denen ein Sachverständiger im Wege der „Mitwirkung" betraut werden kann, sind in Nr. 1 aufgezählt (Vorbereitung der Vergabe, insbesondere der Verdingungsunterlagen, Prüfung der geforderten Preise und bei Stundenlohnarbeiten der Stundenlohnsätze [Stundenlohnzuschläge, Verrechnungssätze], Feststellung der vertragsmäßigen Ausführung der Leistung). Diese **Aufzählung** ist **nicht abschließend** (zu eng Daub/Piel/Soergel ErlZ A 7.4, da sich die nicht abschließende Regelung allein aus dem Gebrauch des Wortes „zweckmäßig", das bereits von sich aus einen Ermessensspielraum offenläßt, ergibt). Vielmehr handelt es sich hier **nur um die Hauptfälle** einer etwa notwendigen Begutachtung. Der Sachverständige kann auch mit der Prüfung von in § 7 nicht ausdrücklich genannten Punkten beauftragt werden, wenn diese im unmittelbaren Zusammenhang mit den betreffenden Bauvertragsverhandlungen oder der Abwicklung eines Bauvertrages im Einzelfall stehen. Selbstverständlich muß dafür ein nachweisbar begründeter Anlaß bestehen, wie er sich z. B. aus der Art der geforderten Leistung, wie etwa bei Sanierungs- oder Modernisierungsarbeiten, ergeben kann.

III. Anforderungen an das Gutachten

11 **Die Mitwirkung der Sachverständigen besteht in der schriftlichen oder mündlichen gutachtlichen Äußerung.** Diese ist objektiv zu halten und ohne Rücksicht auf die Person der Beteiligten aus sachlichen Erwägungen abzufassen. Wertvolle Hinweise für die ordnungsgemäße und sachgerechte Tätigkeit des Sachverständigen finden sich bei Wellmann, Der Sachverständige in der Praxis, 5. Aufl. 1988, Werner-Verlag, Düsseldorf, sowie bei Klocke, Der Sachverständige und seine Auftraggeber, 2. Aufl. 1987, Bauverlag Wiesbaden; ders. BauR 1986, 299. Die Stellung des Sachverständigen ist hier in der Aufgabenstellung als solcher keine andere als die des unparteiischen gerichtlichen Sachverständigen (§§ 402 ff. ZPO), ohne daß sie diesem allerdings gleichkommt. Gutachtliche Äußerungen, die sich nicht auf die objektive sachliche Beurteilung der gestellten Fachfragen beziehen, sondern einseitig zum Vorteil einer Partei abgefaßt sind und dadurch unsachlich werden, sind nicht nur zu vermeiden, sondern können darüber hinaus zu einer **Schadensersatzverpflichtung** des Beauftragten führen. Das gilt keineswegs nur im Hinblick auf die §§ 823, 826 BGB (vgl. dazu Rdn. 16 ff.), sondern die Schadensersatzverpflichtung kann sich **in erster Linie aus Gewährleistung nach § 635 BGB (vgl. dazu vor allem Rdn. 16) oder** auch aus **positiver Vertragsverletzung** ergeben (§ 276 BGB), wenn der Auftraggeber oder Bieter bzw. Auftragnehmer infolge schuldhaft falscher Äußerung des „Sachverständigen" geschädigt wird. Das gilt vor allem auch, wenn er durch das Gutachten „begünstigt" worden ist, sich in gutem Glauben danach richtet und später infolge anderweitiger richterlicher Beurteilung einen Schaden erleidet. Dagegen sind Sachverständigengutachten grundsätzlich nicht einem Anspruch auf Widerruf zugänglich; denn sie sind, auch soweit es sich um die Feststellung von Tatsachen handelt, durchweg als Werturteile anzusehen. Anders ist das nur dann, wenn die der Schlußfolgerung des Sachverständigen vorausgehende methodische Untersuchung oder die zum Ergebnis führende Anwendung spezieller Kenntnisse und Fähigkeiten nur vorgetäuscht oder grob leichtfertig vorgenommen worden ist (BGH NJW 1978, 751 = VersR 1978, 229 = JZ 1978, 102 = LM § 823 [Ah] BGH Nr. 60 = MDR 1978, 395). Der Sachverständige muß den **Gutachtenauftrag im wesentlichen persönlich vorbereiten, bearbeiten und abschließen,** was vor allem gilt, wenn sich Beurteilungs- und Ermessensspielräume ergeben; **Hilfskräfte** darf er **nur** einsetzen, **wenn entweder wissenschaftlich oder technisch abgesicherte Arbeiten zu erledigen oder Verfahren anzuwenden sind und/oder wenn er anhand von eindeutigen Unterlagen die Feststellungen oder Folgerungen seiner Hilfskräfte in allen Phasen und Denkabläufen überprüfen und dafür die fachliche Verantwortung übernehmen kann; Ortsbesichtigungen muß der Sachverständige grundsätzlich selbst vornehmen;** er muß seine Hilfskraft je nach Art und Umfang der von ihr zu erledigenden Arbeiten in fachlicher und persönlicher Hinsicht sorgfältig auswählen, anleiten, überwachen und fortbilden, andernfalls er nach § 278 BGB haftet oder sich nach § 831 BGB nicht entlasten kann; für ihre Fehler, die zu Fehlern des Gutachtens führen, haftet der Sachverständige wie für eigene Fehler (insoweit zutreffend Bleutge NJW 1985, 1185; dazu Pause NJW 1985, 2576, der zutreffend darauf hinweist, daß der Begriff der Unabhängigkeit i. S. von „unparteiisch" zu verstehen ist und daß häufig wegen für die Sachverständigentätigkeit übergreifender Fachdisziplinen nicht selten ein Zusammenschluß mehrerer Sachverständiger beauftragt werden muß und dann tätig ist; in diesem Fall handelt es sich rechtlich um das gleiche, als wenn ein einzelner Sachverständiger beauftragt worden ist).

Zur Haftung des Sachverständigen allgemein und umfassend: Döbereiner/v. Keyserlingk, Sachverständigenhaftung, 1979, Bauverlag, Wiesbaden; Bremer, Der Sachverständige, seine Stellung im öffentlichen und privaten Recht, 2. Aufl. 1973, Verlagsgesellschaft Recht und Wirtschaft, Heidelberg; Wellmann, Der Sachverständige in der Praxis, 5. Aufl. 1988, Werner-Verlag, Düsseldorf; Haas, Der Sachverständige des Handwerks, Gentner-Verlag, Stuttgart; für den gerichtlichen Sachverständigen aber ganz besonders Jessnitzer, Der gerichtliche Sachverständige, 8. Aufl. 1980, Heymanns Verlag, Köln/Bonn/Berlin/München. Zu den straf- und zivilrechtlichen Folgen der fälschlichen Bezeichnung als „öffentlich bestellter und vereidigter Sachverständiger" Bremer BB 1974, 210. Über Haftungsprobleme der technischen Kontrolle Hübner NJW 1988, 441.

Der Sachverständige kann unter Umständen auch einem Dritten gemäß den §§ 328 ff. BGB verantwortlich sein, wenn die Gutachtenerstattung erkennbar nicht nur für den Auftraggeber allein, sondern auch für konkret interessierte Dritte bedeutsam sein soll und ist und diesen als Grundlage für deren weitere – vor allem wirtschaftliche – Entschließung dienen soll (vgl. dazu BGH BauR 1984, 189 = NJW 1984, 355 = JZ 1984, 246 = VersR 1984, 85 = ZIP 1984, 70 = SFH § 328 BGB Nr. 3 = MDR 1984, 296; BGH ZIP 1985, 398 = WM 1985, 450 = Köndgen EWiR § 676 BGB 1/85, 151; OLG Saarbrücken NJW 1972, 55; OLG München BB 1956, 866).

IV. Benennung

Die Beauftragung eines Sachverständigen nach Vorschlag durch die Berufsvertretung hängt von der vorangegangenen Anforderung eines oder mehrerer der Verhandlungspartner (Auftraggeber, Bewerber, Bieter) oder Vertragspartner ab. Regelmäßig wird es sich im Rahmen eines Vergabeverfahrens um den Auftraggeber handeln, da die Verfahrensvorschriften des Teils A im allgemeinen die Handlungsweise des Auftraggebers bestimmen sollen. Andererseits kann kraft Vereinbarung mit dem Auftraggeber auch der Bieter berechtigt oder gar verpflichtet sein, einen Sachverständigen anzufordern und zur Mitwirkung bei bestimmten Zweifelsfragen zu beauftragen. Letztlich kann eine Vereinbarung zwischen Auftraggeber und Bieter dahin lauten, daß die Beauftragung eines Sachverständigen von beiden gemeinsam erfolgen soll.

Soweit die Sachverständigentätigkeit im Rahmen der Abwicklung eines Bauvertrages liegen soll (Teil B), kann die vertraglich vereinbarte Anforderung eines Sachverständigen – je nach dem Einzelfall – sowohl durch den Auftraggeber als auch durch den Auftragnehmer erfolgen.

V. Vertragsbeziehungen des Sachverständigen; Vergütung

1. Zur Frage, ob und in welchen vertraglichen Beziehungen ein nach § 7 Nr. 1 angeforderter Sachverständiger zu seinen Auftraggebern oder zu seinem Auftraggeber steht, gilt: Als Auftraggeber ist derjenige anzusehen, der den Sachverständigen angefordert hat und ihn demgemäß auch beschäftigt (vgl. Rdn. 14). Daher entsteht durch die **Beauftragung eines Sachverständigen** nach § 7 Nr. 1 ein **Vertragsverhältnis** zwischen diesem und dem Beauftragenden (Auftraggeber, Bieter usw. oder beiden). **Dieser Vertrag ist grundsätzlich ein Werkvertrag i. S. des § 631 BGB.** Im Vordergrund steht die Erbringung eines bestimmten Erfolges, nämlich des sachgerechten schriftlichen Gutachtens. Das hat zur Folge, daß der Gutachter ohne Rücksicht auf Verschulden für die Mangelhaftigkeit seines Gutachtens gemäß §§ 633 f. BGB auf Nachbesserung oder Minderung, im Falle des Verschuldens nach § 635 BGB haftet (BGH NJW 1965, 106; BGH NJW 1966, 539; BGH NJW 1967, 719 = SFH Z 2.414 Bl. 171 ff.; LG Krefeld ZSW 1981, 295 m. Anm. Müller). Das Gutachten ist fehlerhaft, wenn es eine objektiv unrichtige Aussage enthält oder wenn das an sich objektiv richtige Ergebnis durch fehlerhafte Untersuchung gewonnen wurde oder wenn zwar das objektiv richtige Ergebnis auf ordnungsgemäßem Weg ermittelt wurde, das Gutachten jedoch Mängel in der Darstellung derart enthält, daß aus ihm keine eindeutige, zweifelsfreie Aussage hervorgeht. Schadensersatzansprüche aus Fehlern eines zur Beseitigung von Bauwerksmängeln erstatteten Sanierungsgutachtens verjähren nach § 638 Abs. 1 BGB in 5 Jahren seit Abnahme bzw. Vollendung der von dem Gutachter zu erbringenden Leistungen (BGH BauR 1987, 456 = JZ 1987, 630 = BB 1987, 1351 = NJW-RR 1987, 853 = ZfBR 1987, 189 = Siegburg EWiR 1987, 669 = SFH § 638 BGB Nr. 37 = Betrieb 1987, 1988 = MDR 1987, 833 = LM § 638 BGB Nr. 62 = Anm. Schubert JR 1988, 198; über die Aufgaben des Sachverständigen bei Begutachtung von Sanierungsarbeiten vgl. auch Ruffert ZSW 1984, 73). Zur Verjährung des Anspruches wegen Mangelfolgeschäden aufgrund eines fehlerhaften Gutachtens s. BGH SFH Z 3.004.0 Bl. 1 ff.; BGH NJW 1972, 625; BGH NJW 1979, 214 = BauR 1979, 76 = BGH Z 72, 257 = SFH § 638 BGB Nr. 2 = ZfBR 1979, 29.

17 Ist ein Gutachten schlecht erstattet, so berechtigt dies nicht zur Anfechtung des Sachverständigenvertrages wegen Irrtums (§ 119 BGB). Vielmehr kommen allein die Vorschriften über die Folgen einer vertragswidrigen Nichterfüllung in Betracht (BGH a. a. O.; vgl. ferner BGH Z 16, 54, 57 = NJW 1955, 340), wobei allerdings die Anforderungen an einen öffentlich bestellten oder einen sonst sich als Sachverständigen Anbietenden nicht zu gering zu veranschlagen sind.

18 Ausnahmsweise kann bei grobem Verstoß auch eine Haftung des Sachverständigen nach § 826 BGB (vgl. Rdn. 11) eingreifen, wenn er sein Gutachten in leichtfertiger und gewissenloser Weise erstellt sowie mit der Möglichkeit rechnet, daß ein Dritter durch sein Gutachten getäuscht wird und dadurch einen Vermögensschaden erleidet; hier verstößt der Sachverständige auch dann gegen die guten Sitten, wenn er sich grob fahrlässig der Erkenntnis verschließt, daß sein Gutachten unrichtig ist (BGH Z 10, 228, 233 = NJW 1953, 1665 m. w. N.; BGH LM BGB § 826 [Gb] Nr. 4 = NJW 1956, 1595; BGH VersR 1966, 1032, 1034; vgl. dazu auch OLG Hamm VersR 1985, 841).

19 Zur Haftung des privaten Sachverständigen vgl. Döbereiner BauR 1979, 282 sowie insbesondere im einzelnen zutreffend differenzierend ders. BauR 1982, 11.

20 2. Hieraus ergibt sich, daß der Sachverständige die fachbezogen ordnungsgemäße Erstellung des Gutachtens schuldet, daß andererseits **dem Sachverständigen für seine Tätigkeit eine Vergütung zu zahlen ist.** Maßgebend dafür ist in erster Linie die vereinbarte Vergütung (§ 631 Abs. 1 BGB), wobei der Sachverständige im Streitfall die Beweislast für die getroffene Vereinbarung hat. Falls die Vereinbarung einer Vergütung nicht erfolgt ist oder nicht bewiesen wird, gilt § 632 BGB . Man kann von einem Sachverständigen nicht verlangen, daß er sein Können und Wissen unentgeltlich zur Verfügung stellt. Die Vergütung des hier tätigen Sachverständigen richtet sich grundsätzlich nach dem Zeitaufwand und nicht nach dem Bauprojekt, da der Sachverständige nicht als Sonderfachmann beschäftigt wird (vgl. OLG Celle OLGZ 1971, 25). Notfalls muß die Vergütung nach billigem Ermessen gemäß den §§ 315, 316 BGB festgelegt werden (vgl. Müller ZSW 1981, 295, 298 ff.).

Sowohl für die Üblichkeit der Vergütung nach § 632 Abs. 2 BGB als auch die Bestimmung nach billigem Ermessen sind objektive Gesichtspunkte maßgebend, die sich jedoch nicht nach den Entschädigungssätzen des ZuSEG richten, sondern allein nach der Üblichkeit bzw. dem billigen Ermessen, ausgerichtet nach der Schwierigkeit der jeweiligen Aufgabe, der Erfahrung und dem besonderen Fachwissen des Sachverständigen; die Sätze des ZuSEG können daher nur bis zu einem gewissen Grad zur Beurteilung herangezogen werden, ob die Forderung des Sachverständigen den Rahmen der Üblichkeit bzw. Billigkeit in beachtlichem Maße überschreitet (vgl. OLG Koblenz ZSW 1986, 45).

21 3. Unberührt hiervon ist die Frage, **wer die Kosten des Sachverständigen zu tragen hat.** Anders als Nr. 2 enthält Nr. 1 keine Regelung. Daraus läßt sich zunächst nur der allgemein-

gültige Satz ableiten, daß der Sachverständige von demjenigen zu vergüten ist, der ihn beauftragt hat. Ob letzterer im Ergebnis im Innenverhältnis gegenüber den sonst Beteiligten die Kosten allein trägt oder diese von jenen ganz oder teilweise zu übernehmen sind, richtet sich nach den im Einzelfall getroffenen Abmachungen. Fehlt es daran, so bleibt die Kostenlast beim Auftraggeber des Sachverständigen, es sei denn, daß sich in einem späteren Prozeß nach den für § 91 ZPO geltenden Grundsätzen – notwendige Kosten – etwas anderes ergibt (vgl. dazu Teil B § 18 Rdn. 115 f.). **Möglich** ist auch, daß die Kosten vom Gegner aufgrund eines aus den Feststellungen des Sachverständigen sich ergebenden **materiell-rechtlichen Anspruchs**, wie z. B. eines Schadensersatzanspruches nach Teil B § 4 Nr. 7 oder Teil B § 13 Nr. 7, oder als Mängelbeseitigungskosten nach Teil B § 13 Nr. 5 Abs. 2, zu erstatten sind.

D. Sachverständiger nach § 7 Nr. 2

Bei § 7 Nr. 2 handelt es sich um die Mitwirkung von Sachverständigen, die nicht vom Auftraggeber oder Bieter bzw. Auftragnehmer über die Berufsvertretung angefordert, sondern die auf Initiative und Wunsch der Berufsvertretungen mit bestimmten Prüfungsfragen befaßt werden. Zu dem Sachverständigen gemäß § 7 Nr. 1 (vgl. Rdn. 7 ff.), deren Regelungen hinsichtlich der Voraussetzungen der Beauftragung sonst auch hier gelten, ergeben sich folgende **Abweichungen bzw. Ergänzungen:**

I. Ausschließliche Benennung durch Berufsvertretung

Daraus, daß hier Sachverständige auf Initiative der Berufsvertretungen und lediglich mit Einwilligung des Auftraggebers tätig werden, ergibt sich, daß es sich **ausschließlich um Sachverständige handelt, die von diesen Berufsvertretungen benannt werden.**

II. Tätigkeitsvoraussetzungen

Die Beschäftigung eines Sachverständigen nach Nr. 2 hängt davon ab, ob sich die Berufsvertretung im Einzelfall entschließt, die Anhörung eines Sachverständigen in Vorschlag zu bringen. Ob der Sachverständige dann tätig werden kann, hängt von der Einwilligung der als Verhandlungs- oder Vertragspartner Beteiligten ab, die in geeigneten Fällen erteilt werden soll. Es ist also letztlich in das Ermessen dieser Beteiligten gestellt. Bei richtiger Auslegung der Nr. 2 handelt es sich hier aber nicht um ein völlig freies Ermessen der Beteiligten ohne Prüfungsobliegenheit. Vielmehr müssen sie, vor allem, um eine mögliche Haftung aus Verschulden bei Vertragsabschluß oder aus späterer Gewährleistung, positiver Forderungsverletzung oder aus unerlaubter Handlung zu vermeiden, sorgfältig überlegen, ob die aufgetretenen Zweifelsfragen für eine Sachverständigenanhörung geeignet sind. Diese Prüfung wird im Regelfall angestellt werden, zumal man sich aufgrund des Vorschlages der Berufsvertretung zwangsläufig sagen muß, daß hier etwas zu klären ist, was wirklich der Aufklärung bedarf.

Soweit hier von der Anhörung eines Sachverständigen die Rede ist, darf das nicht bloß wörtlich aufgefaßt werden. Hier ist nicht nur eine mündliche Berichterstattung durch den Sachverständigen gemeint, sondern auch die Abfassung eines schriftlichen Gutachtens, die Anfertigung von Zeichnungen und Berechnungen, kurzum alles, was im gegebenen Rahmen Sachverständigentätigkeit sein kann (vgl. Rdn. 10).

III. Vertragspartner und Kostenschuldner des Sachverständigen

Im Gegensatz zu § 7 Nr. 1 (vgl. Rdn. 16 ff.) wird es im Falle der Nr. 2 allgemein **nicht** gerechtfertigt sein, in der Mitwirkung eines Sachverständigen ein **Vertragsverhältnis mit dem Auftraggeber oder dem Bieter oder mit beiden** anzunehmen. **Vertragspartner des Sachverständigen ist hier in der Regel die Berufsvertretung.** Das in Rdn. 16 ff. Gesagte gilt dann entsprechend für dieses Verhältnis. Daß die Beteiligten, vor allem der Auftraggeber, zur Aufnahme der Tätigkeit des Sachverständigen die Einwilligung erteilen müssen, ändert hieran nichts.

27 Handelt es sich demnach bei § 7 Nr. 2 um ein Vertragsverhältnis zwischen der Berufsvertretung und dem Sachverständigen, so ist **Schuldner einer** etwaigen, grundsätzlich auch hier dem Sachverständigen geschuldeten **Vergütung die Berufsvertretung**, es sei denn, daß diese im Einzelfall kraft Vereinbarung vom Bieter bzw. Auftragnehmer zu übernehmen ist. Hinzuweisen ist darauf, daß der Kostenausschluß zugunsten des Auftraggebers nach dem Wortlaut der Nr. 2 („dadurch") nicht nur die eigentliche gutachtliche Tätigkeit nebst den Vorbereitungsarbeiten des Sachverständigen erfaßt, sondern auch adäquat damit zusammenhängende Kosten, wie z. B. solche einer Ortsbesichtigung, der Materialbeschaffung für den Sachverständigen, der Prüfung von Unterlagen, des Schriftverkehrs usw. Zur Berechnung der Vergütung des Sachverständigen vgl. Rdn. 20.

E. Bedeutung der Gutachten nach Teil A § 7

28 **Gutachtliche Stellungnahmen von Sachverständigen im Rahmen von § 7 sind nur Hilfsmittel für die Entschließung oder das weitere Verhalten der Verhandlungs- bzw. Vertragspartner.** Demnach greifen sie nicht unmittelbar in die Vertragsverhandlungen oder in den abgeschlossenen Vertrag selbst ein. Es kann daher nur die Frage sein, inwieweit der eine oder andere Partner sich die Feststellungen des Sachverständigen anläßlich der Vertragsverhandlungen oder der Geltendmachung von Rechten aus dem abgeschlossenen Bauvertrag zu eigen macht und sie insoweit verwertet. Dabei ist der Betreffende keinesfalls jeder eigenen Überlegung und Entschließung enthoben. Vielmehr muß er bedenken, daß es letztlich um seine eigenen Belange geht, die ihm grundsätzlich nicht von einem anderen abgenommen werden können. Soweit es sich um Behörden als Auftraggeber handelt, ist daher mit Recht im VHB zu Teil A § 7 hervorgehoben worden, daß die Mitwirkung von Sachverständigen das Bauamt nicht entbindet, **die Entscheidung in eigener Verantwortung** zu treffen. Dies ist vom öffentlichen Auftraggeber besonders zu beachten.

Über „Modell-Gutachten" Schulz, ZSW 1986, 40. Zu den theoretischen Grundlagen für die Wertermittlung durch Sachverständige vgl. Aurnhammer BauR 1981, 139; zur Erstattung von Gutachten beachtenswert Klocke BauR 1986, 294.

F. Exkurs: Der gerichtliche Sachverständige

I. Rechtsvorschriften; Vergleich zu § 7

29 Für die Tätigkeit des gerichtlichen Sachverständigen, der in einem schwebenden Rechtsstreit zugezogen ist, gelten die §§ 402 ff. ZPO.

Dazu umfassend: Jessnitzer, Der gerichtliche Sachverständige, 8. Aufl. 1980, Carl Heymanns Verlag KG; derselbe speziell zu Ortsbesichtigungen und Untersuchungen durch Bausachverständige und ihre gerichtliche Verwertung, BauR 1975, 73. Wertvolle Hinweise geben auch die Bücher von Wellmann, Der Sachverständige in der Praxis, 4. Aufl. 1981, Werner-Verlag GmbH, sowie von Klocke, Der Sachverständige und seine Auftraggeber, 2. Aufl. 1987, Bauverlag Wiesbaden. Zur Rolle des Sachverständigen im gerichtlichen Verfahren vgl. auch Müller ZSW 1983, 100. Siehe auch die Untersuchung von Pieper/Breunung/Stahlmann, „Der Sachverständige im Zivilprozeß", 1982, C. H. Beck'sche Verlagsbuchhandlung München. Zur Auswahl des gerichtlichen Sachverständigen Rudolph ZSW 1981, 219; die Erstellung eines Gerichtsgutachtens, erläutert an einem konkreten Beispiel, Kretschmer ZSW 1981, 103.

1. Der gerichtliche Sachverständige wird **von Teil A § 7 nicht erfaßt,** weil es sich dort um eine 30
außergerichtliche Inanspruchnahme des besonders Sachkundigen handelt. Die Tätigkeit des
gerichtlichen Sachverständigen ist von **besonders hoher Verantwortung** getragen, da nicht
nur seine Sachkunde, sondern auch seine **Überparteilichkeit** dazu dienen soll, dem Richter
einen weitgehend zutreffenden Sachverhalt ermitteln und unter fachlichen Gesichtspunkten
beurteilen zu helfen. Über diese sich auf das Gebiet des **Tatsächlichen** beschränkende Tätigkeit darf der Sachverständige **nicht hinausgehen,** wenn er nicht den Wert des Gutachtens
beeinträchtigen oder es gar prozessual wertlos machen will. Insbesondere muß er **Rechtsausführungen vermeiden,** vor allem darf er sich nicht mit der „Schuldfrage" oder der des
„Vertretenmüssens" (was wiederholt auch von Gerichten in Beweisbeschlüssen übersehen
wird) auseinandersetzen. Das muß er dem Richter überlassen, dessen Aufgabe die richtige
Rechtsanwendung auf einen hinreichend ermittelten Sachverhalt, also den richtigen **Geschehensablauf,** ist. Aber auch die Ermittlung des Sachverhalts ist keineswegs allein Aufgabe des
Sachverständigen. Vielmehr darf er diese nur insoweit vornehmen, wie sie ihm **im Rahmen
des gerichtlichen Beweisbeschlusses übertragen ist.** Dabei muß es sich um bestimmt abgegrenzte Fragen handeln, zu deren Beantwortung die besondere Sachkunde des Sachverständigen erforderlich ist. Dagegen ist die Feststellung des Sachverhalts, den der gerichtliche Sachverständige seinem Gutachten zugrunde zu legen hat, regelmäßig Aufgabe des Richters, wenn
es dabei auf die Sachkunde des Gutachters nicht ankommt (BGH NJW 1962, 1770), was
besonders für zurückliegende Tatsachen, die sich der eigenen Anschauung des Sachverständigen entziehen, gilt. Beschränkt sich der Sachverständige auf die ihm übertragene – meist
bautechnische oder baubetriebswirtschaftliche – Tatsachenermittlung, so kann er dem Richter
eine wertvolle Stütze sein. Dem Sachverständigen ist auch nicht zu raten, in seinem Gutachten
ohne übereinstimmende Veranlassung durch die Parteien von sich aus Vergleichsvorschläge
zur Beilegung des Rechtsstreits zu machen. Hierin liegt nämlich bei allem guten Willen des
Sachverständigen vielfach der Ansatzpunkt für die „unzufriedene" Partei, das Gutachten
abzulehnen. Mögliche Vergleichsverhandlungen sollten dagegen in geeigneten Fällen durchweg vom Richter unter Hinzuziehung des Sachverständigen geführt werden.

2. Nur der im Beweisbeschluß bzw. dessen Ergänzung namentlich bestimmte Gutachter hat 31
das Gutachten zu erstatten. Geschieht dies durch einen anderen Sachverständigen und will das
Gericht in Abweichung vom Beweisbeschluß das Gutachten dennoch verwerten, so muß es
den Parteien rechtzeitig vor Schluß der mündlichen Verhandlung dies zu erkennen geben,
damit sie genügend Gelegenheit zur Stellungnahme haben. Davon zu unterscheiden ist die
durchaus mögliche Hinzuziehung hinreichend geeigneter und geschulter Fachkräfte durch
den im Beweisbeschluß benannten Sachverständigen, sofern diese aus sachlich zwingenden
Gründen notwendig ist und er dafür erkennbar uneingeschränkt die persönliche Verantwortung übernimmt (vgl. dazu BGH VersR 1978, 1105 = WM 1978, 1418 = MDR 1979, 126 = LM
§ 360 ZPO Nr. 1 mit wohl zutreffender krit. Anm. von Friederichs VersR 1979, 661; BVerwG
NJW 1984, 2645; OLG Frankfurt BauR 1985, 240 = MDR 1983, 849). Insoweit gilt das in
Rdn. 11 ff. Ausgeführte auch für den gerichtlichen Sachverständigen.

II. Neutralitätspflicht und Ablehnung

1. Vor allem darf der Sachverständige keinen einseitigen Kontakt zu einer Partei aufnehmen. 32
So ist die Ablehnung eines Sachverständigen wegen Besorgnis der Befangenheit (§ 406 ZPO)
regelmäßig schon dann begründet, wenn er zu der sein Gutachten vorbereitenden Tätigkeit
nur die eine Partei heranzieht (oder sonst die Sache mit ihr einseitig erörtert, vgl. dazu auch
Müller ZSW 1982, 23 f.) und der anderen Partei keine Gelegenheit zur Anwesenheit (etwa bei
einer Besichtigung an Ort und Stelle) gibt (OLG München NJW 1963, 1682, vgl. auch ZSW
1983, 213 mit Anm. Müller; OLG Hamburg MDR 1969, 489; OLG Hamm MDR 1973, 144;
OLG Düsseldorf BauR 1974, 72; BGH NJW 1975, 1363 = MDR 1975, 754 = SFH Z 8.1 Bl. 26;
OLG Koblenz OLGZ 1977, 109 sowie ZSW 1980, 215, ZSW 1981, 116 und ZSW 1982, 182

jeweils mit Anm. Müller; KG MDR 1982, 762; LG Nürnberg-Fürth ZSW 1981, 246 mit Anm. Müller; zu eng dagegen OLG München OLGZ 1983, 355); bei Vertretung durch einen Prozeßbevollmächtigten ist dieser zu benachrichtigen (Jessnitzer BauR 1975, 73). Auch kann es je nach den Umständen des Falles ein Ablehnungsgrund sein, wenn der Prozeßbevollmächtigte einer Partei den Sachverständigen telefonisch bittet, den Besichtigungstermin zur Vorbereitung des Gutachtens möglichst bald anzuberaumen, und der Gegner nicht weiß, welchen Inhalt das Gespräch tatsächlich gehabt hat (LG Aurich MDR 1985, 853). Jede Partei kann zu einer Ortsbesichtigung durch den Sachverständigen, von der sie grundsätzlich zu benachrichtigen ist (vgl. dazu Jessnitzer a. a. O.), ihrerseits einen sachkundigen Beobachter mitbringen; ein solcher Privatsachverständiger hat sich aber darauf zu beschränken, tatsächliche Angaben zu den vom gerichtlich bestellten Sachverständigen zu begutachtenden Themen zu machen, und dies grundsätzlich auch nur, soweit der gerichtliche Sachverständige danach fragt; er ist nicht berechtigt, den gerichtlichen Sachverständigen in ein Streitgespräch zu verwickeln oder in sonstiger Weise seine Tätigkeit zu behindern (OLG Düsseldorf BauR 1974, 72). Gerade bei der Klärung technischer Fragen kann es für eine Partei sinnvoll oder gar geboten sein, einen technischen Berater zum Ortstermin des Sachverständigen hinzuzuziehen; lehnt es ein Sachverständiger ohne berechtigten sachlichen Grund ab, den Ortstermin in Gegenwart eines solchen technischen Beraters durchzuführen, kann dies die Besorgnis der Befangenheit des Sachverständigen begründen (OLG Düsseldorf MDR 1978, 409). Dagegen begründet die bloße Kundgabe der beim Ortstermin gemachten tatsächlichen Feststellungen grundsätzlich noch nicht die Besorgnis der Befangenheit des Sachverständigen, ebenso auch nicht die bloße Überschreitung des Gutachtenauftrages (vgl. OLG München ZSW 1982, 19 mit Anm. Müller a. a. O.).

Auch kann ein Sachverständiger mit der Begründung, er habe die betreffende Partei nicht zu einem Besichtigungstermin geladen, von dieser nach späterem Vorliegen des schriftlichen Gutachtens nicht mehr abgelehnt werden, wenn sie den Termin kannte oder den Umständen nach – unbedingt – kennen mußte (vgl. OLG Oldenburg MDR 1978, 1026).

33 2. Des weiteren verletzt ein Sachverständiger, der sich von einer der Prozeßparteien ohne Wissen und Willen der anderen Informationen verschafft und diese seinem Gutachten zugrunde legt, regelmäßig seine Verpflichtung zur Objektivität und kann deshalb abgelehnt werden (OLG Düsseldorf BB 1972, 1248; auch OLG Düsseldorf BB 1975, 627); ebenso gilt das im Hinblick auf die Beschaffung des zu untersuchenden Materials nur von einer Partei ohne Kenntnis des Gegners (OLG Koblenz VersR 1977, 1133 = MDR 1978, 148 = ZSW 1980, 215). Soweit ein Sachverständiger im Rahmen eines Verfahrens die Leistungen einer Person (z. B. Architekt) zu begutachten hat, gegenüber der er voreingenommen ist, kann er wegen Besorgnis der Befangenheit abgelehnt werden, auch wenn nicht diese Person, sondern ein anderer (z. B. Bauunternehmer) Partei des Verfahrens ist (OLG Frankfurt ZSW 1981, 291).

34 3. Ein Sachverständiger kann mit Erfolg wegen Besorgnis der Befangenheit abgelehnt werden, wenn er, statt die ihm abstrakt gestellte Beweisfrage zu beantworten, das Vorbringen der Parteien auf Schlüssigkeit und Erheblichkeit untersucht und in seinem Gutachten feststellt, angesichts des Inhalts der von ihm ermittelten Parteivereinbarungen komme es auf die Beweisfrage nicht an, da der Sachverständige allein die Aufgabe hat, aufgrund seines Fachwissens die vom Gericht gestellten Beweisfragen zu beantworten oder auf eine klarstellende oder ergänzende Fassung der Beweisfragen hinzuwirken (OLG Köln NJW-RR 1987, 1198).

35 4. Andererseits rechtfertigt allein der Umstand, daß ein Sachverständiger vom Antragsteller im Beweissicherungsantrag benannt worden ist, in den Augen einer objektiven, verständigen Partei nicht ohne weiteres die Besorgnis, der Sachverständige könne im Hauptverfahren nicht mehr unvoreingenommen tätig werden (OLG Köln SFH § 406 ZPO Nr. 1). Ein Ablehnungsgrund kann aber vorliegen, wenn der Sachverständige zuvor für einen am Rechtsstreit nicht

beteiligten Dritten tätig geworden ist, dessen Interessen in gleicher Weise wie die der anderen Partei entgegengesetzt sind und die Tätigkeit einen gleichartigen Sachverhalt betrifft; daher ist die Besorgnis des Veräußerers von Eigentumswohnungen, der Sachverständige sei nicht unparteiisch, berechtigt, wenn dieser zuvor privat von einem Erwerber zur Abnahme hinzugezogen worden ist und die Aufnahme solcher Mängel in das Protokoll veranlaßt hat, wie sie in dem Rechtsstreit mit einem anderen Erwerber einer Wohnung desselben Bauvorhabens gerügt werden (OLG Frankfurt ZIP 1982, 1489 = ZSW 1983, 13 mit Anm. Müller = NJW 1983, 581 [L]). Ähnlich liegt es, wenn ein Sachverständiger zuvor als Privatgutachter für die Gesamtheit der Wohnungseigentümer tätig geworden ist und anschließend lediglich ein Erwerber den Veräußerer wegen Mängeln und Schadensersatz in Anspruch nimmt; anders dann, wenn beide Prozeßparteien mit der Tätigkeit des Sachverständigen für alle Wohnungseigentümer und auch noch als Gerichtsgutachter einverstanden waren und sich ein neuer Ablehnungsgrund nicht ergibt (OLG Frankfurt VersR 1987, 418 [L] = BB 1987, 26 [L]). Ein gerichtlicher Sachverständiger kann von einer Partei wegen Besorgnis der Befangenheit abgelehnt werden, wenn er nicht offenbart, daß er bezüglich eines von ihm zu begutachtenden Sanierungssystems, das Gegenstand seiner Ausführungen ist, bereits früher ein Werkgutachten für den Hersteller des Systems erstellt hat (KG SFH § 406 ZPO Nr. 5). Dagegen rechtfertigt eine mehrere Jahre zurückliegende frühere gewerbliche Zusammenarbeit des Sachverständigen mit dem Privatgutachter der Gegenseite für sich noch nicht die Ablehnung (OLG Frankfurt VersR 1981, 557 = ZIP 1981, 209 = ZSW 1981, 120 mit Anm. Müller). Anders liegt es, wenn der Sachverständige in derselben Sache bereits als Privatgutachter des Gegners tätig gewesen ist oder wenn er zum Gegner in einer abhängigen oder ständigen Verbindung steht (OLG Nürnberg JurBüro 1981, 776). Darüber hinaus kann die Ablehnung des gerichtlichen Sachverständigen berechtigt sein, wenn er für die Gegenpartei wiederholt in anderen Fällen als Privatgutachter tätig war und weder die Partei noch der Sachverständige dies angezeigt haben (OLG Karlsruhe BauR 1987, 599).

5. Die Behauptung mangelnder Sachverständigenqualifikation ist noch kein gesetzlicher Ablehnungsgrund, vielmehr im Rahmen der Beweiswürdigung zu beachten (OLG München ZSW 1980, 217). Daher reicht es nicht schon für die Ablehnung eines Sachverständigen, daß dessen Gutachten für eine Partei ungünstig ist; gleiches gilt im Hinblick auf eine angeblich zu hohe Entschädigungsforderung des Sachverständigen (OLG München Rpfl. 1980, 303 = ZSW 1981, 97). Verwandtschaftliche Beziehungen des Sachverständigen zu einem Gehilfen, den er zur Vorbereitung des Gutachtens heranziehen muß, kommen nur dann als objektiver Grund für eine Befangenheitsablehnung in Betracht, wenn sie Einfluß auf den Inhalt des Gutachtens haben können; die Befürchtung, der Sachverständige könne eine übersetzte Vergütung der Hilfskraft wegen der familiären Beziehung zu ihm akzeptieren, ist kein solcher objektiver Umstand, da die Kostenberechnung des Gehilfen überprüfbar ist und überprüft werden muß (OLG Köln JMBl. NW 1981, 65 = ZSW 1981, 200 = OLGZ 1983, 121). Die Ablehnung von Hilfspersonen des Sachverständigen wegen Besorgnis der Befangenheit ist unzulässig, weil dies von § 406 ZPO nicht erfaßt ist (OLG Zweibrücken MDR 1986, 417 = ZSW 1986, 73).

6. Die Zugehörigkeit eines Sachverständigen zu einem Institut, dem auch ein anderer Sachverständiger angehört, der in einem Parallelverfahren zum Beweisthema ein bestimmtes Ergebnis vertreten hat, begründet nicht schon die Besorgnis der Befangenheit, die zur Ablehnung des Sachverständigen berechtigt (OLG Zweibrücken ZSW 1980, 260 mit im übrigen zutreffender Anm. von Müller).

7. Auch kann eine zum Sachverständigen bestellte Behörde nicht wegen Besorgnis der Befangenheit abgelehnt werden; darüber hinaus kommt eine Ablehnung der für die Behörde handelnden Personen nicht in Betracht; die für die Ablehnung maßgebenden Umstände sind hier vielmehr im Rahmen der Beweiswürdigung zu berücksichtigen (OLG Köln BauR 1980, 588 = SFH § 406 ZPO Nr. 2).

A § 7, Rdn. 39-43

39 8. Über die Grundzüge der Rechtsprechung zur Frage der Ablehnung muß ein Sachverständiger informiert sein (OLG Koblenz ZSW 1981, 116 mit Anm. Müller).

40 9. Die Ablehnung des Sachverständigen kann grundsätzlich erst zu dem Zeitpunkt erfolgen, in dem er durch das Gericht mit der Gutachtenerstattung beauftragt wird; jedoch ist auch ein verfrüht gestellter Ablehnungsantrag wirksam, wenn sich ergibt, daß er auch noch für den Zeitpunkt gilt, in dem er frühestens gestellt werden kann (Müller ZSW 1982, 22 f.). Zur Ablehnung eines Sachverständigen nach Einreichung des Gutachtens umfassend Schneider MDR 1975, 353. Diese muß nach Kenntniserlangung von dem Ablehnungsgrund unverzüglich erfolgen (OLG München NJW 1964, 1576; OLG Nürnberg MDR 1970, 150; OLG Karlsruhe BB 1977, 1425; OLG Oldenburg MDR 1975, 408; OLG Koblenz VersR 1978, 236 = OLGZ 1977, 376 m. w. N.; BayObLG ZSW 1980, 189). Auf jeden Fall ist ein Ablehnungsgesuch verspätet, wenn den Parteien nach Eingang des Gutachtens eine Frist zur Stellungnahme zum Gutachten gesetzt war und die Ablehnung erst danach erfolgt (OLG Saarbrücken OLGZ 1982, 366). Zur Ablehnung des erstinstanzlichen Sachverständigen in der Berufungsinstanz vgl. Kahlke ZZP 1981, 50. Der Streithelfer kann den Sachverständigen nicht wegen Besorgnis der Befangenheit ablehnen, wenn die von ihm unterstützte Partei zwar erklärt, sie wolle der Ablehnung „nicht entgegentreten", zugleich aber die Vernehmung des Sachverständigen zur Erläuterung seines Gutachtens beantragt (OLG Frankfurt MDR 1983, 232).

41 10. Vor Entscheidung über das Ablehnungsgesuch ist dem Sachverständigen und der ablehnenden Partei Gelegenheit zur Stellungnahme zu geben (OLG Koblenz OLGZ 77, 375). Über die Ablehnung eines Sachverständigen hat das Gericht durch gesonderten Beschluß zu entscheiden, weil durch die Ablehnung ein gesondertes Verfahren in Gang gesetzt wird (vgl. § 406 Abs. 4 und 5 ZPO); deshalb ist es verfahrensfehlerhaft, wenn das Gericht über die Ablehnung erst in den Gründen des Urteils befindet (vgl. u. a. BGH MDR 1959, 112; RGZ 60, 110 f.; OLG Düsseldorf JMBl. NW 1970, 236; OLG Köln MDR 1974, 761; BayObLG Rpfl. 1982, 433). Der Streit über die Ablehnung eines Sachverständigen betrifft eine nichtvermögensrechtliche Streitigkeit, weshalb der Streitwert entsprechend festzusetzen ist (OLG Köln JMBl. NW 1981, 66). Die erfolgreiche Ablehnung eines Sachverständigen wirkt sich bei notwendiger Streitgenossenschaft (§ 62 ZPO) auf die übrigen Streitgenossen aus, nicht dagegen bei einfacher Streitgenossenschaft (vgl. Müller ZSW 1981, 291, 294 f.). Andererseits kann über die Ablehnung eines Sachverständigen durch mehrere, nicht notwendige Streitgenossen – z. B. durch den gesamtschuldnerisch in Anspruch genommenen Bauunternehmer und den Architekten – nur einheitlich entschieden werden (OLG Frankfurt BauR 1982, 307).

An sich kann ein Beschluß, durch den die Ablehnung des Sachverständigen für begründet erklärt wird, nicht angefochten werden (§ 406 Abs. 5 ZPO); anders jedoch dann, wenn das Gericht der ablehnenden Partei nicht ausreichend rechtliches Gehör gewährt und dadurch ihre Rechte erheblich beeinträchtigt hat; dann ist die sofortige Beschwerde zulässig (OLG Frankfurt MDR 1984, 323).

42 11. **Auch bei** auf Widerspruch anberaumter mündlicher Verhandlung im Verfahren **der einstweiligen Verfügung kann** ein von einer Partei mitgebrachter **Sachverständiger** wegen Befangenheit **abgelehnt werden;** dazu reicht es aber nicht schon, daß der Sachverständige dem Antragsteller ein zur Glaubhaftmachung nach §§ 920 Abs. 2, 294 ZPO erforderliches schriftliches Gutachten erstattet hat (OLG Nürnberg NJW 1978, 954).

43 12. Zur Ablehnung des im **Beweissicherungsverfahren** tätigen Sachverständigen, auch im späteren Hauptprozeß, vgl. Teil B § 18 Rdn. 91 ff.

III. Mündliche Ergänzung des Gutachtens; Befragung des Sachverständigen; Obergutachten

1. Will eine Partei in einem gerichtlichen Verfahren erreichen, daß ein Sachverständiger, der ein schriftliches Gutachten erstattet hat, **vor Gericht erscheint, damit sie ihm Fragen stellen kann,** so muß der Antrag, gerichtlicherseits das Erscheinen des Sachverständigen anzuordnen, in dem – nächsten – Verhandlungstermin gestellt werden, in dem das Gutachten von den Parteien vorgetragen wird (BGH Z 35, 370 = NJW 1961, 2308 = MDR 1962, 41 = JZ 1962, 28 = BB 1962, 614 = WM 1961, 1332 = LM § 411 ZPO Nr. 4; BGH VersR 1966, 637; BGH MDR 1968, 133). Das Gericht **muß,** auch im Hinblick auf Art. 103 Abs. 1 GG (vgl. BAG BB 1981, 54), diesem Antrag im Rahmen des Grundsatzes der Unmittelbarkeit der Beweisaufnahme stattgeben, sofern darin der mit dem Sachverständigen zu erörternde Fragenkreis hinreichend klar bezeichnet ist, andernfalls kann ein schwerwiegender Verfahrensmangel vorliegen, der zur Aufhebung des Urteils in der Berufungsinstanz führen kann (§ 539 ZPO), vgl. u. a. BGH Z 6, 401. Zu eng dazu Schrader NJW 1984, 2806, der es entscheidend auf das pflichtgemäße Ermessen des Gerichts abstellt, ohne dabei die richtig zu verstehende Tragweite des Art. 103 GG hinreichend zu berücksichtigen; nicht zu folgen ist insofern auch Gehle DRiZ 1984, 101; dazu zutreffend Ankermann NJW 1985, 1204. Eine Ausnahme gilt ohnehin dann, wenn die vorgenannten Voraussetzungen vom Antragsteller nicht erfüllt sind oder der Antrag ersichtlich mißbräuchlich gestellt ist oder die vom Antragsteller angekündigten Fragen für die Sachentscheidung ohne Bedeutung sind (vgl. dazu OLG Hamm MDR 1985, 593). Ist die Anhörung des Sachverständigen aus einem in seiner Person liegenden Grunde unmöglich, etwa weil er inzwischen verstorben ist, so muß ein neuer Sachverständiger mit der Begutachtung beauftragt werden, denn das den Parteien unverzichtbar zustehende Fragerecht ist noch nicht ausgeübt, so daß das Gutachten bisher unvollständig ist und – noch – nicht für eine gerichtliche Entscheidung verwertet werden darf (BGH MDR 1978, 830 = VersR 1978, 922 = LM § 411 ZPO Nr. 12). Eine Partei kann auf die Anhörung des Sachverständigen entsprechend § 399 ZPO verzichten (AG München ZSW 1982, 140 mit Anm. Müller).

2. Wird der Antrag einer Partei, den Sachverständigen zur mündlichen Erläuterung seines schriftlichen Gutachtens zu hören, **nicht rechtzeitig in einem vorbereitenden Schriftsatz angekündigt,** so muß das Gericht nicht nur die Frage einer Verzögerung des Rechtsstreits prüfen, sondern sich auch damit befassen, ob die Partei den Antrag entweder aus Verschleppungsabsicht oder aus grober Nachlässigkeit nicht rechtzeitig angekündigt hat (BGH VersR 1972, 927). Grundsätzlich muß nämlich die Möglichkeit bestehen, den Sachverständigen nach § 273 ZPO zum Verhandlungstermin zwecks Erläuterung seines Gutachtens zu laden (OLG Düsseldorf BauR 1975, 220 und BauR 1978, 412; OLG Koblenz OLGZ 1975, 379). Geht es einer Partei ersichtlich nicht um die Behebung von Zweifeln an dem Gutachten, sondern in Wirklichkeit um die Einwirkung auf die gerichtliche Überzeugungsbildung in einer bestimmten Richtung, braucht dem Antrag auf Ladung des Sachverständigen nicht stattgegeben zu werden (OLG Oldenburg MDR 1975, 408). Das gilt besonders auch dann, wenn die betreffende Partei nicht nur eine Anhörung des Sachverständigen, sondern eine erneute Begutachtung durch diesen Sachverständigen beantragt, weil es ihr nicht nur darum geht, Unvollständigkeiten des Gutachtens zu ergänzen oder nicht nachvollziehbare Ausführungen einsichtig zu machen, sondern den Sachverständigen zur Änderung eines bereits klar vertretenen Standpunktes zu veranlassen (OLG Düsseldorf BauR 1978, 412). Wird dem Antrag auf Vernehmung eines Sachverständigen zu der gleichen Beweisfrage nicht entsprochen, so ist das nicht rechtsfehlerhaft, wenn nicht von der Hand zu weisen ist, daß das Streitobjekt in der Zwischenzeit verändert worden ist und das Gericht die Streitfrage aufgrund von durch einen sachverständigen Zeugen – der vorher ein Privatgutachten erstattet hat – bekundeten Tatsachen aus eigener Sachkunde entscheiden kann (BGH WM 1974, 239).

Zu diesen Fragen vgl. auch Rixecker NJW 1984, 2135, 2137 f.

46 3. Über die verfahrensrechtliche Notwendigkeit einer Ergänzung des eingeholten Sachverständigengutachtens durch ein **Obergutachten** BGH VersR 1963, 655. Wenn in einer schwierigen technischen Frage verschiedene Sachverständige oder sachkundige Zeugen unterschiedlicher Meinung sind, bedarf es im Urteil näherer Begründung, warum das Berufungsgericht, wenn ihm eigene Sachkenntnis nicht zur Verfügung steht, dem Gutachten des einen Sachverständigen folgen will, obgleich nichts dafür spricht, daß er über bessere Sachkenntnis verfügt als der im ersten Rechtszug tätige Sachverständige (BGH Betrieb 1972, 1335). Dagegen ist allgemein die Einholung eines weiteren Gutachtens nicht geboten, wenn vorhandene Sachverständigenäußerungen zur Überzeugungsbildung ausreichen; weitere Gutachten sind nur anzufordern, wenn das vom Gericht eingeholte Gutachten an groben Mängeln leidet, wenn die Sachkunde des Gutachters zweifelhaft ist oder wenn ein weiterer Sachverständiger über Forschungs- und Prüfungsmöglichkeiten verfügt, die denen des bisherigen Sachverständigen überlegen sind (KG VersR 1974, 346)

47 4. Über den Umgang mit Sachverständigen beachtlich Franzki DRiZ 1974, 305; auch Probst DRiZ 1975, 359, der teilweise jedoch die Aufgabenstellung des technischen Sachverständigen überbewertet, zumal wenn er die Bildung von Spezialkammern und -senaten für Bausachen bei den Gerichten ablehnt. Dazu auch Franzki DRiZ 1976, 97 mit für die Praxis der Gerichte und der Sachverständigen unbedingt beherzigenswerten Vorschlägen. Über das Verhältnis von Richtern und Sachverständigen im Zivilprozeß unter besonderer Berücksichtigung des Grundsatzes der freien Beweiswürdigung vgl. Olzen ZZP 1980 Bd. 63, 66.

IV. Haftung des Sachverständigen

48 Über die Pflichten des öffentlich bestellten und vereidigten Sachverständigen auch Müller Betrieb 1972, 1809. Zur Haftung des Sachverständigen insbesondere Döbereiner/v. Keyserlingk, Sachverständigenhaftung, Bauverlag Wiesbaden; ferner Glaser JR 1971, 365 sowie DWW 1985, 168; Döbereiner BauR 1979, 282 und dessen Übersicht in der Anm. BB 1979, 131; Pieper, Gedächtnisschrift f. R. Bruns, 1980, 167 ff.; weiter Arndt DRiZ 1973, 272; siehe auch Rasehorn NJW 1974, 1178; kritisch Wasner NJW 1986, 119; zum Haftungsausschluß für falsche Gutachten gerichtlicher Sachverständiger Schneider JurBüro 1975, 433. Über die Voraussetzungen zur Verhängung von **Ordnungsgeld** gegen den Sachverständigen im Hinblick auf die §§ 409, 411, 329, 221 ZPO vgl. OLG Hamm BauR 1982, 93 und a. a. O.).

49 1. Für die **Haftung des Sachverständigen** kommen allein die allgemeinen Haftungsgrundlagen der **§§ 823 ff. BGB** in Betracht, nicht dagegen § 839 BGB, da der Sachverständige nicht Mitglied des Gerichts, sondern außenstehender Dritter ist (BGH Z 42, 313 = NJW 1965, 298 = MDR 1965, 124 = BB 1965, 13; BGH Z 59, 310 = NJW 1973, 554 = MDR 1973, 36 = JZ 1973, 24 = BB 1972, 1529, BGH ZSW 1984, 209 mit Anm. Müller; OLG Düsseldorf NJW 1986, 2891). Mit Recht insoweit zustimmend Friederichs DRiZ 1973, 113. Der gerichtliche Sachverständige kann aber grundsätzlich **nicht** von dem Verfahrensbeteiligten, zu dessen Nachteil sich das Gutachten ausgewirkt hat, mit der Behauptung, er habe sein Gutachten **fahrlässig unrichtig erstattet,** auf Ersatz in Anspruch genommen werden (BGHZ 42, 313 = NJW 1965, 298 = MDR 1965, 124 = BB 1965, 13; BGH Z 43, 374, 376 = NJW 1965, 1523 = MDR 1965, 569 = BB 1965, 646; BGHZ 62, 54 = BGH BB 1974, 202 = NJW 1974, 312 = WM 1974, 102 = VersR 1974, 344 = MDR 1974, 300 = JZ 1974, 548 Anm. Hopt sowie Keilholz BauR 1986, 377, dieser zutreffend vor allem auch zu Haftungsfragen, wenn der Sachverständige über seinen gerichtlichen Auftrag hinaus auf Wunsch oder im Einverständnis der Parteien Sanierungsvorschläge macht und die Durchführung der Sanierung überwacht). Insoweit kommt entgegen Wasner (NJW 1986, 119) eine Haftung des Sachverständigen auch nicht aus positiver Vertragsverletzung in Verbindung mit § 328 BGB in Betracht (OLG Düsseldorf NJW 1986, 2891). **Das gilt nicht bei grober Fahrlässigkeit oder Vorsatz** des Sachverständigen, **sofern** dadurch eine aus § 823 Abs. 1 BGB folgende Haftung wegen Verletzung des verfassungsmäßig geschützten Rechts **der persönlichen Freiheit (Art. 2 Abs. 2 GG) eingeschränkt würde** (BVerfG BB 1979, 130 mit Anm. Döbereiner = NJW 1979, 305 = DRiZ 1979, 88 = JZ 1979, 63 mit Anm. Starck = JZ 1979, 60 = Anm. Schwabe DVBl. 1979, 667; OLG Hamm BauR 1984, 664 = MDR 1983, 933. Vgl. dazu auch Hellmer NJW 1974, 556; Speckmann MDR 1975, 461 und insbesondere Blomeyer ZRP 1974, 214). Anders liegt es aber, wenn auf der Grundlage des § 823 Abs. 1 BGB lediglich ein Vermögensschaden geltend gemacht wird (OLG Hamm BB 1986, 1397; OLG Düsseldorf a. a. O.; zu weitgehend daher Wasner a. a. O.). Möglicherweise sind aber auch Haftungsgrundlagen aus § 823 Abs. 2 oder § 826 BGB gegeben (vgl. OLG Hamm VersR 1985, 841, ferner BB 1986, 1397; OLG Düsseldorf a. a. O.). In erster Hinsicht kommen vor allem die §§ 154, 163 Abs. 1, 155 Nr. 2 StGB in Betracht, wobei die Berufung auf den vor der Industrie- und Handelskammer geleisteten Eid dann beachtlich ist, wenn sie ausdrücklich erklärt worden ist. § 153 StGB greift nur bei vorsätzlichem Handeln ein (OLG Düsseldorf a. a. O.). § 826 BGB greift durch, wenn der Sachverständige nicht nur leichtfertig falsch begutachtet hat, sondern auch eine Schadenszufügung infolge dieser falschen Begutachtung vorausgesehen oder mit ihrer Möglichkeit gerechnet und dieses Ergebnis in Kauf genommen hat (OLG Hamm BB 1986, 1397; OLG Düsseldorf a. a. O.; OLG Frankfurt ZSW 1984, 106 mit Anm. Müller). § 410 ZPO ist kein Schutzgesetz (OLG Düsseldorf a. a. O.).

2. Die Ablehnung des Sachverständigen wegen Besorgnis der Befangenheit begründet gegen diesen – abgesehen vom möglichen Verlust seines Entschädigungsanspruches (vgl. Rdn. 57) – wegen der vergeblichen Verfahrenskosten nur einen Schadensersatzanspruch unter den Voraussetzungen der §§ 823, 826 BGB (OLG München MDR 1983, 403).

V. Verhältnis zu den Prozeßparteien

Es bestehen **zwischen** dem vom Gericht ernannten **Sachverständigen und den Prozeßparteien keine vertraglichen Beziehungen** (vgl. BGH LM § 831 BGB Fc Nr. 1). Vielmehr ist seine Bestellung öffentlich-rechtlicher Natur (BGH Z 42, 313, 315 = NJW 1965, 298 = MDR 1965, 124 = BB 1965, 13; dazu auch Döbereiner BauR 1979, 282). Bei dem durch die gerichtliche Ernennung zum Sachverständigen begründeten Rechtsverhältnis handelt es sich um ein öffentlich-rechtliches Dienstleistungsverhältnis besonderer Art (vgl. dazu auch Keilholz BauR 1986, 377), was evtl. die Gefahr der begründeten Ablehnung des Sachverständigen wegen Besorgnis der Befangenheit mit sich bringt (OLG München NJW 1971, 258).

Anders ist das bei einem von einem Schiedsgericht hinzugezogenen Gutachter. Er leitet seine Ermächtigung aus einem **privatrechtlichen Vertrag** her, den er mit den Schiedsparteien geschlossen hat. In diesem Fall steht der Pflicht der Parteien zur Zahlung der Vergütung die Pflicht des Sachverständigen gegenüber, das Gutachten im Schiedsverfahren ordnungsgemäß zu erstatten. Verletzt er diese Verpflichtung, so muß er den Schiedsparteien (seinen Vertragspartnern) nach allgemeinen Grundsätzen gemäß § 276 BGB den daraus entstandenen Schaden ersetzen (vgl. dazu BGH VersR 1965, 89 = NJW 1965, 298 = BGHZ 43, 313). Ist nichts anderes vereinbart, so kommt eine Haftung des Sachverständigen aus dem Gesichtspunkt der Fahrlässigkeit nur nach denselben Grundsätzen in Betracht, die bei dem vom Staatsgericht hinzugezogenen Sachverständigen, also dem gerichtlichen Sachverständigen gelten (im einzelnen BGH a. a. O.; vgl. auch Keilholz a. a. O.).

VI. Entschädigung des Sachverständigen

1. Zur **Entschädigung des gerichtlichen Sachverständigen** vgl. Meyer/Höver, Gesetz über die Entschädigung von Zeugen und Sachverständigen (ZuSEG), 16. Aufl. 1987; ferner Jessnitzer BauR 1975, 73. Vgl. auch Hinze ZSW 1983, 55. Dabei ist die durch das Gesetz zur Änderung von Kostengesetzen vom 9. 12. 1986 (BGBl. I, S. 2317) erfolgte Anhebung der

Stundensätze (§ 3 Abs. 2 ZuSEG) zu beachten (vgl. dazu Bischof, ZSW 1988,1; Schulz, RPfl. 1987, Heft 5).

54 2. Über das Verfahren zur Geltendmachung des Entschädigungsanspruches für den gerichtlichen Sachverständigen vgl. Müller ZSW 1980, 2. Bei der Festsetzung der Entschädigung für den Sachverständigen darf das Gericht über den gestellten Antrag nicht hinausgehen, wobei auf den ziffernmäßigen Antrag insgesamt, nicht auf die einzelnen Berechnungsfaktoren abzustellen ist (OLG Düsseldorf JurBüro 1982, 1229). Die Entschädigung des gerichtlichen Sachverständigen kann nur insgesamt erfolgen; die Festsetzung einzelner Entschädigungselemente, z. B. allein des Stundensatzes, ist unzulässig (OLG Düsseldorf JurBüro 1981, 411 sowie ZSW 1986, 129; OLG München JurBüro 1981, 1707). Eine Prozeßpartei ist an dem Verfahren, in dem die Festsetzung der Sachverständigenentschädigung erfolgt, nicht beteiligt; sie ist demgemäß auch, jedenfalls im Ausgangspunkt, nicht befugt, gegen die gerichtliche Festsetzung der Sachverständigenentschädigung Beschwerde einzulegen; soweit jedoch von einer Prozeßpartei für die Einholung eines Gutachtens ein Kostenvorschuß angefordert wird, kann sie dies mit der Kostenansatzbeschwerde bekämpfen (OLG Koblenz ZSW 1981, 116). Auch kann sich die Partei gegen die Höhe der einem Sachverständigen gewährten Entschädigung mit der Erinnerung gegen die Gerichtskostenrechnung wehren (OLG Frankfurt MDR 1985, 152).

55 3. Durch § 7 ZuSEG ist es nicht untersagt, eine von den Parteien zugunsten des Sachverständigen getroffene Vereinbarung über den Stundensatz zum Vorteil des Sachverständigen hinzunehmen (LG Hof JurBüro 1982, 270; vgl. auch Kamphausen ZSW 1983, 269). Andererseits können der Sachverständige und das Gericht allein keine Vereinbarung über die Entschädigung des Sachverständigen treffen; eine gegenüber dem Sachverständigen abgegebene Zusage des Gerichts ist grundsätzlich wirkungslos; jedoch kann dadurch ein Vertrauenstatbestand zugunsten des Sachverständigen geschaffen werden (vgl. OLG Köln ZSW 1983, 176 mit zutr. Anm. von Müller a. a. O.; OLG Hamburg ZSW 1984, 30 mit Anm. Müller; vgl. auch LG Frankenthal JurBüro 1987, 1722). Haben sich jedoch die Parteien gegenüber dem Gericht mit einer bestimmten Entschädigung für die Leistung des Sachverständigen einverstanden erklärt, so ist diese Entschädigung nach § 7 ZuSEG zu gewähren, wenn ein ausreichender Betrag an die Staatskasse eingezahlt ist; dabei reicht die Zusage eines bestimmten Stundensatzes nicht schon zur Festlegung einer bestimmten Entschädigung aus; vielmehr muß sich das Einverständnis der Parteien auf die Gesamthöhe der Entschädigung beziehen; dazu genügt allerdings das Einverständnis hinsichtlich des Stundensatzes und der Höchstsumme der Entschädigung (OLG Hamm ZSW 1984, 131; OLG Koblenz ZSW 1985, 134 jeweils mit Anm. Müller; vgl. dazu auch LG Passau JurBüro 1986, 1548).

56 4. Soweit ein Angehöriger einer Behörde oder einer sonstigen öffentlichen Stelle als gerichtlicher Sachverständiger tätig wird, steht ihm persönlich eine Vergütung ZuSEG nur zu, wenn er das Gutachten nicht in Erfüllung der Dienstaufgaben erstattet. Eine Erfüllung von Dienstaufgaben liegt vor, wenn z. B. die Behörde nach ihrer Funktion und Einrichtung zur Mitwirkung im Strafverfahren berufen ist; gleiches gilt, wenn sich die gutachterliche Tätigkeit aus der Zweckbestimmung der Behörde innerhalb der öffentlichen Verwaltung ergibt oder die Voraussetzungen für die Gewährung von Amtshilfe vorliegen. Ausnahmsweise steht einem solchen Sachverständigen eine Vergütung zu, wenn er als Sachverständiger herangezogen wird, weil er besondere Fachkenntnisse hat, die von anderen Bediensteten nicht oder nur in geringerem Umfange zu erwarten sind (OLG Koblenz ZSW 1981, 141 mit Anm. Müller; vgl. auch OLG Düsseldorf ZSW 1983, 89 mit Anm. Müller).

57 5. Zum **Verlust des Entschädigungsanspruchs** des gerichtlichen Sachverständigen Hesse NJW 1969, 2263; Müller JR 1981, 52; dazu auch OLG Celle NdsRpfl. 1969, 155. Erstattet ein gerichtlicher Sachverständiger sein Gutachten unter Verwertung mündlicher Informationen, die er von einer Partei eingeholt hatte, ohne die andere Partei hinzuzuziehen, und wird er

deshalb mit Erfolg abgelehnt, so verwirkt er seinen Gebührenanspruch, und zwar entsprechend § 628 Abs. 1 Satz 2 BGB (LG Bielefeld MDR 1975, 238; LG Düsseldorf ZSW 1981, 22; a. A. OLG Schleswig JurBüro 1979, 408). Das ist grundsätzlich als **grobfahrlässig** anzusehen, wie überhaupt der Sachverständige bei grobfahrlässigem Verhalten seinen Entschädigungsanspruch verliert (vgl. BGH NJW 1976, 1154 = BB 1976, 438 = Betrieb 1976, 767 = MDR 1976, 575 = LM ZuSEG Nr. 4; OLG Hamm MDR 1970, 167 sowie JurBüro 1979, 1687; OLG München NJW 1971, 257 sowie Rpfl. 1981, 208; OLG Köln MDR 1970, 855; OLG Hamburg MDR 1978, 237; OLG Frankfurt JurBüro 1979, 575; OLG Schleswig JurBüro 1984, 583; OLG Düsseldorf JurBüro 1985, 559; LG Düsseldorf JurBüro 1981, 593; LG Nürnberg-Fürth ZSW 1981, 246; VGH Mannheim Justiz 1985, 149); dies trifft auch für den Entschädigungsanspruch gegenüber der Staatskasse zu (OLG Hamburg MDR 1987, 333). Das gilt u. a. auch, wenn das Gutachten dadurch unverwertbar geworden ist, daß es nicht dem Auftrag des Gerichtes entspricht und der Sachverständige nicht die Beweisfrage beantwortet oder daß der Sachverständige nur das Ergebnis seiner Untersuchungen mitteilt, so daß es dem Gericht nicht möglich ist, den Gedankengängen des Sachverständigen nachzugehen, sie zu prüfen, sich ihnen anzuschließen oder sie abzulehnen (OLG Frankfurt MDR 1977, 761 = BB 1978, 1690; ebenso OLG Nürnberg BauR 1982, 92 m. w. N.). Die Ansicht des LG Bremen (NJW 1977, 2126), das dem Sachverständigen unabhängig vom Verschulden die Entschädigung ganz oder teilweise versagen will, wenn er nicht nach bestem Wissen und Gewissen gearbeitet hat, kann nicht das maßgebende Kriterium sein, da die Verhaltensweise des Sachverständigen eigentlich nur subjektiv gewürdigt werden kann; darauf dürfte in der Praxis allerdings auch die Auffassung des LG Bremen hinauslaufen, weil ein Verhalten nach bestem Wissen und Gewissen nur vom Subjektiven her beurteilt werden kann, wobei bei diesem Gesichtspunkt zunächst auch noch leichte Fahrlässigkeit eingeschlossen ist, so daß auch dann der Haftungsgrund wieder ab grobfahrlässiger Pflichtverletzung einsetzen dürfte. Als grobfahrlässig ist es auch zu bewerten, wenn der Sachverständige klar erkennt, daß die ihm gestellte Aufgabe eindeutig außerhalb seiner Kompetenz liegt und er es unterläßt, das Gericht darauf hinzuweisen (vgl. BayObLG ZSW 1982, 43 mit zutreffender Anm. von Müller a. a. O. S. 47). Wird jedoch das Gutachten eines mit Erfolg abgelehnten, grober Fahrlässigkeit schuldigen Sachverständigen trotzdem ganz oder teilweise verwertet – z. B. bei einem späteren Vergleichsabschluß –, so steht auch diesem Sachverständigen eine je nach dem Umfang der Verwertung ausgerichtete Entschädigung zu (LG Nürnberg-Fürth ZSW 1981, 246 mit Anm. Müller). Die Befreiung von den Kosten eines mit Erfolg abgelehnten Sachverständigen ist durch Erinnerung nach § 5 GKG geltend zu machen (BGH Betrieb 1984, 502 = MDR 1984, 305 = NJW 1984, 870 = JurBüro 1984, 221).

6. Wenn der Sachverständige erkennt oder erkennen muß, daß sich eine erhebliche Überschreitung des vom Gericht eingeforderten Auslagenvorschusses ergeben wird, hat er unverzüglich auf die wahre Höhe der voraussichtlichen Kosten hinzuweisen und die weitere Entschließung des Gerichts abzuwarten; ein schuldhafter Verstoß gegen diese Hinweispflicht kann zu einer angemessenen Kürzung der Sachverständigenentschädigung führen (OLG München Rpfl. 1979, 158 m. w. N.; OLG Hamburg JurBüro 1981, 410 sowie auch LG Traunstein ZSW 1981, 72 und ZSW 1981, 249; LG Bielefeld ZSW 1983, 62 mit Anm. Müller). Dabei ist dem Sachverständigen auch der zur Ermittlung der Kosten erforderliche Zeitaufwand zu entschädigen (KG Rpfl. 1981, 164). Wäre jedoch der Sachverständige auch unter Berücksichtigung der höheren Gebühren beauftragt worden, kommt eine Kürzung der Entschädigung nicht zum Zuge, ohne daß es darauf ankommt, ob die vorschußpflichtige Partei einen die Mehrkosten deckenden weiteren Vorschuß einzahlt (KG MDR 1983, 678 = JurBüro 1983, 1546 = ZSW 1986, 16 m. w. N.; in letzterer Hinsicht a. A. OLG Hamburg MDR 1981, 327 = ZSW 1982, 133 mit Anm. Müller). Dabei muß das Gericht rückschauend unter Anlegung eines objektiven Maßstabes darüber befinden, wie sich die Parteien bei vernünftiger Betrachtung im Falle der Mitteilung von der Vorschußüberschreitung verhalten hätten, wobei das Verhältnis des Wertes des Streitgegenstandes zu dem zu erwartenden Kostenaufwand, die

Finanzkraft der vorschußpflichtigen Partei, ihre Einschätzung der Erfolgsaussichten und auch ihre persönliche Einstellung zum Prozeßgegner Berücksichtigung finden können (OLG Frankfurt MDR 1985, 152 m. w. N.; vgl. dazu auch OLG Koblenz ZSW 1985, 106 mit Anm. Müller; OLG Hamburg JSW 1987, 129 mit Anm. Müller a. a. O.).

59   7. Die Begrenzung der Entschädigung für die Tätigkeit eines Sachverständigen in § 3 Abs. 2 Satz 1 ZuSEG i. d. F. der Bekanntmachung vom 1. 10. 1969 (BGBl. I S. 1756) ist verfassungsgemäß (BVerfG NJW 1972, 1891), was entsprechend auch für die heutige Rechtslage gilt. Die **Höhe der Entschädigung** des Sachverständigen richtet sich nicht schlechthin nach seiner Vorbildung, sondern nach den für die Beantwortung der Beweisfrage erforderlichen Fachkenntnissen (OLG Düsseldorf JurBüro 1979, 407; LG Bayreuth JurBüro 1981, 84; OLG Koblenz ZSW 1983, 66 mit Anm. Müller) und der Schwierigkeit der Leistung (OLG Düsseldorf JurBüro 1982, 1053), wobei ein einheitlicher Durchschnittssatz für die Sachverständigentätigkeit zu bilden ist (VG Hamburg JurBüro 1980, 1706), nicht schon nach der Zugehörigkeit zu einer bestimmten Berufsgruppe (so aber OLG Zweibrücken NJW 1977, 1501; wie hier OLG Stuttgart JurBüro 1983, 1354; vgl. dazu auch VGH Baden-Württemberg Rpfl. 1979, 235; OLG Koblenz ZSW 1985, 134 mit Anm. Müller) oder danach, was in der Privatwirtschaft für gleichartige Gutachten bezahlt wird (OLG Stuttgart a. a. O.); der Aufwand für die Benutzung technischer Vorrichtungen ist nur dann ein relevantes Bemessungsmerkmal, wenn deren Benutzung zur Gutachtenerstattung notwendig war (OLG Bamberg JurBüro 1978, 563). Die bloße Mitwirkung des Sachverständigen bei der mechanischen Vervielfältigung des Gutachtens ist keine Leistung i. S. von § 3 Abs. 1 ZuSEG und wird mit dem Pauschalbetrag gemäß § 8 Abs. 1 Nr. 1 ZuSEG abgegolten (OLG Düsseldorf JurBüro 1982, 1703). Über Grundsätze zur Erhöhung der Sachverständigenvergütung, insbesondere in bezug auf den sogenannten Wissenschaftszuschlag nach § 3 Abs. 3 a ZuSEG, vgl. OLG Koblenz ZSW 1982, 12 mit zutreffender krit. Anm. von Müller a. a. O.).

60   8. Der Sachverständige kann eine Entschädigung für Zeitaufwand nur insoweit verlangen, als dieser zur Erstattung des Gutachtens nach Auftragsinhalt und Schwierigkeitsgrad bei objektiver Betrachtung erforderlich war; überschreitet er den Auftrag, so ist für den dadurch entstandenen Zeitaufwand die Entschädigung zu versagen (OLG Koblenz Rpfl. 1981, 248; vgl. auch OLG Düsseldorf MDR 1972, 62; OLG München JurBüro 1982, 1228). Maßgebend für die Bewertung ist der Zeitaufwand, den ein Sachverständiger mit durchschnittlichen Fähigkeiten und Kenntnissen braucht, um sich nach sorgfältigem Aktenstudium ein Bild von den zu beantwortenden Fragen machen zu können und nach eingehenden Überlegungen seine gutachterliche Stellungnahme zu den ihm gestellten Fragen schriftlich niederzulegen. Dabei sind der Umfang des ihm unterbreiteten Streitstoffes, der Grad der Schwierigkeit der zu beantwortenden Fragen unter Berücksichtigung seiner Sachkunde auf dem betreffenden Gebiet, der Umfang seines Gutachtens und die Bedeutung der Streitsache angemessen zu berücksichtigen (BGH NJW-RR 1987, 1470). Allerdings wird Anlaß zur Nachprüfung der Erforderlichkeit und zur Herabsetzung der Stundenzahl in der Regel nur bestehen, wenn der angesetzte Zeitaufwand im Verhältnis zur erbrachten Leistung ganz eindeutig ungewöhnlich hoch erscheint (KG JurBüro 1984, 1066 = Rpfl. 1984, 77 = ZSW 1984, 59 mit Anm. Müller; OLG Hamm MDR 1987, 419).

61   9. Der Sachverständige kann sich bei der Erstellung des Gutachtens der Mitwirkung erprobter und zuverlässiger Hilfskräfte bedienen; er hat ihre Arbeit aber so zu überwachen und zu leiten, daß er die persönliche Verantwortung für das Gutachten uneingeschränkt tragen kann (OLG Karlsruhe ZSW 1980, 100; dazu näher OLG Köln ZSW 1984, 200 mit Anm. Müller; vgl. auch OLG Frankfurt MDR 1983, 849). Als Hilfskraft eines Sachverständigen i. S. des § 8 Abs. 1 ZuSEG können auch dessen ständige Mitarbeiter in Betracht kommen; ihre Entschädigung ist nicht an die Sätze des ZuSEG gebunden (VG Hamburg JurBüro 1980, 1706); sie kann auch nach der Gebührenordnung der jeweils einschlägigen Berufsgruppe erfolgen, wenn dies

angemessen ist (OLG Bamberg JurBüro 1979, 409); allerdings muß ihre Vergütung in einem vernünftigen Verhältnis zu der des Sachverständigen stehen (vgl. OLG Zweibrücken ZSW 1984, 66 mit Anm. Müller; OLG Düsseldorf JurBüro 1987, 1855). Ist die Mitwirkung eines vom Sachverständigen ohne Erlaubnis des Gerichts hinzugezogenen Mitarbeiters so umfangreich, daß das Gutachten den Charakter einer überwiegend persönlichen Leistung des gerichtlichen Sachverständigen verliert, so besteht für ihn kein Gebührenanspruch nach § 3 Abs. 1 ZuSEG (OLG Celle NdsRpfl. 1985, 172). Der Sachverständige kann auch Aufwendungen für eine Schreibkraft, die mit der Vorbereitung des Gutachtens verbundene Arbeiten erledigt hat, gemäß § 8 Abs. 1 Nr. 1 ZuSEG in Ansatz bringen (OLG Düsseldorf JurBüro 1987, 1855).

10. Dem Berufssachverständigen kann eine nach § 3 Abs. 3 b ZuSEG erhöhte Entschädigung auch dann bewilligt werden, wenn er durch die Dauer oder die Häufigkeit seiner Heranziehung zu forensischen Gutachten keinen Erwerbsverlust erleidet (OLG Hamm NJW 1972, 1533; a. A. LG Osnabrück ZSW 1981, 122 mit Anm. Müller). In der Regel erzielt ein Sachverständiger seine Berufseinkünfte „im wesentlichen" als gerichtlicher oder außergerichtlicher Sachverständiger, wenn die Einkünfte aus seiner Sachverständigentätigkeit mindestens 2/3 der Gesamteinkünfte ausmachen (KG Rpfl. 1981, 164; OLG Hamburg ZSW 1984, 21 = 70 %; OLG Düsseldorf Rpfl. 1983, 461 = 75 %). Sinn des Zuschlages ist dagegen nicht, einen Spielraum für künftige allgemeine Preiserhöhungen vorzuhalten (LG Würzburg JurBüro 1987, 1723).

11. Eine Erhöhung der Entschädigung des Sachverständigen nach § 3 Abs. 3 a ZuSEG kommt in Betracht, wenn sich der Sachverständige im Rahmen des ihm erteilten Gutachtenauftrages mit der wissenschaftlichen Lehre auseinandersetzen muß, was auch dann gilt, wenn der Gutachter zu in der Wissenschaft wenig geklärten Fragen im Rahmen des erteilten Auftrages eigene Forschungen anstellt und die Erkenntnisse im Gutachten verwertet; bei technischen Gutachten kann eine Auseinandersetzung mit dem wissenschaftlichen Stand der Technik einer Auseinandersetzung mit der wissenschaftlichen Lehre gleichgesetzt werden (OLG Koblenz JurBüro 1980, 562; vgl. auch OLG Düsseldorf ZSW 1984, 164).
Die erhöhte Entschädigung nach § 3 Abs. 3 a ZuSEG ist nicht zu gewähren, wenn das Gutachten aus vom Sachverständigen nicht zu vertretenden Gründen nicht fertiggestellt zu werden brauchte (OLG München VersR 1978, 974 = JurBüro 1978, 900).
Bei einem hauptberuflichen Sachverständigen kann der Höchstbetrag auch dann nicht überschritten werden, wenn der Sachverständige eine eigene, kostspielige Datenverarbeitungsanlage eingesetzt hat (OLG Hamm ZfS 1981, 46). Andererseits ist es zulässig, bei überdurchschnittlich schneller Gutachtenerstattung dem Sachverständigen eine höhere Entschädigung zu gewähren, und zwar entweder durch Erhöhung der tatsächlich benötigten Stundenzahl oder durch Anhebung eines sonst angemessenen Stundensatzes (OLG München JurBüro 1977, 700). Erstattet ein Sachverständiger entsprechend dem Beweisbeschluß ein schriftliches Gutachten und erhält er später den Auftrag zur mündlichen Erläuterung seines Gutachtens, so handelt es sich grundsätzlich um gesondert zu vergütende Leistungen, insoweit jedoch durch den jeweiligen Auftrag umgrenzt (OLG München VRS 54, 26).

12. Bei der Bemessung der Entschädigung kann der mit der Anfahrt zum Gericht und der Rückfahrt verbundene Zeitaufwand nicht mit der eigentlichen Gutachtertätigkeit gleich bewertet werden (OLG Nürnberg Rechtspfleger 1979, 37; vgl. aber auch OLG Nürnberg JurBüro 1979, 1188 m. Anm. Mümmler). Dem gerichtlichen Sachverständigen steht regelmäßig keine Entschädigung für die Zeit zu, die er dafür aufwendet, zu prüfen, ob er zur Erstellung des Gutachtens in der Lage ist, jedenfalls gilt dies, wenn der Sachverständige ohne Schwierigkeiten und ohne nähere Untersuchungen bereits aus den ihm überlassenen Unterlagen ersehen kann, daß das von ihm erwartete Gutachten Fragen betrifft, die außerhalb seines Fachgebietes liegen (BGH BauR 1979, 358 = NJW 1979, 1939 = VersR 1979, 718 = MDR 1979, 754 = BB 1979, 912 = LM ZuSEG Nr. 5 = SFH § 3 ZuSEG Nr. 1 = JurBüro 1979, 1149 m. w.

A § 7, Rdn. 65-68, A § 8

N.). Gleiches gilt für das normale, ohnehin zur Erlangung von Fachwissen erforderliche Studium von Literatur; anders dann, wenn es sich um die Benutzung von Fachliteratur handelt, die auch für einen erfahrenen Sachverständigen nötig ist, um die konkrete Beweisfrage beantworten zu können (LG Aachen JurBüro 1982, 1704).

65 13. Erfordert die Gutachtenerstattung die Anfertigung von Lichtbildern (was bei Baustreitigkeiten häufig der Fall ist), dann ist die Benutzung einer eigenen Fotoausrüstung durch den Sachverständigen bei der Bemessung des Stundensatzes nach § 3 Abs. 2 ZuSEG zu berücksichtigen (OLG Frankfurt JurBüro 1983, 413 Anm. Kamphausen/Mümmler).

66 14. Die 2jährige Verjährung des Entschädigungsanspruches des Sachverständigen beginnt nach §§ 198, 196 Abs. 1 Nr. 17 BGB Ende des Jahres, in dem die Sachverständigentätigkeit beendet ist (a. A. OLG Schleswig JurBüro 1986, 421, das es für den Verjährungsbeginn auf das Verlangen auf Entschädigung nach § 15 Abs. 1 ZuSEG abstellt; dem ist nicht zu folgen, weil es sonst dem Sachverständigen unabhängig von dem Ende der Tätigkeit erlaubt wäre, zu bestimmen, wann er seinen Entschädigungsanspruch geltend macht und dadurch die Verjährungsfrist in Lauf setzt).

67 15. Ihren Anspruch auf **Rückerstattung zuviel gezahlter Sachverständigenvergütung** hat die Staatskasse verwirkt, wenn sie ihn nicht binnen eines Zeitraumes von etwa 1 1/2 bis 2 Jahren geltend macht (OLG Hamburg JurBüro 1981, 740).

68 16. Ein **sachverständiger Zeuge** ist im allgemeinen wie ein Zeuge zu entschädigen; ob jemand als sachverständiger Zeuge oder als Sachverständiger zu entschädigen ist, richtet sich nach dem tatsächlichen Inhalt der Aussage und danach, zu welchen Beweiszwecken – als Zeuge oder Sachverständiger – er herangezogen worden ist (OLG Hamm NJW 1972, 2003; OLG Bamberg JurBüro 1980, 1221; OLG München JurBüro 1981, 1699 Anm. Mümmler a. a. O.; OLG Düsseldorf VersR 1983, 544; OLG Düsseldorf JurBüro 1986, 1686). Ist er als sachverständiger Zeuge geladen, hat er jedoch zur Beantwortung der Beweisfrage bestimmte Tatsachen fachkundig zu beurteilen, ist er nach § 3 ZuSEG zu entschädigen (OLG Düsseldorf MDR 1975, 326; desgl. VersR 1983, 544; OLG Stuttgart JurBüro 1978, 1727 sowie ZfS 1983, 236; OLG Hamm VersR 1980, 855 = ZSW 1981, 221; vgl. auch OLG Bamberg JurBüro 1984, 260; OLG Hamburg JurBüro 1985, 1217). Gleiches gilt, wenn der Sachverständige nur als Zeuge geladen, jedoch als Sachverständiger vernommen wird (OLG Hamburg BauR 1987, 600). Siehe dazu auch Teil B § 18 Rdn. 137.

§ 8 Teilnehmer am Wettbewerb

1. Alle Bewerber sind gleich zu behandeln. Der Wettbewerb soll insbesondere nicht auf Bewerber, die in bestimmten Bezirken ansässig sind, beschränkt werden.

2. (1) Bei Öffentlicher Ausschreibung sind die Unterlagen an alle Bewerber abzugeben, die sich gewerbsmäßig mit der Ausführung von Leistungen der ausgeschriebenen Art befassen.

(2) Bei Beschränkter Ausschreibung sollen im allgemeinen nur 3 bis 8 fachkundige, leistungsfähige und zuverlässige Bewerber aufgefordert werden. Werden von den Bewerbern umfangreiche Vorarbeiten verlangt, die einen besonderen Aufwand erfordern, so soll die Zahl der Bewerber möglichst eingeschränkt werden.

A § 8

(3) Bei Beschränkter Ausschreibung und Freihändiger Vergabe soll unter den Bewerbern möglichst gewechselt werden.

3. (1) Von den Bewerbern können zum Nachweis ihrer Fachkunde, Leistungsfähigkeit und Zuverlässigkeit Angaben verlangt werden über:

a) den Umsatz des Bewerbers in den letzten 3 abgeschlossenen Geschäftsjahren, soweit er Bauleistungen und andere Leistungen betrifft, die mit der zu vergebenden Leistung vergleichbar sind, unter Einschluß des Anteils bei Arbeitsgemeinschaften und anderen gemeinschaftlichen Bietern,

b) die Ausführung von Leistungen in den letzten 3 abgeschlossenen Geschäftsjahren, die mit der zu vergebenden Leistung vergleichbar sind,

c) die Zahl der in den letzten 3 abgeschlossenen Geschäftsjahren jahresdurchschnittlich beschäftigten Arbeitskräfte, gegebenenfalls gegliedert nach Berufsgruppen,

d) die dem Bewerber für die Ausführung der zu vergebenden Leistung zur Verfügung stehende technische Ausrüstung,

e) die Eintragung in das Berufsregister ihres Sitzes oder Wohnsitzes.

Die Nachweise nach Satz 1 a, c und e können durch eine von der zuständigen Stelle ausgestellte Bescheinigung erbracht werden, aus der hervorgeht, daß der Bewerber in einer amtlichen Liste in einer Gruppe geführt wird, die den genannten Leistungsmerkmalen entspricht.

(2) Der Auftraggeber wird andere ihm geeignet erscheinende Nachweise der wirtschaftlichen und finanziellen Leistungsfähigkeit zulassen, wenn er feststellt, daß stichhaltige Gründe dafür bestehen.

(3) Bei Öffentlicher Ausschreibung sind in der Aufforderung zur Angebotsabgabe die Nachweise zu bezeichnen, deren Vorlage mit dem Angebot verlangt oder deren spätere Anforderung vorbehalten wird. Bei Beschränkter Ausschreibung und Freihändiger Vergabe mit öffentlichem Teilnahmewettbewerb ist zu verlangen, daß die Nachweise bereits mit dem Teilnahmeantrag vorgelegt werden.

4. (1) Von der Teilnahme am Wettbewerb können Bewerber ausgeschlossen werden,

a) über deren Vermögen das Konkursverfahren oder das Vergleichsverfahren eröffnet oder die Eröffnung beantragt worden ist,

b) die sich in Liquidation befinden,

c) die nachweislich eine schwere Verfehlung begangen haben, die ihre Zuverlässigkeit als Bewerber in Frage stellt,

d) die ihre Verpflichtung zur Zahlung von Steuern und Abgaben sowie der Beiträge zur gesetzlichen Sozialversicherung nicht ordnungsgemäß erfüllt haben,

e) die im Vergabeverfahren vorsätzlich unzutreffende Erklärungen in bezug auf ihre Fachkunde, Leistungsfähigkeit und Zuverlässigkeit abgegeben haben,

A § 8

f) die sich nicht bei der Berufsgenossenschaft angemeldet haben.

(2) Der Auftraggeber kann von den Bewerbern oder Bietern entsprechende Bescheinigungen der zuständigen Stellen oder Erklärungen verlangen.

(3) Der Nachweis, daß Ausschlußgründe im Sinn von Absatz 1 nicht vorliegen, kann auch durch eine Bescheinigung nach Nr. 3 Absatz 2 geführt werden, es sei denn, daß dies widerlegt wird.

5. Justizvollzugsanstalten, Fürsorgeheime (-anstalten), Aus- und Fortbildungsstätten und ähnliche Einrichtungen sowie Betriebe der öffentlichen Hand und Verwaltungen sind zum Wettbewerb mit gewerblichen Unternehmern nicht zuzulassen.

Inhaltsübersicht

	Rdn.
A. Allgemeines	1
B. Grundsätze für sämtliche Vergabearten (Nr. 1)	2-22
I. Gleichbehandlung aller Bewerber	3-8
II. Keine Beschränkung auf Bewerber aus bestimmten Bezirken	9-11
III. Bevorzugte Bewerber	12-16
IV. Beteiligung von Handelsunternehmen	17
V. Teilnehmer am Wettbewerb und Unternehmereinsatzformen	18-22
C. Ausschluß von Bewerbern aus dem Bereich öffentlicher Betriebe (Nr. 5)	23-25
D. Die Teilnahme am Wettbewerb bei Öffentlicher Ausschreibung (Nr. 2 Abs. 1)	26-31
I. Begriff der Öffentlichen Ausschreibung	26
II. Zweifache Einschränkung in Nr. 2 Abs. 1	27-29
III. Aushändigung der Verdingungsunterlagen	30
IV. Der Aushändigung entgegenstehende Gründe	31
E. Die Teilnehmer am Wettbewerb bei Beschränkter Ausschreibung (Nr. 2 Abs. 2)	32-46
I. Begriff der Beschränkten Ausschreibung	32
II. Beschränkung auf 3 bis 8 Bewerber	33-46
F. Die Forderung nach Wechsel der Teilnehmer bei Beschränkter Ausschreibung und Freihändiger Vergabe (Nr. 2 Abs. 3)	47-48
G. Nachprüfung von Fachkunde, Leistungsfähigkeit und Zuverlässigkeit der Bewerber (Nr. 3)	49-62
I. Grundsätze	50
II. Fragenkreis im Rahmen der Aufklärung	51-56
III. Die Auskunftsmittel im einzelnen (Nr. 3 Abs. 1 und 2)	57-58
IV. Zeitpunkt der Auskunftsanforderung	59-62
H. Ausschluß von Bewerbern von der Teilnahme am Wettbewerb (Nr. 4)	63-81
I. Die möglichen Ausschlußgründe (Nr. 4 Abs. 1)	65-74
1. Konkurs- oder Vergleichsverfahren	66
2. Liquidation des Bewerberbetriebes	67
3. Schwere Verfehlung des Bewerbers	68-69
4. Nichtzahlung von Steuern, Abgaben und Sozialversicherungsbeiträgen	70-73
5. Vorsätzlich unzutreffende Erklärungen der Bewerber	74
6. Nichtanmeldung bei der Berufsgenossenschaft	75-78
a) Rechtfertigung des Ausschlußgrundes	76-77
b) Entsprechende Anwendung	78
II. Feststellung des Vorhandenseins oder Fehlens von Ausschlußgründen (Nr. 4 Abs. 2 und 3); Beweislast	79-81
1. Bescheinigung der zuständigen Stellen oder Erklärungen	80
2. Bescheinigung nach Nr. 3 Abs. 2	81

A. Allgemeines

Diese Vorschrift ist systematisch gesehen eine Ergänzung und Weiterführung der Bestimmungen in Teil A § 3. Während dort die Einzelvoraussetzungen für die verschiedenen von der VOB vorgesehenen Arten der Bauvertragsvergabe geregelt sind, befaßt sich § 8 damit, **wer als Bieter** bei der gemäß § 3 ausgewählten Verfahrensart im konkreten Fall **in Betracht kommen kann**. Man kommt also **von der Vergabeform auf das Personelle**. Auch § 8 unterscheidet im wesentlichen zwischen den einzelnen Vergabearten.

B. Grundsätze für sämtliche Vergabearten (Nr. 1)

Nr. 1 stellt zunächst **für alle Vergabearten allgemeingültige Grundregeln** auf, die in personeller Hinsicht für die Bewerber- bzw. Bieterseite vom Auftraggeber zu beachten sind.

I. Gleichbehandlung aller Bewerber

Hiernach gilt zunächst der **übergeordnete Grundsatz, daß alle Bewerber gleich zu behandeln sind** (Satz 1). Er geht auf die Forderungen der EG-Richtlinie zur Liberalisierung bei der Vergabe öffentlicher Bauaufträge zurück. Dieser Grundsatz ist jedoch für den Bereich des deutschen Rechts nichts Neues, vor allem unter Beachtung des in Teil A § 2 Nr. 1 Satz 2 zum Ausdruck gekommenen Gedankens, daß der **Wettbewerb die Regel** sein soll.

1. Nach Art. 3 Abs. 1 GG sind **alle Menschen vor dem Gesetz gleich.** Das bindet nicht nur die Rechtsprechung und den Gesetzgeber, sondern auch die Verwaltung. Daher muß te dieser Grundsatz auch für die öffentliche Bauvergabe berücksichtigt werden, wenn diese auch dem privatrechtlichen Bereich angehört (vgl. dazu auch Unger BauR 1984, 465, 468 f.). Immerhin hat man sich durch die hier erörterte Regelung in der VOB jedenfalls von der öffentlichen Auftraggeberseite diesem Grundsatz unterworfen.

Gleichbehandlung aller Bewerber bedeutet, daß im wesentlichen **gleiche Tatbestände ohne Ansehung der Person auch gleich zu regeln bzw. zu behandeln sind** (vgl. BVerfGE 1, 97, 107). Daraus folgt weiter, daß Ungleiches seiner Eigenart entsprechend verschieden zu behandeln ist. Dabei ist zu beachten, daß unter den verschiedenen möglichen Regelungen eine weitgehende Gestaltungsfreiheit besteht. Daher wird gegen Art. 3 Abs. 1 GG nur verstoßen, wenn versäumt worden ist, tatsächliche Gleichheiten oder Ungleichheiten der zu regelnden Lebensverhältnisse zu berücksichtigen, die so bedeutsam sind, daß sie bei einer am **Gerechtigkeitsgedanken** orientierten Wertung beachtet werden müssen (vgl. BVerfGE 4, 18 und 352, 357). Somit liegt eine auf sachfremden Erwägungen beruhende ungerechtfertigte Differenzierung **erst** vor, wenn sich ein vernünftiger, aus der Natur der Sache folgender oder sonstwie sachlich einleuchtender Grund für eine unterschiedliche Behandlung nicht mehr finden läßt (vgl. BVerfGE 1, 14; 2, 172). Lediglich das dann festzustellende Überschreiten oder der daraus folgende Mißbrauch des Ermessens verstößt gegen den Gleichheitsgrundsatz. Zur Beteiligung eines sogenannten **Projektanten** an der Bauvergabe vgl. Teil A § 2 Rdn. 29 und hier Rdn. 42.

2. Diese Grundsätze gelten **entsprechend auch für die Bauvergabe nach der VOB,** insbesondere sind unter diesem Blickwinkel Regelungen zu beurteilen, wie sie sich in Teil A § 8 in den Nrn. 2 bis 5 befinden. Bei genauer Betrachtung sind sie vom Gleichheitsgrundsatz her gesehen unbedenklich, weil sie gleiche Verhältnisse auch gleich behandeln. Ein Verstoß gegen den Gleichheitsgrundsatz kann daher erst gegeben sein, wenn die genannten Regeln, weil die dort festgelegten Ausnahmegesichtspunkte nicht vorliegen, in einer Weise nicht beachtet

werden, daß sich für das Abweichen ein vernünftiger, sachlich zu rechtfertigender Grund, der im Streitfall vom Auftraggeber darzulegen und nachzuweisen ist, nicht finden läßt. Das gilt auch für den in Nr. 1 Satz 2 genannten Beispielsfall. Andererseits: Hat bereits ein **öffentlicher Teilnahmewettbewerb stattgefunden** (vgl. dazu Teil A § 3 Rdn. 48 ff.), so fordert es das Gebot der Gleichbehandlung, nur solche Bewerber zur Angebotsabgabe aufzufordern, welche sich **an dem Teilnahmewettbewerb beteiligt** haben.

7 3. Vor allem liegt ein Verstoß gegen den Gleichheitsgrundsatz nicht darin, daß Regeln der in Teil A § 8 enthaltenen Art – insbesondere auch hinsichtlich der auf **bestimmte Gruppen** abgestellten Ausnahmen – aufgestellt werden, dagegen derartige Regeln im Bereich anderer Wirtschaftszweige außerhalb der an der öffentlichen Bauvergabe Beteiligten nicht bestehen (vgl. BVerfGE 9, 73; 10, 185). Denn diese Regelungen enthalten **sachliche Gründe,** die bei ihrer richtigen Handhabung Willkür auszuschließen geeignet sind, vor allem auch unter Berücksichtigung des Sozialstaatsprinzips sowie des Grundsatzes der Marktautonomie.

8 4. Selbstverständlich finden sich Grenzen der Zulässigkeit unterschiedlicher Behandlung dort, wo gesetzliche Verbote bestehen, wie z. B. in den §§ 826 und 138 BGB, nicht zuletzt auch in § 26 Abs. 2 GWB.

II. Keine Beschränkung auf Bewerber aus bestimmten Bezirken

9 Nr. 1 Satz 2 ist ein von der VOB besonders hervorgehobener **Beispielsfall** für das Verbot ungleicher Behandlung. Daß es sich hier um die Nennung nur eines Beispiels handelt, geht aus dem Wort „insbesondere" hervor, womit allerdings gesagt ist, daß die Auftraggeberseite **besonderen Bedacht** darauf nehmen soll, den Wettbewerb nicht auf Bewerber, die in bestimmten Bezirken ansässig sind, zu beschränken. Das hat grundsätzliche **Bedeutung in zweierlei Hinsicht:**

10 1. Einmal folgt diese Bestimmung dem grundlegenden Satz in Teil A § 2 Nr. 1 Satz 2, daß bei der Vergabe der Bauleistungen der Wettbewerb die Regel sein soll. Dies wird in § 8 nochmals ausdrücklich dadurch betont, daß auch eine gebietsmäßige Beschränkung des Wettbewerbs nicht erfolgen soll.

11 2. Das Erfordernis der Beteiligung aller Bewerber ohne gebietliche Einschränkung nach Nr. 1 Satz 2 ist eine sogenannte „Sollvorschrift" (vgl. dazu Vor Teil A § 2 Rdn. 5). Daraus ergibt sich: Grundsätzlich sollen bei einer Bauvergabe unter Berücksichtigung der gewählten Vergabeart alle in Betracht kommenden Bewerber auf ihren Wunsch die Verdingungsunterlagen ausgehändigt erhalten. Ausnahmsweise kann eine Beschränkung auf eine bestimmte gebietliche Begrenzung erfolgen. Dabei ist auf das hinzuweisen, was zu Teil A § 3 ausgeführt worden ist (vgl. Teil A § 3 Rdn. 18), was auch hier gilt. Insoweit handelt es sich um allgemeingültige Umstände, die ihre Rechtfertigung auch noch in der Wahrung eines gesunden und echten Wettbewerbs haben. Hier ist jedoch eine **besonders strenge Auslegung** geboten, um nicht den übergeordneten Gleichheitsgrundsatz zu gefährden. Es bedarf also eingehender und genauer, an der VOB orientierter Überlegungen, um etwaige Ausnahmen annehmen und gegebenenfalls rechtfertigen zu können. Sie können, abgesehen von dem in Teil A § 3 Rdn. 18 angesprochenen Fall, u. U. bei Gewährleistungs-, Instandhaltungs- und Wartungsarbeiten gegeben sein, sofern hierfür der Auftragnehmer jeweils schnell erreichbar und in der Lage sein muß, die Arbeiten auszuführen. Dies dürfte jedoch eine seltene, vom Auftraggeber im jeweiligen Vergabefall zu rechtfertigende Ausnahme sein (vgl. auch Rdn. 43). Immer muß es sich bei den in Erwägung zu ziehenden Ausnahmen um solche handeln, die in unmittelbarem Zusammenhang mit der ordnungsgemäßen Leistungserstellung stehen. Andere Überlegungen, wie z. B. aus steuerlichen Gesichtspunkten, Beschäftigung von heimischen Arbeitskräften, der

Konjunkturbelebung usw., bleiben dagegen außer Betracht (ähnlich auch Schelle/Erkelenz S. 79 ff.).

III. Bevorzugte Bewerber

Eine Einschränkung des in Rdn. 3 ff. erläuterten Grundsatzes kann vor allem aus durchaus sachlichen Gründen geboten sein, wenn sie sich aus **anzuerkennenden Gründen des staatlichen Gemeinschaftsgedankens rechtfertigt.** Dabei spielt insbesondere die Erwägung eine Rolle, die gewerbliche Wirtschaft in bestimmten Gebieten oder nach ihrer Struktur zu unterstützen, außerdem bestimmte Bewerberkreise besonders zu berücksichtigen, die aufgrund ihres persönlichen Schicksals als förderungswürdig erscheinen. Hierzu sind die Richtlinien zu Teil A § 8 des VHB unter 5. wesentlich. 12

5. Bevorzugte Bewerber

5.1. Bei der Vergabe öffentlicher Aufträge sind die Richtlinien des Bundes für die Berücksichtigung bevorzugter Bewerber (Teil IV) zu beachten. Das gilt auch für Baumaßnahmen, die von der deutschen Bauverwaltung für die ausländischen Streitkräfte mit deren Haushaltsmitteln durchgeführt werden; die Zuschlagserteilung auf ein Angebot, das geringfügig über dem wirtschaftlichsten bzw. annehmbarsten Angebot liegt, bedarf jedoch der Zustimmung der ausländischen Streitkräfte. Nicht anwendbar sind diese Richtlinien bei Vergabe von Aufträgen im Rahmen der gemeinsam finanzierten NATO-Infrastruktur (NATO-Bauten).

5.2. Bevorzugte Bewerber sind: Personen und Unternehmen aus dem Zonenrandgebiet und aus Berlin (West), Vertriebene, Sowjetzonenflüchtlinge, Verfolgte, Evakuierte, Werkstätten für Behinderte und Blindenwerkstätten.
Der Nachweis der Zugehörigkeit zu diesen bevorzugten Bewerbern obliegt den Bietern.

5.3. Bevorzugte Bewerber sind bei Beschränkten Ausschreibungen und Freihändigen Vergaben in angemessenem Umfange zur Angebotsabgabe aufzufordern.

Wegen der Einzelheiten ist auf die Bestimmungen in IV VHB hinzuweisen, wobei die Richtlinien für die bevorzugte Berücksichtigung von Personen und Unternehmen aus dem Zonenrandgebiet und aus Berlin (West) bei der Vergabe öffentlicher Aufträge aufgrund der durchgeführten Gebietsreform neugefaßt und im BAnz. Nr. 128 vom 13. 7. 1979 bekanntgemacht worden sind. Siehe auch Neufassung des § 1 der Richtlinien durch Bekanntmachung des Bundesministers für Wirtschaft vom 5. 8. 1981 (BAnz. Nr. 156 vom 25. 8. 1981). Zur Abgrenzung des Begriffes „bevorzugte Bewerber" i. S. des § 2 der Richtlinien vgl. Vermerk des Bundesministers für Raumordnung, Bauwesen und Städtebau vom 2. 7. 1980 (Bauverwaltung 1980, 363). 13

Durch die vorgenannten Richtlinien tritt nicht schon von vornherein und ohne weiteres eine Einschränkung des Bewerberkreises als solchen ein, vielmehr beziehen sich diese Richtlinien in ihrem Kern auf die spätere Vergabe selbst. Dies setzt aber – naturgemäß – voraus, daß bevorzugte Bewerber auch bevorzugt als Teilnehmer am Wettbewerb zu gelten haben, es sei denn, es liegen die in § 8 Nr. 3-5 im einzelnen geregelten Ausnahmen vor, die auch auf bevorzugte Bewerber Anwendung finden müssen. 14

Allerdings: Zur Einleitung des sogenannten **Aussteuerungsverfahrens** gegen Vertriebene, Sowjetzonenflüchtlinge und Verfolgte vgl. Erlaß des Bundesministers für Raumordnung, Bauwesen und Städtebau vom 30. 3. 1979 (Bauverwaltung 1979, 291).
Desgleichen ergibt sich aus der Beteiligung bevorzugter Bewerber nicht schon, daß nur eine Beschränkte Ausschreibung oder Freihändige Vergabe in Betracht kommen könnte. Dafür sind allein die Regelungen in Teil A § 3 Nr. 4 und 5 und die dortigen Abgrenzungen maßgebend.

15 Zu beachten ist besonders die Entscheidung des BGH VersR 1965, 764: Bei getrennten Ausschreibungen für verschiedene Bauleistungen hat der öffentliche Auftraggeber die Schutzbestimmungen für Unternehmer, die dem bevorzugten Personenkreis des § 74 BVFG oder des § 68 BEG angehören, **auch bei Einzelangeboten** zu berücksichtigen. Ein Verstoß kann den öffentlichen Auftraggeber aus culpa in contrahendo, möglicherweise auch wegen Schutzgesetzverletzung (§ 823 Abs. 2 BGB), schadensersatzpflichtig machen. Der Antrag eines Verfolgten (§ 68 BEG) an einen öffentlichen Auftraggeber, ihn mit Rücksicht auf seine Verfolgteneigenschaft bei der Vergabe öffentlicher Aufträge bevorzugt zu berücksichtigen, und daran anschließende Verhandlungen können zwischen den Parteien ein vertragsähnliches Vertrauensverhältnis begründen, aus dem sich u. a. für den öffentlichen Auftraggeber die Verpflichtung ergibt, bei der Auftragsvergabe die einschlägigen Vorschriften über die bevorzugte Berücksichtigung bestimmter Bewerber zu beachten. Eine Verletzung dieser Verpflichtung kann einen Schadensersatzanspruch aus Verschulden bei Vertragsschluß entstehen lassen (BGH VersR 1966, 630).

16 § 37 Abs. 2 Schwerbeschädigtengesetz gibt einem Schwerbeschädigten bei der Vergabe von öffentlichen Aufträgen keinen Rechtsanspruch auf Bevorzugung, sondern nur das **Recht auf fehlerfreie Ermessensausübung;** die Bevorzugungspflicht ist verletzt, wenn die angestellten Erwägungen als sachfremd zu bezeichnen sind und die berücksichtigten Umstände neben der Sache liegen, so daß die Entscheidung über den Zuschlag letztlich auf Willkür beruht (BVerwG DÖV 1970, 280). Bei einem Rechtsstreit über die bevorzugte Berücksichtigung eines schwerbeschädigten Unternehmers bei der Vergabe öffentlicher Aufträge ist nach Ansicht des BVerwG der Verwaltungsrechtsweg gegeben (a. a. O.). § 37 Abs. 2 **Schwerbeschädigtengesetz** (i. d. F. vom 14. 8. 1961 – BGBl. I S. 1233, 1348, 1652) ist inzwischen durch das **Schwerbehindertengesetz** i.d.F. vom 2. 9. 1986, BGB l. I, S. 1421 ff. – vgl. dort jetzt die §§ 54, 56-58 – abgelöst worden. Insoweit gilt das vorher Gesagte entsprechend. Zur Vergabe an bevorzugte Bewerber vgl. VHB Nr. 4.4. zu Teil A § 25.

Nicht zum Kreis bevorzugter Bewerber gehören Ausbildungsbetriebe (zutreffend und eingehend dazu Strohs BauR 1988, 144).

IV. Beteiligung von Handelsunternehmen

17 Fraglich ist, ob und inwieweit Handelsunternehmen bei der Vergabe **handwerklicher Leistungen** im Rahmen des Wettbewerbs bei öffentlichen Aufträgen zu beteiligen sind. Grundsätzlich ist gegen die Vergabe von Bauleistungen an Handelsunternehmen nichts einzuwenden. Stehen jedoch handwerkliche Leistungen in Rede, so kann der öffentliche Auftraggeber nicht umhin, bei der Vergabe die einschlägigen **Vorschriften der Handwerksordnung** v. 17. 9. 1953 (BGBl. 1953 I S. 1411) i. d. F. vom 28. 12. 1965 (BGB l. 1966 I S. 2) unter Berücksichtigung der zwischenzeitlichen Änderungen und Ergänzungen **zu beachten.**

V. Teilnehmer am Wettbewerb und Unternehmereinsatzformen

18 Die in Rdn. 2-17 erörterten, im Rahmen von Teil A § 8 Nr. 1 liegenden Grundsätze gelten allgemein hinsichtlich **aller in Betracht kommenden Bewerber** als Teilnehmer am Wettbewerb, gleichgültig, in welcher privatrechtlichen Rechtsform sie gegenüber dem Auftraggeber auftreten. Voraussetzung ist jedoch, und das liegt im Sinn und Zweck einer Bauvergabe begründet, daß sich die betreffenden Bewerber **selbst gewerbsmäßig an der Ausführung von Bauleistungen beteiligen.** Das ist der Fall bei demjenigen, der selbständig und nachhaltig am allgemeinen wirtschaftlichen Verkehr mit der Absicht teilnimmt, einen Gewinn zu erzielen. Diese Einschränkung ist aus dem Grundsatz der Gleichbehandlung der Bewerber, die auch aus ihrer gewerblichen Betätigung heraus gleiche Startmöglichkeiten besitzen müssen, sowie vor allem auch aus dem übergeordneten, in Teil A § 2 Nr. 1 enthaltenen Vergabegrundsatz berechtigt. Hiernach kommen als Teilnehmer am Wettbewerb sowohl **Einzelunternehmer** (vgl. Anh. Teil A Rdn. 2) als auch **Hauptunternehmer mit Nachunternehmern** (vgl. a. a. O. Rdn. 116 f.) sowie **Generalunternehmer** (a. a. O. Rdn. 123 ff.), ferner auch im Rahmen einer baurechtlichen **Arbeitsgemeinschaft** (a. a. O. Rdn. 5 ff.) oder an einer Bietergemeinschaft Beteiligte in Betracht. **Nicht** trifft das auf die sogenannten **Baubetreuer** bzw. **Bauträger** oder gar die sogenannten **Treuhänder** zu (vgl. a. a. O. Rdn. 173 ff.), wenn sie sich **nicht selbst zumindest zu einem überwiegenden Teil** mit der zu erbringenden Bauleistung befassen, also insoweit nicht selbst „Hand mit anlegen". Gleiches gilt im Hinblick auf sogenannte **Generalübernehmer** (vgl. dazu a. a. O. Rdn. 129 ff.).

Sie dürften daher vom Wettbewerb auch dann auszuschließen sein, wenn sie gegenüber dem Auftraggeber allein als Hauptunternehmer oder Generalunternehmer **lediglich** mit Nachunternehmern (Subunternehmern), auftreten. Treten sie jedoch in Arbeitsgemeinschaft oder einer sonstigen Bietergemeinschaft mit einem gewerblich tätigen Unternehmer oder mehreren gewerblichen Unternehmern mit dem Ziel der gemeinschaftlichen gesamten Bauausführung auf, so kann man diese Arbeitsgemeinschaft usw. nicht vom Wettbewerb ausschließen, weil hier jedenfalls ein Mitglied der Arbeitsgemeinschaft selbst die Leistung ausführt. Dem steht dann auch Teil A § 25 Nr. 4 nicht entgegen (so im Ergebnis zutreffend Braun BauR 1977, 21). Der Auftraggeber wird aber im Zweifel den Nachweis, aus dem sich die Ernsthaftigkeit des Zusammenschlusses nicht nur zwecks Erteilung des Auftrages, sondern vor allem auch zwecks **Ausführung** der ausgeschriebenen Leistung ergibt, verlangen müssen. Im übrigen kommt es hier im Hinblick auf die personelle Leistungsfähigkeit ganz besonders auf das Vorliegen der Voraussetzungen gemäß Teil A §§ 2 Nr. 1, 25 Nr. 2 an.

19

An sich gehören auch **Nebenunternehmer** grundsätzlich dem Kreis an, welche die vorgenannten Voraussetzungen für die Teilnahme am Wettbewerb erfüllen (vgl. Anh. Teil A Rdn. 160 ff.). Dies kann aber für den Auftraggeber Schwierigkeiten ergeben, weil sich nicht selten für die Vertragsbeziehungen zwischen ihm, dem Hauptunternehmer und dem Nebenunternehmer beachtliche Zweifelsfragen herausstellen können. Es kann daher auch im allgemeinen aus dem Gleichbehandlungsgrundsatz in Teil A § 8 Nr. 1 nicht beanstandet werden, wenn der Auftraggeber aus berechtigtem eigenem Interesse grundsätzlich die Beteiligung von Nebenunternehmern ausschließt und eine solche nur ausnahmsweise – nämlich dort, wo für die Vertragsgestaltung und die Vertragsabwicklung für ihn hinsichtlich des Nebenunternehmers wegen des klar und übersichtlich gelagerten Falles keine Schwierigkeiten zu befürchten sind – gestattet.

20

Dem Gesagten entsprechen im wesentlichen die Richtlinien unter 1. bis 3.3. zu Teil A § 8 des VHB:

21

1. Teilnahmevoraussetzung

1.1. Am Wettbewerb dürfen sich Bieter, die gewerbsmäßig Bauleistungen der geforderten Art ausführen, einzeln oder gemeinschaftlich beteiligen.
Gewerbsmäßig befaßt sich derjenige mit einer Leistung, der sich selbständig und nachhaltig am allgemeinen wirtschaftlichen Verkehr mit der Absicht beteiligt, einen Gewinn zu erzielen.
Soweit gewerberechtliche Voraussetzungen für die Ausübung der Tätigkeit gefordert werden, müssen die Bieter diese erfüllen. Die Prüfung obliegt der nach Landesrecht zuständigen Behörde. Stellt diese fest, daß die gewerberechtlichen Voraussetzungen nicht erfüllt sind, ist der Bewerber nicht zu beteiligen.
Teilt eine für die Prüfung der gewerberechtlichen Voraussetzungen zuständige Dienststelle mit, daß ein Verfahren wegen unberechtigter Ausübung eines Gewerbes eingeleitet ist, so ist bis zum Abschluß des Verfahrens von der Beteiligung des betreffenden Unternehmens am Wettbewerb abzusehen.
Hat das Bauamt Zweifel, ob die gewerberechtlichen Voraussetzungen erfüllt sind, muß es im Rahmen der Prüfung von Fachkunde, Leistungsfähigkeit und Zuverlässigkeit Aufklärung herbeiführen.

A § 8,1, Rdn. 21

1.2. Nicht am Wettbewerb zu beteiligende Unternehmen

Unternehmen, die sich mit der Betreuung von Bauvorhaben (z. B. Planung, Koordinierung, Finanzierung) befassen, aber keine wesentlichen Teile der Bauleistung selbst erbringen, dürfen nicht zur Angebotsabgabe aufgefordert werden.

Ohne Aufforderung eingegangene Angebote derartiger Unternehmen sind auszuschließen.

1.3. Planende Unternehmen

Unternehmen, die mit der Planung und/oder Ausarbeitung der Verdingungsunterlagen beauftragt waren, dürfen nur mit Zustimmung der technischen Aufsichtsbehörde in der Mittelinstanz am Wettbewerb beteiligt werden. Diese und das Bauamt haben die von den Unternehmen bearbeiteten Unterlagen, vor allem die Beschreibung der Leistung und die Mengenansätze, zu prüfen und dafür zu sorgen, daß diesen Unternehmen keine Vorteile vor anderen Wettbewerbsteilnehmern erwachsen.

2. Arbeitsgemeinschaften

2.1. Arbeitsgemeinschaften sind Zusammenschlüsse von Unternehmen auf vertraglicher Grundlage mit dem Zweck, Bauaufträge für gleiche oder verschiedene Fachgebiete oder Gewerbezweige gemeinsam auszuführen; sie können vertikal (Unternehmen verschiedener Fachrichtungen) oder horizontal (Unternehmen gleicher Fachrichtungen, z. B. Ingenieur-Hochbau) gegliedert sein.

2.2. Arbeitsgemeinschaften – auch Bietergemeinschaften – sind grundsätzlich unter den gleichen Bedingungen wie einzelne Bieter zum Wettbewerb zuzulassen und bei Beschränkter Ausschreibung zur Teilnahme aufzufordern. Der Wettbewerb darf jedoch durch die Bildung von Arbeitsgemeinschaften nicht eingeschränkt werden.
Bei der Beurteilung der Angebote von Arbeitsgemeinschaften sind Fachkunde, Leistungsfähigkeit und Zuverlässigkeit der beteiligten Unternehmen im einzelnen ebenso wie die durch ihr Zusammenwirken geschaffene, in quantitativer und qualitativer Hinsicht verbesserte Kapazität zu berücksichtigen.

3. Hauptunternehmer, Nachunternehmer, Generalunternehmer

3.1. Der Hauptunternehmer ist Vertragspartner des Auftraggebers.

Der Nachunternehmer steht zum Auftraggeber in keinem Vertragsverhältnis.

Als Generalunternehmer wird derjenige Hauptunternehmer bezeichnet, der sämtliche für die Herstellung eines Bauwerks erforderlichen Bauleistungen zu erbringen hat und wesentliche Teile hiervon selbst ausführt. Bei der Vergabe an Generalunternehmer ist Nr. 4 der Richtlinie zu § 4 VOB/A zu beachten.

3.2. Der Hauptunternehmer hat gegenüber den Nachunternehmern sämtliche Aufgaben des Auftraggebers im eigenen Namen wahrzunehmen. Ihm obliegt insbesondere die Auswahl und Beauftragung der Nachunternehmer, die Beaufsichtigung der Arbeiten, die Prüfung der Rechnungen und die Zahlungen sowie die Einbehaltung von Sicherheitsleistungen.

Für die frist- und fachgerechte Erfüllung der von Nachunternehmern zu erbringenden Leistungen einschließlich der Gewährleistung haftet der Hauptunternehmer dem Auftraggeber unmittelbar.

3.3. Nach § 4 Nr. 8 VOB/B muß der Auftragnehmer die Leistungen im eigenen Betrieb ausführen. Die Übertragung von Leistungen an Nachunternehmer bedarf grundsätzlich der vorherigen schriftlichen Zustimmung des Auftraggebers. Sie ist nur für solche Leistungen nicht erforderlich, auf die der Betrieb des Auftragnehmers nicht eingerichtet ist.

Der Bieter ist nach Nr. 5 der Bewerbungsbedingungen – EVM(B) BB – und Nr. 8 des Angebotsschreibens – EVM(B)Ang – verpflichtet, Art und Umfang der Leistung anzugeben, die er an Nachunternehmer zu vergeben beabsichtigt. Nach Nr. 14.2 der Zusätzlichen Vertragsbedingungen – EVM(B)ZVB – hat der Auftragnehmer rechtzeitig vor der Übertragung Name und Anschrift der Nachunternehmer sowie deren Berufsgenossenschaft mitzuteilen und die erforderliche Zustimmung schriftlich zu beantragen.

Wegen der Voraussetzungen für die Zustimmung vgl. Richtlinie zu § 4 VOB/B.

Wegen der Berücksichtigung des Nachunternehmereinsatzes bei der Wertung vgl. Richtlinie zu § 25 VOB/A.

Zur angemessenen Beteiligung der **mittelständischen Wirtschaft** bei der Vergabe öffentlicher Aufträge im Land Rheinland-Pfalz vgl. MinBl.RhPf. 1977, Sp. 121; desgl. im Hinblick auf das Land Nordrhein-Westfalen GV.NW. 1978, 545 = Bauverwaltung 1979, 38.

C. Ausschluß von Bewerbern aus dem Bereich öffentlicher Betriebe (Nr. 5)

Teil A § 8 Nr. 5 enthält eine **weitere,** den **Grundsatz der Gleichbehandlung** der Bewerber berücksichtigende Regelung. Hiernach sind Justizvollzugsanstalten, Fürsorgeheime (-anstalten), Aus- und Fortbildungsstätten und ähnliche Einrichtungen sowie Betriebe der öffentlichen Hand und Verwaltungen zum Wettbewerb mit gewerblichen Unternehmern nicht zuzulassen.

Auch diese Vorschrift, die besonders von Behörden als Auftraggebern beachtet werden muß, hat ihren Sinn in der Wahrung und Aufrechterhaltung eines gesunden Wettbewerbs unter den Bietern. Gemeint sind alle Betriebe, die der öffentlichen Verwaltung angehören oder dieser unterstellt sind. Diese bilden aus der Sicht des Wettbewerbs keine Konkurrenz für die Baubetriebe der gewerblichen Wirtschaft, da sie nicht erwerbswirtschaftlich orientiert sind. Sie haben sich nicht an die wirtschaftlichen Erfordernisse zu halten, die bei der gewerblichen Wirtschaft Grundvoraussetzung für den Existenzerhalt sind. Wie Hereth/Naschold (Teil A § 8 Ez. 8.26 ff.) zutreffend darauf hinweisen, muß bei Unternehmen der gewerblichen Wirtschaft die für eine Leistung zu fordernde Gegenleistung so beschaffen sein, daß sie in der Regel zumindest die Selbstkosten deckt. Auf dieses Erfordernis haben die Betriebe der öffentlichen Verwaltung oder die Verwaltungszweige, die Gewerbetätigkeit ausüben, zwar zu achten, jedoch bedeutet eine Mißachtung nicht den Untergang dieser Betriebe. Denn ein eventueller Fehlbetrag wird, wenn die Leistungen für Rechnung einer auf Steuer- oder Gebühreneinnahmen angewiesenen Körperschaft erbracht werden, letzten Endes aus diesen Einnahmen gedeckt. Es handelt sich also im Verhältnis zu der gewerblichen Wirtschaft um grundlegend andere Arbeitsbedingungen, die eine echte Konkurrenz ausschließen. Zu beachten ist jedoch, daß § 8 Nr. 5 lediglich den „Wettbewerb" zwischen Bietern der gewerblichen Wirtschaft und den Betrieben der öffentlichen Hand im weitesten Sinne untersagt. Damit ist nicht gesagt, daß Bauaufträge an diese Betriebe überhaupt verboten sind. Da Wettbewerb in erster Linie die Einhaltung gleicher Grundbedingungen für alle Bewerber bedeutet, erscheint es daher zulässig, die Betriebe der öffentlichen Hand unter sich an einem Ausschreibungsverfahren zu beteiligen. Andererseits muß aber bedacht werden, daß hierdurch der gewerblichen Wirtschaft Aufträge und Arbeits- sowie Gewinnmöglichkeiten entzogen werden. Daher muß es unbedingtes volkswirtschaftliches Gebot sein und bleiben, die Betriebe der öffentlichen Hand nur in einer maßvollen und die berechtigten Belange der gewerblichen Unternehmer beachtenden Weise mit Bauaufträgen in der geschilderten Art zu versehen.

Dem Gesagten entspricht im wesentlichen auch die Richtlinie im VHB Teil A § 8 Nr. 6:

6. Zum Wettbewerb mit gewerblichen Unternehmen nicht zugelassene Bewerber

6.1. Justizvollzugsanstalten, Einrichtungen der Jugendhilfe, Aus- und Fortbildungsstätten und ähnliche Einrichtungen sowie Betriebe der öffentlichen Hand und Verwaltungen sind zum Wettbewerb mit gewerblichen Unternehmen nicht zuzulassen, vgl. § 8 Nr. 5 VOB/A .

Angebote, die bei einer Öffentlichen Ausschreibung abgegeben worden sind, dürfen nicht berücksichtigt werden. Aufträge dürfen derartigen Einrichtungen nur in begründeten Ausnahmefällen und nur dann erteilt werden, wenn sie von ihnen zu Bedingungen ausgeführt werden, die nicht ungünstiger sind als die, unter denen sie die private Wirtschaft ausführen würde. Sie sind freihändig zu vergeben.

6.2. Soweit für diese Aufträge die Vorschriften der VOB/B nicht unmittelbar angewendet werden können, sind entsprechende Vereinbarungen zu treffen.

D. Die Teilnahme am Wettbewerb bei Öffentlicher Ausschreibung (Nr. 2 Abs. 1)

I. Begriff der Öffentlichen Ausschreibung

26 Wegen des Begriffes und der Einzelvoraussetzungen einer Öffentlichen Ausschreibung vgl. Teil A § 3 Rdn. 12 ff.

II. Zweifache Einschränkung in Nr. 2 Abs. 1

27 Nach Nr. 2 Abs. 1 sind bei Öffentlicher Ausschreibung die Unterlagen an alle Bewerber abzugeben, die sich **gewerbsmäßig** mit der Ausführung von **Leistungen der ausgeschriebenen Art** befassen. Darin liegt eine **Beschränkung in zweifacher Hinsicht:**

28 1. Einmal kommen für die Abgabe von Unterlagen nur solche Bewerber in Betracht, die ihrer gewerblichen Betätigung nach demjenigen Bereich angehören, zu dem die **betreffende Bauleistung,** insbesondere aufgeteilt nach den entsprechenden Gewerken, **rechnet.** Der Rohbauunternehmer hat also keinen Anspruch auf Aushändigung von Ausschreibungsunterlagen für das Ausbaugewerbe, wenn er sich damit nicht befaßt. Die Abgrenzung wird sich im allgemeinen durch die jeweiligen Bereiche finden lassen, die im Rahmen einer bestimmten oder mehrerer bestimmter **DIN-Normen des Teils C** liegen (z. B. Erdarbeiten, Mauerarbeiten, Stahlbauarbeiten, Estricharbeiten usw.). Zu beachten ist in diesem Zusammenhang auch § 5 der Handwerksordnung, wonach derjenige, der ein Handwerk legal betreibt, hierbei auch die mit diesem Handwerk technisch oder fachlich zusammenhängenden Arbeiten in anderen Handwerken ausführen darf, z. B. Klempnerarbeiten durch ein Dachdeckungsunternehmen, Wasserinstallationsarbeiten durch Heizungsbauer und Lüftungsbauer, Lüftungsarbeiten durch Zentralheizungsbauer, Estricharbeiten durch eine Fußbodenverlegefirma, Dachdeckungsarbeiten durch einen Zimmerer. Das kommt aber nur in Betracht, wenn solche weiteren Arbeiten im Einzelfall im Verhältnis zur einem bestimmten Handwerkszweig zugehörigen Hauptleistung lediglich von untergeordneter Bedeutung sind, sich aus technischen und sachlichen Gründen, vor allem im Hinblick auf die Gewährleistung, die sachgerechte Bemessung der Vergütung usw. nach der berechtigten Sicht des Auftraggebers die Vergabe in einem Auftrag mehr oder weniger zwangsläufig anbietet. Insofern ist aber eine enge Auslegung geboten.

29 2. Des weiteren muß es sich um einen **gewerblich tätigen Bewerber** handeln, also einen solchen, der sich selbständig und nachhaltig am allgemeinen wirtschaftlichen Verkehr auf dem vorangehend umrissenen Gebiet mit der Absicht beteiligt, einen Gewinn zu erzielen. Dazu ist unbedingte Voraussetzung, daß er die öffentlich-rechtlichen Zulassungsvoraussetzungen, wie z. B. nach der Handwerksordnung, erfüllt.

Nicht unzulässig ist es, die Verdingungsunterlagen an Ingenieurbüros oder sonstige Planer mit der Aufforderung auszuhändigen, in Zusammenarbeit mit ausführenden Unternehmern Änderungsvorschläge und Nebenangebote auszuarbeiten, jedoch unter dem Vorbehalt, daß diese Planer kein eigenes Angebot abgeben dürfen und ihnen die Namen derjenigen Bauunternehmen, welche die Verdingungsunterlagen erhalten haben, nicht mitgeteilt werden, vgl. Teil A § 17 Nr. 6. Andernfalls würde man mittelständische und kleinere Unternehmen schlechterstellen als Großfirmen, die eigene Planungsabteilungen unterhalten (zutreffend dazu Schelle/Erkelenz S. 76 f.).

III. Aushändigung der Verdingungsunterlagen

Die **Verdingungsunterlagen** sind **auszuhändigen,** sobald sich die Bewerber beim Auftraggeber oder dessen Vertreter – z. B. dem Architekten – aufgrund der Öffentlichen Ausschreibung melden. Die Unterlagen sind dem jeweiligen Bewerber auch **vollständig** auszuhändigen, damit dieser in die Lage versetzt wird, ein ordnungsgemäßes, allen Anforderungen entsprechendes Angebot abzugeben. **Insbesondere** muß der Bewerber eine die **Anforderungen von Teil A § 9 erfüllende Leistungsbeschreibung** erhalten. Geschieht das nicht, kann hier bereits die Grundlage für eine spätere Haftung oder Mithaftung des Auftraggebers aus culpa in contrahendo, positiver Vertragsverletzung oder Gewährleistung oder aus anderen rechtlichen Gründen liegen. Verdingungsunterlagen müssen auch in **ausreichender Zahl** zur Verfügung stehen, damit sie jedem Bewerber ausgehändigt werden können. Die bloße Abgabe von Unterlagen, „solange der Vorrat reicht", widerspricht dem Wettbewerbsgrundsatz und ist daher unzulässig.

30

IV. Der Aushändigung entgegenstehende Gründe

Eine **Verpflichtung** zur Aushändigung der Verdingungsunterlagen besteht nicht, **wenn Ausnahmegesichtspunkte** gegeben sind, die eine Verweigerung der Herausgabe der Unterlagen rechtfertigen (vgl. oben Rdn. 2-25) oder bei Vorliegen von Ausschlußgründen (Rdn. 63 ff.).

31

E. Die Teilnehmer am Wettbewerb bei Beschränkter Ausschreibung (Nr. 2 Abs. 2)

I. Begriff der Beschränkten Ausschreibung

Wegen des Begriffes und der Voraussetzungen einer Beschränkten Ausschreibung vgl. Teil A § 3 Rdn. 36 f.

32

II. Beschränkung auf 3 bis 8 Bewerber

In § 8 Nr. 2 Abs. 2 Satz 1 ist bestimmt, daß bei Beschränkter Ausschreibung im allgemeinen nur **3 bis 8 fachkundige, leistungsfähige und zuverlässige Bewerber** zu Angeboten aufgefordert werden sollen. Darauf wird völlig zu Recht mit Nachdruck für sämtliche Auftraggeber, z. B. vom Bayerischen Staatsministerium des Innern (MABl. Bayern 1975, 169), hingewiesen.

33

1. Wenn die Eigenschaften der Fachkunde, Leistungsfähigkeit und Zuverlässigkeit (vgl. hierüber Teil A § 2 Rdn. 4 ff.) hier noch einmal ausdrücklich hervorgehoben werden, so deshalb, weil gerade die Beschränkte Ausschreibung **im besonderen Maße** das Vorhandensein dieser Eigenschaften voraussetzt.

34

2. Des weiteren wird hier eine **Richtlinie** darüber aufgestellt, **wieviel Bewerber** bei einer Beschränkten Ausschreibung zur Abgabe von Angeboten aufgefordert werden sollen. Aus der

35

Formulierung („sollen im allgemeinen") ergibt sich, daß es sich keinesfalls um feststehende oder unbedingt in diesem Rahmen zu haltende Zahlen handelt. Das gilt insbesondere für eine zahlenmäßige Beschränkung der Bewerber **nach oben.** Obersatz des Vergabeverfahrens nach der VOB und demnach auch bei der Beschränkten Ausschreibung ist der **Begriff des gesunden Wettbewerbs,** wie er in Teil A § 2 Nr. 1 Satz 2 hervorgehoben ist. Unter Wahrung dieses Gesichtspunktes hat man aufgrund von Erfahrungssätzen versucht, eine ungefähre Angabe der Zahl der an einer Beschränkten Ausschreibung normalerweise zu beteiligenden Bewerber zu machen. Hieraus folgt für den bauvergebenden Auftraggeber, daß er zunächst prüfen soll, ob in seinem Fall dem Grundsatz des gesunden und ihm letztlich zum Vorteil gereichenden Wettbewerbs Genüge getan ist, wenn er soundsoviel Bewerber auffordert, oder ob es mehr sein müssen oder weniger sein können. Diese Prüfung wird unter den jeweiligen Gegebenheiten zu durchaus verschiedenen Ergebnissen führen. Dabei spielen zwar in erster Linie die Grundsätze des gesunden Wettbewerbs eine entscheidende Rolle, aber es sind allgemein auch noch weitere Gesichtspunkte zu beachten (vgl. auch Rdn. 45). Hat bereits ein öffentlicher Teilnahmewettbewerb stattgefunden (vgl. dazu Teil A § 3 Rdn. 48 ff.), so ist die Auswahl der Bewerber einer dann folgenden Beschränkten Ausschreibung auf die Teilnehmer an diesem Wettbewerb einzugrenzen, weil sonst Sinn und Zweck des öffentlichen Teilnahmewettbewerbs in ihr Gegenteil verkehrt würden.

36 a) Anhaltspunkte geben die Aufteilungen in Nr. 4 des § 3 Teil A selbst. Während es z. B. bei Beschränkten Ausschreibungen nach Nr. 4 a und 4 c durchaus zweckmäßig sein kann, die Zahl der Bewerber möglichst groß zu halten, also gegebenenfalls über acht hinauszugehen, kann es andererseits bei Beschränkten Ausschreibungen nach § 3 Nr. 4 b und d begründet sein, nicht mehr als drei Bewerber zur Angebotsabgabe aufzufordern.

37 b) Weiterhin ist eine Auslegungsregel in § 8 Nr. 2 Abs. 2 Satz 2 enthalten, wonach dann, wenn von den Bewerbern **umfangreiche Vorarbeiten** verlangt werden, die einen besonderen Aufwand erfordern, die **Zahl der Bewerber möglichst eingeschränkt** werden soll. Das ist keineswegs der gleiche Fall, wie er in Teil A § 3 Nr. 4 b niedergelegt ist (vgl. hierzu Teil A § 3 Rdn. 25 ff.). Vielmehr handelt es sich hier um eine wesentliche Verstärkung der dort angeführten allgemeinen Voraussetzungen für eine Beschränkte Ausschreibung. Das ergibt schon die Formulierung selbst (umfangreiche Vorarbeiten – besonderer Aufwand). Hinzu kommt, daß hier nicht mehr ein Bezug des Aufwandes zu dem erreichbaren Vorteil oder dem Wert der Leistung aufgestellt ist. Dieser ist bereits im Rahmen von Teil A § 3 Nr. 4 b als Grundvoraussetzung für die Beschränkte Ausschreibung geprüft worden. Schließlich ist zu beachten, daß § 8 Nr. 2 Abs. 2 Satz 2 für jede Beschränkte Ausschreibung gilt, gleichgültig, ob sie sich nach Teil A § 3 Nr. 4 a oder b oder c oder d richtet.

38 aa) **Vorarbeiten** bedeutet die **Schaffung oder Beschaffung von Unterlagen** im denkbar weitesten Umfang, um ein ordnungsgemäßes Vertragsangebot darauf aufbauen zu können. Wieweit diese Vorarbeiten gehen können, kommt auf den Einzelfall an und ist nach den jeweiligen Erfordernissen verschieden. So kann es sich um den Entwurf oder die weitere Bearbeitung des Leistungsverzeichnisses in allen Einzelheiten, Zeichnungen (auch Details), Berechnungen jeder Art, die Anfertigung der Statik, die Einholung von Auskünften oder auch Genehmigungen usw. handeln. Dabei kommen häufig Arbeiten vor, die der Auftraggeber selbst gar nicht leisten könnte, sondern die Fachkräfte ausführen müßten, die andererseits aber zweckmäßiger wegen der Notwendigkeit besonderer Erfahrungen und Fachkenntnisse vom Bieter und/oder in dessen Verantwortung auszuführen sind. Gerade bei Leistungsbeschreibungen mit Leistungsprogramm nach Teil A § 9 Nr. 10 ff. ist das der Fall.

39 bb) Die Vorarbeiten müssen einen **beachtlichen Umfang** annehmen **und** einen **besonderen Aufwand** voraussetzen. Dies ist objektiv zu sehen. Es muß sich um einen erheblichen Auf-

wand des Bieters an geldwerter Leistung handeln. Umfangreiche Vorarbeiten dürften gegeben sein, wenn der Bieter zum Zwecke der Erstellung eines allen Anforderungen gerecht werdenden Angebotes einen Aufwand an Zeit und Mühe hat, der ihm bei richtiger Würdigung nur deshalb zugemutet werden kann, weil die geringe Zahl der Bewerber seine Chancen erhöht, den Bauauftrag zu erhalten. Sind diese Voraussetzungen gegeben, so ist es gerechtfertigt, die Zahl der Bieter möglichst klein zu halten. Es gehört auch zu den Erfordernissen eines gesunden Wettbewerbs, daß dem einzelnen, der sich hieran beteiligt, **kein unzumutbares** und von ihm nicht zu überbrückendes **Risiko** aufgebürdet wird. Man soll es ihm nur zumuten, wenn ihm im Rahmen des Wettbewerbs eine reelle und durchaus naheliegende Chance nicht nur zum wirtschaftlichen Ausgleich, sondern zur Erzielung eines Gewinnes durch Erhalt des Bauauftrages eingeräumt wird.

cc) Das Risiko der einen besonderen Aufwand erfordernden umfangreichen **Vorarbeiten** ist dann wesentlich geringer, wenn sie jedem Bieter durch den Auftraggeber angemessen und unabhängig vom Bauauftrag **entschädigt** werden (vgl. dazu Teil A § 20 Nr. 2). Dann ist es gerechtfertigt, eine größere Anzahl von Bietern mit der Abgabe eines Angebotes zu beauftragen. Ob dies für den Auftraggeber wirtschaftlich ist, ist eine andere Frage, die meist negativ zu beantworten sein wird. Wenn auch eine Erhöhung der Zahl der Bieter grundsätzlich zu bejahen ist, so darf doch andererseits nicht unbeachtet bleiben, daß gerade die Bieter weniger daran interessiert sind, Vorarbeiten gegen Entschädigung zu leisten, sondern daran, den Bauauftrag zu erhalten. Man sollte daher auch unter der hier erwähnten Voraussetzung die Zahl der mit Vorarbeiten befaßten Bieter verhältnismäßig klein lassen, vor allem nur solche beauftragen, die auch letztlich für die Ausführung des Bauauftrages in Betracht kommen können. 40

dd) Natürlich ist es möglich, die in § 8 Nr. 2 Abs. 2 Satz 2 angeführten **Vorarbeiten unabhängig** und gesondert vom eigentlichen Ausschreibungsverfahren **von** einer bestimmten Zahl der oder **einem** hierzu besonders aufzufordernden **Unternehmer** leisten zu lassen. Dies wird nach Art und Charakter dieses **gesonderten Auftrages** in der Regel als entgeltlich anzusehen sein (§ 632 BGB), zumal hier die Vergabe des eigentlichen Bauauftrages noch nicht in die Wege geleitet worden ist, sondern nur vorbereitet wird. Dieser **Sonderauftrag** unterliegt nicht den Voraussetzungen, wie sie z. B. an eine Beschränkte Ausschreibung nach Teil A § 3 Nr. 4 zu stellen sind. Vielmehr ist seine Gestaltung, insbesondere in der Wahl der Auftragnehmer, frei. Es handelt sich um das gleiche, als wenn der Auftraggeber die Anfertigung der Ausschreibungsunterlagen z. B. einem Architekten übertragen würde, der seinerseits nicht auf der Seite der Bieter bei den Vergabeverhandlungen steht, sondern auf seiten des Auftraggebers. 41

Die Frage, ob ein Unternehmer, der aufgrund eines besonderen Auftrages die Vorarbeiten für die Beschränkte Ausschreibung geleistet hat (**sogenannter Projektant**), an dieser selbst beteiligt werden kann, muß aus dem Grundsatz des zu wahrenden gesunden Wettbewerbs beantwortet werden. Gleiches gilt, wenn der Projektant nicht der Unternehmer selbst, sondern einer seiner Bediensteten ist. Unzweifelhaft wird dieser Unternehmer als Bieter den anderen nicht mit den Vorarbeiten befaßten Bietern gegenüber insoweit im Vorteil sein, als er die einzelnen Gegebenheiten und Erfordernisse der Bauleistung aufgrund der geleisteten Vorarbeiten und der damit verbundenen Kenntnisse und Erfahrungen besser beurteilen und demgemäß sein Vertragsangebot hierauf eher abstellen kann. Auch kann es sein, daß die angefertigten Verdingungsunterlagen für die anderen Bieter nicht eindeutig oder mißverständlich abgefaßt sind, was dem mit den Vorarbeiten vertraut gewesenen Bieter nicht zum Nachteil gereicht, weil er die wirklichen Gegebenheiten kennt und weiß, was wirklich gewollt ist. Alle diese Umstände als solche rechtfertigen aber noch nicht den Ausschluß eines solchen Unternehmers als Bieter. Sie bedeuten nicht ohne weiteres einen Eingriff in das Gebot des lauteren Wettbewerbs, sie können es nur **im Einzelfall** werden. Man wird daher auch den mit den Vorarbeiten betraut gewesenen Unternehmer grundsätzlich am Ausschreibungsverfahren als 42

Bieter beteiligen können, allerdings unter der grundlegenden Voraussetzung, daß keine Verstöße des Projektanten gegen die Gebote des lauteren Wettbewerbs, wie z. B. gegen Teil A § 9 oder sonstige damit zusammenhängende Erfordernisse, ersichtlich sind, darüber hinaus die Angebotsfrist aus der Sicht der übrigen Bieter ausreichend zu bemessen ist (vgl. Teil A § 18).

Darüber hinaus ist es notwendig, dem von dem Projektanten abgegebenen Angebot besondere Aufmerksamkeit zu widmen, insbesondere bei der Beurteilung der Angebotspreise. Bestehen hier beachtenswerte Unterschiede zu den anderen Angeboten, so erscheint es zur Wahrung des gesunden Wettbewerbs geboten, die Ursachen zu ermitteln. Liegen diese in einer Unrichtigkeit, Unvollständigkeit oder in einer Mißverständlichkeit des vom betreffenden Bieter aufgestellten Leistungsverzeichnisses oder anderer für die Angebotsabfassung wesentlicher Vorarbeiten, so wird der Auftraggeber nicht umhin können, die Ausschreibung aufzuheben (vgl. Hereth/Naschold, Teil A § 25 Ez. 25.115). Auf jeden Fall darf der Auftraggeber die Angebotsprüfung nicht dem Projektanten überlassen, sondern muß diese entweder selbst vornehmen oder damit einen objektiven Dritten (Sachverständigen) beauftragen. Auch dient es im Falle der Beteiligung des mit den Vorarbeiten betraut gewesenen Unternehmers als Bieter den Erfordernissen des Wettbewerbs eher, wenn eine größere Anzahl von anderen Unternehmern zur Angebotsabgabe aufgefordert wird. Schließlich muß sich der Auftraggeber genau überlegen, wie er im Falle der Vergabe an den Projektanten die spätere Vertragsabwicklung vornehmen will; insoweit erscheint es richtig, die Überwachung, Abnahme und Abrechnung der Leistung einem sachverständigen Dritten zu überlassen. Letzteres sollte auch hinsichtlich der entstehenden Kosten bei der Angebotswertung (Teil A § 25 Nr. 2) berücksichtigt werden.

Die vorgenannten Gesichtspunkte hat auch Nr. 1.3. VHB zu Teil A § 8 im Auge:

Planende Unternehmen

Unternehmen, die mit der Planung und/oder Ausarbeitung der Verdingungsunterlagen beauftragt waren, dürfen nur mit Zustimmung der technischen Aufsichtsbehörde in der Mittelinstanz am Wettbewerb beteiligt werden. Diese und das Bauamt haben die von den Unternehmen bearbeiteten Unterlagen, vor allem die Beschreibung der Leistung und die Mengenansätze, zu prüfen und dafür zu sorgen, daß diesen Unternehmen keine Vorteile vor anderen Wettbewerbsteilnehmern erwachsen.

43 c) Die **Auswahl der Bieter** für eine Beschränkte Ausschreibung liegt **grundsätzlich in der Hand des Auftraggebers,** weshalb es unzulässig ist, daß ein zur Angebotsabgabe aufgeforderter Unternehmer die Angebotsunterlagen an einen anderen, nicht aufgeforderten Unternehmer weitergibt. Das schließt naturgemäß nicht aus, sich mit einem nichtaufgeforderten Unternehmen oder mehreren zu einer Arbeitsgemeinschaft zusammenzuschließen oder eine Bietergemeinschaft zu bilden, weil dadurch im allgemeinen nicht schon unzulässig in den Wettbewerb eingegriffen wird (vgl. dazu Teil A § 21 Rdn. 21 ff.), es sei denn, der Auftraggeber hat im Hinblick auf die anderen Unternehmer berechtigte Ausschlußgründe (vgl. Rdn. 63 ff.).

Auch hier gelten die übergeordneten Grundsätze der Gleichbehandlung sowie der Wahrung des Wettbewerbs in weitestmöglichem Sinne. Daher ist es **im allgemeinen geboten,** und für Ausnahmen müssen schon im einzelnen zu begründende Umstände vorliegen, daß die aufzufordernden Bieter nicht alle aus einem Ort oder einem eng umgrenzten Bereich stammen. Vielmehr dient es dem Wettbewerb und auch der Forderung nach Gleichbehandlung, wenn **Bewerber aus einem möglichst großen räumlichen Bereich zur Angebotsabgabe aufgefordert werden.** So reicht es nicht von vornherein, eine Beschränkte Ausschreibung nur unter ortsansässigen Bietern zu veranstalten, weil später Reparatur- oder Wartungsarbeiten zu erwarten sind, da auch ein Nichtortsansässiger u. U. – evtl. durch einen zuverlässigen Dritten – in der Lage ist, solche Arbeiten auszuführen. Dies wird auch im VHB zu Teil A § 8 unter 4.1. (vgl. unten Rdn. 48) mit Recht berücksichtigt.

d) Auch ist es kein Gesichtspunkt für die Auswahl der Bewerber nach § 8 Nr. 2 Abs. 2, diese allein nach ihrer Struktur, d. h. nach **Groß-, Mittel- und Kleinbetrieben,** auszusuchen. Grundsätzlich sind Fragen der Struktur nur im Rahmen der Grundregeln von Fachkunde, Leistungsfähigkeit und Zuverlässigkeit von Bedeutung, wobei in diesem Zusammenhang besonders die zweite Eigenschaft von praktischer Bedeutung ist. Es können also bei der Beschränkten Ausschreibung Betriebe durchaus verschiedener Größe zur Angebotsabgabe aufgefordert werden, wenn sie nur so leistungsfähig sind, daß sie die geforderte Bauleistung mit allen ihren Erfordernissen erbringen können. Auch hier ist der Grundsatz des Wettbewerbs maßgebend, der es u. a. erfordert, jedem Leistungsfähigen, Fachkundigen und Zuverlässigen eine echte Chance zu gewähren. 44

3. Allgemein ist zur Zahl der bei der Beschränkten Ausschreibung zur Angebotsabgabe aufzufordernden Bewerber zu sagen, daß **möglichst viele,** gegebenenfalls auch über acht hinaus, in Betracht zu ziehen sind, wenn es nach den in Rdn. 35 ff. ausgeführten Grundsätzen aus dem Gesichtspunkt des Wettbewerbs erwünscht und vertretbar ist. Andererseits wird es **mindestens drei Bewerber geben müssen,** um einen Wettbewerb im eigentlichen Sinn veranstalten zu können. Die Beteiligung nur zweier Bewerber an einer Beschränkten Ausschreibung gibt kein Bild richtigen Wettbewerbs. Sie kann nur in ganz wenigen Ausnahmefällen gerechtfertigt sein, und zwar nur, wenn eine so spezielle Bauleistung gefordert wird, für die unter Beachtung vernünftiger, insbesondere wirtschaftlicher Gesichtspunkte nicht mehr als zwei Bewerber vorhanden sind. 45

4. Grundsätzlich müssen die ausgewählten Bewerber **gleichzeitig aufgefordert** werden. Nur ausnahmsweise dürfen Bewerber auch noch später angesprochen werden, aber nur dann, wenn der **Gleichbehandlungsgrundsatz** nach Nr. 1 (vgl. Rdn. 3 ff.) **in jedem Falle uneingeschränkt eingehalten** wird. Dabei darf der nachträglich aufgeforderte Bewerber keinesfalls in Zeitnot hinsichtlich der Angebotsbearbeitung kommen, es müssen also die Richtlinien von Teil A § 18 Nr. 1 (vgl. dort Rdn. 5 ff.) eingehalten werden, selbstverständlich muß auch der vorgesehene Eröffnungstermin dann noch möglich sein. 46

F. Die Forderung nach Wechsel der Teilnehmer bei Beschränkter Ausschreibung und Freihändiger Vergabe (Nr. 2 Abs. 3)

§ 8 Nr. 2 Abs. 3, wonach bei **Beschränkter Ausschreibung** und bei **Freihändiger Vergabe** (hierüber Teil A § 3 Rdn. 38 ff.) **unter den Bewerbern möglichst gewechselt** werden soll, hat seine Grundlage gleichfalls im Gebot des vernünftigen Wettbewerbs sowie der Gleichbehandlung der Bewerber bei der Bauvergabe. Diese Regelung kommt aus der berechtigten Sicht aller an der Bauvergabe interessierten Unternehmer. Es soll möglichst jedem die gleiche Chance geboten und die Bevorzugung einzelner Unternehmer durch zu häufige Beauftragung im Verhältnis zu anderen vermieden werden. Die Gefahr der Bevorzugung einzelner besteht, wenn durch häufige Wiederholung nur einem beschränkten Unternehmerkreis oder nur einem Unternehmer unter Ausschluß anderer die Möglichkeit gegeben wird, über den Abschluß eines Bauvertrages zu verhandeln. Das kann bei der Beschränkten Ausschreibung und der Freihändigen Vergabe der Fall sein, während davon bei der Öffentlichen Ausschreibung nicht gesprochen werden kann. § 8 Nr. 2 Abs. 3 geht naturgemäß nur den Auftraggeber an, der innerhalb eines überschaubaren Zeitraumes mehrere Bauaufträge zu vergeben hat, wobei es auf die Frage einer bestimmten Regelmäßigkeit nicht ankommt. Von Bedeutung ist § 8 Nr. 2 Abs. 3 hauptsächlich für den öffentlichen Auftraggeber, der ständig oder regelmäßig mit der Vergabe von Bauaufträgen befaßt ist. Es empfiehlt sich für diese Auftraggeber, eine Kontrolle einzurichten. Des weiteren ist es gerade auch hier zu empfehlen, genügend nichtortsansässige Bewerber zu berücksichtigen, um den jeweils gebotenen Wechsel zu gewährleisten. 47

A § 8, 2, Rdn. 48

48 Unter Berücksichtigung der Regelung in Nr. 2 Abs. 3 sagt daher das VHB zu Teil A § 8 in Nr. 4. mit Recht:

4. Auswahl der Bewerber bei Beschränkter Ausschreibung und Freihändiger Vergabe.

4.1. Bei Beschränkter Ausschreibung und Einholung von Angeboten im Wettbewerb zur Vorbereitung einer Freihändigen Vergabe sind unter Berücksichtigung des Umfanges der Leistung in der Regel nichtortsansässige Unternehmer in angemessener Zahl zur Angebotsabgabe aufzufordern.

Auch bei ausreichender Zahl bekannter Bewerber soll neuen Bewerbern Gelegenheit zur erstmaligen Teilnahme am Wettbewerb geboten werden.

Es sind als Nachweis geeignete Aufzeichnungen zu führen, welche Unternehmer zur Angebotsabgabe aufgefordert worden sind und Aufträge erhalten haben.

Dabei sind die betreffenden Baumaßnahmen bzw. Aufträge nach Art und Wert anzugeben. Ferner ist anzugeben, welche Unternehmer auf Grund welcher Merkmale bevorzugte Bewerber sind.

4.2. Bewerber aus EWG-Mitgliedsstaaten sind unter den gleichen Bedingungen zur Angebotsabgabe aufzufordern wie inländische Bewerber.

Die erwähnten Aufzeichnungen müssen sich auf den sachlich gebotenen Inhalt beschränken. Die dadurch herbeigeführte Kontrolle darf vor allem nicht unsachlichen Motiven unterliegen. Sie darf nicht dahin gehen, eine Art „Anwesenheitsliste" mit dem Ziel zu führen, nachzuprüfen, ob sich bei der Beschränkten Ausschreibung jeder zur Abgabe eines Angebotes aufgeforderte Unternehmer auch wirklich beteiligt hat, um den Nichtteilnehmer von einer späteren Aufforderung auszuschließen. Da als Regelfall davon auszugehen ist, daß der – ohnehin wohl kaum vorhandene – Unternehmer, der am Erhalt eines öffentlichen Bauauftrages desinteressiert ist, dies im allgemeinen die vergebende Behörde wissen läßt, wird anzunehmen sein, daß die Nichtbeteiligung an der Angebotsabgabe im Einzelfall auf durchaus sachlichen Motiven beruht (Arbeitsüberlastung, anderweitige Betriebsplanung, die Ansicht, nicht hinreichend fachkundig oder leistungsfähig zu sein usw.). Handelt es sich um einen sonst tüchtigen und zuverlässigen Unternehmer, so kann die vergebende Behörde die jetzige Nichtbeteiligung am Angebot, wenn sie ihre Aufgaben in dem hier maßgeblichen fiskalischen Bereich sachgerecht wahrnimmt, dem Unternehmer nicht in dem Sinne verübeln, daß sie ihn bei einer späteren Vergabe „links liegenläßt". Sonst schadet sich die Behörde letztlich selbst. Ein solches Verhalten kann die Ursache für eine unzulässige Kartellbildung von Unternehmern sein (vgl. Crome, BB 1959, 832, 833). Außerdem würde der Unternehmer, der sich wirklich jetzt nicht beteiligen kann oder aus sachgerechten Gründen nicht will, gezwungen sein, ein preisrechtlich überhöhtes Scheinangebot abzugeben, also ein Angebot, dessen Preise so hoch liegen, daß er für die Auftragserteilung nicht in Betracht kommt, nur um bei einer späteren Vergabe von der vergebenden Behörde nicht „vergessen" zu sein. Ein solches Angebot birgt aber auch die Gefahr in sich, eine Täuschung über die Nachfragesituation und die Preisgestaltung herbeizuführen. Das wäre nicht nur ungesund, sondern die vergebende Behörde hätte zweifellos auch Schwierigkeiten, den hier maßgeblichen angemessenen Preis zu ermitteln (dazu Dipper, BB 1959, 835). Der betreffende Unternehmer kann sich aus seiner „Verlegenheit" auch nicht dadurch befreien, daß er die Angebotsunterlagen einfach an einen anderen, zur Angebotsabgabe nicht aufgeforderten Unternehmer weitergibt, da allein der **Auftraggeber die Auswahl der an der Beschränkten Ausschreibung zu beteiligenden Unternehmer trifft** (vgl. Rdn. 43).

G. Nachprüfung von Fachkunde, Leistungsfähigkeit und Zuverlässigkeit der Bewerber (Nr. 3)

Es ist, wie sich aus Teil A § 2 Nr. 1 Satz 1 ergibt, **grundlegende Voraussetzung** für eine ordnungsgemäße Bauvergabe, daß derjenige, der sich um einen Bauauftrag bewirbt, die **erforderlichen persönlichen und sachlichen Voraussetzungen besitzen muß**, also fachkundig, leistungsfähig und zuverlässig ist (vgl. dazu Teil A § 2 Rdn. 4 ff.). Dies liegt auch im Bereich des gebotenen **Wettbewerbs,** darüber hinaus aber auch im Rahmen der notwendigen **Gleichbehandlung** der Bewerber (vgl. Rdn. 2 ff.).

Gerade diese Voraussetzungen müssen die Aufmerksamkeit des Auftraggebers **bereits** finden, wenn es – im Rahmen von Teil A § 8 – um die Aushändigung von Verdingungsunterlagen bei Öffentlicher Ausschreibung oder die Aufforderung zur Angebotsabgabe bei Beschränkter Ausschreibung oder Freihändiger Vergabe geht. Es wäre nämlich sinnlos, mit einem Bewerber und späteren Bieter in Vertragsverhandlungen einzutreten, der die grundlegenden Voraussetzungen nicht erfüllt, daher für eine sachgerechte Vergabe nicht in Betracht kommen kann.

I. Grundsätze

Die VOB muß zwangsläufig ins Auge fassen, daß sich bei dem Auftraggeber im Rahmen eines Vergabeverfahrens Bewerber melden oder er auch selbst mit solchen in Verbindung tritt, über deren Fachkunde, Leistungsfähigkeit und Zuverlässigkeit er **noch keine Kenntnis** hat, die sozusagen „neu" für ihn sind. Es liegt auf der Hand, daß dem Auftraggeber hier Möglichkeiten gegeben werden müssen, um sich **hinreichend und sachgerecht informieren** zu können. Die Regelung in Nr. 3 dient dazu.

Es ist selbstverständlich, daß die vom Bewerber zu verlangenden Auskünfte sich **im Rahmen des im Einzelfall gebotenen objektiv-sachlichen Informationsbedürfnisses halten müssen,** also weder der bloßen Neugier noch insbesondere der Diskriminierung dienen dürfen. Außerdem dürfen Informationen vom betreffenden Bewerber **nur gefordert werden, soweit sie noch fehlen,** also um Kenntnislücken beim Auftraggeber auszufüllen. Der Umfang der Auskünfte muß sich somit dort beschränken, wo bereits Teilinformationen vorliegen. Umfangreicher werden die zu verlangenden Auskünfte sein müssen, wenn der betreffende Bewerber dem Auftraggeber in der Frage seiner Fachkunde, Leistungsfähigkeit oder Zuverlässigkeit bisher überhaupt unbekannt ist. Gerade der öffentliche Auftraggeber muß darauf bedacht sein, die gebotenen Grenzen nicht zu überschreiten.

II. Fragenkreis im Rahmen der Aufklärung

Nr. 3 Abs. 1 regelt in der Aufzählung unter a–e den Fragenkreis, der in Betracht kommen kann, **um die erforderliche Unterrichtung** durch den Bewerber für den Auftraggeber **zu erreichen.** Hiernach können zum Nachweis der Fachkunde, Leistungsfähigkeit und Zuverlässigkeit die folgenden Angaben verlangt werden, wobei die Aufzählung beispielhaft ist, allerdings alle verlangten Nachweise, Auskünfte und Informationen **unmittelbar auftragsbezogen** sein müssen:

1. Über den **Umsatz des Bewerbers in den letzten 3 abgeschlossenen Geschäftsjahren,** soweit es Bauleistungen und andere Leistungen betrifft, die mit der zu vergebenden Leistung **vergleichbar** sind, unter Einschluß des Anteils an Arbeitsgemeinschaften und anderen gemeinschaftlichen Bietern.

Es kommt hiernach nur auf den Umsatz des Bewerbers in dem genannten Zeitraum an, der sich auf **Bauleistungen** und andere **Leistungen** – wie z. B. Eigenlieferungen, Planungsleistungen – bezieht, die sich ihrer Art und Ausführung nach mit denjenigen vergleichen lassen, **die jetzt vergeben werden sollen**. Daß dabei die leistungsmäßig einschlägige Beteiligung des Bewerbers an Arbeitsgemeinschaften und anderen Bietergemeinschaften mit zu berücksichtigen ist, liegt auf der Hand.

53 2. Das Gesagte gilt grundsätzlich auch für die **Auskunft über die Ausführung von Leistungen in den letzten 3 abgeschlossenen Geschäftsjahren**, die mit der zu vergebenden **vergleichbar** sind. Hier liegt allerdings das Schwergewicht der Auskunft bei der Ausführung derartiger Leistungen, und zwar nicht nur der Anzahl, sondern auch der leistungsmäßigen Beteiligung nach, einschließlich der näheren technischen Ausführung. Nicht ohne weiteres vergleichbar sind bisher nur ausgeführte Teilleistungen, wenn es sich jetzt um eine schlüsselfertige Ausführung handelt.

54 3. Ferner kann vom Bewerber Auskunft über die Zahl **der in den letzten 3 abgeschlossenen Geschäftsjahren jahresdurchschnittlich beschäftigten Arbeitskräfte**, gegebenenfalls gegliedert nach Berufsgruppen, einschließlich der Führungskräfte, verlangt werden. Hier wird insbesondere die Leistungsfähigkeit des Bewerbers angesprochen. Möglicherweise kann das hinreichend klare Bild nur dadurch gewonnen werden, daß der Bewerber die Beschäftigten nach Berufsgruppen aufgliedert. Das muß im Zusammenhang mit der nunmehr beabsichtigten Bauleistung stehen, insbesondere im Hinblick auf die Fachbereiche, die im Rahmen dieser Leistung einzusetzen sind.

55 4. Ähnlich liegt es bei der etwaigen Auskunft über die dem Bewerber **für die Ausführung der zu vergebenden Leistung zur Verfügung stehende technische Ausrüstung**. Hier handelt es sich um die vorhandenen sachlichen Mittel (z. B. Maschinen, Baustelleneinrichtung, Fahrzeuge usw.). Auch das ist auf die zu vergebende Leistung ihrem Umfang und ihrer Art nach bezogen.

56 5. Grundlegend ist schließlich auch die Auskunft über die **Eintragung in das Berufsregister** des Sitzes oder Wohnsitzes des Bewerbers, was Voraussetzung für die Vergabe überhaupt zu sein hat.

III. Die Auskunftsmittel im einzelnen (Nr. 3 Abs. 1 und 2)

57 Nr. 3 Abs. 1 Satz 2 befaßt sich mit der Frage, auf welche Weise die nach dem Gesagten zu fordernden **Auskünfte hinreichend**, aber auch **möglichst ohne großen Aufwand** beigebracht werden können. Hiernach genügt es, wenn die nach Satz 1 a, c und e zu erbringenden Nachweise durch eine von der zuständigen Stelle ausgestellte Bescheinigung erbracht werden, aus der hervorgeht, daß der Bewerber in einer amtlichen Liste in einer Gruppe geführt wird, die den genannten **Leistungsmerkmalen entspricht**. Hier sind für den Bereich der EG innerstaatliche Qualifikationslisten angesprochen, z. B. in Italien und Belgien, aus denen die erforderlichen Angaben entnommen und bescheinigt werden können.

58 Sofern solche Listen **nicht bestehen**, sollte von dem Bewerber der **geringstmögliche Aufwand** gefordert werden, um die notwendigen Nachweise zu erbringen. Dem entspricht die in die **Fassung der VOB von 1979 in Abs. 2 der Nr. 3** aufgenommene Bestimmung, wonach der Auftraggeber andere ihm geeignet erscheinende Nachweise der wirtschaftlichen Leistungsfähigkeit zulassen wird, wenn er feststellt, daß stichhaltige Gründe dafür bestehen. Im allgemeinen sollte sich der Auftraggeber mit Aufstellungen des Bewerbers begnügen, sofern überhaupt nachprüfbarer Anlaß besteht, solche anzufordern, und nur dann, wenn Unvollständigkeiten, Unklarheiten oder sonstige Zweifel bestehen, auf der Vorlage von schriftlichen Erklärungen Dritter oder amtlicher Stellen beharren, wobei allerdings der Bewerber in der Lage sein muß, sich etwaige Bescheinigungen ohne erhebliche Kosten nach ihm zumutbarer Sachlage zu

beschaffen und dadurch nicht der Wettbewerb unzumutbar eingeengt wird. Wie weit dieses im allgemeinen zu gehen hat, hängt weitgehend von den **praktischen Erfahrungen** ab, insbesondere auch vom **Verhalten der Bewerberseite**. Werden dort die Auskünfte sorgfältig vorbereitet und zusammengestellt, fördert das nur das allgemeine Vertrauen der Auftraggeberseite; geschieht das nicht, so kann es niemand dem Auftraggeber – gerade dem öffentlichen Auftraggeber – verargen, wenn er strengere Anforderungen stellt. Vor allem muß sich der Bewerber auch darüber im klaren sein, daß er sich bei schuldhaft erteilten unrichtigen oder unvollständigen Auskünften gegenüber dem Auftraggeber schadensersatzpflichtig machen kann, und zwar aus culpa in contrahendo, gegebenenfalls sogar aus unerlaubter Handlung (§ 826 BGB), oder auch Anfechtungstatbestände – vor allem aus § 123 BGB – geschaffen werden können, wenn der Bauvertrag später aufgrund unrichtiger Auskunft abgeschlossen worden ist. Außerdem kommt ein Ausschluß von dieser oder von anderen Vergaben nach Nr. 4 Abs. 1 e in Betracht (vgl. Rdn. 74).

IV. Zeitpunkt der Auskunftsanforderung

Nr. 3 Abs. 3 regelt, wann die von den Bewerbern zu verlangenden Auskünfte anzufordern und zu bezeichnen sind. Es liegt auf der Hand, daß die Nachweise im allgemeinen bei Einreichung des Angebots beizubringen sind.

1. Deshalb wird es dem Auftraggeber zur Pflicht gemacht, die von ihm verlangten Nachweise **bei Öffentlicher Ausschreibung in der Aufforderung zur Angebotsabgabe** zu verlangen und im einzelnen zu bezeichnen, und zwar nicht nur für den Fall, in dem die Vorlage bereits mit dem Angebot geschehen soll, sondern auch dann, wenn die Vorlage für später **vorbehalten** wird. Im ersten Fall ist das selbstverständlich, weil der Bewerber sonst nicht weiß, was er mit dem Angebot vorzulegen hat. Im zweiten Fall ist die Bezeichnung der Unterlagen, deren Vorlage vorbehalten wird, in der Aufforderung zur Angebotsabgabe deshalb notwendig, weil dieses für den Entschluß des Bewerbers, ob er sich überhaupt am Angebotsverfahren **beteiligen will,** von entscheidender Bedeutung sein kann. Es soll also von vornherein vermieden werden, im Bewerber die Hoffnung zu erwecken, einen Bauleistungsauftrag zu erhalten, obwohl er die im Einzelfall notwendigen persönlichen und sachlichen Voraussetzungen nicht erfüllt. Der Vorbehalt ist in der Regel auch für den Auftraggeber zweckmäßig, weil er im Zeitpunkt der Aufforderung zur Angebotsabgabe im allgemeinen noch nicht weiß, wer sich bei Öffentlicher Ausschreibung am Vergabeverfahren beteiligen will, wer ihm also hinsichtlich Fachkunde, Leistungsfähigkeit und Zuverlässigkeit bereits bekannt ist und wer nicht, von wem er also die erforderlichen Auskünfte braucht.

2. Bei Beschränkter Ausschreibung und Freihändiger Vergabe mit öffentlichem Teilnahmewettbewerb (vgl. Teil A § 3 Nr. 1 Abs. 2, 3, Nr. 2 und Nr. 6) muß der Auftraggeber die Nachweise – ausnahmslos und sozusagen als Ausnahme von der Regel – bereits mit der **Vorlage des Teilnahmeantrages** verlangen. Dies leuchtet schon deswegen ein, weil der Auftraggeber die Auskünfte haben muß, um dieses „Vorvergabeverfahren" ordnungsgemäß abschließen zu können, also sich nach sachgerechter Prüfung zu entscheiden, wen er – bei Beschränkter Ausschreibung – zur Angebotsabgabe auffordert oder mit wem er – bei Freihändiger Vergabe – in konkrete Vertragsverhandlungen eintritt.

Ist für Beschränkte Ausschreibung oder Freihändige Vergabe ein öffentlicher Teilnahmewettbewerb **nicht** erforderlich (vgl. Teil A § 3 Nrn. 2 und 6), wird man im allgemeinen davon ausgehen können, daß der Auftraggeber den betreffenden oder die betreffenden Bewerber **kennt,** also über deren Fachkunde, Leistungsfähigkeit und Zuverlässigkeit hinreichend orientiert ist, somit darauf bezogene Auskünfte nicht mehr braucht. Ist das dennoch nötig, muß er die Auskünfte in jedem Fall **vor der** Aufforderung zur Angebotsabgabe verlangen, um sich selbst darüber klarzuwerden, wen er auffordern bzw. mit wem er in Vertragsverhandlungen eintreten will. Vor allem geht es auch nicht an, in dem vom Auftraggeber ins Auge gefaßten

Bewerber falsche Hoffnungen zu erwecken und ihn mit unnützen Arbeiten zu belasten, die mit der Angebotsabgabe verbunden sind.

H. Ausschluß von Bewerbern von der Teilnahme am Wettbewerb (Nr. 4)

63 **Nr. 4 regelt Ausschlußtatbestände,** hält also Sachverhalte fest, bei denen im allgemeinen anzunehmen ist, daß der betreffende Bewerber nicht die vorauszusetzende Fachkunde, Leistungsfähigkeit und Zuverlässigkeit besitzt, um das ins Auge gefaßte Bauvorhaben sachgerecht und ordnungsgemäß auszuführen. Dabei handelt es sich um Tatbestände, die es nach Teil A § 25 Nr. 1 Abs. 2 gestatten, Angebote ohne nähere Wertung ihres Inhalts von der Vergabe auszuschließen. Es ist daher nicht nur sinnvoll, sondern sogar geboten, den betreffenden Bewerber bereits **vor** Angebotsabgabe vom Wettbewerb auszuschließen, um sowohl diesem als auch dem Auftraggeber unnütze Arbeit zu ersparen.

64 Nr. 4 ist eine sogenannte **„Kann-Vorschrift",** die es der Entschließung des Auftraggebers – bei dem öffentlichen Auftraggeber der pflichtgemäßen sachgerechten Überprüfung und Entscheidung – überläßt, ob er den betreffenden Bewerber ausschließen will oder nicht. Dabei muß sich die Entscheidung an der allein maßgebenden Frage und deren Beantwortung orientieren, ob der Bewerber unter den gegebenen Umständen voraussichtlich in der Lage sein wird, die ins Auge gefaßte Bauleistung **im Rahmen seiner Sachkunde, Leistungsfähigkeit und Zuverlässigkeit zu erbringen** oder nicht. Es handelt sich also **nicht** um von vornherein gegebene **unbedingte Ausschlußgründe,** sondern die Entschließung muß immer an dieser Frage orientiert sein. Das bloße Vorliegen von Ausschlußtatbeständen als solches genügt also nicht.

I. Die möglichen Ausschlußgründe (Nr. 4 Abs. 1)

65 Diese ergeben sich aus der EG-Richtlinie zur Koordinierung der Bauvergabeverfahren und sind insoweit in die VOB übernommen worden.

66 1. Es ist möglich, Bewerber auszuschließen, über deren Vermögen das **Konkursverfahren oder das Vergleichsverfahren eröffnet oder die Eröffnung beantragt** worden ist. Bei solchen Sachverhalten muß vornehmlich die **gegenwärtige Leistungsfähigkeit** des Bewerbers angezweifelt werden; im allgemeinen ist sie nicht gegeben. Solche Bewerber auszuschließen liegt im schutzwürdigen Interesse des Auftraggebers. Es handelt sich um einen ähnlichen Sachverhalt, der den Auftraggeber nach abgeschlossenem Vertrag berechtigt, dem Auftragnehmer aus wichtigem Grund gemäß Teil B § 8 Nr. 2 zu kündigen (vgl. dort Rdn. 46 ff.). Das gebietet es um so mehr, von vornherein den betreffenden Bewerber bereits von der Vergabe auszuschließen. Daher wird man den **Ausschlußgrund auch** dann schon entsprechend Teil B § 8 Nr. 2 als gegeben ansehen können, wenn der **Bewerber seine Zahlungen einstellt.** Auch **genügt** bereits der **Antrag** auf Eröffnung des Konkurs- oder Vergleichsverfahrens, der allerdings beim Konkurs- oder Vergleichsgericht vorliegen muß . Voraussetzung ist aber, daß die hier angesprochenen Umstände noch in dem Zeitpunkt vorliegen, in dem bei Öffentlicher Ausschreibung die Angebotsunterlagen an den Bewerber abzugeben sind oder der öffentliche Teilnahmewettbewerb bei Beschränkter oder Freihändiger Vergabe stattfindet oder sonst in Vertragsverhandlungen mit dem Bewerber eingetreten wird oder daß diese Umstände bis zur Abgabe des Angebotes eintreten. Für die danach liegende Zeit bis zum Zuschlag kommt § 25 Nr. 1 Abs. 2 zur Anwendung; für die Zeit nach Vertragsabschluß bis zur Vollendung der Leistung gilt Teil B § 8 Nr. 2. **Kein Ausschlußgrund** ist es, wenn das Konkurs- oder Vergleichsverfahren bereits **vor dem genannten Anfangszeitpunkt beendet ist und** der Betrieb des Bewerbers **wieder ordnungsgemäß arbeitet;** naturgemäß muß der Bewerber auch seine Zahlungen wieder aufgenommen haben und seine Verpflichtungen wieder voll erfüllen.

2. Die Leistungsfähigkeit ist auch dann nicht gegeben, wenn sich der Betrieb des Bewerbers in **67** Liquidation befindet. Das gilt auch, wenn trotz des Liquidationsstadiums noch genügend finanzielle Mittel zur Verfügung stehen. Auch dann wird man davon ausgehen müssen, daß der betreffende Betrieb nicht mehr die Gewähr für eine hinreichend sorgfältige Ausführung der Leistung bis zu deren ordnungsgemäßer Vollendung – einschließlich Gewährleistung – bietet. Maßgebend ist auch hier der in Rdn. 67 genannte Zeitpunkt bzw. Zeitraum.

3. Ausschlußgrund ist es weiter, wenn der Bewerber nachweislich – im einzelnen vom Auftrag- **68** geber nachzuweisen – eine **schwere Verfehlung begangen hat, die seine Zuverlässigkeit als Bewerber in Frage stellt**. Es muß sich also zunächst um eine **schwere, für die betreffende Bauvergabe ins Gewicht fallende Verfehlung** handeln, was im allgemeinen bei einer auf den Geschäftsverkehr bezogenen strafrechtlichen Verurteilung gegeben ist. Insofern kommt auch eine hier beachtliche zivilgerichtliche Verurteilung in Betracht, wie z. B. im Rahmen der §§ 823, 826, 123, 134, 138 BGB, nicht zu vergessen unlautere Machenschaften, die vom GWB (vgl. dazu Teil A § 25 Rdn. 13 ff.) geahndet werden. Dagegen kann es nicht schon als schwerwiegende Verfehlung in dem hier erörterten Sinne angesehen werden, wenn der Auftraggeber mit dem betreffenden Bewerber in der Vergangenheit wiederholt hat Zivilprozesse führen müssen, die sich auf die bloße Abwicklung von Bauverträgen bezogen haben, da dem Bieter nicht angelastet werden kann, wenn er im Prozeß seine – wenn auch vermeintliche – Rechtsposition hat durchsetzen wollen, zumal die Situation aus früheren Aufträgen im allgemeinen nicht gleichzusetzen ist mit dem jetzt zu vergebenden (zutreffend Schelle/Erkelenz S. 98). Eine schwere Verfehlung ist es auch noch nicht, wenn der Bewerber gegen allgemeinverbindliche Tarifverträge verstoßen hat; allerdings kann dabei die Angemessenheit der dann im etwaigen Angebot geforderten Preise nach Teil A § 2 Nr. 1 Satz 1 in Frage stehen. Deshalb ist es durchaus möglich und zulässig, von den Bietern und/oder späteren Auftragnehmern eine Verpflichtungserklärung dahin zu fordern, daß sie tarifvertragliche Bestimmungen einhalten (vgl. Runderlaß des Ministers für Wirtschaft, Mittelstand und Verkehr NW vom 15. 3. 1988, MBl.NW. 1988, 753). In den hier zur Erörterung stehenden Bereich der Zuverlässigkeit fällt nicht nur die kaufmännische, sondern auch die technische (vgl. Teil A § 2 Rdn. 6). Daraus folgt, daß die im VHB beispielhaft aufgeführten Fälle (Teil A § 8 Nr. 7) zutreffend ausgewählt worden sind:

7. Ausschlußgründe
Verfehlungen nach § 8 Nr. 4 c VOB/A sind z. B.: Vollendete oder versuchte Beamtenbestechung, schwerwiegende Straftaten, die im Geschäftsverkehr begangen worden sind, insbesondere Diebstahl, Unterschlagung, Erpressung, Betrug, Untreue und Urkundenfälschung.
Verstöße gegen das Gesetz gegen Wettbewerbsbeschränkungen (GWB), unter anderem die Beteiligung an Absprachen über Preise oder Preisbestandteile, verbotene Preisempfehlungen, die Beteiligung an Empfehlungen oder Absprachen über die Abgabe oder Nichtabgabe von Angeboten, über die Aufrechnung von Ausfallentschädigungen sowie über Gewinnbeteiligung und Abgaben an andere Bewerber.

Hier ist es durchaus zulässig, vom Bieter eine Erklärung zu fordern, daß er in der letzten Zeit **69** (z. B. in den letzten 2 Jahren) nicht an nach dem GWB unzulässigen wettbewerbsbeschränkenden Abreden teilgenommen hat. Ein Ausschluß für eine längere Zeit oder auf Dauer dürfte in solchem Falle grundsätzlich nur bei ganz schwerwiegenden oder wiederholten Verstößen gerechtfertigt sein. Falls solche besonderen Gründe nicht vorliegen, wird man entsprechend Nr. 3 Abs. 1 a–c den Zeitraum der zurückliegenden 3 Jahre für maßgebend erachten können, falls der Bieter gegebenenfalls nachweist, daß er in dem genannten Zeitraum nicht mehr „aufgefallen" ist (ähnlich Schelle/Erkelenz S. 98).

Ein Verstoß gegen die §§ 1, 2 HandwO, hinsichtlich dessen die Ordnungsbehörden noch nicht eingegriffen haben, stellt nicht schon ohne weiteres ein wettbewerbswidriges Verhalten nach § 1 UWG dar (vgl. OLG Hamm GRUR 1978, 438).

4. Auszuschließen von der Teilnahme am Wettbewerb sind auch solche Bewerber, die ihre **70** **Verpflichtungen zur Zahlung von Steuern und Abgaben sowie von Beiträgen zur gesetz-**

lichen Sozialversicherung nicht ordnungsgemäß erfüllt haben. Diese Regelung hat ihren Grund darin, den Auftraggeber von vornherein davor zu schützen, von öffentlichen Kassen wegen der Verbindlichkeiten des Bewerbers bzw. späteren Auftragnehmers in Anspruch genommen zu werden, sei es aufgrund Abtretung, sei es kraft Gesetzes oder auch kraft im Wege der Zwangsvollstreckung durchgeführter Pfändung und Überweisung. Nicht zuletzt geht es hier aber auch um die Frage, ob der Bewerber illegale Arbeitskräfte beschäftigt, wobei auch der Gesichtspunkt etwaigen Nachunternehmereinsatzes mit einzubeziehen ist.

Während Steuern Leistungen im Rahmen der Steuergesetze umfassen, sind Abgaben Beiträge und Gebühren, die eine öffentliche Körperschaft kraft ihrer Finanzhoheit erheben kann. Was mit Nichtleistung der Beiträge zur gesetzlichen Sozialversicherung gemeint ist, bedarf keiner näheren Erläuterung, insbesondere fallen darunter Beiträge für die Arbeitslosen-, Kranken- und Rentenversicherung. Hinzurechnen müssen wir man hier noch den Fall, in dem sich der Bewerber **nicht bei der Berufsgenossenschaft angemeldet** hat (vgl. Nr. 4 Abs. 1 f). Auch dort gebietet es das schutzwürdige Interesse des Auftraggebers, der Gefahr der Inanspruchnahme von dritter Seite zu entgehen (vgl. Rdn. 75 ff.).

71 Voraussetzung für den Ausschluß eines Bewerbers muß es allerdings sein, daß er **entweder gegenwärtig** – also im Zeitpunkt der Ausschreibung bzw. des Angebotsverfahrens – die genannten Pflichten nicht oder nicht vollständig erfüllt **oder** daß dies **in der Vergangenheit** in einer Weise geschehen ist, daß für den Auftraggeber die konkrete Gefahr der Wiederholung gerade auch heute noch besteht. Einer weiteren Auslegung ist das Tatbestandsmerkmal „nicht ordnungsgemäß erfüllt haben" nicht zugänglich. Im Streitfall ist der Auftraggeber für das Vorliegen des Ausschlußgrundes beweispflichtig.

72 Nach dem Gesagten kann die **Erteilung einer steuerlichen Unbedenklichkeitsbescheinigung durch das Finanzamt nicht zur Sicherung zukünftiger Steuerforderungen von einer Forderungsabtretung des Bewerbers abhängig gemacht werden**, da es dann an dem erforderlichen inneren Zusammenhang fehlt, den die Unbedenklichkeitsbescheinigung erfüllen soll, nämlich die Beurteilung der Leistungsfähigkeit und Zuverlässigkeit des Bewerbers für die ordnungsgemäße Ausführung des von der Vergabe erfaßten Bauvorhabens; eine solche Bescheinigung dient nicht der Sicherung schon fälliger Steuerforderungen, sondern erst – möglicherweise mit dem zu vergebenden Auftrag – fällig werdender Steuerforderungen, die noch nicht einmal entstanden sind; hier wird von Seiten der Finanzbehörde ein unzulässiger Druck ausgeübt, der insbesondere auch dazu führt, daß der Auftraggeber über die wirkliche Sachlage getäuscht wird, indem säumige Steuerzahler nicht säumigen gleichgestellt werden, daher die Vergabeentscheidung zum Nachteil des nicht säumigen beeinflußt werden kann; da hier die von der Erteilung der Bescheinigung abhängig gemachte Abtretung lediglich als Druckmittel der Finanzbehörde anzusehen ist, ist eine dennoch erfolgte Abtretung nach § 138 BGB nichtig (BGH Z 94, 125 = BauR 1985, 442 = NJW 1985, 1825 = MDR 1985, 749 = ZIP 1985, 790 = SFH § 8 VOB/A Nr. 1 m. Anm. Hochstein = BB 1985, 1288 = LM § 138 [A] BGB Nr. 8 = Betrieb 1986, 218 = ZfBR 1985, 160). Gegenüber den Rückforderungsansprüchen, die sich daraus im Hinblick auf vom Auftraggeber an die Finanzbehörde bezahlte Vergütungsanteile des zum Auftragnehmer gewordenen Bewerbers bzw. Bieters ergeben, kann nicht mit später entstandenen Steuerforderungen aufgerechnet werden, weil dem unzulässige Rechtsausübung (§ 242 BGB) entgegensteht (BGH a. a. O.).

73 Zur Problematik der Abhängigkeit öffentlicher Aufträge von steuerlichen Unbedenklichkeitsbescheinigungen vgl. von Elsner BB 1979, 793. Zutreffend führt von Elsner aus, daß der Antragsteller (Bewerber) gegenüber der zuständigen Stelle im Bereich der Finanzbehörden einen im Klageweg durchsetzbaren Rechtsanspruch auf Erteilung (oder – begründete – Versagung) einer solchen Unbedenklichkeitsbescheinigung hat, und zwar – entgegen Rössler BB 1979, 1285 – im Wege der Verpflichtungsklage oder im vorläufigen Verfahren der einstweiligen

Anordnung; die Versagung oder der Entzug der Unbedenklichkeitsbescheinigung darf dem öffentlichen Auftraggeber von der Finanzbehörde nicht unmittelbar mitgeteilt werden, weil eine Amtshilfe gegenüber einem – wie hier – auf privatrechtlichem Gebiet tätigen öffentlichen Auftraggeber nicht in Betracht kommt (a. a. O.). Hier gilt aber für den Bewerber bzw. Bieter das nachfolgend Rdn. 77 Gesagte.

5. Auch ist es ein Ausschlußgrund, wenn Bewerber im Vergabeverfahren **vorsätzlich unzutreffende Erklärungen** in bezug auf ihre Fachkunde, Leistungsfähigkeit und Zuverlässigkeit abgegeben haben. 74
Zu den Begriffen Fachkunde, Leistungsfähigkeit und Zuverlässigkeit vgl. Rdn. 49 sowie Teil A § 2 Rdn. 4 ff. Voraussetzung für den Ausschluß ist, daß der betreffende Bewerber **vorsätzlich** unzutreffende Erklärungen über Tatsachen, die für die vorgenannten Merkmale wesentlich sind, abgegeben hat. Da diese **grundlegend** für eine sachgerechte Bauvergabe an einen Unternehmer überhaupt sind, liegt es klar zutage, daß der Bewerber von vornherein kein Vertrauen genießen kann, der seine wirklichen Verhältnisse – natürlich auf den Rahmen der drei Merkmale beschränkt – falsch dargestellt oder verschwiegen hat, da unzutreffende Erklärungen auch in einem Verschweigen liegen können. Ein Ausschlußgrund liegt aber nur bei grobem Verschulden des Bewerbers, nämlich bei **Vorsatz** vor. Zum Begriff des Vorsatzes vgl. Teil B § 10 Rdn. 37. Da es hier um den Ausschluß von der Teilnahme am Wettbewerb geht, betrifft dieser grundsätzlich nur das Verfahren, um das es sich gerade handelt. Man wird aber auch solche Bewerber mit der hier erörterten Regelung erfassen müssen, die in **früheren Vergabeverfahren** sich eines solchen groben Verstoßes schuldig gemacht haben. Allerdings wird man dieses auch **nicht auf ewige Zeit** ausdehnen können. Hat es sich z. B. um einen einmaligen Verstoß gehandelt, der schon lange Jahre zurückliegt, und hat sich der Bewerber zwischenzeitlich ordnungsgemäß verhalten, dürfte es nicht angehen, ihn wegen der einmaligen früheren Verfehlung jetzt vom Wettbewerb auszuschließen. Auch hier wird man – wenn nicht weitere besondere Gründe vorliegen – sinngemäß den in Nr. 3 Abs.1 geregelten Zeitraum von 3 Jahren seit dem Vorkommnis heranziehen können.
Ein Ausschlußgrund liegt immer vor, wenn sich der betreffende Bewerber zum Zwecke der Erreichung eines Bauauftrages gegenüber dem Auftraggeber bzw. dessen Vertreter einer **arglistigen Täuschung** schuldig macht, die den Auftraggeber, wenn es zum Vertrag gekommen wäre, zur **Anfechtung nach § 123 BGB berechtigen würde**. Dazu kann auch das Verschweigen wirtschaftlicher Bedrängnis gehören, wenn dadurch der in Aussicht genommene Vertragszweck vereitelt oder zum Nachteil des Auftraggebers wesentlich erschwert würde (vgl. BGH Betrieb 1976, 332 = WM 1976, 111).

6. Schließlich können Bewerber ausgeschlossen werden, die sich **nicht bei der Berufsgenossenschaft angemeldet** haben. Diese Bestimmung ist wegen des Sachzusammenhanges aus Teil A § 25 Nr. 1 Abs. 1 c der bisherigen Fassung der VOB hier übernommen worden. Gemeint ist die Nichtanmeldung bei **derjenigen Berufsgenossenschaft, der der betreffende Bewerber nach dem von ihm ausgeübten Beruf zugehören muß**. Dieser Ausschlußgrund hat folgende Bewandtnis: 75

a) Nach der Reichsversicherungsordnung (RVO) ist grundsätzlich jeder Unternehmer gezwungen, Mitglied der Berufsgenossenschaft zu sein. Der gesetzlichen Unfallversicherung unterstehen die Betriebe der Bauunternehmer selbst, daneben aber auch die Bauarbeiten außerhalb eines gewerbsmäßigen Baubetriebes. Dies folgt aus § 537 RVO. Jeder Unternehmer gewerbsmäßiger oder nicht gewerbsmäßiger Bauarbeiten ist gemäß §§ 646, 658 RVO Mitglied der für ihn zuständigen Berufsgenossenschaft, also auch der sogenannte private Eigenbauherr (vgl. OLG Düsseldorf BB 1978, 480 = NJW 1978, 1694 = VersR 1978, 638). Dabei unterliegen die Unternehmer gegenüber der Berufsgenossenschaft der Anmeldepflicht (§ 661 RVO). Bei einer Nichtanmeldung haben die Arbeitnehmer in dem Baubetrieb zwar Versicherungsschutz. Es treten aber zwei andere Folgen ein: Einmal kann die Berufsgenossenschaft ihre Umlage 76 nicht richtig berechnen, zum anderen unterliegen die nicht angemeldeten Betriebe nicht der Überwachung durch die Berufsgenossenschaft, soweit es die von dieser herausgegebenen Unfallverhütungsvorschriften anbelangt. Insoweit wird auf §§ 712 ff. RVO verwiesen. Das Fehlen der Überwachung durch die Berufsgenossenschaft kann zu für den Auftraggeber unzuträglichen und unzumutbaren Verhältnissen führen. Es ist zu bedenken, daß er in vielen Fällen mit den Vorschriften der Berufsgenossenschaft nicht vertraut sein kann oder wird, er daher den Bewerber nicht anzuhalten vermag, die **Unfallverhütungsvorschriften** einzuhalten. Davon abgesehen, wäre es für den Auftraggeber auch unzumutbar, Kontrollbefugnisse auszuüben, die nicht in seinen Aufgabenbereich fallen. Das gilt hinsichtlich der richtigen Berechnung und rechtzeitigen Bezahlung der Beiträge in gleicher Weise. Hinzu kommt noch: Der Auftraggeber kann unter Umständen für die Versicherungsbeiträge des Unternehmers haftbar gemacht werden. Das ist der Fall, wenn der Bewerber in seiner Eigenschaft als Unternehmer nicht gewerbsmäßige Bauarbeiten durchführt (§ 729 RVO). Ist dieser Mitglied einer Zweiganstalt (§§ 783 ff. RVO), so haftet der Auftraggeber im Falle der Zahlungsunfähigkeit des Unternehmers für die Versicherungsbeiträge oder die sonstigen damit zusammenhängende Leistungen. Diese Zahlungsverpflichtung des Auftraggebers erstreckt sich auf ein Jahr von dem Zeitpunkt ab, an dem die Schuld endgültig festgestellt ist (§ 819 RVO). Das kann also noch mehrere Jahre nach Fertigstellung des Baues eintreten. Zur Haftungsersetzung gemäß §§ 636, 637 RVO in der Rechtsprechung der Bundesgerichtshof Lepa VersR 1985, 8.

77   Es ist daher richtig, diejenigen Bewerber auszuschalten, die sich nicht bei der Berufsgenossenschaft angemeldet haben. Die Sicherung der Kontrolle der Einhaltung der Unfallverhütungsvorschriften sowie die Gewähr der rechtzeitigen und richtigen Berechnung und Einziehung der Beiträge ist für den Auftraggeber bei der Vergabe des Auftrages von entscheidender Bedeutung.

78   b) Es bestehen keine Bedenken, in entsprechender Anwendung der hier erörterten Regelung der VOB auch diejenigen auszuschalten, die sich zwar bei der Berufsgenossenschaft oder einer Zweiganstalt angemeldet haben, die aber die **Bauleistung nicht gewerbsmäßig ausführen.** Denn die Gefahr des Heranziehens des Auftraggebers zu den Versicherungsbeiträgen ist alsdann in erhöhtem Maße gegeben, nämlich weit mehr als in den Fällen, in denen es sich um gewerbsmäßige Bauunternehmer handelt. Die entsprechende Anwendung muß aber eine Frage des ordnungsgemäßen, bei Behörden pflichtgemäßen Ermessens sein, wobei der Ausschluß eines nichtgewerblichen Bewerbers dann gerechtfertigt sein kann, wenn das Risiko des Auftraggebers zu groß ist. Dieser wird sich zu einer solchen Maßnahme entschließen, wenn er den nichtgewerbsmäßigen Unternehmer nicht hinreichend kennt und daher über dessen Zuverlässigkeit wegen der Beitragszahlung nicht sicher ist. Zwar hat nach Teil B § 4 Nr. 2 der Auftragnehmer allein die Verantwortung für die Erfüllung seiner berufsgenossenschaftlichen Verpflichtungen, insbesondere gegenüber seinen Arbeitnehmern. Dies bezieht sich aber **nur auf das Innenverhältnis** zwischen Auftraggeber und Auftragnehmer. Die etwaige Pflicht des Auftraggebers der Anstalt gegenüber wird durch diese Bestimmung nicht berührt. Der Auftraggeber hat einen Erstattungsanspruch gegenüber dem Auftragnehmer, falls er für die Beiträge in Anspruch genommen wird. Er läuft Gefahr, daß er die Beiträge nur mit Mühe oder gar nicht vom Auftragnehmer wieder hereinholen kann.

II. Feststellung des Vorhandenseins oder Fehlens von Ausschlußgründen (Nr. 4 Abs. 2 und 3)

79   Wie bereits hervorgehoben, ist der **Auftraggeber** für das Vorliegen einer der in Absatz 1 genannten Ausschlußgründe **darlegungs- und beweispflichtig.** Er muß also entsprechende Tatsachen behaupten und gegebenenfalls beweisen. Das kann für ihn im Einzelfall schwierig sein, und er wird hierzu vielfach der **Mithilfe des betreffenden Bewerbers oder Bieters** bedürfen. Vor allem muß es auch im eigenen Interesse des Bewerbers oder Bieters liegen, hier

mitzuwirken, damit die aufgeworfenen Fragen nicht durch Einschaltung Dritter geklärt werden müssen, vielmehr sozusagen intern geregelt werden. Daher entspricht es nicht mehr als der **Vernunft,** wenn in den Absätzen 2 und 3 eine Rahmenregelung für die Mitwirkung der Bewerber oder Bieter – also vor und nach Angebotsabgabe bis zum Zuschlag – getroffen wurde. Insoweit handelt es sich zugleich um eine **Mitwirkungspflicht des Bewerbers oder Bieters im Bereich des Wettbewerbs.** Verschließt er sich dieser Mitwirkung, dürfte dies für den Auftraggeber ohne weiteres die Berechtigung beinhalten, den betreffenden Bewerber oder Bieter vom Wettbewerb oder weiteren Wettbewerb **auszuschließen.** Allerdings darf der Auftraggeber auch hier nicht willkürlich oder aus bloßem Gutdünken handeln. Vielmehr muß er – von ihm gegebenenfalls darzulegende – gewichtige Gründe haben, um die Aufklärung zu fordern. Er muß also wirklich im Zweifel sein, was allerdings bei dem Auftraggeber unbekannten Bewerbern ohne weiteres der Fall sein dürfte. Im einzelnen handelt es sich um folgende Mitwirkungen des Bewerbers oder Bieters im Rahmen gebotener Aufklärung:

1. **Nach Nr. 4 Abs. 2** kann der Auftraggeber von den Bewerbern oder Bietern entsprechende **Bescheinigungen der zuständigen Stellen oder Erklärungen verlangen.** Im ersten Fall handelt es sich um Bescheinigungen Dritter, dabei vornehmlich der zuständigen Behörden; im zweiten Fall handelt es sich um – naturgemäß vollständige und richtige – Erklärungen des Bewerbers oder Bieters selbst, gegebenenfalls auch durch von ihm hinzugezogene Dritte. Selbstverständlich darf das Verlangen auf Vorlage von Bescheinigungen oder Abgabe von Erklärungen nur auf diejenigen Fälle bezogen und damit zugleich beschränkt sein, die von Nr. 4 Abs. 1 erfaßt sind (vgl. oben Rdn. 65-74), also **nicht darüber hinausgehen.** Dabei handelt es sich in den Fällen der Nr. 4 Abs. 1 a, b und c um sogenannte Negativbescheinigungen oder -erklärungen, während Nr. 4 Abs. 1 d als sogenannte Positivbescheinigung oder -erklärung aufzufassen ist. Steuerliche Unbedenklichkeitsbescheinigungen sind bei öffentlichen Aufträgen ab einer Auftragswertgrenze von 20 000 DM zu fordern (vgl. Bekanntmachung des Bundesinnenministers GMBl. 1981, 24 = Bauverwaltung 1981, 155). Allerdings paßt der Fall der Nr. 4 Abs. 1 e nicht in den hier erörterten Rahmen hinein. Hier wird der Auftraggeber sich im allgemeinen auf **andere, jedoch angemessene Weise** Klarheit verschaffen müssen.

80

Das Wort „Bescheinigungen" ergibt, daß sie von Dritten **schriftlich** abgegeben werden sollen, während, wie das Wort „Erklärungen" zeigt, der betreffende Bewerber oder Bieter oder der von ihm hinzugezogene Dritte selbst seine Aufklärung **auch mündlich** geben kann. Jedoch sollte auch hier beiderseits aus Beweisgründen die Schriftform gewählt werden.

2. Auch kann der Nachweis, daß Ausschlußgründe nach Nr. 4 Abs. 1 nicht vorliegen, gemäß a. a. O. **Absatz 3** dadurch geführt werden, daß eine **Bescheinigung nach Nr. 3 Abs. 2 vorgelegt** wird (vgl. oben Rdn. 58). Allerdings kann es sein, daß die Angaben der Bescheinigung nach Nr. 3 Abs. 2 **nicht mehr zutreffen,** sich insbesondere die wirklichen Verhältnisse bei dem betreffenden Bewerber oder Bieter bis zur Zuschlagserteilung geändert haben. Sollte der Auftraggeber dieses erfahren, wie z. B. die Eröffnung eines gerichtlichen Vergleichs- oder eines Konkursverfahrens, wobei für den Bewerber oder Bieter auch eine **Pflicht zur Mitteilung** besteht, um eine Haftung zumindest aus culpa in contrahendo zu vermeiden, so nützt die Bescheinigung nichts mehr. Ihr bloßes Vorhandensein reicht dann nicht, um diesen Bewerber oder Bieter (weiter) am Wettbewerb zu beteiligen. Deshalb regelt die VOB hier auch mit Recht, daß der Inhalt der Bescheinigung bis zur Zuschlagserteilung durch den Auftraggeber **widerlegt** werden kann, was zugleich bedeutet, daß ihn auch hier die Beweislast trifft.

81

Vor A §§ 9-15, A § 9

Vorbemerkung zu den §§ 9 bis 15

§§ 9-15 des Teils A befassen sich mit den **Verdingungsunterlagen**. Hier geht die VOB/A von den allgemeinen Grundsätzen der §§ 1-8 auf das **eigentliche Gebiet der Bauvertragsverhandlungen und -gestaltung** über. Zu dem Begriff der Verdingungsunterlagen ist allgemein zu bemerken: Inhalt und Ziel eines Bauvertrages ist die gewerbliche Ausführung von Bauleistungen. Der Begriff der Bauleistungen ist für den Rahmen der VOB in Teil A § 1 festgelegt (vgl. die Anm. dort). Ziel ist weiterhin nicht nur die Ausführung von Bauleistungen als solche, sondern die Ausführung **auf vertraglicher Basis,** d. h. aufgrund unmißverständlicher und vor allem übereinstimmender Vereinbarung zwischen den Vertragspartnern. Um zu dieser Vereinbarung zu kommen, bedarf es vorangehender Vertragsverhandlungen (Ausschreibungsverfahren), durch die die erforderlichen Einzelheiten für die notwendige Bestimmung der Leistung und der Gegenleistung festgelegt werden. Man muß sich hierzu zwangsläufig bestimmter Hilfsmittel bedienen, um zu einer den Erfordernissen entsprechenden Leistungs- und Vergütungsbestimmung zu gelangen. Hilfsmittel sind hier in erster Linie die **Verdingungsunterlagen,** die sich hinsichtlich ihrer Art und ihres Umfanges aufgrund von **Erfahrungssätzen in der bauwirtschaftlichen Praxis** als zweckmäßig, sogar als erforderlich erwiesen haben.

§ 9 Leistungsbeschreibung

Allgemeines

1. Die Leistung ist eindeutig und so erschöpfend zu beschreiben, daß alle Bewerber die Beschreibung im gleichen Sinne verstehen müssen, und ihre Preise sicher und ohne umfangreiche Vorarbeiten berechnen können.

2. Dem Auftragnehmer soll kein ungewöhnliches Wagnis aufgebürdet werden für Umstände und Ereignisse, auf die er keinen Einfluß hat, und deren Einwirkung auf die Preise und Fristen er nicht im voraus schätzen kann.

Leistungsbeschreibung mit Leistungsverzeichnis

3. Die Leistung soll in der Regel durch eine allgemeine Darstellung der Bauaufgabe (Baubeschreibung) und ein in Teilleistungen gegliedertes Leistungsverzeichnis beschrieben werden.

4. Um eine einwandfreie Preisermittlung zu ermöglichen, sind alle sie beeinflussenden Umstände festzustellen und in den Verdingungsunterlagen anzugeben. Die „Hinweise für das Aufstellen der Leistungsbeschreibung" in Abschnitt 0 der Allgemeinen Technischen Vertragsbedingungen für Bauleistungen DIN 18 299 ff. sind zu beachten.

5. (1) Erforderlichenfalls ist die Leistung auch zeichnerisch oder durch Probestücke darzustellen oder anders zu erklären, z. B. durch Hinweise auf ähnliche Leistungen, durch Mengen- oder statische Berechnungen. Zeichnungen und Proben, die für die Ausführung maßgebend sein sollen, sind eindeutig zu bezeichnen.

(2) Erforderlichenfalls sind auch der Zweck und die vorgesehene Beanspruchung der fertigen Leistung anzugeben.

(3) Die für die Ausführung der Leistung wesentlichen Verhältnisse der Baustelle, z. B. Boden- und Wasserverhältnisse, sind so zu beschreiben, daß der Bewerber ihre Auswirkungen auf die bauliche Anlage und die Bauausführung hinreichend beurteilen kann.

6. Leistungen, die nach den Vertragsbedingungen, den Technischen Vorschriften oder der gewerblichen Verkehrssitte zu der geforderten Leistung gehören (B § 2 Nr. 1), brauchen nicht besonders aufgeführt zu werden.

7. (1) Bei der Beschreibung der Leistung sind die verkehrsüblichen Bezeichnungen anzuwenden und die einschlägigen Normen zu beachten.

(2) Bestimmte Erzeugnisse oder Verfahren sowie bestimmte Ursprungsorte und Bezugsquellen dürfen nur dann ausdrücklich vorgeschrieben werden, wenn dies durch die Art der geforderten Leistung gerechtfertigt ist.

(3) Bezeichnungen für bestimmte Erzeugnisse oder Verfahren (z. B. Markennamen) dürfen ausnahmsweise, jedoch nur mit dem Zusatz „oder gleichwertiger Art" verwendet werden, wenn eine Beschreibung durch hinreichend genaue, allgemeinverständliche Bezeichnungen nicht möglich ist.

8. Im Leistungsverzeichnis ist die Leistung derart aufzugliedern, daß unter einer Ordnungszahl (Position) nur solche Leistungen aufgenommen werden, die nach ihrer technischen Beschaffenheit und für die Preisbildung als in sich gleichartig anzusehen sind. Ungleichartige Leistungen sollen unter einer Ordnungszahl (Sammelposition) nur zusammengefaßt werden, wenn eine Teilleistung gegenüber einer anderen für die Bildung eines Durchschnittspreises ohne nennenswerten Einfluß ist.

9. Für Änderungsvorschläge und Nebenangebote gilt § 17 Nr. 4 Absatz 3.

Leistungsbeschreibung mit Leistungsprogramm

10. Wenn es nach Abwägen aller Umstände zweckmäßig ist, abweichend von Nr. 3 zusammen mit der Bauausführung auch den Entwurf für die Leistung dem Wettbewerb zu unterstellen, um die technisch, wirtschaftlich und gestalterisch beste sowie funktionsgerechte Lösung der Bauaufgabe zu ermitteln, kann die Leistung durch ein Leistungsprogramm dargestellt werden.

11. (1) Das Leistungsprogramm umfaßt eine Beschreibung der Bauaufgabe, aus der die Bewerber alle für die Entwurfsbearbeitung und ihr Angebot maßgebenden Bedingungen und Umstände erkennen können und in der sowohl der Zweck der fertigen Leistung als auch die an sie gestellten technischen, wirtschaftlichen, gestalterischen und funktionsbedingten Anforderungen angegeben sind, sowie gegebenenfalls ein Musterleistungsverzeichnis, in dem die Mengenangaben ganz oder teilweise offengelassen sind.

(2) Nr. 4 bis 9 gelten sinngemäß.

12. Von dem Bieter ist ein Angebot zu verlangen, das außer der Ausführung der Leistung den Entwurf nebst eingehender Erläuterung und eine Darstellung der Bauausführung sowie eine eingehende und zweckmäßig gegliederte Beschreibung der Leistung – gegebenenfalls mit Mengen- und Preisangaben für Teile der Leistung – umfaßt. Bei Beschreibung der Leistung mit Mengen- und Preisangaben ist vom Bieter zu verlangen, daß er:

a) die Vollständigkeit seiner Angaben, insbesondere die von ihm selbst ermittelten Mengen, entweder ohne Einschränkung oder im Rahmen einer in den Verdingungsunterlagen anzugebenden Mengentoleranz vertritt und

b) etwaige Annahmen, zu denen er in besonderen Fällen gezwungen ist, weil zum Zeitpunkt der Angebotsabgabe einzelne Teilleistungen nach Art und Menge noch nicht bestimmt werden können (z. B. Aushub-, Abbruch- oder Wasserhaltungsarbeiten), – erforderlichenfalls anhand von Plänen und Mengenermittlungen – begründet.

Inhaltsübersicht

	Rdn.
Erster Abschnitt: Einleitung	1-12
A. Grundlagen der Leistungsbeschreibung	1-6
B. Einteilung von Teil A § 9	7
C. Fertigbau – Fertigteilbau – Montagebau – schlüsselfertiges Bauen	8-12
Zweiter Abschnitt: Grundvoraussetzungen für eine ordnungsgemäße Leistungsbeschreibung	13-35
A. Grundregeln der Leistungsbeschreibung nach Nr. 1	13-28
I. Eindeutige und erschöpfende Leistungsbeschreibung	13-19
1. Rechtsgrundlagen – AGB-Gesetz	13-15
2. Haftungsvoraussetzungen	16-17
3. Notwendiger Inhalt	18
4. Vorbehalte des Auftraggebers	19
II. Gleiches Verständnis für alle Bewerber	20-21
III. Einzelgesichtspunkte	22-28
1. Eindeutigkeit der Leistungsbeschreibung	22-23
2. Für Preisermittlung wesentliche Umstände	24
3. Keine umfangreichen Vorarbeiten für den Bieter	25-27
4. Keine Massenübersetzungen oder Schaupositionen	28
B. Kein ungewöhnliches Wagnis (Nr. 2)	29-35
I. Allgemeiner Grundsatz	29
II. Ungewöhnliches Wagnis	30
III. Keine Einflußmöglichkeit für Auftragnehmer	31-32
IV. Ausnahme: Ausgleichsmöglichkeit	33
V. Nr. 2 ist Soll-Vorschrift	34-35
Dritter Abschnitt: Leistungsbeschreibung mit Leistungsverzeichnis	36-143
A. Grundlagen (Nr. 3)	37-46
I. Die allgemeine Darstellung der Bauaufgabe (Baubeschreibung)	38-43
1. Aufgabe	38-39
2. Beschränkung auf technisch notwendige Angaben	40
3. Für Fachmann notwendige Angaben	41
4. Für Ausführung der betreffenden Leistung erforderliche Angaben	42
5. Richtlinien des Vergabehandbuches	43
II. Die Beschreibung durch Leistungsverzeichnis	44-45
III. Besondere Anforderungen an die Leistungsbeschreibung beim Bauen mit Fertigteilen	46
B. Wesentliche Umstände der Preisermittlung (Nr. 4)	47-86
I. Grundsatz (Satz 1)	48-60
1. Vorarbeiten müssen abgeschlossen sein	51-52
2. Feststellung aller die Preisermittlung beeinflussender Umstände und deren Angabe in den Verdingungsunterlagen	53-60
a) Tatsächliche Gegebenheiten auf Auftraggeberseite	55-56
b) Konkret geforderte Bauleistung maßgebend	57
c) Eigene Prüfungen durch Auftraggeber	58
d) Angabe in den Verdingungsunterlagen	59
e) Prüfung durch Bewerber	60
II. Beachtung der „Hinweise für das Aufstellen der Leistungsbeschreibung" in Abschnitt 0 der Allgemeinen Technischen Vertragsbedingungen für Bauleistungen DIN 18 299 ff. (Satz 2)	61-67
1. Bedeutung der Hinweise	61
2. Wesentliche Gesichtspunkte 62-67a) Angaben zur Baustelle	63
b) Angaben zur Ausführung	64
c) Abweichungen von den DIN 18 299	65
d) Einzelangaben zu Nebenleistungen und Besonderen Leistungen	66
e) Abrechnungseinheiten	67

C. Sonstige notwendige Angaben im Leistungsverzeichnis (Nr. 5) 68-88
   I. Erforderlichenfalls Darstellung der Leistung durch Zeichnung oder durch Probestücke oder anderweitige Erklärung (Absatz 1) 68-80
      1. Zeichnungen und Probestücke; andere Hinweise; insbesondere Mengen- oder statische Berechnungen; Grundsätzliches zu Statiker- und Ingenieurverträgen 68-79
         a) Zeichnungen und Probestücke 69
         b) Andere Mittel zur Klärung 70
         c) Statikerleistungen 71-74
         d) Sonstige Ingenieurleistungen 75-79
      2. Eindeutige Bezeichnung 80
   II. Erforderlichenfalls Angabe des Zweckes und der vorgesehenen technischen Beanspruchung der Leistung (Absatz 2) 81-84
      1. Notwendigkeit der Erläuterung 82
      2. Rechtliche Bedeutung des Absatzes 2 83
      3. Angaben im einzelnen 84
   III. Beschreibung der für die Ausführung der Leistung wesentlichen Verhältnisse der Baustelle (Absatz 3) 85-88
      1. Umfang 85
      2. Insbesondere Boden- und Wasserverhältnisse 86
      3. Beachtung der Vorschriften des AGB-Gesetzes 87
      4. Wasserrechtliche Vorschriften 88
D. Entbehrlichkeit von Leistungsangaben (Nr. 6) 89-91
   I. Nur notwendige Angaben in Leistungsbeschreibung 89-90
   II. Andere Verdingungsunterlagen; gewerbliche Verkehrssitte 91
E. Bezeichnungen in der Leistungsbeschreibung (Nr. 7) 92-98
   I. Allgemeine Grundsätze (Absatz 1) 93
   II. Bestimmte Erzeugnisse, Verfahren, Ursprungsorte, Bezugsquellen (Absatz 2) 94-96
      1. Regelungsumfang 95
      2. Grundsätzlich Vermeidung bestimmter Angaben; Ausnahmegesichtspunkte 96
   III. Bezeichnungen für bestimmte Erzeugnisse oder Verfahren (Absatz 3) . . 97-98
F. Gliederung des Leistungsverzeichnisses (Nr. 8) 99-107
   I. Grundsatz 100-102
      1. Gleichartige Leistungen 101
      2. Ungleichartige Leistungen 102
   II. Alternativ- oder Eventualleistungen 103
   III. Platz für Einsetzen der Preise 104
   IV. Vorbemerkungen 105-106
   V. Keine Angaben mit rechtlichem Gehalt 107
G. Änderungsvorschläge und Nebenangebote (Nr. 9) 108
Vierter Abschnitt: Leistungsbeschreibung mit Leistungsprogramm 109-158
A. Allgemeines 109-117
   I. Ausnahmeform der Leistungsbeschreibung 109-113
   II. Grundlegende Anforderungen an Auftraggeber und Bieter 114-115
   III. Besondere rechtliche Aspekte 116
   IV. Ausgleich für Aufwendungen der Bieter 117
B. Grundsätzliche Voraussetzungen für eine Leistungsbeschreibung mit Leistungsprogramm (Nr. 10) 118-130
   I. Zweckmäßigkeit der Beschreibung mit Leistungsprogramm 120-121
   II. Wettbewerbsgedanke ist grundlegend 122-123
   III. Technisch, wirtschaftlich, gestalterisch und funktionsgerecht beste Lösung 124-129
      1. Technisch beste Lösung 126
      2. Wirtschaftliche Gesichtspunkte 127
      3. Gestalterisch beste Lösung 128
      4. Funktionsgerechte Lösung 129
   IV. Wirtschaftliche Vertretbarkeit als Voraussetzung 130

C. Anforderungen an die Leistungsbeschreibung mit Leistungsprogramm (Nr. 11) 131-147
  I. Erkennbarkeit der für die Entwurfsbearbeitung maßgebenden Umstände . 133-135
  II. Erforderliche Einzelmitteilungen 136-140
  III. Notwendige Unterlagen 141-143
  IV. Richtlinien des Vergabehandbuches 144-147
D. Anforderungen an die Angebote der Bieter bei Leistungsbeschreibung mit Leistungsprogramm (Nr. 12) 148-158
  I. Grundsatzregelung in Satz 1 149-155
    1. Schwergewicht bei Entwurfsbearbeitung 150-151
    2. Angaben auch im Hinblick auf spätere Vertragsabwicklung 152
    3. Angaben über Gang der Bauausführung 153
    4. Gut gegliederte Leistungsbeschreibung 154
    5. Umfassende Beurteilungsmöglichkeit als Voraussetzung 155
  II. Anforderungen an Leistungsbeschreibung mit Mengen- und Preisangaben 156-158
    1. Vertreten der Vollständigkeit der Angaben durch Bieter 157
    2. Begründung etwaiger Annahmen 158

Aufsätze: Festge, „Aspekte der unvollständigen Leistungsbeschreibung der VOB", BauR 1974, 363; Jebe, „Ausschreibung und Preisermittlung von Bauleistungen", BauR 1978, 88; Mantscheff, „Genauigkeitsgrad von Mengenansätzen – Preisberechnungsansätze für Fälle des § 2 Nr. 3 VOB/B", BauR 1979, 389.

ERSTER ABSCHNITT

Einleitung

A. Grundlagen der Leistungsbeschreibung

1 § 9 befaßt sich mit der **Leistungsbeschreibung.** Sie ist das **Kernstück der Verdingungsunterlagen,** ebenso für den späteren Bauvertrag, wie auch aus Teil B § 1 Nr. 2 a zu ersehen ist. In ihr muß hinreichend genau festgelegt und erfaßt werden, was den Umfang der geforderten Bauleistung in allen ihren Einzelheiten **ausmacht.** Das gilt zunächst für die **Vertragsgerechtheit der geforderten Bauleistung** nach Art und Umfang. Die Leistungsbeschreibung hat aber noch eine weitere Bedeutung. Sie ist auch die **Grundlage** für die **Berechnung** der durch den Auftragnehmer zu fordernden Gegenleistung des Auftraggebers, die **angemessene Vergütung** und demgemäß auch für die **Abrechnung der zur Vertragserfüllung erbrachten Leistung.** Durch die Leistungsbeschreibung wird die **Grundlage für alles** geschaffen, **was später wesentlicher Inhalt des Bauvertrages** – Leistung einerseits, Gegenleistung andererseits – **ist.** Die VOB/A geht dabei von **zwei Arten der Leistungsbeschreibung** aus, die sich nach anerkennenswerter Erfahrung für einen ordnungsgemäßen Bauvergabewettbewerb bewährt haben, nämlich von der **Leistungsbeschreibung nach Leistungsverzeichnis (Nr. 3-8) als Regel und von der Leistungsbeschreibung nach Leistungsprogramm (Nr. 9-12) als Ausnahme. Andere Arten** der Leistungsbeschreibung, wie z. B. mündliche oder schriftliche bloß überschlägige Angaben, sind der VOB/A **unbekannt.** Dies mit Recht, weil gerade dann nach aller Erfahrung Streitigkeiten über Inhalt und Umfang des Vertrages und der danach auszurichtenden Vergütung sozusagen vorprogrammiert sind.

2 Die Ausschreibungsgrundsätze von Teil A § 9 gelten nicht nur im Falle einer Vergabe nach Teil A der VOB, sondern sie bieten auch **Anhaltspunkte** dafür, was bei einer **ordnungsgemäßen Leistungsbeschreibung im Rahmen allgemeiner Bauvergabe auch außerhalb der VOB** zu beachten ist (vgl. BGH SFH Z 3.01 Bl. 353 ff.). Vor allem wird auch der **Pflichtenkreis des Architekten,** der vom Auftraggeber mit der Anfertigung der Ausschreibungsunterlagen und Vergabe von Bauleistungen beauftragt ist (vgl. § 15 Abs. 2 Nr. 6 und 7 HOAI), für den Bereich seines Vertrages mit dem Auftraggeber bestimmt (vgl. dazu u. a. auch Hartmann BauR 1974, 168; ferner Kaiser BlGBW 1974, 221), was auch für Ingenieure und sonstige Sonderfachleute

gilt. Das trifft um so mehr zu, als der **Bieter bei der Berechnung seines Angebots grundsätzlich von den von einem Architekten**, insoweit als Erfüllungsgehilfen des Auftraggebers, entworfenen Leistungsbeschreibungen im Leistungsverzeichnis ausgehen kann (BGH Schäfer/Finnern Z 2.410 Bl. 34 ff.). Diese **Grundsätze gelten für alle Vergabearten**, insbesondere auch für die Freihändige Vergabe (Teil A §§ 3 Nr. 1 Abs. 3, 8 Nr. 2 Abs. 3, vgl. BGH VersR 1966, 488 = SFH Z 3.01 Bl. 353 ff.).

In den Rahmen der hier dem Auftraggeber bzw. dessen Architekten übertragenen Aufgabe ordnungsgemäßer Leistungsbeschreibung zählt vor allem auch alles, was nach dem Leistungsbild des § 15 Abs. 2 Nr. 5 HOAI unter den Begriff der „**Ausführungsplanung**" fällt (vgl. dazu Hesse/Korbion/Mantscheff, § 15 Rdn. 21 ff.), also Grundlage der Vorbereitung der Vergabe nach § 15 Abs. 2 Nr. 6 a. a. O. ist, somit das Erarbeiten und Darstellen der ausführungsreifen Planungslösung; dazu gehören z. B. Pläne für die Ausbildung von Fassadenteilen, Festlegung der Einzelheiten für eine Aufzuganlage nach den örtlichen Gegebenheiten, Bestimmung der Lage und von Einzelheiten der Installation in jeder Hinsicht usw. (vgl. dazu BGH NJW 1975, 737 = BauR 1975, 218 = BlGBW 1975, 138 = MDR 1975, 482 = BB 1975, 990 = Betrieb 1975, 786 = WM 1975, 333 = Schäfer/Finnern Z 3.014 Bl. 1 ff.). Erst recht gilt dies für die Vorbereitung der Vergabe nach § 15 Abs. 2 Nr. 6 HOAI selbst, nämlich das Ermitteln der Massen und Aufstellen von Leistungsverzeichnissen (vgl. dazu Hesse/Korbion/Mantscheff, a. a. O. Rdn. 24 ff.).

Auch dann, wenn der Leistungsbeschrieb nicht vom Architekten aufgestellt ist, sondern vom späteren – Auftragnehmer stammt, obliegt dem **Architekten** eine **Prüfungspflicht** dahingehend, ob er **sämtliche für ein ordnungsgemäßes Funktionieren der Leistung unumgänglich erforderliche Angaben enthält,** anderenfalls den Auftraggeber im Verhältnis zum Auftragnehmer wegen Planungsverschulden seines Architekten eine Mitverantwortlichkeit (§§ 254, 278 BGB) treffen kann (BGH BauR 1978, 405 = MDR 1978, 831 = SFH § 639 BGB Nr. 2 für den Fall des Unterlassens des Dachdeckers, in der Leistungsbeschreibung einen Kapp- oder Überhangstreifen bzw. ein Formstück bei geplantem Kupferblech-Wandanschluß vorzusehen).

Für die Leistungsbeschreibung – gleich welcher Art – müssen generell die folgenden Gesichtspunkte beachtet werden: Das zur Ausführung in Aussicht genommene Bauwerk muß den Bedürfnissen und Wünschen des Auftraggebers sowie der erkennbar beabsichtigten Benutzer bestmöglich entsprechen und auch einen positiven Beitrag zur Gestaltung der Umwelt leisten; dabei ist das jeweilige berechtigte Interesse des Auftraggebers und der Allgemeinheit aufeinander abzustimmen. Des weiteren muß das betreffende Bauwerk **nach den jeweiligen anerkannten Regeln der Technik unter Beachtung der dafür maßgebenden bauordnungsrechtlichen Bestimmungen ausführbar** sein. Wichtig sind insofern als wesentliche Anhaltspunkte die Hinweise für die Leistungsbeschreibung in den jeweiligen Abschnitten 0 der Allgemeinen Technischen Vertragsbedingungen des Teils C der VOB. Hinsichtlich des finanziellen Aufwandes muß die Bauleistung den Wertvorstellungen des Auftraggebers sowie der potentiellen Nutzer voll entsprechen. Diese Grundsätze sind sowohl von dem Auftraggeber, vor allem auch seinem bauplanenden Architekten, als auch dem Auftragnehmer, einschließlich der für diesen planenden Personen, unbedingt zu beachten (vgl. dazu Bauwirtschaft 1974, 1852 = Baubetriebsberater 1974, 74; siehe vor allem auch Jebe, Preisermittlung für Bauleistungen, S. 29).

Leistungsbeschreibungen genießen für den Regelfall keinen urheberrechtlichen Schutz, weil sie – lediglich – die wörtliche Aufzählung und technische Beschreibung der zu einer Gesamtleistung gehörenden Einzelleistungen sind und aus ihnen regelmäßig nicht die individuelle Gestaltung eines Bauwerkes entnommen werden kann (so zutreffend Wolfensberger BauR 1979, 457; vgl. dazu insbesondere auch BGH BauR 1984, 423 = Betrieb 1984, 2028 = NJW

A § 9, Rdn. 7-9

1985, 1631 = MDR 1984, 1001 = SFH § 2 UrhG Nr. 3 = ZfBR 1984, 234 in bezug auf Ausschreibungsunterlagen für den Bau einer Pipeline). Über Leistungsbeschreibungen und AGB-Gesetz vgl. Teil A § 10 Rdn. 120.

B. Einteilung von Teil A § 9

7 In der gegenwärtigen **Fassung der VOB** ist berücksichtigt, daß neben der Leistungsbeschreibung in der traditionellen Form des Leistungsverzeichnisses zunehmend auch andere Formen (funktionale Leistungsbeschreibungen) zur Anwendung gelangen, für die grundlegende Richtpunkte angegeben werden mußten. Außerdem war es notwendig, dem Gebot des übersichtlichen Aufbaues der Verdingungsunterlagen gerade im Hinblick auf die Leistungsbeschreibung gerecht zu werden. Ferner mußte die Behandlung von Nebenangeboten eindeutiger und umfassender geordnet werden; dies erfolgte jedoch in Teil A § 17 Nr. 4 Abs. 3 und nicht mehr in Teil A § 9. Letztlich mußte auf die EG-Richtlinie zur Koordinierung der Bauvergabeverfahren zur Vergabe öffentlicher Aufträge Rücksicht genommen werden.

Dies führte zu einer nicht unbeträchtlichen Erweiterung des § 9. Der Zusammenhalt in einem Paragraphen erschien aber sachlich geboten. Der Übersichtlichkeit halber wurde Teil A § 9 in die folgenden drei **Unterabschnitte** eingeteilt:

1. Allgemeines, umfassend die Nr. 1 und 2;

2. Leistungsbeschreibung mit Leistungsverzeichnis, umfassend die Nr. 3-9;

3. Leistungsbeschreibung mit Leistungsprogramm, umfassend die Nr. 10-12.

C. Fertigbau – Fertigteilbau – Montagebau – schlüsselfertiges Bauen

8 Wesentliche Gesichtspunkte für den Inhalt und den Aufbau des Leistungsverzeichnisses beim **Fertighausbau** kann das von der Hamburger Baubehörde am 7. 5. 1962 herausgegebene Merkblatt für den Bauherrn über den Bau von Fertighäusern vermitteln (abgedruckt in BlGBW 1962, 348 f.).
Es ist in diesem Zusammenhang jedoch folgende begriffliche Unterscheidung zu treffen: **Fertigbau** bedeutet ein fabrikmäßig, vollständig fertiggestelltes Bauwerk, das auf einem entsprechenden Transporter zum Standort gefahren und nur noch an Versorgungs- und Abwasserleitungen angeschlossen wird, wie z. B. eine Garage. **Bauen mit Fertigteilen,** wozu auch die Errichtung eines sogenannten **Fertighauses** auf einem dafür eigens angelegten Fundament – oftmals mit Keller – gehört, bedeutet die Verwendung möglichst großer Mengen vorgefertigter Teile am Bau (z. B. Wand-, Decken- oder Dachtafeln) mit dem Ziel, im Verhältnis zur herkömmlichen Bauweise eine immer größere Anzahl vorgefertigter Elemente zu verarbeiten. Entscheidend für die Abgrenzung des Begriffes des Fertighauses zum sonstigen – konventionellen – Bauen dürfte die Frage sein, ob im Einzelfall eine Rohbauabnahme der für die Standsicherheit wesentlichen Teile erfolgen muß; ist dies zu bejahen, so dürfte nicht mehr von einem Fertighaus gesprochen werden (vgl. dazu auch den sogenannten Fertighauserlaß des Innenministers des Landes Baden-Württemberg GABl. 1978, 568).

9 **Fertigbau** ist **im allgemeinen Werkvertrag,** weil das vom Auftraggeber dazu bereitgestellte Grundstück im Verhältnis zu dem Fertigbau die Hauptsache bildet (vgl. § 651 Abs. 2 BGB). Siehe dazu näher Teil A § 1 Rdn. 33 ff. **Erst recht** muß das für den **Fertigteilbau** gelten (so vor allem auch BGH BauR 1983, 261 = NJW 1983, 1491 = MDR 1983, 837 = Betrieb 1983, 1352 = BB 1983, 1051 = ZIP 1983, 577 = SFH § 649 BGB Nr. 7 = ZfBR 1983, 125 = LM § 8 AGBG

Nr. 3; BGH Z 87, 112 = BauR 1983, 266 = NJW 1983, 1489 = Betrieb 1983, 1352 = BB 1983, 1053 = MDR 1983, 657 = JZ 1983, 612 = SFH § 631 BGB Nr. 14 = ZfBR 1983, 128; vgl. auch Graba MDR 1974, 975; Werner/Pastor Rdn. 1016; nach der nicht näher erläuterten Ansicht des BGH SFH Z 2.414 Bl. 160 soll es sich allgemein um einen Werklieferungsvertrag – § 651 Abs. 1 BGB – über eine unvertretbare Sache handeln). Ausnahmsweise kann hier ein Werklieferungsvertrag über eine unvertretbare Sache in Betracht kommen, wenn der Fertigbau oder Fertigteilbau nicht das rechtliche Schicksal des Grundstückes teilt, wie z. B. bei lediglich dinglichen Rechten des Auftraggebers, also bei Nießbrauch, Dienstbarkeit usw. Anders liegt dies wiederum bei Erbbaurechten, die nach § 11 ErbbauRVO wie Grundstücke selbst und nicht nur Rechte daran behandelt werden (vgl. Graba a. a. O.). Nach dem Vorhergesagten handelt es sich bei Fertigbau und Fertigteilbau im allgemeinen um einen Bauvertrag, auf den auch die VOB Teil B uneingeschränkt zur Anwendung gelangt, falls sie als Ganzes (vgl. § 23 Abs. 2 Nr. 5 AGBG; dazu Teil A § 10 Rdn. 131 ff.) vereinbart ist. Vgl. dazu auch die Hinweise des Bundesfinanzministers für die Vergabe von Fertigteil-Bauten 1970 (HVF 1970), siehe Rdn. 46.

Montagebau umfaßt als Endlösung die volle handwerkliche oder industrielle Vorfertigung aller Bauteile, die nur noch auf der Baustelle miteinander verbunden werden (Baeseler, Bau und Bauindustrie 1964, 606). Dabei wird die Annahme eines Montagebaues nicht schon dadurch gehindert, daß zunächst Fundamente, Bankette usw. in sogenanntem Ortbeton hergestellt werden müssen. Rechtlich ist der Montagebau im allgemeinen mit dem Fertigteilbau identisch. Zur Abgrenzung hinsichtlich der sogenannten **Bausatzverträge** vgl. Teil A § 1 Rdn. 33 ff.

Zu unterscheiden – vor allem vom Fertigbau – ist schließlich das **sogenannte schlüsselfertige Bauen**. Hierunter versteht man, daß ein verantwortlicher Auftragnehmer – meist Generalunternehmer – eine Gesamtbauleistung errichtet, und zwar auf eigenes technisches und wirtschaftliches Risiko im Rahmen alleiniger unmittelbarer Vertragspartnerschaft gegenüber dem Auftraggeber. Zum Verpflichtungsumfang, insbesondere auch im Hinblick auf die Abnahmereife beim schlüsselfertigen Bauen, vgl. Teil B § 12 Rdn. 18. Zwar bezieht sich das schlüsselfertige Bauen im Regelfall nur auf die Bauausführung, es kann aber im Einzelfall, je nach der Vertragsgestaltung, auch die Planung und/oder die gesamte Projektvorbereitung erfassen. Wertvoll ist hier das Merkblatt der Rationalisierungs-Gemeinschaft „Bauwesen" im RKW (Bauwirtschaft 1970, 29 f.).

Auch bei den vorgenannten besonderen Arten der Bauausführung gelten grundsätzlich die Regeln von Teil A § 9.
Darüber, ob ein Bauvertrag über ein Fertighaus der notariellen Beurkundung bedarf, vgl. Teil A § 28 Rdn. 27.

ZWEITER ABSCHNITT

Grundvoraussetzungen für eine ordnungsgemäße Leistungsbeschreibung

A. Grundregeln der Leistungsbeschreibung nach Nr. 1

Hier ist der Grundsatz aufgestellt, daß die Bauleistung eindeutig und so erschöpfend zu beschreiben ist, daß alle Bewerber die Beschreibung im gleichen Sinne verstehen müssen und ihre Preise sicher und ohne umfangreiche Vorarbeiten berechnen können.

A § 9, 1, Rdn. 13+14

I. Eindeutige und erschöpfende Leistungsbeschreibung

13 1. Das **Erfordernis einer eindeutigen und erschöpfenden Leistungsbeschreibung** ist in seinem Ausgangspunkt bereits zu Teil A § 6 erläutert (vgl. Teil A § 6 Rdn. 2). Zwar ist die Leistungsbeschreibung, wenn sie vom Auftraggeber bzw. von einem von ihm beauftragten Erfüllungsgehilfen (§ 278 BGB), wie z. B. dem bauplanenden Architekten oder Ingenieur, aufgestellt ist, noch kein Vertragsangebot. Dafür ist nämlich Voraussetzung, daß es vom Bieter dem Auftraggeber gegenüber abgegeben wird. Dem Bieter wird daher zunächst mit einer Aufforderung zur Abgabe eines Vertragsangebotes die geforderte Leistung in ihren Einzelpunkten in Form der Leistungsbeschreibung mitgeteilt. Zugleich wird er damit aufgefordert, diese Beschreibung zum Gegenstand seines Angebotes zu machen. Gerade diese **Vorarbeit des Auftraggebers** bzw. seines im Bereich der Planung tätigen Vertreters (Erfüllungsgehilfen) erfordert einen klaren, **vollständigen und** für jeden in Betracht kommenden **fachkundigen Bieter eindeutigen Inhalt.** Nur dann können spätere Unzuträglichkeiten oder gar Rechtsstreitigkeiten vermieden werden, wobei eine unklare Leistungsbeschreibung auch die Ursache für eine verbotene Kartellbildung der Bewerber sein kann (vgl. Crome BB 1959, 883; auch Nicklisch BB 1974 Beil. 10, S. 3 ff.), was dann letztlich auf eine Nachlässigkeit des Auftraggebers zurückzuführen ist. Der Auftraggeber hat alle Mühe aufzuwenden, sich insbesondere von Fachkräften beraten und helfen zu lassen, um den Anforderungen, die ihn hier treffen, in vollem Umfang nachzukommen. Vor allem muß er in den entsprechenden Leistungspositionen einen Leistungsinhalt beschreiben, der verkehrsüblich ist und keine Besonderheiten aufweist, die der Auftragnehmer nicht ohne weiteres erkennen kann. Befolgt er diese grundlegenden Anforderungen **schuldhaft** nicht, wird er den Bietern und nicht nur dem Auftragnehmer, der den Bauauftrag erhält, **möglicherweise** auf Schadensersatz aus dem Gesichtspunkt des **Verschuldens bei Vertragsabschluß** (culpa in contrahendo), vgl. hierzu Allg. Einl. vor § 1 Rdn. 51 ff., oder – je nach Sachlage – auch aus anderen rechtlichen Gesichtspunkten, z. B. §§ 823, 826 BGB, haften müssen. Außerdem können **Anfechtungstatbestände,** §§ 119, 123 BGB, in Betracht kommen. Dabei muß sich der Auftraggeber eine arglistige Täuschung seines Architekten zurechnen lassen, sofern er die Täuschung kannte oder den Umständen nach kennen muß te (§ 123 Abs. 2 BGB). Schließlich kann eine Unklarheit oder Unvollständigkeit im Leistungsverzeichnis, das dem späteren Vertragsabschluß zugrunde gelegt wird, nach §§ 154, 155 BGB auch dazu führen, daß kraft Gesetzes ein rechtsgültiger **Bauvertrag überhaupt nicht zustande** kommt. Alle diese möglichen Folgen können zu erheblichen finanziellen oder sonstigen Verlusten führen.

14 Auch für die Zeit **nach Vertragsabschluß** kann den Auftraggeber, der eine unrichtige oder unvollständige Leistungsbeschreibung aufgestellt hat, die zum Vertragsinhalt geworden ist, das **Risiko für eine spätere mangelhafte Bauausführung treffen,** vornehmlich dann, wenn der Auftragnehmer ihm etwa nach Teil B § 4 Nr. 3 bzw. § 13 Nr. 3 auferlegte Prüfungs- und Mitteilungspflichten ordnungsgemäß erfüllt und der Auftraggeber dem nicht Rechnung getragen hat. Diese auf dem Grundsatz von **Treu und Glauben beruhende Haftungsbefreiungsmöglichkeit** kann dem Bieter bzw. späteren Auftragnehmer nicht durch eine Ausschlußklausel dahin gehend genommen werden, daß er bereits vor Vertragsabschluß verpflichtet sei, Bedenken gegen die Leistungsbeschreibung und Pläne geltend zu machen; nach Vertragsabschluß geltend gemachte Bedenken, die ihre Grundlage in den übergebenen Unterlagen hätten, berechtigten den Bieter bzw. Auftragnehmer nicht, andere Preise oder zusätzliche Leistungen für die ordnungsgemäße Ausführung in Rechnung zu stellen. Eine solche Klausel verstößt gegen § 9 sowie § 11 Nr. 7 AGBG (insoweit zutreffend OLG München BauR 1986, 579 = Betrieb 1986, 739 = MDR 1986, 408 = NJW-RR 1986, 382 = SFH § 9 AGBG Nr. 9 = BB 1986, 554). Gleiches trifft für eine Klausel zu, wonach der Auftragnehmer verpflichtet ist, sich vor Angebotsabgabe über alle preisbildenden Umstände zu informieren, andernfalls Nachforderungen infolge Unkenntnis oder falscher Einschätzung der tatsächlich gegebenen Umstände ausgeschlossen seien; das gilt auch für den kaufmännischen Verkehr (LG

München I, Urt. vom 8. 1. 1985 – 7 O 16131/84 –). Unwirksam ist die Bestimmung, Pauschalangebote und -aufträge verpflichteten den Auftragnehmer, unter alleiniger Verantwortung im Rahmen der Ausschreibung und der gültigen Vorschriften selbst zu ermitteln bzw. zu prüfen, welche Massen, Abmessungen, Konstruktionen, Baustoffe, Arbeiten usw. zur Erfüllung seiner Leistung bzw. Funktion seiner Anlagen erforderlich sind (OLG Frankfurt, Urt. vom 20. 9. 1984 – 6 U 37/84 –). In gleicher Weise trifft dies auf die Klausel zu, der Auftragnehmer verpflichte sich, vor Vertragsabschluß den Auftraggeber schriftlich darauf aufmerksam zu machen, welche weiteren Kosten oder Leistungen als Voraussetzung für die Erfüllung der angebotenen Leistung erforderlich werden, Nachträge, die sich aus der Nichterfüllung dieser Verpflichtung ergäben, würden vom Auftraggeber nicht bezahlt (LG Frankfurt, Urt. vom 18. 9. 1984 – 2/13 O 133/84 –). Ein Verstoß gegen § 9 AGBG ist auch die Bestimmung, nach Vertragsabschluß könne sich der Auftragnehmer nicht mehr darauf berufen, Unterlagen oder Auskünfte nicht genau oder überhaupt nicht erhalten zu haben oder einem Kalkulationsirrtum oder sonstigen Mißverständnis unterlegen zu sein (OLG München BB 1984, 1386 = Bunte, Bd. IV, 271).

Ist das vom Auftraggeber verfaßte Leistungsverzeichnis unvollständig oder unklar bzw. mißverständlich, muß er letztlich dann auch das **Risiko für eine dem Auftragnehmer zukommende veränderte oder zusätzliche Vergütung nach Teil B § 2 Nr. 5, 6 tragen.** Der Auftraggeber kann sich von seiner Verantwortung auch nicht dadurch befreien, daß er sie einseitig auf die Bewerber bzw. Bieter abschiebt, wie z. B. durch die Vorbemerkung: „Sollten einzelne Positionen in der nachfolgenden Leistungsbeschreibung nicht genau beschrieben sein, oder Teile, die selbstverständlich zur Ausführung gehören, nicht genannt werden, gilt für die Leistung immer die fix und fertige Arbeit einschließlich aller Nebenkosten." Dies verstößt nicht nur gegen Teil A § 9 Nr. 1, 2, 4 sowie Teil B § 2, sondern vor allem bei Mehrfachverwendung gegen die §§ 5, 9 AGBG.

Zur Frage notwendiger Angaben über die Bodenbeschaffenheit bei Ausbaggerungsarbeiten vgl. BGH SFH Z 2.311 Bl. 17 ff.

2. Nach BGH (NJW 1966, 498 = SFH Z 2.11 Bl. 4 ff. = LM § 9 VOB/A Nr. 1 = MDR 1966, 317 = BB 1966, 56 = Betrieb 1966, 148) kommt im Zusammenhang mit Teil A § 9 Nr. 1-3 (a. F.) – jetzt Nr. 1 – ein **Schadensersatzanspruch des Auftragnehmers aus culpa in contrahendo** in Betracht, wenn der Auftraggeber in der Leistungsbeschreibung **unrichtige Angaben macht oder ihm bekannte erhebliche Umstände verschweigt.** Anders ist dies, wenn das Leistungsverzeichnis die für die Preisermittlung wesentlichen Umstände für den Bieter **erkennbar nur lückenhaft** angibt. Dann kann der Bieter **allein daraus** keinen Schadensersatz aus culpa in contrahendo geltend machen, weil es ihm wegen der für ihn gegebenen Erkennbarkeit der Lückenhaftigkeit möglich ist, etwaige Zweifelsfragen vor Angebotsabgabe zu klären (BGH a. a. O. sowie Betrieb 1969, 1058 = WM 1969, 1019 = MDR 1969, 655 = LM VOB/B Nr. 36 = SFH Z 2.311 Bl. 31 ff. im Falle der Unklarheit über den Wassergehalt des Bodens; BGH SFH Z 2.310 Bl. 38 ff. = WM 1975, 233 für ungeklärte Boden- und Grundwasserverhältnisse; BGH BauR 1988, 338 = MDR 1988, 666 = SFH § 9 VOB/A Nr. 1 = ZfBR 1988, 182 = NJW-RR 1988, 785 bei für den Bieter klar erkennbarer unvollständiger Angabe der Boden- und Wasserverhältnisse; BGH BauR 1979, 154 = SFH § 13 Ziff. 3 VOB/B Nr. 2 zur Frostbeständigkeit von Vormauersteinen bei unklarer Bezeichnung im Leistungsverzeichnis; BGH BauR 1987, 683 = NJW-RR 1987, 234 = SFH § 2 Nr. 5 VOB/B Nr. 4 = Betrieb 1987, 2402 = LM § 2 VOB/B Nr. 8 zur Frage des Einsatzes von Großflächenschalung; OLG Hamm VersR 1979, 627 hinsichtlich der Beschaffenheit und des Gewichts auszubauender Fenster). Dasselbe gilt, wenn sich für den Bieter bzw. späteren Auftragnehmer aus dem Leistungsverzeichnis und aus weiteren verfügbaren Unterlagen die Bauausführung in bestimmter Weise nicht mit hinreichender Klarheit ergibt, der Bieter aber darauf bei der späteren Kalkulation maßgebend abstellen will (BGH BauR 1987, 683 = NJW-RR 1987, 1306 = SFH § 2 Nr. 5 VOB/B Nr. 4 = Betrieb 1987, 2402 = LM § 2 VOB/B Nr. 8). Wenn in der eingangs

A § 9, 1, Rdn. 17-19

dieser Rdn. genannten Entscheidung ein Schadensersatzanspruch nicht zuerkannt wurde, weil der Auftraggeber nur eine lückenhafte Leistungsbeschreibung aufgestellt hatte und der Auftragnehmer auf ausdrückliches Befragen, ob ihm diese Angaben genügten oder ob er noch weitere Unterlagen benötige, sich selbst das Gelände und dessen Beschaffenheit (Probelöcher) angesehen und keine weiteren Anfragen an den Auftraggeber gerichtet hat, so muß dem uneingeschränkt zugestimmt werden. Bei der gegebenen Sachlage hatte der Auftragnehmer durch sein eigenes Verhalten erkennbar zum Ausdruck gebracht, er werde das Risiko für etwaige, letztlich auf der unvollständigen Leistungsbeschreibung beruhende und dann nicht gesondert zu vergütende Mehrleistungen selbst tragen. Der Auftragnehmer hat sich durch sein eigenes Verhalten etwaiger berechtigter Ansprüche aus culpa in contrahendo begeben. Mit Recht weist der BGH darauf hin, es sei nichts dafür dargetan, daß der Auftragnehmer in seinem Vertrauen auf die Richtigkeit der Angaben des Auftraggebers enttäuscht worden wäre. **Enttäuschtes Vertrauen** ist aber die **Grundlage** eines Schadensersatzanspruches wegen Verschuldens bei Vertragsabschluß (RGZ 120, 249, 251; BGH LM § 276 BGB [Fb] Nr. 1; außerdem die eingangs dieser Rdn. genannte Entscheidung). Dies zeigt, daß der Auftragnehmer **sich nicht ohne eigene Prüfung auf unvollständige Leistungsverzeichnisse einlassen darf,** insbesondere alle daraus hervorgehenden Zweifelsfragen vor Angebotsabgabe klären muß, geeignetenfalls durch vorherige Besichtigung der für die Ausführung maßgebenden Örtlichkeit, Einsicht in vorhandene (also nicht erst später von Auftraggeberseite erstellte) Planungsunterlagen. Dazu vgl. weiter BGH SFH Z 2.311 Bl. 5 ff.; Z 2.413 Bl. 18 ff. = BB 1962, 111 = Betrieb 1962, 16; Z 3.01 Bl. 353 ff.; Z 2.311 Bl. 27 ff.; Z 2.11 Bl. 8 ff.; Z 2.310 Bl. 38 ff. = WM 1975, 233. Vgl. auch Rdn. 60. Vor allem darf er auch **nicht leichtfertig handeln** und angesichts eines für ihn ersichtlich unklaren und unvollständigen Leistungsverzeichnisses auch noch ein **stark unterkalkuliertes Angebot abgeben;** das geht dann erst recht zu seinen Lasten (BGH BauR 1988, 338 = MDR 1988, 666 = SFH § 9 VOB/A § 9 Nr. 1 = ZfBR 1988, 182 = NJW-RR 1988, 785 = Siegburg EWiR § 9 VOB/A 1/88, 617 = WM 1988, 789).

17 Ist dagegen die **Lückenhaftigkeit** des Leistungsbeschriebes für den Bieter bzw. späteren Auftragnehmer bei hier vorauszusetzendem normalen, keinen kostenmäßig zumutbaren Aufwand erfordernden Überlegungen und Feststellungen **nicht erkennbar,** so haftet der Auftraggeber wegen des dadurch dem Auftragnehmer entstehenden Mehraufwandes aus dem Gesichtspunkt der culpa in contrahendo bzw. – später – aus positiver Vertragsverletzung (vgl. LG Tübingen BauR 1980, 67 im Hinblick auf fehlende Angaben über ein bereits verlegtes Fernmeldekabel durch die Bundespost als Auftraggeber). Siehe dazu auch Feber S. 86 f.

18 3. Nicht notwendig ist es, daß alle technischen Einzelheiten der auszuführenden Leistung, vor allem in verfahrenstechnischer Hinsicht, angegeben werden, da diese dem fachkundigen Unternehmer überlassen bleiben können; Voraussetzung ist allerdings, daß die Leistungsbeschreibung **alle notwendigen technischen Angaben** enthält, um die verlangte Beschaffenheit der Leistung ausreichend zu kennzeichnen (BGH VersR 1966, 488; OLG Celle VersR 1969, 162). Wesentliche Anhaltspunkte hierfür liefern z. B. die Bestimmungen in Teil A § 9 Nr. 3-8 sowie in den einschlägigen Allgemeinen Technischen Vertragsbedingungen der VOB/C und andere technische Regelungen, soweit sie in den einschlägigen Fachkreisen als anerkannt angesehen werden können. Hier kann sich die Beachtung sogenannter standardisierter Leistungsbeschreibungen empfehlen, wie des Standardleistungsbuches (StLB) des Gemeinsamen Ausschusses Elektronik im Bauwesen (GAEB), des Standardleistungskataloges des Bundesverkehrsministeriums für den Bereich des Straßenbaues (StLK), der Leistungsbeschreibung für die Ausführung von Straßenbauarbeiten (LBStra).

19 4. **Allgemeingehaltene,** insbesondere **unbestimmte Vorbehalte** des Auftraggebers („Der Auftraggeber behält sich vor, einzelne Positionen des Angebots wegfallen zu lassen, ohne daß Mehrforderungen geltend gemacht werden können" – zum Verstoß dieser Klausel gegen § 10 Nr. 3 AGB-Gesetz s. LG Nürnberg-Fürth SFH § 10 Nr. 1 AGB-Gesetz Nr. 2, bestätigt durch

OLG Nürnberg SFH § 10 Nr. 3 AGB-Gesetz Nr. 2; OLG München BB 1984, 1386 = Bunte, Bd. IV, 271) stehen der nach der VOB geforderten Eindeutigkeit und Vollständigkeit der Leistungsbeschreibung **entgegen**. Sie sollten von einem sorgfältigen Auftraggeber höchstens in wirklich angebrachten Ausnahmefällen, wie z. B. bei objektiv anerkennenswerter, vom Bieter erkennbarer und hinreichend einkalkulierbarer Unklarheit über den Leistungsumfang, verwendet werden, die er zu begründen hat. Jedenfalls ist es treuwidrig, solche Klauseln generell ohne zwingende Notwendigkeit zu verwenden – insbesondere in Formularen-, nur um eine „Rückendeckung für Eventualfälle" zu haben. Der Auftraggeber legt auf diese Weise die Ursache für einen späteren Streit, was von den Gerichten zumindest im Rahmen des § 254 BGB nicht unbeachtet gelassen werden darf; dazu auch Reuter, BlGBW 1961, 182 ff. Ist für Gemeinkosten der Baustelle keine besondere Position ausgewiesen, so kann der Auftragnehmer im Falle der hier erörterten Herausnahme einzelner Positionen durch den Auftraggeber in Anlehnung an Teil B § 2 Nr. 4 jedenfalls eine Verteilung dieser Kosten auf die verbleibenden Positionen verlangen. **Für den hier erörterten Bereich sind jetzt vor allem auch die Verbotsklauseln in § 10 Nr. 3 sowie 4 AGB-Gesetz zu beachten.**

II. Gleiches Verständnis für alle Bewerber

Wenn in Nr. 1 weiter das Erfordernis der eindeutigen und erschöpfenden Leistungsbeschreibung dadurch umrissen wird, **daß alle Bewerber die Beschreibung in gleichem Sinne verstehen müssen und ihre Preise sicher und ohne umfangreiche Vorarbeiten berechnen können**, so handelt es sich um eine auf den Bauvertrag abgestellte **Zusammenfassung** der in Rdn. 16 ff. dargelegten **allgemeingültigen Erfordernisse**. Die Forderung nach „Verständnis in gleichem Sinne" bedeutet: Der Auftraggeber muß sich in den Einzelangaben so klar ausdrücken, daß die an dem Vergabeverfahren beteiligten Unternehmer unter Zugrundelegung der bei ihnen vorauszusetzenden Fachkenntnisse sie **objektiv in gleichem Sinne verstehen müssen**. 20

Diese Vorschrift hat aber noch eine weitere Bedeutung. Sie dient vor allem auch der Verwirklichung des Grundsatzes in Teil A § 2 Nr. 1 Satz 2, daß der **Wettbewerb die Regel** sein soll. Ein Wettbewerb kann nur erfolgen, wenn sich, vor allem bei der Öffentlichen Ausschreibung, genügend Unternehmer für die Vergabe interessieren. Das wiederum kann nur der Fall sein, wenn der Auftraggeber die Leistungsbeschreibung und die übrigen Verdingungsunterlagen ordnungsgemäß so herstellt, daß sie eindeutig und vollständig sind und dem Unternehmer ein **festumrissenes Bild** von der geforderten Leistung geben. **Nur dann** kann man einem Unternehmer überhaupt **zumuten,** sich an einem Bauvergabewettbewerb zu beteiligen. Leider wird die Forderung in Teil A § 9 Nr. 1 viel zuwenig von der Auftraggeberseite beachtet (vgl. dazu Crome BB 1959, 832 und 1961, 118 sowie Schwarz in Bau und Bauindustrie 1962, 787; ferner Hagemann, Baubetriebswirtschaft 1963, 69, 70; Schelle/Erkelenz S. 99 ff.). Dieses wirklich **nicht zu billigende Verhalten des Auftraggebers schadet letztlich ihm selbst,** weil dann ein **echter Wettbewerb** nicht zustande kommt, der sowohl auf die Güte der Leistung als auch auf die Preisgestaltung nur fördernden Einfluß haben könnte. Im übrigen muß sich der Auftraggeber darüber klar sein, daß eine schuldhafte Vernachlässigung der hier erörterten Pflichten, die sich aus der täglichen Erfahrung der Praxis der Bauausführung gebildet haben, unerwünschte **rechtliche Konsequenzen** haben kann. In einem die Vorschrift Teil A § 9 Nr. 1 mißachtenden Verhalten kann nämlich die **Ursache für eine Haftung** nicht nur aus den in Rdn. 16 ff. angeführten rechtlichen Gesichtspunkten, sondern auch, falls ein Vertrag auf der Grundlage der mangelhaften Leistungsbeschreibung zustande kommt, die auf **Veranlassung** des Auftraggebers zum Angebot und dann zum Vertragsinhalt geworden ist, zu einem so erheblichen **eigenen Verschulden** (Mitverschulden) entsprechend § 254 BGB führen, daß etwaige spätere Ansprüche des Auftraggebers gegen den Auftragnehmer aus dem Vertrag ausgeschlossen sein können. Andererseits darf nicht übersehen werden, daß es sich bei dem **Bieter** um einen **Fachmann** handelt. Etwaige Mängel in der Leistungsbeschreibung wird er 21 dem Auftraggeber kaum entgegenhalten können, wenn es sich um solche handelt, die er bei der bei ihm vorauszusetzenden Fachkunde ohne Schwierigkeiten **erkannt hat oder hätte erkennen können** (vgl. Rdn. 16).

III. Einzelgesichtspunkte

22 1. **Eindeutigkeit der Leistungsbeschreibung** setzt voraus, daß sie sowohl in ihrem äußeren Bild als auch in ihrer inhaltlichen Zusammenstellung und der dabei gewählten Ausdrucksweise so gehalten ist, daß sie von allen fachkundigen Bewerbern in gleicher Weise verstanden wird. Der hier wesentliche, ordnungsgemäße Wettbewerb ist nur möglich, wenn **alle Bewerber die gleiche Ausgangsposition** erhalten. Dazu gehört alles, was für die Entschließung des Teilnehmers hinsichtlich seines Handelns beim Wettbewerb von Bedeutung ist. Zur Eindeutigkeit gehört es auch, daß in der Leistungsbeschreibung nicht nur die Maß- und Gewichtsangaben den allgemein in Fachkreisen anerkannten Grundsätzen entsprechen, sondern daß insbesondere auch die Einzelheiten der geforderten Leistung technisch richtig sowie übersichtlich beschrieben sind. In der Regel wird es dabei zum **Gebrauch von Fachausdrücken** kommen. Hier ist zu beachten, daß nur solche Fachausdrücke zu verwenden sind, die **Allgemeingültigkeit in den entsprechenden Fachkreisen** besitzen, sich durchgesetzt haben und dem die Anforderungen von Teil A § 2 Nr. 1 Satz 2 erfüllenden Fachmann als Bewerber bekannt sein müssen. Zum Begriff „verdrängter Boden" bei Kanalbauarbeiten vgl. BGH SFH Z 2.11 Bl. 13.

23 Der Eindeutigkeit der Leistungsbeschreibung wird es auch dienen, wenn der Auftraggeber bestimmte Richtlinien und Hinweise befolgt, die aufgrund allgemeiner Erfahrungen gerade auch für die Aufstellung des Leistungsverzeichnisses für bestimmte Bauleistungen festgelegt worden sind. Insoweit ist auch auf Teil II – Einheitliche Verdingungsmuster – und Teil III – Einheitliche Formblätter – des Vergabehandbuches hinzuweisen.

24 2. Die Leistungsbeschreibung muß ferner so beschaffen sein, daß der Bieter nicht nur klar und unmißverständlich sieht, was von ihm verlangt wird, sondern er auch in die Lage versetzt wird, anhand der Leistungsangaben des Auftraggebers die **Preise** sowohl im einzelnen als auch in ihrer Gesamtheit, vor allem hinsichtlich seines Eigenaufwandes (Lohn, Material, Kosten der Baustelle, Allgemeine Geschäftskosten), **ordnungsgemäß zu kalkulieren. Daher sind die tatsächlichen Umstände in der Leistungsbeschreibung mit anzugeben,** die wesentliche Gesichtspunkte für eine sachgerechte, vollständige Kalkulation nach allgemeinen baubetrieblichen und bautechnischen Regeln geben. Hierzu gehören z. B. die Mitteilung der näheren Verhältnisse, wie Entfernungen, Vorhandensein von Versorgungsleitungen, Lagermöglichkeiten, ferner der Lage der Baustelle, der Beschaffenheit des Baugrundes, der Grundwasserverhältnisse, auch der An- und Abfuhrmöglichkeiten usw., vgl. hierzu insbesondere auch Teil A § 9 Nr. 4 (Rdn. 47 ff.). Das ist allerdings nur erforderlich, wenn es auf die Preisbildung beim betreffenden Bauvorhaben von Einfluß sein kann. Entscheidende Anhaltspunkte für die hier notwendigen Leistungsangaben ergeben sich vor allem auch aus anerkannten technischen Normen, wie z. B. den DIN-Normen in VOB/C.

25 3. Sind **alle für die Preisbildung wesentlichen Umstände** so in der Leistungsbeschreibung anzugeben, daß die Bewerber ihre Preise nicht nur sicher, sondern **ohne umfangreiche Vorarbeiten** berechnen können, so bedeutet dies: Natürlich kann dem Bieter im Bereich der Aufstellung des Leistungsverzeichnisses nicht alle Arbeit abgenommen werden, die erforderlich ist, um zu einer sachgerechten, vor allem alle wesentlichen Umstände berücksichtigenden Preisberechnung zu kommen. Die **Preisberechnung** ist nämlich **individuell,** weil jeder Bieter die bei ihm gegebenen Verhältnisse berücksichtigen muß und er im übrigen subjektiv eine eigene Anschauung über den konkret zu fordernden angemessenen Preis hat. Andererseits ist es gerade Sinn der Nr. 1, dem Bieter in der Leistungsbeschreibung alle Angaben zu machen,

die in tatsächlicher Hinsicht für seine Preisbildung von Bedeutung sind oder sein können (z. B. die Angaben der Holzstärken bei der beabsichtigten Errichtung eines Dachstuhles oder die Festlegung der Art und Weise des Dichtanschlusses im Rahmen einer Kanaldichtung). Das gilt auch für die Einzelumstände, die an sich auch vom Bieter selbst, möglicherweise an Ort und Stelle, festgestellt werden können. Auch diese sollen zum Zwecke der Klarheit, Vollständigkeit und zum Verständnis im gleichen Sinne für alle Bewerber vom Auftraggeber ermittelt und in der Leistungsbeschreibung bekanntgegeben werden. Dem Bewerber ist es dann zu überlassen, die für seine Preisbildung notwendigen Schlußfolgerungen aus den ihm unterbreiteten Tatsachen zu ziehen.

Auch muß die Leistungsbeschreibung in Inhalt und Aufbau so gestaltet sein, daß sie später nach Erstellung der Leistung eine **ordnungsgemäße** und daher **eindeutige Abrechnung gestattet.** Grundsätzlich muß die Leistungsbeschreibung so beschaffen sein, daß sie die Grundlage für die spätere Abrechnung zu bilden vermag. 26

Nicht ordnungsgemäß ist z. B. ein Leistungsverzeichnis, das für Rammpfähle folgende Preisgruppen enthält: „Längen von 10 bis 11 m, Längen von 11 bis 12 m." Beträgt nachher beim Aufmaß die Länge der Rammpfähle 11 m, entstehen sofort Zweifel, ob nach der ersten oder der zweiten Preisgruppe abzurechnen ist. Solche Zweifel (vgl. Finnern, Bau und Bauindustrie 1964, 104) muß der Auftraggeber von vornherein zu vermeiden suchen. Hier hätte er nur zu schreiben brauchen: „Längen von über 10 bis 11 m, Längen von über 11 bis 12 m", um die notwendige Klarheit zu schaffen. 27

4. Als ein Verstoß gegen die Regel der Nr. 1 ist es auch zu werten, wenn der Auftraggeber gegen das aus dem Grundsatz von Treu und Glauben entspringende Gebot der inhaltlichen **Wahrheit** der Leistungsbeschreibung verstößt, indem er **Massenübersetzungen** oder **Schaupositionen** aufnimmt, also nur **fingierte** Leistungsmehrforderungen, mit dem Ziel, die Bereitstellung der Finanzierungsmittel mit einigen Reserven zu sichern oder für die prozentuale Bemessung der Bauleistungsmittel eine höhere Berechnungsbasis zu gewinnen. Das betrifft insbesondere bewußte Mengenüber- und/oder -untersetzungen sowie Wahl- und Bedarfspositionen; diese sind unbedingt auf wirkliche Notwendigkeiten im Einzelfall zu beschränken, gegebenenfalls auch dem Bewerber bzw. Bieter gegenüber zu rechtfertigen. Manipulationen werden im allgemeinen eine Haftung des Auftraggebers aus Verschulden beim Vertragsabschluß rechtfertigen, falls dadurch die Ursache dafür gesetzt wird, daß einzelne oder mehrere Bieter nicht an der Vergabe beteiligt werden, obwohl dies nach Teil A § 25 – dort vor allem Nr. 2 – hätte der Fall sein müssen. Auch können Haftungsgrundlagen aus § 826 BGB oder – nach Vertragsabschluß – aus positiver Vertragsverletzung wegen schuldhafter Verletzung von Aufklärungspflichten gegeben sein. Durch die genannte Handlungsweise wird nämlich der von der VOB geforderte besondere Bauleistungswettbewerb gefährdet. Hierdurch kann auch derjenige Bewerber gegenüber den anderen zu einem ungerechtfertigten Vorteil kommen, dem es gelingt, die „Windeier auszukundschaften", um dann dort absolut niedrige Preise einzusetzen (vgl. dazu auch Crome, BB 1961, 118, 119). 28

B. Kein ungewöhnliches Wagnis (Nr. 2)

I. Allgemeiner Grundsatz

Nach Nr. 2 soll dem Auftragnehmer **kein ungewöhnliches Wagnis** aufgebürdet werden für Umstände oder Ereignisse, auf die er **keinen Einfluß** hat und deren Einwirkung auf die Preise und Fristen er nicht im voraus schätzen kann. Hier ist eine Voraussetzung genannt, die **nicht auf das Leistungsverzeichnis beschränkt** ist, sondern die **Allgemeingültigkeit** sowohl für die Gesamtheit der Vertragsverhandlungen, insbesondere aber auch für den Vertragsabschluß 29 selbst und die darin enthaltenen Bedingungen, hat. Die **Allgemeingültigkeit** kommt in der VOB auch dadurch zum Ausdruck, daß in Teil A § 9 Nr. 1 vom Bewerber die Rede ist, während in Nr. 2 vom **Auftragnehmer** gesprochen wird. Wenn dort die für die Gesamtheit der Vertragsverhandlungen, des Vertragsabschlusses und der Vertragsabwicklung geltende Bestimmung aufgenommen worden ist, so ist zu bedenken: Die vom Auftraggeber anzufertigende und dann dem Bewerber zu übergebende Leistungsbeschreibung ist dazu bestimmt, ihrem Gesamtinhalt nach vom Bewerber im Rahmen seines Angebotes übernommen zu werden, so daß sie Gegenstand seines vertraglichen Willens wird. In der Regel wird also das, was der Auftraggeber im Leistungsverzeichnis als nach seiner Auffassung vertragsgerechte Leistung verlangt, vom Bewerber als seinem Vertragswillen entsprechend im Angebot übernommen und insoweit bindend wiederum dem Auftraggeber gegenüber erklärt. Regelmäßig wird sodann dieses der Leistungsbeschreibung entsprechende Angebot zum Gegenstand der Vertragsverhandlungen gemacht und im Falle des Zuschlages **Inhalt** des beide Partner bindenden **Bauvertrages,** durch den vertragliche Rechte und Pflichten entstehen. Es erwächst also im Regelfall eine **Verpflichtung** des Auftragnehmers im Bauvertrag, die ihre **Ursache** in den Einzelheiten des vom Auftraggeber zu Beginn aufgestellten **Leistungsverzeichnisses** hat. Diese auf dem Leistungsverzeichnis beruhende Verpflichtung kann ungerechtfertigt sein, wenn sie den Auftragnehmer **unzumutbar belastet** und ihm ein ungewöhnliches Wagnis aufbürdet. Will man dies verhindern, muß man den **Auftraggeber** von Beginn an anhalten, die **Lauterkeit des Rechtsverkehrs zu wahren.** Daher ist hier von einer **Generalklausel des Bauvertragsrechts** zu sprechen.

In diesem Zusammenhang ist auch auf die Schrift von Schubert „Die Erfaßbarkeit des Risikos einer Bauunternehmung bei Angebot und Abwicklung einer Baumaßnahme", Schriftenreihe des Lehrstuhls für Baubetrieb und Baubetriebswirtschaft an der TU Hannover, Heft 7, Werner-Verlag, Düsseldorf, hinzuweisen.

II. Ungewöhnliches Wagnis

30 In Nr. 2 wird von einem **ungewöhnlichen Wagnis** gesprochen (vgl. BGH SFH Z 2.311 Bl. 31 ff. = MDR 1969, 655 = Betrieb 1969, 1058), das dem Auftragnehmer nicht aufgebürdet werden soll. Dabei ist die Betonung auf das Wort „ungewöhnlich" zu legen. An sich enthält jeder Vertrag ein Wagnis für diesen oder jenen Partner oder für beide Teile. Derartige **gewöhnliche Wagnisse** sind hier **nicht gemeint,** da die VOB keineswegs eine Besserstellung der Partner will, als es sonst im zivilen Vertragsrecht der Fall sein würde. Daher haben hier zunächst alle mit einem Wagnis verbundenen Pflichten auszuscheiden, die von Einzelregelungen der VOB – insbesondere auch deren Teil B – oder auch im BGB erfaßt werden, wie z. B. die Gewährleistungspflichten, die Sicherheitsleistungen, die Vertragsstrafen, die Voraussetzungen der Änderbarkeit der Vergütung, die Art und Fälligkeit der Vergütung, die Ausführungsfristen, die Gefahrverteilung, die Kündigungsvoraussetzungen, die Abnahme, die Haftung der Vertragsparteien usw. Das gilt allerdings nur in dem Umfang, wie die erwähnten Pflichten von der VOB oder im BGB **ausdrücklich oder stillschweigend gedeckt bzw. gebilligt** werden. Inwieweit das der Fall ist, ist eine Frage der Auslegung unter Heranziehung der entsprechenden Bestimmungen im Einzelfall. Insoweit ist dann der Fall nicht nach der allgemein gehaltenen Regel in Nr. 2 zu prüfen, sondern nach der jeweiligen hierfür maßgeblichen Bestimmung im Teil B der VOB oder dem Werkvertragsrecht des BGB oder nach dessen allgemeinen Vorschriften oder – bei Fehlen einer entsprechenden Vorschrift – nach den von der Rechtsprechung aufgestellten Grundsätzen. Dazu gilt, daß nicht nur dann gewöhnliche Wagnisse vorliegen, wenn der Auftragnehmer sie durch sein technisches, wirtschaftliches und organisatorisches Können zu beeinflussen vermag, sondern auch, wenn er bestimmte mögliche Vorkommnisse nicht beeinflussen kann, die aber **keine grundlegenden Auswirkungen** auf das zwischen Leistung und Gegenleistung vorauszusetzende Äquivalent haben, vor allem von dem **als normal anzusehenden unternehmerischen Wagnis** gedeckt werden. Kommt man bei der Prüfung zu dem Ergebnis, daß das dem Auftragnehmer aufzubürdende oder

aufgebürdete Wagnis den **zumutbaren** Rahmen in einschneidender Weise überschreitet, wird man von einem ungewöhnlichen Wagnis sprechen müssen. Besonders kritisch sind hier im Einzelfall vom Auftraggeber aufgestellte Besondere oder Zusätzliche Vertragsbedingungen zu betrachten (Teil A § 10 Nr. 2 Abs. 2, Nr. 3 und 4). Dabei handelt es sich nicht selten um Bedingungen, deren möglicher Eintritt vom Bieter bzw. späteren Auftragnehmer weder voraussehbar noch überschaubar ist, wie z. B. hinsichtlich der tatsächlichen Bodenverhältnisse und deren Auswirkungen. Derartige Klauseln können durchaus nach § 9 AGB-Gesetz oder im Individualvertrag nach § 242 BGB unwirksam sein.

III. Keine Einflußmöglichkeit für Auftragnehmer

Zu beachten ist, daß Nr. 2 nicht allgemein die Auferlegung eines ungewöhnlichen Wagnisses verbieten will, sondern **nur ein solches für Umstände und Ereignisse, auf die** der **Auftragnehmer keinen Einfluß hat** und deren Einwirkung auf die Preise und Fristen er nicht im voraus schätzen kann. Solche Vorkommnisse werden nur als ungewöhnliche Wagnisse angesehen, wenn sie einmal hinsichtlich ihres Eintritts **ungewiß** sind, zum anderen, wenn sie dem **Einfluß des Auftragnehmers,** insbesondere im Hinblick auf ihre Abwendung, **entzogen** sind. Ferner muß hinzukommen, daß der Auftragnehmer nicht in der Lage ist, ihre Einwirkung auf die ihm gesetzten **Fristen** und die voraussichtlich für ihn maßgebenden **Preise** im voraus zu schätzen. Dabei ist, wie sich aus dem Begriff „ungewöhnlich" ergibt, eine **Einwirkung erheblicher und einschneidender Art** gemeint. Man wird als ungewöhnliche Wagnisse im Sinne von Nr. 2 die Übernahme der Haftung für Zufall und höhere Gewalt ansehen müssen, ferner auch Verzichte auf Verjährungseinreden hinsichtlich der Gewährleistung oder die unzumutbar überlange Ausdehnung der Verjährungsfristen, die Vereinbarung äußerst kurzer, kaum einzuhaltender Herstellungsfristen, die Übernahme einer außergewöhnlichen Gewährleistung, auch die Verpflichtung zur Verwendung nicht erprobter Baustoffe oder solcher minderwertiger Art ohne gleichzeitige Haftungseinschränkung. Auch kommen Haftungsübernahmen des Auftragnehmers für das Handeln und Unterlassen Dritter in Betracht, die seinem Einfluß entzogen sind (ebenso BGH Schäfer/Finnern Z 2.311 Bl. 31 ff. = MDR 1969, 655 = Betrieb 1969, 1058).

Der Begriff des ungewöhnlichen Wagnisses unterscheidet sich demnach auch von dem des allgemeinen und auch dem des besonderen Bauwagnisses. Allgemeine Bauwagnisse sind solche, die mehr oder weniger stark bei jedem Bauobjekt anfallen können, die sich also auch über mehrere Baustellen hinweg gegenseitig ausgleichen können. Als besondere Wagnisse sind jene einzuordnen, die nur mit einer bestimmten Bauausführung oder einem Teil derselben ursächlich verbunden sind. Sowohl das allgemeine wie auch das besondere Bauwagnis werden von der „Verbotsnorm" der Nr. 2 nicht erfaßt.

IV. Ausnahme: Ausgleichsmöglichkeit

Selbst unter den vorangehend festgelegten Voraussetzungen kann man von einem **ungewöhnlichen** Wagnis nach Nr. 2 **nicht** sprechen, **wenn der Auftragnehmer** für die Übernahme außergewöhnlicher Verpflichtungen **von anderer Seite** oder auch **auf andere Weise oder überhaupt** finanziell für etwaige von ihm nicht voraussehbare und seinem Einfluß entzogene Umstände oder Ereignisse **abgesichert ist** und er sich schadlos halten kann. Sinn der Nr. 2 ist letzten Endes, den Auftragnehmer **in wirtschaftlicher Hinsicht zu sichern** und ihm nach Möglichkeit den angemessenen Preis für seine Leistung zukommen zu lassen. Daher ist Hereth/Naschold (Teil A § 9 Ez. 9.34) zuzustimmen, daß von einem ungewöhnlichen Wagnis nach Nr. 2 nicht mehr die Rede sein kann, wenn das damit übernommene Risiko durch **Versicherungsleistungen gedeckt** wird. Dann kann der Auftragnehmer die Auswirkungen des von ihm zu übernehmenden ungewöhnlichen Wagnisses im voraus schätzen, indem er die ihm bekannten möglichen Versicherungsleistungen mit einkalkulieren kann. Die zur Dekkung aufzubringenden Versicherungsprämien sind als fixe Kosten in der Regel nicht so hoch, daß man von einer unzumutbaren Bürde zu Lasten des Auftragnehmers sprechen könnte. Der Auftragnehmer ist also verpflichtet, die üblichen Versicherungen, selbst für ungewöhnliche Wagnisse, abzuschließen, allerdings nur, wenn die Prämien in für ihn zumutbarem Rahmen liegen, es sei denn, er ist ohne weiteres befugt, sie im Einzelfall in die Preise mit einzukalkulieren.

V. Nr. 2 ist Soll-Vorschrift

34   Ergibt sich demnach, daß Sinn und Tragweite der Nr. 2 an sich **eingeschränkt** zu betrachten sind und es in jedem Einzelfall sorgfältiger Abstufung bei der Prüfung bedarf, ob ein ungewöhnliches Wagnis vorliegt oder nicht, ist immerhin auch zu beachten, daß es sich um eine **„Soll-Vorschrift"** handelt. Damit wird eine entgegen dieser Bestimmung vom Auftragnehmer zu übernehmende ungewöhnliche Wagnisverpflichtung zwar im allgemeinen als nicht zulässig, nicht dagegen als schlechthin unerlaubt angesehen (a. A. Heiermann/Riedl/Rusam/Schwaab Teil A § 9 Rdn. 37, zu weitgehend in der Annahme, daß es sich um ein generelles Verbot handele). Das entspricht dem **Grundsatz der Vertragsfreiheit**, unter dessen Beachtung es letztlich dem späteren Auftragnehmer überlassen bleiben muß, aus freiem Willen darüber zu entscheiden, wie weit seine Leistungsverpflichtung gehen und welchen Umfang sie im einzelnen für das von ihm beanspruchte Entgelt haben soll. Die VOB überläßt dem Auftragnehmer die eigene Entschließungsfreiheit und setzt die **nicht überschreitbaren Grenzen** dort, wo ein Verstoß gegen **Treu und Glauben**, § 242 BGB, vorliegen würde (dazu zutreffend Nicklisch BB 1974, Beil. 10, S. 3 ff.). Dies ist sicher der Fall, wenn es sich um Vertragsklauseln handelt, deren Voraussetzungen und Folgen für den Bieter bzw. späteren Auftragnehmer nicht vorhersehbar und nicht zu übersehen, daher für ihn im Einzelfall unzumutbar sind (vgl. auch Rdn. 16 und 30). Sofern das **AGB-Gesetz** zum Tragen kommt (vgl. dazu Teil A § 10 Rdn. 77 ff.), ist es unter diesen Voraussetzungen durchaus möglich, daß solche Vertragsklauseln gemäß **§ 9 AGB-Gesetz** nach dem dafür maßgebenden Prüfungsmaßstab unwirksam sind (vgl. dazu Teil A § 10 Rdn. 170 ff.). Das gilt im Falle unzumutbarer einseitiger Risikobelastung des Auftragnehmers vor allem, wenn ihm keine Vergütung zugestanden wird, durch die das Risiko einigermaßen abgedeckt ist (ähnlich Heiermann/Riedl/Schwaab Teil A § 9 Rdn. 37). Hierher rechnet z. B. auch eine AGB des Auftraggebers, wonach der Auftragnehmer die Gerüste auf seine Kosten zu erstellen und so lange vorzuhalten hat, wie sie durch andere Unternehmer gebraucht werden bzw. daß sie durch diese mitbenutzt werden können, weil dem Auftragnehmer hierdurch nicht nur eine angemessene Vergütung versagt, sondern es ihm wegen der Nichtvorhersehbarkeit der Dauer der Nutzung durch andere Auftragnehmer praktisch unmöglich gemacht wird, das preismäßige Risiko in zumutbarer Weise zu erfassen (ähnlich OLG München, BauR 1986, 579 = Betrieb 1986, 739 = MDR 1986, 408 = SFH § 9 AGBG Nr. 30 = NJW-RR 1986, 382 = BB 86, 554). Andererseits sind solcher Beurteilung aber auch Grenzen dadurch gesetzt, daß letztlich der Übergang zur dem Unternehmer noch zumutbaren Belastung angesichts dessen, daß es sich um einen mit den gewerblichen Risiken vertrauten Unternehmer handelt, fließend ist, zumal er sich weitgehend frei zur Übernahme jedenfalls solcher Risiken entschließen kann, die ihm häufiger angelastet werden, ihm also bekannt sind. In dem erörterten Bereich sind im übrigen auch die **§§ 3 und 5 AGB-Gesetz** zu beachten. Ein Verstoß gegen die angeführten gesetzlichen Bestimmungen liegt z. B. in einer Vergabebestimmung bzw. Vertragsbestimmung, wonach der Bieter „für alles einzustehen hat, was zur Erstellung des Gebäudes notwendig ist, auch wenn es nicht in besonderen Positionen beschrieben ist". Auch sonst finden sich in der Tragweite ähnliche Bedingungen nicht selten.

35   Eine zulässige Entschließungsfreiheit drückt sich auch in den von der Rechtsprechung im allgemeinen gebilligten **Garantieverpflichtungen** aus. Damit sind nicht schon die vielfach als Garantieverträge bezeichneten, im Kern nur allgemeinen Gewährleistungsverpflichtungen

gemeint, die letztlich nur die normale Obliegenheit des Auftragnehmers hervorheben, eine vertragsgerechte Leistung zu erbringen. Insoweit handelt es sich um Verpflichtungen des Auftragnehmers, die ihm das Gesetz oder die VOB hinsichtlich der ordnungsgemäßen Erbringung der Leistung sowieso auferlegen, wie z. B. Gewährleistungspflichten, Schadensersatzpflichten wegen Nicht- oder Schlechterfüllung oder wegen Verzuges usw. Dazu zählen in manchen Verträgen gewählte Formulierungen allgemeiner Art, wie z. B. „Garantie im Sinne des Gesetzes" o. ä.; vgl. hierzu BGH SFH Z 2.400 Bl. 6 ff. Diese Verpflichtungen kraft Gesetzes oder aufgrund der VOB können aber auch vertraglich erweitert oder eingeengt werden, **ohne schon** zu der hier gemeinten **Garantie** zu werden. Die **wirklichen Garantieverträge**, die in diesem Zusammenhang zu untersuchen sind, beinhalten **mehr** als die bloße Verpflichtung des Auftragnehmers zur vertragsgemäßen Erbringung der Leistung. Sie gehen darüber hinaus; ihr Wesen liegt in der Begründung einer **selbständigen** Verpflichtung, für einen bestimmten Erfolg einzustehen oder die Gefahr eines künftigen, noch nicht entstandenen Schadens zu übernehmen (BGH SFH Z 2.10 Bl. 8 ff.). Vgl. ferner RGZ 146, 123 und 163, 99; BGH LM Nr. 1 zu BGB § 765. Es handelt sich um eine **Verpflichtung besonderer Art nach § 305 BGB.** Angenommen worden ist das Vorliegen eines solchen Garantievertrages bei einer Garantie für Arbeiten zur Sicherung und Unterfangung von Nachbargrundstücken (OLG Hamburg Hans. Rechts- und Gerichtszeitschrift 1930, 536), ferner auch bei dem Versprechen eines Architekten, daß ein von ihm übernommener Bau eine bestimmte Bausumme nicht überschreiten werde (RGZ 137, 84, vgl. hierzu auch BGH Schäfer/Finnern Z 3.01 Bl. 70 ff.), was entsprechend auch für eine derartige Verpflichtung des Bieters bzw. Auftragnehmers gilt. Diese Garantieverträge müssen nicht unbedingt ungewöhnliche Wagnisse im Sinne der Nr. 2 sein (a. A. offenbar Hereth/Naschold Teil A § 9 Ez. 9.40). Vielmehr kommt es auf den jeweiligen Einzelfall und das damit wirklich verbundene Risiko an. Ein Garantievertrag, der das Gebot von § 9 Nr. 2 nicht einhält, ist zu vermeiden, obwohl es letztlich auch hier der Entschließungsfreiheit des Auftragnehmers überlassen bleiben muß, ob er ihn eingehen will oder nicht. Grenzen der rechtlichen Zulässigkeit sind nach dem vorangehend Gesagten nur gegeben, wo die Anforderungen von Treu und Glauben, § 242 BGB bzw. §§ 3, 5, 9 AGB-Gesetz, mißachtet werden oder wo sonst Verstöße gegen zwingende gesetzliche Vorschriften, z. B. § 138 BGB, vorliegen. Der Grundsatz von Treu und Glauben mit den hierfür von der Rechtsprechung aufgestellten Maßstäben muß letztlich auch für die Frage maßgebend sein, ob es wettbewerbsrechtlich zulässig sein kann, gewisse Garantien – gleich welcher Art – über den allgemeinen, insbesondere im Gewerbe üblichen Rahmen hinaus einzugehen. Zum Garantievertrag vgl. insbesondere auch Teil B § 13 Rdn. 840 ff. Zu den sogenannten Bausatzverträgen vgl. Teil A § 1 Rdn. 33 f.

DRITTER ABSCHNITT
Leistungsbeschreibung mit Leistungsverzeichnis

Der nachfolgend erörterte Abschnitt in Teil A § 9 (**Nr. 3-9**) befaßt sich mit der schon **bisher bekannten** Form der **Leistungsbeschreibung,** die in Teil A § 9 Nr. 2 der Fassung 1952 als die **zweckmäßige Form** der Angabe der geforderten Leistung gekennzeichnet war. Nach der durchaus der Praxis entsprechenden Absicht der Verfasser der VOB soll diese Art der Leistungsbeschreibung **auch jetzt noch die Regel bilden.** Anderseits ist festzustellen, daß sie nicht ausschließlich in Betracht kommt, sondern – wenn auch als Regelfall – nur eine der möglichen Formen der Leistungsbeschreibung darstellt, also auch in Einzelfällen andere und möglicherweise zweckmäßigere Beschreibungsarten denkbar sind, wie z. B. die auch in Teil A § 9 geregelte Leistungsbeschreibung mit Leistungsprogramm (Nr. 10-12). **Die Fassung der VOB von 1988 hat einige Änderungen im Aufbau und Inhalt des hier erörterten Abschnittes erfahren.** Dies geschah vor allem im Hinblick auf die **neu eingeführte DIN 18 299,** welche in ihrem Abschnitt 0 allgemein für jedes Vorhaben, soweit im Einzelfall

36

erforderlich, notwendige Angaben für die Leistungsbeschreibung mit Leistungsverzeichnis erfaßt, wobei allerdings ergänzend die im gleichen Abschnitt in den leistungsspezifischen Normen der DIN 18 300 ff. enthaltenen Angaben zu beachten sind. Im übrigen gehen **letztere** den genannten Regelungen der DIN 18 299 **vor, wenn sie davon abweichen.** Allem vorrangig ist aber die jeweils für den betreffenden Fall aufgestellte Leistungsbeschreibung. **Zur Übersicht über die Änderungen in Teil A § 9 Nr. 3-9:**

1. Die Verpflichtung, den Abschnitt 0 der DIN 18 299 ff. beim Aufstellen der Leistungsbeschreibung zu beachten (bisher Nr. 7 Abs. 1, 2. Halbsatz), wurde in Nr. 4 Satz 2 besonders herausgestellt.

2. Die bisher in Nr. 4 Abs. 5 enthaltenen Einzelangaben der Leistungsbeschreibung wurden in die umfassenden Regelungen der DIN 18 299, Abschnitte 0.1 und 0.2 übernommen, weshalb sie in Teil A § 9 entfielen.

3. Die bisher in Nr. 6 enthaltenen Einzelangaben über Besondere Leistungen wurden hinsichtlich der Leistungsbeschreibung in die DIN 18 299, Abschnitt 0.4.2 und hinsichtlich der Vergütungspflicht in Abschnitt 4.2 übernommen.

4. Die bisher in Nr. 8 Abs. 2 auf Baustelleneinrichtungen beschränkten Regelungen über besondere Ansätze für Nebenleistungen wurden allgemeiner gefaßt in die DIN 18 299, Abschnitte 0.4 und 4.1 aufgenommen. Nr. 8 Abs. 2 ist deshalb entfallen.

5. Nr. 8 Abs. 3 ist als überholt weggefallen.

Der Grundsatz, daß die Leistungsbeschreibung mit Leistungsverzeichnis die Regel bilden soll, gilt vor allem für den öffentlichen Auftraggeber, wie sich aus Nr. 1. VHB zu § 9 VOB/A ergibt; dort heißt es:

1. Allgemeines
Die Leistungsbeschreibung mit Leistungsverzeichnis nach § 9 Nr. 3-9 bleibt die Regel. Ausnahmsweise können Leistungen mit Leistungsprogramm beschrieben werden, vgl. Nr. 3.

A. Grundlagen (Nr. 3)

37 Nach Nr. 3 soll die Leistung in der Regel durch eine **allgemeine Darstellung der Bauaufgabe (Baubeschreibung)** und ein **in Teilleistungen gegliedertes Leistungsverzeichnis** beschrieben werden. Daraus ergibt sich, daß eine Leistungsbeschreibung mit Leistungsverzeichnis normalerweise nicht allein aus dem eigentlichen Leistungsverzeichnis, sondern darüber hinaus noch aus der sogenannten Baubeschreibung besteht. Bei Nr. 3 handelt es sich um eine sogenannte „Soll-Vorschrift", was bedeutet, daß sowohl der notwendige Inhalt einer Baubeschreibung als auch ein solcher eines Leistungsverzeichnisses auch auf andere Weise den Bietern im Rahmen des Angebotsverfahrens klargemacht werden kann. Immer wird aber vorausgesetzt, daß dabei die **zwingende Regel in Nr. 1,** nämlich der eindeutigen und erschöpfenden, für alle Bewerber gleichermaßen verständlichen Beschreibung der Leistung eingehalten wird. Diese Voraussetzungen können aber nur erfüllt werden, wenn der Auftraggeber zur Zeit der Aufstellung der Leistungsbeschreibung alle Unterlagen erstellt und/oder beschafft hat, die für eine **ordnungsgemäße Leistungsbeschreibung unbedingt erforderlich** sind. Daher bestimmt Nr. 2.1. VHB zu § 9 VOB/B mit Recht in zwingender Form:

Die Pläne, insbesondere die Ausführungszeichnungen, soweit sie nicht vom Auftragnehmer zu beschaffen sind, und die Mengenberechnungen müssen so rechtzeitig vorliegen, daß danach eine eindeutige, vollständige und erschöpfende Leistungsbeschreibung aufgestellt werden kann.

Wer sichergehen will, muß sich an die in Teil A § 9 Nr. 3 bis 9 festgelegten, aus allgemeiner Erfahrung gegebenen Regeln halten.

I. Die allgemeine Darstellung der Bauaufgabe (Baubeschreibung)

1. Diese dient dazu, den Bewerbern eine **hinreichende Übersicht** über die gewünschte Bauleistung **im allgemeinen** zu geben. Sie muß einen ausreichenden, klar zum Ausdruck kommenden Überblick über das erstrebte Leistungsziel enthalten. Diesem Zweck dienen vielfach die sogenannten **Vorbemerkungen zum Leistungsverzeichnis.** Diese müssen die im Einzelfall wesentlichen Angaben **allgemeiner,** auf das **Leistungsziel** ausgerichteter, also für die Gesamtleistung bedeutsamer Art haben. Dazu gehören Lage, Gesamtart der Ausführung, Gesamtzweck der Bauleistung, die erstrebte Nutzungsabsicht usw. Dabei muß auf die Bedürfnisse des Einzelfalles abgestellt werden. Wichtig ist, daß den Bewerbern der **jeweils erforderliche,** zunächst überschlägige **Überblick** verschafft wird, um sich von vornherein darüber klarwerden zu können, ob sie sich an dem betreffenden Ausschreibungsverfahren beteiligen wollen.

38

Dieses bedingt zugleich, die Baubeschreibung, die nicht für den Bauherrn als Laien oder die Baubehörde im Hinblick auf die Genehmigungsfähigkeit des Bauvorhabens, sondern für den in Betracht kommenden **Unternehmerbereich** bestimmt ist, also für den **bautechnischen Fachmann,** auf die für diesen **notwendigen Angaben zu beschränken.** Dies verlangt einmal der in Nr. 1 festgelegte Grundsatz der Klarheit, zum anderen und insbesondere ist dies durch die Zweckbestimmung der Baubeschreibung umgrenzt, nämlich die Möglichkeit der Beurteilung durch den Fachmann in bautechnischer Hinsicht, ohne zugleich auf Details eingehen zu müssen. Damit ist **dreierlei** gesagt:

39

2. Einmal hat sich die Baubeschreibung auf **technische Angaben zu beschränken.** Nur hierfür dient sie. Daher ist es zu vermeiden, in Vorbemerkungen andere Angaben zu machen, wie z. B. solche rechtlichen Inhalts. Dazu zählt vor allem der **grundsätzlich nicht** in die Vorbemerkungen gehörende Hinweis auf die Allgemeinen Vertragsbedingungen (Teil A § 10 Nr. 1) oder die Darlegung von Besonderen oder Zusätzlichen Vertragsbedingungen (Teil A § 10 Nr. 4). Diese sind **gesondert** und in von der Leistungsbeschreibung, insbesondere von den Vorbemerkungen zum Leistungsverzeichnis, getrennte Verdingungsunterlagen aufzunehmen. Hiernach ist festzuhalten, daß die Baubeschreibung, insbesondere wenn sie sich in Vorbemerkungen ausdrückt, nicht über die **erforderlichen** technischen Angaben hinausgehen darf. Dies wird in der Praxis vielfach nicht beachtet, was die Gefahr mit sich bringt, daß der spätere Vertragsinhalt unklar oder gar widerspruchsvoll werden kann. Das geht dann, wenn sich der Widerspruch nicht hinreichend klar nach der Regelung in Teil B § 1 Nr. 2 auflösen läßt, grundsätzlich zu Lasten dessen, der die Baubeschreibung, dabei vor allem die Vorbemerkungen, aufgestellt hat, also des Auftraggebers.

40

3. Zum anderen ergibt sich daraus, daß mit den in Betracht kommenden Bewerbern **Fachleute auf bautechnischem Gebiet** angesprochen werden, zugleich, daß die Baubeschreibung **nur solche Punkte** aufführen soll, die **nicht von vornherein für den betreffenden Fachmann klar zu sein haben,** was sich z. B. für die Frostbeständigkeit von Vormauersteinen allein aus ihrer Zweckbestimmung ergibt (vgl. BGH BauR 1979, 154 = SFH § 13 Ziff. 3 VOB/B Nr. 2). Vor allem sind technische Einzelerläuterungen zu vermeiden, die sich ohnehin aus anderen technischen Vertragsunterlagen ergeben, wie aus den Allgemeinen Technischen Vorschriften oder auch aus Zusätzlichen Technischen Vorschriften, in letzterem Falle jedenfalls bei einem Auftraggeber, der mit Hilfe seiner Zusätzlichen Technischen Vorschriften häufig baut, sofern dies allgemein in den in Betracht kommenden Auftragnehmerkreisen bekannt ist, wie z. B. der Bundesbahn, der Bundespost, großen gemeinnützigen Baugesellschaften usw. Das sind hier Selbstverständlichkeiten, die nicht noch gesondert in die Vorbemerkungen aufgenommen

41

werden sollen. Das Gesagte verbietet es allerdings nicht, ohne nähere Mitteilung technischer Einzelheiten, die sich ohnehin aus den betreffenden Allgemeinen oder Zusätzlichen Technischen Vorschriften ergeben, auf die gewollte **Anwendbarkeit** bestimmter Allgemeiner oder Zusätzlicher Technischer Vorschriften **als solcher** hinzuweisen, wie z. B. durch die Erklärung in den Vorbemerkungen: „Ausführung nach DIN..." oder „Ausführung nach den Zusätzlichen Technischen Vorschriften für ... des Auftraggebers", wobei jedoch auf die Zweckbestimmung der Baubeschreibung, nämlich die **überschlägige** Darstellung der in der jeweiligen Ausschreibung behandelten Gesamtleistung, Bedacht zu nehmen ist.

42   4. Drittens ergibt sich aus der genannten Zweckbestimmung weiter, daß in die Baubeschreibung bzw. die dazu zählenden allgemeinen Vorbemerkungen **nur solche technische Angaben** aufzunehmen sind, die sich auf die von der betreffenden Ausschreibung erfaßte **Gesamtleistung beziehen.** Daher gehören **nicht** solche Angaben hierher, die sich nur auf **bestimmte Teilleistungen** – wenn auch über den gesamten Teilbereich – im Rahmen dieser Ausschreibung beziehen. Diese sind nämlich nicht hier, sondern – wenn auch als weitere Vorbemerkungen – in den einzelnen Teilbereichen der Leistungsbeschreibung selbst anzubringen. Dabei handelt es sich im wesentlichen um Angaben, an die z. B. in Teil A § 9 Nr. 4 Abs. 2 ff. und Nr. 6 gedacht worden ist. Sie zählen also nicht zu der allgemeinen, sondern zu einer etwaigen „besonderen" Baubeschreibung bzw. Vorbemerkung.

43   5. Die vorangehend aufgeführten Voraussetzungen ergeben sich jedenfalls teilweise auch aus Nr. 2.2.1. bis 2.2.6. des VHB zu A § 9 Nr. 3:

2.2.1. Der Leistungsbeschreibung ist in der Regel das Standardleistungsbuch (StLB) des Gemeinsamen Ausschusses „Elektronik im Bauwesen" – (GAEB) – zugrunde zu legen. Die in der Anlage zu dieser Richtlinie (Teil VI) aufgeführten Standardtexte sind jedoch nicht zu verwenden, da die notwendigen Regelungen in den Vertragsbedingungen – VOB, EVM – getroffen sind.

2.2.2. In der Baubeschreibung sind lediglich die zum Verständnis der Arbeiten erforderlichen allgemeinen Angaben – z. B. zum Zweck und zur späteren Nutzung des Bauwerks – zu machen.

2.2.3. Art und Umfang der zu erbringenden Leistungen sind ausschließlich im Leistungsverzeichnis zu beschreiben.

Im Leistungsverzeichnis sind die Leistungen nach Ordnungszahlen (Positionen) zu gliedern, im einzelnen sind anzugeben: die Mengen aufgrund genauer Mengenberechnungen, die Art der Leistungen, die einzuhaltenden Maße mit den angegebenen zulässigen Abweichungen (Festmaße, Mindestmaße, Höchstmaße), besondere bautechnische und bauphysikalische Forderungen wie Lastannahmen, die Mindestwerte der Wärmedämmung und des Schallschutzes, die Mindestinnentemperaturen bei bestimmter Außentemperatur, andere wesentliche, durch den Zweck der baulichen Anlage (Gebäude, Bauwerke) bestimmte Daten, besondere Aufmaßbestimmungen, soweit in VOB/C keine Regelung vorhanden ist, sonstige besondere, die Preisermittlung beeinflussende Umstände.

Bei Teilleistungen, für die ein Pauschalpreis vereinbart werden soll, sind im Leistungsverzeichnis die Spalten für die Mengenangabe und den Einheitspreis zu sperren. Mengenangaben, die zur Bestimmung des Leistungsumfanges benötigt werden, sind in den Wortlaut der Leistungsbeschreibung aufzunehmen.

2.2.4. In die Vorbemerkungen zum Leistungsverzeichnis dürfen nur Regelungen technischen Inhalts aufgenommen werden, die einheitlich für alle beschriebenen Leistungen gelten. Wiederholungen oder Abweichungen von Allgemeinen und Zusätzlichen Technischen Vorschriften sind zu vermeiden.

2.2.5. Technische Vorschriften und Richtlinien, die als Zusätzliche Technische Vorschriften vereinbart werden sollen, sind im Leistungsverzeichnis bei der Position oder vor dem Abschnitt anzugeben, für die sie gelten sollen. Gelten sie für das ganze Leistungsverzeichnis, sind sie in den Vorbemerkungen aufzuführen.

2.2.6. Auf die Forderung nach Angabe des Einheitspreises in Worten soll verzichtet werden.

Über das Standardleistungsbuch vgl. Zimmermann, Bauwelt 1974, 70; zur VOB als Grundlage des Standardleistungsbuches Drees, Bauwirtschaft 1974, 1094; über die Ausschreibung von Beton- und Stahlbetonarbeiten nach dem Standardleistungsbuch Deckert, Bauwirtschaft 1974, 256. Zum Musterleistungsverzeichnis für die Betonüberwachung auf Baustellen – Fassung 1. 1. 1974 – Bauwirtschaft 1974, 987. Zum Standardleistungsbuch s. auch Rundschreiben des Bundesministers f. Raumordnung, Bauwesen und Städtebau vom 18. 12. 1974 und vom 10. 3. 1975 (Die Bauverwaltung 1975, 69 und 1975, 190); vgl. auch Bauwirtschaft 1977, 1476. Siehe weiter Rundschreiben des Bundesministers f. Raumordnung, Bauwesen und Städtebau vom 30. 11. 1981 (Bauverwaltung 1982, 74) sowie vom 28. 1. 1983 (MBl. Fi. u. Wi. 1983, 34).

II. Die Beschreibung durch Leistungsverzeichnis

Als **weiterer Bestandteil der Leistungsbeschreibung** gilt nach Nr. 3 im allgemeinen ein **in Teilleistungen gegliedertes Leistungsverzeichnis.** Das Leistungsverzeichnis ist eine aus technischer Sicht aufgestellte „Liste", die die **Leistungsanforderungen im einzelnen** enthält. Es handelt sich also um die aus technischer Sicht gebotene Angabe von Art und Umfang der verlangten Arbeiten. Gerade auch das Leistungsverzeichnis muß den Anforderungen der Nr. 1 genügen, es muß also eine **eindeutige und erschöpfende Beschreibung** enthalten, und zwar so, daß sie gleichermaßen für alle Bewerber verständlich ist, insbesondere auch im Hinblick auf die **Preisberechnung,** die für die Angebotsbearbeitung wesentlicher, wenn nicht ausschlaggebender Bestandteil ist. Ein möglichst umfassender und genauer Leistungsbeschrieb ist vor allem auch deshalb notwendig, weil sonst die **Möglichkeit nachträglicher Preisänderungen** nach Teil B § 2 Nr. 3-6 in besonderem Maß e gegeben ist (vgl. Mantscheff BauR 1979, 389 für den Fall späterer Mengenänderungen und damit gemäß Teil B § 2 Nr. 3 sich ergebender Preisänderungen). 44

Grundlegend wichtig ist dabei, daß das Leistungsverzeichnis **in Teilleistungen im Bereich des jeweiligen Ausschreibungsrahmens aufzugliedern ist.** Teilleistungen sind solche Leistungsteile, die unter einer Ordnungszahl (Position) mit dem dazugehörigen Vordersatz (voraussichtliche Mengen) beschrieben sind. Nähere Erläuterungen gibt hier Teil A § 9 Nr. 8 (vgl. Rdn. 99 ff.). Des weiteren zählen hierher auch Vorbemerkungen zu **einzelnen** – technisch abzugrenzenden – Leistungsbereichen, insbesondere auch, soweit sie sich aus Nr. 4 Abs. 2 ff. und 6 ergeben. Hinsichtlich der Art und Weise der Leistungsdarstellung sind Nr. 5 und 7 zu beachten. Ferner ist wegen etwaiger Änderungsvorschläge und Nebenangebote, die naturgemäß nicht schon in die vom Auftraggeber aufgestellte Leistungsbeschreibung, insbesondere das Leistungsverzeichnis, gehören können, gemäß Nr. 9 auf Teil A § 17 Nr. 4 Abs. 3 hinzuweisen. Wesentliche Hinweise enthält hier das VHB zu § 9 VOB/A in Nr. 2.2.3. (vgl. Rdn. 43). 45

III. Besondere Anforderungen an die Leistungsbeschreibung beim Bauen mit Fertigteilen

Es liegt auf der Hand, daß für die Leistungsbeschreibung **beim Bauen mit Fertigteilen besondere Anforderungen** zu gelten haben. Über die Begriffsbestimmung der Fertigteilbauten vgl. Rdn. 9. Wesentlich für die Vergabe und die Vertragsgestaltung sind dazu die „Hinweise des Bundesfinanzministers für die Vergabe von Fertigteilbauten 1970 (HVF 1970)" (vgl. Die Bauverwaltung 1970, 532). Diese sind zwar jetzt nicht mehr im VHB enthalten, weil auch hinsichtlich der Fertigteilbauten die VOB an sich eine ausreichende Regelung enthält. Jedoch erscheint es angebracht, sie nach wie vor zu erwähnen und zu empfehlen, sie wegen ihres wohldurchdachten Aufbaues und Inhaltes weiterhin zu beachten: 46

Diese Hinweise sind nicht nur dann zu berücksichtigen, wenn bei Bauvorhaben die Verwendung von Fertigteilen bereits in der Planung vorgesehen ist, sondern auch in Fällen, in denen ihre Verwendung in wesentlichem Umfang möglich ist, ohne daß eine Entscheidung über die Bauart schon vor der Vergabe getroffen ist.

1. Begriff
Ein Fertigteilbau ist ein Bauwerk, das aus Fertigteilen zusammengefügt ist oder von dem Teile der Konstruktion, die nach Art und Zahl bedeutend sind, aus Fertigteilen bestehen.

2. Grundsätze
2.01. Den Bauarten mit vorgefertigten Teilen sollen die gleichen Möglichkeiten im Wettbewerb eingeräumt werden wie allen anderen Bauarten.
2.02. Der Vergabe (Angebotsverfahren und Auftragserteilung) ist die Verdingungsordnung für Bauleistungen (VOB) zugrunde zu legen.
2.03. § 1 VOB/A bleibt unberührt.

3. Hinweise zur Anwendung der VOB
3.01. Arten der Vergabe (§ 3 VOB/A)
3.01.1. Die in der VOB vorgesehenen Arten der Vergabe sind unter den darin angegebenen Voraussetzungen auch bei Bauarten mit Fertigteilen anzuwenden.
3.02. Einheitliche Vergabe (§ 4 Nr. 1 VOB/A)
3.02.1. Die Leistungen sind in der Regel mit den zugehörigen Lieferungen zu vergeben.
3.02.2. Wird die Lieferung von Fertigteilen oder von vorgefertigten baulichen Anlagen ausnahmsweise selbständig, d. h. ohne Aufbauarbeiten (Montage), vergeben, so ist die Verdingungsordnung für Leistungen – ausgenommen Bauleistungen – (VOL) anzuwenden.
3.03. Vergabegrundlage. Die Leistungen können vergeben werden auf Grund
3.03.1. eines ausführungsreifen Entwurfs des Auftraggebers einschließlich Leistungsbeschreibung durch Leistungsverzeichnis oder
3.03.2. einer Leistungsbeschreibung durch Leistungsprogramm in Form eines
a) Rahmenentwurfs des Auftraggebers (ohne konstruktive Einzelheiten) oder eines
b) Bauprogramms des Auftraggebers.
Vgl. Abschnitt 3.06.
3.04. Bildung von Teil- und Fachlosen (§ 4 Nr. 2 und 3 VOB/A)
3.04.1. Die wirtschaftliche Anwendung von Bauarten mit Fertigteilen setzt Serienfertigung, gegebenenfalls Taktarbeit und damit ausreichende Auftragsgröße voraus. Hierauf ist bei der Bildung von Teillosen Rücksicht zu nehmen.
3.04.2. Fachlosarbeiten können teilweise oder insgesamt zusammengefaßt vergeben werden, soweit dies nach den Besonderheiten der im Einzelfall für die Teilnahme am Wettbewerb in Betracht kommenden Bauarten zweckmäßig ist.
3.05. Vertrags- und Abrechnungsgrundlagen
3.05.1. Soweit möglich, sollen die Leistungen zu Pauschalpreisen vergeben werden, vorausgesetzt, daß
a) die Leistungen nach Ausführungsart und Umfang genau bestimmt sind und
b) mit einer Änderung bei der Ausführung nicht zu rechnen ist.
3.05.2. Sollen einzelne Leistungen außerhalb der Pauschalsummen zu Einheitspreisen nach Aufmaß vergütet werden, so ist in den Verdingungsunterlagen vorzusehen, daß der Bieter – soweit die erforderlichen Mengen nicht vom Auftraggeber in der Leistungsbeschreibung angegeben werden – Angaben über die von ihm gewählten Ausführungsarten und die erforderlichen Mengen macht.
3.05.3. Soweit die auszuführenden Mengen bei Abrechnung zu Einheitspreisen nicht bereits vom Auftraggeber in der Leistungsbeschreibung angegeben, sondern vom Bieter zu ermitteln und anzusetzen sind, ist in den Verdingungsunterlagen vorzusehen, daß er seine Mengenangaben vertreten muß und ihm Überschreitungen
a) bei Teilleistungen oberhalb Oberkante Fundamente nur bis zu 5 v. H.
b) bei Teilleistungen unterhalb Oberkante Fundamente einschl. aller Erd- und Erschließungsarbeiten nur bis zu 10 v. H.
vergütet werden.
3.05.4. Auch bei Vergabe zu Pauschalsummen ist es zweckmäßig, zu verlangen, daß die Bieter die Angebote nach Teilleistungen mit Angabe der Einheitspreise aufgliedern; die Gliederung ist auf die dem angebotenen Bausystem entsprechenden Teilleistungen abzustellen, z. B. Stückpreise (vgl. auch Abschnitt 3.06).

3.06. Leistungsbeschreibung (§ 9 VOB/A)
3.06.1. Nach Abschnitt 3.03. kann die Leistung in den Verdingungsunterlagen durch einen ausführungsreifen Entwurf, einen Rahmenentwurf oder ein Bauprogramm des Auftraggebers beschrieben werden, wobei die geforderten Eigenschaften und die besonderen Merkmale der Leistung unter Beachtung von § 9 VOB/A so zu beschreiben sind, daß danach Angebote erstellt werden können, die a) den Bietern genügend Spielraum im Rahmen der von ihnen angebotenen Bauarten gewähren, aber auch b) untereinander vergleichbar sind.
3.06.2. Ausdrücklich vorgeschrieben werden dürfen bestimmte Erzeugnisse oder Verfahren sowie bestimmte Ursprungsorte und Bezugsquellen nur dann, wenn andere Erzeugnisse oder Verfahren aus zwingenden Gründen nicht in Betracht kommen.
3.06.3. Bei Vergabe nach einem ausführungsreifen Entwurf (Abschnitt 3.03.1.) sind vom Auftraggeber anzugeben und gegebenenfalls durch Zeichnungen oder andere Unterlagen zu erläutern:
a) die einzuhaltenden Maße mit den gegebenenfalls zulässigen Abweichungen (Festmaße, Mindestmaße, Höchstmaße);
b) besondere bautechnische und bauphysikalische Forderungen wie Lastannahmen, die Mindestwerte der Wärmedämmung und des Schallschutzes, die Mindestinnentemperaturen bei bestimmter Außentemperatur, die Ausstattung und Einrichtung nach Art, Umfang und Güte (u. U. gegebenenfalls Hinweis auf Muster), andere wesentliche, durch den Zweck der baulichen Anlage (Gebäude, Bauwerke) bestimmte Daten;
c) sonstige besondere, die Preisermittlung beeinflussende Umstände.
3.06.4. Bei Vergabe nach Rahmenentwurf (Abschnitt 3.03.2. a) muß der Bieter den Rahmenentwurf mit Beschreibung der technischen, wirtschaftlichen und gestalterischen Anforderungen erhalten, gegebenenfalls unter Verwendung eines Leistungsverzeichnisses, das im allgemeinen keine Mengenangaben enthält. Soweit im Leistungsverzeichnis keine Mengen angegeben sind, muß der Bieter die Mengen und Leistungen selbst ermitteln und angeben. Vom Bieter ist ein Angebot mit einem Entwurf, einer genauen Leistungsbeschreibung und verbindlichen Preisen zu verlangen.
3.06.5. Bei Vergabe nach Bauprogramm (Abschnitt 3.03.2. b) muß der Bieter eine Beschreibung der Bauaufgabe mit ausführlicher Erläuterung des Zwecks und allen bei der Entwurfsbearbeitung zu berücksichtigenden technischen, wirtschaftlichen und gestalterischen Gesichtspunkten erhalten. Der Bewerber ist aufzufordern, einen ausführungsreifen Entwurf mit genauer Leistungsbeschreibung sowie ein Angebot mit verbindlichen Preisen einzureichen. Der Bieter muß etwaige Annahmen für Leistungen und Mengen, die im Zeitpunkt der Angebotsbearbeitung noch nicht endgültig festliegen, begründen und an Hand von Plänen und Mengenermittlungen nachprüfbar machen.
3.06.6. Bei Vergabe nach Rahmenentwurf oder Bauprogramm (Abschnitt 3.03.2.) soll der Auftraggeber im Anschreiben (§ 17 Nr. 1 VOB/A = jetzt § 17 Nr. 4 VOB/A) zu erkennen geben:
a) welche Vorleistungen des Auftraggebers oder Dritter bei Feststellung der Bauzeit zu berücksichtigen sind (Baugenehmigungen, Erschließung, Lieferfristen u. a. m.); vom Auftraggeber sind nur Fristen für die Fertigstellung der Hauptleistung vorzuschreiben;
b) welche Gesichtspunkte – insbesondere auch hinsichtlich der Rangfolge – der Auftraggeber bei der Beurteilung der angebotenen Leistung besonders wertet.
3.06.7. Angaben der Bieter
3.06.7.1. Es ist zu verlangen, daß den Angeboten beigefügt werden:
a) grundsätzliche Angaben zur Baustelleneinrichtung (Platzbedarf, Art der Fertigung usw.) einschließlich der Voraussetzungen für die Bauausführung, soweit sie eine Mitwirkung oder Zustimmung des Auftraggebers erfordern;
b) ein Baufristenplan, gegebenenfalls auch wahlweise abweichend von der vorgeschriebenen Bauzeit;
c) ein Zahlungsplan (vgl. Abschnitt 3.11.3.).
3.06.7.2. Bei Vergabe nach Rahmenentwurf oder Bauprogramm (Abschnitt 3.03.2.) ist zu verlangen:
a) eine Beschreibung der angebotenen Bauteile und der Konstruktion mit den dazugehörigen Zeichnungen;
b) eine Erklärung, daß und wie die für das bauaufsichtliche Verfahren erforderlichen Nachweisungen beigebracht werden können;
c) Angaben über die vorgeschlagene Ausstattung, wie Leitungsanlagen, Anstriche, Bodenbeläge, Wandbeläge, Einrichtungsgegenstände (gegebenenfalls Muster!), wenn in der Leistungsbeschreibung vom Auftraggeber darüber nichts vorgeschrieben ist.
3.06.7.3. Soweit die Ausführung von Leistungen nicht durch Allgemeine Technische Vorschriften bestimmt wird, ist vom Bieter zu verlangen, daß er andere entsprechende Angaben über die Ausführung und Beschaffenheit dieser Leistungen macht.

A § 9, 4, Rdn. 47

3.07. Nebenangebote
3.07.1. Nebenangebote sind unter Berücksichtigung von Abschnitt 3.06.2. zuzulassen.
3.08. Gütenachweis
3.08.1. Wenn für Bauarten mit Fertigteilen bauaufsichtlich eine Güteüberwachung vorgeschrieben ist, ist vom Bieter zu verlangen, daß er angibt, wie er den entsprechenden Gütenachweis liefern will (Führung des Gütezeichens einer amtlich anerkannten Güteschutzgemeinschaft, Überwachungsvertrag einer amtlich anerkannten Prüfstelle).
3.09. Gewährleistung
3.09.1. Die Bestimmungen von § 13 VOB/B bedürfen keiner Änderung oder Ergänzung. Wird die Lieferung von Fertigteilen selbständig vergeben, so ist zu § 14 VOL/B eine Gewährleistungsfrist zu vereinbaren, die möglichst der für die betreffende Bauleistung entspricht, es sei denn, daß aus besonderen Gründen eine kürzere Gewährleistungsfrist vertretbar ist.
3.10. Angebotsfristen (§ 18 VOB/A)
3.10.1. Bei Vergabe nach Rahmenentwurf oder Bauprogramm (Abschnitt 3.03.2) ist die Angebotsfrist dem erhöhten Arbeitsumfang entsprechend zu bemessen.
3.11. Zahlungsweise
3.11.1. Die Zahlungsweise soll berücksichtigen, daß bei Bauarten mit vorgefertigten Teilen im Vergleich zu herkömmlichen Bauarten ein wesentlich größerer Teil der Leistung nicht auf der Baustelle, sondern in anderen Fertigungsstätten erbracht wird.
3.11.2. Dementsprechend soll der Auftraggeber bereits in den Verdingungsunterlagen vorsehen, daß in angemessener Höhe – z. B. 70 v. H. des Wertes – Vorauszahlungen für die Stoffe und Bauteile geleistet werden, die
a) auf der Baustelle angeliefert, aber noch nicht eingebaut oder
b) in sonstigen Fertigungsstätten für die Ausführung der Leistung eigens bereitgestellt sind.
Die Bewertung der Stoffe und Bauteile und die Art der dazu beizufügenden Berechnungsunterlagen sowie Form und Umfang der Sicherheitsleistung sind in den Verdingungsunterlagen zu regeln. Der Abzug von Skonto (§ 16 Nr. 4 VOB/B = jetzt § 16 Nr. 5 Abs. 2 VOB/B) entfällt hierbei.
3.11.3. Kann der Auftraggeber die Entscheidung, ob er Vorauszahlungen leisten kann, erst nach Vorliegen der Angebote treffen, so soll er die Bieter in der Aufforderung zur Angebotsabgabe (§ 17 Nr. 1 VOB/A = jetzt § 17 Nr. 4 VOB/A) veranlassen, neben
a) einem Hauptangebot auf der Grundlage der Zahlungsweise nach § 16 VOB/B noch
b) ein Nebenangebot einzureichen, in dem der Bieter eine abweichende Zahlungsweise vorschlägt.
Einem solchen Nebenangebot muß ein Zahlungsplan beigefügt sein, aus dem sich in Zusammenhang mit dem Baufristenplan (Abschnitt 3.06.7.1. c) die Höhe und die Termine der gewünschten Vorauszahlungen und die Sicherheitsleistungen ersehen lassen. Außerdem hat der Bieter anzugeben, ob und inwieweit sich bei Annahme seines Zahlungsplanes der Angebotspreis ändert.
3.11.4. Bei der Wertung von Nebenangeboten nach Abschnitt 3.11.3. muß der Auftraggeber die Höhe der Kosten, die ihm für die Beschaffung der Mittel für die Vorauszahlungen entstehen, berücksichtigen.
3.12. Kosten der Angebotsbearbeitung. Für die Vergütung der Angebotsbearbeitung und sonstiger Leistungen gilt § 20 Nr. 2 VOB/A .

4. Eigentum und Urheberrecht
Wegen des geistigen Eigentums und des Urheberrechts vgl. § 20 Nr. 3, § 27 Nr. 3 VOB/A und § 3 Nr. 6 VOB/B.
4.02. Nur in begründeten Ausnahmefällen soll der Auftraggeber ausbedingen, daß ihm von dem Auftragnehmer an den Angebotsunterlagen Nutzungsrechte überlassen werden, die über die Ausführung der Bauleistung hinausgehen.

B. Wesentliche Umstände der Preisermittlung (Nr. 4)

47 Nr. 4 regelt die **wesentlichen Umstände, deren Feststellung** im allgemeinen für die **Aufstellung einer richtigen Leistungsbeschreibung,** dabei insbesondere des Leistungsverzeichnisses oder – falls nicht hierzu passend – von anderen, gegebenenfalls gesonderten Verdingungsunterlagen erforderlich ist. Dabei enthält Absatz 1 allgemeingültige, für alle Vergabeverfahren maßgebende Grundsätze im Sinne von Ausgangspunkten, während die Absätze 2 bis 5 auf die Gegebenheiten des Einzelfalles abstellen, also nur dort zu beachten sind, wo die tatsächlichen

Verhältnisse entsprechende Angaben erfordern. Zu den Grundlagen der Preisermittlung nach den einzelnen Vergütungsarten beim Bauvertrag vgl. u. a. Mantscheff, Einführung in die Baubetriebslehre, Teil 2, S. 88 ff.

I. Grundsatz (Satz 1)

In Satz 1 ist bestimmt, daß, um eine **einwandfreie Preisermittlung** zu ermöglichen, **alle die sie beeinflussenden Umstände festzustellen und in den Verdingungsunterlagen anzugeben sind.** Es ist hier das Schwergewicht auf die Möglichkeit einer ordnungsgemäßen und umfassenden Preisermittlung gelegt. Die hierfür geltenden Maßstäbe sind aber darüber hinaus zu beachten, nämlich **auch im Hinblick auf die ordnungsgemäße Leistungsanforderung als solche,** um nicht später im Rahmen der Erfüllung bzw. Gewährleistung in Schwierigkeiten zu geraten, insbesondere nicht dadurch, daß dem Auftraggeber wegen Fehlleistungen in der Planung eine **Mitverantwortlichkeit** (§ 254 BGB) oder gar eine Alleinverantwortlichkeit vorgeworfen werden muß. Siehe dazu aber auch Rdn. 60.

48

Dabei ist auf die Entscheidungen des Reichsgerichts zur Frage der **culpa in contrahendo** JW 1919, 35 und HRR 1931, 1040 sowie zu Fragen des Einstehenmüssens für in diesem Zusammenhang handelnde Erfüllungsgehilfen auf die Entscheidung des RG JW 1915, 240 und auf das Urteil des OLG München SFH Z 2.211 Bl. 3 hinzuweisen, wobei das OLG auch auf Voraussetzungen des **Mitverschuldens** (§ 254 BGB) eingegangen ist. Sinn des § 254 BGB ist es, den an sich ersatzpflichtigen Schädiger nicht den endgültigen wirtschaftlichen Nachteil der einem anderen zugefügten Schädigung voll tragen zu lassen, wenn der **Geschädigte selbst zur Entstehung des Schadens mit beigetragen** hat (BGH MDR 1962, 473). Ein mitwirkendes Verschulden ist ein **Verschulden in eigener Angelegenheit,** nämlich ein Außerachtlassen derjenigen Aufmerksamkeit und Sorgfalt, die nach Lage der Sache zur Wahrnehmung eigener Angelegenheiten jeder verständige Mensch ausübt, um Schäden zu vermeiden (BGH SFH Z 3.00 Bl. 52 ff.). Die Schadensminderungspflicht legt dem Geschädigten alle Maßnahmen auf, die nach allgemeiner Lebenserfahrung von einem ordentlichen Menschen angewandt werden müssen, um den Schaden abzuwenden oder zu verringern (BGH VersR 1965, 1173). Zum Begriff der „Umstände i. S. des § 254" vgl. Klauser MDR 1963, 185.

49

Im übrigen drohen dem Auftraggeber dann, wenn er die Leistung nicht ordnungsgemäß und daher unvollständig beschreibt, **nicht** nur Rechtsfolgen in Gestalt der **culpa in contrahendo,** sondern **auch** der **Anfechtungstatbestände nach §§ 119 oder 123 BGB** in Form von Schadensersatzansprüchen aus möglichen **unerlaubten Handlungen** (§§ 823, 826 BGB) oder durch die §§ 154, 155 BGB, die sich mit dem sogenannten **Dissens** (Einigungsmangel) befassen. Letzteres kann z. B. in Betracht kommen, wenn es an einer Vereinbarung über die zu verwendende Holzart fehlt (BGH SFH Z 2.1 Bl. 9); ein Dissens scheidet allerdings aus, wenn der Erklärende seinen Willen irrtümlich zum Ausdruck gebracht und der Erklärungsempfänger erkannt hat, was der Erklärende in Wahrheit sagen wollte (falsa demonstratio); dann ist der tatsächliche Wille des Erklärenden maßgebend, und für eine Auslegung ist kein Raum (BGH WM 1972, 1422). Auch liegt kein versteckter Einigungsmangel vor, wenn nur der innere Wille der Vertragspartner nicht übereinstimmt. Dieser ist nur von Bedeutung, wenn er in den abgegebenen Erklärungen zum Ausdruck kommt. Jede Erklärung ist zunächst danach auszulegen, in welchem Sinn sie von ihrem Empfänger verstanden werden muß. Ergibt sich, daß die sich äußerlich deckenden Erklärungen objektiv in einem einander entsprechenden Sinn verstanden werden müssen, so ist eine Einigung zustande gekommen (BGH WM 1973, 114). Über die genannten Grundlagen hinaus kann der Nachteil des Auftraggebers auch darin bestehen, daß er infolge andersartiger Bauausführung, als sie im unvollständigen Leistungsverzeichnis gefordert wird, nach Teil B § 2 Nr. 5 oder 6 grundsätzlich verpflichtet ist, eine zu seinen Lasten gehende veränderte Vergütung zu zahlen.

50

51 1. **Grundlegende Voraussetzung** für die Feststellung der für die Preisermittlung maßgebenden Umstände ist es, daß sich der **Auftraggeber hinreichend über die Einzelheiten der beabsichtigten Bauherstellung im klaren sein muß**. Dazu gehört, daß er, **bevor** er mit der Ausschreibung beginnt, in dem ihm grundsätzlich obliegenden planerischen Bereich die erforderlichen **Vorarbeiten abgeschlossen** hat, um eine ordnungsgemäße Leistungsbeschreibung aufstellen, also ausschreiben zu können. Hierher zählt einmal die Fertigstellung aller Planungsunterlagen, die für die behördliche Baugenehmigung erforderlich sind (vgl. § 15 Abs. 2 Nr. 1-4 HOAI), dazu auch grundsätzlich die **vorherige Erteilung der Baugenehmigung**. Hierzu rechnen aber auch die erfolgte Fertigstellung von Ausführungsplanung und Massenermittlungen (vgl. § 15 Abs. 2 Nr. 5 und 6 HOAI), da ohne diese eine ordnungsgemäße Leistungsbeschreibung nicht möglich ist. Das wird mit Recht auch in Nr. 2.1. des VHB zu Teil A § 9 hervorgehoben:

> 2.1. Die Pläne, insbesondere die Ausführungszeichnungen und die Massenberechnungen, müssen vor der Ausschreibung vorliegen, damit danach eine eindeutige, vollständige und erschöpfende Leistungsbeschreibung aufgestellt werden kann.

52 Darauf hat der **Auftraggeber besonders zu achten,** will er nicht später wegen aufgetretener Unklarheiten, insbesondere wegen Preiserhöhungen infolge erforderlich gewordener und bei sorgfältiger Planung im angeführten Umfang vermeidbarer Änderungen und Zusatzleistungen, in Anspruch genommen werden. Dies wirkt sich in der Zeit nach Vertragsabschluß aus, insbesondere im Rahmen von Teil B § 2 Nr. 5 und 6, aber auch hinsichtlich der Erfüllung bzw. Gewährleistung, z. B. im Bereich von Teil B § 4 Nr. 3 oder § 13 Nr. 3, jedoch trifft das auch für eine etwaige Haftung wegen Verschuldens beim Vertragsabschluß für das Vergabeverfahren selbst zu. Vor allem muß der Auftraggeber hier im Verhältnis zum Bieter oder späteren Auftragnehmer für das Tun oder Unterlassen seines **bauplanenden Architekten** als seines für den Planungsbereich tätigen Erfüllungsgehilfen (§§ 276, 278 BGB) **einstehen.**

53 2. Die Forderung in Nr. 4 Abs. 1, daß **alle die Preisermittlung beeinflussenden Umstände festzustellen** und in den Verdingungsunterlagen anzugeben sind, besagt im Ausgangspunkt das gleiche wie Nr. 1 (vgl. hierzu Rdn. 13 ff.). Die eindeutige und erschöpfende Leistungsbeschreibung wird wesentlich durch zwei Arbeitsvorgänge erreicht, nämlich einmal durch die Feststellung aller die Preisermittlung beeinflussenden Umstände und zum anderen auch durch deren Angabe in der Leistungsbeschreibung.

54 Die Feststellung aller die Preisermittlung beeinflussender Umstände setzt zunächst eine Ermittlungstätigkeit voraus. Diese **obliegt dem Auftraggeber,** in dessen Bereich das Leistungsverzeichnis aufgestellt wird.

Die Forderung nach Feststellung aller die Preisermittlung beeinflussenden Umstände ist eine **generelle Umgrenzung der Tätigkeit des Auftraggebers.** Die VOB muß te es im wesentlichen bei dieser bewenden lassen und konnte in den nachfolgenden Absätzen der **Nr. 4 nur beispielhaft** Fälle aufzählen, um nähere Erläuterungen zu geben. Eine abschließende Aufzählung darüber, was unter allen die Preisermittlung beeinflussenden Umständen zu verstehen ist, ist nicht möglich, weil die dem Einzelfall zugrunde liegenden, sich nach den jeweiligen technischen Anforderungen richtenden Umstände nicht selten grundverschieden und daher nicht in ihrer Gesamtheit voraussehbar sind.

55 a) **Umstände,** die die Preisermittlung beeinflussen, sind alle **tatsächlichen Gegebenheiten in der Person des Auftraggebers** oder eines auf seiner Seite an dem Bauvorhaben beteiligten Dritten, ferner die an Ort und Stelle der Bauausführung begründeten **Einzelverhältnisse oder Einzelzustände,** die für die Art und Weise sowie den Umfang der geforderten Bauleistung einschließlich aller ihrer Nebenpunkte bestimmend oder mitbestimmend sind und die ein solches Gewicht haben, daß sie bei objektiver und gesunder Anschauung bei der Festlegung der durch den Bewerber zu fordernden Vergütung mitberücksichtigt und mitkalkuliert werden müssen. Das ist der Fall, wenn das Fehlen oder das Vorhandensein dieser Einzelverhältnisse und Einzelzustände den Preis nicht feststehen läßt, sondern nach oben oder nach unten bewegt. Es kommt also letztlich darauf an, ob nach allgemeiner Auffassung in den beteiligten Fachkreisen dieser oder jener Einzelumstand geeignet ist, **auf den Preis einzuwirken** (z. B. die Bodenbeschaffenheit bei Ausbaggerungsarbeiten – vgl. BGH SFH Z 2.311 Bl. 17 ff. – oder die möglichen Arbeitsunterbrechungen nach dem jeweiligen Grundwasserstand – vgl. BGH SFH Z 2.511 Bl. 12 ff.).

Das ist nicht dahingehend mißzuverstehen, daß jeder dieser Einzelumstände, die die Preisermittlung zu einem abweichenden Ergebnis führen würden, und sei er noch so geringfügig, festzustellen wäre. Vielmehr sind Umstände, die nur zu einer **geringfügigen Preisänderung** führen, nicht als einflußreich auf die Preisermittlung anzusehen. Wann es sich um derartige geringfügige Umstände im Bereich der Preisermittlung handelt, ist Tatfrage, auf deren Beantwortung nicht zuletzt der Wert des dem Auftrag zugrundeliegenden Gesamtkomplexes einen Einfluß ausübt. Wesentlicher Gesichtspunkt für die Begrenzung des Begriffes „Einfluß" muß im Einzelfall die **gesunde durchschnittliche Meinung eines mit den technischen und kaufmännischen Gepflogenheiten vertrauten Dritten aus den jeweiligen Fachkreisen sein,** denen der Bewerber angehört. Anhaltspunkte hierfür können vor allem auch die Leistungsanforderungen in den Allgemeinen Technischen Vorschriften sein; so sind die unter der jeweiligen Ordnungszahl 4. zusammengefaßten sogenannten **Nebenleistungen** als für die Preisbildung nicht erheblich anzusehen, alle anderen in den Normen aufgeführten Leistungspunkte dagegen wohl. 56

b) Die Forderung, daß **alle** die Preisermittlung beeinflussenden Umstände festzustellen sind, ist nur auf die eigentlichen Leistungselemente der **konkret geforderten Bauleistung** abgestellt. Sie hat also keine generelle Bedeutung in dem Sinne, daß der Auftraggeber auch alle äußeren, von der speziellen Leistungsforderung **losgelösten Elemente, die die Preisbildung allgemein beeinflussen,** festzustellen und dann im Leistungsverzeichnis aufzuführen hätte. So wird z. B. vom Auftraggeber keineswegs verlangt, daß er die **allgemeinen** Umstände, die für die jeweiligen Baupreisverhältnisse maßgebend sind, oder die allgemeinen Wirtschafts- und Marktlagen feststellt. Diese **allgemeingültigen Verhältnisse,** wie z. B. die Tatsache, daß Arbeiten im Fels Erschwernisse mit sich bringen (LG Tübingen BauR 1980, 67), müssen einem Bewerber, der die Anforderungen in Teil A § 2 Nr. 1 Satz 1 erfüllt, ohnehin bekannt sein. Auch kann es u. U. entbehrlich sein, Feststellungen über an sich wesentliche Verhältnisse zu treffen und diese in der Leistungsbeschreibung mitzuteilen, wenn sie eindeutig in einem größeren Umfang gegeben sind und **allen in Betracht kommenden Bewerbern** bekannt sein müssen. Man denke an die in einem größeren Gebiet, in dem das Bauobjekt errichtet werden soll, in Fachkreisen allgemein bekannten gleichartigen Boden- oder Grundwasserverhältnisse. Hier kann es berechtigt sein, keine besonderen Feststellungen zu treffen. Allerdings ist hierzu Voraussetzung, daß tatsächlich in einem größeren Umfang **gleichartige Verhältnisse** vorliegen und daß der fachkundige und zuverlässige Bewerber diese mit Sicherheit kennen muß. Eine bloße Vermutung des Bewerbers über diese Verhältnisse sowie die Annahme derselben ist nicht hinreichend, RG HRR 1931, 1040. Daher sollte man vorsichtig sein und lieber etwas mehr Feststellungen treffen, als unbedingt notwendig sind, zumal der Auftraggeber für die etwaige Entbehrlichkeit näherer Angaben darlegungs- und beweispflichtig ist. 57

c) Um der notwendigen Feststellung nachzukommen, darf sich der Auftraggeber nicht darauf beschränken, alle die ihm bekannten, die Preisermittlung beeinflussenden Umstände in der Leistungsbeschreibung anzugeben. Vielmehr ist er gehalten, eine eigene Tätigkeit durch **Überlegungen, Prüfungen und** gegebenenfalls **Untersuchungen** zu entfalten, um eine klare Übersicht auch über die ihm noch nicht bekannten Umstände im Rahmen seiner konkreten 58

Bauabsicht zu gewinnen, die für die Preisermittlung von Bedeutung sind. Will der Auftraggeber richtig nach Inhalt und Tragweite der VOB handeln, muß von ihm verlangt werden, daß er **notfalls auch einen finanziellen Aufwand** treibt, um eine sichere und ohne umfangreiche Vorarbeiten durch den Bewerber mögliche Preisberechnung vorzubereiten (ebenso OLG Frankfurt NJW-RR 1986, 245), wie z. B. durch Einholung eines **Bodengutachtens.** Man wird zwar insoweit nicht in jedem Fall von einer Rechtspflicht des Auftraggebers zum Handeln sprechen können. Andererseits muß sich der Auftraggeber aber dessen bewußt sein, daß eine Nichtbeachtung seiner Ermittlungsaufgabe, falls die daraus entstehenden Folgen für die Preisgestaltung erheblich sind, zumindest eine Veränderung der von ihm geschuldeten Vergütung zu seinen Lasten, u. a. nach Teil B § 2 Nr. 3 ff., im Gefolge hat.

59 d) Die festgestellten, die Preisermittlung beeinflussenden Umstände hat der Auftraggeber **in den Verdingungsunterlagen anzugeben.** Dies hat **in rechter Weise und an geeigneter Stelle** in der Leistungsbeschreibung zu erfolgen. Soweit es den jeweiligen Inhalt im einzelnen anbetrifft, muß **Vollständigkeit** gegeben sein; die Angaben in der Leistungsbeschreibung müssen sich mit den Tatsachen der vorangegangenen Feststellung decken. Man wird auch eine **Mitteilungspflicht des Auftraggebers** bejahen müssen, wenn er einzelne oder alle die Preisermittlung beeinflussenden Umstände vor Abfassung der Leistungsbeschreibung entgegen seiner Verpflichtung nicht ermittelt hat und diese daher in der Leistungsbeschreibung nicht berücksichtigt sind. Das gilt vor allem, wenn der Auftraggeber es dem Bewerber überlassen will, die nötigen Ermittlungen anzustellen. Dann muß der **Auftraggeber** als **verpflichtet** angesehen werden, in den Verdingungsunterlagen eine entsprechende **Mitteilung von seinem Unterlassen** zu machen, da der Unternehmer nicht nur nach der VOB, sondern auch aus dem allgemeingültigen Grundsatz von Treu und Glauben im Rechtsverkehr zur Annahme berechtigt sein kann, daß die vom Auftraggeber aufgestellte Leistungsbeschreibung den für die Berechnung seiner Vergütung maßgebenden Anforderungen **voll** gerecht wird (OLG Frankfurt NJW-RR 1986, 245). Daher verstößt eine ohne diese Mitteilung in Ausschreibungsbedingungen des Auftraggebers enthaltene Klausel, der Bieter erkläre mit seiner Unterschrift unter das Angebot, ihm seien die örtlichen Verhältnisse bekannt, gegen das Verbot der Beweislastumkehr, somit gegen §§ 11 Nr. 15 b, 9 AGBG (OLG Frankfurt a. a. O.).

60 e) In diesem Zusammenhang ist andererseits zu beachten: Eine **gewisse Prüfungspflicht obliegt auch dem Bewerber.** Diese bezieht sich jedenfalls auf den Inhalt der ihm zur Abfassung und Abgabe eines Vertragsangebots überlassenen Leistungsbeschreibung oder auf sonstige Planungsunterlagen. Stellt er dort aufgrund seines **Fachwissens Unstimmigkeiten oder Fehler fest oder muß er dies kraft des bei ihm vorauszusetzenden Fachwissens erkennen,** darf er es keineswegs dabei bewenden lassen, sondern er muß dies dem Auftraggeber zur Berichtigung mitteilen. Dasselbe hat auch zu gelten, wenn der Bewerber die Unstimmigkeiten oder Fehler in der Leistungsbeschreibung dadurch erkennt oder erkennen muß, daß er Gelegenheit erhält, sich an Ort und Stelle von den wahren Verhältnissen zu überzeugen. Gleiches trifft zu, wenn der Auftraggeber in der Leistungsbeschreibung etwas verlangt, was den anerkannten Regeln der Technik widerspricht (vgl. OLG Neustadt zur Frage unsachgemäßer Anordnung des Bauherrn bei der Anlegung einer Terrasse: SFH Z 2.303 Bl. 1 ff., wobei der Anmerkung von Finnern zugestimmt wird). Bei derartigen Unterlassungen des Bewerbers handelt es sich um **echte Pflichtwidrigkeiten,** aufgrund deren er später weder eine andere als die vereinbarte Vergütung (vgl. Hereth/Naschold Teil A § 9 Ez. 9.139) noch einen Schadensersatzanspruch geltend machen kann, wobei hinsichtlich des letzteren zumindest ein den Anspruch ausschließendes, ganz überwiegendes **Mitverschulden nach § 254 BGB** gegeben sein dürfte (vgl. BGH NJW 1966, 496 = BB 1966, 56 = MDR 1966, 317 = SFH Z 2.11 Bl. 4 = LM VOB/A § 9 Nr. 1; BGH Schäfer/Finnern Z 2.310 Bl. 38 ff.). Vgl. auch Rdn. 16.

II. Beachtung der „Hinweise für das Aufstellen der Leistungsbeschreibung" in Abschnitt 0 der Allgemeinen Technischen Vertragsbedingungen für Bauleistungen DIN 18 299 ff. (Satz 2)

1. Der anstelle des früheren zweiten Halbsatzes in Nr. 7 Abs. 1 aufgenommene Hinweis auf die jeweiligen Abschnitte 0 der DIN 18 299 ff. ist **keinesfalls nur eine bloße Verweisung der Einfachheit halber.** Vielmehr dient die jetzige Regelung dazu, die jeweils in den genannten **DIN geregelten Einzelheiten ausdrücklich auch mit in die VOB aufzunehmen,** ohne diese ausdrücklich wiederholen zu müssen. Jeder, der eine Leistungsbeschreibung mit Leistungsverzeichnis aufzustellen hat, muß daher die betreffenden, in den genannten Normen aufgeführten Gesichtspunkte kennen, sie überdenken, und sich dahin entschließen, ob sie im jeweiligen Vergabe- bzw. Vertragsfall eine Rolle spielen. Falls ja, müssen sie bei der Aufstellung des Leistungsverzeichnisses beachtet werden. Andernfalls kann man sich etwaigen Ansprüchen der Gegenseite, zumindest aber selbst Unklarheiten in Bezug auf den Leistungsinhalt und den Rahmen der zu vereinbarenden bzw. später vereinbarten Vergütung ausgesetzt sehen. Dabei ist vorweg die für alle Bauleistungen maßgebende DIN 18 299 zu beachten. Ergänzend sind dann die Angaben in den die jeweiligen Gewerke im Abschnitt 0 betreffenden Normen (DIN 18 300 ff.) heranzuziehen. Letztere müssen als speziellere Regelungen dann **Vorrang vor den Angaben im Abschnitt 0 der DIN 18 299** haben, was dem allgemeingültigen Rechtssatz entspricht, daß die **speziellere Regelung der mehr generellen vorgeht.**

2. Ausgehend von der allgemeingültigen DIN 18 299 bedarf es nach deren Abschnitt 0 in der Leistungsbeschreibung der Mitteilung über folgende Bereiche: **Angaben zur Baustelle (0.1), Angaben zur Ausführung (0.2), Einzelangaben bei Abweichungen von den ATV (0.3), Einzelangaben zu Nebenleistungen und Besonderen Leistungen (0.4) und den Abrechnungseinheiten.** Dabei sind solche Mitteilungen aber nur nötig, wenn sie im Einzelfall für die Ausführung und die Vergütung eine Rolle spielen.

a) Angaben zur Baustelle sind im allgemeinen nötig zu:
Lage der Baustelle und Umgebungsbedingungen, Zufahrtsmöglichkeiten und Beschaffenheit der Zufahrt sowie etwaige Einschränkungen bei ihrer Benutzung; Art und Lage der baulichen Anlagen, z. B. auch Anzahl und Höhe der Geschosse; Verkehrsverhältnisse auf der Baustelle, insbesondere Verkehrsbeschränkungen; für den Verkehr freizuhaltende Flächen; Lage, Art, Anschlußwert und Bedingungen für das Überlassen von Anschlüssen für Wasser, Energie und Abwasser; Lage und Ausmaß der dem Auftragnehmer für die Ausführung seiner Leistungen zur Benutzung oder Mitbenutzung überlassenen Flächen, Räume; Bodenverhältnisse, Baugrund und seine Tragfähigkeit; Ergebnisse von Bodenuntersuchungen; hydrologische Werte von Grundwasser und Gewässern; Art, Lage, Abfluß, Abflußvermögen und Hochwasserverhältnisse von Vorflutern; Ergebnisse von Wasseranalysen; besondere wasserrechtliche Vorschriften; besondere Vorgaben für die Entsorgung, z. B. für das Gebiet der Baustelle geltende besondere Beschränkungen für die Beseitigung von Abwasser und Abfall; Schutzgebiete oder Schutzzeiten im Bereich der Baustelle, z. B. wegen Forderungen des Wasser-, Landschafts- oder Lärmschutzes; Art und Umfang des Schutzes von Bäumen, Pflanzenbeständen, Vegetationsflächen, Verkehrsflächen, Bauteilen, Grenzsteinen u. ä. im Bereich der Baustelle; am Baugelände vorhandene Anlagen, insbesondere Abwasser- und Versorgungsleitungen; bekannte oder vermutete Hindernisse im Bereich der Baustelle, möglichst unter Auslegung von Bestandsplänen, z. B. Leitungen, Kabel, Dräne, Kanäle, Bauwerksreste und, soweit bekannt, deren Eigentümer; besondere Anordnungen, Vorschriften und Maßnahmen der Eigentümer (oder der anderen Weisungsberechtigten) von Leitungen, Kabeln, Dränen, Kanälen, Wegen, Gewässern, Gleisen, Zäunen und dergleichen im Bereich der Baustelle; Angaben über schadstoffbehaftete Stoffe und Bauteile; Art und Zeit der vom Auftraggeber veranlaßten Vorarbeiten; Arbeiten anderer Unternehmer auf der Baustelle.

64 b) Erforderlich an **Angaben zur Ausführung** sind im allgemeinen: Vorgesehene Arbeitsabschnitte, Arbeitsunterbrechungen und -beschränkungen nach Art, Ort und Zeit; besondere Erschwernisse während der Ausführung, z. B. Arbeiten in Räumen, in denen der Betrieb weiterläuft, oder bei außergewöhnlichen äußeren Einflüssen; besondere Anforderungen an die Baustelleneinrichtung; Besonderheiten der Regelung und Sicherung des Verkehrs, gegebenenfalls auch, wieweit der Auftraggeber die Durchführung der erforderlichen Maßnahmen übernimmt; Auf- und Abbauen sowie Vorhalten der Gerüste, die nicht Nebenleistung sind; Mitbenutzung fremder Gerüste, Hebezeuge, Aufzüge, Aufenthalts- und Lagerräume, Einrichtungen und dergleichen durch den Auftragnehmer; wie lange, für welche Arbeiten und gegebenenfalls für welche Beanspruchung der Auftragnehmer seine Gerüste, Hebezeuge, Aufzüge, Aufenthalts- und Lagerräume, Einrichtungen und dergleichen für andere Unternehmer vorzuhalten hat; besondere Anforderungen an Art und Güte der Stoffe und Bauteile; Anforderungen an nicht genormte Stoffe und Bauteile; Art und Umfang der vom Auftraggeber verlangten Eignungs- und Gütenachweise; unter welchen Bedingungen auf der Baustelle gewonnene Stoffe verwendet werden dürfen oder verwendet werden sollen; Art, Menge, Gewicht der Stoffe und Bauteile, die vom Auftraggeber beigestellt werden, sowie Art, Ort (genaue Bezeichnung) und Zeit ihrer Übergabe; in welchem Umfang der Auftraggeber Abladen, Lagern und Transport von Stoffen und Bauteilen übernimmt oder dafür dem Auftragnehmer Geräte oder Arbeitskräfte zur Verfügung stellt; Leistungen für andere Unternehmer; Benutzung von Teilen der Leistung vor der Abnahme.

65 c) Sollen unter Zugrundelegung der vorangehend unter a) und b) genannten Einzelgesichtspunkte **andere Regelungen als in den DIN 18 299 ff.** vorgesehen getroffen werden, erfordert dies naturgemäß die gebotene **Eindeutigkeit und Klarheit** in den Angaben, vor allem auch der Bezeichnung im einzelnen, damit der betreffende Verhandlungs- bzw. Vertragspartner bei Unterstellen seiner Fachkunde **keine Zweifel** haben kann. Abweichungen von der DIN 18 299 sind dabei erfahrungsgemäß denkbar, wenn die Lieferung von Stoffen und/oder Bauteilen nicht zur Leistung gehören soll; wenn nur ungebrauchte Stoffe und/oder Bauteile vorgehalten werden dürfen; wenn auch gebrauchte Stoffe und/oder Bauteile geliefert werden dürfen.

66 d) Wegen der **Einzelangaben zu Nebenleistungen und Besonderen Leistungen** ist zu beachten: Da **Nebenleistungen** (Abschnitt 4 aller hier wesentlichen Normen) im allgemeinen ohnehin mit zum geschuldeten Leistungsumfang und zu der vereinbarten Vergütung gehören, müssen sie in der Leistungsbeschreibung **nur aufgeführt werden**, wenn sie **ausnahmsweise gesondert vergütet** werden sollen. Außerdem ist eine ausdrückliche Erwähnung sachgerecht und geboten, wenn die Kosten der betreffenden Nebenleistung von **erheblicher Bedeutung für die Preisbildung** sind, was besonders für das Einrichten und Räumen der Baustelle und für besondere Anforderungen an Zufahrten in Betracht kommt. In solchen Fällen müssen in der Leistungsbeschreibung besondere Ordnungszahlen (Positionen) vorgesehen werden. **Besondere Leistungen** nach Abschnitt 4.2 aller ATV (wie z. B. Beaufsichtigung von Leistungen anderer Unternehmer, Sicherungsmaßnahmen zur Unfallverhütung, Besondere Schutzmaßnahmen gegen Witterungsschäden, Hochwasser und Grundwasser, Versicherung der Leistung bis zur Abnahme oder Versicherung eines außergewöhnlichen Haftpflichtwagnisses, Besondere Prüfung von durch den Auftraggeber gelieferten Stoffen oder Bauteilen usw.) müssen selbstverständlich **in der Leistungsbeschreibung angegeben** werden, wobei es sachgerecht sein kann, hierfür besondere Ordnungszahlen (Positionen) aufzunehmen.

67 e) **Abrechnungseinheiten** sind im Leistungsverzeichnis für die jeweiligen Teilleistungen (Positionen) gemäß den Angaben in den Abschnitten 0.5 der betreffenden ATV anzugeben.

C. Sonstige notwendige Angaben im Leistungsverzeichnis (Nr. 5)

I. Erforderlichenfalls Darstellung der Leistung durch Zeichnung oder durch Probestücke oder anderweitige Erklärung (Absatz 1)

1. Nach **Absatz 1 Satz 1** ist die Leistung, wenn nötig, zeichnerisch oder durch **Probestücke** darzustellen oder anders zu klären, z. B. durch Hinweis auf ähnliche Leistungen, durch **Mengen- oder statische Berechnungen.** Damit ist keineswegs gemeint, daß die Leistungsbeschreibung durch derartige Darstellungs- und Feststellungsweisen ersetzt werden kann oder ersetzt würde. Vielmehr handelt es sich um die zur Schaffung eindeutiger Klarheit möglichen **Ergänzungsmittel, die zusätzlich** der eigentlichen **Leistungsbeschreibung beizugeben** sind. Man geht von dem Gedanken aus, daß die Leistungsbeschreibung, die aus dem schriftlich niedergelegten Wort besteht, vielfach das Gewollte in allen notwendigen Einzelheiten nicht so zum Ausdruck zu bringen vermag, wie hierzu andere Darstellungs- und Feststellungsmittel in der Lage sind. Im Falle von Unstimmigkeiten zwischen der Leistungsbeschreibung und den hier angeführten Ergänzungsmitteln ist grundsätzlich die Leistungsbeschreibung ausschlaggebend.

a) Zweifellos sind **Zeichnungen und Probestücke** sehr gute Ergänzungsmittel. Natürlich müssen die Zeichnungen so klar und übersichtlich unter Verwendung der in den jeweiligen Fachkreisen üblichen zeichnerischen oder sonstigen bautechnischen Ausdrucksmittel und Maß stäbe sein, daß das erstrebte Ziel dadurch erreicht wird. Dabei ist eine hinreichende Kennzeichnung in bezug auf das, was die Zeichnungen näher erläutern sollen, erforderlich; bloß allgemeine Bezugnahmen reichen dazu nicht. Probestücke müssen aus dem geforderten Material bestehen, die vorgesehene Form, Stärke, Farbe usw. haben und sich auf die konkret geforderte Leistung beziehen. Aus dem gegebenen Zusammenhang kommen hier insbesondere die **Ausführungspläne,** die der bauplanende Architekt nach § 15 Abs. 2 Nr. 5 HOAI zu fertigen hat, in Betracht (vgl. dazu oben Rdn. 1).

b) Soweit weiter **beispielhaft** andere Mittel zur Klärung angegeben sind, wie **Mengenberechnungen oder statische Berechnungen,** ist das ebenfalls eindeutig. Nicht ganz einfach ist der **Hinweis auf ähnliche Leistungen.** Ein solcher erscheint nur angebracht, wenn es sich um wirklich ähnliche Leistungen in dem Sinne handelt, daß sie einen **echten Maß stab und Vergleich** zu der hier darzustellenden Leistung bedeuten. Man sollte einen Hinweis auf ähnliche Leistungen daher nur in **an die Identität grenzenden, den in Betracht kommenden Bewerbern geläufigen oder ohne Schwierigkeiten feststellbaren Ähnlichkeitsfällen** wählen, ihn im übrigen vermeiden. Geeignet kann der Hinweis sein, wenn es um die Erklärung bestimmter gleichartiger technischer Voraussetzungen, insbesondere auch Verfahrensweisen, geht.

c) In diesem Zusammenhang: Die Beauftragung eines **selbständigen Statikers** zur Anfertigung **statischer Berechnungen** durch den Auftraggeber ist ein Werkvertrag i. S. des BGB (BGH, Urt. vom 11. 6. 1964 – VII ZR 216/62; BGH SFH Z 3.01 Bl. 348; insbesondere BGH Z 48, 257 = NJW 1967, 2259 = MDR 1968, 41 = JZ 1967, 758 = BB 1967, 1222 = LM BGB § 638 Nr. 9 = SFH Z 3.01 Bl. 373; OLG Koblenz MDR 1962, 405 mit Anm. Schmalzl; ders. MDR 1971, 349; vgl. auch von Lüpke BB 1968, 651). Ein vom Auftraggeber oder vom bauleitenden Architekten **namens des Auftraggebers** beauftragter Statiker ist – für das Vertragsverhältnis zwischen Auftraggeber und Auftragnehmer – im Regelfall **nicht Erfüllungsgehilfe des Architekten,** sondern **Erfüllungsgehilfe des Auftraggebers** (vgl. BGH VersR 1967, 260; OLG Düsseldorf NJW 1974, 704 = BauR 1974, 357 = BlGBW 1974, 140; a. A., jedoch unzutreffend, Lüderitz NJW 1975, 1, 8, da es sich hier um die Beschaffung der Statikerleistung zwecks Ermöglichung ordnungsgemäßer Arbeit des Auftragnehmers und nicht nur um die Auswahl eines zuverlässigen Statikers handelt; vgl. auch OLG Oldenburg BauR 1981, 399 = VersR 1981, 541 für das Verhältnis des Auftraggebers zum Architekten). Architekt und Statiker haben **jeder einen selbständigen Werkvertrag mit dem Auftraggeber;** der Architekt ist somit, soweit es sich um die Leistungen des Statikers handelt, dem Auftraggeber gegenüber grundsätzlich nicht verpflichtet, den Statiker zu beaufsichtigen (BGH BauR 1970, 62 = Betrieb 1970, 200 = VersR 1970, 88 = BB 1970, 15 = SFH Z 3.01 Bl. 407 ff.).

72 Schadensersatzansprüche aus Mängeln der Statikerleistung, die zu Mängeln am Bauwerk geführt haben, verjähren nach § 638 BGB in fünf Jahren (BGH Z 48, 257 = NJW 1967, 2259 = MDR 1968, 41 = JZ 1967, 758 = BB 1967, 1222 = LM BGB § 638 Nr. 9 = SFH Z 3.01 Bl. 373; OLG Koblenz SFH Z 3.01 Bl. 186), wenn nicht im Einzelfall vertraglich etwas anderes vereinbart ist. **Gleiches** gilt im übrigen im Hinblick auf **Gewährleistungsansprüche des Auftraggebers aus seinem Vertrag mit dem Architekten** (BGH Z 32, 206 = NJW 1960, 1198 = SFH Z 3.01 Bl. 121 ff. = MDR 1960, 578 = BB 1960, 606), es sei denn, es ist auch hier etwas anderes vertraglich abgesprochen (vgl. dazu u. a. insbesondere BGH Z 71, 144 = BauR 1978, 235 = NJW 1978, 1311 = BB 1978, 1437 = SFH § 633 BGB Nr. 11 = MDR 1978, 656 = LM § 635 BGB Nr. 31 Anm. Girisch = VersR 1978, 565 = Betrieb 1978, 1688; ferner OLG Braunschweig BauR 1973, 195; OLG Hamm NJW 1974, 2290; LG Nürnberg-Fürth BauR 1974, 426; OLG Stuttgart BB 1976, 1434). **Allerdings ist bei dem AGB-Gesetz unterfallenden Statiker- bzw. Ingenieur- und/oder Architektenverträgen die Vereinbarung einer kürzeren Verjährungsfrist als der des § 638 BGB unzulässig und daher nichtig** (vgl. § 11 Nr. 10 f AGB-Gesetz). Zur Abnahme des Statikerwerkes vgl. Teil B § 13 Rdn. 20.

73 Ein Werkvertrag ist es auch, wenn der Architekt im eigenen Namen und nicht im Namen des Auftraggebers den Statiker beauftragt (BGH Z 58, 85 = NJW 1972, 625 = Betrieb 1972, 481 = BauR 1972, 182 = BB 1972, 481 = VersR 1972, 396 = SFH Z 3.01 Bl. 479 ff.).

74 Die Honorarforderung des Statikers verjährt wie die des Architekten nach § 196 Abs. 1 Nr. 7 BGB in 2 Jahren (BGH BauR 1983, 170 = NJW 1983, 870 = SFH § 196 Abs. 1 Nr. 7 BGB Nr. 4 = ZfBR 1983, 77 = LM § 196 BGB Nr. 49).

75 d) Ähnlich wie mit Statikerarbeiten verhält es sich auch mit **sonstigen planerischen Leistungen eines Ingenieurs.** So ist die Aufgabe eines Ingenieurs zur **Projektierung** z. B. von Sanitär-, Heizungs- und Elektroinstallationsarbeiten für ein Bauvorhaben ein **Werkvertrag.** Also verjähren auch hier Gewährleistungsansprüche – vor allem Schadensersatzansprüche – nach § 638 BGB, wobei es insoweit nicht darauf ankommt, ob der Ingenieur von dem Auftraggeber selbst oder vom Architekten im fremden oder im eigenen Namen beauftragt worden ist (zutreffend OLG München NJW 1974, 2238 mit Anm. Ganten NJW 1975, 391; vgl. auch OLG Stuttgart BauR 1980, 82).

76 **Werkvertrag** ist auch der an einen **Vermessungsingenieur** erteilte Auftrag, auf einem Hausgrundstück den Standort des darauf zu errichtenden Hauses **einzumessen und abzustecken.** Erhält das Haus infolge eines von ihm zu vertretenden Vermessungsfehlers auf dem Grundstück einen falschen Platz und ergibt sich dadurch ein merkantiler Minderwert des bebauten Grundstückes, so besteht ein enger und unmittelbarer Zusammenhang zwischen diesem Vermessungsfehler und dem dem bebauten Grundstück und damit auch dem Bauwerk anhaftenden merkantilen Minderwert. Dieser Schaden ist kein Schaden aus positiver Vertragsverletzung, sondern aus dem Mangel des Vermessungswerks (§ 635 BGB). Der Anspruch auf Ersatz dieses Schadens verjährt grundsätzlich in der bei Bauwerken geltenden Verjährungsfrist von fünf Jahren (§ 638 BGB). So mit Recht BGH Z 58, 225 = BauR 1972, 255 = NJW 1972, 901 = BlGBW 1972, 197 = SFH Z 3.01 Bl. 485 = VersR 1972, 589 = MDR 1972, 597 = BB 1972, 684 = Betrieb 1972, 1228 = WM 1972, 539 = LM § 635 BGB Nr. 28 Anm. Rietschel. Ist mit dem

Ingenieur vereinbart worden, daß „alle vertraglichen Ansprüche" binnen 2 Jahren nach Beendigung der Tätigkeit des Ingenieurs verjähren sollen, so gilt dies auch für Ansprüche aus positiver Vertragsverletzung (BGH Schäfer/Finnern Z 3.00 Bl. 182 = BauR 1970, 177), wobei auch hier für den Bereich des AGB-Gesetzes auf dessen § 11 Nr. 10 f hinzuweisen ist.

Verfehlte Werkleistung ist auch das infolge falscher Vermessung erfolgte unrichtige Einsetzen eines Grenzsteines, wenn dieses im unmittelbaren zeitlichen und sachlichen Zusammenhang mit der Errichtung eines Bauwerkes erfolgt, zumal es sich dann um einen der Werkleistung des Vermessungsingenieurs unmittelbar und eng anhaftenden Mangel handelt. Auch dann hat der Vermessungsingenieur den sich daraus ergebenden Schaden zu ersetzen (OLG Düsseldorf BauR 1975, 68). Selbst hier dürfte es sich um Arbeiten an einem Bauwerk i. S. des § 638 BGB handeln, weil der Grenzstein fest und dauerhaft mit der Erde verbunden wird (von OLG Düsseldorf a. a. O. offengelassen). 77

Auch der Vermessungsingenieur ist für den Bereich des Bauvertrages zwischen Auftraggeber und Auftragnehmer **Erfüllungsgehilfe des Auftraggebers,** vor allem im Hinblick auf die dem Auftraggeber gegenüber dem Auftragnehmer nach Teil B § 3 Nr. 1 und 2 obliegenden Pflichten. 78
Zur Abgrenzung in den Haftungsverhältnissen vgl. besonders auch Teil B § 4 Rdn. 108 ff.

Zu den hier wesentlichen Fragen vgl. auch Osenbrück, Der Ingenieurvertrag, 1982, Deutscher Consulting Verlag, Essen. 79
Für die Bauvergabe der öffentlichen Hand ist das Vertragsmuster „Bauingenieurwesen" aufgestellt worden (MinBlFin. vom 3. 3. 1975 Nr. 4/75).

2. Die Forderung in **Absatz 1 Satz 2,** daß Zeichnungen und Proben, die für die Ausführung maßgebend sein sollen, **eindeutig zu bezeichnen** sind, bezieht sich nicht auf den Inhalt der Zeichnungen oder der Proben als solchen, sondern auf deren **Benennung.** Hiermit ist nicht nur gesagt, daß die Benennung auf den Zeichnungen und Probestücken **anzubringen** ist, vielmehr ist damit auch zum Ausdruck gebracht, daß die Benennung in Form eines entsprechenden Hinweises an der maßgeblichen Stelle **in der Leistungsbeschreibung selbst** zu erfolgen hat. Am besten geschieht das durch entsprechende Numerierung, die sowohl in der Leistungsbeschreibung als auch auf den Zeichnungen gleichlautend ist. 80

II. Erforderlichenfalls Angabe des Zweckes und der vorgesehenen technischen Beanspruchung der Leistung (Absatz 2)

Absatz 2 ist eine weitere Ergänzung zu den Grundbestimmungen in Nr. 1 und Nr. 4 Abs. 1. Danach sind auch der **Zweck und die vorgesehene technische Beanspruchung der fertigen Leistung,** soweit nötig, in den Verdingungsunterlagen anzugeben. Der Ausdruck „soweit nötig" bedeutet, daß Angaben über den Zweck oder die vorgesehene Beanspruchung der fertigen Leistung nur in bestimmten Fällen erforderlich sind. Der hier gewählte Begriff der Erforderlichkeit gibt nicht die Möglichkeit bloßen Ermessens, sondern bedeutet eine **zwingende Notwendigkeit** dann, wenn sich das Erfordernis dieser ergänzenden Angaben im Einzelfall ergibt. 81

1. Die eindeutige und erschöpfende Darstellung der Leistung bedingt ein völlig richtiges, vollständiges und zweifelsfreies Verständnis des Inhaltes und Zweckes der in den Verdingungsunterlagen anzugebenden Leistungsanforderungen. In manchen Fällen ist dieses nicht schon aus den Einzelheiten der Leistungsbeschreibung zu gewinnen. Vielmehr bedarf es noch **näherer Erläuterungen,** die dem Bewerber einen zweifelsfreien und klaren Überblick geben. 82

83 2. Absatz 2 hat aber nicht nur die Bedeutung, dem Bewerber den **Zweck** und die **vorgesehene technische Beanspruchung der verlangten Leistung** im Hinblick auf die Preisermittlung vor Augen zu führen, sondern er hat weitere rechtliche Ziele. So können und müssen **nicht nur Fragen der Vergütung**, sondern z. B. **auch der Erfüllung, der Gewährleistung, der Gefahrtragung, der Haftung für Schäden** davon beeinflußt werden, was dem Bewerber in den Verdingungsunterlagen bekanntgegeben worden oder durch sie erkennbar geworden ist und was er dann auf Veranlassung des Auftraggebers in seinem Vertragsangebot berücksichtigt und schließlich Grundlage des abgeschlossenen Bauvertrages wird. Der **Auftraggeber** hat also alle Veranlassung, hier **sehr sorgfältig vorzugehen** und auch diese für die Gesamtheit der Bauleistung wesentlichen Gesichtspunkte deutlich und erschöpfend zu benennen.

84 3. Die nach Absatz 2 zu machenden Angaben betreffen im allgemeinen den Gesamtzweck und die Gesamtheit der technischen Beanspruchung der fertigen Bauleistung, wobei der Zweck die technische Beanspruchung ausmachen kann oder umgekehrt. Als Beispiel für die Notwendigkeit der Angabe des Zweckes sei genannt: Ein Bauwerk, insbesondere eine darin enthaltene Betondecke, muß in seiner Beschaffenheit und Struktur ganz anders gestaltet sein, wenn darin bzw. darauf ungewöhnlich schwere und entsprechend arbeitende Maschinen aufgestellt werden sollen, als wenn es sich nur um eine im normalen Rahmen, d. h. unter normalen Erschütterungen, arbeitende Maschinenanlage handelt. Das ist auch ein Beispiel zur Frage der vorgesehenen technischen Beanspruchung. Zu dieser können alle Einflüsse, die auf den Bestand und die Unversehrtheit der baulichen Anlage einwirken können, wie z. B. Gase, Dämpfe, Erschütterungen, übernormale Abnutzungen usw., gezählt werden. Vgl. dazu BGH, Urt. vom 1. 10. 1964 – VII ZR 223/62 – für den Fall einer Sportanlage, die als Wettkampfstätte eine hochwertige Ausführung erforderte; ferner OLG Stuttgart BauR 1977, 140 hinsichtlich der Feuchtigkeit und der Abmessung von Holz zur Vermeidung von Undichtigkeiten bei einem besonders konstruierten Dach. Hier sind bloße Bezugnahmen auf DIN-Vorschriften nicht ausreichend, vielmehr müssen weitere, zur Vermeidung von Schäden sachdienliche Angaben gemacht werden (OLG Stuttgart a. a. O.).

III. Beschreibung der für die Ausführung der Leistung wesentlichen Verhältnisse der Baustelle (Abs. 3)

85 1. Der in die Fassung 1988 neu eingefügte Absatz 3 bezieht sich auf **alle im gegebenen Fall für die Ausführung wesentlichen Verhältnisse, also alle Umstände, welche für den Bieter und späteren Auftragnehmer bei seiner Kalkulation der Preise, darüber hinaus aber für beide Vertragspartner im Hinblick auf die vollständige und ordnungsgemäße Ausführung der Leistung wesentlich sind bzw. sein müssen.** Es kommt auf die Umstände des Einzelfalles an, was hier von Bedeutung ist. Dabei geben Richtpunkte die Einzelaufzählungen in den bereits erwähnten Abschnitten 0 der DIN 18 299 ff. (vgl. oben Dritter Abschnitt B II) ab. Hier gibt Absatz 3 **ergänzend** die sozusagen **zwingende Richtlinie** dahin, daß die Beschreibung so sein muß, daß der Bewerber die Auswirkungen einmal auf die bauliche Anlage – also die Verhältnisse im Bereich der Baustelle – und zum anderen auf die verlangte Bauausführung hinreichend beurteilen kann. Dabei wird das Gebot der **Vollständigkeit** und der eindeutigen, keinen Zweifel zulassenden **Klarheit** aufgestellt. Insofern ist vor allem zu beachten, daß im Gegensatz zu den vorangehenden Absätzen 2 und 3 **nicht bloß auf die „Erforderlichkeit"** abgestellt ist. Daraus ist deutlich zu erkennen, daß die angesprochenen Verhältnisse **beschrieben werden müssen** und dies nur dann nicht der Fall zu sein braucht, wenn sie für den Rahmen des jeweils abzuschließenden Vertrages keine Rolle spielen. Hier wird jedenfalls im Ausgangspunkt das **Risiko dem Ausschreibenden auferlegt,** was dann im Falle der Nichtbeachtung in erster Linie zu seinen Lasten gehen kann, vor allem, wenn es später um die Frage der sachgerechten, vollständigen Ausführung sowie der letztlich dem Auftragnehmer zuzuerkennenden Vergütung geht. Als unbedingt zu beachtenden wesentlichen Punkt führt die VOB hier **beispielhaft die Boden- und Wasserverhältnisse** an, weil

gerade diese erfahrungsgemäß für weite Bereiche der Bauausführung eine **tragende Rolle** spielen.

2. Dadurch wird auch deutlich, daß insbesondere in rechtlicher Hinsicht der **Auftraggeber grundsätzlich das Risiko für die maßgebenden Boden- und Wasserverhältnisse trägt** und den Auftragnehmer im allgemeinen nur eine **Mitverantwortung** treffen kann, wenn er im Einzelfall eine ihm zumutbare Prüfung unterläßt (vgl. BGH SFH Z 2.414.0 Bl. 8; vgl. auch LG Köln BauR 1980, 368 mit Anm. Hofmann = SFH § 2 Ziff. 6 VOB/B Nr. 2 mit Anm. Hochstein). Das betrifft Fälle, in welchen es für die sachgerechte Feststellung der notwendigen Ausführung und der damit verbundenen Kalkulation des Bieters bzw. späteren Auftragnehmers wesentlich auf die Boden- und Wasserverhältnisse ankommt, wie z. B. bei der Art und Weise der Anlegung einer sogenannten Betonwanne (BGH a. a. O.). Das wird sich in der Regel auf Fragen der Wasserhaltung bzw. der Abführung von Wasser (z. B. bei Grundwasserabsenkungen), Erdarbeiten jeder Art, Mauer- und Betonierarbeiten beziehen, allerdings nicht nur hinsichtlich der Arbeiten selbst, sondern auch wegen des erforderlichen Geräteeinsatzes. Natürlich ist Voraussetzung, daß z. B. der Baugrund für die Ausführung, vor allem die Gewährleistung und die Preisgestaltung, von Bedeutung ist, daß Gewässer dem Grundstück benachbart sind oder das Grundwasser überhaupt eine Rolle spielt. Soweit das nicht der Fall ist, sind Angaben entbehrlich. Außerdem bedarf es keines Hinweises bei Offenkundigkeit oder im betreffenden Fall bestehender genauer Kenntnis des Geländes durch die Bewerber. Hinsichtlich der Bodenverhältnisse sollte der Auftraggeber nicht nur die Bodenklasse nach DIN 18 300 Nr. 2 als solche angeben, wozu er immer verpflichtet ist, sondern auch die Merkmale, die zur Einordnung in die betreffende Bodenklasse führen. Das gilt um so mehr, als der Auftraggeber grundsätzlich das Risiko der richtigen Ermittlung der Baugrundverhältnisse trägt (vgl. LG Köln BauR 1980, 368 mit Anm. Hofmann = SFH § 2 Ziff. 6 VOB/B Nr. 2 mit kritischer Anmerkung Hochstein). Auch sonstige dem Auftraggeber bekannte Verhältnisse, die in bezug auf den Boden oder das Wasser für die Ausführung und die Preisermittlung eine Rolle spielen, sind anzugeben, wie z. B. die Mitteilung durch die Bundespost als Auftraggeber, daß sich im Baubereich ein bereits verlegtes Fernmeldekabel befindet (vgl. LG Tübingen BauR 1980, 67). Gleiches gilt generell für die Angabe von **Versorgungsleitungen.**

Zur Frage, ob ein Geologe oder ein Grundbauingenieur als Sonderfachmann bei der Ermittlung der Boden- und Wasserverhältnisse in Betracht kommt, vgl. Jebe BauR 1982, 336.

3. Gerade deshalb, weil in Absatz 3 die grundlegende Verantwortlichkeit des Auftraggebers für die Boden- und Wasserverhältnisse und deren richtige Beschreibung zum Ausdruck kommt, sind **Klauseln in Ausschreibungs- und Vertragsbedingungen des Auftraggebers, die sich als AGB darstellen (vgl. dazu Teil A § 10 Rdn. 93 ff.), an den Verbotsklauseln des AGB-Gesetzes, dort insbesondere des § 9, zu messen, weswegen die unangemessene Überwälzung des Boden- und Wasserrisikos auf den Bieter bzw. späteren Auftragnehmer unzulässig ist.** So kann zwar von dem Bieter bzw. Auftragnehmer verlangt werden, zu bestätigen, daß er sich über die Lage der Baustelle und die für ihn erkennbare Bodenbeschaffenheit überzeugt hat, weil dies zu dem für ihn zumutbaren Verpflichtungsinhalt zu rechnen ist (vgl. OLG Karlsruhe AGBE III § 9 Nr. 15). Zielt eine derartige Klausel aber darauf ab, dem Bieter bzw. Auftragnehmer auch solche Ansprüche abzuschneiden, die sich durch Erschwernisse ergeben, die erst nach Angebotsabgabe erkennbar werden (etwa weil es der Auftraggeber bisher versäumt hat, ein Bodengutachten einzuholen), so liegt darin eine verschuldensunabhängige garantiemäßige Einstandspflicht, die von den Haftungsprinzipien der §§ 275, 276 BGB zum Nachteil des Bieters bzw. Auftragnehmers abweicht, weswegen entsprechende Klauseln unwirksam sind (Wolf/Horn/Lindacher § 23 Rdn. 284; Ulmer/Brandner/Hensen Anh. zu §§ 9–11 Rdn. 271; Locher NJW 1979, 2235, 2237; v. Westphalen ZfBR 1985, 252, 253; vgl. dazu auch Englert/Bauer Rdn. 114 ff.; Feber S. 34 f.). Unzulässig sind daher Klauseln wie „Der Auftragnehmer erklärt verbindlich, daß ihm die Trassenführung, insbesondere die Bo-

A § 9, 6, Rdn. 88-90

den-, Wasser-, Verkehrs- und Zufahrtsverhältnisse bekannt sind und er aus Nichtkenntnis keinen Anspruch gegen den Auftraggeber herleiten kann", oder „Die gegebenenfalls in den Ausführungsunterlagen dargestellten Bodenarten, Grundwasserstände und unterirdischen Anlagen dienen nur als Anhalt; der Auftraggeber übernimmt keine Gewähr für die Richtigkeit und Vollständigkeit der Angaben" (zutreffend dazu v. Westphalen a. a. O.). Auch ist es ein Verstoß gegen § 9 AGB-Gesetz, wenn dem Bieter bzw. späteren Auftragnehmer auferlegt wird, das **Vorhandensein und die Lage von Versorgungsleitungen ohne besondere Vergütung** zu erkunden.

88   4. Soweit notwendig, sind in der Leistungsbeschreibung auch die zu beachtenden **wasserrechtlichen** Vorschriften **anzugeben**, obwohl dies in der jetzigen Fassung der VOB nicht mehr ausdrücklich erwähnt ist. Das gilt aber nur, wenn sie im Einzelfall wirklich eine Rolle spielen. Wenn es auch etwas **ungewöhnlich ist,** von dem **Auftraggeber die Angabe rechtlicher Bestimmungen** zu verlangen, so ist zu berücksichtigen, daß es sich hier um Vorschriften handelt, die auch bei ordnungsgemäßer Beachtung des Grundsatzes in Teil A § 2 Nr. 1 Satz 1 **nicht bei jedem fachkundigen und zuverlässigen Unternehmer als bekannt vorausgesetzt werden können.** Das gilt besonders, weil sowohl das öffentliche als auch das zivile Wasserrecht örtlich verschieden sein, auch sonst behördliche Auflagen oder Anordnungen vorliegen können, daher insbesondere von auswärts kommenden oder in anderen Gegenden wohnenden Unternehmern nicht ohne weiteres bekannt sein können. Hinzu kommt hier, daß es **nach Teil B § 4 Nr. 1 Abs. 1 Satz 2** u. a. **Aufgabe des Auftraggebers** ist, die erforderlichen öffentlich-rechtlichen **Genehmigungen und Erlaubnisse nach dem Wasserrecht einzuholen.** Damit wird zugleich die **Kenntnis** der wasserrechtlichen Bestimmungen **beim Auftraggeber vorausgesetzt.** Dies bedeutet, daß im späteren Schadensfall infolge Mißachtung wasserrechtlicher Vorschriften der Auftraggeber grundsätzlich allein einzustehen hat, es sei denn, er weist nach, daß der Auftragnehmer sie kannte oder unbedingt kennen muß te. Aber auch in letzterem Fall kommt es nur zu einer Haftungsverteilung nach § 254 BGB, wobei der Auftraggeber in der Regel einen erheblichen Teil des Schadens selbst zu tragen haben wird, da dies dem ihm grundsätzlich obliegenden Planungsbereich zuzurechnen ist.

D. Entbehrlichkeit von Leistungsangaben (Nr. 6)

I. Nur notwendige Angaben in Leistungsbeschreibung

89   Zu berücksichtigen ist, daß sich die Verdingungsunterlagen **nicht in der Leistungsbeschreibung erschöpfen,** sondern daß diese nur ein bestimmter und in sich abgeschlossener Teil derselben ist. Es ist streng darauf zu achten, daß in die Leistungsbeschreibung nur das aufgenommen wird, was darin **enthalten sein muß.** Angaben, die sich aus den **anderen, neben** der Leistungsbeschreibung maßgebenden **Verdingungsunterlagen** ergeben, gehören **nicht** auch noch **in die Leistungsbeschreibung,** insbesondere nicht in das Leistungsverzeichnis. Sonst besteht durch derartige Wiederholungen die Gefahr des Mißverständnisses, indem der Bewerber vielfach nicht weiß, ob es sich um dieselbe oder um verschiedene Regelungen handelt. Außerdem könnten auch Unklarheiten innerhalb der Gesamtheit der Verdingungsunterlagen entstehen. Alle diese möglichen Folgen können vermieden werden, wenn sich der Auftraggeber bei der Abfassung der Leistungsbeschreibung **streng an das hält, was nach § 9 deren Inhalt zu sein hat.** Das gilt um so mehr, als unklare Leistungsbeschreibungen oft mit die Ursache für eine Kartellbildung der Bewerber sind, was gerade auch der Auftraggeber unbedingt zu vermeiden hat (vgl. Crome BB 1959, 883).

90   Um das hier Erforderliche zu erreichen und den Auftraggeber auf die Notwendigkeiten der Leistungsbeschreibung zurückzuführen, dient Nr. 5. Sie ist weitgehend angelehnt an Teil B § 2 Nr. 1. Im allgemeinen gehören zu Nr. 5 die anderweitig ersichtlichen oder feststehenden

Einzelheiten der technischen Ausführung. Nur wenn eine Leistung auf verschiedene Art ausgeführt werden kann und der Auftraggeber eine bestimmte Art der Ausführung wünscht, insbesondere wenn dies für die Preisberechnung wesentlich ist, wird die verlangte Ausführung im Leistungsverzeichnis auf jeden Fall beschrieben werden müssen (BGH SFH Z 3.01 Bl. 353).

II. Andere Verdingungsunterlagen; gewerbliche Verkehrssitte

Zu den anderen Verdingungsunterlagen, die außerhalb und zugleich neben der Leistungsbeschreibung bestehen, also dort nicht mehr zu wiederholen sind, gehören die **Vertragsbedingungen**, die **Technischen Vertragsbedingungen** und die **gewerbliche Verkehrssitte**. Begriffe und Tragweiten der beiden ersteren ergeben sich aus Teil A § 10 Nr. 1-4. Daraus folgt, daß zu den Vertragsbedingungen im Sinne der Nr. 5 nicht nur die Allgemeinen Vertragsbedingungen, sondern auch eventuelle Zusätzliche Vertragsbedingungen und auch etwaige Besondere Vertragsbedingungen zu zählen sind. Das gleiche hat hinsichtlich der Technischen Vertragsbedingungen zu gelten. Zu ihnen zählen nicht nur die Allgemeinen Technischen Vertragsbedingungen, sondern auch die eventuellen Zusätzlichen Technischen Vertragsbedingungen. Andererseits gehören technische Änderungen oder Ergänzungen, die nach den Erfordernissen des Einzelfalles notwendig sind, wiederum in die Leistungsbeschreibung (Teil A § 10 Nr. 3 Satz 2). Soweit schließlich die **gewerbliche Verkehrssitte** in Rede steht, handelt es sich im Gegensatz zu den Vertragsbedingungen oder den Technischen Vertragsbedingungen um etwas, das weder gesondert noch überhaupt in den Verdingungsunterlagen ausdrücklich zum Ausdruck kommt, jedenfalls gilt das im Hinblick auf Einzelaufzählungen usw. (vgl. auch Rdn. 95). Zu beachten ist, daß es sich hier **nicht** um die **allgemeine Verkehrssitte** handelt, sondern um die um den Begriff der **Gewerblichkeit eingeschränkte**. Verstanden wird hierunter nicht die **Überzeugung**, die allgemein bei den am Rechtsleben Beteiligten herrscht, sondern nur diejenige, die den **an der Bauerrichtung beteiligten Kreisen** eigen ist, die örtlich verschieden sein kann. Natürlich gehen die eventuell abweichenden Vertragsbedingungen oder Technischen Vertragsbedingungen vor, da sie ja ausdrücklich Gegenstand von Vertragsverhandlungen und dann Vertragsinhalt werden. Daher kommt die gewerbliche Verkehrssitte nur in Betracht, wo es gilt, im Wege der Auslegung **Lücken auszufüllen.** Auch sollte man zur Vermeidung späterer Unzuträglichkeiten die Frage der gewerblichen Verkehrssitte im Zusammenhang mit der Leistungsbeschreibung nur insoweit zur Erörterung bringen, als es sich um Leistungselemente handelt, die nach Anschauung aller Beteiligten, insbesondere aller Bewerber, offensichtlich und offenkundig als zur geforderten Leistung zugehörig zu rechnen sind. Dazu gehört z. B. die Entfernung von Schleifstaub von Solnhofener Platten vor dem Verlegen, um den festen Verbund der Platten mit dem Mörtelbett zu erreichen (vgl. BGH SFH Z 3.01 Bl. 353).

E. Bezeichnungen in der Leistungsbeschreibung (Nr. 7)

Nr. 7 befaßt sich mit **bestimmten Bezeichnungen** in der Leistungsbeschreibung **mit dem Ziel, einmal eine Einheitlichkeit zu erreichen, zum anderen aber auch, um das Gebot des ordnungsgemäßen, lauteren Bauwettbewerbs einzuhalten.** Absatz 1 bezieht sich auf die Bezeichnungen als solche, während die Absätze 2 und 3 die Frage der Angabe bestimmter Erzeugnisse oder Verfahren, bestimmter Ursprungsorte und Bezugsquellen behandeln.

I. Allgemeine Grundsätze (Absatz 1)

In **Absatz 1** werden **Regeln für die Ausdrucksweise** bei der Beschreibung der Leistungseinzelheiten aufgestellt. Dabei handelt es sich um weitere Richtlinien zu dem in Nr. 1 enthaltenen allgemeingültigen Grundsatz des erschöpfenden und insbesondere des eindeutigen

Leistungsverzeichnisses. Es leuchtet ein, daß die Leistungsbeschreibung mit Ausdrücken arbeiten muß, die den für die Bauleistung in Betracht kommenden **Fachkreisen entstammen und dort allgemein und nicht nur sachlich oder regional begrenzt üblich** sind. Man muß also **Fachausdrücke** wählen, die in diesen Fachkreisen Allgemeingültigkeit besitzen und die zum anderen auch bei einem fachkundigen und zuverlässigen Bewerber (Teil A § 2 Nr. 1 Satz 1) kraft seiner Ausbildung und Erfahrung als bekannt vorausgesetzt werden müssen. Seltene und erst in jüngster Zeit gebildete, deshalb in Fachkreisen noch nicht allgemein bekannte Ausdrücke sind nach Möglichkeit zu erklären oder zu vermeiden, damit weder Unverständnis noch Mißverständnis beim Bewerber aufkommen können. Die Erwähnung der einschlägigen **DIN-Bezeichnungen,** vor allem der dort gebrauchten Begriffe, reicht aus, da es sich um allgemein anerkannte Güte- und Meßbestimmungen handelt, die vom Deutschen Normenausschuß herausgegeben worden sind. Das gilt um so mehr, als die DIN-Normen auch von Staats wegen anerkannt sind, wie der Vertrag der Bundesrepublik mit dem Deutschen Institut für Normung e. V. vom 5. 6. 1975 (Bauwirtschaft 1975, 1024) zeigt. Daß die DIN-Normen in den entsprechenden Fachkreisen bekannt sind, ist ohne weiteres anzunehmen, da die Erlangung dieser Kenntnis mit zur Ausbildung des Bewerbers und damit zu dem Begriff der Fachkundigkeit gehört. Das hat auch für Normen von Fachverbänden zu gelten, wie des VDE, des VDI usw. Vgl. dazu auch Teil B § 4 Rdn. 156 ff.

Zur Beurteilung des Verkehrsverständnisses der Bezeichnung „naturrot" in bezug auf Dacheindeckungen, insbesondere auch im Hinblick auf den damit verbundenen behördlichen Sprachgebrauch, vgl. BGH BauR 1983, 291 = SFH § 3 UWG Nr. 2 = MDR 1983, 645 = LM § 3 UWG Nr. 195.

II. Bestimmte Erzeugnisse, Verfahren, Ursprungsorte, Bezugsquellen (Absatz 2)

94 Nach **Absatz 2 dürfen bestimmte Erzeugnisse oder Verfahren oder bestimmte Ursprungsorte und Bezugsquellen nur dann ausdrücklich vorgeschrieben** werden, wenn dies durch die **Art der geforderten Leistung gerechtfertigt** ist. Die hier getroffene **Regelung** ist als „Istbestimmung" **einzuhalten,** es bleibt also grundsätzlich kein darüber hinausgehender Ermessensspielraum. Das gilt insbesondere auch für ausländische Erzeugnisse, Verfahren, Ursprungsorte und Bezugsquellen, wenn sie den deutschen gleichwertig sind. Jedenfalls die öffentlichen Auftraggeber müssen sie befolgen; wenn auch der private Auftraggeber an diese Regelung nicht unbedingt gebunden ist (ebenso Daub/Piel/Soergel ErlZ A 9.138), so ist ihm doch zu raten, sie zu beachten, um nicht später in Schwierigkeiten zu kommen, vor allem nicht Gefahr zu laufen, sich bei der Bauvergabe von vornherein einseitig zu orientieren und dann Rechtsnachteile wegen selbstgegebener Anordnungen auf sich zu nehmen.

95 1. Angesprochen sind vier verschiedene Möglichkeiten: erstens bestimmte Erzeugnisse, zweitens bestimmte Verfahren, drittens bestimmte Ursprungsorte, viertens bestimmte Bezugsquellen.

Bestimmte Erzeugnisse sind im allgemeinen Stoffe oder Bauteile, die bei der Bauausführung zur Verwendung gelangen sollen und die in ihrer technischen Zusammensetzung in Fachkreisen anerkannte Merkmale hinsichtlich ihrer Beschaffenheit und ihres technischen Aufbaues aufweisen, wie z. B. Kalksandsteine.

Bestimmte Verfahren sind die Art und Weise der Herstellung der Bauleistung, also ein bestimmter technischer Vorgang, welcher der Herstellung der Bauleistung im einzelnen dient (Verfahrenstechnik). Dazu rechnet auch der Vorgang der Herstellung bestimmter Stoffe oder Bauteile, wie z. B. Fertigbeton.

Bestimmte Ursprungsorte sind bestimmte Orte, in denen Stoffe oder Bauteile hergestellt werden, wie z. B. Zement aus A'dorf.

Bestimmte Bezugsquellen ist die Angabe eines bestimmten Lieferanten für Stoffe oder Bauteile, wie z. B. die Angabe eines Baustoffhändlers oder auch einer bestimmten Fabrik.

2. Alle vorgenannten besonderen **Angaben** sind **grundsätzlich** bei der Aufstellung des Leistungsverzeichnisses **zu vermeiden.** Grundlage für dieses verpflichtende Gebot ist die Erwägung des **unbedingt einzuhaltenden gesunden Bauwettbewerbs,** wie sie sich aus der grundlegenden Bestimmung in Teil A § 2 Nr. 1 Satz 2 und 3 ergibt. **Ausnahmsweise** kann von diesem Gebot **nur** abgewichen werden, **wenn die Art der geforderten Bauleistung es rechtfertigt.** Diese Ausnahme ist dadurch **verobjektiviert,** daß sie auf die Gegebenheiten der **geforderten Bauleistung** abgestellt ist. Es kommt also nicht auf die etwaige subjektive Interessenlage des Auftraggebers an, wie z. B. seine Beziehungen zu einem bestimmten Baustoffhändler, mit dem er für ihn günstige Gegengeschäfte machen kann oder den er gut kennt. Vielmehr ist es **allein entscheidend,** ob die jetzt geplante Bauleistung es rechtfertigt, bestimmte Erzeugnisse, Verfahren, Ursprungsorte und Bezugsquellen zu verlangen. Ausschlaggebendes Merkmal sind dabei die **jeweils maßgebenden technischen und gestalterischen Anforderungen,** und es ist allein wesentlich, ob diese eine Ausnahme in der angegebenen Hinsicht rechtfertigen. Dabei genügt es allerdings, daß sich die Ausnahme aus **technischen und gestalterischen Gesichtspunkten,** bezogen auf die Art der geforderten Leistung, **rechtfertigen läßt,** also sachlich vertretbar ist. Das kann z. B. bei Sanierungen, Renovierungen, Um- und Erweiterungsbauten der Fall sein, um die Einheitlichkeit der Konstruktion, nicht zuletzt auch berechtigte gestalterische und geschmackliche Gesichtspunkte, zu wahren. Ausnahmegesichtspunkte sind allerdings **auch** auf die **spätere Nutzung der Leistung zu erstrecken,** wie z. B. hinsichtlich bestimmter **umweltfreundlicher Erzeugnisse und Verfahren,** soweit dies in der genannten Richtung von Bedeutung ist, wobei gerade auf die berechtigten Bestrebungen des Umweltschutzes durchaus in weitem Maße Gewicht gelegt werden kann bzw. muß. In diesem Zusammenhang spielt auch die Bildung des Preises, vor allem im Hinblick auf seine Vorteilhaftigkeit für den Auftraggeber, eine wesentliche Rolle, allerdings unter der Voraussetzung, daß in technischer und gestalterischer Hinsicht gegen die bestimmte Art und Weise der Ausführung keine Bedenken bestehen. Für das Vorliegen derartiger Ausnahmen ist der Auftraggeber im Streitfall darlegungs- und beweispflichtig. Hat der Auftraggeber bestimmte Stoffe oder Bauteile vorgeschrieben, handelt es sich begrifflich um **Anweisungen bzw. Anordnungen** i. S. der §§ 645 Abs. 1 Satz 1 BGB, 13 Nr. 3 VOB/B, an die der **Auftragnehmer bzw. Bieter gebunden ist.** Allerdings haftet er auch für diese auf ordnungsgemäße Erfüllung bzw. Gewährleistung, vor allem dahin, daß die betreffenden Stoffe für die vorgesehene Art der Ausführung den anerkannten Regeln der Technik entsprechen; jedoch kann sich der spätere Auftragnehmer dann von seiner Verantwortlichkeit durch **gebotenen Hinweis nach Teil B § 4 Nr. 3** befreien, wie sich aus Teil B § 13 Nr. 3 ergibt. Aber auch ohne einen gebotenen Hinweis bleibt der Auftraggeber für seine Anordnung gemäß Teil B § 4 Nr. 3 letzter Halbsatz verantwortlich, insofern **entsprechend § 254 BGB mitverantwortlich,** weshalb es dem Auftraggeber anzuraten ist, **entsprechende Anordnungen nur in wirklich gebotenen Ausnahmefällen** zu treffen (vgl. dazu Siegburg, Festschrift Korbion S. 411, 418 m. w. N.).

III. Bezeichnungen für bestimmte Erzeugnisse oder Verfahren (Absatz 3)

Nach **Absatz 3** dürfen Bezeichnungen für bestimmte Erzeugnisse oder Verfahren (z. B. Markennamen) ausnahmsweise, jedoch nur mit dem Zusatz „oder gleichwertiger Art", verwendet werden, wenn eine Beschreibung durch hinreichend genaue, allgemeinverständliche Bezeichnungen nicht möglich ist.

Diese Regelung soll, anders als die Regelung des Absatzes 2, lediglich ein **Hilfsmittel für die Leistungsbeschreibung sein, ohne den Wettbewerb einzuschränken** (zutreffend Schelle/Erkelenz S. 119 f.), und sie bezieht und beschränkt sich zugleich auf Bezeichnungen für bestimmte Erzeugnisse oder Verfahren, wobei **Markennamen** als besonders hervorstechendes Beispiel mit einbezogen sind. Sie hat **zwei Gründe: Der erste** liegt in der Forderung nach **Eindeutigkeit.** Es kann vorkommen, daß sich ein bestimmtes Erzeugnis oder eine bestimmte Verfahrensart mit einer eigenen Bezeichnung auf dem Baumarkt derart durchgesetzt hat, daß diese Bezeichnung bzw. dieser Name in den allgemeinen **fachlichen Sprachgebrauch übergegangen** ist. Um Mißverständnisse zu vermeiden, wird daher in Nr. 7 Abs. 3 vorgeschrieben, daß diese Bezeichnung bzw. dieser Markenname Verwendung finden darf, jedoch nur, wenn dafür **andere** hinreichende und allgemeinverständliche Bezeichnungen **nicht vorhanden** sind. Es muß sich also um Erzeugnisse oder Verfahren (z. B. Markennamen) handeln, die aus sich heraus nach dem allgemeinen – insbesondere technischen – Sprachgebrauch auf ein bestimmtes Erzeugnis oder Verfahren hinweisen, das in seiner Zusammensetzung oder auch in seiner Zweckbestimmung sozusagen sich im Begrifflichen eingebürgert hat und wofür es sonst allgemeinverständliche Begriffe nicht gibt (z. B. Eternit, Dyckerhoff-Weiß usw.). Das ist mit Vorsicht zu behandeln, und es sind vom Auftraggeber eingehende Überlegungen dahingehend zu fordern, ob es wirklich erforderlich ist, Bezeichnungen für bestimmte Erzeugnisse oder Verfahren, dabei insbesondere Markennamen, zu wählen. Das gilt vornehmlich im Hinblick auf den **zweiten Grund der Regelung,** der dahin geht, dem grundlegenden **Gedanken des Wettbewerbs,** wie er sich aus Teil A § 2 Nr. 1 Satz 2 ergibt, in der erforderlichen Weise Rechnung zu tragen. Der Wettbewerb, vor allem auch im Bauvertragswesen, soll jedem offenstehen, der in der Lage ist, im gewerblichen Verkehr Leistungen zu erbringen, also den Markt und damit den Wettbewerb in gesunder Weise zu bereichern. Deshalb dürfen Bezeichnungen für bestimmte Erzeugnisse oder Verfahren – insbesondere Markennamen – nur auf das unbedingt Notwendige im Rahmen der Leistungsbeschreibung abgestellt werden, da es grundsätzlich Sache des Auftragnehmers ist, zu entscheiden, welche Erzeugnisse (z. B. Baustoffe) er bei der betreffenden Bauausführung einsetzen will.

98 Auch dürfte es häufig nicht auszuschließen sein, daß es zwar die notwendigen allgemeinverständlichen Angaben im Leistungsverzeichnis erfordern, Bezeichnungen für bestimmte Erzeugnisse oder Verfahren – vor allem Markennamen – zu wählen, daß sich aber möglicherweise sowohl in der Qualität als auch im Preis gleichwertige Erzeugnisse oder Verfahren auf dem Baumarkt befinden. Daher ist es nichts anderes als das **Gebot ordnungsgemäßen Bauwettbewerbs,** dies im Vergabeverfahren und damit in der Leistungsbeschreibung zu berücksichtigen. Deshalb ist zumindest für den öffentlichen Auftraggeber zu beachten, daß er bei der Angabe bestimmter Erzeugnisse oder Verfahren immer in der Leistungsbeschreibung hinzuzusetzen hat „**oder gleichwertiger Art".** Der Bieter gibt also ein ordnungsgemäßes Angebot ab, wenn er sich in diesem Rahmen hält, ohne daß dabei schon von Änderungsvorschlägen oder Nebenangeboten gesprochen werden kann. Gleichwertig sind Erzeugnisse oder Verfahren, wenn sie die Qualität der verlangten Erzeugnisse oder Verfahren nach allgemeiner Anerkennung der betreffenden technischen Fachkreise hinsichtlich ihrer Tauglichkeit und Mängelfreiheit, ausgerichtet nach dem zum Ausdruck gekommenen Auftraggeberwillen, uneingeschränkt erreichen. Ob hier Gleichwertigkeit vorliegt, hat der betreffende Bieter gegebenenfalls darzulegen und auch nachzuweisen. Das wird häufig dadurch möglich sein, daß der Bieter jedenfalls bestimmte Erzeugnisse, also Stoffe oder Bauteile, **mit Gütezeichen,** wozu auch das sogenannte Umweltzeichen gehört, anbietet.

Zu diesen Fragen verhält sich auch das VHB mit Recht, wo es unter Nr. 2.5. zu Teil A § 9, vor allem im Hinblick auf das Erfordernis der Aufrechterhaltung ordnungsgemäßen Wettbewerbs, wie folgt heißt:

Bei der Festlegung von Art und Umfang verlangter Eignungs- und Gütenachweise im Sinne von Abschnitt O der Allgemeinen Technischen Vorschriften (ATV) ist darauf zu achten, daß der Wettbewerb nicht durch die Forderung eines bestimmten Güte- oder Überwachungszeichens – bei sonst gleichwertigen Stoffen und Bauteilen – beschränkt wird.

Also dürfen dem Bieter nicht anderweitige Nachweise der Gleichwertigkeit genommen werden, wenn diese u.U. auch erschwert sein mögen.

F. Gliederung des Leistungsverzeichnisses (Nr. 8)

Nr. 8 enthält grundlegende Richtlinien für das Leistungsverzeichnis, wobei der in Nr. 1 zum Ausdruck gekommene Grundsatz, daß die Leistung eindeutig und so erschöpfend zu beschreiben ist, daß sie – vor allem auch für die Preisberechnung durch die Bieter – allgemeinverständlich ist, auch hier als Ausgangspunkt dient. Daher ist es geboten, für das **Leistungsverzeichnis einen eindeutigen und unmißverständlichen Aufbau** zu wählen. Unter diesem Leitgedanken regelt **Nr. 8 allgemeingültige Gesichtspunkte,** die prinzipiell für jedes Leistungsverzeichnis gelten. 99

Hiernach ist die **Leistung** im Leistungsverzeichnis **so aufzugliedern, daß unter einer Ordnungszahl (Position) nur solche Leistungen aufgenommen werden, die nach ihrer technischen Beschaffenheit und für die Preisbildung als in sich geschlossen anzusehen sind.** Ungleichartige Leistungen sollen unter einer Ordnungszahl (**Sammelposition**) nur zusammengefaßt werden, wenn eine Teilleistung gegenüber einer anderen **für die Bildung eines Durchschnittspreises ohne nennenswerten Einfluß ist.**

I. Grundsatz

Für die Beschreibung der Leistung gibt Satz 1 eine eindeutige und leichtverständliche Übersicht. Diese wird von dem Grundgedanken geleitet, eine **einwandfreie Preisermittlung** zu ermöglichen und eine vergleichende Prüfung der Angebote zu erleichtern. Dabei kommt hier nicht nur das in Nr. 1 verfolgte berechtigte Interesse der Bewerber zum Ausdruck, sondern auch das Interesse des Auftraggebers im Hinblick auf die spätere Prüfung und Wertung der ihm übermittelten Angebote. Er muß eine klare Übersicht in den Angeboten erhalten, insbesondere den Aufbau der Preise überblicken, Vergleiche zwischen den einzelnen Angaben anstellen und die Ursache von Unterschieden feststellen können. Um dies zu erreichen, hat in dem Leistungsverzeichnis eine **Aufgliederung der geforderten Leistung** zu erfolgen, und zwar unter sogenannten Ordnungszahlen oder, wie es allgemein heißt, **Positionen.** Häufig spricht man auch von Teilleistungen, die in einer Position zusammengefaßt werden. Dies ist aber weder als Teilleistung im Sinne von § 266 BGB aufzufassen, noch darf es mit dem Begriff des Teilloses nach Teil A § 4 Nr. 2 (vgl. hierzu Teil A § 4 Rdn. 6 ff.) verwechselt werden. Hier handelt es sich weder um für sich beurteilbare, in sich abgeschlossene Leistungselemente der Vertragsleistung, noch viel weniger um einen Inbegriff eines für sich abgeschlossenen und selbständigen Bauvertrages. Vielmehr sind die hier gemeinten Teilleistungen nichts anderes als **technisch zusammengehörige einzelne Teile** der nach dem Gesamtbild des Leistungsbeschriebes geforderten Leistung. Nach der in Absatz 1 gegebenen Umgrenzung, aus der sich der Begriff der Teilleistung gebildet hat, sind unter eine Ordnungszahl bzw. Position nur solche Leistungsanforderungen aus der Gesamtheit der durch den Leistungsbeschrieb umgrenzten Bauleistung aufzunehmen, die nach ihrer technischen Beschaffenheit und für die Preisbildung als in sich gleichartig anzusehen sind. Der Zweck dieser Regelung geht vor allem dahin, eine **einwandfreie Festlegung der Einzelkosten der Teilleistungen** im angegebenen Sinne zu ermöglichen. Einzelkosten der Teilleistungen sind Kosten, die unmittelbar für die Erbringung der Teilleistungen, die in ihrer Gesamtheit das Bauwerk bzw. den durch den Leistungsbeschrieb erfaßten Teil desselben bilden, aufgewendet werden müssen. 100

1. Ausgangspunkt ist **die Gleichartigkeit der technischen Beschaffenheit,** soweit diese eine einheitliche und zusammenfassende Preisbildung zuläßt. So muß man z. B. im Falle von Erdarbeiten, bei denen auch Mauerreste zu beseitigen sind, trennen zwischen dem Erdaushub 101 und der für die Preisbildung anders zu wertenden Beseitigung der Mauerreste und diese in zwei verschiedene Positionen aufnehmen. Dasselbe hat auch für die Herstellung von Mauerwerk zu gelten, das zum Teil aus Ziegelsteinen, zum Teil aus Schwemmsteinen gemauert werden soll. Auch müssen bei Erdarbeiten die verschiedenen Bodenklassen getrennt werden; also genügt nicht die Angabe „... m³ Boden der Klassen 4–7"; notfalls muß dies im Wege von Alternativ- oder Bedarfspositionen geschehen, wenn die Bodenbeschaffenheit nicht hinreichend klar ist. Auch wird die Frage der Gleichartigkeit in der technischen Beschaffenheit nicht nur nach der Art der zur Verwendung gelangenden Materialien, sondern darüber hinaus auch nach ihrer **Zweckbestimmung beim Auf- oder Einbau** beurteilt werden müssen. Das drückt sich beim gleichen Material vielfach in unterschiedlichen Stärken oder sonstigen Maßen aus, was auch auf die Preisbildung nicht ohne Einfluß ist. Überhaupt ist die unterschiedliche Funktion einer Teilleistung mit ein tragendes Merkmal, um diese in eine besondere Position aufzunehmen, wie es z. B. in bezug auf einen Dichtanschluß im Rahmen einer Kanaldichtung zutrifft.

102   2. Satz 1 ergibt sich zugleich im Umkehrschluß, daß **ungleichartige Leistungsanforderungen, die nach ihrer technischen Beschaffenheit und für die Preisbildung nicht als zusammengehörig zu betrachten sind, nicht unter einer Ordnungszahl (Position) zusammengefaßt** werden sollen. Hiervon gibt es nach Satz 2 eine Ausnahme, wenn eine Teilleistung gegenüber einer anderen für die **Bildung eines Durchschnittspreises ohne nennenswerten Einfluß** ist, womit zugleich das in Satz 1 verwendete Wort „sollen" umrissen ist. Man rückt also von der Voraussetzung der Einheitlichkeit der technischen Beschaffenheit ab und läßt es lediglich auf die Frage der Preisbildung ankommen. Das gilt aber nur, wenn die Festlegung eines Durchschnittspreises erfolgt, insbesondere möglich ist. Vom Fehlen eines nennenswerten Einflusses für die Bildung eines Durchschnittspreises wird man nur sprechen können, wenn die jeweiligen zu dieser oder jener Teilleistung gehörenden Einzelpreise **im wesentlichen gleichartig** sind und bestenfalls **im geringen Maße voneinander abweichen.** Sonst würde sich die Bildung eines Durchschnittspreises, der ein echtes **Spiegelbild des Wertes jeder** der hier zusammengefaßten Teilleistungen für sich sein muß, nicht ermöglichen lassen. Ein Durchschnitt liegt vor, wenn die ihn bildenden Einzelheiten nur geringfügig nach oben oder unten von dem Mittelwert abweichen, daher der Mittelwert im wesentlichen die für die jeweilige Teilleistung geltende Preissituation richtig wiedergibt.

II. Alternativ- oder Eventualleistungen

103   Von einem der Regel folgenden Aufbau eines Leistungsverzeichnisses kann man auch noch sprechen, wenn im Einzelfall gewisse Besonderheiten vorliegen, die entweder zusätzlich oder alternativ gegeben sind, die aber die grundsätzliche Aufbauregel in Nr. 8 unberührt lassen. Das kann z. B. der Fall sein, wenn zu den eigentlichen Leistungsanforderungen, insbesondere in bezug auf Material und/oder die Verfahrenstechnik, den Baugrund oder die sonstigen Verhältnisse der Baustelle, **Zulagen, Alternativen oder Eventualfälle** treten. Sie stehen neben oder unter gewissen Voraussetzungen anstelle der in der Position aufgeführten Hauptleistung. Dann muß aber im Leistungsverzeichnis jeweils eine **scharfe Trennung** vorgenommen werden, da sonst wegen fehlender Übersichtlichkeit eine vergleichende Prüfung der Angebote entweder nicht oder nur schwerlich möglich ist. Daher müssen **zumindest** – auch bei Gleichartigkeit in technischer und preislicher Hinsicht – die Zulagen, Alternativen oder Eventualfälle im Leistungsverzeichnis **in gesonderte Positionen aufgenommen** und als solche deutlich ausgewiesen, insbesondere hinsichtlich der Preisermittlung gesondert behandelt werden. Sind viele derartige Sonderfälle vorgesehen oder haben sie einschneidende Bedeutung für die Gesamtheit der geforderten Bauleistungen, empfiehlt es sich, sie zwecks Übersichtlichkeit auch gesondert aufzuführen, indem z. B. in geeigneten Fällen mehrere Leistungsverzeichnisse aufgestellt werden, die einmal diesen, zum anderen jenen Zulage-, Alternativ- oder Eventualfall behandeln.

Daher bestimmt Nr. 2.6 des VHB zu Teil A § 9 hierzu mit Recht:

Alternativpositionen für Leistungen, die statt einer im Leistungsverzeichnis vorgesehenen anderen Leistung ausgeführt werden sollen, und Eventualpositionen für Leistungen, die zusätzlich zu einer im Leistungsverzeichnis vorgesehenen Leistung ausgeführt werden sollen, sind nur dann vorzusehen, wenn die Leistung – z. B. bei Erdarbeiten – nicht von vornherein eindeutig bestimmt werden kann. Damit die Preise solcher Alternativ- oder Eventualleistungen richtig kalkuliert und gewertet werden können, sind möglichst genaue Massenansätze anzugeben.

Im Leistungsverzeichnis ist lediglich die Angabe des Einheitspreises zu fordern. Der Gesamtbetrag dieser Positionen ist nicht auszuweisen und nicht in die Angebotssumme einzubeziehen.

Für Stundenlohnarbeiten sind besondere Ordnungszahlen getrennt nach Berufs-, Lohn- und Gehaltsgruppen vorzusehen. Bei jeder Gruppe ist als Vordersatz die Zahl der voraussichtlich nötigen Arbeitsstunden anzugeben, vgl. hierzu auch Nr. 2 der Richtlinie zu § 5 VOB/A .

III. Platz für Einsetzen der Preise

Weiter muß das **Leistungsverzeichnis** bei den einzelnen Positionen hinreichend und übersichtlich Raum aufweisen, in den der Bewerber die von ihm errechneten **Preise einsetzen** kann. Um welche Preise es sich handeln muß und wo sie im einzelnen stehen müssen, hängt davon ab, in welcher Preisart anzubieten ist (Leistungsvertrag, Stundenlohnvertrag, Selbstkostenerstattungsvertrag), wobei beim Leistungsvertrag insbesondere zwischen dem Einheitspreisvertrag und dem Pauschalvertrag unterschieden werden muß (vgl. Anm. zu Teil A § 5). Gerade auch im letzteren Fall sollte man **die für die Einheitspreisberechnung die allgemein bekannten und gängigen Formulare von Leistungsverzeichnissen verwenden,** um eine hinreichend klare Übersicht über die Kalkulation des Bieters zu gewinnen. Hinzu kommt, daß damit eine ausreichende Beurteilungsgrundlage geschaffen wird, wenn es später nach Vertragsabschluß zu Leistungsänderungen kommt, die zu einer Änderung der Vergütung nach Maßgabe von Teil B § 2 Nr. 4–6 nötigen. Weitere Preiszergliederungen, als es zur Herausstellung dieser einzelnen Preisarten zum Zwecke ihrer Verdeutlichung notwendig ist, sind nicht vorgesehen, auch nicht unbedingt erforderlich. Das gilt auch für die Aufgliederung der Einheitspreise in Lohn- und Stoffanteile sowie sonstige Kosten. Lediglich bei öffentlichen Aufträgen kann es aus fiskalischer Sicht erforderlich sein, eine weitere Preiszergliederung zu verlangen. Das kann aber nur Gründe haben, die außerhalb des allgemeinen Zivilrechts und der zivilrechtlichen Anforderungen der VOB liegen.

IV. Vorbemerkungen

In einer Reihe von Fällen wird es vorkommen, daß unter Berücksichtigung der strengen Anforderungen in Teil A § 9 Nr. 1 bestimmte, im Einzelfall unbedingt notwendige Angaben im Rahmen einer Ordnungszahl (Position) **nicht oder nicht recht untergebracht werden können.** Das kann auf verschiedenen Gründen beruhen, vor allem darauf, daß die erforderliche Klarheit und Eindeutigkeit der einzelnen Leistungsangaben durch **zu viele Erläuterungen gefährdet wäre,** oder auch darauf, daß die notwendigen Angaben mehr allgemeiner Art sind, sie sich nicht auf die einzelne Position beschränken, sondern darüber hinausgehende Geltung haben. Um Mißverständnisse zu vermeiden, muß daher im Einzelfall eine Lösung gefunden werden, die **notwendigen Angaben an richtiger und übersichtlicher Stelle in der Leistungsbeschreibung** bzw. im hierfür dienenden Leistungsverzeichnis unterzubringen. Dabei hat sich in der Praxis eine als sachgerecht zu bezeichnende Übung dahingehend gebildet, daß vielfach zu Beginn des Leistungsverzeichnisses oder einzelner Gruppen desselben in einer **Vorbemerkung die Angaben** eingetragen werden, **die** für die Gesamtleistung oder Teile davon und damit alle dafür maßgeblichen Positionen **Allgemeingültigkeit haben.** Dieses muß sich jedoch auf den Rahmen beschränken, wie er in Rdn. 38 ff. dargetan ist. Sofern die Baubeschreibung diese Anforderungen nicht erfüllen kann, weil sie dann zu weit ginge, muß die Mitteilung notwendiger Angaben außerhalb der allgemeinen Vorbemerkungen und außerhalb der betreffenden Leistungspositionen durch besondere Vorbemerkungen zu den Abschnitten des Leistungsverzeichnisses, worauf die erforderlichen Erläuterungen bezogen sind, geschehen (vgl. Rdn. 42).

106 Soweit bestimmte Erfordernisse für lediglich eine Position wesentlich sind und Geltung haben, sollten sie in dieser Position belassen bleiben, gegebenenfalls mit einem Hinweis, daß sie nur hierfür gelten. Unter Umständen könnten sie eingeklammert, in einen besonderen Absatz aufgenommen oder sonst von den eigentlichen Leistungsangaben in dieser Position in sichtbarer Weise getrennt werden. Ist das nicht tunlich, sind eventuell Fußnoten oder die Aufnahme dieser Position in ein besonderes Blatt des Leistungsverzeichnisses angebracht. Zu achten ist in jedem Fall darauf, daß die notwendige Klarheit unter gleichzeitiger Beachtung des betreffenden Bezuges und der Vollständigkeit gewahrt bleibt.

V. Keine Angaben mit rechtlichem Gehalt

107 Weder in die Vorbemerkungen noch in die Einzelpositionen der Leistungsbeschreibung bzw. des Leistungsverzeichnisses gehören Anforderungen **rechtlicher Art**, wie Fristen, Fragen der Haftung, der Abnahme, der Gewährleistung, der Sicherheitsleistung, des Gerichtsstandes usw. Diese sind in die Zusätzlichen oder Besonderen Vertragsbedingungen aufzunehmen, wie sich aus Teil A § 10 Nr. 4 ergibt. In die Leistungsbeschreibung bzw. in das hierfür dienende Leistungsverzeichnis gehören **nur Angaben über die Leistungsanforderungen selbst.** Es handelt sich hier um rein tatsächlich-technische Leistungsangaben, wenn auch mit rechtlichem Hintergrund in bezug auf die konkret geforderte Ausführung. Dem steht nicht Teil A § 9 Nr. 2 entgegen. Einmal geht diese Bestimmung in ihrer Tragweite über die Vorgänge bei der Abfassung des Leistungsverzeichnisses hinaus (vgl. Rdn. 29 ff.), zum anderen beinhaltet sie Rechtsfolgen, die an sich erst in den Besonderen Vertragsbedingungen zum Ausdruck kommen, die aber ihre tatsächliche Grundlage im Leistungsverzeichnis haben können.

G. Änderungsvorschläge und Nebenangebote (Nr. 9)

108 Die jetzige Fassung der VOB enthält gegenüber der Fassung 1952 (dort Nr. 8) in Teil A § 9 keine Regelung mehr zu Änderungsvorschlägen und Nebenangeboten. Diese gehören auch nicht zum Bereich der vom Auftraggeber kommenden und in § 9 geregelten Beschreibung Sie sind vielmehr vom Auftragnehmer abzufassen, falls der Auftraggeber dies zuläßt oder jedenfalls nicht ausschließt. Darüber finden sich jetzt Regelungen in Teil A § 17 Nr. 4 Abs. 3 (vgl. dort Rdn. 66 ff.).

VIERTER ABSCHNITT

Leistungsbeschreibung mit Leistungsprogramm

A. Allgemeines

I. Ausnahmeform der Leistungsbeschreibung

109 Während in der allgemeinen Praxis der Bauvergabe vom Auftraggeber eine ins einzelne gehende Leistungsbeschreibung verlangt wird, wie sie in Teil A § 9 in Nr. 3 ff. gekennzeichnet ist und **nach wie vor als Hauptfall einer Leistungsbeschreibung** gilt, hat sich in der Praxis auch eine besondere Art der Leistungsbeschreibung ergeben, die bestenfalls nur

noch in **einem Teil** der bisher vom Auftraggeber geforderten Beschreibung der Leistung entspricht. Insofern hat sich – allerdings mit einer Reihe von Varianten je nach Lage des Einzelfalles – eine **besondere Form der Leistungsbeschreibung als Ausnahmetyp** herausgebildet, die die Verfasser der VOB unter dem Begriff der „**Leistungsbeschreibung mit Leistungsprogramm**" in Teil A § 9 Nr. 10-12 zusammengefaßt haben. Diese Form der von seiten des Auftraggebers „verminderten Leistungsbeschreibung", die in der Grundlage auch hier nach Teil A § 6 Nr. 1 gemäß bisheriger und nach wie vor geltender Übung vom Auftraggeber kommt, spielt schon seit längerem in der Vergabeliteratur eine gewisse Rolle (vgl. dazu Welter, Der Staat als Kunde, Heidelberg 1960, S. 198; Gandenberger, Die Ausschreibung, Heidelberg 1961, S. 98; Guttowski, Konstruktions- und Entwicklungsaufträge, Heidelberg 1960, S. 26; Jebe, Schriftenreihe des Lehrstuhls für Baubetriebslehre der Technischen Universität Hannover, Heft 5, Werner-Verlag, Düsseldorf; s. auch Crome, Schriftenreihe der Deutschen Gesellschaft für Baurecht e. V., Bd. 5, S. 35 ff.; Jebe/Vygen S. 226 ff.). Mit Recht weist Daub darauf hin, daß man für diese besondere Form der Leistungsbeschreibung besser die Terminologie „**Funktionsbestimmte Leistungsbeschreibung**" wählt (BauR 1972, 25, Fn. 6), da sie im Ansatz final ausgerichtet ist, indem sie auf die **beabsichtigte Funktion** der geplanten Leistung abhebt (auch Welter a. a. O. S. 94).

In der Tat handelt es sich hier um eine abgeschwächte Form der Leistungsbeschreibung im überkommen Sinn: Hier wird nämlich vom Auftraggeber **nur der Rahmen oder das Programm der gewünschten Bauleistung** angegeben, wobei er es den Bietern überläßt, bei der Angebotsbearbeitung den Rahmen oder das Programm dadurch auszufüllen, daß sie, jedenfalls zum Teil auch im Wege der Planung, die erforderlichen Leistungseinzelheiten nach ihrer Vorstellung erarbeiten und dann in ihrem Angebot angeben. Danach handelt es sich vom Ergebnis her gesehen nicht mehr um eine Leistungsbeschreibung, die in der erforderlichen vollständigen Form von Auftraggeberseite vor Beginn des Bauvergabeverfahrens in einer Weise ausgearbeitet wird, daß die Bieter bzw. Bewerber nur noch die von ihnen verlangten Preise einzusetzen haben (vgl. Teil A § 6 Nr. 1). Vielmehr werden von diesen jedenfalls **Teilaufgaben übernommen,** die nach der normalen Leistungsbeschreibung entsprechend Nr. 3 ff. grundsätzlich allein Aufgabe des Auftraggebers sind. Der Auftraggeber stellt nur das Programm oder den Rahmen zur Verfügung, und der **Bieter füllt dieses aus.** Von letzterem wird hier jedenfalls in gewissem Ausmaß eine **eigene Architektur- bzw. Konstruktionskonzeption** verlangt. Schon daraus ergibt sich, daß sich die Leistungsbeschreibung mit Leistungsprogramm grundsätzlich nur für bestimmte und – wegen des hier notwendigen Kostenaufwandes im Angebotsverfahren – zeitlich zugleich oder in gewissen Abschnitten wiederkehrende, gleichartige oder zumindest weitgehend ähnliche Bauvorhaben, dabei insbesondere der öffentlichen Hand, eignet, wie es z. B. beim Bau von Turn- und Sporthallen, Schwimmbädern, Verwaltungsbauten, auch im Rahmen der Heizungs-, Klima- und Lüftungstechnik der Fall sein kann. Sonst dürfte die mit dieser besonderen Art der Leistungsbeschreibung zugleich propagierte Idee der Baukostensenkung kaum erreicht werden können. Dabei ist vor allem auch zu beachten, daß die hier erörterte Vergabeform, nicht zuletzt wegen des von den Bietern abzufordernden Aufwandes, nur **im Wege Beschränkter Ausschreibung in Betracht kommt.**

Andererseits ist in positiver Hinsicht festzuhalten, daß die funktionale Leistungsbeschreibung in ihrem Grundgedanken dem Anbieter im Rahmen des bei ihm vorhandenen know how häufig Spielraum in gestalterischer und konstruktiver Hinsicht läßt, was durchaus für die Erreichung einer besonderen Bauwerksqualität im Rahmen des technischen Fortschritts sprechen kann. Insoweit handelt es sich in der Zielsetzung um die **Verbindung des Qualitäts- und des Preiswettbewerbs,** was durchaus zu begrüßen ist, **wenn** dieses besondere System der Leistungsbeschreibung gemäß dieser Zielsetzung in der dafür erforderlichen Art und Weise gehandhabt wird. Die genannte Zielsetzung muß vor allem ausschlaggebend bei der Bewertung der mit Hilfe funktionaler Leistungsbeschreibung eingeholten Angebote sein.

A § 9, 9, Rdn. 112-115

Im berechtigten Interesse der Bieterseite ist es allerdings eine Verpflichtung der Auftraggeberseite, im Rahmen der Ausschreibung auch die entscheidenden Kriterien für die spätere Angebotsbewertung, vor allem auch hinsichtlich des jeweiligen mit der konkreten Ausschreibung beabsichtigten Funktionsbereiches, anzugeben.

112 Jedoch muß sich der Auftraggeber auch dahin beschränken, die funktionale Leistungsbeschreibung **nur dort einzusetzen, wo sie nach ihrem Grundgedanken hingehört: Sie ist nur für solche Fälle gedacht, in denen es sich bei speziellen Bauvorhaben um die Ermittlung der technischen, wirtschaftlichen und gestalterischen sowie funktionsgerechten Lösung der Bauaufgabe** handelt, und zwar mit dem objektiv als **berechtigt anzusehenden Anliegen, unternehmerisches** Wissen und unternehmerische Erfahrung mit bei der Planung des Bauvorhabens einzusetzen. Andernfalls wäre der Gedanke gesunden Bauwettbewerbs, vor allem auch hinsichtlich der Breite der Anbieterseite, zumindest gefährdet. Keinesfalls geht es an, bauunternehmerisches Wissen zu bemühen, bloß um einen eigenen Planer, wie Architekt oder Sonderfachmann, „zu sparen". Insofern muß der Auftraggeber vor allem überlegen, ob die von ihm erstrebte richtige Lösung der Bauaufgabe unter Mithilfe der Bieterseite nicht evtl. in gleicher Weise durch eine Leistungsbeschreibung nach Leistungsverzeichnis auf der Grundlage der Nr. 3-9 mit der ausdrücklichen Zulassung von Änderungsvorschlägen und Nebenangeboten erreicht wird.

113 Eine Leistungsbeschreibung mit Leistungsprogramm ist nicht nur möglich hinsichtlich eines Gesamtbauvorhabens, sondern auch wegen eines in sich abgeschlossenen, für sich – vor allem auch im Angebotsverfahren – bewertbaren Teils desselben (vgl. Rdn. 58).

II. Grundlegende Anforderungen an Auftraggeber und Bieter

114 Daß es hier **verschiedene Formen der Leistungsbeschreibung** geben kann, liegt auf der Hand. Sie sind abhängig davon, inwieweit der Auftraggeber selbst in seiner Beschreibung Leistungsangaben macht und inwieweit sie reichen. Danach richtet es sich, in welchem Umfang hier von den Bietern Arbeit verlangt wird, um ein ordnungsgemäßes Angebot in einer vollständigen, also einer den Erfordernissen der Nr. 3 ff. entsprechenden Weise abzugeben. Letzteres ist auch hier der **Endzweck** der Vergabe nach Leistungsprogramm, ebenso wie bei allen anderen Bauvergaben.
Daraus folgt zwangsläufig, daß eine Vergabe nach Leistungsprogramm **besondere Sorgfalt** bei Festlegung des Programms oder des Rahmens durch den Auftraggeber sowie bei der anschließenden Angebotsbearbeitung durch den Bieter erfordert, um die erforderliche Eindeutigkeit für alle zu beteiligenden Bieter, denen ein nicht unerheblicher Eigenaufwand abgefordert wird, zu erreichen. Daher ist es zwingendes Erfordernis, daß die **Bieter aus ihrer hier zu fordernden besonderen Fachkunde, Zuverlässigkeit und Leistungsfähigkeit heraus in der Lage sind, die in Nr. 11 und 12 vorgeschriebenen Mindestanforderungen für eine sachgerechte Angebotsbearbeitung zu erfüllen, außerdem der Auftraggeber unbedingt die Regeln der Nr. 10 beachtet und hiernach prüft, ob es für den bei ihm vorliegenden Bauvergabefall überhaupt sinnvoll und möglich ist, nach Leistungsprogramm auszuschreiben.** Hier ist in jedem Fall sorgfältige Überlegung am Platze, bei deren Verletzung dem anderen Teil, hier vor allem den Bietern, **Ansprüche aus Verschulden bei Vertragsabschluß** entstehen können. Eine unsorgfältige Vergabe nach Leistungsprogramm kann vor allem auch die Ursache für **spätere Ansprüche nach abgeschlossenem Vertrag** sein oder sie ausschließen lassen, obwohl sie sonst nach einer Vergabe nach Nr. 3 ff. gegeben wären. Zu denken ist hier vornehmlich an die Verletzung von Mitwirkungspflichten des Auftraggebers nach Teil B § 3 mit u. a. einer möglichen Schadensersatzpflicht nach Teil B § 6 Nr. 6 sowie auf der anderen Seite an Erfüllungs- und Gewährleistungsansprüche des Auftraggebers nach Teil B § 4 Nr. 6 und 7 sowie § 13.

115 Es ist daher – in erster Linie für den Auftraggeber – geboten, **sorgfältige Überlegungen** anzustellen, bevor eine Vergabe nach Leistungsprogramm in die Wege geleitet wird. Keines-

wegs kann es daher für den öffentlichen Auftraggeber genügen, allein oder vorwiegend aus Gründen der Personalersparnis im eigenen Bereich Bauaufträge ohne nähere Überlegung im Wege funktionaler Leistungsbeschreibung auszuschreiben. Dazu kommt hier auch die pflichtgemäß anzustellende Überlegung, ob nicht die funktionale Leistungsbeschreibung im Einzelfall den sachgerechten Einsatz von mittleren oder kleineren Unternehmen überhaupt oder jedenfalls in dem Sinne behindert, daß diese von vornherein in die Abhängigkeit von Generalunternehmern gedrängt werden, obwohl dies im betreffenden Fall nicht angebracht oder gar erforderlich wäre. Deshalb ist für die öffentliche Bauvergabe unter Nr. 1. und Nr. 3.1.2. zu Teil A § 9 Nr. 10 des VHB mit Recht bestimmt worden, daß eine derartige Leistungsbeschreibung **nur ausnahmsweise als Abweichung von dem in Teil A § 9 Nr. 3-9 vorangestellten Regelfall** in Betracht kommt und der vorherigen Zustimmung der Technischen Aufsichtsbehörde in der Mittelinstanz bedarf. Im übrigen **gilt hier Teil A § 9 Nr. 4-9 sinngemäß**, soweit das im Einzelfall möglich ist (vgl. Nr. 11 Abs. 2).

III. Besondere rechtliche Aspekte

In diesem Zusammenhang dürfen auch die folgenden **rechtlichen Erwägungen nicht außer Betracht** bleiben: 116
Nach allgemeiner Rechtsauffassung, die ihre Grundlage in der bisher üblichen und auch nach wie vor den Hauptfall bildenden Leistungsbeschreibung gemäß Nr. 3 ff. hat, gilt der Satz, daß es im allgemeinen **Sache des Auftraggebers** ist, für eine ordnungsgemäße Bauplanung, wozu auch die Ausschreibung gehört, Sorge zu tragen und daß sich der Bieter bzw. spätere Auftragnehmer ebenso allgemein darauf verlassen kann, daß dies geschieht. Bei einer Vergabe nach Leistungsprogramm werden jedoch – je nach Lage des Einzelfalles – die Gewichte mehr oder weniger verschoben. Bei dieser Vergabe werden nämlich von den Bietern durchweg **auch Planungsleistungen** (Entwurf und/oder Ausführungsunterlagen) und außerdem die Ausarbeitung wesentlicher Teile der Angebotsunterlagen (Nr. 12) verlangt. Dies ist ausdrücklich unter Nr. 3.1.1. zu Teil A § 9 des VHB hervorgehoben. Daraus folgt aber, daß **auch der Bieter** und dabei insbesondere der spätere Auftragnehmer **im Rahmen der Planung** tätig wird, was grundsätzlich bedingt, daß er hierfür **auch die Verantwortung** zu übernehmen hat. Es kann also – entgegen der für die sogenannten Normalfälle allgemeingültigen Rechtsauffassung – hier zu einer **Aufspaltung der Verantwortlichkeit für den Planungsbereich** kommen mit der Folge, daß ein Teil desselben von vornherein auf seiten des Bieters bzw. Auftragnehmers liegt, also nicht die grundsätzliche Alleinverantwortlichkeit des Auftraggebers gegeben ist. Das kann vor allem von Bedeutung sein, wenn es sich später nach Bauausführung um die Beurteilung eines auf die Planung zurückgehenden Mangels im Rahmen der Gewährleistung handelt, insbesondere auch für die Frage der Verantwortlichkeit oder Mitverantwortlichkeit des einen und/oder anderen Vertragsteiles. Das gilt nicht nur, wenn der Bieter bzw. Auftragnehmer die für die ordnungsgemäße Angebotsabgabe erforderlichen Einzelheiten durch eine eigene Planungsabteilung, sondern auch, wenn er sie durch ein selbständiges Planungsbüro (Architekten, Ingenieure) anfertigen läßt. Dieses ist dann ebenso **Erfüllungsgehilfe** des Bieters bzw. Auftragnehmers für den Planungsbereich, wie es z. B. umgekehrt im genannten Regelfall für den Auftraggeber der selbständige, für diesen nach dem überkommenen Bild aufgrund eigenen Vertrages mit ihm arbeitende Architekt ist. Daß dies auch Auswirkungen auf die sogenannte Quotenhaftung im Bereich **gesamtschuldnerischer Haftung** von Architekt und Unternehmer, vor allem aber auch für den späteren Ausgleich zwischen beiden im Rahmen des § 426 BGB haben kann (vgl. dazu Teil B § 13 Rdn. 8 ff.), ist offensichtlich. Allerdings wird dieses von der Lage des Einzelfalles abhängig sein, so daß sich eine allgemeingültige Formel nicht aufstellen läßt, es vielmehr bei der Andeutung dieser möglichen rechtlichen Konsequenzen als Folge einer Vergabe mit Leistungsprogramm verbleiben muß.

IV. Ausgleich für Aufwendungen der Bieter

117 Es liegt auf der Hand, daß eine Vergabe mit Leistungsprogramm von den Bietern einen **erheblichen, kostenmäßig ins Gewicht fallenden Aufwand** bei der von ihnen vorzunehmenden, im Einzelfall geforderten Angebotsbearbeitung fordert. Dies zwingt dazu, den Bietern zumindest einen **billigen Ausgleich** für ihre geleistete Arbeit zu gewähren, vorausgesetzt, sie ist so ausgefallen, daß sie gemäß Nr. 12 den vom Auftraggeber im Rahmen der Nr. 11 gesetzten Anforderungen entspricht. Hiervon geht auch Teil A § 20 Nr. 2 Satz 2 und 3 aus (vgl. dort Rdn. 11 ff.).

B. Grundsätzliche Voraussetzungen für eine Leistungsbeschreibung mit Leistungsprogramm (Nr. 10)

118 Nr. 10 regelt die grundlegenden Erfordernisse, die notwendig sind, um es für sinnvoll zu halten, nach Leistungsprogramm zu vergeben. Wenn es **nach Abwägen aller Umstände zweckmäßig** ist, abweichend von Nr. 3 zusammen mit der Bauausführung den Entwurf für die Leistung dem Wettbewerb zu unterstellen, um die technisch, wirtschaftlich und gestalterisch beste sowie funktionsgerechte Lösung der Bauaufgabe zu ermitteln, kann die Leistung durch Leistungsprogramm von seiten des Auftraggebers dargestellt werden. Das kommt nicht nur bei Massenleistungen des industrialisierten Bauens in Betracht, also dort, wo große Serien vergeben werden, sondern auch bei großen Einzelbauwerken, wo der letzte planerische Entscheidungsvorschlag zweckmäßigerweise der Erfahrung des Unternehmers überlassen bleibt. Immerhin wird das eine Ausnahme bilden. Vor allem muß sich der Auftraggeber darüber im klaren sein, daß hier nach einmal erfolgter Vergabe eine Änderung des vereinbarten Leistungsinhaltes nicht mehr in Betracht kommen kann, wenn nicht etwaige wirtschaftliche Vorteile, die mit dieser besonderen Art der Leistungsbeschreibung erreicht werden können, in Frage gestellt werden sollen. Auch wird in Einzelfällen die Überlegung angebracht sein, ob die vorherige Veranstaltung eines Ideenwettbewerbs im architektonischen Bereich und die anschließende Ausschreibung mit Leistungsverzeichnis nicht sinnvoller, vor allem auch rationeller oder kostensparender ist. Gleiches trifft auf die Frage einer Ausschreibung nach Leistungsverzeichnis nach Nr. 3 ff. mit gleichzeitiger ausdrücklicher Zulassung von Änderungsvorschlägen oder Nebenangeboten zu.

119 **Zwingende Voraussetzung** für eine Beschreibung nach Leistungsprogramm muß es aber sein, daß das **Leistungsziel mit seinen wesentlichen Einzelheiten feststeht,** also eine **Veränderung nicht zu erwarten ist.** Anderenfalls ist im allgemeinen nicht die erforderliche Gewähr für eine sachgerechte Angebotsbewertung gegeben.

I. Zweckmäßigkeit der Beschreibung mit Leistungsprogramm

120 Die erforderliche Zweckmäßigkeit einer Leistungsbeschreibung mit Leistungsprogramm ist hinsichtlich ihrer Voraussetzungen nicht dem bloßen eigenen Ermessen des Auftraggebers überlassen, vielmehr sind ihr durch weitere, in Nr. 10 enthaltene Merkmale **Grenzen** gesetzt. Dabei ist der Auftraggeber hinreichend klar aufgefordert, eingehende und sorgfältige – bei Behörden pflichtgemäße – Überlegungen darüber anzustellen, ob die hier erörterte Art der Leistungsbeschreibung in Betracht gezogen werden kann; denn die **VOB verlangt die Abwägung aller** – im Einzelfall in Betracht kommenden – **Umstände.** Siehe dazu im einzelnen auch VHB 3.1.4. zu Teil A § 9: Notwendigkeit bei fertigungsgerechter Planung; Möglichkeit mehrerer technischer Lösungen, die nicht im einzelnen neutral beschrieben werden können, bei genügender Zahl leistungsfähiger Unternehmer; jeweils jedoch in Relation zu setzen zu den durch die Planung entstehenden Kosten und dem erreichbaren Nutzen. Das liegt auch im ureigenen Interesse des Auftraggebers, um der etwaigen, möglicherweise sonst nicht gegebe-

nen, schuldhaft herbeigeführten Haftung bei Auftreten späterer Unzuträglichkeiten zu entgehen (ebenso Daub/Piel/Soergel ErlZ A 9.205).

Dabei ist die Abwägung aller Umstände zwar **grundsätzlich auf das gesamte geplante Objekt abzustellen,** das Gegenstand der Ausschreibung sein soll. Jedoch ist es nicht notwendig, dieses entweder nur nach der überkommenen Leistungsbeschreibung gemäß Nr. 3 ff. oder nur auf der Grundlage einer Leistungsbeschreibung mit Leistungsprogramm darzustellen. Vielmehr kann es im Einzelfall sein, daß die Merkmale für die Beschreibung mit Leistungsprogramm nur hinsichtlich eines Teilbereiches zu bejahen sind. In solchen Fällen kann es gerechtfertigt sein, diese Leistungsbeschreibung **auf bestimmte Teile** eines Bauwerkes – auch im Rahmen der Gesamtausschreibung desselben – zu beschränken, wie z. B. Heizungs-, Lüftungs-, Aufzugsanlagen. Dies hebt das VHB unter 3.1.3. zu Teil A § 9 ausdrücklich hervor. Die Ausschreibung der übrigen Teile der Gesamtleistung hat dann nach Maßgabe der Nr. 3 ff. zu erfolgen.

II. Wettbewerbsgedanke ist grundlegend

Grundlegender Umstand, der eine Leistungsbeschreibung nach Leistungsprogramm rechtfertigt, ist derjenige des **Wettbewerbs.** Das bringt die VOB dadurch zum Ausdruck, daß gemeinsam mit der Bauausführung auch der Entwurf für die Leistung dem Wettbewerb unterstellt wird. Dies besagt einmal, daß durch die zusätzliche Anforderung des Entwurfs im Rahmen der Bauvergabe der Wettbewerb auf jeden Fall aufrechterhalten werden muß, daß es also **genügend Bewerber** geben muß, die in der Lage sind, ihr Angebot auch für den Bereich des Entwurfs zu bearbeiten und abzugeben, daß außerdem die abzugebenden Angebote einschließlich der Entwürfe voraussichtlich auch **miteinander verglichen werden können.** Gerade auch dafür ist der in Teil A § 8 Nr. 1 Satz 1 zum Ausdruck gekommene **Grundsatz von Bedeutung, daß alle Bieter gleich zu behandeln** sind. Der Wettbewerb darf also nicht dadurch verfälscht werden, daß nur ein oder nur zwei Bewerber den für Vergleichszwecke geeigneten Entwurf zu fertigen vermögen, obwohl sonst bei einer Ausschreibung nach Nr. 3 ff. gerade für diese Leistung genügend sachkundige, leistungsfähige und zuverlässige Bewerber zur Verfügung ständen (vgl. dazu auch Nr. 3.1.4. zu Teil A § 9 VHB). Das kann andererseits allerdings auch nur gelten, wenn für den Planungsbereich eine hinreichende Ausweichmöglichkeit besteht, um den Bauentwurf zu fertigen, wie z. B. durch Architekten oder Ingenieure.

Eine Leistungsbeschreibung mit Leistungsprogramm rechtfertigt sich besonders, wenn die Unterstellung auch der Entwurfsbearbeitung unter den **Wettbewerb** diesen nicht nur aufrechterhält, sondern im konkreten Fall **sogar fördert,** was besonders dann zutreffen kann, wenn eine genügende Anzahl von Bewerbern vorhanden und voraussichtlich in der Lage ist, eine besondere, für den technischen und wirtschaftlichen Fortschritt dienende Bauaufgabe, die in ihrer Planung und Ausführung ein besonderes Können erfordert, in ihren Einzelheiten zu planen und später auszuführen.

III. Technisch, wirtschaftlich, gestalterisch und funktionsgerecht beste Lösung

Liegen die in Rdn. 118 ff. aufgeführten Voraussetzungen vor, so kommt es weiter darauf an, ob eine Beschreibung nach Leistungsprogramm aller Voraussicht nach dazu führt, die **technisch, wirtschaftlich und gestalterisch sowie funktionsgerecht beste Lösung** der Bauaufgabe zu ermitteln, um also dieser zum Zuschlag zu verhelfen. Wichtig ist dabei die Erlangung zuverlässiger und untereinander vergleichbarer Angaben der Bieter über die äußere Funktion, die innere Funktion und die gestalterische Qualität. Es genügt nicht, daß beim Auftraggeber lediglich subjektive Erwägungen ohne objektiv anerkennenswerte Notwendigkeit vorliegen.

So reicht nicht schon die bloße Erwägung des Auftraggebers, die betreffende Leistung zum Pauschalpreis zu vergeben.

125 Auch genügt es nicht, wenn ein unschlüssiger Bauherr sich zu einer Beschreibung nach Leistungsprogramm entschließen will, bloß um die gestalterisch beste Lösung herauszufinden, wie in Nr. 3.1.1. zu Teil A § 9 des VHB mit Recht hervorgehoben wird. Dieses **reicht nicht** aus, weil die Bieter grundsätzlich nicht dazu da sind, dem Auftraggeber bloß – evtl. zwecks „Einsparung" eines bauplanenden Architekten oder Ingenieurs – bei ihm noch nicht oder nicht hinreichend vorhandene Planungsideen zu vermitteln, was nicht zuletzt auch für Baubehörden gilt. Andererseits kann es reichen, wenn die Gegebenheiten hinsichtlich eines der vier Merkmale objektiv die Beschreibung mit Leistungsprogramm rechtfertigen (Ausnahme: Rdn. 127).

126 1. Ob die Ermittlung der **technisch besten Lösung** sinnvoll erscheint, müssen die Gegebenheiten des Einzelfalles entscheiden. Dazu reicht es nicht aus, bereits klar erkannte technische Lösungsmöglichkeiten, vor allem hinsichtlich ihrer Vorzüge gegenüber anderen, sich von den Bietern **nochmals** beschreiben und insoweit anbieten zu lassen. Vielmehr muß es sich schon darum handeln, daß ein **wirkliches Informationsbedürfnis** des Auftraggebers besteht. Das kann sein, wenn er technische Lösungsmöglichkeiten, die allerdings als solche gegeben sein müssen, worüber sich der Auftraggeber gegebenenfalls vor Beginn der Ausschreibung an sachkundiger Seite erkundigen muß, **nicht näher kennt,** oder wenn er zwar über die Möglichkeiten schon näher informiert ist, es jedoch sozusagen auf **Feinheiten** ankommt, die nur von Bieterseite im Rahmen des Angebotsverfahrens in Erfahrung zu bringen sind. So kann es sein, daß eine Reihe von technischen Lösungen möglich ist, sie aber nicht generell von Auftraggeberseite umschrieben werden kann, auch nicht „neutral" in dem Sinne, daß eine Beschreibung der Leistung von allen in Betracht kommenden Bewerbern in gleichem Sinne verstanden wird oder werden kann. So kann es z. B. wegen der Verschiedenartigkeit der Systeme bei Fertigteilbauten notwendig sein, den Bietern freizustellen, die Gesamtleistung in technischer Hinsicht so aufzugliedern, wie es ihrem System entspricht (vgl. Nr. 3.1.4. zu Teil A § 9 VHB).

127 2. **Wirtschaftliche Gesichtspunkte** zum Herausfinden der besten Lösung der Bauaufgabe liegen vor, wenn dies für die **Gestaltung der Baupreise** von **wesentlicher** – also nicht nur unbeachtlicher – **Bedeutung** ist. Das darf aber nicht dahin mißverstanden werden, daß es hier nur um die Preisgestaltung bei sonstiger Klarheit über die technische, gestalterische und funktionsgerechte Lösung geht. Dann könnte der günstigste Preis auch im Wege einer Leistungsbeschreibung mit Leistungsverzeichnis nach Nr. 3 ff. herausgefunden werden. Vielmehr wird die Wirtschaftlichkeit im allgemeinen eine Leistungsbeschreibung mit Leistungsprogramm **nur rechtfertigen,** wenn sie sich nur im Wege von **Planungsleistungen** der Bieter ermitteln läßt, wenn dies also im Zusammenhang mit der Technik, der Gestaltung und der Funktionsgerechtigkeit herausgefunden werden muß. Dies bedeutet, daß hier in der Regel eines der anderen drei Merkmale **ebenfalls** vorliegen muß, um aus Gründen der Wirtschaftlichkeit zu einer Beschreibung mit Leistungsprogramm zu kommen. Hier kommen z. B. Fälle in Betracht, wie sie in Rdn. 126 und Rdn. 128 f. umschrieben sind, wobei hinzukommen muß, daß die Frage der Angemessenheit der Preise sich sachgerecht nur beurteilen läßt, wenn dazu nähere Angaben in Richtung zumindest eines der anderen drei Gesichtspunkte gemacht werden. So kann es sein, daß mehrere technische Lösungen möglich sind, die nicht für alle gleich verständlich beschrieben werden können und der Auftraggeber seine Entscheidung aus berechtigtem, gegebenenfalls von ihm darzulegendem Anlaß unter dem Gesichtspunkt der Wirtschaftlichkeit oder Funktionsgerechtigkeit treffen will (vgl. auch hier Nr. 3.1.4. VHB zu Teil A § 9).

3. Hinsichtlich der **gestalterisch besten Lösung** kommt es auf die Notwendigkeit hinreichender Ermittlung an (vgl. Rdn. 124). Entscheidend ist also, ob die Bauaufgabe nach vorheriger Erkundigung des Auftraggebers in gestalterischer Hinsicht auf verschiedene Weise gelöst werden kann, und zwar durch Erreichung des Gestaltungszieles, das sich der Auftraggeber gesetzt hat. Das kann vor allem sein, wenn es letztlich um die Ermittlung der gestalterischen Erfahrung auf Bieter-, also auf Unternehmerseite geht, es sich nicht nur um die Planungserfahrung eines bauplanenden Architekten handelt. In der Regel wird das zutreffen, wenn damit zugleich Fragen der technisch, wirtschaftlich und funktionsgerechtesten Lösung verbunden sind. Es muß somit im Kern auf die **unternehmerische Erfahrung im Gestaltungsbereich** ankommen. Das wird vielfach mit Erzeugnissen zusammenhängen, die bei der Bauausführung verwendet werden und mit denen der Bieter in gestalterischer Hinsicht seine Erfahrungen gemacht hat, die nicht ohne weiteres für den Auftraggeber, insbesondere nicht durch bloße Besichtigung von Vergleichsobjekten, erkennbar sind. Dabei kann es sich sowohl um die Gesamtgestaltung des Bauvorhabens als auch die Gestaltung eines Teils der Bauaufgabe, die der Ausschreibung zugrunde liegt, handeln. Wesentlich ist hier die Gestaltung der Baukörper sowie der Innenräume; nicht zu vergessen ist auch die städtebauliche Einordnung im Hinblick auf Umgebung, Freianlagen und Bauabschnitte.

4. Ähnlich verhält es sich mit der **funktionsgerechten Lösung** der Bauaufgabe. Hier handelt es sich nicht um die Gestaltung, also die Form der beabsichtigten Leistung, sondern um die **Erreichung des Zweckes,** den diese erfüllen soll. Auch hier kommt es für die Wahl einer Leistungsbeschreibung mit Leistungsprogramm maßgebend darauf an, ob die auf technischem Gebiet beruhenden Lösungsmöglichkeiten für den Auftraggeber nicht oder nur unter Schwierigkeiten durch Leistungsbeschreibung mit Leistungsverzeichnis zu ermitteln sind, weil hier eine klare Leistungsbeschreibung, die allen Bietern in gleicher Weise verständlich ist, nicht oder nur schwer aufgestellt werden kann. Maßgebend ist die Blickrichtung auf die beabsichtigte Funktion der Bauleistung, also den Zweck, den diese erfüllen soll. Es kann sein, daß es mit der objektiv erforderlichen Anspannung dem Auftraggeber unmöglich oder jedenfalls schwierig ist, festzustellen, ob eine bestimmte Bauweise, auf die sich ein oder mehrere Bewerber eingestellt haben, die Funktion des beabsichtigten Bauwerkes im Hinblick auf dessen spätere Benutzung zu erfüllen vermag, wie z. B. wegen zu erwartender Erschütterungen im Rahmen der Produktion in einer Fabrik, und ob es möglich ist, etwa damit zusammenhängenden möglichen Schäden am Bauwerk durch besondere Vorkehrungen zu begegnen. Hier kann es sinnvoll sein, entsprechende Planungsüberlegungen im Rahmen des Entwurfs der Bieterseite zu überlassen, also deren auf Erfahrung beruhende Kenntnisse mit einzuspannen. Zu unterscheiden ist hier zwischen äußerer Funktion (Erschließungssystem, Baukörper, Installationen, Freiflächen, Erweiterungen) und innerer Funktion (sogenannte Bereichsbeziehungen, Bereichsausbildung, Raumausbildung, Erschließungssystem, Variabilität und Erweiterungen).

IV. Wirtschaftliche Vertretbarkeit als Voraussetzung

Sind die vorerörterten Erfordernisse gegeben, so wird man es im Einzelfall für berechtigt halten können, eine Leistungsbeschreibung mit Leistungsprogramm vorzunehmen. Allerdings muß noch eine **weitere Voraussetzung** gegeben sein: Es muß für alle Fälle **wirtschaftlich vertretbar** sein, im Rahmen der Vergabe den Bietern Planungsaufgaben zu übertragen, also nicht nur im Hinblick auf die Wirtschaftlichkeit des Bauvorhabens selbst (vgl. Rdn. 127), sondern auch wegen des allgemeinen Aufwandes, der hier bei einer Angebotsbearbeitung verlangt wird. Es muß besonders bedacht werden, daß den Bietern hier im allgemeinen **erhebliche Kosten** entstehen, die der Auftraggeber den Bietern auch angemessen zu entschädigen hat (vgl. Teil A § 20 Nr. 2 Satz 2 und 3), daß also der **Kostenfaktor** eine **erhebliche Rolle** spielt. Daher ist die Frage der **Verhältnismäßigkeit** zwischen dem durch besondere Angebotsbearbeitung der Bieter verfolgten Zweck und dem damit zusammenhängenden Kostenaufwand vorab zu klären. Es dürfen also nicht Kosten zu erwarten sein, durch die der damit herbeigeführte Aufwand nicht mehr in gesundem Verhältnis zu dem objektiv zu erwartenden Ergebnis steht. Vor allem geht es nicht an, auf diese Weise eine Verteuerung des Bauvorhabens herbeizuführen, die durch sinnvolle andere Mittel der Klärung, wie z. B. durch Einschaltung eines oder zweier Sachverständiger oder durch die ausdrückliche Zulassung von Änderungsvorschlägen oder Nebenangeboten bei im übrigen feststehendem Planungskonzept, vermieden oder jedenfalls spürbar geringer würde. Hier wird also **vom Auftraggeber eine sehr sorgfältige und sachgerechte vorherige Überlegung** verlangt, die er selbst anstellen muß und die er nicht anderen überlassen darf. Im allgemeinen kann er hier vor allem auch nicht sagen, dazu habe er keine Zeit. Deshalb ist die etwaige **Eilbedürftigkeit** grundsätzlich für sich allein **noch kein Grund** für die Wahl der Leistungsbeschreibung mit Leistungsprogramm. Diese Gesichtspunkte sind auch durch die Nr. 3.1.4. VHB zu Teil A § 9 angesprochen worden.

C. Anforderungen an die Leistungsbeschreibung mit Leistungsprogramm (Nr. 11)

131 Die Vergabe auf der Grundlage einer Leistungsbeschreibung mit Leistungsprogramm kann nur dann eine hinreichende Aussicht auf Erfolg bieten, wenn sie vom Auftraggeber **nicht nur sorgfältig vorbereitet** wird, **sondern** wenn sie vor allem **sämtliche im Einzelfall erforderlichen Angaben enthält,** die das erstrebte Ziel zu erreichen geeignet sind. Deshalb ist **Nr. 11 von grundlegender Bedeutung und auf jeden Fall von Auftraggeberseite zu beachten und einzuhalten.**

132 Hiernach umfaßt das Leistungsprogramm eine Beschreibung der Bauaufgabe, aus der die Bewerber **alle** für die Entwurfsbearbeitung und ihr Angebot **maßgebenden Bedingungen und Umstände erkennen** können und in der sowohl der **Zweck** der fertigen Leistung als auch die an sie gestellten **technischen, wirtschaftlichen, gestalterischen und funktionsbedingten Anforderungen** angegeben sind, sowie gegebenenfalls ein **Musterleistungsverzeichnis** (genaugenommen: Bedarfsverzeichnis), in dem die Mengenangaben ganz oder teilweise offengelassen sind; Teil A § 9 Nr. 4-9 gilt sinngemäß. Wesentlich sind dabei für die Angaben des Auftraggebers: die örtlichen Bedingungen, die grundsätzlichen Entwurfskriterien, das Bauprogramm selbst und die Anforderungen an Bauteile und Bauelemente, insoweit vor allem hinsichtlich der Außenanlagen, des Verkehrs, des Raumbildes und der tragenden Bauteile sowie der Versorgung und Entsorgung. Dazu gehört unabdingbar eine hinreichend klare **Ablaufplanung,** was vor allem für die Preisgestaltung von erheblicher Bedeutung ist. Unter diesen Gesichtspunkten sind die nachfolgenden Erörterungen zu betrachten.

I. Erkennbarkeit der für die Entwurfsbearbeitung maßgebenden Umstände

133 Das Leistungsprogramm hat zunächst eine Beschreibung der erstrebten Leistung in dem Sinne zu umfassen, daß **alle** in Betracht kommenden **Bewerber** die für ihre Entwurfsbearbeitung und ihr Angebot **maßgebenden Umstände erkennen können.** Daher muß aus der Beschreibung **lückenlos** alles zu erkennen sein, was den Bewerbern für eine Entwurfsbearbeitung an Einzelheiten bekannt sein muß. Dabei muß es sich um eine inhaltlich nicht nur erschöpfende Beschreibung handeln, sondern vor allem auch um eine solche, die für alle in Betracht kommenden Bieter klar und einheitlich verständlich ist, also Mißverständnisse und Unklarheiten vermeidet. Es muß demnach alles vom Auftraggeber umschrieben werden, was notwendig ist, um **Angebote,** vor allem in dem hier in erster Linie maßgebenden Planungsbereich, herbeizuführen, die miteinander **vergleichbar** sind, daher später **ordnungsgemäß gewertet werden können.**

Dabei müssen **vorweg** die Voraussetzungen geklärt werden, die überhaupt den Rahmen der **134**
Leistung und deren Ausgestaltung bestimmen. Dazu gehört einmal das vom Auftraggeber
gewünschte **Raumprogramm**, das vollständig und zugleich endgültig sein muß, also später
nicht mehr geändert werden darf. Des weiteren müssen vom Auftraggeber die notwendigen
öffentlich-rechtlichen Voraussetzungen geschaffen werden, z. B. städtebaulich und bauaufsichtsrechtlich. Für den öffentlichen Auftraggeber gilt gleiches auch in haushaltsrechtlicher
Hinsicht, wie überhaupt – auch für den privaten Auftraggeber – vorher Klarheit darüber
bestehen muß, ob und inwieweit er die ihm vorschwebende Bauaufgabe **zu finanzieren in der
Lage ist.** Auf alle diese Punkte wird mit Recht unter 3.2.1. des VHB zu Teil A § 9 hingewiesen.

Das Vorgenannte sind grundlegende Voraussetzungen, um überhaupt an eine Leistungsbeschreibung mit Leistungsprogramm denken zu können. Erfüllt der Auftraggeber diese Voraussetzungen nicht, macht er sich später u. U. aus dem Gesichtspunkt des **Verschuldens beim** **135**
Vertragsabschluß schadensersatzpflichtig, wenn sich herausstellt, daß die Arbeiten der Bieter
vergeblich waren.

II. Erforderliche Einzelmitteilungen

Über diese allgemeinen Grundlagen hinaus sind vom Auftraggeber durch die erforderlichen **136**
Einzelmitteilungen in der gebotenen erschöpfenden Form auch diejenigen Angaben zu
machen, die seinen **eigentlichen Beweggrund** für die Leistungsbeschreibung mit Leistungsprogramm ausmachen.

Dazu zählt einmal der **Zweck der fertigen Leistung,** also die Mitteilung, welcher Bestim- **137**
mung im Rahmen der Benutzung oder etwaigen Verwertung die erstrebte Leistung dienen soll.
Hierher gehört nicht allein die Mitteilung über den Zweck im groben, z. B. die Angabe, daß
eine Schule gebaut werden soll, sondern auch die Angabe der Zweckbestimmung im einzelnen, wie z. B. die Art der Schule, die Klassenfrequenz, die im Rahmen des Raumprogramms
wesentlichen Ausbildungsziele sowie etwa darüber hinausgehende Nutzungszwecke, wie z. B.
für Volkshochschule, Theater, Schwimmausbildung usw.

Dazu müssen zweitens die Angaben kommen, die aus technischen, wirtschaftlichen, gestalte- **138**
rischen und funktionsbedingten Gründen notwendig sind, um eine **in einheitliche Richtung
gehende Planung** der Bieter im Angebotsverfahren zu erreichen. Es müssen Einzelangaben
gemacht werden, die sich über die eigentlichen Beweggründe der Vergabe vermittels Leistungsbeschreibung mit Leistungsprogramm verhalten, diese somit näher kennzeichnen (vgl.
Rdn. 124 ff.).

Drittens soll gegebenenfalls – also immer dann, wenn es bei objektiver Betrachtung möglich **139**
ist – ein **Musterleistungsverzeichnis** vom Auftraggeber aufgestellt werden, in dem die Mengenangaben, soweit dies für die von den Bietern zu verlangende Planung erforderlich ist, ganz
oder teilweise offengelassen sind. Gerade auch das ist wichtig, um eine einheitliche Angebotsbearbeitung zu ermöglichen, also zu erreichen, daß später eine einheitliche Beurteilung der
Angebote möglich ist. Damit soll im wesentlichen vorgezeichnet werden, wie die Angebote zu
gliedern und durch Angabe von Kennzahlen usw. zu erläutern sind. Läßt sich das nicht durch
ein Musterleistungsverzeichnis ermöglichen, muß der Auftraggeber **andere Mittel und Wege**
suchen, um den genannten Zweck zu erreichen, und sei es nur durch sonstige Mitteilung der
notwendigen Angebotsgliederung und der Kennzeichnung der einzelnen Abschnitte. Daß
dabei folgerichtige, also logisch klar gegliederte technische Gesichtspunkte maßgebend sein
müssen, liegt auf der Hand.

140 Viertens müssen, wie sich aus Nr. 11 Abs. 2 ergibt, auch **alle für den Einzelfall maßgebenden Punkte** aufgeführt werden, um den besonderen Bedingungen an Ort und Stelle des Bauvorhabens und auch sonst zwecks späterer einheitlicher Beurteilung gerecht zu werden. Deshalb sagt die VOB hier, daß die Nr. 4-9 in Teil A § 9 sinngemäß gelten. Das bedeutet, daß diese Regelungen im Einzelfall zu überprüfen sind, und zwar **vergleichsweise** dahingehend, ob sie auch für diesen jetzt in Betracht kommenden Vergabefall etwas auszusagen vermögen, was für die geplante Ausführung eine Rolle spielt, und zwar aus technischen, wirtschaftlichen, gestalterischen und funktionellen Erwägungen. Dann sind entsprechende Angaben in die Beschreibung des Bauprogramms bzw. des Rahmens des Bauvorhabens mit aufzunehmen, insbesondere auch in der in Nr. 4-9 gekennzeichneten Art und Weise.

III. Notwendige Unterlagen

141 Die in Rdn. 131 ff. umrissenen Voraussetzungen können oftmals nicht durch eine einzige Aufstellung im Wege bloßer Wortbeschreibung erreicht werden. Vielmehr kann es – und wird es im Regelfall auch – notwendig sein, dem bloßen Programm als solchem als **Anlagen** die dazugehörigen und für eine einheitliche Beurteilung durch die Bieter **notwendigen Unterlagen** beizufügen, die eine in sich geschlossene ergänzende oder erläuternde Aussage machen. Dazu gehören neben dem Raumprogramm u. a. Pläne, Erläuterungsberichte, Baugrundgutachten sowie bestimmte Richtlinien für die vorgesehene Benutzung der fertigen Leistung.

142 Auch kann es wesentlich sein, für die von den Bietern zu verlangende Planung bekanntzugeben, welche vorangehenden oder auch welche nachfolgenden **Leistungen von anderen Unternehmern** außerhalb des jetzt zu vergebenden Leistungsinhaltes vorgesehen sind. Dabei wird es auf Einzelangaben hierzu ankommen, natürlich nur, soweit sie für die Angebotsbearbeitung und die spätere Ausführung von Bedeutung sind. Das kann z. B. für die Frage der Belastbarkeit von vorhandenen bzw. von anderen Unternehmern auszuführenden Konstruktionen, der den anderen Unternehmern eingeräumten Baufristen, deren Vorhaltung von Gerüsten und Versorgungseinrichtungen bedeutungsvoll sein (vgl. dazu Nr. 3.2.3.2. zu Teil A § 9 VHB).

143 Wie weit das hier zu gehen hat, hängt von den Gegebenheiten des Einzelfalles ab. Maß gebend ist die Frage, was den Bietern zur Verfügung gestellt werden muß, um sie in die Lage zu versetzen, der **Zielrichtung entsprechende, jeweils in gleicher Weise beurteilbare, den Leistungsrahmen vollständig ausfüllende Angebote abzugeben.**

IV. Richtlinien des Vergabehandbuches

144 Zu den Rdn. 130 ff. umschriebenen Anforderungen kann auch das unter 3.2.3.1. VHB zu Teil A § 9 aufgestellte Schema eine wertvolle Hilfe sein:

Angaben des Auftraggebers für die Ausführung: Beschreibung des Bauwerks/ der Teile des Bauwerks; Allgemeine Beschreibung des Gegenstandes der Leistung nach Art, Zweck und Lage; Beschreibung der örtlichen Gegebenheiten, wie z. B. Klimazone, Baugrund, Zufahrtswege, Anschlüsse, Versorgungseinrichtungen; Beschreibung der Anforderungen an die Leistung; Flächen- und Raumprogramm, z. B. Größenangaben, Nutz- und Nebenflächen, Zuordnungen, Orientierung; Art der Nutzung, z. B. Funktion, Betriebsabläufe, Beanspruchung; Konstruktion: ggf. bestimmte grundsätzliche Forderungen, z. B. Stahl oder Stahlbeton, statisches System.

Einzelangaben zur Ausführung, z. B.: Rastermaße, zulässige Toleranzen, Flexibilität; Tragfähigkeit, Belastbarkeit; Akustik (Schallerzeugung, -dämmung, -dämpfung); Klima (Wärmedämmung, Heizung, Lüftungs- und Klimatechnik); Licht- und Installationstechnik, Aufzüge; hygienische Anforderungen; allgemeine physikalische Eigenschaften (Elastizität, Rutschfestigkeit, elektrostatisches Verhalten); sonstige Eigenschaften und Qualitätsmerkmale; vorgeschriebene Baustoffe und Bauteile; Anforderungen an die Gestaltung, z. B. Dachform, Fassadengestaltung, Farbgebung, Formgebung; Abgrenzung zu Vor- und Folgeleistungen; Normen oder etwaige Richtlinien des Nutznießers, die zusätzlich zu beachten sind; öffentlich-rechtliche Anforderungen, z. B. spezielle planungsrechtliche, bauordnungsrechtliche, wasser- oder gewerberechtliche Bestimmungen oder Auflagen.

Dieses Schema kann naturgemäß, was sich aus der Besonderheit der Leistungsbeschreibung mit Leistungsprogramm ergibt, nur allgemeine Richtlinien angeben. Es kann sein, daß einzelne Punkte im jeweiligen Fall entbehrlich sind oder daß zusätzliche im Einzelfall noch beachtet werden müssen. Immerhin können die hier gemachten Angaben wesentliche Anhaltspunkte für die Vorbereitungsarbeit des Auftraggebers liefern, um hier den an ihn zu stellenden Anforderungen gerecht zu werden.

Hinzu kann kommen, daß zwecks einheitlicher Bearbeitung der Angebote im betreffenden Fall bestimmte Angaben gemacht werden müssen, die sich durch den Auftraggeber nur als solche umschreiben lassen, die also in den Einzelheiten letztlich von Bieterseite kommen müssen. Auch hierauf **müssen die Bieter aufmerksam gemacht werden,** damit sie den Erfordernissen gerecht werden, also nichts unterlassen, was letztlich bei der Vergabe eine Rolle spielt. Das gilt vornehmlich für jene Gesichtspunkte, die **nicht ohne weiteres für die Bieter erkennbar** sind. Dazu gehört im allgemeinen eine ordnungsgemäße **Ablaufplanung.** Auch insofern können für den Auftraggeber als Beispiele Gesichtspunkte wesentlich sein, die in den Richtlinien des VHB unter 3.2.3.3. zu Teil A § 9 enthalten sind:

Ergänzende Angaben des Bieters:
Soweit im Einzelfall erforderlich, kann der Bieter z. B. zur Abgabe folgender Erklärungen oder zur Einreichung folgender Unterlagen aufgefordert werden: Angaben zur Baustelleneinrichtung, z. B. Platzbedarf, Art der Fertigung; Angaben über eine für die Bauausführung erforderliche Mitwirkung oder Zustimmung des Auftraggebers; Baufristenplan, u. U. auch weitere Pläne abweichend von der vorgeschriebenen Bauzeit; Zahlungsplan, wenn die Bestimmung der Zahlungsbedingungen dem Bieter überlassen werden soll; Erklärung, daß und wie die nach dem öffentlichen Recht erforderlichen Genehmigungen usw. beigebracht werden können; Wirtschaftlichkeitsberechnung unter Einbeziehung der Folgekosten, unterteilt in Betriebskosten und Unterhaltungskosten, soweit im Einzelfall erforderlich.

Auch kann es im Einzelfall für den Bieter wesentlich sein, nach welchen Gesichtspunkten, und zwar überhaupt sowie hinsichtlich bestimmter Einzelgesichtspunkte, die **Angebotswertung** nach Teil A § 25, dessen Aufbau und Regeln allerdings auch hier gelten und zu beachten sind, vonstatten gehen soll. Dabei kommt es insbesondere auf die Angabe der **Schwerpunkte** an. Dies ist wesentlich, um den Bietern die erforderliche Hilfestellung dahin zu geben, ob sie sich entschließen wollen, sich unter Zugrundelegung der bei ihnen vorhandenen Verhältnisse überhaupt an der betreffenden Vergabe zu beteiligen und, falls ja, worauf sie besonderes Gewicht bei ihrer Angebotsbearbeitung zu legen haben, um sich möglichst aussichtsreich am Wettbewerb beteiligen zu können. Natürlich beschränkt sich dieses auf den Sinn und Zweck der Leistungsbeschreibung mit Leistungsprogramm, nämlich dem Herausfinden der technisch, wirtschaftlich, gestalterisch sowie funktionsmäßig besten Lösung der Bauaufgabe.

In diesem Sinne dürfte auch Nr. 3.2.3.4. zu Teil A § 9 VHB zu verstehen sein, wo es heißt:

Besondere Bewertungskriterien
Gegebenenfalls ist anzugeben, nach welchen Gesichtspunkten – auch hinsichtlich ihrer Rangfolge – der Auftraggeber die angebotenen Leistungen zu werten beabsichtigt.

Grundsätzlich sollte der Auftraggeber dies im berechtigten Interesse der Bieter befolgen.

D. Anforderungen an die Angebote der Bieter bei Leistungsbeschreibung mit Leistungsprogramm (Nr. 12)

148 Schließlich befaßt sich Nr. 12 mit den **Anforderungen,** die an die **Angebote der Bieter** und demnach auch an die dafür zu leistenden **vorbereitenden Arbeiten durch die Bieter** zu stellen sind. Auch dieses verfolgt den Zweck, einheitliche und den Erfordernissen entsprechende vollständige Angebote zu erlangen, um in eine ordnungsgemäße Prüfung und Wertung der Angebote eintreten zu können. Es geht also darum, wie die Angebote der Bieter sowohl ihrem Inhalt als auch ihrer äußerlichen Gestaltung nach aufzusetzen sind. Maßgebend sind dafür in erster Linie die Angaben, die das den Bietern vorgelegte, nach den Regeln der Nr. 11 ausgerichtete Programm ausweist. Es kommt aber weiter darauf an, daß die Bieter dieses nicht nur vollständig beachten, sondern daß sie darüber hinaus auch die entsprechenden Ausarbeitungen im Rahmen ihres Angebotes abliefern. Auch darauf muß der Auftraggeber von vornherein achten und im Rahmen seiner Ausschreibung die nötigen Hilfen vermitteln.

I. Grundsatzregelung in Satz 1

149 Dazu dient zunächst der in **Nr. 12 Satz 1** vermittelte **Grundsatz,** daß von dem Bieter ein Angebot zu verlangen ist, das außer der Ausführung der – geforderten – Bauleistung den Entwurf nebst eingehender Erläuterung und eine Darstellung der Bauausführung sowie eine eingehende und zweckmäßig gegliederte Beschreibung der Leistung – gegebenenfalls mit Mengen- und Preisangaben für Teile der Leistung – umfaßt.

150 1. Das **Schwergewicht** liegt hier in erster Linie – was sich aus der Natur dieser besonderen Leistungsbeschreibung ergibt – bei der **Entwurfsbearbeitung** und der ordnungsgemäßen, übersichtlichen **Eingliederung dieses Entwurfs** in das Angebot. Selbstverständlich ist dabei, daß der Bieter einen nach allgemein anerkannten technischen Gesichtspunkten ordnungsgemäßen Entwurf aufstellt und einreicht. Dazu muß er die entsprechenden Pläne in geordneter und der Gliederung des Angebots ausgerichteter Reihenfolge vorlegen. Um dieses zu erreichen, muß ihm der Auftraggeber die erforderlichen Angaben machen, vor allem auch, in welcher einheitlichen Weise die Pläne aufzustellen sind, nicht zuletzt auch hinsichtlich des Maßstabes und ihrer Art im einzelnen. Entsprechendes gilt auch für andere Bestandteile des Entwurfs.

151 Weiterhin kommt der erforderlichen **Erläuterung des Entwurfs** wesentliche Bedeutung zu, die überall dort – und zwar im weitesten Sinne – notwendig ist, wo die zeichnerische oder sonstige planerische Darstellung aus sich heraus nicht oder nur schwer verständlich ist, darüber hinaus aber auch, wo Erklärungen erforderlich sind, die für den Auftraggeber wesentlich sind, und sei es auch nur, um seine Aufmerksamkeit bei der Prüfung und Wertung der Angebote zu wecken. Diese Erläuterung muß derart eingehend sein, daß sie **alle erforderlichen Gesichtspunkte erfaßt,** außerdem muß sie so deutlich sein, daß der Auftraggeber sie aus sich heraus verstehen kann und nicht erst noch Rückfrage halten muß. Zur eingehenden Erläuterung gehören vor allem auch Angaben über die im Einzelfall vorgesehenen Konstruktionsprinzipien sowie die Materialwahl, wie es der Vorstellung des Bieters entspricht. Auf alle diese Gesichtspunkte sind die jeweiligen Bewerber im Einzelfall vom Auftraggeber im Rahmen der Ausschreibung hinzuweisen, und sie sind anzuhalten, diese zu befolgen.

152 2. Die vorerwähnten Punkte können nicht nur für die Vergabe selbst wesentlich sein, sondern auch für die **Abwicklung** eines späteren Bauvertrages im Rahmen der **Ausführung,** z. B. hinsichtlich des voraussichtlichen **Bauablaufes,** sowie auch der **Abrechnung,** wenn hier auch die **Vereinbarung eines Pauschalpreises** zweckmäßig sein dürfte. Gerade auch insoweit können wesentliche Gesichtspunkte vorliegen, die bereits jetzt im Rahmen der Bauvergabe eine entscheidende, jedenfalls aber wesentliche Rolle spielen. Daher wird es häufig notwendig sein, die Bieter aufzufordern, mit dem Angebot auch zu diesen Gesichtspunkten wesentliche Pläne und Unterlagen nicht nur in geordneter und übersichtlicher Weise vorzulegen, sondern auch zu erläutern. Zumindest muß der Bieter aufgefordert werden, diese Pläne und sonstigen Unterlagen im Rahmen des Angebotes im einzelnen zu bezeichnen und sich außerdem zu verpflichten, sie dem Auftraggeber auf Anforderung so rechtzeitig vorzulegen, daß er nicht nur darüber orientiert ist, sondern ihnen auch beipflichten kann. Also wird es notwendig sein, daß der Auftraggeber die Verwendung solcher für die Ausführung und Abrechnung – erst – notwendiger Pläne und Unterlagen von seinem Einverständnis abhängig macht, was wiederum voraussetzt, daß er **bereits im Vergabeverfahren orientiert** wird, worum es sich bei der späteren Ausführung und Abrechnung im einzelnen handeln, was also hier Grundlage sein soll. Sicherer und besser für beide Seiten dürfte es allerdings sein, diese Pläne und Unterlagen bereits mit dem Angebot selbst vorzulegen.

3. Des weiteren wird es im allgemeinen notwendig sein, vom Bieter Angaben über den **Gang der Bauausführung** zu verlangen, also den vorgestellten Hergang der Ausführung. Das betrifft nicht nur die Einzelheiten des zeitlichen Bauablaufes, sondern auch den technischen Ablauf, insoweit vor allem auch im Hinblick auf die Baustelleneinrichtung, das Fertigungsprogramm, die Voraussetzungen für einen technisch ordnungsgemäßen Bauhergang usw. Gerade das wird in der Regel einer klaren und allgemeinverständlichen wörtlichen Erläuterung bedürfen. Insoweit ist eine hinreichend klare **Ablaufplanung** von Bieterseite geboten. Dabei ist eine sachgerechte Koordination der einzelnen vorgesehenen Leistungen unerläßlich. 153

4. Letztlich bedarf es noch einer **eingehenden,** vor allem nach den DIN-Normen ausgerichteten, **gut gegliederten Beschreibung der Leistung,** wie sie sich nach der Entwurfsbearbeitung durch den einzelnen Bieter darstellt. Um die hinreichende Klarheit und vor allem die umfassende Leistungsdarstellung zu erreichen, dürfte es angezeigt sein, sich hier im wesentlichen nach den Richtlinien auszurichten, wie sie auch für eine Leistungsbeschreibung mit Leistungsverzeichnis gelten, also aus Nr. 4-9 zu entnehmen sind. Die dort herausgearbeiteten Gesichtspunkte sind **sinngemäß zu beachten,** insbesondere auch die in Nr. 8 enthaltenen. Wichtig sind im allgemeinen auch die notwendigen **Mengen- und Preisangaben,** worin gerade auch Teilleistungen – u. U. für sich abgeschlossen – mit einzubeziehen sind. Vor allem müssen von den Bietern Mengen- und Preisangaben gefordert werden, wenn dieses, was in der Regel der Fall sein dürfte, notwendig ist, um im Rahmen der Angebotswertung zutreffende Schlüsse aus den einzelnen Angeboten im Hinblick auf das annehmbarste Angebot ziehen zu können. 154

5. Insgesamt muß von den Bietern verlangt werden, ihre Angebote so aufzugliedern, daß durch diese Art und Umfang der Leistung eindeutig bestimmt sind, die beabsichtigte Erfüllung der Forderungen des Leistungsprogramms nachgewiesen wird, die Angemessenheit der geforderten Preise beurteilt werden kann, schließlich auch die Möglichkeit besteht, nach Erstellung der Leistung die ordnungsgemäße Erfüllung eindeutig und klar nachzuprüfen. Dazu ist es notwendig, im Rahmen der Ausschreibung anzugeben, **wie die Gliederung der Angebote** zu erfolgen hat, wie sie vor allem in ihren Einzelpunkten erläutert werden sollen, wozu z. B. **Kennzahlen** sachdienlich sein können. 155
Ein großer Teil der in Rdn. 148 ff. erwähnten Gesichtspunkte ergibt sich für den öffentlichen Auftraggeber aus den Richtlinien unter Nr. 3.3. ff. VHB zu Teil A § 9. Besonders wesentlich ist dabei auch die Anweisung unter 3.3.1. a. a. O., daß bei einer Leistungsbeschreibung mit Leistungsprogramm die EVM anzuwenden sind.

II. Anforderungen an Leistungsbeschreibung mit Mengen- und Preisangaben

Weiterhin enthält **Nr. 12 Satz 2** noch einige Richtpunkte für den Fall der Beschreibung der Leistung mit **Mengen- und Preisangaben.** Diese dienen dazu, einmal eine hinreichende 156

Bindung der Bieter an ihre Mengen- und Preisangaben herbeizuführen, zum anderen, etwa hinsichtlich der Mengen- und Preisangaben verbliebene **Ungewißheiten** dem Auftraggeber hinreichend **klar vor Augen zu führen,** um ihm eine sachgerechte Berücksichtigung im Rahmen der Angebotswertung zu ermöglichen.

157 1. Hiernach ist der Auftraggeber gehalten, vom Bieter zu verlangen, daß er (a) **die Vollständigkeit seiner Angaben, insbesondere die von ihm selbst ermittelten Mengen, entweder ohne Einschränkung oder im Rahmen einer in den Verdingungsunterlagen anzugebenden Mengentoleranz vertritt.** Es geht also darum, daß der Bieter für die von ihm ermittelten Mengen geradezustehen bereit ist, zumindest aber willens ist, eine von ihm vom Auftraggeber in den Verdingungsunterlagen angegebene Mengentoleranz für maßgebend zu erachten und nicht darüber hinauszugehen. Es liegt auf der Hand, daß hierdurch die Preisangaben der Bieter eine hinreichend verbindliche Grundlage bekommen sollen, daß vor allem etwaige, sonst nach der VOB nicht vorgesehene Änderungen in der Preisgestaltung vermieden werden sollen. Dadurch sollen allerdings Möglichkeiten der Preisänderung, wie sie in Teil B § 2 Nr. 3 ff. ins Auge gefaßt sind, nicht schon ausgeschlossen werden. Vielmehr soll der Bieter an seine Mengen- und Preisangaben – nur – genauso gebunden werden, wie dies bei seinen Preisermittlungen im Falle der Leistungsbeschreibung durch Leistungsverzeichnis der Fall wäre. Allerdings muß den Besonderheiten der Beschreibung mit Leistungsprogramm insofern Rechnung getragen werden, als etwaige Mengentoleranzen, die vom Auftraggeber im einzelnen festzulegen sind, in die Bindung des Bieters mit einzubeziehen sind.

158 2. Die Besonderheiten des Einzelfalles können es gebieten, daß eine **Festlegung** durch die Bieter nach Mengenangaben, wie sie vorangehend Rdn. 157 umschrieben ist, jedenfalls in einzelnen Bereichen der zu vergebenden Leistung **nicht möglich** ist. Daß auch hier der Auftraggeber eine bestimmte **Sicherung** im Rahmen der Vergabe, vor allem der sachgerechten Wertung der Angebote, haben muß, leuchtet ohne weiteres ein. Deshalb wird in Nr. 12 Satz 2 weiter bestimmt, daß (b) vom Bieter etwaige Annahmen, zu denen er in besonderen Fällen gezwungen ist, weil zum Zeitpunkt der Angebotsabgabe einzelne Teilleistungen nach Art und Menge noch nicht bestimmt werden können (z. B. Aushub-, Abbruch- oder Wasserhaltungsarbeiten), erforderlichenfalls anhand von Plänen und Mengenermittlungen, im Rahmen seines Angebotes **begründet** werden. Die Begründung ist hier vor allem auch erforderlich, um dem Auftraggeber die Nachprüfung zu ermöglichen, ob diese Annahmen sich wirklich darauf stützen, daß bei Angebotsabgabe die betreffenden Teilleistungen nach Art und Menge noch nicht bestimmt werden können. Das gilt auch insofern, als es vorkommen kann, daß einzelne Bieter in ihrem Angebot lediglich Annahmen bringen, andere dazu wiederum ins einzelne gehende Mengenangaben. Dabei kann es durchaus sein, daß letztere ihre Angaben ohne die erforderliche Vorsicht gemacht haben, was dem Auftraggeber später Ärger einbringen kann, während sich der bereits jetzt mit seinen Angaben vorsichtige Bieter nach Sachlage durchaus als der dem Auftraggeber zuverlässigere erweisen kann. Gerade hier ist eine sorgfältige Begründung des betreffenden Bieters, der von Annahmen ausgeht, notwendig, um den Auftraggeber ins nötige Bild zu setzen. Hierzu können im Einzelfall Pläne und Mengenermittlungen, letztere gegebenenfalls mit den erforderlichen Erläuterungen, eine wertvolle Hilfe sein.

§ 10 Vertragsbedingungen

1. In den Vertragsunterlagen ist vorzuschreiben, daß die Allgemeinen Vertragsbedingungen für die Ausführung von Bauleistungen (VOB/B) und die Allgemeinen Technischen Vertragsbedingungen für Bauleistungen (VOB/C) Bestandteile des Vertrages werden. Das gilt auch für etwaige Zusätzliche Vertragsbedingungen und etwaige Zusätzli-

che Technische Vertragsbedingungen, soweit sie Bestandteile des Vertrages werden sollen.

2. (1) Die Allgemeinen Vertragsbedingungen bleiben grundsätzlich unverändert. Sie können von Auftraggebern, die ständig Bauleistungen vergeben, für die bei ihnen allgemein gegebenen Verhältnisse durch Zusätzliche Vertragsbedingungen ergänzt werden. Diese dürfen den Allgemeinen Vertragsbedingungen nicht widersprechen.

(2) Für die Erfordernisse des Einzelfalles sind die Allgemeinen Vertragsbedingungen und etwaige Zusätzliche Vertragsbedingungen durch Besondere Vertragsbedingungen zu ergänzen. In diesen sollen sich Abweichungen von den Allgemeinen Vertragsbedingungen auf die Fälle beschränken, in denen dort besondere Vereinbarungen ausdrücklich vorgesehen sind und auch nur soweit es die Eigenart der Leistung und ihre Ausführung erfordern.

3. Die Allgemeinen Technischen Vertragsbedingungen bleiben grundsätzlich unverändert. Sie können durch Zusätzliche Technische Vertragsbedingungen ergänzt werden. Für die Erfordernisse des Einzelfalles sind Ergänzungen und Änderungen in der Leistungsbeschreibung festzulegen.

4. (1) In den Zusätzlichen Vertragsbedingungen oder in den Besonderen Vertragsbedingungen sollen, soweit erforderlich, folgende Punkte geregelt werden:

a) Unterlagen (A § 20 Nr. 3, B § 3 Nr. 5),

b) Benutzung von Lager- und Arbeitsplätzen, Zufahrtswegen, Anschlußgleisen, Wasser- und Energieanschlüssen (B § 4 Nr. 4),

c) Weitervergabe an Nachunternehmer (B § 4 Nr. 8),

d) Ausführungsfristen (A § 11, B § 5),

e) Haftung (B § 10 Nr. 2),

f) Vertragsstrafen und Beschleunigungsvergütungen (A § 12, B § 11),

g) Abnahme (B § 12),

h) Vertragsart (A § 5), Abrechnung (B § 14),

i) Stundenlohnarbeiten (B § 15),

k) Zahlung (B § 16),

l) Sicherheitsleistung (A § 14, B § 17),

m) Gerichtsstand (B § 18 Nr. 1),

n) Lohn- und Gehaltsnebenkosten,

o) Änderung der Vertragspreise (A § 15).

A § 10

(2) Im Einzelfall erforderliche besondere Vereinbarungen über die Gewährleistung (A § 13 Nr. 2, B § 13 Nr. 1, 4, 7) und über die Verteilung der Gefahr bei Schäden, die durch Hochwasser, Sturmfluten, Grundwasser, Wind, Schnee, Eis und dergleichen entstehen können (B § 7), sind in den Besonderen Vertragsbedingungen zu treffen. Sind für bestimmte Bauleistungen gleichgelagerte Voraussetzungen im Sinne von § 13 Nr. 2 gegeben, so können die besonderen Vereinbarungen auch in Zusätzlichen Technischen Vertragsbedingungen vorgesehen werden.

5. Sollen Streitigkeiten aus dem Vertrag unter Ausschluß des ordentlichen Rechtsweges im schiedsrichterlichen Verfahren ausgetragen werden, so ist es in besonderer, nur das Schiedsverfahren betreffender Urkunde zu vereinbaren, soweit nicht § 1027 Absatz 2 der Zivilprozeßordnung auch eine andere Form der Vereinbarung zuläßt.

Inhaltsübersicht

	Rdn.
A. Vorbemerkung	1-3
B. Vertragsbedingungen beim VOB-Vertrag (Nr. 1 und 2)	4-15
I. Notwendige Vertragsbedingungen (Nr. 1 Satz 1)	5
II. Zusätzliche Vertragsbedingungen (Nr. 1 Satz 2, Nr. 2 Abs. 1)	6-9
1. Begriff der Zusätzlichen Vertragsbedingungen und der Zusätzlichen Technischen Vertragsbedingungen	7-8
2. Notwendigkeit erforderlich	9
III. Besondere Vertragsbedingungen (Nr. 2 Abs. 2)	10
IV. Bedeutung der Nr. 1	11-13
1. Ausdrückliche Festlegung der Vertragsbedingungen erforderlich	12
2. Hinweis auf Allgemeine oder Zusätzliche Bedingungen in den Verdingungsunterlagen möglich	13
V. Mitteilung Besonderer Vertragsbedingungen in Verdingungsunterlagen erforderlich	14
VI. Inhaltliche Klarheit Zusätzlicher oder Besonderer Bedingungen	15
C. Einzelheiten über die Vertragsbedingungen nach Teil A § 10 Nr. 2-4	16-48
I. Ergänzungen, Einschränkungen oder Änderungen der §§ 631 ff. BGB (Nr. 1, 2, 4)	16-42
1. Rechtzeitige Orientierung über Vertragsinhalt	17
2. Abstufungen der einzelnen Vertragsbedingungen	18
3. Grundsätzliche Unveränderbarkeit der Allgemeinen Vertragsbedingungen	19
4. Nur ausnahmsweise Zusätzliche Vertragsbedingungen	20-24
a) Besondere Verhältnisse bei bestimmten Auftraggebern	21
b) Herbeiführung der Voraussetzungen zur Anwendung der Allgemeinen Vertragsbedingungen	22
c) Nähere Festlegung tatsächlicher Vorgänge	23
d) Von VOB/B ausdrücklich zugelassene Ausnahmen	24
5. Besondere Vertragsbedingungen als weitere Ausnahme	25-29
a) Möglich alles, was Gegenstand Zusätzlicher Vertragsbedingungen sein kann	26
b) Abweichungen von Allgemeinen Vertragsbedingungen möglich	27
c) Besondere Vertragsbedingungen nur, wenn wirklich erforderlich	28-29
6. Einzelregelungen nach Nr. 4 Abs. 1	30-38
a) Aufzählung nur beispielhaft	31-35
b) Vergütungsfragen nur beschränkt hier aufzunehmen	36-37
c) Fälle nach DIN 18 299 Nr. 0.4.2 und 4.2 (früher Teil A § 9 Nr. 6) ausgeklammert	38
7. Einzelregelungen nach Nr. 4 Abs. 2 nur in Besonderen Vertragsbedingungen oder Zusätzlichen Technischen Vertragsbedingungen	39-42

II. Technische Vertragsbedingungen (Nr. 3) 43-48
   1. Grundsätzliche Unveränderbarkeit der Allgemeinen Technischen Vertragsbedingungen 44
   2. Weitgehende Möglichkeit für Zusätzliche Technische Vertragsbedingungen 45-46
   3. Änderungen oder Ergänzungen im Einzelfall 47
   4. Änderungen oder Ergänzungen gehören in die Leistungsbeschreibung 48

D. Bauten der öffentlichen Hand 49

E. Schiedsvereinbarung nach Teil A § 10 Nr. 5 50-76
  I. Ausnahmsweise Entscheidung eines Streites durch Schiedsgericht 51-64
   1. Allgemeines 51-53
   2. Fachkundige als Schiedsrichter 54-55
   3. Schnelle Entscheidung 56
   4. Verfahren dem ordentlichen Prozeß ähnlich 57-60
   5. Haftung des Schiedsrichters 61
   6. Sachverständiger im Schiedsverfahren 62
   7. Verbot der Tätigkeit in eigener Sache 63
   8. Ablehnung eines Schiedsrichters 64
  II. Der Schiedsvertrag 65-76
   1. Grundsätzlich Schriftform erforderlich 65-66
   2. Der Inhalt des Schiedsvertrages 67-71
     a) Bezeichnung bestimmten Rechtsverhältnisses 67
     b) Zusammensetzung des Schiedsgerichtes 68
     c) Abgrenzung zu Schiedsgutachten 69
     d) Wahl einer Schiedsgerichtsordnung 70
     e) Vorschüsse für das Schiedsgericht 71
   3. Entscheidung des ordentlichen Gerichts über Gültigkeit des Schiedsvertrages 72
   4. Umfang der Schiedsgerichtsabrede 73
   5. Schiedsvertrag grundsätzlich nur zwischen Vertragspartnern gültig .. 74-75
   6. Kündigung des Schiedsvertrages 76

F. Anhang: Das Gesetz zur Regelung des Rechts der Allgemeinen Geschäftsbedingungen (AGB-Gesetz) 77-183
  I. Allgemeines 77- 92
   1. Grundgedanke der gesetzlichen Regelung 77- 78
   2. Gesetzliche Verbote – Rechtsfolgen 79- 85
     a) Maßgeblichkeit gesetzlicher Bestimmungen 80
     b) Möglichst Aufrechterhaltung der Verträge 81
     c) Grundsätzlich keine geltungserhaltende Reduktion 82
     d) Möglichkeiten der Auslegung 83
     e) Unwirksame Verträge über § 6 Abs. 3 AGB-Gesetz hinaus 84
     f) Zusatz: Soweit gesetzlich zulässig 85
   3. Kontrollklage 86-91
     a) Durchschnittskunde als Maßstab 87
     b) Absicht der Verwendung genügt 88
     c) Wiederholungsgefahr 89
     d) Folgen 90
   4. Auch Werkverträge (Bauverträge) erfaßt 91
   5. Irrtumsanfechtung möglich 92
  II. Anwendung des AGB-Gesetzes auf Bauverträge 93-158
   1. Allgemeiner Regelungsbereich des Gesetzes 93-109
     a) Einseitig gestellte Bedingungen 95-96
     b) Verwender muß AGB stellen 97-98
     c) Begriff des Verwenders 99
     d) Äußere Form unbeachtlich 100
     e) Aushandeln 101-109

      2. Anwendung der Grundsätze des § 1 Abs. 1 AGB-Gesetz auf Bauverträge 110-152
         a) Besondere Vertragsbedingungen sind häufig keine AGB 111-112
         b) Allgemeine Vertragsbedingungen sind AGB 113-114
         c) Gleiches gilt nur im Ausgangspunkt, regelmäßig nicht aber in der Auswirkung für die Allgemeinen Technischen Vertragsbedingungen 115-121
         d) Teil B der VOB bleibt im Ergebnis vom AGB-Gesetz grundsätzlich unberührt 122-130
         e) Forderung nach Vereinbarung der VOB als Ganzes; Auslegung . 131-150
            aa) Notwendige ergänzende Regelungen 132
            bb) Individualvereinbarungen 133
            cc) Zusätzliche oder ergänzende Vereinbarungen nebenvollinhaltlicher Absprache der VOB/B 134
            dd) Von der VOB/B zugelassene Änderungen 135
            ee) Beachtliche Abweichungen durch AGB – insbesondere Zusätzliche Vertragsbedingungen 136-140
            ff) Alleinige Vereinbarung der Gewährleistungsbestimmungen der VOB/B 141-150
         f) Immer sind Zusätzliche Vertragsbedingungen vom AGB-Gesetz erfaßt 151
         g) Dagegen trifft das auf Zusätzliche Technische Vertragsbedingungen in der Regel nicht zu 152
      3. Mögliche Verwender von AGB bei Bauverträgen 153-158
         a) auf seiten des Auftragnehmers 154
         b) auf seiten des öffentlichen Auftraggebers 155
         c) Baubetreuer, Generalunternehmer, Ersteller von Wohnungseigentum 156
         d) Sog. Subunternehmerverträge 157
         e) Einbeziehung von Dritten 158
   III. Einschränkung des persönlichen Geltungsbereichs des AGB-Gesetzes .. 159-182
      1. AGB gegenüber Kaufleuten 163-168
         a) Kaufmannseigenschaft bei Bauverträgen 164-167
         b) Zugehörigkeit des Vertrages zum Betrieb des Handelsgewerbes .. 168
      2. Bauten der öffentlichen Hand 1693. Ausnahmen nach § 24 Satz 2 und § 9 AGB-Gesetz 170-182
         a) Prüfungsmaßstab des § 9 AGB-Gesetz 172
         b) Unangemessenheit nach wesentlichen Grundgedanken der gesetzlichen Regelung 173
         c) Gefährdung des Vertragszweckes 174
         d) Gebotene Beachtung von Grundgedanken aus den Klauselverboten 175-182
   IV. Hinweis 183

Aufsätze: Swoboda, „Die Form des Schiedsvertrages", BB 1984, 504; Schlosser, „Notwendige Reformen des deutschen Rechts der Schiedsgerichtsbarkeit", ZIP 1987, 492; Schmidt, „Bauträgervertrag und VOB", MittBayNot 1977, 93 und 155; Schippel/Brambring, „AGB-Gesetz und notariell beurkundete Formularverträge", DNotZ 1977, 131 und 197; Kühne, „Das Gesetz zur Regelung der Allgemeinen Geschäftsbedingungen", JR 1977, 133; Kaiser, „Der VOB-Bauvertrag und das AGB-Gesetz", BlGBW 1977, 167; Jagenburg, „Der Einfluß des AGB-Gesetzes auf das private Baurecht", BauR Sonderheft 1/1977; Keller, „Das Gesetz zur Regelung der Allgemeinen Geschäftsbedingungen", MDR 1977, 184; Müller-Graf, desgl., JZ 1977, 245; Korbion, „Das neue AGB-Gesetz und das Bauvertragsrecht", VersR 1977, 681; Wussow, „Zur Haftungsabwälzung auf den Unternehmer in Zusätzlichen Vertragsbedingungen der öffentlichen Hand", VersR 1977, 979; Helm „Zur Inhaltskontrolle von Allgemeinen Geschäftsbedingungen bei Verwendung gegenüber Kaufleuten", BB 1977, 1109; v. Falkenhausen, „Zur Auslegung des AGB-Gesetzes", BB 1977, 1124; Löwe, „Voraussetzungen für ein Aushandeln von AGB", NJW 1977, 1328; Heinrichs, „Der Rechtsbegriff der Allgemeinen Geschäftsbedingungen", NJW 1977, 1505; Hensen, „Zur Darlegungslast bei der Schadenspauschalierung in AGB", Betrieb 1977, 1689; Heiermann, „Auswirkungen des Gesetzes zur Regelung der Allgemeinen Geschäftsbedingungen auf das Bauvertragswesen", Betrieb 1977, 1733; Locher, „Das AGB-Gesetz und die Verdingungsordnung für Bauleistungen", NJW 1977, 1801; ders., „Die VOB und das AGB-Gesetz", BauR 1977, 221; Wolf, „Individualvereinbarungen im Recht der Allgemeinen Geschäftsbedingungen", NJW 1977, 1937; Weick, „Die Idee des Leitbildes und die Typisierung im gegenwärtigen Vertragsrecht", NJW 1978, 11; Schnur, „Zur Bedeutung des § 1 Abs. 2 AGB-Gesetz", MDR 1978, 92; Pawlowski, „Bemerkungen zur Auslegung des AGB-Gesetzes", BB 1978, 161; Brych, „Die vertragliche Gestaltung der Gewährleistung des Bauträgers bei der Veräußerung von Eigentumswohnungen", MDR 1978, 180; Brambring, „AGB-Gesetz und Gewährleistungsregelung im Bauträgervertrag", NJW 1978, 777; Ebel, „Die Kollision Allgemeiner Geschäftsbedingungen", NJW 1978, 1033; Stübing, „Tatsachenbestätigungen und Fiktionen in AGB", NJW 1978, 1606; Götz, „Rechtsfolgen des teilweisen Verstoßes einer Klausel gegen das AGB-Gesetz", NJW 1978, 2223; Recken, „Streitfragen zur Einwirkung des AGBG auf das Bauvertragsrecht", BauR 1978, 417; Schiller, „Gerichtsstandsklauseln in AGB zwischen Vollkaufleuten und AGB-Gesetz", NJW 1979, 636; Kötz, „Zur Teilunwirksamkeit von AGB-Klauseln", NJW 1979, 785; Nettesheim, „Wirksamkeit und Umfang des Ausschlusses der Gewährleistung in notariellen Verträgen zwischen Bauträger und Käufer", BB 1979, 1220; Jaeger, „‚Stellen' und ‚Aushandeln' vorformulierter Vertragsbedingungen", NJW 1979, 1569; Brambring/Schippel, „Vertragsmuster des Notars und Allgemeine Geschäftsbedingungen", NJW 1979, 1802; Schmitz, „Die Vereinbarung der VOB/B in Verträgen mit Nichtkaufleuten", ZfBR 1979, 184; Locher, „AGB-Gesetz und Subunternehmerverträge", NJW 1979, 2234; Garrn, „Zur gerichtlichen Inhaltskontrolle notarieller Verträge", NJW 1980, 2782; Wolf, „Freizeichnungsverbote für leichte Fahrlässigkeit in Allgemeinen Geschäftsbedingungen", NJW 1980, 2433; Denzinger, „Die Auswirkungen des AGB-Gesetzes auf die Verdingungsordnung für Bauleistungen unter Berücksichtigung des § 5 AGB-Gesetz", BB 1981, 1123; Schmidt, „§ 13 VOB/B im Bauträgervertrag", BauR 1981, 119; Niebling, „Übereinstimmende und kollidierende Vertragsbedingungen", BauR 1981, 227; Sambuc, „Unklarheitenregel und enge Auslegung von AGB", NJW 1981, 313; Johannson, „Die Teilunwirksamkeit oder ‚geltungserhaltende Reduktion' von Allgemeinen Geschäftsbedingungen", Betrieb 1981, 732; Locher, „Zur Anfechtung wegen Irrtums über die Einbeziehungsvoraussetzungen und über den Inhalt einzelner Klauseln in AGB", BB 1981, 818; Hennig/Jarre, „Die gerichtliche Entscheidungspraxis in Verfahren nach § 13 AGB-Gesetz", BB 1981, 1161, im Anschluß an Hardieck BB 1979, 1635; Denzinger, „Die Auswirkungen des AGB-Gesetzes auf die Verdingungsordnung für Bauleistungen unter Berücksichtigung des AGB-Gesetzes", BB 1981, 1123; Jagenburg/Sturmberg, „Haftung des Notars bei Nichtvereinbarung der VOB im Bauträgervertrag?", BauR 1982, 321; Willemsen, „Schutz des Verbrauchers vor Aufrechterhaltung unwirksamer AGB-Klauseln als ‚Individualvereinbarungen'", NJW 1982, 1121; Alisch, „Zur Kontrolle von Allgemeinen Geschäftsbedingungen bei Verwendung in rein kaufmännischem Verkehr", JZ 1982, 706; Bartsch, „Die korrekte Vereinbarung der VOB/B", BB 1982, 1699; Peters, „Die vorbehaltlose Annahme der Schlußzahlung und das AGB-Gesetz", NJW 1983, 798; Schmidt, „Zur Anwendung der VOB/B", DNotZ 1983, 462; Erkelenz, „Bauvertragsklauseln in Allgemeinen Geschäftsbedingungen", ZfBR 1985, 201; Bartsch, „Der Begriff des ‚Stellens' Allgemeiner Geschäftsbedingungen, dargestellt an der AGB-Kontrolle im Bauherrenmodell", NJW 1986, 28; Bunte, „Zehn Jahre AGB-Gesetz – Rückblick und Ausblick", NJW 1987, 921; Locher, „VOB/B und Bauträgervertrag", BauR 1984, 227; Schmidt, „VOB – Credo des Gesetzgebers", ZfBR 1984, 57; Kaiser, „VOB/B und Bauträgervertrag", ZfBR 1984, 15 sowie 1984, 205; Weyer, „Die gefährdete Einrede aus § 16 Nr. 3 Abs. 2 Satz 1 VOB/B", BauR 1984, 553; v. Westphalen, „VOB-Vertrag und AGB-Gesetz", ZfBR 1985, 252; Lenzen, „Teilerhaltung AGBG-widriger VOB-Verträge", BauR 1985, 261; Rusam, „VOB-Konditionenkartelle – der richtige Weg zur Durchsetzung der VOB als AGB?", ZfBR 1986, 11; Schmidt, „Ende der VOB/B im Bauträgervertrag", ZfBR 1986, 53; Bunte, „Die Begrenzung des Kompensationseinwandes bei der richterlichen Vertragskontrolle", Festschrift Korbion, 1986, S. 17; Weinkamm, Bauträgervertrag und VOB/B", BauR 1986, 387; Rabe, „Die Auswirkungen des AGB-Gesetzes auf den kaufmännischen Verkehr", NJW 1987, 1978; Hensen, „Die Auswirkungen des AGB-Gesetzes für den kaufmännischen Verkehr", NJW 1987, 1986; Canaris, „Die Unanwendbarkeit des Verbots der geltungserhaltenden Reduktion, ergänzenden Auslegung oder Umdeutung von AGB bei den Kunden begünstigenden Klauseln", NJW 1988, 1243.

A § 10, 1+2, Rdn. 1-5

A. Vorbemerkung

1   Während Teil A § 9 einen Teil der Verdingungsunterlagen, nämlich die Leistungsbeschreibung, behandelt, die nachher vom Bieter mit von ihm eingesetzten Preisen (Teil A § 6 Nr. 1) zum Gegenstand seines Vertragsangebots gemacht wird, **befaßt sich Teil A § 10 mit den weiteren Verdingungsunterlagen, die neben der mit Preisen versehenen Leistungsbeschreibung ebenso zum Inhalt des Vertragsangebotes und, im Falle des Zuschlages, des Bauvertrages gemacht werden.** Aus allen diesen in Teil A §§ 9 und 10 genannten Unterlagen bestimmen sich im allgemeinen die vertraglichen Rechte und Pflichten der am Bauvertrag Beteiligten. Daher wird in der Überschrift zu Teil A § 10 auch mit Recht von **Vertragsbedingungen** gesprochen. Über deren Reihenfolge bei Widersprüchen vgl. Teil B § 1 Nr. 2 (a. a. O. Rdn. 14 ff.).

2   Man geht auch hier davon aus, daß der Auftraggeber die Vertragsbedingungen im einzelnen festzulegen und dem einzelnen Bewerber auszuhändigen hat (vgl. u. a. Teil A §§ 8, 17). Sie werden dann vom Bieter nach Vornahme der von ihm zu fordernden Handlungen, wie Prüfung des jeweiligen Inhaltes, Preisermittlungen, Einsetzen der geforderten Preise, in der Regel als **sein Angebot** dem Auftraggeber überreicht.

3   Gerade im Rahmen dieser Vorgänge hat das in den letzten Jahren besonders entwickelte Rechtsgebiet der **Allgemeinen Geschäftsbedingungen** seine **besondere Bedeutung,** dabei vor allem das sogenannte **AGB-Gesetz vom 9. 12. 1976** (BGB l. I S. 3317), auf dessen Bedeutung für den Bauvertrag in Rdn. 77 ff. eingegangen wird.

B. Vertragsbedingungen beim VOB-Vertrag (Nr. 1 und 2)

4   **§ 10 Nr. 1 und 2 führen im einzelnen auf, welche Vertragsbedingungen es beim VOB-Vertrag gibt.** Hierbei ist zu unterscheiden zwischen den Unterlagen, die, ebenso wie die Leistungsbeschreibung nach Teil A § 9, in jedem Einzelfall zu den Vertragsunterlagen gehören **müssen,** und zwischen den Unterlagen, die dazugehören **können.**

I. Notwendige Vertragsbedingungen (Nr. 1 Satz 1)

5   Zu den **Vertragsbedingungen, die unbedingt erforderlich sind,** gehören **die Allgemeinen Vertragsbedingungen** für die Ausführung von Bauleistungen sowie die **Allgemeinen Technischen Vertragsbedingungen.** Hinsichtlich der ersteren sind die Vorschriften gemeint, die in **Teil B der VOB** niedergelegt sind. Teil B wird hiernach mit seinen Bestimmungen grundsätzlich insgesamt zum Gegenstand von durch die Vergabevorschriften des Teils A stark formalisierten Vertragsverhandlungen gemacht und damit später zum Inhalt des Bauvertrages. Dasselbe hat für die Allgemeinen Technisc-hen Vertragsbedingungen des **Teils C** der VOB zu gelten. Das trifft jedoch mit Ausnahme der grundsätzlich für alle Gewerke maßgebenden DIN 18 299 nicht auf die Gesamtheit der Allgemeinen Technischen Vertragsbedingungen zu, sondern nur insoweit, als die Willensrichtung der Beteiligten bei den Vertragsverhandlungen und beim Vertragsabschluß geht. Diese ist zwangsläufig **durch die technische Art der geforderten Bauleistung umgrenzt.** Werden Dachdeckerarbeiten gefordert, kommen nur die hierfür gegebenen DIN-Bestimmungen in Betracht, nicht aber z. B. auch die über Erdarbeiten usw.

II. Zusätzliche Vertragsbedingungen (Nr. 1 Satz 2, Nr. 2 Abs. 1)

Hinsichtlich der **Vertragsunterlagen, die** außer den notwendigen weiter **zum VOB-Vertrag gehören können,** bleibt in erster Linie dem Auftraggeber und in zweiter Linie dem Bewerber die Wahl überlassen, ob er bei Vorliegen entsprechender Voraussetzungen **Zusätzliche Vertragsbedingungen** oder **Zusätzliche Technische Vertragsbedingungen** zum Gegenstand des Bauvertrages machen will. Zusätzliche Vertragsbedingungen oder Zusätzliche Technische Vertragsbedingungen finden sich nicht im Teil B oder im Teil C der VOB. Dort sind nur die Allgemeinen Bedingungen festgehalten. Der Grund hierfür ist: Den Allgemeinen Bedingungen liegen sowohl im Teil B als auch im Teil C Tatbestände und daraus folgende Erkenntnisse zugrunde, wie sie sich aufgrund langjähriger Erfahrungen auf dem Bausektor und losgelöst von einem bestimmten Einzelfall gebildet haben. **Sie beanspruchen daher Allgemeingültigkeit, jedenfalls soweit es die für sie ausschlaggebende Grundlage erfahrungsgemäß regelmäßig wiederkehrender Umstände** anbetrifft. Da in der Wirklichkeit des täglichen Lebens und damit gerade auch auf dem Bausektor die in den Einzelfällen gegebenen Umstände häufig nicht gleichartig sind, ergibt es sich zwangsläufig, daß **die generellen Bestimmungen der Teile B und C vielfach nicht ausreichen** oder auch nicht hinreichend geeignet sind, um die in Rede stehenden konkreten Lebensvorgänge richtig zu treffen und zu beurteilen. Um zu einem befriedigenden Ergebnis zu gelangen, ist der Auftraggeber gehalten, zusätzliche Bedingungen rechtlicher und/oder technischer Art aufzustellen und diese **ergänzend** zu den Allgemeinen Bedingungen zum Gegenstand der Vertragsverhandlungen und des späteren Bauvertrages zu machen.

1. Von Zusätzlichen Vertragsbedingungen und Zusätzlichen Technischen Vertragsbedingungen spricht die VOB aber nicht schon bei der Regelung der Vertragsverhältnisse bezüglich eines einzelnen Bauvorhabens, sondern nur, wenn **bei ein und demselben Auftraggeber bei allen oder mehreren im wesentlichen gleichartigen Bauleistungen** Verhältnisse gegeben sind, die **einheitlich einer zusätzlichen Regelung bedürfen.** Im Grunde genommen sind daher die **Zusätzlichen Vertragsbedingungen** und die **Zusätzlichen Technischen Vertragsbedingungen ebenfalls genereller** Natur und von einem **einzelnen Bauobjekt losgelöst.** Im Verhältnis zu den Allgemeinen Vertragsbedingungen und den Allgemeinen Technischen Vorschriften sind die **Zusätzlichen Vertragsbedingungen und die Zusätzlichen Technischen Vertragsbedingungen** ebenfalls allgemeingültige Regeln, allerdings **bezogen auf die Bauvorhaben eines bestimmten Auftraggebers.**

Es ergibt sich aus der Natur der Zusätzlichen Vertragsbedingungen und der Zusätzlichen Technischen Vertragsbedingungen, daß sie nur bei solchen Auftraggebern in Betracht kommen können, die nicht selten mit der Vergabe von Bauaufträgen befaßt sind. Hierbei ist insbesondere an bestimmte öffentliche Auftraggeber zu denken, wie z. B. die Bundesbahn, die Bundespost, die Autobahnverwaltungen, die Straßenbauämter, die Finanzneubauämter usw. Entsprechendes gilt allerdings auch für bestimmte private Bauherren, wie z. B. große Industriefirmen, Bauträgergesellschaften usw. Die Zusätzlichen Vertragsbedingungen und die Zusätzlichen Technischen Vertragsbedingungen sind, wenn sie nach dem Willen der Beteiligten Vertragsbestandteile werden sollen, so zu behandeln wie die Allgemeinen Vertragsbedingungen und die Allgemeinen Technischen Vertragsbedingungen. Es ist demnach in den Verdingungsunterlagen vorzuschreiben, daß sie Vertragsbestandteile werden sollen, d. h., sie sind beim Vertragsabschluß verbindlich zum Inhalt des Vertrages in Form von Rechten und Pflichten zu erklären (Nr. 1 Satz 2).

2. Die Aufstellung von Zusätzlichen Vertragsbedingungen hat nur Sinn, wenn sie wirklich angebracht ist, also **Abweichungen** von Teil B oder C **notwendig** sind. Es ist zwecklos und führt vor allem zu Verwirrungen, lediglich des eigenen „Renommees" willen Zusätzliche Vertragsbedingungen aufzustellen, die nicht erforderlich oder die in Wirklichkeit gar keine

A § 10, 2, Rdn. 10-12

sind oder sogar unwirksam sind, weil sie – jedenfalls teilweise – nur bestimmte Regeln aus Teil B oder C wiederholen, oder weil sie sich vom zulässigen Rahmen Zusätzlicher Vertragsbedingungen **entfernen** und daher als **Allgemeine Geschäftsbedingungen** der **Beurteilung nach dem AGB- Gesetz** unterliegen (vgl. dazu Rdn. 77 ff.). Außerdem ist es auf die Dauer gewiß nicht förderlich, wenn gleichartige Auftraggeber – wie z. B. Stadtgemeinden – jeder für sich den „Ehrgeiz" haben, eigene Zusätzliche Vertragsbedingungen aufzustellen, obwohl eine Vereinheitlichung dringend geboten wäre. Der Kritik Daubs (Die Bauverwaltung 1969, 461) kann nur beigepflichtet werden.

III. Besondere Vertragsbedingungen (Nr. 2 Abs. 2)

10 Zu beachten sind aber noch die Fälle, in denen bei **einem einzelnen Bauvorhaben** nach dessen Erfordernissen und Gegebenheiten Regelungen getroffen werden müssen, die weder von den Allgemeinen Vertragsbedingungen oder den Allgemeinen Technischen Vertragsbedingungen noch von den für mehrere gleichartige oder ähnliche Vorhaben eines häufig bauenden Auftraggebers bestimmten Zusätzlichen Vertragsbedingungen oder Zusätzlichen Technischen Vertragsbedingungen berührt werden. Der Fall tritt häufig auf, wenn z. B. der betreffende Auftraggeber, vor allem auch der private, keine zusätzlichen Regelungen nach § 10 Abs. 1 Satz 2 aufgestellt hat, eben **weil er nur einmal oder jedenfalls nur gelegentlich baut oder weil nur bei einem bestimmten Bauvorhaben besondere Verhältnisse sind, die zu sonst nicht nötigen Regelungen zwingen.** Diesen besonderen Erfordernissen, nämlich im **konkreten Einzelfall** in bestimmten Punkten dieses oder jenes anders, zusätzlich oder ergänzend regeln zu müssen, wird durch die **Besonderen Vertragsbedingungen** nach Nr. 2 Abs. 2 und in technischer Hinsicht durch Ergänzungen oder Änderungen in der Leistungsbeschreibung nach Nr. 3 Satz 3 Rechnung getragen. **Hier handelt es sich also um im Einzelfall besonders aufzustellende Regelungen.** Obwohl weder die Besonderen Vertragsbedingungen noch die Ergänzungen und Änderungen im Leistungsverzeichnis in § 10 Nr. 1 erwähnt sind, **zählen sie doch zu den Verdingungsunterlagen.**

IV. Bedeutung der Nr. 1

11 Wenn nach Nr. 1 in den Verdingungsunterlagen vorzuschreiben ist, daß die Allgemeinen Vertragsbedingungen und die Allgemeinen Technischen Vertragsbedingungen sowie die Zusätzlichen Vertragsbedingungen und die Zusätzlichen Technischen Vertragsbedingungen Bestandteile des Vertrages werden, hat das **zweierlei Bedeutung:**

12 **1. Die VOB geht davon aus, daß die jeweiligen Verhandlungs- und Vertragsbestandteile zum Gegenstand entsprechender ausdrücklicher schriftlicher oder mündlicher Erklärungen gemacht werden müssen und daß dies auch notwendig ist für Bedingungen, die sich entweder aus der VOB ergeben oder nach dieser aufzustellen sind. Es reicht** demnach grundsätzlich eine nur **stillschweigende Einbeziehung nicht aus,** um damit alle Bestimmungen der VOB zum Vertragsinhalt zu machen. Damit spricht sich die VOB selbst gegen ihre – erfolgte – Anerkennung als Gewohnheitsrecht, als Handels- und Gewerbebrauch aus. Die gegenteilige Auffassung von Daub/Piel/Soergel (ErlZ A 10.67) widerspricht der insoweit klaren Regelung der Nr. 1. Dies betrifft die Gesamtheit ihrer Bestandteile, worunter besonders die Allgemeinen Vertragsbedingungen und die Allgemeinen Technischen Vertragsbedingungen zu verstehen sind. Um so mehr muß dies für die Zusätzlichen Bedingungen oder gar die Besonderen Bedingungen gelten, da diese erst recht nicht als stillschweigend vereinbart, gewerbeüblich oder dem Handelsbrauch entsprechend angesehen werden können, zumal sie sich vielfach auf einen kleinen am Baugeschehen beteiligten Kreis beschränken. Vgl. dazu insbesondere auch Einl. Rdn. 18 ff. Soweit dort – als Ausnahme – Möglichkeiten aufgezeigt sind, bestimmte Teile der Allgemeinen Vertragsbedingungen oder der Allgemeinen Techni-

schen Vertragsbedingungen auch ohne ausdrückliche Einbeziehung in die Verhandlungen zum Inhalt des Vertrages zu machen, gilt das auch für den Rahmen des Teils A § 10 Nr. 1.

2. Der Bewerber muß in den Verdingungsunterlagen darauf hingewiesen (Nr. 1 Satz 1: „ist vorzuschreiben") werden, daß die Allgemeinen Vertragsbedingungen und die Allgemeinen Technischen Vertragsbedingungen sowie gegebenenfalls die Zusätzlichen Vertragsbedingungen und die Zusätzlichen Technischen Vertragsbedingungen Vertragsbestandteile werden. Dabei genügt ein Hinweis mit entsprechender klarer und eindeutiger Bezeichnung, ohne daß vom Auftraggeber in jedem einzelnen Fall verlangt würde, diese Bedingungen und Vorschriften wörtlich abzuschreiben und sie in ihrem vollen Wortlaut in den Verdingungsunterlagen anzugeben. Es handelt sich also **praktisch um eine Bezugnahme**. Diese Bezugnahme ist hinsichtlich der Zusätzlichen Vertragsbedingungen und der Zusätzlichen Technischen Vertragsbedingungen allerdings nur erlaubt, wenn diese von dem betreffenden Auftraggeber, der sie aufgestellt hat, in der Weise veröffentlicht worden sind, daß der einzelne Bewerber ohne Schwierigkeiten in der Lage ist, hiervon an anderer Stelle und außerhalb der Verdingungsunterlagen Kenntnis zu nehmen. Ist das nicht der Fall, so ist der Auftraggeber verpflichtet, diese zusätzlichen Bedingungen den jeweiligen Verdingungsunterlagen **beizufügen**.

Im übrigen genügt eine bloße Bezugnahme auf von den Bewerbern auf andere Weise ohne Schwierigkeiten einzusehende und zur Kenntnis zu nehmende Vertragsbedingungen nicht nur für die Vertragsverhandlungen, sondern **auch für den späteren Bauvertrag**.

Soweit allerdings im betreffenden Vergabefall das AGB-Gesetz eingreift (vgl. dazu Rdn. 77 ff.), sind hier jedoch die Einbeziehungsvoraussetzungen des § 2 AGB-Gesetz zu beachten (vgl. dazu Einl. Rdn. 91 ff.). Das betrifft vor allem auch das Erfordernis des klaren und deutlichen Hinweises. Heißt es in der von einer Gemeinde vorformulierten „Vorbemerkung" zum Angebot für die Vergabe von Tiefbauarbeiten lediglich, maßgebend seien u. a. die „Vorschriften und Bedingungen der Straßenbauverwaltung von Rheinland-Pfalz", so werden damit – auch gegenüber einem kaufmännischen Vertragspartner – die „Zusätzlichen Vertragsbedingungen für die Ausführung im Straßen- und Brückenbau (ZVB-StB)" nicht wirksam in den Vertrag einbezogen (BGH BauR 1988, 207 = SFH § 2 AGBG Nr. 5 = ZIP 1988, 175 = NJW 1988, 1210 = MDR 1988, 402 = JZ 1988, 720, dazu Wagner a. a. O., S. 698).

V. Mitteilung Besonderer Vertragsbedingungen in Verdingungsunterlagen erforderlich

Etwaige **Besondere Vertragsbedingungen** nach Nr. 2 Abs. 2, die sich lediglich auf den konkreten Einzelfall beziehen, sind selbstverständlich nicht an bestimmter Stelle veröffentlicht und können daher außerhalb der jeweiligen Verdingungsunterlagen vom Bewerber nicht zur Kenntnis genommen werden. Deshalb kommt hier eine **bloße Bezugnahme nicht in Betracht**. Vielmehr ist es notwendig, diese für den Einzelfall geltenden besonderen Bedingungen, damit über sie ordnungsgemäß verhandelt wird und damit sie in der notwendigen klaren und eindeutigen Weise in den Bauvertrag aufgenommen werden können, **gesondert in den Verdingungsunterlagen mitzuteilen**. Das gleiche gilt hinsichtlich der in Nr. 3 Satz 2 erwähnten Ergänzungen und Änderungen technischer Art, **die in jedem einzelnen Fall in der Leistungsbeschreibung mitaufzuführen sind**.

VI. Inhaltliche Klarheit Zusätzlicher oder Besonderer Bedingungen

In allen Fällen, in denen neben den Allgemeinen Vertragsbedingungen Zusätzliche oder Besondere Vertragsbedingungen aufgestellt werden, ist **Voraussetzung**, daß diese **inhaltlich klar und ohne Widerspruch** in bezug auf den sonstigen Vertragsinhalt sind. Etwaige **Unklarheiten** gehen dabei **zu Lasten desjenigen, der die Zusätzlichen oder Besonderen Bedingungen aufgestellt hat. Außerdem unterliegen sie im Hinblick auf ihre **Wirksamkeit** der **Inhaltskontrolle** nach den für Allgemeine Geschäftsbedingungen gültigen Maß stäben (dazu zutreffend ausführlich Nicklisch BB 1974 Beil. 10). Vgl. dazu u. a. **auch die §§ 3, 5, 9 ff. AGB-Gesetz.**

C. Einzelheiten über die Vertragsbedingungen nach Teil A § 10 Nr. 2-4

I. Ergänzungen, Einschränkungen oder Änderungen der §§ 631 ff. BGB (Nr. 1, 2, 4)

16 Nr. 2 befaßt sich im Anschluß an Nr. 1 näher mit den **Allgemeinen Vertragsbedingungen, den etwaigen Zusätzlichen Vertragsbedingungen und den möglichen Besonderen Vertragsbedingungen.** Hinsichtlich der beiden letzteren ist weiter **auch Nr. 4** von Bedeutung. Grundsätzlich haben diese Vertragsbedingungen gemeinsam, daß sie sich **inhaltlich auf die rechtliche Gestaltung des Bauvertrages beziehen.** Ihnen allen ist daher, zumindest weit vorwiegend, **rechtlicher Charakter** zuzusprechen. Diese Bedingungen sind **Ergänzungen, Einschränkungen oder Änderungen des Werkvertragsrechts des BGB** . Werden sie zwischen den Vertragschließenden wirksam vereinbart, **gehen** sie kraft der herrschenden Vertragsfreiheit im Einzelfall bei der rechtlichen Beurteilung diesen **gesetzlichen Regelungen vor,** es sei denn, sie sind nach allgemeinen Vorschriften (z. B. §§ 242, 138 BGB) oder gemäß § 134 BGB nach den besonderen Bestimmungen des AGB-Gesetzes (vgl. Rdn. 77 ff.) unwirksam. Werden dagegen gesetzliche Regelungen von ihnen generell bei Allgemeinen Vertragsbedingungen oder im Einzelfall (bei Zusätzlichen oder bei Besonderen Vertragsbedingungen) nicht erfaßt, so haben diese nach wie vor Geltung für die rechtliche Auslegung und Beurteilung. Dies entspricht dem allgemeinen Grundsatz, daß dann, wenn bestimmte Sachverhalte von einschlägigen gesetzlichen Regelungen erfaßt sind, sich darüber vertragliche Bestimmungen nicht aussprechen, die betreffenden gesetzlichen Regelungen maßgebend sind.

17 1. Daraus, daß die drei genannten Arten rechtlicher Bedingungen in Teil A der VOB nicht erst an späterer Stelle, und zwar bei den Vorschriften über den eigentlichen Vertragsabschluß, sondern schon im Rahmen der Vorschriften über die Verdingungsunterlagen aufgenommen worden sind, ergibt sich eine nicht unerhebliche **richtungweisende Festlegung für die Willensbildung** der Beteiligten, in ganz besonderer Weise des Auftraggebers, bereits für das Stadium der Vorbereitung der durch die Vergabevorschriften der VOB stark formalisierten Vertragsverhandlungen und für diese Verhandlungen selbst. Während nach den allgemeinen **Vorschriften des BGB die Gestaltung und Führung von Vertragsverhandlungen sowohl ihrer äußeren Form als auch ihrem Inhalt nach grundsätzlich völlig frei sind, wird hier für den Bereich der Vergabe nach Teil A der VOB besonders dem Auftraggeber eine bestimmte und klar umgrenzte Linie vorgeschrieben,** die er einzuhalten hat. Das hat für den Bieter im Rahmen der VOB-Vergabe im Gegensatz zu einem Vertragsinteressenten oder Verhandlungspartner nach dem BGB den unbestrittenen Vorteil, daß er von Beginn an weiß, was von ihm verlangt wird und was er an Vertragsinhalt zu erwarten hat. Hinzu kommt, daß er die Gewißheit haben darf, soweit es die grundlegenden Allgemeinen Vertragsbedingungen und Allgemeinen Technischen Vertragsbedingungen anbetrifft, daß er einen Bauvertrag nach Bedingungen abschließen soll, die aufgrund **langjähriger und allgemein anzuerkennender Erfahrung** aufgestellt worden sind und die ihn daher normalerweise **nicht überdurchschnittlich belasten.** Andererseits wird er hierdurch natürlich auch angehalten, sich in seinen eigenen Bedingungen an das anzuerkennende gesunde Maß zu halten.

18 2. **Die drei Arten der Vertragsbedingungen unterscheiden sich grundsätzlich in der Möglichkeit ihres Anwendungsbereiches.** Während die **Allgemeinen Vertragsbedingungen Grundsatzrichtlinien für jeden** auftretenden Einzelfall bedeuten und daher im-

mer als grundlegend vorauszusetzen sind, ist das bei den Zusätzlichen Vertragsbedingungen und bei den Besonderen Vertragsbedingungen nicht der Fall. Die **Zusätzlichen Vertragsbedingungen** berücksichtigen nämlich „**zusätzlich**" zu den Allgemeinen Vertragsbedingungen über das einzelne Bauvorhaben hinausgehende Verhältnisse und Gegebenheiten bei dem einzelnen Auftraggeber. Die **Besonderen Vertragsbedingungen** führen darüber hinaus **speziell beim einzelnen Bauvorhaben** gegebene Besonderheiten an. Diese Unterschiede zwischen den einzelnen Arten der Vertragsbedingungen zeigen eine **echte Abstufung zwischen ihnen** an. Deutlichen **Vorrang** genießen die **Allgemeinen Vertragsbedingungen,** da sie allgemeingültiger Art sind. Erst wenn diese bei gebotener objektiver Betrachtung nicht ausreichen, kommen hilfsweise Zusätzliche Vertragsbedingungen in Betracht, und erst dann, wenn diese ebenfalls nicht hinreichend sind, können ersatzweise Besondere Vertragsbedingungen in Erwägung gezogen werden. Dies kommt aus dem Aufbau und dem Inhalt der Regelungen in § 10 Nr. 2 wie folgt zum Ausdruck:

3. Nach Nr. 2 Abs. 1 Satz 1 bleiben die Allgemeinen Vertragsbedingungen grundsätzlich unverändert. Das bedeutet, daß **Teil B** der VOB, der die Allgemeinen Vertragsbedingungen enthält, in den Bauvertrag **grundsätzlich unverändert** übernommen werden muß. Diese Forderung ist nicht nur aus Gründen der Rationalisierung aufgestellt worden; vielmehr soll sie **insbesondere** dazu **dienen, die Gleichgewichtigkeit der berechtigten Belange der beiden Vertragspartner zu wahren** (vgl. Nicklisch BB 1974 Beil. 10 S. 3), dabei vor allem vermeiden, daß der öffentliche Auftraggeber einseitig eine bei ihm vorhandene Marktmacht ausnutzt (a. a. O. S. 4 ff.). Wenn von „grundsätzlich" die Rede ist, so heißt das, daß es in aller Regel so zu sein **hat,** daß Ausnahmen denkbar sind und aus **für beide Seiten als berechtigt anzusehenden Erwägungen zulässig sein sollen.** Diese etwaigen Ausnahmen sind sowohl im Rahmen der Zusätzlichen Vertragsbedingungen als auch im Bereich der Besonderen Vertragsbedingungen möglich. Allerdings gilt das für die Zusätzlichen Vertragsbedingungen nur in einem **recht beschränkten** Umfang. 19

4. Für den Bereich der Zusätzlichen Vertragsbedingungen kommt nur in Ausnahmefällen ein Eingriff in den Inhalt des Teils B, die Allgemeinen Vertragsbedingungen, in Betracht. Dies ergibt sich aus der Forderung in Nr. 2 Abs. 1 Satz 3, wonach die **Zusätzlichen Vertragsbedingungen den Allgemeinen Vertragsbedingungen nicht widersprechen dürfen.** Insoweit ergibt sich ein recht eingeengtes Feld, das wie folgt zu umgrenzen ist: Vorweg ist hervorzuheben, daß der Begriff „**ergänzt**" in Satz 2 nicht in der Weise zu verstehen ist, daß nur eine Ergänzung i. S. eines Zusätzlichen zu den Allgemeinen Vertragsbedingungen aufgestellt werden kann. Sonst wäre Satz 3 überflüssig, der begrifflich eine mögliche Überschneidung oder gar einen Eingriff in die Allgemeinen Vertragsbedingungen voraussetzt. Daher kommen grundsätzlich als Zusätzliche Vertragsbedingungen **sowohl echte Ergänzungen als in gewissem Umfang auch Änderungen der Allgemeinen Vertragsbedingungen** in Betracht. Das letztere muß allerdings eine **sehr eingeschränkt zu sehende Ausnahme** bleiben. Vor allem sind in dieser Hinsicht auch die Grundsätze zu beachten, die von der Rechtsprechung zur **Wirksamkeit Allgemeiner Geschäftsbedingungen** aufgestellt worden sind **und die letztlich im AGB-Gesetz (siehe dazu Rdn. 77 ff.) ihren Niederschlag gefunden haben:** Vorformulierte und für eine Vielzahl oder alle vorkommenden Fälle gleich gefaßte Vertragsbedingungen unterliegen den allgemeinen Inhaltsschranken der §§ 134, 138, 242 BGB (dazu vor allem auch Nicklisch BB 1974, 941; ders. BB 1974, Beil. 10). Insoweit verlaufen ihre **zulässigen Grenzen enger und anders als die der Einzelverträge** (BGH Z 22, 90 = NJW 1957, 17). Wer Allgemeine Geschäftsbedingungen (lies: Zusätzliche Vertragsbedingungen) aufstellt, darf nicht nur sein eigenes Interesse verfolgen, er muß auch das der ihm gegenüberstehenden künftigen Vertragsgenossen (lies: Bewerber bzw. Bieter) und das der Allgemeinheit wahren (vgl. bereits v. Caemmerer JZ 1953, 99). Auch der dem § 315 BGB zugrundeliegende Schutzgedanke spielt hier eine wesentliche Rolle (vgl. dazu OLG Nürnberg NJW 1964, 1799). Zu den allgemein zu beachtenden Grundsätzen siehe vor allem auch die u. a. in BGH Z 60, 20

353 = BauR 1973, 260 = NJW 1973, 1190 = BB 1973, 774 = Betrieb 1973, 1343 = SFH Z 3.01 Bl. 508 = BlGBW 1974, 56 = MDR 1973, 660 = LM Allg. Geschäftsbed. Nr. 45 angeführten rechtlichen Ausgangspunkte. Zum Einfluß von Zusätzlichen Vertragsbedingungen öffentlicher Auftraggeber auf die Gestaltung VOB-gerechter Bauverträge vgl. auch Seeling ZSW 1982, 34. Beachte insofern u. a. auch Teil A § 13 Rdn. 3 ff. zu Fragen der Gewährleistung.

21 a) Als Ergänzung kommt in erster Linie in Betracht, daß bei einem **ständig Bauleistungen vergebenden Auftraggeber** allgemeine Verhältnisse vorliegen, die als „Ausnahmeerscheinungen" im Verhältnis zur allgemeinen Erfahrung **bei objektiver Betrachtung als berechtigt (vgl. dazu auch § 9 AGBG)** anzusehen sind und deshalb keine hinreichende Berücksichtigung in den Allgemeinen Vertragsbedingungen gefunden haben, die aber andererseits **für diesen Auftraggeber einer generellen Regelung** bedürfen.

Insoweit ist z. B. auf die Zusätzlichen Vertragsbedingungen für die Ausführung von Bauleistungen im Straßen- und Brückenbau, jetzt in der Fassung von 1975 (dazu Linke, Bauwirtschaft 1976, 588 und 699), hinzuweisen. Zum Vergleich dieser Bedingungen mit der entsprechenden französischen Regelung (CCAG) vgl. Binnewies, Bauwirtschaft 1981, 1783.

22 b) **Weiter gibt es Fälle, in denen in Teil B der VOB Rechtsfolgen aufgezeigt sind, die erst zum Zuge kommen, wenn die Voraussetzungen für den Eintritt dieser Rechtsfolgen zwischen den Beteiligten vorweg geregelt sind.** Damit sind die in Teil A § 10 Nr. 4 a bis o aufgeführten Fälle gemeint. Wenn z. B. in Teil B § 11 Nr. 1 festgehalten ist, daß die §§ 339-345 BGB gelten sollen, so heißt das noch keineswegs, daß bei bloßer Vereinbarung des Teils B auch tatsächlich Vertragsstrafen zwischen den Parteien vereinbart worden sind; ähnliches gilt z. B. für die Sicherheitsleistung nach Teil B § 17, wie sich dort aus Nr. 1 Abs. 1 ergibt. **Insoweit bedarf es also einer über die Allgemeinen Vertragsbedingungen hinausgehenden Abrede zwischen den Parteien.** Sie kann, wenn die grundlegenden Voraussetzungen hierfür gegeben sind (vgl. Rdn. 6 ff.), in den Zusätzlichen Vertragsbedingungen vom Auftraggeber verlangt werden. Diese an sich häufigen Fälle, in denen erst eine besondere Vereinbarung den Eintritt einer in den Allgemeinen Vertragsbedingungen (Teil B der VOB) geregelten Rechtsfolge bewirkt, müssen aber in der **Umgrenzung der Nr. 2 Abs. 1 Satz 3 des § 10** gesehen werden. Das heißt: Nicht im Widerspruch zu den Allgemeinen Vertragsbedingungen stehen Zusätzliche Vertragsbedingungen, wenn sie sich auf den **grundsätzlichen Ausgangspunkt beschränken** und nicht in die von den Allgemeinen Vertragsbedingungen für diesen Fall vorgesehenen Rechtsfolgen ändernd eingreifen, sondern diese belassen (z. B. die Anwendung der §§ 339 bis 345 BGB). Werden dagegen auch diese Folgen geändert, z. B. durch die Festlegung von rechtlichen Ergebnissen, die den §§ 339 bis 345 BGB widersprechen oder über diese hinausgehen, ist das nach Satz 3 im Rahmen Zusätzlicher Vertragsbedingungen für den Bereich der VOB-Vergabe unzulässig. Es muß hier also bei dem verbleiben, was hinsichtlich rechtlicher Folgen in den Allgemeinen Vertragsbedingungen und darüber hinaus im Gesetz niedergelegt ist.

23 c) Auch kann es notwendig sein, daß **einzelne Begriffe, die in Teil B verwendet sind und zu deren Ausfüllung bestimmte tatsächliche Vorgänge erforderlich sind, hinsichtlich dieser tatsächlichen Vorgänge einer näheren Festlegung bedürfen.** So kann sich z. B. die Notwendigkeit ergeben, den Vorgang des Aufmaßes in Teil B § 14 Nr. 2 (vgl. Teil B § 14 Rdn. 27 ff.) wegen der Besonderheit der jeweiligen und sich häufig wiederholenden Baumaßnahmen näher zu erläutern, wie z. B. durch das Erfordernis der Art und Weise gemeinsamen Aufmaßes. Gleiches gilt für die genauere Festlegung der Fälligkeit und der Höhe von Abschlagszahlungen (vgl. Teil B § 16 Nr. 1), etwa durch Kennzeichnung bestimmter Bautenstände und/oder Quoten der Vertragssumme. Ebenso gilt dies für die Konkretisierung der Auftragnehmerpflichten nach Teil B § 4 Nr. 2 im Hinblick auf Immissionsschutz, Landschaftsschutz, Verkehrssicherung, Unfallschutz usw.

d) Schließlich gibt es **Fälle, in denen die VOB im Teil B** zwar Voraussetzungen mit Rechtsfolgen ausspricht, daß sie aber **Änderungen ausdrücklich zuläßt.** Diese Fälle sind äußerlich an der Formulierung „... wenn nichts anderes vereinbart ist ..." zu erkennen. Hier läßt es also die VOB offen und gestattet es den Beteiligten, eine andere Rechtsfolge festzulegen. Das kann in genereller Weise von einem Auftraggeber im Wege Zusätzlicher Vertragsbedingungen vorgenommen werden. Als hier in Betracht kommende Beispielsfälle seien Teil B § 3 Nr. 6 Satz 2, § 4 Nr. 4, § 13 Nr. 4, § 18 Nr. 1 Satz 1 genannt. Die Ansicht von Heiermann/Riedl/Rusam/Schwaab (Teil A § 10 Rdn. 23), eine von Teil B § 13 Nr. 4 abweichende Regelung in Zusätzlichen Vertragsbedingungen sei wegen des Widerspruchsverbotes in Nr. 2 Abs. 1 Satz 3 sowie wegen Teil A § 13 Nr. 2 grundsätzlich unzulässig, ist schon mit dem Wortlaut von Teil B § 13 Nr. 4, der auch über den Einzelfall hinausgehende abweichende Vereinbarungen zuläßt, nicht vereinbar. Daß eine von Teil B § 13 Nr. 4 abweichende Regelung der Gewährleistungsfrist in Zusätzlichen Bedingungen zulässig ist, ohne daß dadurch bei im übrigen unverändert vereinbarten wesentlichen Regelungen des Teils B die Ausgewogenheit in Zweifel zu ziehen ist, wenn dabei nicht die gesetzliche Gewährleistungsfrist des § 638 BGB überschritten wird, dürfte entgegen OLG München (NJW-RR 1986, 382 = MDR 1986, 408 = Siegburg EWiR § 13 VOB/B 2/86, 408) auch die Auffassung des BGH sein (vgl. BGH BauR 1987, 84 = NJW 1987, 381 = ZfBR 1987, 37 = SFH § 13 Nr. 5 VOB/B Nr. 16 = MDR 1987, 310 = Betrieb 1987, 379 = BB 1986, 2291 = WEZ 1987, 228 = LM § 13 VOB/B Nr. 22 = Hochstein EWiR § 13 Nr. 5 VOB/B 1/86, 1249; Verlängerung jedenfalls auf 3 Jahre). Das gilt um so mehr, als Teil A § 13 Nr. 2 keine der vom Widerspruchsverbot überhaupt nur erfaßten eigentlichen vertraglichen Regelungen ist. Allerdings kommt für den Bereich der Bauvergabe nach Teil A eine Abweichung von Teil B § 13 Nr. 4 nur unter Einschränkungen in Betracht, wie sich hier aus Nr. 4 Abs. 2 ergibt (vgl. Rdn. 39 ff.).

5. Nach § 10 Nr. 2 Abs. 2 Satz 1 sind für die Erfordernisse des Einzelfalles (vgl. hierzu Rdn. 10) **die Allgemeinen Vertragsbedingungen und die etwaigen Zusätzlichen Vertragsbedingungen durch Besondere Vertragsbedingungen zu ergänzen.** Hierbei sollen sich die Abweichungen von den Allgemeinen Vertragsbedingungen auf die Fälle beschränken, in denen besondere Vereinbarungen ausdrücklich vorgesehen sind und auch nur, soweit es die Eigenart der Leistung und ihre Ausführung erfordern.

a) **Natürlich können die Besonderen Vertragsbedingungen alles das beinhalten, was sonst in die Zusätzlichen Vertragsbedingungen aufzunehmen wäre** (vgl. Rdn. 21-24). Dieser Fall wird vor allem praktisch, wenn keine Zusätzlichen Vertragsbedingungen, wie z. B. beim privaten Auftraggeber, vorhanden sind, weil entweder die Voraussetzungen hierfür nicht vorliegen, vor allem, wenn er nur einmal oder selten baut, oder weil der Auftraggeber davon Abstand genommen hat, solche Bedingungen aufzustellen, vgl. Rdn. 6 ff.

b) Die Möglichkeit, vom Grundsatz der Unveränderlichkeit der Allgemeinen Vertragsbedingungen (Nr. 2 Abs. 1 Satz 3) abzugehen, ist hier schon deshalb erforderlich, weil die **Besonderen Vertragsbedingungen speziell auf einen vorliegenden Einzelfall abgestellt** sind und dessen Einzelerfordernissen Rechnung tragen sollen. Will man dabei klare Grundlagen schaffen, so muß man schon ein Abgehen von den generellen Regelungen der Allgemeinen und der etwaigen Zusätzlichen Vertragsbedingungen **in Einzelpunkten gestatten, wenn dies zur Förderung der Sache unter Wahrung der beiderseits berechtigten Belange notwendig ist.** Deshalb können die Besonderen Vertragsbedingungen nicht nur Ergänzungen im wörtlichen Sinne enthalten, sondern durch sie können auch Abweichungen von den Allgemeinen und Zusätzlichen Vertragsbedingungen festgelegt werden. Das ergibt sich daraus, daß es sich bei der auf den hier erörterten Bereich bezogenen Bestimmung in § 10 Nr. 2 Abs. 2 Satz 2 um eine Sollvorschrift handelt, vgl. hierzu Vor Teil A § 2 Rdn. 5 ff.

A § 10, 2-4, Rdn. 28-32

28   c) **Der Auftraggeber soll sich aber bei der Aufstellung von Besonderen Vertragsbedingungen eine große Beschränkung auferlegen,** wie durch die jetzige Fassung der VOB zumindest klarer als früher zum Ausdruck gekommen ist. Sie sollen zunächst nur aufgestellt werden, **wenn hierfür ein wirklich beachtlicher und zu rechtfertigender Grund besteht.** Ein solcher ist **nur anzuerkennen, soweit die Eigenart der Bauleistung und ihre Ausführung** (z. B. eine Spezialleistung, die besonderen Anforderungen genügen muß) **dies erfordern.** Jedenfalls hängt das von den Gegebenheiten des Einzelfalles ab, wobei vor allem auch neuartige Bauweisen einschließlich Verfahrenstechniken von Bedeutung sein können. Es kann nicht der Sinn solcher Besonderen Vertragsbedingungen sein, durch eine Reihe von Einzelregelungen ohne triftigen Grund die Allgemeinen Vertragsbedingungen und damit den Teil B der VOB aufzuheben (dazu auch Nicklisch BB 1974, Beil. 10 S. 3). Vornehmlich muß dabei – vor allem von seiten des öffentlichen Auftraggebers – der Versuch „einseitigen Diktats" durch eine der Vertragsparteien unterbleiben (Nicklisch a. a. O. S. 4). Dem trägt die VOB hier vor allem auch durch die weitere Forderung Rechnung, daß sich die Abweichungen von den Allgemeinen Vertragsbedingungen auf jene Fälle beschränken sollen, in denen besondere Vereinbarungen ausdrücklich vorgesehen sind (vgl. Rdn. 22-24). Diese Grenzen, durch die wohlberechtigten Interessen der Auftraggeberseite vollauf Rechnung getragen wird, sind in der Praxis besonders zu beachten.

29   Zur Frage der Auswirkung einer Besonderen Vertragsbedingung, daß „jeder Auftrag, ob Zusatz- oder Ergänzungsauftrag", schriftlich erteilt werden müsse, ist hervorzuheben, daß ein **später nur mündlich einverständlich (auch ergänzend oder zusätzlich) abgeschlossener Vertrag dennoch wirksam** ist. Den Vertragspartnern steht es frei, eine vereinbarte Schriftform später abzubedingen, ohne daß im übrigen die Geltung der anderen Vertragsbedingungen berührt wird, BGH BB 1961, 430 = Betrieb 1961, 569, ferner auch NJW 1962, 1908 sowie BGH BauR 1974, 206 = SFH Z 2.502 Bl. 1. Vgl. dazu besonders auch Teil A § 29 Rdn. 2. Über eine Besondere Vertragsbedingung im Hinblick auf den vereinbarten Pauschalpreis für den Fall späterer Leistungsänderung vgl. BGH BB 1961, 989 = SFH Z 2.300 Bl. 11.

30   **6. Die in § 10 Nr. 4 enthaltenen Vorschriften müssen im Zusammenhang mit den Regelungen über die Zusätzlichen Vertragsbedingungen und die Besonderen Vertragsbedingungen in Nr. 2 gesehen werden.** Nr. 4 Abs. 1 bezieht sich, einschließlich der dort enthaltenen Aufzählung, in gleicher Weise auf die Zusätzlichen wie auch auf die Besonderen Vertragsbedingungen. Wenn die VOB hier anführt, daß in den Zusätzlichen Vertragsbedingungen oder in den Besonderen Vertragsbedingungen die im einzelnen aufgezählten Punkte, soweit dies erforderlich ist, geregelt werden sollen, bedeutet das folgendes: Teil B der VOB sieht eine Reihe von Rechtsfolgen vor, wobei es den Beteiligten überlassen bleibt, hierüber Vereinbarungen über Einzelvoraussetzungen und -folgen zu treffen.

31   a) In der Nr. 4 Abs. 1 n und o der Aufzählung sind nur auf das **Vergabeverfahren des Teils A** entfallende Gesichtspunkte genannt. Das gilt auch für die unter n) angeführten Lohn- und Gehaltsnebenkosten, obwohl die bisherige Bestimmung in Teil A § 9 Nr. 8 Abs. 3 entfallen ist. Hierbei handelt es sich um mögliche und gegebenenfalls notwendige Einzelregelungen, bei denen weder die tatsächlichen Voraussetzungen noch die rechtlichen Folgerungen ausdrücklich in den Bestimmungen des Teils B enthalten sind, die also von den Allgemeinen Vertragsbedingungen **nicht geregelt** werden, was bei den unter a – m genannten Punkten, zumindest hinsichtlich der Folgen bei entsprechender Vereinbarung, anders ist. Zur erstgenannten Gruppe zählt allerdings auch die unter h erwähnte **Vertragsart** (Teil A § 5).

32   Die Aufzählungen unter **Nr. 4 Abs. 1 a-o sind nicht abschließend, vielmehr dürfen sie nur als Beispiele aufgefaßt werden,** wenn sie auch den Rahmen des evtl. Notwendigen so gut wie erschöpfend wiedergeben. Dadurch wird also keinesfalls der überhaupt nur mögliche Inhalt

Zusätzlicher oder Besonderer Vertragsbedingungen abschließend umgrenzt. Es kommt immer auf den Einzelfall an unter Beachtung objektiv berechtigter Belange der zukünftigen Vertragspartner. Deshalb ist es z. B. auch möglich, nicht nur, wie es in Nr. 4 e genannt ist, Besondere oder Zusätzliche Vertragsbedingungen abweichend von Teil B § 10 Nr. 2 zu treffen, sondern auch von Teil B § 10 Nr. 1. Über einen solchen Fall vgl. OLG Karlsruhe SFH Z 2.413 Bl. 21 ff. Der Ansicht von Heiermann/Riedl/Rusam/Schwaab (Teil A § 10 Rdn. 31; vgl. auch Daub/Piel/Soergel ErlZ A 10.90), wonach die hier getroffene Aufzählung abschließend sein soll, weil nicht zum Ausdruck gekommen sei, daß es sich nur um eine beispielhafte Nennung handele, übersieht, daß es maßgeblich nicht auf das Merkmal „soweit erforderlich", sondern auf das diesem vorangehende Grundmerkmal „sollen" ankommt, wodurch entscheidend der mögliche Spielraum eindeutig zum Ausdruck gelangt ist (vgl. Vor A § 2 Rdn. 5 ff.). **Dabei müssen allerdings** bei einer Beurteilung von auf der Grundlage von Nr. 4 Abs. 1 getroffenen Vertragsbestimmungen **die durch die zwingenden Regelungen des AGB-Gesetzes gezogenen Grenzen, insbesondere auch dessen § 9,** berücksichtigt werden (vgl. dazu Rdn. 170 ff.). **Insbesondere darf dadurch auch nicht die Vereinbarung der VOB/B als Ganzes (vgl. dazu unten Rdn. 122 ff.) in Gefahr gebracht werden.**

Wegen eines besonderen Haftungsfalles gemäß Teil B § 10 Nr. 1 in Verbindung mit Nr. 23 Abs. 2 der Zusätzlichen Vertragsbedingungen der Deutschen Bundesbahn (Z – VOB/B) siehe BGH VersR 1965, 136. Mit § 10 A Best. der Deutschen Bundesbahn VOB befaßt sich das Urteil des BGH vom 10. 6. 1965 (SFH Z 2.212 Bl. 24 = VersR 1965, 883). Zu der für den Bereich der Haftung in den Besonderen Vertragsbedingungen getroffenen Abrede der Parteien: „Der Auftragnehmer verpflichtet sich, den Auftraggeber von allen Ansprüchen Dritter freizustellen, die durch das Verhalten des Auftragnehmers oder seiner Erfüllungs- oder Verrichtungsgehilfen bei der Ausführung der Auftragsarbeiten oder der mit diesen zusammenhängenden Arbeiten – ohne Rücksicht auf Verschulden – ausgelöst und gegen den Auftraggeber geltend gemacht werden", BGH BauR 1972, 116 = NJW 1972, 256 = MDR 1972, 229 = LM VOB/B Nr. 48 = SFH Z 4.141 Bl. 58 = VersR 1972, 173 = BlGBW 1972, 59. Mit Recht sagt der BGH dazu, daß derartige Klauseln aus Gründen der Billigkeit **eng auszulegen** sind (dazu auch BGH BauR 1975, 286 = NJW 1975, 1315 = BB 1975, 855 = MDR 1975, 748 = VersR 1975, 857 = SFH Z 3.000 Bl. 3 = BlGBW 1975, 236 = LM Allg. Vertragsbest. A-Vertrag Nr. 3). Daher kann dieser besonderen vertraglichen Regelung nicht entnommen werden, daß von ihr auch solche Schäden erfaßt werden sollen, die bei ordnungsgemäßer Ausführung der Leistung zwangsläufig entstehen müssen und daher für den Auftragnehmer unvermeidbar sind. In der zuletzt genannten Entscheidung hat der BGH mit Recht festgestellt, daß die Einschränkung einer vertraglichen Schadensersatzhaftung nicht ohne weiteres auch für Ansprüche aus unerlaubter Handlung gilt (a. a. O.). 33

Bedenklich ist eine Vertragsklausel: „Die Abnahme der vom Unternehmer übernommenen Arbeiten gilt erst als erfolgt, wenn der Bauherr das Gesamtwerk des Architekten abgenommen hat." Eine solche Klausel kann vor allem bei größeren und lang andauernden Bauleistungen als eine unzulässige Einengung des Auftragnehmers gegen die guten Sitten verstoßen (deshalb auch gegen § 9 AGB-Gesetz), da eine Abnahme des Architektenwerks frühestens nach Fertigstellung des Gesamtvorhabens in Betracht kommt und im übrigen der Architekt aus seinem Vertrag mit dem Auftraggeber im allgemeinen nicht die gleiche Leistung schuldet wie der Auftragnehmer. Grundsätzlich möglich ist es, durch Zusätzliche Vertragsbedingungen Teilabnahmen nach Teil B § 12 Nr. 2 a – auch im Hinblick auf Teil B § 12 Nr. 5 Abs. 2 – und zugleich Teilschlußzahlungen nach Teil B § 16 Nr. 4 auszuschließen, da das Werkvertragsrecht des BGB ebenso grundsätzlich eine Teilabnahme in § 640 BGB nicht vorsieht und auch für die in § 641 Abs. 1 Satz 2 BGB angesprochene Teilfälligkeit der Vergütung eine ausdrückliche Vereinbarung der Vertragspartner für die Vornahme einer Teilabnahme vorsieht. Insoweit ist an sich z. B. gegen die Regelung in Ziff. 37 der Zusätzlichen Vertragsbedingungen für den Straßenbau (ZVB-StB 1975) nichts einzuwenden. Allerdings ist dies nur so lange als zulässig 34 zu erachten, als die erbrachte Teilleistung in der Obhut des Auftragnehmers verbleibt und sie vom Auftraggeber oder mit dessen Billigung durch Dritte nicht bereits in Anspruch genommen wird, wie durch Inbenutzungnahme, Freigabe zum Verkehr usw. Dann würde der Auftragnehmer einem für ihn unzumutbaren Risiko im Hinblick auf Beschädigungen, Zerstörungen, Abnutzungen seiner Leistung unterworfen, die er nicht zu steuern in der Lage ist. Unter diesen Umständen wären entsprechende Vertragsbedingungen nach § 242 BGB (im Einzelfall) oder nach § 9 AGB (in Formularbedingungen = Zusätzliche Vertragsbedingungen) unwirksam mit der Wirkung, daß an ihre Stelle die vorgenannten VOB-Regelungen treten (vgl. dazu auch Schlenke, Bauwirtschaft 1979, 845). Unbedenklich ist es, die Abrechnung nicht vom Aufmaß an Ort und Stelle, sondern von einer nach Aufmaß gefertigten Zeichnung abhängig zu machen (Nr. 4 Abs. 1 h), siehe dazu BGH, Urt. vom 23.9.1965 – VII ZR 72/63 –.

35 Zur Behandlung eines Kalkulationsirrtums auf der Grundlage „Besonderer Vertragsbedingungen" eines öffentlichen Auftraggebers vgl. BGH BauR 1986, 334 = SFH § 23 VOB/A Nr. 1 = NJW-RR 1986, 569 = ZfBR 1986, 128). Der Vorbehalt einer Vertragsstrafe kann auch in eine formularmäßig vorbereitete Abnahmeniederschrift aufgenommen und mit deren Unterzeichnung erklärt werden; zur Abgabe einer Vorbehaltserklärung und zu ihrer Entgegennahme ist im Zweifel jeder zur Durchführung der förmlichen Abnahme bevollmächtigte Vertreter der Vertragspartner befugt; eine in AGB (ZVB) enthaltene Vereinbarung, wonach der Auftragnehmer, wenn er in Verzug gerät, für jeden Werktag der Verspätung eine Vertragsstrafe von 0,1 %, höchstens jedoch 10 % der Angebotssumme zu zahlen hat, ist wirksam (BGH BauR 1987, 92 = NJW 1987, 380 = SFH § 11 VOB/B Nr. 11 = MDR 1987, 309 = ZIP 1987, 1570 = BB 1986, 2295 = Betrieb 1987, 430 = LM § 11 VOB/B Nr. 8 = Vygen EWiR § 11 Nr. 4 VOB/B 1/86, 1247).

36 b) **In den Aufzählungen der Nr. 4 fehlt jeglicher Hinweis auf Vergütungsfragen, wie sie in Teil B § 2 enthalten sind**, obwohl hierzu an sich z. B. nach Teil B § 2 Nr. 4 Anlaß bestanden hätte. Das hat seinen Grund darin, daß grundsätzlich **Vergütungsfragen nicht zu den** in Teil A § 10 angeführten **Verdingungsunterlagen, sondern** in die **Leistungsbeschreibung** (Teil A § 9) gehören. Sie sollten daher auch im Rahmen Zusätzlicher oder Besonderer Vertragsbedingungen **nicht** aufgenommen werden. Soweit außerhalb des von Teil B § 2 erfaßten Rahmens nachträgliche Änderungen der durch Vertragsabschluß vereinbarten Vergütung in Betracht kommen, sind diese durch die in Nr. 4 Abs. 1 o in Bezug genommene Vorschrift Teil A § 15 für eine etwaige Aufnahme in die Zusätzlichen Vertragsbedingungen oder in die Besonderen Vertragsbedingungen umgrenzt. Gleiches gilt für die in Nr. 4 Abs. 1 n erwähnten Lohn- und Gehaltsnebenkosten. Ferner ist die nach Vergütungsgesichtspunkten ausgerichtete **Vertragsart** (Teil A § 5) selbst unter Nr. 4 Abs. 1 h berücksichtigt.

37 Zur Anwendung der Stoffpreisgleitklausel nach Nr. 2.4 der Zusätzlichen Vertragsbedingungen für die Ausführung von Bauleistungen auf Straßen (ZVStra) auf ein versehentlich der Klausel nicht ausdrücklich unterworfenes Material BGH SFH Z 2.312 Bl. 6 = BauR 1975, 274 = WM 1975, 182. Die ZVStra ist inzwischen durch die ZVB-STB 1975 abgelöst worden (dazu Linke, Bauwirtschaft 1976, 588). Werden durch Änderung der Planung die Grundlagen für eine im Vertrag vorgesehene Leistung geändert, so wird die Entstehung des Anspruches auf eine neue Vergütung nicht dadurch gehindert, daß hierüber nicht schon vor Ausführung gemäß § 2 Nr. 5 Satz 2 VOB/B eine neue Vereinbarung getroffen worden ist und daß der Auftragnehmer dem Auftraggeber auch nicht nach Nr. 15.2 der Zusatzvertragsbedingungen Straßenbau (ZVStr) schriftlich angekündigt hat, er werde deshalb eine erhöhte Vergütung verlangen (OLG Frankfurt BauR 1986, 352 = SFH § 2 Nr. 5 VOB/B = NJW-RR 1986, 1149).

38 c) Ausgenommen sind hier auch Fälle, wie sie früher in Teil A § 9 Nr. 6 (**besondere Leistungen**) aufgeführt waren u. statt dessen jetzt in den Abschnitten 0.4.2 sowie 4.2 der DIN 18 299 enthalten sind. Auch derartige Regelungen betreffen **nicht** die in Teil A § 10 gemeinten

Verdingungsunterlagen, sondern die **Leistungsbeschreibung,** so daß sie hierin zu berücksichtigen sind.

7. Nach Nr. 4 Abs. 2 sind im Einzelfall erforderliche besondere Vereinbarungen über die Gewährleistung (Teil A § 13 Nr. 2, Teil B § 13 Nr. 1, 4 und 7) und über die Verteilung der Gefahr bei Schäden, die durch Hochwasser, Sturmfluten, Grundwasser, Wind, Schnee, Eis und dergleichen entstehen können (Teil B § 7 Nr. 1), grundsätzlich in den Besonderen Vertragsbedingungen zu treffen. Das rührt daher, daß diese Absprachen **im allgemeinen** ihre **Grundlage in den Gegebenheiten des Einzelfalles haben** und deshalb für eine generelle Aufnahme in die Zusätzlichen Vertragsbedingungen ungeeignet sind. Allerdings hat die VOB mit Rücksicht auf Teil A § 13 Nr. 2 hier **in Satz 2** Anlaß zu dem Hinweis, daß dann, wenn für bestimmte Bauleistungen gleichgelagerte Voraussetzungen im Sinne von § 13 Nr. 2 gegeben sind, **die besonderen Vereinbarungen zur Frage der Verjährung bei Gewährleistungsansprüchen auch in Zusätzlichen Technischen Vertragsbedingungen vorgesehen werden können.** Das ist insofern systemwidrig, als eine solche Regelung an sich in Zusätzliche Vertragsbedingungen gehört. Nicht recht einleuchtend ist die in den Erwägungsgründen zur Fassung 1973 der VOB gegebene Begründung für diese andere Handhabung, bei Aufnahme in Zusätzlichen Vertragsbedingungen würde erfahrungsgemäß der kausale Zusammenhang zwischen den sachlichen Voraussetzungen für abweichende Vereinbarungen und den Eigenarten der einzelnen Bauleistung unbeachtet. Gerade weil es sich hier um eine **rein vertragsrechtliche** anderweitige Absprache handelt, können ihre auf Teil A § 13 Nr. 2 beruhenden sachlichen Voraussetzungen **genausogut, wahrscheinlich sogar weit eher, übersehen** werden, wenn sie sich **nicht** in Zusätzlichen **Vertragsbedingungen,** wo sie normalerweise hingehört, sondern in Zusätzlichen Technischen Vertragsbedingungen findet.

Zu besonderen oder zusätzlichen Vereinbarungen über die Gewährleistung besteht vor allem Anlaß, wenn es sich um ein Bauobjekt im Wege des Fertigbaues handelt. Zur begrifflichen Unterscheidung vgl. Teil A § 9 Rdn. 8 ff. Zwecks Vermeidung von Mißverständnissen empfiehlt es sich, hinsichtlich des Gesamtobjekts, vor allem im Hinblick auf das Fundament und die darauf zu setzenden Fertigbauteile, einheitliche Gewährfristen festzulegen. Insoweit erscheint es aus dem Gesichtspunkt von Treu und Glauben außerdem geboten, den späteren Auftragnehmer in gewissem Umfang von seiner Prüfungspflicht hinsichtlich der vom Auftraggeber oder dessen Architekt **selbst beschafften Fertigbauteile** oder der in Fertigbauweise vorgesehenen Leistungsteile zu befreien. Sonst würde dem Auftragnehmer ein unzumutbares Risiko auferlegt, weil er in diesen Fällen nach dem Willen des Auftraggebers **genormte Arbeit eines anderen** zu übernehmen hat, für die er in der Regel nicht verantwortlich gemacht werden kann. Hier würde dem Auftraggeber auch kein unzumutbares Opfer auferlegt, weil er sich durch seinen Lieferungsvertrag mit dem Fertigteilhersteller, vor allem durch eine vertraglich vereinbarte Ausdehnung der dafür sonst maßgeblichen Gewährfristen, hinreichend schützen kann. Zur Einstandspflicht eines Fertighausherstellers, der sich zur Errichtung eines Fertighauses oberhalb der Kellergeschoßdecke verpflichtet, hinsichtlich fehlerhafter Beurteilung der Baugrundverhältnisse s. BGH SFH Z 2.414.0 Bl. 13 = BauR 1977, 131 = MDR 1977, 206 = BB 1977, 269 = Betrieb 1977, 301.

Soll bei einer Leistungsbeschreibung nach Leistungsprogramm (Teil A § 9 Nr. 10 ff.) nur für einen bestimmten Leistungsbereich eine von Teil B § 13 Nr. 4 abweichende Gewährleistungsfrist unter den Voraussetzungen von Teil A § 13 Nr. 2 festgelegt werden, so muß die erforderliche Abgrenzung in den Besonderen oder Zusätzlichen Bedingungen hinreichend klar und zweifelsfrei zum Ausdruck kommen.

Zur Zulässigkeit einer besonderen Vereinbarung über die Gewährleistung dahin gehend, daß der Auftraggeber **keinen Schadensersatzanspruch,** sondern **nur ein Rücktrittsrecht** hat, wenn der Auftragnehmer eine angemessene Frist zur Behebung des Mangels verstreichen läßt, vgl. BGH BB 1963, 453. Eine solche Vereinbarung sollte jedoch in einem VOB-Bauvertrag nicht getroffen werden, weil im Rahmen der Gewährleistung nach der VOB kein Rücktrittsrecht des Auftraggebers vorgesehen, für den Regelfall auch nicht erforderlich ist. Ebensowenig ist es angebracht, im Vertrag eine Regelung dahingehend zu treffen, „der Unternehmer haftet für seine Leistungen nach den Bestimmungen der VOB und des BGB". Das führt besonders zu Unklarheiten hinsichtlich der für die Gewährleistung maßgebenden Gesichtspunkte, wie vor allem der Gewährleistungsfrist (vgl. OLG Düsseldorf BauR 1972, 117); vgl. dazu auch Einl. Rdn. 22. Zur Auslegung der Bestimmungen in IX Nr. 1 und 5 der Allgemeinen Lieferbedingungen der Elektroindustrie – sogenannte Grüne Lieferbedingungen – vgl. BGH MDR 1972, 410 = LM Allg. Lieferbed. d. Elektroindustrie Nr. 1. Die dort niedergelegte Haftungsbeschränkung gilt nicht für eine etwa mitzuliefernde statische Berechnung.

II. Technische Vertragsbedingungen (Nr. 3)

43 **Die technischen Bestimmungen in Nr. 3 beziehen sich auf die Allgemeinen Technischen Vertragsbedingungen, die Zusätzlichen Technischen Vertragsbedingungen sowie die Änderungen und Ergänzungen der Leistungsbeschreibung im Einzelfall.** Im Gegensatz zu den Vertragsbedingungen sind die **technischen Bestimmungen** sowie die hierzu zu zählende Leistungsbeschreibung als solche (ohne die späteren Preisangaben) im Ausgangspunkt nicht auf rechtliche Fragen und auf die rechtliche Gestaltung des Bauvertrages bezogen. Sie bilden vielmehr zunächst die **tatsächliche Grundlage der Leistungsanforderungen.** Das Werkvertragsrecht des BGB enthält derartige technische Vorschriften nicht. Maß geblich sind dort – ungeschrieben – die **allgemein anerkannten Regeln der Technik,** wenn nicht im Einzelfall besondere vertragliche Abreden getroffen worden sind. Liegt bei der VOB allerdings der Fall so, daß die technischen Bestimmungen des Teils C nicht mit den allgemein anerkannten Regeln der Technik übereinstimmen, etwa weil sie nach dem neuesten Stand überholt sind, gehen die letztgenannten in jedem Falle vor (vgl. Teil B § 4 Rdn. 141 ff.). Decken sie sich, was weit überwiegend zutrifft, verdienen im konkreten Bauvertrag die technischen Bestimmungen der VOB maßgebliche Beachtung, weil sie als geschrieben festliegen. Sind schließlich technische Vorschriften im Einzelfall nicht vorhanden, insbesondere keine Allgemeinen Technischen Vertragsbedingungen, kommt es wieder auf die anerkannten Regeln der Technik an. Die sich hieraus abzeichnende **Vorrangigkeit der anerkannten Regeln der Technik** kommt vor allem auch in den einzelnen Arten der technischen Regelungen nach der VOB zum Ausdruck, insbesondere ihrer Abstufung zueinander.

44 **1. In Nr. 3 Satz 1 ist zunächst bestimmt, daß die Allgemeinen Technischen Vorschriften des Teils C grundsätzlich unverändert bleiben.** Das stimmt mit dem überein, was hinsichtlich der Allgemeinen Vertragsbedingungen in Nr. 2 Abs. 1 Satz 1 gesagt ist. Insoweit hat hier das gleiche zu gelten (vgl. Rdn. 19).

45 **2. Es sind aber Ausnahmen vom Grundsatz der Unveränderbarkeit der Allgemeinen Technischen Vertragsbedingungen in wesentlich weitergehenderem Maß als bei den sonstigen Vertragsbedingungen zulässig.** Das gilt in erster Linie für die Zusätzlichen Technischen Vertragsbedingungen. Während nämlich die Zusätzlichen Vertragsbedingungen nur in einem recht beschränkten Maß von der VOB gestattet werden (vgl. Rdn. 6-9 und 20-24), ist dies hinsichtlich der Zusätzlichen Technischen Vertragsbedingungen nicht der Fall. Dies ergibt sich daraus, daß in **Nr. 3 Satz 2** lediglich gesagt ist, die Allgemeinen Technischen Vertragsbedingungen könnten durch Zusätzliche Technische Vertragsbedingungen ergänzt, d. h. gegebenenfalls auch abgeändert werden. Ein Verbot des Widerspruchs zu den Allgemeinen Technischen Vertragsbedingungen ist nicht aufgeführt. **Das hat seinen Grund darin, daß die anerkannten Regeln der Bautechnik in jedem Fall vorrangigen Charakter haben.** Diese

richten sich nach dem jeweils neuesten Stand. Um dieses Erfordernis zu erfüllen, muß der Auftraggeber bei der Gestaltung der Zusätzlichen Technischen Vertragsbedingungen weitgehend freie Hand haben. Das reicht natürlich **nur so weit, wie es die anerkannten Regeln der Technik gestatten.** Daraus ergibt sich, daß die Grundlagen für die Zusätzlichen Technischen Vertragsbedingungen ganz andere und vor allem viel weitgehendere sind als die der Zusätzlichen Vertragsbedingungen.

Dabei ist es für den Auftraggeber geboten, gerade die Zusätzlichen Technischen Vertragsbedingungen **besonders klar und eindeutig abzufassen.** Vor allem ist es notwendig, bei Änderungen oder Ergänzungen der Allgemeinen Technischen Vertragsbedingungen an den entsprechenden Stellen ausdrücklich darauf hinzuweisen, welche Allgemeinen Technischen Vertragsbedingungen im einzelnen ergänzt und abgeändert sind oder welche nicht zur Geltung kommen sollen. Das ist erforderlich, um gerade hier leicht mögliche Unklarheiten auf der Auftragnehmerseite zu vermeiden. 46

3. Wenn in **Nr. 3 Satz 3** davon gesprochen wird, daß **für die Erfordernisse des Einzelfalles Ergänzungen oder Änderungen in der Leistungsbeschreibung festzulegen** sind, so handelt es sich ganz deutlich um das auf der technischen Seite liegende **Gegenstück der Besonderen Vertragsbedingungen.** Die für deren Aufstellung maßgeblichen Grundsätze (vgl. Rdn. 10 und 25-29) gelten demnach auch hier. Der Unterschied zwischen beiden liegt auch hier darin, daß schon die mögliche Aufstellung der Zusätzlichen Technischen Vertragsbedingungen mit Ausnahme der grundlegenden Forderung nach Einhaltung der allgemein anerkannten Regeln der Bautechnik keine Einschränkungen enthält, was für die Änderung der Leistungsbeschreibung **im Einzelfall** erst recht gelten muß. Gerade der Einzelfall mit seinen vielfach besonderen technischen Anforderungen gebietet es, dem Auftraggeber möglichst freie Hand zu lassen, wenn er bei der Abfassung der Leistungsbeschreibung die jeweils geltenden anerkannten Regeln der Technik beachten will und muß. Auch hier kann es sich sowohl um Ergänzungen als auch um Änderungen der Allgemeinen Technischen Vertragsbedingungen handeln, was in Satz 3 auch ausdrücklich hervorgehoben worden ist. 47

4. Technische Ergänzungen und Änderungen für die Erfordernisse des Einzelfalles haben ihre Besonderheit darin, daß sie entgegen den anderen Arten der Vertragsbedingungen und technischen Vorschriften nicht etwas Selbständiges im Rahmen der Vertragsunterlagen darstellen und daher auch nicht als besondere Verdingungsunterlage aufzustellen sind. **Sie gehören vielmehr zur Leistungsbeschreibung nach Teil A § 9 und sind in diese aufzunehmen.** Die Leistungsbeschreibung befaßt sich nämlich im besonderen mit den technischen Anforderungen, die an die Bauleistung **im Einzelfall** gestellt werden. Dazu gehören schon begrifflich, da sie zunächst tatsächlicher und nicht rechtlicher Art sind, die Änderungen und Ergänzungen der Allgemeinen oder auch der Zusätzlichen Technischen Vertragsbedingungen. Dies ergibt sich insbesondere aus Teil A § 9 Nr. 6. Wenn nämlich in der Leistungsbeschreibung nichts Besonderes hervorgehoben wird, sind nach dieser Bestimmung die Allgemeinen Technischen Vertragsbedingungen und die Zusätzlichen Technischen Vertragsbedingungen der Leistungsbeschreibung zu unterstellen. Sind aber im Einzelfall **Abweichungen oder Ergänzungen** im Hinblick auf die Allgemeinen **Technischen und die Zusätzlichen Technischen Vertragsbedingungen** vorgesehen, ist es zur Schaffung der gebotenen Klarheit für die Bewerber notwendig, sie **in der Leistungsbeschreibung** auch aufzuführen. Dabei ist es erforderlich, um die Eindeutigkeit und die Vollständigkeit der Leistungsbeschreibung gemäß dem Grundsatz des Teils A § 9 Nr. 1 zu wahren, an den entsprechenden Stellen, an denen die Änderungen und Ergänzungen aufgeführt werden, darauf hinzuweisen, welche Bestimmungen aus den Allgemeinen oder Zusätzlichen Technischen Vertragsbedingungen im Wege der Änderung oder Ergänzung betroffen werden. Insoweit wird es in manchen Fällen unumgänglich sein, bei der Aufstellung der Leistungsbeschreibung Fachleute hinzuzuziehen, denen die Allgemeinen Technischen Vertragsbedingungen und die etwaigen Zusätzlichen Technischen Vertragsbedin- 48

gungen geläufig und insbesondere auch in ihrer Tragweite im einzelnen bekannt sind, um sich über deren Änderungen oder Ergänzungen im Hinblick auf die Erfordernisse der Allgemeinen Regeln der Technik ausreichend klarwerden zu können.

D. Bauten der öffentlichen Hand

49 Für öffentliche Auftraggeber ist in Nr. 1.1. VHB zu Teil A § 10 zwingend vorgeschrieben, daß bei der Vergabe die **Einheitlichen Verdingungsmuster – EVM –** grundsätzlich zu verwenden sind. Sie sind aus Teil II VHB zu entnehmen. Ergänzungen dazu finden sich in Nr. 2. VHB zu Teil A § 10. Außerdem ist in Nr. 1.1. VHB u. a. hervorgehoben, daß die Verdingungsmuster entsprechend den Notwendigkeiten der einzelnen Vergabe auszufüllen und zu ergänzen, daß außerdem auch die Richtlinien zu Teil A §§ 11-15 zu beachten sind. Wegen weiterer Einzelregelungen im VHB zu Teil A § 10 vgl. Nr. 1.1. ff. Dabei ist auch auf die jetzige Fassung der Nr. 1.3. hinzuweisen, die wie folgt lautet:

1.3. Aufträge mit einer Vergütung bis zu 3000 DM können formlos mit Bestellschein erteilt werden, wenn die Art der Leistung und die Abwicklung des Auftrages keine Besonderheiten aufweisen. Dies gilt nicht für den Einzelauftrag im Zeitvertrag.

Wesentlich ist auch die in 1.4. a. a. O. wie folgt festgelegte Vertretungsformel:

Bei Baumaßnahmen des Bundes sind die Verträge im Namen und für Rechnung der Bundesrepublik Deutschland, vertreten durch das Ressort, dem die oberste baufachliche Leitungsbefugnis zusteht, abzuschließen.
Die Ressorts werden vertreten durch die zuständige technische Aufsichtsbehörde in der Mittelinstanz und diese wiederum durch das örtlich zuständige Bauamt.
Bei Baumaßnahmen Dritter – z. B. der Bundesanstalt für Arbeit (BAfArb), der Gesellschaft für Nebenbetriebe (GfN) – sind die Verträge im Namen und für Rechnung des Dritten abzuschließen. Dieser wird vertreten durch die zuständige technische Aufsichtsbehörde in der Mittelinstanz und diese durch das örtlich zuständige Bauamt.

E. Schiedsvereinbarung nach Teil A § 10 Nr. 5

50 Hier **handelt es sich nicht um die Angabe einer weiteren Verdingungsunterlage im eigentlichen Sinn.** Vielmehr ist die Aufnahme dieser Bestimmung im Rahmen des Teils A § 10 nur deshalb erfolgt, weil es der **Ausfertigung eines besonderen Schriftstückes, einer Urkunde bedarf, um eine Schiedsvereinbarung wirksam zu treffen** (vgl. dazu insbesondere Rdn. 65).

Zur Schiedsgerichtsbarkeit allgemein und umfassend vgl. neben den einschlägigen Kommentaren zur ZPO: Schwab, Schiedsgerichtsbarkeit, 3. Aufl. 1979, C.H. Beck-Verlag, München; Glossner, Schiedsgericht in der Praxis, 2. Aufl. 1978, Verlagsgesellschaft Recht und Wirtschaft, Heidelberg; Maier, Handbuch der Schiedsgerichtsbarkeit, 1979, Verlag Neue Wirtschafts-Briefe, Herne/Berlin; Jagenburg, Festschrift f. Oppenhoff S. 147 ff., 1985, C.H. Beck-Verlag München.

I. Ausnahmsweise Entscheidung eines Streites durch Schiedsgericht

51 1. **Streitigkeiten aus Bauverträgen werden durch die ordentlichen Gerichte (Amtsgericht, Landgericht usw.) entschieden.** Die ZPO kennt aber auch die Möglichkeit, **anstelle** des ordentlichen Gerichts ausnahmsweise ein Schiedsgericht entscheiden zu lassen, §§ 1025 bis 1048 ZPO. Dann steht dem dennoch vor einem staatlichen Gericht in Anspruch genommenen Vertragspartner die **Einrede des Schiedsvertrages** zu (§ 1027 a ZPO), und zwar auch, wenn die vor dem ordentlichen Gericht eingeklagte Forderung unstreitig ist und sich der in

Anspruch Genommene nur mit dieser Einrede verteidigt (OLG Düsseldorf BB 1977, 1523 = MDR 1977, 762). Zur Rechtzeitigkeit der Einrede BGH MDR 1985, 207. Die Einrede des Schiedsvertrages greift auch gegenüber einer Vollstreckungsabwehrklage durch, wenn die mit ihr geltend gemachte Einwendung der Schiedsabrede unterliegt (BGH MDR 1987, 302 = mit Recht kritisch Schütze EWiR 1987, 305 = Betrieb 1987, 1535). Auch ist der Beklagte bei der Geltendmachung der Einrede des Schiedsvertrages im Urkundenprozeß nicht auf die in dieser Prozeßart zulässigen Beweismittel beschränkt (BGH MDR 1986, 130 = NJW 1986, 2765 = Betrieb 1986, 113 = MDR 1986, 130 = WM 1986, 402). Haben Land- und Oberlandesgericht die Klage wegen der Einrede des Schiedsvertrages abgewiesen, so fällt dem Revisionsgericht der Rechtsstreit nur in diesem Umfang an (BGH a. a. O.). Der Schiedseinrede kann aber die Gegeneinrede der Arglist entgegengesetzt werden, wenn der Beklagte sie erhebt, obwohl eine dem Kläger zumutbare Möglichkeit, im Schiedsverfahren einen Vollstreckungstitel zu erlangen, nicht gegeben ist, weil dem Beklagten die für die Durchführung dieses Verfahrens erforderlichen Mittel fehlen (BGH JZ 1988, 315 = MDR 1988, 386 = NJW 1988, 1215 = ZIP 1988, 603 = LM § 1027 ZPO Nr. 6).

Es ist nicht möglich, daß umgekehrt ein Schiedsgericht das Urteil eines staatlichen Gerichtes nachprüft, vgl. Hellwig/Oertmann, System des deutschen Zivilprozeßrechts, Bd. 2 S. 109; Stein/Jonas/Schönke, ZPO § 1025 Anm. B II a 2; Schwab, Schiedsgerichtsbarkeit, S. 20; vgl. auch BGH BB 1961, 546. Über Staatsgerichtsbarkeit und Schiedsgerichtsbarkeit, insbesondere unter verfassungsrechtlichen Gesichtspunkten, zutreffend Stober NJW 1979, 2001. 52

Haben die Parteien für sämtliche gegenseitigen Ansprüche aus einem Vertrag eine Schiedsgerichtsvereinbarung getroffen, klagt aber eine Partei gleichwohl vor dem ordentlichen Gericht, und bleibt die Schiedsgerichtseinrede des Beklagten wegen verspäteten Vorbringens (vgl. dazu auch OLG Frankfurt MDR 1982, 329 = BB 1982, 279) erfolglos, so ist der Kläger gehindert, einer zur Aufrechnung gestellten Gegenforderung aus demselben Vertrag die Schiedsgerichtsvereinbarung entgegenzuhalten (OLG München MDR 1981, 766). Ist zweifelhaft, ob ein vertraglich vorgesehenes Schiedsgericht in Wahrheit nur eine Güte- und Schlichtungsstelle sein soll (vgl. dazu BGH WM 1977, 997 sowie WM 1984, 178, 179) oder ob die Schiedsvereinbarung nichtig ist, weil die Vertragspartner sich den ordentlichen Rechtsweg offenhalten, so gewinnt eine gleichzeitig getroffene Gerichtsstandswahl bei Unwirksamkeit der Schiedsgerichtsklausel besondere Bedeutung, weil dann allein sie darüber bestimmt, welches (staatliche) Gericht entscheiden soll (BGH WM 1984, 380). Eine Prozeßpartei kann im ordentlichen Verfahren auch dadurch gegen Treu und Glauben verstoßen, daß sie sich vorprozessual nachdrücklich und uneingeschränkt auf einen angeblich geschlossenen Schiedsvertrag beruft, ihren Vertragspartner dadurch zur Erhebung einer Schiedsklage veranlaßt, im Schiedsverfahren selbst und im gerichtlichen Verfahren zur Vollstreckbarerklärung eines ihr nachteiligen Schiedsspruches dann aber geltend macht, ein gültiger Schiedsvertrag sei nicht zustande gekommen (BGH BB 1987, 1767 = NJW-RR 1987, 1194 = WM 1987, 1084 = Betrieb 1987, 2200 = Schlosser EWiR § 1041 ZPO 1/87, 1145 = MDR 1987, 1006 = LM § 242 [D] BGB Nr. 100). Bringt das Schiedsgericht gegenüber ausländischen Parteien zum Ausdruck, die deutschen Bestimmungen über das schiedsrichterliche Verfahren (§§ 1025 ff. ZPO) anwenden zu wollen, so liegt – wenn keine abweichende Vereinbarung hierzu besteht – in dem weiteren Verhandeln der Parteien vor dem Schiedsgericht die schlüssige Einigung, daß deutsches Verfahrensrecht gelten soll. Zugleich kann darin die Vereinbarung liegen, daß der Schiedsspruch bei einem deutschen Gericht, dessen örtliche Zuständigkeit durch den Tagungsort des Schiedsgerichts bestimmt wird, niederzulegen ist (BGH Z 96, 40 = ZIP 1985, 1529 = Betrieb 1986, 683). 53

A § 10, 5, Rdn. 54-57

Kurz seien die **Vor- und Nachteile des Schiedsgerichts** aufgezählt:

54   2. **Beim Schiedsgericht wählen die Parteien die Schiedsrichter selbst.** Sie sind in ihrer Wahl völlig frei, brauchen also nicht unbedingt einen Juristen (Richter, Rechtsanwalt) zu beauftragen, wenn das auch allgemein zweckmäßig sein mag. Die Praxis zeigt, daß – von kleinen Streitfällen abgesehen – meist drei Schiedsrichter bestimmt werden. Jede Partei beauftragt von sich aus einen der beisitzenden Schiedsrichter, die beiden so bestimmten Mitglieder des Schiedsgerichts wählen dann den Obmann (den Vorsitzenden). Es ist auch üblich, daß die Wahl des Obmannes entweder von vornherein oder für den Fall, daß sich die beiden Schiedsrichter nicht einig werden, einem neutralen Außenstehenden, wie z. B. dem Präsidenten eines ordentlichen Gerichts, der Fachorganisation, der Industrie- und Handelskammer, der Handwerkskammer oder dergleichen überlassen bleibt. Bei den von den Parteien gewählten Schiedsrichtern handelt es sich durchweg um **Fachleute des Baurechts und des Bauwesens,** was für die Beurteilung des Streitfalles von größter Wichtigkeit ist. Es bedarf also häufig nicht der Anhörung von besonderen Sachverständigen, vielmehr haben die Schiedsrichter weitgehend die Sachkunde selbst. Da zahlreiche gesetzliche Bestimmungen, insbesondere auch Verfahrensvorschriften zu beachten sind, empfiehlt es sich, im Schiedsvertrag festzulegen, daß der Obmann ein Volljurist sein muß. Über das Problem der Unabhängigkeit der Schiedsgerichte vgl. Habscheid in NJW 1962, 5; insbesondere und voll zutreffend Franzen NJW 1986, 299; ferner Schlosser ZIP 1987, 492.

55   Hat ein Schiedsrichter vor seiner Bestellung die eine Partei häufig als Rechtsanwalt vertreten oder beraten, so kann ihn die Gegenpartei wegen Besorgnis der Befangenheit ablehnen; das Ablehnungsrecht geht der Schiedspartei aber verloren, wenn sie sich in Kenntnis der Umstände, die ihr Ablehnungsrecht rechtfertigen könnten, vor dem Schiedsgericht in eine Verhandlung einläßt (OLG Celle SFH Z 8.2 Bl. 18). Im übrigen ist es für die Frage, ob gegen einen Schiedsrichter Mißtrauen angebracht ist, von Bedeutung, ob der Streitfall vor oder nach Abschluß des Schiedsvertrages und der darauf beruhenden Ernennung des Schiedsrichters entstanden ist (vgl. BGH MDR 1976, 125 = NJW 1976, 109 = Betrieb 1976, 90 = BB 1975, 1555). Vgl. auch OLG Düsseldorf Betrieb 1976, 92 = BB 1976, 251.

56   3. **Das schiedsrichterliche Verfahren wird meist schneller durchgeführt als der Rechtsstreit vor den ordentlichen Gerichten.** Hinzu kommt, daß es bei dieser Verfahrensart nur eine Instanz gibt, so daß nach verhältnismäßig kurzer Zeit eine endgültige Entscheidung vorliegt. Im letzteren kann auch ein gewisser Nachteil gesehen werden, weil in einigen Fällen eine Nachprüfung durch eine zweite Instanz ganz oder teilweise ein anderes Ergebnis bringen könnte. Diesem Nachteil kann man damit begegnen, daß bei der Auswahl der Schiedsrichter große Sorgfalt angewandt wird.

57   4. **Das Verfahren vor dem Schiedsgericht gleicht,** falls die Schiedsparteien insofern nichts anderes vereinbart haben, **weithin dem Verfahren vor den ordentlichen Gerichten.** Das Schiedsgericht kann freiwillig vor ihm erscheinende Zeugen vernehmen (eine etwaige Vereidigung muß allerdings im Wege der Rechtshilfe durch das Amtsgericht erfolgen, ebenfalls die Ladung und Vernehmung von Zeugen, die nicht aus freien Stücken zur Aussage vor dem Schiedsgericht bereit sind), es kann Sachverständige hören oder in sonstiger Weise den Tatbestand aufklären. Der Anspruch der Schiedsparteien auf **rechtliches Gehör** (Art. 103 Abs. 1 GG) ist ein **Grundpfeiler des Schiedsgerichtsverfahrens.** Dieses erschöpft sich nicht darin, den Parteien Gelegenheit zu geben, alles ihnen erforderlich Erscheinende vorzutragen; sie müssen auch zu allen Tatsachen und Beweismitteln Stellung nehmen können, die das Gericht seiner Entscheidung zugrunde zu legen gedenkt. Andererseits begründet Art. 103 Abs. 1 GG weder eine allgemeine Aufklärungs- und Fragepflicht des Gerichts noch einen allgemeinen Anspruch auf ein Rechtsgespräch. Art. 103 Abs. 1 GG garantiert nur eine „verfahrensrechtliche Mindestausstattung"; soweit die Verfahrensordnungen darüber hinausgehende Aufklärungs- und Hinweispflichten enthalten (z. B. §§ 139, 278 Abs. 3 ZPO), sind diese grundsätz-

lich nicht Gegenstand der Schutzwirkung des Art. 103 Abs. 1 GG (vgl. BGH WM 1983, 1207). Andererseits sind solche Bestimmungen in den Verfahrensordnungen vom Schiedsgericht unbedingt zu beachten, und zwar in dem jeweils verpflichtend gebotenen Rahmen (vgl. dazu BGH BauR 1983, 190 = NJW 1983, 867 = SFH § 1039 ZPO Nr. 1 = MDR 1983, 381 = Betrieb 1983, 1356 m. w. N.; insbesondere bezieht sich diese Entscheidung auch auf § 7 Abs. 8 und 9 der Schiedsgerichtsordnung für das Bauwesen.

Für die Förmlichkeiten des Schiedsspruches ist zunächst § 1039 ZPO maßgebend. Die Ausnahmeregelung des § 1039 Abs. 1 Satz 2 ZPO gilt auch im Hinblick auf den Vorsitzenden des Schiedsgerichtes (zutreffend dazu Lörcher BB 1988, 78). Ein Schiedsspruch ist grundsätzlich zu begründen (vgl. § 1041 Abs. 1 Nr. 5 ZPO). Die etwaige Verpflichtung jeder Partei, die die Schiedsgerichtsbarkeit der Internationalen Handelskammer in Anspruch nimmt, „von allen Rechtsmitteln, auf die sie verzichten kann, Abstand zu nehmen", stellt keinen Verzicht auf eine Begründung des Schiedsspruches dar (BGH Z 96, 40 = ZIP 1985, 1529 = Betrieb 1986, 683). Der Schiedsspruch ist grundsätzlich beim zuständigen Gericht (vgl. dazu BGH BauR 1985, 714 = KTS 1985, 771 = Betrieb 1986, 220) niederzulegen (§ 1039 ZPO, dessen Neufassung zu beachten ist, vgl. BGB l. I 1986, S. 1152), andernfalls kann er nicht für vollstreckbar erklärt werden (§ 1042 ZPO); auch kann sonst keine Aufhebungsklage erhoben werden (§ 1041 ZPO; vgl. dazu auch Engelhardt JZ 1987, 227, 231 f.). Ein nicht niedergelegter Schiedsspruch hat nur die Wirkungen eines Schiedsgutachtens oder – eventuell – eines außergerichtlichen Vergleichs. Ist ein Verzicht auf die Niederlegung nicht eindeutig und endgültig von den Schiedsparteien erklärt worden, so kommt die Annahme eines endgültigen Verzichts wegen der genannten, erheblich geringeren Wirkungen eines nicht niedergelegten Schiedsspruches nur ausnahmsweise in Betracht (OLG Düsseldorf OLGZ 1984, 436).

Die Übergehung eines Beweisantrages durch das Schiedsgericht rechtfertigt in aller Regel nicht schon die Aufhebung des Schiedsspruches (BGH NJW 1966, 549). Zum Übergehen selbständiger Angriffs- und Verteidigungsmittel im Schiedsspruch Malzer KTS 1972, 65 Abs. 1. Ein Schiedsspruch beruht auf einem unzulässigen Verfahren, wenn das Schiedsgericht nicht vorschriftsmäßig besetzt ist, was z. B. der Fall ist, wenn ein Schiedsrichter geschäftsunfähig geworden ist; dagegen reicht die bloße Minderung der geistigen Kräfte des Schiedsrichters, die noch durch das Bestimmungsrecht der Parteien gedeckt ist, nicht aus; jedoch können die Parteien zur Ablehnung des Schiedsgerichts (vgl. dazu Rdn. 64) berechtigt sein (BGH Betrieb 1986, 2018 = NJW 1986, 3079 = MDR 1986, 1005 = BB 1987, 299 = LM § 104 BGB Nr. 9).

Soll durch einen **Schiedsvergleich** ein Vollstreckungstitel geschaffen werden, so ist § 1044 a ZPO zu beachten; ist das nicht geschehen, so ist möglicherweise ein außergerichtlicher Vergleich zustande gekommen (vgl. BGH SFH Z 8.2 Bl. 16 f.). Eine ausgezeichnete Information über den Schiedsvergleich bietet die Schrift von Baur „Der schiedsrichterliche Vergleich" aus der NJW-Schriftenreihe, Beck-Verlag, München 1971.

Aus der höchstrichterlichen Rechtsprechung zur Schiedsgerichtsbarkeit vgl. Habscheid, KTS 1962, 1 ff., dazu ders. und Ernemann KTS 1972, 209 sowie 1976, 1; weiter ders. und Calavros KTS 1979, 1; ferner ders. KTS 1984, 53; Engelhardt JZ 1987, 227.

Im Aufhebungsprozeß sind Zustellung und Niederlegung des Schiedsspruches vor der letzten mündlichen Verhandlung des Berufungsrechtszuges noch in der Revisionsinstanz von Amts wegen zu prüfen (BGH NJW 1980, 1284 = Betrieb 1980, 201).

5. In der Frage der **Haftung des Schiedsrichters** geht die Rechtsprechung davon aus, daß seine Stellung der des staatlichen Richters angenähert ist (BGH Z 15, 12 = NJW 1954, 1763 = BB 1954, 951). Der staatliche Richter haftet, wenn er ein fehlerhaftes Urteil erläßt, für einen daraus entstehenden Schaden nur, wenn die ihm unterlaufene Pflichtverletzung mit einer im Wege des gerichtlichen Strafverfahrens zu verhängenden öffentlichen Strafe bedroht ist (§ 839 Abs. 2 BGB). Grundsätzlich kommt daher eine Haftung des Schiedsrichters bei einem fahrlässigen Fehlurteil nicht in Betracht, sondern nur bei vorsätzlich pflichtwidrigem Handeln oder Unterlassen. Zwar ist der Schiedsrichter, da er im Vertragsverhältnis zu den Parteien steht, nicht dem staatlichen Richter gleichzusetzen. Der BGH (a. a. O.) ist jedoch der Ansicht, daß der Wille der Parteien im Rahmen des Schiedsvertrages stillschweigend dahin geht, daß der Schiedsrichter nicht schärfer haften soll als ein staatlicher Richter. Deshalb haftet der Schiedsrichter im allgemeinen nur, wenn er seine Pflichten bei Erlaß des Schiedsspruches vorsätzlich mißachtet hat.

62 6. Über die **Rechtsstellung und die Haftung des Sachverständigen** im Schiedsverfahren siehe Teil A § 7 Rdn. 48 ff.

63 7. **Im Schiedsgerichtsverfahren ist es den Schiedsrichtern untersagt, in eigener Sache tätig zu sein,** was insbesondere die einseitige Festsetzung des Streitwertes ohne Ermächtigung der Parteien (vgl. dazu BGH JZ 1977, 185) sowie die Gebühren der Schiedsrichter anbelangt. Zwar kann das Schiedsgericht seine Tätigkeit bei Ausbleiben berechtigt angeforderter Vorschüsse nach § 273 BGB zurückhalten; auch kann es das Verfahren aussetzen, um es der nicht säumigen Partei zu ermöglichen, die säumige vor einem staatlichen Gericht auf Zahlung des Vorschusses in Anspruch zu nehmen. Jedoch verstößt das Schiedsgericht gegen das Verbot der Tätigkeit in eigener Sache, wenn es wegen der Weigerung einer Partei, einen angeforderten Kostenvorschuß zu zahlen, eine für erheblich gehaltene Beweisaufnahme nicht durchführt und ohne Verwertung des Beweismittels entscheidet (BGHZ 94, 92 = NJW 1985, 1903 = MDR 1985, 741 = ZIP 1985, 1094 = WM 1985, 817 = BB 1985, 1359 = LM § 1025 ZPO Nr. 40 = Betrieb 1986, 220 = JZ 1986, 69 Anm. Waldner = Schlosser EWiR § 1041 Abs. 1 Nr. 1 ZPO 1/85, 419).

64 8. **Ein Schiedsrichter kann unter den Voraussetzungen des § 1032 ZPO abgelehnt werden,** und zwar bis zur Beendigung des Schiedsverfahrens, die mit der Niederlegung des Schiedsspruchs nach § 1039 ZPO eintritt (BGH NJW 1952, 27; BGH NJW 1957, 791, 792; BGH NJW 1964, 593). Verzichten die Schiedsparteien auf die Niederlegung und handelt es sich erkennbar um einen endgültigen Verzicht, ist auch dann das Verfahren beendet, so daß ebenfalls nicht mehr die Ablehnung eines Schiedsrichters erfolgen kann. Ist das nicht der Fall und kann man auf einen endgültigen Verzicht zur Niederlegung nicht eindeutig schließen, wobei ein stillschweigender Verzicht nur ausnahmsweise in Betracht kommt, ist noch eine Ablehnung des Schiedsrichters möglich (vgl. dazu OLG Düsseldorf OLGZ 1984, 436).

Der Streitwert für das Ablehnungsverfahren ist auch dann gemäß § 12 Abs. 2 GKG zu bestimmen, wenn ein vermögensrechtlicher Anspruch Gegenstand des Schiedsverfahrens ist; wird der Schiedsrichter in einem Stadium abgelehnt, das noch der Vorbereitung des Schiedsverfahrens dient, so ist der Streitwert unterhalb desjenigen der Hauptsache anzusetzen (OLG Köln Rpfl. 1987, 166).

II. Der Schiedsvertrag

65 1. **Grundsätzlich ist Schriftform erforderlich.** Insbesondere muß der Schiedsvertrag von **beiden Vertragsparteien unterschrieben** werden (vgl. § 126 Abs. 2 BGB), anderenfalls ist er unwirksam (vgl. LG Köln SFH Z 8.0 Bl. 17 f.). Sollen über einen Schiedsvertrag absprachegemäß mehrere Urkunden aufgenommen werden, so kommt ein wirksamer Schiedsvertrag zur zustande, wenn sowohl der Antrag als auch die Annahmeerklärung jeweils dem Vertragsgegner schriftlich zugegangen sind (OLG Hamburg KTS 1984, 171). Die **Urkunde** darf **nur Vereinbarungen** enthalten, die sich auf das schiedsrichterliche Verfahren beziehen, § 1027 Abs. 1 ZPO. Sinn und Zweck dieser gesetzlichen Regelung ist es, demjenigen, der vor der

Entscheidung steht, ob er einen Schiedsvertrag abschließen will, die Tragweite dieses Entschlusses zu verdeutlichen, insbesondere ihm vor Augen zu führen, daß er damit auf den staatlichen Richter verzichtet. Daher gilt diese Regelung nicht für den Sonderrechtsnachfolger, so daß bei der Abtretung eines Rechts aus einem Vertrag regelmäßig auch die Rechte und Pflichten aus einem mit ihm verbundenen Schiedsvertrag übergehen, ohne daß es des besonderen Beitritts des Erwerbers zum Schiedsvertrag in der Form des § 1027 Abs. 1 ZPO bedarf (BGHZ 71, 162 = BB 1978, 927 = MDR 1978, 822 = NJW 1978, 1585). Auch gehen bei einer Vertragsübernahme in der Regel die Rechte und Pflichten aus einer mit dem Vertrag verbundenen Schiedsklausel auf den in den Vertrag Eintretenden über, ohne daß ein gesonderter Beitritt zum Schiedsvertrag nach § 1027 Abs. 1 ZPO erforderlich ist (BGH BB 1979, 289 = WM 1979, 279 = MDR 1979, 382 = LM § 1027 ZPO Nr. 9 = NJW 1979, 1166 L). Die Vereinbarungen über das Schiedsgericht gehören daher nach dem Gesagten grundsätzlich **nicht in den Bauvertrag.** Anderenfalls liegt ein Formmangel vor, der jedoch nach § 1027 Abs. 1 Satz 2 ZPO wiederum durch die rügelose Einlassung auf die schiedsgerichtliche Verhandlung zur Hauptsache geheilt wird (vgl. BGH Betrieb 1984, 500). Das gilt auch, wenn sich die Parteien dieser Wirkung im Zeitpunkt der Einlassung nicht bewußt sind (BGH VersR 1967, 780). Grundsätzlich ist eine **notarielle Beurkundung nicht erforderlich;** ein Schiedsvertrag über Streitigkeiten aus einem nach § 313 BGB der notariellen Beurkundung bedürftigen Vertrag braucht jedenfalls dann nicht (zusätzlich) notariell beurkundet zu werden, wenn die Vertragspartner die in § 1027 Abs. 1 ZPO vorgesehene Form wahren (BGH NJW 1978, 212 = Betrieb 1978, 89 = BB 1978, 19 = MDR 1978, 211; vgl. dazu Swoboda BB 1984, 504). Der – bloße – Hinweis in einem Bauvertrag, daß zur Regelung von Streitigkeiten ein Schiedsgericht zu vereinbaren sei, kann nicht in einen Vorvertrag auf Abschluß eines Schiedsvertrages umgedeutet werden (vgl. BGH Betrieb 1973, 1447 = MDR 1973, 1001 = BB 1973, 957 = LM § 1025 ZPO Nr. 31).

§ 1027 Abs. 2 ZPO gibt eine weitere Befreiung von der Vorschrift der Schriftform und der Sonderurkunde für den Schiedsvertrag (vgl. insoweit allerdings § 1027 Abs. 3) für den Fall, daß der Schiedsvertrag für **beide** Vertragschließenden ein **Handelsgeschäft** ist **und beide Teile Vollkaufleute** sind. Diese Ausnahme hat allerdings für einen erheblichen Teil der Bauverträge keine praktische Bedeutung: nicht darunter fallen nämlich sämtliche Schiedsgerichtsvereinbarungen mit Behörden, die gegenteilige Ansicht von Swoboda BB 1984, 504 findet keine Rechtsgrundlage, da § 1027 Abs. 2 ZPO eng auszulegen ist; desgleichen dürfte es sich bei vielen Auftraggebern – z.T. auch Auftragnehmern – nicht um Vollkaufleute im Sinne des HGB handeln; auch fehlt es oft an der weiteren Voraussetzung, daß der Schiedsvertrag von beiden Teilen im Rahmen ihres Handelsgeschäftes abgeschlossen wird. Vgl. auch Gerland, Der Schiedsvertrag im Baugewerbe, Heft 1 der Schriftenreihe des Zentralverbandes des Deutschen Baugewerbes e.V., Verlag „Das Baugewerbe", Köln-Braunsfeld.

2. Der Inhalt des Schiedsvertrages

a) Der Vertrag muß das bestimmte Rechtsverhältnis bezeichnen, dessen Streitigkeiten durch das Schiedsgericht entschieden werden sollen, § 1026 ZPO. Es reicht nicht, allgemein von „allen Rechtsstreitigkeiten aus der gegenseitigen Geschäftsverbindung" zu reden, vielmehr muß die Bezeichnung genauer sein (z. B. Streitigkeiten aus dem Bauvertrag vom ... über die Errichtung des Wohnblocks...); vgl. dazu auch BGH NJW 1980, 2022 mit Anm. Samtleben IPRax 1981, 43). Unwirksam ist überdies eine Schiedsgerichtsabrede, die sich auf eine Vollstreckungsgegenklage bezieht, da im Bereich der Zwangsvollstreckung keine Entscheidungsbefugnis des Schiedsgerichts gegeben ist (BGH BB 1977, 674). Andererseits: Ist im Zusammenhang mit einem bestimmten Bauarbeitsgemeinschaftsvertrag eine Schiedsgerichtsvereinbarung für „jede Streitigkeit aus diesem Vertrage" getroffen worden, so fällt auch eine Forderung aus Drittgeschäften der Arbeitsgemeinschaft mit einem ihrer Gesellschafter unter die Schiedsgerichtsabrede (OLG Nürnberg SFH § 1027 a ZPO Nr. 1).

68 **b) Aus dem Vertrag muß sich ergeben, wie sich das Schiedsgericht zusammensetzt, auf welche Weise die Schiedsrichter gewählt oder bestimmt werden.** Es können Bestimmungen darüber aufgenommen werden, **welche Verfahrensvorschriften** anzuwenden sind; ist das nicht geschehen, gelten die Vorschriften der ZPO – soweit möglich – entsprechend oder, sofern auch ein solcher Wille der Schiedsparteien nicht zu entnehmen ist, bestimmen die Schiedsrichter das Verfahren nach freiem Ermessen, § 1034 Abs. 2 ZPO. Ein Schiedsvertrag ist mangels genügender Bestimmtheit nichtig, wenn das darin zur Entscheidung berufene Schiedsgericht weder eindeutig bestimmt noch bestimmbar ist, weil danach zwei ständige Schiedsgerichte in Betracht kommen (BGH WM 1983, 240 = MDR 1983, 471 = NJW 1983, 1267 = LM § 1025 ZPO Nr. 37).

69 c) Zur Abgrenzung zwischen Schiedsvertrag und Schiedsgutachtenabrede BGH SFH Z 8.3 Bl. 1; OLG Zweibrücken NJW 1971, 943 mit beachtlicher Anm. von Dehlen NJW 1971, 1756. Vgl. dazu auch Teil B § 18 Rdn. 59 ff. Ein Schiedsvertrag kann grundsätzlich nicht gewollt sein, wenn die Richtigkeit der „Schiedsentscheidung" nach § 319 BGB und damit über eine Anfechtung nach § 1041 ZPO hinaus von staatlichen Gerichten überprüft werden soll (BGH WM W1981, 1056 = VersR 1981, 882 = ZIP 1981, 1097 = Betrieb 1981, 2534 = MDR 1982, 36 = BB 1982, 1077). Vgl. auch Teil B § 18 Rdn. 59 ff.

70 d) Hingewiesen sei darauf, daß die Parteien eine **Schiedsgerichtsordnung** zugrunde legen können, wie z. B. die „Schiedsgerichtsordnung für das Bauwesen" (herausgegeben vom Deutschen Beton-Verein e. V. und der Deutschen Gesellschaft für Baurecht e. V.; dazu auch Kommentar von Heiermann/Kroppen, ferner Heiermann BB 1974, 1507) oder die „Schiedsgerichtsordnung des Deutschen Ausschusses für Schiedsgerichtswesen" (Verlag Girardet & Co. in Bonn, vgl. dazu Schwab, a. a. O. S. 528 ff.).

71 e) Der Schiedskläger kann vom Schiedsbeklagten nicht verlangen, daß dieser den gesamten vom Schiedsgericht geforderten Vorschuß zahlt; vielmehr ist der Schiedsbeklagte im **Innenverhältnis** zum Schiedskläger nur zur Zahlung des gemäß § 426 Abs. 1 Satz 1 BGB auf ihn entfallenden Anteils verpflichtet (BGH NJW 1971, 888 m. Anm. Breetzke NJW 1971, 1457).

Über Kosten und Kostenentscheidung im schiedsgerichtlichen Verfahren Schwytz BB 1974, 673; zum Ersatz von Rechtsanwaltskosten bei grob fehlerhafter Anrufung eines unzuständigen Schiedsgerichts vgl. OLG Düsseldorf Betrieb 1981, 689. Ein Schiedsgericht kann die Vergütung seiner Mitglieder weder mittelbar noch unmittelbar durch eine Entscheidung über den Streitwert des Schiedsgerichtsverfahrens festsetzen; die Vergütung für die Mitglieder eines Schiedsgerichts kann als Teil der Verfahrenskosten nur dann in einem Schiedsspruch ziffernmäßig festgesetzt werden, wenn ihre Höhe feststeht und der dafür benötigte Betrag bereits vorschußweise eingezahlt worden ist (BGH MDR 1977, 383 = JZ 1977, 185 = BB 1978, 327 = LM § 1041 Abs. 1 Ziff. 2 ZPO Nr. 11). Im Schiedsgerichtsverfahren ist die Bewilligung von Prozeßkostenhilfe nicht möglich (OLG Stuttgart BauR 1983, 486).

72 **3. Ob ein gültiger Schiedsvertrag vorliegt, entscheidet nach § 1041 Abs. 1 Nr. 1 ZPO endgültig das ordentliche Gericht,** nicht das Schiedsgericht (BGHZ 68, 356 = NJW 1977, 1397 = WM 1977, 747 = MDR 1977, 735 = Anm. Leipold ZZP 1978, 479 = KTS 1977, 251; OLG Hamburg ZIP 1981, 170; vgl. auch BGH WM 1983, 240 = NJW 1983, 1267 = LM § 1025 ZPO Nr. 37). Von einer sogenannten Kompetenz – Kompetenz des Schiedsgerichts – kann nur im Ausnahmefall gesprochen werden, wenn eine Berufung auf den Aufhebungsgrund des § 1041 Abs. 1 Nr. 1 ZPO vertraglich ausgeschlossen wird und die Parteien dem Schiedsgericht die bindende Entscheidung über die Gültigkeit des Schiedsvertrages übertragen; dann hat das ordentliche Gericht – ohne Bindung an die Entscheidung des Schiedsgerichts – nur die Gültigkeit dieser Kompetenz (Kompetenz-Klausel) zu prüfen (BGH, a. a. O.; ferner OLG Celle SFH Z 8.2 Bl. 5 ff.). Aus der Entscheidung des OLG Celle folgt, daß dann, wenn die

Schiedsabrede in einer besonderen Urkunde zwischen den Partnern vereinbart und festgelegt ist, „alle Streitigkeiten" durch ein Schiedsgericht entscheiden zu lassen, die Gültigkeit der Schiedsvereinbarung nicht vom Bestand des Hauptvertrages abhängig ist. Ist eine derartige umfassende Abrede nicht vorhanden und wird der Hauptvertrag – hier der Bauvertrag – später geändert, bleibt aber der Schiedsvertrag unverändert, kommt es hinsichtlich der Frage der Fortgeltung des Schiedsvertrages auf die Auslegung des Parteiwillens an, insbesondere, ob die Parteien auch Streitigkeiten aus dem geänderten Hauptvertrag der Entscheidung durch ein Schiedsgericht unterwerfen wollen. Es ist also zu prüfen, ob und was der Schiedsvertrag darüber besagt und wie die späteren Absprachen im Hinblick auf die Fortgeltung des Schiedsvertrags zu bewerten sind (vgl. dazu auch BGH KTSch 1964, 101). Zu einer Schiedsgerichtsklausel, die jeder Vertragspartei die Wahl gibt, anstelle des Staatsgerichts ein Schiedsgericht anzurufen, vgl. OLG Oldenburg KTS 1972, 144.

4. Ist ein Schiedsvertrag über künftige Rechtsstreitigkeiten aus einem bestimmten Vertragsverhältnis geschlossen worden (hier: Bauvertrag), ist das Schiedsgericht auch für Schadensersatzansprüche aus unerlaubter Handlung zuständig, wenn sich die behauptete unerlaubte Handlung tatbestandlich mit einer Vertragsverletzung deckt (vgl. BGH NJW 1965, 300 im Anschluß an RG JW 1918, 263). Die Bestimmung in einem Vertrag, daß zur Regelung von Streitigkeiten ein Schiedsgericht vereinbart worden sei und hierzu auf den darüber abgeschlossenen besonderen Schiedsvertrag verwiesen wird, kann nicht in einen Vorvertrag auf Abschluß eines Schiedsvertrages umgedeutet werden (BGH Betrieb 1973, 1447). Über Zuständigkeitsfragen bei schiedsgerichtlichem Verfahren beachtlich Banse BauR 1977, 86.

5. Der Schiedsvertrag gilt zwischen den Parteien, die ihn geschlossen haben. Darüber hinaus erstreckt er sich, wenn nichts Gegenteiliges vereinbart ist, auch auf diejenigen, die im Wege der Gesamt- oder Sonderrechtsnachfolge in die Vertragsrechte und -pflichten eintreten (einschließlich des Konkursverwalters, BGHZ 24, 15). Der Inhalt des Rechtsverhältnisses ändert sich in der Regel nicht dadurch, daß sein Inhaber wechselt (BGH MDR 1962, 564 = WM 1962, 685). Vgl. dazu auch BGH SFH Z 3.01 Bl. 290 ff. = VersR 1965, 45 = BB 1964, 1397. So gehen bei einer Vertragsübernahme in der Regel die Rechte und Pflichten aus einer mit einem Vertrag verbundenen Schiedsklausel auf den in den Vertrag Eintretenden über, ohne daß es seines gesonderten Beitritts zum Schiedsvertrag in der Form des § 1027 Abs. 1 ZPO bedarf (BGHZ 71, 162 = NJW 1978, 1585 = MDR 1978, 822 = BB 1978, 927 sowie BGH BB 1979, 289 = WM 1979, 279 = NJW 1979, 1166 L; ferner BGH NJW 1979, 2567 = BB 1979, 1578 = Betrieb 1979, 1550 = WM 1979, 886; BGH BB 1980, 489). Auch gehen bei Abtretung eines Rechts, mit dem eine Schiedsklausel verbunden ist, regelmäßig auch die Rechte und Pflichten aus der Schiedsklausel auf den Sonderrechtsnachfolger über (BGHZ 68, 356 = NJW 1977, 1397). Möglich ist im übrigen auch die Vereinbarung zweier Vertragsparteien, daß die in einem Schiedsverfahren der einen Partei mit einem Dritten getroffenen Feststellungen, die auch das Vertragsverhältnis der beiden betreffen, für sie bindend ist; dann ist eine neue Entscheidung über die dem Schiedsspruch zugrundeliegenden Feststellungen im Rechtsstreit zwischen den Vertragsparteien ausgeschlossen (BGH Vortmann EWiR § 631 BGB 2/88, 567).

Die Streitverkündung im Schiedsgerichtsverfahren hat nicht die Wirkungen des § 68 ZPO, wenn der Streitverkündungsempfänger dem Verfahren nicht beigetreten ist und auch sonst nicht zum Ausdruck gebracht hat, daß er es für sich gelten lassen will (BGH MDR 1965, 124 = SFH Z 3.01 Bl. 290).

6. Im Einzelfall kann es vorkommen, daß ein Schiedsvertrag durch veränderte oder nicht vorausgesehene Verhältnisse undurchführbar oder erheblich gefährdet wird. Hierzu:
Ein Schiedsvertrag soll nach seinem Inhalt, Sinn und Zweck bei bestimmten Rechtsstreitigkeiten den Rechtsschutz vom staatlichen Gericht auf ein privates Schiedsgericht verlagern. Das

gilt auch noch, wenn der fragliche, von der Schiedsgerichtsvereinbarung erfaßte Anspruch an sich nach Grund und Höhe unstreitig ist (OLG Düsseldorf BB 1977, 1523 = MDR 1977, 762). Der Schiedsvertrag soll aber einer Partei nicht jeglichen Rechtsschutz abschneiden. Erweist sich ein Schiedsvertrag – gleichgültig aus welchem Grunde – als praktisch undurchführbar, hat jede Partei das Recht, ihn **aus wichtigem Grunde zu kündigen** (vgl. BGHZ 41, 104 = MDR 1964, 410 m. w. N.; vgl. ferner Habscheid KTS 1980, 285). Das Kündigungsrecht aus wichtigem Grunde ergibt sich in einem solchen Falle aus § 242 BGB . Dauerschuldverhältnisse, insbesondere wenn sie ein persönliches Zusammenwirken der Vertragsteile erfordern, aber auch solche anderer Art, sind aus wichtigem Grunde kündbar, wenn die Durchführung des Vertrages erheblich gefährdet und daher dem Kündigenden nicht mehr zuzumuten ist (BGH, a. a. O. m. w. Nachw., vor allem, wenn Umstände eingetreten sind, aufgrund derer nicht mehr mit einem effektiven Rechtsschutz im Schiedsgerichtsverfahren gerechnet werden kann (BGH NJW 1986, 2765 = Betrieb 1986, 113 = MDR 1986, 130 = WM 1986, 402; insoweit bei grundloser Verhinderung von Terminen vor dem Schiedsgericht durch eine Partei sowie der Androhung von Schadensersatzansprüchen gegen die Schiedsrichter im Falle eines ihr ungünstigen Urteils; gleiches gilt bei beharrlicher Weigerung einer Partei zur Einzahlung eines vom Schiedsgericht zu Recht angeforderten Vorschusses auf die Beweisgebühr, dazu BGH Z 94, 92, 95). Der Schiedsvertrag ist ein Dauerschuldverhältnis. Aus ihm erwächst für beide Schiedsparteien eine dauernde Verfahrensförderungspflicht, in deren Ausübung sie auch ggf. persönlich zusammenzuwirken haben (BGH Z 23, 198, 200 f. m. w. N. Es spielt keine Rolle, ob die Undurchführbarkeit des Schiedsverfahrens schon vor seiner Einleitung oder in seinem Verlauf eintritt. Eine Partei kann einen Schiedsvertrag aus wichtigem Grund auch dann kündigen, wenn sie schon bei seinem Abschluß außerstande war, den für die Durchführung eines später von ihr eingeleiteten Schiedsverfahrens erforderlichen Vorschuß aufzubringen, sie aber erwarten konnte, aus der Durchführung des Hauptvertrages Einnahmen zu erzielen und bei Vertragsschluß noch ungewiß war, ob es überhaupt zu einem Streit und zur Forderung eines Gebührenvorschusses durch das Schiedsgericht kommen werde (BGHZ 77, 65 = BB 1980, 1181 = NJW 1980, 2136 = ZIP 1980, 657 = Betrieb 1980, 2515 = WM 1980, 1041 = MDR 1980, 830 = LM § 1025 ZPO Nr. 36). Der Schiedseinrede kann die Gegeneinrede der Arglist entgegengesetzt werden, wenn der Beklagte sie erhebt, obwohl eine dem Kläger zumutbare Möglichkeit, im Schiedsverfahren einen Vollstreckungstitel zu erlangen, nicht gegeben ist, weil dem Beklagten die für die Durchführung dieses Verfahrens erforderlichen Mittel fehlen (BGH ZIP 1988, 603 = WM 1988, 478 = Schlosser EWiR § 1027 a ZPO 1/88, 519). Wenn sich erst nach längerer Dauer des Schiedsverfahrens dessen Undurchführbarkeit ergibt, ist auch das kein Grund, den Beteiligten jeglichen Rechtsschutz vor dem ordentlichen Gericht vorzuenthalten (BGH Z 41, 104 = MDR 1964, 410).

F. Das Gesetz zur Regelung des Rechts der Allgemeinen Geschäftsbedingungen v. 9. 12. 1976 (BGBl. I S. 3317) – AGB-Gesetz –

I. Allgemeines

77 **1.** Dieses am 1. April 1977 in Kraft getretene Gesetz hat **erhebliche Bedeutung für Bauverträge** bzw. den zulässigen Rahmen für deren Gestaltung durch **dabei verwendete Vertragsbedingungen.** Der Grundgedanke des Gesetzgebers, die vertragsrechtliche Gestaltung im Rahmen des Rechts- und Wirtschaftsverkehrs innerhalb der heutigen industriellen Massengesellschaft in ordnungsgemäße, einigermaßen tragbare Bahnen zu lenken, beruht letztlich auf der Erkenntnis, daß hier eine **Kluft zwischen Recht und Rechtswirklichkeit beseitigt werden muß** . Diese Kluft ist in zunehmendem Maß e dadurch entstanden, daß bei Geschäften des täglichen Lebens, darüber hinaus aber auch bei sonst häufig vorkommenden Geschäftsvorfällen, vielfach auf der einen Seite eine Gruppe mit wirtschaftlichem Übergewicht steht, die einer wirtschaftlich schwächeren Gruppe, insbesondere im Bereich des Vertragsge-

staltungswesens, gegenübersteht. Dies hat sich vor allem bei der Aufstellung von Vertragsbedingungen – gerade **auch bei** der Abfassung von **Bauverträgen** – bemerkbar gemacht. Die wirtschaftlich stärkere Seite hat dabei weitgehend in Ausnutzung ihrer Marktmacht immer mehr zu recht einseitig formulierten Bedingungen gefunden, und zwar nicht selten ohne Rücksicht auf die berechtigten Interessen der sich auf dem jeweiligen Markt betätigenden Nachfrager (vgl. dazu u. a. Heinrichs NJW 1977, 1505). Diese Erscheinung ist gerade dort am stärksten hervorgetreten, wo die Nachfrage nach Leistungen des Anbieters erheblich war. Deshalb war **besonders auch der Baumarkt hiervon in nicht unerheblicher Weise betroffen.** Dies gilt für Vertragsgestaltungen auf dem bauwirtschaftlichen Gebiet grundsätzlich schlechthin, wobei allerdings gewisse bauvertragliche Gestaltungsformen besonders „anfällig" für einseitige und teilweise sogar mißbräuchliche Ausnutzung bestimmter Marktmacht waren bzw. sind, wie z. B. im Rahmen von Bauverträgen der öffentlichen Hand als Auftraggeber, sog. Bauträger, und zwischen Haupt-(General-) und Subunternehmern. Vgl. dazu auch Kürschner DRiZ 1987, 10; vor allem Ulmer in: Zehn Jahre AGB-Gesetz, S. 1 ff.

Besonders auf dem Gebiet des Bauvertragsrechts hat sich, sozusagen aus der Not geboren für die Rechtsprechung, die u. a. auf vertragsrechtlichem Gebiet bestimmten, sich häufenden Geschäftsvorgängen zwangsläufig ihr Augenmerk zuwenden muß, sofern diesen **nach allgemeinem Gerechtigkeitsempfinden zu steuern ist,** das Erfordernis des Eingriffes ergeben, um Mißbräuchen durch ungerechtfertigte Ausnutzung einer übergewichtigen Marktposition entgegenzutreten. Insofern hat sich auch die dem Bauvertraglichen zuzurechnende Rechtsprechung auf dem – wenn man so will, neugeschaffenen – Gebiet des Rechts der Allgemeinen Geschäftsbedingungen vielfach mit bestimmten Vertragsgestaltungen befaßt, um den Rahmen des **noch Vertretbaren im Hinblick auf die Mindestwahrung berechtigter Belange des Vertragsgegners** des Marktmächtigen abzustecken. Die Schwierigkeit bestand für die Rechtsprechung insbesondere darin, daß ihr keine fallbezogenen gesetzlichen Bestimmungen, vor allem nicht aus dem BGB, zur Verfügung standen, nach denen sie sich in konkreterem Sinne hätte orientieren können. Vielmehr mußte sie sich über lediglich als allgemeine Richtpunkte dienende Generalklauseln, wie z. B. die §§ 138, 242 BGB, an die zur Entscheidung stehenden, sich in der täglichen Praxis häufig wiederholenden Fälle herantasten und dabei versuchen, bestimmte allgemeine Grundsätze und Richtlinien zur Absteckung der Grenzen des Zumutbaren zu finden. Dabei sind die Grenzen des Zulässigen nicht danach zu bestimmen, was nach dispositivem Recht der Individualvereinbarung zugänglich wäre; hier sind sie enger, weil der Verwender von AGB einseitig für sich das Recht der Vertragsfreiheit nutzt und damit die Rechte seines Vertragspartners, in angemessener Weise seine Interessen zu vertreten und auf die Gestaltung des Vertrages Einfluß zu nehmen, verkürzt; hier kommt es allein auf eine dem Gesetz vergleichbare Güterabwägung und die Vermeidung mißbräuchlicher Verfolgung einseitiger Interessen an (vgl. dazu OLG München NJW-RR 1987, 661 m. w. N.).

2. Das **AGB-Gesetz** (zu dessen Auslegung kritisch Pawlowski BB 1978, 161) hat nunmehr die bisher allein von der Rechtsprechung ausgeübte Funktion – jedenfalls in erster Linie – übernommen und dabei vornehmlich durch die Verbotskataloge in den **§§ 10 und 11,** aber auch in der **Generalklausel des** § 9 a. a. O. festgelegt, was gegenwärtig bei aller **Wahrung des nach wie vor geltenden Grundsatzes der Vertragsfreiheit** als **allgemein oder auch absolut nicht mehr zulässig für die Vertragsgestaltung** angesehen werden kann. Es geht deshalb gerade jetzt in erster Linie darum, die Normen des AGB-Gesetzes zu beachten, um nicht Gefahr zu laufen, daß der betreffende Vertrag ganz oder teilweise als **gegen ein gesetzliches Verbot** – das AGB-Gesetz – **verstoßend und damit nichtig (§ 134 BGB)** angesehen wird, was entsprechend auch in § 6 sowie § 13 Abs. 1 AGB-Gesetz zum Ausdruck kommt. Im allgemeinen ist zu sagen, daß sich das AGB-Gesetz in der Rechtspraxis durchaus bewährt hat (vgl. dazu Bunte NJW 1987, 921; Ulmer in: Zehn Jahre AGB-Gesetz, S. 1 ff.). Das gilt auch bei Verstößen gegen **§ 3 AGB-Gesetz (überraschende Klausel)** und gegen **§ 5 AGB-Gesetz (Unklarheitsklausel);** vgl. dazu BGH BauR 1984, 61 = NJW 1984, 171 = Betrieb 1984, 184 = ZIP 1983, 1457 =

A § 10, AGB, Rdn. 80+81

LM § 3 AGBG Nr. 6 in bezug auf „Aufschließungskosten" im Rahmen der Preisvereinbarung; BGH BauR 1986, 200 = SFH § 5 AGBG Nr. 1 = NJW 1986, 924 = Betrieb 1986, 640 = MDR 1986, 401 = JZ 1986, 355 = BB 1986, 222 = LM § 5 AGBG Nr. 8 = MDR 1986, 401 = ZfBR 1986, 79 = Bunte EWiR § 6 AGBG 1/86, 211 = ZfBR 1986, 79 im Hinblick auf die Unklarheit einer Klausel zu den Gewährleistungsbestimmungen im Vertrag; OLG Frankfurt SFH § 635 BGB Nr. 50 wegen eines überraschenden Gewährleistungsausschlusses in einem notariellen Vertrag über den Erwerb einer Eigentumswohnung in einer mit „Übergabe" überschriebenen Vertragsbestimmung. Wegen der Unklarheitenklausel a. A. Sambuc NJW 1981, 313, der jedoch die eindeutige Regelung des § 6 Abs. 2 a. a. O. nicht hinreichend beachtet. Vgl. auch Einl. Rdn. 22. Keine überraschende Klausel sind jedenfalls für ein im Bereich des Tiefbaues tätiges Unternehmen die in Nr. 10 der ZTV-Stra geltenden Verjährungsfristen, selbst dann nicht, wenn nach den Vertragsbedingungen im Falle des Auftretens von Widersprüchen die VOB/B vorrangige Geltung haben soll (BGH BauR 1987, 445 = NJW-RR 1987, 851 = ZfBR 1987, 191 = Löwe EWiR § 13 VOB/B 1/87, 715 = SFH § 13 Nr. 4 VOB/B Nr. 10 = MDR 1987, 834 = ZfBR 1987, 191; vgl. dazu Teil B § 1 Rdn. 14 f.). Zu diesen Fragen vgl. vor allem auch Medicus in: Zehn Jahre AGB-Gesetz, S. 83 ff.

80 a) Grundsätzlich gelten sonst anstelle von nicht zum Vertragsbestandteil gewordenen oder von unwirksamen Bedingungen die dafür einschlägigen **gesetzlichen Vorschriften** (vgl. BGH BauR 1982, 493 = NJW 1982, 2243 = Betrieb 1982, 1926 = BB 1982, 1690, 1882 = SFH § 633 BGB Nr. 35 = MDR 1982, 1010 = LM § 633 BGB Nr. 45 = ZfBR 1982, 152 m. w .N.; BGH BauR 1986, 200 = SFH § 5 AGBG Nr. 1 = NJW 1986, 924 = Betrieb 1986, 640 = MDR 1986, 401 = JZ 1986, 355 = BB 1986, 222 = LM § 5 AGBG Nr. 8 = MDR 1986, 401 = ZfBR 1986, 79 = Bunte EWiR § 6 AGBG 1/86, 211 = ZfBR 1986, 79; bedenklich hier Heiermann/Riedl/Rusam/Schwaab Teil A § 10 Rdn. 67, die im Falle eines VOB-Vertrages lediglich auf die VOB/B zurückgehen wollen; vgl. dazu auch Frikell/Glatzel/Hofmann Rdn. 6.17 f.; Bedenken wie hier v. Westphalen ZfBR 1985, 252, 253 f.), wie sich aus § 6 Abs. 2 a. a. O. ergibt, es sei denn, die Voraussetzungen der Ausnahmeregelung des Absatzes 3 a. a. O. sind gegeben. Dann bleibt höchstens übrig, bei der Beurteilung nach den gesetzlichen Bestimmungen im Wege der Auslegung einzelne Regelungen der VOB/B sozusagen als Argument anzuführen, falls die gesetzlichen Vorschriften insoweit nicht Näheres aussagen, darüber hinaus eine Auslegung im Sinne der VOB/B bzw. der dort enthaltenen Bestimmung gestatten. **Anders ist es dagegen in den häufigen Fällen zu beurteilen, in denen der Auftraggeber als Verwender von AGB – insbesondere Zusätzlichen Vertragsbedingungen – durch diese gegen die zwingenden Vorschriften des AGB-Gesetzes verstoßen hat;** dann muß die Beurteilung im übrigen nach der außerdem vereinbarten VOB/B erfolgen. Das gilt jedenfalls im Hinblick auf Bestimmungen, die den Auftraggeber im Verhältnis zu den gesetzlichen Regelungen schlechter stellen, wie z. B. § 13 Nr. 4 VOB/B gegenüber § 638 BGB, da anderer Auffassung des Auftraggebers § 242 BGB entgegengehalten werden müßte, weil er durch seine ZVB deren Unwirksamkeit herbeigefügt und damit der Vereinbarung der VOB/B den Charakter der Gesamtausgewogenheit genommen hat (vgl. auch LG Frankfurt NJW-RR 1988, 917).

81 b) Vorrangig ist dabei die Bestimmung des § 6 Abs. 1 a. a. O., worin der Grundgedanke zum Ausdruck kommt, auch auf der Grundlage von AGB abgeschlossene Verträge so weit als irgend möglich aufrechtzuerhalten. Verstoßen nicht einzelne Klauseln insgesamt gegen die Regeln der §§ 9 ff. AGB-Gesetz, sondern trifft dies nur hinsichtlich eines Teils einer bestimmten Vertragsklausel zu, so führen die in § 6 a. a. O. niedergelegten Grundgedanken in der Frage, ob die gesamte Klausel oder nur ein Teil derselben unwirksam ist, zu einer Bewertung auf der Grundlage des § 139 BGB . Danach kommt es für die Beurteilung im Einzelfall entscheidend darauf an, ob die **Möglichkeit der Teilbarkeit der Klausel und der Aufrechterhaltung des nicht gegen das AGB-Gesetz verstoßenden Teils gegeben ist.** Dabei ist letztlich der innere Zusammenhang zwischen dem wirksamen und dem unwirksamen Teil, insbesondere auch die Abhängigkeit voneinander und damit die Möglichkeit der Verselbstän-

digung, entscheidend (ähnlich Kötz NJW 1979, 785 sowie Götz NJW 1978, 2223; vgl. auch Johannson Betrieb 1981, 732).

c) Dagegen ist es nicht möglich und auch nicht zulässig, anstelle des unwirksamen Teils eine Auslegung dahin vorzunehmen, daß die Grenze des Zulässigen wieder erreicht wird, vor allem dann, wenn unter Berücksichtigung eines eindeutig feststellbaren Willens der Vertragspartner das bloße Streichen des unwirksamen Teils des Klauselwerkes, wie z. B. das Streichen des Wortes „unwiderruflich" (vgl. dazu BGH BauR 1984, 514 = ZIP 1984, 1198 = NJW 1984, 2816 = Betrieb 1984, 1872 = MDR 1985, 124 = LM § 7 AGBG Nr. 1 = SFH § 7 AGBG Nr. 1 = ZfBR 1984, 225; vgl. auch BGH BauR 1986, 455 = Betrieb 1986, 1616 = NJW-RR 1986, 959 = SFH § 320 BGB Nr. 12 = BB 1986, 1812 = LM § 273 BGB Nr. 42 = MDR 1986, 1001 = ZIP 1986, 831 = WM 1986, 784 = Niehoff EWiR § 305 BGB 4/86, 975), nicht ausreichen würde, sondern Zusätze oder Ergänzungen gemacht werden müßten (vgl. dazu BGHZ 84, 109 = NJW 1982, 2309 = BauR 1982, 486 = Betrieb 1982, 1821 = ZIP 1982, 969 = SFH § 11 Nr. 12 AGBG Nr. 1 = MDR 1982, 921 = BB 1982, 1750 = LM § 3 AGBG Nr. 3 = ZfBR 1982, 213 für den Fall der Laufzeit eines Werkvertrages für 5 Jahre bei Ausschluß auch der Kündigung nach § 649 BGB unter Verstoß gegen § 11 Nr. 12 a AGB-Gesetz, somit den Ausschluß der Kündigung für mehr als zwei Jahre; BGH Z 85, 305 = BauR 1983, 80 = NJW 1983, 385 = Betrieb 1983, 440 = SFH § 341 BGB Nr. 4 = WM 1983, 87 = ZIP 1983, 77 = MDR 1983, 302 = BB 1983, 663 = LM § 341 BGB Nr. 9 Anm. Bliesener = ZfBR 1983, 78 im Falle der unzulässigen Ausklammerung des Vorbehalts der Vertragsstrafe bei Abnahme; BGH BauR 1985, 93 = Betrieb 1985, 590 = NJW 1985, 852 = MDR 1985, 663 = LM § 11 Ziff. 2 a AGBG Nr. 2 = SFH § 11 Nr. 2 AGBG Nr. 2 = WM 1984, 1610 = v. Westphalen EWiR § 11 Nr. 2 a AGBG 1/85, 13 = ZfBR 1985, 40 im Falle einer Klausel, wonach der Veräußerer verlangen kann, daß der Erwerber ohne Rücksicht auf vorhandene Baumängel vor Übergabe des bezugsfertigen Bauwerkes noch nicht fällige Teile des Erwerbspreises von insgesamt 14 % nach Anweisung des Veräußerers hinterlegt; BGHZ 92, 312 = NJW 1985, 319 = MDR 1985, 228 = ZIP 1985, 38 = JZ 1985, 197 = LM § 9 [CL] AGBG Anm. Hesse = Bunte EWiR § 24 AGBG 1/85, 19 bei ausnahmslosem Ausschluß der Aufrechnung mit Gegenansprüchen des Vertragspartners des Verwenders, was erst recht zutrifft, wenn zugleich auch Zurückbehaltungsrechte ausgeschlossen werden, was der genannten BGH-Entscheidung zu entnehmen sein dürfte; vgl. dazu auch BGH BauR 1986, 455 = Betrieb 1986, 1616 = NJW-RR 1986, 959 = SFH § 320 BGB Nr. 12 = BB 1986, 1872 = LM § 273 BGB Nr. 42 = MDR 1986, 1001 = ZIP 1986, 831 = WM 1986, 784 = Niehoff EWiR § 305 BGB 4/86, 975; vgl. auch BGH NJW 1982, 2311 = Betrieb 1982, 1981 = BB 1982, 1752 = ZIP 1982, 965 = MDR 1983, 127; OLG Düsseldorf BB 1980, 388 m. w. N.; OLG Hamm BB 1982, 455 = NJW 1982, 283; OLG Karlsruhe BB 1983, 725; vgl. ferner Ebel Betrieb 1979, 1973; Bunte NJW 1982, 2298; Lindacher BB 1983, 154). Die sogenannte **geltungserhaltende Reduktion** von AGB gilt sowohl bei Individualprozessen (vgl. BGH Betrieb 1983, 2517 = ZIP 1983, 1349 = BB 1983, 1873 = NJW 1984, 48 = WM 1984, 48 = MDR 1984, 224 = JZ 1984, 54 = LM § 6 AGBG Nr. 2) als insbesondere auch dann **nicht,** wenn es sich nicht um die Beurteilung eines konkreten Vertragsverhältnisses zwischen Verwender und dessen Vertragspartner handelt, sondern um einen Fall abstrakter AGB-Kontrolle nach § 13 AGB-Gesetz (Johannson Betrieb 1981, 732).

d) Allerdings kann die Lücke im Vertrag, die durch die Unwirksamkeit einer Klausel in AGB entsteht, im Wege der ergänzenden Vertragsauslegung geschlossen werden, wenn konkrete gesetzliche Vorschriften zur Ausfüllung der Lücke nicht zur Verfügung stehen und das ersatzlose Streichen der unwirksamen Klausel nicht zu einer angemessenen, den typischen Interessen des Klauselverwenders und seines Vertragspartners Rechnung tragenden Lösung führt (BGH NJW 1984, 1177 = BB 1984, 486; BGH NJW 1986, 1616 = Betrieb 1986, 480; vgl. dazu Bunte NJW 1984, 1145). Dieser Gesichtspunkt muß nicht zuletzt auch bei Bauverträgen Beachtung finden (vgl. dazu auch BGH BauR 1986, 200 = SFH § 5 AGBG Nr. 1 = NJW 1986, 924 = Betrieb 1986, 640 = MDR 1986, 401 = JZ 1986,

A § 10, AGB, Rdn. 84-87

355 = BB 1986, 222 = LM § 5 AGBG Nr. 8 = MDR 1986, 401 = ZfBR 1986, 79 = Bunte EWiR § 6 AGBG 1/86, 211). Sobald jedoch zur Ausfüllung einer unwirksamen Klausel gesetzliche Bestimmungen zur Verfügung stehen, ist für eine ergänzende Vertragsauslegung kein Raum (vgl. auch BGH BauR 1988, 465 = SFH § 208 BGB Nr. 4 = NJW 1988, 1259 mit Anm. Canaris a. a. O. 1243 für den Fall des Ausschlusses der Verjährung von Gewährleistungsansprüchen). Zur ergänzenden Auslegung von AGB vgl. insbesondere auch Rüßmann BB 1987, 843; Bunte NJW 1987, 921, 926 ff.

84 e) Über den Bereich des § 6 Abs. 3 AGB-Gesetz hinaus kann der Vertrag in seiner Gesamtheit auch unwirksam sein, wenn er in einer Vielzahl von Bestimmungen gegen das AGB-Gesetz verstößt und sich dadurch die Sittenwidrigkeit des Gesamtwerkes nach § 138 BGB aufdrängt (zutreffend LG Tübingen MDR 1981, 227).

85 f) Der Zusatz, soweit gesetzlich zulässig, der in AGB häufig in bezug auf bestimmte Regelungen gebraucht wird, ist entweder überflüssig oder wirkungslos, da er auf die Wirksamkeit der Klausel selbst keinen Einfluß haben kann (zutreffend Willenbruch BB 1981, 1976 gegen – zu weitgehend – Thümmel/Oldenburg BB 1979, 1067; so auch Lindacher a. a. O.). Siehe im übrigen auch Teil A § 13 Rdn. 42 ff.

86 3. Zur Kontrollklage nach den §§ 13 ff. AGB-Gesetz vgl. zunächst Locher, JuS-Schriftenreihe Heft 72, S. 117 ff.; ferner Sieg VersR 1977, 492 ff.; Helm NJW 1978, 129, 133; Bunte Betrieb 1980, 481. Die Unterlassungsklage ist nur gegen Klauseln zulässig, die nach den §§ 9-11 AGB-Gesetz unwirksam sind (BGH MDR 1983, 113 = LM AGBG § 9 [Cb] Nr. 5). Deshalb kann durch eine solche Klage z. B. nicht geltend gemacht werden, die Klausel sei wegen ihres Überraschungscharakters (§ 3 AGB-Gesetz) unwirksam (BGH ZIP 1986, 1197 = MDR 1987, 35 = NJW-RR 1987, 45 = LM § 13 AGBG Nr. 18 = WM 1986, 1253; Hübner EWiR 1986, 949; a. A., jedoch unzutreffend, OLG Hamm MDR 1987, 324 für den Bereich der §§ 2-5 AGB-Gesetz). Andererseits kommt hier als Verwender nicht nur ein bestimmter Vertragspartner in Betracht, sondern auch derjenige, in dessen Interesse AGB von Dritten zum Vertragsinhalt gemacht und dadurch seine Vertragsbeziehungen zu den eigentlichen Vertragspartnern berührt werden, wie z. B. beim Architekten in bezug auf den Auftraggeber und/oder den Auftragnehmer (OLG Frankfurt NJW-RR 1986, 245). Das Verfahren nach den §§ 13 ff. AGB-Gesetz dient überdies der Inhaltskontrolle (bestimmter) Allgemeiner Geschäftsbedingungen im Blick auf die dadurch abbedungene gesetzliche Regelung oder ihre Ergänzung (§ 8 AGB-Gesetz), nicht aber im Blick auf eine Änderung früherer bestehender vertraglicher Abreden (BGH Betrieb 1982, 372 = VersR 1982, 164 = MDR 1982, 378 = BB 1982, 460 = NJW 1982, 765 = ZIP 1982, 62 = LM § 9 AGBG [A] Nr. 1). Wer in Allgemeinen Geschäftsbedingungen eine nach §§ 9 ff. unwirksame Klausel verwendet, kann auch insoweit auf Unterlassung in Anspruch genommen werden, als im Einzelfall dieser Klausel wegen einer anderslautenden Individualabrede keine Bedeutung zukommt (BGH NJW 1981, 979 = MDR 1981, 666 = BB 1981, 520 = LM § 13 AGBG Nr. 1).

87 a) Im Unterlassungsverfahren nach § 13 AGB-Gesetz ist davon auszugehen, wie ein rechtlich nicht vorgebildeter Durchschnittskunde die beanstandete Klausel verstehen muß oder zumindest verstehen kann (BGHZ 79, 117, 120; BGH NJW 1980, 831, 832; BGH BauR 1983, 368 = NJW 1983, 1671 = MDR 1984, 42 = ZIP 1983, 831 = Betrieb 1983, 2080 = BB 1983, 1877 = ZfBR 1983, 188). Hier ist eine abstrakte, von den Umständen des konkreten Vertrages losgelöste Betrachtungsweise geboten; im Zweifelsfalle ist von einer Auslegung auszugehen, die **für den Vertragsgegner des Verwenders die ungünstigste ist** (BGH NJW 1985, 320 = WM 1985, 24 m. w. N.; BGH BauR 1985, 192 = NJW 1985, 855 = MDR 1985, 398 = BB 1985, 483 = Betrieb 1985, 1283 = SFH § 9 AGBG Nr. 20 = LM § 9 [Cb] AGBG Nr. 10 = ZfBR 1985, 134; BGH NJW 1985, 2329 = MDR 1985, 930 = ZIP 1985, 1402 = BB 1985, 1418 = LM § 11 Ziff. 15 b AGBG Nr. 1 = WM 1985, 945; vgl. auch OLG Köln ZIP 1981, 110; OLG München BauR

1986, 579 = NJW-RR 1986, 382 = Betrieb 1986, 739 = MDR 1986, 408 = SFH § 9 AGBG Nr. 30 = BB 1986, 554; OLG München NJW-RR 1987, 661).

b) Dabei ist der Unterlassungsanspruch schon vor erstmaliger Verwendung der entsprechenden AGB-Klauseln gegeben, wenn die Absicht alsbaldiger Verwendung nach außen manifestiert wird; demgemäß besteht eine ernstliche Begehungsgefahr bereits dann, wenn AGB-Formulare zum alsbaldigen Gebrauch bestellt werden oder ihr Druck in Auftrag gegeben worden ist (LG Braunschweig ZIP 1981, 876).

c) An das **Ausräumen der Wiederholungsgefahr sind strenge Anforderungen** zu stellen; diese ist grundsätzlich erst dann nicht mehr gegeben, wenn der Verwender die Unterlassungspflicht ausdrücklich anerkennt oder für den Fall der Zuwiderhandlung eine Vertragsstrafe verspricht (OLG Düsseldorf Betrieb 1981, 1663; insoweit offengelassen von BGHZ 81, 222 = BauR 1981, 569 = NJW 1981, 2412 = Betrieb 1981, 2118 = WM 1981, 1105 = ZfBR 1981, 236 = MDR 1981, 1006 = ZIP 1981, 989 = BB 1981, 1791 = LM § 13 AGBG Nr. 3 = SFH AGBG § 13 Nr. 1). Ähnlich wie bei Wettbewerbsverstößen liegt nämlich die tatsächliche Vermutung einer Wiederholungsgefahr, die für eine Unterlassungsverpflichtung auch hier gegeben sein muß, vor (BGH a. a. O.). Allerdings sind – ebenso wie im Wettbewerbsrecht – Ausnahmen möglich, die sich aus dem Gesamtverhalten des Verwenders ergeben müssen; solche können darin gesehen werden, daß sich der Verwender schon auf die erste Abmahnung bereit erklärt, die beanstandeten AGB für alle zukünftigen Fälle zu ändern und aus den bisher abgeschlossenen Verträgen insoweit keine Rechte herzuleiten, er ferner die noch vorhandenen Vordrucke seiner AGB vernichtet und nicht zu beanstandende neue Formulare entwickelt, wenn er des weiteren vor der Klageerhebung sämtliche Partner noch laufender Verträge anschreibt und auf die unzulässigen Klauseln hinweist sowie den Abschluß neuer Verträge nach beigefügtem, geändertem Vertragsformular anbietet. Mehr kann vom Verwender vernünftigerweise nicht verlangt werden (BGH a. a. O). Gibt dagegen der Verwender rechtswidriger AGB-Klauseln eine Unterlassungserklärung nur unter Vorbehalt einer aufschiebenden Zeitbestimmung ab (Inanspruchnahme von Aufbrauchfrist für bisher verwendete Formulare), wird dadurch die Wiederholungsgefahr nicht beseitigt (BGH Betrieb 1982, 1981 = ZIP 1982, 965 = BB 1982, 1752 = NJW 1982, 2311 = LM § 13 AGBG Nr. 10).

d) Wer verurteilt ist, eine Bestimmung in seinen AGB nicht mehr zu verwenden, darf sich auch bei der Abwicklung bereits abgeschlossener Verträge nicht mehr auf diese Bestimmung berufen (BGH Betrieb 1981, 1129 = WM 1981, 379 = NJW 1981, 1511 = MDR 1981, 750 = LM § 13 AGBG Nr. 2).
Die rechtskräftige Verurteilung der Komplementärin einer GmbH & Co KG, die Verwendung unwirksamer AGB-Klauseln zu unterlassen, schließt das Rechtsschutzbedürfnis für eine weitere Unterlassungsklage gegen die Kommanditgesellschaft nicht aus (LG Berlin ZIP 1981, 1106).
Entgegen OLG Düsseldorf (NJW 1978, 2512) kann die Unterlassung der Verwendung einzelner unwirksamer AGB auch im Wege einstweiliger Verfügung verlangt werden (zutreffend OLG Hamburg NJW 1981, 2420 = ZIP 1981, 993; LG Düsseldorf, Urt. vom 8. 5. 1985 – 12 O 163/85 = Bunte EWiR § 9 AGBG 6/85, 325).
Zur gerichtlichen Entscheidungspraxis in Verfahren nach § 13 AGB-Gesetz vgl. Seifert BB 1982, 464.

4. Daß sich das AGB-Gesetz **gerade auch auf die Vertragsgestaltung bei Bauverträgen** und den für diese zulässigen Rahmen **bezieht,** ergibt sich nicht nur daraus, daß einzelne Regelungen, insbesondere in den §§ 10 f., ihrem Gegenstand und Inhalt nach besonders auch bei Bauverträgen in Betracht kommen, sondern vor allem daraus, daß **in einzelnen Bestimmungen ausdrücklich der Werkvertrag (zugleich Bauvertrag) angesprochen** worden ist, wie in § 11 Nr. 10 b, Nr. 11, 12, 13, außerdem aus der in § 25 Nr. 2 a. a. O. angeordneten **Einfügung**

des § 633 Abs. 2 Satz 2, der den neu eingeführten § 476 a BGB auch für Werkverträge (Bauverträge) zur Anwendung bringt. Ganz besonders kommt die erforderliche Beachtung der Vorschriften des AGB-Gesetzes speziell für Bauverträge dadurch zum Ausdruck, daß im Rahmen der Regelung des sachlichen Anwendungsbereiches in § 23 Abs. 2 Nr. 5 a. a. O. ausdrücklich die VOB Teil B dahin gehend angesprochen worden ist, daß die Verbotsnormen des § 10 Nr. 5 und des § 11 Nr. 10 f AGB-Gesetz dann keine Anwendung finden, wenn die Vertragspartner die VOB zur Vertragsgrundlage gemacht haben.

92 5. Die Regelungen des AGB-Gesetzes stehen einer etwaigen **Irrtumsanfechtung** gemäß § 119 BGB **nicht entgegen** (Loewenheim AcP 1980 Bd. 180, 433). Vgl. dazu insbesondere auch Locher BB 1981, 818.

II. Anwendung des AGB-Gesetzes auf Bauverträge

1. Allgemeiner Regelungsbereich des Gesetzes

93 Das AGB-Gesetz erfaßt **Allgemeine Geschäftsbedingungen (AGB) nach seiner in § 1 gegebenen Definition.** Vgl. dazu Korbion/Locher Rdn. 1 ff. Hierbei ist zunächst zu beachten, daß das **AGB-Gesetz mit seinen Einzelregelungen grundsätzlich nur den Vertragspartner des Verwenders schützt,** wie sich aus der Grundregelung des § 1 Abs. 1 AGB-Gesetz ergibt; also kann sich der Verwender (vgl. Rdn. 153ff.) nicht auf die Unwirksamkeit von ihm selbst gestellter AGB nach dem AGB-Gesetz berufen (BGH BauR 1987, 205 = NJW 1987, 837 = MDR 1987, 397 = Betrieb 1987, 577 = Bunte EWiR § 638 BGB 1/87, 139 = JZ 1987, 579 = SFH § 13 Nr. 1 VOB/B Nr. 6 = LM § 9 [A] AGBG Nr. 2 = WM 1987, 217 = ZfBR 1987, 73 für den Fall der vom Auftraggeber selbst in den Vertrag eingeführten VOB/B, im Hinblick auf die kurze Verjährungsfrist in Teil B § 13 Nr. 4). Ferner sind AGB alle für eine – bestimmte oder unbestimmte (vgl. Fritz Rdn. 45) – **Vielzahl** (vgl. dazu BGH BauR 1981, 469 = NJW 1981, 2343 = SFH § 198 BGB Nr. 5 = BB 1982, 149 = MDR 1982, 48 = LM § 198 BGB Nr. 12 = MDR 1982, 48 = ZfBR 1981, 214; BGH BauR 1985, 93 = SFH § 11 Nr. 2 AGBG Nr. 3 = WM 1984, 1610 = v. Westphalen EWiR § 11 Nr. 2 a AGBG 1/85, 13 = NJW 1985, 852 = BB 1985, 148 = Betrieb 1985, 590 = ZfBR 1985, 40: drei bis vier Verwendungen; Heinrichs NJW 1977, 1505, 1506: untere Grenze drei bis fünf Verwendungen; v. Westphalen BB 1976, 1289 und Fritz Rdn. 47 f.: drei; Willemsen NJW 1982, 1121, 1122: absolute Untergrenze drei, im übrigen Umstände des Einzelfalles; dagegen v. Falkenhausen BB 1979, 1124, 1125 ff.: mehr als zwanzig; Heiermann/Riedl/Rusam/Schwaab Teil A § 10 Rdn. 52: mehr als zwei Verwendungen) **von Verträgen vorformulierten Vertragsbedingungen, die eine Vertragspartei bei Abschluß eines Vertrages stellt.** Im übrigen spielt die Form der Klausel keine Rolle; die Voraussetzungen des § 1 Abs. 1 Satz 1 AGB-Gesetz sind daher auch gegeben, wenn der Verwender eine Klausel lediglich aus dem Gedächtnis in den jeweiligen Vertragstext übernimmt (BGH NJW 1988, 410 = BB 1988, 14 = VersR 1988, 184 = Betrieb 1988, 439 = MDR 1988 = LM § 1 AGBG Nr. 11). Dagegen stellt eine nur für einen bestimmten Vertrag von einer Partei vorformulierte Vertragsbedingung keine AGB i. S. des § 1 AGB-Gesetz dar (BGH ZIP 1987, 1439 = MDR 1988, 139 = NJW-RR 1988, 57 = LM § 1 AGBG Nr. 10).
Überdies ist von einer vielzahligen Verwendung i.S. des § 1 Abs. 1 AGB-Gesetz auch dann zu sprechen, wenn ein Verwender ein von einem Dritten aufgestelltes, zum Mehrfachgebrauch bestimmtes Vertragswerk nur einmal gebraucht, wie z. B. **der einmal bauende Auftraggeber in bezug auf die VOB** (vgl. Heinrichs NJW 1977, 1505, 1506) oder einen Teil derselben, wie z. B. im Hinblick auf Teil B § 13 Nr. 4 (BGH BauR 1987, 438 = JZ 1987, 887 = NJW 1987, 2373 = Betrieb 1987, 1988 = SFH § 13 Nr. 4 VOB/B Nr. 12 = WEZ 1987, 263 = MDR 1987, 1019 = LM § 11 Ziff. 10 f AGBG Nr. 6 = ZfBR 1987, 199; vgl. Rdn. 141 ff.).

94 Verwendet ein Vertragspartner von einem Dritten aufgestellte Vertragsbedingungen (vgl. dazu Rdn. 97) oder fügt er bisher vorgedruckte Vertragsteile nunmehr hand- oder maschinen-

schriftlich in den Vertragstext ein, oder schreibt er Bedingungen aus einem Formularbuch ab, so ist von einem abstrakt-generellen Charakter der Bedingungen auszugehen (Willemsen NJW 1982, 1121, 1122). Voraussetzung ist, daß es sich um Vertragsbestimmungen handelt, die auf einer **rechtsgeschäftlichen Vereinbarung beruhen,** also nicht um solche, die ihre Verbindlichkeit aus ihrem Charakter als Rechtsnormen herleiten (Heinrichs a. a. O.). Unerheblich ist dabei, ob es sich um Haupt- oder Nebenabreden handelt (a. a. O.). Unbeachtlich ist auch, ob die betreffenden AGB erstmalig in einem Vertrag verwendet werden (BGH BauR 1981, 571 = SFH § 633 BGB Nr. 30 = MDR 1982, 49 = LM § 635 BGB Nr. 64 = ZfBR 1981, 219 m. w. N.) oder ob ihr vorformulierter Teil von mehreren Verwendern für jeweils von ihnen abzuschließende Verträge gestellt wird; es genügt insoweit, daß die gleichen Bedingungen für mehrere gleichartige Verträge vorformuliert sind und jeder der Verwender sie sich zu eigen macht (BGH BauR 1985, 93 = SFH § 11 Nr. 2 AGBG Nr. 3 = WM 1984, 1610 = v. Westphalen EWiR § 11 Nr. 2 a AGBG 1/85, 13 = NJW 1985, 582 = BB 1985, 148 = Betrieb 1985, 590 = ZfBR 1985, 40). Gleichgültig ist weiter, ob die Bestimmungen einen äußerlich gesonderten Bestandteil des Vertrages bilden oder in die Vertragsurkunde selbst aufgenommen werden, welchen Umfang sie haben, in welcher Schriftart sie verfaßt sind und welche Form der Vertrag hat. Dagegen liegen kraft ausdrücklicher gesetzlicher Regelung (§ 1 Abs. 2 a. a. O.) **AGB** dann **nicht vor, wenn die Vertragsbedingungen zwischen den Vertragsparteien im einzelnen ausgehandelt sind.** Dies ist ein Ausfluß des Grundsatzes des **Vorranges der Individualabrede,** den das AGB-Gesetz unangetastet läßt und der für den Bereich von Allgemeinen Geschäftsbedingungen schon vor Inkrafttreten des AGB-Gesetzes galt (vgl. BGH VersR 1982, 489 = WM 1982, 447 = MDR 1982, 559 = ZIP 1982, 326 = BB 1982, 2136).

a) Wichtig ist somit zunächst, daß es sich um **Vertragsbedingungen handelt, die nach dem Willen des Verwenders einseitig gestellt** sind, und zwar **unter der grundlegenden Voraussetzung, daß sie nicht für einen bestimmten bevorstehenden Vertragsabschluß konkret entworfen werden,** sondern als Grundlage und Rahmen für gleichartige Rechtsverhältnisse zwischen dem Verwender und seinen verschiedenen – zukünftigen – Vertragspartnern aufgestellt werden (ähnlich Ulmer/Brandner/Hensen § 1 Rdn. 21). Maßgebend sind letztlich die Bedingungen, die Vertragsinhalt werden sollen. Ist z. B. in einer dem Angebotsverfahren zugrunde gelegten Leistungsbeschreibung bzw. einem Vorblatt dazu eine Gewährleistungsfrist von 2 Jahren festgelegt, enthält dagegen das Auftragsschreiben, das zweifelsfrei mit den diesem beigefügten Besonderen Vertragsbedingungen erklärtermaßen Vorrang haben soll, eine 5jährige Gewährleistungsfrist, und wird dem von Auftragnehmerseite nicht widersprochen, so ist die zuletzt genannte Gewährleistungsfrist maßgebend (vgl. BGH BauR 1986, 202 = SFH § 5 AGBG Nr. 2 = NJW-RR 1986, 825 = Betrieb 1986, 586 = BB 1986, 423 = MDR 1986, 490 = LM § 5 AGBG Nr. 9 = WM 1986, 387 = ZfBR 1986, 78 = Hochstein EWiR § 5 AGBG 1/86, 317).

Wesentlich ist weiter, daß die Bedingungen – vielfach verwendet – nicht als Ergebnis freien gegenseitigen Aushandelns der Vertragsparteien erscheinen, sondern **einseitig vom Verwender nach seinen Interessen** in erheblicher Abweichung von der gesetzlichen Regelung **festgelegt** sind, was vor allem auch für den bauvertraglichen Bereich gilt (BGHZ 62, 251, 253; BGH BauR 1975, 206 m. w. N.; BGH BauR 1981, 571 = SFH § 633 BGB Nr. 30 = MDR 1982, 49 = LM § 635 Nr. 64 = ZfBR 1981, 219 m. w. N.). Dabei ist es nicht erforderlich, daß die Zahl der zukünftigen Vertragspartner als Vielzahl unbestimmt ist; vielmehr sind **AGB** auch dann gegeben, **wenn** es sich um solche handelt, die **für eine bestimmte Anzahl von Interessenten aufgestellt werden, die sich zwangsläufig aus einer bestimmten Menge von Objekten als Vertragsgegenständen** (wie z. B. die Errichtung mehrerer Eigentumswohnungen) ergeben (ebenso Heinrichs NJW 1977, 1505, 1506). **Wesentlich** ist dabei **nicht, ob** die für eine Vielzahl bestimmten **Vertragsmuster auch tatsächlich so Verwendung finden; entscheidend** ist allein, daß der Verwender die **Absicht dazu hat** (also mehrere gleichartige Verträge über die Errichtung oder die Veräußerung mehrerer Eigentumswohnungen abzuschließen). Auch die erstmalige Verwendung nimmt den Bedingungen nicht den Charakter von AGB i. S. des § 1 Abs. 1 AGB-Gesetz; entscheidend ist allein die Absicht des vielzahligen Gebrauchs (vgl. Nettesheim BB 1979, 1220 m. w. N.; Fritz Rdn. 42 f.; insofern mißverständlich Heiermann/ Riedl/Rusam/Schwaab Teil A § 10 Rdn. 53).

97 b) **Einseitiges Stellen bedeutet,** daß die so zweckbestimmten, vorformulierten **Vertragsbedingungen vom Verwender im Rahmen von Vertragsverhandlungen eingeführt werden mit dem Verlangen, nur auf dieser Grundlage den Vertrag abzuschließen und der Vertrag daraufhin abgeschlossen wird** (vgl. u. a. von Falkenhausen BB 1977, 1124, 1126; Sonnenschein NJW 1980, 1489, 1492; Jaeger NJW 1979, 1569, 1572, der das bloße Einführen in die Vertragsverhandlungen mit dem Ziel, daß die Bedingungen Vertragsinhalt werden, genügen läßt, verlangt angesichts der Tragweite des Wortes „Stellen" insoweit zu wenig). **Solche Voraussetzungen treffen häufig auch auf den öffentlichen Auftraggeber zu.** Zum Stellen von AGB im Rahmen von Bauherrenmodellen beachtlich und in der Unterscheidung zutreffend Bartsch NJW 1986, 28. Dafür, daß Vertragsbedingungen gestellt werden bzw. gestellt worden sind, hat derjenige die Beweislast, der sich unter den Schutz des AGB-Gesetzes begeben will (zutreffend u. a. Bartsch NJW 1986, 28).

98 **Wesentliches Unterscheidungsmerkmal** ist es, daß das „**Stellen**" der Vertragsbedingungen **im Sinne einseitigen Verlangens bzw. Auferlegens** vorliegen muß . Gehen **beide Parteien von sich aus bei den Vertragsverhandlungen von den gleichen Vertragsbedingungen aus** – wie z. B. von der VOB –, so kann von „Stellen" im angegebenen Sinne keine Rede mehr sein (vgl. u. a. Locher NJW 1977, 1801 und NJW 1979, 2335, 2336; Kaiser, Mängelhaftungsrecht, Rdn. 12 a m. w. N.; Recken BauR 1978, 417, 418; Jagenburg BauR Sonderheft 1/1977, 7 f.; vgl. auch Heinrichs NJW 1977, 1505, 1507; Niebling BauR 1981, 227; Ulmer/Brandner/Hensen § 1 Rdn. 29). Überdies können AGB **nur von einer Vertragspartei gestellt werden,** nicht dagegen von einem Dritten, der beratend für **beide** Vertragspartner ein bestimmtes Vertragswerk vorschlägt, wie z. B. der Notar (ebenso Heinrichs NJW 1977, 1505, 1507; a. A. und auch sonst zu weitgehend Garrn NJW 1980, 2782). Anders wiederum, wenn ein Dritter lediglich die Interessen eines Vertragspartners vertritt und nur für diesen **einseitig beratend** tätig ist (vgl. dazu auch Fritz Rdn. 50).

99 c) Für den **Begriff des Verwenders** kommt es **nicht** darauf an, wer die AGB vorformuliert hat, sondern darauf, **wer** sie in einen Vertrag durch einseitiges Verlangen **einbeziehen will** (vgl. BGHZ 74, 205 = BauR 1979, 337 = NJW 1979, 1406 = SFH § 633 BGB Nr. 17 = BB 1979, 1319 = WM 1979, 781 = Betrieb 1979, 1651 = ZfBR 1979, 151 = VersR 1979, 1102 = Anm. Peters NJW 1979, 1820 = Anm. Stürner JZ 1979, 758 = Anm. Liesegang JR 1979, 501 = Anm. Thomas DNotZ 1979, 746; Schlosser/Coester-Waltjen/Graba § 1 Rdn. 21; Dietlein/Rebmann § 1 Rdn. 7). Es ist dabei nicht entscheidend, ob das Verlangen in einem Angebot zum Vertragsabschluß gestellt wird; vielmehr kann Verwender auch derjenige sein, der über die Annahme des Angebotes zu entscheiden hat; auch dieser kann Verwender sein, wenn die Bedingungen auf ihn zurückgehen und er eindeutig den Vertrag nur unter „seinen" Bedingungen abschließen will (vgl. BGH BauR 1984, 392 = NJW 1984, 2094 = SFH § 633 BGB Nr. 4 = ZfBR 1984, 183). Auch können von einem **Notar für einen Vertragspartner** entworfene – nicht nur ihm intern als Vorlage dienende (vgl. Locher, JuS-Schriftenreihe Heft 72, S. 22) – Verträge AGB i. S. des § 1 Abs. 1 AGB-Gesetz sein, und seine Mitwirkung beim Vertragsabschluß schließt weder das Verwenden durch **diesen** Vertragspartner noch dessen Stellen der Bedingungen aus (vgl. BGH BauR 1982, 493 = NJW 1982, 2243 = Betrieb 1982, 1926 = BB 1982, 1690, 1882 = SFH § 633 BGB Nr. 35 = MDR 1982, 1010 = LM § 633 BGB Nr. 45 = ZfBR 1982, 152; OLG München NJW 1981, 2472 = BauR 1982, 64; Nettesheim BB 1979, 1222; Garrn NJW 1980, 2782; jeweils m. w. N.; a. A. Brambring/Schippel NJW 1979, 1802; kritisch auch Peters NJW 1979, 1820; vgl. jedoch Rdn. 99 ff.). **Der Verwender braucht daher nicht selbst Aufsteller der AGB zu sein;** vielmehr genügt es, wenn er von einem Dritten zwecks mehrfacher Ver-

wendung formulierte AGB benutzt, wie das z. B. **gerade hinsichtlich der VOB** der Fall ist (vgl. dazu auch Locher NJW 1977, 1801; mißverständlich Heiermann/Riedl/Rusam/Schwaab Teil A § 10 Rdn. 54). Eine Wohnungsbauträgergesellschaft, die sich von einem Wirtschaftsprüfer ein Vertragswerk für ein Bauherrenmodell ausarbeiten läßt, ist Verwenderin der darin enthaltenen AGB, auch wenn der Wirtschaftsprüfer später als Treuhänder der Bauherren die Verträge in deren Namen mit der Gesellschaft abschließt (BGH NJW 1985, 2477 = MDR 1985, 653 = Betrieb 1985, 1525 = LM § 1 AGBG Nr. 3 = WM 1985, 751 = v. Westphalen EWiR § 652 BGB 3/85, 383 = BB 1985, 1151). Außerdem: Wer von ihm selbst vorformulierte AGB als Vertreter eines anderen in den Verkehr bringt, ist Verwender der AGB im Sinne des § 13 Abs. 1 AGB-Gesetz zumindest dann, wenn er ein eigenes Interesse daran hat, daß die AGB den von ihm vermittelten Verträgen zugrunde gelegt werden, wie das gerade für Baubetreuungsunternehmen im Verhältnis zu Auftragnehmern zutrifft (vgl. BGH Z 81, 229 = BauR 1981, 582 mit Anm. Locher a. a. O. = Betrieb 1981, 2424 = MDR 1981, 1005 = SFH § 8 AGBG Nr. 1 = NJW 1981, 2351 = LM AGBG Nr. 17 = ZfBR 1981, 232).

d) Im übrigen stellt das Gesetz des weiteren klar, daß es bei der Beurteilung, ob AGB vorliegen, auf **materielle, vom Schutzzweck geprägte Kriterien** ankommt, **nicht** aber auf **formale Gesichtspunkte,** wie die Schriftart (z. B. gedruckt, vervielfältigt), die sonstige äußerliche Gestaltung (besonderer Vertragsbestandteil, bloß in den Geschäftsräumen ausgehängt usw.) sowie den Umfang (viele oder wenige Klauseln) und die Form (schriftlich, notariell beurkundet). Diese formalen Punkte bilden daher keinen maßgebenden Grund für die Unterscheidung, sondern liegen der Beurteilung einheitlich zugrunde (vgl. dazu auch Heinrichs NJW 1977, 1505, 1507).

e) Nach § 1 Abs. 2 AGB-Gesetz gehört das Aushandeln der Bedingungen im einzelnen begrifflich nicht zu den AGB; es ist somit aus dem Schutzbereich des Gesetzes ausgeklammert. Gerade dies spielt bei Bauverträgen eine ganz erhebliche Rolle. Insoweit kann aber von Aushandeln nur gesprochen werden, wenn **zuvor** das vorangehend umrissene Merkmal des „Stellens" vorliegt; dieses ist also Voraussetzung für ein Aushandeln (v. Falkenhausen BB 1977, 1124, 1126). Dabei ist insbesondere zu bedenken, daß der Begriff des „Aushandelns" gerade in jenen Fällen von Bedeutung sein kann, in denen zunächst vorformulierte Bedingungen von einer Seite in die Vertragsverhandlungen eingebracht werden und darüber dann verhandelt wird.

Dazu ist zunächst festzustellen, daß „**Verhandeln nicht schon Aushandeln**" ist, wie es das Gesetz verlangt. Also **reicht** die **bloße Aufklärung des Vertragsverhandlungspartners** durch den Verwender **nicht,** insbesondere auch nicht über die Tragweite einzelner Bedingungen oder des ganzen vorformulierten Vertragswerkes. Deshalb genügt es für die Annahme einer außerhalb der AGB liegenden Individualabrede (§ 1 Abs. 2 AGB-Gesetz) noch nicht, wenn der **Verwender oder ein Dritter (z. B. Notar)** dem anderen Teil die Klauseln im einzelnen vorliest und allgemein erläutert, da hierdurch die bestimmende Wirkung des vorformulierten Textes und die für den anderen Teil verbundenen Gefahren noch nicht beseitigt sind (BGH BauR 1982, 493 = Betrieb 1982, 1926 = BB 1982, 1690, 1882 = SFH § 635 BGB Nr. 35 = LM § 633 BGB Nr. 45 = ZfBR 1982, 152 in zutreffender Auseinandersetzung mit der hiergegen erhobenen Kritik; BGH BauR 1984, 61 = NJW 1984, 171 = Betrieb 1984, 184 = ZIP 1983, 1457 = LM § 3 AGBG Nr. 6; BGH BauR 1985, 93 = SFH § 11 Nr. 2 AGBG Nr. 3 = WM 1984, 1610 = v. Westphalen EWiR § 11 Nr. 2 a AGBG 1/85, 13 = ZfBR 1985, 40 = NJW 1985, 852 = BB 1985, 148 = Betrieb 1985, 590, insoweit bei bloßem Zugeständnis wegen des nicht zu den AGB gehörenden Preises; OLG Celle BB 1976, 1287 mit Anm. Graf v. Westphalen; OLG München NJW 1981, 2472 = BauR 1982, 64). Des weiteren reicht für die Annahme eines Aushandelns auch nicht die bloße Behauptung, die betreffende Vertragsbestimmung sei beim Notar ausführlich besprochen und erörtert worden (BGH BauR 1981, 469 = NJW 1981, 2243 = SFH § 198 BGB Nr. 5 = BB 1982, 149 = LM § 198 BGB Nr. 12 = MDR 1982, 48 = ZfBR

1981, 214); vielmehr ist dazu eine eingehende Belehrung über die möglichen Rechtsfolgen und eine eindeutige besondere Vereinbarung erforderlich (BGH a. a. O.; OLG Frankfurt SFH § 635 BGB Nr. 50). Auch der allgemeine Hinweis in einem AGB enthaltenden Formularvertrag, die fragliche Bestimmung sei mit dem Auftraggeber besprochen und von ihm ausdrücklich anerkannt worden, besagt in dieser Hinsicht noch nichts (vgl. BGH NJW 1977, 432 = BB 1977, 59 mit Anm. Trinkner = MDR 1977, 210 = Betrieb 1977, 158 = WM 1977, 15 = LM § 652 BGB Nr. 59; BGH Z 74, 204 = BauR 1979, 337 = NJW 1979, 1406 = SFH § 633 BGB Nr. 17 = BB 1979, 1319 = WM 1979, 781 = Betrieb 1979, 1651 = ZfBR 1979, 151 = VersR 1979, 1102 = Anm. Peters NJW 1979, 1820 = Anm. Stürner JZ 1979, 758 = Anm. Liesegang JR 1979, 501 = Anm. Thomas DNotZ 1979, 746). Vor allem reicht auch eine **vorformulierte Aushandelnsbestätigung nicht;** sie ist sogar Allgemeine Geschäftsbedingung i. S. des § 1 Abs. 1 Satz 1 AGB-Gesetz, die auch unter das Verbot des § 11 Nr. 15 b AGB-Gesetz fällt, da diese Bestimmung nicht nur die Beweislastumkehr, sondern schon jeden Versuch, die Beweisposition des Vertragspartners des Verwenders zu verschlechtern, erfaßt (BGH BauR 1987, 308 = ZIP 1987, 448 = MDR 1987, 563 = JZ 1987, 724 mit Anm. Wolf = Betrieb 1987, 1295 = NJW 1987, 1634 = LM § 11 Ziff. 15 AGBG Nr. 3; vgl. auch OLG Stuttgart BauR 1985, 321).

103 **Ob und inwieweit** im Rahmen der hier im Ausgangspunkt vorformulierten Klauseln ein „Aushandeln" vorliegt, um zu der außerhalb des Schutzbereiches des AGB-Gesetzes liegenden **Individualabrede** zu kommen, läßt sich **nur nach den Verhältnissen des Einzelfalles bestimmen.** Grundsätzliche **Voraussetzung** dürfte sein, daß der **Verwender eindeutig aushandlungsbereit ist und daß der Gegner des Verwenders von der jeweiligen Klausel hinsichtlich ihrer Tragweite Kenntnis genommen bzw. diese Kenntnis vermittelt bekommen hat, auf die endgültige Vertragsgestaltung ersichtlich Einfluß genommen hat und daß die späteren Vertragspartner bei ihren Verhandlungen als gleichberechtigte Partner ernsthaft über die Änderung oder Ergänzung des vorformulierten Textes gesprochen haben** (vgl. dazu insbesondere auch Wolf NJW 1977, 1937 sowie Schnur MDR 1977, 92 und Jaeger NJW 1979, 1569; ferner Löwe NJW 1977, 1328 und Heinrichs NJW 1977, 1505, 1507 ff.). Dabei muß ein Aushandeln über den betreffenden Vertrag berührende **gewichtige Punkte** verlangt werden, ohne daß es sich im eigentlichen um vertragliche Hauptpflichten handeln muß. Hingegen ist es für die Annahme eines Aushandelns **nicht erforderlich, daß der vorformulierte Text im Ergebnis tatsächlich geändert oder ergänzt** wird (BGHZ 84, 109 = BauR 1982, 486 = NJW 1982, 2309 = Betrieb 1982, 1821 = ZIP 1982, 969 = SFH § 11 Nr. 12 AGBG Nr. 1 = MDR 1982, 921 = BB 1982, 1750 = LM AGBG Nr. 36 = ZfBR 1982, 213 m. w. N.). Es ist möglich, daß es im Rahmen des Aushandelns trotz der Gegenvorschläge des Verhandlungsgegners bei den Bedingungen des Verwenders bleibt. Allerdings ist in solchen Fällen grundsätzlich vom Stellen der AGB durch den Verwender auszugehen.

104 Daher kann eine Individualvereinbarung nur in Betracht kommen, wenn der Verwender zur Abänderung seiner AGB **bereit ist, er also „mit sich reden läßt",** und der Gegner dies bei den Vertragsverhandlungen weiß (BGH WM 1977, 287 = NJW 1977, 624 = MDR 1977, 477 = BB 1975, 715 = Betrieb 1977, 488 = LM § 652 BGB Nr. 61; BGH Z 85, 305 = BauR 1983, 80 = NJW 1983, 385 = Betrieb 1983, 440 = SFH § 341 BGB Nr. 4 = WM 1983, 87 = ZIP 1983, 77 = MDR 1983, 302 = BB 1983, 663 = LM § 341 BGB Nr. 9 Anm. Bliesener = ZfBR 1983, 78; OLG Stuttgart BB 1986, 2091; dazu im Kern zutreffend Jaeger NJW 1979, 1569; ferner Locher, JuS-Schriftenreihe, Heft 72, S. 24 ff.; Heinrichs NJW 1977, 1505, 1508 sowie v. Falkenhausen BB 1977, 1124, 1127 f.). Das setzt aber eine **bedingungslose Bereitschaft** voraus. Diese darf auch nicht nur allgemein zum Ausdruck gelangen, sondern muß den Willen erkennen lassen, zur Änderung **bestimmter** Vertragsklauseln bereit zu sein (nur insoweit kann der sonst hinsichtlich der hier maßgebenden Grenzen zu engen Entscheidung des OLG Celle NJW 1978, 326 zugestimmt werden), wobei jedoch die Bereitschaft zu Zugeständnissen, die nicht zum Bereich der AGB gehören, noch nicht genügt (BGH BauR 1985, 93 = SFH § 11 Nr. 2 AGBG = WM 1984, 1610 = v. Westphalen EWiR § 11 Nr. 2 a AGBG 1/85, 13 = ZfBR 1985, 40

= NJW 1985, 852 = BB 1985, 148 = Betrieb 1985, 590). Auch reicht es nicht, wenn der Verwender dem Verhandlungspartner lediglich längere Zeit eine gegen das AGB-Gesetz verstoßende Klausel erläutert, ohne erkennbar zu ihrer Änderung bereit zu sein (BGH NJW 1988, 410 = VersR 1988, 184 = BB 1988, 14 = Betrieb 1988, 437). Ein Aushandeln i. S. von § 1 Abs. 2 AGB-Gesetz kann nur bejaht werden, wenn der Verwender den in seinen AGB enthaltenen „gesetzesfremden" Kerngehalt, also die den wesentlichen Inhalt der gesetzlichen Regelung ändernden oder ergänzenden Bestimmungen, inhaltlich zur Disposition stellt, nicht aber, wenn er diesen „gesetzesfremden" Kerngehalt bei ablehnender Haltung des Vertragsgegners einfach zugunsten einer anderen, unabänderlich vorgefertigten Vertragsgestaltung entfallen läßt (BGH MDR 1985, 1005 = BB 1985, 2069 = ZIP 1985, 1272 = Betrieb 1986, 166 = NJW-RR 1986, 57 = LM § 1 AGBG Nr. 4 = WM 1985, 1208; vgl. auch BGH BauR 1987, 113 = MDR 1987, 311 = JZ 1987, 159 = NJW-RR 1987, 144 = ZIP 1986, 1466 = Betrieb 1987, 933 = SFH § 1 AGBG Nr. 3 = LM § 1 AGBG Nr. 7 = ZfBR 1987, 40; OLG Hamm BB 1988, 868). Das gilt auch bei späterer erneuter Verwendung der AGB, und zwar in besonderem Maße (vgl. Willemsen NJW 1982, 1121). „Erkauft" sich der Verwender die unveränderte Absprache seiner AGB gegen einen Preisnachlaß, so wird man nicht von einer Individualabsprache, sondern nach wie vor von AGB sprechen müssen. Auch das bloße Einräumen von Wahlmöglichkeiten in AGB begründet grundsätzlich noch keine Individualvereinbarung (Wolf NJW 1977, 1937, 1941). Keinesfalls genügen daher die bloße Übersendung der Allgemeinen Geschäftsbedingungen und die Unterschrift des Vertragspartners unter ein Vertragsformular, um eine Individualabrede annehmen zu können (BGHZ 85, 305 = BauR 1983, 80 = NJW 1983, 385 = Betrieb 1983, 440 = SFH § 341 BGB Nr. 4 = WM 1983, 87 = ZIP 1983, 77 = MDR 1983, 302 = BB 1983, 663 = LM § 341 BGB Nr. 9 Anm. Bliesener = ZfBR 1983, 78).

Bei Zusätzen und Einfügungen kommt es darauf an, ob sie **selbständig für sich stehen** oder ob es sich um **unselbständige Ergänzungen bestehender Klauseln** handelt. Im ersten Fall sind diese nur dann keine AGB, wenn sie nach dem Vorerwähnten ausgehandelt worden sind. Im zweiten Fall kommt es darauf an, ob die Ergänzungen individuell oder ob sie mehrfach („vielzahlig") so in Verträge dieses Verwenders aufgenommen werden. Trifft letzteres zu, so entfällt auch hier der AGB-Charakter nur im Falle eines Aushandelns (Wolf a. a. O.). Unter diesen Gesichtspunkten liegt allgemein ein Aushandeln vor, wenn der vorformulierte Vertragstext unmittelbar im Laufe der Vertragsverhandlungen in rechtlich beachtlicher Weise geändert oder ergänzt wird, sofern also handschriftliche oder maschinenschriftliche Abweichungen von dem vorformulierten Text oder auch für den Vertrag ins Gewicht fallende Zusätze im Verlaufe der Vertragsverhandlungen aufgenommen werden (BGH NJW 1972, 46). Das ist wiederum grundsätzlich nicht der Fall, wenn die hand- oder maschinenschriftlich eingesetzten Zusätze mit einer bisher vorgedruckten Klausel sachlich identisch sind, da dann eine tatsächliche Vermutung für ein Stellen i. S. des § 1 Abs. 1 AGB-Gesetz vorliegt (Willemsen NJW 1982, 1121). 105

Daraus folgt zugleich: Die Frage, **ob** – grundsätzlich von demjenigen, der den Schutz des AGB-Gesetzes in Anspruch nimmt, zu beweisende (vgl. Heinrichs NJW 1977, 1505, 1509) – **AGB** nach § 1 a. a. O. vorliegen oder ausnahmsweise und vom Verwender nachzuweisende (vgl. Ulmer/Brandner/Hensen § 1 Rdn. 62) Individualabreden nach § 1 Abs. 2 a. a. O., ist **letztlich** eine **Beweisfrage,** wobei das äußere Erscheinungsbild des späteren Vertrages (unveränderte oder veränderte vorformulierte Bedingungen) weitgehende Indizien für das eine oder das andere liefern wird. Werden unveränderte, vorformulierte Klauseln Vertragsinhalt, so muß der beweispflichtige Verwender erhebliche Beweisanforderungen erfüllen, um den Nachweis einer dennoch vorliegenden Individualabrede nach § 1 Abs. 2 AGB-Gesetz im angegebenen Sinne erbringen zu können. Anders dann, wenn vorformulierte Klauseln (z. B. gedruckt oder maschinentechnischer Abzug) vorliegen, diese jedoch durch handschriftliche oder maschinenschriftliche Änderungen oder Ergänzungen oder Zusätze zugunsten des Vertragspartners des Verwenders (vgl. Willemsen NJW 1982, 1121) einen anderen als den ursprünglichen Inhalt 106 haben. Dann hat der Verwender zunächst den **Beweis des ersten Anscheins** (Ulmer/Brandner/Hensen § 1 Rdn. 63) dafür erbracht, daß hier ein Aushandeln im Sinne von § 1 Abs. 2 AGB-Gesetz stattgefunden hat, sofern er im Streitfalle zur Aufklärung des Sachverhaltes beigetragen hat, nämlich dahingehend, daß es sich hier nicht um eine für eine Vielzahl vorformulierte Klausel handelt (Willemsen NJW 1982, 1121). Es ist dann Sache des Gegners des Verwenders, dies im einzelnen zu erschüttern, vor allem dahingehend, daß es sich bei den veränderten Klauseln um ein als planmäßig zu bezeichnendes, in einer Vielzahl von Fällen geübtes Verhalten des Verwenders handelt (Ulmer/Brandner/Hensen a. a. O.).

107 Die Frage des Aushandelns i. S. des § 1 Abs. 2 AGB-Gesetz beantwortet sich grundsätzlich nur nach Vorgängen, die einem **konkreten Vertragsabschluß** zugrunde liegen. Haben die Vertragspartner die AGB des Verwenders bei einem früheren Vertragsabschluß im einzelnen ausgehandelt, reicht es für das Zustandekommen einer Individualabrede bei einem weiteren Vertragsabschluß unter denselben Vertragsparteien grundsätzlich nicht schon aus, wenn der Verwender nunmehr ausdrücklich auf nur seine dem Vertragspartner bekannten AGB Bezug nimmt und dieser sich mit ihnen einverstanden erklärt (BGH NJW 1979, 367 = MDR 1979, 383 = BB 1979, 694 = LM § 652 BGB Nr. 62 = WM 1978, 1384).

108 **Überdies werden nur solche Bedingungen eines Vertragswerks zu Individualabreden, die i. S. des § 1 Abs. 2 AGB-Gesetz ausgehandelt worden sind, während die übrigen AGB i. S. des § 1 Abs. 1 AGB-Gesetz bleiben** (u. a. Heinrichs NJW 1977, 1505, 1509).

109 Zur Vermeidung von Mißverständnissen bleibt festzuhalten: Die vorerörterte **Ausnahmeregelung in § 1 Abs. 2 AGB-Gesetz trifft nur den Fall, in dem ursprünglich den Vertragsverhandlungen vorformulierte Klauseln, die die Voraussetzungen des § 1 Abs. 1 a. a. O. erfüllen, zugrunde gelegen haben** und nur dadurch zur Individualabrede geworden sind, daß die vorformulierten Texte des Verwenders im Laufe der Vertragsverhandlungen abgeändert, ergänzt oder dazu zusätzliche Einzelabsprachen getroffen worden sind. Dem Gesetzgeber ging es hier lediglich darum, **Abgrenzungen im Hinblick auf die Schutzwürdigkeit nach dem Gesetz** und damit für dessen Anwendbarkeit zu treffen. Deshalb bleibt vom **Regelungsbereich des AGB-Gesetzes die große Zahl von Verträgen** – vor allem auch schriftlichen – **ausgenommen, in denen überhaupt keine vorformulierten Texte mit dem Ziel der Verwendung bei einer Vielzahl von Verträgen den Vertragsverhandlungen zugrunde liegen, sondern die in den jeweiligen Einzelfällen von Beginn an unterschiedlich gestaltet,** insbesondere auch in ihren Bedingungen den jeweiligen Bedürfnissen angepaßt werden. Gleiches gilt für individuell vereinbarte Regelungen, vor allem auch, wenn sie allgemein „gängig" sind (vgl. dazu zutreffend Roth BB 1987, 977), wie die Zusammenstellung solcher „Musterbedingungen" in notariellen Verträgen (vgl. hierzu Bunte ZIP 1984, 1313). Wie bisher kann es in solchen Fällen aber durchaus sein, daß diese Verträge aus anderen als im AGB-Gesetz festgelegten Gründen gegen ein gesetzliches Verbot (§ 134 BGB) oder sonst gegen die Grenzen zulässigen Handelns (§§ 138, 242 BGB) verstoßen.

2. Anwendung der Grundsätze des § 1 Abs. 1 AGB-Gesetz auf Bauverträge

110 Die vorgenannten allgemeinen Ausgangspunkte müssen herangezogen werden, wenn es sich um die Prüfung handelt, ob und inwieweit Bauverträge – vornehmlich anhand der für VOB-Verträge maßgebenden Begriffsbestimmungen – unter die Regelungen dieses neuen Gesetzes fallen können. Dabei muß im Rahmen des Begrifflichen **zur Abgrenzung von den in Teil A § 10 VOB geregelten, verschiedenen Typen von Vertragsbedingungen** ausgegangen werden.

111 **a) Als AGB auszuscheiden haben häufig die Besonderen Vertragsbedingungen** (Rdn. 10, 25 ff.). Werden sie in ihrer Tragweite **begrifflich richtig verstanden und entsprechend in**

den Vertrag eingeführt, so kann es sich im allgemeinen nicht um von § 1 Abs. 1 AGB-Gesetz erfaßte Normen handeln (auch Daub/Piel/Soergel ErlZ A 12.24). Denn sie werden **grundsätzlich für die Erfordernisse des Einzelfalles** zur Ergänzung der Allgemeinen oder auch Zusätzlichen Vertragsbedingungen aufgestellt (Teil A § 10 Nr. 2 Abs. 2). Dabei kommt es selbstverständlich nicht entscheidend auf die äußere Bezeichnung als Besondere Vertragsbedingungen, sondern darauf an, ob sie in Wirklichkeit nicht als Vielzahl, sondern für den Einzelfall aufgestellt und verwendet werden (vgl. als Gegenbeispiel dazu die den Entscheidungen BGHZ 85, 305 = BauR 1983, 80 = NJW 1983, 385 = Betrieb 1983, 440 = SFH § 341 BGB Nr. 4 = WM 1983, 87 = ZIP 1983, 77 = MDR 1983, 302 = BB 1983, 663 = LM § 341 BGB Nr. 9 Anm. Bliesener = ZfBR 1983, 78; BGH BauR 1986, 202 = SFH § 5 AGBG Nr. 2 = NJW-RR 1986, 825 = Betrieb 1986, 586 = BB 1986, 423 = MDR 1986, 490 = LM § 5 AGBG Nr. 9 = WM 1986, 387 = ZfBR 1986, 78 = Hochstein EWiR § 5 AGBG 1/86, 317 = ZfBR 1986, 78 zugrundeliegenden Fälle). **Gleiches gilt für die technische Seite**, auf der nach Teil A § 10 Nr. 3 Satz 2 den Besonderen Vertragsbedingungen ähnliche Regelungen möglich sind, indem es dort heißt, daß für die Erfordernisse des Einzelfalles **Ergänzungen und Änderungen in der Leistungsbeschreibung** festgelegt werden können. Es leuchtet ohne weiteres ein, daß es sich hier um **Individualvereinbarungen** handelt.

Überdies sind **Besondere Vertragsbedingungen,** die im Rahmen eines Bauvertrages nicht für sich allein stehen, sondern Ergänzungen oder Änderungen der Allgemeinen oder etwaigen Zusätzlichen Vertragsbedingungen enthalten, **häufig ein Hinweis dafür, daß es sich bei einem sonst auf formularmäßiger Basis geschlossenen Bauvertrag über § 1 Abs. 2 AGB-Gesetz in dem von ihnen erfaßten Bereich um einen Individualvertrag** handelt (so zutreffend BGH BauR 1981, 575 = NJW 1981, 2403 = BB 1981, 1732 = Betrieb 1981, 2322 = SFH § 358 BGB Nr. 1 = MDR 1982, 49 = LM § 358 BGB Nr. 1 = ZfBR 1981, 218 m. w. N.; ähnlich Helm NJW 1978, 129 für den Rahmen des Versicherungsvertrages). **Mehr als ein Hinweis** darauf, daß hier der Vertrag individuell ausgehandelt worden sein kann, kann dieses aber nach der Erfahrung der Praxis **nicht** sein. Anders dürften bereits jene Fälle zu beurteilen sein, in denen zu Allgemeinen und/oder Zusätzlichen Vertragsbedingungen vereinzelt Besondere Vertragsbedingungen treten, die sich lediglich auf Einzelpunkte des Vertrages beziehen, aber ihrem Inhalt nach ohnehin nicht geeignet sind, den Charakter von AGB im übrigen zu verneinen, wie z. B. die so gut wie immer **individuell getroffenen Preisabreden**, die ohnehin grundsätzlich nicht der Inhaltskontrolle nach § 8 AGB-Gesetz unterliegen (vgl. dazu u. a. Wolf/Horn/Lindacher § 8 Rdn. 13 f.), und darauf – als Besondere Vertragsbedingungen – bezogene **bloße Zahlungspläne**. Anders können jedoch **Preisnebenabreden,** die häufig in gleicher Weise für die Verwendung in mehreren Verträgen formuliert sind, zu beurteilen sein (vgl. BGH BauR 1984, 61 = NJW 1984, 171 = Betrieb 1984, 184 = ZIP 1983, 1457 = LM § 3 AGBG Nr. 6). Das gleiche gilt für die im Einzelfall erforderliche Absprache von **Vertragsstrafen** (Teil B § 11 Nr. 1) oder von **Sicherheitsleistungen** (Teil B § 17 Nr. 1). Solche **ohnehin erforderlichen** Einzelabreden sind bei im übrigen vorformulierten Vertragsbedingungen nicht geeignet, diesen den Charakter von AGB zu nehmen. Dasselbe trifft z. B. auch auf die u. U. nur für ein einzelnes Bauvorhaben vorformulierten Vertragsbedingungen eines General-(Haupt-)Unternehmers in bezug auf ihre Verwendung bei einer Vielzahl (vgl. § 1 Abs. 1 AGB-Gesetz) von ihm bei diesem Bauvorhaben eingesetzter Subunternehmer zu; ebenso gilt dies z. B. für die Ausschreibung mehrerer Lose bei einem Großbauvorhaben unter gleichen vorformulierten Bedingungen. Dann handelt es sich durchaus um AGB, obwohl gerade hier nicht selten die Überschrift „Besondere Vertragsbedingungen" gewählt wird, jedoch oftmals nach dem Ausmaß und der Art und Weise ihrer Verwendung in Wirklichkeit von Zusätzlichen Vertragsbedingungen gesprochen werden muß. Also muß bereits hier unterschieden werden, was gerade auch Aufgabe der Rechtsprechung ist.

b) Dagegen liegt es **im Ausgangspunkt schon anders, wenn die Allgemeinen Vertragsbedingungen der VOB/B selbst ins Auge gefaßt werden.** Die Frage des Aushandelns ist hier kein Kriterium, um den Charakter des Teils B der VOB als AGB zu verneinen, weil die **VOB** weder ausgehandelt wird, da es sich um einen **feststehenden Text** handelt, **noch im allgemeinen bei Vertragsschluß ihrem Inhalt nach erläutert wird**, was ihr nach dem Gesagten nicht einmal den Charakter von AGB nehmen würde, sondern einfach ihrem – insoweit vollen – Inhalt nach zum Vertragsgegenstand gemacht wird. Es geht auch **nicht** so sehr um die **Frage des Stellens von vorformulierten Vertragsbedingungen** nach § 1 Abs. 1 AGB-Gesetz, **weil es hierzu genügt, daß** der als **Verwender** bezeichneten Seite die Einbeziehung der vorformulierten Bestimmungen zuzurechnen ist, also, auf wessen Veranlassung sie Vertragsbestandteil werden (Ulmer/Brandner/Hensen Anh. §§ 9-11 Rdn. 902). **Das geschieht im Bauvergabeverfahren** – sowohl dem öffentlichen als auch dem privaten – **in der Regel dadurch, daß bereits der Ausschreibende bzw. zur Angebotsabgabe Auffordernde in den von ihm erstellten Verdingungsunterlagen oder – umgekehrt – spätestens der Anbietende in seinem Angebot die Forderung stellt, die Vertragsbeziehungen nach VOB/B auszurichten** (zum Fall der beiderseitigen Einbeziehung der VOB vgl. Rdn. 98). Die **entscheidende Frage** ist vielmehr die, **ob man es bei den Allgemeinen Vertragsbedingungen der VOB** mit solchen zu tun hat, die dem Begriff der AGB **überhaupt zugerechnet werden können.** Daß der Gesetzgeber dies **bejaht hat, ergibt sich** allein **aus der Ausnahmeregelung in § 23 Abs. 2 Nr. 5 AGB-Gesetz,** in der die **VOB ausdrücklich aufgeführt** worden ist.

Dies war vorher in der Literatur zumindest teilweise anders gesehen worden, wie die Ausführungen von Hesse (BB 1973, 546) und vor allem auch Nicklisch (BB 1974 Beil. 10 S. 2) zeigen; dagegen Schmidt-Salzer (BB 1973 Beil. 3); vgl. dazu auch OLG Braunschweig BauR 1973, 195 und Jagenburg NJW 1973, 1721, 1723; ders. auch BauR 1977, Sonderheft 1 S. 1 ff.

114 Obwohl die VOB kaum den Charakter üblicher AGB hat, wie besonders Glanzmann, RGRK § 631 BGB Nr. 13 ff., ferner Nicklisch (a. a. O.), Hesse (a. a. O.), Jagenburg (a. a. O.), Heimann/Trosien (Festschrift z. 25jährigen Bestehen des BGH, S. 116) sowie Weitnauer BauR 1978, 73, 76 mit Recht ausgeführt haben (vgl. auch Verf. in VersR 1977, 681 sowie Daub/Piel/Soergel ErlZ A 10.43; insbesondere auch BGH BauR 1983, 161 = NJW 1983, 816 = ZIP 1983, 325 = Betrieb 1983, 819 = BB 1983, 599 = SFH § 16 Nr. 3 VOB/B Nr. 25 = MDR 1983, 393 = ZfBR 1983, 85), weil insbesondere zu berücksichtigen ist, daß die jetzige Fassung der VOB weitgehend von der Rechtsprechung mitgeprägt worden ist, um ihr den Charakter der Ausgewogenheit zu verleihen und zu bewahren, muß für die Zukunft von dem **erklärten Willen des Gesetzgebers** ausgegangen werden. Hiernach ist die **VOB/B als AGB anzusehen,** und zwar nicht nur dann, „wenn sie im privaten Wirtschaftsverkehr angewendet wird, sondern auch dann, wenn sie entsprechend ihrer ursprünglichen und eigentlichen Zweckbestimmung Verträgen mit der öffentlichen Hand zugrunde gelegt wird" (Bericht des Rechtsausschusses des Bundestages, BT-Drucksache 7/5422 S. 14). Daher bleibt nichts anderes übrig, als die VOB – somit in erster Linie die Allgemeinen Vertragsbedingungen des Teils B – als unter das AGB-Gesetz fallende **kollektiv ausgehandelte Vertragsbedingungen** anzusehen (Ulmer/Brandner/Hensen § 1 Rdn. 70 m. w. N.). **Zu den Einbeziehungsvoraussetzungen nach § 2 AGB-Gesetz vgl. Einl. Rdn. 91 ff.**

115 c) **Das Gesagte muß folgerichtig für die Allgemeinen Technischen Vertragsbedingungen gelten.** Nach Teil B § 1 Nr. 1 Satz 2 sind sie mit **Bestandteil des VOB-Vertrages,** so daß auch insofern das AGB-Gesetz eingreift (ebenso Locher NJW 1977, 1801, 1802; Jagenburg BauR 1977, Sonderheft 1 S. 5 f.; Soergel, Bauwirtschaft 1980, 280, 281; Daub/Piel/Soergel ErlZ A 10.45; Kaiser, Mängelhaftungsrecht, Rdn. 12; Nicklisch in Nicklisch/Weick Teil B § 1 Rdn. 12; Löwe/v. Westphalen/Trinkner § 23 Abs. 2 Nr. 5 Rdn. 2; Vygen, Bauvertragsrecht, Rdn. 136; a. A. Heiermann Betrieb 1977, 1733, 1735; Heiermann/Riedl/Rusam/Schwaab Teil A § 10 Rdn. 59; Niebeling BB 1984, 1713, 1718; Wolf/Horn/Lindacher § 8 Rdn. 11; Ulmer/Brandner/Hensen Anh. § 9-11 Rdn. 901). Dies gilt um so mehr, als § 23 Abs. 2 Nr. 5

A § 10, AGB, Rdn. 116-118

AGB-Gesetz **von der VOB als Vertragsgrundlage spricht, ohne einzelne Teile hieraus auszuklammern.** Dabei muß man sich andererseits aber auch darüber klar sein, daß die Gesetzessprache hier zumindest unscharf ist, weil der **Teil A der VOB als Vergabeordnung nicht Vertragsgrundlage i. S. eines eigentlichen Vertragsgegenstandes** werden kann (so auch Daub/Piel/Soergel ErlZ A 10.43; Kaiser a. a. O.; Löwe/v. Westphalen/Trinkner a. a. O.; Ulmer/Brandner/Hensen a. a. O.), wovon allerdings Vorschriften mit vertragsrechtlichem Charakter, also solche, die auch für den späteren Vertrag maßgebend sind, wie z. B. die Umschreibung der Bauleistung in Teil A § 1, wiederum dem vertraglichen Teil zuzuordnen sind (auch Frikell/Glatzel/Hofmann E 1.4; Kaiser, Mängelhaftungsrecht, Rdn. 12; Löwe/v. Westphalen/Trinkner a. a. O.; Locher NJW 1977, 1801, 1802; s. **aber auch Einl. Rdn. 62 ff. und Teil A § 19 Rdn. 1).**

Der Einordnung der Allgemeinen Technischen Vertragsbedingungen in den Rahmen der AGB steht auch **nicht § 8 AGB-Gesetz entgegen,** weil es sich für den hier maßgebenden bauvertraglichen Bereich um **Rechtsvorschriften** in dem von dieser Bestimmung gemeinten Sinne handelt, indem sie gerade beim VOB-Vertrag Inhalt und Umfang der Leistungsverpflichtung nicht etwa bloß in technischer, sondern darüber hinaus in rechtlicher Hinsicht festlegen, wie sich aus VOB/B § 1 Nr. 1 Abs. 1 Satz 2 ergibt (a. A. insoweit wohl Soergel a. a. O.). Gleiches gilt auch – außerhalb der bloßen Preisvereinbarung als solcher (vgl. dazu Niebeling BB 1984, 1713, 1717 f.) – für die Fixierung des Vergütungsanspruches des Auftragnehmers hinsichtlich der von ihm nach dem Vertrag zu erbringenden Leistung, wie aus VOB/B § 2 Nr. 1 ff. sowie auch § 632 BGB ersichtlich ist; ebenfalls trifft das für die Grundlagen endgültiger Berechnung der Vergütung nach Teil B §§ 14, 15 zu (vgl. dazu OLG Köln BauR 1982, 170 = SFH § 632 BGB Nr. 11 zur DIN 13 300 Nr. 5.104 – Fassung 1965 – im Hinblick auf § 5 AGB-Gesetz). Dadurch wird die betreffende Allgemeine Technische Vorschrift Teil der Rechtsvorschrift (zu eng daher Ulmer/Brandner/Hensen Anh. §§ 9-11 Rdn. 901; vgl. dazu auch Backherms ZRP 1978, 261 für den Bereich der Verweisung auf DIN-Normen in Gesetzen und Rechtsverordnungen). Die Einschränkung bei Daub/Piel/Soergel (ErlZ A 10.45), die lediglich „vertragsrechtliche Regeln" des Teils C dem AGB-Gesetz unterwerfen wollen, nicht dagegen die „technischen Regeln", ist schon deswegen nicht gerechtfertigt, weil gerade auch die „technischen Regeln" aus dem gegebenen Zusammenhang vertragsrechtliche Regeln sind, überdies sonst eine AGB-rechtlich nicht hinreichend übersichtliche Aufspaltung in einem einheitlichen, zum Vertragsinhalt gemachten Normenwerk erfolgen würde. Im übrigen ist die richtige Anwendung der DIN-Normen in der Revisionsinstanz nachprüfbar (vgl. BGH, Urt. vom 28. 2. 1974 – VII ZR 127/71 – unveröffentlicht), was eben gerade darauf hinweist, daß sie Rechtsvorschriften sein können.

116

Das Gesagte muß **entsprechend auch für Verträge gelten, denen die VOB/B nicht zugrunde liegt,** bei denen also die §§ 631 ff. BGB maßgebend sind. Für den Leistungsbereich hat auch hier der Auftragnehmer die Verpflichtung, die Leistung mängelfrei auszuführen (insbesondere § 633 Abs. 1 BGB), was sich im wesentlichen nach den technischen Erfordernissen bestimmt, wie sie der VOB/B zugrunde gelegt sind. Also ist auch insofern zur Ausfüllung gesetzlicher Regelungen ebenfalls das Normenwerk wesentlich. Ähnliches gilt für den Vergütungsbereich (§§ 631 Abs. 1, 632 BGB), weil sich auch beim BGB-Bauvertrag die Vergütung nach den Kriterien richtet, wie sie in §§ 2 Nr. 1, 2, 14 Nr. 1, 2, 15 VOB/B festgeschrieben sind (insofern unzutreffend Wolf/Horn/Lindacher § 8 Rdn. 11).

117

Allerdings werden die **Allgemeinen Technischen Vertragsbedingungen** des Teils C **nur selten mit dem AGB-Gesetz in Kollision geraten.** Sie sollen in ihrem jeweiligen Regelungsbereich das wiedergeben, **was nach allgemeiner Ansicht der beteiligten Verkehrskreise kraft langjähriger Übung für eine sachgerechte Ausführung als erforderlich anzusehen ist.** Sie sind von den dafür eingerichteten Normenausschüssen in langjährigen Beratungen und Stellungnahmen seitens der beteiligten Kreise aufgestellt und anerkannt worden (vgl. dazu

118

Teil B § 4 Rdn. 141 ff.). Vor allem ist zu beachten, daß die **Allgemeinen Technischen Vertragsbedingungen nicht** als ein **zusätzlicher** – je wie man will: die Vertragspflichten einengender oder erweiternder – **Verpflichtungskreis** für den Bereich ordnungsgemäßer bzw. mängelfreier Bauherstellung **anzusehen** sind, obwohl zugegeben werden mag, daß dies nach der in Teil B § 13 Nr. 1 enthaltenen Aufzählung nicht ganz zweifelsfrei ist. Vielmehr sind sie **lediglich eine nähere Umschreibung dessen, was beim Bauvertrag von einer bereits nach dem Gesetz (§ 633 Abs. 1 BGB) zu verlangenden fehlerfreien Leistung zu fordern ist** (vgl. Teil B § 13 Rdn. 133 ff.). Sie **gelten** aber keineswegs nur für den VOB-Vertrag, sondern **auch für den sich nach den Regeln der §§ 631 ff. BGB richtenden Bauvertrag,** sie sind also schon seit längerem sozusagen gesetzlich abgesichert. Deswegen können die Allgemeinen Technischen Vertragsbedingungen des Teils C der VOB – wie im übrigen auch die anderen auf das Bauwesen bezogenen DIN-Normen – mit den Verbotsnormen des AGB-Gesetzes kaum in Berührung kommen.

119 Überdies: Die **Allgemeinen Technischen Vertragsbedingungen** stellen sich nur als ein **Unterfall der Allgemeinen Regeln der Technik** dar (vgl. Teil B § 4 Rdn. 141 ff.). Sofern sie sich ausnahmsweise nicht mit diesen decken, muß der Auftragnehmer gerade auch beim VOB-Vertrag sich kraft ausdrücklicher vertraglicher Verpflichtung an die Allgemeinen Regeln der Technik halten, wie sich deutlich aus der **Generalklausel zur Leistungspflicht des Auftragnehmers in Teil B § 4 Nr. 2 Abs. 1 Satz 2 ergibt.** Angesichts dieser **vorrangigen** vertraglichen Verpflichtung ist es daher so gut wie ausgeschlossen, daß jemals ein Verstoß gegen das AGB-Gesetz vorkommen könnte. Schließlich kommt aber noch ganz besonders hinzu, daß der **Verbotskatalog in den §§ 10 f. AGB-Gesetz auf die Allgemeinen Technischen Regeln sozusagen nicht paßt,** insofern höchstens die Generalklausel des § 9 in Erwägung zu ziehen wäre.

120 Für eine **Vielzahl** von Fällen aufgestellte, mit gleichen Leistungsanforderungen versehene, aber nicht individuell festgelegte (was allerdings im Regelfall geschieht) **Leistungsbeschreibungen** (vgl. Teil A § 9) sind den **Allgemeinen Technischen Vertragsbedingungen entsprechend zu behandeln,** da auch sie – und zwar in **erster Linie** – den **Vertragsinhalt bestimmen** (vgl. Teil B § 1 Nr. 1 Satz 1 und Nr. 2 a, § 2 Nr. 1; von Helm NJW 1978, 129, 131 und Ulmer/Brandner/Hensen § 8 Rdn. 18 nicht hinreichend berücksichtigt; a. A. Heiermann/Linke E 8.2.1 m. w. N.; vgl. dazu vor allem auch LG Nürnberg-Fürth SFH § 10 Nr. 1 AGBG Nr. 2). Dies gilt allerdings grundsätzlich **nur für den eigentlichen Leistungsbeschrieb,** nicht für die Vordersätze und vor allem **nicht für die Preise,** da diese regelmäßig durch den Auftragnehmer bzw. Bieter individuell errechnet und dem Angebotsverfahren, demgemäß auch dem späteren Vertrag, zugrunde gelegt werden. Anderes gilt, wenn die Preise in AGB unterschiedslos festgelegt sind oder wenn sie auf preisrechtlichen Bestimmungen beruhen – wie dies z. B. bei Architektenleistungen nach der HOAI zutrifft –, da es sich dann um Rechtsvorschriften i. S. des § 8 AGB-Gesetz handelt (BGHZ 81, 229 = BauR 1981, 582 mit Anm. Locher a. a. O. = Betrieb 1981, 2424 = MDR 1981, 1005 = SFH § 8 AGBG Nr. 1 = NJW 1981, 2351 = LM AGBG Nr. 17 = ZfBR 1981, 232). AGB sind auch Preisnebenbestimmungen, mit deren Hilfe der Preis erst ermittelt werden soll (BGH NJW 1984, 2160 = Betrieb 1985, 375).

121 Bei Berücksichtigung des Gesagten setzt daher unter den angegebenen Voraussetzungen bei Leistungsbeschreibungen die AGB-Kontrolle im allgemeinen dort ein, wo die Leistungsangaben von den allgemein anerkannten Regeln der Technik abweichen und geeignet sind, die nach dem Zweck des Bauvertrages berechtigte Leistungserwartung des Vertragsgegners – hier regelmäßig des Auftraggebers – zu enttäuschen (vgl. dazu ähnlich Brandner, Festschrift f. Hauß S. 1 ff., insbes. S. 10 ff., dort vorwiegend für versicherungsrechtliche AGB, so jetzt auch Kaiser, Mängelhaftungsrecht, Rdn. 12 f., Fn. 48; offengelassen von BGHZ 81, 229 = BauR

1981, 582 mit Anm. Locher a. a. O. = Betrieb 1981, 2424 = MDR 1981, 1005 = SFH § 8 AGBG Nr. 1 = NJW 1981, 2351 = LM AGBG Nr. 17 = ZfBR 1981, 232).

d) Nach § 23 Abs. 2 Nr. 5 AGB-Gesetz finden § 10 Nr. 5 und § 11 Nr. 10 f dieses Gesetzes dann keine Anwendung, wenn die VOB Vertragsgrundlage ist. 122

Klar ist die Tragweite dieser Regelung im Hinblick auf § 11 Nr. 10 f, da Teil B § 13 Nr. 4 VOB eine Abkürzung der gesetzlichen Gewährleistungsfrist bedeutet, was an sich auch im kaufmännischen Bereich nach § 9 AGB-Gesetz unzulässig wäre (BGH BauR 1984, 390 = NJW 1984, 1750 = Betrieb 1984, 1341 = BB 1984, 1447 = WM 1984, 870 = ZIP 1984, 968 = MDR 1984, 749 = JZ 1984, 754 = SFH § 638 BGB Nr. 29 = ZfBR 1984, 186). 123

Fraglich wird dies aber schon **hinsichtlich § 10 Nr. 5.** In dem Bericht des Rechtsausschusses des Bundestages vom 23. 6. 1976 (BT-Drucksache 7/5422, dort S. 14) ist nämlich dazu **nur** die **fiktive Abnahme nach Teil B § 12 Nr. 5 Abs. 2 ausdrücklich erwähnt.** Somit fällt bei diesem Bericht zunächst auf, daß dort die durch **Teil B § 12 Nr. 5 Abs. 1** gleichfalls vorgesehene weitere Abnahmefiktion **nicht aufgeführt** ist. **Nicht genannt** sind in diesem Bericht und auch in der Begründung zum Entwurf des AGB-Gesetzes vom 6. 8. 1975 (BT-Drucksache 7/3919, dort S. 42) **weitere Erklärungsfiktionen, wie Teil B § 15 Nr. 3 Satz 5 VOB/B,** wonach nicht fristgemäß zurückgegebene Stundenlohnzettel als anerkannt gelten. Gleiches trifft auf **§ 16 Nr. 6 Satz 2, Halbsatz 2 VOB/B** zu, wonach eine trotz vorheriger Aufforderung durch den Auftraggeber nicht rechtzeitig abgegebene Erklärung des Auftragnehmers die Wirkung hat, daß die Forderungen Dritter als anerkannt und der Schuldnerverzug als bestätigt gelten. 124

Dagegen sind die **vorbehaltlose Annahme der Schlußzahlung** nach § 16 Nr. 3 Abs. 2 VOB/B sowie der etwaige **Wegfall zusätzlichen Vergütungsanspruches des Auftragnehmers wegen unterlassener vorheriger Ankündigung** nach Teil B § 2 Nr. 6 Abs. 1 Satz 2 **nicht** als **Erklärungsfiktionen** in den Bereich des § 10 Nr. 5 AGB-Gesetz einzuordnen. Der zuletzt genannte Fall ist eine Tatsachenfiktion. Zu solchen findet sich die Verbotsnorm allein in § 10 Nr. 6 sowie in § 11 Nr. 15 AGB-Gesetz, woraus ersichtlich ist, daß die vorgenannte VOB-Regelung – im übrigen auch von § 9 a. a. O. – nicht erfaßt ist. Gleiches gilt im Ergebnis für die vorbehaltlose Annahme der Schlußzahlung, da diese Bestimmung der Einrede der Verjährung vergleichbar ist, weil der umstrittene Anspruch nicht erlischt, sondern – wie bei der Verjährung – nicht mehr durchsetzbar ist; § 16 Nr. 3 Abs. 2 VOB/B beruht daher auf einem vom Auftragnehmer geschaffenen **Vertrauenstatbestand** mit einer Präklusionswirkung und nicht mit einer **fingierten Erklärung** (vgl. grundlegend BGHZ 86, 135 = BauR 1983, 161 = NJW 1983, 816 = ZIP 1983, 325 = Betrieb 1983, 819 = BB 1983, 599 = SFH § 16 Nr. 3 VOB/B Nr. 25 = MDR 1983, 393 = ZfBR 1983, 85). **Auch** ein **Verstoß gegen § 9 AGB-Gesetz** liegt hier **nicht** vor, **sofern** der betreffende Bauvertrag, der die Regelung des § 16 Nr. 3 Abs. 2 VOB/B enthält, in dem Sinne die **VOB/B im ganzen** zum Vertragsgegenstand hat, daß seine Bestimmungen einen einigermaßen **ausgewogenen Ausgleich der beteiligten Interessen** zum Ausdruck bringen (vgl. dazu Rdn. 136 f.), was bei dem **Gesamtvertragswerk der VOB/B wegen seiner Ausgewogenheit durchaus gesagt werden kann** (BGH Z a. a. O.; vgl. dazu auch Teil B § 16 Rdn. 160 und 256; ferner Teil B § 12 Rdn. 119; ferner Recken BauR 1978, 417, 420; Stübing NJW 1978, 1606; im Grundsatz wohl auch Ulmer/Brandner/Hensen Anh. §§ 9-11 Rdn. 904; Jagenburg BauR Sonderheft 1/1977, 16 f.; Palandt/Heinrichs AGBG § 10 Anm. 5; jetzt auch Heiermann/Riedl/Rusam/Schwaab für § 16 Nr. 3 Abs. 2, Teil B § 16 Rdn. 70). Eine gegenteilige Annahme läßt sich entgegen Weick in Nicklisch/Weick Teil B § 16 Rdn. 42 auch nicht mit dem Hinweis begründen, Teil B § 16 Nr. 3 Abs. 2 komme in der Wirkung der Fiktion eines Vergleichs nahe, so daß diese Regelung, zumindest in Anbetracht des § 7 AGB-Gesetz, in den Anwendungsbereich des § 10 Nr. 5 AGB-Gesetz falle; eine solche ausdehnende Auslegung einer Verbotsklausel des AGB-Gesetzes – zumal einer solchen mit 125

A § 10, AGB, Rdn. 126+127

Wertungsspielraum – verbietet sich, da die durch das AGB-Gesetz festgelegten Grenzen mit der sich aus § 134 BGB ergebenden Folge im Interesse der Rechtssicherheit nicht weitergezogen werden können, als es sich durch den Gesetzeswortlaut rechtfertigen läßt. **Anders liegt es, wenn die VOB/B nicht „als Ganzes" vereinbart worden ist,** wenn also für die Ausgewogenheit der VOB/B maßgebliche Regelungen zugunsten des Verwenders – insoweit regelmäßig des Auftraggebers – abbedungen worden sind (vgl. dazu BGHZ 101, 357 = BauR 1987, 694 = NJW 1988, 55 = Betrieb 1987, 2631 = SFH § 16 Nr. 3 VOB/B Nr. 44 = LM § 16 [D] VOB/B Nr. 23 = JZ 1988, 39 Anm. Peters = Heiermann EWiR § 16 Nr. 3 VOB/B 4/87, 1245 = MDR 1988, 135 = ZIP 1987, 1582 = ZfBR 1988, 22). **Dann** führt die nunmehr erforderliche Wertung von Teil B § 16 Nr. 3 Abs. 2 zur **Unwirksamkeit nach § 9 AGBG,** was auch gilt, wenn der Vertragspartner des Verwenders Kaufmann ist (BGH a. a. O.; OLG Frankfurt BauR 1986, 225; vgl. auch Rdn. 136 ff.).

126 Wird vom **Wortlaut in § 23 Abs. 2 Nr. 5 AGB-Gesetz** ausgegangen, so dürfte aus seiner **ohne Einschränkung** gerade auch im Hinblick auf § 10 Nr. 5 getroffenen Regelung zu folgern sein, daß **sämtliche vorgenannten** – und etwaige weiteren, darauf bezogenen – **VOB-Regelungen** im Falle der Vereinbarung der VOB/B **aus der AGB-Kontrolle ausgeklammert** sind (zustimmend Schmidt DNotZ 1978, 320; ebenso Heiermann Betrieb 1979, 1733, 1737; ähnlich Jagenburg BauR 1977, Sonderheft 1 S. 2 f.; Ulmer/Brandner/Hensen Anh. §§ 9–11 Rdn. 904; Löwe/v. Westphalen/Trinkner § 23 Abs. 2 Nr. 5 Rdn. 4; Staudinger/Schlosser § 23 Rdn. 27; Locher NJW 1977, 1801, 1802 f.; a. A. Nicklisch in Nicklisch/Weick Teil B § 12 Rdn. 93; vgl. auch Flach NJW 1984, 1567). Wenn auch der Gesetzgeber nach dem Bericht vom 23. 6. 1976 (a. a. O.) lediglich Teil B § 12 Nr. 5 Abs. 2 mit § 10 Nr. 5 AGB-Gesetz in Zusammenhang gebracht und darüber hinaus im Hinblick auf die Ausnahmeregelung in § 23 Abs. 2 Nr. 5 a. a. O. zu deren Rechtfertigung zum Ausdruck gebracht hat, die VOB stärke „zum Teil die Stellung des Kunden", so liegt darin allein **nicht der mit der erforderlichen Deutlichkeit erklärte Wille, lediglich Teil B § 12 Nr. 5 Abs. 2 aus der AGB-Kontrolle auszunehmen.** Vielmehr ergibt sich zunächst aus der zuletzt genannten Äußerung, daß es sich auch nach Auffassung des Gesetzgebers **bei dem Vertragswerk der VOB um eine einigermaßen ausgewogene, den berechtigten Belangen beider Vertragspartner gerecht werdende Gesamtregelung** handelt. Bestätigt wird dies vor allem durch die sowohl in der Begründung zum Entwurf des AGB-Gesetzes vom 6. 8. 1975 (BT-Drucksache 7/3917, dort S. 42) als auch im Bericht des Rechtsausschusses vom 23. 6. 1976 (BT-Drucksache 7/5422, dort S. 14) zum Ausdruck gebrachte Auffassung, die Ausnahmeregelung in § 23 Abs. 2 Nr. 5 des AGB-Gesetzes sei im Hinblick auf § 11 Nr. 10 f gerechtfertigt, wenn **die VOB als Ganzes** (vgl. dazu Rdn. 131 ff.) einem Vertrag zugrunde gelegt werde. Gerade diese Forderung ließe sich nicht mit einem rechtlich bewertbaren Sinn unterlegen, wenn sich nicht hieraus die Überzeugung auch des Gesetzgebers ergäbe, daß die **VOB einer Gesamtbetrachtung unterliegen** und als ein **einheitliches** Vertragswerk im vorangehend angegebenen Sinne angesehen werden muß. Deshalb wäre es im übrigen auch verfehlt, der wegen ihrer Ausgewogenheit vom Gesetzgeber bewußt zum Ausdruck gebrachten Privilegierung der VOB durch eine dennoch über § 9 AGB-Gesetz vorgenommene Kontrolle wiederum begegnen zu wollen (zutreffend Locher NJW 1977, 1801, 1803; so jedenfalls im Ergebnis wohl auch BGHZ 86, 135 = BauR 1983, 161 = NJW 1983, 816 = ZIP 1983, 325 = Betrieb 1983, 819 = BB 1983, 599 = SFH § 16 Nr. 3 VOB/B Nr. 25 = MDR 1983, 393 = ZfBR 1983, 85; z. T. a. A. Wolf/Horn/Lindacher § 23 Rdn. 255, 256, 261 m. w. N.). Wegen der Ausgewogenheit der VOB kann auch nicht gesagt werden, § 23 Abs. 2 Nr. 5 AGB-Gesetz sei wegen Art. 3 GG verfassungswidrig, da die VOB wegen der Besonderheit der bauvertraglichen Gestaltung jedem der Vertragspartner etwa in gleicher Weise mehr oder weniger Rechte, als die Werkvertragsvorschriften des BGB es tun, einräumt (entgegen u. a. Stübing NJW 1978, 1606 m. w. N.; wie hier u. a. Löwe/v. Westphalen/Trinkner § 23 Abs. 2 Nr. 5 Rdn. 7; Ulmer/Brandner/Hensen § 23 Rdn. 45).

127 Überdies läßt sich gerade aus dem Bericht vom 23. 6. 1976 (a. a. O.) ohne Schwierigkeit

folgern, daß **von seiten des Gesetzgebers keineswegs alle bei Bauverträgen möglichen Gestaltungen im Hinblick auf den Verwender von AGB** (insbesondere Zusätzlichen Vertragsbedingungen) beachtet worden sind. Wie insbesondere die Benennung von Teil B § 13 Nr. 4 und Teil B § 12 Nr. 5 Abs. 2 im Zusammenhang mit § 23 Abs. 2 Nr. 5 AGB-Gesetz zeigt, hat der Gesetzgeber **lediglich den Auftraggeber als den Kunden des Verwenders angesehen**, ohne zu beachten, daß gerade bei Bauverträgen die Fallgestaltung häufig anders ist, daß nämlich hier nicht selten genau umgekehrt der **Auftraggeber Verwender von AGB** ist (vgl. Rdn. 155 ff.). Es mag dahinstehen, ob es sich hier um ein Versehen in offensichtlicher Unkenntnis der wirklichen Gegebenheiten handelt (vgl. dazu auch Daub/Piel/Soergel ErlZ A 10.22). Jedenfalls ist auch dies ein Argument mehr, um sämtliche mit § 10 Nr. 5 und § 11 Nr. 10 f im Zusammenhang stehenden Vorschriften der VOB als von der Regelung in § 23 Abs. 2 Nr. 5 erfaßt anzusehen, ohne daß auch nur dem Wortlaut des Gesetzes Gewalt angetan würde.

Darüber hinaus dürfte die Ausnahmebestimmung in § 23 Abs. 2 Nr. 5 AGB-Gesetz **Anlaß für die Folgerung sein, daß auch andere, von ihrem Wortlaut nicht erfaßte VOB-Regelungen, selbst wenn sie der AGB-Kontrolle unterlägen, diese im allgemeinen im Interesse der Ausgewogenheit bei Vereinbarung der VOB als Ganzes** (vgl. dazu Rdn. 131 ff.) **passieren** (ebenso Recken BauR 1978, 417 ff.). Wären einzelne Vorschriften aus diesem Gesamtvertragswerk herausgenommen, wäre grundsätzlich der durch die VOB angestrebte und durchweg erreichte **angemessene Interessenausgleich nicht mehr gegeben.** Es würde also eine Seite ein Übergewicht vor der anderen erhalten. Dann würde aber schon in die für den Gesetzgeber maßgebenden Gesichtspunkte eingegriffen, die ihn zuletzt zu § 23 Abs. 2 Nr. 5 geführt haben. Überdies kommt **außerhalb des vom Wortlaut des § 23 Abs. 2 Nr. 5 erfaßten Rahmens kaum eine andere Bestimmung der VOB/B für eine AGB-Kontrolle ernsthaft in Betracht.** Insoweit konnten lediglich einmal Teil B § 16 Nr. 5 Abs. 3 Satz 2 im Hinblick auf § 11 Nr. 5 a und b AGB-Gesetz und zum anderen Teil B § 6 Nr. 6 (Fassung 1973) wegen § 11 Nr. 8 b i. V. m. Nr. 7 AGB-Gesetz in Erwägung gezogen werden. **128**

Im ersten Falle wird ein Verstoß gegen zwingende Normen des AGB-Gesetzes zumindest nicht praktisch. Das gilt nicht nur für den Rahmen des § 11 Nr. 5 a, sondern auch des § 11 Nr. 5 b AGB-Gesetz (vgl. dazu näher Teil B § 16 Rdn. 288). Bloß um der lediglich theoretisch gegebenen Möglichkeit einer Gesetzesverletzung willen dürfte jedoch kein Anlaß zur Änderung von Teil B § 16 Nr. 5 Abs. 3 Satz 2 bestehen, weshalb diese Regelung auch in der VOB-Fassung von 1979 beibehalten wurde.

Die Bedenken, die gegen Teil B § 6 Nr. 6 in Anbetracht des § 11 Nr. 7, 8 AGB-Gesetz erhoben werden konnten, sind durch die Neufassung dieser VOB-Bestimmung in der VOB 1979 beseitigt (vgl. dazu Teil B § 6 Rdn. 121).

Weitnauer (BauR 1978, 73), der die Regelungen in Teil B § 16 Nr. 1 und 2 über Abschlagszahlungen und Vorauszahlungen als gegen § 11 Nr. 2 a AGB-Gesetz verstoßend ansieht, kann nicht gefolgt werden (ebenso nicht Ulmer/Brandner/Hensen zu Teil B § 16 Nr. 1, Anh. §§ 9-11 Rdn. 912, in bezug auf § 9 AGB-Gesetz). Einmal ist ein etwaiges Leistungsverweigerungsrecht des Auftraggebers bei Abschlagszahlungen nicht ausgeschlossen, wie Teil B § 16 Nr. 1 Abs. 2 zeigt; überdies hat der Auftragnehmer hier entsprechend vorgeleistet, wie die in Teil B § 16 Nr. 1 Abs. 1 geregelten Voraussetzungen für eine Abschlagszahlung ergeben. Hinsichtlich der Vorauszahlungen kommt Teil B § 16 Nr. 2 nur zum Tragen, wenn eine entsprechende besondere Vereinbarung im Bauvertrag getroffen worden ist, wodurch keine nicht generell als unangemessen anzusehende Vorleistungspflicht des Auftraggebers begründet wird (vgl. Löwe/v. Westphalen/Trinkner § 11 Nr. 2 Rdn. 13; Ulmer/Brandner/Hensen § 11 Nr. 2 Rdn. 11). Überdies und vor allem ist der Auftraggeber durch die nach Teil B § 16 Nr. 2 zu leistenden Sicherheiten hinreichend geschützt (ähnlich auch Recken BauR 1978, 417, 422 f.).

Auch sonst dürfte **keine zwingende Notwendigkeit** bestehen, **über die Verbotsnormen des AGB-Gesetzes in den ausgewogenen** (dazu vor allem Glanzmann RGRK § 631 BGB **129**

A § 10, AGB, Rdn. 130-133

Rdn. 13 ff.) **und in langjähriger Erfahrung der Praxis bewährten Regelungsbereich der VOB einzugreifen.** Zumindest dies ist ein Hinweis, der sich mit hinreichender Deutlichkeit aus § 23 Abs. 2 Nr. 5 AGB-Gesetz ergibt (so u. a. auch Kaiser, Mängelhaftungsrecht, Rdn. 12 a; Frikell/Glatzel/Hofmann Rdn. 6.11 f.; ähnlich Schmidt BauR 1981, 119; im Ergebnis wohl auch Fritz Rdn. 168).

130 Die vorangehend erläuterte Befugnis, die VOB/B, vor allem angesichts des § 23 Abs. 2 Nr. 5 AGB-Gesetz, unberührt zu lassen und weiterhin als gültig zu betrachten, gilt zunächst nur für die **Fassung der VOB/B, die im Zeitpunkt des Inkrafttretens des AGB-Gesetzes maßgebend war,** also die Fassung von 1973. Hier sind jedoch die **Fassungen von 1979 und 1988 mit einzubeziehen,** weil sie in ihren geringfügigen Änderungen entweder nur den Erfordernissen des AGB-Gesetzes gerecht werden (Teil B § 6 Nr. 6) oder sich lediglich (steuer)gesetzlichen Anforderungen angepaßt (Teil B § 16 Nr. 1 Abs. 1; Teil B § 17 Nr. 6 Abs. 1) oder sich sprachlichen Klarstellungen unterzogen haben. Vgl. dazu auch Bartsch BB 1982, 1699, 1701.

131 e) **Allerdings:** In § 23 Abs. 2 Nr. 5 AGB-Gesetz setzt der Gesetzgeber, wie aus den in Rdn. 122 ff. genannten Begründungen zu entnehmen ist (a. a. O.), **die Vereinbarung der VOB „als Ganzes" voraus.** Dazu sind Klarstellungen erforderlich, weil der Begriff „als Ganzes" durchaus Verwirrungen zu stiften geeignet ist. Es ist damit nämlich **die Frage** verbunden, **ob die unveränderte Vereinbarung der VOB,** also vom ersten bis letzten Satz ihres vorformulierten Textes, **verlangt wird oder wie dies zu interpretieren ist.** Dabei ergibt sich zwangsläufig, sozusagen als Gebot der Vernunft, eine gewisse **einschränkende Auslegung:**

132 aa) Sicher wird die **Anwendbarkeit des AGB-Gesetzes nicht schon dadurch** herbeigeführt, **daß** im Bauvertrag im Wege von Besonderen (vgl. Rdn. 10, 25 ff.) oder Zusätzlichen (vgl. Rdn. 7 ff., 20 ff.) Vertragsbedingungen Regelungen getroffen werden, **die unumgänglich erforderlich sind, um überhaupt bestimmte gesetzliche oder VOB-Vorschriften zum Tragen zu bringen,** wie es z. B. für Teil B § 11 oder Teil B § 17 erforderlich ist, also Vertragsstrafen oder Sicherheitsleistungen für den konkreten Bauvertrag abgesprochen werden (vgl. Rdn. 22). Daß in diesem Bereich ohne weiteres eine Ergänzung des nach der VOB ausgerichteten Vertrages zulässig ist, ohne daß **allein deswegen** das AGB-Gesetz eingreift, dürfte auf der Hand liegen. Zur Vermeidung von Mißverständnissen: Eine **ganz andere Frage** ist es, **ob die grundlegende Vereinbarung,** die hier zunächst getroffen werden muß, um überhaupt VOB-Regelungen zur Anwendung zu bringen, **den Vorschriften des AGB-Gesetzes zuwiderläuft,** wie z. B. bei der Vertragsstrafe dem § 9 oder dem § 11 Nr. 6 a. a. O., **oder die VOB/B sozusagen kopflastig macht (vgl. Rdn. 136 ff.).** Daß hiervon die VOB selbst nicht betroffen sein kann, **ergibt sich aus dem Inhalt von Teil B § 11** und demgemäß seiner Tragweite, so daß davon allein **der Regelungsgegenstand der §§ 9, 11 Nr. 6 AGB-Gesetz überhaupt nicht erfaßt sein kann.** Also unterliegt dann zunächst die jeweils getroffene Grundvereinbarung der AGB-Kontrolle. Ähnlich liegt es in jenen Fällen, in denen die Geltung von VOB-Bestimmungen an bestimmte Voraussetzungen geknüpft ist. Dies trifft z. B. auf Teil B § 15 zu, wenn keine Stundenlohnvergütung nach Teil B § 2 Nr. 10 vereinbart ist. Gleiches gilt in bezug auf Teil B § 2 Nr. 3 im Falle der Vereinbarung einer Pauschalvergütung.

133 bb) Von der VOB-Vereinbarung „als Ganzes" können **an sich auch nicht** jene bereits erwähnten Fälle (vgl. Rdn. 111) ausgeschlossen sein, in denen **im Einzelfall durch** in ihrer wirklichen Bedeutung und Tragweite angewandte **Besondere Vertragsbedingungen oder auch durch für die jeweiligen Erfordernisse abgesprochene Ergänzungen oder Änderungen der Leistungsbeschreibung nach Teil A § 10 Nr. 3 Satz 3** (vgl. Rdn. 47 f.) in beiderseitigem Einvernehmen **abweichende vertragliche Regelungen getroffen** werden. Denn das richtige Verständnis der möglichen Tragweite Besonderer Vertragsbedingungen ergibt, daß es sich dann im allgemeinen um **Individualvereinbarungen** nach § 1 Abs. 2 AGB-Gesetz handelt.

Das gilt allerdings nicht für die ebenfalls in Rdn. 111 genannten Ausnahmen. Jedoch: Da die Frage, ob die VOB/B „als Ganzes" dem Vertrag zugrunde gelegt, also die Ausgewogenheit – noch – erhalten geblieben ist, beantwortet werden muß, müssen zwangsläufig **auch die** hier angesprochenen **Individualvereinbarungen in die Prüfung mit einbezogen** werden; auch dadurch kann die Ausgewogenheit der VOB/B verlorengegangen sein (zutreffend Weyer BauR 1984, 553, 554), so daß insofern auch die Individualvereinbarungen bei der Gesamtbeurteilung mit berücksichtigt werden müssen; dies allerdings **nur insoweit, als sie wirkliche Änderungen von in der VOB/B enthaltenen Regelungen** umfassen.

cc) Die Vereinbarung der VOB „als Ganzes" wird **nicht dadurch berührt, daß sowohl tatsächliche als auch rechtliche Punkte im Bauvertrag neben der vollinhaltlichen Absprache der VOB zusätzlich oder ergänzend** geregelt werden, wie z. B. Einzelheiten über das Aufmaß (vgl. Rdn. 23) oder eine Bestimmung über die von der VOB Teil B überhaupt nicht erfaßte Bauhandwerkersicherungshypothek nach § 648 BGB. Eine andere Frage ist es, ob und inwieweit derartige Bestimmungen als solche der Inhaltskontrolle standhalten, sofern sie dem AGB-Bereich zuzuordnen sind. **Nicht von § 23 Abs. 2 Nr. 5 AGB-Gesetz erfaßt sind selbständige Architekten- und Ingenieurleistungen.** Das gilt vor allem auch, wenn sie in einem Vertrag neben eigentlichen Bauleistungen auf Veranlassung des Auftragnehmers mit aufgenommen werden, wie z. B. durch Übernahme der gesamten Statik, der erforderlichen Ausführungszeichnungen sowie des Eingabeplanes (vgl. dazu BGH BauR 1987, 702 = SFH § 13 Nr. 4 VOB/B Nr. 14 = Betrieb 1988, 41 = ZfBR 1988, 33 = NJW 1988, 142 = MDR 1988, 222; LM § 11 Ziff. 10 f AGBG Nr. 8; vgl. dazu auch Teil A § 1 Rdn. 27 ff.; Anh. Rdn. 134).

134

dd) Auch ist jedenfalls zum Teil die Vereinbarung der VOB/B „als Ganzes" **nicht berührt, wenn** durch Zusätzliche Vertragsbedingungen eine **von der VOB/B abweichende Regelung** getroffen wird, die dort ausdrücklich zugelassen ist, was meist durch die Wendung „wenn nichts anderes vereinbart ist" o. ä. erkennbar gemacht ist (vgl. dazu Rdn. 24; ähnlich Ott S. 141 ff.). **Allerdings** wird hier eine **Unterscheidung** zu machen sein. Diese Folge gilt **nur für jene Fälle, in denen sich die von der VOB abweichende Vereinbarung für den Gegner des Verwenders nicht unangemessener** (insofern zutreffend Weyer BauR 1984, 553, 559 f.) **darstellt als nach der einschlägigen VOB- Regelung.** Dies folgt schon auf der Grundlage des in Rdn. 122 ff. Ausgeführten aus § 23 Abs. 2 Nr. 5 AGB-Gesetz selbst, und zwar eben aus der zum Schutze des Gegners des Verwenders aufgestellten Forderung nach Absprache der VOB „als Ganzes". **Nicht unangemessener** für den Gegner des Verwenders sind im allgemeinen alle diejenigen Fälle, in denen durch vertragliche Absprache **auf gesetzliche Regeln zurückgegriffen** wird oder man sich diesen über die VOB/B hinaus jedenfalls annähert, wie z. B. durch Vereinbarung der Verjährungsfrist für Gewährleistungsansprüche von 5 Jahren nach § 638 BGB oder von z. B. 4 Jahren anstelle von Teil B § 13 Nr. 4 VOB/B, **wozu die VOB ja gerade an dieser Stelle ausdrücklich den Weg offenhält** (so auch OLG Düsseldorf, MDR 1984, 315; Ulmer/Brandner/Hensen Anh. §§ 9-11 Rdn. 911; a. A. Schmidt DNotZ 1983, 462, 467; OLG München BB 1986, 408 = NJW-RR 1986, 382, ablehnend dazu Siegburg EWiR § 13 VOB/B 2/86, 303, ebenso Thesen ZfBR 1986, 153, dagegen Schmidt ZfBR 1986, 207; nochmals OLG München BauR 1987, 554, dazu sowie zur erstgenannten Entscheidung ebenfalls ablehnend Beigel BauR 1988, 22).

135

ee) Dagegen liegt eine **Vereinbarung der VOB „als Ganzes"** dann **nicht** vor, wenn (abgesehen von dem in Rdn. 135 aufgeführten Ausnahmefall mit der dort zugleich genannten Einschränkung) **durch Zusätzliche oder als AGB geltende Besondere Vertragsbedingungen VOB-Regelungen abgeändert werden, für die dies in der VOB an der betreffenden einschlägigen Stelle nicht ausdrücklich offengehalten ist.** Dabei kann man **nicht jede** – auch nur so geringfügige – **Änderung von Regelungen des Teiles B** der VOB durch Zusätzliche Vertragsbedingungen für **erheblich** in dem Sinne ansehen, daß dann die volle Inhaltskontrolle auch hinsichtlich der im Vertrag enthaltenen Allgemeinen Vertragsbedingungen der

136

A § 10, AGB, Rdn. 137+138

VOB/B einsetzt. Auszugehen ist vielmehr von den in Rdn. 122 ff. erörterten Grundlagen, dabei insbesondere von der Forderung nach **Erhalt der dem Gesamtinhalt der Allgemeinen Vertragsbedingungen innewohnenden Ausgewogenheit.** Dabei geht es vor allem darum, daß die Vorteile, die die VOB/B einerseits gegenüber der gesetzlichen Regelung bietet, auch erhalten bleiben müssen, wenn dafür Nachteile im Verhältnis zu den gesetzlichen Bestimmungen in Kauf genommen werden müssen (so auch BGHZ 86, 135 = BauR 1983, 161 = NJW 1983, 816 = Betrieb 1983, 819 = ZIP 1983, 325 = BB 1983, 599 = SFH § 16 Nr. 3 VOB/B Nr. 25 = MDR 1983, 393 = ZfBR 1983, 85).

137 Geht man von der an sich für den „Verbraucher" nachteiligen Vorschrift in § 25 Abs. 2 Nr. 5 AGB-Gesetz aus, so müssen ihm – falls er Auftraggeber ist – z. B. auch die Regelungen in Teil B § 16 Nr. 3 Abs. 2 und Teil B § 2 Nr. 6 Abs. 2 erhalten bleiben und nicht vertraglich abbedungen werden. Handelt es sich bei dem „Verbraucher" um den Auftragnehmer, so gilt umgekehrt z. B. im Hinblick auf Teil B § 12 Nr. 5, § 2 Nr. 3-7 (vgl. OLG Frankfurt BauR 1986, 225) sowie die §§ 8 Nr. 1, 16 Nr. 1 (vgl. dazu BGHZ 101, 357 = BauR 1987, 694 = NJW 1988, 55 = Betrieb 1987, 2631 = SFH § 16 Nr. 3 VOB/B Nr. 44 = LM § 16 [D] VOB/B Nr. 23 = JZ 1988, 39 mit Anm. Peters = Heiermann EWiR § 16 Nr. 3 VOB/B 4/87, 1245 = MDR 1988, 135 = ZIP 1987, 1582 = ZfBR 1988, 22) dasselbe. Ebenfalls trifft das zu, wenn die Regelungen in Teil B § 4 Nr. 3 und Nr. 7 dahin gehend abgeändert sind, daß der Auftragnehmer trotz schriftlicher Anmeldung von Bedenken allein haftet und der Auftraggeber Mängelbeseitigungskosten von der Schlußrechnung absetzen darf (OLG Frankfurt a. a. O.). Darüber hinaus wird hier zu sagen sein, daß von einer **Vereinbarung der VOB „als Ganzes" dann nicht mehr** gesprochen werden kann, **wenn sie** im Wege Zusätzlicher oder u. U. auch Besonderer (vgl. Rdn. 111) Vertragsbedingungen **in einer Weise abgeändert wird, daß davon für den Bauvertrag grundlegende Rechte und Pflichten betroffen werden und dadurch das dem VOB-Vertrag innewohnende Gleichgewicht in beachtlichem Maße gestört wird** (ähnlich Locher NJW 1977, 1801, 1802). Das betrifft neben den von § 23 Abs. 2 Nr. 5 AGB-Gesetz erfaßten VOB-Regelungen (vgl. Rdn. 122 ff.) einmal jene Bereiche, in denen im Falle der Verletzung von Pflichten dem Vertragsgegner ein Kündigungsrecht nach der VOB eingeräumt wäre (vgl. Rdn. 174), zum anderen bzw. außerdem diejenigen, in denen dem Vertragsgegner im Falle der Pflichtverletzung sowohl nach gesetzlichen Regeln als insbesondere den VOB-Bestimmungen Schadensersatzansprüche oder jedenfalls Ersatzansprüche zustehen würden, wie z. B. in den Fällen der §§ 4 Nr. 7, 6 Nr. 6, 8 Nr. 2 ff., 9 Nr. 3, 13 Nr. 5 Abs. 2, § 13 Nr. 7 usw. **Ebenso** trifft dies auf den **Vergütungsbereich** zu, insbesondere auf die Bestimmungen in Teil B § 2 Nr. 3-7, zumal der Grundsatz der **Angemessenheit der Vergütung ein wesentlicher Leitgedanke** für die Ausgewogenheit der VOB/B ist und dabei nicht zuletzt der in § 632 Abs. 1 BGB zum Ausdruck gebrachte, auf § 242 BGB beruhende Grundgedanke in vielen der dort geregelten Fälle im Hintergrund steht. Zu diesen Fragen vgl. auch Weyer BauR 1984, 553, 556 ff. **Wesentlich ist, ob es sich dann um eine Abkehr von der VOB in dem Sinne handelt, daß dadurch im Einzelfall – auch unter Berücksichtigung anderer Besonderer oder Zusätzlicher Vertragsbedingungen – das Bild der Ausgewogenheit des Gesamtvertragswerkes verlorengeht** (zustimmend Schmidt DNotZ 1978, 320; zu eng dagegen ders. BauR 1981, 119, wenn er die sogenannte „Kompensationsmethode" nicht auf sämtliche Regelungen der VOB/B, sondern jeweils nur auf einzelne Bereiche, wie z. B. die Gewährleistung, beschränkt angewendet wissen will; zu eng daher auch Bunte, Festschrift Korbion, S. 17 ff., der den Kompensationseinwand auf zweckkongruente Regelungen, also solche, die untereinander eine sachliche Beziehung haben, abstellen will, da damit der Gesamtheit der VOB/B „als Ganzes" nicht immer hinreichend Rechnung getragen wird; wie hier im Ergebnis wohl v. Westphalen ZfBR 1985, 252, 261).

138 Zusätzliche Vertragsbedingungen dahin gehend, daß die Frist zur Abnahme auf Verlangen des Auftragnehmers nach Teil B § 12 Nr. 1 anstelle von 12 Werktagen auf 24 Werktage verlängert wird, daß ferner die fiktive Abnahme allein an die öffentlich-rechtliche Gebrauchsabnahme

anstelle der schriftlichen Mitteilung von der Fertigstellung der Leistung oder deren Inbenutzungnahme geknüpft wird und daß schließlich eine Hinweispflicht des Auftragnehmers auf die Folgen des § 12 Nr. 5 VOB/B festgelegt wird, nehmen einer solchen Abnahmeregelung noch nicht die Ausgewogenheit im Hinblick auf Teil B § 12 und stellen den von der VOB **insgesamt** erzielten Interessenausgleich noch nicht in Frage; daher sind solche von der VOB abweichenden Regelungen unter dem Gesichtspunkt des § 9 AGB-Gesetz nicht zu beanstanden (BGHZ 86, 135 = BauR 1983, 161 = NJW 1983, 816 = ZIP 1983, 325 = Betrieb 1983, 819 = BB 1983, 599 = SFH § 16 Nr. 3 VOB/B Nr. 25 = MDR 1983, 393 = ZfBR 1983, 85). Dagegen kann von der Vereinbarung der VOB/B „als Ganzes" nicht mehr gesprochen werden, wenn durch AGB des Auftraggebers dem Auftragnehmer das Recht auf Vergütung im Falle der Kündigung durch den Auftraggeber nach Teil B § 8 Nr. 1 abgeschnitten oder ihm der Anspruch, ihm zustehende Abschlagszahlungen nach Teil B § 16 Nr. 1 voll zu erhalten, gekürzt wird (vgl. dazu BGH Z 101, 357 = BauR 1987, 694 = NJW 1988, 55 = Betrieb 1987, 2631 = SFH § 16 Nr. 3 VOB/B Nr. 44 = LM § 16 [D] VOB/B Nr. 23 = JZ 1988, 39 mit Anm. Peters = Heiermann EWiR § 16 Nr. 3 VOB/B 4/87, 1245 = MDR 1988, 135 = ZIP 1987, 1582 = ZfBR 1988, 22).

Dies zwingt die Verwender von Zusätzlichen Vertragsbedingungen, sich sehr eingehend zu überlegen, ob und inwieweit sie von den Allgemeinen Vertragsbedingungen des Teils B abweichende Vertragsbedingungen treffen sollen, wenn sie andererseits dadurch die Gefahr eingehen, ihnen sonst im Verhältnis zu den gesetzlichen Regelungen in den §§ 631 ff. BGB möglicherweise „günstige" Bestimmungen, wie z. B. hinsichtlich der in § 23 Abs. 2 Nr. 5 ausdrücklich angesprochenen Gewährleistungsfrist nach Teil B § 13 Nr. 4 sowie der Möglichkeiten und der Folgen etwaiger fiktiver Abnahme nach Teil B § 12 Nr. 5 VOB oder der vorbehaltlosen Annahme der Schlußzahlung nach Teil B § 16 Nr. 3 Abs. 2 wieder zu verlieren. 139

Vor allem liegt in dem Erfordernis der Vereinbarung der VOB „als Ganzes" **gerade für die Auftragnehmerseite eine besondere Gefahr, trotz Vereinbarung der VOB/B den Regelungen des AGB-Gesetzes** – insbesondere der §§ 10 Nr. 5 und 11 Nr. 10 f – **ungewollt unterworfen zu werden.** Das gilt in den sehr häufigen Fällen, in denen die **Zusätzlichen Vertragsbedingungen nicht vom Auftragnehmer, sondern von Auftraggeberseite in den Vertrag eingeführt werden**, also der **Auftraggeber Verwender** i. S. des AGB-Gesetzes ist. Geht man davon aus, daß es für die Annahme von AGB **nicht darauf ankommt, ob es sich um Haupt- oder um Nebenabreden** im Rahmen des mit vorformulierten Klauseln versehenen Vertragswerkes **handelt** (vgl. u. a. Ulmer/Brandner/Hensen § 1 Rdn. 7), so kann es unter den vorangehend gekennzeichneten Voraussetzungen, unter denen von einer Vereinbarung der VOB als Ganzes nicht mehr gesprochen werden kann, sein, daß der Auftragnehmer dadurch die ihm sonst durch die VOB im Verhältnis zum BGB-Werkvertragsrecht eingeräumten Vorteile verliert. Insbesondere kann dies bei Bauvergaben der öffentlichen Hand oder durch General-(Haupt-)Unternehmer im Verhältnis zu Nachunternehmern zutreffen. Gerade dieses verlangt für den **Auftragnehmer besondere Vorsicht,** indem er sich darüber klar sein muß, daß er sich u. U. für ihn beim betreffenden Vertrag **nicht besonders bedeutende Abreden, durch die die Vereinbarung der VOB „als Ganzes"** nach § 23 Abs. 2 Nr. 5 AGB-Gesetz **nicht mehr** als gegeben angesehen werden kann, **zugleich der AGB-Kontrolle** hinsichtlich anderer und ihm günstiger Bestimmungen **unterwirft**. Gleiches gilt im umgekehrten Fall für den Auftraggeber, wenn der Auftragnehmer Verwender von AGB ist. Es ist allerdings Aufgabe der Rechtsprechung, der hier vom Gesetzgeber anscheinend übersehenen Gefahr für einen Vertragsteil zu begegnen. Im allgemeinen dürfte eine **Abwägung nach § 242 BGB** dahingehend geboten sein, ob und inwieweit sich der Auftraggeber auf Verbotsklauseln auf der Grundlage der §§ 9 ff. AGB-Gesetz berufen kann, wenn er als Verwender selbst dafür gesorgt hat, daß die Vereinbarung der VOB/B „als Ganzes" nach § 23 Abs. 2 Nr. 5 AGB-Gesetz nicht mehr gegeben ist. Wird dadurch die gerade durch Teil B der VOB 140

A § 10, AGB, Rdn. 141+142

gegebene bauvertragliche Ausgewogenheit zugunsten des Auftraggebers und zu Lasten des Auftragnehmers zerstört, dürfte die Folgerung angebracht sein, daß sich der Auftraggeber in einem solchen Falle nicht auf die von §§ 9 ff. AGB-Gesetz erfaßten VOB-Regeln berufen kann, die ohne weiteres gültig wären, wenn er nicht selbst als Verwender von AGB für deren Ausschluß gesorgt hätte (so im Ergebnis auch Bunte BB 1983, 732, 736, der dies durch teleologische Auslegung des § 23 Abs. 2 Nr. 5 i. V. m. § 6 Abs. 1 AGB-Gesetz erreichen will; im Ergebnis wie hier auch v. Westphalen ZfBR 1985, 252, 262, der von individuellem Rechtsmißbrauch spricht; wie hier Lenzen BauR 1985, 261, 265). Entgegen Weyer (BauR 1984, 553, 561) handelt es sich bei dem hier erörterten Gesichtspunkt nicht um ein „Scheinproblem", da es dabei nicht um die Frage des – ohnehin – nur den Vertragspartner des Verwenders schützenden § 9 AGB-Gesetz geht, sondern darum, daß der Verwender die Ausgewogenheit der VOB/B zerstört hat und allein dadurch eine AGB-Kontrolle der VOB-Bestimmungen herbeiführen würde.

141 ff) In diesem Zusammenhang taucht die für die Praxis – vor allem für Bauträgerverträge – wohl vordringlichste Frage auf, ob es zulässig ist, in Bauträgerverträgen **lediglich die Anwendbarkeit der Gewährleistungsbestimmungen der** VOB/B (§§ 4 Nr. 6, 7 sowie 13 VOB/B) oder letztere Bestimmung allein **zu vereinbaren,** die übrigen Bestimmungen der VOB/B aber nicht.

142 **Entgegen** Löwe/v. Westphalen/Trinkner, § 23 Abs. 2 Nr. 5 Rdn. 10; Dietlein/Rebmann, § 23 Anm. 11; Schippel/Brambring DNotZ 1977, 214; Ulmer/Brandner/Hensen, Anh. §§ 9-11 Rdn. 909, 911, anders § 23 Rdn. 44; Schippel/Brambring DNotZ 1977, 214; Brambring NJW 1978, 777, 779 f.; Heiermann Betrieb 1977, 1733, 1737 f.; Schmidt BayNotMitt. 1977, 155, 169, BauR 1981, 119, ZfBR 1984, 57, ZfBR 1986, 53, ZfBR 1986, 252, 255; Gebhard BayNotMitt. 1977, 104; Recken BauR 1978, 417, 418; Heiermann/Riedl/Rusam/Schwaab Teil A § 10 Rdn. 71; Frikell/Glatzel/Hofmann Rdn. E 6.8 f.; Fritz Rdn. 167; Kötz i. Münchner Kommentar, § 11 AGB-Gesetz Rdn. 116; Bärmann/Seuß, Praxis des Wohnungseigentums, IV, Rdn. 33 (S. 136 ff.); Heiermann/Linke S. 152; Reithmann in Reithmann/Brych/Manhardt Rdn. 285 ff.; ders. BB 1985, 1882; Daub/Piel/Soergel Teil A ErlZ A 10.49; Tempel NJW 1981, 1030, **ist dies mit** Locher NJW 1977, 1801, 1802, BauR 1977, 223 sowie 1983, 362, Das private Baurecht Rdn. 84, und Baubetreuungs- und Bauträgerrecht Rdn. 344; Kaiser BlGBW 1977, 167, 169 sowie Mängelhaftungsrecht Rdn. 12 d; Schlosser/Coester-Waltjen/Graba, § 23 Rdn. 134 und § 23 Rdn. 13; Koch/Stübing, § 11 Nr. 10 Rdn. 72; Schmidt-Salzer, AGB, NJW-Schriftenreihe, Fn. 144; Jagenburg BauR 1977, Sonderheft 1, S. 14 f. und NJW 1979, 793, 799 f.; Brych BayNotMitt. 1977, 170, MDR 1978, 180 ff., ZfBR 1979, 222 sowie in Reithmann/Brych/Manhardt Rdn. 35; Deckert S. 63 ff.; Löwe ZfBR 1978, 49 f.; Gottwald JA 1980, 69 f.; Groß sowie Oschmann, Schriftenreihe der Dt. Ges. f. Baurecht, Bd. 10 S. 80 und 43; Staudinger/Schlosser § 23 AGBG Rdn. 28; Werner/Pastor Rdn. 1663; im wesentlichen auch Hesse ZfBR 1980, 259; Müller-Foell BauR 1982, 538; Nicklisch in Nicklisch/Weick Einl. Rdn. 58; Bartsch BB 1982, 1697, 1698; Koch ZfBR 1983, 167; Siegburg, Gewährleistung beim Bauvertrag, Rdn. 49, 346; jetzt auch Palandt/Heinrichs § 11 AGBG Anm. 10 f.; v. Westphalen ZfBR 1985, 252, 261 **nach wie vor** (vgl. Teil B § 13 Rdn. 231 ff. sowie Korbion in VersR 1977, 683 f. und Korbion/Hochstein Rdn. 23 t) **zu verneinen** (vom BGH zunächst offengelassen; vgl. BGH BauR 1980, 568 = NJW 1980, 2800 = BB 1980, 1549 = Betrieb 1980, 2337 = MDR 1980, 1014 = SFH § 633 BGB Nr. 25 = LM Allg. Geschäftsbed. Nr. 110 = ZfBR 1980, 227; BGH BauR 1982, 61 = NJW 1982, 169 = MDR 1982, 313 = Betrieb 1982, 277 = SFH § 13 Nr. 4 VOB/B Nr. 3; BGH BauR 1982, 496 = SFH § 13 Nr. 5 VOB/B Nr. 3 = ZfBR 1982, 211; BGH BauR 1983, 84 = Betrieb 1983, 444 = NJW 1983, 453 = SFH § 21 WEG Nr. 6 = MDR 1983, 391 = LM § 634 BGB Nr. 19 = ZfBR 1983, 17; **jetzt eindeutig verneinend auch BGH Z 96, 129** = BauR 1986, 88 = ZIP 1985, 1493 = VersR 1986, 89 = SFH § 13 Nr. 4 VOB/B Nr. 6 = JZ 1986, 142 Anm. Locher = JR 1986, 202 Anm. Schubert = MDR 1986, 224 = NJW 1986, 315 = BB 1986, 24 = LM § 11 Ziff. 10 f AGBG Nr. 3 = Löwe EWiR § 11 Nr. 10 AGBG 3/85,

927 = ZfBR 1986, 33; seitdem ständig, zuletzt BauR 1988, 461, 464 = SFH § 633 BGB Nr. 74; so u. a. auch LG Düsseldorf NJW 1985, 500 = Bunte EWiR § 23 Abs. 2 Nr. 5 AGBG 1/85, 17; OLG Nürnberg BauR 1985, 320 = BB 1985, 1881; OLG Stuttgart BauR 1985, 321). Dies gilt nicht nur für den von der genannten BGH-Entscheidung erfaßten Bereich der Bauträger-Erwerberverträge, sondern allgemein für Bauverträge auf der Grundlage der VOB/B.

Entgegen Heiermann (a. a. O.) und insbesondere Brambring (a. a. O.) läßt sich für die gegenteilige Ansicht nichts Ausreichendes aus der Gesetzesbegründung entnehmen. Sicher läßt sich nicht wie Heiermann im Sinne erwägenswerter Begründung sagen, „die VOB" erfasse ja auch den Teil A, der ohnehin nicht vom AGB-Gesetz ergriffen sei, da es selbst nach der insoweit maßgebenden unklaren gesetzgeberischen Begründung sicher ohne Zweifel ist, daß man hier das Vertragswerk des Teils B gemeint hat. Dort ist nämlich ausdrücklich das Gewährleistungssystem der VOB/B angesprochen worden. Es dann wie Heiermann lediglich noch auf den Sinnzusammenhang der „Freistellung" des § 13 Nr. 4 und der „Begünstigung der anderen Vertragspartei durch § 13 Nr. 5" abzustellen, führt einmal ersichtlich überhaupt nicht weiter, zum anderen dürfte zumindest grundsätzlich nicht von einer Begünstigung der anderen Vertragspartei durch § 13 Nr. 5 die Rede sein können, wenn man Vergleiche zu den §§ 633 ff. BGB zieht, wie noch festzustellen ist. Auch Brambring (a. a. O.), der aus der angeführten Amtlichen Begründung den § 25 Abs. 2 Nr. 5 so lesen will, daß es heißen müsse „für die Gewährleistung, für die die VOB Vertragsgrundlage ist", kommt damit wohl kaum weiter, da immer noch die Frage offenbleibt, wieweit die VOB nun Vertragsgrundlage sein muß, ob auf die bloße Gewährleistung beschränkt oder darüber hinaus. Sicher ist in der Amtlichen Begründung gesagt, die „rechtliche Stellung des Bestellers" werde „durch die VOB/B gegenüber dem Werkvertragsrecht des BGB in einigen Punkten verstärkt", wobei dann drei Punkte aufgezählt sind, nämlich die Einwirkungsmöglichkeit schon vor der Abnahme, die Möglichkeit, die Verjährung durch „einfache" schriftliche Rüge zu unterbrechen und die Festlegung einer selbständigen weiteren Verjährungsfrist für die Mängelbeseitigungsleistung. Daraus wird dann der Schluß gezogen, die Verjährungsregelung der VOB werde durch die im Deutschen Verdingungsausschuß Vertretenen als ausgewogen und den heutigen Gegebenheiten angemessen angesehen. Wenn es dann aber zum Schluß heißt „Zum Schutze des Bestellers soll die Ausnahme jedoch nur dann zulässig sein, wenn die **VOB als Ganzes** dem Vertrag zugrunde gelegt wird", so weist das doch bereits auf das Gegenteil des von Brambring (a. a. O.) gezogenen Schlusses hin. Überdies aber: Die an erster Stelle der Amtlichen Begründung als besonderer Vorteil angeführte Möglichkeit der Einwirkung schon vor der Abnahme kann nicht so einfach hingenommen werden, weil dabei sicher die gesetzliche Regelung des § 634 Abs. 1 Satz 2 BGB außer Beachtung geblieben ist, aus der sich zweifelsfrei die Möglichkeit der Anwendung der Gewährleistungsregelung des BGB auch schon für die Zeit vor der Abnahme ergibt. Es trifft zwar zu, daß diese gesetzliche Regelung verlangt, daß die dem Auftragnehmer zur Mängelbeseitigung schon vor der Abnahme zu setzende Frist nicht vor der für die Ablieferung (Fertigstellung) der Leistung bestimmten Frist abläuft. Trotzdem dürfte dies keine beachtliche Schlechterstellung des Auftraggebers durch das BGB im Verhältnis zu § 4 Nr. 7 VOB/B sein. Es besteht nämlich kein Zweifel daran, daß die Rechtsprechung es dem Auftraggeber ausnahmsweise auch beim BGB-Bauvertrag gestatten wird, schon eine vor der vertraglichen Fertigstellungsfrist ablaufende Fristsetzung vorzunehmen, wenn daran ein wohlberechtigtes Interesse des Auftraggebers besteht, er z. B. auf eine frühzeitige Mängelbeseitigung zwecks zügiger Weiterführung des Bauvorhabens, dabei vor allem zur Vermeidung größerer Schäden als bisher, die der mangelhaft leistende Auftragnehmer dann auch noch zu tragen hätte, angewiesen ist. Dies rechtfertigt sich – wie so vieles beim Bauvertrag – aus § 242 BGB und ist im übrigen ein Gesichtspunkt der Schadensminderung, der letztlich sogar dem Auftragnehmer zugute kommt! Ferner: Es gibt praktisch keinen Punkt, in dem die normale Gewährleistungsregelung der VOB – also in dem der Beurteilung hier maßgeblich zugrunde zu legenden Fall, in dem keine längere Frist als die des Teils B § 13 Nr. 4 vereinbart ist – dem Auftraggeber gegenüber dem BGB Vorteile bietet. Jagenburg (a. a. O.) weist zunächst zutref-

143

fend darauf hin, daß die beste schriftliche Rüge eben nichts mehr nützt, wenn die zwei Jahre vorbei sind. Der „Kunde" muß außerdem zunächst einmal etwas tun, um die Verjährung aufzuhalten, also muß er im Gegensatz zum BGB zwischen der Abnahme und dem Ablauf der Frist schreiben, um die hier erörterte Rechtsstellung durchsetzbar zu erhalten; überdies setzt das alles voraus, daß der zu rügende Mangel innerhalb von 2 Jahren überhaupt erst einmal aufgetreten ist. Zwar kann nach der Abnahme der Mängelbeseitigungsleistung und durch die daran angeknüpfte erneute – von der bisherigen unabhängige – zweijährige Verjährungsfrist (vgl. Teil B § 13 Nr. 5 Abs. 1 Satz 3) auch bei der ursprünglichen Normalfrist von 2 Jahren insgesamt eine längere Verjährungsfrist als die des § 638 BGB herauskommen. Abgesehen davon, daß das in der Regel aber nur geht, wenn die Ursprungsfrist durch schriftliche Rüge – dann übrigens erst kurz vor ihrem Ablauf – aufgehalten worden ist, erreicht man im allgemeinen das gleiche beim BGB: Die Mängelbeseitigungsleistung und die daran angeknüpfte besondere Gewährleistungsfrist nach der Abnahme setzt ja einen vertragstreuen Unternehmer voraus. Bei diesem liegt aber häufig durch die Mängelbeseitigungsleistung nicht nur die Hemmung des § 639 Abs. 2 BGB, sondern vor allem die Unterbrechung im Sinne des § 208 BGB vor, was kaum weniger bringt als hier die VOB. Darüber hinaus ist vor allem auch das vom Gesetz abweichende Gewährleistungssystem der VOB zu beachten. Nur unter einschränkenden Voraussetzungen ist die Minderung möglich (§ 13 Nr. 6). Der Hauptfall des § 634 BGB, nämlich die – bloß – vergebliche Beseitigungsaufforderung mit Fristsetzung, ermöglicht nach der VOB nicht schon die Minderung. Vielmehr ist dann der Auftraggeber praktisch gezwungen, die Nachbesserung durch einen Dritten vornehmen zu lassen und dafür zumindest Vorschuß zu verlangen, wenn er die Nachbesserungskosten nicht vorstrecken oder sichergestellt haben will (§ 13 Nr. 5 Abs. 2). Sicher gilt allgemein der Satz: Wer baut, will ein ordentliches Bauwerk, also die Nachbesserung, und nicht einen Geldersatz über die Minderung. Das ändert aber nichts an der im Verhältnis zum BGB gegebenen Einengung des Auftraggebers. Schließlich und insbesondere sind Ansprüche, die nach § 635 BGB als Schadensersatz (einschließlich der unmittelbaren Mängelfolgen) oder für entferntere Mängelfolgeschäden über positive Vertragsverletzung gegeben wären, durch die Schadensersatzregelung des § 13 Nr. 7 eingeengt. Dabei muß es sich einmal um die Gebrauchsfähigkeit beeinträchtigende wesentliche Mängel handeln, ferner ist hier in den kleinen und den großen Schadensersatzanspruch unterteilt.

144 Man dürfte daher keine Möglichkeit sehen, eine allein auf sich abgestellte Vereinbarung „Gewährleistung nach VOB" für zulässig zu halten; sie liegt nicht mehr im Bereich der Ausnahme des § 23 Abs. 2 Nr. 5 AGB-Gesetz. Aus den vorstehenden Erwägungen kann daher auch der gegenteiligen Ansicht von Schmidt (BauR 1981, 119) nicht gefolgt werden. Er übersieht vor allem, daß die von ihm herangezogenen grundlegenden Erwägungen, aus denen die Verfasser der VOB/B die kurze Verjährungsfrist des § 13 Nr. 4 beibehalten und auch die übrigen Regelungen des § 13 wie in der Fassung von 1973 gestaltet und bisher aufrechterhalten haben, kein allein oder wesentlich ausschlaggebendes Argument sein können, weil es letztlich auf die gesetzlichen Bestimmungen des BGB und deren Berücksichtigung bei der Überlegung nach der Tragweite des AGB-Gesetzes ankommen muß, nicht aber auf vorhandene, dem AGB-Gesetz unterliegende Vertragswerke. Der eigentliche Regelungsgegenstand eines Vertragswerkes kann nicht die Tragweite des Gesetzes bestimmen, sondern nur umgekehrt ist die rechtliche Bewertung möglich. Insofern auch zutreffende Ausführungen in BGHZ 96, 129 = BauR 1986, 88 = ZIP 1985, 1493 = VersR 1986, 89 = SFH § 13 Nr. 4 VOB/B Nr. 6 = JZ 1986, 142 mit Anm. Locher = JR 1986, 202 mit Anm. Schubert = MDR 1986, 224 = NJW 1986, 315 = BB 1986, 24 = LM § 11 Ziff. 10 f AGBG Nr. 3 = Löwe EWiR § 11 Nr. 10 AGBG 3/85, 927 = ZfBR 1985, 34 zu den maßgebenden gesetzgeberischen Erwägungen für den Bereich des § 23 Abs. 2 Nr. 5 AGB-Gesetz.
Um Mißverständnisse zu vermeiden: Selbstverständlich ist nach wie vor dabei zu bleiben, die Gewährleistungsregelung der VOB unter Berücksichtigung der **Ausgewogenheit der VOB bei deren Einbeziehung als Gesamtvertragswerk** im angegebenen Rahmen (vgl.

Rdn. 131 ff.) als durchaus angemessen zu halten. Das hat mit dem hier Gesagten nichts zu tun.

Schließlich: Wer den Standpunkt vertritt, man könne die Gewährleistung der VOB für sich vereinbaren, müßte konsequenterweise das auch für § 12 VOB/B vertreten, was – soweit ersichtlich, als einziger – auch Heiermann tut, allerdings als bloße Feststellung. Das wird kaum möglich sein, weil man hier für den Bereich der Abnahme mit keinem weiteren „Vorteil" argumentieren kann, den die VOB bietet. Die bloße Verweisung auf die Möglichkeit der förmlichen Abnahme steht dem auch nicht entgegen, weil man sie bei der VOB erst einmal verlangen muß, man diese aber auch in einem BGB-Vertrag vereinbaren kann, außerdem nach wiederholt bestätigter Rechtsprechung die fiktive Abnahme eingreift, wenn keiner von den Vertragspartnern auf die förmliche Abnahme zurückkommt. Daher muß im Hinblick auf die fiktive Abnahme des § 12 Nr. 5 a. a. O. auch von einem Verbot separater Vereinbarung des § 12 VOB/B ausgegangen werden. Überdies: Wollte man in eine lediglich auf die Gewährleistung der VOB/B bezogene AGB-Klausel auch noch den § 12 VOB/B einbeziehen, so fragt es sich, wie es dann mit den übrigen Wirkungen der Abnahme (z. B. Gefahrtragung, Fälligkeit der Vergütung) sein soll. Soll auch dafür die fiktive Abnahme möglich sein, oder will man insoweit das BGB gelten lassen? Im ersten Falle würde der Auftraggeber durch die fiktive Abnahme einen früheren Gefahrübergang und u. U. auch eine frühere Fälligkeit der Vergütung riskieren, als es sonst beim BGB der Fall wäre. Im zweiten Fall dürfte bei einigen, hier geübten Vertragsformulierungen ernsthaft über die §§ 3 und/oder 5 AGB-Gesetz zu reden sein. Jedenfalls würde man die Abnahme aufspalten in eine solche für die Gewährleistung und eine solche hinsichtlich der übrigen Rechtswirkungen (vgl. dazu auch Teil B § 12 Rdn. 1). Das sieht aber weder das Gesetz noch auch die VOB vor.

Nicht möglich ist es ferner, in ZVB festzulegen, für den Fall, daß die isolierte Vereinbarung des § 13 Nr. 4 oder des § 13 VOB/B insgesamt nicht zulässig sei, gelte die VOB/B in ihrer Gesamtheit. Hierdurch wird nicht nur die auf das dispositive Recht des BGB zielende Bestimmung durch eine solche nicht individuell vereinbarte (vgl. dazu u. a. Palandt/Heinrichs § 6 AGBG Anm. 3) „Staffelklausel" grundsätzlich umgangen, sondern es wird dadurch auch dokumentiert, daß es dem Verwender vorrangig um die Umgehung des § 11 Nr. 10 f AGB-Gesetz geht. Man fragt sich dann vergeblich, warum nicht von vornherein die VOB/B als Ganzes vereinbart wurde, was sicherlich im Bereich des § 9 AGB-Gesetz zu erörtern wäre. Hinzu kommt, daß in einem solchen Fall das Vorliegen der Einbeziehungsvoraussetzungen nach § 2 AGB-Gesetz durchaus fraglich, wohl eher zu verneinen wäre. Eine solche „Ersatzklausel" kann man auch nicht durch die Regelung in § 1 Nr. 2 VOB/B sanktionieren, weil diese schon ihrem Wortlaut nach nicht auf den Bereich des § 6 Abs. 2 AGB-Gesetz paßt, vielmehr nur Widersprüche in einem von vornherein vereinbarten VOB-Vertrag klären will (vgl. dazu u. a. auch Ulmer/Brandner/Hensen § 6 Rdn. 55, 56; Münchner Kommentar-Kötz § 6 AGBG Rdn. 3).

Soweit Brych (NJW 1986, 302) für den Bereich des Bauträgervertrages gesetzgeberische Maßnahmen dahin vorschlägt, im Rahmen des Kaufrechtes (§ 477 BGB) unterschiedliche Gewährleistungsfristen festzulegen, und zwar für die Planung und die „Bausubstanz" (wie weit geht diese?) eine fünfjährige und für „Einrichtungs- und Ausrüstungsgegenstände" (wie weit gehen diese?) eine halbjährige, kann dem nicht gefolgt werden, weil die Bauerrichtung auch beim Bauträgervertrag insgesamt werkvertraglich ausgerichtet (vgl. dazu Anh. Rdn. 214 ff.) und einheitlich zu betrachten ist, also letztlich nur eine Gesamtgewährleistungsfrist in Betracht kommen kann; andernfalls würde insoweit eine nicht zu rechtfertigende Unklarheit in die Bauträgerverträge hineingetragen.

Eine „isolierte" Vereinbarung der Gewährleistungsregelung von Teil B § 13 ist auch dann nicht möglich, wenn ein Altbau umgebaut oder modernisiert wird, dabei Wohnungseigentum gebil-

A § 10, AGB, Rdn. 149-151

det und dieses veräußert wird, falls die einzelnen Baumaßnahmen, die dem Zweck des Umbaues bzw. der Modernisierung dienen, ein erhebliches Gewicht haben, weil dann Werkvertrags- und nicht Kaufvertragsrecht anzuwenden ist (BGH BauR 1987, 439 = Betrieb 1987, 1630 = ZfBR 1987, 197 = VersR 1987, 720 = SFH § 13 Nr. 4 VOB/B Nr. 11 = NJW-RR 1987, 1046 = ZIP 1987, 1055 = JZ 1987, 886 = MDR 1987, 834 = WEZ 1987, 258 = LM § 11 Ziff. 10 f AGBG Nr. 7 = NJW 1988, 490).

149 Die isolierte Vereinbarung der Gewährleistungsregelung der VOB/B ist auch dann nicht zulässig, wenn dies nur in einem einzelnen zwischen den betreffenden Vertragspartnern abgeschlossenen Vertrag geschieht, da auch dann der Verwender (Auftragnehmer, Bauträger usw.) gegenüber dem Bauherrn (Auftraggeber) eine AGB stellt, weil die VOB/B als bereitliegende Vertragsordnung AGB aus sich heraus ist, daher auch ihre einzelnen vorformulierten Bestimmungen (vgl. oben Rdn. 95 f.; so auch BGH BauR 1987, 438 = JZ 1987, 887 = NJW 1987, 2373 = Betrieb 1987, 1988 = SFH § 13 Nr. 4 VOB/B Nr. 12 = WEZ 1987, 263 = MDR 1987, 1019 = LM § 11 Ziff. 10 f AGBG Nr. 6 = ZfBR 1987, 199).

150 Dagegen sind jene Fälle **anders** zu beurteilen, in denen ohne sonstige, das Gleichgewicht der VOB/B i. S. des § 23 Abs. 2 Nr. 5 AGB-Gesetz zerstörende AGB im betreffenden Vertrag die Gewährleistung nach der VOB/B vereinbart ist, jedoch in Abänderung von Teil B § 13 Nr. 4 die **gesetzliche Gewährleistungsfrist des § 638 BGB vertraglich festgelegt** wird (a. A. Schmidt DNotZ 1983, 462, 468; Ott S. 158 ff., die die Tragweite des § 13 Nr. 2 VOB/A in vertragsrechtlicher Hinsicht überbewerten, sowie OLG München BauR 1986, 579 = Betrieb 1986, 741 = MDR 1986, 408 = NJW-RR 1986, 382 = BB 1986, 554 = SFH § 9 AGBG Nr. 30 = zutreffend ablehnend Siegburg EWiR 1986, 303, wenn auch die Entscheidung im Ergebnis zutrifft, weil wegen anderweitiger Bedingungen im selben Vertrag die VOB/B nicht mehr als Vertragsgrundlage i. S. des § 23 Abs. 2 Nr. 5 VOB/B anzusehen war, vgl. insofern auch LG Frankfurt NJW-RR 1988, 917; ebenso a. A. weiter derselbe Senat des OLG München, der unzutreffend in § 13 VOB/B nur gesetzeskonforme oder gar für den Auftraggeber günstigere Regelungen sieht, also die vorangehend angeführten Argumente nicht erschöpfend, damit unzureichend behandelt; dazu ablehnend auch Beigel BauR 1988, 142). Durch diese Anpassung an die gesetzliche Verjährungsfrist dürfte die Ausgewogenheit wiederhergestellt sein (vgl. auch Jagenburg NJW 1987, 2410, 2415 f.). Das trifft deshalb zu, weil es im Zweifel erstes Anliegen eines bauenden Auftraggebers ist, im Endergebnis eine vertragsgemäß hergestellte Leistung zu erhalten und nicht einen in Geld zu bewertenden Ersatz bei bleibender fehlerhafter Leistung, der hinsichtlich der Minderung und des Schadensersatzes beim BGB-Vertrag leichter als beim VOB-Vertrag zu erreichen wäre. **Anders** liegt der Fall **auch,** wenn **beide Parteien von vornherein von sich aus übereinstimmend von den gleichen, die VOB** in ihrem Gesamtcharakter **einschränkenden Bedingungen ausgehen,** diese also beiderseitig aus freien Stücken ohne Einflußnahme des anderen Teils in den Vertrag hereingebracht werden, da dann ein Stellen i. S. des § 1 Abs. 1 Satz 1 AGB-Gesetz überhaupt nicht mehr vorliegt (vgl. dazu Rdn. 97 sowie Niebling BauR 1981, 227). **Erst recht kann sich der Verwender von AGB, der in seinen Bedingungen selbst von § 13 Nr. 4 VOB/B ausgeht, nicht auf die Unzulässigkeit der „isolierten" Vereinbarung der Gewährleistungsregelungen der VOB/B berufen,** da er selbst diese Vertragsbedingung gestellt hat (BGH BauR 1987, 205 = NJW 1987, 837 = MDR 1987, 397 = Betrieb 1987, 577 = Bunte EWiR 1987, 139 = JZ 1987, 579 = SFH § 13 Nr. 1 VOB/B Nr. 6 = LM § 9 [A] AGBG Nr. 2 = ZfBR 1987, 73).

151 f) Aus dem Gesagten – vor allem Rdn. 136 ff. – folgt, daß **von den Regelungen des AGB-Gesetzes,** insbesondere dessen § 1 Abs. 1, aus dem Bereich des Bauvertrages **in aller Regel Zusätzliche Vertragsbedingungen erfaßt** sein können, sei es als Abweichungen von an sich nach Teil B der VOB erfaßten Regelungsgegenständen (vgl. insbesondere Rdn. 20), sei es als Zusätze oder Ergänzungen der Allgemeinen Vertragsbedingungen (vgl. insbesondere Rdn. 21). Insofern kommen vor allem die Verbotskataloge in den §§ 10 f. AGB-Gesetz zur Anwen-

dung. Gerade aber auch § 9 a. a. O. kann für die Beurteilung von Zusätzlichen Vertragsbedingungen von ausschlaggebender Bedeutung sein (vgl. z. B. Wussow VersR 1977, 979 zu Nr. 28 der Zusätzlichen Vertragsbedingungen der Deutschen Bundesbahn für die Ausführung von Bauleistungen). Die Beurteilung danach, ob es sich um Zusätzliche Vertragsbedingungen handelt, richtet sich **keineswegs nur nach der Überschrift, also nicht allein danach, wie sie vom Verwender bezeichnet sind. Entscheidend ist allein, ob solche abweichenden Ergänzungen oder Änderungen zum Mehrfachgebrauch bestimmt sind.** So können Klauselwerke, die als „Besondere Vertragsbedingungen" bezeichnet, aber in Wirklichkeit Zusätzliche Vertragsbedingungen sind, ohne weiteres der Inhaltskontrolle unterliegen. Ebenso gilt dies z. B. für „Technische Vorbemerkungen für Rohbauarbeiten", wenn sie in Wirklichkeit vertragsrechtlichen Inhalts und zur Mehrfachverwendung bestimmt sind; sie sind also keineswegs über § 8 AGB-Gesetz aus der Inhaltskontrolle entlassen (vgl. dazu OLG München NJW-RR 1987, 661). Im übrigen müssen Zusätzliche Vertragsbedingungen **inhaltlich klar und von den übrigen Vertragsbedingungen,** wie z. B. den Allgemeinen Vertragsbedingungen der VOB/B, **zweifelsfrei abgegrenzt** sein, weil **sonst die Unklarheitenregel des § 5 AGB-Gesetz** zu Lasten des Verwenders eingreift (vgl. LG Frankfurt NJW-RR 1988, 917).

g) Dagegen dürften **Zusätzliche Technische Vertragsbedingungen (vgl. Rdn. 45) für die Praxis im Bereich des AGB-Gesetzes kaum von Bedeutung sein.** Allerdings wird man sie nicht von der Inhaltskontrolle allein deshalb ausnehmen dürfen, weil sie keine Abweichungen oder Ergänzungen von Rechtsvorschriften sind, daher nach § 8 AGB-Gesetz der Inhaltskontrolle entzogen wären. Denn **auch sie haben den Charakter von Rechtsvorschriften jedenfalls in dem Sinne, als sie den Leistungsinhalt im Hinblick auf eine mängelfreie Leistung für den Rahmen des § 633 Abs. 1 bzw. des § 13 Nr. 1 VOB/B festlegen,** wie durch ihre Einbeziehung in § 1 Nr. 1 Abs. 2 VOB/B dokumentiert wird (so auch Soergel Bauwirtschaft 1980, 280, 281). Sie werden aber **ebenso wie die Allgemeinen Technischen Vertragsbedingungen (vgl. Rdn. 115 ff.)** im vertraglichen Bereich durch die grundlegende Verpflichtung des Auftragnehmers nach § 633 Abs. 1 BGB bzw. § 13 Nr. 1 VOB/B überlagert, die Leistung nach den **anerkannten Regeln der Technik** zu erbringen. Entsprechen die Zusätzlichen Technischen Vertragsbedingungen nicht den anerkannten Regeln der Technik, wofür u. U. eine größere Gefahr besteht als bei den Allgemeinen Technischen Vertragsbedingungen, so sind beide Vertragspartner durch die dem Auftragnehmer als Fachmann auferlegte besondere bauvertragliche Prüfungs- und Hinweispflicht nach Teil B § 4 Nr. 3 VOB/B, die auch nach § 242 BGB für den lediglich nach den gesetzlichen Vorschriften ausgerichteten Bauvertrag gilt (vgl. Teil B § 4 Rdn. 183), hinreichend geschützt, so daß insofern kein Anlaß für eine darüber hinausgehende Inhaltskontrolle besteht. Überdies ist auch hier zu vermerken, daß die eigentlichen Verbotsnormen der §§ 10 f. AGB-Gesetz Regelungen, die sich in Zusätzlichen Technischen Vertragsbedingungen finden, nicht erfassen. Insofern könnte eine Inhaltskontrolle nur über § 9 AGB-Gesetz oder § 242 BGB stattfinden, wobei der allgemeine Rechtsgedanke des § 254 BGB durchaus eine Rolle spielen kann (ähnlich Soergel a. a. O., S. 282). Etwas anderes gilt allerdings hinsichtlich der – regelwidrig – nach Teil A § 10 Nr. 4 Abs. 2 Satz 2 in Zusätzliche Technische Vertragsbedingungen aufzunehmenden Sonderregelungen über die Verjährung von Gewährleistungsansprüchen (vgl. Rdn. 39). Daß solche von der VOB abweichenden Bestimmungen in den Kontrollbereich des AGB-Gesetzes fallen, liegt angesichts der §§ 11 Nr. 10 f, 23 Abs. 2 Nr. 5 a. a. O. auf der Hand (vgl. dazu Rdn. 136 ff.). Gleiches trifft auch sonst auf in Zusätzliche Technische Vertragsbedingungen aufgenommene vertragsrechtliche Regelungen (Rechtsvorschriften) zu, soweit sie von den §§ 9-11 AGB-Gesetz berührt werden (ähnlich Soergel a. a. O., S. 282 f.).

3. Mögliche Verwender von Allgemeinen Geschäftsbedingungen bei Bauverträgen

153 Wird bedacht, daß der Zweck des AGB-Gesetzes darin liegt, die Gefahren zu bekämpfen, die sich aus einer **mißbräuchlichen Inanspruchnahme der Vertragsfreiheit** durch die Verwendung einseitig formularmäßig aufgestellter Vertragsbedingungen ergeben können (BT-Drucksache Nr. 7/3919 vom 6. 8. 1975 S. 10), so muß man dieses Bestreben gerade für den Bauvertrag aufgrund aller in der Vergangenheit gerade hier gemachten Erfahrungen nur begrüßen. Wird aber weiter die erklärte **Absicht des Gesetzgebers, den sogenannten Letztverbraucher schützen zu wollen** (a. a. O. S. 43), beachtet, so muß man **im Zweifel** darüber sein, **ob der Gesetzgeber die Praxis gerade bei bauvertraglichen Gestaltungen im Hinblick auf den möglichen Verwender in dem an der Häufigkeit des Geschehens zu messenden Umfang zutreffend gesehen hat.** Gerade die Ausnahmeregelung in § 23 Abs. 2 Nr. 5 zeigt deutlich, daß der Gesetzgeber im bauvertraglichen Bereich als sogenannter Letztverbraucher **augenscheinlich nur den Bauherrn, also den Auftraggeber, angesehen** hat (auch Daub/Piel/Soergel ErlZ A 10.22), was insbesondere durch die Begründungen zu dieser Regelung dokumentiert wird (BT-Drucksache Nr. 7/3919 vom 6. 8. 1975 S. 42, BT-Drucksache Nr. 7/5422 v. 23. 6. 1976 S. 14). Dort sind **lediglich dem Auftraggeber – im Verhältnis zum Gesetz – nachteilige VOB-Bestimmungen angeführt worden**, nämlich Teil B § 12 Nr. 5 und § 13 Nr. 4 f. VOB/B. Dadurch tritt offen zutage, **daß der Gesetzgeber für den Rahmen des Bauvertrages nicht alle möglichen Gestaltungsformen vorformulierter Vertragsbedingungen (insbesondere Zusätzlicher Vertragsbedingungen) gesehen haben dürfte, soweit es den Kreis möglicher Verwender anbelangt. Vor allem läßt sich der Kreis der Verwender keinesfalls in jedem Falle mit dem des Herstellers bzw. Auftragnehmers identifizieren** (ebenso Jagenburg BauR 1977, Sonderheft 1 S. 7 f.).

154 a) Allerdings trifft dies in jenen Fällen zu, in denen der Auftragnehmer vor allem im Bereich privater Bauverträge – also solchen, die nicht die Bauherstellung für sogenannte öffentliche Auftraggeber umfassen – **vorformulierte Vertragsbedingungen aufstellt,** die hier (z. B. im Fertighausbau) in aller Breite vorkommen und in denen Klauseln enthalten sein können, wie sie in den §§ 10 f. AGB-Gesetz angesprochen werden. Das betrifft in der Praxis oftmals nicht so sehr Bauunternehmen im industriellen oder handwerklichen Bereich im überkommenen Sinn, sondern wesentlich mehr solche **auch** als Werkunternehmer im Rechtssinne anzusehenden Auftragnehmer, die sich im Laufe der Zeit von der bloßen Herstellung und der bloßen Veräußerung von Bauteilen (z. B. Fenstern, Türen, Rohbaufertigteilen usw.) zugleich auf die Montage und damit die eigentliche Bauleistung verlegt haben. Solche Unternehmen haben häufig vorformulierte Vertragsbedingungen, die nicht nur von der VOB, sondern besonders auch von den gesetzlichen werkvertraglichen Regeln abweichen und die Rechte des Auftraggebers einschränken. Das läßt sich manchmal damit erklären, daß diese Auftragnehmer von ihrer Struktur her keine Bauunternehmer im herkömmlichen Sinne sind, sondern dazu sozusagen unversehens infolge Erweiterung bzw. Veränderung ihres bisherigen Tätigkeitsbereiches geworden sind. Ihre aus der früheren alleinigen Tätigkeit stammenden sogenannten **Verkaufs- und Lieferungsbedingungen sind vielfach noch nicht auf die Besonderheiten** und die speziellen Anforderungen werkvertraglicher Betätigung abgestellt. Sie sind besonders gehalten, ihre vorformulierten Bedingungen den Anforderungen des AGB-Gesetzes anzupassen.

155 b) Von **ganz erheblichem Gewicht** sind im Rahmen des Bauvertragswesens aber auch die **vorformulierten Vertragsbedingungen (Zusätzliche Vertragsbedingungen) der sogenannten öffentlichen Auftraggeber** (zum Begrifflichen vgl. Einl. Rdn. 100), hier also **der anderen Vertragspartnerseite.** Zwar hat der Gesetzgeber auch die vorformulierten Vertragsklauseln bei Verträgen mit der öffentlichen Hand gerade im Hinblick auf die VOB im Auge gehabt, wie sich aus der BT-Drucksache Nr. 7/5222 vom 23. 6. 1976 (dort S. 14) ergibt. Ob dies allerdings in voller Breite erkannt worden ist, läßt sich aus den Begründungen nicht klar

entnehmen. Fest steht auf jeden Fall, daß **gerade auch Vertragsbedingungen der öffentlichen Hand unter die AGB-Definition in § 1 Abs. 1 AGB-Gesetz fallen,** sofern sie nicht als Rechtsnormen das Verhältnis zu Abnehmern im Rahmen der Versorgung regeln (vgl. Ulmer/Brandner/Hensen § 1 Rdn. 73), was bei den privatrechtlich zu beurteilenden Bauverträgen zwischen öffentlichen Auftraggebern und privaten Unternehmern nicht zutrifft (vgl. Einl. Rdn. 1). **Gerade auch die Vergabevorschriften des Teils A der VOB sind grundsätzlich auf solche öffentlichen Bauvergaben abgestellt.** Daher wird es durch die Existenz des AGB-Gesetzes für den öffentlichen Auftraggeber klar sein müssen, daß er **einer ordnungsgemäßen Bauvergabe und Bauvertragsgestaltung verstärkte Beachtung** zu schenken hat, vor **allem** was die von bestimmten öffentlichen Auftraggebern laufend benutzten **Zusätzlichen Vertragsbedingungen** anbelangt. Der öffentliche Auftraggeber läuft im allgemeinen wenig Gefahr, gegen das AGB-Gesetz zu verstoßen, **wenn er sich mit Nachdruck befleißigt, die für das Aufstellen und Verwenden von Vertragsbedingungen sehr wichtige Regelung in Teil A § 10 zu beachten.** Darauf muß besonderes Augenmerk gerichtet werden.

c) **Häufig kommt das AGB-Gesetz zum Tragen in jenen Sonderformen bauvertraglicher Gestaltung, in denen sich bestimmte Unternehmer-** insoweit in aller Breite gesprochen- **bemühen, dem Bauinteressenten und späteren sogenannten Erwerber einen über die bloße Bauherstellung hinausgehenden Service zu bieten,** dabei allerdings im Wege vorformulierter Klauseln auch die Wahrung eigener Vorteile zu sichern, wie z. B. im Rahmen der **Baubetreuung** (vgl. Anh. Teil A Rdn. 173 ff.), der verschiedenen Formen des **Generalunternehmereinsatzes im Verhältnis zum Auftraggeber** (a. a. O. Rdn. 116 ff.), der **Erstellung von Wohnungseigentum** (a. a. O. Rdn. 270 ff.), wobei es zwischen diesen einzelnen Kategorien auch häufig Mischformen gibt. Bei allem Verständnis dafür, daß hier gegenüber dem Bauherrn bzw. Erwerber Leistungen erbracht werden, die über die bloße Bauherstellung oder die Vertragsgestaltung nach einzelnen Gewerken hinausgehen, und bei Beachtung der Tatsache, daß dem Bauherrn bzw. Erwerber bei ordnungsgemäßer Handhabung solcher Verträge nicht unerhebliche Vorteile entstehen können, wenn sein Vertragspartner entweder alles oder jedenfalls sehr viel in die Hand nimmt, was im Zusammenhang mit der Bauherstellung zu besorgen ist, werden hier in der Praxis weitgehend **Formularverträge** verwendet, **die für den Bereich des AGB-Gesetzes besonderer Beachtung bedürfen.** Dies folgt nicht zuletzt daraus, daß hier Schwerpunkte der Rechtsprechung zu den AGB gelegen haben und liegen.

156

d) Des weiteren kommt als **besondere Gruppe aus dem bauvertraglichen Rahmen für den Schutzbereich des AGB-Gesetzes** eine sehr häufige Vertragsform in Betracht, nämlich die **Verträge zwischen General-(Haupt-)Unternehmern und Subunternehmern** (vgl. dazu Anh. Teil A Rdn. 160 ff.). Zwar bestimmt die VOB in Teil B § 4 Nr. 8 Abs. 2, daß bei der Weitergabe von Leistungen an andere Unternehmer die VOB zugrunde zu legen ist, was allerdings die Vereinbarung der VOB im Bereich des Hauptvertrages zwischen Auftraggeber und dem General-(Haupt-)Unternehmer als seinem Auftragnehmer voraussetzt. **Dieser Auftragnehmer,** der im Vertrag mit einem oder mehreren Subunternehmern **in die Stellung eines Auftraggebers für den dem Subunternehmer übertragenen Leistungsbereich einrückt,** ist nach der genannten Bestimmung in den Allgemeinen Vertragsbedingungen aber **nicht uneingeschränkt verpflichtet,** mit dem Subunternehmer die Allgemeinen Vertragsbedingungen der VOB **unverändert** zu vereinbaren, wenn er dazu vom eigentlichen Auftraggeber nicht noch zusätzlich – über die bloße Vereinbarung der VOB hinaus – verpflichtet wird. Daher tauchen in **sogenannten Subunternehmerverträgen** nicht selten vom General-(Haupt-)Unternehmer **vorformulierte Bedingungen auf, die Klauseln enthalten, die nicht mit §§ 10 f. AGB-Gesetz vereinbar sind** (ebenso Daub/Piel/Soergel/Steffani Teil B ErlZ 0.13 S. 53). Gerade auch bei solchen Verträgen ist daher eine **am AGB-Gesetz orientierte Inhaltskontrolle** erforderlich. Naturgemäß gilt das keineswegs nur, wenn der Hauptvertrag zwischen eigentlichem Bauherrn und General-(Haupt-)Unternehmer nach der VOB abge-

157

schlossen worden ist, sondern und insbesondere auch, wenn diesem lediglich die Bestimmungen der §§ 631 ff. BGB zugrunde liegen, somit gerade bei privaten Bauvorhaben.

158 e) Zur Einbeziehung von Dritten als sogenannte Verwender von AGB in den Bereich der Kontrollklage nach § 13 AGB-Gesetz vgl. oben Rdn. 86 ff.

III. Einschränkung des persönlichen Geltungsbereichs des AGB-Gesetzes

159 § 24 des genannten Gesetzes enthält in **Satz 1 eine gerade für das Bauvertragswesen nicht unerhebliche Einschränkung seines Geltungsbereiches.** Danach finden insbesondere die **§§ 10 und 11 keine Anwendung** auf AGB, die erstens **gegenüber einem Kaufmann verwendet werden, wenn der Vertrag zum Betriebe seines Handelsgewerbes gehört,** und die zweitens **gegenüber einer juristischen Person des öffentlichen Rechts oder einem öffentlich-rechtlichen Sondervermögen verwendet werden.** Daraus ergibt sich zwangsläufig gerade für den Rahmen von Bauverträgen, daß dadurch eine nicht unerhebliche **Beschränkung für** die durch das AGB-Gesetz vorgesehene **Inhaltskontrolle** unter Berücksichtigung der jeweiligen Vertragsschließenden festgelegt worden ist. Dabei ist jedoch vorweg gerade für das Bauvertragswesen wiederum zu beachten, daß die vom Gesetzgeber aus personaler Sicht angeordnete Ausklammerung aus dem Schutz des AGB-Gesetzes **nur unter Betrachtung des Vertragsgegners des Verwenders,** also desjenigen, dem die Allgemeinen Geschäftsbedingungen auferlegt werden, geschieht. Der Kaufmann oder die öffentliche Hand als **Verwender selbst unterliegt uneingeschränkt den Bestimmungen des AGB-Gesetzes** in der angesprochenen Hinsicht. Es kommt also darauf an, ob **Vertragsgegner des Verwenders entweder ein Kaufmann** oder ein sogenannter **öffentlicher Auftraggeber** ist. Der Grundgedanke für die Ausklammerung solcher Vertragsgegner des Verwenders aus dem Schutz der §§ 10 f. AGB-Gesetz beruht auf der im allgemeinen wohl nicht angreifbaren Erwägung, daß im Handelsverkehr – und auch bei privatrechtlichen Geschäften öffentlicher Auftraggeber – das **Schutzbedürfnis des den AGB unterworfenen Vertragsteils nicht so ausgeprägt ist, wie dies sonst in den Rechtsbeziehungen zu den Verbrauchern der Fall ist** (BT-Drucksache Nr. 7/3919 vom 6. 8. 1976, S. 43).

160 **Selbst für den Fall der Ausklammerung** von Verträgen aus dem Schutzbereich der §§ 10 f. AGB-Gesetz sowie weiterer Bestimmungen des AGB-Gesetzes ist es aber **nicht so, daß sie überhaupt keiner Inhaltskontrolle unterlägen.** Vielmehr **bleibt** diese – abgesehen von dem noch zu erörternden Anwendungsbereich des § 9 AGB-Gesetz (vgl. Rdn. 170 ff.) – jedenfalls **insofern bestehen, als sie auch für diesen Rahmen von der Rechtsprechung gefordert und entwickelt worden ist** (vgl. dazu insbesondere Schmidt-Salzer NJW 1977, 129, 137).

161 Die Regelung des § 24 Satz 1 AGB-Gesetz kann in der Praxis durchaus dazu führen, daß ein bestimmter Verwender unterschiedliche AGB (z. B. Zusätzliche Vertragsbedingungen) aufstellt, je nachdem, ob es sich bei seinem Vertragspartner um einen Nichtkaufmann oder einen Kaufmann bzw. die öffentliche Hand handelt (vgl. auch Helm NJW 1978, 129, 130; ferner Alisch JZ 1982, 706). Davor ist aber zu warnen: Einmal muß im letzteren Fall die Rechtsprechung zu den Grenzen zulässiger AGB bei Verwendung gegenüber Kaufleuten und der öffentlichen Hand genau berücksichtigt werden, zum anderen ist dann auch hier die nach § 24 Satz 1 ausgeklammerte schützende Vorschrift in Satz 2 a. a. O. in Verbindung mit § 9 AGB-Gesetz zu beachten (vgl. dazu Rdn. 170 ff.).

162 Eine in Allgemeinen Geschäftsbedingungen enthaltene Klausel, mit der der Vertragspartner des Verwenders versichert, Vollkaufmann zu sein, kann eine **überraschende Klausel im Sinne des § 3 AGB-Gesetz** und daher unwirksam sein. Das trifft z. B. zu, wenn es sich um einen formularmäßigen Auftrag zur Erbringung einer Werkleistung handelt, der Verwender sich – etwa durch Abschlußvertreter – von Art und Größe des Gewerbebetriebes überzeugen konnte

und er dabei die betreffende Erklärung fordert, die mit der Abwicklung des zustande gekommenen Vertrags unmittelbar nichts zu tun hat (BGHZ 84, 109 = BauR 1982, 486 = NJW 1982, 2309 = Betrieb 1982, 1821 = ZIP 1982, 969 = SFH § 11 Nr. 12 AGBG Nr. 1 = MDR 1982, 921 = BB 1982, 1750 = LM AGBG Nr. 36 = ZfBR 1982, 213).

1. AGB gegenüber Kaufleuten

Die erste Ausnahme setzt die Verwendung von AGB gegenüber einem Kaufmann voraus, wobei als zusätzliche Voraussetzung gilt, daß der **Vertrag zum Betriebe seines Handelsgewerbes** gehört.

163

a) Wer hier als **Kaufmann** anzusehen ist, **wird durch die §§ 1-6 HGB bestimmt.** Insofern ist auf die einschlägigen Kommentierungen zum HGB zu verweisen. Festzuhalten bleibt, daß § 24 AGB-Gesetz lediglich von einem Kaufmann spricht. Dieses Gesetz macht also **keinen Unterschied zwischen Vollkaufleuten (§ 1 HGB), Sollkaufleuten (§ 2 HGB), Minderkaufleuten (§ 4 HGB)** usw. Dabei kommt es bei der Beurteilung der Frage der Kaufmannseigenschaft auf denjenigen an, der Vertragspartner des Verwenders wird, also auf den Vertretenen, sofern und soweit dieser Vertragsverhandlungen und Vertragsabschlüsse durch Vertreter tätigt. Unberührt von § 24 AGB-Gesetz bleiben regelmäßig die vielen Verträge, die von Baubetreuern, Bauträgern, Generalunternehmern usw. mit privaten Bauherren zur Errichtung von Wohnbauten abgeschlossen werden (vgl. Rdn. 156). Gleiches gilt selbstverständlich auch für Verträge zwischen Unternehmern und privaten Bauherren, die gewisse bauvertragliche Einzelleistungen betreffen (vgl. Rdn. 154). **Dagegen fällt § 24 AGB-Gesetz ins Gewicht, wenn Auftraggeber als Verwender Zusätzlicher Vertragsbedingungen gegenüber kaufmännisch tätigen Unternehmern auftreten (vgl. Rdn. 155) oder wenn ein General-(Haupt-)Unternehmer Subunternehmer, welche die Kaufmannseigenschaft besitzen, bauvertraglich mit eigenen vorformulierten Bedingungen bindet (vgl. Rdn. 157).** Gerade in den beiden zuletzt genannten Bereichen wird jedenfalls im Ausgangspunkt der Schutz der §§ 10 f. AGB-Gesetz weitgehend zurückgezogen.

164

Allerdings muß beachtet werden, daß **nicht jeder, der im Bauwesen** regelmäßig als Auftragnehmer auftritt, **den §§ 1-6 HGB unterliegt.** Gerade im Bauwesen gibt es eine nicht unerhebliche Zahl kleiner und kleinster Gewerbetreibender, nicht zuletzt bei schlechter Konjunkturlage, die in den kaufmännischen Bereich nicht einzuordnen sind, besonders wenn sie handwerklich arbeiten. Zunächst fallen **Bauunternehmer und Bauhandwerker als solche nicht in den Rahmen des § 1 Abs. 2 Nr. 1 HGB,** weil sie die angeschafften Baustoffe auch nach Bearbeitung oder Verarbeitung als solche nicht weiterveräußern, sondern nur als Hilfs- oder Arbeitsmittel für die Erstellung der von ihnen geschuldeten Bauleistung verwenden; anders, wenn sie unabhängig davon noch Baustoffe verkaufen oder die bloße Lieferung vorgefertigter oder katalogmäßiger Waren ihr überwiegendes Tätigkeitsmerkmal ist, vgl. dazu Ebenroth/Autenrieth BauR 1980, 211; vor allem BGHZ 59, 179, 182; vgl. ferner OLG Köln BB 1973, 777; OLG Frankfurt BB 1975, 1319; OLG Düsseldorf MDR 1980, 849; s. auch Kaiser, Mängelhaftungsrecht, Rdn. 13; Baumbach/Duden § 1 Anm. 8 A. Sie fallen aber **auch nicht unter § 1 Abs. 2 Nr. 2 HGB,** weil von ihnen in aller Regel **Arbeiten an Grundstücken** vorgenommen werden (so schon zu entnehmen aus RGZ 129, 403; ferner Baumbach/Duden a. a. O. Anm. 8 B). Der Ansicht des OLG Düsseldorf (BauR 1981, 369), das die Einordnung nach der Theorie der Schwerpunktbildung vornehmen will, kann aus den zutreffenden Gründen der ablehnenden Anm. von Autenrieth (a. a. O.) nicht gefolgt werden, weil dies sonst gerade für das Bauvertragswesen zu einer die Klarheit im Rechtsverkehr beeinträchtigenden Unsicherheit führen würde.

165

Daher können **Bauunternehmer** – abgesehen von den **§§ 5 und 6 HGB – nur Vollkaufleute nach § 2 HGB** sein, **wozu aber eine erfolgte Eintragung in das Handelsregister Grundbe-**

166

dingung ist. Voraussetzung dafür ist die **Erforderlichkeit kaufmännischer Einrichtung,** um die Verpflichtung zur Eintragung herbeizuführen. Das gilt insbesondere auch für Handwerker (vgl. Gesetz über die Kaufmannseigenschaft von Handwerkern vom 31. 3. 1953, BGB l. I S. 106). Die Frage, ob im Einzelfall eine kaufmännische Einrichtung – gemeint ist hier die vollkaufmännische Einrichtung (vgl. Baumbach/Duden § 2 Anm. 2) – erforderlich ist, richtet sich einmal danach, ob der Betrieb nach seiner Art unter Berücksichtigung der dort vorkommenden Geschäfte einer **vollkaufmännischen Einrichtung bedarf,** zum anderen aber **nach dem Umfang des Unternehmens** (Schlegelberger/Hildebrandt/Steckhan § 2 Rdn. 3 f.). Insoweit erscheint die Zahl gerade baugewerblicher Betriebe, bei denen die Voraussetzungen des § 2 HGB fehlen, nicht gerade klein.

167   Auch hilft hier grundsätzlich nicht § 4 HGB, da diese Bestimmung zur Voraussetzung hat, daß **Minderkaufmann nur sein kann, wer nach § 1 Abs. 2 HGB Kaufmann ist.** Da dies aber im allgemeinen auf Unternehmen aus dem Baubereich nicht zutrifft und nur § 2 HGB in Betracht kommt, scheidet eine Beurteilung nach § 4 HGB aus (vgl. Schlegelberger/Hildebrandt/Steckhan § 2 Rdn. 3). Demnach ergibt sich, daß gerade im baugewerblichen Bereich eine **doch recht erhebliche Anzahl von als Auftragnehmer tätigen Vertragspartnern nicht** der ersten Ausnahmeregelung in § 24 Satz 1 AGB-Gesetz und damit auch voll dem Schutz dieses Gesetzes **unterliegt** (vgl. dazu auch Schmitz ZfBR 1979, 184, 185). Zu dem nach geltendem Recht maßgebenden Kaufmannsbegriff beachtlich Ebenroth/Autenrieth BauR 1980, 211 sowie zu diesem Begriff kritisch und mit Reformvorschlägen auch Wessel BB 1977, 1226.

Zutreffend Schiller (NJW 1979, 636) über Gerichtsstandsklauseln in AGB zwischen Vollkaufleuten und AGB-Gesetz.

168   b) Hinzu kommt aber noch, daß als weitere Voraussetzung für die erste Ausnahmeregelung in § 24 Satz 1 AGB-Gesetz das **Erfordernis der Einordnung des Vertrages in den Betrieb des Handelsgewerbes** desjenigen verlangt wird, der als Kaufmann Vertragsgegner des Verwenders von AGB ist. Also ist zu beachten, daß beileibe nicht jeder Kaufmann zur Ermöglichung oder Erweiterung seiner gewerblichen Betätigung baut, sondern häufig auch außerhalb dieser Zielsetzung für sich privat zum Zwecke der Erhaltung oder Vermehrung seines Vermögens. Somit gibt es auf der Auftraggeberseite häufig Fälle, in denen das AGB-Gesetz dennoch eingreift, obwohl an sich ein Kaufmann Vertragspartner des Verwenders ist. Diese Einschränkung kommt im Rahmen von Bauverträgen allerdings nicht auf der Auftragnehmerseite in Betracht, weil diese sich regelmäßig im Rahmen ihres Gewerbes betätigen, also der Bauvertrag zum Betrieb ihres Handelsgewerbes gehört.

2. Bauten der öffentlichen Hand

169   Die **zweite Ausnahme** von dem Schutz, insbesondere der §§ 10 f. AGB-Gesetz, bezieht sich auf **juristische Personen des öffentlichen Rechts oder öffentlich-rechtliche Sondervermögen als Vertragspartner des Verwenders** von AGB. Die erste Gruppe betrifft den Staat und die sonstigen Gebietskörperschaften, Hochschulen, Sozialversicherungsträger, öffentlich-rechtliche Stiftungen usw. (vgl. dazu Einl. Rdn. 100 sowie Palandt/Danckelmann Vor § 89 BGB Anm. 1). Öffentlich-rechtliche Sondervermögen sind z. B. **die Bundesbahn, die Bundespost** usw. (vgl. dazu Diederichsen BB 1974, 379). **Für das Bauvertragswesen** hat diese Regelung **keine besondere praktische Bedeutung.** Da sie voraussetzt, daß hier die Genannten – was sonst bei Bauverträgen recht häufig ist – nicht selbst Verwender von Allgemeinen Geschäftsbedingungen sind, sondern Vertragspartner des Verwenders, darf im allgemeinen

nach der Erfahrung der Praxis davon ausgegangen werden, daß sie zwar eigene, aber nicht fremde Zusätzliche Vertragsbedingungen im Rahmen eines Bauvertrages akzeptieren. Ausnahmen bestätigen – wie immer – die Regel.

3. Ausnahmen nach § 24 Satz 2 und § 9 AGB-Gesetz

Von besonderem Gewicht gerade für Bauverträge ist aber § 24 Satz 2 AGB-Gesetz, der auch dann, wenn der Schutz nach Satz 1 a. a. O. an sich versagt wird, **die im AGB-Bereich immer- also auch im nichtkaufmännischen Bereich- maßgebende Generalklausel des § 9 a. a. O. zur Anwendung bringt,** wenn dies zur Unwirksamkeit von in den §§ 10 und 11 genannten Vertragsbestimmungen führt; auf die im Handelsverkehr geltenden Gewohnheiten und Gebräuche ist angemessen Rücksicht zu nehmen. Hier handelt es sich um das begrüßenswerte Bestreben des Gesetzgebers, auch im kaufmännischen Verkehr zur Verwendung gelangende Formularverträge und Vertragsbedingungen auf ein Maß zurückzuführen, welches Treu und Glauben auf der Grundlage des beiderseitig Zumutbaren als tragendes Element hat. Um dies zu bewerkstelligen, bedarf es sicherlich des besonderen Einfühlungsvermögens in die Gegebenheiten und Anforderungen des jeweiligen kaufmännischen Bereiches, was besonders auch der Richter zu beachten hat (dazu kritisch Rabe NJW 1987, 1978; im wesentlichen positiv, auch im Hinblick auf die bisherige Rechtsprechung, Hensen NJW 1987, 1986). Über Freizeichnungsklauseln im kaufmännischen Verkehr Schlosser, Zehn Jahre AGB-Gesetz, S. 121 ff. 170

Hiernach kann auch die Verwendung von AGB gegenüber dem in § 24 Satz 1 AGB-Gesetz umschriebenen Personenkreis **zur Unwirksamkeit von AGB (vor allem Zusätzlichen Vertragsbedingungen) führen, wenn dies durch die Generalklausel des § 9 a. a. O. – die allgemein und über den Verbotskatalog der §§ 10 f. a. a. O. hinaus beachtet werden muß – geboten ist. Sie ist jedenfalls der Versuch einer schriftlichen Fixierung dessen, was von der Rechtslehre und Rechtsprechung in der Vergangenheit im wesentlichen als Ausfluß aus den Bereichen der §§ 242, 138 BGB im Hinblick auf die Gebote der Lauterkeit des geschäftlichen Verkehrs entwickelt worden ist** (dazu im einzelnen Ulmer/Brandner/Hensen § 9 Rdn. 1-15; vgl. auch Schmidt-Salzer NJW 1977, 129, 139 f.; Weick NJW 1978, 11; Helm BB 1977, 1109). Hiernach ist in § 9 Abs. 1 a. a. O. die grundsätzliche Aussage dahin gehend enthalten, daß Bestimmungen in AGB unwirksam sind, wenn sie den Vertragspartner des Verwenders **entgegen den Geboten von Treu und Glauben unangemessen benachteiligen.** Der Begriff der „unangemessenen Benachteiligung" hat in § 9 Abs. 2 a. a. O. eine nähere – ebenfalls generalklauselartige – Umschreibung dahin gehend erfahren, daß sie im Zweifel unter **zwei Aspekten** anzunehmen ist: einmal, wenn die Bestimmung mit wesentlichen Grundgedanken der gesetzlichen Regelung, von der abgewichen wird, nicht zu vereinbaren ist; zum anderen (oder), wenn sie wesentliche Rechte oder Pflichten, die sich aus der Natur des Vertrages ergeben, so einschränkt, daß die Erreichung des Vertragszweckes gefährdet ist. Dabei kommt § 9 AGB-Gesetz nicht nur zur Anwendung, wenn durch AGB von gesetzlichen Bestimmungen abgewichen wird, sondern auch dann, wenn es sich um Klauseln handelt, die gesetzlich nicht geregelte Sachverhalte erfassen (so zutreffend Löwe BB 1980, 1242 entgegen BGH BB 1980, 859). 171

a) **§ 9 a. a. O. bietet einen Prüfungsmaßstab, durch den auf dem Hintergrund von Treu und Glauben eine Inhaltsschranke im Hinblick auf die Zulässigkeit von AGB gesetzt wird.** Wenn es in Absatz 2 heißt, daß eine unangemessene Benachteiligung „im Zweifel" anzunehmen ist, so bedeutet dies die **Vermutung des Verstoßes gegen Treu und Glauben, die im Einzelfall vom Verwender widerlegt** werden kann, wie dieser überhaupt die Beweislast für die Angemessenheit trägt (Ulmer/Brandner/Hensen § 9 Rdn. 117). Wesentlich ist hier der **Gedanke der Vertragsgerechtigkeit im Sinne der Ausgewogenheit der vertraglichen Gesamtregelung** (u. a. Ulmer/Brandner/Hensen a. a. O. Rdn. 55 ff.). Dabei ist § 9 AGB-Ge- 172 setz eine **zwingende Vorschrift,** die nicht abdingbar ist (u. a. Ulmer/Brandner/Hensen a. a. O. Rdn. 1). Da der Gesichtspunkt der unangemessenen Benachteiligung für die Beurteilung ausschlaggebend ist, erscheint es sinnvoll, bei der Frage der Anwendung der Generalklausel **grundsätzlich zunächst nach den in Absatz 2 gegebenen Richtlinien vorzugehen.** Läßt sich das hiernach **nicht beantworten, muß gegebenenfalls nach dem Grundsatz von Treu und Glauben geprüft werden,** wobei bei Kaufleuten der in § 24 Satz 2 angeführte Gedanke der im Handelsverkehr geltenden Gewohnheiten und Gebräuche zu beachten ist (Ulmer/Brandner/Hensen § 9 Rdn. 13 f.; vgl. dazu auch Alisch JZ 1982, 706). **In diesem Fall** muß allerdings **vorausgesetzt** werden, daß der betreffende Vertrag – Bauvertrag – ein **beiderseitiges Handelsgeschäft** ist (§ 346 HGB), daß also beide Vertragspartner Vollkaufleute sind.

173 b) Soweit § 9 Abs. 2 in Nr. 1 eine unangemessene Benachteiligung annimmt, wenn eine **Bestimmung mit wesentlichen Grundgedanken der gesetzlichen Regelung, von der abgewichen wird, nicht zu vereinbaren ist, so verlangt dies bei Bauverträgen eine Prüfung nach dem Kerninhalt der §§ 631 ff. BGB unter Berücksichtigung der gerade dem Bauvertrag innewohnenden Besonderheiten.** Dabei ist einmal die Richtlinien- und Leitbildfunktion der gesetzlichen Regelung unter Beachtung der geschriebenen und ungeschriebenen Normen des dispositiven Rechts, zum anderen der unterschiedliche Gerechtigkeits- und Schutzgehalt des dispositiven Rechts zu beachten (u. a. Ulmer/Brandner/Hensen § 9 Rdn. 97), und zwar unter maßgeblicher Berücksichtigung der Umstände und Gegebenheiten des Einzelfalles oder der in Betracht kommenden Einzelfälle; dabei insbesondere der Schutzbedürftigkeit des betroffenen Vertragspartners. Allgemein ist **für den Werkvertrag wesentliches Leitbild die ordnungsgemäße, also mangelfreie und zeitgerechte Herstellung des im betreffenden Vertrag versprochenen Werkes durch Herbeiführung eines bestimmten Arbeitsergebnisses (Erfolges) im Austausch gegen die Zahlung einer vereinbarten oder angemessenen Vergütung.** Entscheidend ist also die entgeltliche Wertschöpfung (Soergel/Siebert/Ballerstedt Vor § 631 Rdn. 14) dadurch, daß der Unternehmer durch seine Arbeitsleistung für den Besteller das vereinbarte Werk schafft. Gerade diese Grundsätze spielen **beim Bauvertrag eine ganz entscheidende Rolle,** werden doch besonders hier in aller Regel erhebliche **Vermögenswerte eingesetzt,** um den durch den jeweiligen Vertrag angestrebten Erfolg zu erreichen. Das gilt sicher zunächst für den vorleistungspflichtigen Unternehmer, zumindest aber in gleicher Weise, wohl sogar in erhöhtem Maß e, für den Auftraggeber, der durch allgemein großen Einsatz von Mitteln das berechtigte Bestreben hat, **bleibende und langfristig benutzbare Werte zu erhalten.** Dabei ist durchaus von einem **bis zu einem gewissen Grade vorrangigen Interesse des Bauherrn** (Auftraggebers) auszugehen. Das ergibt sich **vor allem für den Bereich der ordnungsgemäßen Bauherstellung im Hinblick auf die Beachtung der allgemein anerkannten Regeln der Technik,** letztlich also die Frage der Erfüllung und Gewährleistung des grundsätzlich vorleistungspflichtigen Unternehmers. Gerade hier steht die Frage der Angemessenheit oder Unangemessenheit von vorformulierten Klauseln zur Debatte, insbesondere auch im Hinblick auf die ungehinderte Durchsetzung von Ansprüchen des Auftraggebers, allerdings unter Beachtung der dem Auftragnehmer gerechterweise zustehenden angemessenen Vergütung.

174 c) Vor allem für den Bereich von Bauverträgen greifen die vorerwähnten Gesichtspunkte bereits in das zweite Merkmal für die Annahme von unangemessenen Klauseln in § 9 Abs. 2 Nr. 2 AGB-Gesetz ein, nämlich die **wesentliche Einschränkung von Rechten oder Pflichten, die sich aus der Natur des Vertrages ergeben, dergestalt, daß die Erreichung des Vertragszweckes gefährdet ist.** Dabei geht es im wesentlichen um Leistungs- und Schutzpflichten aus dem Grundgedanken des § 242 BGB (u. a. Ulmer/Brandner/Hensen § 9 Rdn. 102 ff.), wobei es sich im übrigen **nicht unbedingt um Hauptpflichten** handeln muß. Darunter ist hinsichtlich der **Auftragnehmerpflichten** neben der bereits erwähnten **Erfüllung und Gewährleistung** (insoweit Teil B § 4 Nr. 6 und 7 sowie § 13 Nr. 5-7) auch die

Verpflichtung zur **zeitgerechten Herstellung** der Leistung (insoweit Teil B §§ 5, 6) zu verstehen, darüber hinaus und mit beidem zusammenhängend aber auch die beim Auftragnehmer zu verlangende **fortbestehende wirtschaftliche Leistungsfähigkeit.** Dabei geht es, abgestellt auf die VOB, gerade auch um Pflichten des Auftragnehmers, hinsichtlich deren dem **Auftraggeber** im Falle der Mißachtung eine **Kündigungsmöglichkeit** nach Teil B § 8 Nr. 2-4 einzuräumen ist. Demgegenüber sind für die andere Seite hier als grundlegend zu nennen die Pflicht des Auftraggebers zur **ordnungsgemäßen Bereitstellung eines bebauungsfähigen Grundstückes** (Teil B § 4 Nr. 1 Abs. 1 Satz 1), die Erfüllung seiner **Koordinationspflichten** (u. a. Teil B § 4 Nr. 1 Abs. 1 Satz 1 und 2), der ordnungsgemäße, vor allem auch **rechtzeitige,** also der weder verspätete noch verfrühte **Abruf der Leistung** (Teil B § 5 Nr. 2), die Pflicht **zur rechtzeitigen Zurverfügungstellung ordnungsgemäßer Pläne** (Teil B § 3 Nr. 1), also Pflichten, bei deren Mißachtung **dem Auftragnehmer ein Kündigungsrecht** nach Teil B § 9 Nr. 1 a für den Fall gegeben ist, daß ihm die Möglichkeit genommen wird, die Leistung vertragsgerecht auszuführen. Hinzuzurechnen ist hier die grundlegende Verpflichtung des Auftraggebers zur **Abnahme der ordnungsgemäß hergestellten Leistung** (Teil B § 12) sowie **ganz besonders** die Verpflichtung **zur pünktlichen Bereitstellung der dem Auftragnehmer zustehenden Vergütung** (vgl. Teil B § 9 Nr. 1 b). Letzteres ergibt sich im übrigen schon aus dem Grundsatz des § 279 BGB.

Entscheidend ist letztlich, daß dem Vertragspartner des jeweiligen Verwenders ein Mindestmaß an Rechten oder Pflichten bleibt, um den Zweck des Bauvertrages im angegebenen Sinne ungehindert zu erreichen.

d) Unter Berücksichtigung der in Rdn. 173 f. angeführten Gesichtspunkte sind auch für den Ausnahmebereich des § 24 Satz 1 AGB-Gesetz die folgenden Klauselverbote aus den §§ 10 f. jedenfalls **in ihren Grundgedanken** auch für den Bereich des § 9 AGB-Gesetz zu beachten:

§ 10 Nr. 1 (Annahme- und Leistungsfrist), § 10 Nr. 2 (unangemessene oder nicht hinreichend bestimmte Nachfrist), § 10 Nr. 3 (grundloser Rücktrittsvorbehalt), sofern es sich – in Anbetracht des § 649 BGB (§ 8 Nr. 1 VOB/B) – um den Auftragnehmer handelt, § 10 Nr. 4 (Änderungsvorbehalt), auch hier angesichts Teil B § 1 Nr. 3 und Nr. 4 VOB auf den Auftragnehmer beschränkt, § 10 Nr. 7 (Abwicklung von Verträgen) für den Fall der Kündigung des Auftraggebers nach § 649 BGB (§ 8 Nr. 1 VOB/B), § 11 Nr. 2 (Ausschluß von Leistungsverweigerungsrechten), § 11 Nr. 3 (Aufrechnungsverbot bei unbestrittener oder rechtskräftig festgestellter Gegenforderung), § 11 Nr. 5 (Pauschalierung von Schadensersatzansprüchen), § 11 Nr. 7 (Ausschluß der Haftung bei grobem Verschulden), § 11 Nr. 8 (Ausschluß der Lösung vom Vertrag oder des Schadensersatzes bei Leistungsverzug oder zu vertretender Unmöglichkeit der Leistung), § 11 Nr. 9 (Ausschluß von Kündigung und Schadensersatz bei Teilverzug und Teilunmöglichkeit bei Interessenwegfall), § 11 Nr. 10 a (Ausschluß von Gewährleistungsansprüchen oder Verweisung auf Dritte), § 11 Nr. 10 b (Ausschluß der Minderung bei Fehlschlagen der Nachbesserung), § 11 Nr. 10 c (Verpflichtung zur Tragung der Nachbesserungsaufwendungen), § 11 Nr. 10 f (Verkürzung von Gewährleistungsfristen; vgl. dazu unten), § 11 Nr. 11 (Ausschluß der Haftung bei zugesicherten Eigenschaften), § 11 Nr. 13 (Wechsel des Vertragspartners), § 11 Nr. 15 (unangemessene Verschiebung der Beweislast). Hierher dürfte auch ein Ausschluß oder eine fühlbare Einschränkung der durch § 25 AGB-Gesetz neu in das BGB aufgenommenen §§ 476 a und 633 Abs. 2 Satz 2 rechnen.

Daraus folgt, daß hier eine **nicht unerhebliche Zahl von Gesichtspunkten gerade unter Zugrundelegung des Sinnes und Zweckes des Bauvertrages zusammenkommen, die eine Beachtung auch bei dem Kreis der in § 24 Satz 1 AGB-Gesetz Angeführten** über die §§ 24 Satz 1, 9 a. a. O. gebieten. Gerade auch in dieser Hinsicht ist eine nicht unerhebliche Zahl von Zusätzlichen Vertragsbedingungen zu überprüfen.

176 Darüber hinaus sind **auch andere,** von den Regelungen der §§ 10, 11 AGB-Gesetz nicht angesprochene Bestimmungen in Zusätzlichen Vertragsbedingungen zu überprüfen, ob sie nach den angegebenen Richtpunkten (Rdn. 172 ff.) mit den durch § 9 AGB-Gesetz umrissenen **Mindestanforderungen an eine faire Vertragsgestaltung vereinbar** sind. Insoweit ist es nicht zuletzt Aufgabe der Rechtsprechung, gegebenenfalls hier regelnd einzugreifen.

177 So ist es u. a. **unzulässig,** dem **Auftragnehmer** nach seinen AGB für die Durchführung des Bauvorhabens **das Hausrecht zu übertragen,** soweit der Auftragnehmer dieses dann gegenüber dem Auftraggeber, zugleich Grundstückseigentümer, geltend macht; gleiches gilt für eine Klausel, wonach der Auftraggeber verpflichtet wird, **erst nach vollständiger Begleichung des Gesamtpreises das Haus zu beziehen** (vgl. LG Heilbronn ZIP 1980, 993).

178 Auch **unter Kaufleuten** kann eine **übersetzte Vertragsstrafe** nach § 9 AGB-Gesetz unwirksam sein (vgl. BGH BauR 1981, 374 = NJW 1981, 1509 = BB 1981, 874 = ZIP 1981, 628 = WM 1981, 523 = SFH § 9 AGBG Nr. 3 = Betrieb 1981, 1663 = BlGBW 1981, 153 = MDR 1981, 748 = LM § 9 [Bd] AGBG Nr. 1 = ZfBR 1981, 182 bei 1,5 % der Auftragssumme je Tag der Überschreitung vereinbarter Frist). Vor allem muß sie auch hier der Höhe nach begrenzt sein (vgl. dazu Teil A § 12 Rdn. 22 f.). Weiterhin ist es auch **unter Kaufleuten** nach § 9 AGB-Gesetz entsprechend der Verbotsklausel des § 11 Nr. 10 c AGB-Gesetz unzulässig, in AGB die **Gewährleistung auf Nachbesserung zu beschränken und zugleich den Vertragspartner zur Tragung eines beachtlichen Teils des Nachbesserungsaufwandes** zu verpflichten, was vor allem auch angesichts der mit dem AGB-Gesetz eingeführten Neuregelungen in den §§ 633 Abs. 2 S. 2, 476 a BGB zutrifft (BGH BauR 1981, 378 = BB 1981, 935 = ZIP 1981, 620 = NJW 1981, 1510 = SFH § 9 AGBG Nr. 4 = WM 1981, 681 = WM 1981, 837 = Betrieb 1981, 1719 = LM AGBG Nr. 15 = ZfBR 1981, 172).

179 Gleiches gilt bei einem BGB-Bauvertrag auch im **kaufmännischen Bereich** für eine in AGB festgelegte, **von § 638 BGB und daher an sich auch von § 11 Nr. 10 f AGB-Gesetz abweichende Verkürzung der Gewährleistungsfrist,** wenn die Gefahr besteht, daß Mängel erst nach Ablauf der in AGB genannten Gewährleistungsfrist auftreten, wie z. B. bei einer Verkürzung von 5 Jahren auf 6 Monate (BGH a. a. O.); das trifft besonders dann zu, wenn der Beginn der Verjährungsfrist nicht an die Abnahme, sondern an die bloße Übergabe der Leistung angebunden ist (BGH a. a. O.). In gleicher Weise ist dies zu sagen, wenn die Gewährleistungsfrist mit der Abnahme beginnt (BGHZ 90, 273 = BauR 1984, 390 = NJW 1984, 1750 = BB 1984, 1447 = Betrieb 1984, 1341 = SFH § 638 BGB Nr. 29 = ZfBR 1984, 186: Abkürzung der gesetzlichen Gewährleistungsfrist auf 2 Jahre bei einem Nicht-VOB-Vertrag im Falle der Verarbeitung von Polyurethan-Hartschaum). Heißt es in der von einer Gemeinde vorformulierten „Vorbemerkung" zum Angebot für die Vergabe von Tiefbauarbeiten lediglich, maßgebend seien u. a. die „Vorschriften und Bedingungen der Straßenbauverwaltung von Rheinland-Pfalz", so werden damit – auch gegenüber einem kaufmännischen Vertragspartner – die „Zusätzlichen Vertragsbedingungen für die Ausführung von Bauleistungen im Straßen- und Brückenbau (ZVB-StB)" nicht wirksam in den Vertrag einbezogen (BGH BauR 1988, 207 = SFH § 2 AGBG Nr. 5 = ZIP 1988, 175 = MDR 1988, 402 = NJW 1988, 1210 = JZ 1988, 720, dazu Wagner a. a. O., S. 698).

180 Ein **Verstoß gegen** § 9 AGB-Gesetz ist auch die Klausel „Der Einwand eines Preis- oder Kalkulationsirrtums auf seiten des Auftragnehmers ist ausgeschlossen", da hierdurch nicht nur ein unbeachtlicher Motivirrtum, sondern auch ein beachtlicher Erklärungsirrtum, darüber hinaus aber auch andere Rechtsbehelfe, die die Einrede unzulässiger Rechtsausübung oder einen Anspruch aus culpa in contrahendo begründen können, oder sonstige Rechte ausgeschlossen sein sollen; das betrifft insbesondere auch jene Fälle, in denen der Auftraggeber den Irrtum erkannt hat oder in denen sich beide Parteien in einem Irrtum über die der Preisberechnung zugrundeliegenden Faktoren befunden haben (BGH BauR 1983, 368 = NJW

1983, 1671 = MDR 1984, 42 = SFH § 9 AGBG Nr. 8 = BB 1983, 1877 = ZIP 1983, 831 = Betrieb 1983, 2080 = ZfBR 1983, 188; vgl. dazu auch Teil A § 19 Rdn. 21 ff.).

Wird in einem Formularvertrag über den Erwerb eines noch zu errichtenden Hauses für das gesamte Objekt ein Pauschalpreis vereinbart und werden in einem Katalog zusätzlich anfallender „Aufschließungskosten", die mit der eigentlichen Errichtung des Hauses nichts zu tun haben, vertragliche Bauleistungen (z. B. Aushub und Verfüllung der Baugrube) einbezogen, so benachteiligt eine derartige Regelung wegen der unredlich versteckten, der Höhe nach nicht abzuschätzenden Erhöhung des vereinbarten Pauschalpreises den Erwerber entgegen den Geboten von Treu und Glauben unangemessen (BGH BauR 1984, 61 = NJW 1984, 171 = Betrieb 1984, 184 = ZIP 1983, 1457 = SFH § 3 AGBG Nr. 2 = MDR 1984, 272 = LM § 3 AGBG Nr. 6). 181

Für bestimmte Bereiche, wie z. B. hinsichtlich der Ausführungsfristen, der Vertragsstrafen sowie der Sicherheitsleistung können für die Beurteilung, ob darauf bezogene Regelungen in Zusätzlichen Vertragsbedingungen noch mit § 9 AGB-Gesetz vereinbar sind, **Bestimmungen in Teil A der VOB hilfreich** sein, weil diese zumindest Empfehlungen abgeben, die auf der Erfahrung im Bauvertragswesen aus dem Gesichtspunkt der Angemessenheit beruhen. Das gilt z. B. hinsichtlich der Bestimmungen in Teil A §§ 11, 12 und 14. Allerdings können sie **nur Anhaltspunkte** für die nach § 9 AGB-Gesetz erforderliche umfassende Bewertung auf der Grundlage von Treu und Glauben sein. 182

IV. Hinweis

Das in Rdn. 77 ff. Ausgeführte dient dazu, einen **allgemeinen Überblick über die durch das AGB-Gesetz geschaffene Rechtslage bei Bauverträgen** zu gewinnen. Auf Einzelheiten des Gesetzes wird außerdem bei den Erläuterungen von Einzelvorschriften der VOB zumindest hingewiesen. 183

§ 11 Ausführungsfristen

1. (1) Die Ausführungsfristen sind ausreichend zu bemessen; Jahreszeit, Arbeitsverhältnisse und etwaige besondere Schwierigkeiten sind zu berücksichtigen. Für die Bauvorbereitung ist dem Auftragnehmer genügend Zeit zu gewähren.

(2) Außergewöhnlich kurze Fristen sind nur bei besonderer Dringlichkeit vorzusehen.

(3) Soll vereinbart werden, daß mit der Ausführung erst nach Aufforderung zu beginnen ist (B § 5 Nr. 2), so muß die Frist, innerhalb deren die Aufforderung ausgesprochen werden kann, unter billiger Berücksichtigung der für die Ausführung maßgebenden Verhältnisse zumutbar sein; sie ist in den Verdingungsunterlagen festzulegen.

2. (1) Wenn es ein erhebliches Interesse des Auftraggebers erfordert, sind Einzelfristen für in sich abgeschlossene Teile der Leistung zu bestimmen.

(2) Wird ein Bauzeitenplan aufgestellt, damit die Leistungen aller Unternehmer sicher ineinandergreifen, so sollen nur die für den Fortgang der Gesamtarbeit besonders wich-

A § 11, Rdn. 1

tigen Einzelfristen als vertraglich verbindliche Fristen (Vertragsfristen) bezeichnet werden.

3. Ist für die Einhaltung von Ausführungsfristen die Übergabe von Zeichnungen oder anderen Unterlagen wichtig, so soll hierfür ebenfalls eine Frist festgelegt werden.

Inhaltsübersicht

	Rdn.
A. Begriff der Fristen	1-3
I. Bedeutung der Fristbestimmung	1-2
II. Nur Vertragsfristen als Ausführungsfristen oder Einzelfristen maßgebend	3
B. Die Vertragsfristen (Ausführungsfristen und Einzelfristen)	4-20
I. Allgemeines	4-9
1. Zeitraum für Leistungsausführung	4
2. Klare und zweifelsfreie Fristbestimmung erforderlich	5-6
3. Bei fehlender Fristvereinbarung ist Teil B § 5 Nr. 2 maßgebend	7-8
4. Für Fristberechnung sind die §§ 186 ff. BGB ausschlaggebend	9
II. Die Ausführungsfristen (Nr. 1, 3)	10-17
1. Grundsätzlich für die Ausführung der Gesamtleistung	10
2. Verpflichtung zur Fertigstellung der Gesamtleistung	11
3. Ausführungsfrist als Vertragsfrist	12
4. Ausreichende Bemessung der Ausführungsfristen (Nr. 1 Abs. 1 und 2)	13-14
5. Frist für Auftraggeber zur Übergabe von Zeichnungen oder anderen Unterlagen (Nr. 3)	15
6. Angemessene Frist bis zum Abruf der Leistung (Nr. 1 Abs. 3)	16-17
III. Die Einzelfristen (Nr. 2)	18-20
1. Fristen für in sich abgeschlossene Teile der Leistung, Teilabschnitte oder Zwischenstufen der Ausführung	18
2. Einzelfristen als Vertragsfristen nur bei ausdrücklicher Vereinbarung	19-20
C. Sonstige Fristen	21-23
I. Baufristenpläne	21
II. Baufortschrittspläne	22
III. Rechtliche Bedeutung der Nichtvertragsfristen	23

A. Begriff der Fristen

I. Bedeutung der Fristbestimmung

1 Die Bestimmung einer Frist bedeutet auch im Bereich **der VOB die Festlegung eines Zeitraumes, innerhalb dessen eine bestimmte Handlung vorgenommen werden soll oder muß**. Soweit es sich hierbei um **Vertragsfristen** handelt, **sind sie in dem Sinne bindend, daß sie unbedingt eingehalten werden müssen** mit der grundsätzlichen Folge, daß bei ihrer Nichteinhaltung eine bestimmte Rechtsfolge droht, wie z. B. Entziehung des Auftrags, Schadensersatz wegen Verzuges. Allerdings müssen dann **im allgemeinen noch weitere Voraussetzungen** vorliegen, wie z. B. Verzug des Verpflichteten. Diese weiteren Voraussetzungen ergeben sich aus den betreffenden Regeln in Teil B der VOB, wie z. B. aus Teil B §§ 5 Nr. 4, 6 Nr. 6, 8 Nr. 3 usw. Auch können gesetzliche Vorschriften maßgebend sein, wie z. B. die §§ 284 ff., 326 BGB, falls die VOB in Teil B für den betreffenden Einzelfall keine eigenen Regelungen enthält.

Eine in den AGB des Auftraggebers enthaltene Regelung, wonach der Auftragnehmer, der den Fertigstellungstermin überschreitet, auch ohne Mahnung in Verzug gerät, verstößt nur dann nicht gegen § 11 Nr. 4 AGB-Gesetz, wenn im Vertrag der Fertigstellungstermin nach dem Kalender bestimmt ist (§ 284 Abs. 2 BGB ; Korbion/Locher Rdn. 84; u. a. auch Frikell/Glatzel/Hofmann S. 116, K 5.6).

II. Nur Vertragsfristen als Ausführungsfristen oder Einzelfristen maßgebend

Daß die vorgenannten Folgen im allgemeinen nur bei Überschreitung von **vertraglich bindend festgelegten Fristen** – sog. Vertragsfristen – eintreten können, ergibt sich daraus, daß die VOB zwischen vertraglich verpflichtend vereinbarten Fristen und anderen Fristen, die dazu nicht gehören, unterscheidet. Dies ergibt sich deutlich aus Teil A § 11 Nr. 2 Abs. 2 und aus Teil B § 5 Nr. 1, insoweit vor allem auch hinsichtlich der Fristen in **Bauzeitenplänen** (Balkenplänen, Linienplänen, Netzplänen). Die vertraglich bindenden Fristen (Vertragsfristen) sind zu unterteilen in Ausführungsfristen und Einzelfristen. Dies ergibt eine genauere Betrachtung von Teil A § 11 und Teil B § 5 einerseits sowie Teil A § 12 und Teil B § 6 andererseits. Die nicht bindenden Fristen stellen nur Richtpunkte im Sinne eines „Sollens" dar, nicht aber ein „Muß" mit dem möglichen Eintritt vorgenannter Rechtsfolgen, es sei denn, es wird eine Ausführungszeit überschritten, die normalerweise für die in Auftrag gegebene Leistung in Ansatz zu bringen ist.

B. Die Vertragsfristen (Ausführungsfristen und Einzelfristen)

I. Allgemeines

1. Bei den von den Vertragschließenden vereinbarten Fristen handelt es sich um den festgelegten Zeitraum, **in dem die Arbeiten insgesamt oder in einzelnen, festgelegten Teilen begonnen, ausgeführt und beendet werden müssen.** Dabei kommt es für die jeweilige Frist wesentlich auf die Bestimmung des Beginns und des Endes an. Soweit im Gegenteil gerade dieses **durch AGB bewußt offengelassen** und dem Risiko des Leistungsempfängers (hier des Auftraggebers) aufgebürdet werden soll, kann ein **Verstoß gegen § 10 Nr. 1 AGB-Gesetz** vorliegen (zutreffend Frikell/Glatzel/Hofmann K 5.3 f.). Das trifft auf eine Klausel zu, nach der angegebene Liefer- bzw. Leistungstermine „unverbindlich" sein sollen, **worin auch ein Verstoß gegen § 11 Nr. 8 AGB-Gesetz** liegen kann (OLG Koblenz ZIP 1981, 509). Auch gilt das für eine formularmäßige Klausel eines Fensterherstellers, wonach die Mindestlieferzeit 8 Wochen nach Aufmaßbetragen soll sowie die Lieferzeit vom Auftragnehmer um einen Monat überschritten werden kann, und zwar vor allem deshalb, weil der Zeitpunkt des Aufmaßes allein der Bestimmung des Verwenders unterliegen soll (OLG Stuttgart NJW 1981, 1105). Gleiches gilt für eine Klausel in AGB eines Fertighausherstellers, wonach der Hersteller die Auslieferung des Fertighauses bis zu sechs Wochen über den individuell vereinbarten Lieferungstermin hinaus verschieben kann, was insofern auch für die §§ 4, 9 AGB-Gesetz zutrifft (BGHZ 92, 24 = BauR 1984, 639 = NJW 1984, 2468 = Betrieb 1984, 2341 = MDR 1985, 46 = BB 1984, 1771 = LM § 4 AGBG Nr. 3 Anm. Obenhaus = SFH § 9 AGBG Nr. 17 = ZfBR 1984, 287). Ebenso trifft dies wegen § 10 Nr. 1 AGB-Gesetz auf eine Klausel zu, in der im Falle der Vereinbarung einer bestimmten Leistungszeit deren Beginn nicht nur – was zulässig wäre – von der Vorlage der vom Auftraggeber beizubringenden Unterlagen und dem Vorliegen der verbindlichen Maß e im – eigenen – Lieferwerk abhängig gemacht wird, sondern auch von deren schriftlicher Bestätigung, da der Auftraggeber auf die schriftliche Bestätigung keinen Einfluß hat (BGH BauR 1985, 192 = NJW 1985, 855 = MDR 1985, 398 = BB 1985, 483 = Betrieb 1985, 1283 = SFH § 9 AGBG Nr. 20 = LM § 9 [Cb] Nr. 10 = ZfBR 1985, 134). Ist im Vertrag eine Ausführungsfrist festgelegt worden und heißt es dann

in Zusätzlichen Vertragsbedingungen, die vereinbarte Frist könne bis zu einem Monat überschritten werden, nach deren Ablauf müsse der Auftraggeber eine angemessene Nachfrist mit Androhung einer Annahmeverweigerung setzen, so ist diese Klausel allein im Hinblick auf § 4 AGB-Gesetz unbeachtlich, weil die einzelvertragliche Individualvereinbarung Vorrang hat (OLG Stuttgart BauR 1982, 581). Dann ist eine solche Klausel auch nach § 9 AGB-Gesetz unwirksam (a. a. O.). Ferner verstößt die geforderte Nachfristsetzung gegen § 11 Nr. 8 a AGB-Gesetz, weil die Klausel auch jene Fälle erfaßt, in denen nach § 326 Abs. 2 BGB eine Nachfristsetzung entbehrlich wäre (a. a. O.). Eine Verletzung des **§ 10 Nr. 2 AGB-Gesetz** liegt vor, wenn in AGB des Auftragnehmers festgelegt ist, daß der Auftraggeber bei Verzug des Auftragnehmers nur dann vom Vertrag zurücktreten oder Schadensersatz wegen Nichterfüllung verlangen kann, wenn er diesem zuvor eine Nachfrist von mindestens 6 Wochen gesetzt hat, weil darin die Gefahr liegt, daß der Auftragnehmer die Nachfrist lediglich als „Ersatzlieferungsfrist" nutzen will; daher ist eine solche generell festgelegte Nachfrist unangemessen lang (BGH BauR 1985, 192 = NJW 1985, 855 = MDR 1985, 398 = BB 1985, 483 = Betrieb 1985, 1283 = SFH § 9 AGBG Nr. 20 = LM § 9 [Cb] AGBG Nr. 10 = ZfBR 1985, 134). Weiter ist eine Klausel dahin, daß der Verwender (Auftragnehmer) vom Vertrag zurücktreten kann, wenn er selbst von seinem Zulieferer nicht beliefert wird, obwohl er entsprechende Verträge abgeschlossen hat und ihm die Leistung bei Vertragsabschluß möglich war, ein Verstoß gegen § 10 Nr. 3 AGB-Gesetz (a. a. O.). Eine Verletzung der §§ 10 Nr. 4, 11 Nr. 7, 9 AGB-Gesetz ist dagegen eine formularmäßig verwendete Bedingung des Auftraggebers, wonach eine Verzögerung des Baubeginns den Fertigstellungstermin nur berührt, soweit die Verzögerung 4 Wochen übersteigt und vom Auftraggeber zu vertreten ist.

5 **2. Es steht den Vertragschließenden frei, auf welche Weise sie im einzelnen die Frist festlegen.** Sie können sie nach Zeiteinheiten (Tage, Wochen, Kalenderwochen, Monate), nach dem Kalender mit Angabe des Beginns und des Endes der Fertigstellung oder sonstwie bestimmen. Es muß aber unbedingt Wert darauf gelegt werden, daß die **Frist bestimmt oder zumindest einwandfrei bestimmbar** ist, weshalb eine genaue datenmäßige Festlegung des Beginns und des Endes am besten ist, insoweit vor allem auch im Hinblick auf § 284 Abs. 2 BGB. Eine solche Klarheit liegt im Interesse der Beteiligten, um etwa später in dieser oder jener Hinsicht eintretende nachteilige Folgen auszuschließen. Die Angaben dürfen daher nicht nur allgemein gehalten sein. Als Beginn wird vielfach ein Zeitpunkt nach der Erteilung des Auftrags oder ein bestimmtes Ereignis (z. B. Beendigung der Ausschachtungsarbeiten) genommen. Ist eine kalendermäßige Zeitspanne (z. B. 6 Monate, 12 Kalenderwochen) angegeben, so ist darauf zu achten, daß über den Anfangstermin keine Unklarheiten aufkommen können; der in der Praxis gebräuchliche Ausdruck **„Beginn der Ausführung"** als Anfangstermin ist **nicht bestimmt genug;** vgl. Hereth/Naschold, Teil A § 11, Ez. 11. 9. Bei dieser Formulierung kann man darüber streiten, ob damit der Beginn der Vorbereitungsarbeiten im Betrieb des Auftragnehmers, der Beginn des Einrichtens der Baustelle oder der Beginn der eigentlichen Bauarbeiten gemeint ist. Im Zweifel, d. h., wenn die Vereinbarungen oder die Umstände des Einzelfalles nichts anderes ergeben, ist der Vertrag in einem solchen Fall dahingehend auszulegen, daß der **Beginn des Einrichtens der Baustelle** der maßgebende Anfangszeitpunkt ist.

6 Zu dem Gesagten bestimmt Nr. 1.1. f. VHB zu Teil A § 11:

1. Bemessung

1.1. Ausführungsfristen können bemessen werden entweder durch Angabe eines Anfangs- und/oder eines Endzeitpunktes (Datum) oder nach Zeiteinheiten: Werktage, Wochen. Werktage sind alle Tage, mit Ausnahme von Sonn- und Feiertagen.

1.2. Die Fristbestimmung durch Angabe von Daten soll nur dann gewählt werden, wenn der Auftraggeber den Beginn der Ausführung verbindlich festlegen kann und ein bestimmter Endtermin eingehalten werden muß.

Auch bei Fristbemessung nach Zeiteinheiten soll der Beginn der Ausführung möglichst genau genannt werden.

Treten vor Zuschlagserteilung die Voraussetzungen für eine nach Daten zu bestimmende Frist ein, sind die Daten, der vorgesehenen Ausführungsfrist entsprechend, im Auftragsschreiben festzulegen.

3. Besonders wichtig ist auch die Regelung in Teil B § 5 Nr. 2. Haben die Vertragschließenden eine **Frist** für den **Beginn** der Ausführung **nicht** vereinbart, so hat der Auftragnehmer **innerhalb von 12 Werktagen nach Aufforderung (Abruf)** durch den Auftraggeber zu beginnen. Diese Frist kann im Einzelfall zu kurz bemessen sein, wenn man bedenkt, daß der Auftragnehmer in ihr nicht nur zumindest mit der Einrichtung der Baustelle zu beginnen, sondern daß er alsdann auch ohne schuldhaftes Zögern die eigentliche Ausführung angemessen zu fördern und die Leistung zügig zu vollenden hat.

Das ist allerdings dadurch abgemildert, daß der **Auftragnehmer** vorher ein **Recht auf Auskunft über den voraussichtlichen Baubeginn** hat. Die VOB geht hier von dem Grundgedanken aus, daß ein Auftragnehmer, der ein bindendes Angebot einreicht, auch **in der Lage ist, alsbald nach Auftragserteilung mit den Arbeiten zu beginnen.** Kann er das nicht oder erfordern die Umstände des Einzelfalles eine längere Vorbereitungszeit, so ist es Sache der Vertragschließenden, entsprechende Vereinbarungen zu treffen. Grundsatz der VOB, wie er sich aus Teil A § 11 ergibt, ist es, ausreichende Fristen zu vereinbaren, was auch im Interesse **beider Vertragspartner** liegt (vgl. auch Rdn. 13).

4. Soweit abweichende Vereinbarungen nicht getroffen sind und auch die Bestimmungen der VOB nichts anderes besagen, gelten die allgemeinen Auslegungsvorschriften über Fristen der **§§ 186 bis 193 BGB**. Diese Vorschriften enthalten Einzelheiten über die **Berechnung der Fristen** nach Tagen, Monaten und Jahren. Sie sagen nichts über die Art und die Dauer der Fristen. Bei einer nach Werktagen bemessenen Frist gelten auch **Samstage als Werktage** (BGH BauR 1978, 485).

II. Die Ausführungsfristen (Nr. 1, 3)

1. **Sie beziehen sich,** wie schon aus dem Wort hervorgeht, **auf die Ausführung** der vertraglichen Leistung, berechnet nach Beginn, Dauer der Ausführung und Beendigung. Eine ohne nähere Abgrenzung vereinbarte Ausführungsfrist gilt grundsätzlich für die **gesamte vertragliche Leistung.** Daneben ist es auch zulässig, **besondere Fristen (Einzelfristen)** für in sich abgeschlossene Teile der durch den jeweiligen Vertrag umrissenen Bauleistung, was z. B. bei umfangreichen Arbeiten erforderlich werden kann, zu bestimmen, vgl. hierzu Rdn. 18 ff.

2. **Ist eine Ausführungsfrist für die gesamte vertragliche Leistung vereinbart, so bedeutet dies, daß der Auftragnehmer innerhalb dieser Frist die gesamte Leistung zu erbringen hat.** Ist nur ein **Endtermin** angegeben, so ist **dieser entscheidend;** es ist dann Sache des Auftragnehmers, den Beginn der Arbeiten zu bestimmen, oder er muß, falls er nicht sogleich nach Vertragsabschluß beginnen kann, den Abruf des Auftraggebers abwarten. Er muß die Arbeit, natürlich unter angemessener Förderung und ohne Behinderung anderer bei dem Bauvorhaben Tätiger, nur innerhalb der Frist fertigstellen, es sei denn, er wird zum Arbeitsbeginn aufgefordert; dann gilt für den Beginn die Frist von 12 Werktagen (Teil B § 5 Nr. 2; vgl. Rdn. 16 f.).

Ist dagegen ein Endtermin nicht angegeben, so kann man von einer Ausführungsfrist nicht sprechen, sondern nur von einer **angemessenen Förderungspflicht** des Auftragnehmers.

A § 11, 1+3, Rdn. 12-15

12 3. Die Ausführungsfrist ist eine **Vertragsfrist, sofern sie als verbindlich im Vertrag festgelegt worden ist** (vgl. Teil B § 5 Nr. 1; siehe dazu Teil B § 5 Rdn. 4 ff.), mit der Rechtsfolge des Schadensersatzes, der Entziehung des Auftrags usw. im Falle der Nichtbeachtung, vgl. Rdn. 1.

13 4. **Die Ausführungsfristen müssen ausreichend bemessen sein (Nr. 1 Abs. 1 Satz 1).** Beide Vertragschließenden müssen sich darüber im klaren sein, daß zu kurz bemessene Fristen nur Nachteile mit sich bringen; z. B. für den Auftraggeber: eine zu schnelle Ausführung liegt wegen der damit verbundenen zeitlichen Sonderleistungen meist im Preis höher, die Gefahr einer nicht mängelfreien Arbeit ist zudem größer; für den Auftragnehmer: der ordnungsgemäße, leistungsfähige Arbeitseinsatz ist nicht gewährleistet, durch Überstunden- und Feiertagszuschläge ergeben sich finanzielle Nachteile im Verhältnis zu den Preisen des Angebots. **Es ist daher darauf zu achten, daß dem Auftragnehmer genügend Zeit gelassen wird, die geplante Arbeit vorzubereiten,** die notwendigen Materialien, Geräte und Arbeitskräfte zu beschaffen und bereitzustellen sowie die Arbeiten selbst ordnungsgemäß auszuführen (Abs. 1 Satz 2). **Dabei sind in jedem Einzelfall die besonderen Umstände zu berücksichtigen, wie Jahreszeit, Arbeitsverhältnisse, Möglichkeit der Beschaffung von Materialien und Geräten, Mangel an Facharbeitern, übliche arbeitsfreie Tage – auch Betriebsurlaube – usw.** Aus diesen Grundgedanken heraus ist auch die Bestimmung der Nr. 1 Abs. 2 zu verstehen, daß außergewöhnlich kurze Fristen nur bei besonderer Dringlichkeit vorzusehen sind. Insbesondere bei für die Bauwirtschaft ungünstiger Konjunkturlage sind diese Grundsätze zu beachten, weil der Auftraggeber es sonst riskiert, einen Bauvertrag mit einem übereilt handelnden und deshalb unzuverlässigen Auftragnehmer abzuschließen.

14 Vom öffentlichen Auftraggeber sind unbedingt die Nr. 1.3. und 2. VHB zu Teil A § 11 zu beachten:
1.3. Bei Bemessung der Ausführungsfristen ist zu berücksichtigen:
welche zeitliche Abhängigkeit von vorausgehenden und nachfolgenden Leistungen besteht,
zu welchem Zeitpunkt die zur Ausführung erforderlichen Unterlagen vom Auftraggeber zur Verfügung gestellt werden können,
in welchem Umfang arbeitsfreie Tage – Samstage, Sonn- und Feiertage – in die vorgesehene Frist fallen,
inwieweit mit Ausfalltagen durch Witterungseinflüsse während der Ausführungszeit normalerweise gerechnet werden muß.
2. Zulage-, Eventual- oder Alternativpositionen
Werden Eventual- oder Alternativpositionen vorgesehen, so ist darauf zu achten, ob und inwieweit dadurch die Ausführungsfristen beeinflußt werden können; ggf. sind entsprechende Änderungen der Baufristen vorzusehen.

15 5. Ist es für die Einhaltung der vorgesehenen Ausführungsfristen oder auch der Einzelfristen (Rdn. 18 ff.) wichtig, daß Zeichnungen oder andere Unterlagen vor dem Beginn oder während der Ausführung übergeben werden (vgl. dazu z. B. auch Teil B §§ 3 Nr. 1, 4 Nr. 1 Abs. 1 Satz 2), **so soll gemäß Teil A § 11 Nr. 3 hierfür ebenfalls eine Frist festgelegt werden.** Auch das ist als **Vertragsfrist** zu verstehen. Diese Bestimmung hat den Sinn, bei der eigentlichen Ausführung der Leistung keine Verzögerung dadurch eintreten zu lassen, daß dem Auftragnehmer, der fristgebunden ist, notwendige Unterlagen vorenthalten werden. Derartige Fristen kommen also zugunsten des Auftragnehmers in Betracht, indem sie – was schon ein Gebot der Gerechtigkeit ist – **dem Auftraggeber** im Bauvertrag gesetzt werden. Hält dieser die Frist nicht ein, so hat dies **zur Folge, daß die dem Auftragnehmer gesetzte Ausführungsfrist nicht zu laufen beginnt.** Zumindest ist der Auftragnehmer gemäß § 285 BGB entlastet. Unter Umständen können dadurch für den Auftragnehmer – abgesehen von dem Recht, eine Verlängerung der Ausführungsfrist zu verlangen (vgl. Teil B § 6 Nr. 2 a) – auch Gründe für einen Schadensersatzanspruch nach Teil B § 6 Nr. 6 oder eine Kündigung des Bauvertrages nach Teil B § 9 Nr. 1 a gegeben sein. Erforderlich ist allerdings, daß die Übergabe der Zeichnungen oder anderer Unterlagen wesentliche Voraussetzung für die ungehinderte und zügige Durchführung der Leistung des Auftragnehmers ist, für die ihm Ausführungsfristen gesetzt worden sind (vgl. Altmann, Das Baugewerbe 1964, 16), insofern also ein **adäquat-kausaler Zusammenhang** besteht.

6. Eine besondere Regelung enthält Nr. 1 Abs. 3. Er bezieht sich auf Teil B § 5 Nr. 2. Hiernach muß die Frist, in der die Aufforderung zum Beginn der Ausführung ausgesprochen werden kann, unter billiger Berücksichtigung der für die Ausführung maßgebenden Verhältnisse – für den Auftragnehmer – zumutbar sein. Auch diese Regelung berücksichtigt den berechtigten Schutz des Auftragnehmers. Denn es geht nicht an, daß die Aufforderung zum Beginn der Ausführung **zu lange** vom Auftraggeber **hinausgezögert wird.** Andernfalls wäre dieses für eine vorauszusetzende rationale Betriebsführung des Auftragnehmers **unzumutbar,** vor allem würden dem Auftragnehmer in preislicher Hinsicht **unzumutbare Wagnisse** auferlegt, was weder Teil A § 9 Nr. 2 noch § 4 Abs. 1 der Baupreis-VO 1972 entsprechen würde. Die Frage der Zumutbarkeit richtet sich nach den Gegebenheiten des Einzelfalles. Man wird zwar keine allgemeingültige Frist hier nennen können, jedoch ist sie unter Berücksichtigung der im allgemeinen im Zeitpunkt des Vertragsabschlusses **auf seiten des Auftraggebers zu erwartenden Voraussehbarkeit** des Beginns der Durchführung der Leistung des betreffenden Auftragnehmers durchweg kurz – unter normalen Umständen einige Wochen oder höchstens wenige Monate – zu bewerten. Dabei kommt es auch auf die **für den Auftragnehmer erkennbaren Umstände,** wie z. B. den Stand des Bauwerks im Zeitpunkt der Angebotsabgabe, die bevorstehende Jahreszeit, den Umfang vorher zu erbringender Bauleistungen usw., an. Entscheidend ist hier – und dies dürfte die Grenze des Zulässigen sein –, daß der Auftraggeber den Abruf für einen Zeitpunkt sicherstellt, zu dem die dem Vertrag zugrunde gelegte **Vergütung des Auftragnehmers noch dem für ihn bei Angebotsabgabe vorhersehbaren Wagnis entspricht** und zu dem der Auftragnehmer im Rahmen seiner betrieblichen Dispositionen im Hinblick auf die Erfüllung anderer Bauverträge nicht in unüberwindliche oder nur mit unzumutbarem Verlust verbundene Schwierigkeiten gerät. Diese Grenze des Zumutbaren kann in Einzelfällen durch die Vereinbarung von Lohn- und Materialpreisgleitklauseln wiederum abgemildert bzw. hinausgeschoben sein (vgl. Teil A § 15).

Im Falle von Verstößen gegen die vorgenannten Grundsätze kann eine der Nr. 1 Abs. 3 in beachtlichem Maße widersprechende Regelung gegen § 242 BGB oder, sofern das AGB-Gesetz Anwendung findet (vgl. Teil A § 10 Rdn. 77 ff.), **gegen § 9 AGB-Gesetz** (entgegen Heiermann/Linke Nr. 10.2.3 nicht gegen § 10 Nr. 2 AGB-Gesetz, da diese Bestimmung den hier erörterten Fall nicht erfaßt) verstoßen und daher unwirksam sein.

III. Die Einzelfristen (Nr. 2)

1. Sie sind **ebenfalls Ausführungsfristen,** so daß das oben Rdn. 10 ff. Ausgeführte grundsätzlich auch für sie gilt. Ihr Unterschied zur Ausführungsfrist im engeren Sinn liegt aber darin, daß die **Einzelfristen** nicht für die gesamte Leistung, sondern **nur für in sich abgeschlossene Teile der Gesamtleistung** vereinbart werden. Einzelfristen können ferner festgelegt werden für **nach Zeit bemessene Teilabschnitte oder Zwischenstufen der Bauausführung.** Bei größeren Bauvorhaben, zumal wenn umfangreiche Arbeiten mehrerer Auftragnehmer ineinandergreifen, ist es üblich, einen **Bauzeitenplan** (Balkenplan, Linienplan, Netzplan) aufzustellen. Dieser Plan zeigt auf, in welcher Reihenfolge und in welchen Zeitabschnitten die einzelnen Arbeiten ausgeführt werden sollen. Er hat den Zweck, einerseits ein zeitliches Überschneiden der Arbeiten, insbesondere der einzelnen Auftragnehmer, zu verhindern, andererseits für den ungehinderten Baufortschritt beachtliche Verzögerungen zu vermeiden. In diesem Sinne kann er helfen, Personaldispositionen, Gerätebereitstellung, kontinuierliche Arbeit einheitlich, den Erfordernissen entsprechend, zu gestalten und sogenannte „Fieberkurven" zu vermeiden. Dabei ist es denkbar, daß ein solcher Bauzeitenplan eine große Anzahl von

Fristen enthält. Bei sehr umfangreichen Bauvorhaben ist es sogar möglich, daß auch für Einzelabschnitte oder Teile des Gesamtauftrages Teilzeitpläne für sich aufgestellt werden müssen.

19   2. Die VOB sieht vor, daß **für in sich abgeschlossene Teile der Leistung nur dann Einzelfristen** mit den Rechtsfolgen einer Haftung, also als **Vertragsfristen** (vgl. Rdn. 1 f.), bestimmt werden sollen, **wenn es ein erhebliches Interesse des Auftraggebers erfordert** (Nr. 2 Abs. 1). Bei den in einem **Bauzeitenplan aufgeführten Fristen sollen nur die als Vertragsfristen vereinbart werden,** die für den Fortgang der Gesamtarbeit **besonders wichtig** sind (Nr. 2 Abs. 2). Das bedeutet, daß **nicht jede Frist,** die bei der Vergabe eines Auftrages, in den Verdingungsunterlagen, beim Angebot, in der Korrespondenz oder mündlich genannt wird, **eine Vertragsfrist** mit strengen Rechtsfolgen ist. **Einzelfristen sind nur dann Vertragsfristen, wenn dies zwischen den Vertragschließenden ausdrücklich vereinbart ist,** vgl. Teil B § 5 Nr. 1 Satz 2 (Teil B § 5 Rdn. 9). Eine solche Vereinbarung kommt dadurch zustande, daß die Frist in den Verdingungsunterlagen als **Vertragsfrist bezeichnet** oder der übereinstimmende Wille, vertraglich bindende Fristen festzulegen, aus den Verdingungsunterlagen **zweifelsfrei festzustellen** ist; sie kann aber auch später zwischen den Vertragschließenden noch abgesprochen werden. Schriftform ist nicht erforderlich, wenn auch **aus Beweisgründen dringend zu empfehlen.**

20   Die Vertragschließenden müssen auf jeden Fall bemüht sein, **möglichst wenige Einzelfristen als Vertragsfristen zu vereinbaren.** Dem Auftraggeber ist zwar daran gelegen, daß ihm ein reibungsloser Fortgang der Bauarbeiten gewährleistet wird. Das läßt sich aber durch eine bloße Anhäufung von Fristen kaum erreichen, zumal in der Praxis der zeitliche Ablauf der Arbeiten sich oft genug nicht im einzelnen genau vorausberechnen läßt. Dann kann aber der nicht gewollte Zustand eintreten, daß zu viele Fristen eher störend als fördernd wirken, zumal wenn mehrere Auftragnehmer beteiligt sind und der eine die Schuld auf den anderen schiebt.

C. Sonstige Fristen

I. Baufristenpläne

21   Neben den Ausführungsfristen (Rdn. 10 ff.) und Einzelfristen als Vertragsfristen (Rdn. 18 ff.) kommen auch sonstige Fristen bei der Vergabe von Bauarbeiten nach der VOB vor. Erwähnt sind schon die Einzelfristen in den Bauzeitenplänen, soweit sie nicht durch Vereinbarung zu Vertragsfristen erklärt worden sind. Weitere Fristen finden sich in den in der VOB nicht besonders genannten „Baufristenplänen" (vgl. Hereth/Naschold Teil A § 11, Ez. 11.18). Einen solchen Plan wird sich der sorgfältige **Auftragnehmer** im allgemeinen, insbesondere aber bei großen, umfangreichen Arbeiten für seinen **inneren Betrieb aufstellen,** um eine **innerbetriebliche Selbstkontrolle** über den Fortgang der Bauausführung zu haben. Auch ein solcher Plan wird im allgemeinen als Balkenplan, Linienplan oder Netzplan aufgestellt. Selbst wenn ein solcher Baufristenplan dem Auftraggeber zugänglich gemacht wird und wenn sich der Ablauf der Arbeiten danach richten soll, werden die darin enthaltenen Fristen nicht ohne weiteres „Vertragsfristen", vielmehr bedarf es hierzu einer entsprechenden **ausdrücklichen Vereinbarung** wie bei den Einzelfristen (Rdn. 18 ff.).

II. Baufortschrittspläne

22   Zu erwähnen sind auch die sogenannten **Baufortschrittspläne,** die ebenfalls in der VOB nicht besonders hervorgehoben sind. Sie stellen gegenüber dem „Soll" im Bauzeitplan des Auftraggebers und im Baufristenplan des Auftragnehmers den „Ist-Zustand" im Fortschritt des

Bauvorhabens dar, weswegen auch häufig von **Soll- und Ist-Vergleich** gesprochen wird. Der Baufortschrittsplan muß nicht gesondert aufgestellt werden. Vielmehr kann er durch Eintragung der **wirklichen** Ausführungszeiten, die auf dem Bauzeitenplan des Auftraggebers oder auf dem Baufristenplan des Auftragnehmers verzeichnet werden, entstehen.

III. Rechtliche Bedeutung der Nichtvertragsfristen

Alle nach dem in Rdn. 3-22 Ausgeführten **nicht** als **Vertragsfristen** anzusehenden Fristen sind zwar nicht von vornherein mit der Rechtsfolge der Vertragsfristen (Verzug, Kündigung, Schadensersatz, Vertragsstrafe usw.) ausgestattet. Andererseits sind sie auch nicht ohne Bedeutung. Sie geben zumindest einen Überblick über den zeitlichen Ablauf der Bauausführung; der Auftragnehmer ist gehalten, **auch diese Fristen zu beachten.** Sieht der Auftraggeber beispielsweise, daß der Auftragnehmer sich an diese Fristen überhaupt nicht hält, so kann er daran bereits während der Bauausführung erkennen, daß die Ausführungsfrist nicht eingehalten werden wird. Der Auftraggeber kann alsdann schon in diesem Zeitpunkt seine Ansprüche, die ihm aus der Verletzung der Ausführungsfrist erwachsen, vorbereiten oder geeignete Abhilfe versuchen, wie etwa eine Aufforderung an den Auftragnehmer nach Teil B § 5 Nr. 3 ergehen lassen. Auch **hier können ihm Ansprüche gegen den Auftragnehmer zustehen,** wie z. B. unter den Voraussetzungen von Teil B § 5 Nr. 4 (vgl. dort Rdn. 32 ff.), nach Teil B § 6 Nr. 6 oder gar nach Teil B § 8 Nr. 3.

23

§ 12 Vertragsstrafen und Beschleunigungsvergütungen

1. Vertragsstrafen für die Überschreitung von Vertragsfristen sollen nur ausbedungen werden, wenn die Überschreitung erhebliche Nachteile verursachen kann. Die Strafe ist in angemessenen Grenzen zu halten.

2. Beschleunigungsvergütungen (Prämien) sollen nur vorgesehen werden, wenn die Fertigstellung vor Ablauf der Vertragsfristen erhebliche Vorteile bringt.

Inhaltsübersicht

	Rdn.
A. Vertragsstrafen (§ 12 Nr. 1)	1-24
I. Allgemeines	1-7
1. Zweck der Vertragsstrafe	1
2. Besondere Zahlungsvereinbarung	2
3. Vereinbarung von Schadenspauschale anstelle von Vertragsstrafe	3-6
4. Verfallklauseln	7
II. Voraussetzung: Wirksame Vereinbarung	8-10
1. Abhängigkeit von Wirksamkeit der Hauptverbindlichkeit	8
2. Mögliche Unwirksamkeit des Strafversprechens selbst – AGB-Gesetz	9-10
III. Inhalt der Vertragsstrafen	11-15
1. Weitgehende Möglichkeit der Vereinbarung von Vertragsstrafen	11-12
2. Hinreichend klare Vereinbarung einer Vermögensleistung	13-14
3. Hinreichend klare Festlegung der Fälligkeit der Vertragsstrafe	15
IV. Vereinbarung nur bei Drohen erheblicher Nachteile	16
V. Die Höhe der Strafe	17-24
1. Angemessene Grenzen; notfalls Herabsetzung	17-19
2. Grenzen im Bereich des AGB-Gesetzes	20-21
3. Weitere Rechtspunkte für AGB-rechtliche Zulässigkeit	22
4. Gleiche Grundsätze auf bei Einzelfristen	23
5. Bestimmung der Höhe durch Berechtigten oder Dritten	24

B. Beschleunigungsvergütungen, Prämien (§ 12 Nr. 2) 25-28
   I. Bedeutung 25
   II. Ausnahmefall 26
   III. Vereinbarungen der Parteien maßgebend 27
   IV. Baupreisrecht ist zu beachten 28

Aufsätze: Reich, „Zur Pauschalierung von Schadensersatzansprüchen bei Werkverträgen", NJW 1978, 1570; Schmidt, „Bauträgervertrag und VOB", MittBayNot 1977, 93 und 155; Brambring, „AGB-Gesetz und Gewährleistungsregelung im Bauträgervertrag", NJW 1978, 777; Kapellmann/Langen, „Bemessung von Vertragsstrafen für verzögerte Baufertigstellung in AGB", BB 1987, 560; Weyer, „Verteidigungsmöglichkeiten des Unternehmers gegenüber einer unangemessen hohen Vertragsstrafe", BauR 1988, 28. Siehe auch eingangs Teil B § 11.

A. Vertragsstrafen (§ 12 Nr. 1)

I. Allgemeines

1. Die Vertragsstrafe hat den **Zweck, den Schuldner vor Vertragsverletzungen abzuschrecken und dem Gläubiger die damit zusammenhängende Schadloshaltung zu erleichtern,** ihm nämlich den **Nachweis des entstandenen Schadens** im Einzelfall **zu ersparen** (BGHZ 33, 163, 165; BGH NJW 1975, 163, 164 = BB 1975, 9; BGH BauR 1975, 209 = BB 1975, 581 = Betrieb 1975, 879 = MDR 1975, 656 = LM § 339 Nr. 19). Sie hat mit einer Strafe für kriminelles Unrecht oder mit einer nur strafähnlichen Sanktion für sonstiges Unrecht nichts zu tun (BVerfG NJW 1967, 195, 196; BGH a. a. O.). Der **Vertragsstrafe** kommt mithin keinerlei öffentlich-rechtliche Bedeutung zu.

2. Es handelt sich um eine zwischen den Vertragschließenden **gesondert vereinbarte** (die bloße Vereinbarung der VOB genügt also nicht), vom eigentlichen Leistungsinhalt losgelöste **Zahlung,** die im Falle des Eintritts der dafür maßgebenden Voraussetzungen vom Vergütungsanspruch des Auftragnehmers abgezogen oder vor dem Gericht als Forderung eingeklagt werden muß, wenn ihre freiwillige Leistung verweigert wird. Nach der **in der VOB zum Ausdruck gekommenen Vorstellung dient die Vertragsstrafe vornehmlich als Mittel, den Auftragnehmer zur fristgerechten Erfüllung seiner Verpflichtungen anzuhalten,** vgl. Rdn. 11 ff. und vor allem auch Teil B § 11 Nr. 2. Die ergänzenden Vorschriften über die Vertragsstrafen finden sich in §§ 339-345 BGB; darauf verweist Teil B § 11 Nr. 1 ausdrücklich. Mithin gelten diese gesetzlichen Vorschriften gerade auch beim VOB-Vertrag.

3. Grundsätzlich ist es zulässig, **anstelle** einer Vertragsstrafe in **Besonderen oder Zusätzlichen Vertragsbedingungen** für den Fall der Nichterfüllung vertraglicher Pflichten eine **Schadenspauschale** zu vereinbaren (vgl. dazu auch BGH BB 1976, 1289 = NJW 1976, 1886 m. w. N.; vgl. auch BayObLG Betrieb 1981, 1615). Das setzt aber voraus, daß die Parteien erkennbar den möglicherweise eintretenden Schaden vorweg ernsthaft geschätzt und diese Schätzung der Bemessung der Pauschale zugrunde gelegt haben. Übersteigt die Pauschale den vernünftigerweise zu erwartenden Schaden beträchtlich, so muß davon ausgegangen werden, daß die Pauschale in erster Linie dazu dienen soll, den Vertragspartner zu veranlassen, seine Verpflichtungen zu erfüllen, es sich also um eine Vertragsstrafe handelt. Auch wenn in diesem Fall die Pauschale als Entschädigung für entgangenen Gewinn und entstandene Kosten bezeichnet wird, ist sie als Vertragsstrafe anzusehen (OLG Köln NJW 1974, 1952). Zur Abgrenzung zwischen pauschaliertem Schadensersatz und Vertragsstrafe s. auch Beuthien, Festschrift f. Larenz, 1973, S. 459 ff.; Knacke S. 10 ff.; vgl. auch Reich NJW 1978, 1570 sowie Locher, Das private Baurecht, Rdn. 422.

Sofern nicht von einer Vertragsstrafe, sondern von einer Vereinbarung eines **pauschalierten** **4**
Schadensersatzes auszugehen ist (auch im Rahmen bestimmter Schadensersatzansprüche
nach VOB/B, wie z. B. §§ 4 Nr. 7, 6 Nr. 6, 8 Nr. 2 und 3, 9 Nr. 3, 10, 13 Nr. 7, 16 Nr. 5 Abs. 3)
und diese in **Besonderen oder Zusätzlichen Vertragsbedingungen,** die den Charakter **Allgemeiner Geschäftsbedingungen** haben, enthalten ist, darf dem Vertragspartner die Möglichkeit des Nachweises nicht abgeschnitten werden, die Pauschale verhelfe dem Verwender
Zusätzlicher Vertragsbedingungen zu einem unangemessenen Vorteil oder es sei im konkreten
Falle jedenfalls ein weitaus geringerer Schaden entstanden (BGH BB 1976, 571 = MDR 1976,
392 = JZ 1976, 211 = LM § 242 [Cd] BGB Nr. 192; BGH NJW 1982, 2316 = Betrieb 1982, 1925
= BB 1983, 19 = ZIP 1982, 1092 = JR 1983, 65 Anm. Fischer = MDR 1983, 223 = WM 1982,
907 = LM § 11 Ziff. 5 AGB-Gesetz Nr. 2). Dies ergibt sich jetzt aus **§ 11 Nr. 5 AGB-Gesetz;**
möglicherweise ist **auch § 10 Nr. 7 AGB-Gesetz** einschlägig (vgl. dazu BayObLG Betrieb
1981, 1615). Siehe auch Ulmer/Brandner/Hensen § 11 Nr. 5 Rdn. 9 ff.; Löwe/v. Westphalen/
Trinkner § 11 Nr. 5 Rdn. 3 ff. Der Nachweis, daß dem Verwender ein wesentlich niedrigerer
als der geltend gemachte pauschalierte Schaden entstanden sei, wird dem Kunden auch dann
abgeschnitten, wenn der rechtsunkundige Durchschnittskunde nach der Fassung der AGB
davon ausgehen muß, daß er sich auf einen im Einzelfall wesentlich niedrigeren Schaden nicht
berufen könne (OLG Hamburg NJW 1981, 2420 = ZIP 1981, 993; OLG Stuttgart BB 1985,
1420).

Nicht ohne weiteres zu folgen ist der Ansicht des OLG Braunschweig (BB 1979, 856), wonach **5**
sich eine Schadenspauschale von 30 % „sicherlich" an der oberen Marke der üblichen Gewinnspanne eines Bauhandwerkers bewege, also noch in dem nach § 11 Nr. 5 AGB-Gesetz
zulässigen Rahmen bleibe. Denn diese Ansicht ist nicht ersichtlich durch Tatsachenfeststellungen untermauert (vgl. dazu und zu mehreren Entscheidungen des OLG Nürnberg zutreffend
auch Reich NJW 1978, 1570). Mehrwertsteuer bleibt hier außer Betracht, da es sich um
Schadensersatz und nicht um einen Teil des Entgelts für eine Leistung handelt (vgl. Schreiben
des Bundesfinanzministers vom 24. 2. 1983 BB 1983, 429). Zur Darlegungs- und Beweislast bei
in **AGB enthaltenen Schadenspauschalen** vgl. BGHZ 67, 312 = NJW 1977, 381 = MDR
1977, 392 = JZ 1977, 103 = BB 1977, 161 = LM Allg. Geschäftsbeding. Nr. 76 Anm. Wolf.
Dagegen zutreffend Ulmer/Brandner/Hensen § 11 Nr. 5 Rdn. 14 ff. und 19 f. m. w. N.; vgl.
ferner Löwe/v. Westphalen/Trinkner § 11 Nr. 5 Rdn. 25 ff. sowie Rdn. 37 ff., dabei insbesondere Weyer NJW 1977, 2237: Die Darlegungs- und Beweislast obliegt dem Gegner des Verwenders, wenn insoweit auch in der Ausgangslage daran keine zu strengen Anforderungen zu
stellen sind. Zur Darlegungslast bei der Schadenspauschalierung in AGB zutreffend Hensen,
Betrieb 1977, 1689. Der Verwender von AGB ist an die Pauschale gebunden (OLG München
Betrieb 1984, 114).

Die zur Schadenspauschale angeführten Gesichtspunkte gelten grundsätzlich nach §§ 24 Abs. **6**
2, 9 AGB-Gesetz **auch für den kaufmännischen Verkehr,** allerdings in einem **geringeren**
Maße, wie sich aus den hier maßgebenden Grundsätzen des § 9 AGB-Gesetz ergibt (vgl. dazu
Alisch JZ 1982, 706).

4. Von Vertragsstrafen zu unterscheiden sind auch sogenannte **Verfallklauseln.** Durch sie **7**
verliert der Schuldner bei Nichterfüllung oder nichtgehöriger Erfüllung eigene Rechte, ohne
daß der Gläubiger solche gewinnt. Vor allem sind sie keine von der Hauptverpflichtung
verschiedene Leistung. Falls der Wegfall oder die Beschränkung von Ansprüchen durch eine
Verfallklausel vereinbart ist und die dafür maßgebenden Voraussetzungen eingetreten sind,
tritt der Wegfall oder die Beschränkung ohne weiteres ein. Auf eine zwischen den Vertragspartnern abgesprochene Verfallklausel können die §§ 339 ff. BGB entsprechend angewendet
werden (BGH NJW 1972, 1893; BGH BauR 1983, 77 = NJW 1983, 384 = SFH § 123 BGB
Nr. 4 = WM 1983, 90 = BB 1983, 661 = LM § 341 BGB Nr. 8 Anm. Walchshöfer = ZfBR 1983,
75; ebenso Knacke S. 13).

A § 12, 1, Rdn. 8-12

II. Voraussetzung: Wirksame Vereinbarung

8 1. Die **Vertragsstrafe** wird meist im **Bauvertrag vereinbart.** Sie kann auch im Wege einer gesonderten Abmachung und zu einem späteren Zeitpunkt zwischen den Vertragschließenden festgelegt werden. Sie kann sich ferner aus dem Zusammenhang mehrerer Vertragsunterlagen ergeben, sofern dies klar erkennbar und inhaltlich eindeutig sowie zweifelsfrei ist (vgl. dazu OLG Düsseldorf BauR 1982, 582 = SFH § 11 VOB/B Nr. 7). Eine **Form** ist grundsätzlich **nicht** vorgeschrieben; bedarf jedoch die Hauptverbindlichkeit einer vorgeschriebenen Form, so gilt auch für die Strafvereinbarung die gleiche Formvorschrift (ebenso Knacke S. 13 f. m. w. N.). **Voraussetzung** für das Wirksamwerden einer Strafbestimmung ist, daß die **Hauptverbindlichkeit rechtswirksam begründet worden ist, § 344 BGB,** sie ist also **akzessorisch.** Ist die Hauptverpflichtung (z. B. die Verpflichtung zur Bauausführung) nicht wirksam, weil sie nach § 134 BGB gegen ein zwingendes gesetzliches Verbot (wie z. B. bei rechtskräftig versagter Baugenehmigung) verstößt, von Anfang an auf eine unmögliche Leistung gerichtet ist (§ 306 BGB), den guten Sitten zuwiderläuft (§ 138 BGB), wegen Formmangels nichtig ist (z. B. § 313 BGB), wegen Willensmangel oder aus einem sonstigen Grund zu Recht angefochten (§§ 119, 123 BGB) oder von Anfang an wegen fehlender Willensübereinstimmung überhaupt nicht wirksam zustande gekommen ist (vgl. auch die §§ 154, 155 BGB), dann entfällt zugleich auch die vereinbarte Vertragsstrafe. Man kann nicht auf dem Umweg über die Vertragsstrafe etwas erreichen oder Schadensersatz wegen Nichterfüllung erhalten, wenn man **keinen Anspruch auf die Leistung selbst** hat.

9 2. Das Strafversprechen kann auch für sich allein nichtig oder unwirksam sein oder angefochten werden, z. B., weil es gegen ein gesetzliches Verbot verstößt oder weil es sittenwidrig oder wegen Willensmangels nicht rechtmäßig zustande gekommen ist. Dabei ist vor allem auch auf die Verbotsnorm in **§ 11 Nr. 6 des AGB-Gesetzes** hinzuweisen (vgl. dazu Ulmer/Brandner/Hensen § 11 Nr. 6 Rdn. 6 ff.; Löwe/v. Westphalen/Trinkner § 11 Nr. 6 Rdn. 12 ff.). Die Hauptverbindlichkeit kann in einem solchen Fall rechtswirksam bestehenbleiben, sofern sich dieses im Einzelfall im Wege der Auslegung nach § 139 BGB rechtfertigen läßt; bei Anwendung des **AGB-Gesetzes** ist **§ 6 a. a. O.** zu beachten.

10 Hinsichtlich der von Teil A § 12 nicht **ausdrücklich** erfaßten Vertragsstrafe wegen Nichterfüllung gilt: Durch Allgemeine Geschäftsbedingungen und Formularverträge – also insbesondere auch durch Zusätzliche Vertragsbedingungen – kann die Verpflichtung des Gläubigers, auf seinen Schadensersatzanspruch wegen Nichterfüllung die aus diesem Grund verwirkte Vertragsstrafe anzurechnen (vgl. § 340 Abs. 2 BGB), nicht abbedungen werden (BGH NJW 1975, 163 = BB 1975, 9 = Betrieb 1975, 96). **Gleiches** gilt aber auch für eine **Vertragsstrafe wegen nicht gehöriger Erfüllung,** wie schon die Verweisung des § 341 Abs. 2 BGB auf § 340 Abs. 2 BGB zeigt (vgl. auch Löwe/v. Westphalen/Trinkner § 11 Nr. 6 Rdn. 22).

III. Inhalt der Vertragsstrafen

11 1. Die VOB spricht in Teil A § 12 Nr. 1 nur von **Vertragsstrafen für die Überschreitung von Vertragsfristen** (vgl. dazu Teil B § 5 Rdn. 7 ff.). Sie nennt dabei den in der Praxis des Bauvertragswesens am häufigsten vorkommenden Fall, sagt damit aber nicht, daß sich hierin die Möglichkeit der Vereinbarung von Vertragsstrafen erschöpft. Es können vielmehr auch sonst für eine ganze Reihe anderer Fallgestaltungen Vertragsstrafen vereinbart werden; die wichtigsten sind: **Nichterfüllung, teilweise Nichterfüllung, nicht gehörige Erfüllung, sonst verspätete Erfüllung.** Vgl. aber Rdn. 16.

12 Denkbar ist auch die Festlegung einer „**Vertragsstrafe" für den Bereich des Bauvergabeverfahrens,** falls sich Bieter grober Pflichtverletzungen während des Vergabeverfahrens schuldig machen, wie z. B. die Verpflichtung jedes Bieters, eine Vertragsstrafe an den Auftraggeber zu zahlen, wenn er sich aus Anlaß der Vergabe an **Preisabsprachen** beteiligt. Dabei ist jedoch zu beachten, daß sich eine in Ausschreibungsbedingungen enthaltene Klausel **im Bereich des § 9 AGB-Gesetz** bewegt. Eine Überschreitung des zulässigen Rahmens liegt vor, wenn bei Zuwiderhandeln von jedem Bieter pauschal eine Vertragsstrafe „in Höhe von 3 %" oder „bis zur Höhe der Angebotsendsumme" versprochen wird, wobei die Strafe auch dann fällig sein soll, wenn der betreffende Bieter den Auftrag nicht erhalten hat. Eine unangemessene Benachteiligung der Bieter liegt vor allem darin, daß die Vertragsstrafen in ihrer Summierung zu einer ungerechtfertigten Bereicherung der ausschreibenden Stelle führen können, und wenn die ausschreibende Stelle (z. B. durch Aufhebung der Ausschreibung) den Auftrag überhaupt nicht vergibt. Die Unwirksamkeit solcher Klausel nach § 9 AGB-Gesetz kommt insbesondere in Betracht, wenn der Auftraggeber eine marktbeherrschende oder gar eine monopolartige Stellung für den Bereich der von ihm wahrgenommenen Bauaufgaben hat (vgl. dazu OLG Frankfurt BauR 1987, 324 = NJW-RR 1986, 895 = ZIP 1986, 374 = Bunte EWiR § 9 AGBG 8/86, 323). Allerdings wird man mit dem BGH (vgl. BauR 1987, 329 = ZIP 1987, 454 = SFH § 339 BGB Nr. 2) in diesem Fall eher von einem Garantieversprechen oder einer diesem ähnlichen Erklärung ausgehen müssen, sofern durch die betreffende Klausel nicht in der Zukunft, sondern in der Vergangenheit liegendes Verhalten der Bieter erfaßt werden soll (so jetzt deutlich und sicher zutreffend BGH SFH § 9 AGBG Nr. 38 = BauR 1988, Heft 5). Anders insoweit, als die Klausel in der Zukunft liegende Preisabsprachen absichern soll; insoweit dürfte die Einordnung als Vertragsstrafe durchaus anzunehmen sein (Lindacher EWiR § 9 AGBG 8/87, 421, dem im übrigen aber nicht zu folgen ist, da die betreffende Klausel weder auslegungsfähig noch einer geltungserhaltenden Reduktion zugänglich sein dürfte; vgl. ders. auch ZIP 1986, 817; siehe auch v. Westphalen ZIP 1987, 252, 253 f.). Zur **Vertragsstrafenregelung für Verstöße gegen die gesetzlichen Vorschriften über die Leiharbeit** vgl. RdErl. des Ministers für Wirtschaft, Mittelstand und Technologie NW vom 15. 3. 1988 (MinBl. NW 1988, 753).

2. Die **Strafe** muß in einer **Vermögensleistung** bestehen, die neben der Hauptverbindlichkeit zu leisten ist. Es ist allgemein angebracht, die Zahlung einer bestimmten **Geldsumme** zu vereinbaren. In erster Linie ist es dabei üblich und auch zulässig, die Vertragsstrafe durch einen Teilbetrag der Auftragssumme (vgl. BGH BauR 1976, 279 = SFH Z 2.411 Bl. 70 = WM 1976, 638 = MDR 1976, 834 = LM VOB/B Nr. 82 = BlGBW 1976, 235) oder auch der Abrechnungssumme auszubedingen; ebenso häufig ist die Vereinbarung eines bestimmten Betrages, der in bestimmten Zeiträumen immer wieder anfällt (wie z. B. 200,-- DM je Arbeitstag). Es können aber auch andere Vermögensleistungen, z. B. zusätzliche Arbeitsstunden oder Lieferung eines bestimmten Gegenstandes, vereinbart werden. Vor allem muß die Vereinbarung **inhaltlich klar** sein.

Der Ansicht des OLG München (SFH Z 2.411 Bl. 59), daß im Zweifel die Strafe nur von dem Teil des Auftrages berechnet wird, mit dessen Erfüllung der Auftragnehmer in Verzug ist, wenn als Vertragsstrafe für jeden Tag der Terminüberschreitung „1 % der Auftragssumme" vereinbart wird, dürfte so nicht zu folgen sein, da sich der Begriff „Auftragssumme" eindeutig auf den Gesamtbetrag der vereinbarten Vergütung bezieht (Anm. Hochstein a. a. O.; so auch Nicklisch in Nicklisch/Weick Teil B § 11 Rdn. 27 sowie Knacke S. 40). Das OLG München hätte durch Herabsetzung der Vertragsstrafe (§ 343 BGB) in dem von ihm entschiedenen Fall dasselbe Ergebnis gewinnen können, falls es sich um einen Individualvertrag gehandelt hat. Vgl. aber Rdn. 17 ff.

3. Es muß genau festgelegt werden, **unter welchen Voraussetzungen** bzw. zu welchem Zeitpunkt die **Vertragsstrafe fällig ist.** Dazu reicht noch nicht allein eine Vertragsbestimmung, daß die Leistung bis zu einem bestimmten Zeitpunkt fertiggestellt sein „soll" (vgl. OLG Düsseldorf BauR 1982, 582 = SFH § 11 VOB/B Nr. 7). Grundsätzlich ist **Verzug des**

Versprechenden erforderlich (vgl. Teil B § 11 Rdn. 8 ff.). Gerade auch hier gilt das Gebot der inhaltlichen Klarheit und Vollständigkeit der vertraglichen Vertragsstrafenregelung; besonders trifft dies im Hinblick auf in Allgemeinen Geschäftsbedingungen enthaltene, die VOB (Teil B § 11) ergänzende Bestimmungen zu. Eine Vertragsstrafenabrede in AGB ist zwar grundsätzlich wirksam. Insbesondere ist sie nicht überraschend, weil in Bauverträgen oftmals eine Vertragsstrafe, dabei vornehmlich für den Fall der Überschreitung der Bauzeit, festgelegt wird (vgl. BGHZ 72, 222 = BGH BauR 1979, 56 = BB 1979, 69 = NJW 1979, 212 = VersR 1979, 251 = SFH § 341 BGB Nr. 2 = BlGBW 1979, 77 = WM 1978, 1407 = ZfBR 1979, 15; BGHZ 85, 305 = BauR 1983, 80 = NJW 1983, 385 = Betrieb 1983, 440 = SFH § 341 BGB Nr. 4 = LM § 341 BGB Nr. 9 Anm. Bliesener = WM 1983, 87 = ZIP 1983, 77 = MDR 1983, 302 = BB 1983, 663 = ZfBR 1983, 78). Jedoch ist eine **enge Auslegung** geboten (vgl. BGH BauR 1976, 279 = SFH Z 2.411 Bl. 70 = WM 1976, 638 = MDR 1976, 834 = LM VOB/B Nr. 82 = BlGBW 1976, 235 im Hinblick auf eine Teil B § 6 Nr. 1 ähnliche Regelung). Außerdem sind auch hier aus dem Gesichtspunkt von **Treu und Glauben Grenzen** gezogen. So ist die Vereinbarung, daß der Auftragnehmer eine Terminverschiebung zur Bauausführung bzw. zur Fertigstellung nur beanspruchen kann, wenn der Auftraggeber eine solche anerkennt, unwirksam, da der Verfall einer Vertragsstrafe **objektiv bewertbare Kriterien** voraussetzt, nicht aber in das Belieben des Berechtigten gestellt werden kann (a. a. O.). Nach BGH (BGHZ 72, 222 = BauR 1979, 56 = BB 1979, 69 = NJW 1979, 212 = VersR 1979, 251 = SFH § 341 BGB Nr. 1 = BlGBW 1979, 77 = WM 1978, 1407 = ZfBR 1979, 15) ist es dagegen zulässig, in Bauverträgen abweichend von § 341 Abs. 3 BGB durch AGB zu vereinbaren, daß der Vorbehalt der Vertragsstrafe nicht schon bei Abnahme vorbehalten werden muß, sondern daß er noch bis zur Schlußzahlung geltend gemacht werden kann. Dieser im Hinblick auf die Gesetzesmaterialien zum BGB überzeugend begründeten Auffassung wird man die Gefolgschaft nicht versagen können. Vgl. dazu vor allem Teil B § 11 Rdn. 19 ff. Andererseits ist das Erfordernis des Vorbehalts nach § 341 Abs. 3 BGB nicht schon dadurch stillschweigend abbedungen, daß sich der Schuldner in einer notariellen Urkunde wegen der Vertragsstrafe der sofortigen Zwangsvollstreckung unterwirft (BGHZ 73, 243 = NJW 1979, 1163 = WM 1979, 555).

IV. Vereinbarung nur bei Drohen erheblicher Nachteile

16 Die VOB geht davon aus, daß Vertragsstrafen nicht für alle beliebigen Sachverhalte festgelegt werden; vielmehr **soll** von dieser Möglichkeit nur Gebrauch gemacht werden, wenn die Nichteinhaltung **erhebliche Nachteile** verursacht. Zwar spricht Teil A § 12 das nur für den Fall der Überschreitung von Vertragsfristen aus. Dieser Grundsatz muß aber auch für die sonstigen Vertragsstrafen gelten, weil § 12 trotz seines einengenden Textes im Grundsatz für alle Arten von Vertragsstrafen gelten dürfte. Nicht angebracht ist es also, jede Verpflichtung des Bauvertrages mit einer Vertragsstrafe zu sichern. Dadurch würde man der Strafe auch den wirklichen Wert nehmen, weil sie nicht mehr ernst genommen würde. Dabei ist vor allem auch zu berücksichtigen, daß die Bieter im allgemeinen bei der Vereinbarung einer Vertragsstrafe die damit verbundene Erhöhung des Wagnisses in den Angebotspreis einkalkulieren werden; deshalb hebt z. B. das VHB zu Teil A § 12 mit Recht hervor, daß nur die Überschreitung solcher Einzelfristen für in sich abgeschlossene Teile der Leistung unter Vertragsstrafe zu stellen ist, von denen der **Baufortschritt entscheidend abhängt**.

V. Die Höhe der Strafe

17 1. Sie kann von den Vertragschließenden frei festgesetzt werden, wobei für **Individualabreden** ein verhältnismäßig weiter Spielraum besteht, dabei allerdings zwingende, allgemeingültige gesetzlich festgelegte Grenzen zu beachten sind. So kann eine Vertragsstrafenvereinbarung wegen ihrer im Einzelfall festgelegten Höhe gegen die guten Sitten (§ 138 BGB) verstoßen und daher nichtig sein. Das kann bei Ausnutzung wirtschaftlicher Macht, Existenzgefährdung oder Knebelung des Schuldners zutreffen (Weyer BauR 1988, 28, 29). Im übrigen soll

sich die Höhe der Vertragsstrafe jedoch in angemessenen Grenzen halten (Teil A § 12 Nr. 1 Satz 2). Die VOB hat damit die Regelung des § 343 BGB übernommen; danach kann eine verwirkte Strafe, die unverhältnismäßig hoch ist, auf Antrag des Schuldners durch ein gerichtliches Urteil auf den angemessenen Betrag herabgesetzt werden. § 343 BGB ist auch im Rahmen der VOB **zwingendes Recht,** er kann also nicht durch Parteivereinbarung außer Kraft gesetzt werden (BGH NJW 1968, 1625; Knacke S. 40). Eine Herabsetzung der Vertragsstrafe setzt aber voraus, daß sie verwirkt und noch nicht entrichtet worden ist, was bei bloßer Aufrechnung durch den Auftraggeber oder bei Zahlung durch den Auftragnehmer aber noch nicht der Fall ist. § 343 BGB findet jedoch gemäß § 348 HGB **keine Anwendung bei Vollkaufleuten,** d. h. für den Bereich von Teil A § 12 und demzufolge auch im Rahmen von Teil B § 11 bei Auftragnehmern, deren Firma gemäß § 2 HGB (vgl. auch die §§ 5, 6 HGB) im Handelsregister eingetragen ist, wenn die Vertragsstrafe im Rahmen des Betriebes des Handelsgewerbes versprochen worden ist (BGHZ 5, 133, 136 = NJW 1954, 998; OLG München SFH Z 2.411 Bl. 44; Hereth/Ludwig/Naschold Teil B § 11 Ez. 11, 26; Locher, Das private Baurecht, Rdn. 425; Heiermann/Riedl/Rusam/Schwaab Teil A § 12 Rdn. 8 sowie Teil B § 11 Rdn. 9; Nicklisch in Nicklisch/Weick VOB/B § 11 Rdn. 32; Knacke S. 19; Weyer BauR 1988, 28, 32 f.). Offen bleibt für Vollkaufleute im Einzelfalle nur das Berufen auf §§ 138 oder 242 BGB, dabei insbesondere die Geltendmachung der Änderung oder des Wegfalles der Geschäftsgrundlage (Knacke a. a. O. m. w. N.). Für die Vollkaufmannseigenschaft kommt es auf den Zeitpunkt der Vereinbarung der Vertragsstrafe, nicht aber deren Verwirkung an (Knacke a. a. O. m. w. N.).

Die gegenteilige Ansicht von Daub/Piel/Soergel/Steffani Teil B § 11 ErlZ 11.7 ff. und 11.25, wonach § 348 HGB beim VOB-Vertrag ausgeschlossen sein soll, weil Teil B § 11 Nr. 1 lediglich auf die Vorschriften des BGB verweise, ist unrichtig. Durch diese Bezugnahme auf BGB-Vorschriften ist allein auf die **normalen vertragsrechtlichen Bestimmungen hingewiesen worden,** ohne daß damit zugleich hinreichend zum Ausdruck gekommen ist, daß allgemeingültige Sonder**vorschriften,** die an persönliche Umstände im Bereich des Verpflichteten anknüpfen, **damit abbedungen sind.** Das Gegenteil hätte in Teil B § 11 Nr. 1 **ausdrücklich zum Ausdruck kommen** müssen. Auch die Ausführungen von Wolfensberger/Langhein (BauR 1982, 20) vermögen dies nicht zu widerlegen. Richtig ist zwar, daß § 348 HGB nicht zwingendes Recht, also abdingbar ist. Die dem Wortlaut nach verschiedenen Verweisungen der VOB auf gesetzliche Vorschriften – insbesondere des BGB – und der bloße Hinweis in Teil B § 11 Nr. 1 auf die §§ 339–345 BGB lassen noch nicht die Folgerung zu, damit sei § 348 HGB vertraglich ausgeschlossen worden. Dazu hätte es einer **eindeutigen Regelung** in der VOB bedurft, für die noch nicht der Wortlaut in Teil B § 11 Nr. 1 ausreicht, weil sie im Hinblick auf Sondervorschriften, denen bestimmte Personenkreise unterliegen, nichts aussagt. Gerade die Tatsache, daß in Teil B § 10 Nr. 2 und Teil B § 17 Nr. 1 die gesetzliche gültige Ausgangslage wiederholt worden ist und sich dann in diesen Bestimmungen hiervon abweichende Einzelregelungen finden, die in Teil B § 11 Nr. 1 fehlen, beweist, daß die VOB **gesetzliche** Ausnahmeregelungen im Rahmen der letztgenannten Bestimmung **nicht antasten wollte,** anderenfalls wäre dies wie in jenen anderen Bestimmungen deutlich zum Ausdruck gelangt. Richtig ist, daß die in Teil A § 12 Nr. 1 Satz 2 geforderte angemessene Begrenzung der Vertragsstrafe den Gedanken des § 343 BGB im Hintergrund hat, sicher aber auch nur insoweit, als beim betreffenden Vertragspartner **nach gesetzlichen Vorschriften anzuerkennende Schutzwürdigkeit** vorliegt. Diese wird durch § 348 HGB eben nicht als gegeben erachtet. Insofern ist allein die Kaufmannseigenschaft maßgebend, ohne daß hiervon der Kaufmann im Bereich des Baugewerbes eine Ausnahme für sich in Anspruch nehmen kann, da es § 348 HGB schlechthin auf den Kaufmann abstellt (ähnlich wie hier Weyer BauR 1988, 28, 32 f.).

Dagegen können Handwerker, die nicht nach § 2 HGB in das Handelsregister eingetragen sind, sowie Unternehmer, deren Gewerbebetrieb nicht über den Umfang des Kleingewerbes hinausgeht, die also nicht Vollkaufleute sind (§ 4 HGB), die Herabsetzung einer zu hohen

A § 12, 1, Rdn. 20-22

Vertragsstrafe begehren, § 351 HGB. Voraussetzung für eine Herabsetzung ist, daß die Strafe verwirkt, d. h. fällig geworden, aber noch nicht entrichtet ist, § 343 Abs. 1 Satz 3 BGB .

20 2. Soweit für den Bereich des § 348 HGB eine Herabsetzung der Vertragsstrafe ausgeschlossen ist, kann eine in Allgemeinen Geschäftsbedingungen – regelmäßig Zusätzliche Vertragsbedingungen – vereinbarte Vertragsstrafe wegen **unzulässiger Überhöhung** nach **§ 9 AGB-Gesetz** unwirksam sein, wie z. B. die Klausel, bei Überschreitung vereinbarter Fristen erfalle eine Strafe in Höhe von 1,5 % der Auftragssumme je Arbeitstag (BGH BauR 1981, 374 = NJW 1981, 1509 = BB 1981, 874 = ZIP 1981, 628 = WM 1981, 523 = SFH § 9 AGBG Nr. 3 = Betrieb 1981, 1663 = BlGBW 1981, 153 = MDR 1981, 748 = LM § 9 [Bf] AGBG Nr. 1), wenn keine für den Auftragnehmer zumutbare zeitliche oder betragsmäßig festgelegte Begrenzung erfolgt. **Besonders aber auch im nichtkaufmännischen Bereich** kann eine ihrer Höhe nach übersetzte, in Allgemeinen Geschäftsbedingungen enthaltene Vertragsstrafenklausel der Prüfung nach § 9 AGB-Gesetz unterliegen, sofern im Einzelfall § 11 Nr. 6 AGB-Gesetz nicht eingreift (was im Falle des Vertragsstrafenversprechens durch den Auftragnehmer häufig nicht zutrifft, vgl. Weyer BauR 1988, 28, 30), weil es dem Betroffenen nicht zumutbar ist, immer auf eine Herabsetzung nach § 343 BGB, die nur für den jeweiligen Einzelfall erfolgen kann, angewiesen zu sein (BGH a. a. O.; BGHZ 85, 305 = BauR 1983, 80 = NJW 1983, 385 = Betrieb 1983, 440 = SFH § 341 BGB Nr. 4 = WM 1983, 87 = ZIP 1983, 77 = MDR 1983, 302 = BB 1983, 663 = LM § 341 BGB Nr. 9 Anm. Bliesener = ZfBR 1983, 78; zutreffend Kötz, Münchener Kommentar, § 11 AGBG Rdn. 50).

21 Im allgemeinen ist es üblich, die Höhe der Vertragsstrafe nach Zeitabschnitten der Überschreitung von Vertragsfristen, wie z. B. je Tag oder je Woche, in einem bestimmten Betrag für den jeweiligen Zeitabschnitt, wie z. B. 100 DM je Tag oder 1000 DM je Woche der Überschreitung, festzulegen. Möglich ist auch, für den Fall der Überschreitung die Vertragsstrafe in Höhe eines Prozentsatzes der Auftragssumme oder der Abrechnungssumme oder in einem festen Betrag, sozusagen pauschal, zu bestimmen (vgl. BGHZ 72, 212 = BauR 1979, 56 = BB 1979, 99 = NJW 1979, 212 = VersR 1979, 251 = SFH § 341 Nr. 2 = WM 1978, 1407 = BlGBW 1979, 77 = ZfBR 1979, 15: **insoweit – zulässig – 0,2 % der Auftragssumme je Werktag**; BGH BauR 1976, 279 = SFH Z 2.411 Bl. 70 = MDR 1976, 834 = Betrieb 1976, 1148: **insoweit – zulässig – 0,3 % der Auftragssumme je Arbeitstag**; BGH BauR 1987, 92 = NJW 1987, 380 = SFH § 11 VOB/B Nr. 11 = MDR 1987, 309 = ZIP 1986, 1570 = BB 1986, 2295 = Betrieb 1987, 430 = Vygen EWiR § 11 Nr. 4 VOB/B 1/86, 1247 = LM § 11 VOB/B Nr. 8 = ZfBR 1987, 35: **insoweit – zulässig – 0,1 % der Angebotssumme je Werktag**; BGHZ 85, 305 = BauR 1983, 80 = NJW 1983, 385 = Betrieb 1983, 440 = SFH § 341 BGB Nr. 4 = LM § 341 BGB Nr. 9 Anm. Bliesener = WM 1983, 87 = ZIP 1983, 77 = MDR 1983, 302 = BB 1983, 663 = ZfBR 1983, 78: **insoweit – unzulässig – 0,5 % der Auftragssumme je Kalendertag**; OLG Nürnberg BB 1983, 1307: **insoweit – unzulässig – 1 % der Bausumme je Kalendertag**; siehe dazu aber auch Rdn. 22). Weitere Beispiele aus der Rechtsprechung bei Kapellmann/Langen BB 1987, 560. Ist die Vertragsstrafe nach Zeitabschnitten (Tag, Woche usw.) in einem bestimmten Betrag festgelegt, so bestimmen sich hier die AGB-rechtlichen Grenzen durch Umrechnung auf die vorgenannten Prozentsätze. Sofern die Grenzen der Zulässigkeit eingehalten sind, verfällt im Zweifel der ganze sich daraus ergebende Betrag und nicht nur ein Prozentsatz davon, gemessen an dem Auftragswert des nicht fertiggestellten Teils im Verhältnis zum fertiggestellten Teil (a. M. OLG München SFH Z 2.411 Bl. 59 mit zutreffender abl. Anm. von Hochstein; a. A. auch Werner/Pastor Rdn. 1450; vgl. auch Rdn. 13).

22 3. Die Festlegung von höchstzulässigen Prozentsätzen oder Beträgen allein **reicht aber für sich noch nicht aus, um die AGB-rechtlich zulässigen Grenzen festzulegen.** Darüber, wann sich die **Höhe der Strafe** in den von der VOB und dem AGB-Gesetz vorgeschriebenen **angemessenen Grenzen** hält, können dadurch allein feste und vor allem überschaubare Richtlinien noch nicht aufgestellt werden. Entscheidend sind jeweils die Umstände, soweit es

den von der Vertragsstrafe abgesicherten Bereich angelangt. Ob eine im Bauvertrag, insbesondere in **Allgemeinen Geschäftsbedingungen,** vereinbarte Vertragsstrafe unangemessen hoch ist, ist eine nach freiem richterlichem Ermessen zu entscheidende Tatsache, wobei die wirtschaftliche Lage des Schuldners ebenso in Betracht zu ziehen ist wie jedes berechtigte Interesse des Gläubigers (LG Frankfurt NJW 1975, 1519). Abzuwägen sind das objektiv bewertbare Interesse des Auftraggebers, der eingetretene oder zu erwartende Schaden (vgl. insoweit auch VHB zu Teil A § 12), der Grad des Verschuldens des Auftragnehmers sowie die wirtschaftliche Lage der beiden Vertragschließenden. Auf der einen Seite soll es sich um eine wirkliche Strafe handeln, um den Auftragnehmer von Vertragsverletzungen abzuhalten (Kapellmann/Langen BB 1987, 560, 562), weshalb es für Annahme einer Unwirksamkeit allein noch nicht genügt, daß der Gläubiger durch das Verhalten des Schuldners konkret noch keinen Schaden gehabt hat, andererseits soll sie aber auch nicht zu einer schweren und nach Lage der Dinge unzumutbaren wirtschaftlichen Schädigung des Unternehmers führen (vgl. dazu zutreffend Weyer BauR 1988, 28, 31). So ist sicherlich eine auf 0,5 % der Auftragssumme je Kalendertag Verzögerung **ohne zeitliche Begrenzung** festgelegte Vertragsstrafe unter Berücksichtigung der bei einem Großbauvorhaben im Bereich des zeitlichen Bauablaufes gegebenen Unwägbarkeiten vom BGH im Rahmen der richterlichen Inhaltskontrolle von AGB mit Recht für unzulässig gehalten worden, zumal eine nach prozentualen Anteilen bemessene, **zeitlich unbegrenzte** Vertragsstrafe die Verzugsfolgen bei hohen Auftragssummen viel eher erreicht oder übersteigt, als dies bei kleineren Aufträgen der Fall ist (BGHZ 85, 305 = BauR 1983, 80 = NJW 1983, 385 = Betrieb 1983, 400 = SFH § 341 BGB Nr. 4 = LM § 341 BGB Nr. 9 Anm. Bliesener = WM 1983, 87 = ZIP 1983, 77 = MDR 1983, 302 = BB 1983, 663 = ZfBR 1983, 78). Das gilt entsprechend auch bei für bestimmte Zeiträume (Tage, Wochen) betragsmäßig festgelegte Vertragsstrafen.

Alle diese sicher richtigen Kriterien vermitteln für die Praxis aber **nicht das zur Rechtssicherheit erforderliche klare Bild,** weil sie sich letztlich nur nach den Gegebenheiten des Einzelfalles beurteilen lassen (so auch Kapellmann/Langen BB 1987, 560). Deshalb ist für die Bestimmung der Höhe der Vertragsstrafe – vor allem im Rahmen von AGB – unbedingt zu fordern, daß **neben der Festlegung eines annehmbaren Satzes** auch eine **betragsmäßige oder zeitliche Grenze** festgelegt wird, bis zu der die Vertragsstrafe gefordert werden kann, wobei im allgemeinen diese Grenze im Ergebnis bei 10 % der Auftrags- bzw. Angebotssumme liegen dürfte (insoweit auch BGH NJW 1987, 380 = BauR 1987, 380 = SFH § 11 VOB/B Nr. 11 = MDR 1987, 309 = ZIP 1986, 1570 = BB 1986, 2295 = Betrieb 1987, 430 = Vygen EWiR § 11 Nr. 4 VOB/B 1/86, 1247 = LM § 11 VOB/B Nr. 8 = ZfBR 1987, 35, selbst im Falle von 0,1 % der Auftragssumme je Werktag. So hat der BGH mit Recht weiter zum Ausdruck gebracht (BauR 1988, 86 = NJW-RR 1988, 146 = BB 1988, 301 = ZIP 1988, 169 = Kraus EWiR § 9 AGBG 1/88, 1 = SFH § 9 AGBG Nr. 35 = Betrieb 1988, 108 = MDR 1988, 402 = LM § 9 [Bf] AGBG Nr. 13), zumindest bei größeren Bauaufträgen müsse jede – auch gegenüber einem Kaufmann verwendete – Vereinbarung einer Vertragsstrafe, deren Höhe sich nach einem bestimmten Vomhundertsatz der Auftragssumme je Kalender-, Werk- oder Arbeitstag richtet, auch wenn der Vomhundertsatz verhältnismäßig niedrig ist (z. B. 0,15 % je Werktag), eine Begrenzung nach oben aufweisen, wenn sie der Inhaltskontrolle standhalten soll. Diesen Grundsatz wird man allein aus Gründen der Rechtssicherheit **auch auf mittlere und größere Bauaufträge zur Anwendung bringen müssen.** So ist eine formularmäßige Festlegung einer Vertragsstrafe von 200,-- DM je Werktag ohne jede Obergrenze bei einer Ausführungszeit von nur 15 Werktagen und einer Auftragssumme von etwa 60.000,-- DM nach § 9 AGB-Gesetz unwirksam (OLG Düsseldorf BauR 1985, 327). Sicher vermag diese verhältnismäßig enge Eingrenzung für den Bereich von AGB in Einzelfällen nicht den berechtigten Interessen des Auftraggebers am pünktlichen Erhalt der Leistung entsprechen, vor allem dann, wenn er unbedingt auf den pünktlichen Erhalt der Leistung angewiesen ist oder der jeweilige Bauablauf, vor allem im Hinblick auf den Einsatz anderer Unternehmen, dies fordert. Das ist aber kein Argument gegen die für den Bereich der AGB gezogenen Grenzen, da es dem **Auftraggeber unbenommen bleibt, individualvertraglich eine seinen berechtigten Interessen im**

A § 12, 1, Rdn. 23+24

Einzelfall gerecht werdende Vereinbarung mit dem Auftragnehmer zu treffen, wodurch eine **angemessene Erhöhung** gegenüber den für den Bereich von AGB festgelegten Richtlinien durchaus zulässig ist, zumal evtl. dann die Möglichkeit der Herabsetzung der Vertragsstrafe nach § 343 BGB im nichtkaufmännischen Bereich besteht. Für den Rahmen von AGB bringt die angezeigte Grenzziehung, die den berechtigten Belangen beider Vertragspartner gerecht zu werden sucht, **dem Auftraggeber letztlich auch keine unzumutbaren Belastungen, da es ihm unbenommen bleibt, seinen im Einzelfall entstandenen, durch den Verzug des Auftragnehmers herbeigeführten Schaden, welcher die Vertragsstrafe übersteigt, geltend zu machen.** Wenn er dies im einzelnen darzulegen und zu beweisen hat, so entspricht dies nichts anderem als den allgemeinen Grundsätzen des Schadensersatzrechtes. Man wird im allgemeinen im Ergebnis als Richtpunkt letztlich festhalten können, daß auf jeden Fall neben einem angemessenen Prozentsatz (höchstens 0,3 % je Werktag bzw. Arbeitstag) oder einer danach ausgerichteten Summe für einen entsprechenden Zeitraum ein Höchstsatz von 10 % der Auftragssumme die Grenze bilden muß. Der Sache nicht hinreichend gerecht wird der Vorschlag von Kapellmann/Langen (BB 1987, 560, 567; ebenso Die Bauverwaltung 1988, 275, 276 ff.), wonach eine Vertragsstrafe von 0,1 % der Nettoabrechnungssumme ohne Begrenzung nach oben, über 0,1 % mit einer Begrenzung auf 20 % der Nettoabrechnungssumme und dabei aber nach Nettoabrechnungssummen in gestaffelter Höhe mit einer weiteren prozentualen Höchstbegrenzung zulässig sein soll. Abgesehen davon, daß für den ersten Fall eine Höchstbegrenzung nicht ins Auge gefaßt ist, erscheint der wohlgemeinte Vorschlag für die Praxis nicht die gebotene Vereinfachung zu bringen, an der sie sich zu orientieren vermag (ähnlich ablehnend auch Knacke S. 46 ff.).

23 4. Die gleichen Grundsätze gelten auch für den Fall der Vereinbarung von Vertragsstrafen bei **Überschreitung von im Bauvertrag festgelegten Einzelfristen** (Vertragsfristen, vgl. Teil B § 5 Nr. 1 Satz 2). Hier kann ein bestimmter Betrag oder ein bestimmter Prozentsatz der vereinbarten Vergütung auch dann übersetzt sein, wenn dieser an sich bei Vereinbarung der Vertragsstrafe für Überschreitung – lediglich – der Endfrist noch zulässig wäre (z. B. 0,1 % der Auftragssumme), weswegen eine entsprechende Vertragsstrafenvereinbarung nach § 242 BGB bzw. § 9 AGB-Gesetz unwirksam ist. Geschieht die Überschreitung bereits im Bereich der ersten Zwischenfristen und kann die Endfrist letztlich nicht eingehalten werden, würde sich der wirkliche Betrag bzw. Prozentsatz in einer Weise vervielfältigen, daß dies für den Auftragnehmer auch unter Berücksichtigung der berechtigten Belange des Auftraggebers unzumutbar ist. Das gilt erst erst, wenn der Auftragnehmer die zunächst versäumte Bauzeit später wieder einholt und die Endfrist einhält. In diesem Bereich ist es erst recht erforderlich, betragsmäßig und vor allem auch zeitlich eine Begrenzung in der jeweiligen vertraglichen Vereinbarung vorzunehmen (vgl. dazu OLG Hamm NJW-RR 1987, 468).

24 5. Die Parteien können, was aber zur Vermeidung späterer Streitigkeiten vermieden werden sollte, im Bauvertrag auch die Bestimmung der Höhe der Vertragsstrafe unterlassen und statt dessen festlegen, daß diese später von dem **berechtigten Vertragspartner** oder von einem **Dritten** bestimmt wird (ebenso Heiermann/Riedl/Rusam/Schwaab Teil A § 12 Rdn. 11). Hierbei sind in der Regel die Grundsätze des **billigen Ermessens** maßgebend (§§ 315, 319 BGB). Insoweit gelten die in Rdn. 22 ff. angeführten Grundsätze. Dann ist das Gericht Kontrollinstanz gegenüber der von einem Vertragspartner oder einem Dritten getroffenen Bestimmung (§§ 315 Abs. 3, 319 Abs. 1 BGB); vgl. auch OLG Frankfurt WRP 1976, 563. Es kann auch vereinbart werden, daß ein **Gericht oder ein Schiedsgericht die Strafe unmittelbar festsetzen** soll. Zwar kennt das BGB nach seinem Wortlaut eine derartige Möglichkeit nicht. Für das Schiedsgericht ist aber anerkannt, daß es eine Vertragsstrafe unmittelbar festsetzen kann (RGZ 153, 193). Um so weniger bestehen Bedenken, daß das Staatsgericht bei entsprechend übereinstimmendem Willen der Vertragspartner eine solche Bestimmung trifft (vgl. OLG Hamburg JZ 1963, 172; ferner OLG Karlsruhe WRP 1975, 306; a. A., jedoch ohne hinreichende Berücksichtigung der durch die vorgenannte Vertragsvereinbarung für den Ein-

zelfall zum Ausdruck gebrachten berechtigten Belange der Parteien BGH BB 1978, 12; BAG ZIP 1981, 199 = BB 1981, 302, zumal dann eine Herabsetzung nach § 343 BGB kaum praktisch werden dürfte; vgl. dazu auch Lindacher BB 1978, 220).

B. Beschleunigungsvergütungen, Prämien (§ 12 Nr. 2)

I. Bedeutung

Sie stellen das **Gegenteil der Vertragsstrafe** dar. Während letztere im allgemeinen die Überschreitung von Fristen ahndet und vom Auftragnehmer an den Auftraggeber zu zahlen ist, wird umgekehrt die Beschleunigungsvergütung an den **Auftragnehmer** entrichtet, wenn dieser die **vorgesehenen Fristen unterschreitet,** also schneller als vertraglich vorgesehen die von ihm geschuldete Leistung erbringt. Genaugenommen handelt es sich um eine dem Auftragnehmer zugestandene zusätzliche Vergütung.

II. Ausnahmefall

Beschleunigungsvergütungen sind selten. Sie sollen nur vereinbart werden, wenn die **beschleunigte Fertigstellung** der Arbeit – aus der Sicht des Auftraggebers, etwa im Hinblick auf eine frühere Nutzungsmöglichkeit – **erhebliche Vorteile** bringt. Das ergibt sich schon aus folgenden Gedanken: Der Auftragnehmer hat im Regelfall seine Leistung zügig zu erbringen und die ausbedungenen Ausführungsfristen einzuhalten. Es wäre nicht sinnvoll, diese Fristen länger zu bemessen, bloß um dem Auftragnehmer Vorteile bei Nichtausnutzung dieser Fristen zu verschaffen. Will der Auftragnehmer aber **normal festgesetzte Fristen** (vgl. auch Teil A § 11 Nr. 1 Abs. 1 mit der eng auszulegenden Ausnahme a. a. O. Nr. 2) unterschreiten, dann muß er entweder zusätzliche Aufwendungen (etwa durch Überstunden) erbringen, oder die Qualität der Arbeit leidet durch die überhastete Ausführung. Im ersteren Fall entstehen für den Unternehmer höhere Eigenkosten, die er durch die Beschleunigungsvergütung höchstens wieder ausgleicht. Dann ist es schon wirtschaftlicher für beide Teile und gewährleistet eine fachgerechtere Arbeit, wenn man von vornherein durch Einkalkulierung von zusätzlichen Kosten und Wagnissen die Fristen abkürzt und so den Wünschen des Auftraggebers Rechnung trägt (zustimmend Altmann, Das Baugewerbe 1964, 17).

III. Vereinbarungen der Parteien maßgebend

Die **Höhe** sowie die **sonstigen Voraussetzungen** für die Beschleunigungsvergütung (Prämie) ergeben sich aus den **Vereinbarungen** zwischen den **Vertragschließenden,** die auch noch später während der Abwicklung des Bauvertrages getroffen werden können. Feste Regeln stellt die VOB hierfür nicht auf; sie sind auch nicht in Gesetzesvorschriften zu finden. Auch kennt das BGB keine Möglichkeit der Herabsetzung solcher Prämien durch gerichtliches Urteil wie bei der Vertragsstrafe (§ 343 BGB), vgl. Rdn. 17 ff. Dem eine solche Prämie schuldenden Auftraggeber bleibt für Fälle der groben Unangemessenheit nur der normale Weg offen, die Herabsetzung bei Gericht zu erreichen, indem er nachweist, daß ein **Verstoß gegen die guten Sitten oder gegen Treu und Glauben** vorliegt, er vor allem für die Festsetzung der Beschleunigungsvergütung nicht zumindest die Mitverantwortung trägt. Daraus ergibt sich schon, daß es sich nur um wirkliche Ausnahmefälle handeln kann und daß an das Vorliegen dieser Voraussetzungen sehr strenge Maßstäbe angelegt werden, weil der Auftraggeber grundsätzlich **freiwillig** diese Beschleunigungsvergütung versprochen hat und es bei ihm lag, eine unangemessene Höhe nicht erst anzubieten.

Fällig werden Beschleunigungsvergütungen, sobald die dafür vereinbarungsgemäß gesetzten Bedingungen eingetreten sind.

A § 12, 2, Rdn. 28; A § 13

IV. Baupreisrecht ist zu beachten

28 Zu erwähnen ist, daß die Beschleunigungsvergütung bei öffentlichen und mit öffentlichen Mitteln finanzierten Aufträgen nach § 1 VO PR 1/72 nicht höher sein darf, als es nach den Preisvorschriften zulässig ist, wobei es auf den Baupreistyp ankommt, der im einzelnen vereinbart ist. Die hierfür in der BaupreisVO gesetzten Grenzen sind zu beachten. Wird eine Beschleunigungsvergütung erst nach Vertragsabschluß vereinbart, wird nichts anderes übrigbleiben, als die Bemessung des Höchstbetrages nach Maßgabe von Selbstkostenfestpreisen zu ermitteln (§§ 8 f. VO PR 1/72). Für die Bemessung sind die zusätzlichen Kosten der Beschleunigung und das zusätzliche Wagnis des Auftragnehmers zu berücksichtigen.

Insofern weist Altmann (Das Baugewerbe 1964, 18) mit Recht darauf hin, daß die Beschleunigungsvergütung **vorkalkulatorisch** zu berechnen ist, **wenn** genügend betriebliche Erfahrungswerte für die einzelnen Beschleunigungsmaßnahmen vorliegen, im anderen Falle **nachkalkulatorisch**, was ohne Zweifel für den Auftragnehmer **sicherer** ist.

§ 13 Gewährleistung

1. Auf Gewährleistung über die Abnahme hinaus soll verzichtet werden bei Bauleistungen, deren einwandfreie, vertragsgemäße Beschaffenheit sich bei der Abnahme unzweifelhaft feststellen läßt und bei denen auch später keine Mängel zu erwarten sind.

2. Andere Verjährungsfristen als nach § 13 Nr. 4 der Allgemeinen Vertragsbedingungen sollen nur vorgesehen werden, wenn dies wegen der Eigenart der Leistung erforderlich ist. In solchen Fällen sind alle Umstände gegeneinander abzuwägen, insbesondere, wann etwaige Mängel wahrscheinlich erkennbar werden und wieweit die Mängelursachen noch nachgewiesen werden können, aber auch die Wirkung auf die Preise und die Notwendigkeit einer billigen Bemessung der Verjährungsfristen für Gewährleistungsansprüche.

Inhaltsübersicht

	Rdn.
A. Allgemeines zur Gewährleistung	1-46
I. Begriff der Gewährleistung	1
II. Gewährleistung im Rahmen von Teil A § 13 und Teil B § 13	2
III. Grenzen von Gewährleistungsregelungen	3-44
1. Ausschluß der Gewährleistung; Verweisung auf Dritte	4-6
2. Generelle Einschränkungen oder Erweiterungen der Gewährleistung	7-12
3. Ausschluß insbesondere von Schadensersatzansprüchen	13-14
4. Weitere Abgrenzungen	15-21
5. Ausschluß der Haftung für zugesicherte Eigenschaften	22-24
6. Ausschluß von Leistungsverweigerungs- und Zurückbehaltungsrechten	25-31
7. Aufrechnungsverbote	32-40
8. Unzulässige Klauselkombinationen	41
9. Rechtsfolgen bei unwirksamen Vertragsklauseln	42-44
IV. Grundsätzlich keine vertragliche Änderung der VOB-Gewährleistung	45-46
B. Grundregel in Teil A § 13 Nr. 1	47-50
I. Einwandfreie Beurteilbarkeit der Leistung	48
II. Keine Mängel zu erwarten	49
III. Geringe praktische Bedeutung der Nr. 1	50
C. Erwägungen zur Änderung der vertraglichen Gewährleistungsfrist in Teil A § 13 Nr. 2	51-68
I. Grundsätzlich Festlegung durch Vertragsparteien	51-53

II. Eigenart der Leistung (Satz 1) 54-61
    1. Objektive Gesichtspunkte ausschlaggebend 55
    2. Einzelgesichtspunkte zur Eigenart der Leistung 56-61
       a) Zu verwendende Stoffe oder Bauteile 57
       b) Vorgesehene Ausführungsart 58
       c) Vorgesehene Nutzung der Leistung 59
       d) Eigenart der Leistung 60
       e) Nur beispielhafte Aufzählung 61
  III. Abwägung (Satz 2) 62-66
    1. Erkennbarkeit von Mängeln; Nachweis der Ursachen 63
    2. Berechtigte Belange des Auftragnehmers 64-66
       a) Auswirkung auf die Preise 65
       b) Billige Bemessung der Gewährleistungsfristen 66
  IV. Öffentliche Bauaufträge 67-68

Aufsätze: Beise, „Gewährleistungsverschiebung und AGB-Gesetz", Betrieb 1978, 286; Häring, „Die formularmäßige Abtretung von Gewährleistungsansprüchen des Bauträgers an den Erwerber", BlGBW 1978, 225; Nettesheim, „Wirksamkeit und Umfang des Ausschlusses der Gewährleistung in notariellen Verträgen zwischen Bauträger und Käufer", BB 1979, 1220; Graf v. Westphalen, „Produkthaftung – Haftungsfreizeichnung und Haftungsfreistellung nach dem AGB-Gesetz", NJW 1979, 838; Kaiser, „Rechtsbehelfe des Werkbestellers vor der Abnahme bei Nachbesserungspflichtverletzungen durch den Unternehmer", ZfBR 1980, 109; Nicklisch, „Die Schadensersatzhaftung für Eigenschaftszusicherung und deren Einschränkbarkeit durch Allgemeine Geschäftsbedingungen", Festschrift f. Beitzke S. 89 ff; Baumgärtel, „Die Beweislastverteilung bei einem Gewährleistungsausschluß im Rahmen eines Bauträgervertrages", ZfBR 1988, 101; Marly, „Die Aufnahme einer Ausschlußfrist für Mängelanzeigen in Allgemeinen Geschäftsbedingungen", NJW 1988, 1184.

A. Allgemeines zur Gewährleistung

I. Begriff der Gewährleistung

Unter Gewährleistung im Sinne der VOB versteht man die Pflicht des Auftragnehmers, dafür einzustehen, daß die hergestellte Bauleistung die vertraglich zugesicherten Eigenschaften hat, den anerkannten Regeln der Technik entspricht und nicht mit Fehlern behaftet ist, die ihren Wert oder ihre Tauglichkeit aufheben oder mindern. Diese Definition ergibt sich im einzelnen aus Teil B § 13 Nr. 1; **sie entspricht durchweg auch dem Gewährleistungsbegriff beim Werkvertrag, § 633 Abs. 1 BGB**. Hat der Auftragnehmer eine dieser Pflichten versäumt, so hat der Auftraggeber einen Anspruch entweder auf Beseitigung des festgestellten Mangels oder auf Minderung der Vergütung, gegebenenfalls auch auf Schadensersatz (Teil B § 13 Nr. 5-7). Welche Voraussetzungen hierfür vorliegen müssen, welcher Anspruch im Einzelfall entsteht und ob noch weitere als die vorbezeichneten Ansprüche unter Umständen gegeben sind, zeigen die Anmerkungen zu Teil B § 13 auf.   1

II. Gewährleistung im Rahmen von Teil A § 13 und Teil B § 13

In beiden Bestimmungen ist nur die normale Gewährleistung angesprochen, von der auch in Teil A § 4 Nr. 1 die Rede ist; vgl. a. a. O. Rdn. 3. Sie ist **nicht** zu verwechseln mit einem **Garantievertrag**. Ein solcher würde eine Haftung des Auftragnehmers für das bedingungslose Eintreten des Erfolges der Bauleistung begründen, er würde dazu führen, daß der Unternehmer für jeden auftretenden Mangel einzustehen hat, ganz gleich, worin die technische Ursache des Mangels liegt und ob der Unternehmer sonst dafür verantwortlich zu machen ist. Es ist Sache der Beteiligten, in besonders gelagerten Fällen einen Garantievertrag, der an keine Form gebunden ist, abzuschließen. Zu bedenken ist aber, daß ein **dahin gehender Wille der Vertragschließenden unzweifelhaft erkennbar werden muß**, ohne daß es auf   2

A § 13, Rdn. 3+4

den Wortlaut der Erklärung im einzelnen ankommt. Wird nur allgemein von „Garantie", „Garantiefrist", Haftung, Gewährleistung u. ä. gesprochen, so handelt es sich um die Gewährleistung im normalen Umfang, die ihre Regelung in Teil B § 13 gefunden hat. Zu den einzelnen Arten von über die Gewährleistung hinausgehenden Garantieverpflichtungen vgl. Teil B § 13 Rdn. 840 ff.

III. Grenzen von Gewährleistungsregelungen

3   Teil B § 13 regelt die **normalen** Voraussetzungen und Folgen für den Bereich der Gewährleistung, wie sie von den Verfassern der VOB nach aller Erfahrung in langjähriger Praxis für sachgerecht im Sinne eines angemessenen Interessenausgleichs erachtet worden sind. **Obwohl nicht ratsam**, ist es den Vertragsparteien aber nicht verwehrt, **von Teil B § 13 abweichende oder die dortigen Bestimmungen ergänzende besondere individualvertragliche Absprachen** zu treffen. Dies liegt grundsätzlich im Rahmen der Vertragsfreiheit, wie sich auch aus § 637 BGB ergibt. Über eine abweichende Vereinbarung müssen sich die Vertragspartner aber **zweifelsfrei einig sein**; so liegt z. B. in der bloß widerspruchslosen Hinnahme einer modifizierten Auftragsbestätigung allein noch keine stillschweigende Annahmeerklärung (BGHZ 61, 282 = BB 1973, 1459; BGH BB 1974, 1136 = WM 1974, 842 = Betrieb 1974, 2466; vgl. dazu auch Vogt BB 1975, 200). Die Parteien eines Bauvertrages müssen sich somit während der Vertragsverhandlungen, der Auftraggeber grundsätzlich schon bei der Aufstellung der Verdingungsunterlagen, darüber Gedanken machen, ob und gegebenenfalls in welcher Weise sie eine besondere Regelung der Gewährleistung wünschen. **Dabei ist aber als wichtige Grenzziehung unbedingt zu beachten: Gerade hier ist vordringlich der vom BGH ausgesprochene Grundsatz zu beachten, daß Verträge, die aufgrund Allgemeiner Geschäftsbedingungen, dabei im allgemeinen als Formularverträge geschlossen werden, wesentlich strengeren Grundsätzen unterliegen als frei ausgehandelte Verträge. Allgemeine Geschäftsbedingungen – Formularverträge – können weit eher unangemessene, darüber hinaus in sich unklare und überraschende Klauseln enthalten, in denen sich die mißbräuchliche Verfolgung einseitiger Interessen auf Kosten des Vertragspartners verkörpert und die daher bei Abwägung der Interessen der normalerweise an einem Bauvertrag Beteiligten der Billigkeit widersprechen** (vgl. BGH WM 1974, 512). Daher ist gerade bei den von der VOB abweichenden Vertragsbestimmungen, dabei **in erster Linie bei Zusätzlichen Vertragsbedingungen,** eine **verschärfte Inhaltskontrolle** geboten (vgl. auch BGH BauR 1975, 206 = BB 1975, 442 = MDR 1975, 569 = SFH Z 7.22 Bl. 7 = Betrieb 1975, 682 = BlGBW 1975, 198 = LM Allg. Geschäftsbed. Nr. 62; ferner Nicklisch BB 1974, 941). Für den Bereich von vertraglichen Regelungen über die Gewährleistung ist das **AGB-Gesetz** (vgl. dazu im einzelnen, vor allem zum Anwendungsbereich bei Bauverträgen, Teil A § 10 Rdn. 77 ff.) **besonders zu beachten**. Insofern enthalten vor allem die §§ 10 und 11 a. a. O. zahlreiche Verbote im Hinblick auf Bestimmungen zur Gewährleistung, wie sich **besonders aus § 11 Nr. 2, 3, 7, 10, 11, und nicht zuletzt aus § 9 ergibt**. Auch haben sich – abgesehen von der Frage der Gewährleistungsfrist als solcher – bei Bauverträgen im Rahmen der Rechtsprechung gewisse **Schwerpunkte** gebildet, die nachfolgend umrissen werden.

1. Ausschluß der Gewährleistung; Verweisung auf Dritte

4   **Der gänzliche Ausschluß der Gewährleistung** mit der Folge, daß der Auftragnehmer weder für die rechtzeitige Erstellung der Bauleistung noch für etwa auftretende Mängel einzustehen hat, dürfte in der Praxis wohl kaum vorkommen. Er liegt vor allem nicht schon darin, daß der Auftraggeber weiß, daß der Auftragnehmer kein fachlich geeigneter Unternehmer für die betreffende Bauleistung (z. B. die Anlegung eines Flachdaches) ist und die Arbeiten für einen „Freundschaftspreis" übernommen hat (BGH BauR 1974, 125 = SFH Z 2.414.3 Bl. 8 = WM 1974, 311). Gleiches gilt für die Wendung in einem Vertrag, „das Wohnhaus wird verkauft, wie es steht und den Käufern bekannt ist", wenn Grundlage des Vertrages neben dem Grunderwerb die Errichtung bzw. Fertigstellung eines Hauses bzw. einer Eigentumswohnung ist (vgl.

BGHZ 74, 205 = BauR 1979, 337 = NJW 1979, 1406 = SFH § 633 BGB Nr. 17 = BB 1979, 1319 = WM 1979, 781 = Betrieb 1979, 1651 = VersR 1979, 1102 = ZfBR 1979, 151 mit unzutreffender abl. Anm. von Peters NJW 1979, 1820; vgl. dazu auch Anm. Stürner JZ 1979, 758, Anm. Liesegang JR 1979, 501 = Anm. Thomas DNotZ 1979, 746). Ein Ausschluß von Gewährleistungsansprüchen liegt auch noch nicht vor, wenn in einem Vertrag, durch den sich der Bauträger verpflichtet hat, ein Grundstück zu bebauen und zu übertragen, vereinbart worden ist, die Ansprüche gegen die „am Bau Beteiligten" gingen mit der Übergabe des Hauses auf den Käufer über, der Bauträger übernehme es, die Ansprüche geltend zu machen (OLG Köln BauR 1977, 275). In diesem Zusammenhang ist auf die **auch auf Bauverträge nach der VOB zur Anwendung gelangende zwingende Vorschrift des § 637 BGB** hinzuweisen, die unter den dort geregelten Voraussetzungen den an sich sonst bei Individualverträgen möglichen (vgl. BGH NJW 1976, 1975 = BauR 1976, 432 = BB 1976, 1193 = MDR 1977, 38 = SFH Z 2.10 Bl. 63 = LM § 157 [Gf] BGB Nr. 17; Nettesheim BB 1979, 1220) Ausschluß von Gewährleistungsansprüchen untersagt.

Im übrigen kann ein formelhafter – ohne ausführliche Belehrung und eingehende Erörterung seiner einschneidenden Rechtsfolgen gemäß § 242 BGB unwirksamer – Ausschluß der Gewährleistung für Sachmängel beim Erwerb neuerrichteter oder noch zu errichtender Eigentumswohnungen auch dann vorliegen, wenn die Freizeichnung des Veräußerers von Gewährleistungspflichten in einem notariell beurkundeten „Kaufantrag" des Erwerbers enthalten ist und der Veräußerer dieses Angebot annimmt (BGH BauR 1984, 392 = NJW 1984, 2094 = BB 1984, 1638 = ZIP 1984, 1361 = MDR 1985, 45 = LM § 633 BGB Nr. 49 = SFH § 633 BGB Nr. 44 = ZfBR 1984, 183; Anm. Stürner DNotZ 1984, 763; zutreffend dazu Bunte ZIP 1984, 1313). Schon eine in einem – vor Inkrafttreten des AGB-Gesetzes abgeschlossenen – Formularvertrag enthaltene Freizeichnungsklausel, in der der Veräußerer einer noch zu errichtenden Eigentumswohnung – ohne gleichzeitig seine Gewährleistungsansprüche gegen die Baubeteiligten abzutreten – seine eigene Gewährleistungspflicht gegenüber dem Erwerber auf den Umfang beschränkt, „in dem er von Dritten, insbesondere den Bauhandwerkern, Ersatz oder Erfüllung von Gewährleistungsansprüchen verlangen kann", ist unwirksam; eine solche formelhafte Freizeichnung ist gemäß § 242 BGB **auch in einem Individualvertrag** über den Erwerb neuerrichteter Eigentumswohnungen und Häuser unwirksam, wenn sie nicht mit den Erwerbern unter ausführlicher Belehrung über die einschneidenden Folgen eingehend erörtert worden ist (BGH BauR 1987, 552 = BB 1987, 1488 = ZIP 1987, 1052 = Betrieb 1987, 1935 = SFH § 633 BGB Nr.65 = WEZ 1987, 266 = WM 1987, 1018 = Hensen EWiR § 242 BGB 10/87, 759 = MDR 1988, 43 = ZfBR 1987, 233 = NJW-RR 1987, 1035 = LM § 633 BGB Nr. 63). Das gilt auch für einen formelhaften Ausschluß der Gewährleistung in einem notariellen Individualvertrag beim Erwerb einer Eigentumswohnung, die durch Umwandlung eines Altbaues in Eigentumswohnungen geschaffen wird (BGH BauR 1988, 464 = SFH § 633 BGB Nr. 71 = NJW 1988, 1972). Zur Beweislastverteilung bei einem Gewährleistungsausschluß im Rahmen eines Bauträgervertrages vgl. Baumgärtel ZfBR 1988, 101: Die Beweislast dafür, daß der Erwerber über die Folgen der Freizeichnung ordnungsgemäß aufgeklärt worden ist, trägt der Veräußerer.

Insbesondere: Schon vor Inkrafttreten des AGB-Gesetzes war der in AGB enthaltene Ausschluß von Gewährleistungsansprüchen unwirksam, wenn davon die dem Vertrag zugrundeliegende Leistungspflicht des Auftragnehmers in ihrem Kern berührt wurde (BGHZ 62, 251, 254 = BauR 1974, 278 = NJW 1974, 1135 = SFH Z 7.22 Bl. 1 = WM 1974, 515; BGHZ 65, 359, 363 = NJW 1976, 515 = BauR 1976, 432 = SFH Z 7.0 Bl. 10 = WM 1976, 294; BGHZ 74, 205 = BauR 1979, 337 = NJW 1979, 1406 = SFH § 633 BGB Nr. 17 = BB 1979, 1319 = WM 1979, 781 = Betrieb 1979, 1651 = ZfBR 1979, 151; OLG Frankfurt SFH § 635 BGB Nr. 50). Dies trifft z. B. auf eine Vertragsklausel zu, wonach der Auftragnehmer bei Eloxieren von Fenster- und Türrahmen die Gewährleistung für die Lichtbeständigkeit der Einfärbungen ausschließen will, da die dauerhafte Oberflächengestaltung zum Kern des Vertrages gehört (vgl. BGHZ 72, 206 = BauR 1979, 54 = SFH § 638 BGB Nr. 4 = BlGBW 1979, 76 = BB 1978, 1640 = Betrieb 1978, 2469 = ZfBR 1979, 28 = MDR 1979, 220 = JZ 1979, 66 = LM § 638 BGB Nr. 34 Anm. Girisch).

A § 13, Rdn. 6-8

6   Jetzt ist besonders auf die **Verbotsnorm in § 11 Nr. 10 a AGB- Gesetz** zu verweisen, wonach **AGB unwirksam** sind, wenn die Gewährleistungsansprüche gegen den Verwender einschließlich etwaiger Nachbesserungs- und Ersatzlieferungsansprüche insgesamt oder bezüglich einzelner Teile ausgeschlossen, auf die Einräumung von Ansprüchen auf Dritte beschränkt oder von der vorherigen gerichtlichen Inanspruchnahme Dritter abhängig gemacht werden. Diese ohne **Wertungsspielraum bestehende Verbotsnorm ist unbedingt für den Bereich von Vertragsbedingungen, wenn sie als AGB anzusehen sind** (vgl. Teil A § 10 Rdn. 151), zu beachten. In diese Richtung geht es daher schon, daß eine **formularmäßige Ausschlußklausel**, in der der zur Herstellung einer Eigentumswohnung Verpflichtete seine eigene Gewährleistungspflicht gegenüber dem Erwerber auf den Umfang beschränkt, in dem er die Baubeteiligten „mit zweifelsfrei begründeter Erfolgsaussicht" in Anspruch nehmen kann, unwirksam ist (BGHZ 67, 101 = NJW 1976, 1934 = BB 1976, 1151 = MDR 1977, 37 = BauR 1977, 133 = JZ 1976, 646 = SFH Z 7.22 Bl. 10 = LM Allg. Geschäftsbed. Nr. 72). Gleiches gilt, wenn der Auftragnehmer nur insoweit haften will, als er seinerseits von Handwerkern und Lieferanten Gewährleistung beanspruchen kann (BGH BauR 1983, 84 = Betrieb 1983, 444 = NJW 1983, 453 = SFH § 21 WEG Nr. 6 = MDR 1983, 391 = LM § 634 BGB Nr. 19 = ZfBR 1983, 17). Erst recht nach § 11 Nr. 10 a AGB-Gesetz unzulässig ist auch der **formularmäßige Ausschluß von Gewährleistungsansprüchen gegen einen Betreuer für von den Bauhandwerkern herbeigeführte Mängel**; vor allem bleiben davon die vom Betreuer durch fehlerhafte Planung oder mangelhafte Bauaufsicht verursachten oder mitverursachten Mängel unberührt (sofern das OLG Hamm – MDR 1974, 227 – eine hiervon abweichende Auffassung vertreten haben sollte, kann dieser nicht gefolgt werden). Vgl. auch BGH BauR 1975, 206 = BB 1975, 442 = MDR 1975, 569 = SFH Z 7.22 Bl. 7 = Betrieb 1975, 682 = BlGBW 1975, 198 = LM Allg. Geschäftsbed. Nr. 62 für den Fall des **formularmäßigen Ausschlusses von Mängeln, die nicht im Abnahmeprotokoll enthalten** sind. In solchen Fällen braucht sich der Erwerber (Auftraggeber) nicht auf die Abtretung von Gewährleistungsansprüchen gegen die ausführenden Handwerker verweisen zu lassen; vor allem bleibt das Risiko, daß die Nachbesserung fehlschlägt, beim Betreuer (Auftragnehmer; a. a. O.). Vgl. dazu auch Nettesheim BB 1979, 1220. Ein Verstoß gegen § 11 Nr. 10 a AGB-Gesetz ist eine Klausel, in der die Gewährleistung des Auftragnehmers im Falle von Nacharbeiten durch Dritthandwerker ausgeschlossen wird, wenn sie auch spätere Eingriffe erfaßt, die durch eine ordnungsgemäße Bewirtschaftung erforderlich werden (vgl. OLG Karlsruhe ZIP 1983, 1091; „Arbeiten, die durch Dritthandwerker an den von uns isolierten Rauchkanälen ausgeführt werden, entbinden uns ebenfalls von jeder Garantie").

7   Zur **Abtretung** von Gewährleistungsansprüchen vgl. insbesondere Anh. Teil A Rdn. 193 und Teil B § 13 Rdn. 78 ff.

2. Generelle Einschränkungen oder Erweiterungen der Gewährleistung

8   **Häufig sind auch sonst Bestimmungen über die Einschränkung oder die Erweiterung der Gewährleistung.** Eine große Rolle spielt hierbei die **zeitliche Begrenzung der Haftung des Auftragnehmers.** Über die Beendigung der Haftung mit der Abnahme der Bauleistung vgl. Rdn. 17 ff. **Im übrigen** kommen hier als **Einschränkung oder Erweiterung der Gewährleistung** hauptsächlich die Formen der **Freizeichnungsklauseln** (vgl. Teil B § 13 Rdn. 816 ff., 836 ff.) sowie die **Gewähr- oder Garantieverträge** (vgl. Teil B § 13 Rdn. 840 ff.) in Betracht. Eine Vertragsklausel zur Übernahme des Werkes „so wie es steht und liegt" ist nicht eindeutig genug, um die Ansprüche des Auftraggebers der Bauleistung auf die Beseitigung sogenannter verborgener Mängel zu verneinen (OLG Celle OLGZ 1971, 401). Zu beachten ist in diesem Zusammenhang auch das von § 11 Nr. 10 e für den Geltungsbereich des AGB-Gesetzes (vgl. Teil A § 10 Rdn. 77 ff.) ausgesprochene Verbot, daß der **Verwender dem anderen Vertragsteil für die Anzeige nicht offensichtlicher** (oder nicht erkannter, vgl. dazu Marly NJW 1988, 1184) **Mängel eine Ausschlußfrist setzt, die kürzer ist als die Verjährungsfrist für den

gesetzlichen Verjährungsanspruch bzw. den für die VOB maßgebenden Verjährungsanspruch (vgl. auch §§ 11 Nr. 10 f., 23 Abs. 2 Nr. 5 AGB-Gesetz). So ist es ein Verstoß gegen § 11 Nr. 10 e AGB-Gesetz, wenn dem Auftraggeber in AGB auferlegt ist, daß versteckte Mängel der „gelieferten Ware" unverzüglich nach Sichtbarwerden schriftlich zu rügen sind, wenn die schriftliche Rüge Voraussetzung für die Geltendmachung von Gewährleistungsansprüchen ist (BGH BauR 1985, 192 = NJW 1985, 855 = MDR 1985, 398 = BB 1985, 483 = Betrieb 1985, 1283 = SFH § 9 AGBG Nr. 20 = LM § 9 [Cb]AGBG Nr. 10 = ZfBR 1985, 134). Das Gesagte trifft **auch für den kaufmännischen Bereich gemäß § 9 AGB-Gesetz** dann zu, wenn die Gefahr besteht, daß die Mängel erst nach Ablauf der in AGB genannten Gewährleistungsfrist auftreten, wie z. B. bei einer Verkürzung der an sich nach dem Gesetz bestehenden fünfjährigen Frist auf 6 Monate (BGH BauR 1981, 378 = BB 1981, 935 = ZIP 1981, 620 = NJW 1981, 1510 = BGH SFH § 9 AGBG Nr. 4 = WM 1981, 681 = MDR 1981, 837 = Betrieb 1981, 1719 = LM § 9 [Cf] AGBG Nr. 5 = ZfBR 1981, 172). Das gilt besonders dann, wenn der Beginn der Gewährleistungsfrist nicht einmal an die Abnahme, sondern lediglich an die Entgegennahme der Leistung angebunden ist (BGH a. a. O.). Es trifft aber auch zu, wenn die Gewährleistungsfrist mit der Abnahme beginnt (BGHZ 90, 273 = BauR 1984, 390 = NJW 1984, 1750 = SFH § 638 BGB Nr. 29 = BB 1984, 1447 = Betrieb 1984, 1341 = ZfBR 1984, 186).

Sofern die VOB/B ansonsten **als Ganzes** vereinbart ist (vgl. dazu Teil A § 10 Rdn. 131 ff.), kann eine Klausel in AGB des Auftragnehmers dahin, daß die Gewährleistungsfrist grundsätzlich zwei Jahre beträgt, daß für versteckte Mängel dagegen die gesetzliche Gewährleistungsfrist gilt, als wirksam gelten, da in letzterer Hinsicht eine über **Teil B § 13 Nr. 4 VOB/B hinausgehende Regelung zugunsten des Auftraggebers** getroffen worden ist. Insoweit kann auch nicht gesagt werden, der Begriff „versteckte Mängel" sei unklar, da damit eindeutig solche Mängel gekennzeichnet sind, die bei Abnahme nicht erkennbar sind, also durch die Regelungen der §§ 377 f. BGB umrissen sind. Da eine solche Vertragsbestimmung auch nicht in den Bereich des § 11 Nr. 10 e AGB-Gesetz eingreift, sondern dem Auftraggeber sogar weitergehend als der Begriff des „offensichtlichen Mangels" (vgl. dazu Löwe/v. Westphalen/Trinkner § 11 Nr. 10 e Rdn. 4) die ihm nach dem Gesetz zustehenden Rechte wahrt, dürfte sie unter der angegebenen Voraussetzung unbedenklich sein. Handelt es sich dagegen um einen Vertrag, bei dem die **VOB/B nicht oder jedenfalls nicht als Ganzes** zugrunde gelegt ist, muß die erörterte Klausel als **gegen § 11 Nr. 10 f AGB-Gesetz verstoßend und daher als unwirksam gelten,** weil in diesem Falle hinsichtlich der erkennbaren Mängel eine unzulässige Verkürzung der gesetzlichen Gewährleistungsfrist erfolgt. Das dürfte nach § 9 AGB-Gesetz auch für den kaufmännischen Bereich Geltung haben.

9

Allgemein als noch zulässig können solche Einschränkungen der Gewährleistung gelten, durch die dem Auftraggeber ein Mängelbeseitigungsanspruch sowie – für den Fall verzögerter, verweigerter oder mißlungener Nachbesserung – ein Recht auf Rücktritt, Wandelung oder Minderung eingeräumt ist (BGH BauR 1979, 333 = SFH § 633 BGB Nr. 16 = BB 1979, 804 = NJW 1979, 2095 = ZfBR 1979, 150 = WM 1979, 724 = LM § 633 BGB Nr. 33 m. w. N.), was in AGB angesichts des **§ 11 Nr. 10 b AGB-Gesetz ausdrücklich klargestellt** werden muß (OLG Stuttgart WRP 1980, 444; OLG Koblenz ZIP 1981, 509, 511). Zu § 11 Nr. 10 b a. a. O. vgl. auch Nettesheim BB 1979, 1223. Die in AGB vorgesehene Einschränkung der Haftung des Auftragnehmers auf Nachbesserung bei Mängeln ist aber unwirksam, wenn dem Auftraggeber für den Fall des Fehlschlagens der Nachbesserung ein Recht auf „Wandelung oder Minderung" eingeräumt ist, **ohne daß diese Rechtsbegriffe inhaltlich erläutert sind** (entgegen OLG Saarbrücken BB 1979, 1074: BGH NJW 1982, 2380 = ZIP 1982, 1088 = Betrieb 1982, 2028 = BB 1982, 2072 = MDR 1983, 127; vgl. auch die weitere Entscheidung BGH BB 1982, 2072; ferner OLG Hamm NJW 1982, 187 = MDR 1982, 321 = BB 1981, 1914). Die von Fehl (BB 1983, 223) an diesen Entscheidungen geübte Kritik ist unberechtigt, weil die beiden vorgenannten Begriffe rein juristischer Terminologie entsprechen, die auch vom Gesetzgeber

10

in § 634 Abs. 1 BGB nur in Klammern angeführt ist, ihre in deutscher Sprache maßgeblichen Umschreibungen aber – ohne Klammern – dort vorrangig in allgemeinverständlicher Sprache gebracht sind, was gerade auch durch § 11 Nr. 10 b AGB-Gesetz klar herausgestellt wird.

11 Als mit Treu und Glauben vereinbar kann es noch gelten, wenn jedenfalls die Schadensersatzansprüche nicht abbedungen worden sind, die dem Auftraggeber gegenüber dem Auftragnehmer aus schuldhafter Verletzung der Nachbesserungspflicht zustehen (BGH in der im vorigen Absatz zuerst genannten Entscheidung; vgl. dazu auch Rdn. 13). **Diese Grundsätze gelten gemäß § 9 Abs. 2 Nr. 1 AGB-Gesetz auch für den Rechtsverkehr zwischen Kaufleuten** (BGH NJW 1981, 1501 = Betrieb 1981, 1515 = BB 1981, 815 mit Anm. Marburger S. 1177 = ZIP 1981, 504, 506).

12 **Auch bei Individualverträgen** kann nicht nur ein Ausschluß, sondern auch eine Einschränkung von Gewährleistungsrechten des Auftraggebers nach § 242 BGB unwirksam sein, wenn formelhaft und ohne eingehende Erörterung und Belehrung beim Erwerb neuerrichteter oder noch zu errichtender Eigentumswohnungen und Häuser eine Freizeichnung „aller erkennbarer Mängel" erfolgt (BGH BauR 1986, 345 = SFH § 633 BGB Nr. 56 = NJW-RR 1986, 1026 = MDR 1986, 839 = Betrieb 1986, 1215 = LM § 633 BGB Nr. 59 = ZfBR 1986, 120 = Löwe EWiR 1986, 551 = ZfBR 1986, 120). Ebenso trifft dies auf eine Klausel zu, wonach der Haftungsausschluß für „sichtbare Sachmängel" erfolgen soll (BGH BauR 1987, 686 = NJW 1988, 135 = Heinrichs EWiR § 242 BGB 13/87, 1169 = SFH § 633 BGB Nr. 68 = ZIP 1987, 1461 = Betrieb 1987, 2516 = MDR 1988, 219 = ZfBR 1988, 16 = LM § 633 BGB Nr. 65; vgl. dazu auch BGH BauR 1987, 552 = BB 1987, 1488 = WM 1987, 1018 = ZIP 1987, 1052 = Betrieb 1987, 1935 = SFH § 633 BGB Nr. 65 = Hensen EWiR § 242 BGB 10/87, 759 = ZfBR 1987, 233).

3. Ausschluß insbesondere von Schadensersatzansprüchen

13 An sich können einzelne Gewährleistungsansprüche, wie etwa der **Schadensersatzanspruch** nach Teil B § 13 Nr. 7, **individualvertraglich ausgeschlossen und auf Nachbesserung oder Minderung** (Teil B § 13 Nr. 5, 6) **beschränkt** werden (s. auch Teil B § 13 Rdn. 812 ff.). Ist dann die Nachbesserung rechtlich oder tatsächlich unmöglich (vgl. Teil B § 13 Rdn. 614 ff.) oder wird sie vom Auftragnehmer verweigert, so lebt der vertraglich ausgeschlossene Schadensersatzanspruch nicht ohne weiteres wieder auf. Jedenfalls muß dies als dem Sinn der vertraglichen Sonderregelung entsprechend gefolgert werden (vgl. BGH LM § 635 BGB Nr. 4 = MDR 1959, 570; BGHZ 48, 264, 266 = NJW 1968, 44 = MDR 1968, 41 = Betrieb 1967, 1888 = BB 1967, 1221 = SFH Z 3.01 Bl. 373; BGHZ 62, 83, 87 = NJW 1974, 551 = MDR 1974, 481 = Betrieb 1974, 528 = BB 1974, 294 = SFH Z 2.10 Bl. 32 = BauR 1974, 199 = WM 1974, 195 = JZ 1974, 332; BGH BauR 1979, 333 = SFH § 633 BGB Nr. 16 = BB 1979, 804 = NJW 1979, 2095 = LM § 633 BGB Nr. 33 = ZfBR 1979, 150; OLG Düsseldorf SFH Z 2.10 Bl. 15 ff.; a. A. OLG Bremen VersR 1964, 782). Allerdings werden dann dem Auftraggeber **Schadensersatzansprüche wegen schuldhafter Verletzung der Nachbesserungspflicht (Verzug, positive Vertragsverletzung, unerlaubte Handlung) nicht ohne weiteres abgeschnitten.** (BGH a. a. O., BGH NJW 1976, 234 = WM 1975, 1257 = BB 1976, 156 = SFH Z 2.10 Bl. 58 = MDR 1976, 219 = LM Allg. Geschäftsbed. Nr. 67; BGHZ 67, 359 = NJW 1977, 379 = MDR 1977, 392 = JZ 1977, 342 = VersR 1977, 358 = LM Allg. Geschäftsbed. Nr. 76 Anm. Hiddemann; BGHZ 70, 240 = NJW 1978, 814 = BauR 1978, 224 = BB 1978, 325 = WM 1978, 324 = MDR 1978, 483 = LM § 635 BGB Nr. 45 Anm. Girisch = SFH § 635 BGB Nr. 2 = Betrieb 1978, 1171 = Anm. Schubert JR 1978, 376; BGH BauR 1979, 333 = SFH § 633 BGB Nr. 16 = BB 1979, 804 = NJW 1979, 2095 = LM § 633 BGB Nr. 33 = ZfBR 1979, 150; BGH BauR 1982, 489 = NJW 1982, 2244 = SFH § 635 BGB Nr. 34 = Betrieb 1982, 1979 = JZ 1982, 864 = MDR 1983, 48 = BB 1982, 1327 = Anm. Schwark JR 1983, 154 = LM § 635 BGB Nr. 70 = ZfBR 1982, 205; OLG Celle Betrieb 1969, 1886 = BB 1969, 1243, das dem Auftraggeber bei schuldhafter Verletzung der

Nachbesserungspflicht durch den Auftragnehmer unter den Voraussetzungen des § 286 Abs. 2 BGB einen Schadensersatzanspruch wegen Nichterfüllung des Nachbesserungsanspruchs auf Rückzahlung bereits geleisteter Vergütung zugesteht; ebenso BGH in seiner an vorletzter Stelle genannten Entscheidung m. w. N. unter gleichzeitiger ganzer oder teilweiser Befreiung des Auftraggebers von der Pflicht zur Werklohnzahlung; darin liegt keine Aufrechnung, sondern eine Abrechnung, wobei die Höhe des Anspruches des Auftraggebers – ähnlich der Minderung – von dem Grad der Nutzung bzw. zumutbaren Nutzung der Leistung abhängt, a. a. O.).

Solche Schadensersatzansprüche sind **auch immer dann gegeben, wenn die Nachbesserung fehlschlägt, weil es sich um eine Fehlkonstruktion handelt** (BGH NJW 1963, 1148; BGH NJW 1963, 1148; BGH LM § 635 Nr. 4 BGB ; BGHZ 70, 240 = NJW 1978, 814 = BauR 1978, 224 = BB 1978, 325 = WM 1978, 324 = MDR 1978, 483 = LM § 635 BGB Nr. 45 Anm. Girisch = SFH § 635 BGB Nr. 2 = Betrieb 1978, 1171 = Anm. Schubert JR 1978, 376).

Sofern das AGB-Gesetz Anwendung findet, steht einem **generellen** Ausschluß von Schadensersatzansprüchen **§ 11 Nrn. 7, 8 AGB-Gesetz** entgegen, was **für den kaufmännischen Bereich gemäß § 9 AGB-Gesetz** auch so zu folgern ist. Überdies muß in den betreffenden Vertragsbedingungen eine **Begrenzung** von Schadensersatzansprüchen **ganz eindeutig zum Ausdruck** kommen. Dazu genügt nicht die Klausel, bei Auftreten von Mängeln seien diese vom Auftragnehmer nachzubessern, und im Falle des Scheiterns der Nachbesserung stehe dem Auftraggeber das Verlangen auf entsprechende Herabsetzung der Vergütung zu, da hierdurch die Frage des Schadensersatzes nicht hinreichend klar geregelt ist, was vor allem auch im Hinblick auf § 5 AGB-Gesetz zutrifft (vgl. OLG Saarbrücken NJW-RR 1987, 470).

14

4. Weitere Abgrenzungen:

Darüber hinaus ist immer zu prüfen, ob dem Berufen des Auftragnehmers auf die individualvertraglich vereinbarte Haftungsbeschränkung der Einwand unzulässiger Rechtsausübung entgegensteht. Dabei ist darauf zu achten, daß dem **Auftraggeber ein Mindestmaß an Gewährleistungsansprüchen erhalten bleibt.** So ist eine Einschränkung der Gewährleistung dahingehend, daß der Auftragnehmer unter Ausschluß aller sonstigen Gewährleistungsansprüche zur Mängelbeseitigung nur verpflichtet sein soll, wenn ihn an dem Mangel ein **Verschulden** trifft, als gegen Treu und Glauben verstoßend und damit als unwirksam anzusehen (vgl. BGHZ 62, 323 = MDR 1974, 626 = BauR 1974, 276 = BB 1974, 997 = NJW 1974, 1322 = LM Allg. Geschäftsbed. Nr. 56 = SFH Z 2.10 Bl. 41 = Betrieb 1974, 1328). **Mindesterfordernis** ist es vielmehr, daß dem **Auftraggeber der Mängelbeseitigungsanspruch zustehen und** ihm für den Fall der verzögerten, unterlassenen oder mißlungenen Nachbesserung entweder ein **Schadensersatzanspruch oder ein Rücktrittsrecht** eingeräumt sein muß (BGH a. a. O.; ferner BGHZ 62, 83 = BauR 1974, 199 = NJW 1974, 551 = BB 1974, 294 = WM 1974, 195 = Betrieb 1974, 528 = SFH Z 2.10 Bl. 32 ff. = JZ 1974, 332 = LM Allg. Geschäftsbed. Nr. 53; BGHZ 70, 240 = NJW 1978, 814 = BauR 1978, 224 = BB 1978, 325 = WM 1978, 324 = MDR 1978, 483 = LM § 635 BGB Nr. 45 Anm. Girisch = SFH § 635 BGB Nr. 2 = Betrieb 1978, 1171 = Anm. Schubert JR 1978, 376); anderenfalls steht dem Auftraggeber jedenfalls ein aus **positiver Vertragsverletzung herzuleitender Schadensersatzanspruch** zu. Überdies genügt die Einräumung eines Rücktrittsrechts als Mindestvoraussetzung auch nur dann, wenn es im jeweiligen Fall auch als **ausreichender Schutz für den Auftraggeber ausreicht**; insoweit kommt es auf die wirtschaftliche, aber auch die nach persönlichen Umständen zu messende Zumutbarkeit für den Auftraggeber an; dabei darf nicht außer Betracht gelassen werden, daß der Auftragnehmer durch seine Vertragsbedingungen von dem Leitbild des Werkvertrages abgewichen ist und der Auftraggeber in aller Regel die abweichenden Bedingungen akzeptiert hat, weil er Vertrauen in die spezielle Leistungsfähigkeit des Auftragnehmers gehabt hat, was sich der Auftragnehmer jetzt **besonders** zurechnen lassen

15

muß (vgl. für einen ähnlichen Fall BGH BauR 1980, 73 = BB 1980, 13 = Betrieb 1980, 153 = SFH Vor §§ 145 ff. BGB Nr. 12 = MDR 1980, 285 = ZfBR 1980, 30 = LM Allg. Geschäftsbed. Nr. 104; dazu wohl zutreffend krit. Grüter BB 1980, 700 für den Bereich des Anlagenbaues). Insofern ist gerade für Bauverträge zu beachten, daß der Auftraggeber in aller Regel erhebliche wirtschaftliche Werte zum Einsatz bringt, um ein auf Dauer haltbares, in technisch zuverlässiger Weise errichtetes Bauwerk zu erhalten, vor allem auch nicht einen bloßen Geldersatz für ein mangelhaftes Werk. Gleiches gilt für den mit der Bauerrichtung verfolgten Nutzungszweck. **Das alles ist erst recht für den Bereich des AGB-Gesetzes zu beachten.** Daher auch: Bezweckt eine von einem das besondere Vertrauen des Auftraggebers genießenden Fachunternehmer selbständig geplante und ausgeführte Baumaßnahme (z. B. die Errichtung einer Klimaanlage) mit Wissen des Auftragnehmers vor allem den Schutz wertvoller hochempfindlicher Geräte (z. B. von EDV-Maschinen), so kann sich der Auftragnehmer nicht auf den Ausschluß seiner Haftung für entferntere Mängelfolgeschäden in von ihm verwendeten AGB berufen, wenn die Geräte infolge Planungsfehlers beschädigt werden; dies verstößt gegen § 9 AGB-Gesetz bzw. gegen § 242 BGB (BGH BB 1985, 884 = ZIP 1985, 623 = MDR 1985, 569 = BlGBW 1985, 110 = Betrieb 1985, 1388 = SFH § 9 AGBG Nr. 21 = LM § 9 [Bg] AGBG Nr. 4 = BauR 1985, 317 = NJW-RR 1986, 271 = ZfBR 1985, 173 = v. Westphalen EWiR § 633 BGB 1/85, 77).

16 Zu beachten ist besonders auch der **durch § 25 AGB-Gesetz neu in das BGB eingefügte § 476 a,** der nach der jetzigen Fassung des § 633 Abs. 2 Satz 2 BGB auch für Werkverträge gilt. Hiernach hat der Verpflichtete (hier: Auftragnehmer) im Falle des vertraglichen Ausschlusses von Wandelung und Minderung unter Vereinbarung der Nachbesserung auch die sogenannten Begleitkosten der Nachbesserung (insbesondere Transport-, Wege-, Arbeits- und Materialkosten) zu tragen. Die an sich gegebene Abdingbarkeit dieser neuen gesetzlichen Regelungen (vgl. Ulmer/Brandner/Hensen § 25 Rdn. 6) ist bei Bauleistungen durch die zwingende Parallelvorschrift in **§ 11 Nr. 10 c AGB-Gesetz praktisch** ausgeschlossen, da es sich dort um neu hergestellte Sachen handelt, hinsichtlich deren diese Vorschrift Vorrang hat. Daher müssen dem Auftraggeber **Nachbesserungsleistungen auf Kosten des Auftragnehmers ohne jede Einschränkung** erbracht werden. Über deren Umfang vgl. auch Teil B § 13 Rdn. 474 ff. Auch dann, wenn der Vertragspartner des AGB-Verwenders **Kaufmann** ist, ist die durch **§ 11 Nr. 10 c AGB-Gesetz getroffene Regelung über § 9 AGB-Gesetz maßgebend,** weil eine davon abweichende Vertragsbestimmung dem wesentlichen Grundgedanken ordnungsgemäßer werkvertraglicher Herstellung zuwiderlaufen würde, außerdem dadurch zugleich der verfolgte Vertragszweck gefährdet wäre (so auch BGH BauR 1981, 378 = BB 1981, 935 = ZIP 1981, 620 = NJW 1981, 1510 = SFH § 9 AGB-Gesetz Nr. 4 = WM 1981, 681 = MDR 1981, 837 = Betrieb 1981, 1719 = LM § 9 [Cf] AGBG Nr. 5 = ZfBR 1981, 172).

17 Zu der Vereinbarung, daß der Auftraggeber nur das Recht auf Nachbesserung hat und außerdem für die Zahlung der Vergütung vorleistungspflichtig ist, s. Rdn. 32 ff. sowie BGHZ 62, 323 = MDR 1974, 626 = BauR 1974, 276 = BB 1974, 997 = NJW 1974, 1322 = LM Allg. Geschäftsbed. Nr. 56 = SFH Z 2.10 Bl. 41 = Betrieb 1974, 1328. Hiernach hat ein gleichzeitig vereinbarter Ausschluß von Zurückbehaltungsrechten und Aufrechnungsbefugnissen mit der Beschränkung **des Umfanges** der Mängelhaftung **unmittelbar nichts zu tun** (dazu auch BGH VersR 1969, 733, 734).

18 Ob eine mit einem Leistungsmangel zusammenhängende Ausschlußklausel auch Ansprüche aus **unerlaubter Handlung** erfaßt, beurteilt sich – bei restriktiver Auslegung – nach Inhalt und Tragweite der betreffenden Klauseln im Einzelfall (BGH NJW 1977, 379, 381 m. w. N.).

19 Vor allem müssen **Freizeichnungsklauseln in ihrer Tragweite eindeutig und aus sich heraus verständlich** sein, und zwar insbesondere auch für einen Nichtjuristen, sofern eine

unzweideutige und klare Fassung möglich ist. Daher ist eine Klausel, nach der Schadensersatzansprüche wegen Nichterfüllung und Verzug ausgeschlossen sind, „soweit dies gesetzlich zulässig ist", ein Verstoß gegen das Verständlichkeitsgebot des § 2 Abs. 1 Nr. 2 AGB-Gesetz und daher unwirksam (vgl. OLG Stuttgart NJW 1981, 1106).

Insgesamt ist bei im Wege Besonderer oder Zusätzlicher Vertragsbedingungen aufgestellten, von der VOB abweichenden Vertragsbedingungen zu beachten: Klauseln, die die **ausgewogene Regelung des dispositiven Rechts über den Ausgleich widerstreitender Interessen der Partner verdrängen, ohne daß in anderer Weise ein angemessener Schutz des Vertragsgegners gesichert ist, sind unwirksam** (vgl. BGHZ 60, 243). Vgl. auch Kaiser ZfBR 1980, 109. Zur vereinbarten Schadenspauschale vgl. Teil A § 12 Rdn. 1.

Über Freizeichnungsverbote für leichte Fahrlässigkeit in Allgemeinen Geschäftsbedingungen vgl. Wolf NJW 1980, 356.

5. Ausschluß der Haftung für zugesicherte Eigenschaften

Bei Individualverträgen kann auch die Haftung des Auftragnehmers für das Fehlen **zugesicherter Eigenschaften ausgeschlossen** werden (u. a. BGHZ 54, 236, 242 = WM 1970, 1108 = NJW 1970, 2021; BGH BB 1974, 1137 = WM 1974, 843).

Hat eine Zusicherung bestimmter Eigenschaften und die sich daraus ergebende besondere Haftung gerade die Bedeutung, den Auftraggeber gegen **Mängelfolgeschäden** abzusichern, so würde eine bloß **formularmäßige** Freizeichnung die Zusicherung praktisch bedeutungslos machen. In solchem Falle kann der Auftragnehmer das, was er im Vertragsangebot versprochen hat, nicht durch eine Freizeichnungsklausel zunichte machen, so daß in solchem Falle der **Freizeichnungsklausel keine Wirksamkeit** zukommt (BGHZ 50, 200, 207 = WM 1968, 828 = LM § 463 BGB Nr. 4). Vgl. dazu auch BGH BB 1974, 104 = BauR 1974, 126 = NJW 1974, 272 = JZ 1974, 136 = LM § 635 BGB Nr. 35 = Betrieb 1974, 230 = WM 1974, 219; BGH BB 1974, 1137 = WM 1974, 843; BGH NJW 1978, 2241 = Betrieb 1978, 1878 = BB 1978, 1491 = LM § 477 BGB Nr. 28 = Anm. Schubert IR 1979, 201. Das gilt vor allem, wenn Eigenschaften zugesichert werden, um behördlichem Verlangen an Güte und Beschaffenheit gerecht zu werden (BGHZ 65, 107 = BauR 1976, 56 = NJW 1976, 43 = MDR 1976, 135 = SFH Z 2.10 Bl. 51 = BB 1975, 1507 = Betrieb 1975, 2317 = WM 1975, 1201 = LM Allg. Geschäftsbed. Nr. 79 a Anm. Doerry).

Besonders zu beachten ist für Verwender von Vertragsbedingungen, die dem AGB-Gesetz unterworfen sind (vgl. Teil A § 10 Rdn. 77 ff.), daß nach der absolut zu beachtenden Verbotsnorm in § 11 Nr. 11 a. a. O. ein Ausschluß oder eine Einschränkung von Schadensersatzansprüchen wegen Fehlens zugesicherter Eigenschaften nach § 635 BGB (Teil B § 13 Nr. 7 VOB/B) verboten, also unwirksam ist. Vgl. dazu insbesondere Nicklisch, Festschrift für Beitzke, S. 89 ff.; auch Wolf NJW 1980, 356.
Nicht von dieser Verbotsnorm erfaßt sind Schäden, die nicht unter § 635 BGB fallen, also insbesondere sogenannte entferntere Mängelfolgeschäden, die ihre Haftungsgrundlage in einer positiven Vertragsverletzung (vgl. Teil B § 13 Rdn. 274 ff.) haben. Insoweit greift **jedoch § 11 Nr. 7 AGB-Gesetz** ein, soweit vorsätzliche oder grob fahrlässige Verletzungen in Rede stehen (u. a. auch Ulmer/Brandner/Hensen § 11 Nr. 11 Rdn. 15; Locher, Das Recht der Allgemeinen Geschäftsbedingungen, S. 88 f.).

6. Ausschluß von Leistungsverweigerungs- und Zurückbehaltungsrechten

Auch war bis zum Inkrafttreten des AGB-Gesetzes und ist für Individualverträge eine Vertragsklausel des Inhalts grundsätzlich zulässig, daß der Auftraggeber nicht berechtigt ist, die Bezahlung der Bauleistung wegen behaupteter oder vorhandener Mängel zu verweigern. Durch eine derartige Vertragsbestimmung will der Auftragnehmer vermeiden, daß die Begleichung der Vergütung durch Mängelrügen des Auftraggebers hinausgeschoben werden kann. Grundsätzlich läßt eine solche, **individuell getroffene** Vertragsklausel, die die Zurückhaltung von Zahlungen ausschließt, den etwa bestehenden, durch Vertragsbedingungen nicht ausschließbaren (vgl. Rdn. 3-24) **Gewährleistungsanspruch unberührt, und sie begründet lediglich eine Vorleistungspflicht des Auftraggebers.** Diesem bleibt die Möglichkeit, im Falle eines Prozesses das ihm zustehende Gewährleistungsrecht im Wege der **Widerklage oder in einem gesonderten Verfahren** zu verfolgen (vgl. BGH NJW 1958, 419; BGHZ 62, 323, 327 = NJW 1974, 1322 = MDR 1974, 926 = BB 1974, 997 = BauR 1974, 276 = LM Allg. Geschäftsbed. Nr. 56 = SFH Z 2.10 Bl. 41; BGH BB 1976, 1289; BGH SFH § 273 BGB Nr. 1; OLG Düsseldorf SFH Z 2.10 Bl. 15 ff.).

26 Eine solche **im Individualvertrag festgelegte** Vertragsklausel muß jedoch **eng ausgelegt** werden. Ihre Anwendung darf nicht zu einer Einschränkung der Rechte des Auftraggebers führen, die mit **Treu und Glauben** unvereinbar ist. Daher kann der Auftragnehmer seinen **Vergütungsanspruch nicht durchsetzen,** und er kann den Auftraggeber nicht auf den Weg der Widerklage (deren Möglichkeit nicht vertraglich ausgeschlossen werden darf, vgl. LG Mosbach MDR 1972, 514) oder eines gesonderten Verfahrens verweisen, **wenn** dessen **Gewährleistungsansprüche ohne weiteres schlüssig und begründet sind.** Dann wird nämlich eine Entscheidung über den Vergütungsanspruch durch eine Prüfung der Gewährleistungsansprüche des Auftraggebers **nicht verzögert.** Besteht der Auftragnehmer dennoch auf der Durchsetzung seines Vergütungsanspruches, so setzt er sich dem Vorwurf der **unzulässigen Rechtsausübung** aus (vgl. BGH NJW 1960, 859; BGH NJW 1970, 383, 386; BGH SFH Z 2.10 Bl. 48; BGH WM 1976, 1016, 1019; OLG Düsseldorf a. a. O.; OLG Köln BauR 1977, 275). Dabei kommt es nicht darauf an, ob die Zurückbehaltung wegen „jeglicher" Gegenansprüche des Auftraggebers ausgeschlossen ist oder nur wegen „vom Unternehmer nicht anerkannter" Gegenansprüche; letzterenfalls ist die Weigerung zum Anerkenntnis offenkundiger (erwiesener und/oder unstreitiger) Gegenansprüche unbeachtlich (BGH SFH § 273 BGB Nr. 1).

27 Hiernach ist eine unzulässige Rechtsausübung – nur – nicht gegeben, wenn für die Feststellung der Berechtigung der Gewährleistungsansprüche des Auftraggebers im gerichtlichen Verfahren erst noch eine Beweisaufnahme erforderlich wäre oder wenn die Leistung vom Auftraggeber bereits im wesentlichen und ohne besonderen Vorbehalt als vertragsgerecht abgenommen worden ist (§ 640 Abs. 2 BGB; Teil B § 12). Dann steht dem Auftraggeber auch **kein Zurückbehaltungsrecht** nach § 273 BGB und **keine Einrede des nicht erfüllten Vertrages** gemäß § 320 BGB zu.

28 Im übrigen gilt auch hier: **Die vereinbarte Vorleistung eines anderen kann nur beanspruchen, wer selbst leistungsfähig und/oder leistungsbereit ist.** Erklärt der Gläubiger der abgesprochenen Vorleistung, er werde seine Leistung nicht erbringen, so erlischt nach Treu und Glauben die Vorleistungspflicht, weil dem Leistungspflichtigen nicht zugemutet werden kann, die ihm obliegende Leistung zunächst zu erbringen, um sie dann zurückzufordern oder Schadensersatz für sie zu verlangen; § 322 Abs. 2 BGB kommt deshalb hier nicht in Betracht (vgl. RG Seuff. Arch. 81, 25; BGH NJW 1970, 1502).

29 Zu beachten ist jedoch, daß das AGB-Gesetz für Verträge, die unter die Regelungen dieses Gesetzes fallen (vgl. dazu Teil A § 10 Rdn. 77 ff.), eine über den vorangehend gekennzeichneten Rahmen hinausgehende Verbotsnorm in § 11 Nr. 2 a. a. O. in zweierlei Hinsicht enthält: Einmal ist eine Vertragsbestimmung unwirksam, nach der das dem Vertragspartner des Verwenders nach § 320 BGB zustehende Leistungsverweigerungsrecht ausgeschlossen oder eingeschränkt wird. Zum anderen ist auch eine Vertragsklausel unwirksam, durch die ein dem Vertragspartner des Verwenders zustehendes Zurückbe-

haltungsrecht (§§ 273 oder 320 BGB), soweit es auf demselben Vertragsverhältnis beruht, ausgeschlossen oder eingeschränkt, insbesondere von der Anerkennung von Mängeln durch den Verwender abhängig gemacht wird. Vgl. dazu im einzelnen u. a. Ulmer/Brandner/Hensen § 11 Nr. 2 Rdn. 3 ff. Demnach hat sich eine wesentliche Einschränkung für den Schutzbereich des AGB-Gesetzes ergeben, was bei Zusätzlichen oder sonst mehrfach verwendeten Vertragsbedingungen besondere Beachtung finden muß. Insofern liegt der Ausschluß eines Leistungsverweigerungsrechtes in AGB auch in der Bestimmung, daß Mängelrüger keinen Einfluß auf den vereinbarten Zahlungsplan haben. Auch dadurch wird unzulässig eine Vorleistungspflicht des Auftraggebers begründet (ähnlich Kaiser BauR 1982, 205). Als nach §§ 11 Nr. 2 a, 7 AGB-Gesetz unzulässige Einschränkung des Leistungsverweigerungsrechtes hat es auch zu gelten, wenn in einem Formularvertrag über die Errichtung und Veräußerung eines Bauwerkes eine Klausel vorhanden ist, wonach der Veräußerer verlangen kann, daß der Erwerber ohne Rücksicht auf vorhandene Mängel vor Übergabe des bezugsfertigen Bauwerkes noch nicht fällige Teile des Erwerbspreises von insgesamt 14 % nach Anweisung des Veräußerers hinterlegt (BGH BauR 1985, 93 = Betrieb 1985, 590 = NJW 1985, 852 = MDR 1985, 663 = LM § 11 Ziff. 2 a AGBG Nr. 2 = SFH § 11 Nr. 2 AGBG Nr. 3 = WM 1984, 1610 = v. Westphalen EWiR § 11 Nr. 2 a AGBG 1/85, 13 = ZfBR 1985, 40). Gleiches gilt für eine formularmäßige Bankgarantie für Abschlagszahlungen privater Bauherren nach Baufortschritt, deren Inanspruchnahme lediglich einen Bautenstandsbericht des Auftragnehmers voraussetzt; diese dient der Umgehung des Verbots des formularmäßigen Ausschlusses des Leistungsverweigerungsrechtes gemäß § 320 BGB und des Zurückbehaltungsrechts nach § 273 BGB und ist deshalb nach § 11 Abs. 2 AGB-Gesetz zunächst zwischen den Bauvertragspartnern unwirksam; gleiches gilt aber auch für das Verhältnis zwischen Auftragnehmer und garantierender Bank, weil durch eine solche Vertragsbedingung sonst das Umgehungsverbot des § 7 AGB-Gesetz verletzt wäre (BGH BauR 1986, 455 = Betrieb 1986, 1616 = NJW-RR 1986, 959 = SFH § 320 BGB Nr. 12 = BB 1986, 1812 = LM § 273 BGB Nr. 42 = MDR 1986, 1001 = ZIP 1986, 831 = WM 1986, 784 = Niehoff EWiR § 305 BGB 4/86, 975). Ebenso trifft dies auf eine AGB-Bestimmung in einem finanzierten Fertighausvertrag zu, daß 14 Tage nach der (Roh-)Montage des Hauses 90 % des Werklohnes zur Zahlung fällig sind, ohne daß es auf den Wert der tatsächlich erbrachten Leistungen ankommt; diese ist nach § 9 AGB-Gesetz unwirksam; bei Vorliegen der Voraussetzungen des Einwendungsdurchgriffs kann der Auftraggeber dies auch der Bank entgegenhalten (BGH BauR 1986, 694 = Betrieb 1986, 2176 = BB 1986, 1808 = SFH § 9 AGBG Nr. 28 = WM 1986, 1054 = MDR 1987, 125 = NJW 1986, 3199 = LM § 7 AGBG Nr. 4 = ZIP 1986, 1121 = v. Westphalen EWiR § 9 AGBG 17/86, 843 = ZfBR 1986, 224; vgl. dazu auch Usinger (NJW 1987, 934), der jedoch die dem Werkvertrag besonders eigene Vorleistungspflicht des Unternehmers nicht hinreichend beachtet).

Der einschränkungslose Ausschluß des Zurückbehaltungsrechts steht **auch im kaufmännischen Verkehr nicht im Einklang mit - hier - § 9 AGB-Gesetz,** weil kein berechtigtes Interesse des Verwenders anzuerkennen ist, die Geltendmachung des Zurückbehaltungsrechtes auszuschließen, wenn es auf demselben Vertragsverhältnis beruht (§ 11 Nr. 2 b AGB-Gesetz) und wenn die ihm zugrundeliegenden Gegenansprüche unbestritten oder rechtskräftig festgestellt sind (vgl. BGHZ 92, 312 = NJW 1985, 319 = MDR 1985, 228 = ZIP 1985, 38 = JZ 1985, 197 = LM § 9 [Cl] AGBG Nr. 3 = Bunte EWiR § 24 AGBG 1/85, 19).

30

Sowohl für den Bereich des AGB-Gesetzes als auch sonst ist zu beachten: Rechtsmißbräuchlich handelt der Auftraggeber, wenn er nach Abnahme der Leistung die Einrede des nichterfüllten Vertrages erhebt, obwohl ihm die Nachbesserung angeboten worden ist und er sie endgültig abgelehnt hat (OLG Köln BauR 1977, 275).

31

A § 13, Rdn. 32-35

7. Aufrechnungsverbote

32 Die in Rdn. 25 ff. zum Leistungsverweigerungs- und Zurückbehaltungsrecht **aus der Rechtsprechung angeführten Grundsätze gelten auch, wenn nach dem Bauvertrag dem Auftraggeber die Aufrechnung mit Gegenansprüchen gegenüber dem Auftragnehmer verwehrt werden soll** (vgl. dazu BGH NJW 1966, 1452; VersR 1969, 733 = SFH Z 2.411 Bl. 41 ff.). Auch dann ist über den zur Aufrechnung gestellten Gegenanspruch – etwa Schadensersatzanspruch, Kostenvorschuß- oder Kostenerstattungsanspruch – zu erkennen, wenn dieser (positiv oder negativ) zur **Entscheidung reif** ist. Die für den Bereich des Kaufrechts vom OLG Düsseldorf (Betrieb 1966, 458) gezogene Folgerung gilt hier sinngemäß. Ebenso BGH NJW 1960, 859; BGH, Urt. vom 21. 4. 1966 – VII ZR 150/64; BGH VersR 1969, 733 = SFH Z 2.411 Bl. 41 ff.; BGH SFH Z 2.10 Bl. 48; BGH BauR 1981, 479 = VersR 1981, 856 = NJW 1981, 2243 = SFH § 635 BGB Nr. 29 = MDR 1982, 48 = LM § 276 [Hb] BGB Nr. 30 = ZfBR 1981, 222. Dies gilt **auch für den Bereich des kaufmännischen Verkehrs,** da auch hier die dafür maßgebenden, aus § 242 BGB bzw. § 9 AGB-Gesetz herzuleitenden Gründe gleich sind, was das LG Hannover (BB 1981, 324 = MDR 1981, 497 = ZIP 1981, 513, insoweit im Hinblick auf § 11 Nr. 3 AGB-Gesetz), übersieht (wie hier BGHZ 92, 312 = NJW 1985, 319 = MDR 1985, 228 = ZIP 1985, 38 = JZ 1985, 197 = LM § 9 [Cl]AGBG Nr. 3 = Bunte EWiR § 24 AGBG 1/85, 19; OLG Hamm Betrieb 1983, 102).

33 Liegt **keine Entscheidungsreife** vor, ist das **Aufrechnungsverbot wirksam,** ein dazu außerdem vereinbartes Verbot der Widerklage ist dagegen nach Treu und Glauben (§ 242 BGB) auch hier nicht zu beachten (vgl. LG Mosbach MDR 1972, 514). Ein **Aufrechnungsverbot** greift allerdings **nicht** durch, wenn **sonst** die **Durchsetzung** einer mit der Forderung des Auftragnehmers zusammenhängenden Gegenforderung des Auftraggebers, etwa bei einem **nachträglichen Vermögensverfall** des Auftragnehmers, vereitelt würde (BGH WM 1975, 614). Ein in AGB enthaltenes **Aufrechnungsverbot gilt auch regelmäßig nicht für den Konkursfall** – hier vor allem des Auftragnehmers. Denn der Vertragspartner würde empfindlich getroffen, wenn ein Aufrechnungsausschluß in den Konkurs des Begünstigten hineinwirken würde, in dem die Aufrechnungsbefugnis eine besondere Schutzwirkung hätte. Der Konkursgläubiger, der gleichzeitig Schuldner der Masse ist, kann sich von seiner Schuld nach §§ 53, 54 KO befreien, so daß er im Ergebnis wegen seiner Gegenforderung eine abgesonderte Befriedigung erhält, während er sonst im Falle der Fortwirkung des Aufrechnungsverbots als einfacher Konkursgläubiger auf die Verteilung der Masse angewiesen wäre (so mit Recht BGH NJW 1975, 442 = BB 1975, 297 = MDR 1975, 383 = WM 1975, 134 = LM § 387 Nr. 53). Die Aufrechnungserklärung muß aber nach Konkurseröffnung wiederholt werden (BGH NJW 1984, 357 = MDR 1984, 482 = BB 1984, 495 = LM § 387 BGB Nr. 67). **Auch** im Falle eines **gerichtlichen Vergleichsverfahrens** muß ein **Aufrechnungsverbot zurücktreten,** wenn sich der Schuldner im Liquidationsstadium befindet; denn dann kann das Aufrechnungsverbot nicht mehr die weitere geschäftliche Tätigkeit fördern und schützen (BGH NJW 1978, 2244).

34 Eine weitere **wichtige Einschränkung** ist hier noch zu beachten: Grundsätzlich gilt das Aufrechnungsverbot nicht, wenn dem Vergütungsanspruch des Auftragnehmers **Schadensersatzansprüche** des Auftraggebers **wegen unbrauchbarer Leistung nach** § 635 BGB oder auf der Grundlage von Teil B § 4 Nr. 7 oder Teil B § 13 Nr. 7 entgegengehalten werden. Denn dort handelt es sich **nicht** um eine **Aufrechnung;** vielmehr ergibt die Rechtsnatur dieser Schadensersatzansprüche, daß sie dadurch zu verwirklichen sind, daß der Auftraggeber den Auftragnehmer **nicht zu bezahlen** braucht (BGH LM § 634 BGB Nr. 12 = SFH Z 3.01 Bl. 475; BGH SFH Z 3.003.3 Bl. 5 = BauR 1976, 285).

35 **Andererseits:** Bei einem wirksamen vertraglichen Aufrechnungsverbot kann der Schuldner auch gegenüber dem Zessionar nicht nach § 406 BGB aufrechnen (BGH MDR 1975, 922 = BB

1975, 1455 = LM § 406 BGB Nr. 12). Der vereinbarte Ausschluß eines Aufrechnungs- oder Zurückbehaltungsrechts kommt nicht ohne weiteres in Wegfall, wenn der Vertragspartner, der sich darauf beruft, selbst vertragsuntreu ist; im Einzelfall – z. B. bei grober Vertragsuntreue – kann das Berufen auf die vertragliche Vereinbarung aber gegen Treu und Glauben verstoßen (BGH WM 1972, 685).

Ein Aufrechnungsverbot und nicht nur der Ausschluß eines Zurückbehaltungsrechts liegt in der Vertragsklausel „Die Zurückhaltung von Zahlungen wegen etwaiger vom Lieferer bestrittenen Gegenansprüche des Bestellers ist nicht statthaft" (BGH SFH Z 2.332 Bl. 59). 36

Im allgemeinen ist eine Vertragsklausel dahin gehend zulässig, daß der Auftraggeber berechtigt ist, gegen fällige Forderungen des Auftragnehmers mit fälligen Gegenforderungen jeder Art, auch bei anderen Bauvorhaben, aufzurechnen oder ein Zurückbehaltungsrecht an ihnen auszuüben (so mit Recht Heyers, BauR 1973, 56 entgegen OLG Köln BauR 1973, 53 = SFH Z 2.414.1 Bl. 1). Über die Zulässigkeit und die Grenzen des Ausschlusses der Aufrechnung im übrigen zutreffend Fenge JZ 1971, 118. 37

Für den **Bereich des AGB-Gesetzes** (vgl. Teil A § 10 Rdn. 77 ff.) gilt hier die **Verbotsnorm in § 11 Nr. 3 a. a. O.**, wonach eine Bestimmung in AGB unwirksam ist, durch die dem Vertragspartner des Verwenders die Befugnis genommen wird, mit einer unbestrittenen oder rechtskräftig festgestellten Forderung aufzurechnen. Hiernach ist ersichtlich, daß das **AGB-Gesetz lediglich** die eingangs dieser Randnote gekennzeichnete **Rechtsprechung wiedergibt,** insofern also **nichts anderes** bringt. Eine Vertragsbedingung, wonach eine Aufrechnung mit nicht ausdrücklich anerkannten Forderungen untersagt ist, verstößt gegen die genannte Bestimmung des AGB-Gesetzes, weil dies ein Mehr gegenüber dem bloßen Nichtbestreiten ist (zutreffend Ulmer/Brandner/Hensen § 11 Nr. 3 Rdn. 3, entgegen LG Frankfurt WM 1979, 496). **Auch im kaufmännischen Verkehr verstößt der ausnahmslose Ausschluß der Aufrechnung gegen den insoweit maßgebenden § 9 AGB-Gesetz** (BGHZ 92, 312 = NJW 1985, 319 = MDR 1985, 228 = ZIP 1985, 38 = LM § 9 [Cl] AGBG Nr. 3 Anm. Hesse = Bunte EWiR § 24 AGBG 1/85, 19). 38

Haben die Vertragspartner die Aufrechnung nicht rechtskräftig festgestellter Gegenforderungen des Auftraggebers gegen die Werklohnforderung vertraglich – wirksam – ausgeschlossen, so steht diese Vereinbarung einer Verurteilung des gleichwohl aufrechnenden Auftraggebers zur Zahlung der Vergütung unter Vorbehalt der Entscheidung über die Aufrechnung (Vorbehaltsurteil nach § 302 ZPO) nicht entgegen (OLG München SFH § 302 ZPO Nr. 1 = VersR 1982, 855). 39

Unabhängig von dem Gesagten kommt ein wirksamer Ausschluß der Aufrechnung nach § 393 BGB in Betracht, wonach eine **Aufrechnung gegen eine Forderung aus vorsätzlich begangener unerlaubter Handlung ausgeschlossen ist.** Dem kann jedoch im Einzelfall der Arglisteinwand entgegenstehen (vgl. dazu Glötzner MDR 1975, 718). Über etwaige weitere mögliche Ausnahmen vgl. Deutsch NJW 1981, 735; grundsätzlich ist allerdings eine Aufrechnung bei beiderseits begangenen unerlaubten Handlungen nicht möglich (vgl. OLG Celle NJW 1981, 766). 40

8. Unzulässige Klauselkombinationen

Wenn auch der vereinbarte **Ausschluß von Zurückbehaltungsrechten und Aufrechnungsbefugnissen** mit der Beschränkung des Umfanges der Mängelhaftung unmittelbar nichts zu tun hat (vgl. BGH VersR 1969, 733, 734; BGHZ 62, 323 = MDR 1974, 626 = BauR 1974, 276 = BB 1974, 997 = NJW 1974, 1322 = LM Allg. Geschäftsbed. Nr. 56 = SFH Z 2.10 Bl. 41 = Betrieb 1974, 1328), so ist ein Verstoß gegen Treu und Glauben **jedenfalls dann** gegeben, 41

A § 13, Rdn. 42

wenn die Gewährleistungsrechte des Auftraggebers in einem Umfang beschnitten worden sind, der die zusätzliche Belastung mit der ihm auferlegten Vorleistungspflicht als unangemessen erscheinen läßt (BGH a. a. O.). So liegt ein **Verstoß gegen Treu und Glauben** für den Bereich des ausgeschlossenen Zurückbehaltungsrechts und auch der Aufrechnung vor, wenn der Auftraggeber kraft Vereinbarung vorleistungspflichtig ist und außerdem seine Gewährleistungsansprüche nach Ermessen des Auftragnehmers auf Nachbesserung bzw. Nachlieferung neuer Teile beschränkt sind, der Auftragnehmer die Nachbesserung so lange verweigert, bis der Auftraggeber seiner Vorleistungspflicht nachgekommen ist (BGH SFH Z 3.12 Bl. 15 = MDR 1959, 570 = Betrieb 1959, 885 = BB 1959, 754), was besonders dann gilt, wenn die **Mängel** der Leistung des Auftragnehmers **unstreitig** sind (BGHZ 61, 42 = BauR 1973, 313 = BB 1973, 1002 = NJW 1973, 1792 = SFH Z 2.414 Bl. 308 = MDR 1973, 842 = Betrieb 1973, 1598 = VersR 1973, 937 = WM 1973, 995). Das trifft auch zu, wenn dem Auftraggeber anstelle eines Schadensersatzanspruches nur das schwächere Rücktrittsrecht eingeräumt worden ist (vgl. BGHZ 48, 264 = NJW 1968, 44 = MDR 1968, 41 = BB 1967, 1221 = LM § 633 BGB Nr. 13 = SFH Z 3.12 Bl. 54 ff.). Soweit das **AGB-Gesetz** eingreift, sind hier ohnehin § 11 Nr. 2 und 3 sowie die Einzelregelungen in § 11 Nr. 10, 11 maßgebend, was im Hinblick auf § 9 AGB-Gesetz **auch für den kaufmännischen Verkehr** zu beachten ist (vgl. BGHZ 92, 312 = NJW 1985, 319 = MDR 1985, 228 = ZIP 1985, 38 = JZ 1985, 197 = LM § 9 [Cl]AGBG Nr. 3 Anm. Hesse = Bunte EWiR § 24 AGBG 1/85, 19).

9. Rechtsfolgen bei unwirksamen Vertragsklauseln

42 Soweit nach dem in Rdn. 3 ff. Gesagten einzelne oder eine Reihe von Vertragsbedingungen unwirksam sind, **fällt grundsätzlich nicht der gesamte Vertrag weg, sondern es treten an die Stelle der ungültigen Vertragsbestimmungen die einschlägigen gesetzlichen Vorschriften bzw. bei vorrangig gegebener Vereinbarung der VOB diejenigen aus Teil B** (vgl. dazu BGH WM 1972, 167). **Letzteres gilt aber nur, wenn überhaupt noch von einer Vereinbarung der VOB/B im Ganzen gesprochen werden kann** (vgl. dazu Teil A § 10 Rdn. 131 ff.), was in solchen Fällen regelmäßig nicht bzw. nicht mehr zutreffen wird; dann gelten auch insoweit die **einschlägigen gesetzlichen Bestimmungen.** Es ist nämlich nicht Aufgabe der Gerichte, eine Freizeichnung durch ergänzende Vertragsauslegung so zu fassen, daß sie einerseits dem Verwender möglichst günstig, andererseits gerade noch rechtlich zulässig ist (BGHZ 62, 323, 327 = BauR 1974, 276 = SFH Z 2.10 Bl. 41; BGH NJW 1977, 1336, 1338 = BauR 1977, 271; BGHZ 72, 206 = BauR 1979, 54 = SFH § 638 BGB Nr. 4 = BlGBW 1979, 76 = BB 1978, 1640 = Betrieb 1978, 2469 = ZfBR 1979, 28 = MDR 1979, 220 = JZ 1979, 66 = LM § 638 BGB Anm. Girisch; BGH BauR 1982, 493 = NJW 1982, 2243 = Betrieb 1982, 1926 = BB 1982, 1690, 1882 = SFH § 633 BGB Nr. 35 = MDR 1982, 1010 = ZfBR 1982, 152; OLG Karlsruhe BB 1983, 725; vgl. zur sogenannten geltungserhaltenden Reduktion Teil A § 10 Rdn. 82). Haben die Vertragspartner z. B. für die Gewährleistungsansprüche den Ausschluß der Verjährung vereinbart, tritt an die Stelle des nach § 225 BGB nichtigen Gewährleistungsausschlusses nicht die 30jährige Verjährung, sondern die gesetzliche Verjährungsfrist des § 638 BGB (BGH BauR 1988, 465 = SFH § 208 BGB Nr. 4 = NJW 1988, 1259 mit Anm. Canaris NJW 1988, 1243). Die von der Rechtsprechung mit dem Bestreben, Verträge soweit als möglich aufrechtzuerhalten, ausgesprochene Folge ist **auch in § 6 Abs. 1 und 2 des AGB-Gesetzes** zum Ausdruck gelangt (vgl. dazu Teil A § 10 Rdn. 79 ff.). Insoweit handelt es sich bis zu einem gewissen Grade um eine Umkehrung des § 139 BGB . Über die ausnahmsweise gegebene Möglichkeit ergänzender Vertragsauslegung nach § 6 Abs. 2 AGB-Gesetz vgl. Ulmer/Brandner/Hensen § 6 Rdn. 36 ff. Eine Ausnahme von § 6 Abs. 1 und 2 AGB-Gesetz gilt dann, wenn dem Verwender der unwirksamen Klausel oder auch dessen Vertragsgegner ein Festhalten am Vertrag unzumutbar wäre (vgl. § 6 Abs. 3 AGB-Gesetz; siehe dazu u. a. Ulmer/Brandner/Hensen § 6 Rdn. 58 ff.). Entgegen Ulmer/Brandner/Hensen (a. a. O. § 6 Rdn. 68) kann hier aber das Preisargument, der Vertrag liege hinsichtlich der Vergütung deutlich unter dem

Üblichen, nicht durchgreifen (so mit Recht Raiser, Das Recht der Allgemeinen Geschäftsbedingungen, S. 324 f.), jedenfalls nicht als allein tragender Gesichtspunkt.

Werden im Rahmen von Bauverträgen Allgemeine Geschäftsbedingungen des Auftraggebers oder des Auftragnehmers vereinbart, so kommt es nicht selten vor, daß derartige **formularmäßig abgesetzte** Bedingungen in ihrer Grundlage auf Kaufverträge und nicht auf Werkleistungen, **wie sie dem Bauvertrag innewohnen, abgestellt** sind (vgl. dazu auch Teil A § 10 Rdn. 154). Dann ist im Zweifel davon auszugehen, daß **werkvertragliche Bestimmungen**, wie z. B. die Nachbesserung im Rahmen der Gewährleistung, **Geltung beanspruchen** sollen, es sei denn, die Vertragspartner haben dieses ausdrücklich im Vertrag ausgeschlossen. 43

Auch **Beweislastregeln in Allgemeinen Geschäftsbedingungen** unterliegen im Rahmen **der Inhaltskontrolle der Überprüfung**, ob sie mit Treu und Glauben vereinbar sind (BGH BB 1973, 773). Für den Bereich des **AGB-Gesetzes** (vgl. Teil A § 10 Rdn. 77 ff.) ergibt sich dies aus § 11 Nr. 15 a. a. O. Danach ist u. a. die Verschiebung der Beweislast durch den Verwender dahingehend, daß der andere Vertragsteil die Beweislast für Umstände tragen soll, die im Verantwortungsbereich des Verwenders liegen (wie z. B. die Frage der Schuld bei Schadensersatzansprüchen nach Teil B § 13 Nr. 7), untersagt. Dabei erfaßt diese Regelung nicht nur die Beweislastumkehr, sondern schon jeden Versuch, die Beweisposition des Vertragspartners des Verwenders zu verschlechtern (BGH BauR 1987, 308 = ZIP 1987, 448 = MDR 1987, 563 = JZ 1987, 724 mit Anm. Wolf = Betrieb 1987, 1295 = NJW 1987, 1634). Allerdings liegt eine unzulässige Verschiebung der Beweislast nach § 11 Nr. 15 b AGB-Gesetz nicht schon in der Klausel, daß mündliche Nebenabreden nicht getroffen worden sind, da dadurch nur zum Ausdruck kommt, daß die Urkunde die – auch so anzunehmende – Vermutung der Vollständigkeit und Richtigkeit für sich hat, wogegen ohnehin der Gegenbeweis zulässig ist; insoweit handelt es sich bei solcher Klausel um einen Gesichtspunkt der Beweisführung, nicht aber der Beweislast; das gilt auch für den nichtkaufmännischen Verkehr (BGH NJW 1985, 2329 = MDR 1985, 930 = ZIP 1985, 1402 = Betrieb 1985, 1989 = BB 1985, 1418 = LM § 11 Ziff. 15 b AGBG Nr. 1 = WM 1985, 945). 44

IV. Grundsätzlich keine vertragliche Änderung der VOB-Gewährleistung

Zu beachten ist, daß es nach dem Sinn der VOB nicht in das Belieben der Beteiligten gestellt sein soll, wie sie die Gewährleistung im einzelnen regeln, insbesondere in welcher Weise sie von dem in Teil B § 13 für Gewährleistungsansprüche vorgesehenen Umfang abweichen wollen, es sei denn, die VOB/B läßt ausdrücklich eine anderweitige Regelung zu, wie z. B. hinsichtlich der Gewährleistungsfrist in Teil B § 13 Nr. 4. Da nach Teil A § 10 Nr. 4 Abs. 2 solche abweichenden Vereinbarungen grundsätzlich in Besonderen Vertragsbedingungen zu treffen sind (vgl. Teil A § 10 Rdn. 39 ff.), ist klar zu erkennen, daß Abänderungen sich **auf den Einzelfall beschränken** sollen. **Es müssen also besondere Verhältnisse vorliegen oder von der Regel abweichende Voraussetzungen gegeben sein.** Nur in bestimmten, **eng umgrenzten Fällen** dürfte es zulässig und zweckmäßig sein, auch hinsichtlich der Gewährleistung über den Einzelfall hinaus Regelungen in **Zusätzlichen Vertragsbedingungen** zu treffen. Das ist Ausgangspunkt für die Erörterung der Regeln in Teil A § 13 selbst. 45

Von grundlegender Wichtigkeit ist aber: Die nachfolgend erörterten **Regelungen in Teil A § 13 wenden sich an den ausschreibenden Auftraggeber.** Es geht also um **seine** Überlegung, ob und inwieweit er von der in Teil B festgelegten Gewährleistungspflicht des Auftragnehmers abweichende Bedingungen bereits im Vergabeverfahren verlangt bzw. zu solchen bereit ist. **Nicht** ist dagegen der **Auftragnehmer angesprochen.** Jedenfalls gilt dies für den Bereich, in dem der Auftragnehmer entsprechende Vergabebedingungen in die Vertragsverhandlungen einführt, die zum Vertragsinhalt werden sollen, hinsichtlich deren er Verwender von AGB ist und das **AGB-Gesetz zugunsten des Auftraggebers Anwendung findet** (vgl. Teil A 46

§ 10 Rdn. 77 ff.). Hier käme z. B. ein **Ausschluß der Gewährleistung,** wie in Teil A § 13 Nr. 1 für möglich gehalten, gemäß § 11 Nr. 10 a AGB-Gesetz **nicht in Betracht** (vgl. auch Rdn. 4). **Gleiches** gilt angesichts der Verbotsnorm in § 11 Nr. 10 f AGB-Gesetz im Hinblick auf Teil A § 13 Nr. 2, sofern es sich um eine **Verkürzung der Gewährleistungsfristen,** wie sie sich aus Teil B § 13 Nr. 4 sowie Nr. 5 Abs. 1 ergeben, handelt. Denn die Ausnahmeregelung in **§ 23 Abs. 2 Nr. 5 AGB-Gesetz gilt nur insoweit, als die ohnehin gegenüber dem § 638 BGB weitgehend verkürzten Verjährungsfristen der VOB vertraglich vereinbart werden und nicht kürzere Fristen, wobei es gerade auch hier auf die Vereinbarung der VOB Teil B als Ganzes entscheidend ankommt** (vgl. Teil A § 10 Rdn. 131 ff.).

B. Grundregel in Teil A § 13 Nr. 1

47 **Teil A § 13 Nr. 1 meint folgendes:** Die Haftung des Auftragnehmers für etwaige Mängel findet im Regelfall erst eine gewisse Zeit nach der Fertigstellung der Bauleistung ihr Ende, weil dieser Zeitraum benötigt wird, um die Güte der Arbeit bzw. das etwaige Auftreten von Mängeln zu beobachten und abschließend zu beurteilen. Daraus folgt, daß Nr. 1 eine Ausnahme von der Regel ist, nach der grundsätzlich eine Gewährleistungspflicht des Auftragnehmers für die Zeit nach der Abnahme besteht (zutreffend Daub/Piel/Soergel ErlZ A 13.12 entgegen Heiermann/Riedl/Rusam/Schwaab Teil A § 13 Rdn. 1). Werden jedoch **ausnahmsweise** Arbeiten ausgeschrieben und vergeben, bei denen von vornherein feststeht, daß bereits bei der Abnahme der Bauleistung bestimmte Voraussetzungen für eine abschließende Beurteilung der Leistung des Auftragnehmers vorliegen, dann soll im Bauvertrag auf eine Gewährleistung über die Abnahme hinaus verzichtet werden. Diese Voraussetzungen sind folgende:

I. Einwandfreie Beurteilbarkeit der Leistung

48 **Bei der Abnahme der Bauleistung muß sich ihre einwandfreie und vertragsmäßige Beschaffenheit unzweifelhaft feststellen lassen.** Es muß sich demnach um Arbeiten handeln, bei denen man **generell,** und nicht nur im Einzelfall, eine solche Feststellung treffen kann, z. B. ein Gebäudeabbruch. Nur dann ist der Auftraggeber in der Lage, sich bereits bei der nach Beendigung der Arbeiten erfolgenden Abnahme eine endgültige und weitere Ansprüche auf ordnungsgemäße Herstellung ausschließende Meinung zu bilden.

II. Keine Mängel zu erwarten

49 **Es dürfen später keine Mängel zu erwarten sein.** Auch hier muß es sich bereits **bei der Aufstellung der Verdingungsunterlagen** mit hinreichender Sicherheit **voraussehen** lassen, daß es sich um Arbeiten handelt, bei denen spätere Mängel nicht auftreten, z. B. Ausschachtungen bei eindeutig feststehenden einfachen Bodenverhältnissen einschließlich Abfuhr zur eigenen Verfügung des Auftragnehmers, die selbständig vergeben werden und die nach der Abnahme keine nachteiligen Folgeerscheinungen mehr zeigen.

III. Geringe praktische Bedeutung der Nr. 1

50 **Teil A § 13 Nr. 1 hat für die Praxis wenig Wert.** Beim Vorliegen genannter Voraussetzungen kommt es sowieso nicht zu einer Inanspruchnahme des Auftragnehmers, so daß der Verzicht auf Gewährleistungsansprüche mehr theoretischer Natur ist. Man hat aber damit erreichen wollen, daß in den Verdingungsunterlagen eindeutige Grundlagen festgelegt werden, vor allem auch für die Ermittlung des Angebots- und späteren Vertragspreises. Die Zeitspanne der sich normalerweise an die Abnahme anschließenden Gewährleistung ist nämlich in Wirklich-

keit eine Fortsetzung der zwischen den Beteiligten bestehenden vertraglichen Beziehungen, die Bauleistungen sind noch nicht restlos „erledigt". Wo man diesen Zeitpunkt, der für die Vertragschließenden endgültige und klare Verhältnisse schafft, aus der Sicht des möglicherweise betroffenen Auftraggebers vorverlegen kann, soll es nach dem Sinn der VOB geschehen. Es muß natürlich gewährleistet sein, daß niemand hierdurch einen Nachteil oder einen unberechtigten Vorteil hat.

C. Erwägungen zur Änderung der vertraglichen Gewährleistungsfrist in Teil A § 13 Nr. 2

I. Grundsätzlich Festlegung durch Vertragsparteien

Aus dem Wortlaut in Teil B § 13 Nr. 4 ist zu ersehen, daß es die VOB den Vertragspartnern grundsätzlich überläßt, im Bauvertrag die Gewährleistungsfrist individuell zu regeln. Nur wenn im Einzelfall vertraglich anderweitige Absprachen nicht getroffen worden sind, greifen die in Teil B § 13 Nr. 4 vorgesehenen kurzen und teilweise von § 638 BGB abweichenden Fristen ein (vgl. dazu Teil B § 13 Rdn. 243 ff.). 51

Für etwaige, von Teil B § 13 Nr. 4 abweichende **Absprachen** ist es **unumgänglich, daß diese mit hinreichender Klarheit, vor allem auch hinsichtlich ihrer Tragweite, getroffen werden.** So geht es nicht an, in den Bauvertrag eine Klausel aufzunehmen: „Der Unternehmer haftet für seine Leistungen nach den Bestimmungen der VOB und des BGB " (vgl. dazu OLG Düsseldorf BauR 1972, 117). Gleiches gilt für die Bestimmung „Gewährleistung und Haftung des Unternehmers richten sich nach der VOB bzw. dem BGB ; bei unterschiedlicher Auffassung gilt die jeweils günstigere für den Bauherrn" (vgl. BGH BauR 1986, 200 = SFH § 5 AGBG Nr. 1 = NJW 1986, 924 = Betrieb 1986, 640 = MDR 1986, 401 = JZ 1986, 355 = BB 1986, 222 = LM § 5 AGBG Nr. 8 = ZfBR 1986, 76 = Bunte EWiR § 6 AGBG 1/86, 211). Vgl. dazu auch Einl. Rdn. 19 ff. 52

Gerade wegen der von der VOB in Teil B § 13 Nr. 4 **bewußt** offengelassenen Möglichkeit anderweitiger vertraglicher Abmachung bedurfte es **einer ergänzenden Regelung** in den Vergabevorschriften des Teils A darüber, wann im einzelnen von Teil B § 13 Nr. 4 abweichende Verjährungsfristen für den Bereich eines VOB-Vertrages vertretbar erscheinen. Dem dient Teil A § 13 Nr. 2. Die im Rahmen dieser Vorschrift anzustellenden **Erwägungen** sind nicht nur ausschlaggebend für die Festlegung der eigentlichen Gewährleistungsfrist nach Teil B § 13 Nr. 4 sowie Nr. 5 Abs. 1 Satz 2, sondern **auch für die Bemessung** einer u. U. von Teil B § 13 Nr. 5 Abs. 1 Satz 3 abweichenden besonderen **Gewährleistungsfrist für die Mängelbeseitigungsleistung,** da für diese auch Teil B § 13 Nr. 4 Richtpunkt ist. Zur **Zulässigkeit** einer von den vorgenannten VOB-Gewährleistungsfristen abweichenden Vereinbarung in Anbetracht des AGB-Gesetzes vgl. Rdn. 46. 53

II. Eigenart der Leistung (Satz 1)

Nach Teil A § 13 Nr. 2 Satz 1 sollen von Teil B § 13 Nr. 4 abweichende Gewährleistungsfristen nur vorgesehen werden, wenn dies wegen der Eigenart der Leistung erforderlich ist. 54

1. Objektive Gesichtspunkte ausschlaggebend

Auszugehen ist nach Ansicht der Verfasser der VOB davon, daß die Regelverjährungsfristen in Teil B § 13 Nr. 4 sich für die überwiegende Zahl der Bauverträge in der Praxis häufig als ausreichend, also als eine im allgemeinen gerechte, den Bedürfnissen beider Vertragspartner 55 angemessene Lösung erwiesen haben (vgl. dazu Teil B § 13 Rdn. 231 ff.). Andererseits sind sicher in einzelnen Bauverträgen Bauleistungen Vertragsgegenstand, deren ordnungsgemäße – mängelfreie – Erstellung sich bereits früher oder erst später feststellen läßt. Da die Frage der Gewährleistung für den Auftraggeber ein ganz wesentliches Element bei Bauvertragsverhandlungen darstellt, ist es verständlich, wenn seine Überlegungen zur Dauer der zu vereinbarenden Gewährleistungsfrist nicht unwesentlich von subjektiven Gesichtspunkten beeinflußt sind. **Andererseits muß es als ein Gebot der Gerechtigkeit angesehen werden, hier nicht nur die Belange des Auftraggebers, sondern auch diejenigen des Auftragnehmers zu berücksichtigen, um zu einer sachgerechten, allgemein anzuerkennenden Lösung dieser Frage zu kommen.** Das setzt voraus, **objektive Gesichtspunkte** zur Richtlinie zu nehmen, um hieran die Berechtigung einer abweichenden Vereinbarung über die Gewährleistungsfrist im Einzelfall beurteilen zu können.

2. Einzelgesichtspunkte zur Eigenart der Leistung

56   Dieses **objektive Merkmal** bringt die **VOB durch** den Begriff der **Eigenart der Bauleistung zum Ausdruck.** Sie macht somit die Möglichkeit anderweitiger Gewährleistungsfristvereinbarung von der **Art und Weise sowie der Beschaffenheit der geforderten Leistung abhängig.** Dabei weist der Begriff Eigenart darauf hin, daß hier nur eine allgemeine Umschreibung möglich ist, daß diese aber **nur die Leistung** als solche betreffen kann, nicht dagegen Umstände, die anderswo ihre Ursache haben, wie z. B. in Fragen der Finanzierung, in den Witterungsbedingungen, in der allgemeinen Marktlage, in Gesichtspunkten, die sich auf die außerhalb des eigentlichen Leistungszieles liegenden Umstände in der Person des Auftraggebers oder Auftragnehmers beziehen usw.

Daher sind von dem Begriff der Eigenart der Bauleistung erfaßt:

57   a) Einmal die **Art der zu verwendenden Stoffe oder Bauteile**, insbesondere in der Hinsicht, ob über deren Güte, Brauchbarkeit und konstruktive Ausgestaltung langjährige und gefestigte Erfahrungen bestehen und wann voraussichtlich eine abschließende Beurteilung der Ordnungsgemäßheit möglich ist. Eine Verlängerung der Gewährleistungsfrist kommt hiernach z. B. beim Einsatz **unerprobter** Stoffe oder Bauteile oder **nicht hinreichend bekannter** Verfahren in Frage.

58   b) Zum anderen die jeweils gewählte oder jedenfalls in Betracht kommende **Art der Ausführung** oder der **anzuwendenden Bauverfahren,** insbesondere, ob diese früher oder später als innerhalb der normalen Gewährleistungsfrist (Teil B § 13 Nr. 4) eine sachgerechte Beurteilung über die ordnungsgemäße Leistungserstellung zulassen. Dabei wird vornehmlich der **technische Fortschritt** und dessen anerkannter Stand im Zeitpunkt der Vergabe von ausschlaggebendem Gewicht sein. Vor allem bei **neuartigen Bauweisen** kann es vorkommen, daß nach aller – bisheriger – Erfahrung die Verlängerung der Regelfrist angebracht erscheint.

59   c) Zum dritten die vorgesehene **Nutzung der Leistung,** wobei auf das **Gesamtbauwerk abzustellen** sein wird. Es kann sein, daß ein Gebäude besonderen und über das Normalmaß hinausgehenden Beanspruchungen ausgesetzt ist, wie z. B. durch Erschütterungen bei einem Fabrikbau nach Inbetriebnahme, eine auf den Leistungssport ausgerichtete Sportanlage, eine Schule mit besonderen Ausbildungseinrichtungen, Beständigkeit des Betons gegen aggressive Dämpfe oder Wasser, wasserdichter Beton trotz Wärmeeinfluß usw. Auch hier kann es sein, daß sich die vertragsgemäße Benutzung **erst später** als in der Normalgewährleistungsfrist feststellen läßt. Andererseits kann es sein, daß die Nutzung der Leistung schon frühzeitig eine abschließende Beurteilung der Vertragsgemäßheit ermöglicht, z. B. beim Bau einfacher Garagen oder einer Grundstücksgrenzmauer usw., so daß hier sogar eine Verkürzung der Gewährleistungsfrist angebracht sein kann.

d) Viertens kann es einen weiteren berechtigten Grund zu einer Änderung der normalen 60
Verjährungsfrist geben, der aus dem Wortlaut in Teil A § 13 Nr. 2 Satz 1 ersichtlich ist: Dort
wird von anderen Verjährungsfristen als nach § 13 Nr. 4 VOB/B, die die Ausführung von
Bauleistungen betrifft, gesprochen, wobei im Rahmen des Erforderlichen eine Verbindung zur
Eigenart der Leistung hergestellt wird. Daraus ergibt sich, daß ein **Grund** für die Vereinbarung einer **anderen Gewährleistungsfrist** nicht nur in technischen Besonderheiten oder in
der vorgesehenen Art der Nutzung, sondern **auch sonst in der betreffenden Gesamtbauleistung** liegen kann. Das kann, wie es in den Erwägungsgründen zur Fassung der VOB von
1973 erwähnt ist, z. B. sein, wenn eine Straßendecke oder ein Brückenbauwerk erst später in
Betrieb genommen wird und die Mängelfreiheit erst dann oder jedenfalls nach einer gewissen
Nutzung festzustellen ist. Zur unterschiedlichen Festlegung von Gewährleistungsfristen im
Generalunternehmervertrag einerseits und in **Nachunternehmerverträgen** andererseits,
vor allem im Hinblick auf **§ 9 AGB-Gesetz,** vgl. Anh. Rdn. 139 ff.

e) Die unter **a bis d** genannten Fälle sind **nur beispielhaft:** Demnach kann es auch noch 61
andere Gesichtspunkte geben, die nach der Eigenart der Bauleistung eine anderweitige Regelung der Gewährleistungsfrist rechtfertigen. Immerhin dürften die Beispiele aber jedenfalls
sinngemäßer Richtpunkt zur Beurteilung dieser anderen Fälle sein.

III. Abwägung (Satz 2)

Wie sich aus Teil A § 13 Nr. 2 Satz 2 ergibt, wird für die Änderung der in Teil B § 13 Nr. 4 62
vorgesehenen Gewährleistungsfrist **noch mehr vorausgesetzt** als die nach Satz 1 a. a. O.
festgelegte Erforderlichkeit nach der Eigenart der Leistung. **Vielmehr wird eine Abwägung
in verschiedener Hinsicht verlangt.**

1. Erkennbarkeit von Mängeln; Nachweis der Ursachen

Einmal ist die Überlegung am Platze, **wann etwaige Mängel erfahrungsgemäß wahrscheinlich erkennbar werden und inwieweit die Mängelursachen noch nachgewiesen werden 63
können** (vgl. auch Nr. 1.2. VHB zu Teil A § 13). Es ist also **zusätzlich zu überlegen,** ob und
wann bei der konkret in Betracht kommenden Leistung die möglichen Mängel erkennbar sein
und nachgewiesen werden können. Das ist eine an sich selbstverständliche zusätzliche Erwägung, weil es hier ja um die Frist geht, innerhalb der die Geltendmachung von Gewährleistungsansprüchen ohne zu erwartende Verjährungseinrede des Auftragnehmers noch in Betracht kommt. Dabei ist die **allgemeine Erfahrung ausschlaggebend,** die sich wiederum
nach den **anerkannten Erfahrungen der Technik** richtet, z. B. danach, wann sich ein Bauwerk bei den hier vorliegenden Bodenverhältnissen voraussichtlich gesetzt haben wird und
mit dem Auftreten von Rissen nicht mehr zu rechnen ist. Für die Bemessung der Verjährungsfrist ist es auch von Bedeutung, ob und wann etwa in Betracht zu ziehende Mängel voraussichtlich als solche erkennbar sind, und zwar klar abgrenzbar im Hinblick auf andere Erscheinungen, die dem Auftragnehmer **nicht angelastet** werden können, wie z. B. eine übliche
Abnutzung im Einzelfall (so mit Recht Nr. 1.2. VHB zu Teil A § 13). Sobald es hier für den
dann grundsätzlich beweisbelasteten Auftraggeber zu Schwierigkeiten kommen kann, sollte
man die Verjährungsfrist hierauf nicht erstrecken, vor allem dann, wenn zunehmend oder gar
überwiegend von normalen oder gar übernormalen Verschleißerscheinungen die Rede sein
kann. Das richtet sich nach der Art und dem jeweiligen Nutzungszweck der Leistung.

A § 13, 2, Rdn. 64-67

2. Berechtigte Belange des Auftragnehmers

64 Des weiteren werden aber noch Überlegungen gefordert, die aus objektiver Sicht die berechtigten Belange nicht nur des Auftraggebers, sondern auch des Auftragnehmers im Auge haben.

65 a) Einmal ist es die Frage der **Auswirkung** einer zeitlich anderweitigen Gewährleistungsregelung **auf die Preise.** Es liegt auf der Hand, daß es bei zeitlich verlängertem Gewährleistungswagnis möglicherweise eine berechtigte Forderung des zukünftigen Auftragnehmers sein wird, einen Zuschlag zu dem für die normale Gewährleistungszeit berechtigten Preis zu verlangen, sozusagen als Wagniszuschlag. Es muß dabei in die Erwägung des Auftraggebers mit einbezogen werden, ob sich für ihn ein solcher Zuschlag „lohnt", ob er also in einem vertretbaren Verhältnis zu dem für ihn durch die Verlängerung der Verjährungsfrist erzielbaren Vorteil ist (so auch Nr. 1.2. VHB zu Teil A § 13). Umgekehrt gilt dies entsprechend für die Überlegung über eine etwaige Verkürzung der normalen Gewährleistungsfrist.

66 b) Schließlich ist auch die Frage einer billigen Bemessung der Verjährungsfristen für Gewährleistungsansprüche zu beachten. Hierzu gilt zunächst das in Rdn. 55 Gesagte. Hinzu kommt aber weiter die rechtspolitische Überlegung, die den kurzen Verjährungsfristen im Rahmen der Gewährleistung beim Bauvertrag (§ 638 BGB und VOB/B § 13 Nr. 4) zugrunde liegt, nämlich baldmöglichst in dem Bereich der Gewährleistung und deshalb der endgültigen Vertragsabwicklung **Rechtsfrieden zu schaffen.** Gerade dieser Gesichtspunkt soll auch hier vom Auftraggeber beachtet werden.

IV. Öffentliche Bauaufträge

67 Für eine etwaige von der Regelfrist in Teil B § 13 Nr. 4 abweichende Vereinbarung durch einen öffentlichen Auftraggeber ist im VHB zu Teil A § 13 bestimmt:

1. Abweichung von der Regelfrist
1.1. Die in § 13 Nr. 4 VOB/B genannten Regelfristen gelten nur für den Fall, daß keine andere Vereinbarung getroffen ist. Diese Regelung schließt nicht aus, daß jeweils für den Einzelfall erforderliche Fristen vereinbart werden.

1.2. Als Anhalt für die Bemessung der Fristen können dienen
– die Frist, innerhalb der bei Bauleistungen der betreffenden Art Mängel üblicherweise noch erkennbar werden,
– der Zeitpunkt, bis zu dem einwandfrei festgestellt werden kann, ob aufgetretene Mängel auf vertragswidrige Leistung oder auf andere Ursachen, z. B. übliche Abnutzung, zurückzuführen sind,
– die Abwägung, ob Preiserhöhungen oder -minderungen durch Berücksichtigung des erhöhten oder geminderten Gewährleistungsrisikos in einem angemessenen Verhältnis zu dem erzielbaren Vorteil stehen.

1.3. Längere als die in § 13 Nr. 4 VOB/B genannten Fristen können insbesondere in Betracht kommen
– bei Bauleistungen oder einzelnen Bauteilen, bei denen erfahrungsgemäß überdurchschnittlich häufig Schäden erst nach Ablauf von 2 Jahren eintreten,
– bei neuen Baustoffen und Bauteilen, für die noch keine praktischen Erfahrungen vorliegen.
Ob eine Verlängerung der Verjährungsfrist erforderlich ist, ist insbesondere zu prüfen bei:
Verwendung neuartiger Baustoffe und Konstruktionen
Abwasseranlagen
Bauwerksisolierungen
der Witterung ausgesetzten Betonbauteilen
Ziegelmauerwerk als Sichtmauerwerk
Kunststoffrohren

vorgehängten Fassaden
Dachabdichtungen einschl. Verwahrungen
Isolierverglasung
Tankbeschichtungen
Erdbauwerken*)
Böschungsbefestigungen*)
Betonfahrbahndecken*)
bituminösen Fahrbahndecken*)

*) Soweit nicht durch die Vereinbarung technischer Vorschriften (z. B. TV-bit) ohnehin der Leistung angemessene Verjährungsfristen festgelegt sind.

Die Verjährungsfrist soll in der Regel nicht mehr als 5 Jahre betragen.

1.4. Wenn abweichende Verjährungsfristen für die Gewährleistung vereinbart werden sollen, ist gleichzeitig zu prüfen, ob deswegen auch für die Mängelbeseitigungsleistungen entsprechende abweichende Verjährungsfristen vereinbart werden müssen.

2. Vereinbarung von abweichenden Verjährungsfristen
Wenn abweichende Verjährungsfristen vereinbart werden sollen, ist – sofern nicht in Zusätzlichen Technischen Vorschriften eine Regelung getroffen ist – unter Nr. 10 der Besonderen Vertragsbedingungen – EVM(B)BVB – folgende Formulierung aufzunehmen:

„Als Verjährungsfrist für Gewährleistungsansprüche wird vereinbart: ..... Jahre für......... Arbeiten."

Wenn auch eine abweichende Verjährungsfrist für Mängelbeseitigungsleistung vereinbart werden soll, ist zusätzlich aufzunehmen:

„Als Verjährungsfrist für Gewährleistungsansprüche für Mängelbeseitigungsleistungen werden..... Jahre für............ Arbeiten vereinbart."

3. Verjährungsfrist für Gewährleistungsansprüche bei Bauunterhaltungsarbeiten Bauunterhaltungsarbeiten können Arbeiten an einem Bauwerk oder Arbeiten an einem Grundstück (z. B. Erneuerungsanstrich- oder Erneuerungstapezierarbeiten) sein.

Für die etwa erforderliche Prüfung, ob die Verjährungsfrist verlängert werden soll, gilt Nr. 1 entsprechend.

Sollen abweichende Gewährleistungsfristen nur für einzelne Leistungsbereiche im Rahmen eines beabsichtigten einheitlichen Bauvertrages gelten, wie z. B. bei einer Ausschreibung nach Leistungsprogramm, so sind diese Bereiche im Bauvertrag klar und zweifelsfrei zu umreißen.

§ 14 Sicherheitsleistung

1. Auf Sicherheitsleistung soll ganz oder teilweise verzichtet werden, wenn Mängel der Leistung voraussichtlich nicht eintreten oder wenn der Auftragnehmer hinreichend bekannt ist und genügende Gewähr für die vertragsgemäße Leistung und die Beseitigung etwa auftretender Mängel bietet.

2. Die Sicherheit soll nicht höher bemessen und ihre Rückgabe nicht für einen späteren Zeitpunkt vorgesehen werden, als nötig ist, um den Auftraggeber vor Schaden zu bewahren. Sie soll 5 v. H. der Auftragssumme nicht überschreiten.

3. Wenn bei der Abnahme die Leistung nicht beanstandet wird, soll die Sicherheit ganz oder zum größeren Teil zurückgegeben werden.

Inhaltsübersicht

	Rdn.
A. Begriff und Arten der Sicherheitsleistung	1- 2
I. Begriff	1
II. Arten	2
B. Sicherungsgegenstand und Verzicht auf Sicherheitsleistung (Nr. 1)	3-10
I. Der Sicherungsgegenstand	4- 6
II. Verzicht auf Sicherheitsleistung	7-10
1. Voraussichtlich keine Mängel	8
2. Gewähr für vertragsgemäße Erfüllung	9
3. Ausnahmen bei Öffentlicher oder u. U. Beschränkter Ausschreibung	10
C. Die Höhe der Sicherheit (Nr. 2)	11-15
I. Keine gesetzliche Festlegung	11
II. Hinweise zur vertraglichen Festlegung	12-15
D. Rückgabe der Sicherheit (Nr. 3)	16-20
I. Grundsätze	17-18
II. Spätester Zeitpunkt	19
III. Bestimmungen des VHB	20

A. Begriff und Arten der Sicherheitsleistung

I. Begriff

1 Die Sicherheitsleistung durch den Auftragnehmer dient dazu, etwa eintretende finanzielle Verluste vom Auftraggeber abzuwenden. Sie wird **nicht wie die Vertragsstrafe anstelle der oder zusätzlich zur Leistung fällig** (vgl. §§ 340 f. BGB), sondern sie sichert lediglich eine **mögliche Forderung** des Auftraggebers. Dieser soll davor geschützt werden, wegen **etwaiger** berechtigter, zukünftiger (also noch nicht entstandener und noch nicht voraussehbarer, jedoch möglicher) Forderungen aus dem betreffenden Vertrag fruchtlos zu vollstrecken; es soll ein an sich zum Bereich des Auftragnehmers gehörender Vermögenswert vorhanden sein, an dem der Auftraggeber sich schadlos halten kann. Die Sicherheitsleistung ist also ein **Mittel zur Abwendung künftiger Rechtsverletzungen** oder Benachteiligungen. Ihre gesetzlichen Grundlagen finden sich in den §§ 232 ff. BGB. Vgl. dazu auch Teil B § 17 Rdn. 1.

II. Arten

2 Die für den Bauvertrag nach der VOB üblichen **Arten der Sicherheitsleistung** sind in Teil A nicht geregelt, sie **sind** vielmehr **Teil B § 17 zu entnehmen.** Insoweit vgl. Teil B § 17 Rdn. 20 ff. Wo auch diese Bestimmung nicht ausreicht, sind die §§ 232 bis 240 BGB ergänzend heranzuziehen (vgl. Teil B § 17 Rdn. 12 ff.). Nr. 3. VHB zu § 14 VOB/B bestimmt dazu für öffentliche Auftraggeber:

3. Art der Sicherheiten

Als Sicherheit sind selbstschuldnerische Bürgschaften nach den Formblattmustern EFB-Sich 1-3 zu fordern, sofern nicht gemäß Nr. 8 bzw. Nr. 10 der Besonderen Vertragsbedingungen – BVB – auszuzahlende Beträge einbehalten werden.

B. Sicherungsgegenstand und Verzicht auf Sicherheitsleistung (Nr. 1)

3 **Allgemein ist zu sagen, daß die Sicherheitsleistung nicht die Regel sein soll.** Es werden durch sie finanzielle Mittel des Auftragnehmers oder solche, die ihm an sich zustehen, gebunden, mit denen er sonst arbeiten könnte. Selbst finanziell gut fundierte Unternehmer verfügen nicht immer über ein solches Eigenkapital, daß sie es sich leisten können, in großem Umfang Geld oder sonstige Vermögenswerte zu Sicherheitszwecken zu hinterlegen oder für längere Zeit dem Auftraggeber zu belassen. Müssen sie dafür gar Geld aufnehmen oder z. B.

Bankbürgschaften stellen, erhöht das in Wirklichkeit nur die Kosten des Betriebes und damit die Baupreise, so daß letzten Endes der Auftraggeber wirtschaftlich zu der ihm zu gewährenden Sicherheitsleistung noch mit herangezogen wird. Daher soll die Vereinbarung einer Sicherheitsleistung im Rahmen eines VOB-Bauvertrages eine **Ausnahme** bilden, wie sich aus der engen Fassung von Teil A § 14 ergibt; vgl. LG Berlin SFH Z 2.320 Bl. 8 f.; dazu grundlegend Daub BauR 1977, 24 ff. sowie auch Schreiben des Bundesministers für Wirtschaft v. 24. 3. 1975, wonach keine übertriebenen Sicherheiten gefordert werden sollen (Bauwirtschaft 1975, 419). Aus dieser Sicht sind die folgenden Einschränkungen zu verstehen, die Teil A § 14 enthält:

I. Der Sicherungsgegenstand

Sicherheit kann auf der Grundlage der VOB-Regelungen **für alle zukünftigen Forderungen** geleistet werden, die dem Auftraggeber gegen den Auftragnehmer aus dem betreffenden Bauvertrag erwachsen können. Als Beispiele: Kosten, die durch Beseitigung von Mängeln durch Dritte entstehen; Schadensersatzansprüche, Mietausfälle, Vertragsstrafen, pünktliche Vertragserfüllung, Sicherung von Vorauszahlungen oder Abschlagszahlungen nach Teil B § 16 Nr. 2 Abs. 1, Nr. 1 Abs. 1 Satz 3 usw.; vgl. dazu auch Nr. 1. und Nr. 2. VHB zu Teil A § 14. Darüber hinaus können auch Sicherheiten schon im sogenannten vorvertraglichen Bereich verlangt werden, wie z. B. während des Vergabeverfahrens dafür, daß der Bieter sein Angebot in der Zuschlagsfrist aufrechterhält (sogenannte Bietungsbürgschaft). Das kommt aber nur ausnahmsweise in Betracht, zumal das VHB zu § 14 VOB/A solche Sicherheiten nicht mehr erwähnt.

Es ist auch möglich und nach den Gegebenheiten des einzelnen Falles im wirtschaftlichen Interesse der Bauvertragspartner auch anzuraten, die Sicherheitsleistung in den Verdingungsunterlagen und damit im Bauvertrag auf nur einzelne mögliche Ansprüche in einem bestimmten Haftungsbereich (Gewährleistung usw.) zu beschränken. Wenn dagegen nur allgemein Sicherheit gefordert und geleistet ist, werden entsprechend **Teil B § 17 Nr. 1 Abs. 2 alle Ansprüche bezüglich der vertragsgemäßen Ausführung der Leistung und der Gewährleistung** erfaßt.

Teil A § 14 sieht nach seinem Wortlaut die Sicherheitsleistung für einen bestimmten Bereich, nämlich die **Gewährleistung,** also die ordnungsgemäße Erstellung der Leistung vor. Für alle Fälle, in denen Sicherheit über den eigentlichen Rahmen von Teil A § 14 hinaus verlangt wird, gilt die dort getroffene Regelung entsprechend.

II. Verzicht auf Sicherheitsleistung

Hat der Auftraggeber bei der Aufstellung der Verdingungsunterlagen die Übersicht, daß sicherzustellende Forderungen nicht wahrscheinlich sind, soll er – ohne daß damit ohne weiteres ein entsprechender Anspruch des späteren Auftragnehmers geschaffen wird (OLG Stuttgart BauR 1976, 435) – ganz oder zumindest teilweise auf Sicherheitsleistung **verzichten** (vgl. dazu auch Nr. 6. VHB zu Teil A § 14):

1. Dies ist der Fall, wenn Mängel der Bauleistung voraussichtlich nicht eintreten. Diese Voraussetzung dürfte immer vorliegen, wenn nach Teil A § 13 Nr. 1 auf die Gewährleistung über die Abnahme hinaus verzichtet wird (vgl. Teil A § 13 Rdn. 47 ff.). Teil A § 14 Nr. 1 geht aber noch weiter. Er verlangt nicht wie beim Verzicht auf die Gewährleistung, daß das Nichtauftreten von Mängeln bei der Abnahme unzweifelhaft feststeht, sondern es reicht bereits, daß **voraussichtlich** mit Mängeln nicht zu rechnen ist. Dabei sind die künftigen Erwartungen nach ganz normalen Maßstäben zu messen. Es muß immer davon ausgegangen werden, daß die Sicherheitsleistung die Ausnahme bleiben soll. Vgl. dazu auch Hanhardt,

A § 14, 2, Rdn. 9-11

Bauwirtschaft 1979, 969. Allerdings zeigt die Praxis, daß die Fälle, in denen der Auftraggeber aller Voraussicht nach nicht mit dem Eintritt von Mängeln zu rechnen braucht, verhältnismäßig selten sind, sich vor allem erfahrungsgemäß auf bestimmte Baubereiche beschränken.

9   2. **Selbst wenn der Auftraggeber aber mit voraussichtlichen Mängeln oder sonstigen Ansprüchen berechtigt rechnen kann, soll er dennoch auf die Sicherheitsleistung verzichten, wenn gewisse Eigenschaften des Auftragnehmers es gebieten.** Dies ist der Fall, wenn der Auftragnehmer dem Auftraggeber hinreichend bekannt ist, und zwar hinsichtlich seiner betrieblichen und für die hier angesprochene Zulässigkeit ausschlaggebenden Eigenschaften. Dabei ist nach Nr. 1 erforderlich, daß der spätere Auftragnehmer genügende Gewähr für die vertragsgemäße Ausführung und für die Beseitigung etwa auftretender Mängel bietet. Handelt es sich um einen in jeder Beziehung fachkundigen, leistungsfähigen und zuverlässigen Bieter im Sinne des Teil A § 2, besteht allgemein die Gewähr, daß die Bauleistung vertragsgemäß ausgeführt wird. Zumindest kann aber davon ausgegangen werden, daß ein solcher Auftragnehmer etwaige Mängel, die dennoch auftreten, ordnungsgemäß beseitigt. Es ist angezeigt, daß der Auftraggeber aus Gründen wirtschaftlicher Vernunft in solchen Fällen keine Sicherheit begehrt, was nicht zuletzt entsprechend auch für Bietungs- und Vertragserfüllungsbürgschaften gelten muß . Sache des Bewerbers bzw. Bieters ist es, sich im Einzelfall einem unzumutbaren Verlangen auf Sicherheitsleistung zu widersetzen.

10 3. Allerdings muß hier einschränkend beachtet werden, daß im Regelfall der Öffentlichen Ausschreibung oder u. U. auch bei der Beschränkten Ausschreibung während des Ausschreibungsverfahrens der spätere Auftragnehmer noch nicht oder nicht hinreichend bekannt ist. Daher ist in diesem Stadium Teil A § 14 Nr. 1 kaum von Bedeutung. Da den Bewerbern bereits in der Ausschreibung etwa geforderte Sicherheiten bekanntgegeben werden müssen, um im Angebotsverfahren ordnungsgemäß kalkulieren zu können (vgl. z. B. Teil A § 17 Nr. 1l), kann also der Auftraggeber ohne Kenntnis des späteren Auftragnehmers schlecht von vornherein auf eine Sicherheitsleistung verzichten (zutreffend Kahle BauR 1976, 329). Vgl. dazu auch Nr. 2.1. VHB zu § 14 VOB/A . **Praktische Bedeutung kommt daher der Regelung in Nr. 1 für den hier erörterten Rahmen nur bei der Freihändigen Vergabe oder erst später bei oder nach abgeschlossenem Vertrag zu.** Bei der Vergabe durch Ausschreibung kann es daher geboten sein festzulegen, daß der Auftraggeber auf die an sich geforderte Sicherheitsleistung verzichtet und die Bieter auffordert anzugeben, um welchen Satz sich in diesem Fall die Angebotspreise vermindern. Auch ist es denkbar, sich die Sicherheitsleistung nur als Bedarfsleistung anbieten zu lassen (vgl. Schelle/Erkelenz S. 153 f.). Dann dürfen weder angebotene Nachlässe noch als Sicherheitsleistung angebotene Bedarfspreise mit in die Angebotswertung einbezogen werden, da dies sonst ein Verstoß gegen den Grundsatz ordnungsgemäßen Vergabewettbewerbs wäre (so auch Nr. 6. VHB zu § 14 VOB/A).

C. Die Höhe der Sicherheit (Nr. 2)

I. Keine gesetzliche Festlegung

11 Es ist nach dem Gesetz (vgl. §§ 232 ff. BGB) **an sich nicht erforderlich, die Höhe vorher festzulegen.** Darüber enthält auch Teil B § 17 keine direkte Bestimmung (vgl. dazu Teil B § 17 Rdn. 12 ff.; a. A. Locher, Das private Baurecht, Rdn. 428). Wenn nichts anderes bestimmt ist, muß die Sicherheit jedenfalls hoch genug sein, das zu sichernde Recht wertmäßig zu decken (Palandt § 232 Anm. 3 vor § 232 BGB). Ist es unterblieben, die Höhe der Sicherheitsleistung festzulegen, so wird man dem Gläubiger – regelmäßig dem Auftraggeber – die Befugnis einräumen müssen, die Höhe nach § 316 BGB zu bestimmen (ebenso Werner/Pastor Rdn. 889; Weick in Nicklisch/Weick Teil B § 17 Rdn. 18; Heiermann/Riedl/Rusam/Schwaab Teil B § 17 Rdn. 10, ferner Teil A § 14 Rdn. 7). Die Bestimmung muß gemäß § 315 BGB nach

billigem Ermessen erfolgen; insoweit ist davon auszugehen, daß der in Nr. 2 Satz 2 genannte **Satz von 5%** der Auftragssumme im allgemeinen als **angemessen und ausreichend**, daher für den **Normalfall als gewerbeüblich** angesehen werden muß. Notfalls muß das Gericht die angemessene Höhe der zu leistenden Sicherheit bestimmen (§ 315 Abs. 3 Satz 2 BGB).

II. Hinweise zur vertraglichen Festlegung

Es entspricht aber dem Sinn des Sicherheitszwecks und erspart unnötige Schwierigkeiten, wenn die Höhe der Sicherheit bereits in den Verdingungsunterlagen oder jedenfalls nachträglich vereinbarungsgemäß festgesetzt wird. Dies gilt vor allem, um etwaige Unklarheiten und Meinungsverschiedenheiten, wie sie sich nach dem Gesagten leicht ergeben können, zu vermeiden.

Dabei sollte die Sicherheit nur so hoch bemessen sein, als notwendig ist, um den Auftraggeber vor Schaden zu bewahren. Es ist natürlich schwierig, insoweit in den Verdingungsunterlagen genaue Bewertungen zu treffen, weil der Auftraggeber im einzelnen nicht voraussehen kann, welche Mängel auftreten oder welche sonstigen Ansprüche im Bereich der vom Auftragnehmer zu fordernden vertragsgerechten Erfüllung erwachsen werden. Er wird auf Schätzungen angewiesen sein, wobei gewisse **Erfahrungssätze** Anhaltspunkte geben können. Die VOB sieht dazu vor, daß die Sicherheit **fünf vom Hundert der Auftragssumme nicht überschreiten** soll. Sie ist hierbei im Rahmen durchschnittlicher Erfahrung von dem Gedanken ausgegangen, daß es nicht Sinn einer Sicherheit sein kann, Geld oder andere Vermögenswerte über Gebühr festzulegen. Insoweit ergeben sich auch wesentliche Anhaltspunkte aus Nr. 5. VHB zu § 14 VOB/A:

5. Höhe der Sicherheiten
5.1. Als Sicherheit für die vertragsgemäße Erfüllung nach EFB-Sich 1 sollen in der Regel bis zu 5 v. H. der Auftragssumme einschließlich aller Nachträge vorgesehen werden. Höhere Sicherheiten dürfen nur ausnahmsweise gefordert werden, wenn ein ungewöhnliches Risiko für die Auftraggeber zu erwarten ist. Die Sicherheit darf in diesem Fall 10 v. H. der Auftragssumme nicht überschreiten. Die Vereinbarung einer 5 v. H. überschreitenden Sicherheit bedarf der vorherigen Zustimmung der technischen Aufsichtsbehörde in der Mittelinstanz.
Erhöht oder vermindert sich die Auftragssumme durch Nachtragsvereinbarungen um mehr als 50 000 DM, ist die Höhe der Sicherheit entsprechend anzupassen, es sei denn, daß die Erhöhung/Minderung weniger als 10 v. H. der Auftragssumme ausmacht.
5.2. Als Sicherheit für die Gewährleistung nach EFB-Sich 2 sollen in der Regel 3 v. H., höchstens bis zu 5 v. H. der Auftragssumme einschließlich aller Nachträge bzw. der Abrechnungssumme vorgesehen werden.
5.3. Die Vomhundertsätze sind in Nr. 6 der EVM (B) BVB bzw. in Nr. 10 der EVM (L) BVB einzusetzen.

Dabei ist die Wendung in 5.1 „Auftragssumme einschließlich aller Nachträge" nicht nur so zu verstehen, daß der Auftragssumme vergütungsmäßig ins Gewicht fallende spätere und teurere Änderungen oder Zusatzleistungen hinzuzurechnen sind, sondern daß hier auch der Wegfall von Leistungen oder deren Änderung i. S. geringerer Vergütung zu beachten, im letzteren Falle also eine niedrigere Sicherheit zu leisten ist. Es kommt somit auf die „endgültige" Auftragssumme an, die genaugenommen eigentlich mit der Abrechnungssumme gleichzusetzen ist.

Aus dem Gesagten ergibt sich zugleich der Hinweis der VOB an den Auftraggeber, eine **Übersicherung zu vermeiden.** So wird es jedenfalls nicht den Vergaberegeln der VOB gerecht, wenn der Auftraggeber sich für den Fall des Vertragsabschlusses z. B. durch eine Ausführungsbürgschaft eine Sicherheit ausbedingt, dann außerdem noch Sicherheitseinbehalte bei jeder einzelnen seiner Zahlungen vorbehält. Letzteres ist vor allem deswegen nicht gerechtfertigt, weil der Auftraggeber z. B. im Falle des Auftretens von Mängeln der Leistung später im Rahmen der Vertragsabwicklung **zusätzlich** noch ein Leistungsverweigerungsrecht hinsichtlich des durch die Sicherheitsleistung nicht abgedeckten Vergütungsteils nach § 320 BGB geltend machen kann. Hinzu kommt, daß ein solches Vorgehen des Auftraggebers sich grundsätzlich nur preiserhöhend, also letztlich zu seinem Nachteil, auswirken kann (ähnlich Heiermann/Riedl/Rusam/Schwaab Teil A § 14 Rdn. 6; vgl. ferner Heiermann BB 1977, 1575, 1580 f.). Zu beachten ist auch, daß es bei der VOB hinsichtlich der Höhe keinen Unterschied zwischen sogenannten Vertragserfüllungssicherheiten (Vertragserfüllungsbürgschaften) und Sicherheiten, die der Vertragserfüllung und insbesondere der Gewährleistung dienen, gibt. Diese Grundsätze sind bei für die Bauwirtschaft schlechter Konjunkturlage besonders zu beachten, weil überhöhte Sicherheitsleistungen den dann gebotenen Bestrebungen um die Belebung des Baumarktes und der Erhaltung der Arbeitsplätze zuwiderlaufen.

15   Aus dem Gesagten folgt, daß derartige dem **AGB-Gesetz unterfallende Vertragsbedingungen** – insbesondere Zusätzliche Vertragsbedingungen – zu Lasten ihres Verwenders **unwirksam** sind. So widerspricht es dem § 9 AGB-Gesetz, wenn der Auftraggeber vom Auftragnehmer die Vereinbarung von 10 % der Bruttoauftragssumme und außerdem den zinslosen Einbehalt von allen Rechnungsbeträgen verlangt; umgekehrt verstößt eine Bestimmung seitens des Auftragnehmers gegen § 11 Nr. 2 AGB-Gesetz, die dem Auftraggeber nur das Recht zum Einbehalt von 10 % des Rechnungsbetrages bis zur Mängelbeseitigung durch den Auftragnehmer einräumt.

D. Rückgabe der Sicherheit (Nr. 3)

16   Der Auftraggeber soll – ohne daß auch hier **ohne weiteres** ein Anspruch des Auftragnehmers besteht (OLG Stuttgart BauR 1976, 435) – **schon in den Verdingungsunterlagen den Zeitpunkt angeben, an dem die Sicherheit ganz oder teilweise an den Auftragnehmer zurückgewährt wird.**

I. Grundsätze

17   Dieser Zeitpunkt ist immer da, wenn feststeht, daß weder konkret feststellbare Mängel vorhanden sind bzw. vorhanden sein können noch sonstige von der vereinbarten Sicherheitsleistung erfaßte Ansprüche gegen den Auftragnehmer entstehen können. Die Sicherheit dient nur dazu, den Auftraggeber vor Schaden zu bewahren. Ist der **Grund für die Sicherheit ganz oder teilweise weggefallen,** ist sie ebenfalls entsprechend **freizugeben**.

18   Die Sicherheit soll in erster Linie die vertragsgemäße Ausführung der Leistung und etwaige Gewährleistungsansprüche des Auftraggebers decken (Rdn. 4 ff. und Teil B § 17 Nr. 1 Abs. 2). Wird bei der Abnahme die Bauleistung nicht beanstandet, soll, weil Mängel nicht erwartet werden, die Sicherheit ganz oder zum größeren Teil zurückgegeben werden (Teil A § 14 Nr. 3). Das gilt gerade auch für **Vertragserfüllungsbürgschaften** (vgl. Heiermann BB 1977, 1575, 1579). Entscheidend dürfte sein, ob der Auftraggeber noch mit Gewährleistungsansprüchen rechnen kann oder nicht, falls ja, in welchem Umfang, um eine teilweise Rückgabe der Sicherheit zu ermöglichen.

Das trifft vor allem zu, wenn der betreffende Bewerber bereits vorher mit diesem Auftraggeber Verträge zu dessen absoluter Zufriedenheit abgewickelt hat.

II. Spätester Zeitpunkt

Ist über den Zeitpunkt der Rückgewähr nichts vereinbart und ist sie nicht in Anspruch genommen worden, muß der Auftraggeber nach **Teil B § 17 Nr. 8,** von geringen Ausnahmen abgesehen, die Sicherheit spätestens nach Ablauf der Gewährleistungsfrist zurückgeben (vgl. Teil B § 17 Rdn. 100 ff.). 19

III. Für öffentliche Auftraggeber bestimmt Nr. 4. VHB zu Teil A § 14 zur Vorlage und Rückgabe der Sicherheitsleistung:

4. Vorlage und Rückgabe der Bürgschaftsurkunden 20

4.1. Ist für die vertragsgemäße Erfüllung und Gewährleistung eine Sicherheit erforderlich, ist in den EVM (B/L) BVB Nr. 8.1 bzw. Nr. 10.1 auszufüllen. Der Auftragnehmer hat eine Bürgschaft nach dem Formblatt EFB-Sich 1 vorzulegen.

Nach Schlußzahlung und Erfüllung aller bis dahin geltend gemachten Ansprüche einschließlich Schadensersatz und Erstattung von Überzahlungen kann der Auftragnehmer Umwandlung in eine Gewährleistungsbürgschaft nach EFB-Sich 2 verlangen.
Die Bürgschaftsurkunde gemäß EFB-Sich 1 ist erst dann zurückzugeben, wenn der Auftragnehmer die Bürgschaftsurkunde nach EFB-Sich 2 vorgelegt hat.

4.2. Ist eine Sicherheit nur für die Erfüllung der Gewährleistungsansprüche erforderlich, ist in den EVM (B/L) BVB nur Nr. 8.2 bzw. Nr. 10.2 auszufüllen. Ein Betrag in Höhe der Sicherheit ist rechtzeitig einzubehalten. Er ist auszuzahlen, wenn der Auftragnehmer eine Sicherheit nach EFB-Sich 2 vorlegt.
Die Bürgschaftsurkunde ist zurückzugeben, wenn die Verjährungsfrist für die Gewährleistung einschließlich der Mängelbeseitigungsleistungen abgelaufen ist und die bis dahin erhobenen Ansprüche – auch auf Erstattung von Überzahlungen – erfüllt worden sind.

4.3. Für Abschlagszahlungen und Vorauszahlungen ist Sicherheit nach EFB-Sich 3 zu fordern.
Die Bürgschaftsurkunden sind zurückzugeben,
– bei Abschlagszahlungsbürgschaften, wenn die Stoffe/Bauteile eingebaut worden sind,
– bei Vorauszahlungsbürgschaften, sobald die Vorauszahlungen getilgt worden sind.

§ 15 Änderung der Vergütung

Sind wesentliche Änderungen der Preisermittlungsgrundlagen zu erwarten, deren Eintritt oder Ausmaß ungewiß ist, so kann eine angemessene Änderung der Vergütung in den Verdingungsunterlagen vorgesehen werden. Die Einzelheiten der Preisänderungen sind festzulegen.

Inhaltsübersicht

	Rdn.
A. Allgemeines	1
I. Ausgangspunkt	1-2
II. VOB-Regelungen	3-6
III. Bekanntgabe der Grundlagen etwaiger Preisänderungen	7
IV. Festpreisvereinbarung	8-12

B. Die Voraussetzungen für Teil A § 15	13-21
I. Änderung der Preisermittlungsgrundlagen	14-15
II. Wesentlichkeit der Änderung	16
III. Zu erwartende Änderung	17-19
IV. Ungewißheit über Eintritt oder Ausmaß der Änderung	20-21
C. Die Preisänderungsregelung in Teil A § 15	22-33
I. Angemessene Änderung	23
II. Änderung für den Fall des Eintritts bestimmter Ereignisse	24
III. Einzelheiten der Preisänderung	25-32
IV. Preisvorbehalte	33

Aufsätze: Mantscheff, „Lohnerhöhungen im Baugewerbe; Festlegung ihrer Abrechnung in Lohngleitklauseln", BauR 1975, 184; ders. „Genauigkeitsgrad von Mengenansätzen in Leistungsverzeichnissen – Preisberechnungsansätze für Fälle des § 2 Nr. 3 VOB/B", BauR 1979, 389.

A. Allgemeines

I. Ausgangspunkt

1 Bei Bauverträgen kann es sich nach Vertragsabschluß, vor allem auch noch während der Ausführung der Leistung des Auftragnehmers, herausstellen, daß die ursprünglich vereinbarte Leistung ihrem Umfang oder ihrer Art nach nicht so erbracht werden kann oder nicht so erbracht werden soll, wie das ursprünglich unter Zugrundelegung der bei Vertragsabschluß getroffenen Preisvereinbarung vorgesehen war.

Dies kann einmal auf nach Vertragsabschluß hervorgetretenen äußeren Einflüssen oder Umständen oder auch auf einer Willensänderung der Beteiligten, insbesondere des Auftraggebers (vgl. z. B. Teil B § 1 Nr. 3 und 4, § 2 Nr. 4), beruhen. Dann stimmen oftmals die Maßstäbe nicht mehr, die bei den Vertragsverhandlungen und dem Vertragsabschluß zugrunde gelegt worden sind, um Leistung und Gegenleistung aufeinander abzustimmen, sofern dadurch die sich aus §§ 631 Abs. 1, 632 Abs. 1 BGB ergebenden Grenzen überschritten worden sind (vgl. dazu Teil B § 2 Rdn. 6 ff.). Die am Bauvertrag Beteiligten werden dann entweder einen vollständig neuen Vertrag schließen oder Einzelbestimmungen des Bauvertrages abändern. Notfalls ist darüber eine gerichtliche Entscheidung herbeizuführen.

2 Möglich ist es aber auch, daß sich der vertraglich festgelegte Leistungsinhalt nicht oder – im Vergleich zur bisherigen Preisgestaltung – nur unwesentlich ändert, daß sich aber in der Zeit zwischen Vertragsabschluß und Fertigstellung die für die **notwendigen Eigenaufwendungen (Selbstkosten) des Auftragnehmers** erforderlichen Kosten fühlbar zu Lasten eines Vertragspartners – regelmäßig des Auftragnehmers – **ändern**. Dann ist der insoweit benachteiligte Vertragspartner nach dem Grundsatz pacta sunt servanda an den bisher vertraglich vereinbarten Preis **gebunden, wenn nicht** eine ausdrückliche vertragliche Vereinbarung vorliegt, daß der betroffene Vertragspartner zur Änderung der Preise berechtigt ist oder wenn nicht die Voraussetzungen für die Änderung oder den Wegfall der Geschäftsgrundlage (vgl. dazu Teil B § 2 Rdn. 150 ff. und 338 ff.) gegeben sind.

II. VOB-Regelungen

3 Auch die VOB geht von dem das Vertragsrecht beherrschenden, demnach gerade auch für den **Werkvertrag maßgebenden Grundsatz aus, daß „Vertrag gleich Vertrag" ist, daß also die bei Vertragsabschluß maßgebenden Regelungen für die Gesamtabwicklung des Vertrages gültig** sind. Das betrifft in **besonderem Maß e auch die Vergütung** des Auftragnehmers, für deren Bemessung es somit grundsätzlich auf den **Zeitpunkt des Vertragsabschlusses** ankommt, also auf die dabei vereinbarte (§ 631 Abs. 1 BGB, § 2 Nr. 1 VOB/B) oder die zu

jener Zeit angemessene bzw. übliche (§ 632 Abs. 2 BGB) Vergütung. Dies kann gerade bei Bauverträgen, deren Erfüllung häufig eine längere Zeit in Anspruch nimmt und bei denen es außerdem nicht selten zu Veränderungen des bei Vertragsabschluß vorgesehenen Leistungsinhaltes kommt, zu Schwierigkeiten führen. Sie liegen darin, daß die **bisherigen Grundlagen,** unter denen sich der Auftragnehmer in Bauvertragsverhandlungen eingelassen und unter denen er den Bauvertrag abgeschlossen hat, in dieser oder jener Hinsicht **fortgefallen** sein können, ohne daß damit schon von Änderung oder Wegfall der Geschäftsgrundlage im Rechtssinne (vgl. dazu Teil B § 2 Rdn. 150 ff. und 338 ff.) gesprochen werden könnte.

Für den Fall, daß es später bei der Vertragsabwicklung zu **Veränderungen im vorgesehenen Leistungsinhalt** kommt, **enthält Teil B Regelungen** für die einzelnen hier üblicherweise vorkommenden Fallgruppen und zeigt die Voraussetzungen etwaiger Vergütungsänderungen sowie die Grundsätze für die dann vorzunehmende Neuberechnung der bisher vom Auftraggeber dem Auftragnehmer geschuldeten Gegenleistung auf. Insoweit ist z. B. auf Teil B § 2 Nr. 3-6, 7, 8 Abs. 2 besonders hinzuweisen, ebenso auf den an sich vergütungsgleichen Schadensersatzanspruch des Auftragnehmers im Falle der schuldhaften Verletzung von Mitwirkungspflichten durch den Auftraggeber in Teil B § 6 Nr. 6. Soweit diese Einzelregelungen im konkreten Fall nicht eingreifen, kann auch hier der Grundsatz der Änderung oder des Wegfalles der Geschäftsgrundlage (vgl. a. a. O.) zu einer – wenn auch in der Praxis seltenen – Veränderung der bisherigen vertraglichen Vergütung führen. 4

Die vorgenannten **Bestimmungen in Teil B ergreifen nicht die** in Rdn. 1 außerdem erwähnte **Fallgruppe,** in der es nicht zur Veränderung des vorgesehenen Leistungsinhaltes kommt, sondern **sich bei gleichbleibendem Leistungsinhalt die bisher der Preiskalkulation des Auftragnehmers zugrundeliegenden Selbstkosten in der Zeit nach Vertragsabschluß bis zur endgültigen Erstellung der vertraglich vorgesehenen Leistung geändert haben.** Das betrifft zumeist die Material- und/oder die Personalkosten, kann aber auch die Kosten der Baustelle sowie die allgemeinen Geschäftskosten ergreifen. Da Teil B für solche Fälle keine Regelungen trifft, somit grundsätzlich für den betroffenen Vertragspartner nur ein – auch hier in erfahrungsgemäß sehr seltenen Fällen durchgreifendes – Berufen auf die Änderung oder den Wegfall der Geschäftsgrundlage (vgl. Teil B § 2 Rdn. 150 ff. und 338 ff.) in Betracht gezogen werden könnte, kann es gerade hier zu für diesen Vertragspartner nachteiligen Folgen in bezug auf die bisher dem Vertrag zugrunde gelegte Vergütung kommen. 5

Um hier diesen Vertragspartner vor **bei Vertragsabschluß nicht vorhergesehenen Nachteilen zu bewahren,** dient die in die Vergaberegelungen des Teils A eingeordnete Bestimmung des § 15, deren Sinn es ist, in den Verdingungs- und demgemäß auch in den späteren Vertragsunterlagen **Preisanpassungsklauseln** vorzusehen. Wenn auch die Grundvorstellung für den Bereich von Teil A § 15 von der zuletzt genannten Fallgruppe ausgeht, ist sie jedoch, wie vor allem der Wortlaut ergibt, **nicht darauf allein beschränkt. Vielmehr können sich die Grundlagen der Preisermittlung auch bei bisher (bei Vertragsabschluß) noch nicht feststehenden, nach Vertragsabschluß eintretenden Änderungen des Leistungsinhaltes wesentlich ändern,** was sozusagen auf der Hand liegt. Wenn auch die genannten Regelungen in Teil B für solche Fälle die etwaige Berechtigung des Auftragnehmers oder auch des Auftraggebers zur Anpassung der Vergütung und auch die Grundlagen für die Neuberechnung angeben, kann es im **Einzelfall durchaus sinnvoll, u. U. sogar geboten sein, in den Verdingungs- bzw. – dann – Vertragsunterlagen noch nähere Regelungen für die Neuberechnung im Einzelfall festzulegen. Auch darauf bezieht sich Teil A § 15,** wenn auch dies nicht der Regelfall sein mag (zu eng daher Daub/Piel/Soergel A § 15 ErlZ 15.1). 6

Letztlich liegt die Grundlage der hier erörterten Regelung darin, dem **Grundgedanken von Teil A § 9 Nr. 2 zu folgen,** also zu verhindern, daß dem späteren Auftragnehmer ein **ungewöhnliches Wagnis** auferlegt wird. Außerdem kann durch Gleitklauseln vermieden werden, daß der Bieter Risikozuschläge bei seiner Kalkulation macht, die der späteren Wirklichkeit nicht entsprechen, was sich durchaus auch zum Nachteil des Auftraggebers auswirken kann.

III. Bekanntgabe der Grundlagen etwaiger Preisänderungen

7 Soweit voraussehbar, sollen dem Bewerber oder Bieter die **Grundlagen etwaiger Preisänderungen** bekanntgegeben und damit auch zum Verhandlungs- und späteren Vertragsinhalt gemacht werden. Damit erhält er einmal einen frühzeitigen Hinweis auf eine mögliche Änderung oder Neufestsetzung der ihm nach Vertragsabschluß bzw. nach Erledigung der Leistung zustehenden Vergütung und kann sich darauf einrichten. Zum anderen wird ihm auch dadurch, daß die näheren Grundlagen und Maßstäbe etwaiger Änderungen der ihm zustehenden Vergütung in den Verdingungsunterlagen festgelegt und dann zum Gegenstand des Bauvertrages gemacht werden (vgl. auch Teil A § 10 Nr. 4 o), der **Klageweg eröffnet,** wenn später Umstände eingetreten sind, die den in den Verdingungsunterlagen festgelegten tatsächlichen Voraussetzungen für eine Preisänderung oder eine Neufestlegung des Preises entsprechen. Dabei liegt für beide Seiten der Vorteil einer Regelung nach Teil A § 15 im Verhältnis zu einer – sofern überhaupt – sich lediglich aus den Allgemeinen Vertragsbedingungen (z. B. aus Teil B § 2 Nr. 3-8) ergebenden Anspruchs- und auch Bemessungsgrundlage **als solcher** darin, daß hier bereits für den konkreten Fall maßgebende **Einzelheiten** für eine Preisänderung oder eine Preisneufestlegung festgelegt und zum Vertragsinhalt gemacht werden, während sie ohne eine solche Regelung lediglich nach den Allgemeinen Vertragsbedingungen oder gar den allgemeinen Grundsätzen des geltenden Zivilrechts festgestellt werden müßten. Teil A § 15 ist allerdings nur von Interesse, wenn in den Verdingungsunterlagen und in dem darauf beruhenden Vertragsabschluß auch Preise, und zwar entweder in bestimmten, jedenfalls aber hinsichtlich eindeutig bestimmbarer Beträge, festgelegt sind. Das hängt nicht zuletzt auch von den im Einzelfall gewählten Preisarten (vgl. Teil A § 5) ab. Es kommen für den Rahmen der hier angestellten Erörterung **Leistungsverträge** (Einheitspreisverträge und Pauschalverträge), auch **Stundenlohnverträge** in Betracht. **Auszuscheiden** haben grundsätzlich die **Selbstkostenerstattungsverträge,** weil sich hier die Vergütung ohnehin nach der tatsächlich erbrachten Leistung und den hierbei gemachten Aufwendungen bemißt, es sei denn, daß und soweit Festlegungen im Rahmen von Teil A § 5 Nr. 3 Abs. 2 erfolgen.

IV. Festpreisvereinbarung

8 Solange ein **Festpreis ausdrücklich als solcher,** also über die ohnehin sich ergebende Bindung (vgl. Rdn. 3 ff.) hinaus vereinbart werden soll oder vereinbart worden ist (dazu auch BGH WM 1969, 96; BGH WM 1969, 296 = LM § 459 BGB Nr. 20; BGH WM 1969, 1139; BGH NJW 1975, 869 = BauR 1975, 203 = MDR 1975, 569 = SFH Z 7.0 Bl. 7 = Betrieb 1975, 736 = BB 1975, 1415 = BlGBW 1975, 196 = LM § 631 BGB Nr. 32; BGH WM 1978, 322; BGHZ 85, 39 = BauR 1983, 66 = Betrieb 1982, 2615 = SFH § 134 BGB Nr. 4 = NJW 1983, 109 = LM § 134 BGB Nr. 103 Anm. Walchshöfer = ZfBR 1982, 246 = MDR 1983, 222 = ZIP 1983, 463), ist das **Verlangen** des Auftragnehmers auf **Preisänderung bei Veränderung der Preisermittlungsgrundlagen** hinsichtlich der bisher festgelegten, unverändert gebliebenen Leistung (anders die von Teil B § 2 Nr. 3-6, 7, 8 Abs. 2 oder § 6 Nr. 6 erfaßten Fälle) **nicht gerechtfertigt** (vgl. BGH SFH Z 2.301 Bl. 22 ff.). Der Festpreisgedanke ist **in dem gekennzeichneten Rahmen** von solcher Wichtigkeit, daß Ausnahmen grundsätzlich nicht zuzulassen sind. Diese Auffassung widerspricht auch nicht dem Sinn des Teils A § 15. Es liegt in der Entscheidung des Auftragnehmers, ob er trotz zu erwartender Änderungen der Preisermittlungsgrundlagen (insoweit der Selbstkosten) sich zu einem Festpreis entschließt und hierfür seine Leistung anbieten will. Wer ein Angebot zu Festpreisen abgibt, nimmt bereits damit das **Risiko von z. B. Lohn- und Materialpreiserhöhungen während der Bauzeit auf sich;** deshalb muß er sich grundsätzlich am Vertrag festhalten lassen, auch wenn einzelne Preiserhöhungen von ihm

nicht vorausgesehen werden konnten; der Gesichtspunkt der Änderung oder des Wegfalls der **Geschäftsgrundlage** greift hier nur in Ausnahmefällen ein (vgl. LG Mainz NJW 1971, 51), was z. B. in Betracht kommen kann, wenn der Verpflichtete erkennbar nur das Risiko „normaler" Preisschwankungen übernehmen will, sofern die Voraussetzungen dieses Rechtsinstitutes im übrigen gegeben sind (vgl. BGH WM 1978, 322 betr. die Ölpreissteigerung 1973). Vgl. dazu auch BGH BauR 1979, 245 = SFH § 6 VOB/B Nr. 4 = ZfBR 1979, 109; OLG Bremen BB 1971, 1384 sowie OLG Hamm, Urt. vom 20. 12. 1974 – 6 U 243/74 – und Teil B § 2 Rdn. 13 ff.; Teil A § 5 Rdn. 6. Wird berücksichtigt, daß der **Auftragnehmer ohnehin an den vertraglich festgelegten Preis gebunden** ist (vgl. Rdn. 3 ff.), ergibt sich, daß der **Begriff des „Festpreises"** in den Verdingungsunterlagen bzw. im späteren Bauvertrag eigentlich **keine eigenständige, besondere rechtliche Bedeutung** hat, wenn von dem zuletzt genannten Gesichtspunkt, nämlich einem erschwerten Berufen auf die Änderung oder den Wegfall der Geschäftsgrundlage, abgesehen wird.

Günstiger steht sich demnach auf jeden Fall der Auftragnehmer, wenn ihm in den Verdingungsunterlagen dennoch die Befugnis eingeräumt wird, **durch eine Preisanpassungsklausel, die ihre Grundlage in Teil A § 15 hat, sich auf eine Erhöhung der Selbstkosten,** insbesondere der Personal- und Materialkosten, **zu berufen.** 9

Nur ausnahmsweise kann er dies neben dem kaum möglichen Berufen auf die Änderung oder den Wegfall der Geschäftsgrundlage **auch ohne eine solche Klausel,** selbst bei Vereinbarung eines sogenannten Festpreises, wenn **ihm in anderer Hinsicht ein vertragliches Recht** dazu eingeräumt worden ist. Das trifft z. B. zu, wenn der Auftragnehmer mit Recht nach Teil B § 16 Nr. 5 Abs. 3 die Arbeit eingestellt hat und Preiserhöhungen eintreten, die sonst bei zügigem Baufortschritt in dem betreffenden Fall nicht zum Zuge gekommen wären (Schmidt WM 1974, 294, 298 unter Hinweis auf BGH, Urt. vom 22. 11. 1973 – VII ZR 14/72 –). Auch sonst kann dies bei schuldhafter Verletzung von Vertragspflichten des Auftraggebers im Rahmen seiner Mitwirkungspflichten liegen, wenn also die Voraussetzungen für einen Schadensersatzanspruch nach Teil B § 6 Nr. 6 gegeben sind. 10

Ferner: Ist die Festpreisvereinbarung lediglich auf die Lohn- und Materialkosten im Zeitpunkt des Vertragsabschlusses oder bis zu einem bestimmten Zeitpunkt abgestellt und sind spätere Preiserhöhungen **erkennbar vorbehalten,** so kann der Auftragnehmer dann weder nach § 632 Abs. 2 BGB den üblichen Werklohn noch einen angemessenen Teuerungszuschlag nach den §§ 315, 316 BGB verlangen; vielmehr wird durch diesen Vorbehalt dem Auftragnehmer entsprechend § 642 BGB nur ein Anspruch auf eine angemessene Entschädigung für die eingetretenen und nachzuweisenden Kostensteigerungen eröffnet (OLG Düsseldorf BauR 1983, 473 = SFH § 642 BGB Nr. 2; zu weitgehend OLG Hamm BB 1975, 489, das hier den Weg über §§ 315 f. BGB gehen will. 11

Eine Klausel in AGB, wonach der Auftragnehmer bei Erhöhung der der Kalkulation zugrundeliegenden Kosten zwischen Vertragsabschluß und Abnahme berechtigt ist, die in der Auftragsbestätigung genannten Preise entsprechend zu berichtigen, kann nur dann zu einer Preiserhöhung führen, wenn die Vertragspartner sich über die Preiserhöhung einigen oder der Auftragnehmer seine ursprüngliche Kalkulation offenlegt und nachweist, welche Kosten (Lohn, Material, Baustellengemeinkosten, allgemeine Geschäftskosten) sich um welchen Betrag in welchem Zeitraum erhöht haben (OLG Düsseldorf Betrieb 1982, 537). Wird in einem Formularvertrag über die Errichtung eines Bauwerks ein Festpreis vereinbart, der nur gelten soll, wenn bis zu einem bestimmten Zeitpunkt mit dem Bau begonnen werden kann, so verstößt eine Bestimmung in dem Formularvertrag, wonach sich bei Überschreiten des Festpreistermins der Gesamtpreis um den Prozentsatz erhöht, zu dem der Unternehmer entsprechende Bauwerke im Zeitpunkt des Baubeginns nach der dann gültigen Preisliste anbietet, gegen § 9 AGB-Gesetz und ist daher unwirksam, da das berechtigte Interesse des Auftragge- 12 bers am Festhalten des Preises höher zu bewerten ist als die Interessenlage des Auftragnehmers an einer Preisanpassung, zumal diese Klausel keine Begrenzung auf die eigenen Mehraufwendungen des Auftragnehmers enthält und der Auftragnehmer möglicherweise dadurch eine Erhöhung des Gewinns erreichen kann (vgl. BGHZ 94, 335 = BauR 1985, 573 = NJW 1985, 2270 = Betrieb 1985, 1885 = MDR 1985, 926 = ZIP 1985, 1081 = BB 1985, 1351 = LM § 9 [Bf] AGBG Nr. 9 = SFH § 9 AGBG Nr. 24 = ZfBR 1985, 220 = Bunte EWiR § 9 AGBG 9/85, 525; vgl. auch OLG Stuttgart NJW-RR 1988, 786, 788).

B. Die Voraussetzungen für Teil A § 15

13 Nach Satz 1 wird verlangt, daß im Einzelfall wesentliche **Änderungen** der Preisermittlungsgrundlagen, deren Eintritt oder Ausmaß ungewiß ist, **zu erwarten** sind.

I. Änderung der Preisermittlungsgrundlagen

Erste Voraussetzung ist demnach eine **Änderung der Preisermittlungsgrundlagen**.

14 1. Objektiv liegt eine **Änderung** nicht vor, wenn die grundlegenden Tatsachen (Berechnungsgrundlagen) von Anfang an gegeben waren und in dieser Weise unverändert fortdauern, wenn lediglich die daraus gezogene Schlußfolgerung auf einer irrtümlichen oder fehlerhaften Überlegung beruht. So können z. B. die sogenannten **Kalkulationsirrtümer** des Bieters (vgl. dazu Teil A § 19 Rdn. 21 ff.) **nicht** unter den Begriff der Änderung gebracht werden. Von einer Änderung kann vielmehr nur gesprochen werden, wenn sich ursprünglich zugrunde gelegte Tatsachen später auf Veranlassung des Auftraggebers oder der für diesen befugt handelnden Personen oder sonstiger Dritter (z. B. Lieferanten, der allgemeinen Marktverhältnisse) ändern und daher nicht mehr mit den bisher vorhandenen Gegebenheiten und Anforderungen übereinstimmen. Der hier verwendete Begriff **Änderung** ist nicht allgemein gehalten, sondern er **bezieht sich** auf die **Preisermittlungsgrundlagen** und ist insoweit eingeschränkt.

15 2. Der Begriff der **Preisermittlungsgrundlagen** ist im weitesten Sinne zu verstehen; er umfaßt alles, was wesentlicher Gegenstand der Preisberechnung, vornehmlich der Kalkulation, im Einzelfall ist und **auf die Kosten des Bieters bzw. späteren Vertragspartners einen Einfluß ausübt** (auch Daub/Piel/Soergel ErlZ A 15.6). Hierzu gehören zunächst die vom Auftraggeber gemachten Angaben über die Einzelheiten der Leistungsanforderungen, wie sie in der Leistungsbeschreibung oder den sonstigen Leistungsangaben nach Teil A § 9 enthalten sind bzw. enthalten sein müssen. Hinzu kommen alle Faktoren, die unter Zugrundelegung der Leistungsanforderungen des Auftraggebers für den späteren Auftragnehmer bei der Preisberechnung eine Rolle spielen, weil sie diese beeinflussen. Hierzu rechnen u. a. Lohn- und Gehaltskosten, lohngebundene Kosten, Materialpreise, Frachtpreise, Abschreibungs- und Verzinsungssätze für Geräte, Kreditkosten, Steuern usw. Dabei kommen im Rahmen der VOB in objektiver und subjektiver Hinsicht allerdings **nur die** Faktoren in Betracht, die von dem grundlegenden Erfordernis des angemessenen Preises nach Teil A § 2 gedeckt werden. Siehe dazu Teil A § 2 Rdn. 10 ff. Zu den Preisermittlungsgrundlagen im einzelnen beachtlich Mantscheff BauR 1979, 389.

II. Wesentlichkeit der Änderung

16 Zweite Voraussetzung ist, daß nicht eine irgendwie geartete Änderung der Preisermittlungsgrundlagen eintritt, sondern daß es sich um eine **wesentliche Änderung** handeln muß. Hierin liegt eine **weitere Einschränkung.** Eine Änderung geringfügiger Natur reicht nicht aus, vielmehr muß es sich um solche Änderungen handeln, die bei sachkundiger Betrachtung – also nach der Beurteilung eines unbeteiligten fachmännischen Dritten – bei der Berechnung und Festlegung der Preise eine beachtenswerte Rolle spielen. Das tun sie dann, wenn sich die

Differenz zwischen der bisherigen und der veränderten Grundlage der Preisermittlung (im allgemeinen der Selbstkosten des Unternehmers) auf die Gestaltung des Preises derart auswirkt, daß **keine echte Relation** zwischen Leistung und Gegenleistung **im Sinne** einer als anerkennenswert zu bezeichnenden **Angemessenheit** mehr vorhanden ist. Wann dies zu bejahen ist, ist Frage des Einzelfalles und kann daher nur generell umschrieben werden. Keineswegs ist aber erforderlich, daß die strengen Voraussetzungen der Änderung oder gar des Wegfalls der Geschäftsgrundlage (vgl. dazu Teil B § 2 Rdn. 150 ff. und 338 ff.) vorliegen müssen. Vielmehr verlangt der genannte Maßstab für die Änderung der Preisermittlungsgrundlagen **weitaus weniger.** Vgl. auch Rdn. 26 ff.

III. Zu erwartende Änderung

Die weitere Regelung in Teil A § 15, daß **wesentliche Änderungen** der Preisermittlungsgrundlagen zu erwarten sein müssen, bringt durch den Begriff „erwarten" zwei außerdem zu beachtende Gesichtspunkte zum Ausdruck.

1. Einmal **dürfen** zur Zeit der Ausschreibung die **wesentlichen Änderungen noch nicht eingetreten sein.** Anderenfalls würde kein Bedürfnis bestehen, eine besondere Vereinbarung nach Teil A § 15 zu treffen, da die bereits eingetretenen Verhältnisse in die Verdingungsunterlagen und anschließend in das Angebot mit aufgenommen werden müssen, also dem Bewerber in allen ihren die Preisbildung beeinflussenden Umständen bekannt sind bzw. bekannt sein müssen, so daß er sie von Anfang an berücksichtigen kann.

2. Des weiteren müssen, wenn auch nicht konkrete, so doch immerhin nach den zur Zeit der Ausschreibung vorliegenden Umständen **gewisse Anhaltspunkte vorliegen,** aus denen sich nach aller Erfahrung wesentliche Änderungen der Preisermittlungsgrundlagen abzeichnen. Dabei sind solche Anhaltspunkte nur gegeben, wenn sie bei **objektiver Beurteilung** der gegenwärtig herrschenden Lage auch wirklich so gesehen werden können. So ist z. B. eine **Verteuerung** auf dem Lebensmittelmarkt noch kein Anhaltspunkt für eine wesentliche Änderung der Baupreisermittlungsgrundlagen, ebenso nicht eine **Lohnerhöhung** für die Arbeiter eines den Bausektor nicht berührenden Industriezweiges. Dagegen kann eine Verteuerung des Öls oder des Eisens oder von sonstigen Brennstoffen wegen des Zusammenhanges mit der Herstellung von Baumaterialien bzw. von Bauleistungen selbst durchaus ein begründeter Anhaltspunkt für eine wesentliche Änderung der Preisermittlungsgrundlagen sein. Das hat nicht nur für eine Verteuerung, sondern auch für eine **Verbilligung** zu gelten.

IV. Ungewißheit über Eintritt oder Ausmaß der Änderung

Schließlich wird noch vorausgesetzt, daß der **Eintritt oder das Ausmaß der Änderungen ungewiß** ist. Die Ungewißheit ist Voraussetzung für eine Maßnahme nach Teil A § 15, weil bei Gewißheit über Eintritt und Ausmaß die Änderungen in den Preisermittlungsgrundlagen bereits von vornherein berücksichtigt werden können. Steht z. B. fest, daß zu einem gewissen Zeitpunkt die Preise für Kalksandsteine um 20% oder die Schreinerlöhne um 5% steigen werden, und erstreckt sich die Bauausführung über diesen Zeitraum hinaus, bedarf es keiner Sonderregelung nach Teil A § 15; diese Erhöhungen können schon in dem Vertragsangebot des Bieters enthalten sein. Voraussetzung für die Entbehrlichkeit einer Regelung nach Teil A § 15 ist allerdings, daß **sowohl** der Eintritt **als auch** das Ausmaß der Änderung der Preisermittlungsgrundlagen feststehen muß. Es genügt nicht, wenn zwar das Ausmaß, nicht aber der Eintritt oder umgekehrt feststeht. Ist es z. B. eindeutig, daß eine Lohnerhöhung der Bauarbeiter um 5% eintritt, ist aber deren Beginn nicht bekannt, oder weiß man, daß in Kürze der Holzpreis steigt, weiß man aber noch nicht in welcher Höhe, so kann das noch keine hinreichende Berücksichtigung in den Verdingungsunterlagen bzw. in den Vertragsangeboten im Sinne einer genauen Berechnung erfahren.

21 Hierher gehören nicht nur Veränderungen der Löhne oder der Materialpreise, sondern dazu rechnet z. B. auch, daß der Auftraggeber in den Verdingungsunterlagen bloß die Möglichkeit andeutet, daß er die Erdarbeiten bei seinem Bauvorhaben selbst vornimmt. Entgegen Daub/Piel/Soergel (ErlZ A 15.10 Fn. 8) läßt sich ein solcher Fall nicht immer ohne Preisvorbehalt allein nach Teil B § 2 Nr. 4 befriedigend lösen, da durch den Wegfall von Teilleistungen auch die Eigenaufwendungen des Auftragnehmers sich in **anderen** Leistungsteilen bzw. Positionen zu seinem Nachteil verändern können, wie z. B. durch sonst nicht eintretende Stilliegezeiten. Daher sind hier alle späteren Eingriffe des Auftragnehmers oder von dritter Seite einzubeziehen, die eine Veränderung der bisherigen Preisermittlungsgrundlage bedeuten, sofern sie in Teil B, insbesondere §§ 2 Nr. 3-7, 6 Nr. 6, keine ausreichende Regelung gefunden haben.

C. Die Preisänderungsregelung in Teil A § 15

22 Unter den in Rdn. 13 ff. erläuterten Voraussetzungen **kann** eine **angemessene Änderung** der Vergütung in den Verdingungsunterlagen **vorgesehen** werden. Also muß es sich um eine – spätere – **ausdrückliche vertragliche, jedoch schon in den Verdingungsunterlagen vorgesehene Regelung** handeln. Dies ist **Voraussetzung,** da ohne eine solche Vereinbarung lediglich die Vergütungsänderungsbestimmungen in Teil B sowie die seltene Ausnahme der Änderung oder des Wegfalls der Geschäftsgrundlage in Betracht kommen. Dabei sind die **Einzelheiten der Preisänderungen** ebenfalls in den Verdingungsunterlagen festzulegen. Es kann angezeigt sein, diese über den konkreten Vergabefall hinaus einheitlich festzulegen, um den Bietern eine bestimmte Klarheit und Sicherheit zu vermitteln. Insofern können vor allem sogenannte Indexklauseln hilfreich sein (vgl. dazu Schelle Bauverwaltung 1985, 337).

Soweit das **AGB-Gesetz** im Einzelfall eingreift, ist jedoch auch für den Bereich des VOB-Vertrages zu beachten, daß nach § 11 Nr. 1 dieses Gesetzes eine **formularmäßige Preiserhöhungsklausel verboten** ist, die bereits einen **Zeitraum bis zu vier Monaten seit Vertragsabschluß** erfaßt. Das kommt aber in Bauverträgen im allgemeinen nicht vor, weil dazu eine entsprechende Klausel in den **Vertragsbedingungen des Auftragnehmers** Voraussetzung wäre, was vor allem bei Stundenlohnverträgen von Bedeutung sein könnte. Unter Entgelt i. S. von § 11 Nr. 1 AGB-Gesetz ist der Preis einschließlich Umsatzsteuer zu verstehen, was bei Änderungen der Umsatzsteuer von Bedeutung ist (vgl. AG Krefeld NJW 1978, 1535 = BB 1978, 983; vgl. dazu auch Teil B § 2 Rdn. 124 ff. und 171 ff.). Im übrigen kann hier **auch § 9 AGB-Gesetz** eine Rolle spielen (vgl. dazu BGH BB 1980, 1490 = Betrieb 1980, 2125 = NJW 1980, 2518 = WM 1980, 1120 = MDR 1980, 47). Für Vertragsverhältnisse unter Kaufleuten ist nicht § 11 Abs. 1 AGB-Gesetz, sondern § 9 AGB-Gesetz die Beurteilungsgrundlage; dabei sind formularmäßige Klauseln grundsätzlich bei sogenannten Festpreisabsprachen, kurzfristigen Verträgen, bei denen die Preisentwicklung überschaubar ist, unzulässig; ansonsten kommt es auf die Frage unverschuldeter, nicht vorhersehbarer Preisentwicklung an, wobei eine Gewinnerhöhung nur ausnahmsweise – bei Bauverträgen grundsätzlich nicht – in Betracht kommt (vgl. dazu Wolf ZIP 1987, 341). Preisänderungsklauseln in AGB müssen vor allem auch inhaltlich klar, insbesondere wegen ihrer Voraussetzungen und Folgen völlig zweifelsfrei sein; anderenfalls könnten sie allein nach § 5 AGB-Gesetz unwirksam sein.

I. Angemessene Änderung

23 Vorzusehen ist eine **angemessene Änderung der Vergütung.** Gemeint ist damit die bestmögliche **Wiederherstellung der Gleichgewichtigkeit** zwischen Leistung und Gegenleistung aufgrund der neuen Preisermittlungsgrundlagen, allerdings unter Berücksichtigung der bisherigen Grundlagen als Ausgangspunkt. Dabei ist für den zu verändernden Bereich besonderes Gewicht auf eine **angemessene Veränderung** zu legen, was sich wiederum mit dem für die VOB allgemeingültigen Grundsatz des angemessenen Preises nach Teil A § 2 deckt. Daher sind für die Einzelheiten die gleichen Grundsätze maßgebend, die in Teil A § 2 Rdn. 10 ff. erläutert sind. Für Teil A § 15 gelten daher die gleichen Richtlinien, wie sie von Beginn an für die Bildung des angemessenen Preises maßgeblich sind.

II. Änderung für den Fall des Eintritts bestimmter Ereignisse

Es ist in Teil A § 15 nicht von einer Festlegung bereits als gegeben anzusehender Umstände die Rede, wie das hinsichtlich des übrigen Inhaltes der Verdingungsunterlagen der Fall ist. Man kann nur, und das wird durch den Begriff des „Vorsehens" dargetan, eine Bestimmung **für den Fall des Eintritts** der erwähnten Voraussetzungen treffen, weshalb hier grundsätzlich von einer aufschiebenden Bedingung (§ 158 Abs. 1 BGB) gesprochen werden muß. Das muß in der erforderlichen **Klarheit und Bestimmtheit** erfolgen, insbesondere im späteren Angebot. 24

Die in Angeboten häufig vorkommende Wendung: „Unser Angebot ist auf der derzeitigen Lohn- und Materialpreisbasis kalkuliert", beinhaltet noch keinen Vorbehalt der Inrechnungstellung späterer Preiserhöhungen. Damit wird nämlich nur eine Selbstverständlichkeit zum Ausdruck gebracht, ohne daß dadurch eine Vereinbarung späterer Preisänderung oder auch nur das hinreichend deutliche Verlangen dazu in Erwägung gezogen werden kann. Anders ist es, wenn im Angebot ausdrücklich zum Ausdruck kommt, daß die angebotenen Preise nur unter der Voraussetzung ungehinderter Bauausführung sowie – insbesondere – gleichbleibender Lohn- und Materialkosten gelten; darin ist eine hinreichend klare Vorbehaltserklärung der Berechnung späterer Preiserhöhungen enthalten (OLG Hamm BB 1975, 489). Eine Klausel, wonach unvermeidbare Mehrkosten an Löhnen ersetzt werden, betrifft nicht nur tarifliche Lohnerhöhungen, sondern auch sonstige Umstände, die es dem Auftragnehmer bei ordnungsgemäßer, ungestörter Weiterführung seines Betriebes unumgänglich erscheinen lassen, Lohnmehrforderungen zuzugestehen.

III. Einzelheiten der Preisänderung

Wie im Einzelfall eine angemessene Änderung der Vergütung festzusetzen ist, wird in der „zwingenden" (vgl. Teil A vor § 2 Rdn. 5 ff.) Regelung des Satzes 2 in § 15 zum Ausdruck gebracht. Angesichts der Bestimmung, daß die **Einzelheiten der Preisänderungen festzulegen sind,** ist zu beachten: 25

1. Zunächst wird verlangt, daß die für eine spätere Preisänderung maßgebenden Voraussetzungen im einzelnen festgelegt werden. Es **genügt** also **nicht, nur allgemein von der Erwartung der Änderung wesentlicher Preisermittlungsgrundlagen zu sprechen.** Vielmehr ist die **Angabe im einzelnen erforderlich, welche Preisermittlungsgrundlagen** zum Gegenstand eines Preisvorbehaltes gemacht werden (z. B. Löhne, Preise für Holz, für Zement, für Installationsmaterial usw.). Sollen die Preise bestimmter Stoffe einer Gleitklausel unterworfen werden, so bedarf es **bei Vertragsabschluß** der Angabe der marktüblichen Preise, weil spätere Preisänderungen nur vom Ausgangspunkt und der Grundlage **dieser** Preise aus zuverlässig ermittelt werden können; ohne diese Angaben im Angebot besteht die Gefahr, daß es bei der dann notwendigen späteren Ermittlung des Einstandspreises zu Schwierigkeiten kommt (BGH SFH Z 2.312 Bl. 6 = WM 1975, 182). Entsprechendes gilt für im Vertrag vorgesehene bzw. enthaltene Lohngleitklauseln. 26

Zu den Begriffen „Einstandspreis" und „Abrechnungspreis" in einer Stoffpreisgleitklausel nach Tz. 2.4 der „Zusätzlichen Vertragsbedingungen für die Ausführung von Bauleistungen auf Straßen 1963" (ZVStra 1963), wenn in der Anlage zum Leistungsverzeichnis „Einstandspreise" und nicht „Einkaufspreise" ausgewiesen sind, vgl. BGH BauR 1982, 172 = SFH VO PR 8/55 Nr. 1 = MDR 1982, 661 = Betrieb 1982, 1615 = ZfBR 1982, 78 = LM BauPreisVO Nr. 4.

Um welche Preisermittlungsgrundlagen es sich im betreffenden Fall handelt, für die eine Preisänderung vorzusehen ist, hängt von der jeweiligen Situation ab. Es kann sich nur um eine einzige handeln, wenn z. B. lediglich mit einem neuen Lohntarif für Dachdecker zu rechnen ist. Ebenso kann aber auch eine Reihe von Preisermittlungsgrundlagen in Betracht kommen, 27 wenn z. B. eine Verteuerung (oder etwaige Verbilligung) der Kohle oder des Öls bevorsteht. Somit kann dann nämlich eine Preisänderung bei einer nicht unerheblichen Menge von im Einzelfall zu verwendenden Baustoffen und/oder bei hier zu erbringenden Bauleistungen erwartet werden. Dann ist es zulässig, wenn man im Preisvorbehalt nicht jedes Material im einzelnen aufzählt, sondern wenn allgemein eine deutliche Umgrenzung gegeben wird, z. B. „falls infolge der Verteuerung von Brennstoffen sich Preisänderungen des im Leistungsverzeichnis aufgezählten Baumaterials und/oder der damit zusammenhängenden Leistungen während der Bauausführung ergeben sollten...". Hat ein Auftragnehmer **Stoffe** bereits **zum alten Preis eingekauft oder noch auf Lager,** so kann er nachträglich nicht den neuen Preis in Rechnung stellen, selbst wenn ein Preisvorbehalt bezüglich dieses Stoffes gemacht ist. Für den Auftragnehmer ist nämlich dann eine Verteuerung, für die er ohnehin beweispflichtig ist (bei der Verbilligung dagegen der Auftraggeber), nicht eingetreten.

28 Auch ist in den Verdingungsunterlagen festzulegen, **wann die Änderungen als wesentlich** angesehen werden. Es genügt nicht die Angabe, daß der eingesetzte Preis nicht mehr gilt, wenn eine Änderung dieser oder jener Art eintritt. Vielmehr muß angegeben werden, bei welchem Grad der Änderung der bisherige Preis nicht mehr gelten soll (z. B. eine Lohnerhöhung der Schreiner von mindestens 5%, eine Verteuerung der Mauersteine um 10% usw.). Entgegen der hier in der Vorauflage vertretenen Auffassung ist eine Klausel hinreichend klar, wonach Mehrlöhne und Zuschläge nur erstattet werden sollen, wenn sie zusammen 0,5% der Abrechnungssumme überschreiten, weil dadurch doch hinreichend deutlich wird, daß der Auftragnehmer Lohnmehrkosten von 0,5% der Abrechnungssumme auf jeden Fall selbst tragen soll. Eine entsprechende Klausel in AGB – insbesondere Zusätzlichen Vertragsbedingungen – ist daher nicht gemäß § 5 AGB-Gesetz unklar (OLG Köln SFH § 2 Nr. 2 VOB/B Nr. 2 zur Auslegung von Ziff. 2.36 ZVStra 1973 mit abl. Anm. von Hochstein).

29 2. Es genügt nicht, lediglich anzugeben, unter welchen Voraussetzungen und unter welchen Bedingungen der bisherige Preis geändert werden oder evtl. außer Kraft treten soll. Vielmehr müssen insbesondere auch Angaben darüber gemacht werden, **in welchen Grenzen sich die Änderungen von Preisermittlungsgrundlagen auswirken** sollen. Damit ist nicht bereits die genaue Höhe des neuen Preises gemeint, da dieser in der ungewissen Situation, in der man sich bei der Vereinbarung eines Preisvorbehaltes befindet, nicht schon bestimmt werden kann. Vielmehr ist an die **Festlegung der Elemente der Preisermittlungsgrundlagen** gedacht, die bei der Bildung des neuen Preises erfaßt werden sollen. Hier werden **üblicherweise Lohn- und/oder Materialpreisgleitklauseln** vereinbart.

30 Fehlt es daran, kommt im Zweifel eine Bestimmung durch den Auftragnehmer nach § 315 BGB in Betracht (vgl. OLG Hamm BB 1975, 489). Voraussetzung dafür ist jedoch, daß der Auftragnehmer seine Kalkulation offenlegt und nachweist, welche Kosten (Lohn, Material, Baustellenkosten, allgemeine Geschäftskosten) sich um welchen Betrag in welchem Zeitraum erhöht haben (vgl. OLG Düsseldorf BauR 1983, 470). Eine Klausel in AGB, wonach der Auftragnehmer bei Erhöhung der der Kalkulation zugrundeliegenden Kosten zwischen Vertragsabschluß und Abnahme berechtigt ist, die in der Auftragsbestätigung genannten Preise entsprechend zu berichtigen, kann nur dann zu einer Preiserhöhung führen, wenn die Vertragspartner sich über die Preiserhöhung einigen oder der Auftragnehmer seine ursprüngliche Kalkulation offenlegt und nachweist, welche Kosten (Lohn, Material, Baustellenkosten, allgemeine Geschäftskosten) sich um welchen Betrag in welchem Zeitraum erhöht haben (OLG Düsseldorf Betrieb 1982, 537). Im allgemeinen ist auch die Steigerung **vermögenswirksamer Leistungen** eine Erhöhung des Tariflohnes; daher fällt deren Erhöhung grundsätzlich unter eine vereinbarte Lohngleitklausel, wenn dieses nicht ausdrücklich ausgeschlossen ist (OLG Hamburg NJW 1974, 2049 = BauR 1975, 60). **Nicht zu empfehlen** ist die Vereinbarung von Gleitklauseln, die sich nach dem **Baukostenindex** richten, da hierdurch nicht nur unerhebliche Kostenänderungen, sondern auch der einkalkulierte Gewinn erfaßt sein würde, während

es im allgemeinen Sinn und Zweck der Gleitklauseln ist, den in fühlbarer Weise veränderten Eigenaufwand des Auftragnehmers – lediglich – zu erfassen.

Zur Festlegung der Abrechnung von Lohnerhöhungen in Lohngleitklauseln vor allem Mantscheff BauR 1975, 184.

Entgegen früher hat die **Baupreisverordnung** vom 6. 3. 1972 (BGB l. I S. 293 ff.) in der jetzt gültigen Fassung keine Vorschriften über Preisvorbehalte mehr. Siehe auch Zeiger BauR 1973, 201 und Teil B § 2 Rdn. 171 ff. Zu den Grundlagen der Baupreisverordnung vgl. Altmann u. a. BauR 1981, 445 sowie zu den maßgeblichen Regelungen ders. BlGBW 1982, 68 ff., 126, 168 und 205. Zur Pflicht zur Vorlage der Vorkalkulation nach der Baupreisverordnung Altmann BlGBW 1974, 131 sowie ders. BlGBW 1983, 168 über die Pflichten des Auftragnehmers hinsichtlich des Preisnachweises.

Zu den Preisvorbehalten enthält das VHB zu Teil A § 15 unter 1. bis 5. eingehende Bestimmungen, die im einzelnen genau beachtet werden müssen. Hierauf ist für den öffentlichen Auftraggeber **besonders hinzuweisen.** Muster von Lohn- und Stoffpreisgleitklauseln finden sich im VHB Teil II.
Über die Lohngleitklausel und die Stoffpreisgleitklausel in den Abschnitten 9 und 10 der für den Bundesfernstraßenbau maßgebenden ZVB-StB 80 siehe eingehend Schelle/Erkelenz S. 167 ff.
Zu der Vereinbarung von Stoffpreisgleitklauseln für Mineralölprodukte bei der Durchführung von Bauaufgaben des Bundes im Zuständigkeitsbereich der Finanzbauverwaltung vgl. RdErl. BM Bau vom 29. 6. 1979 – B 12 – B 1057 – 12/79 –, Bauverwaltung 1979, 375.

Außerdem gelten die „Grundsätze zur Anwendung von Preisvorbehalten bei öffentlichen Aufträgen" des Bundesministers für Wirtschaft und Finanzen vom 4. 5. 1972 (GMBl. 1972, 384; VHB Teil IV). Vgl. dazu die Erläuterungen von Altmann BlGBW 1973, 103. Ferner: Kainzbauer/Krämer, Amtliche Werte und Bewertungsrichtlinien für die Baupreisermittlung bei öffentlichen Aufträgen, 1975, Bauverlag GmbH, Wiesbaden und Berlin, Schriftenreihe des Hauptverbandes der Deutschen Bauindustrie, Heft 20; Sachse/Senf, Bauen und Gleitklauseln, Verlagsgesellschaft R. Müller, Köln 1974. Zu Preisgleitklauseln in Bauverträgen vgl. auch Döser/Krämer, Bauverlag GmbH, Wiesbaden und Berlin, 1973, Schriftenreihe des Hauptverbandes der Deutschen Bauindustrie, Heft 19.

3. Es ist allgemein **zu empfehlen, auch im außerstaatlichen Bereich** bei der Festlegung von Lohn- und Materialpreisgleitklauseln **entsprechend diesen Richtlinien zu verfahren,** da diese die Möglichkeit bieten, in sachgerechter Weise die Anpassung an die veränderte Kostensituation vorzunehmen. Dabei genügt allerdings nicht schon die bloße Angabe in den Vergabeunterlagen, daß „die staatlichen Regelungen" gelten sollen. Vielmehr muß sich unmißverständlich ergeben, daß eine Änderungsklausel überhaupt vereinbart werden soll; ferner muß im Leistungsverzeichnis ein Ansatz des Auftraggebers zum Eintragen des Änderungssatzes enthalten sein; im Falle einer Stoffpreisgleitklausel muß der Auftraggeber in einer Anlage „Verzeichnis für Stoffpreisgleitklausel" zum Leistungsverzeichnis die Erstattung von Stoffmehr- und Minderaufwendungen vorsehen (Schelle/Erkelenz S. 178).

IV. Preisvorbehalte

Nach Teil A § 15 sollen die **Preisvorbehalte in die Verdingungsunterlagen** aufgenommen werden. Gemäß Teil A § 10 Nr. 4 o gehören sie in die Zusätzlichen oder in die Besonderen Vertragsbedingungen.

§ 16 Grundsätze der Ausschreibung

1. Der Auftraggeber soll erst dann ausschreiben, wenn alle Verdingungsunterlagen fertiggestellt sind und wenn innerhalb der angegebenen Fristen mit der Ausführung begonnen werden kann.

2. Ausschreibungen für vergabefremde Zwecke (z. B. Ertragsberechnungen) sind unzulässig.

Inhaltsübersicht

	Rdn.
Vorbemerkung	1
A. Voraussetzungen der Ausschreibung	2
I. Grundlagen	2-4
II. Fertigstellung aller Verdingungsunterlagen	5
III. Ausführungsbeginn innerhalb der angegebenen Fristen	6-9
B. Unzulässige Ausschreibung für vergabefremde Zwecke	10-11

1 Vorbemerkung: § 16 behandelt allgemeine Grundsätze, die der Auftraggeber beachten soll bzw. muß. Es handelt sich in Nr. 1 einerseits und Nr. 2 andererseits um voneinander unabhängige Regelungen, die jede für sich zu betrachten und zu würdigen sind.

A. Voraussetzungen der Ausschreibung

I. Grundlagen

2 1. Nach Nr. 1 soll der Auftraggeber erst ausschreiben, wenn alle Verdingungsunterlagen fertiggestellt sind und wenn innerhalb der angegebenen Fristen mit der Ausführung begonnen werden kann. Nach dem Sinn dieser Bestimmung sollen einmal die Vertragsverhandlungen so vorbereitet und ermöglicht werden, daß klare, eindeutige und lückenlose Unterlagen, die für den späteren Vertragsabschluß von Bedeutung sind, vorliegen und allen Bewerbern zugänglich gemacht werden können. Zum anderen soll der jeweilige Bewerber davor geschützt werden, sich in Vertragsverhandlungen zu begeben, die **verfrüht** sind. Zu bedenken ist nämlich, daß die Ausarbeitung des Angebots neben der Mühewaltung mit **Kosten** verbunden ist, die der Bewerber nur bei ordnungsgemäßen Ausschreibungen aufbringen will. Die hier erörterte Regelung gilt sinngemäß auch für Ausschreibungen nach Leistungsprogramm gemäß Teil A § 9 Nr. 10-12, was besagt, daß die dort in Nr. 10 und 11 angeführten Voraussetzungen für eine solche besondere Ausschreibungsart auf seiten des Auftraggebers unbedingt gegeben sein müssen, wenn ausgeschrieben wird.

3 2. Zwar ist zu beachten, daß Nr. 1 in eine „Sollvorschrift" (vgl. hierzu Teil A Vor § 2 Rdn. 5 ff.) gekleidet ist. Dadurch wird hier aber nur zum Ausdruck gebracht, daß es in Einzelfällen **begründete Ausnahmen vom Grundsatz** geben kann, für die der **Auftraggeber darlegungs- und beweispflichtig** ist. Dazu kann vor allem auch der in Teil A § 10 Nr. 9-12 geregelte Fall rechnen. Diese „Sollvorschrift" gibt dem Auftraggeber also keinen Freiraum; sie ist in der Grundlage ein „muß"; nur im absolut gerechtfertigten Ausnahmefall kann davon abgewichen werden.

4 3. Der Auftraggeber muß hier besonders bedenken, daß der in Teil A § 16 Nr. 1 zum Ausdruck gebrachte Grundsatz nichts anderes ist als ein **Ausfluß ihm obliegender Fürsorge- und Obhutspflichten,** die sich jedenfalls in der Zeit nach Anbahnung von Vertragsverhandlungen ergeben und die bei schuldhafter Pflichtverletzung zu einer Haftung aus dem Gesichtspunkt der culpa in contrahendo führen können (vgl. dazu Einl. Rdn. 51 ff.).

II. Fertigstellung aller Verdingungsunterlagen

Dadurch, daß der **Auftraggeber erst ausschreiben** soll, **wenn alle Verdingungsunterlagen fertiggestellt** sind, wird nur eine Selbstverständlichkeit ausgesprochen. Es liegt nicht nur im Interesse des Bewerbers, genau zu wissen, was von ihm erwartet wird, sondern ebenso im Interesse des Auftraggebers, ein in allen Teilen brauchbares und klares Angebot zu erhalten. Die Nichteinhaltung dieses Erfordernisses kann auch nicht mit Eilbedürftigkeit wegen etwaigem Verlust staatlicher Förderungsmittel begründet werden, weil auch dann grundsätzlich die Bereitstellung ordnungsgemäßer Ausschreibungsunterlagen zu verlangen ist; andernfalls kann sich der Auftraggeber aus culpa in contrahendo haftbar machen (vgl. LG Weiden NJW 1985, 1476). Mit den Verdingungsunterlagen, die vor Beginn der Ausschreibung fertiggestellt sein sollen, ist in erster Linie die **Leistungsbeschreibung** gemeint, da sich hieraus die Leistungsanforderungen für den Einzelfall ergeben, die grundlegend für die Preisbildung im Angebot sind. Gerade sie kann so gut wie ausnahmslos rechtzeitig abgefaßt und fertiggestellt werden, wenn davon ausgegangen wird, daß ein sorgfältiger Auftraggeber im Zeitpunkt der Ausschreibung im allgemeinen weiß, was er an Bauleistung ihrer Art, ihrem Umfang und ihrer bestimmungsgemäßen Funktion nach zu erhalten wünscht. In diesem Zusammenhang ist vor allem auch zu bedenken, daß für den Fall, daß der Auftraggeber einen planenden **Architekten** beauftragt hat, nach der Systematik des § 15 HOAI **zunächst die Fertigstellung der Ausführungsplanung** erwartet wird, bevor mit der Vorbereitung der Vergabe (Leistungsphase 5 **vor** Leistungsphase 6!) begonnen wird. Daher sind berechtigte Ausnahmen eigentlich nur hinsichtlich bestimmter Positionen im Leistungsverzeichnis denkbar. Es kann nämlich durchaus begründet sein, wenn man gewisse, z. B. in technischer Hinsicht schwierige, Einzelpositionen der Festlegung des Bewerbers im Rahmen seines Angebotes überläßt. Das sind die Fälle, in denen es bei der Bestimmung der Leistung überwiegend auf die praktische Erfahrung des in der täglichen Baupraxis stehenden Fachmannes ankommt. Hier dient es nicht nur den sachbezogenen Interessen des Auftraggebers, sondern auch denen des einzelnen Bewerbers, wenn diesem eine gewisse Angebotsfreiheit überlassen bleibt. Das kann sich im Einzelfall auch auf die Festlegung technischer Vorschriften, insbesondere im Hinblick auf Teil A § 10 Nr. 3 Satz 2, auswirken. Ausnahmen sind insoweit allerdings nur berechtigt, wenn die Möglichkeit von **Neben-** oder **Alternativangeboten** im Leistungsverzeichnis **nicht** in Betracht zu ziehen ist. Das wird der Fall sein, wenn der Auftraggeber entweder überhaupt nicht in der Lage ist, bestimmte Leistungseinzelheiten in zweck- und sachdienlicher Weise in der Leistungsbeschreibung anzugeben oder wenn ein Alternativ- oder Nebenangebot in der Leistungsbeschreibung einen das zumutbare Maß überschreitenden Aufwand an Kosten und Mühen verursachen würde.

III. Ausführungsbeginn innerhalb der angegebenen Fristen

Nach Nr. 1 muß als Voraussetzung für die Ausschreibung hinzukommen, daß auch **innerhalb der angegebenen Fristen mit der Ausführung begonnen werden kann.** Mit der Ausführung ist **nicht** der **Beginn** der Bauarbeiten **als solcher** gemeint, sondern der Beginn der für den jeweiligen Bewerber ausgeschriebenen Arbeiten, einschließlich der damit zwangsläufig verbundenen Vorarbeiten: Sind Schreinerarbeiten Gegenstand des Bauauftrags und ist das hierfür erforderliche Leistungsverzeichnis aufgestellt, so kommt es auf den Beginn der Schreinerarbeiten im Rahmen der Gesamtbaumaßnahme an. Mit den „angegebenen Fristen" sind die Ausführungsfristen gemeint, wie diese in Teil A § 11 sowie in Teil B § 5 Nr. 1 f. erwähnt sind (vgl. dort).

Die Möglichkeit, innerhalb der angegebenen Fristen mit der Bauausführung zu beginnen, muß sowohl tatsächlich als auch rechtlich gegeben sein. **In tatsächlicher Hinsicht** ist die Schaffung aller Voraussetzungen nötig, die für den wirklichen Baubeginn erforderlich sind, wie z. B. **die Sicherstellung der Finanzierung** (vgl. dazu OLG Düsseldorf NJW 1977, 1064),

A § 16, Rdn. 8+9

die **Zurverfügungstellung des Grundstücks** oder die sonstige Freimachung von Ort und Stelle für den Arbeitsbeginn, wozu auch die Bereitstellung notwendiger Zufahrten oder von Arbeitsmitteln jeder Art, falls diese vom Auftraggeber zu besorgen sind, gehört. Dazu ist auch die Fertigstellung von zwangsläufig notwendigen **Vorarbeiten anderer Unternehmer** zu rechnen. **In rechtlicher Hinsicht** geht es um die Herbeiführung der Voraussetzungen, die den Baubeginn und die Bauausführung als rechtlich gebilligt erscheinen lassen. Hierzu gehört der **vollgültige Erwerb des Eigentums** oder sonstiger erforderlicher ziviler Rechte, wie Nießbrauchsrechte, Dienstbarkeiten, Erbbaurechte am Grundeigentum durch den Auftraggeber. Weiter gehören hierzu **öffentlich-rechtliche Genehmigungen,** soweit diese im Einzelfall notwendig sind, wie z. B. die Baugenehmigung, etwaige baurechtliche Sonder- oder Ausnahmegenehmigungen, Dispense usw. Alles dies sind grundsätzlich **vorbereitende Mitwirkungspflichten des Auftraggebers,** die von ihm **so rechtzeitig zu erledigen sind, daß die von ihm selbst angegebenen Ausführungsfristen eingehalten werden können.** Soweit es sich um öffentlich-rechtliche Genehmigungsverfahren handelt, nehmen diese oftmals eine gewisse Zeit in Anspruch. Das hinsichtlich der Festlegung der Ausführungsfristen dadurch entstehende **Risiko** trägt allein der **Auftraggeber.** Er muß also bei der Festlegung dieser Fristen besondere Vorsicht walten lassen. Wenn in Teil B § 4 Nr. 1 Satz 2 ausgeführt ist, daß der Auftraggeber die **öffentlich-rechtlichen Genehmigungen und Erlaubnisse** herbeizuführen hat, so ist damit lediglich die Verpflichtung des Auftraggebers im allgemeinen ausgesprochen. Sie wird durch die jeweiligen öffentlich-rechtlichen Erfordernisse im Einzelfall ausgefüllt. Hierzu gehört auch die bei gewissen öffentlichen Bauten notwendige bauordnungsrechtliche Zustimmung nach der Verordnung über die baupolizeiliche Behandlung öffentlicher Bauten vom 20. 11. 1938 (RGBl. I S. 1677).

8   Im übrigen sind Ausnahmen von dem im zweiten Teil der Nr. 1 enthaltenen Grundsatz nur in seltenen Fällen denkbar. Soweit es um rechtliche Voraussetzungen für den Beginn der Bauausführung geht, kommen Ausnahmen so gut wie nicht in Betracht, da dem entweder klagbare Ansprüche Dritter im Zivilrecht oder rechtlich bindende Verbote im öffentlichen Recht entgegenstehen. Soweit es sich um tatsächliche Voraussetzungen handelt, sind Ausnahmefälle u. U. nur da denkbar, wo z. Z. des Ausschreibungsbeginns die Finanzierung noch nicht restlos gesichert ist, der Auftraggeber aber aufgrund erhaltener konkreter Zusicherungen keine Zweifel haben kann, daß dies bis zum Baubeginn geschieht. Inwieweit derartige Ausnahmefälle in der Praxis anerkannt werden können, hängt letztlich auch von den Bewerbern ab. Sind sie bereit, sich auf eine Ausschreibung einzulassen, obwohl sie der Auftraggeber auf die bestehenden Unsicherheiten hingewiesen hat, oder die angegebenen Ausführungsfristen nach Sachlage eindeutig ausweisen, daß innerhalb derselben noch nicht mit dem Baubeginn zu rechnen ist, so muß das letztlich ihre Sache sein. Bei späteren Rechtsstreitigkeiten könnte ihnen das als Mitverschulden entgegengehalten werden. Sind dagegen in den Verdingungsunterlagen keine Ausführungsfristen mitgeteilt, so kann sich der Bewerber ohne weiteres an einer derartigen, allerdings nicht dem Sinn des Teils A §§ 11 und 16 Nr. 1 entsprechenden Ausschreibung beteiligen. Gründe für ein solches Verfahren mögen im Einzelfall ihre Rechtfertigung haben, **grundsätzlich sind sie jedoch nicht anzuerkennen.**

9   Für öffentliche Auftraggeber ergibt sich in diesem Zusammenhang aus dem VHB zu Teil A § 16:
Zeitpunkt der Ausschreibung
Zur Angebotsabgabe darf erst aufgefordert werden, wenn die erforderlichen Ausgabemittel zugewiesen sind und/oder eine Verpflichtungsermächtigung erteilt ist. Ausnahmen bedürfen der Zustimmung der zuständigen obersten Bundesbehörde.
Wegen der vorzeitigen Ausschreibung in Sonderfällen vgl. Nr. 4 der „Richtlinie für die beschleunigte Vergabe bei Baumaßnahmen im Rahmen konjunkturpolitischer Sofortprogramme" – RiVSP – (Teil V).

B. Unzulässige Ausschreibung für vergabefremde Zwecke

Nach Nr. 2 sind **Ausschreibungen für vergabefremde Zwecke** (z. B. bloße Ertragsberechnungen) **unzulässig**. Der Inhalt dieser Bestimmung ist eindeutig. Sie wendet sich gegen Handlungen des Auftraggebers, die Sinn und Zweck der in Teil A der VOB zugrunde gelegten Ausschreibung zuwiderlaufen. Eine solche ist nämlich nicht für sich allein gedacht, sondern mit der **ernsthaft beabsichtigten und später verwirklichten Bauvergabe verbunden.** Das Interesse des Unternehmers richtet sich nicht auf Handlungen, die nur in einem Bauvergabeverfahren als solchem bestehen sollen. Vielmehr ist es ersichtlich auf den Erhalt des Bauauftrages gerichtet, wobei das Ausschreibungsverfahren nur Mittel zum verfolgten Zweck ist und sein muß. Es ist zu bedenken, daß die vom Unternehmer während des Ausschreibungsverfahrens vorzunehmenden Handlungen mit nicht unerheblichen Mühen und Kosten verbunden sind. Beschränkt sich daher ein Auftraggeber ohne ernste Bauabsicht lediglich auf eine solche zweckentfremdete Ausschreibung, so handelt er nicht nur dem Sinn der VOB zuwider, sondern er muß sich auch Rechtsfolgen gefallen lassen, die dem hier unbedingt gebotenen Schutz des Unternehmers zu dienen haben.

10

Es ist **ausnahmsweise möglich,** daß ein Auftraggeber ein **Ausschreibungsverfahren** durchführt, **ohne** eine **bestimmte Bauabsicht** zu haben, um z. B. in Erfahrung zu bringen, was ein bestimmtes Bauobjekt kosten würde oder um eine Ertragsberechnung zu erhalten. Das liegt trotz des Verbotes in Nr. 2 noch im Rahmen der zivilrechtlich zulässigen Grenzen, sofern er die von ihm herangezogenen Unternehmer auf die **fehlende konkrete Bauabsicht klar und deutlich hinweist.** Darüber hinaus muß der Auftraggeber sich aber bewußt sein, daß er von einem oder mehreren Bewerbern in sich abgeschlossene Arbeiten verlangt, nämlich die Anfertigung und die Abgabe des Angebotes, die als solche dem Charakter des Werkvertrages entsprechen und die er normalerweise **nicht unentgeltlich** verlangen kann. Vielmehr ist insoweit auf § 632 Abs. 1 BGB zu verweisen, wonach eine **Vergütung als stillschweigend vereinbart** gilt, wenn die Herstellung des Werkes den Umständen nach nur gegen Vergütung zu erwarten ist. Das trifft besonders deshalb zu, weil eine solche Ausschreibung nichts mit dem normalerweise hier veranstalteten Wettbewerb mit dem Ziel des Erhalts von Bauaufträgen zu tun hat (vgl. dazu Teil A § 20 Rdn. 11 ff.). Der hier angesprochene „Auftraggeber" muß daher grundsätzlich für die von ihm verlangten Leistungen, die wegen des Fehlens einer wirklichen Bauabsicht in sich abgeschlossen sind und daher selbständigen Charakter tragen, dem oder den Bewerbern, und zwar jedem einzelnen von ihnen, eine Vergütung nach den Grundsätzen des § 632 Abs. 2 BGB zahlen, selbst wenn dies nicht ausdrücklich vorher festgelegt oder vereinbart worden ist. Ein Ausnahmefall ist naturgemäß der, daß sich die beteiligten Unternehmer bereit erklären, diese Leistungen im Rahmen einer solchen „Ausschreibung" unentgeltlich zu erbringen. Liegt der Fall so, daß der Auftraggeber ein Ausschreibungsverfahren durchführt, bei dem er die Bewerber bzw. Bieter fälschlicherweise in dem Glauben läßt, daß er eine wirkliche ernsthafte Bauabsicht habe, so **täuscht er** in der Regel **arglistig** die Bieter und ist ihnen nach § 826 oder nach § 823 Abs. 2 BGB zum Schadensersatz verpflichtet (vgl. dazu Einl. Rdn. 80 ff.). Diese Schadensersatzpflicht beinhaltet nach § 249 BGB den **Ausgleich** aller **vergeblichen Aufwendungen,** die die Bieter, und zwar hier jeder einzelne von ihnen, gehabt haben. Zumindest ergibt sich hier eine Haftung aus culpa in contrahendo (vgl. dazu Einl. 14 ff.; OLG Düsseldorf NJW 1977, 1064). Es bleibt festzuhalten, daß es dem Sinn der VOB niemals entspricht, wenn lediglich eine Ausschreibung als solche ohne damit unmittelbar verbundene Bauabsicht durchgeführt wird.

11

§ 17 Bekanntmachung

1. (1) Öffentliche Ausschreibungen sind durch Tageszeitungen, amtliche Veröffentlichungsblätter oder Fachzeitschriften bekanntzumachen.

(2) Diese Bekanntmachungen sollen mindestens folgende Angaben enthalten:

A § 17

a) Art und Umfang der Leistung (einschließlich der etwaigen Teilung in Lose) sowie den Ausführungsort,

b) etwaige Bestimmungen über die Ausführungszeit,

c) Bezeichnung (Anschrift) der zur Angebotsabgabe auffordernden Stelle, der den Zuschlag erteilenden Stelle sowie der Stelle, bei der die Angebote einzureichen sind,

d) Bezeichnung (Anschrift) der Stelle, die die Vergabeunterlagen (Anschreiben und Verdingungsunterlagen; vgl. Nr. 4) abgibt, sowie des Tages, bis zu dem sie bei ihr spätestens angefordert werden können,

e) Bezeichnung (Anschriften) der Stellen, bei denen die Vergabeunterlagen eingesehen werden können,

f) Art der Vergabe (A § 3),

g) Ort und Zeit des Eröffnungstermins (Ablauf der Angebotsfrist, A § 18 Nr. 2) sowie Angabe, welche Personen zum Eröffnungstermin zugelassen sind,

h) Zuschlags- und Bindefrist (A § 19),

i) die Höhe einer etwaigen Entschädigung für die Verdingungsunterlagen und die Zahlungsweise (A § 20 Nr. 1 Absatz 1),

k) etwaige Vorbehalte wegen der Teilung in Lose und Vergabe der Lose an verschiedene Bieter,

l) die Höhe etwa geforderter Sicherheitsleistungen,

m) etwa vom Auftraggeber zur Vorlage mit dem Angebot für die Beurteilung der Eignung (Fachkunde, Leistungsfähigkeit und Zuverlässigkeit, A § 2 Satz 1) des Bieters verlangte Unterlagen (A § 8 Nr. 3 und 4),

n) die wesentlichen Zahlungsbedingungen oder Angabe der Unterlagen, in denen sie enthalten sind (z. B. B § 16).

In den vom zuständigen Bundesminister bestimmten Vergabefällen muß die Bekanntmachung außer den unter a bis n bezeichneten Angaben enthalten:

o) die Bestimmung, daß die Angebote in deutscher Sprache abzufassen sind, sowie

p) die Angabe des Tages der Absendung der Bekanntmachung an das „Amt für amtliche Veröffentlichungen der Europäischen Gemeinschaften".

2. (1) Bei Beschränkten Ausschreibungen und Freihändigen Vergaben mit öffentlichem Teilnahmewettbewerb sind die Unternehmer durch Bekanntmachungen in Tageszeitungen, amtlichen Veröffentlichungsblättern oder Fachzeitschriften aufzufordern, ihre Teilnahme am Wettbewerb zu beantragen.

(2) Diese Bekanntmachungen sollen mindestens folgende Angaben enthalten:

a) Art und Umfang der Leistung (einschließlich der etwaigen Teilung in Lose) sowie den Ausführungsort,

b) etwaige Bestimmungen über die Ausführungszeit,

c) Bezeichnung (Anschrift) der zur Angebotsabgabe auffordernden Stelle und der den Zuschlag erteilenden Stelle,

d) Bezeichnung (Anschrift) der Stelle, bei der der Teilnahmeantrag zu stellen ist,

e) Art der Vergabe (A § 3),

f) Tag, bis zu dem der Teilnahmeantrag bei der zur Angebotsabgabe auffordernden Stelle eingegangen sein muß ,

g) Tag, an dem die Aufforderung zur Angebotsabgabe spätestens abgesandt wird,

h) etwaige Vorbehalte wegen der Teilung in Lose und Vergabe der Lose an verschiedene Bieter,

i) etwa vom Auftraggeber zur Vorlage mit dem Teilnahmeantrag für die Beurteilung der Eignung (Fachkunde, Leistungsfähigkeit und Zuverlässigkeit, A § 2 Nr. 1 Satz 1) des Bieters verlangte Unterlagen (A § 8 Nr. 3 und 4).

In den vom zuständigen Bundesminister bestimmten Vergabefällen muß die Bekanntmachung außer den unter a bis i bezeichneten Angaben enthalten:

k) die Angabe des Tages der Absendung der Bekanntmachung an das „Amt für amtliche Veröffentlichungen der Europäischen Gemeinschaften".

(3) In den vom zuständigen Bundesminister bestimmten Vergabefällen beträgt die Frist für die Einreichung von Teilnahmeanträgen (Bewerbungsfrist) mindestens 18 Werktage, gerechnet vom Tag der Absendung der Bekanntmachung an, in Fällen besonderer Dringlichkeit ausnahmsweise 12 Werktage.

3. In den vom zuständigen Bundesminister bestimmten Vergabefällen ist der Auftraggeber verpflichtet, die Bekanntmachung nach Nr. 1 oder 2 gleichzeitig an die inländischen Veröffentlichungsblätter und an das „Amt für amtliche Veröffentlichungen der Europäischen Gemeinschaften" zu übersenden.

4. (1) Die Verdingungsunterlagen sind den Bewerbern mit einem Anschreiben (Aufforderung zur Angebotsabgabe) zu übergeben, das alle Angaben enthält, die außer den Verdingungsunterlagen für den Entschluß zur Abgabe eines Angebots notwendig sind, namentlich über

a) Art und Umfang der Leistung sowie den Ausführungsort,

b) etwaige Bestimmungen über die Ausführungszeit,

c) Bezeichnung (Anschrift) der zur Angebotsabgabe auffordernden Stelle und der den Zuschlag erteilenden Stelle,

d) Bezeichnung (Anschrift) der Stellen, bei denen Verdingungsunterlagen eingesehen werden können, die nicht abgegeben werden,

A § 17

e) Art der Vergabe (A § 3),

f) etwaige Ortsbesichtigungen,

g) genaue Aufschrift der Angebote,

h) Ort und Zeit des Eröffnungstermins (Ablauf der Angebotsfrist, A § 18 Nr. 2) sowie Angabe, welche Personen zum Eröffnungstermin zugelassen sind (A § 22 Nr. 1 Satz 1),

i) etwa vom Auftraggeber zur Vorlage mit dem Angebot für die Beurteilung der Eignung (Fachkunde, Leistungsfähigkeit und Zuverlässigkeit, A § 2 Nr. 1 Satz 1) des Bieters verlangte Unterlagen (A § 8 Nr. 3 und 4),

k) die Höhe etwa geforderter Sicherheitsleistungen,

l) Änderungsvorschläge und Nebenangebote (vgl. Absatz 3),

m) etwaige Vorbehalte wegen der Teilung in Lose und Vergabe der Lose an verschiedene Bieter,

n) Zuschlags- und Bindefrist (A § 19),

o) sonstige Erfordernisse, die die Bewerber bei der Bearbeitung ihrer Angebote beachten müssen (vgl. auch A § 18 Nr. 2 und 4, A § 19 Nr. 1, A § 21),

p) die wesentlichen Zahlungsbedingungen oder Angabe der Unterlagen, in denen sie enthalten sind (z. B. B § 16).

In den vom zuständigen Bundesminister bestimmten Vergabefällen muß außerdem angegeben werden:

q) unter Bezugnahme auf § 5 der Hinweis, daß der Auftraggeber den Zuschlag auf das Angebot erteilen wird, das unter Berücksichtigung aller technischen und wirtschaftlichen, gegebenenfalls auch gestalterischen und funktionsbedingten Gesichtspunkte als das annehmbarste erscheint, ergänzt durch nähere Bezeichnung der Umstände, auf die der Auftraggeber bei der Beurteilung der Angebote besonderen Wert legt, wie beispielsweise Bauunterhaltungs- oder Betriebskosten, Lebensdauer, Ausführungsfrist, künstlerische Gestaltung, möglichst in der Reihenfolge der ihnen zuerkannten Bedeutung,

r) daß die Angebote in deutscher Sprache abzufassen sind,

s) bei Beschränkter Ausschreibung und Freihändiger Vergabe ein Hinweis auf die Bekanntmachung nach Nr. 2.

(2) Auftraggeber, die ständig Bauleistungen vergeben, sollen die Erfordernisse, die die Bewerber bei der Bearbeitung ihrer Angebote beachten müssen, in Bewerbungsbedingungen zusammenfassen und dem Anschreiben beifügen (vgl. auch A § 18 Nr. 2 und 4, A § 19 Nr. 1 und A § 21).

(3) Wenn der Auftraggeber Änderungsvorschläge oder Nebenangebote wünscht, ausdrücklich zulassen oder ausschließen will, so ist dies anzugeben; ebenso ist anzugeben, wenn Nebenangebote ohne gleichzeitige Abgabe eines Hauptangebotes ausnahmsweise ausgeschlossen werden. Soweit der Bieter eine Leistung anbietet, deren Ausführung nicht in Allgemeinen Technischen Vorschriften oder in den Verdingungsunterlagen

geregelt ist, sind von ihm im Angebot entsprechende Angaben über Ausführung und Beschaffenheit dieser Leistung zu verlangen.

(4) Die Aufforderung zur Angebotsabgabe ist bei Beschränkter Ausschreibung sowie bei Freihändiger Vergabe mit öffentlichem Teilnahmewettbewerb an alle ausgewählten Bewerber am gleichen Tag abzusenden.

5. Jeder Bewerber soll die Leistungsbeschreibung doppelt und alle anderen für die Preisermittlung wesentlichen Unterlagen einfach erhalten. Wenn von den Unterlagen (außer der Leistungsbeschreibung) keine Vervielfältigungen abgegeben werden können, sind sie in ausreichender Weise zur Einsicht auszulegen, wenn nötig nicht nur am Geschäftssitz des Auftraggebers, sondern auch am Ausführungsort oder an einem Nachbarort.

6. Die Namen der Bewerber, die Verdingungsunterlagen erhalten oder eingesehen haben, sind geheimzuhalten.

7. (1) Erbitten Bewerber zusätzliche sachdienliche Auskünfte über die Vergabeunterlagen, so sind die Auskünfte unverzüglich zu erteilen. In den vom zuständigen Bundesminister bestimmten Vergabefällen müssen rechtzeitig beantragte Auskünfte spätestens 6 Tage – in Fällen besonderer Dringlichkeit (Nr. 2 Absatz 3) 4 Tage – vor Ablauf der Angebotsfrist erteilt werden.

(2) Werden einem Bewerber wichtige Aufklärungen über die geforderte Leistung oder die Grundlagen der Preisermittlung gegeben, so sind sie auch den anderen Bewerbern unverzüglich mitzuteilen, soweit diese bekannt sind.

Inhaltsübersicht

	Rdn.
A. Allgemeines	1-2
B. Bekanntmachung bei Öffentlicher Ausschreibung (Nr. 1)	3-22
I. Die Bekanntmachungsorgane	4
II. Mindestinhalt der Bekanntmachung	5-19
III. Weitere Bekanntmachungspflichten gemäß der EG-Richtlinie zur Koordinierung der Bauvergabeverfahren	20-22
C. Bekanntmachung bei Beschränkten Ausschreibungen und Freihändigen Vergaben (Nr. 2)	23-29
I. Die Bekanntmachungsorgane	24
II. Mindestinhalt der Bekanntmachung	25-27
III. Bewerbungsfrist in vom zuständigen Bundesminister bestimmten Vergabefällen	28-29
D. Übersendungspflicht hinsichtlich der Bekanntmachung nach Nr. 1 oder 2 (Nr. 3)	30-32
E. Das Anschreiben zu den Verdingungsunterlagen (Nr. 4)	33-74
I. Übergabe der Verdingungsunterlagen und Aufforderung zur Angebotsabgabe	34-61
1. Allgemeines	34
2. Beispielsfälle im Katalog von Nr. 4 Abs. 1 Satz 1	35-55
3. Besondere Angaben für den Bereich der EG-Koordinierungsrichtlinie (Nr. 4 Abs. 1 Satz 2)	56-61
II. Sonderregelung für Auftraggeber, die ständig Bauleistungen vergeben (Nr. 4 Abs. 2)	62-65
III. Behandlung von Änderungsvorschlägen oder Nebenangeboten im Anschreiben (Nr. 4 Abs. 3)	66-73
1. Umfang der Regelung	69
2. Notwendige Angaben im Anschreiben	70

A § 17, Rdn. 1+2

        3. Änderungsvorschläge und Nebenangebote ohne Hauptangebot 71
        4. Angebot besonderer Leistung 72-73
    IV. Absendung der Aufforderung zur Angebotsabgabe: Sonderregelung bei
        Beschränkter Ausschreibung sowie bei Freihändiger Vergabe mit öffentli-
        chem Teilnahmewettbewerb (Nr. 4 Abs. 4)   74
F. Anzahl der abzugebenden Angebotsunterlagen (Nr. 5) 75-77
    I. Zahl der Unterlagen 76
    II. Einsicht in die Unterlagen 77
G. Geheimhaltung der Namen der Bewerber, die Verdingungsunterlagen erhalten
    oder eingesehen haben (Nr. 6) 78-80
H. Auskünfte und Aufklärungen an Bewerber (Nr. 7) 81-92
    I. Auskünfte 82-86
    II. Aufklärungen 87-92

A. Allgemeines

1 Teil A § 17 dient der erforderlichen **Publizität für Bauvergabeverfahren,** insbesondere mit zur **Sicherstellung ordnungsgemäßen,** dabei möglichst weitverbreiteten **Bauvergabewettbewerbs.** Diese Regelungen sind daher – insbesondere vom öffentlichen Auftraggeber – sehr sorgfältig zu beachten.

Die im wesentlichen auf die EG-Richtlinie zur Koordinierung der Bauvergabeverfahren zurückgehende Fassung des Teils A § 17 berücksichtigt zunächst die bisher bekannten Ausschreibungsverfahren, wie sie in Teil A § 3 bereits in der Fassung 1952 enthalten waren und noch als Hauptfälle der Bauausschreibung zu gelten haben, wie die jetzige Fassung von Teil A § 3 zeigt.

2 Daher regelt **in erster Linie Nr. 1 die Bekanntmachung der Öffentlichen Ausschreibung. Nr. 2** betrifft **Beschränkte Ausschreibungen und Freihändige Vergaben,** insoweit allerdings im Zusammenhang mit dem in die VOB-Fassung von 1973 neu aufgenommenen **öffentlichen Teilnahmewettbewerb.** Diese neue Ausschreibungsform ergibt sich aus Teil A § 3 Nr. 1 Abs. 2 und 3, Nr. 2 und 6. Auch hierfür mußte die erforderliche Publizität sichergestellt werden. Zwar beziehen sich die Bekanntmachungsbestimmungen der EG-Richtlinie nur auf Vergaben oberhalb eines bestimmten Auftragswertes, der zur Zeit 1 Million Rechnungseinheiten beträgt. Die Verfasser der VOB haben es jedoch nicht für zweckmäßig gehalten, hier einen Unterschied zu machen zwischen Bekanntmachungen für Vergaben, die der Richtlinie unterliegen, und anderen Vergaben. Dies erschien schon deshalb nicht angezeigt, weil der von der EG-Richtlinie geforderte Bekanntmachungsinhalt nur geringfügig über die für Öffentliche Ausschreibungen auch bisher schon maßgebenden Punkte hinausgeht, so daß eine Zweigleisigkeit unter Aufteilung in den Auftragswert eine Erschwernis für die mit der Vergabe befaßten Stellen und Personen dargestellt hätte. Auch die **Nr. 3** geht auf EG-Recht zurück. Sie bestimmt, wo für den Bereich der EG die Bekanntmachungen nach Nr. 1 oder Nr. 2 auch außerhalb des inländischen Bereichs aufzunehmen sind. **Nr. 4 entspricht der früheren Nr. 1 der Fassung 1952,** allerdings mit **Ergänzungen aus dem EG- Bereich,** die auch für die Änderung bzw. Ergänzung der **Nr. 4 Abs. 1** durch die Fassung der VOB 1979 maßgebend waren. **Nr. 5 und 6 entsprechen den früheren Nr. 3 und 4** und sind unverändert geblieben. Sie betreffen einmal die Frage, in welchem Umfang Verdingungsunterlagen an den jeweiligen Bewerber abzugeben sind, zum anderen aber auch die Geheimhaltung hinsichtlich der Bewerber, die Verdingungsunterlagen erhalten haben. **Nr. 7 Abs. 1 geht ebenfalls auf die EG-Richtlinie** zur Koordinierung der Bauvergabeverfahren **zurück.** Er betrifft etwaige Auskünfte, die den Bewerbern zu erteilen sind. **Absatz 2 der Nr. 7 entspricht der früheren Nr. 5 der Fassung 1952,** wobei es sich darum handelt, daß zwecks Aufrechterhaltung des Wettbewerbs von einem Bewerber erbetene und ihm erteilte wichtige Aufklärungen auch unverzüglich den anderen Bewerbern mitzuteilen sind.

B. Bekanntmachung bei Öffentlicher Ausschreibung (Nr. 1)

Nr. 1, die **allein Öffentliche Ausschreibungen** betrifft, gliedert sich dahingehend, daß im ersten Absatz die Frage der Veröffentlichungsorgane behandelt wird, in Absatz 2 die Frage des Mindestinhaltes der Bekanntmachungen, wobei Abs. 2 Satz 2 Sonderfälle behandelt, die auf die EG-Richtlinie zur Koordinierung der Bauvergabeverfahren zurückgehen.

I. Die Bekanntmachungsorgane

Nr. 1 Abs. 1 schreibt vor, daß Öffentliche Ausschreibungen durch **Tageszeitungen, amtliche Veröffentlichungsblätter oder Fachzeitschriften** bekanntzumachen sind. Es handelt sich hier, wie sich aus dem Wort „sind" ergibt, um eine, jedenfalls für den öffentlichen Auftraggeber, **zwingende Vorschrift**. Die Einhaltung dieser Bestimmung ist Voraussetzung für eine Vergabe im Wege der Öffentlichen Ausschreibung nach Teil A § 3 Nr. 1 Abs. 1 (vgl. hierzu Teil A § 3 Rdn. 13 ff.). Der Auftraggeber hat bei der Wahl der Veröffentlichungsorgane besonders darauf zu achten, daß er nur solche wählt, die einem **unbeschränkten Kreis von Bewerbern ohne besondere Schwierigkeiten zugänglich** sind. Das ist in der Regel bei amtlichen Veröffentlichungsblättern der Fall. Sofern es sich um Bauvergaben des Bundes handelt, ist als amtliches Veröffentlichungsorgan das Bundesausschreibungsblatt maßgebend, wie in Nr. 1.2. VHB zu Teil A § 17 festgelegt worden ist. Soweit zur Bekanntmachung der Öffentlichen Ausschreibungen Tageszeitungen oder Fachzeitschriften gewählt werden sollen, muß der Auftraggeber daran denken, daß es sich nicht um in der Auflagenzahl zu kleine, gebietlich zu sehr eingeschränkte und auch fachlich zu sehr spezialisierte Organe handelt, es sei denn, es betrifft eine ausgesprochene Spezialbaumaßnahme. Insbesondere müssen alle Organe auch das Fachgebiet ansprechen, auf dem sich die Ausschreibung bewegt. Wichtig ist in jedem Fall, daß die notwendige **Breitenwirkung garantiert** wird, um Sinn und Zweck der Öffentlichen Ausschreibung zu erreichen (ebenso Daub/Piel/Soergel ErlZ A 17.11).

II. Mindestinhalt der Bekanntmachung

Nr. 1 Abs. 2 zählt Einzelheiten auf, die in den Bekanntmachungen über Öffentliche Ausschreibungen als **Mindesterfordernisse** aufgenommen werden sollen. **Sinn** dieser Regelung ist es, den in Betracht kommenden Bewerbern **zumindest in groben Umrissen den Leistungsinhalt und die wesentlichsten Dinge des Vergabeverfahrens bekanntzugeben.** Der Bewerber soll bereits mit dem Lesen der Bekanntmachung und vor der Anforderung der Ausschreibungsunterlagen sich zumindest in etwa sagen können, ob die hier vorliegende Öffentliche Ausschreibung sein Interesse finden kann oder nicht.

Dabei ist besonders hervorzuheben, daß die in Absatz 2 gewählte Aufzählung lediglich **Mindestanforderungen** an die Bekanntmachung nennt, um den Bewerbern von Beginn an die wesentlichsten Punkte, die mit der geforderten Leistung und ihrer Vergabe im Zusammenhang stehen, zur Kenntnis zu bringen. Es ist aber darauf zu achten, daß **weitere grundlegende Erfordernisse, die im Einzelfall von Bedeutung sind, ebenfalls mit in die Bekanntmachung** in kurzer, klarer Form gehören sollten. Hierzu zählt z. B. eine etwaige Beschränkung des Bewerberkreises (vgl. Teil A § 3 Rdn. 18); ferner die Mitteilung, daß ganz spezielle Kenntnisse, Erfahrungen und eine besondere Leistungsfähigkeit wegen der außergewöhnlichen Bauleistung erforderlich sind, falls hierüber überhaupt eine Öffentliche Ausschreibung stattfindet.

Nach Absatz 2 sollen mindestens die folgenden Einzelangaben in der Bekanntmachung enthalten sein:

7 1. Angaben über **Art und Umfang der Leistung (einschl. der etwaigen Teilung in Lose) sowie den Ausführungsort** (Absatz 2 a). Es liegt auf der Hand, daß Angaben hierüber für die Entschließung eines etwaigen Bewerbers, ob er sich an der Ausschreibung beteiligen will oder nicht, ganz grundlegend sind.

8 2. Gleiches gilt hinsichtlich etwaiger **Bestimmungen über die Ausführungszeit** (Absatz 2 b). Einmal ist es für die Bewerber wesentlich zu wissen, wann die Bauleistung von ihnen gefordert werden wird, damit sie sich im Rahmen ihrer betrieblichen Planung darauf einrichten können. Zum anderen ist es im allgemeinen, vor allem für die Kalkulation der Baupreise, auch wesentlich, etwas darüber in Erfahrung zu bringen, wann überhaupt, zu welcher Jahreszeit oder innerhalb welcher Jahreszeiten die Bauausführung geschehen soll.

9 3. Wichtig ist die **Bezeichnung – Anschrift – der zur Angebotsabgabe auffordernden Stelle, der den Zuschlag erteilenden Stelle sowie der Stelle, bei der die Angebote einzureichen sind** (Absatz 2 c). Es interessiert den Bewerber, wer zur Angebotsabgabe auffordert, bei wem er die Angebote einzureichen hat und von wem er später den Zuschlag erhält. Hier geht es letztlich um die Bekanntgabe des möglichen Vertragspartners. Daß hieran ein grundlegendes Interesse der Bewerber besteht, liegt auf der Hand.

10 4. Wesentlich ist auch die **Bezeichnung – Anschrift – der Stelle, die die Vergabeunterlagen** – Anschreiben und Verdingungsunterlagen, vgl. Teil A § 17 Nr. 4 – **abgibt**, sowie die **Benennung des Tages, bis zu dem sie bei ihr spätestens angefordert** werden können (Absatz 2 d). Der Bewerber muß ja wissen, an wen er sich wegen der Verdingungsunterlagen zu halten hat und bis wann dies geschehen kann.

11 5. Gleiches gilt für die **Bezeichnung – Anschriften – derjenigen Stellen, bei denen die Vergabeunterlagen eingesehen werden können** (Absatz 2 e). Hier handelt es sich um die Unterlagen, die im allgemeinen nicht vervielfältigt an die betreffenden Bewerber ausgegeben werden. Daß die Bewerber wissen müssen, wo sie diese Verdingungsunterlagen bzw. Vergabeunterlagen einsehen können, bedarf keiner näheren Begründung.

12 6. Wichtig ist auch die **Angabe der Art der Vergabe** (Absatz 2 f). Dabei kann es sich allerdings nur um die Mitteilung handeln, daß es sich um eine Öffentliche Ausschreibung handelt. Denn die erörterte Regelung betrifft allein diese. Die Mitteilung der Vergabe im Wege der Öffentlichen Ausschreibung ist für die Bewerber aber interessant, weil sie wegen des möglichen umfangreichen Bieterkreises schon Anhaltspunkte über etwaige Aussichten, den Bauauftrag zu bekommen oder nicht, vermitteln kann.

13 7. Wesentlich ist weiter die Angabe von **Ort und Zeit des Eröffnungstermins,** also des Zeitpunktes des Ablaufs der Angebotsfrist nach Teil A § 18 Nr. 2, sowie die Angabe, **welche Personen zum Eröffnungstermin zugelassen** sind (Absatz 2 g). Der Bewerber soll von vornherein wissen, ob und inwieweit er selbst oder andere Personen am Eröffnungstermin teilnehmen können. Besonders wichtig ist aber, daß er wissen muß, **bis wann er spätestens das Angebot einreichen kann.** In letzterer Hinsicht handelt es sich um eine ganz **grundlegende Bestimmung,** die für die Bekanntmachung einer Öffentlichen Ausschreibung als **zwingend** angesehen werden muß. Anderenfalls hingen alle Bewerber sozusagen in der Luft, und sie wüßten nicht, bis wann sie ihr Angebot vorzubereiten und vorzulegen haben. Es genügt also nicht die Angabe, die Bieter würden von einem noch festzusetzenden Eröffnungstermin benachrichtigt.

14 8. Wichtig ist auch die **Kenntnis** der Bewerber von **der Zuschlags- und Bindefrist** nach Teil A § 19 (Absatz 2 h). Auch hier gilt das Rdn. 13 a. E. Gesagte.

A § 17, 1, Rdn. 15-19

9. Gleiches gilt für die Höhe einer etwaigen **Entschädigung für die Verdingungsunterlagen und die Zahlungsweise** dieser Entschädigung (Absatz 2 i). Insoweit ist auf Teil A § 20 Nr. 1 Abs. 1 hinzuweisen. Die Bewerber müssen wissen, ob und was sie für den Erhalt der Verdingungsunterlagen bezahlen müssen, insbesondere wann dies der Fall ist. Dabei ist auch die Kenntnis wichtig, ob die Verdingungsunterlagen nur Zug um Zug gegen Bezahlung oder gegen Vorauszahlung abgegeben werden.

10. Weiter ist es für die betreffenden Bewerber wesentlich, **ob** der **Auftraggeber sich für später vorbehält, bei der Vergabe** die ausgeschriebene Leistung **in Lose zu teilen** und die Vergabe nach Losen an verschiedene Bieter zu wählen (Absatz 2 k). Denn es liegt auf der Hand, daß sein Entschluß, ob er sich an der ausgeschriebenen Bauvergabe beteiligen will, möglicherweise entscheidend davon abhängt, ob er nur mit der Vergabe nach einem auf ihn entfallenden Los rechnen kann oder ob er die Gesamtleistung, soweit sie ausgeschrieben ist, im Rahmen eines einheitlichen Bauvertrages erhält. Vor allem handelt es sich hier um einen für die Ermittlung der Angebotspreise mitentscheidenden Gesichtspunkt. Der erörterten Regelung kommt auch im Hinblick auf § 150 Abs. 2 BGB rechtliche Bedeutung zu (vgl. Rdn. 48). Wegen der Vergabe nach Losen siehe Teil A § 4 Nr. 2 und 3 (vgl. Teil A § 4 Rdn. 6 ff.).

11. Auf einer ähnlichen Linie liegt die Frage, **ob** etwaige **Sicherheitsleistungen** von den Bietern bzw. späteren Auftragnehmern **gefordert werden** (Absatz 2 l). Es kann für die Bewerber von **ausschlaggebender Bedeutung** sein, ob sie Sicherheitsleistungen vor oder nach späterem Vertragsabschluß und in welcher Art zu leisten haben. Das gilt nicht zuletzt bereits für etwaige Bietungsbürgschaften (vgl. dazu Teil A § 2 Rdn. 1 und Teil A § 25 Rdn. 42). Denn es kann bei den Bewerbern die Überlegung notwendig sein, ob ihre Vermögenslage die Leistung von Sicherheiten (vgl. Teil B § 17) überhaupt zuläßt oder welcher Art oder jedenfalls für sie als wünschenswert erscheinen läßt. Dabei spielt natürlich auch eine Rolle, **welche** Sicherheitsleistungen der Auftraggeber, insbesondere **in welcher Höhe** im einzelnen, zu fordern gedenkt. Auch das wird ganz entscheidend zu dem Entschluß beitragen, ob der Interessent, der die öffentliche Aufforderung zur Abgabe von Angeboten liest, sich zur Beteiligung an der Öffentlichen Ausschreibung entschließen kann oder will.
Fehlt es an der Angabe über Sicherheitsleistungen, so können die Bewerber grundsätzlich davon ausgehen, daß solche nicht gefordert werden; der Auftraggeber kann sich also nach Bekanntmachung der Öffentlichen Ausschreibung nicht ohne weiteres darauf berufen, Sicherheitsleistungen seien üblich.

12. Es kann sein, daß der Auftraggeber von den späteren Bietern **Nachweise** verlangt, um die Voraussetzungen für eine ordnungsgemäße Vergabe beurteilen zu können (Absatz 2 m). Dabei handelt es sich um die **Fachkunde, Leistungsfähigkeit und Zuverlässigkeit** der betreffenden Bewerber, wie sich aus Teil A § 2 Nr. 1 Satz 2 ergibt. Für den Entschluß auf Unternehmerseite, ob man sich an der betreffenden Öffentlichen Ausschreibung beteiligen will, ist es sicher wesentlich, **ob und welche Unterlagen** im einzelnen in der genannten Hinsicht **verlangt werden**. Es kann sein, daß Interessenten nicht in der Lage sind, diese Unterlagen beizubringen. Dann wäre es sinnlos, wenn sie sich an einer Öffentlichen Ausschreibung beteiligen, bei der sie von vornherein keine Aussicht auf Erfolg haben. Selbstverständlich **muß sich das Anfordern von Unterlagen im Rahmen von Teil A § 8 Nr. 3 und Nr. 4 bewegen.** Der Auftraggeber kann über diesen nicht hinausgehen.

13. Auch ist es ein Gebot notwendiger Bekanntmachung im Rahmen der Öffentlichen Ausschreibung, **die wesentlichen Zahlungsbedingungen** oder Unterlagen **anzugeben**, in denen diese enthalten sind (Absatz 2 n). Dazu genügt unter Umständen der Hinweis auf Teil B § 16. Dort sind des näheren Vertragsbestimmungen über Abschlagszahlungen, Vorauszahlungen, Teilschlußzahlungen und die Schlußzahlung festgelegt. Wichtig für den etwaigen Bieter sind aber darüber hinaus insbesondere Angaben, ob und inwieweit und in dem Umfang für ihn

Vorauszahlungen oder Abschlagszahlungen vorgesehen sind. Es ist ohne weiteres einleuchtend, daß der Interessent auf Unternehmerseite gern wissen möchte, ob und inwieweit er ein Bauvorhaben vorzufinanzieren hat, wann er für etwaige Vorfinanzierungen einen Ausgleich erhält usw. Das spielt nicht nur für die Kalkulation der Baupreise, sondern insgesamt für die Frage, ob sich der Betreffende überhaupt an der Ausschreibung beteiligen soll, eine nicht unerhebliche Rolle.

III. Weitere Bekanntmachungspflichten gemäß der EG-Richtlinie zur Koordinierung der Bauvergabeverfahren

20 Nr. 1 Abs. 2 Satz 2 enthält noch **zusätzliche Bestimmungen** für die Bekanntmachung einer Öffentlichen Ausschreibung im Rahmen der EG-Richtlinie zur Koordinierung der Bauvergabeverfahren. Dabei sind solche Bauvergabeverfahren gemeint, die oberhalb eines bestimmten Auftragswertes stehen. Hier ist von z. Z. 1 Million Rechnungseinheiten für den EG-Bereich auszugehen. Dazu sowie zur Berechnung vgl. Teil A § 3 Rdn. 59. Diese Bestimmungen sind als **Verpflichtung** anzusehen, nicht nur als Soll-Vorschriften, wie sie sonst allgemein nach Nr. 1 Abs. 2 aufzufassen sind. Dabei ist wesentlich, daß die vorangehend in Rdn. 5-19 bezeichneten Voraussetzungen (1. bis 13. = Nr. 1 Abs. 2 Satz 1 a bis n) hier als sogenannte **Muß-Vorschriften** aufgenommen worden sind. Diese **müssen** also für den hier angesprochenen Bereich eingehalten werden. Darüber hinaus gelten aber noch **weitere** zwingende **Vorschriften,** die in Nr. 1 Abs. 2 Satz 2 unter den **Ordnungsnummern o und p** zusammengefaßt sind.

21 Hierbei handelt es sich einmal (o) um die Bestimmung in der Bekanntmachung der Öffentlichen Ausschreibung, daß die **Angebote in deutscher Sprache** abzufassen sind. Dabei ist selbstverständlich nur an eine Bauvergabe im Inland gedacht, also im Bereich der Bundesrepublik Deutschland. Es liegt auf der Hand, daß hier vornehmlich aus fachlichen Gründen die deutsche Sprache maßgebend ist, daß also etwaige ausländische Bewerber sich bemühen müssen, die deutsche Sprache einzuhalten. Das ist besonders wesentlich, um bei der Beurteilung der Angebote nach den für deutsche Begriffe maßgebenden Vorstellungen, insbesondere im Rahmen von Teil A §§ 24 und 25, ausgehen zu können. Es ist klar, daß mit dieser Regelung ausländische Bewerber angesprochen sind, insbesondere solche, die von Hause aus nicht die deutsche Sprache im Rechtsverkehr anwenden.

22 Weiterhin ist Muß-Vorschrift (p) die **Angabe des Tages der Absendung der Bekanntmachung an das „Amt für Amtliche Veröffentlichungen der Europäischen Gemeinschaften".** Dieser Absendungstag ist besonders wesentlich. Denn hierbei handelt es sich um die Ingangsetzung der Angebotsfrist, wie sich insbesondere aus Teil A § 18 Nr. 3 a ergibt. Es ist für einen etwaigen Bewerber aus dem Bereich der Europäischen Gemeinschaften wichtig, ob er bei Kenntnisnahme von der Ausschreibung noch damit rechnen kann, zeitlich überhaupt innerhalb der Angebotsfrist zu liegen.

C. Bekanntmachung bei Beschränkten Ausschreibungen und Freihändigen Vergaben (Nr. 2)

23 Bei diesen Vergaben kann im Ausgangspunkt die öffentliche Bekanntmachung nicht von Bedeutung sein. Denn sowohl die Beschränkte Ausschreibung als auch die Freihändige Vergabe setzen voraus, daß **der Auftraggeber** sich **mit bestimmten oder einem bestimmten Interessenten** auf der Unternehmerseite **in Verbindung setzt.** Deshalb ist im allgemeinen bei derartigen Vergabeverfahren die öffentliche Bekanntmachung ohne Belang. Sie kann aber von Bedeutung sein, wenn es sich um **Beschränkte Ausschreibungen oder Freihändige Vergaben mit öffentlichem Teilnahmewettbewerb** handelt (vgl. Teil A § 3 Nr. 1 Abs. 2, 3 Nr. 2 und 6). Nur in diesem Bereich ist die Bekanntmachung überhaupt zu erwägen.

I. Die Bekanntmachungsorgane

Daher geht auch **Nr. 2 Abs. 1** für den Fall Beschränkter Ausschreibungen und Freihändiger Vergaben von solchen mit öffentlichem Teilnahmewettbewerb aus. Nur dann sind Bekanntmachungen vorgesehen. Diese erfolgen in **Tageszeitungen, amtlichen Veröffentlichungsblättern oder Fachzeitschriften.** Hier gilt dasselbe wie bei Öffentlichen Ausschreibungen, so daß auf oben Rdn. 4 zu verweisen ist. Die Bekanntmachung in den Organen geschieht dahingehend, daß die etwaigen Interessenten aufzufordern sind, ihre Teilnahme am Wettbewerb zu beantragen. 24

II. Mindestinhalt der Bekanntmachung

Nr. 2 Abs. 2 Satz 1 bringt nähere Bestimmungen darüber, **welchen Inhalt die Bekanntmachungen zumindest haben sollen,** wenn es sich um Beschränkte Ausschreibungen und Freihändige Vergaben mit öffentlichem Teilnahmewettbewerb handelt. Dabei schließt sich diese Regelung in Inhalt und Aufbau an die in Nr. 1 Abs. 2 Satz 2 genannten Einzelangaben an. Auch insofern handelt es sich um **Mindestangaben,** die in jedem Fall beachtet werden sollen, die zweckmäßigerweise auch berücksichtigt werden müssen. Hier sind alle Punkte aufgezählt, zum großen Teil unter Wiederholung der für die Öffentliche Ausschreibung genannten, die **für die Stellung von Teilnahmeanträgen wichtig sind.** 25

1. Völlig **identisch** mit den Anforderungen, wie sie für die Öffentliche Ausschreibung in Nr. 1 Abs. 2 Satz 1 enthalten sind, sind die Regelungen in a, b, e und h. Die anderen Bestimmungen **ähneln** den Regelungen in Nr. 1 Abs. 2 Satz 1, sie sind jedoch darauf abgestellt, daß es sich hier lediglich um eine Aufforderung zum Teilnahmewettbewerb handelt, nicht aber bereits um eine Aufforderung zur eigentlichen Angebotsabgabe. Das betrifft c, d, f, g und i. Insofern gilt sinngemäß dasselbe, was Rdn. 9, 10, 12, 13, 15 gesagt ist. 26

2. Nach Nr. 2 Abs. 2 Satz 2 ist in den vom zuständigen Bundesminister bestimmten Vergabefällen außer den nach Abs. 2 Satz 1 unter a bis i bezeichneten Angaben noch weiter erforderlich: 27

Die Angabe des Tages der **Absendung der Bekanntmachung an das „Amt für Amtliche Veröffentlichungen der Europäischen Gemeinschaften"** (k). Auch dieses geht auf die EG-Richtlinie zur Koordinierung der Bauvergabeverfahren zurück. Sinn und Zweck ist hier derselbe, wie er zu Nr. 1 Abs. 2 Satz 2 p aufgeführt ist (vgl. Rdn. 20). Daher beschränkt sich diese Bestimmung auf Bauvergaben, die unmittelbar unter die vorbezeichnete EG-Richtlinie fallen. Sie gleicht derjenigen in Nr. 1 Abs. 2 Satz 2 p. Hier kommt es natürlich darauf an, wann die Aufforderung zur Stellung von Teilnahmeanträgen an das vorgenannte Amt abgesandt worden ist. Im übrigen fällt auf, daß eine der Nr. 1 Abs. 2 Satz 2 o entsprechende Bestimmung fehlt. Dies ist jedoch keine Abweichung von den Regeln bei der Öffentlichen Ausschreibung. Bei dem öffentlichen Teilnahmewettbewerb handelt es sich ja nur um ein vorgeschaltetes Verfahren. Deshalb kommt es nur auf den Teilnahmewettbewerb, nicht aber bereits auf die Angebote selbst an. Man wird daher davon ausgehen können, daß **Teilnahmeanträge selbst auch in fremder Sprache** verfaßt werden können. Sinnvoll ist das jedoch nicht, da dies möglicherweise beim deutschen Auftraggeber zu **Mißverständnissen** führen kann, was sich nur zum Nachteil des Interessenten aus dem Ausland auswirken kann. Vor allem muß dieser damit rechnen, daß er, wenn er zur Angebotsabgabe zugelassen wird, das Angebot jedenfalls in deutscher Sprache verfassen muß. Es erscheint daher, obwohl nicht zwingend, geboten, auch den Antrag auf Teilnahme in deutscher Sprache abzufassen.

III. Bewerbungsfrist in vom zuständigen Bundesminister bestimmten Vergabefällen

28 Nr. 2 Abs. 3 bestimmt, daß in den vom zuständigen Bundesminister bestimmten Vergabefällen die **Frist für die Einreichung von Teilnahmeanträgen** (Bewerbungsfrist) **mindestens 18 Werktage,** gerechnet vom Tag der Absendung der Bekanntmachung, in Fällen besonderer Dringlichkeit **ausnahmsweise 12 Werktage,** beträgt. Hier handelt es sich um die Frist, die für die Einreichung von Teilnahmeanträgen bei Beschränkter Ausschreibung oder Freihändiger Vergabe gilt. Voraussetzung dafür ist, daß es sich um einen jener Vergabefälle handelt, die von dem zuständigen Bundesminister als für den öffentlichen Teilnahmeantrag geeignet bestimmt werden. Die hier erörterte Regelung hat daher **Teil A § 3 Nr. 2** zur Grundlage. Nur unter dieser Voraussetzung, daß nämlich der zuständige Bundesminister bekanntgegeben hat, in welchen Vergabefällen bei Beschränkter Ausschreibung und Freihändiger Vergabe ein öffentlicher Teilnahmewettbewerb erforderlich ist, gilt die Fristbestimmung.

29 Hiernach beträgt die Frist zur Einreichung von Teilnahmeanträgen, also die **Bewerbungsfrist,** mindestens 18 Werktage, in Ausnahmefällen, nämlich bei besonderer Dringlichkeit, mindestens 12 Werktage, gerechnet vom Tage der Absendung der Bekanntmachung an das „Amt für Amtliche Veröffentlichungen der Europäischen Gemeinschaften". Diese Regelung **ähnelt** in etwa derjenigen, wie sie in Teil **A § 18 Nr. 3 a** bzw. **b** für die Angebotsabgabe selbst enthalten ist. Also kommt es für die Fristberechnung hinsichtlich der Abgabe von Teilnahmeanträgen nicht auf die Veröffentlichung, insbesondere nicht der Europäischen Gemeinschaften, an, sondern auf den Tag der **Absendung** der Bekanntmachung, die dann erst noch einzurücken ist. Die betreffenden Veröffentlichungsblätter müssen also schnell arbeiten, damit den in Betracht kommenden Teilnehmern **kein Nachteil dadurch entsteht, daß die Fristen zu kurz waren.** Im übrigen ist der **Auftraggeber** für den Tag der Absendung der Bekanntmachung **beweispflichtig,** falls es hier zu Schwierigkeiten oder Meinungsverschiedenheiten hinsichtlich der Einhaltung der Frist bei der Stellung von öffentlichen Teilnahmeanträgen kommen sollte.

D. Übersendungspflicht hinsichtlich der Bekanntmachung nach Nr. 1 oder 2 (Nr. 3)

30 Nr. 3 bestimmt, daß in den vom zuständigen Bundesminister bestimmten Vergabefällen der Auftraggeber verpflichtet ist, die Bekanntmachung nach Nr. 1 oder Nr. 2 **gleichzeitig an die inländischen Veröffentlichungsblätter und an das „Amt für Amtliche Veröffentlichungen der Europäischen Gemeinschaften" zu übersenden.** Dies ist hier allgemein und verbindlich ausgesprochen, um die Erfüllung der Verpflichtungen, die gegenüber der EG bestehen, einzuhalten. Wie die Veröffentlichung im einzelnen zu gestalten ist, bleibt innerdienstlichen Anweisungen der einzelnen Verwaltungen vorbehalten. Dies ergibt sich aus der EG-Richtlinie Nr. 72/277 vom 26. 7. 1972 = Amtsblatt der Europäischen Gemeinschaften Nr. L 176/12.

31 In diesem Zusammenhang sind auch die Regelungen des VHB zu Teil A § 17 unter 1.1. bis 3. zu beachten, die wie folgt lauten:

1. Öffentliche Bekanntmachung

1.1. Die öffentliche Bekanntmachung der Absicht, Aufträge zu vergeben, erfolgt bei Öffentlicher Ausschreibung durch die Aufforderung, Vergabeunterlagen anzufordern, bei Beschränkter Ausschreibung und Freihändiger Vergabe mit vorangehendem Teilnahmewettbewerb durch die Aufforderung, Teilnahmeanträge zu stellen.

1.2. Alle Öffentlichen Ausschreibungen und Aufforderungen nach § 17 Nrn. 1 und 2 VOB/A sind im Bundesausschreibungsblatt zu veröffentlichen. Daneben sollen Ausschreibungen und Aufforderungen

auch in Tageszeitungen oder Fachzeitschriften veröffentlicht werden, wenn dies zur Erfüllung des Ausschreibungszweckes nötig ist.
In den vom zuständigen Bundesminister bestimmten Vergabefällen ist die Bekanntmachung außerdem im Amtsblatt der EG (Amt für Amtliche Veröffentlichungen der Europäischen Gemeinschaften, Luxemburg 1, Postfach 1003) zu veröffentlichen.
Die Bekanntgabe ist in deutscher Sprache abzufassen. Sie ist schriftlich – wenn möglich vorab durch Fernschreiben – an das Amtsblatt der EG zu senden.
Sie ist bei Öffentlicher Ausschreibung als offenes Verfahren, bei Beschränkter Ausschreibung und Freihändiger Vergabe mit Teilnahmewettbewerb als nicht offenes Verfahren zu bezeichnen.
Die Kosten für die Veröffentlichung trägt die Gemeinschaft. Der Umfang dieser Bekanntmachung ist beschränkt; sie darf eine Seite des Amtsblatts der EG, das heißt rd. 650 Worte, nicht überschreiten.

1.3. Der Inhalt der Bekanntmachungen soll die Anforderungen des § 17 Nrn. 1 und 2 VOB/A erfüllen. Bekanntmachungen im Bundesausschreibungsblatt und in der inländischen Presse sind in Anlehnung an die Muster I und II (siehe Nr. 4) abzufassen.
In den vom zuständigen Bundesminister bestimmten Vergabefällen müssen die Bekanntmachungen die Anforderungen nach § 17 Nrn. 1 u. 2 VOB/A erfüllen. Bekanntmachungen im Amtsblatt der Europäischen Gemeinschaften sind nach Teil A der Muster zu gliedern. Sofern zusätzlich zu der in den Nummern 13 bzw. 9 der Muster Teil B getroffenen Regelung wegen der Besonderheit der Leistungen weitere Wertungskriterien angewendet werden sollen, sind diese in der Reihenfolge der ihnen zuerkannten Bedeutung in der Aufforderung zur Angebotsabgabe aufzuführen.
Bekanntmachungen in inländischen Veröffentlichungsblättern dürfen keine weitergehenden Informationen für die Bewerber als die Veröffentlichung im Amtsblatt der Europäischen Gemeinschaften enthalten.

2. Ausschreibung von NATO-Infrastrukturmaßnahmen
Die Veröffentlichung der Ausschreibungen von NATO-Infrastrukturmaßnahmen richtet sich nach den „Hinweisen für die Vergabe von NATO-Bauten im Bereich der Finanzbauverwaltungen" (Teil V).

3. Verdingungsunterlagen
Welche Verdingungsunterlagen außer der Leistungsbeschreibung den Bewerbern doppelt zur Verfügung zu stellen sind, ergibt sich aus der Aufforderung zur Angebotsabgabe – EVM (B) A 1973-.

Im übrigen wird auch auf die Muster für die Bekanntmachung einer Öffentlichen Ausschreibung sowie die Bekanntmachung der Aufforderung, Teilnahmeanträge zu stellen, in Nr. 4 zu Teil A § 17 des VHB hingewiesen. Vgl. hier auch Bekanntmachung des Bundesministers für Wirtschaft zur Vergabe öffentlicher Bauaufträge nach Maß gabe der EG-Richtlinie vom 10. 12. 1973, MinBlFin. 1974, 141.

E. Das Anschreiben zu den Verdingungsunterlagen (Nr. 4)

Teil A § 17 Nr. 4, die sich mit dem **Anschreiben** befaßt, **das den Verdingungsunterlagen beizufügen ist,** entspricht im wesentlichen der Nr. 1 der Fassung der VOB von 1952. Hier waren in der Fassung 1973 einige **Ergänzungen** mit Rücksicht auf die Anforderungen der EG-Richtlinie zur Koordinierung der Bauvergabeverfahren erforderlich geworden: Nr. 4 Abs. 1 Satz 1 h, i, k, l und o. Dabei sind einige Wiederholungen aus dem Inhalt der Bekanntmachung (Nr. 1 und 2) enthalten. Hier ist wesentlich, daß die Übergabe der Verdingungsunterlagen mit einem Anschreiben **verbindlich festgelegt** worden ist. Dabei sind auch die einzelnen Angaben unter den Buchstaben a bis o als **Mindestinhalt** vorgeschrieben. Vervollständigt wurde dies dann aus den gleichen Gründen in der jetzt geltenden VOB-Fassung von 1979 durch Hinzufügen der Regelung in Buchstabe p, wobei im nachfolgenden Satz 2 die bisherigen Buchstaben p und q in die Buchstaben q und r umbenannt, der Text des jetzigen Buchstabens q – bisher p – geändert und vor allem ergänzt und dem jetzigen Buchstaben r ein neuer Buchstabe s hinzugefügt wurden.

A § 17, 4, Rdn. 34-36

I. Übergabe der Verdingungsunterlagen und Aufforderung zur Angebotsabgabe

1. Allgemeines

34 Nach Nr. 4 Abs. 1 Satz 1 sind den Bewerbern die Verdingungsunterlagen mit einem Anschreiben (Aufforderung zur Angebotsabgabe) zu übergeben. Daraus kann nicht gefolgert werden, daß generell die Abholung durch sämtliche Bewerber verlangt werden kann, weil dies zu einer unzulässigen Bevorzugung ortsansässiger Bewerber führen würde. Das Anschreiben muß **alle Angaben** enthalten, **die außer den Verdingungsunterlagen für den Entschluß zur Abgabe eines Angebots notwendig sind.** Dabei ist bewußt auf die Notwendigkeit abgestellt worden, was zugleich bedeutet, daß es auf die **Erfordernisse des Einzelfalles** ankommt. Selbstverständlich kann es nach den Gegebenheiten des Einzelfalles erforderlich sein, auch standardisierte Bedingungen, die ein Auftraggeber für die Angebotsbearbeitung beachtet wissen will, im Anschreiben anzugeben (was Daub/Piel/Soergel ErlZ A 17.72 in einer zu engen Betrachtungsweise mißverstehen). Deshalb müssen in den Anschreiben sämtliche Angaben enthalten sein, die die **Besonderheit** des jeweils auszuführenden Bauvorhabens gemäß der in Aussicht genommenen Vergabe beinhalten. Voraussetzung ist natürlich, daß die betreffenden Angaben für den Entschluß eines Bewerbers, sich an der Vergabe zu beteiligen, **wesentlich** sind. Hier ist eine **sorgfältige Überlegung** des Auftraggebers geboten. Dabei ist besonders zu berücksichtigen, daß in dem Katalog in Nr. 4 Abs. 1 Satz 1 nur die **Mindesterfordernisse** der Bekanntmachung enthalten sind, um den Bewerbern von Beginn an die wesentlichen Punkte, die mit der geforderten Leistung und ihrer Vergabe im Zusammenhang stehen, zur Kenntnis zu bringen. Es ist also darauf zu achten, daß auch solche Punkte den Bewerbern in dem Anschreiben mitgeteilt werden, die bei der betreffenden Vergabe wesentlich sind, die aber in dem nachfolgenden Katalog **nicht** im einzelnen aufgeführt worden sind. Dazu gehört z. B. eine etwaige Beschränkung des Bewerberkreises im Falle der Öffentlichen Ausschreibung (vgl. Teil A § 3 Rdn. 18); ferner gehört dazu die Mitteilung, daß unter Umständen ganz spezielle Kenntnisse, Erfahrungen und Leistungsfähigkeiten erforderlich sind. Das soll nur als Beispiel gelten, da die Erfordernisse des Einzelfalles verschieden sind. Jedenfalls muß der Auftraggeber beachten, daß er **alle wesentlichen Gesichtspunkte im Rahmen seines Anschreibens** berücksichtigt und **angibt,** die bei gebotener objektiver Betrachtung für den Entschluß eines Bewerbers, sich an der Ausschreibung zu beteiligen, **maßgebend** sind oder sein können.

2. Beispielsfälle im Katalog von Nr. 4 Abs. 1 Satz 1

35 Der in Nr. 4 Abs. 1 Satz 1 angeführte Katalog beinhaltet nach dem Vorhergesagten nur **Beispiele.** Denn dort sind diejenigen Einzelheiten aufgezählt, die sich nach **allgemeiner Erfahrung** im Rahmen der Bauvergabe als **für das Anschreiben notwendig erwiesen haben** (auch Daub/Piel/Soergel ErlZ A 17.74). Damit ist zugleich gesagt, daß sich der Auftraggeber die Einzelheiten genau überlegen muß, die hier aufgezählt sind, und zwar in der Hinsicht, ob sie für seinen Vergabefall **notwendig** sind. Insoweit muß der Auftraggeber sorgfältige Überlegungen anstellen. Im einzelnen handelt es sich um die folgenden Gesichtspunkte:

36 a) Soweit es um Angaben über **Art und Umfang der Bauleistung** im Anschreiben geht (a), ist zu bedenken, daß diese sich in ihren Einzelheiten aus der Leistungsbeschreibung ergeben müssen. Im Anschreiben soll der Auftraggeber daher nur eine ganz knappe, aber **deutliche Umschreibung** dessen geben, was von den Bewerbern an Bauleistung erwartet wird und wie diese sich aus den Einzelheiten der Leistungsbeschreibung zusammensetzt; z. B.: „Es sollen die Erdarbeiten, die Beton- und Mauerarbeiten für die Errichtung eines fünfgeschossigen Wohngebäudes in X-Stadt, Y-Straße 12, vergeben werden; Erdarbeiten etwa 2000 m^3, Betonarbeiten etwa 1000 m^3, Mauerarbeiten etwa 2000 m^3." Bei der Angabe über den Umfang der Leistung genügt eine ungefähre Mitteilung, da dem Bewerber nur eine für seine **grundsätzliche Entschließung hinreichende Aufklärung** gegeben zu werden braucht.

37　Hinzu kommt, daß im Anschreiben **auch der Ausführungsplatz** anzugeben ist. Das ist naturgemäß auch wesentlich für die Entschließung, ob sich der betreffende Unternehmer an der Bauvergabe beteiligen will. Dies gilt einmal im Hinblick auf seine betriebliche Kapazität, zum anderen aber auch im Hinblick auf die Preisgestaltung. Solange der Unternehmer nicht weiß, wo die Bauleistung zu erbringen ist, kann er sich noch nicht klar genug entschließen, ob er überhaupt an der Baumaßnahme Interesse haben kann.

38　b) Bei den Bestimmungen über die **Ausführungszeit** (b) handelt es sich um die Fristen, die nach Teil A § 11 in den Verdingungsunterlagen anzugeben sind. Es sollen aber nicht schon die Fristangaben im einzelnen gemacht werden, wie sie später dort mitgeteilt werden. Vielmehr ist hier die bloße Angabe der **zeitlichen Richtpunkte,** auch in jahreszeitlicher Hinsicht, gemeint, unter denen in dem konkreten Baufall die ausgeschriebenen Arbeiten durchgeführt und fertiggestellt werden sollen. Die Angaben sollen **ganz allgemein** dem Bewerber die **Möglichkeit der Entschließung** geben, ob er in der genannten Zeit nach seinen betrieblichen und sonstigen Verhältnissen wirklich in der Lage ist, den Bauauftrag zu übernehmen. Ist das nicht der Fall, so wäre es sinnlos, sich überhaupt an einer Vergabe zu beteiligen.

39　c) Naturgemäß ist es für den Unternehmer unumgänglich notwendig zu wissen, welche Stelle – einschließlich ihrer Anschrift – **zur Angebotsabgabe auffordert** und welche Stelle den **Zuschlag erteilt.** Im allgemeinen wird die zur Angebotsabgabe auffordernde Stelle mit derjenigen identisch sein, die den Zuschlag erteilt. In Einzelfällen kann es allerdings vorkommen, daß beide auseinanderfallen. Dann muß das im Anschreiben klar zum Ausdruck gebracht werden. Für den Bewerber bzw. Bieter ist es auch in **rechtlicher Hinsicht** unbedingt notwendig zu wissen, **wer** sein **Verhandlungspartner** ist. Das gilt um so mehr, als er wissen muß, an wen er sich bei Auftreten von Unklarheiten oder Unzuträglichkeiten zu wenden hat.

40　d) Weiter muß das Anschreiben die Bezeichnung der Stellen unter Angabe der Anschriften enthalten, **bei denen die Verdingungsunterlagen eingesehen werden können, die nicht abgegeben werden** (d). Da die Verdingungsunterlagen die Grundlagen des Angebotes sein müssen, muß der Bewerber wissen, wo er Unterlagen findet, die ihm nicht ausgehändigt werden, wie vor allem Zeichnungen und Berechnungen, Gutachten usw. Auch diese Regelung hat eine **zivilrechtliche Bedeutung.** Der Auftraggeber kann sich nur dann auf die Richtigkeit eines seinen Anforderungen entsprechenden Angebots verlassen und das Angebot zugunsten oder zu Lasten des Bewerbers verwerten, wenn er diesen über die von ihm gestellten tatsächlichen Leistungsanforderungen in jeder Hinsicht **erschöpfend unterrichtet** hat. Dem Bieter muß also schlechthin die Einsicht in alles ermöglicht werden, was im Rahmen der Verdingungsunterlagen für seine Angebotsabgabe **wesentlich** ist.
Soweit möglich, sollten den Bewerbern dann – jedenfalls auf Anforderung – auch Ablichtungen o. ä. solcher Unterlagen zur Verfügung gestellt werden, was sich im Sinne einer sorgfältigen Angebotsbearbeitung durchaus auszahlen kann.

41　e) Grundlegend wichtig für die Entschließung, ob sich der Unternehmer an der Vergabe beteiligen will, ist es, daß er weiß, welche **Art der Vergabe** gemäß Teil A § 3 im vorliegenden Fall gewählt ist. Das gilt vor allem wegen der Aussichten für die Erlangung des Auftrages im Hinblick auf den Kreis der anderen möglichen Bewerber. Dabei hat im Anschreiben die Benennung der Art des Vergabeverfahrens allgemein gehalten und klar zu erfolgen, insbesondere ohne Begründung und Rechtfertigung im Hinblick darauf, warum gerade diese Vergabeart gewählt worden ist. Es genügt daher die kurze Mitteilung im Anschreiben, wie z. B.: „... im Wege der Öffentlichen Ausschreibung..." oder „... durch Beschränkte Ausschreibung...". Dies dürfte hinreichend klar sein, um den Bewerber ordnungsgemäß zu orientieren.

42 f) Etwaige **Ortsbesichtigungen** (f) können im Einzelfall von Bedeutung sein, wenn die Verdingungsunterlagen, insbesondere die Leistungsbeschreibung, nicht so gestaltet werden können, daß sich der Bewerber ein **völlig klares Bild** über Art und Umfang der Leistungsanforderungen machen kann, sondern wenn hierzu eine Kenntnisnahme wesentlicher Umstände an Ort und Stelle des Bauvorhabens erforderlich ist. Das gilt in erster Linie für größere Bauvorhaben, wie z. B. Siedlungsprojekte, insbesondere aber auch – weit gefaßt – spezielle Vorhaben, wie z. B. Tiefbauten. Das gilt aber auch sonst für bestimmte Vorhaben, bei denen die örtlichen Verhältnisse für die Entschließung zur Abgabe des Angebotes von ausschlaggebender Bedeutung sein können, wie z. B. im Hinblick auf die Anfahrtwege, die Baugrundverhältnisse usw. Die Ortsbesichtigung kann im Anschreiben für alle Bewerber auf einen Termin festgesetzt werden. Einen gemeinsamen Termin soll man nach Möglichkeit vermeiden, wenn Wert darauf gelegt wird, daß die einzelnen Bewerber vorher nichts voneinander erfahren sollen. Die Besichtigung kann daher auch den Bewerbern selbst in einem bestimmten im Anschreiben anzugebenden Zeitraum überlassen bleiben, wobei gegebenenfalls noch mitzuteilen ist, wer von seiten des Auftraggebers zur Erteilung notwendiger Auskünfte an Ort und Stelle zur Verfügung steht. Im übrigen haben Ortsbesichtigungen die wesentliche Bedeutung, daß sich unter Umständen später der Bewerber bzw. Auftragnehmer **nicht** mehr darauf **berufen kann,** er habe von bestimmten, für ihn erkennbaren Verhältnissen an Ort und Stelle **nichts gewußt.** Gerade deshalb ist dem Unternehmer ohnehin dringend zu raten, in jedem Fall von sich aus eine Ortsbesichtigung anzustreben.

43 g) Die Bestimmung über die **Aufschrift der Angebote** (g) hat eine **doppelte Bedeutung.** Zunächst soll der Auftraggeber die **genaue Anschrift des Adressaten des Vertragsangebotes** angeben, im Normalfall also seine eigene Anschrift. Weiterhin fällt hierunter aber auch eine etwaige **Kenn-Nummer des Bauobjektes,** d. h. eine Zahl oder eine in Buchstaben vorgenommene Abkürzung. Fehlt eine derartige Kenn-Nummer, was insbesondere bei einmaliger oder jedenfalls nicht sehr häufiger Bauvergabe durch den betreffenden Auftraggeber der Fall sein kann, muß das Objekt nach Lage oder seiner speziellen Bestimmung aufgeführt werden. Alle diese unter den Begriff der „Aufschrift der Angebote" fallenden Angaben soll der Bewerber nicht nur auf seinem Angebot wiedergeben, sondern auch schon auf einem **Umschlag,** in dem das Angebot enthalten ist. Damit wird eine Fehlleitung oder Zurücksendung vor dem Eröffnungstermin und daher das Nichtvorliegen des Angebots zu diesem wichtigen Zeitpunkt vermieden (so auch Daub/Piel/Soergel ErlZ A 17.82). Die genaue Aufschrift auch auf dem Umschlag ist erforderlich, damit der Auftraggeber auch seine Verpflichtung nach Teil A § 22 Nr. 1 Satz 2 erfüllen kann.

44 h) Wesentlich ist auch die **Angabe des Ortes und der Zeit des Eröffnungstermins** (h) im Anschreiben. Nach Teil A § 22 Nr. 1 Satz 1 dürfen bei Ausschreibungen am Eröffnungstermin grundsätzlich nur die Bieter und ihre Bevollmächtigten zugegen sein. Hierüber muß von vornherein **Klarheit** geschaffen werden, insbesondere darüber, wen der Auftraggeber zum Eröffnungstermin zulassen will. Des weiteren ist die Bestimmung von Ort und Zeit des Eröffnungstermins auch deshalb besonders wichtig, weil nach Teil A § 18 Nr. 2 die **Angebotsfrist in dem Zeitpunkt abläuft, in dem der Verhandlungsleiter im Eröffnungstermin mit der Öffnung der Angebote beginnt.** Gerade deshalb muß der Bieter von Ort und Zeit des Eröffnungstermins wissen, damit er kein verspätetes Angebot abgibt. Er will dieses Risiko mit Sicherheit nicht eingehen, da es nur vergebliche Arbeit für ihn bedeuten würde.
Hinsichtlich des Ortes müssen die Angaben so sein, daß sich der Bieter ohne **Schwierigkeit zurechtfindet,** also nicht nur das Gebäude (z. B. Friedrichstraße 20, Rathaus), sondern auch der Raum (z. B. Zimmer 10). Da die Mitteilung vom Eröffnungstermin in dem Anschreiben enthalten sein muß, genügt nicht die bloße Mitteilung, die Bieter würden von einem noch festzusetzenden Eröffnungstermin benachrichtigt. Hinsichtlich des Zeitpunktes des Eröffnungstermins ist zu fordern, daß dieser auf eine Stunde gelegt wird, zu der möglichst allen zur Eröffnung zugelassenen Bietern eine zumutbare Teilnahme möglich ist.

i) Es ist besonders wesentlich für die Bewerber, zu erfahren, ob der Auftraggeber mit der Vorlage des Angebotes für die **Beurteilung der Eignung** (Fachkunde, Leistungsfähigkeit und Zuverlässigkeit, Teil A § 2 Nr. 1 Satz 1) **Unterlagen** verlangt und welche (Teil A § 8 Nr. 3 und 4). Hierzu ist auf das in Rdn. 18 Gesagte zu verweisen. 45

k) Auch die Höhe etwa geforderter **Sicherheitsleistungen** (k) wird im allgemeinen für den Bewerber von größtem Interesse sein (vgl. Rdn. 17). 46

l) Von besonderer Bedeutung ist auch die Kenntnis der Bewerber darüber, ob der Auftraggeber **Änderungsvorschläge und Nebenangebote** wünscht, zuläßt oder ausschließt (l). Einmal muß schon der Auftraggeber selbst das größte Interesse daran haben, von vornherein klarzustellen, in welchem Rahmen er ein Angebot wünscht. Darüber hinaus liegt es aber im besonderen Interesse der Bewerber, von Anfang an Klarheit darüber zu haben, ob sie sich Gedanken über Änderungsvorschläge oder Nebenangebote machen können bzw. dürfen oder nicht. Es kann vor allem nicht in ihrem Interesse liegen, hier einen möglicherweise **vergeblichen Aufwand** zu treiben oder gar das **Risiko** einzugehen, beim Zuschlag wegen abgegebener Änderungsvorschläge und Nebenangebote nicht berücksichtigt zu werden. Daher ist die Angabe über die Zulassung von Änderungsvorschlägen und Nebenangeboten im Anschreiben **grundlegend wichtig**. Im einzelnen verhält sich hierüber noch Nr. 4 Abs. 3 (vgl. Rdn. 66 ff.). 47

m) Auch etwaige **Vorbehalte wegen der Teilung in Lose und Vergabe der Lose** an verschiedene Bieter (m) gehören in das Anschreiben. Das ist dann entbehrlich, wenn von vornherein die Ausschreibung **nur** auf Lose abgestellt ist. Vielmehr geht es hier darum, diejenigen Fälle zu erfassen, in denen von Auftraggeberseite noch nicht die klare Entscheidung getroffen worden ist, wieweit im einzelnen vergeben werden soll. Das ist auch mit dem Ausdruck „Vorbehalte" klar zum Ausdruck gekommen. Es handelt sich hier also nur um **echte Vorbehalte** wegen der Möglichkeit einer **späteren Änderung** des beabsichtigten Leistungsumfanges durch Aufteilung in Lose. Dabei ist daran gedacht, daß eine Aufteilung der ins Auge gefaßten Leistungseinzelheiten in Lose möglicherweise erfolgt oder daß eine bereits vorgesehene Aufteilung in Lose sich dahingehend auswirken kann, daß für einzelne Lose wiederum nur verschiedene Bieter in Betracht gezogen werden können. Umgekehrt wird es in Auslegung der hier erörterten Vorschrift auch notwendig sein, Angaben im Anschreiben zu machen, wenn eine **Erweiterung** des bisherigen Leistungsumfanges, z. B. durch Zusammenfassung von vorgesehenen Losen, vorbehalten werden soll. Der Auftraggeber wird daher jede etwaige und mögliche Änderung des Leistungsinhaltes, soweit sie vorhersehbar ist und ihr ein **gewisses Gewicht** im Rahmen der Gesamtleistung zukommt, in das Anschreiben mit aufnehmen müssen, falls er sich darüber zu dieser Zeit noch nicht klar entschieden hat. Das hat im übrigen nicht nur die Bedeutung, den Bewerber über den Leistungsumfang kurz und übersichtlich zu informieren, sondern es spielt auch ein **rechtlicher Gesichtspunkt** eine maßgebliche Rolle. Der Bewerber gibt nämlich gerade nach der VOB ein Vertragsangebot ab, das den Verdingungsunterlagen und demnach auch der Leistungsbeschreibung entspricht; jedenfalls muß der Auftraggeber im Stadium der Ausschreibung davon ausgehen. Grundsätzlich kann dieses Angebot vom Auftraggeber nur so angenommen werden, wie es abgegeben ist. Eine Annahme unter Änderungen, vor allem auch in bezug auf den ursprünglich verlangten Leistungsinhalt, kann lediglich als ein **Neuangebot**, und zwar hier des **Auftraggebers** (§ 150 Abs. 2 BGB), gelten. Nach Teil A § 28 Nr. 2 Abs. 2 muß dieses Neuangebot vom Bieter seinerseits in der veränderten Form angenommen werden, wenn ein wirksamer Bauvertrag zustande kommen soll. Ist mit Änderungen zu rechnen, die nicht nur den Verhandlungsinhalt, sondern besonders auch den Gang der Vertragsverhandlungen betreffen, sollen die Bewerber bereits im Anschreiben auf derartige Möglichkeiten aufmerksam gemacht werden, da solche Änderungen für ihre Entschließung zur Beteiligung an der Ausschreibung von Wichtigkeit sein können. 48

49 n) Die Notwendigkeit der **Angabe der Zuschlags- und Bindefrist** (n) im Anschreiben hat Bezug auf Teil A § 19, insbesondere dessen Nr. 3, wonach vorzusehen ist, daß der **Bieter** bis zum Ablauf der Zuschlagsfrist an sein **Angebot gebunden** ist. Dies hat auch eine materiell-rechtliche Bedeutung. Nach dem BGB muß nämlich die Annahme eines Angebotes sofort oder jedenfalls kurzfristig erfolgen, wie § 147 BGB zeigt; sonst gilt es als abgelehnt. Nach der VOB wird die zeitliche **Bindung an das Angebot** als bis zum Ablauf der Zuschlagsfrist **fortdauernd festgelegt,** was rechtlich zulässig ist (vgl. auch § 148 BGB). Immerhin muß darüber aber von vornherein Klarheit geschaffen werden, und zwar **bereits im Anschreiben,** das zur Angebotsabgabe auffordert. Fehlt es an der Angabe der Zuschlags- und Bindefrist, besteht die Bindung des Bieters an sein Angebot **nur nach den gesetzlichen Vorschriften** (§§ 146 ff. BGB), ist also im allgemeinen – zum Nachteil des Auftraggebers – kürzer als nach den in Teil A § 19 eingeräumten Möglichkeiten (vgl. dazu den Fall OLG Düsseldorf SFH § 19 VOB/A Nr. 3).

50 o) Des weiteren ist unter dem Buchstaben o sozusagen eine **Sammelposition** aufgestellt worden, die Gesichtspunkte aufzählt, die im jeweiligen Einzelfall für die erforderlichen Angaben im Anschreiben wesentlich sind. Dabei ist allgemein gesagt, daß in das Anschreiben sonstige Erfordernisse, die die Bewerber bei der Bearbeitung ihrer Angebote beachten müssen, aufzunehmen sind. Es handelt sich um Gesichtspunkte, die für die Entschließung der betreffenden Bewerber, ob sie sich an der Angebotsabgabe beteiligen wollen oder nicht, **wesentlich** sind. Dabei kommt es jeweils auf die **Gegebenheiten des Einzelfalles** an. Die VOB erwähnt hier beispielhaft durch Hinweise einige mögliche Fälle.

51 Allerdings ist der Hinweis auf Teil A § 18 Nr. 2 insofern hier nicht richtig, als dieser bereits für die Frage der Angabe der Zuschlags- und Bindefrist von Bedeutung ist, wie bereits in Rdn. 49 ausgeführt worden ist. Wesentlich ist dagegen der Hinweis auf Teil A § 18 Nr. 4, der bestimmt, daß bis zum Ablauf der Angebotsfrist Angebote schriftlich, fernschriftlich oder telegrafisch **zurückgezogen** werden können. Da dies im Grundsatz den allgemeinen Regeln des Bürgerlichen Gesetzbuches widerspricht, hat der betreffende Bewerber ein besonderes Interesse daran, zu erfahren, ob von Teil A § 18 Nr. 4 Gebrauch gemacht wird oder nicht. Enthält das Anschreiben hierüber nichts, so kann der Bewerber grundsätzlich von Teil A § 18 Nr. 4 ausgehen, soweit es sich um die Vergabe durch einen öffentlichen Auftraggeber handelt. Er kann annehmen, daß er das Angebot bis zum Ablauf der Angebotsfrist schriftlich, fernschriftlich oder telegrafisch zurücknehmen kann. Der öffentliche Auftraggeber muß also eine etwaige **Rücknahmemöglichkeit ausschließen.** Anders liegt dies beim privaten Auftraggeber, von dem grundsätzlich gesagt werden kann, daß er nicht ohne weiteres Teil A § 18 Nr. 4 zugrunde legt, es sei denn, der private Auftraggeber erklärt in den Angebotsunterlagen ausdrücklich, die Bauvergabe nach VOB Teil A (DIN 1960) vornehmen zu wollen. Vgl. dazu auch Teil A § 18 Rdn. 20 ff.

52 Wichtig ist auch der Hinweis auf Teil A § 19 Nr. 1, wonach die **Zuschlagsfrist mit dem Eröffnungstermin beginnt.** Will der Auftraggeber hiervon Abstand nehmen, so muß er dies **ausdrücklich** in dem Anschreiben zum Ausdruck bringen. Es liegt auf der Hand, daß der Bieter wissen möchte, ab wann die Zuschlagsfrist beginnt, damit er deren Dauer berechnen kann. Dies ist nicht nur wesentlich für seine betriebliche Planung im allgemeinen, sondern auch im Hinblick auf die Frage, ob er mit einem von ihm angestrebten Bauauftrag rechnen kann oder nicht.

53 Wesentlich sind auch Angaben über den **Inhalt der Angebote,** die im konkreten Fall gefordert werden. Zwar gibt Teil A § 21 hierfür die erforderlichen Richtlinien. Es kann aber im Einzelfall notwendig sein, von den Bietern noch **weitere Angebotsangaben zu fordern,** die sich nicht ohne weiteres aus Teil A § 21 ergeben. Da Teil A § 21 den regelmäßigen Inhalt von Angeboten wiedergibt, insbesondere auch den Umfang und die Genauigkeit der Angebotsabfassung, kann es für den Bieter im Einzelfall von besonderem Interesse sein zu wissen, welche Vorarbeiten er zur Angebotsabgabe zu leisten, was er in das Angebot aufzunehmen und welchen Aufwand er hierzu im einzelnen zu leisten hat. Insofern dürfte es ein **zwingendes Erfordernis** für die Auftraggeberseite aus dem Gesichtspunkt von **Treu und Glauben** sein, hierzu die nötigen Angaben zu machen, anderenfalls gerade hier eine Haftung aus culpa in contrahendo in Betracht kommen kann.

Das Vorhergesagte sind **nur beispielhafte Angaben**, die sich aus der ausdrücklichen Erwähnung in Teil A § 17 Nr. 4 Abs. 1 Satz 1 o ergeben. Es kann selbstverständlich in einzelnen Fällen auch **noch weitere Erfordernisse** geben, hinsichtlich deren besondere Hinweise im Anschreiben an die Bieter erforderlich sind. Zu denken ist dabei z. B. an weitere mögliche Gründe, unter denen der Auftraggeber über den Rahmen von Teil A § 26 hinaus die Ausschreibung aufheben will.

p) Die in die Neufassung der VOB von 1979 unter dem neuen Buchstaben p eingefügte weitere Forderung, in dem Anschreiben auch die **wesentlichen Zahlungsbedingungen** mitzuteilen oder Angaben über die Unterlagen zu machen, in denen sie enthalten sind, ist eigentlich nur eine Wiederholung dessen, was bei der Öffentlichen Ausschreibung nach Nr. 1 Abs. 2 n bereits in der Bekanntmachung der Öffentlichen Ausschreibung mit enthalten sein muß. Vgl. dazu oben Rdn. 19. Daher dürfte bei Öffentlicher Ausschreibung insoweit eine Bezugnahme auf die Bekanntmachung im Anschreiben genügen, es sei denn, der Auftraggeber möchte nunmehr zu geänderten Bedingungen Zahlungen leisten. Andererseits ist die jetzige Regelung in Buchstabe p von Bedeutung für Beschränkte Ausschreibungen und Freihändige Vergaben, weil es dort im Bereich der Bekanntgabe nicht bereits eine entsprechende Regelung gibt, wie Nr. 2 Abs. 2 zeigt. Daß aber gerade auch bei jenen Vergabearten die in Betracht kommenden Unternehmer interessiert sind, bereits im Anschreiben zu den Verdingungsunterlagen die Zahlungsbedingungen zu erfahren bzw. den Hinweis auf die Unterlagen, in denen diese Bedingungen enthalten sind, zu erhalten, ist eindeutig. Insofern ist die berechtigte Interessenlage auf der Unternehmerseite nicht wesentlich anders als bei der Öffentlichen Ausschreibung.

3. Besondere Angaben für den Bereich der EG-Koordinierungsrichtlinie

Teil A § 17 Nr. 4 Abs. 1 Satz 2 bestimmt, daß neben den in Rdn. 36-54 erwähnten Gesichtspunkten weitere zu berücksichtigen sind, **sofern** es sich um **Vergabefälle** handelt, **die von dem zuständigen Bundesminister bestimmt worden sind.** Dabei ist auch hier auf die EG-Koordinierungsrichtlinie Bezug genommen. Es handelt sich also um jene Vergabefälle, die in den EG-Bereich hineinreichen, die als solche von dem zuständigen Bundesminister bestimmt worden sind. Dazu zunächst Rdn. 20.

Unter diesen Voraussetzungen sind im Anschreiben zwei weitere Angaben notwendig:

a) Einmal (q) ist unter Bezugnahme auf Teil A § 25 der Hinweis notwendig, daß der Auftraggeber den Zuschlag auf das Angebot erteilen wird, das unter Berücksichtigung aller technischen und wirtschaftlichen, ggf. auch gestalterischen und funktionsbedingten Gesichtspunkte als das **annehmbarste** erscheint (das in der VOB-Fassung von 1973 an dieser Stelle gebrauchte Wort „möglichst" wurde in der Fassung 1979 gestrichen), ergänzt durch nähere Bezeichnungen der Umstände, auf die der Auftraggeber bei **der Beurteilung der Angebote besonderen Wert legt,** wie beispielsweise Bauunterhaltungs- oder Betriebskosten, Lebensdauer, Ausführungsfrist, künstlerische Gestaltung des Bauwerks, möglichst in der Reihenfolge der ihnen zuerkannten Bedeutung (der letzte Halbsatz wurde in der Fassung 1979 hinzugefügt).

Diese weitere Forderung für das Anschreiben geht darauf zurück, daß die EG-Richtlinie zur Koordinierung der Bauvergabeverfahren dem Auftraggeber die **Wahl zwischen zwei Wertungssystemen** läßt. Einmal gestattet sie ihm die Wertung ausschließlich nach dem **Preis,** wobei dem Mindestfordernden der Zuschlag zu erteilen ist (Vergabe im Preiswettbewerb). Des weiteren läßt die EG-Richtlinie dem Auftraggeber die Wahl, demjenigen Bieter den Auftrag zu erteilen, dessen Angebot in umfassender Weise nach den in Teil A § 25 im einzelnen aufgeführten Grundsätzen (Vergabe im Leistungswettbewerb) als das **annehmbarste** erscheint. Die VOB kennt nur dieses zweite Wertungssystem. Sie legt also dem **Preis keine allein ausschlaggebende Funktion** zu. Der Bieter, insbesondere der ausländische Bieter, muß daher im Grundsatz damit rechnen, daß sein Angebot nach DIN-Maßstäben bewertet wird, die sich aus Teil A § 25 ergeben. Darauf muß dieser Bieter aber hingewiesen werden. Insofern ist es schon richtig, von vornherein im Angebotsschreiben darauf hinzuweisen, ob und inwieweit die Angebotswertung nach den für **deutsche Maßstäbe** geltenden Richtlinien (Teil A § 25) erfolgt. Denn es ist zu bedenken, daß der ausländische Interessent aus dem EG-Bereich möglicherweise **in anderen Vorstellungen** befangen ist, als sie in Teil A § 25 niedergelegt sind. Das kann selbstverständlich entscheidenden Einfluß auf seine Entschließung haben, ob er sich am Bauvergabewettbewerb beteiligen will oder nicht. Dann ist es aber notwendig, diesen Interessenten (Bewerber) bereits im Anschreiben darauf hinzuweisen, mit welchen Umständen er für die Wertung seines Angebotes zu rechnen hat. Dabei ist einmal der Hinweis auf Teil A § 25 geboten. Dieses allein kann im Einzelfall aber für einen in der VOB-Vergabe nicht so sehr bewanderten Bewerber **nicht genügen.** Deshalb sieht die VOB hier ferner vor, den Bewerber auf **weitere Gesichtspunkte** hinzuweisen, nämlich durch nähere Bezeichnung der Umstände, auf die für die Vergabe **besonderer Wert** gelegt wird. Dafür sind beispielsweise die Bauunterhaltungs- oder Baubetriebskosten, die Lebensdauer, die Ausführungsfrist, ferner die künstlerische Gestaltung des vorgesehenen Bauwerkes genannt. Hierüber sind im einzelnen Angaben zu machen. Zur Vermeidung von Unklarheiten bzw. zur möglichst umfassenden Unterrichtung ist in dem in die Neufassung der VOB von 1979 in den Buchstaben q neu aufgenommenen letzten Halbsatz zum Ausdruck gebracht, daß im Anschreiben möglichst auch die Reihenfolge der für die Vergabe wesentlichen Umstände in der ihnen zuerkannten Bedeutung aufzuzählen ist. Sinn dieser Regelung ist vor allem, dem Bewerber nicht nur die wesentlichen Umstände für die Vergabe als solche aufzuzählen, sondern auch deren Gewichtung untereinander. Es ist ohne weiteres einleuchtend, daß dies sowohl aus technischen als auch aus baubetrieblichen als auch aus rechtlichen Gründen wichtig für den Entschluß ist, an der Bauvergabe teilzunehmen oder nicht. Im übrigen ist hier insbesondere von Auftraggeberseite auch zu berücksichtigen, ob es sich im Einzelfall um eine Vergabe nach Leistungsbeschreibung (Teil A § 9 Nr. 3-9) oder um eine Vergabe nach Leistungsprogramm (Teil A § 9 Nr. 10-12) handelt. Im letzteren Fall sind auch nähere Angaben geboten, insbesondere was die Frage der vorausgesetzten Lebensdauer, ferner der künstlerischen Gestaltung des Bauwerks anbetrifft.

59 Der Auftraggeber muß sich hier also im Einzelfall, je nach der Art und Weise seiner Vergabe, Gedanken machen, ob und inwieweit er dem ausländischen Bewerber die **deutschen Vorschriften klarzumachen** hat, um diesen einem ordnungsgemäßen Bauvergabewettbewerb zuzuführen. Dabei muß sich der Auftraggeber vorher überlegen, ob und inwieweit für den Rahmen der Vergabe ausländische Vorschriften von denjenigen im deutschen Bereich, insbesondere im Hinblick auf Teil A § 25, abweichen. Sofern solche Abweichungen gegeben sind, ist es dem Auftraggeber aufgegeben, im Anschreiben bereits nähere Angaben zu machen, um den Bewerbern aus dem Bereich der EG außerhalb der Bundesrepublik Deutschland die entsprechenden Hinweise zu geben. Es hat keinen Zweck, einen ausländischen Bewerber für die betreffende Bauvergabe zu interessieren, der allein gewohnt ist, daß der billigste Bieter den Auftrag erhält. Insofern ist es auch geboten, daß der Auftraggeber, der einen Auftrag vergeben will, sich mit den entsprechenden ausländischen Vergabevorschriften aus dem EG-Bereich befaßt und nähere Überlegungen in der angegebenen Hinsicht anstellt.

60 b) Aus dem Gesagten ergibt sich, daß es notwendig ist, die **Angebote in deutscher Sprache abzufassen** (r). Das ist allein erforderlich, um die Angebote nach denjenigen Gesichtspunkten

hinreichend beurteilen zu können, die sich aus Teil A § 25 oder aus anderen Vorschriften ergeben (vgl. Rdn. 20).

c) Gemäß dem in die Neufassung der VOB von 1979 neu aufgenommenen Buchstaben s muß das Anschreiben für den hier erörterten Bereich im Falle Beschränkter Ausschreibung und/oder Freihändiger Vergabe einen Hinweis auf die Bekanntmachung nach Nr. 2 enthalten. Dies ist für eine ausreichende Unterrichtung von Bewerbern aus dem EG-Bereich wesentlich. Das gilt deshalb, weil der betreffende Bewerber, der hier zur Angebotsabgabe aufgefordert wird, möglicherweise an einem öffentlichen Teilnahmewettbewerb nicht beteiligt war, er daher weder weiß, daß ein solcher stattgefunden hat, noch insbesondere über den Inhalt der Bekanntmachung nach Nr. 2 Abs. 2 informiert ist. Für einen ordnungsgemäßen Bauvergabewettbewerb ist es sicher notwendig, daß jedenfalls jetzt im Anschreiben auf die Bekanntmachung zum öffentlichen Teilnahmewettbewerb hingewiesen wird, damit sich der Betreffende auch insoweit informieren kann. 61

II. Sonderregelung für Auftraggeber, die ständig Bauleistungen vergeben

Nach Teil A § 17 Nr. 4 Abs. 2 ist vorgeschrieben, daß Auftraggeber, die **ständig Bauleistungen** vergeben, die Erfordernisse **in Bewerbungsbedingungen zusammenfassen** und dem Anschreiben beifügen sollen, die die Bewerber bei der Bearbeitung ihrer Angebote beachten müssen. Dabei ist auch hier auf Teil A § 18 Nr. 2 und 4, Teil A § 19 Nr. 1 und Teil A § 21 (vgl. Rdn. 50) hingewiesen. 62

Diese Regelung erfaßt Auftraggeber, die ständig Bauleistungen vergeben. Das betrifft in erster Linie Auftraggeber der öffentlichen Hand, die laufend mit der Vergabe von Bauleistungen befaßt sind. Hier ist aus **Rationalisierungsgründen** geregelt, daß diese Auftraggeber ihre Bewerbungsbedingungen – einheitlich – zusammenfassen und sie dann gleich dem Anschreiben beifügen sollen. Im Grunde genommen handelt es sich um einen ähnlichen Gedanken, wie er für Zusätzliche Vertragsbedingungen in Teil A § 10 Nr. 2 Abs. 1 bestimmend ist. Auch dort handelt es sich um Bedingungen, die in den einzelnen Bauverträgen des jeweiligen Auftraggebers immer wiederkehren. Ähnlich liegt es hier. Hier sollen Bedingungen bzw. Erfordernisse zusammengefaßt und dem Anschreiben beigefügt werden, die generell als Voraussetzung für die Bewerbung um Vergabe eines Bauauftrages bei diesem Auftraggeber gelten. Es leuchtet ein, daß dies am einfachsten dadurch geschieht, daß der betreffende Auftraggeber sozusagen formularmäßig diese Bedingungen zusammenfaßt und sie dann dem Anschreiben beifügt, **wobei er allerdings gerade auch hier darauf achten muß, daß er nicht gegen zwingende Vorschriften des AGB-Gesetzes verstößt.** 63

Wie weit diese Bedingungen reichen, insbesondere inwieweit solche einheitlich für mehrere oder alle Bauvergaben des betreffenden Auftraggebers ausschlaggebend sind, richtet sich nach dem **Einzelfall**. Insoweit ist eine sorgfältige Überlegung der Auftraggeberseite am Platze, ob und inwieweit hier sozusagen formularmäßig Bewerbungsbedingungen aufgestellt werden können. **Nur soweit dies möglich ist, soll das geschehen.** Auf jeden Fall ist darauf hinzuweisen, daß die hier gemeinten Bewerbungsbedingungen nicht unmittelbar mit den etwaigen, vorangehend erwähnten Zusätzlichen Vertragsbedingungen zu tun haben. Sie müssen daher sehr genau voneinander getrennt werden. Das dürfte auch keine Schwierigkeit sein, weil die Bewerbungsbedingungen dem Anschreiben beizufügen sind, während Zusätzliche Vertragsbedingungen in den eigentlichen Angebotsunterlagen (Verdingungsunterlagen) enthalten bzw. diesen beizufügen sind. 64

Welche Bewerbungsbedingungen einheitlich gelten, bestimmt der Auftraggeber. Der beispielhafte Hinweis auf Teil A § 18 Nr. 2 und 4, Teil A § 19 Nr. 1 und Teil A § 21 bedeutet aber 65 jedenfalls so viel, daß der Auftraggeber gehalten ist, sich zu überlegen, ob er im Hinblick auf diese Vorschriften besondere Anforderungen stellen bzw. diese in die Bewerbungsbedingungen aufnehmen soll. Dazu gilt, was zu Nr. 4 Abs. 1 o gesagt ist (vgl. Rdn. 50).

III. Behandlung von Änderungsvorschlägen oder Nebenangeboten im Anschreiben

66 Teil 3 A § 17 Nr. 4 Abs. 3 bestimmt, daß, wenn der Auftraggeber **Änderungsvorschläge oder Nebenangebote wünscht, ausdrücklich zulassen oder ausschließen will, dies im Anschreiben anzugeben ist.** Des weiteren ist anzugeben, wenn Nebenangebote **ohne gleichzeitige Abgabe** eines Hauptangebotes **ausnahmsweise** ausgeschlossen werden sollen. Soweit der Bieter eine Leistung anbietet, deren Ausführung nicht in Allgemeinen Technischen Vertragsbedingungen oder in den Verdingungsunterlagen geregelt ist, sind von ihm im Angebot entsprechende Angaben über Ausführung und Beschaffenheit dieser Leistung zu verlangen.

67 Änderungsvorschläge oder Nebenangebote setzen **begrifflich** voraus, daß die **Leistung inhaltlich anders angeboten** wird, als sie in der Leistungsbeschreibung, die zum Gegenstand des Vergabeverfahrens gemacht worden ist, enthalten ist. Änderungsvorschläge betreffen die Änderung lediglich einzelner Leistungsteile oder Leistungsbestandteile, während Nebenangebote vorliegen, wenn es sich um die Änderung entweder des gesamten vorgesehenen Leistungsinhaltes (sogenannte Totalalternativen, vgl. Nicklisch BB 1974, Beil. 10, S. 10) oder jedenfalls ganzer Abschnitte davon handelt. In diesem Sinne können sich Änderungsvorschläge und Nebenangebote auch auf sonstige Bedingungen, die Vertragsbestandteile werden sollen, beziehen, also auf die Bedingungen insgesamt oder einzelne derselben (zutreffend Daub/Piel/Soergel ErlZ A 17.101), wie z.B. die Ausführungsfristen.

68 Daß solche Änderungen auch auf die Preisgestaltung einwirken, bedarf keiner näheren Erörterung. Darüber hinaus kann dies **aber auch** der Fall sein, **wenn** sich zwar der ausgeschriebene Leistungsgegenstand im Angebot nicht ändert, wenn aber der **Leistungsumfang** für den einzelnen zu vergebenden Auftrag **in Frage** steht. So kann es z. B. sein, daß eine Gesamtleistung in mehreren Losen vergeben werden soll und entsprechend ausgeschrieben worden ist, daß ein Bieter aber im Rahmen seines Angebotes einen Preisnachlaß auf die Gesamtleistung anbietet, wenn ihm der Auftrag für alle vorgesehenen Lose erteilt wird. Auch dies wird begrifflich dem Nebenangebot zuzurechnen sein, da hier die **Preisgestaltung letztlich vom endgültig vergebenen Leistungsumfang abhängig** ist. Keine Änderungsvorschläge oder Nebenangebote dürften hingegen vorliegen, wenn auch der Leistungsumfang nicht in Frage steht, sondern der Bieter in seinem Angebot in einer anderen als der geforderten Preisart anbietet, wie z. B. zum Pauschalpreis anstelle zum Einheitspreis, sofern nur die Voraussetzungen in Teil B § 5 Nr. 1 b gegeben sind, es sei denn, der Auftraggeber hat ausdrücklich zum Angebot **nur** zu Einheitspreisen aufgefordert (zu weitgehend hier Schelle/Erkelenz S. 286; Heiermann/Riedl/Rusam/Schwaab Teil A § 17 Rdn. 53) oder der Bieter bietet neben dem Einheitspreis auch zur Pauschale an (insofern zu eng Hofmann ZfBR 1984, 259, 260). Auch das bloße Anbieten von **Skonto** auf die Vergütung ist noch kein Nebenangebot, zumal Teil B § 16 Nr. 5 Abs. 2 eine Skontovereinbarung durchaus zuläßt, ferner die Fälligkeitsregelung in Teil B § 16 Nr. 3 Abs. 1 nur eine Obergrenze in zeitlicher Hinsicht darstellt (zutreffend auch Hofmann ZfBR 1984, 259, 260). Anders liegt es dagegen, und es ist von einem Nebenangebot auszugehen, wenn der Bieter einen **anderen als den vorgesehenen Abrechnungsmodus**, z. B. Abrechnung nach Gewicht statt nach Fläche, vorschlägt (insoweit zutreffend Schelle/Erkelenz a. a. O.; Heiermann/Riedl/Rusam/Schwaab a. a. O.). **Keine** Änderungsvorschläge oder Nebenangebote sind es auch, wenn der Auftraggeber ausdrücklich zum Angebot in zwei oder mehreren **Alternativen** auffordert, wie z. B. sowohl zum Angebot nach einzelnen Losen als auch zu zusammengefaßten Losen. Dann wären Alternativen gleichberechtigt nebeneinandergestellt, so daß von der Aufforderung von – zulässigen – **Alternativangeboten,** nicht aber

von Änderungsvorschlägen oder Nebenangeboten, die hier erörtert werden, gesprochen werden muß.

1. Im Grundsatz ist Nr. 4 Abs. 3 aus Teil A § 9 Nr. 8 der Fassung 1952 entnommen. Sie ist jedoch in entscheidendem Maße **erweitert**. Während Teil A § 9 Nr. 8 der Fassung 1952 bestimmte, daß Nebenangebote zur Auswahl unter verschiedenen Ausführungsmöglichkeiten lediglich zu fordern sind, wenn es aus gewichtigen Gründen geboten ist, ergibt sich eine erhebliche Erweiterung in der jetzigen Fassung der VOB. Die frühere Fassung behandelte nur den seltenen Fall, in dem es darum ging, ob und wann der Auftraggeber Nebenangebote fordern sollte, wobei sowohl hier wie dann in Teil A § 25 offengelassen worden war, welche Folgerung zu ziehen ist, wenn der betreffende Bieter dieser Forderung nicht entspricht. Es war daher notwendig, sich Teil A § 25 (dort vor allem Nr. 3) anzuschließen, nämlich den Auftraggeber anzuhalten, für die Bieter Klarheit über sein Interesse an Nebenangeboten zu schaffen.

2. Deshalb wird jetzt zunächst vom Auftraggeber **zwingend** gefordert, daß er in dem Anschreiben zur Angebotsabgabe klarzustellen hat, **wenn er Änderungsangebote oder Nebenangebote wünscht, diese ausdrücklich zulassen oder ausschließen will**. Damit ist dem berechtigten Anliegen der Bewerberseite Genüge getan, nämlich von vornherein darüber **orientiert** zu werden, ob und inwieweit sie sich mit Änderungsvorschlägen oder Nebenangeboten befassen dürfen, müssen, nicht sollen oder nicht dürfen. Der Auftraggeber ist **unbedingt gehalten, diese Regelung einzuhalten,** damit die späteren Bieter im Rahmen ihrer Angebotsbearbeitung sich von Anfang an darauf einrichten können, ob sie sich mit Änderungsvorschlägen oder Nebenangeboten befassen sollen oder müssen. Es leuchtet ein, daß die Bewerber großes Interesse daran haben, die Frage des **Aufwandes** und des **möglichen Umfanges** ihrer Angebotsbearbeitung vorher zu wissen. Der Auftraggeber muß sich hier allerdings sehr sorgfältig überlegen, ob und inwieweit er Änderungsvorschläge oder Nebenangebote wünscht, fordert oder nicht wünscht bzw. ausschließt. Im letzteren Fall muß er sich vor allem darüber im klaren sein, daß er damit den Bietern von vornherein Möglichkeiten nimmt, mit **ihrer Erfahrung** im Hinblick auf die technisch richtige Gestaltung des Bauwerkes mitzuwirken. Sollte die Ausführung dann später wegen der Planung des Auftraggebers nicht in Ordnung sein, wird er sich **um so weniger** auf eine Verantwortlichkeit oder **Mitverantwortlichkeit** seines Auftragnehmers berufen können, wenn er von vornherein schon im Angebotsverfahren dem Bieter eigene Überlegungen verboten oder diese nicht gewünscht hat. Abgesehen von begründeten Ausnahmefällen dürfte es daher dem Auftraggeber **anzuraten** sein, **grundsätzlich Änderungsvorschläge oder Nebenangebote zuzulassen**.

3. Ausgehend von dem Gesagten dürfte es von dem Auftraggeber grundsätzlich zu fordern sein, daß er auch Änderungsvorschläge und Nebenangebote zuläßt, **ohne** daß gleichzeitig ein **Hauptangebot** abgegeben wird (vgl. auch OLG Karlsruhe SFH § 24 VOB/A Nr. 1). Es kann durchaus sein, daß der betreffende Bieter grundlegend andere Vorstellungen über die technisch richtige und sachgerechte Ausführung hat. Dem Bieter hier die nötige **Bewegungsfreiheit** einzuräumen **entspricht** nicht nur den Grundsätzen eines guten **Bauwettbewerbs**, sondern vor allem im Grundsatz auch den **Interessen des Auftraggebers**. Nur dann, wenn eine bestimmte Art und Weise der Ausführung der Leistung aus **zwingenden Gründen vorgeschrieben** ist (z. B. wegen einer ganz eingeschränkten Zweckbestimmung oder einer nicht zu ändernden Lage des Bauwerkes), sollte der Auftraggeber Änderungsvorschläge und Nebenangebote ausschließen, was sicher auch für Teilbereiche geschehen kann. Deshalb sagt die VOB in Nr. 4 Abs. 3 Satz 1, 2. Halbsatz, mit Recht, daß Angaben im Anschreiben dann zu machen sind, wenn Nebenangebote ohne gleichzeitige Abgabe eines Hauptangebotes **ausnahmsweise ausgeschlossen** werden. Das Wort „ausnahmsweise" weist deutlich darauf hin, daß der Auftraggeber hier Änderungsvorschläge und Nebenangebote nur in begründeten Ausnahmen ausschließen soll. Jedenfalls muß er, wenn er sich dazu entschließt, dies im Anschreiben ganz

klar zum Ausdruck bringen. Tut er das nicht, so kann er sich unter Umständen, je nach den Gegebenheiten des Einzelfalles, wegen Verschuldens bei Vertragsabschlußschadensersatzpflichtig machen, wenn der Bieter in gutem Glauben die Arbeit von Änderungsvorschlägen oder Nebenangeboten auf sich nimmt. Allerdings reicht dann das bloße Schweigen des Auftraggebers für eine Haftung noch nicht aus, weil der Bieter aus Teil A § 25 Nr. 3 Satz 2 entnehmen kann, daß es dem Auftraggeber dann freisteht, das Angebot zu werten.

72 4. Gerade im Rahmen von Änderungsvorschlägen und Nebenangeboten kann es vorkommen, daß der Bieter eine **besondere Leistung anbietet,** die ihm eingefallen ist oder die seiner unternehmerischen Erfahrung entspringt, für die es aber keine **Allgemeinen Technischen Vertragsbedingungen** gibt oder die **in den Verdingungsunterlagen,** die vom Auftraggeber aufgestellt worden sind, **nicht geregelt** ist. Dann ist es erforderlich, daß der Bieter im Angebot die notwendigen Angaben über die Ausführung und Beschaffenheit dieser von ihm nunmehr im Wege des Änderungsvorschlages oder des Nebenangebotes fixierten Leistung macht, damit der Auftraggeber die Beurteilungsgrundlage hat, um das annehmbarste Angebot herauszufinden. Daher dient Nr. 4 Abs. 3 Satz 2 in erster Linie dem **ordnungsgemäßen Bauvergabewettbewerb.** Sie dient gleichermaßen dazu, dem Auftraggeber die erforderliche Klarheit über das zu geben, was ihm als Änderungsvorschlag oder Nebenangebot unterbreitet wird, was deren Hintergrund ist und wie die Ausführung dazu im einzelnen aussieht. Es erscheint durchaus richtig und angebracht, wenn die VOB hier in **zwingender Form** verlangt, daß entsprechende Angaben des Bieters bereits im Anschreiben gefordert werden, damit die Bewerberseite sich von vornherein darauf einrichten kann. Das hat auch für die spätere Vertragsgestaltung bzw. Vertragsabwicklung einen durchaus realen **rechtlichen Hintergrund.** Der **Auftraggeber überläßt** für den Bereich von Änderungsvorschlägen und Nebenangeboten **die Bauplanung** zumindest in einem gewissen Sinne **der Bieterseite.** Diese ist freiwillig bereit, die damit verbundene zusätzliche Arbeit grundsätzlich auf ihre Kosten zu übernehmen. Zugleich ist es aber eine rechtliche Folge, daß die Bieterseite hier in den **Planungsbereich eingreift,** was in gutem Sinne gemeint ist. Das bedingt aber rechtlich, daß der betreffende Bieter, der Änderungsvorschläge oder Nebenangebote abgibt, die **Verantwortung oder Mitverantwortung** für den Planungsbereich mit übernimmt. Geht seine Bauausführung später schief, wird ihm eine erhöhte Verantwortlichkeit übertragen werden müssen, wenn er nicht von vornherein im Angebot dem Auftraggeber entsprechende Angaben macht, insbesondere diesen auf gewisse **Risiken,** sowohl in der Bauausführung als auch hinsichtlich der Baupreisgestaltung, **hinweist** (ebenso Daub/Piel/Soergel ErlZ A 17.111). Das ist nicht erforderlich, wenn sich seine Änderungsvorschläge oder Nebenangebote in dem Bereich Allgemeiner Technischer Vertragsbedingungen bewegen oder nicht anders als im Rahmen herkömmlicher Bauweisen bewegen (vgl. dazu LG Köln SFH § 6 Nr. 6 VOB/B Nr. 2) oder wenn sie bereits aus den Verdingungsunterlagen insofern ersichtlich sind, daß sie technisch **hinreichend** von der Auftraggeberseite **beurteilt werden können.** Der Bieter tut also gut daran, wenn er im Rahmen der Angebotsbearbeitung sehr sorgfältig arbeitet. Deshalb ist es richtig, wenn die VOB zunächst zwingend vom Auftraggeber fordert, bereits im Anschreiben zu verlangen, daß die Bieter im Angebot entsprechende Angaben über Ausführung und Beschaffenheit dieser von ihnen im Wege der Änderungsvorschläge oder Nebenangebote angebotenen Leistung machen. Das entspricht nichts anderem als dem **Grundsatz von Treu und Glauben,** der hier dahin geht, die Bewerber auf etwaige Risiken, die sie später haftungsmäßig treffen können, von vornherein hinzuweisen, damit sie sich darüber im klaren sind, daß sie das Beste zu tun haben, um dieses Risiko soweit als möglich klein zu halten.

73 Die hier geforderten Angaben über Ausführung und Beschaffenheit beschränken sich auf den Bereich von Änderungsvorschlägen oder Nebenangeboten. Sie müssen selbstverständlich so **vollständig** und so **klar** sein, daß der Auftraggeber sich ein **hinreichendes Bild** über die Konsequenzen der Änderungsvorschläge oder Nebenangebote machen kann. Dies richtet sich nach dem Einzelfall, d. h. danach, inwieweit etwaige Änderungsvorschläge und Nebenange-

bote reichen, insbesondere inwieweit es erforderlich ist, diese im einzelnen dem Auftraggeber hinreichend klarzumachen. Da die Fälle verschieden sind, insbesondere was die Anforderungen betrifft, muß es bei dieser generellen Umschreibung verbleiben, jedenfalls muß der Bewerber sich von vornherein darüber im klaren sein, daß er hier **besser mehr Angaben macht als weniger.**

IV. Absendung der Aufforderung zur Angebotsabgabe: Sonderregelung bei Beschränkter Ausschreibung sowie bei Freihändiger Vergabe mit öffentlichem Teilnahmewettbewerb

Nr. 4 Abs. 4 enthält eine Sonderregelung für den Fall der Beschränkten Ausschreibung sowie der Freihändigen Vergabe mit öffentlichem Teilnahmewettbewerb, die aufgrund der EG-Richtlinie zur Koordinierung der Bauvergabeverfahren (vgl. dazu auch Rdn. 20) notwendig geworden ist. Wenn hier bestimmt ist, daß die Aufforderung zur Angebotsabgabe an alle ausgewählten Bewerber **am gleichen Tag abzusenden** ist, so bedeutet dies, für alle ausgewählten Bewerber **gleiche Wettbewerbsbedingungen** zu schaffen. Grundlage hierfür ist Teil A § 18 Nr. 3 b. Dort heißt es, daß bei Beschränkter Ausschreibung oder Freihändiger Vergabe mit öffentlichem Teilnahmewettbewerb die Angebotsfrist grundsätzlich 18 Werktage, in Fällen besonderer Dringlichkeit ausnahmsweise 9 Werktage, gerechnet ab dem Tag, an dem die **Aufforderung** zur Angebotsabgabe **abgesandt** worden ist, beträgt. Die Forderung **gleichzeitiger** Absendung der Angebotsunterlagen an die ausgewählten Bewerber dient dazu, diese **Fristen für jeden der ausgewählten Bewerber** gleichermaßen in dem Sinne **gelten zu lassen,** daß sie sie grundsätzlich voll ausnutzen können; anderenfalls würden die Bieter ungleich behandelt (was Daub/Piel/Soergel ErlZ A 17.115 übersehen). Wäre die Regelung in Nr. 4 Abs. 4 nicht getroffen, so wäre auch Teil A § 18 Nr. 3 b sehr problematisch. Da es sich hier um ein Gebot des ordnungsgemäßen Bauwettbewerbs handelt, ist der **Auftraggeber unbedingt gehalten, dieses einzuhalten,** d. h. also, an die ausgewählten Bewerber ausnahmslos am gleichen Tag die Aufforderung zur Angebotsabgabe abzusenden. Ein Verstoß hiergegen kann ihn aus Verschulden bei Vertragsabschluß schadensersatzpflichtig machen, nämlich dann, wenn der Bewerber, der durch ein dem Auftraggeber zuzurechnendes Verhalten die Aufforderung zur Angebotsabgabe nach den anderen Bewerbern erhält, später mit seinem Angebot so aussichtsreich liegt, daß ihm normalerweise der Zuschlag zu erteilen wäre, dies aber deshalb unterbleiben muß, weil sein Angebot nicht rechtzeitig eintrifft.

F. Anzahl der abzugebenden Angebotsunterlagen (Nr. 5)

Hier ist geregelt, daß jeder Bewerber die **Leistungsbeschreibung doppelt** und alle anderen **für die Preisermittlung wesentlichen Unterlagen einfach** erhalten soll. Wenn von Unterlagen (außer der Leistungsbeschreibung) keine Vervielfältigungen abgegeben werden können, sind sie **in ausreichender Weise zur Einsicht auszulegen,** wenn nötig nicht nur am Geschäftssitz des Auftraggebers, sondern auch am Ausführungsort oder an einem Nachbarort.

Es ist Sinn und Zweck dieser Regelung, den Bewerbern die nötigen Unterlagen zu beschaffen, damit sie **zur ordnungsgemäßen Angebotsbearbeitung und Angebotsabgabe in der Lage** sind. Zwar enthält Satz 1 nur eine sogenannte Soll-Vorschrift, während Satz 2 in verpflichtender Form abgefaßt ist. Es erscheint aber geboten, den Auftraggeber darauf hinzuweisen, daß er grundsätzlich **auch Satz 1 als Verpflichtung aufzufassen** hat, damit der **ordnungsgemäße Bauwettbewerb hinreichend gewährleistet ist,** er später insbesondere auch brauchbare Angebote bekommt. Dazu muß den Bewerbern das erforderliche Material an die Hand gegeben werden.

I. Zahl der Unterlagen

76 Die Regelung in Satz 1, daß jeder Bewerber die **Leistungsbeschreibung** doppelt und alle anderen Unterlagen einfach erhalten soll, hat folgenden Grund:
Die Leistungsbeschreibung bringt dem Bewerber die **wesentlichen Einzelpunkte über die tatsächliche Leistungsanforderung.** Es handelt sich um die **eigentliche Grundlage für sein Angebot, insbesondere aber den späteren Vertrag.** Der Bewerber braucht die Leistungsbeschreibung, außer zu Vergleichszwecken oder auch sonst im Vergabeverfahren, gerade auch dazu, sich für den Fall des Zuschlags in hinreichender Weise auf die Ausführung der Leistung **vorbereiten und diese dann sachgerecht ausführen** zu können, um also dem späteren Bieter bzw. Auftragnehmer die Anfertigung von Abschriften bzw. Kopien zu ersparen (ebenso Daub/Piel/Soergel ErlZ A 17.118 m. w. N.). Diese Regelung dient daher teilweise auch der Vereinfachung in der Handhabung. Daß die Bewerber die anderen für die Preisermittlung wesentlichen Unterlagen nur einfach erhalten sollen, hat seinen Grund darin, daß sie in der Regel kein Interesse oder kein Bedürfnis haben, hiervon eine Zweitschrift zurückzubehalten, weil sie im allgemeinen solche Unterlagen behalten dürfen und nicht mit dem Angebot zurückgeben müssen (Daub/Piel/Soergel ErlZ A 17.118). Anderenfalls dürfte es auch hier für den Auftraggeber **empfehlenswert** sein, ein Doppel beizufügen, falls die betreffenden Unterlagen so wesentlich sind, daß sie eine wesentliche Bedeutung für die spätere Ausführung der Leistung haben, also der Leistungsbeschreibung ähneln oder dieser sogar gleichstehen. Das gilt vor allem, wenn es für den Bewerber auch hier angezeigt ist, eine Zweitschrift, insbesondere zum Zweck der ordnungsgemäßen Vorbereitung und Durchführung der verlangten Bauleistung, zurückzubehalten.

II. Einsicht in die Unterlagen

77 Hinsichtlich der anderen Ausschreibungsunterlagen, für die keine Vervielfältigungen abgegeben werden können (Satz 2), ist als **Mindesterfordernis** aufgestellt, daß diese **in ausreichender Weise zur Einsicht auszulegen** sind, wobei es dringend geboten ist, daß der Auftraggeber über diese Ausschreibungsunterlagen eine Liste aufstellt und diese dem Einsichtnehmenden zur Verfügung stellt. Hierbei wird es sich in der Regel um Unterlagen handeln, die von Teil A § 17 Nr. 1 Abs. 2 e (vgl. oben Rdn. 11) erfaßt sind. Voraussetzung ist natürlich, daß es sich um Unterlagen handelt, die für die Angebotsbearbeitung **wesentlich** sind. Dabei ist vor allem an Detailzeichnungen, Sachverständigengutachten, Probestücke, Zeichnungen im weiteren Sinne, Berechnungen usw. gedacht, deren Vervielfältigung entweder **nicht möglich oder mit unverhältnismäßig hohen** und daher außerhalb des Bereichs der auf das jeweilige Vergabeverfahren abzustellenden Zumutbarkeit liegenden **Kosten** verbunden ist. Somit reicht bloßer Zeitmangel beim Auftraggeber zur Anfertigung von Vervielfältigungen für sich allein sicher nicht aus, wie sich aus dem Gesagten ergibt (mißverstanden von Daub/Piel/Soergel ErlZ A 17.121). Andererseits müssen die Bewerber den Inhalt und die Bedeutung dieser Unterlagen durch **Einsicht-** oder Kenntnisnahme an anderer Stelle ohne **besondere Schwierigkeiten verstehen können.** Sinn dieser Bestimmung ist es, die Auslage zur Einsichtnahme so durchzuführen, daß **jeder Bewerber** den mit den Unterlagen erstrebten **Zweck in rechter Weise erfassen kann.** Deshalb wird der Begriff „in ausreichender Weise" in Satz 2 noch dadurch erläutert, daß die Auslegung nicht nur am Geschäftssitz des Auftraggebers, sondern notfalls auch am Ausführungsort oder an einem Nachbarort geschieht. Die Auslegung außerhalb des Geschäftssitzes des Auftraggebers wird vor allem notwendig sein, wenn neben der Einsichtnahme in die Unterlagen zum rechten Verständnis eine Ortsbesichtigung, eine sonstige Untersuchung gewisser Umstände an Ort und Stelle oder eine mehrmalige Einsichtnahme erforderlich ist.

G. Geheimhaltung der Namen der Bewerber, die Verdingungsunterlagen erhalten oder eingesehen haben (Nr. 6)

Diese Regelung, wonach die Namen der Bewerber, die Verdingungsunterlagen erhalten oder eingesehen haben, geheimzuhalten sind, entspringt dem **Gebot des lauteren Bauvergabewettbewerbs** (auch Daub/Piel/Soergel ErlZ A 17.123); dazu BGH MDR 1987, 471 = Betrieb 1987, 1184 = NJW 1987, 1821 = WM 1987, 414 = ZIP 1987, 315 = LM § 1 GWB Nr. 37. Sie folgt dem Grundsatz in Teil A § 2 Nr. 1 Satz 2. Der Auftraggeber wird angehalten, sich der nötigen **Zurückhaltung und Objektivität** zu befleißigen, um von sich aus alles zu tun, in dem betreffenden Ausschreibungsverfahren einen **echten Wettbewerb** aufkommen zu lassen. Dem Auftraggeber ist dringend zu empfehlen, in einem Vergabeverfahren sich an die hier erörterte Vorschrift **streng zu halten**. Andernfalls könnte er sich gegenüber benachteiligten Bewerbern haftbar machen, sei es aus dem Gesichtspunkt der culpa in contrahendo (Verschulden bei der Anbahnung vertraglicher Beziehungen), sei es wegen der sonstigen Überschreitung der Grenzen rechtlich zulässigen Handelns. Eine solche Haftung ist aber nicht schon schlechthin gegeben, wenn die hier erörterte Vorschrift nicht eingehalten worden ist. Vielmehr müssen auch die übrigen Voraussetzungen erfüllt sein, die für eine Haftung aus culpa in contrahendo (vgl. hierzu Einleitung vor § 1 Rdn. 51 ff.) oder für das Vorliegen sonstiger Haftungsgründe (vgl. hierzu Einleitung vor § 1 Rdn. 75 ff.) erforderlich sind. Der Auftraggeber sollte aber bereits **Ansatzpunkte** eines für ihn nachteilige Folgen herbeiführenden Verhaltens vermeiden, also insbesondere die hier getroffene Regelung nicht verletzen. Bei der Beachtung dieser Regel können ihm von keiner Seite Vorwürfe über ein nicht objektives Verhalten bei der Bauvergabe gemacht werden. Solche Vorwürfe führen zumindest zu Unzuträglichkeiten, die es von vornherein zu vermeiden gilt.

Nr. 6 bezweckt in erster Linie, zu verhindern, daß die Bewerber vor der Angebotsabgabe **miteinander Fühlung** aufnehmen, um entgegen dem Wettbewerbsgrundsatz Absprachen oder sonstige Vereinbarungen zu treffen, die auf die Vergabe an einzelne oder eine Gruppe von Bewerbern von Einfluß sind. Zudem würden hierdurch andere Bewerber benachteiligt. Bei einer Zuwiderhandlung könnte der Auftraggeber unter Umständen mitverantwortlich für das Auftreten von Wettbewerbswidrigkeiten sein. Im übrigen liegt die Geheimhaltung ihrem Sinn und Zweck nach letztlich im **eigenen Interesse des Auftraggebers,** da er erfahrungsgemäß eine bessere Auswahl unter den Angeboten hat, wenn diese im echten Wettbewerb der Bieter untereinander zustande gekommen sind.

Aus dem Gesagten ergibt sich zugleich das Bestreben, zu vermeiden, daß der Auftraggeber bewußt oder unbewußt einem Verstoß mehrerer Bieter gegen das **Gesetz gegen Wettbewerbsbeschränkungen** v. 27. 7. 1957 (BGB l. I S. 1081) Vorschub leistet (ebenso Daub/Piel/Soergel ErlZ A 17.125).

H. Auskünfte und Aufklärungen an Bewerber (Nr. 7)

Nr. 7 entspricht ebenso der Verpflichtung des Auftraggebers zur **Einhaltung eines ordnungsgemäßen Bauvergabewettbewerbs,** wie es im Hinblick auf Nr. 6 der Fall ist. Daher kann hinsichtlich der Grundlagen auf Rdn. 78 ff. verwiesen werden. Hinzu kommt hier das weitere Gebot, das im ordnungsgemäßen Bauvergabewettbewerb mit enthalten ist, nämlich **sämtliche Bewerber gleich zu behandeln.**

I. Auskünfte

Nr. 7 Abs. 1 beruht in seiner Grundlage auf einer Forderung der EG-Richtlinie zur Koordinierung der Bauvergabeverfahren. Hier wird verlangt, daß dann, wenn Bewerber zusätzliche sachdienliche Auskünfte über die Vergabeunterlagen erbitten, die **Auskünfte unverzüglich zu erteilen** sind; außerdem sind in den vom zuständigen Bundesminister bestimmten Vergabefällen rechtzeitig beantragte Auskünfte **spätestens 6 Tage** – in Fällen besonderer Dringlichkeit (Nr. 2 Abs. 3) 4 Tage – **vor Ablauf der Angebotsfrist** zu erteilen.

83 Voraussetzung für die hier behandelten Auskünfte ist, daß die Anfragen der betreffenden Bewerber **sachdienlich** sind, daß sie mit der Sache zu tun haben, wie z. B. im Hinblick auf berechtigte Zweifelsfragen zum Inhalt und Umfang der Leistungsbeschreibung nach Teil A § 9. Das ist der Fall, wenn die von den Bewerbern gestellten Fragen im Zusammenhang mit der geforderten Bauleistung im Hinblick auf eine ordnungsgemäße Angebotsbearbeitung oder Angebotsabgabe stehen. Dabei sollte der Auftraggeber diese Frage **großzügig** behandeln. Insbesondere hat er hier auch Gelegenheit, etwaige Mißverständnisse von vornherein auszuräumen.

84 Sinn und Zweck der hier getroffenen Regelung ist es, den Bewerbern **schnellstmöglich** die nötige **Aufklärung zu verschaffen,** damit sie keine Zeit verlieren und von ihnen die Angebotsabgabefrist eingehalten werden kann. Sollte der Auftraggeber hier schuldhaft nachlässig handeln, kann er sich unter Umständen ebenfalls aus dem Gesichtspunkt der culpa in contrahendo schadensersatzpflichtig machen, insbesondere dann, wenn der betreffende Bewerber nachweist, daß er unter normalen Umständen den Zuschlag bekommen hätte.

85 Aus diesem Grund ist insbesondere auch Abs. 1 Satz 2 der Nr. 7 verständlich, wenn dort **bestimmte Fristen** für diejenigen Vergabefälle festgelegt sind, die vom zuständigen Bundesminister bestimmt werden. Gerade hier sind die Fristen zur Abgabe von Angeboten recht kurz, wie sich aus Teil A § 18 Nr. 3 ergibt. Der Auftraggeber schadet sich nur selbst, wenn er hier nachlässig handelt, da er unter Umständen ein Angebot nicht erhält, das bei der Bauvergabe für ihn von entscheidender Bedeutung sein könnte.

86 In den Fällen des Satzes 2 ist bemerkenswert, daß die VOB hier nur von **Tagen** und **nicht von Werktagen** spricht. Damit dürfte im Zweifel anzunehmen sein, daß die Berechnung hier wirklich nach Tagen, also **einschließlich der Sonntage und Feiertage** geschieht, wobei allerdings § 193 BGB zu beachten ist. Damit wird zugleich auch die besondere Dringlichkeit dokumentiert, die der Auftraggeber zu beachten hat.

II. Aufklärungen

87 Nr. 7 Abs. 2 befaßt sich mit **Aufklärungen gegenüber einem Bewerber.** Dies entspricht Teil A § 17 Nr. 5 der Fassung 1952. Hier ist bestimmt, daß dann, wenn einem Bewerber **wichtige Aufklärungen** über die geforderte Leistung oder die Grundlage der Preisermittlung gegeben werden, sie **auch den anderen Bewerbern unverzüglich mitzuteilen sind,** soweit die anderen Bewerber bekannt sind. Letzteres ist grundsätzlich nur bei der Öffentlichen Ausschreibung fraglich, nicht aber bei Beschränkten Ausschreibungen oder Freihändigen Vergaben mit öffentlichem Teilnahmewettbewerb, da dieser grundsätzlich vorausgegangen ist, wenn es sich um die Angebotsabgabe selbst handelt. Handelt es sich noch um den Teilnahmewettbewerb, so können die Auskünfte nur denjenigen gegeben werden, die bisher Teilnahmeanträge gestellt haben oder in der nächsten Zeit noch stellen werden.

88 Voraussetzung ist hier, daß es um Aufklärungen gegenüber einem Bewerber oder mehreren Bewerbern geht, wobei es sich um **etwas Neues** handeln muß. Es darf sich also für einen objektiven und fachkundigen Betrachter nicht bereits in der erforderlichen Eindeutigkeit aus den Ausschreibungsunterlagen (Verdingungsunterlagen und Anschreiben) ergeben. Hat ein Bewerber eindeutige Angaben in den Ausschreibungsunterlagen aus subjektiven Gründen mißverstanden, vor allem nicht richtig gelesen, so ist es ohne weiteres zulässig, daß die

notwendige und zum richtigen Verständnis erforderliche Erklärung nur ihm gegenüber abgegeben wird. In diesem Fall brauchen die anderen Bewerber nicht auch angesprochen zu werden, da bei diesen das rechte Verstehen der Unterlagen vorausgesetzt und somit keine einseitige Bevorzugung des einen Bewerbers angenommen werden kann. Anders wäre es, wenn bei **mehreren Bewerbern** berechtigte Zweifelsfragen über die inhaltliche Bedeutung und Tragweite der Ausschreibungsunterlagen auftauchen. Dann müßte der Auftraggeber, wenn er seinen Pflichten in rechter Weise genügen will, eine Ergänzung oder eine Berichtigung der Ausschreibungsunterlagen vornehmen. Wird er in diesem Rahmen von einem Bewerber angesprochen und erteilt er diesem die gewünschten Auskünfte, so handelt es sich um eine Aufklärung in dem in Nr. 7 gemeinten Sinne.

Weiterhin muß es sich um Aufklärungen über die geforderte Leistung oder die Grundlagen der Preisermittlung handeln. Das ist im **weitesten Sinne** zu verstehen. So fällt unter den Begriff der „geforderten Leistung" nicht nur alles, was in technischer oder sonstiger Hinsicht für die beabsichtigte vertragliche Leistung von Bedeutung ist, etwa nach der Leistungsbeschreibung einschließlich etwaiger Zusätzlicher Technischer Vorschriften, sondern hierzu gehören auch rechtliche Anforderungen des Leistungsinhaltes, wie z. B. solche aufgrund von Zusätzlichen oder Besonderen Vertragsbedingungen. 89

Andererseits ist die im weiten Sinne zu verstehende Aufklärung über die geforderte Leistung und die Preisermittlungsgrundlagen im Rahmen der Nr. 7 insoweit einschränkend zu verstehen, als es sich um eine **wichtige Aufklärung** handeln muß. Wichtig ist die Aufklärung immer, wenn es die Erläuterung oder die Ergänzung eines rechtlichen oder tatsächlichen Einzelpunktes betrifft, der im Rahmen des Wettbewerbs der Bewerber untereinander **von Bedeutung** ist. Das ist der Fall, wenn durch die Aufklärung seitens des Auftraggebers dem betreffenden Bewerber im Verhältnis zu seinen Mitbewerbern ein klareres oder gar besseres Wissen über die geforderte Leistung einschließlich der Preisermittlungsgrundlagen vermittelt wird (ebenso Daub/Piel/Soergel ErlZ A 17.138). Das ist auch ein wesentlicher Ausfluß des in Teil A § 8 Nr. 1 Satz 1 zum Ausdruck gelangten Gleichbehandlungsgrundsatzes. Wird der Bewerber also durch die Aufklärung in die Lage versetzt, ein Angebot abzugeben, das in dieser oder jener Hinsicht bei objektiver Würdigung geeignet ist, den Auftraggeber **eher anzusprechen**, so muß man immer von einer wichtigen Aufklärung sprechen. 90

Unter den genannten Voraussetzungen hat der Auftraggeber die dem einen Bewerber gegebene wichtige Aufklärung **unverzüglich auch den anderen Bewerbern,** soweit diese bekannt sind, mitzuteilen. Der Begriff „unverzüglich" ist rechtlich. Er bedeutet ein Handeln des Auftraggebers **„ohne schuldhaftes Zögern" (§ 121 BGB).** Zu beachten ist, daß „unverzüglich" nicht das gleiche bedeutet wie „sofort". Vielmehr wird dem Auftraggeber eine angemessene Überlegungs- und Vorbereitungsfrist eingeräumt, um Berichtigungen oder Ergänzungen der Ausschreibungsunterlagen abzufassen, zu vervielfältigen und an die übrigen Bewerber abzusenden. Andererseits ist in dem Begriff „unverzüglich" in jedem Fall die **Verpflichtung zur Wahrung der berechtigten Interessen der übrigen Bewerber** enthalten. Das bedeutet, daß den anderen Bewerbern die notwendige wichtige Aufklärung so rechtzeitig innerhalb der Angebotsfrist (Teil A § 18) zuzugehen hat, daß sie diese, **ohne zeitlich in Schwierigkeiten zu geraten,** nach eingehender Überlegung im Rahmen ihres Angebots berücksichtigen können. 91

Im übrigen tut der Auftraggeber hier gut daran, sich eine **Liste der Bewerber** aufzustellen, damit er einmal weiß, von wem die Anfrage kommt, zum andern aber auch in der Lage ist, die einem Bewerber gegebene Aufklärung auch unverzüglich an die anderen weiterzuleiten. 92

§ 18 Angebotsfrist

1. Für die Bearbeitung und Einreichung der Angebote sind ausreichende Fristen vorzusehen, auch bei kleinen Bauleistungen nicht unter 10 Werktagen. Dabei ist insbesondere der zusätzliche Aufwand für die Besichtigung von Baustellen oder die Beschaffung von Unterlagen für die Angebotsbearbeitung zu berücksichtigen.

2. Die Angebotsfrist läuft ab, sobald im Eröffnungstermin der Verhandlungsleiter mit der Öffnung der Angebote beginnt.

3. In den vom zuständigen Bundesminister bestimmten Vergabefällen dürfen folgende Fristen für die Angebotsabgabe nicht unterschritten werden:

a) bei Öffentlicher Ausschreibung 31 Werktage, gerechnet von dem Tag ab, an dem die Bekanntmachung nach § 17 Nr. 1 zur Veröffentlichung abgesandt worden ist,

b) bei Beschränkter Ausschreibung oder Freihändiger Vergabe mit öffentlichem Teilnahmewettbewerb 18 Werktage, in Fällen besonderer Dringlichkeit ausnahmsweise 9 Werktage, gerechnet von dem Tag ab, an dem die Aufforderung zur Angebotsabgabe abgesandt worden ist.

Ist für die Angebotsabgabe eine Ortsbesichtigung oder die Einsichtnahme in ausgelegte Verdingungsunterlagen (A § 17 Nr. 1 e bzw. Nr. 4 d) notwendig, so sind diese Fristen angemessen zu verlängern.

4. Bis zum Ablauf der Angebotsfrist können Angebote schriftlich, fernschriftlich oder telegrafisch zurückgezogen werden.

Inhaltsübersicht

	Rdn.
A. Begriff und Bedeutung der Angebotsfrist	1-12
I. Anfangs- und Endtermin	2-4
II. Bemessung der Angebotsfrist (Nr. 1)	5-12
1. Allgemeine Gesichtspunkte	5
2. Bearbeitung und Einreichung der Angebote	6-8
a) Bearbeitungszeit	7
b) Einreichung der Angebote	8
3. Zeit bis zur Angebotsbearbeitung	9
4. Mindestfrist	10-12
B. Mindestangebotsfristen für den EG-Bereich (Nr. 3)	13-19
I. Öffentliche Ausschreibung	14-15
II. Beschränkte Ausschreibung sowie Freihändige Vergabe mit öffentlichem Teilnahmewettbewerb	16-17
III. Verlängerung der Mindestfristen	18
IV. Beschränkung auf vom zuständigen Bundesminister bestimmte Vergabefälle	19
C. Rücknahme von Angeboten (Nr. 4)	20-25
I. Praktische Bedeutung	21
II. Verhältnis zu § 145 BGB	22
III. Formerfordernisse	23
IV. Wirkung	24-25

A. Begriff und Bedeutung der Angebotsfrist

1 **§ 18 befaßt sich mit der Angebotsfrist.** Sie ist eine **Ausschlußfrist**, so daß Angebote, die nach Fristablauf (Eröffnung des ersten Angebotes) eingereicht werden, bei der Vergabe des Bauauftrages keine Berücksichtigung mehr finden dürfen, wie sich aus Teil A § 22 Nr. 2 und 5 sowie § 25 Nr. 1 a in Verbindung mit Teil A § 18 Nr. 2 ergibt. Die Angebotsfrist hat aber eine

weitere Bedeutung. Sie umreißt gemäß der Regelung in Nr. 4 auch den Zeitraum, in dem es dem Bieter gestattet ist, sein Angebot zurückzuziehen und damit gegenstandslos zu machen.

I. Anfangs- und Endtermin

Die Angebotsfrist setzt, wie jede Frist, einen Anfangs- und einen Endtermin voraus. Die **Fristbestimmung** ist **objektiv** aufzufassen, d. h., der Fristenlauf ist **unabhängig** von der subjektiven Kenntnisnahme desjenigen, der innerhalb des bestimmten Zeitraumes Handlungen vornehmen soll. Daher ist es für den **Beginn** des Fristenlaufes im Bauvergabeverfahren nicht notwendig, daß der einzelne Bewerber von der Ausschreibung Kenntnis erlangt oder gar die Ausschreibungsunterlagen in Händen hat. Vielmehr ist der Fristbeginn regelmäßig mit dem Zeitpunkt gleichzusetzen, in dem der Auftraggeber nach außen erkennbar mit der Erklärung hervortritt, daß er Ausschreibungsunterlagen fertiggestellt und diese zur Absendung oder Abholung bereitgestellt hat, es sei denn, er bestimmt ausdrücklich, daß Angebote nicht vor einem gewissen Zeitpunkt entgegengenommen werden. Daher ist es durchaus vertretbar, den Beginn der Angebotsfrist, insbesondere um zeitlich gleichliegende Ausgangspunkte zu haben, bei Öffentlicher Ausschreibung auf den Zeitpunkt der Absendung der Bekanntmachung an die Veröffentlichungsblätter, bei Beschränkter Ausschreibung auf den Zeitpunkt der Absendung der Anschreiben mit der Aufforderung zur Abgabe von Angeboten festzulegen, also so, wie es in der VOB selbst in den von Nr. 3 erfaßten Fällen geschieht. Soweit Heiermann/Riedl/Rusam/Schwaab (Teil A § 18 Rdn. 1) auch für den Fall der Öffentlichen Ausschreibung den Fristbeginn auf den Zeitpunkt der Veröffentlichung der Ausschreibung verlegen wollen, mag dies durchaus zweckmäßig sein. Notwendig erscheint dies allerdings nicht. Entscheidend ist vielmehr die ausreichende Bemessung des Fristendes (also der Bestimmung des Eröffnungstermins) unter Berücksichtigung der in nachfolgend Rdn. 5 ff. genannten maßgebenden Umstände, wobei naturgemäß noch ein **bestimmter Zeitraum zusätzlich zu berücksichtigen** ist, der **erfahrungsgemäß** zwischen der Absendung der Bekanntmachung und der Veröffentlichung der Bekanntmachung liegt.

Demgegenüber wird das **Fristende** nach § 18 Nr. 2 eindeutig bestimmt; **die Angebotsfrist läuft ab, sobald im Eröffnungstermin der Verhandlungsleiter mit der Öffnung der Angebote beginnt.** Damit ist nach Teil A § 22 Nr. 2 die **Öffnung des ersten Angebotes** gemeint.

Setzt der Auftraggeber einen Fristbeginn fest, ist er auch gehalten, den Eröffnungstermin genau an das Fristende zu setzen, wie sich als Folge der Regelung in Nr. 2 ergibt. Deshalb ist es sinnvoll, das Fristende nicht an einen Werktag unmittelbar vor oder nach einem Sonn- oder Feiertag festzulegen (vgl. Nr. 1. VHB zu Teil A § 18 sowie Rdn. 10 a. E.).

II. Bemessung der Angebotsfrist (Nr. 1)

1. § 18 Nr. 1 befaßt sich mit der Bemessung der Angebotsfrist. Diese ist grundsätzlich von der Willensentschließung und nach außen hervorgetretenen Willensäußerung des Auftraggebers abhängig. Der Auftraggeber muß allen in Betracht kommenden Bewerbern **ausreichende Zeit** zur Verfügung stellen, ein Angebot in der Weise zu überlegen und abzufassen, daß es auf eingehender und sorgfältiger Bearbeitung beruht. Das dient zumindest ebenso den Interessen des Auftraggebers als denjenigen der Bewerber. Ein infolge Zeitmangels unsorgfältig oder unvollständig abgefaßtes Angebot kann auch dem Auftraggeber bei der späteren Bauausführung Nachteile bringen. Besonders der im fiskalischen Bereich tätige öffentliche Auftraggeber ist gehalten, auf eine ausreichende Angebotsfrist Bedacht zu nehmen, damit nicht die Grundursache einer unsachgemäßen, weil nicht hinreichend durchdachten Bauausführung gelegt wird. Ferner könnte dadurch auch die Grundlage für eine Haftung aus culpa in contrahendo gegeben sein, weil entfernt wohnende Bieter nicht rechtzeitig die Angebotsunterlagen zur Verfügung haben, auch sonst in unzumutbare Zeitbedrängnis geraten, weil etwa noch eine Besichtigung der Baustelle oder die Einsicht von beim Auftraggeber oder an dritter Stelle verwahrter Ausführungsunterlagen usw. nötig ist, wodurch der fundamentale Vergabegrundsatz der Gleichbehandlung der Bieter nach Teil A § 8 Nr. 1 verletzt wäre. Auch könnte sonst – vor allem für den Vergütungsbereich – die Gefahr einer unzulässigen Kartellbildung der Bewerber gegeben sein (vgl. dazu Crome BB 1961, 118, 119). Dieser Gesichtspunkt ist entgegen Daub/Piel/Soergel (ErlZ A 18.25) nicht schon angesichts der inzwischen entwickelten Schnelligkeit der Kommunikationsmittel ohne weiteres bedeutungslos.

6   **2. Nr. 1 ist also nach ihrer Zweckbestimmung zu sehen. Zwei grundlegende Elemente sind angeführt, nämlich die Bearbeitung und die Einreichung der Angebote.**

7   a) Es handelt sich einmal um die **richtige Bemessung der** notwendigen **Bearbeitungszeit**, vom Beginn der Überprüfung der Angebotsunterlagen, wozu auch die Einsichtnahme nach Teil A § 17 Nr. 4 Abs. 1 Satz 1 d gehört, bis zur Fertigstellung des Angebotes. Dabei sind alle Handlungen zu berücksichtigen und zeitlich ausreichend zu bewerten, die in diesem Bereich nach den jeweils gegebenen Umständen vom Bewerber erwartet werden müssen. Insbesondere müssen auch Sonderanforderungen eingerechnet werden, wie sie von Satz 2 beispielhaft genannt werden (Besichtigung von Baustellen, wobei es auf die jeweiligen Baustellenverhältnisse ankommt, die Beschaffung von Unterlagen über die Angebotsbearbeitung). Hierzu zählen auch Arbeiten, die vom Bewerber besonders verlangt werden, wie z. B. die Ausarbeitung von Plänen, Entwürfen, Zeichnungen, statischen Berechnungen, Massenberechnungen. Diese Sonderanforderungen nehmen im allgemeinen eine größere Zeit in Anspruch als z. B. die bloße Nachprüfung des Leistungsbeschriebes sowie die Berechnung und das Einsetzen der Angebotspreise in die Leistungsbeschreibung nach Teil A § 6 Nr. 1. Daher ist es unbedingtes Erfordernis, bei einer Leistungsbeschreibung mit Leistungsprogramm (Teil A § 9 Nr. 10-12) die Angebotsfrist den für die Bieter verbundenen erhöhten Anforderungen anzupassen (vgl. Nr. 2. VHB zu Teil A § 18).

8   b) Unter dem in Satz 1 weiter erwähnten Begriff „**Einreichung**" der Angebote sind zeitlich alle Vorgänge zu bemessen, die in Rechnung gestellt werden müssen, um das fertige Angebot in den Bereich des Auftraggebers zu bringen, d. h. diesem **zugehen** zu lassen (§ 130 BGB). Dabei sind einmal die Entfernung zwischen dem Geschäftssitz der möglichen Bieter und dem Ort der Angebotsabgabe und zum anderen die Möglichkeiten der Beförderung des Angebots zu berücksichtigen. Derartige Fragen spielen insbesondere eine Rolle, wenn bei einer Öffentlichen Ausschreibung Angebote aus entfernten Gebieten zu erwarten sind.

9   3. Zu den in Satz 1 genannten beiden Elementen (Bearbeitung und Einreichung der Angebote) ist bei der Bemessung der Angebotsfrist noch **ein weiterer Umstand hinzuzurechnen, nämlich der Zeitraum, der vor der eigentlichen Bearbeitung des Angebotes durch den jeweiligen Bewerber liegt.** Zu bedenken ist, daß insbesondere bei der Öffentlichen Ausschreibung zwischen dem Hervortreten des Auftraggebers nach außen, nämlich der Bekanntgabe der Ausschreibung, und der tatsächlichen Erlangung der Ausschreibungsunterlagen durch die Bewerber einige Zeit vergeht. Dabei ist nicht von der Handlungsweise eines als säumig zu bezeichnenden Bewerbers auszugehen, der erst in letzter Minute die Ausschreibungsunterlagen anfordert. Dem Bewerber ist aber eine kurze **Überlegungsfrist** zuzugestehen, in der er sich schlüssig werden soll, ob er sich an der Vergabe beteiligen will. Weiter kommt hinzu die Berechnung der voraussichtlichen Zeitdauer, die gebraucht wird, um den in Betracht kommenden, insbesondere auch den entfernt wohnenden, Bewerbern die Ausschreibungsunterlagen zuzuleiten.

4. Wenn in Nr. 1 Satz 1 im letzten Halbsatz davon die Rede ist, daß **die Angebotsfrist auch bei kleineren Bauleistungen nicht unter 10 Werktagen liegen soll**, ist das als grundsätzlich nicht unterschreitbare Mindestzeit aufzufassen. Daraus ist keinesfalls zu folgern, daß bei größeren Bauleistungen die Frist kürzer bemessen werden kann, wie durch die Hinzufügung des Wortes „auch" klargestellt ist. Vielmehr darf **keine Vergabe** von Bauleistungen eine Angebotsfrist **unter 10 Werktagen haben, selbst nicht bei kleinen Aufträgen**. Bei dieser Frist handelt es sich um ein Mindesterfordernis; sie dürfte bei richtiger Beachtung der vorangehend dargelegten wesentlichen Merkmale jedenfalls bei Öffentlichen und auch Beschränkten Ausschreibungen keineswegs ausreichen, was auch durch die Nr. 3 bestätigt wird. Im übrigen ist hier bewußt von **Werktagen** die Rede. Hinsichtlich der **Einreichung** der Angebote gilt im Zusammenhang mit dem Ablauf der Angebotsfrist aber § 193 BGB, falls einmal im Anschreiben irrtümlich als Eröffnungstermin ein Sonn- oder Feiertag oder ein Samstag angegeben werden sollte. Danach tritt an die Stelle des Sonntags oder des Feiertags bzw. Samstags der nächstfolgende Werktag.

Dabei ist im Hinblick auf öffentliche Auftraggeber auch auf Nr. 1. VHB zu Teil A § 18 hinzuweisen, wonach die Frist für die Abgabe von Angeboten nicht an einem Werktag unmittelbar vor oder nach einem Sonn- oder Feiertag enden soll. Sinn dieser Regelung ist es u. a., die Bewerber vor Sonntagsarbeit weitgehend zu bewahren und ihnen außerdem den arbeitsfreien Samstag möglichst zu sichern. Auch sollten Zeiten allgemein bekannter Betriebsurlaube der Bewerber Berücksichtigung finden. Das alles gilt auch im Hinblick auf den Eröffnungstermin, zu dessen Beginn die Angebotsfrist abläuft (vgl. Nr. 2).

Das Gesagte dürfte zur Wahrung berechtigter Interessen **beider** zukünftiger Vertragspartner auch für die privaten Auftraggeber zu berücksichtigen sein.

B. Mindestangebotsfristen für den EG-Bereich (Nr. 3)

Nr. 3 enthält eine besondere Bestimmung über Mindestfristen für die Abgabe von Angeboten; sie ist durch die EG-Richtlinie zur Koordinierung von Bauvergabeverfahren erforderlich geworden. Diese Mindestfristen gelten **nur in den Fällen, die dieser Richtlinie unterliegen,** also einen bestimmten Mindestauftragswert haben (vgl. dazu Teil A § 3 Rdn. 59). Dabei sind die in der EG-Richtlinie genannten Mindestfristen von Kalendertagen auf die in der VOB einheitlich verwendete Fristbemessung nach **Werktagen** umgestellt worden. Hiernach gilt folgendes:

I. Öffentliche Ausschreibung

Bei Öffentlicher Ausschreibung gelten nach Nr. 3 Abs. 1 a als **Mindestfristen im Regelfall 31 Werktage**, gerechnet von dem Tag, an dem die Bekanntmachung nach Teil A § 17 Nr. 1 zur Veröffentlichung abgesandt worden ist. Hier wird also nicht nur die in Rdn. 9 genannte Zeit, die sonst bei der Fristberechnung mit zu berücksichtigen ist, nämlich die Zeit zwischen der Bekanntgabe der Ausschreibung und dem Erlangen der Ausschreibungsunterlagen, in die Frist von 31 Werktagen eingerechnet, sondern auch noch einige Zeit davor, nämlich beginnend mit dem Tag, an dem die Bekanntmachung zur Veröffentlichung nach § 17 Nr. 1 durch Tageszeitungen, amtliche Veröffentlichungsblätter oder Fachzeitschriften **abgesandt** worden ist. Vgl. aber auch Rdn. 2.

Diese Bestimmung erscheint – berücksichtigt man den EG-Raum – wenig glücklich. Einmal weiß grundsätzlich nur der Auftraggeber, wann er die Bekanntmachung absendet. Zum anderen liegt es letztlich in der Erscheinungsweise der Tageszeitungen, amtlicher Veröffentlichungsblätter oder Fachzeitschriften, insbesondere auch der Platzfrage sowie der Vertriebswege begründet, wann die Veröffentlichung den möglichen Bietern bekannt wird. So gesehen erscheint der Zeitraum von 31 Werktagen als Mindestfrist für die Angebotsabgabe bei Öffentlicher Ausschreibung eher zu kurz bemessen zu sein, zumal hier von einem größeren Auftragswert, also auch einer umfangreicheren Zeit, die benötigt wird, um ein ordnungsgemäßes, den Anforderungen gerecht werdendes Angebot abzugeben, auszugehen ist. Schließlich muß auch noch eine gewisse Zeit berücksichtigt werden, bis der Bieter die von ihm angeforderten Angebotsunterlagen tatsächlich erhält.

II. Beschränkte Ausschreibung sowie Freihändige Vergabe mit öffentlichem Teilnahmewettbewerb

16 Sachgerechter ist schon die Regelung für die **Fälle Beschränkter Ausschreibung oder Freihändiger Vergabe mit öffentlichem Teilnahmewettbewerb.** Hier handelt es sich um eine **Angebotsfrist von 18 Werktagen,** gerechnet ab dem Tag, an dem die Aufforderung zur Angebotsabgabe abgesandt worden ist (Nr. 3 Abs. 1 b). Trotzdem erscheint auch diese Frist als kurz, zumal es Unwägbarkeiten hinsichtlich der Dauer der Übersendung der Aufforderung zur Angebotsabgabe geben kann. Jedenfalls muß beachtet werden, daß es sich um eine **Mindestfrist** handelt, die Frist also länger bemessen werden muß, wenn es sich um umfangreichere Arbeiten der Bieter handelt, um ein ordnungsgemäßes Angebot abgeben zu können, und zwar nicht nur in den hier in Absatz 2 (vgl. Rdn. 18) genannten Fällen.

17 **Bei besonderer Dringlichkeit ist die Mindestfrist zur Angebotsabgabe auf mindestens 9 Werktage festgesetzt worden.** Das gilt eindeutig **nur** für Fälle der Beschränkten Ausschreibung oder Freihändiger Vergabe mit öffentlichem Teilnahmewettbewerb, also nicht für die in Nr. 3 Abs. 1 a geregelte Öffentliche Ausschreibung. Daraus ist klar ersichtlich, daß es sich hier um eine **Ausnahmeregelung** handelt. Das bedeutet, daß im Einzelfall zu begründende wirkliche Fälle besonderer Dringlichkeit vorliegen müssen, vor allem solche, die vom Auftraggeber auch nicht entfernt veranlaßt worden sind, wie z. B. durch verzögerliche Vorbereitung oder zu kurzfristige Sicherstellung der Finanzierung. **Grundsätzlich** können daher **nur Notfälle** in Betracht kommen, also solche, die zur Behebung einer gegenwärtigen Notlage eine schnelle Vergabe gebieten, wie z. B. nach Unwetterschäden usw.

III. Verlängerung der Mindestfristen

18 Für alle in Nr. 3 Abs. 1 genannten Fälle gilt Nr. 3 Abs. 2: Wenn für die Angebotsabgabe eine **Ortsbesichtigung** oder die **Einsichtnahme in ausgelegte Verdingungsunterlagen** (Teil A § 17 Nr. 1 e bzw. Nr. 4 d) notwendig ist, **müssen** die angeführten Mindestfristen **angemessen verlängert** werden. Die Angemessenheit richtet sich hier einmal nach der Entfernung zu dem am weitesten weg wohnenden, in Betracht kommenden Bieter, zum anderen nach der Zeit, die für eine ordnungsgemäße Ortsbesichtigung oder Einsichtnahme in die ausgelegten Verdingungsunterlagen benötigt wird, und zwar in der nötigen umfassenden Weise, um ein sachgerechtes und vollständiges Angebot abgeben zu können.

IV. Beschränkung auf vom zuständigen Bundesminister bestimmte Vergabefälle

19 Im übrigen gilt die Regelung der Nr. 3 nur für diejenigen Vergabefälle, die von dem zuständigen Bundesminister bestimmt werden. Dazu Teil A § 3 Rdn. 61.

C. Rücknahme von Angeboten (Nr. 4)

20 Nach Nr. 4 können eingereichte Angebote bis zum Ablauf der Angebotsfrist (vgl. hierzu oben Rdn. 1 f.) **zurückgezogen** werden.

I. Praktische Bedeutung

Die Regelung hat erhebliche praktische Bedeutung. Geht man davon aus, daß der einzelne Bewerber berechtigt ist, sein Vertragsangebot beliebig während des ganzen Laufs der Angebotsfrist, also noch kurz vor der Eröffnung der Angebote, einzureichen, entspricht es der **Billigkeit,** dem Bieter, der sein Angebot schon frühzeitig abgegeben hat, zu gestatten, es wieder zurückzunehmen. Es können nachträglich Umstände eingetreten sein, die ihn bewegen, ein **neues Angebot anzufertigen und einzureichen oder ganz von der Ausschreibung zurückzutreten,** zumal wenn diese von dem Bewerber, der später eingereicht hat, möglicherweise bereits beachtet worden sind (ebenso Daub/Piel/Soergel ErlZ A 18.51 m. w. N.). Dies läuft auch nicht den berechtigten Interessen des Auftraggebers entgegen. Für diesen kann das bei ihm eingereichte Angebot erst von entscheidender Bedeutung sein, wenn er von seinem Inhalt Kenntnis erhalten hat, also nach der Eröffnung (vgl. Teil A § 22) und demnach nach dem Ablauf der Angebotsfrist.

II. Verhältnis zu § 145 BGB

§ 145 BGB besagt, daß derjenige, der einem anderen die Schließung eines Vertrages anträgt, an den Antrag gebunden ist, es sei denn, daß er die Gebundenheit ausgeschlossen hat. „Antragen" bedeutet hier nicht bloßer Zugang des Angebotes, sondern auch die – zumutbare – Kenntnisnahme des Antraggegners von dem Angebotsinhalt. Dieser letztere Zeitpunkt kann von den Beteiligten festgelegt werden, wie es in Teil A § 22 geschieht. Hiernach erlangt der Auftraggeber erst nach Eröffnung und daher nach Ablauf der Angebotsfrist Kenntnis vom Inhalt des Angebots. Da demnach die Kenntnis frühestens mit der Eröffnung des Angebotes beginnt, greift die im § 145 BGB angeführte Gebundenheit des Bieters an sein Angebot erst zu diesem Zeitpunkt und nicht schon früher ein. Zwar ist das Angebot bereits vorher während der Angebotsfrist dem Auftraggeber zugegangen (a. M. offenbar Hereth/Naschold Teil A § 18 Ez. 18.11; unscharf insoweit auch Daub/Piel/Soergel ErlZ A 18.49), **nicht aber schon angetragen** im Sinne von § 145 BGB, da die Kenntnisnahme vom Angebotsinhalt, damit zugleich die Gebundenheit daran, trotz der an sich gegebenen Möglichkeit vereinbarungsgemäß bis zum Eröffnungstermin und damit bis zum Ablauf der Angebotsfrist ausgeschlossen ist. Das gilt auch dann, wenn ein Angebot versehentlich vor dem Beginn des Eröffnungstermins eröffnet wird (zutreffend Daub/Piel/Soergel ErlZ A 18.49).

III. Formerfordernisse

Die Zurückziehung eines abgegebenen Angebots während der Angebotsfrist ist ebenso eine empfangsbedürftige Willenserklärung wie die Abgabe des Angebotes. Daher haben für ihre Wirksamkeit und ihren Zugang ebenfalls die allgemeinen Vorschriften zu gelten wie bei der Einreichung des Angebotes (§§ 130 ff. BGB). Das Risiko des rechtzeitigen Zuganges der Rücknahmeerklärung innerhalb der Angebotsfrist trägt der zurücknehmende Bieter. Eine entsprechende Anwendung des § 149 BGB kommt nicht in Betracht, da dieser nur auf die Abgabe von Vertragsangeboten, nicht auch deren Rücknahme Anwendung findet. Nach § 149 BGB gehen nämlich Verzögerungen in der Beförderung u. U. zu Lasten des Empfängers des Angebots. Hinzu kommt noch, **daß die Zurückziehung grundsätzlich schriftlich erfolgen muß, um wirksam zu sein.** Die Schriftform ist schon aufgrund der Ausschreibungsunterlagen als **vereinbart** anzusehen, da nur das Angebot berücksichtigt wird, das schriftlich eingereicht worden ist. Insoweit muß daher auch für die Zurückziehung des Angebots die **Schriftform** als vereinbart gelten (§ 125 Satz 2 BGB). Wenn weiter nach Nr. 4 die Zurückziehung auch auf **telegrafischem Wege** oder **fernschriftlich** erfolgen kann, entspricht das § 127 Satz 2 BGB (vgl. Palandt/Heinrichs, § 127 Anm. 2). Die Vorlage seines Telextextes durch den Absender beweist noch nicht den Zugang dieses Textes beim Empfänger; die Möglichkeit der Manipulation kann nur durch die Zeugenvernehmung der Person, die das Fernschreibgerät bedient hat, ausgeschlossen werden (OLG Karlsruhe NJW 1973, 1611).

A § 18, 4, Rdn. 24+25; A § 19

Somit folgt aus dem Gesagten: Eine **bloße mündliche oder fernmündliche Zurückziehung des Angebots genügt nicht.**

IV. Wirkung

24 Die Wirkung einer ordnungsgemäßen Zurückziehung des Angebotes nach Nr. 4 liegt darin, daß es mit dem Zugang der Rücknahmeerklärung für die Zukunft nicht mehr gilt. Es können daher hierauf weder Vertragsverhandlungen geführt noch ein Vertragsabschluß gegründet werden, es sei denn, das zurückgezogene Angebot wird **innerhalb** der Angebotsfrist noch einmal mit gleichem oder geändertem Inhalt dem Auftraggeber eingereicht.

25 Hinsichtlich des Inhaltes der Rücknahmeerklärung ist § 133 BGB zu beachten. Es kommt nicht darauf an, daß der Bieter in seiner schriftlichen, fernschriftlichen oder telegrafischen Erklärung wörtlich mitteilt, er ziehe sein Angebot zurück. Entscheidend ist der nach außen zum Ausdruck gebrachte **wirkliche Wille des Erklärenden,** der im Zweifel in der Zeit vor dem Ablauf der Angebotsfrist als eine Rücknahme im Sinne der Nr. 4 zu bewerten ist. Das gilt auch für den Fall, daß der Bieter erklären sollte, er fechte sein Angebot an. Wenn auch während des Laufes der Angebotsfrist an sich Anfechtungstatbestände nach § 119 oder gar nach § 123 BGB gegeben sein können, so ist doch im Zweifel anzunehmen, daß der Bieter den in diesem Zeitpunkt noch möglichen **einfacheren Weg** der Zurückziehung des Angebotes wählen will. Für eine Anfechtung müssen nämlich gesetzliche Anfechtungstatbestände in allen ihren Voraussetzungen vorliegen. Eine Anfechtung wird nur gewollt sein, wenn schon eine Bindung im Sinne des § 145 BGB an das Angebot eingetreten und daher **nach Angebotseröffnung** die bloße Zurückziehung des Angebotes nicht mehr möglich ist. Zur Anfechtung vgl. Teil A § 19 Rdn. 21 ff.

§ 19 Zuschlags- und Bindefrist

1. Die Zuschlagsfrist beginnt mit dem Eröffnungstermin.

2. Die Zuschlagsfrist soll so kurz wie möglich und nicht länger bemessen werden, als der Auftraggeber für eine zügige Prüfung und Wertung der Angebote (A §§ 23 bis 25) benötigt. Sie soll nicht mehr als 24 Werktage betragen; eine längere Zuschlagsfrist soll nur in begründeten Fällen festgelegt werden. Das Ende der Zuschlagsfrist soll durch Angabe des Kalendertages bezeichnet werden.

3. Es ist vorzusehen, daß der Bieter bis zum Ablauf der Zuschlagsfrist an sein Angebot gebunden ist (Bindefrist).

4. Nr. 1 bis Nr. 3 gelten bei Freihändiger Vergabe entsprechend.

Inhaltsübersicht

	Rdn.
A. Allgemeines: Begriff der Zuschlags- und Bindefrist	1-4
I. Begriffliches	1
II. Beachtung des AGB-Gesetzes	2
III. Erforderliche Angaben im Anschreiben	3
IV. Rechtsfolgen bei Nichtfestlegung der Zuschlags- und Bindefrist	4
B. Die Zuschlagsfrist und ihre Dauer (Nr. 1 und 2)	5-14
I. Grundlagen	5-7
1. Gesetzliche Regelung	5

  2. Fristbestimmung durch Auftraggeber 6
  3. Fristbestimmung durch Auftraggeber praxisnah 7
 II. Angemessenheit der Frist 8
 III. Eröffnungstermin als Fristbeginn 9-10
 IV. Bemessung der Frist 11-13
  1. Möglichst kurze Frist 12
  2. Festlegung der Frist 13
 V. Bestimmung des Fristendes 14
C. Die Bindefrist (Nr. 3) 15-33
 I. Bedeutung der Nr. 3 15-20
  1. Grundlagen 15-18
  2. Ausnahmen von der Bindung- behördliche Preisprüfung 19-20
 II. Anfechtung des Angebots, insbesondere Kalkulationsirrtum 21-33
  1. Lösung von der Bindung grundsätzlich nur durch Anfechtung 21
  2. Unverzügliche Anfechtung – Inhalt der Anfechtungserklärung 22
  3. Kalkulationsirrtum 23-25
  4. Inhaltsirrtum 26
  5. Erkennen des Irrtums durch Auftraggeber 27-29
  6. AGB-Klauseln 30
  7. Folgen der Anfechtung 31-32
  8. Anfechtung durch Auftraggeber 33
D. Geltung bei Freihändiger Vergabe 34

Aufsätze: Hundertmark, „Die Behandlung des fehlkalkulierten Angebotes bei der Bauvergabe nach VOB/A", BB 1982, 16; Freese, „Bauvergabe nach VOB/A bei erkanntem Kalkulationsirrtum des Bieters", BB 1982, 1271; Koch, „Angebotskorrekturen bei öffentlichen Aufträgen", BB 1982, 1517; Heiermann, „Der Kalkulationsirrtum des Bieters beim Bauvertrag", BB 1984, 1836.

A. Allgemeines: Begriff der Zuschlags- und Bindefrist

I. Begriffliches

§ 19 regelt nicht nur die Zuschlagsfrist, sondern auch die Bindefrist. Mit der einen befassen sich Nr. 1 und 2, die andere ist in Nr. 3 behandelt. Unter **Zuschlagsfrist** versteht man den **Zeitraum**, der dem Auftraggeber **zur Überlegung** zur Verfügung steht, welches der eingereichten, zur Kenntnis genommenen Angebote er annehmen, mit dem der Bieter er den beabsichtigten Bauvertrag abschließen, also wem er den Zuschlag erteilen will. Die **Bindefrist** ist der Zeitraum, in dem die **Bieter ihrerseits an ihre Angebote** gegenüber dem Auftraggeber **gebunden** sind, so daß sie diese nicht mehr ohne weitere sachliche Voraussetzungen, wie es bei Teil A § 18 Nr. 4 der Fall ist, zurücknehmen bzw. zurückziehen können. Eine Zusammenfassung der Zuschlags- und der Bindefrist in einer Bestimmung der VOB rechtfertigt sich aus dem sich nach §§ 145 ff. BGB ergebenden inneren rechtlichen Zusammenhang.

II. Beachtung des AGB-Gesetzes

Da Zuschlagsfrist und Bindefrist zeitlich identisch sind (vgl. Rdn. 15 ff.), ist derjenige, der **Allgemeine Geschäftsbedingungen** (Zusätzliche Vertragsbedingungen bzw. formularmäßige Ausschreibungsbedingungen) **verwendet,** wie auch häufig der öffentliche Auftraggeber, in dem hier gegebenen Zusammenhang **verpflichtet, § 10 Nr. 1 des AGB-Gesetzes zu beachten.** Hiernach ist eine Bestimmung verboten, durch die sich der Verwender unangemessen lange oder nicht hinreichend bestimmte Fristen für die Annahme oder Ablehnung eines Angebotes vorbehält. **Richtpunkte** dafür, welche Fristen für angemessen zu gelten haben, liefert hier **Teil A § 19 Nr. 2 in Verbindung mit Nr. 3.** Wenn es sich bei Nr. 2 auch um eine sogenannte Soll-Vorschrift handelt, so gibt sie jedenfalls im Rahmen des genannten Gesetzes eine Beurteilungsgrundlage für die Festlegung angemessener Zuschlags- und Bindefristen ab. **Angesichts des AGB-Gesetzes hat daher Teil A § 19 an rechtlichem Gewicht gewonnen** (vgl. dazu LG Nürnberg-Fürth, SFH § 10 Nr. 1 AGB-Gesetz Nr. 2, wonach eine ohne Rücksicht auf die Erfordernisse des Einzelfalles erfolgte generelle Festlegung in den Ausschreibungsunterlagen, daß die Bieter 8 Wochen ab Einreichung der Angebote gebunden sind, unzulässig ist, bestätigt durch OLG Nürnberg, SFH § 10 Nr. 3 AGB-Gesetz Nr. 2; gleiches trifft auf die Klausel zu, wonach das Angebot verbindlich sei für eine Zuschlagsfrist von 3 Monaten, beginnend mit dem Tag der Angebotsabgabe (OLG Düsseldorf, Bunte, Bd. III, 205); weiter OLG Köln SFH § 19 VOB/A Nr. 4 bei genereller Festlegung einer Zuschlagsfrist von 36 Werktagen, jedoch unzutreffend in der Annahme, bei der Frist in Teil A § 19 Nr. 2 handele es sich um eine Obergrenze, da übersehen wird, daß es sich hier um eine Soll-Vorschrift handelt, die in dieser Fassung lediglich einen Mittelwert zum Ausdruck bringen kann- so auch BGH BauR 1986, 334 = SFH § 23 VOB/A Nr. 1 = Betrieb 1986, 962 = NJW-RR 1986, 569 = MDR 1986, 575 = LM VOB/A Nr. 9 = ZfBR 1986, 128-, allerdings wurde vom OLG Köln jener Fall – technisch nicht schwierige Arbeiten zum Auftragswert von etwa 60 000 DM – zutreffend entschieden; siehe ferner u. a. Heinrichs NJW 1977, 1505, 1506; Ulmer/Brandner/Hensen, Anh. §§ 9-11 Rdn. 721 für Subunternehmerverträge; Löwe/v. Westphalen/Trinkner § 10 Nr. 1 Rdn. 12 f.). Siehe weiter Rdn. 11 ff.

Nach § 10 Nr. 1 AGB-Gesetz unwirksam, weil zu unbestimmt, ist eine Klausel, wonach der Auftrag erst angenommen sei, „wenn er nicht innerhalb von 4 Wochen nach Besuch meines Technikers schriftlich abgelehnt wird" (LG Dortmund MDR 1981, 759).

III. Erforderliche Angaben im Anschreiben

3 Nach Teil A § 17 Nr. 4 n sind die Zuschlags- und die Bindefrist in das Anschreiben (Aufforderung zur Angebotsabgabe) aufzunehmen. Die Bekanntgabe der beiden Fristen an die Bewerber hat aber noch eine über die reine Zweckbestimmung nach Teil A § 17 Nr. 4 n (Wichtigkeit für den Entschluß zur Beteiligung an der Ausschreibung) hinausgehende Bedeutung. Denn die nach Teil A § 19 festzulegenden Fristen schaffen in der Regel die **nach § 148 BGB zulässige Sonderlage,** wonach bei Bestimmung einer Frist die Annahme eines Angebots nur innerhalb der Frist erfolgen kann. Zur Vermeidung von Rechtsnachteilen, die beim Fehlen entsprechender Fristangabe auftreten könnten, wird dringend empfohlen, im Anschreiben Mitteilungen über Zuschlags- und Bindefristen aufzunehmen, und zwar unabhängig von Teil A § 17 Nr. 4 n.

IV. Rechtsfolgen bei Nichtfestlegung der Zuschlags- und Bindefrist

4 Unterbleibt die Festlegung einer Zuschlags- und Bindefrist, so kommen die nachfolgend Rdn. 6 f. erläuterten Rechtswirkungen nicht in Betracht. Vielmehr **bleibt** es dann **bei den maßgebenden gesetzlichen Regelungen,** insbesondere des § 147 Abs. 2 BGB (vgl. OLG Düsseldorf BauR 1980, 65 = SFH § 19 VOB/A Nr. 3; dazu nachfolgend Rdn. 5).

B. Die Zuschlagsfrist und ihre Dauer (Nr. 1 und 2)

I. Grundlagen

1. Gesetzliche Regelung

5 Wie ausgeführt (vgl. Teil A § 18 Rdn. 22), kann man von einem bindenden „Antragen" zur Schließung eines Vertrages im Sinne von § 145 BGB im Rahmen eines Vergabeverfahrens nach der VOB in dem Zeitpunkt sprechen, in dem das **Angebot im Eröffnungstermin geöffnet wird.** Von da ab läuft die Frist, in der nach der gesetzlichen Regelung (§ 146 BGB) die Annahme **rechtzeitig zu erklären** ist. Das würde bedeuten, daß bei Anwesenheit des Bieters die Annahme sofort erklärt werden müßte, § 147 Abs. 1 BGB. Selbst wenn man aber das Vertragsangebot im Vergabeverfahren der VOB als ein Angebot unter Abwesenden bezeichnen wollte (z. B., wenn der Bieter oder sein bevollmächtigter Vertreter im Eröffnungstermin

nicht zugegen ist), so müßte die Annahme des Angebotes nach § 147 Abs. 2 BGB bis zu einem Zeitpunkt geschehen, in dem der Bieter den Eingang der Antwort **unter regelmäßigen Umständen erwarten darf.** Zwar wird hierbei dem Auftraggeber eine angemessene Überlegungsfrist zugebilligt. Diese gesetzliche Forderung ist aber zu unbestimmt und kann für beide Seiten zu Unzuträglichkeiten führen. Hierbei ist auch zu bedenken, daß bei mehreren Angeboten, die nachgeprüft werden müssen, der Auftraggeber meist gar nicht in der Lage sein wird, in solch kurzer Zeit seine Entscheidung zu treffen. **Daher ist es weitaus klarer für beide Teile, wenn für die Annahme des Angebotes eine Frist bestimmt wird, wie das auch nach § 148 BGB gestattet ist.** Eine solche festgesetzte Frist ist dann entgegen § 147 BGB allein maßgebend für die eventuelle Annahme des Angebotes (vgl. auch OLG Düsseldorf BauR 1980, 65 = SFH § 19 VOB/A Nr. 3). Hierdurch werden die möglichen Folgen einer verspäteten Annahme nach § 150 BGB ausgeschlossen, zumal sich diese Bestimmung wohl kaum mit der Natur eines Vergabeverfahrens nach der VOB vereinbaren läßt. § 150 BGB besagt nämlich, daß die verspätete Annahme des Angebotes durch den Auftraggeber als neues Angebot dem Bieter gegenüber aufzufassen ist, das dieser wieder seinerseits annehmen muß, es sei denn, daß eine solche ausdrückliche Annahme nach der Verkehrssitte nicht erwartet wird oder der Auftraggeber darauf verzichtet hat (§ 151 BGB). Durch die Bestimmung der Annahmefrist (der Zuschlagsfrist) wird den Besonderheiten des Bauvergabeverfahrens, das eine recht eingehende Überprüfung der oft zahlreichen Angebote verlangt, weit eher Rechnung getragen als durch eine unbestimmte zeitliche Regelung, wie sie in den Vorschriften des BGB enthalten ist.

2. Fristbestimmung durch Auftraggeber

Zwar bestimmt § 148 BGB, daß die Bestimmung der Annahmefrist durch den Antragenden zu erfolgen hat. Das wäre der Bieter. **Demgegenüber wird aber diese Frist nach der VOB im Anschreiben des Auftraggebers nach Teil A § 17 Nr. 4 n festgelegt.** Trotzdem ist das auch im Sinne von § 148 BGB zu rechtfertigen. Ebenso wie der Auftraggeber durch Anfertigung der Verdingungsunterlagen dem Bewerber, der Anbietender im Rechtssinne werden soll, wesentliche Teile des Angebotsinhalts „vorschreibt" und es ihm dann überläßt, die Verdingungsunterlagen zum Gegenstand seines Angebotes zu machen, ist es auch hier. Dadurch, daß im Anschreiben der Wille des Auftraggebers kundgetan wird, bei abgegebenen Angeboten innerhalb einer von ihm festgelegten Frist sich über den Zuschlag, d. h. die Annahme des Angebotes, zu entscheiden, macht der Bieter diese Frist im Wege stillschweigender und für beide Teile deutlich erkennbarer Bestimmung **zu seiner eigenen** im Sinne von § 148 BGB. Jedenfalls gilt das für den Regelfall, in dem der Bieter diese Frist hinnimmt und aufgrund der Ausschreibungsunterlagen die Leistung anbietet. Zwar ist es dem Bieter unbenommen, auf dem Angebot zu vermerken, daß er mit der vom Auftraggeber festgelegten Frist nicht einverstanden ist und daß er eine Erklärung über die Annahme seines Angebotes (den Zuschlag) innerhalb einer kürzeren oder längeren Frist erwartet. Dies wird allerdings kaum vorkommen, da grundsätzlich ein besonderes Interesse des Bieters an einer anderweitigen Fristsetzung nicht gegeben sein dürfte, wenn sich der Auftraggeber an die Richtlinien in Teil A §§ 18 Nr. 1-3 und 19 Nr. 1 und 2 gehalten hat. Außerdem wird der Bieter, der die Zuschlagsfrist entgegen dem Vorschlag des Auftraggebers verkürzt, damit rechnen müssen, daß sein Angebot nicht beachtet wird. Zumindest wird er aber im Falle des Zuschlages mit einem umständlichen und keinem der Beteiligten dienenden Verfahren auf der Grundlage des § 150 BGB rechnen müssen.

3. Fristbestimmung durch Auftraggeber praxisnah

Daß die Zuschlagsfrist vom Auftraggeber errechnet wird, ist im übrigen der Praxis mehr dienlich. Denn es ist zu bedenken, daß in der Regel mit einer Vielzahl von Angeboten zu rechnen ist. Wollte nun jeder Bieter für sich eine Zuschlagsfrist bestimmen, so wäre dadurch die Durchführung eines wirklichen Vergabeverfahrens in hohem Maße gefährdet, vor allem unter Beachtung der grundlegenden Forderung nach einem ordnungsgemäßen Vergabewettbewerb. Denn davon kann nur gesprochen werden, wenn dem Auftraggeber hinreichend Gelegenheit gegeben wird, alle Angebote gemeinsam einer hinreichenden Überprüfung zu unterziehen, bevor er sich über den Zuschlag entscheidet.

II. Angemessenheit der Frist

8 **Wesentlich ist, daß die vom Auftraggeber im Anschreiben festzusetzende Zuschlagsfrist, die im Wege stillschweigender Erklärung vom Bieter übernommen werden soll, so bemessen ist, daß sie den Interessen aller Beteiligten dient.** Hierauf hat der Auftraggeber besonders zu achten. Sein Interesse ist es, hinreichend Zeit und Gelegenheit zu erhalten, alle eingereichten Angebote einer sorgfältigen und eingehenden Überprüfung zu unterziehen und darüber hinaus eine ausreichende Überlegungsfrist zu haben, um sich über den Zuschlag endgültig entscheiden zu können. Das Interesse der Bewerber liegt darin, möglichst bald Gewißheit über die Aussichten ihres Angebotes zu erhalten, insbesondere nicht über die vom Auftraggeber zu beanspruchende Zeit hinaus hingehalten zu werden. Dabei ist die betriebliche Planung der Bewerber, insbesondere die Einordnung möglicher Aufträge in den laufenden Arbeitsgang, wesentlicher Gesichtspunkt der erforderlichen Rücksichtnahme. Diesen Anforderungen wird der Auftraggeber grundsätzlich nur genügen, wenn er bei der Fristberechnung davon ausgeht, daß er mit der Prüfung der Angebote sogleich nach deren Eröffnung beginnt.

III. Eröffnungstermin als Fristbeginn

9 **Nach Nr. 1 beginnt die Zuschlagsfrist mit dem Eröffnungstermin.** Dies ist zeitlich mit der **Beendigung der Öffnung des letzten Angebots im Eröffnungstermin** gleichzusetzen. Denn die Überprüfung und Wertung der Angebote kann nicht eher beginnen, bevor nicht **alle** Angebote eröffnet und damit der inhaltlichen Kenntnisnahme durch den Auftraggeber zugänglich sind. Insoweit ist es geboten, die Bindefrist **genau einheitlich beginnen** zu lassen. Die Ansicht von Schelle/Erkelenz (S. 195) sowie Heiermann/Riedl/Rusam/Schwaab (Teil A § 19 Rdn. 2), wonach die Zuschlagsfrist schon mit Eröffnung des ersten Angebotes beginnen soll, ist unrichtig, zumal die von ihnen befürchtete Gefahr, daß dann ein Bieter, dessen Angebot früher als das der anderen Bieter eröffnet worden ist, sein Angebot in Kenntnis der anderen Angebote wieder zurückziehen kann, nicht besteht. Hier wird die Bindung an das konkret abgegebene Angebot mit der Bindefrist verwechselt. Die Bindung an das Angebot beginnt nämlich schon mit der Öffnung des ersten Angebotes (vgl. Teil A § 18 Rdn. 20, 1 und 2); ab da kann ein Angebot also nicht mehr zurückgezogen werden. **Für den Lauf und damit die Berechnung der Zuschlagsfrist** ist jedoch § 187 Abs. 1 BGB zu beachten, wonach die Frist erst am Tage nach dem Eröffnungstermin beginnt.

10 Die Zuschlagsfrist **endet** in dem Zeitpunkt, der im Anschreiben bestimmt und vom Bieter entsprechend § 148 BGB durch sein Angebot stillschweigend übernommen wird. Vgl. dazu Rdn. 14.

IV. Bemessung der Frist

11 **Teil A § 19 Nr. 2 befaßt sich mit der Bemessung der Zuschlagsfrist.** Insofern muß nach dem in Rdn. 8 Erwähnten mit berücksichtigt werden, daß die Bieter ein berechtigtes Interesse daran haben, schnellstmöglich zu erfahren, welches Ergebnis ihr Angebot gehabt, insbesondere, ob es zur Vergabe geführt hat. Dabei gehört zur ordnungsgemäßen betrieblichen Planung auch die Beschaffung bzw. Bereitstellung von Arbeitskräften, Maschinen und Geräten, auch

von etwa in Betracht kommenden Nachunternehmern für die Bauausführung sowie von Baustofflieferanten usw.

1. Möglichst kurze Frist

Unter Berücksichtigung dessen stellt Nr. 2 Satz 1 den allgemeinen Grundsatz auf, daß die Zuschlagsfrist so kurz wie möglich und nicht länger bemessen sein soll, als der Auftraggeber für eine zügige Prüfung und Wertung der Angebote (Teil A §§ 23-25) benötigt. Aus dem Wortlaut der Nr. 2 folgt zunächst, daß sie nicht etwa die Fristbestimmung ersetzt, sondern daß diese **in jedem einzelnen Fall erfolgen muß** ; die VOB-Regelung ist nur eine Richtlinie für die Angemessenheit einer Fristbestimmung (vgl. OLG Düsseldorf BauR 1980, 65 = SFH § 19 VOB/A Nr. 3). Weiterhin bedeutet das Wort „zügig", daß der Auftraggeber gehalten ist, ohne zeitlichen Aufschub die Angebote zu prüfen und zu werten und sich nach dem dabei gefundenen Ergebnis zur Vergabe zu entschließen. Die von ihm vorzunehmenden Handlungen dulden also keine Verzögerung; insbesondere darf der Auftraggeber die Angebote nicht liegenlassen und sich zwischenzeitlich anderen Dingen zuwenden. Vor allem liegt es auch in seinem Bereich, das für die Prüfung und Wertung erforderliche Personal zur Verfügung zu haben. Durch den Hinweis auf Teil A §§ 23-25 ist klargestellt, daß die zügige Prüfung und Wertung alle Handlungen beinhaltet, wie sie in den genannten Vorschriften niedergelegt sind, und die dafür unbedingt notwendige Zeit. Im Rahmen der zügigen Prüfung und Wertung liegt es daher auch noch, wenn im Einzelfall Verhandlungen mit Bietern nach Teil A § 24 notwendig werden, diese sich aber aus objektiv anzuerkennenden Gründen nicht sofort, sondern erst nach einigen Tagen verwirklichen lassen. Der Auftraggeber muß den in Nr. 2 Satz 1 niedergelegten Grundsatz **ernst nehmen und unbedingt beachten,** zumal es ja auch in seinem Interesse liegt, baldmöglichst Klarheit über die Vergabe zu gewinnen.

12

2. Festlegung der Frist

Nr. 2 Satz 2 dient dazu, den im vorerörterten Satz 1 niedergelegten allgemeinen Grundsatz zu erhärten und zugleich näher zu fixieren. Hiernach soll die Zuschlagsfrist nicht mehr als 24 Werktage betragen. Damit ist zum Ausdruck gebracht, daß nach allgemeinen Erfahrungen der Praxis für den Regelfall eine Zuschlagsfrist von 24 Werktagen als ausreichend anzusehen ist. Dabei handelt es sich um einen **Anhaltspunkt.** Damit ist zugleich gesagt, daß es für die Bemessung der Zuschlagsfrist unter Berücksichtigung des in Satz 1 genannten Grundsatzes immer auf die objektiv zu bewertenden Gegebenheiten und **Erfordernisse des Einzelfalles** ankommt. Es kann z. B. sein, daß der Auftraggeber entweder sofort oder jedenfalls nach weniger als 24 Werktagen in der Lage ist, die Leistung zu vergeben. Dann muß er eine kürzere Zuschlagsfrist festsetzen, um dem Grundsatz des Satzes 1 entsprechend zu handeln. Andererseits kann es sein, daß im Einzelfall eine Zuschlagsfrist von 24 Werktagen nicht ausreicht, sondern länger sein muß . Hierzu sagt Satz 2, zweiter Halbsatz, daß eine **längere Zuschlagsfrist nur in begründeten Fällen festgelegt werden soll** (vgl. dazu BGH BauR 1986, 334 = SFH § 23 VOB/A Nr. 1 = Betrieb 1986, 962 = NJW-RR 1986, 569 = MDR 1986, 575 = LM VOB/A Nr. 9 = ZfBR 1986, 128 bei größerem Brückenbau mit zugelassenen und eingereichten Nebenangeboten). Damit ist klar zum Ausdruck gebracht worden, daß eine längere Zuschlagsfrist **nur ausnahmsweise** in Betracht kommen kann, wenn also besondere und anerkennenswerte Umstände vorliegen, die für eine zügige Prüfung und Wertung der Angebote eine längere als 24 werktägige Zuschlagsfrist erfordern. Die Gründe hierzu müssen nachprüfbar sein und gegebenenfalls vom Auftraggeber offengelegt, im Streitfall also auch bewiesen werden, wie sich aus dem Wortlaut der VOB („in begründeten Fällen") ergibt. Das Ausrichten der Zuschlagsfrist nach den Sitzungen der Bauausschüsse ist für sich allein nicht schon als begründeter Fall anzusehen, weil entscheidend der Zeitraum ist, den der Auftraggeber für eine ordnungsgemäße, zügige Prüfung und Wertung der Angebote nach Teil A §§ 24, 25 benötigt.

13

Zur Bedeutung von Teil A § 19 Nr. 2 im Hinblick auf § 10 Nr. 1 AGB-Gesetz vgl. Rdn. 1.

V. Bestimmung des Fristendes

14 Teil A § 19 Nr. 2 Satz 3 beinhaltet eine ergänzende Regelung hinsichtlich der Bestimmung des Endes der Zuschlagsfrist, indem dort gesagt ist, das Ende der Zuschlagsfrist solle durch **Angabe des Kalendertages,** nicht also durch Angabe bloßer Tage oder Wochen, bezeichnet werden. Dies entspricht durchaus den berechtigten Belangen sowohl des Auftraggebers als auch der Bieter. Sie dient nämlich dazu, Unklarheiten und vor allem Mißverständnisse zu vermeiden, besonders hinsichtlich der im Bereich der Frist liegenden Samstage, Sonntage und Feiertage. Der Auftraggeber sollte also unbedingt hiernach verfahren, um spätere Unzuträglichkeiten, nicht zuletzt auch Anfechtungstatbestände (§§ 119 ff. BGB), zu vermeiden. Diese Regelung dient vor allem auch den berechtigten Belangen etwaiger ausländischer Bieter.

Eine **nachträgliche Verlängerung** der Zuschlagsfrist kann der Auftraggeber **nur mit Zustimmung aller Bieter** vornehmen. Der Auftraggeber kann also die Fristverlängerung nicht einseitig bestimmen. Vor allem kann es bei einer Fristverlängerung erforderlich sein, die bisher vorgesehene Ausführungsfrist entsprechend zu ändern.

C. Die Bindefrist (Nr. 3)

I. Bedeutung der Nr. 3

1. Grundlagen

15 Nr. 3, **wonach vorzusehen ist, daß der Bieter bis zum Ablauf der Zuschlagsfrist an sein Angebot gebunden ist (Bindefrist), brauchte aus einer rechtlichen Notwendigkeit** (was Daub/Piel/Soergel ErlZ A 19.8 übersehen; die Frage der **Zweckmäßigkeit** ist damit nicht verneint) heraus an sich nicht besonders festgelegt zu werden. Das gilt insbesondere, wenn im Anschreiben und demgemäß im späteren Angebot des Bieters (vgl. Rdn. 6) eine Bestimmung der Zuschlagsfrist enthalten ist. Mit der Bindung im Sinne der Nr. 3 ist nämlich das gleiche gemeint, was in § 145 BGB zum Ausdruck gebracht ist. Die Bindung an das Angebot endet nach § 146 BGB („... Der Antrag erlischt..."), wenn das Angebot nicht rechtzeitig angenommen worden ist. Das heißt im Hinblick auf die hier wesentliche Vorschrift des § 148 BGB, daß das **Angebot und damit zugleich auch die Bindung daran in dem Zeitpunkt zum Erlöschen kommen, in dem die Zuschlagsfrist abgelaufen ist.** Der Bestand der Bindefrist ist daher **ohnehin abhängig von der Dauer der Zuschlagsfrist,** sie ist also zeitlich **identisch** damit, so daß aus dieser zugleich die Bindefrist kraft gesetzlicher Regelung zu entnehmen ist.

16 Wenn trotzdem in Nr. 3 noch eine besondere Regelung vorgesehen ist, die sich mit der gesetzlichen Folge deckt, so kann das nur die Bedeutung haben, **die Bieter ausdrücklich auf die Identität der Bindefrist mit der Zuschlagsfrist aufmerksam zu machen,** insbesondere durch den damit verbundenen Hinweis, daß **mit dem Beginn und bis zum Ablauf der Bindefrist eine Zurücknahme oder Zurückziehung des Angebotes nicht mehr,** wie das während der Angebotsfrist nach Teil A § 18 Nr. 4 noch möglich ist, erfolgen kann. Zieht der Bieter dennoch innerhalb der Bindefrist sein Angebot zurück und ist er nicht bereit, auf der Grundlage des abgegebenen Angebots einen Vertrag abzuschließen, haftet er dem Auftraggeber für den diesem (z. B. durch vergeblichen Aufwand hinsichtlich dieses Bieters) entstehenden Schaden aus Verschulden bei Vertragsabschluß – culpa in contrahendo – (**insoweit** zutreffend Runge BauR 1970, 205). Darüber hinaus ist der **Auftraggeber** wegen der weiterhin

bestehenden rechtlichen Bindung des Bieters an sein Angebot (vgl. dazu u. a. Staudinger/ Coing, § 145 Rdn. 11) **nicht gehindert, dem – jetzt widerstrebenden – Bieter den Zuschlag zu erteilen,** ihn also vertraglich zu verpflichten. Dann kommt der Bauvertrag gemäß dem Angebot des Bieters mit allen Rechten und Pflichten für beide Seiten dennoch zustande. Erfüllt der Auftragnehmer seine Leistungspflicht nicht, so können sich für ihn daraus dieselben Rechtsfolgen ergeben wie bei einem „freiwillig" abgeschlossenen Vertrag (vgl. Teil B §§ 5 Nr. 4, 8 Nr. 3 bzw. 6 Nr. 6).

Der Bieter ist nicht verpflichtet, den Auftraggeber auf den drohenden Ablauf der Bindefrist hinzuweisen (vgl. BGH BB 1971, 286). 17

Ist die Ausschreibung nicht während der Zuschlagsfrist unter den Voraussetzungen von Teil A § 26 aufgehoben worden, ist es unzulässig, ohne erneutes Vergabeverfahren (vgl. Teil A § 3) mit lediglich einem oder einem Teil der bisherigen Bieter Verhandlungen über die Auftragserteilung durchzuführen, da dann der von der VOB/A vorrangig verfolgte Wettbewerb mit Chancengleichheit nicht beachtet würde. 18

2. Ausnahmen von der Bindung – behördliche Preisprüfung

Allerdings gibt es einen bei Bauvergaben durch die **öffentliche Hand** (zum Begriff vgl. Einl. 25) wichtigen **Ausnahmefall von der Bindung an das Angebot während der Zuschlagsfrist:** Wird – was nach der zwischenzeitlichen Streichung des § 5 Abs. 2 BaupreisVO wesentlich an Bedeutung verloren hat – nach § 16 Abs. 4 der BaupreisVO 1972 im Rahmen der Preisprüfung festgestellt, daß der Bieter ein überhöhtes, preisrechtlich nicht mehr zulässiges Angebot abgegeben hat, besteht keine Bindung des Bieters an das preisrechtlich „herabgesetzte" Angebot. Der von Nicklisch (BB 1973, 53, vgl. auch BauR 1973, 65) vertretenen Auffassung (entgegen der Ansicht des Bundesministers der Justiz in seinem Schreiben vom 26. 5. 1972 an den Hauptverband der Deutschen Bauindustrie, BB 1972, 944; vgl. dazu auch und m. w. N. Daub, Baupreisrecht, S. 131 ff.) ist im Ergebnis beizutreten. Zwar ist Hereth (NJW 1973, 1441) darin beizustimmen, daß es hier baupreisrechtlich auf § 1 BaupreisVO 1972 als Ausgangspunkt ankommt, wonach für Bauleistungen aufgrund öffentlicher oder mit öffentlichen Mitteln finanzierter Aufträge höhere Preise, als nach der VO zulässig sind, nicht gefordert, versprochen, vereinbart, angenommen oder gewährt werden dürfen und daß demgemäß das Angebot, das diesen Rahmen übersteigt, in dem die zulässigen Grenzen übersteigenden Teil als ordnungswidrig anzusehen ist. Auch dürfte mit den sich aus dem § 134 oder § 139 BGB ergebenden Grundsätzen nicht viel zu erreichen sein, weil diese sich auf Rechtsgeschäfte beziehen, also Verträge, nicht aber schon auf Vertragsangebote. Wesentlich ist aber, daß eine **Beanstandung der Preisbehörde noch kein verändertes Angebot** schafft und damit noch keinen vom Angebotspreis abweichenden Vertrag. Wir haben es hier mit zivilrechtlichen Vertragsverhandlungen zu tun, die sich allein zwischen dem Bieter und dem – späteren – Auftraggeber abspielen. Die **Preisbehörde** ist aber **Dritter** und kann nicht derart auf die Vertragsverhandlungen einwirken, daß durch ihre Feststellung der preisrechtlichen Überhöhung des Angebotes dieses selbst ohne Hinzutun der Vertragsverhandlungspartner – insbesondere des Bieters – geändert wird. Entgegen Hereth (a. a. O.) hat hier der Wille der Verhandelnden nach wie vor Vorrang. Macht der Auftraggeber, wozu er als öffentlicher Auftraggeber gehalten ist, sich die Beanstandung der Preisbehörde zu eigen und erteilt er den Zuschlag dem betreffenden Bieter auf der Grundlage des preisrechtlich zulässigen Preises, so handelt es sich um eine Änderung mit der Wirkung der Ablehnung des bisherigen Angebotes, die zugleich ein Neuangebot beinhaltet (§ 150 Satz 2 BGB). Der Bauvertrag kann also nur dann zustande kommen, wenn sich der **Bieter hiermit einverstanden** erklärt, anderenfalls ist er vertraglich nicht gebunden, und sein bisheriges Angebot ist ohnehin erloschen (vgl. in diesem Sinne auch Schlicht NJW 1973, 1966; unentschieden dazu wohl Daub/Piel/Soergel ErlZ A 19.42; wie hier Heiermann/Riedl/Rusam/Schwaab Teil A § 19 Rdn. 19 a). Bedenklich ist daher Nr. 6 Abs. 2 19 der Bewerbungsbedingungen der Deutschen Bundesbahn für die Vergabe von Bauleistungen, wonach bei Unzulässigkeit des Angebotspreises nach der BaupreisVO als Angebotspreis der preisrechtliche Preis gelten soll (vgl. dazu Schlenke, Bauwirtschaft 1981, 376). Vor allem dürften insoweit auch die §§ 10 Nr. 5 und 9 AGB-Gesetz zu beachten sein.

20 Die **Preisprüfung** nach § 16 Abs. 4 BaupreisVO kommt im übrigen **nur bis zur Erteilung des Zuschlags** in Betracht, wie dort ausdrücklich bestimmt ist. Hiernach bleibt der Preisprüfungsbehörde eine verhältnismäßig kurze Frist zur Prüfung. Hat sie dabei einen begründeten Verdacht, daß eine Preisüberschreitung vorliegt, muß sie vor Ablauf der Zuschlagsfrist ein Ermittlungsverfahren nach dem OWiG einleiten, das an die Frist des § 16 Abs. 4 BaupreisVO nicht gebunden ist (Ebisch/Gottschalk S.540 f.). Über marktwirtschaftliche Preise bei öffentlichen Aufträgen in der Preisprüfung vgl. Altmann BlGBW 1981, 43.

II. Anfechtung des Angebots, insbesondere Kalkulationsirrtum

1. Lösung von der Bindung grundsätzlich nur durch Anfechtung

21 **Infolge der nach § 145 BGB mit der Eröffnung eingetretenen Bindung an das Angebot kann dieses einseitig durch den Bieter im allgemeinen nur noch im Wege der Anfechtung aus der Welt geschafft werden.** Grundsätzlich ist nämlich davon auszugehen, daß der Bieter, der nach einer für zutreffend gehaltenen Berechnungsgrundlage einen bestimmten Preis kalkuliert und diesen dann anbietet, auch das Risiko dafür trägt, daß seine Kalkulation richtig ist und sich seine dem Angebot zugrundeliegenden Erwartungen erfüllen (zutreffend Heiermann BB 1984, 1836 m. w. N.). Daher muß die Anfechtung des Angebotes, insbesondere der darin enthaltenen Preisangaben und der dieser zugrundeliegenden Kalkulation, eine Ausnahme sein. Hierfür kommt in der Regel die Anfechtung wegen Irrtums, in Ausnahmefällen die Anfechtung wegen arglistiger Täuschung des Bieters durch den Auftraggeber in Betracht. Grundvoraussetzung ist, daß Anfechtungstatbestände vorliegen, wie sie in § 119 BGB und in § 123 BGB geregelt sind. Die Anfechtung muß sich also aus insoweit rechtserheblichen Lebensvorgängen rechtfertigen, um zulässig zu sein, worin der Hauptunterschied zu der einfachen Angebotsrücknahme nach Teil A § 18 Nr. 4 liegt. Wegen der Einzelheiten der Anfechtungsvoraussetzungen wird zunächst auf die einschlägigen BGB-Kommentierungen zu den §§ 119-124 BGB verwiesen. Für das Vorliegen von rechtlich beachtlichen Anfechtungsgründen ist der **Bieter bzw. spätere Auftragnehmer darlegungs- und beweisbelastet**.

2. Unverzügliche Irrtumsanfechtung – Inhalt der Anfechtungserklärung

22 Für eine Anfechtung wegen **Irrtums** ist es besonders wesentlich, daß sie **unverzüglich nach Kenntnis des Anfechtungsgrundes** zu geschehen hat (§ 121 BGB), **also in sehr kurzer Frist**, was bei schriftlicher Anfechtung im Hinblick auf § 121 Abs. 1 Satz 2 BGB durch Absendung mit der Bestimmung unverzüglichen Transports an den Anfechtungsgegner, z. B. durch Einwerfen eines an diesen adressierten Briefes, erfolgen muß ; dazu genügt grundsätzlich nicht schon die Anfechtung in einer zunächst dem Gericht einzureichenden Klageschrift (BGH NJW 1975, 39 = MDR 1975, 126 = JZ 1975, 62 = BB 1974, 1552 = LM § 121 BGB Nr. 2; Anm. Schubert JR 1975, 152). **Die Anfechtungserklärung muß inhaltlich ganz zweifelsfrei den Willen des Anfechtenden zum Ausdruck bringen, daß er das Geschäft bzw. – hier – sein Angebot wegen des Willensmangels nicht bestehen lassen, sondern rückwirkend beseitigen will.** Dazu reicht nicht die Mitteilung, man könne den Auftrag nicht ausführen, weil ein schwerwiegender Kalkulationsfehler unterlaufen sei, man sei bereit, den Auftrag auszuführen, bitte aber um eine unbedingt notwendige Preiskorrektur (BGH NJW-RR 1988, 566 = ZfBR 1988, 115).

3. Kalkulationsirrtum

Hervorzuheben ist, daß der sogenannte **Kalkulationsirrtum**, d. h. der Irrtum eines Bieters bei der Berechnung und Bestimmung der von ihm nach dem Angebot geforderten Preise, keineswegs immer ein Irrtum über den Inhalt des Angebotes, sondern oft genug nur ein dem Bereich der eigenen Risikoübernahme zuzuordnender Irrtum im Beweggrund ist, der in der Regel nicht zur Anfechtung berechtigt, vgl. KG in MDR 1956, 356; OLG Köln, Urt. vom 19. 3. 1970 – 14 U 197/69 –. Erkennt der Bieter nachträglich, daß der von ihm bewußt kalkulierte und in das Angebot eingesetzte Preis zu hoch oder zu niedrig angesetzt ist (etwa aufgrund der Ergebnisse des Eröffnungstermins oder der rechnerischen Prüfung durch den Auftraggeber), so ist dies ein unbeachtlicher Motivirrtum; er bleibt grundsätzlich an den Angebotspreis gebunden. Erst recht gilt dies, wenn der Bieter einen Preis in das Angebot eingesetzt hat, weil er glaubt, die betreffende Position aus diesem oder jenem Grund vernachlässigen zu können. Auch kommt eine Anfechtung wegen Eigenschaftsirrtums nicht in Betracht (§ 119 Abs. 2 BGB), weil der Preis keine verkehrswesentliche Eigenschaft der Leistung ist (Heiermann, a. a. O., m. w. N.), was unbestritten ist. Das gilt vor allem auch beim Irrtum über den vertraglich vorgesehenen Abrechnungsmaßstab (vgl. sinngemäß KG SFH Z 2.410 Bl. 64).

Entscheidende Grundlage für diese strenge Bindung des Bieters an seine einmal im Angebot abgegebene Erklärung ist der zugunsten des Auftraggebers als Erklärungsempfänger durchgreifende Vertrauensschutz, der Vorrang für sich in Anspruch nehmen muß, vor allem im Hinblick auf die unbedingt gebotene Sicherheit im Rechtsverkehr.

Rechtserheblich könnte für den Rahmen des eigentlichen Kalkulationsirrtums als Erklärungsirrtum daher nur ein Irrtum sein, der zumindest zugleich auch einen **Irrtum in der Erklärung selbst** als sogenannter externer und nicht nur interner Erklärungsirrtum veranlaßt hat, wenn es sich also um einen echten Berechnungsirrtum handelt. Ein Erklärungsirrtum setzt in der Person dessen, der ihm unterliegt, ein **Auseinanderfallen von Wille und Erklärung** voraus. Der Betreffende muß also, **ohne dies zu merken,** nach außen etwas anderes zum Ausdruck gebracht haben als das, was er in Wirklichkeit hatte erklären wollen; er beabsichtigte zwar, seine Erklärung, so wie sie lautet, auch tatsächlich abzugeben, irrte aber über deren Bedeutung, die dem Erklärten unter den gegebenen Umständen im Rechtsverkehr zukam. Daher ist für eine Anwendung des § 119 Abs. 1 BGB nur Raum, wenn **Erklärungsinhalt und Erklärungswille miteinander nicht im Einklang** gestanden haben (es wird z. B. versehentlich in das Angebot der Preis 100 DM eingesetzt, obwohl 1000 DM beabsichtigt war zu erklären).

Darüber hinaus wurde in der Rechtsprechung des Reichsgerichts ein sogenannter „erweiterter Inhaltsirrtum" unter gewissen Voraussetzungen dem Erklärungsirrtum zugerechnet. Hierzu hat das RG wiederholt betont, ein Irrtum über die der Preisberechnung zugrundeliegenden Faktoren habe als Irrtum über den Inhalt der Erklärung selbst zu gelten, sofern die Berechnungsgrundlage erkennbar Gegenstand der entscheidenden Vertragsverhandlungen gewesen sei (RGZ 116, 15, 17; 149, 235, 239; 162, 198, 201). Diese Ansicht ist mit Recht vom überwiegenden Teil der Literatur abgelehnt worden, weil sich derartige Fälle, wenn nicht im Wege der Auslegung oder als versteckter Dissens nach § 155 BGB, in aller Regel nach den Gesichtspunkten der **Änderung oder des Wegfalls der Geschäftsgrundlage** lösen lassen (vgl. dazu BGH MDR 1971, 656 = BB 1971, 632 = LM § 119 BGB Nr. 21 mit Nachweisen im einzelnen und kritischer Stellungnahme von Giesen JR 1971, 403; ders. Jura 1985, 1, 2 f.; wie hier wohl Koch BB 1982, 1517, 1518). Der BGH hat diese Frage bisher noch nicht entschieden (vgl. BGH a. a. O.; ferner BGH NJW 1981, 1551, 1552, dazu John JuS 1983, 176; BGH BauR 1983, 368 = NJW 1983, 1671 = MDR 1984, 42 = SFH § 9 AGBG Nr. 8 = ZfBR 1983, 188 = Betrieb 1983, 2080 = BB 1983, 1877 = ZIP 1983, 831; BGH BauR 1986, 334 = SFH § 23 VOB/A Nr. 1 = Betrieb 1986, 962 = NJW-RR 1986, 569 = MDR 1986, 575 = LM VOB/A Nr. 9 = ZfBR

1986, 128; dazu auch OLG Köln, Urt. vom 19. 3. 1970 – 14 U 197/68 –). Eine **Ausnahme** gilt dann, wenn die Kalkulation mit Gegenstand der Angebotserklärung **selbst** geworden ist; dann ist auch insoweit eine Anfechtung möglich; das setzt aber grundsätzlich voraus, daß die Kalkulation dem Angebot beigefügt und dem Auftraggeber übermittelt wird (zutreffend Wieser NJW 1972, 708; Werner/Pastor Rdn. 1657; ähnlich wohl Koch BB 1982, 1517, 1518), wenn auch in einem verschlossenen Umschlag (zu weitgehend hier Heiermann – BB 1984, 1836, 1837 –, der die bloße Erklärung des Bieters im Angebot nach Teil A § 21 Nr. 1 Satz 1, daß die Berechnungsgrundlagen für die Angebotspreise Gegenstand des Angebotes seien, genügen lassen will, da damit noch kein nach außen erkennbarer Erklärungsinhalt in seinen einzelnen Bestandteilen gegeben ist; insoweit zu Recht ablehnend auch Lampe-Helbig, Festschrift Korbion, S. 249, 265). Im übrigen ist ihm für den hier erörterten Bereich zuzustimmen.

4. Inhaltsirrtum

26 Möglich ist auch ein rechtlich beachtlicher Irrtum über den Inhalt der Erklärung, der sich zugleich als Berechnungsirrtum auswirkt (vgl. dazu BGH BauR 1986, 334 = SFH § 23 VOB/A Nr. 1 = Betrieb 1986, 962 = NJW-RR 1986, 569 = MDR 1986, 575 = LM VOB/A Nr. 9 = ZfBR 1986, 128; verneint zur Frage, ob die statische Berechnung vom Auftragnehmer oder vom Auftraggeber zu fertigen war, wobei der Vertragsinhalt insoweit nicht zweifelhaft sein konnte).

5. Zu beachten ist aber:

27 Hat der Auftraggeber den Kalkulationsirrtum seinerseits tatsächlich (positiv) **erkannt,** so ist er, ohne daß es auf die vorangehend dargelegte Einengung auf den eigentlichen Erklärungsirrtum ankommt, verpflichtet, den Bieter aufgrund des mit der Aufforderung zur Angebotsabgabe und vor allem die Angebotsabgabe begründeten **vertragsähnlichen Vertrauensverhältnisses** (vgl. Einl. Rdn. 51 ff.) darauf hinzuweisen. Unterläßt er dies, kann er den Bieter **nach Treu und Glauben daran nicht festhalten** (ebenso BGH BauR 1980, 63 = NJW 1980, 180 = SFH § 25 VOB/A Nr. 1 = MDR 1980, 223 = LM OB/A Nr. 4). Gleiches gilt, wenn der Auftraggeber vom Bieter nach der Angebotseröffnung und vor dem Zuschlag auf einen Irrtum hingewiesen wurde und ihm dies nachgewiesen worden ist (vgl. OLG Köln NJW 1985, 1475). Das trifft erst recht zu, wenn der Auftraggeber den Irrtum nicht nur erkannt, sondern schon vor Vertragsabschluß den richtigen Preis ermittelt hat, sodann den Auftrag erteilt und die Leistung ausführen läßt (LG Aachen NJW 1982, 1106). Bloßes Erkennenmüssen des Irrtums genügt dagegen regelmäßig nicht (BGH a. a. O.). Gleiches gilt, wenn der Auftragnehmer für seinen Irrtum Gründe vorbringt, an deren Richtigkeit der Auftraggeber bei objektiver Betrachtung begründete Zweifel haben kann und hat (vgl. dazu BGH BauR 1986, 334 = SFH § 23 VOB/A Nr. 1 = Betrieb 1986, 962 = NJW-RR 1986, 569 = BauR 1986, 575 = LM VOB/A Nr. 9 = ZfBR 1986, 128).

28 Entgegen Hundertmark (BB 1982, 16) läuft der unter den angegebenen Voraussetzungen für den Auftraggeber gebotene Hinweis nicht leer, weil eine Anfechtungsmöglichkeit für den an sein Angebot gebundenen Bieter nicht gegeben sei und der Auftraggeber ihm dennoch einen – bindenden – Zuschlag erteilen könne. Vielmehr kommt es hier, wie die genannte Entscheidung deutlich ergibt, **nicht auf die Anfechtungsmöglichkeit an, sondern allein darauf, daß der Auftraggeber gegen Treu und Glauben verstoßen würde, wenn er unter den gegebenen Umständen den Bieter weiterhin an sein Angebot festhalten würde,** er also in unzulässiger Rechtsausübung handeln würde, was auch Lampe-Helbig (Festschrift Korbion, 1986, S. 249, 265) nicht hinreichend beachtet, zumal der öffentliche Auftraggeber hier beileibe keinen Anspruch auf eine „Sonderbehandlung" erheben kann. Diese Grundsätze müssen dann nicht nur für den sogenannten externen, sondern **auch den sogenannten internen Erklä-**

rungsirrtum gelten (zutreffend Heiermann BB 1984, 1836 m. w. N.). Voraussetzung ist allerdings, daß der Irrtum des Bieters derart gewichtig ist, daß ihm ein Festhalten an seinem Angebot nach Treu und Glauben nicht mehr zugemutet werden kann. Ist das der Fall, so bleibt es dem Bieter nach einem ihm durch den Auftraggeber erteilten Hinweis überlassen, ob er, naturgemäß unter gleichzeitigem Ausscheiden aus der betreffenden Vergabe, sein Angebot zurückziehen will, ohne daß er jetzt noch an die Bindefrist gebunden wäre, oder aber zu erklären, daß er trotz Hinweises auf den Irrtum sein Angebot aufrechterhält (dazu zutreffend Freese BB 1982, 1271). Nicht zu folgen ist hingegen Koch (BB 1982, 1517, 1519) und Heiermann (a. a. O.), die eine vom aufgeklärten Bieter erfolgende Angebotskorrektur noch in die Wertung einbeziehen wollen, da dies ein unzulässiger Eingriff in eindeutige Vergaberegeln wäre (vgl. Teil A § 25 Nr. 1 Abs. 1 a), auf deren Einhaltung sich die am Vergabeverfahren Beteiligten müssen verlassen können, anderenfalls sich der Auftraggeber aus culpa in contrahendo schadensersatzpflichtig machen würde.

Hat der Auftraggeber den Kalkulationsirrtum darüber hinaus **veranlaßt oder mitveranlaßt**, kann er den Gegner nach Treu und Glauben erst recht nicht binden (vgl. dazu RGZ 62, 149; 152, 403; RG Warn. 1937 Nr. 32; BGH Z 46, 268, 273). Insbesondere trifft dies zu, wenn der Auftraggeber oder sein hierzu im Planungsbereich tätiger Vertreter (z. B. Architekt und/oder Sonderfachmann) entgegen den nach Teil A § 9 gegebenen Pflichten die Angebotsunterlagen, vor allem das Leistungsverzeichnis **schuldhaft falsch oder unrichtig aufgestellt** haben und **dadurch** den – insoweit auch interne – Irrtum des Bieters bzw. späteren Auftragnehmers **veranlaßt** haben. Dann ist **für diese Fälle** mit Koch und Heiermann (a. a. O.) auch eine Angebotskorrektur durch den Bieter bzw. Auftragnehmer zuzulassen.

Gleiches gilt, wenn ein **Festhalten** an dem irrtümlich angebotenen Preis **gegen die guten Sitten** (§ 826 BGB) oder sonst **gegen Treu und Glauben** (§ 242 BGB) verstoßen würde. Zum Kalkulationsirrtum und seiner etwaigen Anfechtbarkeit beachtlich auch sonst Wieser NJW 1972, 708, dessen Ausführungen richtungsweisend für die zukünftige Rechtsprechung sein könnten; zustimmend dazu auch Heiermann (a. a. O.).

6. AGB-Klauseln

Eine Klausel im Vertrag, daß der Auftragnehmer „unbedingten Anspruch auf Berichtigung von Preisirrtümern und Berechnungsfehlern" habe, ist mangels hinreichender Bestimmtheit unwirksam (AG Gießen NJW 1975, 1929 mit Anm. Lopau).

Andererseits verstößt eine Regelung in AGB – insbesondere Zusätzlichen Vertragsbedingungen – des Auftraggebers, daß sich der Auftragnehmer bzw. Bieter nicht auf einen Kalkulationsirrtum berufen darf, gegen § 9 AGB-Gesetz bzw. gegen § 242 BGB. Hier werden wesentliche Grundgedanken der gesetzlichen Regelung (§ 119 BGB) mißachtet, was Lampe-Helbig (Festschrift Korbion, 1986, S. 249, 265 f.) übersieht, zumal es auch hier keine „besondere" Zumutbarkeit oder Unzumutbarkeit für den Bereich des öffentlichen Auftragswesens geben kann. Vor allem gilt das Gesagte für eine Klausel „Der Einwand eines Preis- oder Kalkulationsirrtums auf seiten des Auftragnehmers ist ausgeschlossen" (BGH BauR 1983, 368 = NJW 1983, 1671 = MDR 1984, 42 = SFH § 9 AGBG Nr. 8 = ZfBR 1983, 188 = Betrieb 1983, 2080 = BB 1983, 1877 = ZIP 1983, 831). Dadurch wird nämlich nicht nur der unbeachtliche Motivirrtum und es wird auch nicht nur der beachtliche Erklärungsirrtum erfaßt, sondern jedes damit verbundene Gegenrecht, wie etwa die Einrede der unzulässigen Rechtsausübung oder ein Anspruch aus culpa in contrahendo. Das gilt vornehmlich für jene Fälle, in denen der Auftraggeber seinerseits den Irrtum erkannt hat oder beide Vertragspartner sich in einem Irrtum über die der Preisberechnung zugrundeliegenden Faktoren befunden haben. Ein Ausschluß auch damit verbundener Rechte des Auftragnehmers würde eindeutig gegen § 9 AGB-Gesetz verstoßen, da dies, wie auch sonst, eine dem Auftragnehmer unzumutbare einseitige Bevorzugung des Auftraggebers wäre (BGH a. a. O.). Dem stehen berechtigte Interessen des Auftraggebers nicht entgegen, weil dieser durch die Regelung des § 122 Abs. 1 BGB – Ersatz des Vertrauensschadens – hinreichend geschützt ist (BGH a. a. O.). In diesem Sinne auch OLG München Bunte, Bd. IV, 271 = BB 1984, 1386; vgl. ferner v. Westphalen ZfBR 1985, 252, 253.

7. Folgen der Anfechtung

31 Wird unter den angegebenen Voraussetzungen, soweit möglich bzw. erforderlich, eine zulässige Anfechtungserklärung abgegeben, wird damit das bis dahin nach § 145 BGB bindende **Angebot nichtig,** § 142 Abs. 1 BGB. Es gilt als von Anfang an nicht abgegeben. Allerdings ist auch § 139 BGB zu beachten, wonach unter Umständen nur eine Teilnichtigkeit vorliegen kann, wenn sich der Irrtum nur auf einen Teil des Angebotes bezieht. Das gilt aber nur, wenn im Zweifel anzunehmen ist, daß der nicht angefochtene Teil nach dem Parteiwillen für sich Bestand haben soll, die Parteien also insoweit dennoch einen Vertrag abschließen wollen. Vor allem ist zu beachten, daß sich der mit Erfolg anfechtende Bieter nach Maß gabe des **§ 122 BGB schadensersatzpflichtig** machen kann, indem er dem Auftraggeber den Schaden ersetzen muß, der diesem im Rahmen des Vergabeverfahrens wegen des berechtigten Vertrauens in die Richtigkeit des Angebotsinhaltes entsteht. Der Schadensersatz besteht allerdings nur in den Mehrkosten des Auftraggebers im Rahmen des Vergabeverfahrens (sogenanntes negatives Interesse), d. h., der Auftraggeber ist so zu stellen, wie er stehen würde, wenn der Bieter sich nicht am Angebotsverfahren beteiligt hätte, dagegen nicht so, wie er stehen würde, wenn er dem betreffenden Bieter den Auftrag erteilt hätte (sogenanntes positives Interesse).

32 Wird eine Anfechtung wegen Irrtums (§ 119 BGB) mit einer bestimmten Begründung erklärt, so können andere Anfechtungsgründe nicht nachgeschoben werden, wenn eine selbständige Anfechtung mit diesen Gründen nach § 121 Abs. 1 BGB verspätet wäre (BGH LM § 143 BGB Nr. 4; BAG BB 1981, 1156).

8. Anfechtung durch den Auftraggeber

33 Im übrigen kommen die erwähnten Voraussetzungen der Anfechtung nicht nur hinsichtlich des Angebots des betreffenden Bieters in Betracht, sondern auch für den Auftraggeber, wenn er den Auftrag erteilt hat und dadurch für ihn bindende Rechte und Pflichten entstanden sind.

D. Geltung bei Freihändiger Vergabe

34 Teil A § 19 Nr. 4 stellt klar, daß die Nrn. 1-3 entsprechend auch für die Freihändige Vergabe gelten. Das trifft auch auf die Freihändige Vergabe nach öffentlichem Teilnahmewettbewerb zu.

§ 20 Kosten

1. (1) Bei Öffentlicher Ausschreibung darf für die Leistungsbeschreibung und die anderen Unterlagen eine Entschädigung gefordert werden; sie darf die Selbstkosten der Vervielfältigung nicht überschreiten. In der Bekanntmachung (A § 17 Nr. 1) ist anzugeben, wie hoch sie ist; ferner ist in der Bekanntmachung sowie im Anschreiben (A § 17 Nr. 4) anzugeben, ob und unter welchen Bedingungen sie erstattet wird.

(2) Bei Beschränkter Ausschreibung und Freihändiger Vergabe sind alle Unterlagen unentgeltlich abzugeben.

2. (1) Für die Bearbeitung des Angebots wird keine Entschädigung gewährt. Verlangt jedoch der Auftraggeber, daß der Bewerber Entwürfe, Pläne, Zeichnungen, statische Berechnungen, Mengenberechnungen oder andere Unterlagen ausarbeitet, insbesondere in den Fällen des § 9 Nr. 10 bis 12, so ist einheitlich für alle Bieter in der Ausschreibung eine angemessene Entschädigung festzusetzen. Ist eine Entschädigung festgesetzt, so steht sie jedem Bieter zu, der ein der Ausschreibung entsprechendes Angebot mit den geforderten Unterlagen rechtzeitig eingereicht hat.

(2) Diese Grundsätze gelten für die Freihändige Vergabe entsprechend.

3. Der Auftraggeber darf Angebotsunterlagen und die in den Angeboten enthaltenen eigenen Vorschläge eines Bieters nur für die Prüfung und Wertung der Angebote (A §§ 23 und 25) verwenden. Eine darüber hinausgehende Verwendung bedarf der vorherigen schriftlichen Vereinbarung.

Inhaltsübersicht

	Rdn.
A. Allgemeines	1-2
B. Die Entschädigung für die vom Auftraggeber ausgearbeiteten Verdingungsunterlagen (Nr. 1)	3-10
I. Beschränkung auf die Öffentliche Ausschreibung	3
II. Höhe der Entschädigung	4-5
III. Bekanntmachung der Entschädigungshöhe sowie der etwaigen Erstattung	6-9
IV. Regelungen des Vergabehandbuches zu Nr. 1	10
C. Die Entschädigung für die Tätigkeit des Bewerbers bei der Bearbeitung des Angebots (Nr. 2)	11-26
I. Grundsätzlich keine Entschädigung	11-13
II. Ausnahme: Entschädigungspflicht	14-20
1. Festsetzung in der Ausschreibung	15-17
2. Abhängig von Angebotsabgabe	18
3. Anspruch der Bieter	19
4. Ausschluß der Entschädigung	20
III. Folgen fehlender Entschädigungsfestsetzung in der Ausschreibung	21-26
1. § 632 BGB als Ausgangspunkt	23
2. Beurteilung nach dem Einzelfall	24-25
3. Nr. 2 Abs. 1 Satz 2 als Auslegungsregel	26
D. Urheberschutz des Bieters an den von ihm ausgearbeiteten Unterlagen (Nr. 3)	27-50
I. Allgemeines	27
II. Sacheigentum an den Unterlagen	28-33
1. Übereignungswille erforderlich	29
2. Grundsätzlich noch nicht während des Angebotsverfahrens	30-31
3. Im allgemeinen auch nicht nach Auftragserteilung	32
4. Also: Grundsätzlich kein Übergang des Sacheigentums auf Auftraggeber	33
III. Urheberschutz selbst	34-50
1. Gesetzliche Grundlage	35
2. Zum früheren Rechtszustand	36-37
3. Jetziger Rechtszustand	38-48
a) Grundlagen	38-40
b) Schutz von Bauentwürfen	41
c) Schutz von Architektenplänen	42-44
d) Spätere Änderung des Bauwerkes	45-47
e) Literaturhinweise	48
4. Urheberschutzberechtigter	49
5. Beweislast	50
IV. Tragweite der VOB-Regelung	51-53
V. Vereinbarung über die Verwendung von Unterlagen	54-56

Aufsätze: Einbeck, „Die Vergütung von Vorarbeiten im Werkvertragsrecht", BB 1967, 147; Sturhan, „Vergütung von Projektierungsarbeiten nach Werkvertragsrecht", BB 1974, 1552; Vygen, „Der Vergütungsanspruch des Unternehmers für Projektierungsarbeiten und Ingenieurleistungen im Rahmen der Angebotsabgabe", Festschrift Korbion, 1986, S. 439.

A. Allgemeines

1 Nr. 1 regelt die Frage der **Entschädigung für die vom Auftraggeber angefertigten Verdingungsunterlagen,** die den Bewerbern übergeben werden. Nr. 2 bezieht sich auf die Entschädigung der einzelnen Bieter **für die Bearbeitung bzw. Abfassung des Angebots sowie auf eine Entschädigung für die Fälle, in denen die Bieter vom Auftraggeber aufgefordert werden, gewisse Verdingungsunterlagen selbst anzufertigen und ihrem Angebot beizufügen.** Demgegenüber regelt Nr. 3 einen Tatbestand, der sich eigentlich nicht unter den Begriff der Kosten bringen läßt. Sie behandelt vielmehr die **Verwendungsmöglichkeit der von den Bietern ausgearbeiteten Unterlagen, wobei es um den Schutz des Urhebers an geistigen Erzeugnissen geht.** Im Hinblick auf Nr. 3 ist daher die für § 20 gewählte Überschrift „Kosten" zweifellos zu eng.

2 Durch den Begriff „**Entschädigung**" ist klargestellt worden, daß es sich in den Nr. 1 und 2 **nicht** um die Bezahlung einer **vertraglichen Vergütung aus einem bereits bestehenden Werkvertrag** zwischen dem jeweiligen Bieter und dem Auftraggeber (§§ 631 ff. BGB) für die nach abgeschlossenem Bauvertrag zu erbringende Bauleistung selbst, sondern um den **Ersatz oder die Leistung von bestimmten Kosten handelt, die im Rahmen der Bauvertragsverhandlungen entstanden sind.**

B. Die Entschädigung für die vom Auftraggeber ausgearbeiteten Verdingungsunterlagen (Nr. 1)

I. Beschränkung auf die Öffentliche Ausschreibung

3 **Für die Leistungsbeschreibung und die Verdingungsunterlagen,** die vom Auftraggeber angefertigt worden sind, **darf eine Entschädigung gefordert werden, und zwar nur im Falle einer Öffentlichen Ausschreibung** (Nr. 1 Abs. 1 Satz 1, erster Halbsatz). **Bei Beschränkter Ausschreibung und bei Freihändiger Vergabe sind dagegen alle Unterlagen unentgeltlich abzugeben** (Nr. 1 Abs. 2). Beweggrund für diese Unterscheidung ist, daß bei der Öffentlichen Ausschreibung angesichts der unbeschränkten Anzahl von Bewerbern grundsätzlich damit gerechnet werden muß, daß eine erhebliche Zahl von vervielfältigten Leistungsbeschreibungen und sonstigen Verdingungsunterlagen abgefordert wird. Dabei können auch Bewerber auftreten, denen nicht ernstlich daran gelegen ist, das geforderte Bauvorhaben auszuführen und sich um die Auftragserteilung zu bemühen, sondern die sich lediglich unterrichten wollen oder aus anderen Gründen die Einsicht in die Verdingungsunterlagen begehren. Jedenfalls kann weder die Ernsthaftigkeit des Angebotswillens noch der wahre Beweggrund der Abforderung der Verdingungsunterlagen vom Auftraggeber kontrolliert werden. Das bringt bei einer Öffentlichen Ausschreibung für den Auftraggeber die Gefahr mit sich, daß er bei der Vervielfältigung der Verdingungsunterlagen höhere Kosten hat, als an sich unter normalen Umständen bei Abforderung der Unterlagen durch nur wirklich interessierte Bewerber gerechtfertigt wäre. Der Bestimmung, daß der Auftraggeber bei Öffentlicher Ausschreibung eine Entschädigung für die Verdingungsunterlagen zu fordern berechtigt ist, kommt demnach eine **Schutzwirkung** zu. Diese ist aber nicht erforderlich, wenn es sich um Beschränkte Ausschreibungen oder um Freihändige Vergaben handelt. Hier kann der Auftraggeber, der selbst die Auswahl unter den Bewerbern trifft, darauf sehen, daß er die Verdingungsunterlagen nur an wirklich interessierte Bewerber abgibt. Auch bei der Öffentlichen

Ausschreibung geht es nicht so sehr darum, dem Auftraggeber den eigenen Aufwand für die Vervielfältigung der Verdingungsunterlagen zu ersetzen, sondern darum, ihn vor **unnötigem Aufwand** zu schützen. Da aber zu Beginn der Ausschreibung nicht festgestellt werden kann, welcher der die Unterlagen Abfordernden wirklich ein ernsthaftes Interesse an der Vergabe hat, kann dem Schutzgedanken nur dadurch Genüge getan werden, daß zunächst die Entschädigung von allen zu zahlen ist, die die Verdingungsunterlagen anfordern. Zu Recht weisen Hereth/Naschold (Teil A § 20 Ez. 20.8) darauf hin, daß in richtiger Verfolgung dieses Schutzgedankens, der zu der unterschiedlichen Regelung in Nr. 1 geführt hat, der Auftraggeber später die Entschädigung für die Aushändigung der Verdingungsunterlagen zurückzahlen sollte an diejenigen Bewerber, die Bieter geworden sind, die demnach auf der Grundlage der Verdingungsunterlagen ein Vertragsangebot abgegeben haben. Ob das sinnvoll ist, wird sich nach der Höhe der jeweils gezahlten Entschädigung richten, die in der Regel verhältnismäßig gering sein wird (Selbstkosten der Vervielfältigung). Die mit der Rückzahlung verbundenen Verwaltungskosten könnten u. U. in keinem rechten Verhältnis zu den zu erstattenden Beträgen stehen. Daher ist in Nr. 1 die Erstattung auch in das Belieben des Auftraggebers gestellt. Ist dagegen ausnahmsweise die von den jeweiligen Bewerbern zu zahlende Entschädigung für die Verdingungsunterlagen verhältnismäßig hoch gewesen, ist es gerechtfertigt, hierüber eine Rückzahlungsregelung zu treffen. Das entspricht unter Beachtung des angegebenen Schutzgedankens auch dem Grundsatz von Treu und Glauben, da der Auftraggeber keinesfalls durch die Entschädigung für die Aushändigung der Verdingungsunterlagen einen Vorteil erzielen soll.

II. Höhe der Entschädigung

Die Höhe der Entschädigung darf die Selbstkosten der Vervielfältigung nicht überschreiten (Nr. 1 Abs. 1 Satz 1, zweiter Halbsatz). Auch hier spielt der oben erläuterte und auf die Öffentliche Ausschreibung beschränkte Schutzgedanke eine Rolle. Dem ist Genüge getan, wenn der Auftraggeber seinen **tatsächlichen Aufwand bei der Vervielfältigung** bezahlt erhält. Diesen darf er auf die tatsächlich gefertigten Unterlagen umlegen, gleichgültig, in welcher Zahl sie später bei ihm angefordert werden. Eine Erstattung weiterer Kosten ist ausgeschlossen. Die Aufstellung und Zusammenstellung der Verdingungsunterlagen **selbst** in mindestens einer Ausfertigung erfordern nämlich einen Aufwand, der schlechthin jedem Auftraggeber entsteht und ihm von vornherein zuzumuten ist. Die hierbei anfallenden Kosten liegen daher außerhalb des bezeichneten Schutzgedankens, wie es auch hinsichtlich der Aushändigung von Verdingungsunterlagen bei der Beschränkten Ausschreibung und bei der Freihändigen Vergabe der Fall ist.

Zu den Selbstkosten der Vervielfältigung zählen: 1. Stoffkosten, d. h. Kosten des Vervielfältigungs- und Lichtpauspapiers sowie für Druckfarbe, Verbrauch an elektrischer Energie usw.;
2. **Arbeitskosten,** d. h. Gehalt bzw. Lohn des für die Vervielfältigung eingesetzten Personals, wie der Drucker und Lichtpauser und deren Beaufsichtigung, einschließlich der Arbeitgeberanteile der Sozialversicherungsbeiträge;
3. **Abschreibung, Instandhaltung und Instandsetzung** der Vervielfältigungsgeräte;
4. **Gemeinkosten** (z. B. Raumkosten); **5. Umsatzsteuer,** soweit der Auftraggeber umsatzsteuerpflichtig ist, wobei diese gesondert auszuweisen ist (zutreffend Daub/Piel/Soergel ErlZ A 20.12). Unter Berücksichtigung des angeführten Schutzgedankens wird man sinngemäß auch die Kosten der Versendung, wie Porto usw., hierher zu rechnen haben. Die hier angesprochenen Selbstkosten müssen sich auf die konkrete Vergabe beschränken; sie dürfen nicht darüber hinausgehen.

Vgl. dazu für Nordrhein-Westfalen den RdErl. des Finanzministers vom 11. 7. 1978 (MBl.NW. 1978, 1236).

III. Bekanntmachung der Entschädigungshöhe sowie der etwaigen Erstattung

6 In der Bekanntmachung nach Teil A § 17 Nr. 1 muß angegeben werden, wie hoch die verlangte Entschädigung ist, ferner, hier auch im Anschreiben (Teil A § 17 Nr. 4), ob und unter welchen Bedingungen sie zurückerstattet wird (Nr. 1 Abs. 1 Satz 2). Grundsätzlich werden Rückzahlungsbedingungen die Voraussetzung enthalten müssen, daß nur an den Bewerber zurückgezahlt wird, der durch Abgabe eines Angebotes Bieter geworden ist, um den in Rdn. 3 aufgeführten Schutzgedanken gerecht zu werden. Rückzahlungsbedingungen können auch Fragen der Fälligkeit oder der Art der Zahlung enthalten, außerdem kann es durchaus zweckmäßig sein, nur an denjenigen zurückzahlen zu wollen, der die Erstattung seiner Auslagen für den Erhalt der Verdingungsunterlagen innerhalb einer bestimmten Frist verlangt. Nicht selten wird es wegen der grundsätzlich geringen Entschädigung für den Auftraggeber ein unzumutbarer Arbeitsaufwand sein, die Entschädigung für die Verdingungsunterlagen zurückzuerstatten. Es wird ihm daher nicht zu verübeln sein, wenn er die Zurückzahlung ausschließt. Anders liegt der Fall, wenn die Entschädigung für die Verdingungsunterlagen das allgemein übliche Maß überschritten hat.

7 Die Forderung, daß in der Bekanntmachung nach Teil A § 17 Nr. 1 die Höhe der Entschädigung anzugeben ist, dient der **Aufklärung und der Wahrung berechtigter Interessen aller Beteiligten.** Der Auftraggeber bringt damit zum Ausdruck, daß er eine Entschädigung verlangt und daß Bewerber die Verdingungsunterlagen nur dann erhalten, wenn sie die Auslagen erstatten. Das kann bereits manchen an sich uninteressierten Bewerber davon abhalten, Verdingungsunterlagen zu verlangen.

8 Unterläßt es der Auftraggeber, in der Bekanntmachung nach Teil A § 17 Nr. 1 Angaben über eine Entschädigung zu machen, so ist er dennoch nicht gehindert, die Abgabe der Verdingungsunterlagen von der vorherigen Bezahlung einer Entschädigung abhängig zu machen. Das entspricht nach allgemeinen Grundsätzen des Zivilrechts genauso der Freiheit in der Gestaltung von Verhandlungs- oder Vertragsbeziehungen, wie es dem Auftraggeber letztlich überlassen ist, diesen oder jenen Bewerber als ernsthaften Verhandlungspartner anzunehmen oder auszuschließen. Allerdings ist es im Rahmen der VOB nicht ordnungsgemäß, bei Behörden nicht pflichtgemäß, wenn der Auftraggeber ohne vorherige Klarstellung im Sinne der Nr. 1 Abs. 1 Satz 2 erst dann Entschädigungen für die Verdingungsunterlagen fordert, wenn sich die Bewerber bei ihm melden. Da aber Teil A im allgemeinen klagbare Ansprüche nicht enthält, haben die Bewerber in keinem Fall einen Anspruch auf kostenlose Überlassung der Verdingungsunterlagen.

9 Andererseits hat der Auftraggeber hinterher, wenn er den Bewerber als solchen angenommen und ihm die Verdingungsunterlagen ohne Verlangen einer Entschädigung ausgehändigt hat, **keinen Rechtsanspruch** mehr auf ihre Bezahlung. Denn ein **gesetzlicher Anspruch,** etwa aus Geschäftsführung ohne Auftrag, **besteht nicht.** Man kann nämlich nicht sagen, daß der Auftraggeber bei der Vervielfältigung der Verdingungsunterlagen im Interesse der Bewerber handelt, indem er ihnen eine an sich in ihren Bereich fallende Aufgabe abnimmt, wie es im Rahmen einer Geschäftsführung ohne Auftrag erforderlich wäre. Zwar ist es richtig, daß der Auftraggeber sowohl in der Aufstellung als auch in der darauffolgenden Vervielfältigung der Verdingungsunterlagen Arbeiten verrichtet, die auch von den Bewerbern erledigt werden könnten. Wenn auch der Auftraggeber bei einer Öffentlichen Ausschreibung nach der VOB selbst die Verdingungsunterlagen anfertigt, ist das sowie die anschließende Vervielfältigung aber keineswegs schon der eigentliche Sinn seiner Tätigkeit. Dieser liegt vielmehr darin, für eine **sachgerechte Bauvergabe geeignete Angebote zu erhalten,** und zwar bei der Öffentlichen Ausschreibung in möglichst großer Zahl. Der Auftraggeber will und soll eine echte Auswahl treffen können, um durch einen ordnungsgemäßen Wettbewerb seine eigenen Interessen wahrnehmen zu können. Dieses wird aber nur dann erreicht, wenn die wesentlichen Angebotsunterlagen einheitlich, übersichtlich und auch sonst eindeutig sind. Um das zu

erreichen, muß sich der Auftraggeber selbst mit der Aufstellung und Vervielfältigung der Verdingungsunterlagen befassen. Dadurch bringt er in erster Linie sein eigenes Interesse zum Ausdruck. Damit entfällt aber eine wesentliche Voraussetzung für die Geschäftsführung ohne Auftrag. Ähnliches gilt für den Gesichtspunkt etwaiger ungerechtfertigter Bereicherung.

IV. Zu den Rdn. 3 ff. erörterten Fragen verhält sich das VHB zu Teil A § 20 wie folgt: 10
Bei Öffentlichen Ausschreibungen ist für die Leistungsbeschreibung und die anderen Unterlagen eine Entschädigung, die die Selbstkosten der Vervielfältigung deckt, zu fordern; als Mindestbetrag sind 10 DM anzusetzen.
Die Technischen Aufsichtsbehörden in der Mittelinstanz legen hierfür Richtsätze fest, die im notwendigen Umfang der Preisentwicklung anzupassen sind.
Betragen die Selbstkosten je Fertigung weniger als 5 DM, ist eine Entschädigung nicht zu erheben.

C. Die Entschädigung für die Tätigkeit des Bewerbers bei der Bearbeitung des Angebots (Nr. 2)

I. Grundsätzlich keine Entschädigung

1. Nach Nr. 2 Abs. 1 Satz 1 wird den Bewerbern für die Bearbeitung des Angebots eine 11
Entschädigung nicht gewährt. Dabei ist zu Recht der Begriff der Bearbeitung und nicht der Ausarbeitung gewählt worden. Da nach der VOB grundsätzlich die Verdingungsunterlagen zunächst vom Auftraggeber aufgestellt werden, beschränkt sich im allgemeinen die eigentliche Arbeitstätigkeit des einzelnen Bewerbers auf die Überprüfung der Ausarbeitungen des Auftraggebers sowie auf die Preisfestlegung (Kalkulation) entsprechend Teil A § 6 Nr. 1.

Die Regelung entspricht auch den Interessen und der Rechtslage. Die Angebotsbearbeitung ist nämlich nicht eine echte Leistung mit einem für sich rechtlich bewertbaren eigenen Leistungswert, sondern eine **eindeutig im Bereich des Bauvergabewettbewerbs liegende Tätigkeit,** die auf den Erhalt eines Bauauftrages gerichtet ist. Das entspricht dem im BGB-Werkvertragsrecht geltenden Grundsatz, daß der Unternehmer die zur Anbahnung geschäftlicher Beziehungen getätigten Aufwendungen ohne besondere Vereinbarung nicht ersetzt verlangen kann, auch dann nicht, wenn es nicht zum Abschluß eines entsprechenden Hauptvertrages kommt, da insofern ein **besonderes Werk nicht vorliegt** (BGH SFH Z 3.00 Bl. 188; OLG Karlsruhe BB 1971, 1385, 1386; ebenso Vygen, Festschrift Korbion, 1986, S. 439, 440; Grimme S. 120 f.).

Satz 1 gilt wie Nr. 2 überhaupt nicht nur für die Öffentliche, sondern auch für die Beschränkte Ausschreibung. Sie hat nach Nr. 2 Abs. **2 auch Geltung für die Freihändige Vergabe,** und zwar entsprechend. Der Begriff „entsprechend" ist hier deshalb gewählt worden, weil bei der Freihändigen Vergabe ihrer Natur nach vielfach eine andersartige Bearbeitung des Angebots erfolgt, als es bei den Vergaben durch Ausschreibung der Fall ist.

2. Nr. 2 Abs. 1 Satz 1 gilt für den Normalfall, d. h. für einen normalen Umfang an 12
Angebotsarbeit, wie er im Bauvergabebereich, insbesondere bei Vertragsverhandlungen nach Teil A der VOB, erwartet werden kann. Allgemein wird man sagen können, daß die **normalen Arbeitsanforderungen ohne Vergütungspflicht so weit reichen, wie sie im Einzelfall, also auch bei größeren Aufträgen, üblich und erforderlich sind,** um vollständige, klare, allen Anforderungen entsprechende Angebote im Rahmen eines ordnungsgemäßen Wettbewerbs zu erzielen, insbesondere unter Berücksichtigung der normalerweise vom Auftraggeber zu erwartenden Vorarbeiten nach Teil A §§ 9-15 (so auch Grimme S. 121 f.). Was darüber hinausgeht, ist nicht mehr unter den in Nr. 2 Abs. 1 Satz 1 genannten Grundsatz zu bringen. Das ergibt sich aus Nr. 2 Abs. 1 Satz 2 und den dort aufgezählten Beispielen.

13 3. Soll eine von Nr. 1 Satz 1 abweichende Regelung getroffen werden, so muß dies rechtzeitig vor Angebotsbearbeitung – vor allem von seiten des Bieters – geschehen, und zwar durch ausdrückliche und klare Vereinbarung. Das Verlangen einer „Bearbeitungsgebühr" erst nach Bearbeitung der Angebotsunterlagen durch formularmäßige Klauseln des Bieters verstößt nicht nur gegen § 3 AGB-Gesetz, sondern auch gegen § 9 a. a. O. (vgl. BGH ZIP 1982, 184 = NJW 1982, 765 = BB 1982, 517 = WM 1982, 202 = MDR 1982, 572 = Betrieb 1982, 640 = LM AGBG Nr. 26 für den Bereich von „Reparatur-Bedingungen" der Elektrogerätebranche). Anders liegt es, wenn der Auftraggeber eine inhaltlich eindeutige, klar hervorgehobene Klausel dahin, daß er eine Bearbeitungsgebühr für Kostenanschläge zu zahlen bereit ist, wenn es nicht zur Auftragserteilung kommt, unmittelbar darunter unterschreibt, bevor er seine Zustimmung zur Erteilung des Kostenanschlages erteilt (vgl. KG ZIP 1982, 1333).

II. Ausnahme: Entschädigungspflicht

14 **Die in Abs. 1 Satz 2 aufgezählten besonderen Einzelleistungen,** nämlich das **Verlangen** des Auftraggebers nach Ausarbeitung von Entwürfen, Plänen, Zeichnungen, statischen Berechnungen, Mengenberechnungen oder anderen Unterlagen, **müssen einen Umfang haben, der nicht zu einer regelmäßig zu erwartenden ordnungsgemäßen Bearbeitung des Angebots gehört** (ebenso Grimme S. 121). Somit ist eine solche Sondertätigkeit nicht schon vorhanden, wenn eine oder mehrere der hier genannten Arbeiten als solche verlangt werden. Vielmehr müssen die vom Auftraggeber geforderten Entwürfe, Pläne usw. schon ein **erhebliches Arbeitsmaß** annehmen, um aus dem Rahmen des sonst Üblichen zu fallen. So kann es sein, daß z. B. kleinere Zeichnungen oder Berechnungen verlangt werden, die keinen echten Ausnahmecharakter tragen und daher noch im Rahmen einer normalen Angebotsbearbeitung liegen. Es ist also nicht alles, was unter den Begriff des Entwurfes, Planes usw. zu bringen ist, gleichzeitig auch unter Satz 2 und damit unter die Ausnahme vom Grundsatz zu stellen. Vielmehr kommen hierfür nur solche Entwürfe, Pläne usw. in Betracht, die sowohl arbeitsmäßig als auch sonst eine **wirklich eigenständige und in sich geschlossene Leistung** darstellen und daher **nicht zum Normalangebot im Rahmen der VOB** gerechnet werden können. Man wird daher Pläne, Zeichnungen, Berechnungen usw. von Satz 2 ausschließen müssen, die lediglich zur Erläuterung und zur Verdeutlichung der Angebotsangaben selbst dienen (ebenso Vygen, Festschrift Korbion 1986, S. 439, 442). Das wird grundsätzlich auch für solche Pläne usw. gelten müssen, die im wesentlichen dazu zu dienen bestimmt sind, beim Angebot von vorgefertigten Elementen ihre Konstruktion und ihren technischen Aufbau sowie den vorgesehenen Einbau zu erläutern, die also nicht besonders für ein einzelnes Bauvorhaben angefertigt worden sind (ebenso Daub/Piel/Soergel ErlZ A 20.32; Vygen, a. a. O.). Diese gewerbeüblichen Arbeiten gehören zu einem normalen, nicht zu vergütenden Angebot. Im übrigen ist die in Nr. 2 Abs. 1 gewählte Aufzählung **nur beispielhaft und keineswegs abschließend.** Dies ergibt sich aus der Formulierung „... oder andere Unterlagen..." Man hat also lediglich die typischen Fälle aufgezählt, die nach Art und Umfang aus der normalen Angebotsbearbeitung herausfallen können, wie sie sich **aufgrund von Erfahrungssätzen herausgebildet** haben. Welche „andere Unterlagen" in Betracht kommen, muß der Einzelfall ergeben, wobei die geforderte Leistungsart und der Leistungsumfang richtigerweise an den genannten Beispielen zu messen sind. Dabei ist Richtpunkt, daß es sich um sozusagen verselbständigte Planungsleistungen handeln muß, die an sich dem Auftraggeber obliegen, vor allem zur Vorbereitung einer ordnungsgemäßen, vollständigen Ausschreibung, insbesondere als Grundlage eines Leistungsverzeichnisses nach Teil A § 9 zu dienen haben. Gehen die Anforderungen für die Erstellung „anderer Unterlagen" beachtlich über das Normalmaß hinaus, so sind sie dem Satz 2 einzuordnen. Vornehmlich kommen hier Fälle in Betracht, die unter Teil A § 9 Nr. 10-12 einzuordnen sind, wie die VOB auch hier zum Ausdruck bringt. Es liegt auf der Hand, daß Leistungsbeschreibungen mit Leistungsprogramm von dem Bieter grundsätzlich erhebliche, über die normale Angebotstätigkeit hinausgehende Arbeiten verlangen, wie vor allem aus Nr. 12 a. a. O. im einzelnen ersichtlich ist. Ähnlich kann es liegen, wenn es sich bei dem Bieter um einen sogenannten Auftragnehmer-Architekten bzw. -Ingenieur handelt, der neben dem Leistungsangebot auch architektonische Planungen erbringt. Fallen letztere in den Rahmen der HOAI, vor allem deren § 15, dort vor allem in den Bereich des Absatzes 2 Nr. 5 und 6, wird der Leistende berechtigt sein, diese Arbeiten gesondert – im allgemeinen nach der HOAI – abzurechnen (vgl. KG BauR 1973, 256 für den Bereich der GOA mit zutreffender Anm. v. Stocki, a. a. O.). Bei Ingenieurleistungen sowie bei planerischen Leistungen sonstiger Sonderfachleute sind die für deren Berechnung allgemein anerkannten Sätze nach den entsprechenden Gebührenordnungen (LHO; HOAI, soweit diese bisher Regelungen enthält), allerdings grundsätzlich nur im Ausgangspunkt, in Ansatz zu bringen. In letzterer Hinsicht ist vor allem an sogenannte **Projektierungsarbeiten** zu denken, wie sie u. a. im Heizungsbau, bei der Klima- und Haustechnik sowie beim Messebau vorkommen (z. B. Wärmebedarfsberechnung, Montageplan). Vgl. dazu auch Sturhan BB 1974, 1552, Honig BB 1975, 447 sowie Vygen, Festschrift Korbion, 1986, S. 439, 441. Solcherlei Arbeiten sind allerdings nicht ohne weiteres als für sich verselbständigte Architekten- und/oder Ingenieurleistungen dergestalt zu sehen, daß die Annahme erlaubt wäre, im Falle des Nichtzustandekommens eines Bauleistungsvertrages sei aufgrund eines für sich allein zu betrachtenden Architekten- oder Ingenieurvertrages die Vergütung geschuldet. Dann würde der Zusammenhang mit dem dem Bauvergabewettbewerb unterliegenden Angebotsverfahren außer Betracht gelassen, der nicht hinweggedacht werden kann, weil sonst einmal die Architekten- oder Ingenieurleistungen nicht gefordert und erbracht worden wären und weil zum anderen diese Leistungen allein oder jedenfalls entscheidend **vorrangig** getätigt werden, **um den Bauleistungsauftrag zu erhalten.** Daher kommt für einen Vergütungsanspruch nicht die **Verjährungsregelung** des § 196 Abs. 1 Nr. 7 BGB – wie beim normalen Architektenvertrag –, sondern die **des § 196 Abs. 1 Nr. 1 BGB** mit der Folge in Betracht, daß **auch** § 196 Abs. 2 BGB zum Tragen kommen kann (vgl. BGH BauR 1980, 172 = SFH § 196 Abs. 1 Nr. 1 BGB Nr. 5 = NJW 1980, 447 = MDR 1980, 305 = LM § 196 BGB Nr. 38).

Dabei tritt die Fälligkeit des betreffenden Vergütungsanspruches regelmäßig entweder mit Erteilung des Bauleistungsauftrages oder dessen Ablehnung ein (zu letzterem BGH a. a. O.).

1. Für von Abs. 1 Satz 2 erfaßte besondere Leistungen ist einheitlich für alle Bieter eine angemessene Entschädigung in der Ausschreibung festzusetzen. Anspruchsvoraussetzung ist grundsätzlich das **Verlangen des Auftraggebers** auf Anfertigung der hier in Betracht kommenden Unterlagen und die **erfolgte Festsetzung** der **Entschädigung** in der **Ausschreibung.** Dabei ist das **Verlangen** in dem Sinne zu verstehen, daß die Ausarbeitung der Unterlagen vom Auftraggeber **gefordert** wird, **um die von ihm bisher ausgearbeiteten Verdingungsunterlagen zu ergänzen. Nicht** erfaßt sind davon also Unterlagen, die der Bieter im Rahmen von **Nebenangeboten oder Änderungsvorschlägen von sich aus** ausarbeitet und die Änderungsvorschläge oder Nebenangebote lediglich nicht ausgeschlossen oder nur zugelassen oder gewünscht, nicht aber ausdrücklich gefordert worden sind (zutreffend Schelle/Erkelenz S. 289 f.). 15

Die Regelung in Abs. 1 Satz 2 betrifft sämtliche Vergabeformen, also die Öffentliche und die Beschränkte Ausschreibung sowie auch die Freihändige Vergabe. Mit der Ausschreibung sind die Bekanntmachung nach Teil A § 17 Nr. 1 (bei Öffentlicher Ausschreibung) und das Anschreiben nach Teil A § 17 Nr. 4 (bei jeder Ausschreibungsart sowie bei der Freihändigen Vergabe nach hier Nr. 2 Abs. 2) gemeint.

Über den Begriff der **angemessenen Entschädigung,** der hier mit dem der angemessenen Vergütung, allerdings entsprechend dem Begriff „**Entschädigung**" nur als nach allgemeiner Erfahrung festzusetzender **Aufwendungsersatz**, ohne Gewinnanteil, gleichzusetzen ist, vgl. Teil A § 2 Rdn. 10 ff. Soweit es sich um Architekten- oder Ingenieurleistungen handelt, 16 könnten die dafür maßgebenden Gebührenordnungen (vgl. Rdn. 14) Richtpunkte für die Bemessung der Entschädigungshöhe abgeben, wobei noch ein gewisser Abschlag dafür gemacht werden kann, daß der betreffende Bieter in erster Linie den Erhalt eines Bauleistungsauftrages im Wettbewerb erstrebt, zumal hier von einer angemessenen **Entschädigung** – und **nicht Vergütung** –, also ohne Ansatz eines entsprechenden Gewinnanteils, die Rede ist.

17 Die Festsetzung der Entschädigung in der Ausschreibung hat neben der dadurch für den Auftraggeber geschaffenen Bindung auch den Zweck, den Bewerber darauf aufmerksam zu machen, was der Auftraggeber für die Ausarbeitung dieser besonderen Unterlagen für angemessen hält. Insoweit macht der Auftraggeber ein in sich selbständiges Angebot, wobei es dem Bewerber freisteht, dieses durch Anfertigung und Einreichung der verlangten besonderen Unterlagen innerhalb der Angebotsfrist (vgl. auch § 151 BGB) anzunehmen und insofern eine **von der eigentlichen Bauleistung getrennte vertragliche Vereinbarung mit dem Auftraggeber zu treffen.** Dabei steht dann eine solche Vereinbarung als Bedingung **in unlösbarem Zusammenhang mit dem Angebot als solchem;** für sich allein würde sie keinen Bestand haben. Über sie wird auch meist nicht gesondert verhandelt, sondern sie ist in die Bauvertragsverhandlungen mit eingeschlossen.

18 2. Diese Abhängigkeit kommt in Nr. 2 Abs. 1 Satz 2 dadurch zum Ausdruck, daß im Falle der Festsetzung einer angemessenen Entschädigung in der Ausschreibung jedem Bieter die Entschädigung zustehen soll, der ein der **Ausschreibung entsprechendes Angebot** rechtzeitig abgegeben hat. Dabei wird das Entstehen des Anspruches nicht lediglich von der Abgabe eines Vertragsangebotes auf Abschluß eines Bauvertrages abhängig gemacht, sondern das **Angebot muß** darüber hinaus, um den Entschädigungsanspruch zum Entstehen zu bringen, **einschließlich der besonders angeforderten Unterlage der Ausschreibung entsprechen und rechtzeitig** mit dieser **eingereicht** worden sein. Wegen der Rechtzeitigkeit wird auf Teil A § 18 verwiesen; hiernach **hat** der Auftraggeber eine Regelung über die Frist zur Abgabe sowohl in der Bekanntmachung nach Teil A § 17 Nr. 1 Abs. 2 g (bei Öffentlicher Ausschreibung) als auch im Anschreiben (bei jeder Vergabeart) nach Teil A § 17 Nr. 4 h zu treffen. Das Angebot entspricht der Ausschreibung, wenn der Bieter die vertragliche Leistung so angeboten hat, wie sie nach den Verdingungsunterlagen, und zwar insgesamt nach den Ausschreibungsunterlagen, gefordert worden ist. Der Bieter muß dabei im wesentlichen im Rahmen der Ausschreibungsunterlagen bleiben. Er ist nicht gehindert, in dem Angebot gewisse wohlbegründete Abweichungen, wie z. B. Änderungsvorschläge oder Nebenangebote, zu machen, es sei denn, daß dies im Einzelfall ausgeschlossen ist (vgl. Teil A § 17 Nr. 4 l und Nr. 4 Abs. 3). Es muß sich um ein Angebot handeln, das der Auftraggeber im Rahmen eines **echten Wettbewerbs bei der Angebotswertung nach Teil A § 25 verwerten und in Betracht ziehen kann.**

19 3. Nr. 2 Abs. 1 Satz 3 schafft, wenn der Auftraggeber in der Ausschreibung eine angemessene Entschädigung für die Ausarbeitung von Sonderleistungen im Sinne des Satzes 2 festgesetzt hat, unter den vorgenannten Voraussetzungen für jeden Bieter den **Ausgangspunkt für einen materiell-rechtlichen Anspruch.** Diese Vorschrift geht über die sonstigen Regelungen in Teil A der VOB, der im allgemeinen nicht einklagbare Bestimmungen enthält, hinaus. Allerdings wird man auch hier unter Beachtung der gesamten Struktur des Teils A der VOB nicht sagen können, daß Satz 3 eine eigene, unmittelbare Anspruchsgrundlage in der Weise bildet, wie dies z. B. bei den gesetzlichen Regelungen des BGB der Fall sein könnte. Diese ergibt sich vielmehr **nur aus der Festlegung des Entschädigungsanspruches in den Ausschreibungsbedingungen selbst.**
Arbeitet der Bewerber die verlangten Unterlagen aufgrund der in der Ausschreibung festgesetzten angemessenen Entschädigung aus, so ist daraus im Hinblick auf die Auslegungsbestimmung in Satz 3 zu schließen, daß er sich den aus der Ausschreibung, gegebenenfalls

ergänzend aus den §§ 631 ff. BGB sich ergebenden Voraussetzungen der Entstehung und Fälligkeit der Entschädigung unterwirft.

4. Vermerkt der Auftraggeber in der Ausschreibung hingegen, daß er für die Sonderleistungen keine Entschädigung gewährt, so ist es im Wege des Umkehrschlusses für den Bewerber klar, daß in diesem Fall die Auslegungsvorschrift in Satz 3 nicht zur Anwendung kommen und mithin nach dem ausdrücklich geäußerten Willen des Auftraggebers eine Vergütung nicht gezahlt werden soll. Arbeitet der Bewerber die Unterlagen trotzdem aus und reicht er sie mit dem Angebot ein, so kann er kraft ihn **bindender Vereinbarung** mit dem Auftraggeber keine Vergütung beanspruchen. Hier ist also die Wirkung umgekehrt wie bei erfolgter Festsetzung. Es ist in solchen Fällen Sache des Bewerbers, vor der Einreichung seines Angebotes den Auftraggeber zu veranlassen, seine Entscheidung nach billigem, bei Behörden nach pflichtgemäßem Ermessen zu treffen und eine Vergütung festzusetzen; vgl. hierzu Allg. Einl. Rdn. 38 ff.

III. Folgen fehlender Entschädigungsfestsetzung in der Ausschreibung

Es gibt weiter den besonders bei privaten Bauvergaben recht häufigen Fall, daß der Auftraggeber zwar die Ausarbeitung von in den Bereich von Nr. 2 Abs. 1 Satz 2 fallenden Unterlagen verlangt, daß er aber nichts über eine Entschädigung für diese Arbeiten sagt. Auch dafür bietet die Auslegungsregel in Satz 3 jedenfalls im Ausgangspunkt einen Anhalt für die Beurteilung.

Am sichersten und zur Vermeidung hier ernsthaft drohender Rechtsnachteile empfehlenswert ist es in einem solchen Fall, wenn der Bewerber **vor Beginn** der betreffenden Arbeiten die Entschädigungsfrage mit dem Auftraggeber zweifelsfrei und ausdrücklich **regelt** (ebenso Vygen, Festschrift Korbion, 1986, S. 439, 444; ferner Grimme S. 117 f.). Anderenfalls:

1. Heranzuziehen sind die gesetzlichen Bestimmungen des BGB. Zwar ist im Zivilrecht grundsätzlich **Schweigen** als Ablehnung **zu beurteilen.** Aus dem Schweigen eines anderen kann im allgemeinen niemand ihm günstige Rechtsfolgen herleiten, etwa – wie hier – einen Entschädigungsanspruch für eine Leistung. Andererseits hat der Gesetzgeber zu erkennen gegeben, daß es vielfach nicht der Billigkeit entspricht, von einem anderen eine Leistung zu erhalten, ohne hierfür eine Gegenleistung zu schulden. Er hat daher in verschiedenen Vorschriften zum Ausdruck gebracht, daß ein Schweigen über eine Gegenleistung diese nicht ohne weiteres ausschließt, sondern daß sie u. U. trotzdem geschuldet wird. Voraussetzung hierfür ist naturgemäß, daß diese Leistung ordnungsgemäß erbracht, vor allem nicht mit Mängeln behaftet ist. Eine derartige Regelung findet sich auch in dem hier im Rahmen der VOB heranzuziehenden Werkvertragsrecht des BGB, und zwar im § 632 BGB. Danach gilt eine **Vergütung als stillschweigend vereinbart, wenn** die Herstellung des Werkes **den Umständen nach** nur gegen eine Vergütung zu erwarten ist (vgl. Sturhan BB 1974, 1552; vgl. ferner Honig BB 1975, 447). Der dieses sehr einschränkenden Ansicht (OLG Hamm BauR 1975, 418 = BB 1975, 112 = MDR 1975, 402 = Betrieb 1975, 112 sowie insbesondere m. w. N. BGH BauR 1979, 509 = BB 1979, 1427 = NJW 1979, 2202 = SFH § 632 BGB Nr. 2 mit richtiger krit. Anm. Hochstein = MDR 1979, 1015 = Betrieb 1979, 2078 = ZfBR 1979, 203 = WM 1979, 1063 = JZ 1979, 606 = LM § 632 BGB Nr. 8; BGH BauR 1980, 172 = SFH § 196 Abs. 1 Nr. 1 BGB Nr. 5 = NJW 1980, 447 = MDR 1980, 305 = LM § 196 BGB Nr. 38; vgl. auch Werner/Pastor Rdn. 788 ff.), die hier eine Entschädigung des Unternehmers **von der Vereinbarung des Ersatzes seiner Aufwendungen abhängig macht,** kann zwar für viele Fälle, jedoch nicht uneingeschränkt gefolgt werden (so auch Vygen, Festschrift Korbion, 1986, S. 439, 445). Eine Ausnahme gilt jedenfalls für jene Fälle, in denen der Unternehmer auf **ausdrückliches Verlangen des Auftraggebers Planungsleistungen übernimmt,** deren Erbringung nach den einschlägigen DIN-Normen (ohne dort nichtvergütete Nebenleistungen

A § 20, 2, Rdn. 24

zu sein) oder sonst nach der Verkehrssitte an sich Aufgabe des Auftraggebers bzw. seines Architekten oder eines sonst von ihm hinzuzuziehenden Sonderfachmannes ist (insoweit zu eng Daub/Piel/Soergel ErlZ A 20.50 f.) **und darüber hinaus die Ausarbeitung in dem genannten Umfang zweifelsfrei erkennbar nicht ausschließlich oder jedenfalls nicht überwiegend dem Wettbewerb** im Rahmen der Bauvergabe zwecks Ermittlung des annehmbarsten Angebots dient (vgl. BGH BauR 1979, 509 = BB 1979, 1427 = NJW 1979, 2202 = SFH § 632 BGB Nr. 2 = MDR 1979, 1015 = Betrieb 1979, 2078 = ZfBR 1979, 203 = WM 1979, 1063 = JZ 1979, 606 = LM § 632 BGB Nr. 8; ebenso Vygen, Festschrift Korbion, S. 439, 444 f.). Dann dürfte in der Aufforderung des Auftraggebers ein Angebot auf Abschluß eines Vertrages zur Erbringung werkvertraglicher Leistungen liegen, welches der betreffende Bieter durch Anfertigung und Übersendung der geforderten Unterlagen annimmt (Vygen, a. a. O.). Dann dürfte dem Unternehmer eine angemessene Vergütung zustehen. Die Höhe dieser Vergütung richtet sich allerdings nicht nach den Grundsätzen der Angemessenheit, sondern nach der Staffelung, wie sie in § 632 Abs. 2 BGB enthalten ist; vgl. hierzu Teil A § 2 Rdn. 10. **Diese Bestimmung ist für den hier geregelten Entschädigungsanspruch entsprechend heranzuziehen** (vgl. auch Staudinger/Riedel, § 632 Anm. 6; a. A. Einfeld BB 1967, 147, 149). Dabei sind die oben Rdn. 15 ff. angeführten Richtpunkte heranzuziehen. Zu weitgehend daher Vygen, Festschrift Korbion, 1986, S. 439, 447 f., der hier die vollen – anteiligen – Vergütungssätze der HOAI heranziehen will; auch hier dürfte ein gewisser Abschlag zu machen sein, weil die vom Bieter geforderten besonderen planerischen Leistungen jedenfalls auch im Rahmen eines Vergabewettbewerbs erfolgen. Zur **Verjährung** eines solchen Anspruches vgl. Rdn. 14. **Grundsätzlich anders** zu bewerten ist es, wenn der Bieter **von sich aus und ohne entsprechende Aufforderung durch den Auftraggeber**, vor allem im Zusammenhang mit seinem Angebot, von ihm ausgearbeitete zusätzliche Unterlagen dem Auftraggeber übermittelt, da es dann in aller Regel an einer übereinstimmenden vertraglichen oder vertragsähnlichen **Einigung über eine gesonderte Vergütungspflicht fehlt.** Vor allem liegt dann in der bloßen Entgegennahme durch den Auftraggeber noch kein Einverständnis i. S. § 151 BGB, da bloßes Schweigen nicht schon als Annahme zu werten ist. **Anders kann es dann liegen, wenn der Auftraggeber von den Unterlagen i. S. deren Verwertung Gebrauch macht.** Ein etwaiger entgegenstehender Wille des Auftraggebers wird dann entsprechend § 116 BGB zu bewerten sein (vgl. Grimme S. 112 ff.).

24 2. Ob ein Bieter eine Vergütung bzw. Entschädigung entsprechend § 632 BGB unter den angeführten Voraussetzungen verlangen kann, ist generell nicht zu beantworten; es richtet sich vielmehr **nach dem jeweiligen Einzelfall,** wie bereits aus Rdn. 22 f. ersichtlich ist. Dabei kommt es darauf an, ob nach allgemeiner Auffassung die vom Auftraggeber verlangte Sonderleistung ihrer Art, ihrem Umfang und ihrer Zweckbestimmung nach unter besonderer Beachtung des gleichzeitig veranstalteten Bauvergabewettbewerbs normalerweise nur gegen eine Vergütung zu erwarten ist (§ 632 Abs. 1 BGB). Hierzu lassen sich nur allgemeine Regeln aufstellen. Dabei wird man grundsätzlich unterscheiden müssen, ob die betreffenden Unterlagen hergestellt werden, damit der Auftraggeber sich ein Bild über die Art und die Kosten der Ausführung des Bauprojektes **überhaupt erst** machen bzw. ob er sie unabhängig vom konkret zu erteilenden Bauauftrag für die spätere Ausführung ersichtlich verwenden will und kann oder ob die ausgearbeitete Unterlage den Auftraggeber gleichrangig oder überwiegend in die Lage versetzen soll, sich **im Rahmen des Wettbewerbs** zur Vergabe der Bauarbeit an den betreffenden Bieter zu entscheiden (vgl. auch LG Hamburg SFH Z 2.10 Bl. 21 ff.; OLG Hamburg MDR 1985, 321). Im ersten Fall handelt es sich um einen selbständigen Werkvertrag oder jedenfalls um ein werkvertragsähnliches Verhältnis, bei dem die Regeln des Werkvertragsrechts des BGB jedenfalls entsprechend, demnach auch § 632 BGB, Anwendung finden, da diese letztlich eine nähere Ausgestaltung des Grundsatzes von Treu und Glauben (§ 242 BGB) sind. Insoweit müßte also für die Unterlagenanfertigung kraft gesetzlicher Regel trotz des Stillschweigens des Auftraggebers eine Vergütung gezahlt werden. Im zweiten Fall handelt es sich um ein sogenanntes spezialisiertes Angebot, das jedenfalls gleichrangig auf den Ab-

schluß eines Bauvertrages gezielt (sogenanntes Akquisitionsinteresse) und seiner Zweckbestimmung nach unentgeltlich ist, daher nicht als gesonderter Werkvertrag oder als werkvertragsähnliches Verhältnis betrachtet werden kann. Diese Unterscheidung stößt in der Praxis auf erhebliche Schwierigkeiten. In der Regel wird weder der eine noch der andere Fall in klar erkennbarer scharfer Trennung vorliegen. Man wird gerade im Bauwesen oft genug sagen müssen, daß die Anfertigung besonderer Unterlagen sowohl der einen als auch der anderen Zweckbestimmung dient. Dann läßt sich eine Lösung nach dieser oder jener Richtung nur dadurch finden, daß man bei objektiver Beurteilung im Einzelfall die Frage zu beantworten sucht, welche der beiden Zweckbestimmungen vorrangig ist. Der erste Fall, d. h. das Vorliegen eines vergütungspflichtigen besonderen Werkvertrages oder werkvertragsähnlichen Verhältnisses, wird dann vorliegen, wenn der Auftraggeber oder sein Architekt bzw. Ingenieur noch keine entsprechenden an sich von ihm bzw. diesen bereitzustellenden Unterlagen angefertigt oder in Händen hat, die er insbesondere unabhängig von der konkreten Bauauftragserteilung auch zur späteren Bauausführung braucht (ebenso Grimme S. 122). Dann hängt letztlich sein Entschluß über die Art und Weise der Bauausführung und damit über die Art und den Umfang des zu erteilenden Bauauftrages weitaus vorwiegend davon ab, was ihm durch die von den Bewerbern gefertigten Unterlagen gesagt wird. Man soll diesen ersten Fall aber auch nicht zu eng sehen und ihn nicht lediglich auf die persönliche Entschließung des Auftraggebers über die Art und Weise der Bauausführung abstellen. Vielmehr müssen hierzu auch die Fälle zählen, in denen die vom Auftraggeber bereits getroffene oder zu treffende Wahl von der Entschließung eines Dritten, z. B. der Genehmigung einer Behörde, abhängig ist und hierfür Pläne, Zeichnungen, Berechnungen usw. zur Genehmigung vorgelegt werden müssen. Im Ergebnis wie hier wohl auch Daub/Piel/Soergel ErlZ A 20.49; vgl. dazu auch Grimme S. 125 ff.

Auf der Grundlage des Gesagten kann daher dem BGH (BauR 1979, 509 = BB 1979, 1427 = NJW 1979, 2202 = SFH § 632 BGB Nr. 2 mit richtiger krit. Anm. Hochstein = MDR 1979, 1015 = Betrieb 1979, 2078 = ZfBR 1979, 203 = WM 1979, 1063 = JZ 1979, 606 = LM § 632 BGB Nr. 8) nicht gefolgt werden, wenn der in dieser Entscheidung mitgeteilte Sachverhalt zugrunde gelegt wird, nach dem ein Bauträger formularmäßig Angebote für eine Fußbodenheizung verlangt, sich später aber zur Vergabe einer „konventionellen" Heizung entschlossen hatte, ohne einen entsprechenden Vorbehalt zu machen. Entgegen der Ansicht des BGH kann hier von einem Angebotsverfahren, das ganz oder zumindest überwiegend dem Wettbewerb diente, nicht mehr gesprochen werden (ebenso Vygen, Festschrift Korbion, 1986, S. 439, 445 f.). Denn es hat sich hier nicht nur um einen im Zeitpunkt der Angebotsaufforderung hinsichtlich der Art der Ausführung noch unentschlossenen Auftraggeber (was allein in dessen Risikobereich fällt) gehandelt, sondern darüber hinaus und damit zusammenhängend um einen Auftraggeber, der überhaupt nicht ernsthaft – abgestellt auf das hier maßgebende Angebotsverfahren – einen Wettbewerb in dem hier richtig zu verstehenden Sinne veranstaltet hat. Dieser setzt nämlich voraus, daß der sich an der Ausschreibung Beteiligende nicht nur einen anfänglichen, sondern darüber hinaus einen fortdauernden Wettbewerb bis zu einer Auftragsvergabe an einen am Wettbewerb Beteiligten erwarten kann und darf. Das bedingt aber den Fortbestand der Ausschreibungsgrundlage (hier Fußbodenheizung), auf welcher die Angebotsbearbeitung gemäß der – vorbehaltlosen – Aufforderung erfolgt ist. Wird diese später durch den Auftraggeber ohne für den Angebotsbearbeiter rechtlich erkennbaren Grund geändert, liegt nichts näher als die Annahme, daß es sich um den vorerörterten ersten Fall handelt. Zumindest wird man dem Auftraggeber eine schuldhafte Verletzung des durch die vorbehaltlose Ausschreibung geschaffenen Vertrauens vorwerfen müssen, ihn also für den vergeblichen, weil gänzlich aus dem Wettbewerb herausgenommenen Angebotsaufwand aus dem Gesichtspunkt der culpa in contrahendo schadensersatzpflichtig halten müssen. Dies folgt vor allem auch aus den für die Bauvergabe allgemeingültigen Grundsätzen, wie sie in Teil A § 16 Ausdruck gefunden haben.

26 3. **Eine Auslegungsregel liegt insbesondere in der Aufzählung in Nr. 2 Abs. 1 Satz 2.** Wenn dort von einer grundsätzlichen Vergütungspflicht für die erwähnten Arbeiten ausgegangen ist, so wird man jedenfalls im Sinne eines Richtpunktes feststellen können, daß derartige besondere Ausarbeitungen nicht in den Rahmen eines normalen Angebots fallen. Dies gilt vor allem, weil der Auftraggeber üblicherweise selbst für die Anfertigung aller Ausschreibungsunterlagen, also auch der Pläne, Zeichnungen, Berechnungen usw., sorgen muß (vgl. auch Teil B § 3 Nr. 1). Es ist davon auszugehen, daß er solche Unterlagen noch nicht hat, wenn er deren Ausarbeitung von den Bietern verlangt. Im übrigen ergibt sich eine besondere Vergütungspflicht des Auftraggebers für die hier erörterten Fälle nach Vertragsabschluß aus Teil B § 2 Nr. 9. Es ist nicht einzusehen, hier einen durchgreifenden Unterschied zu dem Bereich zu machen, in welchem ein Vertrag noch nicht abgeschlossen ist (zutreffend Vygen, Festschrift Korbion, 1986, S. 439, 446 f.).

D. Urheberschutz des Bieters an den von ihm ausgearbeiteten Unterlagen (Nr. 3)

I. Allgemeines

27 **Diese Regelung bezieht sich nur auf Unterlagen, die der Bieter nach Nr. 2 für den Auftraggeber angefertigt hat, zuzüglich etwaiger eigener Vorschläge des Bieters in den Angeboten.** Das ist auch gerechtfertigt, weil die übrigen Ausschreibungsunterlagen und die darin gemachten Angaben auf der geistigen Tätigkeit des Auftraggebers bzw. des von diesem eingeschalteten Architekten oder Sonderfachmannes und nicht des Bieters beruhen.

II. Sacheigentum an den Unterlagen

28 Der in Nr. 3 enthaltene Schutzgedanke entspringt dem Urheberrecht und hat mit dem Eigentum an der Sache selbst, d. h. dem gewöhnlichen Eigentumsbegriff, nichts zu tun.

29 1. Bei der Frage, wem das **Sacheigentum** an den von den Bietern konzipierten Unterlagen zusteht, kann man nicht aus dem Schutz der Urheberschaft gemäß Nr. 3 den Umkehrschluß ziehen, daß das Sacheigentum in jedem Fall auf den Auftraggeber übergeht. Das ist allein deswegen nicht möglich, weil Nr. 3 die **Frage des Sacheigentums** an den vom Bieter gefertigten Unterlagen überhaupt **nicht erwähnt**. Sie ist vielmehr nach allgemeinen Grundsätzen zu beantworten. Dabei ergibt sich keine einheitliche Linie, da die Willensrichtung der Beteiligten im Einzelfall maßgebend ist. Es kommt darauf an, ob beim Bieter hinsichtlich der von ihm angefertigten Unterlagen ein **Übereignungswille** vorliegt und ob der Auftraggeber zur **Annahme des Sacheigentums** bereit ist. Hierzu:

30 2. **Solange das Angebotsverfahren schwebt,** d. h. bis zum Zuschlag nach Teil A § 28 oder bis zur Feststellung nach Teil A § 27, welche Angebote **nicht** in Betracht kommen, **kann man kaum eine Willensübereinstimmung** zwischen dem Auftraggeber und jedem einzelnen Bieter dahingehend annehmen, daß bereits mit der Einreichung der Unterlagen ein **Übereignungswille hinsichtlich des Sacheigentums** vorhanden ist. Dies erklärt sich daraus, daß der Auftraggeber nur ein Interesse am Erwerb solcher Unterlagen haben kann, die für die spätere Bauausführung eine Rolle spielen. Deshalb ist auch in Teil A § 27 Nr. 3 ausgesprochen, daß Entwürfe, Ausarbeitungen zu nicht berücksichtigten Angeboten an die betreffenden Bieter zurückzusenden sind, wenn dies im Angebot oder innerhalb einer bestimmten Frist gefordert wird. Dabei bedeutet die Rückforderung nicht das Verlangen auf Rückübereignung einer vorher mit der Angebotsabgabe übereigneten Sache, sondern eine Willensäußerung über die **Rückgewähr des bloßen Besitzes** an diesen Unterlagen. Nach allgemeiner Erfahrung ist festzustellen, daß der Auftraggeber im allgemeinen zunächst an keinen der ihm mit dem Angebot im Rahmen der Nr. 2 überreichten Unterlagen Eigentum erwirbt oder erwerben will und daß dies auch später hinsichtlich der Unterlagen, die bei der Vergabe nicht berücksichtigt worden sind, ebenfalls nicht der Fall ist. **Insoweit** besteht **lediglich** ein **Besitzverhältnis** zwischen dem Auftraggeber und dem jeweiligen Bieter, das mit der Rückgabe der Unterlagen, falls diese nach Teil A § 27 Nr. 3 gefordert wird, oder nach Ablauf der Rückgabefrist nach der gleichen Vorschrift, falls die Rückgabe nicht gefordert wird, sein Ende findet. Während der Dauer dieses Besitzverhältnisses besteht eine **Verwahrungspflicht des Auftraggebers** hinsichtlich der in seinem Besitz befindlichen Unterlagen, die sich entsprechend den §§?d2688 ff. BGB regelt. Ein Eigentumsübergang kann auch nicht ohne weiteres daraus geschlossen werden, daß der Auftraggeber dem Bieter für die Anfertigung der Unterlagen eine Entschädigung zu zahlen hat (vgl. Rdn. 11 ff.). Diese wird, falls nicht ausdrücklich etwas anderes in den Ausschreibungsunterlagen festgelegt oder sonst vereinbart wird, nicht für den Erwerb des Sacheigentums an den Unterlagen, sondern lediglich für deren Ausarbeitung gezahlt.

Auch ist auf Teil A § 27 Nr. 2 hinzuweisen, wonach nicht berücksichtigte Angebote und Ausarbeitungen der Bieter **nur mit ihrer Zustimmung für eine neue Ausschreibung oder für andere Zwecke benutzt werden dürfen.** Aus dem hierin liegenden Verbot der Zweckentfremdung und anderweitigen Benutzung der Unterlagen ergibt sich ebenfalls, daß der Auftraggeber nicht deren Eigentümer ist.

3. Auch bei den Unterlagen, die zu dem Angebot gehören, das vom Auftraggeber angenommen, dem also der Zuschlag nach Teil A § 28 erteilt wird, wird grundsätzlich ein Wille zum Eigentumsübergang nicht angenommen. Dies ergibt sich aus Teil B § 3 Nr. 6 Satz 2 und 3. Da Teil B regelmäßig zwischen den Parteien vereinbart wird, liegt hierin ein Ausschluß des Eigentumsüberganges, **es sei denn,** daß ausdrücklich bei Vertragsabschluß und damit regelmäßig in den dem Vertragsangebot dienenden Ausschreibungsunterlagen **etwas anderes vereinbart wird.** Vgl. Teil B § 3 Rdn. 60 ff. Daher kann Daub/Piel/Soergel (ErlZ A 27.25), die für diesen Fall regelmäßig einen Willen zur Eigentumsübertragung (durch die Auftragserteilung bedingt?) annehmen wollen, nicht gefolgt werden.

4. Aus alledem ergibt sich, daß das **Sacheigentum** an den vom Bieter nach Nr. 2 gefertigten Unterlagen und den in den Angeboten enthaltenen eigenen Vorschlägen der Bieter **nicht auf den Auftraggeber übergeht,** daß jedenfalls grundsätzlich ein Eigentumsübertragungswille auf beiden Seiten nicht anzunehmen ist. Das Gegenteil wird sich nur ergeben, wenn dies ausdrücklich, sei es in den Ausschreibungsunterlagen und dem Vertragsangebot, sei es im späteren Bauvertrag, geregelt ist. Es empfiehlt sich im Interesse des Auftraggebers und der Bieter, die Frage des Sacheigentums an den Unterlagen ausdrücklich zu bestimmen, um späteren Meinungsverschiedenheiten zu begegnen.

Zu der Frage, welche Bauunterlagen der Architekt an den Bauherrn herausgeben muß, siehe LG Köln SFH Z 3.012 Bl. 5.

III. Urheberschutz selbst

Das von Nr. 3 miterfaßte Urheberrecht, das vom Sacheigentum zu trennen ist (vgl. Rdn. 28 ff.), besteht nicht uneingeschränkt an allen Unterlagen, die der Bieter gemäß Nr. 2 angefertigt hat, oder an allen in den Angeboten enthaltenen eigenen Vorschlägen **des Bieters.** Vielmehr ergibt sich aus dem Begriff des Urheberrechts, daß dieses **nur so weit reichen kann, wie urheberrechtlich geschützte Verhältnisse gegeben** sind. Diese Frage ist aufgrund der einschlägigen gesetzlichen Vorschriften und deren Tragweite zu beantworten. Nur soweit ein gesetzlicher Urheberschutz reicht, besteht Urheberrecht auch im Bereich der Nr. 3. Die Ausführung eines Bauwerkes unter Benutzung urheberrechtlich geschützter Entwürfe ist eine Form der Vervielfältigung im Sinne des § 16 Abs. 1 UrhG (OLG Hamburg UFITA 1977 Bd. 79, 343). Zum Umfang der jetzigen Regelung in Nr. 3 vgl. aber Rdn. 51 ff.

1. Gesetzliche Grundlage

35 In Betracht kamen früher die Vorschriften des Gesetzes betreffend das Urheberrecht an Werken der Literatur und der Tonkunst vom 19. 6. 1901 (RGBl. 1901, S. 227) sowie das Gesetz betreffend das Urheberrecht an Werken der bildenden Kunst und der Fotografie vom 9. 1. 1907 (RGBl. 1907, S. 7). Für den hier interessierenden Gegenstand bildete das Literatururhebergesetz aus dem Jahre 1901 die Regel, während das Kunsturhebergesetz die Ausnahme war. Beide Gesetze sind **im wesentlichen** durch das am 1. 1. 1966 in Kraft getretene **Gesetz über Urheberrecht und verwandte Schutzrechte** (Urheberrechtsgesetz vom 9. 9. 1965, BGBl. I, S. 1273; jetzt i. d. Fassung des Änderungsgesetzes vom 24. 6. 1985 (BGBl I., S. 1137) ersetzt worden (dazu u. a. Schmieder NJW 1976, 81; ferner zum Änderungsgesetz Hubmann JZ 1986, 117). Diesem hat sich die VOB in ihrer jetzigen Fassung angepaßt.

36 **2. Zum früheren Rechtszustand** (über die Entwicklung vgl. näher v. Gamm BauR 1982, 97):

Voraussetzung für einen **Urheberschutz** nach dem Gesetz von 1901 war – auf bauliche Verhältnisse abgestellt – in der Regel nach § 1 Abs. 1 Nr. 3 die Urheberschaft (vgl. hierzu §§ 2 ff.) von solchen Abbildungen ... technischer Art, die nicht ihrem Hauptzweck nach als Kunstwerke zu betrachten sind. So genossen Pläne für Aufteilung und Bebauung eines Siedlungsgeländes als technische Zeichnungen Urheberschutz (§ 1 Abs. 1 Nr. 3 LitUrhG), wenn sie das Ergebnis eigenpersönlicher geistiger Tätigkeit darstellten. An das Maß der geistigen Leistung waren nur geringe Anforderungen zu stellen. Erforderlich war nur, daß überhaupt der Gedanke besonderer darstellerischer Prägung zum Ausdruck kam (BGH NJW 1955, 1918). Zu den Abbildungen gehörten auch plastische Darstellungen. Wegen der Art, des Umfanges und der Bedeutung eines unter solchen Voraussetzungen bestehenden Urheberschutzes vgl. §§ 11-26, 29-35 a. a. O. Darüber, ob das Nachbauen von technischen Abbildungen als solches überhaupt als eine Vervielfältigung gemäß § 11 Abs. 1 Satz 1 LitUrhG zu werten war, siehe BGH Z 24, 55, 68 = SFH Z 9.1 Bl. 14.

37 Das Gesetz von 1907 kam zum Zuge, wenn das zu schützende Werk **künstlerischen Zwecken** unterlag. Das war in der Regel bei den Unterlagen, wie sie in Teil A § 20 Nr. 3 gemeint sind, zu verneinen. Wegen des hier zu erörternden Kreises der geschützten Werke wird insbesondere auf §§ 2 und 3 dieses Gesetzes verwiesen. Nach § 2 Abs. 2 galten als Werke der bildenden Kunst auch Entwürfe für ... Bauwerke der in Absatz 1 bestimmten Art, nämlich für Bauwerke, soweit sie künstlerische Zwecke verfolgten. Grundvoraussetzung war also, daß das beabsichtigte Bauwerk nach Art und Gestaltung künstlerischen Zwecken zuzuordnen war. Nur unter dieser Voraussetzung wurden dann auch die hierfür angefertigten Entwürfe usw. als künstlerisch und demnach gesetzlich geschützt angesehen.

Dazu, ob ein **Kunstwerk** vorliegt, kommt es nicht auf die ästhetischen Feinheiten an, die ein auf dem gleichen Fachgebiet arbeitender Fachmann möglicherweise heraufühlt, sondern auf den ästhetischen Eindruck, den das Werk nach dem Durchschnittsurteil des für Kunst empfänglichen und mit Kunstdingen einigermaßen vertrauten Menschen vermittelt (BGH Z 9, 262, 267 f.; BGH GRUR 1959, 197 f.; OLG Düsseldorf SFH Z 9.1 Bl. 15 ff.). Zur Kunstschutzfähigkeit von Bauwerken vgl. BGH NJW 1957, 1108 = BB 1957, 560; BGH NJW 1957, 220 = JZ 1957, 177; ferner BGH Betrieb 1973, 1745 = SFH Z 9.1 Bl. 20, insbesondere zur Berechnung des Schadensersatzanspruches nach § 97 Abs. 1 UrhG. Soweit ein Kunsturheberschutz nach diesem Gesetz bestand, wird wegen der Einzelheiten von Art und Umfang auf die §§ 15 ff. verwiesen.

3. Jetziger Rechtszustand:

a) Eine einschneidende Änderung ist nicht eingetreten (vgl. dazu näher v. Gamm BauR 1982, 97). 38

Zwar wurde die unterschiedliche Regelung des Literatururhebergesetzes und des Kunsturhebergesetzes fallengelassen, indem die bisher dem Kunsturhebergesetz unterliegenden Werke weitgehend dem Urheberrechtsgesetz unterstellt worden sind. Die technischen Zeichnungen usw. gehören nach § 2 Abs. 1 Nr. 7 des Gesetzes zu den geschützten Werken, wenn es sich um „persönliche geistige Schöpfungen" (§ 2 Abs. 2 a. a. O.) handelt, wozu auch Zweckbauten rechnen (BGH GRUR 1974, 669 „Wählamt"). § 2 Abs. 1 Nr. 7 a. a. O. lautet: „Darstellungen wissenschaftlicher oder technischer Art wie Zeichnungen, Pläne, Karten, Skizzen, Tabellen und plastische Darstellungen". Im Unterschied zu § 1 Abs. 1 Nr. 3 des Literatururhebergesetzes, der von „Abbildungen" sprach, wird nunmehr das Wort „Darstellungen" verwandt. Damit soll nach der Begründung zum Regierungsentwurf (Bundestagsdrucksache IV, 270) herausgestellt werden, daß auch wissenschaftliche Schemata, Tabellen und grafische Darstellungen Urheberrechtsschutz genießen können. Dadurch ist eine Klarstellung hinsichtlich möglichen Urheberrechtsschutzes bei den hier in Betracht kommenden Gegenständen gegeben worden. Freilich ist an dem Grundsatz, daß es sich um eigenpersönliche geistige Schöpfungen handeln muß, nichts geändert worden. Dagegen kommt es nicht auf den schöpferischen Gehalt des wissenschaftlichen und technischen Inhalts der Schöpfung sowie auf die Neuheit und Eigenart der technischen Lösung an (BGH Z 73, 288, 292 = BB 1979, 1257). Daher beschränkt sich der Schutz für solche Darstellungen auf eine Übernahme der persönlichen Eigenheiten der zeichnerischen oder plastischen Darstellung selbst, erfaßt also weder den wissenschaftlichen noch den technischen Inhalt des dargestellten Gegenstandes (BGH a. a. O.), ebenso nicht den Nachbau (vgl. v. Gamm BauR 1982, 97).

Denkbar ist hier auch ein Urheberschutz nach § 2 Abs. 1 Nr. 4 UrhG, nämlich an einem Werk der bildenden Künste einschließlich der Werke der Baukunst (u. a. BGH BauR 1981, 298; OLG Hamm BauR 1981, 300; OLG Celle BauR 1986, 601), somit an dem errichteten Bauwerk oder an dem endgültigen Entwurf dazu (vgl. näher v. Gamm BauR 1982, 97). Insoweit können auch Verwaltungsgebäude, anders als reine Zweck- und Funktionsbauten, urheberrechtlichen Schutz genießen (vgl. OLG Frankfurt BauR 1986, 466 = BB 1986, 425 = NJW-RR 1986, 546 = Betrieb 1986, 691). 39

Das Urheberrechtsgesetz verfolgt vor allem **zwei tragende Gesichtspunkte** der bisherigen Rechtsprechung. Einmal geht es darum, den **Urheber dort zu beteiligen, wo aus seinem Geisteswerk wirtschaftlicher Nutzen gezogen wird,** da im Urheberrecht die Verbreitung des Werkes und dessen Nutzung durch Dritte Hauptziel des Urhebers ist. Zum anderen überträgt der Urheber nach der **Zweckübertragungstheorie** (vgl. § 31 Abs. 4 und 5 UrhG) **nicht mehr Rechte, als zur Zweckerreichung erforderlich sind,** was auch von den Rechten gilt, welche die Zweckerreichung erst ermöglichen, sofern darüber eine hinreichend klare vertragliche Regelung getroffen wird (dazu näher v. Gamm BauR 1982, 97 m. w. N.). Auch Beamte können sich für im Rahmen ihres Dienstes erbrachte Leistungen auf Urheberschutz berufen (vgl. dazu Seewald/Freudling NJW 1986, 2688). 40

b) Zu den Anforderungen an die urheberrechtliche Schutzfähigkeit von **Bauentwürfen** insbesondere OLG Hamburg UFITA 1977, Bd. 79, 343. **Leistungsbeschreibungen** vermögen regelmäßig keinen urheberrechtlichen Schutz zu genießen, weil es sich bei ihnen – nur – um die wörtliche Aufzählung und die technische Beschreibung eines Bauwerkes oder eines Teils desselben handelt, aus der im allgemeinen die bauliche Gestaltung nicht mit der erforderlichen Deutlichkeit entnommen werden kann (zutreffend Wolfensberger BauR 1979, 457). Im allgemeinen trifft dies auch auf **Ausschreibungsunterlagen** zu. Insofern ist besonders zu berücksichtigen, daß es für den Urheberschutz auf der Grundlage individueller, in der Formgestaltung zum Ausdruck kommender Schöpfung nicht auf den schöpferischen Gehalt des wissenschaftlichen oder technischen Inhalts der Darstellung ankommt. Die technische Lehre als solche kann hiernach nicht Gegenstand des Urheberschutzes sein und kann daher auch nicht zur Begründung der Schutzfähigkeit von Schriftwerken, die die technische Lehre enthal- 41 ten, herangezogen werden. Die Urheberschutzfähigkeit solcher Schriftwerke kann ihre Grundlage allein in der **notwendig schöpferischen Form der Darstellung** finden (BGH BauR 1984, 423 = SFH § 2 UrhG Nr. 3 = Betrieb 1984, 2028 = NJW 1985, 1631 = MDR 1984, 1001 = ZfBR 1984, 234 in bezug auf Ausschreibungsunterlagen für eine Pipeline). Zum sogenannten sklavischen Nachbau Bruchhausen in Baubetriebswirtschaft – Baurecht 1965, 196; zur Schutzfähigkeit von Fertighäusern und Fertighausbauteilen ders. a. a. O. 1964, 58. Zum urheberrechtlichen Schutz von Entwürfen für Bauvorhaben des öffentlich geförderten Wohnungsbaues, zur freien Benutzung derartiger Entwürfe i. S. von § 24 UrhG sowie der Urhebervermutung des § 10 Abs. 1 UrhG: OLG Hamm GRUR 1967, 608. Nach Ansicht des OLG München (OLGZ 69, 430) liegen die für einen Kunstschutz erforderlichen Voraussetzungen regelmäßig bei Entwürfen für Einfamilienhäuser vor. Dazu hinsichtlich der Architektenpläne grundlegend insbesondere v. Gamm BauR 1982, 97 sowie Neuenfeld BauR 1975, 365, auch Architekt und Recht S. 79 ff. und Der Architekt 1979, 548 sowie Gerlach GRUR 1970, 613 und Ern ZfBR 1979, 136; vgl. auch OLG Schleswig GRUR 1980, 1072. Dabei ist zu beachten, daß die Gestaltungsfähigkeit häufig durch Vorgaben im jeweiligen Fall, wie Lage, Größe, Form, Beschaffenheit, Bebaubarkeit des Grundstückes sowie die Vorstellungen des Auftraggebers einschließlich stilistischer Einzelheiten, wie z. B. Kaminrundung, Rundbogenfenster, Wendeltreppe, beeinflußt sein kann, wodurch die eigenpersönliche Gestaltung des Entwerfers dann entscheidend eingeengt ist (vgl. dazu OLG Hamm MDR 1986, 942 = NJW-RR 1986, 1280). Auch ein Erdgeschoßgrundriß für ein Einfamilienhaus kann eine eigenpersönliche schöpferische Leistung sein, ohne daß dies bei anderen Bauteilen zutrifft; dies kann z. B. in der vorgesehenen Baukörperform, seiner Anpassung an das Grundstück, in der Raumzuordnung, den Tür- und Fensteranordnungen, der Lichtführung sowie den vorgesehenen Blickrichtungen liegen (BGH BauR 1988, 361 = SFH § 2 UrhG Nr. 4 = MDR 1988, 558). Dagegen liegt eine urheberschutzfähige eigenpersönliche Leistung auf ästhetischem Gebiet (§ 2 Abs. 1 Nr. 4 UrhG) liegt bei einem Grundrißplan einer in einer größeren Wohnlage liegenden kleinen Wohnung nicht schon darin, daß einige Wände und Türen etwas versetzt sowie Eßecke und Kochnische untereinander ausgetauscht werden, auch wenn die Wohnung jetzt insgesamt zweckmäßiger und großzügiger gestaltet erscheint (OLG Hamm BauR 1981, 300). Zum urheberrechtlichen Schutz von Betonstrukturplatten zur Verkleidung von Fassaden OLG München GRUR 1974, 484. Allerdings kann Urheberschutz nur in Anspruch nehmen, wer die darauf bezogene eigenschöpferische Planung fertiggestellt hat (vgl. LG Hannover BauR 1987, 584).

42 c) Der mit der Planung eines Projektes beauftragte **Architekt** überträgt jedenfalls stillschweigend das Recht, nach seinen Plänen zu bauen, auf den Auftraggeber, da dieses Nutzungsrecht Sinn und Zweck des Architektenvertrages ist (LG Köln SFH § 97 UrhG Nr. 1). Dazu jedoch kritisch Meyer/Reimer BauR 1980, 291, vor allem beachtlich zur Frage des Architektenwettbewerbs und des Urheberrechts. Vgl. insbesondere auch OLG Köln BauR 1980, 374. Auch wenn ein Urheberrecht an Architektenplänen besteht und die Bauausführung bereits begonnen worden ist, kann der Architekt die weitere Ausführung grundsätzlich nicht verbieten, weil der Auftraggeber mit der Vergütung im Rückstand sei oder weil er – abredewidrig – den Architekten nicht mit der Bauausführung beauftragt habe; der Architekt ist hinsichtlich der Benutzung seiner Pläne vorleistungspflichtig; nur unter besonderen Umständen, insbesondere einer entsprechenden Abrede, kann der Architekt berechtigt sein, die urheberrechtliche Nutzungsbefugnis „zurückzurufen" (OLG Frankfurt BauR 1982, 295). Zur Beurteilung der Frage, ob das Urheberrecht eines Architekten **bei Fortsetzung des Bauvorhabens** durch einen anderen Architekten unter Änderung seiner Pläne verletzt wird, BGH GRUR 1980, 853. Sofern es sich um die Errichtung eines vom an sich urheberrechtlich geschützten Entwurf abweichenden Bauwerks handelt, kommt dessen urheberrechtlicher Schutz nur insoweit in Betracht, wie das Bauwerk bereits errichtet worden ist, da am Objekt selbst das Urheberrecht schrittweise mit Bauerrichtung erwächst; bei vorzeitiger Beendigung des Architektenvertrages beschränken sich dann die urheberrechtlichen Schutzrechte des Architekten auf den verwirk-

lichten Bautenstand; ansonsten ist ein Eingriff in die hergestellte Substanz zulässig, wenn der Bauherr nach den vertraglichen Vereinbarungen zu Abweichungen von der Planung berechtigt ist (OLG Celle BauR 1986, 601). Die Einräumung einer **Nachbaubefugnis** des Auftraggebers durch den Architekten liegt nicht schon vor, wenn die Vertragspartner nur eine zeitliche Bindung zur erneuten Beschäftigung des Architekten hinsichtlich etwaiger weiterer Baumaßnahmen eingehen und im übrigen nur die Honorarfrage zu den bisherigen Leistungen regeln (vgl. BGH BauR 1981, 298 = GRUR 1981, 196 Anm. Nordemann). Zu den damit zusammenhängenden Fragen vor allem auch v. Gamm BauR 1982, 97. Auch aus der Übernahme eines Einzelauftrages zur Erstellung eines Vorentwurfes für ein Bauwerk durch einen Architekten kann regelmäßig noch nicht die Einräumung urheberrechtlicher Nutzungsbefugnisse, insbesondere des Nachbaurechts, geschlossen werden (BGH BauR 1984, 416 = NJW 1984, 2818 = MDR 1984, 913 = JZ 1984, 635 = SFH § 16 UrhG Nr. 1). Die Kündigung des Bauvertrages zwischen dem Auftraggeber und einem Dritten führt zur Beendigung des Vertrages ex nunc, läßt aber den Bauvertrag für die Vergangenheit als Rechtsgrund ebenso bestehen wie die zuvor in Erfüllung des Vertrages, aber unabhängig von seinem Fortbestand erfolgte Übertragung des Nachbaurechtes durch den Dritten, wenn dieser das Nachbaurecht seinerseits wirksam vom Architekten mit der Befugnis der Weiterübertragung an den Bauherrn eingeräumt bekommen hat (BGH BauR 1982, 387 = SFH § 649 BGB Nr. 5 = NJW 1982, 2553 = MDR 1982, 723 = LM § 649 BGB Nr. 10 = ZfBR 1982, 160).

Andererseits ist derjenige, der Inhaber des Urheberrechts ist, insofern vor allem der Architekt, gemäß § 25 UrhG befugt, in einem nach dem jeweiligen Einzelfall ausgerichteten Maß der Zumutbarkeit für den Benutzer des Grundstückes dieses und die für das Urheberrecht wesentlichen Räume des von ihm entworfenen Gebäudes zu betreten, um Fotografien von dem urheberrechtlich geschützten Werk anzufertigen (LG Düsseldorf BauR 1980, 96). Zu urheberrechtlichen Ansprüchen des Architekten im Konkurs des Auftraggebers vgl. Neuenfeld BauR 1980, 230. 43

Eine Verwirkung urheberrechtlich geschützter Ansprüche kommt nur ausnahmsweise in Betracht (vgl. dazu BGH LM § 242 [CCc] BGB Nr. 37 = GRUR 1981, 652). 44

d) Nicht selten kommt die **spätere Änderung eines urheberrechtlich geschützten Bauwerks in Betracht.** Dies kann nach § 39 Abs. 2 UrhG nur erfolgen, wenn der Urheber zustimmt oder **nach Treu und Glauben seine Einwilligung nicht versagen kann.** Letzteres ist, sofern zwingende Gesichtspunkte des Kunstschutzes nicht entgegenstehen, vor allem bei einer gebotenen Renovierung naheliegend. Dabei kommt es auch wesentlich auf die Art und Weise des Baues an. Handelt es sich um einen Zweckbau – wie z. B. ein Schulgebäude –, so sind Änderungen im allgemeinen eher zulässig als bei anderen Bauten. Nimmt ein Eigentümer Änderungen eines Zweckbaues ohne Benutzung der früheren Pläne vor, so sind diese urheberrechtlich zulässig, sofern, was grundlegend ist, keine Entstellung des Baues damit verbunden und wenn sie – je nach Lage des Falles – den Urheber- und Eigentümerinteressen zuzumuten sind (BGH NJW 1974, 1381 = BauR 1974, 428 = Betrieb 1974, 1380 = BlGBW 1975, 34). Wird z. B. das undichte Flachdach eines Verwaltungsgebäudes durch ein um 10 Grad flachgeneigtes Zeltdach mit Kupferverkleidung ersetzt und werden die vorhandenen Fassaden durch eine Attika aus Glas verändert, um Feuchtigkeitsschäden auszugleichen, so kann der Eingriff in das Urheberrecht des Architekten gemäß § 39 Abs. 2 UrhG gerechtfertigt sein; denn in die Abwägung zwischen den Eigentümerinteressen und den berechtigten urheberrechtlichen Belangen des Werkschöpfers sind auch wirtschaftliche Belange einzubringen, wie die Erleichterung der Dachsanierung und die Beseitigung der Feuchtigkeitsschäden (OLG Frankfurt BauR 1986, 466 = BB 1986, 424 = NJW-RR 1986, 546 = Betrieb 1986, 691). 45

Der Unterschied zwischen dem Recht gegen die Vornahme von Änderungen am Werk und dem Recht gegen dessen Entstellung (§ 14 UrhG) liegt darin, daß sich das Recht gegen 46

Werkänderungen allein gegen eine Verletzung des Bestandes und der Unversehrtheit des Werkes in seiner konkret geschaffenen Gestaltung richtet, also einen Eingriff in die Werksubstanz voraussetzt, während das Recht gegen eine Entstellung des Werkes sich gegen eine Beeinträchtigung der geistigen und persönlichen Urheberrechtsinteressen auch durch Form und Art der Werkswiedergabe und-nutzung richtet (BGH BauR 1982, 178 = NJW 1982, 639 = MDR 1982, 294 = SFH § 2 UrhG Nr. 1 = ZfBR 1982, 32). Vgl. dazu v. Gamm BauR 1982, 97 sowie auch Neuenfeld (BauR 1975, 365) und Schmieder (NJW 1976, 81, 85). Zur Unterbrechung der Einheit eines Gesamtkunstwerkes infolge Entstellung durch Umbaumaßnahmen vgl. LG München I NJW 1982, 655.

47 Ähnliches gilt, wenn es sich nicht um die spätere Änderung von urheberrechtlich geschützten Bauwerken bzw. Plänen handelt, sondern um die **Ergänzung durch von der bisherigen Planung noch nicht erfaßte Details.** Dann kommt eine unzulässige Entstellung (§ 14 UrhG) oder eine unzulässige Änderung i. S. des § 39 UrhG nur in Betracht, wenn dadurch der von dem bisherigen Werk ausgehende ästhetische Eindruck durch die darüber hinausreichende weitere Ausführung des Bauwerks beeinträchtigt oder sogar zunichte gemacht werden könnte, was grundsätzlich **nur in Extremfällen** in Betracht zu ziehen ist. Dabei ist nämlich zu bedenken, daß es dem Auftraggeber nur ausnahmsweise aufgezwungen werden kann, bei der weiteren Gestaltung des Bauwerks nicht nach seinen Wünschen zu bauen bzw. weiterzubauen. Das ist nur dann vertretbar, wenn **von jedem Geschmacksstandpunkt eine „Verschandelung" des Bisherigen vorliegen würde** (OLG Düsseldorf BauR 1979, 260; zugleich zur Frage eines Rechts auf Zugang zum Bauwerk zwecks Prüfung, ob der Auftraggeber bei der Ausführung baulicher Anlagen in die Planung – hier eines Architekten – eingegriffen hat; vgl. dazu auch OLG Hamm BauR 1984, 298: nachträgliche Anbringung von außenliegenden Sonnenschutzjalousetten).

48 Auch wird wegen der Darstellung urheberrechtlicher Verhältnisse bei Bauleistungen und Bauwerken auf Runge, „Urheber- und Verlagsrecht", Seite 292-298, ebenso auf Möhring/Nicolini, Urheberrechtsgesetz, 1970, unter Stichworte „Baupläne" und „Bauwerk", insbesondere aber auf v. Gamm BauR 1982, 97 Bezug genommen. Vor allem ist aber auch auf die Ausführungen von Walchshöfer (ZfBR 1988, 104), der zur Frage des **persönlichkeitsrechtlichen – über das eigentliche Urheberrecht hinausgehenden –** Schutzes der Architektenleistung überzeugend Stellung nimmt, hinzuweisen.

4. Urheberschutzberechtigter

49 **Der etwaige Urheberschutz kommt dem Urheber zu, also grundsätzlich dem Bieter, der die geschützten Unterlagen nach Teil A § 20 Nr. 2 angefertigt und dem Auftraggeber eingereicht hat.** Der Urheberschutz ist **nicht davon abhängig, ob der Bieter Entschädigung** für die Anfertigung der Unterlagen erhalten hat. Eine etwaige Entschädigung nach Teil A § 20 Nr. 2 enthält grundsätzlich nur den Ausgleich für die **Ausarbeitung** der Pläne, Zeichnungen usw., also für die geleistete Arbeit und den dabei gehabten Aufwand, nicht aber für den hierdurch entstandenen Urheberschutz. Auch ist der Schutz nicht davon abhängig, daß der Bieter bei der Einreichung der angefertigten Unterlagen die Anforderungen nach Nr. 2 Abs. 1 Satz 3 erfüllt hat, da diese VOB-Regelung die gesetzlich geregelten Verhältnisse unberührt läßt.

50 **5. Zur Beweislast bei Urheberrechtsverletzung:** In aller Regel erbringt der Verletzte den Nachweis durch Vorlage seines Werkes; dann muß der Gegner darlegen und beweisen, daß eine Urheberrechtsverletzung nicht vorliegt (BGH NJW 1982, 108 = MDR 1982, 118).

IV. Tragweite der VOB-Regelung

Unter Berücksichtigung des Gesagten (Rdn. 34 ff.) ergibt sich, daß die zur Wahrung urheberrechtlicher Verhältnisse getroffene Regelung in Nr. 3 Satz 1 über den gesetzlich abgesteckten Rahmen **ihrem Wortlaut nach hinausgeht** (ebenso Daub/Piel/Soergel ErlZ A 20.60). Die VOB sagt generell, daß der Auftraggeber Angebotsunterlagen – vorausgesetzt natürlich, daß sie von Bieterseite kommen – und die in den Angeboten enthaltenen Vorschläge eines Bieters **nur für die Prüfung und Wertung der Angebote** (VOB Teil A §§ 23 und 25) **verwenden darf.** Hieran hat sich der Auftraggeber nach der VOB zu halten. Diese generelle und **von dem Bestehen eines Urheberrechts losgelöste Regelung** hat für den Auftraggeber einen nicht zu unterschätzenden Vorteil: Er ist im Einzelfall der Prüfung enthoben, ob tatsächlich urheberrechtliche Ansprüche des oder der Bieter bestehen, was angesichts teilweise für den urheberrechtlich nicht Bewanderten recht komplizierter Fragen, soweit es das Bauwesen anbelangt, zu begrüßen ist. Wenn die VOB hier eine den urheberrechtlichen Grenzen vorgeschaltete „Verbotsnorm" setzt und der Auftraggeber sich daran hält, so dient das nur seinem eigenen Schutz und damit seinem Interesse.

Das gilt um so mehr, als auch die unbedingt schutzwürdige Interessenlage der Bieter zu beachten ist, was zumindest aus Billigkeitsgründen allgemein für die unternehmereigenen Vorschläge zur Frage der Lösung der konkret gestellten Bauaufgabe zutrifft. Dazu gehören nicht nur zeichnerische und textliche Darstellungen, sondern auch das in ihnen liegende Know-how ist zu beachten. Dies bezieht sich auch auf die Leistungsdarstellungen in Änderungsvorschlägen oder Nebenangeboten (insoweit zutreffend Hofmann ZfBR 1984, 259, 262).

Zivilrechtlichen Schadensersatzansprüchen sieht sich der Auftraggeber im allgemeinen allerdings nur ausgesetzt, wenn sein Handeln im Rahmen der Verwertung von Unterlagen und Vorschlägen der Bieter sich als ein Verstoß gegen einschlägige Gesetze darstellt, wie z. B. das erwähnte Urheberrechtsgesetz.

Selbstverständlich ist es, **daß der Auftraggeber die Angebotsunterlagen und Angebotsvorschläge bis zu einem gewissen Grade verwenden muß.** Denn diese sind ja im Rahmen eines Angebotsverfahrens eingereicht worden, in dem es um die Vergabe eines Bauleistungsauftrages geht. Insbesondere muß der Auftraggeber in der Lage sein, die Unterlagen und Vorschläge eines Bieters mit solchen eines anderen oder mehrerer anderer zu vergleichen. Deshalb muß es ihm gestattet sein, im Rahmen der Prüfung und Wertung der Angebote nach den §§ 23 und 25 die ihm eingereichten Unterlagen und Vorschläge, sofern sie von Bieterseite kommen, innerhalb der dort gesetzten Grenzen zu verwenden.

V. Vereinbarung über die Verwendung von Unterlagen

Nr. 3 Satz 1 – vor allem auch dann, wenn im Einzelfall urheberrechtliche oder sonst wettbewerbsrechtliche Grenzen nach den einschlägigen Gesetzen gesetzt sind – ist jedoch nicht so zu verstehen, daß er auf jeden Fall eingehalten werden muß. **Vielmehr gestattet Satz 2 a. a. O. eine über Satz 1 hinausgehende Verwendung unter der Voraussetzung, daß dies vorher schriftlich vereinbart worden ist.** Sofern Urheberschutz besteht, ist eine solche Vereinbarung eine Selbstverständlichkeit. Insofern bringt Satz 2 dies nur in Erinnerung. Allerdings ist die hier festgelegte **Schriftform** nicht unbedingt Wirksamkeitsvoraussetzung, sondern sie **dient nur Beweiszwecken.** Jedoch ist ihre Einhaltung dringend geboten.

Voraussetzung für eine über Satz 1 hinausgehende Verwertungserlaubnis ist es, daß hierüber, gegebenenfalls auch über die Grenzen, **klare Vereinbarungen** getroffen werden. Wenn von einer „unbeschränkten Verwendung" die Rede ist, bedeutet das einmal eine Verwendung über

A § 20, 3, Rdn. 56; **Vor A §§ 21 ff., Rdn. 1+2**

den Angebotszweck hinaus und zum anderen ohne Rücksicht auf etwa bestehende Urheberrechte.

56 Die Vereinbarung einer Verwendung über den Rahmen der Nr. 1 hinaus kann vor oder nach Überreichung der Angebotsunterlagen bzw. Angebote geschehen. **Voraussetzung ist allerdings, daß dies vor ihrer Verwendung geschieht**, zumal sonst etwa bestehende Urheberrechte bereits verletzt sein könnten. Soweit eine solche Vereinbarung getroffen wird, kann der Bieter hierfür ein entsprechendes Entgelt verlangen, da der Verzicht auf die geistigen Eigentumsrechte nicht schon in der angemessenen Vergütung nach Nr. 2 enthalten ist, ebenso Christoffel S. 31.

Vorbemerkung zu Teil A §§ 21 ff.

Inhaltsübersicht

	Rdn.
A. Allgemeines	1
B. Teil A §§ 21 ff. als Kern des Vergabeverfahrens	2-10
I. Sachgerechte Vergabe	3
II. Keine Änderung in der Person des Bieters	4-9
1. Allgemeines	4
2. Arbeitsgemeinschaften	5-7
3. Ausscheiden gemeinschaftlicher Bieter	8
4. Wechsel von Bietern vor Angebot	9
III. Besondere Verpflichtung des öffentlichen Auftraggebers	10

A. Allgemeines

1 Die folgenden Bestimmungen des Teils A reichen von der Abgabe über die Eröffnung, die Prüfung der Angebote, die etwaigen Verhandlungen mit den Bietern, insbesondere die Wertung der Angebote, bis zum Zuschlag, also dem Vertragsabschluß. Sie haben den Vorteil, daß sie auf Erfahrungen in der Baupraxis aufgebaut sind. Werden sie zur Grundlage der Verhandlungen über den Abschluß eines Bauvertrages gemacht und die dort aufgezeigten Grenzen beachtet, so ergibt sich eine weit geringere Gefahr des Auftretens von Zweifelsfragen oder gar von Streitpunkten, als es bei lediglicher Berücksichtigung der gesetzlichen Bestimmungen der Fall ist.

B. Teil A §§ 21 ff. als Kern des Vergabeverfahrens

2 Die Vorschriften in Teil A §§ 21 ff. VOB bilden den Kernpunkt des Vergabeverfahrens. Soll ein solches sachgemäß durchgeführt werden, so verdienen sie **unbedingte Beachtung**. Das gilt vor allem aus dem entscheidenden Gesichtspunkt des ordnungsgemäßen Vergabewettbewerbs. Dieser übergeordnete und sich aus Teil A § 2 Nr. 1 Satz 2 und 3 VOB ergebende Grundsatz legt dem **Auftraggeber besonders wichtige Pflichten** auf. Sie gehen einmal in die Richtung der **Geheimhaltung** von wesentlichen Angebotsangaben des Bieters gegenüber Mitbietern in dem für den Bauvergabewettbewerb gebotenen Maße. Dazu dienen u. a. die Vorschriften über den Eröffnungstermin (Teil A § 22) und über etwaige Verhandlungen mit den Bietern (Teil A § 24). Zum Anderen gilt die **unbedingte Forderung der Unveränderlichkeit des Angebots und des Angebotsverfahrens in der Zeit zwischen der Angebotsabgabe und dem Zuschlag**. Angebot und Angebotsverfahren dürfen in dieser Zeit nicht geändert werden, um den **Grundsatz der Lauterkeit des Wettbewerbs** bei der Bauvergabe nicht in Gefahr zu bringen. Es gibt nur drei Möglichkeiten: Entweder auf ein Angebot, so wie es abgegeben ist, den Zuschlag zu erteilen oder es nicht zu tun, oder die Ausschreibung nach Teil A § 26 VOB aufzuheben.

I. Sachgerechte Vergabe

Es ist nicht möglich, einem Bieter, der „günstig liegt", weil er sich in der Preisangabe seines Angebots ganz offensichtlich vertan und einen gänzlich unangemessenen, niedrigen Preis eingesetzt hat, einfach den Auftrag zu erteilen, zumal hier die Regelung in Teil A § 23 Nr. 3 nicht „hilft", weil sie eine andersgeartete Bedeutung hat. Vorwiegend kommt es auf die juristische Bewertung eines derartigen Angebots und etwaiger Erklärungen des Bieters nach der Angebotsabgabe zu der „Fehlposition" in seinem Angebot an (hierzu vgl. damalige Verfasser in Bau und Bauindustrie 1961, 431 ff. sowie auch Piel, a. a. O., S. 804 mit Erwiderung der Verfasser), die in die Richtung weist, wie sie von der VOB im Hinblick auf den ordnungsgemäßen Bauvergabewettbewerb verfolgt wird. Man kann diesen Grundsatz nicht mit dem seinerzeit von bautechnischer Seite gemachten Versuch umgehen, kalkulatorische Gesichtspunkte in den Vordergrund zu schieben (wie Riedel, Der Einheitspreisvertrag, Berliner Bauvorhaben, Sonderdruck vom 15. 11. 1961; Riehm, Der Bausachverständige 1962, 74 ff. und 102 ff.). Sonst wird die Grenze zwischen technischen und rechtlichen Gesichtspunkten verwischt. Hier sind **allein,** was sich aus dem Begriff des lauteren Bauvergabewettbewerbs ergibt, **rechtliche Betrachtungsweisen** maßgebend. Diese verbieten es in jedem Fall, dem Auftraggeber – zudem dem öffentlichen – zu gestatten, sich aus „Kostenersparnisgründen" mit einem nachlässig ausgefüllten Angebot und dem betreffenden Bieter überhaupt noch zu befassen und dadurch ordnungsgemäß und sachgerecht anbietende andere Bieter bei der Vergabe zu benachteiligen (vgl. dazu auch Teil A § 19 Rdn. 21 ff.).

II. Keine Änderung in der Person des Bieters

1. Nicht nur das Angebot hat nach seiner Abgabe unverändert zu bleiben, sondern darüber hinaus auch die Person des Bieters. Es kann also nicht ein anderer das Angebot des bisherigen Bieters „übernehmen". Das ergibt sich schon aus Teil A § 19 Nr. 3, wonach vorzusehen ist, daß der Bieter bis zum Ablauf der Zuschlagsfrist an sein Angebot gebunden bleibt. Dies gilt grundsätzlich auch für die Bildung von **Arbeitsgemeinschaften,** die von Bietern erst **nach Abgabe des Angebots und vor Erteilung des Zuschlages eingegangen oder vom Auftraggeber gefordert werden.** Zwar wird dadurch, daß sich dem Bieter ein anderer durch Gründung einer Arbeitsgemeinschaft nur zugesellt und er dessen Angebot unverändert übernimmt, das Angebot hinsichtlich der angebotenen Leistung und des dafür verlangten Preises nicht beeinträchtigt. Jedoch wird – und das ist entscheidend – die nach dem Willen der VOB **nach der Angebotseröffnung auf der Seite der Bieter zur Ruhe gekommene Wettbewerbslage** mit dem Ziel, dem Auftraggeber das sorgfältige Auswählen des annehmbarsten Angebots nach besten Kräften zu ermöglichen, wieder in Bewegung gebracht und dadurch **zuungunsten** der anderen Bieter verändert. Gerade das widerspricht aber dem Leitgedanken der Regelungen in Teil A §§ 22-25 VOB.

2. Deshalb geht die VOB davon aus, daß auch eine **Änderung in der Person des Bieters nach der Angebotseröffnung und vor Zuschlagserteilung, selbst durch Bildung einer Arbeitsgemeinschaft, nicht in Betracht** kommt. Sie läßt eine solche Änderung in Teil A §§ 22-25 weder ausdrücklich zu, noch kann eine Zulässigkeit aus dem Sinn dieser Vorschriften entnommen werden. Insbesondere aus der engen Begrenzung in Teil A § 24 VOB muß entnommen werden, daß eine Veränderung in der Person des Bieters nicht als den besonderen Wettbewerbsregeln der VOB entsprechend angesehen wird. Der letzte Beweis dafür, daß auch die Bildung einer Arge in der Zuschlagsfrist nicht den Vorstellungen der Verfasser der VOB

entsprochen hat, ergibt sich aber aus Teil A § 21 Nr. 3 VOB. Diese Regelung, in der Arbeitsgemeinschaften und andere gemeinschaftliche Bieter ausdrücklich erwähnt werden, setzt in ihrem inneren Zusammenhang voraus, daß die VOB gegen eine Bildung von Arbeitsgemeinschaften usw. und deren Beteiligung **an sich nichts einzuwenden** hat. Dagegen kann auch nichts gesagt werden, weil dies den Wettbewerb um größere Bauaufträge nur fördert und außerdem kleinere und zuverlässige Unternehmer in die Lage versetzt, sich zusammen mit anderen an einem leistungsgerechten Bauwettbewerb zu beteiligen. Andererseits muß dies **in zeitlicher Hinsicht eine Grenze** haben, um den Wettbewerb unter **allen** Bietern nicht zu beeinträchtigen. Die VOB hat dies deutlich erkannt, indem die Bildung von Arbeitsgemeinschaften und deren Vertretung in Teil A § 21 berührt wird, der sich **mit der Abfassung** und **dem Inhalt der Angebote vor** bzw. **im Zeitpunkt** ihrer **Einreichung** befaßt. Damit ist unzweifelhaft auch ausgedrückt, daß die VOB eine Bildung von Arbeitsgemeinschaften **im Rahmen eines Vergabewettbewerbs zeitlich nur bis zur Abgabe des Angebotes** zuläßt. Zu einem **späteren Zeitpunkt,** insbesondere nach dem Eröffnungstermin, kommt ein solcher Zusammenschluß von Bietern **grundsätzlich nicht mehr in Betracht,** weil sonst der ordnungsgemäße Wettbewerb gefährdet wäre. Dabei ist vor allem zu berücksichtigen, daß das Angebot einer Arge auch dann, wenn es von einem Bieter unverändert übernommen wird, zumindest im baurechtlichen Wettbewerb **ein anderes** ist als das des bisherigen Einzelbewerbers. Nicht nur die wettbewerbsmäßige Stellung gegenüber den anderen Mitbewerbern wird dadurch innerhalb der Zuschlagsfrist **geändert,** sondern darüber hinaus wird auch der Auftraggeber in unzumutbarer Weise belastet. Denn er darf sich jetzt nicht mehr damit begnügen, das Angebot unter Berücksichtigung des bisherigen Einzelbewerbers zu prüfen und zu werten, sondern er muß insoweit **alle Beteiligten der Arge** ins Auge fassen. Es kann nämlich ein begründeter Zweifel für den Auftraggeber vorliegen, ob **die Arge** bei ihrem ursprünglich vom Einzelbewerber abgegebenen Angebot die für die Erfüllung der späteren vertraglichen Verpflichtungen **nötige Sicherheit** bietet (Teil A § 25 Nr. 2 Abs. 1, 1. Satz) oder ob die in der Arbeitsgemeinschaft zusammengeschlossenen Unternehmer unter Berücksichtigung rationellen Baubetriebs und sparsamer Wirtschaftsführung **eine einwandfreie Ausführung einschließlich Gewährleistung erwarten lassen** (Teil A § 25 Nr. 2 Abs. 2, 2. Satz). Jedenfalls wäre hier vom Auftraggeber **eine sehr eingehende und sorgfältige Untersuchung** zu erwarten, die für ihn schlechthin unzumutbar ist. Auch dieser Gesichtspunkt rechtfertigt es, wenn die VOB gemäß Teil A § 21 Nr. 3 ersichtlich davon ausgeht, daß im Vergabeverfahren eine Arbeitsgemeinschaft **nur** in der Zeit **bis zur Einreichung der Angebote** gebildet werden kann.

6 Außerdem könnte die Bildung einer Arbeitsgemeinschaft **nach Angebotsabgabe und vor Zuschlagserteilung möglicherweise** dazu führen, daß der Auftraggeber, der diesem zustimmt, eine nach § 1 Abs. 1 des Gesetzes gegen Wettbewerbsbeschränkungen (GWB) unzulässige Vereinigung von Unternehmern fördert und daß die sich dabei zusammenschließenden Unternehmer (Bieter) damit gegen ein gesetzliches Verbot verstoßen. Insoweit ist im **Grundgedanken** auf das Urteil des BGH vom 23. 4. 1959 (BGH Z 30, 89, vollständig abgedruckt BB 1959, 717) hinzuweisen. In dem dort entschiedenen Fall hatte A das niedrigste Angebot abgegeben. Er hatte sich verkalkuliert. Anstatt das Angebot ohne weiteres zurückzunehmen, was ihm gestattet war, vereinbarte er mit B, der das nächsthöhere Angebot abgegeben hatte, er werde das Angebot zurückziehen und, falls B dann den Zuschlag erhalte, die Arbeiten für B ausführen und den Gewinn mit ihm teilen. So wurde verfahren, da B den Zuschlag auf diese Weise erhielt. Auch hier handelte es sich um die Änderung der Angebotslage **innerhalb der Zuschlagsfrist,** obwohl an den einzelnen Angeboten nichts geändert wurde. Der BGH hat hierin einen Verstoß gegen § 1 GWB gesehen:

„Die Abrede der Parteien verstieß gegen jenes Verbot. Für Verdingungsabsprachen, durch die sich die Beteiligten **vor der Abgabe** ihrer Gebote dahin einigen, daß einem von ihnen der Auftrag unter Umgehung des echten Wettbewerbs zugeleitet werden soll, ist dies bereits vom

Bundesgerichtshof anerkannt worden (u. a. BGH St. 12, 148); dabei kommt es auf den Umfang und die Tragweite der Verbindung nicht an (BGH St. 9, 114, 118). Der Senat folgt dieser Auffassung.
Vorliegend haben sich die Parteien erst **nach Abgabe** ihrer Gebote geeinigt. Das ändert aber nichts an der Beurteilung. Der Vertrag hatte nach den Feststellungen des Oberlandesgerichts auch hier zum Inhalt, den Wettbewerb zwischen den Parteien zu beschränken. Denn die Antragstellerin (A) sollte zugunsten der Antragsgegnerin (B) auf ihr zu jenem Zeitpunkt noch rechtswirksames Angebot verzichten oder verpflichtete sich dazu; diese sollte somit aus dem bis dahin zwischen ihnen bestehenden Wettbewerb ausscheiden. Der Umstand, daß es zu diesem Ausscheiden noch der Zustimmung des Auftraggebers bedürfte, ist insoweit bedeutungslos, weil der den freien Wettbewerb beschränkende Charakter des Vertrags dadurch nicht berührt wurde."

Da es nach den Feststellungen des BGH auf den **Umfang und die Tragweite** der Vereinbarung **nicht ankommt,** kann ein den Wettbewerb verbotswidrig beschränkender Vertrag zwischen mehreren Unternehmen, die getrennte Angebote abgegeben haben, **während der Zuschlagsfrist** auch dann vorliegen, wenn vereinbart wird, daß man sich zu einer **Arbeitsgemeinschaft** zusammenschließt, das Angebot eines Bieters übernimmt, wodurch zugleich mit Zustimmung des Auftraggebers die übrigen Angebote zurückgenommen werden.

Die gekennzeichnete Rechtsfolge kann **um so mehr nach der jetzigen Fassung des § 25 Abs. 1 GWB** eintreten, wonach nicht mehr unbedingt der Abschluß eines wirksamen Kartellvertrages verlangt wird, sondern es **genügt die Abstimmung auf ein gleichförmiges Verhalten am Markt** (vgl. dazu Häring BlGBW 1975, 227 ff.).

Anders kann es dagegen liegen, wenn sich Unternehmen in einer Bietergemeinschaft am Wettbewerb beteiligen und sich **nach Erhalt des Zuschlages** zu einer Arbeitsgemeinschaft zusammenschließen; dann kommt eine Untersagung der Durchführung des Vertrages nach § 37 a GWB nicht mehr in Betracht, da der Zusammenschluß zu einer Arbeitsgemeinschaft sich nicht mehr als Wettbewerbsbeschränkung darstellt (vgl. OLG Stuttgart Bauwirtschaft 1982, 1854).

3. Möglicherweise anders kann auch der Fall zu beurteilen sein, in dem zunächst gemeinschaftliche Bieter ein Angebot abgeben, einer oder mehrere davon dann später vor Zuschlagserteilung ausscheiden. Dann kann sich die Wettbewerbslage für die übrigen Bieter, die ihrerseits ein Angebot abgegeben haben, eigentlich nicht verschlechtern, weil sie dann nur einem Bieter oder weniger gemeinschaftlichen Bietern als bisher gegenüberstehen. Dann kann es gerechtfertigt sein, das betreffende Angebot, naturgemäß bezogen auf die übriggebliebenen gemeinschaftlichen Bieter oder gar den allein übriggebliebenen Bieter, aus der bisherigen Gemeinschaft zuzulassen und in die Prüfung und Wertung mit einzubeziehen.

4. Unzulässig kann dagegen auch der „Wechsel" von „Bietern" bereits **vor** Angebotsabgabe sein, und zwar im Bereich der Beschränkten Ausschreibung (vgl. dazu Teil A § 8 Rdn. 43 und 47 f.), es sei denn, der Auftraggeber ist schon vor Ablauf der Angebotsfrist ausdrücklich damit einverstanden, daß ein bisher nicht aufgeforderter Unternehmer ein Angebot abgibt.

III. Besondere Verpflichtung des öffentlichen Auftraggebers

Besonders der öffentliche Auftraggeber muß darauf bedacht sein, die in Teil A §§ 21 ff. zum Ausdruck gelangten Grundsätze des ordnungsgemäßen Bauvergabewettbewerbs zu beachten. Das gilt um so mehr, als gerade er es ist, der durch die Zahl der Aufträge und die erheblichen Werte der durchgeführten Baumaßnahmen das Baugeschehen maßgebend beeinflußt. Vgl. dazu u. a. Forsthoff, Der Staat als Auftraggeber, 1963, Kohlhammer-Verlag, Stuttgart; Daub, Bau und Bauindustrie 1963, 891; Steffani, „Die Bauwirtschaft" 1963, 1222; Nicklisch BB 1974, Beil. 10, S. 3 ff.; zu dem Thema „Die öffentliche Hand als Unternehmen" i. S. des GWB Schmidt BB 1963, 1387 ff. Vor allem dürfen einmal eingeschlagene Vergabeverfahren nicht ohne weiteres geändert oder sonst von Auftraggeberseite beeinflußt werden, auch wenn dies „von Vorteil für die Kasse" ist. Viel wesentlicher und damit im Ergebnis kostensparender ist es, über den Einzelfall hinaus zu einem guten und gesunden Vertrauensverhältnis zwischen der Auftraggeber- und der Auftragnehmerseite zu kommen. Vor allem muß der Eindruck bei den Unternehmern vermieden werden, einer Willkür oder jedenfalls einer Behandlung ohne bestimmte, billigenswerte Maßstäbe ausgesetzt zu sein, die von der VOB nicht gedeckt werden. So ist es z. B. nicht angängig, wenn sich der öffentliche Auftraggeber wegen eines von ihm verschuldeten Formmangels im Rahmen eines Vergabeverfahrens von einem Bieter, den er zu erheblichen Aufwendungen veranlaßt hat, „loslöst". Dies wäre ein Verstoß gegen Treu und Glauben (vgl. für den ähnlichen Fall eines Architektenwettbewerbs BGH SFH Z 3.00 Bl. 117). Unter Umständen kann eine gegen einen bestimmten Unternehmer verhängte und von Teil A § 8 Nr. 4 nicht gedeckte **Auftragssperre** eine rechtswidrige Verletzung seines Gewerbebetriebes sein; die öffentliche Verwaltung darf bei fiskalischen Hilfsgeschäften, die auf einem bestimmten Markt für bestimmte Unternehmen von großer wirtschaftlicher Bedeutung sind, nicht willkürlich vorgehen (vgl. OLG Stuttgart WuW 1974, 55). Für öffentliche Auftraggeber dürften auch im Bauvergabewettbewerb die Regeln zu beachten sein, die der BGH in seinem Urteil vom 10. 1. 1963 (NJW 1963, 644) in einem anderen rechtlichen und hier an sich nicht einschlägigen Zusammenhang aufgestellt hat, die aber genauso „in das Buch der Auftraggeber" beim Bauvergabewettbewerb gehören:

„Alle Amtsträger, Behörden und juristische Personen des öffentlichen Rechts haben bei der Erfüllung ihrer öffentlichen Aufgaben die Gesetze zu beachten sowie gerecht und unparteiisch zu verfahren. Bei wirtschaftslenkenden Maßnahmen und insbesondere bei Ausschreibungen hat die öffentliche Hand darauf zu achten, daß alle Lenkungsmaßnahmen nach Umfang, Dauer und Stärke auf das am Zweck der Maßnahme auszurichtende Maß beschränkt werden (Grundsatz der Verhältnismäßigkeit). Die Beamten haben auf die berechtigten Interessen der betroffenen Wirtschaftskreise Rücksicht zu nehmen, um vermeidbare Schäden möglichst zu verhindern. Die Verwaltung hat weiter darauf zu achten, daß für alle Bewerber gleiche Wettbewerbsbedingungen bestehen und erhalten bleiben. Sie darf ohne sachliche Gründe keinen Bewerber bevorzugen oder benachteiligen. Die Pflicht der Verwaltung zum konsequenten Verhalten verpflichtet die Amtsträger ferner, eine in bestimmter Weise geplante und begonnene Maßnahme entsprechend durchzuführen und sich dabei nicht zu ihrem eigenen früheren Verhalten in Widerspruch zu setzen, wenn die Rücksichtnahme auf Interessen der Beteiligten das gebietet. Das Vertrauen des Bürgers, das er in die Beständigkeit behördlicher Maßnahmen gesetzt hat, darf nach dem auch im Bereich der öffentlichen Verwaltung geltenden Grundsatz von Treu und Glauben nicht mißachtet werden. Das gilt besonders, wenn eine Behörde – etwa durch eine öffentliche Bekanntmachung – einen Tatbestand geschaffen hat, mit dessen Fortbestand die Beteiligten rechnen dürfen und auf dessen Geltung sie im Rahmen vernünftiger Erwägungen ihre geschäftlichen Maßnahmen abgestellt oder eingeleitet haben. Die Verwaltung darf deshalb auch die Bedingungen einer Ausschreibung nach ihrem Beginn nicht ohne weiteres abändern, wenn Interessenten darauf ihre geschäftlichen Maßnahmen gestützt haben."

Unter diesen grundlegenden Gesichtspunkten dürften vor allem auch die Ausführungen von Kaiser (BauR 1980, 99) zu würdigen sein, der gerade hinsichtlich des öffentlichen Auftraggebers unter rechtstheoretisch zutreffender Beleuchtung seiner rechtlichen Stellung mögliche Haftungsgrundlagen auf der Basis der **Rechtsmißbrauchslehre** unter dem Gesichtspunkt der **unzulässigen Rechtsausübung** zutreffend sieht. Vgl. dazu auch BGH NJW 1977, 630 sowie Unger BauR 1984, 465, 468 ff.

§ 21 Inhalt der Angebote

1. (1) Die Angebote sollen nur die Preise und die geforderten Erklärungen enthalten. Sie müssen mit rechtsverbindlicher Unterschrift versehen sein. Änderungen des Bieters an seinen Eintragungen müssen zweifelsfrei sein.

(2) Änderungen an den Verdingungsunterlagen sind unzulässig.

(3) Der Auftraggeber soll allgemein oder im Einzelfall zulassen, daß Bieter für die Angebotsabgabe eine selbstgefertigte Abschrift oder statt dessen eine selbstgefertigte Kurzfassung des Leistungsverzeichnisses benutzen, wenn sie in besonderer Erklärung den vom Auftraggeber verfaßten Wortlaut der Urschrift des Leistungsverzeichnisses als allein verbindlich anerkennen; Kurzfassungen müssen jedoch die Ordnungszahlen (Positionen) vollzählig, in der gleichen Reihenfolge und mit den gleichen Nummern wie in der Urschrift wiedergeben.

(4) Muster und Proben der Bieter müssen als zum Angebot gehörig gekennzeichnet sein.

2. Etwaige Änderungsvorschläge oder Nebenangebote müssen auf besonderer Anlage gemacht und als solche deutlich gekennzeichnet werden.

3. (1) Arbeitsgemeinschaften und andere gemeinschaftliche Bieter haben eins ihrer Mitglieder als bevollmächtigten Vertreter für den Abschluß und die Durchführung des Vertrages zu bezeichnen. Reichen Vereinigungen von Unternehmern Angebote ein, so haben sie das Mitglied zu bezeichnen, das als Auftragnehmer in Betracht kommen soll.

(2) Fehlt die Bezeichnung im Angebot, so ist sie vor der Zuschlagserteilung beizubringen.

Inhaltsübersicht

	Rdn.
A. Allgemeines	1
B. Die Regelung nach Nr. 1	2–19
I. Einsetzen nur der Preise und der erforderlichen Erklärungen	2–5
II. Keine Änderung an den Verdingungsunterlagen durch den Bieter	6–9
1. Allgemeines	6
2. Voraussetzung: Ordnungsgemäße Aufstellung der Verdingungsunterlagen durch Auftraggeber	7–8
3. Angebote unter Bedingung	9
III. Änderungen des Bieters an seinen Eintragungen	10
IV. Die Unterschriftsleistung	11–13
1. Rechtliche Bedeutung	11
2. Rechtsverbindliche Unterschrift	12
3. Unterschrift durch Bevollmächtigten	13
V. Rationalisierung: Zulassung von Abschriften und Kurzfassungen des Angebots	14–18
VI. Muster und Proben	19
C. Änderungsvorschläge und Nebenangebote (Nr. 2)	20
D. Angebote von Arbeitsgemeinschaften und von anderen gemeinschaftlichen Bietern (Nr. 3)	21–29
I. Begriff – Zulässigkeit	22–24
1. Allgemeines	22
2. Im allgemeinen kein Verstoß gegen das GWB	23–24
II. Bezeichnung des bevollmächtigten Vertreters der Arbeitsgemeinschaft	25

A § 21, 1, Rdn. 1-3

    III. Bezeichnung des bevollmächtigten Vertreters anderer gemeinschaftlicher
         Bieter 26
    IV. Das als Auftragnehmer in Betracht kommende Mitglied einer Unterneh-
         mervereinigung 27
    V. Nachholung der Bezeichnung vor Zuschlag 28-29

A. Allgemeines

1   In § 21 ist trotz der Überschrift keinesfalls alles darüber gesagt, was ein **ordnungsgemäßes Vertragsangebot in einem richtig nach der VOB durchgeführten Vergabeverfahren
enthalten soll**. Vielmehr handelt es sich hier lediglich um eine **Zusammenfassung der
Angebotsgrundsätze** im Vergabeverfahren und um eine Ergänzung derselben in gewissen
Einzelpunkten. Die zunächst zu beachtenden Einzelvorschriften ergeben sich aus Teil A §§ 6,
9-20. Teil A § 21 ist daher, wenn man sich über bestimmte Einzelheiten oder auch über den
Gesamtinhalt eines Vertragsangebotes im Rahmen des Vergabeverfahrens unterrichten will,
nur im Zusammenhang mit dieser oder jener oder sogar mit allen der genannten **anderen
Bestimmungen zu verstehen** und zu lesen. Gleiches gilt nicht nur für das ursprüngliche
Angebot bzw. sogenannte Hauptangebot, sondern **auch für sogenannte Nachtragsangebote**, da Teil A § 21 auch hierauf grundsätzlich anzuwenden ist.

B. Die Regelung nach Nr. 1

I. Einsetzen nur der Preise und der erforderlichen Erklärungen

2   Die Forderung in Nr. 1 Abs. 1 Satz 1, daß die Angebote nur die Preise und die geforderten Erklärungen enthalten sollen, besagt im Kern, daß das Vertragsangebot **klar, vollständig und in jeder Hinsicht zweifelsfrei sein** soll. Um dieses zu erreichen, geht die VOB
davon aus, daß die Verdingungsunterlagen zunächst vom Auftraggeber für alle in Betracht
kommenden Bieter **in gleicher Weise, inhaltlich klar, vollständig und unmißverständlich,
dabei vor allem unter genauer Beachtung der in Teil A § 9 festgelegten Einzelgesichtspunkte,** angefertigt werden. Die Bieter sollen sie dann nach jeweils gebotener sorgfältiger
Überprüfung **zum Gegenstand ihres eigenen Angebotswillens** bei der Angebotsabgabe machen.

3   Hinzu kommt dann in erster Linie das **Einsetzen der Preise** durch die Bieter. Dieser in Nr. 1
Abs. 1 Satz 1 wiederholte Grundgedanke ist bereits in der grundsätzlichen Bestimmung Teil A
§ 6 Nr. 1 enthalten (vgl. dazu Teil A § 6 Rdn. 5). Dabei ist es erforderlich, daß der Bieter im
Angebot nicht nur einen sogenannten Gesamtpreis nennt, sondern auch die jeweils geforderten Einzelpreise, da es sonst **nicht vollständig** ist. Fordert der Auftraggeber die aufgegliederte
Angabe von Einheitspreisen, so muß der Bieter dies grundsätzlich auch befolgen, zumal
solche Preisbestandteile durchaus hilfreich für die Ermittlung veränderter Preise nach Vertragsabschluß, z. B. gemäß Teil B § 2 Nr. 3-7, sein können. Befolgt er dies nicht, so ist es
jedoch noch kein zwingender Grund für den Ausschluß nach Teil A § 25 Nr. 1 Abs. 1 b, weil
es sich jedenfalls hier nur um eine sogenannte Sollvorschrift handelt, nach der der Auftraggeber zwar verfahren kann, aber nicht muß . So ist das Fehlen des Formblattes „Aufgliederung
der Angebotssumme – EFB-Preis 1 (1978)" noch kein unbedingt zu beachtender Ausschlußgrund, weil dort ausdrücklich hervorgehoben ist, daß es nicht Vertragsbestandteil werden soll;
es dient lediglich dem Auftraggeber für die Angebotsauswertung im Hinblick auf Leistungsfähigkeit, Zuverlässigkeit und Sachkunde des Bieters nach Teil A § 25 Nr. 2 Abs. 1, insbesondere
nach Absatz 2 Satz 1, somit als Beurteilungshilfe (OLG Celle BauR 1986, 436 = NJW-RR
1986, 99).

Soll **Mehrwertsteuer** gesondert beansprucht werden, so muß diese grundsätzlich in das Angebot mit aufgenommen werden, um Vertragsinhalt zu werden, da sich sonst bei der Abrechnung Schwierigkeiten ergeben können (vgl. Teil A § 2 Rdn. 20 u. Teil B § 2 Rdn. 124 ff.; vgl. auch Honig BB 1975, 447 m. w. N.). Dabei sollte der Auftragnehmer, vor allem bei Pauschal- und/oder sogenannten Festpreisangeboten, zur Vermeidung etwaiger Rechtsnachteile darauf hinweisen, daß eine etwa während der Zeit nach Angebotsabgabe und der Bauausführung eintretende Erhöhung des Mehrwertsteuersatzes dem Auftraggeber in Rechnung gestellt wird.

Durch das Einsetzen der Preise wird das Angebot sogenannter **„garantierter Kostenvoranschlag" i. S. des § 650 BGB** (vgl. Honig BB 1975, 447).

Die weitere Bestimmung in Nr. 1 Abs. 1 Satz 1, daß der Bieter außer den Preisen nur die **geforderten Erklärungen im Angebot abgeben** darf, ist auch nur eine Zusammenfassung von Grundsätzen, wie sie nach der VOB für ein ordnungsgemäßes Vertragsangebot Geltung haben müssen. Es ist zu berücksichtigen, daß der Bieter bei der Angebotsabgabe außer den Preisen im Grundsatz keine von ihm ursprünglich stammenden Erklärungen abgibt. Das folgt daraus, daß der Auftraggeber in dem von der VOB erfaßten Regelfall die Verdingungsunterlagen bzw. Ausschreibungsunterlagen selbst fertigt, und zwar gemäß den hierfür maßgebenden Einzelvorschriften der §§ 9-20 des Teils A . Diese Angaben werden dann als **eigene** Erklärungen vom Bieter durch die Ausfüllung und Einreichung des ihm zugesandten Angebots übernommen. Die Übernahme geschieht durch die Unterschrift unter das entsprechende Angebot und dessen Einreichung. Es kann darüber hinaus aber auch vorkommen, daß der **Auftraggeber** neben dem Einsetzen der Preise **Erklärungen verlangt,** die nicht bereits Inhalt der Ausschreibungsunterlagen sind. Der Bieter muß dann auch diese Erklärungen gesondert in seinem Angebot abgeben, damit sie Vertragsinhalt werden können.

4

Es ist sicher zulässig, daß der Bieter für den Fall der Auftragserteilung einen **Nachlaß** auf die geforderten Preise anbietet, jedoch darf er dies nicht einseitig von Bedingungen abhängig machen, die der Ausschreibung nicht entsprechen, da dies auch eine unzulässige Änderung der Verdingungsunterlagen wäre (vgl. nachfolgend Rdn. 11). Anders liegt es dann, wenn der Bieter nur das fordert, was ihm die VOB/B ohnehin gewährt, wie: der Nachlaß werde unter der Voraussetzung gewährt, daß der Auftraggeber Abschlagszahlungen binnen 12 Werktagen (vgl. Teil B § 16 Nr. 1 Abs. 3) entrichtet.

5

II. Keine Änderung an den Verdingungsunterlagen durch den Bieter

1. Eine zufriedenstellende Bauvergabe und spätere Vertragsabwicklung wird nur erreicht, wenn der Auftraggeber die Verdingungsunterlagen in einer ordentlichen Art und Weise ausarbeitet, damit der Bieter sie auch guten Gewissens übernehmen kann, und wenn andererseits der Bieter die Verdingungsunterlagen auch vollinhaltlich seinem Angebot zugrunde legt, d. h. im einzelnen das übernimmt, was der Auftraggeber ihm „vorgeschrieben" hat. Gibt der Bieter dagegen ein Angebot ab, das den Verdingungsunterlagen nicht entspricht, oder macht er sich diese ganz oder teilweise nicht zu eigen, so liegt zwar auch ein Vertragsangebot vor. Ein solches **abgeändertes Angebot** wird aber kaum vom Auftraggeber angenommen werden. Das gilt insbesondere für den Fall, daß der Auftraggeber sich bei der Vergabe genau an die VOB hält. Insoweit wird insbesondere auf Teil A § 23 Nr. 1 und § 25 Nr. 1 b verwiesen. **Aus diesem Grunde heißt es in Nr. 1 Abs. 2, daß Änderungen an den Verdingungsunterlagen durch den Bieter unzulässig sind.** Bei dieser Vorschrift handelt es sich nicht um einen ungerechtfertigten Zwang und eine daraus herzuleitende Einengung des freien Entschließungswillens des Bieters. Man soll darin wie auch in einigen anderen Bestimmungen des Teils A der VOB nicht ein Übergewicht des Auftraggebers über den Bewerber sehen. Es ist nämlich hervorzuheben, daß nach den Vorschriften des BGB der Auftraggeber bestimmen kann, mit wem und unter

6

welchen Bedingungen er verhandeln und Verträge abschließen will. Bei einer Vergabe nach der VOB ist dagegen der Bewerber nicht gänzlich der völlig freien Willensentschließung und den Verhandlungsbedingungen des Auftraggebers unterworfen. Dieser ist nämlich gehalten, im Vergabeverfahren bestimmte Formen und gewisse Voraussetzungen in den Verdingungsunterlagen einzuhalten, was nicht zuletzt dem Schutz des Unternehmers dient. Zumindest weiß der Bewerber von vornherein, was im Vergabeverfahren nach der VOB auf ihn zukommt, was bei Vertragsverhandlungen nach dem BGB wegen der dort grundsätzlich gegebenen Vertragsverhandlungsfreiheit nicht ohne weiteres der Fall zu sein braucht. Im übrigen darf man die Regelung nicht mißverstehen. Denn der in ihr liegende, auf Erfahrungssätzen beruhende **Grundgedanke geht dahin, einwandfreie, miteinander vergleichbare Vertragsangebote zu erhalten, die einen echten Wettbewerb unter den Bietern ermöglichen.**

7   2. Voraussetzung ist naturgemäß, daß der **Auftraggeber** dem Zweckgedanken der VOB entsprechend handelt und dabei vor allem die **Verdingungsunterlagen ordnungsgemäß**, d. h. klar, **eindeutig und übersichtlich aufstellt** (so auch Daub/Piel/Soergel ErlZ A 21.29). Er darf in ihnen nichts fordern, was nicht den anerkannten Regeln der Technik oder den Allgemeinen Technischen Vorschriften entspricht oder was als unzumutbare und/oder unbegründete Vertragsbedingung zu bezeichnen wäre. In letzterer Hinsicht ist auch gerade hier auf die **zwingenden Bestimmungen des AGB-Gesetzes** hinzuweisen (vgl. Teil A § 10 Rdn. 77 ff.). Würde der Auftraggeber nicht nach den Bedingungen und Voraussetzungen der VOB handeln, dann hätte diese Zuwiderhandlung zur Folge, daß die Bieter auch nicht an Nr. 1 Abs. 2 gebunden sein können. Man kann im Rahmen eines ordnungsgemäßen Vergabeverfahrens nicht von dem Bieter die Befolgung der VOB verlangen, wenn der Auftraggeber unsachliche und ungerechtfertigte Forderungen in die Verdingungsunterlagen aufnimmt. Das könnte sonst dazu führen, daß ein solches nicht ordnungsgemäßes, bei Behörden nicht pflichtgemäßes Verhalten nicht ausreichen würde, den Bieter von der Vergabe auszuschließen, wenn er dem Auftraggeber durch Veränderung der Verdingungsunterlagen sachlich berechtigt – allerdings nur insoweit – entgegentritt. Es ist zwar richtig, daß es dem Auftraggeber in einem solchen Fall nicht verwehrt werden kann, dem betreffenden Bieter den Zuschlag nicht zu erteilen, weil Teil A der VOB im allgemeinen keine klagbaren Ansprüche gibt. Doch dürften sich gewisse Rechte dennoch ergeben, vgl. im einzelnen Einl. vor § 1 Rdn. 37 ff.; vor allem könnte für den Auftraggeber die Notwendigkeit entstehen, die Ausschreibung aufzuheben (vgl. Teil A § 26 Nr. 1 c).

8   Auch wenn die Verdingungsunterlagen – dabei insbesondere die Leistungsbeschreibung – unklar sind, darf der Bieter diese nicht von sich aus ändern. Im allgemeinen wird der Bieter hier durch Abgabe von Änderungsvorschlägen oder Nebenangeboten seine Chancen wahren können. Zulässig ist es jedoch, wenn der Bieter einen Vermerk anbringt, daß und wie er die betreffende unklare Stelle verstanden hat. Ähnliches gilt, wenn der Auftraggeber in den Verdingungsunterlagen ein bestimmtes Fabrikat fordert, das nicht mehr hergestellt wird. Dann darf der Bieter nicht von der Vergabe ausgeschlossen werden, zumal seine Handlungsweise vom Auftraggeber – möglicherweise sogar schuldhaft – veranlaßt wurde. Auch hier kann, wenn die Unklarheit einen ordnungsgemäßen Vergabewettbewerb nicht mehr ermöglicht, die Ausschreibung aufzuheben sein; anderenfalls kann die Vergabe durchgeführt werden, wenn die ernsthaft für die Vergabe in Betracht kommenden Bieter (vgl. Teil A § 25 Nr. 2) die betreffende unklare Stelle im wirklich gemeinten Sinne verstanden und erkennbar danach ihr Angebot ausgerichtet haben.

9   3. Für unter einer aufschiebenden oder auflösenden **Bedingung** (vgl. § 158 Abs. 1 und 2 BGB) **abgegebene Angebote** gilt: Änderungsvorschläge und/oder Nebenangebote sind zulässig, wenn sie nicht nach Teil A § 17 Nr. 4 Abs. 3 und daher nicht gemäß Teil A § 25 Nr. 1 Abs. 1 e von der Wertung ausgeschlossen sind, da sie dann nach Nr. 3 a. a. O. in die Wertung kommen müssen bzw. können. Voraussetzung ist aber – wie überhaupt für bedingte Angebote –, daß sie

gemäß Teil A § 25 Nr. 1 Abs. 1 a rechtzeitig vorgelegen haben. Außerdem muß sich der Eintritt der Bedingung jedenfalls bis zum Ablauf der Zuschlagsfrist ergeben, weshalb hier eine ganz klare Fassung des Angebotes erforderlich ist, um auch insoweit den Verdacht von Manipulationen auszuschließen. Das gilt für alle unter einer Bedingung stehenden Angebote. Dagegen sind sogenannte **Koppelungsangebote unzulässig**, also Angebote, die ihre Wirksamkeit von einer weiteren Auftragsvergabe abhängig machen, weil hier der Wettbewerb unzulässig verfälscht wird; anders dann, wenn sie bei objektiver Auslegung als Nebenangebote aufzufassen sind und der Auftraggeber solche nicht ausgeschlossen hat (vgl. dazu und zur etwaigen Wertung Schelle, Bauverwaltung 1988, 278). Zulässig sind auch Angebote mit Skontoabzügen oder Preisnachlässen für den Fall der Auftragserteilung, sofern sie sich auf den konkreten Vergabefall beschränken.

III. Änderungen des Bieters an seinen Eintragungen

Wenn in Abs. 1 Satz 3 von **Änderungen des Bieters an seinen Eintragungen** die Rede ist, so handelt es sich um eine den **Absatz 2,** der Änderungen an den vom Auftraggeber aufgestellten Verdingungsunterlagen erfaßt, **ergänzende Vorschrift**. Sie bezieht sich entsprechend dem Grundsatz, klare und eindeutige Angebote zu erzielen, **auf Änderungen,** die der Bieter an **von ihm** zunächst vorgenommenen Eintragungen (vgl. Satz 1 Rdn. 2 f.) vornimmt, bevor er das Angebot abgibt. Gemeint sind vor allem Durchstreichungen, andere, „berichtigte" Zahlen, geänderte, vom Bieter geforderte Erklärungen usw. Die Vornahme von solchen nachträglichen **Änderungen** läßt besonders die **Gefahr von Mißverständnissen** auftauchen. Der Bieter muß also bei derartigen Änderungen besonders darauf achten, daß sie klar und eindeutig das Gewollte zum Ausdruck bringen und daß eine **Mehrdeutigkeit vermieden** wird. Andernfalls könnten Mißverständnisse beim Auftraggeber dazu führen, daß der Bieter den Auftrag nicht erhält. Darüber hinaus besteht für jeden der Beteiligten die Gefahr, daß das wirklich Gewollte nicht richtig zur Geltung kommt, wenn z. B. im Falle eines späteren Rechtsstreits das Gericht zur Auslegung nach §§ 133, 157 BGB gezwungen werden sollte.

IV. Die Unterschriftsleistung

1. Abs. 1 Satz 2, wonach die Angebote mit **rechtsverbindlicher Unterschrift** versehen sein müssen, ist eine **Ergänzung** der Vorschriften der bisherigen Abschnitte des Teils A. Die Forderung nach Unterschriftsleistung unter das Angebot vor dessen Abgabe ist nicht willkürlich oder aus einem bloß praktischen Grund von den Verfassern der VOB aufgestellt worden, sondern sie hat einen **rechtlichen Hintergrund**. Es ist nämlich davon auszugehen, daß nach dem System des Vergabeverfahrens nach Teil A der VOB, insbesondere der äußeren Gestaltung der Ausschreibungsunterlagen, das Angebot auf Abschluß eines Bauvertrages **schriftlich** erfolgen soll. Indem der Bieter diesem Begehren des Auftraggebers auf Wahl der schriftlichen Form Folge leistet, gilt die Schriftlichkeit als Regel vereinbart, § 127 Satz 1 BGB. **Mündliche Angebote** – auch telefonisch abgegebene – sind daher **nicht als Angebote i. S. des Teils A der VOB** anzusehen, und ihnen kommt, vor allem im Rahmen eines Vergabeverfahrens, keine Rechtswirksamkeit zu (anders dagegen beim Zuschlag, der **keine** Schriftform verlangt, vgl. BGH BauR 1975, 274 = SFH Z 2.312 Bl. 6). **Fehlt die Unterschrift oder stammt sie nicht von einem dazu Befugten,** so kann man **nicht** von einem **wirksamen,** den Bieter vor allem nach Teil A § 19 bindenden **Angebot** sprechen. Natürlich ist es möglich, eine fehlende Unterschrift bis zur Eröffnung der Angebote nachzuholen. Angebote über **Fernschreiber** lassen sich eigentlich **nicht** in das System des Vergabeverfahrens (vgl. insbesondere Teil A §§ 6, 9 ff., 22) einordnen, zumal die Angebotsunterlagen vom Auftraggeber erstellt und **diese** als Angebot vom Bieter übersandt werden, nachdem er darin schriftlich die von ihm geforderten Erklärungen, insbesondere durch Einsetzen der Preise, abgegeben hat. In hierfür geeigneten Ausnahmefällen ist es jedoch hinreichend, wenn der Bieter über Fernschreiber auf die ihm übersandten Verdingungsunterlagen ohne eigene Abänderung Bezug nimmt und lückenlos im

geforderten Umfang vollständig und entsprechend dem Aufbau des Leistungsverzeichnisses im einzelnen die Preise nennt. Um dabei jedoch zu einer rechtsverbindlichen Unterschrift zu gelangen und damit dem Angebot i. S. der VOB Wirksamkeit zu geben, ist es notwendig, dem Fernschreiben ein mit der Unterschrift des Bieters versehenes **Bestätigungsschreiben nachzusenden,** das noch **vor** dem **Eröffnungstermin eingetroffen** sein muß. Das Fernschreiben ist vom Auftraggeber bis zum Eröffnungstermin in einem Umschlag zu verschließen. Die Vorlage seines Telex-Textes durch den Absender beweist noch nicht den Zugang dieses Textes beim Empfänger; die Möglichkeit der Manipulation kann nur durch Zeugenvernehmung der Person, die das Fernschreibgerät bedient hat, ausgeschlossen werden (OLG Karlsruhe NJW 1973, 1611).

12 2. **Der Bieter muß darüber hinaus darauf achten, daß sein Angebot nicht nur unterschrieben, sondern daß es auch rechtsverbindlich unterschrieben ist.** Normalerweise unterschreibt der Bieter selbst. Er kann auch unter Berücksichtigung der handelsrechtlichen Vorschriften (§§ 12, 17 HGB) mit dem Namen seiner Firma unterschreiben, falls diese in das Handelsregister eingetragen ist. Handelt es sich bei dem Bieter um eine Handelsgesellschaft, so sind für die rechtsverbindliche Unterschrift die entsprechenden einschlägigen Vorschriften über die **Vertretungsmacht nach außen,** insbesondere deren Umfang, maßgebend. Kommen **mehrere selbständige Unternehmen** als Bieter in einem Angebot vor, bieten sie vor allem gemeinschaftlich (Haupt- und Nebenunternehmer, Arbeitsgemeinschaften) an, so ist grundsätzlich die Unterschrift **aller** am Angebot beteiligten Unternehmer erforderlich. Das gilt insbesondere für den Haupt- und Nebenunternehmer (vgl. dazu Teil A Anh. Rdn. 160 ff.), wobei der Nebenunternehmer nur den Teil des Angebots zu unterschreiben braucht, der die ihn selbst betreffende Leistung im Rahmen des Angebots erfaßt. Voraussetzung ist dabei aber, daß eine eindeutige und klare Trennung im Angebot, insbesondere bei den diesem zugrundeliegenden Verdingungsunterlagen, möglich ist. Mitglieder von Arbeitsgemeinschaften müssen sämtlich das Angebot unterschreiben, weil grundsätzlich jedem von ihnen die Vertretungsmacht zukommt, es sei denn, daß – was an sich die Regel ist – etwas anderes im Gesellschaftsvertrag vereinbart ist. Insoweit wird auf die §§ 714, 715, 709 bis 713 BGB sowie auf Teil A Anh. Rdn. 5 ff. verwiesen. Steht nach dem Gesellschafts- oder Arbeitsgemeinschaftsvertrag die Geschäftsführung bzw. die Vertretungsmacht (**sogenannte Federführung**) nur einem oder nur einzelnen Firmen zu, so muß dies dem Auftraggeber gegenüber im Angebot angegeben werden, wie sich aus Nr. 3 ergibt (vgl. Rdn. 25). Hieraus folgt zugleich, daß die VOB Wert darauf legt, daß die Federführung nur einem Arge-Mitglied übertragen wird, damit der Auftraggeber einen ihm für alle verantwortlichen Verhandlungspartner hat.

13 3. Es ist aber auch möglich, daß der Bieter **einen anderen beauftragt und zugleich bevollmächtigt,** mit Wirkung für oder gegen ihn das Angebot zu unterzeichnen oder überhaupt für ihn das Angebot abzugeben. **Dann gelten die §§ 164 ff. BGB.** Um dabei Mißverständnisse zu vermeiden, ist es für den Bieter in einem solchen Fall dringend geboten, eine Bevollmächtigung im Sinne der Nr. 3 beizufügen, insbesondere wenn der Auftraggeber den Bevollmächtigten des Bieters als solchen nicht kennt. Dabei ist der Umfang der Vollmacht anzugeben, ob sie nur für die Angebotsabgabe selbst oder auch für den Vertragsabschluß, gegebenenfalls sogar für die Durchführung der Leistung durch den betreffenden Bieter gilt. Es ist dringend geboten, diese Gesichtspunkte zu beachten (vgl. auch VHB zu § 21 VOB/A), weil sonst daraus Rechtsstreitigkeiten entstehen könnten, die es zu vermeiden gilt. Vgl. dazu als anschauliches Beispiel den vom BGH in BGHZ 36, 30 = NJW 1961, 2251 = SFH Z 2.212 Bl. 7 entschiedenen Fall. Der Grundsatz, daß ein Vertrag nur dann mit dem Vertretenen zustande kommt, wenn der Wille, im fremden Namen zu handeln, dem Gegner erkennbar geworden ist, ist nur eine Auslegungsregel. Ergeben die Umstände, daß trotz fehlender Erkennbarkeit eines Vertreterhandelns ein Dritter Vertragspartei sein soll – etwa wenn bei einem betriebsbezogenen Geschäft der Gegner den Vertreter für den Betriebsinhaber hält –, so kommt das Geschäft mit dem Dritten zustande (vgl. BGH BauR 1980, 353 im Hinblick auf das Handeln für eine

GmbH oder eine Einzelfirma als Geschäftsführer oder als Inhaber). Zur Bevollmächtigung vgl. auch Teil B § 2 Rdn. 29 ff.

Das Handeln eines vollmachtlosen Vertreters kann nachträglich genehmigt werden (vgl. §§ 182 ff. BGB), jedoch nicht mehr nach Beginn der Angebotswertung. Dies folgt aus der zwingenden Regelung in Teil A § 25 Nr. 1 b.

V. Rationalisierung: Zulassung von Abschriften und Kurzfassungen des Angebots

Teil A § 21 Nr. 1 Abs. 3 ist aus der zunehmenden Verwendung von **Datenverarbeitungsanlagen im Rahmen der Angebotsbearbeitung zu verstehen**. Hiernach soll der Auftraggeber allgemein oder – jedenfalls – im Einzelfall zulassen, daß Bieter für die Angebotsabgabe eine selbstgefertigte Abschrift oder statt dessen eine selbstgefertigte Kurzfassung des Leistungsverzeichnisses benutzen, wenn sie in besonderer Erklärung den vom Auftraggeber verfaßten Wortlaut des Leistungsverzeichnisses **als allein verbindlich** anerkennen; Kurzfassungen müssen jedoch die Ordnungszahlen (Positionen) vollzählig, in der gleichen Reihenfolge und mit den gleichen Nummern wie in der Urschrift wiedergeben.

14

Hier handelt es sich um eine den Fortschritten der Technik, deren sich der rationell arbeitende Baubetrieb im Rahmen der Angebotsbearbeitung bedienen soll, gerecht werdende **Zweckmäßigkeitsregel**. Es wäre in Fällen, in denen die Angebotsbearbeitung durch Datenverarbeitungsanlagen erfolgt, nicht sinnvoll, zu fordern, die maschinell ermittelten Angebotspreise manuell in die vom Auftraggeber übermittelten Urschriften des Leistungsverzeichnisses zu übertragen. Sonst würde der von Unternehmerseite angestrebte Rationalisierungszweck nicht nur weitgehend wieder aufgehoben, sondern es bestünde darüber hinaus noch die Gefahr von Übertragungsfehlern.

15

Die VOB stellt es bei dieser Regelung nicht eingeschränkt auf die Benutzung von Rechenmaschinen bzw. Datenverarbeitungsanlagen ab, sondern **erlaubt generell für die Angebotsabgabe eine vom Bieter selbstgefertigte Abschrift oder Kurzfassung des Leistungsverzeichnisses**. Es können also Grundlage hierfür auch andere Rationalisierungsmaßnahmen im Betrieb des Bieters sein.

16

Wie sich aus der Wendung „Der Auftraggeber soll ..." ergibt, strebt die VOB bewußt die **Förderung von Rationalisierungen** im Rahmen der Angebotsbearbeitung und -abgabe zugunsten der Bieter an. Sie will dadurch den Auftraggeber anhalten, dies auch von seiner Seite zu tun. Selbstverständlich bleibt es der sachgerechten Überlegung des Auftraggebers überlassen, ob er die Angebotsabgabe durch Benutzung von Abschriften oder Kurzfassungen des Leistungsverzeichnisses zulassen will. Wesentlich wird dabei für ihn auch die Überlegung sein, daß er bei Ablehnung Erschwernisse für die Bieter schaffen kann, die sich in den geforderten Preisen niederschlagen können.

17

Selbstverständlich müssen dem Auftraggeber für den Fall der Zulassung von durch die Bieter selbstgefertigten Angebotsabschriften oder selbstgefertigten Kurzfassungen des Angebots **die erforderlichen Sicherheiten dergestalt gewährt werden, daß auch hier die Urschrift des von ihm verfaßten Leistungsverzeichnisses im vollen Wortlaut Inhalt des Angebots wird**. Deshalb wird in diesem Fall von der VOB die Abgabe einer besonderen – schriftlichen – Erklärung des betreffenden Bieters verlangt, daß er den Wortlaut der Urschrift des Leistungsverzeichnisses als **allein verbindlich anerkennt**. Außerdem muß der Auftraggeber den notwendigen Bezug zwischen Kurzfassung und Original des Leistungsverzeichnisses herstellen können. Darum wird weiter von der VOB gefordert, daß dann die Ordnungszahlen (Positionen) vollzählig und in der gleichen Reihenfolge und mit den gleichen Nummern wie in der Urschrift in der Kurzfassung enthalten sein müssen. Es kann sinnvoll sein, zum Zwecke der

18

A § 21, 2, Rdn. 19+20

Klarheit zu fordern, daß die Kurzfassung auch für jede Teilleistung die Ordnungszahl, die Menge, die Einheit, den Einheitspreis und den Gesamtbetrag, den jeweiligen Kurztext, die dem Leistungsverzeichnis entsprechenden Zwischensummen der Leistungsabschnitte, die Angebotsendsummen und auch sonstige vom Auftraggeber geforderten Texteränzungen enthält.

Fordert der Auftraggeber die Bieter vor Auftragserteilung auf, ein vollständig ausgefülltes Leistungsverzeichnis nachzureichen, so müssen sie dem grundsätzlich Folge leisten.

VI. Muster und Proben

19 **Von Wichtigkeit ist auch die Vorschrift, daß Muster und Proben der Bieter als zum Angebot gehörig gekennzeichnet werden müssen** (Nr. 1 Abs. 4). Dies schließt an die Regelung an, in der die Möglichkeit der Darstellung durch Proben im Rahmen der Leistungsbeschreibung angeführt ist, nämlich an Teil A § 9 Nr. 4 Abs. 2. Die Probstücke haben bei einem Vertragsangebot den Zweck, die angebotene Leistung deutlich, klar und erschöpfend sowie unter Ausschluß von Zweifelsfragen darzustellen. Bereits in Teil A § 9 Nr. 4 Abs. 2 wird das Gebot aufgestellt, die Proben eindeutig zu bezeichnen. Die Bezeichnung ist einmal allgemeiner Art, indem sie zu erkennen gibt, zu welchem Angebot die Probe gehört. Weiterhin ist es aber auch notwendig, einen Hinweis darauf zu geben, welchen Teil des Angebotes im einzelnen die Probe ergänzt. Entsprechendes gilt auch für die Vorlage von Mustern. Diese unterscheiden sich begrifflich von Proben dadurch, daß sie nicht vom Bieter selbst gefertigt, sondern von dritter Seite, wie z. B. vom Baustofflieferanten, beschafft worden sind. Von Bedeutung ist diese Unterscheidung allerdings nicht, weil Nr. 1 Abs. 4 gleichermaßen Proben und Muster erfaßt.

C. Änderungsvorschläge und Nebenangebote (Nr. 2)

20 **Etwaige Änderungsvorschläge und Nebenangebote** (zum Begriff Teil A § 17 Rdn. 66) **müssen auf besonderer Anlage gemacht und als solche deutlich gekennzeichnet werden.** Darunter ist ein vom Hauptangebot getrenntes, für sich aufgestelltes und unterschriebenes Schriftstück zu verstehen, das die klare Kennzeichnung als Änderungsvorschlag oder Nebenangebot enthält. Letzteres wird, um etwaige Mißverständnisse auszuräumen, am besten durch die deutlich sichtbaren und lesbaren Wörter „Änderungsvorschlag" bzw. „Nebenangebot" zum Ausdruck gebracht. Es soll bereits in der äußeren Gestaltung klar werden, was das eigentliche, vom Auftraggeber in seiner Ausschreibung geforderte Angebot sein soll und was auf Vorschlag des Bieters ersatzweise daneben steht. Zweck dieser Trennung ist die **Vermeidung von Zweifeln** über Tragweite und Umfang des angeforderten Hauptangebotes und dessen, was durch Eigeninitiative des Bieters daneben steht. Das ist um so mehr angebracht, als nach Teil A § 22 Nr. 3 Abs. 2 Satz 3 im Eröffnungstermin angegeben werden muß, ob und von wem Änderungsvorschläge oder Nebenangebote eingereicht worden sind. Das kann von Auftraggeberseite nur befolgt werden, wenn Änderungsvorschläge oder Nebenangebote **als solche inhaltlich** klar erkennbar sind. Zwar wird man entgegen Daub/Piel/Soergel (Teil A ErlZ 21.44) wegen nicht hinreichender Kennzeichnung im Eröffnungstermin nicht verlesene Änderungsvorschläge und/oder Nebenangebote nicht schon ausschließen können. Dies kann nämlich in der Niederschrift über den Eröffnungstermin noch nachgetragen werden (vgl. Teil A § 22 Nr. 4-6 sowie Teil A § 24 Nr. 4), insoweit zutreffend Schelle/Erkelenz S. 285. Wie die Änderungsvorschläge und Nebenangebote im weiteren Verlauf des Vergabeverfahrens neben oder anstelle des Hauptangebotes zu behandeln sind, ergibt sich aus Teil A § 25 Nr. 3 (vgl. Teil A § 25 Rdn. 67 ff.). Hinsichtlich der Nebenangebote ist auch auf Teil A § 9 Nr. 9 in Verbindung mit Teil A § 17 Nr. 4 Abs. 3 zu verweisen.

Nr. 2 kommt praktisch nur dann zum Tragen, wenn der Auftraggeber Änderungsvorschläge und/oder Nebenangebote nicht ausdrücklich ausgeschlossen hat (vgl. Teil A § 17 Nr. 4 Abs. 3).

D. Angebote von Arbeitsgemeinschaften und von anderen gemeinschaftlichen Bietern (Nr. 3)

I. Begriff – Zulässigkeit

Vgl. dazu zunächst Vor Teil A §§ 21 ff. Rdn. 5.   21

1. Sowohl der Begriff der Arbeitsgemeinschaft als auch der der anderen gemeinschaftli-   22
chen Bieter behandelt den Zusammenschluß mehrerer Unternehmer mit dem Ziel, den durch die Ausschreibung umrissenen Bauauftrag gemeinschaftlich zu erhalten und – regelmäßig als Arbeitsgemeinschaft – durchzuführen. Dabei wird es sich je nach der Gestaltung um eine BGB-Gesellschaft, um eine Gemeinschaft des BGB oder um einen handelsrechtlichen Zusammenschluß handeln. Anders liegt es, wenn ein Zusammenschluß erfolgt, ohne daß von vornherein eine feste Bindung für eine Gemeinschaftsarbeit gewollt ist, insbesondere wenn die Abrede getroffen wird, daß jeder Bieter selbständig und für sich ein Angebot abgeben soll. Denkbar ist auch, daß einzelne Unternehmer übereinkommen, ein Angebot jeweils selbständig über nur einen Teil abzugeben, was allerdings nur beachtlich sein kann, wenn der Auftraggeber das zugelassen hat. Dann handelt es sich nicht um gemeinschaftliche Bieter im Sinne des § 21 Nr. 3.

2. **Bietergemeinschaften** in dem von § 21 Nr. 3 Abs. 1 gemeinten Sinne verstoßen nicht   23
schon gegen zwingende Vorschriften des GWB. Einmal ist es der ausschreibende Auftraggeber, der sich aus freiem Entschluß dadurch den Markt suchen kann, daß er Bietergemeinschaften zuläßt oder ausschließt. Zum anderen wird dort, wo Bietergemeinschaften sinnvoll sind, nämlich bei Großprojekten, einer Reihe von Unternehmen, die allein derartige Aufträge nicht ausführen könnten, der Markt erweitert. Bei großen Baufirmen kommt es für die Beurteilung der Zulässigkeit des Zusammenschlusses in der Regel auf die betreffende, an der Bietergemeinschaft beteiligte Niederlassung an, sofern sie nach ihrer wirtschaftlichen und sonstigen Struktur in eigener Kompetenz und Verantwortung zu handeln befugt ist.

Daher kann nach dem Gesagten im allgemeinen auch in diesem Bereich **nicht** von einer   24
unzulässigen Ausnutzung einer Marktbeherrschung gesprochen werden, insbesondere wenn berücksichtigt wird, daß die weit überwiegende Zahl der Aufträge, für die sich Bietergemeinschaften bzw. Arbeitsgemeinschaften bewerben, unter Berücksichtigung der Grundsätze in Teil A § 2 Nr. 1 Satz 1 den dort festgeschriebenen Regeln gemäß nur durch unternehmerische Zusammenschlüsse im wohlberechtigten Interesse des Auftraggebers angeboten und vor allem ordnungsgemäß ausgeführt werden können. Anderenfalls wären – u. U. auch größere – Unternehmen gezwungen, unter Berücksichtigung ihrer vorhandenen Kapazität nur Teile der ausgeschriebenen Gesamtleistung anzubieten, was dann nicht nur der Ausschreibung entgegenstehen würde, sondern auch den durch die **Ausschreibung klar erkennbaren Interessen des Auftraggebers zuwiderliefe**. Dem läßt sich auch nicht mit dem Argument beggnen, gerade größere Unternehmen könnten sich fehlende Kapazitäten selbst beschaffen. Dies wäre nicht nur ein unzulässiger Eingriff in allgemeine marktwirtschaftliche Grundsätze freier Unternehmertätigkeit, sondern würde auch beschäftigungspolitisch unzumutbare, weil unüberschaubare Risiken für die geordnete Unternehmenstätigkeit nach Abwicklung des betreffenden Bauauftrages bedeuten. Gerade auch die Sicherung von Arbeitsplätzen für in jedem Baubetrieb erforderliches qualifiziertes Personal würde dadurch in Frage gestellt. Hiernach kann nicht ohne nähere Anhaltspunkte im Einzelfall davon ausgegangen werden, die Bildung

von Bietergemeinschaften und Arbeitsgemeinschaften speziell im Bereich größerer Unternehmen sei ein Verstoß gegen § 1 GWB . Schließlich hängt hier die Handlungsfreiheit der jeweiligen Unternehmer in der **Grundursache** nicht von ihrer freien Entschließung ab, sondern in erster Linie **von der Bestimmung des ausschreibenden Auftraggebers über Art und Umfang der geforderten Leistung.** Er bestimmt auf diese Weise in erster Linie den für die konkrete Bauausführung in Betracht kommenden Markt. Das betrifft damit auch den jeweils möglichen Kreis der Wettbewerber. Macht der Auftraggeber – ggf. aus in seinem Bereich liegenden wohlerwogenen Erwägungen – von der Möglichkeit der Vergabe nach Losen von Teil A § 4 Nr. 2 und 3 keinen Gebrauch oder schreibt er nur beschränkt aus, oder vergibt er gar freihändig, so leuchtet ohne weiteres ein, daß der Zusammenschluß zu Bietergemeinschaften oder zu Arbeitsgemeinschaften jedenfalls häufig auf **seine Initiative** zurückgeht. Daher kann von einer rechtlich relevanten Beschränkung des Wettbewerbs eigentlich nur dort gesprochen werden, wo sich ein anderer Unternehmer gegenüber anderen am Wettbewerb teilnehmenden oder dafür in Betracht kommenden Unternehmern absprachegemäß oder sonst eindeutig erkennbar verpflichtet, von seiner Freiheit zur wettbewerblichen Betätigung auf dem Markt nach eigenem Willen keinen oder nur einen begrenzten Gebrauch zu machen (vgl. Müller/Henneberg, 3. Aufl., § 1 Anm. 49, 60). Das ist aber grundsätzlich bei Bietergemeinschaften oder Arbeitsgemeinschaften anders, da deren Mitglieder sich gerade am Wettbewerb beteiligen. Daher wird man Bietergemeinschaften und demgemäß auch Arbeitsgemeinschaften zulassen müssen, **wenn keiner der Beteiligten den Auftrag allein hätte ausführen können** (Berichte BKartA 1959, 17; 1970, 51); jeder von ihnen überhaupt nicht oder zu dieser Zeit nicht über die erforderliche Kapazität zur Ausführung des Auftrages verfügt (Kooperationsfibel BMW 3.4), worin auch der Fall einzubeziehen ist, daß infolge der Ausführung anderweitiger Aufträge die erforderliche Kapazität nicht zur Verfügung steht; die Beteiligten zwar über die erforderliche Kapazität verfügen, aber erst die Bietergemeinschaft oder Arbeitsgemeinschaft sie in die Lage versetzt, ein erfolgversprechendes Angebot abzugeben (Kooperationsfibel BMW 3.4). Dabei können im Einzelfall Erwägungen zur Risikobeschränkung bei der betreffenden Auftragsausführung oder der Umstand, daß einzelne sich zusammenschließende Unternehmen über bestimmte Spezialkenntnisse oder spezielle – notwendige – Geräte verfügen, selbst aber nicht zur Ausführung des Gesamtauftrages in der Lage sind oder die erforderliche Stärkung des für den betreffenden großen Auftrag erforderlichen unternehmerischen Kapitalrahmens eine Rolle spielen.

Vgl. dazu im gleichen Sinne wie vorangehend insbesondere BGH BauR 1984, 302 = Betrieb 1984, 606 = GRUR 1984, 379 = ZfBR 1984, 124 = BB 1984, 364; Immenga Betrieb 1984, 385.

II. Bezeichnung des bevollmächtigten Vertreters der Arbeitsgemeinschaft

25 Über den **Begriff und das Wesen der Arbeitsgemeinschaften** vgl. Anh. Teil A Rdn. 5 ff. Arbeitsgemeinschaften haben eines ihrer Mitglieder (Nr. 3 Satz 1) als **bevollmächtigten Vertreter** für den Abschluß und die Durchführung des Vertrages zu bezeichnen (sogenannte federführende Firma). Das widerspricht an sich der Bestimmung im BGB (§§ 709 ff.), wonach die Geschäftsführung sowie auch die Vertretungsmacht grundsätzlich allen Gesellschaftern zusteht, es sei denn, daß dies nach dem Gesellschaftsvertrag einem oder einigen Gesellschaftern allein überlassen ist. Man wird aber in der hier erörterten Bestimmung der VOB nicht einen ungerechtfertigten Zwang gegenüber den Arbeitsgemeinschaften auf eine bestimmte Gestaltung ihres Gesellschaftsvertrages, nämlich die Vereinbarung der Übertragung der Vertretungsmacht nur auf einen Gesellschafter (sogenannte federführende Firma), erblicken können. Denn einmal wird hier nicht grundsätzlich eine bestimmte Gestaltung des Gesellschaftsvertrages verlangt, sondern lediglich **eine klare Verdeutlichung gegenüber dem Auftraggeber, wer als berechtigter und verantwortlicher Vertreter der Arbeitsgemeinschaft für ein konkretes Bauvorhaben gilt.** Die anerkennenswerten Interessen des Auftraggebers gebieten es, daß dieser mit **einem** verantwortlichen Unternehmer der Arbeitsgemeinschaft verhandeln

kann, damit eindeutige, zweifelsfreie und übereinstimmende Abreden und Verhandlungen getroffen bzw. gepflogen werden können. Auch ist es in der Regel den Belangen der Arbeitsgemeinschaft dienlich, wenn nur einer der am Zusammenschluß beteiligten Unternehmer die Verhandlungen führt. Damit werden doppelte und/oder nicht übereinstimmende Vereinbarungen vermieden.

III. Bezeichnung des bevollmächtigten Vertreters anderer gemeinschaftlicher Bieter

Die **Bezeichnung des bevollmächtigten Vertreters** für den Abschluß und die Durchführung des Vertrages **wird auch bei den anderen gemeinschaftlichen Bietern,** die nicht in der Form der Arbeitsgemeinschaft zusammengeschlossen sind, **gefordert.** Eine jedenfalls früher typische Form dieses Zusammenschlusses ist die Unternehmereinsatzform von **Haupt- und Nebenunternehmer;** vgl. hierzu Anh. Teil A Rdn. 160 ff. Weiter ist denkbar eine heute häufigere Gemeinschaft von Unternehmern, die ein **gemeinschaftliches Angebot** (also nicht Einzelangebote, vgl. dazu vor Teil A § 21 Rdn. 6 ff.) einreichen und das Ziel haben, im **Falle des Zuschlages** eine **Arbeitsgemeinschaft für den Vertragsabschluß und die Vertragsdurchführung zu bilden,** die also bei der Angebotsabgabe noch keine Arbeitsgemeinschaft sind. Auch hier ist mit Rücksicht auf den schon festliegenden Zweck eine Gemeinschaft gebildet, die einen bevollmächtigten Vertreter zu benennen hat. Daher kann der Auftraggeber auch schon im Vergabeverfahren die rechtzeitige Mitteilung von der beabsichtigten Bildung einer Arbeitsgemeinschaft verlangen.

IV. Das als Auftragnehmer in Betracht kommende Mitglied einer Unternehmervereinigung

Es ist aber auch denkbar, daß sich **Vereinigungen von Unternehmern** am Angebotsverfahren beteiligen, um für einen oder für mehrere von ihnen den Auftrag hereinzuholen. Der Auftrag soll also nicht von allen in der Vereinigung Zusammengeschlossenen ausgeführt werden. Hierauf bezieht sich Nr. 3 Satz 2, wonach solche Vereinigungen **das Mitglied bezeichnen müssen, das als Auftragnehmer in Betracht kommen soll.** Es handelt sich hier um die Verbindung mehrerer Unternehmer, die nur den Zweck hat, möglichst viele Aufträge hereinzuholen, die dann nur von einem oder von mehreren der angeschlossenen Unternehmer ausgeführt werden sollen. An sich sind derartige Vereinigungen gegen den Wettbewerb gerichtet, der Grundlage bei der Vergabe nach der VOB sein soll, da das Angebot grundsätzlich von dem als Auftragnehmer in Betracht kommenden Bieter aufgestellt und eingereicht werden soll. Werden aber trotzdem derartige Angebote von **Unternehmervereinigungen** zugelassen und eingereicht, so muß besonders darauf geachtet werden, daß derjenige Unternehmer bezeichnet wird, der als Auftragnehmer in Betracht kommt. Dadurch wird wenigstens die notwendige Klarheit über die eigentliche Person des Verhandlungs- und Vertragspartners geschaffen, wenn es auch immerhin zweifelhaft sein wird, ob es sich hier um ein Angebot dieses betreffenden Unternehmers handelt, das er selbst abgefaßt hat und das auf seiner Leistungsfähigkeit, Zuverlässigkeit und Fachkunde aufgebaut ist. Jedenfalls dürfte hier für den Auftraggeber Anlaß zu einer strengen Prüfung und Wertung der Angebote sein. Auch muß hier besonders geprüft werden, ob nicht gegen die **zwingenden Vorschriften der §§ 1 ff. GWB** verstoßen wird. Unzulässig und daher von Nr. 3 Abs. 1 Satz 2 nicht gedeckt ist es, erst nach Angebotsabgabe zu erklären, daß die Leistung von einem Nachunternehmer ausgeführt werden soll, etwa um die Leistungsfähigkeit des Bieters darzulegen, wenn im Angebot erklärt ist oder sich daraus ergibt, daß der genannte Bieter die Leistung allein ausführen will.

V. Nachholung der Bezeichnung vor Zuschlag

Nr. 3 Abs. 2 geht davon aus, daß die Benennung des bevollmächtigten Vertreters bzw. des ausführenden Unternehmers schon im Angebot enthalten sein muß. Dabei ist es bei

A § 21, 3, Rdn. 29; A § 22

einer Vergabe nach Teil A der VOB nicht erforderlich, daß derartige Bezeichnungen als Erklärungen ausdrücklich in der Ausschreibung gefordert werden. Vielmehr ergibt sich, falls nach Teil A vergeben wird, diese Forderung aus den zwingenden Regelungen in Nr. 3 Abs. 1.

29 Für den Fall, daß die **Bezeichnungen** im Angebot vergessen worden sind, müssen sie **vor der Zuschlagserteilung** (Teil A § 28 Nr. 1) **beigebracht** werden, d. h. dem Auftraggeber oder dessen bevollmächtigtem Vertreter zugehen. Der Sinn dieser ebenfalls zwingenden Bestimmung liegt darin, daß der Auftraggeber spätestens kurz vor dem Vertragsabschluß wissen muß, wer von der betreffenden Arbeitsgemeinschaft oder den in Frage kommenden gemeinschaftlichen Bietern verantwortlich ist oder welcher Beteiligte aus einer Unternehmervereinigung den Bauvertrag abschließen will. Der Auftraggeber muß zumindest wissen, wer sein Vertragsgegner sein soll und/oder wer diesen verantwortlich und mit allen Rechten und Pflichten vertritt.

§ 22 Eröffnungstermin

1. Bei Ausschreibungen ist für die Öffnung und Verlesung (Eröffnung) der Angebote ein Eröffnungstermin abzuhalten, in dem nur die Bieter und ihre Bevollmächtigten zugegen sein dürfen. Bis zu diesem Termin sind die Angebote, die beim Eingang auf dem ungeöffneten Umschlag zu kennzeichnen sind, unter Verschluß zu halten.

2. Zur Eröffnung zuzulassen sind nur Angebote, die dem Verhandlungsleiter bei Öffnung des ersten Angebots vorliegen.

3. (1) Der Verhandlungsleiter stellt fest, ob der Verschluß der Angebote unversehrt ist.

(2) Die Angebote werden geöffnet und in allen wesentlichen Teilen gekennzeichnet. Name und Wohnort der Bieter und die Endbeträge der Angebote oder ihrer einzelnen Abschnitte, ferner andere den Preis betreffende Angaben werden verlesen. Es wird bekanntgegeben, ob und von wem Änderungsvorschläge oder Nebenangebote eingereicht sind. Weiteres aus dem Inhalt der Angebote soll nicht mitgeteilt werden.

(3) Muster und Proben der Bieter müssen im Termin zur Stelle sein.

4. (1) Über den Eröffnungstermin ist eine Niederschrift zu fertigen. Sie ist zu verlesen; in ihr ist zu vermerken, daß sie verlesen und als richtig anerkannt worden ist oder welche Einwendungen erhoben worden sind.

(2) Sie ist vom Verhandlungsleiter zu unterschreiben; die anwesenden Bieter und Bevollmächtigten sind berechtigt, mit zu unterzeichnen.

5. Angebote, die bei der Öffnung des ersten Angebots nicht vorgelegen haben (Nr. 2), sind in der Niederschrift oder in einem Nachtrag besonders aufzuführen. Die Eingangszeiten und die etwa bekannten Gründe, aus denen die Angebote nicht vorgelegen haben, sind zu vermerken. Der Umschlag und andere Beweismittel sind aufzubewahren.

6. Den Bietern und ihren Bevollmächtigten ist die Einsicht in die Niederschrift und ihre Nachträge (Nr. 5 und A § 23 Nr. 4) zu gestatten; den Bietern können die Namen der Bieter und die Endbeträge der Angebote sowie die Zahl ihrer Änderungsvorschläge und Nebenangebote mitgeteilt werden. Die Niederschrift darf nicht veröffentlicht werden.

7. Die Angebote und ihre Anlagen sind sorgfältig zu verwahren und geheimzuhalten; dies gilt auch bei Freihändiger Vergabe.

Inhaltsübersicht

	Rdn.
A. Begriff des Eröffnungstermins	1
B. Zweck des Eröffnungstermins; allgemeine Grundsätze	2-6
C. Die Einzelvorgänge vor und im Eröffnungstermin	7-37
I. Kennzeichnung und Verwahrung der Angebote bis zur Eröffnung	7-11
1. Vermeidung der Kenntnis durch Unbefugte	8-10
2. Kennzeichnung auf ungeöffnetem Umschlag	11
II. Zur Eröffnung zugelassene Angebote	12-14
1. Nur Angebote, die bei Eröffnung des ersten Angebotes vorliegen	12
2. Person des Verhandlungsleiters	13-14
III. Eröffnungsvorgang	15-23
1. Unversehrter Verschluß der Angebote	15-17
2. Kennzeichnung	18-19
3. Verlesung; Inhalt	20
4. Änderungsvorschläge oder Nebenangebote	21
5. Keine weiteren Bekanntgaben	22
6. Muster und Proben	23
IV. Niederschrift	24-27
1. Zweck der Niederschrift, Inhalt	24
2. Verlesung	25
3. Unterschrift	26
4. Öffentliche Auftraggeber	27
V. Behandlung nicht rechtzeitiger Angebote	28-33
1. Vermerk in der Niederschrift	29
2. Ausschluß von der Eröffnung	30
3. Feststellung verspäteten Einganges	31
4. Aufnahme in Niederschrift	32
5. Aufbewahrungspflicht	33
VI. Einsicht in Niederschrift; Mitteilung an Bieter; Veröffentlichungsverbot	34-37
1. Einsichtsrecht	34
2. Mitteilung an Bieter	35
3. Veröffentlichungsverbot	36-37
D. Aufbewahrung und Geheimhaltung der Angebote	38-42
I. Allgemeines	38-39
II. Beim Zuschlag nicht berücksichtigte Angebote	40
III. Angebot, das den Zuschlag erhält	41
IV. Anwendung auf die Freihändige Vergabe	42

A. Begriff des Eröffnungstermins

Durch den Eröffnungstermin sind der Tag und die Stunde gekennzeichnet, in denen die Angebotsfrist abläuft, vgl. hierzu Teil A § 18 Nr. 2. Also dürfen Eröffnungstermin und Ende der Angebotsfrist zeitlich nicht auseinanderfallen, weshalb hier Unklarheiten in den Verdingungsunterlagen vermieden werden müssen. Solche Eröffnungstermine kennt man grundsätzlich **nur bei Vergaben durch Ausschreibung.** Es muß sich also **entweder** um eine **Öffentliche oder** um eine **Beschränkte Ausschreibung** handeln. Derjenige, der nach VOB ausschreibt, **muß** auch einen **Eröffnungstermin abhalten.** Es besteht somit eine entsprechende Verpflichtung des Auftraggebers; es entspricht demgemäß nicht der VOB, den Bewerbern bzw. Bietern aus Anlaß einer Ausschreibung mitzuteilen, ein Eröffnungstermin werde nicht stattfinden. Will der Auftraggeber keinen Eröffnungstermin durchführen, so kann er den Auftrag nur freihändig vergeben, da ihm dann die Bestimmung des Vergabeverfahrens offenbleibt. Allerdings müssen dann wiederum die Voraussetzungen für eine Freihändige Vergabe vorliegen (vgl. Teil A § 3 Nr. 5), da sonst auch nicht VOB-gerecht vergeben wird. Auch bei Freihändiger Vergabe gilt überdies Nr. 7 (vgl. Rdn. 42).

B. Zweck des Eröffnungstermins; allgemeine Grundsätze

2 Nach Nr. 1 Satz 1 dient der bei der Öffentlichen und Beschränkten Ausschreibung abzuhaltende Eröffnungstermin zwei wesentlichen Vorgängen, nämlich einmal der Öffnung und zum anderen der Verlesung der Angebote. Wie die Öffnung und die Verlesung der Angebote vor sich zu gehen hat, ist in Nr. 3 des näheren geregelt (vgl. Rdn. 15 ff.). **Im Eröffnungstermin dürfen nur die Bieter und ihre Bevollmächtigten zugegen sein.** Aus Nr. 4 Abs. 2 und Nr. 6 folgt, daß auch **ein Recht** der Bieter und ihrer Bevollmächtigten **zur Anwesenheit** besteht (vgl. Rdn. 26 und 34 f.). Hinsichtlich des Personenkreises, der im betreffenden Vergabefall als Bieter zu gelten hat, dürften im Einzelfall kaum Zweifel bestehen. Bei Bevollmächtigten des Bieters wird man im allgemeinen ebenfalls keine Zweifel haben können. Das gilt insbesondere bei Gesellschaften handelsrechtlicher oder zivilrechtlicher Art als Bieter, die sich im Termin durch ihre vertretungsberechtigten Gesellschafter, Prokuristen, Geschäftsführer oder satzungsmäßigen Befugten vertreten lassen. Um von vornherein Klarheit zu haben, empfiehlt es sich, zu Beginn des Termins, d. h. vor der Öffnung des ersten Angebots, festzustellen, **wer im einzelnen erschienen ist und wen er vertritt.** Hat der Auftraggeber oder der Verhandlungsleiter **Zweifel an der Vertretungsmacht** eines Erschienenen, so kann es ihm nicht nur nicht verwehrt werden, sondern es ist ihm sogar im eigenen und im Interesse der übrigen Bieter dringend anzuraten, sich die **Bevollmächtigung nachweisen zu lassen** und im Falle des Unvermögens den Betreffenden vom Termin auszuschließen. Es ist daher zweckmäßig, einen der Auftraggeberseite noch nicht bekannten Vertreter mit einer schriftlichen Vollmacht zu versehen, schon um Verzögerungen im Termin durch etwa notwendig werdende Rückfragen zu vermeiden.

3 Sinn der Nr. 1 Satz 1 ist es, daß nur die **unmittelbar Beteiligten,** also die Bieter und der Auftraggeber bzw. deren Vertreter, am Termin teilnehmen. Hierdurch werden auch die **Grundsätze des Wettbewerbs** und der damit verbundenen Geheimhaltung als oberstes Gebot **bei der Ausschreibung gewahrt.** Insbesondere soll dadurch die immerhin mögliche, unbefugte Kenntnisnahme oder gar Einflußnahme von dritter Seite vermieden werden.

4 Aus den genannten Gründen kann wegen der damit verbundenen Unsicherheit dem Bieter **nicht** das **Recht** zugestanden werden, **fernmündlich Auskunft über das Ergebnis des Eröffnungstermins** zu erhalten. **Anders** dürften dagegen die Verhältnisse **bei schriftlicher oder fernschriftlicher Anfrage** liegen.

5 Die Grundsätze ordnungsgemäßen Bauwettbewerbs bedingen es auch, daß der Eröffnungstermin **zum bestimmten Termin,** nämlich am Ende der Angebotsfrist, **eingehalten** wird, also genau zu dem Termin, der im Anschreiben als der Zeitpunkt des Endes der Angebotsfrist bezeichnet ist (vgl. Teil A § 17 Nr. 4 h). Es muß von Auftraggeberseite peinlichst darauf geachtet werden, daß **alle Bieter die gleichen Chancen** haben, was insbesondere auch voraussetzt, daß für alle die **Angebotsfrist gleich** lang ist. Das ergibt sich zwingend aus der grundsätzlichen Forderung nach Gleichbehandlung aller Bewerber und demgemäß auch Bieter (vgl. Teil A § 8 Nr. 1 Satz 1). Beachtet der Auftraggeber dieses nicht, kann er sich u. U. gegenüber benachteiligten Bietern **schadensersatzpflichtig** machen, falls der Auftraggeber einen Bieter dadurch bevorzugt hat, daß er noch dessen Angebot abgewartet und diesem den Zuschlag erteilt hat, obwohl ein anderer Bieter, der die ursprüngliche Angebotsfrist eingehalten hat, sonst unter den Voraussetzungen von Teil A § 25 den Auftrag hätte erhalten müssen. Deshalb bestimmt das VHB in Nr. 1.3. zu Teil A § 22 mit Recht:

1.3. Der Eröffnungstermin ist pünktlich wahrzunehmen.

Ein **Hinausschieben des Eröffnungstermins ist nur unter ganz außergewöhnlichen, völlig unvorhergesehenen Ereignissen möglich**, wie z. B. bei Unruhen, Schneestürmen, Poststreik u. ä. Nicht reichen dagegen normale witterungsbedingte Ereignisse, Verkehrsstaus usw., mit denen also gewöhnlicherweise gerechnet werden muß (zutreffend Schelle/Erkelenz S. 211). Es ist allerdings ein Gebot der Fairneß, die Stunde des Eröffnungstermins so auszurichten, daß die Bieter möglichst wenig Behinderungen zu erwarten haben.

C. Die Einzelvorgänge vor und im Eröffnungstermin

I. Kennzeichnung und Verwahrung der Angebote bis zur Eröffnung

Die nach Nr. 1 Satz 2 **festgelegte Verwahrung der Angebote von ihrem Eingang bis zum Eröffnungstermin ist eine wesentliche Verpflichtung des Auftraggebers.** Er hat die Pflicht, die eingegangenen Angebote **ungeöffnet unter Verschluß** zu halten, sie also dem Zugriff Dritter zu entziehen.

1. Es muß vermieden werden, daß **Unbefugte** vom Angebotsinhalt vor der Eröffnung Kenntnis nehmen, diesen für ein eigenes Angebot verwerten oder ihn an andere weitergeben. Sonst kann von einem ordnungsgemäßen Wettbewerb nicht mehr die Rede sein. Auch kann sich der Auftraggeber, der seine **Verwahrungspflichten nicht befolgt** und hierbei schuldhaft handelt, wegen **Bruchs des Vertrauensverhältnisses** zu den Bietern unter Umständen aus dem Gesichtspunkt der culpa in contrahendo (vgl. hierzu Einl. vor § 1 Rdn. 51 ff.) **schadensersatzpflichtig** machen. Insbesondere wird der Auftraggeber dann auch für leichte Fahrlässigkeit zu haften haben, da § 690 BGB, der nur eine Sorgfalt wie in eigenen Angelegenheiten erfordert, nicht zur Anwendung gelangen dürfte (auch Daub/Piel/Soergel ErlZ A 22.18). Denn bei der Verwahrungspflicht im Vergabeverfahren nach der VOB handelt es sich um eine Teilverpflichtung im Rahmen des durch die Ausschreibung und die Einreichung der Angebote begründeten **besonderen Vertrauensverhältnisses** des Auftraggebers zu jedem einzelnen Bieter. Der Auftraggeber hat also allen Anlaß, alle Vorkehrungen für eine sorgfältige Aufbewahrung der Angebote zu treffen, bis diese eröffnet werden. Er muß die für ihn beim Vergabeverfahren beschäftigten Hilfspersonen sorgfältig auswählen, da er für deren Verschulden wie für eigenes nach § 278 BGB einzustehen hat.

Für öffentliche Auftraggeber ist zu dem Gesagten Nr. 1.1. VHB zu Teil A § 22 zu beachten. Dort heißt es:

1.1. Alle Angebote sind auf dem Umschlag mit Datum und Uhrzeit des Eingangs zu versehen und unmittelbar, unverzüglich und ungeöffnet dem für die Verwahrung zuständigen Bediensteten, der an der Vergabe nicht beteiligt sein darf, zuzuleiten. Dieser hat sie in der Reihenfolge des Eingangs mit einer laufenden Nummer zu versehen und ungeöffnet unter Verschlußaufzubewahren. Zum Eröffnungstermin hat der Bedienstete die eingegangenen Angebote zusammen mit dem ausgefüllten Formblatt EFB – Verd (1973) (Teil III) dem Verhandlungsleiter zu übergeben.

Die Verwahrungspflichten des Auftraggebers umfassen alles, was erforderlich ist, um ein ordnungsgemäßes, unabhängiges und unbeeinflußtes Anbieten der Leistung zu gewährleisten. Dazu gehören u. a. der Schutz vor Kenntnisnahme vom Angebotsinhalt vor der Eröffnung, wobei die Kenntnisnahme eines jeden, also auch im Bereich des Auftraggebers, gemeint ist, ferner die unbeschädigte und verschlossene Aufbewahrung des Angebotes, auch die Sicherstellung gegen ein Abhandenkommen oder einen Verlust des Angebots durch Verwahrung an einem sicheren Ort. Wird aus Versehen ein Angebot zu früh eröffnet, so ist es unverzüglich wieder zu verschließen und mit einem entsprechenden Vermerk zu versehen, der im Eröffnungstermin zu verlesen ist (Nr. 4 Abs. 1 Satz 1; zutreffend Schelle/Erkelenz S. 209). Anders liegt es naturgemäß dann, wenn hinreichende, vom Auftraggeber zu beweisende

Anhaltspunkte vorliegen, daß das Angebot zur Ermöglichung von Manipulationen, also zwecks unlauterem Eingriff in den Wettbewerb, vorzeitig eröffnet wurde.

11 **2. Die Angebote sind bei ihrem Eingang auf dem ungeöffneten Umschlag zu kennzeichnen.** Dadurch muß auf dem Angebotsumschlag nach außen erkennbar dargetan werden, daß es sich um ein auf eine bestimmte Ausschreibung bezogenes Schriftstück handelt, das besonders sorgfältiger Behandlung und Aufbewahrung bedarf. Wie die **Kennzeichnung** zu erfolgen hat, muß dem jeweiligen Auftraggeber überlassen bleiben. Man kann Zettel mit Bezeichnung der betreffenden Ausschreibung aufkleben, Nummern daran befestigen oder sich auch mit einer besonderen Aufschrift begnügen; auf jeden Fall muß dies aber deutlich lesbar und dauerhaft sein. Es ist erforderlich, eine einheitliche Kennzeichnung zu wählen, zumal auch die Aufschrift nach Teil A § 17 Nr. 4 g einheitlich zu geschehen hat. Für den öffentlichen Auftraggeber gilt auch hier Nr. 1.1. VHB zu Teil A § 22 (vgl. Rdn. 9).

II. Zur Eröffnung zugelassene Angebote

12 **1. Nach Nr. 2 dürfen nur Angebote zur Eröffnung zugelassen werden, die dem Verhandlungsleiter bei der Öffnung des ersten Angebots vorliegen.** Dabei kommt es entscheidend auf den **tatsächlichen Beginn des Eröffnungstermins bzw. auf die tatsächliche Öffnung des ersten Angebotes** an. Verspätet sich also der vorgesehene Eröffnungstermin (vgl. Teil A § 17 Rdn. 13 und Rdn. 8, 44) und werden vor Beginn noch Angebote eingereicht, sind diese zur Eröffnung zuzulassen.

Kommen Angebote später an, so ergeben sich die Folgen aus Teil A § 23 Nr. 1 und Teil A § 25 Nr. 1 a; vgl. auch Rdn. 28 ff. Grundsätzlich trägt somit der **Bieter** das **Risiko der Übermittlung und des rechtzeitigen Einganges seines Angebotes** beim Auftraggeber. Ist aber das Angebot vor Öffnung des ersten Angebotes beim Auftraggeber eingegangen, so ist dieser ebenso grundsätzlich im Rahmen der ihm obliegenden Fürsorgepflicht für es verantwortlich, z. B. dafür, daß es in eine falsche Abteilung gelangt ist. **Vgl. dazu jedoch Teil A § 25 Rdn. 6.** Diejenigen Angebote, die bei der Öffnung des ersten Angebotes vorliegen, müssen inhaltlich geprüft werden, wie aus Teil A § 23 Nr. 2 ersichtlich ist.

13 **2. Verhandlungsleiter ist derjenige, den der Auftraggeber mit der Abhaltung des Eröffnungstermins beauftragt.** Das wird beim **privaten Auftraggeber,** wenn dieser sich erklärtermaßen nach Teil A der VOB richtet und nicht selbst eröffnet, derjenige sein, den er als fachkundige Person seines Vertrauens mit der Durchführung des Vergabeverfahrens und gegebenenfalls auch mit der Bauaufsicht bei der späteren Durchführung beauftragt hat. Insoweit kommen hauptsächlich Architekten und Bauleiter des Auftraggebers als Verhandlungsleiter in Betracht. Falls der Auftraggeber nicht selbst Verhandlungsleiter ist, gelten für die von ihm ausgewählten, beauftragten und bevollmächtigten Personen die **Grundsätze des § 278 BGB,** d. h., er hat für deren Handlungen sowie Unterlassungen, insbesondere deren Verschulden einzustehen. **Für öffentliche Auftraggeber** heißt es in Nr. 1.2. VHB zu Teil A § 22 wie folgt:

> 1.2. Der Eröffnungstermin soll von einem mit der Vergabe nicht befaßten Bediensteten geleitet werden. Zur Unterstützung des Verhandlungsleiters ist ein Schriftführer zuzuziehen, der eine Niederschrift nach Formblatt EFB – Verd (1973) (Teil III) anzufertigen hat. Er soll an der Bearbeitung der Verdingungsunterlagen und an der Vergabe nicht beteiligt sein.

14 Somit darf Verhandlungsleiter nicht sein, wer an der Ausarbeitung der Vergabeunterlagen, bei der Bestimmung der verschiedenen Termine des Vergabeverfahrens, der Prüfung und Wertung der Angebote, der etwaigen Aufhebung der Ausschreibung (zutreffend Daub/Piel/Soergel ErlZ A 22.29) sowie an der Entschließung über den Zuschlag beteiligt ist. Entscheidend ist,

daß es sich beim Verhandlungsleiter um einen mit den Regeln des Eröffnungsverfahrens Vertrauten handelt (was beim öffentlichen Auftraggeber also nicht einen „Baufachkundigen" verlangt; insoweit mißverstanden von Daub/Piel/Soergel ErlZ A 22.28).

III. Eröffnungsvorgang

1. **Nr. 3 Abs. 1 bezeichnet als erste Aufgabe des Verhandlungsleiters zu Beginn des Eröffnungstermins die Pflicht, festzustellen, ob der Verschluß der Angebote unversehrt ist.** Dadurch soll nachgeprüft werden, ob der Auftraggeber seinen Verwahrungspflichten hinsichtlich der vor dem Eröffnungstermin eingegangenen Angebote nachgekommen ist. Dies geschieht nicht nur im Interesse der Bieter, sondern auch im Interesse des Auftraggebers. Es soll den Bietern nachgewiesen werden, daß zwischenzeitlich das Angebot richtig verwahrt geblieben ist und kein Unbefugter von seinem Inhalt Kenntnis genommen hat. Der Auftraggeber soll sich durch die Prüfung den Bietern gegenüber entlasten können und in die Lage versetzt werden, etwaigen späteren Einwendungen, z. B. eines beim Zuschlag nicht berücksichtigten Bieters, gegen die ordnungsgemäße Verwahrung der Angebote zu begegnen (auch Daub/Piel/Soergel ErlZ A 22.34). In diesem Sinne sieht hier Nr. 1.4. VHB zu Teil A § 22 vor: 15

1.4. Der Verhandlungsleiter hat sich vor Öffnung des ersten Angebots zu vergewissern, daß alle auf die Ausschreibung hin eingegangenen Angebote ungeöffnet vorliegen.
Verspätet eingegangene Angebote sind als solche zu kennzeichnen. Ihr Inhalt ist nicht zu verlesen.
Im übrigen ist nach dem Formblatt EFB – Verd (1973) (Teil III) zu verfahren.

Der Verhandlungsleiter muß danach zunächst das ungeöffnete, unversehrte Vorliegen aller eingegangenen Angebote überprüfen. Das ist bei Behörden einfach, da es sich um eine Überprüfung der nach Nr. 1 Satz 2 gekennzeichneten und in die Liste nach Formblattmuster eingetragenen Angebote handelt (vgl. Rdn. 9). Auch der bei der Vergabe sich nach den Regeln des Teils A richtende private Auftraggeber sollte nach dieser Richtlinie handeln und sich zunächst vergewissern, ob alle eingereichten Angebote an Ort und Stelle des Eröffnungstermins vorliegen. Das würde bedingen, daß er die Angebote bei ihrem Eingang registriert. Er beweist hierdurch die Erfüllung seiner Verwahrungspflichten und entlastet sich zugleich. 16

Ist ein Angebot nicht verschlossen, so hat dies nicht schon den Ausschluß von der Vergabe zur Folge, weil die dafür maßgebenden Gründe in Teil A § 25 Nr. 1 Abs. 1 abschließend genannt sind. Jedoch ist dies in der Niederschrift nach Nr. 4 Abs. 1 zu vermerken, um den anderen Bietern die erforderliche Kenntnis zu vermitteln, insbesondere um den Ursachen des Nichtverschließens nachzugehen, vor allem etwaige Wettbewerbsverfälschungen feststellen zu können. Selbstverständlich ist der betreffende Bieter zu benachrichtigen, um ihm Gelegenheit zur Stellungnahme zu geben. Gelangt das unverschlossene Angebot frühzeitig in den Bereich des Auftraggebers oder ist der Bieter im Eröffnungstermin anwesend, so dient die Benachrichtigung bzw. der Hinweis über den Nichtverschluß auch dazu, dem Bieter Gelegenheit zu geben, sein Angebot zurückzuziehen, evtl. ein neues vor Öffnung des ersten Angebotes einzureichen (ähnlich Schelle/Erkelenz S. 208 f.). Dies gilt auch für Angebote, die mittels Telefax beim Auftraggeber eingereicht wurden, zumal sie offen bei ihm ankommen, daher die vorzeitige Kenntnisnahme durch Unbefugte nicht ausgeschlossen werden kann. 17

2. **Nr. 3 Abs. 2 und 3 schildern den eigentlichen Eröffnungsvorgang.** Danach werden zunächst die Angebote geöffnet und in ihren wesentlichen Teilen gekennzeichnet. Die **Kennzeichnung** nimmt der Verhandlungsleiter selbst oder sein etwaiger Gehilfe vor der Verlesung vor. Sinn der Kennzeichnung ist es, später Unstimmigkeiten über die Identität der Angebotsangaben, insbesondere einen unerlaubten Austausch mit günstigeren Angeboten oder Verwechslungen, zu vermeiden. Hinzu kommt der Nachweis, daß das betreffende Angebot zu Beginn des Eröffnungstermins nach Nr. 2 vorgelegen hat und daher für das weitere Vergabe- 18

A § 22, Rdn. 19+20

verfahren zuzulassen ist. Das Verlangen auf Kennzeichnung in allen wesentlichen Teilen des Angebotes bedeutet zugleich, daß nicht alle Blätter des Angebots einer Kennzeichnung bedürfen. Wesentliche Teile sind diejenigen, die **für den späteren Vertragsinhalt von Bedeutung** sind, ferner diejenigen, bei denen die oben aufgezeigten Gefahren, wie Verwechslung und Austausch, entstehen können, die aber durch die Kennzeichnung zu vermeiden sind. **Dazu zählen grundsätzlich die Preise, die in der Ausschreibung geforderten Erklärungen sowie die rechtsverbindliche Unterschrift.** Diejenigen Teile des Angebots, insbesondere die Verdingungsunterlagen, die der Auftraggeber selbst angefertigt hat, können kaum Gefahr laufen, vertauscht zu werden, da sie bei allen Bietern einen gleichen Inhalt haben.

19 Die Kennzeichnung geschieht zweckmäßigerweise durch ein Merkmal, das nicht leicht nachgemacht werden kann. Ein bloßer Bleistiftstrich o. ä. dürfte nicht ausreichen. Geeignet erscheinen Stempel, Lochsysteme usw. Zur Kennzeichnung verhält sich Nr. 1.5. VHB zu Teil A § 22 wie folgt:

1.5. Sofort nach Eröffnung sind die Angebote mit allen Anlagen durch Lochen oder auf andere Weise so zu kennzeichnen, daß nachträgliche Änderungen und Ergänzungen verhindert werden.

20 3. Es ist nicht vorgeschrieben, daß jeweils das gesamte Angebot zur Verlesung gelangt. **Vielmehr beschränkt sich die Verlesung auf die Punkte des Angebots, die bei einer Ausschreibung mit Rücksicht auf den Wettbewerb für die Kenntnisnahme der beteiligten anderen Bieter wesentlich sind** (Nr. 3 Abs. 2 Satz 2). Hierzu gehören zunächst Name und Wohnort der Bieter. Ferner sind dazu als Kernpunkt die im Angebot aufgeführten **Preise** zu rechnen, und zwar aus Wettbewerbsgründen im Interesse der Beteiligten grundsätzlich die **Endbeträge** der Angebote. Hierbei kann es sich bei Einheitspreisen um den Gesamtpreis (Angebotsendpreis) – nicht also um die einzelnen Endpreise in den Positionen – oder um den angebotenen Pauschalpreis handeln. Wenn die Leistung derart bemessen ist, daß das Angebot einzelne für sich zu betrachtende Abschnitte ausweist (z. B. Erdarbeiten, Mauerarbeiten, Betonarbeiten) und der Auftraggeber in der Ausschreibung abschnittsweise Preisangaben mit jeweiligen Endpreisen verlangt hat, so sind die Endbeträge dieser Abschnitte zu verlesen, da es sich dann um Preisangaben für verselbständigte, von anderen deutlich getrennte Leistungsinhalte handelt. Das trifft vor allem bei einer Ausschreibung nach Einzellosen zu. Das wettbewerbsmäßig berechtigte Interesse der Bieter beschränkt sich u. U. nicht nur auf die bloßen Preisangaben, sondern es können auch wesentliche Gesichtspunkte der Preisbildung von Interesse sein. Diese den Preis betreffenden Angaben können im Angebot vom Bieter allgemein gemacht sein, sie können aber auch in einzelnen Abschnitten oder gar nur bei einzelnen Positionen vermerkt sein. Voraussetzung ist jedoch, daß dies für den Verhandlungsleiter bei der Angebotseröffnung hinreichend erkennbar ist; andernfalls muß es genügen, wenn die entsprechenden Angaben bei der rechnerischen Prüfung festgestellt und später in die Niederschrift aufgenommen werden (Teil A § 23 Nr. 4), welche die Bieter einsehen können (vgl. nachfolgend Rdn. 34 f.). Unter der angegebenen Voraussetzung hat der Verhandlungsleiter hierauf bei der Verlesung zu achten, und es ist ein entsprechender, für alle Beteiligten verständlicher Hinweis des Verhandlungsleiters geboten. Wann es sich im einzelnen um solche wesentlichen Angaben handelt, ist letztlich Tatfrage, die der ordnungsgemäßen Entschließung des Verhandlungsleiters unterliegt. Der Verhandlungsleiter wird prüfen und sich die Frage beantworten müssen, ob es sich um Angaben handelt, die für den Auftraggeber bei seiner Entschließung über die Vergabe bedeutsam sein können. Dazu gehören bei etwa angebotenen **Preisnachlässen** (vgl. dazu Teil A § 21 Rdn. 4) sicher die dafür im Angebot angegebenen Voraussetzungen sowie die Nachlaßhöhe. Auch etwa eingeräumte **Skonti** sind zu verlesen, da auch sie für die Bildung der Preise, vor allem der Angebotsendpreise von Bedeutung sind. Ebenso gilt dies hinsichtlich des etwaigen Änderungssatzes für die Pfennigklausel (a. A. wohl Schelle/Erkelenz S. 178 f.). Wenn Daub/Piel/Soergel (ErlZ A 22.42) hierin generell eine unzulässige Überspannung der Anforderungen an den Verhandlungsleiter sehen, so verkennen sie den der

hier erläuterten Regelung zugrundeliegenden Wettbewerbsgrundsatz im berechtigten Bieterinteresse. Dabei ist vor allem zu berücksichtigen, daß es sich hier nur um wesentliche Gesichtspunkte der Preisbildung handelt, die zu erkennen dem Verhandlungsleiter – eben aus Sinn und Zweck der Nr. 3 Abs. 2 Satz 1 heraus – abgefordert werden muß.

4. Von Interesse für die Bieter im Rahmen des Wettbewerbs ist es auch, zu erfahren, ob und von wem **Änderungsvorschläge oder Nebenangebote** eingereicht worden sind (Nr. 3 Abs. 2 Satz 3). Das gilt mit Rücksicht auf Teil A § 25 Nr. 3 auch dann, wenn der Auftraggeber Änderungsvorschläge oder Nebenangebote nicht gefordert hat. An der hier bis zur 8. Auflage vertretenen Auffassung, daß für die Bekanntgabe der Nebenangebote und Änderungsvorschläge das gleiche gelte wie für die Verlesung der Hauptangebote (vgl. Rdn. 20), also auch hier die Preise zu verlesen seien (vgl. dazu auch LG Arnsberg SFH § 22 VOB/A Nr. 1 mit Anm. Hochstein), wird seit der 9. Auflage **nicht mehr festgehalten.** Anderseits sind die im wesentlichen auf den Wortlaut des § 22 Nr. 3 Abs. 2 Satz 2 und 3 gestützte Auffassung von Heiermann/Riedl/Rusam/Schwaab (Teil A § 17 Rdn. 82 ff. sowie § 22 Rdn. 18) sowie auch die sich mit der noch in der 8. Auflage vertretenen Auffassung lediglich befassende Meinung von Daub/Piel/Soergel (ErlZ A 22.43) zu eng, um den Erfordernissen eines ordnungsgemäßen Bauvergabewettbewerbs gerecht zu werden. Richtig ist zwar, daß, ausgehend vom Wortlaut der VOB, grundsätzlich nur gefordert werden kann, daß bei der Verlesung mitgeteilt wird, ob und von wem Nebenangebote oder Änderungsvorschläge eingereicht worden sind. Das ist aber nur eine Mindestvoraussetzung, die unter der grundlegenden Bedingung ordnungsgemäßen Bauvergabewettbewerbs steht. Auch hier dürfte neben den Belangen des Auftraggebers gleichwertig das berechtigte Interesse der Bieter stehen, das dahin geht, durch die Verlesung der Angebotspreise für ihre weitere unternehmerische Planung zu erfahren, ob für sie überhaupt Chancen bestehen, an der eigentlichen Vergabe beteiligt zu werden. Insofern trifft es allerdings zu, daß Preise von Änderungsvorschlägen oder Nebenangeboten den an der Vergabe interessierten anderen Bietern anders als bei dem leistungsmäßig einheitlich ausgerichteten Hauptangebot wenig besagen, wenn sie nicht zugleich von dem Inhalt der in Änderungsvorschlägen oder Nebenangeboten vorgeschlagenen veränderten Leistung Kenntnis haben. Richtig ist weiter, daß der Verhandlungsleiter in zahlreichen Fällen, in denen Änderungsvorschläge oder Nebenangebote abgegeben werden, nicht bereits im Zeitpunkt der Angebotsverlesung übersehen kann, ob und inwieweit sich die Änderungsvorschläge und Nebenangebote leistungs- und damit zusammenhängend preismäßig im Verhältnis zum Hauptangebot auswirken. Daher wird man im allgemeinen davon ausgehen müssen, daß zwar die Preise von Änderungsvorschlägen oder Nebenangeboten nicht bereits bei der Angebotseröffnung zu verlesen sind, daß aber den genannten berechtigten Belangen der übrigen Bieter dennoch Rechnung getragen werden muß. Dies ist dadurch zu lösen, daß den interessierten Bietern nach Angebotsprüfung (vgl. § 23 Nr. 4), also einer hinreichenden Zeit, in der der Auftraggeber Gelegenheit hatte, die Angebotsendsummen – auch hinsichtlich der Änderungsvorschläge oder Nebenangebote – zu prüfen und festzustellen und diese in der Niederschrift über den Eröffnungstermin zu vermerken, auf Wunsch die Einsicht in die Niederschrift und ihre Nachträge gestattet wird (§ 22 Nr. 6, erster Halbsatz). Damit dürfte man der grundlegenden Forderung nach einer wettbewerbsgerechten Vergabe (Teil A § 2 Satz 2 und 3) ausreichend Folge leisten. Gerade dieser Grundsatz ist als **Obersatz auch für jene Fälle** zu beachten, in denen – ohne daß der Auftraggeber dies ausgeschlossen hätte – von Bietern **nur Änderungsvorschläge oder** – hier regelmäßig – **Nebenangebote abgegeben worden sind.** Sofern diese darauf beruhen, daß der Auftraggeber schuldhaft nachlässig ausgeschrieben hat, dürfte hier eine Verletzung des zwingenden Gebots in Teil A § 9 Nr. 1 vorliegen, wodurch der Auftraggeber zur Aufhebung der Ausschreibung nach Teil A § 26 Nr. 1 c gezwungen sein kann, andernfalls er den schuldlos vergeblich anbietenden Bietern aus culpa in contrahendo (vgl. dazu Einl. Vor § 1 Rdn. 51 ff.) schadensersatzpflichtig sein kann. Besonders gefährlich kann dies für den Auftraggeber sein, der bei einer Leistungsbeschreibung mit Leistungsprogramm nicht die an ihn nach Teil A § 9 Nr. 11 zu stellenden Mindestforderungen erfüllt.

22 5. Dadurch, daß **Weiteres aus dem Inhalt der Angebote nicht bekanntgegeben werden soll** (Nr. 3 Abs. 2 Satz 4), wird – allerdings bei gebotener Beachtung des Erfordernisses lauteren Vergabewettbewerbs – nicht einer Art Geheimhaltung das Wort geredet, sondern es sollen Angaben, die den Bietern ohnehin bekannt sind oder jedenfalls bekannt sein sollten, nicht wiederholt werden. Das gilt insbesondere für die vom Auftraggeber selbst aufgestellten Verdingungsunterlagen, die Vertragsbedingungen und die Technischen Vorschriften. Es kann Ausnahmefälle geben, in denen mehr verlesen werden muß. Insoweit wird der Verhandlungsleiter auftretende Zweifelsfragen aus dem Gesichtspunkt des berechtigten Interesses der Bieter an einem ordnungsgemäßen Wettbewerb entscheiden müssen. Der gegenteiligen Ansicht von Daub/Piel/Soergel (ErlZ A 22.44), die es hier vorrangig auf das Erfordernis der Geheimhaltung abstellen, kann schon deswegen nicht gefolgt werden, weil diese Regelung („sollen") nicht zwingend, sondern von der pflichtgemäßen Beurteilung des Verhandlungsleiters im vorgenannten Sinne abhängig ist. Sicher kann im Einzelfall das Gebot der Geheimhaltung aus zwingenden rechtlichen Gründen Vorrang genießen, vor allem dann, wenn der betreffende Bieter etwaige gewerbliche Schutzrechte in Anspruch nimmt. Das wird auch durch Nr. 2. zu § 22 VOB/A des VHB berücksichtigt, wo es heißt:

„Hat der Bieter die Absicht mitgeteilt, Angaben aus seinem Angebot für die Anmeldung eines gewerblichen Schutzrechtes zu verwerten – vgl. Nr. 2.5 des EVM(B) BB –, ist sicherzustellen, daß nur die mit der Sache befaßten Bearbeiter Kenntnis vom Angebot erhalten."

23 6. **Muster und Proben der Bieter müssen im Termin zur Stelle sein** (Nr. 3 Abs. 3). Hierdurch wird ebenfalls klargestellt, daß die **Angebote,** die bei der Öffnung des ersten Angebots vorliegen, **vollständig** sein müssen. Es soll eine den übrigen Bietern nicht bekanntwerdende Beeinflussung des Auftraggebers vermieden werden, indem ein Bieter nachträglich ein Muster oder eine Probe liefert.

IV. Niederschrift

24 1. **Die Niederschrift über den Eröffnungstermin soll als Beweismittel gelten und dient somit dem Interesse des Auftraggebers und aller beteiligten Bieter** (Nr. 4 Abs. 1 Satz 1). Man sollte daher großes Gewicht auf eine vollständige und sorgfältige Anfertigung des Protokolls legen. In ihm sind die wesentlichen Vorgänge der Eröffnung zu vermerken. Anzugeben sind der Tag und die Stunde des Termins, die namentliche Bezeichnung der Teilnehmer, das Vorliegen von Vollmachten sowie das Ausschließen von vollmachtslosen Vertretern der Bieter, ferner alle sonstigen in Nr. 3 angeführten Handlungen des Verhandlungsleiters sowie etwaige Erklärungen der Anwesenden, soweit diese die Angebote und das Angebotsverfahren betreffen (vgl. auch Rdn. 29). Insbesondere sollten Beschwerden und Rügen oder sonstige Einwendungen mit aufgenommen werden.

25 2. Die gefertigte **Niederschrift ist zu verlesen,** damit festgestellt werden kann, ob sie vollständig ist. Auch sollen sich die Bieter und der Verhandlungsleiter noch einmal über die wesentlichen Vorgänge des Eröffnungstermins klarwerden. Zu vermerken ist, daß die Verlesung stattgefunden hat, daß die Niederschrift inhaltlich **als richtig anerkannt worden ist oder welche Einwendungen erhoben worden sind.** Ein Bieter, der später irgendwelche Einwendungen gegen den Gang des Eröffnungstermins erhebt, wird schlecht gehört werden können, wenn er oder sein Vertreter nicht nach der Verlesung der Niederschrift gegen die Richtigkeit oder Vollständigkeit derselben Einwendungen zu Protokoll erhoben hat. Um diesen Zweck, der mit dem Protokoll verbunden ist, zu erreichen, ist es erforderlich, daß der Verhandlungsleiter oder sein als Protokollführer hinzugezogener Gehilfe **alle Sorgfalt** sowohl auf die äußere wie auch auf die inhaltlich richtige Fertigung des Protokolls legt. Er darf sich auch nicht weigern, die Beanstandungen der Bieter in die Niederschrift aufzunehmen. Darauf, ob diese aus der Sicht des Verhandlungsleiters berechtigt sind, kommt es hier nicht an.

3. Die Niederschrift ist vom Verhandlungsleiter zu unterschreiben (Nr. 4 Abs. 2). Darin 26
kommt die Verantwortlichkeit des Verhandlungsleiters als Vertreter des Auftraggebers zum
Ausdruck. Die Bieter und ihre Bevollmächtigten sind berechtigt, die Niederschrift neben dem
Verhandlungsleiter mit zu unterschreiben. Hiervon sollte weitgehend Gebrauch gemacht
werden, damit die Richtigkeit des Protokolls nicht nur vom Verhandlungsleiter, sondern auch
von anderen Beteiligten bestätigt wird. Andererseits kann der Auftraggeber von den Bietern
nicht verlangen, daß sie oder ihre Bevollmächtigten die Niederschrift unterzeichnen. Das
steht im freien Ermessen der Bieter. Ebensowenig steht es mit der VOB im Einklang, wenn der
Auftraggeber bzw. der für ihn handelnde Verhandlungsleiter den Bietern oder deren Bevollmächtigten das Recht auf die Unterschrift verweigern wollte.

4. Für öffentliche Auftraggeber ist hier auf Nr. 1.2. VHB zu Teil A § 22 hinzuweisen 27
(vgl. Rdn. 17).

V. Behandlung nicht rechtzeitiger Angebote

Nr. 5 befaßt sich mit den Angeboten, die dem Verhandlungsleiter nicht rechtzeitig, 28
also nicht bei der Öffnung des ersten Angebotes, vorgelegen haben.

1. Angebote können noch während des Eröffnungstermins nach Öffnung des ersten Angebo- 29
tes eintreffen, oder sie gelangen erst nach Beendigung des Termins in die Hände des Verhandlungsleiters. Diese Unterscheidung ist insofern von Bedeutung, als die noch während des
Termins eintreffenden **Angebote** mit **in die Niederschrift** aufgenommen werden, während
die erst nach dem Termin eingehenden Angebote **in einem Nachtrag zur Niederschrift** zu
erfassen sind. Es ist notwendig, daß die Angebote, die noch während des Termins und daher
vor Abschluß der Niederschrift eintreffen, in dieser aus Gründen der Übersichtlichkeit und
des Vermeidens von Irrtümern von den anderen, vorher vorliegenden Angeboten getrennt
aufgeführt werden.

2. Die verspätet vorliegenden Angebote sind nach Nr. 2 sämtlich nicht zur Eröffnung 30
zuzulassen, was auch für später vom Bieter ergänzte und vorgelegte Angebote gilt. Sie fallen
auch bei der Wertung der Angebote aus, wie sich aus Teil A § 25 Nr. 1 a ergibt. Daraus folgt,
daß zwar eine Öffnung, **nicht** aber eine **Eröffnung** im Sinne von Nr. 3 Abs. 2 in Betracht
kommt (so auch Daub/Piel/Soergel ErlZ A 22.21). In die Niederschrift oder deren Nachtrag
sind daher nur die Punkte aufzunehmen, die bei rechtzeitig vorliegenden Angeboten erfaßt
werden, vgl. Rdn. 31 f. Das ergibt sich aus der unbedingten Formulierung in Teil A § 22 Nr. 2
und Teil A § 25 Nr. 1 a. Es soll alles vermieden werden, was auch nur den Anschein erwecken
könnte, daß das Ausschreibungsverfahren nicht unter den gleichen Bedingungen für alle
Bieter im Rahmen eines ordnungsgemäßen Wettbewerbs durchgeführt worden sei. Reicht ein
Bieter verspätet sein Angebot ein, so kann bei den übrigen immer der Verdacht auftauchen,
daß er den Inhalt bereits eröffneter Angebote gekannt und verwertet hat. Grundsätzlich muß
daher die von der VOB geforderte Handhabung hinsichtlich der verspäteten Angebote genau
eingehalten werden. Erteilt der Auftraggeber den Auftrag an einen Bieter, dessen Angebot bei
Öffnung des ersten Angebots noch nicht vorlag, so haben die übrigen Bieter, die ihre Angebote rechtzeitig eingereicht haben, aus dem Gesichtspunkt des **Verschuldens bei Vertragsabschluß** einen **Schadensersatzanspruch** jedenfalls auf Ersatz der Kosten der Angebotsbearbeitung sowie der – vergeblichen – Teilnahme am Eröffnungstermin gegen den Auftraggeber
(OLG Hamm BB 1972, 243; OLG Köln SFH Z 2.13 Bl. 53).

3. Es reicht aus, die verspäteten Angebote zu öffnen, Name und Anschrift der verspäte- 31
ten Bieter in die Niederschrift oder den Nachtrag aufzunehmen sowie die genaue
Eingangszeit einzutragen. Dabei sind nicht nur der Tag und die Stunde zu vermerken,
sondern auch die Zeit nach Minuten, wenn der Eröffnungstermin noch nicht beendet ist. Es ist

genau der Zeitpunkt festzuhalten, zu dem das verspätete Angebot in die Hände des Verhandlungsleiters gelangt. Daß es hier allein auf die Person des Verhandlungsleiters ankommen kann, ergibt sich aus dem Zusammenhang mit Nr. 2. Nicht aufzunehmen sind die Preise und die sich auf den Preis beziehenden Angaben.

Außerdem ist es zumindest zweckmäßig, auch die verspätet eingegangenen Angebote als solche zu kennzeichnen, wie dies in Nr. 1.4. VHB zu Teil A § 22 vorgesehen ist (vgl. oben Rdn. 15 f.).

32   **4. Schließlich sind in die Niederschrift die etwa bekannten Gründe, aus denen die Angebote nicht rechtzeitig vorgelegen haben, mit aufzunehmen.** Diese können dadurch bekannt sein, daß sie der Auftraggeber oder der Verhandlungsleiter selbst weiß, daß sie ihm von dritter Seite mitgeteilt worden sind oder daß sie vom verspäteten Bieter, nach Möglichkeit unter Vorlage oder Benennung von Beweismitteln, bezeichnet werden. Diese Bestimmung ist **zwingend,** wie aus ihrer Formulierung eindeutig ersichtlich ist; ihre Einhaltung ist daher nicht in das Ermessen des Verhandlungsleiters oder des Auftraggebers gestellt. Sie ist dazu da, die berechtigten Interessen des verspäteten Bieters, naturgemäß auch der übrigen Bieter und nicht zuletzt des Auftraggebers selbst, zu wahren. Es sind Fälle denkbar, in denen der Bieter durch widrige und äußere Einflüsse, die seinem Willen nicht unterlegen haben, an der rechtzeitigen Abgabe gehindert worden ist. Entgegen der hier bisher vertretenen Auffassung ist es jedoch nicht möglich, diesen Bieter an der nun einmal eingeleiteten, jetzt laufenden Vergabe weiterhin zu beteiligen. Das gilt selbst dann, wenn der Bieter ohne jegliches Verschulden gehindert war, sein Angebot rechtzeitig dem Verhandlungsleiter vorzulegen. Liegen solche Gründe vor und kann sich der Auftraggeber mit Recht eine sachgerechtere Vergabe versprechen, ohne daß ihn ein geringstes Verschulden trifft, wird es ihm jedoch gestattet sein, die Ausschreibung nach Teil A § 26 Nr. 1 c aufzuheben und neu auszuschreiben. Hat es aber der Auftraggeber zu vertreten, daß das Angebot nicht rechtzeitig dem Verhandlungsleiter vorlag, wie z. B. durch Fehlleitung in dem von ihm zu verantwortenden Bereich, versagt diese Möglichkeit. Dann macht er sich jedenfalls dem betreffenden Bieter, wenn dessen Angebot das annehmbarste unter objektiven Gesichtspunkten war (Teil A § 25 Nr. 2 Abs. 2), zumindest für den vergeblichen Angebotsaufwand aus dem Gesichtspunkt der culpa in contrahendo schadensersatzpflichtig (vgl. Teil A § 25 Rdn. 6). Anders kann es dann liegen, wenn sich die übrigen Bieter mit der weiteren Behandlung des verspäteten Angebotes ausdrücklich einverstanden erklären, wofür aber der Auftraggeber voll darlegungs- und beweispflichtig ist. Voraussetzung ist aber der ausdrückliche Wunsch des betroffenen Bieters, noch an der Vergabe beteiligt zu werden. Sicher ist dabei Voraussetzung, daß das Angebot den formellen Voraussetzungen in Teil A § 21 Nr. 1 entspricht. Es muß auch sonst vollständig, übersichtlich und klar sein. Auch dürfen andere Ausschließungsgründe im Hinblick auf die Vergabe (Teil A § 25 Nr. 1 c) nicht vorliegen. Schließlich muß das Angebot auch inhaltlich so gehalten sein, daß es vor den anderen und rechtzeitig eingetroffenen Angeboten **im Rahmen des Wettbewerbs bestehen** kann. Das verspätete Angebot muß erkennen lassen, daß der Bieter die Voraussetzungen des Teils A § 2 Nr. 1 erfüllt, mit anderen Worten, daß man ein ernst zu nehmendes Angebot vorliegen hat. Im übrigen weisen Hereth/Naschold (Teil A § 18 Ez. 18.2) zutreffend darauf hin, daß angesichts der aus Wettbewerbsgründen notwendigen strengen Handhabung bei verspätet eingegangenen Angeboten der Auftraggeber besonderen Bedacht darauf nehmen muß, die festgesetzte Angebotsfrist (Teil A § 18) ausreichend zu bemessen. Je eher der Auftraggeber diesem Gebot Folge leistet, um so weniger werden sich Umstände ergeben, die eine Aufhebung der Ausschreibung erfordern.

33   **5.** Die weitere Forderung in Nr. 5, daß der Umschlag des Angebotes und andere Beweismittel aufzubewahren sind, dient dazu, **Unterlagen** für spätere Entscheidungen und etwaige Streitigkeiten **sicherzustellen.**

VI. Einsicht in Niederschrift; Mitteilung an Bieter; Veröffentlichungsverbot

1. Den Bietern und ihren Bevollmächtigten ist die Einsicht in die Niederschrift des Eröffnungstermins **und ihre Nachträge** (Nr. 5 u. Teil A § 23 Nr. 4) **zu gestatten** (Nr. 6 Satz 1, erster Halbsatz); im Hinblick auf Teil A § 23 Nr. 4 gilt dies auch in bezug auf das Ergebnis der rechnerischen Angebotsprüfung und damit auf die etwaige konkretisierte Aussicht auf Erhalt des Auftrages. Dabei ist darauf zu achten, daß kein Unbefugter Einsicht nehmen kann und nimmt. Ein berechtigtes Interesse zur Einsichtnahme besteht bei den Bietern oder ihren Bevollmächtigten deshalb, weil es ihnen vielfach, vor allem bei einer größeren Anzahl von vorliegenden Angeboten, nicht möglich ist, die Einzelheiten zu behalten und einer Würdigung zu unterziehen. Davon abgesehen soll den Bietern oder ihren Bevollmächtigten sogleich die Möglichkeit gegeben werden, das Protokoll auf seine sachliche Richtigkeit durch eigenen Augenschein zu überprüfen. Insoweit ist der Auftraggeber nach dem Willen der VOB einer gewissen Kontrolle durch die Bieter unterworfen, die aber berechtigt erscheint, weil sie ihm keine Nachteile erbringen kann. Sie hält ihn dazu an, das Vergabeverfahren nach den Erfordernissen eines wirklichen und allgemein anerkannten Wettbewerbs durchzuführen. Zur Frage der Einsicht im Hinblick auf Änderungsvorschläge oder Nebenangebote vgl. Rdn. 21.

34

2. Es entspricht dem Sinn dieser Regelung, und es steht auch dem Grundgedanken des Veröffentlichungsverbots nach Nr. 6 Satz 2 (vgl. Rdn. 36 f.) sowie der Geheimhaltungspflicht des Auftraggebers gemäß Nr. 7 (vgl. Rdn. 38 f.) nicht entgegen, wenn es die VOB dem Auftraggeber ermöglicht, **den Bietern die Namen der – übrigen – Bieter und die Endsummen der Angebote sowie die Zahl ihrer Änderungsvorschläge und Nebenangebote mitzuteilen** (Nr. 6 Satz 1, 2. Halbsatz). Diese Mitteilung kann nur an Bieter gehen, die ein Angebot abgegeben haben, das bei Öffnung des ersten Angebotes vorgelegen hat, somit an Bieter, die für die Vergabe in Betracht kommen können. Dabei ist der Inhalt der Mitteilung auf die Punkte beschränkt, an denen die Bieter ein berechtigtes Interesse haben können, also die Namen der Bieter, die Endsummen ihrer Angebote sowie die Zahl ihrer Änderungsvorschläge und Nebenangebote. In welcher Weise die Mitteilung erfolgt (schriftlich, mündlich, fernschriftlich usw.), bleibt dem Auftraggeber überlassen. Allerdings muß er einen Weg wählen, durch den alle Bieter zuverlässig und auch sonst ordnungsgemäß orientiert werden, um die ungerechtfertigte Bevorzugung einzelner Bieter zu vermeiden. Deshalb sollte der Auftraggeber hier möglichst die Schriftform wählen, um im Streitfall das erforderliche Beweismittel in der Hand zu haben. Deswegen bestimmt Nr. 3.2. VHB zu Teil A § 22 mit Recht, daß die Mitteilung an die Bieter nicht fernmündlich erfolgen soll. Dies um so mehr, als hierdurch nicht hinreichend gewährleistet sein kann, daß Unbefugte von der Mitteilung Kenntnis erlangen. Auch sonst können Gebote der Geheimhaltung eine Einschränkung des Inhaltes der Mitteilung erfordern (vgl. Rdn. 22). Zum Gesagten enthält daher Nr. 3. VHB zu Teil A § 22 folgende Regelung:

35

3. Mitteilungen an Bieter und Dritte
3.1. Andere als die in § 22 Nr. 6 VOB/A genannten Angaben dürfen den Bietern nicht mitgeteilt werden. Dies gilt insbesondere für Auskünfte über
– den Inhalt der Angebote sowie etwaiger Nebenangebote und Änderungsvorschläge,
– den Stand des Vergabeverfahrens,
– die in die engere Wahl gezogenen Angebote und die hierfür maßgebenden Gründe.
3.2. Die Mitteilung an die Bieter nach § 22 Nr. 6 Satz 1 VOB/A soll nicht fernmündlich erfolgen.
3.3. Mitteilungen an Dritte sind nicht zulässig.

3. Gemäß Nr. 6 Satz 2 ist es untersagt, die Niederschrift zu veröffentlichen. Nur die unmittelbar am Vergabeverfahren beteiligten Bieter dürfen etwas über die Angebotsinhalte erfahren, die in der Niederschrift enthalten sind. Dem Wettbewerb entspricht es auch, alle

36

diejenigen, die sich nicht an ihm beteiligen, von einer Kenntnis seines Verlaufs auszuschließen. Es ist zu bedenken, daß in einem Ausschreibungsverfahren auf gewerblicher Basis, wie das im Rahmen der VOB der Fall ist, zwangsläufig geschäftliche Vorgänge im Bereich der an der Vergabe beteiligten Gewerbetreibenden (z. B. Anhaltspunkte zur Zuverlässigkeit, Leistungsfähigkeit, Fachkunde, Solvenz) bekanntwerden können, deren Kenntnis nicht für Unbefugte bestimmt ist. So ist es z. B. unzulässig, der Presse Stundenlohnverrechnungssätze unter Nennung von Namen der Bieter bekanntzugeben.

37 Wenn auch der jeweilige Vergabewettbewerb mit dem Zuschlag sein Ende gefunden hat, wirkt das **Veröffentlichungsverbot grundsätzlich noch über den Zuschlag hinaus,** soweit hierdurch geschäftliche Vorgänge und Interessen auf seiten der Bieter, die durch die Niederschrift erkennbar sind, berührt werden. Andererseits kann die Regelung der VOB durch für die Zeit **nach** der Vergabe maßgebende Vorschriften aus dem Gebiet des öffentlichen Rechts überlagert werden, wie z. B. zur Bekanntmachung der wesentlichen Inhalte der Ratsbeschlüsse. Hierzu bedarf es allerdings nicht der Bekanntmachung der Niederschrift, sondern nur der Angabe der für die Beschlußfassung letztlich tragenden Gesichtspunkte, womit zugleich auch eine gebotene Zurückhaltung in bezug auf die berechtigten Bieterinteressen erforderlich ist.

D. Aufbewahrung und Geheimhaltung der Angebote

I. Allgemeines

38 Nach Nr. 7 sind die Angebote und ihre Anlagen sorgfältig aufzubewahren und geheimzuhalten. Die Verpflichtung zur **Geheimhaltung** beruht auf den gleichen Gründen wie das in Nr. 6 enthaltene Verbot der Veröffentlichung von Niederschriften (vgl. Rdn. 36 f.). Die Geheimhaltung gilt allen gegenüber, die nicht Bieter im konkreten Fall sind. Der Auftraggeber und der Verhandlungsleiter sind darüber hinaus auch nicht befugt, den einzelnen Bietern die Angebote der anderen Bieter zur Einsichtnahme vorzulegen oder sonst zu unterbreiten. Die Belange der Bieter werden hinreichend durch die Berechtigung zur Einsichtnahme in die Niederschrift sowie die Mitteilung des für sie wesentlichen Angebotsinhalts (vgl. Rdn. 34 f.) gewahrt. Dieselben Grundsätze gelten auch für mündliche Informationen des Auftraggebers oder des Verhandlungsleiters über Aufbau und Inhalt anderer Angebote. **Anders** verhält es sich für den **internen Bereich des Auftraggebers,** sofern Unterrichtungen für die Vergabe unumgänglich sind, wie z. B. die Information des Gemeinderates oder eines Ausschusses, der verantwortlich die Vergabeentscheidung zu tragen bzw. mitzutragen hat. Insofern ist die Unterrichtung über alle vergaberelevanten Gesichtspunkte zwingend. Darüber hinaus darf aber die Information nicht gehen, sie darf vor allem nicht in Bereiche des Auftraggebers gegeben werden, die im Rahmen der konkreten Bauvergabe keine Tätigkeit zu entfalten haben, weil sonst die Geheimhaltungspflicht verletzt wäre (zutreffend Schelle/Erkelenz S. 219 f.). Das Gebot der Geheimhaltung verlangt es auch, daß die **Vergabeentscheidung in nichtöffentlicher Sitzung** getroffen wird; dagegen kann die getroffene Entscheidung der Öffentlichkeit mitgeteilt werden, zumal dies nach den einschlägigen Gemeindeordnungen durchweg so verlangt wird (Schelle/Erkelenz S. 220 f.).

39 Die Pflicht zur **sorgfältigen Aufbewahrung** der Angebote und ihrer Anlagen bezweckt auch die Sicherung von Beweismitteln für die Zukunft. Hinzu kommt, daß mit dem Eröffnungstermin noch nicht über die Vergabe entschieden ist. Der Auftraggeber benötigt noch die Angebote, um sich über den Zuschlag schlüssig zu werden. Um diesen in ordentlicher Weise herbeiführen zu können, müssen die Angebote weiterhin vollständig und sorgfältig beim Auftraggeber aufbewahrt werden. Der Auftraggeber hat allen Anlaß, dies zu beachten, da er sich unter Umständen bei einem Verlust oder einer Beschädigung des Angebotes oder seiner Anlagen

wegen Verschuldens bei der Anbahnung und Durchführung von Vertragsverhandlungen (culpa in contrahendo) schadensersatzpflichtig machen könnte, vgl. hierzu Einl. vor § 1 Rdn. 51 ff.

II. Beim Zuschlag nicht berücksichtigte Angebote

Die Angebote sind grundsätzlich **auch dann noch aufzubewahren, wenn** feststeht, daß sie **beim Zuschlag nicht berücksichtigt** werden (vgl. zunächst Teil A § 27 Rdn. 8 ff.). Außerdem besteht eine **Verwahrungspflicht** auch noch, wenn sich der Bieter mit der Angebotsrücknahme in Annahmeverzug befindet. Der Auftraggeber haftet in einem solchen Fall allerdings nur noch für Vorsatz und grobe Fahrlässigkeit. Auch ist zu beachten, daß die Verwahrungspflicht sich nur auf Gegenstände bezieht, an denen der Bieter Eigentum behalten hat. Ergibt sich aus den Umständen, daß der Bieter hierauf keinen Wert mehr legt, kann der Auftraggeber die Unterlagen vernichten. Es entspricht vernünftigem Denken, daß diese Möglichkeit auch gegeben ist, wenn dem Bewerber mitgeteilt wird, was schon im Anschreiben gemäß Teil A § 17 Nr. 4 geschehen kann, daß eine Vernichtung der Angebote erfolgt, wenn nicht eine Rückforderung binnen einer gewissen Frist erfolgt.

40

III. Angebot, das den Zuschlag erhält

Das Angebot, das den Zuschlag erhalten hat, ist mit den zu ihm gehörenden Unterlagen so lange aufzubewahren, bis die endgültige Abnahme und Abrechnung **sowie Bezahlung der Bauleistung erfolgt ist und sämtliche Gewährleistungsfristen abgelaufen sind,** somit der Vertrag gänzlich abgewickelt ist. Ob der Auftraggeber die Angebotsunterlagen zu etwaigen Beweiszwecken noch länger aufbewahrt, liegt in seiner Entscheidung. Inwieweit Behörden als Auftraggeber wegen der Entlastung durch die zuständige Rechnungsprüfungsbehörde oder aus Gründen des Aktenvernichtungsplanes eine weitergehende Aufbewahrungspflicht haben, regelt sich nach den für diese maßgebenden Vorschriften bzw. Dienstanweisungen.

41

IV. Anwendung auf die Freihändige Vergabe

Entgegen der allgemein für Teil A § 22 maßgebenden Regel (vgl. Rdn. 1) **gilt Nr. 7 auch für die Freihändige Vergabe.** Sie setzt ihrer Natur nach nicht zwangsläufig ein Ausschreibungsverfahren voraus. Vielmehr gelten auch bei Freihändiger Vergabe die in Rdn. 38 ff. erläuterten Gesichtspunkte.

42

§ 23 Prüfung der Angebote

1. Angebote, die im Eröffnungstermin dem Verhandlungsleiter bei Öffnung des ersten Angebotes nicht vorgelegen haben, und Angebote, die den Bestimmungen des § 21 Nr. 1 Absatz 1 und 2 nicht entsprechen, brauchen nicht geprüft zu werden.

2. Die übrigen Angebote sind rechnerisch, technisch und wirtschaftlich zu prüfen, gegebenenfalls mit Hilfe von Sachverständigen (A § 7).

3. (1) Stimmt der Gesamtbetrag einer Ordnungszahl (Position) mit dem Einheitspreis nicht überein, so ist der Einheitspreis maßgebend. Ist der Einheitspreis in Ziffern und in Worten angegeben und stimmen diese Angaben nicht überein, so gilt der dem Gesamtbetrag der Ordnungszahl entsprechende Einheitspreis. Entspricht weder der in Worten

noch der in Ziffern angegebene Einheitspreis dem Gesamtbetrag der Ordnungszahl, so gilt der in Worten angegebene Einheitspreis.

(2) Bei Vergabe für eine Pauschalsumme gilt diese ohne Rücksicht auf etwa angegebene Einzelpreise.

(3) Absätze 1 und 2 gelten auch bei Freihändiger Vergabe.

4. Die auf Grund der Prüfung festgestellten Angebotsendsummen sind in der Niederschrift über den Eröffnungstermin zu vermerken.

Inhaltsübersicht

	Rdn.
A. Allgemeines	1-3
B. Formelle Angebotsprüfung	4-6
I. Rechtzeitiger Eingang	4
II. Ausschlußgründe	5
III. Erschöpfende Aufzählung der Ausschlußgründe	6
C. Sachliche Angebotsprüfung	7-25
I. Rechnerische Prüfung	8-20
1. Rechnerische Fehler	9-18
a) Einheitspreisangebot	12-17
b) Pauschalangebot	18
2. Vermerk der Angebotsendsummen in Niederschrift über Eröffnungstermin	19
3. Etwaige Schlußfolgerungen für die Vergabe	20
II. Technische Prüfung	21-23
III. Wirtschaftliche Prüfung	24-25

A. Allgemeines

1   Diese Bestimmung befaßt sich mit der Prüfung der Angebote. Sie umfaßt einen Teil der Handlungen, die nach der Angebotseröffnung und vor Erteilung des Zuschlages notwendig sind. Als weitere Handlungen kommen die Wertung der Angebote nach Teil A § 25 und vor der Wertung gegebenenfalls Verhandlungen mit den Bietern nach Teil A § 24 in Betracht. Stellt man die Prüfung der Angebote nach Teil A § 23 und die Wertung der Angebote nach Teil A § 25 einander gegenüber, so ergibt sich folgender Unterschied:

2   Die **Prüfung der Angebote** behandelt die **Durchsicht und die inhaltliche Beurteilung jedes einzelnen Angebots für sich.** Die anderen vorliegenden und der Prüfung zugänglichen (vgl. Rdn. 5 f.) Angebote werden hierbei nicht beachtet; sie werden in die Prüfung des einzelnen Angebots nicht mit hineingenommen oder zu Vergleichszwecken gebraucht. Es geht bei der Prüfung um die Feststellung, ob die Angebote in sich den Verdingungs- und den Ausschreibungsunterlagen entsprechen, insbesondere ob die Anforderungen nach Teil A § 21 eingehalten worden sind.

3   Demgegenüber beschränkt sich die **Wertung der Angebote** gemäß Teil A § 25 nicht auf das einzelne, vorher nach Teil A § 23 geprüfte Angebot, sondern es werden **sämtliche Angebote** ihrem Inhalt und ihrem Ergebnis nach **gegeneinander abgewogen.** Der Auftraggeber will hierbei das Angebot herausfinden, das dem mit der Ausschreibung verfolgten Zweck am besten dient, damit er dem betreffenden Bieter den Zuschlag erteilen kann. Daraus ergibt sich, daß erst die Prüfung der Einzelangebote nach Teil A § 23 und nach deren Abschluß die Wertung durch Gegenüberstellung der einzelnen Angebote zu erfolgen hat. Eine Wertung kann ordnungsgemäß nur geschehen, wenn vorher die Angebote im Rahmen der Einzelprüfung herausgefunden worden sind, die sich zu Vergleichszwecken eignen.

B. Formelle Angebotsprüfung

I. Rechtzeitiger Eingang

Die Prüfung erstreckt sich zunächst auf **für die Vergabe allgemeingültige Voraussetzungen**. Es ist daher vorweg festzustellen, ob die **Angebote** gemäß Teil A §§ 17 Nr. 4 Abs. 1 h, 22 Nr. 2 **rechtzeitig** eingegangen sind (vgl. dazu vor allem Teil A § 22 Rdn. 12). Ist das nicht der Fall, was auch auf nach Angebotseröffnung eingegangene „berichtigte Angebote" zutrifft, wie sich aus dem klaren Wortlaut der Nr. 1 ergibt (unklar dazu OLG Köln NJW 1985, 1475; vgl. auch Teil A § 25 Rdn. 53 ff.), bedarf es keiner weiteren Prüfung mehr, es sei denn, der Auftraggeber entschließt sich trotzdem hierzu, was ihm nach der Formulierung der Nr. 1 unbenommen ist. Es kann ausnahmsweise ein Interesse des Auftraggebers zur Prüfung der verspäteten Angebote gegeben sein. Dieses ist der Fall, wenn ihr Inhalt gewisse Aufschlüsse über für die Vergabe in Betracht kommende Angebote gibt. Auch können die verspäteten und daher für die Vergabe auszuschließenden Angebote Vorschläge enthalten, die für die Bauausführung so wesentlich sind, daß sie für den Auftraggeber einen berechtigten Grund zur Aufhebung dieser Ausschreibung nach Teil A § 26 Nr. 1 c bilden.

II. Ausschlußgründe

Sind die **verspäteten Angebote ausgeschieden** worden, so sind die übrigen dahin zu überprüfen, ob sie den Voraussetzungen von Teil A § 21 Nr. 1 Abs. 1 und 2 entsprechen. Dabei kommen als zwingende Ausscheidungsgründe diejenigen in Betracht, die sich infolge der Nichtbeachtung der Bestimmungen in Teil A § 21 Nr. 1 Abs. 1 Satz 2-3 und Absatz 2 ergeben. Die durch die Fassung der VOB von 1979 erfolgte Einbeziehung auch des Absatzes 2 ist eine Klarstellung, die angesichts der für die Wertung maßgebenden Ausschlußregelung in Teil A § 25 Nr. 1 Abs. 1 b erforderlich war. Sicher sind Angebote von Bietern, die **eigenmächtig Veränderungen** an den Verdingungsunterlagen vorgenommen haben, für die Vergabe untauglich, so daß es angebracht ist, sie nicht erst bei der Wertung, sondern schon bei der Prüfung der Angebote auszuscheiden. Hinsichtlich Teil A § 21 Nr. 1 Abs. 1 Satz 1 ist zu beachten, daß es sich hier um eine Sollvorschrift handelt, die eine so strenge Handhabung, wie sie Teil A § 25 Nr. 1 Abs. 1 b gebietet, nicht in jedem Fall rechtfertigt. Wenn der Bieter in seinem Angebot mehr als die Preise einsetzt und/oder mehr als die in der Ausschreibung geforderten Erklärungen niedergelegt hat, so muß der Auftraggeber prüfen, ob der Bieter einen sachlich berechtigten Grund im Rahmen der allgemeinen Gebote des Wettbewerbs gehabt hat, dieses „Mehr" in seinem Angebot aufzuführen. Ist das zu bejahen, so dient das der Sache und kann nicht von der Ausschlußregelung in Teil A § 25 Nr. 1 Abs. 1 b erfaßt sein. Hat der Bieter aber das zusätzlich in sein Angebot aufgenommen, um einen Vorrang im Wettbewerb zu erhalten, und nicht, um allein der Sache zu dienen, so wird man vom Auftraggeber verlangen müssen, daß er dieses Angebot als nicht zulässig betrachtet.

III. Erschöpfende Aufzählung der Ausschlußgründe

Die in Teil A § 23 Nr. 1 enthaltenen Ausschlußgründe sind abschließend, so daß sie keine Handhabe bieten, das Angebot eines Bieters auch aus anderen Gründen nicht nach Maß gabe der Nr. 2 zu prüfen. So kann z. B. ein Bieter, der bei einer Öffentlichen Ausschreibung die Verdingungsunterlagen nicht selbst abgeholt oder sie nicht erkennbar durch einen Dritten für sich hat abholen lassen, sondern sie sich von einem anderen Abholer beschafft hat, nicht nach Teil A § 23 Nr. 1 ausgeschlossen werden (vgl. Die Bauverwaltung 1963, 538). Setzt der Bieter in sein Angebot nur die unumgänglich nötigen Einzelpreise ein und legt er insbesondere entgegen der Aufforderung zur Abgabe seines Angebotes nicht eine Aufgliederung der Angebotspreise vor, so stellt das grundsätzlich noch **keinen zwingenden** Ausschlußgrund dar (vgl. dazu Teil A § 21 Rdn. 2 f.).

C. Sachliche Angebotsprüfung

7 Sind die Angebote dahin geprüft, ob sie rechtzeitig eingegangen sind und Teil A § 21 Nr. 1 Abs. 1 und 2 entsprechen, und sind die Angebote ausgesondert, die diese Voraussetzungen nicht erfüllen, so folgt die eigentliche **sachliche Prüfung nach Nr. 2 und 3.** Diese den Inhalt der Angebote betreffende Prüfung bezieht sich auf die **rechnerische, technische und wirtschaftliche Seite.** Wenn es auch in technischer und wirtschaftlicher Hinsicht enge Verbindungen oder sogar Verflechtungen geben mag, so hindert dies nicht eine Prüfung, wie sie in Rdn. 21 ff. aufgezeigt ist. Im Gegenteil fördert eine solche nur die – gebotene – sachgerechte Beurteilung (a. A. Daub/Piel/Soergel ErlZ A 23.46).

I. Rechnerische Prüfung

8 Bei der **rechnerischen Prüfung** geht es darum, nachzuvollziehen, ob die einzelnen vom Bieter in das Angebot eingetragenen Zahlen rechnerisch richtig sind. Es sollen Fehler aufgedeckt werden, die dem Bieter absichtlich oder unabsichtlich unterlaufen sein können. Diese Prüfung bezieht sich dagegen nicht auf die Frage, ob die eingesetzten Preise angemessen sind. Das ist erst bei der Wertung der Angebote festzustellen. Die erst später durchzuführende Wertung hat zum Vorteil, daß dem Prüfenden dann alle nach Teil A § 23 vorgeprüften Angebote vorliegen. Er kann sich bei der dann erfolgenden Gegenüberstellung derselben ein besseres Bild über die Angemessenheit machen. Zur rechnerischen Prüfung mit ADV vgl. VHB Nr. 2. zu VOB/A § 23.

9 1. Tauchen **rechnerische** Fehler bei der Überprüfung auf, so geht die VOB grundsätzlich **nicht** davon aus, solche Angebote von der weiteren Vergabe **auszuschließen.** Insoweit fehlt in Teil A § 25 Nr. 1 eine entsprechende Ausschlußbestimmung. Vielmehr bleiben derartige Angebote mit im Vergabewettbewerb. Das hat aber zur Voraussetzung, daß auf der **Basis des § 133 BGB** eine einheitliche und allgemein anerkannte Basis gefunden wird, der auch der Bieter folgt und die einmal die Beseitigung des Fehlers ermöglicht und zum anderen Klarheit über den wirklich verlangten Preis bringt. Man muß demgemäß für solche Unstimmigkeiten eine **Einsatzzahl festlegen,** die als Ausgangspunkt für die rechnerische Berichtigung dient. Das ist entsprechend der sich aus § 133 BGB ergebenden allgemeinen Erfahrung mit der Regelung in **Nr. 3** geschehen, wobei sich deren Absatz 1 mit der Vergabe nach **Einheitspreisen** (Teil A § 5 Nr. 1 a) und deren Absatz 2 mit der Vergabe nach **Pauschalpreisen** (Teil A § 5 Nr. 1 b) befaßt. Diese **Auslegungsregel gilt als für das Angebotsverfahren** zwischen den Partnern **vereinbart,** wenn die Vergabe nach der VOB erfolgen soll. Insoweit besteht eine Bindung des Auftraggebers und der Bieter, die allerdings nur im Rahmen des Angebotsverfahrens, also im Sinne des § 145 BGB, vorliegt. Erst durch den Zuschlag werden die entsprechenden und dann, auch unter Berücksichtigung des § 242 BGB, noch maßgebenden Preise zur vertraglich vereinbarten Vergütung (vgl. Teil B § 2 Nr. 1). Dabei ist klargestellt, daß die hier angeführten Regelungen (Absatz 1 und 2) **auch** für die **Freihändige Vergabe** gelten (Absatz 3).

10 Die Regelung der **Nr. 3 ist nicht abschließend;** vielmehr schließt sie nicht aus, daß vergleichbare Fälle jedenfalls sinngemäß nach § 133 BGB ausgelegt werden, und zwar in dem vorrangigen Bestreben, den Vergabewettbewerb soweit als vertretbar aufrechtzuerhalten. Hat z. B. der Bieter weder einen Einheitspreis noch einen Positionspreis in das Angebot eingetragen, ergibt jedoch die Summe der übrigen Positionspreise eine Differenz zum höheren Angebotsendpreis, so ist im Zweifel davon auszugehen, daß diese Differenz den Positionspreis der „vergessenen" Position ausmacht, wodurch sich der Einheitspreis dann durch Subtraktion mit den Vordersätzen feststellen läßt.

11 Enthält das Angebot Rechnungs- oder Übertragungsfehler, so müssen sie bei der rechnerischen Prüfung beseitigt werden. Geschieht das nicht, so begründet ein vom Auftraggeber

nicht erkannter Rechenfehler **nicht** schon einen **Anspruch des Auftraggebers** gegen den Bieter **aus Verschulden beim Vertragsabschluß**, und zwar auch dann nicht, wenn deswegen diesem Bieter als dem vermeintlich preisgünstigsten der Zuschlag erteilt wird (so mit Recht BGHZ 60, 362 = BauR 1973, 186 = NJW 1973, 752 = Betrieb 1973, 765 = BB 1973, 1048 = SFH Z 2.13 Bl. 42 = BlGBW 1973, 155 = MDR 1973, 489 = WM 1973, 518 = LM VOB/A Nr. 2 Anm. Rietschel). Grundlage für einen solchen Schadensersatzanspruch ist **enttäuschtes Vertrauen**. Davon kann **nicht** gesprochen werden, wenn es der Auftraggeber – wie hier bei der Vergabe nach der VOB – übernommen hat, die Angebote rechnerisch zu prüfen (a. a. O.). Andererseits kann aber der Bieter bzw. Auftragnehmer aus der Nichtbeachtung eines Rechenfehlers bei der rechnerischen Prüfung durch den Auftraggeber allein nicht schon Rechte für sich herleiten (vgl. OLG Düsseldorf BauR 1980, 474). Vgl. dazu auch Einl. vor § 1 Rdn. 51 ff.

a) Beim **Einheitspreisangebot** ist bei **Unstimmigkeiten** zwischen dem **Gesamtbetrag einer Ordnungszahl** (Position) und dem **Einheitspreis der letztere maßgebend** (Nr. 3 Abs. 1 Satz 1). Diese Regel folgt dem Gedanken, daß der Einheitspreis Ausgangspunkt und Einsatzzahl ist, dabei letztlich auch **Vertragspreis** wird, und daß sich hieraus lediglich rechnerisch der Gesamtpreis der Position ergibt. Diese Grundregel gilt auch, wenn die Unstimmigkeit darauf beruht, daß der angeführte Einheitspreis etwaigen Angaben über die Preisanteile nicht entspricht, die auf Löhne, Stoffe, Gemeinkosten usw. entfallen; auch dann ist der Einheitspreis maßgebend (vgl. Hereth/Naschold Teil A § 23 Ez. 23.10). Hat der Bieter irrtümlich und klar erkennbar die Einheitspreise in die Positionspreise eingetragen und die für die Einheitspreise bestimmte Spalte nicht ausgefüllt, so sind grundsätzlich auch hier die Einheitspreise maßgebend; die Positionspreise können dann durch Multiplikation der Vordersätze mit den Einheitspreisen unschwer ermittelt werden. Da die Einheitspreise ohnehin für die Vereinbarung der Vergütung maßgebend sind, bedarf es in einem solchen Falle keiner Irrtumsanfechtung durch den Bieter.

Hat der Bieter lediglich die Positionspreise angegeben, nicht aber die Einheitspreise, so können unter Zugrundelegung des § 133 BGB die jeweiligen Einheitspreise durch Teilung durch die in den Vordersätzen angegebenen Mengen festgestellt werden, es sei denn, es bestehen hinreichende Anhaltspunkte dafür, daß der Bieter die betreffende(n) Position(en) zum Pauschalpreis anbieten will. Im Zweifel kann dies im Rahmen der Unterrichtung gemäß Teil A § 24 Nr. 1 Abs. 1 zuvor ermittelt werden.

Zum Wesen des Einheitspreisvertrages s. Teil A § 5 Rdn. 7 ff.

Wenn der **Einheitspreis in sich unklar ist,** kann er den vorgenannten Ausgangspunkt nicht bilden. Das ist möglich, wenn der Einheitspreis mehrfach, und zwar einmal in Ziffern und zum anderen in Worten, angegeben ist. In diesem Fall ist das **sich in dem Gesamtpreis der Ordnungszahl ausdrückende Ergebnis** der Anhaltspunkt für den Preis, wie aus Satz 2 folgt. Ergibt eine rechnerische Überprüfung im Wege der Division, daß nur der in Zahlen ausgedrückte Einheitspreis zu dem angegebenen Positionspreis führen kann, so folgt mit hinreichender Eindeutigkeit, daß der Einheitspreis in Zahlen tatsächlich gewollt ist. Zu dem gleichen Ergebnis kommt man zugunsten des in Worten ausgedrückten Einheitspreises, wenn dieser im Gesamtbetrag der Position rechnerisch aufgeht. Satz 2 ist entsprechend anzuwenden auf gleichartige Fälle, z. B. wenn der Einheitspreis nicht in Ziffern und in Worten, sondern zweimal in Ziffern oder zweimal in Worten angegeben ist.

Wenn weder der in Worten noch der in Ziffern angegebene Einheitspreis übereinstimmt und dieser sich auch nicht nach der vorgenannten Berechnung ermitteln läßt, gilt die in Satz 3 aufgestellte Regel. Das bedeutet, daß dann der in Worten angegebene Einheitspreis Geltung hat. Dies gilt aber nur grundsätzlich, und zwar insoweit, wie es sich nach § 133 BGB rechtfertigen läßt. Der Bieter kann sich in Ausnahmefällen **offensichtlich** verschreiben (statt zehntausend nur tausend). Dann wäre es unbillig, wollte man bei der Regel des Satzes 3 bleiben. Satz 3 setzt nämlich voraus, daß der in Worten angegebene Einheitspreis in keinem offensichtlichen Mißverhältnis zu der verlangten Leistung steht. Zumindest würde der Auftraggeber gehalten sein, mit dem Bieter nach Teil A § 24 Nr. 1 Abs. 1 über den wirklich gewollten Einheitspreis zu verhandeln, um ihn auf diese Weise zu ermitteln. Dabei ist allerdings nicht nur § 133, sondern zugleich **§ 157 BGB zu beachten,** wobei auch **ausreichende objektive Anhaltspunkte** für die hinreichende Feststellung des wirklichen Bieterwillens gegeben sein müssen. Vor allem muß eine entsprechende Bietererklärung auch wegen Unklarheit **auslegungsbedürftig** und zugleich wegen nicht schon gegebener Bestimmtheit auch **auslegungsfähig** sein. Sind diese Voraussetzungen nicht gegeben oder läßt sich trotzdem eine eindeutige Feststellung des vom Bieter bei Angebotsabgabe gewollten Preises nicht erreichen, hat das Angebot **auszuscheiden.** Das ergibt sich sinngemäß aus Teil A § 21 Nr. 1 Abs. 1 Satz 3 in Verbindung mit § 25 Nr. 1 Abs. 1 b; was nämlich für Änderungen an den Eintragungen gilt, muß erst recht für die Eintragungen selbst zutreffen (Schelle Bauwirtschaft 1986, 879). Auslegungsmöglichkeiten können sich bei widersprüchlichen Preisangaben, bei teilweise fehlenden Preisangaben, bei teilweise unterschiedlichen Preisangaben und bei offensichtlich falschen Preisangaben ergeben, sofern nach dem Gesagten hinreichende objektive Anhaltspunkte für eine eindeutige Auslegung des wirklichen Bieterwillens gegeben sind (vgl. die von Schelle a. a. O. zutreffend aufgeführten Beispiele), wobei eine restriktive Bewertung unbedingt geboten ist.

17 Keinesfalls dürfen etwaige Verhandlungen mit dem Bieter dazu führen, überhaupt erst einen Einheitspreis festzusetzen. Vor allem dient Teil A § 23 Nr. 3 nicht dazu, **Kalkulationsirrtümer** des Bieters (vgl. dazu Teil A § 19 Rdn. 21 ff.) zu beseitigen. Daher kommen auch Verhandlungen zwischen Auftraggeber und Bieter nach Teil A § 24 hierüber nicht in Betracht. Hier bleibt dem Bieter nur die **Anfechtung** seines Angebotes nach § 119 BGB **wegen Erklärungsirrtums,** was aber rechtzeitig gemäß § 121 BGB erfolgen muß. Das kommt in Betracht, wenn der Bieter sich im Angebot in bezug auf den Einheitspreis verschrieben oder sich sonst inhaltlich vertan hat, also eine andere Erklärung abgegeben hat, als sie gewollt war (vgl. dazu Teil A § 19 Rdn. 21 ff.).

18 b) Bei **Pauschalangeboten** gilt die angegebene **Pauschalsumme** ohne Rücksicht auf etwa im Angebot enthaltene Einzelpreise (Nr. 3 Abs. 2). Das rührt daher, weil sich für den Auftraggeber grundsätzlich nicht ermitteln läßt, wie der Bieter den Pauschalpreis festgelegt, insbesondere inwieweit er dabei einzelne Einheitspreise zugrunde gelegt hat. Gibt der Bieter irrtümlich eine nicht gewollte Pauschalzahl an, so bleibt er hieran gebunden. Der Bieter hat alsdann nur die Möglichkeit der Anfechtung seines Angebotes, sofern hierfür die Voraussetzungen der §§ 119 ff. BGB gegeben sind.

19 2. Ist die rechnerische Prüfung durch den Auftraggeber erfolgt, so hat er die aufgrund der Prüfung festgestellten **Angebotsendsummen in der Niederschrift über den Eröffnungstermin** zu vermerken (Nr. 4). Es handelt sich um eine nachträgliche ergänzende bzw. berichtigende Eintragung in ein an sich abgeschlossenes Protokoll. Das bedingt, daß diese Eintragung getrennt von den übrigen Eintragungen zu erfolgen hat, damit eine Verwechslung, insbesondere mit den Endbeträgen der noch nicht geprüften Angebote, ausgeschlossen ist. Wenn hier von Angebotsendsummen die Rede ist, so bedeutet das bei Einheitspreisangeboten die Summe, die sich aus der Addition aller Gesamtbeträge der Ordnungszahlen der jeweiligen Angebote ergibt. Es handelt sich also nur um **eine** Zahl, was bei Pauschalangeboten ohnehin der Fall ist. Sind Maßnahmen nach Nr. 3 Abs. 1 erforderlich gewesen, so ist die Eintragung der Angebotsendsumme zugleich eine Klarstellung der Endsumme, wie sie der Bieter in seinem Angebot angegeben hat. Es erscheint in der Niederschrift aber auch dann eine andere Endsumme, wenn zwar die Einheitspreise und die hiernach errechneten Positionspreise richtig sind, wenn aber der Bieter die Positionspreise (Gesamtbeträge der Ordnungszahlen) falsch

zusammengerechnet hat. Maßgeblich ist der nach der ordnungsgemäßen Prüfung durch den Auftraggeber festgestellte Endpreis. Wegen der Änderungsvorschläge oder Nebenangebote vgl. Teil A § 22 Rdn. 21. Gerade auch in die hier erörterte Niederschrift haben die Bieter ein **Einsichtsrecht** (vgl. Teil A § 22 Rdn. 34 f.). Deshalb wird man dem Auftraggeber die Pflicht auferlegen müssen, den Bietern die Beendigung der rechnerischen Prüfung mitzuteilen.

3. Grundsätzlich sollen alle Angebote am Wettbewerb teilnehmen. Wenn aber ein Angebot eine Menge von rechnerischen Fehlern aufweist oder wenn sich in mehreren Angeboten desselben Bieters immer wieder rechnerische Fehler wiederholen, kann man davon ausgehen, daß dieser Bieter die nach Teil A § 2 Nr. 1 Satz 1 erforderliche Sachkunde oder Zuverlässigkeit nicht besitzt. Man kann es einem Auftraggeber nicht zumuten, mit einem solchen Bieter einen Bauvertrag abzuschließen.

II. Technische Prüfung

Die nach Nr. 2 erforderliche **technische Prüfung** der Angebote bezieht sich auf die **Klärung der Frage, ob** jedes einzelne **Angebot den technischen Anforderungen entspricht.** Dabei sind alle Teile des Angebotsinhaltes gemeint, die technischer Natur sind und sich auf die der Ausschreibung entsprechenden Anforderungen bei dem konkreten Bauvorhaben beziehen. Es dürfen nicht übermäßige und über den eigentlichen Zweck des Vorhabens hinausgehende Anforderungen gestellt werden. In diesem Rahmen hat die **Prüfung nach den Grundsätzen der allgemein anerkannten Regeln der Technik** (vgl. dazu Teil B § 4 Rdn. 141 ff.) zu erfolgen. Gegebenenfalls ist die Hinzuziehung von Sachverständigen geboten. Über Sachverständige vgl. die Anm. zu Teil A § 7.

Bei der technischen Prüfung hat der öffentliche Auftraggeber die Nr. 1.1. und 1.2. VHB zu Teil A § 23 zu beachten, die wie folgt lauten:
1.1. Die Grundsätze und Maßstäbe, nach denen die technische und wirtschaftliche Prüfung durchgeführt wird, müssen innerhalb einer Ausschreibung einheitlich sein.
1.2. Die Prüfung hat sich zunächst darauf zu richten, ob die Angebote – einschließlich vorgesehener Textergänzungen und Bieterangaben – vollständig sind.
Außerdem ist zu prüfen, ob die angebotene mit der geforderten Leistung übereinstimmt. Änderungsvorschläge oder Nebenangebote der Bieter sind daraufhin zu untersuchen, ob sie den Vertragszweck erfüllen.
Soweit erforderlich, ist zu prüfen, ob – das vorgesehene Arbeitsverfahren technisch möglich und für eine vertragsgemäße Ausführung geeignet ist, – die vorgesehenen Maschinen und Geräte dem Arbeitsverfahren entsprechen, – der vorgesehene Maschinen- und Geräteeinsatz für die Ausführung der Leistung in der vorgeschriebenen Bauzeit ausreicht.

Entspricht ein Angebot bei objektiver Beurteilung nicht den gestellten technischen Anforderungen, so kann der Auftraggeber es von der weiteren Behandlung im Angebotsverfahren, vor allem von der Wertung nach Teil A § 25, ausscheiden.

III. Wirtschaftliche Prüfung

Das gleiche hat auch für Angebote zu gelten, die der **wirtschaftlichen Überprüfung** (Nr. 2) nicht standhalten. Auch diese können bei der Vergabe nicht ernsthaft in Betracht kommen. Die wirtschaftliche Überprüfung bezieht sich auf die Frage der angegebenen Arbeitsdauer, des Einsatzes von Arbeitskräften und Geräten usw., der sonstigen wirtschaftlichen Leistungsfähigkeit des Unternehmers, auf die Bezugsquellen von Stoffen und Bauteilen usw., insgesamt also auf die zunächst überschlägig zu beurteilende Angemessenheit des Angebotes selbst, vor allem der Angebotsendsummen (vgl. Nr. 1.1. und 1.3. VHB zu Teil A § 23). Die wirtschaftlichen Fragen sind auf das beabsichtigte Bauvorhaben zu beschränken und nicht zu verallgemeinern. Bei Zweifelsfragen besteht hier neben der Hinzuziehung von Sachverständigen die Möglichkeit der auf die gebotene Information beschränkten Verhandlung mit den betreffenden Bietern, wie sich aus Teil A § 24 ergibt. Denkt man an den Einsatz von Sachverständigen, ist im einzelnen festzulegen, welche bestimmte Überprüfungsaufgabe der Sachverständige erhalten soll. Es kann durchaus sein, daß ein für die technische Prüfung geeigneter Sachverständiger nicht für die wirtschaftliche Prüfung der Angebote in Betracht kommt und umgekehrt. Für öffentliche Auftraggeber ist VHB Nr. 3. zu § 23 VOB/A zu beachten, wonach die Hinzuziehung von Sachverständigen der vorherigen Zustimmung der technischen Aufsichtsbehörde in der Mittelinstanz bedarf.

25 Bereits bei der wirtschaftlichen Prüfung muß der Auftraggeber darauf achten, ob der jeweilige Bieter die **Gebote des lauteren Wettbewerbs eingehalten** hat. Deshalb bestimmt Nr. 4. VHB zu Teil A § 23 mit Recht:

4. Liegen Feststellungen oder Anhaltspunkte für ein wettbewerbsbeschränkendes Verhalten, z. B. für eine Preisabrede vor, so ist der technischen Aufsichtsbehörde in der Mittelinstanz unverzüglich zu berichten und in Zweifelsfällen deren Entscheidung darüber einzuholen, ob das Angebot ausgeschieden, die Ausschreibung aufgehoben und ob die Kartellbehörde unterrichtet werden soll.

§ 24 Verhandlung mit Bietern

1. (1) Nach Öffnung der Angebote bis zur Zuschlagserteilung darf der Auftraggeber mit einem Bieter nur verhandeln, um sich über seine technische und wirtschaftliche Leistungsfähigkeit, das Angebot selbst, etwaige Änderungsvorschläge und Nebenangebote, die geplante Art der Durchführung, etwaige Ursprungsorte oder Bezugsquellen von Stoffen oder Bauteilen und um sich über die Angemessenheit der Preise, wenn nötig durch Einsicht in die vorzulegenden Preisermittlungen (Kalkulationen), zu unterrichten.

(2) Die Ergebnisse solcher Verhandlungen sind geheimzuhalten. Sie sollen, wenn es zweckmäßig ist, schriftlich niedergelegt werden.

2. Verweigert ein Bieter die geforderten Aufklärungen und Angaben, so kann sein Angebot unberücksichtigt bleiben.

3. Andere Verhandlungen, besonders über Änderung der Angebote oder Preise, sind unstatthaft, außer wenn sie bei Nebenangeboten, Änderungsvorschlägen oder Angeboten auf Grund eines Leistungsprogramms nötig sind, um unumgängliche technische Änderungen geringen Umfangs und daraus sich ergebende Änderungen der Preise zu vereinbaren.

Inhaltsübersicht

	Rdn.
A. Allgemeines	1
B. Der Katalog des § 24 Nr. 1 Abs. 1	2-15
I. Abschließende Aufzählung der Verhandlungsgründe	3
II. Mögliche Verhandlungen nach Nr. 1 Abs. 1	4-15
1. Leistungsfähigkeit des Bieters	4-5
2. Angebot selbst; Beschränkung auf Zweifelsfragen	6
3. Änderungsvorschläge oder Nebenangebote	7
4. Geplante Art der Durchführung	8
5. Ursprungsorte oder Bezugsquellen von Stoffen oder Bauteilen	9
6. Angemessenheit der Preise; Preisabreden	10-15
C. Geheimhaltung (Nr. 1 Abs. 2 Satz 1)	16
D. Unterrichtsverweigerung durch den Bieter (Nr. 2)	17-18

E. Grundsätzliches Verbot anderer Verhandlungen (Nr. 3) 19-28
  I. Keine Verhandlungen über Preisänderungen 19-21
  II. Ausnahmen 22-28
F. Schriftliche Niederlegung des Verhandlungsergebnisses (Nr. 1 Abs. 2 Satz 2) 29

A. Allgemeines

Während die in Teil A § 23 geregelte Prüfung der Angebote und die gemäß Teil A § 25 vorgesehene Wertung der Angebote unumgänglich notwendiger Bestandteil eines ordnungsgemäßen Angebotsverfahrens nach der VOB sind, **ist das hinsichtlich der Verhandlungen mit den Bietern nach Teil A § 24 nicht der Fall.** Vielmehr sind solche **Verhandlungen,** die zwangsläufig zwischen der Prüfung und der Zuschlagserteilung liegen, nicht die Regel, sondern sie **bilden eine Ausnahme** (so auch Daub/Piel/Soergel ErlZ A 24.4). Grundsätzlich kommt also vor dem Zuschlag ein Verhandeln mit einzelnen oder mehreren Bietern weder schriftlich noch mündlich in Betracht. Das ergibt sich aus dem der VOB zugrundeliegenden **Wettbewerbsgedanken.** In der Fühlungnahme des Auftraggebers mit einzelnen oder mehreren Bietern in diesem Stadium des Vergabeverfahrens kann nämlich die Gefahr einer Bevorzugung einzelner Bieter liegen (ähnlich Daub/Piel/Soergel ErlZ A 24.5). Wenn auch die allgemeinen Vorschriften des BGB (§§ 145 ff.) es dem Auftraggeber nicht verwehren, über das Angebot mit dem Unternehmer zu verhandeln, so hat die VOB jedoch eindeutig festgelegt, daß in ihrem Bereich solche **Verhandlungen nur in Ausnahmefällen** stattfinden. Gemäß dem dieser Regelung zugrundeliegenden Gedanken des lauteren Wettbewerbs kommt **Teil A § 24** – insbesondere dessen Nr. 3 – auch in jenen Fällen **entsprechend in Betracht, in denen ein Bieter nachträglich von sich aus sein Angebot – insbesondere die darin enthaltenen Preise – zu ändern versucht.**

B. Der Katalog des § 24 Nr. 1 Abs. 1

Teil A § 24 zeigt auf, wann begründete Ausnahmen gegeben sind und man von wichtigen Gründen zur Verhandlung mit Bietern sprechen kann.

I. Abschließende Aufzählung der Verhandlungsgründe

Nach Nr. 1 Abs. 1 darf der Auftraggeber nach Öffnung der Angebote und vor Erteilung des Zuschlages mit Bietern nur aus den dort im einzelnen angegebenen Gründen verhandeln. Diese **Aufzählung ist abschließender Natur,** wie sich einmal aus der zwingenden Formulierung in Nr. 1 und weiterhin aus dem grundsätzlichen Verbot von Erweiterungen in Nr. 3 ergibt (ebenso Daub/Piel/Soergel ErlZ A 24.9). Es kann sich also bei einer solchen Verhandlung **nur um eine Aufklärungsmaßnahme** im engen Sinne handeln und nicht darum, den Bieter zu einer inhaltlichen Änderung seines bisher im Angebot zum Ausdruck gebrachten Willens zu bewegen. Nur im eingeschränkten Rahmen eines bereits feststehenden Sachverhalts können die Verhandlungen mit den Bietern liegen, sie dürfen aber **nicht** den Zweck haben, den **feststehenden Sachverhalt zu ändern.**

II. Mögliche Verhandlungen nach Nr. 1 Abs. 1

1. Es kommt eine Unterrichtung über die technische und die wirtschaftliche Leistungsfähigkeit des Bieters in Betracht, die sich darauf zu beschränken hat, was der Bieter im Hinblick auf die gestellte Bauaufgabe technisch und wirtschaftlich zu leisten vermag. Dabei geht es um die Klärung der in Teil A § 2 Nr. 1 Satz 1 aufgestellten Forderung nach Fachkunde, Leistungsfähigkeit und Zuverlässigkeit des Bieters und des von ihm geleiteten Baubetriebes.

A § 24, 1, Rdn. 5-8

Unterlagen hierfür ergeben sich vielfach nicht aus dem Angebot selbst, so daß insoweit eine ergänzende Feststellung im Wege von **auf das Informatorische beschränkten** Verhandlungen, vor allem bei bisher unbekannten Bietern oder solchen, bei denen sich die bisher bekannten Verhältnisse möglicherweise geändert haben, nicht nur gerechtfertigt, sondern auch im berechtigten Interesse des Auftraggebers sowie eines geordneten Baugewerbes geboten ist, wenn sie nicht schon vorher gemäß Teil A § 8 Nr. 3 getroffen worden ist. Die Aufklärungen können durch die Anforderung von Nachweisen oder die Einholung von Auskünften, auch von dritter Seite, hier allerdings unter vorheriger Unterrichtung des Bieters, erfolgen. Werden derartige Verhandlungen ihrem Sinn und Zweck entsprechend geführt und hierauf beschränkt, so wird es nicht zu einer Gefährdung der berechtigten Interessen der anderen Bieter kommen, da deren Bereich nicht berührt wird. Ist ein Architekt vom Auftraggeber mit der Mitwirkung bei der Vergabe (vgl. § 15 Abs. 2 Nr. 7 HOAI) befaßt, hat er für den Auftraggeber die genannten Aufgaben vollständig und ordnungsgemäß wahrzunehmen. Zur etwaigen Haftung des Architekten gegenüber dem Bieter wegen der Behauptung unwahrer geschäftsschädigender Tatsachen sowie deren geschäftsschädigender Bewertung vgl. Einl. Rdn. 44 ff.).

5   Im Rahmen solcher Verhandlungen hat der Bieter spätestens von sich aus Auskunft zu erteilen, wenn der Auftraggeber über bestimmte, für die Vergabe wesentliche Gesichtspunkte aufzuklären ist. Das gilt vor allem, wenn der **Bieter – auch plötzlich und unvorhergesehen – in wirtschaftlicher Bedrängnis** ist, wodurch die Erreichung des Vertragszieles vereitelt oder wesentlich erschwert würde, um so mehr, wenn dem Auftraggeber ein Recht zur Anfechtung des Vertrages nach § 123 BGB gegeben wäre (vgl. BGH Betrieb 1976, 332).

6   **2.** Weiter können berechtigte Gründe zur Verhandlung über das Angebot selbst vorliegen. Die Verhandlungen dürfen sich aber grundsätzlich **nur** auf **Zweifelsfragen** in bezug auf den an sich feststehenden Angebotsinhalt beschränken. In Betracht kommen kann die **Aufklärung bestimmter,** auch technischer **Ausdrucksweisen und/oder Vorschläge** oder die **Erforschung des wirklichen Angebotswillens** bei unvollständiger oder möglicherweise mißverständlicher Äußerung des Bieters. Dabei darf sich die folgende Erläuterung des wirklichen Angebotswillens des Bieters nur auf notwendig aufklärungsbedürftige Teile des Angebots beziehen und nicht auf mehr, vor allem nicht auf eine etwaige Änderung des Angebots. Verhandlungen über das Angebot können vor allem auch bei einer Vergabe nach Leistungsprogramm erforderlich sein, insbesondere im Hinblick auf die nach Teil A § 9 Nr. 12 aufgestellten und eingereichten Angebote der Bieter.

7   **3. Die Notwendigkeit für den Auftraggeber, sich über Änderungsvorschläge oder Nebenangebote zu unterrichten,** ergibt sich aus Teil A § 25 Nr. 3, da diese Angebote u. U. zum Zuschlag führen können. Hinzu kommt noch, daß Änderungsvorschläge und Nebenangebote oft nur skizzenhaft im Rahmen des eigentlichen Angebots aufgeführt werden. Dann ist es, wenn sich der Auftraggeber für solche Änderungsvorschläge und Nebenangebote interessiert, vielfach notwendig, den wahren Willen des Bieters zu erforschen, insbesondere von ihm genaue Einzelheiten zu erfahren.

8   **4. Die Unterrichtung über die geplante Art der Durchführung** kann zweckmäßig sein, wenn sich diese nicht eindeutig aus dem Angebot ergibt, wenn sie insbesondere nicht schon aus den vom Auftraggeber angefertigten Verdingungsunterlagen, die Gegenstand des Angebotes geworden sind, deutlich ersichtlich ist. Die **Frage der Art der Durchführung** ist dabei nicht zu eng zu verstehen. Sie umfaßt sowohl die rein technischen Vorgänge bei der Durchführung und deren Ergebnis wie auch die kaufmännische und wirtschaftliche Seite, weshalb hier auch Fragen hinsichtlich des Personal- und Geräteeinsatzes, der Zulieferung von Stoffen und Bauteilen, der möglichen Auswirkungen des Baustellenbetriebes, der Einhaltung der vorgesehenen Bauzeit usw. eine Rolle spielen können. Denn auch hier kann ein durchaus anzuerkennendes Interesse des Auftraggebers bestehen, zu erfahren, wie sich der Bieter die Einzelheiten

der Vorgänge denkt, die zu der im Angebot niedergelegten Leistung führen sollen. Diese Unterrichtung kann sich auch aus der Pflicht des Auftraggebers, eine sorgfältige und sachgerechte Vergabeentscheidung nach Teil A § 25 Nr. 2 zu treffen, ergeben.

5. Auch die Unterrichtung über etwaige Ursprungsorte oder Bezugsquellen von Stoffen oder Bauteilen ist dem Auftraggeber zuzugestehen. Das Interesse ist vor allem dann gegeben, wenn durch eine Aufklärung über Ursprungsorte und Bezugsquellen etwas über die Qualität der Stoffe oder Bauteile oder über die Zuverlässigkeit des in Betracht kommenden Lieferanten festgestellt werden kann. Besonders ist das Interesse des Auftraggebers an einer Aufklärung gegeben, wenn die Verwendung von Baustoffen und Bauteilen unbekannten Ursprungs oder Bezugs – vor allem bei neuartigen Stoffen oder Bauteilen – in der Absicht des Bieters liegt oder jedenfalls die Möglichkeit dazu besteht. Auch kann ein berechtigtes Interesse des Auftraggebers, allerdings nur in Ausnahmefällen, vorliegen, bestimmte Bezugsquellen und Ursprungsorte bei seinem ausgeschriebenen Bauwerk auszuschließen. Das kann z. B. der Fall sein, wenn der Auftraggeber bei früheren Bauten schlechte Erfahrungen gemacht hat, er insbesondere in unzulänglicher Weise bedient worden ist. Insoweit kann ihm eine Aufklärung durchaus wünschenswert sein, zumal sich Angaben und Unterlagen dazu selten aus dem Angebotsinhalt ergeben, es sei denn, daß dies aufgrund einer Festlegung in den Verdingungsunterlagen nach Teil A § 9 Nr. 7 Abs. 3 der Fall ist.
Etwaige Änderungen von Ursprungsorten oder Bezugsquellen, dabei insbesondere bisher angebotener Fabrikate, sind nur begrenzt zulässig, nämlich in dem durch Rdn. 19 ff. gekennzeichneten Rahmen. Vor allem müssen derartige Änderungen unbedingt gleichwertige Fabrikate erfassen und auch preislich im bisher vorgesehenen Rahmen liegen, damit eine ordnungsgemäße Wertung nach Teil A § 25 Nr. 2 erfolgen kann, insbesondere andere Bieter im Wettbewerb nicht benachteiligt werden.

6. Schließlich kommt noch eine Unterrichtung über die Angemessenheit der Preise in Betracht, wenn nötig durch Einsicht in die dann vorzulegenden Preisermittlungen (Kalkulationen; gemeint sind die Vorkalkulationen).

Diese Bestimmung ist nicht unter baupreisrechtlichen, sondern zumindest vorwiegend unter verdingungsrechtlichen Gesichtspunkten zu verstehen (vgl. dazu auch Rdn. 20). In ihr sind die Grundlagen gemeint, von denen der Bieter ausgegangen ist, um die von ihm in das Angebot eingesetzten Preise festzulegen bzw. zu ermitteln, also den Ansatz der Löhne, des Materials, der Kosten der Baustelle und der allgemeinen Geschäftskosten. Der Auftraggeber muß aber berücksichtigen, daß es nicht seine Aufgabe ist, sich ein allgemeines Bild über die geschäftsinternen Vorgänge beim Bieter zu verschaffen. Vielmehr geht es auch hier um eine **rein sachliche Aufklärung, die auf Kalkulationen des betreffenden Bieters im konkreten Fall beschränkt ist.** Es handelt sich um ein Nachrechnen wie bei der sonstigen Angebotsprüfung, wobei die Feststellung der eigentlichen Kalkulationsgrundlagen mit einbegriffen ist. Dazu gehört nicht nur das bloße Nachrechnen als solches, sondern auch die Unterrichtung über das, was dahintersteht, wie z. B. der in dem Rechenwerk zum Ausdruck gekommene beabsichtigte Einsatz von Material und Personal und die damit verbundene Frage, ob dies notwendig ist, ob z. B. ein Meister eine bestimmte Leistung ausführen soll, obwohl ein Geselle mit entsprechend niedrigerem Lohn das auch könnte. Hier geht es nur um die Prüfung der preislichen (nicht nur baupreisrechtlichen) Zulässigkeit, nicht aber um die Prüfung der Angemessenheit der Preise (ebenso Daub/Piel/Soergel ErlZ A 24.38); letztere ist Sache der Angebotswertung im Rahmen von Teil A § 25. Vgl. auch Teil A § 23 Rdn. 12 f. und 16 f.

Beschränkt sich der Auftraggeber auf die vorbezeichnete, lediglich der Aufklärung dienende sachliche Prüfung, sei es durch mündliche oder schriftliche Unterrichtung über die Angemessenheit der Preise, sei es durch Einblick in die Kalkulationsgrundlagen, und läßt er die ihm hiermit zugleich gegebene Aufgabenumgrenzung nicht aus dem Auge, wird man diese Bestimmung der VOB als gerechtfertigt ansehen müssen. Insbesondere ist zu berücksichtigen, daß im Vergabeverfahren der VOB nach dem übergeordneten Grundsatz in Teil A § 2 Nr. 1 Satz 1 die Bauleistungen zu **angemessenen Preisen zu vergeben** sind. Daran muß sich der – insbesondere der öffentliche – Auftraggeber halten. Es geht darum, dem Auftraggeber die Möglichkeit der konsequenten Durchführung der ihm insoweit obliegenden Aufgabe zu verschaffen. Dabei ergibt sich aus dem Grundsatz der Vergabe zu angemessenen Preisen, dessen Einhaltung durch Teil A § 24 Nr. 1 Abs. 1 gewährleistet werden soll, auch, daß die Unterrichtungsbefugnis des Auftraggebers nicht nur dazu da ist, seine eigenen wirtschaftlichen und finanziellen Interessen zu vertreten. Vielmehr ist bei der **Prüfung der Preise nach ihrer Angemessenheit** in gleicher Weise **auch das berechtigte Interesse der Bieter zu beachten.** Die Unterrichtungsbefugnis nach Teil A § 24 ist auch gegeben, wenn ein Bieter ein Angebot abgegeben hat, das in seiner **Preisforderung** dem Auftraggeber derart **niedrig** erscheinen muß, daß der Bieter im Falle des Zuschlags und der Durchführung der geforderten Leistung offenkundig keinen angemessenen Preis erhalten würde.

13 Im übrigen sollte es bei einer bloßen Unterrichtung bleiben, wenn hierdurch die notwendige Aufklärung gegeben werden kann. **Nur in Ausnahmefällen** ist vom Bieter die **Vorlage der Kalkulationen** zu verlangen; insbesondere kann dies im Falle der Vergabe nach Leistungsprogramm in bezug auf die nach Teil A § 9 Nr. 12 nötig sein. Der Auftraggeber hat sich jedoch immer auf das Notwendigste zu beschränken und nur das zu erforschen, was im konkreten Fall zur Unterrichtung über die Angemessenheit der geforderten Preise erforderlich ist. Das gilt vor allem, weil der **Auftraggeber nur eine Unterrichtungsbefugnis hat.** Zwecks Wahrung des der Vergabe nach der VOB eigenen **Wettbewerbs** ist er **nicht befugt, den Bieter zu Handlungen zu bewegen, die eine Änderung des Inhaltes seines Angebotes, insbesondere in seiner Preisgestaltung, bedeuten würden.** Dies ergibt sich aus Teil A § 24 Nr. 3 (vgl. Rdn. 19 ff.). Deshalb geht es auch nicht an, im Wege von Verhandlungen gemeinschaftlich **Kalkulationsirrtümer des Bieters zu beseitigen.**

14 Besteht beim Auftraggeber der Verdacht, daß **Preisabreden** einzelner Bieter untereinander oder mit Dritten bestehen, so geht es nicht nur um die Unterrichtungsbefugnis des Auftraggebers über die Angemessenheit der Preise, sondern um die **Wahrung des insoweit gesetzlich abgesicherten Wettbewerbsgrundsatzes.** Hier liegt ein besonderes Interesse des Auftraggebers an einer genauen Aufklärung vor. Denn die Möglichkeit von Preisabreden würde den für die Vergabe nach Teil A der VOB geltenden Grundsatz des Wettbewerbs ganz besonders in Gefahr bringen. Nicht nur im eigenen, sondern auch im berechtigten Interesse der übrigen ordnungsgemäß handelnden Bieter ist der Auftraggeber gehalten, hier nähere Aufklärung zu schaffen. Andererseits darf er es auch in diesen Fällen seine Nachprüfungsbefugnis nicht mißbrauchen. **Er darf dann eingreifen, wenn bei objektiver Betrachtung ein wirklicher Verdacht von Preisabreden besteht.** Das ist in der Regel nur der Fall, wenn der Auftraggeber dies nicht aus seiner subjektiven Einstellung, sondern aus der objektiven Sicht eines unbeteiligten Dritten zu gutem Recht annehmen kann. Hierbei genügt nicht die bloße Annahme als solche, sondern es müssen **konkrete Anhaltspunkte** für die Mißachtung des Wettbewerbsgrundsatzes vorliegen. Der Verdacht muß sich bei richtiger und vernünftiger Betrachtung aus dem Angebot selbst, unter Vergleich mit anderen Angeboten etwa, oder aus vorliegenden anderen Beweismitteln in schlüssiger Weise folgern lassen (siehe auch Schelle Bauverwaltung 1984, 110; nicht mit der gebotenen Schärfe in der Unterscheidung Daub/Piel/Soergel ErlZ A 24.70). Insoweit ist eine **besonders sorgfältige Vorprüfung** am Platze, bevor der Bieter wegen des Verdachtes angegangen wird und bevor von ihm Aufklärungen verlangt werden.
Zur Kartellbildung in der Bauwirtschaft vgl. Crome BB 1959, 832 und 1961, 118. Derselbe zu Erfahrungen mit Methoden und Systemen bei Preisabsprachen in der Bauwirtschaft (Bauwirtschaft 1965, 87).

Vgl. ferner Schmid zu Schadensersatzansprüchen des Bauherrn bei Submissionsabsprachen ZIP 1983, 652.

Es ist darauf hinzuweisen, daß sich die Unterrichtung über die Angemessenheit der Preise nach Absatz 1 und die Prüfung über Fragen verbotener Preisabreden **auch auf die Preisermittlungen von Nachunternehmern erstreckt,** falls eine Vergabe an Nachunternehmer beabsichtigt ist (vgl. hierzu Hereth/Naschold Teil A § 24 Ez. 24.8). 15

C. Geheimhaltung (Nr. 1 Abs. 2 Satz 1)

Die **Unterrichtung** des Auftraggebers durch Verhandlungen mit den Bietern auf schriftlichem oder mündlichem Wege hat, wenn von ihr Gebrauch gemacht wird, im Bereich des Auftraggebers zu bleiben. **Das gilt in erster Linie für das Verhandlungsergebnis, das geheimzuhalten (Nr. 1 Abs. 2 Satz 1) ist.** Hier kommt nicht nur der Gedanke des Wettbewerbs zum Ausdruck, wonach verhindert werden soll, daß sich eine unbefugte dritte Seite auf diese oder jene Weise das Verhandlungsergebnis zunutze macht, sondern es werden durch die Geheimhaltungspflicht auch die **berechtigten Interessen der Bieter,** mit denen verhandelt worden ist, berücksichtigt. Es ist nämlich nicht auszuschließen, daß insbesondere bei Verhandlungen über die Preisgestaltung in den Bereich der Bieter eingegriffen wird. Dadurch werden Unterlagen bekannt, die durch das Angebot und durch dessen Eröffnung den anderen Bietern im allgemeinen nicht zur Kenntnis kommen. **Die Pflicht zur Geheimhaltung ist daher das notwendige Gegenstück zu dem Unterrichtungsrecht des Auftraggebers.** Macht der Auftraggeber von seiner Befugnis Gebrauch, so schuldet er dem Bieter in Wahrung dessen berechtigter Interessen Geheimhaltung. Ein **Bruch der Geheimhaltungspflicht** durch den Auftraggeber kann als Verletzung des durch die Aufnahme von Vertragsverhandlungen begründeten Vertrauensverhältnisses gelten und unter Umständen zu einer **Schadensersatzverpflichtung** des Auftraggebers aus dem Gesichtspunkt der culpa in contrahendo führen, vgl. hierzu Einl. vor Teil A § 1 Rdn. 51 ff. Allerdings ist hinsichtlich der Geheimhaltungspflicht eine **Ausnahme** zu machen: Stellt sich durch die Aufklärung nach Absatz 1 heraus, daß der Bieter bei der Abfassung und der damit verbundenen Abgabe seines Angebotes **gegen zwingende gesetzliche Vorschriften verstoßen** hat, etwa durch verbotene Preisabreden, so kann dieser Bieter nicht die Geheimhaltung durch den Auftraggeber erwarten, vor allem nicht, daß dieser von der Veranlassung behördlicher Maßnahmen absieht. Er kann nicht von einem berechtigten Interesse zur Geheimhaltung sprechen, wenn er sich für einen ordnungsgemäßen und sauberen Wettbewerb bei dieser Vergabe, möglicherweise auch für künftige Ausschreibungen, als nicht tragbar erwiesen hat. 16

D. Unterrichtungsverweigerung durch den Bieter (Nr. 2)

Nach Nr. 2 kann dem Bieter, der die nach Nr. 1 Abs. 1 geforderten Unterrichtungen verweigert, der Zuschlag dadurch versagt werden, daß sein Angebot unberücksichtigt bleibt. Voraussetzung ist hierfür zunächst, daß das Aufklärungsverlangen des Auftraggebers sich im Rahmen von Nr. 1 Abs. 1 hält und durch die dort vorhandene Umgrenzung im Einzelfall berechtigt ist (vgl. hierzu Rdn. 4 ff.). Gleiches gilt für die Einhaltung der Geheimhaltungspflicht. 17

Man kann es einem Auftraggeber nicht verübeln, wenn er den Bieter, der ihm die berechtigten Aufklärungen nach Nr. 1 Abs. 1 verweigert, von dem Zuschlag ausschließt. Es ist ihm nicht zuzumuten, einen Bauvertrag auf der Grundlage eines Angebotes abzuschließen, das nach seinem Inhalt entweder unklar ist oder das eine für den Auftraggeber nicht annehmbare Folge bei der späteren Baudurchführung zuläßt. Der Auftraggeber muß über alle Einzelheiten des späteren Vertrages und dessen mögliche Auswirkungen unterrichtet sein.

18 Die Nichtberücksichtigung eines solchen Angebotes ist nicht immer und unbedingt erforderlich. Wenn auch der Auftraggeber einen Bieter, der die sich im Rahmen der Nr. 1 Abs. 1 haltende Aufklärung verweigert, schon aus einer grundsätzlichen Einstellung heraus auszuschließen geneigt sein wird, da hierdurch das Vertrauensverhältnis zwischen Auftraggeber und Bieter von vornherein beeinträchtigt werden kann, so sollte sich der objektiv eingestellte Auftraggeber grundsätzlich zu einer Nichtberücksichtigung des betreffenden Angebotes doch nur entschließen, wenn das aus Gründen, die sich auf das Angebot beziehen, nach seiner als berechtigt anzusehenden Interessenlage **sachlich unumgänglich** ist. Wenn der Auftraggeber auch ohne die verweigerte Aufklärung den Inhalt des Angebots auf andere Weise ermitteln kann, so sollte er überlegen, ob er das Angebot nicht doch noch in den Wettbewerb einbezieht.

E. Grundsätzliches Verbot anderer Verhandlungen (Nr. 3)

I. Keine Verhandlungen über Preisänderungen

19 **Nr. 3 stellt klar heraus, daß andere Verhandlungen, insbesondere über eine Änderung der Angebote oder der Preise, unstatthaft sind.** Das gilt vor allem auch für erst **nach Angebotseröffnung** zur Sprache kommende Preisnachlässe und Skonti, ferner auch für Änderungen der angebotenen Vergütungsart, wie die „Umstellung" von Einheitspreisen auf eine Pauschale. Verhandlungen mit Bietern dürfen sich **lediglich** als **Aufklärungsmaßnahmen** ohne Änderung des maßgebenden Angebotsinhaltes darstellen. Das wird in Nr. 3 in Form eines ausdrücklichen Verbots von Änderungen hervorgehoben. Sinn dieses Verbots ist, den Wettbewerb unter gleichen Bedingungen für alle Bieter aufrechtzuerhalten. Das wäre nicht mehr der Fall, wenn durch Verhandlungen über die Änderung bestimmter Angebote eine für einzelne Bieter bessere oder schlechtere Lage in bezug auf die Zuschlagserteilung herbeigeführt werden würde. Der Auftraggeber, der nach der VOB vergibt, muß daher bemüht bleiben, den von ihm ausgelösten Wettbewerb nicht selbst zu beeinträchtigen. Der Verstoß gegen das hier ausgesprochene Verbot kann dem betroffenen anderen Bieter einen **Schadensersatzanspruch wegen Verschuldens bei Vertragsabschluß** (culpa in contrahendo; vgl. dazu Einl. Vor Teil A § 1 Rdn. 51 ff.) seitens des Auftraggebers gewähren (vgl. OLG Köln SFH Z 2.13 Bl. 53; AG Böblingen SFH Z 2.13 Bl. 46; im Grundsatz auch OLG Karlsruhe § 24 VOB/A Nr. 1 mit im übrigen zutreffender krit. Anm. von Hochstein; auch Daub/Piel/Soergel ErlZ A 24.63). Nr. 3 kommt entsprechend zur Anwendung, wenn ein Bieter von sich aus nachträglich die Preise seines Angebotes zu ändern versucht (vgl. Rdn. 1).

20 Verhandlungen mit Bietern über Angebotsänderungen sind im Rahmen von Teil A § 24 auch nicht auf der Grundlage des § 5 BaupreisVO (VO PR 1/72) zulässig, da im Falle baupreislich überhöhter Angebote hinreichender Rechtsschutz für den Auftraggeber durch Teil A § 25 Nr. 2 Abs. 2 Satz 1 oder durch Teil A § 26 besteht (dazu zutreffend Daub, Bauwirtschaft 1979, 1635).

21 Das vorgenannte grundsätzliche Verbot der Verhandlungen mit Bietern erfaßt nicht nur die Änderung angebotener Preise, sondern auch Änderungen von für die Vergabe maßgeblichen Bedingungen, wie z. B. der Leistungsbeschreibung, der Qualitätsanforderungen, der Ausführungsbedingungen, der festgelegten Termine, der Gleitklauseln, der Wettbewerbsbedingungen, wie Erklärungen und Bescheinigungen, Zulassung ausgeschlossener Nebenangebote.

II. Ausnahmen

22 **Allerdings gestattet die VOB eine Ausnahme von dem Verbot von Verhandlungen, vornehmlich über die Änderung der Angebote und ihrer Preise, wie sich aus der weiteren**

Regelung in Nr. 3 ergibt. Derartige Verhandlungen sind erlaubt, wenn sie bei Nebenangeboten, Änderungsvorschlägen oder Angeboten aufgrund eines Leistungsprogramms nötig sind, um unumgängliche technische Änderungen geringen Umfangs und daraus sich ergebende Änderungen der Preise zu vereinbaren. Es ist zu begrüßen, daß die VOB seit 1973 diese **eng umgrenzte** Fassung gewählt hat, weil der frühere Wortlaut der Nr. 3 einen zu weiten Spielraum für Verhandlungen geboten und daher eine mißbräuchliche Handhabung nicht ausgeschlossen hat. Nunmehr läßt die VOB über die in Nr. 1 geregelten Verhandlungen mit Bietern hinaus nach Angebotseröffnung und vor Erteilung des Zuschlages nur solche zu, wenn es sich um – eng umgrenzte – aus der Praxis ergebende Notwendigkeiten handelt, insbesondere mit dem Ziel, sonst unnötigerweise erforderliche Aufhebungen von Ausschreibungen zu vermeiden.

Grundvoraussetzung ist, daß es sich um im Verhandlungswege zu klärende Zweifelsfragen bei Nebenangeboten, Änderungsvorschlägen sowie bei Angeboten aufgrund eines Leistungsprogramms handelt. Hier kann sich die Notwendigkeit von Verhandlungen wegen der zunehmenden Bedeutung des technischen Wettbewerbs ergeben. Aber auch das ist restriktiv auszulegen, und es sind **enge Grenzen gesetzt:** 23

Einmal muß es sich um im betreffenden Fall **unumgänglich notwendige technische Änderungen** handeln. Das ist somit beschränkt auf technische Änderungen, ohne die im betreffenden Einzelfall die sachgerechte Ausführung nicht möglich wäre. Anders kann das Wort „unumgänglich" nicht verstanden werden. 24

Des weiteren darf es sich nur um technische Änderungen **geringen Umfanges** handeln. Das ist allerdings unscharf, läßt sich aber für die Praxis kaum klarer fassen, weil es immer auf die Gegebenheiten des Einzelfalles ankommt. Man wird sagen müssen, daß die technische Änderung, gemessen an der – bisher – vorgesehenen Ausführungsart und dem vorgesehenen Ausführungsumfang, für den Bereich der Auftragsvergabe nur eine unwesentliche, nicht ins Gewicht fallende Bedeutung haben darf. Das gilt gerade auch mit Blickrichtung auf die wertmäßige Ausgestaltung des Projektes, dabei nicht zuletzt auf die Preisgestaltung. 25

In dem vorgezeichneten Rahmen muß ferner beachtet werden, daß ein **eindeutiger Zusammenhang zwischen technischer Änderung und Preisänderung besteht,** die auch nur geringfügig im vorangehend dargelegten Sinn sein darf. Anderenfalls setzen sich die Beteiligten der Gefahr der unzulässigen Preismanipulation aus. 26

Als selbstverständlich gilt es, daß nur Verhandlungen im angegebenen Rahmen stattfinden dürfen, sofern Nebenangebote und Änderungsvorschläge nach Teil A § 25 Nr. 3 bei der Vergabe überhaupt berücksichtigt werden dürfen. Angebote aufgrund des Leistungsprogramms müssen auf jeden Fall gefordert worden sein (Teil A § 9 Nr. 9-12). 27

Nr. 3 regelt eine **ausgesprochene Ausnahmesituation.** Der Auftraggeber muß darauf besonders achten. Für die Einhaltung der hier gesetzten Grenzen ist er im Streitfall beweispflichtig, was zur besonderen Vorsicht gemahnt. 28

F. Schriftliche Niederlegung des Verhandlungsergebnisses (Nr. 1 Abs. 2 Satz 2)

Das Ergebnis der Verhandlungen mit den Bietern soll, falls zweckmäßig, **schriftlich niedergelegt werden** (Nr. 1 Abs. 2 Satz 2). Diese Empfehlung gilt nicht nur für Verhandlungen nach Nr. 1 Abs. 1, sondern auch für Verhandlungen nach Nr. 3. Die schriftliche Niederlegung wird der Regelfall sein, da das Verhandlungsergebnis durchweg eine Ergänzung oder 29 eine Erläuterung des bereits abgegebenen Angebots darstellt, außerdem Beweiszwecken dient.

§ 25 Wertung der Angebote

1. (1) Ausgeschlossen werden:

a) Angebote, die im Eröffnungstermin dem Verhandlungsleiter bei Öffnung des ersten Angebotes nicht vorgelegen haben,

b) Angebote, die dem § 21 Nr. 1 Absatz 1 und 2 nicht entsprechen,

c) Angebote von Bietern, die in bezug auf die Ausschreibung eine Abrede getroffen haben, die eine unzulässige Wettbewerbsbeschränkung darstellt,

d) Änderungsvorschläge und Nebenangebote, soweit der Auftraggeber dies nach § 17 Nr. 4 Absatz 3 erklärt hat.

(2) Außerdem können Angebote von Bietern nach § 8 Nr. 4 ausgeschlossen werden.

2. (1) Bei der Auswahl der Angebote, die für den Zuschlag in Betracht kommen, sind nur Bieter zu berücksichtigen, die für die Erfüllung der vertraglichen Verpflichtungen die notwendige Sicherheit bieten. Dazu gehört, daß sie die erforderliche Fachkunde, Leistungsfähigkeit und Zuverlässigkeit besitzen und über ausreichende technische und wirtschaftliche Mittel verfügen.

(2) Angebote, deren Preise in offenbarem Mißverhältnis zur Leistung stehen, werden ausgeschieden. In die engere Wahl kommen nur solche Angebote, die unter Berücksichtigung rationellen Baubetriebs und sparsamer Wirtschaftsführung eine einwandfreie Ausführung einschließlich Gewährleistung erwarten lassen. Unter diesen Angeboten soll der Zuschlag auf das Angebot erteilt werden, das unter Berücksichtigung aller technischen und wirtschaftlichen, gegebenenfalls auch gestalterischen und funktionsbedingten Gesichtspunkte als das annehmbarste erscheint. Der niedrigste Angebotspreis allein ist nicht entscheidend.

3. Änderungsvorschläge und Nebenangebote, die der Auftraggeber bei der Ausschreibung gewünscht oder ausdrücklich zugelassen hat, sind ebenso zu werten wie die Hauptangebote. Sonstige Änderungsvorschläge und Nebenangebote können berücksichtigt werden.

4. Arbeitsgemeinschaften und andere gemeinschaftliche Bieter sind Einzelbewerbern gleichzusetzen, wenn sie die Arbeiten im eigenen Betrieb oder in den Betrieben der Mitglieder ausführen.

5. Die Bestimmungen der Nr. 2 gelten auch bei Freihändiger Vergabe. Die Nr. 1, 3 und 4 sind entsprechend auch bei Freihändiger Vergabe anzuwenden.

Inhaltsübersicht

	Rdn.
A. Allgemeines	1-4
I. Zweck der Regelung	1
II. Aufbau	2
III. Umfang der Wertung	3
IV. Kernstück der VOB/A	4

B.	Der Ausschluß von Angeboten nach Nr. 1		5–40
	I. Zu spät eingereichte Angebote		6–7
	II. Angebote, die gegen § 21 Nr. 1 Abs. 1 und 2 verstoßen		8–12
		1. Unbedingter Ausschluß	9
		2. Nicht zwingender Ausschluß	10–12
	III. Angebote aufgrund wettbewerbsbeschränkender Abrede		13–28
		1. Unbedingte Beachtung des Wettbewerbsgrundsatzes	15
		2. Gesetzliche Verbote maßgebend	16–17
		3. Wettbewerbsregeln der Bauindustrie	18–20
		4. Verbote nach dem GWB	21–28
	IV. Betrugshandlungen bei Abgabe des Angebots		29
	V. Sonstige Eingriffe in die Regeln des lauteren Wettbewerbs		30–37
		1. Gewährung von Schmiergeldern	31–32
		2. Behauptung unwahrer geschäftsschädigender Tatsachen	33
		3. Abwerben der Mitarbeiter von Mitbietern	34–36
		4. Sittenwidrige „Kontaktaufnahme" zu Mitarbeitern anderer Bewerber	37
	VI. Ausgeschlossene Änderungsvorschläge und Nebenangebote		38
	VII. Nach § 8 Nr. 4 ausgeschlossene Angebote		39
	VIII. Spekulationsangebote		40
C.	Die Angebotswertung selbst (Nr. 2)		41–66
	I. Die persönliche und sachliche Eignung der Bewerber nach Nr. 2 Abs. 1		42–61
		1. Grundsätze	42–44
		2. Vergleich mit anderen Bietern	45
		3. Zu beachtende Einzelpunkte	46–51
		a) Leistungsfähigkeit	46–47
		b) Zuverlässigkeit, Fachkunde	48
		c) Bindende Bestimmungen über Eigenschaften von Unternehmern	49
		d) Private Eigenschaften grundsätzlich ohne Bedeutung	50
		e) Erfüllung steuerlicher Verpflichtungen	51
	II. Die inhaltliche Angebotswertung auf ihren sachlichen Gehalt nach Nr. 2 Abs. 2		52–66
		1. Offenbares Mißverhältnis von Preisen zu Leistung	53–58
		2. Engere Wahl	59
		3. Baupreisrecht	60
		4. Annehmbarstes Angebot	61–64
		a) Technische Gesichtspunkte	62
		b) Wirtschaftliche Gesichtspunkte	63–64
		5. Gestalterische und funktionsbedingte Gesichtspunkte	65
		6. Bearbeitungshinweise	66
D.	Die Wertung von Änderungsvorschlägen und Nebenangeboten (Nr. 3)		67–73
	I. Allgemeines		68–69
	II. Gewünschte oder ausdrücklich zugelassene Änderungsvorschläge oder Nebenangebote		70–71
	III. Nicht ausdrücklich ausgeschlossene Änderungsvorschläge oder Nebenangebote		72
	IV. Nebenangebote ohne Hauptangebot		73
E.	Die besonderen Auslegungsregeln nach Nr. 4		74
F.	Geltungsbereich von Teil A § 25		75
G.	Öffentliche Auftraggeber		76–78

Aufsätze: Hundertmark, „Die Behandlung des fehlkalkulierten Angebotes bei der Bauvergabe nach VOB/A", BB 1982, 16; Freese, „Bauvergabe nach VOB/A bei erkanntem Kalkulationsirrtum des Bieters", BB 1982, 1271; Koch, „Angebotskorrekturen bei öffentlichen Aufträgen", BB 1982, 1517; Schlenke, „§ 25 VOB/A als ein Instrument zur Selbstbeschränkung des Nachfragers", Bauwirtschaft 1984, 1234.

A. Allgemeines

I. Zweck der Regelung

1 Während die Angebotsprüfung nach Teil A § 23 die Überprüfung des jeweiligen einzelnen Angebotsinhalts und dessen Festlegung im wesentlichen durch etwa notwendige Klarstellung betrifft, ohne daß Vergleiche zu anderen Angeboten gezogen werden, **befaßt sich die Wertung nach Teil A § 25 mit der vergleichenden und damit wertenden Gegenüberstellung der verschiedenen Angebote.** Erst die Wertung ermöglicht es dem Auftraggeber, sich das im Einzelfall annehmbarste Angebot auszusuchen. Neben der notwendigen Prüfung nach Teil A § 23 kann auch die eventuelle Durchführung von Verhandlungen mit den Bietern nach Teil A § 24, sei es vor Beginn der Wertung, sei es während der Wertung, dazu führen, die notwendigen Vorarbeiten für eine nach Teil A § 25 richtige Entschließung zu leisten.

II. Aufbau

2 Der Aufbau des § 25 läßt **vier wesentliche Gruppen der Wertung** erkennen. Die erste ist in Nr. 1 enthalten, die den **Ausschluß bestimmter Angebote** wegen sofort erkennbarer grober Fehler vorschreibt, ohne daß es dann noch notwendig wäre, eine eigentliche inhaltliche Wertung dieser Angebote vorzunehmen. Die zweite Gruppe (Nr. 2) umfaßt die **Wertung im eigentlichen Sinne,** da es sich um die **Gegenüberstellung der Angebote im Wege des Vergleichens** handelt. Sie ist zweistufig. Während die Wertung der Angebote nach Nr. 2 Abs. 1 sich mit der Frage der persönlichen und sachlichen Eignung der Bewerber für die Erteilung und Durchführung des Bauauftrages befaßt, ist die Wertung nach Nr. 2 Abs. 2 auf den Inhalt der Angebote, insbesondere die Angemessenheit der Preise, bezogen. Die dritte Wertungsgruppe befaßt sich mit der **Behandlung von Änderungsvorschlägen und Nebenangeboten** (Nr. 3). Des weiteren hat die vierte Gruppe (Nr. 4) **Bestimmungen über die Einstufung von Vereinigungen von Unternehmern, Arbeitsgemeinschaften, Gesellschaften oder Genossenschaften im Verhältnis zu Einzelunternehmern** zum Inhalt. Nr. 5 enthält den Hinweis, daß bei Freihändiger Vergabe die Regeln der Nr. 2 anzuwenden, die der Nr. 1, 3 und 4 entsprechend zu beachten sind.

III. Umfang der Wertung

3 **Die Wertung darf nur insoweit vorgenommen werden, als die Ausschreibung reicht,** derentwegen die Angebote abgegeben, eröffnet und geprüft worden sind. Unzulässig ist es daher, nach Angebotseröffnung von den Bietern Angebote über weitere Leistungen zu verlangen und dann auch diese in eine „einheitliche Wertung" einzubeziehen.

IV. Kernstück der VOB/A

4 Die Regelung in **Teil A § 25 ist ein Kernstück der VOB/A**. Sie hat in besonderem Maße den Sinn, dem Auftraggeber im Rahmen seines Vergabeentschlusses zur Feststellung des für den konkreten Fall leistungsfähigsten, fachkundigsten und zuverlässigsten Bieters zu verhelfen. Insofern kann man durchaus zutreffend von einem Instrument der Selbstbeschränkung des Auftraggebers als Nachfrager (so Schlenke, Bauwirtschaft 1984, 1234) sprechen. **Zu Fragen etwaiger Haftung des Auftraggebers aus culpa in contrahendo bei pflichtwidriger Bauvergabe vgl. Einl. Rdn. 51 ff.**

B. Der Ausschluß von Angeboten nach Nr. 1

Bei den in Nr. 1 genannten Gründen handelt es sich um **Ausschließungstatbestände,** die 5
dazu führen, das Angebot vom Zuschlag fernzuhalten, ohne daß es auf den eigentlichen
Angebotsinhalt, insbesondere auf die Preise, ankommt. Es ist daher erforderlich, zunächst die
Frage des Ausschlusses nach diesen Gesichtspunkten zu prüfen, bevor mit der Wertung nach
Nr. 2 begonnen wird.

I. Zu spät eingereichte Angebote

Ausgeschlossen werden nach Nr. 1 Abs. 1 a diejenigen Angebote, die im Verhandlungs- 6
termin dem Verhandlungsleiter bei Öffnung des ersten Angebotes nicht vorgelegen
haben, was auch für später noch ergänzte und dann so vorgelegte Angebote gilt. Dieser
Ausschluß ist zwingend und vorbehaltlos. Nr. 1 Abs. 1 a ist nur eine konsequente Weiterführung der Grundbestimmung über die Eröffnung der Angebote bei Ausschreibungen nach Teil
A § 22 Nr. 2 (vgl. Teil A § 22 Rdn. 12). Was schon zur Eröffnung nicht in Betracht kommt,
kann auch bei der Vergabe keine Rolle spielen. Solche Angebote brauchen schon nicht bei der
Prüfung nach Teil A § 23 herangezogen zu werden, wie sich aus dessen Nr. 1 ergibt (vgl. Teil A
§ 23 Rdn. 4 ff.). Zur hier erörterten Ausschlußvorschrift zählen **auch Angebote, die nach-**
träglich von Bietern abgegeben werden, nachdem sie unzulässigerweise vom Auftragge-
ber durch Verstoß gegen die Bestimmungen in Teil § 24 Nr. 1 und 3 zur Abgabe „preis-
günstigerer" Angebote als bisher veranlaßt worden sind (OLG Köln SFH Z 2.13 Bl. 53;
AG Böblingen SFH Z 2.13 Bl. 46). **In der 9. Auflage** wurde die Ansicht vertreten, daß die
Ausschlußregelung in Nr. 1 Abs. 1 a nicht zur Anwendung kommen könne, wenn ein Angebot zur Zeit der Eröffnung des ersten Angebotes beim Auftraggeber (naturgemäß mit richtiger
Aufschrift und Anschrift der dafür maßgebenden Stelle) eingegangen war, dem Verhandlungsleiter aber aus vom Auftraggeber zu vertretenden Gründen, z. B. durch Fehlleitung in eine
falsche Abteilung, nicht vorlag. Dies beruhte auf der Erwägung, daß es sich beim Angebot –
wie bei jedem Angebot auf Abschluß eines Vertrages – um eine empfangsbedürftige Willenserklärung i. S. des § 130 BGB handelt. Danach ist für den Zugang einer Willenserklärung der
Zeitpunkt maßgebend, in dem die Erklärung in den Machtbereich des Empfängers gelangt ist
und den Umständen nach zu erwarten ist, daß er davon Kenntnis nimmt (vgl. dazu Palandt/
Heinrichs § 130 BGB Anm.3 a). Daraus wurde vom Verfasser die Folgerung gezogen, daß
diese **grundsätzlich allgemeingültige Regelung auch für den Bereich des Bauvergabewe-**
sens gelten müsse. Nach Erscheinen der 9. Auflage dieses Kommentars sind dem Verfasser
jedoch – nicht zuletzt gerade auch von seiten der Bieter – verschiedene, unabhängig voneinander stehende Fälle aus der Praxis geschildert worden, anhand derer es nicht auszuschließen
war, daß nachträgliche, **naturgemäß den Wettbewerb verfälschende „Manipulationen"**
vorkommen können (vgl. dazu auch Daub/Piel/Soergel ErlZ A 22.22). Ist das aber so, dann
muß davon ausgegangen werden, daß es die VOB/A in § 22 Nr. 2 in Abweichung von der
genannten gesetzlichen Regelung **unbedingt auf eine absolute Formstrenge abstellt,** somit
auf die dem Verhandlungsleiter bei Öffnung des ersten Angebotes **tatsächlich vorliegenden**
Angebote, daß also, gleich aus welchen Gründen, nachträglich vorgelegte Angebote
nicht zu öffnen, damit zugleich nach § 25 Nr. 1 a **auf jeden Fall auszuschließen** sind.
Andererseits ist dies naturgemäß **kein Freibrief für den Auftraggeber.** Vielmehr ist von ihm
im Rahmen der **ihm obliegenden Fürsorge- und Obhutspflicht** zu verlangen, daß er im
Bereich seiner inneren Organisation alle **ihm zumutbaren, notfalls von ihm im einzelnen**
nachzuweisenden Vorkehrungen trifft, um Fehlleitungen an sich rechtzeitig eingegan-
gener Angebote zu verhindern. Befolgt er dies nicht oder geschieht trotzdem aus von ihm zu
vertretenden Gründen eine solche Fehlleitung, z. B. durch fahrlässige Unachtsamkeit, so
kommt zu seinen Lasten wegen Verletzung gebotenen Vertrauensschutzes eine **Haftung aus**
culpa in contrahendo gegenüber dem benachteiligten Bieter in Betracht. Die Bieter, die

A § 25, 1, Rdn. 7-9

rechtzeitig ihr Angebot beim Auftraggeber eingereicht haben, sind gut beraten, wenn sie sich einen entsprechenden Nachweis für den rechtzeitigen Eingang sichern, wie etwa durch postalischen Nachweis (z. B. Einschreiben mit Rückschein), durch Empfangsquittung der befugten Eingangsstelle beim betreffenden Auftraggeber. Auch kann der Auftraggeber keine berechtigten Einwendungen dagegen erheben, wenn die Bieter vor Öffnung des ersten Angebotes die Auskunft verlangen, ob ihr Angebot zur Öffnung vorliegt.

7   Wird entgegen der Nr. 1 Abs. 1 a dennoch einem Bieter, dessen Angebot im Eröffnungstermin nicht vorgelegen hat, der Zuschlag erteilt, so kann ein anderer Bieter, dessen Angebot im Rahmen der Wertung nach Nr. 2 ernsthaft für den Zuschlag in Betracht gekommen wäre, gegen den Auftraggeber Schadensersatz aus Verschulden bei Vertragsabschluß geltend machen, und zwar jedenfalls in Höhe der Aufwendungen, die er durch die Teilnahme an der Ausschreibung gehabt hat (OLG Hamm BB 1972, 243; OLG Köln a. a. O.; AG Böblingen a. a. O.). Allerdings ist der Bieter, der über das vorangehend gekennzeichnete negative Interesse hinaus den Schadensersatzanspruch auf das positive Interesse erstrecken will, verpflichtet, zusätzlich darzulegen und zu beweisen, daß er sonst den **Auftrag erhalten hätte bzw. hätte erhalten müssen, wenn der Auftraggeber ordnungsgemäß nach den Vergaberegeln der VOB verfahren wäre** (vgl. dazu BGH MDR 1969, 641 sowie v. Craushaar JuS 1971, 127; OLG Hamm VersR 1979, 627). Dazu genügt nicht die Angabe, er sei der preismäßig niedrigste Bieter gewesen; vielmehr muß er darlegen und beweisen, daß bei ihm alle Voraussetzungen für eine Vergabe nach Teil A § 25 Nr. 2 vorgelegen haben und daß er im Verhältnis zu anderen Bietern der für den Auftraggeber günstigste war, zumindest in die engere Wahl gekommen wäre. Dabei kann es auch darauf ankommen, ob und inwieweit der betreffende Bieter erforderliche Koordinationsaufgaben für den Auftraggeber nach den ihm gemachten Angaben in der den Gegebenheiten nach erforderlichen Weise wird erfüllen können, wie z. B. in bezug auf einen als Subunternehmer vorgesehenen Statiker (vgl. dazu BGH BauR 1985, 75 = NJW 1985, 1466 = MDR 1985, 663 = SFH § 29 VOB/A Nr. 2 = LM VOB/A Nr. 7 = ZfBR 1985, 74).

II. Angebote, die gegen § 21 Nr. 1 Abs. 1 und 2 verstoßen

8   **Nach Nr. 1 Abs. 1 b sind ferner diejenigen Angebote auszuschließen, die Teil A § 21 Nr. 1 Abs. 1 und 2 nicht entsprechen.** Diese Vorschrift ist aber nicht zwingend in der Weise, daß unbedingt alle Verstöße gegen Teil A § 21 Nr. 1 Abs. 1 zu einem Ausschluß führen. Es ist nämlich zu berücksichtigen, daß auch § 21 Nr. 1 Abs. 1 – anders als Absatz 2 – nicht dem ganzen Inhalt nach unbedingt zwingend ist, vgl. hierzu Rdn. 6 f. zu Teil A § 23. Daher würde es zu einem von der VOB nicht gewollten Widerspruch führen, wollte man an den Ausschluß eines Angebots wegen eines formellen Mangels strengere Anforderungen stellen, als sie bei der Prüfung der Form selbst gestellt werden. Diese Überlegung führt zu folgendem Ergebnis:

9   **1. Unbedingt auszuschließen sind alle Angebote,**
a) die **nicht mit** rechtsverbindlicher **Unterschrift** versehen sind; b) die **Änderungen** durch den Bieter bei seinen Eintragungen **erhalten** haben, **die nicht zweifelsfrei**, d. h. ihrem Inhalt nach entweder nicht oder jedenfalls nicht klar erkennbar sind; c) Angebote, bei denen vom Bieter Änderungen an den Verdingungsunterlagen vorgenommen wurden, was z. B. zutrifft, wenn der Bieter ausschließlich ein anderes Fabrikat als im Leistungsverzeichnis des Auftraggebers angibt, zumal dann, wenn es dem Bieter offensteht, Änderungsvorschläge oder Nebenangebote abzugeben.
Zu den vorangehend zu a genannten Angeboten – Fehlen rechtsverbindlicher Unterschrift – zählen auch solche, bei denen die Angebotssumme rechtzeitig nur telefonisch dem Auftraggeber durchgegeben wurde, gleichgültig, von welcher Stelle das Telefonat geführt wurde. Zwar ist es richtig, daß der Bieter dann kaum die Preise seiner Konkurrenten kennen kann; jedoch ist der spätere Einwand dieses Bieters nicht ausgeschlossen, er habe eine andere Zahl fern-

mündlich durchgegeben, bzw. der Auftraggeber habe sich verhört; außerdem kann der Bieter nachträglich Einzelpreise ändern bzw. überhaupt erst eintragen mit dem Ergebnis, daß sich beim Nachrechnen eine ganz andere Angebotssumme ergibt (zutreffend Schelle/Erkelenz S. 241 f.). Andererseits kann sich der Auftraggeber grundsätzlich darauf verlassen, daß die Unterschrift unter dem Angebot rechtsverbindlich ist, es sei denn, er hat hinreichende Anhaltspunkte dafür, daß dies nicht zutrifft. Das gilt vor allem auch im Hinblick auf die §§ 50, 54 Abs. 3 HGB. Im übrigen bliebe dem betreffenden Bieter grundsätzlich nur die Anfechtung wegen Erklärungsirrtums nach § 119 BGB (vgl. dazu auch Teil A § 19 Rdn. 21 ff.). Sollten bei einem betreffenden Bieter wiederholt Angebote mit nicht rechtsverbindlicher Unterschrift abgegeben worden sein, um sich später von seinen Angeboten zu lösen, ist das Anlaß, diesen Bieter wegen Unzuverlässigkeit auszuschließen (vgl. Rdn. 16). Zu diesen Fragen zutreffend Schelle/Erkelenz S. 252 f.).

Die unter a bis c genannten Angebote kommen in gleicher Weise zum Ausschluß wie Angebote, die im Eröffnungstermin dem Verhandlungsleiter bei Eröffnung des ersten Angebotes nicht vorgelegen haben.

2. Demgegenüber kommt ein unbedingter Ausschluß eines Angebots von der weiteren Wertung nicht schon deswegen in Betracht, weil es **mehr oder weniger enthält als die vom Bieter einzusetzenden Preise sowie die von ihm nach der ausdrücklichen Forderung des Auftraggebers erwarteten Erklärungen** (Teil A § 21 Nr. 1 Abs. 1 Satz 1). Darin sind vor allem auch Nachweise einzubeziehen, wie sie von Teil A § 8 Nr. 3 erfaßt sind (vgl. dazu Teil A § 8 Rdn. 49 ff.), z. B. das Erfordernis der Bescheinigung des Vereins der deutschen Gas- und Wasserfachleute (DVWG-Bescheinigung). Vielmehr bedarf es dann einer genauen Prüfung des Auftraggebers, ob die **Preisangaben oder Erklärungen** das Angebot derart belasten, daß es für ihn im Rahmen eines ordnungsgemäßen Vergabewettbewerbs nicht mehr tragbar ist. Dabei wird der Auftraggeber sich bemühen müssen, möglichst wenige Angebote auszuschließen, und zwar zur Aufrechterhaltung des Wettbewerbs auf möglichst breiter Basis.

In der Frage, welche Angebote in diesem Zusammenhang auszuschließen oder welche noch tragbar sind, muß der Sinn der hier ausschlaggebenden Bestimmungen der VOB beachtet werden. Dabei ist zu berücksichtigen, daß die absoluten Ausschließungsgründe ihren Grund in folgender Besorgnis haben: Entweder ist die Aufrechterhaltung eines ordnungsgemäßen Wettbewerbs gefährdet, oder es rechtfertigt sich die Annahme, daß derartige Angebote in sich unklar sind oder daß sie dem Bestellerwillen des Auftraggebers nicht entsprechen. Alles schwerwiegende Gründe, bei denen es dem Auftraggeber **von vornherein nicht zuzumuten ist,** einem solchen Bieter den Zuschlag zu erteilen. Die gleichen Gesichtspunkte sind bei der Entscheidung über den Ausschluß der Angebote anzuwenden, wenn diese mehr oder weniger als die geforderten Erklärungen des Bieters enthalten. Sind Verstöße gegen Teil A § 21 Nr. 1 Abs. 1 Satz 1 so gering, daß weder der Wettbewerb noch die Eindeutigkeit des Angebotsinhalts, noch das vom Auftraggeber nach den Ausschreibungsunterlagen Gewollte in Gefahr gerät, so besteht kein Anlaß, diese Angebote auszuschließen. Dann ist der Grundsatz der Aufrechterhaltung eines möglichst weitreichenden Wettbewerbs im allgemeinen gewahrt, so daß solche geringfügig fehlerhaften Angebote keine Gefahr für eine ordnungsgemäße Durchführung der Vergabe bedeuten. Gegebenenfalls kann eine Abstimmung auf den richtigen Angebotsinhalt durch die in Teil A § 24 gegebenen Möglichkeiten erfolgen. Nebensächliche Verstöße dürften nicht den Ausschluß eines Angebotes rechtfertigen. Der Auftraggeber ist daher gehalten, eine zusätzliche Prüfung zu veranstalten, bevor er ein Angebot von dem Wettbewerb ausschließt. Kein nebensächlicher Verstoß ist es, wenn der Bieter entgegen dem Verlangen des Auftraggebers in der Ausschreibung keinen Bauzeitenplan und keinen Baustelleneinrichtungsplan mit dem Angebot vorgelegt hat (OLG Düsseldorf BauR 1983, 377). **Unterläßt** der Bieter **zusätzlich** geforderte Angaben zu den Preisen, wie z. B. die „Aufgliederung der Angebotssumme - EFB-Preis 1 (1978)", so stellt dies noch keinen zwingenden

Ausschließungsgrund dar (vgl. dazu Teil A § 21 Rdn. 2). Anders liegt es, wenn das Angebot in einzelnen Positionen keine Preiseintragungen (z. B. die geforderten Einheitspreise) enthält, wobei es hier allerdings auf die Situation im Einzelfall ankommt; handelt es sich um eine für das Verhältnis von Leistung und Vergütung nicht beachtenswerte Position, dürfte damit noch kein Ausschlußgrund gegeben sein; anders naturgemäß bei insoweit beachtlichen Positionen.

12 Handelt es sich allerdings in Wirklichkeit um Änderungsvorschläge oder Nebenangebote, so ist die zwingende Voraussetzung in Teil A § 21 Nr. 2 (vgl. Teil A § 21 Rdn. 20) vorweg zu beachten. Die vorangehenden Ausführungen beziehen sich daher nur auf echte Hauptangebote (offenbar mißverstanden von Daub/Piel/Soergel ErlZ A 25.24).

III. Angebote aufgrund wettbewerbsbeschränkender Abrede

13 **Nach Teil A § 25 Nr. 1 Abs. 1 c sind diejenigen Angebote ohne nähere Wertung ihres Inhaltes von der Vergabe auszuschließen, die von Bietern stammen, die aus Anlaß der Ausschreibung eine Abrede getroffen haben, die eine unzulässige Wettbewerbsbeschränkung darstellt.** Hier ist auf Teil B § 8 Nr. 4 hinzuweisen, wonach dem Auftraggeber auch noch nach Vertragsabschluß die Befugnis zugesprochen ist, bei gleichem Sachverhalt unter Einhaltung einer Frist dem Auftragnehmer den Auftrag zu entziehen. Hieraus folgt, daß die VOB eine unzulässige Wettbewerbsbeschränkung als einen derart schweren Verstoß ansieht, daß sie dem Auftraggeber sogar die Aufkündigung des Bauvertrages gestattet, wenn sich der Verstoß erst nach Vertragsabschluß herausstellt. Vgl. dazu auch Teil A § 8 Nr. 4 Abs. 1 c.

14 Hier sind sämtliche Abreden erfaßt, die sich als **unzulässige Wettbewerbsbeschränkung** darstellen. In Betracht kommen alle Handlungen oder Unterlassungen, die ein **Verstoß gegen das Gesetz gegen Wettbewerbsbeschränkungen (GWB)** in der jeweils gültigen Fassung und den dazu erlassenen Ausführungsbestimmungen und Bekanntmachungen und – für den EG-Bereich – **gegen die Art. 85, 86 EG-Vertrag** sind. Insoweit wird auf die einschlägige Fachliteratur und Rechtsprechung, die im Rahmen dieses Kommentars nur angedeutet werden kann, verwiesen. Für den Bereich des Bauvertrages und – hier – der Bauvertragsverhandlungen sind in erster Linie diejenigen Grenzen zu beachten, die **hinsichtlich verbotener Preisempfehlungen und Preisabsprachen** (z. B. für die zu fordernden Preise, Bindungen sonstiger Entgelte, Gewinnaufschläge und sonstige Preisbestandteile) gesetzt sind. Gleiches gilt für Verabredungen mit anderen Bietern über die Abgabe oder Nichtabgabe von Angeboten, über Zahlungs-, Lieferungs- oder andere Vertragsbedingungen, soweit sie unmittelbar oder mittelbar den Preis beeinflussen, über die Entrichtung von Ausfallentschädigungen oder Abstandszahlungen, über Gewinnbeteiligungen oder andere Abgaben usw. Vgl. dazu auch Häring, Das Wettbewerbs- und Kartellrecht in der Bauwirtschaft, 1973, Neuwied und Berlin; ferner Barnickel, Aktuelle kartellrechtliche Probleme der Bauwirtschaft, RWS-Seminarskript Nr. 30; weiter Schelle, Bauverwaltung 1984, 110.

15 1. Nach Teil A § 2 Nr. 1 Satz 2 hat bei der Vergabe nach der VOB der **Wettbewerbsgrundsatz** zu gelten (vgl. Teil A § 2 Rdn. 24 f.). Der Wettbewerb muß durch **voneinander unabhängige Beteiligung** mehrerer Unternehmer gesichert sein, denen gleiche Bedingungen zu gewähren sind und die ihrerseits diese Bedingungen zu beachten haben. Findet der Auftraggeber bei der Prüfung der Angebote heraus, daß **Preisabreden** mehrerer oder gar aller Bieter untereinander vorliegen, bedeutet das **grundsätzlich** einen **schweren Verstoß gegen die Wettbewerbsregeln** durch diese Bieter. Die Preisabreden sind dazu angetan, die Aussichten anderer Bieter zu schmälern. Schon dadurch ist der Wettbewerbsgrundsatz verletzt. Zur Kartellbildung in der Bauwirtschaft Crome BB 1959, 832 und 1961, 118. Es ist ohne Bedeutung, ob durch die Preisabrede die Interessen des Auftraggebers verletzt werden. Selbst wenn dieser dadurch keinen Nachteil haben würde, hat er auf Preisabreden aufgebaute Angebote nicht zu berücksichtigen. Eine Preisabrede läßt den Wettbewerb nicht voll zur Entfaltung kommen und

verstößt daher auch gegen einen fundamentalen Grundsatz bei der Vergabe nach der VOB. Über Konditionenkartelle und ihre Abgrenzung zu Preisen und Preisbestandteilen Giesler, Heymanns-Verlag 1963. Zur Auskunftspflicht beim Verrat von Ausschreibungsunterlagen durch Dritte BGH NJW 1976, 193.

2. Es kommt für die Beurteilung darauf an, ob die Preisabreden gesetzlich verboten sind, was grundsätzlich der Fall ist. Hierauf beruhende Angebote haben als verbotswidrig auszuscheiden. Durch sie ist die allgemein anerkannte Regel des ordentlichen Wettbewerbs im Bauleben durchbrochen. Vgl. dazu auch Nr. 4. VHB zu Teil A § 23 (vgl. Teil A § 23 Rdn. 24 f.); insbesondere ist der Erlaß des Bundesministers für Raumordnung, Bauwesen und Städtebau vom 5. 9. 1973 (Die Bauverwaltung 1973, 590) zu beachten. 16

Hervorzuheben ist in diesem Zusammenhang: Das **Gesetz gegen Wettbewerbsbeschränkungen** beinhaltet keine speziell das Baugewerbe betreffenden Bestimmungen. Ausnahmsweise zulässige Preiskartelle nach den §§ 4-8, die in der Regel der Erlaubnis der Kartellbehörde bedürfen, kommen an sich nach ihren im Gesetz im einzelnen geregelten tatsächlichen Voraussetzungen im allgemeinen nicht für Bauvergabeverfahren, soweit die VOB mit ihrem Wettbewerbsgrundsatz in Rede steht, in Frage. Außerdem ist die Frage, ob und zu welchen Bedingungen Preisbindungen zuzulassen sind, weitgehend der Entscheidung der Kartellbehörde bzw. eines Kartellgerichts unterstellt. 17

3. Es ist darauf hinzuweisen, daß die **Bauindustrie eigene Wettbewerbsregeln** aufgestellt hat. Sie lauten: 18

Präambel

Um einem den Grundsätzen des lauteren Wettbewerbs zuwiderlaufenden Verhalten entgegenzuwirken und ein diesen Grundsätzen entsprechendes Verhalten im Wettbewerb anzuregen, hat der Hauptverband der Deutschen Bauindustrie e. V. die nachstehenden Wettbewerbsregeln aufgestellt:

Regel 1: Grundsatz lauteren Wettbewerbs
(1) Im geschäftlichen Verkehr dürfen keine gegen die guten kaufmännischen Sitten verstoßenden Handlungen zu Zwecken des Wettbewerbs vorgenommen werden.
(2) Den Maßstab für den Begriff der guten kaufmännischen Sitten bildet bei der Anwendung dieser Wettbewerbsregeln die gesunde Verkehrsanschauung in Verbindung mit der Berufsauffassung der billig und gerecht denkenden Unternehmer, die zum Bereich der bauausführenden industriellen Wirtschaft gehören.

Regel 2: Grundsätze der Preisgestaltung
(1) Jeder Unternehmer hat seine Angebotspreise im Rahmen der geltenden Rechtsvorschriften frei, selbständig und selbstverantwortlich zu bilden.
(2) Angaben über Preise, Preisbestandteile und Konditionen müssen den Grundsätzen der Preisklarheit und Preiswahrheit entsprechen.
(3) Der Unternehmer darf keine Preispolitik betreiben, durch die bewußt verhindert wird, daß die Verpflichtungen des Unternehmers gegenüber dem Staat, der Belegschaft des Betriebes und den Gläubigern erfüllt werden können.

Regel 3: Selbstkostenermittlung vor Preisbildung (Vorkalkulation)
(1) ...
(2) Eine Selbstkostenermittlung vor Preisbildung soll die durch die Leistung entstehenden Kosten durch sorgfältige Abschätzung der Mengen- und Wertansätze erfassen.

Regel 4: Preisangebote unter den Selbstkosten
Preisangebote, durch die die Selbstkosten des Anbieters nicht gedeckt werden, verstoßen nicht ohne weiteres gegen gute kaufmännische Sitten; jedoch dürfen Bauleistungen nicht unter bewußter Mißachtung der Grundsätze einer wirtschaftlichen und verantwortungsbewußten Unternehmensführung und

ohne sachlich gerechtfertigten Grund unter den Selbstkosten des Unternehmens in gemeinschädlicher Weise angeboten werden.

Regel 5: Unwahre und irreführende Preisgestaltung

(1) Es widerspricht den in den Regeln 1 und 2 festgesetzten Grundsätzen, Angebote abzugeben, die geeignet sind, den Auftraggeber über das Verhältnis des Preises zur Leistung dadurch irrezuführen, daß den Angeboten mit Hilfe von Machenschaften der Anschein einer besonders günstigen Preisstellung gegeben wird.

(2) Es entspricht andererseits guter kaufmännischer Sitte, den Auftraggeber auf Mängel in den Verdingungsunterlagen, die zu einer unwahren oder unklaren Preisgestaltung führen könnten, hinzuweisen.

Regel 6: Vergabe von Bauleistungen

Es dient einem lauteren Verhalten im Wettbewerb und der Verwirklichung des Leistungswettbewerbs auf dem Baumarkt, wenn ein Unternehmer in Fällen, in denen die Verdingungsordnung für Bauleistungen Teil A Anwendung findet, dazu beiträgt, daß die Regeln der VOB/A von allen Beteiligten auch tatsächlich eingehalten werden, indem er den Auftraggeber in rechtlich zulässiger Weise auf Abweichungen von diesen Regeln aufmerksam macht, die geeignet sind, einzelnen Anbietern einen sachlich nicht gerechtfertigten Wettbewerbsvorsprung zu verschaffen.

Regel 7: Irreführende Werbung

Die Werbung mit unrichtigen oder irreführenden Angaben über eigene geschäftliche Verhältnisse, insbesondere über die eigene Leistungsfähigkeit und Preisbemessung, ist zu unterlassen. Unzulässig sind ferner unrichtige oder irreführende Angaben über Vorbildung, Befähigung, Erfolge oder Mißerfolge eines Unternehmers oder der für ihn tätigen Personen. Es widerspricht insbesondere guter kaufmännischer Sitte, auf einen Auftraggeber durch unwahre, herabsetzende oder kreditschädigende Äußerungen über Mitbewerber oder durch unwahre Hinweise auf Schwierigkeiten bei der Auftragsausführung durch Mitbewerber zu dem Zweck einzuwirken, daß ein Auftrag nicht erteilt oder wieder entzogen wird.

Regel 8: Sittenwidrige Abwerbungen

Es widerspricht guter kaufmännischer Sitte, Arbeitskräfte eines anderen Unternehmens zum Vertragsbruch zu verleiten, um sie im eigenen Unternehmen zu beschäftigen.

19 Zu diesen Wettbewerbsregeln, insbesondere deren Gültigkeit, vgl. Beschluß des Kartellsenats des BGH BGHZ 46, 168 = NJW 1966, 2261 = GRUR 1967, 43 = MDR 1967, 110 = BB 1966, 1079 = Betrieb 1966, 1803 = SFH Z 9.2 Bl. 44 ff. Hiernach wurde die ursprüngliche Regel Nr. 3 Abs. 1 gelöscht. Vgl. auch die Anmerkungen von v. Köhler und Langen zu dieser Entscheidung in NJW 1966, 2261 und 1967, 829; ferner Schwarz GRUR 1967, 54; vgl. auch Dehler, Wettbewerbsregeln als Instrument der Wettbewerbspolitik, Marburg 1968, S. 134. Über Konditionenkartelle für die Bauwirtschaft Schlenke Bauwirtschaft 1979, 1018.

20 Angesichts dieser Wettbewerbsregeln ist es um so weniger zu beanstanden, wenn der Auftraggeber vom Bieter entsprechend Teil A § 8 Nr. 4 Abs. 1 c, Abs. 2 und 3 bereits bei Abgabe des Angebots eine Erklärung fordert, daß er nicht an unzulässigen wettbewerbsbeschränkenden Maßnahmen teilgenommen hat (vgl. dazu z. B. die Bekanntmachung des Bayerischen Staatsministeriums des Innern zur Vergabe von Bauaufträgen im kommunalen Bereich, BABl. Bayern 1974, 832).

21 **4.** Ergänzend ist zu den **im GWB enthaltenen Verboten** zu bemerken: Die Auffassung des früheren Reichsgerichts, wonach die Bildung von Verdingungskartellen als zulässig erachtet worden ist, wird schon seit längerem nicht mehr gebilligt. Dies folgt aus einer Entscheidung des Bundesgerichtshofes vom 24. 11. 1958 (NJW 1959, 252 = SFH Z 2.5 Blatt 3-7), die zusammengefaßt lautet:

„Preisabreden (VOB A § 25 Nr. 1 d; VOB B § 8 Nr. 4) waren bis zum 31. 12. 1957 als Vergehen gegen die MRVO Nr. 78 über verbotene Preisabsprachen strafbar.

Ab 1.1.1958 wird eine Beteiligung an Verdingungskartellen von Bauunternehmern gemäß § 38 Abs. 1 Nr. 1 GWB (§ 2 StGB) als Ordnungswidrigkeit geahndet."

Zutreffend weist Finnern, a. a. O., darauf hin, daß der Wert jeder Ausschreibung hinfällig 22
gemacht wird, wenn eine Gruppe von Bauunternehmern vorweg die von ihnen abzugebenden Angebote aufeinander abstimmt, den niedrigsten Bieter ihrerseits festlegt und dadurch praktisch schon die Entscheidung trifft, wer den Auftrag durch den Auftraggeber erhält. Die von den übrigen Bietern lt. Absprache abgegebenen „Schutzangebote" werden in solchen Fällen so hoch angesetzt, daß der Auftraggeber im Regelfall dem niedrigsten Angebot den Zuschlag geben wird. Damit wird durch die Bauwirtschaft ein Zustand heraufbeschworen, den sie sonst bekämpft, nämlich die angebliche stete Berücksichtigung des billigsten Angebots. Gewiß hat sie auf die oben geschilderte Weise einen Einfluß auf die Höhe des niedrigsten Angebots. Das kann aber nicht darüber hinwegtäuschen, daß dieser Weg nach dem GWB unzulässig ist. Die Auftragnehmerseite muß andere gesetzlich zulässige Wege suchen, Auftraggeber, insbesondere der öffentlichen Hand, von der angeblichen Übung abzubringen, grundsätzlich nur das niedrigste Angebot zu berücksichtigen, vgl. hierzu Rdn. 63 f.

Über Baupreiserhöhungen durch Submissionskartelle Lehning, Die Bauverwaltung 1966, 159. Zu Wettbewerbsbeschränkungen in der Bauwirtschaft Barnickel WuV 1984, 90.

Mit Recht hat der BGH ausgesprochen, daß die §§ 1, 38 Abs. 1 Nr. 1 GWB den Schutz 23
derjenigen Wettbewerber (der übrigen Bieter) der Kartellpartner (der preisabsprechenden Unternehmer) bewirken, die infolge der Beschränkung des Wettbewerbs schon am Zutritt zu dem durch den Vertrag (die verbotene Preisabsprache) beeinflußten Markt behindert werden; insoweit kommt § 1 GWB als **Schutzgesetz (§ 823 Abs. 2 BGB)** in Betracht (BGH Z 64, 232 = BB 1975, 804 = NJW 1975, 1223 = VersR 1975, 635 = MDR 1975, 735 = JZ 1976, 28). Diese Entscheidung dürfte gerade für öffentliche Bauvergaben und dabei vorgenommene verbotene Preisabsprachen von Bietern von Bedeutung sein. Etwaige Schadensersatzansprüche des Auftraggebers (vgl. zu solchen Ansprüchen auch Schmid ZIP 1983, 652) aus § 35 GWB verjähren gemäß § 852 BGB in 3 Jahren (BGH NJW 1966, 975).
Nach BGH NJW 1959, 2213 liegt selbst dann ein Verstoß gegen das GWB vor, wenn ein Auftragnehmer sich nicht an das abgesprochene Schutzangebot der Höhe nach hält, sondern ein niedrigeres Angebot abgibt.
Das OLG Hamburg hat (WRP 1962, 269) ausgesprochen: Täuschen mehrere Unternehmer einer ausschreibenden Behörde durch Abgabe ihrer Angebote das Bestehen von Wettbewerb vor, während sie sich in Wahrheit darüber verständigt haben, wer als billigster Bieter den Auftrag erhalten soll, so liegt darin ein Verstoß gegen § 1 GWB, auch wenn zwischen den Unternehmern kein fester, gesellschaftsähnlicher Zusammenschluß besteht. Schon eine einzelne derartige Submissionsabsprache ist geeignet, die Marktverhältnisse für den Verkehr mit gewerblichen Leistungen zu beeinflussen. In der Durchführung einer unwirksamen Submissionsabsprache liegt eine **Ordnungswidrigkeit** gemäß § 38 Abs. 1 Nr. 1 GWB, an deren Verfolgung ein öffentliches Interesse besteht.

Ein Verstoß gegen § 1 GWB liegt nicht nur vor, wenn die Bieter „aufeinander abgestimmte" 24
Angebote einreichen (vgl. dazu OLG Celle BauR 1985, 598), sondern auch, wenn bei einer Ausschreibung ein Bewerber sich gegenüber einem anderen Bewerber vertraglich verpflichtet, diesem eine Abfindung zu zahlen, sofern er sich überhaupt nicht an der Ausschreibung beteiligt und der andere Unternehmer den Zuschlag erhält (vgl. BGH, Beschluß vom 26. 11. 1964 – KRB 2/64 –). Eine derartige – unzulässige – Absprache ist ein Vertrag zu einem gemeinsamen Zweck i. S. von § 1 GWB. Das von beiden „Vertragspartnern" verfolgte Ziel liegt in der Beschränkung des Wettbewerbs, die geeignet ist, die Marktverhältnisse für gewerbliche Bauleistungen zu beeinflussen. Letzteres ist auch der Fall, wenn sich an der Ausschreibung eine Anzahl anderer Bieter beteiligt (in dem vom BGH a. a. O. entschiedenen Fall waren es etwa 18), sofern der „vertraglich ausgeschlossene" Bewerber zu den aussichtsreichen Bie-

tern zu zählen wäre. Zur Auslegung des Merkmals „zu einem gemeinsamen Zweck" und zur Eignung des wettbewerbsbeschränkenden Vertrages zur Beeinflussung der Marktverhältnisse i. S. des § 1 GWB vgl. ferner BGH BB 1977, 409.

25 Die vorangehend gekennzeichnete Rechtsfolge kann um so mehr nach der jetzigen Fassung des § 25 Abs. 1 GWB eintreten, wonach **nicht mehr unbedingt der Abschluß eines wirksamen Kartellvertrages** i. S. des § 1 GWB verlangt wird, sondern es **genügt die Abstimmung auf ein gleichförmiges Verhalten am Markt** (vgl. dazu Häring BlGBW 1975, 227 ff.).

26 Im Urteil BB 1961, 1255 befaßte sich der Bundesgerichtshof mit dem Leiter eines Büros für Baubetriebsberatung, der auf dem Baumarkt planmäßig wettbewerbsbeschränkende Preisabsprachen der Bieter lenkte. Darin wurde eine Ordnungswidrigkeit nach § 38 Abs. 2 Satz 1 GWB i. V. mit den §§ 1, 38 Abs. 1 Nr. 1 und Abs. 3 Nr. 1 GWB gesehen.

Das OLG Celle (SFH Z 8.2 Bl. 5 ff.) hat das wettbewerbsfeindliche Merkmal einer unsittlichen Kartellabsprache auch in der nach Einreichung der Angebote nachträglich erfolgten Abrede erblickt, mit der ein Mindestbietender durch Zurückziehung seines Angebots und Teilung des Gewinns einen anderen Bewerber zum Zuge kommen läßt.

27 Eine **verbotene Preisabsprache von Bietern verstößt** gemäß §§ 15 GWB, 134 BGB **gegen ein gesetzliches Verbot; sie ist nichtig.** Wird vom Auftraggeber dennoch mit dem Bieter, der mit anderen Unternehmern eine Preisabsprache getroffen hat, ein Bauvertrag abgeschlossen, etwa weil er von der Preisabsprache keine Kenntnis erlangt, so ist dieser Vertrag grundsätzlich nicht gleichfalls von vornherein nichtig. Vielmehr ist er, wenn er nicht nach Teil B § 8 Nr. 4 VOB gekündigt werden soll, von seiten des Auftraggebers nach § 123 BGB **anfechtbar.** Der Auftraggeber kann auch Schadensersatz wegen Verschuldens bei Vertragsabschluß (culpa in contrahendo) verlangen (vgl. OLG Celle NJW 1963, 2126), wodurch im allgemeinen ein den berechtigten Interessen des Auftraggebers entsprechendes Ergebnis erreicht wird (entgegen Huhn, Vahlens Rechtsbücher, Zivilrecht Bd. 3 S. 137).

28 Beteiligt sich ein Unternehmer an einer verbotenen Submissionsabsprache mit dem Ziel, den ausgeschriebenen Auftrag zu erhalten, so sind die Einreichung des Angebotes, die weiteren vertraglichen Vereinbarungen mit dem Auftraggeber und schließlich die Erstellung der Schlußrechnung in der Regel als Handlungen anzusehen, mit denen er sich über die Unwirksamkeit der Submissionsabsprache im Sinne des § 38 Abs. 1 Nr. 1 GWB hinwegsetzt; diese Handlungen sind als eine Tat im Rechtssinne zu bewerten, was für den Beginn der Verjährung auch der durch Aufsichtspflichtverletzung begangenen Ordnungswidrigkeit von Bedeutung ist (BGH Betrieb 1984, 2136 = MDR 1984, 958). Andererseits: Vereinbaren Unternehmen im Rahmen einer Submission, daß das eine Unternehmen bei dieser Angebotsabgabe seinen frei kalkulierten Preis, der dem anderen bekannt ist, nicht unterschreitet, während das andere Unternehmen zusagt, sich bei irgendwelcher späterer Submission gegenüber dem anderen ebenso zu verhalten, ist ein ordnungswidriges Hinwegsetzen i. S. v. § 38 Abs. 1 GWB i. V. m. § 1 GWB nicht gegeben, wenn sich die Absprache nicht auf die aktuelle Angebotsabgabe auswirkt (BGH Leube EWiR § 38 GWB 3/86, 1003); insoweit handelt es sich jedoch um eine nach dem Einzelfall ausgerichtete Entscheidung. Zur Aufsichtspflicht zwecks Verhinderung von Kartellabsprachen, zur Beendigung der Ordnungswidrigkeit des an der Submissionsabsprache beteiligten Auftragnehmers sowie zum Beginn der Verjährungsfrist in bezug auf an der Absprache beteiligte Bieter, die den Auftrag nicht erhalten, vgl. auch BGH Bunte EWiR § 38 GWB 1/87, 57. In beiden Fällen ist der Zeitpunkt der Erteilung der Schlußrechnung maßgebend.

Zur Unwirksamkeit eines vom Auftraggeber in seinen Vergabeunterlagen geforderten „Vertragsstrafeversprechens" der Bieter im Falle unzulässiger Preisabsprachen nach § 9 AGB-Gesetz, vgl. Teil A § 12 Nr. 4.

IV. Betrugshandlungen bei Abgabe des Angebots

Ein **Betrug** (§ 263 StGB; § 823 Abs. 2 BGB) ist, wie Baumann (Bauwirtschaft 1973, 1517) zutreffend hervorhebt, im allgemeinen – vor allem im Hinblick auf einen Vermögensschaden – unter drei Gesichtspunkten zu bejahen: erstens, wenn das unter mehreren Bietern abgesprochene Billigstangebot überhöht, daher nicht mehr angemessen, somit nicht mehr marktgerecht ist; zweitens, wenn feststeht, daß derjenige, der das manipulierte Billigstangebot abgegeben hat, sonst schärfer, vor allem mit kleinerer Gewinnspanne kalkuliert hätte; drittens, wenn festgestellt werden kann, daß zwar ein hart kalkuliertes Billigstangebot abgegeben wurde, aber einer der übrigen, nicht ernsthaft Bietenden ein niedrigeres Gebot abgegeben hätte. Schließlich ist Baumann (a. a. O.) auch darin beizutreten, daß nach moderner Rechtsauffassung, vor allem im Hinblick auf Sinn und Zweck des GWB, ein Betrug durch schadensgleiche Vermögensgefährdung auch vorliegt, wenn dem Ausschreibenden die Chance des Wettbewerbs genommen wird, wenn also von Bieterseite der Wettbewerb manipuliert wird.

29

Auch im Bereich des § 263 StGB liegt der vom BGH (NJW 1962, 973) entschiedene Fall, in dem ein Bieter im Zusammenwirken mit unredlichen Angestellten der Vergabestelle sein bereits abgegebenes Angebot später auf das niedrigste Angebot abgefälscht hatte. Hier hat der BGH mit Recht einen Betrug zum Nachteil des sonst aussichtsreichsten Mitbewerbers (dessen, der eigentlich das günstigste Angebot abgegeben hatte) erblickt.

V. Sonstige Eingriffe in die Regeln des lauteren Wettbewerbs

Aus dem Sinn der Regelung Teil A § 25 Nr. 1 Abs. 1 d, die auf dem Wettbewerbsgedanken beruht (vgl. Rdn. 15), ist zu entnehmen, daß über den Wortlaut der VOB hinaus auch solche Angebote von der eigentlichen Wertung auszuschließen sind, bei denen **außerhalb verbotener Preisabsprachen** von Bieterseite **in die Regeln des lauteren Wettbewerbs eingegriffen** worden ist. Dazu ist vor allem auch Teil A § 2 Nr. 1 Satz 2 bedeutsam. Das gilt, wenn auch nicht allein, sofern dabei zugleich gegen ein **gesetzliches Verbot** verstoßen worden ist. Deshalb stellt ein Verstoß gegen die §§ 1, 2 HandwO, hinsichtlich dessen die Ordnungsbehörden noch nicht eingegriffen haben, nicht schon ohne weiteres ein wettbewerbswidriges Verhalten nach § 1 UWG dar (OLG Hamm GRUR 1978, 438). Im übrigen, was bereits hier und nicht erst im Rahmen der Nr. 1 Abs. 2 (vgl. Rdn. 39) berücksichtigt werden kann (a. A. Daub/Piel/Soergel ErlZ A 25.43):

30

1. Zunächst ist auf das Verbot, **Schmiergelder** zu gewähren, hinzuweisen. Zuwendungen an Organe, sonstige gesetzliche Vertreter oder Angestellte des Auftraggebers, um eine Bevorzugung beim Abschluß des Bauvertrages, insbesondere bei der Vergabe, zu erzielen, verstoßen gegen die einfachsten Grundsätze des geschäftlichen Anstandes und kaufmännischer guter Sitte. § 12 UWG läßt erkennen, welche Einstellung der Gesetzgeber zu solchen Zahlungen hat. Sie können auch nicht zugelassen werden, wenn sie tatsächlich im Einzelfall keine Nachteile für den Geschäftsherrn mit sich gebracht haben. Ob der Wille des Vertreters, Angestellten usw. und der Wille des Bieters auf eine Schädigung des Auftraggebers gerichtet waren, ist für die Beurteilung des Verhaltens unter dem Gesichtspunkt der Sittenwidrigkeit unerheblich. Diese Grundsätze hat die Rechtsprechung seit langem anerkannt (RGZ 136, 359; 161, 229, 233; 164, 98; OGH JR 1950, 245; BAG, BB 1961, 1127; insbesondere BGH NJW 1962, 1099; vgl. auch BGH NJW 1973, 363). Die Zahlung von Schmiergeldern ist ein **Verstoß gegen § 138 BGB,** woraus sich Schadensersatzansprüche des oder der betroffenen anderen Bieter nach § 826 BGB ergeben können. Werden jemandem im Rahmen einer Geschäftsbesorgung Schmiergelder gewährt – etwa einem Architekten des Auftraggebers von an der Bauvergabe interessierten Unternehmern –, ist der Empfänger (Architekt) dem Geschäftsherrn (Auftraggeber) zur Herausgabe verpflichtet (§§ 675, 667 BGB); auch kann der Auftraggeber den Architektenvertrag aus wichtigem Grund kündigen (BGH NJW 1977, 1915 = BauR 1977, 363 = SFH Z 3.007 Bl. 9). Zum Empfang von Schmiergeldern durch einen Architekten auch BGH SFH Z 3.01 Bl. 303.

31

32 Der ungetreue Beauftragte ist zur Rechnungslegung nach §§ 675, 666 BGB, gegebenenfalls zur Leistung der eidesstattlichen Versicherung nach §§ 259, 260 BGB verpflichtet, selbst auch, wenn er sich bei wahrheitsgemäßer Eidesleistung einer strafbaren Handlung bezichtigen müßte (BGH Z 41, 318 = SFH Z 3.01 Bl. 262). Zur rechtlichen Problematik der Schmiergelder (im Anschluß an BGH Z 39, 1 = NJW 1963, 649) vgl. Kraft JuS 1963, 473. Im übrigen kann derjenige, der als Beauftragter des Bieters Schmiergelder bezahlt hat, diese vom Bieter nicht als Aufwendungsersatz über § 670 BGB erstattet verlangen (vgl. dazu BGH NJW 1965, 293 = MDR 1965, 122 = JZ 1965, 139 = BB 1965, 13). Vgl. auch Einl. 22.

33 2. Ebenfalls aus Gründen des lauteren Wettbewerbs ist das Angebot eines Bieters von der Wertung **auszuschließen,** der **unwahre, geschäftsschädigende Tatsachen** über einen anderen Bieter behauptet hat (vgl. Teil A § 2 Rdn. 26 ff., insbesondere die dort angeführte Entscheidung des BGH NJW 1962, 731). Daß auch in der Bauwirtschaft ein solches Verhalten mißbilligt wird, ergibt sich aus den von der Bauindustrie formulierten Wettbewerbsregeln (vgl. Rdn. 18 Regel 7). Voraussetzung ist jedoch, daß sich die verbreitete Behauptung mit dem in Mitleidenschaft gezogenen Bieter befaßt oder doch in enger Beziehung zu seinen Verhältnissen, seiner Betätigung oder seiner gewerblichen Leistung gestanden hat (vgl. BGH NJW 1963, 1871 = LM BGB § 824 Nr. 5 = JZ 1964, 509). In allgemeiner Hinsicht ist zur Frage der Unwahrheit und der Nichterweislichkeit der ehrenrührigen Behauptung auf Helle NJW 1964, 841 hinzuweisen.

Soweit ein Anspruch auf Widerruf der Äußerung geltend gemacht wird, setzt dies voraus, daß diese eine unrichtige Tatsachenbehauptung enthält und bei dem Betroffenen einen Schaden oder doch einen fortdauernden Störungszustand hervorgerufen hat (BGH NJW 1965, 35). Der Anspruch auf Widerruf einer gegen das UWG verstoßenden geschäftsschädigenden Äußerung richtet sich nach § 21 UWG (BGH BB 1973, 1598). Dabei wird allein durch eine Klage auf Unterlassung der geschäftsschädigenden Äußerung die Verjährung des Anspruches auf Widerruf dieser Äußerung noch nicht unterbrochen (BGH NJW 1973, 2285 = MDR 1974, 26 = BB 1973, 1598 = LM UWG § 21 Nr. 3).

34 3. Weiterhin sind zur Aufrechterhaltung eines anständigen Wettbewerbs auch Angebote von solchen Bietern von der näheren Wertung auszuschließen, die **Mitarbeiter von Mitbietern abwerben,** um dadurch bei der Vergabe im Hinblick auf die spätere Durchführung der Leistung unter dem Gesichtspunkt der besseren Leistungsfähigkeit (vgl. Teil A § 2 Nr. 1 Satz 1) gegenüber dem oder den Betroffenen Vorteile zu erlangen. Auch insoweit ist das Verhalten des Abwerbenden unter den §§ 138, 826 BGB zu betrachten. Hierzu ist auch auf Nr. 8 der von der Bauwirtschaft formulierten Wettbewerbsregeln hinzuweisen (oben Rdn. 18 Regel 8).

35 Darüber, wann das Abwerben von Arbeitskräften sittenwidrig i. S. von § 1 UWG ist, LG Frankfurt WRP 1962, 18; ferner OLG Frankfurt NJW 1963, 862 und OLG Bremen, a. a. O. Dazu insbesondere BGH (Betrieb 1966, 231): Der Umstand, daß die Abwerbung fremder Arbeitskräfte vorsätzlich geschieht, begründet noch keine Sittenwidrigkeit im Sinne des § 1 UWG, mag der Abwerbende auch nach einem bestimmten Plan vorgehen; unzulässig ist das planmäßige Abwerben fremder Beschäftigter jedoch, wenn der Abwerbende bezweckt oder bewußt in Kauf nimmt, daß dadurch die wettbewerbliche Betätigung des Mitbewerbers ernstlich beeinträchtigt oder dessen Leistung zu eigenem Nutzen ausgebeutet wird. Dazu auch BGH Betrieb 1968, 39. Siehe eingehend Bruchhausen, Die Werbung um Arbeitskräfte, Baubetriebswirtschaft-Baurecht 1968, 77 ff.; ferner Derwein WRP 1972, 115. Wettbewerbswidrig i. S. des § 1 UWG ist es, durch persönlich gehaltene Anschreiben den Konkurrenzunternehmen Führungskräfte abzuwerben (LG Hamburg NJW 1973, 2302). Darüber, unter welchen Voraussetzungen und in welchem Umfang einem Arbeitgeber verboten werden kann, einen abgeworbenen Arbeitnehmer in seinem Betrieb zu beschäftigen, BGH Betrieb 1971, 826 = MDR 1971, 459. Zur Abwerbung von Arbeitskräften in einer Gastarbeiterunterkunft OLG Stuttgart NJW 1969, 986.
Nach der zutreffenden Ansicht des LG Saarbrücken kann im Falle wettbewerbswidriger

Abwerbung grundsätzlich auch im Wege einstweiliger Verfügung ein Beschäftigungsverbot begehrt werden (NJW 1973, 373).

Wettbewerbsunterlassungsansprüche sind gegen den Betriebsinhaber, nicht gegen einen weisungsgebundenen Angestellten geltend zu machen (vgl. OLG Hamm MDR 1963, 600). Über die Ansprüche des Arbeitgebers gegen den vertragsbrüchigen Arbeitnehmer und die Möglichkeiten ihrer Durchsetzung Feller, RdA 1963, 128; vgl. auch BAG BB 1963, 38. Über Abwerbung und Abwerbungsschutz Schröder, Betrieb 1964, 1298, 1334.

4. In den hier erörterten Rahmen ist schließlich auch die **sittenwidrige „Kontaktnahme" zu Angestellten** eines anderen Bewerbers zu bringen, sofern diese auf die Vergabe von Einfluß ist. So kann derjenige, der Angestellte eines Unternehmers unter Anbieten von Geld dazu verleitet, ihm Mitteilungen über betriebsinterne Vorgänge zu machen, den Tatbestand des § 826 BGB verwirklichen (vgl. OLG Hamburg WRP 1963, 376).

VI. Ausgeschlossene Änderungsvorschläge und Nebenangebote

Auch sind vor der eigentlichen Angebotswertung **unter bestimmten Voraussetzungen Änderungsvorschläge und Nebenangebote auszuschließen** (Teil A § 25 Nr. 1 Abs. 1 d). An sich sind diese durchaus zu begrüßen, da sie einer ordnungsgemäßen Bauvergabe aus technischer Sicht förderlich sein und dabei dem Auftraggeber das Wissen und die Erfahrung des Unternehmers hinsichtlich der gestellten Bauaufgabe dienlich sein können. Es kann aber sein, daß der **Auftraggeber** bei ordnungsgemäßer Betrachtung – bei Behörden pflichtgemäßer Überlegung – **ein berechtigtes Interesse** daran hat, **Änderungsvorschläge oder Nebenangebote auszuschließen.** Das ist z. B. denkbar, wenn das betreffende Bauvorhaben in technischer Hinsicht eine bestimmte Ausführung gebietet oder es angebracht ist, die Bauausführung so und nicht anders zu bewerkstelligen. Dann wäre es nur eine Behinderung sachgerechter Bauvergabe, wenn sich der Auftraggeber noch mit für die Vergabe ohnehin nicht in Betracht kommenden Änderungsvorschlägen oder Nebenangeboten auseinandersetzen müßte. **Allerdings muß dem Bieter vor Angebotsabgabe – also rechtzeitig – bekanntgegeben werden, wenn Änderungsvorschläge und Nebenangebote nicht erwünscht sind.** Dies muß sich aus dem Anschreiben, mit dem den Bietern die Verdingungsunterlagen übersandt werden, ergeben (Teil A § 17 Nr. 4 Abs. 1 l in Verbindung mit Absatz 3). Darauf weist die VOB in Teil A § 25 Nr. 1 Abs. 1 d ausdrücklich hin. Daraus folgt, daß diese Bestimmung **nicht** schon eingreift, wenn der Auftraggeber im Anschreiben Änderungsvorschläge oder Nebenangebote nicht ausgeschlossen hat (vgl. Rdn. 72), was das LG Weiden (NJW 1985, 1476) übersieht. Hat er es ordnungsgemäß vorher getan, sind die Änderungsvorschläge und Nebenangebote auszusondern, und sie bleiben bei der Vergabe unbeachtet. Das gilt aber nur für diese, nicht auch für gleichzeitig oder daneben eingereichte Hauptangebote, sofern sie den Verdingungsunterlagen entsprechend unverändert geblieben sind. Sind allerdings von Bietern nur Änderungsvorschläge oder Nebenangebote vorgelegt worden, so sind diese Bieter ganz von der Vergabe auszuschließen. Über einen **Ausnahmefall** dennoch zulässiger Wertung von Änderungsvorschlägen und/oder Nebenangeboten trotz Ausschlusses derselben in der Ausschreibung, ohne daß sich der Auftraggeber aus culpa in contrahendo schadensersatzpflichtig macht, vgl. OLG Düsseldorf BauR 1982, 53 = SFH § 25 VOB/A Nr. 2.

VII. Nach § 8 Nr. 4 ausgeschlossene Angebote

Weiterhin können nach Teil A § 25 Nr. 1 Abs. 2 **solche Angebote von Bietern ausgeschlossen werden, die von Teil A § 8 Nr. 4 erfaßt werden.** Dies entspricht, wie auch die Fassung von Teil A § 8 Nr. 4, einem Erfordernis der EG-Richtlinie zur Koordinierung der Bauvergabeverfahren. Hier handelt es sich um im einzelnen in Teil A § 8 Nr. 4 festgelegte Umstände und Vorkommnisse (vgl. dort Rdn. 62 ff.), die im allgemeinen hinreichende Angaben darüber vermitteln, daß es dem betreffenden Bieter an der **erforderlichen Sachkunde, Leistungsfähigkeit und Zuverlässigkeit fehlt**. Aus der Fassung („können ... ausgeschlossen werden") folgt, daß nicht von vornherein alle Bieter, auf die eines oder mehrere Merkmale aus Teil A § 8 Nr. 4 zutrifft, von der Wertung der Angebote auszuschließen sind. Vielmehr bedarf es hier einer vorherigen ordnungsgemäßen Prüfung von Auftraggeberseite – bei Behörden pflichtgemäßen Überprüfung –, ob die Dinge so liegen, daß **berechtigte Zweifel** an der notwendigen Sachkunde, Zuverlässigkeit und Leistungsfähigkeit gegeben sind. Das ist gegebenenfalls zu begründen. Der Auftraggeber hat für das Vorliegen eines Ausschlußgrundes für die konkret in Betracht gezogene Vergabe die Beweislast.

VIII. Spekulationsangebote

40 Ein sogenanntes **Spekulationsangebot** ist begrifflich dahin zu umschreiben, daß der **Bieter die Preise nicht an den voraussichtlichen Kosten einer unveränderten Leistungsbeschreibung orientiert, sondern an der Erwartung, daß aus von ihm angenommenen künftigen Änderungen der Leistungsbeschreibung sich für ihn ein finanzieller Vorteil ergibt**, er den Gesamtauftrag jedenfalls ohne Verlust wird ausführen können. Solche Angebote sind **nicht von vornherein aus der Wertung auszuschließen,** vor allem dann, wenn die Preisannahmen des Bieters darauf beruhen, daß der Auftraggeber bzw. sein bevollmächtigter Vertreter das zur Grundlage des Angebotes genommene Leistungsverzeichnis nicht mit der nach Teil A § 9 gebotenen Sorgfalt aufgestellt hat. In einem solchen Fall kann dem Bieter nicht ohne weiteres besseres Wissen dadurch zur Last gelegt werden, daß er von der Vergabe ausgeschlossen wird. Dann hat der Auftraggeber noch keinen berechtigten Grund, ein solches Angebot von der Wertung auszuschließen, zumal er gerade auch hier die Unterrichtungsbefugnis nach Teil A § 24 hat. Anders kann der Fall liegen, wenn der Auftraggeber bzw. sein bevollmächtigter Vertreter das Leistungsverzeichnis mit der gebotenen Sorgfalt unter ordnungsgemäßer Verwertung der sich im Rahmen zu fordernder Planung ergebenden Erkenntnisse aufgestellt und in das Vergabeverfahren gebracht hat. Hier wird es bei sogenannten Spekulationspositionen häufig um die Frage von Mengenänderungen gehen, was sicherlich für den Auftraggeber im Rahmen der Wertung nach Teil A § 25 Nr. 2 Abs. 2 besonderer Anlaß zur kritischen Prüfung, vor allem durch Vergleich mit den Preisangaben anderer Bieter zu der oder den gleichen Positionen, sein muß. Das kann sich z. B. auch im Hinblick auf einen angebotenen Pauschalpreis, vor allem bei bestimmten Positionen, bei denen vom Bieter ohne realen Hintergrund mit erheblichen Mengenminderungen gerechnet wird, ergeben. Desweiteren und überhaupt können für Vergleiche zu bestimmten Preisangaben auch etwa vorhandene Preisspiegel von erheblichem Nutzen sein. Spekulationen können vor allem bei Bodenpositionen eine maßgebende Rolle spielen; gerade hier ist es für den Auftraggeber geboten, vor Aufstellung des Leistungsverzeichnisses die entsprechenden, besonders sorgfältigen Ermittlungen anzustellen, um dann die jeweiligen Preisangaben und die entsprechenden Erwartungen der Bieter einer besonders kritischen Wertung unterziehen zu können. Überhöhte Kosten für die Baustelleneinrichtung sind vom Auftraggeber im allgemeinen schon im Rahmen der Wertung nach Teil A § 25 Nr. 2 Abs. 1 nicht zu akzeptieren, da oftmals davon auszugehen ist, daß der betroffene Bieter seine Liquidität durch eine frühzeitige Forderung auf eine Abschlagszahlung nach Teil B § 16 Nr. 1 Abs. 1 zu verbessern trachtet, was Zweifel an seiner Leistungsfähigkeit begründen kann. Etwaige zu niedrige oder zu hohe Stundensätze für sogenannte angehängte Stundenlohnarbeiten können vom Auftraggeber auch noch nach Auftragserteilung dadurch im Griff behalten werden, daß er diese Positionen als sogenannte Abrufpositionen offenhält, er es also in der Hand behält, ob er sie ausführen läßt oder nicht. Zu diesen Fragen siehe auch Schelle, Bauwirtschaft 1986, 1058 sowie Schelle/Erkelenz S. 253 ff.).

C. Die Angebotswertung selbst (Nr. 2)

Bei der nunmehr folgenden eigentlichen Wertung der Angebote hat der Auftraggeber die sachliche und persönliche Eignung durch Gegenüberstellung der einzelnen noch im Wettbewerb befindlichen Bieter zu untersuchen (Nr. 2 Abs. 1). Alsdann folgt die sachliche Prüfung der Angebotsinhalte in ebenfalls gegenüberstellender Wertung (Nr. 2 Abs. 2). Die Prüfungen in dieser Reihenfolge vorzunehmen ist folgerichtig. Denn derjenige Bieter, dem die persönlichen und sachlichen Eigenschaften für die Erfüllung des Bauauftrages fehlen, kann für den Zuschlag nicht in Betracht kommen, mag der Inhalt seines Angebotes noch so angemessen und annehmbar sein. Scheidet ein Bieter schon aus diesem Grunde aus, erübrigt es sich, den Angebotsinhalt noch näher zu prüfen. 41

I. Die persönliche und sachliche Eignung der Bewerber nach Nr. 2 Abs. 1

1. Nach Teil A § 2 Nr. 1 Satz 1 sind Bauleistungen an **fachkundige, leistungsfähige und zuverlässige Bewerber** zu vergeben. Diese Voraussetzungen hat der Auftraggeber während der gesamten Dauer des Vergabeverfahrens im Auge zu behalten. Stellt er Unzulänglichkeiten fest, so hat er den betreffenden Bewerber entweder erst gar nicht zur Abgabe eines Angebotes aufzufordern, oder er hat einen solchen Bieter später, nach Kenntnisnahme von der Unzuverlässigkeit, auszuschließen. Welche Anforderungen an den Bewerber bzw. Bieter gestellt werden, ergibt sich aus Teil A § 2 Nr. 1 (vgl. dazu Teil A § 2 Rdn. 1 ff.). Voraussetzung für die Entscheidung des Auftraggebers ist eine sorgfältige Überlegung nach voraufgegangener Prüfung. Der Auftraggeber darf sich hierbei nicht auf Mutmaßungen verlassen. Hat er keine eindeutige Klarheit, so muß er zunächst die nötigen Nachweise nach Teil A § 8 Nr. 3 fordern und kann sich erst dann entschließen, ob der Bieter die nötige Fachkunde, Zuverlässigkeit und Leistungsfähigkeit besitzt. Dabei muß sich die Prüfung auf den einzelnen Bieter beziehen, wobei spätestens dessen Angebot über Fachkunde, Zuverlässigkeit und Leistungsfähigkeit Aufschluß geben kann. Es geht also um den jeweiligen Bieter selbst, ohne daß zunächst die übrigen Angebote hinsichtlich der Fachkunde, Leistungsfähigkeit und Zuverlässigkeit der anderen Bieter herangezogen werden. Das bloße Vorliegen sogenannter **Bietungsbürgschaften**, die ohnehin nur ausnahmsweise bei einem ordnungsgemäßen Bauvergabeverfahren in Betracht kommen (insoweit zutreffend Heiermann BB 1977, 1575, 1578), entbindet den Auftraggeber nicht schon von der hier gebotenen Prüfung, wenn sie ihm dadurch auch im Einzelfall erleichtert werden mag. 42

Zu dem Erörterten bestimmt Nr. 1.3 der Richtlinien zum VHB zu Teil A § 25: 43

3 Eignung der Bieter

1.3.1 Fachkunde, Leistungsfähigkeit und Zuverlässigkeit der Bieter sind bei
- Öffentlicher Ausschreibung im Rahmen der Wertung der Angebote,
- Beschränkter Ausschreibung und Freihändiger Vergabe bereits vor Aufforderung zur Angebotsabgabe
zu prüfen.
Wenn bei Beschränkter Ausschreibung und Freihändiger Vergabe nach der Aufforderung zur Angebotsabgabe Umstände bekannt geworden sind, die Zweifel an der Fachkunde, Leistungsfähigkeit und Zuverlässigkeit des Bieters begründen, sind sie bei der Wertung zu berücksichtigen; siehe auch Richtlinie zu § 2 VOB/A.
Die Eignung ist bezogen auf die jeweils geforderte Leistung unabhängig von der Höhe des Angebotspreises zu beurteilen.
Für die Beurteilung sind die nach § 8 Nr. 3 VOB/A geforderten Nachweise heranzuziehen.

1.3.2 Fachkundig ist der Bieter, der über die für die Vorbereitung und Ausführung der jeweiligen Leistung notwendigen technischen Kenntnisse verfügt. Bei schwirigen Leistungen wird in der Regel zu fordern sein, daß der Bieter bereits nach Art und Umfang vergleichbare Leistungen ausgeführt hat.

Leistungsfähig ist der Bieter, der über das für die fach- und fristgerechte Ausführung notwendige Personal und Gerät verfügt und die Erfüllung seiner Verbindlichkeiten erwarten läßt.
Wegen des Nachweises der Leistungsfähigkeit bei Nachunternehmern vgl. Nr. 1.3.3.
Zuverlässig ist ein Bieter, der seinen gesetzlichen Verpflichtungen – auch zur Entrichtung von Steuern und sonstigen Abgaben – nachgekommen ist, und der aufgrund der Erfüllung früherer Verträge eine einwandfreie Ausführung einschließlich Gewährleistung erwarten läßt.
Zuverlässigkeit ist nicht gegeben bei Bietern, bei denen einer der in § 8 Nr. 4 Abs. 1 VOB/A genannten Gründe vorliegt.

1.3.3 Die Eignung des Bieters hängt auch davon ab, in welchem Umfang er Leistungen an Nachunternehmer übertragen will.
Nach § 4 Nr. 8 VOB/B hat der Auftragnehmer die Leistungen, auf die sein Betrieb eingerichtet ist, grundsätzlich selbst auszuführen.
Angebote, in denen der Bieter angibt, er wolle Leistungen, die er im eigenen Betrieb ausführen könnte, an Nachunternehmer übertragen, dürfen deshalb nur in die engere Wahl gezogen werden, wenn der Nachunternehmereinsatz eine technisch zweckmäßigere Ausführung von abgrenzbaren Teilen der Leistung erwarten läßt.
Wegen der hierfür erforderlichen Zustimmung des Auftraggebers vgl. Nr. 4 der Richtlinie zu § 4 VOB/B.
Bieter, die als Hauptunternehmer Teile der Leistung Nachunternehmern übertragen wollen, müssen wirtschaftlich, technisch und organisatorisch die Gewähr für ordnungsgemäße Vertragserfüllung, insbesondere für einwandfreie Koordinierung und Aufsicht bieten.

44 Gerade für die Eignungsprüfung kann auch die **Preisgestaltung** der jeweiligen Angebote von **maßgeblicher Bedeutung** sein, weshalb es durchaus gerechtfertigt ist, von den Bietern eine **Aufgliederung der Angebotspreise** zu fordern; wird dies von einem Bieter bei der Angebotsabgabe nicht befolgt, so ist das zwar noch kein zwingender Ausschlußgrund nach Teil A § 25 Nr. 1 b, jedoch liegt es auf der Hand, daß der betreffende Bieter u. U. bei der weiteren Wertung nicht berücksichtigt werden kann, falls der Auftraggeber keine sonstigen näheren Anhaltspunkte, die für die Eignung des Bieters sprechen können, hat (vgl. dazu OLG Celle BauR 1986, 436 = NJW-RR 1986, 99).

45 2. Hält der Auftraggeber einen Bieter für geeignet, wird dessen Angebot in den Kreis der zu wertenden Angebote aufgenommen. Es wird dann zur Leistungsfähigkeit, Zuverlässigkeit und Fachkunde noch weiter ein Vergleich zwischen den einzelnen, sich an der Ausschreibung beteiligenden Bietern angestellt. Dabei kann der eine oder andere nicht in die engere Wahl für den Zuschlag kommen, obwohl er an sich noch zu dem Kreis gezählt werden könnte, der in Teil A § 2 Nr. 1 Satz 1 erfaßt ist. Es kann nämlich sein, daß im Hinblick auf den speziellen Auftrag eine Reihe von Bietern vorhanden ist, die eine weit bessere Zuverlässigkeit, Leistungsfähigkeit und Fachkunde aufweist. Dann kann es dem Auftraggeber nicht vorgeworfen werden, wenn er den weniger leistungsfähigen, zuverlässigen und fachkundigen Bieter aus dem Kreis der Bewerber ausschließt.

3. Bei der **Eignungsprüfung** ist im einzelnen folgendes zu beachten:

46 a) Für den Zuschlag kommen nur solche Bieter in Betracht, die für die Erfüllung der vertraglichen Verpflichtungen die **notwendige Sicherheit** bieten. Dazu gehört, daß sie die **erforderliche Fachkunde, Leistungsfähigkeit und Zuverlässigkeit besitzen** (Nr. 2 Abs. 1). Die Bieter müssen **gerade im Bereich der Leistungsfähigkeit** zudem über die **personellen technischen und wirtschaftlichen Mittel verfügen, durch welche die Ausführung des konkreten Bauvorhabens gesichert ist,** vor allem im Hinblick auf die technisch einwandfreie und die zeitgerechte Ausführung. Ein Unternehmer, der mit einem guten und modernen Maschinenpark versehen ist, der ihn unter normalen Verhältnissen in die Lage versetzt, anfallende durchschnittliche Bauvorhaben durchzuführen, kann trotzdem in technischer Hinsicht für eine bestimmte Bauleistung nicht ausreichend genug ausgerüstet sein. Sind die erforderlichen, **für den Einzelfall nötigen** Gerätschaften nicht im Besitz des Bieters und sind sie für ihn nur

durch außergewöhnliche Umstände oder Aufwendungen zu erlangen, so ist der Bieter zwar an sich leistungsfähig, aber die Leistungsfähigkeit reicht im Verhältnis zu den anderen Bietern, die über die Geräte verfügen, im speziellen Einzelfall nicht aus. Allerdings sind die jeweiligen Anforderungen auf die eigentliche Bauausführung und deren jeweilige Erfordernisse abzustellen, zugleich auch darauf zu beschränken. So ist es unzulässig, andere Gesichtspunkte hier mit einzubeziehen, die nicht mit der Bauausführung zusammenhängen, mögen sie auch aus der allgemeinen Interessenlage berechtigt sein, wie z. B. im Hinblick auf Fragen des Transportes. So dürfte es unzulässig sein, nur solche Bieter mit in die engere Wertung zu nehmen, die den Transport von Kies auf der Schiene und nicht auf der Straße vornehmen, zumal gerade hier für die jeweiligen Bieter Kostengesichtspunkte eine Rolle spielen. Anders nur dann, wenn ausnahmsweise die kostenmäßigen Belastungen für die Bieter in etwa gleich sind.

Ähnlich ist das Gesagte im Hinblick auf das zur Verfügung stehende Personal und die wirtschaftlichen Mittel zu verstehen. Ist ein Bieter an sich wirtschaftlich gesund und für den Normalfall hinreichend kreditfähig, werden aber im konkreten Fall infolge besonderer Umstände erhebliche Vorleistungen oder sonstige Aufwendungen verlangt, die über die wirtschaftliche Kraft des sonst leistungsfähigen Bieters hinausgehen, so bietet er nicht die Sicherheit für die im Einzelfall notwendigen wirtschaftlichen Mittel. Es kann also vorkommen, daß ein Bieter trotz an sich allgemein gegebener Leistungsfähigkeit beim Zuschlag nicht berücksichtigt wird, weil er ausnahmsweise die übernormalen Anforderungen der Leistungsfähigkeit nicht zu erfüllen vermag.

Hat der Bieter bei der Angebotsabgabe erklärt oder ergibt sich aus seinem Angebot, daß er die Leistung allein auszuführen gedenkt, so kann er Zweifel an seiner Eignung nicht nachträglich nach Angebotseröffnung dadurch ausräumen, daß er einen aus seiner Sicht oder wirklich leistungsfähigen Subunternehmer benennt, der mit ihm oder allein den Auftrag ausführen möchte. Andererseits gibt gerade auch der von vornherein vorgesehene Nachunternehmereinsatz seiner Art und seinem Umfang nach für den Auftraggeber möglicherweise Aufschlüsse zur Frage der Leistungsfähigkeit des betreffenden Bieters (vgl. dazu VHB zu Teil A § 25 Nr. 1.3.3., oben Rdn. 43).

b) Das Gesagte gilt auch für die weiteren Eigenschaften, nämlich **Zuverlässigkeit und Fachkunde**. Es kann vorkommen, daß für ein bestimmtes Objekt besondere Zuverlässigkeit, Erfahrungen oder Sachkenntnisse notwendig sind, die nicht jeder an sich sonst erfahrene und sachlich hinreichend mit Kenntnissen ausgestattete Bieter besitzt, z. B. hinsichtlich der Bodenverhältnisse, der im Einzelfall erforderlichen Gründungen usw. Ist das nicht der Fall, so muß der betreffende Bieter hinter den anderen zurückstehen. Gleiches gilt, wenn es der Angebotspreis als unmöglich erscheinen läßt, daß der Bieter, vor allem auch gegenüber Dritten, seine Verpflichtungen erfüllt, wie sie in Teil B § 4 Nr. 2 festgelegt sind, insbesondere erkennbar nicht alle zur sachgerechten Ausführung erforderlichen Maßnahmen erfassen kann; es genügt keinesfalls, sich insoweit auf das Erfüllungs- bzw. Gewährleistungsrisiko des späteren Auftragnehmers zu verlassen. Auf Unzuverlässigkeit kann auch geschlossen werden, wenn sich ein Bieter wiederholt bei früheren Angeboten verrechnet oder wenn er mehrfach die ursprünglichen Eintragungen im Angebot geändert hat. Ein einzelner anhängiger Rechtsstreit des Auftraggebers mit dem Bieter ist als solcher allerdings noch kein Anlaß, den Bieter für ungeeignet zu halten. Anders kann es sein, wenn dieser Rechtsstreit um erhebliche Mängel geführt wird, hinsichtlich deren der Auftraggeber berechtigten Anlaß hat, an der Zuverlässigkeit des Bieters gerade für den zu vergebenden Auftrag zu zweifeln, was aber vom Auftraggeber – wie überhaupt – gegebenenfalls näher darzulegen ist.

c) Soweit **es gesetzliche oder sonst bindende Bestimmungen über die Eigenschaften von Unternehmern** für die Ausführung gewisser Bauleistungen gibt, gehören diese schon zu den grundlegenden Erfordernissen im Rahmen von Teil A § 2 Nr. 1 Satz 1. Sofern **öffentlich-**

rechtliche Bestimmungen in Rede stehen, wie z. B. die der Gewerbeordnung und der Handwerksordnung, kommen sie als Hinderungsgründe für den Zuschlag nicht bereits von sich aus in Betracht. Vielmehr müssen sozusagen als Obersatz die in der VOB aufgeführten persönlichen und sachlichen Eigenschaften der Bieter nicht gegeben sein. Das ist allerdings bei Bietern der Fall, deren Betrieb nicht nach der Gewerbeordnung eingerichtet, geführt und zugelassen ist oder wenn die Inhaber in die Handwerksrolle nicht eingetragen sind. Andererseits kann es nicht unbedingt und in jedem Fall Aufgabe des Auftraggebers sein, daß er sich um die Einhaltung öffentlich-rechtlicher Bestimmungen kümmert. Das ist grundsätzlich Sache der hierfür eigens kraft öffentlichen Rechts eingesetzten behördlichen Überwachungsorgane bzw. auch der betreffenden Berufsverbände (so auch Daub/Piel/Soergel ErlZ A 25.93), es sei denn, der Auftraggeber hat im Einzelfall entsprechende Kenntnis von Verstößen oder handfeste dahingehende Anhaltspunkte, wie z. B. hinsichtlich des **Gesetzes zur Bekämpfung von Schwarzarbeit** in der auf Art. 5 des Gesetzes zur Bekämpfung der illegalen Beschäftigung vom 15. 12. 1981 (BGBl. I S. 1390) beruhenden, seit 1. 1. 1982 geltenden Fassung (BGBl. I S. 110). Vgl. dazu auch Teil A § 2 Rdn. 3, Teil B § 4 Rdn. 36 ff.

50 d) **Rein private Eigenschaften** des Bieters können an sich **keine Rolle** bei der Auswahl spielen. Das Privatleben kann nur da von Bedeutung sein, wo es einen schädigenden Einfluß auf die Leistungsfähigkeit und Zuverlässigkeit ausübt. Ein weiteres Kontrollrecht steht dem Auftraggeber nicht zu.

51 e) Nicht ohne Problematik ist in diesem Zusammenhang die Frage nach der Erfüllung **steuerlicher Verpflichtungen** durch den Bieter, wobei auch sonstige **öffentliche Lasten** jeder Art einzubeziehen sind. Grundsätzlich ist es **nicht Sache des Auftraggebers,** auch nicht des fiskalisch auftretenden Auftraggebers, **die Erfüllung öffentlicher Lasten** durch den Bieter **nachzuprüfen.** Nur dann kann ein berechtigtes Interesse des Auftraggebers vorliegen, wenn es um die wirtschaftliche Sicherung der vollständigen und reibungslosen Erfüllung der in Aussicht genommenen bauvertraglichen Verpflichtungen geht. Nicht anders ist auch Teil A § 8 Nr. 4 Abs. 1 d aufzufassen. Dann ist es aber letztlich eine Frage der Leistungsfähigkeit und Zuverlässigkeit, die ohnehin grundlegende Voraussetzungen nach Teil A § 2 Nr. 1 Satz 1 sind. Steht zu befürchten, daß der Bieter vor oder während der Bauausführung oder unmittelbar danach wegen steuerlicher Rückstände oder sonstiger von Teil A § 8 Nr. 4 Abs. 1 d erfaßter Verpflichtungen belangt wird, so wird damit zugleich seine Leistungsfähigkeit und Zuverlässigkeit in bezug auf seine bauvertraglichen Verpflichtungen geschmälert. Dann besteht ein berechtigtes Interesse des Auftraggebers, diesen insoweit unzuverlässigen Bieter aus dem Kreis der Bewerber für den Bauauftrag auszuschalten. Deshalb kann es dem Auftraggeber nicht versagt sein, im Angebot nach Teil A § 21 Nr. 1 Abs. 1 bzw. schon vorher nach Teil A § 8 Nr. 4 Abs. 2 Erklärungen über eventuelle erhebliche und die Leistungsfähigkeit sowie Zuverlässigkeit der Bieter beeinflussende Steuerrückstände oder Rückstände an sonstigen öffentlichen Lasten zu verlangen oder sich mit dem Angebot entsprechende Bescheinigungen der zuständigen Behörden vorlegen zu lassen. Natürlich geht diese Aufklärungs- und Darlegungsbefugnis des Auftraggebers nur so weit, wie es sich um die Leistungsfähigkeit und Zuverlässigkeit des Bieters für die Erfüllung der Aufgaben **aus diesem konkreten Bauauftrag** handelt. Damit ist die generelle Forderung von Aufklärungen und Bescheinigungen als Überschreitung der berechtigten Belange des Auftraggebers anzusehen. Soweit nach einem Schreiben des früheren Bundesschatzministers vom 16. 7. 1965 (MinBlFin. 1965, 308 = Die Bauverwaltung 1965, 601, vgl. auch MinBlFin. 1962, 403 und 562) festgelegt wurde, von den Bietern bei einer Auftragswertgrenze von über 5000 DM die Vorlage von steuerbehördlichen Unbedenklichkeitsbescheinigungen zu verlangen, kann dies in dieser allgemeinen Form nicht als berechtigt angesehen werden. Denn die Leistungsfähigkeit kann grundsätzlich nicht allein nach dem Auftragswert, sondern sie muß ausschlaggebend nach der wirtschaftlichen Lage des jeweiligen Bieters beantwortet werden, wenn auch die Auftragssumme gewisse Anhaltspunkte zu geben vermag. Erklärungen und Bescheinigungen der angegebenen Art

können aber nach dem Sinne der VOB nur gefordert werden, wenn es sich um einen Bieter handelt, bei dem die Leistungsfähigkeit und Zuverlässigkeit überhaupt in Frage stehen kann. Es ist also immer auf den Einzelfall abzustellen. Soweit mit der Unbedenklichkeitsbescheinigung angestrebt wird, den Bieter zur Steuerzahlung zu veranlassen, entspricht dies nicht dem Sinn der VOB. Es kann **nicht die Aufgabe des Auftraggebers,** auch desjenigen der öffentlichen Hand, sein, **Steuern beizutreiben.** Gleiches gilt für sonstige von Teil A § 8 Nr. 4 Abs. 1 d erfaßte Verpflichtungen. Man darf öffentlich-rechtliche und fiskalische Gesichtspunkte nicht vermischen. Auch würde eine einfache Unbedenklichkeitsbescheinigung nicht ausreichen, da sich aus ihrer etwaigen Verweigerung durchweg nicht die Hintergründe der Steuerschuld usw. ergeben würden. Der **Auftraggeber** soll sich bei der Erforschung solcher Dinge auf das notwendigste Maß beschränken und **nicht** den Eindruck erwecken, ein dem Bieter übergeordnetes **Kontrollorgan** zu sein.

II. Die inhaltliche Angebotswertung auf ihren sachlichen Gehalt nach Nr. 2 Abs. 2

Nr. 2 Abs. 2 dient vor allem dem Schutz des Auftraggebers, insbesondere soll diese Regelung in erster Linie dazu beitragen, späteren Schaden beim Auftraggeber zu vermeiden (BGH BauR 1980, 68 = NJW 1980, 180 = SFH § 25 VOB/A Nr. 1 = MDR 1980, 223 = ZfBR 1980, 31 = LM VOB/A Nr. 4; OLG Köln NJW 1985, 1475). Die Wertung des Angebotsinhalts hinsichtlich der angebotenen Bauleistung selbst ist in drei Gruppen geteilt.

52

1. Zunächst ist unter Zugrundelegung allgemeiner Erfahrungssätze zu prüfen, ob der vom Bieter für die Bauleistung geforderte **Preis in einem offenbaren Mißverhältnis zu der Leistung** steht. Ist das der Fall, werden die betreffenden Angebote ohne weitere Prüfung bei der Vergabe ausgeschlossen. **Diese Bestimmung ist zwingend.** Ein Mißverhältnis liegt vor, wenn Leistung und Gegenleistung voneinander **grob abweichen.** Es kann nicht nur darin liegen, daß der geforderte Preis **erheblich übersetzt** ist; es liegt **auch** bei einem **auffallenden Unterbieten** vor. Wer also offensichtlich nicht mit dem von ihm für die Leistung geforderten Preis auskommen kann, ist ebenso untauglich als Auftragnehmer, als wenn er erheblich zuviel an Entgelt verlangen würde.

53

Die Voraussetzung, daß das **Mißverhältnis offenbar** sein muß, hat zwei wesentliche Gesichtspunkte. Einmal muß das Abweichen vom Normalpreis dem Fachkundigen sofort auffallen, zum anderen muß der Auftraggeber diese Kenntnis gewinnen, ohne daß es einer genauen Prüfung der einzelnen Preisangaben im Angebot bedarf. Von einem offenbaren Mißverhältnis muß gesprochen werden, wenn die Preisangaben des Bieters von den Preisvorstellungen des Auftraggebers grob abweichen und/oder den Angeboten anderer Bieter in einer Weise entgegenstehen, daß eine auffällige, ins Auge fallende Unverhältnismäßigkeit besteht. Es geht hier nicht um die gegenüberstellende Wertung einzelner Positionen des Leistungsverzeichnisses, sondern um das **Endergebnis des Angebots** (ebenso BGH BauR 1977, 52 = BB 1976, 1580 = SFH Z 2.12 Bl. 8 = MDR 1977, 216 = Betrieb 1977, 205 = JZ 1977, 81 = LM VOB/A Nr. 3); das entspricht dem Maßstab, der für den Begriff der offenbaren Unbilligkeit i. S. des § 319 Abs. 1 Satz 1 BGB ausschlaggebend ist (a. a. O.). Deshalb muß es noch kein offenbares Mißverhältnis sein, wenn ein Bieter für eine bestimmte Teilleistung keinen Preis eingesetzt hat, da er diese im Gesamtzusammenhang der geforderten Gesamtleistung eventuell ohne besondere Kosten erbringen kann, indem bei ihm oder wegen der von ihm erkannten Verhältnisse der Baustelle entsprechende Voraussetzungen gegeben sind. Ähnliches gilt, wenn der Bieter eine Reihe von Positionen unterkalkuliert hat, in anderen Positionen aber recht hohe Preise anbietet, wie z. B. bei der Baustelleneinrichtung und den Verkehrssicherungsmaßnahmen. Anderes gilt aber, wenn es sich um bestimmte und in sich abgeschlossene Teile des Angebots handelt, in denen die Preise im offenbaren Mißverhältnis zu der betreffenden Teilleistung stehen. Gleiches trifft zu, wenn eine Reihe von gewichtigen Positionen augenfällig unterkalkuliert ist, ohne daß aus anderen ein „Ausgleich" ohne weiteres erkennbar ist. Dem Auftraggeber

54

A § 25, 2, Rdn. 55-58

muß nämlich ein Interesse an der Feststellung eines offenbaren Mißverhältnisses des geforderten Preises zu der verlangten Leistung auch insoweit zugestanden werden, als es sich um in sich leistungs- und preismäßig abgeschlossene Teile des Angebotes handelt. Das letztere gilt allerdings nur für Einheitspreisverträge, u. U. hinsichtlich der Kostenansätze von Stundenlohnverträgen, nicht aber bei Pauschalverträgen. Bei diesen kommt für solche Überlegungen nur der insgesamt angebotene Pauschalpreis in Frage, es sei denn, daß im Angebot mehrere Angebotsteile in sich geschlossen zu Pauschalpreisen zusammengefaßt und angeboten werden.

55   Die hier anzustellende Prüfung hat nicht nur bei Öffentlicher Ausschreibung, sondern vor allem auch bei Beschränkter Ausschreibung und Freihändiger Vergabe (vgl. Nr. 5 Satz 1) zu erfolgen. Sie muß jedenfalls einsetzen, und zwar unabhängig von dem dann gefundenen Ergebnis, wenn der betreffende Bieter mit seinem Angebotsendpreis etwa 10-15 % unter dem Angebotsendpreis des nächsten Bieters liegt.

56   Da der Auftraggeber für das Vorliegen eines auffälligen Mißverhältnisses darlegungs- und beweispflichtig ist, ist ihm anzuempfehlen, zeitnahe nachweisbare Erfahrungswerte, vor allem anhand vergleichbarer Ausschreibungen, der Marktentwicklung usw. festzustellen. Auch kann er von den Bietern in der Ausschreibung nähere Angaben, wie z. B. die Aufgliederung der Angebotspreise, fordern, um gerade für den konkreten Fall die erforderliche Beurteilungshilfe zu haben; befolgt der Bieter dieses mit seinem Angebot nicht, so riskiert er, bei der Vergabe nicht berücksichtigt zu werden, wenn sich für den Auftraggeber das offenbare Mißverhältnis nicht bereits aus anderen Unterlagen bzw. Anhaltspunkten ergibt, ohne daß allerdings schon eine Ausschließung von der Vergabe nach Teil A § 25 Nr. 1 b in Betracht kommen muß (vgl. OLG Celle BauR 1986, 436 = NJW-RR 1986, 99). Eine **Nachprüfung der Ursachen** für das offenbare Mißverhältnis, ob etwa ein Kalkulationsirrtum des Bieters vorliegt, obliegt dem Auftragnehmer in dem **hier erörterten Rahmen nicht** (insoweit zutreffend Hundertmark BB 1982, 16, 17; auch Koch BB 1982, 1517, 1518 f.).

57   Dem Gesagten entspricht die Regelung des VHB in Nr. 1.4. zu § 25 VOB/A (vgl. Rdn. 76).

58   Wird davon ausgegangen, daß es Sinn der Nr. 2 Abs. 2 ist, den Auftraggeber vor Nachteilen zu schützen (vgl. Rdn. 52), so dient dies vor allem nach Satz 1 a. a. O. auch dazu, ein Angebot auszuschalten, dessen Preis auffallend niedrig ist, weil damit häufig die Gefahr verbunden ist, daß der spätere Auftragnehmer in wirtschaftliche Schwierigkeiten gerät und den Auftrag entweder nicht oder nicht ordnungsgemäß ausführt. Beachtet der Auftraggeber dies im Rahmen des Vergabeverfahrens nicht hinreichend, erteilt er auf ein ersichtlich unterkalkuliertes Angebot den Zuschlag, so kann es sein, daß ihm spätere Ansprüche gegen den Auftragnehmer jedenfalls auf der Grundlage des § 242 BGB zu versagen sind, weil er grob fahrlässig vergeben hat (dazu zutreffend LG Siegen BauR 1985, 213). Andererseits ist es nicht Sinn und Zweck gerade der Regelung in Satz 1, den Bieter vor seinem eigenen, zu niedrigen Angebot und damit vor sich selbst zu schützen. Er kann sich daher später nicht darauf berufen, daß sein Angebot nicht zum Zuschlag hätte führen dürfen (BGH BauR 1980, 63 = NJW 1980, 180 = SFH § 25 VOB/A Nr. 1 = MDR 1980, 508 = ZfBR 1980, 31 = LM VOB/A Nr. 4; OLG Köln NJW 1985, 1475). Andererseits darf der Auftraggeber den Bieter nicht an ein Angebot binden, wenn er von diesem rechtzeitig vor Zuschlagserteilung auf eine tatsächlich vorliegende und nachgewiesene Fehlberechnung im Angebot hingewiesen wird; andernfalls macht er sich schadensersatzpflichtig aus dem durch das Vergabeverfahren begründeten vertragsähnlichen Vertrauensverhältnis (culpa in contrahendo); OLG Köln a. a. O.; allerdings besteht die Schadensersatzpflicht nicht darin, daß der Auftraggeber das später eingereichte berichtigte Angebot bei der Vergabe hätte berücksichtigen müssen, weil dieses berichtigte Angebot bei Eröffnung des ersten Angebotes noch nicht vorgelegen hat, daher bei der Wertung von vornherein auszu-

schließen war (vgl. Teil A § 25 Nr. 1 Abs. 1a, so auch Feber S. 40). Jedoch hat der Bieter einen Freistellungsanspruch, so daß eine Kündigung des Auftrages nach Teil B § 8 Nr. 3 nicht in Betracht kommt (OLG Köln a. a. O.). Auch dient Satz 1 nicht dem Schutz anderer, ordnungsgemäß kalkulierender Bieter (zutreffend Hundertmark BB 1981, 16, 17 f. entgegen Heiermann/Riedl/Rusam/Schwaab Teil A § 25 Rdn. 12). **Zu etwaigen Hinweispflichten des Auftraggebers vgl. Teil A § 19 Rdn. 21 ff.**
Für die Wertung von **Lohngleitklauseln** ist Nr. 3.1. VHB zu § 25 VOB/A zu beachten.

2. Die noch übriggebliebenen Angebote werden auf ihren eigentlichen Inhalt geprüft, indem sie einander gegenübergestellt werden. Hierbei ist **entscheidend, ob die im Angebot verlangten Preise unter Berücksichtigung rationellen Baubetriebes und sparsamer Wirtschaftsführung eine einwandfreie Ausführung einschließlich Gewährleistung erwarten lassen.** Insoweit bedarf es sicher einer – gegenüberstellenden – vertieften Nachprüfung der Angebote. Dabei sind ersichtlich wichtige Punkte der Kalkulation, wie z. B. die Lohnkosten und die Stoffkosten im Hinblick auf übliche Ansätze, die Baustellengemeinkosten hinsichtlich ihrer technischen und betriebswirtschaftlichen Notwendigkeit, besonders zu beachten. Sind die in den Angeboten enthaltenen Preise unter diesen Gesichtspunkten nicht als angemessen zu bezeichnen, so sind die Angebote auszuscheiden. Es bleiben dann nur noch die Angebote übrig, deren Preise die dargelegten Voraussetzungen erfüllen. Diese kommen in die **engere Wahl.** Wegen der Angemessenheit der Preise im hier gemeinten Sinne wird zur Vermeidung von Wiederholungen auf Teil A § 2, dort insbesondere Rdn. 10 ff., verwiesen. Die Wertung erfolgt aus der auf sachlichen Erwägungen abgestellten Sicht des Auftraggebers, da er den Preis für angemessen halten muß. Dies hat sich nach dem marktüblichen Preis zu richten, den der Auftraggeber aufgrund ihm bekannter Vergleichspreise gleicher oder ähnlicher Objekte ermittelt. Er kann ihn auch notfalls durch Einsicht in die Kalkulationsunterlagen (Teil A § 24) feststellen. Dazu gehört auf der Grundlage der berechtigten Sicht des Auftraggebers auch die Erfüllung von Sonderanforderungen, wie z. B. die Übernahme der Gesamtkoordination in bezug auf die Statikerleistungen (vgl. dazu BGH BauR 1985, 75 = NJW 1985, 1466 = MDR 1985, 663 = SFH § 24 VOB/A Nr. 2 = LM VOB/A Nr. 7 = ZfBR 1985, 74). Vgl. besonders auch Rdn. 76. Zu berücksichtigen sind weiter etwa angebotene Preisnachlässe und Skonti, sofern diese inhaltlich hinreichend klar sind (vgl. dazu Teil B § 16 Rdn. 267 ff. sowie Weyand BauR 1988, 58).

3. Zu beachten ist **bei öffentlichen Bauvergaben** immer, daß die preisrechtlich zulässige Grenze nach der **BaupreisVO 1972** nicht überschritten wird (vgl. auch Nr. 4. VHB zu Teil A § 25; ferner Altmann BlGBW 1979, 201; ders. a. a. O. 1981, 43; a. a. O. 1981, 125; a. a. O. 1982, 63 ff.; a. a. O. 1982, 126; a. a. O. 1982, 168; a. a. O. 1982, 205; a. a. O. 1983, 70; ders. zur Höchstbegrenzung von Wettbewerbspreis und „frei vereinbartem" Preis i. S. der BaupreisVO BauR 1980, 506; ders. zur Frage der Vereinbarung von Selbstkostenpreisen BauR 1983, 426; ders. grundlegend zum Vorrang marktwirtschaftlicher Preise in der BaupreisVO 1972 BauR 1982, 445; ders. zu den Pflichten des Bieters hinsichtlich des Preisnachweises BlGBW 1983, 168; zum Baupreisrecht – zugleich Schrittmacher für eine zeitgemäße Betriebskostenrechnung – Crome ZfBR 1983, 4). Dagegen spielt die BaupreisVO keine Rolle für die Prüfung, ob die Angebotspreise unangemessen niedrig sind.
Insbesondere ist § 5 der BaupreisVO zu beachten. Zur früher geltenden BaupreisVO 1955 (§ 5 Abs. 1) hat das OLG Celle zutreffend festgestellt: Wettbewerbspreise sind grundsätzlich zulässige Preise. § 5 Abs. 1 BaupreisVO 1955 betrifft nur Ausnahmetatbestände. Eine wesentliche Überschreitung des Richtlinienpreises und damit ein auffälliges Mißverhältnis zwischen Preis und Leistung ist nur bei wirklich groben Verstößen anzunehmen. Der Richtlinienpreis ist nach dem Betrieb und dem Auftrag, dessen Preis überprüft werden soll, zu beurteilen. Dabei ist von den Dispositionen des Wettbewerbsunternehmers auszugehen, sofern sie nur wirtschaftlich vernünftig oder wenigstens vertretbar sind. In Grenz- und Zweifelsfällen ist seine Disposition zugrunde zu legen (NJW 1965, 1670 = SFH Z 2.320 Bl. 18 ff.). Zum

Wettbewerbspreis vgl. auch Teil B § 2 Rdn. 96 f. Eine Preisüberschreitung des Richtlinienpreises, die zwischen 7 und 10 % liegt, ist nicht wesentlich i. S. des § 5 BaupreisVO (BGH Z 41, 174 = SFH Z 2.320 Bl. 25; LG Bremen SFH Z 2.300 Bl. 39). Das gilt auch heute noch als Richtlinie (vgl. dazu Nicklisch BB 1973, 53, 57; vgl. dazu auch Altmann BlGBW 1979, 61 sowie ders. zur Frage, ob eine Verpflichtung zur Vorlage der Kalkulation besteht, BlGBW 1978, 107). Jedoch sind Maßnahmen zur preisrechtlichen Prüfung der Preise gemäß § 5 BaupreisVO 1972 nach § 16 Abs. 4 a. a. O. nur noch bis zur Erteilung des Zuschlages zulässig. Allerdings können vor diesem Zeitpunkt rechtzeitig eingeleitete Maßnahmen der Preisprüfung auch nach dem Zuschlag noch zu Ende geführt werden (vgl. OLG Celle vom 8. 1. 1979 – 2 Ss [OWi] 70/78 –). Anderenfalls ist nur noch die Einleitung eines Verfahrens wegen Verstoßes gegen das Wirtschaftsstrafgesetz/Ordnungswidrigkeitengesetz möglich (vgl. auch Nr. 5.2. VHB zu Teil A § 25, abgedruckt Rdn. 76). Darüber, ob der Bieter ohne weiteres an ein von der Preisbehörde nach Prüfung seines Angebots nach § 16 Abs. 4 BaupreisVO 1972 „herabgesetztes" Angebot gebunden ist, Teil A § 19 Rdn. 19 f. und § 28 Rdn. 30. Zum Feststellungsrecht (Preisprüfrecht) des öffentlichen Auftraggebers und seiner vertraglichen Einräumung vgl. Altmann BlGBW 1980, 181 sowie Betrieb 1982, 1605.

61   4. Von den Angeboten, die nach Feststellung der Angemessenheit ihrer Preise in die engere Wahl gekommen sind, **soll** demjenigen der **Zuschlag** erteilt werden, das **unter Berücksichtigung aller technischen und wirtschaftlichen, gegebenenfalls auch gestalterischen und funktionsbedingten Gesichtspunkte als das annehmbarste** erscheint, wobei diese Regelung als **Sollvorschrift einen angemessenen Beurteilungsspielraum für den Auftraggeber** voraussetzt (vgl. dazu auch BGH BauR 1985, 75 = NJW 1985, 1466 = Betrieb 1985, 648 = MDR 1985, 663 = SFH § 24 VOB/A Nr. 2 = LM VOB/A Nr. 7 = ZfBR 1985, 74). Die genannte Umschreibung ist sowohl objektiven als auch subjektiven Gehalts. Die objektive Seite erfordert, daß ein dritter fachkundiger und an der Vergabe selbst nicht interessierter Bauherr das ausgesuchte Angebot als das geeignetste für das zur Vergabe anstehende Objekt ansehen würde. Subjektiv ist zu berücksichtigen, was der spezielle Auftraggeber in seiner Lage als für seine Ziele und Bestrebungen richtig betrachtet. Sowohl die objektive als auch die subjektive Seite müssen zusammenkommen, um von dem annehmbarsten Angebot sprechen zu können. Dabei **sollen** alle technischen und wirtschaftlichen, u. U. auch gestalterischen und funktionsbedingten Gesichtspunkte berücksichtigt werden. Die Abgrenzung liegt darin, daß die Überlegungen sich auf die **Umstände des Einzelfalls,** d. h. auf die jeweils zu vergebende Bauleistung, zu beschränken haben. Allgemeingehaltene Erwägungen sind nicht am Platze. Auch kann nur die auszuführende Leistung selbst der Wertung unterliegen; daher bleibt z. B. ein Verzicht des Bieters auf Planungskosten, die er im Auftrag des Auftraggebers bei der Vorbereitung der Vergabe gehabt hat, für den Fall der Auftragserteilung an ihn bei der Wertung außer Betracht (zutreffend Crome/Müller, Band 2, S. 2).

62   a) Soweit es sich um die **technischen Gesichtspunkte** handelt, gehört dazu alles, was in technischer Hinsicht mit dem zu erstellenden Bauobjekt zu tun hat. Es ist auszugehen von der im Angebot vorgeschlagenen Ausführungsweise in allen ihren Einzelheiten bis zu dem technischen Vermögen des Bieters in bezug auf seine Betriebseinrichtung und seine sonstige betriebliche Handhabung auf technischem Gebiet. Dabei wird es nicht unbedeutend sein, welche technischen Hilfskräfte (Techniker, Facharbeiter) der betreffende Bieter im Verhältnis zu anderen Bietern zur Verfügung hat, insbesondere wer hinsichtlich der speziellen Bauaufgabe mehr Erfahrung und mehr Fachwissen besitzt. Hinzu kommen Fragen der Materialbeschaffung und Materialgestellung, der maschinellen Einrichtungen sowie der Qualität der technischen Hilfsmittel.

63   b) Die **Abwägung nach wirtschaftlichen Gesichtspunkten** ist auch im weitesten Sinne aufzufassen. Dabei sind Fragen hinsichtlich der verlangten Zahlungsweisen, der Fälligkeit von etwaigen Vorauszahlungen und Abschlagszahlungen, von eventuellen Teilschlußzahlungen

nach vorausgegangenen Teilabnahmen, von eingeräumten Nachlässen, Skonti und deren Voraussetzungen usw. von Bedeutung. Hinzu kommt eine Abwägung der Selbstkosten, die von den Bietern in die Angebotspreise nachvollziehbar mit eingerechnet worden sind. Auch die **Frage des Gewinns,** den sich der einzelne Bieter ausgerechnet hat, wird eine Rolle spielen. Nach Abs. 2 Satz 4 ist der **niedrigste Angebotspreis** bei der Suche nach dem annehmbarsten Angebot **nicht allein entscheidend.** Deshalb hat auch der **niedrigst liegende Bieter allein deswegen keinen Anspruch** gegen den öffentlichen Auftraggeber **auf Erhalt des Zuschlages.** Das ergibt sich schon daraus, daß nach Satz 3 nicht nur wirtschaftliche, sondern mit der gleichen Wichtigkeit auch technische Gesichtspunkte usw. des konkreten Vorhabens für die Vergabe entscheidend sind. Der Auftraggeber wird durch diese Bestimmung **mit Nachdruck darauf hingewiesen,** bei der inhaltlichen Wertung **mit aller Sorgfalt** im Rahmen der drei Wertungsstationen in richtiger Weise die Angebote durch gegenüberstellende Beurteilung zu bewerten und sie entsprechend einzustufen. Satz 4 ist eine **Warnung** davor, alle in den vorangegangenen drei Stufen zum Ausdruck gebrachten und umrissenen Aufgabenbereiche einfach zu übersehen oder sie nur oberflächlich zu beachten, allein mit dem einen Ziel, das preismäßig niedrigste Angebot herauszufinden. Es sei nochmals herausgestellt: Stehen **Preise wegen ihrer niedrigen Höhe in einem offenbaren Mißverhältnis zu der Leistung,** so sind sie bereits nach Satz 1 auszuschalten, indem das betreffende Angebot unberücksichtigt zu bleiben hat. Ist das nicht der Fall, sind die Preise aber nach den erläuterten Grundsätzen des Satzes 2 nicht angemessen, so ist das Angebot gleichfalls auszuscheiden, und es kommt nicht in die engere Wahl. Selbstverständlich kann dann, wenn der Auftraggeber die von ihm geforderten Prüfungen und Wertungen alle ordnungsgemäß durchgeführt hat, das für ihn annehmbarste Angebot gleichzeitig das niedrigste sein. Es ist dem Auftraggeber nämlich keineswegs verboten, dem Angebot mit dem niedrigsten Preis den Zuschlag zu erteilen. Vielmehr hat dieses oftmals eine reelle Chance, den Zuschlag zu erhalten (vgl. OLG Köln SFH Z 2.13 Bl. 53; OLG Karlsruhe SFH § 24 VOB/A Nr. 1).

Aus dem Gesagten ergibt sich aber auch, daß wirtschaftliche Gesichtspunkte nur im Hinblick auf die berechtigten Belange sowohl der Auftraggeber- als auch der Bieterseite eine Rolle spielen, nicht aber in bezug auf einseitige, außerhalb der konkreten Bauherstellung liegende wirtschaftliche Interessen einer Seite, wie z. B. das Interesse zur Vergabe an einen ortsansässigen Bieter aus gewerbesteuerlichen Gründen. 64

5. Die in Satz 3 auch erwähnten **gestalterischen und funktionsbedingten Gesichtspunkte** kommen **nicht bei jeder Bauvergabe,** sondern nur „gegebenenfalls" zur Berücksichtigung. Gemeint sind dabei jene Vergaben, in denen nach den Angeboten von den Bietern auch gestalterische und funktionsbedingte Vorschläge zu machen sind. Das gilt vornehmlich bei **Leistungsbeschreibungen mit Leistungsprogramm** gemäß Teil A § 9 Nr. 10 ff. (vgl. dazu Teil A § 9 Rdn. 109 ff.). Hier ist – unter Berücksichtigung der berechtigten Interessen des Auftraggebers – auch noch die gestalterisch beste sowie funktionsgerechteste Lösung der Bauaufgabe zu ermitteln. Dabei handelt es sich einmal um die Baugestaltung selbst in allen ihren Einzelheiten, wobei dem Geschmack des Auftraggebers naturgemäß der Vorrang zukommt, vorausgesetzt, es handelt sich um einen Bauvorschlag, der mit den allgemein anerkannten technischen Regeln zu vereinbaren ist, wie sich schon aus dem vorangehenden Satz 2 ergibt. Des weiteren bedarf es der Überlegung nach der besten funktionsgerechten Lösung, also aus der Sicht des Zieles und Zweckes des Bauvorhabens für den Auftraggeber. Hier kommt es entscheidend darauf an, ob und inwieweit der Bieter in der Lage war, die von ihm geforderten Einzelheiten an Beschreibung, Erläuterung und sonstiger Darstellung im Angebot in für den Auftraggeber hinreichend verständlicher Weise darzulegen. 65

6. Auch ist für die inhaltliche Angebotswertung der Vorschlag von Bach (Baubetriebswirtschaft 7/1961) von Bedeutung. Den sichersten Weg, bei der Vergabe von Bauvorhaben alle Möglichkeiten zur technisch und wirtschaftlich besten Lösung der Bauaufgabe auszuschöp- 66

fen, sieht Bach in der Aufstellung einer eigenen, von den Angeboten unabhängigen Selbstkostenermittlung der bauvergebenden Stelle. Bei hinreichender Sachkenntnis und Wahrung der erforderlichen Objektivität wird sich diese Mühe für den Auftraggeber lohnen und zugleich einen Weg bereiten, den Anforderungen der VOB nach der gerechten Vergabe zu genügen. Vgl. auch Heidland in „Baumarkt" 1961, 922, der als Ausgangspunkt für die Bewertung der Angebotspreise von einem Mittelwert nach Erfahrungssätzen ausgehen möchte. Nicht unerwähnt bleiben darf auch die insbesondere den Bautechniker interessierende Schrift von Riehm „Die Auswahl des annehmbarsten Angebots" mit den darin angeführten Kalkulationsgrundlagen (Sonderdruck „Der Bausachverständige" 1962). Siehe auch Keil/Martinsen, Einführung in die Kostenrechnung für Bauingenieure, 5. Aufl., 1985, Werner-Verlag, Düsseldorf. Siehe außerdem Kunz ZSW 1983, 3 und 25.

Vgl. hier auch Nr. 1.5. bis Nr. 1.8. VHB zu Teil A § 25 (Rdn. 76). Beachte dazu besonders auch „Baumarkt und Wettbewerb", Schriftenreihe der Deutschen Gesellschaft für Baurecht e. V., Bd. 12, mit den dort abgedruckten beachtlichen Referaten, u. a. von Börgel (S. 5 ff.), Klingmüller (S. 17 ff.), Rogge (S. 43 ff.) und Rupprecht (S. 57 ff.).

D. Die Wertung von Änderungsvorschlägen und Nebenangeboten (Nr. 3)

67 Nach **Teil A § 25 Nr. 3 sind** Änderungsvorschläge, die der **Auftraggeber gewünscht oder ausdrücklich zugelassen hat,** ebenso zu werten wie die Hauptangebote. **Sonstige** Änderungsvorschläge und Nebenangebote **können** berücksichtigt werden. Nr. 3 ist eine Ergänzung zu der lediglich auf die Hauptangebote abgestellten Wertung nach Nr. 2. Sie will die Frage der Anwendung der dortigen Regeln auf die Nebenangebote und Änderungsvorschläge klären.

I. Allgemeines

68 In Nr. 3 wird unterschieden zwischen **Nebenangeboten und Änderungsvorschlägen, die** der Auftraggeber **gewünscht** hat oder die er **ausdrücklich zugelassen** und die er **nicht** gewünscht oder ausdrücklich zugelassen hat, die also ohne Aufforderung vom Bieter eingereicht sind. Ausgeklammert sind dabei **jene Fälle,** in denen der Auftraggeber Nebenangebote und Änderungsvorschläge vorher in klarer, unmißverständlicher Erklärung **ausgeschlossen** hat; diese waren bereits nach Nr. 1 Abs. 1 e auszuscheiden, kamen also nicht in die eigentliche Angebotswertung hinein (vgl. Rdn. 38). In solchen Fällen darf der Auftraggeber nicht dennoch werten, weil dies sonst eine einseitige Verschiebung des Wettbewerbs zu Lasten anderer Bieter wäre, weswegen für sie Ansprüche aus culpa in contrahendo gegen den Auftraggeber in Betracht kommen können.

Über einen **Ausnahmefall** dennoch zulässiger Wertung von zunächst ausgeschlossenen Änderungsvorschlägen und/oder Nebenangeboten, ohne daß sich der Auftraggeber aus culpa in contrahendo schadensersatzpflichtig macht, vgl. OLG Düsseldorf BauR 1982, 53 = SFH § 25 VOB/A Nr. 2. Hält sich der Auftraggeber selbst nicht an den Ausschluß, so sind die Änderungsvorschläge und/oder Nebenangebote an der Vergabe zu beteiligen, und zwar so, als ob sie ausdrücklich zugelassen worden wären, wenn mehrere Bieter sie einreichen (dazu auch Hofmann ZfBR 1984, 259, 260).

69 Der Wunsch oder die ausdrückliche Zulassung von Änderungsvorschlägen oder Nebenangeboten ergibt sich aus dem Anschreiben nach Teil A § 17 Nr. 4 Abs. 1 l in Verbindung mit Absatz 3. Vgl. dazu auch Teil A § 9 Nr. 9. Der Wunsch nach Abgabe von Nebenangeboten zur Auswahl unter verschiedenen Ausführungsmöglichkeiten ist in Teil A § 17 Nr. 4 Abs. 3 geregelt. Weiter sind nach Teil A § 21 Nr. 2 etwaige Änderungsvorschläge und Nebenangebote auf besonderer Anlage zum eigentlichen Angebot einzureichen. Nach Teil A § 22 Nr. 3 Abs. 2 muß beim Eröffnungstermin vom Verhandlungsleiter bekanntgegeben werden, ob und von wem Ände-

rungsvorschläge oder Nebenangebote eingereicht worden sind. Ein Anspruch des Bieters, der gewünschte oder ausdrücklich zugelassene Änderungsvorschläge oder Nebenangebote bearbeitet und eingereicht hat, auf Entschädigung besteht auf der Grundlage von Teil A § 20 Nr. 2 Satz 2 nicht, weil Änderungsvorschläge oder Nebenangebote hier nicht verlangt, sondern nur gewünscht werden, wodurch der Entschädigungsanspruch noch nicht ausgelöst wird.

II. Gewünschte oder ausdrücklich zugelassene Änderungsvorschläge oder Nebenangebote

Soweit der Auftraggeber **Änderungsvorschläge oder Nebenangebote** bei der Ausschreibung **gewünscht oder sie ausdrücklich zugelassen hat, müssen diese ebenso gewertet werden wie die Hauptangebote.** Damit ist auch hier ein Wertungsvorgang vorgeschrieben, wie er hinsichtlich der Hauptangebote im einzelnen in Rdn. 41 ff. aufgezeigt ist. Wünsche des Auftraggebers auf Erhalt von Änderungsvorschlägen oder Nebenangeboten werden nicht ohne besonderen Grund sein. Insbesondere wird es sich um Fälle handeln, in denen der Auftraggeber sich in erster Linie in technischer Hinsicht über Art oder Umfang der Bauleistung noch nicht hinreichend klar ist. Er erhofft sich durch die Nebenangebote und Änderungsvorschläge die erforderliche Auskunft aus der Praxis. Vgl. hier auch Nr. 2. VHB zu Teil A § 25 (Rdn. 76). Danach sind bei der wirtschaftlichen Beurteilung zugelassener Nebenangebote neben der Prüfung der Angemessenheit der Preise auch die Vorteile zu berücksichtigen, welche die vom Bieter vorgeschlagene andere Ausführung oder andere Ausführungsfristen und die sich daraus ergebende mögliche frühere oder spätere Benutzbarkeit von Teilen der Bauleistung usw. bieten könnten.

70

Als selbstverständlich hat es zu gelten, daß die Änderungsvorschläge und die Nebenangebote allen anderen Anforderungen eines ordnungsgemäßen Vertragsangebotes nach der VOB gerecht werden.

71

III. Nicht ausdrücklich ausgeschlossene Änderungsvorschläge oder Nebenangebote

Das in Rdn. 70 zum Wertungsvorgang Gesagte hat auch für solche **Nebenangebote und Änderungsvorschläge** zu gelten, **die** der Auftraggeber **weder** in den Verdingungsunterlagen **gefordert** noch **ausdrücklich zugelassen,** die er aber auch **nicht ausgeschlossen** hat und die daher allein dem Willen des Bieters entstammen (vgl. Rdn. 38). Der Unterschied liegt aber darin, daß der Auftraggeber **nicht verpflichtet** ist, diese **Angebote zu werten.** Es ist ihm aber zu empfehlen, auch hier zu prüfen und zu werten und sich hinsichtlich des Zuschlages auch mit diesen Angeboten zu befassen, da grundsätzlich anzunehmen ist, daß sie von den betreffenden Bietern aus der praktischen Erfahrung kommen. Falls der Auftraggeber sich über die Zweckmäßigkeit und Tauglichkeit derartiger Änderungsvorschläge und Nebenangebote nicht hinreichend schlüssig werden kann, besteht die Möglichkeit, unter Berücksichtigung von Teil A § 7 einen Sachverständigen zu hören.

72

IV. Nebenangebote ohne Hauptangebot

Es kann vorkommen, daß **Bieter** in dem in Rdn. 68 f. umrissenen zulässigen Rahmen **nur Nebenangebote einreichen,** nicht aber ein in der Ausschreibung vorgesehenes Hauptangebot (vgl. auch LG Offenburg SFH Z 2.13 Bl. 48 sowie OLG Karlsruhe SFH § 24 VOB/A Nr. 1). Mit Hereth/Naschold (vgl. Teil A § 25 Ez. 25.107) wird man der Auffassung sein müssen, daß eine derartige Handlungsweise des Bieters grundsätzlich als zulässig zu erachten ist (so auch Hofmann ZfBR 1984, 259). Einmal **belebt** sie den **Wettbewerb.** Mit Hereth/Naschold (vgl. Teil A § 25 Ez. 25.107) wird man der Auffassung sein müssen, daß eine derartige Handlungs-

73

A § 25, 3+4, Rdn. 74+75

weise des Bieters grundsätzlich als zulässig zu erachten ist. Einmal **belebt sie den Wettbewerb**. Insoweit ist insbesondere auch auf die zutreffenden Ausführungen von Hereth in BB 1966, 297 ff. hinzuweisen. Vor allem kann der Bieter zu einem Nebenangebot veranlaßt werden, weil er aus seiner praktischen Erfahrung heraus die in der Ausschreibung geforderte Leistung entweder für nicht möglich oder jedenfalls für unzweckmäßig hält. Es kann auch sein, daß der Bieter technisch zur Ausführung des Nebenangebotes in der Lage ist, während diese Voraussetzung für die im Hauptangebot geforderte Leistung fehlt. Solche Nebenangebote ohne Hauptangebote sind in gleicher Weise zu behandeln wie die übrigen **ohne Aufforderung eingereichten Nebenangebote**. Es bleibt dem **Ermessen des Auftraggebers** überlassen, ob er sie werten will oder nicht. Insoweit gilt das in Rdn. 72 Ausgeführte.

E. Die besonderen Auslegungsregeln nach Nr. 4

74 Nach Nr. 4 sind **Arbeitsgemeinschaften und andere gemeinschaftliche Bieter** (vgl. Teil A § 21 Rdn. 21 ff.) **den Einzelbewerbern gleichzusetzen, wenn sie Arbeiten im eigenen Betrieb oder in den Betrieben ihrer Mitglieder ausführen.** Siehe dazu auch Teil A § 8 Rdn. 18 ff. Bloße Scheinzusammenschlüsse, auch solche mit lediglich dem Ziel, ohne spätere gemeinsame Ausführung den Auftrag zu erhalten, sind somit unzulässig (vgl. dazu aber Teil A § 21 Rdn. 21). Zu den Unternehmereinsatzformen vgl. Teil A Anh. Unter der Voraussetzung, daß derartige Unternehmervereinigungen die Arbeiten des konkreten Bauauftrags entweder selbst im eigenen Betrieb durchführen (wie Gesellschaften oder Genossenschaften) oder sie in den Betrieben ihrer Mitglieder durchführen lassen (wie bei Arbeitsgemeinschaften oder sonstigen Zusammenschlüssen), sind bei der Angebotswertung an diese Vereinigungen die gleichen Anforderungen zu stellen wie an Einzelunternehmer. Diese Hervorhebung in Teil A § 25 hat ihre besondere Bedeutung. Bei der Wertung der Angebote ist nämlich darauf zu achten, daß die **Unternehmervereinigungen genauso zu behandeln sind wie die Einzelunternehmer.** Soweit es um Fragen der sachlichen und persönlichen Eignung von Unternehmervereinigungen als Bieter im Hinblick auf Teil A § 2 Nr. 1 Satz 1 und Teil A § 25 Nr. 2 Abs. 1 geht, kommt als zu überprüfende Person der Leiter der betreffenden Vereinigung in Betracht. Bei größeren Unternehmungen oder Zusammenschlüssen kommt es auf die Personen an, die im jeweiligen wirtschaftlichen oder technischen Sektor eigenverantwortliche und anweisende sowie überwachende Tätigkeit ausüben, wie z. B. die Geschäftsführer, kaufmännischen und technischen Leiter, Techniker, Ingenieure, Bauleiter usw. Es genügt also nicht, daß es sich um reine Erfüllungsgehilfen handelt, sondern diese Personen müssen Geschäftsführungs- oder Vertretungsmacht besitzen. Allerdings sind bei den betreffenden Unternehmungen und Vereinigungen auch das Können, die Zuverlässigkeit sowie die Erfahrung des Stammes der Belegschaft von Bedeutung. Es ist ein wesentlicher Gesichtspunkt, ob und inwieweit sich die einzelnen Betriebsangehörigen mit ihrem Wissen und Können ergänzen.

F. Geltungsbereich von Teil A § 25

75 **Teil A § 25 gilt in seiner Gesamtheit für alle Vergabearten, wie sie nach Teil A § 3 in Betracht kommen.** Eine Beschränkung auf diese oder jene Vergabeart ist dort weder gewollt noch gerechtfertigt. Deshalb bestimmt **Teil A § 25 Nr. 5,** daß **Nr. 2 auch bei Freihändiger Vergabe** – unmittelbar – gilt und daß die Nr. 1, 3 und 4 auch bei Freihändiger Vergabe entsprechend – also in dem auf die Freihändige Vergabe ausgerichteten Maß e – anzuwenden sind. Zwar werden bei der Beschränkten Ausschreibung nach Teil A § 8 Nr. 2 Abs. 2 nur fachkundige, zuverlässige und leistungsfähige Bewerber zur Abgabe von Angeboten aufgefordert. Diese Eigenschaften, die im übrigen dem Grundsatz in Teil A § 2 Nr. 1 Satz 1 entsprechen, sind für sich allein aber noch nicht geeignet, die Voraussetzungen nach Teil A § 25 zu erfüllen. Im Rahmen dieser Bestimmung sind nämlich die Voraussetzungen für den Zuschlag

A § 25, 4, Rdn. 76

nach dem speziellen Einzelfall vor (vgl. Nr. 1.3. VHB zu Teil A § 25 Rdn. 43) oder spätestens nach erfolgter Einzelausschreibung zu untersuchen, wobei die notwendigen Feststellungen sich nicht auf die Prüfung der einzelnen Bieter beschränken, sondern im Wege des wertenden Vergleichs mit anderen Bietern zu treffen sind. Die in Teil A § 8 Nr. 2 angeführten Eigenschaften sind nur ein Teil der Voraussetzungen in Teil A § 25. Gleiches gilt auch im Hinblick auf Nachweise, die nach Teil A § 8 Nr. 3 gefordert und erbracht werden.

G. Öffentliche Auftraggeber

Soweit es sich um **öffentliche Auftraggeber** handelt, sind für die Angebotswertung nach Nr. 2 Abs. 2 ff. die Richtlinien in 1.5.-7. VHB zu Teil A § 25 i. d. F. vom 8. 4. 1986 wesentlich, die auch der private Auftraggeber beachten sollte (vgl. dazu Kunz ZSW 1982, 241) und die nachstehend wiedergegeben sind: 76

1.5 Wertungsgrundsätze

1.5.1 Die in der Wertung verbliebenen Angebote sind gründlich zu prüfen.

Die Prüfung hat sich darauf zu richten, ob der Preis angemessen ist, also eine einwandfreie Ausführung einschließlich Gewährleistung gemäß § 25 Nr. 2 Abs. 2 Satz 2 VOB/A erwarten läßt und eine wirtschaftliche und sparsame Verwendung der Mittel sicherstellt. Vergabefremde, nicht leistungsbezogene Umstände dürfen nicht berücksichtigt werden.

1.5.2 Auf ein Angebot mit einem unangemessen hohen Preis, der eine wirtschaftliche und sparsame Verwendung der Mittel vereiteln würde, darf der Zuschlag nicht erteilt werden. Wenn Ausschreibungen unangemessen hohe Preise erbringen, sind sie nach § 26 Nr. 1 c VOB/A aufzuheben; wegen der Aufhebung vgl. Richtlinie zu § 26 VOB/A.

1.5.3 Auf ein Angebot mit einem unangemessen niedrigen Preis darf der Zuschlag nicht erteilt werden. Zweifel an der Angemessenheit können sich insbesondere ergeben, wenn die Angebotssummen eines oder einiger weniger Bieter erheblich geringer sind als die übrigen.

1.6 Wertungsmaßstäbe

1.6.1 Bei der Wertung ist zu untersuchen, ob das Angebot
- in sich schlüssig ist, also im Kostenaufbau und im Verhältnis der Einheitspreise zueinander eine ordnungsgemäße Kalkulation erkennen läßt; dabei ist zu berücksichtigen, daß Einzel- und Gemeinkosten nicht bei allen Betrieben gleich abgegrenzt werden,
- wesentlich von anderen in die engere Wahl gekommenen Angeboten abweicht; dabei sind etwaige Kostenunterschiede infolge der von den Bietern gewählten unterschiedlichen Arbeitsverfahren und Ausführungsarten, sowie die sich daraus ergebenden Verschiebungen zwischen den einzelnen Kostengruppen (arbeits- und geräteintensive Ausführung, Verwendung vorgefertigter Bauteile oder reine Baustellenfertigung usw.) zu berücksichtigen.

1.6.2 Die Angemessenheit der Preise für Teilleistungen (Einheitspreise) ist grundsätzlich nicht für sich, sondern im Rahmen der Angebotssumme zu beurteilen. Sind jedoch die Preise für einzelne Teilleistungen erkennbar unangemessen, so kann dies Zweifel an einer sachgerechten Preisermittlung begründen. Dies macht eine Aufklärung nach § 24 VOB/A und eine Prüfung auch der Einzelansätze notwendig (vgl. Nr. 1.6.4).

1.6.3 Alternativ- und Eventualpositionen (vgl. Nr. 2.6 der Richtlinie zu § 9 VOB/A) sind im Hinblick auf ihre Auswirkungen auf die Angebotssumme gesondert zu beurteilen.

1.6.4 Bei Zweifeln an der Angemessenheit von Angebotspreisen sind die Einzelansätze unter folgenden Gesichtspunkten objekt- und betriebsbezogen zu untersuchen:

die Lohnkosten darauf, ob
- der Zeitansatz pro Leistungseinheit bzw. die Gesamtstundenzahl den bautechnisch erforderlichen Ansätzen entsprechen;
- der Mittellohn sowie die Zuschläge für lohngebundene und lohnabhängige Kosten sich im Rahmen der tarifvertraglichen Vereinbarungen und der gesetzlichen Verpflichtungen halten,
- die Stoffkosten darauf, ob sie den üblichen Ansätzen entsprechen,
- die Baustellengemeinkosten darauf, ob ausreichende Ansätze für alle gesetzlich (z. B. Umwelt, Arbeits- und Unfallschutz), technisch und betriebswirtschaftlich notwendigen Aufwendungen enthalten sind.

Ein Angebot, das diese Anforderungen nicht erfüllt, begründet die Vermutung, daß der Bieter nicht in der Lage sein wird, seine Leistung vertragsgerecht zu erbringen. Die Vermutung kann nur dadurch widerlegt werden, daß der Bieter nachweist, daß er aus objektbezogenen, sachlich gerechtfertigten Gründen die Ansätze knapper als die übrigen Bieter kalkulieren konnte, beispielsweise deswegen, weil er rationellere Fertigungsverfahren anwendet oder über günstigere Baustoffbezugsquellen oder über Produktionsvorrichtungen verfügt, die andere Bieter nicht haben oder erst beschaffen müssen, oder weil sich sein Gerät bereits auf oder in der Nähe der Baustelle befindet.

1.6.5 Die Prüfung der Einzelansätze hat sich ferner darauf zu erstrecken, inwieweit sich die Ansätze für die Gerätevorhaltekosten, für allgemeine Geschäfts- und Sonderkosten (einschließlich Einzelwagnisse) im wirtschaftlich vertretbaren Rahmen halten.

Niedrige Ansätze begründen aber hier nicht ohne weiteres die Vermutung eines zu geringen Preises im Sinne von § 25 Nr. 2 Abs. 2 Satz 2 VOB/A, weil der Bieter Anlaß haben kann, auf die Ansätze teilweise zu verzichten. In diesen Fällen ist daher lediglich zu prüfen, ob dem sachgerechte Erwägungen zugrunde liegen.

Bei Fehlen eines Ansatzes für Wagnis und Gewinn ist keine weitere Aufklärung erforderlich.

1.7 Auswahl des annehmbarsten Angebots

Unterscheiden sich Angebote in technischen, wirtschaftlichen, gestalterischen oder funktionsbedingten Einheiten – auch hinsichtlich der Folgekosten –, sind diese Unterschiede bei der Beurteilung des Preises zu berücksichtigen. Der Zuschlag ist auf das Angebot mit dem annehmbarsten Verhältnis zwischen Preis und Leistung zu erteilen.

Sind die angebotenen Leistungen nach Art und Umfang gleich, und deren Preise angemessen, ist der Zuschlag auf das Angebot mit dem niedrigsten Preis zu erteilen.

1.8 Hilfsmittel für die Wertung

1.8.1 Für die Beurteilung sind heranzuziehen
- Erfahrungswerte aus anderen Vergaben,
- die Angaben zur Preisermittlung (EFB-Preis 1),
- die Aufgliederung wichtiger Einheitspreise (EFB-Preis 2),
- die Analyse des Preisspiegels

sowie im Bedarfsfalle die Preisermittlung oder andere Auskünfte des Bieters im Rahmen des § 24 VOB/A.

1.8.2 Die EFB-Preise sind wesentliche Grundlage für die Beurteilung des Angebots (EFB-Preis 1), wichtiger Einheitspreise (EFB-Preis 2) und der Angemessenheit des Preises. Außerdem können sie Aufschluß über die Preisermittlungsgrundlagen bei Preisvereinbarungen nach § 2 Nr. 3, 5 und 6 VOB/B bieten. Das Bauamt hat daher zu prüfen, ob sich die Angaben in den EFB-Preis mit dem Angebot decken.

Die Formblätter werden nicht Vertragsbestandteil, weil im Vertrag nur die Preise, nicht aber die Art ihres Zustandekommens und insbesondere nicht die einzelnen Preisbestandteile vereinbart werden.

1.8.3 Die Angebote sind in den Preisspiegeln in der Reihenfolge aufzunehmen, die sich aus der Höhe der nachgerechneten Angebotssummen ergibt. Dabei genügt es in der Regel, die voraussichtlich in die engere Wahl kommenden Angebote sowie einige unmittelbar darüber und darunter liegenden Angebote darzustellen.

Positionen von untergeordneter Bedeutung können im Preisspiegel weggelassen werden. Positionen für Stundenlohnarbeiten, Eventualpositionen und Alternativpositionen sind mit aufzunehmen.

2. Nebenangebote

Bei der wirtschaftlichen Beurteilung zugelassener Nebenangebote sind neben der Prüfung der Angemessenheit der Preise auch die Vorteile zu berücksichtigen, welche die vom Bieter vorgeschlagene andere

A § 25, 4, Rdn. 76

Ausführung oder andere Ausführungsfristen und die sich daraus ergebende mögliche frühere oder spätere Benutzbarkeit von Teilen der Bauleistung usw. bieten können.

3. Sonderregelungen

3.1 Gleitklauseln

3.1.1 Änderungssatz der Lohngleitklausel.
Der Änderungssatz ist bei allen Angeboten, die nicht ausgeschlossen worden sind, zu werten (§ 25 Nr. 2 VOB/A).
Um beurteilen zu können, wie sich der Änderungssatz auswirkt, ist unter Berücksichtigung der voraussichtlich während der Laufzeit des Vertrages zu erwartenden Lohnerhöhungen die Summe der Lohnmehrkosten zu ermitteln und der Angebotssumme zuzuschlagen.
Liegt der angebotene Änderungssatz noch im Rahmen der Erfahrungswerte der Bauverwaltung, die sich aus zeitlich und inhaltlich vergleichbaren Wettbewerben unter Berücksichtigung der Änderungssätze des betroffenen Wettbewerbs ergeben, bedarf es keiner weiteren Prüfung der Angemessenheit.
Weicht der Änderungssatz von diesen Erfahrungswerten ab, wäre aber das Angebot das annehmbarste, ist aufzuklären, ob in dem Änderungssatz nur die bei der Ausführung der Leistung zu erwartenden Lohn- und Gehaltsmehraufwendungen berücksichtigt worden sind. Insbesondere ist das der Berechnung zugrunde liegende Verhältnis der Lohnkosten zu den übrigen Kosten zu prüfen.
Ergibt die Prüfung, daß in dem Änderungssatz auch andere als lohn- und gehaltsbezogene Anteile enthalten sind, darf auf dieses Angebot der Zuschlag nicht erteilt werden.

3.1.2 Bei Vereinbarungen von Stoffpreisgleitklauseln beachte Nr. 4 der Richtlinie zu § 15 VOB/A.

3.2 Nicht zu berücksichtigende Angaben

Bei der Wertung der Angebote darf nicht berücksichtigt werden,
– ob Bieter zum DV-Datenträgeraustausch bereit und in der Lage sind,
– die Angabe der Bieter über die Verminderung des Angebotspreises bei Verzicht auf Sicherheit.

3.3 Skonto

Skonti, die vom Bieter bei Einhaltung bestimmter vorgegebener Zahlungsfristen angeboten werden, sind bei der Wertung zu berücksichtigen, wenn sie für alle Zahlungen eingeräumt werden und die geforderten Fristen für die sorgfältige Prüfung der Rechnungen und für die Abwicklung des Zahlungsweges ausreichen.

3.4 Bevorzugte Bewerber

Sofern das Angebot eines bevorzugten Bewerbers ebenso annehmbar ist wie das eines anderen Bieters oder höchstens um die in den Richtlinien (Teil IV) angegebenen Sätze über dem annehmbarsten Angebot liegt, soll dem bevorzugten Bewerber der Zuschlag erteilt werden. Wird der bevorzugte Bewerber nicht berücksichtigt, so sind die Gründe aktenkundig zu machen. Bei Baumaßnahmen der ausländischen Streitkräfte vgl. Nr. 5.1 der Richtlinie zu § 8 VOB/A.
Bei der Wertung der Angebote von Bietern aus Berlin (West) für Bauleistungen im Bundesgebiet ist die um den Umsatzsteuerkürzungsbetrag verminderte Angebotssumme maßgebend. Für die Geltendmachung des Umsatzsteuerkürzungsbetrags vgl. Rundschreiben des BMF vom 18. Juni 1971 (Teil IV).

3.5 Wartungsbedürftige Anlagen

Wenn gemäß Nr. 5.8 der Richtlinie zu § 10 VOB/A mit dem Angebot für die Herstellung einer wartungsbedürftigen Anlage auch ein Angebot für die Instandhaltung eingeholt worden ist, sind die Preise beider Leistungen in die Wertung einzubeziehen.
Bei der Wertung sind in der Regel die Kosten für eine Instandhaltungsdauer von 5 Jahren, ohne Anwendung der Preisgleitklausel, zugrunde zu legen.
Sollten Verträge für eine längere Dauer abgeschlossen werden, sind die Instandhaltungskosten für die Vertragsdauer, längstens für die voraussichtliche Lebensdauer der Anlage, jedoch unter Berücksichtigung des Barwertfaktors entsprechend der Vervielfältiger-Tabelle – Anlage 4 zu den Wertermittlungs-Richtlinien – WertR 76
– (Beilage zum Bundesanzeiger Nr. 146 vom 6. August 1976), anzusetzen.
Sind die Preise für die Instandhaltung unangemessen hoch, ist es aber aus technischen Gründen unzweckmäßig oder nicht möglich, die Instandhaltung einem anderen Unternehmen zu übertragen, ist nach Nr. 2.4 zu verfahren. Ist eine Trennung von Herstellung und Instandhaltung möglich, ist zunächst die

A § 25, 4, Rdn. 77+78

Herstellung in Auftrag zu geben; die Entscheidung über den Auftrag für die Instandhaltung ist zurückzustellen.
Vor der Übergabe an den Nutzer ist zu entscheiden, ob für die Instandhaltung ggf. gesonderte Angebote eingeholt werden sollen. Dem Bieter und dem Nutzer ist dann mitzuteilen, daß das Angebot für die Instandhaltung nicht angenommen wird.

4. Preisrechtliche Zulässigkeit
4.1 Preise aufgrund einer Ausschreibung oder Freihändigen Vergabe, beider Angebote von mehreren Bietern eingeholt worden sind, unterliegen als Wettbewerbspreise nicht der preisrechtlichen Prüfung.
4.2 Maßnahmen zur preisrechtlichen Prüfung frei vereinbarter Preise (§ 12 VO PR Nr. 1/72), z. B. bei freihändiger Vergabe ohne Wettbewerb, sind nur bis zur Erteilung des Zuschlags zulässig (§ 16 Nr. 4 VO PR Nr. 1/72). Hiervon abweichende Vereinbarungen zwischen Auftraggeber und Bieter sind unwirksam. Die auftragvergebende Stelle hat deshalb, wenn Bedenken wegen der preisrechtlichen Zulässigkeit bestehen, das Angebot unverzüglich der für die Preisbildung und Preisüberwachung zuständigen Behörde vorzulegen.
Nach Zuschlagserteilung kann die Preisbehörde allenfalls wegen eines begründeten Verdachts eines Verstoßes gegen die Vorschriften des Wirtschaftsstrafgesetzes/Ordnungswidrigkeitengesetzes ein Verfahren einleiten.
4.3 Zu einem von der zuständigen Preisprüfungsbehörde als preisrechtlich unzulässig festgestellten Preis darf nicht vergeben werden.
4.4 Wegen Preisabreden vgl. Nr. 4 der Richtlinie zu § 23 VOB/A .

5. Irrtum
5.1 Die Erklärung eines Bieters, er habe sich in seinem Angebot geirrt, ist als Anfechtung des Angebots wegen Irrtum zu werten. Ob eine solche Anfechtung wirksam ist, richtet sich nach § 119 BGB . In diesen Fällen ist der technischen Aufsichtsbehörde in der Mittelinstanz unverzüglich zu berichten.
5.2 Entscheidet die technische Aufsichtsbehörde in der Mittelinstanz, daß eine Anfechtung wegen Irrtum wirksam ist, muß das Angebot ausgeschieden werden. Eine Änderung des angeblich irrig ermittelten Preises ist nicht zulässig.

6. Begründung
Die Vergabeentscheidung ist zu begründen.

7. Zuständigkeit
Wegen der Zuständigkeit der technischen Aufsichtsbehörde in der Mittelinstanz siehe „Zuständigkeiten".

77 **Des weiteren** sind die seinerzeit als Ergänzung zu den Richtlinien des VHB zu § 25 VOB/B festgelegten **„Grundsätze für die Wertung von Angeboten"** (vgl. Erlasse des BMBau v. 16. 10. 1978 und v. 14.12.1978, Bauverwaltung 1978, 487 und 1979, 35; dazu u. a. auch gemeinsamer Erlaß d. Innenministeriums, des Ministeriums f. Wirtschaft, Mittelstand und Verkehr und des Ministeriums f. Ernährung, Landwirtschaft und Umwelt Baden-Württemberg, GABl. 1979, 220 = Bauverwaltung 1979, 247; RdErl. des Niedersächsischen Ministers f. Wirtschaft und Verkehr, NdsMBl. 1979, 26 = Bauverwaltung 1979, 118; Erlaß des Senators f. Finanzen der Freien Hansestadt Bremen Amtsbl. 1979, 291 = Bauverwaltung 1979, 419) aufschlußreich. Sie sind jedoch in der vorangehend wiedergegebenen jetzigen Fassung des VHB in ihren wesentlichen Punkten berücksichtigt, so daß auf ihre wörtliche Wiedergabe verzichtet werden kann. Vgl. dazu auch Lampe-Helbig, Bauverwaltung 1980, 441 ff.

78 Zur Vergabe nach Teil A § 25 vgl. auch die beachtlichen Ausführungen von Kaiser, der der Frage des – möglichen – Kontrahierungszwanges des öffentlichen Auftraggebers nach dem GWB nachgegangen ist (BauR 1978, 196). Vgl. ferner Rogmans, Öffentliches Auftragswesen, Leitfaden für die Vergabe und Abwicklung von öffentlichen Aufträgen einschließlich Bauaufträgen (VO PR 30/53 und VO PR 1/72), Erich-Schmidt-Verlag, Berlin 1982.

§ 26 Aufhebung der Ausschreibung

1. Die Ausschreibung kann aufgehoben werden:

a) wenn kein Angebot eingegangen ist, das den Ausschreibungsbedingungen entspricht,

b) wenn sich die Grundlagen der Ausschreibung wesentlich geändert haben,

c) wenn andere schwerwiegende Gründe bestehen.

2. Die Bieter sind von der Aufhebung der Ausschreibung unter Bekanntgabe der Gründe unverzüglich zu benachrichtigen.

Inhaltsübersicht

	Rdn.
A. Allgemeines	1-3
I. Unterlassen der Auftragserteilung ohne Aufhebung der Ausschreibung	2
II. Aufhebung der Ausschreibung als Ende des Vergabeverfahrens	3
B. Aufhebung der Ausschreibung	4-6
I. Anwendungsfälle	4
II. Keine Verpflichtung	5
III. Entbehrlichkeit einer Aufhebung	6
C. Einzelumgrenzungen einer zulässigen Aufhebung der Ausschreibung (Nr. 1)	7-14
I. Kein ordnungsgemäßes Angebot	7
II. Nachträgliche wesentliche Änderung der Ausschreibungsgrundlagen	8
III. Andere schwerwiegende Gründe	9-13
IV. Zustimmung zur Aufhebung durch die Aufsichtsbehörde	14
D. Die Benachrichtigungspflicht nach Nr. 2	15-16

A. Allgemeines

Ein **Bauvergabeverfahren** nach Teil A der VOB wird normalerweise **mit der Auftragserteilung beendet**. Von diesem Regelfall kann es aber Abweichungen geben. Einmal kann der Auftraggeber nach Erhalt, gegebenenfalls nach Eröffnung, Prüfung oder auch nach Wertung der Angebote **überhaupt nichts veranlassen**. Zum anderen kann der Auftraggeber ausdrücklich die **Ausschreibung aufheben. Zur Frage etwaiger Haftung des Auftraggebers wegen schuldhaft pflichtwidriger Aufhebung der Ausschreibung aus culpa in contrahendo** vgl. Einl. Rdn. 51 ff.

I. Unterlassen der Auftragserteilung ohne Aufhebung der Ausschreibung

Über den ersten Fall schweigt die VOB. Nach allgemeinen Grundsätzen des Zivilrechts ist dem Auftraggeber ein solches Verhalten nicht verboten. Denn es besteht nach §§ 145 ff. BGB eine Bindung an das abgegebene Angebot lediglich für den Bieter, nicht aber für den Auftraggeber. Dieser hat nach den Vorschriften des BGB nicht einmal die Pflicht, sich mit dem Angebot zu befassen oder gar in Verhandlungen mit den Bietern über den Angebotsinhalt einzutreten. Daß sich die VOB über diese mögliche Art der Handhabung durch den Auftraggeber ausschweigt, bedeutet aber keineswegs, daß sie von ihr gebilligt würde. Aus der von Teil A erkennbar verfolgten Zielsetzung ergibt sich vielmehr das Gegenteil. Sinn und Inhalt des in Teil A niedergelegten Vergabesystems sind darauf abgestellt, normalerweise das Vergabever-

A § 26, Rdn. 3+4

fahren durch Zuschlag an einen bestimmten Bieter zu Ende zu bringen. Hier ist auch auf Teil A § 16 Nr. 2 zu verweisen, wonach Ausschreibungen für vergabefremde Zwecke im Rahmen der VOB unzulässig sind. Der Auftraggeber, der sich über die Angebote ausschweigt und ohne nähere Erklärung keinen Zuschlag erteilt, handelt also nicht VOB-gerecht, bei Behörden pflichtwidrig. Dies legt die Annahme nahe, daß ein Auftraggeber, der sich im Rahmen eines VOB-Vergabeverfahrens so verhält, das durch die Einleitung eines solchen Vergabeverfahrens begründete Vertrauensverhältnis zu den Bietern, vor allem die damit verbundenen Fürsorge- und Aufklärungspflichten (vgl. dazu Allg. Einl. Rdn. 51 ff.), in grobem Maße verletzt; er dürfte jedenfalls hinsichtlich des von ihm bei den Bietern verursachten vergeblichen Angebotsaufwandes aus dem **Gesichtspunkt der culpa in contrahendo schadensersatzpflichtig** sein (so auch Heiermann/Riedl/Rusam/Schwaab Teil A § 26 Rdn. 1). Die gegenteilige Ansicht von Daub/Piel/Soergel (ErlZ A 26.47) beachtet nicht das hier vorliegende Vertrauensverhältnis, das der Auftraggeber durch Einleitung eines Vergabeverfahrens nach Teil A der VOB schafft.

II. Aufhebung der Ausschreibung als Ende des Vergabeverfahrens

3   Der zweite Fall, die ausdrückliche **Aufhebung der Ausschreibung**, ist hingegen als **Ausnahme** davon, daß grundsätzlich zu vergeben ist, von der VOB unter den in Teil A § 26 festgelegten Voraussetzungen als zulässig angesehen worden. Die VOB überläßt die Aufhebung der Ausschreibung, was gesetzlich an sich zulässig wäre, **nicht dem freien und ungehinderten Ermessen des Auftraggebers,** sondern sie billigt sie nur bei Vorliegen von Sachverhalten, wie sie in Nr. 1 ausdrücklich angeführt sind. Diese Aufzählung ist **nicht** nur **beispielhaft,** sondern ihrem Sinn und Zweck entsprechend **abschließend** aufzufassen. Es ist zu berücksichtigen, daß die Bieter durch ihre Beteiligung am Angebotsverfahren im allgemeinen nicht unerhebliche Aufwendungen gehabt haben, worauf der Auftraggeber Rücksicht zu nehmen hat. Teil A § 26 ist somit **nicht einer Erweiterung nach dem Ermessen des Auftraggebers zugänglich.** Der Auftraggeber wird daher sorgfältig prüfen müssen, ob in seinem Fall ein Sachverhalt gegeben ist, der von den Begrenzungen in Teil A § 26 Nr. 1 a-c gedeckt wird. Anderenfalls kann er sich auch hier einer Haftung aus culpa in contrahendo ausgesetzt sehen (vgl. Rdn. 2). Die von der VOB hier festgelegten Gründe zur Aufhebung der Ausschreibung können bereits zwischen der Ausschreibung und der Eröffnung der Angebote auftreten, hauptsächlich werden sie jedoch zwischen dem Eröffnungstermin und dem Ablauf der Zuschlagsfrist oder noch danach liegen. Für das Vorliegen eines von der VOB gedeckten Aufhebungsgrundes ist der **Auftraggeber beweispflichtig** (auch Daub/Piel/Soergel ErlZ A 26.48).

B. Aufhebung der Ausschreibung

Zu der in Nr. 1 ins Auge gefaßten Möglichkeit, daß die Ausschreibung aufgehoben werden kann, ist vorweg zu bemerken:

I. Anwendungsfälle

4   Eine **Aufhebung** kann sich **nur** auf die Vergabearten der **Öffentlichen und der Beschränkten Ausschreibung** (Teil A § 3 Nr. 1-4) beziehen.
Die Freihändige Vergabe (Teil A § 3 Nr. 5) wird von Teil A § 26 nicht erfaßt. Daher hat der Auftraggeber auch nach der VOB entsprechend der allgemeinen gesetzlichen Regelung (vgl. Rdn. 2) freie Hand. Bei der Freihändigen Vergabe ist das schutzwürdige Interesse der Bieter auch nicht so groß wie bei einer Ausschreibung. Sie kommt nämlich einer Vertragsverhandlung nach dem BGB sehr nahe. Es wäre aber zu empfehlen, auch in diesem Fall die Nr. 2 entsprechend zu beachten, zumal auch hier im Einzelfall durch besondere Konkretisierung im

Rahmen der Vertragsverhandlungen, etwa durch Inaussichtstellen eines Vertragsabschlusses, ein vertragsähnliches Vertrauensverhältnis geschaffen werden kann.

II. Keine Verpflichtung

Der Auftraggeber ist **nicht zur Aufhebung verpflichtet**, wenn einer der in Nr. 1 a-c festgelegten Tatbestände vorliegt. Er kann die Ausschreibung also auch dann noch aufrechterhalten, wenn Gründe gegen deren Fortdauer gegeben sind. Die Ausschreibung dürfte aber aufzuheben sein, wenn nach den Umgrenzungen in Nr. 1 a-c derartige Verhältnisse geschaffen sind, daß eine Vergabe auf der Grundlage der vorliegenden Angebote sinnlos wäre oder wenn die sonstigen Voraussetzungen des Teils A für eine ordnungsgemäße Vergabe nicht vorliegen. Das gilt vornehmlich, wenn der der Vergabe nach der VOB, vor allem nach Teil A §§ 2 Nr. 1 und 25, zugrundeliegende **Grundsatz gesunden Wettbewerbs** nicht mehr in dem unbedingt gebotenen Maße eingehalten werden kann. Ist es dagegen so, daß sich das für den Zuschlag in Betracht kommende Angebot in richtiger Würdigung des mit der Bauvergabe verfolgten Zweckes noch halten läßt, so kann der Auftraggeber trotz Bedenken von einer Aufhebung der Ausschreibung Abstand nehmen. Der Auftraggeber soll hierbei nicht nur sein eigenes Interesse beachten, sondern er soll auch an die Interessen der Bieter denken. Im Falle eines nachweisbaren Ermessensmißbrauches kann sich der Auftraggeber Schadensersatzansprüchen aus culpa in contrahendo (vgl. Einl. Rdn. 51 ff.) aussetzen (ebenso BGH BauR 1981, 368 = NJW 1981, 1673 = BB 1981, 1122 = SFH § 26 VOB/A Nr. 2 = ZfBR 1981, 167; Heiermann/ Riedl/Rusam/Schwaab Teil A § 26 Rdn. 2 a sowie Daub/Piel/Soergel ErlZ A 26.11).

III. Entbehrlichkeit einer Aufhebung

Eine Aufhebung der Ausschreibung erübrigt sich natürlich, wenn keine Angebote eingegangen sind.

C. Die Einzelumgrenzungen für eine nach der VOB als zulässig erachtete Aufhebung der Ausschreibung (Nr. 1)

I. Kein ordnungsgemäßes Angebot

Eine **Aufhebung** ist **zulässig, wenn kein Angebot eingegangen** ist, das den Ausschreibungsbedingungen entspricht **(Nr. 1 a)**. Das ist der Fall, wenn anders angeboten wird, als nach Teil A §§ 9-15 vom Auftraggeber in den Ausschreibungsunterlagen gefordert worden ist, wenn die Bieter die Anforderungen in Teil A § 17 nicht richtig oder überhaupt nicht beachtet haben oder wenn das auf Teil A §§ 18 und 19 beruhende Verlangen des Auftraggebers auf Einhaltung bestimmter Fristen nicht beachtet worden ist (und zwar von allen sich an der Vergabe ernsthaft beteiligenden Bietern; mißverstanden von Daub/Piel/Soergel ErlZ A 26.16), schließlich auch bei Angeboten, die anderen formellen Voraussetzungen, wie z. B. nach Teil A § 21, nicht entsprechen. Ähnlich kann der Fall liegen, in dem bei einer Beschränkten Ausschreibung ein nicht aufgeforderter Unternehmer ein Angebot abgibt, das für den Zuschlag in Betracht zu ziehen ist, die übrigen im Rahmen der Aufforderung durch den Auftraggeber eingereichten Angebote bei sachgerechter Wertung dagegen nicht. Hinzu kommen die Fälle, in denen die **Angebote entweder nur Änderungsvorschläge oder Nebenangebote enthalten,** die der Auftraggeber weder gefordert noch sonst ausdrücklich zugelassen hat (Teil A § 25 Nr. 3) und die seinen Vorstellungen nicht entsprechen (vgl. Teil A § 25 Rdn. 73). Die Entscheidung hängt von sachgerechter Überlegung des Auftraggebers ab. Er wird seine Entschließung danach einrichten, ob derartige Angebote der Sache und seinem Auftragswillen dienlich sind und mit diesem übereinstimmen. Kommt er zu dem Ergebnis, daß die Angebote zu beachten sind, so besteht für ihn kein Anlaß, die Ausschreibung aufzuheben, da er nach diesen Änderungsvorschlägen und Nebenangeboten den Zuschlag erteilen kann. Daß aufgrund einer Ausschreibung nur ein Bieter ein Angebot abgegeben hat, ist nicht ohne weiteres ein Grund zur Aufhebung der Ausschreibung. Dieses Angebot kann durchaus den Ausschreibungsbedingungen entsprechen. Auf mehr stellt es die VOB nicht ab.

II. Nachträgliche wesentliche Änderung der Ausschreibungsgrundlagen

8 Die in **Nr. 1 b angesprochene wesentliche Änderung der Angebotsgrundlagen** setzt eine nachträgliche Änderung durch Eintritt anderer für die Vergabe wesentlicher Verhältnisse als bisher voraus. Nach Beginn der Ausschreibung (vgl. Teil A § 16 Nr. 1) muß sich etwas ergeben haben, was die Grundlagen des in der Ausschreibung zum Ausdruck gekommenen Willens des Auftraggebers **in beachtlichen Punkten geändert** hat bzw. ändern muß te. Es **brauchen nicht** die zivilrechtlichen Voraussetzungen des **Wegfalls der Geschäftsgrundlage** (vgl. dazu Palandt/Heinrichs, § 242 BGB Anm. 6) vorzuliegen. Vielmehr geht es darum, den späteren Verhältnissen gerecht zu werden und den aufgrund der späteren Entwicklung maßgebenden wirklichen Auftragswillen sowie die danach notgedrungen ausgerichtete Leistungsvorstellung des Auftraggebers nicht zu gefährden. Dabei ist der Begriff der Gefährdung ausschlaggebend. Irgendwelche andere Beeinträchtigungen durch Änderungen der Verhältnisse, die nicht geeignet sind, den Vertragswillen des Auftraggebers zu beeinflussen, stellen keine Gefährdung im angegebenen Sinne dar. Als **wesentliche Änderungen der Ausschreibungsgrundlagen** sind beispielhaft zu nennen: Änderung der baulichen Verhältnisse an Ort und Stelle, auf denen die Ausschreibungsgrundlagen beruhen. Das ist sowohl in tatsächlicher (andere Bodenverhältnisse, Grundwasserstände als bisher berechtigt angenommen) wie auch in rechtlicher Hinsicht (Baubeschränkungen, Bauverbote usw.) gemeint. Wesentlich sind diese Änderungen immer dann, wenn eine **nicht voraussehbare** erhebliche Abänderung der bisherigen Bauabsicht, die durch die Verdingungsunterlagen ausgedrückt wird, notwendig sein würde; bloß geringfügige Änderungen einzelner Positionen reichen dazu naturgemäß nicht aus. Auch genügt es nicht für eine Aufhebung der Ausschreibung, wenn unter Beibehaltung des bisherigen Leistungsumfanges sich während des Ausschreibungsverfahrens die Notwendigkeit veränderter oder zusätzlicher Leistungen herausstellt, die im Verhältnis zum bisherigen Auftragsvolumen nicht besonders schwerwiegend sind, deshalb die ordnungsgemäße Wertung auf der Grundlage von Teil A § 25 und demgemäß den Zuschlag an einen bestimmten Bieter nicht ernsthaft gefährden, der Auftraggeber also ohne ernsthafte Bedenken von der späteren ordnungsgemäßen Vertragsabwicklung, vor allem unter Berücksichtigung von Teil B § 1 Nr. 3 und/oder 4 einerseits und Teil B § 2 Nr. 5 und 6 andererseits zumutbar ausgehen kann (OLG Düsseldorf BauR 1986, 107 = NJW-RR 1986, 508 = SFH § 26 VOB/A Nr. 4 = Vygen EWiR § 26 VOB/A 1/85, 1011, im Falle veränderter und zusätzlicher Leistungen von höchstens 50 000 DM bei einem Auftragsvolumen von ca. 1 000 000 DM). Sind Änderungsvorschläge oder Nebenangebote nicht ausgeschlossen worden und stellt sich heraus, daß erst durch diese brauchbares Material zur Diskussion kommt, ist dies erst recht kein schwerwiegender Grund zur Aufhebung der Ausschreibung, wenn in dieser Hinsicht für eine Wertung nach Teil A § 25 ordnungsgemäße Angebote vorliegen (OLG Düsseldorf a. a. O.). Gleiches gilt für sonstige Änderungsvorschläge und Nebenangebote. Als weiteres Beispiel für eine zulässige Aufhebung der Ausschreibung gilt eine wesentliche Änderung oder der Wegfall der Zweckbestimmung, der das zu erstellende Bauobjekt hat dienen sollen. Das kann sowohl in persönlicher wie auch in sachlicher Hinsicht gemeint sein. Ferner gehören hierzu – ebenfalls – **nicht voraussehbare** wesentliche Veränderungen der Finanzierungsgrundlagen, auf die der Auftraggeber seine bisherige Bauabsicht begründet gestützt hat, und zwar im Zusammenhang mit der Sicherstellung der Finanzierung, wobei davon auszugehen ist, daß der Auftraggeber vor der Ausschreibung mit der für ihn gebotenen Sorgfalt zu prüfen hat, ob die Finanzierung auch unter den vorhersehbaren Eventualitäten reicht (vgl. hierzu auch OLG Düsseldorf SFH Z 2.11 Bl. 15). Dasselbe gilt für ganz wesentliche, zwischenzeitlich eingetretene Änderungen der Preisgrundlagen, auf denen das Angebot beruht, wie z. B. die unvorhergesehene gravierende Änderung

der Materialpreise. Hat der Auftraggeber später eingetretene wesentliche Änderungen bei der Ausschreibung nicht beachtet, obwohl sie für ihn mit hinreichender Sicherheit bereits damals vorhersehbar waren, macht er sich aus **culpa in contrahendo** gegenüber den dennoch in Anspruch genommenen Bietern **schadensersatzpflichtig**, wobei er im allgemeinen deren vergeblichen Angebotsaufwand (negatives Interesse) zu ersetzen hat. Dasselbe gilt, wenn der Auftraggeber erst durch die vorgelegten Angebote darauf aufmerksam gemacht wird, daß die für das Bauvorhaben vorgesehene Finanzierung in keiner Weise ausreicht; jedenfalls spricht dann der Beweis des ersten Anscheins für eine bisher unsorgfältige Kostenermittlung durch den Auftraggeber bzw. den von ihm mit der Planung Beauftragten.

Keine – nachträglichen – wesentlichen Änderungen der Angebotsgrundlagen sind Umstände, insbesondere Unklarheiten, die der Auftraggeber durch die Ausschreibung selbst zurechenbar herbeiführt, wie z. B. durch unterschiedliche Leistungsbeschreibungen in den verschiedenen, von ihm herausgegebenen Angebotsunterlagen oder durch unklare Formulierung zur Zulässigkeit von Nebenangeboten, da dies von Anfang bestehende Mißhelligkeiten sind (offengelassen vom OLG Nürnberg NJW 1986, 437).

III. Andere schwerwiegende Gründe

Schließlich kann nach **Nr. 1 c** die Ausschreibung auch aufgehoben werden, wenn **andere schwerwiegende Gründe** hierfür bestehen. Hier ist ein **weiter Rahmen möglicher Gegebenheiten** gezogen, der zwar mit der Bauabsicht im engen Zusammenhang steht, der andererseits aber die Veränderung der Ausschreibungsgrundlagen nicht notwendig voraussetzt. Es können **persönliche Verhältnisse** auf der Auftraggeberseite, wie z. B. Tod, Krankheit, Sitzverlegung, Wohnsitz- oder Berufsveränderung eine Rolle spielen, soweit diese Dinge einen schwerwiegenden Einfluß auf das bisherige Vorhaben des Auftraggebers ausüben. Auch kommen **wesentliche Veränderungen in den allgemeinen Markt-, Währungs- und Baupreisverhältnissen** in Betracht, soweit diese für das konkrete Bauvorhaben in Frage kommen und auf dieses erheblich einwirken. Dazu zählt auch die unvorhergesehene wesentliche Erhöhung von Kreditzinsen. Auch entscheidende Änderungen in den **Vermögensverhältnissen** des Auftraggebers, wie z. B. Konkurs, Vergleichsverfahren, unvorhergesehene Kürzung öffentlicher Mittel oder sonstige entscheidende und die Bauabsicht wesentlich beeinflussende Vermögenseinbußen, können unter diese Bestimmung fallen. Schwerwiegende Gründe für die Aufhebung der Ausschreibung sind auch gegeben, wenn sie nicht das erwartete Ergebnis gehabt hat, insbesondere wenn nach der Prüfung gemäß Teil A § 23 oder nach der Wertung nach Teil A § 25 ein angemessenes oder annehmbares Angebot bei Zugrundelegung sachlich-objektiver Gesichtspunkte gemäß der berechtigten Interessenlage des betreffenden Auftraggebers (zutreffend Daub/Piel/Soergel ErlZ A 26.25) nicht vorliegt. Das gilt auch, wenn Nebenangebote an sich ausgeschlossen sind, solche jedoch eingereicht werden und dem Auftraggeber **erst dadurch und nach dem Bisherigen nicht vorwerfbar** die Erkenntnis vermittelt wird, daß die Leistung ganz oder in Teilen sachgerechter und auch kostengünstiger ausgeführt werden kann, vor allem auch dann, wenn die Aufsichtsbehörde der vergebenden Stelle sonst den Entzug von öffentlichen Fördermitteln androht (OLG Nürnberg NJW 1986, 437). Allerdings ist dann der Auftraggeber nicht ohne weiteres berechtigt, freihändig zu vergeben, sondern er muß neu ausschreiben, um dem Grundsatz der Gleichbehandlung der Bieter nach Teil B § 8 Nr. 1 Satz 1 gerecht zu werden (ebenso Daub/Piel/Soergel ErlZ A 25, 239; a. A. OLG Nürnberg a. a. O.), es sei denn, einer erneuten Ausschreibung stehen zwingende gewerbliche Schutzrechte desjenigen gegenüber, der das Nebenangebot abgegeben hat, oder eine erneute Ausschreibung würde einen – nach besonders strengen Anforderungen zu beurteilenden – unzumutbaren Aufwand für den Auftraggeber bedeuten.

Bei öffentlichen Bauvergaben zählt in den hier erörterten Bereich auch der Fall, in dem sich nach Prüfung durch die Preisbehörde (§ 16 Abs. 4 BaupreisVO 1972) herausgestellt hat, daß für den Zuschlag ernsthaft in Betracht kommende Bieter, ohne daß sonst sachgerecht anbietende Bieter vorhanden sind, baupreisrechtlich überhöhte Angebote abgegeben haben; denn die betreffenden Bieter sind nicht ohne weiteres an ihre preisbehördlich „herabgesetzten" Angebote gebunden (vgl. dazu Teil A § 19 Rdn. 19 f. und § 28 Rdn. 30).

10 Immerhin ist zu beachten, daß der jeweils in Betracht kommende Aufhebungsgrund **schwerwiegend** zu sein hat, daß er also die bisherige Vergabeabsicht des Auftraggebers aus ihm zuzubilligendem wohlberechtigtem Interesse **entscheidend beeinflußt**. Daher bestimmt das VHB zu § 26 VOB/A unter 1.1. mit Recht:
Bei der Prüfung, ob eine Ausschreibung aus einem schwerwiegenden Grund aufgehoben werden darf, sind strenge Anforderungen zu stellen.
Zur Aufhebung wegen unangemessen hoher Preise siehe Nr. 2.4 der Richtlinie zu § 25 VOB/A.

Das Erfordernis **strenger Anforderung** folgt insbesondere auch daraus, weil zu berücksichtigen ist, daß sich die Bieter auf die Ausschreibung eingelassen haben im Vertrauen, daß auch ernsthaft eine Vergabe erfolgt, also sie jedenfalls an einem bis zu Ende geführten Vergabewettbewerb beteiligt sind.

11 Hat der Auftraggeber bei einer früheren Vergabe die Preise der Bieter akzeptiert, kann er jetzt grundsätzlich nicht die Ausschreibung aufheben, weil diese Preise für ihn wirtschaftlich nicht vertretbar seien, es sei denn, es sind zwischenzeitlich objektiv anzuerkennende und früher nicht vorhersehbare, für die Preisbildung wesentliche Umstände eingetreten.
Überdies liegt noch kein die Aufhebung der Ausschreibung rechtfertigender schwerwiegender Grund darin, daß kein Angebot die nicht hinreichend untermauerten Preisvorstellungen des Auftraggebers erreicht. Vielmehr kann diese Frage erst nach eingehender, sachgerechter Angebotsprüfung (Teil A § 23) sowie insbesondere Angebotswertung gemäß Teil A § 25 Nr. 2 entschieden werden, gegebenenfalls nach einer ordnungsgemäßen Vergleichskalkulation durch den Auftraggeber. Gleiches gilt für den Fall, daß nur wenige Angebote eingegangen sind oder nur ein einziges. Allein dieser Umstand besagt noch nichts darüber, ob und inwieweit diese bzw. dieses für eine ordnungsgemäße Vergabe ungeeignet sind bzw. ist.

12 Andere schwerwiegende Gründe zur Aufhebung der Ausschreibung können auch in Betracht kommen, wenn eine Reihe von Einzelgesichtspunkten vorliegt, die jeder für sich noch nicht schwerwiegend wären, sich dies aber **aus dem gegebenen Zusammenhang im Rahmen einer Gesamtbetrachtung** ergibt (OLG Düsseldorf BauR 1982, 53 = Betrieb 1981, 742 = SFH § 25 VOB/A Nr. 2).

13 Zur etwaigen Haftung des Auftraggebers vgl. Rdn. 8 a. E.

IV. Zustimmung zur Aufhebung durch die Aufsichtsbehörde

14 Nr. 1.2. VHB zu Teil A § 26 schreibt allgemein vor, daß die Aufhebung der Ausschreibung bei Angeboten über 100 000 DM der vorherigen Zustimmung der Technischen Aufsichtsbehörde in der Mittelinstanz bedarf.

D. Die Benachrichtigungspflicht nach Nr. 2

15 Die **Bieter sind** von der Aufhebung der Ausschreibung unter Bekanntgabe der Gründe **unverzüglich zu benachrichtigen.** Das setzt voraus, daß der Auftraggeber nach sorgfältiger Überlegung zur Aufhebung der Ausschreibung kommt, er also zu Recht das Vorliegen der Aufhebungsgründe bejaht. Nach allgemeinen zivilrechtlichen Bestimmungen (§§ 145 ff. BGB) besteht an sich keine Mitteilungspflicht (auch Daub/Piel/Soergel ErlZ A 26.38 m. w. N.). Die VOB **mißbilligt** aber ein Schweigen des Auftraggebers. Es ist nämlich zu bedenken, daß es sich bei den Bietern um gewerblich tätige Unternehmer handelt, die in ihrem Betrieb Dispositionen zu treffen haben. Jeder Unternehmer, der ein Angebot auf Abschluß

eines Bauvertrages abgibt, rechnet damit, daß er Vertragspartner und damit zur Bauherstellung verpflichtet wird. Er muß daher, wobei insbesondere auch auf Teil A § 11 zu verweisen ist, in dem Augenblick, in dem er ein Bauvertragsangebot abgibt, die eventuelle Bauherstellung mit in seinen Betriebsplan aufnehmen. Kommt das Vorhaben nicht zur Vergabe, so ist es verständlich, daß der Bieter ein großes Interesse daran hat, von diesem Entschluß des Auftraggebers **baldmöglichst Kenntnis** zu erhalten, damit er seine bisherige Betriebsplanung entsprechend umstellen und in anderer Weise disponieren kann. Dem stehen berechtigte Interessen des Auftraggebers, dem Bieter den Entschluß von der Aufhebung der Ausschreibung zu verschweigen, nicht entgegen. Aus den genannten Gründen verlangt die VOB auch, daß die Mitteilung **unverzüglich** – also ohne schuldhaftes Zögern durch den Auftraggeber – zu erfolgen hat. Hierfür sind dieselben Grundsätze maßgebend, wie sie im Rahmen des § 121 BGB gelten. Ähnlich verhält sich dazu auch das VHB in Nr. 1.3. Abs. 1 zu § 26 VOB/A:

Die Benachrichtigung der Bieter von der Aufhebung der Ausschreibung soll möglichst bald erfolgen.

Es ist auch gerechtfertigt, vom Auftraggeber zu verlangen, daß er dem Bieter **nicht nur die Aufhebung** mitteilt, **sondern** ihm **auch die Gründe** dafür anzeigt. Wenn schon die VOB an die Zulässigkeit der Aufhebung der Ausschreibung nach Nr. 1 bestimmte Anforderungen stellt, so muß man dem Bieter auch die Möglichkeit geben, zu wissen und auch nachvollziehen zu können, ob im konkreten Fall berechtigte Gründe zur Aufhebung vorgelegen haben. Insoweit hat er Anspruch auf Information. Dabei ist es nicht erforderlich, daß der Auftraggeber seine Gründe umfassend und in Form einer Rechtfertigungsschrift mitteilt oder von vornherein Beweismittel angibt (vgl. dazu oben Rdn. 3). Vielmehr reicht es in Wahrung der berechtigten Interessen der Bieter aus, wenn die für die Aufhebung maßgebenden, wirklichen Gründe kurz und knapp so mitgeteilt werden, daß der Bieter sich über ihre Tragweite im Hinblick auf die Voraussetzungen der Nr. 1 ein hinreichendes Bild machen kann (insoweit nicht hinreichend klar Daub/Piel/Soergel ErlZ A 26.40).

§ 27 Nicht berücksichtigte Angebote

1. Bieter, deren Angebote ausgeschlossen worden sind (A § 25 Nr. 1) und solche, deren Angebote nicht in die engere Wahl kommen, sollen sobald wie möglich verständigt werden. Die übrigen Bieter sind zu verständigen, sobald der Zuschlag erteilt worden ist.

2. Nicht berücksichtigte Angebote und Ausarbeitungen der Bieter dürfen nur mit ihrer Zustimmung für eine neue Vergabe oder für andere Zwecke benutzt werden.

3. Entwürfe, Ausarbeitungen, Muster und Proben zu nicht berücksichtigten Angeboten sind herauszugeben, wenn dies im Angebot oder innerhalb von 24 Werktagen nach Ablehnung des Angebots verlangt wird.

Inhaltsübersicht

	Rdn.
A. Benachrichtigung nicht berücksichtigter Bieter (Nr. 1)	1-6
I. Nach § 25 Nr. 1 ausgeschlossene Angebote	3
II. Nach § 25 Nr. 2 Abs. 1 und Abs. 2 Satz 1 ausgeschlossene Angebote	4
III. Angebote in engerer Wahl	5
IV. Verletzung der Benachrichtigungspflicht	6
B. Grundsätzlich keine Benutzung nicht berücksichtigter Angebote (Nr. 2)	7-11
I. Sinn der Regelung	8

II. Sacheigentum und Urheberrecht des Bieters 9
　　　III. Nr. 2 als Ergänzung von § 20 Nr. 3 10
　　　IV. Reichweite des Benutzungsverbots 11
　C. Die Rücksendung nicht berücksichtigter Angebotsunterlagen und deren Vergütung (Nr. 3) 12-15
　　　I. Die zurückzusendenden Unterlagen 12
　　　II. Rückgabepflicht als Voraussetzung 13
　　　III. Kostentragung 14
　　　IV. Rücksendungsverlangen des Bieters 15

A. Benachrichtigung nicht berücksichtigter Bieter (Nr. 1)

1 **Nr. 1 befaßt sich mit der Verständigung von Bietern, die den Zuschlag nicht erhalten haben.** Dies entspricht den berechtigten Interessen dieser Bieter, schnellstmöglich über das Schicksal ihres Angebotes Bescheid zu wissen, vor allem, um die weitere betriebliche Planung darauf einrichten zu können (so auch Daub/Piel/Soergel ErlZ A 27.1). Es ist zu bedenken, daß der Bieter während der Zuschlagsfrist in der Regel an sein Angebot gebunden ist (Teil A § 19 Nr. 3). Dieser Gebundenheit des Bieters steht die Freiheit des Auftraggebers gegenüber, das Angebot anzunehmen oder abzulehnen. Die Bindung des Bieters dauert bis zum Erlöschen des Angebots (§ 146 BGB), was hier entweder mit Ablauf der Zuschlagsfrist oder durch ausdrückliche Ablehnung des Angebots durch den Auftraggeber geschieht.

Für öffentliche Auftraggeber bestimmt dazu das VHB zu Teil A § 27:

Die nicht berücksichtigten Bieter sind schriftlich mit dem Formblatt – EFB-Abs – zu benachrichtigen. Einer Begründung der Absage bedarf es nicht.

2 Aus diesen Gründen ist es nicht nur billig, sondern **auch notwendig, daß der Auftraggeber den Bieter,** der mit seinem Angebot nicht zum Zuge gekommen ist, **sobald als möglich benachrichtigt.** Die Möglichkeit dazu besteht je nach dem Zeitpunkt, in dem über das Angebot entschieden worden ist, also **unterschiedlich,** wenn der insoweit maßgebende Wertungsgang nach Teil A § 25 zugrunde gelegt wird. Dies wird von Teil A § 27 Nr. 1 berücksichtigt:

I. Nach § 25 Nr. 1 ausgeschlossene Angebote

3 Bieter, deren Angebote von der Wertung ausgeschlossen worden sind (Teil A § 25 Nr. 1), können am ehesten benachrichtigt werden, wenn – zügige Handhabung durch den Auftraggeber vorausgesetzt – die Angebotswertung nach Teil A § 25 Nr. 1, die als erste vorzunehmen ist, zu einem für den betreffenden Bieter negativen Ergebnis geführt hat. Sobald dieses feststeht, ist der Auftraggeber zur unverzüglichen Benachrichtigung (§ 121 BGB) gehalten. Es ist nicht nur ein Gebot der Fairneß, sondern ein nach dem Grundsatz ordnungsgemäßer Bauvergabe bestehender Anspruch der betreffenden Bieter, ihnen die Gründe für den Ausschluß mitzuteilen.

II. Nach § 25 Nr. 2 Abs. 1 und Abs. 2 Satz 1 ausgeschlossene Angebote

4 Von den gemäß Teil A § 25 Nr. 1 nicht ausgeschlossenen Angeboten scheiden im weiteren Gang der Angebotswertung diejenigen aus, welche die Wertung nach Teil A § 25 Nr. 2 Abs. 1 Satz 1 und 2 und Abs. 2 Satz 1 nicht überstehen, die also nach sachgerechter Abwägung nicht mit in die engere Wahl kommen. Die hier betroffenen Bieter sollen unverzüglich nach Beendigung dieses Wertungsvorganges benachrichtigt werden, damit sie weiter bzw. neu disponieren können.

III. Angebote in engerer Wahl

Am längsten – natürlich nur innerhalb der Bindefrist – bleiben diejenigen Bieter an ihre Angebote gebunden, die in die engere Wahl für die Vergabe gekommen sind (Teil A § 25 Nr. 2 Abs. 2 Satz 2 ff. in Verbindung mit Nr. 3 ff.). Hier fällt die Entscheidung zwangsläufig mit dem Zeitpunkt zusammen, in dem sich der Auftraggeber für den Zuschlag an einen bestimmten Bieter entschließt. Daher bestimmt Nr. 1 Satz 2, daß die übrigen Bieter – also diejenigen, die in die engere Wahl gekommen sind – zu benachrichtigen sind, **sobald** der **Zuschlag erteilt** worden ist. Insbesondere diese Benachrichtigung hat unverzüglich zu geschehen, also unmittelbar (§ 121 BGB) nach Zuschlagserteilung. Gerade diese Bieter, die am längsten haben warten müssen, die vor allem aussichtsreich mit ihren Angeboten gelegen haben, haben ein besonders berechtigtes Interesse an dem schnellen Erhalt der Benachrichtigung. Dies wird vor allem auch dadurch zum Ausdruck gebracht, daß die VOB hier die Wendung „**sind zu verständigen**" gebraucht, also die unverzügliche Benachrichtigung nach erfolgtem Zuschlag ausdrücklich in die Form einer **Verpflichtung** kleidet.

IV. Verletzung der Benachrichtigungspflicht

Kommt der Auftraggeber hier seinen Pflichten – insbesondere der Pflicht nach Nr. 1 Satz 2 – nicht nach, kann er u. U. je nach Sachlage (vgl. Einl. Rdn. 51 ff.) dem betreffenden Bieter aus culpa in contrahendo schadensersatzpflichtig sein. Das gilt jedenfalls dann, wenn der Auftraggeber bei dem betreffenden Bieter nach wie vor und nachhaltig den Eindruck vermittelt, er sei noch aussichtsreich an der Vergabe beteiligt, und der Bieter beweist, daß ihm wegen des nachlässigen Verhaltens des Auftraggebers Aufträge entgangen sind, die er nach der Struktur und der Kapazität seines Betriebes hätte ausführen können, wenn er nicht an sein Angebot gebunden gewesen wäre (entgegen den Zweifeln von Daub/Piel/Soergel ErlZ A 27.6).

B. Grundsätzlich keine Benutzung nicht berücksichtigter Angebote (Nr. 2)

Nach Nr. 2 dürfen nicht berücksichtigte Angebote und Ausarbeitungen der Bieter nur mit ihrer Zustimmung für eine neue Vergabe oder für andere Zwecke benutzt werden. Verletzt der Auftraggeber diese Verpflichtung, so ist er nicht nur zur Herausgabe der betreffenden Unterlagen nach den §§ 812 ff. BGB, sondern u. U. – je nach Sachlage – schadensersatzpflichtig nach § 823 oder § 826 BGB oder aus culpa in contrahendo (vgl. Einl. Rdn. 51), vor allem wenn er diese Unterlagen dennoch für dieses oder ein anderes Bauvorhaben benutzt.

I. Sinn der Regelung

Sinn der Bestimmung ist, daß der Auftraggeber nicht über die eigentliche Zweckbestimmung des Angebots hinausgehen darf. Es wird ihm **untersagt**, das **Sacheigentum und das Urheberrecht des Bieters zu verletzen** oder auf eine andere Weise darauf verbotswidrig einzuwirken, **insbesondere die Regelung in Teil A § 20 Nr. 3 zu überschreiten** (vgl. Teil A § 20 Rdn. 51 ff.).

II. Sacheigentum und Urheberrecht des Bieters

Zu unterscheiden ist zwischen dem Eigentum an der Sache selbst und dem Schutz des Inhalts des Angebots, vor allem dem Urheberrecht. Wegen des Sacheigentums und des Schutzes des Urheberrechts wird auf die Rdn. 28-50 zu Teil A § 20 und wegen des eingeschränkten Benutzungsrechts auf die Rdn. 51 ff. a. a. O. Bezug genommen. Vgl. auch Teil B § 3 Rdn. 59 ff.

III. Nr. 2 als Ergänzung von § 20 Nr. 3

10 § 27 Nr. 2 schließt sich an Teil A § 20 Nr. 3 an und **ergänzt diese Regelung über das Angebotsverfahren hinaus.** Es dürfen nicht berücksichtigte Angebote und Ausarbeitungen der Bieter ohne Rücksicht auf die letztlich bestehenden Eigentumsverhältnisse nicht über den Angebotszweck hinaus verwendet werden. Sagen einzelne Angebote dem Auftraggeber nicht zu und kommen sie für den Zuschlag nicht in Betracht, so ist das berechtigte Interesse des Auftraggebers an diesen Angeboten und ihrem Inhalt erschöpft. Der Bieter hingegen hat ein Interesse daran, daß sein Angebot weder ganz noch teilweise anderen Zwecken zugeführt wird, sei es sogleich, sei es zu einem späteren Zeitpunkt. Das gilt nicht nur für das Angebot selbst, sondern auch für die mit dem Angebot eingereichten Unterlagen, wie Ausarbeitungen jeder Art, Proben, Muster usw. Das Verbot der anderweitigen Verwendung nicht berücksichtigter Angebote und Ausarbeitungen bezieht sich nicht nur auf die Benutzung für eine neue Vergabe, einschließlich der Freihändigen Vergabe, sondern auf jede andere Benutzung. Dem Auftraggeber ist also **absolut eine andere Verwendung** des Angebots und der Ausarbeitungen, die über die in Teil A §§ 23-25 gegebenen Begrenzungen und Tätigkeitsmerkmale hinausgeht, **verboten.**

IV. Reichweite des Benutzungsverbots

11 Das Verbot der anderweitigen Benutzung greift nur da ein, wo die berechtigten Interessen des Bieters wirklich verletzt oder mißachtet werden. Daran fehlt es, wenn der Bieter dem Auftraggeber seine **Zustimmung** erteilt hat. **Nr. 2 setzt** ein Befragen des Bieters und dessen **eindeutige Zustimmung voraus.** Das Befragen kann schon durch eine entsprechende Klausel in den Ausschreibungsunterlagen erfolgen, und es kann auch eine Zustimmungserklärung des Bieters im Angebot verlangt werden. Unzulässig ist es aber, **erst nachträglich** (insoweit zutreffend Daub/Piel/Soergel ErlZ A 27.20) eine solche Zustimmung zu verlangen und dann die Prüfung und Wertung der Angebote von dieser Zustimmung abhängig zu machen. Das würde sich sonst nicht mit Sinn und Zweck des Angebots und der hierzu vom Bieter ausgearbeiteten Unterlagen in Einklang bringen lassen. Im übrigen bezieht sich Nr. 2 nur auf bei Vergabe nicht berücksichtigte Angebote, so daß es immer notwendig ist, zunächst die Prüfung und Wertung der Angebote vorzunehmen. Eine Zustimmungserklärung im Angebot durch den Bieter zur Verwendung nach Nr. 2 kann deshalb nur in dem Sinn abgegeben werden, daß er sich mit einer im einzelnen zu bezeichnenden anderweitigen Verwertung von Angebot und Ausarbeitungen einverstanden erklärt, **falls das Angebot nach erfolgter ordnungsgemäßer Prüfung und Wertung** bei der Vergabe **unberücksichtigt** bleiben sollte.

C. Die Rücksendung nicht berücksichtigter Angebotsunterlagen und deren Vergütung nach Nr. 3

I. Die zurückzusendenden Unterlagen

12 Nach Nr. 3 muß der Auftraggeber **nicht berücksichtigte** Entwürfe, Ausarbeitungen, Muster und Proben zurücksenden, wenn dies im Angebot oder innerhalb von 24 Werktagen nach Ablehnung des Angebots verlangt wird. Die hier genannten Gegenstände sind in erster Linie die gleichen, wie sie in Teil A § 20 Nr. 2 Satz 2 aufgeführt sind. Darüber hinaus erstreckt sich die Bestimmung auf alles, was der Bieter zu dem Angebot oder im Zusammenhang damit ausgearbeitet und eingereicht hat. Die Erwähnung von Muster und Proben ist deshalb zusätzlich erfolgt, weil es sich hier nicht um eine Ausarbeitung des Bieters selbst zu handeln braucht, sondern es auch so sein kann, daß das Probestück oder das Muster dem Bieter fertig von dritter Seite zur Verfügung gestellt bzw. durch ihn von dort erworben worden ist.

II. Rückgabepflicht als Voraussetzung

Die in Nr. 3 angesprochene Rücksendung der angeführten Gegenstände setzt voraus, daß eine **Rückgabepflicht des Auftraggebers** nach der Rechtslage besteht. Das ist der Fall, wenn der Bieter das Sacheigentum an den genannten Sachen trotz der Übergabe im Rahmen des Angebotsverfahrens an den Auftraggeber behalten hat. Dann ist er nach wie vor Eigentümer und kann vom Auftraggeber Herausgabe nach § 985 BGB verlangen. Dazu ist für den Regelfall anzunehmen, daß der Bieter das **Sacheigentum** trotz der Übergabe behalten hat, es sei denn, daß er ausdrücklich hierauf verzichtet oder jedenfalls eindeutig erkennbar seinen Aufgabewillen zum Ausdruck gebracht hat. Vgl. dazu Teil A § 20 Rdn. 28 ff. Möglich ist auch – wie z. B. bei Mustern und Proben –, daß die im Rahmen des Angebotsverfahrens übergebenen Gegenstände im Eigentum eines Dritten stehen und ihrerseits dem Bieter leihweise überlassen worden waren. Besonders dann sind sie dem Bieter auf Verlangen zurückzugeben, damit er seine Rückgabepflicht gegenüber dem Dritten erfüllen kann.

13

III. Kostentragung

In Nr. 3 heißt es nur, daß die **Sachen herauszugeben** sind. Die VOB läßt es offen, auf wessen Kosten die Rückgabe zu erfolgen hat, was z. B. bei dem Abtransport sperriger Muster oder Proben von Bedeutung sein kann. Sie überläßt es in erster Linie den Beteiligten, dieses vorher zu regeln, wozu sich insbesondere das Anschreiben nach Teil A § 17 Nr. 4 anbietet. Unterbleibt eine Regelung über die Kostenfrage, die auch noch später bis zur Rückgabe der Sachen getroffen werden kann, so kommen die gesetzlichen Vorschriften des BGB zum Zuge. Da es sich in der Regel hier um einen **Verwahrungsvertrag** oder jedenfalls ein verwahrungsähnliches Verhältnis handelt (§§ 688 ff. BGB), ergibt § 697 BGB, wonach die Rückgabe der Sache an dem Ort zu erfolgen hat, an dem sie aufzubewahren war, also beim Auftraggeber, daß die Kosten des Abtransportes vom Sitz des Auftraggebers auf Kosten des betreffenden Bieters geschieht. Auch erfolgt der Rücktransport auf Gefahr des Bieters. Voraussetzung für die Rückgabepflicht des Auftraggebers ist allerdings, daß der Bieter die Rückgabe entweder schon im Angebot oder jedenfalls innerhalb 24 Werktagen – Zugang beim Auftraggeber – nach Erlöschen des Angebots durch Zugang der Mitteilung des Auftraggebers (vgl. Rdn. 1 ff.) oder nach Ablauf der Zuschlagsfrist gefordert hat.

14

IV. Rücksendungsverlangen des Bieters

Fordert der Bieter die Sachen nicht entsprechend Nr. 3 **zurück**, so ist im allgemeinen zu folgern, daß er auf die Rückgabe **verzichtet** hat. Dann entfallen auch die Verwahrungspflichten des Auftraggebers. Dies folgt aus Nr. 3, die davon ausgeht, daß grundsätzlich keine Rückgabepflicht besteht, wenn nicht der Bieter die Rücknahme im Angebot oder innerhalb 24 Werktagen nach Ablehnung des Angebotes verlangt, es insoweit also auf die Initiative des Bieters ankommt (a. A. wohl Heiermann/Riedl/Rusam/Schwaab Teil A § 27 Rdn. 7).

15

§ 28 Zuschlag

1. Der Zuschlag ist möglichst bald, mindestens aber so rechtzeitig zu erteilen, daß dem Bieter die Erklärung noch vor Ablauf der Zuschlagsfrist (A § 19) zugeht.

2. (1) Wird auf ein Angebot rechtzeitig und ohne Abänderungen der Zuschlag erteilt, so ist damit nach allgemeinen Rechtsgrundsätzen der Vertrag abgeschlossen, auch wenn spätere urkundliche Festlegung vorgesehen ist.

(2) Werden dagegen Erweiterungen, Einschränkungen oder Änderungen vorgenommen oder wird der Zuschlag verspätet erteilt, so ist der Bieter bei Erteilung des Zuschlages aufzufordern, sich unverzüglich über die Annahme zu erklären.

Inhaltsübersicht

	Rdn.
A. Begriff	1
B. Baldmöglicher Zuschlag, Vertragsabschluß (Nr. 1; Nr. 2 Abs. 1)	2-29
I. Mindestzeitpunkt für Zuschlagserteilung	3
II. Bindefrist und Zuschlagsfrist	4-6
III. Vertragsschluß mit Zugang der Mitteilung über den Zuschlag	7-22
1. Mitteilung vom Zuschlag; Bestätigungsschreiben	7-10
2. Kaufmännisches Bestätigungsschreiben	11-17
3. Bevollmächtigte	18-19
4. Nicht wirksamer Bauvertrag	20-22
IV. Möglichst schnelle Erteilung des Zuschlags	23
V. Urkundliche Festlegung nicht notwendig; vereinbarte bzw. notwendige Schriftform des Zuschlags	24-27
VI. Ehefrau als Vertragspartnerin; Wechsel des Vertragspartners	28-29
C. Änderungen, Erweiterungen, Einschränkungen oder verspätete Annahme des Angebots (Nr. 2 Abs. 2)	30-35
I. Wirkungen	30-32
II. Erklärung des Bieters	33-35
D. Vergaberichtlinien	36
E. Baugenehmigung keine Voraussetzung für wirksamen Bauvertrag	37

A. Begriff

1 Der Begriff des Zuschlages ist bei Vertragsabschlüssen im Zivilrecht an sich unbekannt. Er findet sich lediglich in § 156 BGB sowie in Nebengesetzen, wie z. B. im Zwangsversteigerungsgesetz, wo ein Vertragspartner im eigentlichen Sinne fehlt. In der VOB bedeutet **Zuschlag** die **Annahme eines Vertragsangebotes,** so wie es das Gesetz in den §§ 145 ff. BGB geregelt hat. Vgl. dazu auch Teil A § 19 Rdn. 1 ff.

B. Baldmöglicher Zuschlag, Vertragsabschluß (Nr. 1; Nr. 2 Abs. 1)

2 Der **Zuschlag** muß **möglichst bald,** mindestens aber noch so rechtzeitig erteilt werden, daß dem Bieter die Erklärung noch **vor Ablauf der Zuschlagsfrist** (Teil A § 19) zugeht.

I. Mindestzeitpunkt für Zuschlagserteilung

3 Nr. 1 enthält einen **Mindestzeitpunkt** für die Zuschlagserteilung. Die Erklärung ist dem Bieter zugegangen, wenn sie so in seinen Machtbereich gelangt ist, daß er unter gewöhnlichen Verhältnissen von ihr Kenntnis nehmen konnte. Über weitere Einzelheiten vgl. die Kommentierungen zu § 130 BGB.

II. Bindefrist und Zuschlagsfrist

4 Der Hinweis in Teil A § 19 Rdn. 1 ff., daß mit der Zuschlagsfrist im Regelfall auch die Bindefrist verbunden ist, hat zur Folge, daß der **Bieter nicht mehr an sein Angebot gebunden** und darüber hinaus das Angebot erloschen ist, **wenn der Zuschlag nicht innerhalb der Zuschlagsfrist erteilt** wird. Der **verspätete Zugang** der Zuschlagserklärung gilt lediglich als **neues Angebot** auf Abschluß eines Bauvertrages, und zwar diesmal von seiten des Auftraggebers, § 150 Abs. 1 BGB, zumal der Bieter nicht verpflichtet ist, den Auftraggeber auf den drohenden Ablauf der Zuschlags- bzw. Bindefrist hinzuweisen (vgl. BGH BB 1971, 286). Dieses neue Angebot muß, um zu einem wirksamen Vertrag zu gelangen, seinerseits vom betreffenden Bieter **angenommen** werden, und zwar innerhalb der sich dann aus § 147 BGB ergebenden Frist.

Eine Ausnahme bildet § 149 BGB. Danach gilt auch ein verspäteter Zugang des Zuschlags 5 noch als rechtzeitig, wenn der Bieter erkennt oder erkennen muß, daß die Absendung rechtzeitig erfolgt und die Verspätung lediglich wegen nicht ordnungsgemäßer Beförderung eingetreten ist. Allerdings hat der Bieter in diesem Fall das Recht, den verspäteten Zuschlag abzulehnen; er muß dieses aber ausdrücklich und unverzüglich (§ 121 BGB) nach Erhalt der Zuschlagsmitteilung dem Auftraggeber gegenüber tun und diesem hierbei die Verspätung anzeigen.

Es besteht daher für den Auftraggeber aller Anlaß, die Zuschlagserteilung **schnellstmöglich** 6 vorzunehmen und dem Bieter die entsprechende Erklärung jedenfalls so rechtzeitig zuzusenden, daß sie diesem noch vor Ablauf der Zuschlagsfrist zugeht. Gilt eine Annahmeerklärung wegen Verspätung gemäß § 151 Abs. 1 BGB als neuer Antrag, so wird damit grundsätzlich der gesamte Inhalt des bisherigen Angebotes akzeptiert, und er ist als mit diesem gleichlautender Neuantrag zu werten, sofern nicht ein davon abweichender Wille zum Ausdruck kommt (OLG München OLGZ 78, 444). Vgl. auch Rdn. 30 ff.

III. Vertragsschluß mit Zugang der Mitteilung über den Zuschlag

1. Der **Bauvertrag** kommt nicht durch den Zuschlag als solchen zustande, sondern als 7 empfangsbedürftige Willenserklärung erst **durch den Zugang der Mitteilung** bei dem Bieter **über den erfolgten Zuschlag** (vgl. insbesondere auch § 130 BGB; vgl. auch OLG Nürnberg NJW 1986, 437). Für das Wirksamwerden einer empfangsbedürftigen Willenserklärung ist – außer dem Zugehen an den Erklärungsgegner – erforderlich, aber auch ausreichend, daß sie mit Willen des Erklärenden in den Verkehr gelangt ist und der Erklärende damit rechnen konnte und gerechnet hat, daß sie (sei es auch auf Umwegen) den richtigen Empfänger erreichen werde (BGH NJW 1978, 2032 = WM 1979, 860 = LM § 130 BGB Nr. 13 = JZ 1979, 527). Dazu genügt noch nicht eine Mitteilung in der Presse, die von sich aus zur Information der Öffentlichkeit über die Sitzung des Vergabeausschusses berichtet (OLG Nürnberg a. a. O.).

Festzuhalten bleibt dabei: Im Geschäftsverkehr beziehen sich Vertragserklärungen, ohne daß 8 dies besonders deutlich gemacht werden muß, auf das Unternehmen und seine Inhaber so, wie sie Vertragspartner geworden sind oder werden sollen. Die Umstände ergeben in einem solchen Fall, daß die Erklärungen an alle Betriebsinhaber gerichtet sind, gegebenenfalls an den allein genannten als Vertreter der übrigen Betriebsinhaber (BGH BauR 1983, 573 = SFH § 640 BGB Nr. 10 = ZfBR 1983, 260 m. w. N.). Eine GmbH, die mit einer Schwestergesellschaft auf dem gleichen Markt tätig ist, muß eine Auftragserteilung aus Treu und Glauben gegen sich gelten lassen, wenn nicht festgestellt werden kann, für welche der beiden Gesellschaften ihr gemeinsamer Geschäftsführer gehandelt hat, die Gesellschaft aber der an sie gerichteten Auftragsbestätigung nicht widersprochen hat (BGH Betrieb 1986, 638; vgl. ferner BGH BauR 1987, 82 = SFH § 631 BGB Nr. 18 = NJW-RR 1987, 335 = ZfBR 1987, 30 = Betrieb 1987, 628).

Die **Mitteilung** über den Zuschlag braucht grundsätzlich (vgl. Rdn. 24 ff.) nicht schriftlich, 9 sie kann **auch mündlich** erfolgen (vgl. dazu auch BGH SFH Z 2.331 Bl. 45, 46; BGH SFH Z 2.312 Bl. 6 = BauR 1975, 274 = WM 1975, 182), soweit nicht nach zwingenden gesetzlichen Vorschriften, wie z. B. nach der einschlägigen Gemeindeordnung, Schriftform vorgeschrieben ist; solange dann Schriftlichkeit noch nicht vorliegt, ist der Vertrag schwebend unwirksam (vgl. OLG München BB 1984, 2018); gleiches gilt, wenn bei der mündlichen Mitteilung der Vorbehalt gemacht wird, die Wirksamkeit des Auftrages sei von der noch folgenden schriftlichen Mitteilung abhängig (OLG München NJW 1986, 437). Allein zum Beweis über den Abschluß des Bauvertrages ist es jedoch beiderseits – für Auftraggeber und Auftragnehmer – immer geboten, die Mitteilung über den Zuschlag in die Schriftform zu kleiden. Der **Zugang** des Zuschlages muß vom Auftraggeber bewiesen werden. Dazu genügt nicht der Nachweis der Aufgabe bei der Post (BGHZ 24, 308, 312; BayObLG VRS 66, 34). Eine gegenteilige Regelung in AGB – insbesondere Zusätzlichen Vertragsbedingungen – verstößt grundsätzlich gegen § 11 Nr. 15 AGB-Gesetz. Zum Zugang von Einschreibesendungen vgl. Teil B § 12 Rdn. 130. Zu Problemfällen bei Bestreiten des Zuganges durch den Empfänger im Falle des Postversands zutreffend kritisch Schneider MDR 1984, 281.

10 Das etwaige schriftliche **Bestätigungsschreiben** des Auftragnehmers über den **Erhalt des Zuschlages dient lediglich Beweiszwecken** (vgl. BGH BlGBW 1962, 47). Enthält dieses Bestätigungsschreiben des Auftragnehmers Abänderungen des Vertragsinhalts, so hat das auf den durch den Zugang der Mitteilung vom Zuschlag abgeschlossenen Vertrag **grundsätzlich keinen Einfluß.** Die in dem Bestätigungsschreiben des Auftragnehmers enthaltenen Abänderungen sind jedoch ein **Neuangebot auf Vertragsänderung.** Ist der Auftraggeber damit nicht einverstanden, so ist ihm auf jeden Fall zu raten, dem Auftragnehmer zu widersprechen und ihn auf den abgeschlossenen Vertrag zu verweisen. Andernfalls könnte bei widerspruchsloser Hinnahme der Leistung des Auftragnehmers durch den Auftraggeber der Bauvertrag nach den vom Auftragnehmer nunmehr vorgeschlagenen geänderten Bedingungen zu beurteilen sein. Grundsätzlich ist ein Widerspruch des Auftraggebers gegen den vertragsändernden Inhalt eines Bestätigungsschreibens nur dann entbehrlich, und es bleibt beim alten Vertrag, wenn sich der Auftragnehmer nicht im guten Glauben dahin befunden hat, daß der Inhalt seines Schreibens, abgesehen von Nebenpunkten, den vertraglichen Abmachungen entspricht (RGZ 129, 347), wenn er im Bestätigungsschreiben bewußt unrichtige Angaben gemacht hat (RG LZ 1923, 344; BGH BB 1955, 941, BB 1961, 954) oder wenn sich das Bestätigungsschreiben inhaltlich so weit von dem bisherigen Vertrag entfernt, daß der Auftragnehmer nach Treu und Glauben nicht mit einem Einverständnis des Auftraggebers rechnen kann (vgl. BGHZ 7, 187; 11, 1; BGH BB 1963, 917; BGH SFH Z 2.301 Bl. 22; BGH NJW 1963, 1248 m. w. N.; BGH BauR 1983, 165 = NJW 1983, 816 = Betrieb 1983, 653 = ZfBR 1983, 83 = SFH § 16 Nr. 3 VOB/B Nr. 26; ferner OLG Düsseldorf NJW 1965, 762).

11 2. Hier kommen auch die Grundsätze über das **Schweigen auf ein kaufmännisches Bestätigungsschreiben** zur Anwendung, wonach im allgemeinen auf Annahme zu schließen ist. Das Gegenteil muß der Empfänger grundsätzlich beweisen (vgl. auch OLG Düsseldorf Betrieb 1982, 592). Anders ist es, wenn es sich um zusätzliche Vereinbarungen handelt, die im Bestätigungsschreiben nicht enthalten sind, durch seinen Inhalt aber auch nicht ausgeschlossen werden; hier hat der Absender nach wie vor die Beweislast (BGHZ 67, 378 = NJW 1977, 384 = BB 1977, 68 = Betrieb 1977, 248 = WM 1977, 76 = MDR 1977, 394 = JZ 1977, 270 = LM § 346 [Ea] HGB Nr. 20 Anm. Merz). Jedoch erfüllt eine „Auftragsbestätigung", die den Vertragsgegenstand nicht näher beschreibt und die behauptete Werklohnvereinbarung nicht wiedergibt, nicht die inhaltlichen Voraussetzungen eines kaufmännischen Bestätigungsschreibens (OLG Düsseldorf MDR 1981, 1022). Über das abweichende kaufmännische Bestätigungsschreiben Walchshöfer BB 1975, 719.

12 Die für das kaufmännische Bestätigungsschreiben maßgebenden Grundsätze gelten nicht nur unter Kaufleuten, sondern auch im geschäftlichen Verkehr unter Personen, die in erheblichem Umfang am Geschäftsleben teilnehmen und von denen erwartet werden kann, daß sie nach kaufmännischer Sitte verfahren (BGHZ 40, 42, 44; BGH BauR 1975, 67; OLG Düsseldorf Betrieb 1982, 592), was grundsätzlich für einen sich gewerblich betätigenden und nicht nur in unerheblichem Maß e am Geschäftsleben teilnehmenden Auftragnehmer oder Auftraggeber, aber auch für den für sich selbst handelnden Architekten (vgl. BGH WM 1973, 1376; BGH BauR 1975, 67; OLG Köln OLGZ 74, 8 = BlGBW 1974, 139) gilt.

13 Allerdings setzt ein kaufmännisches Bestätigungsschreiben voraus, daß Vertragsverhandlungen vorausgegangen waren. Das kann der Fall sein, wenn ein geschäftliches Gespräch über

einen Vertrag stattgefunden hatte, was der Absender zu beweisen hat; behauptet der Empfänger eines kaufmännischen Bestätigungsschreibens, daß dieses von dem Inhalt der Vorverhandlungen erheblich abweicht oder daß bewußt etwas Unrichtiges bestätigt worden ist, so ist er dafür beweispflichtig (BGH NJW 1962, 104; BGH NJW 1974, 991 = MDR 1974, 751 = JZ 1974, 383 = BB 1974, 524 = LM § 346 [Ea] HGB Nr. 17 = WM 1974, 408). Voraussetzung ist weiter, daß das Bestätigungsschreiben dazu bestimmt ist und nach seinem Inhalt den Zweck erfüllt, das Ergebnis vorausgegangener Vertragsverhandlungen verbindlich festzulegen (BGHZ 54, 236, 239) oder daß es der Klarstellung der Rechtslage oder der Auslegung des Vertrages dient (vgl. OLG Düsseldorf Betrieb 1982, 592). Dabei ist eine ausdrückliche Bezugnahme auf die voraufgegangenen Verhandlungen oder deren Erwähnung nicht unbedingt erforderlich; gleiches gilt auch hinsichtlich der Personen, die an den Verhandlungen teilgenommen haben (BGH SFH Z 2.10 Bl. 46 = BauR 1975, 276). Eine zeitlich genau fixierte Frist für den Zugang eines Bestätigungsschreibens besteht nicht; vielmehr hängt das von den Umständen des Einzelfalles ab (BGH a. a. O.). Diese Grundsätze gelten **auch für** einen **Zusatzauftrag**, wenn Leistungsinhalt und die Kosten hinreichend bestimmbar sind (BGH a. a. O.). Allerdings muß der Absender des Bestätigungsschreibens dessen Zugang beweisen, gegebenenfalls auch – falls es vom Empfänger substantiiert bestritten wird –, wann dies geschehen ist (vgl. BGHZ 70, 232 = NJW 1978, 886 = BB 1978, 321 = Betrieb 1978, 537 = MDR 1978, 475 = LM § 346 HGB [Ea] Nr. 21 Anm. Hoegen).

Im übrigen ist für ein kaufmännisches Bestätigungsschreiben auch Raum, wenn ein telefonisches Angebot schriftlich angenommen worden ist, jedenfalls für den Vertragsteil, der seine Erklärungen bis dahin nur telefonisch abgegeben hat (BGH, Urt. vom 9. 7. 1970 - VII ZR 70/68 –). **14**

Der Empfänger eines kaufmännischen Bestätigungsschreibens muß sich auch dann mit dem Absender in Verbindung setzen und dem Schreiben widersprechen, wenn er aus dem Schreiben entnehmen kann, daß für ihn ein vollmachtloser Vertreter verhandelt und einen Vertrag abgeschlossen hat (BGH NJW 1964, 1951 = BB 1964, 906; BGH NJW 1965, 965 = BB 1965, 304; BGH BB 1967, 902 = Betrieb 1967, 1362 = BB 1967, 902; OLG Karlsruhe BB 1976, 665). **15**

Zur **Irrtumsanfechtung** bei **kaufmännischen Bestätigungsschreiben** BGH NJW 1972, 45; BGH NJW 1969, 1711 = MDR 1969, 1000 = BB 1969, 933 = JZ 1969, 666 = LM § 346 HGB [Ea] Nr. 13. **16**

Über Kollisionsfragen zu Dissens, Annahme unter Änderungen, kaufmännischem Bestätigungsschreiben, Zugangsprobleme, vor allem auch im Hinblick auf das AGB-Gesetz, vgl. Niebling BauR 1981, 227. Der Vorrang der Individualabrede (§ 4 AGB-Gesetz) gilt auch gegenüber AGB, die nach den Grundsätzen des Schweigens auf ein kaufmännisches Bestätigungsschreiben Vertragsinhalt geworden sind (vgl. dazu im einzelnen Coester Betrieb 1982, 1551). **17**

3. Die Erklärung über den Zuschlag braucht nicht unbedingt vom Auftraggeber selbst abgegeben zu werden. **Es kann auch ein vollberechtigter Vertreter für den Auftraggeber die Rechtswirkungen des Vertrages herbeiführen.** Hauptfälle von berechtigten Vertretern des Auftraggebers sind einmal die für ihn gesetzlich oder satzungsgemäß handelnden Personen, außerdem die von ihm **beauftragten Architekten,** sofern ihre Aufgaben im Innenverhältnis über die bloße Planung hinausgehen. Zur Vollmacht des Architekten zur Vergabe von Aufträgen siehe im einzelnen Teil B § 2 Rdn. 29 ff. Es kommen auch andere Personen in Betracht, die der Auftraggeber zum Handeln in seinem Namen im Rahmen des Bauvergabeverfahrens, insbesondere zur Entscheidung über die Bauvergabe, beauftragt und bevollmächtigt hat. In Zweifelsfällen sollte sich der Bieter die Vollmacht nachweisen lassen, falls das nicht schon vor **18**

Auftragserteilung geschehen ist. Ein mit dem Vertreter des Auftraggebers abgeschlossener Vertrag kommt auch dann zustande, wenn dem Bieter unbekannt geblieben ist, daß er mit einem Vertreter verhandelt hat (vgl. dazu OLG Celle NJW 1963, 1253).

19 Zum Handeln eines Architekten namens und im Auftrage seiner Bauherrschaft, wenn der Architekt die Bauausführung nicht durch bloßen Werk- oder Dienstvertrag, sondern durch einen Garantievertrag (Verpflichtung des Architekten zur schlüsselfertigen Erstellung des Bauwerkes zu einem bestimmten Preis) übernommen hat, vgl. LG Göttingen SFH Z 2.13 Bl. 1 ff.

20 **4. Fehlt es an einem wirksamen Bauvertrag** mit dem Auftraggeber und wird die Leistung dennoch ohne Widerspruch des Auftraggebers bzw. dessen Vertreters erbracht, so kann der Unternehmer gegen den Auftraggeber einen Anspruch aus **ungerechtfertigter Bereicherung** geltend machen, z. B. wenn der Auftraggeber noch minderjährig ist und er nicht die Genehmigung für die Auftragsvergabe erhält (vgl. BGH WM 1975, 443). Die Bereicherung bemißt sich nach der angemessenen Vergütung, die der Auftraggeber an einen ihm wirksam vertraglich verbundenen Auftragnehmer für die betreffende Leistung hätte zahlen müssen (BGHZ 55, 128, 130 m. w. N.). Dann verjährt jedoch der Bereicherungsanspruch des Unternehmers, der die Leistung rechtsgrundlos erbracht hat, in der nach § 196 Abs. 1 Nr. 1 BGB maßgebenden Zeit von 2 Jahren (BGH a. a. O.).

21 Davon ist zu unterscheiden: Ist der an sich handlungsberechtigte Besteller der Leistung nicht der Grundstückseigentümer, so kann der Unternehmer nicht den Eigentümer wegen ungerechtfertigter Bereicherung in Anspruch nehmen, da die Leistung mit Rechtsgrund, nämlich aufgrund eines mit dem Besteller abgeschlossenen Vertrages, erbracht worden ist (OLG Hamm BauR 1974, 420).

22 Im Einzelfall können **auch die Regeln über die Geschäftsführung ohne Auftrag (§§ 677 ff. BGB)** in Betracht kommen, wenn der Auftragnehmer die Leistungen mit Wissen und Willen des Auftraggebers (z. B. einer Gemeinde) ausgeführt hat und letzterer der Allgemeinheit oder Dritten gegenüber verpflichtet war, die Leistung erstellen zu lassen (vgl. OLG München BB 1984, 2018).

IV. Möglichst schnelle Erteilung des Zuschlags

23 Neben dem bisher Erörterten hat das Gebot an den Auftraggeber, möglichst bald den Zuschlag zu erteilen und dem betreffenden Bieter eine entsprechende Erklärung abzugeben, noch einen anderen Sinn. Der Bieter soll nämlich **möglichst schnell** diesen Auftrag mit **in seine Betriebsplanung aufnehmen** und die nötigen Vorarbeiten und Vorbereitungen für die Bauausführung treffen können, was durchaus im Interesse des Auftraggebers liegt, der eine pünktliche, ordnungsgemäße und insbesondere auch mängelfreie Bauausführung wünscht. Die baldmögliche Mitteilung an den Bieter kommt der Wahrung der Ausführungsfristen (Teil A § 11) entgegen. Zögert der Auftraggeber den Zuschlag unangemessen lange hinaus, kann dies im Einzelfall dazu führen, daß der Auftragnehmer entsprechend § 285 BGB nicht in Verzug gerät, wenn dadurch die ursprünglich vorgesehene Ausführungsfrist nicht mehr eingehalten werden kann.

V. Urkundliche Festlegung nicht notwendig; vereinbarte bzw. notwendige Schriftform des Zuschlags

24 Wenn auf ein Angebot rechtzeitig und ohne Abänderungen der **Zuschlag erteilt** wird, **gilt der Bauvertrag als abgeschlossen,** und zwar auch dann, wenn eine spätere urkundliche Festlegung vorgesehen ist.

Die Absicht, den **Bauvertrag in urkundlicher Form** zu fassen, hat **keinen Einfluß auf** den Eintritt der **Rechtswirksamkeit des Bauvertrages.** Dies erklärt sich einmal daraus, daß der Bauvertrag für seine Rechtswirksamkeit grundsätzlich nicht einer besonderen gesetzlich vorgeschriebenen Form nach § 125 Satz 1 BGB bedarf, es sei denn, diese ist – beim öffentlichen Auftraggeber – im Einzelfall nach der einschlägigen Gemeindeordnung oder den sonst dafür maßgebenden verwaltungsrechtlichen Bestimmungen vorgeschrieben, wobei im Falle des Unterlassens dennoch die Wirksamkeit des Vertrages aus Treu und Glauben gegeben sein kann (vgl. dazu Palandt/Heinrichs, § 125 Anm. 6).

Man kann jedoch von einer gewillkürten Schriftform sprechen, wie sie in den §§ 125 Satz 2, 127 BGB geregelt ist, falls in den **Ausschreibungsbedingungen** festgehalten ist, daß der **Zuschlag schriftlich** zu erteilen ist (vgl. dazu auch Nr. 3.1. VHB zu Teil A § 28, abgedruckt Rdn. 36). Die hierfür maßgeblichen gesetzlichen Mindestvorschriften (§ 126 Abs. 2 BGB) sind aber im allgemeinen durch das **schriftliche Angebot** des Bieters einerseits und **eine schriftliche Erklärung** des Auftraggebers über den Zuschlag (Vertragsannahmeerklärung) andererseits gewahrt, so daß weitere Schriftstücke nicht erforderlich sind. Wird darüber hinaus noch besondere Beurkundung des Bauvertrages nach Teil A § 29 verlangt, so ist das für die Wirksamkeit des Bauvertrages nicht maßgebend. Sie dient nur der Sicherheit und **Beweiszwecken**, ohne mit § 154 Abs. 2 BGB im Zusammenhang zu stehen, da Teil A § 29 die vereinbarte Beurkundung **nach** abgeschlossenem Vertrag meint. In diesem Sinne ist nach dem Gesagten auch Teil A § 28 Nr. 2 Abs. 2 zu verstehen.

25

Der in einer fernschriftlichen Annahmeerklärung enthaltene Zusatz „Brief folgt" ist im Zweifel nur so zu verstehen, daß der Verhandlungspartner sich Änderungen vorbehält und eine briefliche Vertragsannahme ankündigt; unter Umständen kann aber bereits eine bindende fernschriftliche Annahme vorliegen, die deutlich erkennbar sein muß (OLG Hamm Betrieb 1983, 2619).

26

Anders liegt es, wenn ein mit einem Grundstückserwerb im Zusammenhang stehender Bauvertrag zu seiner Wirksamkeit auch der **notariellen Beurkundung gemäß § 313 BGB bedarf.** Das ist nur der Fall, wenn der Bauvertrag mit dem Grundstückskaufvertrag eine **rechtliche Einheit** bildet. Regelmäßig ist das anzunehmen, wenn zwischen den vertragsschließenden Parteien im Bauvertrag eine unmittelbare Verpflichtung zum Grundstückserwerb vereinbart wird und beides untrennbar miteinander verbunden ist (vgl. auch Anh. Rdn. 232 ff.). Soll der Auftraggeber das Grundstück von einem Dritten und nicht von einem Auftragnehmer erwerben, so kommt es für die Formbedürftigkeit darauf an, ob dem Auftragnehmer nach dem Vertrag ein einklagbarer Anspruch gegen den Auftraggeber zum Erwerb des Grundstückes von dem Dritten zustehen soll, also ein mittelbarer Zwang zum Grundstückserwerb besteht. Dazu genügt nicht schon jeder Druck, der sich aus dem Zwang ergibt, einen Vertrag einzuhalten, vielmehr muß insofern ein Verpflichtungszusammenhang und -inhalt aus dem Vertrag klar ersichtlich sein, der auch für den Bauvertrag den Schutzzweck des § 313 BGB rechtfertigt. Auch hier ist letztlich ausschlaggebend, ob Bauvertrag und Grundstückserwerb nach dem Willen der Vertragspartner so eng miteinander verknüpft sind, daß das eine mit dem anderen „steht und fällt" (vgl. dazu insbesondere BGHZ 76, 43 = BauR 1980, 167 = BB 1980, 341 = NJW 1980, 829 = MDR 1980, 482 = Betrieb 1980, 825 = JZ 1980, 317 = LM § 313 BGB Nr. 87 = SFH § 313 BGB Nr. 4 = ZfBR 1980, 71 zur Frage, ob ein Bauvertrag über ein Fertighaus der notariellen Beurkundung bedarf).

27

VI. Ehefrau als Vertragspartnerin; Wechsel des Vertragspartners

Dafür, ob die **Ehefrau** allein oder neben ihrem Ehemann Vertragspartnerin des Bauvertrages ist oder ob es der Ehemann allein ist, kommt es auf die Würdigung der Umstände an, wie sie

28

sich bei den Vertragsverhandlungen oder/und dem Vertragsabschluß dargeboten haben. Die Frage, wer Grundstückseigentümer ist, kann höchstens ein Indiz neben anderen Beweistatsachen sein, da die Eigenschaft als Besteller davon nicht abhängig ist (ähnlich Huhn, Vahlens Rechtsbücher, Zivilrecht Bd. 3, S. 136). Daraus, daß der Ehemann selbständiger Bauunternehmer ist, folgt nicht schon, daß er auch Vertragspartner ist; auch ist es unerheblich, in welchem Güterstand die Eheleute leben (vgl. BGH SFH Z 3.01 Bl. 469). Allgemein kommt es für die Frage, wer Vertragspartner eines Bauvertrages ist, auf den übereinstimmenden Willen der Parteien an; ein etwa entgegenstehender Wortlaut eines Auftragsschreibens – also auch der Erklärung über den Zuschlag – ist dagegen unerheblich (BGH BauR 1973, 386 = SFH Z 2.331 Bl. 92 m. w. N.).

29 Hinsichtlich eines in **AGB vorgesehenen Vertragspartnerwechsels** sind die Voraussetzungen des § 11 Nr. 13 a AGB-Gesetz nur gewahrt, wenn der Dritte, auf den der Vertrag übergehen soll, **mit Namen und Anschrift bezeichnet ist** (BGH BB 1980, 1490 = Betrieb 1980, 2125 = NJW 1980, 2518 = WM 1980, 1120 = MDR 1981, 47). Außerdem sind solche Klauseln auch nach § 9 AGB-Gesetz unwirksam, wenn dem Vertragspartner die Person des Verwenders nicht gleichgültig sein kann, vor allem, was seine Leistungsfähigkeit, Zuverlässigkeit – insoweit auch auf der Auftraggeberseite – und Fachkunde anbelangt (vgl. BGH NJW 1985, 52, 53).

C. Änderungen, Erweiterungen, Einschränkungen oder verspätete Annahme des Angebots (Nr. 2 Abs. 2)

I. Wirkungen

30 **Änderungen, Erweiterungen oder Einschränkungen des Angebotsinhaltes durch den Auftraggeber** bewirken, daß die Erklärung über den Zuschlag nicht den Vertragsabschluß nach dem bisherigen Angebot herbeiführt, sondern ein **Neuangebot** ist, das, um zum Bauvertrag zu führen, seinerseits **der Annahme durch den Bieter** bedarf. Dabei sind die Begriffe der Erweiterungen, Einschränkungen oder Änderungen sehr **eng auszulegen.** Man wird als Richtlinie gelten lassen müssen: Ein Vertrag kommt nur zustande, wenn der Auftraggeber das Angebot grundsätzlich unverändert und **vorbehaltlos annimmt.** Macht er dagegen einen Vorbehalt (z. B. dahingehend, daß die in seinem Annahmeschreiben erstmals genannten Bedingungen Vertragsinhalt werden sollen, vgl. BGH NJW 1963, 1248 m. w. N.; BGH BauR 1983, 165 = NJW 1983, 816 = Betrieb 1983, 653 = ZfBR 1983, 83 = SFH § 16 Nr. 3 VOB/B Nr. 26) oder nimmt er Änderungen vor, so ist, sofern diese für den Vertrag und dessen Erfüllung von Bedeutung (wie z. B. hinsichtlich der Ausführungsfristen und -termine, vgl. dazu OLG Düsseldorf BauR 1975, 340) und nicht nur unwesentlich sind, seine Annahmeerklärung ein Neuangebot nach § 150 Abs. 2 BGB . Will der Angebotsempfänger – insoweit Auftraggeber – in der Annahmeerklärung durch beigefügte Formulare oder sonstige Anlagen – wie Lieferungsbedingungen – vom Vertragswillen des Anbietenden – hier Bieters – abweichen, so hat er dies nach Treu und Glauben **unzweideutig** zum Ausdruck zu bringen (BGH BauR 1983, 252 = SFH § 150 BGB Nr. 1 = WM 1983, 313 = ZfBR 1983, 119).

31 Als Neuangebot gilt es auch, wenn der Zuschlag dem Bieter **verspätet,** also **nach Ablauf der Zuschlagsfrist** (vgl. Teil A § 19 Nr. 2), mitgeteilt wird (vgl. Rdn. 4). Für eine solche verspätete Annahme läuft nicht eine neue Zuschlagsfrist; die Annahme dieses **Neuangebotes** des Auftraggebers durch den Bieter kann, wie auch sonst bei jedem anderen Neuangebot, **nur nach § 147 BGB** erfolgen. Das trifft auch auf Erweiterungen, Einschränkungen oder Änderungen des Angebots zu. Zur Kollision Allgemeiner Geschäftsbedingungen zutreffend Ebel NJW 1978, 1033.

Die hier erörterte VOB-Regelung bezieht sich nur auf den **bisher vorgesehenen oder für möglich gehaltenen Angebotsinhalt, der durch die Annahmeerklärung des Auftraggebers Änderungen, Erweiterungen oder Einschränkungen erfährt.** Maß gebend ist also, ob das Angebot durch die Annahmeerklärung inhaltlich geändert wird. Dies ist **nicht schon** der Fall, wenn das Angebot **Alternativ- oder Eventualpositionen** enthält und der Auftraggeber sich in seinem Zuschlagsschreiben für diese oder jene Alternativ- oder Eventualposition entscheidet. Hierin liegt nicht eine den Angebotsinhalt verändernde Annahme, sondern lediglich die dem Auftraggeber von dem Bieter anheimgegebene und damit auch mit angebotene Entschließung, welcher Vertragsinhalt letztlich maßgebend sein soll. Daher ist es auch nicht erforderlich, daß der Auftraggeber sich bereits bei Zuschlagserteilung entschließt. Vielmehr hindert es den wirksamen Vertragsabschluß nicht, wenn er seine Entscheidung erst nach Vertragsabschluß und vor Beginn der Ausführung trifft (zutreffend insofern VHB Nr. 2. zu § 28 VOB/A). Vgl. dazu auch Teil B § 1 Rdn. 7 ff. und § 3 Rdn. 9.

II. Erklärung des Bieters

§ 147 BGB hat in Verbindung mit § 148 BGB zu § 28 Nr. 2 Abs. 2 geführt, wonach der Bieter zugleich mit der Zuschlagserklärung aufzufordern ist, sich **unverzüglich** (§ 121 BGB) über die **Annahme des Neuangebotes zu erklären.** Dazu ist dem Bieter eine **angemessene,** sich nach dem Umfang und der Art des Neuangebotes richtende Überlegungs- und Erklärungsfrist zuzubilligen. Es ist auch möglich, dem Bieter eine Frist zur Annahmeerklärung zu setzen. Lehnt der Bieter den Neuantrag ab oder erklärt er sich hierzu nicht unverzüglich bzw. geht seine Erklärung nicht innerhalb der gesetzten Frist ein, so ist der Antrag erloschen, § 146 BGB, wobei auch § 149 BGB zu berücksichtigen ist. Eine Ausnahme gilt, wenn der Auftraggeber auf eine ausdrückliche Annahmeerklärung zu seinem Neuangebot **verzichtet** hat (§ 151 BGB). Zu beachten ist dagegen, daß **Schweigen grundsätzlich nicht als Zustimmung** auszulegen ist, da es bei Bauverträgen eine entsprechende Verkehrssitte nicht gibt (BGHZ 61, 282 = BB 1973, 1459; BGH BB 1974, 1136 = WM 1974, 842 = Betrieb 1974, 2466; dazu auch Vogt BB 1975, 200). Vgl. aber als Ausnahmefall Teil B § 2 Rdn. 373 ff. Eine stillschweigende Einverständniserklärung des Auftragnehmers kann auch in einem vorbehaltlosen Arbeitsbeginn gesehen werden, je nach den dem Einzelfall zugrundeliegenden Umständen.

Erklärt sich der Bieter seinerseits wiederum unter Einschränkungen, Ergänzungen oder Erweiterungen, insbesondere im Sinne einer – jetzt von ihm – modifizierten „Auftragsbestätigung", so liegt erneut ein Neuangebot, dieses Mal von seiten des Bieters, vor, das **der Annahme durch den Auftraggeber** bedarf (vgl. OLG Düsseldorf BauR 1975, 340). Dies kann, und das kommt in der Praxis häufig vor, dadurch **stillschweigend** – wirksam – geschehen, daß der Auftraggeber den Auftragnehmer **zum Leistungsbeginn auffordert,** ohne dabei hinsichtlich des Vertragsinhaltes einen **Vorbehalt** zu machen (a. a. O., m. w. N.; vgl. dazu auch BGH BauR 1984, 390 = ZfBR 1984, 186).

Aus dem Gesagten folgt auch: Hat ein Bieter im Rahmen einer öffentlichen Auftragsvergabe ein preisrechtlich überhöhtes Angebot abgegeben und wird dies durch die Preisbehörde nach § 16 Abs. 4 BaupreisVO 1972 vor Zuschlagserteilung festgestellt, so ist der Bieter nicht an ein von der Preisbehörde „herabgesetztes" Angebot gebunden. Vielmehr ist letzteres lediglich ein Neuangebot des Auftraggebers, das erst noch der Annahme des Bieters bedarf, wie sich aus § 150 Abs. 2 BGB ergibt. Dazu im einzelnen Teil A § 19 Rdn. 15 ff.

D. Vergaberichtlinien

Das Vergabehandbuch (VHB) trägt in den Richtlinien zu Teil A § 28 den vorangehenden Ausführungen Rdn. 2 ff. im wesentlichen wie folgt Rechnung:

A § 28, 2, Rdn. 37

1. Annahme des Angebots

1.1. Durch die Zuschlagserteilung kommt ein Vertrag nur zustande, wenn das Angebot des Bieters in allen Teilen unverändert innerhalb der vorgesehenen Zuschlagsfrist angenommen wird.

1.2. Eine verspätete Zuschlagserteilung oder eine Zuschlagserteilung mit Änderung auch nur einzelner Teile des Angebotes (z. B. der Ausführungsfristen oder einzelner Leistungen) gilt nach § 150 Abs. 2 BGB als Ablehnung des Angebots des Bieters und zugleich als neues Angebot des Auftraggebers. Ein Vertrag kommt in diesem Falle nur dann zustande, wenn der Bieter dieses Angebot des Auftraggebers annimmt. Dies kann auch stillschweigend beispielsweise durch Aufnahme der Arbeiten geschehen.

1.3. Um die sich aus einer verspäteten Zuschlagserteilung oder einer Zuschlagserteilung mit Änderung ergebenden nachteiligen Folgen – Ende der Bindung des Bieters an sein ursprüngliches Angebot – für den Auftraggeber abzuwenden, ist es erforderlich, daß über unumgänglich notwendige Änderungen vor Zuschlagserteilung mit dem Bieter Einigung erzielt und sichergestellt wird, daß die Vereinbarung über die Änderung zum Bestandteil des Angebotes gemacht wird.
Keine Änderungen des Angebotes sind: – die in Nr. 6 der Besonderen Vertragsbedingungen – EVM (B) BVB – vorbehaltene datumsmäßige Festlegung von Ausführungsfristen oder – die Bestimmung des Leistungsumfanges durch Angabe bereits im Leistungsverzeichnis vorgesehener Alternativ- oder Eventualpositionen im Auftragsschreiben.

1.4. Ist vorauszusehen, daß der Auftrag nicht innerhalb der vorgesehenen Zuschlagsfrist erteilt werden kann, so ist mit den für die Auftragserteilung in Betracht kommenden Bietern über eine angemessene Verlängerung der Zuschlagsfrist zu verhandeln. Die Vereinbarung über die Verlängerung ist schriftlich festzulegen.
Wird wegen der Verlängerung der Zuschlagsfrist eine Änderung der Ausführungsfrist erforderlich, ist die Vereinbarung nach 1.3. rechtzeitig vor Auftragserteilung zu treffen.

2. Alternativ- und Eventualpositionen

Die Entscheidung über die Ausführung von in Alternativ- oder Eventualpositionen beschriebenen Leistungen kann auch nach der Auftragserteilung getroffen werden.
In die Auftragssumme sind Gesamtbeträge von Alternativ- oder Eventualpositionen nur einzurechnen, soweit über die Ausführung bereits mit der Auftragserteilung entschieden wird; diese Positionen sind im Auftragsschreiben zu bezeichnen.
Kann die Entscheidung erst nach Auftragserteilung getroffen werden, ist dem Auftragnehmer so früh wie möglich schriftlich mitzuteilen, welche Leistungen ausgeführt werden sollen. Der für die Haushaltsüberwachungsliste Verantwortliche ist schriftlich zu unterrichten.

3. Form der Zuschlagserteilung

3.1. Der Zuschlag ist schriftlich mit Formblatt Auftragsschreiben – EVM (B) Atr – zu erteilen.

3.2. Wenn das Auftragsschreiben nicht mehr rechtzeitig vor Ablauf der – ggf. nach 1.4. zu verlängernden – Zuschlagsfrist beim Bieter eingehen wird und das Angebot in allen Teilen unverändert angenommen wird, kann der Zuschlag zunächst mündlich oder fernmündlich erteilt werden; er ist unverzüglich schriftlich zu bestätigen.

E. Baugenehmigung keine Voraussetzung für wirksamen Bauvertrag

37 Es ist nicht Voraussetzung für die **Wirksamkeit** des Bauvertrages, daß im Zeitpunkt der Auftragserteilung (des Vertragsabschlusses) die **Baugenehmigung** vorliegt. Fehlt sie, ist der Vertrag nicht wegen Verstoßes gegen die einschlägigen bauordnungsrechtlichen Vorschriften nach § 134 BGB nichtig. Durch diese Bestimmungen ist nicht der Abschluß des Bauvertrages, sondern das Bauen ohne Genehmigung verboten, BGH SFH Z 2.414 Bl. 92 = MDR 1961, 927 = BB 1961, 1070; OLG Köln NJW 1961, 1023 = SFH Z 2.10 Bl. 13. Die Baugenehmigung ist lediglich die bindende und nur unter bestimmten Voraussetzungen zurücknehmbare oder einschränkbare Bescheinigung der zuständigen Behörde, daß zur Zeit ihrer Erteilung **aus dem**

öffentlichen Recht keine Bedenken gegen das Bauvorhaben bestehen. Vgl. dazu auch BGH BauR 1976, 128 = MDR 1976, 392 Betr. 1976, 529 SFH Z 2.411 Bl. 68. Siehe ferner Teil B § 4 Rdn. 17 ff.

§ 29 Vertragsurkunde

1. Eine besondere Urkunde braucht über den Vertrag nur dann gefertigt zu werden, wenn der Vertragsinhalt nicht schon durch das Angebot mit den zugehörigen Unterlagen, das Zuschlagsschreiben und andere Schriftstücke eindeutig und erschöpfend festgelegt ist.

2. Die Urkunde ist doppelt auszufertigen und von den beiden Vertragsparteien zu unterzeichnen. Die Beglaubigung einer Unterschrift kann in besonderen Fällen verlangt werden.

Inhaltsübersicht

	Rdn.
A. Allgemeines	1
B. Vertragsurkunde nur ausnahmsweise erforderlich (Nr. 1)	2-6
C. Ausfertigung, Unterzeichnung der Urkunde; Beglaubigung; Kosten (Nr. 2)	7-9

A. Allgemeines

Diese Vorschrift befaßt sich mit der Frage der Abfassung einer besonderen **Vertragsurkunde** über den Bauvertrag. Sie hat auf die **Wirksamkeit des Bauvertrages keinen Einfluß.** Dieser ist vielmehr schon vorher **durch den Zugang der** grundsätzlich an keine Form gebundenen **Zuschlagserklärung** (vgl. Teil A § 28 Rdn. 7 ff. und 24 ff.) des Auftraggebers an den Bieter **zustande gekommen** (BGHZ 48, 108 = NJW 1967, 2005 = MDR 1967, 831 = BB 1967, 904 = Betr. 1967, 1364 = SFH Z 2.331 Bl. 45 f.; BGH BauR 1975, 274 = SFH Z 2.312 Bl. 6 = WM 1975, 182).

Gedacht ist hier nur an eine von den Vertragspartnern bei oder nach Vertragsabschluß aufgesetzte schriftliche Zusammenfassung des gesamten Inhalts des Bauvertrages, und zwar an eine Urkunde, die Unterschriften von beiden Vertragsparteien trägt.

B. Vertragsurkunde nur ausnahmsweise erforderlich (Nr. 1)

Die VOB überläßt es den Beteiligten, ob sie eine solche Urkunde fertigen wollen. Sie gibt in Nr. 1 eine Richtlinie, wann die Aufstellung einer besonderen Vertragsurkunde für notwendig erachtet wird. Das ist der Fall, wenn der Vertragsinhalt nicht schon durch das Angebot mit den dazugehörigen Unterlagen, das Zuschlagsschreiben und andere Schriftstücke eindeutig und erschöpfend festgelegt ist. Zutreffen kann das, wenn das Angebot abgeändert ist und der darin enthaltene Neuantrag durch Annahme des Bieters zum Vertragsabschluß geführt hat. Sonst ist eine besondere Urkunde zu empfehlen, wenn die vorliegenden Unterlagen sehr umfangreich oder nicht erschöpfend, klar und eindeutig sind oder wenn zusätzliche Vereinbarungen getroffen werden, wie sie, weil mehr „formeller" Art, nicht notwendigerweise in die Verdingungsunterlagen und in das Angebot, also in den eigentlichen Vertrag, gehören.

A § 29, 1, Rdn. 3+4

3   Hierzu kann z. B. die Abrede zählen, daß **Änderungen und Ergänzungen** des Bauvertrages **der Schriftform** bedürfen. Solche Klauseln sind auch bei AGB grundsätzlich wirksam (BGH BB 1977, 61; ferner BGH BB 1979, 1789, dazu krit. Baumann BB 1980, 551), auch im Hinblick auf § 9 AGB-Gesetz (vgl. KG Betrieb 1980, 2032 = MDR 1980, 923; vgl. auch BGH NJW 1982, 331, 333; insoweit z. T. a. A. in bezug auf bevollmächtigte Personen OLG Karlsruhe NJW 1981, 405 mit Anm. Micklitz; vgl. auch OLG Frankfurt WM 1981, 598, 599). Jedoch kann eine in Allgemeinen Geschäftsbedingungen – insbesondere Zusätzlichen Vertragsbedingungen – enthaltene sogenannte „**absolute Schriftformklausel**„, also eine solche, welche die Wirksamkeit vertraglicher Abmachungen **überhaupt** an die Schriftform bindet, gegen § 9 AGB-Gesetz verstoßen. Das gilt z. B. für eine Bestimmung, nach der „mündliche Nebenabreden nur nach schriftlicher Bestätigung des Auftragnehmers Gültigkeit haben" sollen, wenn das Unternehmen als sogenannter Einmannbetrieb geführt wird (BGH BauR 1983, 363 = NJW 1983, 1853 = Betrieb 1983, 2028 = BB 1983, 1876 = ZIP 1983, 833 = MDR 1983, 1016 = SFH § 9 AGBG Nr. 8 = ZfBR 1983, 188 = LM § 9 [Ca] AGBG Nr. 1). Wenn auch der Auftragnehmer ein schutzwürdiges Interesse daran haben kann, sich vor unkontrollierbaren Äußerungen seiner Angestellten zu schützen und sich gegen mögliche auftretende Beweisschwierigkeiten zu sichern, trifft das in einem solchen Falle nicht zu; hier führt eine solche Klausel zu einer völligen Verdrängung des § 4 AGB-Gesetz (vgl. dazu auch OLG Köln MDR 1983, 1025). Gleiches gilt im nichtkaufmännischen Verkehr, wenn eine solche Klausel auch nach Vertragsabschluß getroffene mündliche Abmachungen zwischen dem Kunden (Auftraggeber) **und zur Vertretung des Auftragnehmers berechtigte Personen** umfassen soll; auch insoweit liegt ein Verstoß gegen § 9 AGB-Gesetz vor (vgl. dazu BGH BB 1986, 1047 = NJW 1986, 1809 = JZ 1986, 698 = LM § 9 [Ca] AGBG Nr. 3 = MDR 1986, 928 = ZIP 1986, 714 = Bunte EWiR 1986, 421).

4   Im übrigen sind entgegen einer an sich zulässigen Schriftformvereinbarung später mündlich getroffene **Änderungen oder Ergänzungen des Bauvertrages** nach § 125 Satz 2 BGB dennoch wirksam, wenn nur **die Parteien** die **Maßgeblichkeit** der mündlichen Vereinbarung **übereinstimmend gewollt** haben (dazu BGH NJW 1962, 1908; auch BGH SFH Z 4.01 Bl. 21 sowie BGH, Urt. vom 7.6.1966 – VII ZR 109/64 –), und zwar für den Bereich des AGB-Gesetzes als nach dessen § 4 vorrangige Individualvereinbarung (KG Betrieb 1980, 2032 = MDR 1980, 923). Das gilt auch, wenn die Parteien bei der mündlichen Abänderung oder Ergänzung des Vertrages nicht an die Schriftformklausel denken (BGH NJW 1965, 293 = MDR 1965, 198 = BB 1965, 61 = LM BGB § 125 Nr. 20; BGH SFH Z 3.01 Bl. 438; BGH BauR 1974, 206 = SFH Z 2.502 Bl. 1; BGH NJW 1976, 1395 = BB 1976, 952 = WM 1976, 717 = LM § 242 [Ca] BGB Nr. 36 Anm. Wolf; BGH BB 1981, 266). Allerdings kommt es hier grundsätzlich auf den erkennbaren Willen des Auftraggebers und/oder des Auftragnehmers selbst bzw. der für diese handelnden maßgebenden Personen an; ist dagegen die bloß mündliche Abrede von einem Angestellten getroffen worden, so kann sich sein Dienstherr nicht auf deren Wirksamkeit berufen, wenn der Vertragspartner den Umständen nach der Annahme sein konnte, der Dienstherr bzw. der insoweit maßgebliche Inhaber oder gesetzliche Vertreter müsse noch selbst über die Vertragsänderung entscheiden (so mit Recht OLG Hamm MDR 1974, 577). Außerdem ist eine bei Schriftformabrede mündlich getroffene Abrede unwirksam, wenn die Parteien vorher unmißverständlich vertraglich festgelegt haben, sie verzichteten auf die Wirksamkeit von mündlichen Abreden oder Nebenabreden (wie z. B. einer Stundungsvereinbarung), da hiermit klargestellt ist, daß eine mündliche Abrede oder Nebenabrede keinesfalls gelten soll (OLG Frankfurt MDR 1975, 488). Ähnliches gilt selbst unter Kaufleuten, wenn ausdrücklich vertraglich vereinbart worden ist, ein Verzicht auf die Einhaltung der Schriftform könne ebenfalls nur schriftlich festgelegt werden; anders ist dies nur, wenn die Einhaltung der Schriftform bewußt vereitelt worden ist (BGH NJW 1976, 1395 = BB 1976, 952 = WM 1976, 717 = LM § 242 [Ca] BGB Nr. 36 Anm. Wolf. Zur Effektivität vertraglicher Schriftformklauseln Boergen BB 1971, 202.

5 Grundsätzlich ist bei Vorliegen der vorangehend genannten besonderen Umstände zu empfehlen, sicherheitshalber den Bauvertrag schriftlich zusammenzufassen, weil das Schriftliche dann bei Streitigkeiten die Vermutung für sich hat, daß in ihm der maßgebende Vertragswille richtig und vollständig niedergelegt worden ist. Das gilt nicht zuletzt auch im Hinblick auf die Bezeichnung der Partner aus dem Bauvertrag (vgl. dazu BGH SFH Z 2.414 Bl. 140 ff.).

6 Vielfach besteht im Bauwesen die Übung, sogenannte **Formularverträge** zu verwenden. Das hat für die meist rechtsunkundigen Vertragspartner den Vorteil, daß sie durch den Text der Formulare an wesentliche rechtliche Gesichtspunkte für den Bauvertrag erinnert, darüber aufgeklärt und dazu angehalten werden, „das Gedruckte" als Vertragsinhalt zu übernehmen. Auf jeden Fall ist es aber unumgänglich notwendig, das Vertragsmuster **vorher genau durchzusehen** und im Einzelfall notwendige Ergänzungen vorzunehmen, die Gegenstand der Abmachungen des konkreten Bauvertrages sind, um etwaige Rechtsnachteile im Sinne späterer Beweisschwierigkeiten zu vermeiden, da solche Formulare nur allgemein gefaßt sind, daher in der Regel die Besonderheiten des einzelnen Falles nicht berücksichtigen. Im Zweifel sind Formularvereinbarungen **gegen** die Vertragspartei auszulegen, die das Formular gewählt hat und sich hätte klarer ausdrücken können (BGHZ 5, 111). Dasselbe gilt auch von der Vollständigkeit des formularmäßigen Vertrages. Hier spielen besonders die Vorschriften des **AGB-Gesetzes eine Rolle** (s. o. Rdn. 2; vgl. insbesondere Teil A § 10 Rdn. 77 ff.).

C. Ausfertigung, Unterzeichnung der Urkunde; Beglaubigung; Kosten (Nr. 2)

7 Nach Nr. 2 Satz 1 ist die **Urkunde doppelt auszufertigen und von beiden Vertragspartnern zu unterzeichnen.** Beide Partner müssen ihre Unterschrift auf jede der beiden Urkunden setzen. Es genügt aber auch, wenn jeder Vertragspartner seine Urkunde mit der Unterschrift des anderen Vertragsteils erhält, § 126 Abs. 2 BGB.

8 Die **Beglaubigung einer Unterschrift** unter der Urkunde kann nach Nr. 2 Satz 2 in besonderen Fällen verlangt werden. Sie erfolgt grundsätzlich gerichtlich oder notariell. Ob derartige besondere Fälle gegeben sind, richtet sich nach dem jeweiligen Einzelfall. Eine gesetzliche Vorschrift besteht insoweit nicht, mit Ausnahme des § 313 BGB (vgl. Anh. Rdn. 232 ff.) oder des Falles, daß jemand nur zur Unterschriftsleistung mittels Handzeichen in der Lage ist. Grundsätzlich erscheint es gerechtfertigt, eine Beglaubigung der Unterschrift zu verlangen, wenn die Urkunde zur Vorlage bei Banken usw. gebraucht wird, vor allem, um die Echtheit der Unterschrift zu beweisen.

9 Die **Kosten** der Urkunde sind **im Zweifel** von den Vertragsparteien **anteilig zu tragen**; die **Kosten der Beglaubigung** sind im allgemeinen von demjenigen Vertragspartner zu übernehmen, **der die Beglaubigung verlangt.** In den Ausschreibungsunterlagen können abweichende Vereinbarungen getroffen werden.

Anhang

Die Unternehmereinsatzformen

Inhaltsübersicht

	Rdn.
A. Begriff der Unternehmereinsatzformen	1
B. Der Alleinunternehmer	2-4
C. Die Arbeitsgemeinschaft	5-115
I. Begriff	7
II. Zusammenschlüsse auf vertraglicher Grundlage	8-9
III. Öffentliche Aufträge an Arbeitsgemeinschaften	10-15
1. Einhaltung des lauteren Wettbewerbs	11
2. Beurteilung von Fachkunde, Zuverlässigkeit und Leistungsfähigkeit	12
3. Besondere Prüfung bei Beschränkter Ausschreibung	13-15
IV. Baurechtliche Arbeitsgemeinschaft als BGB-Gesellschaft	16-25
1. Allgemein Zusammenschluß nur für ein Bauvorhaben	18-19
2. Gleiche Behandlung wie Alleinunternehmer	20
3. Treuepflicht der Gesellschafter	21
4. Steuerrechtliche Behandlung von Arbeitsgemeinschaften	22
5. Organe der baurechtlichen Arbeitsgemeinschaft	23-25
a) Aufsichtsstelle	23
b) Kaufmännische und technische Geschäftsführung	24
c) Bauleitung	25
V. Einzelheiten eines Arbeitsgemeinschaftsvertrages	26-104
1. Nicht unbedingt Schriftform	27
2. Name, Zweck, Sitz, Anschrift, Gerichtsstand der Arge	28-29
3. Beiträge der Gesellschafter (Arbeitskräfte, Sachleistungen, Geldleistungen, Geräte)	30-36
a) Art der Beiträge	31-33
b) Sachleistungen	34
c) Geldleistungen	35
d) Gebrauchsüberlassungen	36
4. Eigentum an den Beiträgen	37-38
5. Verpflichtung zur Leistung von Zuschüssen bzw. Zubußen (Innenverhältnis – Außenverhältnis)	39-40
6. Nichterfüllung von Beitragspflichten	41-45
a) Schuldhafte Verletzung	42
b) Schuldlose Nichterfüllung	43
c) Zweigliedrige Gesellschaft	44
d) Regelungen im Arge-Mustervertrag	45
7. Beteiligung und Haftung im Innenverhältnis	46-48
8. Außenverhältnis	49-55
a) Grundsätzlich Gesamtschuldnerschaft	49-50
b) Keine eigene Rechtspersönlichkeit	51
c) Gesamtgläubigerschaft	52
d) Haftung bei unerlaubten Handlungen	53
e) Hinweise auf Literatur	54
f) Gerichtsstand	55
9. Geschäftsführung und Vertretungsmacht	56-65
a) Geschäftsführung	57-62
aa) Tätigkeit geschäftsführender Gesellschafter	59-60
bb) Verletzung von Geschäftsführerpflichten	61
cc) Entziehung oder Kündigung der Geschäftsführung	62
b) Vertretungsmacht	63-65
10. Versicherungsbeiträge	66-67

11. Steuern	68
12. Beiträge für Berufsverbände	69
13. Abtretung von Forderungen	70-79
a) Grundsätzlich kein Übertragungsrecht	71-74
b) Ausnahmen	75-79
14. Auflösung oder Kündigung bei der Arbeitsgemeinschaft	80-89
a) Gesellschafterkündigung	81-82
b) Gesellschafterbeschluß	83
c) Gläubigerkündigung	84-85
d) Tod eines Gesellschafters bzw. Auflösung seines Unternehmens	86
e) Konkurs eines Gesellschafters	87-89
15. Auseinandersetzung mit ausscheidendem Gesellschafter	90-97
16. Beendigung der Arbeitsgemeinschaft	98-102
17. Vertretung bei aufgelöster Gesellschaft	103
18. Änderung des Gesellschaftsvertrages	104
VI. „Beteiligungs- und Beihilfegemeinschaft"	105-106
VII. Von der Arbeitsgemeinschaft zu unterscheidende weitere Sonderformen	107-115
1. Leiharbeitsverhältnis – Dienstverschaffungsvertrag – Arbeitnehmerüberlassung	107-113
2. Maschinenarbeitsgemeinschaft	114
3. Auftrag unter anderem Namen	115
D. General-(Haupt-) und Nachunternehmer	116-159
I. Grundsätzliches	116-120
II. Generalunternehmer – Hauptunternehmer	121-122
III. Generalunternehmer ist Alleinunternehmer gegenüber Auftraggeber	123-128
1. Vertragliche Beziehungen nur zwischen Generalunternehmer und Auftraggeber	126
2. Weitervergabe von Leistungen an Nachunternehmer als Ausnahme	127-128
IV. Generalübernehmer	129-131
V. Mischformen	132-135
1. Beschränkter Generalunternehmereinsatz	133
2. Totalunternehmer	134
3. Anlagenvertrag	135
VI. Generalunternehmereinsatz bei Bauvergabe nach Teil A der VOB	136-138
VII. Nachunternehmervertrag	139-150
1. Allgemeine Gesichtspunkte	139
2. Beachtung der durch das AGB-Gesetz gezogenen Grenzen	140-141
3. Merkblatt für Generalunternehmer	142
4. Beachtung der VOB-Regelungen vordringlich	143-145
5. Verantwortlichkeit des Nachunternehmers unabhängig von Ansprüchen des Auftraggebers	146
6. Zuschlag bei Generalunternehmervergütung	147-149
7. Los-Arbeitsgemeinschaft	150
VIII. Sondervereinbarungen Generalunternehmer – Auftraggeber	151-153I
X. „Rückgriff" des Generalunternehmers gegen Nachunternehmer	154-159
E. Haupt- und Nebenunternehmer	160-172
I. Grundlage	160-161
II. Unmittelbare Verträge beider Unternehmer mit Auftraggeber	162-163
III. Besonderheiten für Bauvergabe	164-167
1. Festlegung in den Verdingungsunterlagen	164
2. Richtlinien für die Tätigkeit des Hauptunternehmers	165
3. Festlegung zusätzlicher Pflichten des Hauptunternehmers	166
4. Aufnahme der besonderen Hauptunternehmerpflichten auch im Bauvertrag	167
IV. Zusätzliche Vergütung des Hauptunternehmers	168
V. Ausgewogenheit zwischen Haupt- und Nebenunternehmerverträgen	169

Anh.

VI. Rechtsverhältnisse der Beteiligten	170-172
1. Hauptunternehmervertrag ist allgemein sogenannter gemischter Vertrag	170
2. Selbständiger Bauvertrag zwischen Auftraggeber und Nebenunternehmer	171
3. Grundsätzlich keine vertraglichen Beziehungen zwischen Haupt- und Nebenunternehmern	172
F. Die sogenannte Baubetreuung – Bauträger – Treuhand	173-269
I. Allgemeines	173-178
1. Begriffliches	173
2. Einwirkung auf Art. 10 § 3 MRVG	174
3. Unterschied zum Generalunternehmer	175
4. Rechtsberatungsgesetz	176
5. AGB-Gesetz	177
6. Abzahlungsgesetz	178
II. Baubetreuungsvertrag	179-188
1. Grundlage	179
2. Handeln des Betreuers namens und im Auftrag des Bauherrn – Vollmachtsfragen –	180-184
3. Unmittelbare bauvertragliche Beziehungen zwischen Betreutem und Auftragnehmer	185
4. Überwiegend dienstvertraglicher Charakter dieses Betreuungsvertrages	186-188
III. Bauträgervertrag	189-239
1. Begriff	189-192
a) Gemeinsamkeiten mit dem Baubetreuungsvertrag	190
b) Maßgeblicher Unterschied zum Baubetreuungsvertrag	191
c) Sicherungspflichten	192
2. Regelmäßig bauvertragliche Beziehungen zwischen Betreuer und Auftragnehmern	193
a) Bauherrenmodelle – steuerliche Gesichtspunkte – Haftungsfragen	194-196
b) Abtretung von Gewährleistungsansprüchen an Betreuten	197-212
aa) Allgemeines	198-200
bb) Informationspflichten	201
cc) Inhaltlich klare Abtretung	202-203
dd) Ausschluß der Gewährleistungsansprüche gegen Bauträger unter gleichzeitiger Abtretung	204-205
ee) Kosten des Erwerbers	206
ff) Individualverträge	207
gg) Konkurs des Unternehmers	208
hh) Durch Bauträger selbst veranlaßte Nachbesserung	209
jj) Zustimmung des Auftragnehmers zur Abtretung	210
kk) Einrede des nichterfüllten Vertrages	211
ll) Sonderfälle	212
c) Ausschluß oder Einschränkung von Gewährleistungsansprüchen ohne Abtretung	213
3. Im allgemeinen Werklieferungsvertrag mit Geschäftsbesorgungscharakter; insbesondere werkvertragliche Gewährleistung	214-231
a) Grundsätzlich werkvertragliche Gewährleistungsansprüche	215-217
b) Ausdrückliche Bezeichnung der Herstellungsverpflichtung im Vertrag nicht erforderlich	218
c) Auch bereits fertiggestellte Neubauten sind von der Gewährleistungspflicht erfaßt	219
d) Auch Umbau von Altbauten ist hier einzuordnen	220
e) Abgrenzung	221
f) Bezeichnung des Vertragstyps in Formularverträgen unbeachtlich	222-224
g) Umfang der werkvertraglichen Gewährleistungspflicht des Bauträgers – Verjährung – Kündigung	225-230
h) Keine Teilkündigung ohne wichtigen Grund	231

4. Form des Bauträgervertrages	232-238
5. Ausnahme: Spätere Übertragung, Nutzungsverhältnis	239
IV. Verjährung von Ansprüchen des Betreuers bzw. Bauträgers	240-246
1. Grundsätzlich Grundlage § 196 Abs. 1 Nr. 1 BGB	240-242
2. Ausnahmsweise Grundlage § 196 Abs. 1 Nr. 7 BGB	243
3. Ausnahme	244
4. Wirtschaftliche und finanzielle Betreuung	245
5. § 16 Nr. 3 Abs. 2 VOB/B	246
V. Sonderfragen	247-257
1. Musterprozeßklausel	247
2. Schlüsselfertiges Bauen	248
3. Geltendmachung von Rechten aus § 326 BGB durch Bauträger	249
4. Vollständige Fertigstellung	250
5. Auskunfts- und Rechenschaftspflicht	251
6. Anfechtung, Verschulden bei Vertragsverhandlungen	252
7. Finanzierungsbestätigung – Einwendungen gegenüber kreditgebender Bank	253
8. Festpreisgarantie	254
9. Sonderfragen zur Vergütung des Bauträgers	255
10. Mietgarantie	256
11. Vormerkung zur Grundstücksübereignung – Konkurs	257
VI. Bautreuhänder	258-269
1. Tätigkeitsformen	258
2. Pflichten des Treuhänders – Abgrenzung	259
3. Haftung für Verschulden bei Vertragsverhandlungen	260
4. Überwachung im Rahmen der Finanzierung	261
5. Beachtung der Bestimmungen des AGB-Gesetzes	262
6. Notarielle Beurkundung	263
7. Gesamtschuldnerische Haftung von Bauträger und Treuhänder	264
8. Verjährung von Ansprüchen gegen Treuhänder	265
9. Zurückzahlung nicht verbrauchter Gelder	266
10. Einwendungsdurchgriff gegen finanzierende Bank	267
11. Begrenzung des Vergütungsanspruches des Treuhänders	268
12. Etwaige Haftung gegenüber ausführenden Unternehmern	269
G. Der Erwerb von Wohnungseigentum	270-303
I. Rechtsgrundlage von Gewährleistungsansprüchen	270-272
II. Probleme bei Sondereigentum – Gemeinschaftseigentum	273-284
1. Abnahme	273
2. Gewährleistungsansprüche bei Sondereigentum	274
3. Gewährleistungsansprüche bei Gemeinschaftseigentum	275-284
a) Abgrenzung zu Sondereigentum	275
b) Verlust von Nachbesserungsansprüchen	276
c) Nachbesserungsansprüche des einzelnen Erwerbers	277
d) Leistungsverweigerungsrecht	278
e) Verjährung	279
f) Beweissicherungsverfahren	280
g) Nachbesserungsansprüche durch Gemeinschaft oder Verwalter	281-282
h) Minderungs- oder Schadensersatzanspruch	283-284
III. Befugnisse des Verwalters	285-287
1. Klagebefugnis – Prozeßstandschaft	285
2. Mängelbeseitigung – Hinweise an Gemeinschaft	286
3. Instandsetzungsarbeiten	287
IV. Sonderfragen	288-303
1. Koppelungsverbot	288
2. Instandsetzungen	289
3. Auskunftsanspruch	290
4. Zuständigkeit bei Streitigkeiten	291

5. Notwendigkeit notarieller Beurkundung von Erwerbsverträgen 292
6. Wohnungseigentümer im allgemeinen keine Gesamtschuldner 293
7. Schadensersatz – Rücktritt 294
8. Zwischenfinanzierungskosten 295
9. Bauhandwerkersicherungshypothek 296
10. Zeitpunkt der Abrechnung von Baukosten 297
11. Fertigstellung von Wohnungen nach Vermögensverfall des Veräußerers 298
12. Feststellung von Baumängeln 299
13. Herausgabe von Unterlagen 300
14. Kostenverteilungsschlüssel 301
15. Zwangsversteigerung 302
16. Zustellungen 303

A. Begriff der Unternehmereinsatzformen

1 Teil A § 4 Nr. 3 sieht vor, daß Bauleistungen verschiedener Handwerks- oder Gewerbezweige in der Regel nach Fachgebieten oder Gewerbezweigen getrennt zu vergeben sind; aus wirtschaftlichen oder technischen Gründen können mehrere Fachlose zusammen vergeben werden. In diesem Zusammenhang ist auf die möglichen Arten des Zusammenschlusses von Bauausführenden zur Erbringung einer Bauleistung einzugehen. **Man spricht von den Unternehmereinsatzformen.** Zu ihnen sagt das VHB unter Nr. 1. VHB zu Teil A § 8 im Ausgangspunkt:

1.1. Am Wettbewerb dürfen sich Bieter, die gewerbsmäßig Bauleistungen der geforderten Art ausführen, einzeln oder gemeinschaftlich beteiligen.
Gewerbsmäßig befaßt sich derjenige mit einer Leistung, der sich selbständig und nachhaltig am allgemeinen wirtschaftlichen Verkehr mit der Absicht beteiligt, einen Gewinn zu erzielen.
Teilt eine für die Prüfung der gewerberechtlichen Voraussetzungen zuständige Dienststelle mit, daß ein Verfahren wegen unberechtigter Ausübung eines Gewerbes eingeleitet ist, so ist bis zum Abschluß des Verfahrens von der Beteiligung des betreffenden Unternehmens am Wettbewerb abzusehen.

B. Der Alleinunternehmer

2 **Der Regelfall des Unternehmereinsatzes ist auch heute noch der Alleinunternehmer.** Es ist derjenige, der im Rahmen seines Betriebes alle Bauarbeiten **selbst durchführt,** die zu dem ihm erteilten Auftrag gehören. Der Auftrag kann die gesamte Bauleistung umfassen, aber auch nur ein Teillos, ein Fachlos oder eine Fachlosgruppe sein (vgl. dazu Teil A § 4 Rdn. 6 ff.).

3 **Alleinunternehmer kann eine Einzelperson, es können aber auch mehrere Personen zusammen sein.** Man denke an den Fall, daß ein Baubetrieb mehrere Inhaber hat, die das Geschäft gemeinsam betreiben, ohne durch eine der Gesellschaftsformen des Handelsrechts miteinander verbunden zu sein. Man spricht dann wegen der gemeinschaftlichen Zweckbestimmung und Zweckbindung im allgemeinen von einer **Gesellschaft des bürgerlichen Rechts,** wobei jeder der Inhaber für sein Tun und Unterlassen selbst verantwortlich ist und dem Auftraggeber **gesamtschuldnerisch** mit den anderen mit seinem ganzen Vermögen haftet. Wegen der Einzelheiten wird auf die §§ 705 ff. BGB verwiesen. Weiter kann Alleinunternehmer ein Unternehmen sein, das in einer der **Gesellschaftsformen des Handelsrechts** nach den hierfür geltenden gesetzlichen Bestimmungen geführt wird. Zu denken ist an die **juristischen Personen,** die gleich der natürlichen Person als Einzelperson zu gelten haben, wie z. B. die Kommanditgesellschaft, die offene Handelsgesellschaft, die Gesellschaft mit beschränkter Haftung, die Aktiengesellschaft usw. Vgl. dazu die einschlägigen Kommentierungen zum Handels- und Gesellschaftsrecht. Hier genügt es, festzuhalten, daß **Alleinunter-**

nehmer im Sinne der VOB **nicht nur die Einzelpersönlichkeit** des allein einen Baubetrieb leitenden und innehabenden Unternehmers ist, sondern daß darunter **auch** alle die **Gesellschaftsformen** verstanden werden – und zwar sowohl des BGB als auch des HGB –, unter denen ein Unternehmen des Baugewerbes betrieben werden kann. Zur Haftung für vor Eintragung in das Handelsregister entstandene Geschäftsverbindlichkeiten einer GmbH & Co KG vgl. BGH BB 1977, 1065.

In der auch heute noch geltenden Regel wird ein Bauvorhaben von **mehreren Unternehmern** erstellt, von denen jeder einen bestimmten Teil auf seinem Fachgebiet (Maurer, Klempner, Installateure, Dachdecker usw.) in sich abgeschlossen nach einem jeweils **nur mit ihm eingegangenen und nur für ihn gültigen Vertrag** zu erbringen hat. Es gilt daher **allgemein** der **Grundsatz,** daß die mehreren an einem Bau tätigen Unternehmer **nicht Gesamtschuldner** (§ 421 BGB) des Auftraggebers **hinsichtlich** des Gesamtvorhabens sind. **Ausnahmen** gelten **nur bei Arbeitsgemeinschaften** (vgl. Rdn. 46 ff.) und dann, wenn eine **bestimmte Bauleistung ihrer Natur nach nur** durch Zusammenwirken mehrerer Unternehmer erbracht werden kann. Das ist z. B. der Fall, wenn eine Betondecke, die mit einem Glasprismenband durchzogen ist, herzustellen ist (vgl. BGH NJW 1952, 217 = SFH Z 2.221 Bl. 2 = BB 1952, 67).

C. Die Arbeitsgemeinschaft

Literatur: Hochstein/Jagenburg, „Der Arbeitsgemeinschaftsvertrag", Werner-Verlag, Düsseldorf, 1974; Fahrenschon u. a., „Arge-Kommentar, Juristische und betriebswirtschaftliche Erläuterungen zum Arbeitsgemeinschaftsvertrag", Bauverlag Wiesbaden, 2. Aufl. 1982; Giefers, „Arbeitsgemeinschaften, rechtliche und steuerliche Besonderheiten", Vertragsmuster, Rudolf-Haufe-Verlag, Freiburg; Kopal/Kuhnen, „Die Geschäftsführung der Arbeitsgemeinschaft in der Bauwirtschaft", Werner-Verlag, Düsseldorf, 1968; Knigge, „Die Abstellung von Arbeitnehmern an eine baugewerbliche Arbeitsgemeinschaft", Diss. Freiburg; Anderson, „Das Einstellungsverbot nach § 12.17 des Arbeitsgemeinschaftsmustervertrages (Fassung 1971) der Bauindustrie", BauR 1977, 225; Kainzbauer, „Arbeitsgemeinschaftsvertrag, Fassung 1979", Bauwirtschaft 1979, 1861; ders., „Der Arge-Vertrag" (Fassung 1987), Bauwirtschaft 1987, 280; Fischer, „Die Rechtsprechung des BGH zur Gesellschaft des bürgerlichen Rechts und zur stillen Gesellschaft", WM 1975, 718 und WM 1981, 638.

Mehrere Unternehmer können sich gemeinsam vor der Auftragserteilung zusammenschließen und als einheitlicher Vertragspartner auftreten; sie können dies – ausnahmsweise – mit vorauszusetzender Zustimmung des Auftraggebers auch noch nach Abschluß des Bauvertrages tun, ohne daß dadurch der vorangegangene Vergabewettbewerb im geringsten eingeschränkt worden sein darf (vgl. dazu Vor Teil A §§ 21 Rdn. 5 f., 21 Rdn. 21 ff.). In beiden Fällen handelt es sich um eine Arbeitsgemeinschaft. Rechtlich handelt es sich dabei um einen **Alleinunternehmer** (vgl. Rdn. 1), da nur ein einheitlicher Auftrag erteilt wird und sich die Rechte und Pflichten aller Beteiligten, vor allem auf der Auftragnehmerseite, nach einem **einheitlichen Vertrag** richten.

Von vornherein zu beachten ist, daß die Arbeitsgemeinschaft **keine eigene Rechtspersönlichkeit** besitzt (vgl. dazu Rdn. 46 ff.). Ein ganz anderer Gesichtspunkt ist es, daß sich die **Rechte und Pflichten der Arbeitsgemeinschaft gegenüber dem Auftraggeber weitgehend mit denen des Alleinunternehmers decken.**

I. Begriff

Die Begriffsbestimmung der baurechtlichen Arbeitsgemeinschaft in Nr. 2. VHB zu Teil A § 8 lautet:

2. Arbeitsgemeinschaften

2.1. Arbeitsgemeinschaften sind Zusammenschlüsse von Unternehmern auf vertraglicher Grundlage mit dem Zweck, Bauaufträge für gleiche oder verschiedene Fachgebiete oder Gewerbezweige gemeinsam auszuführen; sie können vertikal (Unternehmen verschiedener Fachrichtungen) oder horizontal (Unternehmen gleicher Fachrichtungen, z. B. Ingenieur-Hochbau) gegliedert sein.

II. Zusammenschlüsse auf vertraglicher Grundlage

8   Unter dieser grundlegenden Voraussetzung ist **die übereinstimmende mündliche oder schriftliche Vereinbarung mehrerer Unternehmer zu verstehen, gemeinsam sich um einen Bauauftrag zu bewerben und/oder einen erteilten Auftrag zusammen auszuführen.** Damit verbunden ist die **Verpflichtung jedes einzelnen Unternehmers gegenüber den anderen, entsprechend den im Innenverhältnis getroffenen Vereinbarungen mit zur Erreichung des vorgenommenen Zieles beizutragen,** und zwar im Rahmen der intern vertraglich festgelegten Möglichkeiten, die das einzelne Unternehmen seiner Art, seinem Gegenstand und seinem Umfang nach bietet, wobei es in der Lage sein muß, zumindest einen Teil der geforderten Leistung selbst auszuführen. Dabei ist es **keineswegs** erforderlich, daß es sich um **gleichartige Unternehmen,** d. h. um Unternehmen derselben Branche oder des gleichen Gewerbezweiges, handeln muß. Vielmehr ist der Zusammenschluß von Betrieben aus verschiedenen Fachrichtungen durchaus möglich, wie auch in Nr. 2.1. VHB zu Teil A § 8 zum Ausdruck gekommen ist. Wie die Praxis zeigt, kommt es nicht selten vor, daß sämtliche zu einem Gesamtbau gehörigen Leistungen oder ein Teil derselben an eine Arbeitsgemeinschaft in Auftrag gegeben werden.

9   **Zwischen den beteiligten Unternehmen muß ein besonderes Vertrauensverhältnis bestehen, das nach rechtlichen Grundsätzen zu beurteilen ist.** Das gilt auch schon während der Vertragsverhandlungen von Unternehmen untereinander, die auf Abschluß eines Arbeitsgemeinschaftsvertrages gerichtet sind. Über die wettbewerbswidrige Abwerbung von Arbeitnehmern eines an diesen Vertragsverhandlungen beteiligten Unternehmens durch eine andere beteiligte Firma vgl. BGH BB 1961, 639.

Gibt ein Unternehmer entgegen der Verabredung mit einem anderen, ein gemeinsames Angebot abzugeben und eine Arbeitsgemeinschaft zu bilden, und nach Abstimmung der beiderseitigen Kalkulationen allein ein Angebot ab, und erhält er daraufhin den Auftrag, so kann er sich dem anderen Unternehmer aus culpa in contrahendo (Verschulden bei Vertragsabschluß) schadensersatzpflichtig machen mit dem möglichen Ergebnis, daß er dem Geschädigten das Erfüllungsinteresse zu ersetzen hat, wenn der Bauvertrag mit ihm abgeschlossen worden wäre (vgl. BGH BB 1974, 1040).

III. Öffentliche Aufträge an Arbeitsgemeinschaften

10   Für **öffentliche Auftraggeber** zählt neben der Nr. 2.1. (vgl. Rdn. 7) die Nr. 2.2. VHB zu Teil A § 8 für die Vergabe an Arbeitsgemeinschaften die folgenden Gesichtspunkte auf:

2.2. Arbeitsgemeinschaften – auch Bietergemeinschaften – sind grundsätzlich unter den gleichen Bedingungen wie einzelne Bieter zum Wettbewerb zuzulassen und bei Beschränkter Ausschreibung zur Teilnahme aufzufordern. Der Wettbewerb darf jedoch durch die Bildung von Arbeitsgemeinschaften nicht eingeschränkt werden.
Bei der Beurteilung der Angebote von Arbeitsgemeinschaften sind Fachkunde, Leistungsfähigkeit und Zuverlässigkeit der beteiligten Unternehmen im einzelnen ebenso wie die durch ihr Zusammenwirken geschaffene, in quantitativer und qualitativer Hinsicht verbesserte Kapazität zu berücksichtigen.

11   1. Zunächst ist zwischen Arbeitsgemeinschaften zu unterscheiden, die **vertikal** (Zusammenschluß von Unternehmen gleicher Fachrichtung), und solchen, die **horizontal** (Zusammen-

schluß von Unternehmen verschiedener Fachrichtung) gebildet worden sind (vgl. dazu insbesondere auch Jebe/Vygen S. 329 f.).

Wenn auch Arbeitsgemeinschaften grundsätzlich unter den gleichen Bedingungen zuzulassen sind wie Bieter als Einzelpersonen bzw. Einzelfirmen, so muß der Auftraggeber doch darauf achten, daß hier die **Gebote des ordnungsgemäßen, lauteren Wettbewerbs eingehalten werden.** Vor allem muß vermieden werden, daß durch den Zusammenschluß mehrerer Unternehmen zu einer Arbeitsgemeinschaft eine Beeinträchtigung des Wettbewerbs stattfindet, besonders dann, wenn der Zusammenschluß einen **Verstoß gegen das GWB** darstellen würde (vgl. dazu Vor Teil A § 21 Rdn. 5 ff., Teil A § 21 Rdn. 21 ff. und Teil A § 25 Rdn. 15 ff.; ferner Hochstein/Jagenburg Einl. Rdn. 56 ff.; Locher, Das private Baurecht, Rdn. 383; vgl. auch Rdn. 13 ff.). Diese Gefahr kann in erster Linie bei den horizontal gebildeten Arbeitsgemeinschaften bestehen. Maßgebend für die Beurteilung muß es sein, ob sich die Unternehmen, die sich hier zusammengetan haben, **auch ohne den Zusammenschluß an der betreffenden Vergabe beteiligen würden.** Ist das zu bejahen, so ist der Wettbewerbsgrundsatz nicht beachtet, und die betreffende Arbeitsgemeinschaft ist von dieser Vergabe auszuschließen.

2. Sind Bedenken in der genannten Hinsicht nicht gegeben, sind also Arbeitsgemeinschaften an der betreffenden Vergabe zu beteiligen, so muß für die Beurteilung der **Fachkunde, Leistungsfähigkeit und Zuverlässigkeit** (vgl. Teil A § 25 Rdn. 42 ff.) auf den Zusammenschluß abgestellt werden, also auf die **Verhältnisse, wie sie durch den Zusammenschluß geschaffen** worden sind. Das läßt sich allerdings, wie aus dem VHB (vgl. Rdn. 10) mit Recht hervorgeht, sachgerecht nur durch Beurteilung der Gegebenheiten bewerkstelligen, wie sie bei den **einzelnen Unternehmern,** die sich zur Arbeitsgemeinschaft zusammengeschlossen haben, vorliegen. Also auch hier muß im Ausgangspunkt eine auf die jeweiligen Unternehmen abgestellte Betrachtungsweise Platz greifen. Andererseits darf jedenfalls bei der Endbeurteilung nicht aus dem Auge gelassen werden, daß der arbeitsgemeinschaftliche Zusammenschluß im allgemeinen die Möglichkeit schaffen kann, durch das Zusammenwirken sowohl in quantitativer als auch in qualitativer Hinsicht eine verbesserte Kapazität zu besitzen. Da die Arbeitsgemeinschaft wie ein Einzelunternehmer zu betrachten ist, kommt es dann für die letzte Entscheidung darauf an, ob und inwieweit sich der **Zusammenschluß** positiv auf die Fachkunde, die Leistungsfähigkeit und die Zuverlässigkeit ausgewirkt hat.

3. **Besondere Beachtung** müssen die durch den arbeitsgemeinschaftlichen Zusammenschluß geschaffenen Verhältnisse finden, wenn es sich um eine **Beschränkte Ausschreibung** handelt. Gerade hier kann die **Aufrechterhaltung gebotenen Wettbewerbs** (vgl. Rdn. 11) von ganz gewichtiger Bedeutung sein. Dabei ist besonderes Augenmerk auf die **Verhältnisse** zu legen, **die mit der Gründung einer Arbeitsgemeinschaft zusammenhängen,** und zwar in bezug auf den konkreten Bauvergabewettbewerb. Sofern im Zeitpunkt der Ausschreibung **bereits** Arbeitsgemeinschaften **bestehen,** was bei sogenannten Dauerarbeitsgemeinschaften der Fall sein wird (vgl. dazu Rdn. 18 f.), kann am ehesten eine Zulassung zur Vergabe erfolgen. Bei solchen Arbeitsgemeinschaften ist der Verdacht einer unzulässigen Wettbewerbsbeschränkung im allgemeinen nicht so groß, obwohl **auch hier** die Verhältnisse von Auftraggeberseite **im einzelnen zu überprüfen** sind. Ähnlich liegt es, wenn der aufgeforderte Bewerber vor Angebotsabgabe erklärt hat, daß er eine Arbeitsgemeinschaft mit einem **von ihm namentlich genannten** Bieter bilden will. Dann muß der Auftraggeber allerdings sogleich, und zwar noch vor Ablauf der Angebotsfrist, die erforderliche Prüfung anstellen und die betreffenden Bewerber über seinen Entschluß, ob er die Bildung einer Arbeitsgemeinschaft **zulassen** will, rechtzeitig informieren. Bejaht er nach **sorgfältiger, sachgerechter Prüfung** die Bildung der Arbeitsgemeinschaft, so ist es folgerichtig, daß dann das Angebot der Arbeitsgemeinschaft für den Bauvergabewettbewerb zuzulassen ist. Hier ist dem **Auftraggeber eine besondere Verantwortung** hinsichtlich seiner Prüfungspflicht und des Ergebnisses seiner Prüfung auferlegt. Andernfalls muß er sich unter Umständen den Vorwurf gefallen lassen, einer Einschränkung

ordnungsgemäßen Bauvergabewettbewerbs oder gar dem Zustandekommen einer wettbewerbsbeschränkenden Abrede Vorschub geleistet zu haben.

14 Schwieriger ist der Fall, in dem ein Bieter in seinem Angebot den **Vorbehalt** gemacht hat, mit einem anderen Unternehmer eine Arbeitsgemeinschaft zu bilden, und zwar unter der Voraussetzung der Auftragserteilung. Gerade hier ist **besonders sorgfältige Prüfung** durch den Auftraggeber am Platze, die selbstverständlich voraussetzt, daß der betreffende Bieter den Unternehmer, mit dem er sich gegebenenfalls zu einer Arbeitsgemeinschaft zusammenschließen will, **namentlich benennt.** Andernfalls ist die Bildung der Arbeitsgemeinschaft, demgemäß auch die Auftragserteilung, von vornherein zu versagen, weil dem Auftraggeber nicht die notwendige Prüfungsmöglichkeit gegeben ist.

15 Auch dann, wenn der andere Unternehmer, mit dem der Bieter sich zur Arbeitsgemeinschaft zusammenschließen will, vom Auftraggeber nicht zur Angebotsabgabe aufgefordert worden ist, kann die spätere Bildung der Arbeitsgemeinschaft zugelassen werden, wenn die Prüfung des Auftraggebers einmal zu den Fragen der Fachkunde, Leistungsfähigkeit und Zuverlässigkeit, zum anderen und insbesondere im Hinblick auf die Aufrechterhaltung ordnungsgemäßen Bauvergabewettbewerbs positiv zu beantworten ist. Dabei kann es eine wesentliche Rolle spielen, vorweg zu untersuchen, warum der Auftraggeber den anderen Unternehmer, mit dem sich der Bieter zusammenschließen will, nicht selbst zur Angebotsabgabe aufgefordert hat.

IV. Baurechtliche Arbeitsgemeinschaft als BGB-Gesellschaft

16 Es handelt sich bei der baurechtlichen Arbeitsgemeinschaft um eine **Gesellschaft des bürgerlichen Rechts,** §§ 705 ff. BGB (BGHZ 23, 307 = NJW 1957, 750 = BB 1957, 273 = SFH Z 2.224 Bl. 4; BayObLG SFH § 269 BGB Nr. 1; Christoffel S. 29, Wussow IB 1965, 45; Hochstein/Jagenburg, Einleitung Rdn. 47 ff.; Fahrenschon u. a. Exkurs Rdn. 1; vgl. auch RGZ 73, 286; 78, 305). Diese gesetzlichen Bestimmungen finden auf das Verhältnis nach außen zum Auftraggeber und nach innen unter den Gesellschaftern Anwendung, soweit im letzteren Fall nicht im Arbeitsgemeinschaftsvertrag abweichende Bestimmungen getroffen worden sind.

17 Für die Einordnung der Arbeitsgemeinschaft als BGB-Gesellschaft ist es begrifflich **nicht nötig,** daß sie ein **Arbeitsgemeinschaftsvermögen** besitzt (RGZ 80, 271). Auch ist die Arbeitsgemeinschaft als solche **nicht konkursfähig;** vielmehr wird sie durch die Eröffnung des Konkurses über das Vermögen eines Arbeitsgemeinschaftsmitglieds grundsätzlich **als solche** aufgelöst (§ 728 Satz 1 BGB). **Grundlegende Voraussetzung** für das Vorliegen einer Arbeitsgemeinschaft als BGB-Gesellschaft ist es dagegen, daß es sich um eine **Außengesellschaft,** die nach außen als solche auftritt, handelt. Zusammenschlüsse, die lediglich die Merkmale einer Innengesellschaft erfüllen, berühren die Beziehungen des Auftraggebers allein zu dem nach außen auftretenden Bieter bzw. Auftragnehmer nicht. Zur Abgrenzung von Außengesellschaft und Innengesellschaft vgl. BGH NJW 1960, 1851; ferner auch OLG Köln Betrieb 1973, 1065.

18 1. Der betriebliche Zusammenschluß zu einer **Arbeitsgemeinschaft ist in der Regel nicht von Dauer. Oftmals** betrifft dieser nur ein **einziges Bauvorhaben,** d. h. den hiermit verbundenen Bauauftrag und dessen Erfüllung durch Errichtung des Bauwerkes. Ist dieses Ziel erreicht, so hat mit erfolgter vermögensmäßiger Auseinandersetzung, die allerdings unter Berücksichtigung der Einzelbestimmungen des mit dem Auftraggeber abgeschlossenen Bauvertrages (wie z. B. über Gewährfristen, Rückzahlung einer Sicherheitsleistung, vollständige Bezahlung des Werklohnes) noch eine gewisse Zeit nach tatsächlicher Fertigstellung und Abnahme des Bauwerkes andauern kann, die Arbeitsgemeinschaft ihr Ende gefunden. Es gibt auch Fälle, in denen eine Arbeitsgemeinschaft praktisch nicht zum Tragen kommt, wenn sie sich z. B. an einem Ausschreibungsverfahren beteiligt, den Bauauftrag aber nicht erhält, also

sogenannte **Bietergemeinschaft bleibt.** Dann findet allenfalls noch eine Auseinandersetzung im Innenverhältnis der einzelnen Beteiligten über die gehabten Aufwendungen statt.

Abweichend vom Regelfall gibt es aber **auch Arbeitsgemeinschaften,** die nicht nur für die Erlangung und die Durchführung eines bestimmten Bauauftrages gebildet worden sind, sondern **die ständig bestehen.** Dann liegt ein Dauerverhältnis vor, gerichtet auf eine unbestimmte, in der Zukunft liegende Zahl von Bauleistungsaufträgen. Dabei kann eine bestimmte Zeit festgelegt werden, in der die Arbeitsgemeinschaft endet, z. B. nach zwei Jahren. Es kann auch ein **Gesellschaftsvertrag auf unbestimmte Zeit** eingegangen werden. Dann kommt eine Beendigung der Gesellschaft nur unter den gesetzlichen Voraussetzungen wie z. B. durch Kündigung, Tod eines Unternehmers, Konkurs eines Unternehmens, Kündigung durch einen Gesellschaftsgläubiger – §§ 723, 724, 725, 728 BGB – in Betracht. Wesentliche Besonderheit für eine Dauergesellschaft ist § 721 Abs. 2 BGB, wonach der Rechnungsabschluß und die **Verteilung des Gewinns** im Zweifel am **Schluß jeden Geschäftsjahres** zu erfolgen haben. Zur sogenannten **Los-Arbeitsgemeinschaft** vgl. Rdn. 150.

2. Alle Arbeitsgemeinschaften sind im Rahmen der VOB bei Bauvertragsverhandlungen und Bauvertragsabschlüssen grundsätzlich in gleicher Weise zu behandeln wie der Alleinunternehmer. Das gilt auch bei Beschränkten Ausschreibungen, bei denen besonderes Gewicht auf die Prüfung der Zulassung von vorhandenen, insbesondere ständigen Arbeitsgemeinschaften gelegt wird. Grundgedanke ist dabei, daß die Voraussetzungen der Beschränkten Ausschreibung – vgl. Teil A § 3 Nr. 3 – in sachlicher und fachlicher Richtung ein gewisses Maß nicht nur an Erfahrung, sondern besonders auch an erprobter Zusammenarbeit der beteiligten Unternehmen erfordern (vgl. auch Rdn. 13). Notwendig ist immer, daß auch hinsichtlich der Arbeitsgemeinschaften die Voraussetzungen des in Teil A § 2 Nr. 1 Satz 1 aufgestellten Grundsatzes der Fachkunde, Leistungsfähigkeit und Zuverlässigkeit vorliegen müssen. Wer wie ein Alleinunternehmer behandelt werden soll und auch so behandelt werden will, muß die gleichen persönlichen und sachlichen Voraussetzungen erfüllen wie der Alleinunternehmer selbst.

3. Bei der bürgerlich-rechtlichen Gesellschaft sind die vertraglichen Pflichten eines Gesellschafters gegenüber den anderen Gesellschaftern in einem besonderen Maße von der **Treuepflicht** bestimmt (RGZ 162, 394; BGH WM 1958, 777; RGRK/v. Gamm § 705 Anm. 17; Staudinger/Kessler vor § 705 Rdn. 32 ff.; insbesondere Hochstein/Jagenburg § 5 Mustervertrag Rdn. 5 ff.; Fahrenschon u. a. Exkurs Rdn. 32).

Es ist aber zu beachten, daß sich der einzelne Gesellschafter im Gesellschaftsvertrag nicht etwa verpflichtet hat, auch die Interessen seiner Mitgesellschafter zu wahren und deren persönliche Ziele zu unterstützen (OGHZ 4, 73). Sein Interesse braucht nicht hinter das Interesse der übrigen Gesellschafter zurückzutreten. Entscheidend bleibt die Verpflichtung des Gesellschafters, den **gemeinsamen Zweck zu fördern.** Die Treuepflicht gegenüber den anderen Gesellschaftern besteht daher nur insoweit, als sie aus dem Gesellschaftszweck und der Zusammenarbeit der Gesellschaft zu folgern ist (RGRK, a. a. O.). Schädigt in diesem Rahmen ein Gesellschafter, auch ein geschäftsführender Gesellschafter, durch Verletzung seiner Gesellschafterpflichten einen Mitgesellschafter, so kann dieser den Schädiger unmittelbar auf Leistung von Schadensersatz an sich in Anspruch nehmen (vgl. BGH MDR 1962, 371). Zu der Frage, inwieweit ein Gesellschafter für unerlaubtes Handeln eines anderen gemäß § 831 BGB einzutreten hat, BGH NJW 1966, 1807 = JZ 1966, 645 = Betrieb 1966, 1182.

4. Zur **steuerrechtlichen Behandlung** von Arbeitsgemeinschaften im Baugewerbe ist zu bemerken: Nach dem Urteil des Bundesfinanzhofs v. 23. 2. 1961 (BStBl. 1961 III S. 194) werden Arbeitsgemeinschaften des Baugewerbes, die nach außen in eigenem Namen auftreten, in der Regel ohne Rücksicht auf die Dauer ihres Bestehens sowie die Anzahl der beteilig-

ten Unternehmer und der zur Ausführung kommenden Aufträge als gewerbesteuerpflichtige Unternehmergemeinschaften angesehen. Zur Steuerkalkulation der bauwirtschaftlichen Arbeitsgemeinschaften Müthling BlGBW 1974, 229. Zu § 17 Arge-Mustervertrag vgl. besonders Hochstein/Jagenburg S. 231 ff. sowie Fahrenschon u. a. S. 674 ff. Über die Bilanzierung von Beteiligungen an Arbeitsgemeinschaften nach neuem Bilanzrecht vgl. Dill Betrieb 1987, 752. Die Gesellschafter haften für die Umsatz- und Grunderwerbssteuerschuld der Arbeitsgemeinschaft persönlich mit ihrem gesamten Vermögen, also im Außenverhältnis (vgl. Tiedtke BB 1987, 1745).

5. Organe der baurechtlichen Arbeitsgemeinschaft sind:

23 a) Die **Aufsichtsstelle** (Gesellschafterversammlung). Diese hat die Geschäftstätigkeit der Arbeitsgemeinschaft im allgemeinen zu überwachen. Sie hat über alle Fragen von grundsätzlicher Bedeutung zu entscheiden, die ihr entweder von den Gesellschaftern unterbreitet werden oder über die sie nach dem Arge-Vertrag zu befinden hat. Fragen grundsätzlicher Bedeutung sind u. a. solche, die mit der Zweckerreichung unmittelbar zusammenhängen: Rechtsberatung und Geschäftsführung, Kredite und Wechsel, Anforderung von Gesellschafterbeiträgen, Festlegung und Änderung der Beteiligungsverhältnisse, Dauer und Beendigung der Geschäftsführung sowie der Bauleitung, Ausschluß von Gesellschaftern, Forderungsabtretungen, Anerkennung oder Zurückweisung von Gewährleistungsansprüchen (vgl. dazu die §§ 5 Nr. 1, 6 Arge-Mustervertrag Fassung 1987, dazu Kainzbauer, Bauwirtschaft 1979, 1861 sowie a. a. O. 1987, 280; insbesondere Fahrenschon u. a. § 5 Rdn. 2 und Anm. zu § 6).

24 b) **Die kaufmännische und technische Geschäftsführung.** Diese muß die Beschlüsse der Aufsichtsstelle ausführen und hat alle Geschäfte wahrzunehmen, die nicht von dieser zu erledigen sind bzw. erledigt werden. Im allgemeinen ist es sinnvoll, die kaufmännische und technische Geschäftsführung aufzuteilen (vgl. §§ 5 Nr. 2 und 3, 7, 8 Arge-Mustervertrag Fassung 1987; vgl. Kainzbauer a. a. O.; insbesondere Fahrenschon u. a. § 5 Rdn. 3 und Anm. zu den §§ 7 und 8).

25 c) Man spricht im Rahmen des Arbeitsgemeinschaftsvertrages auch noch von der **Bauleitung**. Rechtlich ist diese **Hilfsorgan der Geschäftsführung.** Sie leitet jedoch ihre Rechte und Pflichten von der Aufsichtsstelle ab. Daraus ergibt sich eine Berichtspflicht gegenüber den Gesellschaftern; andererseits ist die Bauleitung an die Weisungen der kaufmännischen und technischen Geschäftsführung gebunden (vgl. Hochstein/Jagenburg Anm. zu § 9 Mustervertrag, insoweit veränderte Fassung von 1987; ferner Fahrenschon u. a. § 5 Rdn. 4 und Anm. zu § 9).

V. Einzelheiten eines Arbeitsgemeinschaftsvertrages

26 Im Rahmen dieses Kommentars können hinsichtlich des Inhalts des Arbeitsgemeinschaftsvertrages nur die sich in erster Linie aus den gesetzlichen Bestimmungen ergebenden grundsätzlichen Fragen berührt und nur allgemeine Hinweise gegeben werden. Vgl. insofern vor allem die BGB-Kommentierungen (§§ 705 ff.). Die Deutsche Bauindustrie und das Deutsche Baugewerbe haben dazu einen bereits vorangehend wiederholt erwähnten Mustervertrag entwickelt, dessen letzte Fassung von 1987 stammt und der verbreitet benutzt wird.

Für die Verhandlung über den Abschluß sowie die Abfassung eines Arbeitsgemeinschaftsvertrages sind – ausgehend von den einschlägigen gesetzlichen Bestimmungen – die folgenden Überlegungen wichtig:

27 1. Es ist zwar nicht Gültigkeitsvoraussetzung, aber Gebot der Zweckmäßigkeit, den Arbeitsgemeinschaftsvertrag in **schriftlicher Form** abzuschließen.

Es ist sogar dringend **zu empfehlen**, derartige Verträge, die immerhin einiges wirtschaftliche Gewicht für jedes der beteiligten Unternehmen haben, hinsichtlich ihrer **Gültigkeit von der Schriftform und der rechtswirksamen Unterschrift aller Gesellschafter** bzw. ihrer bevollmächtigten Vertreter abhängig zu machen. Unberührt bleiben überdies gesetzliche Vorschriften, welche die Rechtswirksamkeit bestimmter Vorgänge an die Einhaltung von Formerfordernissen binden, wie z. B. § 313 BGB hinsichtlich der Grundstücksveräußerung sowie für eine Bürgschaft § 766 BGB. Sind solche Vorgänge für den Rahmen eines Arge-Vertrages vorgesehen, bedarf es somit zu ihrer Wirksamkeit grundsätzlich der Einhaltung der dafür vorgeschriebenen Form (Hochstein/Jagenburg, Präambel Rdn. 4 ff.; Fahrenschon u. a. Exkurs Rdn. 19).

2. Für die Ordnungsmäßigkeit des Geschäftsverkehrs nach außen ist es zweckmäßig, der Arbeitsgemeinschaft einen **Namen** zu geben (so auch Nr. 2.1 Mustervertrag). 28

Dieser kann auf verschiedene Weise gewählt werden, wie z. B. durch Zusammenfassung oder Zusammenziehung der Firmennamen von Unternehmen, die an der Arbeitsgemeinschaft beteiligt sind, oder durch Festlegung eines auf das Objekt der Bauleistung bezogenen Namens, z. B. „Arbeitsgemeinschaft Südbrücke". Hierbei sind aber die allgemeinen **Voraussetzungen des lauteren Wettbewerbs zu beachten.** Es darf nicht ein Name gewählt werden, durch den eine Verwechslungsgefahr mit einer anderen Firma oder einem anderen Firmenzusammenschluß auf dem Gebiet des Bauwesens hervorgerufen werden kann (siehe dazu besonders § 16 UWG).

Geboten ist es ferner, im Arbeitsgemeinschaftsvertrag den **Zweck,** den **Sitz und** die **Anschrift** 29 **der Arbeitsgemeinschaft** festzulegen. Vgl. dazu § 2 Ziff. 2.2 und 2.3 des Mustervertrages. Gleiches gilt auch für die Regelung des **Gerichtsstandes.**

3. Es ist zwingendes Erfordernis, **die Beiträge,** zu denen die Unternehmen im Rahmen der 30 Arbeitsgemeinschaft verpflichtet sind, im Vertrag aufzuführen (vgl. § 4 des Mustervertrages, Fassung 1987, dazu insbesondere Fahrenschon u. a. Anm. zu § 4).

a) Die **Beiträge** der einzelnen Gesellschafter können durchaus **verschiedener Natur** sein, 31 wie sich auch aus § 706 Abs. 2 und 3 BGB ergibt. Jede Leistung, die gesellschaftsvertraglich zu erbringen ist, um den gemeinsamen Zweck zu fördern, stellt einen Beitrag im Sinne des § 706 BGB dar. Gerade auch Werkleistungen, wie z. B. Architektenleistungen, sind als Beiträge denkbar (vgl. BGH BauR 1980, 280 = Betrieb 1980, 731 = SFH § 733 BGB Nr. 1 = JZ 1980, 277 = LM § 733 BGB Nr. 3).

Insbesondere kommt auch die **Leistung von Diensten,** d. h. die Gestellung von Arbeitskräften, in Betracht, vor allem die Überlassung während der Dauer der Arbeitsgemeinschaft. 32 Dabei handelt es sich nicht nur um die Gestellung von Fach- und Hilfsarbeitern, sondern auch um die Zurverfügungstellung von Technikern, Ingenieuren, kaufmännischem Personal sowie von Führungspersonal durch die beteiligten Firmen.

Eine große Rolle spielt in diesem Zusammenhang die **Regelung arbeitsrechtlicher Fragen,** 33 vor allem auch **der Löhne und Gehälter** (Übernahme durch die Arbeitsgemeinschaft als Dienstherr oder nicht), der Kündigung, einer evtl. besseren Entlohnung, der Urlaubsfragen, der sozialen Abgaben sowie der Sozialversicherungsbeiträge (vgl. auch Rdn. 66 f.), eventueller Zuschläge für von den Gesellschaftern verauslagte Lohn- und Gehaltskosten, der Reisekosten, der „Rückgliederung" des Personals bei Entbehrlichkeit oder bei Beendigung der Arbeitsgemeinschaft usw. Hierzu ist auch auf § 12 des Mustervertrages hinzuweisen (vgl. insbesondere Fahrenschon u. a. Anm. zu § 12 a. a. O.). § 12 des Mustervertrages – Fassung 1979 – verstößt auch im Falle der Abordnung nicht gegen § 12 a AFG, da im Regelfall die Gewerbsmäßigkeit i. S. v. Art. 1 § 1 AÜG zu verneinen ist (vgl. Boewer, Betrieb 1982, 2033; ferner Pause/Stolte, Bauwirtschaft 1982, 1282), was auch für die Fassung 1987 gilt. Das Einstellungsverbot nach § 12.17 des Mustervertrages – Fassung 1971 – verstieß zwar nicht gegen § 75 HGB, jedoch ist die auf 12 Monate festgelegte Sperrfrist vor allem im Hinblick auf Art. 12 Abs. 1 GG zu lang (in der Grundlage zutreffend Anderson BauR 1977, 225, der eine Sperrfrist von höchstens 6 Monaten – und demgemäß auch eine Vertragsstrafe – für vertretbar hält; ebenso mit eingehender Begründung der in Bauwirtschaft Nr. 8/79 veröffentlichte Schiedsspruch vom 27. 3. 1979). Maßgebend dazu ist jetzt § 12.8 Mustervertrag, wonach die Karenzzeit im Rahmen des Abwerbeverbotes nunmehr für Angestellte ein Jahr, für gewerbliches Personal 6 Monate beträgt, was hinsichtlich der Angestellten nach wie vor bedenklich ist. Zur Abstellung von Arbeitnehmern an eine baugewerbliche Arbeitsgemeinschaft vgl. Knigge, Betrieb 1982, Beilage 4.

34 b) Zu den Beiträgen gehören auch **Sachleistungen,** wie insbesondere die Lieferung oder Zurverfügungstellung von **Stoffen oder Bauteilen.** Hier bedarf es einer deutlichen Unterscheidung und Festlegung, was von den einzelnen Gesellschaftern einzubringen ist und was von der Arbeitsgemeinschaft selbst beschafft werden soll.

Dies betrifft **auch Hilfsmittel,** wie Schalungen, Bretter, Bohlen, Formeisen usw. Soweit diese Gegenstände von einzelnen Gesellschaftern einzubringen sind, ist entweder bei späterer Wertlosigkeit der Einkaufspreis oder bei Wertminderung die voraussichtliche Gebrauchsminderung für die Zukunft als „Beitrag" festzulegen. Siehe dazu auch § 13 des Mustervertrages und die Erläuterungen bei Fahrenschon u. a.; ferner Kainzbauer Bauwirtschaft 1987, 280.

35 c) Zu den Gesellschafterbeiträgen zählen in der Regel auch **Geldleistungen,** die von den beteiligten Unternehmen zu erbringen sind. Zweckmäßig und ratsam ist es, bei Geldeinlagen genaue Zeitpunkte festzulegen, bis wann diese Leistungen an die Gesellschaft zu erbringen sind, und weiterhin Bestimmungen für den Fall des Verzuges zu treffen. Diese können z. B. im Vorbehalt des Ausschlusses des säumigen Gesellschafters aus der Arbeitsgemeinschaft, in der Festlegung von Vertragsstrafen sowie in der Abwälzung einer evtl. Schadensersatzhaftung auf den Säumigen im Innenverhältnis bestehen. Auch die Frage der Abführung von Steuern ist zu regeln (vgl. Rdn. 68). Siehe dazu auch § 11 des Mustervertrages (dazu Anm. bei Fahrenschon u. a.).

36 d) Schließlich kommen als Gesellschafterbeiträge auch die reinen **Gebrauchsüberlassungen** in Betracht, wie z. B. die Zurverfügungstellung von Maschinen und sonstigen Geräten (Kraftfahrzeuge, Schlepper, Krane, Handwerkszeug).

Im Gegensatz zu den in Rdn. 34 erwähnten Hilfsmitteln handelt es sich hier um **Baugeräte, die nicht zur Verwertung** oder zum kurzfristigen Verschleiß beim Bauvorhaben **bestimmt** sind. Sie werden von den einzelnen Gesellschaftern als Eigentümern der Arbeitsgemeinschaft **praktisch nur ausgeliehen.** Natürlich werden auch diese Sachen einer gewissen Abnutzung unterworfen. Wird im Gesellschaftsvertrag aber nichts darüber bestimmt, ob und wie dem betreffenden Gesellschafter die Abnutzung vergütet oder sonst zugute gerechnet werden soll, so hat er kraft Gesetzes (§ 732 Satz 2 BGB) einen Ersatzanspruch im Falle des Verlustes, der Zerstörung, des Abhandenkommens oder der wertmäßigen Verschlechterung seines Gerätes nur, wenn ein Verschulden eines Gesellschafters oder eines Erfüllungsgehilfen vorgelegen hat. Für **natürlichen Verschleiß** erhält er nach der gesetzlichen Regelung **nichts**. **Arbeitsgeräte,** wie z. B. ein Kran, sind zurückzugewähren, sobald die „Freimeldung" erfolgt; jedoch hat die Arbeitsgemeinschaft wegen etwaiger Ansprüche gegen den zur Verfügung stellenden Mitgesellschafter ein Zurückbehaltungsrecht, das auch gegenüber einem zwischenzeitlichen Erwerber des betreffenden Gerätes besteht (BGHZ

64, 122 = NJW 1975, 1121 = SFH Z 2.320 Bl. 43). Siehe auch § 14 des Mustervertrages sowie dessen Erläuterung bei Fahrenschon u. a.

4. Soweit Beiträge nach den in Rdn. 30-36 beispielhaft angeführten Möglichkeiten erbracht werden, ist deren **rechtliches Schicksal** im Hinblick auf die **Eigentumsfrage** durchaus **verschieden,** wie sich aus § 706 Abs. 2 BGB ergibt, falls nicht ausdrücklich eine anderweitige vertragliche Regelung unter den Gesellschaftern getroffen wird. Sofern es sich bei diesen Beiträgen um **vertretbare oder verbrauchbare Sachen** handelt, wird beim Fehlen anderweitiger Abrede angenommen, daß diese **gemeinschaftliches Eigentum** der Gesellschafter werden sollen. Vertretbare Sachen sind solche, die im Verkehr nach Zahl, Maß oder Gewicht bestimmt zu werden pflegen (§ 91 BGB); verbrauchbare Sachen sind bewegliche Sachen, deren bestimmungsgemäßer Gebrauch in dem Verbrauch oder in der Veräußerung besteht (§ 92 BGB). Das gleiche hat von nicht vertretbaren und nicht verbrauchbaren Sachen zu gelten, wenn sie nach einer Schätzung beizutragen sind, die nicht bloß für die Gewinnverteilung, sondern vor allem auch für die Bewertung des so gearteten Beitrages in Geld bestimmt ist. Damit ist im Falle des Fehlens anderweitiger Regelung anzunehmen, daß, selbstverständlich abgesehen vom Personaleinsatz, **fast alle Gesellschafterbeiträge gemeinsames Eigentum der Gesellschafter zur gesamten Hand** werden **mit Ausnahme der zum bloßen Gebrauch überlassenen Baumaschinen und Baugeräte.** Bei diesen ist im allgemeinen davon auszugehen, daß lediglich ein Wille zur gemeinschaftlichen Benutzung durch die Mitglieder der Arbeitsgemeinschaft vorhanden ist, und zwar mit der **Bereitschaft zur Zurückgabe** an den Bereitstellenden gemäß § 732 BGB, nicht dagegen ein Wille, die hier in Rede stehenden Sachen für die Dauer der Arbeitsgemeinschaft zu Eigentum erwerben zu wollen. Aber auch hier ist eine anderweitige gesellschaftsvertragliche Regelung möglich und zulässig. Vgl. im einzelnen auch § 4 Mustervertrag; dazu die Anm. von Fahrenschon u. a.

Nach dem Gesagten ist grundsätzlich davon auszugehen, daß die von einem Gesellschafter der Gesellschaft zum Gebrauch überlassenen Baumaschinen und Baugeräte in den alleinigen, unmittelbaren Mitbesitz der Gesellschafter übergehen, es sei denn, die Sachherrschaft wird tatsächlich nur einzelnen Gesellschaftern überlassen (BGHZ 36, 300 = NJW 1983, 1114 = BauR 1983, 268 = Betrieb 1983, 930 = ZIP 1983, 438 = MDR 1983, 483 = SFH § 1205 BGB Nr. 1 = BB 1983, 1248; BGH BauR 1983, 273 = NJW 1983, 1123 = WM 1983, 213 = MDR 1983, 484 = LM § 1205 BGB Nr. 1 Anm. Brunotte; ebenso BGH Betrieb 1983, 820). Dieser Mitbesitz allein reicht aber nicht aus, um dem oder den anderen Gesellschaftern gegenüber dem Zurverfügungstellenden ein kaufmännisches Zurückbehaltungsrecht nach § 369 HGB zu begründen. Vielmehr müssen die Voraussetzungen des § 1206 BGB gegeben sein. Die betreffenden Sachen müssen sich also unter dem sogenannten Mitverschluß des oder der übrigen Gesellschafter befinden (vgl. dazu im einzelnen BGH BB 1963, 575 = Betrieb 1963, 690; BGH a. a. O.). Vgl. auch Rdn. 97.

Sofern die – spätere – Gemeinschuldnerin als Mitglied der Arbeitsgemeinschaft diese Geräte und Arbeitskräfte in Erfüllung einer vertraglich festgelegten Verpflichtung überlassen hat, können daneben keine gesonderten Zahlungsansprüche gegen die Arbeitsgemeinschaft geltend gemacht werden; deshalb geht auch eine Aufrechnung eines anderen Mitglieds der Arbeitsgemeinschaft gegenüber einem solchen nicht bestehenden Zahlungsanspruch ins Leere (OLG Hamm ZIP 1982, 722).

5. Eine **Verpflichtung** der Gesellschafter im **Innenverhältnis** zueinander, über die ursprünglich vereinbarten Beitragsleistungen hinaus während des Bestehens der Gesellschaft **Zuschüsse** bzw. **Zubußen** im Sinne einer Nachschußpflicht – wie das bei bestimmten Handelsgesellschaften der Fall ist – leisten zu müssen, besteht grundsätzlich nicht, § 707 BGB. Anders ist das allerdings, wenn die Beitragspflicht nicht auf einen bestimmten Betrag der Höhe nach begrenzt ist, was auf den Arge-Mustervertrag (vgl. dort § 4) zutrifft. Dann ist § 707 BGB vertraglich abbedungen (vgl. BGH WM 1967, 32). Nach Beendigung der Arbeitsgemeinschaft besteht ohnehin eine Nachschußpflicht nach § 735 BGB.

Soll ein Gesellschafter zum Verlustausgleich verpflichtet sein, muß dies aus dem Gesellschaftsvertrag in verständlicher und nicht nur versteckter Weise hervorgehen (BGHZIP 1982, 1442 = WM 1982, 1311 = JZ 1983, 70). Dabei dürfte es für das Innenverhältnis zweckmäßig sein, für den Fall bestimmter und bei Vertragsabschluß noch nicht hinreichend ersichtlicher Schwierigkeiten bei der Bauausführung im Arbeitsgemeinschaftsvertrag gewisse **Vorbehalte** zu machen und die Voraussetzungen festzulegen, unter denen auch während des Bestehens der Gesellschaft Zubußen von den Gesellschaftern zu erbringen sind. Sofern im Arge-Vertrag Nachschußpflichten festgelegt und nicht erfüllt sind, besteht für die Arge gegenüber dem betreffenden Gesellschafter ein Zurückbehaltungsrecht, wie z. B. an einem von diesem der Arge zur Verfügung gestellten Baukran; das gilt auch gegenüber einem Erwerber des Krans (BGHZ 64, 122 = NJW 1975, 1121 = SFH Z 2.320 Bl. 43).

40 Im **Außenverhältnis zu dritten Personen,** insbesondere gegenüber Gesellschaftsgläubigern, besteht grundsätzlich eine **unbeschränkte Haftung der Gesellschafter.** So haftet ein Mitglied der Arbeitsgemeinschaft gesamtschuldnerisch neben den anderen Arge-Mitgliedern auf Rückzahlung eines vom Auftraggeber an die Arge überzahlten Betrages entsprechend § 427 BGB auch dann, wenn der Auftraggeber den Rückzahlungsanspruch aufrechnungsweise gegenüber dem Mitglied der Arbeitsgemeinschaft, das eine Abschlagszahlung aus einem anderen Auftrag verlangt, geltend macht (vgl. BGHZ 61, 38). Vgl. auch Rdn. 49 ff. Wer allerdings erst später in eine bestehende BGB-Gesellschaft eintritt, haftet für vor seinem Eintritt begründete Verbindlichkeiten nur kraft besonderer Vereinbarung mit dem Gläubiger (BGHZ 74, 240 = NJW 1979, 1821 = BB 1979, 999 = ZfBR 1980, 37 = JZ 1979, 570 mit krit. Anm. von Wiedemann a. a. O. 1980, 195 und zutreffender Stellungnahme dazu von Ulmer a. a. O. S. 354; vgl. dazu weiter Wiesner JuS 1981, 331). Hat ein Gesellschafter aufgrund seiner unbeschränkten Haftpflicht im Außenverhältnis einen Gesellschaftsgläubiger befriedigt, so richtet sich sein Erstattungsanspruch in erster Linie gegen die Gesellschaft. Subsidiär kann er aber auch die einzelnen Mitgesellschafter in Anspruch nehmen. Diese haften ihm nicht gesamtschuldnerisch, sondern einzeln in Höhe ihrer Verlustbeteiligung (Haftung pro rata), BGHZ 37, 299 = NJW 1962, 1863; BGH WM 1974, 750.

41 6. Notwendig erscheint es auch, Bestimmungen im Gesellschaftsvertrag für den Fall zu treffen, daß ein oder mehrere Gesellschafter ihrer **Beitragsverpflichtung nicht oder nicht rechtzeitig nachkommen. Zu unterscheiden sind die schuldhafte Verletzung** der Gesellschafterpflicht und die **schuldlose Nichtleistung** der Beiträge.

42 a) Im ersten Fall ist es neben einer **Erweiterung der Haftung** des säumigen Gesellschafters im Innenverhältnis, z. B. der Verpflichtung zur Tragung eines durch die Säumnis entstandenen **Schadens,** durchaus möglich, den **Ausschluß** dieses Gesellschafters aus der Arbeitsgemeinschaft bei Fortbestand derselben unter den übrigen Mitgliedern vorzusehen. Dies folgt aus §§ 723 Abs. 1 Satz 3, 737 BGB. Für die Auseinandersetzung mit dem ausgeschlossenen Gesellschafter gelten dann die Regelungen der §§ 738 ff. BGB . Dieses trifft auch bei Ausschluß eines oder mehrerer Gesellschafter aus anderen Gründen zu. **Wichtig** ist dabei immer, im Gesellschaftsvertrag den **Fortbestand der Arbeitsgemeinschaft** für den Fall des Ausschlusses eines oder mehrerer Gesellschafter **vorzubehalten,** da sonst die gesamte Arbeitsgemeinschaft mit dem Ausschlußkraft Gesetzes zur Auflösung gelangt. Das gilt auch bei freiwilligem Ausscheiden eines oder mehrerer Gesellschafter aus der Arbeitsgemeinschaft.

43 b) Ist dagegen ein Gesellschafter **schuldlos** seiner Beitragspflicht oder auch einer sonstigen Hauptverpflichtung **nicht nachgekommen,** so wird ein Ausschluß aus der Arbeitsgemeinschaft oder eine Erweiterung der Haftung im Innenverhältnis kaum in Betracht kommen, da derartige Maßnahmen nach allgemeingültigen Maßstäben des Zivilrechts nur aus dem Gesichtspunkt des **schuldhaft vertragswidrigen Handelns** bzw. Unterlassens gerechtfertigt sind. Dagegen ist es wohl in einem solchen Fall geboten, eine Änderung der ursprünglich vorgesehenen Beteiligungsverhältnisse (vgl. Rdn. 46 ff.), und zwar auch im Hinblick auf die Gewinnbeteiligung, im Gesellschaftsvertrag vorzubehalten.

c) Besteht die Arbeitsgemeinschaft nur aus zwei Unternehmen, also aus zwei Mitgliedern, so ist zu beachten, daß der Rechtsgedanke des § 142 HGB auf die bürgerlich-rechtliche Gesellschaft entsprechend anwendbar ist (BGHZ 32, 307, 314 ff.). Das bedeutet, daß beim Vorliegen der Voraussetzungen des § 737 BGB der ausschließungsberechtigte Gesellschafter das Recht zur liquidationslosen Übernahme der Gesellschaft und damit des Gesellschaftsvermögens hat. Die Übertragung des Rechtsgedankens des § 142 HGB auf die BGB-Gesellschaft setzt aber voraus, daß der Gesellschaftsvertrag (Arbeitsgemeinschaftsvertrag) unmittelbar oder wenigstens im Wege der Auslegung ergibt, daß die Beteiligten eine derartige Fallgestaltung gewollt haben (vgl. BGH LM § 142 HGB Nr. 12). Geht der Wille der beiden am Arbeitsgemeinschaftsvertrag Beteiligten in diese Richtung, so bedarf es daher grundsätzlich einer entsprechenden Regelung im Vertrag. 44

d) Zu den vorerörterten Fragen vgl. auch § 23 Mustervertrag (dazu die Anm. bei Fahrenschon u. a.). Ferner ist auf die Regelung über Ausgleichszahlungen in § 4.2 sowie über die Änderung der Beteiligungsverhältnisse in § 4.3 des Mustervertrages hinzuweisen (a. a. O.). 45

7. Zu regeln ist überhaupt die **Beteiligung der** einzelnen **Gesellschafter an der Arbeitsgemeinschaft** und ihre **Haftung im Innenverhältnis**. Das Gesetz geht hinsichtlich der **Beteiligung** der Gesellschafter **im Zweifel** von einer solchen nach **gleichen Anteilen** aus. Das gilt zur Frage der Leistung von Beiträgen nach § 706 Abs. 1 BGB sowie hinsichtlich der Verteilung des Gewinnes und Verlustes gemäß § 722 BGB. Ist das nicht gewollt, muß grundsätzlich eine anderweitige Regelung in den Arbeitsgemeinschaftsvertrag aufgenommen werden (wie z. B. in § 3 des Mustervertrages). Wird eine solche unterlassen, so greift allerdings nicht ohne weiteres § 722 Abs. 1 BGB ein; vielmehr kommt es dann vorrangig auf die Auslegung des Vertrages an, sofern dies nach § 157 BGB möglich ist. Dabei sind die beiderseits geleisteten Beiträge (Personal- und Sacheinsatz) nach der vorgesehenen Bewertung wesentliche Kriterien, da davon auszugehen ist, daß im Zweifel der Gewinnanteil dem Gesamtanteil der Beiträge entsprechen soll (vgl. BGH BauR 1982, 596 = SFH § 722 BGB Nr. 1 = ZIP 1982, 958 = Betrieb 1982, 1924 = NJW 1982, 2816 = MDR 1983, 31 = BB 1982, 1326 = LM § 722 BGB Nr. 1 = ZfBR 1982, 215). 46

Der Prozentsatz der Beteiligung gilt auch für die **Haftung der Gesellschafter untereinander im Innenverhältnis**. Auch ist es möglich und aus sachlichen Gründen durchaus ratsam, die bloß beschränkte Haftung des Gesellschafters nach § 708 BGB bei der baurechtlichen Arbeitsgemeinschaft nach den Grundsätzen des § 276 BGB festzusetzen, wie dies im Mustervertrag in der Präambel unter Ausschluß der leichten Fahrlässigkeit geschieht. Dadurch wird vor allem der nicht mehr zeitgemäße Streit darüber, welche Sorgfalt ein Bauunternehmer in eigenen Angelegenheiten anzuwenden pflegt, vermieden (dazu zutreffend Anderson, Bauwirtschaft 1972, 791; Hochstein/Jagenburg, Präambel Rdn. 50; Fahrenschon u. a., Präambel Rdn. 8 ff.). 47

Für das **Innenverhältnis** der Gesellschafter gilt ferner: Während des Bestehens einer Gesellschaft kann ein Gesellschafter, der Gesellschaftsgläubiger befriedigt hat, grundsätzlich nur dann gegen seine Mitgesellschafter als Gesamtschuldner Rückgriff nehmen, wenn er aus der Gesellschaftskasse keinen Ausgleich erlangen kann. Allerdings ist das nicht erst der Fall, wenn die Zwangsvollstreckung ins Gesellschaftsvermögen aussichtslos wäre. Vielmehr genügt es, daß der Gesellschaft freie verfügbare Mittel nicht zur Verfügung stehen (BGH NJW 1980, 339 = Betrieb 1979, 2364). Das gilt grundsätzlich auch im Hinblick auf die Ausgleichspflicht des durch Abtretung seines Anteils an einer BGB-Gesellschaft ausgeschiedenen Gesellschafters gegenüber einem früheren Mitgesellschafter, der durch eine Leistung an Erfüllungs Statt eine Gesamthandsverbindlichkeit beglichen hat (vgl. BGH NJW 1981, 1095 = Betrieb 1981, 367 = ZIP 1981, 73 = MDR 1981, 384 = WM 1981, 139 = BB 1981, 812 = LM § 426 BGB Nr. 54). Der betreffende Gesellschafter darf seine Mitgesellschafter nur auf den seinen Verlustanteil über- 48 steigenden Überschuß seiner Forderung in Anspruch nehmen; eine solche Beschränkung des Anspruches muß sich auch der Zessionar, der nicht Mitgesellschafter ist, entgegenhalten lassen (BGH WM 1983, 30 = ZIP 1983, 51 = Betrieb 1983, 762 = JZ 1983, 258 mit Anm. Walter a. a. O. S. 260 = MDR 1983, 481).

49 8. a) Die Möglichkeit, die **Haftung** des einzelnen Gesellschafters der Arbeitsgemeinschaft zu regeln, besteht allerdings grundsätzlich **nur** für das **Innenverhältnis** der Gesellschafter untereinander. Im **Außenverhältnis** – besonders im Verhältnis der Arbeitsgemeinschaft zum Bauherrn und den einzelnen Gläubigern – kommt eine Regelung der **Haftung** einzelner Mitglieder der Arbeitsgemeinschaft von **unterschiedlichem Maßstab**, insbesondere entsprechend den einzelnen Beteiligungen, im allgemeinen **nicht in Betracht** (vgl. auch Rdn. 39 f.). Denn eine solche, lediglich im Innenverhältnis vorgenommene Regelung (insoweit ist der Gesellschaftsvertrag nur eine Absprache der Gesellschafter untereinander) kann keine Bindung nach außen schaffen. Vielmehr besteht für das Außenverhältnis zu Dritten der Grundsatz der **gesamthänderischen Bindung aller Gesellschafter** und damit die Haftung eines jeden in vollem Umfange für Verpflichtungen und Verbindlichkeiten aus der gesellschaftlichen Betätigung als **Gesamtschuldner** (BGH NJW 1961, 1968 = MDR 1961, 928 = SFH Z 2.224 Bl. 15 ff.; BayObLG SFH § 269 BGB Nr. 1; vgl. auch Lipp BB 1982, 74). Insoweit gelten die §§ 421 ff. BGB. Daher kann der Gläubiger nach seinem Belieben von jedem Mitglied der Arbeitsgemeinschaft den ihm geschuldeten Betrag oder die sonst geschuldete Leistung in vollem Umfange oder teilweise verlangen (vgl. auch OLG Hamburg BB 1984, 14 mit Anm. Meinert). Im Rahmen der Gesamtschuld gilt für das **Innenverhältnis** der Gesellschafter untereinander **§ 426 BGB**. Der Ausgleichsanspruch besteht bereits mit der Entstehung des Gesamtschuldverhältnisses und nicht erst ab Befriedigung eines Gläubigers durch einen oder mehrere Gesellschafter; insofern besteht für diese Gesellschafter schon vor Leistung an den Gläubiger ein Anspruch auf anteilmäßige Befreiung gegen die oder den übrigen Gesellschafter; dieser Befreiungsanspruch setzt allerdings Fälligkeit der Schuld voraus (BGH Betrieb 1986, 476).
Jedoch: Erfüllt der Gesellschafter einer BGB-Gesellschaft (Arbeitsgemeinschaft) die vertragliche Bauleistung nicht, so kann er auf Rückzahlung einer ihm zugeflossenen Vorauszahlung erst in Anspruch genommen werden, wenn der Bauvertrag von keinem der Gesellschafter erfüllt wird; der Vorauszahlungsbürge eines BGB-Gesellschafters wird von seiner Verpflichtung auch dann frei, wenn ein anderer Gesellschafter die geschuldete Leistung, für die die Vorauszahlung gewährt wurde, erbringt (BGHZ 72, 267 = BauR 1979, 63 = NJW 1979, 308 = BB 1979, 136 = WM 1978, 1404 = SFH § 426 BGB Nr. 1 = MDR 1979, 305 = LM § 427 BGB Nr. 5 Anm. Merz = Betrieb 1979, 398 = ZfBR 1979, 64).

50 Zwar ist es möglich, **im Bauvertrag** – also im Vertrag zwischen dem Auftraggeber und der Arbeitsgemeinschaft und nicht im Gesellschaftsvertrag der Arbeitsgemeinschaftsmitglieder – auf eine **gesamtschuldnerische Bindung** aller Gesellschafter von seiten des Auftraggebers **zu verzichten** und eine Einzelhaftung oder eine Haftung der Gesellschafter von unterschiedlichem Maß stab festzulegen, was durch Begrenzung der Vertretungsmacht des geschäftsführenden Gesellschafters erfolgen kann und dem Vertragspartner zumindest erkennbar sein muß (vgl. dazu auch BGH BauR 1985, 88 = NJW 1985, 619 = MDR 1985, 314 = ZIP 1985, 98 = Betrieb 1985, 432 = BB 1985, 84 = LM § 741 BGB Nr. 8 = SFH § 714 BGB Nr. 1 = WM 1985, 56 = Crezelius EWiR 1985, 81 = ZfBR 1985, 34 m. w. N.). Es erscheint aber ratsam, von dieser Möglichkeit nur selten Gebrauch zu machen. Wenn gemeinschaftliche Bieter im Sinne von Teil A § 21 Nr. 3 Abs. 1 Satz 1 bei Ausführung selbständiger Teil- oder Fachlose diesen Verzicht beantragen und sie im Hinblick auf ihre Haftung für ihren Auftragsanteil eine ausreichende Sicherheit für die vertragliche Ausführung der Leistung bieten, kann das eine Ausnahme vom Grundsatz rechtfertigen. Dann ist im allgemeinen der Auftragsanteil (selbständige Teil- oder Fachlose) hinreichend bestimmt, der Haftungsumfang im wesentlichen klar umgrenzt und auch die finanzielle Sicherheit des Haftenden geprüft und für hinreichend befunden worden. Trotzdem muß man auch dann überlegen, ob von der gesamtschuldneri-

schen Haftung der Gesellschafter abgegangen werden soll, weil damit eine der grundlegenden Funktionen der Arbeitsgemeinschaft, die an sich nur aus der Gesamtheit und dem gemeinsamen Zusammenwirken der beteiligten Unternehmer denkbar ist, außer Kraft gesetzt wird.

b) Gerade im Zusammenhang mit Haftungsfragen im **Außenverhältnis** ist hervorzuheben, daß die **Arbeitsgemeinschaft** als Gesellschaft des bürgerlichen Rechts **keine eigene Rechtspersönlichkeit besitzt** (vgl. BGHZ 23, 307 = NJW 1957, 750 = BB 1957, 273 = SFH Z 2.224 Bl. 4 ff.; BGHZ 80, 222 = BauR 1981, 385 = Betrieb 1981, 1276 = BB 1981, 868 = JZ 1981, 440 = MDR 1981, 662 = NJW 1981, 1953 = SFH § 209 BGB Nr. 6 = LM § 209 BGB Nr. 42 = ZfBR 1981, 167). Sie kann daher **weder** unter ihrem Namen **klagen, noch** kann sie hierunter **verklagt werden.** Die Arbeitsgemeinschaft besitzt kein Gesellschaftsvermögen im eigentlichen Sinne; vielmehr gehört das Vermögen den Gesellschaftern zur gesamten Hand; sie hat auch keine Gesellschaftsschulden als solche. Geht deshalb ein Gesellschafter, sofern er vertretungsberechtigt ist, eine Verpflichtung im Namen der Gesellschaft ein, so entsteht daraus eine Forderung gegen die hieran beteiligten Gesellschafter **persönlich**. Diese haften für die Erfüllung nicht etwa nur mit ihrem Beitrag, sondern **im vollen Umfang mit ihrem gesamten Vermögen als Gesamtschuldner.** Jeder Unternehmer, der eine Arbeitsgemeinschaft mit anderen eingeht, sollte sich daher zuvor über die finanziellen Verhältnisse seiner zukünftigen Mitgesellschafter vergewissern, um nicht dadurch später Schaden zu leiden, daß er auf einer von ihm bezahlten „Schuld der Arbeitsgemeinschaft hängenbleibt".

51

Besteht, z. B. gegenüber dem Auftraggeber, eine **aufrechenbare Gegenforderung der Gesellschaft,** so hat der in Anspruch genommene Gesellschafter entsprechend §§ 770 Abs. 2 BGB, 129 Abs. 3 HGB ein Leistungsverweigerungsrecht, mit dem er die Abweisung einer Klage in Höhe des der Gesellschaft zustehenden Anspruches erreichen kann (BGHZ 38, 122; außerdem BGH, Urt. vom 25. 3. 1965 – VII ZR 178/63 –). **Nicht** möglich ist es aber für den in Anspruch genommenen Gesellschafter, Forderungen der Gesellschaft im Wege der **Widerklage** geltend zu machen (vgl. BGH WM 1963, 728; ferner BGH, Urt. vom 25. 3. 1965 – VII ZR 178/63 –).

c) Konsequenterweise besteht für **Forderungen** aus der gesellschaftlichen Tätigkeit, wie hinsichtlich der Vergütung für eine gemeinsam erbrachte Bauleistung, **Gesamtgläubigerschaft der Gesellschafter.** Das hat zur Wirkung, daß ein Gesellschafter grundsätzlich nicht die Befugnis hat, Gesellschaftsforderungen im eigenen Namen geltend zu machen (vgl. BGH Betrieb 1978, 979), daher auch nicht die Bezahlung von Teilbeträgen der Vergütung durch den Bauherrn an sich verlangen kann. Dazu sind nur die Gesellschafter in ihrer Gesamtheit oder der geschäftsführende Gesellschafter befugt, es sei denn, daß dieser erlaubtermaßen diese Befugnis an einen Gesellschafter weitergeleitet hat, wie z. B. durch Forderungsabtretung (vgl. dazu BGH SFH Z 2.13 Bl. 12 ff.).

52

d) Zu beachten ist, daß auch bei der baurechtlichen Arbeitsgemeinschaft der Grundsatz gilt, daß ein Gesellschafter nicht ohne weiteres nach § 831 BGB für die **unerlaubten Handlungen** des oder der anderen Gesellschafter haftet (vgl. BGH JZ 1966, 645 = Betrieb 1966, 1182; Sellner AcP 1975, 77; vgl. zur Abgrenzung jedoch BGH MDR 1975, 391). Zur Haftung der Gesellschafter für unerlaubte Handlungen der geschäftsführenden Gesellschafter vgl. Hochstein/Jagenburg, Präambel Rdn. 34 ff. sowie Locher, Das private Baurecht, Rdn. 386.

53

e) Einen umfassenden Überblick über die Haftung der Mitglieder einer BGB-Gesellschaft für Gesellschaftsschulden gibt Nicknig, Band 6 der Abhandlungen zum deutschen und europäischen Wirtschaftsrecht, Heymanns Verlag KG; zu Fragen von Schuld und Haftung bei der BGB-Gesellschaft s. vor allem auch Flume, Festschrift f. Westermann 1974, 119; über Vertretung und Haftung bei der BGB-Gesellschaft Ulmer, Festschrift f. Fischer S. 785; ferner umfassend ders. im Kommentar Die Gesellschaft bürgerlichen Rechts, 2. Aufl. 1986, Verlag C.H. Beck, München.

54

55 f) Als **Gerichtsstand** für Klagen gegen die Mitglieder der Arbeitsgemeinschaft dürfte der Ort der Bauleistung maßgebend sein, wenn nicht der betreffende Bauvertrag etwas anderes bestimmt (vgl. Teil B § 18 Rdn. 8 ff.); das dürfte auch für Klagen gegen einzelne Mitglieder der Arbeitsgemeinschaft gelten. Anders dann, wenn die Umstände ergeben, daß der Ort der Bauleistung nicht Erfüllungsort und damit ausschlaggebend für die Bestimmung des Gerichtsstandes sein soll (vgl. BayObLG SFH § 269 BGB Nr. 1 = Hochstein EWiR 1985, 845).

56 9. Der Arbeitsgemeinschaftsvertrag muß weiter Regelungen zur **Geschäftsführung und Vertretungsmacht** (sogenannte Federführung) enthalten. Während sich die **erstere auf das Innenverhältnis** der Gesellschafter zueinander bezieht, betrifft die **letztere das Außenverhältnis** zu Dritten.

57 a) Nach § 709 Abs. 1 BGB steht die **Geschäftsführung** grundsätzlich **den Gesellschaftern gemeinschaftlich** zu; für jedes Geschäft ist dabei die Zustimmung aller Gesellschafter notwendig. So kann eine **Forderung** im allgemeinen **nur von allen Gesellschaftern gemeinschaftlich eingezogen** werden (vgl. jedoch für den Fall der Forderung unteilbarer Leistungen § 432 BGB). Deshalb können die Gesellschafter eine Forderung grundsätzlich **nur gemeinschaftlich einklagen**, was auch für Schiedsgerichtsverfahren gilt. Eine Ausnahme liegt vor, wenn ein einzelner Gesellschafter ein anerkennenswertes Interesse daran hat, die Forderung selbst geltend zu machen und dieses Interesse den berechtigten Belangen der Gesellschaft nicht widerspricht. Dabei kommt es auf den jeweiligen **Einzelfall** an (vgl. BGHZ 12, 308; 17, 340; BGH NJW 1963, 651). Wer sich bei einstimmiger Geschäftsführung in einer BGB-Gesellschaft aus sachfremden Gründen beharrlich weigert, sich an der Geschäftsführung zu beteiligen, verwirkt unter Umständen sein Recht, aus Zweckmäßigkeitsgründen seine Zustimmung zu einem von den übrigen Gesellschaftern beschlossenen Geschäft zu versagen, und kann, auf Zustimmung verklagt, nur noch einwenden, die Maßnahme sei pflichtwidrig (BGH NJW 1972, 862 = JZ 1972, 362 = BB 1972, 550 = LM § 709 BGB Nr. 7).

58 Die gemeinschaftliche Geschäftsführung kann zweckmäßig sein, wenn es sich um wenige Gesellschafter handelt, welche die Arbeitsgemeinschaft bilden. **Abweichende Regelungen** sind zulässig und bei einer Beteiligung von **mehreren Unternehmen** auch **zweckmäßig**. Dann ist es **notwendig**, im Arbeitsgemeinschaftsvertrag die **geschäftsführenden Personen** und gegebenenfalls die Firmen, denen die Geschäftsführung übertragen wird, **genau zu bezeichnen**. Bei größeren Arbeitsgemeinschaften ist es empfehlenswert, zwischen der Geschäftsführung in technischem Sinne (Bauleitung) und der in kaufmännischen Angelegenheiten zu unterscheiden. Voraussetzung ist allerdings, in diesem Fall eine Geschäftsführungsspitze (federführende Firma) festzulegen, unter der beide Teile zusammengefaßt sind. Abgesehen von der Notwendigkeit der Einheitlichkeit der Gesamtgeschäftsführung dürfte es nicht angängig und auch nicht dem Gesetz entsprechend sein, die letzte und maßgebliche Verantwortlichkeit nach Gebieten aufzuteilen. Soweit im Arbeitsgemeinschaftsvertrag die Geschäftsführung nur einem oder einigen Gesellschaftern überlassen ist, sind die übrigen Gesellschafter von der Geschäftsführung **ausgeschlossen**. Das bedingt zugleich zur Sicherung dieser an der Geschäftsführung nicht beteiligten Gesellschafter die Schaffung einer **Aufsichtsinstitution** (Aufsichtsstelle), die sich von der Redlichkeit der Geschäftsführung überzeugen und diese überwachen kann. Insoweit wird auf § 716 BGB verwiesen. Über Ausnahmen von dem Einsichtsrecht nach § 716 Abs. 1 BGB vgl. BGH BB 1970, 187. Gerade bei Arbeitsgemeinschaftsverträgen im Bereich der Bauausführung kann es zweckmäßig sein, der Aufsichtsstelle weitere, über den Wortlaut des § 716 BGB hinausgehende Befugnisse und Aufgaben zu übertragen, wie z. B. letzte Entscheidungen in wesentlichen kaufmännischen und technischen Fragen. Vgl. dazu vor allem die eingehenden Regelungen in den §§ 5-8 Mustervertrag (dazu Fahrenschon u. a., a. a. O.).

aa) Die **Tätigkeit der geschäftsführenden Gesellschafter** der Arbeitsgemeinschaft richtet sich gemäß § 713 BGB, falls anderweitige Bestimmungen im Gesellschaftsvertrag nicht getroffen worden sind, nach den §§ 664-670 BGB . Hiernach sind die geschäftsführenden Gesellschafter verpflichtet, die **Geschäftsführung persönlich** auszuüben, abgesehen von Eilfällen den **Weisungen** der Mehrheit oder der Gesamtheit der Gesellschafter (Aufsichtsstelle) **Folge zu leisten,** den übrigen Gesellschaftern die **erforderlichen Nachrichten und Auskünfte zu erteilen** sowie alles, was sie zur Durchführung der Geschäftsführung erhalten und aus ihr erlangen, **an die Gesellschafter herauszugeben;** schließlich, im Falle der Verwendung von **Geld** der Gesellschafter für sich, dieses zu **verzinsen. Berechtigt** sind nach diesen Vorschriften die geschäftsführenden Gesellschafter, **Vorschuß** für die Durchführung des Auftrages sowie den **Ersatz** gehabter **Aufwendungen zu verlangen.** Das federführende Unternehmen einer Arge kann dagegen ohne ausdrückliche oder hinreichend klare Vereinbarung keine Geschäftsführervergütung für die erbrachten Arbeitsleistungen verlangen, wobei eine stillschweigende Vereinbarung grundsätzlich nur angenommen werden kann, wenn es sich um außergewöhnliche Leistungen handelt, die eine besondere Fähigkeit erfordern (OLG Koblenz NJW-RR 1987, 24). Bei einer stillschweigenden Vereinbarung kann grundsätzlich auch nur ein festes Gehalt als Entgelt für erbrachte Dienstleistungen verlangt werden, nicht aber ein Prozentsatz am Auftragsvolumen, da dieses unzulässigerweise auf einen Anteil an der Gewinnverteilung im Rahmen der Auseinandersetzung hinauslaufen würde (OLG Koblenz a. a. O.).

Aus der vorangehenden Aufzählung von Einzelpflichten und Einzelrechten der geschäftsführenden Gesellschafter, wie sie vom BGB festgehalten worden sind, ergibt sich, daß es keineswegs zweckmäßig sein dürfte, sich in einem Arbeitsgemeinschaftsvertrag mit einem Hinweis auf die gesetzlichen Vorschriften zu begnügen. Denn die im Gesetz vorgesehenen Rechte und Pflichten sind allgemein gehalten und keineswegs auf die Besonderheiten der Arbeitsgemeinschaft im Bauwesen abgestellt. Es bedarf daher, um den tatsächlichen Gegebenheiten gerecht zu werden, schon einer genaueren Einzelregelung von Rechten und Pflichten der geschäftsführenden Gesellschafter, um dem Sinn und dem Zweck der Arbeitsgemeinschaft gerecht zu werden, weshalb sich den Besonderheiten des Bauwesens entsprechende, sehr eingehende Regelungen in den §§ 6 ff. des Mustervertrages finden.

bb) Ansprüche aus der **Verletzung von Geschäftsführerpflichten** können andere Gesellschafter im eigenen Namen geltend machen; das gilt auch für Ansprüche auf Unterlassung und Rechnungslegung, die daraus entstanden sind, daß die geschäftsführende Gesellschafter die ihm obliegenden Geschäftsführerpflichten nicht ordnungsgemäß erfüllt hat (BGHZ 25, 47, 49 = WM 1957, 976; BGH WM 1956, 88, 89). Allerdings muß bei einer Geltendmachung von Schadensersatz oder eines gleichartigen Anspruches **Leistung an die Gesellschafter** verlangt werden, weil diesen der Anspruch zusteht. Anders ist dies beim Rechnungslegungsanspruch, da dieser dazu dient, den Schadensersatzanspruch der Gesellschaft, den der Gesellschafter selbst für die Gesellschaft geltend machen kann, erst festzustellen (BGH WM 1972, 1229, zugleich auch zur Frage der Verjährung wegen Verletzung des Wettbewerbsverbotes nach § 112 HGB).

cc) Zur **Entziehung der Geschäftsführung** oder deren **Kündigung** vgl. § 712 BGB . Voraussetzung ist das Vorliegen eines **wichtigen Grundes,** insbesondere **grobe Pflichtverletzung oder Unfähigkeit** zur Geschäftsführung, wobei ein **einstimmiger Beschluß** der Gesellschafter (Aufsichtsstelle) vorliegen muß (so auch § 6 Nr. 8 des Mustervertrages; vgl. dazu Fahrenschon u. a. § 6 Rdn. 49 ff.), falls der Gesellschaftsvertrag nicht den Mehrheitsbeschluß genügen läßt. Sollen nach dem Willen der an der Arbeitsgemeinschaft beteiligten Gesellschafter auch noch andere Entziehungs- und Kündigungsvoraussetzungen bestehen, ist es notwendig, diese im einzelnen in den Arbeitsgemeinschaftsvertrag aufzunehmen. Auch ein selbst nicht geschäftsführungsbefugter Gesellschafter, der eine pflichtwidrige Geschäftsführungsmaßnahme des geschäftsführenden Gesellschafters maßgeblich beeinflußt, kann der Gesellschaft zum Ersatz des daraus entstandenen Schadens verpflichtet sein (BGH NJW 1973, 2198 = MDR 1974, 26 = BB 1973, 1506 = JZ 1975, 178). Eine **Kündigung** kann **auch bei objektiv zerstörtem Vertrauensverhältnis** erfolgen, selbst wenn den Gekündigten daran kein nachweisbares Verschulden trifft; jedoch ist die Zerstörung des Vertrauensverhältnisses dann kein wichtiger Grund, wenn die Gesellschaft noch einige Zeit nach dem die Zerstörung des Vertrauensverhältnisses herbeiführenden Ereignis fortgesetzt wird, ohne daß die Kündigung dem betreffenden Gesellschafter gegenüber ausgesprochen wird (vgl. BGH WM 1975, 329).

63 b) Die **Vertretungsmacht**, d. h. die Befugnis, die Mitglieder der Arbeitsgemeinschaft **Dritten gegenüber zu vertreten**, steht nach § 714 BGB grundsätzlich **demjenigen zu, dem die Geschäftsführung übertragen** worden ist. Sind mehrere Gesellschafter nur gemeinschaftlich als Geschäftsführer befugt, so sind ohne besondere Regelung ihre Erklärungen nur bindend, wenn gemeinschaftliche, übereinstimmende Willensäußerungen dieser Gesellschafter vorliegen. Soll die Vertretungsmacht nur einem Teil der geschäftsführenden Gesellschafter oder nur einem derselben übertragen oder soll sie aufgeteilt werden, so bedarf es einer ausdrücklichen, nach außen hin erkennbar zu machenden Bestimmung hierüber im Arbeitsgemeinschaftsvertrag. Letzteres gilt z. B. für den Mustervertrag, wo die Vertretungsmacht einmal für die technische Geschäftsführung (§ 7.2) und zum anderen für die kaufmännische Geschäftsführung (§ 8.2) getrennt festgelegt ist.

64 Um die nötige Klarheit zu erreichen, ist es für den **Auftraggeber** geboten, von den Mitgliedern der Arbeitsgemeinschaft eine verbindliche **Erklärung** darüber **zu verlangen, welches Mitglied die Arbeitsgemeinschaft vertritt**, ob es berechtigt ist, mit Wirkung für alle Arbeitsgemeinschaftsmitglieder Zahlungen entgegenzunehmen, überhaupt befugt ist, sämtliche Rechtshandlungen oder welche sonst mit Wirkung für und gegen alle Mitglieder der Arbeitsgemeinschaft vorzunehmen oder entgegenzunehmen. Das ist nicht nur von Bedeutung für vertragliche Ansprüche der Arbeitsgemeinschaft oder gegen diese, sondern auch zur Wahrung aller Rechte, die sich aus der Tätigkeit der Arbeitsgemeinschaft und ihrer einzelnen Mitglieder, z. B. auch aus den §§ 823 ff. BGB, ergeben.

65 Ist ein Gesellschafter einer BGB-Gesellschaft – also auch einer baurechtlichen Arbeitsgemeinschaft – zur selbständigen Geschäftsführung und Vertretung befugt, so hat ein gegen eine von ihm vorgenommene Handlung erhobener Widerspruch eines anderen Gesellschafters jedenfalls dann keine Wirkung nach außen, wenn er dem Geschäftspartner – dem Auftraggeber – nicht bekanntgegeben war (BGHZ 16, 394 = NJW 1955, 825 = BB 1955, 365 = LM BGB § 711 Nr. 1). Zur Vertretungsmacht beim Arge-Mustervertrag vgl. Fahrenschon u. a. § 7 Anm. 5 und § 8 Rdn. 5, über die Beendigung der Vertretungsmacht Vor §§ 7 und 8 Rdn. 85.

66 10. Aus der Natur der Arbeitsgemeinschaft, die von Einzelunternehmen des Bauhandwerks und der Bauindustrie gebildet wird, ergibt sich die in den Vorschriften über die BGB-Gesellschaft nicht berücksichtigte Notwendigkeit, bestimmte **Zahlungsverpflichtungen** zu beachten, die nicht unmittelbar mit der in der Arbeitsgemeinschaft beabsichtigten Zweckerreichung im Zusammenhang stehen, die aber zur **Führung eines ordnungsgemäßen Baubetriebes unerläßlich** sind. Dies betrifft u. a. **Versicherungsbeiträge**, wie Haftpflichtversicherung, Bauwesenversicherung, Montageversicherung, Feuerversicherung, Berufsgenossenschaft, Arbeitslosen-, Kranken- und Invalidenversicherung, Kraftfahrzeugversicherung usw.

67 Es bedarf zumindest aus Zweckmäßigkeitsgründen einer Regelung darüber, wer für die Dauer der Arbeitsgemeinschaft die Versicherungsbeiträge zu entrichten hat, ob dies aus dem Vermögen der Gesellschafter, also durch die Arbeitsgemeinschaft, erfolgen soll oder durch den Einzelgesellschafter. Die Arbeitsgemeinschaft kann als Unternehmer i. S. der §§ 623, 633 ff.

RVO anzusehen sein, wenn sie durch ihre besondere Bauleitung mit einer alle ihr unterstellten Arbeitskräfte umfassenden Anordnungs- und Befehlsgewalt nach außen als ein selbständiger einheitlicher Betrieb wirkt und das wirtschaftliche Ergebnis des Betriebes der Arbeitsgemeinschaft laut dem Bauauftrag als der alleinigen Auftragnehmerin ausschließlich zusteht (Sozialgericht Gelsenkirchen, Urt. v. 28. 6. 1960 – S 2 U 14/60 –). Im Rahmen des Arge-Mustervertrages verhält sich § 16 über Versicherungen (vgl. dazu die Anm. bei Fahrenschon u. a. zu § 16 a. a. O.).

11. Ähnlich wie bei den Versicherungsverträgen und den Pflichtversicherungen ist es angezeigt, auch hinsichtlich der Erledigung von **Steuerlasten** Regelungen im Arbeitsgemeinschaftsvertrag zu treffen. So wird es zweckmäßig sein, die Lohnsteuer- und Umsatzsteueranteile der einzelnen Gesellschafter, soweit sie mit den Arbeiten im Rahmen der Arbeitsgemeinschaft im Zusammenhang stehen, von seiten der Arbeitsgemeinschaft abführen zu lassen und die entsprechenden Beträge bei der späteren Gewinn- und Verlustrechnung bzw. der Auseinandersetzung nach dem Beteiligungsverhältnis im einzelnen zu berücksichtigen. Andererseits dürfte es geboten sein, die Abführung der Gewerbesteuer den einzelnen Gesellschafterunternehmen anteilig zu überlassen, da die Gewerbesteuersätze örtlich verschieden sind, sofern nicht ohnehin die Entscheidung des Bundesfinanzhofs (BStBl. 1961 III, 194) v. 23. 2. 1961 zur Frage der Steuerpflicht der Arbeitsgemeinschaften eingreift. Die Kraftfahrzeugsteuer ist von den Gesellschaftern zu bezahlen. Sie dürfte dann kraft Vereinbarung im Vertrag der Gesellschaft in Rechnung zu stellen sein. Zu dem auf Steuern bezogenen § 17 des Arge-Mustervertrages vgl. die Rdn. 67 a. E. genannte Literaturstelle. 68

12. Schließlich sollten auch die an die **Berufsverbände** zu zahlenden **Beiträge** der einzelnen Gesellschafter der Klarheit halber vollständig im Arbeitsgemeinschaftsvertrag erfaßt werden. Es entspricht der Billigkeit, wenn vereinbart wird, daß derartige Beiträge, soweit sie auf die Anteile an der Arbeitsgemeinschaft entfallen, zumindest bei der Auseinandersetzung den betroffenen Gesellschaftern zugute gehalten werden. Vgl. dazu auch § 18 des Mustervertrages. 69

13. In Arbeitsgemeinschaftsverträgen liest man vielfach die den einzelnen Gesellschaftern auferlegte Verpflichtung, die **Abtretung von Forderungen** aus dem Arbeitsgemeinschaftsverhältnis **an Dritte** den übrigen Gesellschaftern **anzeigen zu müssen.** Diese Anzeigepflicht ist durchaus interessengerecht, weil die übrigen Gesellschafter aus vielerlei Gründen ein Recht darauf haben, über eine zu erwartende Inanspruchnahme des Gesamthandvermögens durch Dritte unterrichtet zu sein. Diese im Vertrag zu vereinbarende **Informationspflicht** entspricht dem im Rahmen einer Arbeitsgemeinschaft unabdingbar erforderlichen **Treue- bzw. Vertrauensverhältnis der einzelnen Gesellschafter zueinander.** Dabei ist die Frage wesentlich, ob und was der Gesellschafter aus seiner arbeitsgemeinschaftlichen Beteiligung **überhaupt an Dritte abzutreten berechtigt ist,** §§ 717, 719 BGB . Hier wird das Prinzip der **gesamthänderischen Verbundenheit** der an einer Arbeitsgemeinschaft als BGB-Gesellschaft Beteiligten zum Ausdruck gebracht. 70

a) Nach § 717 Satz 1 BGB sind **Ansprüche,** die den Gesellschaftern aus dem Gesellschaftsverhältnis **gegeneinander** zustehen, **grundsätzlich nicht übertragbar.** Dabei sind einmal die Gesellschafterstellung im ganzen (Mitgliedschaft) und zum anderen die vermögensrechtliche Seite der Mitgliedschaft zu unterscheiden. 71

Die erstere kann nicht übertragen werden. Allerdings ist es möglich, einen **Mitgliederwechsel** durch Übertragung oder durch sonstigen Übergang – § 727 BGB – unter Aufrechterhaltung der bestehenden Gesellschaft vorzunehmen, wenn der Gesellschaftsvertrag dies zuläßt oder alle Gesellschafter ihre Zustimmung erteilen. Die Einräumung einer **Unterbeteiligung** am Gesellschaftsanteil zugunsten eines Dritten – gegebenenfalls gegen Entgelt – durch einen Gesellschafter ist grundsätzlich nicht verboten. 72

73 Auch die vermögensrechtliche Seite der Mitgliedschaft, d. h. der **Anteil des einzelnen Gesellschafters, kann grundsätzlich nicht übertragen werden**, falls nicht im Gesellschaftsvertrag eine abweichende Vereinbarung getroffen ist. In jedem Falle **nicht übertragbar (absolutes Verbot) ist der Anteil des Gesellschafters an den einzelnen Gegenständen**, die zum Gesellschaftsvermögen gehören, wie z. B. an gemeinschaftlichen Forderungen aller Gesellschafter und an Sachen, die in die Gesellschaft eingebracht worden sind. Eine gegenteilige Bestimmung im Vertrag kann nicht getroffen werden, sie ist **nichtig**.

74 Sonstige aus der Gesellschafterstellung sich ergebende Einzelbefugnisse sind nur übertragbar, wenn dies ausdrücklich im Gesellschaftsvertrag im einzelnen niedergelegt ist. Das gilt auch für die **Verwaltungsrechte**, soweit sie dem einzelnen Gesellschafter nach dem Vertrag überhaupt zustehen, wie z. B. die Geschäftsführungsbefugnis, der Anspruch auf Rechnungslegung und das Recht, die Auseinandersetzung zu verlangen. Zu bemerken ist, daß das, was nicht übertragen werden kann, auch **nicht gepfändet** werden kann, § 851 ZPO.

75 b) In § 717 Satz 2 BGB ist eine **Ausnahme** von dem vorgenannten Verbot enthalten. Folgende **Ansprüche können übertragen** werden, **wenn** die Übertragung **nicht ausdrücklich im Vertrag ausgeschlossen** ist: etwaige Ansprüche eines **geschäftsführenden Gesellschafters** auf eine ihm zustehende **Vergütung** aus der Geschäftsführung, falls die Befriedigung aufgrund vertraglicher Regelung bereits vor der Auseinandersetzung der Arbeitsgemeinschaft verlangt werden kann. **Nicht** unter diese abtretbaren Ansprüche aus der Geschäftsführung ist das Recht auf **Vorschuß** zu rechnen. Dieser Anspruch ist **nicht übertragbar**, da der Vorschuß **zweckgebunden** ist, und zwar an die Durchführung der Geschäftsführungsaufgaben selbst, wie sich aus § 669 BGB entnehmen läßt. Daraus ist der allgemeine Schluß zu ziehen, daß übertragbar im Rahmen des § 717 Satz 2 BGB nur solche Ansprüche aus der Geschäftsführung sind, die ihre Grundlage in einer ganz oder teilweise **erledigten** Geschäftsführung haben.

76 Weiter fällt unter die Ausnahmebestimmung der **Gewinnanteil**. Dabei kommt es nicht darauf an, ob dieser feststeht und rückständig ist. Vielmehr ist auch der künftige, der Höhe nach noch zu bestimmende Gewinnanteil übertragbar, wobei allerdings die Bestimmbarkeit zur Zeit der Abtretung oder Übertragung grundlegende Voraussetzung ist. Im übrigen erwirbt im Fall des erst der Höhe nach zu bestimmenden Gewinnanteils der neue Gläubiger nicht das Recht, den Rechnungsabschluß und die Feststellung des Gewinnes von der Gesamthand der übrigen Gesellschafter zu verlangen. Dieses verbleibt vielmehr dem übertragenden Gesellschafter, vgl. RGZ 52, 36. Auch bezüglich der Fälligkeit hat der neue Gläubiger nur die gleichen Rechte wie der abtretende Gesellschafter.

Der gesellschaftsrechtliche Gewinnanspruch ist kein Anspruch auf eine regelmäßig wiederkehrende Leistung im Sinne des § 197 BGB ; er unterliegt der allgemeinen Verjährungsfrist von 30 Jahren (BGHZ 80, 357 = NJW 1981, 2563 = Betrieb 1981, 2021 = JZ 1981, 780 = BB 1981, 1541 = ZIP 1981, 1090 = MDR 1981, 995 = LM § 197 BGB Nr. 13 Anm. Brandes).

77 Schließlich kann ein Gesellschafter das **Auseinandersetzungsguthaben**, d. h. das, was ihm bei der Auseinandersetzung der Gesellschaft zukommen wird, auf einen Dritten übertragen. Das Auseinandersetzungsguthaben besteht in der Regel aus dem Anspruch auf Rückerstattung des Wertes der Einlagen (§ 733 BGB) und aus dem Recht auf Auszahlung des Überschusses (§ 734 BGB). Die grundsätzliche Übertragbarkeit des Auseinandersetzungsguthabens folgt daraus, daß dieses schon seit der Gründung der Gesellschaft besteht und nur der Höhe nach noch unbestimmt ist, RGZ 60, 130. Die Höhe ist von der Ermittlung durch die Gesellschafter,

sei es bei einer Auseinandersetzung (§§ 730-734 BGB), sei es bei einer Abfindung (§§ 738-740 BGB), abhängig. Im übrigen ist auch hier der neue Gläubiger, dem von einem Gesellschafter das Auseinandersetzungsguthaben übertragen worden ist, nicht berechtigt, die Gesellschaft zu kündigen, ihre Auseinandersetzung zu fordern, bei dieser mitzuwirken oder Rechnungslegung zu verlangen, RGZ 90, 20. Er muß sich wegen der Durchsetzung dieser Rechte an den Gesellschafter als bisherigen Gläubiger des Auseinandersetzungsguthabens halten.

Soweit nach § 717 Satz 2 BGB bestimmte Rechte abtretbar bzw. übertragbar sind, und zwar ohne besondere gesellschaftsvertragliche Gestattung, sind diese Rechte auch **pfändbar**, § 851 ZPO. Zu beachten ist dabei besonders § 859 Abs. 1 ZPO. Über die möglichen Folgen einer solchen Pfändung vgl. Rdn. 85. 78

Zur Abtretung von Forderungen im Rahmen des § 20.2 des Arge-Mustervertrages vgl. Fahrenschon u. a. Rdn. 48 ff. 79

14. Unbedingt erforderlich ist es, im Arbeitsgemeinschaftsvertrag **Regelungen über** bestimmte Sachverhalte zu treffen, an die das Gesetz als Folge die **Auflösung oder die Kündigung der Gesellschaft** knüpft, vgl. §§ 723-725, 727, 728 BGB . 80

a) Die in § 723 Abs. 1 Satz 1 eröffnete jederzeitige **Möglichkeit der Kündigung** der Arbeitsgemeinschaft durch jeden Gesellschafter ist nur bei den auf unbestimmte Zeit eingegangenen **Dauerarbeitsgemeinschaften** denkbar. Handelt es sich dagegen um eine für ein bestimmtes Bauvorhaben oder mehrere bestimmbare Bauvorhaben gegründete Arbeitsgemeinschaft oder eine solche von einer **zeitlich festbestimmten Dauer,** so kommt eine **Kündigung** nach § 723 Abs. 1 Satz 2 BGB **nur aus wichtigem Grund** in Betracht (vgl. auch § 23.1 Mustervertrag). Hierbei ist als **Hauptfall** genannt, daß ein **Gesellschafter** eine ihm nach dem Gesellschaftsvertrag obliegende **wesentliche Verpflichtung vorsätzlich oder grob fahrlässig verletzt** hat; **desgleichen,** wenn die **Erfüllung** einer solchen Verpflichtung **unmöglich** wird. Eine abschließende Regelung von Kündigungsmöglichkeiten aus wichtigem Grund im Wege der Darstellung von Einzelaufzählungen im Gesellschaftsvertrag wird nicht möglich sein und ist daher auch nicht zu empfehlen. Zu beachten ist aber, daß die Kündigung **grundsätzlich nicht zur Unzeit** geschehen darf, weil sonst u. U. eine Schadensersatzpflicht des kündigenden Gesellschafters entstehen kann (vgl. § 723 Abs. 2 BGB). 81

Gerade das Verbot der Kündigung zur Unzeit hat für die Arbeitsgemeinschaft eine besondere Bedeutung, da die von ihr dem Bauherrn gegenüber eingegangene Verpflichtung vielfach termingebunden ist und eine Verzögerung regelmäßig Vertragsstrafen oder zumindest Schadensersatzverpflichtungen nach sich zieht. Vgl. dazu Fahrenschon u. a., Mustervertrag, Vor §§ 23-24 Rdn. 69 f.; ferner Kainzbauer, Bauwirtschaft 1987, 280, 281. 82

b) Eine andere Frage ist es, ob eine Arbeitsgemeinschaft ohne Kündigung **durch Vereinbarung** der Gesellschafter, also der beteiligten Unternehmer, vorzeitig **aufgelöst** werden kann. Nach dem Mustervertrag (§ 22 Abs. 2) ist das möglich; jedoch bedarf es dazu eines einstimmigen Beschlusses der Gesellschafter (§ 6.6 a. a. O.; vgl. dazu Fahrenschon u. a. § 22 Rdn. 27). Die Rechtsgültigkeit der Auflösung wird auch dann nicht berührt, wenn die Arbeitsgemeinschaft Dritten gegenüber zum Schein aufrechterhalten bleiben soll, vgl. BGH BB 1961, 548. 83

c) Beachtung verdient besonders auch die **Gläubigerkündigung** nach § 725 BGB . Ein Gläubiger ist nach Pfändung des Anteils eines Gesellschafters am Gesellschaftsvermögen berechtigt, die Gesellschaft ohne Einhaltung einer Kündigungsfrist zu kündigen. Voraussetzung ist das Vorliegen eines rechtskräftigen und nicht nur vorläufig vollstreckbaren Titels. Zu beachten ist, daß es für die Pfändung des Anteils des Gesellschafters am Vermögen der 84

Gesellschaft ausreicht, daß der Pfändungsbeschluß statt allen nur den geschäftsführenden Gesellschaftern zugestellt wird (zutreffend BGHZ 97, 392 = BB 1986, 1176 = Betrieb 1986, 1517 = NJW 1986, 1991 = JZ 1986, 1069 = JR 1987, 65 Anm. Müller = MDR 1986, 825 = LM § 725 BGB Nr. 1 = WM 1986, 719 = EWiR 1986, 885). Ist dem Gläubiger der **Anteil** (§ 857 ZPO) oder der **Gewinnanspruch** (§ 829 ZPO) neben der Pfändung zur Einziehung überwiesen worden, so hat er einen Anspruch auf Auszahlung des Gewinns gegen die übrigen Gesellschafter als Gesamtschuldner (vgl. §§ 1273, 1258 BGB). Die **Verwaltungsrechte des schuldnerischen** Gesellschafters erhält der Gläubiger dagegen aufgrund der Pfändung und Überweisung **nicht** (vgl. Rdn. 70 ff.). Die Befugnis des Gläubigers, die Gesellschaft kündigen zu können, ist ein sehr weitgehendes Recht, da die Kündigung einen nicht unerheblichen Einfluß auf die Interessenlage der übrigen Gesellschafter haben kann. Die Kündigung durch einen Gesellschaftergläubiger im Rahmen des § 725 BGB ist aber insofern abdingbares Recht, als im Gesellschaftsvertrag der **Fortbestand der Gesellschaft unter den übrigen Gesellschaftern** für diesen Fall vereinbart werden kann, naturgemäß ohne den Gesellschafter, der Schuldner des kündigenden Gläubigers ist. Befriedigen die übrigen Gesellschafter den Gläubiger vor der Kündigung, so kann es allerdings für sie ein Gebot der gesellschaftlichen Treuepflicht sein, die Gesellschaft auch mit dem Schuldner fortzusetzen (BGHZ 30, 195, 201 = NJW 1959, 1683; WM 1964, 420). Es ist dringend zu empfehlen, in Arbeitsgemeinschaftsverträgen eine solche **Fortsetzungsvereinbarung** festzulegen (wie z. B. nach § 23.61, 24.1 Arge-Mustervertrag). Geschieht dieses nicht und gilt § 725 BGB, so wird durch eine Kündigung des Gläubigers nicht nur die Arbeitsgemeinschaft aufgelöst, sondern es wird ihr insbesondere **unmöglich,** ihre bisher noch nicht erledigte **Bauvertragsverpflichtung** zu erfüllen, was **Schadensersatzansprüche** gegen alle Gesellschafter seitens **des Bauherrn bzw. Auftraggebers** nach sich zieht.

Für den kündigenden Gläubiger sind die Bestimmungen des Arbeitsgemeinschaftsvertrages bindend, es sei denn, daß sie erst nach der Pfändung vereinbart sind oder den Zweck haben, die Rechte des Gläubigers zu beeinträchtigen.

85 Darüber hinaus dürfte es zu empfehlen sein, auch noch andere Sicherheitsmaßnahmen für den Fall der Inanspruchnahme eines Gesellschafters durch einen seiner Gläubiger im Arbeitsgemeinschaftsvertrag zu treffen. Es ist zweckmäßig, diese Frage nicht von dem mehr oder weniger ungewissen und zeitlich nicht festzulegenden Kündigungsanspruch des Gläubigers abhängig zu machen, sondern der Gesellschaft im Arbeitsgemeinschaftsvertrag ein Recht zur Kündigung gegenüber einem Gesellschafter vorzubehalten, der von einem seiner Gläubiger bedrängt wird, wenn z. B. gegen ihn ein rechtskräftiger Titel vorliegt und aufgrund dieses Titels ein Pfändungsbeschluß in die Arge-Beteiligung zugestellt wird (vgl. dazu § 23.5 Arge-Mustervertrag). Das hat den Vorteil, daß die Auseinandersetzung mit dem ausscheidenden Gesellschafter ohne Beteiligung eines Dritten erfolgen kann.

86 d) Auch **der Tod eines Gesellschafters** bringt nach § 727 BGB die **Arbeitsgemeinschaft** zur **Auflösung,** falls nicht im Arbeitsgemeinschaftsvertrag eine anderweitige Regelung erfolgt. § 727 BGB ist für den Fall gedacht, daß der Gesellschafter eine natürliche Einzelperson ist. Man wird diese Bestimmung aber für den Fall der **Auflösung von Unternehmen,** gleich wie sie an der Arbeitsgemeinschaft als Gesellschafter beteiligt sind, entsprechend anwenden müssen. Wird die Fortsetzung der Gesellschaft für den Fall des Todes eines Gesellschafters vereinbart, so treten dessen **Erben** an die Stelle des Verstorbenen, es sei denn, es ist die Fortsetzung lediglich unter den übrigen Gesellschaftern abgesprochen (vgl. dazu § 736 BGB). Gerade der Eintritt eines Erben des verstorbenen Gesellschafters in die Arbeitsgemeinschaft kann zu persönlichen und fachlichen Schwierigkeiten führen. Besonders aus dem für die Arbeitsgemeinschaft als Grundsatz geltenden Gedanken der **persönlichen Bindung und des engen Vertrauensverhältnisses zueinander** kann es daher geboten sein, im Arbeitsgemeinschaftsvertrag neben einer Fortsetzungsvereinbarung zugleich eine Klausel aufzunehmen,

wonach sowohl die bisherigen Gesellschafter als auch der Erbe des verstorbenen Gesellschafters das Recht haben, die Arbeitsgemeinschaft zu kündigen, falls sich eine weitere gedeihliche Zusammenarbeit als nicht möglich herausstellen sollte. Weiterhin kann für den Fall einer solchen Kündigung im Vertrag festgelegt werden, daß dann lediglich der Erbe aus der Arbeitsgemeinschaft ausscheidet und die Arbeitsgemeinschaft unter den übrigen und bisherigen Gesellschaftern fortgesetzt wird. Eine besondere und für die Praxis durchaus nachahmenswerte Regelung für den Fall des Todes eines Gesellschafters sowie der Auflösung einer Gesellschaft enthält § 23 Nr. 2 und 3 des Arge-Mustervertrages; dazu Fahrenschon u. a., a. a. O., Rdn. 9 ff.

Zum Recht auf Übernahme des Gesellschaftsvermögens in der Zweimanngesellschaft des BGB zutreffend Rimmelspacher AcP 73 Bd. 173, 1; dazu für den Arge-Mustervertrag Fahrenschon u. a., Vor §§ 23-24 Rdn. 79 ff.

e) Unbedingte Beachtung muß § 728 BGB finden, wonach die Gesellschaft durch **Eröffnung des Konkurses über das Vermögen eines Gesellschafters** grundsätzlich aufgelöst wird. Dabei fällt es zunächst auf, daß nach dem Gesetz die Auflösung **nicht** auch für den Fall vorgesehen ist, daß über das Vermögen eines Gesellschafters das **Vergleichsverfahren** eröffnet worden ist. Hierbei handelt es sich nicht etwa um ein Versehen des Gesetzgebers, sondern um den deutlich zum Ausdruck gekommenen Willen, daß **nur die Eröffnung des Konkursverfahrens ein gesetzlicher Grund für die Auflösung** der BGB-Gesellschaft sein soll, nicht aber die Eröffnung des Vergleichsverfahrens. Das gilt demnach auch für die Arbeitsgemeinschaft, wobei auch nicht wegen der bauvertraglichen Verpflichtung gegenüber dem Bauherrn Anlaß besteht, eine Erweiterung bei der Auslegung des Gesetzes vorzunehmen. Insoweit wird auf die Gründe (mit Literaturhinweisen) des Schiedsspruches vom 4. 11. 1953 hingewiesen (SFH Z 2.224 Bl. 1-3). Allerdings wird bei Vorliegen **einer Zahlungseinstellung** oder eines **Vergleichsverfahrens häufig eine Kündigung aus wichtigem Grund nach § 723 BGB** (vgl. Rdn. 81 f.) gerechtfertigt sein. Vgl. dazu auch § 23.51 und 23.52 Arge-Mustervertrag.

87

Um das von der Arbeitsgemeinschaft gesetzte Ziel dennoch zu erreichen, vor allem gegenüber dem Auftraggeber vertragstreu zu sein, ist es aber auch hier für den Fall des Konkurses eines Gesellschafters geboten, wenn irgend möglich gemäß § 736 BGB die Fortsetzung der Gesellschaft unter den übrigen Gesellschaftern vertraglich zu vereinbaren, so daß dann nur der betroffene Gesellschafter ausscheidet und den übrigen Gesellschaftern dessen Gesellschaftsanteil anwächst; gleiches gilt für den Fall der Ablehnung der Konkurseröffnung mangels Masse (dazu § 23.62, 24.1 Arge-Mustervertrag). Bei Zugrundelegung der Bestimmungen des Arge-Mustervertrages geht bei einer Zweimann-Arge bei Ausscheiden eines Gesellschafters durch Eröffnung des Konkursverfahrens dessen Anteil ohne besonderen Übertragungsakt durch Anwachsung auf den anderen Gesellschafter über; also wird die Gesellschaft nicht aufgelöst und nicht auseinandergesetzt (OLG Hamm BauR 1986, 462 m. w. N.). Ist eine entsprechende Fortsetzungsvereinbarung im Gesellschaftsvertrag getroffen worden, so wird der Aktivprozeß von BGB-Gesellschaftern durch den Konkurs des Mitgesellschafters nicht nach § 240 ZPO unterbrochen, und der Prozeß wird von den verbleibenden Gesellschaftern fortgeführt (OLG Köln, Beschluß vom 21. 5. 1985 – 1 W 54/84 – = Rumler/Detzel EWiR 1985, 517).

88

Die **Arbeitsgemeinschaft als solche** ist, weil nicht parteifähig, auch **nicht konkursfähig**. Ein Konkurs- oder Vergleichsverfahren kommt nur hinsichtlich des Vermögens der Gesellschafter in Betracht, daher wird nicht das Vermögen der Arbeitsgemeinschaft, sondern **nur der Anteil des betreffenden Gesellschafters** an der Arbeitsgemeinschaft erfaßt. Über Absonderungs- und Aussonderungsrechte im Falle des Konkurses und des Vergleichs im Zusammenhang mit der Arbeitsgemeinschaft, insbesondere hinsichtlich des Schicksals der Forderungen einzelner Unternehmer gegen die Mitglieder der Arbeitsgemeinschaft, sind in der Entscheidung des Bundesgerichtshofes vom 14. 2. 1957 (BGHZ 23, 307 = NJW 1957, 750 = BB 1957, 273 = SFH

89

Z 2.224 Bl. 4 ff., dazu krit. Oehlerking KTS 1980, 14) eingehende Ausführungen gemacht und Folgerungen gezogen worden.

90 15. Zur **Auseinandersetzung mit einem ausscheidenden Gesellschafter** vgl. die §§ 738-740 BGB. Die **Anwachsung** nach § 738 BGB geschieht anteilmäßig, d. h. entsprechend den Anteilen der übrigen Unternehmer an der Arbeitsgemeinschaft. Über die Abschichtungsbilanz nach dem Ausscheiden eines Gesellschafters Stötter, Betrieb 1972, 271.

Die Vorlage einer Abschichtungsbilanz kann nicht verlangt werden, wenn ein ausgeschiedener Gesellschafter nur den Buchwert zu beanspruchen hat; mit der bloß theoretischen Möglichkeit, daß auch bei vereinbarter Buchwertklausel eine höhere Abfindung in Betracht kommen kann, wenn nämlich Buchwert und realer Wert in einem bei Vertragsschluß ganz unvorhergesehenem Maß e auseinanderklaffen, läßt sich der Anspruch auf Vorlage einer Abschichtungsbilanz nicht begründen (BGHZIP 1981, 75).

91 Bei der Arbeitsgemeinschaft dürfte es zweckmäßig sein, hinsichtlich der ihr von dem ausscheidenden Gesellschafter lediglich zur Benutzung überlassenen **Maschinen und sonstigen Baugeräte** (§ 732 BGB) eine von § 738 Abs. 1 BGB (vgl. dazu auch BGH BB 1981, 1668 = NJW 1981, 2802 = Betrieb 1981, 1975 = MDR 1982, 119 = LM § 738 BGB Nr. 9) abweichende Vereinbarung im Arbeitsgemeinschaftsvertrag zu treffen. Denn es wird schwer sein, den Bauvertrag ordnungsgemäß und pünktlich durchzuführen, wenn mitten während der Ausführung diese Geräte von der Baustelle abgezogen und zurückgegeben werden. Dabei kann entweder ein Leihverhältnis (unentgeltlich) oder ein Mietverhältnis (entgeltlich) mit dem ausscheidenden Unternehmer vereinbart werden. Zum kaufmännischen Zurückbehaltungsrecht des oder der übrigen Gesellschafter an diesen Gegenständen vgl. Rdn. 37 f. Geraten der oder die übrigen Gesellschafter mit ihrer Rückgabeverpflichtung in Verzug (§ 732 BGB), so können sie dem ausscheidenden Gesellschafter gegenüber nach §§ 284 Abs. 1 Satz 2, 286 Abs. 1, 252 BGB zur Entschädigung für entgangenen Gewinn verpflichtet sein (vgl. BGH BB 1963, 575 = Betrieb 1963, 690). Sind Gegenstände, die erst während des Bestehens der Arbeitsgemeinschaft entstanden bzw. erworben worden sind, nicht teilbar, so kommen sie bei der Auseinandersetzung demjenigen – gegebenenfalls gegen einen angemessenen finanziellen Ausgleich – zu, für den sie die größere Bedeutung haben. Das gilt z. B. für die Geschäftsunterlagen der Arbeitsgemeinschaft (vgl. OLG Hamburg BB 1972, 417), dabei vornehmlich im Hinblick auf die federführende Firma.

92 Ein ausgeschiedener Gesellschafter hat, falls nichts anderes vereinbart ist, gegen die Gesellschaft, bei **Beendigung einer Zweimanngesellschaft** gegen den Geschäftsübernehmer, einen **Anspruch auf Ablösung der Sicherheiten,** die er aus seinem Privatvermögen einem Gläubiger für Gesellschaftsverbindlichkeiten eingeräumt hat. Gegenüber einem solchen Anspruch kann aber ein Zurückbehaltungsrecht geltend gemacht werden (§ 273 BGB), wenn feststeht, daß der Ausgeschiedene keine Abfindung zu erhalten hat, sondern wegen seiner Verlustbeteiligung einen Ausgleich seinerseits schuldet. Allerdings gibt es keinen allgemeinen Grundsatz, daß der Befreiungsanspruch nicht geltend gemacht werden kann, bevor nicht eine Abschichtungsbilanz erstellt ist, also noch nicht feststeht, ob der ausgeschiedene Gesellschafter ausgleichspflichtig ist. Ausnahmen hiervon können jedoch im Einzelfall nach Treu und Glauben geboten sein (BGH NJW 1974, 899 = MDR 1974, 559 = BB 1974, 811 = LM § 739 BGB Nr. 1), z. B. wenn mit großer Wahrscheinlichkeit feststeht, daß die Ausgleichspflicht besteht.

93 Der ausgeschiedene Gesellschafter kann seinen Auseinandersetzungsanspruch (§ 738 Abs. 1 BGB) im Wege der Stufenklage (Vorlage der Abschichtungsbilanz, Zahlung des Auseinandersetzungsguthabens) geltend machen (OLG Karlsruhe BB 1977, 1475).

94 Zu beachten ist, daß durch § 738 BGB die Abwicklung eines bis dahin bestehenden **gesell-**

schaftsrechtlichen **Innenverhältnisses geregelt** wird; deshalb findet diese Vorschrift **auf einen Gesellschafterwechsel** derart, daß an die Stelle des bisherigen Gesellschafters ein neuer Gesellschafter tritt, **keine Anwendung,** da zwischen dem bisherigen und dem neuen Gesellschafter keinerlei Rechtsbeziehungen innergesellschaftlichen Inhalts bestehen (BGH NJW 1975, 166 = WM 1974, 1244). Übernimmt ein Gesellschafter einer BGB-Gesellschaft allein das Gesellschaftsvermögen ohne Auseinandersetzung, so geht das Gesellschaftsvermögen entsprechend § 142 Abs. 3 HGB auf den Übernehmenden über, und zwar auch dann, wenn es sich nicht um einen Gewerbebetrieb handelt (BGH NJW 1960, 1664 = MDR 1960, 737; OLG Celle MDR 1978, 846; vgl. auch OLG Hamm BauR 1986, 462). Ist für die Höhe der Abfindung eines ausscheidenden Gesellschafters nach dem Gesellschaftsvertrag die Höhe der Kapitaleinlage, wie sie sich aus der letzten Bilanz vor dem Ausscheiden ergibt, maßgebend, so kann nicht allein auf den ziffernmäßigen Betrag der Einlage abgestellt werden; vielmehr ist diese um evtl. anteilige Verlustvorträge zu ergänzen (BGH GmbH-Rdsch 1979, 272).

Zu Haftungsbeschränkungen bei ausgeschiedenen Personengesellschaftern beachtlich Budde NJW 1979, 1637. **95**

Die von §§ 738-740 BGB erfaßten Rechtsfolgen und die vorangehend angesprochenen Fragen werden durch § 24 Arge-Mustervertrag eingehend geregelt (vgl. dazu im einzelnen Fahrenschon u. a., Anm. zu § 24 Mustervertrag). **96**

Zur Abschichtungsbilanz gemäß § 24 des Arge-Mustervertrages, vor allem zum Verhältnis zwischen § 24.2 und § 24.4 a. a. O., insbesondere dabei die Wirksamkeit der zuletzt genannten Regelung, beachtlich und wohl zutreffend v. Westphalen BB 1982, 1894.

Die in **§ 24 Nr. 8** (jetzt § 24 Nr. 9) des **Arge-Mustervertrages** enthaltene **Pfandrechtsbestellung** an den vom später ausscheidenden Gesellschafter **eingebrachten Geräten** zugunsten der verbleibenden Gesellschafter setzt das Eigentum des Ausscheidenden voraus, schließt aber gutgläubigen Erwerb des Pfandrechts nicht aus; der gutgläubige Pfandrechtserwerber hat hinsichtlich der Eigentumsverhältnisse an der Pfandsache nur dann eine Erkundigungspflicht, wenn konkrete Anhaltspunkte für das Nichteigentum des Verpfänders sprechen; derartige Anhaltspunkte brauchen nicht in den persönlichen Verhältnissen des Verpfänders zu liegen; allgemeine Liquiditätsschwierigkeiten einer Branche sprechen nicht schon für eine Sicherungsübereignung der Pfandsache an einen Dritten (BGHZ 86, 300 = BauR 1983, 268 = NJW 1983, 1114 = Betrieb 1983, 930 = ZIP 1983, 438 = MDR 1983, 483 = SFH § 1205 BGB Nr. 1 = BB 1983, 1248 = LM § 1205 BGB Anm. Brunotte).

Eine **Pfandrechtsbestellung für eine künftige Forderung** wird – ohne Rücksicht auf den Zeitpunkt des Entstehens der Forderung – mit der Einigung und der Übergabe der Pfandsache – also mit der Einräumung des Mitbesitzes an die übrigen Gesellschafter der Arbeitsgemeinschaft und nicht erst mit Ausscheiden des Gesellschafters – wirksam; sie ist deshalb nur dann im Konkurs des betreffenden Gesellschafters nach § 30 KO anfechtbar, wenn Einigung oder Übergabe in der Krise erfolgten (BGH BauR 1983, 273 = NJW 1983, 1123 = WM 1983, 213 = MDR 1983, 484; ebenso BGH Betrieb 1983, 820). **97**

16. Ganz besonders muß der Arbeitsgemeinschaftsvertrag einige Bestimmungen über die **Beendigung der Arbeitsgemeinschaft** enthalten. **98**

Dagegen ist das für die **Auseinandersetzung** angesichts der hinreichenden gesetzlichen Regelung in §§ 730-736 BGB nicht unbedingt erforderlich; insoweit genügt ein Hinweis auf diese Bestimmungen. Zu beachten ist besonders auch für die baurechtliche Arbeitsgemeinschaft, daß der nach § 732 BGB zur Rückgabe von Gegenständen verpflichtete Gesellschafter (Arbeitsgemeinschafter) kein Zurückbehaltungsrecht aufgrund seines betragsmäßig noch nicht geklärten Anspruchs auf sein Auseinandersetzungsguthaben hat (vgl. OLG Karlsruhe NJW 1961, 2017). Für die Erstattung geleisteter Einlagen ist § 733 Abs. 2 BGB maßgebend. Dabei sind erbrachte Werkleistungen nicht Dienstleistungen, die nach § 733 Abs. 2 Satz 3 BGB nicht erstattet werden. Sie sind nach dem Wert, den sie zur Zeit der Einbringung hatten, grundsätzlich auszugleichen, was z. B. auch für Architektenleistungen gilt (BGH BauR 1980, 280 = Betrieb 1980, 731 = SFH § 733 BGB Nr. 1 = BB 1980, 752 = MDR 1980, 555 = NJW 1980, 1744 = JZ 1980, 277 = LM § 733 BGB Nr. 3). Nicht erstattungsfähige Dienstleistungen sind nur solche, hinsichtlich deren sich der Einsatz der physischen und geistigen Arbeitskraft im Gesellschaftsvermögen nicht als ein festumrissener und meßbarer Vermögenswert niederschlägt oder bei denen zumindest die nachträgliche Bewertung der vermögenswirksamen Auswirkung solcher nach Art und Umfang höchst unterschiedlicher Individualleistungen bei der Auseinandersetzung auf kaum überwindbare Schwierigkeiten stoßen würde (BGH a. a. O.).

99 Hinsichtlich der **Beendigung** der BGB-Gesellschaft ist in § 726 BGB bestimmt, daß sie eintritt, **wenn entweder der vereinbarte Zweck erreicht oder die Erreichung dieses Zweckes unmöglich** (insoweit dauernd und ganz offenbar, BGHZ 24, 279, 293 = NJW 1957, 1279) geworden ist. Das hat auch für die Arbeitsgemeinschaft zu gelten, wobei als Zeitpunkt der Zweckerreichung **allgemein der der Abnahme der vertraglichen Leistung** ausschlaggebend ist (§ 640 Abs. 1 BGB ; ebenso Fahrenschon u. a., Vor §§ 23-24 Rdn. 7; Locher, Das private Baurecht, Rdn. 388). Dennoch erscheint es geboten, zur Frage der Beendigung einiges im Arbeitsgemeinschaftsvertrag festzuhalten. Es ist z. B. zu berücksichtigen, daß im Bauvertrag regelmäßig **Gewährleistungsfristen** einschließlich der Leistung von Sicherheiten vereinbart, u. U. sogar Garantieverpflichtungen eingegangen werden. Bis zum Ablauf der hiermit verbundenen und nach der eigentlichen Fertigstellung des Bauvorhabens liegenden Fristen sollte, besonders auch im Interesse der korrekt arbeitenden Arge-Mitglieder, der Fortbestand der Arbeitsgemeinschaft im Gesellschaftsvertrag ausdrücklich vereinbart werden. Denn gerade in dieser Zeit können bestimmte Verpflichtungen gegenüber dem Bauherrn entstehen, wie Nachbesserungspflichten, Schadensersatzverpflichtungen usw., deren Erledigung bei bereits erfolgter Auflösung der Arbeitsgemeinschaft auf Schwierigkeiten stoßen kann. Hinzu kommt, daß mit der Abnahme erst der Vorgang endgültiger Abrechnung mit dem Auftraggeber beginnt, wie § 641 Abs. 1 BGB zeigt. Letzteres gilt um so mehr beim VOB-Vertrag, bei dem die Schlußzahlung erst zwei Monate nach Vorlage der Schlußrechnung fällig wird, also nicht schon mit der Abnahme (Teil B § 16 Nr. 3 Abs. 1). Auch die Frage der Rückforderung etwaiger Überzahlungen durch den Auftraggeber kann bei den hier anzustellenden Überlegungen eine Rolle spielen. Vgl. dazu auch Fahrenschon u. a., § 22 Mustervertrag Rdn. 15 ff. mit Verweisungen.

100 Eine vermögensmäßige Auseinandersetzung, d. h. die Verteilung des Gewinnes und Verlustes, kann dabei bis zu einem gewissen Grad schon vorher erfolgen, wozu allerdings angesichts der §§ 730 ff. BGB eine besondere Regelung im Arbeitsgemeinschaftsvertrag notwendig ist. Zu beachten ist, daß nach Beendigung oder Auflösung der Gesellschaft alle gesellschaftsvertraglich begründeten Ansprüche, die einem Gesellschafter gegen die Gesellschaft oder gegen einen der Gesellschafter zustehen und die auf Zahlung an den anspruchsberechtigten Gesellschafter gerichtet sind, grundsätzlich nicht mehr gesondert geltend gemacht werden können. Diese Ansprüche werden mit der Auflösung oder Beendigung unselbständige Rechnungsposten der Auseinandersetzungsrechnung und sind hierbei zu berücksichtigen. Es ist gerade Aufgabe der Auseinandersetzung, daß diese Ansprüche in einem einheitlichen Verfahren Berücksichtigung finden. Der berechtigte Gesellschafter ist darauf angewiesen, die Auseinandersetzung herbeizuführen (BGH NJW 1952, 1369; WM 1957, 1027, 1029). Ansprüche aus einem BGB-Gesellschaftsverhältnis können somit nach Auflösung der Gesellschaft grundsätzlich nicht ohne vorherige Auseinandersetzung zuerkannt werden (BGH DNotZ 1970, 345). Nur ausnahmsweise kann von der Auseinandersetzung Abstand genommen werden,

wenn die Verhältnisse so einfach liegen, daß sich das, was ein jeder zu beanspruchen hat, ohne besonderes Abrechnungsverfahren ermitteln läßt (BGH BB 1963, 575 = Betrieb 1963, 690; BGH BB 1972, 1245). Auch kann ein Mitgesellschafter, der eine Gesellschaftsverbindlichkeit bezahlt hat, dann, wenn aus dem Gesellschaftsvermögen nichts zu erlangen ist, gegen die übrigen Gesellschafter seinen Erstattungsanspruch schon vor dem Abschluß der Auseinandersetzung durchsetzen, wenn im Zeitpunkt seiner Geltendmachung feststeht, daß er zumindest in Höhe dieses Anspruches von seinen Mitgesellschaftern Ausgleich verlangen kann (BGH WM 1974, 750).

Verlangt ein Gesellschafter nach Auflösung der Gesellschaft, aber vor Abschluß der Auseinandersetzung von einem Mitgesellschafter die Zahlung einer Schuld an die Gesellschaft, so ist zwar die Klage auf Zahlung abzuweisen, aber zugleich festzustellen, daß die Schuld ein zu Lasten des Beklagten gehender Teilposten der Auseinandersetzungsrechnung ist (BGH NJW 1984, 1455 = Betrieb 1984, 1137 = BB 1984, 648 = ZIP 1984, 438 = BB 1984, 690 = JZ 1984, 491 = LM § 730 BGB Nr. 10). Eine entsprechende Feststellungklage ist zulässig (BGH JZ 1984, 902 = NJW 1985, 1898 = BB 1984, 2040 = Betrieb 1984, 1977 = MDR 1985, 122 = LM § 730 BGB Nr. 11).

Für Bereicherungsansprüche, die im Zusammenhang mit dem Vertragsverhältnis durch rechtsgrundlose Leistungen des Gläubigers an eine BGB-Gesellschaft entstanden sind, haften die Gesellschafter jedenfalls nach Auflösung der Gesellschaft und Verteilung des Gesellschaftsvermögens als Gesamtschuldner grundsätzlich auf den vollen Betrag; der in Anspruch genommene Gesellschafter kann allerdings einwenden, die Bereicherung sei bereits im Gesamthandvermögen, bei seinen Mitgesellschaftern oder bei ihm ganz oder teilweise weggefallen (BGH NJW 1974, 451 = BB 1974, 292 = Anm. Reinhardt JZ 1974, 768).

17. Zur Frage, in welchem Fall **stillschweigende Vollmacht, Duldungsvollmacht oder Anscheinsvollmacht** anzunehmen sind im Hinblick auf das rechtsgeschäftliche Handeln einer Firma, die **für eine aufgelöste,** jedoch einem Bauamt gegenüber zum Schein aufrechterhaltene Arbeitsgemeinschaft Bestellungen erteilt hat, vgl. BGH BB 1961, 548 = SFH Z 2.224 Bl. 10; außerdem BGH SFH Z 2.224 Bl. 18. Hiernach ist der aus einer Arbeitsgemeinschaft ausgeschiedene Gesellschafter (Unternehmer) **dringend** davor zu warnen, sich darauf einzulassen, daß ein anderer – früherer – Gesellschafter (Unternehmer) nach außen hin weiterhin im Namen der in Wirklichkeit nicht mehr bestehenden Arbeitsgemeinschaft Erklärungen abgibt, vor allem dabei Verbindlichkeiten eingeht. Vgl. auch den vom OLG Hamburg (BB 1984, 14 mit Anm. Meinert) entschiedenen Fall.

18. Es kann aufgrund **veränderter Umstände** oder aus einem anderen Anlaß notwendig sein, den **Arbeitsgemeinschaftsvertrag** während des Bestehens der Arge zu **ändern.** Dazu ist auf BGH NJW 1961, 724 hinzuweisen, wonach die Abänderung eines Gesellschaftsvertrages ein Rechtsgeschäft i. S. des § 181 BGB darstellt. Das bedeutet, daß ein Gesellschafter nach § 181 BGB gehindert ist, an einem solchen Beschluß im eigenen Namen (mit eigener Stimme) und zugleich im fremden Namen (als Bevollmächtigter mit der Stimme eines anderen Gesellschafters) mitzuwirken.

VI. „Beteiligungs- und Beihilfegemeinschaft"

In der baugewerblichen Praxis wird es verschiedentlich so gehandhabt, daß **ein Bieter,** der auch das Angebot **für sich allein** abgegeben hat, vom Auftraggeber den **Auftrag erhält, er jedoch andere Unternehmer an der Ausführung beteiligt, ohne daß diese als Nachunternehmer** (vgl. Rdn. 116 ff.) **gelten können,** weil es sich um einen bloß internen gemeinschaftlichen Zusammenschluß auf gleicher Ebene handelt. Hier spricht man von „Beteiligungs-

oder **Beihilfegemeinschaft**„ (vgl. dazu van der Berg und Lauenroth [Baubetriebswirtschaft 1963, 27 f.], die bemerkenswerterweise ausführen, daß dem Auftraggeber in der Regel die Existenz einer solchen Gemeinschaft nicht bekannt sei). In rechtlicher Hinsicht schließen sich die anderen Unternehmer mit dem Auftragnehmer im **Innenverhältnis** zum Zwecke der gemeinsamen Erbringung der Bauleistung zusammen. Es handelt sich dabei allgemein um eine BGB- **Innengesellschaft** (zur Abgrenzung der Rechtsbegriffe Außengesellschaft und Innengesellschaft BGH NJW 1960, 1851) in der Form der **Arbeitsgemeinschaft,** für die hinsichtlich ihrer vertraglichen Gestaltung im **Innenverhältnis** der beteiligten Unternehmer untereinander im wesentlichen dasselbe gilt wie bei der echten Arbeitsgemeinschaft als Außengesellschaft, so daß insoweit darauf zu verweisen ist. Dagegen besteht **nach außen** die **vertragliche Verbindung nur zwischen Auftraggeber und Auftragnehmer allein.** Für eine solche Form des Zusammenschlusses paßt der Arge-Mustervertrag nach seiner Gesamtkonzeption aber nicht (zutreffend Fahrenschon u. a., Exkurs Rdn. 9 ff.). Möglich, jedoch in der Praxis kaum hervortretend, ist auch die Vereinbarung einer stillen Partnerschaft oder Unterbeteiligung sowie einer Subunternehmerschaft mit Gewinnbeteiligung (vgl. dazu Hochstein/Jagenburg, Einleitung Rdn. 29 f.).

106   Sollte dem Auftraggeber das Vorhandensein oder die Absicht der Gründung einer solchen „Beteiligungsgemeinschaft" nicht bekannt sein, so bestehen Bedenken, mit dem Bieter, der eine Beteiligungsgemeinschaft gegründet hat oder nach Vertragsabschluß gründen will, einen Bauvertrag nach der VOB abzuschließen. Denn hierfür müssen allein Fachkunde, Leistungsfähigkeit und Zuverlässigkeit **des Auftragnehmers und seines Betriebes selbst** ausschlaggebend sein (vgl. Teil A § 2 Nr. 1 Satz 1). Das bedingt aber grundsätzlich, daß der Auftraggeber genau **weiß, mit wem er es bei der Bauausführung zu tun hat,** was hier keineswegs gewährleistet ist. Es kann daher keinem Auftraggeber verwehrt werden, wenn er bei der Ausschreibung und insbesondere auch bei Vertragsabschluß die Bildung von „Beteiligungsgemeinschaften" **ausschließt** oder von seiner **Zustimmung abhängig** macht. Sollte die „Beteiligungsgemeinschaft" unter mehreren Unternehmern bereits dergestalt vereinbart sein, daß nur einer aufgrund einer Ausschreibung das Angebot abgibt und die übrigen sich lediglich an der Ausführung nach Auftragserteilung „beteiligen" wollen, so dürfte darin ein Verstoß gegen § 1 GWB liegen, da hierin eine **unzulässige Beschränkung des Wettbewerbs** zu erblicken ist, wobei nicht einmal ein abgeschlossener Kartellvertrag erforderlich ist, sondern ein „aufeinander abgestimmtes Verhalten" der beteiligten Unternehmer genügt, wie aus § 25 Abs. 3 GWB hervorgeht (vgl. dazu Häring BlGBW 1975, 227). Siehe auch Barnickel, RWS-Seminarskript Nr. 30.

VII. Von der Arbeitsgemeinschaft zu unterscheidende weitere Sonderformen

Von der **Arbeitsgemeinschaft** sind auch **zu unterscheiden:**

107   1. Das sogenannte **Leiharbeitsverhältnis bzw. die Arbeitnehmerüberlassung,** genau: **Dienstverschaffungsvertrag.** Hier stellt ein Unternehmer einem anderen für die Durchführung eines an diesen erteilten Bauauftrages aus seinem Betrieb lediglich Arbeitskräfte, evtl. auch Geräte, zur Verfügung (vgl. auch Teil A § 1 Rdn. 42 ff.). Empfänger solcher Leistungen ist im Zweifel derjenige, der sich aus den Umständen des Einzelfalles als solcher ergibt (vgl. dazu BGH BauR 1984, 519 = NJW 1984, 1456). Dabei ist **Vertragspartner des Auftraggebers nur der Unternehmer, dem der Bauauftrag erteilt worden ist,** mit allen Rechten und Pflichten. Dieser zahlt im Innenverhältnis an den anderen Unternehmer, der ihm die Arbeitskräfte zur Verfügung stellt, Lohnersatz, lohnabhängige Kosten und Entgelt für die Überlassung der Arbeitskräfte, soweit der andere Unternehmer die Lohnabrechnung vornimmt. Damit hat aber der **Auftraggeber nichts zu tun.** Er kann und muß sich nur an den Unternehmer halten, dem er den Bauauftrag erteilt hat und mit dem allein bauvertragliche Beziehungen bestehen. Das gilt vor allem für **werkvertragliche Gewährleistungsansprüche** (OLG Düsseldorf BauR 1976, 281, zugleich zur Abgrenzung zwischen Leiharbeitsverhältnis – Subunter-

nehmervertrag). Zur **Abgrenzung zwischen Dienst-, Werk- und Arbeitnehmerüberlassungsvertrag** BAG NJW 1979, 2636 = Betrieb 1979, 851 = BB 1980, 1326 sowie BGH BauR 1980, 186 = Betrieb 1980, 347 = NJW 1980, 452 = BB 1980, 368 = MDR 1980, 303 = SFH § 812 BGB Nr. 7 = WM 1980, 133 = JZ 1980, 191 = ZfBR 1980, 7: Die Überlassung von Arbeitskräften setzt voraus, daß die Arbeitnehmer ihre Arbeitsleistung nach den Weisungen des Entleihers zu erbringen haben; gerade dieses Weisungsrecht des Entleihers, dem der Arbeitnehmer unterstellt wird, unterscheidet den Arbeitnehmerüberlassungsvertrag von einem Dienst- oder Werkvertrag, innerhalb dessen von eigenen Arbeitskräften eines Unternehmers Arbeiten bei anderen verrichtet werden. Vgl. dazu auch BGH BauR 1982, 90. Insbesondere aber hier von Hoyningen-Huene (BB 1985, 1669): Es kommt nicht darauf an, wie der Vertrag im Einzelfall bezeichnet wird, sondern auf dessen praktische Handhabung, vor allem im Hinblick auf verdeckte Arbeitnehmerüberlassung. Maßgebliche Beurteilungskriterien sind dabei, ob der Unternehmer, der Arbeitskräfte zur Verfügung stellt, die zur Erreichung des Leistungserfolges notwendigen Handlungen selbst organisiert, ob die eingesetzten Arbeitnehmer in der eigenen Betriebsorganisation bleiben, der Unternehmer das unternehmerische Weisungsrecht selbst ausführt, der betreffende Arbeitnehmer projektbezogen eingesetzt wird; weitere Beurteilungskriterien können sich im Bereich der Erfüllungs- und Gewährleistungshaftung des Unternehmers, der Vergütungsgefahr sowie der Berechnung der Vergütung ergeben, wobei im letzteren Fall sich eine klare Abgrenzbarkeit zu einer der Subunternehmerleistung möglicherweise zuzurechnenden Stundenlohnvergütung ergeben muß (a. a. O.).

Keine Arbeitnehmerüberlassung, sondern bloße Übersendung liegt daher vor, wenn z. B. ein Ingenieurbüro, das von einem Betrieb mit der Ausarbeitung von Konstruktionsunterlagen für eine Wärmerückgewinnungsanlage beauftragt worden ist, zur Erledigung des Auftrages einen Ingenieur in den Betrieb des Auftraggebers entsendet; vielmehr wird der entsandte Ingenieur nur als Erfüllungsgehilfe des Ingenieurbüros im Rahmen eines Werkvertrages tätig (LAG Schleswig-Holstein BB 1983, 1161).

Unterschieden wird **zwischen echtem und unechtem Leiharbeitsverhältnis.** Im ersten Fall befaßt sich der sogenannte Verleiher im Rahmen seines sonstigen, auf andere Zwecke gerichteten Geschäftsbetriebes nur ausnahmsweise mit der Überlassung von Arbeitskräften, während dieses im zweiten Fall der eigentliche Zweck seines Geschäftes ist (vgl. OLG Hamburg BB 1973, 891). Bei einem echten Leiharbeitsverhältnis werden in der Regel arbeitsvertragliche Beziehungen nur zwischen dem Arbeitnehmer und dem Verleiher begründet (LAG Berlin Betrieb 1981, 1095). Hier hat der verleihende Unternehmer nicht dafür einzustehen, daß seine Arbeiter die ihnen gegenüber dem entleihenden Unternehmer obliegenden Vertragspflichten ordnungsgemäß erfüllen, da dies Sache des Entleihers ist (vgl. auch OLG Karlsruhe BauR 1985, 221). Dagegen haftet er dafür, daß die von ihm gestellten Arbeiter für die in dem Vertrag vorgesehene Dienstleistung geeignet sind (BGH NJW 1971, 1129 = BB 1971, 521 = MDR 1971, 568 = LM § 611 BGB Nr. 32; OLG Karlsruhe a. a. O.) und diese tatsächlich ausüben (OLG Düsseldorf VersR 1979, 674); dabei kann den Verleiher, je nach Art der von der betreffenden Arbeitskraft wahrzunehmenden Aufgaben, die Verpflichtung treffen, den zu überlassenden Arbeitnehmer auch auf seine charakterliche Eignung zu überprüfen, gegebenenfalls dem Entleiher auch ein Führungszeugnis vorzulegen, wie etwa bei einem Buchhalter (BGH BB 1975, 969 = NJW 1975, 1695 = VersR 1975, 904 = MDR 1975, 830 = LM § 611 BGB Nr. 45) oder einem Polier, Bauleiter usw. Die Beweislast für ungenügende Auswahl trifft den geschädigten Entleiher (BGH a. a. O.). Die vom BGH festgelegten Grundsätze gelten auch für das sogenannte unechte Leiharbeitsverhältnis (OLG Hamburg BB 1973, 891), zumal das Gesetz zur Regelung der gewerbsmäßigen Arbeitnehmerüberlassung vom 7. 8. 1972 (BGBl. I, 1393) keine Regelung dieser Haftungsfrage enthält. Vgl. auch die jetzige Fassung dieses Gesetzes gemäß Gesetz zur Bekämpfung der illegalen Beschäftigung vom 15. 12. 1981 (BGBl. I, S. 1390).

Über die Risiken der Beschäftigungsunternehmen bei dem Einsatz von Arbeitnehmern auf der

Basis von Arbeitnehmerüberlassungs-, Dienst- und Werkverträgen vgl. Becker ZIP 1981, 699. Zur Abgrenzung zwischen der Haftung beim Leiharbeitsverhältnis (Dienstverschaffungsvertrag) und der Haftung bei Erfüllungsgehilfeneigenschaft zutreffend Geigel, Der Haftpflichtprozeß, Kap. 28, Rdn. 268 ff. Über Rechtsprobleme des sogenannten echten Leiharbeitsverhältnisses beachtlich Heinze ZfA 1976, 183. Bei einem echten Leiharbeitsverhältnis hat der Arbeitnehmer auch die schutzwürdigen Interessen des Entleihers zu beachten, insbesondere unerlaubten Wettbewerb zu unterlassen (LAG Berlin Betrieb 1981, 1095).

Zu dem bei Ausscheiden eines Arge-Gesellschafters nach § 24.9 Abs. 3 Mustervertrag vereinbarten Leiharbeitsverhältnis vgl. Fahrenschon u. a., § 24 Mustervertrag Rdn. 214 ff.

110 Die Grundsätze über die Haftungseinschränkungen bei gefahrgeneigter Arbeit finden auch bei einem Leiharbeitsverhältnis gegenüber Schadensersatzansprüchen des entleihenden Arbeitgebers Anwendung (BGH NJW 1973, 2020 = VersR 1973, 1120). Vgl. dazu auch OLG München VersR 1984, 271 = Betrieb 1984, 982 = MDR 1984, 313.

111 Ein Leiharbeiter ist in einen anderen Betrieb eingegliedert, wenn er persönlich abhängig, wenn also der fremde Arbeitgeber ihm gegenüber weisungs- und fürsorgepflichtig ist; dabei kommt es nicht darauf an, ob der Leiharbeiter nach den getroffenen Vereinbarungen nur an einer Baustelle eingesetzt werden darf oder ob er jederzeit gegen einen anderen ausgetauscht werden kann. Deshalb kommt eine Eingliederung z. B. bei einem Baggerführer in Betracht, der zusammen mit seinem Bagger als Leiharbeiter von seinem Arbeitgeber einem anderen Unternehmer zur vorübergehenden Ausführung von Baggerarbeiten überlassen wird (BAG BB 1974, 885 = Betrieb 1974, 1119 für den Fall der Verursachung eines Arbeitsunfalles eines Arbeitnehmers des Entleiherbetriebes durch einen Leiharbeiter, zugleich zum Haftungsausschluß nach den §§ 636, 637 Abs. 1 RVO; vgl. dazu auch BGH VersR 1979, 934). Zum arbeits- und sozialrechtlichen Status des Leiharbeitnehmers Becker ZIP 1984, 782.
Im übrigen ist bei der Einstellung von Leiharbeitnehmern gemäß den Bestimmungen des Arbeitnehmerüberlassungsgesetzes der Betriebsrat des Entleiherbetriebes gemäß § 99 BetrVG 1972 zu beteiligen (BAG Betrieb 1974, 1580).

112 Das sogenannte **unechte Leiharbeitsverhältnis** wird geprägt durch die **Grenzen der Zulässigkeit**, wie sie im **Gesetz zur Regelung der gewerbsmäßigen Arbeitnehmerüberlassung (AFG)** i. d. F. des Gesetzes zur Bekämpfung der illegalen Beschäftigung vom 15. 12. 1981 (BGBl. I, S. 1390) festgelegt worden sind. Dem zuletzt genannten Gesetz liegt als vorrangige Zielvorstellung das Anliegen des Gesetzgebers zugrunde, die **illegale Beschäftigung in ihren sozial- und wirtschaftspolitisch schädlichen Erscheinungsformen durch Schaffung eines entsprechenden behördlichen Kontrollsystems zu unterbinden. Besonders wesentlich für die Bauwirtschaft** ist weiter der durch das Arbeitsförderungs-Konsolidierungsgesetz vom 22. 12. 1981 (BGBl. I, S. 1497) eingeführte **§ 12 a des Arbeitsförderungsgesetzes**. Hiernach ist das **gewerbsmäßige Überlassen von Arbeitnehmern in Betriebe des Baugewerbes zur Erbringung von Arbeitertätigkeiten untersagt** worden. Vgl. im einzelnen zu der damit verbundenen Rechtsentwicklung und den damit verbundenen Rechtsfragen Becker ZfBR 1983, 47; ders. ZIP 1986, 409; vgl. dazu ferner Bückle BB 1981, 522; Bückle/Handschuh/Walzel GewA 1982, 209, 249; Boewer Betrieb 1982, 2033. § 12 a AFG verstößt unter keinem rechtlichen Gesichtspunkt gegen das Grundgesetz (BVerfG BB 1988, 561 = Betrieb 1988, 605); dazu auch Mayer/Paasch BB 1984, 1943.

113 Bei sogenanntem **echtem Leiharbeitsvertrag**, wozu der **Verleiher** einer **Erlaubnis** bedarf, hängt die **Wirksamkeit** des zwischen ihm und dem Entleiher geschlossenen Vertrages **von der Schriftform** ab (Art. 1 § 12 Abs. 1 AÜG, § 126 Abs. 1 und Abs. 2 Satz 2 BGB). Hat der Verleiher keine Erlaubnis (Art. 1 § 1 AÜG), so hat er gegen den Entleiher nur einen **Bereicherungsanspruch** in dem Umfang, in dem er dem Leiharbeitnehmer den nach Art. 1 § 10 Abs. 1

AÜG vom Entleiher geschuldeten Lohn und die sonstigen Abgaben zahlt, nicht aber in Höhe seines Gewinnes (BGH BauR 1980, 186 = BB 1980, 368). Fehlt es dagegen nur an der Schriftform des Vertrages, so besteht der Bereicherungsanspruch in dem Verkehrswert der Überlassung einschließlich des Gewinns des Überlassers (§§ 812 Abs. 1, 818 Abs. 2 BGB), da der Entleiher regelmäßig nur aufgrund eines mit diesem oder einem anderen Verleiher abzuschließenden formwirksamen Vertrages und damit gegen Zahlung der vollen Vergütung die Arbeitnehmerüberlassung erlangen kann (BGH BauR 1984, 519 = NJW 1984, 1456 = ZfBR 1984, 122).

2. Die sogenannte **Maschinenarbeitsgemeinschaft.** Hier stellt ein Unternehmer, dem die Baumaschinen und sonstigen Geräte gehören, einem anderen Unternehmer, dem der Bauauftrag erteilt worden ist, zu dessen Durchführung die betreffenden Gegenstände zur Verfügung. Die **Rechtsfolge** ist **dieselbe wie beim Leiharbeitsverhältnis.** Nur zwischen dem Unternehmer, dem der Bauauftrag erteilt worden ist, und dem Auftraggeber bestehen bauvertragliche Beziehungen. Zwischen den beiden Unternehmern liegt in der Regel ein Mietverhältnis (§§ 535 ff. BGB) vor, mit dem der Auftraggeber nichts zu tun hat. Vgl. dazu auch KG SFH Z 3.12 Bl. 42 ff. 114

3. Der sogenannte **Auftrag unter anderem Namen.** Ein zur Abgabe eines Angebots aufgeforderter Unternehmer (A) gestattet – bei der VOB unter Zustimmung des Auftraggebers – einem anderen Unternehmer (B), das Angebot unter seinem Namen (A) abzugeben und die betreffende Bauleistung bei Auftragserteilung auszuführen. Hier erfolgt die Auftragserteilung zwar an den Unternehmer A, die gesamte Abwicklung liegt aber bei dem Unternehmer B. Letzterer handelt nicht im Namen des Unternehmers A, sondern **unter** dem Namen von A. Hier ist ein Bauvertrag allein zwischen dem Auftraggeber und dem Unternehmer B zustande gekommen. Nur in diesem Verhältnis bestimmen sich die bauvertraglichen Rechte und Pflichten. Für den Bereich der Bauvergabe sind in einem solchen Fall Fachkunde, Leistungsfähigkeit und Zuverlässigkeit nur hinsichtlich des Unternehmers B wesentlich. 115

D. General-(Haupt-) und Nachunternehmer

Literatur: Schlechtriem, „Haftung des Nachunternehmers gegenüber dem Bauherrn", ZfBR 1983, 101; Feudner, „Generalunternehmer/Drittschadensliquidation", BauR 1984, 257; Nicklisch, „Rechtsfragen des Subunternehmervertrages bei Bau- und Anlageprojekten im In- und Auslandsgeschäft", NJW 1985, 2361; v. Hoyningen-Huene, „Subunternehmervertrag oder illegale Arbeitnehmerüberlassung?", BB 1985, 1669; Nicklisch (Hrsg.), „Der Subunternehmer bei Bau- und Anlagenverträgen im In- und Auslandsgeschäft", Heidelberger Kolloquium Technologie und Recht 1985, Verlag C.F. Müller, Heidelberg.

I. Grundsätzliches

Eine **weitere, sehr häufig vorkommende Unternehmereinsatzform** findet sich in **dem General-(Haupt-)Unternehmer** einerseits und dem **Nachunternehmer** andererseits. Daß die VOB diese mit Ausnahme von Teil B § 4 Nr. 8 und auch Teil B § 16 Nr. 6 nicht besonders hervorhebt, hat seinen Grund darin, daß sie **grundsätzlich nur das Verhältnis des Auftraggebers zu dem ihm gegenüber verantwortlichen sowie berechtigten Vertragspartner,** gemeinhin als Auftragnehmer bezeichnet, regelt. **Der General- bzw. Hauptunternehmer ist ein solcher Auftragnehmer** im Sinne der Bestimmungen der VOB/B, und zwar grundsätzlich **nur er allein im Verhältnis zum Auftraggeber.** Dagegen ist der **Nachunternehmer** zwar auch bauvertraglich gebunden, jedoch nicht an den Auftraggeber, sondern an den **Auftragnehmer** (den General- bzw. Hauptunternehmer). Daher wird er auch vielfach – aus der Sicht des Auftraggebers – als **Subunternehmer** bezeichnet. **Unmittelbare vertragliche Rechte und Pflichten zwischen Auftraggeber und Nachunternehmer bestehen grundsätzlich nicht** (vgl. auch Rdn. 126). Der **Nachunternehmer** (Subunternehmer) ist für seinen 116 vertraglichen Bereich **Auftragnehmer des Auftragnehmers, der insoweit in eine Auftraggeberstellung einrückt**, ohne dabei selbst „Bauherr" zu werden (BGH NJW 1978, 1054 = BauR 1978, 220 = SFH § 34 c GewO Nr. 1 = WM 1978, 493). Zur Abgrenzung von Subunternehmervertrag und Arbeitnehmerüberlassung vgl. Rdn. 107 ff.

117 Also sind **Hauptunternehmer und Nachunternehmer grundsätzlich auch nicht Gesamtschuldner** des Auftraggebers (BGH BauR 1981, 383 = NJW 1981, 1779 = SFH § 13 Ziff. 5 VOB/B Nr. 15 = Betrieb 1981, 1924 = MDR 1981, 1004 = LM VOB/B § 13 [A] Nr. 9 = ZfBR 1981, 167 = WM 1981, 773). Entgegen Schlechtriem (ZfBR 1983, 101) kommt eine **unmittelbare Haftung des Nachunternehmers gegenüber dem Bauherrn** (Auftraggeber des Hauptunternehmers) auch **nicht aus dem Gesichtspunkt eines Vertrages mit Schutzwirkung zugunsten Dritter** (vgl. dazu Teil B § 10 Rdn. 22 ff.) in Betracht, insofern also auf der Grundlage des Vertrages des Hauptunternehmers mit dem Nachunternehmer. Die vertraglichen Pflichten des Nachunternehmers richten sich allein nach seinem Vertrag mit dem Hauptunternehmer als gegenüber dem Nachunternehmer Berechtigten und Verpflichteten. Eine **darüber hinausgehende Haftung des Nachunternehmers gegenüber dem Auftraggeber** – abgesehen von außervertraglichen Haftungsgrundlagen (vgl. Teil B § 10 Rdn. 67 ff.) – kommt dagegen **nicht** in Betracht, weil nicht davon auszugehen ist, daß der Hauptunternehmer **über seine normalen werkvertraglichen Pflichten hinaus sozusagen für das Wohl und Wehe seines Auftraggebers verantwortlich** ist, weil er ihm Schutz und Fürsorge zu gewähren hat (vgl. Teil B § 10 Rdn. 22 ff.), es sei denn, es sind besondere vertragliche Vereinbarungen getroffen worden. Siehe dazu auch Rdn. 123 ff. und 151 ff.

118 Dagegen ist es grundsätzlich möglich, daß der Hauptunternehmer aus seinem Vertrag mit dem Nachunternehmer seine Ansprüche an den Auftraggeber abtritt (vgl. Doerry ZfBR 1982, 192 m. w. N.). Andererseits wird der Nachunternehmer nicht schon dann Vertragspartner des Auftraggebers des Hauptunternehmers, wenn vereinbart ist, daß der Nachunternehmer seine Rechnungen unmittelbar dem Auftraggeber zuleiten und dieser seine Zahlungen direkt an den Nachunternehmer leisten soll (BGH WM 1974, 197, 198).

Zu etwaigen Sonderformen vgl. auch Rdn. 129 ff.

Behauptet der Nachunternehmer, seine Nachunternehmerleistung sei durch spätere Vereinbarung mit dem Auftraggeber und dem Hauptunternehmer aus dem Aufgabenbereich des Hauptunternehmers herausgenommen und es seien unmittelbare vertragliche Beziehungen zwischen ihm und dem Auftraggeber entstanden, so hat er dafür die Beweislast (BGH SFH Z 2.10 Bl. 29).

119 Andererseits ist der **Nachunternehmer** für den Bereich des Bauvertrages zwischen dem Auftraggeber und dem Hauptunternehmer **Erfüllungsgehilfe des letzteren** (vgl. Rdn. 123 ff.).

120 Der Generalunternehmer- bzw. Hauptunternehmervertrag gewinnt immer mehr an Bedeutung, vor allem im Bereich des fortschreitenden schlüsselfertigen Bauens oder bei Fertig- oder Fertigteilbauten. Die Bedeutung kann vor allem im Rahmen von Vergaben nach Leistungsprogramm noch zunehmen (vgl. Teil A § 9 Nr. 10 ff.). Dazu auch Nicklisch BB 1974, Beil. 10, S. 9 f. Gleiches gilt vor allem bei sonstigen Bauten, hinsichtlich derer über die Bauerrichtung selbst hinausgehende vertragliche Vereinbarungen bestehen, wie z. B. auch beim Anlagenbau usw., vor allem im Bereich der Planung. Vgl. dazu auch Rdn. 132 ff.

II. Generalunternehmer – Hauptunternehmer

121 Begriffswesentlich für die Form des **Generalunternehmers** ist es, daß an ihn **sämtliche zu einem Bauvorhaben gehörigen Leistungen**, u. U. auch Planungsarbeiten (dann trifft auf ihn eher die Bezeichnung **Totalunternehmer** – nach Nicklisch in Nicklisch/Weick Einl. Rdn. 63: Projektunternehmer – zu; vgl. dazu auch Rdn. 132 ff.) vergeben werden und daß er einen **Teil**

davon selbst ausführt, einen anderen Teil – mit Genehmigung des Auftraggebers (vgl. Teil B § 4 Nr. 8) – von einem oder mehreren Nachunternehmern erstellen läßt. Der **Hauptunternehmer** unterscheidet sich vom Generalunternehmer nur dadurch, daß er **nicht alle zu einem Bauvorhaben gehörigen Leistungen im Auftrag hat, sondern** gemäß der jeweiligen Ausschreibung **nur einen Teil derselben.** Auch hier ist es erforderlich, daß der Auftragnehmer (Hauptunternehmer) einen – wesentlichen – Teil des ihm in Auftrag gegebenen Teils **selbst ausführt** und einen anderen an Nachunternehmer vergibt. **Unterschiede zwischen Generalunternehmer und Hauptunternehmer bestehen also nur im Umfang der ihnen vom Auftraggeber übertragenen Leistung.** Diese Unterscheidung wird vor allem auch durch die Regelungen in Nr. 3.1. und 3.3. einerseits und Nr. 3.6. VHB zu Teil A § 8 andererseits herausgestellt. Sonst bestehen in rechtlicher Hinsicht zwischen Generalunternehmer und Hauptunternehmer **grundsätzlich keine besonderen Unterschiede, vor allem nicht im Verhältnis zum Auftraggeber.**
Daher werden in der nachfolgenden Kommentierung General- und Hauptunternehmer einheitlich erörtert, wobei der Einfachheit halber die Bezeichnung Generalunternehmer gebraucht wird.

Hinsichtlich der hier erörterten Unternehmereinsatzform bestimmt Nr. 3.1. ff. VHB zu Teil A § 8: **122**

3. Hauptunternehmer, Nachunternehmer, Generalunternehmer

3.1. Der Hauptunternehmer ist Vertragspartner des Auftraggebers.

Der Nachunternehmer steht zum Auftraggeber in keinem Vertragsverhältnis.
Als Generalunternehmer wird derjenige Hauptunternehmer bezeichnet, der sämtliche für die Herstellung eines Bauwerks erforderlichen Bauleistungen zu erbringen hat und wesentliche Teile hiervon selbst ausführt. Bei der Vergabe an Generalunternehmer ist Nr. 4 der Richtlinie zu § 4 VOB/A zu beachten.

3.2. Der Hauptunternehmer hat gegenüber den Nachunternehmern sämtliche Aufgaben des Auftraggebers im eigenen Namen wahrzunehmen. Ihm obliegt insbesondere die Auswahl und Beauftragung der Nachunternehmer, die Beaufsichtigung der Arbeiten, die Prüfung der Rechnungen und die Zahlungen sowie die Einbehaltung von Sicherheitsleistungen.
Für die frist- und fachgerechte Erfüllung der von Nachunternehmern zu erbringenden Leistungen einschließlich der Gewährleistung haftet der Hauptunternehmer dem Auftraggeber unmittelbar.

3.3. Nach § 4 Nr. 8 VOB/B muß der Auftragnehmer die Leistungen im eigenen Betrieb ausführen. Die Übertragung von Leistungen an Nachunternehmer bedarf grundsätzlich der vorherigen schriftlichen Zustimmung des Auftraggebers. Sie ist nur für solche Leistungen nicht erforderlich, auf die der Betrieb des Auftragnehmers nicht eingerichtet ist.
Der Bieter ist nach Nr. 5 der Bewerbungsbedingungen – EVM (B) BB – und Nr. 8 des Angebotsschreibens – EVM (B) Ang – verpflichtet, Art und Umfang der Leistungen anzugeben, die er an Nachunternehmer zu vergeben beabsichtigt. Nach Nr. 14.2 der Zusätzlichen Vertragsbedingungen – EVM (B) ZVB – hat der Auftragnehmer rechtzeitig vor der Übertragung Name und Anschrift der Nachunternehmer sowie deren Berufsgenossenschaft mitzuteilen und die erforderliche Zustimmung schriftlich zu beantragen.

Wegen der Voraussetzungen für die Zustimmung vgl. Richtlinie zu § 4 VOB/B.

Wegen der Berücksichtigung des Nachunternehmereinsatzes bei der Wertung vgl. Richtlinie zu § 25 VOB/A.

III. Generalunternehmer ist Alleinunternehmer gegenüber Auftraggeber

Der **Generalunternehmer** steht somit dem Bauherrn vertraglich so gegenüber, als ob es sich um einen **Alleinunternehmer** handelt (vgl. auch BGH BauR 1974, 134 mit Anm. Hartmann a. a. O. S. 343 = SFH Z 2.222 Bl. 21 = WM 1974, 197). Der Unterschied liegt nur darin **123** begründet, daß der Generalunternehmer nicht wie der eigentliche Alleinunternehmer den gesamten an ihn vergebenen Auftrag selbst ausführen muß. Er kann sich vielmehr kraft ausdrücklicher Gestattung des Auftraggebers anderer Unternehmer zur Ausführung von Teil- oder Fachleistungen der ihm übertragenen Gesamtarbeit bedienen, ohne daß die anderen Unternehmer in ein Vertragsverhältnis zum Auftraggeber gelangen.

124 Daraus ergibt sich zunächst, daß der **Nachunternehmer für den Bereich des Bauvertrages zwischen dem Auftraggeber und dem Generalunternehmer** hinsichtlich der ihm von letzterem befugtermaßen (Teil B § 4 Nr. 8) übertragenen Leistung als dessen **Erfüllungsgehilfe** mit den sich aus den §§ 276, 278 BGB ergebenden Folgen zu gelten hat.

Ebenso Werth BauR 1976, 80; vor allem auch BGHZ 66, 43 = BauR 1976, 131 = BB 1976, 287 = NJW 1976, 516 = SFH Z 2.221 Bl. 16 = MDR 1976, 484 = Betrieb 1976, 427 = JR 1976, 285 mit Anm. Schubert = LM § 278 BGB Nr. 73 a; BGH BauR 1979, 324 = SFH § 285 BGB Nr. 1 = WM 1979, 724 = ZfBR 1979, 160; BGH BauR 1981, 383 = NJW 1981, 1779 = SFH § 13 Ziff. 5 VOB/B Nr. 15 = Betrieb 1981, 1924 = MDR 1981, 1004 = LM § 13 VOB/B [A] Nr. 9 = ZfBR 1981, 167 = WM 1981, 733; u. a. ferner Locher, Das private Baurecht, Rdn. 391; Kaiser, Mängelhaftungsrecht, Rdn. 15 b.

Nicht gilt das im Verhältnis des Generalunternehmers zum Subunternehmer im Hinblick auf den Auftraggeber; letzterer ist grundsätzlich nicht Erfüllungsgehilfe des Generalunternehmers bei der Erfüllung dessen vertraglicher Pflichten gegenüber dem Nachunternehmer. Eine Ausnahme gilt nur, wenn der Auftraggeber gegenüber dem Generalunternehmer oder dem Nachunternehmer oder gegenüber beiden eine Verpflichtung übernommen hat, die an sich vertragliche Obliegenheit des Generalunternehmers gegenüber dem Nachunternehmer ist, wie z. B. den Abruf der Bauleistung (Werth a. a. O.).

125 Weiterhin:

Die Stellung des Generalunternehmers ist als eine **Obhuts- und Vermittleraufgabe** zwischen dem Auftraggeber und dem Nachunternehmer zu kennzeichnen. In diesem Verhältnis ist er verpflichtet, sowohl die Interessen des Auftraggebers als auch die des Nachunternehmers nach **objektiven** Gesichtspunkten zu wahren. Hieraus folgt: Der Generalunternehmer darf, will er sich nicht einer **positiven Vertragsverletzung** gegenüber dem Auftraggeber schuldig machen, nur solche Forderungen des Nachunternehmers vertreten und als berechtigt anerkennen, die er nach sorgfältiger Prüfung selbst für begründet hält. Andererseits kann er dem Nachunternehmer schadensersatzpflichtig sein, wenn er z. B. bei der Überprüfung der Rechnung des Nachunternehmers objektiv Fehler macht und diese Fehler erkannt hat oder hätte erkennen müssen (vgl. dazu BGH VersR 1964, 298). Im allgemeinen gehen diese **Obhuts- und Treuepflichten** des Generalunternehmers aber **nicht über** den Rahmen hinaus, der durch die **Allgemeinen Vertragsbedingungen der VOB** im Hinblick auf seine Auftragnehmerstellung gegenüber dem Auftraggeber und im Hinblick auf seine Auftraggeberstellung gegenüber dem Nachunternehmer gekennzeichnet ist (so wohl auch Locher NJW 1980, 2335); insbesondere kann dem Generalunternehmer nicht eine bloße Risiko- oder Gefährdungshaftung auferlegt werden (Werth a. a. O.). Jedoch wird er gegenüber dem Nachunternehmer verpflichtet sein, einen diesem von dem Auftraggeber zugefügten Schaden aus dem Gesichtspunkt der **Drittschadensliquidation** (dazu allgemein Peters AcP 1980, 329) geltend zu machen (Werth a. a. O.); dem steht die zur Frage der Drittschadensliquidation durchaus gebotene enge Auslegung (vgl. dazu Feudner BauR 1984, 257) nicht entgegen. Vgl. dazu vor allem auch Rdn. 139-159. Siehe ferner Rdn. 116 ff.

126 1. Der Generalunternehmer ist **Auftragnehmer hinsichtlich der Gesamtbauleistung** oder der Bauleistung, soweit sie an ihn vergeben worden ist (beim Hauptunternehmer), und dem Auftraggeber für alle damit verbundenen Pflichten und Befugnisse selbst verantwortlich und berechtigt. Alle Bestimmungen des Bauvertrages treffen gegenüber dem Bauherrn **nur ihn**

allein. Unmittelbare **vertragliche Rechte und Pflichten** aus dem Bauvertrag kommen zwischen dem **Auftraggeber und** den vom Generalunternehmer herangezogenen **Nachunternehmern nicht** zum Entstehen (vgl. auch Rdn. 116 ff.). Darüber hinaus kann der Nachunternehmer vom Auftraggeber grundsätzlich auch nicht aus Geschäftsführung ohne Auftrag oder ungerechtfertigter Bereicherung die Bezahlung seiner Vergütung verlangen (LG Hamburg MDR 1965, 823). Letzteres kann nur in Betracht kommen, wenn der „Hauptvertrag" zwischen dem Auftraggeber und dem Generalunternehmer im Umfang der vom „Nachunternehmer" erbrachten Leistung nicht besteht, weil dieser insoweit Nebenunternehmer (vgl. Rdn. 160 ff.) ist (vgl. dazu BGH BauR 1974, 134 = SFH Z 2.222 Bl. 21). Der wirkliche Nachunternehmer kann daher nur ausnahmsweise einen unmittelbaren Vergütungsanspruch für seine Leistung gegenüber dem Bauherrn haben, z. B. wenn dieser ihm gegenüber unmittelbar wegen der Bezahlung eine Garantieverpflichtung eingegangen ist. Diese kann in der Erklärung liegen, er werde in jedem Falle, gegebenenfalls aus seinem Vermögen, für die Bezahlung der Leistung des Nachunternehmers sorgen (vgl. dazu BGH WM 1962, 576 = SFH Z 2.300 Bl. 22). Ebenso trifft dies zu, wenn der Generalunternehmer in Vermögensverfall geraten ist und sich der Auftraggeber verpflichtet hat, ausstehende Abschlagsrechnungen und die weiteren Leistungen des Nachunternehmers zu bezahlen, und zwar im erkennbaren eigenen Interesse auf Fortführung der Bauarbeiten; dann kann im Einzelfall von einem Schuldbeitritt des Auftraggebers mit Wirkung nach außen gesprochen werden (OLG Oldenburg BauR 1986, 586). Zu beachten ist für den VOB-Bauvertrag aber auch die **Sonderregelung in Teil B § 16 Nr. 6,** die den Auftraggeber gegenüber dem Nachunternehmer **nur berechtigt** (vor allem auch gegenüber dem Generalunternehmer), **nicht aber verpflichtet** (vgl. dazu Teil B § 16 Rdn. 314 ff.).

Andererseits: Seitens des mit Inkassovollmacht ausgestatteten Subunternehmers kann ein Schuldbeitritt zur Leistungsverpflichtung des Generalunternehmers gegenüber dem Bauherrn vorliegen, wenn er Kenntnis von dem bevorstehenden Konkurs des Generalunternehmers hat und dem Bauherrn erklärt, im Falle der Zahlung einer noch nicht fälligen Werklohnrate die dann vorzeitig bezahlte Werkleistung sofort erbringen zu wollen (BGH SFH § 278 BGB Nr. 1).

2. Die Weitergabe von Teilen der Vertragsleistung auf einen Nachunternehmer hat nach wie vor als **Ausnahme** u. nicht als die Regel zu gelten. Dies folgt, worauf in Nr. 3.3. VHB zu Teil A § 8 mit Recht hingewiesen wird, aus Teil B § 4 Nr. 8 Abs. 1 Satz 2, wonach der Einsatz von Nachunternehmern an die **schriftliche Zustimmung des Auftraggebers** gebunden ist, es sei denn, daß es sich um Teilleistungen handelt, auf die der Betrieb des Auftragnehmers nicht eingerichtet ist (a. a. O. Satz 3). Des weiteren ergibt sich dies aus Teil B § 4 Nr. 8 Abs. 3, wonach der Auftragnehmer dem Auftraggeber auf Verlangen die Nachunternehmer bekanntzugeben hat.

127

Auch ist es geboten, daß der Auftragnehmer nur solche Teile aus der ihm vertraglich übertragenen Bauleistung an Nachunternehmer vergibt, die eine **für sich abschließende Beurteilung** sowohl für den Bereich der Gewährleistung als auch für den Rahmen der Vergütung zulassen. Dies muß im ureigenen Interesse des Generalunternehmers sein, der dem Auftraggeber für eine ordnungsgemäße Erstellung der ihm übertragenen vertraglichen Gesamtleistung **allein einzustehen** hat.

128

IV. Generalübernehmer

Vom Generalunternehmer zu unterscheiden ist der **Generalübernehmer.** Während ersterer auf der Auftragnehmerseite steht, steht der letztere **auf der Seite des Auftraggebers.** Er übernimmt im Verhältnis zum Auftragnehmer bzw. den Auftragnehmern die **Rolle des Auftraggebers,** ohne dadurch allerdings selbst Bauherr zu werden (ebenso BGH NJW 1978,

129

1054 = BauR 1978, 220 = SFH § 34 c GewO Nr. 1 = BB 1978, 1187 = Betrieb 1978, 1638 = WM 1978, 493). **Gegenüber dem Bauherrn hat er seinen eigenen Vertrag,** der im allgemeinen auch als Werkvertrag zu kennzeichnen ist. Vielfach handelt es sich bei den Generalübernehmern um Architekten oder sogenannte Bauträger, die im allgemeinen ohne Verstoß gegen Art. 10 § 3 MRVG (vgl. BGH BauR 1984, 192 = MDR 1984, 481 = SFH Art. 10 § 3 MRVG Nr. 14 = BB 1984, 370 = Betrieb 1984, 1773 = ZfBR 1984, 33) neben den ihnen oder Dritten obliegenden Planungs- und Aufsichtsaufgaben bzw. Betreuungsaufgaben noch das **sogenannte Management** (u. U. als Generaltreuhänder, vgl. Brandt BauR 1976, 21) übernehmen, **nicht aber selbst Bauleistungen ausführen.** Es ist also nicht der sonst übliche Architekt, der im Namen des Bauherrn handelt, sondern der Generalübernehmer wird regelmäßig **selbst aus dem Vertrag mit dem Auftragnehmer berechtigt und verpflichtet.** Entgegen der hier bisher vertretenen Meinung können **in diesem Vertrag nicht die Bestimmungen der VOB/B – auch nicht als Ganzes – vereinbart werden,** ohne hierdurch die durch die Vorschriften des AGB-Gesetzes unwirksamen Regelungen des Teils B (wie z. B. angesichts der Bestimmungen in den §§ 10 Nr. 5, 11 Nr. 10 AGB-Gesetz hier Teil B §§ 12 Nr. 5, 15 Nr. 3 Satz 5, 16 Nr. 6 Satz 2, letzter Halbsatz, 13 Nr. 4) zu gefährden. Denn die von **dem Generalübernehmer gegenüber dem Bauherrn zu erbringenden Leistungen werden von dem Regelungsgehalt der VOB/B, der durch Teil A § 1 bestimmt ist, nicht erfaßt** (vgl. insoweit auch BGH BauR 1987, 702 = SFH § 13 Nr. 4 VOB/B Nr. 14 = Reithmann EWiR § 638 BGB 4/87, 1179 = Betrieb 1988, 41 = NJW 1988, 142 = ZfBR 1988, 33 = LM § 11 Ziff. 10 f AGBG Nr. 8 = MDR 1988, 122). Hinzu kommt, daß auch eine ganze Reihe von Vorschriften der VOB/B nicht auf den notwendigen Regelungsinhalt des Generalübernahmevertrages paßt, daher durch Besondere oder Zusätzliche Vertragsbedingungen ersetzt oder ergänzt werden müßte. Vgl. zur AGB-rechtlichen Problematik vor allem auch Teil A § 10 Rdn. 122 ff.

130 Der Unternehmer muß dann wissen, daß er im Falle einer Generalübernahme auf der Bauherrenseite **als Partner den Generalübernehmer** und nicht den Bauherrn selbst hat, falls nicht von diesem gewisse Sonderverpflichtungen (Bürgschaft, Sicherheitsleistung, Schuldübernahme, Garantie) eingegangen worden sind. **Für den Bereich dieses Vertrages ist es durchaus möglich, die VOB/B als Vertragsgrundlage zu vereinbaren,** wobei aber gerade hier darauf geachtet werden muß, die VOB/B „als Ganzes" in den Vertrag einzubeziehen (vgl. dazu ebenfalls Teil A § 10 Rdn. 122 ff.).

131 Dabei sind allerdings **nicht Sonderformen auszuschließen,** in denen der Übernehmer **namens und im Auftrag des Bauherrn die Verträge mit den Unternehmern** abschließt (vgl. OLG Köln BauR 1976, 288). Das gilt auch für den Fall, in dem sich jemand fälschlicherweise als Generalunternehmer bezeichnet, in Wirklichkeit aber Generalübernehmer ist, zumal er selbst keinerlei Bauleistungen ausführt (daher im Ergebnis richtig LG Kassel NJW 1983, 827). Zur Frage der Generalübernahme vgl. BGH SFH Z 2.212 Bl. 1 ff. sowie NJW 1975, 869 = BauR 1975, 203 = MDR 1975, 569 = SFH Z 7.0 Bl. 7 = Betrieb 1975, 736 = BB 1975, 1415 = WM 1975, 447 = BlGBW 1975, 196 = LM § 631 BGB Nr. 32; BGH Z 85, 39 = BauR 1983, 66 = Betrieb 1982, 2615 = SFH § 134 BGB Nr. 4 = NJW 1983, 109 = MDR 1983, 222 = ZIP 1983, 463 = LM § 134 BGB Nr. 103 Anm. Walchshöfer = ZfBR 1982, 246, wonach ein „Baubetreuer" in Wahrheit Generalübernehmer sein und mit dem Bauherrn einen Bauvertrag mit Festpreisabrede geschlossen haben kann; vgl. ferner Nicklisch BB 1974, Beil. 10, S. 10. Über die versicherungsrechtliche Situation des Generalübernehmers, insbesondere des Architekten als Generalübernehmer, Beeg BauR 1973, 71, 75 ff. Der Generalübernehmer unterfällt nicht der MaBV (vgl. Brandt BauR 1976, 25). Zur Abgrenzung von Baubetreuung und Generalübernahme vgl. Reithmann/Brych/Manhart Rdn. 411 f., 421; insbesondere Locher/Koeble Rdn. 28 f.; Locher/König Rdn. 1 ff.).

V. Mischformen

In der Praxis kann es zu gewissen **Mischformen** des Generalunternehmereinsatzes kommen, die allerdings von der VOB nicht vorgesehen sind, wenn die in Rdn. 121 f. erläuterte Begriffsbestimmung des Generalunternehmers in Betracht gezogen wird.

132

1. Ein Unternehmer kann z. B. den Auftrag zur **eigenen** Durchführung bestimmter Arbeiten (Mauer-, Putz- und Stahlbetonarbeiten) erhalten; darüber hinaus bleibt es ihm von seiten des Auftraggebers überlassen, für die Durchführung anderer Einzelleistungen andere Unternehmer als Nachunternehmer (z. B. für das Einsetzen der Stahlfenster) heranzuziehen, während die übrigen Bauleistungen vom Auftraggeber selbst und getrennt vergeben werden. Bei einer solchen **beschränkten Generalunternehmerbeauftragung** gelten die Regeln über das Rechtsverhältnis zwischen Generalunternehmer und Auftraggeber so weit, wie die Generalbeauftragung reicht, während die übrigen vom Auftraggeber selbst vergebenen Arbeiten hiervon ausgeklammert sind. Hierzu vgl. BGH SFH Z 2.223 Bl. 1 ff. Genaugenommen handelt es sich hier um den **Einsatz eines Hauptunternehmers** (vgl. Rdn. 121 f.).

133

2. Eine **Sonderform** ist **auch** die Beauftragung eines Generalunternehmers nicht nur mit den eigentlichen Bauleistungen, sondern auch mit den Planungsarbeiten (Architekten- und Ingenieurleistungen). Ein solcher **Totalunternehmereinsatz** (vgl. Rdn. 121 f.) begegnet rechtlich keinen Bedenken, zumal auch die Architekten- und Ingenieurleistungen Werkleistungen i. S. des § 631 BGB sind und grundsätzlich auch kein Verstoß gegen Art. 10 § 3 MRVG vorliegt (vgl. BGH BauR 1984, 192 = MDR 1984, 481 = SFH Art. 10 § 3 MRVG Nr. 14 = BB 1984, 370 = Betrieb 1984, 1773 = ZfBR 1984, 33). Die **Frage** ist aber, ob und **inwieweit die VOB/B** für solche Planungsarbeiten **anzuwenden** ist. Dies ist **angesichts der Bestimmungen des AGB-Gesetzes jetzt grundsätzlich zu verneinen, sofern dieses Gesetz im betreffenden Falle Anwendung findet** (vgl. dazu Teil A § 10 Rdn. 77 ff.). Abgesehen davon, daß eine Reihe von Regelungen der VOB im Leistungsbereich, soweit diese Verpflichtungen des Auftraggebers beinhalten, zu deren Erfüllung sich der Auftraggeber des Architekten bzw. Ingenieurs im Verhältnis zum Auftragnehmer als Erfüllungsgehilfen (§ 278 BGB) bedient, wie z. B. Teil B §§ 3 Nr. 1 und 2, 4 Nr. 1 Abs. 1, auf derartige Arbeiten einfach nicht paßt, dürfte vor allem die Tragweite der Ausnahmeregelung in **§ 23 Abs. 2 Nr. 5 AGB-Gesetz** von ausschlaggebender Bedeutung sein. Dabei ist zu beachten, daß **Gegenstand eines VOB-Vertrages nur Bauleistungen** sein können, wie sie in **Teil A § 1 umschrieben** sind (ebenso Schmidt BauR 1981, 119). Dazu gehören jedoch nicht die Architekten- und Ingenieurleistungen, sofern sie auf Veranlassung des Auftragnehmers neben den eigentlichen Bauleistungen selbständig im gleichen Vertrag übernommen werden, wie z. B. im Falle der Übernahme der Verpflichtung zur Anfertigung der Statik, der Ausführungsplanung sowie des Eingabeplanes (so zutreffend BGH BauR 1987, 702 = SFH § 13 Nr. 4 VOB/B Nr. 14 = Betrieb 1988, 41 = NJW 1988, 142 = ZfBR 1988, 33 = LM § 11 Ziff. 10 f AGBG Nr. 8 = MDR 1988, 122; unzutreffend daher OLG Hamm BauR 1987, 560 = NJW 1987, 2092; vgl. dazu Teil A § 1 Rdn. 30). Da es anderenfalls auch wegen der hier maßgebenden selbständigen Architekten- oder Ingenieurleistungen zu einer unzulässigen Verkürzung der gesetzlichen Gewährleistungsfrist nach Teil B § 13 Nr. 4 (vgl. § 11 Nr. 10 f AGB-Gesetz) kommen würde, gilt das Gesagte auch dann, wenn Vertragspartner des Verwenders ein Kaufmann ist vgl. Teil A § 1 Rdn. 27 ff.). Gerade durch § 23 Abs. 2 Nr. 5 AGB-Gesetz hat die Umschreibung der Bauleistungen in Teil A § 1 eine wesentlich größere Bedeutung als bisher erlangt, indem nunmehr angenommen werden muß, daß angesichts der §§ 9-11 AGB-Gesetz nur solche Leistungen einer VOB-Regelung zugänglich sind, die auch und **nur als Bauleistungen anzusprechen** sind. Das gilt in erster Linie für die Verbotsregelungen des AGB-Gesetzes, die im Falle der Vereinbarung der VOB/B durch § 23 Abs. 2 Nr. 5 AGB-Gesetz sozusagen sanktioniert worden sind (vgl. dazu Teil A § 10 Rdn. 122 ff.). Anderenfalls würde durch Vereinbarung der VOB für andere Leistungen als Bauleistungen i. S. von Teil A § 1 ein den zwingenden Regelungen des AGB-Gesetzes widersprechender und daher unzulässiger Umgehungstatbestand geschaffen. Daher ist es nötig, bei

134

Totalunternehmereinsatz diejenigen Leistungen, die nicht Bauleistungen nach Teil A § 1 sind, der Beurteilung nach den §§ 631 ff. BGB zu unterstellen (so auch Locher, Das private Baurecht, Rdn. 391; ebenso wie hier Ulmer/Brandner/Hensen Anh. §§ 9-11 Rdn. 191, auch wegen der Architektenleistungen a. a. O. Rdn. 112 sowie der Ingenieurleistungen a. a. O. Rdn. 425; im wesentlichen so auch Hesse ZfBR 1980, 259; a. A. Fritz Rdn. 164 ff.). Vgl. dazu auch Teil A § 1 Rdn. 27 ff.

135   3. Eine weitere Sonderform hat sich in dem **sogenannten Anlagenvertrag** entwickelt, bei dem einem Auftragnehmer **nicht nur Bauleistungen**, möglicherweise einschließlich der Planung, **sondern auch die Beschaffung** der erforderlichen speziellen Einrichtung übertragen wird, wie z. B. bei Krankenhäusern, Atomreaktoren usw. Hier geht es nicht nur darum, ein gebrauchsfertiges, sondern darüber hinaus ein **betriebsbereites Bauwerk** zu errichten und bereitzustellen. Dieser Vertrag ist teilweise Werkvertrag, Werklieferungsvertrag, Geschäftsbesorgungsvertrag, u. U. auch Kaufvertrag. Vgl. dazu auch von Westphalen BB 1971, 1126. Zur Frage der Vereinbarung der VOB gilt hier das in Rdn. 134 Gesagte erst recht. Zutreffend weist Nicklisch (NJW 1985, 2361) darauf hin, daß der Anlagenvertrag wegen seines Langzeit-, Rahmen- und Kooperationscharakters, seiner differenzierten Risikoverteilung und Störanfälligkeit im betreffenden Einzelfall nicht nur besondere Vertragsgestaltungen (z. B. auch als Außen- oder Innenkonsortium) aufweisen kann, sondern daß es jeweils geboten sein kann oder muß, besondere individualrechtliche Bestimmungen gerade im Verhältnis zwischen Generalunternehmer und einzusetzenden nachgeordneten Unternehmern zu treffen. Dies betrifft insbesondere Fragen der Übertragung von Rechten und Pflichten aus dem Hauptvertrag, wobei zur Vermeidung von Unklarheiten bloße Bezugnahmen darauf vermieden werden sollten, der Änderung oder Behinderung der Subunternehmerleistung, der Ansprüche des Subunternehmers wegen Änderung oder Behinderung, der Vertragsstrafen, der Mitwirkung des Auftraggebers (des eigentlichen Bestellers), der Abnahme und Gewährleistung, der Vergütung, der vorzeitigen Vertragsbeendigung, des Konkurses eines Beteiligten, der Konfliktregelung. Hier gibt es keine generelle Lösungsmöglichkeit; vielmehr ist es geboten, die nötigen vertraglichen Regelungen auf die Erfordernisse des jeweiligen Einzelfalles abzustellen (Nicklisch a. a. O.). Bei internationalen Anlagenverträgen ist es für Subunternehmerverträge dringend geboten, zu vereinbaren, daß sich das Recht des Nachunternehmervertrages nach dem Recht des Hauptvertrages richten soll, weil dies nicht immer und in jedem Fall unterstellt werden kann (vgl. dazu Vetter NJW 1987, 2124). Zur Abnahme beim Anlagengeschäft und der damit verbundenen Problematik beachtlich Fischer, Betrieb 1984, 2125. Über diese Fragen vgl. vor allem auch Nicklisch (Hrsg.), Leistungsstörungen bei Bau- und Anlagenverträgen, Heidelberger Kolloquium Technologie und Recht 1984, Verlag C.F. Müller, Heidelberg.

VI. Generalunternehmereinsatz bei Bauvergabe nach Teil A der VOB

136   Wer sich im Rahmen einer Bauausschreibung nach den Vergabevorschriften des Teils A als **Generalunternehmer** bewirbt, muß in seiner Person und in seinem Betrieb alle Voraussetzungen erfüllen, die als grundlegend in Teil A § 2 Nr. 1 Satz 1 VOB niedergelegt sind. Allerdings wird man zur Frage der **Fachkunde** gewisse Einschränkungen machen müssen. Man wird nicht verlangen können, daß der betreffende Unternehmer ein umfangreiches und in alle Einzelheiten gehendes technisches Fachwissen auf allen Einzelgebieten hat, aus denen der Gesamtbauauftrag zusammengesetzt ist. Es muß ausreichen, wenn die von ihm sorgfältig auszusuchenden Nachunternehmer die bestimmten speziellen Fachkenntnisse haben. Eines ist aber grundlegende Voraussetzung für die Beauftragung als Generalunternehmer: Er muß **wesentliche Teile** der verlangten Gesamtbauleistung selbst **in seinem eigenen Betrieb** aus-

führen (vgl. Nr. 3.1. VHB zu Teil A § 8; abgedruckt Rdn. 122). Er muß der **herausragende Unternehmer bei der Erfüllung der Gesamtbauaufgabe** sein. Ein bloßer „Zwischenhändler" ohne beachtliche, in seinem eigenen Betrieb zu erledigende Bauausführungsaufgabe ist dem Baugewerbe fremd. Daher sagt hierzu auch Nr. 1.2. VHB zu Teil A § 8:

1.2. Nicht am Wettbewerb zu beteiligende Unternehmen, die sich mit der Betreuung von Bauvorhaben (z. B. Planung, Koordinierung, Finanzierung) befassen, aber keine wesentlichen Teile der Bauleistung selbst erbringen, dürfen nicht zur Angebotsabgabe aufgefordert werden.

Ohne Aufforderung eingegangene Angebote derartiger Unternehmen sind auszuschließen.

Die gegenteilige Ansicht von Daub/Piel/Soergel (ErlZ 4.52 ff.), die sogar einen bloßen Koordinator und/oder Planer dem Generalunternehmerbegriff zuordnen möchten, ist abzulehnen, zumal dadurch eine unzulässige Vermischung zwischen der hier immanenten Bauunternehmertätigkeit und davon – vor allem rechtlich – zu trennenden anderen Aufgaben im Rahmen einer Bauherstellung erfolgen würde. Das leuchtet um so mehr ein, wenn der von Teil A § 1 umrissene Regelungsbereich der gesamten VOB – insbesondere deren Teile A und B, aber auch C – berücksichtigt und außerdem beachtet wird, daß Teil B grundsätzlich auf jene weiteren Arbeiten, die nichts mit der eigentlichen Bauausführung zu tun haben, nicht abgestellt ist (vgl. auch Rdn. 134).

137

Auch dient es den berechtigten Belangen des Auftraggebers im Hinblick auf den Einsatz von Generalunternehmern, wenn über den Wortlaut von Teil A § 2 Nr. 1 Satz 1 hinaus zu fordern ist, daß Bieter, die als Hauptunternehmer mit Nachunternehmern eingesetzt werden sollen, wirtschaftlich, technisch und organisatorisch die Gewähr für ordnungsgemäße Vertragserfüllung, insbesondere für einwandfreie Durchführung der Koordinierungs- und Aufsichtsaufgaben, bieten müssen.

138

Zum Bauen mit Generalunternehmer siehe auch Mayer, Die Bauverwaltung 1974, 183.

VII. Nachunternehmervertrag

1. Nicht frei von Problematik ist der grundsätzlich auch nach der VOB auszurichtende Vertrag zwischen dem Generalunternehmer bzw. Hauptunternehmer und dem Nachunternehmer. Denn es besteht die **Gefahr**, daß der Generalunternehmer seine **Zwischenstellung** zwischen seinem Auftraggeber und dem Nachunternehmer in mehrfacher Hinsicht **zu Lasten des Nachunternehmers ausnutzen kann**. Diese Gefahr liegt nicht nur auf finanziellem, sondern nicht zuletzt auch auf rechtlichem Gebiet, indem dem Nachunternehmer einseitig eine Verantwortung auferlegt wird, die an sich vom Generalunternehmer nach Treu und Glauben jedenfalls mitzutragen wäre. Hier kann daher ein berechtigter Grund für den Auftraggeber liegen, Vergaben an Nachunternehmer, die von ihm nach Teil B § 4 Nr. 8 auch noch nach Vertragsabschluß genehmigt werden müssen, mit einer gewissen Skepsis zu begegnen, die nur durch ordnungsgemäßes, allgemein für eine gerechte Vertragsgestaltung zu billigendes Verhalten des Generalunternehmers beseitigt werden kann. Dem kann der Auftraggeber weitgehend dadurch begegnen, daß er seinem Auftragnehmer (Generalunternehmer) auferlegt, in Verträgen mit Nachunternehmern **die gleichen Bedingungen zugrunde zu legen wie im Vertrag zwischen Auftraggeber und Generalunternehmer.** Vor allem sollte z. B. auch die **Abnahme** der Nachunternehmerleistung für den Fall ihrer Fertigstellung und des Eintritts der Möglichkeit ihrer sachgerechten Beurteilung festgelegt werden, da dann die Abnahme ohnehin zu geschehen hat, falls abweichende vertragliche Regelungen fehlen

139

(ebenso Locher, Das private Baurecht, Rdn. 393). Unabhängig vom nachfolgend erörterten Rahmen des AGB-Gesetzes ist einer Vereinbarung der Vertragspartner, daß die Abnahme der Leistung des Nachunternehmers erst erfolgen soll, wenn der Bauherr die Gesamtleistung des Generalunternehmers abgenommen hat, die Grundlage entzogen, wenn der Generalunternehmer in Konkurs gerät und dadurch auf unabsehbare Zeit ungewiß geworden ist, wann das Gesamtbauvorhaben abgenommen wird und der Nachunternehmer oder auch der weitere Nachunternehmer hierauf keinen Einfluß hat (vgl. dazu BGH BauR 1981, 284 = NJW 1981, 1448 = BlGBW 1981, 153 = SFH § 12 VOB/B Nr. 6 = Betrieb 1981, 1923 = MDR 1981, 747 = LM § 12 VOB/B Nr. 5 = ZfBR 1981, 139; zugleich wegen der Verzugszinsen auf die Vergütung). Es liegt weiter auf der Hand, daß z. B. die **Abwälzung einer Vertragsstrafe** auf den Nachunternehmer nur erfolgen darf, wenn und soweit die dadurch abgesicherte Bauverzögerung von dem Nachunternehmer verursacht und verschuldet worden ist.

140 2. Sofern auf das Verhältnis zwischen Generalunternehmer und Nachunternehmer das **AGB-Gesetz zur Anwendung** gelangt (vgl. Teil A § 10 Rdn. 77 ff.), muß zugunsten des Nachunternehmers zunächst beachtet werden, daß der Nachunternehmervertrag **nicht die in §§ 10 und 11 a. a. O. festgelegten Verbotsnormen verletzt.** Gerade hier können Einzelregelungen im Nachunternehmervertrag vor allem auch gegen die **Generalklausel des § 9 AGB-Gesetz verstoßen,** was auch dann gilt, wenn der Nachunternehmer dem kaufmännischen Bereich zuzuordnen ist. Vgl. dazu auch Korbion/Locher Rdn. 144 ff. sowie die Einzelkommentierungen zu Teil B. Zutreffend ferner Ulmer/Brandner/Hensen, Anh. §§ 9-11 Rdn. 720 ff. sowie Locher NJW 1979, 2335, 2337. Verbotswidrig sind u. a. Klauseln, in denen der Nachunternehmer „auf Einwendungen wegen Irrtums oder mangelnder Kenntnis der zur Beurteilung der Leistung erforderlichen Umstände" verzichtet (vgl. dazu BGH BauR 1983, 368 = NJW 1983, 1671 = ZIP 1983, 831 = MDR 1984, 42 = Betrieb 1983, 2080 = BB 1983, 1877 = SFH § 9 AGBG Nr. 8 = ZfBR 1983, 188); gleiches gilt für die Regelung, daß der Nachunternehmer nach Bestimmung des Generalunternehmers zur Ausführung weiterer Leistungen verpflichtet sei; ebenso trifft dies auf eine Bestimmung zu, nach der der Subunternehmer mit Beginn seiner Leistung anerkennt, die Vorleistungen anderer Unternehmer hätten keine schädlichen Auswirkungen auf seine Leistung und daß er für entstehende Mehrkosten allein hafte; auch gilt das für Klauseln, die das Nachbesserungsrecht des Unternehmers in unzumutbarer Weise einschränken, wie durch ganz kurze Fristsetzung unter sofortiger Berechtigung des Generalunternehmers, dann nach § 13 Nr. 5 Abs. 2 VOB/B vorzugehen; ähnlich verhält es sich mit Klauseln, die im Falle der Leistungsverzögerung dem Generalunternehmer in jedem Fall sofort das Recht geben, einen anderen Unternehmer anstelle des Nachunternehmers einzusetzen oder die Vertragsstrafe auch ohne Vorliegen der Verzugsvoraussetzungen verlangen zu können; auch die Abwälzung des Vergütungsrisikos in unzumutbarer Weise gehört dazu, wie die Regelung, die Bezahlung des Subunternehmers erfolge nur, wenn und soweit der Bauherr an den Generalunternehmer zahle, insoweit liegt ein Verstoß gegen § 10 Nr. 1, u. U. auch gegen § 9 AGB-Gesetz vor (zutreffend auch Frikell/Glatzel/Hofmann K 16.41); das trifft auch auf die Bestimmung zu, der Nachunternehmer müsse veränderte oder zusätzliche Leistungen ohne besondere Vergütung erbringen, falls der Bauherr solche verlange; ebenso gilt das für andere Klauseln, wenn der Nachunternehmer ihre Folgen tatsächlich oder rechtlich nicht verhindern kann, wie z. B. die Bestimmung, nach welcher der Nachunternehmer im Falle der Kündigung des Nachunternehmervertrages nur die Vergütung für die bis dahin ausgeführten Arbeiten erhält, also der Nachunternehmer mit Ansprüchen gemäß § 649 BGB bzw. § 8 Nr. 1 VOB/B in jedem Falle ausgeschlossen sein soll (Ulmer/Brandner/Hensen, Anh. §§ 9-11 Rdn. 722); auch das Hinausschieben der Abnahme auf den Zeitpunkt der Abnahme des Gesamtwerkes – auch der behördlichen Gesamtabnahme – ist unangemessen, **sofern sich die Leistung des Nachunternehmers bereits vorher abschließend auf ihre Vertragsgerechtheit beurteilen läßt** (Ulmer/Brandner/Hensen, a. a. O. Rdn. 725; vgl. dazu auch Bühl BauR 1984, 237, 238, jedoch zu wenig differenzierend; siehe nachfolgend); unzulässig ist es, die Abnahme der Leistung von sogenannte Mängelfreibescheinigungen Dritter, zu denen der

Nachunternehmer nicht in vertraglichen Beziehungen steht, abhängig zu machen. Dies alles gilt unabhängig davon, ob der Nachunternehmer Kaufmann ist oder nicht, da es sich bei den genannten Klauseln um solche handelt, die auf der Grundlage des § 9 AGB-Gesetz unwirksam sind.

Grundsätzlich zulässig ist dagegen die Vertragsklausel, daß der Nachunternehmer hinsichtlich des an ihn weitervergebenen Teils der Bauleistung die Vergütung erhält, die dem Generalunternehmer nach seinem Vertrag mit dem Bauherrn zusteht, sofern der Generalunternehmer insoweit seinen Vertrag mit dem Bauherrn offenlegt. Andererseits kann sich der Generalunternehmer dann später nicht damit verteidigen, er habe weniger erhalten, weil der Bauherr seine Schlußrechnung wegen vorliegender Gegenansprüche gekürzt habe, wenn diese Kürzung durch Aufrechnung bzw. Verrechnung aus einem Grunde erfolgt ist, den der Generalunternehmer und nicht der Subunternehmer zu vertreten hat. Denn der Generalunternehmer hat im Rahmen des Nachunternehmervertrages die **vertragliche Nebenpflicht, sich gegenüber dem Bauherrn vertragsgerecht zu verhalten, um den Nachunternehmer nicht zu schädigen;** insofern steht dem Nachunternehmer der auf seine Leistung entfallende, vom Bauherrn gekürzte Betrag wegen positiver Vertragsverletzung des Generalunternehmers zu. Ebenso im Grundsatz zulässig ist es auch, wenn der Generalunternehmer **andere – vor allem längere – Gewährleistungsfristen** mit dem Nachunternehmer vereinbart. Denn es kann sein wohlberechtigtes Interesse sein, den Nachunternehmer insoweit länger zu verpflichten, weil seine – des Generalunternehmers – gesamte Leistung, zumal bei größeren Bauvorhaben, oftmals wesentlich später abgenommen wird, also die für ihn maßgebende – auch die Leistung des Nachunternehmers erfassende – Gewährleistungsfrist erst später, u. U. sogar erheblich später in Lauf gesetzt wird. Andererseits dürfte eine bloß formularmäßige Gleichschaltung der Gewährleistungsfrist ohne nähere sachgerechte Überprüfung der Erfordernisse und Gegebenheiten des Einzelfalles gegen § 9 AGB-Gesetz verstoßen, weil der Auftragnehmer (hier Nachunternehmer) nach dem Leitbild des Bauvertrages gemäß § 640 BGB grundsätzlich einen Anspruch auf Abnahme der aus seinem Vertrag fertiggestellten Leistung hat, wobei die in § 638 BGB normierte Gewährleistungsfrist von 5 Jahren ebenfalls dem Leistungsbild des Bauvertrages entspricht (zutreffend Locher NJW 1980, 2235, 2238). Das gilt besonders dann, wenn keine hinreichend bestimmte Zeit, vor allem für den Beginn der Gewährleistungsfrist, festgelegt ist, zumal sonst auch ein Verstoß gegen § 10 Nr. 1 AGB-Gesetz vorliegen dürfte (vgl. Bühl BauR 1984, 237, 238 f.). Sofern der Generalunternehmer im Vertrag mit dem Nachunternehmer aus berechtigten Gründen eine Gleichschaltung der Gewährleistungsfrist mit derjenigen aus seinem Vertrag mit dem Auftraggeber vornehmen will, muß er für den nichtkaufmännischen Bereich vor allem § 2 Abs. 1 Nr. 2 AGB-Gesetz beachten, also dem Nachunternehmer durch Überlassung der betreffenden Vertragsunterlagen aus dem Hauptvertrag in zumutbarer Weise von der Gewährleistungsregelung Kenntnis verschaffen (zutreffend Frikell/Glatzel/Hofmann K 13.21 ff.).

3. Die Gefahr der Unwirksamkeit von Vertragsklauseln wird im allgemeinen nicht bestehen, wenn die für den Verkehr zwischen Generalunternehmer und Nachunternehmer aufgestellten Richtlinien beachtet werden. Dazu ist am 1. 10. 1951, also schon vor Inkrafttreten der Fassung 1952 der VOB, ein „**Merkblatt für Generalunternehmer**" von einer Reihe von Spitzenverbänden der Bauindustrie und des Bauhandwerks herausgegeben worden, und zwar in Form einer **nach wie vor beachtenswerten** Empfehlung zur Anwendung und Beachtung im praktischen Fall. Dieses Merkblatt hat folgenden Wortlaut:

Merkblatt für Generalunternehmer

Einführung

Nach der Verdingungsordnung für Bauleistungen (VOB) Teil A § 4, Nr. 3 (alte Fassung der VOB) sollen Leistungen verschiedener Handwerks- oder Gewerbezweige in der Regel nach Fachlosen vergeben werden. Die Vergabe an einen Generalunternehmer soll nach VOB, Teil A § 4, Nr. 5 (alte Fassung der VOB) nur erfolgen, wenn örtliche Verhältnisse oder andere wichtige Gründe die Vergabe nach Fachlosen untunlich erscheinen lassen.

Die unterzeichneten Verbände haben sich mit der Frage des Verhältnisses zwischen Generalunternehmer und Nachunternehmer befaßt und halten es für notwendig, im Interesse von Sauberkeit und Ordnung Mindestbedingungen für dieses Vertragsverhältnis aufzustellen. Sie geben im nachstehenden das festgelegte Merkblatt für Generalunternehmer bekannt und erwarten von den den Verbänden angeschlossenen Betrieben die Beachtung der darin festgelegten Grundsätze.

Bonn, den 1. Oktober 1951

Hauptverband der Deutschen Bauindustrie e. V.
Zentralverband des Deutschen Baugewerbes e. V.
Zentralverband des Dachdeckerhandwerks
Fachverband Gerüstbau für das Bundesgebiet e. V.
Zentralverband des Deutschen Glaserhandwerks
Zentralverband des Installateur-, Klempner-, Kupferschmiede-, Zentralheizungsbauer-Handwerks
Hauptverband des Deutschen Malerhandwerks
Zentralverband des Deutschen Ofensetzer-, Fliesenleger- und Keramikerhandwerks e. V.
Hauptverband des Deutschen Steinmetz- und Bildhauerhandwerks Verband des Tischlerhandwerks
Hauptinnungsverband des Schlosser- und Maschinenbauerhandwerks.

Merkblatt für Generalunternehmer

I.
Geltungsbereich

Die nachstehenden Richtlinien behandeln das Verhältnis zwischen Generalunternehmer und Nachunternehmer; sie betreffen nicht das Verhältnis zwischen Haupt- und Nebenunternehmer sowie von Partnern einer Arbeitsgemeinschaft untereinander.

II.
Generalunternehmer und Nachunternehmer

Generalunternehmer ist ein Unternehmer, der von einem Bauherrn mit einer Bauaufgabe beauftragt ist, für deren Durchführung er weitere Unternehmer als Nachunternehmer heranzieht.

III.
Oberster Grundsatz
Wer als Generalunternehmer auftritt, soll seinen Nachunternehmern gegenüber stets so handeln, wie er von seinen Auftraggebern behandelt zu werden wünscht.

IV.
Vertragsverhältnis

zwischen Generalunternehmer und Nachunternehmer

1. Die vertragliche Beziehung vom Generalunternehmer zum Nachunternehmer ist dadurch gekennzeichnet, daß der vom Bauherrn beauftragte Generalunternehmer Teile seines Auftrags an einen anderen Unternehmer, den Nachunternehmer, zur selbständigen und verantwortlichen Durchführung weitergibt.

2. Der Generalunternehmer ist im Verhältnis zum Nachunternehmer Auftraggeber. Ein Vertragsverhältnis besteht nur zwischen dem Generalunternehmer und dem Nachunternehmer; nicht aber zwischen dem Bauherrn und dem Nachunternehmer.

3. Der Generalunternehmer haftet im Rahmen seiner vertraglichen Verpflichtungen dem Bauherrn gegenüber für die Leistungen der Nachunternehmer in gleicher Weise wie für seine eigenen Leistungen.

4. Die Heranziehung von Nachunternehmern kann vom Generalunternehmer auf Grund eigener Entschließung oder – wo der Bauvertrag dies vorsieht – nach vorheriger Zustimmung oder auf Wunsch des Bauherrn erfolgen. Voraussetzung ist, daß sich die Aufgaben der einzelnen Unternehmer ohne besondere Schwierigkeiten innerhalb der Gesamtaufgabe entweder in einzelne Abschnitte (Teillose) oder nach Fachgebieten oder Gewerbezweigen (Fachlose) abgrenzen lassen.

5. Vertragliche Beziehungen zwischen dem Bauherrn und den Nachunternehmern entstehen auch dann nicht, wenn der Bauherr in besonderen Fällen die Einschaltung bestimmter Nachunternehmer verlangt und der Generalunternehmer zugestimmt hat. Auch in diesen Fällen trägt der Generalunternehmer die volle Verantwortung für die Leistungen der Nachunternehmer gegenüber dem Bauherrn im Rahmen seiner eigenen Verpflichtungen.

V.
Weitergabe von Leistungen an Nachunternehmer

Für die Weitergabe von Leistungen durch den Generalunternehmer an Nachunternehmer sollen die Grundsätze des Teils A der Verdingungsordnung für Bauleistungen (VOB, DIN 1960) maßgebend sein. Die Weitergabe soll an einen Unternehmer erfolgen, bei dem der Generalunternehmer Angebote für seine Angebotsabgabe eingeholt hatte.

VI.
Bildung der Preise

1. Die Weitergabe von Leistungen an Nachunternehmer soll zu angemessenen (VOB, Teil A § 2) und für den Nachunternehmer auskömmlichen (VOB, Teil A § 25, Nr. 2 [alte Fassung der VOB]) Preisen erfolgen.

2. Bei öffentlichen und mit öffentlichen Mitteln finanzierten Bauten hat der Generalunternehmer bei der Preisermittlung für seine Leistungen die geltenden preisrechtlichen Vorschriften zu beachten. Der Generalunternehmer hat ferner etwaige Auflagen in seinem Vertrag mit dem Bauherrn über die Bildung von Nachunternehmerpreisen zu berücksichtigen.

3. Im allgemeinen kommen zwei Formen der Preisbildung für die Leistungen der Nachunternehmer in Frage:

a) Der Generalunternehmer vergibt Leistungen auf Grund von Angeboten der Nachunternehmer, wobei die Eingliederung der Vergabepreise in die entsprechenden Preise des Generalunternehmers Sache des Generalunternehmers ist.

b) Der Generalunternehmer vergibt Leistungen an Nachunternehmer zu Preisen, die zu seinen eigenen Vertragspreisen in einem angemessenen Verhältnis stehen, beispielsweise dergestalt, daß die Nachunternehmer die gleichen Preise wie der Generalunternehmer abzüglich seiner eigenen Leistungen sowie eines Zuschlages für Allgemeine Geschäftskosten, Wagnis sowie Umsatzsteuer erhalten.

VII.
Gestaltung und Form des Vertrages

1. Die Gestaltung des Vertragsverhältnisses zwischen Generalunternehmer und Nachunternehmer ist grundsätzlich ausschließlich Sache der beteiligten Unternehmer. Die Bestimmungen der VOB, Teil B DIN 1961, sollen beachtet werden.

2. Abweichungen von der VOB, Teil B DIN 1961, sollen nur insoweit zulässig sein, als sie auch im Bauvertrag zwischen Bauherrn und Generalunternehmer aufgrund von VOB Teil A DIN 1960, § 10 Abs. 2 (alte Fassung der VOB) vereinbart wurden. Darüber hinaus kann es notwendig sein, ergänzende Bestimmungen zur VOB zu treffen (vgl. VOB DIN 1960, § 10 Abs. 3 [alte Fassung der VOB]). Derartige Abweichungen von der VOB und Ergänzungen zur VOB sollen in „Besonderen Vertragsbedingungen" festgelegt werden, die jedoch den Grundsätzen der VOB nicht widersprechen dürfen.

3. Soweit der Generalunternehmer mit dem Bauherrn Lohn- und Stoffpreisgleitklauseln vereinbart hat, sollen sie sinngemäß auch den Nachunternehmern eingeräumt werden.

4. Zwischen dem Generalunternehmer und den Nachunternehmern sollen keine ungünstigeren Zahlungsbedingungen vereinbart werden, als sie zwischen dem Generalunternehmer und dem Bauherrn vereinbart wurden. Bei Leistung von Vorschüssen, Abschlagszahlungen und dergleichen durch den Bauherrn an den

Generalunternehmer sollen die Nachunternehmer entsprechend ihrem Anteil an der Gesamtleistung beteiligt werden.

5. Der Vertrag soll den in diesem Merkblatt niedergelegten Grundsätzen entsprechen. Er wird in einfachster Form durch ein Auftragsschreiben begründet. Das Auftragsschreiben soll enthalten oder es sollen ihm beigegeben sein die Beschreibung der Leistung mit zugehörigen Preisen sowie die „Besonderen Vertragsbedingungen" nach Abs. VII Nr. 2 dieses Merkblattes. Ferner sollen sämtliche Vertragsbestimmungen des Bauherrn, soweit sie die technische Ausführung der Nachunternehmerleistungen betreffen, sowie die „Technischen Vorschriften für Bauleistungen" (VOB Teil C und D DIN 1962, 1985 und 4135 [alte Fassung der VOB]) und die „Allgemeinen Vertragsbestimmungen für die Ausführung von Bauleistungen" (VOB DIN 1961) Vertragsbestandteile werden.

VIII.
Streitigkeiten aus dem Vertrag

Für Streitigkeiten aus dem Vertrag sollen grundsätzlich zwischen Generalunternehmer und Nachunternehmer Schiedsgerichtsvereinbarungen auf besonderer Urkunde abgeschlossen werden. Für die Durchführung von Schiedsgerichtsverfahren soll die zwischen den Verbänden der Bauindustrie, des Baugewerbes und des Ausbauhandwerks vereinbarte Schiedsgerichtsordnung zugrunde gelegt werden.

143   4. Das Merkblatt stellt als **Obersatz** die Forderung auf, den Vertrag zwischen dem Generalunternehmer und dem Nachunternehmer so auszugestalten, wie es den Einzelregelungen der VOB entspricht. Im wesentlichen sind die **Bestimmungen des Teils B der VOB** zu beachten, insbesondere über Art und Umfang der Leistung, die Vergütung, die Ausführung, die Fristen, die Gefahrverteilung, die vorzeitige Auflösung (Kündigung) des Vertrages, die Haftung, die Vertragsstrafen, die Abnahme, die Gewährleistung, die Abrechnung, die Zahlung, die Sicherheitsleistung usw. Diese Einzelpunkte sollen in den Vertrag so aufgenommen werden, als ob der **Generalunternehmer** im Verhältnis zum Nachunternehmer **ein die Vertragsbedingungen der VOB einhaltender Auftraggeber** wäre. Sicher ist ein diese Forderung nicht einhaltender Nachunternehmervertrag nicht schon deswegen unwirksam; es kann, wie schon hervorgehoben, ausnahmsweise sogar wohlberechtigte Interessen des Generalunternehmers geben, die Vertragsbedingungen in den Nachunternehmerverträgen anders – vor allem auch mit schlechteren Bedingungen – zu fassen, als es bei seinem Vertrag mit dem Bauherrn der Fall ist (zutreffend Locher NJW 1979, 2235), **es sei denn, es wird dadurch gegen zwingende Regelungen des AGB-Gesetzes (vgl. oben Rdn. 140) verstoßen.** Der Generalunternehmer sollte sich aber, wie sich aus dem Gesagten ergibt, möglichst zurückhalten, wenn er dem Nachunternehmer von seinem Vertrag abweichende Bedingungen auferlegt (z. B. in seinem Vertrag nicht vereinbarte Vertragsstrafen, Sicherheitsleistungen, andere Abnahmeregelungen, längere Gewährleistungsfristen). Die entscheidende Frage ist es, ob **für den Generalunternehmer im jeweiligen Einzelfall ein sachlich anerkennenswerter Grund für solche anderweitigen Bedingungen besteht.**

144   Besonderer Berücksichtigung bedarf es, wenn der Generalunternehmer in seinem Bauvertrag mit dem Auftraggeber eine **Pauschalpreisvereinbarung** getroffen hat. Dann sollte zur Vermeidung von Streitigkeiten im Nachunternehmervertrag eine Vereinbarung darüber getroffen werden, wie etwaige Mehr- oder Minderleistungen zwischen Generalunternehmer und Nachunternehmer abzurechnen sind (so auch Locher, Das private Baurecht, Rdn. 393). Eine vom Generalunternehmer wegen Finanzierungsschwierigkeiten des Bauherrn und darauf beruhendem Stillstand der Bauausführung gegenüber dem Nachunternehmer ausgesprochene Kündigung ist grundsätzlich eine solche nach Teil B § 8 Nr. 1, da dies sonst eine unzumutbare Überbürdung des Risikos auf den Nachunternehmer sein würde; auch auf den Wegfall der Geschäftsgrundlage kann sich der Generalunternehmer dann nicht berufen (BGH SFH Z 2.510 Bl. 60).

Aus **Teil A der VOB** kommen für die Vergabe an Nachunternehmer Regelungen in Betracht, **145** die grundlegender Natur sind, wie z. B. die §§ 1, 2, 6, 7, ferner diejenigen, die als Ausgangspunkt für die wesentlichen Vorschriften des Teils B der VOB zu gelten haben und daher im Rahmen der Vertragsverhandlungen zwangsläufig Beachtung verdienen, wie z. B. die §§ 5, 9, 10, 11-15. Des weiteren ist es geboten, die jeweils einschlägigen Technischen Vorschriften des **Teils C der VOB,** insbesondere zur Frage der Ausführung sowie der Gewährleistung, ausdrücklich mit zum Gegenstand des Vertrages zwischen dem Generalunternehmer und dem Nachunternehmer zu machen. Entsprechendes gilt für etwaige Zusätzliche Technische Vorschriften, die im Generalunternehmervertrag enthalten sind.

5. **Andererseits:** Da der Vertrag des Generalunternehmers mit dem Nachunternehmer ein **146** selbständiger Bauleistungsvertrag ist, beurteilen sich die gegenseitigen **Rechte und Pflichten** daraus **unabhängig davon, ob und inwieweit der Bauherr seinerseits aus seinem Vertrag mit dem Generalunternehmer Ansprüche gegen diesen geltend macht** (ebenso BGH BauR 1981, 383 = NJW 1981, 1779 = SFH § 13 Ziff. 5 VOB/B Nr. 15 = Betrieb 1981, 1924 = MDR 1981, 1002 = LM § 13 VOB/B [A] Nr. 9 = ZfBR 1981, 167 = WM 1981, 773 m. w. N.; für den Fall, daß dies geschieht, vgl. Rdn. 154 ff.). Tut er dies nicht, so stehen dem Generalunternehmer dennoch die entsprechenden Rechte zu. Ist z. B. die Arbeit des Nachunternehmers mangelhaft, nimmt der Bauherr (Auftraggeber) gegenüber dem Generalunternehmer daran keinen Anstoß, so kann der Generalunternehmer vom Nachunternehmer dennoch ordnungsgemäße Herstellung bzw. Nachbesserung nach Teil B § 4 Nr. 7 bzw. Teil B § 13 Nr. 5 verlangen (ebenso Locher NJW 1979, 2235; vgl. auch BGH BauR 1981, 383 = NJW 1981, 1779 = SFH § 13 Ziff. 5 VOB/B Nr. 15 = Betrieb 1981, 1924 = MDR 1981, 1002 = LM § 13 VOB/B [A] Nr. 9 = ZfBR 1981, 167 = WM 1981, 773). Unter Umständen kommt hier auch ein Minderungsanspruch nach Teil B § 13 Nr. 6 in Betracht, falls die dafür maßgebenden Voraussetzungen gegeben sind; das kann somit auch zutreffen, wenn der Bauherr oder der jetzige Eigentümer des Bauwerkes nicht zur Entgegennahme der Nachbesserung bereit ist. Entscheidend ist allein, daß die Leistung des Nachunternehmers nicht den Wert besitzt, der gerade auch für die Bemessung der Vergütung vertraglich vorausgesetzt worden ist und es erst einen entsprechenden geldwerten Aufwand erfordern würde, um diesen zu erreichen (ähnlich Locher, Das private Baurecht, Rdn. 394). Insofern kann es auch nicht anders sein, wenn es sich um einen Schadensersatzanspruch wegen mangelhafter Leistung des Nachunternehmers unter den Voraussetzungen von Teil B §§ 4 Nr. 7 und 13 Nr. 7 handelt. Auch hier kommt es für das Bestehen eines solchen Anspruches nicht darauf an, ob der Bauherr den Generalunternehmer aus dem zwischen beiden bestehenden Vertrag schadensersatzpflichtig macht bzw. gemacht hat. Denn es bleibt dabei, daß der Generalunternehmer von dem Nachunternehmer eine mangelhafte Leistung empfangen hat, wobei es nicht darauf ankommt, ob er an seinem Vermögen einen Schaden erlitten hat (so auch Locher NJW 1979, 2236; ders., Das private Baurecht, a. a. O.; Werner/Pastor Rdn. 756). Auch kann nicht gesagt werden, der Generalunternehmer sei dann zum Vorteilsausgleich verpflichtet, weil er im Endergebnis keinen wirklichen Schaden an seinem Vermögen gehabt habe. Ein solcher Ausgleich scheidet aus, weil die Gründe, die dazu führten, daß der Generalunternehmer nicht schadensersatzpflichtig gemacht wurde, nicht in adäquatem Zusammenhang mit dem schädigenden Ereignis – der mangelhaften Leistung des Nachunternehmers – stehen (vgl. Locher NJW 1979, 2236 m. w. N.). Ähnliches gilt für Schadensersatzansprüche des Generalunternehmers gegen den Nachunternehmer aus anderen Rechtsgründen, wie aus Leistungsverzug, dabei erst recht bei Vertragsstrafen, sowie aus positiver Vertragsverletzung.

6. Es werden für den Generalunternehmer auch weitere sich nicht aus der VOB ergebende **147** Überlegungen anzustellen sein, die wegen der **Besonderheit seiner Stellung** notwendig sind. Dabei ist daran zu denken, daß der Generalunternehmer zwar der Auftraggeber, **nicht aber der Bauherr** des Nachunternehmers, sondern selbst als Auftragnehmer an der Bauherstellung beteiligt ist. Man wird ihm im Verhältnis zum Nachunternehmer einen gewissen **Zuschlag aus**

dem vom Bauherrn kommenden **Erlös** zugestehen müssen, der seinen besonderen Bemühungen bei der Vergabe an Subunternehmer und der Abwicklung der Verträge mit diesen entspricht (ähnlich Locher NJW 1979, 2235).

148 Dieser Zuschlag muß auskalkuliert werden zwischen dem vom Generalunternehmer mit dem Bauherrn vereinbarten Baupreis und den im einzelnen festzulegenden Forderungen des Nachunternehmers für die von diesem zu erbringenden Einzelleistungen. Voraussetzung ist, daß dieser Zuschlag zugunsten des Generalunternehmers sich in einem **angemessenen Rahmen** hält. Das ist allgemein der Fall, wenn für den Nachunternehmer jedenfalls so viel verbleibt, daß die zur Frage des angemessenen Preises gegebenen Richtlinien (Teil A § 2 Nr. 1 Satz 1 und § 25 Nr. 2 Abs. 2 Satz 3) eingehalten werden. Man muß besonders auch hier die Maßstäbe anwenden, die in der VOB für das Verhältnis zwischen Auftraggeber und Auftragnehmer Gültigkeit besitzen.

Zur **Anwendbarkeit der BaupreisVO 1972 auf Nachunternehmerverträge** vgl. Altmann BauR 1981, 445.

149 Zu verweisen ist auf: Heiermann, Aktuelle juristische Probleme des Generalunternehmers, Schriftenreihe der Deutschen Gesellschaft für Baurecht e. V., Band 2 S. 49 ff. Dort sind weitere wesentliche Fragen der Gestaltung des Generalunternehmer- und des Nachunternehmervertrages berührt. Vgl. auch Nicklisch, Der Subunternehmer bei Bau- und Anlagenverträgen im In- und Auslandsgeschäft, Heidelberger Kolloquium Technologie und Recht 1985, Verlag C.F. Müller, Heidelberg. Beachtlich weiter Meinert, Das Verhältnis Generalunternehmer/Subunternehmer unter Berücksichtigung des französischen Rechts, BauR 1978, 13.

150 7. Eine besondere Form des Nachunternehmervertrages liegt in der sogenannten **Los-Arbeitsgemeinschaft:** Diese übernimmt einen Gesamtauftrag, der dann in einzelne Lose zerlegt wird. Die sich daraus ergebenden Teile werden von den betreffenden Auftragnehmern, die gemeinschaftlich mit dem Bauherrn nur in einem Vertrag verbunden sind, selbständig und unabhängig voneinander ausgeführt. Hier schließt die Gesellschaft der Los-Arbeitsgemeinschaft (§§ 705 ff. BGB) mit den Einzelgesellschaftern auf die jeweiligen Lose bezogene Subunternehmerverträge ab. Siehe dazu auch Fahrenschon u. a., Mustervertrag § 25 Rdn. 21 ff.

VIII. Sondervereinbarungen Generalunternehmer – Auftraggeber

151 Ferner ergibt sich aus Einzelregelungen des genannten Merkblattes, daß auch gewisse **Sondervereinbarungen,** die an sich über den Bauvertrag im engeren Sinne hinausgehen, **zwischen dem Bauherrn und dem Generalunternehmer im Hinblick auf die Einschaltung eines Nachunternehmers** getroffen werden sollten. Hierbei handelt es sich um **Offenbarungs-, Rechnungslegungs- und Benachrichtigungspflichten des Generalunternehmers** gegenüber dem Bauherrn. Zu bedenken ist gerade hier, daß es sich um zwei gesonderte Bauverträge (Bauherr – Generalunternehmer einerseits und Generalunternehmer – Nachunternehmer andererseits) handelt, die beide in keinem unmittelbaren rechtlichen Zusammenhang stehen. Hat der Bauherr die Generalunternehmung und damit die Hinzuziehung von Nachunternehmern gestattet, so wird er sich, falls bezüglich der Nachunternehmer keine näheren Bestimmungen im Bauvertrag zwischen ihm und dem Generalunternehmer getroffen worden sind, mit dem begnügen müssen, was Gegenstand dieses Vertrages ist. Insoweit steht allein der Generalunternehmer eben nur wie ein Alleinunternehmer dem Bauherrn gegenüber. Soll der **Bauherr** aber – über die Ausnahmeregelung in Teil B § 16 Nr. 6 hinaus – einen gewissen **Einfluß** auf das Verhältnis zwischen dem Generalunternehmer und dem Nachunternehmer

erhalten, ohne des letzteren Vertragspartner zu werden, so ist es notwendig, entsprechende Bestimmungen in den Bauvertrag zwischen ihm und dem Generalunternehmer aufzunehmen. Ein dahingehendes Verlangen des Bauherrn, über die Verhältnisse zwischen dem Generalunternehmer und den Nachunternehmern in ihren wesentlichen Punkten informiert zu werden, **entspricht der Billigkeit.** Das gilt besonders bei Beachtung des im Bauwesen vorauszusetzenden Vertrauensverhältnisses zwischen Bauherr und Auftragnehmer einerseits sowie andererseits der dem **Generalunternehmer eingeräumten Treuhänder- und Vermittlerstellung zwischen Auftraggeber und Nachunternehmer** (vgl. aber Rdn. 116 ff.). Auf letzteren Gesichtspunkt weist Wussow (IB 1964, 5) mit Recht hin. Es kommt allerdings darauf an, im Vertrag entsprechende Klauseln nur mit einer solchen Tragweite aufzunehmen, wie sie aus Gründen der Billigkeit nach der Gesamtinteressenlage unbedingt notwendig und geboten erscheinen. Dem Bauherrn darf für das Verhältnis zu den Nachunternehmern keine Stellung eingeräumt werden, die dem Generalunternehmer die vertragsrechtliche **Selbständigkeit** und **Eigenverantwortlichkeit** zu nehmen geeignet ist.

152 Sicher können auch sonst Sondervereinbarungen zwischen Auftraggeber und Generalunternehmer hinsichtlich der Nachunternehmer getroffen werden. So kann z. B. vereinbart werden, daß der **Generalunternehmer seine Gewährleistungsansprüche** gegen den Nachunternehmer (Subunternehmer) an den Auftraggeber **abtritt.** Eine solche Abtretung ist aber nur wirksam, wenn sie später auch tatsächlich geschieht. Eine bloße Verpflichtung des Generalunternehmers zur Abtretung genügt für sich allein dazu nicht (BGH BauR 1975, 206 = BB 1975, 442 = MDR 1975, 569 = SFH Z 7.22 Bl. 7 = Betrieb 1975, 682 = BlGBW 1975, 198 = LM Allg. Geschäftsbed. Nr. 62). Überdies ist der Generalunternehmer auch bei Abtretung von Gewährleistungsansprüchen nicht immer frei; vielmehr muß er auch dann gegenüber dem Auftraggeber einstehen, sofern sich dieser bei dem Nachunternehmer nicht schadlos halten kann, wie sich vor allem aus § 11 Nr. 10 a AGB-Gesetz ergibt (vgl. dazu auch § 11 Nr. 13 a. a. O.); siehe dazu Teil B § 13 Rdn. 78 ff. Zum Schuldnerschutz bei Forderungsabtretung eingehend Kornblum BB 1981, 1296.

Hat der Generalunternehmer unter Ausschluß eigener Mängelhaftung die ihm gegen den Subunternehmer zustehenden Gewährleistungsansprüche an den Auftraggeber abgetreten und diesem die vom Subunternehmer nach § 17 Nr. 1 Abs. 2 VOB/B gestellte Bürgschaftsurkunde gemäß §§ 401 f. BGB übergeben, so kann der Subunternehmer jedenfalls hier aus dem Gesichtspunkt des **Vertrages mit Schutzwirkung zugunsten Dritter** (vgl. dazu Teil B § 10 Rdn. 22 ff.) unmittelbar die Urkunde vom Auftraggeber zurückverlangen, wenn die Gewährleistungsfrist abgelaufen ist (Gehle BauR 1982, 338). Vgl. hierzu auch LG Tübingen BauR 1988, 232.

Ein Vertrag mit Schutzwirkung zugunsten des Nachunternehmers kommt auch in Betracht, wenn zwischen Auftraggeber und Hauptunternehmer ausdrücklich oder stillschweigend vereinbart worden ist, daß der Auftragnehmer vom Nachunternehmer ausgearbeitete Unterlagen i. S. von Teil B § 3 Nr. 5 nicht verwenden darf, so daß dem Nachunternehmer unmittelbar gegen den Auftraggeber ein Anspruch nach Teil B § 3 Nr. 6 zusteht (vgl. dazu BGH BauR 1985, 571 = SFH § 3 VOB/B Nr. 2 = MDR 1985, 818 = NJW 1986, 2701 = BB 1985, 1292 = LM § 242 (A) BGB Nr. 62 = ZfBR 1985, 215).

153 Nach Ziffer IV Nr. 4 und insbesondere Nr. 5 des Merkblattes für Generalunternehmer (vgl. Rdn. 142) ist es möglich, daß der Auftraggeber vom Generalunternehmer nicht nur den Einsatz von Nachunternehmern als solchen verlangt, sondern **vor und/oder bei Vertragsabschluß fordert, einen bestimmten oder mehrere bestimmte von ihm benannte Nachunternehmer zu beschäftigen,** also insoweit Verträge mit diesen Unternehmern abzuschließen. Hier wird vom Auftraggeber zu fordern sein, daß er vor der Benennung eine gehörige, von ihm gegebenenfalls darzulegende und zu beweisende sorgfältige Auswahl trifft, insbesondere dahin, ob der als Nachunternehmer Einzusetzende die Voraussetzungen der Fachkundigkeit, Leistungsfähigkeit und Zuverlässigkeit gemäß der grundlegenden Vergaberegel in Teil A § 2 Nr. 1 Satz 1 voll erfüllt. Anderenfalls begeht der Auftraggeber eine Pflichtverletzung, die ihn im Falle des Eintritts eines dem Generalunternehmer entstehenden Schadens, wie z. B. wegen Leistungsverzuges oder mangelhafter Leistung des betreffenden benannten Nachunternehmers, aus culpa in contrahendo, gegebenenfalls aus positiver Vertragsverletzung, diesem gegenüber schadensersatzpflichtig macht. Das führt dann zumindest zum Ergebnis, daß der Auftraggeber den Schaden letztlich allein zu tragen hat. Voraussetzung für eine Haftung des Auftraggebers gegenüber dem Generalunternehmer ist allerdings, daß dieser darlegt, daß er beim Eingehen des Vertragsverhältnisses mit diesem Nachunternehmer von dessen Unzuverlässigkeit nichts gewußt hat und daß er außerdem den Nachunternehmer richtig eingesetzt und überwacht hat. Vgl. für das schweizerische Bauvertragsrecht die ähnliche Regelung der SIA-Norm Nr. 118 Art. 29 Abs. 5.

IX. „Rückgriff" des Generalunternehmers gegen Nachunternehmer

154 Wird der **Generalunternehmer** von dem Auftraggeber aufgrund des zwischen beiden bestehenden Vertrages **wegen eines Tuns oder Unterlassens** (etwa aus Gewährleistung oder aus positiver Vertragsverletzung) **in Anspruch genommen, für das der Nachunternehmer** oder einer seiner Erfüllungsgehilfen **verantwortlich ist,** so kann der Generalunternehmer den Nachunternehmer **seinerseits** aus dem Gesichtspunkt der aus dem Werkvertrag zwischen beiden sich ergebenden Erfüllungs- bzw. Gewährleistungsverpflichtung oder aus positiver Vertragsverletzung **verantwortlich** machen (vgl. auch BGH BauR 1981, 383 = NJW 1981, 1779 = SFH § 13 Ziff. 5 VOB/B Nr. 15 = Betrieb 1981, 1924 = MDR 1981, 1004 = LM § 13 VOB/B [A] Nr. 9 = ZfBR 1981, 167 = WM 1981, 773). Die vertragliche Pflicht des Nachunternehmers geht ohnehin dahin, seine Arbeiten vertragsgemäß auszuführen und in dem dadurch gekennzeichneten Rahmen den Generalunternehmer **nicht zu schädigen,** z. B. ihn nicht Schadensersatzansprüchen Dritter (wie etwa des Auftraggebers) auszusetzen. Dabei kommt es für die Grundlage und den Umfang der Haftung des Nachunternehmers allerdings darauf an, **ob und inwieweit er seine vertraglichen Pflichten gegenüber dem Generalunternehmer verletzt hat.** Handelt es sich um die mangelhafte Leistung – auch wegen Unterlassen der Prüfungs- und Hinweispflicht nach Teil B §§ 4 Nr. 3, 13 Nr. 3 –, so ist die Haftung des Nachunternehmers auf den Gesichtspunkt der Gewährleistung beschränkt; nicht ergibt sie sich aus der Vernachlässigung einer allgemeinen Pflicht, den Vertragspartner vor Schaden zu bewahren (BGH a. a. O; ferner BGH NJW 1971, 1131; BGH BauR 1972, 379). Für eine Haftung des Nachunternehmers ist hier aber grundsätzlich Voraussetzung, daß der Generalunternehmer ihm gegenüber den Mangel rügt, Beseitigung der mangelhaften Leistung – gegebenenfalls unter Fristsetzung – verlangt, also in erster Linie **dem Nachunternehmer selbst Gelegenheit zur Nachbesserung gibt;** nicht reicht es für eine Haftung des Nachunternehmers, wenn der Generalunternehmer ihm im Hinblick auf die mangelhafte Leistung – sogar – noch einen entgeltlichen Zusatzauftrag erteilt (BGH in der vorangehend zuerst genannten Entscheidung). Für den Bereich des Leistungsverzuges müssen die Voraussetzungen in Teil B § 5 Nr. 4 zugunsten des Generalunternehmers gegeben sein.

155 War dem Nachunternehmer im Prozeß des Auftraggebers gegen den Generalunternehmer von diesem der **Streit verkündet** worden und war er nicht beigetreten, muß er später die Wirkung des § 68 ZPO gegen sich gelten lassen (OLG Frankfurt MDR 1976, 937).

156 Möglicherweise ist der Nachunternehmer im Einzelfall berechtigt, dem Generalunternehmer **Mitverschulden** (§ 254 BGB) entgegenzusetzen. Das kann vor allem vorkommen, wenn der Generalunternehmer falsch geplant, insbesondere auch eine unzutreffende Leistungsbeschreibung aufgestellt hat, darüber hinaus aber auch, wenn der Auftraggeber (Bauherr) oder dessen Erfüllungsgehilfe (Architekt) selbst unsorgfältig geplant hat und dadurch bei der Arbeit des

Subunternehmers entweder eine mangelhafte Leistung oder eine Bauverzögerung oder beides eingetreten ist (ebenso BGH BauR 1987, 86 = NJW 1987, 644 = BB 1987, 155 = SFH § 633 BGB Nr. 59 = Betrieb 1987, 1833 = ZfBR 1987, 34 = LM § 633 BGB Nr. 60). Auch im letzteren Fall kann es je nach der Gestaltung des Einzelfalles als eine Aufgabe des Generalunternehmers anzusehen sein, die Planung in Ordnung zu bringen oder jedenfalls beim Auftraggeber dafür zu sorgen (vgl. z. B. Teil B §§ 3 Nr. 3 Satz 2, 4 Nr. 3), weil er gegenüber dem Subunternehmer die Aufgaben des Auftraggebers übernommen hat; **insoweit** greift in der Tat entgegen Hochstein (SFH, a. a. O.) der § 278 BGB zu Lasten des Generalunternehmers ein.

Soweit der Generalunternehmer gegenüber dem Nachunternehmer einen **Schadensersatzanspruch** hat, weil er vom Auftraggeber wegen desselben Schadens auf Naturalersatz (vor allem auch auf Nachbesserung) in Anspruch genommen wird, hat er gegenüber dem Nachunternehmer nur den Anspruch auf **Befreiung** von seiner bestehenden Verbindlichkeit, **falls er noch nicht** an den Auftraggeber **geleistet** hat (vgl. § 257 BGB). Dies folgt aus dem Grundsatz, daß Schadensersatz in der Regel nur im Wege der Naturalherstellung zu leisten ist, § 249 Satz 1 BGB, es sei denn, die Voraussetzungen des § 249 Satz 2 BGB liegen vor (vgl. BGH, Urt. vom 29.6.1967 – VII ZR 2/65 –). Ausnahmsweise kann der Generalunternehmer vom Nachunternehmer dann Schadensersatz in Geld anstatt in Natur verlangen, wenn der Nachunternehmer bereits den Naturalersatz durch Schuldbefreiung verweigert hat (BGH WM 1965, 287; OLG Koblenz NJW-RR 1988, 532 m. w. N.; so auch Locher, Das private Baurecht, Rdn. 394). Letzteres gilt vor allem auch für Geldansprüche aus dem Bereich der Nachbesserung, wie z. B. auf Vorschuß oder Erstattung von Kosten der Mängelbeseitigung durch Dritte (vgl. Teil B § 13 Rdn. 537 ff.).

157

Der Umstand, daß das Bauvorhaben vom Auftraggeber nicht oder nicht mehr finanziert werden kann, gestattet es dem Generalunternehmer noch nicht, den Nachunternehmervertrag über den Rahmen des § 649 BGB hinaus zu kündigen oder sich auf Wegfall der Geschäftsgrundlage zu berufen (BGH SFH Z 2.510 Bl. 60).

158

Im **Beweissicherungsverfahren** des Auftraggebers gegen den Generalunternehmer oder umgekehrt ist eine Streitverkündung des Generalunternehmers gegenüber dem Nachunternehmer nicht möglich, weil § 72 ZPO einen **anhängigen** Rechtsstreit (hier: zwischen Auftraggeber und Generalunternehmer) voraussetzt, der in einem bloßen Beweissicherungsverfahren nicht gesehen werden kann (LG Köln BauR 1980, 97; Postelt BauR 1980, 33). Jedoch obliegt es dem Nachunternehmer aus seinem Vertrag mit mit dem Generalunternehmer als vertragliche Nebenpflicht, diesem im Beweissicherungsverfahren die nötige Unterstützung zu geben, ihm insbesondere die erforderlichen Informationen zu erteilen, anderenfalls er sich aus dem Gesichtspunkt der positiven Vertragsverletzung gegenüber dem Generalunternehmer schadensersatzpflichtig machen kann (zutreffend Postelt a. a. O.). Möglich ist jedoch die Einbeziehung des Nachunternehmers durch den Generalunternehmer in das Beweissicherungsverfahren, gegebenenfalls als weiterer Antragsgegner (vgl. Baden BauR 1984, 306, Anm. zu LG Bonn a.a.O.).

159

E. Haupt- und Nebenunternehmer

I. Grundlage

Eine weitere Unternehmereinsatzform ist die des **Haupt- und Nebenunternehmers**.

160

Vgl. Zeiger, Der Nebenunternehmervertrag, Heft 2 der Schriftenreihe des Zentralverbandes des Deutschen Baugewerbes e. V., 1963, Verlagsgesellschaft R. Müller, Köln-Braunsfeld.

161 Ebenso wie General-(Haupt-) und Nachunternehmer (vgl. Rdn. 116 ff.) sind Haupt- und Nebenunternehmer in der VOB nicht ausdrücklich erwähnt. Wesentliches Merkmal ist hier, daß der **Hauptunternehmer dem Bauherrn gegenüber eine Doppelstellung hat. Einerseits ist er Partner eines Bauvertrages,** soweit es um die von ihm selbst im Rahmen seines Gewerbebetriebes zu erbringende Bauleistung geht. **Andererseits ist er hinsichtlich der dem Nebenunternehmer zu übertragenden Arbeiten als Beauftragter und Bevollmächtigter des Bauherrn** im Verhältnis zu den Nebenunternehmern zu sehen. Aus der Art dieser Unternehmereinsatzform ergibt sich, daß sie **nur in begrenzten Ausnahmefällen** gewählt werden soll. Diese können einmal vorliegen, wenn die an den Nebenunternehmer zu vergebenden Leistungen verhältnismäßig so gering sind, daß sie praktisch nur als Nebenarbeiten zu der weit überwiegenden Hauptarbeit des Hauptunternehmers zu gelten haben und dieser wegen des gerade auch technischen Zusammenhanges ohne Schwierigkeiten zu unterstellen sind. Sie können aber auch dann gegeben sein, wenn der Hauptunternehmer zwar nicht in der Lage ist, die im Einzelfall geforderte Gesamtbauleistung mit seinen eigenen betrieblichen Mitteln völlig selbst zu erbringen, wenn er aber für die über seinen Teil hinausgehenden Arbeiten selbst **genügend Erfahrung und Sachkenntnis zur Überwachung** besitzt, so daß der Bauherr für die Nebenleistungen den Einsatz eines **besonderen Bauleiters oder bauleitenden Architekten sparen kann.** Die hier erörterte Unternehmereinsatzform ist in der Praxis seit Ablösung der Mehrphasen-Umsatzsteuer durch das Mehrwertsteuersystem wesentlich weniger geworden, da es nicht mehr notwendig ist, durch Einsatz eines Nebenunternehmers im Vergleich zum Nachunternehmer eine steuerpflichtige Umsatzphase auszuschalten (vgl. Daub/Piel/Soergel/Steffani ErlZ B 4.259).

II. Unmittelbare Verträge beider Unternehmer mit Auftraggeber

162 Soweit der Hauptunternehmer **selbst seine Bauleistung zu erbringen hat,** regelt sich sein Vertragsverhältnis zum Auftraggeber in der üblichen Weise, **wie** das für den **Bauvertrag** eines **Alleinunternehmers** gilt. Insoweit bestehen keine Besonderheiten. Soweit Nebenunternehmer eingeschaltet werden, ist der Hauptunternehmer für deren Leistungen im Gegensatz zum Generalunternehmer **nicht Auftragnehmer** und damit **nicht unmittelbarer Vertragspartner des Bauherrn.** Vielmehr stehen die **Nebenunternehmer im direkten Vertragsverhältnis zum Bauherrn** (vgl. auch BGH BauR 1974, 134 mit Anm. Hartmann a. a. O. 343 = SFH Z 2.222 Bl. 21 = WM 1974, 197 = BauR 1974, 134). Der Auftrag über die auf sie entfallenden Teilleistungen wird ihnen von diesem selbständig erteilt; insoweit sind sie **echte Vertragspartner des Auftraggebers.** Hinsichtlich dieser Nebenunternehmerverträge kann der Hauptunternehmer zunächst insoweit Beauftragter und Bevollmächtigter des Auftraggebers sein, daß er die Verhandlungen namens und im Auftrag des Auftraggebers führt und für ihn auch die Verträge mit den Nebenunternehmern abschließt. Man sollte das nach Möglichkeit aber dem Auftraggeber ebenso überlassen, wie das hinsichtlich der Auswahl des Hauptunternehmers der Fall ist. Jedenfalls ist die zumindest gemeinsame Auswahl und die Auftragserteilung im beiderseitigen Einvernehmen geboten, schon im Hinblick auf vom Hauptunternehmer aus den Nebenunternehmerverhältnissen gegenüber dem Bauherrn zu übernehmende Haftungsverpflichtungen. Hierunter fällt in der Regel die **Überwachung** der Bauausführung sowie die **Vorprüfung von Rechnungen** auf ihre sachliche, fachtechnische und rechnerische Richtigkeit. Es handelt sich um **Aufsichtshandlungen,** die der Auftraggeber mangels Fach- und Sachkenntnis oftmals selbst nicht übernehmen kann und deren Durchführung er **sonst anderen Personen,** wie z. B. dem Architekten oder Sonderfachmann, **überläßt.**

163 Die Verpflichtung des Hauptunternehmers im Rahmen der Nebenunternehmerverträge kann je nach der Vertragsgestaltung aber auch über die bloße Stellung eines Bevollmächtigten des Auftraggebers hinausgehen. Er kann durch bestimmte Einzelverpflichtungen Handlungen, die sonst dem Nebenunternehmer allein oblägen, dem Bauherrn gegenüber zusammen mit dem Nebenunternehmer oder allein zusätzlich und selbstverantwortlich übernehmen. So kann der Hauptunternehmer die **selbstschuldnerische Bürgschaft** für die Erfüllung der Verpflichtungen des Nebenunternehmers im Rahmen der Gewährleistung übernehmen. Er kann weiter dessen Leistungspflicht, auch hinsichtlich der pünktlichen Erfüllung, mit übernehmen oder einen Garantievertrag für die Ordnungsgemäßheit der Leistungen des Nebenunternehmers mit dem Auftraggeber eingehen. Hier ist dem Hauptunternehmer aber Vorsicht anzuraten, da er vielfach nicht voraussehen kann, ob und inwieweit er gegebenenfalls für den Nebenunternehmer einzustehen hat.

III. Besonderheiten für Bauvergabe

1. Der Auftraggeber teilt in den **Verdingungsunterlagen** mit, für welche Einzelarbeiten aus dem Gesamtvorhaben (Fachlose, Teile von Fachlosgruppen, Teillose) die Ausführung durch Nebenunternehmer zugelassen wird oder vorgesehen ist. Hinzu kommt die Mitteilung an den Bieter, inwieweit dieser als Hauptunternehmer Beauftragter und Vertreter des Auftraggebers gegenüber den Nebenunternehmern sein soll. Dabei ist festzulegen, ob der Auftraggeber selbst die Angebote der Nebenunternehmer einholt oder ob das durch den Hauptunternehmer geschehen soll und ob die Auftragserteilung durch den Auftraggeber oder den Hauptunternehmer als dessen Bevollmächtigten erfolgt (vgl. dazu Rdn. 162 f.). Wesentlich ist zur Vermeidung etwaiger Unklarheiten oder Unzuträglichkeiten, daß die Auftragserteilung an die Nebenunternehmer nur entweder vom Auftraggeber oder in dessen Namen und Auftrag durch den Hauptunternehmer erfolgt und dies in den Verdingungsunterlagen festgelegt wird.

2. Dem **Hauptunternehmer sind für seine Tätigkeit** bei der **Abwicklung** der Nebenunternehmerverträge gewisse **Richtlinien zu geben,** damit er für sein Angebot übersehen kann, welche Aufgaben er in bezug auf Nebenunternehmer übernehmen soll. Hierzu gehört z. B. die Frage der Vorprüfung der Rechnungen der Nebenunternehmer auf ihre sachliche, fachtechnische und rechnerische Richtigkeit. Hinzu kommen können Aufgaben der Bauaufsicht, der Weisungsbefugnis gegenüber den Nebenunternehmern am Bau, der Materialprüfung, gegebenenfalls der Bauabnahme für den Auftraggeber. Des weiteren ist es notwendig, den Hauptunternehmer zur Mitteilung aufzufordern, ob und inwieweit er den ihm zustehenden Hauptunternehmerzuschlag (vgl. Rdn. 168) fordert.

3. Es ist weiterhin notwendig, in den Verdingungsunterlagen anzugeben, inwieweit **zusätzliche weitere, selbständige Verpflichtungen für den Hauptunternehmer** bei den einzelnen Nebenunternehmerverträgen entstehen sollen, wie z. B. selbstschuldnerische Bürgschaft, Schuldmitübernahme, Garantien im Rahmen der Gewährleistungspflichten der Nebenunternehmer.

4. Die aufgeführten **Einzelgesichtspunkte** sind zur Schaffung von Klarheit, insbesondere zur zweifelsfreien Festlegung des Umfanges und der Tragweite der Pflichten und Rechte des Hauptunternehmers, nicht nur in die Verdingungsunterlagen aufzunehmen und vom Hauptunternehmer zum Gegenstand seines Angebotes zu machen, sondern sie werden **zweckmäßig auch im einzelnen** in den **Bauvertrag selbst** aufgenommen. Es ist zu bedenken, daß es sich hier um eine ganz besondere Vertragsform handelt, deren Einzelpunkte durchaus verschiedener rechtlicher Beurteilung unterliegen können (vgl. Rdn. 170 ff.).

IV. Zusätzliche Vergütung des Hauptunternehmers

Allgemein ist dem **Hauptunternehmer** eine **zusätzliche Vergütung** für seine auf die Nebenunternehmerverträge sich beziehenden Tätigkeiten zuzugestehen, weil im allgemeinen davon auszugehen ist, daß solche nicht unentgeltlich erfolgen (arg. § 632 Abs. 1 BGB). Es bedarf der **gesonderten,** von den übrigen Bauleistungen getrennten, am besten in einer besonderen

Position oder mehreren Positionen des Leistungsverzeichnisses festgehaltenen Aufführung dieses Sonderanspruches des Hauptunternehmers in den Verdingungsunterlagen, im Angebot sowie zweckmäßigerweise auch im Bauvertrag. Wie diese Vergütung im Einzelfall zu errechnen ist, ist Sache der Vertragspartner. Zweckmäßig geschieht dies durch Festlegung eines Hundertsatzes auf die anerkannten Rechnungsbeträge der Nebenunternehmer oder eines Pauschalbetrages. Es ist dabei zu berücksichtigen, welche Arbeiten der Hauptunternehmer zur Entlastung des Auftraggebers vorzunehmen hat und welche Verpflichtungen er darüber hinaus auf eigenes Risiko (z. B. selbstschuldnerische Bürgschaft) zu übernehmen bereit ist.

V. Ausgewogenheit zwischen Haupt- und Nebenunternehmerverträgen

169 Die **Nebenunternehmerverträge** müssen in einem **ausgewogenen Verhältnis zum Hauptunternehmervertrag** stehen. **Wesentliche Grundfragen**, wie die der Gewährleistung, der Haftung, der Abnahme, der Fälligkeit, der Vergütung u. a., sollen in Umfang und Tragweite grundsätzlich mit den Bedingungen des Hauptunternehmervertrages **übereinstimmen**. Das gilt besonders auch hinsichtlich etwaiger **Vertragsstrafen**. Zwar sind der Hauptunternehmervertrag einerseits und die Nebenunternehmerverträge andererseits rechtlich nicht miteinander verbunden. In tatsächlicher Hinsicht sind sie aber **Ausflüsse von Teilen der Gesamtbauleistung**, die nur im vertrauensvollen Zusammenwirken aller Beteiligten sinn- sowie zweckgerecht bewirkt werden kann.

VI. Rechtsverhältnisse der Beteiligten

Hinsichtlich der **Rechtsverhältnisse** der Beteiligten gilt:

170 1. Soweit der **Hauptunternehmer** dem Auftraggeber **selbst Bauleistungen** zu erbringen hat, regelt sich diese Aufgabe nach dem zwischen diesen beiden abgeschlossenen Vertrag, wobei insoweit die Bestimmungen der VOB zum Vertragsinhalt zu machen sind bzw. zweckmäßigerweise gemacht werden. Der **Hauptunternehmer** ist in diesem Bereich **Alleinunternehmer** wie jeder andere selbst zur Bauausführung Verpflichtete. Soweit dem Hauptunternehmer in bezug auf die Nebenunternehmerverträge Rechte und Pflichten vertraglich auferlegt worden sind, die ihn **zum Beauftragten des Auftraggebers** machen (Überwachung usw.), gelten die **Vorschriften des BGB über den entgeltlichen Auftrag – Geschäftsbesorgung – (§ 675 BGB)**, sofern eine besondere Vergütung vereinbart ist. Hat der Hauptunternehmer auch Planungsleistungen zu erbringen, gelten insoweit die §§ 631 ff. BGB. Handelt es sich um Pflichten, die den Charakter des Auftrags- und Werkvertragsrechts überschreiten, wie z. B. die Übernahme einer selbstschuldnerischen Bürgschaft, die Schuldmitübernahme, die Garantievereinbarung im Rahmen der Gewährleistung für die Nebenunternehmerarbeiten, so kommen die für diese speziellen Rechtsformen gegebenen **Vorschriften des BGB** und die hierfür von der Rechtsprechung aufgestellten Grundsätze mit allen ihren Voraussetzungen und Folgen in Betracht. Insgesamt ist der Hauptunternehmervertrag als sogenannter gemischter Vertrag (§ 305 BGB) mit weitaus überwiegenden werkvertraglichen Elementen anzusehen. Das ist vor allem auch im Hinblick auf **zwingende Vorschriften des AGB-Gesetzes** zu beachten (vgl. Rdn. 134 entsprechend).

171 2. Zwischen dem Auftraggeber und den Nebenunternehmern bestehen **selbständige** und in sich geschlossene **Bauverträge**, die dem üblichen Inhalt und den üblichen Voraussetzungen entsprechen. Regelmäßig wird hier auch die VOB zum Vertragsinhalt zu machen sein. Für Handlungen oder Unterlassungen des Hauptunternehmers als seines Vertreters haftet der Auftraggeber den Nachunternehmern gegebenenfalls nach § 278 oder § 831 BGB.

172 3. Zwischen dem **Hauptunternehmer** und den **Nebenunternehmern** bestehen **vertragli-**

che Beziehungen grundsätzlich **nicht**. Für etwaige Einzelverpflichtungen des Hauptunternehmers in bezug auf die Nebenunternehmerverträge (Bürgschaften usw.) gelten die Vorschriften des BGB, wie sie für das Verhältnis zwischen Bürgen und Hauptschuldner, zwischen Mitschuldnern oder Gesamtschuldnern, zwischen Leistungsverpflichteten und Garantieübernehmern maßgeblich sind.

F. Die sogenannte Baubetreuung – Bauträger – Treuhand

Literatur: Locher/Koeble, „Baubetreuungs- und Bauträgerrecht", 3. Aufl. 1983, Werner-Verlag, Düsseldorf; Locher, „Aktuelle Fragen zum Baubetreuungs- und Bauträgerrecht", RWS-Skript Nr. 84, 1981, Kommunikationsforum Recht – Wirtschaft – Steuern; Reithmann/Brych/Manhardt, „Kauf vom Bauträger", 5. Aufl. 1983, Dr. Otto Schmidt KG, Köln; „Baubetreuung und Veräußerung von Eigenheimen und Eigentumswohnungen durch Wohnungsunternehmen", herausgegeben vom Bundesverband privater Wohnungsunternehmen, Bonn, 1972 (auch zu nachfolgend Rdn. 270 ff.); Locher/König, „Bauherrenmodelle in zivil- und steuerrechtlicher Sicht", Baurechtliche Schriften, Band 1, 1982, Werner-Verlag, Düsseldorf; Koeble, „Einzelfragen der Anwendung des § 3 des Gesetzes zur Regelung von Ingenieur- und Architektenleistungen, insbesondere die Anwendung auf Baubetreuungsverträge", BauR 1973, 25; Groß, „Die Abtretung von Sachmängelgewährleistungsansprüchen durch Wohnungsunternehmen an Erwerber von Eigenwohnraum", BauR 1972, 325; dazu auch Jagenburg NJW 1972, 1222, ferner Brych NJW 1972, 896 und Ludewig NJW 1972, 516; Brych, „Der Erwerb von Wohnraum und Gewährleistung", NJW 1973, 1583; Hoppmann, 1. Durchführungsverordnung und Änderungsgesetz zu § 34 c GewO, BlGBW 1974, 211; dazu weiter Schmidt BB 1974, 1373 und BB 1975, 202, Marcks DNotZ 1975, 389, sowie insbesondere Locher NJW 1975, 98; Koeble, „Die Rechtsnatur der Verträge mit Bauträgern (Baubetreuern)", NJW 1974, 721; Löwe, „Formularmäßige Freizeichnungsklauseln in notariellen Verträgen über Erwerb von Eigentumswohnungen und Eigenheimen", NJW 1974, 1108; Pfeiffer, „Vertretungsprobleme bei Verträgen mit Bauträgern", NJW 1974, 1449; Brych, „Verträge mit Bauträgern", NJW 1974, 1973; ders. „Gewährleistung des Bauträgers", MDR 1974, 628; Gläser, „Kauf vom Bauträger", NJW 1975, 1006, dazu Brych NJW 1975, 2326; Groß, „Die Gewährleistung des Baubetreuers i. w. S. bei Mängeln am gemeinschaftlichen Eigentum", BauR 1975, 12; Weimar, „Ansprüche der Handwerker bei Insolvenz des Bauträgers", BauR 1975, 308; Schmidt, „Wichtige Neuregelungen für Bauträger und Baubetreuer", BB 1975, 995; Schmidt, „Bauträgervertrag und VOB", MittBayNot 1977, 93 und 155; Brambring, „AGB-Gesetz und Gewährleistungsregelung im Bauträgervertrag", NJW 1978, 777; Hahn, „Abtretung von Gewährleistungsansprüchen", BauR 1978, 80; Pahlmann, „Fälligkeit nach der Bauträgerverordnung", BauR 1978, 351; v. Craushaar, „Zur vertraglichen Eigenhaftung des Baubetreuers als Vertreter des Bauherrn", Festschrift für E. v. Caemmerer, 87 ff.; Häring, „Die formularmäßige Abtretung von Gewährleistungsansprüchen des Bauträgers an den Erwerber", BlGBW 1978, 225; Brych, „Die vertragliche Gestaltung der Gewährleistung des Bauträgers bei der Veräußerung von Eigentumswohnungen", MDR 1978, 180; ders., „Kein Ausschluß des Wandelungsrechts im Bauträgervertrag", ZfBR 1979, 222; Kellmann, „Die Durchsetzung von Ansprüchen der Wohnungseigentümer bei Mängeln am Gemeinschaftseigentum", Betrieb 1979, 2261; Deckert, „Die Durchsetzung anfänglicher Baumängelgewährleistungsansprüche am Gemeinschaftseigentum einer Eigentumswohnanlage", ZfBR 1980, 59; Wolfsteiner, „Bauherrnmodelle in der notariellen Praxis", DNotZ 1979, 579; Brych, „Zivilrechtliche Aspekte des Bauherrnmodells", Betrieb 1979, 1589; ders., „Der ‚Treuhänder' des Bauherrnmodells", Betrieb 1979, 1589 und 1980, 531; Maser, „Bauherrnmodelle im Spiegel der neueren Gesetzgebung und Rechtsprechung", NJW 1980, 961; Wunderlich, „Zur Haftung der Kreditinstitute gegenüber den Bauherrn bei der Finanzierung von Immobilienerwerb nach dem Bauherrnmodell", Betrieb 1980, 913; Buschmann, „Der Gesetzgeber als Nothelfer bei der Beurkundung von Grundstücksverträgen", BlGBW 1979, 225; Volhard, „Nochmals: Zur Zulässigkeit der Bezugnahme auf öffentliche Urkunden in beurkundeten Verträgen", NJW 1980, 103 (unter Hinweis auf weitere Veröffentlichungen zu dieser Frage); Lichtenberger, „Das Gesetz zur Änderung und Ergänzung beurkundungsrechtlicher Vorschriften", NJW 1980, 864; Dempewolf, „Verfassungswidrigkeit des Beurkundungsergänzungsgesetzes wegen unbeschränkter rückwirkender Heilung von Rechtsgeschäften", Betrieb 1980, 961; Kamlah, „Neue Rechtsprechung des Bundesgerichtshofes zur Bezugnahme auf andere Urkunden in Grundstückskaufverträgen", MDR 1980, 533; Doerry, „Bauträgerschaft und Baubetreuung in der Rechtsprechung des Bundesgerichtshofs", ZfBR 1980, 166; Schmidt, „Zum Anwendungsbereich des § 313 BGB", ZfBR 1980, 170; Moritz, „Erwerberschutz bei Bauherrnmodellen", JZ 1980, 714; Bauer, „Verfassungswidrige Korrektur des Beurkundungsrechts?", NJW 1980, 2552; Wolfensberger/Langhein, „Das System der Baubetreuung im Zwielicht", BauR 1980, 498; Schmidt, „§ 13 VOB/B im Bauträgervertrag", BauR 1981, 119; Lauer, „Rechtsfragen des ‚Kölner Modells'", WM 1980, 786; Klaas, „Beurkundungspflicht von Bauherrnverträgen", BauR 1981, 35; Müller, „Auslegungsprobleme beim Bauträgervertrag", BauR 1981, 119; Löffelmann, „Die Finanzierungsbestätigung in Bauträgerverträgen", BauR 1981, 320; Rosenberger, „Gefährliches Bauherrnmodell", ZfBR 1981, 253; Jagenburg/Sturmberg, „Haftung des Notars bei Nichtvereinbarung der VOB im Bauträgervertrag?", BauR 1982, 321; Schmidt, „Zur Bauträgergewährleistung", DNotZ 1982, 146; Doerry, „Die Rechtsprechung des BGH zur Gewährleistung bei Haus- und Wohnungsbau unter besonderer Berücksichtigung von Bauträgerschaft und Baubetreuung", ZfBR 1982, 189; Brych, „Auf dem Weg zum Bauträger-Modell?", BB 1983, 737; Koch, „Zur Gewährleistung im Bauträgervertrag nach der Verdingungsordnung für Bauleistungen (VOB/B)", ZfBR 1983, 167; Usinger, „Kann die Geltung der VOB im Bauträgervertrag vereinbart werden?", NJW 1984, 153; Lichtenberger, „Muß die VOB/B öffentlich beurkundet werden?", NJW 1984, 159; Kaiser, „Ist § 13 Nr. 4 VOB/B oder § 368 BGB für den Bauträgervertrag maßgebend?", ZfBR 1984, 15; Locher, „VOB/B und Bauträgervertrag", BauR 1984, 663; Köhler, „Zur Rechtsnatur der Mängelhaftung bei der Veräußerung neuerrichteter Bauwerke", NJW 1984, 1321; Reithmann, „Bauherrenmodell und Bauträgermodell in zivilrechtlicher Hinsicht", BB 1984, 681; Wagner, „Die Anwendung des AGB-Gesetzes im Bauherrenmodell", BB 1984, 1757; Kaiser, „Nochmals: VOB/B und Bauträgervertrag", ZfBR 1984, 205; Kaiser, „Aktuelle Rechtsfragen im privaten Baurecht, Teil 1", ZfBR 1985, 1; Harder, „Der Auskunftsanspruch gegen den Treuhänder einer Bauherrengemeinschaft", BauR 1985, 50; Schmidt, „Ende der VOB/B im Bauträgervertrag", ZfBR 1986, 53; Reithmann, „Zur Entwicklung des Bauträgerrechtes", WM 1986, 377; Brych, „Die Bevollmächtigung des Treuhänders im Bauherrenmodell", Festschrift Korbion, 1986, S. 1; Koeble, „Zur Haftung des Treuhänders bei Baumodellen", Festschrift Korbion, 1986, 215; Mauer, „Besonderheiten der Gewährleistungshaftung des Bauträgers", Festschrift Korbion, 1986, 301; Reithmann, „Das Generalübernehmer- und Architektenmodell im Bauträgerrecht", WM 1987, 61; Brambring, „Sachmängelhaftung bei Bauträgervertrag und bei ähnlichen Verträgen", NJW 1987, 97; Domrath, „Das ‚Bauträger-Urteil' des BGH als Wegbereiter der Umgehung des Verbraucherschutzes im Bereich des Bau- und Wohnungswesens", BauR 1987, 38; ders. mit Nachtrag dazu BauR 1987, 518; Strunz, „Steuerliche Aspekte bei geschlossenen Immobilienfonds", BauR 1987, 382; Kürschner, „Eigenverantwortlichkeit des Bauherrn und Haftung des Treuhänders im Bauherrenmodell", ZfBR 1988, 2; Baumgärtel, „Die Beweislastverteilung bei einem Gewährleistungsausschluß im Rahmen eines Bauträgervertrages", ZfBR 1988, 101.

I. Allgemeines

173 1. Der aus der Wohnungswirtschaft stammende, hier zunächst umfassend gemeinte **Begriff der Baubetreuung** hat in den vergangenen Jahren gerade **im Bauvertragswesen** eine **erhebliche Bedeutung** erlangt (zur Entwicklung der Grundlagen der Baubetreuung vgl. Locher/Koeble Rdn. 1 ff.). Allerdings dürfte diese Vertragsform für öffentliche Bauvergaben kaum in Betracht kommen, wie Nr. 1.2. VHB zu Teil A § 8 zeigt (vgl. Rdn. 136 ff.), es sei denn, der betreffende Betreuer führt wesentliche Teile der Bauleistung aus (wie z. B. als Generalunternehmer). Der Betreuungsvertrag hat nicht in jedem Fall gleichen rechtlichen Inhalt. Vielmehr **unterscheidet zunächst Locher** (NJW 1967, 326) in seinen grundlegenden Ausführungen zwischen dem **Baubetreuungsvertrag im engeren und dem Baubetreuungsvertrag im weiteren Sinne** (vgl. weiter und näher Locher/Koeble Rdn. 4 ff. sowie Reithmann/Brych/Manhardt Rdn. 1 ff.; aus der Rechtsprechung u. a. auch BGH VersR 1969, 723 sowie Doerry ZfBR 1982, 189). Nach späterer und **jetzt allgemeingültiger Terminologie** spricht man nunmehr von dem **Baubetreuer einerseits** und dem **Bauträger andererseits**, und zwar insbesondere nach der Rechtsprechung des BGH, wobei man sich der **gewerberechtlichen Definition des § 34 c GewO angeschlossen hat** (insoweit kritisch zur Frage des Bauherrenbegriffes Domrath BauR 1987, 38 und a. a. O. S. 518). Hiernach ist Baubetreuer derjenige, welcher auf dem Grundstück des Bauherrn für dessen Rechnung ein Bauvorhaben vorbereitet und durchführt. Als Bauträger wird bezeichnet, wer gewerbsmäßig im eigenen Namen für eigene oder fremde Rechnung ein Bauvorhaben vorbereitet und durchführt. Dabei ist die Erscheinungsform des Bauträgers in der Praxis wesentlich häufiger als die des – eigentlichen – Baubetreuers. Daneben ist im Laufe der Jahre **außerdem der sogenannte Bautreuhänder** in Erscheinung getreten. Dieser schließt aufgrund Vertrages und mit ihm erteilter Vollmacht für den Bauherren alle mehr oder weniger zur Durchführung eines Bauvorhabens erforderlichen Verträge, und zwar teilweise nicht nur mit den für den Bau, die Finanzierung sowie Vermietung vorgesehenen Partnern, sondern auch sonst noch mit möglichen weiteren „Funktionsträgern", deren Inanspruchnahme jedenfalls steuerlich absetzbare Werbungskosten herbeiführen soll.

Zur Anwendung des Art. 10 § 3 des **Gesetzes u. a. zur Regelung von Ingenieur- und Architektenleistungen vom 4. 11. 1971** (BGBl. I S. 1745) auf Baubetreuungs- und Bauträgerverträge BGHZ 63, 302 = NJW 1975, 259 = BauR 1975, 128 = BB 1975, 113 = SFH Z 7.10 Bl. 1 = MDR 1975, 311 = Betrieb 1975, 203, wobei der BGH anhand der Entstehungsgeschichte dieses Gesetzes überzeugend darlegt, daß **Verträge mit Baubetreuungs- bzw. Bauträgerunternehmen im allgemeinen nicht dem Koppelungsverbot unterliegen,** wonach eine Vereinbarung unwirksam ist, durch die sich der Erwerber eines Grundstücks im Zusammenhang mit dem Erwerb verpflichtet, bei der Planung oder Ausführung eines Bauwerks auf dem Grundstück die Leistungen eines bestimmten Ingenieurs oder Architekten in Anspruch zu nehmen (jetzt im wesentlichen zustimmend, jedoch mit Recht differenzierend Locher/Koeble Rdn. 63 ff.; früher teilweise abweichend Koeble BauR 1973, 25 und LG Köln BauR 1974, 422 = SFH Z 7.20 Bl. 1; vgl. dazu auch Brandt BauR 1976, 21; Jagenburg BauR 1978, 91 sowie vor allem auch OLG Frankfurt NJW 1975, 1706). Dabei kommt es nach dem BGH nicht auf eine Unterscheidung zwischen Baubetreuungs- und Bauträgerverträgen an; vielmehr gilt der vorgenannte Grundsatz gleichermaßen für beide Arten. Etwas anderes kommt in Betracht, wenn das Betreuungs- oder Bauträgerunternehmen nur gegründet worden ist, um das Koppelungsverbot zu umgehen (BGH a. a. O.). **Vgl. vor allem auch BGH BauR 1984, 192 = MDR 1984, 481 = SFH Art. 10 § 3 MRVG Nr. 14 = BB 1984, 370 = Betrieb 1984, 1773; BGHZ 96, 275 = BauR 1986, 208 = SFH § 649 BGB Nr. 10 = NJW 1986, 925 = BB 1986, 838 = JZ 1986, 339 = WM 1986, 232 = MDR 1986, 399 = Betrieb 1986, 534 = LM § 649 BGB Nr. 17 = ZfBR 1986, 19 = Locher EWiR § 649 BGB 1/86, 251;** zur Rechtsprechung zum Koppelungsverbot vgl. auch Breiholdt MDR 1987, 810.

3. Häufig **unterscheidet** sich der **Baubetreuer bzw. Bauträger von dem Generalunternehmer** (vgl. Rdn. 116 ff.) dadurch, daß **er selbst keine Bauleistungen ausführt;** der Baubetreuer ist dem **Generalübernehmer** (vgl. Rdn. 129 ff.) angenähert. Zum sogenannten **Sanierungsträger** s. Nicklisch BB 1974, Beil. 10, S. 11.

4. Über das Verhältnis des Baubetreuers und Bauträgers zu den Verbotsnormen des **Rechtsberatungsgesetzes,** auch im Hinblick auf § 34 Abs. 1 Nr. 2 b GewO sowie § 1 UWG und zugleich in Abgrenzung zur Tätigkeit eines „Sonderberaters in Bausachen" eingehend BGH BauR 1976, 367 = NJW 1976, 1635 = SFH Z 7.0 Bl. 15 (ferner BGH BauR 1978, 60 = NJW 1978, 322 = SFH § 631 BGB Nr. 1; vgl. dazu auch Locher/Koeble Rdn. 62). Zur Beurteilung der Tätigkeit des **Architekten** – auch im Rahmen der Baubetreuung – für den Bereich des Rechtsberatungsgesetzes vgl. Teil B § 13 Rdn. 9 ff.

5. Baubetreuungs- und insbesondere Bauträgerverträge enthalten regelmäßig formularmäßige Bedingungen, die von der Rechtsprechung in einzelnen Punkten schon früher wiederholt als gegen Treu und Glauben (§ 242 BGB) und/oder gegen die guten Sitten (§ 138 BGB) verstoßend angesehen worden sind. Daher bedarf es **besonders bei diesen Verträgen der Beachtung des AGB-Gesetzes** (vgl. dazu Teil A § 10 Rdn. 77 ff.), dabei vornehmlich der Verbotsnormen in den §§ 10 f. a. a. O. Dazu näher Locher/Koeble Rdn. 95 ff.; 137 f.; 270 ff.; 310 ff. Zur Vereinbarkeit der VOB/B in Baubetreuungs- und Bauträgerverträgen vgl.Teil A § 1 Rdn. 31 f.

6. Bei Baubetreuungs- und Bauträgerverträgen kommen die **Vorschriften des Abzahlungsgesetzes,** demnach auch ein Widerrufsrecht nach § 1 c Nr. 1 AbzG, **nicht in Betracht** (BGHZ 78, 375 = NJW 1981, 453 = BauR 1981, 190 = Betrieb 1981, 414 = SFH § 1 c AbzG Nr. 1 = MDR 1981, 312 = BB 1981, 330 = BlGBW 1981, 152 = ZfBR 1981, 27).

II. Baubetreuungsvertrag

179 1. Der **Baubetreuungsvertrag** hat **regelmäßig zur Grundlage,** daß eine natürliche oder eine juristische Person (etwa eine Handelsgesellschaft) die technische (gegebenenfalls auch architektonische), wirtschaftliche und finanzielle Betreuung, wie z. B. die Kreditbeschaffung (vgl. Koeble NJW 1974, 721), **auf dem Baugrundstück des Betreuten (des Auftraggebers)** übernimmt, dieser **also schon vorher Eigentümer** des betreffenden Grundstückes oder Grundstücksteils **ist.** Anklänge an diese Betreuungsform finden sich in gesetzlichen Vorschriften (vgl. §§ 37, 38 2. Wohnungsbaugesetz i. d. F. vom 1. 9. 1965, BGBl. I S. 1618; § 6 I 1 Wohnungsgemeinnützigkeitsgesetz i. d. F. vom 29. 2. 1940, RGBl. I S. 438). In § 6 II der Wohnungsgemeinnützigkeits-Durchführungsverordnung vom 25. 4. 1957 (BGBl. I S. 406) sowie in § 34 c Abs. 2 Nr. 2 b GewO ist erwähnt, daß der Betreuer das **Bauvorhaben in fremdem Namen und für fremde Rechnung technisch und wirtschaftlich vorbereitet oder** (für den Betreuten) **durchführt** (vgl. auch BGH BauR 1981, 188 = NJW 1981, 757 = BB 1981, 268 = Betrieb 1981, 738 = SFH § 34 c GewO Nr. 2 = BlGBW 1981, 147 = ZfBR 1981, 89). Zur Baubetreuung vgl. ferner BGH WM 1969, 1139; BGH NJW 1975, 869 = BauR 1975, 203 = MDR 1975, 569 = SFH Z 7.0 Bl. 7 = Betrieb 1975, 736 = BB 1975, 1415 = BlGBW 1975, 196 = LM § 631 BGB Nr. 32.

180 2. Bei dieser Betreuungsform liegt ein Handeln des Betreuers **im Namen und im Auftrag des Auftraggebers** vor, insbesondere wird **auf dessen Rechnung gebaut.** Der Auftraggeber stellt, gegebenenfalls mit Hilfe oder durch Vermittlung des Betreuers, das Kapital zur Verfügung. Die Bauleistung erfolgt nach den von ihm genehmigten Plänen. Der Betreuer rechnet später ab, und er erhält eine sogenannte Betreuungsgebühr. Möglicherweise hat sich der Betreuer auch zur Einhaltung eines Festpreises verpflichtet. Vgl. dazu näher Locher/Koeble Rdn. 14 ff.

181 Hier wird das sogenannte „**Bauherrnwagnis**" von vornherein vom **Auftraggeber** (Betreuten) übernommen. Er wird grundsätzlich **nur vom Betreuer vertreten, der in seinem Namen und mit seiner Vollmacht, die ihm allerdings inhaltlich jeweils eindeutig und zweifelsfrei erteilt sein muß, Verträge mit den verschiedenen am Bau tätig werdenden Auftragnehmern abschließt,** ohne bei Fehlen hinreichend deutlicher anderweitiger vertraglicher Regelung damit aus Gründen vereinfachter Abrechnung, der Rechtsdurchsetzung oder aus steuerrechtlichen Gründen eine Eigenverpflichtung gegenüber dem Auftragnehmer einzugehen (vgl. v. Craushaar, Festschrift für E. v. Caemmerer S. 87 ff.; BGH NJW 1977, 294 = Betrieb 1977, 396; BGHZ 76, 86 = NJW 1980, 992 = BauR 1980, 262 = WM 1980, 439 = MDR 1980, 572 = BB 1980, 1298 = Betrieb 1980, 2127 = SFH § 631 BGB Nr. 9 = ZfBR 1980, 73 = LM § 631 BGB Nr. 40; BGH BauR 1981, 188 = NJW 1981, 756 = BB 1981, 268 = Betrieb 1981, 738 = SFH § 34?2c GewO Nr. 2 = BlGBW 1981, 147 = ZfBR 1981, 89). Für die Annahme einer Baubetreuung ist es somit auch nicht entscheidend, ob im Einzelfall ein besonderes Betreuungsentgelt vereinbart oder ein sogenannter Festpreis (Pauschale) festgelegt wird (zutreffend Müller BauR 1981, 219).

182 Zur Befugnis eines vom Erwerber bevollmächtigten Baubetreuers, der sich zur schlüsselfertigen Bauerstellung zu einem Festpreis verpflichtet hat, zur Auftragsvergabe namens des Erwerbers vgl. BGHZ 67, 334 = BauR 1977, 58 = NJW 1977, 294 = BB 1977, 119 = SFH Z 7.10 Bl. 3 = MDR 1977, 307 = LM § 631 BGB Nr. 34 Anm. Girisch. Hiernach wird eine wirksame Bevollmächtigung nicht schon dadurch gehindert, daß dem Auftragnehmer bei Bauvertragsabschlußnoch nicht der Erwerber bekannt ist, er Abschlagszahlungen vom Betreuer erhält und sich außerdem zu einem Pauschalpreis für ein größeres Vorhaben, von dem das des späteren Erwerbers nur einen Teil bildet, verpflichtet hat; das gilt um so mehr, als derartige Bevollmächtigungen häufig aus steuerlichen Gründen erteilt werden, die von erheblicher Bedeutung für den Bauentschluß des Erwerbers sind. Entgegen OLG Düsseldorf (Betrieb

1978, 583) gilt das auch bei Bauarbeiten für ein umfangreiches Bauvorhaben (z. B. ein sogenanntes Stadtmitteobjekt), wenn der Betreuer die Arbeiten entsprechend den mit den Erwerbern des Raumeigentums abgeschlossenen Betreuungsverträgen im Namen des von ihm betreuten „Bauherrn" vergibt (BGHZ 76, 86 = NJW 1980, 992 = BauR 1980, 262 = MDR 1980, 572 = WM 1980, 439 = WBB 1980, 1298 = Betrieb 1980, 2127 = LM § 631 BGB Nr. 40 = ZfBR 1980, 73 = SFH § 631 BGB Nr. 9; dazu auch Anm. Krämer AnwBl. 1980, 332; vgl. auch BGH BauR 1983, 457 = SFH § 164 BGB Nr. 8 = ZfBR 1983, 200). Vergibt ein Baubetreuer Bauarbeiten zur Errichtung einer Wohnungs- und Teileigentumsanlage im Namen der von ihm betreuten Bauherren, so werden diese auch dann Vertragspartner des Auftragnehmers, wenn sie erst später der Bauherrengemeinschaft beitreten; derjenige, der erst später in eine Bauherrengemeinschaft eintritt und den Baubetreuungsvertrag unterschreibt, genehmigt die von dem Baubetreuer bereits erteilten Aufträge (BGH BauR 1983, 457, 458 = SFH § 164 BGB Nr. 8 = ZfBR 1984, 230; BGH NJW-RR 1987, 1233). Unzutreffend ist die Ansicht des LG Arnsberg (NJW 1978, 1588), das einen fehlenden ernsthaften Willen des Betreuers zum Handeln im fremden Namen allein aus dem wirtschaftlichen Zweck der Tätigkeit des Betreuers entnehmen will, da diese Auffassung die Grenze der Auslegung eindeutig erklärten Parteiwillens überschreitet (ablehnend auch Crezelius NJW 1978, 2158; Barnickel BlGBW 1978, 223). Schließt jedoch der Initiator eines im Bauherrenmodell zu errichtenden Bauvorhabens Verträge namens und im Auftrag der Bauherrengemeinschaft „vertreten durch Herrn..." und besteht eine solche Gemeinschaft nicht und wird sie später auch nicht gebildet, dann haftet der als Vertreter auftretende Initiator selbst nach den Regeln des Handelns unter fremden Namen, jedenfalls nach § 179 Abs. 1 BGB; dabei kann sich der Handelnde nicht darauf berufen, der Vertragspartner habe gewußt, daß er den Vertrag für eine nicht existente Partei schließt (OLG Köln NJW-RR 1987, 1375 = WM 1987, 1081). Außerdem ist davon auszugehen, daß der Initiator oder Betreuer, falls sich aus dem betreffenden Vertrag nichts Gegenteiliges ergibt, nach §§ 179 Abs. 3, 242 BGB dem Auftragnehmer gegenüber die persönliche Haftung übernimmt, wenn die Genehmigung der noch nicht bekannten Vertretenen nicht erfolgt, da dann bei verständiger Auslegung nach den §§ 133, 157 BGB zu folgern ist, daß der Initiator oder Betreuer die Haftung dafür übernimmt, daß die noch ausstehende Genehmigung erfolgen wird (OLG Frankfurt BB 1984, 692 = MDR 1984, 692; OLG Hamm BauR 1987, 592 = MDR 1987, 406). Zu Fragen der Vertretungsmacht in Baubetreuungsverträgen vgl. Mussner BauR 1987, 497, 509 ff.

Eine Überschreitung der Vollmacht kann vorliegen, wenn der Betreuer die Erwerber in dem in ihrem Namen mit dem Unternehmer abgeschlossenen Vertrag **gesamtschuldnerisch verpflichtet, ohne dazu ausdrücklich ermächtigt** zu sein. Im allgemeinen gilt die Vollmacht nur zur Erteilung von Einzelaufträgen, die sich auf das Vorhaben des einzelnen Erwerbers beschränken (BGH in der vorangehend zuerst genannten Entscheidung). Häufig kommt daher eine Beschränkung der Vollmacht des Betreuers auf den jeweiligen Eigentumsanteil des Erwerbers in Betracht. Auch ist es möglich, die Haftung des Betreuten, der sich mit anderen zu einer BGB-Gesellschaft verbunden hat, auf das Vermögen der Gesellschaft zu beschränken. Dies muß jedoch gegenüber dem Auftragnehmer zweifelsfrei und hinreichend deutlich erkennbar zum Ausdruck kommen (vgl. BGH BauR 1985, 88 = NJW 1985, 619 = MDR 1985, 314 = ZIP 1985, 98 = Betrieb 1985, 432 = BB 1985, 84 = LM § 714 BGB Nr. 8 = SFH § 714 BGB Nr. 1 = WM 1985, 56 = Crezelius EWiR § 174 BGB 1/85, 81 = ZfBR 1985, 34). Siehe dazu u. a. auch Werner/Pastor Rdn. 779. Die bloße Wendung im Vertrag, der Betreuer sei „bevollmächtigt, alle die Baudurchführung betreffenden Maßnahmen mit rechtlicher Wirkung für den Bauherrn zu treffen", und befugt, „für die Durchführung des Bauvorhabens ... das Hausrecht" auszuüben, besagt noch nicht hinreichend, daß der Betreuer zur Vergabe von Bauaufträgen im Namen des Betreuten bevollmächtigt ist (vgl. dazu BGH BauR 1978, 220 = BB 1978, 1187 = SFH § 34 c GewO Nr. 1 = NJW 1978, 1054 = MDR 1978, 657 = LM § 34 c GewO Nr. 2 = Betrieb 1978, 1638). Über die Auslegung der Bevollmächtigung eines Baubetreuers zur Bestellung von Grundpfandrechten zwecks Baufinanzierung in einem Einzelfall

BGH BauR 1977, 127 = SFH Z 7.10 Bl. 6 = MDR W1977, 298 = LM § 133 (C) BGB Nr. 40. Zur Vollmacht bei Baubetreuungsverhältnissen vgl. besonders auch Locher/Koeble Rdn. 116 ff. sowie 134 ff.

184 Allgemeine Geschäftsbedingungen eines sogenannten Festpreisvertrages mit einem Betreuer sind insoweit nach § 9 Abs. 2 AGB-Gesetz unwirksam, als dieser bevollmächtigt wird, namens des Bauherrn unbeschränkt Verträge mit Handwerkern zu schließen (OLG Nürnberg NJW 1982, 2326 = MDR 1982, 939 = BB 1983, 2015; a. A. OLG München BB a. a. O. = BauR 1984, 293 = ZIP 1983, 960, dem jedoch nicht zu folgen ist, soweit es die Ansicht vertritt, in der Festpreisabrede liege eine für den Erwerber ausreichende Preisgarantie, die den Betreuer verpflichte, den Erwerber von über den Festpreis hinausgehenden Handwerkerforderungen freizustellen; abgesehen davon, daß in solchen Fällen nicht immer eine Garantie für einen – in Wirklichkeit gegebenen – Pauschalpreis vorliegt, ist es für den Erwerber unzumutbar, im Streitfall gegenüber dem Betreuer zunächst einen Freistellungsanspruch gerichtlich durchsetzen zu müssen).

185 3. Nach dem Gesagten bestehen beim Baubetreuungsvertrag **unmittelbare bauvertragliche Beziehungen zwischen Auftraggeber (Betreuten) und dem bauausführenden Auftragnehmer wie beim „normalen" Werkvertrag.** Aus dem eigentlichen Bauvertrag sich ergebende Rechte und Pflichten bestehen grundsätzlich nur zwischen diesen beiden. Der Betreuer ist im Verhältnis zu Dritten, vor allem Auftragnehmern, **Erfüllungsgehilfe des Auftraggebers,** und zwar soweit seine Betreuungsaufgabe im Einzelfall reicht (vgl. dazu BGHZ 70, 187 = BauR 1978, 149 = NJW 1978, 643 = BB 1978, 378 = SFH § 631 BGB Nr. 3 = MDR 1978, 396 = LM § 631 BGB Nr. 38 = JZ 1978, 354 für den Regelfall der Beauftragung des Betreuers mit Aufgaben im Zusammenhang mit der Bauausführung, nicht dagegen der Planung). Dies gilt unabhängig davon, ob im Einzelfall ein besonderes Betreuungsentgelt vereinbart oder eine Festpreisabsprache getroffen worden ist (Müller BauR 1981, 219 m. w. N.). Zur **ausnahmsweisen Haftung** des Betreuers gegenüber den ausführenden Unternehmern **für die Zahlungsfähigkeit des Auftraggebers** vgl. Teil B § 2 Rdn. 24 ff. sowie Bindhardt BauR 1981, 326.

186 4. Der hier erörterte **Baubetreuungsvertrag selbst hat hinsichtlich der wirtschaftlichen Betreuungsaufgaben** des Betreuers gegenüber dem Auftraggeber – aus dem Gesichtspunkt der Geschäftsbesorgung – **überwiegend dienstvertraglichen Charakter** (Locher/Koeble Rdn. 18 ff.; ferner Koeble NJW 1974, 72 und Schmidt MDR 1975, 710; vgl. auch OLG Hamm MDR 1982, 317). Jedoch sind im einzelnen Vertrag häufig festgelegte **erfolgsabhängige Verpflichtungen dem werkvertraglichen Bereich** zuzurechnen, wie z. B. bereits die Verpflichtung zur Beschaffung der erforderlichen Finanzierungsmittel (vgl. dazu BGH BauR 1979, 343 = NJW 1979, 1494 = Betrieb 1979, 1936 = BB 1979, 909 = SFH § 249 BGB Nr. 2, zugleich zur Frage des Schadens bei schuldhafter Verletzung dieser vertraglich festgelegten Pflicht) oder die vertragliche Pflicht zur Aufstellung einer Wirtschaftlichkeitsberechnung bzw. einer Rentabilitätsberechnung (vgl. dazu BGH BauR 1984, 420 = SFH § 675 BGB Nr. 9 = ZfBR 1984, 190). Das gilt **erst recht bei Übernahme technischer Betreuungspflichten,** vor allem bei sogenannter Vollbetreuung, aber auch bei sogenannter Teilbetreuung (vgl. Locher/Koeble Rdn. 18 ff.). Hinsichtlich des Baubetreuers kann man daher mit Recht von einer architektenähnlichen Stellung sprechen (vgl. Müller BauR 1981, 219 m. w. N.).

187 Soweit es die auf Sonderkonto einbezahlten Gelder anbelangt, handelt es sich vielfach um eine **Treuhand** des Baubetreuers (§ 675 BGB), die im Falle seines Konkurses zu einem **Aussonderungsrecht** führen kann.

188 Bezieht sich die Tätigkeit eines Baubetreuers auf mehrere gleichzeitig bauende Erwerber, so hängt die Frage, ob gegenüber jedem einzelnen oder gegenüber mehreren oder allen Erwer-

bern abzurechnen ist, von der jeweiligen Vertragsgestaltung, vor allem der rechtlichen Verbindung der Erwerber untereinander, ab; **im Zweifelsfalle ist von der Pflicht zur Einzelabrechnung auszugehen** (vgl. dazu BGH BauR 1978, 317 = SFH § 675 BGB Nr. 2 = MDR 1978, 743 = Betrieb 1978, 2019).

Zur Bedeutung der Finanzierungsbestätigung – vor allem einer Bank – für den Betreuten gegenüber dem Betreuer eingehend und zutreffend Löffelmann BauR 1981, 320.

III. Bauträgervertrag

1. Zum Begriff siehe oben Rdn. 173 ff.; vgl. ferner Wittchen, Der Baubetreuungsvertrag, 1969, S. 3 m. w. N.; Bundesverband privater Wohnungsunternehmen, Baubetreuung und Veräußerung von Eigenheimen und Eigentumswohnungen durch Wohnungsunternehmen, 1972, S. 7; dazu insbesondere Locher/Koeble Rdn. 21 ff.; u. a. auch Doerry ZfBR 1982, 189; Nettesheim BB 1979, 1220.

189

Zur **Neuregelung des § 34 c GewO** vgl. Schmidt BB 1974, 1374; ferner dazu sowie zur 1. DVO – **Bauträgerverordnung** – Hoopmann BlGBW 1974, 211; Marcks DNotZ 1975, 389; Brandt BauR 1976, 21; Speiser ZfBR 1979, 6; insbesondere mit Recht kritisch, auf die privaten Baubetreuer und Bauträger bezogen, Locher NJW 1975, 98; Schmidt BB 1975, 203; ders. zur **Änderungsverordnung** vom 11. 6. 1975, BGBl. I S. 1351 = BB 1975, 995 sowie Locher NJW 1976, 607. Zum zivilrechtlichen Charakter der VO zutreffend Halbe NJW 1979, 1437 entgegen Hepp NJW 1977, 1437. Über Schwachstellen der MaBV und ihrer Anwendung Braun BB 1979, 1432. Zur Prüfung der Voraussetzungen für die Handelsregistereintragung BayObLG BB 1979, 1467. Über die Haftung des Prüfers und seiner Gehilfen nach der Makler- und Bauträgerverordnung vgl. Deschler Betrieb 1981, 147. Zu den zivilrechtlichen Auswirkungen der Makler- und Bauträgerverordnung mit Erörterung von Einzelfragen Kanzleiter WuV 1981, 96. Über Probleme bei der Anwendung der Bauträgerverordnung in der Praxis Klosatz BB 1984, 1125. Kritisch zum Bauherrenbegriff auch Domrath BauR 1987, 38 sowie a. a. O. S. 518.

a) Der Bauträgervertrag hat zunächst **mit dem Betreuungsvertrag im engeren Sinne gemeinsam, daß der Bauträger** (dabei allerdings häufig zugleich ein Bauunternehmen) **nach den von dem Erwerber oder Interessenten gebilligten Plänen baut und auch hier die wirtschaftliche und finanzielle Betreuung übernimmt.** Je nach der Vertragsgestaltung im einzelnen steht **insoweit** dem Bauträger für die Wahrnehmung der wirtschaftlichen und finanziellen Betreuungsaufgaben nicht eine Vergütung, sondern nur Anspruch auf **Aufwendungsersatz** zu (vgl. BGH WM 1969, 1139; BGH NJW 1975, 869 = BauR 1975, 203 = MDR 1975, 569 = SFH Z 7.0 Bl. 7 = Betrieb 1975, 736 = BB 1975, 1415 = BlGBW 1975, 196 = LM § 631 BGB Nr. 32; vgl. dazu sowie zur Erforderlichkeit von Aufwendungen im Rahmen des § 670 BGB auch Müller BauR 1981, 219). Siehe ferner Rdn. 232 ff. Zur Fälligkeit der Vergütung nach der Bauträgerverordnung – dort § 3 Abs. 2 – zutreffend Pohlmann BauR 1978, 351.

190

b) Dieser Vertrag hat aber **vor allem und darüber hinaus als Unterschied zur Baubetreuung im allgemeinen zur Grundlage, daß der Bauträger auf einem in seinem Eigentum stehenden oder einem noch von ihm für den Betreuten zu beschaffenden Grundstück mit von diesem für das Grundstück sowie die Errichtung des Bauwerks zur Verfügung gestellten Mitteln baut.** Nach Fertigstellung rechnet der Betreuer mit dem Betreuten ab, wobei hier vielfach auch ein Festpreis (genau: Pauschalpreis) zwischen beiden vereinbart ist. **Der Betreuer hat die vertragliche Verpflichtung, das Bauwerk mit Grundstück auf den Betreuten zu übertragen.** Die Übertragung des Grundstücks kann auch schon vor Fertigstellung des Bauwerks erfolgen, möglicherweise unmittelbar von einem Dritten auf den Betreuten. Bilden im letzteren Falle der Grundstückserwerbsvertrag und der Betreuungsvertrag nach dem Willen der Beteiligten eine rechtliche Einheit, so kann der Erwerber bzw. Betreute ein ihm etwa zustehendes Rücktrittsrecht nur einheitlich ausüben (BGH BB 1976, 1152).

191

Gerade für den Bereich des Bauträgervertrages spielen die Vorschriften des AGB-Gesetzes (vgl. dazu grundlegend Teil A § 10 Rdn. 77 ff. sowie die Kommentierung bei den Einzelregelungen der VOB) eine wichtige Rolle.

192   c) Für die **Sicherungspflichten** der Bauträger, die Eigentum an einem Grundstück zu übertragen haben, gilt hinsichtlich der Entgegennahme bzw. der Ermächtigung zur Verwendung von Vermögenswerten des Betreuten § 3 MaBV (BGH BauR 1981, 188 = NJW 1981, 757 = BB 1981, 268 = Betrieb 1981, 738 = SFH § 34 c GewO Nr. 2 = BlGBW 1981, 147 = ZfBR 1981, 89).

Wer gewerbsmäßig im eigenen Namen und auf eigene Rechnung auf dem Grundstück seines Auftraggebers für diesen einen Bau errichtet (also in einer Mischform zwischen Baubetreuung und Bauträgerschaft), ist weder „Bauherr" („Bauträger") noch „Baubetreuer" i. S. von § 34 c Abs. 1 Satz 1 Nr. 2 GewO (§ 3 MaBV), so daß für ihn in einem solchen Falle keine Pflicht zur Sicherheitsleistung besteht; durch die Beauftragung von Handwerkern, eines Architekten, eines Generalunternehmers oder gar eines Generalübernehmers wird der Betreffende noch nicht „Bauherr" oder „Baubetreuer" gemäß den vorgenannten Vorschriften, zumal das Grundstück bereits dem Betreuten gehört, daher für ihn die erforderliche Sicherheit im Hinblick auf die ordnungsgemäße vertragliche Erfüllung durch den Betreuer gegeben ist (BGH BauR 1978, 220 = BB 1978, 1187 = SFH § 34 c GewO Nr. 1 = NJW 1978, 1054 = MDR 1978, 657 = LM § 34 c GewO Nr. 2 = Betrieb 1978, 1638; entgegen OLG Bremen NJW 1977, 638 in derselben Sache). Läßt sich ein Bauträger entgegen § 3 Abs. 1 Nr. 2 MaBV vertraglich ein Rücktrittsrecht einräumen, so ist nicht das Rücktrittsrecht unwirksam, da ihm nur die Annahme von Zahlungen verboten und dem Auftraggeber ein aus dem Wirtschaftsverwaltungsrecht abgeleitetes privatrechtliches Leistungsverweigerungsrecht eingeräumt ist, wie sich aus § 7 Abs. 1 Satz 1 und insbesondere a. a. O. Satz 3 MaBV ergibt (vgl. dazu BGH BauR 1985, 91 = MDR 1985, 91 = Betrieb 1985, 314 = Betrieb 1985, 1465 = SFH § 34 c GewO Nr. 3 = NJW 1985, 438 = ZfBR 1985, 83). Andererseits ist eine vertragliche Regelung, wonach der Auftraggeber dem Bauträger nach Fertigstellung der Schreiner- und Glaserarbeiten den gesamten Rest der Vertragssumme leisten muß und der Bauträger zur Sicherheit Bankbürgschaften von 15 % der Resterwerbssumme bis zur Bezugsfertigkeit und Besitzübergabe und 5 % bis zur vollständigen Fertigstellung bei einem Notar hinterlegt, ein Verstoß gegen §§ 3 Abs. 2 Nr. 2, 7 Abs. 1 MaBV; dabei kann die zuständige Behörde die Einhaltung des § 3 Abs. 2 Nr. 2 MaBV anordnen (OVG Bremen NJW-RR 1987, 600 = SFH § 34 c GewO Nr. 4).

193   2. Hier ist regelmäßig davon auszugehen, daß **bauvertragliche Beziehungen** (zur genaueren rechtlichen Einordnung vgl. Rdn. 214 ff.) **zwischen dem Bauträger als Auftraggeber und den bauausführenden Auftragnehmern** bestehen, sofern er solche (evtl. auch als Subunternehmer) einsetzt, **bauvertragliche Rechte und Pflichten** sich also in diesem Verhältnis regeln (vgl. § 34 c Abs. 1 Satz 1 Nr. 2 a GewO; BGH BauR 1981, 188 = NJW 1981, 757 = BB 1981, 268 = Betrieb 1981, 738 = SFH § 34 c GewO Nr. 2 = MDR 1981, 399 = BlGBW 1981, 147 = ZfBR 1981, 89). Das gilt jedenfalls, soweit es sich um die **eigentliche Bauerrichtung handelt, und so lange, wie nicht der Betreuer seine Rechte und Pflichten als Auftraggeber (wie etwa die Gewährleistungsansprüche) an den Erwerber wirksam abgetreten hat** (vgl. dazu Locher/Koeble Rdn. 17; ferner Pfeiffer NJW 1974, 1449 sowie Müller BauR 1981, 219). Letzteres geschieht vielfach mit dem Übergang des Grundstückes bzw., je nach der Vertragsgestaltung, mit der Abnahme des dem Erwerber geschuldeten Bauwerkes. Das zur grundlegenden Gestaltung Gesagte gilt um so mehr, als mit der Baubetreuung im weiteren Sinne verbundene Bauaufträge oftmals mehrere Objekte zugleich erfassen und sich ein einheitlicher Vertrag darauf erstreckt oder gar die späteren Erwerber bei Auftragserteilung noch nicht bekannt sind (vgl. dazu OLG Stuttgart BauR 1974, 272). **Anders** liegen die Verhältnisse jedoch beim sogenannten „**selbständigen Sonderwunschvertrag**", in dem der Erwerber wegen bestimmter, aus dem Vertrag mit dem Bauträger **herausfallender bzw. von diesem nicht erfaßter besonderer Wünsche zur Baugestaltung einen unmittelbaren, eigenen Bauvertrag** mit dem betreffenden, häufig in bezug auf die „Normalausführung" mit dem Bauträger schon vertraglich verbundenen Auftragnehmer abschließt. Hier entstehen in der Regel **unmittelbare vertragliche Beziehungen** zwischen dem betreffenden Erwerber und dem den Sonderwunsch ausführenden Unternehmer. Wegen der damit verbundenen Problematik, vor allem auch im Zusammenhang mit dem „Hauptvertrag", beachtlich und zutreffend Baden BauR 1983, 313.

a) Gerade auf der vorangehend gekennzeichneten, normalerweise anzunehmenden Vertragsgrundlage beruhen Überlegungen für den Bereich der **Vertragsgestaltung zwischen Betreuer und Erwerber sowie auch der Erwerber untereinander,** die unter dem heute üblichen Begriff der **„Bauherrenmodelle"** zusammengefaßt werden. Dabei geht es zumindest mitentscheidend darum, den **Erwerber zum „Bauherrn" zu machen,** wobei für die Wahl des betreffenden Modells letztlich **steuerliche Gründe ausschlaggebend** sind bzw. waren (vgl. dazu umfassend Locher/König insgesamt; ferner Locher/Koeble Rdn. 16, 546 ff.; Reithmann/Brych/Manhardt Rdn. 122 a ff.; Brych BB 1980, 530; ders. ZfBR 1981, 153, dazu Festge ZfBR 1981, 208; Brych Jura 1981, 248; ders. BB 1983, 123; ders. BB 1983, 737; dazu Hergarten BB 1983, 1754 und wiederum Brych a. a. O. S. 1761; Maser NJW 1980, 961; Wunderlich BB 1980, 913; Rosenberger ZfBR 1981, 253; Moritz JZ 1980, 714; Crezelius JuS 1981, 494; Niemeier NJW 1982, 73; Quast Betrieb 1983, 1516; Zitzelsberger Betrieb 1985, 248; Lapau BlGBW 1985, 126; zur finanzgerichtlichen Rechtsprechung hier Schellenberger JZ 1986, 575. Zum Umfang der Vollmacht des Baubetreuers im Bauherrenmodell vgl. BGH BauR 1983, 457 = SFH § 164 BGB Nr. 8 = ZfBR 1983, 220. Über die Baukostenüberschreitung beim Bauherrenmodell vgl. Schniewind BB 1983, 2196. Zur Anwendung des **AGB-Gesetzes im Bauherrenmodell** Wagner BB 1984, 1757, zugleich u. a. auch zu LG München I a. a. O. S. 1773, ferner zum Stellen von AGB im Bauherrenmodell beachtlich und in der Unterscheidung zutreffend Bartsch NJW 1986, 28.

Zur steuerrechtlichen Entwicklung im Laufe der vergangen Jahre vgl. vor allem den „Bauherrenerlaß" des Bundesfinanzministers im Schreiben vom 13. 8. 1981 (BStBl. I, 604 = BB 1981, 1620 = Betrieb 1981, 1903 sowie Beil. Nr. 22/81 mit Stellungnahme von Fleischmann); dazu Stuhrmann BB 1981, 1703 und insbesondere kritisch Wollny BB Beil. 1/82 und Jehner BB 1982, 1041. Zur Abgrenzung von Werbungskosten, Herstellungs- und Anschaffungskosten beim Bauherrenmodell vgl. BFH BB 1980, 1137 mit Anm. Wollny = Betrieb 1980, 1669 mit krit. Anm. von Brych a. a. O. S. 1661 sowie Ludewig a. a. O. S. 2208. Ferner dazu sowie zum Begriff der Herstellungskosten im Bauherrenmodell Dornfeld Betrieb 1980, 2006. Über den Begriff „Bauherr" und „Bauherrenmodell" nach dem vorgenannten BFH-Urteil vgl. Woeber Betrieb 1980, 2164, Jehner BB 1981, 921, Görlich BB 1981, 1451 sowie Vor Teil A § 2 Rdn. 3. Insoweit zum Beschluß des BFH vom 18. 9. 1985 (Betrieb 1985, 2435) Nehm Betrieb 1986, 1486 sowie Schmidt-Liebig BB 1986, 774. Über Rechtsfragen des „Kölner Modells" Lauer WM 1980, 786. Zur Außengesellschaft beim Bauherrenmodell beachtlich Wagner BlGBW 1981, 201. Über den Anspruch des Vertriebsunternehmers auf Maklerprovision bei gesellschaftsrechtlicher Verflechtung mit dem Treuhänder vgl. Lieb Betrieb 1981, 2415. Zur Grundsteuerbefreiung bei Errichtung von Wohnungen im Bauherrenmodell vgl. Turnbull/Irrgang Betrieb 1981, 496, dazu vor allem BFH Betrieb 1982, 608; BFH Betrieb 1982, 2443; weiter Pabst Betrieb 1983, 849; Pelka/Niemann Betrieb 1983, 467. Über Bauherrenmodell und Grunderwerbssteuer Klug BB 1984, 2258; zur Doppelbesteuerung des Bauherrn beim Bauherrenmodell Schuhmann BB 1986, 299. Über rechtliche und wirtschaftliche Aspekte von Bauherren- und Ersterwerbermodellen siehe von Heymann BB Beil. 12/1980. Ders. zur Haftung bei Bauherren- und Ersterwerbermodellen Betrieb 1981, 563; ders. ferner zur Bewertung und Finanzierung von Bauherren- und Erwerbermodellen Betrieb 1981, 2013. Über die Einbeziehung der Bauherrengemeinschaft bei Errichtung von Eigentumswohnungen in den umsatzsteuerlichen Leistungsbereich Dornfeld Betrieb 1981, 1691. Über steuerpolitische Überlegungen zum Bauherrenmodell Zitzelsberger BB 1981, 1021; Zum Bauherrenmodell – ein steuerpolitisches Ärgernis?, vgl. Quast Betrieb 1983, 2113; dazu Deschler Betrieb 1983, 2491 und 2543. Zu Treuhandverhältnissen im Steuerrecht, dargestellt im Rahmen von Bauherrengemeinschaften, Birkenfeld BB 1983, 1086 sowie Vollhardt BB 1982, 2142. Die finanzierende

Bank ist generell nicht verpflichtet, den Erwerber auf eventuelle Risiken der Bonität in seinem Verhältnis zum Treuhänder bzw. Baubetreuer hinzuweisen (OLG Köln Betrieb 1981, 574). Über Beurkundungsfragen im Bauherrenmodell vgl. Greuner/Wagner NJW 1983, 193. Zur rechtlichen Einheit der Verträge im Bauherrenmodell und zur einkommensteuerrechtlichen Qualifizierung der Aufwendungen des Bauherrn vgl. Jagdfeld/Luckey Betrieb 1984, Beil. 2. Zum Bauherrenmodell im Wandel Schmidt-Liebig Betrieb 1984, 213; über Bauherrenmodell und Bauträgermodell Lauer WM 1983, 1254. Zum Ausscheiden aus der Bauherrengemeinschaft vgl. Wilhelmi Betrieb 1986, 1003; Reithmann BB 1984, 681; ders. auch WM 1987, 61. Zum **Wohnungseigentumsförderungsgesetz vom 18. 4. 1986 (BGB l I S. 730)** Stephan Betrieb 1986, 1141. Über steuerliche Aspekte bei geschlossenen Immobilienfonds Strunz BauR 1987, 382: zusammenfassend zur Entwicklung des Steuerrechts in Bezug auf Bauherrenmodelle Brych, Festschrift Korbion, 1986, S. 1 f.

196 Wirbt ein Bauträger für ein Bauherrenmodell mit Angaben über entstehende hohe Vorsteuererstattungsansprüche, so kann der Bauherr den Baubetreuungsvertrag wegen arglistiger Täuschung anfechten, wenn ihm verschwiegen wurde, daß die Finanzbehörden Bedenken gegen die geltend gemachten Steuervorteile erhoben hatten und Musterprozesse vor Finanzgerichten anhängig waren (OLG Düsseldorf MDR 1985, 1024 = NJW-RR 1986, 320). Zum Schaden eines Kapitalanlegers, der sich an einem Bauherrenmodell beteiligt hat, wenn ihm verspätet mitgeteilt wird, daß ihm bescheinigte Verlustzuweisungen vom Finanzamt nicht in voller Höhe anerkannt werden, vgl. BGH BauR 1984, 70 = NJW 1984, 863 = BB 1984, 93 = Betrieb 1984, 338 = ZIP 1984, 73 = SFH § 675 BGB Nr. 7 = ZfBR 1984, 33. Der aus Verschulden bei Vertragsabschluß hergeleitete Anspruch des Anlegers aus Prospekthaftung geht dahin, so gestellt zu werden, wie er gestanden hätte, wenn er den Beteiligungsvertrag nicht abgeschlossen hätte; die aus dem genannten Rechtsgrund hergeleitete Prospekthaftung soll den Anleger vor dem Verlust seines Anlagevermögens schützen, begründet für ihn aber keinen Anspruch auf den vollen, in dem Prospekt angegebenen steuerlichen Vorteil, den der Anleger sich aus der Beteiligung versprochen hat (OLG Köln WM 1987, 1292). Andererseits: werden beim Vertrieb von Eigentumswohnungen nach dem sogenannten Ersterwerbermodell in einem Prospekt Angaben über erzielbare Steuervorteile gemacht, so handelt es sich dabei nicht um eine zusicherungsfähige Eigenschaft des Kaufgegenstandes (BGHZIP 1988, 316 = MDR 1988, 303 = BB 1988, 163 = NJW-RR 1988, 343 = LM § 463 BGB Nr. 50).

197 **b) Problematisch ist es beim Bauträgervertrag, in welchem unmittelbar vertragliche Beziehungen regelmäßig nur zwischen dem Bauträger und den ausführenden Unternehmern bestehen, vor allem, ob und inwieweit sich der Betreute (Erwerber) ein erkennbar mangelhaftes Werk übereignen und die darauf bezogenen Gewährleistungsansprüche abtreten lassen muß.**

198 aa) Dies ist jedenfalls bei schwerwiegenden Mängeln aus Treu und Glauben (§ 242 BGB) zu verneinen. Dann hat der Betreuer seine vertragliche Pflicht, mangelhafte Leistungen mit allen ihm zu Gebote stehenden rechtlichen Mitteln zu vermeiden und abzuwehren, ganz eindeutig vernachlässigt. Hier ist der Betreute befugt, die **Übernahme des Bauwerks so lange zu verweigern, bis der Betreuer seinerseits die ihm obliegenden Pflichten** – Bereitstellung eines ordnungsgemäßen Bauwerks ohne tiefgreifende Mängel – erfüllt hat. Überdies ist allgemein zu verlangen, daß der Betreuer mit dem Auftragnehmer vorher vertraglich eine Sicherheitsleistung für etwaige Baumängel vereinbart hat (OLG Köln MDR 1974, 931 = VersR 1975, 162). Vor allem muß beachtet werden, daß bei Formularverträgen der durch § 11 Nr. 10 a AGB-Gesetz vorgegebene Rahmen (vgl. dazu Ulmer/Brandner/Hensen § 11 Nr. 10 a Rdn. 9 ff.) nicht mißachtet wird.

199 Zur **Abtretung von Sachmängelgewährleistungsansprüchen** durch Wohnungsunternehmen an Erwerber von Eigentumswohnungen vgl. Groß BauR 1972, 325 und 1975, 12, 17 ff.,

ferner Häring BlGBW 1978, 225; dazu auch OLG Köln BauR 1972, 375 mit zutreffender Anm. von Hochstein BauR 1972, 377. **Bauträger und Auftragnehmer werden** hinsichtlich der den Erwerbern abgetretenen Gewährleistungsansprüche **grundsätzlich nicht Gesamtschuldner,** was sich aus der Natur der Abtretung ergibt.

Zum zulässigen Rahmen der Abtretung von Gewährleistungsansprüchen siehe insbesondere auch Teil B § 13 Rdn. 78 ff. Über den Schuldnerschutz bei der Forderungsabtretung eingehend Kornblum BB 1981, 1296. 200

bb) Voraussetzung für die Wirksamkeit der Abtretung von Gewährleistungsansprüchen ist immer, daß der Betreuer dem Erwerber von sich aus die im Einzelfall erforderlichen Informationen erteilt, die zur Durchsetzung des abgetretenen Gewährleistungsanspruches notwendig sind (so mit Recht Jagenburg NJW 1972, 1222; Brych NJW 1972, 896 und Ludewig NJW 1972, 516; insbesondere BGH BauR 1979, 514 = WM 1979, 1043 = SFH § 633 BGB Nr. 19 = Betrieb 1979, 2270 = MDR 1980, 135 = LM § 633 BGB Nr. 35 = ZfBR 1979, 235; OLG Hamm BB 1975, 1184 = BauR 1976, 208 = MDR 1976, 43; BGH BauR 1981, 571 = SFH § 633 BGB Nr. 30 = MDR 1982, 49 = LM § 635 BGB Nr. 64 = ZfBR 1981, 219). Notfalls muß er sich die **Unterlagen** – evtl. vom Auftragnehmer – wiederbeschaffen, soweit der Erwerber sie benötigt, um die an ihn abgetretenen Ansprüche sachgerecht und vollständig verfolgen zu können (OLG Hamm a. a. O.). Zur ordnungsgemäßen Information gehört auch die **genaue Angabe des oder der Verpflichteten** (vgl. BGH BauR 1981, 469 = NJW 1981, 2343 = SFH § 198 BGB Nr. 5 = BB 1982, 149 = MDR 1982, 48 = LM § 198 BGB Nr. 12 = MDR 1982, 48 = ZfBR 1981, 214; BGHZ 92, 123 = BauR 1984, 634 = NJW 1984, 2573 = ZIP 1984, 1355 = BB 1984, 1830 = MDR 1985, 45 = JZ 1985, 135 mit Anm. Locher = LM § 633 BGB Nr. 52 Anm. Doerry = SFH § 633 BGB Nr. 45 mit Anm. Hochstein = Betrieb 1984, 2552 = ZfBR 1984, 220 bzw. des oder der **für die Mängel in Betracht kommenden Verantwortlichen** (BGH BauR 1981, 571 = SFH § 633 BGB Nr. 30 = MDR 1982, 49 = LM § 635 BGB Nr. 64 = ZfBR 1981, 219), ferner des insoweit **maßgeblichen Inhalts der Verträge, des Zeitpunktes der Abnahme und des damit verbundenen Laufs der Verjährungsfrist,** noch nicht beglichener Werklohnforderungen, etwa zu erwartender Leistungsverweigerungen der Handwerker (vgl. BGH BauR 1984, 392 = NJW 1984, 2094 = BB 1984, 1638 = ZIP 1984, 1361 = MDR 1985, 45 = LM § 633 BGB Nr. 49 = SFH § 633 BGB Nr. 44 = ZfBR 1984, 183 = Anm. Stürner DNotZ 1984, 73); **dagegen reicht im allgemeinen die bloße Übersendung der Handwerkerliste zur Feststellung der Sachbefugnis nicht aus** (BGH a. a. O.). Der Betreuer ist auch verpflichtet, ihm bei Abschluß des Betreuervertrages **bekannte Mängel dem Erwerber mitzuteilen;** dasselbe gilt für Mängel, die ihm **im Zeitpunkt der Abtretung bekannt** sind (vgl. BGH SFH Z 2.10 Bl. 63). Die genannten Unterstützungspflichten des Betreuers (Bauträgers) ergeben sich als **vertragliche Nebenpflichten in jedem Falle, ohne daß sie ausdrücklich in den Vertrag aufgenommen werden müssen** (BGHZ 70, 389 = BauR 1978, 308 = BB 1978, 582 = MDR 1978, 570 = NJW 1978, 1375 = SFH § 633 BGB Nr. 9 = LM § 633 BGB Nr. 30 Anm. Girisch = Betrieb 1978, 1073; BGH BauR 1979, 514 = WM 1979, 1043 = SFH § 633 BGB Nr. 19 = Betrieb 1979, 2270 = MDR 1980, 135 = LM § 633 BGB Nr. 35). Bei ihrer Verletzung macht sich der Betreuer zumindest schadensersatzpflichtig (OLG Stuttgart BauR 1978, 401). Eine Bestimmung in AGB, wonach der Betreuer bzw. Bauträger den Erwerber nur innerhalb der ersten drei Monate ab Anzeige über die schlüsselfertige Herstellung und Bezugsfertigkeit bei der Verfolgung der abgetretenen Gewährleistungsansprüche zu unterstützen habe, verstößt in ihrer zeitlichen Beschränkung gegen Treu und Glauben und ist deshalb unwirksam (BGH BauR 1981, 469 = NJW 1981, 2343 = SFH § 198 BGB Nr. 5 = BB 1982, 149 = MDR 1982, 48 = LM § 198 BGB Nr. 12 = MDR 1982, 48 = ZfBR 1981, 214), was gerade auch für den Bereich des § 11 Nr. 10 a sowie § 9 AGB-Gesetz zutrifft. Erst recht gilt dies für noch weitergehende Einschränkungen oder gar Ausschlüsse der Unterstützungspflichten. 201

cc) Eine Abtretung ist außerdem **nach Inhalt und Umfang hinreichend klar zu formulie-** 202 ren, um Zweifels- und damit Streitfragen auszuschließen. Die Formulierung, daß der Erwerber die Abtretung von Gewährleistungsansprüchen „verlangen kann", kann gleichwohl bei Auslegung des Vertragstextes im übrigen ergeben, daß die Vertragspartner bereits bei Vertragsabschluß die Abtretung gewollt haben (BGH SFH Z 2.10 Bl. 35).

203 Im Einzelfall ist immer **zu beachten und zweifelsfrei zu bezeichnen, gegen welchen Baubeteiligten Gewährleistungsansprüche abgetreten sind.** Die Klausel, daß „Ansprüche gegen die beteiligten Unternehmer, Handwerker und Lieferanten" abgetreten werden, bedeutet, daß etwaige Ansprüche gegen den Architekten nicht abgetreten sind (BGH SFH Z 2.10 Bl. 35; BGHZ 70, 389 = BauR 1978, 308 = BB 1978, 582 = MDR 1978, 570 = NJW 1978, 1375 = SFH § 633 BGB Nr. 9 = LM § 633 BGB Nr. 30 Anm. Girisch = Betrieb 1978, 1073; BGH BauR 1981, 571 = SFH § 633 BGB Nr. 30 = MDR 1982, 49 = LM § 635 BGB Nr. 64 = ZfBR 1981, 219). Wenn nicht nur Ansprüche wegen Ausführungsfehlern, sondern auch Ansprüche aus Planungsmängeln abgetreten sein sollen, muß dies im Vertrag unzweifelhaft zum Ausdruck kommen (vgl. dazu BGH BauR 1980, 568 = NJW 1980, 2800 = BB 1980, 1549 = Betrieb 1980, 2337 = MDR 1980, 1014 = SFH § 633 BGB Nr. 25 = LM Allg. Geschäftsbed. Nr. 110 = ZfBR 1981, 227).

204 dd) Schließt ein Bauträger formularmäßig seine eigenen Gewährleistungsansprüche gegenüber dem Erwerber aus und verpflichtet er sich gleichzeitig, ihm seine Gewährleistungsansprüche gegen die Baubeteiligten (Architekt, Bauunternehmer usw.) abzutreten, so bleibt seine Eigenhaftung gleichwohl zumindest dann bestehen, wenn sich eine gerichtliche Auseinandersetzung mit dem Gewährleistungspflichtigen nicht vermeiden läßt, wie sich aus § 11 Nr. 10 a AGB-Gesetz ergibt, sofern dieses Gesetz eingreift. Auch trifft dies zu, wenn die Durchsetzung der Gewährleistungsansprüche gegen ausführende Handwerker **aussichtslos ist, weil diese verjährt sind** (BGH BauR 1982, 61 = Betrieb 1982, 277 = SFH § 13 Nr. 4 VOB/B Nr. 3 = MDR 1982, 313 = NJW 1982, 169 = BB 1981, 2095 = LM § 13 [B] VOB/B Nr. 18 = ZfBR 1981, 284; BGH BauR 1985, 314 = NJW 1985, 1551 = Betrieb 1985, 1390 = LM § 21 WEG Nr. 10 = SFH § 633 BGB Nr. 49 = WM 1985, 664 = MDR 1985, 45 = ZfBR 1985, 132). Gleiches gilt, wenn der Bauträger **nicht in der Lage ist, seine Ansprüche gegen sämtliche Baubeteiligten,** die für einen Mangel einstehen müssen, **abzutreten;** auch bleibt dann die **Eigenhaftung des Bauträgers bestehen, wenn ein gewährleistungspflichtiger Baubeteiligter mittellos ist** (BGH SFH Z 7.22 Bl. 4 = BauR 1975, 133 in Ergänzung zu BGHZ 62, 251 = BauR 1974, 278 = NJW 1974, 1135 = BB 1974, 623 = Betrieb 1974, 964 = MDR 1974, 652 = SFH Z 7.22 Bl. 1 = BB 1974, 623/761 Anm. Schmidt = LM Allg. Geschäftsbed. Nr. 55 Anm. Mattern = JZ 1974, 613 Anm. Locher = BlGBW 1974, 174 = Anm. Ohmen DNotZ 1975, 344). In der zuletzt genannten Entscheidung ist mit Recht ausgesprochen worden, daß eine formularmäßige Freizeichnungsklausel, worin der Veräußerer eines von ihm zu errichtenden Hauses seine eigene Gewährleistungspflicht gegenüber den Erwerbern ausschließt und gleichzeitig seine Gewährleistungsansprüche gegen Architekt, Bauunternehmer und andere an der Erstellung beteiligte Dritte an den Erwerber abtritt, dahin auszulegen ist, daß die Eigenhaftung des Veräußerers (Bauträger) **nur insoweit abbedungen ist, als sich der Erwerber aus den abgetretenen Ansprüchen gegen die am Bau Beteiligten auch tatsächlich** – vor allem ohne Notwendigkeit eines Prozesses – **schadlos halten kann.** Das Risiko, daß diese Schadloshaltung keinen Erfolg hat, bleibt somit beim Bauträger.

Ebenfalls BGHZ 67, 101, 103 = BauR 1977, 133 = NJW 1976, 1934 = MDR 1977, 37 = SFH Z 7.22 Bl. 10 = BB 1976, 1151 = Betrieb 1976, 1862; BGHZ 70, 193, 196 = BauR 1978, 136 = NJW 1978, 634 = SFH Vor § 145 ff. BGB Nr. 1 = BB 1978, 220 = Betrieb 1978, 439; BGHZ 74, 258 = BauR 1979, 420 mit Anm. Rosenberger BauR 1980, 267 = NJW 1979, 2207 = WM 1979, 2207 mit Anm. Weitnauer sowie Kellmann NJW 1980, 400 und 401 = SFH § 633 BGB Nr. 19 = Betrieb 1979, 2270 = MDR 1980, 135 = LM § 633 BGB Nr. 35; BGH NJW 1980, 282 = BauR 1980, 71 = SFH § 633 BGB Nr. 21 = WM 1980, 39 = MDR 1980, 222 = ZfBR 1980, 27; BGH BauR 1980, 568 = NJW 1980, 2800 = BB 1980, 1549 = Betrieb 1980, 2337 = MDR 1980, 1014 = SFH § 633 BGB Nr. 25 = LM Allg. Geschäftsbed. Nr. 110 = ZfBR 1980, 227;

BGHZ 81, 35 = BauR 1981, 467 = NJW 1981, 1841 = Betrieb 1981, 1920 = SFH § 21 WEG Nr. 5 = MDR 1982, 50 = BB 1981, 426 = LM § 21 WEG Nr. 7 Anm. Doerry = ZfBR 1981, 230; BGH BauR 1981, 469 = NJW 1981, 2343 = SFH § 198 BGB Nr. 5 = Betrieb 1982, 149 = MDR 1982, 48 = LM § 198 BGB Nr. 12 = MDR 1982, 48 = ZfBR 1981, 214; BGH BauR 1982, 61 = Betrieb 1982, 277 = SFH § 13 Nr. 4 VOB/B Nr. 3 = MDR 1982, 313 = NJW 1982, 169 = BB 1981, 2095 = LM § 13 (B) VOB/B Nr. 18 = ZfBR 1981, 284; BGH BauR 1981, 571 = SFH § 633 BGB Nr. 30 = MDR 1982, 49 = LM § 635 BGB Nr. 64 = ZfBR 1981, 219. Vgl. zu diesen Fragen Doerry ZfBR 1982, 189; Löwe NJW 1974, 1108 sowie Locher NJW 1974, 1544. Dazu weiter Peters NJW 1982, 562, der hier hinsichtlich der Verjährungsfrage richtig von § 202 Abs. 1 BGB ausgeht. Vgl. ferner Teil B § 13 Rdn. 82 ff.

Ein Fehlschlagen kann ferner darin liegen, daß der für den Mangel verantwortliche oder mitverantwortliche Unternehmer mehrere vergebliche Nachbesserungsversuche vornimmt (BGH BauR 1982, 493 = Betrieb 1982, 1926 = BB 1982, 1882 = SFH § 633 BGB Nr. 35 = NJW 1982, 2243 = MDR 1982, 1010 = LM § 633 BGB Nr. 45 = ZfBR 1982, 152). 205

ee) Sind dem Erwerber beim Versuch, Gewährleistungsansprüche gegenüber dem Auftragnehmer oder sonst am Bau Beteiligten durchzusetzen, Kosten entstanden, die er von dem in erster Linie auf Gewährleistung Haftenden nicht ersetzt bekommt, so hat der **Bauträger diese Aufwendungen nach den Regeln des Auftragsrechts (§ 670 BGB) zu ersetzen**, falls der Erwerber sie den Umständen nach für erforderlich halten durfte; insoweit sind die Grundsätze des Auftragsrechts jedenfalls sinngemäß anzuwenden (vgl. BGHZ 92, 123 = BauR 1984, 634 = NJW 1984, 2573 = Betrieb 1984, 2552 = ZIP 1984, 1355 = BB 1984, 1830 = MDR 1985, 45 = JZ 1985, 135 mit Anm. Locher = LM § 633 BGB Nr. 52 Anm. Doerry = SFH § 633 BGB Nr. 45 mit Anm. Hochstein = ZfBR 1984, 634). 206

ff) Anders liegt es dagegen grundsätzlich bei **Individualverträgen;** hier kommt eine an sich zulässige Freizeichnung im unter dd) und ee) aufgeführten eingeengten Sinne jedenfalls aber auch nicht in Betracht, wenn der Veräußerer bzw. Betreuer einen ihm bekannten Mangel arglistig verschweigt (BGH SFH Z 2.10 Bl. 63 = NJW 1976, 1975 = BauR 1976, 432). 207

gg) Der Bauträger kann im Falle des Konkurses des an sich gewährleistungspflichtigen (General-)Unternehmers die Erwerber nicht auf dessen Ansprüche gegen die Subunternehmer verweisen, zumal die Erwerber nicht in vertraglichen Beziehungen zu diesen stehen; insoweit sind die Erwerber auch nicht gehalten, sich Ansprüche des Gemeinschuldners gegen die Subunternehmer abtreten zu lassen (BGHZ 74, 258 = BauR 1979, 420 mit Anm. Rosenberger BauR 1980, 267 = WM 1979, 839 = NJW 1979, 2207 mit Anm. Weitnauer sowie Kellmann NJW 1980, 400 und 401 = SFH § 635 BGB Nr. 15 = LM § 21 WEG Nr. 4 Anm. Girisch = ZfBR 1979, 163 = Betrieb 1979, 2271). Auch haben die Erwerber ihre Schadloshaltung nicht dadurch vereitelt, daß sie sich vom Konkursverwalter die Restforderung des Gemeinschuldners gegen den Bauträger abtreten ließen und auf weitere Ansprüche gegen den Gemeinschuldner verzichtet haben, wenn der Konkursverwalter die Erfüllung des Vertrages zwischen dem Bauträger und dem Gemeinschuldner nach § 17 KO abgelehnt hat; dann haben die Erwerber nichts aus der Hand gegeben, was zumutbarerweise zu ihrer Schadloshaltung hätte dienen können; weit eher hätte sich der Bauträger die Ansprüche gegen die Subunternehmer nach dem Vermögensfall des Gemeinschuldners abtreten lassen können und müssen (BGH a. a. O.). 208

hh) Zum etwaigen unmittelbaren Anspruch des Bauträgers aus Rückabtretung, Ermächtigung, Geschäftsführung ohne Auftrag oder ungerechtfertigter Bereicherung gegen den Unternehmer bzw. Architekten, wenn er trotz Abtretung die Nachbesserung auf seine Kosten bewirkt, vgl. Teil B § 13 Rdn. 93 ff. 209

jj) Eine etwa **notwendige Zustimmung des bauausführenden Auftragnehmers** zur Abtretung von Gewährleistungsansprüchen durch den Bauträger an die Erwerber ist häufig darin zu sehen, daß er im allgemeinen weiß, daß ein Bauträger seine Gewährleistungsansprüche an die 210

Erwerber abtritt (vgl. BGH BauR 1980, 69 = SFH § 633 BGB Nr. 20 = Betrieb 1980, 204 = MDR 1980, 222 = BB 1980, 1016 = LM § 633 BGB Nr. 36 = ZfBR 1980, 36).

211 kk) Trotz wirksamer Abtretung steht dem **Bauträger als Auftraggeber gegen den Auftragnehmer noch die Einrede des nichterfüllten Vertrages** aufgrund eines Mängelbeseitigungsanspruches zu (vgl. dazu Teil B § 13 Rdn. 93 ff). Dagegen: Solange der Auftraggeber (Bauträger), der seine Gewährleistungsansprüche gegen die Auftragnehmer abgetreten hat, noch einen Teil des Vergütungsanspruches eines Auftragnehmers zurückbehält, darf **auch** der – eigentlich von dem Mangel betroffene – **Erwerber** dies **gegenüber dem Bauträger** tun; Treu und Glauben gebieten es, den Erwerber im Verhältnis zum Bauträger so zu stellen, als verschulde er dem betreffenden Auftragnehmer unmittelbar die Vergütung und sei demgemäßbis zur Mängelbeseitigung zur Leistungsverweigerung befugt (a. a. O.).

212 ll) Wer sich zwecks Ablösung eines Garantieeinbehaltes für den Auftragnehmer einem Bauträger gegenüber verbürgt, der seinerseits seine Gewährleistungsansprüche an den Erwerber des Bauwerks abgetreten hat, haftet, wenn der Bauträger selbst für die Gewährleistung einstehen muß, weil der Auftragnehmer zur Mängelbeseitigung nicht mehr in der Lage ist (BGH BauR 1982, 384 = ZIP 1982, 423 = BB 1982, 519 = NJW 1982, 1808 = Betrieb 1982, 1214 = WM 1982, 485 = SFH § 765 BGB Nr. 1 = MDR 1982, 925 = ZfBR 1982, 124). Es ist keine angemessene Vertragsklausel und widerspricht Treu und Glauben, wenn ein Baubetreuer als Auftraggeber in einem umfangreichen Klauselwerk, mit zahlreichen Besonderen oder Zusätzlichen, von der VOB abweichenden Vertragsklauseln dem Auftragnehmer – für den Fall, daß der Bauherr (Grundstückseigentümer) seinen Zahlungsverpflichtungen gegenüber dem Auftraggeber (Baubetreuer) nicht nachkommt – seine Ansprüche gegen den Bauherrn „an Zahlungs Statt" abtritt und der Auftragnehmer auf seinen direkten Anspruch gegen den Auftraggeber (Baubetreuer) verzichtet; eine solche Regelung ist unwirksam, und dem Auftragnehmer ist es weiterhin gestattet, seinen Vergütungsanspruch gegen den Auftraggeber (Baubetreuer) durchzusetzen (mit Recht OLG Frankfurt NJW 1975, 1662).

213 c) Ein gänzlicher Ausschluß von Gewährleistungsansprüchen für von den Bauunternehmern verursachte Mängel ohne Abtretung durch den Bauträger an den Erwerber **verstößt** ohne ausführliche Belehrung und eingehende Erörterung seiner Rechtsfolgen **auch bei Individualverträgen gegen Treu und Glauben (§ 242 BGB)** und ist daher unwirksam (BGH BauR 1987, 552 = BB 1987, 1488 = ZIP 1987, 1502 = Betrieb 1987, 1935 = SFH § 633 BGB Nr. 65 = WEZ 1987, 226 = WM 1987, 1018 = MDR 1988, 43 = NJW-RR 1987, 1035 = LM § 633 BGB Nr. 65 = Hensen EWiR § 242 BGB 10/87, 759 = ZfBR 1987, 233; OLG Frankfurt SFH § 635 BGB Nr. 50; vgl. auch Teil A § 13 Rdn. 4 ff); auf keinen Fall bezieht sich ein solcher Ausschluß auch auf Mängel, die der Betreuer durch mangelhafte Planung oder Bauaufsicht mitverursacht – nicht nur mitverschuldet – hat (soweit das OLG Hamm hier eine andere Ansicht vertreten sollte, kann dem nicht beigepflichtet werden, vgl. MDR 1974, 277). **Gleiches** trifft auf einen **teilweisen Ausschluß** der Gewährleistung wegen Sachmängel zu (BGH BauR 1986, 345 = SFH § 633 BGB Nr. 56 = NJW-RR 1986, 1026 = MDR 1986, 839 = Betrieb 1986, 1215 = LM § 633 BGB Nr. 59 = ZfBR 1986, 120, für den Fall der Freizeichnung von „allen erkennbaren Mängeln"; ferner BGH BauR 1987, 686 = NJW 1988, 135 = Heinrichs EWiR § 242 BGB 13/87, 1169 = SFH § 633 BGB Nr. 68 = BB 1988, 16 = ZIP 1987, 1461 = Betrieb 1987, 2516 = MDR 1988, 219 = ZfBR 1988, 16 = LM § 633 BGB Nr. 65, bei Freizeichnung von „sichtbaren Sachmängeln", wenn damit – was regelmäßig zutrifft – einseitig die Interessen des Bauträgers als Veräußerers verfolgt werden. Das alles gilt **erst recht für Haftungsausschlüsse, die lediglich in formularmäßigen Bedingungen des Betreuers** enthalten sind und nicht frei zwischen den Vertragspartnern ausgehandelt wurden (BGH BauR 1975, 206 = BB 1975, 442 = MDR 1975, 569 = SFH Z 7.22 Bl. 7 = Betrieb 1975, 682 = BlGBW 1975, 198 = LM Allg. Geschäftsbed. Nr. 62 für den Fall des Haftungsausschlusses bei Mängeln, die nicht im Abnahmeprotokoll ausdrücklich aufgeführt worden sind), **wie auch durch § 11 Nr. 10 a AGB-Ge-**

setz festgelegt ist. Jedenfalls bleibt gerade auch hier das Risiko, daß die Schadloshaltung fehlschlägt, beim Betreuer (BGH a. a. O.). Vgl. dazu weiter BGH BauR 1981, 571 = BGH SFH § 633 BGB Nr. 30 = MDR 1982, 49 = LM § 635 BGB Nr. 64 = ZfBR 1981, 219 sowie auch Nettesheim BB 1979, 1220. Das Gesagte gilt auch für einen formelhaften, ohne ausführliche Belehrung und Erörterung seiner einschneidenden Rechtsfolgen in notariellen Verträgen über den Erwerb neuerrichteter oder noch zu errichtender Eigentumswohnungen und Häuser festgelegten Ausschluß der Haftung für Sachmängel, wenn die Freizeichnung des Veräußerers von Gewährleistungsansprüchen in einem notariell beurkundeten „Kaufangebot" des Erwerbers enthalten ist und der Veräußerer dies annimmt (BGH BauR 1984, 392 = NJW 1984, 2091 = BB 1984, 1638 = ZIP 1984, 1361 = MDR 1985, 45 = LM § 633 BGB Nr. 49 = SFH § 633 BGB Nr. 44 = Anm. Stürner DNotZ 1984, 763 = ZfBR 1984, 183); dazu zutreffend Bunte ZIP 1984, 1313. Eine in einem – vor Inkrafttreten des AGB-Gesetzes abgeschlossenen – Formularvertrag enthaltene Freizeichnungsklausel, in der der Veräußerer einer noch zu errichtenden Eigentumswohnung – ohne gleichzeitig seine Gewährleistungsansprüche gegen die Baubeteiligten abzutreten – seine eigene Gewährleistungspflicht gegenüber dem Erwerber auf den Umfang beschränkt, „in dem er von Dritten, insbesondere den Bauhandwerkern, Ersatz oder Erfüllung von Gewährleistungsansprüchen verlangen kann", ist unwirksam; eine solche formelhafte Freizeichnung ist gemäß § 242 BGB auch in einem Individualvertrag über den Erwerb neuerrichteter Eigentumswohnungen und Häuser unwirksam, wenn sie nicht mit den Erwerbern unter ausführlicher Belehrung über die einschneidenden Folgen erörtert worden ist (BGH BauR 1987, 552 = BB 1987, 1488 = ZIP 1987, 1052 = Betrieb 1987, 1935 = SFH § 633 BGB Nr. 65 = WEZ 1987, 266 = WM 1987, 1018 = Hensen EWiR § 242 BGB 10/87, 759 = MDR 1988, 43 = LM § 633 BGB Nr. 63 = NJW-RR 1987, 1035 = ZfBR 1987, 233). Das gilt auch für die Umwandlung eines Altbaues in Eigentumswohnungen (BGH BauR 1988, 464 = SFH § 633 BGB Nr. 71 = NJW 1988, 1972). Die Darlegungs- und Beweislast zu den Voraussetzungen des Gewährleistungsausschlusses hat der Bauträger (Baumgärtl ZfBR 1988, 112.

Wer im Namen einer noch nicht entstandenen GmbH & Co KG als deren Gründer einen Vertrag abschließt (wie z. B. mit einem Bauunternehmer oder einem Architekten), haftet entsprechend § 179 Abs. 1 BGB unbeschränkt auf Erfüllung, wenn die Gesellschaft nicht existent wird oder sie den Vertrag nach ihrer Entstehung nicht genehmigt; das gilt auch, wenn der andere Teil (Bauunternehmer oder Architekt) bei Vertragsabschluß weiß, daß die Gesellschaft noch nicht besteht (BGH BB 1974, 1178 mit Anm. Klamroth).

3. Der **Bauträgervertrag**, also der zwischen dem Bauträger und dem Erwerber abgeschlossene Vertrag, ist für den Normalfall als Werklieferungsvertrag mit Geschäftsbesorgungscharakter anzusehen (so zutreffend Doerry ZfBR 1982, 189; Locher/Koeble Rdn. 25 f.; Hochstein BauR 1971, 200; Groß BauR 1975, 12; Koeble NJW 1974, 721; Gläser NJW 1975, 1006, der vor allem auch den steuerrechtlichen Hintergrund beleuchtet; dieser Ansicht jedenfalls angenähert Reithmann/Brych/Manhardt Rdn. 22 ff.). **Unter Umständen können** bei den jeweiligen Verträgen im Einzelfall u. a. auch – abgesehen von dem die **Grundstücksüberlassung selbst betreffenden Teil – Elemente des Kaufvertrages vorliegen,** was jedoch für den bei solchen Verträgen letztlich entscheidenden Bereich der **Bauerrichtung selbst nicht in Betracht kommt.**

Siehe zu diesem Grundsatz im einzelnen: Koeble NJW 1974, 721, 724; BGHZ 60, 362 = MDR 1973, 665 = JZ 1973, 735 = LM § 633 BGB Nr. 22 Anm. Rietschel = BB 1973, 681 = BauR 1973, 247 = NJW 1973, 1235 = Betrieb 1973, 1063 = WM 1973, 723 = SFH Z 4.02 Bl. 12 und Z 7.0 Bl. 2; BGH WM 1969, 96; BGHZ 61, 369 = BauR 1974, 59 = NJW 1974, 143 = Betrieb 1973, 2512 = BB 1974, 15 = VersR 1974, 242 = MDR 1974, 219 = WM 1974, 34 = SFH Z 2.414.3 Bl. 4; BGHZ 63, 96, 97 = BauR 1975, 59 = NJW 1975, 47 = MDR 1975, 221 = BB 1975, 443 = Betrieb 1974, 2396; BGH BauR 1975, 442 = MDR 1975, 569 = SFH Z 7.22 Bl. 7 = Betrieb 1975, 206 = BlGBW 1975, 198 = LM Allg. Geschäftsbed. Nr. 62; BGHZ 65, 359, 361 = BauR 1976, 133 = NJW 1976, 515 = SFH Z 7.0 Bl. 10 = BB 1976, 623 = Betrieb 1976, 333; BGHZ 68, 372, 373 = BauR 1977, 271 = NJW 1977, 1336 = SFH Z 7.0 Bl. 20 = BB 1977, 1072 = Betrieb 1977, 1742; BGHZ 72, 229, 231 = BauR 1979, 59 = NJW 1979, 156 = BB 1978, 1692 = MDR 1979, 219 =

Betrieb 1979, 88 = SFH § 196 Abs. 1 BGB Nr. 1 = JZ 1979, 30 = LM § 196 BGB Nr. 34 Anm. Girisch = ZMR 1979, 10 = ZfBR 1979, 26; BGHZ 74, 205 = BauR 1979, 337 = NJW 1979, 1406 = BB 1979, 1319 = Betrieb 1979, 1651 = SFH § 633 BGB Nr. 17 = WM 1979, 781 = VersR 1979, 1102 = DNotZ 1979, 746 Anm. Thomas; BGH BauR 1979, 523 = NJW 1979, 2193 = BB 1979, 1474 = WM 1979, 1121 = SFH § 196 Abs. 1 Nr. 1 BGB Nr. 4 = MDR 1980, 134 = Betrieb 1979, 2224; BGH BauR 1976, 59 = SFH Z 7.21 Bl. 2 = BB 1975, 988 = Betrieb 1975, 1263 für den Fall eines „Träger-Siedler-Vertrages"; BGH BauR 1982, 58 m. w. N. = SFH § 633 BGB Nr. 33 = ZfBR 1982, 18.

215 a) Somit richten sich **etwaige Gewährleistungsansprüche des Erwerbers – vor allem auch bei Erwerb neuerrichteten Wohnungseigentums (vgl. dazu Rdn. 270 ff.) – durchweg nach Werkvertragsrecht, weswegen § 11 Nr. 10 AGB-Gesetz eingreifen kann.** Das gilt auch, wenn das zu errichtende Gebäude im Zeitpunkt des Erwerbs bereits teilweise fertiggestellt ist und nur noch Teile der Bauleistung fehlen (BGHZ 63, 96 = BauR 1975, 59 = BB 1975, 443 = NJW 1975, 47 = Betrieb 1975, 2396 = BlGBW 1975, 100 = MDR 1975, 221 = SFH Z 7.0 Bl. 4 = LM § 633 Nr. 25, anders, jedoch unzutreffend, Brych NJW 1974, 1973; 1975, 2326; Köhler NJW 1984, 1321, dessen Lösungsvorschläge weder den berechtigten Belangen des Erwerbers gerecht werden noch für die Praxis eindeutige, klar abgrenzbare Wege weisen). **Darüber hinaus trifft das auch schon zu, wenn der Bau bei Vertragsabschluß mit dem Erwerber schon fertig ist oder nur noch unbedeutende Kleinigkeiten fehlen. Entscheidend ist allein, daß sich der Veräußerer (Bauträger; aber auch der private Veräußerer, vgl. OLG München NJW 1981, 247 = BauR 1982, 64) in dem einheitlichen Vertrag zur Herstellung des Gebäudes bzw. der Wohnung neben der Grundstücksüberlassung verpflichtet.**

(BGHZ 68, 372, 375 = BauR 1977, 271 = NJW 1977, 1336 = MDR 1977, 831 = JZ 1977, 1072 = SFH Z 7.0 Bl. 20 = LM § 633 BGB Nr. 29; BGHZ 72, 229 = BauR 1979, 59 = BB 1978, 1693 = NJW 1979, 156 = SFH § 196 Abs. 1 BGB Nr. 1 = MDR 1979, 219 = Betrieb 1979, 88 = LM § 196 BGB Nr. 34 Anm. Girisch = JZ 1979, 30 = ZfBR 1979, 26 = JR 1979, 109 Anm. Schubert; BGHZ 74, 204 = BauR 1979, 337 = NJW 1979, 1406 = SFH § 633 BGB Nr. 17 = BB 1979, 1319 = WM 1979, 781 = Betrieb 1979, 1651 = VersR 1979, 1102 = DNotZ 1979, 746 Anm. Thomas = ZfBR 1979, 151; BGHZ 74, 258, 267 f. = BauR 1979, 420; BGH BauR 1980, 568 = NJW 1980, 2800 = BB 1980, 1549 = Betrieb 1980, 2337 = MDR 1980, 1014 = SFH § 633 BGB Nr. 25 = LM Allg. Geschäftsbed. Nr. 110 = ZfBR 1980, 227; BGH NJW 1981, 273 = BauR 1981, 74; BGH BauR 1979, 514 = ZfBR 1979, 235; BGH BauR 1981, 571 = SFH § 633 BGB Nr. 30 = MDR 1982, 49 = NJW 1981, 2344 = LM § 635 BGB Nr. 64 = ZfBR 1981, 219; BGH BauR 1982, 58 = SFH § 633 BGB Nr. 33 = ZfBR 1982, 18; BGH BauR 1982, 493 = NJW 1982, 2243 = Betrieb 1982, 1926 = BB 1982, 1882 = SFH § 633 BGB Nr. 35 = MDR 1982, 1010 = LM § 633 BGB Nr. 45 = ZfBR 1982, 152; dagegen a. A. Brambring NJW 1978, 777, 779, ebenso, jedoch nicht überzeugend, NJW 1987, 97; krit. auch Peters NJW 1979, 1820, der ohne überzeugende Begründung die vorgenannte Folge zwar auf eine gewerblich tätigen Bauträger, nicht aber bei privaten Veräußerern anwenden will; vgl. auch BGH BauR 1985, 314 = NJW 1985, 1551 = Betrieb 1985, 1390 = LM § 21 WEG Nr. 10 = SFH § 633 BGB Nr. 49 = WM 1985, 664 = MDR 1986, 45 = ZfBR 1985, 132 in richtiger Auseinandersetzung mit der Kritik von Köhler NJW 1984, 1321; ferner Stürner JZ 1979, 758 und Liesegang JR 1979, 1501).

216 Die vorangehend aufgezeigte Folge ergibt sich aus Inhalt, Sinn und Zweck sowie wirtschaftlicher Bedeutung eines solchen Vertrages und der Interessenlage der Vertragsschließenden an mängelfreier Erfüllung durch den Veräußerer.

217 Folgerichtig gilt das Gesagte auch, wenn sich das Gebäude oder die Eigentumswohnung bei Vertragsabschluß mit dem Erwerber schon längere Zeit **in weit fortgeschrittenem Bauzustand befindet und zur Fertigstellung lediglich Arbeiten auszuführen sind, für die Materialien nach dem Geschmack des Erwerbers auszuwählen sind.**

(BGHZ 65, 359, 362 = BauR 1976, 133 = NJW 1976, 515 = SFH Z 7.0 Bl. 10 = BB 1976, 623 = MDR 1976, 484; BGHZ 74, 205 = BauR 1979, 337 = NJW 1979, 1406 = SFH § 633 BGB Nr. 17 = BB 1979, 1319 = WM 1979, 781 = Betrieb 1979, 1651 = ZfBR 1979, 151 = VersR 1979, 1102 = DNotZ 1979, 746 Anm. Thomas.) Dazu auch Müller BauR 1981, 219, der zutreffend die rechtsdogmatischen Bedenken nicht überbewertet wissen will; insbesondere auch BGH BauR 1981, 571 = SFH § 633 BGB Nr. 30 = MDR 1982, 49 = LM § 635 BGB Nr. 64 = ZfBR 1981, 219; BGH BauR 1982, 58 = SFH § 633 BGB Nr. 33 = ZfBR 1982, 18; BGH BauR 1982, 493 = Betrieb 1982, 1926 = BB 1982, 1882 = SFH § 633 BGB Nr. 35 = NJW 1982, 2243 = MDR 1982, 1010 = LM § 633 BGB Nr. 45 = ZfBR 1982, 152.

b) Eine Herstellungsverpflichtung im vorgenannten Sinne **braucht** als solche **nicht ausdrücklich im Vertrag enthalten zu sein**; auch ist es nicht entscheidend, ob die Parteien den Vertrag als Kaufvertrag oder als Werkvertrag und sich selbst als Käufer und Verkäufer bezeichnet haben; vielmehr **genügt** dazu die **Erkennbarkeit einer solchen Verpflichtung,** insbesondere anhand der übrigen vertraglichen Regelungen, wie z. B. den dort festgelegten Voraussetzungen für die Übergabe, die Abnahme sowie die Mängelbeseitigung. 218

(BGH BauR 1979, 514 = SFH § 633 BGB Nr. 19 = WM 1979, 1043 = Betrieb 1979, 2270 = MDR 1980, 135 = LM § 633 BGB Nr. 35; BGH BauR 1981, 571 = SFH § 633 BGB Nr. 30 = MDR 1982, 49 = LM § 635 BGB Nr. 64 = ZfBR 1981, 219; BGH BauR 1982, 58 = SFH § 633 BGB Nr. 33 = ZfBR 1982, 18; BGH BauR 1982, 493 = NJW 1982, 2243 = Betrieb 1982, 1926 = BB 1982, 1882 = SFH § 633 BGB Nr. 35 = MDR 1982, 1010 = LM § 633 BGB Nr. 45 = ZfBR 1982, 152.)

Mit Recht sagt deshalb auch das OLG Celle, daß die Verpflichtung zur Errichtung einer Eigentumswohnung mit Mitteln des Bestellers auch dann ein Werk(lieferungs)vertrag ist, wenn sie in einem Kaufangebot über die Eigentumswohnung enthalten ist (OLGZ 1971, 401; zu eng Brych NJW 1973, 1583, 1587 und NJW 1975, 2326, der dort weitgehend Kaufvertragsrecht anwenden will).

c) Der Erwerber will den insgesamt errichteten Neubau in einem Zuge erhalten und nicht in einem fertiggestellten und einem noch nicht fertiggestellten Teil (BGH a. a. O.). Dabei ist es auch nicht entscheidend, ob der Veräußerer zunächst für sich gebaut, u. U. das Objekt schon einige Zeit selbst benutzt (vgl. dazu BGH BauR 1982, 58 = SFH § 633 BGB Nr. 33 = ZfBR 1982, 18) hat oder nicht, oder ob er gewerbsmäßig baut bzw. gebaut hat, da **allein die Erstellungs- bzw. Fertigstellungsverpflichtung maßgebendes Kriterium** ist (BGH a. a. O.). Das betrifft **insbesondere** auch den sogenannten **Vorratsbau** (vgl. BGH BauR 1981, 571 = SFH § 633 BGB Nr. 30 = MDR 1982, 49 = LM § 635 BGB Nr. 64 = ZfBR 1981, 219). Daher richten sich die Sachmängelgewährleistungsansprüche auch dann nach Werkvertragsrecht, wenn der Veräußerer zunächst ein für Ausstellungszwecke bestimmtes Musterhaus errichtet, dieses dann noch mehrere Monate nach der Ausstellung zur Besichtigung durch Interessenten benutzt und es schließlich dann an einen Erwerber unter Abtretung von Ansprüchen aus der Herstellung des Hauses gegen Dritte veräußert (BGH BauR 1982, 493 = NJW 1982, 2243 = Betrieb 1982, 1926 = BB 1982, 1882 = SFH § 633 BGB Nr. 35 = MDR 1982, 1010 = LM § 633 BGB Nr. 45 = ZfBR 1982, 152; OLG Frankfurt SFH § 635 BGB Nr. 50 im Falle der vorherigen bloßen Benutzung einer Musterwohnung durch den Erwerber). Gleiches gilt, wenn der Erwerber vor Abschluß des Erwerbsvertrages das fertiggestellte Haus bereits mietweise bewohnt hat (BGH BauR 1986, 345 = SFH § 33 BGB Nr. 56 = NJW-RR 1986, 1026 = MDR 1986, 839 = Betrieb 1986, 1215 = LM § 633 BGB Nr. 59 = ZfBR 1986, 120 = Löwe EWiR § 242 BGB 4/86, 551). 219

Entgegen OLG Schleswig (BauR 1982, 60) kann daher nicht schon deswegen von einem Kaufvertrag gesprochen werden, weil das Bauwerk bereits längere Zeit – hier fast 2 Jahre – fertiggestellt ist, der Bauträgervertrag jedoch eine Herstellungspflicht des Bauträgers ausweist und dort außerdem von Gewährleistungsansprüchen gegen den ausführenden Unternehmer nach der VOB (!) die Rede ist. Das Risiko, daß die Veräußerung des erstellten Bauwerkes dem Bauträger erst später gelingt, kann keinen Einfluß auf die Einordnung des in Betracht kommenden Vertragstyps haben, zumal nicht zu Lasten des Erwerbers; so auch BGH BauR 1985, 314 = NJW 1985, 1551 = Betrieb 1985, 1390 = LM § 21 WEG Nr. 10 = SFH § 633 BGB Nr. 49 = WM 1985, 664 = MDR 1986, 45 = ZfBR 1985, 132, ebenfalls für den Fall, in dem Wohnungseigentum erst zwei Jahre nach Errichtung veräußert worden ist.

220 d) Die vorangehend dargelegten Grundsätze treffen auch zu, wenn nicht das Gebäude insgesamt neu errichtet, sondern die Eigentumswohnungen durch den Umbau eines Altbaues mit erheblichen Eingriffen in die alte Bausubstanz geschaffen worden sind; auch insoweit ist § 11 Nr. 10 AGB-Gesetz zu beachten (OLG Frankfurt BauR 1985, 323 = NJW 1984, 2586; BGH BauR 1988, 464 = SFH § 633 BGB Nr. 71 = NJW 1988, 1972). Gleiches gilt im Falle, in dem es in einem den Erwerbern vermittelten „Exposé" heißt, der Altbau werde „vollkommen modernisiert und umgebaut" und dann insgesamt erhebliche Einzelbaumaßnahmen ausgeführt werden (BGH BauR 1987, 439 = Betrieb 1987, 1630 = ZfBR 1987, 197 = VersR 1987, 720 = SFH § 13 Nr. 4 VOB/B Nr. 11 = NJW-RR 1987, 1046 = ZIP 1987, 1055 = JZ 1987, 886 = MDR 1987, 834 = WEZ 1987, 258 = LM § 11 Ziff. 10 f AGBG Nr. 7 = NJW 1988, 490).

221 e) Ergibt sich hingegen aus dem Vertrag zur Veräußerung eines in der jüngeren Vergangenheit errichteten, gänzlich fertiggestellten Gebäudes oder einer Eigentumswohnung keinerlei Anhalt für eine – u. U. fortbestehende – Errichtungsverpflichtung, so ist dieser Vertrag dem Kaufvertragsbereich mit entsprechend verkürzter Gewährleistung zuzuordnen (vgl. dazu OLG Köln SFH § 635 BGB Nr. 33 mit Anm. Hochstein a. a. O.). Erst recht trifft dies auf die Veräußerung von Grundstücken ohne Herstellungsverpflichtung zu (vgl. dazu OLG Düsseldorf NJW-RR 1986, 320); dann kommt auch eine Freizeichnung durch einen Gewährleistungsausschluß in Betracht (BGHZ 98, 100 = BauR 1986, 723 = Betrieb 1986, 2175 = SFH § 242 BGB Nr. 30 = ZIP 1986, 1199 = NJW 1986, 2824 = MDR 1986, 1011 = LM § 242 [A] BGB Nr. 66 = ZfBR 1987, 217 = krit. Bunte EWiR § 242 BGB 7/86, 871).

222 f) Ist die Erstellungsverpflichtung des Bauträgers bei der gebotenen Betrachtung objektiv gegebener Interessenlage ausschlaggebend, so ist eine **nicht individualvertraglich, sondern formularmäßig getroffene vertragliche Abrede,** daß der Vertrag über die Veräußerung z. B. einer Eigentumswohnung mit Fertigstellungsverpflichtung des Veräußerers **kein Werkvertrag, sondern ein Kaufvertrag sein soll, unwirksam.**

(BGHZ 74, 258 = BauR 1979, 420 mit Anm. Rosenberger BauR 1980, 267 = WM 1979, 839 = NJW 1979, 2207 mit Anm. Weitnauer sowie Kellmann a. a. O. 1980, 400 und 401 = SFH § 635 BGB Nr. 15 = LM § 21 WEG Nr. 4 Anm. Girisch = Betrieb 1979, 2271 = ZfBR 1979, 163; BGH NJW 1980, 2800 = BauR 1980, 568; BGH BauR 1981, 571 = ZfBR 1981, 219; BGH BauR 1982, 61 = Betrieb 1982, 277 = SFH § 13 Nr. 4 VOB/B Nr. 3 = MDR 1982, 313 = NJW 1982, 169 = BB 1981, 2095 = LM § 13 [B] VOB/B Nr. 18 = ZfBR 1981, 61; BGH BauR 1982, 493 = NJW 1982, 2243 = Betrieb 1982, 1926 = BB 1982, 1882 = SFH § 633 BGB Nr. 35 = MDR 1982, 1010 = LM § 633 BGB Nr. 45 = ZfBR 1982, 152; BGH BauR 1985, 314 = NJW 1985, 1551 = Betrieb 1985, 1390 = LM § 21 WEG Nr. 10 = SFH § 633 BGB Nr. 49 = WM 1985, 664 = MDR 1986, 45 = ZfBR 1985, 132; ständig, zuletzt BauR 1988, 461; vgl. auch Schippel/Brambring DNotZ 1977, 213, 224).

223 Gleiches gilt aber **auch bei einem Individualvertrag,** wenn dessen Inhalt, Zweck und wirtschaftliche Bedeutung sowie die Interessenlage der Vertragspartner die Verpflichtung des Veräußerers zur mangelfreien Erstellung des Bauwerkes ergeben (BGH BauR 1986, 345 = SFH § 633 BGB Nr. 56 = NJW-RR 1986, 1026 = MDR 1986, 839 = Betrieb 1986, 1215 = LM § 633 BGB Nr. 59 = ZfBR 1986, 120 = Löwe EWiR § 242 BGB 4/86, 551; BGH BauR 1987, 686 = NJW 1988, 135 = Heinrichs EWiR § 242 BGB 13/87, 1169 = SFH § 633 BGB Nr. 68 = BB 1988, 16 = ZIP 1987, 1461 = Betrieb 1987, 2516 = MDR 1988, 219 = ZfBR 1988, 16 = LM § 633 BGB Nr. 65).

224 Eine formularmäßige Klausel in einem notariellen Bauträgervertrag, daß die Vorschriften über den Kaufvertrag gelten sollen, begründet grundsätzlich eine Haftung des beurkundenden Notars (vgl. Jagenburg/Sturmberg BauR 1982, 321). Anderes gilt bei einer entsprechenden Abrede in einem Individualvertrag, der nicht von § 1 AGB-Gesetz erfaßt ist (vgl. OLG München DWW 1976, 164). Ein solch abweichender Wille muß aber ganz eindeutig aus dem Vertrag hervorgehen.

g) Sofern keine – zulässigen – Haftungserleichterungen zugunsten des Bauträgers vereinbart **225** sind, haftet er dem Erwerber gegenüber aus Gewährleistung grundsätzlich unbeschränkt, ohne daß es darauf ankommt, ob die Vertragspartner einen Festpreis oder die Abrechnung nach Herstellungskosten vereinbart haben. Aus letzterem **allein** ergibt sich noch nicht die Annahme eindeutigen Willens der Vertragspartner dahin, daß der Betreuer in diesem Falle lediglich die ordnungsgemäße Planung, die sorgfältige Auswahl der Unternehmer und die hinreichende Überwachung der Bauausführung schuldet, was Müller (BauR 1981, 219) übersieht. Oftmals umschreiben die Bauträger-Erwerberverträge die **Leistungspflichten des Bauträgers nicht hinreichend bzw. unvollständig,** was in der Rechtsprechung nicht selten zu Schwierigkeiten führt. Wo hier die Grenze der Verantwortlichkeit des Bauträgers liegt, vor allem etwaige Eigenverantwortlichkeiten des Erwerbers, wie z. B. für den Bereich der Eigenleistungen, einsetzen, bedarf im Streitfall vielfach der Auslegung im Einzelfall. Das gilt vornehmlich für die Frage des **Risikos** im Bereich der Planungs-, Betreuungs- und – eigentlichen – Bauleistungen und für die damit verbundene **Grenze der Zumutbarkeit (§ 242 BGB).** Dazu im einzelnen und zutreffend Mauer, Festschrift Korbion, 1986, S. 301, vor allem im Hinblick auf die verschiedenen Pflichtenkreise unter Berücksichtigung der bisherigen Rechtsprechung in den Ausgangspunkten. Was die Bauherstellung selbst anbelangt, ist vor allem – auch – hier zu beachten, daß der Erwerber letztlich wie jeder Bauherr **das Ziel verfolgt, ein brauchbares, für seine erklärten Zwecke vollständiges und mängelfreies Bauwerk zu erhalten und der Bauträger wie jeder andere Bauunternehmer dem Erwerber gegenüber den Erfolg schuldet.**

Zu den Gewährleistungspflichten des Betreuers gehört es auch, wie ein Architekt für im Einzelfall erforderliche **Lärmschutzmaßnahmen** zu sorgen, da dieses im Rahmen des geschuldeten „Baubetreuungswerkes" liegt; der Betreuer darf sich im allgemeinen nicht darauf verlassen, daß das Bauaufsichtsamt bereits Entsprechendes veranlassen wird (BGH BauR 1976, 59 = SFH Z 7.21 Bl. 2 = BB 1975, 988 = Betrieb 1975, 1263 für den Fall der Errichtung an einer in der Nähe liegenden Autobahn). Gewährleistungsansprüche des Erwerbers eines im Gartenhofstil errichteten Hauses können auch auf Nachbesserung der den Gartenhof umschließenden Nachbarhäuser gerichtet sein, da es – je nach Vertragsgestaltung – Sache des Bauträgers ist, mit den Nachbarn entsprechende – werkvertragliche – Vereinbarungen zu treffen, um seiner Erfüllungspflicht gegenüber dem Erwerber (sogenanntes grünes Zimmer) nachzukommen (BGH BauR 1988, 461 = NJW 1988, 2238 = SFH § 633 BGB Nr. 74).

Wie jeder Bauherr darf auch der Erwerber einer Eigentumswohnung vom Bauträger gemäß **226** **§ 320 BGB die Zahlung** einer nach Baufortschritt fälligen Rate des Erwerbspreises jedenfalls wegen bis dahin am Sondereigentum aufgetretener Baumängel in angemessenem Verhältnis zum voraussichtlichen Beseitigungsaufwand **verweigern** (BGH BauR 1984, 166 = NJW 1984, 725 = MDR 1984, 480 = LM § 320 BGB Nr. 25 = SFH § 320 BGB Nr. 9 = ZfBR 1984, 35 = Betrieb 1984, 450). Zum Ausschluß bzw. zur Einschränkung des Leistungsverweigerungsrechts vgl. Teil A § 13 Rdn. 25 ff.

Zur **Wandelung** und deren Ausschluß im Bauträgervertrag vgl. Teil B § 13 Rdn. 657 ff. **227**

Gewährleistungsansprüche gegen den Betreuer verjähren bei der hier grundsätzlich gebotenen Anwendung von Werkvertragsrecht **nach § 638 BGB** ; das gilt auch für Ansprüche aus culpa in contrahendo oder positiver Vertragsverletzung, soweit sie mit einem Mangel der Leistung zusammenhängen (vgl. Teil B § 13 Rdn. 97 ff. und 274 ff.). Ist zwischen den Parteien die VOB wirksam vereinbart, so ist – falls im Einzelfall keine andere Vereinbarung getroffen wird – Teil B § 13 Nr. 4 maßgebend. Davon sind jedoch nicht schon ohne weiteres vom Betreuer auch zu erbringende Architektenleistungen erfaßt (vgl. BGH BauR 1980, 568 = NJW 1980, 2800 = BB 1980, 1549 = Betrieb 1980, 2337 = MDR 1980, 1014 = SFH § 633 BGB Nr. 25 = LM Allg. Geschäftsbed. Nr. 110 = ZfBR 1980, 227). Zur Verjährung von Gewährleistungsansprüchen hinsichtlich des Gemeinschaftseigentums bei Erwerb von Wohnungseigentum vgl. Rdn. 273 ff. **228**

229 Zur Möglichkeit der Vereinbarung der VOB in Bauträgerverträgen vgl. Teil A § 1 Rdn. 31 f. Über die Unzulässigkeit der bloßen Vereinbarung der Gewährleistungsbestimmungen der VOB/B vgl. Teil A § 10 Rdn. 141 ff.

230 Nicht zur werkvertraglichen Gewährleistung des Baubetreuers rechnet es, wenn das zu bebauende Grundstück nach Abschluß des Bauträgervertrages in seiner mit der Lage verbundenen Qualität später geändert wird, wie z. B. durch Beeinträchtigung des freien Ausblicks infolge weiterer Bebauung entgegen der mit zum Vertragsgegenstand gemachten Baubeschreibung. Dies ist nicht ein Mangel der eigentlichen Werkleistung. Auch handelt es sich hier nicht um einen Fall der bloßen Haftung aus der dem Kaufvertrag über das Grundstück fließenden Gewährleistung. Vielmehr betrifft dies eine Verantwortlichkeit aus dem Gesichtspunkt der **positiven Vertragsverletzung mit einer Verjährungsfrist von 30 Jahren.** Anderenfalls würde zu sehr auf den kaufvertraglichen Charakter abgestellt, daher die gleichzeitig im Vertrag geregelte Pflicht nicht nur zur Bauherstellung, sondern zur Übereignung des gemäß der Baubeschreibung **hergestellten Bauwerkes** zu wenig berücksichtigt (so OLG Köln SFH § 276 BGB Nr. 6 mit Anm. Hochstein, der eher der kaufvertraglichen Gewährleistung zuneigt).
Zur Haftung des Grundstücksverkäufers bei Unbebaubarkeit des verkauften „Baugrundstückes" Johlen NJW 1979, 1531.

231 h) **Nicht möglich** ist es dagegen, **lediglich den die Bauerrichtung betreffenden Teil des Bauträgervertrages zu kündigen** und den den Grundstückserwerb betreffenden Teil aufrechtzuerhalten, **ohne** daß dafür ein **wichtiger Grund** vorliegt. Also ist insofern eine **Teilkündigung nach § 649 BGB und demnach auch nach Teil B § 8 Nr. 1 ausgeschlossen.** Beim Bauträgervertrag handelt es sich um einen einheitlichen Vertrag, der verschiedene vertragsrechtliche Elemente in sich birgt, einen Vertrag eigener Art; in diesem verpflichtet sich der Bauträger zu einer Gesamtleistung, wozu er auch berechtigt ist. Insbesondere Grundstücksveräußerung und Bauerrichtung sollen für die Vertragsparteien erkennbar eine Einheit bilden und miteinander „stehen oder fallen". Der Auftraggeber weiß auch, daß er das Grundstück nur erwerben kann, wenn er mit der Bauerrichtung gerade durch den gewerbsmäßig tätigen Bauträger einverstanden erklärt. **Anders** kann dies sein, wenn es sich nicht um einen vertragstreuen Bauträger handelt, vielmehr dem Erwerber ein **wichtiger Kündigungsgrund** zur Seite steht; z. B. wenn der Bauträger wegen der an ihn geleisteten Vergütungsraten noch nicht eine entsprechende Leistung erbracht oder nicht entsprechende Sicherheiten geleistet hat oder wenn der Konkursverwalter nach Konkurseröffnung es nach § 17 KO abgelehnt hat, den Vertrag zu erfüllen, wobei der Erwerber wegen der Übertragung des Grundstückes durch § 24 Satz 2 KO ausreichend gesichert ist, also die Ansprüche des Erwerbers durch Eintragung einer Auflassungsvormerkung nicht mehr beeinträchtigt werden können. Im übrigen hängt die Frage, ob und wann der Erwerber den die Bauleistung betreffenden Vertrag aus wichtigem Grund kündigen kann, von den Umständen des Einzelfalles ab; können die Bauarbeiten auf den anderen Grundstücken bzw. Grundstücksteilen aus- bzw. fortgeführt werden, ohne daß die Gefahr der Stillegung besteht, sind an die Kündigungsvoraussetzungen geringere Anforderungen zu stellen (BGHZ 96, 275 = BauR 1986, 208 = SFH § 649 BGB Nr. 10 = NJW 1986, 925 = BB 1986, 838 = JZ 1986, 339 = MDR 1986, 399 = Betrieb 1986, 534 = LM § 649 BGB Nr. 17 = WM 1986, 232 = ZfBR 1986, 19 = Locher EWiR § 649 BGB 1/86, 251).

232 4. Mit Recht hebt der BGH hervor, daß Verträge zwischen einem Wohnungsbauunternehmen und einem Eigenheimbewerber, durch die sich das Unternehmen zur **Errichtung eines Hauses und zur Übereignung des Anwesens an den Bewerber** verpflichtet, in der Regel nach § 313 Satz 1 BGB auch als Geschäftsbesorgungsverträge notariell beurkundet werden müssen (MDR 1971, 737 = JZ 1971, 556 = LM § 313 BGB Nr. 48 = Betrieb 1971, 1348; für Vorvertrag: BGH NJW 1973, 517 = BB 1973, 308 = Betrieb 1973, 768 = MDR 1973, 394 = LM § 313 BGB Nr. 58), was auch auf den § 313 Satz 1 BGB n. F. zutrifft (BGH NJW 1981, 1267 =

MDR 1981, 658; BGH BauR 1985, 85 = MDR 1985, 298 = NJW 1985, 730 = ZIP 1985, 16 = SFH § 313 BGB Nr. 9 = Betrieb 1984, 1224 = BB 1985, 82 = ZfBR 1985, 117; vgl. dazu näher Locher/Koeble Rdn. 70 ff.; ferner Klaas BauR 1981, 40). Das gilt darüber hinaus für **alle Fälle, in denen Bauvertrag und Grundstückserwerbsvertrag in rechtlichem Zusammenhang** stehen, was angenommen werden muß, wenn die Vereinbarungen nach dem Willen der Beteiligten derart voneinander abhängig sind, daß sie miteinander „stehen und fallen" (BGHZ 76, 43 = Betrieb 1980, 1159; BGH BauR 1981, 67 = Betrieb 1981, 260 = JZ 1981, 93 = BB 1981, 82 = MDR 1981, 308 = NJW 1981, 274 = SFH § 313 BGB Nr. 5 = ZfBR 1981, 15; auch OLG Hamm MDR 1981, 931 = BB 1982, 151; dasselbe BB 1985, 1420 mit Anm. Mink für den Fall eines Darlehens- und Finanzierungsvermittlungsvertrages). Ob diese Voraussetzungen vorliegen, unterliegt im Streitfall der Entscheidung des Tatrichters. So kann es sein, daß der Bauträger mit einer entsprechenden Zeitungsanzeige den Eindruck erweckt und auch erwecken will, daß er den Bauwilligen auch das für die Errichtung des Hauses erforderliche Grundstück verschaffen werde (BGH a. a. O.). Ein untrennbarer Zusammenhang kann auch gegeben sein, wenn der Verschaffer des Grundstücks und der Auftragnehmer hinsichtlich der Errichtung des Bauwerkes nicht identisch sind, jedoch die jeweiligen Gesellschafter und Geschäftsführer personengleich sind (OLG Hamm MDR 1981, 931 = BB 1982, 151). Zu Beurkundungsfragen im Bauherrenmodell vgl. BayObLG DNotZ 1982, 770 sowie Greuner/Wagner NJW 1983, 193.

Zu beachten ist das am 27. 2. 1980 in Kraft getretene Gesetz zur Änderung und Ergänzung beurkundungsrechtlicher Vorschriften vom 26. 2. 1980 (BGB l. I 1980, S. 157 f.) ; zu diesem Gesetz BGH NJW 1980, 2126; Lichtenberger NJW 1980, 864; vgl. auch Kamlah MDR 1980, 532; Arnold DNotZ 1980, 562; Nieder BB 1980, 1130. § 1 Abs. 1 S. 1 und Absatz 2 sowie § 2 dieses Gesetzes sind mit dem Grundgesetz vereinbar (BVerfG Betrieb 1986 = BB 1986, 2015 = NJW 1986, 2817 = MDR 1986, 906; vgl. auch BGH NJW 1980, 228 zu § 1 Abs. 1 a. a. O.).

233

Zur Frage, unter welchen Voraussetzungen sich der Hauptinhalt der durch das Rechtsgeschäft zu begründenden Rechte und Pflichten in hinlänglich klaren Umrissen aus der Niederschrift ergibt (§ 1 Abs. 1 Satz 2 BeurkÄndG), vgl. BGH NJW 1981, 228. Zu weitgehend daher Bartsch BB 1982, 1699, 1701, wenn er bei Bauträgerverträgen im Falle der Vereinbarung der **VOB/B** für den Bereich der Bauausführung deren Beurkundung und Verlesen dem vollen Wortlaut nach fordert, da der Text der VOB/B hinreichend klar ist und vor allem die Verweisung auf die VOB/B eine solche auf Rechtsvorschriften ist (vgl. dazu OLG Düsseldorf MDR 1985, 1035; Arnold DNotZ 1980, 281 Fn. 50; Brambring DNotZ 1980, 298; Schmidt DNotZ 1983, 462, 473 ff. sowie BB 1983, 1308; Lichtenberger NJW 1984, 159).

Außerdem: Tritt ein Grundstücksverkäufer aufgrund eines entsprechenden vertraglichen Vorbehalts von einem Vertrag zurück, der nach § 1 Abs. 1 BeurkÄndG „nicht nichtig" ist, so ist der Vertrag auch hinsichtlich der aus dem Rücktritt sich ergebenden Ansprüche auf Herausgabe der Vergütung von Nutzungen und auf Ersatz von Verwendungen (§ 347 Abs. 1 Satz 2 BGB) als von vornherein wirksam anzusehen (BGH NJW 1980, 1631 = Betrieb 1980, 1838 = MDR 1980, 658 = BB 1980, 960 = LM § 347 BGB Nr. 8).

Nach wie vor gilt: Sollen die hier erörterten Verträge wirksam sein, ist es erforderlich, daß alle Vereinbarungen beurkundet werden, aus denen sich nach dem Willen der Vertragspartner das schuldrechtliche Veräußerungsgeschäft zusammensetzt. Dabei spielt keine Rolle, inwieweit die einzelnen Ansprüche aus dem Vertrag nach Kauf- oder Werkvertragsrecht zu beurteilen sind. Ausgestaltung und Ausstattung des Hauses oder der Eigentumswohnung sind in aller Regel wesentliches und damit beurkundungsbedürftiges Vertragselement. Daher müssen auch die Vereinbarungen über das gemeinschaftliche Eigentum notariell beurkundet werden. Ist beurkundet worden, so hat die Urkunde – wie auch sonst – die Vermutung der Richtigkeit und

234

Vollständigkeit für sich. Allerdings ist die Unvollkommenheit der Beurkundung unschädlich, sofern die betreffende Vereinbarung in der Urkunde einen zwar unvollkommenen, jedoch der Auslegung noch zugänglichen Niederschlag gefunden hat (zu diesen Grundregeln BGH BauR 1981, 282 = SFH § 313 BGB Nr. 6 = BlGBW 1981, 148 = ZfBR 1981, 123 m. w. N.). Letzteres trifft nicht mehr zu, wenn der Urkunde beigefügte Grundrißpläne nicht ersichtlich an die bestehende Bauplanung anknüpfen, sondern sich nur auf einen Teil derselben erstrecken, und der umstrittene Teil davon nicht hinreichend deutlich erfaßt ist (BGH a. a. O.). Jedoch kann im Einzelfall das Berufen auf die Formnichtigkeit des Vertrages gegen Treu und Glauben verstoßen (BGH a. a. O.).

235 Zur ausnahmsweisen Geltung eines nicht notariell beurkundeten Eigenheimbewerbervertrages wegen Untragbarkeit des gegenteiligen Ergebnisses sowie zur ausnahmsweisen Entstehung und Fälligkeit des Auflassungsanspruches bereits aufgrund des Eigenheimbewerber-Vorvertrages BGH NJW 1972, 1189 = BlGBW 1972, 199 = BB 1972, 727 = LM § 313 BGB Nr. 53 = MDR 1972, 852. Das Berufen auf die Formnichtigkeit eines Vertrages ist aber sonst nach Treu und Glauben nur in seltenen Ausnahmefällen ausgeschlossen (vgl. dazu BGH NJW 1977, 2072 m. w. N.; BGH NJW 1978, 102 = Betrieb 1977, 1990 = SFH § 313 Nr. 1 BGB). Das ist z. B. berechtigt, wenn der Veräußerer dem Erwerber eine mündliche Zusicherung macht und ihn veranlaßt, sich damit zu begnügen, sofern der Erwerber auf die Einhaltung der Zusicherung ersichtlich Wert legt, wie hinsichtlich der Beibehaltung der Planung einer Penthouse-Wohnung (vgl. BGH BauR 1981, 282 = SFH § 313 BGB Nr. 6 = BlGBW 1981, 148 = ZfBR 1981, 123 m. w. N.).

236 Tritt jemand einer KG bei, deren Zweck in der Verschaffung von Eigentumswohnungen für ihre Mitglieder liegt, so ist zwar an sich nicht der gesellschaftliche Beitritt, jedoch die damit verbundene Erwerbsverpflichtung formbedürftig, was nach dem Sinn und Zweck des Gesamtvertrages zur Annahme der Notwendigkeit notarieller Beurkundung des Gesamtvertrages führen kann (vgl. BGH NJW 1978, 2505).

237 Soll das Wohnungsbauunternehmen nach dem Inhalt des Träger-Bewerber-Vertrages bereits beim Erwerb des noch in dritter Hand befindlichen Grundstückseigentums für Rechnung des Bauinteressenten handeln (indirekte Stellvertretung, Treuhand), so hat der Bauinteressent auch bei formlosem Vertragsabschluß nach erfolgtem Eigentumserwerb des Wohnungsbauunternehmens kraft Gesetzes einen Anspruch auf Weiterübereignung des Grundstücks an ihn (BGH, Urt. vom 20. 2. 1970 – V ZR 46/67 –). Zur Formbedürftigkeit einseitiger Erwerbsverpflichtungen Hepp NJW 1972, 1695. Zur Frage, ob ein Bauvertrag über ein Fertighaus der notariellen Beurkundung bedarf, vgl. Teil A § 28 Rdn. 24 ff.

238 Die Formnichtigkeit kann **nach § 313 Satz 2 BGB durch Auflassung und Eintragung in das Grundbuch geheilt werden,** und zwar auch dann, wenn die Vertragspartner beim Vertragsabschluß die Formbedürftigkeit kannten (BGH NJW 1974, 205).

Hat ein Notar einen Grundstückskaufvertrag fehlerhaft beurkundet, so haftet er auch für den Schaden, der einem Beteiligten daraus erwächst, daß in einem später zwischen den Vertragsparteien geführten Rechtsstreit ein OLG die inzwischen durch Auflassung und Eintragung eingetretene Heilung des Vertrages rechtsirrig verkennt (BGH NJW 1982, 572 = JZ 1982, 198 = VersR 1982, 296 = MDR 1982, 477). Beurkundet ein Notar einen Grundstückskaufvertrag, in welchem die VOB/B nur teilweise in Bezug genommen wird, so muß er die Vertragsparteien darauf hinweisen, daß diese Klausel möglicherweise unwirksam ist (OLG Hamm NJW-RR 1987, 1234).

239 **5.** Soll das **Eigentum** an dem errichteten Bauobjekt **erst später** übertragen werden und wird für die Zwischenzeit ein **Nutzungsverhältnis** zugunsten des Erwerbers begründet, so ist im

allgemeinen § 538 Abs. 2 BGB entsprechend anzuwenden; soweit der Erwerber danach berechtigt ist, einen Mangel der Leistung selbst zu beseitigen, kann er dafür vom Bauträger einen Vorschuß in Höhe der voraussichtlichen Kosten verlangen (BGHZ 56, 136 = NJW 1971, 1450 = BB 1971, 846 = SFH Z 4.00 Bl. 27 = BlGBW 1971, 232 = BauR 1971, 190).

IV. Verjährung von Ansprüchen des Betreuers bzw. Bauträgers

1. Sofern durch eine im **Rahmen der Kaufmannseigenschaft, also im Rahmen des Gewerblichen liegende Bauträgerschaft** die Verpflichtung zur **Veräußerung eines Grundstückes und zur Herstellung eines Gebäudes bzw. einer Eigentumswohnung** in dem in Rdn. 214 ff. umrissenen Bereich übernommen wird, so **verjährt ein einheitlich für Grundstücksanteil und Gebäudeerrichtung bzw. Wohnungserrichtung vereinbarter Vergütungsanspruch gemäß § 196 Abs. 1 Nr. 1 (nicht Nr. 7) BGB in 2 Jahren.** 240

Vor allem verbietet die Einheitlichkeit des vereinbarten Vergütungsanspruches eine Aufteilung in eine Vergütung für die Grundstücksbeschaffung einerseits und die Bauerrichtung andererseits, da hier die Errichtung des Gebäudes bzw. der Wohnung der Grundstücksverschaffung gegenüber als Leistung weitaus überwiegt und dem Vertrag die charakteristische Note gibt.

(BGHZ 72, 229 = BauR 1979, 59 = BB 1978, 1693 = NJW 1979, 156 = ZMR 1979, 10 = Anm. Schubert JR 1979, 109 = SFH § 196 Abs. 1 Nr. 1 BGB Nr. 1 = MDR 1979, 219 = Betrieb 1979, 88 = LM § 196 BGB Nr. 34 Anm. Girisch = JZ 1979, 36; ebenso BGHZ 79, 273 = BauR 1979, 434 = NJW 1979, 1650 = SFH § 196 Abs. 1 Nr. 1 BGB Nr. 3 = MDR 1979, 836 = BB 1979, 1065 = LM § 196 BGB Nr. 35 Anm. Girisch; BGH BauR 1981, 390 = NJW 1981, 1665 = Betrieb 1981, 2071 = MDR 1981, 746 = SFH § 196 Abs. 1 Nr. 7 BGB Nr. 2 = LM § 196 BGB Nr. 42 = ZfBR 1981, 166 und OLG Düsseldorf OLGZ 1977, 198).

Gleiches trifft – erst recht – zu, wenn sich der Veräußerer eines Grundstückes in dem Vertrag zugleich zur Errichtung eines Einfamilienhauses verpflichtet und ein **einheitliches Entgelt für beide Leistungsteile vereinbart** wird (BGH BauR 1979, 523 = NJW 1979, 2193 = BB 1979, 1474 = WM 1979, 1121 = SFH § 196 Abs. 1 Nr. 1 BGB Nr. 4 = MDR 1980, 134 = Betrieb 1979, 2234). Das ist auch dann der Fall, wenn ein Vertragswerk in einen privatrechtlichen „Kaufanwartschaftsvertrag", der die Verpflichtung zum Bauen ausspricht, und einen später abgeschlossenen notariellen Grundstückskaufvertrag, der die Verpflichtung zur Zahlung des „Kaufpreises" nicht nur für das Grundstück, sondern auch für das darauf gebaute Haus enthält, aufgespalten wird; anderenfalls würde eine unzulässige Umgehung vorliegen (BGH BauR 1981, 74 = SFH § 196 Abs. 1 Nr. 1 BGB = BB 1980, 1770 = MDR 1981, 219 = Betrieb 1980, 212 = NJW 1981, 273 = BlGBW 1981, 151 = LM § 196 BGB Nr. 39 = ZfBR 1981, 14; vgl. dazu Reinelt BB 1981, 706). 241

Zur Verjährung von Ansprüchen eines Bauunternehmers in dem Sonderfall, in dem er die Erstellung eines Wohnhauses für eigene Rechnung auf dem Grundstück des Auftraggebers übernommen hat, siehe OLG Celle NJW 1968, 702 mit zutreffender kritischer Anmerkung von Locher a. a. O.

Der Anspruch des Bauträgers auf **Erstattung von Erschließungskosten verjährt nach § 196 Abs. 1 Nr. 1 BGB in 2 Jahren,** wobei es ohne Bedeutung ist, ob solche Kosten im Erwerbsvertrag gesondert ausgewiesen oder in einem einheitlich vereinbarten Entgelt enthalten sind (BGH BauR 1988, 100 = Betrieb 1988, 546 = NJW 1988, 483 = SFH § 196 Abs. 1 Nr. 1 BGB Nr. 11 = v. Feldmann EWiR § 196 BGB 1/88, 125 = MDR 1988, 308 = ZfBR 1988, 66 = LM § 196 BGB Nr. 59). 242

Daher verjährt auch der Anspruch auf **Vergütung von Erschließungsleistungen** hinsichtlich eines noch nicht erschlossenen Grundstücks nach § 196 Abs. 1 Nr. 1 BGB in 2 Jahren, wenn die Parteien vereinbaren, daß der Veräußerer (als Kaufmann i. S. des § 6 HGB) das Grundstück erschließt und der Erwerber die Erschließungsleistungen nach gesonderter Abrechnung zu vergüten hat. Auch insoweit handelt es sich um die Ausführung von Arbeiten bzw. die Besorgung fremder Geschäfte, die über Werklohnansprüche hinaus dieser gesetzlichen Regelung unterliegen, und zwar unabhängig von dem gewichteten Grundstückskaufpreis, sofern nicht einheitliche Vergütungsansprüche nach der jeweils maßgebenden vertraglichen Regelung gegeben sind (BGH BauR 1981, 581 = SFH § 196 Abs. 1 Nr. 1 BGB Nr. 10 = ZfBR 1981, 264).

243 2. Allerdings ist Voraussetzung für die Annahme einer kurzen Verjährungsfrist nach § 196 Abs. 1 Nr. 1 BGB, daß die dort aufgeführten Leistungen von einem **Angehörigen der dort genannten Berufsgruppen erbracht** werden (BGH BauR 1981, 390 = NJW 1981, 1665 = Betrieb 1981, 2071 = MDR 1971, 746 = SFH § 196 Abs. 1 Nr. 7 BGB Nr. 2 = LM § 196 BGB Nr. 42 = ZfBR 1981, 166 m. w. N.).

Sind die vorerörterten Voraussetzungen nicht erfüllt, kommt evtl. eine **Verjährung nach § 196 Abs. 1 Nr. 7 BGB** in Betracht, wenn der Veräußerer **wie ein Bauträger** das Bauvorhaben im eigenen Namen ausführt und dabei Vermögenswerte der Erwerber verwendet, ohne daß es darauf ankommt, ob hier die Leistung von Diensten oder insgesamt eine werkvertragliche Tätigkeit im Rahmen der Besorgung fremder Geschäfte vorliegt, da hier unter Leistung von Diensten auch die werkvertragliche Leistung zu verstehen ist (BGH a. a. O.). Dabei genügt es sowohl für § 196 Abs. 1 Nr. 1 als auch für § 196 Abs. 1 Nr. 7, wenn jemand, ohne gewerbsmäßig als Bauträger tätig zu sein, evtl. auch im Rahmen einer Nebentätigkeit, **wie ein Bauträger auftritt und handelt** (BGH a. a. O.).

244 3. Die genannte kurze Verjährungsfrist bleibt außer Betracht, wenn der Preis für die Grundstücksverschaffung und die Bauerrichtung für sich gesondert vereinbart, insbesondere dabei äußerlich im Vertrag getrennt aufgeführt werden; dann ist die Verjährungsfrist für den Grundstückskaufpreis 30 Jahre, während sie für den Vergütungsanspruch hinsichtlich der Bauerrichtung 2 Jahre beträgt (vgl. OLG Düsseldorf OLGZ 1977, 198, 200; vom BGH in den oben unter 1. genannten Entscheidungen offen gelassen; vgl. auch OLG Köln SFH Z 7.25 Bl. 1).

245 4. Die auf die **wirtschaftliche und finanzielle Betreuung** gerichteten Vergütungsansprüche des Baubetreuers gegen den Betreuten **verjähren** nach § 196 Abs. 1 Nr. 7 BGB **in 2 Jahren** (OLG Celle NJW 1970, 1191). Das gilt auch, wenn ein eingetragener Verein, der nach seiner Satzung ausschließlich und unmittelbar gemeinnützige Zwecke i. S. der Gemeinnützigkeitsverordnung vom 24. 12. 1953 verfolgt, Baubetreuung für seine Mitglieder betreibt (OLG Nürnberg NJW 1972, 2126).

246 5. Zur Anwendbarkeit von Teil B § 16 Nr. 3 Abs. 2 auf Bauträgerverträge vgl. Teil B § 16 Rdn. 158 ff.

V. Sonderfragen

247 1. Eine in **AGB eines Baubetreuers bzw. Bauträgers enthaltene Musterprozeßklausel**, wonach der Auftragnehmer bei gerichtlicher Geltendmachung seiner Ansprüche aus Gründen der Kostenersparnis nur einen vom Baubetreuer bzw. Bauträger zu bestimmenden Bauherrn entsprechend dessen Anteil in Anspruch nehmen kann, benachteiligt den Auftragnehmer entgegen den Geboten von Treu und Glauben unangemessen und ist daher **nach § 9 AGB-Gesetz unwirksam** (BGHZ 92, 13 = BauR 1984, 632 = NJW 1984, 2408 = Betrieb 1984, 2295 = ZIP 1984, 1234 = BB 1984, 1575 = MDR 1984, 928 = LM § 9 [B] AGBG Nr. 5 = ZfBR 1984, 220).

Das gilt vor allem, weil dem Betreuer bzw. Bauträger allein die Auswahl des zu verklagenden Gesellschafters (Bauherrn) überlassen ist, ohne daß der Auftragnehmer hierauf Einfluß nehmen kann. Insofern kann es sein, daß der Auftragnehmer gegen den vom Betreuer bzw. Bauträger ausgewählten Bauherren einen Prozeß beim Amtsgericht führen muß, gegen dessen Entscheidung ihm letztinstanzlich nur die Berufung beim Landgericht bleibt; auch ist es möglich, daß der Betreuer bzw. Bauträger einen Bauherren auswählt, der Gegenansprüche gegen den Auftragnehmer hat, die nicht für alle Bauherren gegeben sind, so daß der Auftragnehmer erneut gegen andere Bauherren, die ein solches Gegenrecht nicht haben, vorgehen müßte. Da nach solcher Klausel auch eine Unterwerfung unter die Zwangsvollstreckung durch die übrigen Gesellschafter nicht erklärt wird, muß der Auftragnehmer das Risiko weiterer Klagen gegen die übrigen Gesellschafter auf sich nehmen, so daß ihm durch die Musterprozeßklausel auch vollstreckungsrechtlich unzumutbare Schwierigkeiten bereitet werden (BGH, a. a. O.). Angesichts der Unwirksamkeit der Musterprozeßklausel ist es dem Auftragnehmer nicht verwehrt, während eines vom ihm aufgrund der

Benennung durch den Betreuer bzw. Bauträger gegen einen Bauherren geführten Prozesses auch noch andere Bauherren im Wege der Parteierweiterung mit einzubeziehen. Eine etwaige Verweigerung der Zustimmung der neu in den Prozeßhineingezogenen Bauherren wäre mißbräuchlich (BGH, a. a. O.).

Hält – nur – ein OLG eine in AGB eines Baubetreuers enthaltene Musterprozeßvereinbarung für wirksam, handelt es sich dabei insbesondere nicht um ständige Rechtsprechung und erklärt der BGH später diese Klausel für unwirksam, so wird dadurch allerdings die Verjährung des Werklohnanspruches eines Auftragnehmers gegen nicht rechtzeitig verklagte Bauherren nicht entsprechend §§ 202, 203 BGB gehemmt (BGH BauR 1988, 97 = NJW 1988, 197 = Feldmann EWiR § 202 BGB 1/87, 1165 = ZIP 1988, 34 = SFH § 202 BGB Nr. 5 = MDR 1988, 219 = Betrieb 1988, 751 = ZfBR 1988, 12 = LM § 202 BGB Nr. 23).

2. Zum Begriff des **schlüsselfertigen Errichtens** vgl. Teil B § 12 Rdn. 17 ff. Ist der Erwerber zur ungehinderten Nutzung auf vom Betreuer bzw. Bauträger zu beschaffende Unterlagen angewiesen, so hat der Betreuer ihm diese rechtzeitig zu verschaffen; gleiches gilt, wenn der Erwerber solche Unterlagen, vor allem den behördlichen Schlußabnahmeschein, zur Abwicklung der Finanzierung benötigt; insoweit ist **§ 444 BGB entsprechend anzuwenden** (vgl. OLG Köln SFH § 444 BGB Nr. 1 mit zutreffender Anm. von Hochstein). 248

3. Zur Ausübung der Rechte nach **§ 326 BGB** durch den Bauträger, wenn die im Bauträgervertrag übernommene Verpflichtung zur Herstellung des Bauwerks nachträglich auf einen Dritten übertragen wird und der Bauträger sich nur noch die Übereignung des Grundstückes an die Erwerber vorbehält, vgl. BGH BauR 1984, 173 = NJW 1984, 869 = SFH § 326 BGB Nr. 6 = Betrieb 1984, 451 = MDR 1984, 392 = LM § 326 (C) BGB Nr. 6. 249

4. Von einer **vollständigen Fertigstellung nach § 3 MaBV** kann nicht gesprochen werden, wenn sich nach Übergabe des Hauses noch wesentliche Mängel zeigen, die bei einer früheren Kenntnis der Abnahmepflicht des Erwerbers entgegengestanden hätten (OLG Köln BauR 1983, 381). 250

5. Zur **Auskunfts- und Rechenschaftspflicht** des Architekten und Baubetreuers Locher NJW 1968, 2324 sowie Locher/Koeble Rdn. 522 ff.; ferner Hepp NJW 1971, 11. Über die Rechnungslegung des Baubetreuers siehe LG Stuttgart NJW 1968, 2337 sowie NJW 1968, 2338; ferner OLG Hamm NJW 1969, 1438 mit Anm. Locher. 251

6. Zur **Anfechtung** des Baubetreuungsvertrages wegen Irrtums über die Vertrauenswürdigkeit der Betreuungsgesellschaft vgl. BGH WM 1970, 906. 252

Wer die Betreuung eines Bauvorhabens im sozialen Wohnungsbau übernehmen will, aber wegen seiner persönlichen oder wirtschaftlichen Verhältnisse gewärtigen muß, nicht oder nur mit Verzögerungen nach den einschlägigen Wohnungsbauförderungsbestimmungen **als Baubetreuer zugelassen** zu werden (z. B. nach Nr. 20 der Wohnungsbauförderungsbestimmungen NRW = SMBl. NW 2370), **hat den Bauinteressenten bei den Vertragsverhandlungen darüber aufzuklären,** anderenfalls kann er aus dem Gesichtspunkt des **Verschuldens bei Vertragsabschluß** (culpa in contrahendo) **schadensersatzpflichtig** sein (OLG Düsseldorf MDR 1972, 688).

7. Zu Rechtsfragen im Zusammenhang mit der **Finanzierungsbestätigung** in Bauträgerverträgen eingehend und zutreffend Löffelmann BauR 1981, 320; dazu auch LG Waldshut-Tiengen BauR 1985, 485. Darüber, ob der Kreditnehmer (Erwerber) Einwendungen aus seinem Vertrag mit dem Bauträger der kreditgebenden Bank entgegensetzen kann, vgl. BGH BB 1979, 1371 = MDR 1979, 1001 = NJW 1980, 41 = Betrieb 1979, 2026 = JZ 1979, 721 = LM § 242 (Cd) BGB Nr. 221. Hiernach ist ein solcher Einwendungsdurchgriff möglich, wenn nach Treu und Glauben (§ 242 BGB) ganz besondere Umstände trotz der rechtlichen Selbständigkeit des Darlehensvertrages mit dem Kreditgeber einerseits und dem Bauträgervertrag andererseits vorliegen, nach denen eine Behandlung der Verträge als Einheit berechtigt ist. In der Regel wird das zutreffen, wenn die kreditgebende Bank als Globalkreditgeberin des 253

Bauträgers und zugleich als Kreditgeberin des Erwerbers sich diesem gegenüber in einer dem widersprüchlichen Verhalten vergleichbaren Weise benimmt. Das trifft zu, wenn sich die Bank nicht auf die Rolle eines Kreditgebers beschränkt, sondern sich darüber hinaus an dem finanzierten Geschäft beteiligt, wie z. B. durch Übernahme von Funktionen des Bauträgers im Zusammenwirken mit diesem (wie etwa durch Werben des Erwerbers oder dadurch, daß ihr sonst die gesamte rechtliche Ausgestaltung des „Dreiecksverhältnisses" zuzurechnen ist). Beschränkt sich die kreditgebende Bank auf ihre Rolle als Kreditgeberin, so hat sie grundsätzlich keine Aufklärungspflicht gegenüber dem Erwerber/Darlehensnehmer über die Sanierungsbedürftigkeit eines sogenannten Ersterwerbermodells (BGH BB 1988, 794 = Betrieb 1988, 1541 = MDR 1986, 649).

254 8. Hat ein Baubetreuer bzw. Bauträger einen Festpreis garantiert und würden die Handwerkerforderungen, wenn nicht der Bauherr wegen Mängeln gemindert hätte, den Festpreis überschreiten, so hat der Bauherr gegen den Baubetreuer bzw. Bauträger aus der Garantie einen Anspruch in Höhe der die Garantie überschreitenden Minderungsbeträge, da im Zweifel davon auszugehen ist, daß sich die festgelegte, garantierte Bausumme auf ein mängelfrei erstelltes bzw. zu erstellendes Bauwerk bezieht (a. A. LG Stuttgart NJW-RR 1987, 276).

255 9. Dem Initiator eines Bauherrenmodells steht für seine auf die Gründung einer Bauherrengemeinschaft zielende und in der Vorbereitung und Förderung des Bauvorhabens bestehende Tätigkeit gegenüber dem Bauherrn weder unter dem Gesichtspunkt der Geschäftsführung ohne Auftrag noch unter dem der ungerechtfertigten Bereicherung eine Vergütung zu, wenn er entgegen seiner Erwartung nicht zu einem Funktionsträger im Rahmen des Bauherrenmodells bestellt wird, weil sowohl die Voraussetzungen der §§ 677, 683, 684 als auch die der §§ 812 ff. BGB nicht gegeben sind (OLG Nürnberg NJW-RR 1987, 405). Übernimmt eine Wohnungsbaugesellschaft für einen anderen auf dessen Grundstück die Erstellung eines schlüsselfertigen Hauses (Betreuung), so richtet sich nach Ansicht des BGH ihr Anspruch auf Ersatz der tatsächlichen Auslagen nicht nach der üblichen Vergütung gemäß § 632 Abs. 2 BGB, sondern nur nach § 670 BGB (NJW 1970, 94 = MDR 1969, 999 = BB 1969, 1244), was von Diehl (NJW 1970, 94) zutreffend abgelehnt wird.

256 10. Die Bestimmung in einem Formularvertrag, wonach dem Baubetreuer eine für die Vermietung des Bauobjektes und die Übernahme einer **Mietgarantie** vereinbarte Vergütung auch dann zusteht, wenn der Bauherr diese Leistungen einverständlich nicht in Anspruch nimmt, benachteiligt den Bauherrn entgegen Treu und Glauben unangemessen und ist daher unwirksam (BGH BauR 1984, 410 = NJW 1984, 2162 = Betrieb 1984, 2242 = MDR 1985, 46 = BB 1984, 1192 = LM § 9 [Bc] AGBG Nr. 1 = SFH § 9 AGBG Nr. 13 = ZfBR 1984, 192). Wird einem Erwerber eine bestimmte Mieteinnahme garantiert, ist es unerheblich, wenn der Garantiegeber in einer anderen Vertragsbestimmung ermächtigt wird, einen Mietvertrag mit einer geringeren Miete abzuschließen; soll die Garantiemiete auf die Höhe der tatsächlich erzielten oder erzielbaren Miete beschränkt sein, muß dies in dem Garantievertrag zum Ausdruck kommen; andernfalls liegt ein Verstoß gegen § 5 AGB-Gesetz vor (OLG Celle NJW-RR 1988, 119).

257 11. Ein durch Vormerkung gesicherter Anspruch auf Grundstücksübereignung wird kraft § 24 KO durch eine Erfüllungsablehnung nach § 17 KO auch dann nicht berührt, wenn der dem Übereignungsanspruch zugrundeliegende Vertrag zugleich auf die Erstellung eines Bauwerkes gerichtet ist; dies gilt unabhängig davon, ob das Entgelt für das Grundstück in dem Vertrag gesondert ausgewiesen ist oder nicht (BGHZIP 1981, 250 = NJW 1981, 991 = MDR 1981, 395).

VI. Bautreuhänder

1. Der insbesondere im Bereich von Bauträger-Erwerberverträgen tätige **Treuhänder** (kritisch und zutreffend zur Frage der Notwendigkeit der Einschaltung eines Treuhänders Brych, Festschrift Korbion 1986, S. 1 ff., wobei letztlich steuerliche Gesichtspunkte auch hier ausschlaggebend sind) kann je nach mit ihm getroffener Vertragsgestaltung **verschiedene Aufgaben** haben. Einmal kann es sich um den – bloßen – **Kontotreuhänder** handeln, der mit der Abwicklung des Zahlungsverkehrs im Rahmen der Bauerstellung befaßt ist. Zum anderen ist die häufigste Form bei Bauherrenmodellen der sogenannte **Basistreuhänder**, der neben dem Zahlungsverkehr vor allem mit dem Abschluß der Verträge und der gesamten rechtsgeschäftlichen Entwicklung beauftragt ist. In beiden Bereichen wird der Treuhänder **für den Bauherren tätig und hat dessen an sich diesem obliegende Aufgaben wahrzunehmen** (vgl. dazu vor allem Koeble, Festschrift Korbion, 1986, S. 215). Wegen der verschiedenen Formen der Treuhand beim Bauherren- und Bauträgermodell vgl. auch Reithmann BB 1984, 681; zum Rechtsanwalt als Treuhänder im Bauherrenmodell Evers NJW 1983, 1652, dazu kritisch und wohl zutreffend Riedel NJW 1984, 1021.

2. Im allgemeinen handelt es sich bei dem Treuhandvertrag um einen **Dienstvertrag mit Geschäftsbesorgungscharakter** (§§ 611, 675 BGB ; Koeble a. a. O. m. w. N.) Seine **Rechte und Pflichten richten sich je nach Art und Umfang des Treuhandvertrages.** Sie sind beim sogenannten Basistreuhänder naturgemäß weitergehend als beim sogenannten Kontotreuhänder. Im allgemeinen ist dazu festzustellen: Der Treuhänder hat grundsätzlich in einer von den anderen am Bauherrenmodell Beteiligten unabhängigen Weise die Rechte und Interessen seines Treugebers umfassend und gewissenhaft wahrzunehmen; soweit er hierauf gemäß seinem Aufgabenbereich Einfluß zu nehmen hat, gilt dies vor allem auch für die Gestaltung der Einzelverträge und die Auftragsvergabe, wobei ihm ein vertretbarer Ermessensspielraum einzuräumen ist; auch ohne gesonderten Beratungsvertrag ist der Treuhänder im Bereich des jeweiligen Treuhandvertrages zur Beratung des Bauherrn über relevante Umstände verpflichtet (ähnlich Kürschner ZfBR 1988, 2). Dabei wird die Sorgfaltspflicht des Treuhänders nicht durch das Interesse des Bauherrn, möglichst hohe Steuervorteile zu erzielen, relativiert; insbesondere bestehen die Sorgfaltspflichten des Treuhänders im Rahmen der Auszahlungsvornahme- und überwachung und – je nach Aufgabenbereich – auch bei der Verwirklichung des steuerlichen Konzeptes des Bauherrenmodells (Kürschner a. a. O.) Abzugrenzen ist der Pflichtenkreis des Treuhänders von den Pflichten anderer Baubeteiligter (sogenannter Funktionsträger). **Zu berücksichtigen** ist dabei auch unter dem Gesichtspunkt der **Eigenverantwortlichkeit die Kenntnis des Bauherren von der Modell- und Vertragsgestaltung sowie weiteren Einzelheiten zum Zeitpunkt seines Eintritts** in die Bauherrengemeinschaft, wodurch es zum Ausschluß oder der Beschränkung der Haftung des Treuhänders kommen kann. Für Bauherrenmodelle besteht nämlich eine Reihe von Prüfungsmaßstäben, die dem Anleger bei seiner in erster Linie eigenverantwortlichen Entscheidung helfen, das Angebot zu beurteilen. So schließt die Eigenverantwortlichkeit eines Bauherren auch eine – normalerweise gegebene – Haftung des Treuhänders wegen verfehlter Auszahlung von Mitteln aus, wenn der Bauherr in Kenntnis und Würdigung der Risiken gleichwohl die Auszahlung wünscht (Kürschner a. a. O.)

3. Möglich ist – je nach Gestaltung im Einzelfall – bereits eine **Haftung** des Treuhänders **im vorvertraglichen Bereich**, vor allem im Wege der **Prospekthaftung** (dazu Koeble a. a. O., S. 218 ff.). So muß der Treuhänder schon vor Annahme des Treuhandauftrages prüfen, ob der Schutz des Anlegers mit einer treuhänderischen Interessenwahrnehmung zu vereinbaren ist; insoweit muß er auch einen vorhandenen **Prospekt auf seinen Wahrheitsgehalt prüfen;** jedoch fehlt es an der Ursächlichkeit der Aufklärungspflichtverletzung, wenn der Schaden auch bei pflichtgemäßem Verhalten des Treuhänders aufgetreten wäre, der Geschädigte also den Rat oder Hinweis nicht befolgt hätte, wofür der Treuhänder darlegungs- und beweispflichtig ist; ein Schaden ist dem Bauherren im übrigen nur entstanden, wenn der Vertragszweck nicht erreicht ist; sonst ist der in seinem Vertrauen enttäuschte Anleger so zu stellen, wie er stehen würde, wenn er durch die Beteiligten pflichtgemäß aufgeklärt worden wäre, wobei es im allgemeinen auf den Verlust der eingezahlten Beträge ankommt (OLG Stuttgart WM 1987, 1260 = NJW-RR 1988, 276). Nicht zuletzt sind hier für den Bereich der Verpflichtung des Treuhänders auch die gebotenen **Grenzen der Zumutbarkeit im Rahmen des Vorhersehbaren** zu beachten. So haftet der Treuhänder im Bauherrenmodell, der im Jahre 1981 gegenüber der in einem Prospekt angekündigten Grunderwerbsteuerfreiheit für den Erwerb einer Eigentumswohnung im Hinblick auf die Praxis der Finanzverwaltung keine Zweifel zum Ausdruck brachte, einem Teilnehmer am Bauherrenmodell nicht aus Verschulden bei Vertragsverhandlungen, wenn das Finanzamt im Jahre 1985 aufgrund der fortentwickelten Rechtsprechung des BFH Grunderwerbsteuer für den gesamten Herstellungsaufwand der Eigentumswohnung verlangt (OLG Frankfurt Betrieb 1988, 437).

261 **4.** Wesentlich für den Treuhandbereich ist besonders die **sachgerechte, regelmäßige Unterrichtung und Beratung des Bauherren, vor allem zur Vermeidung von Kostenüberschreitungen** (vgl. BGH BauR 1988, 502 = SFH § 675 BGB Nr. 17 = NJW-RR 1988, 915), die **Kontrolle und Weiterleitung von Geldern,** vor allem an den Bauträger bzw. Baubetreuer, dabei naturgemäß im Zusammenhang mit der **Wahrung der steuerlichen Interessen des Bauherren** (vgl. dazu BGH BauR 1987, 103 = ZIP 1987, 109 = NJW-RR 1987, 273 = MDR 1987, 397 = Betrieb 1987, 427 = SFH § 675 BGB Nr. 15 = WEZ 1987, 73 = LM § 675 BGB Nr. 119 = ZfBR 1987, 66 = Schlewing EWiR § 675 BGB 2/87, 143; vgl. auch BGH BauR 1988, 99 = SFH § 675 BGB Nr. 14 = ZfBR 1988, 17). Ist der Betreuer mit der Abwicklung des Zahlungsverkehrs beauftragt, so muß er dies mit der gebotenen Sorgfalt erledigen. Schulden mehrere Bauherren nur anteilig die Vergütung der Unternehmer, was regelmäßig der Fall ist, so muß er bei Abschlags- oder Teilzahlungen angeben, für wen und zu welchem Anteil gezahlt wird, weil sonst die Tilgungswirkung nicht eintritt, da der ausführende Unternehmer weder berechtigt noch verpflichtet ist, die betreffende Teilzahlung den ihm an sich bekannten Beteiligungsquoten aller Bauherren zuzuschreiben (vgl. dazu OLG Hamm ZfBR 1988, 130). Der Treuhänder eines nach dem Bauherrenmodell geplanten Bauvorhabens, der vor Erteilung der Baugenehmigung Eigenkapitalraten der Bauherren an einen mit der wirtschaftlichen und steuerlichen Beratung der Bauherren sowie der Vermittlung des Treuhandvertrages beauftragten Dritten weiterleitet, verletzt die ihm aufgrund des Treuhandvertrages obliegenden Pflichten schuldhaft, weswegen er sich nach §§ 675, 276 BGB schadensersatzpflichtig macht (BGH BauR 1986, 590 = ZfBR 1986, 220 = SFH § 675 BGB Nr. 11 = BB 1986, 1807 = MDR 1987, 133 = ZIP 1986, 1124 = Betrieb 1986, 2125 = NJW-RR 1987, 273 = LM § 675 BGB Nr. 116 = Koeble EWiR § 675 BGB 3/87, 233). Zur Übernahme einer Garantie durch den innerhalb eines Bauherrenmodells tätigen „Baubetreuer", daß näher aufgeschlüsselte Gesamtkosten nicht überschritten werden, vgl. die Einzelfallentscheidung BGH BauR 1987, 105 = Betrieb 1987, 479 = NJW-RR 1987, 274 = MDR 1987, 398 = SFH § 675 BGB Nr. 13 = WEZ 1987, 685 = LM § 675 BGB Nr. 118 = Reithmann EWiR § 675 BGB 1/87, 141 = ZfBR 1987, 95). Aus dem mit ihm abgeschlossenen Geschäftsbesorgungsvertrag hat der Treuhänder wegen der von ihm verwalteten und verwendeten Gelder eine **umfassende Rechnungslegungspflicht,** wie sich auch aus § 259 BGB ergibt. Dabei muß er **Einnahmen und Ausgaben genau darlegen;** vor allem muß er im einzelnen mitteilen, in welcher Höhe und an wen jeweils Zahlungen geleistet wurden; dazu reicht nicht die bloße Übersendung eines Kostenspiegels. Es ist Aufgabe des Treuhänders, eine genaue Auskunft zu erteilen, der vor allem auch nicht genügt ist, wenn die Mitglieder der Bauherrengemeinschaft darauf verwiesen werden, sich die Daten ganz oder teilweise zusammenzusuchen. Auch hat jedes Mitglied der Gemeinschaft das **Recht auf Einsicht** in das Bauherrenhauptkonto (vgl. dazu OLG München Betrieb 1986, 1970). Zu den Voraussetzungen, dem Umfang und den Einzelheiten des Einsichtsrechtes eines Mitgliedes der Bauherrengemeinschaft in die Akten des Treuhänders zwecks Feststellung der Durchsetzbarkeit von Schadensersatzansprüchen vgl. LG Freiburg NJW-RR 1986, 1288. Ob der

Treuhänder verpflichtet ist, aus einer Untervermietung erzielte Mieteinkünfte voll oder nur in Höhe einer übernommenen Mietpreisgarantie abzuführen, richtet sich nach der jeweiligen vertraglichen Vereinbarung; diese kann allerdings wegen Verstoßes gegen das AGB-Gesetz unwirksam sein (dazu OLG Düsseldorf Betrieb 1986, 2020).

5. Gerade für den Bereich des Treuhandvertrages sind die **zwingenden Bestimmungen des AGB-Gesetzes** zu beachten, sofern dessen Regelungen – was regelmäßig der Fall ist – im betreffenden vertraglichen Bereich Anwendung finden (vgl. dazu Teil A § 10 Rdn. 77 ff.). Dabei kommt es nicht auf die „Marktstellung" bzw. die wirtschaftliche Potenz des Treugebers an (a. A. LG Köln BB 1987, 87 mit zutreffender abl. Anm. von Timm a. a. O.). So ist eine Klausel in einem formularmäßigen „Treuhandauftrag", daß Ansprüche gegen den Treuhänder „nur binnen Jahresfrist nach Entstehung und Kenntnisnahme des Schadens, spätestens jedoch ein Jahr nach Beendigung des Treuhandauftrages geltend gemacht werden können", als Verstoß gegen § 9 AGB-Gesetz unwirksam, weil sie den einen Auftrag an den Treuhänder erteilenden Bauherren unangemessen benachteiligt; sie kann auch nicht teilweise aufrechterhalten bleiben (BGHZ 97, 21 = BauR 1986, 342 = SFH § 9 AGBG Nr. 27 = Betrieb 1986, 1009 = NJW 1986, 1171 = BB 1986, 623 = MDR 1986, 574 = ZIP 1986, 443 = LM § 9 [Cj] AGBG Nr. 4 = ZfBR 1986, 136 = Gräfe EWiR § 9 AGBG 6/86, 319). Vgl. dazu auch Koeble, Festschrift Korbion, 1986, S. 215, 221 f. 262

6. Der Treuhandvertrag im Rahmen eines Bauherrenmodells bedarf der **notariellen Beurkundung, wenn er mit dem Grundstückserwerb rechtlich zusammenfällt.** Das trifft zu, wenn die Vereinbarungen nach dem Willen der Vertragspartner derart voneinander abhängig sind, daß sie miteinander „stehen oder fallen" sollen, wobei nicht erforderlich ist, daß an den Rechtsgeschäften jeweils dieselben Parteien beteiligt sind; zwar begründet die Niederlegung mehrerer selbständiger Verträge in verschiedenen Urkunden die Vermutung, daß die Verträge nicht in rechtlichen Zusammenhang stehen sollen; entscheidend bleibt aber immer der sogenannte **Verknüpfungswille:** Auch wenn nur einer der Vertragspartner einen solchen Willen zeigt und der andere ihn anerkennt oder zumindest hinnimmt, kann ein einheitliches Vertragswerk vorliegen und damit insgesamt nach § 313 BGB beurkundungsbedürftig sein (BGHZ 101, 393 = BauR 1987, 699 = Betrieb 1987, 2455 = BB 1987, 2185 = NJW 1988, 132 = MDR 1988, 134 = SFH § 313 BGB Nr. 10 = LM § 313 BGB Nr. 117 = ZfBR 1988, 14 = Reithmann EWiR § 313 BGB 2/87, 1069). Danach ist im allgemeinen ausschlaggebend, ob der Treuhandvertrag und der Grundstückserwerb sowie die Errichtung einer Eigentumswohnung o. ä. **untrennbar voneinander abhängig** sein sollen; dabei wird die Verknüpfung nicht dadurch gehindert, daß der Erwerber vom Treuhandvertrag zurücktreten kann, da der Vertrag dann wirksam sein soll, wenn vom Rücktrittsrecht kein Gebrauch gemacht wird (BGH a. a. O. m. w. N., u. a. Brych, Festschrift Korbion, 1986, S. 1, 6 m. w. N. Fn. 25). Ferner OLG Karlsruhe (NJW-RR 1986, 100) zur Formbedürftigkeit einer Vollmacht im Zusammenhang mit dem Abschluß eines Treuhandvertrages; dazu auch OLG Braunschweig (WM 1985, 1311), mit Recht dazu kritisch Geimer EWiR § 313 BGB 1/86, 33. 263

7. Es ist im Einzelfall denkbar, daß – je nach Vertragsgestaltung – die vertraglichen Pflichten von **Treuhänder und Bauträger deckungsgleich** sind. Dann kommt eine **gesamtschuldnerische Haftung** beider gegenüber den Bauherren (Erwerbern) in Betracht (vgl. dazu OLG Hamburg NJW-RR 1987, 915, zugleich zur Wirkung einer Streitverkündung). 264

8. Bei im allgemeinen in Treuhandverträgen enthaltenen **Verjährungsregelungen** müssen gerade auch hier die für **vergleichbare berufliche Betätigungen maßgebenden Verjährungsfristen eingehalten** werden, da sonst ein Verstoß gegen § 9 AGB-Gesetz vorliegt. Das gilt im Hinblick auf § 68 StBerG (3 Jahre), § 51 BRA (3 Jahre) und § 51 a WPO (5 Jahre), womit im wesentlichen die verschiedenen Tätigkeiten des Treuhänders erfaßt sein dürften. So ist die Klausel in einem von einem Treuhänder eines Bauherrenmodells verwendeten formularmäßi- 265

gen „Treuhandauftrag", wonach Ansprüche gegen ihn „nur binnen Jahresfrist nach Entstehung und Kenntnisnahme des Schadens, spätestens jedoch ein Jahr nach Beendigung des Treuhandauftrages geltend gemacht werden können", ein Verstoß gegen § 9 AGB-Gesetz, da sie den einen Auftrag erteilenden Bauherren entgegen den Geboten von Treu und Glauben unangemessen benachteiligt (BGHZ 91, 21 = BauR 1986, 342 = NJW 1986, 1171 = BB 1986, 623 = Betrieb 1986, 1009 = SFH § 9 AGBG Nr. 27 = ZfBR 1986, 136). Schadensersatzansprüche gegen einen Wirtschaftsprüfer und Steuerberater aus seiner Tätigkeit als Treuhänder im Rahmen eines Bauherrenmodells verjähren jedenfalls dann nach § 51 a WPO in 5 Jahren und nicht nach § 68 StBerG in 3 Jahren, wenn er im Prospekt (auch) als Wirtschaftsprüfer vorgestellt worden ist (BGH BauR 1988, 103 = NJW 1988, 1662 = BB 1988, 165 = WEZ 1988, 112 = ZIP 1988, 32 = SFH § 675 BGB Nr. 15 = MDR 1988, 308).

266 9. Der Bauherr kann von dem Treuhänder die **Zurückzahlung** diesem zur Verfügung gestellter, jedoch **nicht verbrauchter Gelder** verlangen. Soweit er dabei die Erstattung von Aufwendungen verlangt, die er als Werbungskosten geltend gemacht hat, braucht er sich nicht die damit verbundenen steuerlichen Vorteile anrechnen zu lassen, weil er den Rückempfang der Aufwendungen nachversteuern muß (BGH BauR 1988, 347 = Betrieb 1988, 1212 = BB 1988, 793 = SFH § 675 BGB Nr. 16 = WEZ 1988, 221 = MDR 1988, 665).

267 10. Im Hinblick auf eine etwaige **Haftung der darlehensgebenden Bank ist grundsätzlich der Einwendungsdurchgriff gegen diese** zugunsten von Eigentumserwerbern **nicht möglich.** Es ist im allgemeinen nicht Sache des Finanzierungsinstitutes, Darlehensnehmer auf die mit dem zu finanzierenden Geschäft verbundenen Risiken hinzuweisen. Allerdings kann im Einzelfall ein **Hinweis nach Treu und Glauben geboten** sein, etwa, wenn die Bank einen zu allgemeinen wirtschaftlichen Risiken des Geschäfts hinzutretenden speziellen Gefährdungstatbestand für den Kunden schafft oder dessen Entstehung begünstigt oder wenn sie in Bezug auf die speziellen Risiken des zu finanzierenden Vorhabens gegenüber dem Darlehensnehmer einen konkreten Wissensvorsprung hat, z. B. weiß, daß dieses zum Scheitern verurteilt ist (BGH BauR 1987, 108 = Betrieb 1987, 629 = NJW-RR 1987, 523).

268 11. Der vom Initiator eines Bauherrenmodells eingesetzte Treuhänder hat im Falle eines zur Schließung der Bauherrengemeinschaft **notwendigen Selbsteintritts des Initiators keinen Vergütungsanspruch** (OLG Düsseldorf Betrieb 1987, 630).

269 12. Soweit der **Treuhänder an Vertragsverhandlungen mit ausführenden Unternehmern als Vertreter der Bauherren beteiligt** ist, hat er gegenüber diesen **Obhuts-, Wahrheits- und Informationspflichten,** insbesondere im Hinblick auf die Sicherstellung der Vergütung der Unternehmer. So muß er den Unternehmern auf Befragen Namen und Anschriften der Bauherren angeben, ebenso die finanzierende Stelle, die Erfüllung von Zahlungspflichten, etwaige Schwierigkeiten im Hinblick auf die Verwirklichung des Bauobjektes bekanntgeben. Bei **schuldhafter Pflichtverletzung** haftet er dem Unternehmer gegebenenfalls aus **culpa in contrahendo** . Die genannten Pflichten setzen sich über den Vertragsabschlußfort, wobei dann eine Haftung aus **positiver Vertragsverletzung** in Betracht kommt. Dabei ist jedoch zu beachten, daß der Treuhänder Vertreter der Bauherren ist, daher für ihn eine **unmittelbare Haftung** aus den genannten Rechtsgründen **nur in Betracht kommt, wenn er selbst an dem betreffenden Geschäft ein erkennbares eigenes Interesse hat** (vgl. dazu Einl. Rdn. 58 ff., was allerdings oft zutreffen dürfte!). Darüber hinaus ist aber je nach Fallgestaltung auch eine **Haftung des Treuhänders auf der Grundlage des Gesetzes über die Sicherung von Bauforderungen** (vgl. dazu Teil B § 4 Rdn. 41 ff. sowie Teil B § 10 Rdn. 72 ff.) möglich. Zu diesen Fragen auch Harder BauR 1985, 51, der jedoch die grundsätzliche Einschränkung der Haftung bei Vertreterhandeln nicht hinreichend beachtet.

G. Der Erwerb von Wohnungseigentum

Literatur: Hoppmann: „Die Eigentumswohnung, Dauerwohnrecht, Wohnungserbbaurecht", BlGBW 1973, 7; Buschmann: „Gemeinschaftsanlagen in Wohnungsgroßbauten als Reallast", BlGBW 1973, 15; Kapellmann: „Die Durchsetzung der Gewährleistungsansprüche nach dem Erwerb von Wohnungseigentum", MDR 1973, 1; Hofmann: „Gewährleistungsansprüche des Erwerbers eines Grundstücks bei einem vom Veräußerer darauf zu errichtenden Bauwerk", BlGBW 1973, 225; Deckert: „Baumangel am Gemeinschaftseigentum", NJW 1973, 1073; ders., „Baumängel am Gemeinschaftseigentum der Eigentumswohnung", Diss. Mainz 1977 sowie 1978 Rudolf Haufe Verlag, Freiburg; Giese; „Das Gesetz zur Änderung des Wohnungseigentumsgesetzes", BlGBW 1973, 161; Deckert: „Das Stimmrecht mehrerer Inhaber eines Wohnungseigentums", NJW 1973, 2185; Martin: „Veräußerung von Wohnungseigentum und § 69 VVG", VersR 1974, 410; Deckert: „Geltendmachung von Baumängelgewährleistungsansprüchen am Gemeinschaftseigentum einer Eigentumswohnanlage", NJW 1975, 854; Weimar: „Ansprüche der Handwerker bei Insolvenz des Bauträgers", BauR 1975, 308; Riedler: „Gewährleistungsansprüche der Wohnungseigentümer bei Mängeln am Gemeinschaftseigentum", Betrieb 1976, 853; Weitnauer, „Zeitgemäße und unzeitgemäße Betrachtungen zum Wohnungseigentum", DNotZ 1977 (Sonderheft), 31; Röll: „Die Fertigstellung des Gebäudes durch die Wohnungseigentümergemeinschaft", NJW 1978, 1507; Schmidt: „Teilungserklärung als AGB?", BauR 1979, 187; Schuhmann: „Vorsteuerabzug bei Errichtung von Wohnungseigentum durch eine Bauherrngemeinschaft", BB 1978, 1113; Kellmann: „Die Durchsetzung von Ansprüchen der Wohnungseigentümer bei Mängeln am Gemeinschaftseigentum", Betrieb 1979, 2261; Ganten: „Schritte zu größerer Verkehrsfähigkeit des Wohnungseigentums?", BauR 1980, 117; Deckert: „Die Durchsetzung anfänglicher Baumängelgewährleistungsansprüche am Gemeinschaftseigentum einer Eigentumswohnanlage", ZfBR 1980, 59; Bärmann/Pick/Merle, Kommentar zum Wohnungseigentumsgesetz, 4. Aufl. 1980, Beck-Verlag, München; Deckert, „Die wohnungseigentumsrechtliche Problematik umgewandelter Mietwohnungen", ZfBR 1980, 242; ders., „Die Stellung des Verwalters von Wohnungseigentum bei der Verfolgung und Durchsetzung von Baumängelgewährleistungsansprüchen bezügl. des Gemeinschaftseigentums und bei dessen Sanierung", BauR 1981, 99; Weitnauer, „Dreißig Jahre Wohnungseigentumsgesetz – gelöste und aktuelle Probleme –", Betrieb 1981, Beilage Nr. 4; Schmid, „Die Wohnungseigentümergemeinschaft im System der Rechtsgemeinschaften", BlGBW 1981, 142; Weitnauer, „Mängelgewährleistung und Instandhaltungspflichten am gemeinschaftlichen Eigentum", ZfBR 1981, 109; Bassenge, „Aktuelle Fragen aus der Rechtsprechung und Rechtspraxis zum Wohnungseigentum", 1981, RWS-Skript Nr. 85; Finger, „Wohnungseigentum in faktischer Rechtsgemeinschaft", BauR 1984, 108; Bühl, „Die Abnahme der Bauleistungen bei der Errichtung einer Eigentumswohnanlage", BauR 1984, 237; Weitnauer, „Die neuere zivilrechtliche Rechtsprechung zum Wohnungseigentum – Teil 1", JZ 1985, 927; Stephan, „Das Wohnungseigentumsförderungsgesetz" (Teil 1), Betrieb 1986, 1141; (Teil 2) Betrieb 1986, 1192; Deckert, „Die Klagebefugnis bei Gewährleistungsansprüchen wegen anfänglicher Baumängel am Gemeinschaftseigentum der neuerstellten Eigentumswohnanlage", ZfBR 1984, 161; Deckert, „Die ‚modernisierte Instandsetzung' am Gemeinschaftseigentum der Eigentumswohnanlage", Festschrift Korbion, 1986, S. 57; Weitnauer, „Einige Bemerkungen zum Wohngeld", Festschrift Korbion, 1986, S. 463.

Vgl. ferner die Übersicht vor Rdn. 173 ff.

I. Rechtsgrundlage von Gewährleistungsansprüchen

Häufig sind auf dem Baumarkt die Fälle, in denen von einem „Bauherrn" **Wohnungseigentum an noch zu errichtenden Bauten erworben wird.** Wesentlich ist auch hier (vgl. dazu bereits oben Rdn. 193 ff.) die Frage, ob sich die Gewährleistungsansprüche der Erwerber nach Kauf- oder Werkvertragsrecht richten. Das ist vor allem für die **Dauer der Verjährungsfrist von Bedeutung.** Mit Recht sagt der BGH auch für den hier erörterten Bereich, daß die einjährige Verjährungsfrist des § 477 Abs. 2 BGB den Gegebenheiten nicht gerecht wird, sondern allein die dem Werkvertragsrecht entstammende Frist des § 638 BGB, **soweit wegen der Gewährleistungsansprüche Werkvertragsrecht zur Anwendung gelangt** (vgl. BGH LM § 459 BGB Nr. 20 = MDR 1969, 96, 748 = Betrieb 1969, 346 = ZMR 1969, 135 = DNotZ 1969, 353 = SFH Z 2.210 Bl. 10 ff.). Dies hat zur Folge, daß eine nicht individuell, sondern **formularmäßig getroffene Bestimmung, wonach ein Vertrag über die Veräußerung einer Eigentumswohnung mit Fertigstellungsverpflichtung des Veräußerers kein Werkvertrag, sondern ein Kaufvertrag sein soll, unwirksam ist** (BGHZ 74, 258 = BauR 1979, 420 mit Anm. Rosenberger BauR 1980, 267 = WM 1979, 839 = NJW 1979, 2207 mit Anm.

270

Weitnauer sowie Kellmann a. a. O. 1980, 400 und 401 = SFH § 635 BGB Nr. 15 = LM § 21 WEG Nr. 4 Anm. Girisch = Betrieb 1979, 2271 = ZfBR 1979, 163). Insbesondere auch hier gilt das oben Rdn. 213 und 214 ff. Gesagte.

271 Hat der Veräußerer nur mit dem von ihm zwecks Herstellung des Bauvorhabens beauftragten Auftragnehmer die VOB vereinbart, sind **im Verhältnis zwischen Veräußerer und Erwerber nicht** allein schon deshalb **die Vorschriften des Teils B der VOB heranzuziehen,** somit auch nicht die besondere Ausgestaltung der Gewährleistungsansprüche und die Verjährungsfrist nach Teil B § 13 Nr. 4. **Die VOB ist ein Vertragswerk, das nur zwischen den Vertragschließenden Wirkung hat,** also nicht ohne weiteres „Fortwirkung" auf andere Rechts- und Vertragsverhältnisse zeitigt. Somit gelten auch hier die §§ 631 ff. BGB zwischen Veräußerer und Erwerber, wenn nicht in zulässigem Rahmen für den Herstellungsbereich (vgl. Teil A § 1 Rdn. 31 f.) die VOB/B zur Vertragsgrundlage gemacht worden ist. **Zur unzulässigen Einschränkung von Gewährleistungsansprüchen** gerade auch im Hinblick auf die Erstellung von Wohnungseigentum vgl. Teil A § 13 Rdn. 3 ff. Die im Erwerbervertrag ausdrücklich hervorgehobene Möglichkeit erhöhter Abschreibungen nach § 7 b (jetzt: § 10 e) EStG ist nach Ansicht des BGH eine zusicherungsfähige Eigenschaft (BGH Betrieb 1981, 784 = ZfBR 1981, 129; dazu mit Recht krit. Brych ZfBR 1981, 153 sowie Festge ZfBR 1981, 208).

272 Auch im Verhältnis zwischen Veräußerer und Erwerber sind besonders die **Vorschriften des AGB-Gesetzes,** dabei vor allem der **§§ 3, 5, 10 und 11 zu beachten.** Darüber hinaus spielt auch die auf den §§ 242, 138 BGB beruhende **Generalklausel des § 9 AGB-Gesetz eine wichtige Rolle.** Eine formularmäßige Freizeichnungsklausel, worin der zur Herstellung einer Eigentumswohnung Verpflichtete seine eigene Gewährleistungspflicht auf den Umfang beschränkt, in dem er die Baubeteiligten „mit zweifelsfrei begründeter Erfolgsaussicht" in Anspruch nehmen kann, ist unwirksam (BGHZ 67, 101 = NJW 1976, 1934 = BB 1976, 1151 = MDR 1977, 37 = JZ 1976, 646 = BauR 1977, 133 = SFH Z 7.22 Bl. 10 = LM Allg. Geschäftsbed. Nr. 72 = Betrieb 1976, 1862). Vgl. dazu vor allem auch Rdn. 196 ff.

II. Probleme bei Sondereigentum – Gemeinschaftseigentum

273 1. Zur getrennten **Abnahme von Sonder- und Gemeinschaftseigentum** sowie über die Zuständigkeit zur Abnahme vgl. OLG Stuttgart MDR 1980, 495; BGH BauR 1983, 573 = SFH § 640 BGB Nr. 10 = ZfBR 1983, 260; dazu insbesondere Bühl BauR 1984, 237 sowie Teil B § 12 Rdn. 1.

274 2. Hinsichtlich des **Sondereigentums** kann jeder Eigentümer die darauf bezogenen Ansprüche, vor allem aus **Gewährleistung, für sich geltend machen.** Wie jeder Bauherr darf auch der Erwerber einer Eigentumswohnung vom Bauträger die Zahlung einer nach Baufortschritt fälligen Rate des Erwerbspreises jedenfalls wegen bis dahin am Sondereigentum aufgetretener Baumängel in angemessenem Verhältnis zum voraussichtlichen Beseitigungsaufwand verweigern (BGH BauR 1984, 166 = NJW 1984, 725 = MDR 1984, 480 = LM § 320 BGB Nr. 25 = SFH § 320 BGB Nr. 9 = ZfBR 1984, 35 = Betrieb 1984, 450).

3. Gewährleistungsansprüche bei Gemeinschaftseigentum

275 a) Das Gemeinschaftseigentum ist zunächst **vom Sondereigentum entsprechend § 5 WEG abzugrenzen:** Zum Gemeinschaftseigentum zählen auch konstruktive Elemente von Balkonen, Loggien und Dachterrassen, z. B. Außenwände und Bodenplatten sowie Isolierschicht, die diese Teile vor Feuchtigkeit schützen soll (BGH BauR 1985, 314 = NJW 1985, 1551 = Betrieb 1985, 1390 = LM § 21 WEG Nr. 10 = SFH § 633 BGB Nr. 49 = WM 1985, 664 = MDR 1986, 45 = ZfBR 1985, 132; BayObLG NJW-RR 1987, 331 = MDR 1987, 409; insoweit auch

Balkontrennwände, BayObLG WuM 1985, 30). Überhaupt rechnet hierher alles, was für das Haus eine Isolierungsfunktion hat, wie die oberste Schicht eines Flachdaches (OLG Frankfurt WEZ 1987, 38 mit Anm. Ruhl.) Ebenso zählen hierher die Fensterscheiben sowie in Einfach- als auch in Mehrfachverglasung und die Fensterrahmen innen und außen (LG Lübeck NJW 1986, 2514). Vgl. auch BGH BauR 1987, 235 = NJW 1987, 525 = SFH 322 ZPO Nr. 4 = ZfBR 1987, 98. Münden Abwasserleitungen zweier benachbarter Eigentumswohnungen innerhalb einer nichttragenden Trennwand in eine gemeinsame Zuleitung zur gemeinschaftlichen Hauptleitung, so besteht an der gemeinsamen Zuleitung gemeinschaftliches Sondereigentum (Mitsondereigentum, Nachbareigentum) der benachbarten Wohnungseigentümer; auf wessen Wandseite die gemeinsam benutzte Rohrleitung verlegt ist, ist unerheblich (OLG Zweibrücken NJW-RR 1987, 332). Kraftfahrzeugabstellplätze im Freien können auch dann nicht Gegenstand eines Sondereigentums sein, wenn sie mit vier Eckpfosten und einer Überdachung versehen sind; aus §§ 1 Abs. 1, 3 sowie 3 Abs. 1, 5 Abs. 1, 14 WEG geht hervor, daß nur Räume in einem Gebäude sowie bestimmte Bestandteile, die zu diesen Räumen gehören, gesondert eigentumsfähig sind (BayObLG MDR 1986, 590).

b) Über die Auslegung von Verträgen über Wohnungseigentum hinsichtlich des Verlustes von vertraglichen **Ansprüchen auf Nachbesserung von Mängeln am gemeinschaftlichen Eigentum** BGH MDR 1971, 739 = LM § 21 WohnungseigentumsG Nr. 1 = Betrieb 1971, 1350 = WM 1971, 958; BayObLG Betrieb 1973, 766; BayObLG BauR 1973, 387 mit Anm. von Groß. Mit Recht führt Deckert (NJW 1973, 1073) zu den **Gewährleistungsansprüchen** am Gemeinschaftseigentum aus, daß die rechtliche Unsicherheit hinsichtlich der Art und des Zeitpunktes der Übergabe des Gemeinschaftseigentums dringender Anlaß dazu ist, im notariellen Vertrag eine beiden Parteien gerecht werdende Formel aufzunehmen.

276

c) In bezug auf **Baumängel am Gemeinschaftseigentum** ist nach überwiegender und zutreffender Ansicht

277

(vgl. u. a. OLG Köln NJW 1968, 2069 mit abl. Anm. Sippel Rpfleger 1969, 54; OLG München NJW 1973, 2027 sowie Betrieb 1978, 2360 = BauR 1979, 431 = MDR 1978, 1024; OLG Frankfurt MDR 1974, 848, teilweise anders NJW 1975, 2297; **vor allem** BGHZ 68, 372 = BauR 1977, 271 = NJW 1977, 1336 = JZ 1977, 1072 = MDR 1977, 831 = SFH Z 7.0 Bl. 20 = LM § 633 BGB Nr. 29 = Anm. Schubert JR 1978, 109 = LM § 21 WEG Nr. 4 Anm. Girisch = BB 1977, 1072 = Betrieb 1977, 1742; BGHZ 74, 258 = BauR 1979, 420 mit Anm. Rosenberger BauR 1980, 267 = WM 1979, 839 = NJW 1979, 2207 mit Anm. Weitnauer sowie Kellmann a. a. O. 1980, 400 und 401 = SFH § 635 BGB Nr. 15 = Betrieb 1979, 2271 = ZfBR 1979, 163; BGH BauR 1985, 314 = NJW 1985, 1551 = Betrieb 1985, 1390 = LM § 21 WEG Nr. 10 = SFH § 633 BGB Nr. 49 = WM 1985, 664 = MDR 1986, 45 = ZfBR 1985, 132 = Anm. Schilling BauR 1986, 448; jeweils m. w. N.; OLG Hamm BauR 1980, 462; vgl. auch Deckert ZfBR 1984, 161, 163).

davon auszugehen, daß der **einzelne Miteigentümer auf der Grundlage seines Erwerbsvertrages selbständig gerichtlich Nachbesserungsansprüche** gegen den Ersteller oder Veräußerer von Wohnungseigentum geltend machen kann, was **einschließlich eines Kostenerstattungsanspruches sowie eines Vorschusses auf die Mängelbeseitigungskosten gilt** (BGH a. a. O. sowie LM § 21 WEG Nr. 3 Anm. Girisch; ferner BGHZ 81, 35 = BauR 1981, 467 = NJW 1981, 1841 = Betrieb 1981, 1920 = SFH § 21 WEG Nr. 5 = MDR 1982, 50 = BB 1981, 426 = LM § 21 WEG Nr. 7 Anm. Doerry = ZfBR 1981, 230; im Ergebnis für den dort entschiedenen Fall auch OLG Braunschweig Betrieb 1981, 1921, und zwar unabhängig davon, ob die Ansprüche anderer Eigentümer schon verjährt sind (OLG Frankfurt SFH § 633 BGB Nr. 38). Das trifft um so mehr zu, als die Gemeinschaft der Eigentümer nicht rechtsfähig ist (OLG München Betrieb 1978, 2360 = BauR 1979, 431 = MDR 1978, 1024 = OLGZ 1980, 233 m. w. N.); auch könnte eine Gesamtgläubigerschaft aller Wohnungseigentümer an der Forderung eines einzelnen Wohnungseigentümers grundsätzlich ohne Mitwirkung des Schuldners nicht vertraglich begründet werden (a. a. O.), obwohl seine Zustimmung zur Abtretung an die Gemeinschaft häufig im vorangehenden Abschluß des Bauvertrages mit dem Bauträger gesehen werden kann, weil jedenfalls der Unternehmer, der mehrfach bzw. häufig Verträge mit

Bauträgern schließt, weiß, daß der Bauträger später seine Gewährleistungsansprüche an den Erwerber abtritt (vgl. BGH BauR 1980, 69 = SFH § 633 BGB Nr. 20 = Betrieb 1980, 204 = MDR 1980, 222 = BB 1980, 1016 = LM § 633 BGB Nr. 36 = ZfBR 1980, 36). Etwaige sich aus der Verwaltungsbefugnis der Eigentümer ergebende Beschränkungen (§ 21 WEG) betreffen nur deren Innenverhältnis (BGH a. a. O.; OLG München a. a. O.).

Ähnlich ist es, wenn ein einzelner Wohnungseigentümer Nachbesserungsansprüche, die das gemeinschaftliche Eigentum betreffen, nach deren Abtretung an die Wohnungseigentümergemeinschaft gegenüber dem Auftragnehmer geltend macht. Auch er ist allenfalls im Innenverhältnis, nicht aber gegenüber dem Auftragnehmer an der Durchsetzung des Nachbesserungsanspruches sowie der diesen Anspruch ergänzenden Vorschuß- und Erstattungsansprüche gehindert; ist er Gesamtgläubiger, so kann er Leistung an sich, ist er Mitgläubiger, so kann er mit der Nachbesserung der Sache nach Leistung an alle verlangen (BGH BauR 1980, 69 = SFH § 633 BGB Nr. 20 = Betrieb 1980, 204 = MDR 1980, 222 = BB 1980, 1016 = LM § 633 BGB Nr. 36 = ZfBR 1980, 36).

278 d) Beim **Nachbesserungsanspruch** hinsichtlich des Gemeinschaftseigentums steht jedem Eigentümer ein Leistungsverweigerungsrecht hinsichtlich des Werklohnes in voller Höhe zu (Groß BauR 1975, 12, 22).

279 e) **Die auf das Gemeinschaftseigentum bezogenen Gewährleistungsansprüche des einzelnen Wohnungseigentümers verjähren innerhalb der für diesen und nicht der für die übrigen Wohnungseigentümer maßgebenden Frist,** also mit der **Abnahme** (häufig als Übergabe in den Verträgen bezeichnet) der ihm vertraglich geschuldeten Leistung; er hat einen **eigenen Anspruch auf mängelfreie Erstellung des Gemeinschaftseigentums;** er kann und muß selbst entscheiden, ob das Gemeinschaftseigentum mängelfrei ist; dem stehen berechtigte Interessen des Erstellers und Veräußerers nicht entgegen, zumal gerade bei Eigentumswohnungsanlagen die Bausubstanz überwiegend dem Gemeinschaftseigentum zuzuordnen ist und der Erwerber den größten Teil des Erwerbspreises auf das Gemeinschaftseigentum verwendet, weswegen eine Verkürzung der Gewährleistungsansprüche des später hinzutretenden Erwerbers die Ausgewogenheit von Leistung und Gegenleistung für den Bereich des Gemeinschaftseigentums empfindlich stören würde; gerade im Bereich des Gemeinschaftseigentums treten Mängel häufig erst später auf (BGH BauR 1985, 314 = NJW 1985, 1551 = Betrieb 1985, 1390 = LM § 21 WEG Nr. 10 = SFH § 633 BGB Nr. 49 = WM 1985, 664 = MDR 1986, 45 = ZfBR 1985, 132 = Anm. Schilling BauR 1986, 448). Insoweit haben die einzelnen Erwerber einen eigenen Anspruch auf mängelfreie Erstellung des **gesamten Gemeinschaftseigentums,** so daß – auch – insoweit keine Teilgläubigerschaft vorliegt; daß Ansprüche der übrigen Erwerber bereits verjährt sind, berührt nicht die Ansprüche desjenigen Erwerbers, bei dem sie noch nicht verjährt sind (BGH a. a. O.).

280 f) Ist der einzelne Eigentümer grundsätzlich befugt, Nachbesserungsansprüche hinsichtlich des Gemeinschaftseigentums geltend zu machen, so ist es ihm auch nicht verwehrt, die **Einleitung eines Beweissicherungsverfahrens** im Hinblick auf Mängel am Gemeinschaftseigentum **zu beantragen** und dadurch eine **Unterbrechung der Verjährung** wegen seines etwaigen Gewährleistungsanspruches herbeizuführen; Voraussetzung ist nur, daß die sich aus dem Bauvertrag ergebenden und das gemeinschaftliche Eigentum betreffenden Gewährleistungsansprüche der Gemeinschaft der Wohnungseigentümer – sei es originär, sei es durch wirksame Abtretung – zustehen (vgl. BGH BauR 1980, 69 = SFH § 633 BGB Nr. 20 = Betrieb 1980, 204 = MDR 1980, 222 = BB 1980, 1016 = LM § 633 BGB Nr. 36 = ZfBR 1980, 36). Für einen zulässigen Beweissicherungsantrag genügt es, wenn sich erkennbar für den Antragsgegner ergibt, daß der oder die Wohnungseigentümer Rechte geltend machen, die ihnen zustehen oder die ihnen kraft Abtretung übertragen worden sind und daß sie deswegen den Antragsgegner als Berechtigte in Anspruch nehmen wollen (vgl. BGH BauR 1983, 255 = NJW 1983,

1901 = MDR 1983, 745 = BB 1983, 2212 = SFH § 639 BGB Nr. 6 = Betrieb 1983, 1708 = ZfBR 1983, 121).

g) **Kann der einzelne Wohnungseigentümer hinsichtlich des Gemeinschaftseigentums zum Nachbesserungsbereich gehörende Ansprüche geltend machen, so kann dies erst recht – oftmals vertreten durch den Verwalter – die Gemeinschaft der Eigentümer,** die einen unanfechtbar gewordenen oder rechtskräftig bestätigten Beschluß (§§ 23 Abs. 4, 43 Abs. 1 Nr. 4, 45 WEG) gefaßt haben (ebenso u. a. Deckert ZfBR 1984, 161, 163). Also kann **auch durch Mehrheitsbeschluß bestimmt werden, daß der Verwalter Nachbesserungsansprüche im eigenen Namen klageweise geltend machen soll** (BGHZ 81, 35 = BauR 1981, 467 = NJW 1981, 1841 = Betrieb 1981, 1920 = SFH § 21 WEG Nr. 5 = MDR 1982, 50 = BB 1981, 426 = LM § 21 WEG Nr. 7 = ZfBR 1981, 230). Das ist vor allem dann sachgerecht, wenn nicht nur Nachbesserungsansprüche, sondern zugleich Ansprüche auf Minderung und/oder Schadensersatz erhoben werden sollen, die der einzelne Wohnungseigentümer nicht befugt ist geltend zu machen (vgl. nachstehend BGH a. a. O.).

281

Verbinden sich die Wohnungseigentümer zu einer Klage gegen den Auftragnehmer (Bauträger), so treten sie als **Streitgenossen** auf, wobei **jeder** seine **Anspruchsberechtigung nachweisen muß** (OLG München Betrieb 1978, 2360 = BauR 1979, 431 = MDR 1978, 1024 = OLGZ 1980, 233). Ein Wohnungseigentümer, der selbst keinen Vertragsanspruch gegen den Bauträger hat, kann Leistungen, die das gemeinschaftliche Eigentum betreffen, auch dann nicht verlangen, wenn er zusammen mit anderen Wohnungseigentümern klagt, denen aufgrund ihrer Individualverträge derartige Ansprüche zustehen (OLG München a. a. O.).

282

Wer keinen vertraglichen Anspruch gegen den Bauträger originär oder durch Abtretung hat, besitzt im Streitfalle nur die Möglichkeit der Nebenintervention (OLG München NJW 1973, 2027).

h) Ein **Minderungsanspruch** kann bezüglich des Gemeinschaftseigentums dagegen nur nach Mehrheitsbeschluß der Wohnungseigentümer im Wege der Prozeßstandschaft geltend gemacht werden (OLG Köln SFH § 634 BGB Nr. 2), was dann oftmals durch den Verwalter geschieht; **ebenso** trifft das auf einen etwaigen **Schadensersatzanspruch** aus Gewährleistung zu. Das gilt vor allem, wenn es darum geht, ob ein **Minderungs- oder ein Schadensersatzanspruch** erhoben werden soll, also nach Sachlage beide oder nur einer dieser Ansprüche in Betracht kommt. Diese Wahl kann nicht dem einzelnen Wohnungseigentümer, sondern nur der Eigentümergemeinschaft überlassen werden. Hier ist die **Interessenlage anders:** Während die Nachbesserung einschließlich Kostenerstattung und Kostenvorschuß für die Mängelbeseitigung noch zur Vertragserfüllung gehört, wodurch der einzelne Eigentümer in seinem berechtigten Interesse nicht beeinträchtigt sein kann, handelt es sich bei der Minderung oder beim Schadensersatz nicht mehr um eine Frage der Vertragserfüllung, sondern lediglich um einen in **Geld ausgedrückten Ausgleich für eine mangelhafte Leistung** (was u. a. Finger BlGBW 1983, 4 nicht hinreichend beachtet). Hier kann die Wahl, ob Minderung oder ob Schadensersatz geltend gemacht werden soll, **nur von der Eigentümergemeinschaft** getroffen werden, wobei auch die Frage der Verwendung des Geldausgleichs nicht nur von einem Eigentümer, sondern sachgerecht nur von der Gemeinschaft entschieden werden kann. Es handelt sich um Fragen, die der **gemeinschaftlichen Verwaltung der Eigentümer zuzuordnen** sind. Also kommt es auf eine Entscheidung der Eigentümergemeinschaft an, bei der nach § 21 Abs. 3 WEG die Mehrheit entscheidet (BGHZ 74, 258 = BauR 1979, 420 mit Anm. Rosenberger BauR 1980, 207 = WM 1979, 839 = NJW 1979, 2207 mit Anm. Weitnauer sowie Kellmann a. a. O. 1980, 400 und 401 = SFH § 635 BGB Nr. 15 = LM § 21 WEG Nr. 4 Anm. Girisch = Betrieb 1979, 2271 = ZfBR 1979, 163; dazu kritisch, jedoch zu wenig an der Praxis und deren Erfordernissen orientiert, Kellmann Betrieb 1979, 2261, vgl. auch Ganten BauR 1980, 117; ferner BGHZ 81, 35 = BauR 1981, 467 = NJW 1981, 1841 = Betrieb 1981, 1920 =

283

SFH § 21 WEG Nr. 5 = MDR 1982, 50 = BB 1981, 426 = LM § 21 WEG Nr. 7 = ZfBR 1981, 230). Zu diesen Fragen auch Deckert ZfBR 1984, 161, 163 f.

Soweit das OLG Braunschweig (Betrieb 1981, 1921) außerhalb des von ihm eigentlich zu entscheidenden Falles dem einzelnen Wohnungseigentümer ein Recht auf Minderung oder Schadensersatz entsprechend seinem Anteil am Gemeinschaftseigentum so lange zubilligen will, bis noch nicht nachgebessert ist, übersieht es, daß die Gemeinschaftsbezogenheit es fordert, daß der einzelne Eigentümer zwar allein das gemeinschaftliche Ziel der Erfüllung durch Nachbesserung verfolgen kann, seine Befugnisse aber nicht so weit gehen können, sich anstelle der vertragsmäßigen Leistung mit bloßem Geldersatz ungeachtet der Interessen der übrigen Beteiligten zufriedenzugeben. Überdies treten solche Probleme bei einem VOB-Vertrag weitaus weniger auf als bei einem BGB-Werkvertrag. Ein Nachbesserungsanspruch einschließlich dazu begrifflich gehörendem Vorschußanspruch auf Mängelbeseitigung kann kaum mit einem Minderungsanspruch kollidieren, weil hier die Minderung grundsätzlich nur zulässig ist, wenn eine Nachbesserung nicht oder nicht zur Diskussion stehen kann, wie Teil B § 13 Nr. 6 zeigt. Ähnliches gilt hinsichtlich des Schadensersatzanspruches nach Teil B § 13 Nr. 7 Abs. 1, der nicht gegeben ist, solange einer der Miteigentümer die Nachbesserung verlangt; ist das nicht der Fall, kommt der Schadensersatzanspruch auch nur in Betracht, wenn vorher die Voraussetzungen des § 13 Nr. 5 Abs. 2 VOB/B geschaffen waren (vgl. Teil B § 13 Rdn. 662 ff., 578, 530). Liegt der Fall so, daß nachgebessert worden ist, und geht es um die Geltendmachung dann noch verbliebenen Schadens, kann der einzelne Eigentümer nicht seinen anteiligen Schaden geltend machen, sondern nur mit den übrigen den aus einem einheitlichen Schadensereignis stammenden Gesamtschaden.

284 Anders liegt es, wenn die Eigentümergemeinschaft sich in richtiger Beurteilung der dafür maßgebenden Voraussetzungen zur Geltendmachung von Minderung oder „kleinem" Schadensersatz entschlossen und deren Verwendungszweck hinreichend festgelegt hat; dann kann sie es dem einzelnen Eigentümer überlassen, Minderungs- oder Schadensersatzansprüche entsprechend seinem Anteil für sich gerichtlich geltend zu machen (BGH BauR 1983, 84 = Betrieb 1983, 444 = NJW 1983, 453 = SFH § 21 WEG Nr. 6 = MDR 1983, 391 = LM § 634 BGB Nr. 19 = ZfBR 1983, 17). Macht der einzelne Eigentümer einen solchen Anspruch geltend, bevor er von der Eigentümergemeinschaft die materielle Verfügungsbefugnis erhält, tritt die verjährungsunterbrechende Wirkung des § 209 BGB erst mit dem Beschluß der Gemeinschaft ein (BGH a. a. O.).

III. Befugnisse des Verwalters

285 1. Der **Verwalter** der Wohnungseigentümer **kann ermächtigt werden,** im Wege gewillkürter **Prozeßstandschaft im eigenen Namen Gewährleistungsansprüche für sich und die übrigen Mitglieder der Gemeinschaft geltend zu machen** (Deckert NJW 1973, 1073; Kapellmann MDR 1973, 1, 4; BGH SFH Z 2.10 Bl. 35 mit w. N.; BGHZ 74, 258 = BauR 1979, 420 mit Anm. Rosenberger BauR 1980, 267 = WM 1979, 839 = NJW 1979, 2207 mit Anm. Weitnauer sowie Kellmann NJW 1980, 400 und 401 = SFH § 635 BGB Nr. 15 = LM § 21 WEG Nr. 4 Anm. Girisch = ZfBR 1979, 163 = Betrieb 1979, 2271; BGHZ 81, 35, 37 = BauR 1981, 467 = NJW 1981, 1841 = BB 1981, 1426 = Betrieb 1981, 1920 = SFH § 21 WEG Nr. 5 = ZfBR 1981, 230). Dabei kann sich der Beschluß der Eigentümer auf die Befugnis des Verwalters zur **Leistung an sich erstrecken,** ohne daß es hierzu der Abtretung bedarf. Das Gesagte trifft grundsätzlich auch bei Wechsel des ursprünglich ermächtigten Verwalters zu (BGH in der zuerst genannten Entscheidung). Das gilt, gleichgültig ob es sich bei dem Erwerbsvertrag um einen Werkvertrag handelt oder um einen Kaufvertrag, welcher der Entscheidung des BGHzugrunde lag. Dazu siehe auch OLG Frankfurt NJW 1975, 2297. Die Ermächtigung kann sich sowohl auf Gemeinschafts- als auch auf Sondereigentum beziehen, vor allem wenn es sich um sogenannte „übergreifende" Mängel handelt, nämlich die Mängelursachen im Sondereigentum begründet sind, sie sich aber auch auf das Gemeinschaftseigentum auswirken oder umgekehrt, wie z. B. bei Schallschutzmängeln; ob und inwieweit ein dem Verwaltung zugesprochener Minderungsbetrag auf die einzelnen Eigentümer aufzuteilen ist, ist lediglich Sache der Wohnungseigentümergemeinschaft (BGH BauR 1986, 447 = LM § 21 WEG Nr. 11 =

NJW-RR 1986, 755 = JZ 1986, 768 = SFH § 21 WEG Nr. 9 = BB 1986, 1948 = Betrieb 1986, 1330 = MDR 1986, 841 = ZfBR 1986, 171).

Zu den hier erörterten Fragen siehe u. a. auch Deckert ZfBR 1980, 59; ders. ZfBR 1980, 213 sowie vor allem Weitnauer ZfBR 1981, 109.

2. Der Verwalter einer Wohnungseigentumsgemeinschaft ist berechtigt, den Auftragnehmer aus einem abzuwickelnden Bauvertrag zur Mängelbeseitigung aufzufordern (vgl. BGHZ 80, 35, 38 m. w. N.; BGH BauR 1982, 496 = SFH § 13 Nr. 5 VOB/B Nr. 3 = ZfBR 1982, 211). Außerdem muß der Verwalter ohne besondere Vergütung die Wohnungseigentümer rechtzeitig auf Gesichtspunkte der Verfolgung und Durchsetzung von Gewährleistungsansprüchen hinsichtlich des Gemeinschaftseigentums (z. B. in bezug auf die Mängelursachen und die Gewährleistungsfristen, vgl. dazu OLG Schleswig SFH § 27 WEG Nr. 2) und der nachfolgenden Sanierung aufmerksam machen (Deckert BauR 1981, 99, zugleich kritisch zur vorgenannten Entscheidung des OLG Schleswig). Dazu sind der Gemeinschaft rechtzeitig Beschlußanträge vorzulegen (Deckert a. a. O.). 286

3. Andererseits hat der Verwalter nicht die Befugnis, einen außergewöhnlichen, nicht dringenden Instandsetzungsauftrag von größerem Umfang ohne vorherigen Beschluß der Wohnungseigentümer in deren Namen zu vergeben (BGHZ 67, 232 = DNotZ 1977, 237 = BauR 1977, 53 = BB 1977, 218 = MDR 1977, 217). Anders ist dies bei laufenden Reparaturen oder außergewöhnlichen Instandsetzungen geringeren Umfangs; diese sind im allgemeinen aus der nach § 21 Abs. 5 WEG zu bildenden Instandsetzungsrücklage zu begleichen, wobei der Verwalter kraft seines nach § 27 Abs. 1 Nr. 2 WEG auch den Wohnungseigentümern gegenüber bestehenden selbständigen Rechts, die für eine ordnungsgemäße Instandsetzung des gemeinschaftlichen Eigentums erforderlichen Maßnahmen zu treffen, solche Aufträge auch im eigenen Namen erteilen darf (BGH a. a. O.). Auch kann der Verwalter ausnahmsweise außergewöhnliche und umfangreiche Instandsetzungsarbeiten dann namens der Eigentümergemeinschaft in Auftrag geben, wenn diese besonders dringlich sind (von BGH a. a. O. offengelassen). Das kommt aber nur in Betracht, wenn Gefahr im Verzug ist, vor allem um einen unmittelbar bevorstehenden größeren Schaden abzuwenden. Für diesen Ausnahmetatbestand ist der Verwalter darlegungs- und beweispflichtig. 287

IV. Sonderfragen

1. Begründet der Eigentümer im Wege der „Vorratsteilung" gemäß § 8 WEG Wohnungseigentum, so liegt ein Verstoß gegen das **Koppelungsverbot** des Art. 10 § 3 MRVG nicht vor, wenn die Erwerber sich im Zusammenhang mit dem Erwerb verpflichten, zur Errichtung des Gebäudes diejenige Planung zu verwenden, die nach § 7 Abs. 4 WEG der Bildung des Wohnungseigentums zugrunde gelegt war, und denjenigen Ingenieur oder Architekten mit der Ausführung zu beauftragen, der die Planung gefertigt hat; dies widerspricht nicht dem Sinn der genannten gesetzlichen Regelung, zumal für die Bildung von Wohnungseigentum die Inanspruchnahme eines Architekten praktisch unerläßlich ist, weil die Voraussetzungen der §§ 7 Abs. 4, 8 Abs. 2 Satz 1 WEG nur erfüllt werden können, wenn für ein neu zu errichtendes oder umzubauendes Gebäude jedenfalls eine Planung des Architekten auf der Grundlage des § 15 Abs. 2, Leistungsphasen 1-4 HOAI beigebracht wird (BGH BauR 1986, 464 = SFH Art. 10 § 3 MRVG Nr. 16 = MDR 1986, 841). 288

2. In zunehmendem Maße ist es problematisch, ob und inwieweit sich der Wohnungseigentümer an der **„modernisierenden Instandsetzung"** des Gemeinschaftseigentums zu beteiligen hat, und zwar im Hinblick auf die §§ 21 und 22 Abs. 1 WEG. Dazu eingehend, insbesondere auch zu Abgrenzungsfragen, Deckert, Festschrift Korbion, 1986, S. 57. Mit Recht zieht Dek- 289

kert den Schluß, daß solche Instandsetzungen **aufgrund neuer, bewährter Techniken und unter Berücksichtigung wirtschaftlicher, sozialer, humanitärer sowie gesundheitsfördernder Überlegungen von Fall zu Fall sachgerechter Entscheidung** zu unterliegen haben, wobei es insbesondere auch auf eine vernünftige Werterhaltung ankommt. Will die Eigentümergemeinschaft gegen den Willen eines Wohnungseigentümers eine bauliche Veränderung wirksam beschließen, muß feststehen, daß die Vorteile der beabsichtigten Maßnahme deren Nachteile für den nicht zustimmenden Wohnungseigentümer derart überwiegen, daß ihm die Duldung zugemutet werden muß; dabei muß vor allem auch feststehen, daß das mit der Maßnahme verfolgte Ziel nicht auf eine Weise erreicht werden kann, die für den betreffenden Wohnungseigentümer zu keinen oder zu geringen Beeinträchtigungen führt (OLG Köln JMBl. NW. 1986, 187). Gerade auch bei der Errichtung zusätzlicher Garagen auf dem Gemeinschaftseigentum sind die angeführten Gesichtspunkte bei der gebotenen Abwägung besonders sorgfältig zu beachten. **Bauliche Veränderungen des gemeinschaftlichen Eigentums,** durch die nicht die Rechte aller Wohnungseigentümer i. S. d. § 22 Abs. 1 Satz 2 WEG beeinträchtigt werden, bedürfen der **Zustimmung nur derjenigen Wohnungseigentümer, die von der beabsichtigten Maßnahme in ihren Rechten betroffen werden.** Ein Mehrheitsbeschluß der Wohnungseigentümer ist weder erforderlich noch ausreichend; vielmehr kommt es darauf an, ob die bauliche Maßnahme andere Wohnungseigentümer in vermeidbarer Weise tatsächlich benachteiligt; ist das nicht der Fall, bedarf es nicht deren Zustimmung (BGHZ 73, 196 = BGH BauR 1979, 166 = NJW W1979, 817 = SFH § 22 WEG Nr. 1 = MDR 1979, 392 = BB 1980, 18 = LM § 22 WEG Nr. 1 Anm. Girisch = BB 1979, 742 = ZfBR 1979, 115). Dazu zutreffend Ganten BauR 1980, 117. Über die Kostenbeteiligung des Wohnungseigentümers, der der baulichen Veränderung nicht zugestimmt hat, Demharter MDR 1988, 265. Zur Auslegung des § 22 Abs. 1 WEG vgl. auch Schmid BlGBW 1982, 27. Zu beachten ist, daß die Beseitigung ursprünglicher Baumängel nicht unter § 22 WEG, sondern unter § 21 Abs. 4, 5 Nr. 22 WEG fällt (OLG Frankfurt OLGZ 1984, 129).

290 3. Zur Frage, inwieweit der Bewerber um eine Kaufeigentumswohnung berechtigt ist, von dem Wohnungsbauunternehmer **Auskunft über dessen Mehrforderungen** zu verlangen, siehe BGH JR 1969, 102. Ein Recht des Bewerbers zur **Offenbarung der Selbstkosten** kann schon während der Vertragsverhandlungen bestehen (BGH Betrieb 1969, 2332). Erklärt ein Eigenheimbewerbervertrag die behördlich geprüfte Schlußabrechnung des Wohnungsbauunternehmens hinsichtlich der die Preisgrundlage bildenden Gesamtbaukosten im Sinne eines Schiedsgutachtervertrages für maßgebend, so muß das im allgemeinen dahin ausgelegt werden, daß der Bewerber nur soweit gebunden ist, als sich die behördliche Prüfung bestimmungsgemäß zu erstrecken hat; diese kann sich auf das öffentliche Interesse an der Verwendung öffentlicher Gelder beschränken; geht das Interesse des Bewerbers darüber hinaus, insbesondere im Hinblick auf die tatsächlich erbrachten Leistungen, ist er insoweit nicht gebunden (BGH NJW 1974, 896 = Betrieb 1974, 1377 = MDR 1974, 571 = LM § 319 BGB Nr. 15).

291 4. Ein Streit zwischen Wohnungseigentümern und dem später zum Verwalter bestellten Baubetreuer über die Verwendung von gemeinschaftlichen Geldern zur Deckung angeblicher Grundstückserwerbskosten ist jedenfalls dann nicht nach § 43 Abs. 1 Nr. 2 WEG im Verfahren der freiwilligen Gerichtsbarkeit, sondern vor dem Prozeßgericht auszutragen, wenn die Gelder dem Betreuer anvertraut worden sind, **bevor** die Wohnungseigentümergemeinschaft gebildet oder tatsächlich vollzogen war (BGH MDR 1977, 46). Demgegenüber ist das Amtsgericht als Gericht der freiwilligen Gerichtsbarkeit nach § 43 Abs. 1 Nr. 1 WEG auch dann zuständig, wenn über den inzwischen an einen Dritten veräußerten Anteil eines Miteigentümers zu entscheiden ist, der frühere Eigentümer jedoch noch mit weiteren Anteilen Mitglied der Eigentümergemeinschaft ist (LG Koblenz BauR 1979, 177; vgl. dazu BGHZ 44, 43).

In Wohnungseigentumsverfahren kann eine Sache auch vom Gericht der freiwilligen Gerichtsbarkeit an das Prozeßgericht abgegeben werden, wobei der Abgabebeschluß für das in ihm bezeichnete Gericht bindend ist; vor dem Prozeßgericht kann mit Ansprüchen aufgerechnet werden, auch wenn der Streit über sie an sich in das Verfahren nach § 43 WEG gehört; der Vergütungsanspruch des Verwalters ist im Verfahren nach § 43 WEG geltend zu machen, auch wenn der Verwalter abberufen worden ist (BGHZ 78, 57 = BauR 1980, 585 = SFH § 43 WEG Nr. 2 = NJW 1980, 2466 = Betrieb 1981, 157 = MDR 1981, 43 = Anm. Girisch LM § 43 WEG Nr. 6 = ZfBR 1980, 292). Im Verfahren nach dem WEG ist die sofortige weitere Beschwerde ohne Rücksicht auf den Beschwerdewert des § 45 Abs. 1 WEG zulässig (BGH BauR 1985, 105 = NJW 1985, 913 = MDR 1984, 398 = SFH § 45 WEG Nr. 1). Das gilt jedenfalls für sogenannte echte Streitsachen, wie den Bereich des § 43 WEG, auch im Hinblick auf die unbefristete unselbständige weitere Anschlußbeschwerde (BGHZ 95, 118 = BauR 1985, 709 = NJW 1985, 2727 = MDR 1985, 1017 = JZ 1986, 191 mit insoweit zustimmender Anm. von Weitnauer = Betrieb 1985, 2240 = SFH § 16 WEG Nr. 4 = BB 1985, 2275 = ZfBR 1985, 279).

5. In der „Bestellung" einer Eigentumswohnung und ihrer „Annahme" durch das Wohnungsbauunternehmen kann ein beiderseits bindender und deshalb **beurkundungsbedürftiger** Kauf-Vorvertrag liegen (BGH NJW 1973, 517 = LM § 313 BGB Nr. 58). Anders als früher (vgl. BGHZ 57, 394 = NJW 1972, 715) ist nach der Neufassung des § 313 Satz 1 BGB durch das Gesetz vom 30. 5. 1973 (BGB l. I S. 501) auch die einseitige Verpflichtung des Kaufinteressenten zum Grundstückserwerb und zum Abschluß eines entsprechenden Hauptvertrages notariell zu beurkunden. Wird in einem Grundstückskaufvertrag auf eine **notariell beurkundete Teilungserklärung** Bezug genommen und werden hierdurch die Pflichten einer Vertragspartei erweitert, so ist dem Beurkundungserfordernis nach § 313 BGB i. V. mit §§ 9, 13 BeurkG jedenfalls dann nicht genügt, wenn – wie in aller Regel – nicht beide Parteien des Kaufvertrages auch bei der Beurkundung der Teilungserklärung beteiligt gewesen sind (BGH NJW 1979, 1495 = BB 1979, 1216). Die Teilungserklärung unterliegt, wenn sie die im Vertrag selbst geregelten Pflichten erweitert und zudem über die gesetzlich vorgeschriebene Ausgestaltung der Rechtsbeziehungen der Wohnungseigentümer hinausgeht, der für das Veräußerungsgeschäft geltenden Beurkundungspflicht (BGH NJW 1979, 1498 = BB 1979, 1217). Vgl. dazu u. a. Volhard NJW 1979, 1488; Hitzlberger BB 1979, 1263; Lichtenberger NJW 1979, 1857; Hagen NJW 1979, 2135; Honsell BB 1979, 1528; Adelhold/Fähndrich BB 1979, 1743. Zu Beurkundungsfragen vgl. auch Rdn. 232 ff.

Zum Umfang der Belehrungspflichten eines Notars gegenüber Erwerbern eines Grundstückes mit „steckengebliebenem" Bauvorhaben vgl. OLG Düsseldorf VersR 1980, 1049.

6. Bei Bauverträgen über die Errichtung eines Hauses, durch welche die künftigen Wohnungseigentümer gemeinsam die Bauarbeiten im eigenen Namen an bestimmte Auftragnehmer vergeben, ist **in der Regel anzunehmen,** daß die Wohnungseigentümer **nicht als Gesamtschuldner,** sondern nur anteilig verpflichtet werden (BGH NJW 1959, 2160 = MDR 1959, 1007 = BB 1959, 1083 = LM § 3 WEG Nr. 1; OLG Hamm Betrieb 1973, 1891). Dieser im allgemeinen der Auftragnehmerseite bekannte bzw. erkennbare Wille, der sich insbesondere aus der Interessenlage der Eigentümer ergibt, gilt unabhängig davon, worauf sich die jeweils vertraglich erfaßten Werkleistungen beziehen, welchen Umfang sie haben und wie begütert der einzelne Wohnungseigentümer ist (BGHZ 75, 26 = BauR 1979, 440 = NJW 1979, 2101 = SFH § 427 BGB Nr. 2 = WM 1979, 1000 = MDR 1979, 1014 = JZ 1979, 641 = LM § 3 WEG Nr. 4 Anm. Girisch = Betrieb 1979, 1887 = ZfBR 1979, 196 m. w. N.). **Anderes** gilt dagegen für im Namen der Eigentümer begründete **Verwaltungsschulden;** hier ist in der Regel Gesamtschuldnerschaft anzunehmen (BGH a. a. O. m. w. N.).

7. Schadensersatzansprüche wegen Nichterfüllung von Renovierungsverpflichtungen in bezug auf das Gemeinschaftseigentum kann **auch der einzelne Erwerber** auf der Grundlage des § 326 Abs. 1 Satz 2 BGB geltend machen, wenn die Zahlung an den Verwalter erfolgen soll (BGH BauR 1988, 336 = SFH § 633 BGB Nr. 73 = NJW 1988, 1718). Es kann ein

Wegfall der Geschäftsgrundlage mit einem Rücktrittsrecht des Erwerbers gegeben sein, wenn der Veräußerer einer Eigentumswohnung das Gemeinschaftseigentum nicht vertragsgemäß gestaltet und außerdem durch nachträgliche Maß nahmen den Gesamtcharakter der Wohnanlage entscheidend verändert hat (OLG Frankfurt VersR 1981, 487). Zum gesetzlichen **Rücktrittsrecht des Grundstückseigentümers** vom Verkauf einer Eigentumswohnung vor Eintragung des Wohnungseigentums im Grundbuch BGH NJW 1972, 1667.

295   8. Der Anspruch des Veräußerers von Wohnungseigentum, der bei der Beschaffung von Fremdfinanzierungsmitteln für den Erwerber mitwirkt, auf **Erstattung verauslagter Zwischenfinanzierungskosten verjährt ebenso wie sein Anspruch auf die vereinbarte Vergütung für die finanzielle Betreuung des Erwerbers** (BGH BauR 1977, 289 = NJW 1978, 39 = BB 1977, 868 = MDR 1977, 570 = WM 1977, 553 = LM § 196 BGB Nr. 30 Anm. Doerry).

296   9. Zur Eintragung einer **Bauhandwerkersicherungshypothek** im Falle der Bildung von Wohnungseigentum Teil B § 16 Rdn. 378 ff.

297   10. Solange noch nicht feststeht, wie hoch die endgültigen Baukosten unter Berücksichtigung von Mängelrügen und Gegenansprüchen gegenüber den an der Bauerrichtung Beteiligten sind, besteht keine Verpflichtung des Bauträgers, im Vorgriff darauf eine endgültige Abrechnung mit einem einzelnen Erwerber vorzunehmen (BGH SFH § 675 BGB Nr. 2); das gilt auch bei einem sogenannten Festpreisvertrag, wenn dadurch eine Abrechnung der endgültigen Baukosten nicht ausgeschlossen ist (OLG Köln BauR 1983, 379).

298   11. Eine Bauherrengemeinschaft bildet in der Regel eine BGB-Gesellschaft, und die Bauherren können die Leistung des Eigenkapitalanteils auch von einem Bauherren verlangen, der mit dem Bauträger vereinbart hat, seine Eigenkapitalleistungen durch Verrechnung mit Forderungen an den Bauträger zu erbringen (BGH NJW-RR 1988, 220). Die Fertigstellung des Wohnungseigentums durch die Eigentümergemeinschaft nach Vermögensverfall des Bauträgers und die damit verbundenen Rechte und Pflichten können nur aus dem Gemeinschaftsverhältnis der Wohnungseigentümer beurteilt werden, wobei die einschlägigen Vorschriften des WEG entsprechend heranzuziehen sind (zutreffend Röll NJW 1978, 1507). Jeder Wohnungseigentümer kann von den anderen entsprechend §§ 21 Abs. 4, 22 Abs. 2 WEG die Mitwirkung bei der Fertigstellung des Gebäudes, das zum größten Teil seines Wertes bereits vom Bauunternehmer fertiggestellt ist, verlangen (OLG Karlsruhe NJW 1981, 466 mit insoweit zust. Anm. von Röll); unter Berücksichtigung billigen Ermessens nach § 21 Abs. 4 WEG und in Abweichung von § 16 Abs. 2 WEG ist bei der Verteilung der insoweit entstehenden Kosten zu beachten, inwieweit die einzelnen Wohnungseigentümer ihre nach den Erwerbsverträgen geschuldeten Zahlungen bereits geleistet haben (a. a. O. mit insoweit abl. Anm. von Röll, dem jedoch aus den zutreffenden Gründen der Entscheidung des OLG Karlsruhe nicht zu folgen ist). Beschließen die Wohnungseigentümer eines sogenannten „steckengebliebenen Baues" die Fertigstellung der Anlage auf eigene Kosten, so können sie gegenüber einem einzelnen Wohnungseigentümer, der die anteiligen Kosten nicht zahlt, kein Zurückbehaltungsrecht in der Weise ausüben, daß sie den Anschluß seiner Wohnung an die Versorgungsleitungen (Strom, Wasser, Abwasser usw.) verhindern, weil dadurch die Nutzbarkeit der Wohnung überhaupt unterbunden würde (OLG Hamm NJW 1984, 2708).

299   12. Ein Wohnungseigentümer hat sowohl gegenüber der Wohnungseigentümergemeinschaft als auch gegenüber dem Verwalter nach § 21 Abs. 4, 5 Nr. 2 WEG Anspruch auf sachverständige Feststellung eines Baumangels, der zur Durchfeuchtung einer an einem Bad angrenzenden Wohnungstrennwand geführt hat (BayObLG MDR 1982, 757 = Rpfl. 1982, 278). Die Isolierschicht gemäß DIN 4122 an gemeinschaftlichen, insbesondere tragenden Wänden von Feucht- und Naßräumen gehört zum gemeinschaftlichen Eigentum (a. a. O.).

13. Die Wohnungseigentümer können vom früheren Eigentümer und späteren Verwalter die **Herausgabe der Bauunterlagen** (Bauzeichnungen, statische Berechnungen, Heizungs- und Elektroinstallationspläne, Handwerkerrechnungen der letzten Jahre usw.) **in Ablichtung verlangen, da diese Unterlagen zur ordnungsgemäßen Erhaltung des Eigentums unentbehrlich sind** (OLG Köln BauR 1980, 283; OLG Hamm NJW-RR 1988, 268 m. w. N.). Auch solche Verfahren fallen in den Bereich der freiwilligen Gerichtsbarkeit, weil es sich insoweit um eine Streitigkeit über die Verwaltungstätigkeit des Verwalters – auch nach seinem Ausscheiden – handelt (OLG Hamm a. a. O.). 300

14. Enthält die Teilungserklärung einen **Verteilungsschlüssel** für die Kosten des gemeinschaftlichen Eigentums und sieht sie eine Abänderungsmöglichkeit durch „absoluten Mehrheitsbeschluß" vor, ist eine Änderung des Verteilungsschlüssels gleichwohl nur dann zulässig, wenn ein sachlicher Grund vorliegt und einzelne Wohnungseigentümer gegenüber dem früheren Rechtszustand nicht unbillig belastet werden (BGHZ 95, 137 = BauR 1985, 714 = NJW 1985, 2832 = ZfBR 1985, 278). 301

15. Für Verbindlichkeiten der Wohnungseigentümer untereinander, die in der **anteilmäßigen Verpflichtung zum Tragen der Lasten und Kosten** (§ 16 Abs. 2 WEG) wurzeln, **haftet der Erwerber** einer Eigentumswohnung **auch dann, wenn es sich um Nachforderungen aus Abrechnungen für frühere Jahre handelt, sofern nur der Beschluß der Wohnungseigentümergemeinschaft, durch den die Nachforderungen begründet werden (§ 28 Abs. 5 WEG), erst nach dem Eigentumserwerb gefaßt worden ist** (BGH NJW 1988, 1910). Insoweit **überzeugend gegen** BGHZ 95, 118 = BauR 1985, 709 = NJW 1985, 2717 = BB 1985, 2275 = Betrieb 1985, 2224 = SFH § 16 WEG Nr. 4 = ZfBR 1985, 279), wonach der Ersteher von Wohnungseigentum in der Zwangsversteigerung für die vor dem Zuschlag angefallenen Lasten und Kosten des gemeinschaftlichen Eigentums auch dann nicht haften soll, wenn die Abrechnung eines vor dem Zuschlag abgelaufenen Wirtschaftsjahres erst nach dem Zuschlag erteilt wird. Zu Fragen des „Wohngeldes" vgl. insbesondere auch Weitnauer, Festschrift Korbion, 1986, S. 463. 302

16. Zustellungen, die an die Wohnungseigentümer in dieser Eigenschaft gerichtet sind, können durch Übergabe **nur einer Ausfertigung oder Abschrift des zuzustellenden Schriftstückes an den Verwalter** vorgenommen werden (BGHZ 78, 66 = BauR 1981, 88 = NJW 1981, 282 = SFH § 27 WEG Nr. 3 = MDR 1981, 220 = Betrieb 1981, 209 = Anm. Girisch LM § 27 WEG Nr. 3, zugleich zum Umfang der Vertretungsmacht des Verwalters gemäß § 27 Abs. 2 Nr. 3 WEG sowie zu seinen Rechten und Pflichten auch gegenüber aus der Gemeinschaft ausgeschiedenen Wohnungseigentümern). Das gilt auch für Zustellungen an einen mit umfassender Vollmacht ausgestatteten „Treuhänder" einer Bauherrengemeinschaft (OLG München MDR 1987, 418). 303

Teil B

Allgemeine Vertragsbedingungen für die Ausführung von Bauleistungen DIN 1961 – Fassung 1988

Vorbemerkungen

Inhaltsübersicht

	Rdn.
A. Begriffsbestimmungen zum Leistungsgegenstand nach dem VOB-Vertrag ...	1–9
I. Gesetzliche Grundlage; Ziel der VOB/B	1
II. Grundlegende Begriffsbestimmungen in Teil B	2–9
1. Die Leistung	3
2. Eine Leistung; Leistungen	4
3. Teilleistung	5
4. Bauleistung	6
5. Bauarbeiten	7
6. Bauliche Anlagen	8–9
B. Ergänzungs- und Zusatzaufträge	10
C. Ergänzende gesetzliche Vorschriften	11–12

A. Begriffsbestimmungen zum Leistungsgegenstand nach dem VOB-Vertrag

I. Gesetzliche Grundlage; Ziel der VOB/B

1   **Gesetzliche Ausgangsbasis** für die Regelungen des Teils B sind die **Bestimmungen über den Werkvertrag in den §§ 631 ff. BGB.** Das Vertragswerk des Teils B ist in seiner Gesamtheit dazu bestimmt, im Bereich dispositiven Rechts den **Besonderheiten des Bauvertragswesens für das Verhältnis zwischen Auftraggeber und bauausführendem Unternehmer** aufgrund durchweg allgemein anerkannten **Erfahrungsschatzes gerecht zu werden.** Der Rahmen des möglichen Regelungsgegenstandes wird gerade auch für Teil B durch die grundlegende Bestimmung in **Teil A § 1** (vgl. die Anmerkung dort) abgesteckt. Das ist besonders **auch für den Bereich des AGB-Gesetzes zu beachten** (vgl. dazu näher Teil A § 10 Rdn. 77 ff.).

II. Grundlegende Begriffsbestimmungen in Teil B

2   Aus den Erwägungsgründen zur Fassung der VOB von 1973 ergibt sich, daß deren Verfasser bemüht waren, den von den einzelnen Bestimmungen erfaßten **Leistungsgegenstand begrifflich klarer zu umreißen.** Es ist deshalb notwendig, sich zunächst diese Begriffe zu vergegenwärtigen. Auszugehen ist davon, daß die VOB die Begriffe „Leistung" und „Leistungen" mit bestimmtem Artikel oder ohne bestimmten Artikel verwendet. Dabei entsprechen allein die Worte „die Leistung" dem Leistungsbegriff des BGB im Allgemeinen Teil, § 241 BGB, und im Besonderen Teil des Werkvertragsrechts, § 631 BGB. Hieraus folgt für die VOB Teil B:

3   **1. Die Leistung:** Mit „Leistung" ist der **Gesamtgegenstand des im Einzelfall abgeschlossenen Bauvertrages,** also die vom Auftragnehmer insgesamt zu erbringende Leistung, bezeichnet. Ihre Art und ihr Umfang sind **durch Teil B § 1 bestimmt.** Vereinzelt ist dafür auch die Bezeichnung „die vertragliche Leistung" gewählt worden. So sind frühere andere Begriffe in diesem Bereich, wie „Vertragsleistung" (VOB/B § 4 Nr. 2 Abs. 1 Fassung 1952) oder „übertragene Leistung" (VOB/B § 8 Nr. 3 Abs. 1 Satz 2 Fassung 1952) durch „die vertragliche Leistung" ersetzt worden.

2. Eine Leistung oder Leistungen: Diese Begriffe werden verwendet, um **Teile der vertraglichen Gesamtleistung** (vgl. Rdn. 3) **sowie zusätzlich vereinbarte Leistungen** zu kennzeichnen. Die hierher auch gehörenden weiteren Bezeichnungen „Teil der Leistung" oder „Teile der Leistung" sind nur ausnahmsweise gewählt worden, wo es nach Ansicht der Verfasser der VOB aus sprachlichen Gründen geboten erschien (z. B. in Teil B § 2 Nr. 7 Abs. 2).

3. Teilleistung: Hier handelt es sich um einen solchen Teil der Leistung, der unter **einer Ordnungszahl (Position) des Leistungsverzeichnisses** beschrieben worden ist.

4. Bauleistung: Dieser Begriff ist in Teil A § 1 umrissen. In der Fassung 1952 war er nur in Teil B § 4 Nr. 8 Abs. 2 sowie in Teil B § 7 Nr. 1 verwendet worden. Er ist in Teil B § 4 Nr. 8 Abs. 2 beibehalten worden, weil im Rahmen der Vergabe an Nachunternehmer die VOB/B nur insoweit zur Anwendung gelangen kann, als es sich um Bauleistungen handelt. Dagegen wurde in Teil B § 7 Nr. 1 die Bezeichnung „Bauleistung" durch „Leistung" (vgl. Rdn. 3) ersetzt. Im übrigen ist der Begriff „Bauleistung" in Teil A § 1 **begriffsidentisch** mit dem der „Leistung" in Teil B (vgl. Rdn. 3).

5. Bauarbeiten: Dieser in Teil B § 3 Nr. 4 Fassung 1952 verwendete Begriff ist in Angleichung an die unveränderte Fassung in Teil B § 6 Nr. 3 und 4 sowie in Teil B § 8 Nr. 3 Abs. 3 durch den allgemeinen Begriff **„Arbeiten"** ersetzt worden, da der Auftragnehmer zur Erfüllung des Vertrages u. U. auch andere als „reine" Bauarbeiten ausführen muß. Mit „Arbeiten" ist also die zur Erbringung der Leistung notwendige gegenständliche körperliche und geistige Tätigkeit des Auftragnehmers gemeint.

6. Bauliche Anlagen: Nach § 2 Abs. 2 der Musterbauordnung (welche die Grundlage für die grundsätzlich dem öffentlichen Recht zugehörigen Bauordnungen der Länder bildet) werden als bauliche Anlage bezeichnet: „mit dem Erdboden verbundene, aus Baustoffen und Bauteilen hergestellte Anlagen. Eine Verbindung mit dem Boden besteht auch, wenn die Anlage durch eigene Schwere auf dem Boden ruht oder auf ortsfesten Bahnen begrenzt beweglich ist oder wenn die Anlage nach ihrem Verwendungszweck dazu bestimmt ist, überwiegend ortsfest benutzt zu werden. Aufschüttungen und Abgrabungen sowie künstliche Hohlräume unterhalb der Erdoberfläche gelten als bauliche Anlagen." In diesem Begriff der baulichen Anlage liegt als Voraussetzung, daß sie auf Dauer gedacht sein muß; diese kann auch dadurch erfüllt werden, daß die Anlage jeweils nur für kurze Zeit besteht, sich dieser Zustand aber ständig wiederholt (BVerwG BauR 1977, 109 = NJW 1977, 2090 für den Fall der Aufstellung einer Tragluft-Schwimmhalle).

In der Fassung 1952 **meinte die VOB** mit der Bezeichnung **„Bauwerk" bauliche Anlagen in diesem umfassenden Sinne.** Dies ist **beibehalten** worden, **jedoch** wurde, in Übereinstimmung mit der Musterbauordnung, die Bezeichnung **„Bauwerk" durch „Bauliche Anlage" ersetzt** (VOB/B § 3 Nr. 2 und 4; § 12 Nr. 5 Abs. 2; § 13 Nr. 7 Abs. 1). Ausnahme ist Teil B § 13 Nr. 4, da dort die Übereinstimmung mit den begrifflichen Abgrenzungen in § 638 BGB beibehalten werden mußte, vor allem wegen der Rechtsprechung zu den Begriffen „Bauwerk" und „Arbeiten an einem Grundstück". Vgl. dazu auch Teil A § 1 Rdn. 3 ff., wobei auch bauliche Anlagen im vorgenannten Sinne von dem in Teil A § 1 umrissenen Rahmen erfaßt sind. Soweit dieser Begriff im Einzelfall im verwaltungsrechtlichen (planungsrechtlichen) Sinne über Teil A § 1 hinausgeht, wie z. B. bei Anlagen der Außenwerbung, Holzlagerplätzen (OVG Münster VerwRspr 1975 Bd. 26, 188), beim Aufstellen von Warenautomaten, kann dies auf das zivile Vertragsrecht nicht entsprechend angewendet werden, so daß insoweit auch nicht die Vereinbarung der VOB in Betracht kommt.

B. Ergänzungs- und Zusatzaufträge

10 Die Anwendung des Teils B der VOB setzt zunächst einen **wirksamen Bauvertrag zwischen den Vertragsparteien** voraus (vgl. dazu auch die Erläuterungen zu Teil A § 28). Wird ein Vertrag **nur** unter einer aufschiebenden Bedingung, z. B. unter dem Vorbehalt der Finanzierung, abgeschlossen, wird der Vertrag erst mit Eintritt der Bedingung wirksam, was von demjenigen darzulegen und zu beweisen ist, der sich darauf beruft (vgl. insoweit auch LG Aachen NJW-RR 1986, 411). **Teil B** kommt ferner bei Bauverträgen **nur** zur Anwendung, **wenn** er zwischen den Vertragspartnern **vereinbart** ist (siehe dazu Einl. Rdn. 19 ff.). Eine derartige Vereinbarung gilt im Zweifel für den gesamten Vertrag, insbesondere auch für **Ergänzungs- oder Zusatzaufträge,** also für sogenannte **Nachtragsaufträge, die im unmittelbaren zeitlichen und sachlichen Zusammenhang** mit derselben in Auftrag gegebenen Bauleistung stehen (ebenso OLG Düsseldorf BauR 1977, 61 = NJW 1977, 253 für den Fall der späteren Anbringung einer Ersatzfolie nach Beschädigung der ursprünglich angebrachten durch andere Bauarbeiter; ferner OLG Düsseldorf BauR 1982, 587 = SFH § 13 Nr. 5 VOB/B Nr. 4 hinsichtlich eines Nachtragsauftrages zur Verlegung von Bodenfliesen; OLG Hamm NJW-RR 1987, 599 = SFH § 16 Nr. 3 VOB/B Nr. 43 bei nachträglicher Änderung einer Einbrennbeschichtung). Das folgt aus Teil B § 1 Nr. 3 und 4 sowie Teil B § 2 Nr. 5 und insbesondere Nr. 6 (ebenso OLG Düsseldorf BauR 1973, 386), womit die Parteien gerade durch diese im Hauptauftrag mit vereinbarten Bestimmungen der VOB im Zweifel zu erkennen gegeben haben, daß sich solche Ergänzungs- und Zusatzaufträge auch nach diesem Vertragswerk richten sollen. Wegen des hier geforderten unmittelbaren engen zeitlichen und sachlichen Zusammenhanges kann einer wirksamen Vereinbarung der VOB auch für diese Ergänzungs- oder Zusatzaufträge nicht § 2 AGB-Gesetz entgegenstehen, da die Vertragsparteien durch den zuvor ordnungsgemäßen Abschluß des Hauptauftrages über Inhalt und Tragweite der VOB orientiert sind, daher der Schutzzweck des § 2 AGB-Gesetz auch für die Ergänzungs- und Zusatzaufträge erfüllt ist (a. A. wohl Locher NJW 1977, 1801, 1802; ferner Jagenburg BauR 1977, Sonderheft 1 S. 9 Fn. sowie Werner/Pastor, Bauprozeß, Rdn. 728; wie hier Kaiser, Mängelhaftungsrecht, Rdn. 15). Wird allerdings Teil B der VOB erst im Rahmen eines Ergänzungs- oder Zusatzauftrages vereinbart und weichen die ursprünglichen vertraglichen Abmachungen – z. B. hinsichtlich der Gewährleistungspflicht – erheblich von der VOB ab, so kann im Zweifel nicht umgekehrt angenommen werden, daß sich auch der ursprüngliche „Hauptauftrag" nach der VOB richten soll (OLG Düsseldorf, Urt. vom 8. 7. 1969 – 20 U 198/68 –). Das Gegenteil läßt sich auch nicht aus einem Schweigen des Auftragnehmers auf eine schriftliche Bestätigung des Nachtrags- oder Ergänzungsauftrages entnehmen (a. a. O.).

C. Ergänzende gesetzliche Vorschriften

11 Soweit auf einen VOB-Bauvertrag **gesetzliche Vorschriften** überhaupt oder ergänzend anzuwenden sind, gelten grundsätzlich **die Bestimmungen des BGB,** insbesondere die der §§ 631 ff. zum Werkvertrag. Die Spezialbestimmungen des HGB kommen nur zum Tragen, wenn die dafür maßgebliche **Kaufmannseigenschaft** bei Auftraggeber oder Auftragnehmer oder beiden gegeben ist **und wenn sie durch vertragliche Regelungen nicht** ausgeschlossen sind. Daraus folgt: **Soweit Teil B der VOB Regelungen enthält, schließen sie die Anwendung von Vorschriften des HGB aus,** es sei denn, deren Beachtung ist auch durch die Bestimmungen der VOB/B eindeutig eröffnet. Daher kommen z. B. die Regelungen der §§ 381 Abs. 2, 377, 378 HGB (zu diesen vgl. auch Kaiser ZfBR 1983, 155) nicht zum Tragen, weil die VOB zur Erfüllungs- und Gewährleistungsverpflichtung ausdrückliche, abschließende Bestimmungen enthält. Im übrigen:

Der Auftragnehmer ist nicht schon deswegen Kaufmann, weil er Bauunternehmer ist. Der **12** Auftragnehmer betreibt grundsätzlich keinen Warenhandel, er schuldet im Kern keine Lieferung von Baustoffen, sondern im Vordergrund die Werkleistung, also die plan- und werkgerechte Ausführung unter Einsatz von Personal, Maschinen, Gerätschaften und sonstigen Baueinrichtungen; die von ihm beschafften Baustoffe sind nur Hilfs- und Arbeitsmittel für die geschuldete Bauleistung. Daß der Auftragnehmer Stoffe oder Bauteile einzukaufen hat, um seine dem Auftraggeber geschuldete Werkleistung erbringen zu können, hat damit nichts zu tun; hier geht es allein um die rechtliche Einordnung des Bauvertrages zwischen Auftraggeber und Auftragnehmer. Auch § 1 Abs. 2 Nr. 2 HGB kommt für den Auftragnehmer als bloßen Bauunternehmer nicht in Betracht. Darunter fallen nur die industriemäßig eingerichteten Lohnbetriebe, die vom Besteller (Auftraggeber) gelieferte Stoffe be- oder verarbeiten, also die Waren weder produzieren noch anschaffen. Möglicherweise kann hier die Regelung der §§ 1 ff. HGB nicht mehr für alle Fälle gerecht sein. Es könnte wünschenswert und auch sachgerecht sein, dem Auftragnehmer als Angehörigem der bauausführenden Wirtschaft die Kaufmannseigenschaft ohne Handelsregistereintragung (§ 2 HGB) ebenso zuzuerkennen, wie das nach geltendem Recht auch bei anderen Betrieben der Fall ist, wie z. B. beim Baustoffhändler oder bei bestimmten Bauhandwerkern, bei denen die Lieferung vorgefertigter oder katalogmäßig angebotener Waren überwiegendes Tätigkeitsmerkmal ist. Eine solche Erweiterung kann aber nach dem derzeit geltenden Recht ohne Gesetzesänderung nicht in Erwägung gezogen werden (BGH BauR 1972, 375 = WM 1972, 904). Zum Kaufmannsbegriff kritisch und mit Reformvorschlägen Wessel, BB 1977, 1226.

Über den Kaufmann im Baugewerbe eingehend, tiefgreifend, daher beachtlich sowie im wesentlichen zutreffend Ebenroth/Autenrieth BauR 1980, 211 ff. Dazu weiter OLG Düsseldorf (BauR 1981, 369) mit zutreffender ablehnender Anmerkung von Autenrieth (vgl. dazu auch Teil A § 10 Rdn. 164 ff.).

§ 1 Art und Umfang der Leistung

1. Die auszuführende Leistung wird nach Art und Umfang durch den Vertrag bestimmt. Als Bestandteil des Vertrages gelten auch die Allgemeinen Technischen *Vertragsbedingungen* für Bauleistungen.

2. Bei Widersprüchen im Vertrag gelten nacheinander:
a) die Leistungsbeschreibung,
b) die Besonderen Vertragsbedingungen,
c) etwaige Zusätzliche Vertragsbedingungen,
d) etwaige Zusätzliche Technische *Vertragsbedingungen,*
e) die Allgemeinen Technischen *Vertragsbedingungen* für Bauleistungen,
f) die Allgemeinen Vertragsbedingungen für die Ausführung von Bauleistungen.

3. Änderungen des Bauentwurfs anzuordnen, bleibt dem Auftraggeber vorbehalten.

4. Nicht vereinbarte Leistungen, die zur Ausführung der vertraglichen Leistung erforderlich werden, hat der Auftragnehmer auf Verlangen des Auftraggebers mit auszuführen, außer wenn sein Betrieb auf derartige Leistungen nicht eingerichtet ist. Andere Leistungen können dem Auftragnehmer nur mit seiner Zustimmung übertragen werden.

Inhaltsübersicht

	Rdn.
A. Allgemeines	1–3
B. Grundregel: Vertragsinhalt maßgebend (Nr. 1)	4–13
I. Gesamtheit der Vertragsunterlagen ausschlaggebend	5
II. Abgrenzung	6
III. Vertragsunterlagen im einzelnen	7–9
IV. Allgemeine Technische Vertragsbedingungen Vertragsbestandteil	10–12
V. Einheitliche Verdingungsmuster	13
C. Die Auslegung von Widersprüchen im Vertrag (Nr. 2)	14–28
I. Allgemeines	14–16
II. Vorrang spezieller Bestimmungen vor den allgemeinen Regelungen	17–21
1. Allgemeiner Überblick	17
2. Leistungsbeschreibung	18
3. Besondere Vertragsbedingungen	19
4. Zusätzliche Vertragsbedingungen, Zusätzliche Technische Vertragsbedingungen	20
5. Allgemeine Vertragsbedingungen, Allgemeine Technische Vorschriften	21
III. Tragweite der Nr. 2	22–24
1. Nur wirkliche Widersprüche sind gemeint	22
2. Nicht erfaßt sind Widersprüche innerhalb einzelner Vertragsbestandteile	23–24
IV. Nr. 2 enthält keine Rangfolge der Vertragsbestandteile	25
V. Identität der Begriffe in Nr. 2 mit den in Teil A §§ 9 und 10 enthaltenen	26–28
1. Zeichnerische Darstellung zählt zur Leistungsbeschreibung	27
2. Bedeutung von Vorbemerkungen	28
D. Änderungen des Bauentwurfs durch den Auftraggeber (Nr. 3)	29–42
I. Befugnis zu einseitiger Anordnung	29–34
1. Regelungsumfang	29
2. Besondere vertragliche Vereinbarung	30–31
3. Vergütungsfragen	32
4. Beweggründe zur Änderung	33
5. Keine Belehrungspflicht des Auftragnehmers wegen der Vergütung	34
II. Keine unbeschränkte Änderungsbefugnis	35–36
1. Nur Änderung des Bauentwurfs möglich	35
2. Etwaige gleichzeitige Änderung anderer Vertragsbestandteile	36
III. Grenzen der Änderung: Neuanfertigung, Unzumutbarkeit	37
IV. Bei über § 1 Nr. 3 hinausgehenden Änderungen Vereinbarungen notwendig	38
V. Mögliche Folgen bei Überschreiten der Befugnisse des Auftraggebers	39–40
VI. Form, Adressat der Anordnung	41–42
E. Ausführung nicht vereinbarter Leistungen (Nr. 4)	43–49
I. Nur zur Ausführung der Vertragsleistung erforderliche Zusatzleistungen	45
II. Ordnungsgemäße Aufforderung erforderlich	46
III. Keine Verpflichtung, wenn Betrieb des Auftragnehmers nicht auf Zusatzleistung eingerichtet ist	47
IV. Vergütung zusätzlicher Leistungen	48
V. Bei anderen Zusatzleistungen Vereinbarung erforderlich	49

Aufsätze: Lammel, „Zu Widersprüchen in Bauverträgen", BauR 1979, 109; Enders, „Existenz und Umfang eines Abänderungsrechts des Bestellers beim BGB-Bauvertrag", BauR 1982, 535; Piel, „Zur Abgrenzung zwischen Leistungsänderung (§ 1 Nr. 3, 2 Nr. 5 VOB/B) und Behinderung (§ 6 VOB/B)", Festschrift Korbion, 1986, 349.

A. Allgemeines

Teil B § 1 Nr. 1 beinhaltet eine **Generalklausel**. Sie bezieht sich allerdings nicht auf den Gesamtinhalt des Bauvertrages, sondern nur auf die **Leistungspflicht des Auftragnehmers**. Von den Pflichten des Auftraggebers spricht sie nicht. Wie beim **Werkvertrag** des BGB (§§ 631 ff.) kommt es auf die Herstellung des Werkes an. Von der Tätigkeit als solcher allein, losgelöst vom Leistungserfolg, ist in § 1 nicht die Rede. Die **Nr. 2** stellt in vertragsrechtlicher Hinsicht den **Vertragsinhalt klar**, falls darüber im Einzelfall Zweifel oder Unklarheiten bestehen. In **Nr. 3 und 4** sind ergänzende bzw. **erweiterte Leistungspflichten** des Auftragnehmers in bezug auf **veränderte oder zusätzliche Leistungen** festgelegt.

Empfänger der Leistung des Auftragnehmers ist grundsätzlich der beim Vertragsabschluß hinreichend als solcher gekennzeichnete **Auftraggeber**. Ein späterer **Wechsel** des Auftraggebers kann **grundsätzlich** – falls nicht gesetzliche Vorschriften vorrangig sind (wie z. B. aus dem Erbrecht) – **nur einverständlich** durch Absprache zwischen Auftraggeber und Auftragnehmer erfolgen. 2

Erklärt ein Subunternehmer, der Inkassovollmacht des Generalunternehmers hat, dessen Auftraggeber in Kenntnis des bevorstehenden Konkurses des Generalunternehmers, im Falle der Zahlung einer noch nicht fälligen Werklohnrate die vorzeitig bezahlte Werkleistung erbringen zu wollen, so kann darin ein wirksamer **Schuldbeitritt** liegen (vgl. BGH SFH § 278 BGB Nr. 1). Zur Abgrenzung zwischen Schuldbeitritt und Bürgschaft vgl. Teil B § 17 Rdn. 41. 3

B. Grundregel: Vertragsinhalt maßgebend (Nr. 1)

Nach Nr. 1 Satz 1 wird die vom Auftragnehmer auszuführende **Leistung nach Art und Umfang** durch den **Vertrag** bestimmt. Dies bezieht sich nicht nur auf diejenigen Bauverträge, die aufgrund einer ordnungsgemäßen Vergabe nach Teil A zustande gekommen sind, sondern auf **alle Verträge, die** kraft Vereinbarung den **Teil B der VOB zur Vertragsgrundlage haben**, also vor allem auch sogenannte private Bauverträge. Dabei kann der Begriff der Leistung nur in dem Sinne und in dem Umfang verstanden werden, wie es nach Teil A § 1 Nr. 1 (**Bauleistung**) gerechtfertigt ist (vgl. auch Vor Teil B Rdn. 3 ff.). 4

I. Gesamtheit der Vertragsunterlagen ausschlaggebend

Die Leistungsverpflichtung des Auftragnehmers gemäß Bauvertrag kann aus vielen Leistungseinzelheiten bestehen. Man denke an die Positionen eines Leistungsverzeichnisses, die regelmäßig vielgestaltig sind. Die **Gesamtheit der Einzelpositionen ist das** geschuldete und herzustellende **Werk**, allerdings **begrenzt durch den Umfang des jeweiligen Vertrages**. Ebenso maßgebend für die Leistungspflicht sind aber **auch alle anderen Vertragsbestimmungen** im Einzelfall, wie z. B. **Allgemeine,** Besondere oder Zusätzliche oder Technische Vertragsbedingungen. 5

II. Abgrenzung

Die Gesamtleistungsverpflichtung beruht daher **allein** auf dem **Vertrag**. Das führt zwangsläufig zu dem Umkehrschluß, daß alles, was nicht Inhalt des Bauvertrages ist, auch nicht vom Auftragnehmer geschuldet wird. Im **Zweifelsfall** bedarf es allerdings häufig der **Auslegung**, was zum Vertragsinhalt rechnet. Anhaltspunkte bieten dabei die Allgemeinen Vertragsbedingungen oder die Allgemeinen Technischen Vertragsbedingungen, gegebenenfalls unter Zuhilfenahme gesetzlicher Vorschriften, da dort beschrieben ist, was allgemein als richtig und 6 üblich anerkannt ist. Unklare Vertragsbedingungen, wie vor allem auch im Rahmen Besonderer oder Zusätzlicher oder Technischer Vertragsbedingungen, gehen zu Lasten desjenigen, der sie aufgestellt hat. Er muß dann eine Beurteilung nach Allgemeinen Vertragsbedingungen oder Technischen Vertragsbedingungen, notfalls auch nach den Bestimmungen des BGB (wie z. B. bei Eingreifen des § 5 AGB-Gesetz) oder den von der Rechtsprechung für den betreffenden Fall aufgestellten Grundsätzen hinnehmen. Zum Begriff „Arbeiten an Dach und Fach" vgl. Weimar BlGBW 1980, 69.

III. Vertragsunterlagen im einzelnen

7 Ist der Bauvertrag nach den Vergaberegelungen des Teils A zustande gekommen, so bestimmt sich sein Inhalt nach der Leistungsbeschreibung (Teil A § 9), den dazugehörigen Unterlagen, ferner nach den rechtlichen und den Technischen Vertragsbedingungen; über die Reihenfolge vgl. Rdn. 14 ff.

8 Ist der Bauvertrag nicht auf der Basis des Vergabeverfahrens nach Teil A abgeschlossen worden, so richtet sich der Vertragsinhalt lediglich nach dem Bauvertrag selbst, der seinerseits allerdings regelmäßig auch die vorgenannten Einzelunterlagen zum Gegenstand hat, indem er darauf verweist, wobei durch den Inhalt der Verweisung auch die Grenzen vertraglicher Absprache festgelegt sind. Wurde Teil B der VOB zur Vertragsgrundlage gemacht, so gelten die Allgemeinen Vertragsbedingungen sowie die **im Einzelfall maßgebenden Allgemeinen Technischen Vertragsbedingungen,** da dies nach § 1 Nr. 1 Satz 2 als vertraglich abgemacht gilt. Regelmäßig ist auch ein Leistungsverzeichnis vorhanden, das zumindest den wesentlichen Leistungsinhalt festhält. Ist das nicht der Fall, so stößt man bei der Auslegung des Vertragsinhalts im Hinblick auf die Tragweite und den Umfang der Leistungsschuld des Auftragnehmers auf die Schwierigkeit, diese nach den allgemeingültigen Regeln des BGB und damit nach der gewerblichen Verkehrssitte bestimmen zu müssen, falls hierzu im Einzelfall die Allgemeinen Vertragsbestimmungen oder die Allgemeinen Technischen Vertragsbedingungen keine ausreichende, vor allem keine erschöpfende Auskunft geben.

9 Sofern in der Leistungsbeschreibung **Eventual- oder Alternativpositionen** enthalten sind, deren Ausführung im Zeitpunkt des Vertragsabschlusses noch nicht geklärt ist, gehören sie so lange nicht zur vom Auftragnehmer geschuldeten Leistung, wie nicht der Auftraggeber – **spätestens bis zum Beginn der Ausführung der betreffenden Teilleistung** (vgl. Vor B Rdn. 7) – mitgeteilt hat, was und auf welche Weise es ausgeführt werden soll. Insoweit besteht eine **Mitwirkungspflicht des Auftraggebers,** die aus Teil B § 3 Nr. 1 zu entnehmen ist. Der Auftraggeber sollte hier seinen Entschluß so früh wie möglich mitteilen, damit etwaige Unzuträglichkeiten bei der späteren Ausführung vermieden werden (vgl. dazu auch VHB Nr. 2. zu § 1 VOB/B bzw. Nr. 2. zu § 28 VOB/A).

IV. Allgemeine Technische Vertragsbedingungen Vertragsbestandteil

10 Soweit nach Nr. 1 Satz 2 **die Allgemeinen Technischen Vertragsbedingungen** als Vertragsbestandteil gelten, hat das im allgemeinen besondere Bedeutung, wenn ein Bauvertrag nicht nach den Regeln über die Vergabe gemäß Teil A der VOB zustande gekommen ist. Denn sonst ist es selbstverständlich, daß die Allgemeinen Technischen Vertragsbedingungen zum Angebotsinhalt gehören und damit Vertragsbestandteil werden. Dies ergibt sich aus Teil A § 10 Nr. 1. Teil B § 1 Nr. 1 Satz 2 hat daher eine weit über Teil A § 10 hinausgehende Tragweite. Sie besagt, daß es nicht einmal der ausdrücklichen Hervorhebung im Vertrag bedarf, daß die Allgemeinen Technischen Vertragsbedingungen Vertragsbestandteil werden. Vielmehr **reicht es, wenn Teil B der VOB vertraglich vereinbart ist. Dann ist zugleich Teil C,** soweit sein Normenwerk vom vertraglichen Leistungsziel erfaßt ist, **mit Vertragsgegenstand.** Dabei kommt es zunächst, falls der Vertrag keine abweichende Regelung enthält, auf die im Zeit-

punkt des Vertragsabschlusses maßgebenden Normen an (vgl. dazu OLG Celle BauR 1984, 522 mit Anm. Reim).

Die Allgemeinen Technischen Vertragsbedingungen sind für sich keine Rechtsnormen, vgl. BVerwG BayVwBl. 1962, 53. Über den Wortlaut der Nr. 1 Satz 2 hinaus schuldet der Auftragnehmer jedoch eine Leistung, die den **allgemein anerkannten Regeln der Technik** entspricht, wie sich aus Teil B § 4 Nr. 2 Abs. 1 ergibt; dabei ist für die rechtliche Beurteilung **der Zeitpunkt der Abnahme maßgebend** (vgl. Teil B § 13 Rdn. 105 ff., 133 ff.). Zum Verhältnis der Allgemeinen Technischen Vertragsbedingungen des Teils C zu den allgemein anerkannten Regeln der Technik (Bautechnik) vgl. Teil B § 4 Rdn. 141 ff. Über das Zustandekommen von DIN-Normen vgl. Lindemann DAB 1978, 947.

Allgemeine Technische Vertragsbedingungen treten allerdings zurück, wenn bei einer objektiv gegebenen Notwendigkeit im Einzelfall von den Allgemeinen Technischen Vertragsbedingungen abweichende technische Bestimmungen bzw. Vereinbarungen getroffen werden (vgl. Teil A § 10 Nr. 3 Satz 3). Nicht gilt das hingegen bei Zusätzlichen Technischen Vertragsbedingungen, weil diese lediglich die Allgemeinen Technischen Vertragsbedingungen ergänzen, also grundsätzlich neben diesen stehen (vgl. Teil A § 10 Nr. 3 Satz 2).

V. Einheitliche Verdingungsmuster

Zu erwähnen sind in diesem Zusammenhang für den Auftraggeber der öffentlichen Hand die Vertragsmuster, vgl. VHB Teil II,[1] die als verbindlich gelten für alle mit Bundesmitteln finanzierten Baumaßnahmen (EVM). Soweit diese Muster Vertragsbedingungen wiedergeben, werden sie im allgemeinen bei öffentlichen Bauvorhaben im Rahmen der Vertragsgestaltung herangezogen und dann, vor allem auch im Hinblick auf die Leistungspflichten des Auftragnehmers, mit dem jeweils zur Verwendung gelangten Inhalt Vertragsgegenstand.

C. Die Auslegung von Widersprüchen im Vertrag (Nr. 2)

I. Allgemeines

Nach Nr. 2 **gilt** bei Auftreten von Unklarheiten über die vertraglich festgelegte Leistungspflicht des Auftragnehmers eine ganz **bestimmte Reihenfolge** der Vertragsunterlagen als zwischen den Parteien **vereinbart**, sofern solche im Bauvertrag Verwendung gefunden haben. Indem die Vertragspartner Nr. 2 und damit die dort bestimmte, in ihren Einzelpunkten von a bis f sich aneinanderreihende Reihenfolge (jeweils der vorangehende Buchstabe hat im allgemeinen Vorrang vor dem folgenden) zum Gegenstand ihrer vertraglichen Abmachung gemacht haben, bleibt ein **anderer Weg der Auslegung** im Rahmen der §§ 133, 157 BGB **nicht übrig**. Die VOB hat damit viel zur Klarheit des Vertrages beigetragen, zumal die Vertragsauslegung lediglich nach §§ 133, 157 BGB ohnehin problematisch ist, vor allem weil gerade hier auch die §§ 4, 5 AGB-Gesetz eine Rolle spielen können.

Die Regelung in Nr. 2 entspricht nichts anderem als der allgemeinen Auffassung für den Bereich des Vertragsrechtes, daß die für den betreffenden Vertrag individuell getroffenen Absprachen jeweils Vorrang vor den generell vereinbarten haben, also das Spezielle dem mehr Generellen vorgeht, falls nicht der Vertrag **hinreichend klar eine andere Reihenfolge bestimmt**. Wenn auch die Nr. 2 lediglich die Leistungspflichten des Auftragnehmers anspricht, so ergibt der dort berücksichtigte, vorgenannte allgemeine Grundsatz aber doch, daß die **hier festgelegten Auslegungsgrundsätze auch für andere Bereiche außerhalb der eigentlichen Leistungspflicht des Auftragnehmers entsprechend gelten,** wie z. B. im Rahmen des

---

[1] Die Vertragsmuster können beim Werner-Verlag GmbH, Karl-Rudolf-Str. 172, 4000 Düsseldorf 1, bezogen werden.

B § 1, 2, Rdn. 16-19

Schuldner- oder des Annahmeverzuges, von Vertragsstrafenregelungen, von Kündigungsbestimmungen usw. Für den Vergütungsbereich läßt sich eine gleichartige Regelung überdies aus Teil B § 2 Nr. 1 entnehmen (vgl. dazu Teil B § 2 Rdn. 110).

16   Die Auslegungsregel der **Nr. 2 gilt nur, wenn die Vertragspartner – evtl. auch in AGB – keine andere vertragliche Absprache getroffen haben.** So ist es z. B. möglich, zu vereinbaren, daß im Falle von Widersprüchen in den Vertragsunterlagen die VOB Vorrang vor den Zusätzlichen Technischen Vertragsbedingungen habe, wie der ZTV-Stra. Allerdings kann es vorkommen, daß solche Bestimmungen dann wiederum Vorrang vor den Regelungen der VOB/B haben, nämlich dort, wo sich aus der VOB/B ergibt, daß bestimmte ihrer Regelungen nur Geltung haben, wenn nichts anderes vereinbart ist. So gilt in dem erwähnten Fall die in der ZTV-Stra enthaltene Verjährungsfrist von 5 Jahren vor der in Teil B § 13 Nr. 4 festgelegten 2jährigen Verjährung, weil eben etwas anderes vereinbart worden ist (vgl. BGH BauR 1987, 445 = NJW-RR 1987, 851 = ZfBR 1987, 191 = Löwe EWiR 1987, 715 = MDR 1987, 834 = ZfBR 1987, 191). Eine solche in der ZTV-Stra enthaltene Klausel ist dann für ein im Tiefbau tätiges Fachunternehmen nicht überraschend, daher nicht nach § 3 AGB-Gesetz unwirksam, erst recht nicht, wenn es schon vielfach für öffentliche Auftraggeber gearbeitet hat (BGH, a. a. O.).

II. Vorrang spezieller Bestimmungen vor den allgemeinen Regelungen

17   1. Eine Betrachtung der Reihenfolge, wie sie in Nr. 2 vorgeschrieben ist, zeigt, daß die **besonderen Vereinbarungen** der Parteien **Vorrang** vor den allgemeinen Bestimmungen der VOB haben (vgl. BGH BauR 1977, 346 = SFH Z 2.415.2 Bl. 15; vgl. insofern auch BGH BauR 1986, 202 = SFH § 5 AGBG Nr. 2 = NJW-RR 1986, 825 = SFH § 13 Nr. 4 VOB/B Nr. 10 = ZfBR 1986, 78 für den Fall, daß im Gegensatz zum Vorblatt der vom Auftraggeber im Angebotsverfahren eingeführten Leistungsbeschreibung im Auftragsschreiben vorrangig Besondere Vertragsbedingungen mit einer längeren Gewährleistungsfrist – statt 2 Jahre 5 Jahre – für maßgebend erklärt wurden, der Auftragnehmer dem nicht widersprochen hatte und im Folgenden auch davon ausgegangen ist). Hieraus folgt, daß die Verfasser der VOB, wie es den Grundsätzen des Vertragsrechts entspricht, die freie Willensbestimmung der Partner bei der Festlegung der Einzelbedingungen des betreffenden Bauvertrages als das Wesentliche angesehen haben. Erst wenn eine entsprechende vertragliche Einzelregelung fehlt oder wenn diese im Verhältnis zu einer anderen mit im Wege der Auslegung nicht hinreichend zu klärenden Widersprüchen behaftet ist, kommt es auf die nachrangigen Vertragsbedingungen und schließlich die Allgemeinen Vertragsbedingungen der VOB an.

18   2. Hieraus erklärt sich zugleich **die Reihenfolge** in Nr. 2. Sie beginnt mit der **Leistungsbeschreibung,** welche die Einzelheiten der im Bauvertrag verlangten Ausführung möglichst genau aufzählen soll. Zu dem Begriff der Leistungsbeschreibung gehören hier auch die auf die verlangte Leistung bezogenen Bauzeichnungen (insbesondere die Detailplanung) und die maßgebenden Muster oder Probestücke, wie sich aus Teil A § 9 Nr. 5 Abs. 1 ergibt. Überhaupt zählen sämtliche Vertragsunterlagen hierher, die im Einzelfall von dem in Teil A § 9 und in den Hinweisen für das Aufstellen der Leistungsbeschreibung in Abschnitt 0 der DIN 18 299 berührten Bereich erfaßt sind. Der hier an erster Stelle verwendete Begriff der **Leistungsbeschreibung** beinhaltet also alles, was dazu bestimmt ist, die für den betreffenden Vertrag ausschlaggebende Leistungsanforderung insgesamt und in ihren Einzelheiten zu verdeutlichen.

19   3. Alsdann folgen die unter b genannten **Besonderen Vertragsbedingungen,** die in jedem Einzelfall ausdrücklich festgelegt werden müssen, daher **im allgemeinen Individualvereinbarungen** sind. Ist der Auftrag aufgrund eines besonderen, für den Einzelfall aufgestellten **Auftragsschreibens** erteilt worden oder wurde eine **besondere Vertragsurkunde** (vgl. Teil A § 29) ausgestellt, so handelt es sich dabei im allgemeinen um Besondere Vertragsbedingungen (a. A. Huhn, Vahlens Rechtsbücher, Zivilrecht Bd. 3, S. 129, der die klare Tragweite der Nr. 2 in Verbindung mit Teil A § 10 nicht beachtet; zutreffend allerdings für den Fall, in dem

Bedingungen im Auftragsschreiben insgesamt oder in einem solchen Umfang von dem Vertragswerk der VOB abweichen, daß dieses praktisch wieder außer Kraft gesetzt, zumindest aber ausgehöhlt würde). Zu den Besonderen Vertragsbedingungen gemäß Nr. 2 b zählen auch besondere, von den DIN-Normen abweichende Vereinbarungen zwischen den Vertragspartnern, wie z. B. ein Verzicht des Auftragnehmers auf eine Erhöhung der vereinbarten Vergütung gemäß DIN 1957 Nr. 4 a. F. (vgl. BGH SFH Z 2.311 Bl. 17). Diese müssen als „Besondere Technische Vereinbarungen" i. S. von Teil A § 10 Nr. 3 Satz 3 angesehen werden, die den Zusätzlichen Technischen und insbesondere den Allgemeinen Technischen Vertragsbedingungen vorgehen.

4. Als nächste Stufen kommt es dann nach Nr. 2 c und 2 d auf die **Zusätzlichen Vertragsbedingungen und die Zusätzlichen Technischen Vertragsbedingungen** an. Hier handelt es sich schon um Bestimmungen, die nicht für einen konkreten Bauvertragsfall geschaffen worden sind, sondern auf eine größere Anzahl von Bauverträgen eines bestimmten Auftraggebers zutreffen, deshalb **grundsätzlich als AGB gelten** müssen (vgl. Teil A § 10 Rdn. 77 ff., insbesondere Rdn. 136 ff.). Sind dem Auftrag formularmäßige, über den Einzelfall hinausgehende Bedingungen beigefügt, so handelt es sich durchweg um Zusätzliche Vertragsbedingungen. Dann geht bei Widersprüchen das Auftragsschreiben als Besondere Vertragsbedingung vor, wie sich aus Nr. 2 ergibt (insoweit im Ergebnis richtig die in der Diktion nicht klare Entscheidung des OLG Celle SFH Z 2.300 Bl. 33 f.).

5. Bei Nr. 2 e und 2 f fehlen grundsätzlich ausdrückliche Einzelregelungen im konkreten Vertrag; diese sind vielmehr in den **Allgemeinen Vertragsbedingungen** des Teils B und den Allgemeinen Technischen Vertragsbedingungen des Teils C festgehalten. Es genügt die Vereinbarung des Teils B der VOB als Vertragsbestandteil (vgl. Rdn. 10 ff.). Man erkennt in einem solchen Fall zugleich das als Vertragsinhalt an, was sich im **Bauvertragswesen aufgrund allgemeingültiger Erfahrungssätze als zweckmäßig und richtig durchgesetzt hat.** Wichtig ist aber auch hier, daß die Allgemeinen Technischen Vertragsbedingungen des Teils C den Allgemeinen Vertragsbedingungen des Teils B vorgehen, falls sich Widersprüche finden, was z. B. bei der Aufmaßbestimmung in Abschnitt 5.2.1.2 der DIN 18 350 im Verhältnis zu Teil B § 2 Nr. 2 der Fall ist, da bei Putz Aussparungen bis zu einer gewissen Größe nicht abgezogen werden, obwohl dort gar keine Putzarbeit ausgeführt worden ist.

III. Tragweite der Nr. 2

1. Aus der Aufzählung in Nr. 2 ergibt sich, daß unter **Widerspruch** im Vertrag alles zu verstehen ist, was bei den angeführten Vertragsbestandteilen **untereinander** inhaltlich nicht übereinstimmt. Wird z. B. in einem bestimmten einzelnen Vertrag die Dauer der Gewährleistung anders geregelt als in Teil B § 13 Nr. 4, so handelt es sich um eine Besondere Vertragsbedingung, die den Allgemeinen Vertragsbedingungen, also Teil B § 13 Nr. 4, vorgeht (vgl. dazu BGH SFH § 164 BGB Nr. 1 und § 284 BGB Nr. 1). Hat der Auftraggeber Zusätzliche Technische Vertragsbedingungen aufgestellt, die nicht mit den Allgemeinen Technischen Vertragsbedingungen übereinstimmen, sind erstere ausschlaggebend und gelten in dem streitigen oder unklaren Punkt als Vertragsinhalt, sofern nicht Besondere Vertragsbedingungen oder gar die Leistungsbeschreibung wiederum etwas anderes sagen. Unter Nr. 2 fallen aber **nur wirkliche Widersprüche.** Es müssen unterschiedliche, einander **sachlich nicht deckende** Angaben vorliegen, die denselben Gegenstand betreffen und nicht inhaltlich übereinstimmend in den verschiedenen, in sich selbständigen Vertragsbestandteilen eine Regelung gefunden haben. Nur **scheinbare Widersprüche** fallen **nicht** unter Nr. 2, diese machen eine Auslegung nicht erforderlich. So stellen z. B. die Allgemeinen Vertragsbedingungen des Teils B an verschiedenen Stellen die von ihnen vorgesehenen Regelungen bereits von sich aus in den Hintergrund und erklären sie nur für anwendbar, wenn abweichende Bestimmungen im Bauvertrag nicht getroffen worden sind. Diese **Regelungen unter Vorbehalt** erkennt man im Teil B an ihrer

äußeren Formulierung, wie z. B. „wenn nichts anderes vereinbart ist" (vgl. z. B. § 13 Nr. 4). Dann füllen die von Teil B erwarteten ausdrücklichen vertraglichen Regelungen lediglich eine von den Allgemeinen Vertragsbedingungen vorgesehene **Lücke** aus oder sie wirken als **Ergänzung des Teils B** und nicht anders. Um Widersprüche im Vertrag handelt es sich auch nicht, worauf Hereth/Ludwig/Naschold zutreffend hinweisen (Teil B § 1 Ez. 1.8), wenn die einzelnen Vertragsbestandteile nicht oder nicht ganz nach den Verfahrensregeln des Teils A ausgehandelt worden sind. Hier kommt es allein auf das Nichtübereinstimmen zwischen einzelnen **Vertragsbestandteilen selbst** an. Wie und auf welche Weise sie es geworden sind, ist Vorgeschichte des Vertragsabschlusses, die in diesem Zusammenhang keine Rolle spielt.

23 2. Auch sind nach dem Wortlaut der Nr. 2 solche Widersprüche nicht erfaßt, welche die einzelnen Vertragsbestandteile **in sich** enthalten. Wenn z. B. in den Besonderen Vertragsbestimmungen an einer Stelle von einer Verjährungsfrist von zwei Jahren die Rede ist, an anderer Stelle aber von fünf Jahren, **versagt die Auslegungsregel nach Nr. 2,** jedenfalls im Hinblick auf ihre unmittelbare Anwendbarkeit. Dann bestehen zwei Lösungsmöglichkeiten. Einmal kann eine Auslegung nach den allgemeinen Grundsätzen der §§ 133, 157 BGB unter besonderer Berücksichtigung des Werkvertragsrechts bei Beachtung der Besonderheiten des Bauvertrages vorgenommen werden. Zum anderen kann man zunächst den Parteiwillen auf der Grundlage der Reihenfolge in Nr. 2 ermitteln und erst in zweiter Linie auf die Vorschriften des BGB, insbesondere des Werkvertragsrechts, zurückgreifen. Man wird die letzte Möglichkeit vorziehen müssen. Es ist erste Aufgabe einer Auslegung, den **wirklichen Parteiwillen zu erforschen.** Haben die Vertragspartner die Allgemeinen Vertragsbedingungen zur Grundlage ihres Bauvertrages gemacht und haben sie auch Zusätzliche Vertragsbedingungen festgelegt, so wird man diese in erster Linie zu beachten haben, wenn die außerdem vereinbarten Besonderen Vertragsbedingungen in der aufgeworfenen Frage in sich unstimmig sind. Erst wenn auch die etwaigen Zusätzlichen Vertragsbedingungen oder die Allgemeinen Vertragsbedingungen nicht hinreichend zur Klärung im Wege der Auslegung beitragen können, wird man auf die allgemeinen gesetzlichen Regeln des BGB und damit des Werkvertragsrechts zurückgreifen können. Bei dem aufgegriffenen Beispiel (widersprüchliche Besondere Vertragsbedingungen) wird man hiernach die Verjährungsfrist in Teil B § 13 Nr. 4 als vereinbart annehmen können, sofern die Zusätzlichen Vertragsbedingungen nichts anderes sagen.

24 **Das gleiche** gilt für den **technischen Teil** des Bauvertrages. Sind etwaige Zusätzliche Technische Vertragsbedingungen in sich **unklar,** sind bei der Auslegung in erster Linie die Allgemeinen Technischen Vertragsbedingungen heranzuziehen. Wenn man auf diese Art keine Klarheit gewinnt, kommt es auf die allgemein anerkannten Regeln der Bautechnik an. Schwierigkeiten kann es geben, wenn die in der Rangfolge an erster Stelle stehende Leistungsbeschreibung in sich widerspruchsvoll ist. Sollten die in Nr. 2 unter d bis f genannten Vertragsbestandteile keine Klarheit schaffen, wird man es auf andere Auslegungsmittel ankommen lassen müssen, dabei in erster Linie auf die **allgemein anerkannten Regeln der Bautechnik** (vgl. Teil B § 4 Rdn. 144 ff.). Denn es muß als selbstverständlich gelten, daß der Auftraggeber eine technisch einwandfreie Leistung wünscht, also alle Arbeiten, die zur Herstellung des vom Vertragsumfang erfaßten Werkes objektiv erforderlich sind. Bei Widersprüchen in Zeichnungen wird man im allgemeinen den in größeren Maßstäben angelegten Detailzeichnungen den Vorzug geben müssen. Gleiches gilt bei Widersprüchen zwischen dem Wortbeschrieb des Leistungsverzeichnisses und dazu gehörenden zeichnerischen Darstellungen (vgl. auch Rdn. 27). Ebenso haben Proben und Muster wegen der Unmittelbarkeit ihrer Aussage Vorrang vor zeichnerischen Darstellungen.

IV. Nr. 2 enthält keine Rangfolge der Vertragsbestandteile

25 Der **Katalog in Nr. 2** stellt nur eine Stütze für eine unter Umständen notwendige Auslegung dar. **Keineswegs** enthält er eine **Rangfolge** einzelner Vertragsbestandteile im Hinblick auf

eine größere oder geringere Wichtigkeit. Sämtliche den Vertrag in seiner Gesamtheit ausmachenden Bestandteile mit allen Einzelregelungen gehören zum Vertrag. Sie haben als Vertragsvereinbarung alle die gleiche Bedeutung. Zu Recht weisen deshalb Hereth/Ludwig/Naschold darauf hin (Teil B § 1 Ez. 1.11), daß die Aufzählung in Nr. 2 das **Recht der Parteien** nicht ausschließt, eine **andere Regelung zur Bereinigung** von Widersprüchen **zu wählen**, was dann häufig in Besonderen oder Zusätzlichen Vertragsbedingungen oder in einer Vertragsurkunde (vgl. Teil A § 29) geschieht. Es ist auch nach allgemeinen Grundsätzen der Vertragsfreiheit nicht ausgeschlossen, daß Parteien nach Vertragsabschluß einverständlich diese oder jene getroffene Regelung abändern, die bisherige also durch eine neue ersetzen. Das gilt nur dann nicht, wenn zwingende gesetzliche Bestimmungen entgegenstehen (z. B. §§ 134, 138, 637 BGB).

V. Identität der Begriffe in Nr. 2 mit den in Teil A §§ 9 und 10 enthaltenen

Die Begriffe in Nr. 2 a bis f sind bereits in Teil A §§ 9 und 10 enthalten. Tragweite und Abgrenzung sind hier und dort die gleichen. Insoweit ist auf die entsprechenden Anmerkungen in Teil A §§ 9 und 10 zu verweisen.

1. Die vom OLG Düsseldorf (SFH Z 2.301 Bl. 5 ff.) früher vertretene Auffassung, bei Widersprüchen im Vertrag und bei Abweichungen gelte zuerst die **Leistungsbeschreibung**, während den **Zeichnungen** nur ein auslegender Charakter zugesprochen werden könne, trifft nicht zu. Es ist zunächst nicht ersichtlich, was das OLG angesichts der Nr. 2 unter „auslegendem Charakter" der Zeichnungen versteht; diese Ansicht stimmt auch nicht mit der Tragweite des in Teil A § 9 geregelten Begriffs der Leistungsbeschreibung überein. Hierzu gehört nämlich auch die zeichnerische Darstellung, wobei auf Teil A § 9 Nr. 5 Abs. 1 (früher Nr. 4 Abs. 2) hinzuweisen ist (vgl. Rdn. 18). Da auch die zeichnerische Darstellung der Leistung unter den Begriff der Leistungsbeschreibung gehört, ist es nicht angängig, Einzelbestandteile der Leistungsbeschreibung wertmäßig gegeneinander abzustufen. Vielmehr besitzt auch die **Zeichnung** vertraglich die **gleiche Bedeutung** wie das geschriebene Wort oder die geschriebene Zahl in der **Leistungsbeschreibung** (a. A. Daub/Piel/Soergel ErlZ A 9.86; wie hier jetzt auch Heiermann/Riedl/Rusam/Schwaab Teil B § 1 Rdn. 22 c; ferner Werner/Pastor Rdn. 736). Insbesondere sind in vielen Fällen Zeichnungen weit eher geeignet, Art und Umfang der gewollten Leistung zu verdeutlichen, als es das geschriebene Wort und die geschriebene Zahl vermögen. Bei Widersprüchen zwischen der wörtlichen und der zeichnerischen Darstellung kommt es darauf an, welcher Darstellung bei objektiver Auslegung des wirklichen oder des vermutlichen Parteiwillens im Einzelfall der Vorzug zu geben ist (vgl. auch oben Rdn. 23). Die Auffassung von Lammel (BauR 1979, 109), der anhand der äußeren Gestaltung in Teil A § 9 eine Abstufung i. S. einer Vorrangigkeit der sogenannten allgemeinen Baubeschreibung nach Teil A § 9 Nr. 3 vor dem dort gleichzeitig genannten, in Teilleistungen gegliederten Leistungsverzeichnis und den von Teil A § 9 Nr. 5 Abs. 1 (früher Nr. 4 Abs. 2) ergänzend herangezogenen weiteren Darstellungen der Leistung (Zeichnungen, Probestücke, andere Erklärungen) festlegen will, überzeugt schon deswegen nicht, weil es eine Vorrangigkeit zwischen allgemeiner Baubeschreibung sowie dem Leistungsverzeichnis nach Teil A § 9 Nr. 3 nicht gibt. Beide Unterlagen sind nebeneinander und ohne inhaltliche Rangabstufung im Rahmen des von Teil B § 1 Nr. 2 a erfaßten Begriffes der Leistungsbeschreibung erforderlich; die zeichnerische Darstellung nach Teil A § 9 Nr. 5 Abs. 1 (früher Nr. 4 Abs. 2) ergänzt dann grundsätzlich das in Nr. 3 a. a. O. erwähnte Leistungsverzeichnis. Anders als Lammel ist es vielmehr weit eher gerechtfertigt, im Rahmen der Auslegung nach den §§ 133, 157 BGB der spezielleren Regelung vor der generelleren auch hier den Vorrang einzuräumen, also den Zeichnungen vor dem Leistungsverzeichnis und diesem vor der allgemeinen Baubeschreibung. Aber auch das wird sicher nur grundsätzlich gelten können und im Rahmen der §§ 133, 157 BGB der Überprüfung im jeweiligen Einzelfall bedürfen.

28 2. Bei der vielfach notwendigen Auslegung der in Nr. 2 a bis f verwendeten Begriffe ist zu beachten, daß die manchmal der Leistungsbeschreibung vorangehenden „**Vorbemerkungen**" rechtlich als Besondere oder als Zusätzliche Vertragsbedingungen zu gelten haben (so auch Reuter BlGBW 1960, 152), und zwar je nachdem, ob sie nur für die betreffende Bauvergabe oder zugleich für mehrere des jeweiligen Auftraggebers gelten sollen. Entsprechendes gilt für technische Vorbemerkungen; entweder unterfallen sie Teil A § 10 Nr. 3 Satz 3 oder sie sind Zusätzliche Technische Vertragsbedingungen (a. a. O. Satz 2). Vgl. dazu auch Rdn. 18 ff.

D. Änderungen des Bauentwurfs durch den Auftraggeber (Nr. 3)

I. Befugnis zu einseitiger Anordnung

29 1. Zunächst ist festzuhalten, daß der **Begriff der Änderung des Bauentwurfs bauvertragsrechtlich**, also nicht nur im engeren planerischen Bereich **zu verstehen** ist. Daher erfaßt die Wendung „Bauentwurf" alles, was bisher als Leistung beim Auftragnehmer bestellt ist und jetzt geändert werden soll. Dies wird vor allem durch einen Vergleich im Rahmen der Leistungsbeschreibung dokumentiert.

30 2. Nach allgemeiner vertragsrechtlichen Grundsätzen kann die **Änderung** eines einmal geschlossenen Vertrages **nur durch übereinstimmende** Willenserklärung der Vertragsparteien erfolgen, was grundsätzlich auch für den VOB-Bauvertrag gilt. Hiervon macht Nr. 3 eine **Ausnahme,** indem sie dem Auftraggeber kraft vertraglicher Abrede die Befugnis gibt, durch **einseitige** empfangsbedürftige **Willenserklärung eine Änderung** der vertraglichen Leistung vorzunehmen. Dies ist rechtlich zulässig. Der Auftragnehmer erklärt sich vorweg damit ausdrücklich dadurch einverstanden, daß er durch Vereinbarung mit dem Auftraggeber die VOB – und damit Teil B § 1 Nr. 3 – zum Vertragsinhalt macht. **Voraussetzung für die Wirksamkeit** der Änderungsanordnung ist deren **Zugang beim Auftragnehmer** (§§ 130 ff. BGB).

31 Diesem Grundsätzlichen steht nicht entgegen, daß auch beim BGB-Bauvertrag eine einseitige Änderungsanordnung des Auftraggebers ergehen kann, wie Enders (BauR 1982, 535) unter Hinweis auf frühere Kommentierungen und Rechtsprechung belegt. Damit ist aber entgegen Enders (a. a. O.) nicht gesagt, daß auch beim BGB-Bauvertrag eine einseitige Änderungsanordnung des Auftraggebers in so weitem Umfang erfolgen kann, wie sie aus Teil B § 1 Nr. 3 mit der bloßen, sich aus Treu und Glauben ergebenden Einschränkung (vgl. Rdn. 37) ergibt. Vielmehr rechtfertigt sich beim BGB-Vertrag ohne im Einzelfall getroffene besondere vertragliche Vereinbarung, wie sie bei der VOB vorliegt, eine einseitige Änderungsbefugnis des Auftraggebers auch nur aus dem Grundsatz von Treu und Glauben, wobei die Grenzen wesentlich enger zu sehen sind als bei der VOB. Dabei erscheint es gerechtfertigt, sozusagen als Richtlinie für den BGB-Bauvertrag eine einseitige Änderungsbefugnis des Auftraggebers innerhalb der Grenzen zuzugestehen, wie sie für die VOB zur Frage des einseitigen Verlangens zusätzlicher Leistungen nach Teil B § 1 Nr. 4 gezogen sind (vgl. dazu Rdn. 43 ff.).

32 3. Wegen der **Vergütung** des Auftragnehmers bei geändertem Bauentwurf, d. h. wegen der ihm dann geschuldeten Vergütung, ist auf Teil B § 2 Nr. 5 und Nr. 7 Abs. 1 Satz 4 zu verweisen. Dagegen kommt **Teil B § 2 Nr. 6 nicht** in Betracht, weil der Begriff der Änderungen lediglich beinhaltet, daß **bisher vereinbarte Leistungen anders ausgeführt** werden, gleichgültig, ob dadurch mehr oder weniger als der zunächst abgesprochene Leistungsinhalt herauskommt. Auch **Teil B § 2 Nr. 3** scheidet hier aus, weil dessen Anwendung eine lediglich im Bereich der Vordersätze des Leistungsverzeichnisses sich auswirkende **Massenmehrung ohne ändernden Eingriff des Auftraggebers** voraussetzt. Unzutreffend daher Daub/Piel/Soergel/Steffani Teil B § 1 ErlZ 1.32. Möglich ist dagegen, daß die Änderung zugleich eine Teilkündigung nach Teil B § 8 Nr. 1 mit der sich aus Teil B § 2 Nr. 4 ergebenden Vergütungsfolge bewirkt.

4. Gerade im Bauwesen kommt es vor, daß während der Bauausführung, also nach dem Abschluß des Bauvertrages, Umstände eintreten, die eine **Änderung des bisherigen Leistungsverlangens** erforderlich oder jedenfalls wünschenswert machen, **ohne** daß sich zugleich die **Notwendigkeit der Kündigung** des Bauvertrages nach Teil B § 8, insbesondere dessen Nr. 1, ergibt. Dabei ist es gleichgültig, worin diese neuen Tatsachen bestehen, wie z. B. das Aufschneiden anstelle des bisher vorgesehenen Aufstemmens der Straßenoberfläche. Es braucht sich nicht um wichtige Gründe zu handeln. Ob und bei wem ein Verschulden oder auch nur eine Verursachung vorliegt, ist grundsätzlich unbeachtlich. Das gilt auch im Hinblick auf die Verursachung durch Dritte, sofern dies vertragsrechtlich dem Auftraggeber zuzurechnen ist, wie z. B. eine Leistungsänderung wegen eines entsprechenden Verlangens der Bauaufsichtsbehörde (OLG Stuttgart SFH Z 2.310 Bl. 15). Ein berechtigtes, der Änderungsbefugnis des Auftraggebers entgegenstehendes Interesse des Auftragnehmers, an den bisherigen vertraglichen Abmachungen festzuhalten, besteht im Grundsatz nicht. Das gilt insbesondere für das Interesse des Auftragnehmers hinsichtlich der seiner Leistung entsprechenden Vergütung. Er ist durch Teil B § 2 Nr. 5 (oder auch Nr. 4) hinreichend geschützt, wonach ihm unter den dort geregelten Voraussetzungen ein den veränderten Verhältnissen angepaßter Vergütungsanspruch zusteht. Unberührt davon ist allerdings die Frage, ob der Auftragnehmer seinen veränderten Vergütungsanspruch im Einzelfall dadurch **ganz oder teilweise wieder verliert**, daß der Auftraggeber diesem Schadensersatzansprüche entgegenhält, weil sich die Notwendigkeit der Änderungsanordnung wegen einer **Pflichtverletzung des Auftragnehmers** ergeben hatte. Das kann z. B. bei einer Mißachtung der Prüfungs- und Hinweispflicht des Auftragnehmers nach Teil B § 4 Nr. 3 der Fall sein, nicht zuletzt auch dann, wenn der Auftragnehmer seiner Hinweispflicht verspätet genügt hat und dadurch Mehrkosten entstanden sind. Umgekehrt kann der **Auftragnehmer** über seinen veränderten Vergütungsanspruch hinaus u. U. **auch seinerseits Schadensersatzansprüche** geltend machen, wenn die Änderungsanordnung notwendig war, weil der Auftraggeber bzw. sein Erfüllungsgehilfe (Architekt) unsorgfältig geplant hatte und es dadurch zu Mehrkosten wegen verlängerter Bauzeit gekommen ist. Dann kann Teil B § 6 Nr. 6 zugunsten des Auftragnehmers in Betracht kommen; außerdem wird er u. U. berechtigt sein, nach Teil B § 6 Nr. 1 und Nr. 2 eine verlängerte Ausführungsfrist zu verlangen (vgl. dazu vor allem auch Piel, Festschrift Korbion, S. 349 ff.). Gleiches kann gelten, wenn es sich um einen sogenannten „unentschlossenen" Bauherrn handelt, dem erst nachträglich die ihm genehmere Lösung der Bauaufgabe einfällt. In Betracht kommen dann auch im Einzelfall ein Mitverschulden dieses oder jenes Vertragsteils und eine Schadensverteilung nach den Grundsätzen des § 254 BGB.

5. Den Auftragnehmer wird man nicht für verpflichtet halten müssen, den Auftraggeber vor oder während oder nach der Erteilung der Änderungsanordnung zu belehren, daß sich dadurch die Vergütung ändert. Das kann schon deswegen nicht zutreffen, weil die mit Teil B § 1 Nr. 3 korrespondierende Vergütungsregelung in **Teil B § 2 Nr. 5** eine solche **Ankündigung nicht verlangt**. Dagegen kann im Einzelfall die Verpflichtung bestehen, den Auftraggeber auf von diesem oder seinem Architekten nicht ohne weiteres voraussehbare Folgen hinzuweisen, wie z. B. die Notwendigkeit geänderter oder zusätzlicher Baugenehmigung, die Folgen einer verlängerten Bauzeit usw. (Daub/Piel/Soergel/Steffani Teil B § 1 ErlZ 1.35).

II. Keine unbeschränkte Änderungsbefugnis

1. Die **Änderungsbefugnis** des Auftraggebers ist aber **keineswegs unbeschränkt.** Er kann nicht willkürlich den bisherigen Vertrag in seinem Leistungsinhalt ändern. Das folgt aus Nr. 3, die dem Auftraggeber **nur die Änderung des Bauentwurfs** vorbehält. Es kommt also auf den hier ausschlaggebenden Begriff des Bauentwurfs an. Da es sich um etwas handeln muß, was die Leistung für das Auge anschaulich macht, ist darunter **zunächst die zeichnerische Darstellung** zu verstehen (insoweit von Daub/Piel/Soergel/Steffani Teil B § 1 ErlZ 1.25 nicht scharf genug unterschieden, vor allem nicht zu nachfolgend Rdn. 36). Nach § 19 Nr. 1 b

B § 1, 3, Rdn. 36+37

GOA war der Bauentwurf die „endgültige zeichnerische Lösung der Bauaufgabe in solcher Durcharbeitung, daß danach die weitere Entwicklung ohne grundsätzliche Änderung erfolgen kann". Ähnliches trifft auf die sogenannte Entwurfsplanung nach § 15 Abs. 2 Nr. 3 der jetzt geltenden HOAI zu. Hinzu kommen aber auch Änderungen im Detail, wie z. B. in der Ausführungsplanung (§ 15 Abs. 2 Nr. 5 HOAI). Ergänzt wird der so umgrenzte Bauentwurf durch die dem Vertrag **zugrundeliegende schriftliche Leistungsbeschreibung** (Teil A § 9), u. U. aber auch durch die mündliche Erläuterung der Beschreibung, falls solche ausnahmsweise zur näheren Erklärung oder zur Ausfüllung von Lücken notwendig ist. Es gehören in diesen Rahmen auch die sonst maßgeblichen Zeichnungen wie Grundriß, Lageplan, Ansicht; auch bisher dem Vertrag zugrundeliegende Berechnungen, Muster und Proben, Verlegeanweisungen usw. zählen hierher. Skizzen (z. B. Vorentwürfe) fallen hingegen nicht darunter, weil sich aus der hier wesentlichen zeichnerischen Darstellung die Maße und die sonstigen für die Leistung erforderlichen Unterlagen genau ergeben müssen. Aus dem Gesagten folgt, daß Gegenstand einer Änderungsanordnung **alles sein kann, was im konkreten Bauvertrag den Inhalt der bauvertraglichen Leistungsverpflichtung des Auftragnehmers ausmacht** (insoweit zutreffend Enders BauR 1982, 535, wenn er auch diese Kommentarstelle ersichtlich zu eng interpretiert).

36 2. Wird eine Änderung des Bauentwurfs vorgenommen, **ändert sich** dadurch zwangsläufig auch der vertraglich bestimmte **Leistungsinhalt.** Das kann sich wegen des Zusammenhanges auch als Änderung anderer Vertragsunterlagen bzw. Vertragsbestandteile auswirken, wie z. B. der Leistungsbeschreibung (wenn nicht die Änderung ohnehin unmittelbar die Leistungsbeschreibung betrifft), der Besonderen oder Zusätzlichen Vertragsbedingungen oder der Technischen Vertragsbedingungen. Diese Folge ist nicht zu vermeiden. Das bedeutet aber nicht, daß der Auftraggeber Änderungen anderer Vertragsbestandteile, wie z. B. der Vertragsbedingungen sowie der Technischen Vertragsbedingungen **jeder Art,** vornehmen kann. Die **Beschränkung auf den Bauentwurf** ist auch durchaus begründet, weil damit den berechtigten Belangen des Auftraggebers hinreichend Genüge getan wird.

III. Grenzen der Änderung: Neuanfertigung, Unzumutbarkeit

37 Es muß sich um **Änderungen** und es darf sich **nicht** um eine **Neuanfertigung** des Bauentwurfs handeln. An sich ist es zutreffend, vgl. Hereth/Ludwig/Naschold Teil B § 1 Ez. 1.19, daß der Begriff der Änderungen von der geringfügigen Abänderung des im Bauentwurf enthaltenen Leistungsinhalts (z. B. Versetzen von Eingängen, kleineren Wänden, Fenstern u. dgl.) bis zur weitgehenden Umgestaltung des Projektes (Veränderung des Grundrisses, andere Raumeinteilung usw.) reicht. Die Grenzen zu bestimmen, wo im Einzelfall noch eine Änderung vorliegt, ist schwierig. Hier ist das **objektiv berechtigte Interesse des Auftragnehmers** als des Leistungsschuldners **maßgebend,** wozu vor allem auch die Sicherung seines nach Teil B § 2 Nr. 5 veränderten Vergütungsanspruches gehört (a. A. Weick in Nicklisch/Weick Teil B § 1 Rdn. 28, der es auf die berechtigte Interessenlage beider Vertragspartner abstellt, wobei er übersieht, daß der hier maßgebliche Gesichtspunkt von Treu und Glauben dies nicht unbedingt erfordert, zumal grundsätzlich davon auszugehen ist, daß der Auftraggeber bei Vertragsabschluß zumutbar wissen muß, welche Leistungseinzelheiten er wünscht). Es muß also so sein, daß sich eine anderweitige Absprache über die Vergütung ohne besondere Verzögerung und nicht zuletzt auch ohne übermäßigen, für den Auftragnehmer unzumutbaren Aufwand ermöglichen läßt. Weiterhin ist zu bedenken, daß sich der Auftragnehmer um eine bestimmte Bauleistung beworben und auf dieser Grundlage den Vertrag mit dem Auftraggeber abgeschlossen hat. Art und Umfang der bisher vorgesehenen Leistung können für ihn von entscheidender Bedeutung gewesen sein. Verlangt der Auftraggeber nach Vertragsabschluß eine neuartige, umgestaltete und die bisherige Vertragsgrundlage im Leistungsinhalt **entscheidend verändernde Arbeit, so hat das nach Treu und Glauben nicht mehr als zulässige einseitige Vertragsänderung** durch den Auftraggeber zu gelten und fällt nicht

mehr unter § 1 Nr. 3 (vgl. dazu OLG Köln SFH § 8 VOB/B Nr. 4 für den Fall der Anordnung einer gänzlich anderen Isolierung). Der Gesichtspunkt von Treu und Glauben wird auch von Seesemann (BlGBW 1962, 24) erwähnt.

IV. Bei über § 1 Nr. 3 hinausgehenden Änderungen Vereinbarungen notwendig

Wenn die Voraussetzungen der Nr. 3 für eine einseitige Vertragsänderung nicht gegeben sind, kann eine verbindliche Änderung des bisher vereinbarten Leistungsinhaltes nur nach den Regeln der §§ 145 ff. BGB erfolgen (vgl. dazu Teil A § 28 Rdn. 30 ff). Die Änderung setzt dann also eine **beiderseitige Vereinbarung** voraus. Diese kann u. U. dazu führen, daß der bisherige Vertrag einverständlich aufgehoben wird und an seine Stelle eine andere, neugestaltete vertragliche Absprache tritt, es kann aber auch sein, daß nur ein Teil des Vertrages aufgehoben wird, die anderen Teile bestehen bleiben und nur die aufgehobenen Teile durch neue ersetzt werden. Die hier gegebene Notwendigkeit einverständlicher Absprache ergibt sich aus § 305 BGB, wonach u. a. zur Änderung des Inhalts eines Schuldverhältnisses wiederum ein Vertrag erforderlich ist. 38

Zu der Klausel im Bauvertrag: „nach Wahl des Bauherrn" vgl. Reuter in BlGBW 1961, 182.

V. Mögliche Folgen bei Überschreiten der Befugnisse des Auftraggebers

Soweit es zu einer einverständlichen **Regelung** über die Vertragsänderung **nicht** kommt, der Auftraggeber seine Befugnisse nach Teil B § 1 Nr. 3 **überschreitet** und der Auftragnehmer sich **weigert**, dem an ihn gestellten Änderungsverlangen Folge zu leisten, besteht nach allgemeinen zivilrechtlichen Grundsätzen ein **Recht des Auftragnehmers**, insoweit die **Leistung zu verweigern**. Der Auftragnehmer kann dann hinsichtlich der unberechtigt geforderten Leistung nicht in Verzug geraten. 39

Eine Klausel in AGB – vor allem Zusätzlichen Vertragsbedingungen – des Auftraggebers, wonach ein Leistungsverweigerungsrecht (bzw. „Zurückbehaltungsrecht") des Auftragnehmers für den hier angesprochenen Fall ausgeschlossen sein soll, verstößt gegen § 11 Nr. 2 a oder auch gegen § 9 AGB-Gesetz.

Über die möglichen Befugnisse beider Vertragspartner, die ihnen dann hinsichtlich des weiteren Schicksals des Vertrages und dessen Behandlung zustehen, vgl. bezüglich des Auftraggebers Teil B § 8 Nr. 1 (dort Rdn. 10-42) und bezüglich des Auftragnehmers Teil B § 9 Nr. 1 a (dort Rdn. 4-25). Zu beachten ist, daß es einer **Kündigung oder zumindest einer Teilkündigung des Auftraggebers** im Sinne von Teil B § 8 Nr. 1 gleichkommt, wenn er durch sein Änderungsverlangen die vereinbarte Leistung sowohl ihrer Art als auch ihrem Umfang nach in einer Weise verändert, daß die Ausführung für den Auftragnehmer **unzumutbar** ist. Die genannten Rechtsfolgen gelten nicht nur, wenn der Auftraggeber unberechtigterweise eine Vertragsänderung nach Nr. 3 verlangt, sondern überhaupt, wenn der Auftraggeber einseitig an den Auftragnehmer ein Verlangen stellt, das sich bei objektiver Auslegung nach §§ 133, 157 BGB nicht mehr mit dem Vertragsinhalt und damit nicht mit der darin festgelegten Leistungspflicht des Auftragnehmers deckt, es sei denn, daß die weitere Ausnahmeregelung in Teil B § 1 Nr. 4 vorliegt. 40

VI. Form, Adressat der Anordnung

Sofern die Anordnung des Auftraggebers nach Nr. 3 zulässig ist, bedarf sie zu ihrer Wirksamkeit **keiner Form**; sie kann also mündlich durch den Auftraggeber oder seinen Vertreter, soweit dieser hierzu bevollmächtigt ist, was wegen der möglichen Auswirkung auf den Vergütungsanspruch des Auftragnehmers nach Teil B § 2 Nr. 5 nicht ohne weiteres für den Architekten gilt (vgl. Teil B § 2 Rdn. 29 ff.), erteilt werden. Selbstverständlich muß insbesondere 41 dem Auftraggeber aus Beweisgründen geraten werden, seine Anordnungen schriftlich zu treffen. Ist in Besonderen oder Zusätzlichen Vertragsbedingungen die Schriftform vorgeschrieben, so muß diese eingehalten werden. Wird das nicht befolgt, so kann eine dennoch gegebene Wirksamkeit nur unter den in Teil A § 29 Rdn. 4 angeführten Ausnahmen in Betracht kommen.

42   Zu erteilen ist die **Anordnung entweder dem Auftragnehmer selbst** bzw. der für ihn handelnden Person(en) **oder** dem vom Auftragnehmer für die **Baustelle bestellten Verantwortlichen** (vgl. Teil B § 4 Nr. 1 Abs. 3 Satz 2).

E. Ausführung nicht vereinbarter Leistungen (Nr. 4)

43   Nach Nr. 4 gehört es zu den Allgemeinen Vertragsbedingungen und damit zu den vertraglich **vereinbarten Pflichten** des Auftragnehmers, **nicht vereinbarte Leistungen,** die zur Ausführung der vertraglichen Leistung **erforderlich** werden, **mitauszuführen,** wenn der Auftraggeber dies verlangt, es sei denn, daß der Betrieb des Auftragnehmers auf derartige zusätzliche Leistungen nicht eingerichtet ist. Dagegen können dem Auftragnehmer **andere zusätzliche Leistungen nur mit dessen Zustimmung** übertragen werden. Hier handelt es sich um eine Regelung, die dem Grundsatz von Treu und Glauben entspringt; sie ist daher auch beim BGB-Bauvertrag entsprechend anwendbar (vgl. dazu auch oben Rdn. 29 ff).

44   Die Regelung in Nr. 4 bedeutet rechtlich die Vereinbarung eines **Kontrahierungszwanges** (Brügmann, Der Bauvertrag, S. 111), wobei der Inhalt der Zusatzleistung einer nach den Erfordernissen des Einzelfalles ausgerichteten Absprache vorbehalten ist.

I. Nur zur Ausführung der Vertragsleistung erforderliche Zusatzleistungen

45   Nr. 4 ist zunächst dadurch eingeschränkt, daß **nur Leistungen zusätzlicher Art** in Betracht kommen können. Es kann sich nicht um eine Änderung der bereits vereinbarten vertraglichen Leistungspflicht des Auftragnehmers (vgl. Rdn. 29 ff.) handeln, sondern nur um etwas **Zusätzliches,** so daß die bisher verabredete Leistung in der gleichen Art, Form und im selben Umfang bestehen bleibt. Begrifflich ist unter zusätzlicher Leistung nur eine solche zu verstehen, die bisher noch nicht zum Vertragsinhalt gehörte, die insbesondere nach dem Leistungsverzeichnis und darüber hinaus nach den einschlägigen DIN-Normen **nicht schon ohnehin zu erbringen** ist. Das wird von manchem Auftragnehmer übersehen, wenn er sich auf eine – angebliche – Zusatzleistung beruft und hierfür eine über die bisherige hinausgehende Vergütung beansprucht. Als zusätzliche Leistung kommt hier für den Bereich der Nr. 4 außerdem nur eine solche in Betracht, die erst die **bisher vertraglich verabredete Leistung ermöglicht,** die also eine **Abhängigkeitsvoraussetzung** hierfür bildet. Das ergibt sich daraus, daß die zusätzlichen Leistungen **zur einwandfreien Erreichung des vertraglichen Leistungszieles erforderlich** sein müssen, wie z. B. besondere, bisher nicht vereinbarte Abdichtungsmaßnahmen, ohne die die notwendige Wasserdichtigkeit eines Daches nicht zu erreichen ist. Dabei wird man häufig davon ausgehen können, daß die zusätzliche Leistung geringfügiger Art ist, wenn das auch nicht immer zutrifft. Typisches Beispiel ist die Notwendigkeit zusätzlicher Maßnahmen, die zum dauerhaften Bestand einer Leistung notwendig sind, wie z. B. eine Isolierung. Auch hier kann es Ausnahmen geben, insbesondere wenn die Bauplanung einschließlich der Aufstellung der Leistungsbeschreibung infolge Nachlässigkeit des Auftraggebers bzw. seines Architekten nicht vollständig ist, oder auch, wenn sich die bei der Planung vorausgesetzten Verhältnisse (z. B. hinsichtlich der Bodenbeschaffenheit) als unzutreffend herausstellen und eine weitere Baumaßnahme notwendig machen, um die Durchführung des Gesamtprojektes überhaupt zu ermöglichen. Auch diese Fälle gehören zur Nr. 4, weil die

zusätzlichen Arbeiten für die Durchführung der vertraglich festgelegten Leistung erforderlich sind. Wegen etwaiger weiterer hiermit verbundener Rechtsfolgen außerhalb der Frage des Vergütungsanspruches (vgl. dazu Rdn. 48) gilt das in Rdn. 29 ff. Angeführte entsprechend.

II. Ordnungsgemäße Aufforderung erforderlich

Der Auftragnehmer ist aber nur dann zu der zusätzlichen Leistung verpflichtet, wenn er vom Auftraggeber hierzu **aufgefordert** wird. Dazu bedarf es einer eindeutigen, zweifelsfreien, empfangsbedürftigen Willenserklärung durch den Auftraggeber oder seinen dazu befugten Vertreter gemäß §§ 130 ff. BGB. Wegen der Form und des Adressaten der Aufforderung vgl. Rdn. 41. Zur Vermeidung von Mißverständnissen sollte hier zwischen den Vertragspartnern eine besondere, möglichst schriftliche Nachtragsvereinbarung getroffen werden (vgl. dazu Nr. 3.2. VHB zu § 1 VOB/B). 46

III. Keine Verpflichtung, wenn Betrieb des Auftragnehmers nicht auf Zusatzleistung eingerichtet ist

Befreit von der Übernahme solcher zusätzlichen Leistungen, die bisher nicht Vertragsgegenstand sind, ist der Auftragnehmer, der die zusätzliche Leistung nicht **im Rahmen seines Betriebes** erbringen kann. Dabei kommt es auf die **tatsächlichen Verhältnisse des jeweiligen Auftragnehmers** an. Wenn z. B. vergessen worden ist, für die Installation in einer Betondecke Öffnungen zu lassen, so kann der Betrieb des Installateurs möglicherweise nicht auf eine solche zusätzliche Leistung eingerichtet sein. Maßstab ist das betriebliche Leistungsvermögen des Auftragnehmers von der Einrichtung her. Der Begriff der Einrichtung ist nicht lediglich auf die Sachmittel abgestellt, wie z. B. auf Werkzeuge, Maschinen, sondern er umfaßt insbesondere auch den Personalbestand des Auftragnehmers, vornehmlich das fachliche Können der Betriebsangehörigen einschließlich der Person des Auftragnehmers selbst. Für die Beurteilung kommt es auf die betrieblichen Verhältnisse des Auftragnehmers **selbst** an; er ist also **nicht verpflichtet,** die Zusatzleistung durch den Einsatz eines **bisher nicht vorgesehenen Nachunternehmers** zu bewerkstelligen. Anders ist es zu beurteilen, wenn der Auftragnehmer mit Genehmigung des Auftraggebers (vgl. Teil B § 4 Nr. 8) ohnehin einen Subunternehmer beschäftigt und dieser die Zusatzleistung in seinem Betrieb ausführen kann. 47

IV. Vergütung zusätzlicher Leistungen

Soweit es sich um ein zulässiges Verlangen des Auftraggebers nach Nr. 4 Satz 1 handelt, ist die vom Auftragnehmer aufgrund dieses Verlangens zu erbringende und bisher vom Vertrag nicht umfaßte **Leistung vergütungspflichtig,** wenn sich das aus Teil B § 2 rechtfertigen läßt, insbesondere die jetzt verlangte Zusatzleistung nicht schon von der bisher vereinbarten Vergütung miterfaßt ist (vgl. Teil B § 2 Nr. 1). Dabei kommt es maßgeblich auf die **Voraussetzungen von Teil B § 2 Nr. 6 bzw. Nr. 7 Abs. 1 Satz 4,** in Ausnahmefällen auch auf **Teil B § 2 Nr. 8 Abs. 2 Satz 2** an. 48

V. Bei anderen Zusatzleistungen Vereinbarung erforderlich

Andere Leistungen, d. h. solche, die nicht von Nr. 4 Satz 1 gedeckt werden, können nach **Nr. 4 Satz 2** nur dann vom Auftraggeber verlangt werden, wenn sich der Auftragnehmer hierzu im Wege besonderer vertraglicher **Vereinbarung** – §§ 145 ff. BGB – **einverstanden** erklärt (vgl. auch Rdn. 38). Dabei ist es zweckmäßig, die Vergütungsfrage sofort in diese Regelung mit einzubeziehen; anderenfalls findet Teil B § 2 Nr. 6 Anwendung. Kommt es nicht 49

B § 1, Rdn. 49; B § 2

zu einer Einigung über die zusätzliche Leistung und besteht der Auftraggeber auf deren Ausführung, so ist wegen der möglichen Folgen auf Rdn. 39 f. zu verweisen.

Da es sich hier regelmäßig um sogenannte Anschlußaufträge handelt, können diese im Bereich öffentlicher Bauaufträge freihändig nur unter den in Teil A § 3 Nr. 5 geregelten Voraussetzungen vergeben werden; zutreffend VHB Nr. 3.3. zu § 1 VOB/B.

§ 2 Vergütung

1. Durch die vereinbarten Preise werden alle Leistungen abgegolten, die nach der Leistungsbeschreibung, den Besonderen Vertragsbedingungen, den Zusätzlichen Vertragsbedingungen, den Zusätzlichen Technischen *Vertragsbedingungen*, den Allgemeinen Technischen *Vertragsbedingungen* für Bauleistungen und der gewerblichen Verkehrssitte zur vertraglichen Leistung gehören.

2. Die Vergütung wird nach den vertraglichen Einheitspreisen und den tatsächlich ausgeführten Leistungen berechnet, wenn keine andere Berechnungsart (z. B. durch Pauschalsumme, nach Stundenlohnsätzen, nach Selbstkosten) vereinbart ist.

3. (1) Weicht die ausgeführte Menge der unter einem Einheitspreis erfaßten Leistung oder Teilleistung um nicht mehr als 10 v. H. von dem im Vertrag vorgesehenen Umfang ab, so gilt der vertragliche Einheitspreis.

(2) Für die über 10 v. H. hinausgehende Überschreitung des Mengenansatzes ist auf Verlangen ein neuer Preis unter Berücksichtigung der Mehr- oder Minderkosten zu vereinbaren.

(3) Bei einer über 10 v. H. hinausgehenden Unterschreitung des Mengenansatzes ist auf Verlangen der Einheitspreis für die tatsächlich ausgeführte Menge der Leistung oder Teilleistung zu erhöhen, soweit der Auftragnehmer nicht durch Erhöhung der Mengen bei anderen Ordnungszahlen (Positionen) oder in anderer Weise einen Ausgleich erhält. Die Erhöhung des Einheitspreises soll im wesentlichen dem Mehrbetrag entsprechen, der sich durch Verteilung der Baustelleneinrichtungs- und Baustellengemeinkosten und der Allgemeinen Geschäftskosten auf die verringerte Menge ergibt. Die Umsatzsteuer wird entsprechend dem neuen Preis vergütet.

(4) Sind von der unter einem Einheitspreis erfaßten Leistung oder Teilleistung andere Leistungen abhängig, für die eine Pauschalsumme vereinbart ist, so kann mit der Änderung des Einheitspreises auch eine angemessene Änderung der Pauschalsumme gefordert werden.

4. Werden im Vertrag ausbedungene Leistungen des Auftragnehmers vom Auftraggeber selbst übernommen (z. B. Lieferung von Bau-, Bauhilfs- und Betriebsstoffen), so gilt, wenn nichts anderes vereinbart wird, § 8 Nr. 1 Absatz 2 entsprechend.

5. Werden durch Änderung des Bauentwurfs oder andere Anordnungen des Auftraggebers die Grundlagen des Preises für eine im Vertrag vorgesehene Leistung geändert, so ist ein neuer Preis unter Berücksichtigung der Mehr- oder Minderkosten zu vereinbaren. Die Vereinbarung soll vor der Ausführung getroffen werden.

6. (1) Wird eine im Vertrag nicht vorgesehene Leistung gefordert, so hat der Auftragnehmer Anspruch auf besondere Vergütung. Er muß jedoch den Anspruch dem Auftraggeber ankündigen, bevor er mit der Ausführung der Leistung beginnt.

(2) Die Vergütung bestimmt sich nach den Grundlagen der Preisermittlung für die vertragliche Leistung und den besonderen Kosten der geforderten Leistung. Sie ist möglichst vor Beginn der Ausführung zu vereinbaren.

7. (1) Ist als Vergütung der Leistung eine Pauschalsumme vereinbart, so bleibt die Vergütung unverändert. Weicht jedoch die ausgeführte Leistung von der vertraglich vorgesehenen Leistung so erheblich ab, daß ein Festhalten an der Pauschalsumme nicht zumutbar ist (§ 242 BGB), so ist auf Verlangen ein Ausgleich unter Berücksichtigung der Mehr- oder Minderkosten zu gewähren. Für die Bemessung des Ausgleichs ist von den Grundlagen der Preisermittlung auszugehen. Nr. 4, 5 und 6 bleiben unberührt.

(2) Wenn nichts anderes vereinbart ist, gilt Absatz 1 auch für Pauschalsummen, die für Teile der Leistung vereinbart sind; Nr. 3 Absatz 4 bleibt unberührt.

8. (1) Leistungen, die der Auftragnehmer ohne Auftrag oder unter eigenmächtiger Abweichung vom Vertrag ausführt, werden nicht vergütet. Der Auftragnehmer hat sie auf Verlangen innerhalb einer angemessenen Frist zu beseitigen; sonst kann es auf seine Kosten geschehen. Er haftet außerdem für andere Schäden, die dem Auftraggeber hieraus entstehen, wenn die Vorschriften des BGB über die Geschäftsführung ohne Auftrag (§§ 677 ff.) nichts anderes ergeben.

(2) Eine Vergütung steht dem Auftragnehmer jedoch zu, wenn der Auftraggeber solche Leistungen nachträglich anerkennt. Eine Vergütung steht ihm auch zu, wenn die Leistungen für die Erfüllung des Vertrages notwendig waren, dem mutmaßlichen Willen des Auftraggebers entsprachen und ihm unverzüglich angezeigt wurden.

9. (1) Verlangt der Auftraggeber Zeichnungen, Berechnungen oder andere Unterlagen, die der Auftragnehmer nach dem Vertrag, besonders den Technischen *Vertragsbedingungen* oder der gewerblichen Verkehrssitte, nicht zu beschaffen hat, so hat er sie zu vergüten.

(2) Läßt er vom Auftragnehmer nicht aufgestellte technische Berechnungen durch den Auftragnehmer nachprüfen, so hat er die Kosten zu tragen.

10. Stundenlohnarbeiten werden nur vergütet, wenn sie als solche vor ihrem Beginn ausdrücklich vereinbart worden sind (§ 15).

Inhaltsübersicht

	Rdn.
A. Allgemeines	1–109
I. Grundsätzlich Vereinbarung der Vergütung	3–28
1. Auffälliges Mißverhältnis	4
2. AGB-Klauseln	5
3. Fehlende Vergütungsregelung (§ 632 BGB) – Grundzüge	6–11
4. Auftragnehmer hat grundsätzlich Beweislast	12–16
5. Grundsätze des § 632 Abs. 2 BGB gelten auch bei der VOB	17–22
6. Berechnung der Vergütung vom Vertragstyp abhängig; grundsätzlich Geld	23
7. Vergütung grundsätzlich von Auftraggeber an Auftragnehmer zu zahlen	24–27
8. Bindung an fehlerhafte Rechnung	28

II. Vollmacht, Anscheinsvollmacht, Duldungsvollmacht – insbesondere hinsichtlich des Architekten 29–55
　　　1. Grenzen der Vollmacht 29–40
　　　2. Anscheinsvollmacht 41–45
　　　3. Duldungsvollmacht 46
　　　4. Folgen vollmachtslosen Handelns des Vertreters 47–52
　　　5. Trotzdem gegebene Haftung des Auftraggebers bzw. Grundstückseigentümers 53–55
　　III. Verjährung des Vergütungsanspruches 56–95
　　　1. Grundsätzlich zweijährige Frist (§ 196 Abs. 1 Nr. 1 BGB) 57–59
　　　2. Ausnahmsweise vierjährige Frist (§ 196 Abs. 2 BGB) 60–72
　　　　a) Leistung für Gewerbebetrieb des Auftraggebers – Beweislast 60
　　　　b) Begriff des Gewerbebetriebes 61–62
　　　　c) Zeitpunkt des Vertragsabschlusses und der Ausführung maßgebend 63
　　　　d) Einzelfälle 64–70
　　　　e) „Gemischte" Leistungen 71
　　　　f) Gesellschaften des Handelsrechts 72
　　　3. Lauf der Verjährungsfrist 73–85
　　　　a) Beginn der Verjährungsfrist 73–75
　　　　b) Verjährung nur wegen endgültiger Vergütungsansprüche 76
　　　　c) Hemmung oder Unterbrechung der Verjährung 77–85
　　　4. Verzicht auf Verjährungseinrede 86–90
　　　5. Verwirkung der Verjährungseinrede 91–95
　　IV. Einhaltung zwingender gesetzlicher Preisvorschriften 96–100
　　　1. Für öffentliche Auftraggeber Baupreisrecht zu beachten 96–98
　　　2. Geltung des Wirtschaftsstrafgesetzes 99
　　　3. Gesetz gegen Wettbewerbsbeschränkungen 100
　　V. Abtretung des Vergütungsanspruches 101–109
　　　1. Vereinbarkeit mit Treu und Glauben Voraussetzung 101–105
　　　2. Abtretungsverbot 106
　　　3. Zustimmungsbedürftigkeit bei Abtretung 107–108
　　　4. Ausschluß der Abtretung wegen Änderung des Forderungsinhaltes . 109
B. Generalklausel für die Vergütung in Teil B § 2 Nr. 1 110–177
　　I. In der Leistungsbeschreibung enthaltene Leistungselemente 112–115
　　II. Leistungen gemäß den Vertragsbedingungen und Technischen Vertragsbedingungen 116–121
　　　1. Auch Allgemeine Vertragsbedingungen erfaßt 117
　　　2. Einbeziehung von Nachbesserungskosten 118
　　　3. Einbeziehung des „Risikobereiches" – Grenzen 119–121
　　III. Gewerbliche Verkehrssitte – Mehrwertsteuer 122–129
　　　1. Gewerbliche Verkehrssitte 122–123
　　　2. Mehrwertsteuer 124–129
　　IV. Nr. 1 gilt für sämtliche bauvertraglichen Vergütungsarten 130
　　V. Nr. 1 gilt auch für gemischte Verträge 131
　　VI. Nebenleistungen 132–134
　　VII. Ausnahmen von der Bindung an die Generalklausel in § 2 Nr. 1 135–177
　　　1. Nichtigkeit oder Unwirksamkeit 136
　　　2. Anfechtung 137–149
　　　　a) Arglist, Drohung 137
　　　　b) Berechnungsirrtum 138–140
　　　　c) Rechen- oder Schreibfehler 141
　　　　d) Grundsätzlich keine anderen Anfechtungsmöglichkeiten 142
　　　　e) Ausnahme: Treu und Glauben 143–144
　　　　f) Anfechtungsfrist 145
　　　　g) Schadensersatz durch Anfechtenden 146
　　　　h) Nichtigkeit als Anfechtungsfolge 147
　　　　i) Abrechnung bei teilweise erbrachter Leistung 148
　　　　j) AGB-Klauseln 149

　　　　3. Änderung oder Wegfall der Geschäftsgrundlage 150-169
　　　　　　a) Keine andere rechtliche Möglichkeit 150-152
　　　　　　b) Grundlagen 153-156
　　　　　　c) Übertragung der Grundlagen auf den Bauvertrag 157-161
　　　　　　d) Festpreisvereinbarung 162-163
　　　　　　e) Hinweis auf § 2 Nr. 7 164
　　　　　　f) Beiderseitiger Irrtum 165
　　　　　　g) Gutachten Fikentscher 166
　　　　　　h) Grundsätzlich Anpassung des Vertrages 167-169
　　　　4. Abgrenzung: Wirtschaftliches Wagnis 170
　　　　5. Preisvorbehalte 171-174
　　　　6. Dagegen: Ausschlußklauseln 175-177
C. Die Berechnung der Vergütung nach Teil B § 2 Nr. 2 178-195
　　I. Grundsätzlich Berechnung nach Einheitspreisen 178-186
　　　　1. Allgemeines 178-179
　　　　2. Beweislast 180-181
　　　　3. Tatsächlich ausgeführte Leistung ist maßgebend 182
　　　　4. Endgültige Berechnung nach Fertigstellung 183-184
　　　　5. Einheitspreisberechnung gilt allgemein auch für geänderte oder zusätz-
　　　　　　liche Leistungen bei Pauschalverträgen 185
　　　　6. Dies gilt häufig nicht bei Stundenlohn- oder Selbstkostenerstattungs-
　　　　　　verträgen 186
　　II. Ausnahme: Berechnung nach Pauschalpreisen, Stundenlöhnen oder Selbst-
　　　　kostenerstattung 187-195
　　　　1. Pauschalvertrag 188-191
　　　　2. Stundenlohnvertrag 192-194
　　　　3. Selbstkostenerstattungsvertrag 195
D. Änderungen der Vergütung nach Nr. 3–8 – Allgemeines 196-201
E. Mengenabweichungen beim Einheitspreisvertrag nach Nr. 3 202-239
　　I. Allgemeines 202-206
　　　　1. Nr. 3 gilt nur bei Einheitspreisvertrag 202
　　　　2. Preisänderung bei Mengenänderung 203-204
　　　　3. Grenzen bei vertraglichem Ausschluß der Nr. 3 205-206
　　II. Die Grundregel in Nr. 3 Abs. 1 207-211
　　　　1. Abschließende Grenzziehung 207-209
　　　　2. Einheitspreis der betreffenden Position ausschlaggebend 210-211
　　III. Überschreitungen (Nr. 3 Abs. 2) 212-221
　　　　1. Keine Preisänderung bei Leistungsmenge bis 110 % 213
　　　　2. Berücksichtigung der bisherigen Preisgrundlagen 214
　　　　3. Ermittlung des neuen Preises im einzelnen- Bewertung bei sogenannter
　　　　　　Unterkalkulation 215-218
　　　　4. Häufig Verringerung des Einheitspreises 219
　　　　5. Vereinbarung des neuen Preises auf Verlangen 220-221
　　IV. Unterschreitungen (Nr. 3 Abs. 3) 222-236
　　　　1. Trifft nur auf Fälle ohne Eingreifen des Auftraggebers zu 223-225
　　　　2. Grundsätzlich Erhöhung des Einheitspreises; sonstiger Ausgleich ... 226-230
　　　　3. Berechnungsfaktoren 231-236
　　V. Abhängigkeit von Pauschalpreisleistungen (Nr. 3 Abs. 4) 237-239
F. Spätere Übernahme von Leistungsteilen durch den Auftraggeber nach Nr. 4
　　(Teilkündigung) 240-255
　　I. Befugnis des Auftraggebers zur Teilkündigung 241-242
　　　　1. Ausgangspunkt 241
　　　　2. Teilkündigung 242
　　II. Entziehung eines Teils der vertraglichen Leistung 243
　　III. Nr. 4 nennt Beispiele für Teilkündigung 244
　　IV. Selbstübernahme als Voraussetzung für Teilkündigung 245-248
　　V. Grundsätzlich Erhalt des Vergütungsanspruchs des Auftragnehmers ... 249-250
　　VI. Von Nr. 4 abweichende vertragliche Regelungen 251-253

B § 2

	VII. Wegfall von Vertragspflichten des Auftragnehmers	254–255
G.	Änderung der Preisgrundlagen nach Nr. 5	256–288
	I. Grundsätzliche Voraussetzung: Änderung der Preisgrundlagen für eine im Vertrag vorgesehene Leistung	258–266
	1. Im Vertrag vorgesehene Leistung	258–259
	2. Änderung der Preisgrundlagen	260-261
	3. Unterscheidung zu Nr. 6 und zu Nr. 3	262–266
	II. Einwirkung des Auftraggebers als Voraussetzung	267–274
	1. Änderung des Bauentwurfes	268–270
	2. Andere Anordnungen des Auftraggebers	271–274
	III. Neuberechnung der Vergütung	275–281
	1. Ergänzende Vereinbarung auf Verlangen – notfalls Klage – maßgebender Zeitpunkt	275–277
	2. Gegenüberstellung von Mehr- und Minderkosten	278–280
	3. Möglichkeiten bei Minderleistungen	281
	IV. Möglichst Preisvereinbarung vor Ausführung (Nr. 5 Satz 2)	282–288
H.	Vergütung für zusätzliche Leistungen (Nr. 6)	289–318
	I. Verlangen von im Vertrag nicht vorgesehenen Leistungen	291–297
	1. Im Vertrag nicht vorgesehene Leistungen	291
	2. Verlangen durch Auftraggeber	292
	3. Grundsätzlich nicht durch den in Teil B § 1 Nr. 4 gegebenen Rahmen eingeschränkt	293
	4. Erforderlich jedoch Abhängigkeit zur bisherigen Vertragsleistung	294
	5. Erforderlich wirkliche Zusatzleistung zur bisherigen Vertragsleistung	295–296
	6. Ordnungsgemäße Abrechnung von Zusatzleistungen	297
	II. Vorherige Ankündigung des zusätzlichen Vergütungsanspruches notwendig	298–306
	1. Anspruchsvoraussetzung	298–300
	2. Ausnahmen von der Ankündigungspflicht	301–302
	3. Kein Anspruch aus ungerechtfertigter Bereicherung oder wegen Änderung oder Wegfalls der Geschäftsgrundlage	303
	4. Ankündigung des Anspruches genügt	304–305
	5. Ankündigung vor Beginn der Ausführung der Zusatzleistung	306
	III. Berechnung der zusätzlichen Vergütung	307–317
	1. Grundsätzliches	310
	2. Bisherige Preisermittlungsgrundlagen – Zusatzkosten	311–314
	a) Bisherige Grundlagen	312
	b) Zusätzliche Kostenelemente	313
	c) Zusammenfassung	314
	3. Preisvereinbarung möglichst vor Beginn der Ausführung der Zusatzleistung	315–316
	IV. Abweichende Vereinbarungen	317–318
J.	Änderung der Vergütung beim Pauschalvertrag (Nr. 7)	319–350
	I. Grundsätzlich Unveränderbarkeit des Pauschalpreises (Abs. 1 Satz 1)	321–327
	1. Auftragnehmer trägt grundsätzlich Risiko der Pauschalpreisvereinbarung	323–325
	2. Einverständliche anderweitige Absprache als Ausnahme	326
	3. Pauschale steht Auftragnehmer bei Erreichung des Leistungszieles zu	327
	II. Möglichkeiten der Änderung der Pauschalpreisabrede (Absatz 1 Satz 2–4)	328–347
	1. Anwendbarkeit der Nr. 4–6 auch auf den Pauschalpreis	329–336
	a) Im Falle von Teil B § 2 Nr. 4	330
	b) Im Falle von Teil B § 2 Nr. 5	331
	c) Im Falle von Teil B § 2 Nr. 6	332–334
	d) Für die Bildung des neuen Preises beachtliche Gesichtspunkte	335–336
	2. Preisänderungen auch auf der Grundlage von Nr. 8 Abs. 2 sowie Teil B § 6 Nr. 6 und § 7	337
	3. Änderung oder Wegfall der Geschäftsgrundlage	338–345
	a) Voraussetzungen	340–341

                b) Folgen 342
                c) Preisanpassung nur, soweit Änderung oder Wegfall der Geschäfts-
                    grundlage reicht 343–345
            4. Sonderregelungen möglich – AGB-Gesetz 346–347
        III. Änderung von Pauschalpreisen für Teile der Leistung (Absatz 2) 348–350
    K. Nicht bestellte Leistungen (Nr. 8) 351–392
        I. Aufgedrängte Leistungen (Abs. 1 Satz 1) 353–357
            1. Zwei Fälle der Vertragsabweichung 354
            2. Keine Vergütung 355–357
        II. Pflicht zur Beseitigung (Abs. 1 Satz 2) 358–362
            1. Von Entscheidung des Auftraggebers abhängig 359
            2. Aufforderung – Fristsetzung 360
            3. Ersatzvornahme durch Auftraggeber 361
            4. Klagerecht des Auftraggebers 362
        III. Haftung für andere Schäden (Abs. 1 Satz 3) 363–370
            1. Grundlage 364–365
            2. Andere Beurteilung nach Vorschriften über Geschäftsführung ohne
                Auftrag 366–370
                a) Grundsätzlich nicht bei eigenmächtiger Abweichung vom Vertrag . 367–368
                b) Gesetzliche Bestimmungen maßgebend 369
                c) Nur Wegfall der Schadensersatzpflicht des Auftragnehmers 370
        IV. Ausnahmsweise gegebener Vergütungsanspruch (Absatz 2) 371–392
            1. Nachträgliches Anerkenntnis des Auftraggebers 372–380
                a) Eindeutiges Verhalten des Auftraggebers erforderlich 373–377
                b) Angemessene Vergütung für Auftragnehmer 378
                c) Wegfall der Rechte des Auftraggebers nach Satz 1 379
                d) Genehmigung vollmachtslosen Vertreterhandelns 380
            2. Notwendigkeit der anderen Leistung 381–392
                a) Notwendigkeit für Vertragserfüllung 383
                b) Mutmaßlicher Wille des Auftraggebers 384
                c) Unverzügliche Anzeige des Auftragnehmers 385–391
                d) Vergütungsanspruch des Auftragnehmers 392
    L. Besondere planerische Leistungen des Auftragnehmers auf Verlangen des Auf-
        traggebers (Nr. 9) 393–403
        I. Verlangen von Zeichnungen, Berechnungen oder anderen Unterlagen (Ab-
            satz 1) 394–398
            1. Verlangen des Auftraggebers 395
            2. Vom bisherigen Vertrag nicht erfaßte Unterlagen 396
            3. Grundsätzliche Vergütungspflicht 397
            4. Grenzen der Pflichten des Auftragnehmers 398
        II. Nachprüfung technischer Berechnungen (Absatz 2) 399–401
        III. Höhe der Vergütung 402
        IV. Entsprechende Anwendung von Teil B § 3 Nr. 6 Satz 1 403
    M. Vergütung von Stundenlohnarbeiten (Nr. 10) 404–411
        I. Nr. 10 regelt Anspruch auf Stundenlohnvergütung als solchen 405
        II. Abschluß eines Stundenlohnvertrages 406
        III. Ausdrückliche Vereinbarung erforderlich 407–408
        IV. Stundenlohnvereinbarung spätestens vor Beginn der betreffenden Arbeiten 409–410
        V. Abrechnung grundsätzlich nach Einheitspreisen bei Fehlen von Stunden-
            lohnvereinbarung 411
    N. Regelungen des VHB zu Teil B § 2 412

Aufsätze: Schmidt, „Abrechnung und Zahlung nach der VOB", MDR 1965, 621 ff.; ders. „Der Vergütungsanspruch des Bauunternehmers nach § 2 VOB Teil B", MDR 1966, 885; Jagenburg, „Der Vergütungsanspruch des Bauunternehmers bei Massen- und Preisänderungen – zugleich ein Beitrag zur Problematik des § 2 VOB/B", BauR 1970, 18 ff.; Schmalzl, „Zur Verjährung des Vergütungsanspruches der
Bauhandwerker nach der VOB/B", NJW 1971, 2015; Herde ebenfalls dazu sowie zur „Verjährung der
Werklohnforderung beim BGB-Bauvertrag", Bauwirtschaft 1973, 795; Stahl, „Wegfall der Geschäfts-

grundlage im Architekten- und Bauvertrag bei vereinbartem Pauschalhonorar und Festpreis", BauR 1973, 279; Hochstein, „Prüfvermerk des Architekten auf der Schlußrechnung", BauR 1973, 333; Heiermann sowie Piel und Dähne, „Die Bemessung der Vergütung bei Mengenüberschreitungen nach § 2 Nr. 3 Abs. 2 VOB/B alter und neuer Fassung", BauR 1974, 73 sowie 226 und 371; Mainka, „Einige Fragen zur Vergütungsklage des Werkunternehmers", Jur. Büro 1975, 291; Honig, „Probleme um die Vergütung beim Werkvertrag", BB 1975, 447; Heiermann, „Der Pauschalvertrag im Bauwesen", BB 1975, 991; Kroppen, „Pauschalpreis und Vertragsbruch", Schriftenreihe der Deutschen Gesellschaft für Baurecht e. V., Band 4; Behre, „Fortfall einer Position beim Einheitspreisvertrag", BauR 1976, 36; Lehning, „Vergütungsanspruch für zusätzliche Leistungen trotz Verletzung der Ankündigungspflicht nach dem VOB-Vertrag", NJW 1977, 122; Fahrenschon, „Die Schenkungsvermutung der deutschen Bauwirtschaft", BauR 1977, 172; Peters, „Die Handwerkerrechnung und ihre Begleichung", NJW 1977, 552 ff.; Schmalzl, „Zur Vollmacht des Architekten", MDR 1977, 622; Jagenburg, „Die Vollmacht des Architekten", BauR 1978, 180; Häring, „Festpreis und Pauschalpreis bei Bauverträgen", GrundE 1977, 270; Vygen, „Der Vergütungsanspruch beim Pauschalvertrag", BauR 1979, 375; ders. „Der Pauschalvertrag – Abgrenzungsfragen zu anderen Verträgen im Baugewerbe", ZfBR 1979, 133; Mantscheff, „Genauigkeitsgrad von Mengenansätzen in Leistungsverzeichnissen – Preisberechnungsansätze für Fälle des § 2 Nr. 3 VOB/B", BauR 1979, 389; Riedl, „Die Vergütungsregelung nach VOB unter besonderer Berücksichtigung der Rechtsprechung", ZfBR 1980, 1; Walzel, „Die Preise in den Fällen des § 2 Ziffern 3, 5 und 6 der VOB/B", BauR 1980, 227; Kaiser, „Der Umfang der Architektenvollmacht", ZfBR 1980, 263; Bindhardt, „Die Voraussetzungen der Haftung des Architekten für die Zahlungsfähigkeit des Bauherrn", BauR 1981, 326; Prange, „Vergütungs-änderungen bei Änderungen der Preisermittlungsgrundlagen nach der VOB", Betrieb 1981, 2477; v. Craushaar, „Die Vollmacht des Architekten zur Anordnung und Vergabe von Zusatzarbeiten", BauR 1982, 421; Brandt, „Zum Leistungsumfang beim schlüsselfertigen Bauen nach Baubeschreibung in bezug auf technisch notwendig, aber nicht ausdrücklich vereinbarte Teilleistungen, insbesondere bei der Nachbesserung", BauR 1982, 524; Junker, „Die Bindung an eine fehlerhafte Rechnung", ZIP 1982, 1158; Soergel, „Abschluß von Verträgen auf dem Bausektor durch Stellvertreter", VDI-Berichte Nr. 458, S. 1 ff.; Olshausen, „Änderungen der Vergütungsansprüche beim VOB-Vertrag", VDI-Berichte Nr. 458, S. 49 ff.; Kaiser, „Fälligkeit und Verjährung des Vergütungsanspruches des Bauunternehmers nach BGB und VOB/B", ZfBR 1982, 231; Heyers, „Die rechtlich spezifische und individuelle Repräsentanz im Pauschalvertrag, besonders in Bausachen", BauR 1983, 297; Vygen, „Behinderungen des Bauablaufes und deren Auswirkungen auf den Vergütungsanspruch des Unternehmers", BauR 1983, 414; v. Mettenheim, „Beweislast für Vereinbarung eines geringeren Werklohnes", NJW 1984, 776; v. Craushaar, „Abgrenzungsprobleme im Vergütungsrecht der VOB/B bei Vereinbarung von Einheitspreisen", BauR 1984, 311; Beigel, „Ersatzansprüche des vollmachtslos handelnden Architekten gegen den Bauherrn", BauR 1985, 40; Clemm, „Abgrenzung zwischen (kostenloser) Nachbesserung und (entgeltlichem) Werkvertrag", BB 1986, 616; Jebe, „Baubetriebswirtschaft und Baurecht", Festschrift Korbion, S. 189 ff.; Heiermann, „Zur Äquivalenz von Leistung und Gegenleistung, dargestellt an der Vergütungsregelung des § 2 Nr. 3 VOB/B", Festschrift Korbion, S. 137; ders., „Zur Wirksamkeit des Ausschlusses der Preisanpassungsmöglichkeit nach der VOB durch AGB", NJW 1986, 2682; Vygen, „Vergütungsanspruch des Unternehmers für Projektierungsarbeiten und Ingenieurleistungen im Rahmen der Angebotsabgabe", Festschrift Korbion, S. 439; Locher, „Zur AGB-gesetzlichen Kontrolle zusätzlicher Leistungen", Festschrift Korbion, S. 283; Piel, „Abgrenzung zwischen Leistungsänderungen (§ 1 Nr. 3, 2 Nr. 5) und Behinderung (§ 6 Nr. 6 VOB)", Festschrift Korbion, S. 349; Kaiser, „Der Vergütungsanspruch des Bauunternehmers nach Gesetz und VOB/B – mit rechtsvergleichenden Hinweisen auf die Schweiz", ZfBR 1987, 171; Stein, „Zur Bedeutung des Beseitigungs- und Kostenerstattungsanspruches nach § 2 Nr. 8 Abs. 1 Satz 2 VOB/B", ZfBR 1987, 181; Beigel, „Gesamtschuldnerschaft von Architekt und Bauherr gegenüber dem Bauunternehmer?", BauR 1987, 266; Hundertmark, „Die zusätzliche Leistung und ihre Vergütung beim VOB-Vertrag", Betrieb 1987, 32.

A. Allgemeines

1 Teil B § 2 befaßt sich mit der **Vergütung des Auftragnehmers für erbrachte Bauleistungen.** Diese Bestimmung ist das Gegenstück zu Teil B § 1, der sich auf die Leistungsverpflichtung des Auftragnehmers aus dem Vertrag bezieht. Ihre **Grundlage** hat sie in **§ 631 Abs. 1 BGB,** wonach der **Besteller** eines Werkes (der Auftraggeber) **zur Entrichtung der vereinbarten Vergütung** an den Hersteller (Auftragnehmer) verpflichtet ist. Hierdurch wird klargestellt,

daß der Bauvertrag ein Unterfall des Werkvertrages ist, bei dem sich Leistung und Gegenleistung gegenüberstehen, somit **die Erstellung der Werkleistung grundsätzlich nur gegen Vergütung** erfolgt. Die Erbringung der vertraglich vereinbarten Bauleistung ist die Hauptverpflichtung des Auftragnehmers, die **Zahlung der Vergütung ist** – abgesehen von der Pflicht zur Abnahme – **die Hauptverpflichtung des Auftraggebers**. Der **Vergütungsanspruch** des Auftragnehmers **entsteht mit Vertragsabschluß, jedoch ist seine Fälligkeit hinausgeschoben** (BGH NJW 1968, 1962 = MDR 1968, 917 = BB 1968, 1013 = Betrieb 1968, 1619 = SFH Z 2.331 Bl. 69 = LM VOB/B Nr. 33; Heyers BauR 1970, 140). Handelt es sich auf der Auftraggeberseite hinsichtlich desselben Objekts (Vertrages) um mehrere Auftraggeber, die gemeinsam den Auftrag erteilt haben, hängt es von den Gegebenheiten des Einzelfalles ab, ob sie dem Auftragnehmer entsprechend § 427 BGB als **Gesamtschuldner** für die Vergütung haftbar sind oder nicht (dazu BGH NJW 1959, 2160; OLG Frankfurt MDR 1956, 229; OLG Düsseldorf NJW 1966, 984). Eine gesamtschuldnerische Haftung ist zu bejahen, wenn die Auftraggeber erkennbar **die gesamte in Auftrag gegebene Leistung** des Auftragnehmers **für sich gemeinsam erlangen** wollen und über eine getrennte Vergütungspflicht keine Anhaltspunkte vorliegen. Insofern haften Wohnungseigentümer, die gemeinschaftlich eine Wohnungseigentumsanlage errichten, für die Herstellungskosten entgegen § 427 BGB in der Regel nicht gesamtschuldnerisch, sondern nur anteilig, gleichviel, worauf sich die jeweiligen Bauleistungen beziehen, welchen Umfang sie haben und wie begütert der einzelne Wohnungseigentümer ist (BGHZ 75, 26 = BauR 1979, 440 = SFH § 427 BGB Nr. 2 = NJW 1979, 2101 = ZfBR 1979, 196 = Betrieb 1979, 1887).

Die nachfolgend erörterten **Vergütungsregelungen,** die auf Gesetz bzw. – bei der VOB – auf Vertrag beruhen, insoweit also auf einem **bestimmten Rechtsgrund,** sind insofern **abschließend,** als **daneben grundsätzlich kein Anspruch** des Auftragnehmers gegen den Auftraggeber **aus ungerechtfertigter Bereicherung** besteht. Das gilt auch dann, wenn Auftraggeber und Eigentümer des Grundstückes, auf dem die Bauleistung erbracht wird, auseinanderfallen; auch dann hat der Auftragnehmer keinen Bereicherungsanspruch gegen den Grundstückseigentümer, wenn er von dem Auftraggeber als seinem Vertragspartner keine Bezahlung erlangen kann (mit Recht OLG Hamm MDR 1974, 313 = BlGBW 1974, 179). Denn da – im Verhältnis zum Auftraggeber – eine Leistung vorliegt, kommen nur Leistungskondiktionsansprüche des Auftragnehmers gegen den Leistungsempfänger (Auftraggeber) in Betracht; sie schließen jedoch anerkanntermaßen Ansprüche aus Eingriffskondiktion (gegen den Grundstückseigentümer) aus. Vgl. zur Abgrenzung von Leistungs- und Eingriffskondiktion sowie zum Verhältnis beider Kondiktionsarten Larenz, Schuldrecht II, § 68 I-III.

Beseitigt der Auftragnehmer im Auftrag des aufsichtsführenden Architekten einen Mangel, für den er und der Architekt dem Auftraggeber haften, dann besteht kein Vergütungsanspruch gegenüber dem Architekten, wenn im Verhältnis zwischen Architekt und Auftragnehmer letzterer allein wegen Ausführungsfehlers haftet, da dem Architekten dann gegenüber dem Vergütungsanspruch des Auftragnehmers ein Bereicherungsanspruch nach §§ 242, 812 Abs. 2 BGB zusteht (OLG Hamm NJW-RR 1986, 1400 = MDR 1986, 585).

I. Grundsätzlich Vereinbarung der Vergütung

Grundsätzlich wird im Werkvertragsrecht die für die Herstellung des Werkes geschuldete **Vergütung** zwischen den Vertragspartnern **vereinbart und daher im einzelnen bei Vertragsabschluß,** spätestens vor Beginn der betreffenden Arbeiten festgelegt.

1. Auffälliges Mißverhältnis

Ob ein Vertrag wegen **auffälligen Mißverhältnisses** zwischen Leistung und Gegenleistung gegen § 138 Abs. 2 BGB verstößt, kann nur daran gemessen werden, was die Vertragspartner

B § 2, Rdn. 5

im Zeitpunkt des Vertragsabschlusses vereinbart haben; dabei kommt es auf eine Überprüfung der preislichen Einzelansätze nach Einheits- oder Pauschalpreisen unter Berücksichtigung der Mengen (Vordersätze) im Verhältnis zum wirklichen Wert der vorgesehenen Leistung im mängelfreien Zustand an (BGH SFH Z 2.300 Bl. 41; vgl. auch Schmidt MDR 1977, 715). Zur Nichtigkeit eines Werkvertrages wegen Wuchers bei unangemessen hoher Werklohnforderung und Ausnutzung einer Notlage des Auftraggebers LG Nürnberg-Fürth BB 1973, 777. Insofern ist auch auf die Fassung des § 138 Abs. 2 BGB durch das Gesetz vom 29. 7. 1976 (BGBl. I S. 2034) hinzuweisen.

2. AGB-Klauseln

5   Andererseits: Da die **Vergütung** des Auftragnehmers für den Bereich des Bauvertrages **grundlegendes Element** ist, ist es dem Auftraggeber verwehrt, insoweit **für den Auftragnehmer unzumutbare Klauseln** in den Vertrag aufzunehmen, jedenfalls soweit es sich um **AGB** (insbesondere Zusätzliche Vertragsbedingungen) des Auftraggebers handelt. Solche Klauseln können insbesondere gegen **§ 9 AGB-Gesetz verstoßen** und daher unwirksam sein. Das gilt z. B. für Vertragsbedingungen, nach denen ein Nachunternehmer nur Zahlungen erhalten soll, sofern und soweit der Generalunternehmer seinerseits Zahlungen vom Bauherrn erhält, was dann auch gelten soll, wenn eine solche Klausel Zahlungsschwierigkeiten beim Bauherrn, Konkurseröffnung über dessen Vermögen, Kündigung durch den Bauherrn mit der angegebenen Folge erfaßt (vgl. dazu Anh. Rdn. 139 ff. sowie Locher NJW 1979, 2235, 2237 m. w. N.). Gleiches trifft auf eine Klausel zu, nach der sich der Auftraggeber einseitig die verbindliche Bestimmung über die Höhe der Vergütung des Auftragnehmers nach freiem Belieben vorbehält (OLG Düsseldorf BauR 1981, 293; dasselbe BauR 1983, 470). Ebenso ist es ein Verstoß gegen § 9 AGB-Gesetz, wenn der Auftraggeber in AGB festlegt, daß der Auftragnehmer für die Beseitigung von mangelhaften Vorleistungen anderer Unternehmer keine gesonderte Vergütung erhält. Eine Abtretung von Ansprüchen des Auftraggebers gegen den anderen Unternehmer an den Auftragnehmer schafft für sich allein noch nicht das nach § 9 AGB-Gesetz vorauszusetzende Gleichgewicht, zumal es für den Auftragnehmer unzumutbar ist, dem Auftraggeber das Risiko der Verfolgung von Ansprüchen gegen die vorleistenden Unternehmer abzunehmen. Ferner ist es ein Verstoß gegen § 9 AGB-Gesetz, wenn ein Bauträger in seinen Formularbedingungen – Zusätzlichen Vertragsbedingungen – festlegt, daß „der Einwand eines Preis- oder Kalkulationsirrtums auf seiten des Auftragnehmers ausgeschlossen" sei (BGH BauR 1983, 368 = NJW 1983, 1671 = BB 1983, 1877 = LM § 13 AGBG Nr. 12 = SFH § 9 AGBG Nr. 8 = ZfBR 1983, 188). Auch ist es ein Verstoß gegen §§ 10 Nr. 1, 9 AGB-Gesetz, wenn der Auftraggeber dem Auftragnehmer in AGB die Verpflichtung auferlegt, den Bauschutt anderer Auftragnehmer ohne besondere Vergütung herauszuschaffen, aufzuladen und abzufahren, da es sich hierbei nicht um eine nichtvergütungspflichtige Nebenleistung handelt, außerdem in dieser Klausel eine unzulässige Risikoverlagerung zu Lasten des Auftragnehmers liegt, da hierdurch zugleich die Abnahme unzumutbar hinausgeschoben und das zu übernehmende Haftungs- und Vergütungsrisiko für den Auftragnehmer nicht überschaubar ist (vgl. dazu OLG München NJW-RR 1987, 661). Ebenso gilt dies für die Bestimmung, der Auftragnehmer habe ohne besondere Vergütung über die eigene Nutzungsdauer hinaus (z. B. auch über 3 Wochen) Gerüste zu stellen und umzubauen, und zwar auch für andere Gewerke, gleich welcher Höhe und welchen Umfanges; ebenso gelte dies für Abdeckungen und Umwehrungen (a. a. O.). Auch trifft dies auf die Klausel zu, der Auftragnehmer habe Vorhaltungs- und Stillegungskosten der Baustelleneinrichtung und des Maschinenparks gleich welchen Grundes zu tragen. Hier wird das Stillegungsrisiko einseitig auf den Auftragnehmer ohne Rücksicht darauf übertragen, wer für die Verursachung dieser Kosten – auch bei schuldhaftem Handeln oder Unterlassen – verantwortlich zeichnet; das verstößt zweifelsfrei gegen §§ 11 Nr. 7, 9 AGB-Gesetz (a. a. O.). In gleicher Weise unzulässig ist ferner die Klausel, der Auftragnehmer habe ohne besondere Vergütung alle Aussparungen und

Schlitze in Fundamenten, Wänden und Decken usw. nach Plan und Angaben des Bauleiters einschließlich aller erforderlichen Stemm- und Brecharbeiten auszuführen. Hier wird die entsprechende Leistungsanforderung für die Zeit nach Vertragsabschluß insbesondere in das Belieben des Bauleiters des Auftraggebers gelegt, ohne daß hinreichende Vorhersehbarkeit für den Auftragnehmer gegeben ist, er also das ihm auferlegte Risiko nicht zu überschauen vermag, abgesehen davon, daß auch hier die Abnahme einseitig zu Lasten des Auftragnehmers hinausgeschoben werden kann (a. a. O.). Derselben Beurteilung unterliegt die Bestimmung, der Rohbauunternehmer habe ohne besondere Vergütung das Haus vor Schlüsselübergabe und auch vor Werbemaßnahmen (Besichtigung des Hauses) besenrein zu reinigen; nach Abschluß der Arbeiten seien die Gehsteige, Straßenflächen und das Grundstück wieder in einen ordnungsgemäßen Zustand zu versetzen. Solche damit verbundenen Kosten, die dem vorwegleistenden Rohbauunternehmer auferlegt werden sollen, sind für diesen nicht vorhersehbar, vor allem im Hinblick auf die Verursachung durch nachfolgende Handwerker; auch hier wird der Abnahmezeitpunkt unzulässig hinausgeschoben (a. a. O.). Dasselbe trifft wegen des Vergütungsrisikos im Hinblick auf § 9 AGB-Gesetz bei der Klausel zu, der Auftragnehmer trage alle von Baubeginn bis Übergabe des Hauses an den „Kunden" entstehenden Energie-, Wasser- und Kanalbenutzungskosten (a. a. O.), zumal der vom Auftragnehmer nicht beeinflußbare Übergabezeitpunkt allein zu dessen Lasten gehen soll. Das Gesagte gilt auch für die Klausel, der Auftragnehmer habe notwendiges Bodenaustauschmaterial ohne besondere Vergütung zu beschaffen und einzubauen. Die genannten Bestimmungen dürften durchweg auch gegen die Unklarheitenregel des § 5 AGB-Gesetz verstoßen. Zur Auslegung einer Klausel in einem Bauvertrag, durch die erreicht werden soll, daß Mitglieder einer Bauherrengemeinschaft vom Auftragnehmer nur in Anspruch genommen werden können, soweit sie ihren Zahlungsverpflichtungen gegenüber dem Baubetreuer nicht nachgekommen sind, vgl. BGH BauR 1988, 492 = SFH § 133 BGB Nr. 3 = NJW 1988, 1982); hiernach ist ein Zahlungsverzug der Bauherren gegenüber dem Auftragnehmer nicht schon dadurch ausgeschlossen, daß sie von ihnen geschuldete Beträge an den Betreuer gezahlt haben; jedenfalls gilt dies so lange, wie dem Auftragnehmer vom Betreuer nicht mitgeteilt worden ist, welcher der Bauherren in Zahlungsrückstand ist, wenn der Betreuer die Aufgabe hat, „Gesamt-Akontozahlungen" an den Auftragnehmer zu leisten.

3. Fehlende Vergütungsregelung (§ 632 BGB) – Grundzüge

Falls es bei Vertragsabschluß oder vor Ausführungsbeginn **unterlassen** wurde, die **Vergütung festzusetzen, gilt sie kraft gesetzlicher Fiktion als stillschweigend vereinbart**, wenn die Herstellung des Werkes den Umständen nach nur gegen eine Vergütung zu erwarten ist (§ 632 Abs. 1 BGB). Voraussetzung dafür ist aber, daß nicht nur keine ausdrückliche, sondern auch keine stillschweigende Vergütungsvereinbarung i. S. des § 631 Abs. 1 BGB getroffen worden ist (BGH BB 1963, 1316). Ebenso ist § 632 BGB nur anwendbar, wenn es zu einem **wirksamen Vertragsabschluß** zwischen den Parteien gekommen ist (vgl. BGH NJW 1965, 1226 = LM § 653 BGB Nr. 1). Das Gesagte **gilt** grundsätzlich **ebenso beim Bauvertrag auf der Grundlage des Teils B der VOB**. Bauleistungen werden von **gewerblich tätigen Unternehmern** erbracht, von denen normalerweise keine Leistung ohne Gegenleistung (Vergütung) zu erwarten ist. Bloße Freundschaft zwischen den Vertragspartnern rechtfertigt nicht schon die Annahme des Gegenteils.

Hat man die Vereinbarung einer an sich nach § 632 Abs. 1 BGB geschuldeten Vergütung unterlassen oder sich über die Vergütung als solche zwar geeinigt, über die Höhe aber nichts abgesprochen, gilt die zunächst **taxmäßige Vergütung**, falls eine Taxe besteht, was beim Bauvertrag regelmäßig nicht der Fall ist; deshalb ist hier in der Regel die **übliche Vergütung** als vereinbart anzusehen (§ 632 Abs. 2 BGB). Dabei kommt es auf die **objektiv anerkennenswerte Bewertung der gleichen Leistung nach baukaufmännischen Gesichtspunkten grundsätzlich für den Zeitpunkt des Vertragsabschlusses** an; deshalb können hier für andere Berufszweige geltende Sätze, wie z. B. die Allgemeinen Deutschen Spediteurbedingungen, keinen hinreichenden Bewertungsmaßstab abgeben (dazu auch BGHZ 43, 154, 159 = NJW 1965, 1134; BGH Betrieb 1976, 382 = VersR 1976, 286 = MDR 1976, 378 = SFH Z 2.10 Bl. 55). Gleiches gilt für die Sätze des GüKG im Hinblick auf Transportleistungen, die der Auftragnehmer im Rahmen eines Bauleistungsvertrages erbringt. Insofern handelt es sich nicht um eine – bloße – Beförderung i. S. des § 1 GüKG, da die Güterbewegung hier lediglich Nebenleistung ist (LG Köln BauR 1980, 80 = SFH § 632 BGB Nr. 3); außerdem wären solche Leistungen als Werkverkehr nach § 48 GüKG einzuordnen, für den nach § 50 GüKG kein Tarifzwang besteht (LG Köln a. a. O.). Handelt es sich um die Festlegung der üblichen Vergütung für **veränderte oder zusätzliche Leistungen**, so sind im Rahmen des § 632 BGB **auch für den nach den §§ 631 ff. BGB abgeschlossenen Vertrag die Richtpunkte maßgebend, die sich aus Teil B § 2 Nr. 5, 6 ergeben,** weil es sich hier um vor allem von der Baubetriebslehre anerkannte Grundsätze üblicher bzw. auch angemessener Vergütung handelt. Das gilt entsprechend Teil B § 2 Nr. 7 Abs. 1 Satz 4 **auch für Pauschalverträge** (was das OLG München MDR 1987, 407 = NJW-RR 1987, 598 = SFH § 16 Nr. 3 VOB/B Nr. 4 übersieht, indem es für die veränderte oder zusätzliche Vergütung eine Risikobegrenzung zum Ausgangspunkt nimmt, die es bei 20 % der bisher vereinbarten Vergütung ansiedelt und erst dann dem Auftragnehmer eine veränderte oder zusätzliche Vergütung zubilligt; insofern zumindest unklar auch Werner/Pastor Rdn. 1747). Hier erfolgt jedoch die Bewertung der Eigenaufwendungen des Auftragnehmers (Lohn-, Materialkosten, Kosten der Baustelle, Allgemeine Geschäftskosten) für die veränderte bzw. zusätzliche Leistung nicht nach dem Zeitpunkt der ursprünglichen Auftragserteilung, sondern **nach dem Zeitpunkt des Änderungs- oder Zusatzverlangens,** weil der Auftraggeber die veränderte oder zusätzliche Leistung veranlaßt hat, daher dem Auftragnehmer etwaige Mehrkosten nicht anzulasten sind. Umgekehrt gilt dies folgerichtig aber auch für etwaige Mindestkosten.

8   Als üblich gelten solche Vergütungen, die für Bauleistungen gleicher Art und Güte und gleichen Umfangs am Ort der Leistung nach allgemein anerkannter gewerblicher Auffassung gezahlt werden. § 632 Abs. 2 BGB kommt allerdings nicht in Betracht, wenn beide Parteien zu einem bestimmten Preis abschließen wollen. Ist das nicht geschehen, so ist der Vertrag mangels Einigung über den Preis nicht zustande gekommen (BGH Urt. vom 16. 10. 1969 – VII ZR 129/67 –).

9   Im Einzelfall kann es vorkommen, daß auch eine übliche Vergütung nicht zu ermitteln ist. Dann kommt **ausnahmsweise** dem **Unternehmer** nach § 316 BGB ein **Recht zur Bestimmung der Höhe der Vergütung** zu (vgl. hierzu BGH LM Nr. 1 zu § 316 BGB; ferner BGH NJW 1966, 539 = MDR 1966, 314 = BB 1966, 54 = LM § 315 BGB Nr. 6; OLG Frankfurt BauR 1986, 352 = SFH § 2 Nr. 5 VOB/B Nr. 3 = NJW-RR 1986, 1149 für den Fall der Abrechnung von verlorengegangenen Bohrrohren nach DIN 18 301 Ziff. 5.2.3). Dabei kommt es darauf an, daß die **berechtigte Interessenlage beider Vertragsteile gegeneinander abgewogen** wird. Insofern ist es entscheidend, welche Bedeutung die Arbeit hatte, deren angemessener Gegenwert ermittelt werden soll; wichtig ist also auch hier – vgl. Teil A § 2 Nr. 1 Satz 1 – das **angemessene Verhältnis** zwischen Leistung und Gegenleistung (BGH a. a. O.). So würde es z. B. nicht angehen, bei Stundenlohnarbeiten Vergütungen für Meister einzusetzen, obwohl im betreffenden Fall ein Facharbeiter die Arbeit ausführen könnte und auch eine besondere Aufsicht durch einen Meister nicht erforderlich ist (vgl. Teil B § 15 Nr. 1 Abs. 2 und Nr. 2).

10 Einer **Bestimmung** nach § 316 BGB bedarf es im allgemeinen Bauvertragsrecht des BGB jedoch nur **ausnahmsweise,** weil **durchweg die Festlegung einer üblichen Vergütung möglich** ist. Dafür, daß die getroffene Bestimmung der **Billigkeit entspricht** (§ 315 Abs. 3 Satz 1 BGB; s. hierzu auch die Ausführungen von Peters NJW 1977, 552, 553), trägt der Auftragnehmer **die Beweislast** (vgl. BGH NJW 1969, 1809). Ein **Ausschluß der Überprüfung der**

Billigkeit der getroffenen Bestimmung in AGB ist **nach § 9 AGB-Gesetz unwirksam** (OLG Düsseldorf BauR 1981, 392).

Soweit einem Bauträger, der namens der Erwerber Bauverträge mit Auftragnehmern abschließt, nach **§ 317 BGB** das Recht zur Bestimmung der Vergütung des Auftragnehmers eingeräumt ist, verstößt eine solche in AGB – insbesondere Zusätzlichen Vertragsbedingungen – enthaltene Klausel **ebenfalls gegen § 9 AGB-Gesetz,** was auch sonst für vertragliche Auftraggeber-Auftragnehmerverhältnisse gilt. Solche Leistungsbestimmungsrechte und Schiedsgutachtervereinbarungen in AGB sind vor allem unwirksam, wenn der Dritte dem Verwender der AGB besonders nahesteht, etwa mit ihm zusammenarbeitet oder gar ein Abhängigkeitsverhältnis zwischen ihnen besteht. Erst recht trifft dies zu, wenn der Verwender der AGB mit dem Dritten identisch ist (BGHZ 81, 229 = BauR 1981, 582 mit Anm. Locher a. a. O. = Betrieb 1981, 2424 = MDR 1981, 1005 = SFH § 8 AGBG Nr. 1 = NJW 1981, 2351 = LM AGBG Nr. 17 = ZfBR 1981, 232).

11

4. Auftragnehmer hat grundsätzlich Beweislast

Für die Vereinbarung einer bestimmten Vergütung (§ 631 Abs. 1 BGB; § 2 Nr. 1, 2, 3, 5, 6, 7 Abs. 2 VOB/B) **hat der Auftragnehmer die Darlegungs- und Beweislast.** Insofern dürfen aber **keine übertriebenen Anforderungen** gestellt werden. Im allgemeinen genügt der Vortrag, für welche Leistungen Zahlung verlangt wird und welche Abmachungen dieser Forderung zugrunde liegen sollen. Weitere Einzelheiten sind nicht erforderlich, soweit sie für die Rechtsfolgen nicht von Bedeutung sind, allerdings unter Berücksichtigung des Gegenvortrages im Einzelfall; nur wenn dieser dazu führt, daß der Tatsachenvortrag des Auftragnehmers **unklar wird und nicht mehr den Schluß auf die Entstehung des geltend gemachten Rechtes zuläßt,** muß der Auftragnehmer seinen Vortrag in bezug auf die dann wesentlichen Einzelheiten etwa zu Ort, Zeit, Beteiligte und sonstiger Gelegenheit der behaupteten Vergütungsvereinbarung darlegen und beweisen (vgl. dazu BGH BauR 1984, 667 = MDR 1985, 315 = NJW 1984, 2888 = JZ 1985, 183 mit zur Begründung richtiger Anm. von Stürner = LM § 282 ZPO Nr. 41 = SFH § 284 ZPO Nr. 1 = ZfBR 1984, 289; dazu kritisch und zutreffend Lange DRiZ 1985, 247; vgl. auch BGH BauR 1988, 121 = SFH § 282 ZPO Nr. 2).

12

Die genannte Darlegungs- und Beweislast für die Vereinbarung einer bestimmten Vergütungshöhe (unklar dazu v. Mettenheim NJW 1971, 20 und Honig BB 1975, 447; gegen v. Mettenheim zutreffend Schumann NJW 1971, 459; beachtlich dagegen v. Mettenheim NJW 1984, 776, jedoch am Bauvertrag nicht hinreichend orientiert, da es an der gebotenen Unterscheidung zwischen Vergütungsart und Vergütungshöhe fehlt; vgl. dazu Rdn. 17 ff.) wirkt sich vor allem **auch für den Bereich des § 632 BGB aus** .

13

(Vgl. BGH NJW 1965, 1226 = MDR 1965, 656 = BB 1965, 475 = LM § 653 BGB Nr. 1; BGH MDR 1975, 739 = WM 1975, 643, 644; BGHZ 80, 257 = BauR 1981, 388 = NJW 1981, 1442 = BB 1981, 997 = SFH § 2 Nr. 2 VOB/B Nr. 1 mit zutreffender Anm. von Hochstein = MDR 1981, 663 = Betrieb 1981, 2121 = LM § 632 BGB Nr. 10 = ZfBR 1981, 170; BGH BauR 1983, 366 = NJW 1983, 1782 = MDR 1983, 745 = Betrieb 1983, 1814 = BB 1983, 1054 = SFH § 632 BGB Nr. 13 = ZfBR 1983, 186; vgl. auch OLG Frankfurt NJW 1983, 828 = SFH § 16 Nr. 3 VOB/B Nr. 27 im Hinblick auf eine von einem Pauschalpreis angeblich nicht erfaßte Vergütung.)

Dazu gilt aber: Der Unternehmer, der für eine Werkleistung nach § 632 Abs. 2 BGB die übliche Vergütung beansprucht, braucht den Beweis dafür, **daß ein fester Werklohn nicht vereinbart ist, jedoch nur zu führen, wenn der Besteller eine – andere – feste Preisvereinbarung behauptet.**

14

(BGH SFH Z 2.300 Bl. 1; BGH BauR 1980, 84 = NJW 1980, 122 = BB 1979, 1793 = MDR 1980, 223 = SFH § 19 GOA Nr. 1 = ZfBR 1980, 24 m. w. N.; BGHZ 80, 257 = BauR 1981, 388 = NJW 1981, 1442 =

BB 1981, 997 = SFH § 2 Nr. 2 VOB/B Nr. 1 mit zutreffender Anm. von Hochstein = MDR 1981, 663 = Betrieb 1981, 2121 = LM § 632 BGB Nr. 10 = ZfBR 1981, 170; BGH BauR 1983, 366 = NJW 1983, 1782 = MDR 1983, 745 = Betrieb 1983, 1814 = BB 1983, 1054 = SFH § 632 BGB Nr. 13 = ZfBR 1983, 186 = LM § 632 BGB Nr. 12.)

Dabei muß eine solche **Behauptung des Bestellers durch Vortrag konkreter Einzelumstände hinreichend substantiiert** vorgetragen werden, weil an den hier **vom Auftragnehmer zu führenden negativen Beweis keine unerfüllbaren Anforderungen** gestellt werden dürfen (ebenso Mainka JurBüro 1975, 291; OLG Düsseldorf Betrieb 1978, 1883 = BauR 1979, 262 und OLG Frankfurt MDR 1979, 757 für den Bereich der Architektenvergütung). Daher reicht es nicht schon, wenn der Auftraggeber lediglich die Vereinbarung eines „Festpreises" behauptet, **ohne Einzelheiten dieser Vereinbarung darzulegen** (BGH BauR 1975, 281 = SFH Z 8.41 Bl. 16). Also genügt auch nicht die Angabe bloßer Beträge ohne nähere Mitteilung der Einzelheiten zu der behaupteten Vereinbarung nach Ort und Zeit (OLG Frankfurt a. a. O.). Andererseits ist nicht erforderlich, daß der Auftraggeber das Aushandeln eines ganz bestimmten Werklohnes behauptet; vielmehr genügt die Behauptung eines ausreichenden Merkmals, nach dem sich nachvollziehbar die übliche Vergütung errechnet, wenn also der Vertrag Maßstäbe angibt, nach denen sich die Vergütung einwandfrei berechnen läßt (BGH BauR 1980, 84 = NJW 1980, 122 = BB 1979, 1793 = MDR 1980, 223 = SFH § 19 GOA Nr. 1 = ZfBR 1980, 24 m. w. N.).

15 Die vorangehend gekennzeichnete Darlegungs- und Beweislast des Unternehmers hat der BGH in der Grundlage in NJW 1957, 1555 = BB 1957, 799 = LM Nr. 3 zu § 632 BGB = SFH Z 2.300 Bl. 4 ff. festgelegt (vgl. dazu auch OLG Köln BlGBW 1974, 179 = MinBl. NRW 1963, 164 m. w. N. speziell für den Bereich des Architektenvertrages). Zugleich hat er jedoch **einschränkend** ausgeführt, daß, falls in einem bestimmten Geschäftszweig ein **Handelsbrauch** über die Höhe der Vergütung besteht, dieser als Vertragsinhalt gilt, ohne daß der Auftragnehmer dieses zu beweisen braucht. **Gleiches muß aber aus Treu und Glauben über den engeren Bereich des Handelsbrauches hinaus auch dann gelten, wenn sich in einem bestimmten Gewerbezweig**, wie hier des Baugewerbes, aus den dafür maßgebenden einschlägigen, allgemein anerkannten, auch der Vertragspartnerseite bei entsprechender zumutbarer Information geläufigen betriebswirtschaftlichen Gründen eine Erkenntnis ergeben hat, die am ehesten dem rechtlichen Grundsatz der Wahrung des Gleichgewichtes von Leistung und Gegenleistung entspricht. Behauptet der Bauherr dann das Vorliegen einer hiervon abweichenden Vereinbarung, muß er **seinerseits die Abweichung beweisen,** z. B. die **Abweichung vom Einheitspreisvertrag,** da Einheitspreise beim Bauvertrag als die Regel **zu gelten haben** (ebenso Huhn, Vahlens Rechtsbücher, Zivilrecht Bd. 3, S. 137 sowie Vygen ZfBR 1979, 133, 136); vgl. auch Rdn. 180 f. **Insoweit gelten auch beim BGB-Werkvertrag die für den VOB-Vertrag maßgebenden Grundsätze,** da für sie auch hier allgemein anerkannte baubetriebswirtschaftliche Gesichtspunkte grundlegend und daher maßgebend sind (vgl. dazu nachfolgend Rdn. 17 ff.).

16 Von der sich aus **§ 632 Abs. 2 BGB** ergebenden Beweislastregel ist auch **nicht** der Fall erfaßt, in dem es sich nicht um die übliche (angemessene) Vergütung des Auftragnehmers bei Fehlen einer Preisvereinbarung überhaupt handelt, sondern darum, daß ursprünglich **vereinbarte Preise später vereinbarungsgemäß geändert** worden sein sollen; in einem solchen Fall trägt derjenige die Beweislast, der die angeblich abgesprochene Preisänderung behauptet, was dann folgerichtig auch den Auftraggeber betrifft. Zu beachten ist daher auch: **Kann der Auftragnehmer eine bestimmte Vergütungsabsprache beweisen oder kann er beweisen, daß ursprünglich eine Vergütungsvereinbarung nicht getroffen worden** ist, und behauptet der Auftraggeber hingegen eine **nachträgliche Vereinbarung oder Herabsetzung der Vergütung,** so trägt **der Auftraggeber** nach allgemeinen Regeln die Beweislast (BGH BauR 1983, 366 = NJW 1983, 1782 = MDR 1983, 745 = Betrieb 1983, 1814 = BB 1983, 1054 = SFH

§ 632 BGB Nr. 13 = ZfBR 1983, 186). **Das gilt erst recht,** wenn zunächst keine bestimmte Preisvereinbarung getroffen worden ist, bereits vergütungspflichtige Teile der Leistung im Zeitpunkt der vom Auftraggeber behaupteten späteren Preisvereinbarung aber schon ausgeführt worden sind, da es sich **auch gerade dann** um die **Behauptung einer Preisänderung**, nämlich aus dem Bereich des § 632 BGB in den § 631 Abs. 1 BGB bzw. von Teil B § 2 Nr. 1 VOB/B, handelt (vgl. auch OLG Hamm NJW 1986, 199 = MDR 1985, 672 = Betrieb 1985, 1393).

5. Grundsätze des § 632 Abs. 2 BGB gelten auch bei der VOB

Die zum allgemeinen Werkvertragsrecht angeführten Grundsätze (Rdn. 6 ff.) sind auch zu beachten, wenn der **Bauvertrag nach der VOB/B** zu beurteilen ist (so auch BGHZ 80, 257 = BauR 1981, 388 = NJW 1981, 1442 = BB 1981, 997 = SFH § 2 Nr. 2 VOB/B Nr. 1 mit zutreffender Anm. von Hochstein = MDR 1981, 663 = Betrieb 1981, 2121 = LM § 632 BGB Nr. 10 = ZfBR 1981, 170). Es handelt sich um grundlegende rechtliche Erkenntnisse allgemeiner Art, die auch das Bauvertragsrecht auf der Grundlage von Teil B der VOB betreffen. 17

Für den Bereich der VOB ist aber zu berücksichtigen:
Ist Teil B § 2 Vertragsbestandteil, so bedeutet dies, daß die **im Rahmen des Bauvertrages erbrachte Bauwerksleistung zu vergüten** ist, und zwar **kraft ausdrücklicher vertraglicher Absprache.** Deshalb ist für die Anwendung des § 632 **Abs. 1** BGB kein Raum, da Teil B § 2 feststellt, daß eine Vergütung zu zahlen ist oder auch nicht. Im letzteren Fall ist eine Vergütung durch ausdrückliche vertragliche Absprache ausgeschlossen. 18

Dagegen kommt § 632 Abs. 2 BGB zur Anwendung, wenn beim VOB-Vertrag bei Vertragsabschluß ausnahmsweise vergessen worden ist, **die Höhe** der Vergütung **festzulegen. Gleiches gilt,** wenn es bei später teilweise weggefallener, veränderter oder zusätzlicher Leistung **nicht gelungen** ist, die **Vergütung** dem geänderten Inhalt der Leistung **anzupassen.** Dazu: 19

Ist eine **Preisvereinbarung überhaupt nicht getroffen** worden, so ist die Höhe grundsätzlich nach Einheitspreisen zu berechnen. Gerade hier ist zu beachten, daß der Einheitspreisvertrag nach allgemein anerkannter baubetriebswirtschaftlicher Regel die Normalberechnungsart für die Vergütung des Auftragnehmers ist, deren davon abweichende Vereinbarung von demjenigen zu beweisen ist, der sie behauptet, gegebenenfalls also auch vom Auftraggeber. Der hierzu vom BGH (BGHZ 80, 257 = BauR 1981, 388 = NJW 1981, 1442 = BB 1981, 997 = SFH § 2 Nr. 2 VOB/B Nr. 1 = MDR 1981, 663 = Betrieb 1981, 2121 = LM § 632 BGB Nr. 10 = ZfBR 1981, 170, vgl. auch Grimme S. 31 f.) vertretenen gegenteiligen Ansicht kann **nicht gefolgt** werden: Zunächst beachtet der BGH nicht hinreichend, daß die Festlegung der Einheitspreisberechnung in Teil A § 5 Nr. 1 a und insbesondere in Teil B § 2 Nr. 2 eine **zulässige vertragliche,** somit nicht zuletzt **von der Auftraggeberseite anerkannte,** deshalb im vorangehend (Rdn. 13 ff.) gekennzeichneten Umfang abweichende Regelung der sich aus § 632 Abs. 2 BGB sonst ergebenden Beweislast enthält. Anderenfalls würde Teil B § 2 Nr. 2 lediglich als ein von der VOB sicherlich so nicht gewollter überflüssiger „Programmsatz" anzusehen sein. Überdies überzeugen die vom BGH gegen die hier vertretene Auffassung aus wohl überwiegend praktischen Erwägungen erhobenen Bedenken auch nicht: Vergütungsart und deren Höhe sind, was jeder sowohl auf Auftraggeber- als auch auf Auftragnehmerseite betriebswirtschaftlich Eingeweihte bestätigen wird, durchaus zwei verschiedene, voneinander gerade bei der lebensnahen Handhabung zu trennende Faktoren; daß beides zusammengehören müsse, ist nicht ersichtlich. Auch dürfte bei der hier vertretenen Ansicht weit eher die von der VOB aus anerkannten Gerechtigkeitsgründen als grundlegend angeführte Regel der angemessenen Vergütung (vgl. Teil A §§ 2 Nr. 1 Satz 1, 25 Nr. 2 Abs. 2) gewahrt sein, weil die Berechnung nach **Einheitspreisen eindeutig am ehesten das Gleichgewicht von Leistung und Gegenleistung** zum Ausdruck bringt, zumal wenn die jeweiligen 20

Einheitspreise bei Vertragsabschluß der Höhe nach entsprechend der Ortsüblichkeit festgesetzt werden. Die Auffassung des BGH kann vor allem durchaus auch zu **Mißbräuchen** führen, indem der Auftraggeber später ins Blaue hinein schlüssig die Vereinbarung eines Pauschalpreises behauptet, obwohl keiner der Vertragspartner bei Vertragsabschluß auch nur entfernt daran gedacht hat. Vgl. hier insbesondere auch die zutreffende Anm. von Hochstein (SFH § 2 Nr. 2 VOB/B Nr. 1; wie hier wohl auch Werner/Pastor Rdn. 826; anders allerdings wohl Rdn. 796 f.; u. a. auch Baumgärtel § 632 BGB Rdn. 16).

21 Das Gesagte gilt auch im Hinblick auf **spätere Vertragsergänzungen, -änderungen oder -erweiterungen,** soweit es sich um die **Art und Weise der Leistungsausführung** handelt. Auch dann ist die Vergütung grundsätzlich nach **Einheitspreisen** festzulegen, wie sich aus Teil B § 2 Nr. 2 ergibt. Ferner sind für weggefallene, geänderte oder zusätzliche Preise die Regeln der Nr. 3 ff. a. a. O. sowie in Teil B § 8 Nr. 1 zu beachten. **Teil B § 2** kommt im übrigen auch **nicht** zu einer **taxmäßigen oder üblichen Vergütung.** Vielmehr gilt **bei der VOB allgemein** der Maßstab der **angemessenen Vergütung,** wie sich aus der Grundregel in Teil A § 2 Nr. 1 Satz 1 ergibt (a. A. Kaiser ZfBR 1987, 171, 173, der nicht beachtet, daß es hier nicht auf den möglicherweise vom Subjektiven beeinflußten „Wettbewerbspreis", sondern auf den grundsätzlich gegebenen, nach allgemeiner baubetriebswirtschaftlicher Erkenntnis anerkannten „gerechten Preis" ankommt). Über die Grundsätze des angemessenen Preises im allgemeinen vgl. Teil A § 2 Rdn. 10 ff., bei der Wertung der Angebote vgl. Teil A § 25 Rdn. 53 ff. Diese Bestimmungen sind auch hier zu beachten.

22 Die §§ 315, 316 BGB kommen dagegen ebenfalls wie beim BGB-Vertrag erst zum Zuge, wenn eine übliche bzw. angemessene Vergütung nicht besteht (BGH BB 1954, 143 = LM § 316 BGB Nr. 1; BGH NJW 1969, 1855 = MDR 1969, 1000 = Betrieb 1969, 1457 = WM 1969, 992 = SFH Z 3.00 Bl. 169), was in der Praxis aber kaum der Fall ist.

6. Berechnung der Vergütung vom Vertragstyp abhängig; grundsätzlich Geld

23 Die Berechnung der Vergütung ist, wie sich bereits aus vorangehender Rdn. 17 ff. ergibt, beim VOB-Vertrag nicht immer gleich, sondern **hängt im wesentlichen von der Art der in Teil A § 5 geregelten Vertragstypen,** die auf die Vergütungsart ausgerichtet sind, ab. Dazu wird auf die dortigen Anmerkungen verwiesen. In der Regel wird die Vergütung in **Geld** gezahlt; es ist aber **auch** zulässig, die Bauleistung in **Sachwerten** zu entgelten (ebenso Grimme, S. 25 m. w. N.). Diese Ausnahme von der Regel muß beweisen, wer sich darauf beruft. Ist im Inland in ausländischer Währung zu bezahlen, gilt § 244 BGB. Kursverluste zwischen Angebotsabgabe bzw. Vertragsabschluß und Fälligkeit der Vergütung bleiben grundsätzlich außer Betracht, es sei denn, es sind im Einzelfall **zulässige Wertsicherungsklauseln** vereinbart oder der Gesichtspunkt der Änderung oder des Wegfalles der Geschäftsgrundlage greift durch (zum letzteren vgl. Hundertmark, Die Bauverwaltung 1976, 480, unter Hinweis auf das Urt. des OLG Zweibrücken vom 28. 7. 1976 – 4 U 13/76 –).

7. Vergütung grundsätzlich von Auftraggeber an Auftragnehmer zu zahlen

24 Die **Vergütungspflicht** des Auftraggebers besteht **gegenüber** dem **anderen Vertragsteil,** also dem Auftragnehmer. Dabei ist es unerheblich, ob der Auftraggeber zugleich auch Eigentümer des Grundstücks ist, auf dem die Bauleistung zu erbringen ist, vgl. hierzu LG Tübingen SFH Z 0 Bl. 4 ff. **Wesentlich ist allein,** daß er den **Bauvertrag mit dem Auftragnehmer** abgeschlossen und sich dadurch zur Zahlung der Vergütung verpflichtet hat.

25 Da zwischen dem Auftragnehmer und dem Architekten des Auftraggebers im allgemeinen keine vertraglichen Beziehungen bestehen, haftet der Architekt grundsätzlich dem Auftragnehmer gegenüber nicht für die Zahlungsfähigkeit des Auftraggebers; ausnahmsweise kann dies nach den Umständen in Betracht

kommen, wenn der Architekt gegenüber den Auftragnehmern bei erkennbar zweifelhafter Vermögenslage des Auftraggebers das Vertrauen erweckt und aufrechterhalten hat, die Finanzierung sei gesichert (vgl. OLG Hamburg JW 1936, 3139), wobei die Rechtsgrundlage für eine solche Haftung des Architekten nur im Bereich des § 242 BGB gesehen werden kann; selbstverständlich kann der Architekt den Auftragnehmern gegenüber unmittelbar haftbar sein, wenn die Voraussetzungen außervertraglicher Haftung, wie z. B. gemäß § 823 Abs. 2 BGB, § 263 StGB, gegeben sind (dazu Bindhardt BauR 1981, 326). Zur Haftung des Auftraggebers für Handwerkerforderungen, wenn der von ihm beauftragte Architekt sich ihm gegenüber im Innenverhältnis verpflichtet hat, den Bau für einen Höchstbetrag zu errichten, der dann überschritten wurde, vgl. OLG Nürnberg JR 1962, 181.

Darüber, inwieweit ein Auftragnehmer mit seinem Vergütungsanspruch **Vergleichsgläubiger** ist, wenn er den Bauvertrag zur Zeit der vom Auftraggeber erwirkten Eröffnung des Vergleichsverfahrens noch nicht vollständig erfüllt hat, BGHZ 67, 242 = BauR 1977, 212 = SFH Z 8.40 Bl. 7 = MDR 1977, 219 = NJW 1977, 50 = BB 1976, 1630 = JZ 1977, 101 = LM § 36 VerglO Nr. 6. Zur Zulässigkeit der Aufrechnung gegenüber einem Werklohnanspruch des Gemeinschuldners, der auf einem vor Eröffnung des **Konkursverfahrens** abgeschlossenen Werkvertrag beruht und erst nach Konkurseröffnung fällig geworden ist, vgl. BGH NJW 1984, 1557 = Betrieb 1984, 554 = ZIP 1984, 190.

26

Erklärt ein Subunternehmer, der Inkassovollmacht des Generalunternehmers besitzt, dessen Auftraggeber in Kenntnis vom bevorstehenden Konkurs des Generalunternehmers, im Falle der Zahlung einer noch nicht fälligen Werklohnrate die vorzeitig bezahlte Werkleistung sofort erbringen zu wollen, so kann darin ein wirksamer **Schuldbeitritt** liegen (BGH SFH § 278 BGB Nr. 1). Zur Abgrenzung zwischen Schuldbeitritt und Bürgschaft vgl. Teil B § 17 Rdn. 41 ff.

27

8. Bindung an fehlerhafte Rechnung

Ob und inwieweit eine Bindung an eine fehlerhafte Rechnung besteht, richtet sich nach der **für die jeweilige Vergütungsberechnung maßgeblichen Grundlage.** Liegt eine **vereinbarte Vergütung** nach § 631 Abs. 1 BGB bzw. – bei Vereinbarung der VOB – nach Teil B § 2 Nr. 1 ff. vor, so wirkt die Rechnung grundsätzlich **nur als schriftliche Fixierung der vereinbarten Schuld,** so daß bei zu geringer Berechnung **grundsätzlich** ein **Nachforderungsrecht** durch den Auftragnehmer besteht, bei Zuvielforderung ein **Rückforderungsanspruch** des Auftraggebers besteht (was Jagenburg BauR 1976, 319 nicht hinreichend berücksichtigt). Hat der Auftragnehmer im Einzelfall ausnahmsweise das Recht **zur Bestimmung seiner Forderung nach den §§ 315 f. BGB** (vgl. dazu Rdn. 6 ff., 17 ff.), so kann er sich davon **nur durch Anfechtung** nach § 119 BGB lösen, da die getroffene Bestimmung eine **Willenserklärung** ist. Liegen die **Voraussetzungen des § 632 Abs. 2 BGB** vor (vgl. dazu Rdn. 6 ff.), so handelt es sich bei der Rechnungslegung um eine **geschäftsähnliche Handlung des Auftragnehmers,** da sie eine mitteilungsbedürftige Schuld betrifft, wobei im Falle von Fehlern die **Vorschriften über Rechtsgeschäfte entsprechend anzuwenden** sind: Ein Irrtum über den Umfang der erbrachten Leistungen (z. B. Personal-, Material-, Geräteeinsatz) berechtigt zur Anfechtung nach § 119 BGB, ein Irrtum über die Bewertung (Üblichkeit, Angemessenheit) ist unbeachtlich (§ 119 Abs. 2 BGB), bei einem Irrtum über einen in der Rechnung selbst enthaltenen Rechenfehler kommt eine Auslegung in Richtung auf das zutreffende Rechnungsergebnis in Betracht; dabei kann bei einem Fehler zu Lasten des Rechnungsempfängers ein Rückzahlungsanspruch nur ausnahmsweise verwirkt sein, wobei an die Vertrauensinvestition des Rechnungsausstellers ein strenger Maßstab anzulegen ist. Dazu im einzelnen zutreffend Junker ZIP 1982, 1158. Zum Rückzahlungsanspruch des Auftraggebers vgl. Teil B § 16 Rdn. 131 ff.; über den Begriff der Nachforderungen des Auftragnehmers vgl. Teil B § 16 Rdn. 181 ff. Zur vorbehaltlosen Annahme der Schlußzahlung siehe Teil B § 16 Rdn. 158 ff.

28

II. Vollmacht, Anscheinsvollmacht, Duldungsvollmacht

1. Grenzen der Vollmacht

Vornehmlich im Zusammenhang mit Vergütungsfragen spielen im Hinblick auf die Person des Auftraggebers und damit des Schuldners der Vergütung Fragen der **Vollmacht,** der An-

29

scheinsvollmacht oder der **Duldungsvollmacht** eine erhebliche Rolle, wenn die **Vertragsverhandlungen und der Vertragsabschluß – auch über Änderungs-, Ergänzungs- oder Zusatzaufträge – für den Auftraggeber durch einen Dritten** geführt worden sind.

30 Zunächst kommt es dafür, ob jemand als Vertreter oder im eigenen Namen handelt, auf den **objektiven Erklärungswert,** also darauf an, wie sich die Erklärung bei gebotener Berücksichtigung aller Umstände nach Treu und Glauben für den Empfänger darstellt. Dabei ist ein etwa abweichender bloß innerer Wille des Erklärenden unbeachtlich. Insofern ist im Zweifel die Auslegungsregel des § 164 Abs. 1 Satz 2 BGB maßgebend, die nicht nur die Frage behandelt, ob der Vertreter im Namen eines anderen gehandelt hat; sie ist auch maßgebend, wenn ungewiß ist, in welchem Namen der Vertreter einen Vertrag abgeschlossen hat (vgl. BGH BauR 1988, 215 = JZ 1988, 417 = SFH § 164 BGB Nr. 11 = WM 1986, 466 = Betrieb 1988, 799 = BB 1988, 428 = NJW-RR 1988, 575 = Schmidt EWiR § 164 BGB 1/88, 545 = MDR 1988, 572). Ein Vater minderjähriger Grundstückseigentümer handelt nicht schon deswegen hinreichend klar als deren Vertreter mit der Folge, daß diese vertraglich verpflichtet werden, weil ein Bauunternehmer regelmäßig davon ausgeht, um eine Sicherung seiner Bauforderung nach § 648 BGB erreichen zu können; ein Erfahrungssatz dieses Inhaltes besteht nicht (BGH SFH § 164 BGB Nr. 3). Auch kann bei einem Bauvertrag regelmäßig nicht von einem Geschäft, für den es angeht, gesprochen werden, weil es einem Bauunternehmer im allgemeinen nicht gleichgültig ist, wer sein Vertragspartner sein soll (a. a. O.). Beauftragt der bauplanende und bauaufsichtsführende Architekt wegen vermeintlicher Planungsfehler den Auftragnehmer mit der Mängelbeseitigung, so handelt er im Zweifel im eigenen Namen; stellt sich nachher heraus, daß in Wirklichkeit ein Ausführungsfehler des Auftragnehmers vorlag, so kann der Architekt der Werklohnklage des Auftragnehmers den Bereicherungseinwand entgegensetzen, da der Auftragnehmer rechtsgrundlos von einer Verbindlichkeit gegenüber dem Auftraggeber befreit worden ist (OLG Hamm BauR 1987, 468).

31 Zur Vermeidung von Mißverständnissen oder gar Rechtsverlusten ist es den Vertragspartnern – insbesondere dem Auftraggeber – dringend anzuraten, die **Erteilung von Vollmachten nach außen ganz deutlich zu machen, vor allem deren Umfang klar abzugrenzen** (was wohl auch der Kern der teilweise die berechtigten Belange des Auftraggebers zu sehr unterbewertenden Ausführungen von Kaiser ZfBR 1980, 263 ist). So kann sich die **Vollmacht des Architekten** zum Abschluß von Bauverträgen für den Auftraggeber nicht schon ohne weiteres aus der bloßen Wendung im Architektenvertrag, der Architekt sei zur Wahrnehmung der Rechte des Auftraggebers befugt, ergeben (vgl. BGH SFH Z 2.13 Bl. 3; BGH SFH Z 3.01 Bl. 236). Auch bedeutet die vertragliche Verpflichtung eines Architekten, für den Auftraggeber ein Einfamilienhaus zu einem Festpreis zu errichten, also nicht nur als Architekt und/oder Baubetreuer tätig zu sein, noch keine Vollmacht des Auftraggebers an den Architekten, namens des Auftraggebers Bauaufträge an ausführende Handwerker zu erteilen; das gilt auch dann nicht schon, wenn es dem Auftraggeber nach außen erkennbar oder erklärtermaßen um die Erzielung steuerlicher Abschreibungsmöglichkeiten geht (LG Köln SFH Z 3.002 Bl. 7). Wichtig ist vor allem auch, daß im Innenverhältnis zwischen Vollmachtgeber und Vollmachtnehmer festgelegte Einschränkungen der Vollmacht auch für den Umfang der Vertretungsmacht nach außen von Bedeutung sind (BGH SFH Z 3.01 Bl. 236 = BB 1963, 111, und Bl. 376). Zur Architektenvollmacht vgl. auch Meissner BauR 1987, 497, 502 ff.

32 Grundsätzlich ist der **Umfang einer Architektenvollmacht** mit Rücksicht auf die wohlberechtigten Interessen des Auftraggebers **eng auszulegen** (ebenso Glanzmann RGRK § 631 Rdn. 143; Jagenburg BauR 1978, 180, 181 ff.; Locher, Das private Baurecht, Rdn. 320 ff.; Soergel, VDI-Berichte Nr. 458, 1982, S. 1 ff.; Werner/Pastor Rdn. 763 ff.; vgl. dazu auch Schmalzl MDR 1977, 622). Man wird vor allem den Architekten nicht als **stillschweigend i. S. einer Mindestvollmacht** bevollmächtigt ansehen können, namens und im Auftrage eines Bauherrn Aufträge zu erteilen, die im Bereich des § 15 Abs. 2 Nr. 7 HOAI liegen, oder/und

zusätzliche Aufträge zu vergeben, die zu einer fühlbaren Preiserhöhung führen, was auch für den bisherigen Vertragsinhalt abändernde Leistungen gilt (vgl. OLG Düsseldorf VersR 1982, 1147), gleichgültig, ob solche Zusätze oder Änderungen aus zwingenden technischen Gründen geboten sind oder nicht. Vor allem reicht auch eine einem Architekten erteilte Vollmacht sicher **nicht so weit, eigene Planungsfehler und deren Auswirkungen oder überhaupt Mängel durch den Auftragnehmer auf Kosten des Auftraggebers beseitigen** zu lassen. Das gilt besonders auch dann, wenn der Auftragnehmer seine ihm im Einzelfall obliegende Prüfungs- und Hinweispflicht nach Teil B § 4 Nr. 3 verletzt hat (ähnlich v. Craushaar BauR 1982, 421). Ausnahmsweise trifft dies nicht zu, wenn die Vergabe von Leistungen zur dringenden – unaufschiebbaren – Abwendung einer Gefahr im wohlberechtigten Interesse des Auftraggebers zwingend nötig ist (vgl. v. Craushaar a. a. O.). Über etwaige weitere Ausnahmen vgl. Rdn. 41 ff.

Auch reicht die allgemeingehaltene Klausel in einem Architektenvertrag, der Architekt sei unmittelbarer Vertreter des Bauherrn gegenüber den Handwerkern oder „Die Vertretung des Bauherrn gegenüber dem Auftragnehmer obliegt der Bauleitung" nicht aus, bei einem Pauschalvertrag die Befugnis des Architekten zu entnehmen, Zusatzaufträge, die sich nicht im wesentlichen in den Grenzen des Pauschalvertrages halten und den Werklohn des Auftragnehmers fast verdoppeln würden, zu erteilen (BGH BauR 1975, 358 = BB 1975, 990 = SFH Z 3.002 Bl. 5 = Betrieb 1975, 1741 = MDR 1975, 834 = BlGBW 1975, 237 = LM § 164 BGB Nr. 39). Die Bestimmung in einem Architektenvertrag, daß die Bauleistungen durch den Architekten im Namen und Auftrag des Auftraggebers vergeben werden, daß – aber – die Wahl der Unternehmer für die Ausführung des Bauwerks und die Entscheidung über die Vergabe vom Auftraggeber und dem Architekten gemeinsam getroffen werden bzw. der Architekt vor der Vergabe die Zustimmung des Auftraggebers einzuholen habe, stellt sich als eine auch nach außen wirksame Einschränkung der Vollmacht des Architekten dar (BGH SFH Z 3.01 Bl. 237 f. = ZMR 1963, 109; BGH SFH Z 3.01 Bl. 376; BGH SFH Z 2.51 Bl. 7 = BGHZ 60, 255 = NJW 1973, 757 = MDR 1973, 485; OLG Köln NJW 1973, 1798; OLG Stuttgart BauR 1974, 423). Eine Vollmacht des Architekten zur Vergabe von Bauleistungen für den Auftraggeber liegt nicht schon in der Bestimmung des Leistungsverzeichnisses, daß die Pläne des Architekten Grundlage des Vertrages sein sollen (OLG Stuttgart a. a. O.). Andererseits reicht eine lediglich vom Architekten intern dem Bauherrn abgegebene Höchstpreisgarantie oder die Tatsache, daß der Bauherr nur aus steuerlichen Gründen als solcher auftritt, nicht aus, um eine umfassend erteilte Vollmacht einzuschränken (OLG Düsseldorf BauR 1977, 218). Einschränkend auszulegen ist dagegen die Klausel: „Vertretung der Vertragsparteien: Bevollmächtigter Vertreter des Bauherrn ist der mit der Oberleitung oder Bauführung beauftragte Architekt; er nimmt das Hausrecht an der Baustelle wahr. An ihn hat sich der Bieter bzw. Auftragnehmer zu wenden und Anfragen, Angebote, Schriftstücke, Rechnungen ihm zuzuleiten. Er ist umgehend zu verständigen über Korrespondenz und Verhandlungen zwischen Bauherr und Auftragnehmer. Als Vertreter des Auftragnehmers gilt stets sein Bauleiter oder Polier." Die bloße Benennung des Architekten als Bevollmächtigten des Bauherrn besagt nur etwas über die Bevollmächtigung, nichts dagegen über deren Umfang. Gerade die gebotene enge Auslegung verlangt auch bei einer solchen – hinsichtlich des Umfanges der Bevollmächtigung reichlich unklaren – Klausel eine weitestgehende Beschränkung der Befugnisse des Architekten. Aus den in der genannten Klausel angeführten Befugnissen des Architekten (Hausrecht, Anfragen, Angebote, Schriftstücke, Rechnungen, Unterrichtungsrecht über Verhandlungen zwischen Auftraggeber und Auftragnehmer) ergibt sich, daß dem Architekten keine Befugnisse zum Handeln als Vertreter des Auftraggebers eingeräumt sind, die wesentliche Rechte und Pflichten aus dem Bauvertrag betreffen, wie z. B. Auftragserteilung an Unternehmer einschließlich veränderter oder nachträglicher Aufträge, wesentliche Abreden über den Preis oder dessen Änderung, Verlängerung der Bauzeit, einschränkende Absprachen über Gewährleistungsansprüche usw. Vertragsänderungen, die dem Auftraggeber wesentliche Pflichten auferlegen, werden durch eine solche Klausel nicht gedeckt (dazu zutreffend BGH BauR 1978, 139 = SFH § 164 BGB Nr. 1 = NJW 1978, 995 = MDR 1978, 655 = LM § 164 BGB Nr. 41 = WM 1978, 218 = Betrieb 1978, 1028 = BB 1978, 684).

Denkbar sind andererseits Fälle, in denen ein Architekt vom Bauherrn Vollmacht hat, in seinem Namen Aufträge zu vergeben, dies auch geschieht, darüber hinaus aber der Architekt im Vertrag mit dem Bauherrn derart weitgehende Befugnisse zum Handeln eingeräumt erhalten hat, daß er nach außen als der wirkliche Bauherr gilt und der Auftragnehmer hieran ein erkennbares eigenes Interesse hat. Dann kann der Auftragnehmer den Architekten unmittelbar – evtl. neben dem Bauherrn – in Anspruch nehmen (OLG Köln SFH Z 7.0 Bl. 12; vgl. auch Rdn. 41 ff.).

35 Über die **Bevollmächtigung des Baubetreuers** im engeren Sinne siehe Anh. Rdn. 260 f. Allgemeine Geschäftsbedingungen eines sogenannten Festpreisvertrages mit einem **Bauträger** sind nach § 9 Abs. 2 Nr. 2 AGB-Gesetz unwirksam, wenn der Bauträger bevollmächtigt wird, namens des Bauherrn unbeschränkt Verträge mit Handwerkern zu schließen (OLG Nürnberg NJW 1982, 2326 = MDR 1982, 939 und BB 1983, 2015; vgl. dagegen OLG Karlsruhe MDR 1984, 142 sowie OLG München BauR 1984, 293 = BB 1983, 2015 = ZIP 1983, 960).

36 Die Bevollmächtigung und deren Umfang ist von **demjenigen darzulegen und zu beweisen, der daraus für sich Rechte herleitet** (Schmalzl MDR 1977, 622, 623 m. w. N.).

37 Ob der Vertreter nicht im eigenen Namen handeln wollte, ist für die Frage der Bevollmächtigung ohne Belang (BGHZ 36, 30 = SFH Z 2.212 Bl. 7 = NJW 1961, 2251 = BB 1961, 1215). Auch ist es für das Zustandekommen des Vertrages unerheblich, ob der Vertretene mit Namen benannt worden ist (BGH LM § 164 BGB Nr. 10; BGH SFH Z 2.13 Bl. 30 ff.). **Jedoch:** Ein Architekt, der namens des Bauherrn Bauhandwerker mit der Vornahme von Bauarbeiten beauftragt, ist nicht nur verpflichtet, das **Handeln in fremdem Namen als solches erkennbar zu machen,** sondern er muß darüber hinaus den Handwerkern auch offenbaren, für wen er handelt, und er muß deshalb den Namen des oder der von ihm Vertretenen nennen, wenn er danach gefragt wird; weigert er sich, dieses zu tun, so haftet er nach § 179 BGB selbst auf Erfüllung oder Schadensersatz (OLG Düsseldorf MDR 1974, 843). Zu § 179 BGB siehe Rdn. 47 ff.

38 Eine Vollmacht kann vom Vollmachtgeber **jederzeit widerrufen** werden. Ein Verzicht auf das Widerrufsrecht ist nicht möglich, wenn der dem Bevollmächtigten erteilte Auftrag nur den Interessen des Auftraggebers dient (BGH, Urt. vom 13. 5. 1971 – VII ZR 310/69), was grundsätzlich auf das Vollmachtsverhältnis des Auftraggebers zu seinem Architekten zutrifft.

39 Über Prinzipien des Vertretungsrechts beachtlich Lüderitz JuS 1976, 765.

40 Von einem Bevollmächtigten ist der Erfüllungsgehilfe (§ 278 BGB) zu unterscheiden. Ein Bauführer, den der Architekt bestellt hat, ist z. B. nicht dessen Erfüllungsgehilfe i. S. des § 278 BGB, wenn er unter Überschreitung seiner Befugnisse mit einem Handwerker einen vergütungspflichtigen, nicht unbedeutenden Bauvertrag schließt, durch den Mängel an der Leistung dieses Handwerkers beseitigt werden sollen (BGH SFH Z 3.01 Bl. 242 = NJW 1963, 2166 = BB 1963, 1193).

2. Anscheinsvollmacht

41 Anscheinsvollmacht kommt in Betracht, wenn jemand als Vertreter für einen anderen gehandelt hat, ohne hierzu wirklich bevollmächtigt zu sein. Dann **kann** es nach den Umständen des Falles **geboten sein, den Vertretenen wegen eines von ihm gesetzten Rechtsscheins so zu behandeln, als habe er den ihn Vertretenden tatsächlich bevollmächtigt;** dabei geht es um die Feststellung eines individuellen Willensentschlusses, der gemeinhin nicht aus typischen Geschehensabläufen, sondern regelmäßig nur aus den besonderen Umständen des Einzelfalles gefolgert werden kann (vgl. BGH BauR 1980, 84 = SFH § 19 GOA Nr. 1 = NJW 1980, 122 = BB 1979, 1793 = MDR 1980, 223 = ZfBR 1980, 24 m. w. N.). Der Schutz des auf den Rechtsschein vertrauenden Vertragspartners (hier Auftragnehmers) beruht auf dem Erfordernis, daß im Rechtsverkehr **Treu und Glauben** maßgebend sein müssen (BGHZ 5, 111, 166; BGH LM Nr. 4, 8, 10, 13 zu § 167 BGB; OLG Stuttgart NJW 1966, 1461 sowie BauR 1974, 423; OLG Köln NJW 1973, 1798; vgl. dazu in rechtstheoretischer Hinsicht Peters AcP 1979, Bd. 179, 214). Dazu gehört nach der Rechtsprechung **zweierlei: Einmal** ist erforderlich, **daß der Vertretene** bei Anwendung pflichtgemäßer Sorgfalt das **Handeln des vollmachtslosen**

Vertreters hätte erkennen müssen und verhindern können (BGH WM 1976, 507). **Zum anderen muß der Geschäftsgegner** aufgrund des Verhaltens des Vertretenen **mit Recht darauf vertraut haben, daß dieser das Verhalten des Vertreters kenne und damit einverstanden sei** (u. a. BGH LM Nr. 9 zu § 164 BGB, Nr. 4, 8, 10, 13 zu § 167 BGB sowie NJW 1952, 657; 1956, 1673 und WM 1957, 926; vgl. auch Schmalzl MDR 1977, 622, 624 f. m. w. N.). Hat sich z. B. in einem bestimmten Personenkreis die Überzeugung gebildet, ein ständig für einen anderen auftretender Vertreter sei ein für allemal bevollmächtigt, Verträge gewisser Art für den Vertretenen abzuschließen, so kann nach Treu und Glauben das Vorliegen eines Rechtsscheines auch dann angenommen werden, wenn der Geschäftspartner eines solchen Vertrages, der in den betreffenden Geschäftskreis fällt, im Einzelfalle die besonderen Tatsachen, aus denen dieser Rechtsschein herzuleiten ist, nicht kennt, ihm aber von Mitgliedern des Personenkreises, in dem die Tatsachen bekannt waren, die allgemein bestehende Überzeugung von der Bevollmächtigung mitgeteilt worden war (BGH NJW 1962, 1003). Eine **Haftung** kraft Anscheinsvollmacht kann **aber nur unter der weiteren Voraussetzung** in Betracht kommen, daß der Rechtsschein der Vollmacht für die Entschließung des Geschäftsgegners zum Abschluß des Geschäftes – hier des Auftragnehmers oder des Auftraggebers für den Abschluß des Bauvertrages – **ursächlich** gewesen ist (vgl. BGH WM 1957, 926, 927; BGH MDR 1963, 125 = SFH Z 2.224 Bl. 18 ff.; OLG München OLGZ 69, 414, 416; OLG Stuttgart BauR 1974, 423). Zur Anscheinsvollmacht vgl. außerdem BGH NJW 1961, 2251 m. w. N.; besonders auch v. Craushaar AcP 1974, Bd. 174, 2 sowie ders. BauR 1982, 421; ferner Herrmann NJW 1984, 471.

Über die Anscheinsvollmacht durch Auftragsvergabe eines **unbefugten Architekten** für den Auftraggeber vgl. BGH WM 1957, 926. **Allgemein** wird man bei der **Tätigkeit eines Architekten** für den Auftraggeber sagen können: Wesentlich ist für die Anscheinsvollmacht die **Anpassung an die im Bauwesen herrschende Verkehrssitte.** Nach der zu billigenden Ansicht des OLG Stuttgart (NJW 1966, 1461 = SFH Z 2.13 Bl. 21 ff.) wird grundsätzlich vom Bauherrn **nur** der Anschein geweckt, der Architekt sei bevollmächtigt, **einzelne** im Rahmen des Bauvorhabens liegende Aufträge zu vergeben (so auch BGH BB 1963, 111 = SFH Z 3.01 Bl. 236; BGH BauR 1975, 358 = MDR 1975, 834; BGH SFH Z 9.2 Bl. 60; OLG Hamm MDR 1975, 448). Das gilt auch für **Zusatz- und Ergänzungsaufträge** (z. B. nach Teil B § 2 Nr. 5 und 6), allerdings mit der **Einschränkung,** daß es sich – gemessen am Gesamtauftragsinhalt – um **wirtschaftlich für den Auftraggeber nicht bedeutsame Leistungsteile** handelt (insofern zu weitgehend und daher nicht zu billigen OLG Koblenz SFH Z 3.002 Bl. 2). Bei **kleineren Aufträgen,** bei denen es **üblich** ist, alle Absprachen zwischen dem Auftragnehmer und dem Architekten mündlich, ohne Mitwirkung des Auftraggebers und ohne förmliche Ausschreibungen (z. B. Stundenlohnarbeiten ganz geringer Bedeutung) zu treffen, begründet die Bestellung des Architekten aus sich heraus den **Rechtsschein der Vollmacht, diese Arbeiten** namens des Auftraggebers **vergeben zu können** (BGH BauR 1978, 314 = SFH § 16 Ziff. 2 VOB/B Nr. 5 = NJW 1978, 1631 = BB 1978, 1430 = Betrieb 1978, 1495 = WM 1978, 823, 825; OLG Stuttgart MDR 1982, 1016; OLG Köln BauR 1986, 443 = SFH § 173 BGB Nr. 1 mit Anm. Hochstein; ders. EWiR § 170 BGB 1/85, 351, der sich zutreffend gegen die in dieser Entscheidung angeführten Begriffe „originäre Vollmacht" bzw. „Mindestvollmacht" wendet, da es sich auch in diesem Bereich um eine in Wirklichkeit nicht erteilte, also eine Anscheinsvollmacht handelt; vgl. auch Schmalzl MDR 1977, 622, 624 f.; Jagenburg BauR 1978, 180, 181 ff.; insofern zu eng Werner/Pastor Rdn. 777). Immerhin kommt es auch hier auf die Umstände des Einzelfalles an (zutreffend Anm. Hochstein. a. a. O.). So dürften kleinere Mängelbeseitigungsleistungen, die dem Auftragnehmer aus dem Bereich anderer Auftragnehmer vom Architekten in Auftrag gegeben werden, den Rechtsschein der Vollmacht rechtfertigen; auch dann, wenn im Architektenvertrag die Vollmacht auf Aufträge bei Gefahr im Verzuge beschränkt, dies jedoch dem Auftragnehmer nicht bekanntgegeben worden ist (OLG Köln a. a. O.). Was aber **über diesem Rahmen** liegt, begründet nur in Ausnahmefällen den Rechtsschein der Vollmacht des Architekten. So kann von einem Anschein der Vollmacht des

Architekten auch dann nicht mehr gesprochen werden, wenn es sich um kleinere Aufträge handelt, jedoch der Auftragnehmer davon ausgeht oder nach den Umständen des Einzelfalles davon ausgehen muß, daß es sich nach Ansicht des Auftraggebers um vom Auftragnehmer geschuldete kostenlose Mängelbeseitigungsmaßnahmen handelt (AG Marbach MDR 1986, 671). Daß ein Architekt von einem Auftraggeber bestellt worden ist und für diesen auftritt, schafft **somit ohne Hinzutreten weiterer, dafür sprechender Umstände noch keinen Rechtsschein** für seine unumschränkte Vollmacht zur Vergabe von Bauleistungen, auf den der Auftragnehmer vertrauen darf (BGH BB 1963, 111 = SFH Z 3.01 Bl. 236; BGH NJW 1960, 859 = SFH Z 2.330 Bl. 6 = BB 1960, 345; OLG Nürnberg SFH Z 2.212 Bl. 11; OLG Stuttgart NJW 1966, 1461 und BauR 1974, 423; OLG Hamm MDR 1975, 488; LG Köln SFH Z 3.002 Bl. 7). So ist z. B. im Sinne eines hinzutretenden weiteren Umstandes eine Anscheinsvollmacht anzunehmen, wenn der Architekt bei den Vertragsverhandlungen ständig für den Auftraggeber auftritt, entscheidende Preisverhandlungen führt, dem Auftragnehmer den vom Auftraggeber schon unterzeichneten Bauvertrag mit der Bitte um Rücksendung an ihn – den Architekten – übermittelt und in einem gesonderten Schreiben an den Auftragnehmer ausdrücklich „die Glasmaße in einem Zusatz zum Glaserauftrag als verbindlich" bezeichnet, ferner die Leistung widerspruchslos entgegengenommen wird (BGH BauR 1983, 165 = NJW 1983, 816 = Betrieb 1983, 653 = SFH § 16 Nr. 3 VOB/B Nr. 26 = ZfBR 1983, 83). Schweigt der Auftraggeber zum Hinweis des Auftragnehmers auf eine notwendige Erhöhung der Bausumme, so kann sich daraus eine Anscheinsvollmacht des Architekten für Nachtragsaufträge ergeben (BGH SFH Z 2.310 Bl. 4).

43 In keinem Fall gilt der Anschein der Vollmacht zur **Weitervergabe** von Arbeiten, soweit es die vom Architekten **selbst** zu erbringenden Leistungen betrifft (BGH SFH Z 3.01 Bl. 236 = BB 1963, 111 = ZMR 1963, 109; BGH NJW 1978, 995 = SFH § 164 BGB Nr. 1 = BB 1978, 684 = Betrieb 1978, 1028 = BauR 1978, 139; OLG München OLGZ 69, 414; vgl. dazu auch BGH SFH Z 3.01 Bl. 376 f.), es sei denn, es handelt sich um für den Rahmen der Planung **technisch unumgänglich notwendige Sonderleistungen,** wie Statiker- und sonstige Ingenieurleistungen, die der **Architekt selbst nicht zu erbringen vermag und dies dem Auftraggeber bekannt oder jedenfalls zweifelsfrei erkennbar ist** (vgl. OLG Koblenz SFH Z 3.002 Bl. 2; OLG Düsseldorf SFH Z 2.410 Bl. 47); anders im letzteren Fall wiederum dann, wenn die Vollmacht des Architekten hinreichend deutlich auf die Vergabe „reiner" Bauleistungen beschränkt ist, wie z. B. bei der bloßen Vertragsklausel, daß der Architekt „im Namen und in Vollmacht des Auftraggebers die Bauleistungen nach den Bestimmungen der VOB zu vergeben" habe (BGH SFH Z 3.01 Bl. 376; vgl. dazu auch Schmalzl MDR 1977, 622, 624 sowie Jagenburg BauR 1978, 180, 183 f.). Eine Anscheinsvollmacht des Architekten – wie eine Vollmachtserteilung überhaupt – kann auch nicht schon daraus hergeleitet werden, daß im Architektenvertrag festgelegt ist, für die Vergabe von Bauleistungen bedürfe es der gemeinsamen Entscheidung von Auftraggeber und Architekt; diese Regelung bindet nämlich den Architekten nicht nur im Innenverhältnis zum Auftraggeber, sondern beschränkt auch seine Vollmacht für das Außenverhältnis (vgl. BGH SFH Z 3.01 Bl. 276 und SFH Z 2.51 Bl. 7 = BGHZ 60, 255 = NJW 1973, 757 = MDR 1973, 485). Der gegenteiligen Ansicht des OLG Köln (NJW 1973, 1798) kann vor allem auch aus Gründen der ablehnenden Anmerkung von Picker (a. a. O., 1800) nicht gefolgt werden.

44 Zu der von einer Wohnungsbaugesellschaft gesetzten Anscheinsvollmacht LG Köln SFH Z 2.13 Bl. 17 f. Zur Frage, ob eine öffentlich-rechtliche Körperschaft gegen Treu und Glauben verstößt, wenn sie sich auf die fehlende Vertretungsmacht eines ihrer Organe beruft, sowie zur eventuellen Verpflichtung des Bauherrn, dem vertragslosen Unternehmer Aufwendungsersatz aus Geschäftsführung ohne Auftrag zu leisten, BGH NJW 1972, 940. Zur Rechtsscheinhaftung einer **Kommanditgesellschaft, deren alleinige persönlich haftende Gesellschafterin eine GmbH** ist und den Zusatz „GmbH u. Co." oder eine ähnliche die Haftungsverhältnisse offenbarende Bezeichnung nicht trägt, vgl. BGHZ 62, 216, 226 = BB 1974, 757; BGHZ 65, 103, 105 = BB 1975, 1547; BGH BB 1976, 1479 = WM 1976, 1084; BGH BB 1975,

621 = WM 1977, 1405. Diese Haftung gilt jedenfalls für Vertragsabschlüsse ab Anfang 1975 (vgl. BGH BB 1978, 1182, dort für einen Vertragsabschluß im März 1975).

Da sich im Falle des Vorliegens einer Anscheinsvollmacht der Vertretene so behandeln lassen muß, als habe er den Vertreter rechtswirksam bevollmächtigt, **scheidet ein Anspruch des Auftragnehmers gegen den Vertreter gemäß § 179 BGB aus**; etwas anderes ist es, daß der aus § 179 Abs. 1 BGB in Anspruch genommene Vertreter die Umstände darzulegen und zu beweisen hat, daß der Vertretene kraft Anscheins haftet (BGHZ 86, 273 = BauR 1983, 253 = NJW 1983, 1308 = SFH § 179 BGB Nr. 2 = Betrieb 1983, 932 = BB 1983, 666 = ZIP 1983, 461 = JZ 1983, 389 = MDR 1983, 479 = LM § 179 BGB Nr. 14 = ZfBR 1983, 120; dazu beachtlich Herrmann NJW 1984, 471). Daher kann Crezelius (ZIP 1984, 791), der hier – wahlweise – auch § 179 BGB anwenden will, nicht gefolgt werden, weil dies eine unzulässige Vermengung rechtlich klar unterscheidbarer, auf verschiedenen Grundlagen beruhender und gegen verschiedene Personen gerichteter Ansprüche ist. Vgl. auch Rdn. 47 ff.

3. Duldungsvollmacht

Neben der Anscheinsvollmacht kommt auch die sogenannte **Duldungsvollmacht** in Betracht. Kraft Duldungsvollmacht haftet, wer das **Handeln eines anderen, nicht zu seiner Vertretung Befugten kennt und es trotz zumutbarer Sorgfalt duldet**, falls der Geschäftsgegner – der Auftragnehmer – **diese Duldung dahin wertet und nach Treu und Glauben auch dahin werten darf, daß der Handelnde Vollmacht habe** (Palandt/Heinrichs § 173 Anm. 4 b; vgl. u. a. auch Schmalzl MDR 1977, 622, 625). Die Duldungsvollmacht setzt die positive Kenntnis des Vertretenen voraus, daß der vollmachtslose Vertreter beim Vertragsabschluß wie sein Vertreter auftrat und der Vertretene ein solches Auftreten geduldet hat (BGH WM 1976, 507). Eine Duldungsvollmacht kann z. B. darin liegen, daß der Auftraggeber eine Reihe von auf seinen Namen ausgestellten Abschlagsrechnungen bezahlt (vgl. dazu OLG Köln MDR 1970, 840). Dagegen ist eine Duldungsvollmacht nicht schon darin zu sehen, daß das Bauschild den Architekten als mit „Planung und Bauleitung" beauftragt ausweist, auch dann nicht, wenn dieser Architekt in Wirklichkeit als Generalunternehmer tätig ist (vgl. BGH WM 1957, 926 = SFH Z 2.222 Bl. 1). Zur Frage, ob und unter welchen Voraussetzungen der Geschäftsinhaber durch den von einem Angestellten abgeschlossenen Vertrag verpflichtet wird, wenn dieser nur zu vorbereitenden Verhandlungen bevollmächtigt war, BGH MDR 1964, 913.

4. Folgen vollmachtslosen Handelns des Vertreters

Bei **vollmachtslosem Handeln des Vertreters gilt** zu dessen Lasten **§ 179 BGB** (vgl. dazu auch Schmalzl MDR 1977, 622, 625; kritisch Hilger NJW 1986, 2237). Die Haftung aus § 179 BGB ist **kein Spezialfall des Verschuldens bei Vertragsverhandlungen und verdrängt diesen Haftungsgrund nicht** (vgl. OLG Köln JMBl. NJW 1971, 270; zur Haftung des Vertreters aus culpa in contrahendo vgl. Einl. Rdn. 58 ff.).

Eine Haftung des vollmachtslosen Vertreters (Architekten) nach § 179 BGB entfällt aber bereits dann, **wenn er nachweisen kann,** daß der Auftragnehmer den Auftraggeber mit Erfolg aufgrund der Regeln der Duldungs- oder Anscheinsvollmacht in Anspruch nehmen könnte (BGHZ 86, 273 = BauR 1983, 253 = NJW 1983, 1308 = SFH § 179 BGB Nr. 2 = Betrieb 1983, 932 = BB 1983, 666 = ZIP 1983, 461 = JZ 1983, 389 = MDR 1983, 479 = LM § 179 BGB Nr. 14 = ZfBR 1983, 120 m. w. N.; dazu beachtlich Herrmann NJW 1984, 471; schon früher OLG Hamm BauR 1971, 138). Zu erwähnen ist hier auch, daß § 12 GewO ein Schutzgesetz i. S. des § 823 Abs. 2 BGB ist (BGH VersR 1973, 921). Andererseits kommt neben oder anstelle eines Anspruches gegen den vollmachtslosen Vertreter aus § 179 BGB

B § 2, Rdn. 49-52

nicht auch ein solcher aus § 812 BGB in Betracht, weil § 179 BGB **insoweit** Spezialvorschrift ist (vgl. OLG Hamburg VersR 1979, 834).

49 Nach § 179 Abs. 1 BGB haftet der Architekt auf Erfüllung oder auf Ersatz des Erfüllungsinteresses, wenn er den Mangel der Vollmacht kannte. Gemäß § 179 Abs. 2 BGB haftet er auf Ersatz des Vertrauensinteresses, wenn er den Mangel der Vollmacht nicht kannte. Ist der Auftraggeber aus culpa in contrahendo oder positiver Vertragsverletzung in Verbindung mit § 278 BGB verantwortlich (vgl. dazu Rdn. 53 ff.), haftet er mit dem Architekten als Gesamtschuldner. Nach § 179 Abs. 3 BGB entfällt ein Anspruch des Auftragnehmers, wenn er den Mangel der Vollmacht einerseits kannte oder kennen mußte sowie unter den Voraussetzungen des Satzes 2 a. a. O. An das Kennenmüssen des Auftragnehmers sind dabei geringe Anforderungen zu stellen (vgl. v. Craushaar BauR 1982, 421). Ein solches liegt jedenfalls dann vor, wenn der Hauptauftrag vom Bauherrn selbst erteilt und in den Vertragsbedingungen ausdrücklich festgelegt worden ist, daß Nachtrags- und Zusatzleistungen nur schriftlich durch den Bauherrn selbst erteilt werden können (OLG Düsseldorf BauR 1985, 339 = SFH § 16 Nr. 3 VOB/B Nr. 32).

50 § 179 Abs. 1 BGB kommt entsprechend zur Anwendung, wenn der Vertretene nicht existiert. Schließt z. B. der Initiator eines im Bauherrenmodell zu errichtenden Bauvorhabens Verträge „namens und im Auftrag der Bauherrengemeinschaft, vertreten durch Herrn...", und besteht eine solche Bauherrengemeinschaft nicht und wird sie auch später nicht gebildet, dann haftet der als „Vertreter" auftretende Initiator jedenfalls nach § 179 Abs. 1 BGB (OLG Köln NJW-RR 1987, 1375 m. w. N.). In einem solchen Fall kann sich der Initiator nicht darauf berufen, der Geschäftsgegner habe gewußt, daß der Vertreter für eine nicht existierende Partei den Vertrag schließt, da § 179 Abs. 3 BGB unanwendbar ist; hier hat derjenige, der mit dem „Vertreter" auf einer nicht existierenden Partei einen Vertrag schließt, nicht die Möglichkeit, den Vertretenen nach § 177 Abs. 2 BGB zur Erklärung über die Genehmigung des Geschäftes aufzufordern; ihm ist auch die Möglichkeit verwehrt, das Geschäft zu widerrufen, da er Kenntnis von der fehlenden Vertretungsmacht hatte (OLG Köln, a. a. O.). Im Ergebnis ebenso OLG Frankfurt MDR 1984, 490 = BB 1984, 692; OLG Hamm MDR 1987, 406.

51 Wird ein vollmachtloser Vertreter an sich zu Recht auf Erfüllung in Anspruch genommen, so stehen ihm alle Rechte aus dem Vertrag zu. **Ansprüche aus § 179 BGB** gegen den vollmachtlosen Vertreter **verjähren in der Frist, die für den Erfüllungsanspruch aus dem Vertrag gegolten hätte,** der mangels Vollmacht des Vertreters und Genehmigung durch den Vertretenen nicht wirksam geworden ist; also sind hier die für den Vergütungsanspruch des Auftragnehmers maßgebenden Fristen des § 196 Abs. 1 Nr. 1 BGB – ausnahmsweise des § 196 Abs. 2 BGB – maßgebend; die **Verjährungsfrist beginnt mit der Weigerung des Vertretenen, den Vertrag zu genehmigen** (BGHZ 73, 266 = BauR 1979, 242 = NJW 1979, 1161 = BB 1979, 493 = MDR 1979, 571 = JZ 1979, 307 = LM § 179 BGB Nr. 12 = SFH § 179 BGB Nr. 1 = ZfBR 1979, 103 = Betrieb 1979, 1741 zugleich in Abweichung von RGZ 145, 40; Anm. Roll JR 1979, 412). Auch kann der vollmachtlose Vertreter ein sich aus dem Vertrag oder dem Gesetz ergebendes Leistungsverweigerungsrecht, z. B. wegen vorhandener Mängel, geltend machen; ebenso steht ihm u. U. die Einrede der vorbehaltlosen Annahme der Schlußzahlung zu (OLG Düsseldorf BauR 1985, 339 = SFH § 16 Nr. 3 VOB/B Nr. 32).

52 Handelt der **Architekt** bei Abschluß von Bauverträgen als **vollmachtloser Vertreter** des Auftraggebers und wird er deswegen selbst von dem Auftragnehmer auf Erfüllung in Anspruch genommen (§ 179 Abs. 1 BGB), so greift der in § 4 I 6 Abs. 3 AHB bestimmte Risikoausschluß nach Ansicht des BGH nicht ein, weil der Haftpflichtanspruch keinen vom Architekten persönlich übernommenen Vertragspflichten entspringt (BGH NJW 1971, 429 = MDR 1971, 202 = BB 1971, 241 = LM § 1 HaftpflichtVB Nr. 6 = VersR 1971, 144 = BlGBW 1971, 210). Dem kann jedoch aus den zutreffenden Gründen der Anmerkung von Prölss (VersR 1971, 538) nicht gefolgt werden.

5. Trotzdem gegebene Haftung des Auftraggebers bzw. Grundstückseigentümers

Eine solche kann vorliegen, wenn der Auftraggeber dem Auftragnehmer für die **schuldhafte Vollmachtsüberschreitung** des Architekten aus **positiver Vertragsverletzung oder aus culpa in contrahendo in Verbindung mit § 278 BGB** verantwortlich ist. Das kann z. B. der Fall sein bei der Anordnung oder der Vergabe von Zusatzaufträgen, die im Bereich wahrscheinlicher Vollmacht liegen, bei denen deshalb und wegen der beim betreffenden Bau bestehenden besonderen Verhältnisse keine Vergewisserung des Auftragnehmers über eine – tatsächlich – bestehende Vollmacht erwartet werden kann. Anders im Hinblick auf § 179 Abs. 3 BGB dann, wenn den Auftragnehmer deshalb ein Mitverschulden trifft, weil er den Mangel der Vollmacht kennt oder fahrlässig nicht kennt. Ferner ist der Auftraggeber verpflichtet, wenn er aufgrund eigenen Auswahl-, Überwachungs- und Instruktionsverschuldens im Hinblick auf den Architekten aus culpa in contrahendo verantwortlich ist. Dazu zutreffend v. Craushaar BauR 1982, 421.

Ausnahmsweise kann ein nach § 179 BGB haftender Architekt dem Auftraggeber gegenüber einen Erstattungsanspruch gemäß den §§ 677, 683 BGB aus **Geschäftsführung ohne Auftrag** haben, wenn er namens des Auftraggebers gehandelt hat, weil dieser für ihn unerreichbar und die betreffende Maßnahme unumgänglich jetzt notwendig war, um den vom Auftraggeber verlangten zügigen Baufortschritt nicht aufzuhalten oder um sonst im Einzelfall einem Abwarten gegenüber vorrangigen Interessen des Auftraggebers zu dienen (vgl. dazu BGH NJW 1951, 398 sowie näher und mit tiefgreifender Untersuchung Beigel BauR 1985, 40).

Außerdem: Die **Haftung des vollmachtlosen Vertreters schließt nicht** einen **Bereicherungsanspruch** des Auftragnehmers **gegen** den **Grundstückseigentümer aus,** der durch die erbrachte Bauleistung einen Vermögenszuwachs erfahren hat (BGHZ 36, 30 = SFH Z 2.212 Bl. 7 = BB 1961, 1215 = NJW 1961, 2251), sofern dieser **nicht** mit dem angeblichen Auftraggeber identisch ist, da sonst bei gegebener Identität dem Anspruch des Auftragnehmers Teil B § 8 Nr. 1 entgegensteht (vgl. dazu unten Rdn. 351 ff.; insoweit zutreffend Beigel BauR 1985, 40), wobei sich eine etwa dennoch gegebene Vergütungspflicht auch hier nach den außerhalb des Bereicherungsrechts liegenden Voraussetzungen und Grundlagen gemäß Absatz 2 a. a. O. (vgl. dazu unten Rdn. 371 ff.) richtet. Im Falle der angeführten Nichtidentität kommen aber die Grundsätze der sogenannten **aufgedrängten Bereicherung** in Betracht: Weist der Eigentümer die Leistung zurück und stellt er sie dem Auftragnehmer zur Verfügung, so entfällt dieser Bereicherungsanspruch. Wird dagegen die Leistung nicht zurückgewiesen, so besteht der Bereicherungsausgleich in dem Betrag, welcher der insoweit angemessenen Vergütung entspricht (BGHZ 55, 128, 130 m. w. N.; OLG Hamm MDR 1975, 488). Anders OLG Stuttgart, das es auf die Steigerung des wirtschaftlichen Nutzungswertes – etwa des Mietwertes – abstellt (BauR 1972, 388). Hier ist dem BGH zu folgen, da die Bereicherung des Eigentümers in dem Betrag liegt, den er bei kraft wirksamen Vertrages erfolgter Erbringung der Leistung hätte aufwenden müssen. Ein solcher Bereicherungsanspruch verjährt allerdings nach § 196 Abs. 1 Nr. 1 BGB in zwei Jahren (BGH WM 1975, 433 = BB 1975, 940 = MDR 1975, 657). Da der Auftragnehmer bei der hier erörterten Fallgestaltung einerseits einen Anspruch aus § 179 BGB gegen den Architekten, andererseits einen solchen gegen den Grundstückseigentümer aus §§ 812, 951 BGB hat, ist die Frage, ob dann der Architekt und der Auftraggeber Gesamtschuldner gegenüber dem Auftragnehmer sind. Dies ist mit Beigel (BauR 1987, 626) wegen der unterschiedlichen Rechtsnatur dieser Ansprüche und ihres Umfanges zu verneinen. Jedoch verringert sich die Schuld des Architekten oder des Auftraggebers gegenüber dem Auftragnehmer um den jeweils von dem anderen gezahlten Betrag. Dabei steht dem Auftraggeber u. U. gegenüber dem Architekten ein Anspruch aus positiver Vertragsverletzung wegen Überschreitung seiner Vollmacht zu, falls der Verkehrswert der Leistung unter der dem Auftragnehmer vom Auftraggeber gezahlten Vergütung liegt. Umgekehrt kann der Architekt, falls dieser an den Auftragnehmer gezahlt hat, gegen den Bauherrn einen Ausgleichsanspruch aus Geschäftsführung ohne Auftrag oder aus ungerechtfertigter Bereicherung haben (zutreffend dazu Beigel a. a. O.).

III. Verjährung des Vergütungspruches

56 Der Anspruch auf Vergütung unterliegt nach §§ 194 ff. BGB der Verjährung, da die VOB hierüber keine besondere Regelung trifft. Zur Verjährung veränderter oder zusätzlicher Vergütungsansprüche vgl. auch Rdn. 186 ff. Eine Klausel in AGB, die eine Verkürzung der Verjährung des Vergütungsanspruches des Auftragnehmers enthält, verstößt angesichts der ohnehin für diesen Bereich maßgebenden kurzen gesetzlichen Fristen grundsätzlich gegen § 9 AGB-Gesetz. Erst recht gilt dies – vor allem auch unter Kaufleuten –, wenn es der Auftraggeber für seine eigenen Ansprüche bei den Verjährungsvorschriften bzw.-regelungen des BGB beläßt (OLG Düsseldorf BauR 1988, 222 = SFH § 9 AGBG Nr. 36 = NJW-RR 1988, 147 = SFH § 9 AGBG Nr. 36).

1. Grundsätzlich zweijährige Frist (§ 196 Abs. 1 Nr. 1 BGB)

57 Die **Verjährungsfrist** beträgt hier nach § 196 Abs. 1 Nr. 1 BGB (nicht nach § 196 Abs. 1 Nr. 7, vgl. RGZ 72, 179; 68, 75; 97, 125) **grundsätzlich 2 Jahre. Diese kurze Verjährungsfrist gilt für die Vergütungsansprüche von Bauunternehmern schlechthin.** In zwei Jahren verjähren also nicht nur Ansprüche von Bauunternehmern und Baugesellschaften als Auftragnehmer, soweit sie nach den Vorschriften des HGB als Kaufleute oder Handwerker – auch nach der Handwerksordnung – gelten. **Wesentlicher Blickpunkt ist die Art der Leistung.** Entscheidend ist somit die Frage, ob diese ganz oder jedenfalls wesentlich aus handwerklicher bzw. baugewerblicher oder bauindustrieller Arbeit herrührt. Das ist der Fall, wenn die Leistung im wesentlichen „handwerksmäßig bewirkt" wird, wie es in den §§ 2 und 3 der Handwerksordnung heißt. Mit Recht weist der BGH darauf hin, daß die Ansprüche eines Bauunternehmers auf Vergütung für seine Bauleistungen auch dann in zwei Jahren verjähren, wenn er weder Kaufmann im Sinne der §§ 1, 2 HGB ist noch selbst handwerksmäßig in seinem Betrieb mitarbeitet, sondern nur die Oberaufsicht über diesen ausübt (BGHZ 39, 255 = NJW 1963, 1398 = SFH Z 2.331 Bl. 22 ff.; mit Anm. Rietschel in LM § 196 BGB Nr. 10; dazu siehe auch BGH SFH Z 2.331 Bl. 43 sowie BGH NJW 1968, 547). Diese Entscheidungen sind für viele mittlere und größere Baubetriebe von erheblicher Bedeutung. Daraus folgt im übrigen auch, daß die jeweilige Art und Höhe des Vergütungsanspruches für die Beurteilung der Verjährungsfrage keine Rolle spielt.

58 Handelt es sich bei dem Auftragnehmer um einen **Generalunternehmer,** der im wesentlichen **Leistungen nicht selbst ausführt,** brauchen die vorgenannten Voraussetzungen nicht gegeben zu sein, um für seinen Vergütungsanspruch zu einer **zweijährigen Verjährungsfrist** zu gelangen. In diesem Falle handelt es sich um ein Vertragsverhältnis, das im **wesentlichen eine Geschäftsbesorgung,** die als eine selbständige Tätigkeit wirtschaftlicher Art zu verstehen ist, darstellt, so daß **§ 196 Abs. 1 Nr. 7 BGB anwendbar** ist (vgl. BGH, Urt. vom 31. 1. 1966 – VII ZR 103/64; BGH BauR 1979, 434 = NJW 1979, 1650 = SFH § 196 Abs. 1 Nr. 1 BGB Nr. 3 = BB 1979, 1065 = Betrieb 1979, 2368). Führt der Generalunternehmer selbst auch Bauleistungen am Objekt aus, kommt es für die Verjährung darauf an, welche Tätigkeit (die handwerkliche oder die generalunternehmerische) **überwiegt.** Im ersten Fall ist § 196 Abs. 1 Nr. 1 BGB, im zweiten Fall ist § 196 Abs. 1 Nr. 7 BGB maßgebend, ohne daß dies praktische Auswirkungen hätte.

59 Zur Verjährung von Vergütungsansprüchen des **Baubetreuers (Bauträgers)** vgl. Anh. Rdn. 240 ff.

2. Ausnahmsweise vierjährige Frist (§ 196 Abs. 2 BGB)

a) Die **Verjährungsfrist** beträgt nach § 196 Abs. 2 BGB **4 Jahre,** wenn die Bauleistung für den **Gewerbebetrieb des Auftraggebers** erbracht ist. Dafür ist der **Auftragnehmer grundsätzlich beweispflichtig.** Liegt allerdings die **Vermutung des § 344 Abs. 1 HGB** vor, wonach die von einem Kaufmann – hier Auftraggeber – vorgenommenen Rechtsgeschäfte im Zweifel als zum Betrieb seines Handelsgewerbes gehörend gelten, so kann der Auftragnehmer den **Beweis mit Hilfe dieser Vermutung** führen. Aber auch hier muß der Auftragnehmer jedenfalls beweisen, daß der Auftraggeber **Kaufmann** ist. Dann ist es Sache des **Auftraggebers, zu beweisen, daß** die erbrachte **Bauleistung nicht zum Betrieb seines Handelsgewerbes gehörte** (BGHZ 63, 32 = BauR 1974, 350 = NJW 1974, 1462 = BB 1974, 907 = LM § 196 BGB Nr. 27 Anm. Schmidt = WM 1974, 777 = Betrieb 1974, 1765 = MDR 1974, 927). Jedoch greift die Vermutung des § 344 Abs. 1 HGB nicht ein, wenn es den Umständen nach eindeutig ist, daß die betreffende Bauleistung nicht für den Gewerbebetrieb des Auftraggebers bestimmt war (vgl. RG WarnRspr. 1929 Nr. 38), wie z. B. bei der Errichtung eines privaten Wohnhauses für einen Fabrikanten außerhalb des Fabrikgeländes. Andererseits wirkt die Vermutung des § 344 Abs. 1 HGB auch dort, wo bestehende Beziehungen zum Gewerbebetrieb des Auftraggebers nicht offensichtlich sind, z. B. wenn ein Appartementhaus mit Gaststätte errichtet worden und der Auftraggeber Gastwirt ist (BGH a.a. O. m. w. N.). Im Ausgangspunkt richtig sagt das OLG Köln (MDR 1972, 865) dazu, daß bei der Beauftragung eines Auftragnehmers durch einen Gewerbetreibenden als Auftraggeber zunächst die widerlegbare Vermutung besteht, daß die Leistungen für dessen Gewerbebetrieb erfolgen sollen, wobei diese Vermutung durch die Umstände des Einzelfalles sofort widerlegt werden kann, nämlich im allgemeinen durch die nähere Kennzeichnung des Objekts und dessen Zweckbestimmung.

b) Unter einem Gewerbebetrieb i. S. des § 196 Abs. 1 Nr. 1 BGB ist jeder auf Erzielung **dauernder Einnahmen** (Gewinnerzielung) **gerichtete berufsmäßige Geschäftsbetrieb** zu verstehen, und zwar unabhängig davon, ob tatsächlich ein Gewinn erzielt wird.

(RG DR 1940, 161; RGZ 70, 150; RGZ 116, 227; RGZ 132, 367, 372; BGHZ 33, 321, 324 ff. = NJW 1961, 725 mit Anm. Hepp NJW 1961, 1204; BGHZ 36, 273, 276; BGHZ 49, 258, 260 = NJW 1968, 639; BGH NJW 1963, 1397; BGH NJW 1967, 2353; BGH NJW 1968, 1962 = MDR 1968, 917 = BB 1968, 1013 = Betrieb 1968, 1619 = GrundE 68, 798 = SFH Z 2.331 Bl. 69 ff. = LM VOB/B Nr. 32; BGHZ 53, 222 = MDR 1970, 500 = BauR 1970, 113 = NJW 1970, 938; BGH BauR 1973, 115 = BB 1973, 499 = WM 1973, 329 = SFH Z 2.331 Bl. 92; BGHZ 63, 32 = BauR 1974, 350 = NJW 1974, 1462 = BB 1974, 907 = LM § 196 BGB Nr. 27 Anm. Schmidt = WM 1974, 777 = Betrieb 1974, 1765 = MDR 1974, 927; BGHZ 74, 273 = BauR 1979, 434 = NJW 1979, 1650 = SFH § 196 Abs. 1 Nr. 1 BGB Nr. 3 = BB 1979, 1065 = Betrieb 1979, 2368 = MDR 1979, 836 = LM § 196 BGB Nr. 35 Anm. Girisch = BGHZ 83, 382 = BauR 1982, 377 = NJW 1982, W1815 = Betrieb 1982, 1927 = BB 1982, 1944 = SFH § 16 Nr. 3 VOB/B Nr. 21 = MDR 1982, 659 = ZfBR 1982, 154 = LM § 16 [C] VOB/B Nr. 10 Anm. Obenhaus; BGHZ 95, 155 = NJW 1985, 3063 = BB 1985, 1758 = MDR 1985, 932 = WM 1985, 1303 = LM § 196 BGB Nr. 55.)

Maßgebend ist die **berufsmäßige** – auch nebenberufliche, vgl. BGH BauR 1981, 390 = NJW 1981, 1665 = Betrieb 1981, 2071 = MDR 1981, 746 = SFH § 196 Abs. 1 Nr. 7 BGB Nr. 2 = LM § 196 BGB Nr. 42 = ZfBR 1981, 166 m. w. N. sowie Schmalzl NJW 1971, 2015, 2016 – **Bewirkung der Leistung,** nicht dagegen deren Umfang (BGH SFH Z 2.331 Bl. 67 f.). Insbesondere betreibt ein Gewerbe nur, wer die betreffende berufsmäßige Tätigkeit **dauernd** ausübt; diese Tätigkeit muß auf einen **wirtschaftlichen Zweck im weitesten Sinn** hinstreben, und sie darf nicht nur auf ein einzelnes Geschäft oder mehrere einzelne Geschäfte, sondern sie muß auf einen **fortlaufenden Kreis von Geschäften als Ganzes** gerichtet sein, so daß diese Geschäfte als dauernde und berufsmäßig fließende Einnahmequelle dienen sollen (BGHZ 33, 321, 324). Dabei stellt unter diesen Voraussetzungen auch schon das erste derartige Geschäft die Ausübung des Gewerbebetriebes dar (OLG Nürnberg BauR 1972, 317). Gewerbebetrieb in dem hier erörterten Sinne ist auch das dauernde Betreiben eines landwirtschaftlichen Betriebes. Ferner gehören zum Betrieb eines Handelsgewerbes im Sinne der §§ 344, 345 HGB nicht nur die für dieses Handelsgewerbe üblichen, dafür typischen Geschäfte, sondern auch alle Geschäfte, die sich unmittelbar auf das Handelsgewerbe beziehen, d. h. mit ihm in einem entfernten, lockeren Zusammenhang stehen (BGH NJW 1960, 1852, 1853). Dabei kann auch der Bau eines Hauses als Haupt- oder Hilfsgeschäft dem Handelsgewerbe zuzurechnen sein (BGHZ 63, 32 = BauR 1974, 350 = NJW 1974, 1462 = BB 1974, 907 = LM § 196 BGB Nr. 27 Anm. Schmidt = WM 1974, 777 = Betrieb 1974, 1765 = MDR 1974, 927). Geht ein Kaufmann mit einem Nichtkaufmann zur Bebauung und Vermietung eines ihnen gehörenden Grundstückes eine BGB-Gesellschaft ein, so findet auf diese Betätigung die Vermutung des § 344 HGB keine Anwendung (OLG Frankfurt Betrieb 1982, 895; vgl. auch RGZ 78, 275; anders wohl OLG Frankfurt NJW 1974, 1336). Steuerrechtliche Kriterien sind zur Abgrenzung von privater Vermögensverwaltung und Gewerbeausübung i. S. des § 196 Abs. 1 Nr. 1 BGB nicht geeignet (OLG Frankfurt in der zuerst genannten Entscheidung).

63 c) Für die Beurteilung der angeführten Voraussetzungen ist der **Zeitpunkt der Auftragserteilung und der Ausführung** ausschlaggebend; unbeachtlich ist es, ob die später vom Auftraggeber betriebenen Geschäfte tatsächlich gewerblicher Natur sind (vgl. OLG Köln MDR 1972, 865), vor allem ob die Leistung für einen erst einzurichtenden Gewerbebetrieb des Auftraggebers erfolgt (BGHZ 58, 251, 255 = MDR 1972, 595 = NJW 1972, 939 = BauR 1972, 245 = LM § 196 BGB Nr. 24 Anm. Rietschel; BauR 1973, 115 = SFH Z 2.331 Bl. 92; BGHZ 63, 32 = BauR 1974, 350 = NJW 1974, 1462 = BB 1974, 907 = LM § 196 BGB Nr. 27 Anm. Schmidt = WM 1974, 777 = Betrieb 1974, 1765 = MDR 1974, 927).
Auch nach Auftragserteilung erfolgte Abtretungen des Vergütungsanspruches auf andere sind für die Beurteilung nicht maßgebend (BGH a. a. O.).

64 d) Im einzelnen gilt für die Frage, ob eine Leistung für den Gewerbebetrieb des Auftraggebers dienen soll:

65 Es reicht nicht schon aus, wenn der Auftraggeber ein Wohn- und Geschäftshaus errichten läßt, um dort seine sechsköpfige Familie unterzubringen und im übrigen eine Drogerie zu betreiben. In Anbetracht des zweifachen Zweckes, für den das Haus bestimmt ist, kann von einer Leistung für den Gewerbebetrieb des Auftraggebers nur die Rede sein, wenn das Haus **im wesentlichen** dem Gewerbebetrieb dienen soll. Dabei bietet sich als Beurteilungsgrundlage die Gegenüberstellung der gewerblichen mit der zu Wohnzwecken genutzten Fläche an, ferner die Lage des Hauses (Wohngegend?) und auch der Typ (Einfamilienhaus?), so BGH SFH Z 2.331 Bl. 25 ff. und Bl. 43 ff. Baut der Auftraggeber ein oder mehrere Häuser, um darin geschaffene Wohnungen oder Läden gewinnbringend zu vermieten, sind die für den Bau bewirkten Leistungen des Auftragnehmers allgemein nicht für einen Gewerbebetrieb des Auftraggebers bestimmt. Gleiches gilt, wenn jemand sein Grundstück mit Gewerberäumen bebauen läßt, um dieses zum Betrieb eines Supermarktes zu vermieten (OLG Frankfurt Betrieb 1982, 895). Die Errichtung von Wohn- oder Geschäftshäusern durch den Auftraggeber, um sie ganz oder geteilt zu vermieten, ist nach allgemeiner Verkehrsanschauung kein auf Gewinn gerichteter berufsmäßiger Betrieb des Vermieters, sondern nur eine Art der Nutzung des Eigentums am Grundstück (RGZ 94, 162 f.). Im Vordergrund steht die gewinnbringende Nutzung des im Bau angelegten Kapitals. Das gilt auch im Falle des Erwerbs dreier Eigentumswohnungen in einem mehrere hundert Wohneinheiten umfassenden Appartement- und Sporthotel, wenn der Erwerber seine Appartements im Rahmen des nicht von ihm geführten Hotelbetriebes möbliert vermieten läßt und diese Form der Vermögensanlage aus steuerlichen Gründen gewählt worden ist (BGHZ 74, 273 = BauR 1979, 434 = NJW 1979, 1650 = SFH § 196 Abs. 1 Nr. 1 BGB Nr. 3 = BB 1979, 1065 = Betrieb 1979, 2368 = MDR 1979, 836 = LM § 196 BGB Nr. 35 Anm. Girisch). Etwas anderes trifft nur zu, wenn der Auftraggeber durch das Vermieten von Wohnungen und Geschäftsräumen des Bauwerks beabsichtigt, sich hierdurch eine **nur auf Gewinn gerichtete dauernde berufsmäßige Erwerbsquelle zu verschaffen** (RGZ 74, 150; 94, 162 f.). Für einen solchen Ausnahmetatbestand ist der **Auftragnehmer**

als Gläubiger **beweispflichtig.** Dabei genügt es nicht, wenn der Auftraggeber baut, um eine Versorgung für sein Alter zu haben. Anders liegt es, wenn der Auftraggeber ein Großobjekt errichtet, um daraus **dauernden Gewinn zu erzielen und er zur Verwaltung einen geschäftsmäßigen Betrieb benötigt** (OLG München NJW 1966, 1128 = SFH Z 2.331 Bl. 33 f. im Falle einer sogenannten Großwohnanlage im Werte von 4,5 Mill. DM). Wenn die **Verwaltung** eines zum Zwecke der Vermietung errichteten Bauwerks eine **besonders umfangreiche Tätigkeit** erfordert, kann darin ein **Gewerbebetrieb** gesehen werden (BGH NJW 1967, 2353 = SFH Z 2.331 Bl. 50 ff.). Ob der Auftraggeber die Verwaltung selbst ausübt oder einen Dritten damit betraut, ist nicht entscheidend.

Einen Gewerbebetrieb hat auch derjenige, der regelmäßig mit Bauhandwerkern Werkverträge abschließt, die diese zu Leistungen an Unternehmen verpflichten, an denen der Besteller maßgeblich beteiligt ist; Gegenstand des Gewerbebetriebes ist der Abschluß solcher Verträge (OLG Köln JMBl. NRW 1971, 6). Ist Auftraggeber eine **Hausbaugesellschaft,** so ist **im allgemeinen** anzunehmen, daß die Leistung für einen **Gewerbebetrieb** erbracht wird (OLG Düsseldorf, Urt. vom 21. 4. 1967 – 5 U 133/66 – im Falle einer GmbH). Ist Auftraggeber ein eingetragener Verein (§ 21 BGB), kann es sich nicht um einen wirtschaftlichen Geschäftsbetrieb mit dem Kriterium des Gewerbebetriebes, d. h. der Ausübung einer gewinnbringenden Tätigkeit, handeln, so daß die Vergütung des Auftragnehmers der zweijährigen Verjährung unterliegt (LG Düsseldorf SFH Z 2.331 Bl. 12 ff.).

Ein Gewerbebetrieb kann auch vom Staat oder einer Gemeinde geführt werden, wobei allerdings die Absicht der Gewinnerzielung im Einzelfall der besonderen Prüfung und Feststellung bedarf. Ausgeschlossen ist die Annahme eines Gewerbebetriebes nicht schon deshalb, weil die betreffende Körperschaft des öffentlichen Rechts zugleich in Erfüllung öffentlich-rechtlicher gemeinnütziger Aufgaben tätig wird (RG DR 1940, 161; BGH NJW 1968, 639). In der zuletzt genannten Entscheidung hat der BGH die Annahme eines Gewerbebetriebes hinsichtlich einer im Eigenbetrieb geführten Wasserversorgungsanlage einer kleinen Stadt abgelehnt, vgl. dazu die kritische Anmerkung von Behrle NJW 1968, 1323 und die zutreffende Anmerkung von Schmidt BauR 1970, 166. **Entscheidend ist hier, ob eine Tätigkeit ausgeübt wird, die von einer Gemeinde nicht nur allein und herkömmlich mit der Zielrichtung einer öffentlichen Aufgabe betrieben wird. Maßgebend ist, ob es sich um solche Einrichtungen und Anlagen handelt, die auch von einem Privatunternehmer mit der Absicht der Gewinnerzielung betrieben werden können,** es sich also um ein wirtschaftliches Unternehmen handelt (BGHZ 53, 222 = MDR 1970, 500 = BauR 1970, 113 = NJW 1970, 938 = SFH Z 2.331 Bl. 80 ff.; BGHZ 83, 382 = BauR 1982, 377 = NJW 1982, 1815 = Betrieb 1982, 1927 = BB 1982, 1944 = SFH § 16 Nr. 3 VOB/B Nr. 21 = MDR 1982, 842 = ZfBR 1982, 154 = LM § 16 VOB/B [C] Nr. 10 Anm. Obenhaus; BGHZ 95, 155 = NJW 1985, 3063 = BB 1985, 1758 = MDR 1985, 932 = WM 1985, 1303 = LM § 196 BGB Nr. 55). Nach der zuletzt angeführten Entscheidung ist die **Deutsche Bundesbahn, sofern sie Beschaffungsgeschäfte tätigt,** vor allem in Anbetracht des § 28 Abs. 1 BB ahnG, als **Gewerbetrieb** anzusehen (BGH a. a. O.). Sind die vorgenannten Voraussetzungen nicht gegeben, so handelt es sich nicht um einen Gewerbebetrieb. Zum Beispiel ist die Anlage einer Gemeinde zur Abwasserbeseitigung eine rein öffentlich-rechtliche gemeinnützige Aufgabe (BGHZ 83, 382, wie vorangehend). Ein öffentlich-rechtlicher Wasserverband betreibt kein Gewerbe (BGHZ 83, 382, wie vorangehend). Auch im Bereich der Hessischen Gemeindeordnung ist eine gemeindliche Wasserversorgungsanlage nicht als wirtschaftliches Unternehmen und mithin nicht als Gewerbebetrieb im verjährungsrechtlichen Sinne anzusehen, so daß Werklohnansprüche ebenfalls in zwei Jahren verjähren (OLG Frankfurt NJW 1973, 759). Die deutschen Fernsehanstalten unterhalten kein Gewerbe i. S. des § 196 Abs. 1 Nr. 1 BGB (BGHZ 57, 191 = BauR 1972, 109 = NJW 1972, 95 = MDR 1972, 132 = BB 1971, 1531 = LM § 195 BGB Nr. 13 Anm. Rietschel = Betrieb 1971, 2356).

B § 2, Rdn. 68-71

68 **Ein Architekt ist für den Bereich seiner beruflichen Betätigung nicht als Gewerbetreibender i. S. des § 196 Abs. 1 Nr. 1 BGB anzusehen** (BGH BauR 1979, 264 = SFH § 196 Abs. 1 Nr. 1 BGB Nr. 2 = BB 1979, 860 = ZfBR 1979, 96). Dazu gehört die **Ausübung typischer Architektenaufgaben,** wie sie insbesondere früher in § 19 GOA und heute in § 15 HOAI umschrieben sind. Dazu rechnen auch sonstige Wahrnehmungen von Aufgaben der Planung, Oberleitung und Bauführung, wie z. B. bei privat ausgeführten Erschließungsarbeiten, es sei denn, der Architekt beabsichtigt im Zeitpunkt der Erteilung des Auftrages, sich durch dauernde Erschließungen einen Gewinn zu verschaffen (BGH a. a. O.).

69 **Wenn ein hauptberuflicher Architekt mit eigenen oder fremden Mitteln für sich ein Haus errichtet, um es durch Vermietung zu nutzen, ist die Tätigkeit nicht gewerbsmäßig, sondern sie beschränkt sich auf eine bestimmte Nutzung des Eigentums am Hausgrundstück.** Die Planung, Leitung und Beaufsichtigung von Bauten ist zwar die eigentliche Tätigkeit eines Architekten. Das allein macht jedoch den Bau eines eigenen Hauses weder zu einem Teil seines Gewerbebetriebes noch zu einer gewerbsmäßigen Tätigkeit schlechthin. Maßgebend hierfür ist nur das mit dem Bau verbundene Erwerbsstreben (BGHZ 33, 325 f.). **Anders** ist es, **wenn der Architekt,** anstatt für fremde Bauherren zu arbeiten, **schlüsselfertige Häuser für sich erstellt, um sie mit Gewinn zu veräußern.** Dann ist seine Tätigkeit eine gewerbsmäßige. Sie bezweckt nicht in erster Linie die Ausnutzung des Eigentums an den Baugrundstücken, sondern sie geschieht zur Erzielung von Gewinn aus der berufsmäßigen Architektentätigkeit (BGH NJW 1963, 1397 = BB 1963, 572 = SFH Z 2.331 Bl. 25 ff. = LM § 196 BGB Nr. 9; in diesem Sinne auch Bundesfinanzhof, Urt. vom 19. 12. 1971 – I R 49/70 –, siehe dazu BlGBW 1973, 16). Das gilt auch, wenn der Grundstückseigentümer dem Architekten das Grundstück „zur Verwertung" überläßt, der Architekt als Bauherr darauf Wohnungen errichten läßt, um sie auf eigenes Risiko gewinnbringend zu veräußern (OLG Nürnberg BauR 1972, 318).

70 Fraglich ist es, **wie** sich die **Verjährung** des Vergütungsanspruches regelt, **wenn** entweder noch ein **weiterer Schuldner** vorhanden ist oder wenn **an die Stelle des bisherigen Schuldners ein anderer** tritt, hinsichtlich dessen **nicht** gesagt werden kann, die Leistung sei für seinen **Gewerbebetrieb** erbracht worden. Dann gilt nach BGH (BGHZ 58, 251 = MDR 1972, 595 = NJW 1972, 939 = BauR 1972, 245 = LM § 196 BGB Nr. 24 Anm. Rietschel) zutreffend folgendes:

Wird im Wege befreiender Schuldübernahme nach § 414 BGB die Vergütungsschuld eines Gewerbetreibenden aus Leistungen für seinen Betrieb später von einem anderen übernommen, so gilt auch diesem gegenüber nach § 196 Abs. 1 Nr. 1 und Abs. 2 BGB die vierjährige Verjährungsfrist seit Entstehung des Anspruches des Gläubigers gegen den ursprünglichen Schuldner. Tritt ein Dritter durch Schuldmitübernahme später neben den bisherigen Schuldner und fehlt es an einer abweichenden Vereinbarung mit dem Gläubiger, so ist davon auszugehen, daß die Schuld mit demselben Inhalt, also auch mit derselben Verjährungsfrist, wie sie schon gegenüber dem bisherigen – alleinigen – Schuldner galt, von dem neuen Schuldner mit übernommen wird. Das gilt vor allem, weil § 425 Abs. 2 BGB nur die Bedeutung hat, daß nach Begründung der Gesamtschuld, also nach der Schuldmitübernahme, hinsichtlich der Verjährung eintretende Umstände nur für und gegen den Gesamtschuldner wirken, in dessen Person sie eintreten; somit steht diese Vorschrift nicht der Annahme entgegen, daß bei Schuldmitübernahme für und gegen den neuen Schuldner zunächst dieselbe Verjährungsfrist läuft wie gegen den ursprünglichen Schuldner.

71 e) Eine Aufteilung von Leistungen in solche für den Auftraggeber privat und in solche für den Gewerbebetrieb des Auftraggebers mit der Folge unterschiedlicher Verjährungsfristen hinsichtlich der Vergütung des Auftragnehmers ist bei einem einheitlichen Bauvertrag nur möglich, wenn die betreffenden Leistungen ganz klar voneinander abgrenzbar sind, was, wenn

überhaupt, grundsätzlich nur bei Einheitspreisverträgen möglich ist (vgl. OLG Düsseldorf, Urt. vom 25. 4. 1972 – 20 U 158/71 –).

f) Während nach dem Gesagten für die Anwendung des § 196 Abs. 1 Nr. 1 Abs. 2 BGB grundsätzlich erforderlich ist, daß der **Auftraggeber tatsächlich** ein **Gewerbe ausübt**, für das die Bauleistung erstellt wird, gibt es davon eine gewichtige **Ausnahme für jene Fälle, in denen Auftraggeber Gesellschaften des Handelsrechts sind, die dem § 6 HGB unterfallen**. Bei diesen gilt auch dann die vierjährige Verjährungsfrist, wenn sie in Wirklichkeit kein Gewerbe betreiben, indem sie z. B. nicht auf Gewinnerzielung gerichtet und/oder ihre Aufgaben zeitlich begrenzt sind. Hier wird die **Einordnung in den Rahmen des Gewerbebetriebes fingiert** (BGHZ 66, 48 = BauR 1976, 209 = SFH Z 2.331 Bl. 98 = NJW 1976, 514 = BB 1976, 428 = WM 1976, 293 = MDR 1976, 483 = LM § 196 BGB Nr. 29 Anm. Doerry für den Fall einer GmbH; auch OLG München OLGZ 76, 444).

3. Lauf der Verjährungsfrist

a) Zum **Beginn der Verjährungsfrist** für den Vergütungsanspruch des Auftragnehmers siehe zunächst Teil B § 16 Rdn. 24 ff. sowie 9 ff.

Die Verjährung des Anspruches auf Schlußzahlung beginnt hiernach mit dem Ende des Jahres (§ 201 BGB), **in dem diese fällig wird** (vgl. BGH NJW 1968, 1962 = MDR 1968, 917 = BB 1968, 1013 = Betrieb 1968, 1619 = GrundE 1968, 798 = SFH Z 2.331 Bl. 69 ff. = LM VOB/B Nr. 32; MDR 1969, 473 = NJW 1969, 1108 = SFH Z 2.331 Bl. 75 ff.; BauR 1970, 113 = NJW 1970, 938 m. w. N.), also am Ende des Jahres, in dem die Fälligkeit der Schlußzahlung eintritt. Das gilt auch für solche Forderungen, die in der Schlußrechnung nicht enthalten sind (BGHZ 53, 222 = BauR 1970, 113 = NJW 1970, 938 = MDR 1970, 500 = SFH Z 2.331 Bl. 80), sofern sie aus demselben Vertrag herrühren und in der Schlußrechnung bereits enthalten sein können, wie z. B. Forderungen aus veränderten oder zusätzlichen Leistungen oder aufgrund von Lohn- oder Materialpreisgleitklauseln. Auch trifft dies auf Forderungen zu, hinsichtlich deren der Auftraggeber schon vor Einreichung der Schlußrechnung erklärt hat, er werde diese nicht bezahlen (BGH BauR 1970, 116 = SFH Z 2.331 Bl. 83 f. = WM 1970, 116).

Sofern der Auftraggeber gemäß dem Vertrag (vgl. auch Teil B § 17 Rdn. 74 ff.) berechtigt ist, von dem geprüften Rechnungsbetrag des Auftragnehmers eine **Sicherheitsleistung** (etwa von 5 % als Beispiel) **einzubehalten**, beginnt die Verjährung **dieses Teils** des Vergütungsanspruches erst mit der Fälligkeit der Sicherheitssumme. Denn dieser Teil kann vom Auftragnehmer vorher nicht verlangt werden, weil er zur Sicherheit etwaiger Ansprüche des Auftraggebers gegenüber dem Auftragnehmer dient. Insoweit handelt es sich um eine echte Fälligkeit als Voraussetzung des Verjährungsbeginns. Siehe auch Teil B § 17 Rdn. 112 f.

b) Eine **Verjährung** tritt nach dem Gesagten (vgl. Teil B § 16 Rdn. 24 ff.) **nur hinsichtlich** abschließender, in sich geschlossener, für sich endgültig bewertbarer Vergütungsansprüche des Auftragnehmers ein, somit nur wegen des Anspruches auf Schlußzahlung (Teil B § 16 Nr. 3) oder auf Teilschlußzahlung (Teil B § 16 Nr. 4), nicht aber wegen des Anspruches auf Abschlagszahlung (Teil B § 16 Nr. 1) oder auf Vorauszahlung (Teil B § 16 Nr. 2). Letztere unterliegen als solche nicht der Verjährung. Eine andere Frage ist es, wie lange solche Ansprüche überhaupt geltend gemacht werden können (vgl. dazu Teil B § 16 Rdn. 74 ff. sowie 89 ff.).

c) Zur **Hemmung oder Unterbrechung der Verjährung** vgl. Teil B § 13 Rdn. 223 ff. und 318 ff., insbesondere Rdn. 351 ff. **Die dortigen Ausführungen gelten für den Vergütungsanspruch des Auftragnehmers entsprechend;** des weiteren wird auf die Kommentierungen zum BGB (§§ 202 ff.) hingewiesen.

78 Durch die Zustellung eines Mahnbescheides wird die Verjährung auch dann unterbrochen, wenn der damit geltend gemachte Anspruch die Zahlung einer Geldschuld in ausländischer Währung zum Gegenstand hat und lediglich für das Mahnverfahren in inländische Währung umgerechnet worden ist (BGH BauR 1988, 469 = SFH § 209 BGB Nr. 10 = NJW 1988, 1964). Für den Fall der **Unterbrechung der Verjährung durch Klageerhebung** ist hinsichtlich der Frage, wer Berechtigter i. S. des § 209 Abs. 1 BGB ist, zu beachten, daß dies trotz erfolgter Abtretung des Vergütungsanspruches der Auftragnehmer ist, falls er inzwischen die Forderung des Abtretungsempfängers erfüllt hat, da insoweit eine stillschweigende Rückabtretung anzunehmen ist (BGH BauR 1986, 222 = NJW 1986, 977 = BB 1986, 276 = MDR 1986, 398 = JZ 1986, 301 = LM § 398 BGB Nr. 56 = ZfBR 1986, 65 = Heinrichs EWiR § 398 BGB 2/86, 135). Auch eine Pfändung und Überweisung des Vergütungsanspruches durch einen Dritten hindert die Unterbrechung nicht, wenn der Auftragnehmer Klage auf Zahlung an sich erhebt; falls der Auftragnehmer nur Leistung an den Pfändungsgläubiger verlangen kann, ist dem durch entsprechende Umstellung des Klageantrages Rechnung zu tragen (BGH a. a. O.; vgl. dazu auch BGH NJW 1986, 423 = JZ 1986, 154 = LM § 209 BGB Nr. 56 = MDR 1986, 203 = WM 1985, 1500 = Betrieb 1986, 960). Ein persönlich haftender Gesellschafter, der für eine Gesellschaftsschuld in Anspruch genommen wird, kann nicht einwenden, die Forderung gegen die Gesellschaft sei verjährt, wenn der Gläubiger die Verjährungsfrist gegenüber dem Gesellschafter rechtzeitig unterbrochen hat (BGH Betrieb 1988, 1538).

79 In der Aufforderung des Auftraggebers an den Auftragnehmer, die Schlußrechnung aufzustellen und einzureichen, liegt nicht schon ein **Anerkenntnis nach § 208 BGB,** zumal das Anerkenntnis ein Verhalten des Schuldners (Auftraggebers) voraussetzt, aus dem sich sein Bewußtsein vom Bestehen des Anspruches unzweideutig ergibt (vgl. dazu auch OLG Hamm SFH Z 2.310 Bl. 32). Ebensowenig liegt ein Anerkenntnis i. S. des § 208 BGB in dem Versprechen des Auftraggebers, die Vergütung zahlen zu wollen, sobald der Auftragnehmer die Mängel beseitigt habe (vgl. OLG Hamm NJW 1966, 1659; dazu auch BGH MDR 1969, 473 = NJW 1969, 1108 = SFH Z 2.331 Bl. 75 ff.); ein verjährungsunterbrechendes Anerkenntnis liegt nämlich nicht vor, wenn in einer Erklärung des Schuldners der Bestand der Forderung von Gegenansprüchen abhängig gemacht wird (OLG Köln SFH Z 7.25 Bl. 1). Auch ein bloßes Vergleichsangebot beinhaltet noch nicht ein Anerkenntnis des angebotenen Betrages (BGHZ 80, 222 = BauR 1981, 385 = Betrieb 1981, 1276 = BB 1981, 868 = JZ 1981, 440 = MDR 1981, 662 = NJW 1981, 1953 = SFH § 209 BGB Nr. 6 = LM § 209 BGB Nr. 42 = ZfBR 1981, 167). **Andererseits** wird ein Anerkenntnis nicht ohne weiteres durch den Vermerk ausgeschlossen, es werde ohne Anerkennung einer Rechtspflicht gezahlt, da dies allein noch nicht auf ein mangelndes Bewußtsein vom Bestehen eines Anspruches schließen läßt (vgl. BGH VersR 1969, 567; BGH VersR 1972, 398; OLG München VersR 1978, 1026). Gleiches gilt, wenn der Schuldner nach Erhalt der Rechnung sich über die Höhe des Rechnungsbetrages erstaunt zeigt und erklärt, er habe „in etwa doch einen Freundschaftspreis" erwartet, andererseits aber zum Ausdruck bringt, er habe an der Richtigkeit der Rechnung keinen Zweifel und lediglich um ein Entgegenkommen hinsichtlich der Kosten bittet (BGH BauR 1977, 143). Auch kann eine Forderung dadurch anerkannt werden, daß der Schuldner seinerseits „Gegenleistungen" erbringt, ohne dafür Bezahlung zu verlangen, allerdings unter der Voraussetzung, daß sich der Schuldner mit einer Verrechnung erkennbar einverstanden erklärt (BGH a. a. O.). Ein Anerkenntnis liegt im allgemeinen in der anstandslosen Unterzeichnung der Schlußabrechnung durch den Auftraggeber (vgl. LG Köln SFH Z 2.50 Bl. 28). **Zum Anerkenntnis genügt ein tatsächliches Verhalten, das zur Kenntnisnahme des Berechtigten bestimmt und geeignet ist;** es stellt keine empfangsbedürftige Willenserklärung dar und wird, wenn es sich um eine schriftliche Erklärung handelt, bereits mit Absendung wirksam (LG Traunstein VersR 1980, 438).

80 Ein Anerkenntnis der Forderung **dem Grunde nach unterbricht die Verjährung hinsichtlich des ganzen Betrages,** sogar dann, wenn sich der Verpflichtete gegen die Anerkennung der

Höhe des Betrages verwahrt (RGZ 73, 132, 133; 63, 382, 389; BGH VRS 29, 326; BGH, Urt. vom 19. 12. 1968 – VII ZR 151/66-; BGH NJW 1969, 1108 = SFH Z 2.331 Bl. 75; BGH VersR 1974, 511); **Voraussetzung** ist allerdings, daß sich der **Schuldner des Bestehens des** gegen ihn erhobenen **Anspruches bewußt ist** (a. a. O.) und die Zahlung nicht nur aus Kulanz oder zur gütlichen Beilegung eines Streites anbietet (vgl. dazu auch BGH WM 1970, 548, 549). Wird der Anspruch nur in einem **bestimmt bezeichneten Umfang** anerkannt, reicht das **Anerkenntnis nur so weit** (RG WarnRspr. 1908 Nr. 192; 1910 Nr. 416; RGZ 63, 389; BGH, Urt. vom 28. 10. 1963 – VII ZR 96/62 – und vom 19. 12. 1968 – VII ZR 151/66-; ferner BGH BauR 1977, 138). Ob in einer **Abschlagszahlung** die Anerkennung des in Rechnung gestellten gesamten Betrages liegt, wird im allgemeinen zu bejahen sein, ist aber Frage des Einzelfalles (BGH VersR 1972, 398). So ist es kein Anerkenntnis, wenn der Auftraggeber auf die Bitte des Auftragnehmers, eine Abschlagszahlung zu erbringen, eine solche leistet, aber schon vorher Einwendungen gegen die Gesamtforderung geltend gemacht, eine korrigierte Rechnung verlangt und außerdem Mängelrügen erhoben hat (vgl. LG Tübingen MDR 1977, 312). Mit Recht vertritt der BGH den Standpunkt, daß die Erklärung der **Aufrechnung** mit einer bestrittenen Forderung gegen eine unbestrittene Forderung kein die Verjährung unterbrechendes Anerkenntnis enthält (BGHZ 58, 103 = BauR 1972, 179 = NJW 1972, 525 = JZ 1972, 285 = BB 1972, 419 = LM § 208 BGB Nr. 7 Anm. Rietschel = Betrieb 1972, 527). Zwar ist die **Drittschuldnererklärung** nach § 840 ZPO grundsätzlich nur eine Wissenserklärung; jedoch kann eine solche auch ein **Anerkenntnis nach § 208 BGB** sein, da auch hier maßgebend ist, daß in dem Verhalten des (Dritt-)Schuldners sich eindeutig das Bewußtsein von dem Bestehen der Schuld ergibt; dabei ist der Pfändungsgläubiger als der für den Empfang der Anerkennungserklärung Berechtigte anzusehen, weil dieser es in der Hand hat, die Forderung gegen den Drittschuldner durchzusetzen (BGH BauR 1978, 486 = WM 1978, 632 = NJW 1978, 1914 = MDR 1978, 743 = SFH § 208 BGB Nr. 3 = LM § 208 BGB Nr. 9). Da ein **Anerkenntnis** nach § 208 BGB **auch** in einer **Stundung** liegen kann, kommt nach eingetretener Unterbrechung der Verjährung durch Stundung, die auch zwischen Drittschuldner und Pfändungsgläubiger vereinbart werden kann, zwischen diesen beiden – nicht dagegen gegenüber dem Schuldner, falls dieser nicht die finanziellen Auswirkungen der Stundung auf sich nimmt – eine **Hemmung der Verjährung** gemäß den §§ 202 Abs. 1, 205 BGB in Betracht (BGH a. a. O.).

Wenn im Einzelfall ausdrücklich ein Anerkenntnis abgegeben wird, das die Voraussetzungen des **schuldbestätigenden** – deklaratorischen – **Anerkenntnisses** erfüllt, wird dadurch nicht die Verjährungsfrist in eine solche nach § 195 BGB umgewandelt; anders bei **schuldbegründendem Anerkenntnis nach § 781 BGB** (vgl. LG Saarbrücken VersR 1973, 513). Vgl. zum Anerkenntnis auch Teil B § 13 Rdn. 343 ff. **81**

Der Vollzug einer einstweiligen Verfügung – z. B. einer solchen auf Eintragung einer Bauhandwerkersicherungshypothek – **unterbricht die Verjährung nach § 209 Abs. 2 Nr. 5 BGB** nur hinsichtlich der Einräumung eines dinglichen Rechtes, nicht auch hinsichtlich des schuldrechtlichen Zahlungsanspruches (OLG Düsseldorf BauR 1980, 475). Ist bei mehreren konkurrierenden Sicherungsabtretungen unklar, wer Forderungsgläubiger ist, und erhebt der Zedent Feststellungsklage mit dem erklärten Ziel, die drohende Verjährung zu unterbrechen, so ist sein Klageziel möglichst so auszulegen, daß das Ziel der Verjährungsunterbrechung erreicht wird (BGH BauR 1981, 208 = ZIP 1981, 51 = MDR 1981, 307 = NJW 1981, 678 = SFH § 209 BGB Nr. 5 = Betrieb 1981, 1821). Hiernach genügt der schlüssige Vortrag, daß der Kläger nach Sachlage Forderungsgläubiger sein kann. **82**
Die Klage gegen den Bürgen unterbricht nicht die Verjährung der Hauptschuld (OLG Koblenz VersR 1981, 167 = KTS 1980, 105).

Zur **Hemmung der Verjährung durch Stillhalteabkommen** (pactum de non petendo) vgl. BGHZ 72, 229 = BauR 1979, 59 = NJW 1979, 156 = BB 1978, 1692 = ZMR 1979, 10 = SFH § 196 Abs. 1 Nr. 1 BGB Nr. 1 = MDR 1979, 219 = Betrieb 1979, 88 = LM § 196 BGB Nr. 34 Anm. Girisch = JZ 1979, 30 = ZfBR 1979, 26; OLG Hamm BauR 1983, 374 = MDR 1982, 993 sowie Teil B § 13 Rdn. 224 ff. Dazu reichen bloße Verhandlungen darüber, ob und welche **83**

B § 2, Rdn. 84-87

Mängel vorhanden sind und ob sie beseitigt werden sollen oder ob die Vergütung gemindert werden soll, noch nicht aus (BGH a. a. O.). Andererseits kann in der späteren Verjährungseinrede eine unzulässige Rechtsausübung liegen (§ 242 BGB), wenn nach Ablauf eines zeitlich befristeten Verzichts auf die Verjährungseinrede laufend zwischen den Vertragspartnern über die Berechtigung des geltend gemachten Vergütungsanspruches verhandelt wird (vgl. OLG Hamm BauR 1986, 432, 463).

84 Hält – nur – ein OLG eine in AGB eines Auftraggebers (z. B. Baubetreuers) enthaltene **Musterprozeßvereinbarung** für wirksam, ohne daß es sich also um ständige Rechtsprechung handelt, und wird diese später vom BGH für unwirksam erklärt, so wird dadurch die Verjährung des Werklohnanspruches des Auftragnehmers gegen nicht rechtzeitig verklagte Auftraggeber **nicht entsprechend §§ 202, 203 BGB gehemmt;** möglich ist jedoch ein aus culpa in contrahendo herzuleitender Schadensersatzanspruch wegen Verwendung einer unwirksamen AGB (BGH BauR 1988, 97 = NJW 1988, 197 = Feldmann EWiR § 202 BGB 1/87, 1165 = ZIP 1988, 34 = SFH § 202 BGB Nr. 5 = MDR 1988, 219 = Betrieb 1988, 751 = ZfBR 1988, 12 = LM § 202 BGB Nr. 23).

85 Die Verjährung der Vergütungsforderung des Gläubigers (hier des Auftragnehmers) wird durch die Eröffnung des **Konkursverfahrens** über sein Vermögen weder unterbrochen noch gehemmt (§§ 202, 203, 211 BGB). Das gilt auch, wenn ein über die Forderung anhängiger Prozeß vor der Konkurseröffnung nach § 211 Abs. 2 BGB zum Stillstand geraten war (BGH NJW 1963, 2019 mit Anm. von v. Zwehl NJW 1964, 99).

4. Verzicht auf Verjährungseinrede

86 Es ist möglich, daß der Schuldner – hier Auftraggeber – auf die Geltendmachung einer **bereits eingetretenen Verjährung** der Vergütungsforderung verzichtet (vgl. BGHZ 57, 204, 209; BGH SFH Z 2.331 Bl. 96 = BauR 1975, 137 = WM 1974, 929). Das bezieht sich nicht nur auf einen stillschweigend, sondern auch auf einen ausdrücklich ausgesprochenen Verzicht (BGHZ 83, 382 = BauR 1982, 377 = NJW 1982, 1815 = Betrieb 1982, 1927 = BB 1982, 1944 = SFH § 16 Nr. 3 VOB/B Nr. 21 = MDR 1982, 842 = ZfBR 1982, 154 = LM § 16 VOB/B [C] Nr. 10 Anm. Obenhaus). Nach allgemeiner Ansicht kann der Schuldner **auf die Wirkung einer vollendeten Verjährung verzichten,** da es ihm nach § 222 Abs. 1 BGB auch freisteht, ob er die Einrede der Verjährung geltend machen will oder nicht (OLG Karlsruhe NJW 1964, 1136 mit Nachweisen). **Voraussetzung** ist, daß der Verzichtende von dem **Eintritt der Verjährung Kenntnis hatte** oder daß ihm jedenfalls bewußt war, die Forderung werde möglicherweise schon verjährt sein (BGH VersR 1960, 1076, 1078 = VRS 20, 182, 187; BGH SFH Z 2.331 Bl. 96 = WM 1974, 929 = BauR 1975, 137). Das scheidet demgemäß aus, wenn der Schuldner irrtümlich von einer nach seiner Auffassung noch nicht eingetretenen Verjährung ausgeht (BGH VersR 1960, 1076), er z. B. fälschlich die Verlängerung einer noch nicht abgelaufenen Verjährungsfrist annimmt (BGHZ 83, 382 = BauR 1982, 377 = NJW 1982, 1815 = Betrieb 1982, 1927 = BB 1982, 1944 = SFH § 16 Nr. 3 VOB/B Nr. 21 = MDR 1982, 842 = ZfBR 1982, 154 = LM § 16 VOB/B [C] Nr. 10 Anm. Obenhaus).

87 Bei dem hier erörterten Verzicht handelt es sich, wie Bülow (NJW 1971, 2254 f.) zutreffend hervorhebt, um einen sogenannten **Prozeßvertrag.** Daher muß eine **Verzichtserklärung** gegenüber dem Vertragsgegner vorliegen, die **auch aus hinreichend klaren Umständen im Rahmen des Verhaltens des Erklärenden** hervorgehen kann. So kann ein Verzicht auf die Geltendmachung der Verjährungseinrede in der Erklärung des Auftraggebers erblickt werden, er sei ebenso wie der Auftragnehmer an einer Klärung der Forderung des Auftragnehmers interessiert, es liege ihm nichts daran, eine Verschleppung herbeizuführen, und er wolle keine Vorteile für sich erreichen und, wenn er sich außerdem bereit erklärt, zwecks Herbeiführung der Klärung der Forderung des Auftragnehmers die in seinem Besitz befindlichen Unterlagen

zur Baustellenabrechnung zur Verfügung zu stellen (BGH SFH Z 2.331 Bl. 96 = WM 1974, 929 = BauR 1975, 137). **Auch in einem nach Eintritt der Verjährung abgegebenen Anerkenntnis** kann ein Verzicht auf die Verjährungseinrede liegen; andererseits ist dieses aber **nicht Voraussetzung des Verzichts** (BGH a. a. O.). Auch kann ein Verzicht bereits vorliegen, wenn der Schuldner zu erkennen gibt, daß er von seinem Leistungsverweigerungsrecht keinen Gebrauch machen wolle, und zwar unabhängig von der Frage, ob der Anspruch des Gläubigers überhaupt begründet ist. Ein Verzicht kann z. B. auch in der Erklärung liegen, eine Verjährung der betreffenden Forderung „treffe auf keinen Fall zu".

Dagegen kann grundsätzlich nicht von vornherein wirksam auf die Einrede der Verjährung verzichtet werden (BGH VersR 1982, 365 m. w. N.). Dazu vgl. OLG Hamm VersR 1967, 587 und Bülow NJW 1971, 2254, 2255. Hier dürfte sich jedoch die von Honsell (VersR 1975, 104) angebotene Lösung empfehlen: Ein Verzicht auf die Verjährungseinrede bei noch nicht abgelaufener Verjährungsfrist ist ausnahmsweise zulässig, wenn die Frist bereits abzulaufen droht und wenn der – befristete – Verzicht zwecks Vermeidung einer gerichtlichen Auseinandersetzung erfolgt. 88

Wird in dem gekennzeichneten zulässigen Rahmen ein Verzicht auf die Geltendmachung der Verjährung erklärt, **beginnt eine neue Verjährungsfrist zu laufen.** Die **Einrede der Verjährung** ist somit **nicht für alle Zukunft ausgeschlossen.** § 225 BGB verbietet nämlich einen völligen rechtsgeschäftlichen Ausschluß der Verjährung. Sie könnte ihrem Sinn und Zweck nach die ihr zugedachte Aufgabe nicht erfüllen, wenn auf sie bzw. die sich aus ihr ergebende Einrede für **alle Zukunft verzichtet** werden könnte (OLG Karlsruhe NJW 1964, 1135). Ein solcher Verzicht ist daher **nichtig.** Deshalb hat ein **Verzicht praktisch nur die Wirkung wie die durch Anerkennung des Anspruchs erfolgte Unterbrechung** der Verjährung nach den §§ 208, 217 BGB (a. a. O.). Dieser Entscheidung des OLG Karlsruhe ist entgegen Schmalzl NJW 1971, 2015, 2017 zuzustimmen. Möglich ist auch ein teilweiser Verzicht auf die Verjährungseinrede dadurch, daß die Bauvertragspartner eine neue – längere – Verjährungsfrist vereinbaren. 89

Durch Erklärung eines **befristeten Verzichts** auf die Einrede der Verjährung tritt allgemein eine **Hemmung** der Verjährung bis zum Fristablauf ein. Dies gilt auch hier entsprechend der Entscheidung BGHZ 58, 103 = BauR 1972, 179 = NJW 1972, 525 = JZ 1972, 285 = BB 1972, 419 = LM § 208 BGB Nr. 7 Anm. Rietschel. Der gegenteiligen Ansicht des OLG Bamberg (VersR 1972, 889) kann nicht beigepflichtet werden. Bei einem befristeten Verzicht gelten die §§ 693 Abs. 2, 270 Abs. 3 ZPO entsprechend (BGH NJW 1974, 1285; BGH NJW 1977, 1686; BGH BauR 1986, 351 = SFH § 225 BGB Nr. 1 = ZfBR 1986, 119 = BB 1986, 971 = Betrieb 1986, 1221 = NJW 1986, 1861 = MDR 1986, 838 = LM § 225 BGB Nr. 3). Nach Fristablauf kann die Verjährungseinrede erhoben werden, ohne daß der Einwand unzulässiger Rechtsausübung entgegengehalten werden kann (OLG Köln VersR 1976, 71). Das gilt auch, wenn der Auftragnehmer zwar innerhalb der Frist einen Mahnbescheid beantragt, auf den Widerspruch des Auftraggebers das Verfahren aber erst nach mehr als 10 Monaten weiterbetreibt (BGH BauR 1986, 351 = SFH § 225 BGB Nr. 1 = NJW 1986, 1861 = MDR 1986, 838 = Betrieb 1986, 1221 = BB 1986, 971 = LM § 225 BGB Nr. 3 = ZfBR 1986, 119). 90

5. Verwirkung der Verjährungseinrede

Denkbar ist auch die **Verwirkung der Verjährungseinrede**, insbesondere im Wege des aus Treu und Glauben herzuleitenden **Arglisteinwandes.** Über dessen Voraussetzungen vgl. BGH VersR 1969, 328. Das kommt z. B. in Betracht, wenn im Zeitpunkt des Ablaufs der Verjährungsfrist zwischen den Parteien bereits **Vergleichsverhandlungen** hinsichtlich des verjährenden Gegenstandes schweben, die später scheitern. Gleiches gilt, wenn zwischen den Parteien abgesprochen worden war, das **Ergebnis eines Vorprozesses** über einen Teilanspruch 91 abzuwarten und den Auftragnehmer von den Nachteilen dieses Abwartens freizuhalten (BGH SFH Z 2.51 Bl. 7 = BGHZ 60, 255 = NJW 1973, 757 = MDR 1973, 495); ebenso gilt das bei **Vereinbarung** der Einholung eines Sachverständigengutachtens in einem Beweissicherungsverfahren für die Zeit bis zum Eingang des Gutachtens (vgl. OLG Hamm BauR 1982, 591). Eine Verwirkung kann außerdem vorliegen, wenn der Auftraggeber beim Auftragnehmer den zweifelsfrei festzustellenden Eindruck vermittelt, er werde die Forderung des Auftragnehmers nur mit sachlichen Einwendungen bekämpfen (BGH VersR 1982, 365; BGH VersR 1982, 444). Zur **Vereinbarung eines Musterprozesses** vgl. auch Teil B § 13 Rdn. 224 ff. sowie oben Rdn. 86 ff.

92 Zu dem hier erörterten Bereich auch BGHZ 53, 222 = MDR 1970, 500 = BauR 1970, 113 = NJW 1970, 938 = SFH Z 2.331 Bl. 80: In Betracht kommen Fälle, in denen der Auftraggeber durch ein früheres Verhalten – auch unabsichtlich – dem Auftragnehmer Anlaß gegeben hat, von der Unterbrechung der Verjährung durch Klageerhebung abzusehen, weil aus seinem Verhalten bei objektiver Betrachtung zu entnehmen war, daß die Befriedigung auch ohne Anrufung des Gerichts zu erwarten und mit ihrem Aufschub die Erhebung der Verjährungseinrede nicht zu besorgen war. Das gilt nicht, wenn der Auftraggeber von vornherein die Forderung des Auftragnehmers bestritten hat (BGH a. a. O.).

93 Das Gesagte kann vor allem auch im Rahmen von Teil B § 18 Nr. 2 oder Nr. 3 von Bedeutung sein, wenn das jeweilige „Prüfungsverfahren" über den Zeitpunkt des Ablaufs der Verjährungsfrist dauert und sich der Auftraggeber erkennbar darauf eingelassen hat. Andererseits muß der Auftragnehmer hier besonders Teil B § 18 Nr. 2 Satz 3 sowie die in Nr. 3 Satz 1 zweiter Halbsatz festgelegte Verbindlichkeit des Prüfungsergebnisses beachten.

94 Zu verlangen ist in allen diesen Fällen jedoch, daß der Gläubiger (hier: Auftragnehmer), **nachdem er den wahren Sachverhalt erkannt hat,** nach einer **kurzen Überlegungsfrist** seinen Anspruch **gerichtlich geltend macht** (vgl. BGH LM § 222 BGB Nr. 2, 6; BGH SFH Z 2.331 Bl. 41; BGH SFH Z 3.00 Bl. 172 ff.).

95 Hat der Auftraggeber vereinbarungsgemäß das Aufmaß zur Verfügung zu stellen, sagt er dieses dem Auftragnehmer zu, erfüllt er dann diese Zusage nicht, kann er sich später nicht mit Erfolg auf die Verjährung des Vergütungsanspruches des Auftragnehmers berufen (BGH BauR 1979, 62 = SFH § 198 BGB Nr. 1).

IV. Einhaltung zwingender gesetzlicher Preisvorschriften
1. Für öffentliche Auftraggeber Baupreisrecht zu beachten

96 Für öffentliche Auftraggeber sind bei Preisvereinbarungen unbedingt die Vorschriften der **VO PR 1/72 über die Preise für Bauleistungen bei öffentlichen oder mit öffentlichen Mitteln finanzierten Aufträgen vom 6. 3. 1972 (BGBl. I, S. 293), jetzt i. d. F. der VO PR Nr. 1/84 vom 23. 2. 1984 und der VO PR Nr. 1/86 vom 15. 4. 1986,** zu beachten (zu den Grundlagen vgl. Crome ZfBR 1983, 4; Altmann BauR 1981, 445; zu den maßgeblichen Begriffen ders. BlGBW 1982, 68, 126 und 168; ders. ferner zu den Pflichten des Auftragnehmers hinsichtlich des Preisnachweises BlGBW 1983, 168; siehe auch Rogmans, Öffentliches Auftragswesen, 1982, Erich-Schmidt-Verlag, Berlin). Diese Verordnung wird im allgemeinen Sprachgebrauch auch als **Baupreisverordnung** bezeichnet. Nach § 1 a. a. O. dürfen für Bauleistungen aufgrund öffentlicher oder mit öffentlichen Mitteln finanzierter Aufträge höhere Preise, als sie nach der VO zulässig sind, nicht gefordert, versprochen, vereinbart, angenommen oder gewährt werden. Über den Anwendungsbereich vgl. §§ 2 f. a. a. O. Die Regelungen der jetzigen BaupreisVO unterliegen dem **Grundsatz der Wettbewerbspreisbildung (§ 5 a. a. O.)**. Dazu grundlegend Altmann zur Frage des Vorrangs der marktwirtschaftlichen Preise in der Bau-

preisVO 1972 BauR 1982, 445; ferner ders. BlGBW 1981, 125. Dafür, ob ein Preis noch als Wettbewerbspreis gilt, ist ausschlaggebend, ob die im konkreten Fall verlangten Preise in einem auffälligen Mißverhältnis zu dem nach § 9 der VO ermittelten Selbstkostenfestpreis stehen. Dazu zählen Lohn- und Gehaltskosten, Sozialkosten, Stoffkosten, Kosten der Einrichtungen, Geräte, Maschinen und maschinellen Anlagen der Baustelle, Instandhaltung und Instandsetzung, Steuern, Gebühren und Beiträge, sonstige Kostenarten, kalkulatorische Umlagen, Abschreibungen, kalkulatorische Zinsen, kalkulatorische Einzelwagnisse, kalkulatorischer Gewinn. Vgl. auch Teil A § 25 Rdn. 59 f.

Zu den Begriffen „Einstandspreis" und „Abrechnungspreis" in einer Stoffpreisgleitklausel nach Tz. 2.4 der „Zusätzlichen Vertragsbedingungen für die Ausführung von Bauleistungen auf Straßen 1963" (ZVStra 1963), wenn in der Anlage zum Leistungsverzeichnis „Einstandspreise" und nicht „Einkaufspreise" ausgewiesen sind, vgl. BGH BauR 1982, 172 = SFH VO PR 8/55 Nr. 1 = MDR 1982, 661 = Betrieb 1982, 1615 = LM BaupreisVO Nr. 4 = ZfBR 1982, 78).   **97**

Wegen weiterer Einzelheiten vgl. Hereth/Crome, Baupreisrecht, 3. Aufl. 1973, C.-H.-Beck-Verlag, München; Daub, Baupreisrecht der Bundesrepublik, 3. Aufl. 1978, Werner-Verlag, Düsseldorf. Ferner: Zeiger, Neugestaltetes Baupreisrecht, BauR 1973, 201; Runge, Die neue Baupreisverordnung, BB 1972, 422; Daub, Zum neuen Baupreisrecht, Bauwirtschaft 1972, 332; Altmann, Die Baupreisverordnung 1972 und einige ihrer Grundsatzfragen, BlGBW 1979, 201; ders., Die Baupreisverordnung 1972 und einige ihrer Regelungen, Bauwirtschaft 1973, 71; ders., Die marktwirtschaftliche Preisbildung in der Baupreisverordnung 1972, Betrieb 1972, 1373, BlGBW 1972, 106 sowie a. a. O. 1981, 43; ders., Die aufgrund von Selbstkosten ermittelten Preise (Preistypen) der Baupreisverordnung 1972, BlGBW 1972, 148, vgl. ders. auch BlGBW 1979, 1; ders., Listenpreise nach Baupreisverordnung – Vorteile, die eingeräumt werden müssen, BlGBW 1973, 221; ders., Wettbewerbspreis nach der Baupreisverordnung 1972 und Vorkalkulation. Ist sie vorzulegen?, BlGBW 1974, 131, auch a. a. O. 1978, 107; ders., Zweifelsfragen in der Baupreisverordnung 1972 – Unklare oder unzutreffende Fassungen von Vorschriften und deren Klarstellung, BlGBW 1974, 291; ders., Die Selbstkostenpreise und der „frei vereinbarte" Preis nach der Baupreisverordnung 1972 – Einige ihrer Zweifelsfragen, BlGBW 1976, 46 sowie BB 1983, 283; ders., Fragen zum Wettbewerbspreis und dessen preisrechtliche Begrenzung nach der BaupreisVO 1972, BlGBW 1979, 61, vgl. auch BB 1980, 607 sowie insbesondere BauR 1980, 506; ders., Das Feststellungsrecht (Preisprüfrecht) des öffentlichen Auftraggebers und seine vertragliche Einräumung, BlGBW 1980, 667 und a. a. O. 1983, 70; ders., Die Selbstkostenpreise nach der BaupreisVO 1972 – Müssen sie vereinbart werden, wenn ihre Voraussetzungen vorliegen?, BauR 1983, 426; ders., Die 4 Straftatbestände in der Baupreisverordnung 1972 – Eine ergänzende Darstellung zur Kommentar-Literatur, BauR 1985, 140; Hertel, Vergütung im potentiellen Wettbewerb, BB 1983, 1315; außerdem: Kainzbauer/Krämer, Amtliche Werte und Bewertungsrichtlinien für die Baupreisermittlung bei öffentlichen Aufträgen, Bauverlag GmbH Wiesbaden und Berlin 1975, Schriftenreihe des Hauptverbandes der Deutschen Bauindustrie Heft 20.

In zivilrechtlicher Hinsicht ist hervorzuheben, daß ein nach Vertragsabschluß entdeckter **Verstoß** gegen die zwingenden Vorschriften der Baupreisverordnung **nicht** die **Nichtigkeit des Bauvertrages** insgesamt bewirkt, sondern **nur der unzulässigen Preisabsprache** als solcher. Diese wird durch den zulässigen Preis, der im Einzelfall zu ermitteln ist, ersetzt (BGH NJW 1956, 68; BGHZ 51, 174 = SFH Z 2.320 Bl. 25 = NJW 1969, 425, 429). Dieser gilt dann als vertraglich vereinbart. Auf § 18 der VO ist hinzuweisen, wonach bestimmte Zuwiderhandlungen gegen die VO nach den Straf- und Bußgeldvorschriften des Wirtschaftsstrafgesetzes vom 9. 7. 1954 (vgl. Rdn. 99) geahndet werden.   **98**

2. Geltung des Wirtschaftsstrafgesetzes

Ohne Beschränkung auf öffentliche oder mit öffentlichen Mitteln geförderte Aufträge, **also auch bei privaten Bauaufträgen**, gilt das **Wirtschaftsstrafgesetz** vom 9. 7. 1954 (BGBl. I S. 175 ff.) i. d. F. vom 3. 6. 1975 (BGBl. I S. 1313) sowie der Gesetze vom 20. 12. 1982 (BGBl. I S. 1912), vom 3. 12. 1984 (BGBl. I S. 1429) und vom 15. 5. 1986 (BGBl. I S. 721). Bedeutung können hier die §§ 3, 4 a. a. O. haben, die wie folgt lauten: **99**

§ 3. Verstöße gegen die Preisregelung. (1) ¹Ordnungswidrig handelt, wer in anderen als den in den §§ 1, 2 bezeichneten Fällen vorsätzlich oder fahrlässig einer Rechtsvorschrift über 1. Preise, Preisspannen, Zuschläge oder Abschläge, 2. Preisangaben, 3. Zahlungs- oder Lieferungsbedingungen oder 4. andere der Preisbildung oder dem Preisschutz dienende Maßnahmen oder einer auf Grund einer solchen Rechtsvorschrift ergangenen vollziehbaren Verfügung zuwiderhandelt, soweit die Rechtsvorschrift für einen bestimmten Tatbestand auf diese Vorschrift verweist. ²Die Verweisung ist nicht erforderlich, soweit § 16 dies bestimmt.

(2) Die Ordnungswidrigkeit kann mit einer Geldbuße bis zu fünfzigtausend Deutsche Mark geahndet werden.

§ 4. Preisüberhöhung in einem Beruf oder Gewerbe. (1) Ordnungswidrig handelt, wer vorsätzlich oder leichtfertig in befugter oder unbefugter Betätigung in einem Beruf oder Gewerbe für Gegenstände oder Leistungen des lebenswichtigen Bedarfs Entgelte fordert, verspricht, vereinbart, annimmt oder gewährt, die infolge einer Beschränkung des Wettbewerbs oder infolge der Ausnutzung einer wirtschaftlichen Machtstellung oder einer Mangellage unangemessen hoch sind.

(2) Die Ordnungswidrigkeit kann mit einer Geldbuße bis zu fünfzigtausend Deutsche Mark geahndet werden.

Wegen weiterer Einzelheiten wird auf die einschlägigen Kommentierungen zu diesem Gesetz verwiesen.

3. Gesetz gegen Wettbewerbsbeschränkungen

100 Weiterhin ist das **Gesetz gegen Wettbewerbsbeschränkungen** vom 27. 7. 1957 (BGBl. I S. 1081) i. d. F. vom 24. 9. 1980 (BGBl. I S. 1761) sowie der späterer Änderungsgesetze, insbesondere des Gesetzes vom 27. 2. 1985 (BGBl. I S. 457), zu beachten. Es muß bei diesem Hinweis verbleiben, weil dieses Gesetz keine speziellen Regelungen für das Bauvertragsrecht enthält und im übrigen der Gesetzgeber seine Anwendung und Auslegung im Einzelfall der Rechtsprechung überlassen hat. Allerdings ist auf die Erläuterungen Einl. Rdn. 70 f. sowie zur Frage von **Preisabsprachen** in Teil A § 25 Rdn. 13 ff. und Teil B § 8 Rdn. 138 ff., insbesondere auf die dort angeführten Urteile, hinzuweisen.

V. Abtretung des Vergütungsanspruches

101 1. Es ist **grundsätzlich möglich, daß der Auftragnehmer seinen Vergütungsanspruch an einen Dritten abtritt** (vgl. dazu auch Teil B § 16 Rdn. 338 ff.). Dies **muß jedoch** im Einzelfall **mit Treu und Glauben vereinbar** sein. So muß eine Teilabtretung als unzumutbar und daher als unwirksam angesehen werden, wenn zwischen dem Zedenten und dem Schuldner bereits ein Rechtsstreit über die Forderung anhängig ist und der Schuldner genötigt sein würde, diesen Streit wegen der Teilabtretung in einem weiteren Prozeß auszufechten (vgl. OLG Düsseldorf MDR 1981, 669). Andererseits ist die Abtretung einer Werklohnforderung eines Auftragnehmers an seine Ehefrau aus „prozeßtaktischen Erwägungen" grundsätzlich weder als Scheingeschäft noch wegen etwaiger Sittenwidrigkeit nichtig; derartige Erwägungen sprechen in der Regel nicht für eine bloße Einziehungsermächtigung, sondern für eine fiduziarische Übertragung des Vollrechtes (OLG München BauR 1985, 209). Zum Schuldnerschutz bei der Forderungsabtretung im Hinblick auf die §§ 404, 406 und 407 BGB eingehend Kornblum BB 1981, 1296.

102 Bestehen objektiv berechtigte und nicht ausräumbare Zweifel an der Wirksamkeit einer Abtretung, vor allem dann, wenn die Rechtswirksamkeit der Abtretung bestritten wird, kann der zahlungsbereite Schuld-

ner zu seinem Schutz den betreffenden Betrag gemäß § 372 BGB hinterlegen (vgl. OLG Köln VersR 1977, 563).

Zum Verhältnis zwischen Teilabtretung und Minderung siehe Teil B § 13 Rdn. 646. Zur Vollmacht des Architekten zur Entgegennahme von Abtretungserklärungen vgl. Teil B § 16 Rdn. 344 ff.

Es ist im übrigen keine angemessene Vertragsklausel und widerspricht Treu und Glauben, wenn ein Baubetreuer als Auftraggeber mit zahlreichen Besonderen oder Zusätzlichen von der VOB abweichenden Vertragsklauseln dem Auftragnehmer für den Fall, daß der Bauherr (Grundstückseigentümer) seinen Zahlungsverpflichtungen gegenüber dem Auftraggeber (Baubetreuer) nicht nachkommt, seine Ansprüche gegen den Bauherrn „an Zahlungs Statt" abtritt und der Auftragnehmer auf seinen direkten Anspruch gegen den Auftraggeber (Baubetreuer) verzichtet; eine solche Regelung ist unwirksam, und dem Auftragnehmer ist es weiterhin gestattet, seinen Vergütungsanspruch gegen den Auftraggeber (Baubetreuer) durchzusetzen (mit Recht OLG Frankfurt NJW 1975, 1662). Das gilt heute besonders auch im Hinblick auf § 9 AGB-Gesetz. **103**

Das Urteil des BGH vom 12. 2. 1959 (SFH Z 2.332 Bl. 25 ff.) befaßt sich mit der **Vorausabtretung beim verlängerten Eigentumsvorbehalt** in den Lieferungsbedingungen des Baustoffgroßhandels. Der BGH hat sich auf den Standpunkt gestellt, daß eine wirksame Abrede über den verlängerten Eigentumsvorbehalt des Baustoffhändlers vorliegt, wenn im Lieferungsvertrag ausdrücklich vereinbart ist, daß der Auftragnehmer dem Auftraggeber die gelieferten und eingebauten Baustoffe gesondert betragsgemäß in Rechnung zu stellen habe (Teil B § 14 Nr. 1). Zu beachten ist, daß die Vorausabtretung nicht wirksam wird, wenn die Lieferungsbedingungen des Baustoffhändlers der klaren Bestimmbarkeit ermangeln, weil in den vom Auftragnehmer dem Auftraggeber in Rechnung gestellten Einzel- oder Gesamtkosten neben den Lohn- und Stoffbeträgen noch anteilige reine Gemeinkosten, Gewinn und Wagnis enthalten sind. Zum Eigentumsvorbehalt bei Fertighausteilen Weimar MDR 1963, 818. Über Globalzession und verlängerten Eigentumsvorbehalt Schwerdtner NJW 1974, 1785. Zur Vorausabtretung vgl. auch Teil B § 16 Rdn. 351 ff. **104**

Hinsichtlich des Vergütungsanspruchs des Auftragnehmers gilt hier: Der Anwendungsbereich des Eigentumsvorbehalts beschränkt sich auf Kaufverträge und Werklieferungsverträge über vertretbare Sachen, so daß beim Werkvertrag weder Ansprüche aufgrund Eigentumsvorbehalts noch aufgrund verlängerten Eigentumsvorbehalts wirksam begründet werden können (OLG Frankfurt ZIP 1980, 274 mit abl. Anm. von Lambsdorff, der jedoch übersieht, daß bei Bauverträgen in der Grundlage kein Werklieferungsvertrag, sondern nur der Werkvertrag in Betracht kommt, weil das Grundstück, das der Auftraggeber für jede Bauleistung zur Verfügung stellen muß, die Hauptsache – vgl. § 651 Abs. 2 BGB – ist). **105**

2. Es ist möglich, im Bauvertrag ein **Abtretungsverbot** zu vereinbaren, etwa dahin gehend, daß der Auftraggeber dem Auftragnehmer **untersagt,** seinen Vergütungsanspruch für die Bauleistung ganz oder teilweise **an** einen **Dritten abzutreten** (vgl. § 399 BGB). Dann besitzt die Vergütungsforderung des Auftragnehmers keine Abtretungsfähigkeit, und sie kann **nur durch Zahlung an ihn befriedigt** werden. Derartige Abtretungsverbote haben oft ihren guten Sinn, indem sie dazu bestimmt sind, den Auftraggeber davor zu schützen, daß er sich statt nur mit einem Vertragspartner möglicherweise mit mehreren Abtretungsempfängern auseinandersetzen muß (BGH, Urt. vom 7. 7. 1966 – VII ZR 109/64). Ein Abtretungsverbot verstößt nur unter besonderen Umständen gegen Treu und Glauben (BGH a. a. O.) oder gegen die guten Sitten (BGH WM 1968, 195; BGHZ 51, 113 = SFH Z 2.332 Bl. 52 ff. = NJW 1969, 415 mit zust. Anm. von Stötter NJW 1969, 1064; BGHZ 56, 173 = NJW 1971, 1311 = MDR 1971, 748 = BB 1971, 800 = BlGBW 1971, 237). Dazu genügt es für den Bauvertrag noch nicht, daß dem Auftragnehmer die Möglichkeit genommen wird, die Werklohnforderung als Sicherungsmittel einzusetzen; dem können durchaus berechtigte Interessen des Auftraggebers gleichwertig gegenüberstehen, wie z. B. die Erhaltung des Nachbesserungsanspruches unter Zurückhaltung der Vergütung gerade gegenüber dem Auftragnehmer, der außerdem dem Auftraggeber besser bekannt ist als dritte Abtretungsempfänger (OLG Hamburg MDR 1978, 313). Eine dennoch vom Auftragnehmer an einen Dritten – etwa einen Baustofflieferanten – **106**

vorgenommene Abtretung ist nach § 306 BGB nichtig. Allerdings kann sie durch spätere Genehmigung des Schuldners (hier Auftraggebers) wirksam werden (OLG Celle NJW 1968, 652; a. A., jedoch unzutreffend OLG München MDR 1962, 405), und zwar ohne daß die Kenntnis des Genehmigenden vom Abtretungsverbot vorausgesetzt wird (OLG Celle a. a. O.). Eine solche Genehmigung ist aber lediglich als **Einverständnis mit der Aufhebung des vertraglichen Abtretungsverbotes** anzusehen; sie wirkt daher nicht auf den Zeitpunkt der Abtretung zurück, vielmehr erst ab der Aufhebung des Abtretungsverbotes, weswegen z. B. zwischen der Abtretung und deren Genehmigung ausgebrachte Forderungspfändungen von Gläubigern des Forderungsberechtigten (Auftragnehmers) wirksam bleiben (BGH MDR 1978, 486 = Betrieb 1978, 736 = BB 1978, 1086 mit krit. Anm. von Denck BB 1978, 1086, der jedoch nicht beachtet, daß grundsätzlich dem Vertrauen – auch Dritter – in den Fortbestand des Abtretungsverbotes Vorrang einzuräumen ist). Allgemein zu den Gefahren des vertraglichen Abtretungsverbots für den Schuldner der abgetretenen Forderung Huber NJW 1968, 1905. **Vertraglich vereinbarte Abtretungsverbote erfassen grundsätzlich nicht Vorgänge, die sich auf den Auftragnehmerbereich beschränken und nicht darüber hinausgehen.** So ergreift ein mit einer Gesellschaft bürgerlichen Rechts als Auftragnehmerin vereinbartes Abtretungsverbot nicht die Einbringung dieser Forderung in eine neu gegründete GmbH (KG NJW-RR 1988, 852).

107 3. Auch ist zwischen den Bauvertragspartnern die Vereinbarung möglich, daß die Abtretung der Vergütung der **Zustimmung des Auftraggebers** bedarf. Eine solche Vereinbarung, wie sie z. B. in Nr. 10 der Besonderen Vertragsbedingungen der Deutschen Bundespost enthalten ist, bestimmt den Inhalt der Forderung als solcher und begründet die Anwendbarkeit des § 399 Halbsatz 2 BGB (vgl. BGH MDR 1977, 1012). Wird vom Auftragnehmer eine solche Abtretung dennoch ohne Zustimmung des Auftraggebers vorgenommen, so ist sie nicht nur diesem, sondern **auch Dritten gegenüber** unwirksam (vgl. dazu BGHZ 40, 156 = NJW 1964, 243 = MDR 1964, 136 = BB 1963, 1400 = LM BGB § 399 Nr. 9 Anm. Rietschel; BGHZ 56, 173 = NJW 1971, 1311 = MDR 1971, 748 = BB 1971, 800 = BlGBW 1971, 237).

Die vorgenannte Entscheidung befaßt sich auch mit der Frage, ob sich eine Bank, die aufgrund einer nach § 138 BGB nichtigen Globalzession eine Forderung des Auftragnehmers eingezogen hat, gegenüber dem Bereicherungsanspruch des Baustoffhändlers, der unter verlängertem Eigentumsvorbehalt an den Auftragnehmer geliefert hatte, sich auf die Nichtabtretbarkeit der Bauforderung berufen kann. Der insoweit ablehnenden Anmerkung von Olschewski ist beizutreten (NJW 1971, 2307). Verwendet ein Auftragnehmer, der sich auf eine Vereinbarung, **daß die Abtretung des Vergütungsanspruches der Zustimmung des Auftraggebers bedarf,** eingelassen hat, bei der Ausführung der von ihm übernommenen Arbeiten Baustoffe, die er unter verlängertem Eigentumsvorbehalt bezogen hat, so haftet der Auftraggeber, wenn er lediglich den Einbau des Materials duldet, dem Baustofflieferanten wegen des diesen treffenden Eigentumsverlustes nicht aus unerlaubter Handlung nach § 823 Abs. 1 BGB; in einem solchen Fall kann sich der Baustofflieferant nur an seinen Vertragspartner halten; ihm steht daneben kein Bereicherungsanspruch nach den §§ 951 Abs. 1 Satz 1, 812 Abs. 1 Satz 1 BGB gegen den Auftraggeber zu (BGHZ 56, 228 = MDR 1971, 743 = NJW 1971, 1750 = SFH Z 2.332 Bl. 67 = BlGBW 1971, 233 = BB 1971, 889).

108 Die Abrede in einem Bauvertrag, durch welche die Abtretung des Vergütungsanspruches des Auftragnehmers **beschränkt,** insbesondere von der Zustimmung des Auftraggebers abhängig gemacht worden ist, muß auch der Konkursverwalter über das Vermögen des Auftragnehmers gegen sich gelten lassen (BGH a. a. O.). Es ist ohne Verstoß gegen § 138 BGB oder § 9 AGB-Gesetz möglich, die Abtretung nur eingeschränkt zu gestatten, nämlich zu verlangen, daß sie auf einem bestimmten Formblatt und mit der genauen Bezeichnung des Auftrags erfolgt, wobei in letzterer Hinsicht eine Globalzession von Forderungen von A bis Z nicht ausreicht (OLG Hamm, Urt. vom 9. 1. 1985 – 11 U 144/84 – = Lambsdorff EWiR § 9 AGBG 3/85, 229).

109 4. Möglich ist auch, daß nach § 399 BGB die **Abtretung** eines die Vergütung betreffenden

Anspruches **ausgeschlossen** ist, weil sonst die Leistung an einen anderen als den ursprünglichen Gläubiger **nicht ohne Veränderung ihres Inhaltes erfolgen kann** und demgemäß auch Unpfändbarkeit dieser Forderung nach § 851 Abs. 1 ZPO vorliegt. Das kann sich vornehmlich aus der **Zweckbindung** dieser Forderung ergeben, wobei u. a. insbesondere an eine treuhänderische Zweckgebundenheit zu denken ist. Für den VOB-Vertrag ist dazu vornehmlich an eine vereinbarte **Vorauszahlung**, insbesondere nach Teil B § 16 Nr. 2, zu denken, weil diese gerade die Ausführung des Leistungsteils, auf den die Vorauszahlung bezogen ist, sicherstellen soll (vgl. dazu BGH BauR 1978, 499 = Betrieb 1978, 1493 = SFH § 851 ZPO Nr. 1 für den Fall von Vorschüssen auf Architektenhonorar). Auf eine dadurch gegebene Unpfändbarkeit kann sich auch ein Drittschuldner, wie der Auftraggeber, berufen, jedenfalls für den Bereich des § 399 BGB, also auf eine **materiell-rechtlich begründete Unpfändbarkeit**; vor allem kann er eine entsprechende Einrede erheben, wenn er von einem Pfändungsgläubiger auf Zahlung verklagt wird (BGH a. a. O.).

B. Generalklausel für die Vergütung in Teil B § 2 Nr. 1

Für die dem Auftragnehmer **beim VOB-Vertrag** geschuldete Vergütung ist in **Nr. 1 eine Generalklausel** enthalten. Hiernach werden durch die vereinbarten Preise alle Leistungen abgegolten, die nach der Leistungsbeschreibung, den Besonderen Vertragsbedingungen, den Zusätzlichen Vertragsbedingungen, den Zusätzlichen Technischen Vertragsbedingungen, den Allgemeinen Technischen Vertragsbedingungen und der gewerblichen Verkehrssitte zu der vertraglichen Leistung, worunter die **nach dem Vertrag geschuldete Gesamtleistung** zu verstehen ist, gehören. Hierbei handelt es sich um eine **abschließende Aufzählung** mit bestimmten, auf den jeweiligen Vertrag bezogenen Kriterien. Dabei fällt auf, daß die **hier gewählte Aufzählung für den Bereich der Vergütung in gleicher Reihenfolge gebracht ist**, wie sie für den Leistungsbereich bereits in Teil B § 1 Nr. 2 enthalten ist. Dies bedeutet, daß es sich nicht um eine wahllose Aufreihung von möglichen Vertragsbestandteilen handelt, sondern daß sie **bei Widersprüchen** den Vorrang des jeweils vorangehend genannten vor dem nächsten zum Ausdruck bringt. Somit gelten im Falle von **Widersprüchen** auch für den Bereich des Vergütungsanspruches die **gleichen Grundsätze** wie für den in § 1 Nr. 2 VOB/B angesprochenen Leistungsbereich (vgl. Teil B § 1 Rdn. 14 ff.). Wird z. B. in einem bestimmten Vertrag die Vergütung für den Auftragnehmer auf andere Weise individueller geregelt, als sie sich aus Teil B § 2 Nr. 2 ff. ergibt, so handelt es sich um eine Besondere Vertragsbedingung, die Vorrang vor den genannten Regelungen beansprucht. Die außerdem hier genannte **gewerbliche Verkehrssitte** (vgl. dazu Rdn. 122 f.) ist dabei immer **letztrangig** zu betrachten, und sie kommt nur dann zur Anwendung, wenn die anderen Vertragsbestandteile keine Aussage zur betreffenden, konkret auftauchenden Frage enthalten, also schweigen. Wie hier im Grundsatz auch Weick in Nicklisch/Weick Teil B § 2 Rdn. 17.

110

Werden vom Auftragnehmer, etwa auf der Grundlage von Teil B § 1 Nr. 3 oder 4, veränderte oder zusätzliche und **bisher** vertraglich nicht vereinbarte Leistungen erbracht, so sind ihm diese grundsätzlich vom Auftraggeber **gesondert zu vergüten, sofern nicht** auch diese darauf bezogenen Vergütungen ohnehin unter die vorgenannten Einzelmerkmale in Nr. 1 fallen (vgl. dazu auch Rdn. 6 ff.). Für einen etwaigen weiteren Vergütungsanspruch des Auftragnehmers wegen veränderter oder zusätzlicher, von der bisherigen Preisabsprache nicht erfaßter Leistungen haben vor allem die Vorschriften in Teil B § 2 Nr. 5 und 6 erhebliche Bedeutung (vgl. Rdn. 256 ff. und 289 ff.). Gleiches gilt im Hinblick auf Nr. 4 im Falle des nachträglichen Wegfalles ursprünglich vereinbarter Leistungen oder Teilleistungen.

111

I. In der Leistungsbeschreibung enthaltene Leistungselemente

112 Zunächst ist **durch den vertraglich vereinbarten Preis** die **Leistung abgegolten,** die in der **Leistungsbeschreibung aufgeführt** ist. Erforderlicher Inhalt und Umfang der Leistungsbeschreibung ergeben sich aus Teil A § 9, wobei es sich entweder um eine Beschreibung mit Leistungsverzeichnis (Teil A § 9 Nr. 3–9) oder um eine Beschreibung mit Leistungsprogramm (Teil A § 9 Nr. 10–12) handelt. Das gilt hier vornehmlich auch im Hinblick auf die Preise, die im allgemeinen gerade in der Leistungsbeschreibung im Angebotsverfahren nach ordnungsgemäßer Kalkulation zu benennen sind, vgl. Teil A § 6 Nr. 1. In vielen Fällen sind etwa vorhandene **Zeichnungen sowie Berechnungen** (z. B. Statik) hinzuzuziehen, weil sie die Art und den Umfang der gewollten und zu erbringenden Leistung verdeutlichen. Maßgebend für die Beurteilung ist, ob im Leistungsverzeichnis selbständige Positionen aufgeführt sind, für die im Angebot und dementsprechend im Vertrag besondere Vergütungsansätze gemacht sind; dies geht dann etwa anderen Regelungen in den Technischen Vertragsbedingungen vor, wie sich schon aus der Auslegungsregel in Teil B § 2 Nr. 1 ergibt (vgl. in diesem Zusammenhang wegen der Abrechnung von Leibungsputzarbeiten OLG München NJW-RR 1987, 1500).

113 Zu etwaigen **Ansprüchen des Auftragnehmers bei unvollständiger oder unrichtiger Leistungsbeschreibung** vgl. Teil A § 9 Rdn. 13 ff. Soweit ihm in dem dort gekennzeichneten Rahmen ein Schadensersatzanspruch zuzuerkennen ist, besteht dieser im allgemeinen aus einer ihm zu entrichtenden angemessenen Vergütung.

114 Ergibt sich aus der dem Bauvertrag zugrundeliegenden Leistungsbeschreibung ein **Wahlschuldverhältnis** i. S. der §§ 262 ff. BGB („Farbton nach Wahl der Bauleitung"), so ist die nach der Wahl auszuführende Leistung durch den vertraglich vereinbarten Preis abgegolten (BGH SFH Z 2.311 Bl. 5 ff.). Das gilt nicht, wenn die Ausübung des Wahlrechts gegen Treu und Glauben verstößt. Dabei ist das Urteil des BGH vom 27. 6. 1957 – VII ZR 293/56 – zu beachten, wonach dem Auftragnehmer unter Berücksichtigung von Treu und Glauben eine Erhöhung der vereinbarten Vergütung nur zugestanden werden kann, wenn die bei Ausführung der Arbeiten entstandenen Schwierigkeiten jedes bei Vertragsabschluß voraussehbare Maß übersteigen und der Auftragnehmer bei Einhaltung seiner vertraglichen Verpflichtungen zu Aufwendungen gezwungen wäre, die zu der ihm eingeräumten Vergütung in keinem vertretbaren Verhältnis stehen, oder wenn die mit der Durchführung der übernommenen Arbeiten verbundenen Kosten in Anbetracht seiner wirtschaftlichen Verhältnisse und des Umfanges seines Unternehmens im Verhältnis zu dem ihm vertraglich zugestandenen Werklohn so hoch sind, daß ihm ein Festhalten am Vertrag schlechterdings nicht zuzumuten ist. Eine Verdoppelung der Kosten ist für sich allein noch nicht ausschlaggebend. Maßgebend ist vielmehr, wie der Auftragnehmer bei objektiver Betrachtung seine vertragliche Verpflichtung hat verstehen können und müssen.

115 Wird der Vertrag auf der Grundlage einer **bestimmten Ausführungsart** abgeschlossen, erweist sich diese als **unmöglich** und wird die Leistung dann **ohne entsprechende Anordnung oder entsprechendes Einverständnis des Auftraggebers** nach einer anderen Art ausgeführt, so hat der Auftragnehmer hierfür **grundsätzlich keinen zusätzlichen Vergütungsanspruch,** weil dieser Fall von den Ausnahmeregeln in Teil B § 2 Nr. 3–6, 8 im allgemeinen nicht ohne weiteres erfaßt ist (vgl. dazu Vor Teil B §§ 8 und 9 Rdn. 17 ff.).

II. Leistungen gemäß den Vertragsbedingungen und Technischen Vertragsbedingungen

116 Durch den vereinbarten Preis gilt ferner die Leistung als abgegolten, die sich aus den **Vertragsbedingungen und den Technischen Vertragsbedingungen** (Besondere oder/und Zusätzliche Vertragsbedingungen, Zusätzliche oder/und Allgemeine Technische Vertragsbedingungen) ergibt (über das mögliche Eingreifen von Verbotsnormen des **AGB-Gesetzes** vgl.

Teil A § 10 Rdn. 77 ff.). In Betracht kommen danach vor allem Leistungen, die nicht in der Leistungsbeschreibung aufgeführt sind, die sich aber aus den vorgenannten, in Nr. 1 angeführten anderen Bedingungen ergeben.

1. Dabei fällt auf, daß hier für den Bereich der Vertragsbedingungen nur die Besonderen oder Zusätzlichen Vertragsbedingungen (vgl. dazu Teil A § 10 Rdn. 6 ff.) erwähnt sind, **nicht aber die Allgemeinen Vertragsbedingungen des Teils B.** Damit sind diese, soweit darin über die Regelungen von Teil B § 2 hinaus in anderen Bestimmungen Pflichten des Auftragnehmers aufgeführt sind, **keinesfalls von der hier erörterten Regelung der Nr. 1 ausgenommen; sie sind vielmehr auch davon erfaßt, so daß sich die vereinbarte Vergütung auch darauf bezieht.** Das ergibt sich allein daraus, daß Nr. 1 die Vereinbarung der Allgemeinen Vertragsbedingungen voraussetzt (so auch Weick in Nicklisch/Weick Teil B § 2 Rdn. 16). Daher ist (entgegen Brandt BauR 1982, 524) u. a. **auch die grundlegende Regelung in Teil B § 4 Nr. 2 Abs. 1 mit einzubeziehen,** wonach die vertragsgerechte Ausführung die **Beachtung der anerkannten Regeln der Technik und der gesetzlichen und behördlichen Bestimmungen voraussetzt.** Auch die damit verbundenen Aufwendungen werden von der vereinbarten Vergütung erfaßt, abgesehen davon, daß dies **auch mit zu der ausdrücklich zusätzlich erwähnten gewerblichen Verkehrssitte** (vgl. Rdn. 122 f.) gehören würde. Hiernach sind in die vereinbarte Vergütung einzubeziehen: die Besonderen Vertragsbedingungen, die Zusätzlichen Vertragsbedingungen, **die Allgemeinen Vertragsbedingungen,** die Zusätzlichen Technischen Vertragsbedingungen, die Allgemeinen Technischen Vertragsbedingungen sowie die gewerbliche Verkehrssitte. **Unberührt bleiben davon natürlich Sonderregelungen, die von Teil B § 2 Nr. 3–9 erfaßt sind.**

Über alle diese Vertragsbedingungen muß der Auftragnehmer gut unterrichtet sein, wenn er einen VOB-Vertrag abschließt und es dann an die Ausführung der Leistung geht.

2. Es gehören hierher **auch die Kosten einer Nachbesserung der Leistung, weil der Auftragnehmer vertraglich ein mängelfreies Werk schuldet.** Über deren Umfang vgl. Teil B § 13 Rdn. 474 ff.
Dazu auch Clemm (BB 1986, 616): Anders ist es nur, wenn die Parteien insoweit eine hinreichend klare Vergütungsvereinbarung getroffen haben. Dies gilt wiederum nicht, wenn die Vertragspartner eine Unentgeltlichkeit der Nachbesserung vereinbart haben. In beiden Fällen sind sie an die getroffene Vereinbarung gebunden. Ähnliches wie im zweiten Fall gilt, wenn der Auftragnehmer zweifelsfrei zur Beseitigung eines Mangels aufgefordert wird und er dem Folge leistet, da dann für den Auftragnehmer das eindeutig erkennbare kostenlose Beseitigungsverlangen vorliegt und er deshalb von einem vergütungsfreien Anspruch des Auftraggebers ausgehen muß. Erkennt der Auftragnehmer dann, daß er nicht zur Beseitigung verpflichtet ist, weil kein Mangel seiner Leistung vorliegt, so ist er berechtigt, aber auch verpflichtet, dem Auftraggeber Anzeige zu machen, dessen Entschließung abzuwarten und gegebenenfalls bis zur Bereitschaft des Auftraggebers, die Leistung zu bezahlen, die Arbeit einzustellen. Gleiches gilt, wenn der Auftragnehmer von Anfang an – zu Recht – seine Verantwortlichkeit in Abrede stellt, hier besonders im Hinblick auf § 632 Abs. 1 BGB; auch dann muß der Auftragnehmer dem Auftraggeber hinreichend deutlich entgegenhalten, daß er keine kostenlose Mängelbeseitigung erwarten kann, sondern eine angemessene Vergütung zu entrichten hat, andernfalls auch hier Kostenlosigkeit gegeben ist. Ist der Auftraggeber für die Entstehung des Mangels mitverantwortlich, so ist er nach entsprechendem Verlangen des Auftragnehmers zur Zahlung eines Kostenbeitrages verpflichtet (vgl. dazu Teil B § 13 Rdn. 603). Die Mängelursache muß im Streitfall vor der Abnahme der Auftragnehmer, nach der Abnahme der Auftraggeber beweisen (vgl. Teil B § 13 Rdn. 163 ff.).

3. Vertragsbedingungen sind des weiteren nicht nur solche, die sich ausdrücklich aus den Vertragsunterlagen ergeben. Vielmehr ist hier gerade im Hinblick auf die Vergütung des

Auftragnehmers der sogenannte „Risikobereich" mit einzubeziehen, wobei jedoch **gewisse Einschränkungen** geboten sind. Typisches Beispiel sind die **Bodenverhältnisse** am Ort der Bauleistung. Diese können so beschaffen sein, daß sie bei der Auftragsvergabe bei aller gebotenen Anspannung weder durch den Auftraggeber hinreichend ermittelt noch durch den Auftragnehmer im Rahmen des ihm Zumutbaren nachgeprüft werden können (ähnlich BGH BB 1971, 290; a. A., jedoch mit zu einseitiger Betrachtung, Brandt a. a. O.). Es können sich also bei der Bauausführung ausgesprochen unliebsame Überraschungen, d. h. Erschwernisse, ergeben, die zu ganz aufwendigen, die bisherige vertragliche Vergütung überhaupt nicht mehr rechtfertigenden Baumaßnahmen führen können. In diesem Fall wird man sagen müssen, daß die **vereinbarte Vergütung diese Erschwernisse nicht erfaßt,** daher die – **unvorhersehbar** – aufgetretenen Erschwernisse **gesondert zu vergüten** sind, da nämlich der Baugrund – besser: das Baugrundstück – in den **Risikobereich des Auftraggebers** fällt, weil es von diesem zur Verfügung gestellt wird (vgl. LG Köln SFH § 6 Nr. 6 VOB/B Nr. 2 für den Fall des unvorhergesehenen Auftretens einer Sandlinse, die den Einsatz von Zwischenbühnen nötig macht). Ähnliches gilt z. B. auch für unvorhergesehene **Grundwasserverhältnisse.** Diese Gesichtspunkte kann man auch unter dem Begriff „gewerbliche Verkehrssitte" (vgl. Rdn. 122 f.) sehen.

120 Dabei bedürfen die vorgenannten Folgen jedoch immer einer **engen Auslegung;** sie kommen nur dann in Betracht, wenn sie bei **aller zumutbaren Überprüfung** bei Auftragsvergabe **nicht voraussehbar** waren. Sie beziehen sich auch lediglich auf unvorhergesehene zusätzliche aufwendige Baumaßnahmen, die durch erschwerte Bodenverhältnisse bzw. Grundwasserverhältnisse bedingt sind, nicht dagegen auf die Bewältigung der Bodenverhältnisse selbst, z. B. im Zuge von Ausschachtungsarbeiten. Daher geht es keinesfalls an, die nach DIN 18 300 Nr. 2 innerhalb des Rahmens einer Bodenklasse liegenden Erschwernisse zum Anlaß zu nehmen, ein Abgehen vom vertraglich vereinbarten Preis zu rechtfertigen. Dasselbe dürfte gelten, wenn es um die vergütungsmäßige Abgeltung bei unerwartetem Antreffen einer schwierigeren als der angenommenen Bodenklasse geht, sofern die Bodenklasse im Vertrag nicht ausdrücklich bezeichnet ist. Insoweit kann allerdings eine Behinderung der ordnungsgemäßen Ausführung der Leistung im Sinne von Teil B § 6 Nr. 1 vorliegen, die bei Verschulden des Auftraggebers – z. B. unzulänglichen Angaben im Leistungsverzeichnis unter Verstoß gegen Teil A § 9 Nr. 1 und 4 Abs. 4 – zu einem Schadensersatzanspruch nach Teil B § 6 Nr. 6 führen kann (vgl. zum Begriff der Behinderung bei unerwarteten Bodenverhältnissen Teil B § 6 Rdn. 6 ff. sowie Daub/Piel/Soergel/Steffani, ErlZ B 6.11).

121 Im übrigen kann eine **einseitige Risikoabwälzung** auf den Auftragnehmer in Allgemeinen Geschäftsbedingungen – insbesondere Zusätzlichen Vertragsbedingungen – des Auftraggebers **gegen § 9 AGB-Gesetz verstoßen,** etwa eine Bestimmung, daß die vereinbarte Vergütung alle Arbeiten erfaßt, die zur ordnungsgemäßen Erbringung der Leistung nötig sind, gleichgültig, ob vorhersehbar oder nicht. Darin kann **auch ein Verstoß gegen die §§ 3 oder/und 5 AGB-Gesetz** liegen. Gleiches gilt für die Verpflichtung des Auftragnehmers, über seinen Auftrag hinaus weitergehende Leistungen zu erbringen, ohne dafür eine gesonderte Vergütung zu erhalten, wie z. B. die Bestimmung, der Rohbauunternehmer habe die Baustelleneinrichtung einschließlich der Versorgungsleitungen bis zur Fertigstellung des Bauvorhabens kostenlos vorzuhalten. Ebenso trifft dies auf eine AGB des Auftraggebers zu, wonach der Auftragnehmer die Gerüste auf seine Kosten zu erstellen und so lange vorzuhalten hat, daß sie durch andere Unternehmer mitbenutzt werden können (vgl. OLG München BauR 1986, 579 = Betrieb 1986, 739 = MDR 1986, 408 = NJW-RR 1986, 382 = SFH § 9 AGBG Nr. 30 = BB 1986, 554). Zur Auslegung der sogenannten Bagatell- und Selbstbeteiligungsklausel nach der ZVStra 1973 Ziff. 2.36 vgl. Teil A § 15 Rdn. 26 ff.

III. Gewerbliche Verkehrssitte – Mehrwertsteuer

122 1. Schließlich ist noch die **gewerbliche Verkehrssitte** angeführt. Das bedeutet, daß auch diejenigen Leistungen durch den Preis mit abgegolten sind, die nach der **Auffassung der betreffenden Fachkreise** am Ort der Leistung als **mit zur Bauleistung gehörig zu betrach-**

ten sind. Dazu **zählen auch** die für die betreffende Leistung einschlägigen **anerkannten allgemeinen Regeln der Technik** (vgl. aber auch Rdn. 116 ff.). Auch ohne Vereinbarung der VOB ist im übrigen die gewerbliche Verkehrssitte nach § 157 BGB heranzuziehen. Wenn sie in Nr. 1 besonders hervorgehoben ist, so deshalb, weil es nicht nur um die Frage geht, was mit der vereinbarten Vergütung alles abgegolten ist, sondern auch darum, was der **Auftragnehmer** für diese Vergütung dem Auftraggeber **alles an Leistung schuldig ist.** Darüber geben im allgemeinen zwar regelmäßig schon die in erster Linie zu beachtenden konkreten Vertragsbestandteile (vgl. Rdn. 112 ff.) Auskunft, so daß es in diesen Fällen nicht mehr der Heranziehung der gewerblichen Verkehrssitte bedarf. Hier kann es sich also nur um die **Schließung von Lücken** handeln, was in der Praxis im Regelfall nur geringfügige Leistungselemente erfassen wird. Jedenfalls zählen die für den Einheitspreisvertrag in Teil B § 2 Nr. 3–6 oder für den Pauschalvertrag in Teil B § 2 Nr. 4–6 und 7 erfaßten Bereiche nicht schon zur gewerblichen Verkehrssitte. Das wird durch die in der VOB selbst enthaltenen ausdrücklichen Preisänderungsmöglichkeiten ausgeschlossen (insoweit zutreffend Brandt BauR 1982, 524).

Zur Frage der gewerblichen Verkehrssitte ist zu erwähnen: Zuzustimmen ist dem OLG Düsseldorf (SFH Z 2.301 Bl. 10 ff.), wonach ein Pauschalvertrag (VOB/A § 5 Nr. 1 b und VOB/B § 2 Nr. 1 und 2) über Erd-, Mauer-, Beton- und Stahlbetonarbeiten gemäß Zeichnungen und Leistungsverzeichnis alle Bauarbeiten umfaßt, die nach der gewerblichen Verkehrssitte zur vertraglichen Leistung gehören. Nicht gefolgt werden kann dagegen dem LG Berlin (vgl. SFH Z 2.300 Bl. 2 f.), wonach ein angemessener Baupreis auch dann noch vorliegen soll, wenn dieser 15 % höher ist als die vom Sachverständigen für angemessen erachtete Vergütung, weil eine solche Differenz bei Kostenanschlägen im Baugewerbe üblich und mit dem Begriff der Verkehrssitte gemäß Treu und Glauben zu vereinbaren sei. Es geht im Rahmen einer Auslegung der Verkehrssitte nach Nr. 1 nicht darum, lediglich Erhöhungsprozentsätze nach allgemeinen Erfahrungssätzen festzustellen. Vielmehr ist zu untersuchen, **was zur vereinbarten Leistung gehört** und demnach durch die Vergütung abgegolten ist oder was nicht dazu gehört und daher einer besonderen Vergütung bedarf. Der Begriff „Erschließungskosten" in einem Bauvertrag mit einem gemeinnützigen Wohnungsunternehmen erfaßt grundsätzlich alle Kosten, die in der Anlage 1 zur II. Berechnungsverordnung (BGBl. I 1970, 1682; I 1972, 857) als Erschließungskosten aufgeführt sind (OLG Hamm BauR 1977, 205 mit Anm. Enaux). 123

2. Die **Mehrwertsteuer** kann **nicht** ohne weiteres – auch nicht aus Gründen der gewerblichen Verkehrssitte – dem vereinbarten Preis **hinzugerechnet** werden, **wenn nicht** die Vertragspartner bei Vertragsabschluß oder später solches **vereinbart** haben (wie z. B. im Falle von Teil B § 2 Nr. 3 Abs. 3). Grundsätzlich schließt die Absprache eines bestimmten Preises die Mehrwertsteuer mit ein, sie kann ohne besondere Vereinbarung (wie z. B. durch besonderen Ansatz in dem zum Vertragsgegenstand gewordenen Angebot) nicht schon dem Vertragspreis hinzugerechnet werden (OLG Oldenburg NJW 1969, 1486 = BB 1969, 1287; OLG Köln NJW 1971, 894 m. w. N.; OLG Hamm Betrieb 1973, 125; BGH WM 1973, 677; OLG München NJW 1970, 661; vgl. auch Honig BB 1975, 447). Dies gilt gerade auch für den Bereich des Werkvertrages und findet auf den VOB-Vertrag ebenfalls Anwendung (vgl. OLG Düsseldorf BauR 1971, 121; OLG Bremen BB 1971, 1384). Das betrifft nicht nur den Einheitspreisvertrag (so OLG Karlsruhe BauR 1972, 243 = NJW 1972, 451), sondern auch die anderen Vergütungsarten (Pauschal-, Stundenlohn- und Selbstkostenerstattungsvertrag). Für eine besondere Vereinbarung des Mehrwertsteueransatzes reicht allerdings auch eine Vertragsbestimmung dahin gehend „Die Preise verstehen sich netto plus Mehrwertsteuer von z. Z. 11 %"; dann ist die Mehrwertsteuer vom Auftraggeber gesondert zu bezahlen (LG Mönchengladbach NJW 1972, 1719); nicht ausreichend, weil mehrdeutig, ist dagegen die bloße Formulierung „Preise sind Nettopreise MWSt" (OLG München NJW 1970, 661). 124

Ausnahmen von dem Gesagten können nur dann zugelassen werden, wenn es sich bei den Bauvertragspartnern um **beiderseits im Handelsregister eingetragene, vorsteuerabzugsberechtigte Unternehmer handelt;** insoweit hat sich ein sogenanntes **Nettodenken** als **Handelsbrauch** durchgesetzt (vgl. Schaumburg/Schaumburg NJW 1975, 1261; a. A. wohl OLG 125

Düsseldorf NJW 1976, 1268, weswegen es sich sicherheitshalber auch hier empfiehlt, den Mehrwertsteueransatz gesondert zu vereinbaren). Dagegen dürfte im **nichtkaufmännischen Bereich** eine Klausel in AGB (insbesondere Zusätzlichen Vertragsbedingungen), wonach sich die „angegebenen Preise immer zuzüglich Mehrwertsteuer verstehen", **gegen § 9 AGB-Gesetz verstoßen,** da ein regelmäßig beim Bauvertrag individualvertraglich vereinbarter Preis nicht dadurch im Wege von AGB einseitig mit der Wirkung einer Preiserhöhung geändert werden kann, daß dem Vertragspartner des Verwenders (hier dem Auftraggeber) zusätzlich – generell – die Steuer auferlegt wird (vgl. BGH WM 1973, 677).

126 Die nach Art. 5 Nr. 1 des **Haushaltsbegleitgesetzes 1983 vom 20. 12. 1982** (BGBl. I S. 1857) **zum 1. 7. 1983 wirksam gewordene Erhöhung des Mehrwertsteuersatzes** von 13 % auf 14 % gilt für Bauleistungen, die **nach dem 30. 6. 1983 bewirkt** wurden. Das betrifft in erster Linie nach diesem Zeitpunkt abgeschlossene und demgemäß ausgeführte Bauverträge. Für bereits vorher abgeschlossene, jedoch noch nicht ganz oder teilweise erfüllte Verträge ist der Zeitpunkt der Fertigstellung bzw. Abnahme der betreffenden Leistungen ausschlaggebend, wobei es für schon erbrachte Teilleistungen darauf ankommt, ob sie wirtschaftlich abgrenzbar sind, hierfür eine Vergütung besonders vereinbart ist und sie demnach statt der einheitlichen Gesamtleistung geschuldet werden. Über die Anerkennung von vor dem 1. 7. 1983 bewirkte Teilleistungen vgl. Schr. d. Bundesministers der Finanzen vom 29. 4. 1983 (BStBl. 1983 I S. 299 Tz. 27). Anderenfalls ist die Fertigstellung der Gesamtleistung maßgebend, was häufig mit dem Zeitpunkt der Abnahme dokumentiert werden kann. Vgl. dazu näher auch sonst das bereits genannte Schreiben des Bundesministers der Finanzen sowie Teichgräber, Bauwirtschaft 1983, 1025 und 1054.

127 Allerdings muß hier für den Bereich Zusätzlicher Vertragsbedingungen (vgl. insoweit Teil A § 10 Rdn. 111 f.) **§ 11 Nr. 1 AGB-Gesetz beachtet** werden, wonach eine in AGB gegenüber Nichtkaufleuten vorgesehene **Erhöhung des Entgelts** u. a. für Leistungen für die Zeit **innerhalb 4 Monaten nach Vertragsabschluß** untersagt ist, sofern die Leistungen in dieser Zeit erbracht werden sollen. So ist eine vorformulierte Klausel „Änderungen des Umsatzsteuersatzes berechtigen beide Teile zur entsprechenden Preisanpassung" unwirksam, sofern nicht zum Ausdruck gebracht wird, daß diese Klausel nur für die Zeit nach Ablauf von 4 Monaten nach Vertragsabschluß gilt (so insbesondere BGHZ 77, 79 = BB 1980, 906 = Betrieb 1980, 1391 = JZ 1980, 529 = NJW 1980, 2133 = WM 1980, 739 = MDR 1980, 841 = LM AGBG Nr. 21 a = ZIP 1980, 441; BGH BB 1981, 520 = Betrieb 1981, 983; OLG Frankfurt NJW 1979, 985 = Betrieb 1979, 689). Über Mehrwertsteuer-Anpassungsklausel und AGB-Gesetz (Festpreisklausel) vgl. auch Creutzig Betrieb 1978, 2253.

128 Ist für die Berechnung der Mehrwertsteuer aus tatsächlichen oder rechtlichen Gründen der anzuwendende Steuersatz ernstlich zweifelhaft, so erfüllt der Unternehmer (Auftragnehmer) seine privatrechtliche Verpflichtung, eine Rechnung mit gesondert ausgewiesener Steuer auszustellen, bereits dann, wenn der in der Rechnung zugrunde gelegte Steuersatz vertretbar und dem Unternehmer der Ausweis eines höheren Steuerbetrages mit Rücksicht auf die Zweifel, die an dessen Berechtigung bestehen, und auf die Steuerschuld bei überhöht ausgewiesenem Betrag (§ 14 Abs. 2 UStG 1967) nicht zumutbar ist; in diesem Falle hat das ordentliche Gericht nicht zu prüfen, ob der ausgewiesene Steuerbetrag „objektiv richtig ist" (BGH BauR 1980, 471 = Betrieb 1980, 1840 = NJW 1980, 2710). Zur Höhe umsatzsteuerrechtlichen Entgelts im Verfahren auf Rechnungserteilung gemäß § 14 Abs. 1 UStG, wenn der beklagte Bauunternehmer die Zins- und Finanzierungslasten während der Bauzeit gegen Festpreis übernommen hat, diese aber höher ausfallen, OLG München BB 1980, 1445 mit zutreffender abl. Anm. von Weiss.
Stellt ein Auftragnehmer, der sich zur Durchführung bestimmter Baumaßnahmen unter Verwendung selbstbeschaffter Hauptstoffe verpflichtet hat, die Arbeiten vorzeitig und endgültig ein, kann das bis dahin errichtete halbfertige Werk Gegenstand einer anderweitigen, hinter der ursprünglichen Vereinbarung zurückbleibenden Leistung sein (BFH BB 1980, 1412 = ZIP 1980, 800 zu §§ 1 Abs. 1, 3 Abs. 1 UStG; dazu Meierkord Betrieb 1981, 1208).

129 Fällt der **Auftraggeber** vor der Fertigstellung der vertraglichen Leistung in **Konkurs** und lehnt der Konkursverwalter die weitere Erfüllung des Bauvertrages ab, so beschränkt sich der Leistungsaustausch zwischen Auftragnehmer und Auftraggeber auf den vom Auftragnehmer geleisteten Teil der vertraglichen Bauleistung, der gemäß § 26 KO nicht mehr zurückgefordert werden kann. Die Gegenleistung ist grundsätzlich nach den Vertragspreisen des ursprünglichen Werkvertrages zu bestimmen (BFH Betrieb 1980, 1875 = ZIP 1980, 796; dazu Meierkord Betrieb 1981, 1203).

IV. Nr. 1 gilt für sämtliche bauvertraglichen Vergütungsarten

Von der **Generalklausel** in Nr. 1 werden **sämtliche Vergütungsarten bei Bauverträgen** erfaßt, die nach den Regeln der VOB möglich sind. Dies gilt für den Haupttyp des **Einheitspreisvertrages**, vgl. Teil A § 5 Rdn. 7 ff., ferner für den **Pauschalvertrag**, vgl. Teil A § 5 Rdn. 12 ff. Ferner trifft das auf **Stundenlohnverträge** zu, vgl. Teil A § 5 Rdn. 22 ff., und zwar hier bezüglich der vereinbarten Verrechnungssätze oder hinsichtlich des üblichen Stundenlohns sowie der vereinbarten oder üblichen Zuschläge hierzu. Auch die **Selbstkostenerstattungsverträge**, vgl. hierzu Teil A § 5 Rdn. 30 ff., sind von Nr. 1 erfaßt. Hier ist als vereinbarter Preis die dort gewählte Berechnungsgrundlage anzusehen. Bei Stundenlohn- und bei Selbstkostenerstattungsverträgen ist bei deren Abschluß eine betragsmäßige Festlegung des wirklichen Preises nach dem Wert der Leistung wie bei Leistungsverträgen, also bei Einheitspreis- und Pauschalverträgen, nicht möglich. Man muß daher praktisch einen Schritt zurückgehen und die im Vertrag enthaltene **Berechnungsbasis** als das ansehen, was man nach Nr. 1 unter dem vereinbarten Preis versteht.

V. Nr. 1 gilt auch für gemischte Verträge

Unter Nr. 1 fallen auch nach den vorgenannten Vergütungsarten **gemischte Verträge**. In diesen Verträgen soll ein bestimmter Teil durch Einheitspreise, ein anderer Teil durch einen Pauschalpreis oder durch Stundenlohnsätze (angehängte Stundenlohnarbeiten) oder nach dem Prinzip der Selbstkostenerstattung abgegolten werden. Was für bestimmte Vergütungsarten gilt, hat jeweils auch Gültigkeit, wenn mehrere davon in einem Bauvertrag vereinigt sind.

VI. Nebenleistungen

Die **Allgemeinen Vertragsbedingungen** und die **Allgemeinen Technischen Vertragsbedingungen** (vgl. hierzu Teil B § 1 Nr. 1 Satz 2) haben für alle Bauverträge Geltung, wenn Teil B der VOB Vertragsgegenstand ist. Hinsichtlich der Allgemeinen Technischen Vertragsbedingungen ist darauf zu verweisen, daß sie unter **Nr. 4** jeweils einen besonderen Abschnitt haben, in dem durch Einzelaufzählungen **sogenannte echte Nebenleistungen** genannt sind. Das gilt insbesondere auch für die alle Bauarbeiten betreffende neue DIN 18 299. Dort heißt es: „Nebenleistungen sind Leistungen, die auch ohne Erwähnung in der Leistungsbeschreibung zur vertraglichen Leistung gehören (siehe Teil B – DIN 1961 – § 2 Nr. 1)." Daraus ist ersichtlich, daß die in den Allgemeinen Technischen Vertragsbedingungen jeweils unter den Ordnungszahlen **4.1** und gegebenenfalls **4.2** (in letzterer Hinsicht anders 4.2 der DIN 18 299) genannten **Nebenleistungen durch den vereinbarten Preis als abgegolten gelten**. Eine besondere Vergütung kommt für sie **nicht** in Betracht. Andererseits ist im Zweifel der **Umkehrschluß** gerechtfertigt, daß die in den Allgemeinen Technischen Vertragsbedingungen unter dem Abschnitt Nebenleistungen nicht als nicht vergütungspflichtig genannten Arbeiten als zusätzliche Leistungen zu gelten haben, die einer besonderen Vergütung zugänglich sind. Nach der Generalklausel in Teil B § 2 Nr. 1 ist hierfür allerdings Voraussetzung, daß diese Leistungen weder nach den Zusätzlichen Technischen Vertragsbedingungen noch nach der Verkehrssitte, noch insbesondere der Leistungsbeschreibung als zur vertraglichen Leistung gehörig und damit durch die vereinbarten Preise **ohnehin als abgegolten** betrachtet werden müssen. Dies ergibt sich durchweg aus **Nr. 4.3** der betreffenden ATV (**4.2** der DIN 18 299), wobei im Ausgangspunkt auf Teil A § 9 Nr. 6 hingewiesen und dann ein bestimmter, dem jeweiligen Gewerk typischer Leistungskatalog angeführt ist. Über die Unterscheidung von Nebenarbeiten und Nebenleistungen BGH SFH Z 2.223 Bl. 12 ff. mit zutreffender Anmerkung von Finnern.

Darüber, ob besondere Schutzvorkehrungen an Fensterscheiben bei Putzarbeiten – insbesondere nach der Verkehrssitte im Baugewerbe – Nebenleistungen oder Mehrleistungen sind, s. OLG Bremen (Der Bausachverständige 1961, 17 ff.). Zur Frage, ob das Untermauern von Fensterbänken eine Nebenleistung ist, siehe Bau und Bauindustrie 1963, 358. Darüber, was bei Zimmerarbeiten zum Begriff des Kleineisens gehört und wie es abzurechnen ist, Siemsen und Tomaszcewski, Die Bauverwaltung 1963, 600. Zur Pflicht des Auftragnehmers, bei der Verlegung von Steinholz wichtige Metallteile, die mit dem Steinholz in Berührung kommen, durch einen nicht besonders zu vergütenden Schutzanstrich von Preolith, Teer oder Asphalt zu sichern, BGH SFH Z 2.414 Bl. 157 ff. Die DIN 18 300 Nr. 4.1.2 umfaßt nur Schutz- und Sicherheitsmaßnahmen für auf der Baustelle Beschäftigte. Dagegen meint die DIN 18 300 Nr. 4.3.2 mit dem Begriff „Bauzäunen" die erforderliche Begrenzung der Baustelle nach außen, die auch aus einem Schutzgeländer zur Sicherung von Fußgängern bestehen kann, insofern also keine Nebenleistung ist. Bei Erdarbeiten gehört der Verbau nicht zu den Nebenleistungen nach DIN 18 300 Nr. 4.1.2; vielmehr läßt die DIN 4124 die Wahl zwischen abgelöschten und verbauten Grabenwänden zu, zumal es für Verbauarbeiten noch die gesonderte DIN 18 303 gibt. Nach DIN 18 331 Nr. 4.1 und 4.1.13 sind nicht vergütungspflichtige Nebenleistungen nur solche zum Nachweis der Güte der Stoffe, Bauteile und des Betons „nach den Bestimmungen des Deutschen Ausschusses für Stahlbeton"; andere Prüfungen, die hiervon nicht erfaßt sind, müssen gesondert vergütet werden. Über den Unterschied zwischen Mehr- und Nebenleistungen vgl. auch Reuter BlGBW 1961, 184.

134 Vorrang hat jedoch immer, was ausdrücklich im Bauvertrag **vereinbart** worden ist. Hat sich der Auftraggeber ausdrücklich (etwa durch Annahme eines Nachtragsangebotes) bereit erklärt, dem Auftragnehmer Arbeiten besonders zu bezahlen, die an sich nach den Allgemeinen Technischen Vertragsbedingungen nicht vergütungspflichtig sind (z. B. das Verputzen von Betonstürzen und Betonunterzügen bei Innenputzarbeiten sowie das Aufstellen von Gerüsten), so muß er sich diese abweichende vertragliche Absprache entgegenhalten lassen (vgl. Wussow IB 1965, 14 unter Hinweis auf LG Bonn vom 8. 10. 1964 – 8 O 94/64 –).
Allerdings kommt das Gesagte nur für eine **außerhalb des AGB-Gesetzes liegende Individualvereinbarung** in Betracht, andernfalls ein Verstoß gegen § 9 AGB-Gesetz vorliegen kann. Das trifft z. B. auf eine Klausel in AGB des Auftragnehmers zu, wonach Nebenleistungen gesondert berechnet werden. Außerdem verstößt im nichtkaufmännischen Bereich eine im AGB des Auftragnehmers enthaltene Klausel, daß Nebenleistungen, die nicht in den Bestimmungen der VOB/C enthalten sind, und sogenannte besondere Leistungen nach § 9 VOB/A zusätzlich zu handwerksüblichen Stundensätzen und eventuellem Materialaufwand in Rechnung gestellt werden, gegen das Verständlichkeitsgebot in § 2 Abs. 1 Nr. 2 AGB-Gesetz (OLG Stuttgart NJW-RR 1988, 786). Vor allem wird hier dem Auftraggeber einseitig eine Vergütung nach Stundenlöhnen auferlegt, obwohl dem Auftragnehmer gerade auch in diesem Bereich jedenfalls teilweise die Kalkulation nach Einheitspreisen möglich ist, was von § 9 AGB-Gesetz erfaßt wäre.

VII. Ausnahmen von der Bindung an die Generalklausel in § 2 Nr. 1

135 Von der nach der Generalklausel in Nr. 1 eingetretenen Bindung an den Preis gibt es **Ausnahmen** in folgenden Punkten:

136 1. Der **vereinbarte Preis gilt nicht**, wenn entweder der ganze Bauvertrag oder jedenfalls die Preisabrede keine Rechtswirkungen erlangt hat, weil **Nichtigkeit oder Unwirksamkeit** vorliegt. Das kann z. B. sein, wenn der Vertrag oder zumindest die **Preisvereinbarung** gegen ein **gesetzliches** oder ein dem Gesetz gleichkommendes **Verbot** (§ 134 BGB) verstoßen hat. Vgl. dazu Rdn. 96 ff.; ferner Einl. Rdn. 85 f. Das gleiche gilt, wenn der Vertrag oder die Preisvereinbarung nach § **138 BGB sittenwidrig** ist (vgl. Einl. Rdn. 87 ff. sowie hier Rdn. 3 ff.) oder wenn ihre Nichtigkeit bzw. schwebende Unwirksamkeit aus anderen Gründen angenommen werden muß, z. B. wegen Geschäftsunfähigkeit eines Vertragspartners, wegen fehlender Genehmigung des gesetzlichen Vertreters usw.

2. Die Preisabrede kann auch durch **Anfechtung** in Fortfall kommen.

a) Die Voraussetzungen hierfür sind nach § 123 BGB gegeben, wenn ein Vertragspartner durch **Arglist oder Drohung** zu seiner Willenserklärung bewogen worden ist. Wegen der hier maßgebenden Anfechtungsfrist vgl. § 124 BGB. Siehe auch Einl. Rdn. 80 ff.; Teil A § 8 Rdn. 74 ff.; Teil A § 24 Rdn. 4.

b) Ein weiterer Fall ist die **Irrtumsanfechtung** nach § 119 BGB (vgl. dazu in erster Linie Teil A § 19 Rdn. 21 ff.). Dabei kommt für das Bauvertragswesen im allgemeinen nur der **Geschäftsirrtum, d. h. der Irrtum über den Erklärungsinhalt,** in Betracht. Entscheidend sind grundsätzlich nur die nach außen gegenüber dem Vertragspartner zum Ausdruck gelangten Erklärungen, die den Vertrag durch Angebot und Annahme herbeigeführt haben. Zu diesen Erklärungen gehört **grundsätzlich nur das Angebot des Preises, nicht aber die dem Preis zugrundeliegenden Preisermittlungen** (vgl. dazu auch OLG Köln, Urt. vom 19. 3. 1970 – 14 U 197/69; Giesen Jura 1985, 1, 2 f.). Diese Vorgänge, die beim Auftragnehmer in seinem Bereich zur Ermittlung der von ihm in das Angebot eingesetzten Preise geführt haben, sind nicht Bestandteil des Angebotes, soweit es sich um die **nach außen in den Rechtsverkehr gebrachte Willenserklärung, die hier allein erheblich ist,** handelt, **sofern sie intern im Bereich des Auftragnehmers bzw. – im Angebotsverfahren – des Bieters geblieben sind.** Ein auf den Preisermittlungsgrundlagen beruhender interner Irrtum ist deshalb, da er nicht als Irrtum über den Erklärungsinhalt gelten kann, nichts anderes als ein nach § 119 Abs. 2 BGB **unbeachtlicher Kalkulationsirrtum.** Ausnahmsweise kann – nach der rechtlich bedenklichen und vom BGH bisher noch nicht gutgeheißenen Rechtsprechung des Reichsgerichts, der kaum Folge zu leisten sein wird, vgl. dazu insbesondere auch **Teil A § 19 Rdn. 21 ff.** – ein Irrtum über die **Berechnungsgrundlagen** von Bedeutung sein, wenn sich ergibt, daß die Vertragsparteien nicht nur das Angebot selbst hinsichtlich der darin eingesetzten Preise, sondern erkennbar auch die Grundlagen, nach denen der Auftragnehmer die Angebotspreise errechnet hat, zum Gegenstand der vertraglichen Abrede gemacht haben. Diesen Nachweis muß derjenige führen, der sich darauf beruft. Eine solche Ausnahme könnte gegeben sein, wenn dem Angebot die Berechnungsunterlagen beigefügt sind, wenn auch in einem verschlossenen Umschlag. Dann sind die Berechnungsunterlagen im allgemeinen noch mit zur nach außen dem Auftraggeber zugegangenen Angebotserklärung und im Falle der Annahme des Angebotes mit zum Vertragsinhalt zu rechnen (so auch Locher, Das private Baurecht, Rdn. 188; vgl. auch Teil A § 19 Rdn. 21 ff.). Die Anfechtung eines solchen Berechnungsirrtums nach § 119 BGB (vgl. hierzu RGZ 105, 406; 116, 15) setzt voraus, daß der Auftragnehmer seine zur Grundlage des Vertrages gemachte Kalkulation nicht so aufgestellt haben würde, wenn er die wirkliche Sachlage gekannt und er den Fall verständig gewürdigt hätte. Dies gilt umgekehrt auch für den Auftraggeber, wenn dieser bei der Vergabe kalkuliert und die Berechnung zur Vertragsgrundlage gemacht hat.

Jedoch: Hat der Vertragspartner, hier regelmäßig der **Auftraggeber,** den **Kalkulationsirrtum erkannt,** dann ist er **verpflichtet,** die Gegenseite darauf **aufmerksam zu machen.** Anderenfalls liegt ein Verstoß gegen Treu und Glauben vor, und er kann den Gegner nicht an dessen Irrtum festhalten (vgl. auch BGH BauR 1980, 63 = NJW 1980, 180 = SFH VOB/A § 25 Nr. 1 = MDR 1980, 223 = ZfBR 1980, 31; BGH BauR 1986, 334 = SFH § 23 VOB/A Nr. 1 = Betrieb 1986, 962 = NJW-RR 1986, 569 = BauR 1986, 575 = LM VOB/A Nr. 9 = ZfBR 1986, 128). Das trifft erst recht zu, wenn der Auftraggeber schon vor Vertragsabschluß den Irrtum des Auftragnehmers erkennt, den richtigen Preis ermittelt und dann dem Auftragnehmer den Auftrag erteilt und die Leistung ausführen läßt (LG Aachen NJW 1982, 1106). Hat der Auftraggeber den Kalkulationsirrtum **veranlaßt oder mitveranlaßt,** kann er den Gegner nach Treu und Glauben auch nicht binden (vgl. dazu RGZ 62, 149; 152, 403; RG WarnRspr. 1937 Nr. 32; BGHZ 46, 268, 273; so auch Locher, Das private Baurecht, Rdn. 188). Gleiches gilt, wenn ein Festhalten am irrtümlich angebotenen Preis gegen die **guten Sitten** (§ 826 BGB) oder **sonst gegen Treu und Glauben** (§ 242 BGB) verstoßen würde. **Vgl. dazu insbesondere auch Teil A § 19 Rdn. 21 ff.**

140 In aller Regel kann nach dem Gesagten eine Irrtumsanfechtung nicht mit der Begründung erfolgen, einer der Vertragspartner habe sich über die **Angemessenheit** der vereinbarten **Preise** geirrt, oder der **wirtschaftliche Erfolg** der Durchführung **des Vertrages** entspreche nicht den Vorstellungen eines der Vertragspartner (Wussow IB 1965, 87). Ähnliches gilt auch für den einseitigen Irrtum eines Vertragspartners über die Art und Weise der vertraglich vorgesehenen Abrechnung der Leistung (vgl. KG SFH Z 2.410 Bl. 63).

Zum Kalkulationsirrtum und seiner etwaigen Anfechtbarkeit beachtlich Wieser, NJW 1972, 708, dessen Ausführungen richtungweisend für die zukünftige Rechtsprechung sein könnten.

141 c) Bei einem **ungewollten Rechenfehler oder Schreibfehler** im Angebot, insbesondere im Leistungsverzeichnis, ist hingegen die **Anfechtung wegen Irrtums allgemein möglich** (u. a. Wussow IB 1965, 86; Locher, Das private Baurecht, Rdn. 188; vgl. OLG Frankfurt BauR 1980, 578). Der Anfechtende muß den Nachweis erbringen, daß er bei richtiger Berechnung oder Schreibweise im Angebot diese Zahlenangaben nicht gemacht haben würde. **Voraussetzung** ist allerdings, daß die **Falschberechnung oder der Schreibfehler im Angebot selbst,** z. B. durch falsches Zusammenzählen oder durch falsche Multiplikation oder durch Vertippen, **entstanden** ist. Sie müssen auch **wesentlich** sein, wobei es auf den Umfang der geforderten Leistung und den hierfür einzusetzenden objektiven Gegenwert ankommt. Eine falsche Addition der einzelnen Positionspreise bei Einheitspreisverträgen und damit ein falsches Ergebnis der Endsumme ist unschädlich, da lediglich die Einheitspreise und nicht die falsch berechnete Angebotsendsumme maßgebend sind. Vgl. hierzu Teil A § 23 Nr. 3. Bei Pauschalverträgen dagegen ist im Regelfall die Angebotsendsumme Gegenstand der vertraglichen Absprache, so daß hier eine Anfechtung notwendig bzw. möglich ist, wenn sich der Fehler darauf bezieht.

142 **d) Andere Möglichkeiten,** die Preisvereinbarung im Bauvertrag **anzufechten,** sind grundsätzlich **nicht gegeben.** Eine Anfechtung wegen Irrtums steht zudem nur in Frage, wenn ein Erklärungsirrtum **eines** der beiden Vertragspartner zu bejahen ist, der als **beachtlich** zu gelten hat. Dagegen bietet § 119 BGB keine Handhabe für die **Fälle beiderseitigen Irrtums,** bei denen beide Vertragspartner irrigerweise von einem falschen Sachverhalt ausgegangen sind. Enthält z. B. die Massenberechnung einen Rechenfehler und nehmen beide Seiten die Richtigkeit der Berechnung an, ist eine **Anfechtungsmöglichkeit grundsätzlich nicht** gegeben. Vielmehr käme für die Vertragspartner hier nur ein Berufen auf **Änderung** bzw. **Wegfall der Geschäftsgrundlage in Betracht** (vgl. Rdn. 150 ff.). Ist z. B. ein Pauschalpreis vereinbart worden, kann dem Auftragnehmer allenfalls aus dem Gesichtspunkt von Treu und Glauben ein zusätzlicher Vergütungsanspruch zustehen, wenn infolge dieses zum beiderseitigen Irrtum gewordenen Rechenfehlers eine die Vertragsgrundlage erschütternde Mehrleistung des Auftragnehmers erforderlich geworden ist, vgl. OLG Köln MDR 1959, 660.

143 e) Der Grundsatz von **Treu und Glauben umfaßt allerdings auch alle Fälle,** in denen sich ein Vertragspartner bei dem Vertragsabschluß hinsichtlich des Umfanges der von ihm zu erbringenden Leistung oder der von ihm zu fordernden Gegenleistung geirrt hat, **ohne daß ihm eine Anfechtung wegen Irrtums möglich** ist. Mit Rücksicht auf die Rechtssicherheit kann aber von dieser **Ausnahmeregelung nur in begründeten, besonderen Ausnahmefällen, die zu einer dem Betroffenen absolut unzumutbaren Härte führen würden,** Gebrauch gemacht werden. Immer muß ein **unverschuldeter Irrtum** vorliegen. Man darf § 242 BGB nicht als Ausweg benutzen, um von einem vertraglich festgelegten Preis loszukommen, vgl. hierzu auch Teil A § 15 Rdn. 3 ff.

144 Mit Hereth/Ludwig/Naschold (Teil B § 2 Ez. 2.42) ist zu sagen, daß dann, wenn eine Vertragspartei trotz eines Irrtums an die vertragliche Verpflichtung gebunden bleibt, der andere Teil diesen Irrtum **nicht vorsätzlich** zu seinem Vorteil **ausnützen darf.** Das würde gegen die

guten Sitten verstoßen und zu einer Schadensersatzpflicht führen (§ 826 BGB). Allerdings muß eine **wirkliche Ausnutzung** vorliegen und der Unterschied zwischen dem auf Irrtum beruhenden Vertragspreis und dem wirklichen Wert der erbrachten Leistung unverhältnismäßig und daher unzumutbar groß sein. Vgl. dazu auch OLG Düsseldorf BauR 1980, 474, das hier mit wenig überzeugender Begründung eine Haftungsgrundlage aus culpa in contrahendo sieht.

f) Nach § 121 BGB muß die **Anfechtung wegen Irrtums** dem anderen Vertragsteil gegenüber **unverzüglich** nach **Kenntnisnahme der Anfechtungsgründe erklärt** werden. Für § 121 Abs. 1 Satz 2 BGB ist es erforderlich, daß die Anfechtungserklärung zum Zweck und mit der Bestimmung des unverzüglichen Transportes an den Anfechtungsgegner abgegeben wird, wie z. B. durch Einwerfen eines an diesen adressierten Briefes; nicht genügt dazu schon die Anfechtung in einer zunächst beim Gericht einzureichenden Klageschrift (BGH NJW 1975, 39 = MDR 1975, 126 = JZ 1975, 62 = BB 1974, 1552 = LM § 121 BGB Nr. 2; Anm. Schubert JR 1975, 152). 145

Wird eine Anfechtung wegen Irrtums (§ 119 BGB) mit einer bestimmten Begründung erklärt, so können andere Anfechtungsgründe nicht nachgeschoben werden, wenn eine selbständige Anfechtung mit diesen Gründen nach § 121 Abs. 1 BGB verspätet wäre (BGH LM § 143 BGB Nr. 4; BB 1981, 1156).

g) Der **Anfechtende hat den entstehenden Schaden** zu ersetzen, falls nicht der Anfechtungsgegner bzw. der durch die Anfechtung Betroffene die Anfechtbarkeit gekannt hat oder hat kennen müssen, § 122 BGB. Soweit eine Schadensersatzpflicht des Anfechtenden besteht, geht sie auf das negative Interesse. Es ist der Schaden zu ersetzen, den der Vertragspartner dadurch erlitten hat, daß er auf die **Gültigkeit der angefochtenen Erklärung vertraut** hat. Vgl. dazu auch Rdn. 148. 146

h) Die **Anfechtung bewirkt** die **Nichtigkeit** der angefochtenen Erklärungen, § 142 BGB. Ob der gesamte Bauvertrag nichtig wird, kann nur im Einzelfall entschieden werden, wobei der mutmaßliche Parteiwillen den Ausschlag gibt. Wird z. B. vom Auftragnehmer zu Recht die Preisvereinbarung angefochten, besteht der Auftraggeber aber dennoch auf der vertraglich vereinbarten Bauleistung, wird nur eine teilweise Nichtigkeit des Bauvertrages anzunehmen sein; als Vertragspreis gilt dann der Betrag, der nach den vereinbarten Preisgrundlagen (Teil A § 5) als **angemessen** (vgl. Teil A § 2 Rdn. 9 ff.) anzuerkennen ist. Das gleiche trifft zu, wenn nur ein Teil der Preisvereinbarung angefochten wird, der Auftraggeber aber auf der Ausführung des anderen nicht angefochtenen Teils des Bauvertrages besteht. Häufig wird allerdings die Nichtigkeit des ganzen Bauvertrages anzunehmen sein. Eine entgegengesetzte Annahme kommt nur in Betracht, wenn dafür ausreichende, eindeutige Anhaltspunkte vorhanden sind. 147

i) Wird ein **Bauvertrag** aufgrund einer **Anfechtung** wegen Irrtums ganz oder teilweise **nichtig** und hat der Auftragnehmer zu diesem Zeitpunkt bereits einen Teil der Leistungen erbracht, kommt **nicht** eine **Vergütung nach Teil B § 8** in Betracht, weil diese Bestimmung **nicht** die Fälle der **Anfechtung erfaßt**. Vielmehr ist dann unter Berücksichtigung des Wertes etwa bereits erbrachter Teilleistungen **nach § 122 BGB abzurechnen**, vgl. Rdn. 146. Außerdem käme auch eine Verpflichtung des Anfechtungsgegners aus **ungerechtfertigter Bereicherung, §§ 812 ff. BGB**, in Betracht. In der Praxis wird die Berechnung dieser Ansprüche möglicherweise schwirig sein. Es ist in erster Linie zu raten, eine gütliche Regelung anzustreben. Letzteres ist auch zu empfehlen, wenn der Vertrag bzw. die Preisvereinbarung nach § 123 BGB angefochten worden ist. 148

j) Eine Klausel in AGB – insbesondere Zusätzlichen Vertragsbedingungen – des Auftraggebers dahin, daß eine Anfechtung wegen Irrtums generell ausgeschlossen sein soll, verstößt gegen gesetzliche Grundgedan- 149 ken (hier: § 119 BGB) und ist daher nach § 9 AGB-Gesetz unwirksam. Zur Unwirksamkeit einer Klausel wegen Verstoßes gegen § 9 AGB-Gesetz, wonach der Einwand eines Preis- oder Kalkulationsirrtums auf seiten des Auftragnehmers ausgeschlossen ist, vgl. Teil A § 19 Rdn. 30.

3. Änderung oder Wegfall der Geschäftsgrundlage

150 a) Ein Bauvertrag oder eine Preisvereinbarung kann auch abgeändert oder gar aufgehoben werden, wenn vom **Wegfall oder** von einer grundlegenden **Änderung der Geschäftsgrundlage** gesprochen werden muß (vgl. dazu auch Stahl BauR 1973, 279, der jedoch nicht hinreichend zwischen Pauschal- und Festpreisvertrag unterscheidet, was für den Bereich des Bauvertrages notwendig gewesen wäre). Das kommt nur in Betracht, wenn dem Betroffenen **keine anderen Rechtsbehelfe,** vor allem **auch keine anderen Vertragsbestimmungen,** wie hier durch Teil B § 2 Nr. 3–6, 7 Abs. 1 Satz 3, Abs. 2 sowie Nr. 8 (vgl. Rdn. 202 ff.), zur Verfügung stehen, insbesondere **auch keine Kündigungsrechte** (vgl. BGH WM 1957, 707; WM 1959, 885 sowie Urt. vom 29. 11. 1965 – VII ZR 214/63; vgl. auch OLG Köln SFH § 649 BGB Nr. 1 für den Architektenvertrag). Vor allem enthalten die Bestimmungen in den Nr. 3–6, 7 Abs. 1 Satz 3, Abs. 2 sowie Nr. 8 Möglichkeiten für die Preisänderung bei Vorliegen bestimmter, dort geregelter Sachverhalte, bei denen **wegen besonderer vertraglicher Regelung daneben kein rechtlich schutzwürdiges Interesse für den Auftragnehmer besteht,** sich auch noch auf die Änderung oder den Wegfall der Geschäftsgrundlage zu berufen. Daher kommt eine Änderung oder ein Wegfall der Geschäftsgrundlage nur in Betracht, wo diese **Sonderregelungen der VOB nicht eingreifen.** Das trifft auch zu, wenn sonstige schuldrechtliche Ausgleichsmöglichkeiten, wie z. B. eine Vertragskündigung oder ein zu Recht bestehender Schadensersatzanspruch, nicht bereits zum gleichen Ergebnis führen (vgl. Vygen BauR 1979, 375). Gleiches gilt für den Fall, in dem im betreffenden Bauvertrag **Preisvorbehalte** (vgl. Rdn. 171 ff.) enthalten sind und durch diese Abhilfe geschaffen werden kann (BGH SFH Z 2.212 Bl. 32; BGH SFH Z 2.301 Bl. 29 sowie BGH BauR 1974, 347 = SFH Z 2.301 Bl. 50). Ähnliches trifft zu, **wenn bei öffentlichen Bauaufträgen die Möglichkeit zur Preisänderung besteht und davon Gebrauch gemacht** wird, wie z. B. im Hinblick auf § 58 BHO (vgl. dazu Rundschreiben des Bundesministers für Raumordnung, Bauwesen und Städtebau betreffend die Auswirkungen der Preiserhöhungen für Mineralölerzeugnisse vom 18. 9. 1974, Die Bauverwaltung 1974, 502). Allerdings darf die Möglichkeit eines anderen Behelfs nicht dazu führen, daß der Berechtigte dadurch **wirtschaftlich wesentlich schlechter** gestellt ist als im Falle eines – berechtigten – Berufens auf den Wegfall oder die Änderung der Geschäftsgrundlage.

151 Grundsätzlich ist ein Berufen auf die Änderung oder den Wegfall der Geschäftsgrundlage **bei allen in Betracht kommenden Vergütungsarten möglich.** Vornehmlich gilt dies für den **Einheitspreisvertrag, aber auch den Pauschalvertrag,** wie für letzteren ausdrücklich in **Teil B § 2 Nr. 7 Abs. 1 Satz 2 und Abs. 2** (vgl. Rdn. 319 ff.) hervorgehoben ist. Änderung oder Wegfall der Geschäftsgrundlage kann darüber hinaus aber auch hinsichtlich vereinbarter Preisbestandteile beim **Stundenlohnvertrag** (vgl. Teil B § 15 Nr. 1 Abs. 1 und 2) und beim **Selbstkostenerstattungsvertrag** (vgl. Teil A § 5 Nr. 3 Abs. 2) in Betracht kommen.

152 Zur Abgrenzung zwischen ergänzender Vertragsauslegung und der Geschäftsgrundlagenlehre vgl. Nicklisch BB 1980, 949; dazu krit. Littbarski JZ 1981, 8; dagegen wiederum Müller JZ 1981, 337.

153 b) Eine **ausdrückliche gesetzliche Regelung über die Voraussetzungen und Folgen der Änderung oder des Wegfalles der Geschäftsgrundlage fehlt im deutschen Zivilrecht.** Vielmehr sind die nachfolgenden Grundsätze durch die Rechtsprechung **im Bereich des § 242 BGB** aufgestellt worden. Anders z. B. im Schweizerischen Obligationenrecht, wo sich zu dieser Frage eine gesetzliche Bestimmung in Art. 373 Abs. 2 OR befindet (vgl. dazu z. B.

Urteil des Schweizerischen Bundesgerichts vom 28. 11. 1978 – C 257/72 – cw im sogenannten San-Bernardino-Fall).

Die Geschäftsgrundlage wird gebildet durch die beim Vertragsabschluß zutage getretenen, dem Geschäftsgegner erkennbaren und von ihm nicht beanstandeten Vorstellungen des einen Vertragsteils oder durch die gemeinsamen Vorstellungen beider Teile vom Vorhandensein oder künftigen Eintritt gewisser Umstände, sofern der Geschäftswille auf diesen Vorstellungen aufbaut (BGHZ 25, 390, 392 = WM 1958, 112 = Betrieb 1958, 78; BGHZ 40, 334; BGH Betrieb 1968, 524 = LM § 242 [Bb] BGB Nr. 54; BGH WM 1973, 752 = BB 1973, 960 = Betrieb 1973, 1547 m. w. N.; BGH MDR 1978, 658 = BB 1978, 1033 = JZ 1978, 235 = LM § 242 [Bb] BGB Nr. 91 = JR 1979, 60; BGH BB 1981, 1119; vgl. auch Braun JuS 1979, 692). **Geschäftsgrundlage** sind danach nicht nur solche Vorstellungen, auf denen beide Parteien das Geschäft aufbauen wollen; vielmehr genügt es, wenn eine Partei von solchen Vorstellungen ausgegangen ist und die andere Partei dies **erkannt und nicht beanstandet** hat (BGH NJW 1953, 1598). Handelt es sich nur um die irrigen Vorstellungen einer Partei und sind sie von der anderen nicht erkannt worden, ist diese vielmehr von anderen Vorstellungen ausgegangen, so ist dies unbeachtlich, und Wegfall oder Änderung der Geschäftsgrundlage kommt nicht in Betracht (vgl. BGH SFH Z 2.411 Bl. 28 ff.).

154

Wesentlich ist dabei das **Vorhandensein und Vorhandenbleiben gewisser grundlegender Umstände,** die zwar nicht Vertragsinhalt geworden, die aber nicht bloß Beweggrund geblieben, sondern zur **Grundlage des Geschäfts** gemacht worden sind, vgl. u. a. RGZ 141, 217; RG JW 1937, 2036. Dabei zählt beim Werkvertrag, also besonders auch beim Bauvertrag, der Gedanke der bei Vertragsabschluß angenommenen **Gleichwertigkeit und des Gleichwertigbleibens von Leistung und Gegenleistung** zur Geschäftsgrundlage; dabei kann auch die **Preiskalkulation von Bedeutung** sein (BGH NJW 1981, 1551 = BB 1981, 1119 = WM 1981, 655 = MDR 1981, 741 = Betrieb 1981, 2533 = LM § 242 [Bd] BGB Nr. 25 = Anm. Giesen JR 1981, 459).

155

Wegfall oder Änderung der Geschäftsgrundlage ist an enge Voraussetzungen geknüpft (vgl. BGH WM 1964, 1253 = BB 1964, 1397; SFH Z 2.311 Bl. 5; Urt. vom 27. 6. 1957 – VII ZR 293/56 – und Betrieb 1969, 1058 = SFH Z 2.311 Bl. 31 ff. = WM 1969, 1019 = MDR 1969, 655 = LM VOB/B Nr. 36; BGH MDR 1978, 658 = BB 1978, 1033 = JZ 1978, 235 = LM § 242 [Bb] BGB Nr. 91 = JR 1979, 60; vgl. auch Braun JuS 1979, 692; OLG Hamburg MDR 1951, 361). Man kann von ihrem Wegfall oder ihrer wesentlichen Änderung nur sprechen, wenn dem betroffenen Vertragsteil ein nach allgemeiner Auffassung **unzumutbares Opfer** aufgebürdet würde. Insoweit wird auch von dem Begriff der **Opfergrenze** gesprochen. Es muß sich um eine derart einschneidende Änderung handeln, daß ein Festhalten an der ursprünglichen vertraglichen Regelung zu einem **untragbaren, mit Recht und Gerechtigkeit schlechthin nicht mehr zu vereinbarenden Ergebnis** führen würde, was auch gilt, wenn die Vertragspartner hinsichtlich des Eintritts von Umständen bei Vertragsabschluß überhaupt keine Vorstellungen gehabt haben.

156

c) Diese Voraussetzungen für eine Änderung oder einen Wegfall der Geschäftsgrundlage können **auch bei einem Bauvertrag** gegeben sein (BGH NJW 1959, 2203; ferner Urteile vom 3. 3. 1960 – VII ZR 54/59 –; 20. 10. 1960 – VII ZR 156/59-; 23. 11. 1961 – VII ZR 141/60 – = SFH Z 2.413 Bl. 18 = BB 1962, 111 = Betrieb 1962, 165; 26. 4. 1962 – VII ZR 82/61 –; 12. 11. 1964 – VII ZR 143/63 – = SFH Z 2.301 Bl. 22; 29. 4. 1965 = WM 1965, 843; 10. 2. 1966 – VII ZR 49/64 – = SFH Z 2.311 Bl. 20; 28. 9. 1967 = SFH Z 2.212 Bl. 32 ff.). Eine **konkrete Existenzgefährdung ist nicht unbedingt Voraussetzung** für die Anwendbarkeit der Grundsätze vom Wegfall oder der Änderung der Geschäftsgrundlage (a. A. BGHZ 17, 317, 327). **Allgemein** ist zu sagen: Eine Erhöhung der vertraglich vereinbarten Vergütung kann nur zugestanden werden, wenn die bei der Ausführung der Arbeiten auftretenden Schwierigkeiten

157

jedes bei Vertragsabschluß objektiv voraussehbare Maß übersteigen** und die betroffene Partei bei Einhaltung ihrer vertraglichen Verpflichtungen zu Aufwendungen gezwungen wäre, die zu der ihr eingeräumten Vergütung **in keinem vertretbaren Verhältnis** stünden, oder wenn die mit der Durchführung der Arbeiten verbundenen Kosten in Anbetracht der wirtschaftlichen Verhältnisse und des Umfangs des Unternehmens im Verhältnis zu dem ihm vertraglich zugestandenen Werklohn so hoch wären, daß ihm ein weiteres **Festhalten am Vertrag schlechthin nicht mehr zuzumuten** ist (BGH Betrieb 1969, 1058 = WM 1969, 1019 = MDR 1969, 655 = SFH Z 2.311 Bl. 31; BGH NJW 1973, 1685 = MDR 1973, 846 = Betrieb 1973, 1964 = BB 1973, 1638). **Die Zumutbarkeit oder Unzumutbarkeit kann auch aus Inhalt und Zweck des betreffenden Vertrages folgen,** vor allem, wenn sich aus dem Vertrag **zweifelsfrei** ergibt, daß der Auftragnehmer nur ein inhaltlich **klar umgrenztes und auch voraussehbares Kostenrisiko** übernehmen will; in solchen Fällen ist die betroffene Vertragspartei nicht gehindert, sich unter Bezugnahme auf Umstände, die außerhalb des voraussehbaren Verlaufs der Dinge und damit des bewußt übernommenen Risikos liegen, auf den Wegfall der Geschäftsgrundlage zu berufen (BGH BB 1971, 62 = Betrieb 1971, 470). Dazu reichen die „normalen" Preiserhöhungen in den vergangenen Jahren im allgemeinen nicht aus, zumal sie jedenfalls teilweise voraussehbar waren (vgl. OLG Düsseldorf BauR 1974, 348). Die Ölpreissteigerung im Jahre 1973 (und auch 1979) kam jedenfalls dann nicht für eine Änderung oder einen Wegfall der Geschäftsgrundlage in Betracht, wenn wegen der die Preisänderung betreffenden Schäden noch Abhilfe hätte getroffen werden können (vgl. BGH MDR 1978, 658 = BB 1978, 1033 = JZ 1978, 235 = LM § 242 [Bb] BGB Nr. 91 = JR 1979, 60; vgl. auch OLG München BauR 1985, 330). Auch kann von der Änderung oder dem Wegfall der Geschäftsgrundlage **nicht** die Rede sein, wenn es sich **lediglich um die Vergütung eines Leistungsteils handelt, der schon bisher Vertragsbestandteil ohne Vereinbarung einer besonderen Vergütung ist** (BGH SFH Z 2.301 Bl. 29 und 31 R; BGH a. a. O. Z 2.310 Bl. 38 = WM 1975, 233).

158 Des weiteren kommen Veränderungen auf dem Kreditmarkt und damit verbundene Finanzierungsschwierigkeiten grundsätzlich nicht schon für den Rahmen der Änderung oder des Wegfalls der Geschäftsgrundlage in Betracht, da die Finanzierung ohne weiteres dem Risikobereich des Auftraggebers zuzurechnen ist, wie § 279 BGB ergibt. Das gilt vor allem auch für das Verhältnis zwischen Haupt- und Nachunternehmer, da der Hauptunternehmer im Grundsatz nicht befugt ist, das finanzielle, mit dem eigentlichen Bauherrn verbundene Kreditrisiko auf den Nachunternehmer abzuwälzen (vgl. BGH SFH Z 2.510 Bl. 60).

159 Aus dem Gesagten folgt: An das, was dem betroffenen Vertragsteil **zumutbar** ist, sind um so schärfere Anforderungen zu stellen, **je eher** eine **Änderung** der bei Vertragsabschluß gegebenen Umstände **vorauszusehen** war und je klarer bei Vertragsabschluß der Wille der Parteien zum Ausdruck gekommen ist, an den ausgehandelten Vertragsbedingungen **festzuhalten** (BGH MDR 1958, 766; NJW 1959, 2204; WM 1962, 625, 626; WM 1963, 597, 599; NJW 1969, 233, 234; BB 1964, 1397 = WM 1964, 1253).

160 Handelt es sich um die Voraussehbarkeit von Umständen, die sich **nach Vertragsabschluß** ändern, ist hinsichtlich der Preisvereinbarung nach den Umständen genau abzuwägen, ob etwaige Lohnerhöhungen und sonstige Preiserhöhungen bereits ursprünglich **einkalkuliert werden konnten.** Dabei kommt es z. B. wesentlich auf die Daten des Abschlusses, des Inkrafttretens oder der Kündbarkeit von Tarifverträgen, ggf. auch auf den Beginn oder den mutmaßlichen Verlauf zu erwartender Tarifverhandlungen im Verhältnis zum Zeitpunkt der Angebotsabgabe an. Zur Voraussehbarkeit etwaiger Lohnerhöhungen ist bei einem Vergabeverfahren nach der VOB zu berücksichtigen, daß der Auftragnehmer grundsätzlich zwischen dem **Ablauf der Angebotsfrist** und dem **Ablauf der Zuschlagsfrist** an sein Angebot **gebunden** ist (vgl. Teil A § 18 Rdn. 1 und § 19 Rdn. 15 ff.).

161 Im übrigen sind bei der Beurteilung, ob ein Vertrag nach Treu und Glauben veränderten Umständen angepaßt werden muß oder ob die betreffende Partei an der vertraglichen Regelung festgehalten werden kann, **alle das Verhältnis der Parteien betreffenden Umstände zu würdigen,** vor allem auch, ob der Vertrag nach dem von **beiden Parteien gewollten Vertragszweck noch als sinnvolle Regelung** angesehen werden kann. Zu beachten ist daher das **finanzielle Ergebnis,** das der Betreffende – hier hinsichtlich der Preisvereinbarung regelmäßig der Auftragnehmer – aus dem Bauvorhaben unter Berücksichtigung der veränderten Umstände erreicht, wobei allerdings eine **sachgerechte Nachkalkulation im einzelnen maßgebend** sein muß. Genaugenommen kommt es daher nicht so sehr auf bestimmte Prozentsätze eingetretener Kostenerhöhungen, sondern auf den **tatsächlich** für den Auftragnehmer **eingetretenen Verlust** wegen bei Vertragsabschluß nicht vorhersehbarem erhöhtem Eigenaufwand an (vgl. BGH NJW 1961, 1859; BGH NJW 1959, 2203). Das gilt auch, wenn der Auftragnehmer auf der Grundlage mehrerer Teilaufträge an der Errichtung eines Bauwerkes mitwirkt und die veränderten Umstände, auf die er sich bezieht, nur im Rahmen eines Teilauftrages geltend gemacht werden (BGH BB 1964, 1397 = WM 1964, 1253).

162 d) Grundsätzlich muß sich der **Auftragnehmer an der bisherigen Preisabsprache festhalten** lassen, wenn er sich **ohne jeden Vorbehalt** auf die Vereinbarung von sogenannten **Festpreisen** (vgl. dazu Teil A §§ 5 Rdn. 6 und 15 Rdn. 8 ff., in letzterer Hinsicht auch zu vom Auftraggeber gestellten AGB-Klauseln), vor allem ohne Kostenanpassungsklausel (vgl. dazu Mantscheff BauR 1975, 184 ff. und OLG Hamm, Betrieb 1975, 683), eingelassen hat. Dann muß allgemein davon ausgegangen werden, daß sich der Auftragnehmer **bewußt war, während der vorgesehenen Bauzeit bei gleichbleibender Leistung** ein nicht unerhebliches zusätzliches Risiko im Hinblick auf künftige Lohn- und Stoffpreiserhöhungen usw. einzugehen und daß er dieses **einseitig übernommen** hat. Wer ein solches Risiko durch Vereinbarung von Festpreisen in Kauf nimmt, kann aus Treu und Glauben nur **ganz ausnahmsweise** von den Festpreisen loskommen. Das kann ihm keineswegs schon ermöglicht werden, weil die Durchführung des Vertrages zu den vereinbarten Preisen statt des erhofften Gewinns einen Verlust bringt (BGH BB 1964, 1397 = WM 1964, 1253). Ebenfalls reichte dazu z. B. die Einführung der Mehrwertsteuer und die damit für den Auftragnehmer eingetretene Mehrbelastung nicht schon aus (BGH BB 1973, 496). Erst recht gilt dies für Mehrwertsteuererhöhungen. Vor allem dürfen die Umstände, die nachträglich eine Veränderung der Preisbestandteile ergeben haben, in **keiner Weise in den Risikobereich des Auftragnehmers fallen** (vgl. auch BGH BauR 1979, 245 = SFH § 6 VOB/B Nr. 4 = ZfBR 1979, 109 = WM 1979, 583; BGHZ 85, 39 = BauR 1983, 66 = Betrieb 1982, 2615 = SFH § 134 BGB Nr. 4 = NJW 1983, 109 = MDR 1983, 222 = ZIP 1983, 463 = ZfBR 1982, 246 = LM § 135 BGB Nr. 103 Anm. Walchshöfer). Daher ist es ihm zuzurechnen, wenn er trotz Kenntnis steigender Materialpreise eine Festpreiszusage für die gesamte Bauzeit abgibt, um den Auftrag zu erhalten (OLG München Betrieb 1983, 2619 sowie BauR 1985, 330; OLG Hamm BauR 1985, 330). Dazu auch Hereth, Die Bauverwaltung 1965, 591 ff. Ähnlich LG Mainz NJW 1971, 51; ferner auch OLG Bremen BB 1971, 1384 sowie OLG Stuttgart BauR 1973, 385. Zum Wegfall von Festpreisklauseln siehe auch die von Schmidt MDR 1976, 716 mitgeteilte Rechtsprechung des BGH; dazu auch Teil A § 15 Rdn. 8 ff. sowie unten Rdn. 175 ff.

163 Zu beachten ist: **Keine Frage** der hier erörterten Änderung oder des Wegfalles der **Geschäftsgrundlage** ist es, wenn für den Fall des Eintrittes bestimmter Voraussetzungen **vertraglich Preisänderungen vereinbart** sind, die **nicht schon durch den bloßen Gebrauch des Wortes „Festpreis" ausgeschlossen** sind, wie z. B. Fälle aus den Bereichen von **Teil B § 2 Nr. 3–6 und des § 6 Nr. 6,** im letzteren Falle bei schuldhafter Verletzung von Mitwirkungspflichten durch den Auftraggeber, da der **Begriff „Festpreis" keine eigene Vergütungsart** darstellt (vgl. dazu Teil A § 5 Rdn. 6 und § 15 Rdn. 8 ff.).

164 e) Zur Änderung oder zum Wegfall der Geschäftsgrundlage beim **Pauschalvertrag enthält Teil B § 2 Nr. 7 eine besondere Regelung** (vgl. Rdn. 338 ff.).

165 f) Zum Fehlen der **Geschäftsgrundlage bei beiderseitigem Irrtum** BGH NJW 1958, 297. Sind beide Teile beim Angebot und bei Annahme der berechneten Preise von einem, wenn auch nicht in gleicher Weise motivierten, so doch gleichermaßen erheblichen Irrtum ausgegangen und ist das Festhalten eines Partners an dem aufgrund des Irrtums zustande gekommenen Preis nicht zumutbar, liegt ein Wegfall bzw. eine wesentliche Änderung der Geschäftsgrundlage vor (vgl. OLG Bremen NJW 1963, 1455). Das kann z. B. sein, wenn beide Parteien infolge eines Fehlers in den Ausschreibungsunterlagen irrtümlich von dem zehnfachen oder auch nur dem doppelten Leistungsumfang einzelner Positionen ausgehen und darauf dann die Berechnung der Vergütung durch den Auftragnehmer gestützt wird.

166 g) **Besondere Bedeutung kommt dem Gutachten von Fikentscher „Die Geschäftsgrundlage als Frage des Vertragsrisikos, dargestellt unter besonderer Berücksichtigung des Bauvertrages"** (1971, Verlag C. H. Beck, München), **zu.** Es gibt insbesondere der Rechtsprechung Anlaß, die Frage der Änderung und des Wegfalls der Geschäftsgrundlage in ihrer Substanz neu zu überdenken und daraus vor allem für den Bauvertrag die erforderlichen – zeitgerechten – Konsequenzen zu ziehen. Die Ausführungen Fikentschers, auf die im Rahmen dieses Kommentars nur verwiesen werden kann, **verdienen** allgemein **Zustimmung.** Dazu auch Heiermann BauR 1971, 221 und BB 1971, 991, insbesondere aber Heyers BauR 1983, 297 im Hinblick auf Pauschalverträge.

167 h) Die **Folge** des Wegfalls oder der wesentlichen Änderung der Geschäftsgrundlage ist regelmäßig **nicht** das **Unwirksamwerden des Vertrages,** sondern die **Anpassung an die veränderte Lage nach Treu und Glauben,** und zwar unter Wahrung des berechtigten Interesses beider Vertragspartner (BGH BB 1952, 330; NJW 1962, 29; LM § 242 [Bb] BGB Nr. 8, 27, 51 sowie BB 1975, 582). Eine Lösung vom ursprünglich vereinbarten Rechtsgeschäft kommt nur zur Abwendung objektiv anzuerkennender unzuträglicher Folgen in Frage, soweit dies im Einzelfall nötig ist, vgl. BGH LM § 284 BGB Nr. 2. Völlige Loslösung vom Vertrag ist so gut wie ausgeschlossen, u. a. BGH BB 1953, 217; BGH NJW 1951, 837; 1952, 778; RGZ 152, 404; 153, 358. An die Stelle der bisherigen Preisabsprache hat eine **Preisregelung** zu treten, die unter Berücksichtigung der in Betracht kommenden Preisgrundlagen (Teil A § 5) unter Beachtung dessen, was vernünftige Parteien vereinbart hätten, als **angemessen** zu gelten hat. Zur Angemessenheit des Preises vgl. Teil A § 2 Rdn. 10 ff. sowie Teil A § 25 Rdn. 52 ff.

168 **Ausnahmsweise** kann der Bauvertrag bei Änderung oder Wegfall der Geschäftsgrundlage **gekündigt** werden, wenn sich der **Vertragspartner** dem **berechtigten Verlangen auf Anpassung** des Vertrages an die veränderte Lage **verschließt** (BGH NJW 1969, 233 = BB 1969, 11 = Betrieb 1969, 169 = SFH Z 2.511 Bl. 14 ff. = LM § 242 [Bb] BGB Nr. 57). Dann ist dem Betroffenen ein Festhalten am Vertrag nicht mehr zuzumuten. Für die Kündigung ist **nicht Voraussetzung,** daß der Vertragspartner **schuldhaft** die Anpassung des Vertrages verweigert und damit zugleich eine positive Vertragsverletzung begeht. Ein schlechthin unzumutbares Verhalten kann dem Betroffenen auch dann nicht aufgezwungen werden, wenn der Vertragspartner aus ausnahmsweise entschuldbaren Gründen die Unzumutbarkeit objektiv falsch beurteilt und deshalb die gerechtfertigte Anpassung ablehnt (BGH a. a. O.). Die Kündigung richtet sich hier – je nach Lage des Falles – **entsprechend den §§ 8 oder 9 Teil B/VOB.** Für die Frage der Abrechnung der erbrachten Leistungen gelten dann § 8 Nr. 2 Abs. 2 Satz 1 und § 9 Nr. 3 Satz 1 (vom BGH offengelassen). Auch wird man im Falle der **schuldhaften** Weigerung des Vertragspartners zur Anpassung des Vertrages an die veränderte Lage § 8 Nr. 2 Abs. 2 Satz 2 und § 9 Nr. 3 Satz 2 entsprechend anwenden können.

169 **Neben** den in den beiden vorausgegangenen Absätzen aufgezeigten Folgen oder an deren

Stelle kommen **Ansprüche aus ungerechtfertigter Bereicherung nicht** in Betracht (BGH WM 1972, 888 = Betrieb 1972, 1621; BGH BB 1975, 582).

4. Abgrenzung: Wirtschaftliches Wagnis

Nicht erfaßt von der Änderung oder dem Wegfall der **Geschäftsgrundlage** ist grundsätzlich das **nach allgemeiner Erfahrung voraussehbare oder auch bis zu einem bestimmten zumutbaren Grade nicht vorhersehbare wirtschaftliche Wagnis.** Davon sind im **Rahmen des normalen Unternehmerrisikos liegende** Änderungen von Preisermittlungsgrundlagen in der Zeit zwischen Vertragsabschluß und Arbeitsausführung ergriffen, wie z. B. bei Materialkosten, Löhnen, Gehältern, Frachten, öffentlichen Lasten, Sozialleistungen, Steuern, Krankenversicherungsbeiträgen; auch voraussehbare Erschwerungen in der Ausführung rechnen hierher (vgl. OLG Köln, Urt. vom 19. 3. 1970 – 14 U 197/69 –; OLG München BauR 1986, 330). Hier liegt das Risiko grundsätzlich beim Auftragnehmer. Der Auftragnehmer hat die Möglichkeit, bei seiner Kalkulation einen **Wagniszuschlag** zu berücksichtigen. Sinn des Wagniszuschlages ist es, gerade den Nachteilen vorzubeugen, die durch mögliche Lohn-, Preis- oder Lastensteigerungen dem Auftragnehmer drohen (vgl. BGH BB 1964, 1397). Im allgemeinen wird man auch übersehen können, ob sich die Preisermittlungsgrundlagen wesentlich ändern werden. Notfalls muß man sich mit einem Preisvorbehalt (vgl. Rdn. 171 ff.) helfen. Ist allerdings die Änderung der Preisermittlungsgrundlagen ausnahmsweise von einem solchen Ausmaß, daß von einer **einschneidenden** und damit **grundlegenden** Veränderung der Verhältnisse seit Vertragsabschluß gesprochen werden muß, kann eine Änderung der Geschäftsgrundlage gegeben sein, können also deren Voraussetzungen (vgl. Rdn. 153 ff.) vorliegen. Dasselbe wird nach **Treu und Glauben** auch gelten, wenn die Preisermittlungsgrundlagen sich in beachtlichem Maße bereits **vor** Vertragsabschluß und **nach** Angebotsabgabe erheblich geändert haben und dieses zum Nachteil des Auftragnehmers allein auf ein nach der VOB an sich nicht vertretbares Verhalten des Auftraggebers zurückzuführen ist, wie etwa **im Einzelfall** durch Festsetzung einer in Abweichung von Teil A § 19 Nr. 2 außergewöhnlich langen Zuschlagsfrist (z. B. 1/2 Jahr und mehr), oder dadurch, daß zwischen Angebotsabgabe und dem tatsächlich erfolgten Zuschlag (Teil A § 28) ein ungewöhnlich langer Zeitraum liegt. **Diese Folgerung rechtfertigt sich vor allem auch aus § 10 Nr. 1 AGB-Gesetz** (vgl. dazu Teil A § 19 Rdn. 1 und die dort mitgeteilte Rechtsprechung).

5. Preisvorbehalte

Zulässig sind **Preisvorbehalte im Angebot und späteren Bauvertrag.** Dabei ist jedoch § 11 Nr. 1 AGB-Gesetz (vgl. dazu Teil A § 10 Rdn. 77 ff.) zu beachten, wonach für dessen Bereich grundsätzlich **Preiserhöhungsklauseln für die Zeit von vier Monaten nach Vertragsabschluß untersagt** sind. Dabei ist unter Entgelt i. S. des § 11 Nr. 1 AGB-Gesetz der Preis einschließlich Umsatzsteuer zu verstehen (AG Krefeld NJW 1978, 1535 = BB 1978, 983; Ulmer/Brandner/Hensen § 11 Nr. 1 Rdn. 5; vgl. auch Rdn. 124 ff.). Für Preisanpassungsklauseln im kaufmännischen Verkehr kommt dagegen – nur – § 9 AGB-Gesetz in Betracht (vgl. dazu Teil A § 15 Rdn. 22).

Die Preisvorbehalte dienen dazu, **größere Schwankungen auf dem Preissektor abzufangen.** Je länger die Laufzeit und je größer der Umfang eines Bauvertrages sind, um so größer ist das Risiko der Preisschwankungen. Dann reichen Wagniszuschläge bei der Kalkulation häufig nicht aus. **Preisvorbehalte bedürfen zu ihrer Wirksamkeit der Vereinbarung zwischen den Bauvertragspartnern.** Die Vereinbarung setzt die erforderliche **Klarheit und Bestimmtheit** voraus, insbesondere die **genaue Festlegung der tatsächlichen Gegebenheiten,** unter denen die auflösende Bedingung für den Wegfall des bisherigen Preises eintreten und was dann Vertragsinhalt werden soll. Insoweit kann **neben dem bereits genannten § 11 Nr. 1** auch **§ 9 AGB-Gesetz** eine Rolle spielen (vgl. dazu z. B. BGH BB 1980, 1490 = Betrieb 1980,

2125 = NJW 1980, 2518 = WM 1980, 1120 = MDR 1981, 47). So verstößt eine Klausel: „Die Preise sind freibleibend. Bei einer Steigerung von Rohstoffpreisen, Löhnen und Gehältern, Herstellungs- und Transportkosten ist der Lieferer berechtigt, die vom Tage der Lieferung gültigen Preise zu berechnen" sowohl gegen § 11 Nr. 1 als auch gegen § 9 AGB-Gesetz, weil einmal die gesetzlich vorgeschriebene Frist von 4 Monaten nicht eingehalten ist, die auch dann zu beachten ist, wenn sich der Vorbehalt auf Kosten und Lohnerhöhungen im Bereich des Auftragnehmers bezieht, und weil zum anderen die durch diese Klausel zum Ausdruck gekommene einseitige Möglichkeit der Preisanhebung den Auftraggeber entgegen den Geboten von Treu und Glauben unangemessen benachteiligt (BGH BauR 1985, 192 = NJW 1985, 855 = MDR 1985, 398 = BB 1985, 483 = Betrieb 1985, 1283 = SFH § 9 AGBG Nr. 20 = LM § 9 [Cb] AGBG Nr. 10 = ZfBR 1985, 134; vgl. dazu auch OLG Stuttgart NJW-RR 1988, 786, 788). Die in Angeboten häufig vorkommende Wendung: „Unser Angebot ist auf die derzeitige Lohn- und Materialpreisbasis kalkuliert", beinhaltet dagegen noch keinen Vorbehalt der Inrechnungstellung späterer Preiserhöhungen. Damit wird nämlich nur eine Selbstverständlichkeit zum Ausdruck gebracht, ohne daß dadurch eine vereinbarte Änderung des Preises in Erwägung gezogen werden kann. Anders liegt es, wenn in dem zum Vertrag gewordenen Angebot festgelegt worden ist, daß die Preise – nur – unter der Voraussetzung ungehinderter Ausführung und – insbesondere – bei gleichbleibenden Lohn- und Materialkosten gelten sollen (OLG Hamm BB 1975, 489). Jedoch: Eine Klausel in Allgemeinen Geschäftsbedingungen, wonach der Auftragnehmer bei Erhöhung der der Kalkulation zugrundeliegenden Kosten zwischen Vertragsabschluß und Abnahme berechtigt sein soll, die in der Auftragsbestätigung genannten Preise entsprechend zu berichtigen, kann nur dann zu einer Preiserhöhung führen, wenn die Parteien sich später über die **Preiserhöhung einigen oder der Unternehmer seine ursprüngliche Kalkulation offenlegt und nachweist, welche Kosten** (Lohn, Material, Baustellenkosten, allgemeine Geschäftskosten) **sich um welchen Betrag in welchem Zeitraum erhöht haben** (OLG Düsseldorf BauR 1983, 470). Auch verstößt es gegen § 9 AGB-Gesetz, wenn in einem Formularvertrag über die Errichtung eines Bauwerkes ein **Festpreis** vereinbart ist, der nur gelten soll, wenn bis zu einem bestimmten Zeitpunkt mit der Bauleistung begonnen werden kann und sich bei Überschreiten des Festpreistermins der Gesamtpreis um den Prozentsatz erhöht, zu dem der Auftragnehmer entsprechende Bauleistungen im Zeitpunkt nach der dann gültigen Preisliste anbietet; dann ist das berechtigte Interesse des Auftraggebers am Festhalten des Preises höher zu bewerten als das Interesse des Auftragnehmers an einer Preisanpassung, zumal eine solche Klausel keine Begrenzung auf die eigenen Mehraufwendungen des Auftragnehmers enthält und der Auftragnehmer durch seine einseitige Preisbestimmung möglicherweise eine Erhöhung des Gewinns erzielen kann (BGHZ 94, 335 = BauR 1985, 573 = NJW 1985, 2270 = BB 1985, 1885 = MDR 1985, 926 = ZIP 1985, 1081 = BB 1985, 1351 = LM § 9 [Bf] AGBG Nr. 9 = SFH § 9 AGBG Nr. 24 = Bunte EWiR § 9 AGBG 9/85, 525 = ZfBR 1985, 220).

173 Preisvorbehalte kommen in der Praxis hauptsächlich **als Lohn- und Stoffpreisgleitklauseln** vor. Das hat sich ergeben, weil die Änderungen der Preisermittlungsgrundlagen in der Regel bei den Löhnen und Gehältern sowie beim Materialpreis eintreten. Über die Preisvorbehalte in Bauverträgen, die bei einem Vergabeverfahren im Rahmen des Teils A der VOB zustande gekommen sind, vgl. Teil A § 15 Rdn. 13 ff. Zu den Anforderungen an eine Stoffpreisgleitklausel vgl. BGH BauR 1975, 274. Über die Begriffe „Einstandspreis" und „Abrechnungspreis" in einer Stoffpreisgleitklausel nach Tz. 2.4 der „Zusätzlichen Vertragsbedingungen für die Ausführung von Bauleistungen auf Straßen 1963" (ZVStra 1963), wenn in der Anlage zum Leistungsverzeichnis „Einstandspreise" und nicht „Einkaufspreise" ausgewiesen sind, vgl. BGH BauR 1982, 172 = SFH VO PR 8/55 Nr. 1 = MDR 1982, 661 = Betrieb 1982, 1615 = LM BaupreisVO Nr. 4 = ZfBR 1982, 78.

174 **Die Allgemeinen Vertragsbedingungen des Teils B enthalten keine Bestimmung über den Preisvorbehalt.** Sollte sich – bei größeren Bauaufträgen – die Bauausführung über die

Laufzeit eines Tarifvertrages ausdehnen bzw. ist dies zu erwarten, so empfiehlt es sich, um der notwendigen Klarheit und Bestimmtheit willen eine Klausel in den Bauvertrag aufzunehmen, daß eine etwaige Lohnerhöhung aufgrund eines neuen Tarifvertrages den Auftragnehmer berechtigt, eine entsprechende Erhöhung der Vergütung zu verlangen. Fehlt der Vorbehalt, so kann keiner der Vertragspartner vom anderen die Berücksichtigung einer etwaigen veränderten Preissituation verlangen, es sei denn, die Voraussetzungen des Wegfalls der Geschäftsgrundlage sind gegeben, vgl. Rdn. 153 ff. Ist eine **Lohnpreisgleitklausel** vereinbart, so fällt – wenn dies nach dem Inhalt der Klausel nicht ausgeschlossen ist – **auch** grundsätzlich eine Steigerung **vermögenswirksamer Leistungen** darunter, da dies eine Erhöhung des Tariflohnes darstellt (OLG Hamm NJW 1974, 2049 = BauR 1975, 60).

Zu Preisvorbehalten für öffentliche Aufträge vgl. VHB zu Teil A § 15. Siehe auch: Sachse/Senf, Bauen und Gleitklauseln, Verlagsgesellschaft R. Müller, Köln, 1974.

6. Dagegen: Ausschlußklauseln

Im Gegensatz zu den Vorbehaltsklauseln sind in bezug auf den Preis auch **Ausschlußklauseln** möglich, in denen es z. B. heißt, daß **Änderungen der Preisverhältnisse keine Berücksichtigung finden** und der vertraglich vereinbarte Preis dauernde Gültigkeit besitzen soll. Diese Ausschlußklauseln finden sich vielfach in der Gestaltung als **Festpreisvertrag**. Sie haben nicht nur die Bedeutung einer bloßen Bestätigung, daß Preisvorbehalte nicht vorliegen. Eine solche ist nämlich **nicht notwendig**, da die **VOB in Teil B § 2 Nr. 1** ohnehin von festen Preisabsprachen ausgeht. Vielmehr kommt diesen Ausschlußklauseln im allgemeinen die Wirkung zu, daß Änderungen der Preisermittlungsgrundlagen bei Löhnen und Materialpreisen usw. bei gleichbleibender Leistung **in Zukunft keine Berücksichtigung** finden sollen (vgl. auch Rdn. 162 ff. und Teil A § 15 Rdn. 8 ff.). Andererseits kann eine solche Ausschlußklausel nur so weit reichen, wie das Recht auf Vertragsfreiheit überhaupt geht. Der **Klausel** kann deshalb **Sittenwidrigkeit** nach § 138 BGB entgegenstehen. Das kann auch bei völlig undurchsichtigen wirtschaftlichen Verhältnissen des Auftraggebers der Fall sein, wenn unter den gegebenen Umständen von einer unzulässigen Knebelung des Auftragnehmers gesprochen werden müßte. Außerdem kann in solchen Fällen dem Ausschluß von Lohn- und Materialpreiserhöhungen eine vertragliche Befugnis des Auftragnehmers entgegenstehen, wie z. B. das Recht zur Arbeitseinstellung nach Teil B § 16 Nr. 5 Abs. 3; macht er davon Gebrauch und kommt es deswegen zu einer Bauverzögerung sowie dadurch zu einer Preiserhöhung bei den Löhnen und dem Material, kann sich der Auftraggeber auf einen vertraglich vereinbarten Ausschluß nicht berufen (Schmidt WM 1974, 294, 298 unter Hinweis auf BGH, Urt. vom 22. 11. 1973 – VII ZR 14/72).

Eine **individuell vereinbarte** Ausschlußklausel in einem VOB-Vertrag **kann** auch bewirken, daß kraft Preisvereinbarung bestimmte Regeln aus den Allgemeinen Vertragsbestimmungen, welche die Preisberechnungen betreffen, als **vertraglich ausgeschlossen** gelten, wobei es allerdings auf ihren **jeweiligen Inhalt bei gebotener restriktiver Auslegung** ankommt. Das betrifft vor allem Teil B § 2 Nr. 3–8. Diese Regelungen können ausnahmsweise auch von der Ausschlußklausel erfaßt sein, **wenn nicht im Einzelfall wegen einer auf den Auftraggeber zurückzuführenden Maßnahme das Gleichgewicht zwischen Leistung und Gegenleistung derart gestört ist, daß es dem Auftraggeber nach Treu und Glauben verwehrt ist, sich auf die Klausel zu berufen.** Allerdings kann die bloße Verwendung des Wortes „Festpreis" im Vertrag für sich allein noch nicht genügen, um die genannten Preisänderungsmöglichkeiten aus den Allgemeinen Vertragsbedingungen auszuschließen. Vielmehr ist es allgemein wegen der einschneidenden Wirkungen dieses Ausschlusses notwendig, dies **näher und inhaltlich im einzelnen klar umrissen festzulegen**, falls es tatsächlich gewollt ist. Das gilt vor allem, weil der Begriff „Festpreis" in vielen Bauverträgen nur die Bedeutung der Vereinbarung eines **Pauschalpreises** hat, wie die Auslegung nach den §§ 133,

B § 2, 1+2, Rdn. 177-181

157 BGB im Einzelfall ergibt. Eine wirkliche Festpreisvereinbarung liegt im übrigen nicht vor, wenn die Parteien vertraglich nur vereinbaren, daß ein als Festpreis genannter Preis „nach Möglichkeit" eingehalten werden soll. Das ist dann nichts anderes als die Festlegung eines **Richtpreises**, um dessen Einhaltung sich beide Parteien – lediglich – bemühen wollen (vgl. BGH NJW 1975, 869 = BauR 1975, 203 = MDR 1975, 569 = SFH Z 7.0 Bl. 7 = Betrieb 1975, 736 = BB 1975, 1415 = BlGBW 1975, 196 = LM § 631 BGB Nr. 32).

177 Sind Einheitspreise **individuell** als Festpreise vereinbart, stellt eine außerdem in **formularmäßigen** Bedingungen enthaltene Lohngleitklausel nicht eine Ergänzung, sondern einen Widerspruch dazu dar. Dann hat die Festpreisvereinbarung als Besondere, für den Einzelfall vereinbarte Vertragsbedingung **Vorrang** vor der nur als Zusätzliche Vertragsbedingung geltenden formularmäßigen, über den Einzelfall hinausgehenden Bedingung. Das ergibt sich aus der Reihenfolge in Teil B § 1 Nr. 2, vgl. oben Teil B § 1 Rdn. 18 ff. (insoweit im Ergebnis richtig OLG Celle SFH Z 2.300 Bl. 33 f. = NJW 1966, 507).

C. Die Berechnung der Vergütung nach Teil B § 2 Nr. 2

I. Grundsätzlich Berechnung nach Einheitspreisen

178 1. Gemäß Nr. 2 wird die Vergütung nach den **vertraglichen Einheitspreisen** und den **tatsächlich ausgeführten Leistungen** berechnet, **es sei denn, daß** eine andere Berechnungsart, wie nach Pauschalsumme, Stundenlohnsätzen oder nach Selbstkosten, **vereinbart ist.** Somit kommt klar zum Ausdruck, daß der **Einheitspreisvertrag der Normaltyp eines Bauvertrages nach der VOB ist.** Aus Teil B § 2 Nr. 2 folgt ferner, daß eine **Berechnung** der Vergütung **nach Einheitspreisen als Grundregel** auch in Betracht kommt, **wenn sich dies nicht aus der Leistungsbeschreibung oder aus anderen Vertragsunterlagen,** wie z. B. Besonderen oder Zusätzlichen Vertragsbedingungen, **ergibt.** Das gilt auch, wenn zwar Anhaltspunkte vorhanden sind, daß eine andere Berechnungsart gewollt sein könnte, dies aber nicht eindeutig im Wege der Auslegung (§§ 133, 157 BGB) zu ermitteln ist. Von **vertraglichen Einheitspreisen** kann allerdings nur gesprochen werden, wenn die in die einzelnen Positionen des Angebotes (der Ausschreibung bzw. der Leistungbeschreibung) eingesetzten Einheitspreise Gegenstand der Vertragsverhandlungen und damit auch des Vertragsabschlusses waren, also dem Vertragspartner – in der Regel dem Auftraggeber – bekanntgegeben worden sind (vgl. BGH BauR 1983, 385). Bei Einheitspreisverträgen ist grundsätzlich davon auszugehen, daß der vertraglich vereinbarte Preis sowohl für Lohn als auch für einzusetzendes Material, die anteiligen Kosten der Baustelle und der Allgemeinen Geschäftskosten gilt, was zur Vermeidung von Mißverständnissen im Angebot bzw. den sonstigen Vertragsunterlagen sicherheitshalber zum Ausdruck kommen sollte (vgl. dazu LG Bochum BauR 1980, 78). Fehlt es an einer hinreichenden Festlegung der Einheitspreise, so sind diese gegebenenfalls nach § 632 Abs. 2 BGB zu ermitteln (vgl. Rdn. 6 ff.).

179 Der vorgenannte Grundsatz, daß der Einheitspreisvertrag die Regel ist, **gilt auch** für den Bereich des **BGB-Werkvertrages,** weil auch hier die besonderen bauvertraglichen Preisbegriffe allgemein anerkannt sind. Das hat insbesondere auch für die Berechnung der Vergütung nach § 632 Abs. 2 BGB zu gelten (vgl. Rdn. 6 ff.).

180 2. Da der Einheitspreis die allgemein anerkannte Berechnungsgrundlage ist, trägt derjenige, der sich auf eine der genannten Abweichungen beruft, die **Beweislast** (vgl. auch, insbesondere zu den Anforderungen, Rdn. 13 ff.). Dasselbe gilt auch für die Behauptung der Vereinbarung eines **Preisnachlasses** (vgl. BGH, Urt. vom 12. 1. 1967 – VII ZR 238/64; vgl. Rdn. 13 ff.).

181 Für die Vereinbarung eines **bestimmten** Einheitspreises, Pauschalpreises, Stundenlohnsatzes oder Selbstkostenerstattungsbetrages ist dagegen der **Auftragnehmer beweispflichtig.** Er hat

auch dann die Beweislast, wenn er davon ausgeht, die Vereinbarung eines bestimmten Preises im Rahmen einer der vorgenannten Vergütungsarten sei nicht getroffen worden, während der Auftraggeber die Vereinbarung eines bestimmten Preises behauptet (BGH LM § 632 BGB Nr. 3; Schumann NJW 1971, 459, insoweit mit Recht gegen v. Mettenheim NJW 1971, 20; dazu näher Rdn. 13 ff.). Vgl. auch § 363 BGB. Ist ein bestimmter Einheitspreis, Pauschalpreis usw. unstreitig nicht vereinbart worden oder wird dies vom Auftragnehmer bewiesen, so steht ihm – entsprechend § 632 Abs. 2 BGB – auch beim VOB-Vertrag das Recht auf Bestimmung eines angemessenen Preises zu (vgl. Rdn. 6 ff.). Um den aufgezeigten Schwierigkeiten im Rahmen der Beweislast zu entgehen, ist es den Vertragspartnern – vor allem dem Auftragnehmer – dringend anzuraten, keinen Bauvertrag ohne die Vereinbarung **bestimmter Einheitspreise, Pauschalpreise usw. abzuschließen und sie auch während der Vertragsabwicklung laufend durch eindeutige Vereinbarung anzupassen, wenn dafür die Voraussetzungen gemäß Nr. 3–8 (vgl. dazu Rdn. 196 ff.) vorliegen.**

3. Erfolgt die **Berechnung der Vergütung nach Einheitspreisen** (vgl. Teil A § 5 Rdn. 7 ff.), so ist für die Ermittlung des **Endpreises** allein nicht schon entscheidend, welche Vordersätze in der jeweiligen Position des Leistungsverzeichnisses bzw. **im Vertrag angenommen** sind, vielmehr muß **nach Fertigstellung** der Bauleistung festgestellt werden, was an **jeweiligen Mengen wirklich erbracht** ist. Dies kommt in Teil B § 2 Nr. 2 dadurch zum Ausdruck, daß die Berechnung auf der Grundlage der Einheitspreise nach den **tatsächlich ausgeführten Leistungen** erfolgt. Um die tatsächliche Leistung auf der Basis des Einheitspreisvertrages feststellen zu können, bedarf es zunächst des **Aufmaßes oder der** sonstigen **rechnerischen Ermittlung** gemäß Teil B § 14 (vgl. Teil B § 14 Rdn. 27 ff.). Hier sind die **Aufmaßbestimmungen aus den Allgemeinen Technischen Vertragsbedingungen** wesentlich und allgemein anzuwenden (vgl. Teil B § 14 Rdn. 44 f.), wenn nicht ausdrücklich im jeweiligen Vertrag andere Regelungen getroffen worden sind. So führt die selbständige Ausschreibung von Leibungsarbeiten zu deren selbständiger Abrechnung nach Nr. 2 Abs. 2, was zum Ausschluß der vereinfachenden Abrechnungsregeln – Übermessungsregeln – nach Nr. 5.2.1.2 der DIN 18 350, Fassung Oktober 1979, führt (OLG München NJW-RR 1987, 1550, zugleich zur Abgrenzung von Zuschlagspositionen). 182

4. Erst wenn die **tatsächlich erbrachte** Leistung im Wege etwa gebotener Korrektur der Vordersätze feststeht, kommt beim Einheitspreisvertrag eine **endgültige** Berechnung der Vergütung durch Multiplikation der im Wege des Aufmaßes festgestellten Vordersätze mit den jeweiligen Einheitspreisen der betreffenden Position in Betracht (in diesem Sinne auch BGH, Urt. vom 14. 3. 1966 – VII ZR 27/64). Werden beim **Aufmaß mehr oder weniger Mengen** festgestellt, als sie in den Vordersätzen des Leistungsverzeichnisses festgehalten sind, handelt es sich nach dem System des Einheitspreisvertrages **nicht** um außerhalb der **bisherigen** vertraglichen Preisabsprache liegende Leistungsmengen (vgl. dazu auch Brüggemann, Die Bauwirtschaft 1963, 776 ff. Rdn. 35). 183

Leitet der Auftraggeber gegen den Auftragnehmer aus einer angeblichen, nicht mit dem Vertrag übereinstimmenden Änderung der Einheitspreise einen **Schadensersatzanspruch** her, muß er die behauptete Änderung darlegen und ggf. beweisen (BGH a. a. O.). Nach dieser Entscheidung ergibt sich beim Einheitspreisvertrag noch kein Schadensersatzanspruch deswegen, weil sich allein nach dem Aufmaß der höhere Preis unter Beibehaltung der vereinbarten Einheitspreise errechnet, also der Mehrpreis nur auf Mehrleistungen über die im Leistungsverzeichnis veranschlagten Mengen beruht, somit nur letzteren den Angebotsinhalt überschreiten. Insoweit kommt es auf die Einzelumstände an, die zu den Mehrleistungen geführt haben. Anders ist es im Falle eines Pauschalvertrages oder einer **Kostengarantie** (a. a. O.). 184

5. Die grundsätzliche Berechnung der **Vergütung nach Einheitspreisen** gilt **auch für die gesondert zu vergütenden geänderten oder zusätzlichen Leistungen,** deren Notwendigkeit sich erst nach **Vertragsabschluß** ergeben hat. Dabei ist insbesondere an Änderungen des 185

Bauentwurfs nach Teil B § 1 Nr. 3 und damit verbundene Leistungsänderungen durch Leistungserweiterungen oder Leistungsverringerungen sowie an zusätzlich geforderte Leistungen nach Teil B § 1 Nr. 4 zu denken. Dies ergibt sich aus Teil B § 2 Nr. 5, 6 und 8 Abs. 2 und kann **nicht nur Fälle** betreffen, in denen die **Hauptleistung von vornherein nach Einheitspreisen abzurechnen** ist, sondern auch solche, in denen für die **ursprüngliche Leistung andere Berechnungsarten** ausdrücklich abgesprochen waren und aus dem Vertrag nicht hinreichend klar ersichtlich ist, daß Änderungen, Erweiterungen oder Zusätze zur bisher vorgesehenen Leistung ebenfalls nach der vereinbarten anderen Berechnungsart vergütet werden sollen. Jedenfalls gilt dies als Ausgangspunkt für die Neuberechnung bei Vereinbarung eines **Pauschalpreises** (ebenso BGH BB 1961, 989). Denn bei ursprünglicher Vereinbarung einer Pauschale, **die auf den damals vorgesehenen Leistungsinhalt abgestellt** ist, kann man die veränderten oder zusätzlichen Arbeiten nicht ohne Schwierigkeiten sogleich pauschal abrechnen, es sei denn, die Vertragspartner **einigten** sich später auch wegen dieser anderweitigen oder zusätzlichen Leistungsanforderungen auf einen neuen Pauschalpreis. Vgl. dazu insbesondere auch Rdn. 331 ff.

186 6. **Nicht unbedingt** trifft dies auf die als besondere Ausnahmen geltenden **Stundenlohnverträge oder Selbstkostenerstattungsverträge** zu. Diese Berechnungsarten können auch auf geänderte oder zusätzliche Leistungen Anwendung finden, **sofern** die Berechnungsgrundlagen nach Teil B § 15 Nr. 1 Abs. 2 und Nr. 2 bzw. nach Teil A § 5 Nr. 3 Abs. 2 **hinreichend klar** sind. Trifft das zu, so ist die veränderte oder zusätzliche Leistung grundsätzlich **nach den bisher vereinbarten Berechnungsgrundlagen** abzurechnen, es sei denn, die Parteien haben für einen solchen Fall etwas anderes vereinbart. Ist dagegen das für die ursprünglich geplante Leistung vorgesehene Berechnungssystem ausnahmsweise nicht geeignet, die abgeänderten oder zusätzlichen Leistungen zufriedenstellend zu erfassen, muß dann auch nach Einheitspreisen abgerechnet werden. Vgl. hierzu Teil A § 5 Rdn. 22 ff. und 30 ff. Ein Beispiel: Die Hauptleistung verursacht überwiegend Lohnkosten, bei der zusätzlichen Leistung ist das nicht der Fall oder umgekehrt.

II. Ausnahme: Berechnung nach Pauschalpreisen, Stundenlöhnen oder Selbstkostenerstattung

187 Wie sich aus Teil B § 2 Nr. 2 ergibt, kommt eine der anderen – außerhalb des Einheitspreisvertrages liegenden – **Berechnungsarten (Vergütungstypen) nur** in Betracht, **wenn** dieses vertraglich **ausdrücklich vereinbart** ist. Wer sich darauf beruft, trägt die **Beweislast** (vgl. Rdn. 178 ff. mit dortigen Verweisungen).

188 1. Der **Pauschalvertrag** unterscheidet sich vom Einheitspreisvertrag, wie sich aus einer Gegenüberstellung von Teil A § 5 Nr. 1 a und 1 b ergibt. Über die Voraussetzungen einer Pauschalpreisabrede und deren Wesen vgl. Teil A § 5 Rdn. 12 ff. sowie Heyers BauR 1983, 297. Entgegen Kroppen (Schriftenreihe der Deutschen Gesellschaft für Baurecht, Band 4, S. 5, auch Vygen ZfBR 1979, 133, 134; wie hier Riedl ZfBR 1980, 1, 3) wird durch den Abschluß des Pauschalvertrages keineswegs nur der in der Leistungsbeschreibung enthaltene Leistungsinhalt und der in den Vordersätzen der Beschreibung ausgewiesene Leistungsumfang, sondern darüber hinaus **zumindest gleichrangig auch** (vgl. Heyers BauR 1983, 297, der die Gleichrangigkeit betont) der dafür zu entrichtende Preis „pauschaliert". Daher andererseits zu eng Brandt BauR 1982, 524, der es wiederum zu einseitig auf den Preis abstellt. Das ergibt sich zwangsläufig aus der Grundstruktur des Pauschalpreises, nämlich der **prinzipiellen Loslösung gerade der Vergütung von den Einzelheiten der bei Vertragsabschluß festgelegten zu erbringenden Leistung** (unzutreffend insofern auch Heiermann BB 1975, 991, wie hier Heiermann/Riedl/Rusam/Schwaab Teil B § 2 Rdn. 61).

189 Von einem Pauschalvertrag kann man allerdings nicht sprechen, wenn das Angebot und der

Bauvertrag eindeutig nach Einheitspreisen ausgerichtet sind und bei der Auftragserteilung lediglich der Einfachheit halber der Angebotsendpreis nach oben oder unten **geringfügig** abgeändert worden ist (auf volle DM, auf volle 10 DM oder bei großen Aufträgen auf volle 100 DM). Dann handelt es sich in Wirklichkeit noch um einen Einheitspreisvertrag (so auch Huhn, Vahlens Rechtsbücher, Zivilrecht Bd. 3, S. 139; Vygen ZfBR 1979, 133, 135; Daub/Piel/Soergel ErlZ A 5.22; Werner/Pastor Rdn. 838). Das gilt um so mehr, wenn in den Vertragsbedingungen festgelegt ist, daß die Leistung **aufzumessen** ist (zutreffend Vygen a. a. O.). Anders kann das sein, wenn aus dem Vertrag der eindeutige Wille der Vertragspartner hervorgeht, auch in diesem Falle zu einem Pauschalpreis abzuschließen (OLG Düsseldorf, Urt. vom 25. 4. 1969 – 5 U 109/68 –: „absoluter Festpreis"; vgl. dazu auch tiefgründig Heyers a. a. O.). Ferner kann es für eine Pauschalvereinbarung auch ausreichen, wenn die Vertragspartner zunächst lediglich einen „vorläufigen Pauschalpreis" festlegen, sich jedoch über sämtliche Berechnungsmerkmale des endgültigen Preises vollauf einig sind (vgl. OLG Düsseldorf BauR 1982, 169).

Die Abrechnung nach unveränderten Pauschalpreisen ist im Verhältnis zur Abrechnung bei Einheitspreisverträgen dadurch vereinfacht, daß der Auftraggeber grundsätzlich nur die für die vertragliche Leistung vereinbarte **Pauschale als Endpreis zu entrichten** hat. Daher bedarf es in diesen Fällen im allgemeinen **keines Aufmaßes** (Teil B § 14 Nr. 2), auch **nicht** einer **spezifizierten Abrechnung** (Teil B § 14 Nr. 1), um zur Feststellung der endgültigen Vergütung zu kommen (vgl. auch OLG München SFH § 8 VOB/B Nr. 6). Jedoch ist es entgegen OLG Hamm (SFH Z 2.330 Bl. 3) **erforderlich, die Schlußrechnung** dem Auftraggeber gemäß Teil B § 14 Nr. 3 **vorzulegen, da dies für die Fälligkeit** der Schlußzahlung nach Teil B § 16 Nr. 3 Abs. 1 (vgl. dazu Teil B § 16 Rdn. 12 ff.) **notwendig** ist (ebenso wohl Kroppen, Pauschalpreisprobleme, S. 6). 190

Allerdings ist eine **Veränderbarkeit des Pauschalpreises nicht für jeden Fall auszuschließen**. Vielmehr ergeben sich hier **Veränderungsmöglichkeiten**, wie sie in der VOB in **Teil B § 2 Nr. 7** geregelt sind. Vgl. dazu Rdn. 328 ff. In solchen Fällen bedarf es zumindest einer spezifizierten Abrechnung, um die Prüfbarkeit der Rechnung nach Teil B § 14 Nr. 1 herbeizuführen. 191

2. Eine weitere Form der Berechnung der Vergütung bildet der **Stundenlohnvertrag**, dessen Voraussetzungen in Teil A § 5 Nr. 2 festgelegt sind. Danach können **Bauleistungen geringeren Umfanges, die überwiegend Lohnkosten** verursachen, im Stundenlohn vergeben werden. Dazu vgl. Teil A § 5 Rdn. 22 ff. Bei Änderung des ursprünglich vereinbarten Leistungsinhaltes treten im allgemeinen nicht die Probleme auf wie beim Pauschalvertrag, da es sich **nicht** um einen **Leistungsvertrag** handelt. Abgesehen von den nach Teil B § 15 Nr. 1 Abs. 1 und Nr. 2 vereinbarten bzw. a. a. O. Nr. 1 Abs. 2 üblichen Berechnungsgrundlagen liegt die Endsumme der Vergütung **nicht von vornherein fest**, sondern sie ergibt sich **erst bei der Stundenlohnabrechnung nach erbrachter Bauleistung**. Wegen der Abrechnung der vereinbarten Stundenlohnarbeiten siehe Teil B § 15. 192

Das gilt unter zwei Einschränkungen: Einmal müssen nicht nur die bisher abgesprochenen Leistungen **als Stundenlohnarbeiten vereinbart** sein, sondern auch diejenigen, die als **Mehrleistungen oder etwa veränderte Leistungen** nach Vertragsabschluß gefordert oder absprachegemäß ausgeführt werden. Dies folgt aus Teil B § 2 Nr. 10. Anderenfalls wird man die **Mehrleistungen oder etwa veränderten Leistungen** nach **Einheitspreisen** abzurechnen haben. Zum anderen müssen die Mehrleistungen oder veränderten Leistungen grundsätzlich geeignet sein, nach Stundenlohn abgerechnet zu werden, d. h., sie müssen den Voraussetzungen von Teil A § 5 Nr. 2 entsprechen, es sei denn, daß die Vertragspartner sich hierüber hinwegsetzen und auch so Stundenlohnabrechnung vereinbaren. Es ist also grundsätzlich ohne ausdrückliche anderweitige Regelung nicht zulässig, zunächst den Bauvertrag über 193

B § 2, 2-8, Rdn. 194-199

eine Leistung geringeren Umfanges nach Stundenlöhnen abzuschließen und dann von seiten des Auftragnehmers zu verlangen, daß eine größere zusätzliche Leistung auch nach Stundenlöhnen abgerechnet wird. Dann kommt nur Abrechnung nach Einheitspreisen in Betracht. Es besteht ein wohlberechtigtes Interesse des Auftraggebers daran, die Stundenlohnverträge auf die in Teil A § 5 Nr. 2 angeführten Tatbestände zu beschränken.

194 Eine **Preisänderung wegen Änderung oder Wegfall der Geschäftsgrundlage** kommt hier nur in Betracht, wenn **einschneidende Änderungen** in den nach Teil B § 15 Nr. 1 Abs. 1 und 2 vereinbarten oder nach a. a. O. Nr. 1 Abs. 2 üblichen **Berechnungsgrundlagen** eingetreten sind, also insofern die in Rdn. 150 ff. aufgezeigten Voraussetzungen vorliegen.

195 3. **Selbstkostenerstattungsverträge** werden nach den Richtlinien in Teil A § 5 Nr. 3 Abs. 2 abgerechnet, solange nicht eine Berechnung nach Einheitspreisen oder Pauschalpreisen möglich ist (a. a. O. Abs. 3). Die im Vertrag niedergelegten Einzelheiten für die Berechnung der Vergütung sind maßgebend. Abgerechnet wird nach der tatsächlich erbrachten Leistung. Wegen der Voraussetzungen von Selbstkostenerstattungsverträgen und der im Vertrag einzusetzenden Grundlagen der Berechnung der Vergütung vgl. Teil A § 5 Rdn. 30 ff. Für die Abrechnung von Leistungen, die hier nach Vertragsabschluß zusätzlich gefordert worden sind, gilt das gleiche wie bei Stundenlohnverträgen, vgl. Rdn. 192 ff.

D. Änderungen der Vergütung nach Nr. 3-8 – Allgemeines

196 Die folgenden Vertragsbestimmungen betreffen Fallgruppen, bei denen es gerechtfertigt ist, die ursprünglich im Vertrag vereinbarte **Vergütung zu ändern**. Es handelt sich grundsätzlich um **abschließende Regelungen, die einer Erweiterung nicht zugänglich sind**, wenn Besondere oder Zusätzliche Vertragsbedingungen im Einzelfall nichts anderes sagen, sofern solche gemäß den nachfolgenden Einzelerläuterungen zulässig sind.

197 Da einerseits der Auftragnehmer nach Teil B § 2 Nr. 1 an die vertraglich vereinbarten oder üblichen (§ 632 Abs. 2 BGB) Preise gebunden ist, andererseits die Voraussetzungen für eine spätere Preisänderung in den Nr. 3–8 abschließend geregelt sind, besteht bei einem **VOB-Vertrag** im allgemeinen (zu etwaigen Ausnahmen vgl. Vor B §§ 8 und 9 Rdn. 5 ff.) **kein Grund für eine Anwendung oder eine entsprechende Anwendung des § 650 BGB**, der eine Sonderregelung der Folgen der Änderung oder des Wegfalls einer Geschäftsgrundlage darstellt (vgl. BGHZ 59, 339 = NJW 1973, 140 = MDR 1973, 211 = SFH Z 3.00 Bl. 234 = BB 1973, 66 = LM § 649 BGB Nr. 3 Anm. Rietschel).

198 **Soweit nach Nr. 3-8 veränderte Vergütungsansprüche bestehen, verjähren diese innerhalb derselben Frist wie für die bisher maßgebenden Ansprüche,** vor allem ohne Änderung des bisher ausschlaggebenden Beginns und Ablaufs der Verjährungsfrist für die Schlußvergütung. Insoweit gilt also das in Rdn. 56 ff. sowie in Teil B § 16 Rdn. 12 ff. Gesagte.

199 Im übrigen regelt **Nr. 3-8** nur die Frage der **Veränderung der Vergütung** als solche bei bestimmten, dem Bauvertragswesen typischen Geschehensabläufen. Daneben können auch darüber hinausgehende Ansprüche bestehen, wenn durch diese Geschehensabläufe **weitere nachteilige Folgen** eingetreten sind, die der betreffende Vertragspartner, hier vornehmlich der Auftraggeber, **zu vertreten** hat. Das gilt z. B. für **Ansprüche des Auftragnehmers nach Teil B § 6**, dort insbesondere Nr. 6, wenn eine Leistungsveränderung, die von dem Auftraggeber bzw. dem bauplanenden Architekten als seines Erfüllungsgehilfen in zu vertretender Weise veranlaßt worden ist, zugleich eine **Verzögerung der vorgesehenen Bauzeit** mit sich gebracht hat, die nicht schon durch eine Veränderung der bisherigen Vergütung ausgeglichen ist. Vgl. dazu auch Rdn. 116 ff.

Die in **Nr. 4–6 (also nicht Nr. 3)** geregelten Preisänderungsmöglichkeiten gelten **entsprechend auch für BGB-Bauverträge,** da sie ihre Grundlage ohnehin im BGB haben, nämlich Nr. 4 in § 649 BGB und Nr. 5 und 6 in §§ 631, 632 BGB. Allerdings entfällt beim BGB-Bauvertrag für Zusatzleistungen die in Nr. 6 Abs. 1 festgelegte Pflicht zur vorherigen Ankündigung des zusätzlichen Vergütungsanspruches. 200

Werden Ansprüche auf der Grundlage der Nr. 3–8 geltend gemacht, hat derjenige die Darlegungs- und Beweislast, der sich darauf beruft. 201

Über theoretische Grundlagen für die Wertermittlung durch Sachverständige vgl. Aurnhammer BauR 1981, 139.

Zu den Einzelregelungen:

E. Mengenabweichungen beim Einheitspreisvertrag nach Nr. 3

I. Allgemeines

1. Nr. 3, die nur Mengenänderungen der bei Vertragsabschluß festgelegten – insoweit inhaltlich unverändert gebliebenen – **Leistung betrifft, also allein der Vordersätze,** nicht aber im Vertrag (Leistungsverzeichnis) **nicht vorgesehene Leistungsänderungen oder Änderungen der Leistungsart oder Zusatzleistungen** (vgl. Teil B § 1 Nr. 3 und 4, § 2 Nr. 5, 6 und 8, insoweit zutreffend OLG Celle BauR 1982, 381 = SFH § 2 Nr. 6 VOB/B Nr. 1 im Hinblick auf Nr. 11.1.5 BVStra), bezieht sich **nur** auf den **Einheitspreisvertrag,** wie er in Inhalt und Tragweite Teil A § 5 Nr. 1 a entspricht (vgl. Teil A § 5 Rdn. 7 ff.). Dabei ist die **Eigenart des Einheitspreisvertrages zu beachten.** Die Bauleistung stellt dort nicht eine einzige und gleiche Leistung dar, sondern sie ist nach der Leistungsbeschreibung gemäß Teil A § 9 in Einzelleistungen (Positionen) aufgeteilt. Diese sind jeweils nach Art, Umfang und Menge festgelegt, wobei es für den Rahmen der Nr. 3 **allein auf letzteres Merkmal (die Vordersätze) ankommt.** Die **Mengen können** sich im Verlauf der Bauausführung **ändern, ohne** daß es zu einem **den vorgesehenen Leistungsinhalt – die Art und den Umfang betreffenden – ändernden, nachträglichen Eingriff des Auftraggebers kommt.** Insoweit kann es zu einer **Überschreitung oder Unterschreitung des bisher im Leistungsbeschrieb enthaltenen Mengenansatzes** (der Vordersätze) kommen, so z. B., wenn die nach dem Leistungsverzeichnis vorgesehene Ausschachtung von 5 m Tiefe anstelle der im Vordersatz angegebenen Menge von 1000 m^3 in Wirklichkeit 1500 m^3 erfordert. 202

2. Da sich Leistung und Gegenleistung angemessen gegenüberstehen sollen, muß sich unter Umständen die **Vergütung,** mithin der **Einheitspreis, ändern, wenn eine bestimmte Über- oder Unterschreitung** der im Leistungsverzeichnis in den jeweiligen Positionen vorgesehenen **Leistungsmengen** (Vordersätze), die ihrerseits **nach Maß, Zahl oder Gewicht** i. S. üblicher Bewertung der Einheit (m^2, m^3, Stück usw.) ausgerichtet sind, während der Ausführung eintritt. Aufgabe der Nr. 3 ist es, diesen Rahmen zu erkennen und daraus die erforderlichen Konsequenzen zu ziehen, nämlich die erforderliche Äquivalenz zwischen Leistung und Gegenleistung wiederherzustellen (vgl. dazu tiefgründig und eingehend Heiermann, Festschrift Korbion, S. 137 ff.). Es war zunächst die Grundregel festzulegen, bis zu welcher Grenze sich der Einheitspreis **im Rahmen des für den Auftragnehmer erfahrungsgemäß Zumutbaren nicht** ändert. Alsdann war zu klären, **welche Änderungen** bei einer mengenmäßigen Mehr- oder Minderleistung zu erfolgen haben, **wenn gewisse Grenzen überschritten** sind. Schließlich war zu prüfen, **ob und wie sich die Änderung** des Leistungsinhalts auf einen **Pauschalpreis auswirkt,** der für eine Leistung vereinbart ist, die ihrerseits von einer unter einem Einheitspreis zusammengefaßten Leistung oder Teilleistung abhängig ist. 203

Hervorzuheben ist besonders: **Nr. 3 besagt nicht, daß Abweichungen** bis zu einem be- 204 stimmten Umfang der **tatsächlich ausgeführten Mengen** von den im **Leistungsverzeichnis bzw. im Vertrag vorgesehen** bei der Berechnung der Vergütung **überhaupt unberücksichtigt** bleiben und damit nicht zu bezahlen wären. Diese Bestimmung regelt vielmehr **nur den Einheitspreis, nicht den Umfang der nach dem jeweiligen vereinbarten oder üblichen (§ 632 Abs. 2 BGB) Einheitspreis aufgrund erfolgten Aufmaßes zu berechnenden Leistung.** Der Leistungsumfang vermag im Rahmen der hier erörterten Regelung **nur bei der Neuberechnung des Einheitspreises** nach Nr. 3 Abs. 2 oder Abs. 3 oder des Pauschalpreises bei Nr. 3 Abs. 4 eine Rolle zu spielen (vgl. dazu BGH SFH Z 2.411 Bl. 24 ff. und Z 2.412 Bl. 13 ff.).

205 3. Sofern im einzelnen Bauvertrag, also **individualvertraglich,** die in Nr. 3 geregelte Preisänderungsmöglichkeit **ausgeschlossen** ist, bleibt der **Auftraggeber** dem Auftragnehmer **jedenfalls aus culpa in contrahendo,** u. U. auch aus positiver Vertragsverletzung, **schadensersatzpflichtig,** wenn die Mehr- oder Minderleistung darauf zurückzuführen ist, daß die **Mengenangaben im Leistungsverzeichnis unrichtig sind** und dies auf einem **schuldhaften Tun oder Unterlassen des Auftraggebers oder seines Erfüllungsgehilfen (Architekten)** beruht. Der daraus resultierende Schadensersatzanspruch richtet sich nach den Maßstäben, wie sie aus Nr. 3 ersichtlich sind (ähnlich Jagenburg BauR 1970, 21). Überdies kann der **vertragliche Ausschluß** der durch Nr. 3 vorgesehenen Preisänderungsmöglichkeit **im Einzelfall gegen Treu und Glauben (§ 242 BGB) oder gegen die guten Sitten (§ 138 BGB)** verstoßen und deswegen unwirksam sein. Das trifft dann zu, wenn sich in der betreffenden Position die **Mengenänderung** nach oben oder unten später **in einem solchen Ausmaß** ergeben hat, **daß für das Verhältnis von Leistung und Preis von einer Änderung oder einem Wegfall der Geschäftsgrundlage** gesprochen werden müßte. Die gegenteilige Ansicht von Weick in Nicklisch/Weick Teil B § 2 Rdn. 52 verkennt, daß es sich hier nicht um eine faktische Inhaltskontrolle, sondern um die sich auch sonst insbesondere aus § 242 BGB ergebenden Grenzen der Zumutbarkeit handelt. Wie hier Werner/Pastor Rdn. 832. In den genannten Ausnahmefällen, die vom Auftragnehmer darzulegen und zu beweisen sind, ist auch eine Preisanpassung gemäß den Regeln der Nr. 3 geboten.

206 **Sofern das AGB-Gesetz Anwendung findet (vgl. Teil A § 10 Rdn. 77 ff.), was vornehmlich bei Zusätzlichen Vertragsbedingungen naheliegt, dürfte gerade hier die Generalklausel des § 9 a. a. O. zu beachten sein.** Außerdem kann auch eine Verletzung von § 11 Nr. 7 AGB-Gesetz vorliegen, vor allem, wenn dem Auftragnehmer durch eine solche Klausel auch das Berufen auf die Änderung oder den Wegfall der Geschäftsgrundlage versagt sein soll. Ein Verstoß gegen § 9 AGB-Gesetz ist es auf jeden Fall, wenn der Auftraggeber für den Bereich von Teil B § 2 Nr. 3 lediglich Erhöhungen, nicht aber zugleich Herabsetzungen der Einheitspreise ausschließt. **Davon abgesehen dürfte durch den Ausschluß oder die beachtliche Einengung von Teil B § 2 Nr. 3 (etwa die Erhöhung der Grenze von 10 % auf 20 %) die Ausgewogenheit der VOB/B nicht mehr gegeben sein, so daß die Ausnahmebestimmung in § 23 Abs. 2 Nr. 5 AGB-Gesetz nicht mehr zum Tragen kommt** (vgl. Korbion/Locher Rdn. 120; Heiermann NJW 1986, 2682; dazu vor allem Teil A § 10 Rdn. 131 ff.). Andererseits dürfte ein Ausschluß der Nr. 3 für den Fall der Zuschlagserteilung auf **Nebenangebote** grundsätzlich nicht gegen § 9 AGB-Gesetz verstoßen, weil es im allgemeinen Sache des Auftragnehmers und ihm daher zumutbar ist, die Vordersätze für sein Nebenangebot jedenfalls annähernd zutreffend zu ermitteln, daher die Risikoverlagerung auf ihn durchaus noch zu rechtfertigen ist.

II. Die Grundregel in Nr. 3 Abs. 1

207 1. Weichen die **Mengen (Vordersätze)** einer unter einem Einheitspreis erfaßten Leistung oder Teilleistung um **nicht mehr als 10 %** von den im Vertrag vorgesehenen **ab, verbleibt es bei dem vertraglichen Einheitspreis.** Erst bei **höheren Abweichungen** ergibt sich die Frage

der Anpassung des vereinbarten Einheitspreises an den in bezug auf die veränderten Mengen neuen Leistungsinhalt. Dabei ist zu beachten, daß Mengenabweichungen **bis einschließlich 10 %** den bisher vereinbarten Preis **unberührt** lassen. Insoweit ist davon auszugehen, daß diese 10 % dem tolerierbaren Vertragsrisiko zugerechnet werden (zutreffend Heiermann, Festschrift Korbion, S. 137, 142).

Die in **Nr. 3** getroffene Regelung **ist abschließend für die Fälle der Mengenänderungen über 10 % hinaus**. Sie ist nicht auf eine bestimmte prozentuale Abweichung – über 10 % hinaus – **beschränkt**. Hier kann auch **nicht** auf die Grundsätze des **Wegfalls oder der Änderung der Geschäftsgrundlage** zurückgegriffen werden; die Frage der **Preisgestaltung bei Mengenänderungen** ist nämlich **vertraglich geregelt**. Diese Regelung ist sozusagen die **vereinbarungsgemäß festgelegte Geschäftsgrundlage**. 208

Die hier aufgestellten Grundsätze (vgl. BGH Betrieb 1969, 1058 = SFH Z 2.311 Bl. 31 ff. = WM 1969, 1019 = MDR 1969, 655 = LM VOB/B Nr. 36) gelten allgemein für den Rahmen der Nr. 3, also im Falle von Mengenabweichungen bei **Einheitspreisverträgen**, aber auch **nur dort**. 209

2. Aus Teil A § 5 Rdn. 7 ff. folgt, daß unter einer Leistung, die unter einem Einheitspreis zusammengefaßt ist, der Leistungsteil zu verstehen ist, der – vor allem im Vordersatz – **unter einer Einzelposition zusammengestellt** ist. Das wird in der VOB auch dadurch klargestellt, daß zusätzlich das Wort **„Teilleistung"** eingefügt worden ist. Deshalb ist bei der Prüfung, ob der bisher vereinbarte Einheitspreis sich ändert, immer nur **von** dem **Mengenansatz der einzelnen Position auszugehen** (so auch BGH SFH Z 2.400 Bl. 41; BGH BauR 1976, 135 = SFH Z 2.310 Bl. 42). Hält sich dieser Mengenansatz **innerhalb der 10 %-Klausel, bleibt es bei dem bisher vereinbarten Einheitspreis der Position der Leistungsbeschreibung**. Die Feststellung der Angemessenheit der Einheitspreise nach Bauausführung bei einer Abweichung der Leistungsmenge muß daher unter **Prüfung jeder Einzelposition** geschehen. Wenn z. B. von zehn Positionen sich fünf im Rahmen der 10 %-Klausel halten und die anderen fünf nicht, so **bleibt** es wegen der ersteren **bei den vertraglich festgesetzten Einheitspreisen**, während wegen der letzteren jeweils eine Preisänderung in Betracht kommt. Der **jeweilige Positionspreis oder der Gesamtpreis** des Vertrages **spielen bei Leistungsabweichungen** im Rahmen der Nr. 3 **keine Rolle**, zumal nicht diese, sondern der Einheitspreis vertraglich vereinbart sind bzw. ist. 210

Immer und nur muß es sich aber um Mengenabweichungen im Bereich der Vordersätze **allein auf der Grundlage des bisherigen, unveränderten Inhaltes der betreffenden Leistungsposition** handeln, also um bloße Mehr- oder Minderleistungen nach Maß, Gewicht oder Stückzahl (vgl. Teil A § 5 Nr. 1 a) in den dazugehörigen Vordersätzen. **Sonstige Leistungsänderungen**, wie z. B. die spätere Änderung der Abfuhrstrecke für den Abtransport von Erdmassen, **gehören nicht hierher** (vom BGH SFH Z 2.311 Bl. 24 ff. offengelassen). Diese unterfallen im allgemeinen Teil B § 2 Nr. 5. Überhaupt scheidet die Anwendung der Nr. 3 in allen Fällen aus, in denen die eigentliche Grundlage der Veränderung adäquat-kausal auf Eingriffe des Auftraggebers in den vorgesehenen Leistungsbestand zurückgeht und für welche die wirkliche, also erste Ursache im Rahmen der Nr. 4-6 zu suchen ist und sich dies dann als bloße Folge – auch oder möglicherweise dann nur – auf die **Vordersätze auswirkt. Dann kommen diese anderen Bestimmungen zur Anwendung.** Vgl. auch Rdn. 223 ff. 211

III. Überschreitungen (Nr. 3 Abs. 2)

Hier werden Mengenüberschreitungen von **mehr als 10 %** als ursprünglich in dem mit zum Vertragsinhalt gewordenen Leistungsverzeichnis vorgesehen in einer Position oder in jeweils mehreren einzelnen Positionen vorausgesetzt. 212

213 1. Bei der **Berechnung des neuen Einheitspreises** wird der **bisherige Einheitspreis der betreffenden Position nicht gegenstandslos**. Es wird **nicht ein neuer Einheitspreis für die gesamte Position** festgesetzt. Vielmehr bleibt, da nur die Leistungsüberschreitung in bezug auf den Preis eine Rolle spielt, der **bisherige Einheitspreis für die vertraglich festgelegte Menge** bestehen. Diesem Mengenansatz ist dann zunächst der in Absatz 1 festgelegte Spielraum von 10 % hinzuzurechnen, für den **auch noch der bisherige Einheitspreis** gilt. Erst für die **darüber hinausgehende Menge** (ab 110 %) ist ein **neuer Preis** zu vereinbaren (vgl. für einen ähnlichen Fall OLG Hamm SFH Z 2.310 Bl. 32, 36). Hiernach werden im Ergebnis bei **einer Position zwei verschiedene Einheitspreise,** je nach der tatsächlich erbrachten Leistungsmenge im Verhältnis zur vorgesehenen (einmal bis 110 %, zum anderen darüber hinaus), festgelegt und so auch abgerechnet. Also ist, falls z. B. die Position 1 des Leistungsverzeichnisses 150 % der bei Vertragsabschluß vorgesehenen Mengen bei der späteren Ausführung ergibt, diese Position bei der Abrechnung dahin gehend aufzuspalten, daß in einer Position 1 a 110 % zum bisher vereinbarten Einheitspreis und 40 % zu dem – falls noch nicht erfolgt – neu festzusetzenden Einheitspreis abzurechnen sind.

214 2. Für die Ermittlung des neuen Preises gilt: **Ausgangspunkt** müssen **Preisermittlungsgrundlagen des bisherigen Einheitspreises** auch für die Berechnung des neuen Preises sein (vgl. dazu auch Hereth/Ludwig/Naschold, Teil B § 2 Ez. 2.72; ebenso tiefgreifend Dähne BauR 1974, 371; Winkler S. 56; Heiermann/Riedl/Rusam/Schwaab Teil B § 2 Rdn. 66 b; Daub/Piel/Soergel/Steffani ErlZ B 2.80; Mantscheff BauR 1979, 389; Weick in Nicklisch/Weick Teil B § 2 Rdn. 42; Werner/Pastor Rdn. 831; Piel BauR 1974, 73; Walzel BauR 1980; 287; Heiermann, Festschrift Korbion, S. 137, 142 entgegen früher BauR 1974, 73; v. Craushaar BauR 1984, 311, 319 Fn. 39; a. A. Hereth, Baubetriebsberater 1967, 89, 91). Es ist somit nicht zulässig, die bisherigen Preisermittlungsgrundlagen des alten Preises völlig außer acht zu lassen und nur neue Preisermittlungen anzustellen (so auch BGH Betrieb 1969, 1058 = SFH Z 2.311 Bl. 31 ff. = WM 1969, 1019 = MDR 1969, 655 = LM VOB/B Nr. 36). Es ist nämlich zu bedenken, daß mitbestimmendes Motiv für das Vertragsangebot und dessen Annahme nicht nur die bloßen Zahlen des Angebots gewesen sind, sondern auch deren Ermittlung, also die Berechnungsgrundlagen (so u.a. auch Walzel BauR 1980, 227). Grundsätzlich gilt dies ohne Rücksicht darauf, ob der Auftragnehmer dabei einen „schwachen" oder ob er einen „satten" Preis kalkuliert hat, der Gegenstand der vertraglichen Preisabsprache geworden ist. Die Forderung, daß sich die Parteien bei der Festlegung des neuen Einheitspreises an die Preisermittlungsgrundlagen für die bisherige Leistung halten sollen, ist daher ein **Ausfluß der vertraglichen Vereinbarung** (a. A. Hereth, a. a. O., der entsprechend § 315 BGB ohne Bindung an die bisherigen Preisermittlungsgrundlagen den neuen Preis festlegen will). Während die Fassung 1952 der VOB in Teil B § 2 Nr. 3 Abs. 2 die hier erörterte Frage offenließ, ist sie durch die seitdem fortdauernde Fassung 1973 im angegebenen Sinne klargestellt worden. Dies folgt aus der damals eingefügten Wendung, daß der neue Preis „**unter Berücksichtigung der Mehr- oder Minderkosten**" zu vereinbaren ist. Eine Berücksichtigung von Mehr- oder Minderkosten ist aber schon **begrifflich nur möglich, wenn nicht eine völlig freie und vom bisher vereinbarten Preis unabhängige Preisbildung erfolgt, sondern diese auf den Ermittlungsgrundlagen des bisherigen Preises aufbaut.** Dies wird auch ganz deutlich durch die Erwägungsgründe zu Teil B § 2 Nr. 3 Abs. 2 der Fassung 1973 bestätigt, indem es dort heißt: „Durch die Änderung in Nr. 3 Abs. 2 wurde klargestellt, daß bei der Bildung eines neuen Preises aus Anlaß der Überschreitung des Mengenansatzes von dem ursprünglichen Preis der entsprechenden Position auszugehen ist." Es handelt sich also um eine vertraglich geregelte **Preisanpassung,** soweit über 10 % hinausgehende Mehrmengen in Rede stehen.

215 3. Für die Ermittlung des neuen Preises sind vorkalkulatorisch die Mehr- oder Minderkosten zu erfassen, also so, als wäre zur Zeit der Angebotsabgabe und dem darauf beruhenden Vertragsabschluß die erhöhte Ausführungsmenge bekannt gewesen und die Preise wären auf

dieser Grundlage gebildet worden (ähnlich Olshausen VDI-Berichte Nr. 458 S. 49, 51 f.). Insofern können nach wie vor die Maßstäbe als Richtpunkt gelten, die in Nr. 69 der früheren Vorläufigen VOB-Richtlinien des Bundesfinanzministers (vgl. Daub, VOB-Richtlinien, 7. Aufl., S. 60 f., Werner-Verlag, Düsseldorf) wie folgt festgelegt sind:

„Bei Bemessung der Preise bei Massenveränderungen nach B § 2 Nr. 3 ist regelmäßig auf die Preisermittlung zurückzugreifen. Es ist sorgfältig zu prüfen, ob und inwieweit die Kosten durch eine Massenänderung beeinflußt werden; im allgemeinen werden sich die Massenänderungen unmittelbar nur auf die Einzelkosten (Einzellohnkosten, Einzelstoffkosten sowie ggf. Sonderkosten) der betreffenden Teilleistungen auswirken, doch muß auch darauf geachtet werden, ob sich nicht infolge der Massenänderungen Gemeinkosten (Baustellengemeinkosten, wie z. B. Baustelleneinrichtungskosten, Allgemeine Geschäftskosten) insgesamt oder in ihrer anteiligen Umlage auf die Teilleistungen ändern. Die Änderung der Gemeinkosten muß auch in den Fällen berücksichtigt werden, in denen diese Kosten nach besonderen Ordnungsziffern des Leistungsverzeichnisses mit Pauschpreisen abgegolten werden."

Siehe dazu auch Jagenburg BauR 1970, 18, 20 sowie Wolff, Bauwirtschaft, 1978, 1412 zur Berechnung im einzelnen; ganz besonders dazu Mantscheff mit anschaulichen Berechnungsbeispielen BauR 1979, 389.

Im übrigen weisen die Erwägungsgründe zur Fassung der VOB/B von 1973 (vgl. Rdn. 214) mit Recht darauf hin, daß es in Nr. 3 Abs. 2 **keiner gesonderten Erwähnung der Umsatzsteuer** bedurft hat, weil sie **Bestandteil der ermittelten Mehr- oder Minderkosten ist.** **216**

Problematisch kann das Zurückgreifen auf den bisherigen Preis (vgl. Rdn. 214) bzw. auf die ursprünglichen Preisermittlungsgrundlagen sein, **wenn der bisherige Preis „unter Wert"** durch den Auftragnehmer **bewußt** – etwa um den Auftrag zu erhalten – oder **unbewußt** – etwa infolge einer „Fehlkalkulation" – oder aus sonstigen, jedoch nicht beim Auftragnehmer liegenden Gründen zustande gekommen ist. Ist der Preis **bewußt** zu niedrig kalkuliert worden, so muß sich der Auftragnehmer grundsätzlich für die über 110 % hinausgehenden Mehrmengen an den von ihm kalkulierten Ansätzen des Eigenaufwandes auch für den Bereich der Neuberechnung des neuen Preises festhalten lassen. Das gilt um so mehr, als der Auftragnehmer bei Vertragsabschluß im allgemeinen in dem Auftraggeber das Vertrauen erweckt hat, daß die von ihm kalkulierten Preise in dem Sinne realistisch sind, daß sie der bei ihm – dem Auftragnehmer – gegebenen Sachlage entsprechen (so zutreffend Heiermann, Festschrift Korbion, S. 137, 142 f.). Also kann **nur** die Frage sein, ob der Auftragnehmer bei einer **unbewußten oder ihm jedenfalls nach Sachlage im Einzelfall nicht zurechenbaren Fehlkalkulation** wegen der über 110 % hinausgehenden Mengen einen von seinen bisher angenommenen Berechnungsgrundlagen abweichenden „realistischen" Preis auf der **Grundlage des § 242 BGB** verlangen kann. Das ist generell weder zu bejahen noch zu verneinen. Vielmehr ist diese Frage im Einzelfall letztlich danach zu entscheiden, **wer die Ursache für die ursprüngliche Fehlberechnung, und zugleich, wer die Ursache für die Notwendigkeit der Mehrmengen zwecks Erreichung einer vertragsgemäßen Leistung gesetzt hat und wem dies nach Treu und Glauben letztlich rechtlich zuzurechnen ist.** Insoweit wird man **in drei Fällen** den Auftragnehmer für berechtigt halten können, bei der Berechnung des neuen Preises für die über 10 % hinausgehenden Mehrmengen eine angemessene, der Wirklichkeit entsprechende Preisgrundlage statt der ursprünglich gewählten in Ansatz zu bringen: Einmal in dem seltenen Fall, in dem der **Auftragnehmer berechtigt gewesen wäre**, seine bisherige **Preisberechnung wegen Irrtums anzufechten** (sogenannter Kalkulationsirrtum), vgl. Teil A § 19 Rdn. 21 ff., Teil B § 2 Rdn. 138 ff. und 170, **und** ein Festhalten des Auftragnehmers an der ursprünglichen Preisermittlungsgrundlage im Einzelfall zu einem **gegen Treu und Glauben verstoßenden, untragbaren Ergebnis** führen würde, und zwar unabhängig davon, ob eine Anfechtung tatsächlich erfolgt ist (ebenso Heiermann, Festschrift Korbion, S. 137, 143; so wohl auch Weick in Nicklisch/Weick Teil B § 2 Rdn. 45). Das gilt **erst recht,** **217**

wenn der Auftraggeber seinerseits den Irrtum erkannt und den Auftragnehmer nicht darauf hingewiesen hat (ebenso Heiermann a. a. O.). Zweitens in den häufigeren Fällen, in denen sich die **Massenänderungen auf ein vorwerfbares Unterlassen des Auftraggebers oder seiner Erfüllungsgehilfen** (wie z. B. des Architekten) **zurückführen** lassen, insbesondere eine unvollständige oder sonst unsorgfältige Planung, beispielsweise ein für den Auftragnehmer im Einzelfall nicht ohne weiteres erkennbares, unklares oder nicht hinreichend fundiertes und daher der Wirklichkeit nicht entsprechendes Leistungsverzeichnis oder schuldhaft fehlerhafte Baugrundermittlung. Drittens ist der Fall hierher zu rechnen, in dem die **Ausführung infolge der für den Auftragnehmer nicht vorhersehbar erforderlich gewordenen Mehrmengen in eine Zeit gekommen ist, in der erhebliche und in keiner Weise vorhergesehene Preissteigerungen** fühlbar aufgetreten sind, die bei Ausführung nach den bisher angenommenen Vordersätzen keine Bedeutung erlangt hätten (ebenso Heiermann, Festschrift Korbion, S. 137, 144; ähnlich, jedoch nicht hinreichend klar abgegrenzt, Daub/Piel/Soergel/Steffani ErlZ B 2.81; ferner Olshausen VDI-Berichte Nr. 458 S. 49, 52). Zu weitgehend daher auch Weick in Nicklisch/Weick (Teil B § 2 Rdn. 44), der Lohn- und Materialpreisänderungen **in jedem Falle** bei Mehrmengen von über 10 % berücksichtigen will, weil das Risiko des Auftragnehmers durch die sogenannte 10 %-Klausel begrenzt sei. Das würde dazu führen, auch den unsorgfältig kalkulierenden bzw. anbietenden Auftragnehmer trotz für ihn **vorhersehbarer** Preiserhöhungen in einem **über Treu und Glauben hinausgehenden Maße zu schützen. Für das Vorliegen der vorgenannten Ausnahmen hat der Auftragnehmer die Darlegungs- und Beweislast.**

218 Denkbar sind aber auch Fälle, in denen an sich eine der vorgenannten Ausnahmevoraussetzungen gegeben ist, es aber auch dem Auftragnehmer vorgeworfen werden muß, daß er in der betreffenden Position seine Preise nicht sorgfältig ermittelt hat. Das kann z. B. zusammentreffen, wenn der Auftragnehmer den Einheitspreis – evtl. um den Auftrag zu erhalten – im Vertrauen auf die Richtigkeit der Vordersätze bewußt niedrig bemessen hat, die in der Leistungsbeschreibung enthaltenen Vordersätze aber auf vorwerfbar unsorgfältigen Ermittlungen des Architekten des Auftraggebers beruhen. Hier wird die Frage, ob und inwieweit der Auftragnehmer sich dann an die bisherigen Preisermittlungsgrundlagen festhalten lassen muß, im Einzelfall nach den Grundsätzen des § 254 BGB zu entscheiden sein. Zu diesen Fragen vgl. auch Walzel (BauR 1980, 227), jedoch zu eng, indem er für die „Kalkulation unter Wert" den dem Auftraggeber zuzurechnenden Risikobereich, vor allem im Falle unvollständiger oder unsorgfältiger Planung, nicht ausreichend in seine Überlegungen einbezieht.

219 4. Bei der Ermittlung des Preises für die über 10 % hinausgehenden Mengen wird nach der baubetriebswissenschaftlichen Grundanschauung, die hier auch für die rechtliche Bewertung maßgebend ist, häufig festzustellen sein, daß die Massenmehrung eine **Verringerung** der Einzelkosten oder/und der Gemeinkosten im Rahmen der Einzelkosten der betreffenden Teilleistung zur Folge hatte und daß daher der für die Mehrmengen zu bildende neue Einheitspreis entsprechend **niedriger** ausfallen muß als der für die bisher vorgesehenen Mengen vereinbarte. Möglich ist aber durchaus nicht selten auch die **Erhöhung** des Einheitspreises, wenn durch die Mengenmehrungen für den Auftragnehmer ein **bisher nicht gegebener Kostenaufwand** entsteht, wie z. B. dadurch, daß die erforderlich gewordenen Mehrmengen an Kies nur aus einer weiter entfernten Kiesgrube gewonnen und angefahren werden können (vgl. dazu LG Köln, Urt. vom 1. 12. 1972 – 5 O 325/70 –). Gleiches gilt, wenn z. B. für den Aushub und Abtransport der mengenmäßig erhöhten Leistung schwerere Geräte und mehr Personal eingesetzt werden müssen oder sich auch sonst das Produktionsverfahren infolge der Mehrmengen ändern muß (vgl. auch Olshausen VDI-Bericht Nr. 458 S. 49, 51 f.; Vygen BauR 1983, 414). Denkbar ist eine Erhöhung auch, wenn auf der Grundlage der bisher vorgesehenen Vordersätze einzelne Kostenbestandteile vernachlässigt werden konnten, wie z. B. Gerüstkosten, die aber wegen erheblicher Mengenmehrung von weit über 110 % hinaus nicht mehr

vertretbar sind. Möglich ist eine Erhöhung des Einheitspreises auch dann, wenn die Zusatzmengen nur durch Überstunden erbracht werden konnten, um die gesetzten Baufristen einzuhalten, ebenso kann eine erforderliche gesonderte, mit mehr Kostenaufwand als bisher verbundene Materialbeschaffung dazu führen (insoweit zutreffend Heiermann BauR 1974, 73). Eine Erhöhung des Einheitspreises kann nicht zuletzt auch in Betracht kommen, wenn ein Fall vorliegt, welcher der Nr. 3 Abs. 4 unterzuordnen ist, wenn also von der unter einem Einheitspreis erfaßten Leistung oder Teilleistung andere Leistungen abhängig sind, für die eine Pauschalsumme vereinbart ist; hier kann es sein, daß eine Änderung der Baustelleneinrichtung, eine verlängerte Wasserhaltung oder Veränderungen von Pauschalen für Überstunden/Mehrarbeit, nicht vorhergesehene Lohn- und Materialpreiserhöhungen zu einer Erhöhung der Pauschalansätze führen (vgl. Olshausen a. a. O.; vgl. Rdn. 237 ff.). Überdies und letztlich kann sich dies allgemein ergeben, wenn die später bei der Ausführung anfallenden Mehrmengen dem Auftragnehmer einen beachtlichen Mehraufwand an Löhnen, Material-, Baustellen- und Allgemeinen Geschäftskosten abfordern.

5. Es ist zu beachten, daß nach Nr. 3 Abs. 2 im Falle von Überschreitungen des Mengenansatzes ein **neuer Preis nur zu vereinbaren** ist, **wenn** dies **verlangt** wird. Das **Verlangen** kann **sowohl vom Auftraggeber als auch vom Auftragnehmer** gestellt werden (vgl. BGH Betrieb 1969, 1058 SFH Z 2.311 Bl. 31 ff. = WM 1969, 1019 = MDR 1969, 655 = LM VOB/B Nr. 36), wobei es sich in der Praxis im Einzelfall danach richten wird, wer das größere Interesse – Preisminderung oder Preiserhöhung – hat. Es sollte spätestens bei der Abrechnung vorgebracht werden, da sonst die Gefahr des Anspruchsverlustes unter den Voraussetzungen von Teil B § 16 Nr. 3 Abs. 2 besteht. Hinsichtlich der Verjährung eines Preisänderungsanspruches gelten die für die Verjährung des bisherigen Anspruches maßgebenden allgemeinen Vorschriften, vgl. Rdn. 56 ff. 220

Der neue Einheitspreis setzt grundsätzlich eine **Vereinbarung** der Parteien voraus. Einigen sie sich nicht, erfolgt die Festsetzung durch einen Dritten, wenn dies im Vertrag vorgesehen ist, notfalls durch das Gericht, §§ 315 ff. BGB (ebenso OLG Celle BauR 1982, 381 = SFH § 2 Nr. 6 VOB/B Nr. 1), worunter bei Vorliegen einer entsprechenden Schiedsvereinbarung auch ein Schiedsgericht nach Teil A § 10 Nr. 5 zu verstehen ist. Für Behördenaufträge ist auf die in Teil B § 18 Nr. 2 aufgezeigte Möglichkeit hinzuweisen. 221

IV. Unterschreitungen (Nr. 3 Abs. 3)

Bei einer über 10 % hinausgehenden **Unterschreitung des Mengenansatzes** ist auf Verlangen der Einheitspreis für die **gesamte tatsächlich ausgeführte** Menge der Leistung oder Teilleistung **zu erhöhen, soweit** der Auftragnehmer **nicht** durch Erhöhung der Mengen bei anderen Ordnungszahlen (Positionen) oder in anderer Weise einen **Ausgleich erhält.** Die Erhöhung des Einheitspreises soll im wesentlichen dem **Mehrbetrag entsprechen,** der sich durch **Verteilung** der Baustelleneinrichtungs- und Baustellengemeinkosten und der Allgemeinen Geschäftskosten auf die **verringerte Menge** ergibt. Die **Umsatzsteuer** wird **entsprechend** dem neuen Preis **vergütet.** Siehe dazu vor allem auch Olshausen VDI-Berichte Nr. 458 S. 49, 51 und Mantscheff BauR 1979, 389. 222

1. Bei einer **Unterschreitung bis zu 10 %** bleibt es bei dem **bisherigen Einheitspreis,** wie es auch bei der Überschreitung der Fall ist. Insoweit kommt eine Preisänderung für die geleistete Mindermenge nicht in Betracht. Nur wenn über 10 % der vorgesehenen Leistungsmenge weniger erbracht werden, **also weniger als 90 %,** greift Nr. 3 Abs. 3 ein. 223

Dabei ist gerade hier (vgl. Rdn. 210 f.) zu beachten, daß die **Unterschreitung nicht durch ein Eingreifen des Auftraggebers** im Wege der **einseitigen** Änderung der bisher vereinbarten 224

Leistungsmengen und/oder – im allgemeinen als Grundursache damit verbunden – auch sonst des vertraglich vorgesehenen Leistungsinhaltes herbeigeführt worden sein darf. Es sind vielmehr Grenzen gezogen, die sich aus den Allgemeinen Vertragsbedingungen ergeben. Sie sind einmal in Teil B § 2 Nr. 5 zu finden, wenn durch Änderungen des Bauentwurfs (vgl. Teil B § 1 Nr. 3) oder durch andere Anordnungen des Auftraggebers die Preisgrundlagen für die bisher vorgesehene Leistung überhaupt geändert werden oder ganz in Wegfall kommen oder vom Auftraggeber ein Verlangen auf eine zusätzliche Leistung (vgl. Teil B § 1 Nr. 4) gestellt wird. Zum anderen ergeben sich die Grenzen auch aus Teil B § 8 Nr. 1 in Verbindung mit Teil B § 2 Nr. 4, nämlich in den Fällen, in denen bei gerechter Würdigung des Sachverhalts von einer Kündigung oder einer Teilkündigung des Bauauftrages durch den Auftraggeber gesprochen werden muß. Nur wenn sich **in der einzelnen Position oder in mehreren Positionen eine Verringerung** der Leistung bzw. Teilleistung **ohne eine nach dem Vorgenannten mögliche Einwirkung von Auftraggeberseite lediglich wegen der an Ort und Stelle vorgefundenen Verhältnisse ergibt,** kommt Nr. 3 Abs. 3 zur Anwendung. Anderenfalls hat die rechtliche Würdigung je nach Sachlage gemäß den genannten anderen Vorschriften zu erfolgen. Das leuchtet auch ohne weiteres ein, wobei außerdem bei **Wegfall ganzer Positionen** die Regel der Nr. 3 Abs. 3 überhaupt versagt, der Auftragnehmer nämlich sonst keine Vergütung erhalten würde, wenn ihm nicht auf der Grundlage der Nr. 4 oder von Teil B § 8 Nr. 1 geholfen werden könnte, zumal auch eine Erhöhung des Einheitspreises bei anderen Positionen dann nicht in Betracht kommt (BGH BauR 1972, 381 = SFH Z 2.311 Bl. 43; vgl. dazu auch Behre BauR 1976, 36).

225 Die von Jagenburg (BauR 1970, 18, 21) und Behre (a. a. O.) gegen die vorangehend gekennzeichnete Lösung – Anwendung von Teil B § 2 Nr. 5, 4 oder § 8 Nr. 1 je nach Lage des Falles – erhobenen Bedenken überzeugen nicht. Soweit Jagenburg meint, daß im Falle der Teilentziehung des Auftrages unter gleichzeitiger Beauftragung eines anderen Unternehmers mit der Ausführung des entzogenen Teils eine unmittelbare Anwendung von Teil B § 8 Nr. 1 nicht in Betracht komme, ist kein Grund ersichtlich, warum dies nicht möglich sein sollte. Wenn er außerdem darauf verweist, daß im Falle der Teilkündigung nach Teil B § 8 Nr. 1 die Schriftform (Teil B § 8 Nr. 5) Wirksamkeitsvoraussetzung sei, sie aber in den hier erörterten Fällen meist nicht eingehalten werde, dürfte das kein Anlaß sein, um eine Rechtsfolge, die allein darauf beruht, daß durch ein als Kündigung anzusehendes Handeln des Auftraggebers dem Auftragnehmer die Ausführung einer oder mehrerer ganzer Positionen entzogen wird, zu verneinen. Abgesehen davon wird dann regelmäßig eine einverständliche Teilaufhebung des Vertrages vorliegen, also werden schon deswegen die sich aus Teil B § 8 Nr. 1 ergebenden Folgen eintreten (vgl. dazu Vor Teil B §§ 8, 9 Rdn. 18 ff.). Soweit Behre (a. a. O.) Bedenken erhebt, wenn er ausführt, daß im Falle des Wegfalles einer oder mehrerer ganzer Positionen die Interessenlage wegen der Verschiedenartigkeit der möglichen Ursachen, die zum Wegfall geführt haben, eine andere als bei den §§ 2 Nr. 4, 5 und 8 Nr. 1 sei, so leuchtet das jedenfalls nicht für die fast ausschließlich vorliegenden Fälle ein, in denen der Wegfall auf einem entweder als Teilkündigung (Teil B § 2 Nr. 4 oder § 8 Nr. 1) oder als Anordnung veränderter Ausführung (Teil B § 1 Nr. 3, § 2 Nr. 4) zu beurteilenden Sachverhalt beruht, also auf Handlungen, die ohne weiteres von den angeführten Bestimmungen erfaßt werden. Beruht der Wegfall einer oder mehrerer ganzer Positionen darauf, daß die bisherige Planung des Auftraggebers oder das von ihm aufgestellte und dem Vertrag zugrunde gelegte Leistungsverzeichnis nicht in Ordnung war, so wird die spätere Änderung im allgemeinen auch durch Anordnungen seinerseits bzw. seines dazu im Einzelfall befugten (vgl. oben Rdn. 29 ff.) Architekten, gegebenenfalls nach vorherigem Vorstelligwerden des Auftragnehmers (Teil B § 4 Nr. 3), veranlaßt, so daß auch hier je nach der Fallgestaltung die tatsächlichen Ausgangspunkte gegeben sind, um die genannten Vorschriften als einschlägig ansehen zu können. Dann braucht man auch nicht auf einen Anspruch aus Verschulden bei Vertragsabschluß auszuweichen, wie Jagenburg erwägt (a. a. O.), zumal ein solcher Anspruch im allgemeinen nur auf das negative Interesse hinausliefe. Es besteht auch kein Anlaß, mit Behre (a. a. O.) die Fälle des

Wegfalls einer oder mehrerer ganzer Positionen entgegen dem Gesagten unter dem Gesichtspunkt der positiven Vertragsverletzung zu betrachten. Abgesehen davon, daß man, wie die Ausführungen Behres zeigen, nur mit Mühe auf einen solchen Weg kommen kann, wird die Lösung über eine solche Grundlage nicht der Sachlage gerecht. **Planung ist Aufgabe des Auftraggebers** (vgl. auch Teil B § 3 Nr. 1). **Deren unveränderte Ausführung nach Vertragsabschluß liegt in seinem Risikobereich.** Im Falle einer – bloßen – Haftungsgrundlage aus positiver Vertragsverletzung könnte ihm bei Wegfall einer oder mehrerer ganzer Positionen die Möglichkeit der Entlastung im Sinne der Schuldlosigkeit an der nachträglichen Änderung gegeben sein. Das würde nicht der Sachlage gerecht, zumal sich der Auftragnehmer in vergleichbaren Fällen seinerseits nur auf Änderung oder Wegfall der Geschäftsgrundlage berufen könnte. Überdies: Die Lösung Behres käme nur bei Wegfall ganzer Positionen in Betracht, nicht aber in den Fällen, in denen nur Teile einer Position entfallen. Dort kommt Nr. 3 Abs. 3 zur Anwendung, wodurch der Auftraggeber für den verbleibenden Teil jedenfalls einen höheren Einheitspreis bezahlen muß als bisher. Selbst das würde ihm aber nicht einmal drohen, wenn er seine Schuldlosigkeit beim Wegfall ganzer Positionen beweisen würde, was sicher nicht als befriedigende, die Verantwortungsbereiche der Bauvertragspartner angemessen abgrenzende Lösung gelten kann. Wie hier Soergel, Bauverwaltung 1980, 482, 483.

2. Es ist bei einer Mengenunterschreitung von mehr als 10 % **grundsätzlich** eine **Erhöhung der Einheitspreise** für die tatsächlich ausgeführte, also **noch verbliebene Leistung oder Teilleistung** vorzunehmen, weil gewisse Kostenanteile (wie z. B. Gemeinkosten der Baustelle, allgemeine Geschäftskosten des Auftragnehmers), die miteinkalkuliert worden sind, nunmehr **auf die verringerte Leistung umgelegt** werden müssen. Insoweit wird im Wege vertraglicher Vereinbarung davon ausgegangen, daß die **ursprüngliche Kalkulationsbasis nicht mehr vorhanden** ist. **226**

Für die Erhöhung besteht jedoch **kein Bedürfnis**, wenn der **Ausgleich auf andere Weise** erzielt wird. Das kann dadurch geschehen, daß die **Vergütung im Bereich anderer Ordnungszahlen bzw. Positionen erhöht wird,** sofern deren Mengenansatz sich um mehr als 10 % **erhöht,** wie z. B. durch einen dort gegebenen erhöhten Einsatz eines vorgesehenen Kranes oder eines sonstigen Baugerätes. Dabei kommen aber, wie sich aus der notwendigen Verbindung zu Absatz 2 ergibt, für die Erhöhung **nur solche Mengen in Betracht, die über 110 % des bisherigen Mengenansatzes** liegen und für die nicht bereits nach Absatz 2 andere Preise vereinbart sind (so auch BGH BauR 1987, 217 = Betrieb 1987, 933 = SFH § 2 Nr. 3 VOB/B Nr. 2 = NJW 1987, 1820 = MDR 1987, 662 = LM § 2 VOB/B Nr. 7 = ZfBR 1987, 145). Außerdem müssen für den Ausgleich, wie sich zwangsläufig aus Absatz 3 ergibt, auch solche Positionen außer Betracht bleiben, bei denen sich die Vordersätze nur zwischen 100-90 % verringert haben (ebenso BGH a. a. O.). Jedenfalls ergibt sich dies alles bei der **gebotenen rechtlichen Auslegung** der derzeitigen Fassung der hier erörterten Vorschrift der VOB/B. **227**

Der Ausgleich kann je nach Sachlage auch ohne Erhöhung der sonstigen Einheitspreise zustande kommen. Zu denken ist an eine allgemeine Verringerung der bisher vorausgesetzten festen Kostenanteile. Er kann auch dadurch geschehen, daß der Auftraggeber die nach der neuen Berechnung nicht mehr gedeckten Anteile der feststehenden Kosten übernimmt. Möglich ist weiter ein Ausgleich in der Weise, daß der Auftragnehmer vom Auftraggeber einen unmittelbar anschließenden weiteren Bauauftrag erhält, bei dem er von sich aus, etwa wegen der örtlichen Nähe der beiden Bauobjekte, in der Lage ist, eine hier allein maßgebende ausgleichende Verteilung der festen Kosten auf beide Bauvorhaben vorzunehmen. Hier muß jedoch immer ein ganz enger räumlicher und zeitlicher Zusammenhang (tatsächlich bestehender, sofort auszuführender Ergänzungs- oder Zusatzauftrag, nicht bloß ein erst in Aussicht genommener) bestehen. Zu eng, weil zu formalistisch und damit der Sachlage nicht gerecht, **228**

Weick in Nicklisch/Weick Teil B § 2 Rdn. 48, der es lediglich auf den bisher erteilten Auftrag abstellen will, ohne zu beachten, daß bei beiden auf die beschriebene Weise eng zusammenhängenden Aufträgen regelmäßig – auch – kalkulatorische Zusammenhänge bestehen, wie z. B. im Hinblick auf bestimmte Ersparnisse bei den Gemeinkosten. Nicht dagegen sind lediglich dauernde Geschäftsbeziehungen zwischen Auftraggeber und Auftragnehmer ein Ausgleich auf andere Weise.

229 Grundlegende Voraussetzung ist es **ferner**, daß die Umstände, welche die Annahme des Ausgleichs auf andere Weise rechtfertigen, **erst nachträglich während der Bauausführung,** also der tatsächlichen Verwirklichung der Bauaufgabe, **eingetreten sind.** Daher genügt es nicht schon, einen Ausgleich auf andere Weise dadurch anzunehmen, daß der Auftragnehmer bei den verbliebenen Positionen bzw. Leistungsteilen schon von vornherein „satt" kalkuliert hat, dieser Preis vom Auftraggeber durch Annahme des Angebots akzeptiert wurde, also Gegenstand des Vertrages geworden ist. Zur Frage des Ausgleichs auf andere Weise vgl. vor allem auch Mantscheff BauR 1979, 389.

230 Der Kostenausgleich ist nur vorzunehmen, wenn einer der Vertragsteile es **verlangt.** Für das Verfahren vgl. Rdn. 220 f.

231 3. Abs. 3 Satz 2 und 3 enthält eine **Erläuterungsregel** darüber, wie weit die Erhöhung des Einheitspreises zu gehen hat, und **welche Kostenanteile,** die nach den bisher vorausgesetzten Leistungsmengen als feststehend anzusehen sind, bei der Berechnung der Erhöhung eine Rolle spielen können. Dabei ist grundsätzlich darauf zu achten, daß dem Auftragnehmer der vorauskalkulierte Gewinnsatz erhalten bleibt.

232 Die Erwähnung der **Baustelleneinrichtungs-** (zu diesen vgl. Drees, Verlustquellen im Baubetrieb, Baubetriebswirtschaft 1962, 84 ff.) **und Baustellengemeinkosten sowie der Allgemeinen Geschäftskosten** ist nur beispielhaft, **keineswegs aber abschließend.** Mit Hereth/Ludwig/Naschold (Teil B § 2 Ez. 2.74) ist darauf hinzuweisen, daß hierher auch die **bereits aufgewendeten Kosten** für die Arbeitsvorbereitungen für den **nicht erbrachten Teil** der Leistung oder Teilleistung sowie Kostenanteile anderer Leistungen, die im **Zusammenhang mit der weggefallenen Menge stehen,** gehören. Es dürfte auch zulässig sein, den Gewinnanteil für die nicht mehr auszuführende Leistung mit in Ansatz zu bringen (ebenso Soergel, Bauverwaltung 1980, 482, 483). **Anders** liegt es im allgemeinen in bezug auf das **Wagnis,** da dieses sich **durch die verringerte Menge nicht erhöht** (vgl. auch Olshausen VDI-Berichte Nr. 458, S. 45, 51), wobei auch hier im Einzelfall – vom Auftragnehmer nachzuweisende – Ausnahmen vorliegen können.

233 **Allgemeine Geschäftskosten** sind die Kosten, die dem Auftragnehmer nicht durch einen bestimmten Bauauftrag, sondern allgemein durch den Betrieb seines Gewerbes entstehen. Sie werden als Erfahrungssatz in der Regel unter Gegenüberstellung von jährlich durchschnittlich entstehenden Kosten in Relation zum Umsatz als Erfahrungswert berechnet und ermittelt. In der absoluten Höhe sind sie abhängig vom Umfang des Betriebes und der Sparte oder den Sparten, in denen das Unternehmen tätig ist. Von Einfluß sind aber auch die kostenmäßigen Größen der einzelnen Aufträge.

234 **Baustelleneinrichtungs- und Baustellengemeinkosten** sind Kosten, die nicht durch die einzelnen Teilleistungen, sondern durch die Gesamtheit des Baues entstehen, je nach Art und Umfang des erteilten Auftrages. Zu den Baustellengemeinkosten rechnet man teilweise auch die Gerätekosten. Im allgemeinen werden darunter die ohne Bezug zu einem bestimmten Auftrag entstehenden oder dort nicht näher ermittelbaren Kosten für das Vor- und Unterhalten der Geräte verstanden. Kosten für Antransport, Aufbau, Bedienung, Betriebsstoffe, Abbau, Abtransport sowie sonstige Aufwendungen beim konkreten Bauauftrag werden

davon meist getrennt bei den Einzelkosten der Teilleistungen erfaßt. Insofern wird auch in ersterer Hinsicht von fixen Kosten und zeitabhängigen Kosten, in der zweiten Hinsicht von leistungsabhängigen Kosten gesprochen. Die wesentliche Grundlage für die Ermittlung der zu den Baustellengemeinkosten zählenden Gerätekosten (Abschreibung, Verzinsung, Unterhaltung) bildet die **Baugeräteliste,** die vom Hauptverband der Bauindustrie herausgegeben ist. Über die Gerätekosten vgl. auch Drees a. a. O. Zu den Baustellengemeinkosten gehören auch die Kosten der Bauleitung und der Entwurfsbearbeitung, soweit der Auftragnehmer entsprechende Leistungen erbringt.

Die Erhöhung des Einheitspreises soll im wesentlichen dem **Mehrbetrag** entsprechen, der sich durch **Verteilung der genannten Kosten auf die verringerte Leistungsmenge** ergibt. Dabei zeigt der Begriff „Mehrbetrag", daß der auf der veränderten Leistung beruhende Unterschiedsbetrag zwischen den bisher kalkulierten Kostenbestandteilen und dem nunmehrigen Aufwand einzusetzen ist (vgl. dazu auch Rdn. 297). Bei den hier in Rede stehenden Kosten läßt sich der Mehrbetrag aber im allgemeinen sachgerecht nur dadurch ermitteln, daß die jetzigen Kosten durch eine Neuberechnung festgestellt und den bisher ermittelten Kosten gegenübergestellt werden, **also die fehlenden Kostenbeträge bis zu 100 % angesetzt werden** (ebenso Weick in Nicklisch/Weick Teil B § 2 Rdn. 48; Olshausen a. a. O.; OLG Hamm BauR 1984, 297). Dem steht der in Abs. 3 Satz 1 gewählte Wortlaut der VOB („für die **tatsächlich ausgeführte Menge** der Leistung ... zu erhöhen") nicht entgegen; vielmehr spricht er **für** eine solche Auslegung. Wegen der Ausgleichsberechnung sind gleichfalls die in Nr. 69 der früheren Vorläufigen VOB-Richtlinien getroffenen Regelungen als Anhaltspunkte brauchbar (vgl. oben Rdn. 215 f.). 235

Nr. 3 Abs. 3 Satz 3 bestimmt, daß die **Umsatzsteuer entsprechend dem neuen Preis vergütet** wird. Dies ergibt sich einmal daraus, daß die Umsatzsteuer **zu den preisbestimmenden Faktoren des Baupreises** gehört. Zum anderen entspricht sie den nach Inkrafttreten des Umsatzsteuergesetzes 1967 üblichen Verrechnungstechniken, wie in den Erwägungsgründen zu Teil B § 2 Nr. 3 Abs. 3 der Fassung 1973 der VOB mit Recht hervorgehoben worden ist. Zur Vermeidung von Mißverständnissen sollte allerdings im Bauvertrag besonders hervorgehoben werden, daß eine während der Bauzeit etwa eintretende Erhöhung des Mehrwertsteueransatzes in den Baupreis zusätzlich mit eingerechnet wird. Vgl. dazu auch Rdn. 124 ff. 236

V. Abhängigkeit von Pauschalpreisleistungen (Nr. 3 Abs. 4)

Es kann sein, daß ein **Abhängigkeitsverhältnis zwischen** einer unter einem **Einheitspreis** zusammengefaßten Leistung oder Teilleistung und anderen Leistungen, für die ein **Pauschalpreis,** wie z. B. für die Einrichtung und die Räumung der Baustelle, die Vorhaltekosten usw., vereinbart worden ist, besteht. **Voraussetzung** für das Bestehen eines Abhängigkeitsverhältnisses ist ein **unmittelbar sachlicher Zusammenhang.** Hier ist – nur – der Fall angesprochen, in dem in einem **einheitlichen Vertrag,** der im eigentlichen nach Einheitspreisen ausgerichtet ist, für bestimmte Leistungen oder Teilleistungen eine Pauschalsumme vereinbart ist. Insofern handelt es sich hinsichtlich der vereinbarten Vergütungsart um einen **kombinierten Vertrag.** Daher scheiden als selbstverständlich von vornherein schon solche Verträge aus, in denen nur ein Pauschalpreis vereinbart worden ist oder nur Pauschalpreise abgesprochen worden sind. 237

Wird infolge einer über 10 % hinausgehenden **Überschreitung oder Unterschreitung** des Mengenansatzes eine **Änderung des Einheitspreises** notwendig, besteht nach Absatz 4 zugleich die Möglichkeit, auch eine **angemessene Änderung der Pauschalsumme** zu fordern. Ein typisches Beispiel für ein solches Abhängigkeitsverhältnis ist die Aufführung einer gesonderten Position für die vorgenannten Kosten oder Sonderkosten usw. im Leistungsver- 238 zeichnis (häufig an dessen Ende), die sich auf sämtliche übrigen Leistungspositionen oder jedenfalls einen Teil derselben bezieht. Wenn für diese gesonderte Position ein Pauschalpreis vereinbart ist und die übrigen nach Einheitspreisen ausgerichteten Leistungspositionen ganz oder teilweise geändert werden, **trifft auch der Pauschalpreis nicht mehr zu.** Die Änderung erfolgt entweder durch eine dem neuen Einheitspreis angepaßte Veränderung der Pauschale (Absatz 2) oder durch eine entsprechende Neufestlegung der bisherigen Pauschale (Absatz 3). Die Neuberechnung der Pauschale geschieht jedenfalls in der Grundlage ebenso, wie nach den Absätzen 2 und 3 die Neuberechnung der Einheitspreise vorzunehmen ist, vgl. Rdn. 213 ff. und 222 ff.

239 Die Änderung einer Pauschale ist nur erforderlich, wenn dies von einem der Vertragspartner **ausdrücklich verlangt** wird. Das Änderungsverlangen nach Nr. 3 Abs. 2 oder 3 enthält nicht ohne weiteres zugleich auch das Begehren auf Änderung der Pauschale gemäß Absatz 4. Vielmehr muß es deutlich mit einbezogen werden. Kommt es nicht zu einer einverständlichen Neugestaltung der Pauschale, so gilt für den Streitfall das gleiche, wie in Rdn. 220 f. angeführt ist.

F. Spätere Übernahme von Leistungsteilen durch den Auftraggeber nach Nr. 4 (Teilkündigung)

240 Wenn **im Vertrag bereits ausbedungene** Leistungen des Auftragnehmers **vom Auftraggeber selbst übernommen** werden (wie z. B. die Lieferung von Bau-, Bauhilfs- und Betriebsstoffen), so gilt, wenn eine gegenteilige Vereinbarung nicht getroffen ist, **Teil B § 8 Nr. 1 Abs. 2 entsprechend.** Auch Nr. 4 ist eine **Schutzbestimmung zugunsten des Auftragnehmers.** Sie bezweckt, ihm den **vertraglich festgelegten Vergütungsanspruch,** soweit vertretbar, **zu erhalten. Daher gilt beim BGB-Bauvertrag auch für den hier erörterten Bereich die Regelung des § 649 BGB.** Vgl. dazu auch Teil B § 8 Rdn. 12 f.

I. Befugnis des Auftraggebers zur Teilkündigung

241 1. Dem Auftraggeber steht kraft vertraglicher Vereinbarung **nach Teil B § 8 Nr. 1 Abs. 1 das Recht** zu, nach Abschluß des Vertrages diesen **jederzeit bis zur Vollendung der Leistung zu kündigen.** Er braucht hierzu keinen besonderen Anlaß zu haben oder einen Grund anzugeben. Mit dieser Kündigung wird der Vertrag für die Zukunft aufgehoben, so daß aus ihm im allgemeinen keine Rechte und Pflichten mehr bestehen **bis auf die Abwicklung** der bereits erfolgten Erfüllung sowie eines etwa darüber hinausgehenden Vergütungsanspruches des Auftragnehmers. Dieses dem Auftraggeber weitgehend eingeräumte Recht, den Vertrag **einseitig durch Kündigung aufzuheben,** erfordert einen **gerechten Ausgleich** zugunsten des Auftragnehmers. Dieser wird dem Auftragnehmer durch Teil B § 8 Nr. 1 Abs. 2 gewährt (vgl. hierzu Teil B § 8 Rdn. 17 ff.).

242 2. Ebenso wie Teil B § 8 Nr. 1 die Kündigung des gesamten Bauvertrages durch den Auftraggeber gestattet, ist es dem **Auftraggeber nicht verwehrt,** den Bauvertrag **nur zu einem Teil** zu kündigen. Eine solche **Teilkündigung** liegt im rechtlichen Ausgangspunkt **auch bei Teil B § 2 Nr. 4** vor. Dem Auftragnehmer werden hierdurch bestimmte ihm vertraglich übertragene Teilleistungen oder Teile von Teilleistungen entzogen. Es ist daher folgerichtig, wenn zur Wahrung seiner berechtigten Belange wegen des finanziellen Ausgleichs auf Teil B § 8 Nr. 1 Abs. 2 verwiesen wird. Die Ansicht von Weick in Nicklisch/Weick (Teil B § 2 Rdn. 222), hier handele es sich nicht um eine Teilkündigung, sondern um einen „Sonderfall der Änderung des Vertragsinhaltes" (ähnlich Heiermann/Riedl/Rusam/Schwaab Teil B § 2 Rdn. 78), ist deshalb unrichtig, weil Teil B § 2 Nr. 4 zunächst voraussetzt, daß der Auftraggeber einseitig in den bisherigen Vertragsbestand durch Teilwegnahme eingreift, was bei dem hier vorausge-

setzten ersatzlosen Streichen von Teilleistungen oder Teilen von Teilleistungen aus dem Vertrag mit dem Auftragnehmer nach allgemeinem Rechtsverständnis nichts anderes als eine Teilkündigung sein kann. Davon weicht auch die VOB/B nicht ab, da sie den Begriff der Änderung in anderem Sinne gebraucht, nämlich nicht als ersatzloses Streichen, sondern dahin gehend, daß an die Stelle einer bisher vorgesehenen Teilleistung usw. eine andere gesetzt wird, wie sich aus Teil B § 1 Nr. 3 und Teil B § 2 Nr. 5 deutlich ergibt (vgl. dazu Teil B § 1 Rdn. 29 ff.; unten Rdn. 256 ff.). Die Ansicht von Weick (a. a. O.) trägt im übrigen für die Vertragspartner die Gefahr des Mißverständnisses in sich, weil dadurch u. U. die Grenzen zwischen Nr. 4 und Nr. 5 in der Praxis nicht klar genug verstanden werden (wie hier Vygen, Bauvertragsrecht, Rdn. 693).

II. Entziehung eines Teils der vertraglichen Leistung

Erste **Voraussetzung** ist, daß eine **Leistung** oder ein Leistungsteil betroffen wird, der **ursprünglich zur vertraglichen Verpflichtung des Auftragnehmers** gehört hat. Die Feststellung, ob diese Voraussetzung erfüllt ist, kann nach dem Leistungsverzeichnis oder der sonst im betreffenden Fall vorliegenden Leistungsbeschreibung erfolgen. 243

III. Nr. 4 nennt Beispiele für Teilkündigung

Nr. 4 zählt **beispielhaft** auf, was aus dem Vertrag herausgenommen werden kann. Wie sich aus diesen Beispielen ergibt, gilt das allgemein für alle Teilleistungen oder Teile von Teilleistungen, also auch für bestimmte Einzelleistungen aus Positionen, bei denen eine **Teilkündigung als statthaft** angesehen werden kann. Demnach muß es sich um **Leistungselemente** handeln, **die in sich abgeschlossen** in dem Sinne sind, daß sie **im Bereich der Vergütung für sich berechenbar** sind. Leistungselemente, die sich in dieser Hinsicht nicht voneinander trennen lassen, fallen nicht darunter. Nr. 4 käme also z. B. nicht in Betracht, wenn der Auftraggeber beim Einheitspreis- oder Pauschalvertrag nunmehr zusammen mit dem Auftragnehmer mauern wollte und der ausscheidende Anteil im Bereich der Vergütung nicht festgestellt werden könnte. Gleiches gilt für bloße Einzelbestandteile im Rahmen der Bauherstellung (Zement im Mörtel; Öl in der Farbe), sofern diese im Rahmen der vom Auftragnehmer zu erbringenden Teilleistungen nicht selbständig rechnerisch einwandfrei ermittelt werden können. Dann **scheidet eine Teilkündigung aus**, und der Auftraggeber muß ohnehin die **vereinbarte bzw. angemessene Vergütung voll entrichten**. 244

IV. Selbstübernahme als Voraussetzung für Teilkündigung

Von einer **Selbstübernahme** als solcher kann zunächst **nur** gesprochen werden, **wenn der Auftraggeber gegenüber dem Auftragnehmer eindeutig,** vor allem inhaltlich zweifelsfrei, Art und Umfang der Übernahme erklärt, selbstverständlich **vor Ausführung** des betreffenden Leistungsteils. Insofern handelt es sich um eine empfangsbedürftige Willenserklärung, die allerdings für den Bereich der Nr. 4 **nicht der in Teil B § 8 Nr. 5 vorgeschriebenen Schriftform** bedarf. Gibt der Auftraggeber hier nicht die erforderlichen eindeutigen Erklärungen ab, vor allem auch nicht rechtzeitig, macht er sich u. U. aus positiver Vertragsverletzung dem Auftragnehmer gegenüber schuldig. 245

Nr. 4 setzt für die Übernahme vertraglicher Leistungen durch den Auftraggeber **nicht voraus,** daß dieser **persönlich die herausgenommene Teilleistung** zur Herstellung **übernommen hat**. Vielmehr genügt es, daß die Herstellung derselben in seinem Betrieb oder jedenfalls seinem Bereich erfolgt. **Selbstübernahme erfordert aber Übernahme in eigener Regie ohne Eingehung einer neuen bauvertraglichen oder bauvertragsähnlichen Bindung zu einem Dritten.** Das gilt auch hinsichtlich der Herausnahme von Teilleistungen, für die der Auftragnehmer zulässigerweise (Teil B § 4 Nr. 8) Nachunternehmer eingesetzt hat, da 246 insofern kein rechtlich zu begründender Unterschied besteht (so auch Weick in Nicklisch/ Weick Teil B § 2 Rdn. 57; Heiermann/Riedl/Rusam/Schwaab Teil B § 2 Rdn. 78 b; a. A. anscheinend Daub/Piel/Soergel/Steffani ErlZ B 2.93). Die Fälle, in denen nach Teilkündigung eine solche **neue vertragliche Bindung,** vor allem durch Beauftragung eines neuen Unternehmers, eingegangen wird, sind eine **Teilkündigung nach Teil B § 8 Nr. 1;** sie regeln sich hinsichtlich der Vergütung des aufgekündigten Auftragnehmers **nach Teil B § 8 Nr. 1 Abs. 2 unmittelbar,** nicht aber über § 2 Nr. 4. An sich ist hier kein besonderer Unterschied in den Folgen zu erkennen. Jedoch: Ist die dann so zu beurteilende Teilkündigung unwirksam, weil der Auftraggeber **nicht** die dann nach § 8 Nr. 5 notwendige **Schriftform gewahrt** hat oder sich eine **einverständliche Teilaufhebung** nicht feststellen läßt (vgl. dazu Vor Teil B § 8 Rdn. 18 ff.), stehen dem Auftragnehmer, falls ein anderer den „gekündigten" Teil ausgeführt hat, **Schadensersatzansprüche** gegen den Auftraggeber wegen **verschuldeter Unmöglichkeit** zu, da der Vertrag mit dem Auftragnehmer noch fortbesteht (gegen die Bedenken von Jagenburg BauR 1970, 18, 21).

247 Andererseits gibt es **Mischformen, bei denen sich eine Teilkündigung nach Nr. 4 richtet.** So fällt z. B. die **bloße Beschaffung bzw. Beistellung** von Baustoffen, die der Auftraggeber bei einer dritten Firma durch Eingehung eigener vertraglicher Bindung einkauft, um diese Leistung nach der Übernahme **selbst** zu erbringen, unter Nr. 4, sofern auch der Auftragnehmer die Stoffe hätte beschaffen müssen. Ein Fall der Nr. 4 ist es auch, wenn sich der Auftraggeber bereits im Vertrag gegebenenfalls oder wahlweise die Lieferung (Beistellung) von Stoffen oder Bauteilen vorbehält.

248 Hat der Auftragnehmer zunächst in dem nach Nr. 4 zulässigen Rahmen eine Selbstübernahme vorgenommen, vergibt er die entsprechende Teilleistung dann **später** doch an einen anderen Unternehmer, so wird die Selbstübernahme als solche nicht rückgängig gemacht. Also bleibt es bei dem Rahmen der Nr. 4, nicht geht dies dann in den Bereich von Teil B § 8 Nr. 1, 5 über (ähnlich Weick in Nicklisch/Weick Teil B § 2 Rdn. 57).

V. Grundsätzlich Erhalt des Vergütungsanspruches des Auftragnehmers

249 Soweit eine Teilkündigung durch den Auftraggeber erfolgt ist, **behält** der **Auftragnehmer** grundsätzlich den **Anspruch auf die bisher vereinbarte Vergütung** auch für den durch die Teilkündigung entzogenen Teil der Leistung entsprechend Teil B § 8 Nr. 1 Abs. 2. Am einfachsten ist die Berechnung bei einem vereinbarten Pauschalpreis, der dann einzusetzen ist. Beim Einheitspreisvertrag ist von dem aus den Angebotspositionspreisen zusammengerechneten Endpreis des zum Vertrag gewordenen Angebots auszugehen. Beim Stundenlohnvertrag ist ein angemessener Aufwand zu berücksichtigen, nach dem die Vergütung gemäß Teil B § 15 Nr. 1 und/oder 2 zu berechnen ist. Beim Selbstkostenerstattungsvertrag ist der jeweils angemessene Leistungsaufwand für den weggefallenen Teil auf der Grundlage von Teil A § 5 Nr. 3 Abs. 2 festzustellen.

250 Der Auftragnehmer muß sich allerdings auf die so festgestellte Vergütung jeweils das anrechnen lassen, was er infolge der teilweisen Aufhebung des Bauvertrages an Kosten erspart oder durch anderwärtige Verwendung seiner Arbeitskraft und seines Betriebes erwirbt oder zu erwerben böswillig unterläßt. Über die Einzelheiten vgl. Teil B § 8 Rdn. 18 ff.

VI. Von Nr. 4 abweichende vertragliche Regelungen

251 Die in **Nr. 4** vorgesehene Regelung kommt im allgemeinen **nicht** in Betracht, **wenn** die Parteien zur Frage der Vergütung für den durch die Teilkündigung entzogenen Leistungsteil **individualvertraglich** eine **anderweitige Absprache** getroffen haben. Diese kann vielgestal-

tig sein. Möglich ist es, einen Ausgleich dadurch zu schaffen, daß der Auftrag auf der anderen Seite erweitert wird. Es kann auch sein, daß der Auftragnehmer auf einen Ausgleich aus freien Stücken verzichtet. Denkbar ist auch eine in den einzelnen Vertrag aufgenommene, **also individualvertragliche und außerhalb der Kontrolle des AGB-Gesetzes** gemäß dem von dessen § 1 umrissenen Rahmen liegende Regelung, daß dem Auftragnehmer bei Wegfall einzelner Positionen kein Vergütungsanspruch zustehen soll, daß sich z. B. die vereinbarte Pauschale entsprechend mindert. Dann kommt eine Vergütungsminderung nicht schon beim Wegfall von Teilen einzelner Positionen in Betracht (vgl. Vygen BauR 1979, 375 unter Hinweis auf OLG Düsseldorf, Urt. vom 26. 6. 1959 – 5 U 6/59 –). Ist aber vertraglich festgehalten, daß Abzüge von der Vergütung auch gemacht werden sollen, wenn Teile von Positionen entfallen, so muß der Auftragnehmer einen entsprechenden Abzug hinnehmen, der dem vollen – vereinbarten – Vergütungswert des entsprechenden Leistungsteils entspricht (vgl. OLG Düsseldorf SFH Z 2.310 Bl. 9 sowie Vygen a. a. O.). Selbstverständlich kommt dies nur bei wirklichem Wegfall von einzelnen Leistungsteilen in Betracht, nicht dagegen schon bei bloßer Änderung in den Vordersätzen ohne gleichzeitige Änderung des Leistungsinhaltes und ohne darauf beruhenden Eingriff des Auftraggebers (OLG Düsseldorf SFH Z 2.310 Bl. 10 sowie Vygen a. a. O.).

Sofern zugunsten des Auftragnehmers das **AGB-Gesetz** eingreift (vgl. Teil A Rdn. 77 ff.), kann ein vertraglicher Ausschluß der Rechte aus Teil B § 2 Nr. 4 **gegen § 10 Nr. 3 bzw. 4 oder auch § 9 AGB-Gesetz verstoßen.** Zu bejahen ist dies in jenen Fällen, in denen dem Auftraggeber **schlechthin** in AGB (Zusätzlichen Vertragsbedingungen) das Recht zugestanden werden soll, **jederzeit und ohne Angabe von Gründen** zur Teilkündigung ohne Vergütungsausgleich berechtigt zu sein (vgl. LG Nürnberg-Fürth SFH § 10 Nr. 1 AGBG Nr. 2; bestätigt durch OLG Nürnberg SFH § 10 Nr. 3 AGBG Nr. 2; siehe ferner OLG Stuttgart NJW 1980, 1583). Vgl. dazu auch Kromik/Schwager, S. 74 f.; Frikell/Glatzel/Hofmann, Rdn. K. 2.34 ff. Gleiches gilt, wenn in einem solchen Fall nicht absolut, sondern nur unter bestimmten Voraussetzungen der Verlust des Vergütungsanspruches des Auftragnehmers in AGB festgelegt wird, wie z. B. durch die generell geltende Bestimmung, dem Auftragnehmer stehe keine Vergütung zu, wenn die vom Auftraggeber aus dem Vertrag herausgenommenen Leistungen nicht mehr als 10 % des Gesamtleistungsumfanges ausmachten, da die Auswirkungen für den Auftragnehmer nach dem jeweiligen Vertrag für den Auftragnehmer nicht überschaubar sind, er dadurch nach § 9 AGB-Gesetz unzumutbar belastet ist. Das Gegenteil wird auch nicht durch die sogenannte 10 %-Klausel in Teil B § 2 Nr. 3 gerechtfertigt, weil diese Regelung nur für den Bereich der Einheitspreisverträge und dort auch nur im Hinblick auf die jeweiligen Vordersätze, nicht aber für den eigentlichen, von der angeführten Klausel in erster Linie erfaßten Leistungsinhalt gilt (zutreffend OLG Frankfurt NJW-RR 1986, 245). Siehe auch Teil B § 8 Rdn. 25 ff.

252

Es gibt allerdings auch Einzelfälle, in denen es jedenfalls nach Treu und Glauben nicht gerechtfertigt wäre, dem Auftragnehmer einen Ersatz zu gewähren. Zu denken ist daran, daß er durch bestimmte Ereignisse außerstande gesetzt wird, seiner Verpflichtung nachzukommen, z. B. Materialien zu beschaffen. Es kann dann eine Überschreitung der Ausführungsfristen drohen. Auch können unerwartet Arbeitskräfte des Auftragnehmers entweder erkranken oder ausscheiden. Wenn in solchen Fällen der Auftraggeber einspringt, ohne von ihm möglicherweise gegenüber dem Auftragnehmer zustehenden Rechten (z. B. Schadensersatzansprüchen oder Kündigungsrechten) Gebrauch zu machen, erscheint es aus Billigkeitsgründen nicht geboten, dem Auftragnehmer eine Vergütung oder einen Ersatz für den ausgefallenen Leistungsteil zu gewähren. Das gilt auch für Behinderungen, die der Auftragnehmer nicht zu vertreten hat, die aber – wie die erwähnten Beispiele zeigen – an sich seinem Risikobereich zuzurechnen sind. Für solche Ausnahmetatbestände ist der **Auftraggeber beweispflichtig.**

253

VII. Wegfall von Vertragspflichten des Auftragnehmers

254 Übernimmt der Auftraggeber einen Teil der ursprünglich dem Auftragnehmer auferlegten Arbeiten, gehen diese Leistungen mit all ihren Folgen, wie **z. B.** der **Gewährleistung, aus dem Bereich des Auftragnehmers heraus.** Diese Verpflichtungen treffen dann nicht mehr den Auftragnehmer, sondern den übernehmenden Auftraggeber. **Anders** liegt es allerdings in den nicht gerade seltenen Fällen, in denen die vom Auftraggeber **herausgenommenen Teile später vor allem in technischer und funktionaler Hinsicht untrennbarer Bestandteil der dem Auftragnehmer verbliebenen Leistung** sind (wie z. B. der jetzt vom Auftraggeber beigestellte Zement in dem vom Auftragnehmer hergestellten und verwendeten Beton). Dann **bleibt die Leistungs- und Gewährleistungspflicht des Auftragnehmers** grundsätzlich nach wie vor **bestehen,** und er kann sich wegen Mängeln hinsichtlich des vom Auftraggeber übernommenen Leistungsteils nur über Teil B §§ 4 Nr. 3 und 13 Nr. 3 entlasten. Ähnlich liegt es nach diesen besonderen vertraglichen Regelungen, wenn die vom Auftraggeber übernommenen Teilleistungen als Vorleistungen für die vom Auftragnehmer nach wie vor zu erbringenden nachfolgenden Leistungen zu gelten haben.

255 Allgemein hat der **Auftraggeber durch die sogenannte Selbstübernahme** von Teilen der Leistung **dafür zu sorgen, daß der Auftragnehmer den ihm verbliebenen Leistungsteil ordnungsgemäß und vor allem pünktlich ausführen kann,** was insbesondere gilt, wenn die dem Auftragnehmer verbliebene Leistung erst erstellt werden kann, sobald der Auftraggeber den von ihm durch die Teilkündigung herausgenommenen Teil der Leistung erbracht hat. Insoweit **übernimmt** der **Auftraggeber** zugleich eine **Bereitstellungspflicht als Schuldverpflichtung,** bei deren Verletzung dem Auftragnehmer bei Aufrechterhaltung seines Restvertrages ein Schadensersatzanspruch nach Teil B § 6 Nr. 6 oder ein Kündigungsrecht nach Teil B § 9 Nr. 1 b gegeben sein kann, sofern die Voraussetzungen der Nr. 2 a. a. O. vorliegen, zugleich mit sich aus Nr. 3 a. a. O. ergebenden Ansprüchen (vgl. dazu Teil B § 9 Rdn. 26 ff.).

G. Änderung der Preisgrundlagen nach Nr. 5

256 Werden durch **Änderung des Bauentwurfs oder andere Anordnungen des Auftraggebers** die Grundlagen des Preises für eine **im Vertrag vorgesehene Leistung** geändert, ist ein neuer Preis **unter Berücksichtigung der Mehr- oder Minderkosten** zu vereinbaren. Insoweit besteht – je nach Interessenlage – ein auf vertraglicher Vereinbarung beruhendes **klagbares Recht des Auftragnehmers oder des Auftraggebers,** falls eine Einigung nicht zustande kommt. Die **Vereinbarung soll vor Ausführung der geänderten Leistung** – oder besser Teilleistung – **getroffen** werden. Für die **Verjährung** gilt das in Rdn. 56–95 Gesagte (BGHZ 50, 25 = NJW 1968, 576 = MDR 1968, 576 = SFH Z 8.0 Bl. 22 = BB 1968, 486 = JZ 1968, 473 = LM § 538 ZPO Nr. 12). Diese Regelung ist gegenüber dem gesetzlichen Werkvertragsrecht eine **Sondervorschrift;** eine neue Preisbildung auf der Grundlage des – bloßen – Begriffs der Üblichkeit i. S. des § 632 Abs. 2 BGB ist also für den Bereich des VOB-Vertrages ausgeschlossen (OLG Stuttgart SFH Z 2.310 Bl. 15 ff.).

257 Sofern im Wege Besonderer oder Zusätzlicher Vertragsbedingungen zum Nachteil des jeweils betroffenen Vertragspartners des Verwenders – vor allem des Auftragnehmers – **ein Anspruch auf Anpassung der Vergütung gemäß Teil B § 2 Nr. 5 fühlbar eingeengt oder gar ausgeschlossen** werden soll, ist es **möglich, daß eine solche Regelung gegen § 10 Nr. 3 oder – insbesondere – Nr. 4 oder auch § 9 AGB-Gesetz verstoßen kann,** und zwar im Zusammenhang mit Teil B § 1 Nr. 3. Hiernach dürfte in jenen Fällen, in denen das AGB-Gesetz zugunsten des genannten Vertragspartners in Betracht kommt (vgl. Teil A § 10 Rdn. 77 ff.),

besondere Vorsicht im Hinblick auf Teil B § 2 Nr. 5 **unzumutbar** einschränkende oder gar ausschließende Vertragsregelungen geboten sein. Ähnlich Heiermann/Linke S. 114 f.; vgl. auch Frikell/Glatzel/Hofmann, Rdn. K. 2.39 ff.; ferner Rdn. 270. Das gilt z. B. für eine uneingeschränkte Klausel in AGB des Auftraggebers, daß eine Leistungsänderung bis zu 10 % dem Auftragnehmer keinen Anspruch auf Änderung des Vergütungsanspruches gibt (OLG Frankfurt NJW-RR 1986, 245; siehe dazu Rdn. 251 ff.; die dortigen Argumente gelten erst recht hier). Überdies dürfte durch eine solche Klausel die Ausgewogenheit der VOB/B nicht mehr gegeben, sie daher nicht „als Ganzes" (vgl. dazu Teil A § 10 Rdn. 131 ff.) vereinbart sein.

I. Grundsätzliche Voraussetzung: Änderung der Preisgrundlagen für eine im Vertrag vorgesehene Leistung

1. Preisgrundlagenänderung für eine im Vertrag vorgesehene Leistung setzt im allgemeinen voraus, daß bereits eine entsprechende Vereinbarung über **Art und Umfang der Leistung und die darauf bezogenen Preise getroffen** worden ist. Ist das bisher nicht der Fall, so ist statt dessen der Preis einzusetzen, der bei Vertragsabschluß als für die vorgesehene Leistung üblich bzw. angemessen zu gelten hat (§ 632 Abs. 2 BGB, vgl. dazu Rdn. 6 ff.).

Dabei ist jedoch zu berücksichtigen, daß die Wendung „eine im Vertrag vorgesehene Leistung" **nicht so streng aufzufassen** ist, daß sie im Vertrag immer **ausdrücklich** aufgeführt sein muß. Auch nicht ausdrücklich im Vertrag genannte, bei der Ausführung der vertraglichen Leistung jedoch nach den anerkannten Regeln der Technik **selbstverständliche** Arbeiten gehören dazu. Insoweit werden nicht selten nicht alle für eine bestimmte Leistung notwendigen Arbeiten im Bauvertrag (insbesondere im Leistungsverzeichnis) genannt (vgl. BGH, Urt. vom 1. 10. 1964 – VII ZR 223/62 – hinsichtlich des Heranschaffens und Verteilens des Packmaterials auf einem ausgekofferten Feld). Das gilt vor allem **auch für Pauschalverträge.** Aus dem hier erörterten Rahmen scheiden allerdings von vornherein die in den DIN-Normen des Teils C – regelmäßig unter der Ordnungs-Nr. 4 aufgeführten – als „Nebenleistungen" bezeichneten Leistungsteile aus, weil sie in den vereinbarten Preisen ohnehin enthalten sind, also für die Grundlagen der vereinbarten Preise keine hier beachtliche Rolle spielen.

2. Die Leistung muß sich in der Form ändern, daß die ihrer **Preisberechnung zugrunde gelegten Umstände andere** geworden sind. Diese können sowohl Art und Umfang als auch die Art und Weise sowie die Umstände der Erbringung der der bisherigen Preisvereinbarung zugrunde gelegten Vertragsleistung betreffen, falls beide Vertragspartner erkennbar davon ausgegangen sind. Das trifft z. B. auf einen Stahlmehrverbrauch zu, der dadurch zustande kommt, daß durch Änderung der Planung bei Verminderung der Großbohrpfähle die einzelnen Pfähle größere Lasten aufnehmen müssen, was eine Verstärkung der Bewehrung mit Betonstahl erforderlich macht (OLG Frankfurt BauR 1986, 352 = SFH § 2 Nr. 5 VOB/B Nr. 3 = NJW-RR 1986, 1149). Ferner kann hierher **auch die zeitliche Verschiebung** der ursprünglich vorgesehenen Bauzeit rechnen (vgl. v. Craushaar, BauR 1984, 311; insbesondere auch Piel, Festschrift Korbion, S. 349, 351 f.; Olshausen, a. a. O., S. 323 ff.; Vygen/Schubert/Lang Rdn. 166 ff.). Es handelt sich wegen des vorauskalkulierten Lohnes und Materials sowie der Baustellengemeinkosten und der Allgemeinen Geschäftskosten also grundsätzlich um eine **Änderung der Preisermittlungsgrundlagen,** vgl. Teil A § 15 Rdn. 14 ff. (ebenso Piel, a. a. O., S. 355 = vorkalkulierte Kosten). Beim Einheitspreisvertrag genügt die Änderung der genannten Umstände im Rahmen eines Leistungsteils, der zu einer Position zusammengefaßt ist, um Nr. 5 zur Anwendung zu bringen. Dabei kommt es wesentlich auf die Einzelheiten der Leistungsbeschreibung an. Das betrifft z. B. nicht nur die Bodenklasse, sondern auch sonstige Leistungseinzelheiten, wie etwa die Zerkleinerung des Hangschuttes, die in kleineren Einzelpartien vorgesehen, dann aber in großen Schichtpaketen vorzunehmen ist (vgl. dazu zutreffend v. Craushaar, BauR 1984, 311, 320). Es ist aber zu beachten: Preisgrundlagenänderungen bei einer der vorgesehenen Leistungen geben **nur für diese Leistung** Anlaß, einen **neuen Preis** zu vereinbaren; **§ 2 Nr. 5 VOB/B wirkt** sich auch – wie § 2 Nr. 3 VOB/B – **grundsätzlich nur auf die jeweilige Position aus,** bei der Änderungen vorgenommen worden sind, ausnahmsweise nur auf andere, auf deren Preise sich die Leistungsänderung auch **unmittelbar** auswirkt (so auch Piel, a. a. O., S. 351); das gilt auch bei einer sogenannten Verbundkalkulation (BGH BauR 1972, 381 = SFH Z 2.311 Bl. 43). Zur Frage der Preisermittlungsgrundlage beim Pauschalpreis vgl. Rdn. 331.

261 Prange (Betrieb 1981, 2477) meint, die hier vorgenommene Umschreibung der in Nr. 5 Abs. 1 genannten Grundlagen des Preises mit dem Begriff der Preisermittlungsgrundlagen gehe fehl; dies sei zu eng, weil von den Grundlagen des Preises im Gegensatz zu den Preisermittlungsgrundlagen, die nur die allgemeinen preisbestimmenden Verhältnisse erfaßten, auch die besonderen Umstände der auszuführenden Bauleistung, wie z. B. Zweckbestimmung der fertigen Leistung, Bauzeiten, Boden- und Wasserverhältnisse, Baustellenverhältnisse (im Baugelände vorhandene Anlagen, Zugangswege, Lagerplätze, Unterkünfte, Anschlüsse für Energie) – vgl. insoweit Teil A § 9 Nr. 4 in Verbindung mit Abschnitt 0 der Allgemeinen Technischen Vertragsbedingungen in DIN 18 299 ff., ferner Teil A § 9 Nr. 5 – erfaßt seien; außerdem gehörten zu den Grundlagen der Preisermittlung nicht Mengenaufwendungen, wie Lohnstunden, Betriebsmittelstunden und Verbrauchsmengen, jeweils auf die einzelne Position bezogen. Zunächst ist dazu festzustellen, daß die von Prange gewählte Umschreibung gerade auch im baubetrieblichen Bereich **so kaum unstritig** sein dürfte. So sprechen z. B. Daub/Piel/Soergel Teil A § 15 ErlZ 15.5 ausdrücklich von einer vereinbarten **Anknüpfung an die Preisermittlungsgrundlagen auch in bezug auf Teil B § 2 Nr. 5;** auch Mantscheff rechnet die von Prange aus dem Begriff der Preisermittlungsgrundlagen ausgeklammerten Kosten ersichtlich mit dazu (Einführung in die Baubetriebslehre Teil 2, vgl. S. 100 ff.; insbesondere aber auch Olshausen, Festschrift Korbion, S. 323, 330 ff.). Überdies und vor allem übersieht Prange, daß **die VOB selbst** jedenfalls zum Teil ausdrücklich **die von ihm aus dem Begriff der Preisermittlungsgrundlagen ausgeklammerten möglichen Kostenbestandteile darunter faßt.** In Teil A § 9 Nr. 4 ist in Satz 1 als Obersatz erwähnt, daß in den Verdingungsunterlagen alle **die Preisermittlung beeinflussenden Umstände** anzugeben sind, wobei diese dann in den Abschnitten 0 der DIN 18 299 aufgezählt sind. Gleiches gilt für die Aufzählung in Teil A § 9 Nr. 5, bei der wegen der dort genannten Einzelpunkte eine **Angabe in den Verdingungsunterlagen gefordert wird,** also doch wohl auch eindeutig zum Zwecke einwandfreier Preisermittlung. Dies hat zum Ergebnis, daß der Begriff der **Preisermittlungsgrundlagen jedenfalls im Bereich der VOB in weiterem Sinne aufzufassen** ist, als Prange dies möchte. Erfaßt sind dadurch **im weitesten Sinne nämlich alle Kosten, die wesentlicher Bestandteil der Preisberechnung sind und die auf die Kosten des Auftragnehmers Einfluß ausüben** (vgl. Teil A § 15 Rdn. 15). Unter Berücksichtigung dessen, daß es sich bei Teil B der VOB um ein Vertragswerk handelt, daher in dem hier erörterten Bereich zumindest gleichrangig rechtliche Gesichtspunkte eine Rolle spielen müssen, kann die unterschiedliche Betrachtung von Prange im Hinblick auf die Preisermittlungsgrundlagen einerseits und die Grundlagen des Preises andererseits auch die Gefahr eines Mißverständnisses im juristischen Bereich bedeuten. Hier kann nämlich der Begriff der Grundlagen des Preises, anders als gerade Prange es will, enger betrachtet werden, indem er nämlich in die gefährliche Nähe der Geschäftsgrundlage gebracht wird, also strengeren Anforderungen ausgesetzt wird, was dem hier gebotenen Gerechtigkeitsgehalt, welcher der Regelung in Nr. 5 zugrunde liegt, bestimmt nicht entsprechen würde. Letztlich handelt es sich aber nur um einen mehr oder weniger theoretischen Streit, weil die Ansicht von Prange in der Praxis kaum zu einem anderen Ergebnis führen kann als nach der hier vertretenen Auffassung.

3. Zu unterscheiden ist ferner:

Nicht von **Nr. 5**, sondern von **Nr. 6** wird der Fall erfaßt, daß eine **neue, vom bisherigen Vertragsinhalt überhaupt noch nicht erfaßte zusätzliche Leistung** vom Auftragnehmer gefordert wird, also eine Erweiterung des Leistungsinhaltes im Rahmen des gleichen Vertrages vorgenommen wird, ohne daß der bisherige i. S. einer Änderung davon ergriffen wird; ebenso BGH BB 1961, 989 = SFH Z 2.300 Bl. 11; ferner Urt. vom 1. 10. 1964 – VII ZR 223/62 –; außerdem BGH BauR 1984, 395 = NJW 1984, 1676 = Betrieb 1984, 1720 = ZIP 1984, 713 = MDR 1984, 748 = BB 1984, 1703 = LM § 273 BGB Nr. 38 Anm. Recken = SFH § 13 Nr. 5 VOB/B Nr. 5 = ZfBR 1984, 395).

262

Diese Unterscheidung dürfte von Münzel (MDR 1961, 89) nicht hinreichend herausgestellt sein. Im übrigen ist seine Kritik an einem Vordruck eines Bauvertrages (VOB) berechtigt, wenn es dort heißt: „Für evtl. erforderlich werdende Mehrleistungen über den vertraglich erteilten Bauauftrag hinaus hat der Bauunternehmer unaufgefordert ein Angebot einzureichen. Auch für schon in Angriff genommene Mehrleistungen erwächst dem Bauunternehmer erst ein Anspruch nach schriftlicher Auftragserteilung." Ein solches Verlangen in einem Formularvertrag kann in vielen Fällen zu einer Verwirrung unter dem Sinn von Teil B § 2 Nr. 5, 6 und 8 verfälschen, insbesondere die Unterschiede zwischen diesen Regelungen. Vgl. auch Rdn. 256 f.

Ein Fall der **Nr. 5** und **nicht der Nr. 6** ist es hingegen, wenn der Auftragnehmer nicht eine für sich allein zu betrachtende zusätzliche, zum Vertrag bisher nicht gehörende Leistung erbracht, sondern auf Anordnung des Auftraggebers eine **als solche fortbestehende** (vgl. v. Craushaar BauR 1984, 311, 313) **vertraglich geschuldete Leistung anders** ausgeführt hat (vgl. BGH, Urt. vom 1. 10. 1964 – VII ZR 223/62 –), wenn also die Anordnung die **Art und Weise der Durchführung** der Leistung betrifft (BGH Betrieb 1969, 1058 = SFH Z 2.311 Bl. 31 ff. = WM 1969, 1019 = MDR 1969, 655 = LM VOB/B Nr. 36), wie z. B. die wesentliche Änderung der im Leistungsverzeichnis bisher festgelegten Bewehrungsdichte. Ergeben sich hier nach Art und Umfang Mehrleistungen, so bleibt auch dieses ein Fall der Nr. 5. Möglich ist es dabei natürlich auch, daß sich hier – vergütungsmäßig gesehen – Minderleistungen ergeben. Auch die Anordnung der Änderung der Ausführungsfrist kann insoweit ein Fall der Nr. 5 sein (vgl. v. Craushaar, BauR 1984, 311, 313; Piel, Festschrift Korbion, S. 349, 351 f.; Olshausen, a. a. O., S. 323 ff.). So betrachtet ist entgegen v. Craushaar (BauR 1984, 311, 313 ff.) jede „Leistung – anstatt", also jede Leistung, die anstelle einer bisher vorgesehenen Leistung tritt, ein Fall der **Nr. 5**, wie insbesondere auch durch Teil B § 1 Nr. 3 ausgewiesen ist (vgl. Teil B § 1 Rdn. 29 ff.). Andernfalls könnte in den Fällen, die v. Craushaar unter Nr. 6 einordnen möchte, nicht von einer Änderung der Preisgrundlagen gesprochen werden. Eine solche liegt aber bei jeder „Leistung – anstatt" vor, da auch bei den von v. Craushaar (a. a. O.) genannten Fällen, die er in Nr. 6 ansiedeln möchte, ein bisher vorgesehener Teil der Leistung entfällt und an dessen Stelle ein anderer gesetzt wird. Gerade dies wird aber – umfassend – von Nr. 5 ergriffen, wie v. Craushaar (a. a. O., S. 318 f.) jedenfalls für einen Teilbereich selbst zugesteht.

263

Der **Unterschied zwischen Nr. 5 und Nr. 3** liegt in folgendem: **Bei Nr. 5** wird auf Veranlassung des Auftraggebers im Wege einer echten Änderung der vereinbarten Leistung **selbst** in das bisher vertraglich zugrunde gelegte Verhältnis zwischen Leistung und Preisgestaltung **eingegriffen**. Dies wird sich häufig auch auf die Vordersätze auswirken; dennoch bleibt dies ein nach Nr. 5 zu beurteilender Fall, weil es entscheidend auf die **Grundursache der Veränderung ankommt, die hier im Bereich der geforderten Leistung liegt**. Nr. 3 dagegen umfaßt **nur** die Fälle, in denen an sich eine wirkliche Leistungsänderung, insbesondere durch Dazwischentreten des Auftraggebers, **nicht** eintritt, in denen aber durch Mengenänderungen – also die bloße Veränderung der Vordersätze – **innerhalb der vorgesehenen Leistung** ein preislicher Ausgleich notwendig wird.

264

265 Nicht unter Nr. 5, sondern allein in den Rahmen von Teil B § 6 Nr. 6 ist es einzuordnen, wenn der **Auftraggeber** „nur" seine **Mitwirkungspflichten verletzt**, z. B. dem Auftragnehmer Ausführungsunterlagen (Pläne, Ausführungszeichnungen, Statik, Bewehrungspläne usw.) entgegen Teil B § 3 Nr. 1 verspätet zur Verfügung stellt. Gleiches gilt für den Bereich, der sich für den Auftraggeber als besondere Pflicht aus Teil B § 4 Nr. 1 Abs. 1 oder Teil B § 5 Nr. 2 ergibt. Hier liegt ein **bloßes Unterlassen, nicht aber eine Anordnung des Auftraggebers** vor (vgl. nachfolgend Rdn. 267 ff.). Dazu zutreffend Vygen BauR 1983, 414 entgegen Olshausen VDI-Bericht Nr. 458/1982, S. 53.

266 Zum Verhältnis des Anspruchs nach § 2 Nr. 5 zum Ersatzanspruch nach § 4 Nr. 1 Abs. 4 Satz 2 wegen unberechtigter Erschwernisse s. Teil B § 4 Rdn. 95 ff.

II. Einwirkung des Auftraggebers als Voraussetzung

267 Nr. 5 betrifft **nur solche Preisgrundlagenänderungen, die durch ein diesem zurechenbares Verhalten des Auftraggebers herbeigeführt werden. Bloße Erschwernisse, die bei der bisher schon vorgesehenen Leistung ohne Einwirkung von Auftraggeberseite** eintreten, wie z. B. die Erschwerung der Ausführung infolge der Bodenbeschaffenheit, sind kein Fall der Nr. 5 (BGH SFH Z 2.311 Bl. 31 = MDR 1969, 655). Das betrifft allerdings nur Erschwernisse bei Ausführung der **ausgeschriebenen Leistung.** Ist dagegen vom Auftraggeber oder seinem Erfüllungsgehilfen (z. B. Architekten) eine bestimmte Bodenklasse ausgeschrieben, die ganz oder teilweise nicht vorgefunden wird, und läßt der Auftraggeber nach entsprechendem Hinweis die Leistung auf der Grundlage der tatsächlichen Verhältnisse ausführen, so kann es sich **durchaus um einen Fall der Nr. 5** handeln, zumal dadurch in der Regel die vertraglich vorgesehenen Preisgrundlagen ergriffen werden (insoweit zutreffend Vygen BauR 1983, 414; dazu näher und richtig Vygen/Schubert/Lang Rdn. 154 ff.). Treffen daher und auch sonst Erschwernisse, z. B. infolge der Bodenbeschaffenheit, mit Anordnungen des Auftraggebers zusammen, die dieser zur Überwindung der Erschwernisse erteilt, so können Ansprüche gemäß Nr. 5 je nach Sachlage ausgelöst werden. Insoweit kommt es letztlich darauf an, ob der Auftragnehmer z. B. eine spezielle Art der Ausführung auch schon ohne besondere Anordnung des Auftraggebers nach den ihm bereits obliegenden Vertragspflichten wählen mußte, so daß die (zusätzliche) Anordnung lediglich den Charakter eines Hinweises auf vertragliche Pflichten trägt, oder ob der Auftragnehmer erst aufgrund der Anordnung zu einer besonderen Art der Durchführung, die aus eingetretenen Erschwernissen resultiert, verpflichtet wurde (so wohl auch v. Craushaar BauR 1984, 311, 318). Auch der BGH (SFH Z 2.11 Bl. 8 = WM 1969, 1019) hat dementsprechend, z. B. im Falle von Anordnungen nach den „Technischen Vorschriften für die Ausführung von Erdarbeiten (TVE)", darauf abgestellt, ob der Auftragnehmer zur Ausführung des „Angeordneten" vertraglich ohnehin schon verpflichtet war (wie z. B. durch differenzierte Benennung mehrerer Bodenklassen in der Ausschreibung) und der Auftraggeber mit einem entsprechenden Verlangen lediglich seine bisherigen vertraglichen Rechte gewahrt hat; er hat für diesen Fall mit Recht einen Anspruch nach Nr. 5 verneint. **Gleiches trifft zu, wenn sich der Auftragnehmer vor Abgabe seines Angebotes nicht nach den Einzelheiten der geplanten Ausführung erkundigt** hat, die er weder dem Leistungsverzeichnis noch den damals überlassenen Planungsunterlagen hinreichend entnehmen konnte, die er aber von seinem Standpunkt für eine zuverlässige Kalkulation hätte **kennen sollen**; insoweit darf der Auftragnehmer bzw. Bieter ein erkennbar lückenhaftes Leistungsverzeichnis **nicht einfach hinnehmen**, sondern muß daraus sich ergebende Zweifelsfragen **vor Angebotsabgabe klären**; ebenso gilt dies, wenn sich für ihn aus dem Leistungsverzeichnis und aus den verfügbaren weiteren Unterlagen die bestimmte Art der Ausführung nicht mit hinreichender Klarheit ergibt, er darauf aber bei der Kalkulation maßgebend abstellen will; dabei hängt es von den Einzelumständen ab, was vom Auftragnehmer bzw. Bieter im konkreten Fall zumutbar zu erwarten ist (BGH BauR 1987, 683 = NJW-RR 1987, 1306 = SFH § 2 Nr. 5 VOB/B Nr. 4 = Betrieb 1987, 2404 = MDR 1988, 43 = LM § 2 VOB/B Nr. 8 = ZfBR 1987, 237, für den Fall des möglichen Einsatzes einer Großflächenschalung; vgl. auch Teil A § 9 Rdn. 16 f.; ferner BGH BauR 1988, 338 = SFH § 9 VOB/A Nr. 1 = ZfBR 1988,182 = NJW-RR 1988, 785; dazu auch LG Aachen BauR 1986, 698: Vorhersehbarkeit von Handarbeit anstelle von Maschineneinsatz bei an sich gleichbleibendem Leistungsinhalt).

1. **Hauptsächlich** kommt eine vom Auftraggeber im angegebenen Sinne angeordnete **Änderung des Bauentwurfs** in Frage. Insoweit wird auf Teil B § 1 Nr. 3 Bezug genommen, vgl. dort Rdn. 29 ff. Wie sich aus dem Wortlaut in Nr. 5 Satz 1 ergibt, ist es dabei **nicht unbedingt Voraussetzung,** daß die Änderung des Bauentwurfs auf die **Eigeninitiative des Auftraggebers** zurückgehen muß. **Nr. 5 greift auch ein, wenn die Änderung von dritter Seite veranlaßt wird,** sie jedoch den **Bereitstellungspflichten (Mitwirkungspflichten) des Auftraggebers zuzurechnen ist,** wie z. B. die von der Baugenehmigungsbehörde geforderte Veränderung des Bauentwurfs, weil die Einholung der Baugenehmigung gemäß Teil B § 4 Nr. 1 Abs. 1 Satz 2 Sache des Auftraggebers ist (vgl. dazu OLG München BauR 1980, 274; insoweit im Ergebnis auch zutreffend OLG Stuttgart SFH Z 2.310 Bl. 15). Hier liegt der anordnende Eingriff des Auftraggebers darin, daß er in Kenntnis der von dritter Seite gestellten Forderung den Auftragnehmer die veränderte Ausführung herstellen läßt. Dabei ist vor allem zu beachten, daß eine **Anordnung** in dem hier richtig zu verstehenden rechtlichen Sinne nicht unbedingt ausdrücklich erfolgen muß, sie vielmehr nach den Umständen des Einzelfalles **auch** – dann allerdings deutlich dem Willen des Auftraggebers entsprechend – **stillschweigend** erklärt werden kann (Vygen BauR 1983, 414; Piel, Festschrift Korbion, S. 349, 357; Vygen/Schubert/Lang Rdn. 177). Darauf ist im allgemeinen zu schließen, wenn der Auftraggeber trotz Einflußnahme von dritter Seite bauen oder weiterbauen läßt, ihm dazu aber keine andere Wahl bleibt, als dem Verlangen des Dritten Folge zu leisten (ähnlich Piel, a. a. O.). Vgl. auch Rdn. 262 ff.
Gleiches gilt für eine vom Prüfingenieur geforderte Änderung von Ausführungsplänen, die eine Leistungsänderung mit sich bringt. Dabei ist auch der Regelungsbereich des § 3 Nr. 1–4 VOB/B einzubeziehen. Vgl. dazu aber Rdn. 271 ff.

268

Sowohl hier als auch im nachfolgend erörterten weiteren Fall etwaiger anderer Anordnungen ist jedoch **Voraussetzung** für ein Eingreifen der Preisänderungsklausel der Nr. 5, daß eine **teilweise Änderung der bisher vereinbarten Leistung** vorliegt, daß also insoweit **eine andere an ihre Stelle** tritt, was auch durch Verlangen auf Veränderung der Vordersätze der Fall sein kann. Vor allem kommt hier auch die Änderung des zur Verwendung vorgesehenen Materials in Betracht. Fälle, in denen Leistungsteile dem Auftraggeber zurechenbar lediglich wegfallen, regeln sich nicht nach Nr. 5, sondern nach Nr. 4 bzw. nach Teil B § 8 Nr. 1 (vgl. auch Rdn. 240 ff.). Bloßer sich von selbst, also ohne Eingriff der Auftraggeberseite, ergebender Wegfall im Rahmen der Vordersätze ist dagegen in Nr. 3 Abs. 1 und 3 einzuordnen (vgl. Rdn. 202–211 und 223–239).

269

Eine in AGB (regelmäßig Zusätzlichen Vertragsbedingungen) des Auftraggebers enthaltene Klausel dahin, daß Änderungen des Leistungsumfanges oder -inhaltes durch Auflagen im Rahmen öffentlich-rechtlicher Genehmigungen den Auftragnehmer nicht berechtigen, eine veränderte Vergütung zu verlangen, **verstoßen** eindeutig **gegen § 9 AGB-Gesetz.** Anders liegt es nur dann, wenn der Auftragnehmer aus eigener Initiative, z. B. im Rahmen der Bedingungen eines Nebenangebotes, durch eindeutige und ausdrückliche Erklärung das Risiko für durch behördlichen Eingriff erforderliche Leistungsänderungen übernommen hat. Vgl. auch Rdn. 256 f.

270

2. Nr. 5 erfaßt **auch andere Anordnungen des Auftraggebers,** die eine **Leistungsänderung** mit der Folge einer Änderung der bisherigen Preisgrundlage bedeuten.

271

272 Dabei ist **aber der Begriff der Leistungsänderung nicht in engem Sinne aufzufassen.** Vielmehr sind hier, wie schon in den vorangehenden Erörterungen erwähnt, auch solche Maßnahmen hinzuzurechnen, die sich auf die **Art und Weise** der Durchführung der vertraglich vereinbarten Leistung beziehen (so auch BGH Betrieb 1969, 1058 = SFH Z 2.311 Bl. 31 ff. = WM 1969, 1019 = MDR 1969, 655 = LM VOB/B Nr. 36), wie z. B. auch die nach dem bisherigen Vertrag **eindeutig** vorgesehenen bautechnischen und baubetrieblichen Produktionsbedingungen. Das kommt allerdings grundsätzlich nur in Betracht, soweit dem Auftraggeber **nach dem Vertrag Anordnungsbefugnisse übertragen oder vorbehalten sind,** es sei denn, der Auftragnehmer läßt sich auch sonst darauf ein.

273 Der Begriff der Anordnungen setzt jedenfalls im Ausgangspunkt **einseitige Maßnahmen des Auftraggebers** oder seines dazu berechtigten Vertreters voraus. Darauf bezogene Befugnisse des Auftraggebers finden sich in Teil B § 4 Nr. 1 Abs. 3 und 4 sowie § 4 Nr. 3. Unter „Anordnung" ist dabei – wie auch sonst noch in diesen Vorschriften – **eine die eindeutige Befolgung durch den Auftragnehmer heischende Aufforderung des Auftraggebers,** eine Baumaßnahme in bestimmter Weise auszuführen, zu verstehen (BGH SFH Z 2.414 Bl. 219; vgl. auch OLG Bremen NJW 1963, 495). Es muß sich mithin um klar und **deutlich verständliche – u. U. auch stillschweigende – Weisungen** handeln und nicht nur um – wenn auch vielleicht nachdrücklich geäußerte – Wünsche des Auftraggebers, deren Befolgung durch den Auftragnehmer **nicht zwingend erwartet** wird oder die diesen lediglich zu einer Überprüfung seiner Verfahrensweise veranlassen sollen. Zu den hiernach **verbindlichen Aufforderungen** des Auftraggebers rechnen z. B. – je nach Sachlage (vgl. hierzu Rdn. 267) – Anordnungen nach den Technischen Vorschriften für die Ausführung von Erdarbeiten im Straßenbau (TVE), vgl. BGH SFH Z 2.11 Bl. 8 = WM 1969, 1019. Auch die Befugnis zur **Bestimmung des Beginns und des Zeitpunktes der Fertigstellung der Leistung sowie deren Fortgang** im einzelnen gehören dazu (ebenso BGH SFH Z 2.331 Bl. 61 = BGHZ 50, 25 = NJW 1968, 1234 = BB 1968, 486; BGHZ 95, 128 = BauR 1985, 561 = NJW 1985, 2475 = MDR 1985, 1016 = BB 1985, 1939 = Betrieb 1985, 2608 = ZfBR 1985, 282 = SFH § 6 Nr. 6 VOB/B Nr. 3); gleiches gilt für auf die **Art und Weise der Ausführung** bezogene Anordnungen (vgl. Rdn. 262 ff.). Nr. 5 kommt – ebenso wie Nr. 6 unter den dafür maßgebenden Voraussetzungen – auch in Betracht, wenn der Auftragnehmer **hinsichtlich des ursprünglich vereinbarten Vertragsinhalts** eine sogenannte **Massengarantie** übernommen hat.

274 **Nicht** zur Anordnung des Auftraggebers i. S. von Nr. 5 gehört dagegen die Ausübung eines **vertraglich eingeräumten Wahlrechts** bei einem Wahlschuldverhältnis nach §§ 262 ff. BGB; vgl. Rdn. 112 ff. (so auch Heiermann/Riedl/Rusam/Schwaab Teil B § 2 Rdn. 79 f). Auch kann eine Anordnung **nicht allein darin** gesehen werden, daß der Auftraggeber **lediglich** seine sich aus Teil B §§ 3 Nr. 1–4, 4 Nr. 1 Abs. 1 ergebenden oder seine sonstigen vertraglichen Mitwirkungspflichten nicht rechtzeitig erfüllt (Vygen/Schubert/Lang Rdn. 153 gegen Olshausen, VDI-Bericht Nr. 458/1982, 53). Entgegen Daub/Piel/Soergel/Steffani (ErlZ B 2.104) zählen hierher auch nicht jene Fälle, in denen der Auftraggeber eine – die bisherigen Preisermittlungsgrundlagen ändernde – Anordnung hätte treffen müssen, diese jedoch unterlassen hat und es dadurch zu einer **Behinderung oder Unterbrechung** der Bauausführung gekommen ist (ebenso Heiermann/Riedl/Rusam/Schwaab a. a. O.; Piel, Festschrift Korbion, S. 349, 357 f., zugleich zur Abgrenzung; Vygen/Schubert/Lang Rdn. 175; Clemm Betrieb 1985, 2597). Das regelt sich **allein** nach Teil B § 6, dort insbesondere Nr. 2 und Nr. 6. Es ist insofern nicht einzusehen, warum der Auftragnehmer bei der Zuerkennung eines Schadensersatzanspruches nach Teil B § 6 Nr. 6 im Verhältnis zu Teil B § 2 Nr. 5 schlechterstehen soll. Denn der Schaden des Auftragnehmers stellt sich in dem hier erörterten Fall regelmäßig in den durch das Verhalten des Auftraggebers entstandenen Mehraufwendungen dar, so daß es nicht um den nach Teil B § 6 Nr. 6 ausgeschlossenen entgangenen Gewinn geht. Der vorausberech-

nete Gewinn bleibt dem Auftragnehmer auch im Falle eines Anspruches nach Teil B § 6 Nr. 6 erhalten, wenn ihm nur der Mehraufwand, der ihm sonst den vorausberechneten Gewinn ganz oder teilweise nehmen würde, ersetzt wird.

III. Neuberechnung der Vergütung

1. Liegen die in Nr. 5 Satz 1, 1. Halbsatz, angeführten Voraussetzungen vor (vgl. Rdn. 258 ff.), so haben sich die Partner eines VOB-Vertrages verpflichtet, unter **Berücksichtigung der Mehr- oder Minderkosten** einen **neuen Preis** zu **vereinbaren.** Das gilt auch, wenn sich die Änderungsanordnung des Auftraggebers lediglich auf die Bauzeit auswirkt, weil Nr. 5 nicht nur die leistungsbezogenen, sondern auch die zeitabhängigen Kosten erfaßt (zutreffend Vygen/Schubert/Lang Rdn. 182 ff.). Es ist also eine ergänzende vertragliche Regelung zu treffen. **Voraussetzung** ist dazu jedoch, **daß** einer der Vertragspartner die Bildung des neuen Preises dem anderen gegenüber **verlangt,** selbstverständlich auch, wenn beide das Verlangen stellen. Sinn der Nr. 5 ist es nämlich nicht, die Parteien unbedingt zu zwingen, von der bisherigen Preisabsprache abzugehen.

275

Kommt es trotz hinreichend deutlichen Verlangens **nicht** zu einer Einigung zwischen den Vertragspartnern, dann ist der **alte Preis nicht mehr wirksam,** weil sich jedenfalls eine der Parteien **mit Recht auf den Wegfall seiner vertraglich ausdrücklich vereinbarten Grundlage berufen** hat und die Anpassung des Preises an die wirklichen Gegebenheiten verlangt. Es kommt daher nicht eine einseitige Bestimmung durch einen der Vertragschließenden in Betracht. Vielmehr ist, falls im Vertrag vorgesehen, der neue Preis **durch einen Dritten zu bestimmen,** vgl. § 317 BGB, **oder** es ist eine **gerichtliche Entscheidung herbeizuführen** (vgl. BGH, Urt. vom 1. 10. 1964 – VII ZR 223/62; BGH NJW 1968, 1234; OLG Stuttgart SFH Z 2.310 Bl. 15; OLG Celle BauR 1982, 381 = SFH § 2 Nr. 6 VOB/B Nr. 1), wobei gerade hier § 287 Abs. 2 ZPO von Bedeutung sein kann.

276

Für die Neuberechnung des Preises kommt es im allgemeinen auf den **Zeitpunkt des Beginns der Ausführung der veränderten Leistung an,** also die dann maßgebenden Preisverhältnisse im Bereich des Eigenaufwandes des Auftragnehmers (Löhne, Materialkosten, Kosten der Baustelle, Allgemeine Geschäftskosten). Dies rechtfertigt sich, weil die Leistungsänderung, worauf die Vergütungsänderung beruht, dem Bereich entstammt, der dem Auftraggeber zuzurechnen ist, ohne daß es dabei auf die Frage des Verschuldens ankommt, so daß er auch das Risiko im Hinblick auf die Vergütung zu tragen hat. Daher kann es auch nicht schon auf den Zeitpunkt der Änderungsanordnung ankommen.

277

2. Bei der **Neufestlegung** des Preises sind die **Mehr- oder Minderkosten zu berücksichtigen, die durch** die Leistungs- und damit Preisgrundlagenänderung entstehen, also **adäquat-kausal darauf zurückgehen.** Dazu ist eine **Vergleichsrechnung** anzustellen. Daher ist es unumgängliches Erfordernis, daß der bisherigen Vergütungsvereinbarung eine ordnungsgemäße Kalkulation des Auftragnehmers zugrunde liegt. Grundsätzlich bleibt somit das **bisherige Preisgefüge bestehen, soweit es durch die Leistungsänderung nicht berührt wird.** Grundlage dieser Regelung ist es, jedenfalls im Ergebnis dem Auftragnehmer den bei seiner – ursprünglichen und zur Vertragsgrundlage gewordenen – Preiskalkulation eingeplanten **Gewinn** bei der Festsetzung des neuen, der Leistungsänderung angepaßten Preises **nicht zu schmälern** (OLG Stuttgart a. a. O.). Bei Einheitspreisverträgen hat die Neufestsetzung des Preises für jede einzelne durch die angegebene Änderung betroffene Position, also bei dem dort als **Vertragspreis maßgebenden Einheitspreis,** zu erfolgen. Das trifft auch zu, wenn die zeitabhängigen Kosten der Baustellenvorhaltung in einer Position zusammengefaßt und diese von der Bauzeitverschiebung infolge der Änderungsanordnung ergriffen sind (Vygen/Schubert/Lang Rdn. 186). Zur Preisanpassung bei Pauschalverträgen vgl. Rdn. 331 und 335 f.

278

279 Hat der Auftragnehmer eine auf der genannten Basis beruhende neue, im einzelnen nachvollziehbare Preiskalkulation vorgelegt, ist es Sache des Auftraggebers, sich mit den einzelnen Kalkulationsfaktoren auseinanderzusetzen. Es genügt nicht, die Neuberechnung einfach zu bestreiten oder lediglich auf ein etwaiges günstigeres Angebot eines anderen Unternehmers hinzuweisen (BGH a. a. O.).

280 Grundlage für den neuen Preis ist bei allen Preistypen des Bauvertrages die ursprüngliche Preisvereinbarung mit dem Auftragnehmer, auf die dann die **vorauskalkulierten bzw. vorauskalkulierbaren Mehr- und Minderkosten in angemessener Weise hinzuzurechnen** sind. Falls der ursprüngliche Preis „**unter Wert**" zustande gekommen ist, gilt das in **Rdn. 217 f. Gesagte entsprechend**. Dies führt dazu, daß dann der Preis für die veränderte Leistung häufig nach einer angemesseneren Preisermittlungsgrundlage zu berechnen ist, da das Verlangen der veränderten Leistung grundsätzlich dem Bereich des Auftraggebers zuzurechnen ist.

281 3. Wenn es auch nicht ausdrücklich vorgesehen ist, so ist es im Falle von **Minderleistungen** doch nicht ausgeschlossen, einen Preisausgleich **auch** auf die Weise zu schaffen, wie es nach Nr. 3 Abs. 3 möglich ist, nämlich durch Mengenerhöhungen in einzelnen Positionen oder durch Mengenverminderung bei anderen Positionen. Es geht ja auch hier darum, dem Auftragnehmer grundsätzlich den auf der bisherigen Vertragsgrundlage beruhenden **angemessenen Vergütungswert** zu erhalten. Dieser Weg ist allerdings **nur im Einverständnis beider Vertragspartner möglich**.

IV. Möglichst Preisvereinbarung vor Ausführung (Nr. 5 Satz 2)

282 Nach Nr. 5 Satz 2 soll die **Preisvereinbarung vor der Ausführung** der geänderten Leistung bzw. Teilleistung getroffen werden. Dies ist nicht zwingend. **Nr. 5 Satz 2 hindert** also die **Entstehung des Anspruches** auf den neuen Preis **nicht** (ebenso Hereth/Ludwig/Naschold Teil B § 2 Ez. 93; Schmidt MDR 1966, 885, 888; BGHZ 50, 25 = NJW 1968, 1234 = MDR 1968, 576 = JZ 1968, 473 = BB 1968, 486 = SFH Z 2.331 Bl. 61 ff. = LM § 538 ZPO Nr. 12; OLG Celle BauR 1982, 381 = SFH § 2 Nr. 6 VOB/B Nr. 1; OLG Frankfurt BauR 1986, 352 = SFH § 2 Nr. 5 VOB/B Nr. 3 = NJW-RR 1986, 1149). Es handelt sich vielmehr um eine nach aller Erfahrung wohlberechtigte **dringende Empfehlung** zur Vermeidung späterer Streitigkeiten. Die Vertragspartner sollten auch bedacht sein, **vor** der Ausführung der geänderten Leistung bzw. Teilleistung die ergänzenden vertraglichen Vereinbarungen **genau festzulegen**, um klare Verhältnisse über Inhalt und Umfang der nunmehr geltenden Abmachungen zu haben. Auch ist es aus **Beweisgründen** dringend geboten, die geänderten Preisabreden **schriftlich** festzuhalten. Verweigert der Auftraggeber trotz Verlangens des Auftragnehmers eindeutig und endgültig die Anpassung der Vergütung, so steht dem Auftragnehmer nach Teil B § 9 Nr. 1 a das Recht zur Kündigung oder Teilkündigung des Vertrages zu, wobei die Voraussetzungen der Nr. 2 a. a. O. zu beachten sind (ähnlich Heiermann/Riedl/Rusam/Schwaab Teil B § 2 Rdn. 80 unter Hinweis auf BGH NJW 1969, 233). Gleiches gilt umgekehrt für ein Kündigungsrecht des Auftraggebers in entsprechender Anwendung von Teil B § 5 Nr. 4, 8 Nr. 3.

283 Ist in Besonderen oder Zusätzlichen Vertragsbedingungen geregelt, daß der Auftragnehmer im Falle von Änderungsanordnungen eine veränderte Vergütung nur erhält, wenn er vor Ausführung des veränderten Teils ein Ergänzungs- oder Nachtragsangebot einreicht, so ist er grundsätzlich daran gebunden. Eine solche Bestimmung, die allerdings **klar umrissen** sein muß, **verstößt auch nicht gegen zwingende Vorschriften des AGB-Gesetzes, vor allem nicht gegen § 9 a. a. O.**, da eine über den Wortlaut der Nr. 5 Satz 2 hinausgehende, den Auftragnehmer bindende Regelung nicht nur im wohlberechtigten Interesse des Auftraggebers, sondern auch in dem des Auftragnehmers liegt, nämlich rechtzeitig über die veränderten

Preisverhältnisse Klarheit zu bekommen. Allerdings ist durch eine solche besondere, an den Auftragnehmer gestellte Vertragsbedingung **nicht nur ein Recht, sondern auch eine Pflicht des Auftraggebers begründet.** Diese geht dahin, baldmöglichst zu dem Ergänzungs- oder Nachtragsangebot Stellung zu nehmen, und zwar grundsätzlich vor Beginn der von ihm verlangten veränderten Leistung. Andernfalls macht er sich einer **positiven Vertragsverletzung** schuldig, die zumindest dahin geht, daß dem Auftragnehmer eine jedenfalls angemessene Vergütung für die jetzt verlangte Leistung zusteht, was sich im übrigen auch aus § 632 BGB ergibt. Diese berechnet sich ebenfalls auf der Grundlage der Nr. 5.

Läßt der Auftraggeber oder sein dazu befugter Vertreter (vgl. dazu Rdn. 29 ff.) **trotz einer über den Rahmen der Nr. 5 Satz 2 hinausgehenden, den Auftragnehmer bindenden Verpflichtung die veränderte Leistung ausführen, ohne auf der nach der betreffenden Vertragsklausel vorgesehenen Information** durch den Auftragnehmer oder sogar einer etwa festgelegten **Nachtragsvereinbarung** vor Ausführung des veränderten Teils **zu bestehen,** kann er sich später **grundsätzlich aus Treu und Glauben nicht auf deren Fehlen berufen.** Dann muß nämlich angenommen werden, daß er in Kenntnis der abweichenden Vertragsbedingungen bewußt auf deren Einhaltung keinen Wert gelegt oder sogar darauf verzichtet hat. 284

Aus Nr. 11.1.5 BVStra sowie Nr. 2.8 zu § 2 Nr. 5 VOB/B a. a. O. ist nicht zu entnehmen, daß der Auftragnehmer seinen Anspruch auf veränderte (oder zusätzliche) Vergütung verliert, wenn er ihn nicht innerhalb der dort bestimmten Frist geltend macht; eine solche Rechtsfolge ist nicht ausdrücklich vereinbart und ergibt sich auch nicht aus den Umständen (OLG Celle a. a. O.). Gleiches gilt für Nr. 15.2 der ZVStr (OLG Frankfurt BauR 1986, 352 = SFH § 2 Nr. 5 VOB/B Nr. 3 = ZfBR 1986, 138). In solchen Fällen kann dem Auftraggeber lediglich ein Schadenersatzanspruch aus positiver Vertragsverletzung zustehen, wobei er jedoch einen etwaigen Schaden im einzelnen darlegen muß (a. a. O.; zugleich zur Risikoverteilung nach DIN 18 301). 285

Selbst **ohne andere vertragliche Regelung als der in Nr. 5 Satz 2** ist es denkbar, daß der **Auftragnehmer** eine **Pflichtverletzung** begeht, wenn er nicht schon vorher den Auftraggeber jedenfalls überschläglich über die voraussichtlich veränderten Kosten informiert, und zwar dann, wenn es sich für ihn im Zusammenhang mit der Änderungsanordnung oder etwaigen Verhandlungen darüber **klar erkennbar ergibt, daß der Auftraggeber auf den Kostengesichtspunkt deutlich Wert legt und seine Anordnung ersichtlich davon abhängig macht.** Dann müßte dem Auftragnehmer eine **positive Vertragsverletzung** vorgeworfen werden, die ihn gegebenenfalls zum Schadensersatz verpflichtet. Das **scheidet wiederum** im allgemeinen dann **aus,** wenn der Auftraggeber einen mit der Vorbereitung der oder mit der Mitwirkung bei der Vergabe oder mit der Kostenkontrolle im Rahmen der Bauüberwachung (§ 15 Abs. 2 Nr. 6–8 HOAI) beschäftigten **Architekten hat.** In solchem Falle kann der Auftragnehmer regelmäßig davon ausgehen, daß der Auftraggeber von seinem Architekten hinreichend auch hinsichtlich der etwaigen Kostenveränderung beraten wird, bevor er Änderungsanordnungen erteilt. 286

Ein Verstoß gegen § 9 AGB-Gesetz, weil eine grobe Mißachtung der Generalklausel des § 632 Abs. 2 BGB vorliegt, ist es, wenn der Auftraggeber sich **einseitig in Formularbedingungen** vorbehält, die dem Auftragnehmer zukommende veränderte Vergütung zu bestimmen. 287

Zur **Verjährung** in bezug auf den veränderten Vergütungsanspruch vgl. Rdn. 196 ff. 288

H. Vergütung für zusätzliche Leistungen (Nr. 6)

289 Nr. 6 befaßt sich mit den Fällen, in denen im Gegensatz zu Nr. 5 nicht eine ursprünglich vereinbarte Leistung geändert, sondern vom Auftraggeber eine Leistung gefordert wird, die bisher **im Vertrag überhaupt noch nicht vorgesehen** ist, vgl. zunächst Rdn. 262 ff. Daß dem Auftragnehmer **für diese zusätzliche, nach Vertragsabschluß geforderte Leistung** auch eine **zusätzliche Vergütung** zusteht, entspricht den allgemeinen Regeln des gegenseitigen Vertrages im Schuldrecht, hier besonders der für den Vergütungsbereich maßgebenden werkvertraglichen Grundbestimmung des **§ 632 Abs. 1 BGB**.

290 Gerade dieses ist bereits auf der Grundlage des § 242 BGB zu beachten, wenn durch Zusätzliche oder Besondere Vertragsbedingungen Vergütungsansprüche eingeschränkt oder gar ausgeschlossen werden sollen, die dem Auftragnehmer an sich nach Teil B § 2 Nr. 6 zustehen würden. Das trifft um so mehr zu, wenn im betreffenden Fall die **Regelungen des AGB-Gesetzes** eingreifen (vgl. dazu Teil A § 10 Rdn. 77 ff.). **Das hierzu** zu Teil B § 2 Nr. 5 im Hinblick auf § 10 Nr. 3 oder Nr. 4 (im letzteren Fall jetzt in Verbindung mit Teil B § 1 Nr. 4) **Gesagte** (vgl. Rdn. 256 f.) **gilt hier zumindest in gleichem, wenn nicht in noch stärkerem Maße als für den Bereich der Nr. 5**. Insoweit dürfte die **Generalklausel in § 9 AGB-Gesetz** für Teil B § 2 Nr. 6 einengende oder gar ausschließende Zusätzliche oder Besondere Vertragsbedingungen **wesentlich** sein (ebenso Locher, Das private Baurecht, Rdn. 190; vgl. auch Frikell/Glatzel/Hofmann, Rdn. K. 2.54 ff.); vgl. dazu im einzelnen zutreffend Locher, Festschrift Korbion, S. 283, 286 ff. sowie Rdn. 317 f. Vor allem dürfte durch derartige die Nr. 6 einengende oder ausschließende Klauseln die **Ausgewogenheit der VOB/B und damit deren Vereinbarung „als Ganzes"** (vgl. dazu Teil A § 10 Rdn. 131 ff.). **nicht mehr** gegeben sein. Über die Vereinbarkeit von Teil B § 2 Nr. 6 selbst mit § 10 Nr. 5 AGB-Gesetz vgl. 298 ff.

I. Verlangen von im Vertrag nicht vorgesehenen Leistungen

291 1. Es muß sich nach Abs. 1 Satz 1 um Leistungen handeln, die nach dem **bisher im Vertrag festgelegten Leistungsinhalt nicht vorgesehen** sind. Ein vertraglich vereinbartes Wahlschuldverhältnis unterliegt gemäß seiner Natur grundsätzlich nicht Teil B § 2 Nr. 6; vgl. dazu Rdn. 112 ff. Ob eine Leistung zum bisher vereinbarten Vertragsinhalt gehört oder nicht, richtet sich nach dem insoweit maßgebenden Vertragsinhalt, vor allem der Leistungsbeschreibung, den Technischen Vertragsbedingungen, den Besonderen und/oder Zusätzlichen Vertragsbedingungen. Eine Zusatzleistung kommt auch in Betracht, wenn sie zur ordnungsgemäßen Erstellung der Leistung an sich nötig ist, jedoch ausdrücklich aus dem bisher vereinbarten Leistungsinhalt ausgeklammert wird, wie z. B. eine Isolierung gegen drückendes Wasser (vgl. BGH BauR 1984, 395 = NJW 1984, 1676 = Betrieb 1984, 1720 = ZIP 1984, 713 = MDR 1984, 748 = BB 1984, 1703 = LM § 273 BGB Nr. 38 Anm. Recken = SFH § 13 Nr. 5 VOB/B Nr. 5 = ZfBR 1985, 173). Eine Zusatzleistung liegt ferner vor, wenn entgegen dem bisherigen Vertrag eine zusätzliche Verfahrensleistung des Auftragnehmers erforderlich wird, die bisher insbesondere für ihn im Rahmen der Zumutbarkeit nicht vorhersehbar war (vgl. LG Köln SFH § 6 Nr. 6 VOB/B Nr. 2 wegen der Notwendigkeit von Zwischenbühnen bei einer nicht vorhersehbaren Sandlinse). Das gleiche gilt im Hinblick auf bisher im Vertrag nicht klar festgelegtes besonderes Material. Ebenso ist von einer Zusatzleistung zu sprechen, wenn der bisher vorgesehene Leistungsumfang im Vertrag bzw. im Leistungsverzeichnis klar umgrenzt ist (wie z. B. Wiederherstellung einer Straßendecke in Rohrgrabenbreite) und dieser dann erweitert wird (z. B. Erneuerung der Straßendecke in ganzer Breite). Es ist also möglich, daß eine Zusatzleistung dadurch vorliegt, daß eine inhaltlich an sich gleiche Leistung im Umfang erweitert wird. Vgl. auch Rdn. 295 f.

292 2. **Grundlegende Voraussetzung** für die Anwendbarkeit **der Nr. 6** ist es, daß an den Auftragnehmer durch den Auftraggeber oder dessen bevollmächtigten Vertreter (u. a. Architekten;

vgl. dazu aber Rdn. 29 ff.) das **Verlangen auf Ausführung der bisher im Bauvertrag nicht vorgesehenen Leistung** gestellt wird. Dieses setzt eine **Aufforderung an den Auftragnehmer**, die inhaltlich **eindeutig** ist und das **bestimmte Fordern** der Erbringung der weiteren Leistung enthalten muß, voraus. Bloß unverbindliche Anregungen oder Wünsche gehören nicht hierher. Außerdem liegt es in der Natur der Regelung in Nr. 6, daß **das Verlangen** auf Erbringung der Zusatzleistung **nach Vertragsabschluß** – nicht notwendig erst vor Beginn oder während der Ausführung – **gestellt wird.** Anderenfalls wäre diese Bestimmung nicht notwendig, weil davon auszugehen ist, daß bereits bei Vertragsabschluß feststehende Leistungen auch von der dabei abgesprochenen Vergütung erfaßt werden, sonst jedenfalls der Beurteilung nach § 632 BGB unterliegen. Daher ist es bedenklich, wenn der BGH (SFH Z 2.310 Bl. 40 mit abl. Anm. von Hochstein) davon ausgeht, eine im Vertrag nicht vorgesehene Leistung werde im Sinne von Teil B § 2 Nr. 6 auch – schon – „gefordert", wenn sie zur Erreichung einer ordnungsgemäßen Vertragsleistung notwendig sei. Einmal werden hierdurch die Grenzen zu Teil B § 2 Nr. 8 Abs. 2 Satz 2 (vgl. Rdn. 381 ff.) verwischt. Zum anderen stimmt die Ansicht des BGH auch nicht mit der für den Bereich seiner Entscheidung als Ausgangspunkt maßgebenden Bestimmung in Teil B § 1 Nr. 4 überein, wonach der Auftragnehmer vom bisherigen Vertrag nicht erfaßte Leistungen nicht von sich aus, sondern erst auf Verlangen des Auftraggebers auszuführen hat, das – wie gesagt – erst für die Zeit nach Vertragsabschluß in Betracht kommen kann (so auch Vygen BauR 1979, 375; auch Heiermann/Riedl/Schwaab Teil B § 2 Rdn. 82 sowie Weick in Nicklisch/Weick Teil B § 2 Rdn. 68; Locher, Festschrift Korbion, S. 283 f.).

3. Es spielt keine Rolle, aus welchen Gründen die zusätzliche Leistung vom Auftraggeber verlangt wird. Es kann sein, daß dies nach Teil B § 1 Nr. 4 (vgl. Teil B § 1 Rdn. 43 ff.) geschieht; es kann **auch aus einem sonstigen Grund** sein, der nicht der bisherigen vertraglichen Vereinbarung entspricht, allerdings dann nur unter der Voraussetzung, daß sich der Auftragnehmer mit der Erbringung der zusätzlichen Leistung **einverstanden** erklärt hat, was in der Regel durch die bereitwillig tatsächlich erfolgende Ausführung dokumentiert wird. Nr. 6 erfaßt also **schlechthin alle** vom Auftragnehmer erbrachten **zusätzlichen Leistungen,** die zu dem bisherigen, vertraglich festgelegten Inhalt **hinzukommen.** Das wird besonders durch die Fassung in Teil B § 2 Nr. 6 Abs. 1 Satz 1 (vgl. Erwägungsgründe zu Teil B § 2 Nr. 6, Fassung 1973) deutlich. Daher fällt z. B. auch die nochmalige Ausführung einer nach oder unter gleichzeitigem Gefahrübergang gemäß Teil B § 7 Nr. 1 zerstörten oder beschädigten Leistung durch den Auftragnehmer hierunter (BGHZ 61, 144 = SFH Z 2.413 Bl. 56 = NJW 1973, 1698 = BauR 1973, 317 = BB 1973, 1047 = Betrieb 1973, 1794).

4. Erforderlich ist allerdings, daß es sich um eine **typische Zusatzleistung** handelt. Es muß eine **in technischer Hinsicht und/oder von der bisher beabsichtigten Nutzung her gegebene unmittelbare Abhängigkeit zur bisher** vereinbarten **Leistung** bestehen. Nachträglich verlangte **selbständige** Leistungen, die mit der so umrissenen **Fertigstellung der vertraglich vereinbarten Leistung nichts zu tun** haben, wie z. B. zusätzliche Aufträge, fallen **nicht** unter Nr. 6. Diese sind **ohnehin vergütungspflichtig,** notfalls nach § 632 BGB unter Bestimmung angemessener Einheitspreise gemäß § 316 BGB, wenn eine Einigung über die Vergütung nicht zustande kommt (so auch v. Craushaar, BauR 1984, 311, 319 Fn. 38). Ist zum Beispiel der Auftragnehmer nach dem Vertrag nur verpflichtet, ein Wohnhaus zu errichten, und verlangt der Auftraggeber nach Vertragsabschluß noch zusätzlich die Errichtung einer danebenliegenden Werkstatt oder einer besonderen Garage, so handelt es sich bei der letzteren Leistung nicht um eine zusätzliche, sondern um eine **völlig neue.** Anders ist es, wenn ein Werkstattraum nachträglich in den Keller des Hauses anstelle einer bisher vorgesehenen Waschküche eingebaut werden soll. Würden dadurch Mehrkosten entstehen, läge zwar nicht so sehr eine zusätzliche Leistung nach Nr. 6, sondern eher eine veränderte Leistung nach Nr. 5 vor (vgl. zur Abgrenzung Rdn. 262 ff.). Bei derartigen **selbständigen** neuen Leistungseinheiten, die **ohnehin vergütungspflichtig** sind, ist es **nicht erforderlich, daß der Auftragnehmer**

vor ihrer Ausführung dem Auftraggeber seinen Vergütungsanspruch **ankündigt** (vgl. dazu Rdn. 298 ff.). Hieraus folgt für die Praxis **eine nicht unerhebliche Einschränkung des Geltungsbereiches der Nr. 6**.

295   5. Der zusätzliche Vergütungsanspruch des Auftragnehmers nach Nr. 6 entsteht allerdings **nur**, wenn es sich um eine **wirklich zusätzliche, außerhalb des bisherigen Vertrags liegende Leistungsanforderung** des Auftraggebers handelt, wie sich schon aus dem in Rdn. 291 f. Ausgeführten ergibt (vgl. dazu auch Hundertmark Betrieb 1987, 32). Daher fallen **im Leistungsverzeichnis bereits enthaltene Leistungen nicht unter Nr. 6**, also sind sie entgegen v. Craushaar (BauR 1984, 311, 313 ff.) nicht schon sogenannte „Leistungen – anstatt" (vgl. dazu Rdn. 262 ff.); sofern sich **lediglich** Mengen (Vordersätze) des Leistungsverzeichnisses ändern, ist dies ein Fall der Nr. 3 und daher von der hier erörterten Regelung nicht erfaßt. **In Betracht kommen daher nur solche Leistungen, die im Leistungsverzeichnis überhaupt nicht enthalten sind** (BGH SFH Z 2.300 Bl. 11). Daher kommt Nr. 6 auch nicht schon bei Erschwerungen von in der Leistungsbeschreibung bereits vorgesehenen Leistungen in Betracht (OLG Hamm VersR 1979, 627). Deshalb ist eine Erschwernis dadurch, daß lediglich eine andere Bodenklasse vorgefunden wird, als sie ausgeschrieben worden ist, nicht ein Fall der Nr. 6, sondern, falls insoweit nicht eine Anordnung nach Nr. 5 vorliegt (vgl. Rdn. 271 ff.), Nr. 8 Abs. 2 Satz 2 (vgl. dazu Rdn. 381 ff.) unterzuordnen. Anders liegt dies wiederum, wenn innerhalb einer Position des Leistungsbeschriebes als Angabe über die Leistung selbst nicht nur eine bestimmte Bodenklasse, sondern auch eine bestimmte Ausschachtungstiefe angegeben ist, letztere sich also nicht nur aus den Vordersätzen errechnen läßt. Dann handelt es sich bei einem darüber hinausgehenden, bei der Leistungserstellung erforderlichen Mehraushub um einen Fall der Nr. 6, falls sich ein entsprechendes Verlangen des Auftraggebers, diese zusätzliche Arbeit zu erbringen, feststellen läßt (vgl. dazu LG Köln BauR 1980, 368 mit zust. Anm. von Hofmann = SFH § 2 Ziff. 6 VOB/B Nr. 2 mit abl. Anm. von Hochstein), andernfalls wiederum um einen Fall nach Nr. 8 Abs. 2 Satz 2 (insoweit zutreffend v. Craushaar BauR 1984, 311, 320 f.). Hofmann (a. a. O.) weist zutreffend darauf hin, daß hier die Vertragsleistung als solche und nicht nur die Art und Weise der Ausführung betroffen ist (was v. Craushaar, BauR 1984, 311, 317, vgl. auch S. 322 f., der diesen Fall der Nr. 5 unterordnen will, übersieht), abgesehen davon, daß die Lösung von Hochstein, der diesen Fall dem Rahmen von Teil B § 6 Nr. 6 zuordnen will, Verschulden des ausschreibenden Auftraggebers voraussetzen würde, das keineswegs immer festzustellen sein wird.

296   Es ist vor allem auch zu unterscheiden zwischen solchen Leistungen, die unter Berücksichtigung der am Ort der Bauausführung **maßgeblichen Gewerbesitte** noch zu den bisher vertraglich abgesprochenen Leistungen gehören (vgl. Teil B § 2 Nr. 1), und solchen, die **wirkliche Leistungszusätze** bedeuten. Die ersteren sind mit der ursprünglich vereinbarten Vergütung abgegolten. Bei der Beantwortung dieser Frage ist der Vertragsinhalt in seiner Gesamttragweite zu berücksichtigen. **Insbesondere** dürfen aber die **Allgemeinen Technischen Vertragsbedingungen nicht übersehen** werden. Soweit dort jeweils unter der Ordnungszahl 4 nicht besonders zu vergütende **Nebenleistungen** aufgeführt sind, **fallen diese nicht unter Nr. 6.** Das gleiche hat hinsichtlich solcher Nebenleistungen zu gelten, die nach den Zusätzlichen Technischen Vertragsbedingungen oder nach dem Gesamtinhalt aller Vertragsbedingungen nicht als echte zusätzliche Leistungselemente anzusehen sind.

Hier ist auf ein Urteil des OLG Düsseldorf hinzuweisen (vgl. SFH Z 2.302 Bl. 15 ff.), wonach dann, wenn bei einem Einheitspreisvertrag im Leistungsverzeichnis die Fenstersohlbänke als „in derselben Ausführung herzustellen" unter den Außenputzarbeiten aufgeführt sind (ATV/VOB Teil C DIN 18 350), der Auftragnehmer das Einputzen nicht noch gesondert in Rechnung stellen kann.

297   6. Sowohl bei Zusatzleistungen nach Nr. 6 als auch bei außerhalb dieses Rahmens liegenden zusätzlichen Arbeiten (vgl. Rdn. 294) ist es **bei der späteren Abrechnung** Voraussetzung, daß

in genauer und verständlicher Darstellung die **Mehrleistungen aufgeführt** werden. Vgl. auch Teil B § 14 Nr. 1 Satz 4. Es genügt nicht die bloße Behauptung, es seien Mehrleistungen erbracht worden, und das Berufen auf ein Sachverständigengutachten dazu (vgl. dazu u. a. BGH, Urt. vom 11. 7. 1966 – VII ZR 305/64 –). Auch kommt es nicht auf die sich angeblich aus der Zeichnung oder aus Baustellen- oder Tagelohnberichten usw. ergebende Mehrleistung, sondern auf den **tatsächlichen Leistungsumfang am Objekt** an, den der Auftragnehmer grundsätzlich im einzelnen angeben muß.

II. Vorherige Ankündigung des zusätzlichen Vergütungsanspruches notwendig

1. Nr. 6 stellt in **Absatz 1 Satz 2 für seinen Bereich (vgl. oben Rdn. 294)** noch eine **weitere Voraussetzung** auf, um den zusätzlichen Vergütungsanspruch erfolgreich durchzusetzen: Der Auftragnehmer muß den **Anspruch** dem Auftraggeber **ankündigen, bevor** er mit der Ausführung der Leistung **beginnt.** Das Wort „jedoch" bedeutet, daß es sich hierbei um eine **Anspruchsvoraussetzung** handelt (vgl. Hereth/Ludwig/Naschold Teil B § 2 Ez. 2.100; ferner BGH Betrieb 1969, 1058 = SFH Z 2.311 Bl. 31 ff. = WM 1969, 1019 = MDR 1969, 655 = LM VOB/B Nr. 36; OLG Düsseldorf SFH Z 2.302 Bl. 15 ff., ebenso SFH Z 2.300 Bl. 14 ff.; Daub/Piel/Soergel/Steffani ErlZ B 2.113 und 2.119; Heiermann/Riedl/Rusam/Schwaab Teil B § 2 Rdn. 83; Locher, Das private Baurecht, Rdn. 190, und Festschrift Korbion, S. 283, 284; Schmidt, Die Vergütung für Bauleistungen, S. 32; Werner/Pastor Rdn. 821; Vygen BauR 1979, 375 sowie Bauvertragsrecht Rdn. 702; v. Craushaar BauR 1984, 311, 315 f.; Clemm BB 1986, 616, 617). **Sinn dieser Regelung ist es, den Auftraggeber davor zu schützen, daß er mit Ansprüchen des Auftragnehmers überrascht wird, mit denen er nicht gerechnet hat** (vgl. BGH SFH Z 2.300 Bl. 11 = BB 1961, 989). Der Auftragnehmer, der mit einer solchen zusätzlichen Leistung beginnt, ohne vom Auftraggeber dafür eine besondere Vergütung verlangt zu haben, hat dann in der Regel seinen Anspruch in dieser Hinsicht zumindest verwirkt, ebenso Welter NJW 1959, 757 f.; a. M. Ludwigs S. 140; Meyer S. 25; Brüggemann, Bauwirtschaft 1963, 776; Lehning NJW 1977, 422; Fahrenschon BauR 1977, 172; Weick in Nicklisch/Weick Teil B § 2 Rdn. 71; Hundertmark, Betrieb 1987, 32, 33 f.

Der von Lehning (a. a. O.) und Fahrenschon (a. a. O.) vertretenen Auffassung, daß es sich hier nicht um eine Anspruchsvoraussetzung handele, kann nicht beigepflichtet werden. Es ist zwar durchaus zutreffend, daß ein **gewerblich tätiger Unternehmer grundsätzlich keine unentgeltliche Leistung erbringt,** wie sich gerade für den Bereich des Werkvertrages auch aus § 632 Abs. 1 BGB ergibt. Dies ist jedoch **keine zwingende Regel;** vielmehr unterliegt sie dispositivem Recht, **kann** also **individualvertraglich abbedungen** werden. Entscheidend ist daher der aus **objektiver Betrachtung zu bewertende Wortlaut der VOB.** Dieser besagt aber, daß der **Auftragnehmer** für den Bereich von Teil B § 2 Nr. 6 einen **zusätzlichen Vergütungsanspruch nicht hat, wenn** er vor Beginn der Zusatzleistung diesen Anspruch **nicht ankündigt.** Dabei mag es letztlich dahinstehen, weil ohne praktische Auswirkung, ob es sich hier um eine echte Anspruchsvoraussetzung in dem Sinne handelt, daß die Entstehung des Vergütungsanspruches überhaupt von der Erfüllung der Ankündigungspflicht abhängt ist, oder um einen Verwirkungstatbestand dahin gehend, daß ein zunächst entstandener zusätzlicher Vergütungsanspruch im Zeitpunkt des Beginns der Ausführung der Zusatzleistung infolge Unterlassens der Ankündigung wieder entfällt. Vieles spricht für ersteres (so deutlich Daub/Piel/Soergel/Steffani ErlZ B 2.113 = „anspruchsbegründend"; Locher a. a. O. = „echte Anspruchsvoraussetzung"; ebenso Werner/Pastor a. a. O.; Vygen a. a. O.; wohl auch Hereth/Ludwig/Naschold Teil B § 2 Ez. 2.100 = „tatbestandsmäßige Voraussetzung"; auch Heiermann/Riedl/Rusam/Schwaab Teil B § 2 Rdn. 83 = „steht ihm keine Vergütung zu"). Jedenfalls **ergibt sich** entgegen Lehning (a. a. O.) und Fahrenschon (a. a. O.) **gerade aus dem in Teil B § 2 Nr. 6 Abs. 1 Satz 2 enthaltenen Wort „jedoch", daß hier im Wege zulässiger dispositiver Regelung und daher in Abweichung von § 632 Abs. 1 BGB eine Anspruchsvoraussetzung** geschaffen werden sollte. Die von Lehning (a. a. O. S. 423 re. Sp. oben) zur Begründung seiner gegenteiligen Ansicht angeführten anderen VOB-Vorschriften lassen nicht die Folgerung zu, daß das Wort „jedoch" lediglich den Unternehmern die Verpflichtung zur Ankündigung mit Nachdruck deutlich machen soll, ohne daß dies tieferen rechtlich bewertbaren Hintergrund hätte. Zunächst sind **die von Lehning angeführten anderen VOB-Vorschriften zu Vergleichs-**

zwecken ungeeignet, weil diese das Wort „jedoch" überhaupt nicht verwenden. Lehning verschweigt aber eine andere Bestimmung, in der dieses Wort auftaucht, nämlich **Teil B § 2 Nr. 8 Abs. 2 Satz 1.** Wenn dort gesagt ist, daß dem Auftragnehmer bei sogenannten nicht bestellten Leistungen ein Vergütungsanspruch zusteht, wenn der Auftraggeber die darauf bezogenen Leistungen nachträglich anerkennt, so dürfte nicht ernsthaft bestritten werden können, daß hier wirklich eine **Anspruchsvoraussetzung** bewußt und gewollt dahin gehend geschaffen worden ist, daß unbedingt die Anerkennung durch den Auftraggeber vorliegen muß. Ein **weiteres Beispiel ist Teil B § 2 Nr. 7 Abs. 1 Satz 2.** Auch hier ist ein Abweichen von der vereinbarten Pauschale von der **Unzumutbarkeit** an ihrem Festhalten **abhängig** gemacht worden. Allein diese zwei anderen Regelungen aus dem **Vergütungsbereich** (Teil B § 2) zeigen, daß die Verfasser der VOB dem Wort „jedoch" eine ganz entscheidende, nämlich die jeweils geregelten Ansprüche **begründende Bedeutung** beigemessen haben. Ferner zeigen **Teil B § 3 Nr. 3 Satz 2 und Nr. 6 Satz 3 eindeutig,** daß unter den jeweils genannten Voraussetzungen **Pflichten oder Rechte begründet werden sollen. Gleiches gilt für Teil B § 4 Nr. 1 Abs. 4 Satz 1 und Teil B § 13 Nr. 5 Abs. 1 Satz 2.** Daraus erhellt, daß auch die **Anzeigepflicht** in Teil B § 2 Nr. 6 Abs. 1 Satz 2 nach dem **eindeutigen Wortlaut der VOB als Voraussetzung für den zusätzlichen Vergütungsanspruch** des Auftragnehmers aufzufassen ist. Daß **auch die Verfasser der VOB dies so gesehen** haben, ergibt sich für die Fassung 1952, die bereits die hier umstrittene Wendung in Teil B § 2 Nr. 6 Abs. 1 Satz 2 enthielt, aus der von Hereth/Ludwig/Naschold (Teil B § 2 Ez. 2.99) mitgeteilten Stellungnahme der sogenannten Kleinstkommission des DVA vom März 1952. Dort ist deutlich von der „zwingenden Voraussetzung für den Anspruch" die Rede. Nach dem Wortlaut der Stellungnahme ist diese entgegen Lehning (a. a. O.) und Fahrenschon (a. a. O.) nicht etwa von der Kleinstkommission verneint worden, sondern es ist deutlich nur gesagt, die Ankündigung sei nicht immer notwendig, vielmehr könne der Auftraggeber aufgrund der besonderen Verhältnisse des Einzelfalles aus Treu und Glauben den Anspruch des Auftragnehmers auf besondere Vergütung nicht ablehnen (vgl. dazu Rdn. 301 f.). Daraus ergibt sich mit hinreichender Deutlichkeit, daß auch die Verfasser der VOB 1952 **für den Regelfall von dem Erfordernis der Anspruchsankündigung als Voraussetzung ausgegangen sind.** Das hat sich **auch für die Fassungen der VOB von 1973 und 1979 nicht geändert,** wie gerade die einleitenden Ausführungen von Fahrenschon (a. a. O.) zeigen. Wenn dort gesagt ist, der Hauptausschuß Allgemeines des DVA habe bei der Beratung der Fassung 1973 auf den Antrag, Teil B § 2 Nr. 6 Abs. 1 Satz 2 zu streichen, die Ablehnung dahingehend ausgesprochen: „Dem Antrag wird nicht stattgegeben, weil für eine entsprechende Abweichung von der bisherigen Regelung kein zwingender Anlaß gegeben ist", so ist das deutlich. Überdies: Es muß davon ausgegangen werden, daß dem Hauptausschuß Allgemeines bei seinen Beratungen über diese Neufassung der VOB die **einschlägige Rechtsprechung des BGH bekannt** war, wie vor allem dadurch dokumentiert wird, daß die Fassung 1973 in einer Reihe von Punkten an die formende Rechtsprechung des BGH angepaßt worden war. Wenn daher die genannte Ablehnung in der vorauszusetzenden Kenntnis der eingangs dieser Randnummer angeführten Entscheidung des BGH (Betrieb 1969, 1058 = SFH Z 2.311 Bl. 31 ff. = WM 1969, 1019 = MDR 1969, 655 = LM VOB/B Nr. 36) erfolgt ist, so kann daraus nur geschlossen werden, daß die Auffassung, bei der hier erörterten Ankündigung handele es sich um eine **An spruchsvoraussetzung, auch als dem wirklichen – erkennbaren – Willen der Verfasser der VOB 1973 (insoweit unveränderter Fassung 1979)** entsprechend zu gelten hat. Hiernach kann der Ansicht von Lehning (a. a. O.) und wohl auch Fahrenschon, bei der Ankündigungspflicht nach Teil B § 2 Nr. 6 Abs. 1 Satz 2 handele es sich um eine den zusätzlichen Vergütungsanspruch als solchen nicht berührende Nebenpflicht, bei deren Verletzung nur Schadensersatzansprüche des Auftraggebers, allerdings unter Beachtung des § 254 BGB, in Betracht kämen, im insoweit maßgebenden Ansatz der rechtlichen Bewertung nicht gefolgt werden. Gleiches gilt dann auch für die Meinung von Frikell/Glatzel/Hofmann K. 2.53.

Unzutreffend daher auch Weick in Nicklisch/Weick (Teil B § 2 Rdn. 71) sowie Hundertmark, Betrieb 1987, 32, 33 f., zumal ohne neue, etwa einleuchtende Argumente.

300 Teil B § 2 Nr. 6 Abs. 1 Satz 2 kommt nicht mit § 10 Nr. 5 AGB-Gesetz in Berührung, weil es sich hier um die Folgen eines bloßen Unterlassens und **nicht** um eine von § 10 Nr. 5 AGB-Gesetz erfaßte **Erklärungsfiktion** handelt (vgl. dazu Teil A § 10 Rdn. 122 ff.). Auch sonst verstößt die Regelung von Teil B **§ 2 Nr. 6 nicht gegen** zwingende Vorschriften des **AGB-Gesetzes,** vor allem auch **nicht gegen** dessen **§ 9.** Das gilt, weil die VOB insgesamt ausgewogen ist und das Gleichgewicht auf der Grundlage der beiderseits berechtigten Interessen wahrt (vgl.

dazu Teil A § 10 Rdn. 122 ff.; Locher, Das private Baurecht, Rdn. 190). Zu von Nr. 6 abweichenden Vertragsklauseln, insbesondere in Zusätzlichen Vertragsbedingungen, vgl. Rdn. 290 sowie 317 f.

2. Gerade das vorangehend zu § 9 AGB-Gesetz Gesagte führt zur Folgerung, daß der **bereits in der VOB selbst festgelegte Ausschluß eines zusätzlichen Vergütungsanspruches bei dessen Nichtankündigung nicht immer und in jedem Fall** zutreffen kann. Das gilt, wenn der **Sinngehalt von Teil B § 2 Nr. 6 Abs. 1 Satz 2 berücksichtigt** wird, nämlich den **Auftraggeber davor zu schützen, daß er mit Ansprüchen des Auftragnehmers überrascht wird**, mit denen er nicht gerechnet hat, etwa weil es sich um eine geringfügige Zusatzleistung handelt oder weil das Leistungsverzeichnis keine klare Aussage über den Leistungsumfang macht, oder die Zusatzleistung nach den Gegebenheiten des Falles dem Auftragnehmer bestimmte Eigenaufwendungen erspart (vgl. dazu OLG Düsseldorf SFH Z 2.300 Bl. 15). Grundsätzlich soll dadurch vermieden werden, daß der Auftraggeber über eine etwaige zusätzliche Vergütungspflicht im unklaren gelassen wird, er u. U. keine Gelegenheit hat, seine den zusätzlichen Vergütungsanspruch auslösende Anordnung zurückzunehmen oder zu ändern, sich rechtzeitig nötig werdende weitere Mittel zu beschaffen oder einen neuen Preis mit dem Auftragnehmer vor Ausführung der Zusatzleistung auszuhandeln (vgl. v. Craushaar BauR 1984, 311, 315). Insoweit muß der Gesichtspunkt von **Treu und Glauben eine Grenze abgeben,** indem es auf den Einzelfall ankommt, ob und inwieweit der Auftraggeber schutzwürdig ist, somit von einem zusätzlichen Vergütungsanspruch des Auftragnehmers **überhaupt überrascht worden ist oder überhaupt überrascht werden kann.** Dabei ist von der als allgemein – auch bei geschäftlich nicht so Bewanderten – geltenden Erkenntnis, die dem § 632 Abs. 1 BGB zugrunde liegt, auszugehen, daß grundsätzlich derjenige, der zur **Erbringung gewerblicher Leistungen** in Anspruch genommen wird, hierfür eine **Vergütung zu beanspruchen** hat. Dieser hier schon in früheren Auflagen verfolgte Gedanke, der vom BGH gebilligt worden ist (SFH Z 2.310 Bl. 40; ebenso u. a. OLG Celle BauR 1982, 381 = SFH § 2 Nr. 6 VOB/B Nr. 1; vgl. dazu auch Hereth/Ludwig/Naschold Teil B Ez. 2.99 ff.), muß **unbedingt Beachtung** finden. Dabei kommt es darauf an, ob es nach den **Umständen des Einzelfalles für den Auftraggeber – aus objektiver Sicht – hinreichend klar erkennbar ist, daß die Zusatzleistung nur gegen Vergütung erbracht werden wird** (zu eng hier Daub/Piel/Soergel/Steffani ErlZ B 2.120, die fordern, daß nicht der geringste Zweifel an der Vergütungspflicht bestehe). **Entscheidend sind dabei einmal Art und Umfang der zusätzlichen Leistungsanforderung, vor allem im Hinblick auf Material- und Lohnkosten, also der Mehraufwand, zum anderen die Bedeutung der Zusatzarbeit in ihrem Verhältnis zu der von der bisher vertraglich vereinbarten Vergütung erfaßten Leistung, insoweit also die Frage der Verhältnismäßigkeit** (vgl. auch OLG Düsseldorf SFH Z 2.300 Bl. 15). Beides kann im Einzelfall zusammen vorliegen, u. U. aber auch jeweils für sich. Im letzteren Fall **genügt die Erfüllung einer Voraussetzung,** um den zusätzlichen Vergütungsanspruch auch ohne vorherige Ankündigung als gegeben anzusehen. **Immer kommt es** dabei aber **auf das Verhalten des Auftragnehmers an,** aus dem hervorgehen muß, daß er eine zusätzliche Vergütung fordert. Dabei schließt bloßes Schweigen noch keineswegs den zusätzlichen Vergütungsanspruch aus. Insbesondere gilt dies für erhebliche Zusatzarbeiten, bei denen es bei objektiver Betrachtung **jedem vernünftig Denkenden ohne weiteres einleuchtet, daß der Auftragnehmer nicht umsonst arbeiten wird, es aus vernünftigen wirtschaftlichen Gründen auch nicht kann.**

Entgegen v. Craushaar (BauR 1984, 311, 314 ff.) trifft die hier erörterte Problematik aber nur auf diejenigen Fälle zu, die als wirkliche Zusatzleistungen gelten, also von Nr. 6 erfaßt werden, nicht aber auch auf solche, die v. Craushaar unter den Begriff „Leistung – anstatt" einordnet. Diese unterfallen der Nr. 5 (vgl. Rdn. 262 ff.). Dabei kommt hinzu, daß auch v. Craushaar (a. a. O.) die Ankündigungspflicht des Auftragnehmers dann entfallen lassen will, wenn sie nicht mit unbilligen Härten für den Auftraggeber verbunden ist, falls ihre Erfüllung unterlassen wird. Diese Begrenzung wäre eine unzulässige, weil für den Auftragnehmer unzumutbare Einengung des Grenzbereiches, wie er vorangehend fixiert worden ist, abgesehen davon, daß ihre Beurteilung im Einzelfall schwerer zu handhaben wäre, als dort aufgezeigt wurde, insbesondere auch im Hinblick auf die gesetzliche Regelung des § 632 Abs. 1 BGB.

302 Allerdings ist der **Auftragnehmer darlegungs- und beweispflichtig** für das Vorliegen des hier erörterten **Ausnahmetatbestandes**. Insoweit sind – wie überhaupt an Ausnahmetatbestände – **strenge Anforderungen zu stellen, soweit es die Darlegung und den Nachweis der hier maßgeblichen Einzelumstände anbelangt** (so auch Vygen BauR 1979, 375; Werner/Pastor Rdn. 822; Locher, Das private Baurecht, Rdn. 190; dieser Gesichtspunkt wohl mißverstanden von Fahrenschon a. a. O.). Es geht deshalb nicht an, wie dies in der täglichen Praxis bei Baustreitigkeiten geschieht, lediglich von Zusatzarbeiten zu sprechen und trotz unterlassener Ankündigung einfach die zusätzliche Vergütung zu beanspruchen, vor allem in dem häufigen Fall, in dem umstritten ist, ob es sich um eine Nachbesserungs- oder eine Zusatzarbeit handelt. Vielmehr müssen schon die **maßgebenden Einzelumstände überprüfbar dargelegt** werden. Selbstverständlich ist nicht zu verkennen, daß es eine **Reihe von Fällen** gibt, wie z. B. bei den von Fahrenschon (a. a. O.) erwähnten „Millionen-Beträge(n)", in denen es **ganz offenkundig** ist, daß die zusätzliche Leistung zu vergüten ist. Darüber hinaus ergibt die Praxis eine große Zahl von Fällen, in denen eindeutig der **Beweis des ersten Anscheins für die Vergütungspflicht spricht**, vor allem unter Berücksichtigung des bei dem betreffenden Auftraggeber bzw. seinem befugten Vertreter vorauszusetzenden Kenntnisstandes (vgl. v. Craushaar BauR 1984, 311, 316), und es dann Sache des Auftraggebers ist, diesen zunächst zu erschüttern. Daher ist es eine Erfahrung der täglich mit Baustreitigkeiten befaßten Praxis, daß diejenigen Fälle, in denen dem Auftragnehmer trotz unterlassener Ankündigung dennoch ein zusätzlicher Vergütungsanspruch zusteht, zwar nicht die Regel, doch **recht häufig** sind. Die insbesondere von Fahrenschon (a. a. O.) beklagten Unzuträglichkeiten bestehen daher bei der **gebotenen restriktiven Handhabung** der hier erörterten VOB-Regelung nicht in dem Sinne, daß hier eine die Auftragnehmerseite unzumutbar belastende Folge einträte (insoweit im Ergebnis mit Recht Schmidt a. a. O.).

303 3. Sofern der Auftragnehmer nach der in dem betreffenden Einzelfall gegebenen Sachlage die Verpflichtung gehabt hätte, seinen zusätzlichen Vergütungsanspruch anzukündigen, er dies aber nicht getan hat, kann er auch **nicht** aus einem anderen rechtlichen Gesichtspunkt, wie etwa aus **ungerechtfertigter Bereicherung**, eine zusätzliche Vergütung fordern. Denn der Auftraggeber ist nicht rechtsgrundlos bereichert, sondern er beruft sich mit Recht auf eine eindeutige vertragliche Regelung. Auch kann sich der Auftragnehmer dann **nicht** auf die **Änderung oder den Wegfall der Geschäftsgrundlage** berufen (vgl. dazu Rdn. 170, 338 ff.), da er es sich grundsätzlich zurechnen lassen muß, daß er die vertraglich vereinbarte Ankündigung des zusätzlichen Vergütungsanspruches unterlassen hat. **Ausnahmsweise** kann sich ein Vergütungsanspruch des Auftragnehmers aber aus **Nr. 8 Abs. 2** (vgl. Rdn. 371 ff.) ergeben.

304 4. Es wird **als Anspruchsvoraussetzung für den Vergütungsanspruch dagegen nicht schon von vornherein verlangt,** daß der Auftragnehmer seinen zusätzlichen Vergütungsanspruch auch tatsächlich **geltend macht** (vgl. auch Rdn. 315 f.). Der Unterschied zwischen Ankündigung und Geltendmachung liegt darin, daß es fürs erstere genügt, dem Auftraggeber gegenüber **zweifelsfrei darzutun,** daß die bisher von der bauvertraglichen Verpflichtung nicht erfaßte Leistung **nicht unentgeltlich erbracht wird,** während für die Geltendmachung Voraussetzung ist, daß der Auftragnehmer die Zahlung selbst verlangt. Für die **Ankündigung** wird nach Nr. 6 Abs. 1 Satz 2 noch **nicht einmal vorausgesetzt, daß die zusätzliche Forderung in ihrer Höhe** angegeben wird. Es genügt deshalb die bloße Erklärung, die zusätzlich verlangte Leistung **nicht unentgeltlich** ausführen zu wollen. Aber auch dies setzt zunächst eine sachgerechte Überlegung des Auftragnehmers voraus, ob er eine zusätzliche Vergütung

verlangen soll. Möglich ist allerdings auch, in Besonderen oder Zusätzlichen Vertragsbedingungen festzulegen, daß der Ankündigung auch Preisangaben für die Zusatzleistung beizufügen sind, wie z. B. durch ein Nachtragsangebot. Im übrigen gilt das in Rdn. 282 ff. Gesagte auch hier entsprechend. Überdies dürfte die rechtzeitige Vorlage eines Nachtragsangebotes auch ohne entsprechende Besondere oder Zusätzliche Vertragsbedingungen in jedem Falle zweckmäßig und für den Auftragnehmer sicherer sein.

Eine **besondere Form** ist für die Ankündigung **nicht vorgeschrieben**. Dem Auftragnehmer ist allerdings dringend zu raten, sich der Schriftform zu bedienen. **305**

5. Die – soweit erforderlich – **Ankündigung hat vor dem Beginn der Ausführung der zusätzlichen Leistung zu erfolgen.** Arbeiten, die lediglich zur Vorbereitung der eigentlichen Werksherstellung dienen, wie z. B. die Bestellung und Anfuhr von Material, Planungsarbeiten usw., fallen noch nicht unter den Begriff des Beginns der Ausführung der verlangten zusätzlichen Leistung. **306**

III. Berechnung der zusätzlichen Vergütung

Die Art und Weise der Berechnung der zusätzlichen Vergütung kann aus Nr. 6 Abs. 2 entnommen werden. Gegebenenfalls ist § 13 BaupreisVO zu beachten. Gleiches gilt im Hinblick auf Nr. 4 LSP-Bau, wonach in Art und Höhe nur die angemessenen Kosten des Auftragnehmers bei wirtschaftlicher Betriebsführung zu berücksichtigen sind. Diese Forderung grenzt den Ermessensspielraum für in der Angebotskalkulation nicht enthaltene Preisermittlungsgrundlagen nach oben ab. **307**

Nr. 6 Abs. 2 scheidet allerdings aus, wenn die Parteien für den Fall zusätzlicher Leistungen eine andere Berechnung, sofern diese hinreichend klar und auch im konkreten Fall anwendbar ist, vereinbart haben (vgl. BGH SFH Z 2.310 Bl. 30). Kommt dagegen Nr. 6 Abs. 2 zum Zuge, kann jede Partei im Falle der Nichteinigung eine gerichtliche Bestimmung nach den §§ 315 ff. BGB herbeiführen, wobei Abs. 2 Satz 1 den Rahmen gibt (BGH a. a. O.; OLG Celle BauR 1982, 381 = SFH § 2 Nr. 6 VOB/B Nr. 1). **308**

Wegen des **Zeitpunktes,** auf den die **Berechnung der zusätzlichen Vergütung** abzustellen ist, gilt das in Rdn. 275 ff. Gesagte entsprechend. **309**

1. Zunächst bleiben die **für die vertraglich vorgesehene Leistung vereinbarten Preise unberührt,** vor allem werden diese weder geändert noch sonst angegriffen (ebenso Altmann BB 1966, 925, 926). **Lediglich der** im Wege der **vergleichenden** Kalkulation ermittelte **Preis für den verlangten Leistungszusatz,** der von der bisherigen Leistungsverpflichtung und der bisherigen Vergütung im Vertrag **nicht erfaßt wird,** ist nach Nr. 6 Abs. 2 zu bestimmen. Allerdings muß sich der **neue Preis nach den Preisermittlungsgrundlagen der bisherigen vertraglichen Leistung orientieren.** Die Formulierung „Die Vergütung bestimmt sich nach den Grundlagen der Preisermittlung für die vertraglichen Leistungen" **bedeutet aber nicht, daß bei Nachtragsangeboten sämtliche Preisbestandteile des Hauptauftrages Bestandteil des Nachtragsauftrages werden,** sondern nur, daß der für die Nachtragsleistung geforderte Preis auf der Basis des Hauptangebotes kalkuliert werden muß, **soweit das überhaupt möglich** ist. Aus dem Hauptangebot sich sonst ergebende vertragliche Sondervereinbarungen, wie **Preisnachlaß, Erschwerniszuschläge** und dgl., werden davon ohne besondere Vereinbarung **nicht umfaßt.** **310**

2. Für die Bestimmung der zusätzlichen Vergütung sind **Anhaltspunkte in zweierlei Richtung** festgelegt. Einmal sind die Preisermittlungsgrundlagen für die vertragliche Leistung und zum anderen die besonderen Kosten der geforderten Zusatzleistung maßgebend. **311**

312 a) Der Hinweis auf die **Preisermittlungsgrundlagen für die vertragliche Leistung** nimmt Bezug auf die Merkmale, die bei der Preisfestsetzung für die im Vertrag genannte Leistung wesentlich gewesen sind. Über den Begriff der Preisermittlungsgrundlagen vgl. Teil A § 15 Rdn. 15. Es ist deswegen auf die Grundlagen der früheren Preisermittlung zurückzugreifen, weil die neu zu bewertende zusätzliche Leistung in der Regel **sachlich, zeitlich und auch räumlich mit der bisherigen Vertragsleistung in Verbindung** steht. Jedenfalls trifft das auf Preise zu, die mit bestimmten, wegen des genannten Zusammenhanges im wesentlichen gleichbleibenden Leistungsfaktoren, wie z. B. den Baustelleneinrichtungskosten, der Gerätevorhaltung, den Material- und Lohnkosten usw., im Zusammenhang stehen. Man wird **insofern** nicht nur von einer bloß vergleichenden, sondern von einer entsprechenden Anwendung der Preisermittlungsgrundlagen für die Vertragsleistung sprechen müssen. Für den Fall, daß der bisherige Preis „unter Wert" zustande gekommen ist, vgl. Rdn. 278 ff. und 215 f. Das dort Gesagte gilt hier entsprechend.

313 b) Darüber hinaus finden aber auch die Besonderheiten, die bei der Frage der Angemessenheit der Vergütung für die zusätzliche, bisher vom Vertrag noch nicht erfaßte Leistung auftreten, Berücksichtigung. Zusätzlich zu den Preisermittlungsgrundlagen für die bisherige vertragliche Leistung sind nämlich die wegen der Zusatzleistung auftretenden **weiteren Kostenelemente** zu beachten und bei der Preisbildung miteinzurechnen, **die in den Preisermittlungsgrundlagen** der vertraglichen Leistung noch **nicht enthalten** sind (ebenso Altmann BB 1966, 925, 926). Wird z. B. eine vertragliche Leistung gefordert, die nur aus der Vermauerung von Ziegelsteinen besteht, verlangt die zusätzliche Leistung aber darüber hinaus auch Betonarbeiten, so sind die mit den letzteren zusammenhängenden Kostenelemente als besondere Kosten der geforderten zusätzlichen Leistung zu bewerten, da sie in den Preisermittlungsgrundlagen für die vertragliche Leistung keine Stütze haben.

314 c) Hiernach kommen aus den Preisermittlungsgrundlagen der bisherigen vertraglichen Leistung nur solche Preisbestandteile für die angemessene Bewertung der zusätzlichen Vergütung in Betracht, die **in kalkulatorischer Beziehung zu dieser Leistung** stehen. Wenn z. B. zusätzlich Mauerarbeiten verlangt werden, sind aus dem Vertrag nur die Preisermittlungsgrundlagen für die vertragliche Mauerleistung heranzuziehen, nicht aber die damit im Zusammenhang stehenden Preisermittlungsgrundlagen für die vertraglichen Betonierarbeiten.

315 3. Nach Nr. 6 Abs. 2 **ist** die **Preisvereinbarung** möglichst **vor Beginn der Ausführung** der zusätzlich verlangten Leistung zu treffen. Hier handelt es sich nicht um eine bloße Sollvorschrift wie in Nr. 5 Satz 2 (vgl. Rdn. 282 ff.), sondern um eine Istbestimmung, die lediglich durch den Begriff „möglichst" eine Einschränkung erfahren hat. Sie ist daher schon im Ausgangspunkt **nicht nur als Empfehlung aufzufassen,** sondern als eine **vertragliche Verpflichtung** (unzutreffend daher Werner/Pastor Rdn. 823 sowie Daub/Piel/Soergel/Steffani ErlZ B 2.122).

316 Durch das Wort „möglichst" wird aber festgelegt, daß einerseits der **Auftragnehmer im allgemeinen kein Leistungsverweigerungsrecht** bis zur Vereinbarung des zusätzlichen Entgelts hat (a. A. Weick in Nicklisch/Weick Teil B § 2 Rdn. 73 unter Hinweis auf eine hier nicht einschlägige BGH-Entscheidung; ebenso Heiermann/Riedl/Rusam/Schwaab, Teil B § 2 Rdn. 85; wie hier Vygen, Bauvertragsrecht Rdn. 703; Hundertmark, Betrieb 1987, 32, 34) und daß andererseits dem **Auftraggeber kein durchsetzbarer Anspruch auf Bestimmung der Vergütung** vor der Ausführung der Zusatzleistung zusteht, wenn im jeweiligen Vertrag im Wege Besonderer oder Zusätzlicher Vertragsbedingungen nichts anderes bestimmt ist (vgl. dazu auch Rdn. 282 ff.). Dabei wird durch diese Einschränkung den Gegebenheiten des Einzelfalles Rechnung getragen; es kann nämlich sein, daß eine ordnungsgemäße Preisfestlegung – ausnahmsweise – erst nach Ausführung der zusätzlichen Leistung erfolgen kann;

vor allem ist zu bedenken, daß auch bei Anfallen von Zusatzleistungen der Bauablauf nicht aufgehalten werden soll. Trifft aber einen der Vertragspartner für das Nichtzustandekommen der Vereinbarung ein **Verschulden,** indem er z. B. eine an sich mögliche Einigung vereitelt, hat der andere Vertragsteil das Recht, die zusätzliche Leistung zu verweigern oder zu verbieten. Auch gehen dadurch hervorgerufene Erschwernisse und Mehraufwendungen bei der späteren Preisermittlung aus dem Gesichtspunkt **positiver Vertragsverletzung** zu seinen Lasten. Kommt eine Vereinbarung vor der Ausführung aber aus anderen Gründen nicht zustande, tritt ein Verlust des Anspruches nicht ein, sofern die Voraussetzungen des Absatzes 1 (vgl. Rdn. 291 ff.) vorliegen (ebenso OLG Celle BauR 1982, 381 = SFH § 2 Nr. 6 VOB/B Nr. 1).

IV. Abweichende Vereinbarungen

Der Auftraggeber kann sich im Bauvertrag gegenüber weiteren Forderungen des Auftragnehmers auch durch eine über Teil B § 2 Nr. 6 **hinausgehende Bestimmung sichern, sofern sie nicht gegen Treu und Glauben (§ 242 BGB) oder § 138 BGB verstößt.** Vor allem sind dann **besonders die Bestimmungen des AGB-Gesetzes – hier vornehmlich des § 9 a. a. O. – zu beachten,** sofern dieses im betreffenden Fall Anwendung findet (vgl. Teil A § 10 Rdn. 77 ff.; hier Rdn. 290; vgl. dazu im einzelnen und tiefgreifend Locher, Festschrift Korbion, S. 283, 286 ff.). Eine gegenüber Teil B § 2 Nr. 6 schärfere vertragliche Vereinbarung liegt z. B. in der Absprache: „Etwaige von dem Auftraggeber außer Vertrag verlangte Arbeiten bedürfen der Genehmigung des Architekten und sind unter Angabe des Preises in das Bautagebuch einzutragen. Diese Arbeiten dürfen erst nach schriftlicher Genehmigung des Auftraggebers mit Gegenzeichnung des Architekten ausgeführt werden. Alle sonst bestellten und nicht schriftlich genehmigten Arbeiten werden nicht vergütet." Vgl. dazu BGH, Urteil vom 11. 11. 1963 – VII ZR 54/62 –. Eindeutig **gegen § 9 AGB-Gesetz** verstößt die Klausel in Zusätzlichen Vertragsbedingungen, wonach der Auftraggeber im Vertrag nicht genannte Leistungen ohne besondere Vergütungen verlangen darf, wenn sie zur Erfüllung der vertraglichen Leistungen notwendig sind. Das trifft auch auf die formularmäßige Bestimmung des Auftraggebers zu, daß in der als Festpreis vereinbarten Pauschale alle zur ordnungsgemäßen Leistungserstellung erforderlichen Arbeiten inbegriffen sind, auch wenn dies aus der Konstruktionsbeschreibung, den Auflagen der Genehmigungsbehörden, den Plänen und Zeichnungen nicht hervorgehen sollte, da hierdurch unzulässig in den Bereich der §§ 632, 242 BGB eingegriffen wird. Gleiches gilt für die Regelung, daß sich der Auftraggeber einseitig die Bestimmung der Höhe der zusätzlichen Vergütung vorbehalte. Ein Verstoß gegen § 9 und § 11 Nr. 7 AGB-Gesetz ist es ferner, wenn der Auftraggeber in seinen AGB – insoweit später zum Vertragsinhalt werdenden Ausschreibungsbedingungen – verlangt, daß der spätere Auftragnehmer Bedenken gegen überreichte Unterlagen (Leistungsverzeichnis, Pläne) noch vor Vertragsabschluß geltend machen muß; nach Vertragsabschluß mitgeteilte Bedenken, die ihre Ursache in den überreichten Unterlagen haben, berechtigten den Auftragnehmer nicht, andere Preise oder zusätzliche Leistungen für die bedenkenfreie Ausführung in Rechnung zu stellen (vgl. OLG München BauR 1986, 579 = Betrieb 1986, 739 = MDR 1986, 408 = NJW-RR 1986, 382 = SFH § 9 AGBG Nr. 30 = BB 1986, 554).

Aus Nr. 11.1.5 der BVStra ist nicht zu entnehmen, daß der Auftragnehmer seinen Anspruch auf Bezahlung von zusätzlichen Leistungen verliert, wenn er ihn nicht innerhalb der dort bestimmten Frist geltend macht; eine solche Rechtsfolge ist nicht ausdrücklich vereinbart und ergibt sich nicht aus den Umständen; im übrigen ist die genannte Regelung auch unter dem Gesichtspunkt des § 5 AGB-Gesetz zu betrachten (OLG Celle BauR 1982, 381 = SFH § 2 Nr. 6 VOB/B Nr. 1).

Vgl. dazu aber auch Rdn. 282 ff. Das dort Gesagte gilt hier entsprechend.

J. Änderung der Vergütung beim Pauschalvertrag (Nr. 7)

Zum Pauschalvertrag vgl. zunächst Rdn. 188 ff.

Nr. 7 sagt in Abs. 1 Satz 1 zunächst, daß bei einem **Pauschalvertrag die vereinbarte Vergütung – grundsätzlich – unverändert** bleibt. Abs. 1 Satz 2 legt dann fest, daß **auch hier** die sich aus § 242 BGB ergebenden Folgen – nämlich Änderung oder Wegfall der Geschäftsgrundlage – Anwendung finden, wobei dort und im nachfolgenden Satz 3 **Richtlinien für die Bemessung der geänderten Vergütung** enthalten sind. Ferner ist – und das ist für die Praxis von größerer Bedeutung – in **Abs. 1 Satz 4** festgehalten, daß die Preisänderungsvorschriften in **Teil B § 2 Nr. 4, 5 und 6** unberührt bleiben, also **auch auf den Pauschalvertrag Anwendung** finden. Schließlich ist aus Nr. 7 Abs. 2 zu entnehmen, daß bei Fehlen anderweitiger Vereinbarung im Vertrag die Regeln des **Absatz 1 auch für Pauschalen** gelten, die – nur – **für Teile der vertraglichen Leistung** vereinbart sind. Dabei mußte allerdings hervorgehoben werden, daß Teil B § 2 Nr. 3 Abs. 4 unberührt bleibt, weil dieser bereits eine Regelung für die sogenannten abhängigen Pauschalleistungen enthält.

I. Grundsätzlich Unveränderbarkeit des Pauschalpreises (Abs. 1 Satz 1)

321 Der Grundsatz in Nr. 7 Abs. 1 Satz 1, daß im Falle der Pauschalpreisvereinbarung die abgesprochene Vergütung unverändert bleibt, **entspricht** nichts anderem als der **Rechtsnatur des Pauschalpreises.** Wird für die **vertraglich festgelegte** Bauleistung ein Pauschalpreis vereinbart, so haben die Parteien die Vergütung **von vornherein endgültig bestimmt,** also eine **feststehende Preisvereinbarung** getroffen, an die sie **gebunden** sind. Damit wird zugleich zum Ausdruck gebracht, daß die **vertraglich nach der Leistungsbeschreibung und den Vordersätzen im einzelnen vorgesehene, vor allem auch durch Teil B § 2 Nr. 1 umrissene** (vgl. dazu Rdn. 110 ff.) Leistung zu dem abgesprochenen Endpreis zu erbringen ist, **gleichgültig, welchen tatsächlichen Aufwand in den Mengenansätzen (Vordersätzen)** sie für den Auftragnehmer erforderlich macht (vgl. dazu auch BGH VersR 1965, 803; OLG Hamburg BB 1970, 689 Anm. Meinert). Daraus erhellt sogleich, daß eine Regelung, wie sie in **Teil B § 2 Nr. 3** getroffen worden ist, nämlich eine mögliche Preisänderung für den Fall der Änderung **ursprünglich im Vertrag (vor allem im Leistungsverzeichnis) vorgesehener Leistungsmengen (der Vordersätze), auf den Pauschalvertrag nicht paßt,** daher nicht anwendbar ist (auch OLG Hamburg BB 1970, 688). Zum Pauschalvertrag siehe auch Heyers BauR 1983, 297.

322 **Voraussetzung ist jedoch immer, daß der vom Pauschalpreis erfaßte Leistungsinhalt hinreichend bestimmt ist,** was vor allem Allgemeine Geschäftsbedingungen betrifft. Wird z. B. in einem Formularvertrag über den Erwerb eines noch zu errichtenden Hauses für das gesamte Objekt ein Pauschalpreis vereinbart und werden in einem Katalog zusätzlich anfallender „Aufschließungskosten", die mit der eigentlichen Errichtung des Hauses nichts zu tun haben, vertragliche Bauleistungen (z. B. Aushub und Verfüllung der Baugrube) einbezogen, so benachteiligt eine derartige Regelung wegen der unredlich versteckten, der Höhe nach nicht abzuschätzenden Erhöhung des vereinbarten Pauschalpreises den Erwerber entgegen den Geboten von Treu und Glauben unangemessen (§ 9 AGB-Gesetz), vgl. BGH BauR 1984, 61 = NJW 1984, 171 = Betrieb 1984, 184 = SFH § 3 AGBG Nr. 2 = ZfBR 1984, 40 = ZIP 1983, 1457 = LM § 3 AGBG Nr. 6. **Im Zweifelsfalle** ist für den Inhalt und den Umfang der Pauschalpreisvereinbarung der **Auftraggeber darlegungs- und beweispflichtig,** zumal es sich bei der Vergütung zum Pauschalpreis um eine Ausnahme von dem Regelfall der Vergütung des Auftragnehmers nach Einheitspreisen handelt.

323 1. Beim vereinbarten Pauschalpreis bleibt es vor allem auch, wenn sich der Auftragnehmer bei der Festlegung oder der Berechnung des Pauschalpreises **vertan** hat. Würde z. B. ein nachträgliches Aufmaß **bei unverändertem Leistungsziel größere Leistungsmengen** ergeben, **ändert** das grundsätzlich **nichts an der vereinbarten Pauschale** (ebenso OLG Düsseldorf SFH Z 2.300 Bl. 14). Wenn der Auftragnehmer die Unterlagen vor Vertragsabschluß nicht genau nachrechnet und nur aus einer „überschlägigen" Kalkulation heraus den Pauschalpreis im Angebot angibt, so ist er daran gebunden. **Der Auftragnehmer muß also besonders vorsichtig sein, bevor er sich auf eine Pauschalpreisabrede einläßt.** Das trifft vor allem auch zu,

wenn es ganz oder überwiegend seine Sache ist, die erforderlichen Berechnungen (wie z. B. die Feststellung der Vordersätze) für die Ermittlung des Angebotsendpreises vorzunehmen. Kann der Preis – z. B. für eine Stahlkonstruktion – nur mit Hilfe einer statischen Berechnung ermittelt werden und unterläßt der Auftragnehmer diese oder verlangt er eine solche vorher nicht vom Auftraggeber, kann er sich grundsätzlich nicht nachträglich von einer dennoch getroffenen Pauschalpreisabrede mit der Begründung lossagen, die von ihm tatsächlich benötigte Stahlmenge sei weit größer, als von ihm bei Angebotsabgabe und beim Vertragsabschluß angenommen worden sei.

Das alles rechtfertigt sich vor allem, weil allgemein davon auszugehen ist, daß der Auftragnehmer **durch die Vereinbarung des Pauschalpreises die damit verbundenen Risiken, also auch etwaige Fehlberechnungen im Leistungsverzeichnis, dabei vor allem in den Vordersätzen, bewußt in Kauf nimmt** (vgl. BGH BauR 1972, 118 = SFH Z 2.301 Bl. 42; auch OLG Köln SFH Z 2.300 Bl. 8; ferner AG Kempten BB 1980, 179 für den Bereich des Statikervertrages). 324

Da die vom Auftragnehmer hier nicht selten lediglich „überschlägig" angestellte Kalkulation in der Regel nicht zum Vertragsinhalt wird, weil sie grundsätzlich nur Motiv ist, kommt im allgemeinen eine **Irrtumsanfechtung nach § 119 BGB nicht in Betracht.** Auch kann in einem solchen Fall der **Wegfall oder die Änderung der Geschäftsgrundlage** nicht zum Zuge kommen, weil dafür Grundvoraussetzung wäre, **daß beide Parteien unvorhersehbar** von einer – fälschlich angenommenen – Materialmenge **ausgegangen** sind (vgl. dazu BGH SFH Z 2.411 Bl. 28). Haben sich beide Parteien jedoch hier geirrt, so muß dies in einem **ganz erheblichen, die Ausgewogenheit zwischen Leistung und Vergütung gänzlich beseitigenden Maße** geschehen sein, um die Änderung oder den Wegfall der Geschäftsgrundlage in Erwägung ziehen zu können (BGH a. a. O. und VersR 1965, 803), wie sich deutlich auch aus Abs. 1 Satz 2 (vgl. Rdn. 328 ff.) ergibt. 325

2. Allerdings bleibt es den Parteien unbenommen, sich in Fällen wie den vorgeschilderten auf einen neuen, der wirklichen Sachlage entsprechenden Pauschalpreis zu einigen. Ist eine vom Auftragnehmer nicht vorgesehene Mehrmenge abzugelten und bleibt der übrige – bisher gerade auch vom Auftragnehmer – festgelegte bzw. angenommene Leistungsinhalt unberührt, so wird es zweckmäßig sein, die bisherige Pauschale bestehen zu lassen und für die Mehrleistung gesondert eine Pauschale zu vereinbaren oder auch eine Abrechnung nach Einheitspreisen. Man kann auch eine neue Gesamtpauschale vereinbaren. Dabei ist zu beachten: Eine Mehrleistung liegt nur vor, **wenn für sie eine Vergütung überhaupt verlangt werden kann;** es darf sich also insbesondere **nicht** um eine **Nebenleistung** handeln, die durch die Hauptvergütung, in erster Linie unter Berücksichtigung der Allgemeinen Technischen Vertragsbedingungen (vgl. die dort jeweils unter der Ordnungszahl 4 als Nebenleistungen bezeichneten Arbeiten), bereits abgegolten ist. 326

Soweit es zu einer einverständlichen Regelung zwischen den Parteien im Wege einer veränderten oder neuen Preisabsprache kommt, ist dafür die **Schriftform zu empfehlen,** um ein entsprechendes **Beweismittel** in der Hand zu haben. Unbedingte Voraussetzung ist das aber nicht, es sei denn, daß sich für die Notwendigkeit der Schriftform im Vertrag Anhaltspunkte ergeben (vgl. LG Hamburg SFH Z 2.310 Bl. 1 ff.).

Sinnvoll ist es in jedem Fall, **schon im Bauvertrag eine besondere Klausel** aufzunehmen, aus der zweifelsfrei ersichtlich ist, ob und unter welchen Voraussetzungen sich der Pauschalpreis ändert und auf welche Weise der neue Preis berechnet wird. Das erspart oftmals spätere Streitigkeiten.

3. Grundsätzlich hat der Auftragnehmer den vereinbarten Pauschalpreis **verdient, wenn** er 327

die **vertraglich vorgesehene Leistung erbracht hat.** Ob er dabei **mehr oder weniger leistungsmäßigen Aufwand** treiben mußte, **als** ursprünglich **veranschlagt** war, spielt keine Rolle, wenn nicht im Einzelfall eine andere vertragliche Vereinbarung getroffen worden ist (BGH VersR 1965, 803). Anderes gilt nur, wenn das Beharren auf dem Pauschalpreis sich im Einzelfall als unzulässige Rechtsausübung darstellt (a. a. O.). Das dürfte aber kaum in Betracht kommen, da beim Pauschalvertrag grundsätzlich davon auszugehen ist, daß sowohl ein Mehraufwand für den Auftragnehmer als auch ein Minderaufwand für den Auftraggeber voraussehbar ist, wie sich vor allem auch aus Teil A § 5 Nr. 1 b entnehmen läßt. **Voraussetzung für den Anspruch auf die volle Pauschale ist allerdings, daß der Auftragnehmer die vertraglich festgelegte Leistung innerhalb des im Vertrag vorgesehenen Leistungszieles voll erfüllt hat,** vor allem auch in bezug auf die uneingeschränkte vorgesehene Nutzung. Ist das nur teilweise der Fall, steht ihm grundsätzlich auch nur ein an dem erbrachten Teil zu bemessender Anteil an der abgesprochenen Pauschale zu, abgesehen von etwaigen Gewährleistungspflichten.

II. Möglichkeiten der Änderung der Pauschalpreisabrede (Abs. 1 Satz 2-4)

328 Die hier in der VOB getroffenen Regelungen sind **abschließend** und daher **einer ausdehnenden Auslegung nicht zugänglich,** wenn nicht eine andere vertragliche Vereinbarung im Einzelfall getroffen wird. Eine andere Folgerung ließe sich mit dem Charakter der Pauschalpreisvereinbarung als der von vornherein gegebenen Abrede eines **Endpreises für die vertraglich geforderte Leistung** nicht vereinbaren. Hiernach gibt es **zwei Gruppen,** in denen es insbesondere für den Auftragnehmer möglich ist, die **Änderung des** vertraglich vereinbarten **Pauschalpreises zu verlangen. Einmal** handelt es sich um Fälle, in denen die Gesichtspunkte der **Änderung oder des Wegfalls der Geschäftsgrundlage** durchgreifen (Abs. 1 Satz 2 f.), zum anderen um Fälle, die Teil B § 2 Nr. 4–6 unterliegen (Abs. 1 Satz 4). Dabei spielen die letzteren für die Praxis eine größere Rolle, weil sie wesentlich häufiger vorkommen als die zuerst genannten. Sie sind aber vor allem deswegen als systematischen Gründen zuerst zu erörtern, weil die Geschehensabläufe, die darunter zu bringen sind, nicht auch noch für den Rahmen der Änderung oder des Wegfalls der Geschäftsgrundlage in Betracht kommen können, da insoweit eine **besondere vertragliche Regelung** getroffen worden ist. Hinzu kommt, daß ihre **Voraussetzungen allgemein leichter gegeben** sind als in dem lediglich aus § 242 BGB herzuleitenden Rahmen der Geschäftsgrundlage. Die Ansicht von Weick in Nicklisch/Weick (Teil B § 2 Rdn. 74), die Regelung der Nr. 7 Abs. 1 sei nicht abschließend, mag zutreffen; jedoch läßt auch er Beispiele vermissen, die nicht unter die beiden genannten Gruppen einzuordnen sind.

329 1. **Abs. 1 Satz 4** geht von dem Grundgedanken aus, daß eine Bindung des Auftragnehmers an den Pauschalpreis auf der Erwägung eines **von vornherein feststehenden Leistungsinhaltes** beruht, wie dies auch in Teil A § 5 Nr. 1 b festgelegt ist (ebenso Brandt BauR 1982, 524 m. w. N.). Insbesondere darf das bei Vertragsabschluß vorausgesetzte Verhältnis zwischen Leistung und Pauschalpreis nicht dadurch beeinträchtigt werden, daß **von seiten des Auftraggebers einseitig Eingriffe** in den vertraglich festgelegten Leistungsinhalt und -umfang vorgenommen oder verursacht werden. Da dies erfahrungsgemäß dennoch in jenen Fällen vorkommen kann, wie sie in **Teil B § 2 Nr. 4–6** geregelt sind, bestimmt die VOB die **Anwendbarkeit** dieser Bestimmungen **auch auf den Pauschalvertrag.** Daher kommt vorweg eine Änderung des Pauschalpreises in Betracht:

330 a) Einmal bei sogenannter **Teilkündigung durch den Auftraggeber** nach **Teil B § 2 Nr. 4** in Verbindung mit Teil B § 8 Nr. 1, dort insbesondere Absatz 2 (vgl. dazu Rdn. 240 ff.). Hier muß – gegebenenfalls nach Sachverständigengutachten – eine Aufspaltung des Pauschalpreises dahin gehend erfolgen, daß die erbrachten Leistungen nach den sie betreffenden Preisermittlungsgrundlagen voll abgerechnet werden, die nicht erbrachten Arbeiten dagegen nach

Teil B § 8 Nr. 1 Abs. 2 (vgl. Rdn. 249 f. sowie Teil B § 8 Rdn. 28 ff.). Zwar muß es sich hier, da der Auftragnehmer eine Pauschalvergütung vereinbart hat, um den Wegfall von Teilleistungen handeln, der nach den dem Vertrag zugrundeliegenden Berechnungsgrundlagen merklich in Erscheinung tritt, was sich jedoch nur nach dem Einzelfall unter Zugrundelegung der Kalkulation des Auftragnehmers, die dieser im Zweifelsfall vorzulegen hat, beurteilt. Im allgemeinen sind die Voraussetzungen aber die gleichen wie in Teil B § 2 Nr. 4. Wesentlich zu weitgehend deshalb OLG Frankfurt NJW-RR 1986, 572 = ZfBR 1987, 154 mit abl. Anm. von Bühl a. a. O., das von dem Erfordernis einer Abweichung von 20 % (!) ausgeht, wobei es sich fälschlich auf Rechtsprechung und Literatur bezieht, die allein die Änderung der Vordersätze und insofern Nr. 7 Satz 2 betreffen.

b) Ferner bei **Änderung des ursprünglich vereinbarten Leistungsinhaltes durch den Auftraggeber, sofern sich dadurch die Preisermittlungsgrundlagen** (nicht die Geschäftsgrundlage, an deren Änderung oder Wegfall erheblich strengere Anforderungen zu stellen sind) **geändert haben,** also nicht schon bei durch den Auftraggeber weder verlangten noch verursachten Leistungsänderungen. Somit handelt es sich um die in **Teil B § 2 Nr. 5** – teilweise in Verbindung mit Teil B § 1 Nr. 3 (vgl. Teil B § 1 Rdn. 29 ff.) – geregelten Fälle (vgl. Rdn. 256 ff.). Im allgemeinen ist dazu für eine Pauschalpreisänderung Voraussetzung, daß der geplante Bau, **ausgehend von der bisherigen Kalkulation des Auftragnehmers, im beachtlichen Umfang** (vgl. BGH, Urt. vom 29. 11. 1972 – VII ZR 76/71 –) **anders als ursprünglich hinreichend erkennbar vorgesehen** errichtet wird und es **dadurch zu nach der für die Pauschalpreisvereinbarung maßgebenden bisherigen Berechnungsgrundlage wesentlichen Veränderungen des Leistungsinhaltes** kommt. Solche Änderungen rühren an die Grundlagen des vom Auftragnehmer ermittelten Preises und können deshalb nicht ohne Auswirkung auf die vereinbarte Pauschale bleiben (BGH BauR 1972, 118 = SFH Z 2.301 Bl. 42; BGHZ 80, 257 = BauR 1981, 388 = NJW 1981, 1442 = BB 1981, 997 = SFH § 2 VOB/B Nr. 1 mit zutreffender Anm. von Hochstein = MDR 1981, 663 = Betrieb 1981, 2121 = LM § 632 BGB Nr. 10 = ZfBR 1981, 170). Dabei muß die **Frage der erheblichen Veränderung nach der hier in der Grundlage maßgebenden Regelung in Teil B § 2 Nr. 5 beurteilt** werden, also müssen sich durch die Leistungsänderung die Preisermittlungsgrundlagen geändert haben (vgl. Rdn. 258 ff.; insofern zutreffend Daub/Piel/Soergel/Steffani ErlZ B 2.136; Vygen BauR 1979, 375; Heiermann/Riedl/Rusam/Schwaab Teil B § 2 Rdn. 90 a; zu eng Werner/Pastor Rdn. 846). Zu beachten ist hier jedoch, daß es im Gegensatz zum Einheitspreisvertrag, bei dem es auf die Beurteilung nach den Preisermittlungsgrundlagen der von der Veränderung betroffenen Positionen ankommt, **hier um die Preisermittlungsgrundlage nach dem gesamten bisher vorgesehenen Leistungsinhalt** geht, da der Pauschalpreis von den einzelnen Leistungsansätzen losgelöst ist, sich also nur die Preisermittlung für die bisherige Gesamtleistung der Preisermittlung für die jetzige Gesamtleistung gegenüberstellen läßt. Insofern erfährt hier die Beurteilung im Gegensatz zum Einheitspreisvertrag eine **Einschränkung.** In den unter dieser Voraussetzung in Betracht kommenden Fällen ist die **Anpassung der Pauschale** an die veränderten Verhältnisse geboten, auch ohne daß eine neue Preisvereinbarung vorliegt (BGH a. a. O.). Das gilt **nicht nur, wenn** gegenüber dem bisher von der Pauschalpreisabrede erfaßten Leistungsinhalt, **für die Kalkulation der Vergütung erhebliche,** bisher nicht vorgesehene **Leistungen hinzukommen** (vgl. dazu BGH SFH Z 2.301 Bl. 35; BGH SFH Z 2.301 Bl. 46), **sondern auch, wenn** ursprünglich vorgesehene **Leistungen** vereinbarungsgemäß **in erheblichem Umfang entfallen oder durch andere** Leistungen **ersetzt werden** (BGH SFH Z 2.301 Bl. 42; BGH BauR 1974, 416 = NJW 1974, 1864 = BB 1974, 1225 = LM § 632 BGB Nr. 7 = MDR 1974, 1013 = Betrieb 1974, 1765 = WM 1974, 929). Für den Fall, daß die bisherige Pauschalpreisvereinbarung „unter Wert" zustande gekommen ist, gilt das in Rdn. 278 ff., 217 f. Gesagte sinngemäß.

c) Schließlich kommt noch eine Änderung des vereinbarten Pauschalpreises zum Zuge, wenn der Auftragnehmer – teilweise auch im Rahmen von Teil B § 1 Nr. 4 – **im Einvernehmen** mit dem Auftraggeber oder auf dessen Verlangen über die bisher vertraglich vorgesehene Leistung hinaus eine oder mehrere zusätzliche Leistungen erbringt, die beim Vertragsabschluß noch nicht Gegenstand der Pauschalpreisabrede waren. Denn diese umfaßt nur den bisher **vereinbarten** konkreten Leistungsinhalt (vgl. BGH BauR 1971, 124 = WM 1971, 449 = BB 1971, 290 = SFH Z 2.301 Bl. 35; OLG Düsseldorf SFH Z 2.301 Bl. 10), allerdings ungeachtet der Vordersätze (insoweit zutreffend Vygen BauR 1979, 375). Zu Begriff und Umfang von Zusatzleistungen vgl. Rdn. 291 ff. sowie Vygen a. a. O. Ob Zusatzleistungen vorliegen, richtet sich nach den im jeweiligen Bauvertrag getroffenen Vereinbarungen, dabei vor allem dem Leistungsverzeichnis, den etwaigen Besonderen oder Zusätzlichen Vertragsbedingungen und Technischen Vertragsbedingungen sowie letztlich der für den betreffenden Fall maßgebenden gewerblichen Verkehrssitte (vgl. dazu Teil A §§ 9 und 10, Teil B § 2 Nr. 1). Dabei wird das Vorhandensein von Zusatzleistungen nicht allein schon dadurch ausgeschlossen, daß im Vertrag die Leistungen „fix und fertig" bestellt worden sind (BGH a. a. O.); gleiches gilt, wenn eine schlüsselfertige Errichtung in Auftrag gegeben worden ist (insoweit zutreffend Brandt BauR 1982, 524). Zusatzleistungen können auch im Falle einer erforderlichen und vom Auftragnehmer durchgeführten Nachbesserung entstehen, wie z. B. bei nachträglichem Einbau einer Abdichtung gegen drückendes Wasser (vgl. BGH BauR 1984, 395 = NJW 1984, 1676 = Betrieb 1984, 1720 = ZIP 1984, 713 = MDR 1984, 748 = BB 1985, 1703 = LM § 273 BGB Nr. 38 Anm. Recken = SFH § 13 Nr. 5 VOB/B Nr. 5 = ZfBR 1984, 173; insofern auch zu Zusatzleistungen beim schlüsselfertigen Bauen). Insofern kann einem zusätzlichen Vergütungsanspruch des Auftragnehmers wegen Mehrkosten aber ein Schadensersatzanspruch des Auftraggebers wegen schuldhafter Verletzung der Beratungspflicht des Auftragnehmers entgegenstehen (Brandt a. a. O. für den Fall des schlüsselfertigen Bauens, der auch die Frage der sogenannten Ohnehinkosten behandelt).

333 Sind die **Vertragsunterlagen** unklar oder unvollständig und ergeben sich nach Sachlage keine hinreichenden Anhaltspunkte für eine entsprechende Annahme, so liegt die Beweislast dafür, daß bestimmte Leistungen vom Pauschalpreis erfaßt sind, grundsätzlich beim **Auftraggeber** (BGH a. a. O.; vgl. ferner Heiermann BB 1975, 991, 992; Vygen a. a. O.; wie hier differenzierend Heyers BauR 1983, 297, 311; wohl auch Werner/Pastor Rdn. 844; zu eng OLG Köln BauR 1987, 575, das für diesen Fall anscheinend generell dem Auftragnehmer die Beweislast auferlegen will.

334 Für die etwaige Preisänderung ergeben sich im übrigen die entsprechenden Richtpunkte aus **Teil B § 2 Nr. 6** (vgl. Rdn. 289 ff.).

d) Für die Bildung des neuen Preises ist allgemein noch zu beachten:

335 **Handelt es sich um Mehrleistungen** (nicht nur um bloße Änderung der Vordersätze, vgl. Rdn. 332 ff.), ist die **bisher vorgesehene Leistung** – soweit sie tatsächlich zur Ausführung gelangt – bei fehlender Einigung der Vertragspartner nach der vereinbarten Pauschale zu vergüten, während die **Mehrleistungen selbst nach Einheitspreisen** abgerechnet werden müssen (ebenso BGH BB 1961, 989; auch BGH BB 1971, 290 = WM 1971, 449). Für eine zusätzliche oder insgesamt neue Pauschale ist bei einer fehlenden Einigung der Vertragspartner **selbst dann kein Raum, wenn** hierfür gewisse objektive Maßstäbe aufgrund der bisherigen Leistungsbeschreibung gegeben sind. Eine Pauschale ist viel zu sehr vom durch den ursprünglich vorgesehenen Leistungsinhalt getragenen subjektiven Willen beider Vertragsteile, insbesondere des Auftragnehmers, abhängig. Wenn die Mehrleistung nicht lediglich zur bisherigen Leistung hinzukommt, sondern teilweise die bisherige Leistung ersetzt (ändert) und **zugleich den Gesamtinhalt** der Leistung **vermehrt**, wird man unter Nichtbeachtung der bisherigen Pauschale den **gesamten Leistungsinhalt** nach **Einheitspreisen** abrechnen müssen. Soweit in allen diesen Fällen Einheitspreise festzulegen sind, erfolgt dies nach den vorangehend erwähnten Vorschriften, die Grundlage für die Preisänderung wegen der **allein auf**

den **Auftraggeber zurückzuführenden Maßnahmen** sind. Eine Ausnahme bilden die unter Nr. 4 einzuordnenden Maßnahmen des Auftraggebers, in denen eine entsprechende Anwendung des § 8 Nr. 1 Abs. 2 in Betracht kommt. Hier wird nur nach diesen Vorschriften abgerechnet, ebenso wie in allen anderen Fällen, in denen das Verhalten des Auftraggebers als Teilkündigung zu werten ist und die ohnehin dem § 8 Nr. 1 unterfallen (vgl. Rdn. 330).

Kommen durch die genannten Maßnahmen des Auftraggebers nicht Mehr-, sondern **im eigentlichen Inhalt** (also nicht bloß bei den Vordersätzen) **Minderleistungen** zustande, wird man in vielen Fällen dazu kommen müssen, den übriggebliebenen Teil nach **Einheitspreisen** abzurechnen. Das gilt, wenn das Leistungsverzeichnis mit seinen Preisangaben keine hinreichenden Anhaltspunkte enthält, insbesondere keine Einzelpreise, sondern lediglich die Endpauschale selbst, und man sich kein objektives Bild darüber machen kann, wie diese eingesetzt oder errechnet worden ist. Das wird aber nicht die Regel sein. Vielmehr wird der Auftragnehmer – bevor es zur Pauschalpreisvereinbarung gekommen ist – bestimmte Preisangaben zu einzelnen Positionen oder zumindest Positionsgruppen des Leistungsverzeichnisses gemacht haben. Dann ist es, selbst wenn die Hinzuziehung eines Sachverständigen notwendig sein sollte – vgl. Teil A § 7 –, in entsprechender Anwendung der §§ 315 ff. BGB durchaus möglich, eine **neue Pauschale** aufgrund der tatsächlich erbrachten verminderten Leistung festzulegen. Unter dieser Voraussetzung wird das Urteil des OLG Düsseldorf vom 30. 11. 1956 verstanden, wonach beim Leistungsvertrag für eine Pauschalsumme nicht ausgeführte Bauleistungen mit einem Betrag abgesetzt werden, der ihrem Verhältnis zu den übrigen Leistungen im Rahmen des Pauschalpreises entspricht (vgl. SFH Z 2.301 Bl. 5 ff.).

2. Möglich ist auch eine ausnahmsweise sich aus **Teil B § 2 Nr. 8 Abs. 2** ergebende Preisänderung (vgl. Rdn. 371 ff.), da die dort geregelten Voraussetzungen nicht davon abhängig sind, welche Preisvereinbarung vom Preistyp her im Vertrag getroffen worden ist. **Unberührt** sind **auch** etwaige – weitere – Ansprüche **nach Teil B § 6 Nr. 6 oder Teil B § 7**.

3. Nr. 7 Abs. 1 Satz 2 bringt – wie sich vor allem auch aus den Erwägungsgründen zur insoweit unverändert gebliebenen Fassung 1973 der VOB ergibt – zum Ausdruck, daß die **Grundsätze des § 242 BGB** – also hier durchweg der Änderung oder des Wegfalls der Geschäftsgrundlage – **auch auf einen Pauschalpreisvertrag Anwendung** finden (vgl. BGH VersR 1965, 803). Das **gilt aber nur, soweit nicht durch andere vertragliche Regelungen,** wie sie vorangehend in Rdn. 329 ff. wiedergegeben oder sonst in den Allgemeinen Vertragsbestimmungen enthalten sind, z. B. in Teil B § 6 Nr. 2 Abs. 1 in Verbindung mit Nr. 6 a. a. O., oder durch im Einzelfall festgelegte Besondere oder Zusätzliche Vertragsbedingungen **bereits** die **gebotene Abhilfe geschaffen** wird. Greifen derartige andere vertragliche Regelungen ein, so **fehlt es an einem rechtlich schutzwürdigen Interesse,** sich daneben auch noch auf die Änderung oder den Wegfall der Geschäftsgrundlage zu berufen.

Wie sich aus Abs. 1 Satz 2 ergibt, kommt die Frage der Geschäftsgrundlage **nur in Erwägung, wenn sich einer der Vertragspartner** – hier vornehmlich der Auftragnehmer – **darauf beruft** und eine Änderung des Pauschalpreises **verlangt.**

a) Zu den Voraussetzungen einer Änderung oder eines Wegfalls der Geschäftsgrundlage vgl. Rdn. 150 ff. und 323 ff. Das dort Ausgeführte **gilt besonders auch für den Pauschalvertrag** (vgl. BGH VersR 1965, 803; auch OLG Düsseldorf BauR 1974, 348; vgl. dazu insbesondere auch Heyers BauR 1983, 297).

Dazu ist es **nicht erforderlich, daß sich** – wie in den Fällen der Nr. 4–6 – **der vertraglich vereinbarte Leistungsinhalt ändert,** obwohl gerade auch in bezug auf die bisherige Pauschalvereinbarung ganz einschneidende Eingriffe in den Leistungsbestand die Geschäftsgrundlage verändern können (vgl. dazu BGH BauR 1975, 118; OLG Düsseldorf Betrieb 1978, 88); vielmehr kann der Wegfall oder die Änderung der Geschäftsgrundlage **auch bei unveränderter Leistung** eintreten, wie z. B. infolge unvorhergesehener, außerhalb des noch als erträglich zu bezeichnenden Rahmens liegender Materialpreis- oder Lohnerhöhungen. **Hauptfall** dürften für die Praxis aber **Mengenmehrungen oder -minderungen sein, zumal § 2 Nr. 3 auf Pauschalverträge keine Anwendung** findet (vgl. Rdn. 202; vgl. auch Vygen BauR 1979, 375 m. w. N.). Allerdings ist es in allen hier in Betracht kommenden Fällen **im allgemeinen schwieriger,** den Wegfall oder die Änderung der Geschäftsgrundlage **bei einem Pauschalvertrag** zu bejahen, **als** es **bei einem Einheitspreisvertrag** der Fall sein kann. Denn anders als beim Einheitspreisvertrag ist die Frage der Geschäftsgrundlage beim Pauschalvertrag nicht bereits für den Rahmen bestimmter Leistungspositionen der **Beurteilung** zugänglich, sondern **nur hinsichtlich des Gesamtvertrages,** also der für die vertragliche Gesamtleistung vereinbarten Pauschale. Bei der dabei erforderlichen **Gesamtbetrachtung** kann es wesentlich eher vorkommen, daß der Auftragnehmer noch eine für ihn zumutbare Vergütung erhält, daß er also eine Änderung der Vergütung nicht beanspruchen kann. Jedenfalls gilt dies in jenen Fällen, in denen sogenannte **Gesamtpauschalen** vereinbart sind, also für die ganze vertragliche Leistung eine Pauschale abgesprochen worden ist (vgl. z. B. AG Kempten BB 1980, 197 für den Fall eines Statikervertrages). Unter Umständen müssen auch mehrere in örtlichem und zeitlichem Zusammenhang nebeneinander bestehende Pauschalverträge der gleichen Vertragspartner gegeneinander abgewogen werden (vgl. BGH WM 1964, 1253). Anders kann dies allerdings auch hier sein, wenn z. B. in einer Position eine **ganz krasse Änderung** eingetreten ist, in anderen nicht so sehr, dadurch die wirtschaftliche Gesamtbelastung noch tragbar ist, im Einzelfall aber davon auszugehen ist, daß für den Auftraggeber oder Auftragnehmer die **Grenze des zumutbaren Risikos überschritten** ist (vgl. BGH VersR 1965, 803), was jedoch nur in ganz seltenen Ausnahmen in Betracht kommt. Ist der Pauschalpreis als „**Festpreis**" vereinbart, wird sich der Auftragnehmer kaum auf die Änderung oder den Wegfall der Geschäftsgrundlage berufen können (vgl. Rdn. 162 f.), es sei denn, die entsprechende Preisvereinbarung ist vom Auftraggeber ersichtlich zur Voraussetzung für die Auftragserteilung gemacht worden oder der Auftraggeber hat sich von der Verantwortlichkeit für die Richtigkeit seiner Angaben im Leistungsbeschrieb freigezeichnet.

342 b) Sind die **Voraussetzungen** der Änderung oder des Wegfalles der Geschäftsgrundlage **gegeben,** so schreibt **Abs. 1 Satz 2** zwingend vor, daß zwischen den Vertragspartnern ein **Ausgleich in preislicher Hinsicht zu vereinbaren** ist. Dadurch ist zum Ausdruck gebracht, daß demjenigen, der sich mit Recht auf die Änderung oder den Wegfall der Geschäftsgrundlage beruft, ein **im Klageweg durchsetzbarer Anspruch** auf den Ausgleich zusteht, ihm gegebenenfalls darüber hinaus ein **Bestimmungsrecht nach § 316 BGB** zukommt. Selbstverständlich empfiehlt es sich hier besonders, einen Sachverständigen entsprechend Teil A § 7 Nr. 1 b einzusetzen, um möglichst auf außergerichtlichem Wege zurechtzukommen. Verweigert der Vertragsgegner eine berechtigte Anpassung, so ist der Betroffene auch zur **Vertragskündigung** berechtigt (vgl. Teil B § 8 Rdn. 61).

343 c) Die Ermittlung des **Ausgleichs** kommt nur **insoweit** in Betracht, **wie im Einzelfall die Änderung oder der Wegfall der Geschäftsgrundlage reicht.** Bleiben davon bestimmte Leistungsteile unberührt, so gilt das auch für den darauf entfallenden Anteil der abgesprochenen Pauschale. Dies kommt durch die VOB dadurch zum Ausdruck, daß nach Abs. 1 Satz 2 der Ausgleich unter **Berücksichtigung der Mehr- oder Minderkosten** zu gewähren und außerdem nach Abs. 1 Satz 3 von den **Grundlagen der** – bisherigen – **Preisermittlung auszugehen** ist.

344 Darüber hinaus gebietet die Berücksichtigung der Mehr- oder Minderkosten auch, daß das **Gesamtergebnis der nunmehr entstehenden bzw. entstandenen Kosten dem der veranschlagten gegenüberzustellen ist und die Differenz den Ausgleich ausmacht.** Dabei ist für

den Einsatz der jetzigen Kosten nicht etwa ein freies Bestimmungsrecht desjenigen, der den Ausgleich geltend macht, gegeben. Vielmehr muß er sich nach Abs. 1 Satz 3 jedenfalls **im Ausgangspunkt an die bisherigen Preisermittlungsgrundlagen halten,** wobei allerdings die **zusätzlichen,** auf der Veränderung der Geschäftsgrundlage – **und nur dieser allein** – beruhenden **Mehrkosten im Eigenaufwand des Auftragnehmers einzusetzen** sind. Alle Geschehnisse, die **nicht adäquat-kausal** auf die Umstände zurückzuführen sind, welche die Änderung oder den Wegfall der Geschäftsgrundlage herbeigeführt haben, wie z. B. bei der ursprünglichen Preisermittlung unterlaufene, rechtlich unbeachtliche Kalkulationsfehler und -irrtümer, **bleiben** somit für die Berechnung des Ausgleichs **außer Betracht.**

Grundsätzlich ist der Ausgleich als Pauschale festzulegen. Dabei wird es allgemein nötig sein, eine entsprechende **Berechnung nach angemessenen Einheitspreisen** anzustellen und von dem aus den Positionspreisen zusammenzurechnenden Endpreis einen prozentualen Abschlag zu machen, der dem Pauschalnachlaß im Verhältnis zu dem ursprünglichen, nach Einheitspreisen ermittelten oder zu ermittelnden Angebotsendpreis entspricht.

4. Abgesehen von den in Nr. 7 Abs. 1 geregelten Möglichkeiten einer Vergütungsänderung beim Pauschalvertrag (vgl. Rdn. 328) können selbstverständlich durch Besondere oder Zusätzliche Vertragsbedingungen auch noch für andere Fälle Möglichkeiten zur Änderung des Pauschalpreises festgelegt werden. So kann geregelt sein, daß dann, wenn Teile der Leistung sich ändern, dies auch preisändernd zu berücksichtigen ist. Im Zweifel gilt dies jedoch nur bei Wegfall oder Hinzukommen ganzer Positionen, nicht bereits für Teile derselben, falls nicht eine Vereinbarung getroffen worden ist, die eine eindeutige Auslegung im letztgenannten Sinne erlaubt (vgl. dazu OLG Düsseldorf SFH Z 2.310 Bl. 9). Auch eine Lohn- und/oder Materialpreisgleitklausel läßt beim Pauschalvertrag unter den jeweils festgelegten Voraussetzungen Preisänderungen zu (vgl. dazu BGH SFH Z 2.301 Bl. 50).

Andererseits verstößt eine Klausel in **AGB** – insbesondere Zusätzlichen Vertragsbedingungen – des Auftraggebers dahin gehend, daß der Auftragnehmer auf jeden Fall auf eine Erhöhung des vereinbarten Pauschalpreises verzichtet, gegen den Grundgedanken des § 9 AGB-Gesetz, da ein Ausschluß der Ausnahmeregelungen (vgl. Rdn. 328 ff.) das erforderliche Gleichgewicht von Leistung und Gegenleistung empfindlich und in einem für den Auftragnehmer unzumutbaren Maße zu zerstören geeignet ist, zumal dann, wenn Änderungen im Leistungsbereich in keiner Weise auf das Verhalten des Auftragnehmers zurückzuführen sind (ähnlich Frikell/Glatzel/Hofmann K. 14.13 f.). Ähnliches gilt, wenn in AGB des Auftraggebers Änderungen des Pauschalpreises **generell** an einengende Voraussetzungen geknüpft sind, wie z. B. daran, daß es sich um Änderungen des Leistungsinhaltes um mehr als 10 % der Gesamtleistung handeln muß (OLG Frankfurt NJW-RR 1986, 247; vgl. dazu Rdn. 251 ff., 256 f.).

III. Änderung von Pauschalpreisen für Teile der Leistung (Absatz 2)

Nr. 7 Abs. 1 erfaßt insgesamt diejenigen Fälle, in denen für die vertraglich festgelegte Gesamtleistung nur eine Pauschale vereinbart worden ist. **Nr. 7 Abs. 2** bestimmt dazu ergänzend, daß bei Fehlen anderweitiger vertraglicher Vereinbarung die **Regelungen des Absatzes 1 auch für Pauschalvereinbarungen gelten, die nicht die gesamte vertragliche Leistung erfassen, sondern nur Teile derselben,** wie z. B. die Einrichtung der Baustelle.

Dabei ist allerdings **auszuklammern,** was unter die besondere Bestimmung in **Teil B § 2 Nr. 3 Abs. 4** fällt (vgl. dazu Rdn. 237 ff.). Insoweit bedurfte es keiner besonderen Regelung in Nr. 7 mehr, wie dort auch in Absatz 2 im letzten Halbsatz klargestellt ist.

350 Im übrigen ist Absatz 2 nur folgerichtig. Für die Beurteilung der Frage, ob es sich um Teile der Leistung handelt, ist eine **in sich abgeschlossene, selbständige Betrachtungsweise** geboten, die durch den Rahmen **begrenzt ist, für den die jeweilige Pauschalpreisabsprache getroffen** worden ist. Möglich ist es, daß für verschiedene Teile der Leistung jeweils mehrere Teil-Pauschalsummen vereinbart worden sind, z. B. für gleichzeitig in Auftrag gegebene Erdarbeiten, Betonarbeiten und Mauerarbeiten. Auch ist es denkbar, daß bei einzelnen Teilen der Leistung eine Preisaufgliederung dergestalt erfolgt ist, daß ein Teil davon nach Einheitspreisen und ein anderer nach Pauschalpreisen abzurechnen ist, z. B. für die Mauerarbeiten am Wohnhaus Einheitspreise und für die gleichzeitig zu errichtende Garage ein Pauschalpreis. Alle diese Fälle werden von Absatz 2 erfaßt. Er gilt somit überall dort, wo bei ordnungsgemäßer Kalkulation von für sich preislich errechenbaren Teilen der vertraglichen Gesamtleistung die Rede ist.

Da hier nichts anderes gilt als in jenen Fällen, in denen vertraglich eine Gesamtpauschale abgesprochen worden ist, vgl. Rdn. 328–347.

K. Nicht bestellte Leistungen (Nr. 8)

351 Nr. 8 befaßt sich mit Leistungen des Auftragnehmers, die weder von seiner im Vertrag niedergelegten Leistungsverpflichtung erfaßt werden, noch außerhalb der bisherigen Leistungsverpflichtung vom Auftraggeber oder seinem dazu berechtigten Vertreter (vgl. Rdn. 29 ff.) nach seiner vertraglichen Befugnis, z. B. nach Teil B § 1 Nr. 3 und 4, verlangt oder die später nach Vertragsabschluß vereinbart worden sind. **Nr. 8 betrifft somit Leistungen, die der Auftragnehmer – rechtlich gesehen – aus eigenem Antrieb erbracht hat.**

352 Nach Nr. 8 Abs. 1 Satz 1 ist für **Leistungen, die der Auftragnehmer ohne Auftrag** oder unter eigenmächtiger Abweichung vom Vertrag ausführt, kein Vergütungsanspruch gegeben. Nach **Satz 2** hat der Auftragnehmer vielmehr auf Verlangen **diese Leistungen** innerhalb einer angemessenen Frist **zu beseitigen,** andernfalls es auf seine Kosten geschehen kann. Darüber hinaus **haftet der Auftragnehmer nach Satz 3 für andere Schäden,** die dem Auftraggeber hieraus entstehen, wenn die Vorschriften des BGB über die Geschäftsführung ohne Auftrag (§§ 677 ff. BGB) nichts anderes ergeben. **Ausnahmsweise** steht dem Auftragnehmer für diese Leistungen nach **Abs. 2 Satz 1 eine Vergütung** zu, wenn der Auftraggeber solche Leistungen **nachträglich anerkennt.** Das gilt nach **Abs. 2 Satz 2** auch, wenn die Leistungen für die Durchführung des Vertrages **notwendig waren, dem mutmaßlichen Willen des Auftraggebers entsprachen und ihm unverzüglich angezeigt wurden.**

I. Aufgedrängte Leistungen (Abs. 1 Satz 1)

353 Abs. 1 Satz 1 beruht auf dem allgemein anerkannten Rechtsgrundsatz, **daß niemand einem anderen eine Leistung aufdrängen darf, die dieser nicht gewollt hat,** die also seinem Vertragswillen nicht entspricht.

354 1. Es handelt sich um **zwei Fälle,** in denen der Auftragnehmer vom Vertrag abweichen kann: einmal die **Leistung ohne Auftrag** (sogenannte quantitative Abweichung) und ferner die Ausführung **unter eigenmächtiger Abweichung vom Vertrag** (sogenannte qualitative Abweichung). Im **ersten Fall** ist eine Leistung ohne Auftrag gegeben, wenn sie überhaupt nicht oder gegenüber dem Auftragnehmer von jemandem verlangt worden ist, der **nicht befugt** war, als rechtlich anzuerkennender Vertreter des Auftraggebers diesen gegenüber dem Auftragnehmer zu berechtigen und zu verpflichten (vgl. Rdn. 29 ff.). Dazu gehört auch der vollmachtslos handelnde Architekt oder in der Regel der vom bauleitenden Architekten eingesetzte Bauführer (vgl. für einen ähnlichen, jedoch nicht unmittelbar einschlägigen Fall: BGH NJW 1963, 2166 = BB 1963, 1193 = SFH Z 3.01 Bl. 242 ff.). Im **zweiten Fall** müssen **wirkliche Ab-**

weichungen von der **vertraglich vereinbarten Leistung** und **nicht nur Geringfügigkeiten** vorliegen. Dies ist z. B. der Fall, wenn der Auftragnehmer ein Dach statt mit bestelltem Schiefer mit gewöhnlichen Ziegeln eindeckt oder wenn er die nach dem Vertrag vorgesehenen Raumgrößen von sich aus in beachtlicher Weise verändert, oder wenn er für Fußböden statt Parkett nicht vorgesehene Dielen verwendet. Das beschränkt sich demnach **nicht nur** auf die **Leistungsart**, sondern bezieht sich **auch** auf den **Leistungsumfang** (vgl. auch OLG Karlsruhe BauR 1973, 194). Wo die Grenzen zwischen **beachtlicher** und **unbeachtlicher** eigenmächtiger Abweichung vom Vertrag liegen, läßt sich nicht allgemein sagen. Entscheidend sind einerseits die Zweckbestimmung und die Art des Bauwerkes unter besonderer Berücksichtigung der erkennbaren Interessenlage des Auftraggebers und zum anderen der Gesamtwert des Bauwerkes im Verhältnis zum Leistungswert der Abweichung sowie auch die technische Tauglichkeit der Abweichung. Dabei ist nach dem Grundsatz der Vertragstreue der zulässige Rahmen abweichenden Vorgehens des Auftragnehmers **sehr eng zu ziehen.** Er ist besonders eng festzulegen, wenn die Abweichung eine **vertraglich zugesicherte Eigenschaft** betrifft. Insoweit gelten die Ausführungen in Teil B § 13 Rdn. 116 ff. entsprechend. Die von Nr. 7 Abs. 1 Satz 1 erfaßten eigenmächtigen Abweichungen sind nicht nur nicht vergütungspflichtig und zu beseitigen, sondern sie stellen sich regelmäßig als eine **mangelhafte Leistung im Sinne von Teil B § 13** dar, für die in der Zeit vor der Abnahme Teil B § 4 Nr. 7 gilt. Die dort festgelegten Ansprüche des Auftraggebers laufen somit parallel zu den hier erörterten. Sie **gehen** genaugenommen Teil B § 2 Nr. 8 Abs. 1 Satz 1 **als Sonderregelungen** vor; insofern stellt die hier erörterte VOB-Bestimmung nur eine – an sich nicht erforderliche – **Klarstellung dahin gehend** dar, daß der **Auftragnehmer kostenlose Mängelbeseitigung** schuldet (Heiermann/Riedl/Rusam/Schwaab Teil B § 2 Rdn. 94; Weick in Nicklisch/Weick Teil B § 2 Rdn. 94, 95; Stein ZfBR 1987, 181), und zwar auch, wenn es sich um einen nicht wesentlichen Mangel handelt. Wird in einem solchen Fall **nicht nur die Beseitigung**, sondern die **Herstellung vertragsgerechter Leistung**, also Nachbesserung, verlangt, so beurteilt sich dies **allein nach Teil B §§ 4 Nr. 7, 13 Nr. 5.**

2. Leistungen, die der Auftragnehmer **ohne Auftrag oder unter eigenmächtiger Abweichung vom Vertrag ausführt, werden** ihm **nicht vergütet.** Im ersten Fall wird der ohne Auftrag erbrachte Leistungsteil überhaupt nicht vergütet, im zweiten ist die Folge, daß jedenfalls die vom Vertrag abweichende Leistung nicht bezahlt wird. Das bedeutet im Grundsatz (Ausnahmen Rdn. 371 ff.) zugleich, daß der Auftragnehmer beim VOB-Vertrag auch keinen Anspruch auf Aufwendungsersatz nach § 683 BGB oder aus ungerechtfertigter Bereicherung nach § 684 BGB und/oder § 812 BGB hat (OLG Hamburg BauR 1982, 69; Grimme S. 236, Fn. 21).

Kommt es **im zweiten Fall** zu einer entsprechenden **Kürzung der Vergütung,** dürfte das kaum Schwierigkeiten beim Einheitspreisvertrag bereiten, da dieses praktisch dem Wegfall einer Position oder eines entsprechenden Teils einer Position gleichkommt. Schwieriger ist die Lage beim **Pauschalvertrag.** Hier kommt nur eine entsprechende **Kürzung der Pauschale** in Betracht, die nach dem Wert der Leistung der vertraglich vereinbarten Pauschale abzüglich des Wertes der eigenmächtig erbrachten Leistung zu ermitteln ist.

Nicht vergütungspflichtig sind in diesem Zusammenhang auch Leistungen, die der Auftragnehmer auf Aufforderung des Auftraggebers aus einem früheren Auftrag als Mängelbeseitigungsleistungen vornimmt, auch wenn er dazu möglicherweise nicht mehr verpflichtet ist, es sei denn, die Ausnahmen der Nr. 8 Abs. 2 (vgl. Rdn. 371 ff.) liegen vor (OLG Hamburg a. a. O.).

II. Pflicht zur Beseitigung (Abs. 1 Satz 2)

358 Die in **Abs. 1 Satz 2** enthaltene **Beseitigungspflicht** ist eine **weitere Folge** des insoweit gegebenen vertragsuntreuen Verhaltens des Auftragnehmers. Er erhält nicht nur keine Vergütung, sondern er wird darüber hinaus noch **zusätzlich belastet,** daß er den Aufwand der Beseitigung des ohne Auftrag oder unter eigenmächtigem Verhalten erbrachten Leistungsteils übernehmen muß. Hier spielt es keine Rolle, ob der betreffende Leistungsteil, gemessen an den vertraglichen Vereinbarungen, auch als mangelhaft zu kennzeichnen ist. Wegen zugleich mangelhafter Leistungen vgl. Rdn. 354 a. E.

359 1. Die **Beseitigung** kommt nicht ohne weiteres in Betracht. Es ist dem **Auftraggeber** nach dem Vertrag **überlassen,** selbst **darüber zu entscheiden,** ob er von dem Beseitigungsanspruch Gebrauch machen will oder nicht. Daß hier die etwaigen **Interessen des Auftragnehmers unbeachtlich** sind, entspricht der Billigkeit. Wer sich vertragswidrig verhält, kann für sich nicht beanspruchen, ein Bestimmungs- oder ein Mitbestimmungsrecht zu besitzen. Demgegenüber können es die Belange des Auftraggebers im Einzelfall zweckmäßig erscheinen lassen, das vertragswidrige Werk oder den vertragswidrigen Teil des Werks **bestehen** zu lassen, ohne daß sich **aus dem bloßen Behalten schon eine Vergütungspflicht** ergibt. Eine solche ist von den in Absatz 2 genannten Voraussetzungen abhängig.

360 2. Wird Beseitigung verlangt, was schon während der Ausführung des nicht gewünschten Leistungsteils erfolgen kann, muß dies durch eine **eindeutige Willenserklärung** des Auftraggebers gegenüber dem Auftragnehmer geschehen. Eine Schriftform ist hierzu zwar nicht vorgesehen, aus Beweisgründen aber dringend anzuraten. Bestandteil dieser Erklärung hat nicht nur die **Aufforderung zur Beseitigung** zu sein, sofern der Auftraggeber nicht nur **Beseitigung als solche verlangen,** sondern im Falle der Nichtbefolgung der Beseitigungsaufforderung durch den Auftragnehmer von seinem Recht zur Selbstbeseitigung (vgl. Rdn. 361) Gebrauch machen möchte, was dann in der Regel der Fall sein dürfte. Vielmehr muß dann dem Auftragnehmer auch eine **angemessene Frist gesetzt** werden, innerhalb derer er die Beseitigung vorzunehmen hat. Dabei gelten für die Fristbestimmung die allgemeinen Regeln der §§ 186 ff. BGB. **Angemessen** ist eine Frist, wenn der Auftragnehmer bei aller ihm billigerweise zuzumutenden Beschleunigung unter **allgemein anzuerkennenden und voraussehbaren Umständen in der Lage** ist, das vertragswidrige Werk innerhalb der bestimmten Zeit zu beseitigen. Dabei sind keineswegs nur die Belange des Auftragnehmers zu berücksichtigen, sondern es müssen gerade hier sogar **vorrangig die berechtigten Interessen des Auftraggebers Beachtung** finden. Ist z. B. die Weiterführung des Gesamtbauwerkes von der Beseitigung des vertragswidrig errichteten Teils abhängig und drohen dem Auftraggeber Schwierigkeiten, sei es hinsichtlich der termingemäßen Fertigstellung des ganzen Bauwerkes oder eines Teils desselben, sei es im Hinblick auf die Arbeit anderer am gleichen Bauwerk beschäftigter Auftragnehmer, wird man es als vertretbar oder sogar als notwendig erachten müssen, wenn der Auftraggeber die **Beseitigungsfrist kurz bemißt.** Die **Interessen des Auftraggebers** an einer schnellen Beseitigung sind den Interessen des Auftragnehmers **überzuordnen.** Das erklärt sich nach Treu und Glauben allein daraus, daß der Auftragnehmer die Beseitigungspflicht aufgrund eines von ihm zu vertretenden und nicht zu billigenden Verhaltens hat.

361 3. Hält der Auftragnehmer die ihm gesetzte **angemessene Frist nicht ein,** beseitigt er also die vertragswidrige Leistung innerhalb dieser Frist nicht, hat der Auftraggeber das Recht, **im Wege der Ersatzvornahme die Beseitigung** für den Auftragnehmer auf dessen Kosten selbst vorzunehmen oder vornehmen zu lassen. Dabei ist es **nicht Voraussetzung, daß dem Auftragnehmer** wie in ähnlich gelagerten Fällen des Vertragsrechts (z. B. § 326 BGB) mit der Fristsetzung für den Fall des fruchtlosen Ablaufs der Frist zugleich **angedroht** wird, daß die Beseitigung dann durch den Auftraggeber oder auf dessen Veranlassung durch einen Dritten auf Kosten des Auftragnehmers erfolgt. Hierüber ist in der VOB nichts gesagt. Zwar würde das allein nicht die entsprechende Anwendung des § 326 BGB ausschließen. Es ist aber hier eine anderslautende **vertragliche Vereinbarung** zwischen den Parteien getroffen worden, die **Vorrang** hat. Es ist davon auszugehen, daß der Auftragnehmer die hier erörterte VOB-Regelung kennt, daher selbst weiß, was auf ihn zukommt, wenn er die ihm gesetzte Frist nicht einhält.

4. Im Falle der Nichtbeseitigung innerhalb der gesetzten angemessenen Frist ist der Auftraggeber nicht allein auf die Ersatzvornahme angewiesen. Er kann auch den Auftragnehmer **auf Beseitigung** oder auf **Freistellung von den Kosten** der Beseitigung **verklagen.** Das kann zweckmäßig sein, wenn die Erstattung der Kosten, die dem Auftraggeber zunächst selbst bei der Ersatzvornahme entstehen, wegen des Widerstandes des Auftragnehmers oder aus anderen in dessen Bereich liegenden Gründen ohnehin nur im Wege der Klage erreicht werden könnte. Darüber hinaus wird man hier entsprechend § 669 BGB oder jedenfalls gemäß § 242 BGB den Auftraggeber für berechtigt halten dürfen, vom Auftragnehmer einen **Vorschuß auf die Beseitigungskosten** zu verlangen, also ähnlich dem Vorschuß auf die Mängelbeseitigungskosten (vgl. Teil B § 13 Rdn. 551 ff.; so auch Heiermann/Riedl/Rusam/Schwaab Teil B § 2 Rdn. 96; Betrieb 1987, 32, 35). 362

III. Haftung für andere Schäden (Abs. 1 Satz 3)

Nach **Abs. 1 Satz 3** ist neben dem Wegfall des Vergütungsanspruches sowie der Beseitigungspflicht noch eine **weitere Folge zu Lasten des Auftragnehmers** vorgesehen. Hierbei handelt es sich um die **Haftung für andere Schäden,** die dem Auftraggeber **wegen** des vertragswidrigen Verhaltens des Auftragnehmers entstehen können, **soweit** die Vorschriften des BGB über die **Geschäftsführung ohne Auftrag** (§§ 677 ff. BGB) **nichts anderes ergeben.** 363

1. Wenn von Schäden gesprochen wird, die dem Auftraggeber „hieraus" entstehen, darf das nicht so aufgefaßt werden, als ob nur die Beseitigung nach Satz 2 oder deren unmittelbare oder mittelbare Folgen gemeint sind. **Erfaßt werden** vielmehr **alle Nachteile,** die sich für den Auftraggeber aus dem **vertragswidrigen Handeln** des Auftragnehmers ergeben und die über die Beseitigungsverpflichtung **als solche** hinausgehen. 364

Die **Grundlage** für diese weitergehende Haftung des Auftragnehmers ist in **zweierlei Richtung** zu finden. Soweit es sich bei seinem vertragswidrigen Verhalten um ein Vorgehen **ohne Auftrag** handelt, ergibt sich die **Ersatzverpflichtung aus § 678 BGB.** Handelt der Auftragnehmer hingegen unter **eigenmächtiger Abweichung** vom Vertrag, besteht die Schadensersatzverpflichtung regelmäßig auf der Grundlage von **Teil B § 4 Nr. 7 Satz 2** oder – nach Abnahme – von **Teil B § 13 Nr. 7** in der nicht ordnungsgemäßen Erfüllung. Wegen des Umfanges der Schadensersatzhaftung in diesen Fällen vgl. Teil B § 4 Rdn. 354 ff. und Teil B § 13 Rdn. 662 ff. sowie die einschlägigen Kommentierungen zum BGB (§§ 249, 252 BGB). Hier gilt nämlich nicht § 6 Nr. 6, sondern es gelten die §§ 249 ff. BGB (BGH MDR 1961, 927; BGHZ 48, 78, 79). 365

2. **Ausnahmen von dieser** weitergehenden **Haftung** gemäß Abs. 1 Satz 3 sind nach dem letzten Halbsatz gegeben, wenn eine abweichende Beurteilung durch die Vorschriften über die **Geschäftsführung ohne Auftrag** (§§ 677 ff. BGB) gerechtfertigt ist. Daraus ergibt sich: 366

a) Hat der Auftragnehmer so gehandelt, daß eine **Verletzung der vertraglich festgelegten Leistungspflicht** gegeben ist, ist er also unter **eigenmächtiger Abweichung vom Vertrag** vorgegangen, so kommt diese Ausnahmeregelung grundsätzlich nicht zum Zuge. Eine Ver- 367 tragsverletzung kann nicht durch die Regeln über die Geschäftsführung ohne Auftrag wieder ausgeglichen werden. Die Haftung des Auftragnehmers bleibt bestehen, und die Ausnahme nach den Regeln über die Geschäftsführung ohne Auftrag mit der Folge des Wegfalls einer weitergehenden Schadensersatzverpflichtung kommt also nur zum Zuge, wenn der Auftragnehmer auch **wirklich im Wege der Geschäftsführung ohne Auftrag gehandelt hat.**

368 Es muß allerdings beachtet werden, daß es von dieser Trennung zwischen Vertragsverletzung und Geschäftsführung ohne Auftrag Ausnahmen gibt. Das kann der Fall sein, wenn ein Handeln des Auftragnehmers vorliegt, das zwar als Vertragsverletzung anzusehen ist, jedoch in seiner Art und Weise unter besonderer Berücksichtigung der Zielsetzung auch als Geschäftsführung ohne Auftrag gewertet werden kann. Ist eine solche Mischform gegeben, entspricht es dem Sinne des Satzes 3, **auch dann** von der Ausnahmebestimmung, d. h. dem Wegfall einer weitergehenden Haftung, Gebrauch zu machen.

369 b) Wann die Schadensersatzverpflichtung des Auftragnehmers gemäß den §§ 677 ff. BGB entfällt, ist aus diesen Gesetzesvorschriften zu ersehen (vgl. dazu die einschlägigen BGB-Kommentare). Kurz: Eine Leistung des Auftragnehmers außervertraglicher Art ist eine **Geschäftsführung ohne Auftrag, wenn** sie im Einzelfall durch das **Interesse des Auftraggebers unter Berücksichtigung seines wirklichen oder mutmaßlichen Willens gedeckt** wird. Unter dem Begriff „mutmaßlicher Wille" ist der Wille zu verstehen, der bei **objektiver Würdigung** durch den Auftraggeber geäußert worden wäre, wenn es zu einer solchen Äußerung gekommen wäre (Palandt/Thomas § 683 Anm. 3 b). Davon gibt es in § 679 BGB eine Ausnahme insofern, als ein der Geschäftsführung entgegenstehender Wille des Auftraggebers unbeachtlich ist, demnach also die Handlungsweise des Auftragnehmers ohne Rücksicht auf den wirklichen oder mutmaßlichen Willen des Auftraggebers gebilligt wird, **wenn** damit eine Pflicht des Auftraggebers erledigt wird, deren Erfüllung im **öffentlichen Interesse** liegt und die sonst nicht rechtzeitig erfüllt worden wäre. Hauptbeispiel sind erforderlich werdende Bausicherungsmaßnahmen, die sich als außervertragliche Bauleistung darstellen. Zu beachten ist auch § 680 BGB, wonach der Auftragnehmer im Verhältnis zum Auftraggeber bei Arbeiten, die der **Abwendung einer dem Auftraggeber drohenden dringenden Gefahr dienen, nur Vorsatz und grobe Fahrlässigkeit** (vgl. dazu Teil B § 10 Rdn. 36 ff.) **zu vertreten** hat. Dabei findet § 680 BGB auch auf die Ersatzansprüche des Geschäftsführers wegen der ihm aus der Geschäftsbesorgung entstandenen Schäden Anwendung (BGH Betrieb 1972, 721). **Wichtig ist § 681 BGB,** wonach der Auftragnehmer verpflichtet ist, sobald es tunlich ist, dem Auftraggeber die Übernahme der Geschäftsführung **anzuzeigen und dessen Entschließung abzuwarten,** es sei denn, daß mit dem hierdurch entstehenden Aufschub Gefahr verbunden ist. Übernahme der Geschäftsführung bedeutet, daß der Auftragnehmer die Anzeige an den Auftraggeber nicht erst nach Erledigung der außervertraglichen Leistung zu erstatten hat, sondern daß der Zeitpunkt maßgebend ist, in dem der Auftragnehmer mit der außervertraglichen Leistung **beginnt.** Dabei gibt es Ausnahmen dann, wenn die Leistung in verhältnismäßig kurzer Zeit erledigt wird, so daß man fast mit einem Zusammenfallen von Beginn und Beendigung der Ausführung sprechen kann. **Gerade in Bauvertragssachen wird die Anzeigepflicht des Auftragnehmers häufig nicht beachtet, so daß ihm oftmals die in Abs. 1 Satz 3 vorgesehene Entlastung nicht zugute kommt.**

370 c) Sofern aufgrund anzuerkennender Geschäftsführung ohne Auftrag die weitergehende Verpflichtung des Auftragnehmers zum Schadensersatz **entfällt,** ist damit **nicht auch zugleich ein Vergütungsanspruch des Auftragnehmers entgegen Satz 1 gegeben oder die Beseitigungspflicht nach Satz 2 entfallen.** Vielmehr bezieht sich die **Ausnahmebestimmung** in Satz 3, 2. Halbsatz, **nur** auf die **Verpflichtung zum weitergehenden Schadensersatz** nach Satz 3, 1. Halbsatz. Weiter kann sie nicht ausgedehnt werden.

IV. Ausnahmsweise gegebener Vergütungsanspruch (Absatz 2)

Absatz 1, also der Vergütungswegfall, die Pflicht zur Beseitigung sowie zur Leistung von Schadensersatz, bleibt **außer Betracht, wenn** die **Voraussetzungen des Absatzes 2** vorliegen. Dabei sind zwei Tatbestände festgehalten. Einmal kann der **Auftraggeber nachträglich** solche Leistungen **anerkennen.** Zum anderen ist es möglich, daß sie für die Erfüllung des Vertrages **notwendig** waren, dem mutmaßlichen Willen des Auftraggebers entsprachen und diesem unverzüglich angezeigt wurden. Diese Ausnahmeregelungen **gelten auch für Pauschalverträge.** 371

1. Zunächst kommt das **nachträgliche Anerkenntnis** des Auftraggebers in Betracht. Dabei ist der Begriff „nachträglich" nicht so auszulegen, daß ein Anerkenntnis des Auftraggebers erst dann möglich wäre, wenn die außervertragliche Leistung bereits vollständig erbracht ist. Jegliches **Anerkenntnis nach Beginn deren Ausführung reicht aus.** 372

a) Das Verhalten des Auftraggebers muß eindeutig sein und ergeben, daß er mit der zusätzlich erbrachten Leistung **letztlich doch einverstanden** ist und sie als Bauleistung zu seinen Gunsten und für die von ihm verfolgten Zwecke, also letztlich doch noch als in den Vertrag einbezogen, **billigt. Die Art und Form des Anerkenntnisses nach § 781 BGB ist nicht vorgeschrieben.** Es kann daher im angegebenen Sinne auch **mündlich oder durch schlüssige Handlungen** erfolgen. 373

Ein Anerkenntnis durch schlüssiges Handeln liegt aber nicht schon darin, daß der nicht besonders zur Abgabe von Anerkenntnissen bevollmächtigte **Architekt** auf die eingereichte Rechnung einen **Prüfvermerk** gesetzt hat. Vgl. dazu OLG Düsseldorf (SFH Z 2.300 Bl. 14), OLG Köln (MDR 1977, 404) sowie die eingehenden und zutreffenden Ausführungen von Hochstein BauR 1973, 333. Indem der Architekt die Baurechnungen prüft, erfüllt er eine Aufgabe, die ihm **nur gegenüber dem Bauherrn** obliegt. Die dabei getroffenen Feststellungen wirken nicht zugunsten des Auftragnehmers (vgl. auch LG Köln MDR 1962, 821). Anders liegt es, wenn der Architekt die Befugnis zur Anerkennung der Rechnungen des Auftragnehmers hat (vgl. BGH NJW 1960, 859). 374

Unter Umständen kann das **Schweigen des Auftraggebers** auf mit dem Auftragnehmer geführte Verhandlungen und auf ein darauf ihm übersandtes Bestätigungsschreiben des Auftragnehmers als nachträgliches Anerkenntnis der außerhalb der vertraglichen Absprache liegenden Bauleistung zu werten sein. Es kommt darauf an, wie der Auftragnehmer nach § 346 HGB oder dem Grundsatz von Treu und Glauben (§ 242 BGB) bei Würdigung der Gesamtumstände das Schweigen des Auftraggebers auffassen mußte. Das gilt auch, wenn es sich um einen öffentlichen Auftraggeber handelt (vgl. BGH SFH Z 2.311 Bl. 12 ff.). Hier sind auch die **Grundsätze des kaufmännischen Bestätigungsschreibens** zu beachten (§ 362 HGB), falls die Voraussetzungen hierfür im Einzelfall vorliegen (vgl. Teil A § 28 Rdn. 11 ff.; vgl. auch BGH VersR 1965, 481 = BB 1965, 391 = NJW 1965, 965). Dazu reicht es allgemein nicht, wenn der Bestätigende der Gegenseite erklärt, die von dieser übernommenen Verpflichtungen genügten ihm nicht, und wenn er deshalb von dem Vertragspartner zusätzliche Leistungen verlangt (vgl. BGH NJW 1972, 820). Zur Anfechtbarkeit eines Geschäftes, das infolge Schweigens auf ein kaufmännisches Bestätigungsschreiben als zustande gekommen gilt, BGH NJW 1969, 1711 = MDR 1969, 1000 = JZ 1969, 666 = BB 1969, 933 = LM § 346 (Ea) HGB Nr. 13; BGH NJW 1972, 45. 375

Im allgemeinen ist ein bloß **gemeinsames Aufmaß** (vgl. Teil B § 14 Nr. 3) **noch kein Anerkenntnis** i. S. von Teil B § 2 Nr. 8 Abs. 2 Satz 1; dieses dient nur dazu, den Umfang der tatsächlich ausgeführten Arbeiten festzustellen (BGH NJW 1974, 646 = BauR 1974, 210 = LM VOB/B Nr. 68 = SFH Z 2.412 Bl. 21 = Betrieb 1974, 822 = BB 1975, 349). Um hier 376 ausnahmsweise eine Anerkenntniswirkung annehmen zu können, müssen im Einzelfall **darauf gerichtete Umstände eindeutig festzustellen** sein.

377 **Es ist grundsätzlich Voraussetzung, daß das Anerkenntnis vorbehaltlos und ohne Einschränkung gegeben wird.** Ist die bisher nicht bestellte Leistung teilbar und steht sie weder technisch noch rechtlich in einem untrennbaren Zusammenhang, so wird man auch ein **Teilanerkenntnis** des Auftraggebers zulassen müssen dergestalt, daß er einen Teil der außervertraglichen Leistungen unter den angegebenen Voraussetzungen gelten läßt, einen anderen Teil aber nicht. Das Teilanerkenntnis rechtfertigt sich aus dem Gedanken, daß der Auftragnehmer unbefugt und vertragsuntreu gehandelt hat; es muß daher der **Entscheidung des Auftraggebers** überlassen bleiben, ob und inwieweit er die Leistung gegen sich gelten lassen will.

378 b) Liegt ein **Anerkenntnis** vor, steht dem Auftragnehmer eine **angemessene Vergütung** zu. Für die Berechnung der Vergütung nach ihrer Art und Höhe ist im allgemeinen die **entsprechende Anwendung von Nr. 6 Abs. 2** geboten, da diese Bestimmung dem Vertragswillen der Parteien auch für diesen Fall **am ehesten entspricht.** Beim Teilanerkenntnis verbleibt es hinsichtlich des nicht anerkannten Teils bei der Regelung in Absatz 1. Ist die ganz oder zum Teil anerkannte außervertragliche Leistung **nicht ein Zusatz**, sondern stellt sie eine **Veränderung** der bisher vertraglich abgesprochenen Leistung dar, kommt für die Berechnung der Vergütung nicht Nr. 6 Abs. 2, sondern **Nr. 5** in Frage. Allerdings kommt in beiden Fällen **nur eine entsprechende Anwendung** dieser Regeln zum Zuge. Insbesondere sind nicht anwendbar die Bestimmungen über die vorherige Ankündigung des Vergütungsanspruches (Nr. 6 Abs. 1 Satz 2) und den Zeitpunkt der Preisvereinbarung („vor Ausführung"; Nr. 5 Satz 2), da für Nr. 8 Abs. 2 vorauszusetzen ist, daß der Auftragnehmer mit der außervertraglichen Leistung bereits begonnen hat, bevor überhaupt ein Anerkenntnis durch den Auftraggeber erfolgen kann.

379 c) Soweit das Anerkenntnis nach Abs. 2 Satz 1 reicht und der Auftraggeber dementsprechend verpflichtet ist, dem Auftragnehmer eine angemessene Vergütung für die außervertragliche Leistung zu zahlen, **entfällt** damit nicht nur **Abs. 1 Satz 1,** sondern es entfallen **auch** die in **Abs. 1 Satz 2 und 3** niedergelegten Pflichten des Auftragnehmers zur Beseitigung und zur Leistung anderweitigen Schadensersatzes.

380 d) Hat ein **vollmachtlos handelnder Vertreter** des Auftraggebers die Leistung des Auftragnehmers ohne Auftrag oder unter eigenmächtiger Abweichung vom Vertrag veranlaßt, ist es denkbar, daß der Auftraggeber dieses nachträglich **gemäß § 177 BGB genehmigt.** Dann liegt kein Anerkenntnis i. S. von Nr. 8 Abs. 2 Satz 1, sondern eine nachträgliche vertragliche Vereinbarung dahin gehend vor, daß die so erbrachte Leistung noch zum Vertrag gehört (Nicklisch in Nicklisch/Weick Teil B § 2 Rdn. 102; Heiermann/Riedl/Rusam/Schwaab Teil B § 2 Rdn. 99 a). In solchem Fall erfolgt die Abrechnung **unmittelbar** nach Teil B § 2 Nr. 6 oder 5.

381 2. Nach **Abs. 2 Satz 2** entsteht ein Vergütungsanspruch des Auftragnehmers auch, wenn die **außervertragliche Leistung** zur Erfüllung des Vertrages **notwendig** war, **dem mutmaßlichen Willen des Auftraggebers** entsprach und ihm **unverzüglich angezeigt** wurde. Abs. 2 Satz 2 enthält **Elemente** der in Rdn. 366 ff. erwähnten **Geschäftsführung ohne Auftrag;** die beiden Vorschriften sind aber **nicht gleichzusetzen;** hierzu auch Welter NJW 1959, 757 f. Identisch sind die **Voraussetzungen** für die Annahme des **mutmaßlichen Willens** des Auftraggebers sowie die Pflicht **zur unverzüglichen Anzeige** an den Auftraggeber. Nicht unbedingt übereinstimmend mit den §§ 677 ff. BGB ist die Voraussetzung, daß die außervertraglichen Leistungen zur **Erfüllung** des Vertrages **notwendig** waren. Hierbei handelt es sich um einen überwiegend **objektiven Begriff,** der zwar **aus der Sicht des Auftraggebers** zu beurtei-

len ist, der aber wesentliche objektive Merkmale in sich trägt. Es geht nämlich um die Ermittlung dessen, was dem Willen des Auftraggebers **bei vernünftiger Anschauung am ehesten entspricht**. Nr. 8 Abs. 2 Satz 2 ist zwar auf die Grundsätze der Geschäftsführung ohne Auftrag abgestellt, er hat aber die erwähnte zusätzliche Voraussetzung, die rechtlich unter den Begriff der **Ersparnisbereicherung** einzuordnen ist (vgl. BGH SFH Z 2.301 Bl. 46). Satz 2 vereinigt in sich also Elemente der Geschäftsführung ohne Auftrag **und** der ungerechtfertigten Bereicherung. Auch in letzterer Hinsicht ist die Verjährungsregelung des § 196 Abs. 1 Nr. 1 BGB maßgebend (vgl. BGH WM 1975, 433). Zur Beurteilung gleichgelagerter Fälle bei einem nach den **§§ 631 ff. BGB ausgerichteten Bauvertrag** eingehend und zutreffend Grimme S. 233 ff.

Unter den Voraussetzungen des Abs. 2 Satz 2 kann der Auftragnehmer eine Vergütung für erbrachte Bauleistungen auch beanspruchen, wenn eine Gemeinde Auftraggeber ist und es an einem Auftrag für die notwendig gewordenen weiteren Bauleistungen deshalb fehlt, weil bei deren Vergabe die Gemeinde nicht wirksam vertreten war (BGH BauR 1974, 273 = NJW 1974, 1241 [L] = SFH Z 2.310 Bl. 28 = MDR 1974, 749 = LM VOB/B Nr. 71 = Betrieb 1975, 252 = WM 1974, 600). 382

a) Ob die **Leistungen** für die Erfüllung des Vertrages **notwendig** waren, richtet sich nach der **Erforderlichkeit im Hinblick auf die vertragsgerechte Erfüllung des speziellen Vertrages**. Es geht um die Feststellung, ob die mit der Bauerrichtung verfolgte **Ziel- und Zwecksetzung des Auftraggebers nur auf die Weise erreicht werden kann,** in welcher der Auftragnehmer im Wege seiner außervertraglichen Leistungen vorgegangen ist, jedenfalls keineswegs so, wie im Vertrag vorgesehen. Das bedingt zugleich, daß der vom Auftraggeber verfolgte Zweck nach den allgemein anerkannten technischen Regeln unter Beachtung der Gewerbesitte mit der bisher vertraglich vorgesehenen Bauleistung nicht sachgemäß erreicht werden kann. Diese **enge Auslegung** ist wegen des Begriffs der **Notwendigkeit der vom Vertrag abweichenden Leistungen geboten**. Die Voraussetzungen der Notwendigkeit sind z. B. erfüllt, wenn wegen unvorhergesehener Bodenverhältnisse (feinster und sonst nicht bekannter Fließsand) eine größere Aushubtiefe und-breite erforderlich sind, um die Bauleistung den Regeln der Bautechnik entsprechend überhaupt und fristgerecht erstellen zu können oder der Aushub nach einer anderen als der ausgeschriebenen Bodenklasse erfolgen muß (vgl. Rdn. 295 f.), also im Einzelfall der Auftragnehmer nach Treu und Glauben mit Recht davon ausgehen konnte, daß **im wohlverstandenen Interesse des Auftraggebers die von ihm gewählte und technisch erforderliche Ausführung geboten und erforderlich war** (vgl. OLG Düsseldorf SFH Z 2.311 Bl. 9 ff.). Ähnliches gilt z. B. für den Wärmebedarf bei einer Heizungsanlage oder hinsichtlich des Zementspritzbewurfes als Voraussetzung für einen ordnungsgemäßen Verputz von Außenwänden. Demgegenüber genügt es nicht, wenn die Ziel- und Zwecksetzung sowohl nach dem Vertragsinhalt als auch durch die hiervon abweichende Leistung erreicht werden kann. Dann ist für die Notwendigkeit des anderweitigen Vorgehens des Auftragnehmers kein Raum. Liegt der Fall so, daß an sich die Ziel- und Zwecksetzung auch nach dem Vertragsinhalt herbeigeführt werden kann, daß andererseits aber die abweichende Leistung des Auftragnehmers diese **besser** erreicht, wird man wie folgt unterscheiden müssen: Handelt es sich um eine nach fachlichen Gesichtspunkten echte Qualitätssteigerung und ist nach der Einstellung des Auftraggebers (vgl. Rdn. 384), vor allem in Hinsicht auf einen zu seinen Lasten veränderten Preis, die Annahme berechtigt, daß er ein qualitätsmäßig besseres Werk entgegennehmen wird, wird man die Notwendigkeit der anderweitigen Leistungsausführung bejahen können. Ist das nicht der Fall, scheidet ein Vergütungsanspruch nach Nr. 8 Abs. 2 Satz 2 aus. 383

b) Unter dem weiteren Erfordernis, daß die Leistungen dem **mutmaßlichen Willen des Auftraggebers** entsprechen müssen, ist **der Wille** zu verstehen, der **bei objektiver Würdigung** durch den Auftraggeber **geäußert worden wäre**, wenn es zu einer solchen Äußerung 384 gekommen wäre (Palandt/Thomas § 683 Anm. 3 b). Natürlich ist die hier im VOB-Vertrag erwähnte Voraussetzung erst recht gegeben, wenn nicht nur der mutmaßliche, sondern der wirkliche Wille des Auftraggebers vorliegt. Allerdings findet hier auch § 679 BGB Anwendung, vgl. dazu Rdn. 369 (so auch OLG Celle BB 1963, 1037).

385 c) Schließlich ist die **unverzügliche Anzeige** des Auftragnehmers gegenüber dem Auftraggeber **Voraussetzung**. Sie ist also **Anspruchsvoraussetzung** (vgl. OLG Karlsruhe BauR 1973, 194).

386 Eine Anzeige liegt auch in der Einreichung eines **Nachtragsangebotes;** dieses muß allerdings grundsätzlich dem Auftraggeber zugehen, es sei denn, er hat einen hierzu erkennbar beauftragten Vertreter, wie z. B. einen mit ausreichender Vollmacht versehenen Architekten (BGH BauR 1975, 358 = BB 1975, 990 = SFH Z 3.002 Bl. 5 = Betrieb 1975, 1741 = MDR 1975, 834 = BlGBW 1975, 237 = LM § 164 BGB Nr. 39).

387 Beruht die bisher im Vertrag nicht enthaltene, technisch aber unumgänglich notwendige Leistung, für die eine gesonderte Vergütung beansprucht wird, auf einem **Planungsverschulden des Architekten,** so ergibt sich dessen Vollmacht zur Entgegennahme der Anzeige nicht schon aus seiner im Planungsbereich bestehenden Eigenschaft als Erfüllungsgehilfe des Bauherrn, da beides – Vollmacht und Erfüllungsgehilfeneigenschaft – nicht zwangsläufig miteinander verbunden ist. Überdies sollte der Auftragnehmer gerade hier für eine **zuverlässige Benachrichtigung des Bauherrn** durch dessen unmittelbare Information (ähnlich den Fällen von Teil B § 4 Nr. 3; vgl. Teil B § 4 Rdn. 258 f.) Sorge tragen. Entgegen v. Craushaar (BauR 1984, 311, 322) ergibt sich die Vollmacht des Architekten auch nicht aus einer ihm etwa übertragenen Objektüberwachung nach § 15 Abs. 2 Leistungsphase 8 HOAI. Hier geht es nämlich in der Grundlage um einen zusätzlichen Vergütungsanspruch des Auftragnehmers, hinsichtlich dessen gerade auch die HOAI dem aufsichtsführenden Architekten nicht die Stellung eines Bevollmächtigten des Auftraggebers einräumt.

388 Zu erstatten ist die Anzeige nach den Allgemeinen Vertragsbedingungen unverzüglich, das heißt **ohne schuldhaftes Zögern** (§ 121 BGB). Die Frist beginnt nicht erst mit dem Ende der außervertraglichen Arbeiten, sondern bereits vorher mit dem **Beginn der Ausführung** dieser Leistungen (so auch Weick in Nicklisch/Weick Teil B § 2 Rdn. 106; Hundertmark Betrieb 1987, 32, 36).

Der Ansicht von Daub/Piel/Soergel/Steffani (Teil B § 2 ErlZ B 2.162), die Anzeigepflicht ergebe sich schon im Zeitpunkt des Entschlusses zur nicht bestellten Ausführung, steht die Wendung der hier maßgebenden vertraglichen Regelung der VOB entgegen, welche die Anzeige in bezug auf die hier erörterte Leistung keinesfalls auf die Zeit vor Beginn der Ausführung legt („notwendig waren"; „angezeigt wurden"). Davon abgesehen fällt der Zeitpunkt des Entschlusses mit dem Beginn der Ausführung in der Praxis weitgehend zusammen. Überdies dürfte die Feststellung des Zeitpunktes der Entschlußfassung, also ein subjektives Element, im einzelnen schwer feststellbar sein. Letzteres Bedenken muß im Ergebnis auch Heiermann/Riedl/Rusam/Schwaab (Teil B § 2 Rdn. 100 c) sowie v. Craushaar (BauR 1984, 311, 321 f.) entgegengehalten werden, wenn sie den Beginn der Anzeigepflicht auf den Zeitpunkt legen wollen, sobald die Möglichkeit zur Anzeige besteht. Zwar ist dann eine Verobjektivierung hinsichtlich des Zeitpunktes gegeben, jedoch führt diese Auffassung zu durchaus unterschiedlichen Beurteilungen von Fall zu Fall, wobei auch hier die jeweilige Feststellung der Möglichkeit der Anzeige in der Praxis auf nicht unerhebliche Schwierigkeiten stoßen kann. Daher erscheint es geboten, für alle Fälle einheitlich einen ohne weiteres fixierbaren Zeitpunkt für den Fristbeginn mit dem Anfang der Ausführung der nicht bestellten Leistungen festzulegen. Dies dürfte auch der berechtigten Interessenlage beider Vertragspartner am ehesten gerecht werden.

389 Eine Anzeige ist allerdings **entbehrlich,** wenn der Auftraggeber bereits von der Durchführung oder der unmittelbar bevorstehenden Verwirklichung der außervertraglichen Arbeiten Kenntnis hat, da dann die mit der Anzeige zugunsten des Auftraggebers bezweckte Schutz-

funktion entfällt. Dabei kommt es jedoch auf die Kenntnis des Auftraggebers selbst oder seines bevollmächtigten Vertreters an (insoweit zu weitgehend v. Craushaar BauR 1984, 311, 322).

Man wird auch, obwohl dies in Abs. 2 Satz 2 nicht ausdrücklich aufgenommen ist, zu einer **entsprechenden Anwendung des § 681 BGB** kommen müssen, daß nämlich von der Anzeigenerstattung ab zunächst die **Entschließung** des Auftraggebers **abzuwarten** und die Arbeit vorerst nicht fortzusetzen ist, es sei denn, daß mit dem hierdurch entstehenden Aufschub eine **Gefahr** verbunden ist (ebenso OLG Hamburg BauR 1982, 69). Von dem Erfordernis des Abwartens wird man auch dann eine Ausnahme machen können, wenn der Auftragnehmer dem insoweit befugten Bauleiter des Auftraggebers die Anzeige erstattet hat und nach der Sachlage aus Treu und Glauben ein Abwarten des Auftragnehmers im Hinblick auf seine Pflichten zur vertrags- und fristgerechten Leistungserfüllung nicht zumutbar ist. Hier muß es sich aber um **wirkliche, einschränkend zu bewertende Ausnahmen** im Rahmen des Einzelfalles handeln (vgl. OLG Düsseldorf SFH Z 2.311 Bl. 9; OLG Celle BB 1963, 1037; OLG Stuttgart BauR 1977, 291).

390

Gerade die Erfüllung der Anzeigepflicht wird vom Auftragnehmer häufig nicht beachtet mit der schwerwiegenden Folge, daß sein davon abhängiger Vergütungsanspruch **entfällt** (vgl. dazu auch BGH BauR 1978, 314, 316; OLG Karlsruhe BauR 1973, 194). Zwar schließt die Unterlassung der Anzeige im Rahmen der Geschäftsführung ohne Auftrag den Anspruch des Geschäftsführers auf Aufwendungsersatz nach § 683 BGB nicht schlechthin aus, wobei allerdings diesem Anspruch ein Schadensersatzanspruch des Geschäftsherrn gegen den Geschäftsführer deswegen gegenübersteht, weil er nicht oder nicht rechtzeitig von der Übernahme der Geschäftsführung erfahren hat (vgl. BGH NJW 1976, 619). Abgesehen davon, daß hier der Schadensersatzanspruch des Auftraggebers dem etwaigen Ersatzanspruch des Auftragnehmers im allgemeinen gleichzusetzen wäre, der Ersatzanspruch also schon deswegen regelmäßig entfiele, kann **§ 683 BGB für den Bereich des VOB-Vertrages keine Anwendung finden.** Aus Teil B § 2 Nr. 8 Abs. 2 Satz 2 ergibt sich vielmehr, daß dem Auftragnehmer eine angemessene Vergütung nur zusteht, wenn er – auch – die ihm obliegende, vertraglich vereinbarte Anzeigepflicht erfüllt hat. Damit ist aber zugleich ein **Anspruch aus § 683 BGB** im Falle der Mißachtung der Anzeigepflicht als **vertraglich ausgeschlossen** anzusehen (ebenso OLG Hamburg BauR 1982, 69).

391

d) Liegen alle drei Tatbestandselemente des Abs. 2 Satz 2 vor, **wofür der Auftragnehmer die Beweislast trägt,** steht ihm auch eine **Vergütung für die außervertragliche Leistung** zu. Dann **gilt** diese Leistung **als mit zum Vertrag gehörig.** Für die Berechnung der Vergütung hat das gleiche zu gelten wie in einem nach Abs. 2 Satz 1 gegebenen Fall (vgl. Rdn. 378).

392

L. Besondere planerische Leistungen des Auftragnehmers auf Verlangen des Auftraggebers (Nr. 9)

Wenn der **Auftraggeber Zeichnungen, Berechnungen oder andere Unterlagen verlangt,** die der Auftragnehmer nach dem Vertrag, besonders den Technischen Vorschriften oder der gewerblichen Verkehrssitte, **nicht** zu beschaffen hat, hat er sie **zu vergüten.** Läßt er weiterhin vom Auftragnehmer nicht aufgestellte technische Berechnungen durch diesen nachprüfen, hat er die Kosten zu tragen (Teil B § 2 Nr. 9). **Zur AGB-rechtlichen Zulässigkeit der Übertragung selbständiger Planungsleistungen auf den Auftragnehmer auf dessen Veranlassung** vgl. Teil A § 1 Rdn. 27 ff. und b sowie Anh. Teil A Rdn. 134. Sofern in dem von Nr. 9 erfaßten Bereich dem Auftragnehmer im betreffenden Bauvertrag Aufgaben übertragen werden, sind AGB des Auftraggebers – insbesondere Zusätzliche oder Besondere Vertragsbedingungen –, wonach der Auftragnehmer die entsprechenden Leistungen **kostenlos** zu er-

393

bringen habe, wegen Verstoßes gegen § 9 AGB-Gesetz unwirksam. Dann handelt es sich nämlich um eine **grobe Verletzung der auf Treu und Glauben beruhenden gesetzlichen Regelung des § 632 Abs. 1 BGB.**

I. Verlangen von Zeichnungen, Berechnungen oder anderen Unterlagen (Absatz 1)

394 Bei der Benennung von **Zeichnungen, Berechnungen oder anderen Unterlagen** in Absatz 1 handelt es sich lediglich um eine beispielhafte Aufzählung. Nr. 9 bildet in gewisser Weise ein **Gegenstück zu Teil A § 20 Nr. 2 Satz 2** und der dortigen Vergütungsregelung. Beides **überschneidet sich aber nicht** und ist auch nicht voneinander abhängig. Während es sich in Teil A § 20 Nr. 2 Satz 2 um Unterlagen handelt, die im Rahmen eines **Ausschreibungsverfahrens** oder bei sonstigen Bauvertragsverhandlungen im Rahmen des Angebotes von den Bietern verlangt werden, also **vor** Bauvertragsabschluß, handelt es sich hier um Unterlagen, die der Auftragnehmer **nach** erfolgtem Bauvertragsabschluß aufzustellen hat (vgl. auch LG Hamburg SFH Z 2.10 Bl. 21 ff.). Insoweit ist vor allem auch auf Teil B § 3 Nr. 5 hinzuweisen.

395 1. Erste Voraussetzung ist das **Verlangen des Auftraggebers** nach einer Beschaffung oder Anfertigung von Ausführungsunterlagen. Es muß ein darauf bezogener besonderer **Auftrag des Auftraggebers** vorliegen. Von einem Verlangen im Sinne einer Auftragserteilung kann nur gesprochen werden, wenn dieses von seiten des Auftraggebers oder seines dazu im Einzelfall befugten Vertreters hinreichend klar und bestimmt gestellt wird (vgl. dazu Rdn. 291 f.).

396 2. Es muß sich um die Anforderung von **Ausführungsunterlagen** handeln, **die der Auftragnehmer** nach dem Vertrag, den Technischen Vertragsbedingungen oder der gewerblichen Verkehrssitte **nicht zu beschaffen hat** (Absatz 1). Es **scheiden** also alle Verpflichtungen des Auftragnehmers zur Beschaffung oder zur Erstellung von Ausführungsunterlagen aus der hier geregelten besonderen Vergütungspflicht **aus**, die er mit dem Abschluß des Bauvertrages ohnehin übernommen hat. Das gilt vor allem für Einzelbestimmungen des Teils C (vgl. Teil B § 1 Nr. 1 Abs. 1 Satz 2). Dazu rechnen z. B. die DIN 18 330 und DIN 18 331, jeweils Nr. 4.2.3, die DIN 18 335 Nr. 3.2.1–3.2.5, die DIN 18 360 Nr. 3.1.3 und 4.1.11. Aber auch sonst können sich aus dem Vertrag, vor allem etwaigen Zusätzlichen Technischen Vertragsbedingungen, derartige Verpflichtungen des Auftragnehmers ergeben.

397 3. Grundsätzlich sind alle außerhalb des Vertrages liegenden Anforderungen des Auftraggebers zur Beschaffung von Ausführungsunterlagen **vergütungspflichtig.** Dabei ist allerdings eine Einschränkung zu beachten, die durch den Begriff der **gewerblichen Verkehrssitte** abgesteckt wird (vgl. Rdn. 122 f.). Handelt es sich nämlich um Ausführungsunterlagen, die weder eine angemessene Arbeitsleistung noch sonst einen nennenswerten Eigenaufwand des Auftragnehmers erfordern, so ist deren Beschaffung oder Anfertigung der **ursprünglichen vertraglichen Leistungspflicht zuzurechnen.** Der gewerblichen Verkehrssitte kommt eine besondere Bedeutung zu, wenn es sich um Leistungsanforderungen des Auftraggebers nach Abschluß des Bauvertrages und während der Bauzeit handelt. Werden für den Zusammenbau von vorgefertigten Elementen Pläne mitgeliefert, kann der Auftragnehmer nach der gewerblichen Verkehrssitte nicht verlangen, daß ihm für diese Pläne eine gesonderte Vergütung gezahlt wird. Das trifft jedenfalls zu, wenn diese Pläne dem Verständnis des Zusammenbaues zu dienen bestimmt sind, nicht jedoch für das konkrete Bauvorhaben besonders angefertigt werden mußten. Ähnliches gilt, wenn die Bauvergabe nach einer **Leistungsbeschreibung mit Leistungsprogramm** gemäß Teil A § 9 Nr. 10–12 erfolgt ist, da dort die **Entschädigung des Auftragnehmers** bereits nach Teil A § 20 Abs. 2 Satz 2 erfolgt. Auch in allen anderen Fällen, in denen aufgrund dieser Bestimmung schon eine Entschädigung an den Auftrag-

nehmer gezahlt worden ist, kann er eine solche nicht noch gesondert nach Teil B § 2 Nr. 9 beanspruchen.

4. Die **Verpflichtung des Auftragnehmers,** der Aufforderung des Auftraggebers zur Beschaffung der verlangten Ausführungsunterlagen nachzukommen, **ergibt sich aus Teil B § 1 Nr. 4,** allgemein aber auch wegen des **notwendigen Zusammenhanges mit der auszuführenden vertraglichen Bauleistung** aus dem Gesichtspunkt von **Treu und Glauben.** Deshalb kommen hier solche **Unterlagen nicht** in Betracht, **die mit** dem speziell auszuführenden **Bauobjekt nicht im Zusammenhang** stehen und dafür nicht benötigt werden. Werden von einem Auftragnehmer Ausführungsunterlagen gefordert, die nicht für seine, sondern für die vertragliche Leistung eines anderen Auftragnehmers am selben Objekt notwendig sind, kommt eine Beschaffungs- oder Herstellungspflicht des Auftragnehmers nur in Betracht, wenn er sich hiermit ausdrücklich oder stillschweigend einverstanden erklärt. Insofern ergeben sich Anhaltspunkte zumindest auch aus den einschlägigen zum Vertragsinhalt gehörenden (vgl. Teil B § 1 Nr. 1 Abs. 1 Satz 2) DIN-Normen. Nicht geschuldet werden z. B. vom Rohbauunternehmer die Bewehrungspläne, die als grundsätzlich vom Auftraggeber bereitzustellende Ausführungsplanung zu kennzeichnen sind. Wird in einem solchen Fall eine Vergütungsvereinbarung nicht ausdrücklich getroffen, so ist Nr. 9 **entsprechend anwendbar.**

II. Nachprüfung technischer Berechnungen (Absatz 2)

Nach Nr. 9 Abs. 2 erstreckt sich die **Vergütungspflicht** des Auftraggebers **auch** auf die **Nachprüfung von technischen Berechnungen,** die vom Auftragnehmer nicht aufgestellt und an sich vertraglich nicht ohnehin geschuldet worden sind. Unter den Begriff der technischen Berechnungen fallen Massenberechnungen, statische Berechnungen usw.

Eine Verpflichtung des Auftragnehmers aus Teil B § 1 Nr. 4 oder aus Treu und Glauben (vgl. Rdn. 398) ist für diesen Fall im allgemeinen **nicht anzunehmen.** Dies ergibt sich aus der unterschiedlichen Formulierung in den Absätzen 1 und 2. Während dort das einseitige Verlangen des Auftraggebers genügt, um eine Leistungsverpflichtung des Auftraggebers zum Entstehen zu bringen, kommt es hier auf das **Einverständnis des Auftragnehmers** an. Die Anwendung des Absatzes 2 setzt also eine **Vereinbarung beider Vertragspartner** voraus. **Abzugrenzen ist dies allerdings von den Verpflichtungen, die sich für den Auftragnehmer ohnehin aus Teil B § 3 Nr. 3 Satz 2 (vgl. Teil B § 3 Rdn. 33 ff.) sowie insbesondere aus Teil B § 4 Nr. 3 (vgl. Teil B § 4 Rdn. 182 ff.) ergeben.**

Zur Nachprüfung können nur solche technischen Berechnungen gelangen, die nicht vom Auftragnehmer selbst aufgestellt worden sind. Dies ergibt sich daraus, daß es ohnehin zu den vertraglichen Pflichten des Auftragnehmers gehört, von ihm selbst aufgestellte technische Berechnungen auch während der Abwicklung des Bauvertrages nachzuprüfen, falls ein Anlaß dazu besteht. Eine solche Arbeit ist mit der vertraglichen Vergütung abgegolten. Es scheiden auch die Berechnungen aus, die von Erfüllungsgehilfen des Auftragnehmers (§ 278 BGB) stammen.

III. Höhe der Vergütung

Nr. 9 sagt nichts darüber, **wie hoch** die vom Auftraggeber dem Auftragnehmer geschuldete **Vergütung** zu sein hat oder wie sie im einzelnen zu berechnen ist. Vielmehr heißt es in Absatz 1 nur, daß dem Auftragnehmer die Beschaffung von Ausführungsunterlagen zu vergüten ist, während ihm nach Absatz 2 die Kosten zu bezahlen sind. Die VOB geht ersichtlich davon aus, daß die Vertragspartner für den Einzelfall eine Vergütung **vereinbart haben, die dann**

ausschlaggebend ist. **Fehlt es daran,** so richtet sich die **Höhe** der geschuldeten **Gegenleistung** nicht ohne weiteres nach bestimmten Gebührenordnungen (GOI, HOAI oder LHO), wenn diese auch gewisse **Anhaltspunkte** für die Berechnung bieten mögen. Nach Teil A § 2 Abs. 1 Satz 1 in Verbindung mit § 632 Abs. 2 BGB gilt für unternehmerische Leistungen im Rahmen der VOB, wozu auch die Arbeiten nach Nr. 9 gehören, grundsätzlich eine **angemessene Vergütung** als vereinbart, wobei die Bewertung der Vergütung nach der Leistung eines entsprechend qualifizierten Fachmannes auszurichten ist. Dabei kommt je nach Sachlage die **entsprechende Anwendung von Teil B § 2 Nr. 5 oder insbesondere Nr. 6** in Frage. Es können bei einer solchen Berechnung Schwierigkeiten entstehen, die oftmals nur von einem Sachverständigen (vgl. Teil A § 7) geklärt werden können, falls der Auftraggeber mit einer auf § 316 BGB beruhenden **Bestimmung des Auftragnehmers** nicht einverstanden ist. Deshalb ist es dringend zu empfehlen, vorher eine Vergütung oder, falls das nicht möglich ist, jedenfalls die **Berechnungsgrundlage** hierfür festzulegen. Als Bewertungsmaßstab kommt dabei auch die **Vereinbarung einer** der genannten **Gebührenordnungen** in Betracht. Dabei brauchen in der Person des Auftragnehmers nicht die personellen und fachlichen Voraussetzungen vorzuliegen, die an sich einen Anspruch auf Vergütung nach diesen Gebührenordnungen rechtfertigen würden. Die Auffassung von Ludwigs (S. 142), daß im Rahmen von Nr. 9 Abs. 2 nur die notwendigen Kosten des Auftragnehmers durch den Auftraggeber zu erstatten seien, kann nicht gebilligt werden. Hierfür fehlen jeder Anhaltspunkt und jede Berechtigung. Wie hier auch Weick in Nicklisch/Weick Teil B § 2 Rdn. 115; Heiermann/Riedl/Rusam/Schwaab Teil B § 2 Rdn. 104 a).

IV. Entsprechende Anwendung von Teil B § 3 Nr. 6 Satz 1

403   Im Falle der Anfertigung von Unterlagen nach Maßgabe des Absatzes 1 ist im allgemeinen anzunehmen, daß das Sacheigentum daran auf den Auftraggeber übergeht. Jedoch darf der Auftraggeber diese nicht ohne Zustimmung des Urhebers für weitere Vorhaben verwenden. Hier gilt Teil B § 3 Nr. 6 Satz 1 entsprechend (vgl. Teil B § 3 Rdn. 59 ff.).

M. Vergütung von Stundenlohnarbeiten (Nr. 10)

404   Nr. 10 befaßt sich mit der **Vergütung von Stundenlohnarbeiten.** Diese werden **nur bezahlt, wenn sie als solche vor ihrem Beginn ausdrücklich vereinbart worden sind.** Die VOB/B **schließt** damit deutlich die **Möglichkeit aus,** im Falle der Nichtvereinbarung einer Vergütung diese gemäß § 632 Abs. 2 BGB als angemessen bzw. üblich auf Stundenlohnbasis festzulegen. Der Grund dafür ist, daß sich der Umfang von Stundenlohnarbeiten in der Regel nachträglich schwer nachprüfen läßt (BGH SFH Z 2.300 Bl. 11 = BB 1961, 989). Entgegen Daub/Piel/Soergel/Steffani (ErlZ B 2.170) befaßt sich **Nr. 10** keineswegs nur mit Stundenlohnarbeiten, die in Verbindung mit einer anderen im Vertrag festgelegten Vergütungsart anfallen (sogenannte angehängte Stundenlohnarbeiten). Vielmehr **gilt** diese Regelung **bei VOB-Verträgen schlechthin für alle Fälle, in denen der Auftragnehmer eine Stundenlohnvergütung beanspruchen will.** Dies ergibt der klare Wortlaut der Nr. 10.

I. Nr. 10 regelt Anspruch auf Stundenlohnvergütung als solchen

405   Der in Nr. 10 im Klammerzusatz gebrachte Hinweis auf Teil B § 15 ergibt zugleich eine Unterscheidung hinsichtlich Bedeutung und Tragweite der Nr. 10 im Verhältnis zu Teil B § 15. Nr. 10 befaßt sich mit dem **Vergütungsanspruch** des Auftragnehmers bei Stundenlohnarbeiten **als solchem, d. h. dem Grunde nach.** Demgegenüber behandelt Teil B § 15 die Frage, **welche** Vergütung dem Auftragnehmer im Einzelfall für **vereinbarte** Stundenlohnarbeiten **der Höhe nach** geschuldet wird, d. h. **unter welchen weiteren Voraussetzungen und wie sie zu berechnen ist.** Ist nach Nr. 10 der Vergütungsanspruch des Auftragnehmers nach

Stundenlöhnen zu verneinen, kann es zu einer Anwendung von Teil B § 15 nicht kommen.

II. Abschluß eines Stundenlohnvertrages

Rechtlich haben die Vertragspartner beim Vorliegen der Voraussetzungen der Nr. 10 einen **Stundenlohnvertrag geschlossen.** Er ist seinem Typ nach in Teil A § 5 Nr. 2 geregelt (vgl. Teil A § 5 Rdn. 22 ff.). 406

III. Ausdrückliche Vereinbarung erforderlich

Die **Bezahlung als Stundenlohnvergütung** muß **ausdrücklich vereinbart** sein. Es ist erforderlich, daß die Parteien **unmißverständlich** und zweifelsfrei ihren Willen zum Ausdruck gebracht haben, auf der Grundlage der Stundenlöhne entweder alle vom jeweiligen Vertragsinhalt umrissenen Leistungen oder einen bestimmten Teil derselben abrechnen zu wollen. Im letzteren Fall sind die Leistungsteile **genau und eindeutig zu bezeichnen** oder abzugrenzen. Es ist für die Annahme eines Stundenlohnvertrages nicht möglich, schon eine bloß stillschweigende Absprache oder den Gesichtspunkt der Üblichkeit im Rahmen der Nr. 10 gelten zu lassen. **Reines Dulden der Arbeiten reicht** normalerweise **nicht schon aus.** Das gilt vor allem deshalb, weil nicht selten Meinungsverschiedenheiten darüber entstehen können, ob es sich überhaupt um vergütungspflichtige Arbeiten oder um nicht besonders zu vergütende Nebenleistungen handelt (vgl. dazu die in den jeweiligen DIN-Normen unter 4 getroffenen Unterscheidungen). Ist eine Stundenlohnvereinbarung getroffen worden, so erstreckt sich diese grundsätzlich auch auf später anfallende Zusatzleistungen, sofern diese gleichen Inhalts und gleicher Art wie diejenigen sind, auf die sich die Stundenlohnvereinbarung bezieht. Allerdings gilt das nicht ohne weiteres für den bisher vereinbarten Stundensatz, wenn die Stundenlohnarbeiten zunächst nach Stundenzahl begrenzt waren, weil der Auftragnehmer nur insoweit mit dem Anfall von Stundenlohnarbeiten zu rechnen brauchte. Für die später anfallenden Arbeiten gelten dann insoweit die für Teil B § 2 Nr. 6 maßgebenden Grundsätze entsprechend (vgl. Rdn. 307 ff.). 407

Nach den Allgemeinen Vertragsbedingungen der VOB ist für Nr. 10 die **Einhaltung einer bestimmten Form** – wie der Schriftform – **nicht erforderlich.** Es ist aber dringend zu empfehlen, eine solche einzuhalten. Das gilt besonders für den **Auftragnehmer,** der die **Beweislast** für die von ihm behauptete Absprache einer Stundenlohnvergütung trägt, wie aus Teil B § 2 Nr. 2 folgt (vgl. Rdn. 187). 408

IV. Stundenlohnvereinbarung spätestens vor Beginn der betreffenden Arbeiten

Die erforderliche, ausdrückliche Stundenlohnabsprache ist **im allgemeinen beim Vertragsabschluß** vorzunehmen. Sie hat an hinreichend klar gekennzeichneter Stelle durch eine entsprechende **Klausel im Bauvertrag** auch noch später zu geschehen. Nach Nr. 10 **reicht es aber aus,** wenn die Stundenlohnvereinbarung **vor Beginn der sie betreffenden Arbeiten** getroffen ist. Hierbei handelt es sich um eine reine Zweckmäßigkeitsregel, die dem auf allgemeiner Erfahrung aufgebauten Geschehensablauf im Bauwesen Rechnung trägt. Es zeigt sich oft erst während der Bauausführung, daß weitere Arbeiten als im Bauvertrag vorgesehen noch erforderlich sind. Dabei kann sich die Notwendigkeit oder die Zweckmäßigkeit ergeben, diese zusätzlichen Arbeiten, die häufig wert- und umfangmäßig geringfügig, jedoch lohnintensiv sind, nach Stundenlohnsätzen und verbrauchtem Material abzurechnen. Mit Beginn der Arbeiten ist somit nicht der Beginn der vertraglich geschuldeten Bauleistung als solcher gemeint, sondern der **Beginn der Stundenlohnarbeiten.** 409

410 Es ist nach Nr. 10 auch möglich, eine im Bauvertrag nach Einheitspreisen oder nach einem Pauschalpreis festgelegte Leistung durch spätere Vereinbarung vor ihrer Ausführung auf eine Stundenlohnvereinbarung umzustellen. Das kann vorkommen, wenn sich später herausstellt, daß die Leistung anders als vorgesehen ausgeführt werden muß, dabei ein erheblicher Lohn- und Materialaufwand entsteht und sich ein angemessener Preis nach Teil B § 2 Nr. 5 oder 6 nicht ermitteln läßt. Nr. 10 erfaßt also nicht nur Leistungen, die nach Vertragsabschluß erst notwendig werden, sondern auch solche, die im Bauvertrag bereits festgelegt sind.

V. Abrechnung grundsätzlich nach Einheitspreisen bei Fehlen von Stundenlohnvereinbarung

411 Kommt es zu einer vom Auftragnehmer angestrebten **Stundenlohnvereinbarung** zu dem in Nr. 10 angegebenen Zeitpunkt **nicht** oder erklärt sich der Auftraggeber hierzu auch später im Wege einer abändernden Vertragsvereinbarung nicht bereit, kann der Auftragnehmer für seine Arbeit **keine Vergütung auf der Basis der Stundenlohnberechnung fordern.** Andererseits entfällt für ihn dadurch aber nicht ein Vergütungsanspruch überhaupt. Vielmehr ist diese Leistung dann nach Nr. 2 auf der Grundlage der **Einheitspreise** (vgl. BGH BB 1961, 989 = SFH Z 2.300 Bl. 11) oder im Rahmen einer im Einzelfall getroffenen Pauschalpreisvereinbarung abzurechnen. **Das gilt aber nur, sofern überhaupt die Voraussetzungen gegeben sind, um eine Vergütung fordern zu können,** wie etwa nach den Nr. 1, 5 oder 6. Anderenfalls steht dem – **eigenmächtig handelnden** – **Auftragnehmer keine Vergütung zu,** auch nicht nach den §§ 812 ff. BGB, es sei denn, die Ausnahmeregelung in Teil B § 2 Nr. 8 Abs. 2 (vgl. Rdn. 371 ff.) greift ein.

N. Regelungen des VHB zu Teil B § 2

412 Zu Teil B § 2 ist für öffentliche Auftraggeber im VHB folgendes festgehalten:

Vergütung

1. Über- oder Unterschreitung der Mengenansätze (§ 2 Nr. 3 VOB/B)

1.1. § 2 Nr. 3 VOB/B ist anzuwenden, wenn sich nur die Menge einer im Einheitspreisvertrag vorgesehenen Teilleistung ändert, die Teilleistung jedoch sonst dieselbe bleibt.

1.2. Bei der Vereinbarung eines neuen Preises nach § 2 Nr. 3 VOB/B ist von den Grundlagen der Ermittlung des bisherigen Einheitspreises für die Teilleistung auszugehen.

1.3. Bei Überschreitung der Mengenansätze einer Teilleistung sind nur die Mehr- oder Minderkosten zu berücksichtigen, die durch diese Mengenänderung verursacht worden sind.

Sobald erkennbar wird, daß der Mengenansatz der unter einem Einheitspreis erfaßten Teilleistung um mehr als 10 v. H. überschritten wird, ist unverzüglich zu prüfen, ob die Vereinbarung eines niedrigeren Preises verlangt werden muß. Dabei ist zu berücksichtigen, daß sich die Mengenänderung sowohl auf die Einzelkosten als auch auf die Gemeinkosten auswirken kann. Das Ergebnis der Prüfung ist schriftlich festzuhalten.

Ein vereinbarter neuer Preis gilt nur für die über 10 v. H. hinausgehende Überschreitung des Mengenansatzes.

2. Änderung des Bauentwurfs oder andere Anordnungen des Auftraggebers (§ 2 Nr. 5 VOB/B)

2.1. Wegen des Nachweises der Mehr- oder Minderkosten vgl. Nr. 1.3 dieser Richtlinie.

2.2. Anordnungen, die der Auftraggeber zum Zwecke der vertragsgemäßen Ausführung nach § 4 VOB/B trifft, sind keine „anderen Anordnungen" im Sinne des § 2 Nr. 5 VOB/B.

3. Verfahren bei Preisvereinbarung nach § 2 Nr. 3, 5, 6 VOB/B

3.1. Bei Änderungen der vorgesehenen Leistung oder bei zusätzlichen Leistungen ist rechtzeitig – in Fällen der Nr. 5 und 6 vor der Ausführung – ein schriftliches Nachtragsangebot einzuholen. Das Bauamt hat den Auftragnehmer bei der Einholung der Nachtragsangebote darauf hinzuweisen, daß alle Bedingungen des Hauptauftrages einschließlich der Nachlässe gelten. Das Bauamt hat zu prüfen, ob diese Bedingungen erfüllt sind. Es hat vom Auftragnehmer die zur Ermittlung des neuen Preises erforderlichen Unterlagen nach Nr. 3 der EVM(B)ZVB bzw. Nr. 2 der EVM(K)ZVB und ggf. die erforderlichen Auskünfte zu verlangen.

3.2. Das Bauamt hat Art und Umfang von Leistungsänderungen bzw. die Notwendigkeit zusätzlicher Leistungen sowie die Ermittlung des neuen Preises schriftlich zu begründen. Der Vermerk ist den Abrechnungsunterlagen beizufügen.

3.3. Für die Vereinbarung ist das Formblatt EFB-Nach (Teil III) zu verwenden. Darin sind auch die Auswirkungen von Leistungsänderungen bzw. von zusätzlichen Leistungen auf die Bemessung der Ausführungsfristen festzulegen. Bei Mengenänderungen, die keinen Einfluß auf die vereinbarten Preise haben, bedarf es keiner Nachtragsvereinbarung; der für die Haushaltsüberwachungsliste Verantwortliche – Abschnitt J 6.2 und 6.3 RBBau – ist jedoch schriftlich zu unterrichten.

4. Leistungen des Auftragnehmers ohne Auftrag (§ 2 Nr. 8 VOB/B)

Hat der Auftragnehmer Leistungen ohne Auftrag oder unter eigenmächtiger Abweichung vom Vertrage ausgeführt, ist unverzüglich zu prüfen, ob diese Leistungen anerkannt werden sollen oder die Voraussetzungen des § 2 Nr. 8 Abs. 2 Satz 2 VOB/B vorliegen. Dem Auftragnehmer ist schriftlich mitzuteilen, ob die Leistung abgelehnt, deren Beseitigung gefordert oder ob sie anerkannt wird.
Soweit dem Auftragnehmer eine Vergütung nach § 2 Nr. 8 Abs. 2 VOB/B zusteht, ist der Preis entsprechend der Regelung nach § 2 Nr. 5 oder Nr. 6 VOB/B zu ermitteln.

5. Stundenlohnarbeiten (§ 2 Nr. 10 VOB/B)

Bei der Vereinbarung der Vergütung für Stundenlohnarbeiten sind Nr. 2 der Richtlinie zu § 5 VOB/A, Nr. 4 und Nr. 21 EVM(B)ZVB bzw. Nr. 3 und Nr. 10 EVM(K)ZVB und Nr. 3 und 23 EVM(L)ZVB zu beachten.

6. Beteiligung der technischen Aufsichtsbehörde in der Mittelinstanz

Wegen der Beteiligung der technischen Aufsichtsbehörde in der Mittelinstanz vgl. Nr. 5 der Richtlinie „Zuständigkeiten".

§ 3 Ausführungsunterlagen

1. Die für die Ausführung nötigen Unterlagen sind dem Auftragnehmer unentgeltlich und rechtzeitig zu übergeben.

2. Das Abstecken der Hauptachsen der baulichen Anlagen, ebenso der Grenzen des Geländes, das dem Auftragnehmer zur Verfügung gestellt wird, und das Schaffen der notwendigen Höhenfestpunkte in unmittelbarer Nähe der baulichen Anlagen sind Sache des Auftraggebers.

3. Die vom Auftraggeber zur Verfügung gestellten Geländeaufnahmen und Absteckungen und die übrigen für die Ausführung übergebenen Unterlagen sind für den Auftrag-

nehmer maßgebend. Jedoch hat er sie, soweit es zur ordnungsgemäßen Vertragserfüllung gehört, auf etwaige Unstimmigkeiten zu überprüfen und den Auftraggeber auf entdeckte oder vermutete Mängel hinzuweisen.

4. Vor Beginn der Arbeiten ist, soweit notwendig, der Zustand der Straßen und Geländeoberfläche, der Vorfluter und Vorflutleitungen, ferner der baulichen Anlagen im Baubereich in einer Niederschrift festzuhalten, die vom Auftraggeber und Auftragnehmer anzuerkennen ist.

5. Zeichnungen, Berechnungen, Nachprüfungen von Berechnungen oder andere Unterlagen, die der Auftragnehmer nach dem Vertrag, besonders den Technischen *Vertragsbedingungen*, oder der gewerblichen Verkehrssitte oder auf besonderes Verlangen des Auftraggebers (§ 2 Nr. 9) zu beschaffen hat, sind dem Auftraggeber nach Aufforderung rechtzeitig vorzulegen.

6. Die in Nr. 5 genannten Unterlagen dürfen ohne Genehmigung ihres Urhebers weder veröffentlicht noch vervielfältigt noch für einen anderen als den vereinbarten Zweck benutzt werden. Sie sind auf Verlangen zurückzugeben, wenn nichts anderes vereinbart ist. Der Auftraggeber darf jedoch die vom Auftragnehmer gelieferten Unterlagen so lange behalten, wie er sie zur Rechnungsprüfung braucht.

Inhaltsübersicht

	Rdn.
A. Allgemeines – Koordinationspflicht (Mitwirkungspflicht) des Auftraggebers	1–7
I. Grundlage der Nr. 1–4	1–3
II. Planer als Erfüllungsgehilfe	4–6
III. Unterstützungspflichten des Auftragnehmers	7
B. Ausführungsunterlagen (Nr. 1)	8–20
I. Begriff der Ausführungsunterlagen	9
II. Übergabeverpflichtung des Auftraggebers	10–20
1. Zur Ausführung nötige Unterlagen	11
2. Mögliche Pflicht des Auftragnehmers zur Beschaffung der nötigen Unterlagen	12
3. Unentgeltliche Überlassung	13
4. Rechtzeitige Übergabe	14
5. Anspruch des Auftragnehmers auf Übergabe	15
6. Pflichten aus Nr. 1 sind Mitwirkungspflichten des Auftraggebers	16–20
a) Dauernde Verweigerung der Überlassung von Unterlagen durch Auftraggeber	17–19
b) Vorübergehende Verweigerung der Überlassung von Unterlagen durch Auftraggeber	20
C. Abstecken der Hauptachsen (Nr. 2)	21–30
I. Spezialvorschrift – Allgemeines	21–22
II. Vorbereitungsarbeiten als Mitwirkungshandlung	23–27
III. Ausnahme: Vornahme der Handlungen nach Nr. 2 durch Auftragnehmer	28–29
IV. Haftung des Auftraggebers bei Pflichtverletzung	30
D. Die Verbindlichkeit der Ausführungsunterlagen (Nr. 3)	31–44
I. Maßgeblichkeit der Absteckungen, Geländeaufnahmen und Ausführungsunterlagen (Satz 1)	32
II. Prüfungs- und Hinweispflicht des Auftragnehmers (Satz 2)	33–44
1. Begrenzte Prüfungspflicht	33–37
2. Hinweispflicht	38–40
3. Verhalten nach Hinweis auf vermutete Fehler oder Mängel	41
4. Verhalten nach Hinweis auf offensichtliche Fehler oder Mängel	42
5. Abgrenzung zu Teil B § 4 Nr. 3	43–44

E. Feststellung des Zustandes von Straßen usw. (Nr. 4) 45–51
  I. Festhalten des Zustandes in Niederschrift 45–46
  II. Nur soweit notwendig 47
  III. Einschalten von Sachverständigen; gerichtliche Beweissicherung 48
  IV. Rechtsfolgen bei Verweigerung der Mitwirkung 49
  V. Kosten der Feststellungen 50–51
F. Vom Auftragnehmer zu beschaffende Unterlagen (Nr. 5) 52–58
  I. Ausnahmeregelung 53
  II. Möglich: Pflicht des Auftragnehmers nach Vertrag oder Verkehrssitte .. 54–56
  III. Möglich: Pflicht des Auftragnehmers auf besonderes Verlangen des Auftraggebers (Teil B § 2 Nr. 9) 57
  IV. Pflichten des Auftragnehmers 58
G. Verwendung der in Nr. 5 genannten Unterlagen (Nr. 6) 59–69
  I. Sacheigentum (Satz 2 und 3) 60–63
  II. Grundsätzlich Verbot der Verwendung der in Nr. 5 genannten Unterlagen (Satz 2) 64–69
    1. Tragweite des Schutzes 64
    2. Umfang des Schutzes 65
    3. Genehmigung des Urhebers 66
    4. Rechtsfolgen bei Pflichtverletzung 67
    5. Anspruchsberechtigter 68
    6. Abweichende Regelungen 69

Aufsätze: Schmidt, „Die Ausführung der Bauleistung nach VOB Teil B", MDR 1967, 713 ff.; Heimann/Trosien, „Die Rechtsprechung des Bundesgerichtshofs zur Haftung für Sachmängel nach der Verdingungsordnung für Bauleistungen (VOB)", WM 1968, 1002 ff.; Schmalzl, „Zur Feststellungspflicht nach § 3 Nr. 4 VOB/B", BauR 1970, 203; Nicklisch, „Mitwirkungspflichten des Bestellers beim Werkvertrag, insbesondere beim Bau- und Industrieanlagenvertrag", BB 1979, 533; Hochstein, „Zur Systematik der Prüfungs- und Hinweispflichten des Auftragnehmers bei VOB-Bauvertrag, Festschrift Korbion, S. 165 ff.

A. Allgemeines – Koordinationspflicht (Mitwirkungspflicht) des Auftraggebers

I. Grundlage der Nr. 1–4

Teil B § 3 Nr. 1–4 ist eine nähere Erläuterung des auch dem Bauvertrag nach dem Werkvertragsrecht des BGB (§ 642) zugrundeliegenden Gedankens, daß der **Auftraggeber dem Auftragnehmer brauchbare und zuverlässige Pläne** zur Verfügung zu stellen **sowie** die Entscheidungen zu treffen hat, die für die **reibungslose Ausführung** des **Baues unentbehrlich** sind (BGH BauR 1971, 265 = SFH Z 3.00 Bl. 197; BGH Betrieb 1972, 184 = BauR 1972, 112 = NJW 1972, 447 = MDR 1972, 316 = BB 1972, 200 = LM VOB/B Nr. 49 = VersR 1972, 275 = BlGBW 1972, 119; OLG Frankfurt NJW 1974, 62); OLG Düsseldorf MDR 1984, 756 = VersR 1985, 246). **Das gilt für sämtliche im weitesten Sinne aufzufassende planerische Unterlagen, die der Auftragnehmer braucht, um die ihm in Auftrag gegebene Leistung gemäß dem „Bestellerwillen" des Auftraggebers ordnungsgemäß ausführen zu können, wozu auch mündliche Anweisungen zu rechnen sind. Nr. 5 und 6** betreffen dagegen die **Ausnahme,** nach der **im Einzelfall** die Ausführungsunterlagen nicht vom Auftraggeber, sondern vom Auftragnehmer zu beschaffen oder zu überprüfen sind. 1

Bei den in Nr. 1–4 festgelegten Aufgaben des Auftraggebers handelt es sich im Ausgangspunkt um **Mitwirkungspflichten,** die als **echte Nebenpflichten** zu qualifizieren sind, deren **Verletzung zu Schadensersatzansprüchen des Auftragnehmers aus positiver Vertragsverletzung** führen kann (zutreffend Locher, Das private Baurecht, Rdn. 109; Weick in Nicklisch/Weick Teil B § 3 Rdn. 14; differenzierend Müller-Foell, insbesondere S. 87 ff., der für soge- 2 nannte „Massenwerkverträge" lediglich Obliegenheiten des Auftraggebers annimmt); diese liegen **häufig** im Bereich von **Teil B § 6 Nr. 6**. Außerdem kann der Auftragnehmer u. U. unter den Voraussetzungen von **Teil B § 9 den Bauvertrag kündigen.** Grundsätzlich handelt es sich bei den hier erörterten Mitwirkungspflichten um **Gläubigerpflichten,** die neben der bereits angeführten Schadensersatzpflicht aus positiver Vertragsverletzung im allgemeinen zum **Annahmeverzug** des Auftraggebers führen (über die Rechtsnatur vgl. Teil B § 9 Rdn. 16 f.).

3 Die genannten Pflichten können im Einzelfall **ausnahmsweise** die Annahme rechtfertigen, daß es sich **nicht** nur um **bloße Mitwirkungspflichten** des Auftraggebers als Gläubiger, sondern **sogar um** dessen **Schuldnerpflicht gegenüber dem Auftragnehmer** handelt. Das ist der Fall, wenn die Leistung nur erstellt werden kann, wenn eine enge, erheblich über das normale Maß hinausgehende, voneinander abhängige, dem Planungsbereich zuzurechnende Kooperation zwischen den Vertragspartnern erforderlich ist, wie bei langfristigen Bauvorhaben, bei denen es sich um Spezialvorhaben handelt, wie z. B. Industriebauten usw., wobei das Know-how des Auftraggebers oder eines mit ihm besonders vertraglich Verbundenen eine entscheidende Rolle für die sachgerechte und pünktliche Ausführung spielt (vgl. dazu Nicklisch BB 1979, 533). Vgl. auch Teil B § 4 Rdn. 1 f.; ferner Teil A § 9 Rdn. 15.

II. Planer als Erfüllungsgehilfe

4 Bedient sich der Auftraggeber hier – wie häufig – zwecks Erfüllung seiner ihm obliegenden, dem **Planungsbereich** zuzuordnenden Aufgaben eines **bauplanenden Architekten,** so ist dieser sein **Erfüllungsgehilfe** mit der Folge, daß es sich der Auftraggeber im Verhältnis zum Auftragnehmer gemäß den §§ 254 Abs. 2 Satz 2, 278 BGB anrechnen lassen muß, wenn der Architekt die vertraglichen Mitwirkungspflichten des Auftraggebers nicht oder nur unzureichend wahrnimmt (BGH SFH Z 2.414 Bl. 146 = BB 1965, 1373 = Betrieb 1965, 1774). Das trifft vor allem auf die vorangehend hervorgehobene Verpflichtung zu, **dem Auftragnehmer brauchbare Pläne und Ausführungsunterlagen zur Verfügung zu stellen** (OLG Frankfurt NJW 1968, 1333), **insbesondere aber auch eine ordnungsgemäße, vollständige Leistungsbeschreibung** (vgl. BGH BauR 1984, 395 = NJW 1984, 1676 = Betrieb 1984, 1720 = ZIP 1984, 713 = MDR 1984, 748 = BB 1984, 1703 = LM § 273 BGB Nr. 38 Anm. Recken = SFH § 13 Nr. 5 VOB/B Nr. 5 = ZfBR 1984, 173 für den Fall unzureichender Grundwasserisolierung), **und zwar in der letztlich für die Ausführung maßgebenden Fassung.** Daß der Architekt seinerseits dem Auftraggeber für eine solche schuldhafte Vertragsverletzung haftet, schließt die Anwendung der genannten Vorschriften nicht schon aus. Vgl. dazu insbesondere auch Teil B § 13 Rdn. 9 ff. Der hier erörterte Aufgabenbereich ist ein Teil der sogenannten **Koordinierungspflicht** des Auftraggebers gegenüber dem Auftragnehmer, die der Architekt für ihn als Erfüllungsgehilfe wahrzunehmen hat (vgl. die vorgenannten BGH-Entscheidungen sowie BGH BauR 1970, 57 = VersR 1970, 280 = SFH Z 2.222 Bl. 18). Dieses ist Ausfluß des allgemeinen Gedankens, daß die sogenannte **Ablaufplanung und Ablaufsteuerung** zu den **originären Auftraggeberaufgaben** gehört. **Unberührt** davon bleibt allerdings eine **etwaige Prüfungs- und Hinweispflicht des Auftragnehmers nach hier Teil B § 3 Nr. 3 Satz 2 sowie insbesondere gemäß Teil B § 4 Nr. 3,** woraus sich wiederum nachteilige Rechtsfolgen für den Auftragnehmer bis hin zur Alleinverantwortlichkeit ergeben können, wenn er die auf der Fehlplanung beruhenden Mängel sicher vorausgesehen und sich dennoch an die fehlerhaften Planvorgaben gehalten hat (vgl. BGH BauR 1984, 395 = NJW 1984, 1676 = Betrieb 1984, 1720 = ZIP 1984, 713 = MDR 1984, 748 = BB 1984, 1703 = LM § 273 BGB Nr. 38 Anm. Recken = SFH § 13 Nr. 5 VOB/B Nr. 5 = ZfBR 1984, 173). Eine Mitverantwortlichkeit des Auftragnehmers ergibt sich allerdings nicht schon aus der bloßen Vertragsklausel, der Auftragnehmer habe die Planung, insbesondere die Leistungsbeschreibung, auf Vollständigkeit zu prüfen, weil dadurch kein über die genannten Bestimmungen hinausgehender Ver-pflichtungsumfang zu Lasten des Auftragnehmers geschaffen wird (BGH a. a. O.). Vgl. dazu auch Teil B § 13 Rdn. 603 f.

Erfüllungsgehilfe des Auftraggebers ist hier **auch der** von ihm mit der Einmessung und Absteckung des Standortes des auf dem Baugrundstück zu errichtenden Hauses beauftragte **Vermessungsingenieur** (vgl. Teil A § 9 Rdn. 76 ff). **Gleiches** gilt für den **bauplanenden Architekten**, dessen Aufgabe es auch ist, um die Entwässerung des Gebäudes zu sichern, dessen Lage der Höhe nach einzumessen (vgl. BGH BauR 1973, 332 = NJW 1973, 1458 = VersR 1973, 842 = BB 1973, 1283 = SFH Z 3.01 Bl. 512 = BlGBW 1973, 239 = LM § 631 BGB Nr. 24).

5

Ebenso ist der **Statiker** für das Bauvertragsverhältnis zum Auftragnehmer Erfüllungsgehilfe des Auftraggebers, wenn es sich um eine Bauleistung handelt, die eine spezifische Statikerleistung erfordert (vgl. BGH VersR 1967, 260; OLG Oldenburg BauR 1981, 399 = VersR 1981, 541 sowie OLG Düsseldorf NJW 1974, 704 = BauR 1974, 357 für den Bereich des Architektenvertrages; vgl. auch Teil A § 9 Rdn. 71 f.). Die gegenteilige Ansicht von Lüderitz (NJW 1975, 1, 8) trifft nicht zu, da es sich hier um die Beschaffung der Statikerleistung durch den Auftraggeber zwecks Ermöglichung ordnungsgemäßer Leistung des Auftragnehmers handelt und nicht nur um die Auswahl eines zuverlässigen Statikers. Gleiches gilt für den **Ingenieur**, der kraft eigenen Vertrages mit dem Bauherrn **Planungsleistungen** auszuführen hat, die Grundlage der dem Auftragnehmer in Auftrag gegebenen Leistungen sind, wie z. B. die **Projektierung** von Sanitär-, Heizungs-, Klima- und Elektroarbeiten.

6

III. Unterstützungspflichten des Auftragnehmers

Soweit eine **Koordinationspflicht** des Auftraggebers besteht, kann es wiederum sein, daß der **Auftragnehmer** je nach Sachlage **seinerseits Unterstützungspflichten** hat, damit der Auftraggeber seine vertraglichen Nebenpflichten ordnungsgemäß erfüllen kann. Das gilt vor allem, wenn mehrere Leistungen verschiedener, bei demselben Bauvorhaben tätiger Unternehmer aufeinander abzustimmen sind. So ist es möglich, daß ein oder mehrere Unternehmer an **gemeinsamen Besprechungen oder Baustellenbegehungen** mit dem Auftraggeber bzw. dessen Vertreter – wie z. B. dem bauplanenden oder bauleitenden Architekten – **teilnehmen müssen**, damit der Auftraggeber in die Lage versetzt wird, die von ihm vorzunehmende Koordination ordnungsgemäß durchzuführen. Sofern ein Auftragnehmer hier die von ihm im Einzelfall zu fordernde Unterstützung grundlos verweigert oder verzögert, kann er sich, falls es dadurch zu Unzuträglichkeiten im späteren Bauablauf kommt, zumindest mitschuldig an dem möglicherweise entstehenden **Schaden (§ 254 BGB)** und damit gegenüber dem Auftraggeber **schadensersatzpflichtig** machen, insoweit ebenfalls aus dem Gesichtspunkt der **positiven Vertragsverletzung**.

7

B. Ausführungsunterlagen (Nr. 1)

Unter **Ausführungsunterlagen** werden die **dem Planungsbereich zuzurechnenden** (vgl. Rdn. 1) **Hilfsmittel** verstanden, die der Auftragnehmer zur **Vorbereitung und mängelfreien sowie pünktlichen Durchführung** der Bauleistung **benötigt**. § 3 stellt in Nr. 1 als auf das Bauvertragswesen und dessen besondere Anforderungen zugeschnittene Ausprägung des § 642 BGB den Grundsatz auf, daß der Auftraggeber diese Unterlagen dem Auftraggeber zur Verfügung zu stellen hat.

8

I. Begriff der Ausführungsunterlagen

9 Bei den **Ausführungsunterlagen** handelt es sich um **Schriftstücke, Zeichnungen, Berechnungen, Anleitungen usw.**, die im Einzelfall **erforderlich** sind, um dem Auftragnehmer im einzelnen **genau** den Weg für die technisch und damit vertraglich **ordnungsgemäße Baudurchführung** zu zeigen. Hierzu gehören alle Teile des Bauentwurfs selbst, also jede Art von Plänen, Einzel-, Detail- und Gesamtzeichnungen mit den darin enthaltenen Maßen und schriftlichen Anleitungen. Vornehmlich sind dazu die nach § 15 Abs. 1 Nr. 5 HOAI gefertigten **Ausführungspläne** des bauplanenden Architekten zu rechnen, worunter z. B. auch Angaben über die Anfertigung von Fertigteilen, von Schalplänen, über Einzelheiten einer geplanten Aufzugsanlage, der Installation usw. fallen (vgl. BGH NJW 1975, 737 = BauR 1975, 218 = BlGBW 1975, 138 = MDR 1975, 482 = BB 1975, 990 = Betrieb 1975, 786 = SFH Z 3.014 Bl. 1 = WM 1975, 333). Auch kommen fachliche Anleitungen, Einzeldarstellungen, Bedienungsanweisungen, statische und sonstige Berechnungen in Betracht. Dazuzuzählen sind ferner Gutachten, Proben, Modelle sowie die Unterlagen, die nach den Allgemeinen oder Zusätzlichen Technischen Vertragsbedingungen oder sonst im Einzelfall notwendig sind. Auch ist an Abschriften behördlicher Genehmigungen – insbesondere der Baugenehmigung – und Auflagen zu denken. Der **Begriff** der **Ausführungsunterlagen** ist sehr **weit gesteckt**. In der Regel sind die wesentlichen Ausführungsunterlagen Bestandteil der Verdingungsunterlagen und daher schon deswegen Vertragsbestandteil geworden. Insoweit ist auf Teil A § 9 Nrn. 4 und 5 und Teil A § 17 Nr. 4 hinzuweisen. Zu beachten ist auch, daß im Falle der Änderung dieser Unterlagen zwischen Angebotsabgabe und Erteilung des Zuschlages Teil A § 28 Nr. 2 Abs. 2 gilt, wonach der Auftragnehmer beim Zuschlag aufzufordern ist, sich unverzüglich über die Annahme zu erklären. Kommt es darauf zu einer Einigung, so dient die in diesem Falle regelmäßig auszustellende Vertragsurkunde (Teil A § 29) zur Klarstellung der im Vertrag wirklich vereinbarten Leistungsanforderungen. Sofern im Angebot **Eventual- oder Alternativpositionen** enthalten sind, ist es nunmehr – kurz vor Beginn der Ausführung – **höchste Zeit,** dem Auftragnehmer den endgültigen Entschluß zuverlässig mitzuteilen (vgl. auch Nr. 2. VHB zu § 1 VOB/B). **Gleiches** gilt für die etwaige **Änderung des Bauentwurfs (Teil B § 1 Nr. 3)** oder die Bestimmung von **Zusatzleistungen (a. a. O. Nr. 4)**, die Auswahl von Stoffen, die Leistung nach Mustern oder Proben usw., also die **letzte und endgültige Fassung der Leistungsbeschreibung.**

II. Übergabeverpflichtung des Auftraggebers

10 Nach Nr. 1 ist der **Auftraggeber** vertraglich verpflichtet, die für die Ausführung der vereinbarten Bauleistung **nötigen Ausführungsunterlagen dem Auftragnehmer unentgeltlich und rechtzeitig zu übergeben.**

11 1. Es muß sich um Ausführungsunterlagen handeln, die für die **Durchführung** der jeweils in Auftrag gegebenen Bauleistung **nötig** sind, wobei der Begriff „nötig" **objektiv auszulegen** ist. Dazu gehören alle Unterlagen, die nach den einschlägigen öffentlich-rechtlichen Vorschriften, den Vertragsbestimmungen, insbesondere den Technischen Vertragsbedingungen und der allgemein anerkannten Gewerbesitte, **für eine sachgemäße und pünktliche Ausführung** erforderlich sind. Weitergehende Ansprüche hat der Auftragnehmer nicht. Außerdem hat der Auftraggeber mit den einzelnen Unterlagen die **notwendige Stückzahl** zu übergeben. Dabei spielen die Art und die Größe der Bauleistung und der dazu erforderliche ausführende und überwachende Personaleinsatz auf der Auftragnehmerseite eine Rolle. Zur Vermeidung von Unzuträglichkeiten sollten die hier maßgebenden Einzelheiten im Vertrag festgelegt werden.

12 2. Es ist den Vertragspartnern freigestellt, für gewisse Unterlagen eine **Beibringungspflicht des Auftragnehmers** zu vereinbaren, woraus sich dann die Grenze für die betreffende

Mitwirkungspflicht des Auftraggebers ergibt. Das folgt aus Teil B § 2 Nr. 9 sowie § 3 Nr. 5 (vgl. Rdn. 52 ff.). Eine solche Beibringungspflicht kann sich **auch aus den Allgemeinen Technischen Vertragsbedingungen ergeben** (vgl. z. B. DIN 18 330 Nr. 4.2.3; DIN 18 331 Nr. 4.2.3), ohne daß es noch einer gesonderten, in Besonderen oder Zusätzlichen Vertragsbedingungen niedergelegten vertraglichen Vereinbarung bedarf (vgl. Teil B § 1 Abs. 1 Satz 2). Es besteht also für den Auftragnehmer die Notwendigkeit, in den für seine Leistung maßgeblichen Vorschriften nachzusehen (Teil C), und zwar meist bei den „**Nebenleistungen,**" ob er die betreffenden Unterlagen nicht selbst zu beschaffen hat. Eine solche Folge kann sich auch sonst aus der Natur der Sache ergeben, wie z. B. bei bloßen Anleitungen zur sachgerechten Ausführung selbst; so ist die Beschaffung von Elementplänen und dazugehörigen Verlegeplänen eines Herstellerwerkes für bestimmte Deckensysteme Sache des Auftragnehmers. In den hier angesprochenen Fällen handelt es sich um eine **Nebenleistungspflicht des Auftragnehmers** als Schuldner der Leistung, bei deren Verletzung der Auftraggeber **Schadensersatzansprüche,** insbesondere nach Teil B § 6 Nr. 6 oder aus Teil B § 4 Nr. 7 Satz 1 und 2, geltend machen kann. Unter Umständen kann er berechtigt sein, den Vertrag nach Teil B § 8 Nr. 3 zu kündigen, sofern die Voraussetzungen dafür gegeben sind (vgl. Teil B § 5 Nr. 4, Teil B § 4 Nr. 7 Satz 3).

3. Die dem Auftragnehmer vom Auftraggeber auszuhändigenden Ausführungsunterlagen sind ihm in der erforderlichen Stückzahl **unentgeltlich zu überlassen;** der Auftraggeber kann vom Auftragnehmer weder für die Überlassung selbst noch für die Anfertigung eine Entschädigung verlangen, also auch nicht den bloßen Ersatz seiner Auslagen. 13

4. Die Unterlagen sind **rechtzeitig zu übergeben.** Der in Frage kommende Zeitpunkt kann im Einzelfall verschieden sein. Er ist **abhängig von vertraglich** festgelegten Fristen, wie insbesondere der Ausführungsfrist, vgl. Teil B § 5 Rdn. 1 ff., **unabhängig davon aber auch und sogar in erster Linie von dem allgemeinen Erfordernis der Ermöglichung zügiger, ungehinderter Arbeit durch den Auftragnehmer.** Der Auftragnehmer muß die Ausführungsunterlagen **vor Beginn des betreffenden Leistungsteils** in Händen haben, wobei es auf den Bedarf im Einzelfall ankommt; darüber hinaus muß er aber auch eine **angemessene Zeit** für die gebotene und sachgerechte **Vorbereitung und die Durchführung** der Leistung haben. Gelingt es nicht, dem Auftragnehmer die Ausführungsunterlagen so rechtzeitig auszuhändigen, daß ihm eine angemessene Zeit zur Vorbereitung, Durchführung und Beendigung der Bauleistung verbleibt, ist es ratsam und auch dem Sinn der Nr. 1 entsprechend, die Ausführungsfristen nach Teil B § 5 anderweitig festzustellen. Anderenfalls wird sich der Auftragnehmer auf ein entsprechendes Recht hierzu nach Teil B § 6 Nr. 1 und Nr. 2 a, im Falle des Verschuldens des Auftraggebers bzw. seines Erfüllungsgehilfen (vgl. Rdn. 1) möglicherweise auch auf einen Schadensersatzanspruch nach Teil B § 6 Nr. 6 berufen können. Um derartige nachteilige Rechtsfolgen zu vermeiden, ist es dem Auftraggeber zu empfehlen, in Besonderen oder Zusätzlichen Vertragsbedingungen den Auftragnehmer zu verpflichten, im Bedarfsfall die von ihm benötigten Ausführungsunterlagen mit gewissen Vorlauffristen abzufordern. Dadurch wird weder der VOB/B im Hinblick auf § 23 Abs. 2 Nr. 5 AGB-Gesetz die Ausgewogenheit genommen, noch stellt eine derartige Bestimmung einen Verstoß gegen § 9 AGB-Gesetz dar, da in erster Linie der Auftragnehmer wissen muß, wann er die jeweiligen Ausführungsunterlagen im Bereich seiner ordnungsgemäßen Betriebsplanung benötigt. 14

5. Der Auftragnehmer hat einen **notfalls einklagbaren Anspruch auf Übergabe der Ausführungsunterlagen.** Er muß in die Lage versetzt werden, in seinem eigenen betrieblichen Bereich und/oder auf der Baustelle jederzeit die Unterlagen einsehen oder zu Hilfe nehmen zu können. Nicht angängig ist es deshalb, die Ausführungsunterlagen dem Auftragnehmer nur zu bestimmten Zeiten zugänglich zu machen oder ihm zuzumuten, sie an einer Stelle einzusehen, die einen Zeit- oder Kostenaufwand erfordert oder wodurch eine unzumutbare 15

Erschwernis hinsichtlich der fachgerechten Ausführung eintritt, z. B. entfernt von der Baustelle.

16   6. Die Pflichten des Auftraggebers nach Teil B § 3 Nr. 1 sind **Mitwirkungspflichten** (vgl. im einzelnen Rdn. 1), die beim Werkvertrag jedenfalls im Ausgangspunkt den **§§ 642 f. BGB entnommen** sind. Diese gesetzlichen Vorschriften sind nicht zwingend, sondern sie sind vertraglich abdingbar. Daher kommen die §§ 642 f. BGB bei einem Bauvertrag nach den Allgemeinen Vertragsbedingungen in dem hier erörterten Normalfall grundsätzlich **nicht unmittelbar** zum Zuge, da dort anderweitige Abmachungen, die nach den **besonderen Erfordernissen bauvertraglicher Zielsetzung nicht nur Obliegenheiten, sondern Pflichten des Auftraggebers als Gläubiger** sind, wie folgt festgelegt worden sind:

17   a) **Verweigert der Auftraggeber die Übergabe der Unterlagen** nicht nur zeitweise, **sondern überhaupt,** oder stellt er sie – gerechnet für die vorgesehene oder als normal geltende Bauzeit – auf Dauer nicht zur Verfügung, so liegt nicht Teil B § 6 Nr. 1 vor, der sich nur auf die **vorübergehenden** Behinderungen in der Bauausführung bezieht, sondern **in der Regel Teil B § 9 Nr. 1 a.** Allgemein ist anzunehmen, daß der Auftragnehmer durch eine solche Weigerung des Auftraggebers **außerstande** gesetzt wird, die Leistung nach dem Vertrag auszuführen. Dabei sind Teil B § 9 Nr. 2 und 3 zu beachten, die im wesentlichen mit § 643 und auch § 642 BGB übereinstimmen. Im Gegensatz zu § 643 BGB ist allerdings in Teil B § 9 Nr. 2 die **ausdrückliche Kündigungserklärung unter Wahrung der Schriftform** für die wirksame Kündigung **vorgeschrieben.** Nach § 9 Nr. 2 ist zunächst eine Nachfrist mit Kündigungsandrohung zu setzen und erst nach fruchtlosem Ablauf dieser Frist die **Möglichkeit der Kündigung** gegeben. Dies entspricht § 326 BGB und Teil B § 5 Nr. 4, weicht daher von § 643 Satz 2 BGB ab, der die Wirkung des Kündigungseintritts bereits an die – fruchtlose – Nachfristsetzung mit Kündigungsandrohung knüpft. Nach Teil B § 9 Nr. 2 ist also eine **gesonderte – schriftliche – Kündigungserklärung** nach vergeblicher Nachfristsetzung mit Kündigungsandrohung **Wirksamkeitsvoraussetzung.**

18   Zusätzlich zum Kündigungsrecht hat der Auftragnehmer nach Teil B § 9 Nr. 3 die Rechte aus § 642 BGB sowie den **Anspruch auf Zahlung der Teilvergütung** für etwa schon geleistete Arbeit sowie Ersatz etwaiger weiterer Unkosten. Das entspricht § 645 Abs. 1 Satz 1 BGB. Aus § 645 Abs. 2 in Verbindung mit Teil B § 9 Nr. 3, zweiter Halbsatz, ergibt sich außerdem, daß der Auftraggeber, insoweit aus dem Gesichtspunkt **positiver Vertragsverletzung, im Falle seines oder seines Erfüllungsgehilfen** (§ 278 BGB) **Verschuldens** (§ 276 BGB), dem Auftragnehmer sogar **vollen Schadensersatz** gemäß §§ 249 ff. BGB zu leisten hat.

19   **Auch für den Bereich der Mitwirkungspflicht** und der Folgen bei deren Verletzung gelten die Grundsätze des § 254 BGB (vgl. LG Hannover MDR 1980, 227).

20   b) Tritt durch bloß **zeitweise Weigerung oder zeitweises Unvermögen** des Auftraggebers, die Ausführungsunterlagen zu übergeben, nur eine **vorübergehende Unterbrechung oder Verzögerung der Bauausführung** ein, kommt für die Rechte des Auftragnehmers zunächst Teil B § 6 Nr. 1 in Betracht. Danach ist es erforderlich, daß der Auftragnehmer dem Auftraggeber die Behinderung **unverzüglich schriftlich anzeigt.** Nicht selten kann allerdings davon ausgegangen werden, daß dem Auftraggeber bei einem solchen Sachverhalt die gegebenen Tatsachen offenkundig und deren hindernde Wirkung bekannt sind. Es ist jedoch **ratsam,** die schriftliche Anzeige dem Auftraggeber **stets zu erstatten** und ihm darzulegen, aus welchen Gründen die hindernde Wirkung eingetreten ist bzw. eintreten wird. Erste Folge der Anzeige sind **Verlängerungen der Ausführungsfrist** nach Teil B § 6 Nr. 2, 3 und 4. Weitere mögliche Folgen ergeben sich aus den Nr. 5, 6 und 7 a. a. O. Ist die Unterbrechung von längerer Dauer oder wird sie voraussichtlich von längerer Dauer sein, muß nach Nr. 5 a. a. O. abgerechnet

werden, und zwar auch dann, wenn der Auftraggeber die Behinderung oder Unterbrechung nicht zu vertreten hat. Das gleiche gilt für das Recht zur Kündigung nach Nr. 7 a. a. O. unter der Voraussetzung, daß die Unterbrechung länger als drei Monate gedauert hat. Dabei sind dem Auftragnehmer in einem solchen Fall die **Kosten der Baustellenräumung grundsätzlich zu ersetzen.** Auch kommen **Schadensersatzansprüche** des Auftragnehmers nach Nr. 6 a. a. O. in Betracht, sofern die eingetretene Unterbrechung oder Verzögerung auf eine vom Auftraggeber i. S. des **Verschuldens** (§§ 276, 278 BGB) zu vertretende Nichtzurverfügungstellung der Unterlagen zurückgeht (auch BGH BauR 1976, 128 = MDR 1976, 392 = BlGBW 1976, 96 = Betrieb 1976, 529 = SFH Z 2.411 Bl. 68 = LM VOB/B Nr. 80). Wegen der Einzelheiten vgl. die Anmerkungen zu den vorgenannten Bestimmungen in Teil B § 6.

C. Abstecken der Hauptachsen (Nr. 2)

I. Spezialvorschrift – Allgemeines

Nr. 2 enthält eine **Spezialvorschrift,** die sich auf das **Abstecken der Hauptachsen der baulichen Anlage** (vgl. dazu Vor Teil B Rdn. 1 f.) **sowie der Grenzen des Geländes,** das dem Auftragnehmer zur Verfügung gestellt wird, und das **Schaffen der notwendigen Höhenfestpunkte** in unmittelbarer Nähe der baulichen Anlagen bezieht. Das Abstecken sowie das Schaffen der notwendigen Höhenfestpunkte in unmittelbarer Nähe der baulichen Anlagen ist **Sache des Auftraggebers** als Mitwirkungspflicht (vgl. Rdn. 1). Diese Regel ist (vgl. Hereth/Ludwig/Naschold Teil B § 3 Ez. 3.13) auf Vorschlag des Hauptausschusses Tiefbau des Deutschen Verdingungsausschusses in die VOB, Fassung 1952, mit aufgenommen und beibehalten worden. 21

Sie ist besonders von Bedeutung für den bauleitenden **Architekten,** hier als – im Verhältnis zum Auftragnehmer – Erfüllungsgehilfe des Auftraggebers, da auch diese Maßnahmen dem **Planungsbereich zuzuordnen** sind. Er muß für das ordnungsgemäße Abstecken usw. Sorge tragen. Unterläßt er es und entstehen daraus Fehlleistungen des Auftragnehmers, muß sich der Auftraggeber vom Auftragnehmer zunächst den Vorwurf des – in der Regel überwiegenden – **Mitverschuldens** (§ 254 BGB) **oder gar alleinigen Verschuldens** (§§ 276, 278 BGB) gefallen lassen, außerdem haftet hierfür der Architekt aus **seinem** Vertrag gegenüber dem Auftraggeber (vgl. dazu BGH SFH Z 3.01 Bl. 153 ff.; ferner BGH BauR 1986, 203 = SFH § 3 VOB/B Nr. 3 = ZfBR 1986, 70). Gleiches gilt für den **Vermessungsingenieur,** der vom Auftraggeber gesondert mit der Einmessung und Absteckung des Standortes des auf dem Baugrundstück zu errichtenden Hauses beauftragt wird und daher in einem selbständigen werkvertraglichen Verhältnis zum Auftraggeber steht (vgl. Teil A § 9 Rdn. 76 ff. und hier Rdn. 1 sowie insbesondere BGHZ 58, 225 = BauR 1972, 255 = NJW 1972, 901 = BlGBW 1972, 197 = SFH Z 3.01 Bl. 485 = VersR 1972, 589 = MDR 1972, 597 = BB 1972, 684 = LM § 635 BGB Nr. 28 Anm. Rietschel). 22

II. Vorbereitungsarbeiten als Mitwirkungshandlung

In der hier erörterten Bestimmung sind Arbeitselemente verzeichnet, die nicht unmittelbar als zur Ausführung der Bauleistung gehörend anzusehen sind. Sie beziehen sich vielmehr auf **Vorbereitungsarbeiten,** um eine sachgemäße, vertraglich richtige Bauausführung überhaupt erst zu ermöglichen. Alle diese Handlungen sind aber **nicht nur Vorbereitungen** für die spätere Bauausführung **im engeren Sinne.** Der herkömmliche Begriff der Vorbereitungstätigkeit allein würde nämlich nicht reichen, den Auftraggeber und nicht den Auftragnehmer verantwortlich zu machen. Vielmehr handelt es sich um **Arbeiten, die nur aus dem Bereich des Auftraggebers kommen können,** weil es grundlegende Bereitstellungsaufgabe des Auftraggebers ist, das Grundstück bebauungsreif zur Verfügung zu stellen. Dies erfaßt 23 insbesondere auch das **Abstecken.** Denn der Auftraggeber legt fest, wo er die baulichen Anlagen errichtet haben will.

24 Dieser Gesichtspunkt ist auch für das Schaffen der erforderlichen **Höhenfestpunkte** in der Nähe der baulichen Anlagen maßgebend (ebenso BGH BauR 1986, 203 = SFH § 3 VOB/B Nr. 3 = ZFBR 1986, 70). Zu beachten ist aber, daß nur die **notwendigen** Höhenfestpunkte zu schaffen sind. Das ist entbehrlich, wenn die Höhenfestpunkte ohne weiteres feststehen, wie etwa die bereits festliegende Höhe einer Kanalsohle (vgl. BGH, Urt. vom 11. 7. 1963 – VII ZR 166/62). Anders ist dies, wenn z. B. die Hauptkanalisation vor dem Baugrundstück noch nicht verlegt ist und es um die Lage des Hauskanalisationsanschlusses geht (vgl. dazu LG Stuttgart VersR 1965, 249). Dann muß sich der Auftraggeber bzw. sein Architekt vorher zumindest erkundigen, ob und welche Höhenfestpunkte für die Hauptkanalisation beabsichtigt sind. Falls Höhenfestpunkte bereits **von dritter Seite** festgelegt sind, kann sich der Auftraggeber bzw. der in seinem Auftrag handelnde Architekt **nicht ohne weiteres auf deren Richtigkeit verlassen,** vielmehr bedarf es grundsätzlich einer eigenen Prüfung, um die hier festgelegte vertragliche Nebenpflicht gegenüber dem Auftragnehmer zu erfüllen. Ist der Höhenfestpunkt in unmittelbarer Nähe der baulichen Anlagen von der zuständigen Behörde bestimmt worden, so wird der Auftraggeber allerdings grundsätzlich von der Richtigkeit ausgehen dürfen.

25 Die Forderung, daß das Schaffen der notwendigen Höhenfestpunkte in **unmittelbarer Nähe der** baulichen Anlagen zu erfolgen hat, setzt voraus, daß der Auftragnehmer ohne Schwierigkeiten und ohne besonderen, das für ihn vorhersehbare Maß überschreitenden Aufwand in der Lage ist, die Höhenfestpunkte anzumessen. Hiernach richtet es sich, ob der Auftraggeber seiner vertraglichen Pflicht genügt hat. Insofern kann es ausreichen, wenn der Höhenfestpunkt einige Entfernung (z. B. 90 bis 100 m, vgl. BGH, Urt. vom 11. 7. 1966 – VII ZR 305/64) von der eigentlichen Baustelle weg liegt. Es kann im Einzelfall (vor allem bei gleichzeitiger Errichtung mehrerer Bauwerke auf einem Gelände) ausreichen, wenn der Auftragnehmer in die Lage versetzt wird, mit Hilfe eines Nivelliergerätes einen für mehrere Bauwerke zugleich bestimmten Höhenfestpunkt anzumessen. Voraussetzung dafür ist allerdings gerade hier, daß dies ohne besonderen Aufwand durch den Auftragnehmer und außerdem den Anforderungen entsprechend ordnungsgemäß erfolgen kann. Nicht erforderlich ist es nach der hier erörterten Regelung der VOB, die Höhenfestpunkte auch in der Bauzeichnung anzugeben. Sie werden im Gelände festgesetzt, nicht aber auf den für die Bauwerkserrichtung maßgebenden zeichnerischen Unterlagen.

26 Bei der Planung eines Bauwerkes muß sich der bauleitende Architekt über die Grundwasserstände auf dem Baugrundstück und die maximalen Schwankungen des Grundwassers ausreichende Gewißheit verschaffen. Als Sicherheit reichen Schürfungen und Rückfragen bei den Nachbarn, **besonders bei unterschiedlichen Höhenlagen,** im allgemeinen nicht aus. Der Architekt muß sich vielmehr der vorliegenden amtlichen Meßergebnisse bedienen und weiter bei der Hanglage eines zu errichtenden Gebäudes und der Unmöglichkeit, den genauen Wert des Grundwasserhöchststandes zu ermitteln, einen Sicherheitszuschlag vorsehen (OLG Celle SFH Z 3.01 Bl. 191 ff.). Vgl. dazu vor allem auch Teil B § 4 Rdn. 118 ff.

27 Der Umstand, daß das Abstecken der Hauptachsen sowie der Grenzen des Geländes und das Festlegen der Höhenfestpunkte Sache des Auftraggebers ist, gibt ihm vertraglich auch die **Verantwortung** für die ordnungsgemäße **Ausführung dieser Arbeiten.** Insoweit kommt also eine **Haftung des Auftragnehmers grundsätzlich nicht** in Betracht, wenn er sich bei der Erbringung der Bauleistung an die Absteckungen und Bestimmungen der notwendigen Höhenfestpunkte hält. Er wird sich jedoch eine **Mitverantwortlichkeit** entgegenhalten lassen müssen (§ 254 BGB), wenn die Maßnahmen des Auftraggebers für ihn **klar erkennbar** unrichtig waren und er es unterlassen hat, den Auftraggeber darauf hinzuweisen (Nr. 3 Satz 2 sowie Teil B § 4 Nr. 3).

III. Ausnahme: Vornahme der Handlungen nach Nr. 2 durch Auftragnehmer

Eine Ausnahme von Nr. 2 liegt vor, wenn der Auftraggeber entweder im Vertrag oder nach Vertragsabschluß das Abstecken oder Festlegen der Höhenfestpunkte vom Auftragnehmer verlangt. Im letzteren Fall handelt es sich um ein Begehren nach Teil B § 1 Nr. 4, das eine Verpflichtung des Auftragnehmers aufgrund einseitigen Verlangens des Auftraggebers begründet, sofern der Betrieb des Auftragnehmers – was allerdings im Einzelfall möglicherweise nicht zutreffen kann – auf solche Arbeiten eingerichtet ist. Sie gehören mit zu den Leistungen, die für die Ausführung der vertraglich vereinbarten Leistungen erforderlich sind. In einem solchen Fall **steht dem Auftragnehmer aber eine Vergütung nach Teil B § 2 Nr. 9 Abs. 1 zu.** Daub/Piel/Soergel/Steffani (Teil B § 3 ErlZ 3.15), die dem Auftraggeber hier nicht die Befugnis nach Teil B § 1 Nr. 4 zugestehen wollen, übersehen besonders die Tragweite des von Teil B § 2 Nr. 9 Abs. 1 zum Ausgangspunkt genommenen Verlangens des Auftraggebers nach Vertragsabschluß, das nur auf Teil B § 1 Nr. 4 beruhen kann (wie hier auch Heiermann/Riedl/Rusam/Schwaab Teil B § 3 Rdn. 5). Die Haftung für die ordnungsgemäße Durchführung der ihm zusätzlich aufgetragenen Arbeiten liegt alsdann beim Auftragnehmer, während die Verantwortlichkeit für die Richtigkeit der die Zusatzleistung des Auftragnehmers vorbereitenden Angaben über Lageverhältnisse, Grenzen usw. beim Auftraggeber verbleibt.

28

Eine vertragliche Vereinbarung auf Übernahme des Festlegens der Höhenfestpunkte durch den Auftragnehmer liegt nicht schon in der Angabe in der Leistungsbeschreibung, die richtige Situierung des Gebäudes auf dem Grundstück nach dem genehmigten Eingabeplan und die Einhaltung der Abstandsflächen liege im alleinigen Aufgabenbereich des Auftragnehmers, da hierdurch die Vorbereitungspflicht des Auftraggebers nicht geändert wird, sondern nur zum Ausdruck kommt, daß er sich an die ihm vom Auftraggeber bzw. seinem Erfüllungsgehilfen gemachten Angaben unter eigener Verantwortung zu halten hat (vgl. BGH BauR 1986, 203 = SFH § 3 VOB/B Nr. 3 = ZfBR 1986, 70).

29

IV. Haftung des Auftraggebers bei Pflichtverletzung

Kommt der **Auftraggeber** seiner **Verpflichtung** zur Absteckung sowie zur Schaffung der Höhenfestpunkte **nicht oder nicht ordnungsgemäß nach,** tritt die gleiche Rechtsfolge wie bei Mißachtung der in Nr. 1 festgelegten Pflichten ein (vgl. Rdn. 1 sowie 16–20).

30

D. Die Verbindlichkeit der Ausführungsunterlagen (Nr. 3)

Nach Nr. 3 gilt als vertraglich vereinbart, daß die **vom Auftraggeber zur Verfügung gestellten** Geländeaufnahmen und Absteckungen und die übrigen für die Ausführung übergebenen Unterlagen **für den Auftragnehmer maßgebend** sind (vgl. dazu BGH BauR 1982, 374 = NJW 1982, 1702 = SFH § 3 VOB/B Nr. 1 = Betrieb 1982, 2239 = MDR 1982, 1011 = LM § 3 VOB/B Nr. 1 = ZfBR 1982, 153). Andererseits hat dieser **jedoch** die **Pflicht,** alle diese Unterlagen, soweit es zur ordnungsgemäßen Vertragserfüllung gehört, auf etwaige Unstimmigkeiten **zu überprüfen** und den Auftraggeber auf entdeckte oder vermutete **Mängel hinzuweisen.**

31

I. Maßgeblichkeit der Absteckungen, Geländeaufnahmen und Ausführungsunterlagen (Satz 1)

In **Nr. 3 Satz 1** sind neben den nur beispielhaft hervorgehobenen Geländeaufnahmen und Absteckungen **alle Ausführungsunterlagen gemeint,** die nach Nr. 1 im Einzelfall vom Auftraggeber dem Auftragnehmer zu übergeben sind, wie dort auch klar zum Ausdruck kommt. Um Rechtsfolgen auszulösen, müssen die Ausführungsunterlagen dem Auftragnehmer auch

32

tatsächlich überlassen worden sein. Wenn etwas für den Auftragnehmer vertraglich maßgebend sein soll, muß er auch wirklich in der Lage sein, sich danach zu richten. Der **Auftragnehmer hat** die geschuldete **Bauleistung nach** den durch die **Unterlagen** gegebenen Richtlinien **auszuführen.** Weicht er davon **eigenmächtig** ab, so gilt seine Leistung, je nach dem Umfang und der Art der Abweichung, als nicht oder als mangelhaft erbracht. **Anders ist es nur, wenn die Abweichung den Wert der Leistung oder seine Tauglichkeit zu dem gewöhnlichen oder nach dem Vertrag vorausgesetzten Gebrauch nicht mindert** (BGH BauR 1982, 374 = NJW 1982, 1702 = SFH § 3 VOB/B Nr. 1 = Betrieb 1982, 2239 = MDR 1982, 1011 = LM § 3 VOB/B Nr. 1 = ZfBR 1982, 153 m. w. N.). Eine sonstige **Abweichung** kann **nur einverständlich** zwischen den Parteien **im beiderseitigen Bewußtsein einer Planänderung** erfolgen. Der Auftragnehmer kann daher eine Planänderung nicht schon dadurch herbeiführen, daß er abweichende Ausführungsunterlagen anfertigt und vom Architekten des Auftraggebers – nur – gegenzeichnen läßt (BGH a. a. O.). Etwas anderes ergibt sich auch nicht z. B. aus DIN 18 335 Nr. 3.2.5 (früher 3.26), da sich diese Regelung nicht mit einer Änderung von Plänen des Auftraggebers durch den Auftragnehmer befaßt; vielmehr hat der Auftragnehmer hiernach nur insoweit einen eigenen Gestaltungsspielraum, als es die Planvorgaben des Auftraggebers zulassen. Gleiches gilt für Besondere oder Zusätzliche Vertragsbedingungen, welche die vorgenannte DIN-Vorschrift nur näher erläutern oder ergänzen (BGH a. a. O.).

II. Prüfungs- und Hinweispflicht des Auftragnehmers (Satz 2)

33   1. Zur Systematik der Prüfungs- und Hinweispflichten des Auftragnehmers im VOB-Bauvertrag vgl. die tiefgründige und zutreffende Untersuchung von Hochstein in Festschrift Korbion, S. 165 ff. Die hier in Nr. 3 Satz 2 festgelegte **Prüfungspflicht** des Auftragnehmers ist **nicht umfassend.** Sonst würde die Grenze der Zumutbarkeit überschritten, da ja die Anfertigung sowie das Überlassen der Ausführungsunterlagen zum **vertraglichen Pflichtenkreis des Auftraggebers** gehört. Dessen Verantwortlichkeit muß daher **in erster Linie bestehenbleiben.** Aus diesem Grunde ist die Überprüfungspflicht des Auftragnehmers **begrenzt** durch die Wendung „**soweit es zur ordnungsgemäßen Vertragserfüllung gehört".** Einerseits bedeutet dies, daß der Auftragnehmer unter Zugrundelegung seines fachlichen Könnens und seiner Erfahrung in seinem Beruf sich nicht ohne weiteres auf das verlassen darf, was ihm vom Auftraggeber angegeben worden ist. Dies entspricht Treu und Glauben und der Auffassung von einem verantwortungsbewußten Handeln des Auftragnehmers im Rahmen seiner beruflichen Betätigung überhaupt. Andererseits bedeutet das aber nicht, daß der Auftragnehmer dem Auftraggeber die Verantwortung abnehmen soll. **Entscheidendes Abgrenzungsmerkmal ist die Hauptverpflichtung des Auftragnehmers, die von Auftraggeberseite vertraglich festgelegte Bauleistung ordnungsgemäß zu erbringen.** Dabei dienen ihm die Ausführungsunterlagen als Wegweiser. Entdeckt oder vermutet er **vor ihrer Benutzung bei der Bauausführung**, daß sie nicht zur ordnungsgemäßen Erstellung der Bauleistung beitragen, so hat er die Hinweispflicht. Das bedingt zwangsläufig zunächst eine inhaltliche, z. B. rechnerische, Nachprüfung der Ausführungsunterlagen sowie ggf. auch ihren Vergleich mit den tatsächlichen örtlichen Gegebenheiten.

34   Hinsichtlich des **Ausmaßes der Prüfung** darf sich der Auftragnehmer **nicht allein** von dem bloßen Umstand leiten lassen, ob auf seiten des Auftraggebers ein sachkundiger Berater steht (z. B. Architekt, Bauleiter). **In vielen Fällen reicht dies** als Entschuldigungsgrund bei Haftungs- oder Mithaftungsfragen **nicht aus** (auch Huhn, Vahlens Rechtsbücher, Zivilrecht, Band 3, S. 133). Das trifft um so mehr zu, wenn die Ausführungsunterlagen für den **fachkundigen Auftragnehmer ersichtlich unvollständig oder in sich unklar** sind. Gerade hier ist es für den Auftragnehmer dringend geboten, im eigenen Interesse immer – wenn auch nur vorsorglich – Rückfrage zu halten und sich um Klarstellung zu bemühen.

35 Andererseits ist aber auch hier zu berücksichtigen, daß der **Auftraggeber** grundsätzlich **für Planungsfehler** seines **Architekten oder des sonst von ihm auf dem Planungsgebiet beschäftigten Fachmannes (z. B. des Statikers) einzustehen hat** (§ 278 BGB). Der Architekt und auch der Sonderfachmann sind jedenfalls dann, wenn es sich um die Aufgabe des Auftraggebers handelt, dem Auftragnehmer brauchbare Pläne und Unterlagen zur Verfügung zu stellen, **Erfüllungsgehilfe** des Auftraggebers (vgl. Rdn. 1).

36 Der Einsatz von Architekt und/oder Sonderfachleuten ergibt daher schon eine Abgrenzung der hier erörterten Prüfungspflicht des Auftragnehmers. Einmal erfaßt diese nur solche planerischen Gesichtspunkte, die einen **unmittelbaren technischen Zusammenhang zu der von ihm geschuldeten Leistung** haben. Darüber hinaus muß die Prüfungspflicht dort ihre Grenzen haben, wo sie **allgemein** für den Bereich der Pflichten einerseits des Auftragnehmers und andererseits des Architekten und/oder des Sonderfachmannes liegen. Daher gelten insoweit die Ausführungen in Teil B § 4 Rdn. 108–140 bereits hier entsprechend. Sofern unter Berücksichtigung dessen der Auftragnehmer die hier obliegende Prüfungspflicht verletzt, haftet er regelmäßig **wegen Verletzung einer Nebenpflicht** aus dem Gesichtspunkt der **positiven Vertragsverletzung nur nach den Grundsätzen des § 254 BGB**. Daß der Architekt seinerseits dem Auftraggeber für eine schuldhafte Vertragsverletzung haftet, schließt die Anwendung der §§ 254 Abs. 2 Satz 2, 278 BGB nicht aus (vgl. BGHZ 39, 261 = NJW 1963, 1401 = MDR 1963, 669 = BB 1963, 668 = LM § 633 Nr. 9 [Anm. Rietschel] = SFH Z 3.01 Bl. 208). Für das Verschulden des Auftragnehmers aus positiver Vertragsverletzung genügt hier grundsätzlich leichte Fahrlässigkeit (BayObLG MDR 1971, 487).

37 Gerade auch für den hier angesprochenen Bereich sind etwaige von der VOB abweichende Zusätzliche Vertragsbedingungen nach den Bestimmungen des AGB-Gesetzes zu messen (vgl. dazu Teil A § 10 Rdn. 77 ff.). So dürfte eine Klausel dahin, „die dem Auftragnehmer übergebenen Unterlagen gelten als vollständig, wenn dieser nicht binnen 3 Tagen Widerspruch erhebt", gegen § 10 Nr. 5 AGB-Gesetz verstoßen, vor allem im Hinblick auf die überaus kurz bemessene Frist (zutreffend Kromik/Schwager Nr. 3.1.9). Besonders im Rahmen von Teil B § 3 kann eine Haftungsfreizeichnung des Auftraggebers auch gegen § 11 Nr. 7 AGB-Gesetz verstoßen (vgl. auch Frikell/Glatzel/Hofmann Rdn. K. 3.8). Eine gänzliche Freizeichnung des Auftraggebers von seiner Verantwortlichkeit wird im allgemeinen dem § 9 AGB-Gesetz zuwiderlaufen (zutreffend Frikell/Glatzel/Hofmann a. a. O. m. w. N.); vor allem gilt dies für Klauseln, die dem Auftragnehmer die in Teil B § 3 Nr. 3 Satz 2 liegende Haftungsbefreiungsmöglichkeit versagen. Von § 9 AGB-Gesetz werden auch solche Klauseln erfaßt, die Risiken, die sich während der Bauzeit infolge unvorhergesehener Umstände ergeben, sowie die daraus entstehenden Kosten einseitig auf den Auftragnehmer abwälzen. Nicht selten in derartigen Klauseln außerdem dem Auftragnehmer einseitig und umfassend aufgebürdete Beweislastregeln sind ferner an § 15 AGB-Gesetz zu messen. Erst recht unzulässig sind Vertragsbedingungen, die dem Auftragnehmer die planerische Verantwortung über dessen vertraglichen Leistungsbereich aufzuerlegen versuchen.

38 **2.** Die Überprüfung durch den Auftragnehmer kann ergeben, daß ein **sofort erkennbarer offensichtlicher Fehler** in den Ausführungsunterlagen vorliegt oder daß jedenfalls Unklarheiten oder Widersprüche gegeben sind. Es kann aber auch sein, daß die Ausführungsunterlagen nicht mit Sicherheit, jedoch mit einiger Wahrscheinlichkeit nicht zu der vom Auftraggeber gewünschten ordnungsgemäßen Bauleistung führen. Dann steht für den Auftragnehmer ein Fehler oder ein Mangel **noch nicht eindeutig** fest, vielmehr bedarf es zur Klarstellung des Sachverhaltes noch einer **Nachfrage** beim Auftraggeber.

39 In beiden Fällen, also **bei der Feststellung** eines **offensichtlichen** oder auch nur **eines vermuteten Fehlers,** hat der Auftragnehmer eine **Hinweispflicht gegenüber dem Auftraggeber.** Beide Ausgangsfälle werden von der dem Auftragnehmer obliegenden vertraglichen Nebenpflicht erfaßt (vgl. Rdn. 33 ff.).

40 Dieser Hinweis unterliegt **nicht der Schriftform,** wie sie für die in Teil B § 4 Nr. 3 erfaßten Fälle vorgesehen ist, da es sich hier im Bereich des § 3 Nr. 3 Satz 2 um eine **eigenständige**

Prüfungspflicht handelt (zutreffend und eingehend dazu Hochstein in Festschrift Korbion, S. 165, 168 ff.; zur Abgrenzung von Teil B § 4 Nr. 3 vgl. Rdn. 43 f). Allerdings ist zu empfehlen, sich auch hier der Schriftform zu bedienen, insbesondere wegen des Nachweises bei späteren Streitigkeiten. Der **Hinweis** auf Mängel hat seitens des Auftragnehmers **sofort nach der Entdeckung oder dem Eintritt der Vermutung** zu geschehen. Dies entspricht seiner Verpflichtung zur pünktlichen Erbringung der geschuldeten Bauleistung. Zumindest die Grundsätze des § 121 BGB sind hier entsprechend heranzuziehen.

41   3. Liegen nur **vermutete Fehler oder Mängel** vor, wird sich der Auftragnehmer nach erfolgtem Hinweis **vorerst** an die Ausführungsunterlagen bei der Vertragsausführung halten müssen, jedenfalls solange nicht eine gegenteilige Erklärung des Auftraggebers vorliegt. Ist – was nicht selten vorkommen wird – der vermutete Mangel oder Fehler aber derart einschneidend, daß die **vertragsgemäße, insbesondere mängelfreie Bauausführung aus objektiver fachmännischer Sicht gefährdet oder gar unmöglich** sein kann, wird man dem Auftragnehmer nicht nur nach Treu und Glauben, sondern auch als Ausfluß seiner ihm nach Satz 2 obliegenden Nachprüfungspflicht das Recht zugestehen, u. U. sogar die Pflicht auferlegen müssen, mit der Bauausführung oder weiteren Ausführung **so lange zu warten, bis die Klarstellung seitens des Auftraggebers erfolgt** ist. Dies zwingt nicht nur den Auftragnehmer zur schnellen Mitteilung des vermuteten Mangels oder Fehlers, sondern **ebenso den Auftraggeber,** nicht zuletzt wegen der ihn treffenden **Mitverantwortung und damit gegebenen Schadensminderungspflicht,** die Mitteilung des Auftragnehmers **umgehend** nachzuprüfen und den **Auftragnehmer zu bescheiden.** In diesem Falle ist es aber die Pflicht des Auftragnehmers, dem Auftraggeber gleichzeitig mit dem Fehler oder Mangel davon Mitteilung zu machen, daß die Bauausführung bis zu seiner Rückäußerung ruht oder jedenfalls behindert ist (vgl. Teil B § 6 Nr. 1). Hinsichtlich der Verbindlichkeit der vom Auftraggeber dann zu treffenden Entschließung gilt Teil B § 4 Nr. 1 Abs. 4 entsprechend.

42   4. Liegt ein **offensichtlicher Fehler oder Mangel** vor, so entspricht es gleichfalls dem Ausfluß der befolgten Prüfungs- und Hinweispflicht sowie dem Grundsatz von Treu und Glauben, daß der Auftragnehmer so lange von der **Pflicht zur mit der fehlerhaften Planung im ursächlichen Zusammenhang stehenden Leistungserbringung befreit** wird, bis seitens des Auftraggebers eine Berichtigung oder eine klare Anweisung erfolgt, was zu geschehen hat. Das gilt **nicht nur bei klaren Verstößen gegen technische Vorschriften, sondern auch bei Mißachtung rechtlicher Bestimmungen,** wie z. B. bauordnungsbehördlicher Anordnungen. Besteht der Auftraggeber dennoch auf der Bauausführung nach den fehlerhaften oder mangelhaften Ausführungsunterlagen, ist der Auftragnehmer berechtigt, entsprechend Teil B § 9 (vgl. dazu Rdn. 17 f.) vorzugehen.

43   5. An sich ist die in **Nr. 3 Satz 2 festgelegte Verpflichtung** des Auftragnehmers **auch in** der auf § 242 BGB beruhenden Prüfungs- und Mitteilungspflicht des Auftragnehmers gemäß **Teil B § 4 Nr. 3 enthalten,** da letztere auch Bedenken gegen die vorgesehene Art der Ausführung betrifft. **Beide Bestimmungen bestehen jedoch nebeneinander** (dazu eingehend und zutreffend Hochstein in Festschrift Korbion, S. 165, 168 ff.). Das ergibt sich schon aus ihrer am normalen Bauablauf gemessenen zeitlichen Einordnung. Während die in Nr. 3 Satz 2 festgelegten Pflichten sogleich nach Aushändigung bzw. Bekanntgabe der hiervon erfaßten Planungsunterlagen einsetzen, ist die sich aus Teil B § 4 Nr. 3 ergebende Verpflichtung zeitlich insofern späterliegend, als sie jedenfalls noch bis zum Beginn der Ausführung der hiervon erfaßten Leistung wahrgenommen werden kann. Das macht es auch verständlich, wenn der Rahmen der Nr. 3 Satz 2 teilweise weiter gefaßt ist, also auch die Klärung von Unstimmigkeiten und nicht nur von Mängeln der vorgesehenen Art der Ausführung erfaßt, andererseits § 4 Nr. 3 aber solche Mängel ergreift, die der Auftragnehmer bemerkt hat oder unter Einsatz des von ihm abzuverlangenden sachkundigen Verstandes hätte erkennen müssen. Nr. 3 Abs. 2 kommt deshalb die Funktion einer als **vertragliche Nebenpflicht** aufzufassenden **Vor-**

klärung zu (insoweit zutreffend vor allem Hochstein a. a. O.), während Teil B § 4 Nr. 3 eine **vertragliche Hauptpflicht** bedeutet (vgl. Teil B § 4 Rdn. 188), wie sich vor allem auch aus Teil B § 13 Nr. 3 ergibt. Daraus folgt zugleich, daß Teil B § 4 Nr. 3 in Verbindung mit Teil B § 13 Nr. 3 für den seine Pflichten erfüllenden Auftragnehmer eine weitergehende Wirkung i. S. der Möglichkeit einer Haftungsbefreiung hat, während dies durch die Wahrnehmung der in Nr. 3 Satz 2 festgelegten Pflichten allein noch nicht bewirkt wird. Daher muß der Auftragnehmer, will er sich letztlich von seiner Verantwortlichkeit befreien, auf jeden Fall seine Verpflichtungen nach Teil B §§ 4 Nr. 3, 13 Nr. 3 erfüllen. Das betrifft vor allem diejenigen Fälle, in denen der Auftraggeber auch nach der vom Auftragnehmer nach Nr. 3 Satz 2 gemachten Mitteilung die bisher aufgetretenen Unzulänglichkeiten seiner Planung bis zum Beginn der Ausführung des betreffenden Leistungsteils noch nicht beseitigt hat. Der Auftragnehmer kann im Einzelfall durchaus zusammen seine Pflichten nach Nr. 3 Satz 2 sowie Teil B § 4 Nr. 3, allerdings unter Einhaltung der dort vorgeschriebenen Schriftform, erfüllen, vor allem dann, wenn er die von Teil B § 3 Nr. 1–3 erfaßten Unterlagen erst kurz vor der Ausführung erhält. Ist das aber nicht der Fall, sind sie ihm also schon einige Zeit vor der Ausführung überlassen worden, muß er grundsätzlich seine in Nr. 3 Satz 2 festgelegten Pflichten zunächst erfüllen, damit der Auftraggeber rechtzeitig vor Ausführung entsprechende Maßnahmen treffen kann, um durch die bisherige mangelhafte Planung drohende Schäden, wie z. B. in bezug auf die Dauer bzw. Zeit der Bauausführung, zu vermeiden. Anderenfalls haftet der Auftragnehmer hier wegen des dem Auftraggeber entstandenen Schadens grundsätzlich aus **positiver Vertragsverletzung** (vgl. Rdn. 36). Schließlich ist auch zu beachten, daß die vertragliche Hauptpflicht des Auftragnehmers nach Teil B § 4 Nr. 3 noch weitere Bereiche erfaßt als die vorgelagerte Nebenpflicht nach Nr. 3 Satz 2; insoweit hat der Auftragnehmer im zumutbaren Maße auch noch Vorleistungen anderer Auftragnehmer sowie vom Auftraggeber gelieferte Stoffe oder Bauteile zu prüfen, woraus auch zu ersehen ist, daß Teil B § 4 Nr. 3 mehr auf die Ausführung der Leistung des Auftragnehmers selbst konzentriert ist.

Zu berücksichtigen ist aber weiter, und damit kommt die **Eigenständigkeit der Nr. 3 Satz 2** ebenfalls zum Ausdruck, daß der Auftragnehmer, der die ihm auferlegten Pflichten erfüllt, bis zur eindeutigen Klärung der entdeckten oder vermuteten Mängel durch den Auftraggeber u. U., vor allem bei gleichzeitiger Behinderungsanzeige nach Teil B § 6 Nr. 1, **eine Verlängerung der Bauzeit nach Teil B § 6 Nr. 2 a oder sogar Schadensersatz nach Teil B § 6 Nr. 6 verlangen kann** (zutreffend Hochstein a. a. O.). 44

E. Feststellung des Zustandes von Straßen usw. (Nr. 4)

I. Festhalten des Zustandes in Niederschrift

Nach Nr. 4 ist vor Beginn der Arbeiten, soweit notwendig, der **Zustand der Straßen und Geländeoberfläche,** der **Vorflutleitungen,** ferner der **baulichen Anlagen im Baubereich** in einer **Niederschrift** festzuhalten, die vom Auftraggeber und Auftragnehmer **anzuerkennen** ist. Der Sinn dieser Regelung läßt sich aus dem sachlichen Umfang der zu treffenden Feststellungen erkennen. Es handelt sich nämlich um **örtliche Gegebenheiten,** die von **wesentlichem Einfluß auf die ordnungsgemäße Baudurchführung** sein können. Sie können bewirken, daß die Erbringung der Bauleistung auf eine bestimmte – möglicherweise andere als die bisher vorgesehene – Art notwendig wird. Sie können aber auch Elemente enthalten, die trotz an sich fachgerechter Bauausführung eine Ursache für Beschädigungen, Zerstörungen, vorzeitiges Abnutzen usw. bilden. 45

Um späteren **Beweisschwierigkeiten** in diesen Punkten zu begegnen, ist diese Bestimmung der VOB geschaffen worden. Insoweit handelt es sich um eine **vertraglich vereinbarte Be-** 46 weissicherung, ohne daß diese bereits zur Ausführung der Leistung gehört (Schmalzl BauR 1970, 203). Es ließe sich auf andere Weise schwer der Zustand feststellen, der bei Beginn der Bauausführung vorhanden war. Die **Niederschrift** ist daher ein **Beweismittel**; sie muß, damit ihr Zweck erreicht wird, von den Vertragspartnern bzw. ihren dazu befugten Vertretern grundsätzlich unterschrieben („anzuerkennen") werden (Schmalzl a. a. O.). Auf ihre richtige, klare und vollständige Abfassung ist besondere Aufmerksamkeit zu richten. Ist einer der Vertragspartner mit dem **Inhalt der Niederschrift** oder eines Teiles derselben **nicht einverstanden**, hat er nicht nur das Recht, sondern die Pflicht, seine abweichende Auffassung unter Darlegung der fraglichen Einzelpunkte in die Niederschrift mitaufzunehmen. Der andere Vertragspartner ist verpflichtet, dieses zu dulden. Im übrigen hat jede Partei das Recht auf Erhalt einer Ausfertigung dieser Niederschrift.

II. Nur soweit notwendig

47 Die Wendung in Nr. 4, daß die Niederschrift „soweit notwendig" anzufertigen ist, bedeutet, daß diese Maßnahme nur zu treffen ist, wenn hinreichende **Anhaltspunkte** vorliegen, die eine **Prüfung** i. S. des Festhaltens des vorhandenen Zustandes **ratsam** erscheinen lassen. Es kommt immer auf die objektiv gegebenen und zu beurteilenden Verhältnisse des Einzelfalles an.

III. Einschalten von Sachverständigen; gerichtliche Beweissicherung

48 In bestimmten Fällen kann es zweckentsprechender und richtiger sein, über die Regelung der Nr. 4 hinaus die notwendigen Feststellungen durch einen **unparteiischen und fachmännischen Dritten** (Sachverständigen, vgl. Teil A § 7) treffen zu lassen. Hierbei ist allerdings Voraussetzung, daß diese Feststellungen des Dritten auch von den Vertragspartnern anerkannt werden, wenn sie vollen Beweiswert haben sollen. Möglich ist insofern auch die **besondere Vereinbarung eines Schiedsgutachtens** durch die Vertragspartner (§§ 317 ff. BGB; vgl. dazu Teil B § 18 Rdn. 58 ff). Nr. 4 schließt es auch nicht aus, erforderlichenfalls – vor allem bei schon aufgetretenen Meinungsverschiedenheiten – ein **gerichtliches Beweissicherungsverfahren** (§§ 485 ff. ZPO) in die Wege zu leiten und durchzuführen (vgl. Teil B § 18 Rdn. 81 ff. sowie Werner/Pastor, Der Bauprozeß, Rdn. 1 ff.). Dies alles macht dann häufig eine gesonderte Maßnahme nach Nr. 4 überflüssig.

IV. Rechtsfolgen bei Verweigerung der Mitwirkung

49 Besteht Streit zwischen den Partnern, ob eine Notwendigkeit zu den Feststellungen nach Nr. 4 besteht, reicht es aus, wenn einer der Vertragspartner darauf besteht. Der andere ist alsdann **i. S. vertraglicher Nebenpflicht** zur **Mitwirkung verpflichtet** (so auch Hereth/Ludwig/Naschold Teil B § 3 Ez. 3.25). Verweigert der Auftraggeber die nach Nr. 4 im Einzelfall notwendigen Feststellungen, sind dem Auftragnehmer die Rechte aus Teil B § 9 zuzugestehen (vgl. Rdn. 17 f); verzögert er sie, kommen für den Auftragnehmer Rechte aus Teil B § 6 (vgl. Rdn. 20) in Betracht. Im umgekehrten Fall wird man dem Auftraggeber die gleichen Befugnisse unter entsprechender Anwendung von Teil B § 8 Nr. 3 (vgl. Teil B § 8 Rdn. 76 ff.), im Falle der Aufrechterhaltung des Vertrages nach Teil B § 6 Nr. 6, und zwar jeweils über Teil B § 5 Nr. 4, zuerkennen müssen (so auch Weick in Nicklisch/Weick Teil B § 3 Rdn. 18; wegen etwaiger Kündigungsbefugnis a. A. Schmalzl BauR 1970, 203, 204; Heiermann/Riedl/Rusam/Schwaab Teil B § 3 Rdn. 17, wobei von diesen die Wichtigkeit der Regelung in Nr. 4, die eine entsprechende rechtliche Beurteilung erfordert, verkannt wird, da erfahrungsgemäß im Falle ihrer Nichtbeachtung besonders gravierende Auswirkungen bei der späteren Bauausführung auftreten können; angesichts der hier klar und deutlich getroffenen vertraglichen Vereinbarung kann der betreffende Vertragspartner auch nicht ohne weiteres auf andere Möglichkeiten der Feststellung verwiesen werden).

V. Kosten der Feststellungen

Etwaige **Kosten** der hier erforderlichen Feststellungen **müßte** an sich der **Auftraggeber** 50 tragen, wie aus dem in Nr. 1 enthaltenen Grundgedanken zu entnehmen ist. Die Haftpflichtversicherung des Auftraggebers ist zur Übernahme dieser Kosten nicht verpflichtet, obwohl sie der Minderung eines etwaigen Schadens dienen (vgl. Otto BlGBW 1963, 169). Allerdings gibt es hier hinsichtlich der Kostentragungspflicht **weitgehend besondere Vertragsbestimmungen, durch die** nicht der Auftraggeber, sondern der **Auftragnehmer zur Kostentragung verpflichtet ist.** Dies folgt aus bestimmten, nach Teil B § 1 Nr. 1 Satz 2 zum Vertrag gehörigen DIN-Normen des Teils C, nämlich

DIN 18 300 – Erdarbeiten
DIN 18 301 – Bohrarbeiten
DIN 18 302 – Brunnenbauarbeiten
DIN 18 303 – Baugrubenverkleidungen
DIN 18 304 – Rammarbeiten
DIN 18 305 – Wasserhaltungsarbeiten
DIN 18 306 – Abwasserkanalarbeiten
DIN 18 307 – Gas- und Wasserhaltungsarbeiten im Erdreich
DIN 18 308 – Dränarbeiten für landwirtschaftlich genutzte Flächen
DIN 18 309 – Einpreßarbeiten
DIN 18 310 – Sicherungsarbeiten an Gewässern, Deichen und Küstendämmen
DIN 18 311 – Naßbaggerarbeiten
DIN 18 315 – Straßenbauarbeiten; Oberbauschichten ohne Bindemittel
DIN 18 316 – Straßenbauarbeiten; Oberbauschichten mit hydraulischen Bindemitteln
DIN 18 317 – Straßenbauarbeiten; Oberbauschichten mit bituminösen Bindemitteln
DIN 18 318 – Straßenbauarbeiten; Steinpflaster
DIN 18 320 – Landschaftsbauarbeiten
DIN 18 325 – Gleisbauarbeiten
DIN 18 335 – Stahlbauarbeiten
DIN 18 421 – Wärmedämmarbeiten an betriebstechnischen Anlagen

Dort ist jeweils unter 4.1.4 (bei DIN 18 311 Nr. 4.1.5 und bei DIN 18 325 Nr. 4.1.3) ausge- 51 führt, daß das Feststellen des Zustandes der Straßen- und Geländeoberfläche usw. eine **Nebenleistung** des Auftragnehmers ist. Nebenleistungen gehören auch ohne ausdrückliche Erwähnung in der Leistungsbeschreibung zur vertraglichen Leistung und sind daher vom Auftragnehmer – ohne besonderen Vergütungsansatz – zu erbringen. Im allgemeinen (Ausnahme: DIN 18 335 Stahlbauarbeiten und DIN 18 421 Wärmedämmarbeiten an betriebstechnischen Anlagen) ergibt sich daher, daß die Feststellungen nach Nr. 4 im Bereich von **Tiefbauarbeiten vom Auftragnehmer als nicht besonders vergütete Nebenleistungen zu erbringen** sind, während dies bei **Hochbauarbeiten nicht zutrifft;** hier sind die Kosten vom Auftraggeber zu tragen. Zu den Kosten zählen nicht nur die der Feststellung selbst, sondern alle Kosten, die damit in ursächlichem Zusammenhang stehen, wie z. B. der Vorbereitung und der späteren Auswertung (ähnlich Schmalzl BauR 1970, 203, 204 f.).

F. Vom Auftragnehmer zu beschaffende Unterlagen (Nr. 5)

Zeichnungen, Berechnungen, Nachprüfungen von Berechnungen oder andere Unterlagen, die 52 der **Auftragnehmer** nach dem Vertrag, besonders den Technischen Vertragsbedingungen oder der gewerblichen Verkehrssitte oder auf besonderes Verlangen des Auftraggebers (Teil B § 2 Nr. 9) **zu beschaffen** hat (vgl. auch Rdn. 12), sind dem Auftraggeber **nach Aufforderung** gemäß Nr. 5 rechtzeitig vorzulegen.

Zur AGB-rechtlichen Zulässigkeit der Übertragung selbständiger Planungsleistungen auf

den Auftragnehmer auf dessen Veranlassung vgl. Teil A § 1 Rdn. 27–30 sowie Anh. Teil A Rdn. 134.

I. Ausnahmeregelung

53 Diese Vertragsbestimmung hebt die grundsätzliche Verpflichtung des Auftraggebers nach Nr. 1, die Ausführungsunterlagen zur Verfügung zu stellen, **nicht** auf. Nr. 5 bildet lediglich hiervon eine **Ausnahme für den Fall, daß** aus den im einzelnen aufgeführten Gründen eine **Beschaffungs- und Vorlagepflicht des Auftragnehmers** besteht. Es ist daher immer erst zu prüfen, ob der Vertrag, die Technischen Vertragsbedingungen oder die gewerbliche Verkehrssitte eine solche Pflicht des Auftragnehmers begründen **oder** ob ein Verlangen des Auftraggebers nach Teil B § 2 Nr. 9 vorliegt und gerechtfertigt ist. Erst dann kommt Nr. 5 zum Zuge. Dort sind **beispielhaft** diejenigen Unterlagen aufgezählt, die in der Praxis im Rahmen einer Beschaffungspflicht des Auftragnehmers am meisten vorkommen. Es kann sich somit im Einzelfall auch noch um andere Unterlagen als die in Nr. 5 ausdrücklich genannten handeln, da dort die **Aufzählung nicht abschließend** ist. Dazu können auch Abrechnungszeichnungen nach Teil B § 14 Nr. 1 Satz 3 oder Bestandspläne (z. B. nach DIN 18 379 Nr. 3.13.2, nach DIN 18 382 Nr. 3.1.2) gehören. Vgl. im übrigen auch Rdn. 32.

II. Möglich: Pflicht des Auftragnehmers nach Vertrag oder Verkehrssitte

54 Der **Auftragnehmer** kann **nach dem Vertrag oder der dazu zu rechnenden Verkehrssitte verpflichtet** sein, Ausführungsunterlagen (Zeichnungen, Berechnungen, andere Unterlagen) **zu beschaffen oder Nachprüfungen von Berechnungen vorzunehmen.** Es kann sich dabei um eine eigene Anfertigung oder um die Besorgung dieser Unterlagen bei einem Dritten handeln. Soweit es die Nachprüfung von Berechnungen betrifft, ist auch der Fall mit einzubeziehen, daß die Berechnungen vom Auftraggeber oder von einem von diesem damit beauftragten anderen (Architekten, Statiker) stammen, daß die Nachprüfung aber entweder im eigenen Bereich des Auftragnehmers oder auf dessen Veranlassung und in seiner Verantwortung durch einen Dritten zu geschehen hat.

55 Unter Vertrag sind die **gesamten Vereinbarungen und sich daraus ergebende Verpflichtungen** der Partner im jeweiligen Bauvertrag zu verstehen, vor allem im Rahmen Besonderer oder Zusätzlicher Vertragsbedingungen, wobei Teil A § 10 Nr. 4 a den hier erörterten Fall im Auge hat. Voraussetzung ist aber eine inhaltlich klare, zweifelsfreie Vereinbarung. Die besondere Hervorhebung der Technischen (Allgemeinen und Zusätzlichen) Vertragsbedingungen sowie außerdem der gewerblichen Verkehrssitte sind ein **beispielhafter** Hinweis auf Vertragsbestandteile, aus denen sich nach aller Erfahrung häufig eine Beschaffungspflicht des Auftragnehmers ergeben kann. Soweit sich die Beschaffungspflicht aus den Allgemeinen Technischen Vertragsbedingungen ergeben soll, muß sie dort **ausdrücklich angeordnet** sein. Dabei bedarf es im allgemeinen besonderer Hinweise in den jeweiligen Ausschreibungs- bzw. Vertragsunterlagen dahingehend, ob und inwieweit der Auftraggeber entsprechende Unterlagen wünscht (Ausnahmen z. B. Rdn. 53). Hierzu fordert die jeweilige Allgemeine Technische Vorschrift den Auftraggeber häufig in Abschnitt 0 auf (z. B. DIN 18 332 Nr. 0.1.25; DIN 18 333 Nr. 0.1.33; DIN 18 335 Nr. 0.2 Abschnitt 3.2.1 [vgl. dazu OLG Köln SFH § 13 Nr. 7 VOB/B Nr. 1]; DIN 18 360 Nr. 0.1.26, 0.1.27; DIN 18 379 Nr. 0.1.31, 0.1.32; DIN 18 380 Nr. 0.1.28, 0.1.29). Aus der gewerblichen Verkehrssitte ergeben sich die Beschaffungs- und Überprüfungspflichten je nach Lage des Einzelfalles dann, wenn sie innerhalb des Gewerbes am Leistungsort als **allgemein übliche Pflicht des Auftragnehmers** anerkannt sind, wie z. B. die Überprüfung von Herstelleranweisungen. Eine solche, sich aus der Verkehrssitte ergebende Pflicht des Auftragnehmers braucht sich nicht besonders aus dem Vertragsinhalt zu ergeben, da sie ohnehin feststeht.

Im allgemeinen sind die vorerwähnten, vertraglich festgelegten bzw. feststehenden besonderen Beschaffungen oder Überprüfungen dem Auftragnehmer **zu vergüten**, da er eine an sich dem Auftraggeber obliegende Aufgabe übernimmt, **es sei denn**, es handelt sich um eine nach den Allgemeinen Technischen Vertragsbedingungen (vgl. dort die jeweilige Ordnungsnummer 4) in Verbindung mit Teil B § 2 Nr. 1 nicht zu bezahlende **Nebenleistung**. Zur Vergütungshöhe bedarf es einer entsprechenden Vereinbarung. Fehlt eine solche, so gilt das in Teil B § 2 Rdn. 402 Ausgeführte entsprechend.

III. Möglich: Pflicht des Auftragnehmers auf besonderes Verlangen des Auftraggebers (Teil B § 2 Nr. 9)

Abgesehen von dem bereits feststehenden Vertragsinhalt einschließlich der jeweils maßgebenden Verkehrssitte kann die Beschaffungs- oder Prüfungspflicht des Auftragnehmers auch bestehen, wenn eine **besondere Anforderung** des Auftraggebers vorliegt. Vgl. dazu im einzelnen Teil B § 2 Rdn. 393 ff.

IV. Pflichten des Auftragnehmers

Nach Nr. 5 hat der Auftragnehmer die von ihm zu beschaffenden bzw. nachzuprüfenden Unterlagen dem Auftraggeber nach Aufforderung **rechtzeitig** vorzulegen. Diese Aufforderung kann bereits im Vertrag enthalten sein, sie kann aber auch nachträglich von seiten des Auftraggebers erfolgen. Das Erfordernis rechtzeitiger Vorlage schließt im allgemeinen mit ein, auch eine gewisse Zeit zu berücksichtigen, um dem **Auftraggeber** bzw. dessen Vertreter (z. B. Architekt, Statiker) **die Überprüfung und Stellungnahme vor der eigentlichen Ausführung** des Leistungsteils, auf die sich die betreffende Unterlage bezieht, zu ermöglichen. Befolgt der Auftragnehmer seine Pflicht zur **rechtzeitigen Vorlage nicht,** stehen dem Auftraggeber die in Rdn. 49 a. E. erwähnten Befugnisse zu. Erfüllt der Auftragnehmer seine ihm hier übertragenen zusätzlichen Pflichten **fehlerhaft**, entspricht seine Arbeit insbesondere nicht den anerkannten Regeln der Technik, stehen dem Auftraggeber Ansprüche nach Teil B § 4 Nr. 7 oder § 13 zu (vgl. Hereth/Ludwig/Naschold Teil B § 3 Ez 3.31). Das gilt um so mehr, wenn die fehlerhafte Anfertigung oder Überprüfung von Unterlagen später zu einem Baumangel führt. Vgl. dazu auch Nr. 2. VHB zu § 3 VOB/B.

G. Verwendung der in Nr. 5 genannten Unterlagen

Nr. 6 regelt Fragen der Veröffentlichung, Vervielfältigung sowie Verwendung von Ausführungsunterlagen, die der Auftragnehmer nach Nr. 5 zu beschaffen und dem Auftraggeber zur Verfügung zu stellen hat. Der Regelungsbereich ist somit auf die von Nr. 5 erfaßten Unterlagen abgestellt (vgl. oben Rdn. 52 ff.).

I. Sacheigentum (Satz 2 und 3)

Von Bedeutung ist zunächst das **Sacheigentum** an den Unterlagen: Grundsätzlich verliert weder der Auftraggeber, der nach Nr. 1, noch der Auftragnehmer, der nach Nr. 5 Unterlagen dem anderen Vertragspartner übergibt, das Sacheigentum daran. Das ergibt sich aus Nr. 6 Satz 2 und 3. Die dort grundsätzlich festgelegte Pflicht zur Rückgabe der Unterlagen an den Eigentümer **schließt den Übergang des Sacheigentums für den Regelfall** aus. Ein solcher kommt nur in Betracht, wenn er **ausdrücklich vereinbart** ist. Das folgt aus dem zweiten Halbsatz in Nr. 6 Satz 2.

Voraussetzung für die Rückgabe ist allerdings nach Satz 2, erster Halbsatz, grundsätzlich, daß der Eigentümer die **Rückgabe verlangt.** Das schließt jedoch nicht aus, daß der Besitzer auch ohne diese Aufforderung die Sachen zurückgeben darf, sobald er sie für seine Zwecke nicht mehr benötigt. Daraus, daß der Eigentümer zur Rückgabe nicht auffordert, kann nicht ohne weiteres geschlossen werden, daß er sein Sacheigentum aufgeben will, jedenfalls nicht vor Ablauf einer angemessenen Frist nach endgültiger Abwicklung des Bauvertrages. Es bleibt demnach eine **Aufbewahrungspflicht des Besitzers** bestehen. Hierüber vgl. Teil A § 22 Rdn. 38 ff.

62 Nach Satz 3 darf der Auftraggeber die vom Auftragnehmer gelieferten Unterlagen **so lange behalten,** wie er sie **zur Rechnungsprüfung braucht.** Hierbei handelt es sich um eine aus Zweckmäßigkeitsgründen festgelegte Hinausschiebung des Rückgabetermins.

63 Die **Verpflichtung zur Herausgabe** nach erfolgter Rückforderung durch den Eigentümer ist eine **vertragliche Nebenpflicht** des betreffenden Besitzers. Im Falle der Nichtbefolgung kann der Eigentümer auf **Herausgabe klagen;** falls ihm durch die Nichtrückgabe oder die nicht rechtzeitige Rückgabe ein **Schaden** entsteht und dem Besitzer Verschulden zur Last zu legen ist, besteht für den Eigentümer ein Schadensersatzanspruch aus **positiver Vertragsverletzung.**

II. Rechte des Urhebers (Satz 1)

64 1. Entgegen der hier bisher vertretenen Auffassung **beschränkt sich die Regelung des Satzes 1 nicht auf solche Unterlagen, die urheberrechtliche Schutzfähigkeit i. S. des Urhebergesetzes vom 9. 9. 1965 (BGBl. I, S. 1273), zuletzt i. d. F. vom 19. 12. 1985 (BGBl. I, S. 2355), genießen** (vgl. dazu Teil A § 20 Rdn. 27 ff.). Vielmehr bezieht sich diese Bestimmung auch auf solche Unterlagen, die nicht dem Urhebergesetz unterliegen. Das Wort „Urheber" ist nicht **nur rechtstechnisch nach Maßgabe des Urheberrechtsgesetzes zu verstehen,** da sich Teil B § 3 Nr. 5 und demgemäß auch Nr. 6 außer auf Zeichnungen auch auf bloße Berechnungen, Nachprüfungen von Berechnungen und andere Unterlagen beziehen, bei denen regelmäßig eine Urheberrechtsschutzfähigkeit ausscheidet (so mit Recht BGH BauR 1985, 571 = SFH § 3 VOB/B Nr. 2 = MDR 1985, 818 = NJW 1986, 2701 = BB 1985, 1292 = LM § 242 [A] BGB Nr. 62 = ZfBR 1985, 215). Urheber ist derjenige, der durch seine – regelmäßig geistige – Tätigkeit **die Unterlage gemäß dem Regelungsbereich der Nr. 5 geschaffen hat.** Nr. 6 spricht insoweit – ebenfalls der Nr. 5 folgend – den Auftragnehmer oder denjenigen als Berechtigten an, der für ihn die betreffende Unterlage angefertigt hat.

65 2. Nr. 6 enthält die **vertragliche Vereinbarung, daß die vom Auftragnehmer beschafften, also selbst oder von dritter Seite angefertigten und dem Auftraggeber zur Verfügung gestellten Unterlagen weder veröffentlicht noch vervielfältigt noch für einen anderen als den vereinbarten Zweck benutzt werden dürfen.** Sie dürfen also nicht ohne Genehmigung des Urhebers der Öffentlichkeit (auch nicht der Fachöffentlichkeit) zugänglich gemacht werden; ferner darf sie der Auftraggeber nicht vervielfältigen, somit dürfen von ihm nicht ohne weiteres mehr Exemplare hergestellt werden, als ihm übergeben wurden. Das Verbot der Benutzung für einen anderen als den vereinbarten Zweck bedeutet, daß die Unterlagen nur für den betreffenden Bauvertrag und dessen Abwicklung oder gemäß sonstiger Absprache verwendet werden dürfen. Insoweit darf der Auftraggeber ohne Genehmigung des Urhebers die betreffenden Unterlagen vor allem weder ganz noch teilweise für ein künftiges Bauvorhaben, auch nicht als sogenannte Kalkulationshilfe, benutzen (vgl. dazu BGH a. a. O.). Auch die Gestattung der Einsichtnahme durch außerhalb des betreffenden Bauvertrages stehende Dritte zwecks Belehrung oder gar die Verwendung durch diese fällt unter den Begriff der anderweitigen Benutzung. Es ist somit streng darauf zu achten, daß nur der vereinbarte

Zweck, der sich regelmäßig aus der eindeutigen Zweckbestimmung der Unter-lage im Rahmen des betreffenden Bauvorhabens oder der sonstigen Absprache ergibt, gewahrt und in keiner Weise überschritten wird.

3. **Genehmigung** bedeutet an sich nach der Begriffsdefinition in § 187 Abs. 1 BGB nachträgliche Zustimmung. Insofern drückt sich die VOB in Nr. 6 Satz 1 **zumindest unscharf** aus. Nach dem **Sinngehalt** dieser Regelung dürfte **grundsätzlich auf die vorherige Zustimmung des Urhebers** abzustellen sein, also die Einwilligung i. S. des § 183 Abs. 1 BGB. Somit muß der Auftraggeber das **Einverständnis des Urhebers** einholen, **bevor** er veröffentlicht, vervielfältigt oder die Unterlage für einen anderen als den vereinbarten Zweck verwendet. Sicher kann er auch noch die nachträgliche Genehmigung des Urhebers einholen, jedoch läuft er dann Gefahr, daß ihm diese versagt wird und er Ansprüchen des Urhebers ausgesetzt ist.

4. Satz 1 bedeutet eine **vertragliche Pflicht zur Unterlassung**. Eine **Zuwiderhandlung** kann eine **Unterlassungsklage** zur Folge haben, wobei ein dem Urheber **entstandener Schaden zusätzlich oder auch ohne Unterlassungsklage** ersetzt verlangt werden kann. Dies folgt daraus, daß der Auftraggeber gegenüber dem Auftragnehmer eine **positive Vertragsverletzung** begeht. Der Schaden des Urhebers bemißt sich nach dem vertragswidrig erlangten Vorteil des Auftraggebers oder des Dritten, dem er die Unterlagen zugänglich gemacht hat, jedenfalls nach dem Nachteil des Urhebers. Insoweit sind im allgemeinen die einschlägigen Gebührensätze nach Maßgabe der HOAI anzusetzen, was auch für den Bereich des § 97 UrhG gilt (vgl. dazu auch Teil A § 20 Rdn. 27 ff.).

5. Ist der Auftragnehmer selbst Urheber, so kann er seinen Schaden aus positiver Vertragsverletzung unmittelbar von dem Auftraggeber ersetzt verlangen. Ist ein Dritter Urheber, so kann er dessen Schaden nur geltend machen, wenn ihm die Ansprüche vom Dritten abgetreten worden sind. Der **Dritte hat dann einen unmittelbaren Anspruch** gegen den Auftraggeber, wenn die Voraussetzungen der §§ 985 ff., 823 ff., 678 BGB gegeben oder im Falle der Urheberrechtsschutzfähigkeit die §§ 7 ff., 11 ff. UrhG verletzt sind, und zwar hier mit der Folge eines Schadensersatzanspruches nach § 97 UrhG. Ferner kommen für ihn Ansprüche aus den §§ 18, 19 UWG in Betracht. Möglich sind **auch Ansprüche des Dritten aus Drittschadensliquidation** auf der Grundlage der hier erörterten VOB-Regelung, falls dem Auftraggeber die Einbeziehung des Dritten in den Schutzbereich des betreffenden Bauvertrages zwischen Auftragnehmer und Auftraggeber zweifelsfrei erkennbar ist, was hier bereits durch die eindeutige Regelung in Nr. 6 Satz 1 zum Ausdruck kommt. Erst recht gilt dies, wenn der Dritte als Urheber dies dem Auftraggeber dadurch verdeutlicht, daß er die Überschreitung des Rahmens der Nr. 6 Satz 1 von seiner Genehmigung abhängig macht, wie etwa durch einen entsprechenden Vermerk auf den von ihm gefertigten Plänen usw. (in letzterer Hinsicht vgl. BGH a. a. O.).

6. Es ist zulässig, **individualvertraglich** eine von Satz 1 abweichende Regelung mit dem Urheber zu treffen, und zwar dergestalt, daß Satz 1 ausgeschlossen wird; man kann auch vereinbaren, daß zwar die Rechte nach Satz 1 grundsätzlich bestehenbleiben, daß aber Ausnahmen von dem Verbot in einem genau bestimmten Rahmen zugunsten des Benutzers gemacht werden.

§ 4 Ausführung

1. (1) Der Auftraggeber hat für die Aufrechterhaltung der allgemeinen Ordnung auf der Baustelle zu sorgen und das Zusammenwirken der verschiedenen Unternehmer zu regeln. Er hat die erforderlichen öffentlich-rechtlichen Genehmigungen und Erlaubnisse – z. B.

nach dem Baurecht, dem Straßenverkehrsrecht, dem Wasserrecht, dem Gewerberecht – herbeizuführen.

(2) Der Auftraggeber hat das Recht, die vertragsgemäße Ausführung der Leistung zu überwachen. Hierzu hat er Zutritt zu den Arbeitsplätzen, Werkstätten und Lagerräumen, wo die vertragliche Leistung oder Teile von ihr hergestellt oder die hierfür bestimmten Stoffe und Bauteile gelagert werden. Auf Verlangen sind ihm die Werkzeichnungen oder andere Ausführungsunterlagen sowie die Ergebnisse von Güteprüfungen zur Einsicht vorzulegen und die erforderlichen Auskünfte zu erteilen, wenn hierdurch keine Geschäftsgeheimnisse preisgegeben werden. Als Geschäftsgeheimnis bezeichnete Auskünfte und Unterlagen hat er vertraulich zu behandeln.

(3) Der Auftraggeber ist befugt, unter Wahrung der dem Auftragnehmer zustehenden Leitung (Nr. 2) Anordnungen zu treffen, die zur vertragsgemäßen Ausführung der Leistung notwendig sind. Die Anordnungen sind grundsätzlich nur dem Auftragnehmer oder seinem für die Leitung der Ausführung bestellten Vertreter zu erteilen, außer wenn Gefahr im Verzug ist. Dem Auftraggeber ist mitzuteilen, wer jeweils als Vertreter des Auftragnehmers für die Leitung der Ausführung bestellt ist.

(4) Hält der Auftragnehmer die Anordnungen des Auftraggebers für unberechtigt oder unzweckmäßig, so hat er seine Bedenken geltend zu machen, die Anordnungen jedoch auf Verlangen auszuführen, wenn nicht gesetzliche oder behördliche Bestimmungen entgegenstehen. Wenn dadurch eine ungerechtfertigte Erschwerung verursacht wird, hat der Auftraggeber die Mehrkosten zu tragen.

2. (1) Der Auftragnehmer hat die Leistung unter eigener Verantwortung nach dem Vertrag auszuführen. Dabei hat er die anerkannten Regeln der Technik und die gesetzlichen und behördlichen Bestimmungen zu beachten. Es ist seine Sache, die Ausführung seiner vertraglichen Leistung zu leiten und für Ordnung auf seiner Arbeitsstelle zu sorgen.

(2) Er ist für die Erfüllung der gesetzlichen, behördlichen und berufsgenossenschaftlichen Verpflichtungen gegenüber seinen Arbeitnehmern allein verantwortlich. Es ist ausschließlich seine Aufgabe, die Vereinbarungen und Maßnahmen zu treffen, die sein Verhältnis zu den Arbeitnehmern regeln.

3. Hat der Auftragnehmer Bedenken gegen die vorgesehene Art der Ausführung (auch wegen der Sicherung gegen Unfallgefahren), gegen die Güte der vom Auftraggeber gelieferten Stoffe oder Bauteile oder gegen die Leistungen anderer Unternehmer, so hat er sie dem Auftraggeber unverzüglich – möglichst schon vor Beginn der Arbeiten – schriftlich mitzuteilen; der Auftraggeber bleibt jedoch für seine Angaben, Anordnungen oder Lieferungen verantwortlich.

4. Der Auftraggeber hat, wenn nichts anderes vereinbart ist, dem Auftragnehmer unentgeltlich zur Benutzung oder Mitbenutzung zu überlassen:

a) die notwendigen Lager- und Arbeitsplätze auf der Baustelle,

b) vorhandene Zufahrtswege und Anschlußgleise,

c) vorhandene Anschlüsse für Wasser und Energie. Die Kosten für den Verbrauch und den Messer oder Zähler trägt der Auftragnehmer, mehrere Auftragnehmer tragen sie anteilig.

5. Der Auftragnehmer hat die von ihm ausgeführten Leistungen und die ihm für die Ausführung übergebenen Gegenstände bis zur Abnahme vor Beschädigung und Diebstahl zu schützen. Auf Verlangen des Auftraggebers hat er sie vor Winterschäden und Grundwasser zu schützen, ferner Schnee und Eis zu beseitigen. Obliegt ihm die Verpflichtung nach Satz 2 nicht schon nach dem Vertrag, so regelt sich die Vergütung nach § 2 Nr. 6.

6. Stoffe oder Bauteile, die dem Vertrag oder den Proben nicht entsprechen, sind auf Anordnung des Auftraggebers innerhalb einer von ihm bestimmten Frist von der Baustelle zu entfernen. Geschieht es nicht, so können sie auf Kosten des Auftragnehmers entfernt oder für seine Rechnung veräußert werden.

7. Leistungen, die schon während der Ausführung als mangelhaft oder vertragswidrig erkannt werden, hat der Auftragnehmer auf eigene Kosten durch mangelfreie zu ersetzen. Hat der Auftragnehmer den Mangel oder die Vertragswidrigkeit zu vertreten, so hat er auch den daraus entstehenden Schaden zu ersetzen. Kommt der Auftragnehmer der Pflicht zur Beseitigung des Mangels nicht nach, so kann ihm der Auftraggeber eine angemessene Frist zur Beseitigung des Mangels setzen und erklären, daß er ihm nach fruchtlosem Ablauf der Frist den Auftrag entziehe (§ 8 Nr. 3).

8. (1) Der Auftragnehmer hat die Leistung im eigenen Betrieb auszuführen. Mit schriftlicher Zustimmung des Auftraggebers darf er sie an Nachunternehmer übertragen. Die Zustimmung ist nicht notwendig bei Leistungen, auf die der Betrieb des Auftragnehmers nicht eingerichtet ist.

(2) Der Auftragnehmer hat bei der Weitervergabe von Bauleistungen an Nachunternehmer die Verdingungsordnung für Bauleistungen zugrunde zu legen.

(3) Der Auftragnehmer hat die Nachunternehmer dem Auftraggeber auf Verlangen bekanntzugeben.

9. Werden bei Ausführung der Leistung auf einem Grundstück Gegenstände von Altertums-, Kunst- oder wissenschaftlichem Wert entdeckt, so hat der Auftragnehmer vor jedem weiteren Aufdecken oder Ändern dem Auftraggeber den Fund anzuzeigen und ihm die Gegenstände nach näherer Weisung abzuliefern. Die Vergütung etwaiger Mehrkosten regelt sich nach § 2 Nr. 6. Die Rechte des Entdeckers (§ 984 BGB) hat der Auftraggeber.

Inhaltsübersicht

	Rdn.
Vorbemerkung	1
A. Die Bereitstellungs- sowie Überwachungsrechte und -pflichten des Auftraggebers nach Nr. 1	2–102
I. Pflichten des Auftraggebers nach Absatz 1	2–43
1. Teil der Koordinationspflicht des Auftraggebers	2–6
2. Allgemeine Ordnung auf der Baustelle und Zusammenwirken der verschiedenen Unternehmer	7–16
a) Allgemeine Ordnung auf der Baustelle	8–9
b) Zusammenwirken der verschiedenen Unternehmer	10
c) Pflichtgemäßes Ermessen des Auftraggebers durch die verschiedenen möglichen Maßnahmen	11–14
aa) Festlegung des Arbeitsraumes	12
bb) Baustellenordnungsplan	13
cc) Bauzeitpläne	14

d) Abhilfepflicht des Auftraggebers	15
e) Übertragung von Koordinationspflichten auf einen Auftragnehmer	16
3. Herbeiführung öffentlich-rechtlicher Genehmigungen	17–30
a) Verpflichtung des Auftraggebers	21–22
b) Genehmigungen im einzelnen – Prüfingenieur	23–27
c) Erwirkung der Genehmigung durch Dritte	28
d) Einholung von Genehmigungen durch Auftragnehmer	29
e) Entbehrlichkeit von Genehmigungen	30
4. Rechtsfolgen bei Mißachtung der Pflichten des Auftraggebers	31–35
5. Exkurs: Schwarzarbeit	36–40
6. Exkurs: Gesetz zur Sicherung von Bauforderungen	41–43
II. Das Überwachungsrecht des Auftraggebers (Nr. 1 Abs. 2)	44–64
1. Besonderheit beim VOB-Vertrag	45–48
a) Kein Zusammenhang mit der Abnahme	46
b) Besonderheit des Bauvertrages als Grund – Nebenpflicht des Auftragnehmers	47–48
2. Keine unbegrenzte Befugnis	49–50
a) Nicht schlechthin Recht zur Anweisung	49
b) Lediglich beobachtende, überprüfende und überwachende Tätigkeit	50
3. Keine Überwachungspflicht	51–52
4. Der Umfang des Überwachungsrechts	53–64
a) Zutrittsrecht	53–54
b) Einsicht in Unterlagen	55–57
c) Gegebenenfalls Auskunftsrecht	58
d) Begrenzung durch Geschäftsgeheimnis des Auftragnehmers	59–61
e) Vertrauliche Behandlung von Geschäftsgeheimnissen	62–64
III. Das Anordnungsrecht des Auftraggebers (Nr. 1 Abs. 3 und 4)	65–102
1. Ebenfalls Sonderregelung der VOB	67
2. Vorsichtige und angemessene Handhabung geboten	68
3. Begrenzung: Notwendigkeit zur vertragsgemäßen Ausführung der Leistung	69–73
a) Vertragliche Leistungspflicht maßgebend	70–71
b) Objektive Notwendigkeit erforderlich	72
c) Wahrung der Rechte des Auftragnehmers nach Nr. 2	73
4. Grundsätzlich Anordnung nur an Auftragnehmer oder dessen Vertreter	74–78
a) Ausnahme: Gefahr im Verzuge	74–76
b) Mitteilung des Vertreters	77
c) Weitere Ausnahmen	78
5. Mitteilung von Bedenken und Folgen (Nr. 1 Abs. 4)	79–102
a) Unberechtigte oder unzweckmäßige Anordnungen	80
b) Begründete Auffassung des Auftragnehmers maßgebend	81
c) Prüfungspflicht des Auftraggebers; etwaige Haftung	82–83
d) Ausnahmen von Pflicht des Auftragnehmers zur Befolgung der Anordnungen	84–91
aa) Verstoß gegen gesetzliche oder behördliche Bestimmungen	85
bb) Verstoß gegen Treu und Glauben	86–89
cc) Nachweis durch Auftragnehmer	90
dd) Rechte des Auftragnehmers	91
e) Ausgleich der Mehrkosten	92–97
f) Haftungsverhältnisse	98–102
B. Die grundsätzliche Verantwortlichkeit des Auftragnehmers für die ordnungsgemäße Ausführung der geschuldeten Bauleistung (Nr. 2)	103–181
I. Generalklausel (Nr. 2 Abs. 1 Satz 1)	103–140
1. Vertragsinhalt maßgebend	104
2. Grundlagen der Generalklausel	105–107

	a)	Rechtfertigung wegen der Besonderheit der Bauleistung	106
	b)	Einwirkung öffentlich-rechtlicher Bestimmungen	107
3.		Umfang der Verantwortlichkeit des Auftragnehmers	108–140
	a)	Mögliche Haftungsbeschränkung – Einschaltung eines aufsichtsführenden Architekten	110–115
	b)	Haftungsbeschränkung grundsätzlich Ausnahme	116–117
	c)	Ausnahmen von der Haftung vor allem bei typischen Planungsaufgaben von Architekt	118–120
	d)	Haftungsverhältnisse zu Architekt – Statiker – sonstigem Sonderfachmann	121–132
	e)	Möglich: Gesamtschuldnerische Haftung von Auftragnehmer – Architekt – Statiker – sonstigem Sonderfachmann	133–137
	f)	Keine vertragliche Haftung oder Mithaftung des verantwortlichen Bauleiters	138–140

II. Einhaltung der anerkannten Regeln der Technik, der gesetzlichen und behördlichen Bestimmungen (Nr. 2 Abs. 1 Satz 2) ... 141–166
  1. Die anerkannten Regeln der Technik ... 144–163
    a) Allgemeines; insbesondere: den Allgemeinen Technischen Vertragsbedingungen übergeordnet ... 144–149
    b) Definition der anerkannten Regeln der Bautechnik ... 150–151
    c) Voraussetzungen hiernach ... 152
    d) Allgemein anzuerkennende Regelwerke ... 153–160
      aa) Technische Baubestimmungen (überbetriebliche technische Normen) ... 154–158
      bb) Öffentlich-rechtliche Regelwerke ... 159
      cc) Unfallverhütungsvorschriften ... 160
    e) Besonders bei neuartigen Bauweisen zu beachten ... 161
    f) Bewertungs- und Beweisfragen ... 162–163
  2. Gesetzliche und behördliche Bestimmungen ... 164–166

III. Leitung der Ausführung durch Auftragnehmer (Nr. 2 Abs. 1 Satz 3) ... 167–176
  1. Recht und Pflicht ... 168–172
    a) Einsatz eines Bauleiters möglich ... 169
    b) Dienstverhältnis zwischen Auftragnehmer und Bauleiter ... 170
    c) Einsatz mehrerer Bauleiter ... 171–172
  2. Ordnung auf der Arbeitsstelle ... 173–176
    a) Begriff der Ordnung ... 174
    b) Verpflichtung des Auftragnehmers nur im eigenen Arbeitsbereich ... 175
    c) Risiko für zufällige Verschlechterung oder Untergang grundsätzlich bei Auftragnehmer ... 176

IV. Erfüllung von Pflichten gegenüber Arbeitnehmern (Nr. 2 Abs. 2 Satz 1) ... 177–180
V. Regelung des Verhältnisses zu Arbeitnehmern allein Sache des Auftragnehmers ... 181

C. Prüfungs- und Anzeigepflicht des Auftragnehmers nach Nr. 3 und ihre Auswirkungen ... 182–272
  I. Allgemeiner Grundsatz ... 182–186
  II. Vertragliche Hauptpflicht des Auftragnehmers ... 187–188
  III. Allgemein: Umfang begrenzt durch Person des Auftraggebers ... 189–192
  IV. Allgemein: Vorangehende Prüfungspflicht ... 193–203
    1. Zwangsläufig Voraussetzung ... 193–194
    2. Allgemeine Grenzen der Prüfungspflicht, insbesondere nach Vertragsinhalt sowie bei Kündigung oder Teilkündigung ... 195–197
    3. Prüfungspflicht insbesondere von den beim Auftragnehmer vorauszusetzenden Kenntnissen abhängig ... 198–201
    4. Prüfungspflicht immer, wenn die Allgemeinen Technischen Vorschriften dies anordnen ... 202
    5. Prüfung des Baugrundes? ... 203
  V. Beweislast ... 204
  VI. Zu den Einzeltatbeständen ... 205–245
    1. Bedenken gegen die vorgesehene Art der Ausführung ... 205–219

a) Vorgesehene Art der Ausführung 205–207
b) Einzelheiten zur Prüfungspflicht 208–210
c) Fortdauernde Prüfungspflicht 211
d) Prüfungspflicht unabhängig von Verantwortlichkeit des Auftraggebers nach Nr. 3, letzter Halbsatz 212
e) Wegfall der Prüfungspflicht 213–216
f) Ausnahmsweise keine Prüfungspflicht bei Anweisung durch sachkundigen Auftraggeber 217
g) Ausnahmsweise keine Prüfungspflicht bei Verzicht des Auftraggebers 218
h) Vereinbarung einer über Nr. 3 hinausgehenden Prüfungspflicht; Grenze durch § 9 AGB-Gesetz 219
2. Bedenken wegen der Sicherung gegen Unfallgefahren 220–224
   a) Zunächst eigene Prüfungspflicht des Auftragnehmers nach Nr. 2 Abs. 1 Satz 2 220–221
   b) Prüfungspflicht hinsichtlich der dem Auftraggeber obliegenden Sicherungsmaßnahmen nach Nr. 3 222–224
3. Bedenken gegen die Güte der vom Auftraggeber gelieferten Stoffe oder Bauteile 225–233
   a) Beschränkung auf vom Auftraggeber gelieferte oder vorgeschriebene Stoffe und Bauteile 225
   b) Grundsätzlich nur Prüfung im gewerbeüblichen Rahmen 226–229
   c) Zeitpunkt der Prüfung 230
   d) Stoffe oder Bauteile untauglich, wenn sie allgemeinen Güteanforderungen bzw. anerkannten Regeln der Technik nicht entsprechen ... 231
   e) Baustofflieferant nicht Erfüllungsgehilfe des Auftraggebers 232–233
4. Bedenken gegen die Leistungen anderer Unternehmer 234–245
   a) Prüfungspflicht nach Nr. 3 umfaßt grundsätzlich nur Vorleistungen anderer Unternehmer; allgemein keine Hinweispflicht an nachfolgende Unternehmer 234–235
   b) Umgrenzung der Prüfungspflicht – Einzelfälle 236–238
   c) Fortdauernde Prüfungspflicht 239
   d) Umfang der Prüfung von Zumutbarkeit abhängig 240
   e) Grundsätzlich nur fertiggestellte Leistung anderer Unternehmer zu prüfen; vertragliche Ausnahmeregelungen 241–243
   f) Haftungsverhältnisse bei Mißachtung der Prüfungspflicht 244–245

VII. Im besonderen: Mitteilungspflicht des Auftragnehmers 246–260
  1. Anzeigepflicht bei Bedenken 246
  2. Inhaltlich richtige und formgerechte Anzeige 247–257
    a) Klare, verständliche Mitteilung 248–249
    b) Grundsätzlich schriftliche Mitteilung durch den hierzu auf Auftragnehmerseite Befugten notwendig; Folgen 250–255
    c) Unverzügliche Mitteilung 256–257
  3. Mitteilung an richtigen Adressaten 258–259
  4. Entlastungsbeweis des Auftragnehmers 260

VIII. Die Verantwortung des Auftraggebers nach Nr. 3, letzter Halbsatz 261–272
  1. Mögliches Verhalten des Auftraggebers nach Mitteilung von Bedenken 261–266
    a) Untätigkeit 262
    b) Billigung der Bedenken 263
    c) Bestehen auf Bisherigem 264
    d) Ausnahme: Leistungsverweigerungsrecht des Auftragnehmers ... 265
    e) Verzögerung oder Unterlassen der Entscheidung des Auftraggebers 266
  2. Haftungsbefreiung des Auftragnehmers bei Erfüllung der Pflichten nach Nr. 3 267
  3. Haftung des Auftragnehmers bei Verletzung der Pflichten nach Nr. 3 . 268–271
  4. Angaben usw. des Auftraggebers 272

D. Die Bereitstellungspflicht des Auftraggebers nach Nr. 4 273–278

I. Nebenpflicht 274
  II. Unentgeltliche Benutzung oder Mitbenutzung 275
  III. Teilweise Kostentragung durch Auftragnehmer bei Wasser- und Energieverbrauch 276–277
  IV. Rechtsfolgen bei Verletzung der Pflichten nach Nr. 4 278
E. Schutzpflichten des Auftragnehmers (Nr. 5) 279–302
  I. Schutz vor Beschädigung und Diebstahl – Erhaltungspflicht (Satz 1) ... 280–281
  II. Beginn und Ende der Erhaltungspflicht 282–283
  III. Eindeutig umrissene Erhaltungspflicht 284–288
    1. Ausgeführte Leistungen 285
    2. Für die Ausführung übergebene Gegenstände 286
    3. Begrenzung der Erhaltungspflicht auch durch Zielsetzung 287–288
  IV. Versicherung grundsätzlich nicht Teil der Erhaltungspflicht 289
  V. Haftung – Beweislast 290–293
  VI. Keine Vergütung für Maßnahmen nach Nr. 5 Satz 1 294
  VII. Lieferung von Stoffen oder Bauteilen durch Auftragnehmer selbst 295
  VIII. Schutz gegen Winterschäden und Grundwasser; Beseitigung von Schnee und Eis (Satz 2) 296–298
    1. Gesonderte vertragliche Vereinbarung möglich 297
    2. Einseitiges Verlangen des Auftraggebers möglich 298
  IX. Vergütungspflicht bei Maßnahmen gemäß Satz 2 (Satz 3) 299
  X. Schutzmaßnahmen nach Satz 2 im einzelnen 300–302
    1. Winterschäden 300
    2. Grundwasser 301
    3. Beseitigen von Schnee und Eis 302
F. Die Pflicht zur Beseitigung vertragswidriger Stoffe oder Bauteile (Nr. 6) 303–323
  I. Vorbemerkung 303
  II. Vorweggenommener Beseitigungsanspruch in Nr. 6 304
  III. Nr. 6 bezieht sich auf vom Auftragnehmer stammende Stoffe oder Bauteile 305
  IV. Vertragswidrige Stoffe oder Bauteile (Satz 1, Halbsatz 1) 306–307
  V. Beseitigungsanordnung des Auftraggebers unter Fristsetzung (Satz 1, Halbsatz 2) 308–314
    1. Eindeutige, berechtigte Aufforderung 309–312
    2. Angemessene Frist zur Beseitigung 313–314
  VI. Selbsthilferecht des Auftraggebers (Satz 2) 315–321
    1. Fürsorgepflichten des Auftraggebers 316
    2. Entfernung auf Kosten des Auftragnehmers 317–318
    3. Veräußerungsbefugnis des Auftraggebers 319–321
  VII. Mögliche weitere Ansprüche des Auftraggebers 322
  VIII. Beratungspflicht des Architekten 323
G. Mängelansprüche des Auftraggebers während der Bauausführung vor Fertigstellung der vertraglichen Gesamtleistung (Nr. 7) 324–404
  I. Ebenfalls Erfüllungsanspruch des Auftraggebers (Satz 1) 325–327
  II. Voraussetzung: Vor der Abnahmereife erkannte Mängel 328–331
  III. Voraussetzung: Mangelhafte oder vertragswidrige Leistungen 332–347
    1. Mangel 333–335
    2. Vertragswidrigkeit 336–338
    3. Auch unerhebliche Abweichungen 339–340
    4. Verursachung durch Auftragnehmer ausschlaggebend 341–343
    5. Beseitigungspflicht mit Erkennen des Mangels 344
    6. Beweislast 345
    7. Ersetzungspflicht – gegebenenfalls Neuherstellung – auch ohne Verschulden 346–347
  IV. Ausnahmsweise: Recht zur Verweigerung der Ersetzung 348–352
    1. Unverhältnismäßig hoher Aufwand 348–351
    2. Sonderfall: Einverständliche Vertragsaufhebung 352
  V. Verjährung des Anspruches nach Satz 1 353
  VI. Schadensersatzpflicht des Auftragnehmers (Satz 2) 354–376

B § 4

1. Grundlagen	354–356
2. Umfang	357–370
a) Grundsätzlich kein voller Schadensersatz wegen Nichterfüllung	357
b) Ausnahmen	358–360
c) Umfang allgemein	361
d) Ohne weiteres bemeßbarer Vermögensschaden	362–363
e) Bloßer Nutzungsausfall	364–367
f) Verhältnis zu Teil B § 6 Nr. 6	368
g) Sonstiges	369–370
3. Schadensersatzanspruch nach Nr. 7 Satz 2 grundsätzlich nur bis zur Abnahme – Verjährung	371–374
4. Fälligkeit – Beweislast	375–376
VII. Rechte des Auftraggebers bei Nichtbefolgen der Ersetzungspflicht durch Auftragnehmer (Satz 3)	377–402
1. Grundlagen	377–378
2. Erforderlich: Aufforderung zur Beseitigung	379
3. Erforderlich: Setzen angemessener Frist	380–386
4. Entbehrlichkeit der Fristsetzung und Beseitigungsaufforderung	387–390
5. Androhung des Auftragsentzuges	391–394
6. Entziehung des Auftrages – Mängelansprüche	395–400
7. Nichtbestehen des Kündigungsrechts – Beweislast	401
8. Beauftragung eines anderen Unternehmers mit der Mängelbeseitigung ohne Vertragskündigung	402
VIII. Pflichten des Architekten im Rahmen der Nr. 7	403–404
H. Die grundsätzliche Verpflichtung des Auftragnehmers zur Selbstausführung der nach dem Vertrag geschuldeten Bauleistung (Nr. 8)	405–429
I. Grundsätzlich: Selbstausführung durch Auftragnehmer (Absatz 1)	405–422
1. Eigenleistung bezieht sich auf Betrieb des Auftragnehmers	410
2. Insbesondere eigenmächtiger Nachunternehmereinsatz untersagt	411–412
3. Ausnahmen von Eigenleistungspflicht	413–422
a) Schriftliche Zustimmung zur Weitergabe an Nachunternehmer	413–419
b) Bei Leistungen, auf die der Betrieb des Auftragnehmers nicht eingerichtet ist	420–422
II. Zugrundelegung der VOB (Absatz 2)	423–426
III. Bekanntgabe der Nachunternehmer (Absatz 3)	427–428
IV. Öffentliche Bauaufträge	429
J. Entdeckungen während der Ausführung (Nr. 9)	430–437
I. Gegenstände von Altertums-, Kunst- oder wissenschaftlichem Wert	430
II. Anzeigepflicht des Auftragnehmers	431–434
III. Ausgleich der Mehrkosten	435
IV. Entdeckerrechte für Auftraggeber	436–437

Aufsätze: Dähne, „Rechtsnatur und Verjährung des Schadensersatzanspruches in § 4 Nr. 7 Satz 2 (a. F.) VOB/B", BauR 1973, 268; Kaiser, „Adressat für Anzeigen des Auftragnehmers nach §§ 4, 6 VOB/B", NJW 1974, 445; Dähne, „Einige Einzelprobleme zu § 4 Nr. 3 VOB/B", BauR 1976, 225; Kaiser, „Die Haftung des Auftragnehmers vor der Abnahme", BlGBW 1976, 101 und 121; ders., „Der Ausschluß der Haftung des Auftragnehmers", a. a. O. 1976, 204; Eberstein, „Technik und Recht", BB 1977, 1723; Backherms, „Recht und Technik", JuS 1980, 9; Schmitz, „Die Mängelbeseitigung vor Abnahme nach dem BGB", BauR 1979, 195; Nicklisch, „Mitwirkungspflichten des Bestellers beim Werkvertrag, insbesondere beim Bau- und Industrieanlagenvertrag", BB 1979, 533; Döbereiner, „Schallschutz im Hochbau: Regeln der Technik in Literatur und Rechtsprechung (unter Berücksichtigung der DIN 4109 Entwurf Februar 1979)", BauR 1980, 296; Kaiser, „Rechtsbehelfe des Werkbestellers vor der Abnahme bei Nachbesserungspflichtverletzungen durch den Unternehmer", ZfBR 1980, 109; Schacht, „Die Rechtsprechung zum Schadensersatzanspruch wegen entgangener Nutzungsmöglichkeit", NJW 1981, 1350; Kahlke, „Zum Verzug des zur Mängelbeseitigung Verpflichteten gemäß §§ 538, 633, 634 BGB und § 13 Nr. 5 Abs. 2 VOB/B", BauR 1981, 516; Baumgärtel, „Die Beweislastverteilung für die Haftung des Unternehmers und des Architekten", ZfBR 1982, 1; Heinrichs, „Die Einwirkung der VOB auf den BGB-Bauvertrag im Bereich des Mängelrechtes", BauR 1982, 224; Kaiser, „Rechtsfragen bei der Anwendung der §§ 320, 322 BGB im gesetzlichen Werkvertragsrecht und in der VOB/B", BauR 1982, 205; Mantscheff

„Unzureichender Wärmeschutz, Ansätze für eine Minderwert-Berechnung", BauR 1982, 435; Nicklisch, „Wechselwirkungen zwischen Technologie und Recht", NJW 1982, 2633; ders., „Funktion und Bedeutung technischen Standards in der Rechtsordnung", BB 1983, 261; Weber, „Das Verhältnis von DIN-Normen zu zugesicherten Eigenschaften und anerkannten Regeln der Technik", ZfBR 1983, 151; Nicklisch, „Technische Regelwerke und zulässige Abweichungen – am Beispiel der Druckbehälterverordnung –", BB 1982, 833, dazu Ossenbühl, „Zur Bindungswirkung technischer Regelwerke", BB 1984, 1901; Nicklisch, „Technische Regelwerke – Sachverständigengutachten im Rechtssinne?", NJW 1983, 841; Doerry, „Die Rechtsprechung des Bundesgerichtshofes zur Gewährleistung beim Haus- und Wohnungsbau unter besonderer Berücksichtigung von Bauträgerschaft und Baubetreuung", ZfBR 1982, 189; Graf v. Westphalen, „Die vertragsrechtliche Produzentenhaftung", Jura 1983, 348; Marburger, „Die haftungs- und versicherungsrechtliche Bedeutung technischer Regeln", VersR 1983, 597; Bötsch/Jovicic, „Erhöhter Schallschutz und die anerkannten Regeln der Technik", BauR 1984, 564; Börner, „Zum Spannungsfeld von Recht und Technik", Betrieb 1984, 812; Kaiser, „Gesamtschuldnerische Haftung des Architekten neben anderen Baubeteiligten", ZfBR 1985, 101; Knüttel, „Wärmebrücken, technisch und rechtlich", BauR 1985, 54; Postelt, „Die Warmwasser-Fußbodenheizung – ein technisches und rechtliches Risiko", BauR 1985, 265; Eberstein, „Anerkannte Regeln der Technik und Allgemeine Technische Vorschriften für Bauleistungen (ATV/DIN-Normen)", BB 1985, 1760; Siegburg, „Anerkannte Regeln der Bautechnik – DIN-Normen", BauR 1985, 367; Kamphausen/Reim, „Nochmals: Wärmebrücken – neue Architektenpflichten", BauR 1985, 397; Clemm, „Mängelbeseitigung auf Kosten des Auftragnehmers vor der Abnahme des Bauwerkes nach der VOB/B", BauR 1986, 137; Kaiser, „Aktuelle Rechtsfragen im Privaten Baurecht", ZfBR 1986, 252; Hochstein, „Zur Systematik der Prüfungs- und Hinweispflichten des Auftragnehmers im VOB-Bauvertrag", Festschrift Korbion, 1986, S. 165; Jagenburg, „Stand der Technik gestern, heute, morgen? Der für die anerkannten Regeln der Technik maßgebende Zeitpunkt", Festschrift Korbion, 1986, S. 179; Littbarski, „Die Auswirkungen der Rechtsprechung zu den ‚weiterfressenden Mängeln' auf das Haftpflicht- und Haftpflichtversicherungsrecht", Festschrift Korbion, 1986, S. 269; Mantscheff, „Die Bestimmungen der VOB/C und ihre vertragsrechtliche Bedeutung", Festschrift Korbion, 1986, S. 295; Siegburg, „Baumängel aufgrund fehlerhafter Vorgaben des Bauherrn", Festschrift Korbion, 1986, S. 411; Korsukewitz, „Das GSB – Eine vergessene Anspruchsgrundlage", BauR 1986, 383; Groß/Riensberg, „Zweischaliges Mauerwerk für Außenwände nach DIN 1053 Teil 1 Abschnitt 5.2.1 mit ‚Kerndämmung'", BauR 1986, 533; dazu Glitza, BauR 1987, 388; ferner Lühr, BauR 1987, 390; wiederum Groß/Riensberg, BauR 1987, 633; Motzke, „Regelwerksetzer im Kompetenzkonflikt", ZfBR 1987, 2; Pieper, „Die Regeln der Technik im Zivilprozeß", BB 1987, 273; Müller-Foell, „Ersatzvornahme beim VOB-Bauvertrag auch ohne Kündigung", NJW 1987, 1608; v. Craushaar, „Risikotragung bei mangelhafter Mitwirkung des Bauherrn", BauR 1987, 14; Ganten, „Die Erstattung von sog. ‚Regiekosten' als Schadensersatz", BauR 1987, 22; Clemm, „Die rechtliche Einordnung der Prüfungs- und Hinweispflicht des Auftragnehmers im Bauvertrag (§ 4 Nr. 3 VOB/B) und die Rechtsfolgen ihrer Verletzung", BauR 1987, 609; Reim/Kamphausen, „Nochmals: DIN-Normen, bauaufsichtliche Zulassungsbescheide, allgemein anerkannte Regeln der (Bau)Technik und Haftungsrisiko", BauR 1987, 629; Kamphausen, „Die Ermittlung von Nutzungsausfallschäden bei eigengenutzten Häusern und Wohnungen", BauR 1988, 48; Sack, „Das Verhältnis der Produkthaftungsrichtlinie der EG zum Nationalen Produkthaftungsrecht", VersR 1988, 439; Kaiser, „Nutzungsentgang als Vermögensschaden im privaten Baurecht – Aktuelle Rechtsfragen –", BauR 1988, 133.

Vorbemerkung:

In Teil B § 4, der mit „Ausführung" überschrieben ist, geht es um die **vertraglichen Rechte und Pflichten beider Vertragspartner, vornehmlich des Auftragnehmers, im Bereich der Leistung** durch den Auftragnehmer. Geregelt ist hier das Ausführungsstadium bis zur **Abnahme.** Hinsichtlich der dem Auftraggeber auferlegten besonderen vertraglichen Pflichten in Nr. 1 und 4 vgl. vorweg Teil B § 3 Rdn. 1 sowie zu deren Rechtsnatur Teil B § 9 Rdn. 15 ff.

A. Die Bereitstellungs- sowie Überwachungsrechte und -pflichten des Auftraggebers nach Nr. 1

I. Pflichten des Auftraggebers nach Absatz 1

1. Teil der Koordinationspflicht des Auftraggebers

2 Der Auftraggeber hat gemäß Absatz 1 für die **Aufrechterhaltung der allgemeinen Ordnung auf der Baustelle** zu sorgen und das **Zusammenwirken der verschiedenen Unternehmer** zu regeln. Er ist weiterhin verpflichtet, die **erforderlichen öffentlich-rechtlichen Genehmigungen und Erlaubnisse** – z. B. nach dem Baurecht, dem Straßenverkehrsrecht, dem Wasserrecht, dem Gewerberecht – **herbeizuführen.** Er muß also dafür sorgen, daß der Auftragnehmer nicht nur in die Lage versetzt wird, die geschuldete Bauleistung überhaupt zu erbringen, sondern sie ordnungsgemäß und ohne rechtliche und tatsächliche Behinderung sachgerecht und ohne Verzögerung auszuführen. Hierzu gehört, daß die Baustelle frei von irgendwelchen Hindernissen oder Behinderungen ist, die der Verwirklichung des im Bauvertrag im einzelnen umschriebenen Ausführungswillens des Auftragnehmers entgegenstehen können.

3 Die hier vertraglich besonders festgelegten **Verpflichtungen des Auftraggebers** haben ihren Grund darin, daß es **Pflicht des Auftraggebers** ist, dem **Auftragnehmer** das **Grundstück oder das sonstige, im allgemeinen mit dem Grundstück verbundene Objekt der Bauleistung tatsächlich und rechtlich bebauungsfähig zur Verfügung zu stellen.** Diese Verpflichtung ergibt sich daraus, daß der Auftragnehmer im Regelfall insoweit keine von vornherein gegebene Verfügungsbefugnis besitzt. Im vorauszusetzenden Normalfall können nämlich die allgemeine Ordnung auf der Baustelle, das Zusammenwirken der verschiedenen Unternehmer sowie die Erteilung der erforderlichen öffentlich-rechtlichen Erlaubnisse und Genehmigungen nur vom Auftraggeber, der die Verfügungsbefugnis über das Grundstück hat, bewirkt werden. Das ist auch der Grundgedanke, der zu Teil B § 3 Nr. 2 geführt hat. In dieser Bestimmung ist ebenfalls ein Teil der Bereitstellungspflicht des Auftraggebers enthalten. Gleiches trifft auf die Sonderregelung in Teil B § 4 Nr. 4 zu.

4 Die in Nr. 1 Abs. 1 **festgelegten Pflichten des Auftraggebers** sind Teile einer sogenannten **Koordinationspflicht,** die in der rechtlichen Ausgangslage im allgemeinen zum **dem Auftraggeber zuzurechnenden Planungsbereich** gehört und zu deren Erfüllung sich der Auftraggeber regelmäßig des **Architekten oder Ingenieurs als Erfüllungsgehilfen** bedient; er hat also gegenüber dem Auftragnehmer **für dessen Tun oder Unterlassen nach den §§ 276, 278 BGB einzustehen** (vgl. dazu u. a. BGH BauR 1970, 57 = VersR 1970, 280 = SFH Z 2.222 Bl. 18; BGH BauR 1971, 263; BGH BauR 1972, 112 = Betrieb 1972, 184 = NJW 1972, 447 = MDR 1972, 316 = BB 1972, 200 = LM VOB/B Nr. 49 = VersR 1972, 275 = BlGBW 1972, 119; zu den Pflichten des Architekten vgl. auch Bindhardt/Jagenburg § 6 Rdn. 94 ff.). Nr. 1 ist auch Ausfluß des allgemeinen Grundsatzes, daß die **Ablaufplanung und Ablaufsteuerung zu den originären Auftraggeberaufgaben** gehören. Die hier erörterte Koordinationspflicht besteht im übrigen für den Architekten gegenüber dem Auftraggeber aus seinem Vertrag mit diesem auch dann, wenn der betreffende Auftragnehmer gegen seinen Willen vom Auftraggeber beauftragt worden ist (vgl. BGH BauR 1978, 60 = BB 1978, 1439 = NJW 1978, 322 = MDR 1978, 305 = LM § 1 RechtsberatungsG Nr. 31 = BlGBW 1978, 74 = SFH § 631 BGB Nr. 1).

5 Soweit eine solche Koordinationspflicht des Auftraggebers besteht, kann es **im Einzelfall wiederum** erforderlich sein, daß der **Auftragnehmer** je nach Sachlage **Mitwirkungspflichten** hat, damit der Auftraggeber seine Aufgaben **ordnungsgemäß erfüllen** kann. Das gilt vor allem, wenn **mehrere Leistungen verschiedener, beim selben Bauvorhaben tätiger Unter-**

nehmer miteinander abzustimmen sind. So kann es sein, daß ein oder mehrere Unternehmer an gemeinsamen Besprechungen oder Baustellenbegehungen mit dem Auftraggeber bzw. dessen Vertreter – wie z. B. dem bauplanenden oder bauleitenden Architekten – **teilnehmen müssen,** damit der Auftraggeber in die Lage versetzt wird, die von ihm vorzunehmende Koordination durchzuführen. Sofern ein Auftragnehmer hier die von ihm im Einzelfall zu fordernde **Mitwirkung grundlos verweigert,** kann er sich, falls es dadurch zu Unzuträglichkeiten im späteren Bauablauf kommt, zumindest **mitverantwortlich an** dem möglicherweise entstehenden **Schaden** (§ 254 BGB) und damit gegenüber dem Auftraggeber **schadensersatzpflichtig** machen, insoweit aus dem Gesichtspunkt der **positiven Vertragsverletzung.**

Im übrigen dürfen die Anforderungen an die **grundsätzlich nur den Gesamtrahmen der beabsichtigten Bauausführung umfassende** Koordinationspflicht des Auftraggebers **nicht überspannt** werden. Sie enden dort, wo das vorauszusetzende Fachwissen des Auftraggebers bzw. seines hier als Erfüllungsgehilfen tätigen Architekten oder Ingenieurs nicht mehr reicht, sondern die zu lösende Frage dem **Kenntnisbereich des Spezialisten** zuzuordnen ist, wie z. B. des Heizungsfachmannes. Insoweit gehen Fehlleistungen letztlich nicht zu Lasten des Auftraggebers, sondern zu Lasten des im speziellen Bereich eingesetzten Fachunternehmers (ähnlich BGH BauR 1976, 138 = SFH Z 3.001 Bl. 9). Über eine bei bestimmten Bauten über die bloße Mitwirkungspflicht hinausgehende **Schuldverpflichtung** des Auftraggebers wegen im Einzelfall erforderlicher **besonderer Kooperation** zwischen Auftraggeber und Auftragnehmer vgl. Teil B § 3 Rdn. 1 sowie insbesondere Nicklisch BB 1979, 533.

6

2. Allgemeine Ordnung auf der Baustelle und Zusammenwirken der verschiedenen Unternehmer

Satz 1 befaßt sich mit der Schaffung von geordneten Verhältnissen durch den Auftraggeber am Objekt der Bauleistung. Erfahrungsgemäß ist der Auftragnehmer zur ordnungsgemäßen – insbesondere zügigen und den sonstigen Leistungsanforderungen entsprechenden – Bauleistung nur in der Lage, wenn sowohl die **allgemeine Ordnung** als auch die **ungehinderte Zusammenarbeit** der verschiedenen, bei demselben Bauvorhaben tätigen Unternehmer auf der Baustelle **gewährleistet** ist.

7

a) Die hier verlangte **allgemeine Ordnung** hat **auf der Baustelle** zu herrschen. Es gehören dazu das Gelände des Baues selbst sowie ein weiterer Grundstücksteil, der als Nebengelände für die Arbeiten, insbesondere auch für die Arbeitsvorbereitung an Ort und Stelle, erforderlich ist. Normalerweise müssen nämlich bei Baustellen **zusätzliche Plätze** zur Verfügung gestellt werden für die Lagerung von Baustelleneinrichtung, Material, Bauteilen, Maschinen, für Unterkunfts- sowie Bürobaracken, Sanitäreinrichtungen usw. **Auch Zufahrtswege** gehören dazu. Die Pflicht zur Schaffung der allgemeinen Ordnung bedeutet, daß **die Baustelle in** ihrer **Gesamtheit** sowohl mit ihrer Einrichtung als auch im Hinblick auf den zu erwartenden Bauablauf so beschaffen ist, daß es **während der Bauausführung nicht zu Unzuträglichkeiten** für die dort tätigen Auftragnehmer und deren Personal kommt. Daher muß der Auftraggeber z. B. grundsätzlich auch für die Beseitigung von Verkehrsbehinderungen, die den Bauablauf stören würden, sorgen. Hinzu kommt **auch der Schutz Dritter,** wie z. B. Nachbarn, Passanten. Im übrigen findet sich eine **ergänzende Regelung der hier erörterten Bereitstellungspflicht des Auftraggebers in Nr. 4** (vgl. Rdn. 273 ff.).

8

Der Auftraggeber hat die allgemeine **Ordnung** auf der Baustelle **nicht nur zu schaffen, sondern vor allem auch aufrechtzuerhalten.** Deshalb genügt es nicht, daß der Auftraggeber den einzelnen Auftragnehmern ihre unmittelbaren Arbeitsplätze und die weiteren **Plätze** für Lagerungs- und Unterkunftsmöglichkeiten lediglich zuweist. Es ist auch seine Verpflich-

9

tung, die Sorge für die allgemeine Ordnung auf der Baustelle so lange **fortzusetzen,** bis das Bauvorhaben bzw. die Leistung aus dem betreffenden Bauvertrag **fertiggestellt** oder jedenfalls so weit fortgeschritten ist, daß eine solche Ordnung auf der Baustelle **ausnahmsweise nicht mehr notwendig** ist.

10 b) Die Verpflichtung zur Regelung des **Zusammenwirkens der verschiedenen Unternehmer** hat den Zweck, dem einzelnen Unternehmer die **bestmögliche Gewähr** dafür zu bieten, daß er seine Bauleistung **vertragsgemäß durchführen** kann. Er soll vor **Behinderungen oder Störungen durch andere Auftragnehmer oder sonstige Dritte geschützt** werden. Dabei spielt **nicht nur der räumliche, sondern auch der zeitliche und technisch sachgerecht einzuordnende Einsatz der verschiedenen Auftragnehmer** hinsichtlich des Beginns und der Dauer ihrer Leistung eine maßgebliche Rolle. Es kann notwendig sein, daß verschiedene Unternehmer zu gleicher Zeit am Bau arbeiten. Andererseits kann es erforderlich sein, daß der eine Auftragnehmer seine Leistung erst vollständig erbringen muß, weil sie die Voraussetzung für den Beginn der Leistung eines anderen Auftragnehmers ist. Daher gehört hierher auch die Verpflichtung des Auftraggebers (Architekten, Ingenieurs), darauf zu achten, daß ein Auftragnehmer nicht früher mit seiner Leistung anfängt, bevor nicht ein anderer seine Vertragsleistung vollständig erfüllt hat, wenn in der Frage der ordnungsgemäßen und zeitgerechten Arbeit eine **Abhängigkeit** zwischen beiden Leistungen besteht (vgl. OLG Köln SFH § 635 BGB Nr. 9).

11 c) In welcher Weise der Auftraggeber die vorgenannten Pflichten erfüllt, bestimmt sich nach den **Erfordernissen des Einzelfalles.** Eine allgemeinverbindliche Regelung stellt die VOB hierfür nicht auf; das kann sie auch nicht, weil die Anforderungen von Fall zu Fall verschieden sind. Hinsichtlich der im allgemeinen gezogenen Grenzen vgl. Rdn. 6. Es bleibt den jeweiligen Erfordernissen entsprechend dem **pflichtgemäßen Ermessen des Auftraggebers** überlassen, seiner Verpflichtung nachzukommen. Soweit er **sachgerechte,** im Rahmen des Absatzes 1 liegende Anordnungen trifft, haben sich die **Auftragnehmer aufgrund ihrer vertraglichen Verpflichtung zu beugen,** wie sich insbesondere auch aus Nr. 1 Abs. 3 ergibt. In der Praxis haben sich zur Erfüllung solcher Sorge- und Regelungspflichten folgende Maßnahmen bewährt:

12 aa) Die Festlegung des **Arbeitsraumes** für jeden Unternehmer regelt sich vielfach schon aus den Maßnahmen nach Teil B § 3 Nr. 2. Der eigentliche Platz der Bauleistung ist häufig auch schon aus den Vertragsunterlagen ersichtlich. Wo dieses nicht genügt, ist es erforderlich, jedem einzelnen Auftragnehmer seinen Arbeitsplatz anzuweisen, und zwar jeweils hinreichend genau.

13 bb) Zwecks Zuweisung der Plätze wird oft ein **Baustellenordnungsplan** (vgl. Hereth/Ludwig/Naschold Teil B § 4 Ez. 4.3) aufgestellt. In ihm ist die Regelung der Lagerplätze, der Anfuhrwege, der technischen und kaufmännischen Büros, der Unterstellplätze für Kraftfahrzeuge und Maschinen, der Licht- und Fernsprechanschlüsse usw. enthalten. Ein solcher Plan kann schriftlich oder zeichnerisch dargestellt werden und ist allen Auftragnehmern zuzuleiten oder jedenfalls an deutlich sichtbarer, zentraler Stelle auf der Baustelle zur Verfügung zu halten, z. B. auszuhängen.

14 cc) Wegen des **richtigen Zusammenwirkens** der verschiedenen Unternehmer können **Bauzeitenpläne** (Balkenpläne, Linienpläne, Netzpläne) aufgestellt werden, vgl. hierzu auch Teil B § 5 Rdn. 7 ff.; ferner Martinsen: Termineinhaltung – ein Problem der Ablaufplanung, -steuerung und Vertragsgestaltung, Baubetriebsberater 1974, 541. Darin werden der **zeitliche Ablauf** der verschiedenen Bauleistungen, der Beginn, der Fortschritt und das Ende der Arbeiten der einzelnen Auftragnehmer geregelt, wie es den jeweiligen vertraglichen Vereinbarungen entspricht und zur sachgemäßen Durchführung des **Gesamtbauvorhabens notwendig** ist. Auch

regelmäßige Besprechungen auf der Baustelle können hier geboten oder jedenfalls von Nutzen sein. Es ist eine vertragliche **Nebenpflicht des Auftragnehmers, daran teilzunehmen,** anderenfalls er sich möglicherweise aus **positiver Vertragsverletzung schadensersatzpflichtig** machen kann.

d) Kommt es zu **Störungen** der allgemeinen Ordnung auf der Baustelle oder beim Zusammenwirken der verschiedenen Unternehmer, ist der **Auftraggeber zur Abhilfe verpflichtet.** Entgegen OLG Frankfurt (MDR 1980, 754) schuldet der Auftraggeber nicht nur die ordnungsgemäße Regelung, sondern **auch die Befolgung seiner Anordnungen** durch die übrigen Unternehmer gegenüber dem jeweiligen Auftragnehmer, wie sich aus der ihm hier zugrundeliegenden Pflicht (vgl. Rdn. 2 ff.) ergibt. Daher sind die **übrigen Unternehmer insoweit ebenso als Erfüllungsgehilfen des Auftraggebers anzusehen,** wie es hinsichtlich des Architekten (vgl. Rdn. 4) der Fall ist. Vgl. auch Rdn. 31 ff.

e) Es ist durchaus möglich, die in Rdn. 7 ff. genannten Koordinationspflichten auf einen bestimmten Auftragnehmer zu übertragen. Sofern diese jedoch – was häufig der Fall sein wird – in den Bereich von Teil B § 2 Nr. 9 (vgl. dazu Teil B § 2 Rdn. 393 ff.) einzuordnen sind, müssen solche Leistungen dem betreffenden Auftragnehmer gesondert vergütet werden. Dabei ist eine besondere Angabe im Leistungsverzeichnis mit eigenem Vergütungsansatz zu machen, da ein Einkalkulieren in die Einheitspreise der eigentlichen Leistungspositionen kaum möglich sein dürfte. Sofern formularmäßig verwendete Bedingungen des Auftraggebers dem Auftragnehmer, der zusätzlich Koordinationsaufgaben zu übernehmen hat, eine besondere Vergütung versagen, ist eine solche Bestimmung wegen Verstoßes gegen die Generalklausel der §§ 632, 242 BGB nach § 9 AGB-Gesetz unwirksam.

3. Herbeiführung öffentlich-rechtlicher Genehmigungen

Die nach Abs. 1 Satz 2 dem Auftraggeber aus dem Bauvertrag mit dem Auftragnehmer auferlegte Verpflichtung zur Herbeiführung der öffentlich-rechtlichen Genehmigungen hängt damit zusammen, daß im Bauwesen in verschiedener Hinsicht aus **öffentlich-rechtlichen Gründen** eine Mitwirkung oder Aufsicht von Behörden vorgeschrieben ist. **Dieses zu beachten liegt im allgemeinen im Bereich des Auftraggebers.** Die hier geregelte Verpflichtung des Auftraggebers geht dahin, die erforderlichen Anträge rechtzeitig und ordnungsgemäß zu stellen und sie gegebenenfalls unter Ausschöpfung von Rechtsmitteln bzw. Rechtsbehelfen weiter zu verfolgen. Das generelle Risiko für den Erfolg seiner Anträge trägt der Auftraggeber jedoch im Verhältnis zum Auftragnehmer nicht (vgl. Nicklisch in Nicklisch/Weick Teil B § 4 Rdn. 18; Stein ZfBR 1986, 210). Anders dann, wenn der Auftraggeber auch dieses erkennbar übernommen hat (a. a. O.) oder wenn er von vornherein damit rechnen mußte, daß angesichts bestehender zwingender öffentlich-rechtlicher Vorschriften sein Antrag derart risikobeladen ist, daß er mit einer Genehmigung nicht rechnen kann.

Daher:

Grundsätzlich ist es Aufgabe des Architekten im Rahmen seiner Verpflichtung gegenüber dem Auftraggeber zur mangelfreien Erbringung des Architektenwerks, den Auftraggeber auf Vorschriften des öffentlichen Baurechts **hinzuweisen,** die für den jeweiligen Bau beachtet werden müssen (vgl. BGHZ 60, 1 = NJW 1973, 237 = BauR 1973, 120 = SFH Z 3.00 Bl. 236 = BlGBW 1973, 118 = MDR 1973, 306 = BB 1973, 116 = LM § 635 BGB Nr. 32 Anm. Rietschel; BGH VersR 1980, 675; siehe dazu auch Bindhardt im Hinblick auf den Nachbarn des Auftraggebers BauR 1983, 422). Daher muß der Architekt **darüber orientiert sein, ob und wann öffentlich-rechtliche Genehmigungen notwendig sind oder wann es zweifelhaft und evtl. durch Rückfrage bei der betreffenden Behörde zu klären ist.** Dazu hat er auch eine entsprechende **Aufklärungspflicht gegenüber dem Bauherrn.** Gleiches trifft auf den **Sonderfachmann zu,** sofern es sich um besondere Genehmigungen aus seinem Bereich handelt, den zu überschauen der Architekt kraft der bei ihm vorauszusetzenden Kenntnisse nicht ohne weiteres in der Lage ist. Andererseits dürfen die an den Architekten zu stellenden Anforderungen bezüglich seiner Kenntnisse auf den Gebieten des Bauplanungs- und Bauordnungsrechts nicht überspannt werden, da er nicht der Rechtsberater des Bauherrn ist. So ist es Aufgabe der Bauordnungsbehörde, im Blick auf § 34 BBauG sich ergebende Rechtsfragen von sich aus zu prüfen (vgl. BGH NJW 1985, 1692 = VersR 1985, 566).

19 Es kann aber **auch der Auftragnehmer eine Aufklärungspflicht** – mit – haben, sofern er eine **Spezialbaumaßnahme** zu erbringen hat, und zwar unter den gleichen Voraussetzungen, unter denen ein Sonderfachmann aufklärungspflichtig wäre, was vor allem für zum Vertragsinhalt gewordene Änderungsvorschläge oder Nebenangebote des Auftragnehmers gilt. Den **Auftragnehmer** trifft darüber hinaus hinsichtlich der Genehmigungsbedürftigkeit der von ihm durchzuführenden Baumaßnahme dann eine umfassende **Aufklärungspflicht** gegenüber dem Auftraggeber, wenn dieser **keinen Architekten oder Sonderfachmann** mit der Planung der betreffenden Baumaßnahme betraut hat und **auch sonst nicht fachkundig beraten ist.** Verletzt der Auftragnehmer seine hier u. U. gegebene Verpflichtung, so macht er sich aus **culpa in contrahendo oder positiver Vertragsverletzung schadensersatzpflichtig** (vgl. OLG Stuttgart BauR 1980, 67).

20 Die hier erörterte VOB-Regelung spricht nur von öffentlich-rechtlichen Genehmigungen, dagegen nicht von **privatrechtlichen,** wie z. B. des Nachbarn oder des dinglich Berechtigten im Zusammenhang mit dem Bauvorhaben. Die **Verpflichtung des Auftraggebers,** auch solche Genehmigungen einzuholen, ist so **selbstverständlich,** daß dieses keiner besonderen Erwähnung in der VOB bedurfte.

21 a) Da **öffentlich-rechtliche** Genehmigungen eine **grundlegende Voraussetzung für die Verwirklichung der Bauabsicht** sind und deshalb **grundsätzlich allein im Interessenkreis des Auftraggebers** liegen, ist es auch seine Sache, die Genehmigungen einzuholen. Das gilt einmal für die Durchführung der Bauleistung als solche, das gilt zum anderen aber auch im Hinblick auf die Rechtzeitigkeit des Baubeginns, der Baudurchführung sowie der Beendigung der vertraglich geschuldeten Leistung. Daher ist es **nicht nur** Pflicht des Auftraggebers, die im Einzelfall erforderlichen Genehmigungen **überhaupt** zu erwirken, sondern er muß das auch so **rechtzeitig** tun, daß der Auftragnehmer in der Lage ist, seine Verpflichtung **vertragsgetreu** zu erfüllen. Der Auftraggeber ist hierzu auch weit eher in der Lage, weil er die erforderliche Aktivlegitimation als Grundeigentümer, als Bauherr, als Nutzungsberechtigter usw. besitzt.

Der Veräußerer eines Hauses, der dort genehmigungsbedürftige Arbeiten ohne baubehördliche Genehmigung durchgeführt hat, ist dem Erwerber gegenüber zur Aufklärung verpflichtet, da hiervon regelmäßig die beabsichtigte dauerhafte Benutzung beeinflußt sein kann, damit zugleich der Kaufentschluß (BGH BauR 1979, 447).

22 Es gibt allerdings Fälle, in denen **Genehmigungen** schon ihrer Natur nach oder nach ausdrücklicher gesetzlicher Vorschrift nicht vom Auftraggeber, sondern **nur vom Auftragnehmer** erwirkt werden können. Diese fallen **nicht unter Nr. 1 Abs. 1, bleiben also Pflicht des Auftragnehmers.** Dazu rechnen die baubehördliche Genehmigung zur Verwendung von Beton B 300 (vgl. Nr. 5 der DIN 1045), gewerbeaufsichtsrechtliche Genehmigungen für genehmigungspflichtige Anlagen und Maschinen, verkehrsrechtliche Ausnahmegenehmigungen (vgl. § 45 Abs. 6 StVO), Genehmigungen im Rahmen von Lärmschutzvorschriften, für die Tätigkeit ausländischer Arbeitnehmer usw.

b) Zu den vom Auftraggeber einzuholenden **öffentlich-rechtlichen Genehmigungen** gehören solche **allgemeiner und solche spezieller Art.** Zu den ersteren sind solche zu rechnen, die in jedem Fall bei einer Bauleistung notwendig sind. Ein typisches Beispiel hierfür ist die **allgemeine bauordnungsrechtliche Genehmigung** nach dem Bundesbaugesetz und den Landesbauordnungen. Hinzuzuzählen sind auch die Genehmigungen, die zwar nur für einen bestimmten Kreis von Bauwerken, insoweit aber generell notwendig sind, wie z. B. aufgrund der §§ 24 ff. Gewerbeordnung oder nach den §§ 4 ff. Bundes-Immissionsschutzgesetz (BImSchG). Zu letzteren gehört auch die Einholung der Genehmigung für eine Ölheizung vor deren Einbau. **Im Verhältnis zum Auftraggeber ist dieses Aufgabe seines Architekten** im Rahmen der ihm übertragenen technischen Oberleitung (BGH BauR 1975, 67 m. w. N.) bzw. der ihm nach § **15 Abs. 2 Nr. 4 HOAI** obliegenden Genehmigungsplanung; insoweit ist er **Erfüllungsgehilfe des Auftraggebers gegenüber dem Auftragnehmer.** Auch muß der Auftraggeber die Erlaubnis für **von ihm verlangte** genehmigungspflichtige Stoffe oder Bauteile einholen. 23

Zu den Genehmigungen spezieller Art rechnen die Sonderfälle, in denen **Ausnahmegenehmigungen** (Dispense) nach den jeweiligen **Bauordnungen** notwendig sind. Hinzu kommen beispielhaft Genehmigungen **nach dem Straßenverkehrsrecht** (z. B. §§ 45, 46 StVO), **dem Wasserrecht** und dem **Gewerberecht,** die landesrechtlich erforderlichen Genehmigungen zur Zweckentfremdung bzw. zum Abbruch von Wohnraum (vgl. dazu BGH MDR 1978, 301), die nur gewisse Spezialtatbestände erfassen und nicht allgemein gelten. Welche Genehmigungspflichten im einzelnen bestehen, hängt von den einschlägigen öffentlich-rechtlichen Gesetzen, Verordnungen und Anordnungen, auf die zu verweisen ist, ab. Wichtig ist in diesem Zusammenhang u. a. auch das **Wasserhaushaltsgesetz** (WHG) i. d. F. der Bekanntmachung vom 23. 9. 1986 (BGBl. I S. 1529) mit Berichtigung vom 8. 10. 1986 (BGBl. I S. 1654). Hierher rechnen auch Genehmigungen zur Aufstellung von Turmdrehkränen und Bauzäunen auf öffentlichen Verkehrswegen (zutreffend Hochstein Anm. zu BGH SFH Z 2.510 Bl. 53). Unter die hier erörterte Regelung der VOB fallen hiernach **sämtliche öffentlich-rechtlichen Bestimmungen, die für die Ausführung des vorgesehenen Bauvorhabens eine Genehmigung notwendig machen.** 24

Soweit die Verwendung bestimmter Stoffe oder Bauteile oder Bauverfahren **genehmigungspflichtig ist, kann es ein, daß der zuständigen Behörde im Verlauf der Ausführung des Bauvorhabens neue Erkenntnisse zuteil werden, die dazu führen, die bisher erteilte Genehmigung zu ändern oder zu widerrufen. Sofern dies noch vor Abnahme der betreffenden Bauleistung geschieht, ist der Auftraggeber verpflichtet,** die Verwendung anderer, zugelassener Baustoffe oder Bauteile oder Bauverfahren anzuordnen (vgl. Teil B § 1 Nr. 3) und hierfür eine veränderte oder zusätzliche Vergütung zu zahlen, sofern die Voraussetzungen nach Teil B § 2 Nr. 5 oder Nr. 6 gegeben sind. Falls der Auftraggeber die Verwendung anderer – zugelassener – Baustoffe, Bauteile oder Bauverfahren nunmehr dem Auftragnehmer überläßt und dies nicht mehr mit der bisherigen vertraglichen Vergütung zu bewerkstelligen ist, steht dem Auftragnehmer, falls er die Vereinbarung einer veränderten oder zusätzlichen Vergütung unterläßt oder nicht erreicht, an sich ein Anspruch nach Teil B § 2 Nr. 8 Abs. 2 Satz 2 zu, jedoch muß er darauf achten, daß er die dort festgelegte **Anzeigepflicht** gegenüber dem Auftraggeber **erfüllt.** 25

In diesem Zusammenhang:

Über die rechtliche Stellung des **Prüfingenieurs für Baustatik** Schmalzl, „Der Prüfingenieur für Baustatik – seine Tätigkeit und seine Haftung", Werner-Verlag Düsseldorf. Zur Verfassungsmäßigkeit einer gesetzlichen Regelung, nach der die Anerkennung eines Prüfingenieurs für Baustatik mit Vollendung des 70. Lebensjahres erlischt, bejahend BVerfG SFH Art. 19 26

B § 4, 1, Rdn. 27+28

GG Nr. 1. Die Haftung für Fehler eines auf den Bezug von Gebühren angewiesenen, im übrigen freiberuflich tätigen Prüfingenieurs für Baustatik, den die Baugenehmigungsbehörde mit der Prüfung der statischen Berechnung eines Baugesuchs beauftragt hat, trifft im Verhältnis zu dem geschädigten Dritten den Träger der Baugenehmigungsbehörde. Dem Prüfingenieur werden also **hoheitliche Aufgaben,** die der Baugenehmigungsbehörde obliegen und die man allgemein als das öffentliche Interesse an der Gefahrenabwehr bezeichnen kann, übertragen; insoweit übt er ein öffentliches Amt aus, wobei Haftungsgrundlage Art. 34 GG und § 839 BGB sind und im übrigen nur eine Geldentschädigung in Betracht kommt (vgl. BGHZ 4, 303 = NJW 1952, 583; BGHZ 4, 77 = NJW 1952, 303; OLG Stuttgart MDR 1975, 316 m. Anm. Schmalzl = BlGBW 1975, 200). Nach Ansicht des Bundesverwaltungsgerichts stehen die Prüfingenieure in einem öffentlich-rechtlichen Auftragsverhältnis gegenüber der Verwaltung; es handelt sich bei ihnen um mit hoheitlicher Tätigkeit beliehene Unternehmer (BVerwG, Urt. v. 25. 11. 1971 – I C 7 –; ebenso LG Mainz BauR 1982, 89). Die Pflicht der Baugenehmigungsbehörde, die statische Berechnung eines Bauvorhabens ordnungsgemäß zu prüfen, ist entsprechend ihrem Schutzzweck (den Gefahren vorzubeugen, die der Allgemeinheit oder ihren Gliedern durch den Einsturz standunsicherer Bauwerke drohen) grundsätzlich eine einem Dritten gegenüber obliegende und gegebenenfalls Schadensersatzansprüche dieses Dritten begründende **Amtspflicht.** Das zielt aber nicht darauf ab, den Bauherrn davor zu bewahren, durch einen statisch falsch berechneten Bau nutzlose finanzielle Aufwendungen zu machen (BGHZ 39, 358 = VersR 1963, 973 = SFH Z 3.00 Bl. 76 ff. = NJW 1963, 1821 = MDR 1963, 747; ferner BGH VersR 1964, 1302 = SFH Z 3.00 Bl. 93). Zur Staatshaftung bei Fehlern des Prüfingenieurs für Baustatik siehe die übersichtliche Zusammenstellung von Scherer, Die Bauverwaltung 1965, 598 ff. Zum Vergütungsanspruch des Prüfingenieurs Schmalzl MDR 1975, 374. Hiernach sind entgegen früherer Auffassung Schmalzls (MDR 1972, 666) die Verwaltungsgerichte für Vergütungsklagen des Prüfingenieurs durchweg zuständig (ebenso LG Mainz BauR 1982, 89). Vgl. dazu auch Steiner und Westermann Betrieb 1975, 533.

27 **Unmittelbare vertragsrechtliche Ansprüche** des Auftraggebers gegen den Prüfingenieur können nur in Betracht kommen, wenn **übereinstimmende Erklärungen beider** dahin vorliegen, daß der Prüfingenieur **zusätzlich auch für den Auftraggeber in Wahrnehmung von dessen Aufgaben tätig werden soll** (BGH VersR 1964, 1303 = SFH Z 3.00 Bl. 93; OLG Stuttgart MDR 1975, 316 m. Anm. Schmalzl = BlGBW 1975, 200).

28 c) Es kann vorkommen, daß im Einzelfall der Auftraggeber selbst nicht legitimiert ist, die erforderliche Genehmigung zu erwirken, sondern daß die **Berechtigung** hierzu **eine andere Person hat, die nicht im Vertragsverhältnis zum Auftragnehmer steht.** Beispielsweise ist es möglich, daß der Auftraggeber selbst nicht Grundstückseigentümer ist und der Genehmigungsantrag nach den einschlägigen Vorschriften nur vom Grundstückseigentümer gestellt werden kann. Auch können gewisse Rechte, die eine Genehmigung oder Ausnahmegenehmigung notwendig machen, in der Hand eines anderen sein. In solchen Fällen hat der **Auftraggeber** im Verhältnis zum Auftragnehmer die **Pflicht,** den eigentlich berechtigten **Dritten zu veranlassen,** die Genehmigung für ihn einzuholen. Der Auftraggeber sollte gerade hier unbedingt **vor Bauvertragsabschluß die erforderlichen Genehmigungen** bereits erwirken oder jedenfalls die Dinge so weit vorbereiten, daß die Genehmigung in aller Kürze erteilt wird und Schwierigkeiten in dieser Hinsicht nicht mehr auftreten. Anderenfalls können zu seinen Lasten nachteilige Rechtsfolgen im Verhältnis zum Auftragnehmer entstehen (vgl. Rdn. 31 ff.). In den Fällen, in denen die Genehmigung zweifelhaft oder unsicher ist, ist es immer geboten, vorerst vom Bauvertragsabschluß Abstand zu nehmen oder jedenfalls den Auftragnehmer vor Vertragsabschluß auf die bestehende Unsicherheit hinzuweisen. Auch ist es rechtlich nicht ausgeschlossen, die Wirksamkeit des Bauvertrages insgesamt oder zu einem Teil ausdrücklich von dem Erhalt der Genehmigung abhängig zu machen, ihn also insoweit unter einer aufschiebenden oder auflösenden Bedingung abzuschließen.

d) Die Bauvertragspartner können **im Vertrag** auch eine **Vereinbarung** dahin gehend aufnehmen, daß einzelne oder alle Genehmigungen nicht vom Auftraggeber, sondern vom **Auftragnehmer** beschafft werden sollen. Eine solche Vereinbarung hat aber **hinsichtlich ihrer Wirksamkeit** bzw. **Verbindlichkeit Grenzen**. Voraussetzung ist immer, daß der Auftragnehmer überhaupt befugt sein kann, die Genehmigung zu beantragen. Überdies bedarf es, falls dies nach den öffentlich-rechtlichen Bestimmungen überhaupt zulässig ist, einer entsprechenden **Vollmacht** durch den Auftraggeber. Ist nur ein Dritter befugt, die Genehmigung oder die Ausnahmegenehmigung bei der zuständigen Behörde zu erwirken, haben Vereinbarungen zwischen dem Auftraggeber und dem Auftragnehmer nur einen Sinn, wenn der Auftragnehmer auch in die Lage versetzt wird, einen rechtlichen Zwang auf den Dritten auszuüben, falls dieser sich dem Auftragnehmer gegenüber nicht freiwillig zum Handeln bereit erklärt. Hier reicht eine bloße Vollmachterteilung des Auftraggebers an den Auftragnehmer allgemein nicht aus. Vielmehr kann es notwendig sein, die dem Dritten gegenüber bestehenden Rechte durch den Auftraggeber an den Auftragnehmer **abzutreten,** damit dieser dann aus ihm zustehenden Recht vorgehen kann. Voraussetzung ist aber auch hier, daß das öffentliche Recht, das die Genehmigungspflicht enthält, einen solchen Rechtsübergang überhaupt zuläßt.

e) Der Auftraggeber braucht nicht tätig zu werden, wenn nach den einschlägigen gesetzlichen Bestimmungen eine **behördliche Genehmigung nicht erforderlich** ist. Das ist nach den Bauordnungen (vgl. dazu insbesondere die in den Ländern ergangenen Landesbauordnungen) vielfach der Fall, wenn nur **unbeachtliche Baumaßnahmen** vorgesehen sind. Zu beachten sind in diesem Zusammenhang auch gewisse öffentlich-rechtliche Vorschriften, welche die Einholung von Genehmigungen bestimmter Art durch den Auftraggeber entbehrlich machen. Dabei ist beispielhaft auf die Verordnung über die baupolizeiliche Behandlung von öffentlichen Bauten vom 20. 11. 1938 (RGBl. I S. 1677), § 36 des Bundesbahngesetzes vom 13. 12. 1951 (BGBl. I S. 955) sowie auf § 8 des Gesetzes über die Errichtung eines Unternehmens Reichsautobahnen vom 27. 6. 1933 (RGBl. I S. 509) hinzuweisen.

4. Rechtsfolgen bei Mißachtung der Pflichten des Auftraggebers

Nimmt der Auftraggeber seine in Rdn. 7–30 gekennzeichneten Pflichten nicht oder nicht rechtzeitig wahr, so gilt zusammengefaßt unter Einschluß des schon Gesagten (vgl. Rdn. 15):

Zunächst kann der **Auftragnehmer nicht verpflichtet** werden, vor ordnungsgemäßer Erledigung der Koordinationsverpflichtung des Auftraggebers oder vor Erteilung der für seine Leistung maßgebenden Genehmigungen **mit der Ausführung zu beginnen,** so daß er hier grundsätzlich **nicht in Verzug kommen kann** (in letzterer Hinsicht: BGH BauR 1974, 274 = SFH Z 2.510 Bl. 53 = NJW 1974, 1080 = MDR 1974, 749 = BB 1974, 857 [L] = WM 1974, 687 = LM § 284 BGB Nr. 20 = BlGBW 1974, 173 = Betrieb 1974, 1107; BGH BauR 1976, 128 = MDR 1976, 392 = SFH Z 2.411 Bl. 68 = Betrieb 1976, 529 = LM VOB/B Nr. 80 = BlGBW 1976, 96; OLG Köln SFH § 641 BGB Nr. 2).

Beginnt der Auftragnehmer in Kenntnis des Fehlens der Baugenehmigung mit der Leistung, so muß er sich jedenfalls bei seinen Ansprüchen, die über den reinen Vergütungsanspruch für geleistete Arbeiten hinausgehen, ein **Mitverschulden** entgegenhalten lassen, da er sich sehenden Auges in eine Gefahrenlage begeben hat (BGH a. a. O.). Allerdings scheidet ein Mitverschulden dann aus, wenn die – öffentlich-rechtliche – Rechtslage unklar ist und der Auftragnehmer annehmen kann, daß die der Baugenehmigung entgegenstehenden Hindernisse beseitigt würden (vgl. dazu OLG Karlsruhe BauR 1974, 342; dazu auch BGH NJW 1985, 1692 = VersR 1985, 566). Das Fehlen einer Baugenehmigung kann im Rahmen des **Mitverschuldens** (§ 254 BGB) auch von Bedeutung sein, wenn die Bauleistung nach fehlerhaften und nicht genehmigten Plänen, die von der Auftraggeberseite bereitgestellt worden sind, mangelhaft erbracht worden ist (vgl. BGH SFH Z 2.414 Bl. 143 ff.); gleiches gilt, wenn der Auftragnehmer nach Beendigung der genehmigten Arbeiten dem Auftraggeber einen Arbeiter überläßt, weil er dann gegen seine Aufsichtspflicht verstößt, wenn er sich nicht vergewissert, ob für die weiteren Arbeiten die erforderliche Baugenehmigung vorliegt (BayObLG BlGBW 1973, 120).

32 **Außerdem** kann der Auftragnehmer im Falle der Nichterledigung oder Verzögerung der Koordinationspflichten und/oder der Einholung der Genehmigungen **Rechte aus Teil B § 6** geltend machen, dabei – insoweit im Falle des Verschuldens des Auftraggebers – **auch** vor allem **Schadensersatzansprüche nach Teil B § 6 Nr. 6,** da die Erfüllung der Koordinationspflichten und die Herbeiführung der Genehmigungen als **echte vertragliche Nebenpflichten** anzusehen sind (vgl. dazu auch Teil B § 3 Rdn. 14 ff.). Insoweit liegt regelmäßig Annahmeverzug (vgl. Teil B § 9 Rdn. 10), ausnahmsweise sogar Schuldnerverzug (vgl. Teil B § 9 Rdn. 17) des Auftraggebers vor. Für Ansprüche des Auftragnehmers nach Teil B § 6 muß aber in der Grundlage immer **Ursächlichkeit oder Mitursächlichkeit des Unterlassens des Auftraggebers für die eingetretene Behinderung oder Unterbrechung** vorliegen. So kann der Auftragnehmer beispielsweise seinen Schadensersatzanspruch nur dann auf die verspätete Beschaffung der Baugenehmigung durch den Auftraggeber stützen, wenn dies für die Verzögerung seiner Arbeiten von Bedeutung war; also scheidet ein Anspruch aus, wenn der Auftragnehmer auch bei rechtzeitiger Vorlage der Baugenehmigung nicht anders – früher, mehr oder schneller – gearbeitet hätte, als er es tatsächlich getan hat (BGH BauR 1976, 128 = MDR 1976, 392 = BlGBW 1976, 96 = Betrieb 1976, 529 = SFH Z 2.411 Bl. 68). Gleiches gilt für den Bereich der Koordinationspflichten des Auftraggebers.

33 Unter Umständen kann der Auftraggeber **auch** den Bauvertrag nach Teil B § 9 Nr. 1 a **kündigen, falls** die dafür maßgebenden **weiteren Voraussetzungen** – vor allem nach Nr. 2 a. a. O. – **gegeben sind.** Das kommt z. B. in Betracht bei endgültiger Versagung der Baugenehmigung gemäß den Plänen des Architekten ohne Bereitschaft des Auftraggebers, auf die Bereitwilligkeit des Auftragnehmers, anders zu bauen, einzugehen; insoweit kann sich der Auftraggeber auch nicht auf Änderung oder Wegfall der Geschäftsgrundlage berufen, weil die Erlangung der Baugenehmigung grundsätzlich in seinen Risikobereich fällt (OLG München BauR 1980, 274).

34 Dagegen ist der Bauvertrag **nicht** schon von vornherein wegen Verstoßes gegen die einschlägigen bauordnungsrechtlichen Vorschriften nach § 134 BGB **nichtig.** Durch das Fehlen der öffentlich-rechtlichen Genehmigungen ist **nicht der Bauvertrag, sondern das Bauen verboten,** BGH JR 1962, 23; BGH MDR 1950, 335; BGH BauR 1976, 128 = MDR 1976, 392 = BlGBW 1976, 96 = Betrieb 1976, 529 = SFH Z 2.411 Bl. 68 = LM VOB/B Nr. 80; ferner OLG Köln NJW 1961, 1023; OLG München HRR 1939 Nr. 1287 und BauR 1980, 274.

35 Die bauaufsichtliche Genehmigung bringt ohne Beeinflussung der zivilrechtlichen Verhältnisse – also der Wirksamkeit des abgeschlossenen Bauvertrages – lediglich zum Ausdruck, daß dem Bauvorhaben Hindernisse aus dem öffentlichen Recht nicht entgegenstehen (BGH NJW 1959, 2013, 2014). Die **vertragliche Leistung als solche ist möglich, so daß auch eine Nichtigkeit nach § 306 BGB nicht gegeben ist.** Wird allerdings die beantragte Baugenehmigung rechtskräftig versagt, ist eine **nachträgliche Unmöglichkeit** der Leistung eingetreten (vgl. BGH MDR 1978, 301).

5. Exkurs: Schwarzarbeit

36 Nichtigkeit des Bauvertrages liegt dagegen im allgemeinen von Anfang an vor, wenn – was häufig mit fehlender Baugenehmigung einhergeht – der **Bauvertrag zwischen** Auftraggeber und Auftragnehmer **unter Umgehung des Gesetzes zur Bekämpfung der Schwarzarbeit** in der auf Art. 5 des Gesetzes zur Bekämpfung der illegalen Beschäftigung vom 15. 12. 1981 (BGBl. I S. 1390) beruhenden, seit 1. 1. 1982 geltenden Fassung (BGBl. I S. 110) **abgeschlos-**

sen worden ist, und zwar auch dann, wenn es zur Ausführung des Bauvertrages ganz oder teilweise gekommen ist. Das gilt auch, wenn der bauvertraglich Verpflichtete (Auftragnehmer) seinerseits seine Leistung durch Schwarzarbeiter erfüllen läßt (BGHZ 85, 39 = BauR 1983, 66 = Betrieb 1982, 2615 = SFH § 134 BGB Nr. 4 = NJW 1983, 109 = MDR 1983, 222 = ZIP 1983, 463 = LM § 134 BGB Nr. 103 Anm. Walchshöfer = ZfBR 1982, 246). Voraussetzung ist, daß gegen das Verbot des genannten Gesetzes verstoßen wird, und zwar in dem durch § 1 a. a. O. gekennzeichneten Rahmen, was einmal eine entgeltliche Tätigkeit, zum anderen Nachhaltigkeit voraussetzt, nämlich eine gewisse Dauer, wobei allerdings die längere, anhaltende Arbeit an einem Bauvorhaben genügt, also nicht unbedingt an mehreren erforderlich ist (vgl. dazu OLG Stuttgart NJW 1987, 2385).

Von dem Verbot erfaßte Verträge sind nichtig, wenn entweder **beide Parteien objektiv und** 37
subjektiv gegen das Schwarzarbeitsgesetz verstoßen oder wenn nur eine Partei dem Gesetz zuwiderhandelt, die andere aber den Verstoß kennt, wie z. B. bei einer von seiten des Auftragnehmers im konkreten Fall nicht möglichen „Nachbarschaftshilfe", und doch durch Abschluß des Vertrages bewußt mitwirkt, dabei den Verstoß bewußt zum eigenen Vorteil ausnutzt (BGH a. a. O.; OLG Düsseldorf BauR 1987, 562; Sonnenschein JZ 1976, 497; vgl. auch Grimme S. 222 f.; nicht zu billigen dagegen Westphal BB 1984, 1002, der die hier durch § 134 BGB zwingend gebotenen Grenzen nicht hinreichend beachtet). Haben dagegen in diesem Sinne **nicht beide Parteien** gegen das Gesetz verstoßen, sondern nur der sogenannte Schwarzarbeiter, ist jedoch nach der Rechtsprechung des BGH die **Wirksamkeit** des Bauvertrages anzunehmen (BGH a. a. O., m. w. N.; BGHZ 88, 240 = BauR 1984, 58 = SFH § 134 BGB Nr. 5 = NJW 1984, 230 = BB 1984, 173 = Betrieb 1984, 767 = ZfBR 1984, 31; insbesondere BGHZ 89, 369 = BauR 1984, 290 = NJW 1984, 1175 = SFH § 134 BGB Nr. 6 = Betrieb 1984, 766 = BB 1984, 637 = MDR 1984, 480 = ZIP 1984, 455 = Anm. Schubert JR 1985, 148 = JZ 1984, 490; BGH BauR 1985, 197 = NJW 1985, 2403 mit Anm. Canaris = LM § 134 BGB Nr. 111 Anm. Bliesener = SFH § 134 BGB Nr. 7 = ZfBR 1985, 116; Benöhr NJW 1975, 1970, zu weitgehend daher LG Karlsruhe NJW 1975, 1420; OLG Karlsruhe Die Justiz 1977, 13 = OLGZ 1977, 194 = NJW 1977, 2076 und OLG Düsseldorf, seinerzeit 24. Zivilsenat, BauR 1978, 412; andererseits zu eng LG Osnabrück SFH Z 2.10 Bl. 18, das nur dann Unwirksamkeit des Bauvertrages annehmen will, wenn der alleinige Verstoß gegen § 134 BGB die Steuerhinterziehung ist). Sachgerechter und dem **Gesetzeszweck** (Vermeidung von Arbeitslosigkeit, Verhinderung von Lohn- bzw. Preisunterbietung zum Nachteil gewerblicher Betriebe, unsachgemäße Arbeit, Verminderung des Steueraufkommens) **eher entsprechend** wäre es allerdings, **auch in diesen Fällen von einer Teilnichtigkeit des Vertrages zu Lasten desjenigen auszugehen, dem der Verstoß anzulasten ist;** dies hätte für den Auftragnehmer die Wirkung, daß ihm im Vergütungsbereich lediglich ein Bereicherungsanspruch zusteht, dessen Verlust er auf der Grundlage des § 817 Satz 2 BGB befürchten muß (so zutreffend Canaris NJW 1985, 2404). Vor allem bleiben aber dann dem Auftraggeber auch Gewährleistungsrechte erhalten, weil sonst Sinn und Zweck des Gesetzes in ihr Gegenteil verkehrt würden, zumal der Auftraggeber nicht gegen das Gesetz verstoßen hat (vgl. dazu auch Grimme S. 223 ff. mit weiterer rechtstheoretischer Untermauerung dieses Standpunktes).

Für die Praxis bedeutsam ist dabei die Frage, ob bei **nichtigen** Schwarzarbeitsverträgen dem 38
Auftraggeber nicht dennoch wegen **mangelhafter Arbeit Ansprüche** gegen seinen „Vertragspartner" zustehen. Dies ist entgegen LG Karlsruhe, OLG Karlsruhe (a. a. O.) sowie OLG Düsseldorf, 5. Zivilsenat (BauR 1987, 562), zu bejahen. Der Zweck des angesprochenen Gesetzes geht zwar auch dahin, den Auftraggeber vor unqualifizierten Auftragnehmern zu schützen. Es wäre jedoch und gerade deshalb eine durch nichts gerechtfertigte Besserstellung des Schwarzarbeiters, wenn er Pfuscharbeiten leisten dürfte, ohne deswegen vom Auftraggeber in Anspruch genommen werden zu können (was von Grimme S. 222 f. nicht hinreichend beachtet wird). Dabei mag es dahinstehen, ob solche Ansprüche aus positiver Vertragsver-

letzung (OLG Celle JZ 1973, 246 = VersR 1973, 1122) oder aus der Verletzung von Schutzgütern, aus Geschäftsführung ohne Auftrag oder aus § 823 Abs. 1 BGB (so Benöhr NJW 1975, 1970) oder aus Treu und Glauben (§ 242 BGB; vgl. dazu BGHZ 85, 39 = BauR 1983, 66 = Betrieb 1982, 2615 = SFH § 134 BGB Nr. 4 = NJW 1983, 109 = MDR 1983, 222 = ZIP 1983, 463 = LM § 134 BGB Nr. 103 Anm. Walchshöfer = ZfBR 1982, 246) im Einzelfall herzuleiten sind. Jedenfalls erscheint es gerechtfertigt, hier den **Schwarzarbeiter nicht besserzustellen** als seinen „Kontrahenten", wenn diesem auch gegebenenfalls bzw. recht häufig ein Mitverschulden anzurechnen ist. Jedenfalls muß dies für jene – als Regel geltende – Fälle zutreffen, in denen der Schwarzarbeiter bereits die ausgemachte Vergütung oder einen entsprechenden Vergütungsteil erhalten hat, weil der Auftraggeber grundsätzlich nach § 814 BGB bzw. § 817 BGB keinen Rückforderungsanspruch hat, was auch gilt, wenn die Entlohnung des Schwarzarbeiters nicht in Geld, sondern in Sachgütern erfolgt ist (zutreffend AG Oldenburg WM 1986, 1160). Anders in jenen Fällen, in denen noch keine Vergütung entrichtet worden ist, auf die der Schwarzarbeiter keinen Anspruch hat (vgl. OLG Koblenz Betrieb 1975, 2125), allerdings nur dann, wenn dem im Einzelfall nicht der übergeordnete Grundsatz von Treu und Glauben entgegensteht (OLG Düsseldorf BauR 1978, 412).

39 Der Grundsatz von Treu und Glauben spielt auch eine Rolle, wenn der Auftragnehmer eine **Festpreisgarantie** abgegeben und eine darüber hinausgehende Vergütung erhalten hat oder der Auftraggeber Dritten mehr hat bezahlen müssen. Dann muß der Auftragnehmer den zuviel erhaltenen Betrag oder im Wege des Schadensersatzes die an Dritte bezahlten Beträge aus Treu und Glauben (§ 242 BGB) dem Auftraggeber zurückerstatten (BGHZ 85, 39 = BauR 1983, 66 = Betrieb 1982, 2615 = SFH § 134 BGB Nr. 4 = NJW 1983, 109 = ZfBR 1982, 246 = MDR 1983, 222 = ZIP 1983, 463 = LM § 134 BGB Nr. 103 Anm. Walchshöfer = ZfBR 1982, 246). Die gegenteilige Ansicht von Tiedtke (NJW 1983, 713) ist nicht zu billigen, weil sie nicht ausreichend berücksichtigt, daß der Auftragnehmer durch die Festpreisgarantie in dem Auftraggeber ein Vertrauen erweckt hat, die diesem über die Nichtigkeit des Vertrages hinaus einen entsprechenden Vertrauensschutz gewähren muß.

40 Handelt es sich bei dem **Auftragnehmer** um einen Betrieb, der entgegen den Vorschriften der Handwerksordnung und ohne gleichzeitigen Verstoß gegen die Bestimmungen des Gesetzes gegen Schwarzarbeit „nur" **nicht in die Handwerksrolle eingetragen** ist, ist dagegen der **Bauvertrag als wirksam anzusehen,** weil es sich insofern lediglich um einen Verstoß gegen eine allein dem öffentlichen Recht zugehörige Ordnungsvorschrift handelt (vgl. BGHZ 88, 240, 242 = BauR 1984, 58 = NJW 1984, 230 = MDR 1984, 135 = BB 1984, 173 = JZ 1984, 149 = ZIP 1983, 1460 = SFH § 134 BGB Nr. 5 = WM 1983, 1315 = LM § 134 BGB Nr. 108 = Betrieb 1984, 767; LG Köln Betrieb 1969, 920 = VersR 1969, 619 = ZfBR 1984, 31 = Anm. Köhler JR 1984, 224). Jedoch kann der Auftraggeber u. U. je nach Sachlage unter den Voraussetzungen des § 119 oder des § 123 BGB den Vertrag anfechten (vgl. dazu OLG Nürnberg BauR 1985, 322).

6. Exkurs: Gesetz zur Sicherung von Bauforderungen

41 Hinzuweisen ist in dem hier erörterten Rahmen auch auf das **Gesetz über die Sicherung von Bauforderungen (GSB)** vom 1. 6. 1909 (RGBl. I S. 490); vgl. dazu i. e. Schulze-Hagen NJW 1986, 2403; ferner Korsukewitz BauR 1986, 383. Nach § 4 ist der **Bauleiter des Auftraggebers,** also meist der Architekt, zur Anbringung eines **Bauschildes** bei Neubauten verpflichtet. Es soll damit den Auftragnehmern kenntlich gemacht werden, mit wem sie es als Schuldner zu tun haben, vgl. BGH SFH Z 2.10 Bl. 8 ff. §§ 1 und 4 des o. a. Gesetzes sind **Schutzgesetze i. S. des § 823 Abs. 2 BGB,** BGH SFH Z 2.13 Bl. 3 ff.; BGH BauR 1982, 193 = NJW 1982, 1037 = VersR 1982, 193 = SFH § 1 GSB Nr. 1 = Betrieb 1982, 693 = MDR 1982, 478 = LM § 823 [Bf] Nr. 80 = ZfBR 1982, 75; Meyer JZ 1954, 140 f.; Schlenger ZfBR 1983, 104.

Der **Auftraggeber ist für die Richtigkeit der Angaben auf dem Bauschild verantwortlich**, ggf. aus dem Gesichtspunkt der Anscheinsvollmacht. Zur Anscheinsvollmacht vgl. Teil B § 2 Rdn. 41 ff. Falsche Angaben begründen für den Auftragnehmer allerdings nur dann einen Schadensersatzanspruch, wenn sie für den **entstandenen Schaden ursächlich** sind, BGH SFH Z 2.10 Bl. 8 ff. Vgl. ferner OLG Nürnberg JR 1962, 181. Soll ein Schadensersatzanspruch aus unerlaubter Handlung wegen Verletzung eines Schutzgesetzes (§ 823 Abs. 2 BGB) und nicht wegen Vertragsverletzung geltend gemacht werden, ist zu beachten, daß § 4 des o. a. Gesetzes nicht den Eigentümer oder sonstigen Auftraggeber verpflichtet, an der Baustelle einen Anschlag anzubringen, der den Namen des Auftraggebers und des Auftragnehmers enthält, dem er die Herstellung des Gebäudes übertragen hat. Demgemäß kann auch **nur der Bauleiter**, falls ein Bauschild mit unrichtigen Angaben aufgestellt worden ist, wegen Verletzung eines Schutzgesetzes **belangt werden** (BGH WM 1957, 926). Da der Auftragnehmer oder der Auftraggeber in der Regel selbst nicht Bauleiter sind, könnten sie wegen unerlaubter Handlung allenfalls haftbar sein, wenn der eine oder der andere zu dessen unerlaubter Handlung Beihilfe geleistet hatte (§ 830 Abs. 2 BGB), vgl. dazu BGH, Urteil vom 21. 2. 1963 – VII ZR 59/62 –.

Empfänger von Baugeld i. S. des § 1 GSB muß nicht immer der Bauherr bzw. Grundstückseigentümer sein. Nach § 1 Abs. 2 GSB kann dies **auch auf Personen** zutreffen, **die selbst an der Herstellung des Bauwerkes beteiligt sind,** was insoweit **auch für einen Generalunternehmer, Generalübernehmer oder einen Baubetreuer gilt,** wobei der Empfang des Baugeldes sowohl aufgrund eines Geschäftsbesorgungsvertrages als auch eines Werkvertrages erfolgen kann; der Schutzzweck des GSB erfordert es, den Begriff „Empfänger von Baugeld" **weit zu fassen,** wie insbesondere auch in den §§ 19, 28 GSB zum Ausdruck gekommen ist (BGH in der zuletzt genannten Entscheidung). Auch der Veräußerer sogenannter schlüsselfertiger Häuser kann Empfänger von Baugeld i. S. des § 1 Abs. 1 GSB sein, wenn er über den Erwerber oder unmittelbar von einem Kreditinstitut Geldbeträge erhält, die dem Erwerber darlehensweise gewährt werden, sofern zur Sicherung der Ansprüche des Geldgebers eine Hypothek oder Grundschuld auf dem zu bebauenden Grundstück eingetragen ist; ist der Empfänger von Baugeld selbst an der Herstellung des Baues beteiligt und wird das Baugeld an ihn entsprechend der MaBV nach Maßgabe des Baufortschritts gezahlt, so gelten die Verwendungsregeln des § 1 Abs. 1 und 2 GSB für jede einzelne Rate gesondert, also pro rata (BGH BauR 1986, 235 = NJW 1986, 1105 = SFH § 1 GSB Nr. 3 = LM GSB Nr. 3 = MDR 1986, 397 = Betrieb 1986, 743 = VersR 1986, 167 = ZfBR 1986, 72, entgegen OLG Koblenz BauR 1985, 697). Grundlage einer Baugeldgewährung können Kreditgeschäfte verschiedener Art sein, auch Kredite in laufender Rechnung bis zu einem bestimmten Höchstbetrag; der Baugeldempfänger kann sich nicht dadurch eine gegenüber § 1 Abs. 2 GSB günstigere Stellung verschaffen, daß er sich nicht selbst an der Herstellung des Baues beteiligt, sondern damit Gesellschaften beauftragt, an denen er allein beteiligt ist und deren Geschäfte er selbständig führt (BGH BauR 1986, 370 = VersR 1986, 548 = LM GSB Nr. 5 = NJW-RR 1986, 446 = MDR 1986, 573 = BB 1986, 2366 = SFH § 1 GSB Nr. 4 = Betrieb 1986, 2177). Jedoch muß nicht jeder aus Anlaß eines Bauens gewährte Betrag Baugeld i. S. v. § 1 GSB sein; vielmehr kann er teilweise auch anderen Zwecken, die dem GSB nicht unterliegen, dienen, wie z. B. zum Grundstückserwerb; insoweit kann nicht Nichtigkeit nach § 134 BGB angenommen werden; im übrigen reicht die bloße Möglichkeit, daß später gegen das GSB verstoßen wird, nicht schon für eine Nichtigkeit aus (vgl. BGH BauR 1986, 115 = SFH § 1 GSB Nr. 2 = MDR 1986, 649 = NJW 1986, 1104 = LM § 134 BGB Nr. 113 = Betrieb 1986, 642 = Hochstein EWiR § 134 BGB 1/86, 21 = ZfBR 1986, 80). Unter den Kosten „eines Baues" i. S. des § 1 Abs. 3 GSB sind sowohl Kosten eines Neubaues i. S. von § 2 Abs. 2 GSB als auch eines hiervon nicht erfaßten Umbaues oder Ausbaues schon errichteter Gebäude zu verstehen (BGH BauR 1988, 107 = ZIP 1987, 1436 = MDR 1988, 215 = WM 1987, 1457 = Alisch EWiR § 823 BGB 2/88, 59 = VersR 1988, 291 = NJW 1988, 263 = LM § 823 BGB [Bf] Nr. 97). Zur Bestreitung der Kosten eines Baues bestimmte Geldbeträge sind auch dann „Baugeld", wenn die zur Sicherung der Ansprüche des

Geldgebers bestimmte Hypothek oder Grundschuld erst nach Darlehensauszahlung in das Grundbuch eingetragen wird; entscheidend ist die Vereinbarung über die dingliche Sicherung. „Baugeld" i. S. von § 1 Abs. 3 GSB unterliegt nicht dem Pfandrecht der Kreditinstitute nach Nr. 19 Abs. 2 AGB-Banken bzw. Nr. 21 Abs. 2 AGB-Sparkassen, wenn und soweit dem Kreditinstitut die Baugeldeigenschaft bekannt ist (BGH a. a. O.).

43 Im Falle der Zweckentfremdung von Baugeld haftet der gesetzliche Vertreter des Empfängers, falls es sich bei ihm um eine juristische Person handelt; allerdings kommt eine **Haftung nach § 1 GSB nur im Falle vorsätzlichen Handelns** in Betracht, wie aus § 5 GSB zu entnehmen ist (BGH a. a. O.). Der Kritik von Schlenger (a. a. O.) an dieser Entscheidung des BGH, die sich gegen die Einbeziehung des Generalunternehmers richtet, kann nicht gefolgt werden, da der BGH zutreffend davon ausgeht, daß der Generalunternehmer hinsichtlich des Geldes, das er für die Leistung des Nachunternehmers empfangen hat, nach dem **Sinn und Zweck des § 1 Abs. 2 GSB eine dem Treuhänder angenäherte Stellung** hat; die von Schlenger in diesem Zusammenhang erwähnten praktischen Schwierigkeiten sind kein ausschlaggebender Gesichtspunkt, da diese dem Risikobereich eines Unternehmers, der sich als Generalunternehmer betätigt, eben zuzurechnen sind. Bei Verletzung des § 1 GSB muß bezüglich eines Verbotsirrtums das Vorliegen von Vorsatz nach der sogenannten „Schuldtheorie" beurteilt werden; es kommt also letztlich darauf an, ob sich der Verpflichtete in zumutbarer Weise von dem Verbotsgesetz hätte Kenntnis verschaffen können und müssen (BGH BauR 1984, 658 = NJW 1985, 134 = JZ 1984, 1047 = VersR 1984, 1071 = MDR 1985, 219 = LM GSB Nr. 2 mit krit. Anm. von Nierwetberg JZ 1985, 433). Der Baugeldgläubiger ist grundsätzlich darlegungs- und beweispflichtig für die Höhe erhaltenen Baugeldes. Jedoch hat er ein Recht auf Einsicht in das Baubuch, um daraus festzustellen, welche der gegen Sicherung durch das zu bebauende Grundstück gewährten Geldbeträge nicht zur Bestreitung der Baukosten bestimmt waren. Sind in dem Baubuch solche Beträge nicht ausgewiesen oder hat der Baugeldempfänger entgegen § 2 GSB ein Baubuch nicht geführt, oder verweigert er dem Baugeldgläubiger die Einsicht, und behauptet er, ein Teil der durch Grundpfandrechte gesicherten Geldleistungen sei nicht zur Bestreitung der Baukosten gewährt worden, so hat er dies im einzelnen darzulegen und zu beweisen (BGH BauR 1987, 229 = BB 1987, 437 = NJW 1987, 1196 = Hochstein EWiR § 1 GSB 1/87, 257 = VersR 1987, 614 = SFH § 1 GSB Nr. 5 = MDR 1987, 488 = Betrieb 1987, 1420 = LM GSB Nr. 6).

II. Das Überwachungsrecht des Auftraggebers (Nr. 1 Abs. 2)

44 Nach Nr. 1 Abs. 2 steht dem **Auftraggeber** das **Recht** zu, die vertragsgemäße **Durchführung der Leistung zu überwachen.** Hierzu hat er Zutritt zu den Arbeitsplätzen, Werkstätten und Lagerräumen, wo die vertragliche Leistung oder Teile von ihr hergestellt oder die hierfür bestimmten Stoffe und Bauteile gelagert werden. Auf Verlangen sind ihm die Werkzeichnungen oder andere Ausführungsunterlagen sowie die Ergebnisse von Güteprüfungen zur Einsicht vorzulegen und die erforderlichen Auskünfte zu erteilen, wenn hierdurch keine Geschäftsgeheimnisse preisgegeben werden. Als Geschäftsgeheimnis bezeichnete Auskünfte und Unterlagen hat er vertraulich zu behandeln. Das Überwachungsrecht hat auch beim Fertigteilbau Bedeutung, und zwar nicht zuletzt schon bei der Fertigung der Teile (vgl. Daub Bauverwaltung 1966, 329).

1. Besonderheit beim VOB-Vertrag

45 Das **Überwachungsrecht des Auftraggebers** ist eine **Besonderheit,** die ausdrücklich **nur in den Allgemeinen Vertragsbedingungen der VOB** festgelegt ist. Es hat **kein Gegenstück im Wortlaut der gesetzlichen Bestimmungen des Werkvertrages** oder anderer vergleichbarer schuldrechtlicher Verträge **im BGB.** Im Werkvertragsrecht des BGB ist nur die Verpflich-

tung zur Herstellung des vom Unternehmer dem Hersteller versprochenen Werkes ausdrücklich geregelt, § 631 BGB. Dabei hat der Unternehmer nach § 633 BGB die Gewähr für die ordnungsgemäße Herstellung des geschuldeten Werkes zu übernehmen, **ohne daß er sich bei Fehlschlagen der Leistung darauf berufen kann, der Auftraggeber habe ihn besser überwachen können** (vgl. BGH BauR 1973, 190 = NJW 1973, 518 = MDR 1973, 403 = SFH Z 3.00 Bl. 245 = BB 1973, 360 = Betrieb 1973, 676 = WM 1973, 393 = VersR 1973, 348 = LM VOB/B Nr. 59 = BlGBW 1973, 138; OLG Stuttgart SFH Z 2.414 Bl. 252 = MDR 1971, 299 = VersR 1970, 531 m. Anm. Ganten VersR 1970, 823). Insoweit hat er **Handlungsfreiheit in eigener Verantwortung.** Ähnliches gilt auch im Hinblick auf die zeitgerechte Ausführung, worüber sich lediglich § 636 BGB verhält. Abgesehen von Fragen zu Mitwirkungspflichten bei der Herstellung des Werkes, § 642 BGB, die nichts mit einem Recht zur Überwachung der Herstellung zu tun haben, kommt der Auftraggeber nach den ausdrücklich zum Ausdruck gebrachten gesetzlichen Regelungen im Rahmen eines Prüfungs- oder Billigungsrechtes, **insoweit** dann **zugleich einer Pflicht,** mit dem Werk erst wieder in Berührung, wenn es um die Abnahme geht, § 640 BGB. In diesem Zeitpunkt aber ist eine auf den vorherigen Herstellungsvorgang bezogene Überwachung der Arbeiten nicht mehr möglich.

a) Demgegenüber ist nach Abs. 2 Satz 1 dem **Auftraggeber** nach den Allgemeinen Vertragsbedingungen der **VOB das Recht** – nicht zugleich aber auch die Pflicht (vgl. Rdn. 51) – eingeräumt, die **vertragsgemäße Durchführung der Leistung zu überwachen.** Daraus folgt bereits, daß die Überwachung nach Teil B § 4 Nr. 1 Abs. 2 **nicht** die ohnehin erst spätere **Abnahme** des fertigen Werkes **ersetzt,** sondern daß diese Befugnis des Auftraggebers in der Zeit **vom Beginn** bis – im allgemeinen (vgl. Rdn. 58) – **zur Fertigstellung** der geschuldeten Leistung dauert und ein **ausdrücklich festgelegtes Sonderrecht kraft vertraglicher Abmachung** ist.

46

b) Diese Sonderbefugnis hat ihre **Rechtfertigung in der Natur der Bauleistung, weswegen** gesagt werden kann, daß sie als **allgemeiner, ungeschriebener Rechtsgrundsatz auch für Bauverträge außerhalb der VOB** gilt (so auch Ganten, Pflichtverletzung und Schadensrisiko im privaten Baurecht S. 211), was zumindest aus **Treu und Glauben (§ 242 BGB)** herzuleiten ist. Es ist eine **Erfahrungstatsache,** daß gerade bei fertiggestellten Bauwerken Mängel, Fehler oder sonstige Unzulänglichkeiten entweder nur schwer oder erst nach längerer Zeit festzustellen sind (vgl. dazu auch Nr. 1.1. und 1.3. VHB zu § 4 VOB/B). Ähnliches gilt auch für den Nachvollzug in der Frage der ordnungsgemäßen Einhaltung vertraglich festgelegter oder sonst normaler Bauzeit. Daher reicht eine **Bauabnahme,** wie sie das gesetzliche Werkvertragsrecht enthält und wie sie auch bei Teil B § 12 vorgeschrieben ist, für sich allein vielfach nicht aus, um mit hinreichender Genauigkeit die ordnungsgemäße Bauausführung feststellen zu können. Dem kann am ehesten dadurch begegnet werden, daß dem **Auftraggeber die Möglichkeit** gegeben wird, **bei der Bauwerkserrichtung eine eigene Tätigkeit zu entfalten.** Ein sachgerechtes Urteil über die richtige Bauausführung kann im allgemeinen nur ermöglicht werden, wenn auch der Auftraggeber bzw. sein Vertreter auf der Baustelle (aufsichtsführender Architekt bzw. Ingenieur) diese vom Beginn bis zum Ende verfolgen kann. **Das Überwachungsrecht dient zudem keineswegs der einseitigen Interessenwahrnehmung durch den Auftraggeber.** Vielmehr stimmt es auch weitgehend mit den **berechtigten Interessen des Auftragnehmers** überein. Für diesen ist es sowohl aus beruflichen als auch aus fachlichen Gründen von Bedeutung, ob **seine Auffassung** und die von ihm gewählte praktische Handhabung bei der Bauausführung **dem Bestellerwillen des Auftraggebers entspricht.** Vor allem können dadurch etwaige Verzögerungen oder Mängel **rechtzeitig erkannt und beseitigt** werden.

47

Aus dem dargelegten Sinn und Zweck des Überwachungsrechtes ergibt sich, soweit dieses im einzelnen reicht und vom Auftraggeber ausgeübt wird (vgl. Rdn. 49 ff.), daß es sich **hinsichtlich seiner Duldung um eine vertragliche Nebenpflicht des Auftragnehmers** han-

48

delt, deren Mißachtung ihn **aus positiver Vertragsverletzung** haftbar machen kann, wobei im allgemeinen wegen der Gewichtigkeit dem Auftraggeber auch ein **klagbares Recht** zuzugestehen ist, und zwar wegen der nach deutschem Vertragsrecht allgemeingültigen Verteilung von Rechten und Pflichten.

2. Keine unbegrenzte Befugnis

49 a) Das **Recht des Auftraggebers** zur Überwachung ist aber **nicht ohne Grenzen.** Man darf es nämlich **nicht** schlechthin mit einem **Recht zur Anweisung** verwechseln. Das Überwachungsrecht greift grundsätzlich weder in die Tätigkeit der eigentlich Leistungsverpflichteten ein, noch beengt es den freien Wirkungskreis des Auftragnehmers und dessen Entschließungsfreiheit im Rahmen der ihm obliegenden selbständigen Leistungsverpflichtung. Dies folgt aus Teil B § 4 Nr. 2 Satz 1, wonach der Auftragnehmer seine Leistung unter eigener Verantwortung auszuführen hat. Das **Überwachen** ist daher **kein Abnehmen der Verantwortung des Auftragnehmers** durch den Auftraggeber. Deshalb **muß dem Auftragnehmer auch die Möglichkeit erhalten bleiben, seine Verantwortung zu tragen,** d. h. nach seinem pflichtgemäßen Ermessen zu handeln, um die Bauleistung nach dem Vertrag erbringen zu können.

50 b) Wie weit der Auftraggeber gehen kann, ergibt sich aus der klaren Formulierung in Satz 1, wonach er die Befugnis zur Überwachung der **vertragsgemäßen Durchführung** der Leistung hat. Die **Überwachung** ist eine **lediglich beobachtende, überprüfende und vergleichende Tätigkeit.** Sie erstreckt sich darauf, anhand der Vertragsunterlagen, nämlich den jeweils maßgebenden Vertragsbedingungen, der Leistungsbeschreibung, der sonst vorhandenen Ausführungsunterlagen nach Teil B § 3 sowie der Technischen Vertragsbedingungen, **Vergleiche anzustellen mit dem, was** seitens des Auftragnehmers bei der Durchführung der Leistung tatsächlich geschieht. Soweit Übereinstimmung zwischen beidem festzustellen ist, hat sich die Überwachungsbefugnis des Auftraggebers bereits erschöpft. Soweit aufgrund von **sorgfältigen Überlegungen des Auftraggebers** Differenzen zwischen beidem bestehen, hat er die Befugnis, den Auftragnehmer auf die bestehende Unstimmigkeit zwischen den Vertrags- und Ausführungsunterlagen und der tatsächlichen Handhabung durch den Auftragnehmer **hinzuweisen.** Dem Auftragnehmer ist dann **Gelegenheit zur Stellungnahme zu geben.** Nur Absatz 3 enthält eine darüber hinausgehende Befugnis des Auftraggebers, nämlich das Recht, unter gewissen Voraussetzungen Anordnungen treffen zu können (vgl. Rdn. 65 ff.).

3. Keine Überwachungspflicht

51 In Satz 1 ist lediglich eine **Befugnis** des Auftraggebers zur Überwachung und **nicht** zugleich auch eine **Verpflichtung** festgelegt. Es steht daher im **freien Willen des Auftraggebers,** ob er von diesem Recht Gebrauch machen will oder nicht. Unterläßt er es, kann der Auftragnehmer, der **ohnehin gemäß Teil B § 4 Nr. 2 die Verantwortung** für die vertragsgemäße Leistung hat, hieraus grundsätzlich keine Rechte herleiten (vgl. die in Rdn. 45 angeführte BGH-Entscheidung). Hier gilt z. B. (BGH VersR 1962, 1062 = BlGBW 1962, 301 = SFH Z 2.410 Bl. 26 ff.): Der Auftraggeber ist dem Auftragnehmer grundsätzlich nicht verpflichtet, ihn darauf zu überwachen oder überwachen zu lassen, daß er den Beton für das Bauwerk in der vereinbarten Güte herstellt, insbesondere Zement und Zuschläge in der erforderlichen Menge und Zusammensetzung verwendet. Diese Überwachung obliegt ihm grundsätzlich **auch nicht aus dem rechtlichen Gesichtspunkt (§ 254 Abs. 2 BGB),** wonach ein ordentlicher und verständiger Mensch sich selbst vor Schaden bewahrt. Wenn sich der Auftraggeber bei einem nach den Vorschriften des BGB zu beurteilenden Bauvertrag grundsätzlich darauf verlassen kann, daß der Auftragnehmer die versprochene Leistung erbringt (BGH, a. a. O.), gilt das angesichts der generellen Verpflichtung des Auftragnehmers gemäß Teil B § 4 Nr. 2 für den Regelfall erst

recht beim Bauvertrag nach der VOB. Eine **Ausnahme** hiervon kann nur dann Platz greifen, wenn der **Auftraggeber** oder sein auf der Baustelle tätiger bevollmächtigter Vertreter (z. B. Architekt oder Ingenieur) einen **Schaden** oder die unmittelbar bevorstehende **konkrete Gefahr eines Schadens erkannt hat,** was dann aber vom Auftragnehmer im Streitfall zu beweisen ist; hier mögen Grundsätze der Verhinderung eigenen Schadens oder der Schadensminderung im Einzelfall zu einer **Mitverantwortlichkeit** des Auftraggebers führen.

Zu beachten ist jedoch: 52

Nicht selten findet sich über die hier erörterte VOB-Regelung hinausgehend in Bauvertragsbedingungen die – regelmäßig vom Auftraggeber aufgestellte – Bedingung, daß der **Auftragnehmer verpflichtet ist, Bautagebücher zu führen oder Bautagesberichte aufzustellen und sie dem Auftraggeber bzw. dessen bauaufsichtführendem Vertreter (z. B. Architekten)** täglich oder jedenfalls in bestimmten Zeitabständen **vorzulegen.** Gegen solches Verlangen bestehen **AGB-rechtlich keine Bedenken,** vor allem **nicht** im Hinblick auf **§ 9 AGB-Gesetz.** Sie dienen nämlich dem Nachweis von Art und Umfang der Leistung, der Erfüllung sowohl in leistungsmäßiger als auch in zeitlicher Hinsicht, dabei nicht zuletzt auch der Fixierung der vereinbarten oder der angemessenen Vergütung, letzteres vor allem für den Bereich des § 632 BGB, insbesondere für etwaige Mehrvergütung oder geringere Vergütung des Auftragnehmers (§ 2 Nr. 3–8 VOB/B). Daher dient der Nachweis keineswegs nur dem Auftragnehmer, sondern in gleicher Weise auch dem Auftraggeber. Für letzteren kann solcher Nachweis im Streitfall als Beweismittel dienen, vor allem, wenn die entsprechende AGB dazu führt, daß sich der Auftraggeber zugleich verpflichtet, die ihm vorgelegten Berichte selbst oder durch seinen Vertreter auf der Baustelle gegenzuzeichnen. Befolgt er dies dann nicht, so kann trotzdem für den Auftragnehmer eine nicht unerhebliche Beweiserleichterung im Streitfall gegeben sein, sofern die Berichte eindeutig und überschaubar, also hinreichend nachprüfbar, sind. Überdies begeht der Auftraggeber, der **selbst** durch AGB das Verlangen auf Vorlage der Berichte gestellt hat, dann eine positive Vertragsverletzung mit der Folge etwaiger Schadensersatzpflicht. Aus dem Gesagten ergibt sich zugleich, daß der Auftragnehmer für das Führen der Bautagebücher usw. **keine besondere Vergütung** beanspruchen kann, da eine solche Regelung genauso seinem Schutz wie dem des Auftraggebers dient. Insofern kann auch **nicht** gesagt werden, daß durch eine entsprechende AGB **der Rahmen des § 23 Abs. 2 Nr. 5 AGB-Gesetz nicht mehr eingehalten wäre; dadurch wird die VOB/B allein noch nicht kopflastig** (a. A. Ott, S. 153).

4. Der Umfang des Überwachungsrechts

a) Der Auftraggeber hat nach Absatz 2 Satz 2 das **Zutrittsrecht zu den Arbeitsplätzen, Werkstätten und Lagerräumen,** wo die vertragliche Leistung oder Teile von ihr hergestellt oder die hierfür bestimmten Stoffe oder Bauteile gelagert werden. Bei den hier angesprochenen Arbeitsplätzen, Werkstätten (insbesondere auch zur Anfertigung von Fertigteilen) und Lagerräumen handelt es sich um einen Bereich, der grundsätzlich der **Verfügungsgewalt des Auftragnehmers** und nicht der des Auftraggebers unterliegt. Dazu zählen auch die Räumlichkeiten, die der Auftraggeber dem Auftragnehmer zur ausschließlichen Nutzung überlassen hat. Darunter ist auf der Grundlage von Teil B § 4 Nr. 1 Abs. 1 Satz 1 zum Beispiel ein abgesperrter Platz des Baugeländes zu verstehen, der zur Errichtung einer Baracke oder eines Lagerraumes für Stoffe, Bauteile usw. oder zum Abstellen von Geräten überlassen worden ist. Andererseits ist zu beachten, daß solche Räumlichkeiten nicht ohne weiteres in Betracht kommen können, über die der Auftragnehmer kein eigenes Bestimmungsrecht hat, sondern die in der **Verfügungsgewalt eines Dritten** (wie z. B. des Baustofflieferanten oder eines Subunternehmers) stehen. Will man auch eine solche Möglichkeit vorsehen, muß der Auftragnehmer entsprechende Vereinbarungen mit dem Dritten, etwa im Bereich von Teil B § 4 Nr. 8, zugunsten des Auftraggebers treffen, was der Auftraggeber vom Auftragnehmer im Rahmen des Bauvertrages verlangen sollte. Ohne weiteres ergibt sich eine solche Befugnis des Auftraggebers gegenüber Dritten, mit denen er keinen Vertrag hat, nicht (unrichtig daher Daub/Piel/Soergel/Steffani Teil B § 4 ErlZ 4.32; wie hier auch Nicklisch in Nicklisch/Weick Teil B § 4 Rdn. 23). 53

54 Das **Zutrittsrecht** des Auftraggebers ist eindeutig **zweckbestimmt**. Es bezieht sich lediglich und ausschließlich auf die Überprüfung der vertragsgemäßen Durchführung der Bauleistung. Eine weitere Einschränkung ergibt sich dadurch, daß der Zutritt nur zu den Arbeitsplätzen, Werkstätten und Lagerräumen erlaubt ist, wo die **Vertragsleistung** oder Teile von ihr **hergestellt** werden. Hinzu kommen noch die Stellen, an denen für die Vertragsleistung bestimmte **Stoffe oder Bauteile gelagert** werden.

55 b) Im Rahmen der Überwachungsmöglichkeit hat der Auftraggeber gemäß Absatz 2 Satz 3 auch das **Recht auf Einsicht in die Ausführungsunterlagen,** vor allem in die **Werkzeichnungen.** Gleiches gilt auch hinsichtlich der **Ergebnisse von Güteprüfungen,** was von Bedeutung ist wegen der Vielfalt neuer Baustoffe und Bauteile, dabei z. B. auch der Erfordernisse bzw. Besonderheiten beim Fertigteilbau.

56 Diese Befugnis ist **notwendig**, zumal sich die Ausführungsunterlagen gemäß der Verpflichtung des Auftraggebers nach Teil B § 3 Nr. 1 während der Ausführungszeit in den Händen des Auftragnehmers befinden. Sie erstreckt sich aber besonders auch auf die Unterlagen, die der Auftragnehmer nach Vertragsabschluß zwecks sachgerechter Ausführung der Leistung nach Maßgabe von Teil B §§ 3 Nr. 5, 2 Nr. 9 **selbst angefertigt** hat, wie z. B. die Werkzeichnungen, oder die er von **dritter Seite erhalten hat oder erhalten kann,** wie z. B. Verlegepläne, Anweisungen der Hersteller von Bauteilen oder Ergebnisse von Güteprüfungen.

57 Auch die **vorübergehende Überlassung** von ihm selbst bzw. seinem Architekten angefertigten Unterlagen kann der Auftraggeber verlangen, um sie im Rahmen seiner Befugnis nach Teil B § 1 Nr. 3 zu prüfen und anschließend zu ändern oder zu ergänzen.

58 c) Wenn die Überwachung aufgrund der vorgeschilderten Möglichkeiten allein nicht ausreichend durchgeführt werden kann, hat der Auftraggeber ein Recht darauf, daß ihm der **Auftragnehmer Auskunft erteilt.** Es besteht aber **keine generelle** Verpflichtung zur Auskunft, sondern **nur eine spezielle, soweit** sie nämlich im Rahmen der Überwachung **erforderlich** ist. Daher ist diese Auskunftspflicht des Auftragnehmers nicht zu verwechseln mit anderen Auskunfts- und Darlegungspflichten des Auftragnehmers gegenüber dem Auftraggeber. Die Auskunftsbefugnis des Auftraggebers erstreckt sich auch **nur** auf die **vertraglich geschuldete Leistung** nach dem jeweiligen Bauvertrag, gegebenenfalls hier auch über die Abnahme hinaus, wenn es sich um Fragen der Vergütung oder von Mängeln im Zusammenhang mit der Vertragsleistung handelt; gleiches gilt im Hinblick auf das Bestehen von Versicherungen (Daub/Piel/Soergel/Steffani Teil B § 4 ErlZ 4.36 f.). Weitergehende Auskünfte zu erteilen ist der Auftragnehmer nicht verpflichtet. Ohne besondere Vereinbarung kann der Auftraggeber daher **keine Auskunft über außerhalb der eigenen Vertragspflichten des Auftragnehmers liegende Arbeiten anderer Auftragnehmer** begehren. Vielfach kann sich der Auftraggeber die zulässigerweise benötigte Auskunft auch durch Besprechungen sowie durch Einsicht in Bautagebücher oder Bautagesberichte oder sonstige Unterlagen verschaffen.

59 d) Eine **Begrenzung des Überwachungsrechts** ergibt sich nach Satz 3 letzter Halbsatz durch die **Verpflichtung des Auftraggebers zur Wahrung von Geschäftsgeheimnissen des Auftragnehmers.** Diese ist aber nicht für alle Befugnisse des Auftraggebers im Rahmen seines Überwachungsrechts gegeben. **Ausgenommen** ist hiervon das **Zutrittsrecht,** wie sich aus der Formulierung in Absatz 2 ergibt. Demnach kann der Auftragnehmer dem Auftraggeber grundsätzlich **nicht** den **Zutritt** zu Arbeitsplätzen, Werkstätten und Lagerräumen **verweigern.** Dagegen ist weder das Recht zur Einsicht in Werkzeichnungen oder andere Ausführungsunterlagen sowie in die Ergebnisse von Güteprüfungen, noch das Recht auf Auskunftserteilung für den Auftraggeber gegeben, wenn es um die Wahrung von Geschäftsgeheimnissen des Auftragnehmers geht. Allerdings kann in diesem Fall das Recht zum Zutritt auch erfaßt

sein, wenn dadurch **sofort und unmittelbar** die Preisgabe des sich aus Werkzeichnungen usw. ergebenden Geschäftsgeheimnisses verbunden wäre (vgl. auch Rdn. 62; ähnlich Daub/Piel/Soergel/Steffani Teil B § 4 ErlZ 4.38; auch Nicklisch in Nicklisch/Weick Teil B § 4 Rdn. 26).

Der Begriff des Geschäftsgeheimnisses ist nicht begrenzt durch gesetzlich im einzelnen geregelte Schutzbestimmungen zugunsten des Auftragnehmers, etwa im Rahmen des Urheberrechts (vgl. Teil A § 20 Rdn. 27 ff.) oder des Know-how, speziell auch im Hinblick auf § 17 UWG. Sicher fallen die darauf bezogenen Schutzgegenstände regelmäßig unter das Geschäftsgeheimnis. **Darüber hinaus** wird davon alles erfaßt, was die Besonderheit des gewerblichen Betriebes gerade dieses Unternehmers ausmacht, insbesondere soweit es dessen Ausstattung, Arbeitsweise usw. anbetrifft. Als Beispiele seien genannt besonders kostensparende, im Betrieb des Auftragnehmers entwickelte Arbeitsgänge, Verfahrenstechniken, Spezialanfertigungen von Maschinen und Vorrichtungen, besondere und sonst nicht gebräuchliche Materialien, spezielle Mischungsverhältnisse, Fertigungsmethoden usw. Voraussetzung ist aber immer, daß es sich um etwas im Zusammenhang mit dem Gewerbebetrieb des Auftragnehmers Stehendes handelt, das nur bestimmten Personen im Bereich des Auftragnehmers oder ihm allein bekannt ist und in seinem **objektiv anzuerkennenden wirtschaftlichen Interesse** nach seiner bei objektiver Betrachtung berechtigten Bestimmung nicht offenbart werden soll.

60

Der Ausschluß des Überwachungsrechts des Auftraggebers ist aber im Falle des Vorliegens von Geschäftsgeheimnissen **nur gegeben,** wenn sich der **Auftragnehmer hierauf beruft.** Der Auftragnehmer ist also nicht gehindert, trotz des Geschäftsgeheimnisses die Einsicht zu gewähren oder die gewünschte Auskunft zu erteilen. Das bleibt insoweit seiner **freien Bestimmung überlassen.**

61

e) Wenn der Auftragnehmer **trotz** des von ihm berechtigterweise so bezeichneten **Geschäftsgeheimnisses die Einsicht gewährt oder die Auskunft erteilt,** bedarf es für ihn eines **besonderen Schutzes, daß das Geschäftsgeheimnis** auch wirklich **gewahrt** bleibt. Der Schutz geht dahin, daß der Auftraggeber **als Geschäftsgeheimnis bezeichnete Auskünfte und Unterlagen vertraulich zu behandeln hat** (Satz 4). Dieser **Schutz** gilt **auch** für den **Bereich des Zutrittsrechts** des Auftraggebers zu den Arbeitsplätzen, Werkstätten und Lagerräumen nach Satz 2. Zwar ist es richtig, daß nur von Auskünften und Unterlagen die Rede ist, daß also das Zutrittsrecht nicht besonders erwähnt ist. Der Schutzzweck kann aber seinem Sinn und seiner Tragweite nach nur erreicht werden, wenn die Verpflichtung zur Geheimhaltung **auch auf die Fälle ausgedehnt ist,** in denen der Auftraggeber durch den ihm gewährten Zutritt die Möglichkeit hat, **Geschäftsgeheimnisse zu erfahren.** Insoweit kann es nur folgerichtig sein, wenn die Verpflichtung nach Satz 4 trotz des gegenteiligen Wortlauts **auch auf die Preisgabe von Geschäftsgeheimnissen** aufgrund einer Maßnahme des Auftraggebers nach Satz 2 **ausgedehnt** wird und insoweit jedenfalls eine **entsprechende Anwendung** dieser Verpflichtung zum Zuge kommt (ähnlich Hereth/Ludwig/Naschold Teil B § 4 Ez. 4.33).

62

Die Verpflichtung, Geschäftsgeheimnisse des Auftragnehmers **vertraulich** zu behandeln, besteht **nur, wenn der Auftragnehmer ausdrücklich darauf hinweist, daß es sich um solche handelt** (vgl. Rdn. 61). Geschieht das nicht, kann der Auftragnehmer wegen eines etwaigen Bruchs des Geheimnisses **keine vertraglichen Rechte** gegenüber dem Auftraggeber geltend machen. Inwieweit dann **noch gesetzliche Ansprüche** gegeben sind, ist nur nach den einschlägigen gesetzlichen Bestimmungen zu beantworten. Macht der Auftragnehmer den Auftraggeber auf das Vorhandensein eines Geschäftsgeheimnisses aufmerksam, hat der Auftraggeber eine **Pflicht zum Schweigen jedermann gegenüber. Die Verletzung dieser Schweigepflicht bedeutet die positive Verletzung einer vertraglichen Nebenpflicht,** so daß der Auftragnehmer vom Auftraggeber den durch den Bruch der Schweigepflicht entstandenen **Schaden** er-

63

setzt verlangen kann, den er jedoch im Einzelfall nachweisen muß. Im übrigen kann die Haftung auch aus § 823 BGB begründet sein, insbesondere wenn durch das Handeln des Auftraggebers schuldhaft ein Schutzgesetz verletzt wird (z. B. § 1 UWG). Ebenfalls kommt eine Schadensersatzhaftung auf der Grundlage des § 826 BGB in Betracht, wenn die Preisgabe des Geschäftsgeheimnisses vorsätzlich geschehen ist mit dem Ziel, dem Auftragnehmer einen Schaden zuzufügen. Da Geschäftsgeheimnisse dem Unternehmer oft eine Rechtsposition verschaffen, die sich dem Immaterialgüterrecht in besonders starkem Maße nähert, ist hier die objektive Schadensberechnung nach der entgangenen Lizenz grundsätzlich zulässig (BGH Betrieb 1977, 766). Hinzuweisen ist in diesem Zusammenhang auch auf das Zweite Gesetz zur Bekämpfung der Wirtschaftskriminalität (BGBl. I 1986 S. 721); dazu Dannecker BB 1987, 1614).

64 Diese vertragliche **Verpflichtung** des Auftraggebers findet **nicht mit der Erfüllung** des Bauvertrages **ihr Ende.** Vielmehr kann sie noch längere Zeit fortdauern, insbesondere während der Gewährleistungsfrist, oder unter Umständen auch schon vor Abnahme des fertiggestellten Bauwerks ihre Erledigung gefunden haben. Das hängt unter Zugrundelegung des **schutzwürdigen Interesses des Auftragnehmers** davon ab, wie lange man von einem Geschäftsgeheimnis sprechen kann.

Zur Wahrung von Geschäftsgeheimnissen im Zivilprozeß Gottwald BB 1979, 1780.

III. Das Anordnungsrecht des Auftraggebers (Nr. 1 Abs. 3 und 4)

65 Zu dem in Rdn. 44 ff. erläuterten Überwachungsrecht tritt das in Absatz 3 und 4 festgelegte **Anordnungsrecht des Auftraggebers,** das einen **wesentlich weiteren Eingriff** in die Handlungsweise des Auftragnehmers gestattet. Der hier gewählte Begriff der **Anordnung ist von der bloßen Äußerung von Wünschen durch den Auftraggeber zu unterscheiden.** Letztere fällt nicht schon unter die Regelung der VOB, da es verständlicherweise jedem Bauherrn offenstehen muß, Wünsche zu äußern. Daraus allein ergibt sich aber **noch keine Verpflichtung** des Auftragnehmers. Gleiches gilt für einen **bloßen Vorschlag** des Auftraggebers (BGHZ 91, 206 = BauR 1984, 510 = Betrieb 1984, 2553 = NJW 1984, 2457 = MDR 1984, 833 = LM § 633 BGB Nr. 51 Anm. Recken = SFH § 13 Nr. 5 VOB/B Nr. 7 = ZfBR 1984, 222 = BB 1984, 2021). Vielmehr liegt eine Anordnung erst vor, wenn der Auftraggeber **innerhalb der nachstehend erläuterten Grenzen tatsächlich eine Anordnung trifft,** d. h. seinen Willen im Sinne einer **für den Auftragnehmer unübersehbaren Bestimmtheit und mit dem erforderlichen Nachdruck** zum Ausdruck bringt (vgl. dazu OLG Bremen NJW 1963, 495), und zwar durch eine **keine Wahl lassende eindeutige, Befolgung heischende Aufforderung,** eine Baumaßnahme in bestimmter Weise auszuführen (vgl. BGH SFH Z 2.414 Bl. 219; BGH BauR 1973, 188 = NJW 1973, 754 = SFH Z 2.410 Bl. 57 = MDR 1973, 489 = BB 1973, 539 = Betrieb 1973, 663). Es handelt sich um eine **einseitige empfangsbedürftige Willensbekundung** des Auftraggebers gegenüber dem Auftragnehmer (§§ 130 ff. BGB). Für eine solche Anordnung reicht noch nicht das bloße Einverständnis des Auftraggebers mit einem bestimmten Baustoff, z. B. nach Bestellnummer, Farbe oder Bezugsquelle (BGH BauR 1975, 421 = SFH Z 2.400 Bl. 58).

66 Als Auftraggeber, dem das Anordnungsrecht zusteht, kann auch der einzelne Wohnungseigentümer als Vertragspartner des Auftragnehmers in Betracht kommen, wenn ein Haus errichtet wird, dessen Wohnungen unter Wohnungseigentum stehen. Das gilt insoweit, als es sich um Teile der Bauleistung handelt, die zu den in § 5 WEG festgelegten Gegenständen des Sacheigentums gehören (wie z. B. ein innerhalb der Wohnung gelegener Asphaltestrich, der temperatur- und schalldämpfenden Zwecken dient). Das gilt grundsätzlich auch, wenn mit der Eigentümergemeinschaft ein Gesamtbauvertrag abgeschlossen worden ist, nach dem eine Leistung gleichzeitig und in gleicher Weise in mehreren Wohnungen zu erbringen ist. Auch daß sogenannten Baubetreuern von der Eigentümergemeinschaft Vollmacht hinsichtlich der Durchführung des Bauwerks auf der Auftraggeberseite erteilt worden ist, beeinträchtigt nicht das Recht des

einzelnen Eigentümers hinsichtlich der Leistungen im Rahmen seines Sondereigentums. Anders nur, wenn es sich um Leistungsteile handelt, die außerhalb des Sondereigentums liegen, das dem einzelnen Wohnungseigentümer allein zusteht, wie z. B. bei Gemeinschaftsanlagen. Dort entscheidet, auch im Rahmen des Anweisungsrechts, die Eigentümergemeinschaft bzw. der von ihr gemeinsam bestellte Bevollmächtigte (vgl. dazu OLG Düsseldorf SFH Z 3.01 Bl. 213 ff.).

1. Ebenfalls Sonderregelung der VOB

Auch hier handelt es sich um eine Befugnis, die im Werkvertragsrecht des BGB **keinen ausdrücklich** geregelten Niederschlag gefunden hat, sondern die ausdrücklich nur in den Allgemeinen Vertragsbedingungen nach Teil B der VOB enthalten ist. Über die Berechtigung und die Zweckmäßigkeit dieser Regelung gilt **das gleiche wie hinsichtlich des Überwachungsrechts** (vgl. Rdn. 45–48). Sie dürfte allerdings auf den nach den §§ 631 ff. BGB ausgerichteten Bauvertrag **im Einzelfall gemäß § 242 BGB entsprechend anwendbar** sein, wenn es sich darum handelt, dem Auftraggeber nach seinem **erkennbar gemachten bzw. nach den Umständen zweifelsfrei festzustellenden Willen eine ziel- und sachgerechte Leistung zu gewähren.

2. Vorsichtige und angemessene Handhabung geboten

Das **Anordnungsrecht** ist seiner Natur nach **etwas anderes als das sich auf bloße Beobachtung bzw. Information beschränkende Recht zur Überwachung.** Bei diesem wesentlich stärker ausgeprägten Recht ist eine weit größere Gefahr unzuträglicher, weil unberechtigter Einmischung des Auftraggebers gegeben. Deshalb ist von vornherein eine **vorsichtige** und **angemessene** Handhabung des Rechts durch den Auftraggeber geboten, was von ihm unbedingt zu beachten ist, will er sich nicht **selbst Rechtsnachteile,** vor allem und zumindest über § 254 BGB, einhandeln.

3. Begrenzung: Notwendigkeit zur vertragsgemäßen Ausführung der Leistung

Nach Absatz 3 Satz 1 ist der Auftraggeber befugt, unter **Wahrung der dem Auftragnehmer** für seinen Bereich der Ausführung **zustehenden Bauleitung (Nr. 2) Anordnungen** zu treffen, die **zur vertragsgemäßen Durchführung der Leistung** notwendig sind. Hierin liegt der Grundsatz, der zugleich **Inhalt und Umfang des Rechtes des Auftraggebers deutlich abgrenzt.**

a) Entscheidender Gesichtspunkt ist, daß das Anordnungsrecht **zweckbedingt allein** auf die **Durchführung** der vom jeweiligen Auftragnehmer vertraglich geschuldeten Leistung abgestellt ist. Dabei bezieht sich dieses Anordnungsrecht nur auf die **bereits vertraglich vorgesehene Leistung**; es erfaßt also **nicht Änderungen oder Zusätze nach Maßgabe von Teil B § 1 Nr. 3 oder 4.** Diese sind von Teil B § 3 Nr. 3 und insbesondere § 4 Nr. 3 erfaßt. Hier handelt es sich also um die Anordnung über „Modalitäten" in der Art und Weise der Ausführung der schon in Auftrag gegebenen Leistung (dazu näher und zutreffend Hochstein, Festschrift Korbion, 1986, S. 165, 173 ff.; vgl. dazu näher Rdn. 86 ff.). Demnach kommen dem Auftraggeber **nur** schon auf diese Weise **begrenzte Anweisungsrechte** zu. Was nicht **unmittelbar** mit der Durchführung der so umgrenzten Leistung zu tun hat, liegt **außerhalb** dieses Rahmens und wird von den Allgemeinen Vertragsbedingungen nicht gedeckt. Dann ist ein Recht des Auftraggebers zur Mitsprache **ausgeschaltet.** Die Leistungsdurchführung des Auftragnehmers kann durch Anordnungen des Auftraggebers **nur insofern** beeinflußt werden, als es sich um die **jeweils individuell vertraglich festgelegte Leistungsschuld** handelt.

Allerdings liegt eine Anweisung in dem hier erörterten Sinn nicht bereits darin, daß der Auftraggeber lediglich ein Nachtragsangebot des Auftragnehmers ablehnt, das nur eine

Leistung enthält, die der Auftragnehmer nach allgemein anerkannten technischen Vorschriften **ohnehin auszuführen** hat, um die bereits **vorher** vereinbarte vertragliche Leistung überhaupt sachgerecht ausführen zu können (vgl. BGH SFH Z 2.310 Bl. 38 = WM 1975, 233).

72 b) Eine weitere Begrenzung des Anordnungsrechts ist durch den Begriff der **Notwendigkeit** gegeben. Der Auftraggeber kann nur eine Anordnung vornehmen, wenn hierzu eine **Notwendigkeit** besteht. Dabei ist es aber nicht angängig, dem Auftraggeber erst dann ein Recht zum Eingreifen zu verleihen, wenn schon eine unrichtige oder nicht gewollte Leistung begonnen worden ist. Es ist nämlich zu bedenken, daß das Anordnungsrecht des Auftraggebers der **Verhütung** von falschen oder jedenfalls nach dem Vertrag nicht gewollten Leistungen dient, es also ein **Vorbeugemittel** ist. Es ist aber **unbedingt** zu beachten, daß der Begriff „notwendig" **objektiv** aufzufassen und **nicht die jeweilige subjektive Anschauung des Auftraggebers** maßgebend ist, weshalb insofern auf die jeweils **anerkannte Verkehrsgeltung in den betreffenden Fachkreisen** abzustellen ist.

73 c) Schließlich darf das Anordnungsrecht **ein gewisses Maß nicht überschreiten.** Das ergibt sich aus dem **Vorbehalt,** daß die Weisung unter **Aufrechterhaltung der Rechte und Pflichten** zu geschehen hat, die dem **Auftragnehmer** nach Nr. 2 (vgl. Rdn. 103 ff.) gegeben sind. Der Auftraggeber darf vor allem nicht die Leitung der Leistungsdurchführung übernehmen wollen, insbesondere darf er nicht den Arbeitnehmern oder auch Subunternehmern des Auftragnehmers unmittelbar Anordnungen erteilen. Es ist dem Auftraggeber verboten, die grundsätzlich gegebene **Entschließungsfreiheit des Auftragnehmers** zu beeinträchtigen. Davon sind besonders auch die eigentlichen fachlichen Entscheidungen und Weisungen zur Arbeitsdurchführung, die Arbeitseinteilung, der Zeitpunkt der vorzunehmenden Arbeiten, die Bestellung und Anfuhr von Materialien usw. berührt, wenn nicht im Einzelfall vertraglich etwas anderes, vor allem hinsichtlich des Bauablaufes, verbindlich festgelegt ist. Deshalb kann der Auftraggeber im Rahmen seiner Anordnungsbefugnis in aller Regel auch nur die Anordnung als solche erteilen, **darüber hinaus steht ihm nicht das Recht zu, Einzelheiten zu bestimmen.**

Daher dürfte es gegen die Generalklausel des § 9 AGB-Klausel verstoßen, wenn der Auftraggeber generell in Zusätzlichen Vertragsbedingungen verlangt, daß nur mit seiner schriftlichen Zustimmung Geräte abgezogen und/oder Personal ausgewechselt werden dürfen.

4. Grundsätzlich Anordnung nur an Auftragnehmer oder dessen Vertreter

74 a) Die Anordnung des Auftraggebers darf **nur dem Auftragnehmer selbst oder seinem für die Leitung der Ausführung bestellten Vertreter** erteilt werden (Abs. 3 Satz 2). Damit soll gewährleistet werden, daß die Leistung nach wie vor der verantwortlichen Leitung des Auftragnehmers unterliegt.

75 Hiervon gibt es nur dann eine **Ausnahme,** die aus dem Zweck des Anordnungsrechts berechtigt ist, nämlich wenn **Gefahr im Verzuge** ist. Es muß also ein Schaden **gerade eintreten oder unmittelbar bevorstehen,** d. h. drohen. Soweit es die rechtzeitige Durchführung der vertragsgemäßen Bauleistung anbetrifft, wird dieser Fall selten sein. Es wird nämlich regelmäßig ein gewisser zeitlicher Spielraum bis zum etwaigen Schadenseintritt gegeben sein, so daß der Auftraggeber den Auftragnehmer selbst oder dessen mit der Leitung der Leistungsdurchführung bestellten Vertreter noch erreichen kann. Anders kann es bei gerade eingetretenen oder unmittelbar drohenden Mängeln sein, wenn dadurch der **Bestand des Bauwerkes** oder die **sofort anstehende Weiterführung der Bauarbeiten** erheblich bedroht sind. Wesentlich häufiger wird jedoch der Fall der **sofort notwendigen Sicherung des Bauwerks** vor Gefahren oder zur Verhinderung von ihm ausgehender drohender Schäden sein. Hier ist auch immer Voraus-

setzung, daß der Auftraggeber **weder den Auftragnehmer selbst noch seinen Vertreter so rechtzeitig erreichen kann,** damit sie noch selbst für Abhilfe sorgen können. Im übrigen handelt der Auftraggeber bei der Ausübung seines Anordnungsrechts bei vorliegender Gefahr im Verzuge nicht für den Auftragnehmer, sondern **im eigenen Namen.** Man kann also nicht von einer Geschäftsführung ohne Auftrag des Auftraggebers für den Auftragnehmer sprechen. Jedoch ist der Auftraggeber aus dem Gesichtspunkt von Treu und Glauben verpflichtet, den Auftragnehmer von den getroffenen Maßnahmen **unverzüglich in Kenntnis** zu setzen.

Das Recht zum Eingriff im Falle der Gefahr im Verzuge dauert **nur so lange** an, **wie die Gefahrenlage besteht.** Nach Abwendung der Gefahr geht die Leitungsbefugnis wieder auf den Auftragnehmer unter seiner alleinigen Verantwortung über. 76

b) Damit der Auftraggeber sich in dem von der VOB angenommenen Normalfall an die richtige Person wendet, ist es erforderlich, daß der Auftragnehmer ihm **mitteilt, wen er als seinen Vertreter für die Leitung der Ausführung** bestellt hat (Abs. 3 Satz 3). Es liegt in der Natur der Sache, daß dies **vor Beginn der Ausführung** geschehen muß. Auch ein Wechsel dieser Person ist bekanntzugeben. Wen der Auftragnehmer mit seiner Vertretung beauftragt, liegt bei ihm. Bestimmte Voraussetzungen, z. B., daß es sich um einen Bauingenieur, einen Polier oder Meister handeln müsse, sind nicht gegeben. Der Auftragnehmer wird angesichts seiner Haftungsverpflichtung aus § 278 BGB aber darauf bedacht sein müssen, nicht nur eine vertrauenswürdige, sondern auch **fachlich** hinreichend **geschulte** und die notwendigen Voraussetzungen im Einzelfall erfüllende Person mit dem Amt seines Vertreters bei der Leitung der Bauausführung zu bestellen. 77

c) Wenn **weder der Auftragnehmer noch sein Vertreter erreichbar** sind, und zwar auf einen nach der Dringlichkeit im Einzelfall zu beurteilenden unverhältnismäßig langen Zeitraum, oder wenn der nicht erreichbare Auftragnehmer keinen Vertreter bestellt hat, kann es nach Treu und Glauben zulässig sein, daß der Auftraggeber **auch ohne Gefahr im Verzuge** (vgl. Rdn. 74) seine Anordnungen einem für deren Erfüllung in Betracht kommenden anderen gegenüber mit bindender Wirkung für den Auftragnehmer erteilt. 78

5. Mitteilung von Bedenken und Folgen (Nr. 1 Abs. 4)

Hält der Auftragnehmer die **Anordnungen** des Auftraggebers für **unberechtigt oder unzweckmäßig,** hat er seine Bedenken geltend zu machen, die Anordnungen jedoch auf Verlangen auszuführen, wenn nicht gesetzliche oder behördliche Bestimmungen entgegenstehen. Wenn dadurch eine ungerechtfertigte Erschwerung verursacht wird, hat der Auftraggeber die Mehrkosten zu tragen. 79

a) Diese Bedenken können verschiedenen Ursprungs sein. Unter dem Begriff „unberechtigt" ist alles einzubeziehen, was nach der Auffassung des Auftragnehmers **den vertraglichen Vereinbarungen oder den sich aus dem Vertrag zwangsläufig ergebenden Notwendigkeiten nicht entspricht** und auch mit der grundsätzlichen Anordnungsbefugnis des Auftraggebers nach Absatz 3 Satz 1 nicht im Einklang steht, weil die betreffende Anordnung für die vertragsgerechte Ausführung nicht nötig ist oder diese sogar vereitelt. Demgegenüber beinhaltet die Wendung **„unzweckmäßig"** Anordnungen des Auftraggebers, die so nach Ansicht des Auftragnehmers nicht oder fachlich nicht einwandfrei oder nur unter unzumutbaren Erschwerungen zur Erreichung des vertraglich vereinbarten Leistungsziels führen. 80

b) Die Bedenken des Auftragnehmers gegen die Anordnungen des Auftraggebers sind nicht im Hinblick auf ihre objektive Berechtigung angesprochen, sondern die **subjektive Auffassung des Auftragnehmers** ist nach dem Wortlaut in Absatz 4 **ausreichend** (so auch Nicklisch 81 in Nicklisch/Weick Teil B § 4 Rdn. 36; Hochstein, Festschrift Korbion, 1986, S. 165, 175; a. A. Kaiser, Mängelhaftungsrecht, Rdn. 59). Dies ergibt sich aus der hier gewählten Formulierung („hält"). Selbstverständlich wird dafür sachliche und fachliche Überlegung des Auftragnehmers vorausgesetzt; die Bedenken müssen sich also **fundiert fachlich begründen** lassen. Davon abgesehen besteht **ohnehin die nach objektiven Kriterien ausgerichtete Prüfungs- und Hinweispflicht des Auftragnehmers nach Teil B § 4 Nr. 3** (ebenso Nicklisch in Nicklisch/Weick a. a. O.), was Kaiser (a. a. O.) übersieht. Hinsichtlich des Adressaten für die Mitteilung von Bedenken gilt das in Rdn. 258 f. Gesagte entsprechend.

82   c) Hat der Auftragnehmer Bedenken geltend gemacht, **was vor Ausführung der Anordnungen zu geschehen hat und auch mündlich erfolgen kann**, besteht für ihn eine **Verpflichtung zur Befolgung der Anordnungen des Auftraggebers nur, wenn dieser trotzdem auf deren Ausführung besteht.** Eines muß der **Auftraggeber** dabei in jedem Fall beachten: **Er muß die Bedenken des Auftragnehmers nachprüfen, bevor er auf der Ausführung** bzw. der **Beachtung seiner Anordnung besteht.** Dieses muß bestimmt und mit **Nachdruck** geschehen (vgl. Rdn. 65 f.). Es ist nicht angängig und daher **nicht vertragsgerecht, wenn der Auftraggeber ohne Überlegen und vor allem ohne hinreichende Kenntnisnahme von der Einwendung des Auftragnehmers einfach das Verlangen auf Befolgung der Anordnungen stellt.** Das gilt besonders für den vom Auftraggeber bestellten Architekten oder Fachingenieur. Der Grundsatz von **Treu und Glauben** erfordert es, daß eine Verpflichtung eines Vertragsteils aufgrund einer einseitigen Erklärung des anderen Teils nur gegeben sein kann, wenn sich der andere Teil **mit den Gegenvorstellungen auseinandersetzt.** Diese **Überprüfungspflicht** aufgrund der Einwendungen des Auftragnehmers gegen die getroffene Anordnung **beschränkt sich allerdings auf den eigenen Bereich des Auftraggebers.** Ebenso wie die Einwendungen des Auftragnehmers gegen die getroffene Anordnung subjektiven Gehalt haben, genügt es, wenn die Entschließung auf diese Einwendungen zwar auf **sachlicher und überlegter Basis** beruht, sie aber aus der subjektiven Sicht des Auftraggebers getroffen worden ist. Zu bedenken ist auch, daß durch eine von dritter Seite kommende Überprüfung der Einwendungen des Auftragnehmers Sinn und Zweck von Absatz 4 vereitelt werden kann, nämlich die Gefahr der Verzögerung bei der Baudurchführung zu vermeiden. Natürlich ist es dem Auftraggeber nicht verwehrt, von sich aus zur Überprüfung der Bedenken des Auftragnehmers einen Dritten einzuschalten, wie etwa einen Sachverständigen nach Teil A § 7 Nr. 1 c, was er tun sollte, wenn er oder z. B. sein Architekt nicht die nötige Fachkunde besitzt. Siehe auch Ganten, Pflichtverletzung und Schadensrisiko im privaten Baurecht, S. 133.

83   Kommt der Auftraggeber seiner **Überprüfungspflicht nicht** nach, muß ihm eine **Pflichtverletzung** vorgeworfen werden. Dann ist von einer **positiven Vertragsverletzung i. S. der Mißachtung einer Mitwirkungspflicht des Auftraggebers** auszugehen, aufgrund deren dem Auftragnehmer Ansprüche aus Teil B § 6, insbesondere auch nach Nr. 6 a. a. O., u. U. sogar das Kündigungsrecht nach Teil B § 9 Nr. 1 a, sofern die Voraussetzungen der Nr. 2 a. a. O. vorliegen, gegeben sein können.

84   d) Von der **Verpflichtung des Auftragnehmers** zur Durchführung der Anordnung des Auftraggebers gibt es **Ausnahmen,** bei denen trotz des fortbestehenden Verlangens des Auftraggebers ein **Leistungsverweigerungsrecht** des Auftragnehmers besteht.

85   aa) Eine solche Ausnahme ist in Abs. 4 Satz 1 ausdrücklich genannt. Der Auftragnehmer braucht der Anordnung **nicht** nachzukommen, **wenn** sie **gegen gesetzliche oder behördliche Bestimmungen verstößt.** Darunter sind einmal alle Gesetze, Verordnungen, Erlasse usw. **öffentlich-rechtlicher** Art zu verstehen, die Einfluß auf die Durchführung des Bauvorhabens haben. An der Spitze befinden sich die Vorschriften, die unmittelbar mit dem Bauwesen im Zusammenhang stehen. Sie können allgemein bauordnungsrechtliche oder aber auch

wasserrechtliche, verkehrsrechtliche und gesundheitsrechtliche Grundlagen haben. Zu Recht weisen Hereth/Ludwig/Naschold (Teil B § 4 Ez. 4.50) auf § 330 (jetzt: § 323) StGB hin, der der Vermeidung der Baugefährdung dient. Zu beachten sind auch die Unfallverhütungsvorschriften der Berufsgenossenschaften, die zum großen Teil inhaltlich den bauordnungsrechtlichen Bestimmungen entsprechen. Hinzu kommen aber **auch zivilrechtliche Grenzen,** da die Regelung der VOB (gesetzliche Bestimmungen) nicht auf das öffentliche Recht beschränkt ist. Das gilt besonders für die gesetzlichen Verbote, durch die dem sonst freien Vertragswillen Grenzen gesetzt sind (§§ 134, 138, 242 BGB). Auch kann sich der Auftragnehmer auf zivilrechtliche Vorschriften berufen, wenn **er selbst** bei Befolgung der Anordnung Ansprüchen von dritter Seite, z. B. aus dem Gesichtspunkt unerlaubter Handlung oder wegen Verletzung nachbarrechtlicher Vorschriften, ausgesetzt wäre.

bb) Weiterhin ist der **Auftragnehmer** von der Verpflichtung zur Durchführung der getroffenen Anordnung **freizustellen, wenn dies aus Treu und Glauben erforderlich** ist (ebenso BGHZ 92, 244 = BauR 1985, 77 = NJW 1985, 631 = ZIP 1985, 291 = MDR 1985, 222 = Betrieb 1985, 222 = SFH § 4 Nr. 1 VOB/B Nr. 1 = ZfBR 1985, 37). Aus Abs. 4 Satz 1 ergibt sich zwar durch Umkehrschluß, daß der Auftragnehmer auch solche Anordnungen des Auftraggebers durchzuführen hat, die er für unberechtigt oder unzweckmäßig hält, es sei denn, daß gesetzliche oder behördliche Bestimmungen entgegenstehen. Dies bedeutet indessen nicht, daß **jede unberechtigte und unzweckmäßige Anordnung, die nicht gegen derartige Bestimmungen verstößt, nun auch vom Auftragnehmer zwingend zu befolgen wäre.** Sie muß sich vielmehr entsprechend dem in Abs. 3 Satz 1 festgelegten Grundsatz **im Rahmen des zur vertragsgemäßen Ausführung der Leistung Notwendigen** halten; zumindest muß der Auftraggeber, wenn er vom Auftragnehmer auf entsprechende Bedenken hingewiesen wird, seine abweichende Auffassung nach Treu und Glauben für gerechtfertigt halten dürfen. Das ist nicht mehr der Fall, wenn der Auftraggeber im Wege der Anordnung ein Verlangen stellt, das **offensichtlich** über den Rahmen seiner Anordnungsbefugnis nach Abs. 3 Satz 1 hinausgeht und auch sonst nicht durch die weiteren Bedingungen des Bauvertrages gedeckt ist.

Wenn sich der Auftraggeber z. B. anders besinnt und ein grundlegend andersgeartetes Bauwerk verlangt, kann er ein solches Ansinnen, das **nicht mehr durch die in § 1 Nr. 3 und 4 eröffneten Befugnisse gedeckt ist, auch nicht über den Weg einer Anordnung nach § 4 Nr. 1 Abs. 3 und 4 durchsetzen,** da diese Vorschriften ihm kein weitergehendes Recht einräumen. Darüber hinaus ergibt sich, was das **Verhältnis von § 1 Nr. 3 und 4 zu § 4 Nr. 1 Abs. 3 und 4 betrifft,** folgende **klare Abstufung:**

§ 1 Nr. 3 betrifft Änderungen des Bauentwurfs, also Änderungen bezüglich der vom Auftragnehmer vertraglich geschuldeten Leistung als solcher, soweit sie vom Bauentwurf bestimmt wird, wobei die insoweit bestehenden Schranken (Teil B § 1 Rdn. 35 ff., 37) zu beachten sind; **§ 1 Nr. 4** bezieht sich auf nicht vereinbarte Leistungen, die zur Ausführung der vertraglichen Leistung erforderlich werden, deren zusätzliche Erbringung die vertragliche Leistung also erst ermöglicht, somit zu ihr in einem Abhängigkeitsverhältnis steht (vgl. Teil B § 1 Rdn. 45). **Anordnungen nach § 4 Nr. 1 Abs. 3 und 4 dürfen dagegen den Leistungsinhalt weder in der Weise berühren, wie dies bei Änderungen des Bauentwurfs der Fall ist** (dann würde bereits § 1 Nr. 3 mit der Vergütungsregelung nach § 2 Nr. 5 eingreifen), **noch dürfen sie sich auf zusätzliche Leistungen zur Ermöglichung der Vertragsleistung beziehen** (insoweit würde § 1 Nr. 4 in Verbindung mit § 2 Nr. 6 maßgebend sein). **Nach § 4 Nr. 1 Abs. 3 und 4 kann der Auftraggeber vielmehr nur Bestimmungen treffen, die – ohne einer Entwurfsänderung gleichzustehen und ohne bisher nicht geschuldete Zusatzleistungen zu betreffen – sich auf die Art und Weise der bisher vorgesehenen Leistungsdurchführung beziehen,** also auf deren „Modalitäten" (zutreffend Hochstein, Festschrift Korbion, 1986, S. 165, 173 ff.). Der durch den bisherigen Bauentwurf und die bisherige vertragliche Leistungsum-

B § 4, 1, Rdn. 88-92

schreibung abgesteckte Rahmen darf hier also nicht überschritten werden. Nur soweit sich innerhalb dieses Bereichs Zweifelsfragen oder verschiedene Möglichkeiten zur Durchführung der Vertragsleistung ergeben, kann der Auftraggeber mit bindenden Weisungen eingreifen, denen der Auftragnehmer – auch wenn sie im Einzelfall unzweckmäßig oder unberechtigt sind – Folge leisten muß, wenn sie nicht gegen gesetzliche oder behördliche Bestimmungen verstoßen und der Auftraggeber auf ihrer Befolgung besteht, obwohl er auf Bedenken hingewiesen worden ist.

88 Die **entsprechend dem Grundsatz von Treu und Glauben errichtete Grenze** dieser Befolgungspflicht ist überdies regelmäßig in denjenigen Fällen überschritten, in denen das Anordnungsrecht vom Auftraggeber **mißbraucht** wird. Davon ist z. B. auszugehen, wenn der Auftraggeber auf seiner Anordnung besteht, obwohl er die **Berechtigung** der vom Auftragnehmer erhobenen **Bedenken erkennt** bzw. wenn die Anordnung in einem Maße unzweckmäßig ist, daß dem Auftragnehmer als fachkundigem Unternehmer **nicht mehr zugemutet werden kann,** in der laienhaft angeordneten unzweckmäßigen Weise zu verfahren. Dabei ist auch und insbesondere an diejenigen Fälle zu denken, in denen der Auftragnehmer bei Befolgung der Anordnung **klar gegen die Technischen Vorschriften** des Bauvertrages und **gleichzeitig** gegen die anerkannten **Regeln der Bautechnik** verstoßen und ein ernsthaft drohender **Gewährleistungsfall nicht vorhersehbaren Ausmaßes** eintreten würde. Bei solcher Sachlage würde die **Zumutbarkeitsgrenze** erkennbar überschritten und der **Grundsatz von Treu und Glauben verletzt,** weil es sich bei derartigen Anordnungen des Auftraggebers um den einseitigen Versuch von Änderungen eindeutig und klar getroffener vertraglicher Absprachen handeln würde (ebenso BGHZ 92, 244 = BauR 1985, 77 = NJW 1985, 631 = ZIP 1985, 291 = MDR 1985, 222 = Betrieb 1985, 222 = SFH § 4 Nr. 1 VOB/B Nr. 1 = ZfBR 1985, 37). Auch wenn der Auftragnehmer hier unter den Voraussetzungen von Teil B §§ 4 Nr. 3, § 13 Nr. 3 von seiner Gewährleistungsverpflichtung frei würde, kann von ihm kein Verhalten verlangt werden, das ggf. **seinen Ruf** als fachkundiger Unternehmer **schädigen** müßte. Eine einer derart berechtigten Weigerung des Auftragnehmers zugrundeliegende Kündigung des Auftraggebers beurteilt sich nach Teil B § 8 Nr. 1 (vgl. BGH a.a.O.).

89 Abgesehen von diesen Fällen bleibt freilich **grundsätzlich** die **Verpflichtung** des Auftragnehmers bestehen, auch solche **Anordnungen durchzuführen,** die objektiv unberechtigt und unzweckmäßig sind, aber gegen gesetzliche oder behördliche Bestimmungen nicht verstoßen.

90 cc) Man wird es andererseits im Zweifelsfall dem Auftraggeber nicht verwehren können, vom **Auftragnehmer** den **Nachweis** des Vorliegens **von den getroffenen Anordnungen entgegenstehenden gesetzlichen oder behördlichen Vorschriften oder des Verstoßes gegen Treu und Glauben zu** verlangen. Für einen solchen Ausnahmetatbestand hat der Auftragnehmer die **Beweislast.**

In allen Fällen, in denen es keine Verpflichtung des Auftragnehmers zur Befolgung der Anordnung des Auftraggebers geben kann, bleibt im übrigen die Möglichkeit, etwaige Änderungswünsche des Auftraggebers im Wege vertragsändernder Vereinbarung verbindlich zu gestalten.

91 dd) In schwerwiegenden Fällen des **Mißbrauchs** des Anordnungsrechts durch den Auftraggeber wird man dem Auftragnehmer die in Rdn. 83 genannten Rechte entsprechend zubilligen müssen.

92 e) Ist der Auftragnehmer **trotz** der von ihm angemeldeten **Bedenken verpflichtet,** nach Abs. 3 Satz 1 getroffene Anordnungen auszuführen, steht ihm nach Abs. 4 Satz 2 das Recht zu, einen **Ersatz für entstehende Mehrkosten** zu verlangen. Die Mehrkosten müssen **durch die Ausführung der Anordnung des Auftraggebers entstanden sein, also adäquat-kausal darauf**

zurückgehen. War der Auftragnehmer nach den vertraglich festgelegten Pflichten **auch bereits ohne** eine solche **Anordnung gehalten**, in der später „angeordneten" Art und Weise zu verfahren, trug eine diesbezügliche „Anordnung" des Auftraggebers also **nur klarstellenden und hinweisenden Charakter, so fehlt** es an dieser **Ursächlichkeitsvoraussetzung** (vgl. auch Teil B § 2 Rdn. 267) mit der Folge, daß auch ein **Anspruch auf Ersatz von Mehrkosten entfällt**.

Im übrigen kommt eine Erstattung von Mehrkosten nur in Betracht, wenn durch die Befolgung der Anordnung eine ungerechtfertigte Erschwerung verursacht wird. Das ist der Fall, wenn die **Anordnungen** des Auftraggebers **objektiv nicht erforderlich oder unzweckmäßig** waren, d. h. wenn sie den zu ihrer Durchführung notwendigen Aufwand des Auftragnehmers in technischer und/oder wirtschaftlicher Hinsicht **nicht rechtfertigen**. Dem Auftragnehmer soll also ein **Ausgleich** dafür gewährt werden, daß er **Anordnungen ausführen** und dabei seine schon bisher feststehende Leistung unter erschwerten Bedingungen mit entsprechendem zusätzlichem Aufwand erbringen muß, **obwohl** dies zur Erreichung des Vertragszieles an sich **nicht erforderlich** gewesen wäre (im wesentlichen wie hier auch Daub/Piel/Soergel/Steffani ErlZ B 4.51; auch Nicklisch in Nicklisch/Weick Teil B § 4 Rdn. 39). 93

Der **Umfang** der zu ersetzenden **Mehrkosten** berechnet sich aus der Differenz zwischen den Kosten der gemäß Anordnung durchgeführten Leistung und denjenigen Kosten, die ohne die unberechtigte bzw. unzweckmäßige Anordnung entstanden wären. Diese beziehen sich regelmäßig auf erhöhten Eigenaufwand des Auftragnehmers an Löhnen, Materialkosten, Kosten der Baustelle, Allgemeinen Geschäftskosten. Dabei kommt es **nicht zusätzlich darauf an, ob die entstandenen Kosten für den Auftragnehmer zumutbar sind oder nicht**. Vielmehr wird die Zumutbarkeitsgrenze bereits überschritten, wenn unberechtigte bzw. unzweckmäßige Anordnungen, die zu befolgen sind, erteilt werden. Jede dem Auftragnehmer dadurch erwachsende zusätzliche finanzielle Belastung beruht auf einer ungerechtfertigten Erschwerung und ist demnach vom Auftraggeber nach Abs. 4 Satz 2 auszugleichen, ohne daß nochmals Abstriche vorzunehmen wären (wie hier Heiermann/Riedl/Rusam/Schwaab Teil B § 4 Rdn. 16 a). 94

Die zu ersetzenden **Mehrkosten** muß der **Auftragnehmer** allerdings im einzelnen **nachweisen**. Es ist zweckmäßig, wenn der Auftragnehmer bereits bei der Äußerung seiner Bedenken dem Auftraggeber die ungefähren Mehrkosten angibt. Stellt dieser nämlich dann gleichwohl das Verlangen auf Ausführung seiner Anordnung, so wird anzunehmen sein, daß er jedenfalls im Grundsatz mit der Übernahme der durch die Erfüllung der Anordnung entstehenden Mehrkosten sowohl dem Grunde als auch der Höhe nach einverstanden ist. 95

Abs. 4 Satz 2 stellt eine **selbständige Kostenregelung dar.** Eine Anwendung von **Teil B § 2 Nr. 5 oder 6** kommt **weder direkt noch entsprechend** in Betracht (vgl. Hereth/Ludwig/Naschold Teil B § 4 Ez. 4.54; ähnlich Daub/Piel/Soergel/Steffani, ErlZ B 4.52; auch Nicklisch in Nicklisch/Weick Teil B § 4 Rdn. 38; v. Craushaar BauR 1984, 311, 312). Das ergibt sich im übrigen bereits aus der diesen anderen Bestimmungen zugrundeliegenden Systematik. **Teil B § 2 Nr. 6** betrifft die Frage der zusätzlichen Vergütung für im Vertrag bisher nicht enthaltene Leistungen, die entweder auf einem Verlangen des Auftragnehmers nach Teil B § 1 Nr. 4 beruhen oder mit denen sich der Auftragnehmer, wenn sie aus einem sonstigen Grund vom Auftraggeber außerhalb der bisherigen vertraglichen Vereinbarungen verlangt werden, einverstanden erklärt hat (vgl. Teil B § 2 Rdn. 293). Diese Fallgestaltungen werden vom Anordnungsrecht **nach** § 4 Nr. 1 Abs. 3 und 4 nicht erfaßt (vgl. Rdn. 86 ff.). **Teil B § 2 Nr. 5** bleibt jedenfalls unberührt, wenn es sich um **Änderungen der Preisgrundlagen infolge einer Änderung des Bauentwurfs** handelt; dann erfolgt die entsprechende „Anordnung", d. h. Entwurfsänderung, nach Teil B § 1 Nr. 3, so daß ebenfalls **kein Fall** einer Anordnung **nach** 96

Teil B § 4 Nr. 1 Abs. 3 und 4 vorliegt (vgl. Rdn. 86 ff.). Teil B § 2 Nr. 5 könnte daher als „andere Anordnungen des Auftraggebers" nur für solche Anordnungen gemäß Teil B § 4 Nr. 1 Abs. 3 in Betracht kommen, durch die die Grundlagen des Preises für eine im Vertrag **schon vorgesehene** Leistung geändert werden. Insoweit **erfaßt § 2 Nr. 5** indessen **nur** diejenigen **Anordnungen, die objektiv berechtigt und/oder zweckmäßig** sind. **Für eine weitergehende Erstreckung** dieser Bestimmung besteht **kein Bedürfnis**, da für solche Anordnungen, die weder berechtigt noch zweckmäßig sind, in § 4 Nr. 1 Abs. 4 Satz 2 eine **besondere Vergütungsregelung** zur Verfügung steht. Sind ihre Voraussetzungen erfüllt, bedarf es eines Rückgriffs auf andere Bestimmungen nicht, zumal **sonst** die hier getroffene Regelung **ihren Sinn verlieren würde**.

97 Da es sich mithin bei Teil B § 4 Nr. 1 Abs. 4 Satz 2 um eine **selbständige Regelung** handelt, **kommt** auch ein **Rückgriff** auf sonstige Voraussetzungen aus Teil B § 2 Nr. 5 und 6 **nicht in Betracht**. Der Anspruch auf Ersatz der Mehrkosten ist daher **weder** zwingend vorher **anzukündigen noch** muß hierüber **vorab** eine **Vereinbarung** getroffen werden. Ferner ergibt sich, daß die **Mehrkosten selbständig und ohne Abhängigkeit** von **oder Bezugnahme** auf die bisherige Preisvereinbarung festzulegen sind. Der Wert der aufgrund der Anordnung durchgeführten Arbeiten muß also **für sich allein** so berechnet werden, als ob diese Leistungsteile selbständig und unabhängig von den vertraglich vereinbarten Leistungselementen erbracht worden wären. Genaugenommen werden daher dem Auftragnehmer in einem solchen Fall zwei verschiedene und in sich selbständige Vergütungen geschuldet, die nur durch die Klammer des „Mehr" verbunden sind (so auch Heiermann/Riedl/Rusam/Schwaab Teil B § 4 Rdn. 16 b). Fehlt es an einer abweichenden Vereinbarung, so sind die Mehrkosten auf der Basis der Einheitspreise abzurechnen. Teil B § 2 Nr. 2 gilt entsprechend.

98 f) **Soweit** aufgrund der Anordnung des Auftraggebers eine **Verpflichtung des Auftragnehmers** begründet wird, ist auch die Frage der **Haftungsverhältnisse** von Bedeutung. Dabei ist zu **unterscheiden zwischen den Anordnungen des Auftraggebers, die sich streng an den Rahmen halten**, wie er in Abs. 3 Satz 1 festgelegt ist und gegen die der Auftragnehmer keine Bedenken geltend gemacht hat, sowie zwischen solchen Anordnungen, die entweder im Rahmen von Abs. 3 Satz 1 geblieben sind oder die darüber hinausgehen, gegen die der Auftragnehmer aber Bedenken vorgebracht hat.

99 Im ersteren Fall dürfte kein Zweifel bestehen, daß die vertragliche Haftung den Auftragnehmer auch für die Fälle trifft, in denen die Leistung in der nunmehr verlangten Form erbracht wird. Einmal hat diese Anordnung ihre Grundlage in einer ausdrücklichen vertraglichen Vereinbarung zwischen den Parteien (Abs. 3 Satz 1), und zum anderen hat der Auftraggeber seine vertragliche Befugnis weder mißbraucht noch überschritten, sondern sich an den ihm gegebenen Rahmen gehalten, außerdem ist der Auftragnehmer dieser Anordnung ohne geäußerte Bedenken gefolgt.

100 **Hat der Auftragnehmer gegen die Anordnungen des Auftraggebers Bedenken erhoben und hat der Auftraggeber trotzdem die Ausführung verlangt**, kann den Auftragnehmer **nicht ohne weiteres die Haftung treffen**. Bei der Klärung dieser Haftungsfrage ist die VOB einen besonderen Weg gegangen, indem sie sie **nicht davon abhängig** gemacht hat, **ob sich der Auftraggeber im Rahmen seiner Befugnisse nach Absatz 3 gehalten** oder ob er diese überschritten hat. Vielmehr ist in diesem Fall **entscheidend, ob der Auftragnehmer Bedenken** gegen die Anordnungen **geltend gemacht** und der Auftraggeber **trotzdem** auf der Ausführung der Anordnung bestanden hat, wobei allerdings der entstandene **Schaden im ursächlichen Zusammenhang mit dieser Anordnung** stehen muß. Dies ist ausreichend, um zu einer **Haftungsbefreiung** des Auftragnehmers zu kommen, wie sich aus der **auch hier anwendbaren Regelung in Teil B § 4 Nr. 3 und § 13 Nr. 3** ergibt. Insoweit handelt es sich **auch um eine**

von Teil B § 4 Nr. 3 vorgesehene Art der Ausführung. Jedoch kann der Auftragnehmer eine Haftungsbefreiung grundsätzlich nur dann erreichen, wenn er die dort sonst noch vorgeschriebenen Voraussetzungen bei der Mitteilung seiner Bedenken eingehalten hat (vgl. Rdn. 247 ff.; ebenso Hochstein, Festschrift Korbion, 1986, S. 165, 177). Allerdings betrifft das im allgemeinen nur Schäden, die mit der Gewährleistung, also der Verpflichtung des Auftragnehmers zur vertragsgerechten sowie den anerkannten Regeln der Technik entsprechenden Ausführung des Bauauftrages im Zusammenhang stehen.

Nicht davon betroffen werden hingegen Haftungen, die dadurch entstanden sind, daß die **Anordnung des Auftraggebers gegen gesetzliche,** vor allem auch strafrechtliche oder behördliche **Bestimmungen verstößt.** Hier reicht es nicht, daß der Auftragnehmer Bedenken im Sinne von Absatz 4 geltend macht. Der Auftragnehmer ist in diesem Fall nämlich berechtigt, gegebenenfalls sogar verpflichtet, die gegen ein Gesetz oder gegen ein behördliches Verbot verstoßende Anordnung **nicht auszuführen.** Tut er es dennoch, kann er sich nicht auf eine Haftungsbefreiung berufen. Vielmehr bleibt seine Haftung dann nach wie vor bestehen, wie sich vor allem auch aus Nr. 2 Abs. 1 Satz 2 ergibt (vgl. Rdn. 164 ff.).

101

Neben ihm haftet der Auftraggeber aufgrund seiner Anordnung. Dies trifft jedenfalls bei allen strafrechtlichen und sonstigen öffentlich-rechtlichen Verboten zu, weil die Haftung für Schäden aufgrund der Übertretung dieser Verbote **nicht vertraglich abgewälzt** werden kann. Für den Bereich zivilrechtlicher Haftung gilt das in Teil B § 10 Rdn. 69 ff. Ausgeführte. Für das **Innenverhältnis** der Vertragspartner gibt es jedoch **Ausnahmen,** wie aus Teil B § 10 Nr. 2 ff. ersichtlich ist. Dabei ist vor allem auch zu berücksichtigen, daß sich der Auftragnehmer grundsätzlich nicht damit entschuldigen kann, er habe die gesetzlichen bzw. öffentlich-rechtlichen Bestimmungen nicht gekannt.

102

Zur Frage der Haftung des mit der technischen Oberleitung beauftragten Architekten für die Nichtbefolgung einer Bauauflage vgl. BGH VersR 1964, 285.

B. Die grundsätzliche Verantwortlichkeit des Auftragnehmers für die ordnungsgemäße Ausführung der geschuldeten Bauleistung (Nr. 2)

I. Generalklausel (Nr. 2 Abs. 1 Satz 1)

Nr. 2 Abs. 1 Satz 1 enthält eine wesentliche **Generalklausel der Allgemeinen Vertragsbedingungen.** Dort ist festgelegt, daß der Auftragnehmer die Leistung unter **eigener Verantwortung nach dem Vertrag** auszuführen hat. Das entspricht dem allgemeinen Grundsatz, daß derjenige, der ein Gewerbe ausübt, dafür einzustehen hat, daß er die entsprechende Kenntnis und Kunstfertigkeit besitzt (RG in JW 1939, 105). Im weiteren Rahmen kommt hier noch die in **Teil B § 4 Nr. 8 festgelegte grundsätzliche Pflicht** des Auftragnehmers **zur Selbstausführung** der Leistung hinzu (vgl. Rdn. 405 ff.). Im allgemeinen besteht die Verantwortlichkeit des Auftragnehmers, **soweit vertragliche Haftung** in Betracht kommt, **nur im Verhältnis zu seinem Vertragspartner, dem Auftraggeber.**

103

1. Vertragsinhalt maßgebend

Da der Auftragnehmer die Leistung „nach dem Vertrag" auszuführen hat, richtet sich die Leistungspflicht nach allem, was als Vertragsinhalt anzusehen ist. Außer dem Vertrag als solchem, den Allgemeinen Vertragsbedingungen usw. (vgl. dazu Teil B § 1 Nr. 1 und 2), sind die Leistungen hinzuzuzählen, die auch nach der gewerblichen Verkehrssitte mit zur Lei-

104

stungspflicht des Auftragnehmers gehören. Zu den vertraglichen Leistungen rechnen vor allem auch Nebenleistungen nach den jeweiligen Abschnitten 4 der nach dem betreffenden Vertrag maßgebenden DIN-Normen des Teils C der VOB.
Siehe vor allem auch Teil B § 13 Rdn. 102 ff.

2. Grundlagen der Generalklausel

105 Die Generalklausel setzt an sich kein neues Recht. Im **Werkvertragsrecht des BGB** kommt bereits die **Verantwortlichkeit des Auftragnehmers** für die ordnungsgemäße Herstellung des Werkes zum Ausdruck, **ohne daß** es **in der Ausgangslage** zunächst auf das **Verschulden** des Unternehmers **ankommt** (mit Recht Dähne BauR 1973, 268). Zu erwähnen sind in diesem Zusammenhang die Bestimmungen über die Erfüllungs- bzw. Gewährleistungspflichten des Unternehmers (§§ 633 ff. BGB), die Pflicht zur rechtzeitigen Erfüllung (§ 636 BGB) sowie über die Gefahrtragung (§§ 644 f. BGB). Über das gesetzliche Werkvertragsrecht hinaus finden dann weiter auch die allgemeinen Vorschriften des BGB Anwendung, wie z. B. die Regeln über die Sorgfaltspflicht des Auftragnehmers nach § 276 BGB oder die Haftung für die am Bau eingesetzten Erfüllungsgehilfen nach § 278 BGB. Auch kommt im Werkvertragsrecht des BGB die von der Rechtsprechung entwickelte Haftungsgrundlage der positiven Vertragsverletzung zur Anwendung. Hinzu kommt, daß auch außervertragliche Bestimmungen, die im BGB geregelt sind, wie z. B. die Haftung aus unerlaubter Handlung (§§ 823 ff. BGB), im Rahmen der Bauausführung von Bedeutung sein können. Trotzdem hat sich die VOB hinsichtlich der Verantwortlichkeit des Auftragnehmers nicht mit einem bloßen Hinweis auf die einschlägigen gesetzlichen Vorschriften des BGB begnügt. **Das hätte dem besonderen Charakter des Bauvertrages nicht hinreichend entsprochen.**

106 a) Einmal ist zu bedenken, daß die Bauleistung im Gegensatz zu anderen und von den Regeln des Werkvertrages sonst auch erfaßten Werkleistungen grundsätzlich **nicht im eigenen Bereich des Auftragnehmers** ausgeführt wird. **Ort und Stelle des Bauvorhabens** liegen meist nicht im Eigentums- oder Besitzbereich oder sonstigen alleinigen Verfügungsbereich des Auftragnehmers, sondern **auf dem Grund und Boden des Auftraggebers oder eines Dritten**. Durch die damit verbundenen Rechte des Auftraggebers oder des Dritten könnten in Einzelfällen Zweifel über die Art und den Umfang der Verantwortlichkeit des Auftragnehmers auftreten. Hinzu kommt, daß der **Auftragnehmer auch rechtlich nicht unerheblich gebunden ist, wenn er die geschuldete Bauleistung ausführt.** Zu denken ist hierbei besonders an die **Eingriffsrechte des Auftraggebers** nach den Allgemeinen Vertragsbedingungen, wie z. B. nach Teil B § 1 Nr. 3 und 4 sowie hier in Teil B § 4 die Überwachungsbefugnis des Auftraggebers nach Nr. 1 Abs. 2 sowie das Anordnungsrecht des Auftraggebers nach Nr. 1 Abs. 3.

107 b) Eine Bauleistung setzt darüber hinaus die **Beachtung einer Reihe von Vorschriften, Bedingungen und Auflagen** voraus, die gar nicht auf den zivilrechtlichen Vertragsbedingungen beruhen, weil sie das **öffentliche Interesse** zum Gegenstand haben. Man denke an die **bauordnungsrechtlichen Vorschriften** und die sonstigen öffentlich-rechtlichen Bestimmungen, wie z. B. die Brandschutzbestimmungen (dazu BGH BauR 1976, 142 = VersR 1976, 166), die mit einem Bauvorhaben im Zusammenhang stehen und auf dieses einwirken können. Das gilt insbesondere, weil die in Betracht kommenden öffentlich-rechtlichen Vorschriften teilweise die Verpflichtungen nicht dem Auftragnehmer, sondern dem Auftraggeber als Bauherrn auferlegen. In diesen Fällen kann zwar durch die vertragliche Regelung der Verantwortlichkeit nicht das öffentliche Recht geändert werden. Vielmehr bleibt nach außen hin der gesetzlich Verpflichtete haftbar und wird gegebenenfalls auch in Anspruch genommen. Durch die vertragliche Auferlegung der Verantwortlichkeit auf den Auftragnehmer wird aber bereits hier jedenfalls im grundsätzlichen Ausgangspunkt ein **interner Ausgleich** zugunsten des Auftraggebers festgelegt, falls dieser nach dem öffentlichen Recht in Anspruch genommen wird.

3. Umfang der Verantwortlichkeit des Auftragnehmers

Die **Verantwortlichkeit** des Auftragnehmers nach Nr. 2 ist **eine vertragliche.** Sie **gilt** also grundsätzlich lediglich **im Verhältnis der Bauvertragspartner unter sich.** Sie erfaßt im allgemeinen nicht das gesetzliche oder vertragliche Verhältnis beider Vertragspartner oder eines von ihnen zu einem Dritten. Dazu gilt die gesetzliche oder eine für dieses Verhältnis maßgebende besondere vertragliche Regelung. Soweit es um die Frage des Ersatzes eines anläßlich der Baudurchführung einem Dritten zugefügten Schadens geht, ist für das **Innenverhältnis** zwischen den Parteien Teil B § 10 Nr. 2–6 als Abgrenzungsregelung maßgebend. Eine weitere Begrenzung der Verantwortlichkeit des Auftragnehmers liegt darin, daß sie durch die **tatsächlichen Vorgänge der Leistungsdurchführung** und die damit im **ursächlichen Zusammenhang** stehenden Geschehnisse **festgelegt** wird. Außerdem geht die Verantwortlichkeit des Auftragnehmers nicht über das hinaus, was im Einzelfall von einem **vernünftigen, fachkundigen und erfahrenen Auftragnehmer** seines Handwerkszweiges zu verlangen ist. So genügt ein bei Umbauarbeiten eines Wohnhauses beschäftigter Heizungsinstallateur der an ihn zu stellenden Sorgfaltspflicht, wenn er das schwer zugängliche Absperrventil ordnungsgemäß schließt; besondere Vorkehrungen gegen vorsätzlichen oder grob fahrlässigen Mißbrauch braucht er grundsätzlich nicht zu treffen (LG Schweinfurt VersR 1969, 167). 108

Generell dürfen dem **Auftragnehmer keine Pflichten auferlegt werden, die ihn über das von ihm Abzufordernde belasten, was vor allem auch im Hinblick auf das AGB-Gesetz zu beachten ist.** So ist es ein Verstoß gegen § 9 AGB-Gesetz, wenn dem Auftragnehmer durch Zusätzliche Vertragsbedingungen die Gewährleistungspflicht für die Standsicherheit sämtlicher Bauteile einschließlich der Gründungskörper allein auferlegt wird. Hier soll er auch noch Planungsverantwortung, die der Auftraggeber für seine Erfüllungsgehilfen im Verhältnis zum Auftragnehmer zu tragen hat (§ 278 BGB), übernehmen, was unzulässig ist. 109

a) Vor allem können auch gewisse Umstände im Einzelfall die **Verantwortlichkeit** des Auftragnehmers **beschränken,** wobei rechtsdogmatisch der Gedanke der **materiellen Zurechenbarkeit** ausschlaggebend ist (vgl. zu letzterem Ganten, Pflichtverletzung und Schadensrisiko im privaten Baurecht, S. 229). Zwar kommt eine solche Beschränkung nicht schon ohne weiteres in Betracht, wenn irgendwelche Unzuträglichkeiten aufgrund der Ausübung der Überwachungs- und Anordnungsbefugnisse des Auftraggebers nach Nr. 1 Abs. 2 und 3 entstanden sind. Allerdings sind insoweit unter gewissen Voraussetzungen Ausnahmen in der Frage der Haftung gegeben, vgl. Rdn. 79 ff. 110

Die **Verantwortlichkeit kann** im allgemeinen auch **nur in Ausnahmefällen dadurch entfallen oder gemindert** (§ 254 BGB) sein, daß der Auftraggeber für sich eine **hinreichend fachkundige Person mit echter Weisungsbefugnis** zur sachgerechten Wahrnehmung seiner Interessen am Bau bestellt hat, der sich der Auftragnehmer nach den gegebenen Umständen unterordnen muß. Den **Auftraggeber trifft nämlich im allgemeinen nicht die vertragliche Pflicht, den Auftragnehmer während der Ausführung im Hinblick darauf zu überwachen** (vgl. BGH BauR 1973, 190 = NJW 1973, 518 = MDR 1973, 403 = SFH Z 3.00 Bl. 245 = BB 1973, 360 = Betrieb 1973, 676 = WM 1973, 393 = VersR 1973, 348 = LM VOB/B Nr. 59 = BlGBW 1973, 138; OLG Stuttgart SFH Z 2.414 Bl. 252 = MDR 1971, 299 = VersR 1970, 531 mit Anm. Ganten VersR 1970, 823). Zu denken ist dabei **als Ausnahme** von dieser Grundregel – und auch das nur **mit erheblichen Einschränkungen** – an die **Bestellung eines objektüberwachenden (früher: bauaufsichtsführenden) Architekten oder Ingenieurs** (zu dessen Stellung vgl. insbesondere BGHZ 82, 100 = BauR 1982, 79 = NJW 1982, 438 = SFH § 19 GOA Nr. 3 = MDR 1982, 313 = BB 1982, 518 = LM § 631 BGB Nr. 42 = Betrieb 1982, 898 = ZfBR 1982, 15, wonach **auch der aufsichtsführende Architekt mit dem Auftraggeber werk-** 111

vertraglich verbunden ist; vgl. ferner Neuenfeld BauR 1974, 17 sowie BauR 1981, 436; ferner Ganten BauR 1974, 78; Hartmann BauR 1974, 168; Bindhardt/Jagenburg § 6 Rdn. 110 ff.). **Grundsätzlich kann sich der Auftragnehmer nämlich gegenüber dem Auftraggeber auch dann nicht darauf berufen, er sei vom aufsichtsführenden Architekten unzulänglich überwacht worden** (BGH vor allem in der zuerst genannten Entscheidung und Teil B § 10 Rdn. 61 f. sowie § 13 Rdn. 676 ff.).

112 Auf die Bestellung eines bauaufsichtsführenden Architekten kann sich der Auftragnehmer **erst recht nicht verlassen,** demnach auch nicht berufen, **wenn es sich um gängige und einfache Arbeiten seines Handwerkszweiges handelt,** wie z. B. das Aufbringen von Dachpappe durch den Dachdecker. Dies braucht der Architekt nicht im einzelnen zu überwachen (vgl. BGH VersR 1969, 473). Vor allem und darüber hinaus sind beim Architekten auch **nicht Kenntnisse eines Fachhandwerkers,** insbesondere nicht eines geprüften Meisters in dem betreffenden speziellen Handwerkszweig, vorauszusetzen. Bereits davon ist grundsätzlich auszugehen. Hinsichtlich des Verhältnisses zum **planenden Architekten** s. Rdn. 118 ff.

113 In diesem Zusammenhang:

Der BGH hat erkannt (SFH Z 2.410 Bl. 18 ff.), daß Teil B § 4 Nr. 2 hinsichtlich der Ausführung einer Leistung unter eigener Verantwortung durch den Bauunternehmer entsprochen ist, wenn dieser den Kunstharzanstrich einer eisernen Lagerhalle gemäß ausdrücklicher Weisung des Architekten ausführt. Allerdings darf sich der Auftragnehmer nicht ohne jede Nachprüfung auf die Weisungen des Architekten verlassen, um von seiner Verantwortlichkeit befreit zu werden. Vielmehr kann er sich nach BGH (vgl. NJW 1956, 787 = SFH Z 2.401 Bl. 1 = BB 1956, 321 = Betrieb 1956, 350 = LM § 633 BGB Nr. 1) dem Bauherrn gegenüber auf die Anordnungen des bauleitenden Architekten nicht berufen, soweit es sich um handwerklichen, vom Architekten nicht zu erwartenden **Spezialkenntnisse** betrifft. Es ist also zu unterscheiden, ob es sich um eine Bauleistung handelt, die der **fachmännischen Beurteilung** durch den bauleitenden Architekten aufgrund seiner Ausbildung **zugänglich** ist, oder ob es sich um eine Frage handelt, die besser durch den Auftragnehmer nach seiner Erfahrung sowie der bei ihm nach Teil A § 2 vorauszusetzenden persönlichen Eigenschaften beantwortet wird, z. B. wo technische Sonderkenntnisse erforderlich sind, wie etwa bei der spezifischen Facharbeit des Heizungsmonteurs (OLG Celle VersR 1969, 162), bei Klima-, Be- und Entlüftungsarbeiten (vgl. OLG Karlsruhe MDR 1969, 667 [L]), bei der Errichtung einer Schwimmhalle (OLG Düsseldorf SFH Z 2.410 Bl. 43 ff.), auch hinsichtlich der richtigen Untergrundbehandlung beim Anstrich oder bei der Beschichtung eines Schwimmbeckens, oder bei der Auswahl eines Fußbodenbelages danach, ob er aggressive Chloridionen aussendet (OLG Karlsruhe BauR 1972, 383). In solchen Fällen wird man trotz einer entgegenstehenden Weisung des Bauherrn bzw. seines Architekten eine Befreiung des Auftragnehmers von seiner vertraglichen Alleinverantwortlichkeit nicht annehmen können. Man muß aber dem Auftragnehmer dann die Befugnis zugestehen, die Ausführung von sachlich und fachlich nicht gerechtfertigten Anordnungen des bauleitenden Architekten verweigern zu können. Im Zweifel, ob der Architekt nach der bei ihm vorauszusetzenden Fachkunde sachliche Weisungen zu geben vermag, wird man den Auftragnehmer nur von seiner vertraglichen Verantwortlichkeit befreien können, wenn er sich vor Ausführung der Anordnung vergewissert hat, ob dieser eine anzuerkennende Überprüfung vorausgegangen ist, vgl. dazu BGH NJW 1961, 1523 = SFH Z 4.142 Bl. 23 = MDR 1961, 671 = BB 1961, 653 = Betrieb 1961, 808. So hat der BGH (SFH Z 2.410 Bl. 18 ff.) den Auftragnehmer von seiner Verantwortlichkeit nur befreit, weil der Architekt vorher Versuche angestellt hatte, die zu positivem Ergebnis geführt hatten. Der BGH führt aus: „Aufgrund der angestellten Versuche braucht er (der Auftragnehmer) auch keine Bedenken gegen die ihm aufgegebene Art der Ausführung seiner Arbeit, den Lack auf den Werkanstrich aufzutragen, zu haben." Es ist vorauszusetzen, daß ein Architekt, wenn er statt gewellter glatte Abdeckplatten bestellt, weiß, daß diese geringeren Winddruck aushalten als erstere (vgl. BGH, Urt. vom 12. 7. 1965 – VII ZR 219/63 –). Hat der Auftragnehmer selbst planerische Leistungen erbracht, wie Ausführungszeichnungen, weil er selbst spezielle Baustoffe oder Bauverfahren vorschlägt, so hat er grundsätzlich dafür allein einzustehen, es sei denn, es handelt sich um für den Auftraggeber bzw. seinen Architekten ohne weiteres erkennbare Mängel (vgl. dazu OLG Stuttgart BauR 1974, 352 zur Frage der Haltbarkeit einer Kupole-Decke).

114 Auch muß den Auftragnehmer eine gewisse Verantwortlichkeit – unter Berücksichtigung des § 254 BGB zu Lasten des Auftraggebers – treffen, wenn es sich um eine Maßnahme handelt, die zwar in der Grundverantwortung dem Auftraggeber zufällt, bei der aber der Auftragnehmer **während der Bauausführung zwangsläufig die Unzulänglichkeit erkennen muß**. Als Beispiel: Die Frage der Tiefe von Fundamenten ist zwar ein Teil der Planung (vgl. Rdn. 116 f.), und diese muß dem Auftragnehmer vom Auftraggeber bzw. dessen Architekten angegeben werden (vgl. OLG Hamm MDR 1957, 419). Hängt die Tiefe der Fundamente davon ab, wo unter aufgeschüttetem gewachsener Boden anzutreffen ist und hat der Auftraggeber dies durch Stichproben (ggf. durch einen Sachverständigen) ermitteln lassen, so kann der Auftragnehmer zunächst von den Angaben des Auftraggebers bzw. dessen Architekten über die Tiefe der Fundamentierung ausgehen. Hat er aber entsprechend den ihm gemachten Angaben ausgeschachtet und noch keinen gewachsenen Boden angetroffen, so liegt es im Rahmen der ihn treffenden bauvertraglichen Verpflichtungen, den Auftraggeber oder dessen Architekten darauf aufmerksam zu machen und auf die Zustimmung zu einer tieferen Ausschachtung hinzuwirken, notfalls die Weiterarbeit zu verweigern. Der Auftragnehmer hat in diesem Fall durch die Gesamtvornahme der Ausschachtungsarbeiten wesentlich bessere Erkenntnisquellen, als sie vorher dem Auftraggeber durch die bloßen Stichproben zur Verfügung gestanden haben (vgl. dazu BGH SFH Z 2.400 Bl. 33). Ähnlich liegt der Fall, in dem der Auftragnehmer die Unregelmäßigkeit der Anordnung der Fenster durch die Planung des Architekten während der Ausführung erkennt (vgl. dazu LG Mönchengladbach VersR 1971, 187). Zu den Planungsaufgaben des Architekten und damit des Auftraggebers gegenüber dem Auftragnehmer im Rahmen einer Hofbefestigung gehört nur die Anordnung des Gefälles, nicht aber dessen Ausführung im einzelnen (KG BauR 1972, 121).

115 Die Tatsache allein, daß es der **Auftraggeber unterlassen hat, einen Architekten mit der örtlichen Bauaufsicht zu betrauen**, ist ihm in dem hier maßgeblichen Bauvertragsverhältnis zum Auftragnehmer nicht in jedem Fall als Mitverschulden i. S. des § 254 BGB zuzurechnen (vgl. dazu BGH SFH Z 3.01 Bl. 356). Vielmehr ist es auf Größe, Fortschritt und technische Bedeutung sowie Schwierigkeit des Bauvorhabens abzustellen. Siehe dazu auch – im Grundsatz richtig – Ganten VersR 1970, 823, 824. Anderer Ansicht, jedoch unrichtig, OLG Stuttgart SFH Z 2.414 Bl. 252 = MDR 1971, 299 = VersR 1970, 531, das eine Pflichtverletzung wegen Unterlassens der Bestellung eines bauleitenden Architekten rundweg ablehnt.

116 b) Es ist **daher grundsätzlich zunächst festzustellen,** daß der **Wegfall oder die Minderung der Verantwortlichkeit des Auftragnehmers** für seine Leistung nur eine **Ausnahme** bildet. Er hat in erster Linie gegenüber dem Auftraggeber eine mangelfreie Bauleistung zu erstellen und abzuliefern. Wird dieses Ziel irgendwie gefährdet, hat der Auftragnehmer im Rahmen des Zumutbaren für die Beseitigung etwaiger Fehlerquellen zu sorgen. Er hat **Anordnungen nicht blind auszuführen,** sondern auf ihre Zweckmäßigkeit zu prüfen und den Auftraggeber auf Bedenken hinzuweisen. Das gilt besonders, **wenn der** Auftragnehmer über Sonderkenntnisse verfügt bzw. verfügen muß, die der Auftraggeber und sein Architekt nicht haben (vgl. BGH NJW 1960, 1813 = SFH Z 2.400 Bl. 25 = MDR 1960, 1005 = BB 1960, 836 = Betrieb 1960, 1066; OLG Karlsruhe MDR 1969, 667 [L] = VersR 1969, 932 [L]). Dann ist es dem Auftragnehmer zuzumuten, den **Auftraggeber unmittelbar zu benachrichtigen,** wenn sich der Architekt den Einwendungen verschließt (vgl. dazu Rdn. 258 f. und die dort mitgeteilte Rechtsprechung). Hat der Auftragnehmer im Bereich der von ihm geschuldeten Leistung die erforderliche Sachkenntnis selbst nicht – etwa bei einer besonderen Spezialfrage –, hat er trotzdem die Verantwortlichkeit. Dann muß er von sich aus bei einem Sachkundigen Rat einholen (vgl. dazu BGH SFH Z 2.414 Bl. 185 f.).

117 Für die **Verwendung neuartiger Stoffe, Bauteile** oder **Baukonstruktionen** ist grundsätzlich der dafür eingesetzte Auftragnehmer, vor allem als Spezialunternehmer, verantwortlich, und zwar **allgemein vor dem Architekten,** wenn die bei diesem gegebenen oder vorauszusetzenden Kenntnisse nicht das spezielle Wissen des Auftragnehmers erreichen, auch nicht zu erreichen brauchen (vgl. BGH BauR 1976, 66 = BB 1976, 17 = Betrieb 1976, 146 = MDR 1976, 214 = SFH Z 3.001 Bl. 1 = LM § 635 BGB Nr. 40 = BlGBW 1976, 59; ähnlich BGH BauR 1976, 138 = SFH Z 3.001 Bl. 9 für die Abstimmung im Rahmen der Heizungsplanung).

Dabei gelten die vom BGH (a. a. O.) im Hinblick auf den Architekten ausgesprochenen Grundsätze gerade auch für den Auftragnehmer: Bei Verwendung neuartiger Stoffe oder Bauteile haftet der Auftragnehmer im Rahmen der Gewährleistung – nur – dann nicht, wenn das betreffende Material oder die betreffende Konstruktion im Zeitpunkt der Verwendung bzw. Anwendung in einschlägigen Fachkreisen als den anerkannten Regeln der Technik entsprechend (vgl. Rdn. 141 ff.) und für die vorgesehene Maßnahme geeignet angesehen wird und der Auftragnehmer – evtl. nach gebotener Erkundigung – im konkreten Fall keinen Zweifel hat und zu haben braucht, daß dieses zutrifft.

118   c) **Andererseits** liegt jedenfalls auch die Verantwortung beim **Architekten,** sie geht **somit grundsätzlich zu Lasten der Auftraggeberseite,** wenn es sich um Maßnahmen handelt, die gerade dem **typischen** und **allein ausschlaggebenden Aufgabenbereich des Architekten zuzuordnen sind** (zu den Beratungs-, Hinweis- und Aufklärungspflichten des Architekten, Hartmann BauR 1974, 168). Dies betrifft fast ausnahmslos die Erfüllung von **Planungsaufgaben,** wie sie durch § 15 Abs. 1 Nr. 1–5 HOAI umrissen sind. So kann der Architekt die ihn treffende **Verantwortung für einen Planungsfehler nicht abwälzen,** indem er für den Auftraggeber dem Auftragnehmer zusätzlich die Nachprüfung des Leistungsverzeichnisses (vgl. BGHZ 90, 344 = BauR 1984, 395 = NJW 1984, 1676 = Betrieb 1984, 1720 = ZIP 1984, 713 = MDR 1984, 748 = BB 1984, 1703 = LM § 273 BGB Nr. 38 Anm. Recken = SFH § 13 Nr. 5 VOB/B Nr. 5) oder der Angaben seiner Ausführungszeichnung überträgt (BGH VersR 1971, 157). Zur Erkennbarkeit der Notwendigkeit z. B. von Abstützungsmaßnahmen und sonstigen Sicherungsmaßnahmen durch den bauplanenden Architekten BGHZ 57, 245 = BauR 1972, 189 = NJW 1972, 195 = MDR 1972, 221.

119   Soweit es sich um die **Einhaltung Allgemeiner Technischer Vertragsbedingungen** (vgl. Rdn. 141 ff.) im Rahmen der **Planung** handelt, **muß auch der planende Architekt sie kennen und beachten,** selbstverständlich **genauso der Auftragnehmer,** in dessen Bereich die betreffende DIN-Norm fällt. Bei Mißachtung wird dem Auftraggeber im allgemeinen ein **Mitverschulden** seines Architekten (§§ 276, 278, 254 BGB) zur Last gelegt werden (vgl. Rdn. 133 ff.). So muß sich z. B. der Architekt auch um die Anlegung einer ausreichenden Dampfsperre oder -bremse bei einem Flachdachbau bemühen, selbst wenn ein Spezialunternehmer mit der Ausführung eines Daches beauftragt wird. Denn dieses gehört, worauf schon DIN 4108 in 4.1.2 hindeutet, zu den wesentlichen Bauteilen eines Wohngebäudes mit Flachdach (OLG Düsseldorf, Urt. vom 19. 12. 1972 – 20 U 146/71 –). Ferner muß der Architekt bei Planung eines sogenannten Nulldaches darauf achten, daß auch dieses sich unter Eigenlast, Wind- und Niederschlagswasser zwangsläufig bewegt und diese Bewegungen auf Dämm- und Dichtungsschichten überträgt (BGH BauR 1986, 112 = SFH § 635 BGB Nr. 46 = VersR 1986, 37 = NJW-RR 1986, 182 = ZfBR 1986, 17). Gleiches gilt für die Lastannahmen nach DIN 1055, und zwar im Hinblick auf die dem Architekten bekannte vorgesehene Nutzung der Leistung (OLG Köln SFH § 635 BGB Nr. 23). Ebenso trifft dies auf den Einbau einer Druckwasserisolierung zu, wenn die Bodenverhältnisse, vor allem aufgrund eines Bodengutachtens, dies erforderlich machen (vgl. BGHZ 90, 344 = BauR 1984, 395 = NJW 1984, 1676 = Betrieb 1984, 1720 = ZIP 1984, 713 = MDR 1984, 748 = BB 1984, 1703 = LM § 273 BGB Nr. 38 Anm. Recken = SFH § 13 Nr. 5 VOB/B Nr. 5 = ZfBR 1984, 173). Zur DIN 4108 – Wärmeschutz im Hochbau, Ausgabe 1981, kritisch Dahmen ZSW 1984, 49; über die Haftung des Architekten bei der Planung des Wärmeschutzes von Außenwandecken von Hochbauten OLG Hamm BauR 1983, 173 mit Anm. Kamphausen; dazu weiter Kamphausen/Reim BauR 1985, 397.

120   Vor allem darf der Architekt in seiner Planung **nur eine Konstruktion vorsehen,** von der er **völlig sicher ist, daß sie den an sie zu stellenden Anforderungen** genügt; falls er Zweifel hegen muß und sich dennoch nicht vergewissert, ob der von ihm verfolgte Zweck auch zu erreichen ist, handelt er schuldhaft (BGH BauR 1976, 66, 67). Das gilt **nicht nur** für die

ursprüngliche Planung. Werden **während der Ausführung Umstände erkennbar,** die der Architekt nicht von vornherein zu berücksichtigen brauchte, etwa spätere Wünsche des Auftraggebers, **so muß er dann prüfen, ob und inwieweit diese Umstände mit der bisherigen Planung vereinbar sind und ob sie deren Ergänzung oder Änderung erforderlich machen;** gegebenenfalls muß er den Auftraggeber auf etwaige Bedenken hinweisen (vgl. OLG München SFH § 635 BGB Nr. 57). Eines zusätzlichen Auftrages durch den Auftraggeber bedarf er hierzu nicht; entscheidend ist stets, ob das Bauwerk bei seiner Fertigstellung Mängel aufweist, die der Architekt noch hätte vermeiden können (vgl. BGH BauR 1981, 479 = BauR 1981, 856 = NJW 1981, 2243 = SFH § 635 BGB Nr. 29 = MDR 1982, 48 = LM § 276 [Hb] BGB Nr. 30 = Betrieb 1982, 899 = ZfBR 1981, 222 für den Fall einer ursprünglich nicht vorgesehenen Verblendschale mit Wärmedämmung bei einem Stallgebäude). Allerdings wird dann auch hier nicht selten im Verhältnis zwischen Auftraggeber und Auftragnehmer **nur** ein **Mitverschulden** des Auftraggebers über seinen Architekten in Betracht kommen, **weil auch der Auftragnehmer fehlerhaft arbeitet, zumindest aber seine Prüfungs- und Mitteilungspflicht nach Teil B § 4 Nr. 3,** vgl. Rdn. 205 ff., **verletzt.**

d) **Architekt** und **Statiker** (über dessen Rechtsposition vgl. Teil A § 9 Rdn. 71 f. sowie Teil B § 3 Rdn. 1) **haften allein** (als Gesamtschuldner: OLG Karlsruhe MDR 1969, 49 und MDR 1971, 45) auf Schadensersatz, wenn sich **infolge** fehlerhaften Bauentwurfs an dem außerdem statisch falsch berechneten, **sonst aber vom Auftragnehmer ordnungsgemäß errichteten** Gebäude Mauerrisse bilden, die auch noch nach der Beseitigung den Verkehrswert des Gebäudes mindern (vgl. OLG Hamburg VersR 1963, 762; OLG München MDR 1969, 48 [L]). Gleiches gilt, wenn dem Statiker sonstige Fehler in der Tragwerksplanung und außerdem dem Architekten von diesem zu verantwortende Planungsmängel vorzuwerfen sind (vgl. dazu z. B. OLG Nürnberg SFH § 635 BGB Nr. 56) und der Auftragnehmer dies in zumutbarer Weise nicht erkennen konnte. **Umgekehrt** kann aber z. B. eine bei der Ausführung verwendete geringere Betongüte als die vertraglich vereinbarte einen die Gewährleistungspflicht des Auftragnehmers begründenden Mangel der Bauleistung **auch dann** darstellen, wenn die vom Statiker erstrebte Tragfähigkeit der Decken zwar noch gegeben ist, bei Verwendung von Beton der vereinbarten Güte aber eine noch größere Tragfähigkeit erreicht worden wäre (BGH SFH Z 2.414 Bl. 66 = MDR 1960, 838 = BB 1960, 755 = Betrieb 1960, 812 = LM § 13 VOB/B Nr. 3; ferner BGHZ 46, 242 = SFH Z 2.414 Bl. 171 = MDR 1967, 209 = BB 1967, 10 = NJW 1967, 388 = JR 1967, 259 [Anm. Ostler] = Betrieb 1967, 77, insoweit dort nicht veröffentlicht).

Auch kann es Fälle geben, in denen **weder der Auftragnehmer noch der Architekt** die Verantwortung trägt oder mitträgt, sondern der **Statiker allein.** Das gilt, wenn es sich um einen Mangel an der Bauleistung handelt, der **ausschließlich dem besonderen Kenntnis-** und damit **Verantwortungsbereich des Statikers zuzurechnen** ist; dies betrifft vornehmlich die **konstruktiven Belange der Bauleistung** (OLG Karlsruhe MDR 1971, 45; OLG Köln BauR 1988, 241), und zwar so, wie es im Leistungsbild des § 64 – früher § 54 – HOAI festgehalten ist; nicht aber hat er die von konstruktiven Fragen nicht berührte Planung des Architekten im Hinblick auf ihre allgemeine Gebrauchstauglichkeit zu prüfen, was allein Sache des Architekten ist, es sei denn, dem Statiker drängen sich Mängel der Planung des Architekten auf oder sie sind ihm sogar bekannt; nur im letzteren Fall ist er zu einem entsprechenden Hinweis an den Auftraggeber verpflichtet (vgl. OLG Köln BauR 1986, 717 = NJW-RR 1986, 183 = MDR 1986, 408 für den Fall einer nicht ausreichenden Breite von Parkplätzen in einer Tiefgarage). Im allgemeinen hat der Statiker allerdings eine **doppelte Verantwortung:** Einmal hat er im Rahmen der Architektenpläne die **Konstruktionsart** und die **Konstruktionsstärken aller tragenden Teile** so festzulegen (z. B. in den Bewehrungsplänen, vgl. OLG München VersR 1977, 380), daß das Bauwerk unter der im Vertrag vorgesehenen Beanspruchung **standsicher** ist; zum anderen hat der Statiker die Standsicherheit der baulichen Anlage und sämtlicher Einzelteile **rechnerisch nachzuweisen** (dazu näher OLG Stuttgart BauR 1973, 64). Dabei

hat er in seine Berechnungen die **Möglichkeit von Baufehlern** dann einzubeziehen, wenn es sich um solche handelt, die in der Praxis der Bauausführung erfahrungsgemäß nicht selten vorkommen und deren Vermeidung demgemäß auf Schwierigkeiten stößt (BGH SFH Z 2.220 Bl. 6). Ferner OLG Karlsruhe: Die statische Berechnung von Stützen einschließlich Bewehrung, Unterzügen und deren Auflager sowie die Materialbestimmung ist **allein** Aufgabe des Statikers, die er aufgrund seiner Spezialkenntnisse **eigenverantwortlich ausführt** (VersR 1969, 335; vgl. dazu auch OLG Stuttgart BauR 1975, 431 für den Fall der fehlerhaften Auflagerung von Trägern).
Zur Haftung des Statikers für die Einhaltung des von ihm angegebenen Stahlbedarfs BGH WM 1972, 424.

123 Falls der Mangel dem **vorstehend umrissenen Verantwortungsbereich des Statikers zuzurechnen** ist, ist eine **Verantwortlichkeit bzw. Mitverantwortlichkeit des Architekten oder gar des Auftragnehmers,** vor allem im Rahmen etwaiger gesamtschuldnerischer Haftung, ausnahmsweise **nur** gegeben, **wenn sie nach Sachlage begründete Zweifel** hätten haben müssen, ob der Statiker der ihm gestellten Aufgabe gewachsen sein würde oder wenn sie selbst aufgrund eigener besserer Kenntnis oder Erfahrung mit nachteiligen Folgen gerechnet hätten oder hätten rechnen müssen (vgl. BGH VersR 1964, 830 für den Fall einer neuartigen, weitgespannten Deckenkonstruktion; ferner BGHZ 46, 242 = SFH Z 2.414 Bl. 171 = NJW 1967, 388 = MDR 1967, 209; BGH VersR 1967, 1150; BGH VersR 1970, 88 = MDR 1970, 226 = BauR 1970, 62 = WM 1970, 129 = SFH Z 3.01 Bl. 405). In ähnlicher Weise hat sich der BGH (VersR 1964, 1045) auch für den Fall ausgesprochen, daß der Statiker die Fundamente eines Bauwerkes zu groß berechnet hat. Es ist auch als Verschulden des Statikers zu werten, wenn er in Kenntnis der Tatsache, daß dem Architekten die Sachkunde auf dem Gebiet der Stahlbetonarbeiten fehlt, es unterlassen hat, den Auftraggeber selbst darauf hinzuweisen, daß ein Fachmann zur Überwachung der Arbeiten des Auftragnehmers herangezogen werden müsse (BGH SFH Z 3.01 Bl. 318).

124 Danach ist auch der mit der **Objektüberwachung beauftragte Architekt** im allgemeinen von der Verantwortlichkeit für die statische Berechnung **freigestellt,** insbesondere ist der **Architekt** grundsätzlich **nicht** zu einer **Überprüfung der Statik verpflichtet** (BGH BauR 1970, 62 = Betrieb 1970, 200 = VersR 1970, 88 = BB 1970, 15 = SFH Z 3.01 Bl. 405 = MDR 1970, 226 = WM 1970, 129; BGH VersR 1971, 667 = WM 1971, 682 = BauR 1971, 265 = SFH Z 3.00 Bl. 197; OLG Stuttgart a. a. O.; OLG Karlsruhe a. a. O.; OLG München VersR 1977, 380; OLG Köln BauR 1988, 241). Er hat den Statiker auch nicht zu beaufsichtigen; der Architekt muß aber die **statische Berechnung einsehen** und sich vergewissern, ob der Statiker von den erkennbaren Gegebenheiten – z. B. der Bodenbeschaffenheit – ausgegangen ist (BGH a. a. O), was insbesondere auch im Falle späterer Planungsänderung zutrifft (vgl. LG Aachen BauR 1986, 603 = VersR 1986, 777). **Gleiches** gilt für den **Auftragnehmer,** wenn die statische Berechnung nicht von ihm gefertigt wurde. Auch muß der Architekt darüber wachen, daß der Statiker bei seiner Tätigkeit von den in seinen – des Architekten – Bereich fallenden Plänen ausgeht und diese einhält; bei Abweichungen in den Plänen des Architekten und denjenigen des Statikers hat **auch der Auftragnehmer eine Hinweispflicht,** falls ihm im Einzelfall die Kenntnisse zur Entdeckung der Unstimmigkeiten **zuzumuten** sind. **Merkt der Architekt – oder der Auftragnehmer – oder muß er aufgrund seiner Sachkunde erkennen,** daß der Statiker z. B. die Fundamente des Bauwerkes zu groß berechnet hat und dem Auftraggeber dadurch vermeidbare Kosten entstehen, ist er aus dem Architekten- bzw. Bauvertrag heraus verpflichtet, für eine Nachprüfung der statischen Berechnung zu sorgen. Ähnliches gilt, wenn der Statiker an einem langen Balkon die Notwendigkeit von Dehnungsfugen unberücksichtigt gelassen hat (OLG Düsseldorf BauR 1973, 252).

125 Handelt es sich wiederum um **Vorgänge, die allein dem Spezialwissen des Statikers zuzuordnen** sind, muß dieser den Architekten auf im Zusammenhang mit dessen Planung

stehende statische Bedenken hinweisen. Der Architekt kann sich sonst grundsätzlich auf die planerische Richtigkeit als Ausgangspunkt für die Tätigkeit des Statikers verlassen. Ein hier bedeutsames Unterlassen fällt dem Statiker zur Last (vgl. BGH VersR 1962, 762; VersR 1964, 830; VersR 1965, 800 = SFH Z 3.01 Bl. 318 und SFH Z 3.00 Bl. 90 ff. sowie Urt. vom 30. 9. 1966 – VII ZR 235/64 –; ferner VersR 1967, 260).

Wenn ein Dach, dessen Konstruktion auf einer unrichtigen statischen Berechnung beruht, durch Sturm abgedeckt wird, spricht der **Beweis des ersten Anscheins** für die Mitursächlichkeit des Fehlers des Statikers (BGH VersR 1965, 812). Der Statiker muß beweisen, daß das Dach auch bei ordnungsgemäßer statischer Berechnung dem Sturm nicht standgehalten hätte.

Ein Leistungsmangel des Statikers, nicht positive Vertragsverletzung, ist es, wenn er den wirtschaftlichen Gegebenheiten des Bauvorhabens nicht Rechnung trägt (z. B. beim sozialen Wohnungsbau) und seine Berechnungen zu einer untragbaren Verteuerung des Baues führen (BGH SFH Z 3.01 Bl. 348). Ein Statiker, der sich dem Auftraggeber zur Anfertigung einer sparsamen Statik verpflichtet, ist aber nicht gehalten, zur Niedrighaltung der Baukosten unübersehbare Risiken einzugehen (BGH SFH Z 3.01 Bl. 336).

Die **richtige Ausführung der Pläne des Statikers obliegt** naturgemäß dem **Auftragnehmer;** nicht nur der Statiker, sondern auch der Architekt haben dies zu überwachen (OLG Karlsruhe MDR 1971, 45). 126

Wenn nicht ein selbständig tätiger Statiker, sondern der **Auftragnehmer die Statik angefertigt** hat, **haftet er** für Fehler und den daraus entstehenden Schaden selbst, und zwar, wie es bei einem selbständigen Statiker der Fall wäre. Ggf. kann auch eine Mitverantwortlichkeit des bauleitenden Architekten neben dem Auftragnehmer gegeben sein (vgl. BGH VersR 1965, 875). 127

Geht die Statik von **unzutreffenden tatsächlichen Verhältnissen** aus, deren **Feststellung in den Aufgabenbereich des Architekten** und nicht des Statikers fällt, dann ist in der Regel der Architekt dafür verantwortlich. So ist die für die Erstellung der Statik entscheidende Untersuchung der **Baugrundverhältnisse** in erster Linie Sache des Architekten, nicht des Statikers (vgl. BGH VersR 1967, 260; ebenso OLG München MDR 1969, 48 I; OLG Oldenburg BauR 1981, 399 = VersR 1981, 541; vgl. auch OLG Celle BauR 1983, 483); insbesondere gilt dies auch für den Fall notwendiger Umplanung des Architekten in bezug auf die Bodengrundannahmen in einer vorhandenen Statik (vgl. LG Aachen BauR 1986, 603 = VersR 1986, 777). Notfalls muß der Architekt hier den Auftraggeber auf den **notwendigen Einsatz eines Sonderfachmannes aufmerksam machen und darauf drängen, daß dies geschieht.** Darüber, ob hier ein Geologe oder ein Grundbauingenieur in Betracht kommt, vgl. OLG Köln SFH § 635 BGB Nr. 55; ferner Jebe BauR 1982, 336. 128

Allerdings kommt eine **Hinweispflicht des Statikers** in Betracht, wenn dieser von bloß angenommenen Bodenverhältnissen bei Erstellung der Statik ausgegangen ist, es also der **späteren Nachprüfung der wirklichen Bodenverhältnisse** bedarf; eine solche Hinweispflicht besteht jedoch nur, wenn der Architekt nicht ohnehin weiß oder wissen muß, daß die Prüfung der wirklichen Bodenverhältnisse erforderlich ist (BGH BauR 1971, 265, 268 = SFH Z 3.00 Bl. 197; OLG Stuttgart BauR 1973, 124; LG Aachen a. a. O.). Auch bei erkennbar zweifelhaften Bodenverhältnissen hat der Statiker, der allgemein für die Wahl der Gründungsart verantwortlich ist, eine eigene Prüfungspflicht, wenn für ihn die bisherigen Feststellungen des Architekten nicht ausreichen oder nicht ausreichen können; insofern besteht jedenfalls eine **Mitverantwortlichkeit** des Statikers (OLG Nürnberg MDR 1975, 930; AG Kempten BB 1980, 179; OLG Oldenburg BauR 1981, 399 = VersR 1981, 541; vgl. auch OLG Köln SFH § 635 BGB Nr. 55). Das gilt auch im Hinblick auf die Klärung sonstiger, für die ordnungsgemäße Statik wesentlicher Verhältnisse, die der Statiker in zumutbarer Weise, insbesondere an Ort und Stelle (z. B. bei offener Baugrube) vornehmen oder für die er gebotene Hinweise machen kann, wie z. B. in bezug auf einschlägige DIN-Normen. Zu diesen Fragen vgl. auch Bindhardt BauR 1974, 376; insbesondere Englert/Bauer Rdn. 138 ff., 152 ff.

129 Das Gesagte gilt auch für die Erkundigung nach dem **Grundwasserstand** in einem unbekannten Gelände (vgl. BGH SFH Z 2.414.0 Bl. 8; OLG Celle SFH Z 3.01 Bl. 191; OLG Braunschweig SFH Z 3.01 Bl. 268; OLG Düsseldorf SFH Z 2.410 Bl. 47; BGH VersR 1970, 825; Herding/Schmalzl Nr. 29 Anm. 17), **wie es überhaupt Sache des Architekten ist, die Grundwasserverhältnisse zu ermitteln.**

130 **Die Einplanung von Dehnungsfugen** gehört grundsätzlich zur Aufgabe des Architekten (OLG Karlsruhe VersR 1969, 335; vgl. auch BGH BauR 1978, 405 = MDR 1978, 831 = SFH § 639 BGB Nr. 2 = NJW 1978, 2393 = BB 1978, 1543 = Betrieb 1978, 2121), ebenso die ordnungsgemäße Planung der erforderlichen **Wärmedämmaßnahmen** (OLG Köln SFH § 278 Nr. 7). Ferner ist die **Konstruktion von Flachdächern** im allgemeinen Sache des Architekten oder Bauingenieurs; dabei sind nämlich viele Faktoren zu beachten, die ein Handwerker in der Regel nicht kennt (BGH, Urt. vom 25. 3. 1962 – VII ZR 211/61 –, ferner BGH BauR 1974, 125 = SFH Z 2.414.3 Bl. 8). Auch muß der Architekt dem Statiker mitteilen, die **Belastungen (Lastannahmen)** nach der ihm bekannten vorgesehenen Nutzung der Leistung vorauszusetzen sind.

131 Obliegen **Planungsaufgaben**, die sonst einem Architekten zuzuordnen sind, im Einzelfall wiederum dem **Auftragnehmer** (insoweit z. B. auch dem Bauträger, vgl. dazu Brandt BauR 1982, 524), so ist es **seine Sache, die etwa notwendigen Ermittlungen** zu den **Baugrundverhältnissen**, den **Grundwasserverhältnissen** usw. anzustellen, ferner die **Einplanung von Dehnungsfugen** sowie die **ordnungsgemäße Flachdachkonstruktion** o. ä. vorzunehmen. Dies gilt allerdings – anders als bei den zumeist umfassenden Planungsaufgaben des Architekten – **nur soweit, als die jeweilige Vertragspflicht des betreffenden Auftragnehmers reicht.** So braucht sich z. B. ein Fertighaushersteller, der sich zur Errichtung eines Fertighauses oberhalb der Kellergeschoßdecke verpflichtet, grundsätzlich nicht um die Ermittlung der Baugrundverhältnisse zu bemühen. Anders ist dies, wenn er auch die Planung des Kellergeschosses mit übernimmt, wie sich im übrigen auch aus Teil B § 4 Nr. 3 ergibt; dann muß er in zumutbarem Rahmen ermitteln (vgl. Rdn. 203), wie die Baugrundverhältnisse auf den vorgesehenen Baukörper einwirken (a. A., jedoch unzutreffend BGH BauR 1977, 131 = VersR 1977, 179 = SFH Z 2.414.0 Bl. 13 = MDR 1977, 206 = BB 1977, 269 = LM § 631 Nr. 33).

132 Das für das Verhältnis Architekt – Statiker – Auftragnehmer Gesagte **gilt auch für die etwaige Verantwortlichkeit eines anderen mit Planungsaufgaben betrauten Sonderfachmannes (Ingenieurs).** Zur Rechtsstellung des **Vermessungsingenieurs** sowie des planenden Ingenieurs überhaupt und dessen Verantwortlichkeit vgl. Teil A § 9 Rdn. 71 f., Teil B § 3 Rdn. 1 und 21 f.

133 e) Es kann nach dem Gesagten, und zwar nicht selten, Fälle geben, in denen für eine „verunglückte" Baumaßnahme **sowohl einerseits der Auftragnehmer als auch andererseits der Architekt oder Statiker oder planende Ingenieur (oder alle diese zusammen) als Beauftragter des Auftraggebers und dessen Erfüllungsgehilfe gesamtschuldnerisch** (vgl. dazu näher Teil B § 13 Rdn. 27 ff.) **verantwortlich zu machen sind.** Ob und inwieweit dies erfolgt, unterliegt der Entschließung des Auftraggebers. Zur gesamtschuldnerischen Haftung von Architekt, Ingenieur und Auftragnehmer, z. B. bei fehlerhafter Gründung, BGH WM 1971, 682 = VersR 1971, 667 = BauR 1971, 265 = SFH Z 3.00 Bl. 197. Dann muß sich der **Auftraggeber das Verschulden** des Architekten usw. **nach §§ 276, 278, 254 BGB**, sofern es in einem

Planungsfehler liegt, **anrechnen lassen,** wenn er aus dem Bauvertragsverhältnis zum Auftragnehmer gegen diesen vorgeht. Das gilt vor allem auch bei Verletzung der sich aus Teil B § 3 Nr. 1–4 ergebenden Pflichten des Auftraggebers (a. a. O., Rdn. 1). Zu den Planungsaufgaben des Auftraggebers bzw. dessen Architekten zählen insbesondere auch die nach § 15 Abs. 2 Nr. 5 HOAI anzufertigenden **Ausführungszeichnungen** (vgl. dazu Teil A § 9 Rdn. 1, Rdn. 69; Teil B § 3 Rdn. 9). Ebenso gehört dazu auch die **Überprüfung eines von einem Auftragnehmer aufgestellten Leistungsverzeichnisses** durch den Architekten auf seine Richtigkeit und Vollständigkeit im Hinblick auf technisch unumgänglich notwendige Leistungsansätze (vgl. BGH BauR 1978, 405 = MDR 1978, 831 = SFH § 639 BGB Nr. 2 = NJW 1978, 2393 = BB 1978, 1543 = Betrieb 1978, 2121 für den Fall des Fehlens von Kapp- oder Überhangstreifen bzw. eines Formstückes im Angebot eines Kupferblech-Wandanschlusses). Das Gesagte gilt **auch im Verhältnis des Hauptunternehmers zum Nachunternehmer;** insofern muß sich der Hauptunternehmer das Planungsverschulden des Architekten des Auftraggebers zurechnen lassen; das gilt auch dann, wenn der Hauptunternehmer auf dem betreffenden technischen Gebiet nicht fachkundig ist (vgl. BGH BauR 1987, 86 = NJW 1987, 644 = BB 1987, 155 = SFH § 633 BGB Nr. 59 = Betrieb 1987, 1833 = ZfBR 1987, 34 = LM § 633 BGB Nr. 60).

Zur Lösung des Problems der Schadensquote beachtlich Aurnhammer VersR 1974, 1060.

Davon zu unterscheiden ist gerade auch in diesem Zusammenhang wiederum der **Fall,** in dem der entstandene Schaden oder Mangel bei ordnungsgemäßer Planung dem Aufgabenbereich des Auftragnehmers, nämlich der diesem **eigenverantwortlich** obliegenden Ausführung, zuzurechnen ist, er aber **nicht nur durch die unsorgfältige Bauarbeit des Auftragnehmers herbeigeführt worden ist, sondern zugleich auch darauf zurückzuführen ist, daß der bauleitende Architekt die ihm übertragene Aufsichtspflicht verletzt hat.** Vgl. dazu Rdn. 110 ff.; u. a. auch Neuenfeld BauR 1981, 436. Die Aufsichtspflichten des Architekten **im Rahmen seines Vertrages mit dem Auftraggeber** sind nämlich **um so größer, je gewichtiger die gerade in der Ausführung begriffene Baumaßnahme** ist; das gilt u. a. für Betonarbeiten, die für die Haltbarkeit und die Güte des Bauwerks von wesentlicher Bedeutung sind (vgl. dazu BGHZ 39, 261, 262 = NJW 1963, 1401 = MDR 1963, 669 = SFH Z 3.01 Bl. 208 = BB 1963, 668 = Betrieb 1963, 827; BGH VersR 1963, 933; 1965, 800, 875; VersR 1971, 818; WM 1971, 678, 1056). Dazu gehört auch die Überwachung der Einhaltung der Betonzusammensetzung, wie z. B. – damals – B 300 (BGH BauR 1973, 255 = SFH Z 3.00 Bl. 249); das richtige Mischungsverhältnis ist vom Architekten durch Stichproben zu prüfen (BGH a. a. O., ferner WM 1971, 1056), wobei sich der Architekt zu vergewissern hat, ob der Auftragnehmer die nach DIN 1045 und 1048 erforderlichen Prüfungen des Betons vor und während der Verarbeitung vornimmt (a. a. O.). Die Nachbehandlung von Betonarbeiten muß der Architekt sorgfältig überwachen (OLG München SFH § 635 BGB Nr. 57). Auch bei Isolierungs- sowie Balkonbelagsarbeiten muß der Architekt zumindest durch häufige Kontrollen sich vergewissern, ob seinen Anweisungen entsprechend gearbeitet wird, ob z. B. ein als Feuchtigkeitssperre gedachter Bleiwinkel richtig im Verblendmauerwerk angebracht ist und ob der Balkonbelag die richtige Höhenlage hat (vgl. dazu BGH BauR 1978, 498 = SFH § 635 BGB Nr. 7 = VersR 1978, 868 = Betrieb 1979, 87 = NJW 1978, 1853 = BB 1978, 1237).

Andererseits: Bei einfachen, lediglich handwerklich auszuführenden Bauarbeiten (z. B. Auftragen des Innenputzes) kann sich der bauleitende Architekt in der Regel darauf verlassen, daß der Auftragnehmer sie ohne seine ständige Überwachung ordnungsgemäß ausführt; nur dann ist hier eine erhöhte Aufsicht geboten, wenn sich bereits während der Putzarbeiten Mängel der Ausführung herausstellen, damit weitere Schäden vermieden werden (LG Köln VersR 1981, 1191). Die Prüfungspflicht des Architekten, abgestuft nach dem Gewicht der jeweiligen Baumaßnahme, gilt nicht nur für die Errichtung von Häusern selbst, sondern für alle Baumaßnahmen von Wichtigkeit im Hinblick auf das Leistungsziel, wie z. B. die Verfüllung einer Grube, in die ein Öltank eingebracht worden ist (vgl. OLG Stuttgart BauR 1973, 253).

135 **Anlaß zu einer besonderen Sorgfalt bei der Aufsicht hat der Architekt vor allem auch dann, wenn seine bisher erstellte Planung nicht ausreicht,** wozu z. B. auch die nicht sorgfältige Überprüfung eines von dem Auftragnehmer aufgestellten unzulänglichen Leistungsverzeichnisses gehört, damit noch rechtzeitig Schäden vermieden werden können (BGH BauR 1978, 405 = MDR 1978, 831 = SFH § 639 BGB Nr. 2 = NJW 1978, 2393 = BB 1978, 1543 = Betrieb 1978, 2121). Die Aufsichtspflicht des Architekten kann auch dann in erhöhtem Maße bestehen, wenn ein **Auftragnehmer eingesetzt ist, der sich nicht unbedingt als zuverlässig erwiesen hat;** das gilt auch, wenn der Architekt gegenüber dem Auftraggeber dem Einsatz des betreffenden Auftragnehmers widersprochen hat, weil er diesen für fachlich nicht hinreichend geeignet hält; auch dann hat der Architekt besonderen Anlaß zur Überwachung, zumal er die Entscheidung des Auftraggebers zum Unternehmereinsatz grundsätzlich hinnehmen muß (BGHZ 70, 12 = NJW 1978, 322 = BauR 1978, 60 = BB 1978, 1439 = MDR 1978, 305 = LM § 1 RechtsberatungsG Nr. 31 = BlGBW 1978, 74 = SFH § 631 BGB Nr. 1 m. w. N.). Allerdings gilt letzteres nur im Bereich des dem Architekten Zumutbaren (§ 242 BGB). Überdies wird sich hier der Auftraggeber im Verhältnis zum Architekten ein regelmäßig **erhebliches Mitverschulden** zurechnen lassen müssen, wenn er den berechtigten Warnungen des Architekten nicht gefolgt ist.

136 **In solchen Fällen** der auch gegebenen Aufsichtspflichtverletzung des Architekten **steht es dem Auftraggeber grundsätzlich** ebenfalls **frei,** ob er wegen des dadurch verursachten Schadens oder Mangels den Auftragnehmer oder den Architekten, der seine Aufsichtspflicht schuldhaft verletzt hat, in Anspruch nehmen will. Architekt und Auftragnehmer haften dem Auftraggeber gerade auch hier als **Gesamtschuldner** mit der Folge, daß der Auftraggeber die Wahl hat, welchen von beiden – oder beide – er in Anspruch nehmen will. **Jedoch kann hier der Auftragnehmer anders als bei Planungsfehlern dem Auftraggeber grundsätzlich nicht deswegen Mitverschulden vorwerfen, weil er durch den Architekten nachlässig beaufsichtigt worden ist.** Im Rahmen der **Bauaufsicht** ist der **Architekt nicht Erfüllungsgehilfe** des Auftraggebers. Näheres siehe Teil B § 13 Rdn. 33 ff. **Anders** liegt es im Falle der Verletzung von **Koordinationspflichten** durch den Architekten (vgl. dazu Teil B § 3 Rdn. 1 und hier Teil B § 4 Rdn. 2 ff.), da diese grundsätzlich **zum Bereich der Planung** und nicht der – bloßen – Bauaufsicht gehören, sich insoweit also der Auftraggeber ein Mitverschulden seines Architekten (§ 254 BGB) als seines Erfüllungsgehilfen entgegenhalten lassen muß (vgl. OLG Köln SFH § 635 BGB Nr. 9 mit zutreffender Anm. Hochstein zur Abgrenzung von Koordination und Bauaufsicht für diesen Bereich).

137 Dagegen kann der Auftraggeber, wenn die Bauleistung durch Verschulden des Auftragnehmers und/oder des Architekten mangelhaft erbracht worden ist, diese wegen des durch die Mängel der vertraglichen Leistung selbst entstandenen Vermögensschadens **im allgemeinen nicht aus unerlaubter Handlung** nach § 823 Abs. 1 BGB oder § 823 Abs. 2 BGB in Verbindung mit § 330 StGB in Anspruch nehmen. Vielmehr ist der Auftraggeber gegen diese Schäden grundsätzlich durch die speziellen Vorschriften über den Werkvertrag (demnach auch die Bestimmungen der VOB) hinreichend geschützt (vgl. Teil B § 13 Rdn. 63 ff.).

138 f) Von Verantwortlichkeit oder Mitverantwortlichkeit ist nur derjenige Architekt erfaßt, der planerische oder bauaufsichtliche **vertragliche Aufgaben** im Verhältnis zum Auftraggeber übernommen hat, die dem Leistungsbild des § 15 HOAI entsprechen. Anders der nach den verschiedenen öffentlich-rechtlichen Bauordnungen zu bestellende **verantwortliche Bauleiter.** Er trägt nur der **Bauaufsichtsbehörde gegenüber** die **Verantwortlichkeit** für die Sicherheit der Baustelle und die Durchführung des Bauvorhabens. Die Bauordnungen wollen die öffentlichen Belange sichern und nicht die privatrechtlichen Beziehungen zwischen Auftrag-

geber und Auftragnehmer oder zwischen Auftraggeber und seinem nach dem Leistungsbild des § 15 HOAI tätigen Architekten (vgl. BGH VersR 1967, 474 = SFH Z 2.305 Bl. 1 ff. für Art. 76 der BayBO). Zur Haftung des verantwortlichen Bauleiters i. S. der Landesbauordnungen Schmalzl NJW 1970, 2265. Vgl. auch die Gegenüberstellung der Aufgaben des mit der Bauführung gemäß § 19 Abs. 4 GOA (jetzt im wesentlichen § 15 Abs. 2 Nr. 8 HOAI) beauftragten Architekten einerseits und des Bauleiters (hier: im Sinne des § 80 BremLBO) andererseits: BGH SFH Z 3.012 Bl. 12. Zur Rechtslage in Nordrhein-Westfalen vgl. Rabe BauR 1981, 332.

Eine individualvertragliche Vertragsklausel dahin gehend, daß der verantwortliche Bauleiter, der nicht die zivilrechtliche Bauleitung übernommen hat, die Haftung für den Rahmen von Eigenleistungen des Bauherrn und die dafür erforderlichen Schutzvorkehrungen ausschließt, ist möglich (vgl. OLG Koblenz BauR 1979, 176). **139**

Wird in einer Klausel in AGB eines Bauvertrages „dem Auftragnehmer" die Aufgabe des verantwortlichen Bauleiters übertragen, so verstößt dies zunächst gegen die Unklarheitenregelung des § 5 AGB-Gesetz, da sich dann die Verantwortungsbereiche der verschiedenen am Bauvorhaben beschäftigten Auftragnehmer nach der Natur der dem verantwortlichen Bauleiter aufgebürdeten Aufgaben nicht hinreichend abgrenzen lassen; überdies dürfte eine formularmäßige Überwälzung der Aufgaben des verantwortlichen Bauleiters gegen § 9 AGB-Gesetz verstoßen, sofern mehrere Auftragnehmer bei dem betreffenden Bauvorhaben tätig sind, da dann die dem Bauvertrag zugrundeliegende normale Verantwortlichkeit des Auftragnehmers in für ihn unzumutbarem Rahmen überschritten wird. Hat ein **Auftragnehmer zugleich die Aufgaben eines verantwortlichen Bauleiters übernommen,** so steht ihm ohne besondere Vereinbarung ein zusätzlicher Vergütungsanspruch nur zu, wenn er im einzelnen darlegt und nachweist, daß er in diesem Zusammenhang Aufgaben wahrgenommen hat, die über die ohnehin aus dem Bauauftrag sich ergebende Obliegenheit, sich und seine Arbeitnehmer zu beaufsichtigen, hinausgehen (vgl. LG Kempten BB 1978, 1091). **140**

II. Einhaltung der anerkannten Regeln der Technik, der gesetzlichen und behördlichen Bestimmungen (Nr. 2 Abs. 1 Satz 2)

Nr. 2 Abs. 1 Satz 2 gibt eine **ergänzende Erläuterung** der im Satz 1 niedergelegten **Generalklausel** über die vertragliche Verantwortlichkeit des Auftragnehmers. Drei Merkmale sind es, die **Verpflichtung zur Beachtung der anerkannten Regeln der Technik, der gesetzlichen und der behördlichen Bestimmungen.** Es sind Pflichten, die durch ihre Aufzählung in Teil B der VOB **ausdrücklich zum Vertragsinhalt** und damit zur Leistungspflicht des Auftragnehmers **erklärt** werden. Beachtet der Auftragnehmer sie nicht oder nicht hinreichend, hat er die vertragliche Leistung nicht erbracht, was Rechtsfolgen nach sich ziehen kann (Mängelrügen, sonstige Ansprüche wegen nicht ordnungsgemäßer Erfüllung, Ansprüche aus Vertragsverletzung, ggf. Schadensersatzpflichten aus unerlaubter Handlung usw.). Die hier erörterte Regelung **gilt insgesamt auch für nach den §§ 631 ff. BGB ausgerichtete Bauverträge,** da sie zwangsläufig den Besonderheiten und damit der Rechtsnatur des Bauvertrages entspricht. **141**

Bei dem Hinweis auf die Notwendigkeit der Einhaltung der anerkannten Regeln der Technik, die der Auftragnehmer zu beachten hat, handelt es sich ebenso wie bei der Bestimmung in Satz 1 um eine **generalklauselartige Verweisung** auf die für die jeweils vertraglich geschuldete Leistung maßgebenden anerkannten technischen Regeln, die in **gesetzlichen Vorschriften zulässig** ist (vgl. Ernst, Rechtsgutachten zur Gestaltung des Verhältnisses der überbetrieblichen technischen Norm zur Rechtsordnung, S. 32 ff.). Daher können auch gegen die **142**

Zulässigkeit einer solchen generalklauselartigen Verweisung **in einem Vertragswerk,** wie hier die VOB, **keine Bedenken** bestehen.

143 Welche Regeln der Technik zu beachten sind, richtet sich grundsätzlich nach ihrer Gültigkeit bzw. Anerkennung im Zeitpunkt der Abnahme, wie sich aus dem insoweit **klaren Wortlaut in Teil B § 13 Nr. 1** ergibt (a. A. Jagenburg, Festschrift Korbion, 1986, S. 179, 185, der es auf den Zeitpunkt des Vertragsabschlusses abstellt; wie hier Kaiser Rdn. 68; ders. BauR 1983, 203). Darüber hinaus wird man jedenfalls **bei größeren und längerfristigen Bauverträgen** aus dem Gesichtspunkt von **Treu und Glauben** sagen müssen, daß es hinsichtlich der anerkannten Regeln der Technik auf den **Zeitpunkt** ankommt, **in dem der betreffende Leistungsteil ausgeführt wird;** denn dieser Zeitpunkt kann allein ausschlaggebend für das beim Auftragnehmer vorauszusetzende fachliche Wissen und die von ihm gerechterweise zu verlangende Sorgfalt sein (ähnlich Hereth/Ludwig/Naschold Teil B § 13.1 Ez. 95; a. A. Kaiser Rdn. 68; ähnlich wie hier auch für den Bereich des Architektenvertrages: Ganten NJW 1971, 374; Jagenburg NJW 1971, 1425; Bohl/Döbereiner/Keyserlingk Rdn. 73 ff.; Bindhardt/Jagenburg § 4 Rdn. 8). Mit dem Gesagten ist jedoch noch nicht die Frage beantwortet, auf welchen Zeitpunkt es ankommt, wenn es sich darum handelt, ob der Auftragnehmer nach Maßgabe von Teil B § 13 Nr. 1 die geschuldete Leistung zugesicherten Eigenschaften entsprechend oder fehlerfrei erbracht hat (vgl. dazu Teil B § 13 Rdn. 105 ff.).

Gleiches gilt hinsichtlich des Zeitpunktes für die vom Auftragnehmer zu beachtenden **gesetzlichen und behördlichen Bestimmungen.**

1. Die anerkannten Regeln der Technik

144 a) Die Pflicht des Auftragnehmers zur Beachtung der **anerkannten Regeln der Technik** (dazu allgemein Herschel NJW 1968, 617; ferner Marburger, Die Regeln der Technik im Recht, insbes. S. 499 ff.) entstammt dem **Grundsatz von Treu und Glauben. Sie gilt** daher **für einen Bauvertrag schlechthin,** somit auch dann, wenn nicht Teil B der VOB, sondern die gesetzlichen Regelungen der §§ 633 ff. BGB Vertragsgegenstand sind. Hierbei handelt es sich nämlich um **Mindestanforderungen,** die an eine ordnungsgemäße Leistung zu stellen sind. Dazu sowie zur Unterscheidung zwischen anerkannten Regeln der Technik und den weiteren Begriffen „Stand der Technik" sowie „Stand von Wissenschaft und Technik" vgl. Budde DIN-Mitt. 59.1980, Nr. 12, S. 738. In letzterer Hinsicht tiefgreifend und voll zu billigen Nicklisch BB 1981, 505 ff. Vgl. auch Heinrich BauR 1982, 224; ferner Weber ZfBR 1983, 151, 153 ff.; Winckler Betrieb 1983, 2125; Börner Betrieb 1984, 812; Siegburg BauR 1985, 367; Eberstein BB 1985, 1760, 1761 f.; Pieper BB 1987, 273; Berthold, Systematische Untersuchung über die Einbeziehung von technischen Normen und anderen technischen Regelwerken in Bauverträgen, Beuth-Verlag 1985; Jagenburg, Heidelberger Kolloquium Technologie und Recht 1983, Bau- und Anlagenverträge, S. 137, 140 f.). **Für den Bauvertrag, vornehmlich den nach der VOB/B ausgerichteten, kommt es für die Beurteilung allein auf die anerkannten Regeln der Technik an, wie sich aus dem Wortlaut VOB eindeutig ergibt** (a. A. Siegburg a. a. O., der es auf den „Stand der Technik" abstellen will, um der Einführung neuer Stoffe oder Bauteile sowie Verfahrenstechniken nicht entgegenzustehen; sicher will man dem nichts in den Weg legen; jedoch kommt es hier entscheidend auf das wohlberechtigte Interesse des Auftraggebers an, eine nach allgemeiner Anschauung technisch abgesicherte Leistung zu erhalten).

145 Der Begriff „anerkannte Regeln der Technik" ist im Rahmen der VOB dahin gehend zu verstehen, daß die **anerkannten Regeln der Bautechnik gemeint** sind. Die anerkannten Regeln der Technik (Bautechnik) sind im Rahmen der VOB **nicht ohne weiteres identisch mit den Allgemeinen Technischen Vertragsbedingungen des Teils C,** die nach Teil B § 1 Nr. 1 Satz 2 **auch Inhalt** des Bauvertrages sind (zur vertragsrechtlichen Bedeutung des Teils C der VOB Mantscheff, Festschrift Korbion, 1986, S. 295 ff.). Vielmehr handelt es sich bei

ihnen um **übergeordnete Merkmale einer ordnungsgemäßen, den allgemeinen Anforderungen der Bautechnik entsprechenden Handlungsweise,** die von jedem am Bau Tätigen zu erwarten ist. Deshalb geht der Begriff der anerkannten Regeln der Bautechnik über den der Allgemeinen Technischen Vertragsbedingungen (DIN-Normen) hinaus, indem letztere den ersteren unterzuordnen sind. Das ist aber nur insofern und insoweit möglich, wenn sie die **Anforderungen** der anerkannten Regeln der Bautechnik **erfüllen** (vgl. dazu Rdn. 153 ff.). Deshalb ist das in Teil B § 4 Nr. 2 Abs. 1 Satz 2 Festgelegte eine **vordringlich (Teil B § 1 Nr. 1 Satz 2 vorgehende) zu beachtende vertragliche Verpflichtung des Auftragnehmers.**

Die Allgemeinen Technischen Vertragsbedingungen des Teils C sind daher auch nicht schon dadurch anerkannte Regeln der Bautechnik, daß sie schriftlich abgefaßt sind, zumal die anerkannten Regeln der Bautechnik nicht von ihrer schriftlichen Fixierung abhängen. Vielmehr können gerade sie sich auch aus ungeschriebenen Grundsätzen ergeben (vgl. dazu auch Kaiser BauR 1983, 203).

Vor allem und ganz besonders sind die anerkannten **Regeln der Bautechnik nicht feststehend, sondern nach Entwicklung und Stand der jeweiligen anerkennenswerten Handhabung wandelbar.** Deshalb kann es, da auch die geschriebenen Regeln immer nach dem neuesten Stand der technischen Entwicklung beurteilt werden müssen, vorkommen, daß die Allgemeinen Technischen Vertragsbedingungen **als allgemein anerkannte Regeln der Bautechnik keine Gültigkeit mehr haben,** weil die schriftliche Formulierung mit der technischen Entwicklung nicht Schritt gehalten hat und überholt ist, vor allem, wenn es sich um die Anwendung neuer, als technisch einwandfrei anerkannter Bauweisen und Baustoffe handelt (vgl. dazu auch BGHZ 90, 354 = BauR 1984, 401 = ZIP 1984, 709 = SFH § 274 BGB Nr. 1 = ZfBR 1984, 176 = NJW 1984, 1679 = BB 1984, 1832 = Betrieb 1984, 1824; Nicklisch BB 1982, 812; ferner ders. BB 1983, 261 sowie NJW 1983, 841; Eberstein BB 1985, 1760; vgl. auch Motzke ZfBR 1987, 2). Das ist heute vor allem auch aus dem Gesichtspunkt des **Umweltschutzes** zu betrachten.

146

Da die Allgemeinen Technischen Vertragsbedingungen des Teils C den anerkannten Regeln der Technik untergeordnet sind, gehen ihnen die letzteren vor allem dann vor, **wenn jene ihnen widersprechen oder unvollständig oder sonst lückenhaft sind.** So entsprachen z. B. die **Mindestanforderungen für Schallschutz** nach DIN 4109 (Fassung 1962) jedenfalls im Jahre 1974 selbst bei durchschnittlichem Wohnkomfort nicht mehr den anerkannten Regeln der Bautechnik (LG Tübingen SFH § 634 BGB Nr. 6; dazu eingehend und zutreffend insbesondere Weiß, Rechtliche Probleme des Schallschutzes, Baurechtliche Schriften, Band 3, 1986, Werner-Verlag, sowie Döbereiner BauR 1980, 296; vgl. auch OLG Stuttgart BauR 1977, 279; OLG Frankfurt BauR 1980, 361; OLG Köln BauR 1981, 475 = SFH § 4 Ziff. 2 VOB/B Nr. 2; OLG Düsseldorf, BauR 1984, 178; dazu beachtlich Weber ZfBR 1983, 151, 154 f. im Hinblick auf die gegenwärtige Situation); insoweit wird man eher den Entwurf für die DIN 4109 von Februar 1979 im allgemeinen der Beurteilung zugrunde legen müssen (vgl. dazu auch BGH BauR 1986, 447 = NJW-RR 1986, 755 = JZ 1986, 768 = LM § 21 WEG Nr. 11 = SFH § 21 WEG Nr. 9 = ZfBR 1986, 171; ferner OLG Hamm BauR 1987, 569); vgl. dazu auch Bötsch/Jovicic BauR 1984, 564. Zum Schallschutz bei Reihenhäusern OLG Hamm BauR 1988, 340. Zum technischen und rechtlichen Risiko der **Warmwasser-Fußbodenheizung** Postelt BauR 1985, 265. Für den Fall eines **Widerspruches** zwischen Allgemeinen Technischen Vertragsbedingungen und den anerkannten Regeln der Bautechnik ist zu folgern, daß der den anerkannten Regeln der Bautechnik nicht entsprechende Teil der Allgemeinen Technischen Vertragsbedingungen des Teils C auch **nicht** gemäß Teil B § 1 Nr. 1 Satz 2 **Vertragsinhalt** geworden ist (was Huhn, Vahlens Rechtsbücher, Bd. 3, S. 130, verkennt, wenn er schlechthin annimmt, daß eine den Allgemeinen Technischen Vertragsbedingungen nicht entsprechende Leistung mangelhaft sei; ebenso mißverstanden von Eberstein – BB 1985, 1760, 1763 Fn. 10 –, wenn er folgert,

147

dann könne keine Vertragspflicht verletzt worden sein, weil dann eben die allgemein anerkannten Regeln der Bautechnik Vertragsinhalt sind). Gleiches gilt dann auch für den Fall, daß die jeweils **einschlägige DIN-Norm Regelungslücken** enthält, wie z. B. die frühere Fassung der DIN 4108 in bezug auf Wärmeschutz bei Gebäudeaußenecken (vgl. dazu OLG Hamm BauR 1983, 173 mit beachtlicher Anm. von Kamphausen, insoweit auch hinsichtlich der DIN 4108 in der überarbeiteten Fassung, Ausgabe August 1981; ferner Knüttel BauR 1985, 54; wiederum Kamphausen/Reim BauR 1985, 397; dazu Glitzka, BauR 1987, 388 sowie Lühr BauR 1987, 390). Zur ab 1. 1. 1982 gültigen DIN 4124 (Baugruben und Gräben – Böschungen, Arbeitsraumbreiten, Verbau) vgl. Kurtz (Tiefbau – BG 1981, 892), Weißbach (Bauwirtschaft 1982, 14), Fuchs (Bauwirtschaft 1982, 102), wiederum Weißbach (Bauwirtschaft 1982, 331). Über zweischaliges Mauerwerk für Außenwände nach DIN 1053 Teil 1 Abschnitt 5.2.1 mit „Kerndämmung" Groß/Riensberg BauR 1986, 533; dazu Glitzka BauR 1987, 388 und Lühr BauR 1987, 390; Reim/Kamphausen BauR 1987, 629; wiederum Groß/Riensberg BauR 1987, 633. Vgl. auch Rdn. 161.

148 Andererseits können die Allgemeinen Technischen Vertragsbedingungen sicher zur Auslegung der jeweils maßgebenden Regel der Technik geeignet und deshalb heranzuziehen sein (vgl. auch Eberstein BB 1985, 916). So ergab sich die Art und Weise der Ausführung des Schallschutzes aus der DIN 4109 (Ausgabe April 1963) Nr. 2.4.1.3.4 (Schwimmende Estriche), wonach an den Wänden ein besonderer Dämmstreifen angeordnet werden muß, um einen Übergang des als Körperschall weitergeleiteten Trittschalls in die angrenzenden Bauteile zu verhindern; das gilt als Regel der Technik nicht nur für die Herstellung schwimmender Estriche, sondern auch für die Verlegung eines Fußbodenbelages auf dem schwimmenden Estrich; insoweit war und ist die DIN 4109 auch für die Plattenleger als anerkannte Regel der Technik maßgebend, zumal sich entsprechende Anforderungen auch aus den Richtlinien des Deutschen Natursteinverbandes von 1972 ergeben (BGH BauR 1978, 222 = SFH § 4 Ziff. 2 VOB/B Nr. 1 = MDR 1978, 657 = LM VOB/B Nr. 96 = BB 1978, 577). Insoweit daher unzutreffend OLG Hamm BB 1981, 1975 = MDR 1982, 141), das Mindestanforderungen für Schallschutz bei frei stehenden Einfamilienhäusern verneint, weil die Fassung der DIN 4109 von 1977 solche nicht berühre. Insoweit ist es bereits für 1977 als allgemein anerkannte Regel der Technik anzusehen, auch bei freistehenden Einfamilienhäusern die nach DIN 4109 geforderten Werte für Schallschutz im Hochbau zumindest entsprechend anzuwenden (ablehnend zu OLG Hamm auch Jagenburg NJW 1982, 2412, 2415). Über akustische Forderungen in der Installationstechnik vgl. Eisenberg ZSW 1980, 231.

149 **Zu beachten ist aber gerade hier:** Möglicherweise gehen die Anforderungen, die an die Leistung gestellt werden, **kraft ausdrücklicher vertraglicher Regelung über die Mindestanforderungen oder überhaupt über die Anforderungen der DIN-Normen bzw. der allgemein anerkannten Regeln der Technik hinaus.** Dann sind die jeweiligen Vertragsbedingungen maßgebend, und sie müssen vom Auftragnehmer eingehalten werden (vgl. dazu BGH BauR 1981, 395 = SFH § 635 BGB Nr. 27 = MDR 1981, 836 = LM § 635 BGB Nr. 60 = ZfBR 1981, 173 für den Fall der geringfügigen Überschreitung der Mindestwerte für das Wärmedämmgebiet I der DIN 4108, wenn vertraglich „Vollwärmedämmung an der Außenseite" und „extrem hoher Wärmedämmwert" gefordert werden).

150 b) Der Begriff der **allgemein anerkannten Regeln der Technik (nach früherer gesetzlicher Terminologie: Baukunst)** ist umfassend und läßt sich bereits vom Standpunkt der Ästhetik nicht in genau umrissene Grenzen einzwängen. Er muß als unbestimmter Rechtsbegriff angesehen werden. Gibt es schon vom rein Künstlerischen her die verschiedensten Anschauungen über Baukunst und ihre Regeln, so sieht man weiter, daß rechtlich der **Begriff der allgemein anerkannten Regeln der Technik bzw. Baukunst in den Gesetzen und in der VOB** auch **nicht näher definiert war und ist.** Die VOB hat ihn offenbar aus § 330 (jetzt § 323) StGB übernommen und als bekannt vorausgesetzt, wobei hier, da es sich um die

Bauausführung selbst handelt, eindeutig die technischen Gesichtspunkte vor etwaigen künstlerischen den Vorrang haben. Das Reichsgericht hat in der Entscheidung RGSt. 44, 76 zu (damals) § 330 StGB den bis dahin wohl recht unklaren Begriff „Regeln der Baukunst" durch ausdrückliche Hinzufügung genauer Kennzeichen wie folgt näher erläutert und ausgefüllt:

„Der Begriff der allgemein anerkannten Regeln der Baukunst ist nicht schon dadurch erfüllt, daß eine Regel bei völliger wissenschaftlicher Erkenntnis sich als richtig und unanfechtbar darstellt, sondern sie muß auch allgemein anerkannt, d. h. durchweg in den Kreisen der betreffenden Techniker bekannt und als richtig anerkannt sein ... Wie betont, genügt es nicht, daß die Notwendigkeit gewisser Maßnahmen in der Wissenschaft (Theorie) erkannt und gelehrt wird, sei es auf Hochschulen, sei es in Büchern. Die Überzeugung von der Notwendigkeit muß vielmehr auch in die ausübende Baukunst und das Baugewerbe (in die Praxis) eingedrungen sein und sich dort gefestigt haben, ehe im Sinne des Gesetzes von allgemeiner Anerkennung der betreffenden Regel gesprochen werden darf. Wenn auch Erreichung größtmöglicher Sicherheit für das Publikum bei Bauten Zweck der Gesetzesbestimmung ist, so trifft diese doch den Baubeflissenen noch nicht, wenn er versäumt, was von den auf der Höhe der Wissenschaft Stehenden, vielleicht nach neuerer Erkenntnis, als Forderung hingestellt wird, sondern erst unter der Voraussetzung, daß diese Erkenntnis Gemeingut auch der ausübenden Kunst oder des Gewerbes geworden ist. Es ist ohne weiteres klar, daß mit Rücksicht auf die große Verschiedenheit in der Vorbildung von Personen, denen nach dem bestehenden Rechtszustande Leitung und Ausführung von Baulichkeiten anvertraut sein können, strafbare Vernachlässigung von Regeln der Baukunst nur da angenommen werden soll, wo sie Grundsätze verletzt, über deren Bestehen im Gewerbe kein Zweifel herrscht. Selbstverständlich muß auch hier das Anerkenntnis der großen Menge entscheiden. Die Tatsache, daß Vereinzelte, ‚eine verschwindende Minderheit', sei es aus Unkenntnis, sei es aus technischen oder sonstigen Gründen, sie nicht anerkennen, vermag die Feststellbarkeit allgemeiner Anerkennung nicht auszuschließen. Der Kreis, auf dessen Anerkennung es demnach ankommt, wird durch die Gesamtheit der ‚betreffenden' Techniker gebildet, d. h. derjenigen Baubeflissenen, die in dem jeweilig gegebenen Zweige der Baukunst tätig sind und die dafür erforderliche Vorbildung besitzen. Irrig ist es also ... die Kenntnis derjenigen als ausschlaggebend zu betrachten, die sich mit x etwa nur so vorgebildete Techniker befassen dürften, daß solche Bauarbeiten etwa im Hinblick auf deren Schwierigkeit über den Gesichtskreis anderer weniger gut vorgebildeter Techniker hinausgehen und daß daher ausgesprochen würde, die unzureichende Vorbildung dieser Klasse von Technikern raube ihnen den Anspruch auf die Berücksichtigung ihrer Anschauungen bei der zu treffenden Feststellung. Vielmehr können die Feststellungen nur in dem gegenteiligen Sinne dahin verstanden werden, daß die Befähigung der Techniker mit mittlerer Vorbildung zu Baulichkeiten der vorliegenden Art nicht bestritten werde ... Trifft dies aber zu, so kann aus dem Kreise der ‚betreffenden Techniker' nicht ohne weiteres eine ganze, wie anerkannt wird, zahlreiche Personenklasse ausgeschieden und die Frage nach dem Anerkenntnis der Bauregel innerhalb ihrer als unerheblich und gleichgültig behandelt werden. Richtig wäre dies freilich, wenn in ihrem Kreise tatsächlich ein eingerissener Mißbrauch ... obwaltete. Indessen von solchem Mißbrauch oder einer geübten ‚nachlässigen Praxis' könnte doch nur dann die Rede sein, wenn die Unkenntnis von der Regel oder ihre Nichtanerkennung wirklich auf einem Verschulden beruhte ..."

Auf der Grundlage dieser Entscheidung des Reichsgerichts läßt sich der Begriff der anerkannten Regeln der (Bau)Technik, allerdings mit einer gerade für das Bauvertragswesen erforderlichen Ergänzung im Hinblick auf in der Praxis gemachte und anerkannte Erfahrungen (vgl. auch Marburger, Die Regeln der Technik im Recht, S. 157), für die heute geltenden Anforderungen kurz dahin definieren, daß es sich um **technische Regeln für den Entwurf und die Ausführung baulicher Anlagen handelt, die in der Wissenschaft als theoretisch richtig erkannt sind und feststehen sowie insbesondere in dem Kreise der für die Anwendung** der betreffenden Regeln maßgeblichen, nach dem neuesten Erkenntnisstand vorgebildeten Techniker durchweg bekannt und aufgrund fortdauernder praktischer Erfahrung als technisch geeignet, angemessen und notwendig anerkannt sind.

Bloß einzelne in Wissenschaft und Praxis vertretene Auffassungen bleiben hiernach unberücksichtigt. Vgl. auch OLG Celle BauR 1984, 522 mit Anm. Reim.

Zu dem in § 323 StGB nach wie vor verwendeten Begriff der anerkannten Regeln der Technik in strafrechtlicher Hinsicht („Blankettstrafgesetz") kritisch Schünemann ZfBR 1980, 159. Die insoweit für die strafrechtliche Beurteilung maßgebenden Gesichtspunkte sind zivilrechtlich jedoch nicht relevant, da hier eine Definition bzw. Auslegung des genannten Begriffes unbedenklich ist, wie es z. B. auch hinsichtlich des weiteren Begriffes von Treu und Glauben der Fall ist.

152 c) Erforderlich ist nach der angeführten Kurzfassung des Begriffes der anerkannten Regeln der Technik also die **Anerkennung in der Theorie und Praxis,** und zwar abgestellt auf den jeweils in Betracht kommenden **Einzelfall** (vgl. Ringel BlGBW 1971, 41; ders., das bauzentrum 1981 Heft 3 S. 2, insoweit besonders auch im Hinblick auf die DIN 4108 und 4109; vgl. insbesondere aber auch Nicklisch NJW 1982, 2633, auch Eberstein BB 1985, 1760, 1761). Nicht ausreichend ist, daß zur Anerkennung die **bloße Durchschnittsmeinung** maßgebend ist, die sich in den Kreisen der Praktiker gebildet hat. Die Regel muß **durchweg bekannt und anerkannt** sein. Nicht der Durchschnitt entscheidet, sondern **„die große Menge"** der entsprechend vorgebildeten Techniker des maßgeblichen Zweiges (ähnlich Nicklisch NJW 1982, 2633, 2634 ff. sowie NJW 1983, 841; Weber ZfBR 1983, 151, 153; Kaiser BauR 1983, 203, auch Mängelhaftungsrecht Rdn. 68 Fn. 54; a. A. Marburger a. a. O. S. 105), zu denen nicht die Hilfsarbeiter, die Facharbeiter und Vorarbeiter gehören, wie das Reichsgericht herausgestellt hat.

153 d) Ob eine Regel der **Bautechnik** allgemein anerkannt ist, bestimmt sich allein nach den oben wiedergegebenen Grundsätzen. Insoweit unterliegen auch sogenannte antizipierte Sachverständigengutachten der Überprüfung und Bewertung, ohne daß die Gerichte hieran gebunden sind (vgl. dazu Vieweg NJW 1982, 2473; zutreffend Kaiser, Mängelhaftungsrecht Rdn. 68 gegen Nicklisch NJW 1983, 841, 850; Siegburg BauR 1985, 367, 387; Werner/Pastor Rdn. 1027). Ob die Regel schriftlich niedergelegt ist oder nicht, spielt, wie bereits hervorgehoben (Rdn. 144 ff.), keine Rolle. Gleiches gilt auch für technische Vorschriften, die als Gesetz oder Verwaltungsanweisung öffentlich-rechtlich verbindlich sind, da dies für die zivilrechtliche Beurteilung allein nicht ausschlaggebend ist (vgl. BGH NJW 1980, 1219; BVerfGE 49, 89 = NJW 1979, 359; Kaiser a. a. O. Rdn. 68). Unter der **Voraussetzung der wissenschaftlichen Erkenntnis und der Anerkennung in der Praxis im angeführten Sinne,** also nicht aufgrund ihres bloßen Bestehens (so auch Weber ZfBR 1983, 151, 154; vgl. dazu auch Berthold, Systematische Untersuchung über die Einbeziehung von technischen Normen und anderen technischen Regelwerken in Bauverträge, Beuth-Verlag, 1985), gehören zu den möglichen allgemein anerkannten Regeln der Bautechnik (vgl. dazu und zum folgenden Siegburg BauR 1985, 367; Mang/Simon, Bayerische Bauordnung, Art. 3 Rdn. 45 ff., insbes. Rdn. 48 ff.; vgl. auch Gädtke/Temme, BauO NW, zu § 3 Abs. 3):

154 aa) Das sind in erster Linie die **DIN-Normen** des Deutschen Instituts für Normung e. V. Zuständig ist der Fachnormenausschuß Bauwesen im Deutschen Normenausschuß, zu dem die Arbeitsgruppe **Ausschuß für einheitliche technische Baubestimmungen** gehört. Die DIN-Normen haben eine häufig wiederkehrende Bauaufgabe zum Gegenstand. Durch die Normung soll unter Auswertung der wissenschaftlichen Erkenntnisse und praktischen Erfahrungen eine möglichst gute, vollkommene, einfache und billige Lösung gefunden werden (Mang/Simon a. a. O. Rdn. 53). Es handelt sich um das **andauernde Bemühen kompetenter und verantwortungsbewußter Fachleute, die in der Gegenwart anstehenden Probleme**

aus den Erfahrungen der Vergangenheit im Hinblick auf die Zukunft zu lösen; die Normung ist sozusagen das Gewissen der Technik und soll die Technik vor Einseitigkeit, aber auch vor Maßlosigkeit bewahren (Lindemann DAB 1978, 947, zugleich über das Zustandekommen des Normenwerkes). Als Beispiel: Zum Begriff „ballwurfsicher" im Hinblick auf Turnhallendecken in DIN 18 032 Nr. 7.3 vgl. OLG Stuttgart BauR 1980, 82. Über die Anforderungen an den **Schallschutz** nach DIN 4109, insbesondere zu den Mindesterfordernissen, eingehend und zutreffend mit entsprechenden Rechtsprechungsnachweisen Döbereiner BauR 1980, 296; vgl. dazu auch OLG Frankfurt BauR 1980, 361; OLG Köln BauR 1981, 475 = SFH § 4 Ziff. 2 VOB/B Nr. 2 sowie Eisenberg ZSW 1980, 231; Weber ZfBR 1983, 151, 154 f.; ferner Ringel, das bauzentrum 1981, Heft 3 S. 42, zugleich auch zum **Wärmeschutz** nach DIN 4108; dazu Mantscheff BauR 1982, 435; unzutreffend dagegen OLG Hamm BB 1981, 1975 = MDR 1982, 141. **Waagerechte Abdichtungen von Wänden aus Sperrmörtel** gegen aufsteigende Feuchtigkeit entsprechen nicht der DIN 18 337 sowie der DIN 18 195 Teil 4 und sind keine anerkannten Regeln der Technik (vgl. OLG Celle BauR 1984, 522 mit Anm. Reim). Zu diesen Fragen vgl. vor allem auch oben Rdn. 144 ff.

Daß in dem Verfahren, in dem DIN-Normen zustande kommen, jedermann Einwendungen gegen den Normentwurf erheben kann und daß gegebenenfalls darüber in dem Ausschuß verhandelt wird oder daß keine Einwendungen erhoben werden, besagt noch nichts für eine allgemeine Anerkennung. Die Mehrheit der Baupraxis kann die Norm gleichwohl für falsch erachten. Darüber hinaus können die Normblätter nur den Stand der Technik zur Zeit ihrer Herausgabe erfassen und werden etwa alle 10 bis 20 Jahre überarbeitet, so daß sich in diesem Zeitraum weitere Regeln ergeben oder im Normblatt enthaltene Regeln sich als falsch und abänderungswürdig erweisen können (vgl. Rdn. 144 ff.). Bub führt deshalb mit Recht aus (Die Bauwirtschaft, 1962, Heft 7, Die Baunormung ... Nr. 10 Abs. 2): „Wichtiger als die Beziehung der Baunormen zu den einzelnen Rechtsgebieten ist dabei m. E. die Tatsache, daß die Normen weitgehend von der Fachwelt anerkannt werden und sich in der Praxis einbürgern; sie erhalten auf diese Weise die Bedeutung ‚allgemein anerkannter Regeln der Baukunst'." Wenn Mang/Simon (a. a. O. Rdn. 54) nach kurzer Darstellung des Verfahrens, in dem eine DIN-Norm zustande kommt, ausführen, daß dabei Regeln entwickelt werden, die den neuesten technischen Erkenntnissen und Erfahrungen entsprechen und allgemein anerkannt und bewährt sind, muß zur Vermeidung von Mißverständnissen darauf hingewiesen werden, daß die allgemeine Anerkennung oft vorhanden sein wird oder daß sie vorhanden sein kann, nicht aber, daß sie vorhanden sein muß. Wäre jede für die Bauausführung bedeutsame DIN-Norm allgemein anerkannt im Sinne der Ausführung des Reichsgerichts, so wäre sie notwendigerweise eine allgemein anerkannte Regel der Baukunst. Daß dies nicht der Fall sein muß (vgl. Rdn. 144 ff.), wird von Mang/Simon (a. a. O. Rdn. 45 ff.) mehrfach herausgestellt durch den Hinweis, daß auch die DIN-Normen die vom Reichsgericht geforderten Voraussetzungen erfüllen müssen, um allgemein anerkannte Regeln der Baukunst zu sein.

Hervorzuheben sind unter den DIN-Normen besonders die **Einheitlichen Technischen Baubestimmungen (ETB)**. Das sind Normen, die im Zusammenwirken mit dem Ausschuß NA-Bau ausgearbeitet und von den obersten Bauaufsichtsbehörden als Richtlinien oder Hinweise für die Baugenehmigungsbehörden, also für den Bereich des Bauordnungsrechts, eingeführt werden (Allgemeine Einführung in die Musterbauordnung, Teil A, Schriftenreihe des Bundesministers für Wohnungsbau, Band 17, Abschn. I 1.53; vgl. in diesem Zusammenhang insbesondere auch § 3 der Musterbauordnung). Als Beispiel: Zur Gewährleistung bei Spurrinnen vgl. Linke, Bauwirtschaft 1976, 1038.

155

Wichtig sind ferner Bestimmungen (Normen) des **Deutschen Ausschusses für Stahlbeton** im DNA (vgl. Einführung ... a. a. O., Teil B, Band 18, S. 7).

156

Die Bestimmungen des **Verbandes Deutscher Elektrotechniker** (VDE-Vorschriften) – vgl. Einführung ... a. a. O., Teil B, S. 8; auch die **Richtlinien des Vereins Deutscher Ingenieure** (VDI) dürften hierher zu rechnen sein (vgl. Herschel NJW 1968, 618).

157

Die Bestimmungen des **Deutschen Vereins der Gas- und Wasserfachmänner** (DVGW – vgl. Einfüh-

158

rung ... a. a. O. -) sowie die Technischen Vorschriften und Richtlinien für die Errichtung und Unterhaltung von Niederdruckgasanlagen in Gebäuden und auf Grundstücken (TVR-Gas).

159 bb) Auch **bestimmte öffentlich-rechtliche Regelwerke** können zur Beurteilung in der Frage anerkannter Regeln der Technik herangezogen werden, wie z. B. die Festlegungen der nach § 24 GewO eingerichteten Ausschüsse, wie des Deutschen Dampfkesselausschusses (DDA), des Deutschen Aufzugsausschusses (DAA) sowie des Kerntechnischen Ausschusses (KTA). Dazu rechnen auch die nach § 48 BImSchG erlassenen Verwaltungsvorschriften, wie z. B. die Technische Anleitung zur Reinhaltung der Luft (TA-Luft). Vgl. dazu Siegburg BauR 1985, 367, 371.

160 cc) Zu den möglichen anerkannten Regeln der Bautechnik zählen ferner die **Vorschriften der Berufsgenossenschaften,** insbesondere die **Unfallverhütungsvorschriften der Bauberufsgenossenschaften,** sofern sie sich auf die Bauausführung selbst beziehen. Siehe dazu insbesondere Scherer in Baubetriebswirtschaft – Baurecht 1965, 17 = Die Bauverwaltung 1965, 156. Vgl. auch Rdn. 164 ff.

161 e) Die allgemein anerkannten Regeln der Bautechnik müssen **besonders scharf beachtet** werden, wenn **neuartige Bauweisen** zur Ausführung kommen oder erprobt werden. In diesem Falle muß der Auftragnehmer mit verstärkter Aufmerksamkeit darauf achten, daß die genannten Regeln eingehalten werden (ebenso BGHZ 90, 354 = BauR 1984, 401 = ZIP 1984, 709 = SFH § 274 BGB Nr. 1 = ZfBR 1984, 176 = NJW 1984, 1679 = BB 1984, 1832 = BB 1984, 1824 hinsichtlich der anerkannten Regeln der Kerndämmungstechnik). Haben sich **noch keine** gebildet, ist die Leistung nach den im Zeitpunkt der Ausführung gewonnenen – objektiv bewertbaren – Erkenntnissen auszuführen, wobei der Auftragnehmer grundsätzlich schlechthin für die Ordnungsgemäßheit seiner Leistung einzustehen hat (vgl. auch OLG München ZIP 1984, 76 = BauR 1984, 637); dabei reicht es aus, daß Ungewißheit über die Risiken des Gebrauchs besteht (a. a. O.). Notfalls muß er Erkundigungen bei Forschungsinstituten, Wissenschaftlern, erfahrenen Praktikern, ggf. auch bei mit der Zulassung befaßten Behörden usw. einholen, falls ihm der notwendige Erfahrungsschatz fehlt. Dabei muß er **mit dem Bauherrn Fühlung halten und ihn nach Überprüfung auf etwaige Unsicherheiten oder Bedenken im Rahmen des Teils B § 4 Nr. 3 hinweisen.** Der Auftragnehmer darf sich hiernach nicht mit der bloßen Feststellung des Standes der Technik begnügen (a. A. Heiermann/Riedl/Rusam/Schwaab Teil B § 4 Rdn. 23 sowie Siegburg BauR 1985, 367, 381 ff.). Jedenfalls darf sich der Auftragnehmer **nicht ohne weiteres auf Wünsche oder gar Anweisungen des Auftraggebers oder auch seines Architekten verlassen,** da die geforderte Leistung grundsätzlich in sein Fachgebiet fällt, über das er Bescheid zu wissen hat. Wird z. B. ein sattgetönter Anstrich, evtl. in Grün oder Anthrazit, gefordert, muß der Auftragnehmer wissen und gegebenenfalls den Auftraggeber darauf hinweisen, daß hierdurch wegen der stärkeren Erwärmung durch Sonnenbestrahlung höhere Anforderungen an den Anstrichträger und die Konstruktion gestellt werden, außerdem ein höherer Aufwand an Wartung und Unterhalt erforderlich ist.

162 f) Nochmals ist zu betonen: Die angeführten Normen, Vorschriften, Bestimmungen, Richtlinien sind kraft ihres materiellen Inhaltes allgemein anerkannte Regeln der Bautechnik nur, wenn sie die Voraussetzungen des Begriffes (vgl. Rdn. 150 f.) erfüllen, sie sind es nicht aus sich heraus (entgegen Baumarkt 1976, 1011, 1012 ist dies auch nicht ohne weiteres für die bauordnungsrechtlich verbindlichen ETB der Fall, da diese zivilrechtlich keine andere und den weiteren vorgenannten Normenwerken vorgehende Bewertung erfahren können; so auch Bohl/Döbereiner/Keyserlingk Rdn. 65; Werner/Pastor Rdn. 1024). **Bei ihnen besteht allerdings eine tatsächliche, jedoch jederzeit widerlegbare Vermutung, daß sie die Voraussetzungen erfüllen** (vgl. dazu u. a. auch Nicklisch BB 1983, 261; Pieper BB 1987, 273). Hat der Auftragnehmer erwiesenermaßen nach ihnen gebaut, kann **dem ersten Anschein nach**

vermutet werden, daß er die allgemein anerkannten Regeln der Bautechnik **eingehalten** hat. Es obliegt dann dem Gegner, zu behaupten und zu **beweisen,** daß dies trotzdem nicht der Fall war (ebenso OLG Stuttgart BauR 1977, 129; in diesem Sinne auch Ernst, Rechtsgutachten zur Gestaltung des Verhältnisses der überbetrieblichen technischen Norm zur Rechtsordnung, S. 11 ff.; ähnlich auch Soergel, Bauwirtschaft 1980, 280; ebenso wie hier Kaiser, Mängelhaftungsrecht Rdn. 68; Werner/Pastor Rdn. 1023; Schmalzl, Die Haftung des Architekten und des Bauunternehmers, Rdn. 126; Nicklisch in Nicklisch/Weick Teil B § 4 Rdn. 44; vgl. dazu auch Pieper BB 1987, 273; ferner Berthold, Systematische Untersuchung über die Einbeziehung von technischen Normen und anderen technischen Regelwerken, Beuth-Verlag 1985). Hat der Auftragnehmer nach jenen dem betreffenden Bauvertrag zugrundeliegenden Vorschriften nicht gebaut, obliegt ihm der „volle" **Beweis,** daß er die allgemein anerkannten Regeln der Bautechnik trotzdem beachtet hat.

Ob die anerkannten Regeln der Technik eingehalten worden sind, unterliegt der Nachprüfung des Tatsachenrichters, da sie keine Rechtsnormen sind, BVerwG NJW 1962, 506. Technische Regeln oder Erfahrungssätze, die ein Revisionsgericht seiner rechtlichen Beurteilung zugrunde gelegt hat, binden weder den Tatrichter noch die Parteien; begründete Zweifel an ihrer Richtigkeit zwingen zur Aufklärung des technischen Sachverhaltes und dürfen nicht unter Hinweis auf eine anderslautende höchstrichterliche Rechtsprechung unterdrückt werden (BGH VersR 1982, 146 = NJW 1982, 1049 = MDR 1982, 399 = BB 1982, 400 = LM § 144 ZPO Nr. 7). Andererseits ist die richtige Anwendung der DIN-Vorschriften als solcher in der Revisionsinstanz nachprüfbar (BGH, Urt. vom 28. 2. 1974 – VII ZR 127/71 –). Zur Einordnung von VOB/C in den Bereich des AGB-Gesetzes vgl. Teil A § 10 Rdn. 115 ff. 163

2. Gesetzliche und behördliche Bestimmungen

Die **Beachtung der gesetzlichen und behördlichen Bestimmungen** umfaßt alle Regelungen gesetzlicher oder sonstiger Art (Verordnungen, Satzungen, Genehmigungen usw.) des **privaten wie auch des öffentlichen Rechts** (Strafrecht, Verwaltungsrecht, Bauordnungsrecht, Gesundheitsrecht, Verkehrsrecht, Straßen- und Wasserordnungsrecht, Gewerberecht usw.). Dabei ist es gleichgültig, ob es sich um Normen bzw. Regelungen des Bundes, des Landes oder der Gemeinden oder sonstiger befugter Körperschaften handelt. Hierher gehören besonders auch Vorschriften der **Landesbauordnungen** und darauf beruhende Verbote oder Genehmigungen, soweit darin auf das vertragliche Verhältnis des Auftraggebers zum Auftragnehmer wirkende Pflichten enthalten sind, wie z. B. durch die erteilten Baugenehmigungen und die darin etwa enthaltenen Auflagen. Dazu rechnen nicht zuletzt auch die **Schallschutzbestimmungen** (vgl. dazu Wiethaup BlGBW 1975, 165 sowie die **Wärmeschutzverordnung** vom 22. 7. 1976 (BGBl. I, S. 1873) – jetzt i. d. F. vom 27. 2. 1982 (BGBl. I, S. 209; vgl. dazu auch Mantscheff BauR 1982, 435) – und die auf dieser beruhenden weiteren Vorschriften (z. B. die Überwachungsverordnung NW vom 1. 2. 1978, GVBl. NW 1978, 28). Insbesondere auch die reinen **Sicherheitsvorschriften** sind hierher zu rechnen, wie die der Gerüstordnung DIN 4420 (MinBl. NW, A, 1953 S. 1700, vgl. dazu BGH SFH Z 4.15 Bl. 44 = NJW 1971, 752 = VersR 1971, 476 = MDR 1971, 381 = LM § 426 BGB Nr. 31 = BlGBW 1971, 129 = Betrieb 1971, 1106) sowie des Feuerschutzes. Hierher zählen auch das **Bundesimmissionsschutzgesetz** vom 15. 3. 1974 (BGBl. I S. 721) i. d. F. zwischenzeitlicher Änderungen und Ergänzungen, die **Störfallverordnung** vom 27. 6. 1980 sowie das **Wasserhaushaltsgesetz** i. d. F. vom 16. 10. 1976 (BGBl. I S. 3017). Einzubeziehen ist auch die **Druckbehälterverordnung** vom 27. 2. 1980 (BGBl. I S. 173); vgl. dazu Nicklisch, insbesondere zur Frage zulässiger Abweichungen, BB 1982, 833; dagegen in letzterer Hinsicht zutreffend Ossenbühl BB 1984, 1901: insoweit bedürfen Abweichungen von nach § 4 Abs. 1 der VO durch den Druckbehälterausschuß festgelegten Regeln nach § 6 der VO der behördlichen Genehmigung, wie sich aus Wortlaut, Systematik und Entstehungsgeschichte der VO ergibt. Gleiches gilt insbesondere auch hinsichtlich der allgemein aus dem Gesetz, wie den §§ 823 ff. BGB im Rahmen der **Verkehrssicherungspflicht** sowie in diesem Zusammenhang auch der **Unfallverhütungsvor-** 164 schriften der **Berufsgenossenschaften,** sich ergebenden Pflichten des Auftragnehmers (vgl. dazu Teil B § 10 Rdn. 100 ff. und 152 ff.).

165 Es ist **kraft ausdrücklicher vertraglicher Verpflichtung Sache des Auftragnehmers, sich zuverlässige Kenntnis** von den einschlägigen Vorschriften und sonstigen hier maßgebenden Bestimmungen **zu verschaffen** und sie zu beachten. Entstehen durch Nichtbeachtung Mängel oder sonstige Schäden, so **haftet der Auftragnehmer dem Auftraggeber.** Soweit der Auftraggeber nach außen einzustehen hat, hat er grundsätzlich einen Rückgriffsanspruch gegen den Auftragnehmer.

166 **Nicht erfaßt von der hier erörterten Vertragsbestimmung** in Nr. 2 Abs. 1 Satz 2 sind dagegen **bloße an den Auftraggeber ergangene behördliche Anordnungen in einer besonderen Einzelfrage** (z. B. behördliche Anweisungen über die Lagerung von Bauschutt). Handelt es sich darum, so hat der **Auftragnehmer nicht ohne weiteres die Verpflichtung gegenüber dem Auftraggeber, diese auszuführen.** Vielmehr obliegt es zunächst der Entschließung des Auftraggebers, ob er den Auftragnehmer mit der Durchführung solcher Anordnungen beauftragen will (vgl. BGH, Urt. vom 23. 9. 1965 – VII ZR 72/63 –). Insoweit läßt sich die zunächst gegebene Verantwortlichkeit des Auftraggebers aus sinngemäßer Anwendung der Nr. 1 Abs. 1 Satz 2 entnehmen.

III. Leitung der Ausführung durch Auftragnehmer (Nr. 2 Abs. 1 Satz 3)

167 Eine weitere Erläuterung des Grundsatzes der Eigenverantwortlichkeit des Auftragnehmers findet sich in Nr. 2 Abs. 1 Satz 3, wonach es **Sache des Auftragnehmers ist, die Ausführung seiner vertraglichen Leistung zu leiten und für Ordnung auf seiner Baustelle zu sorgen.**

1. Recht und Pflicht

168 Diese Bestimmung enthält ein **Recht und eine Pflicht** des Auftragnehmers. Das **Recht** besteht darin, die **Leitung der eigentlichen Bauausführung in dem von seinem Vertrag erfaßten Umfang allein** auszuüben und jeglichen darauf bezogenen **Eingriff** von anderer Seite, also auch von seiten des Auftraggebers oder seines Vertreters (z. B. Architekten), **abwehren zu können.** Das gilt vor allem, wenn es sich um Überschreitungen von Befugnissen des Auftraggebers **außerhalb** des Rahmens der ihm nach Nr. 1 Abs. 2 und 3 (vgl. Rdn. 44 ff.) gegebenen Überwachungs- und Weisungsrechte handelt. Andererseits besteht die **Pflicht** darin, mit **großer Sorgfalt in alleiniger Verantwortung** dafür einzustehen, daß die Bauleistung in der festgelegten oder gebotenen Zeit und vor allem vertragsgerecht ohne Mängel erstellt wird. Dazu gehören u. a. die Einteilung der einzusetzenden Arbeitskräfte und Geräte, die Materialzufuhr, die Bestimmung der Arbeitszeiten, des Arbeitsganges in seinen Einzelheiten, der technischen Durchführung der im Vertrag festgelegten Bauleistung.

169 a) Der Auftragnehmer ist nach den Allgemeinen Vertragsbedingungen jedoch **nicht verpflichtet, selbst** an Ort und Stelle die Bauleitung auszuüben. Vielmehr ist es ihm gestattet, für die Leitung der Bauausführung einen **Vertreter zu bestellen,** was sich besonders aus Nr. 1 Abs. 3 Satz 2 ergibt. Ein solcher vom Auftragnehmer vertraglich bestellter Bauleiter ist **Erfüllungsgehilfe** des Auftragnehmers, hilft ihm also rechtlich bei der Erfüllung seiner vertraglichen Aufgaben gegenüber dem Auftraggeber. Deshalb ist ein solcher Bauleiter **nicht zu verwechseln mit dem verantwortlichen Bauleiter des öffentlichen Baurechts** (zu letzterem vgl. Schmalzl NJW 1970, 2265, außerdem Rdn. 138 ff.). Für vertragswidriges schuldhaftes Verhalten des Bauleiters hat nach § 278 BGB der Auftragnehmer **wie für eigenes Verschulden einzustehen.** Bei unerlaubten Handlungen des Bauleiters (insoweit Verrichtungsgehilfe), die

eine Schadensersatzverpflichtung gegenüber dritten Personen be-gründen können, gilt neben der Eigenverantwortlichkeit des Bauleiters nach § 823 BGB für die Frage der Haftung des Auftragnehmers § 831 BGB. Wegen der dafür maßgebenden Einzelheiten wird auf die einschlägigen Kommentierungen zu den genannten Vorschriften des BGB verwiesen.

b) Im **Innenverhältnis zwischen dem Auftragnehmer und seinem Bauleiter** besteht ein **Dienstvertrag** nach §§ 611 ff. BGB. Ob dieses Vertragsverhältnis über die Fertigstellung des einzelnen Bauvorhabens hinausreicht oder nicht, ist unerheblich. Einzelheiten über dieses Innenverhältnis bleiben hier unerörtert, da sie nicht Regelungsgegenstand der VOB sind. 170

c) Der Auftragnehmer braucht nicht unbedingt einen einzigen Bauleiter als seinen Vertreter für die Erfüllung der vertraglichen Leistungspflicht zu bestellen, er kann **auch mehrere Personen beauftragen,** die nur gemeinsam oder jeder für einzelne Abschnitte zuständig sind (Poliere, Meister, Bauführer). Auch diese haben, soweit ihr Aufgabenbereich reicht, die Stellung eines **Erfüllungsgehilfen** im Verhältnis zum Auftraggeber sowie eines **Verrichtungsgehilfen** im Verhältnis zu dritten außerhalb des Bauvertrages stehenden Personen. 171

Im übrigen beschränkt sich die Haftung des Auftragnehmers im Verhältnis zum Auftraggeber nach § 278 BGB bzw. § 831 BGB nicht nur auf die Personen der Bauleiter und der Poliere usw. Vielmehr sind Erfüllungsgehilfen bzw. Verrichtungsgehilfen alle diejenigen Personen, die vom Auftragnehmer im Rahmen seiner Leistungsbefugnis und zugleich Leistungspflicht zum Zwecke der **Durchführung der im konkreten Fall vertraglich geschuldeten Bauleistung eingesetzt** werden. 172

2. Ordnung auf der Arbeitsstelle

Zu den Rechten und Pflichten des Auftragnehmers gehört es auch, die **Arbeitsstelle in Ordnung zu halten.** Würde die VOB diese Regelung nicht enthalten, könnte man möglicherweise zu dem Schluß kommen, für diese Ordnung sei der Auftraggeber verantwortlich, jedenfalls soweit es sich um die Verhältnisse auf dem in seinem Eigentum oder Besitz befindlichen Grund und Boden handelt. Abgesehen davon, daß das eine unzumutbare Belastung des Auftraggebers sein würde, entspricht diese Regelung der hier stärkeren Rechtsstellung des Auftragnehmers. Für Ordnung **auf der Arbeitsstelle** kann nur der richtig Sorge tragen, der auch die **Möglichkeit hat, sich unmittelbar durchzusetzen** und die entsprechenden Vorkehrungen zu treffen. Zum Begriff der Ordnung auf der Arbeitsstelle ist zweierlei zu bemerken: 173

a) Die Forderung nach Ordnung umfaßt alle Handlungen, die **notwendig** sind, um einen **ordentlichen und unverzögerlichen Ablauf des Bauleistungsvorganges** im Rahmen des dem Auftragnehmer erteilten Auftrages **zu gewährleisten.** Außerdem ist dafür Sorge zu tragen, daß alle an der Bauwerkserrichtung des Auftragnehmers beteiligten Bauhandwerker, wie auch dritte Personen, die sich befugt auf dem Baugelände aufhalten, vor Schaden jeder Art bewahrt bleiben. Es geht also nicht nur darum, die notwendigen Hilfsmittel zur Bauerrichtung an Ort und Stelle richtig zu lagern, sie vor Schäden zu schützen sowie die Arbeitnehmer anzuhalten, sich ordnungsgemäß zu verhalten, sondern auch darum, alle Vorkehrungen bei der Materiallagerung, der Gerätevorhaltung, den einzelnen Arbeitsvorgängen, für die Zeit der Arbeitsruhe usw. dahingehend zu treffen, daß niemand sowohl persönlich als auch in seinem Vermögen zu Schaden kommen kann. 174

b) **Nur an den Stellen,** an denen der Auftragnehmer zur **Erfüllung** seiner vertraglich geschuldeten Bauleistung **Platz** für Arbeitskräfte, Geräte- und Materiallagerungen sowie Arbeitsvorgänge **in Anspruch nimmt oder nehmen muß,** hat er für die entsprechende Ordnung zu sorgen. **Nicht** erstreckt sich dieser Pflichtenkreis auf **Bereiche, die von anderen Unterneh-** 175 mern zur Erledigung **ihrer** vertraglichen Aufgaben **in Anspruch genommen werden.** Hier haben die anderen Auftragnehmer entsprechende Pflichten gegenüber dem Auftraggeber. Im Verhältnis zu unserem Auftragnehmer fällt dies in den ihm gegenüber bestehenden Pflichtenkreis des Auftraggebers (vgl. Nr. 1 Satz 1; hier Rdn. 7 ff.). Ähnliches gilt für von mehreren Auftragnehmern gleichzeitig benutzte Arbeitsstellen, weil es Sache des Auftraggebers ist, hier **zunächst innerhalb dieser Auftragnehmer die Verantwortlichkeit örtlich und/oder zeitlich aufzuteilen.** Ist das erfolgt, gilt die hier erörterte VOB-Regelung.

176 c) Soweit der Auftragnehmer nach dem Gesagten für Ordnung zu sorgen hat, trägt er auch die damit – z. B. bei der Lagerung von Stoffen oder Bauteilen – verbundenen **Risiken.** Das gilt **auch für unverschuldete Verschlechterung oder Untergang,** zumal hier im allgemeinen die Ausnahmeregelung in Teil B § 7 nicht eingreift. Ist dem Auftraggeber oder seinem Erfüllungsgehilfen allerdings ein Verschulden zuzurechnen, so hat er dem Auftragnehmer aus **positiver Vertragsverletzung** Schadensersatz zu leisten. Ist der Sachverhalt, der zur Beschädigung oder Zerstörung von z. B. Baumaterial oder Werkzeug geführt hat, unaufgeklärt, so trägt der Auftragnehmer – anders als nach der auf die gesetzlichen Vorschriften allein bezogenen und im übrigen von Dhonau (NJW 1973, 1502) mit Recht abgelehnten Entscheidung des LG Mönchengladbach (NJW 1973, 191 = VersR 1973, 931) – **kraft vertraglicher Vereinbarung** beim VOB-Vertrag **das Risiko** und damit den Schaden.

IV. Erfüllung von Pflichten gegenüber Arbeitnehmern (Nr. 2 Abs. 2 Satz 1)

177 Nach Nr. 2 Abs. 2 Satz 1 ist es **Sache des Auftragnehmers,** für die **Erfüllung** seiner **gesetzlichen, behördlichen und berufsgenossenschaftlichen Verpflichtungen** gegenüber seinen **Arbeitnehmern** aufzukommen. Soweit es sich um die individuellen Arbeitsvertragsverhältnisse zu seinen Arbeitnehmern handelt, ist das eine Selbstverständlichkeit. Darüber hinaus ist es im Verhältnis zu seinen Arbeitnehmern allein Sache des Auftragnehmers, darauf zu achten, daß die für die Tätigkeit von Arbeitnehmern generell maßgebenden Regelungen, dabei vor allem die tarifvertraglichen Bestimmungen sowie die einschlägigen **Arbeitsschutz- bzw. Unfallverhütungsvorschriften**, eingehalten werden; auch den vom Auftraggeber mit der örtlichen Bauaufsicht betrauten Architekten trifft insoweit grundsätzlich keine Verantwortlichkeit oder Mitverantwortlichkeit, es sei denn, daß in seinem Vertrag mit dem Auftraggeber anderweitige Vereinbarungen getroffen sind (vgl. BGH SFH Z 4.15 Bl. 44 = NJW 1971, 752 = VersR 1971, 476 = MDR 1971, 831 = LM § 426 BGB Nr. 31 = BlGBW 1971, 129 = Betrieb 1971, 1106). Das gilt vor allem auch für den Bereich der **Verkehrssicherungspflicht gegenüber Arbeitnehmern** (vgl. dazu Teil B § 10 Rdn. 100 ff. und 152 ff.). In den hier erörterten Bereich fällt z. B. auch die **Verordnung über Arbeitsstätten** vom 20. 3. 1975 (BGBl. I, 729) mit den dazu ergangenen Richtlinien, soweit deren Bestimmungen für den Baubetrieb von Bedeutung sind (vgl. dazu Müller, Bauwirtschaft 1976, 819). Einschlägig ist u. a. auch das **Gesetz über die Mindestanforderungen an Unterkünfte für Arbeitnehmer vom 23. 7. 1973** (BGBl. I S. 905) mit den dazu ergangenen Ausführungsverordnungen. Eine besondere Vergütung für die dem Auftragnehmer hier obliegenden Pflichten steht ihm gegenüber dem Auftraggeber nicht zu.

178 Nr. 2 Abs. 2 Satz 1 bezieht sich auch auf Fälle, in denen der Auftraggeber, etwa in seiner Eigenschaft als Grundstückseigentümer, aus einer gesetzlichen, behördlichen oder berufsgenossenschaftlichen Vorschrift in Anspruch genommen werden kann. Dann kann zwar im Wege einer vertraglichen Regelung nicht etwa die nach außen wirkende gesetzliche Verantwortlichkeit des Auftraggebers auf den Auftragnehmer mit der Folge abgewälzt werden, daß sich der Arbeitnehmer, der Staat, die Gemeinde oder die Berufsgenossenschaft unmittelbar an den Auftragnehmer wenden müßten. Vielmehr bleibt die Verantwortlichkeit oder die Mitverantwortlichkeit des Auftraggebers allein oder neben dem Auftragnehmer unberührt.

Der Auftraggeber kann aber im **Innenverhältnis** beim Auftragnehmer **Rückgriff** nehmen. Hereth/Ludwig/Naschold (Teil B § 4 Ez. 66) weisen auf die Entscheidung des Reichsgerichts in RGZ 157, 282 hin, wonach Leistungen, die der Auftraggeber der Unfallversicherung zu ersetzen hatte, letzten Endes vom Auftragnehmer zu tragen sind.

Anders liegt es, **wenn der Auftraggeber vertraglich eine eindeutig als solche festgelegte Pflicht übernommen** hat, wenn er z. B. Geräte, Bauteile und Baustoffe selbst stellt oder Geräte, Baracken, Maschinen, Arbeitsplätze in eigenem gewerblichem Betrieb bereithält. Dann besteht insoweit ohne anderweitige besondere Regelung keine vertragliche Leistungspflicht des Auftragnehmers, also kann ihn auch nicht die vertragliche Verantwortlichkeit nach Nr. 2 Abs. 1 Satz 1 treffen. Vielmehr liegt diese beim Auftraggeber, der für etwa im Zusammenhang hiermit entstehende Schäden allein ersatzpflichtig ist, ohne Ersatzansprüche an den Auftragnehmer stellen zu können, vgl. hierzu BGHZ 5, 62 = NJW 1952, 458 = SFH Z 0 Bl. 1 = BB 1952, 558 = Betrieb 1952, 122. 179

Der einzelne **Arbeitnehmer** hat **keine vertraglichen Ansprüche gegen den Auftraggeber.** Zu diesem steht er in keinem vertraglichen Verhältnis; auch ist der Auftragnehmer insoweit weder Erfüllungs- noch Verrichtungsgehilfe des Auftraggebers. Das gilt auch dann, wenn sich der Auftraggeber gewisse Leitungsbefugnisse bei der Bauausführung vorbehalten hat, selbst beim Vorbehalt der baulichen Oberleitung, vgl. BGH MDR 1953, 666 = SFH Z 4.01 Bl. 1 = Betrieb 1953, 821 = BB 1953, 690. 180

V. Regelung seines Verhältnisses zu Arbeitnehmern allein Sache des Auftragnehmers

Die schließlich in Nr. 2 Abs. 2 Satz 2 aufgenommene Bestimmung, daß es ausschließlich Aufgabe des Auftragnehmers ist, die Vereinbarungen und Maßnahmen zu treffen, die sein Verhältnis zu den Arbeitnehmern regeln, ist der **Ausfluß der vertraglichen Beziehungen zwischen dem Auftragnehmer und seinen Arbeitnehmern.** Der Auftraggeber scheidet insoweit schon mangels vertraglicher Bindung aus. Also handelt es sich hier um eine rechtlich selbstverständliche Folge. 181

C. Prüfungs- und Anzeigepflicht des Auftragnehmers nach Nr. 3 und ihre Auswirkungen

I. Allgemeiner Grundsatz

Die in Teil B § 4 Nr. 3 niedergelegten zusätzlichen Verpflichtungen des Auftragnehmers sind keine Besonderheit, die nur und allein für Bauverträge nach der VOB gelten würde. Vielmehr handelt es sich um eine **Regelung, die dem im zivilen Vertragsrecht allgemeingültigen Grundsatz von Treu und Glauben speziell für den Bauvertrag entspringt.** Hier werden Rechtspflichten ausgesprochen, die dem Auftragnehmer **als Fachmann** auf dem bautechnischen Sektor obliegen und dazu bestimmt sind, den **Auftraggeber vor Schaden zu bewahren** (vgl. BGH LM § 633 Nr. 3 = SFH Z 2.41 Bl. 1 ff. = BB 1957, 524 = VersR 1957, 413 = Betrieb 1957, 504 = JZ 1957, 442; BGH NJW 1960, 1813 = SFH Z 2.400 Bl. 25 = MDR 1960, 1005 = BB 1960, 836 = VersR 1960, 761 = LM § 13 VOB/B Nr. 4; BGH SFH Z 2.410 Bl. 31; BGH BauR 1987, 79 = NJW 1987, 643 = Betrieb 1987, 782 = MDR 1987, 308 = JZ 1987, 160 = LM § 633 BGB Nr. 61 = SFH § 633 BGB Nr. 61 = ZfBR 1987, 32; BGH BauR 1987, 86 = NJW 1987, 644 = BB 1987, 155 = SFH § 633 BGB Nr. 59 = Betrieb 1987, 1833 = ZfBR 1987, 34 = LM § 633 BGB Nr. 60; OLG Düsseldorf SFH Z 2.0 Bl. 11 ff., mit sachlich unzutreffender abl. Anm. von Finnern). Mit Recht hat das OLG Düsseldorf a. a. O. ganz überzeugend ausgeführt: 182

„Ein verantwortungsbewußter Handwerker weiß, daß er seine Spezialkenntnisse nutzen und die ihm hiernach erkennbaren Fehlerquellen aufdecken muß, daß er sich also auf eine vollständige Berücksichtigung aller in Betracht kommenden Umstände durch den Bauherrn oder die Bauleitung nicht ohne weiteres verlassen darf. Würde sein Pflichtenkreis hierum eingeschränkt, so bliebe ihm die Stellung eines reinen Handlangers."

183 Der von Teil B § 4 Nr. 3 umschriebene Pflichtenkreis trifft daher nicht nur für Bauverträge nach der VOB zu, sondern **gilt auch** im Werkvertragsrecht des **BGB**, also auch dann, **wenn** die **VOB nicht Vertragsgegenstand** geworden ist (BGH und OLG Düsseldorf a. a. O.), allerdings ohne das in Teil B § 4 Nr. 3 grundsätzlich festgelegte Schriftformerfordernis (vgl. BGH NJW 1960, 1813; BGH SFH Z 2.400 Bl. 31). Siehe dazu Schmidt NJW 1966, 1499; Heinrichs BauR 1982, 224, der hier mit beachtlichen Gründen die Grundlage in einer unmittelbaren werkvertraglichen Pflicht des Auftragnehmers sieht; vgl. auch Rdn. 236 ff.

Hiernach gilt: Hat der **Auftragnehmer Bedenken** gegen die vorgesehene Art der Ausführung, auch wegen der Sicherung gegen Unfallgefahren, gegen die Güte der vom Auftraggeber gelieferten Stoffe oder Bauteile oder gegen die Leistungen anderer Unternehmer, so hat er sie **dem Auftraggeber unverzüglich**, und zwar möglichst schon vor Beginn der Arbeiten, **schriftlich mitzuteilen**.

184 Kommt der Auftragnehmer einer solchen, ihm im Einzelfall obliegenden Verpflichtung nicht nach und wird dadurch das Gesamtwerk beeinträchtigt, so ist seine Leistung **mangelhaft**, wie sich vor allem auch aus Teil B § 13 Nr. 3 ergibt (BGH LM § 633 BGB Nr. 3; BGH WM 1970, 354 = BauR 1970, 57; BGH BauR 1983, 70 = SFH § 4 Nr. 3 VOB/B Nr. 2 = NJW 1983, 875 = MDR 1983, 392 = LM § 631 BGB Nr. 46 = ZfBR 1983, 16). **Der Auftraggeber hat dann Ansprüche nach Teil B § 4 Nr. 7 – vor der Abnahme – oder nach Teil B § 13 Nr. 5 bis 7 – nach der Abnahme** – (in letzterer Hinsicht BGH a. a. O.; ferner BGH VersR 1964, 516). Entgegen der in der 10. Auflage hier vertretenen Auffassung ist es (anders als OLG Frankfurt BauR 1983, 156 = NJW 1983, 456 = SFH § 13 Nr. 1 VOB/B Nr. 2; vgl. auch Flach, Die VOB/B und das Leitbild des gesetzlichen Werkvertragsrechts, 1984, S. 178 f.) für die hier mögliche Haftungsfreistellung **nicht erforderlich**, daß sich die vorgenannten **Maßnahmen auf das vom Auftragnehmer ohnehin schon ausdrücklich oder stillschweigend zu übernehmende Risiko gefahrerhöhend auswirken**. Siegburg (Festschrift Korbion, S. 411, 417 ff.) weist zutreffend darauf hin, daß dies sonst zu einem Wertungswiderspruch zu dem auch hier zu beachtenden § 645 Abs. 1 Satz 1 BGB führen würde, weil diese Regelung die Vergütungsgefahr für den Fall auf den Auftraggeber verlagert, daß der Mangel der Leistung auf vom Auftraggeber gelieferte Stoffe oder eine vom Auftraggeber erteilte Weisung zurückzuführen ist, sofern die Mangelhaftigkeit nicht (auch) auf einem Umstand beruht, den der Auftragnehmer zu vertreten hat. Letzteres gilt bei Verletzung der ihm obliegenden Prüfungs- und Hinweispflicht. Nach allem können an die hier erörterte VOB-Regelung keine höheren Anforderungen gestellt werden, als es das Gesetz verlangt, da sich hierfür aus ihrem Wortlaut keine Anhaltspunkte für eine andere Annahme ergeben.

185 **Die Aufzählung in Teil B § 4 Nr. 3 ist abschließend und kann nicht ausdehnend ausgelegt werden.** Die hier festgelegten Pflichten des Auftragnehmers setzen, wie alle Bestimmungen in Teil B der VOB, einen zwischen Auftraggeber und Auftragnehmer wirksam abgeschlossenen Vertrag voraus. Für die Zeit **davor** kann **nur** der Grundsatz einer **culpa in contrahendo** eingreifen, ohne daß damit die hier erörterte VOB-Regelung unmittelbar oder im vollen Umfang entsprechend anwendbar wäre. Die in Teil B § 4 Nr. 3 festgelegte allgemeine Prüfungs- und Hinweispflicht folgt entgegen Kaiser (Mängelhaftungsrecht, Rdn. 48) entsprechend vertragsrechtlichen Grundsätzen der **speziellen Regelung** in Teil B § 4 Nr. 1 Abs. 4 Satz 1 nach, wobei letztere eine Vorklärungspflicht beinhaltet (dazu näher und eingehend Hochstein, Festschrift Korbion, S. 165, 173 ff.; ebenso Heiermann/Riedl/Rusam/Schwaab,

Teil B § 4 Rdn. 14 a), wenn auch beide Verpflichtungen in bestimmten Bereichen weitgehend deckungsgleich sein mögen. Zum Verhältnis zwischen Teil B § 4 Nr. 3 und Teil B § 3 Nr. 3 Satz 2 vgl. Teil B § 3 Rdn. 43.

Daraus, daß Teil B § 4 Nr. 3 ein Ausfluß von Treu und Glauben ist, muß des weiteren festgestellt werden, daß damit die **Grenzen des für den Auftragnehmer Zumutbaren festgelegt** sind. Das ist **insbesondere für den Bereich des § 9 AGB-Gesetz** zu beachten, so daß **Klauseln, die den Rahmen des § 4 Nr. 3 zu Lasten des Auftragnehmers überschreiten, grundsätzlich unwirksam** sein dürften, sofern – vor allem bei Zusätzlichen Vertragsbedingungen – das AGB-Gesetz Anwendung findet (vgl. dazu OLG Düsseldorf SFH § 4 Nr. 3 VOB/B Nr. 5 in bezug auf eine Überwälzung des Gewährleistungsrisikos für die Fehlerfreiheit von durch den Auftraggeber vorgeschriebenem Material). 186

Daher ist z. B. eine Klausel in Zusätzlichen Vertragsbedingungen unwirksam, in welcher der Auftraggeber als Verwender zum Ausdruck bringt, mit Übersendung der Pläne und Leistungsverzeichnisse mache er den einzelnen Auftragnehmern nur unverbindliche Vorschläge und daß die Auftragnehmer die Verantwortung für die Verwendbarkeit und Fehlerfreiheit dieser Unterlagen zu übernehmen hätten (vgl. dazu Hennig und Jarre BB 1981, 1161). Erst recht trifft dies auf eine Klausel zu, wonach der etwaige Auftragnehmer Bedenken gegen die überreichten Unterlagen noch vor Vertragsabschluß mitzuteilen hat; nach Vertragsabschluß mitgeteilte Bedenken, die ihre Grundlage in den überreichten Unterlagen haben, berechtigten den Auftragnehmer nicht, andere Preise oder zusätzliche Leistungen für die bedenkenfreie Art der Ausführung in Rechnung zu stellen. Dies ist wegen Verstoßes gegen § 9 sowie § 11 Nr. 7 AGB-Gesetz unwirksam, zumal dem Auftragnehmer auch im Falle der Nichterfüllung seiner Verpflichtung aus Teil B § 4 Nr. 3 sich u. U. auf ein mitwirkendes Verschulden des Auftraggebers berufen kann (vgl. Rdn. 268 ff.), ihm außerdem ein etwaiges Anfechtungsrecht wegen Irrtums versagt wird (vgl. dazu OLG München BauR 1986, 579 = Betrieb 1986, 739 = MDR 1986, 408 = NJW-RR 1986, 382 = SFH § 9 AGBG Nr. 30 = BB 1986, 554).

In **Individualverträgen** ist aus der **bloßen Abbedingung des § 4 Nr. 3 und/oder des § 13 Nr. 3 VOB/B nicht die Folgerung gerechtfertigt, daß damit der Auftragnehmer uneingeschränkt die Verantwortlichkeit trägt.** Dadurch wird der Auftraggeber noch nicht der Mithaftung für von ihm verschuldete Planvorgaben enthoben; vielmehr greifen die §§ 242, 254, 278 BGB gerade dann ein, wenn der Auftragnehmer trotz des § 4 Nr. 3 VOB/B für die Mängel der Leistung einstehen muß. Das um so mehr, als vertragliche Haftungsmilderungen selbst in Individualverträgen eng auszulegen sind (vgl. BGHZ 90, 344 = BauR 1984, 395 = NJW 1984, 1676 = Betrieb 1984, 1720 = ZIP 1984, 713 = MDR 1984, 748 = BB 1984, 1703 = LM § 273 BGB Nr. 38 Anm. Recken = SFH § 13 Nr. 5 VOB/B Nr. 5 = ZfBR 1984, 173). Vgl. auch Rdn. 219.

II. Vertragliche Hauptpflicht des Auftragnehmers

Gegenseitige Verträge haben beiderseitige **Hauptpflichten**, sie haben aber auch **Nebenpflichten**, die sich aus dem allgemeingültigen Rechtssatz des Handelnmüssens nach den Grundsätzen von **Treu und Glauben** ergeben, zum Inhalt. 187

In vielen Fällen muß sich der fachkundige Auftraggeber auf den fachkundigen Auftragnehmer verlassen können. Treten Umstände ein oder tauchen Fragen auf, die **das Ziel** der vertraglich ausbedungenen Bauleistung **in Gefahr** bringen können, **erfordert es das durch den Bauvertrag begründete Vertrauensverhältnis, daß der Auftragnehmer den Auftraggeber unterrichtet** und ihm Gelegenheit gibt, seinerseits die erforderlichen Schritte einzuleiten.

Bei den in § 4 Nr. 3 geregelten Verpflichtungen des Auftragnehmers zur **Prüfung, Unterrichtung und Anzeige** handelt es sich nicht bloß um vertragliche Nebenpflichten, sondern 188 um vertragliche **Hauptpflichten,** die im Rahmen seiner Leistungsverpflichtung zur Erstellung eines mängelfreien Bauwerks liegen und deren Verletzung **vor der Abnahme Erfüllungsansprüche** nach Teil B § 4 Nr. 7, darüber hinaus nach der Abnahme Gewährleistungsansprüche des Auftraggebers auslösen können. § 4 Nr. 3 erweitert oder ergänzt die in **§ 4 Nr. 2 Abs. 1 enthaltene grundlegende Vertragsverpflichtung des Auftragnehmers.** Daß § 4 Nr. 3 (entgegen Schmalzl, Die Haftung des Architekten und Bauunternehmers, Rdn. 169 sowie Nicklisch in Nicklisch/Weick Teil B § 4 Rdn. 68) **in den Bereich der Hauptpflichten** des Auftragnehmers zu rechnen ist, folgt deutlich nicht nur aus Teil B § 4 Nr. 7, sondern vor allem auch aus **Teil B § 13 Nr. 3,** wo die VOB die Verletzung der betreffenden Pflichten des Auftragnehmers auch in den **Bereich der Gewährleistung** einordnet (vgl. auch BGH BauR 1975, 341 = SFH Z 2.414.0 Bl. 4; ferner Kaiser, Mängelhaftungsrecht, Rdn. 48; Werner/Pastor Rdn. 1060; Locher, Das private Baurecht, Rdn. 100; Heiermann/Riedl/Rusam/Schwaab, Teil B § 4 Rdn. 28 c; Vygen, Bauvertragsrecht, Rdn. 461; Huhn, Vahlens Rechtsbücher, Zivilrecht Bd. 3. S. 134; im Ergebnis ebenso Dähne BauR 1976, 225, jedoch [im übrigen insoweit auch Kaiser a. a. O.] mit teilweise unvollständiger rechtlicher Begründung: Nr. 3 ist nicht nur deshalb als Hauptpflicht anzusehen, weil sie im Zusammenhang mit dem sich aus Nr. 7 Satz 1 ergebenden Erfüllungsanspruch steht, sondern vor allem auch, weil sie – wie gerade Teil B § 13 Nr. 3 zeigt – über die Zeit der Abnahme hinaus rechtlich fortbestehende Verpflichtungen in dem Sinne festlegt, daß ihre vor Abnahme begangene Verletzung im Rahmen der Gewährleistung zum Nachteil des Auftragnehmers fortwirkt, und zwar so, daß auch jetzt noch die Pflicht zur Erfüllung der Leistungsverpflichtung des Auftragnehmers – einer unbestreitbaren Hauptpflicht – besteht, weshalb man insoweit hier entgegen Dähne a. a. O. auch keineswegs von einer bloßen vertraglichen Nebenpflicht sprechen kann); entgegen Nicklisch (a. a. O.) kann deshalb auch nicht eine Nebenpflicht mit dem bloßen Hinweis begründet werden, Teil B § 13 Nr. 3 knüpfe an die Mangelhaftigkeit der Leistung an, nicht aber an die Verletzung der Pflichten nach Teil B § 4 Nr. 3; allein hierdurch läßt sich nicht leugnen, daß die Mangelhaftigkeit der Leistung eben ihre eigentliche Ursache in der Verletzung der Pflichten nach Teil B § 4 Nr. 3 hat. Die Bedeutung der Regelung in Teil B § 4 Nr. 3 als **vertragliche Hauptverpflichtung** kommt vor allem auch dadurch zum Ausdruck, daß sie in den verschiedenen **Allgemeinen Technischen Vorschriften des Teils C der VOB als Grundlage für speziellere Prüfungs- und Anzeigepflichten des Auftragnehmers dient;** z. B. DIN 18 331 Nr. 3.1.4 (vgl. Rdn. 202). Aus den genannten Gründen ist auch der gegenteiligen Ansicht von Clemm (BauR 1987, 609) nicht zu folgen. Sicher wird man die hier wesentlichen Gesichtspunkte im Bereich der Leistungspflicht des Auftragnehmers, welche die Grundlage der Regelung in Teil B § 4 Nr. 3 ausmachen, unter Heranziehung allgemeiner rechtstheoretischer Grundsätze **jeweils für sich allein** als Nebenpflicht einordnen können. Dabei wird aber nicht hinreichend auf die hier in ihrer **Gesamtheit** zu betrachtenden **besonderen Leistungsanforderungen** geachtet, die dem **fachkundigen Unternehmer** auch dann als Hauptverpflichtung auferlegt sind, wenn durch eigenes „Mitmischen" der Auftraggeberseite Veranlassung gegeben wird.

Also: Ansprüche des Auftraggebers gegen den Auftragnehmer wegen Verletzung der in Nr. 3 festgelegten Pflichten regeln sich vor der Abnahme nach Teil B § 4 Nr. 6 und 7, danach über Teil B § 13 Nr. 3 nach Nr. 5–7 a. a. O. Der in Teil B § 4 Nr. 7 Satz 2 geregelte Schadensersatzanspruch kann unter Umständen auch noch nach Abnahme geltend gemacht werden (vgl. dazu Rdn. 328 ff., 354 ff.).

III. Allgemein: Umfang begrenzt durch Person des Auftraggebers

189 Der **Umfang** der sich aus Nr. 3 ergebenden Pflichten des Auftragnehmers ist u. a. **durch die Person des Auftraggebers, nämlich die bei diesem oder seinem Erfüllungsgehilfen (insbesondere Architekten) konkret vorliegenden oder ganz ersichtlich zu erwartenden Fachkenntnisse, begrenzt,** zumal hier deutlich im allgemeinen Verpflichtungen des Auftragnehmers in bezug auf ein Tun oder Unterlassen aufgezeigt werden, **die im Ursprung i. S. der**

Veranlassung aus dem Bereich des Auftraggebers kommen (vorgesehene Art der Ausführung, vom Auftraggeber gelieferte – beigestellte – Stoffe oder Bauteile, Leistungen anderer Unternehmer).

Nicht gefolgt werden kann hier Dähne (BauR 1976, 225), der den Pflichtenkreis des Auftragnehmers allein nach den in Rdn. 195 ff. angeführten objektiven Kriterien ohne Rücksicht auf den Auftraggeber festlegen will; damit würden die individuellen Verhältnisse im Rahmen des einzelnen Bauvertrages außer Betracht gelassen, wobei gerade hier die Gefahr bestünde, daß der Auftragnehmer im Einzelfall mit Pflichten belastet würde, die über das Maß des **gerechterweise von ihm zu Fordernden** hinausgingen.

Handelt es sich beim Auftraggeber um einen Laien auf bautechnischem Gebiet, ist die Prüfungs- und Unterrichtungspflicht des Auftragnehmers verhältnismäßig weitgehend. Ist der Auftraggeber hingegen **selbst Fachmann** oder hat er einen solchen, z. B. einen **einschlägig fachkundigen Architekten oder Bauleiter,** mit der bautechnischen Wahrung seiner Belange beauftragt, muß nach dem **jeweiligen Einzelfall eine Abstufung hinsichtlich der Art und des Umfanges der Prüfungs- und Unterrichtungspflicht angenommen** werden, ohne daß damit von vornherein die Prüfungspflicht als solche bereits entfällt (im Ausgangspunkt so wohl auch BGH BauR 1977, 420 = NJW 1977, 1966 = BB 1978, 1236 = LM VOB/B Nr. 93 = MDR 1978, 131 = SFH § 13 Ziff. 3 VOB/B Nr. 1; vgl. ferner LG Berlin BauR 1976, 130, das mit Recht eine Prüfungs- und Hinweispflicht des Auftragnehmers im Falle der Herstellung eines gefällelosen Naßdaches bejaht; ebenso LG Amberg SFH § 4 Nr. 3 VOB/B Nr. 3 und Nr. 4 für den Fall der nicht oder noch nicht anerkannten Regel der Technik für die vorgesehene Bauweise (gefälleloses Flachdach), insoweit selbst gegenüber Bediensteten eines öffentlichen Auftraggebers, die mit der betreffenden speziellen Maßnahme nicht ohne weiteres vertraut sind). Zu weitgehend dagegen Kaiser (Rdn. 49), der zu den vorgenannten Kriterien generell noch zusätzliche Umstände verlangt, um einen dem Auftraggeber zurechenbaren Vertrauenstatbestand zu begründen; dies wäre eine für den Auftragnehmer unzumutbare, über das nach Treu und Glauben zugrunde zu legende Maß hinausgehende Risikoabwälzung im Hinblick auf Aufgaben, die ja im Ausgangspunkt der Auftraggeber oder sein Erfüllungsgehilfe wahrzunehmen hat, wobei entgegen Kaiser auch für die hier vertretene Auffassung hinreichend fixierbare objektive Abgrenzungsmerkmale zu finden sind, wie die vorgenannten Beispiele zeigen. Bedenken bestehen allerdings gegen die Ansicht des Kammergerichts, daß eine Prüfungs- und Hinweispflicht des Auftragnehmers ohne weiteres bereits dann nicht bestehe, wenn ein durch keinen Architekten vertretener Auftraggeber so sachkundig sei, daß der Auftragnehmer davon ausgehen könne, dem Auftraggeber sei der betreffende Umstand – hier: mangelnder Untergrund für Asphaltierung – bekannt (BauR 1972, 239). Dem wird man nur zustimmen können, wenn der Auftragnehmer die – von ihm zu beweisende – **absolute Gewißheit** hat, daß der Auftraggeber den maßgeblichen Umstand **tatsächlich kennt.**

Hat der Auftraggeber demgegenüber einen Bauleiter bestellt, der nicht nur die allgemein vorauszusetzenden Fachkenntnisse, sondern **ganz spezielles Wissen** auf dem in Betracht kommenden Gebiet hat, so wird die Prüfungspflicht des Auftragnehmers im allgemeinen entfallen (vgl. OLG Karlsruhe BauR 1972, 380 für die Bestellung eines Straßenbauingenieurs zum Bauleiter beim Ausbau eines Weges auf einem Privatgrundstück; KG SFH Z 2.410 Bl. 63 für den Fall, daß der Architekt wegen der Anwendung eines bestimmten Bausystems bereits bei einer anderen Baustelle schlechte Erfahrungen gemacht hat, jedoch nicht zu verallgemeinern).

Es wäre sicher auch eine **Überspannung der an einen Auftragnehmer zu stellenden, grundsätzlich nur auf technischem Gebiet liegenden Anforderungen,** wollte man von ihm verlangen, darauf zu achten, daß durch die vorgesehene Baumaßnahme **Rechte Dritter,** wie z. B. der

Grundpfandgläubiger des Auftraggebers bei Abbruch- oder Umbauarbeiten, nicht beeinträchtigt werden. Ob das in gleicher Weise für den Architekten, vor allem den planenden Architekten gilt, erscheint zweifelhaft, wird aber entgegen BGHZ 65, 211 = BauR 1976, 215 = NJW 1976, 189 = MDR 1976, 133 = BB 1976, 15 = Betrieb 1976, 45 = SFH Z 3.001 Bl. 5 = VersR 1976, 190 = BlGBW 1976, 96 = LM § 823 (Ad) BGB Nr. 8 mit richtiger ablehnender Anm. von Locher BauR 1976, 218; Ratjen Betrieb 1977, 389; Bindhardt/Jagenburg § 13 Rdn. 34 im allgemeinen auch zu verneinen sein. Auch hat ein nicht ortsansässiger Auftragnehmer nicht die Pflicht, den Auftraggeber auf denkmalpflegerische Gesichtspunkte hinzuweisen, wenn er solche nicht in zumutbarer Weise kennen muß, sich ihm diese nach Sachlage nicht aufdrängen (OLG Köln BauR 1986, 581).

IV. Allgemein: Vorangehende Prüfungspflicht

193 1. Der **Anzeige geht** notgedrungen eine **Prüfung des Auftragnehmers voraus.** Eine Pflicht dazu ist in den Allgemeinen Vertragsbedingungen **zwar nicht ausdrücklich** festgelegt. Das bedeutet aber keineswegs, daß sie abzulehnen wäre. Vielmehr ist sie allein deswegen zu bejahen, weil sie **zwangsläufig Voraussetzung** für die in Nr. 3 genannte Anzeigepflicht ist (so auch BGH BauR 1970, 57, 58 = SFH Z 2.222 Bl. 18; BauR 1975, 420, 421 = SFH Z 2.400 Bl. 58; OLG Karlsruhe NJW-RR 1988, 405 = BauR 1988, Heft 5; Heiermann/Riedl/Rusam/ Schwaab Teil B § 4 Rdn. 54; Kaiser NJW 1974, 445; ders., Mängelhaftungsrecht der VOB/B, Rdn. 49 m. w. N.; Dähne BauR 1976, 225; Nicklisch in Nicklisch/Weick Teil B § 4 Rdn. 51). Dies erklärt sich aus dem schon vom Begrifflichen her gegebenen Zusammenhang zwischen beidem. Der gegenteiligen Ansicht von Siegburg (Festschrift Korbion, S. 411, 425; Gewährleistung beim Bauvertrag, Rdn. 292), der die Prüfungspflicht deswegen verneint, weil davon im Wortlaut von Teil B § 4 Nr. 3 nicht die Rede sei, was auch im Hinblick auf § 5 AGB-Gesetz zu beachten sei, ist nicht zu folgen. Dabei wird übersehen, daß auch AGB auslegungsfähig sind. Eben eine solche Auslegung ergibt zwangsläufig, daß der Anzeigepflicht logischerweise eine Prüfung voranzugehen hat, um überhaupt Anlaß zur Anzeige zu haben. Es mag sein, daß es Fälle gibt, in denen der Auftragnehmer ohne nähere Prüfung aufgrund seiner Erfahrung die Bedenklichkeit der vorgesehenen Art der Ausführung, der Vorleistungen anderer Unternehmer oder der Güte der vom Auftraggeber gelieferten Stoffe oder Bauteile erkennt. Das führt aber nicht zu einem anderen Ergebnis, weil auch in solchen Fällen eine vorherige „gedankliche Verarbeitung" durch den Auftragnehmer vorauszusetzen ist, was begrifflich eben einer Prüfung gleichkommt, d. h. in eine solche einzuordnen ist. Daher ist die **Prüfungspflicht ebenso eine vertragliche Pflicht wie die Anzeigepflicht,** und zwar mit der gleichen Rechtsfolge der Erfüllungs- bzw. Gewährleistungspflicht des Auftragnehmers, wenn in ihrem Unterlassen oder in ihrer nicht sachgerechten Ausübung die **Ursache oder Mitursache für einen Mangel** der Bauleistung liegt.

194 Der Auftragnehmer kann also im Rahmen der Nr. 3 eine **Verletzung** einer vertraglichen Verpflichtung in **zweierlei Hinsicht** begehen. Er kann die Prüfungspflicht mißachten, oder er kann, wenn er zwar die Prüfung vorgenommen hat, der Anzeigepflicht, sofern sich deren Notwendigkeit aus dem Ergebnis der Prüfung ergibt, nicht nachkommen.

195 2. Wann die **Prüfungspflicht des Auftragnehmers** im Einzelfall gegeben ist und wie weit sie reicht, läßt sich **nicht** abschließend in einer **generellen Formel** festhalten. Es kommt auf die Verhältnisse und Umstände des **Einzelfalles** an, vgl. auch BGH SFH Z 4.01 Bl. 21 = BB 1961, 430 = Betrieb 1961, 569; OLG Karlsruhe NJW-RR 1988, 405 = BauR 1988, Heft 5; u. a. Siegburg, Gewährleistung beim Bauvertrag, Rdn. 250). **Entscheidende Punkte sind das beim Auftragnehmer im Einzelfall vorauszusetzende Wissen, die Art und der Umfang der Leistungsverpflichtung und des Leistungsobjektes sowie die Person des Auftraggebers oder des zur Bauleitung bestellten Vertreters** (vgl. Rdn. 195 ff., auch OLG Saarbrücken BauR 1970, 109, 110).

Allerdings gibt es auch **feststehende Grenzen, die Allgemeingültigkeit** für sich in Anspruch nehmen. So reicht die **Prüfung nicht über die vertragliche Leistungspflicht,** die im allgemeinen durch den **zweifelsfrei erkennbaren Rahmen der Leistungbeschreibung** umgrenzt ist (vgl. auch Rdn. 213 ff.), und deren Ordnungsgemäßheit hinaus (vgl. dazu auch BGH BauR 1970, 57 = VersR 1970, 280 = SFH Z 2.222 Bl. 18 ff.; BGH BauR 1974, 202 = NJW 1974, 747). Somit kommt eine Prüfungspflicht des Auftragnehmers nicht in Betracht, wenn ihm nur Fliesenarbeiten in Auftrag gegeben werden und es sich um Fragen der Dichtigkeit des Bauwerkes im übrigen handelt und kein Zusammenhang mit der Ordnungsgemäßheit der in Auftrag gegebenen Leistung besteht; insoweit beschränkt sich die Prüfungspflicht auf die Beschaffenheit des Bauwerkes, soweit es sich um die zu fordernde Aufbringung des Fliesenbelages handelt (vgl. OLG Oldenburg BauR 1985, 449). Auch besteht eine Prüfungspflicht des Auftragnehmers nicht, wenn dieser nicht die Erstellung einer Wand aus Glasbausteinen vertraglich übernommen, sondern lediglich bei ihm beschäftigte Maurer dem Auftraggeber für diese Bauarbeit gegen Stundenlohnvergütung zur Verfügung gestellt hat und diese Maurer allein nach Weisungen eines vom Auftraggeber eigens eingestellten Bauführers zu arbeiten haben (vgl. BGH SFH Z 3.01 Bl. 283 ff.). Überdies kann grundsätzlich eine Prüfungspflicht des Auftragnehmers nicht angenommen werden, wenn sich die Ordnungsgemäßheit seiner Leistung, die nach dem Inhalt des für ihn maßgebenden Leistungsbeschriebes durchaus erreicht werden kann, **erst aus dem über den Umfang des konkreten Bauvertrages hinausgehenden Gesamtzusammenhang der vom Architekten angefertigten und dem Auftragnehmer nicht zugänglich gemachten Planung feststellen läßt** (vgl. dazu OLG Köln MDR 1980, 228 = VersR 1980, 391 für den Fall der erst beim späteren Ausbau sich ergebenden endgültigen Decken- und Treppenhöhe in bezug auf den Rohbauunternehmer).

196

Grundsätzlich besteht die Prüfungs- und Hinweispflicht des Auftragnehmers **nur für die Dauer des Vertrages bzw. bis zur Abnahme; sie endet** daher auch **mit dessen Kündigung oder Teilkündigung.** Ausnahmsweise besteht sie **nach Treu und Glauben fort,** wenn die **bisherigen Baumaßnahmen** für die noch nicht ausgeführten in dem Sinne gefahrenträchtig sind, daß die konkrete Möglichkeit des Auftretens von Mängeln besteht, wenn die vorgesehene Art der Ausführung weiterverfolgt wird, wenn Vorleistungen anderer Unternehmer einbezogen werden oder vom Auftraggeber beigestellte oder beizustellende Stoffe oder Bauteile berücksichtigt werden. Vgl. dazu auch Rdn. 234 ff. Jedoch: **Ordnet der Auftraggeber den Wegfall oder die Änderung einzelner Leistungspositionen an und kann mit dem dann verbliebenen Leistungsumfang das erstrebte Ziel der Bauleistung** (z. B. die Abdichtung von Räumen) **nicht erreicht werden, trifft den Auftragnehmer die Prüfungs- und demgemäß Hinweispflicht nach Teil B § 4 Nr. 3;** anders ist dies nur, wenn zwischen den Vertragspartnern Einigkeit herrscht, daß das ursprünglich angestrebte Ziel der Bauleistung nunmehr vom Auftragnehmer nicht mehr erreicht werden muß (vgl. OLG Frankfurt BauR 1985, 448 = BB 1984, 2151).

197

3. Die Prüfungspflicht des Auftragnehmers ist nicht in allen der von Teil B § 4 Nr. 3 erfaßten Fallgruppen gleich groß. **Maßgebend** ist vielmehr die **nach dem jeweiligen Leistungsinhalt des betreffenden Vertrages beim jeweiligen Auftragnehmer vorauszusetzende Kenntnis.** Im allgemeinen – vorbehaltlich sicher häufiger Ausnahmen – wird die **Prüfungspflicht** des Auftragnehmers hinsichtlich der vom Auftraggeber beigestellten **Stoffe oder Bauteile am stärksten** sein, weil er gerade auf diesem Gebiet am ehesten die Sachkenntnis besitzt bzw. besitzen muß, da er normalerweise selbst Stoffe oder Bauteile beschaffen und für deren Ordnungsgemäßheit gegenüber dem Auftraggeber einstehen muß (ähnlich wohl Nicklisch, Festschrift für Bosch, S. 747 f.). **Geringer** ist der Umfang der Prüfungspflicht hinsichtlich der **Vorleistungen anderer Unternehmer** zu veranschlagen, da diese das eigentliche Fachgebiet des Auftragnehmers nur dort berühren, wo seine Leistung später **unmittelbar darauf aufbaut. Am geringsten** ist die Prüfungspflicht hinsichtlich der **vorgesehenen Art der**

198

Ausführung anzusetzen, weil diese grundsätzlich dem **Planungsbereich** angehört, in dem der Auftraggeber regelmäßig einen eigenen Fachmann, nämlich einen bauplanenden Architekten oder Ingenieur, beschäftigt (zustimmend Dähne BauR 1976, 225; ähnlich auch Nicklisch, a. a. O. S. 749), es sei denn, es handelt sich um eine einem bautechnischen Spezialgebiet zuzuordnende Maßnahme, hinsichtlich deren das von dem Auftragnehmer zu verlangende Wissen höher zu veranschlagen ist als das des Architekten.

199 In die nach den vorgenannten Grundsätzen ausgerichtete, auf den Einzelfall abgestellte Prüfungspflicht sind **alle Umstände** eingeschlossen, **die** bei der Leistungserstellung **beachtet werden müssen.** So erklärt sich z. B. auch die Aufnahme der Leistungen anderer Unternehmer in die Nr. 3. Grundsätzlich muß der Auftragnehmer die vom Auftraggeber gelieferten oder durch Vorleistungen anderer Unternehmer zur Verfügung gestellten Stoffe oder Bauteile bzw. ausgeführte Arbeiten darauf prüfen, ob sie für den gedachten Zweck geeignet sind und keine Eigenschaften besitzen, die Mängel **der von ihm geschuldeten Leistung** begründen können. Grundlage ist auch hier § 242 BGB (vgl. Rdn. 234 ff.). Vom Auftragnehmer kann man aber, wie sich gerade auch aus § 242 BGB ergibt, keine Prüfung verlangen, die über das **dem neuesten Stand der Bautechnik im Zeitpunkt der Ausführung der betreffenden Leistung entsprechende Wissen in seiner Branche** hinausgeht. Diese Frage ist nicht subjektiv nach dem wirklichen Wissen und Können des Auftragnehmers zu beurteilen, sondern **objektiv** nach dem, was unter normalen Umständen bei einem auf dem betreffenden Fachgebiet tätigen Unternehmer **vorausgesetzt werden muß,** also nach der **Sorgfalt eines ordentlichen Unternehmers** (BGH, vgl. Rdn. 234 ff.), der über den jeweils anerkannten Stand der Regeln der Technik orientiert ist. Dabei muß er vor allem das den allgemein anerkannten Regeln der Technik zumindest nahekommende Normenwerk (vgl. Rdn. 153 ff.) beherrschen.

200 Über Art und Umfang der Prüfungspflicht vgl. auch Urteile des BGH vom 8. 5. 1956 (LM § 254 [E] BGB Nr. 2 = MDR 1956, 534 = SFH Z 2.20 Bl. 1) und vom 23. 6. 1959 (SFH Z 2.20 Bl. 8 ff.). Eine **besondere Prüfungspflicht** des Auftragnehmers besteht **nicht mehr, wenn sich beide Parteien des Risikos einer bestimmten Bauausführung bewußt** sind und einen etwaigen Mißerfolg in ihre vertraglichen Beziehungen zweifelsfrei mit eingeschlossen haben (BGH VersR 1972, 457 = SFH Z 2.414 Bl. 270 ff.).

201 Es ist zulässig, im Bauvertrag festzulegen, daß der Auftragnehmer in jedem Fall, in dem seine Fachkenntnisse zur Nachprüfung **nicht ausreichen, den Auftraggeber hierauf hinzuweisen hat.** Dies ist AGB-rechtlich unbedenklich, vor allem kein Verstoß gegen § 9 AGB-Gesetz.

202 **4.** Unabhängig von der in Nr. 3 **allgemein** niedergelegten Prüfungs- und Mitteilungspflicht ist in den **Allgemeinen Technischen Vertragsbedingungen** für Bauleistungen eine Reihe von Bestimmungen enthalten (z. B. DIN 18 301 Nr. 3.6.2, vgl. dazu OLG Frankfurt BauR 1986, 352 = SFH § 2 Nr. 5 VOB/B Nr. 3 = NJW-RR 1986, 1149; DIN 18 309 Nr. 3.1.3, DIN 18 317 Nr. 3.2, DIN 18 332 Nr. 3.1.1, DIN 18 353 Nr. 3.1.3 usw.), die selbst **ausdrücklich speziell** eine Prüfung und Mitteilung für einen dort näher umschriebenen Rahmen anordnen. Der Unterschied zwischen diesen Pflichten und den in Nr. 3 angeführten liegt einmal darin, daß **sie in jedem Fall in dem im einzelnen gekennzeichneten Umfang gegeben** sind. Dies folgt daraus, daß gerade auch die Allgemeinen Technischen Vertragsbedingungen **kraft ausdrücklicher Vereinbarung** gemäß Teil B § 1 Nr. 1 Satz 2 **Vertragsinhalt** sind. Treten in solchen Fällen Bedenken auf oder müssen sie kraft des beim Auftragnehmer vorauszusetzenden Fachwissens vorliegen, so sind damit auch die Voraussetzungen der Nr. 3 gegeben. Vor allem gilt dann das in Rdn. 246 ff. Ausgeführte entsprechend. Insoweit kann auch eine **verstärkte Prüfungs- und Hinweispflicht** des Auftragnehmers gegeben sein, wenn der Vertrag aufgrund eines **Nebenangebotes** des Auftragnehmers zustande gekommen ist, weswegen dann

in Teilbereichen die vom Auftraggeber aufgestellte Leistungsbeschreibung nicht mehr ausreicht (wie z. B. bei Maßnahmen zur Grundwasserbeseitigung usw.; vgl. dazu DIN 18 300 Nr. 3.3.1 Abs. 2).

5. Hinsichtlich des **Baugrundes** erstreckt sich die **Prüfungspflicht des Auftragnehmers** auf die unter normalen Umständen gewonnenen bzw. zu gewinnenden Erkenntnisse. Die Durchführung kostspieliger, z. B. chemischer oder mechanischer, Bodenuntersuchungen wird nicht verlangt, es sei denn, daß dies dem Auftragnehmer nach dem Bauvertrag ausdrücklich aufgegeben worden ist, wofür ihm dann grundsätzlich eine angemessene Vergütung (§ 632 BGB; Teil B § 2 Nr. 9) zuzuerkennen ist. Daraus folgt aber andererseits, daß dem Auftragnehmer eine Mitteilungspflicht an den Auftraggeber allgemein bereits obliegt, wenn sich seine Bedenken zwar nicht nur auf Vermutungen, sondern auf gewisse konkrete und allgemein als zweifelhaft anzuerkennende Anhaltspunkte erstrecken. Siehe dazu die Zusammenstellung bei Wussow, IB 1965, 1; vgl. außerdem OLG Hamburg VersR 1965, 623 mit zutreffenden Ausführungen zur Frage der Haftungsabgrenzung zwischen Auftragnehmer und bauplanendem sowie bauaufsichtsführendem Architekten; ferner Englert/Bauer Rdn. 135 f. Vgl. dazu sowie im Hinblick auf den Aufgabenbereich des Statikers oben Rdn. 122 ff.

V. Beweislast

Die **Beweislast** für die **Erfüllung** der in Nr. 3 festgelegten **Pflichten** hat der **Auftragnehmer** (BGH LM § 4 VOB/B Nr. 2 = BB 1962, 428 = SFH Z 2.400 Bl. 31; BGH SFH Z 2.50 Bl. 24 ff.; BGHZ 61, 42 = BauR 1973, 313 = BB 1973, 1002 = NJW 1973, 1792 = VersR 1973, 937 = SFH Z 2.414 Bl. 308 = Anm. Fenge JR 1974, 66; BGH NJW 1974, 188 = BauR 1974, 128 = SFH Z 2.410 Bl. 60 = MDR 1974, 303 = BB 1974, 107 = LM VOB/B Nr. 65). Das gilt auch für den in Rdn. 263 erwähnten Fall notwendiger weiterer Prüfung. Insoweit bedarf es im Ausgangspunkt eines hinreichend **substantiierten Vorbringens, um zur Annahme pflichtgerechten Handelns des Auftragnehmers zu kommen** (vgl. BGH SFH Z 8.3 Bl. 1). Andererseits: Daß der Auftragnehmer im betreffenden Einzelfall die nach Teil B § 4 Nr. 3 ausgerichtete Prüfungs- und Hinweispflicht gehabt hat, also die Grundlage der Haftung überhaupt gegeben ist, hat jedoch der Auftraggeber darzulegen und zu beweisen, ebenso wie den erlittenen Schaden. Vgl. aber auch Rdn. 211; siehe ferner Rdn. 260.

VI. Zu den Einzeltatbeständen:

1. Bedenken gegen die vorgesehene Art der Ausführung

a) Unter vorgesehener Art der Ausführung versteht man umfassend den **Gesamtrahmen der von Auftraggeberseite schriftlich angefertigten oder auch mündlich angeordneten Planung,** soweit sich diese auf die vom Auftragnehmer geschuldete Leistung bezieht (vgl. Rdn. 195 ff.), vor allem auch im Hinblick auf die **Planung des Architekten** (BGH VersR 1965, 245, 246; BGH NJW 1973, 518 = BauR 1973, 190 = SFH Z 2.13 Bl. 36 = MDR 1973, 403 = BB 1973, 360 = Betrieb 1973, 616; BGH BauR 1975, 421 = SFH Z 2.400 Bl. 58; BGH BauR 1975, 420) **und des Ingenieurs,** dabei besonders die **Ausführungsplanung** (vgl. dazu Teil A § 9 Rdn. 1, Rdn. 69; Teil B § 3 Rdn. 9) sowie – soweit vom Auftraggeber bzw. seinem Architekten stammen – die Angaben im **Leistungsverzeichnis** (vgl. BGH BauR 1975, 278 = NJW 1975, 1217 = MDR 1975, 657 = BB 1975, 989 = SFH Z 2.410 Bl. 70 = LM VOB/B Nr. 74), die **Einhaltung der Technischen Regeln,** vor allem auch der Anforderungen in den DIN-Normen (BGH BauR 1975, 420; OLG Celle BauR 1984, 522 mit Anm. Reim im Hinblick auf eine den DIN 18 337 und 18 195 Teil 4 nicht entsprechende Ausschreibung waagerechter Abdichtung von Wänden gegen aufsteigende Feuchtigkeit aus Sperrmörtel), darunter insbesondere der Einheitlichen Technischen Baubestimmungen (vgl. Rdn. 153 ff.), darüber hinaus insbesondere aber auch der **Übereinstimmung der DIN-Normen mit den allgemein anerkannten Regeln der Technik** (vgl. dazu z. B. Döbereiner BauR 1980, 296 im Hinblick auf die Mindestanforderungen des Schallschutzes, dazu ferner Eisenberg JSW 1980, 231; Weber ZfBR 1983, 151, 154 f. sowie hier insbesondere Rdn. 144 f. und 153 ff.), außerdem den von Auftraggeberseite festgelegten **Bauablauf,** die einzusetzenden **Materialien** (also auch die durch den Auftragnehmer von Lieferanten zu beziehenden Baustoffe) einschließlich der vom Auftraggeber vorgeschriebenen (vgl. BGH BauR 1973, 188 = NJW 1973, 754 = Betrieb 1973, 663 = SFH Z 2.410 Bl. 57 = BlGBW 1973, 139 = BB 1973, 539 = MDR 1973, 489 = LM VOB/B Nr. 60) sowie die sonstigen zur Verfügung stehenden und zum Einsatz kommenden persönlichen und technischen **Mittel**. Selbstverständlich erstreckt sich die Prüfungspflicht des Auftragnehmers auch auf die **Einhaltung bauordnungsrechtlicher Vorschriften,** wie z. B. hinsichtlich der Höhe von Fensterbrüstungen (vgl. BGH BauR 1982, 277 = NJW 1982, 1524 = SFH § 4 Nr. 7 VOB/B Nr. 2 = Betrieb 1982, 1402 = MDR 1982, 746 = BB 1982, 2138 = LM § 4 [A] VOB/B Nr. 12 = ZfBR 1982, 122), was sich schon aus Teil B § 4 Nr. 2 ergibt (vgl. Rdn. 164 ff.).

206 **Nicht** reicht dagegen für den so zu verstehenden Begriff der vorgesehenen Art der Ausführung die sich allein aus der verspäteten Fertigstellung anderer Gewerke zwangsläufig ergebende Verschiebung der nach dem Vertrag auszuführenden Arbeiten aus (BGH BauR 1977, 420 = NJW 1977, 1966 = BB 1978, 1236 = LM VOB/B Nr. 93 = MDR 1978, 131 = SFH § 13 Ziff. 3 VOB/B Nr. 1).

207 Von einem **Vorschreiben** von **Stoffen** oder **Bauteilen** seitens des Auftraggebers kann in diesem Zusammenhang (vorgesehene Art der Ausführung) nur gesprochen werden, wenn es in einer Art und Weise geschieht, daß der Auftragnehmer **keinen Einfluß auf die Auswahl** mehr hat, wenn es also durch den Auftraggeber in einer eindeutigen, Befolgung heischenden Art und Weise geschieht (BGH NJW 1973, 754 = BauR 1973, 188 = SFH Z 2.410 Bl. 57 = MDR 1973, 489 = BB 1973, 539 = Betrieb 1973, 663; BGH SFH Z 2.414 Bl. 219), was insoweit häufig auch schon in der Leistungsbeschreibung erfolgt. Das bloße Einverständnis des Auftraggebers mit einem bestimmten Baustoff, z. B. nach Bestellnummer, Farbe oder Bezugsquelle, genügt dafür noch nicht (BGH BauR 1975, 421 = SFH Z 2.400 Bl. 58). Vgl. dazu auch Rdn. 65 f.

208 **b)** Mit zu den **grundsätzlichen Prüfungspflichten** des Auftragnehmers im Bereich der vorgesehenen Art der Ausführung gehören **im Normalfall** auch Fragen der **Gründungsverhältnisse** (deren Klärung allerdings – ebenso wie das Nachfolgende – in erster Linie Sache des planenden Architekten oder des vom Auftraggeber hinzugezogenen Grundbaufachmannes, in Einzelfällen auch des Statikers, ist; vgl. Rdn. 118 ff.), der Ausschachtung, der Grundwasserverhältnisse, der Genehmigungsfähigkeit bestimmter **spezieller** Baumaßnahmen (z. B. der Anbringung eines Holzfußbodens in einem Tanzlokal, vgl. BGH, Urt. vom 21. 3. 1968 – VII ZR 4/66 –), der Art und Weise der **Durchführung im Rahmen der konstruktiven Planung,** wie Tragfähigkeit, Stärken, Standfestigkeit (insoweit vor allem im Hinblick auf die dem Auftragnehmer erkennbare vorgesehene Nutzung, vgl. OLG Köln SFH § 635 BGB Nr. 23), Wasserdichtigkeit, der **Erprobung neuer Bauweisen,** dabei insbesondere auch die Verwendung von Materialien einschließlich neuartiger Werkstoffe (vgl. Willigmann GrundE 1961, 686), gegebenenfalls durch Erkundigung bei einer fachkundigen Stelle (vgl. BGHZ 90, 354 = BauR 1984, 401 = SFH § 274 BGB Nr. 1 = NJW 1984, 1679 = BB 1984, 1832 = Betrieb 1984, 1824 = ZfBR 1984, 176), der **Gebrauch neuartiger Geräte** usw. Zum letzteren hat der BGH (SFH Z 3.12 Bl. 11 = BB 1958, 1035 = Betrieb 1958, 1184) entschieden, daß zwar vom Auftragnehmer und seinem Gehilfen bei der Ingebrauchnahme neuartiger Geräte eine besondere Sorgfalt zu fordern sei, daß der Benutzer aber annehmen dürfe, der Lieferant habe ein so ausgiebig erprobtes Gerät auf den Markt gebracht, daß es genüge, sich mit der praktischen

Handhabung gemäß der Gebrauchsanweisung vertraut zu machen (Analogie zu Teil B § 4 Nr. 3). Nach OLG Hamm (SFH Z 2.414 Bl. 37 ff.) hat der Auftragnehmer den Architekten des Auftraggebers auf die dem Bauwerk aus einer Fundierung auf drei verschiedenen Bodenarten (natürlich gelagerter Faulschiefer, aufgeschütteter Faulschiefer mit Lehm durchsetzt, Fels) drohenden Gefahren hinzuweisen.

Auch kann der Auftragnehmer in den vorangehend genannten Bereichen verpflichtet sein, **Angaben des Auftraggebers im Leistungsverzeichnis an Ort und Stelle** nachzuprüfen, vor allem wenn die Annahme gerechtfertigt ist, daß auf sie kein Verlaß ist. Das trifft z. B. in bezug auf Fundamenttiefen zu. Ebenso gilt dies, wenn für den Auftragnehmer als Fachmann erkennbar ist, daß im **Leistungsverzeichnis ein wesentliches Element fehlt,** wodurch u. U. sogar eine Gefahrenquelle für das Bauwerk geschaffen wird, wie z. B. bei Fehlen einer unbedingt notwendigen Position über das Isolieren alten Mauerwerks, auf dem aufgebaut werden soll (vgl. OLG Düsseldorf SFH Z 2.0 Bl. 11 ff.) oder bei Fehlen eines zum Trittschallschutz unbedingt notwendigen Dämmstreifens zwischen Wand und Mörtelbett bzw. bei Bodenplatten bei schwimmendem Estrich bzw. bei der Verlegung von Fußbodenbelag auf schwimmendem Estrich entsprechend DIN 4109 (Ausgabe 1962) Nr. 2.4.1.3.4 (BGH BauR 1978, 222 = SFH § 4 Ziff. 2 VOB/B Nr. 1 = MDR 1978, 657 = LM VOB/B Nr. 96 = BB 1978, 577) oder bei unvollständiger Angabe der Boden- und Wasserverhältnisse (vgl. BGH BauR 1988, 338 = SFH § 9 VOB/A Nr. 1 = ZfBR 1988, 182 = NJW-RR 1988, 785 = MDR 1988, 666 = Siegburg EWiR § 9 VOB/A 1/88, 617). **Andererseits:** Hat der Auftraggeber die betreffende Baumaßnahme ausgeschrieben und klar und eindeutig so verlangt, und entspricht dies dem anerkannten Stand der Technik, besteht für den Auftragnehmer keine Verpflichtung aus Teil B § 4 Nr. 3, da dies eine über den Rahmen des § 242 BGB hinausgehende Überspannung der an den Auftragnehmer zu stellenden Anforderungen wäre (entgegen OLG Frankfurt BauR 1983, 156 = NJW 1983, 456 = SFH § 13 Nr. 1 VOB/B Nr. 2; ablehnend zu OLG Frankfurt auch Jagenburg NJW 1982, 2412, 2415). Wenn das zu verwendende Material in der Leistungsbeschreibung des selbst sachkundigen und durch einen Sonderfachmann beratenen Auftraggebers klar und eindeutig vorgeschrieben ist und die geforderte Ausführung den anerkannten Regeln der Technik entspricht, besteht für den Auftragnehmer keine Prüfungspflicht; insbesondere ist er dann nicht zu eigenen Versuchen oder Materialprüfungen verpflichtet (OLG Karlsruhe NJW-RR 1988, 405 = BauR 1988, Heft 5).

209

Hat der **Auftragnehmer selbst das Leistungsverzeichnis aufgestellt** und führt er das aus, was er hiernach von sich aus angeboten hat, ist er für dessen Ordnungsgemäßheit **nach Teil B § 4 Nr. 2 ohnehin verantwortlich; darauf ist nicht erst Nr. 3 anwendbar,** da sie nur den Fall im Auge hat, daß der Auftragnehmer das ausführt, was ihm **vom Auftraggeber vorgeschrieben** worden ist (vgl. BGH, Urt. vom 15. 3. 1971 – VII ZR 153/69 –; BGH BauR 1975, 276; BGH BauR 1983, 70 = SFH § 4 Nr. 3 VOB/B Nr. 2 = NJW 1983, 875 = MDR 1983, 392 = LM § 631 BGB Nr. 46 = ZfBR 1983, 16).

210

c) Die **Prüfungs- und Hinweispflicht** des Auftragnehmers hinsichtlich der vorgesehenen Art der Ausführung **erschöpft sich grundsätzlich nicht in einer ersten Prüfung und einem ersten Hinweis.** Auch dann, wenn der Auftraggeber einen nach der ersten Prüfung gegebenen **Hinweis befolgt,** ist der Auftragnehmer gehalten, **erneut** zu prüfen, ob die nunmehr auf seine Bedenken hin geänderte Art der Ausführung **geeignet ist, die ihm in Auftrag gegebene Bauleistung mangelfrei zu erstellen** (BGH NJW 1974, 188 = BauR 1974, 128 = SFH Z 2.410 Bl. 60 = MDR 1974, 303 = BB 1974, 107 = LM VOB/B Nr. 65 = Betrieb 1974, 186 = WM 1974, 220). Hat er **wiederum** Bedenken oder **muß er solche haben,** muß er den Auftraggeber darauf **hinweisen,** um sich von seiner jetzt wiederum gegebenen Verpflichtung nach Teil B § 4 Nr. 3 zu entlasten. Voraussetzung ist dann allerdings wiederum, daß der Auftragnehmer

211

den erneuten Planungsmangel nach den bei ihm vorauszusetzenden Fachkenntnissen erkennen konnte; daß dies nicht der Fall war, muß er gegebenenfalls **beweisen** (a. a. O.).

212 d) Der **Auftragnehmer muß** grundsätzlich die vorangehend Rdn. 205 ff. umrissenen **Angaben und Anordnungen des Auftraggebers nachprüfen und** ihm entsprechende **Bedenken mitteilen.** Dieser Pflicht ist er nicht schon dadurch enthoben, daß er eine gewisse, nach den Umständen des Falles notwendige Maßnahme als unwirtschaftlich oder ortsunüblich ansieht oder das Leistungsverzeichnis von einem Architekten aufgestellt worden ist (BGH BauR 1976, 430 = BB 1976, 1433 = MDR 1977, 133 = SFH Z 2.414.1 Bl. 14 = LM VOB/B Nr. 83). Vor allem wird die Prüfungs- und Mitteilungspflicht **nicht schon durch den letzten Halbsatz in Nr. 3 ausgeräumt,** wonach der Auftraggeber für seine Angaben, Anordnungen oder Lieferungen (gegebenenfalls über § 278 BGB) verantwortlich bleibt. Die insoweit angesprochene **Verantwortlichkeit** ist nicht eine Frage der Prüfungs- und Mitteilungspflicht **als solcher,** sondern eine **Frage der Haftung.** Damit wird in Nr. 3, letzter Halbsatz, **lediglich** zum Ausdruck gebracht: Wird die Verpflichtung des Auftragnehmers verletzt, so kann dadurch eine **Minderung der Haftung des Auftraggebers** eintreten, wenn den Auftragnehmer wegen der Unterlassung ein **Mitverschulden** nach § 254 BGB trifft (vgl. dazu Rdn. 261 ff.).

213 e) Eine **Befreiung des Auftragnehmers** von seiner Verpflichtung zur **Nachprüfung kommt in erster Linie in Betracht,** wenn der Auftragnehmer bereits im Rahmen der Generalklausel in Nr. 2 Abs. 1 keine Verpflichtung hat, weil der Auftraggeber, in der Regel nach § 278 BGB über seinen Erfüllungsgehilfen (Architekt, Statiker), selbst einzustehen hat; vgl. dazu Rdn. 110 ff. Denn die **Prüfungs- und Mitteilungspflicht nach Nr. 3 geht nicht über den für die Leistungspflicht des Auftragnehmers nach Nr. 2 maßgebenden Rahmen hinaus** (vgl. Rdn. 195 ff.). Insoweit reicht für eine Befreiung des Auftragnehmers jedoch mit Sicherheit noch nicht das bloße Fehlen erforderlicher Angaben in der Ausschreibung oder in den Ausführungszeichnungen, wie z. B. das Fehlen von Dämmstreifen zwischen Wand und Mörtelbett/Bodenplatten zum Zwecke des Schallschutzes bei Fußbodenbelag auf schwimmendem Estrich (BGH BauR 1978, 222 = SFH § 4 Ziff. 2 VOB/B Nr. 1 = MDR 1978, 657 = LM VOB/B Nr. 96 = BB 1978, 577). Für den Umfang der Prüfungspflicht des Auftragnehmers sind gerade hier vor allem die bei ihm **im konkreten Fall abzuverlangenden Kenntnisse maßgebend,** und zwar im Hinblick auf das bei ihm vorauszusetzenden allgemeinen sowie nach seiner besonderen Ausbildung anzusetzenden weiteren Wissensstand. So muß ein Auftragnehmer, der graduierter Ingenieur, Architekt, Maurer- und Zimmermeister, Bauunternehmer und öffentlich bestellter und vereidigter Sachverständiger für den allgemeinen Hochbau ist, wissen, daß sich ein ungeschützter Leichtbeton-Gefälle-Estrich, der sich unter mit offenen Fugen verlegten Betonplatten befindet, mit Niederschlagswasser vollsaugt; er muß auch wissen, daß wasserdurchtränkte Gefälle-Estriche, die sich unterhalb der mit offenen Fugen verlegten Terrassenplatten befinden, Unzulänglichkeiten vieler Art mit sich bringen, daß somit der nach den Anordnungen des Architekten erstellte Terrassenaufbau zwangsläufig zu einer mangelhaften Werkleistung führen würde; das zu erkennen bedarf nicht der Spezialkenntnisse von Isolierungsfirmen (BGHZ 79, 180 = BauR 1981, 201 = SFH § 16 VOB/B Nr. 13 = NJW 1981, 822 = MDR 1981, 487 = Betrieb 1981, 1134 = BlGBW 1981, 152 = Anm. Girisch LM § 16 [C] VOB/B Nr. 8 = ZfBR 1981, 82). Gleiches gilt im Hinblick auf nach dem jeweiligen Stand anerkannte und technisch gesicherte Konstruktionen (wie z. B. eines Flachdaches) oder ein nach dem technischen Stand beherrschtes Verfahren (wie z. B. der Brückenbau mittels Vorschubrüstung) oder ein generell geeignetes Material (vgl. OLG Frankfurt BauR 1983, 156 = NJW 1983, 456 = SFH § 13 Nr. 1 VOB/B Nr. 2). Andererseits kann man hier – allerdings ausgerichtet nach dem jeweiligen Einzelfall – **ausnahmsweise** von einer stillschweigenden Risikoübernahme durch den Auftraggeber bei noch nicht technisch voll ausgereifter Konstruktion oder Ausführungsweise oder bei vorgeschriebener Verwendung noch nicht ausreichend erprobten Materials sprechen (OLG Frankfurt a. a. O.). Jedoch ist auch

dann dem Auftragnehmer jedenfalls ein Hinweis auf die bisher noch nicht ausreichende Erfahrung abzuverlangen, **falls er in zumutbarer Weise unsicher sein muß** (was in dem vom OLG Frankfurt entschiedenen Fall nach dem in den Entscheidungsgründen zugrunde gelegten Sachverhalt – unabhängig von der dort wirklich gegebenen Sachlage – kaum vorgelegen haben dürfte, vgl. dazu auch Jagenburg NJW 1982, 2412, 2415).

Darüber hinaus:
Eine Prüfungs- und Mitteilungspflicht **entfällt,** wenn sich der Auftragnehmer darauf verlassen kann, daß der **fachkundige Auftraggeber** selbst oder durch seinen **bauleitenden Vertreter (Architekt)** die erforderliche **Prüfung tatsächlich angestellt hat** und seine Angaben oder Anordnungen auf dem Ergebnis dieser Prüfung beruhen (vgl. Rdn. 189 ff.). Dann **kann die Anwendung von Teil B § 4 Nr. 3 vertraglich ausgeschlossen** sein (vgl. BGH SFH Z 2.400 Bl. 54). Voraussetzung ist allerdings, **daß der Auftragnehmer von diesen Prüfungen und dem fachlich als zufriedenstellend ausgefallenen Ergebnis weiß oder den Umständen nach mit Sicherheit davon ausgehen kann.**   214

Dem entspricht die Entscheidung des BGH vom 9. 4. 1959 (SFH Z 2.410 Bl. 18 ff.), in der zum Ausdruck gebracht wird, daß der Auftragnehmer mit dem Aufbringen des Lackanstrichs auf den Werkanstrich des Stahls nicht gegen Teil B § 4 Nr. 3 verstößt, wenn er die zufriedenstellenden Ergebnisse praktischer Versuche kennt, die der Architekt durch den Lieferanten des Kunstharzlackes hatte durchführen lassen. Ferner kommen für die Befreiung von der Prüfungs- und Anzeigepflicht ähnlich gelagerte Umstände in Betracht, z. B., wenn sich der **Auftraggeber** hinsichtlich der Verwendung des Materials **selbst erkundigt** oder durch **eigenen Augenschein** vergewissert hat. So hat das LG Hamburg (SFH Z 2.400 Bl. 15 ff.) zutreffend entschieden, daß dem Auftragnehmer keine Mitteilungs- und demnach auch keine Prüfungspflicht im Sinne von Nr. 3 obliege, wenn der Auftraggeber sich den verwendeten Teka-Stein vorher an zwei Baustellen angesehen und ihn ausdrücklich gefordert habe; bei späterer Grünverfärbung der Verblendsteine entfalle dann ein Gewährleistungsanspruch.

Allerdings kann man grundsätzlich den **Auftragnehmer nur entlasten, wenn der Auftraggeber und/oder sein Bevollmächtigter** (z. B. der Architekt) **erkennbar hinreichend fachlich in der Lage** sind, die **Unzulänglichkeiten und Abweichungen** von der an sich notwendigen Art der Ausführung **zu erkennen** (ebenso BGH BauR 1977, 420 = NJW 1977, 1966 = BB 1978, 1236 = LM VOB/B Nr. 93 = MDR 1978, 131 = SFH § 13 Ziff. 3 VOB/B Nr. 1).   215

Das wird z. B. häufig nicht der Fall sein, wenn es sich um eine Bauleistung handelt, die ihrer Natur nach von einer **ausgesprochenen Fachfirma** zu erbringen ist, wie z. B. der Einbau von besonderen Schaufensterkonstruktionen im Hinblick auf die spätere Wasserdichtigkeit der Fenster (vgl. dazu BGHZ 39, 189 = NJW 1963, 1451 = MDR 1963, 583 = BB 1963, 669 = SFH Z 2.414 Bl. 113 = Betrieb 1963, 830). Dasselbe trifft auch auf eine Spezialfirma zu, die sich mit Abdichtungsarbeiten befaßt (vgl. OLG Düsseldorf SFH Z 2.414 Bl. 132 ff.) oder mit der Errichtung von Schwimmhallen (OLG Düsseldorf SFH Z 2.410 Bl. 43 ff.). Gleiches gilt bei Natursteinplattenverlegung im Hinblick auf die Beachtung erforderlicher Schallschutzmaßnahmen (Anbringung von Dämmstreifen zwischen Wand und Mörtelbett/Bodenplatten), selbst bei fehlerhaften Anordnungen eines Sonderfachmannes für Schallschutz (BGH BauR 1978, 222 = SFH § 4 Ziff. 2 VOB/B Nr. 1 = MDR 1978, 657 = LM VOB/B Nr. 96 = BB 1978, 577). Anders kann es dagegen liegen, wenn der Auftragnehmer z. B. Leichtmetallbleche in einer genau bezeichneten Legierung angeboten und ausdrücklich darauf hingewiesen hat, er setze voraus, daß eine Statik bauseits vorliege, der zweifelsfrei fachkundige Auftraggeber das Angebot widerspruchslos hinnimmt und darauf den Auftrag erteilt; dann kann der Auftragnehmer davon ausgehen, daß die Bleche, die auf einer vom Auftraggeber selbst hergestellten Unterkonstruktion anzubringen sind, vertragsgerecht sind (vgl. BGH BauR 1981, 284 = NJW 1981, 1448 = BlGBW 1981, 153 = SFH § 12 VOB/B Nr. 6 = Betrieb 1981, 1923 = MDR 1981, 747 = LM § 12 VOB/B Nr. 5 = ZfBR 1981, 139).

Andererseits geht eine dem mit der Planung und Objektüberwachung beauftragten **Architekten** grundsätzlich **obliegende Erkundigungspflicht zu Lasten des Auftraggebers,** so daß bei einer Verletzung dieser Pflicht möglicherweise eine Entlastung des Auftragnehmers   216 eintritt (vgl. u. a. Teil B § 13 Rdn. 190 ff.) oder jedenfalls ein auf das Konto des Auftraggebers gehendes **erhebliches oder überwiegendes Mitverschulden** vorliegt. Ein Verschulden des Architekten und damit des Auftraggebers kann insofern vor allem gegeben sein, wenn es der Architekt unterläßt, sich über die Beschaffenheit eines bestimmten Baustoffes zu orientieren, zumal wenn die aufgetretene Frage Lehrgegenstand von Fachschulen für Architekten ist, außerdem auf dem fraglichen Gebiet leicht zugängliche Literatur vorhanden ist (vgl. dazu LG Düsseldorf SFH Z 3.01 Bl. 240 f. für den Fall der Verwendung von bläue-empfindlichem Redpine-Holz als Außenverkleidung). Zur Abgrenzung der Haftung von Bauunternehmer und Architekt vgl. auch OLG Braunschweig SFH Z 3.01 Bl. 268 ff.

217 f) Eine **Prüfungs- und Anzeigepflicht** des Auftragnehmers ist im allgemeinen auch **nicht** gegeben, **wenn der Auftraggeber** selbst **kraft Vertrages oder kraft Anordnung nach Nr. 1 Abs. 3 ausdrücklich auf** der **Verwendung eines bestimmten Materials besteht**, wobei unzweifelhaft einschlägige Sachkunde in der Person des Auftraggebers oder seines Erfüllungsgehilfen (Architekten) vorliegen muß. So hat das OLG Celle (SFH Z 2.400 Bl. 20 ff.) wie folgt entschieden:

„Besteht der als Bauunternehmer sachkundige Bauherr auf der Verwendung von Holzbalken 16/22 cm bei einer Spannweite von 5,43 m und Glaswolle- anstatt Lehmauffüllung, so liegt eine Anweisung des Bauherrn vor, die auch ein mitwirkendes Verschulden des Zimmermeisters ausräumt (§ 254 BGB), wenn dieser den Bauherrn auf bestehende Nachteile hinweist. Einer zusätzlichen Äußerung von Bedenken des Zimmermeisters, auf Abhilfemaßnahmen aufmerksam zu machen und diese ausdrücklich anraten zu müssen, bedarf es dann nicht mehr."

218 g) Wenn der Auftragnehmer bereits **vor oder bei Abschluß des Bauvertrages** die schon in der **Planung liegenden Mängel erkannt hat** oder wenn diese Mängel durch eine **nachträglich erteilte Anordnung des Auftraggebers** gemäß Nr. 1 Abs. 3 eintreten, kann er ohne besondere Prüfung den Auftraggeber hierauf aufmerksam machen und sich ausdrücklich **ausbedingen**, daß der Auftraggeber insoweit auf die Verantwortlichkeit des Auftragnehmers **verzichtet**. Im Falle des Auftretens von Schäden könnte er dann nicht mehr verantwortlich gemacht werden, weil ein **Haftungsausschluß** zu seinen Gunsten eingetreten ist. Das ist aber nur der Fall, wenn sich der Auftraggeber **inhaltlich zweifelsfrei** mit einem **Haftungsverzicht einverstanden** erklärt hat. Liegt ein solches Einverständnis nicht vor, bleibt dem Auftragnehmer nur der auch für solche Fälle maßgebende Weg der Anzeige nach Teil B § 4 Nr. 3. Diese Gesichtspunkte sind im Urteil des OLG Düsseldorf vom 26. 7. 1957 (SFH Z 2.414 Bl. 31 ff.) enthalten, in dem ausgeführt ist, daß eine Haftungsbefreiung aus Feuchtigkeitsschäden am Holzwerk für den Auftragnehmer erst eintritt, wenn er für die trotz erkannter Gefahr ausgeführte Bauleistung einen Verzicht des Auftraggebers auf Ansprüche bei Eintritt des vorausgesagten Schadens erwirkt hat.

219 h) Eine **einverständliche Vereinbarung** zwischen Auftragnehmer und Auftraggeber kann auch zum **umgekehrten Ergebnis** führen. Es ist möglich, daß sich der Auftragnehmer durch **individualvertragliche** Abrede im Bauvertrag oder nachträglich zu einer Prüfung verpflichtet, die **über** den **nach Nr. 3 gegebenen Rahmen hinausgeht**. Das gilt vor allem, wenn der Auftragnehmer selbst nicht Fachmann auf dem Prüfungsgebiet ist, man ihm also unter normalen Umständen eine solche Verpflichtung nach Nr. 3 nicht unterstellen würde. Hiermit befaßt sich die Entscheidung des OLG Düsseldorf vom 15. 11. 1957 (SFH Z 2.410 Bl. 13 ff.), in der zum Ausdruck gekommen ist: Wenn es der Auftragnehmer vertraglich übernimmt, die im **Leistungsverzeichnis** aufgeführten Bauarbeiten und Stofflieferungen – hier: Isolierungen des aufstehenden Mauerwerks – auf ihre Notwendigkeit und Vollständigkeit zu überprüfen, haftet er bei Nichtbeachtung dem Auftraggeber gemäß Teil B § 4 Nr. 3 für Mängel, die sich aus technisch unsachgemäßen Anordnungen des Auftraggebers, **selbst wenn dieser Dachdeckermeister** ist, ergeben. Es ist also dann unwesentlich, wenn der Auftraggeber selbst Baufachmann ist, weil die vertragliche Verpflichtung allein den Auftragnehmer trifft und er deswegen nicht entlastet werden kann.

Für den Bereich des AGB-Gesetzes vgl. jedoch oben Rdn. 182 ff.

2. Bedenken wegen der Sicherung gegen Unfallgefahren

a) Gemäß **Nr. 2 Abs. 1 Satz 2 ist der Auftragnehmer ohnehin für die Einhaltung der gesetzlichen, behördlichen** sowie sonstigen einschlägigen **Bestimmungen verantwortlich.** Darunter fallen **insbesondere auch** die Vorschriften und Maßnahmen zur **Unfallverhütung** (vgl. Rdn. 164 ff.). Es handelt sich insofern allerdings nur um solche **Unfallverhütungsmaßnahmen,** die in **ursächlichem Zusammenhang mit der eigenen vertraglichen Bauleistung des Auftragnehmers** stehen, vor allem auch, wenn von ihm bzw. seinen Arbeitnehmern Geräte, Gerüste, Maschinen usw. nur mitbenutzt werden. Eine darüber hinausgehende Verpflichtung würde die vertragliche Hauptleistungspflicht des Auftragnehmers überschreiten. 220

Anders ist es, wenn eine über diese Verpflichtung **hinausgehende Prüfungspflicht ausdrücklich vertraglich vereinbart** worden ist, vgl. z. B. Sicherungsmaßnahmen zur Unfallverhütung für Leistungen anderer Unternehmer (vgl. dazu jetzt DIN 18 299 Nr. 0.2.4 sowie 4.2.2). Auch darf es nicht unbeachtet bleiben, daß **Überschneidungen** vorkommen können, die ihre **Auswirkungen zu Lasten des Auftragnehmers** haben. Das ist z. B. bei **gemeinschaftlich benutzten** Maschinen, Materialien, Gerüsten usw. der Fall. Dann hat jeder der beteiligten Auftragnehmer die **gesamte Prüfungspflicht,** weil sich die Erfüllung ihrer vertraglichen Hauptleistungspflicht nur auf dem Wege der gemeinschaftlichen Inanspruchnahme oder Benutzung erreichen läßt. 221

b) Die in Nr. 3 geregelte **Prüfungspflicht** des Auftragnehmers **bezieht sich hiernach über Nr. 2 Abs. 1 Satz 2 hinaus auf die Sicherungsmaßnahmen** gegen Unfallgefahren, die **vom Auftraggeber vorgenommen oder angeordnet** worden sind oder den Umständen nach angeordnet werden müssen. Für seine **eigenen Maßnahmen** ist der **Auftragnehmer ohnehin prüfungspflichtig und** von vornherein **haftbar,** wie aus Nr. 2 Abs. 1 Satz 2 und – hinsichtlich seiner Arbeitnehmer – aus Nr. 2 Abs. 2 folgt. Deshalb kommt auch eine Anzeigepflicht des Auftragnehmers hinsichtlich ihm obliegender **eigener** derartiger Maßnahmen nach Nr. 3 **nicht** in Betracht, zumal insoweit zu seinen Gunsten weder ein Haftungsausschluß noch eine Haftungsbeschränkung möglich ist. 222

Bei der hier allein erörterten Prüfung der **Unfallverhütungsmaßnahmen aus dem Bereich des Auftraggebers** durch den Auftragnehmer ist zu denken an die Pflichten, die dem Auftraggeber als **Grundstückseigentümer** kraft Gesetzes dritten Personen gegenüber obliegen, wozu auch die Arbeitnehmer des Auftragnehmers zählen können. Zu erwähnen ist insbesondere die **Verkehrssicherungspflicht auf dem Grundstück;** vgl. hierzu Korbion/Scherer, Gesetzliches Bauhaftungsrecht – Bauliches Nachbarrecht, Werner-Verlag 1964, ferner vor allem Teil B § 10 Rdn. 100 ff. 223

Mißachtet der Auftragnehmer die ihm auch hier nach dem Vertrag obliegende Prüfungs- und Mitteilungspflicht, beachtet er z. B. erkennbar morsche, vom Auftraggeber bereitgestellte Randbretter eines neu zu deckenden Daches nicht, trifft ihn **zumindest ein Mitverschulden i. S. des § 254 Abs. 1 BGB.** Daraus folgt, daß der Auftragnehmer seine Prüfungspflicht **auch auf unterlassene,** dem Auftraggeber obliegende **Sicherungspflichten zu erstrecken hat.** 224

3. Bedenken gegen die Güte der vom Auftraggeber gelieferten Stoffe oder Bauteile

a) Über den im Bereich der VOB maßgebenden Begriff der Stoffe oder Bauteile vgl. Teil A § 1 Rdn. 53 ff. Die damit zusammenhängende Prüfungspflicht bezieht sich **nur auf Fälle,** in denen **der Auftraggeber Stoffe oder Bauteile geliefert (beigestellt)** hat. Stellt dagegen der 225

B § 4, 3, Rdn. 226-228

Auftragnehmer Stoffe oder Bauteile oder bezieht er sie von einem Lieferanten, wie es die Regel ist, muß er sie **ohnehin** auf ihre Tauglichkeit prüfen, weil er sonst Gefahr läuft, sich Gewährleistungsansprüchen des Auftraggebers ausgesetzt zu sehen, vgl. Teil B § 4 Nr. 6 und 7 sowie § 13 Nr. 1 und 2. Dann entfällt eine besondere Mitteilungspflicht an den Auftraggeber, da der Auftragnehmer **ohnehin von sich aus Abhilfe zu schaffen hat**.
Zu beachten ist aber: Der **Lieferung bzw. Beistellung durch den Auftraggeber steht auch das Vorschreiben bestimmter Baustoffe oder Bauteile** durch ihn **gleich**, wie aus Teil B § 13 Nr. 3 und dem dadurch gegebenen Zusammenhang zu entnehmen ist (vgl. BGH BauR 1973, 188 = NJW 1973, 754 = Betrieb 1973, 663 = SFH Z 2.410 Bl. 57 = BlGBW 1973, 139 = WM 1973, 1057 = MDR 1973, 489 = LM VOB/B Nr. 60; OLG Stuttgart BauR 1975, 56; ebenso Kaiser Rdn. 53 m. w. N., vgl. dazu Teil B § 13 Rdn. 189 ff.), so daß das nachfolgend Erörterte auch dafür gilt.

226 b) Der Auftragnehmer muß bei **Lieferung oder Vorschreiben** von Stoffen oder Bauteilen **durch** den **Auftraggeber** bedenken, daß er bei Unterlassen einer gebotenen Prüfung und Mitteilung ungeachtet einer etwaigen Haftung des Baustofflieferanten auch die Erfüllung nach hier Teil B § 4 Nr. 7 sowie – nach der Abnahme – die Gewährleistung nach Teil B § 13 für die aus diesen Stoffen oder Bauteilen erstellte Leistung zu übernehmen hat (vgl. BGH NJW 1960, 1813 = SFH Z 2.400 Bl. 25 = MDR 1960, 1005 = BB 1960, 836 = Betrieb 1960, 1066; BB 1961, 40). Allerdings ist darauf hinzuweisen, daß es sich **im allgemeinen nicht** um eine „**besondere Prüfung**" handeln kann. Zu solcher Prüfung besteht eine Verpflichtung des Auftragnehmers nur, wenn sie individualvertraglich in der Leistungsbeschreibung ausbedungen und zum Vertragsgegenstand gemacht worden ist. Die **Prüfung** nach Nr. 3 liegt dagegen im **gewerbsüblichen Rahmen sowie auch im Rahmen der anerkannten Regeln der Technik**, wie z. B. durch äußere Prüfung der einzelnen angelieferten Bauplatten (OLG Stuttgart BauR 1975, 56), durch Nachmessen oder Abklopfen (vgl. Kaiser Rdn. 53), und sie geht im allgemeinen nicht darüber hinaus (dazu auch BGH SFH Z 2.410 Bl. 29).

227 Dabei richtet sich der **Umfang** der Prüfungspflicht nach den Umständen des Einzelfalles. Handelt es sich beim Auftraggeber z. B. um ein Wohnungsbauunternehmen, das Dachziegel zur Verfügung stellt, und sind die gleichen Ziegel für diesen Auftraggeber bereits bei einer Mehrzahl von Bauten über eine längere Zeit verwendet worden, kann sich der Auftragnehmer im allgemeinen auf die Ordnungsgemäßheit der Ziegel ohne intensivere Prüfung verlassen. Anders liegt es, wenn er von der Wasserdurchlässigkeit der Ziegel weiß (BGH VersR 1961, 405). Vgl. dazu auch Rdn. 198 ff. sowie Dähne BauR 1976, 225. Das bloße Vorhandensein von **Prüf- oder Gütezeichen** macht die Prüfung durch den Auftragnehmer allerdings noch nicht entbehrlich, wenn sie hier auch grundsätzlich schwächer sein darf, weil im allgemeinen davon auszugehen ist, daß die betreffenden Stoffe oder Bauteile einer besonderen Überwachung bei der Herstellung unterworfen waren.

228 Der Auftragnehmer hat allerdings ausnahmsweise dann eine **besondere Prüfungspflicht**, wenn **neuartige Bauweisen oder die Verwendung neuartiger Baustoffe oder Bauteile** vom Auftraggeber gefordert werden. Dann muß er unbedingt über den neuesten Stand auf seinem Fachgebiet Bescheid wissen, notfalls muß er zur Information bei geeigneten Stellen Erkundigungen einziehen. Keinesfalls darf er sich auf das verlassen, was vom Auftraggeber oder dessen Architekten bereitgestellt oder verlangt wird (vgl. dazu auch Willigmann GrundE 1961, 686). Eine **verstärkte Prüfungspflicht** hat der Auftragnehmer **auch dann**, wenn der Hersteller eines vorgeschriebenen Baustoffes als technisch nicht hinreichend zuverlässig gilt oder wenn sonst begründete Zweifel an der Eignung des Materials bestehen. Grundsätzlich braucht der Auftragnehmer allerdings nicht noch gesondert zu prüfen, wenn es sich um vorgeschriebene Stoffe oder Bauteile handelt, mit denen der Auftraggeber bereits Erfahrungen gemacht hat, die der Auftragnehmer nicht haben kann (BGH SFH Z 2.401 Bl. 21 = BB 1961, 430 = Betrieb 1961, 569).

Allgemein ist die **Prüfungspflicht** des Auftragnehmers auf die Prüfung von Stoffen oder Bauteilen hinsichtlich deren **Brauchbarkeit für die zu erstellende Bauleistung beschränkt** (vgl. auch Rdn. 195 ff.). Er braucht dem Auftraggeber grundsätzlich auch keine „Gebrauchsanleitung" zur sachgerechten Verwendung oder Pflege der Leistung **nach** deren ordnungsgemäßer Erstellung zu geben, wenn nicht besondere Umstände des Einzelfalles eine andere Folgerung rechtfertigen (so mit Recht LG Düsseldorf, Urt. vom 15. 9. 1972 – 14 S 155/72 – hinsichtlich der Bestreuung von Betonwerkstein mit Viehsalz; Gegenbeispiel: nach DIN 18 356 – Parkettarbeiten – Nr. 3.5.5 ist dem Auftraggeber eine Pflegeanweisung auszuhändigen).

229

c) Der **Zeitpunkt der Prüfung** wird im wesentlichen durch die Art der vom Auftraggeber gelieferten Stoffe oder Bauteile sowie ihre **beabsichtigte Verwendung** bestimmt. In der Regel wird die Prüfung **nach Anlieferung vor der Verarbeitung** erforderlich sein, sie kann aber ausnahmsweise auch erst während oder nach der Verarbeitung notwendig werden, wenn es z. B. maßgebend auf Wirkung, Gestaltung sowie Haltbarkeit nach der Verarbeitung ankommt. Dabei ist das mit diesen Stoffen oder Bauteilen **vertraglich zu erreichende Leistungsziel entscheidend.** Dieses kann es auch bedingen, daß die Prüfung im gewerbsüblichen Maß zweimal erfolgen muß, einmal vor und zum anderen nach der Verarbeitung, wie z. B. bei vertraglich genau vorgeschriebener Farb- oder Putzgestaltung.

230

d) Die vom Auftraggeber zu liefernden Stoffe oder Bauteile sind **nicht in Ordnung,** wenn sie unter Berücksichtigung des **in erster Linie maßgebenden vertraglichen Leistungszweckes und -zieles** den vorauszusetzenden **allgemeinen Güteanforderungen** nicht entsprechen. Gibt es Gütevorschriften (DIN) nicht, so ist die Frage der Tauglichkeit nach der **Verkehrs- oder Gewerbeüblichkeit** zu beantworten, dabei in der Regel nach den anerkannten Regeln der Technik (vgl. Nr. 2 Abs. 1 Satz 2 sowie BGH BauR 1970, 170 = SFH Z 3.00 Bl. 182). Bestehen solche – vor allem bei neuartigen Baustoffen – noch nicht, kommt es auf die bisher gemachten Erfahrungen, vor allem im Hinblick auf die konkret geforderte Vertragsleistung, an.

231

Zur Einwirkung auf den Bauvertrag, wenn der Auftraggeber dem Auftragnehmer untaugliche Stoffe oder Bauteile geliefert hat, vgl. Hofmann, Anfängliche Unausführbarkeit im Werkvertrag, MDR 1963, 717.

e) Im allgemeinen gilt der **Baustofflieferant nicht** als **Erfüllungsgehilfe** des Auftraggebers oder des Auftragnehmers, da in der Regel der Erwerb der Baustoffe oder vorgefertigten Bauteile losgelöst von der werkvertraglichen Verpflichtung des einen oder anderen Teils im Rahmen eines selbständig zu beurteilenden **Kaufvertrages** erfolgt (vgl. auch LG Stade VersR 1977, 656). Das trifft auch zu, wenn der Lieferant entsprechend seinen Bedingungen den Austausch eines gelieferten mangelhaften Teils durch seinen Monteur ausführen läßt (BGH BauR 1978, 304 = NJW 1978, 1157 = SFH § 278 BGB Nr. 2 = BB 1978, 832 = VersR 1978, 520 = Betrieb 1978, 837 = WM 1978, 617 = MDR 1978, 655 = LM § 278 BGB Nr. 77). Der Monteur ist dann nicht Erfüllungsgehilfe des Auftragnehmers, wenn er nur zur Erfüllung der (kauf)vertraglichen Verpflichtung des Lieferanten tätig wird; anders dann, wenn ihm bei der Montage des Teils oder des Ersatzteils ein Fehler unterläuft, es sich also nicht um einen Mangel des Teils selbst handelt, oder wenn der Auftragnehmer zur Ausführung der ihm obliegenden Arbeiten selbst Techniker des Lieferanten für sich beschäftigt (vgl. auch BGH BauR 1979, 159 = SFH § 635 BGB Nr. 8 = BB 1979, 1321 = Betrieb 1979, 258 = ZfBR 1979, 24; ferner Ratjen MDR 1979, 446).

232

Zur Abgrenzung von Schlechtlieferung und Falschlieferung durch den Baustofflieferanten BGH BB 1975, 717. Handelt es sich um die Lieferung eines bestimmten Gegenstandes industrieller Fertigung, der zwar in verschieden genormten Abmessungen angeboten, im übrigen aber in der gleichen Form, aus dem gleichen Material und zu demselben einheitlichen Verwendungszweck hergestellt wird, so stellen jedenfalls

233

die Normabweichungen nach der Verkehrsauffassung nicht eine Falschlieferung aus einer anderen Warengattung dar; vielmehr sind sie, da von der vertraglich vorausgesetzten Beschaffenheit abweichend, fehlerhaft und unterliegen daher der uneingeschränkten Rügepflicht (BGH a. a. O.; vgl. auch OLG Bamberg VersR 1986, 944 sowie OLG Oldenburg VersR 1986, 1003 mit Nichtannahmebeschluß des BGH a. a. O.). Zur Frage zugesicherter Eigenschaften bei Baustofflieferungen sowie zur Bestimmtheit von Mängelrügen bei Kaufleuten vgl. BGH BauR 1978, 482 = BB 1978, 1489 = MDR 1979, 50 = LM § 377 HGB Nr. 21 = ZfBR 1978, 26. Der Schadensersatzanspruch des Käufers aus der schuldhaften Verletzung einer dem Verkäufer obliegenden Aufklärungs- oder Beratungspflicht über eine Eigenschaft des Kaufgegenstandes, die keinen Mangel darstellt, verjährt jedenfalls dann in der kurzen Frist des § 477 Abs. 1 BGB, wenn von der Eigenschaft die Verwendungsfähigkeit der Kaufsache für den nach dem Vertrag vorausgesetzten Gebrauch abhängt (BGH BauR 1983, 584 = NJW 1983, 2697 = Betrieb 1983, 2130 = WM 1983, 987 = JZ 1984, 36 mit Anm. Schwark = SFH § 477 BGB Nr. 6 = ZIP 1983, 1076 für den Fall unterlassener Aufklärung des Käufers über die fehlende Wasserbeständigkeit eines bei Fußbodenbelagsarbeiten verwendeten Klebers).

Zur möglichen **Einbeziehung des Herstellers in die Haftung des Ausführenden** beachtlich Groß BauR 1986, 127. Durch die **Garantie des Baustoffherstellers** gegenüber dem Käufer kommt im allgemeinen ein Garantievertrag zwischen beiden zustande, während daneben noch ein Kaufvertrag zwischen dem Verkäufer der Baustoffe und dem Käufer besteht, wenn Hersteller und Verkäufer auseinanderfallen (vgl. BGH BauR 1982, 175 = NJW 1981, 2248 = Betrieb 1981, 1870 = WM 1981, 952 = BB 1981, 1238 = MDR 1982, 134 = LM § 477 BGB Nr. 33 = ZfBR 1982, 216). Über eine etwaige **Garantie des Baustoffherstellers zugunsten des Auftraggebers** als echter Vertrag zugunsten Dritter vgl. Teil B § 13 Rdn. 842.

Über das **Risiko in der Produzentenhaftung** vgl. insbesondere Kullmann VersR 1988, 655. Zum Fehlerbegriff der EG-Richtlinie Produkthaftung eingehend Schmidt-Salzer BB 1988, 349; über das Verhältnis der Produkthaftungsrichtlinie der EG zum nationalen Produkthaftungsrecht Sack VersR 1988, 439.

4. Bedenken gegen die Leistungen anderer Unternehmer

234 a) In diesem Bereich kommt eine **Prüfungspflicht nur in Frage, wenn die Leistungen anderer Unternehmer im ursächlichen, dabei vor allem im Einzelfall gegebenen technischen Zusammenhang mit der eigenen Leistungspflicht** des Auftragnehmers **stehen.** Es kann sich daher nur um Leistungen Dritter handeln, die als **Vorarbeiten für die Leistung des Auftragnehmers** gelten, **auf denen er also seine eigene Leistung aufbaut und die auf die Ordnungsgemäßheit des von ihm geschuldeten Leistungserfolges unmittelbar von Einfluß sind.** Dies folgt vor allem gerade auch hier aus Teil B § 13 Nr. 3, welche die Gewährleistungspflicht des Auftragnehmers ausdrücklich auf die Beschaffenheit der **Vorleistung** eines anderen Unternehmers begrenzt (BGH BauR 1974, 202 = NJW 1974, 747 = MDR 1974, 574 = LM VOB/B Nr. 69 = SFH Z 2.410 Bl. 61 = Betrieb 1974, 673; BGH BauR 1983, 70 = SFH § 4 Nr. 3 VOB/B Nr. 2 = NJW 1983, 875 = MDR 1983, 392 = LM § 631 BGB Nr. 46 = ZfBR 1983, 16; BGH BauR 1987, 79 = NJW 1987, 643 = SFH § 633 BGB Nr. 60 = ZfBR 1987, 32). Teil B § 4 Nr. 3 geht nicht darüber hinaus. Dabei sind nach dem Sinn und Zweck dieser Regelung allerdings **auch vorangehende Eigenleistungen des Auftraggebers mit einzubeziehen,** weil der Auftraggeber hier wie ein Unternehmer Leistungen erbringt (vgl. auch OLG München NJW-RR 1987, 854).

235 Der Auftragnehmer hat **allerdings** seine Leistung im Rahmen seiner **allgemeinen Verpflichtung** (Teil B § 4 Nr. 2 Abs. 1) so zu erbringen, daß sie eine geeignete Grundlage für die **darauf aufbauenden weiteren Leistungen anderer Auftragnehmer** bildet (BGH VersR 1970, 280 = BauR 1970, 57 = SFH Z 2.222 Bl. 18 = WM 1970, 354; BGH BauR 1975, 341 = SFH Z 2.414.0 Bl. 4; BGH BauR 1983, 70 = SFH § 4 Nr. 3 VOB/B Nr. 2 = NJW 1983, 875 = MDR 1983, 392 = LM § 631 BGB Nr. 46 = ZfBR 1983, 16); insoweit handelt es sich in gewisser Weise um den umgekehrten Fall, als er in Nr. 3 geregelt ist. Fehlt es daran, so ist er **ohnehin gewährleistungspflichtig** (BGH a. a. O.). Hat er insoweit selbst ordnungsgemäß geleistet, so kann er sich grundsätzlich darauf verlassen, daß der ihm nachfolgende Unternehmer den Regeln

der Bautechnik entsprechend arbeitet und seine Leistung nicht dadurch mangelhaft wird, daß der nachfolgende Unternehmer sich über diese Regeln hinwegsetzt (BGH a. a. O.). **Nur ausnahmsweise** können für den Auftragnehmer – selbstverständlich auch insoweit auf der Grundlage bestehender **vertraglicher Verpflichtungen gegenüber dem Auftraggeber,** also nicht solcher gegenüber dem mit dem Auftragnehmer vertraglich nicht verbundenen nachfolgenden Unternehmer – **bestimmte Hinweise an den Auftraggeber bzw. nachfolgenden Unternehmer** geboten sein, z. B. wenn die Leistung des nachfolgenden Unternehmers nicht auf seine „aufgebaut" werden kann oder wenn dem Auftragnehmer bekannt ist oder für ihn greifbare Anhaltspunkte dahin bestehen, daß der auf seiner Leistung aufbauende Unternehmer fehlerhaft arbeiten wird (a. a. O.). Einen solchen Ausnahmefall muß der **Auftraggeber näher darlegen und beweisen;** nicht genügt dazu schon die Behauptung, die Hinweispflicht an den nachfolgenden Unternehmer ergebe sich wegen der „besonderen Gestaltung der Putzoberfläche" (BGH BauR 1975, 341 = SFH Z 2.414.0 Bl. 4). Vgl. dazu auch BGH SFH Z 2.220 Bl. 6 für den Fall von Gründungsarbeiten; demgegenüber OLG Stuttgart (BauR 1976, 360) hinsichtlich der Verwendung von Volumenänderungen durch Wärme oder Kälte ausgesetzten großflächigen Leichtbauteilen, bei denen die Gefahr besteht, daß der später aufgebrachte Putz in den Fugen reißt, wenn der Putzunternehmer nach der bei ihm vorauszusetzenden Erfahrung die Gefahr nicht erkennen konnte; das gilt um so mehr, wenn die Verwendung der Leichtbauteile auf Vorschlag des Auftragnehmers in Abweichung vom bisherigen Leistungsverzeichnis erfolgt und der Architekt oder der Bauherr vorher den Auftragnehmer darauf hingewiesen hat, daß die von ihm vorgeschlagene Bauweise neu sei und der Auftragnehmer die Verantwortung übernehmen müsse (a. a. O.). Eine Hinweispflicht an den nachfolgenden Unternehmer ist auch denkbar im Hinblick auf den Grad bzw. die Art einer entgegen normalen Umständen erreichten Verdichtung, die nicht zu erkennen ist, wenn der nachfolgende Unternehmer Platten zu verlegen hat, deren ordnungsgemäßer Halt von einem bestimmten Verdichtungsgrad abhängt. Dagegen ist eine **Hinweispflicht des Auftragnehmers, dem ein Teil des Auftrages entzogen worden ist** (z. B. nach Teil B § 8 Nr. 1), an den nachfolgenden Unternehmer **nicht schon ohne weiteres** wegen eines von ihm gemachten Fehlers in der von ihm selbst aufgestellten Leistungsbeschreibung, der den entzogenen Leistungsteil betrifft, gegeben. Vielmehr kommt es auch dann darauf an, ob für den Auftragnehmer Anhaltspunkte gegeben sind, daß der nachfolgende Unternehmer aufgrund der bei ihm vorauszusetzenden Fachkunde den Fehler nicht erkennen wird oder gar ein nicht hinreichend Fachkundiger den entzogenen Teil der Leistung ausführt, wie z. B. der Auftraggeber selbst (vgl. BGH BauR 1983, 70 = SFH § 4 Nr. 3 VOB/B Nr. 2 = NJW 1983, 875 = MDR 1983, 392 = LM § 631 BGB Nr. 46 = ZfBR 1983, 16 für den Fall des Fehlens einer notwendigen Sickerschicht aus Sand im Leistungsverzeichnis). Vgl. dazu auch Rdn. 195 ff.

In den **genannten Ausnahmefällen** bedeutet die schuldhafte Unterlassung der ausnahmsweise nötigen Aufklärung des nachfolgenden Unternehmers **nicht eine Verletzung der Leistungspflicht des Auftragnehmers gegenüber dem Auftraggeber** mit der Folge, daß dem Auftraggeber dann gegenüber dem Auftragnehmer Gewährleistungsansprüche nach Teil B § 13 bzw. solche nach Teil B § 4 Nr. 7 zustehen. Vielmehr kommt es hier zu einem Schaden nur, weil der nachfolgende Unternehmer infolge der Verletzung der Hinweispflicht des Auftragnehmers **nicht in der Lage ist, auf die an sich mangelfreie Vorarbeit des Auftragnehmers ordnungsgemäß aufzubauen.** Insoweit liegt die Verletzung einer **vertraglichen Nebenpflicht** vor, so daß der Auftragnehmer **hier dem Auftraggeber aus positiver Vertragsverletzung** haftet (so mit Recht Weyer BlGBW 1970, 206, 207).

Teil B § 4 Nr. 3 regelt somit nur den eingangs dieses Abschnittes (Rdn. 234) genannten Fall. Dazu:

b) Es handelt sich – was gerade hier nochmals hervorzuheben ist, vgl. Rdn. 182 ff. – bei der erörterten Bestimmung um eine **allgemeine, auch für den Bauvertrag nach dem BGB gültige Prüfungspflicht,** die sich aus dem **Grundsatz von Treu und Glauben** im vertraglichen Rechtsverkehr ergibt. Das gilt vor allem, wenn die Allgemeinen Technischen Vertragsbedingungen unter Hinweis auf Teil B § 4 Nr. 3 VOB/B bestimmte Prüfungspflichten festlegen, wie z. B. die DIN 18 352 Nr. 3.1.4, wonach der Auftragnehmer verpflichtet ist, bei Fliesen- und Plattenarbeiten den Untergrund für seine Leistung auf Eignung zum Ansetzen oder Verlegen, vor allem unter den dort im einzelnen genannten Gesichtspunkten, zu prüfen und Bedenken dem Auftraggeber mitzuteilen (BGH SFH Z 2.410 Bl. 52; vgl. auch Rdn. 202); gleiches gilt für die Pflicht zur Prüfung des Putzuntergrundes nach DIN 18 350 Nr. 3.1.5 (vgl. dazu OLG Hamm SFH § 640 BGB Nr. 15 = ZfBR 1987, 248 = NJW-RR 1987, 147). Die Prüfungspflicht rechtfertigt sich insbesondere auch deshalb, weil sonst eine Verantwortlichkeit des Auftragnehmers für seine Leistung wegen der Vorleistung anderer Unternehmer nicht ohne weiteres gegeben wäre, da der vorleistende Unternehmer **nicht Erfüllungsgehilfe** des Auftragnehmers gegenüber dem Auftraggeber oder umgekehrt ist, vielmehr seinen eigenen Vertrag mit diesem hat.

237 Zu den Voraussetzungen der hier geregelten und u. U. **über die Allgemeinen Technischen Vertragsbedingungen hinausgehenden Prüfungspflicht** ist zunächst auf die in Rdn. 182 ff. angeführten Entscheidungen hinzuweisen. Im dort zuerst genannten Urteil hat der BGH ausgeführt, daß, wenn der durch einen zweiten Bauunternehmer hergestellte Steinholzfußboden später Mängel aufweist (Risse und Beulen), die auf fehlerhaftem Zementestrich und Betonunterboden des ersten Auftragnehmers beruhen, der zweite Auftragnehmer gemäß § 633 BGB haftet, wenn er den Mangel der Vorarbeit erkennen konnte oder als Fachmann erkennen mußte. Daraus ist abzuleiten: **Jeder Auftragnehmer, der seine Arbeit in engem Zusammenhang mit der Vorarbeit eines anderen Unternehmers oder mit den ihm vom Auftraggeber gelieferten Stoffen oder Bauteilen oder überhaupt nach dessen Planung auszuführen hat, muß prüfen, ob diese Vorarbeiten, Stoffe oder Bauteile oder Planungen die geeignete Grundlage bilden und keine Eigenschaften besitzen, die den Erfolg seiner Arbeit in Frage stellen könnten** (OLG Celle BB 1964, 738).

Über diesen Rahmen geht die Verpflichtung des Auftragnehmers aber **nicht hinaus.** So bezieht sie sich **nicht** auf Mängel des Bauwerks, die auf eine vorangegangene oder auch eine spätere Leistung eines anderen Unternehmers zurückgehen und/oder **die von ihm nach seinem Vertrag geschuldete Leistung überhaupt nicht berühren** (BGH BauR 1974, 202 = NJW 1974, 747 = MDR 1974, 574 = LM VOB/B Nr. 69 = Betrieb 1974, 673 = SFH Z 2.410 Bl. 61).

Weitere Einzelfälle:

238 Der mit der Verlegung von Steinholz beauftragte Auftragnehmer ist verpflichtet, die von dem vorher tätig gewesenen Installateur verlegte und isolierte Gasleitung zu prüfen, ob die Rohre gegen Korrosion (durch das im Steinholz befindliche Nigrulit) ausreichend geschützt sind (BGH SFH Z 2.414 Bl. 157 ff.). Vgl. auch BGH SFH Z 2.410 Bl. 13 f., der sich mit der mangelhaften Bitumenisolierung als Vorarbeit für Plattenlegerarbeiten befaßt (zu diesem Urteil Korbion, Bau und Bauindustrie 1964, 15); vgl. auch OLG München NJW-RR 1988, 20 für den Fall der Fliesenverlegung auf fehlerhaftem Estrich; ferner BGH SFH Z 2.410 Bl. 31 über Isolierungsarbeiten für den Belag einer Straßenbrücke. Bei Asphaltbelagarbeiten hat der Auftragnehmer gemäß DIN 18 354 – jetzt – Nr. 3.1.4 den Untergrund auf Eignung zum Auftragen seiner eigenen Leistung zu prüfen und bei Bedenken dem Auftraggeber diese unverzüglich schriftlich mitzuteilen. Treten in dem auf Bitumenpappe mit einer darunterliegenden Opanolfolie verlegten Gußasphalt später Blasenbildungen infolge der in die Bitumenpappe eingedrungenen Feuchtigkeit auf, ist die Leistung des Auftragnehmers fehlerhaft, wenn er als sachkundiger Asphaltverleger mit Feuchtigkeit in der früher verlegten Pappe rechnen und deren mögliche Auswirkungen auf seine eigene Leistung – die Verlegung von Gußasphalt – erkennen konnte. Wenn für die einwandfreie Verlegung eines Industriefuß-

bodens der Beton eine bestimmte „Rauhigkeit und Griffigkeit" aufweisen muß, gehört es zu den Beratungs- und Vertragspflichten des Fußbodenverlegers, den Auftraggeber darauf eindeutig und unmißverständlich hinzuweisen und die Vorarbeit des Rohbauunternehmers darauf nachzuprüfen (vgl. OLG Karlsruhe SFH Z 2.303 Bl. 12 ff.). Wer eine Entwässerungsanlage auszuführen hat, muß bereits verlegte Leitungen auf etwaige Verstopfungen nachprüfen, da sich dies auf die Funktion der Entwässerungsanlage auswirken muß (BGH VersR 1967, 806). Der Zentralheizungsinstallateur hat sich vor der Inbetriebnahme der von ihm gebauten Zentralheizungsanlage über die Benutzbarkeit des Schornsteins Gewißheit zu verschaffen (so LG Hamburg MDR 1967, 400; besser wäre zu sagen: vor Einbau der Anlage).

c) Der Auftragnehmer hat seine Prüfungs- und Mitteilungspflicht hinsichtlich der Vorarbeiten anderer Unternehmer nicht schon dadurch erfüllt, daß er Mängel der Vorarbeiten erkannt, darauf hingewiesen und deshalb eine Nachbesserung stattgefunden hat. Vielmehr muß er **sich dann noch überzeugen, ob die Nachbesserung dazu geführt hat, daß diese für die von ihm zu erbringende Leistung geeignet war** (BGH NJW 1974, 188 = BauR 1974, 128 = SFH Z 2.410 Bl. 60 = MDR 1974, 303 = BB 1974, 107 = LM VOB/B Nr. 65). 239

d) Die gekennzeichnete **Prüfungspflicht** des Auftragnehmers ist in ihrem **Umfang** auch hier durch den **Rahmen der Zumutbarkeit** umgrenzt. Sie hängt somit von den **Gegebenheiten des Einzelfalles** ab, dabei vor allem von der **Erkennbarkeit für den fachkundigen Auftragnehmer** (vgl. BGH BauR 1977, 420 = NJW 1977, 1966 = BB 1977, 1236 = LM VOB/B Nr. 93 = MDR 1978, 131 = SFH § 13 Ziff. 3 VOB/B Nr. 1). **Allgemein** kann vom Auftragnehmer **nicht mehr** verlangt werden **als Prüfung durch Besicht, Befühlen, Nachmessen, normale Belastungsproben, es sei denn,** daß im betreffenden Bereich nach der **Gewerbeüblichkeit mehr verlangt** wird (zutreffend insoweit Kaiser, Mängelhaftungsrecht, Rdn. 54, Fn. 35). Aufwendige Prüfungen sind grundsätzlich nicht erforderlich, ebenso nicht die Hinzuziehung eines Sonderfachmannes, es sei denn, es besteht der **begründete** – im Streitfall vom Auftraggeber nachzuweisende – Verdacht auf das Vorliegen eines die Leistung des Auftragnehmers beeinträchtigenden Mangels der Vorleistung. Grundsätzlich scheidet eine Prüfungspflicht bei Mängeln aus, die nur mit Spezialkenntnissen zu entdecken sind, die der Auftragnehmer im konkreten Fall nicht hat bzw. nicht zu haben braucht oder die erst später, z. B. im Rahmen einer Mängelbeseitigung, hervortreten. Ähnliches gilt, wenn es sich bei der Vorarbeit um eine ganz spezielle Fachleistung handelt, die sowohl der Planung als auch der Überwachung eines anderen, ausgesprochenen Spezialunternehmens unterliegt (BGH NJW 1967, 34 = MDR 1967, 36 = BB 1966, 1322 = Betrieb 1966, 1886 = SFH Z 2.410 Bl. 40). Gerade für den Bereich der **Gewerbeüblichkeit** ist jedoch zu Art und Umfang der Prüfungspflicht zu beachten, **welche Bedeutung die Vorleistung** des anderen Unternehmers **für die eigene Leistung** des Auftragnehmers hat. Ist sie dafür von entscheidendem Gewicht, muß folgerichtig von einer **verstärkten Prüfungspflicht** des Auftragnehmers gesprochen werden. So darf sich der Auftragnehmer, der ein Außenschwimmbad zu liefern und zu montieren hat, nicht ohne weiteres darauf verlassen, daß die von einem anderen Unternehmer zu errichtende Bodenplatte den Anforderungen an Gewicht, Druckverhältnissen und anderen für die Standfestigkeit des Schwimmbades maßgebenden Umständen entspricht, und diesem lediglich die Maße angeben, die für das daraufzusetzende Schwimmbad erforderlich sind, vor allem dann, wenn sonst keine Planungsunterlagen vorhanden sind. Vielmehr muß er sich vergewissern, ob der Baugrund hinreichend tragfähig ist und dann dem vorausleistenden Unternehmer die erforderlichen Werte vermitteln; das um so mehr, wenn die Bodenplatte noch nicht errichtet und dem Auftragnehmer die Beschaffenheit des Baugrundes ohne weiteres erkennbar bzw. ohne Schwierigkeit nachprüfbar ist (vgl. BGH BauR 1987, 79 = NJW 1987, 643 = Betrieb 1987, 782 = MDR 1987, 308 = JZ 1987, 160 = SFH § 633 BGB Nr. 61 = LM § 633 BGB Nr. 61 = ZfBR 1987, 32). 240

Ist eine im betreffenden Fall gegebene Prüfungspflicht verletzt und durch den Mangel in der Vorleistung die **eigene Leistung** des Auftragnehmers nachteilig betroffen, so ist diese **selbst fehlerhaft**.

241 e) Die **Prüfungspflicht** des Auftragnehmers hinsichtlich der Vorarbeiten anderer Unternehmer bezieht sich **nur auf das von diesen fertiggestellte Werk, sofern seine Leistung damit in Berührung kommt.** Dem Auftragnehmer wird daher nicht die Pflicht auferlegt, die **Durchführung der Vorarbeiten** eines sonstigen Auftragnehmers **zu überwachen oder zu beaufsichtigen** (auch Dähne BauR 1976, 225). Deshalb hat der Auftragnehmer auch **keine Verpflichtung unmittelbar gegenüber einem anderen vorleistenden Auftragnehmer**, diesen auf eine etwaige Fehlerhaftigkeit seiner Arbeit hinzuweisen.

242 Das kann allerdings **im Einzelfall** (also nicht in AGB!) vertraglich besonders vereinbart sein, wie sich aus DIN 18 299 Nr. 4.2.1 ergibt. Bei einer solchen individuellen vertraglichen Vereinbarung kann eine Mithaftung des Auftragnehmers für eventuelle **Mängel der Arbeit des anderen Auftragnehmers** nach Teil B § 4 Nr. 7 oder § 13 in Frage kommen, ohne daß damit schon eine gesamtschuldnerische Haftung neben dem anderen Unternehmer begründet wird (vgl. dazu Rdn. 110 ff.), was allerdings so sein kann, wenn dem Auftragnehmer Planungsaufgaben hinsichtlich der Leistung des anderen Unternehmers übertragen waren, auf deren fehlerhafte Erfüllung die mangelhafte Leistung des anderen Unternehmers zurückgeht (vgl. Rdn. 133 ff.).

Auch ist es **möglich,** individualvertraglich die **Prüfungspflicht für die fertiggestellten Arbeiten anderer Auftragnehmer** durch eine ausdrückliche Vertragsbestimmung über den allgemeinen Rahmen in Nr. 3 hinaus **zu erweitern.** Dann besteht je nach der vertraglichen Vereinbarung unter Umständen **Alleinverantwortlichkeit** des verpflichteten Auftragnehmers, falls er seine Prüfungspflicht im vereinbarten Rahmen mißachtet. Sofern derartige erweiterte Pflichten zu Lasten des Auftragnehmers **in AGB** – insbesondere Zusätzlichen Vertragsbedingungen – festgelegt werden, gilt im Grundsatz allerdings das oben Rdn. 182 ff. Gesagte gerade auch hier.

243 **Andererseits ist es auch möglich, die Prüfungspflichten** des Auftragnehmers **vertraglich zu beschränken.** Allerdings darf die Beschränkung nicht so weit gehen, daß sie gegen ein gesetzliches Verbot verstößt, wobei besonders auf § 637 BGB hinzuweisen ist. Danach ist eine Vereinbarung über den Ausschluß der Haftung für einen Mangel nichtig, wenn es sich um einen solchen handelt, den der Auftragnehmer arglistig verschweigt. Ähnliches gilt für § 276 Abs. 2 BGB, wonach eine Haftung für Vorsatz nicht von vornherein erlassen werden kann. Im Falle der Anwendbarkeit des AGB-Gesetzes (vgl. Teil A § 10 Rdn. 77 ff.) ist insofern vor allem § 11 Nr. 7 a. a. O. von Bedeutung.

244 f) Ist die **Vorleistung eines anderen Unternehmers mangelhaft** und hat der Auftragnehmer, dessen Leistung auf der Vorleistung aufbaut, seine Prüfungs- und demgemäß auch seine Mitteilungspflicht (vgl. Rdn. 246 ff.) verletzt, sind **grundsätzlich beide Unternehmer** dem Auftraggeber **verantwortlich.**

Dabei haften der Unternehmer der Vorleistung und der Auftragnehmer regelmäßig wegen Schlechterfüllung (Gewährleistung). Sie sind im Verhältnis zum Auftraggeber grundsätzlich **nicht Gesamtschuldner** (§ 421 BGB; vgl. BGH BauR 1975, 130 = SFH Z 2.414.3 Bl. 11). Die vertraglichen Pflichten des Vorunternehmers und des Auftragnehmers haben im allgemeinen einen **verschiedenen Inhalt.** Beide haben aufgrund **selbständiger Bauverträge verschiedene Leistungen** zu erbringen. Der Auftraggeber kann aber ausnahmsweise wahlweise den Vorunternehmer oder den Auftragnehmer wegen der ganzen verfehlten Leistung **in Anspruch nehmen** (so LG Berlin BauR 1976, 130), **falls sich die von ihnen geschuldeten Leistungsbereiche im Rahmen der vorzunehmenden Nachbesserung in technischer Hinsicht nicht voneinander trennen lassen** (insoweit Einschränkung zur Vorauflage). Der zuerst Inanspruchgenommene, der den Auftraggeber befriedigt hat, ist dann jedoch berechtigt, von dem Auftraggeber zu verlangen, daß er ihm den Anspruch gegen den anderen Unternehmer **entsprechend § 255 BGB abtritt.** Auch können ihm gegen diesen **Ausgleichsansprüche aus Geschäftsführung ohne Auftrag** (§ 683 BGB) oder aus **ungerechtfertigter Bereicherung** zustehen (so auch Locher, Das private Baurecht, Rdn. 102; Wussow, Haftung und Versicherung bei der Bauausführung, S. 151; a. A., ohne überzeugende Begründung, OLG München NJW-RR 1988, 20; Brügmann BauR 1976, 383; Werner/Pastor Rdn. 1061; ferner, ohne eine hinreichende Lösung anzubieten, Heiermann/Riedl/Rusam/Schwaab Teil B § 4 Rdn. 34 c; weiter Kaiser, Mängelhaftungsrecht der VOB/B, Rdn. 54; sofern Kaiser meint, die hier gewählte Lösung versage, wenn sich die Sanierungsbereiche der beiden Unternehmer nur teilweise überschneiden, wird nicht beachtet, daß jeder Auftragnehmer vom Auftraggeber ohnehin nur insoweit gewährleistungspflichtig gemacht werden kann, als die Auswirkungen seiner eigenen mangelhaften Leistung reichen; vgl. dazu für den dort erfaßten Bereich aber auch Teil B § 13 Rdn. 32). Nicht einzusehen ist überdies, warum nach Kaiser (a. a. O.) eine entsprechende Anwendung des § 255 BGB nicht in Betracht kommen soll, weil auch hier ein Schuldner für den anderen, soweit der von diesem zu verantwortende Bereich geht, in Vorlage tritt und damit dem Gläubiger das Risiko abnimmt, von dem anderen evtl. keine Leistung zu erhalten.

Im allgemeinen wird der vorleistende Unternehmer, der die eigentliche Ursache für die verfehlte Bauausführung gesetzt hat, im Verhältnis zum nachfolgenden Unternehmer, der – nur – seine Prüfungs- und Mitteilungspflicht verletzt hat, im Innenverhältnis den vollen Schaden zu tragen haben (insoweit zutreffend Brügmann a.a.O.).

Anders liegt es jedoch dann, wenn die jeweiligen Leistungsbereiche für die Nachbesserung in technischer Hinsicht zweifelsfrei voneinander trennbar sind, was häufig der Fall sein dürfte, oder wenn es sich um andere Erfüllungs- bzw. Gewährleistungsansprüche des Auftraggebers handelt, die in einer Geldleistung ihren Ausdruck finden, wie Kostenvorschuß für Mängelbeseitigung, Minderung, Schadensersatz. Dann haftet jeder der beiden **Auftragnehmer dem Auftraggeber nur anteilig** (insofern im Ergebnis richtig OLG München NJW-RR 1988, 20; vgl. auch OLG Frankfurt SFH § 426 BGB Nr. 3).

Nimmt der Auftraggeber den Auftragnehmer in Anspruch, der seine Pflichten nach Nr. 3 verletzt hat, so kann dieser dem Auftraggeber u. U. **Mitverschulden** mit der Begründung zur Last legen, dieser oder sein Architekt hätten **den Vorunternehmer** bei dessen Arbeiten nicht hinreichend beaufsichtigt. Das kann er aber **nur für dieses Verhältnis** i. S. der Verletzung einer Obliegenheit (Kaiser, Mängelhaftungsrecht, Rdn. 145) geltend machen. Er hat also **nicht die Möglichkeit, ein Mitverschulden des Auftraggebers bzw. dessen Architekten zu behaupten, weil er selbst von diesen bezüglich der Wahrnehmung der Prüfungspflicht** nach Nr. 3 **nicht hinreichend beaufsichtigt** worden sei. Für die Wahrnehmung dieser Prüfungspflicht ist der Auftragnehmer allein verantwortlich, zumal der Architekt für den Bereich der Bauaufsicht nicht Erfüllungsgehilfe des Auftraggebers im Verhältnis zum Auftragnehmer ist (vgl. Rdn. 110 ff. sowie Teil B § 13 Rdn. 33 ff. und 676).

245

VII. Im besonderen: Mitteilungspflicht des Auftragnehmers

1. Anzeigepflicht bei Bedenken

Eine **Anzeigepflicht** ist **nicht** allein immer und schon dann gegeben, **wenn eine Pflicht zur Prüfung** als solche vorliegt. Vielmehr führt die insofern vorauszusetzende Prüfung **nur dann zur Anzeigepflicht** gegenüber dem Auftraggeber, wenn **Bedenken** bei dem Auftragnehmer auftauchen. Bedenken sind **anzuerkennende Besorgnisse des fachkundigen und zuverlässigen Auftragnehmers** dahingehend, daß die vorgesehene Art der Ausführung (auch wegen der Sicherung gegen Unfallgefahren), die Güte der vom Auftraggeber gelieferten Stoffe oder Bauteile sowie die Leistungen anderer Unternehmer sich nicht mit dem vereinbaren lassen, was zu einer **vertragsgerecht richtigen Bauausführung** gehört. Eine **Gewißheit** beim Auftragnehmer ist **nicht erforderlich**. Es genügt zur Auslösung von Bedenken, daß der fachkundige und zuverlässige Auftragnehmer dafür ausschlaggebende Umstände erkannt hat; eine aus seinem fachmännischen Wissen und Können kommende **Vermutung reicht aus**. Die Beden-

246

ken müssen sich auf einzelne oder mehrere der in Nr. 3 genannten Umstände beziehen, wenn sie nur mit dem vertraglich festgelegten **Leistungsziel in ursächlichem Zusammenhang** stehen. Dabei kommt es nicht darauf an, ob es sich um Vorgänge handelt, die den Arbeitsbeginn, die Arbeitsdurchführung oder den Endzustand der geschuldeten Leistung betreffen.

Hat der Auftragnehmer überhaupt **nicht geprüft**, obwohl er es **hätte tun müssen** (vgl. Rdn. 187 ff.), und führt dies zu einem Mangel der Leistung, ist er **schon deswegen verantwortlich**, ohne daß es darauf ankommt, daß er auch noch die Mitteilung unterlassen hat. Hat er geprüft, jedoch keine Bedenken gehabt, obwohl er sie hätte haben müssen, bleibt er gleichwohl wegen unterlassener Mitteilung verantwortlich.

Ausnahmsweise besteht eine Mitteilungspflicht nicht, wenn sich beide Parteien des Risikos einer bestimmten Bauausführung bewußt sind und einen etwaigen Mißerfolg in ihre vertraglichen Beziehungen mit eingeschlossen haben (BGH VersR 1972, 457 = SFH Z 2.414 Bl. 270 ff.). Das muß aber **eindeutig feststehen**. Die Beweislast trägt hier der Auftragnehmer.

2. Inhaltlich richtige und formgerechte Anzeige

247 Um sich in hinreichender Weise entlasten zu können, ist es erforderlich, daß der **Auftragnehmer seine Bedenken mit dem notwendigen Inhalt und in der rechten Form geltend macht**.

248 a) Zunächst ist es erforderlich, daß die **Mitteilung** von Bedenken nicht nur der Auftraggeberseite **verständlich**, sondern auch **fachgerecht ausgedrückt** wird. Sie muß **inhaltlich richtig** sowie **erschöpfend** sein, damit der **Auftraggeber** klar ersieht, worum es sich handelt und er demgemäß in eine ordnungsgemäße Prüfung eintreten bzw. diese veranlassen kann. Hierzu gehört die Angabe der Tatsachen, worauf die Bedenken beruhen, damit sich der Auftraggeber oder sein bauleitender Vertreter ein hinreichendes Bild von der Sachlage machen kann, wobei es wesentlich auf die Person des Auftraggebers bzw. dessen für die Entgegennahme der Mitteilung befugten Vertreters ankommt, insbesondere wie dieser die Mitteilung mit dem betreffenden, der Beurteilung zugrunde zu legenden Inhalt verstanden hat oder verstehen mußte (Dähne BauR 1976, 225). Es ist deshalb geboten, daß der Auftragnehmer **alle Sorgfalt** auf seine Mitteilung verwendet. Die Belehrung muß so eindeutig sein, daß die **Tragweite ihrer Nichtbefolgung klar wird** (BGH BauR 1975, 278 = NJW 1975, 1217 = MDR 1975, 657 = BB 1975, 989 = SFH Z 2.410 Bl. 70 = LM VOB/B Nr. 74), wenn auch nicht wegen aller Folgen im einzelnen (vgl. OLG Köln MDR 1983, 226).

249 Andererseits ist zu bedenken, daß es sich lediglich um die Verpflichtung zur **Kenntnisgabe** bestehender Umstände handelt, daß es aber **nicht** Sache des Auftragnehmers ist, dem Auftraggeber **Vorschläge für eine anderweitige und richtige Handhabung** zu geben (auch Dähne a. a. O.; auch OLG Celle NJW 1960, 102 für einen gleichgelagerten Fall aus dem gesetzlichen Werkvertragsrecht). Allerdings hat der Auftragnehmer **ausnahmsweise** auch die Pflicht zur Beratung des Auftraggebers, wenn er nach dem Vertrag auch die Verantwortung für die Bauplanung oder die Bauleitung trägt.

250 b) Für die Mitteilung ist **Schriftform vorgeschrieben**. Dadurch soll gewährleistet werden, daß dem Auftraggeber in **zuverlässiger Weise** die Bedenken des Auftragnehmers zur Kenntnis gebracht werden. Das schließt gerade wegen dieser Zielsetzung aber nicht aus, daß der Auftragnehmer auch bei einer **zuverlässigen mündlichen Erläuterung** seiner Bedenken sich jedenfalls weitgehend entlasten kann, obwohl er bei **Nichtbeachtung der Schriftform grundsätzlich** eine **Vertragsverletzung** begeht (BGH BauR 1975, 278 = NJW 1975, 1217 = MDR 1975, 657 = BB 1975, 989 = SFH Z 2.410 Bl. 70 = LM VOB/B Nr. 74). Die hier vorgeschriebene Schriftform zeigt jedenfalls den für am geeignetsten zu erachtenden Weg,

auf dem der Auftragnehmer seine Mitteilungspflicht gegenüber dem Auftraggeber in der gebotenen Zuverlässigkeit erfüllen kann (vgl. auch Nr. 2.1. VHB zu § 4 VOB/B, wonach eine eindeutige und eindringliche Mitteilung von Bedenken ausreichen kann). Entscheidend ist, daß der Auftragnehmer den Auftraggeber **in die Lage versetzt,** seinen **Bedenken Rechnung** zu tragen. **Besonders strenge Anforderungen** müssen an die **Zuverlässigkeit der Mitteilung** gestellt werden, wenn der Auftragnehmer nachträglich Bedenken gegen seine eigenen Angaben im Leistungsverzeichnis bekommt (BGH a. a. O.).

Dafür, daß der Auftraggeber den Bedenken Rechnung tragen kann, ist grundsätzlich auch Voraussetzung, daß der **Auftragnehmer selbst oder sein gesetzlicher Vertreter oder sein vertragsgemäß befugter Vertreter** die Bedenken geltend macht, wozu im Einzelfall auch der Subunternehmer des Auftragnehmers zählen kann, wenn er diesen für den Auftraggeber erkennbar als seinen Vertreter auf der Baustelle auftreten läßt (BGH a. a. O.). Bei der schwerwiegenden Bedeutung der Mitteilung reicht eine solche bloß durch den am Bau tätigen Polier nicht aus (vgl. BGH SFH Z 2.410 Bl. 54; BGH BauR 1975, 278 = NJW 1975, 1217 = MDR 1975, 657 = BB 1975, 989 = SFH Z 2.410 Bl. 70 = LM VOB/B Nr. 74), wobei jedoch die Frage des **Mitverschuldens des Auftraggebers** zur Erörterung steht. 251

Dagegen kommt es darauf, ob die Bedenken schriftlich oder nur mündlich und durch einen befugten Vertreter sowie gegenüber dem richtigen Adressaten (vgl. Rdn. 258 f.) geltend gemacht worden sind, **nicht an, wenn der Auftraggeber den Bedenken Rechnung** trägt (vgl. BGH NJW 1974, 188 = BauR 1974, 128 = SFH Z 2.410 Bl. 60 = MDR 1974, 303 = BB 1974, 107 = LM VOB/B Nr. 65). **Entscheidend** ist dann, daß das **Ziel der Mitteilung** erreicht ist. 252

Befolgt der Auftraggeber **trotz ausreichender mündlicher Belehrung** die Hinweise nicht, kann sich der Auftragnehmer hinsichtlich der sich daraus ergebenden Mängel der Bauleistung auf dessen **mitwirkendes Verschulden (§ 254 BGB)** berufen (BGH NJW 1960, 1813 = SFH Z 2.400 Bl. 25 ff.; LM § 4 VOB/B Nr. 2; WM 1971, 682, 685; BauR 1973, 190 = BlGBW 1973, 138 = NJW 1973, 518 = VersR 1973, 348 = SFH Z 3.00 Bl. 245 = BB 1973, 360 = Betrieb 1973, 616 = WM 1973, 393 = MDR 1973, 403 = LM VOB/B Nr. 59; BGH BauR 1975, 278 = NJW 1975, 1217 = MDR 1975, 657 = BB 1975, 989 = SFH Z 2.410 Bl. 70 = LM VOB/B Nr. 74). Das kann je nach der Fallgestaltung dazu führen, daß der Auftraggeber, der trotz ausreichender mündlicher Belehrung bei seiner gegenteiligen Meinung bleibt, die sich daraus ergebenden Folgen **allein** zu tragen hat (vgl. BGH SFH Z 2.400 Bl. 31 = MDR 1962, 472 = BB 1962, 428 = Betrieb 1962, 537). Dafür ist der Auftragnehmer aber voll beweispflichtig. Vgl. auch Rdn. 267. 253

Andererseits kann sich der Auftragnehmer dann **nicht auf das Mitverschulden des Auftraggebers** oder seines Erfüllungsgehilfen (§§ 276, 278 BGB) – z. B. des Architekten – **berufen, wenn dieses nicht sonderlich ins Gewicht fällt,** was zutreffen kann, wenn der Auftragnehmer oder dessen Subunternehmer eine zur Beobachtung der betreffenden Baumaßnahme, z. B. der Prüfung der Eignung des Rohbetons, besonders verpflichtete Fachfirma ist (BGHZ 61, 42 = BauR 1973, 313 = BB 1973, 1002 = NJW 1973, 1792 = VersR 1973, 937 = SFH Z 2.414 Bl. 308 = Anm. Fenge JR 1974, 66).

Hiervon unberührt bleibt, daß sich der Auftraggeber grundsätzlich eine **Herabsetzung seiner Mängelansprüche** wird gefallen lassen müssen, wenn er **ungeeignete Stoffe oder Bauteile zur Verfügung** gestellt hat. Dabei ist es gleichgültig, ob seine Ansprüche als Nachbesserungs-, Schadensersatz- oder sonstige Gewährleistungsansprüche zu werten sind. Im ersteren Falle wäre die Grundlage für die Herabsetzung in § 254 BGB zu suchen, in den anderen Fällen in § 242 BGB; vgl. BGH SFH Z 2.401 Bl. 21 = BB 1961, 430 = Betrieb 1961, 569. Diese Folge ergibt sich für die VOB aus Teil B § 13 Nr. 3. Dazu vor allem auch OLG Saar- 254 brücken (BauR 1970, 109, 111): Dabei ist für die Haftungsabgrenzung die Beteiligung eines für den Schaden ursächlichen Umstandes im Sinne einer „überholenden Kausalität" nach wirtschaftlichen Gesichtspunkten zu bewerten.

255 Zur Frage der **Schriftform der Mitteilung beim BGB-Bauvertrag** vgl. Rdn. 182 ff.

256 c) Auch muß die **(schriftliche) Mitteilung unverzüglich,** also ohne schuldhaftes Zögern ergehen (§ 121 BGB). Dabei ist dem Auftragnehmer eine gewisse, zur Bildung einer gefestigten fachmännischen Meinung erforderliche **Überlegungsfrist** zuzubilligen, die sich hinsichtlich ihrer Dauer nach den gegebenen Umständen bemißt, insbesondere nach der **Eilbedürftigkeit** der Unterrichtung des Auftraggebers. Wenn gefordert wird, daß die Bedenken **möglichst schon vor dem Beginn der Arbeiten** mitzuteilen seien, so gilt das nur, soweit das **technisch möglich** ist. Es dürfte nicht angebracht sein, wegen eines geringfügigen Bedenkens den ganzen Bau stillzulegen. Die Entscheidung kann nur im Einzelfall getroffen werden. Grundsätzlich muß der Auftragnehmer den Auftraggeber **so zeitig** unterrichten, daß **tunlichst eine Verzögerung bei der Bauausführung vermieden und ein Vermögensverlust abgewendet werden kann.**

Zu Recht weisen Hereth/Ludwig/Naschold (Teil B § 4 Ez. 4.130) darauf hin, daß die Bedenken unter Umständen erst nach der Bauausführung entstehen können, weil vorher die Tatsachen bei gebotener objektiver Bewertung nicht erkennbar waren. **Auch dann** ist **noch** eine **Mitteilungspflicht** gegeben.

257 Erfolgt die **Mitteilung** zwar sonst ordnungsgemäß, aber **nicht unverzüglich,** so ist der **Auftragnehmer** jedenfalls insofern **nicht von seiner Verantwortlichkeit befreit,** als der **Auftraggeber** durch seine Nachlässigkeit einen nicht mehr behebbaren Schaden erlitten hat. Das gilt z. B., wenn es sich um einen Leistungsteil handelt, der bereits ausgeführt ist, obwohl dies bei rechtzeitigem Hinweis vermieden worden wäre, oder auch dann, wenn das nach Hinweis einzusetzende Material inzwischen teurer geworden ist, als es bei rechtzeitigem Hinweis gekostet hätte. Ähnliches trifft zu, wenn sich infolge des von dem Auftragnehmer unterlassenen rechtzeitigen Hinweises zwangsläufig die Bauzeit verlängert und/oder sich die Kosten der Herstellung verteuern.

3. Mitteilung an richtigen Adressaten

258 Weitere Voraussetzung ist es, daß sich der Auftragnehmer mit seiner Mitteilung von Bedenken an den **richtigen Adressaten** wendet. Das ist in jedem Fall der **Auftraggeber selbst** (vgl. auch OLG Köln MDR 1983, 226). **Auch** der **bauplanende** und/oder **bauleitende Architekt** (sofern diesem die Objektüberwachung nach § 15 Abs. 1 Nr. 8 HOAI obliegt, vgl. auch Kaiser NJW 1975, 445) ist **in der Regel als befugt** anzusehen, derartige Mitteilungen des Auftragnehmers mit Wirkung für und gegen den Auftraggeber entgegenzunehmen. Er ist grundsätzlich in allen technischen Angelegenheiten der Bauausführung der Vertreter des Auftraggebers gegenüber den Auftragnehmern. Allerdings: Angesichts der **schwerwiegenden Bedeutung** der Mitteilung reicht eine solche bloß an den vom Architekten bestellten Bauleiter nicht schon aus (vgl. BGH SFH Z 2.410 Bl. 54); sie muß also an den **Architekten selbst** gerichtet sein (ebenso Kaiser NJW 1974, 445 sowie ders., Mängelhaftungsrecht, Rdn. 56).

259 Eine wichtige **Ausnahme** ist aber unbedingt zu beachten: Sollte der Auftragnehmer gegen **Anordnungen des Architekten oder eines Sonderfachmannes,** insbesondere auch dessen Planungen, Bedenken haben und der Architekt sich den Bedenken **verschließen,** wozu auch das bloße Nichtstun zählt, so kann der Auftragnehmer sich im Rahmen von Teil B § 4 Nr. 3 **nur entlasten,** wenn er die Bedenken dem Bauherrn **unmittelbar** oder einem sonstigen – im

Einzelfall befugten – Vertreter des Auftraggebers mitteilt. Gleiches gilt, wenn der Architekt für den Auftragnehmer erkennbar von der Planung eines Sonderfachmannes – oder umgekehrt – eigenmächtig abweicht. Dies folgt aus dem Sinn dieser Regelung, die es entscheidend auf eine **zuverlässige und sachgerechte Unterrichtung des Auftraggebers** abstellt (so auch BGH SFH Z 2.400 Bl. 33; BGHZ 51, 275 [insoweit nicht abgedruckt] = MDR 1969, 385 = NJW 1969, 653 = VersR 1969, 331 = LM § 426 BGB Nr. 28 mit Anm. Rietschel = SFH Z 2.413 Bl. 37 ff.; OLG Düsseldorf SFH Z 2.410 Bl. 47; BGH NJW 1973, 518 = BauR 1973, 190 = BB 1973, 360 = Betrieb 1973, 613 = WM 1973, 393; BGH BauR 1975, 278 = NJW 1975, 1217 = MDR 1975, 657 = BB 1975, 989 = SFH Z 2.410 Bl. 70 = LM VOB/B Nr. 74; LG Amberg SFH § 4 Nr. 3 VOB/B Nr. 4; so auch Kaiser a. a. O.; Werner/Pastor Rdn. 1065; Daub/Piel/Soergel/Steffani, Teil B § 4 ErlZ 4.161; Heiermann/Riedl/Rusam/Schwaab, Teil B § 4 Rdn. 35 d; Nicklisch in Nicklisch/Weick Teil B § 4 Rdn. 66; a. A. Brügmann, Der Bauvertrag, S. 81, der jedoch den vorgenannten Sinn des § 4 Nr. 3 verkennt, wobei außerdem die einzige von ihm gemachte Ausnahme einer unmittelbaren Benachrichtigungspflicht gegenüber dem Auftraggeber, nämlich bei vorsätzlichem Handeln des Architekten zum Nachteil des Auftraggebers, praktisch kaum nachweisbar sein dürfte).

4. Entlastungsbeweis des Auftragnehmers

Dafür, daß sich der Auftraggeber trotz zuverlässiger Mitteilung von Bedenken **nicht** zu anderen Anordnungen oder Maßnahmen oder zur Verwendung anderer Stoffe oder Bauteile **entschlossen hätte,** daher der Schaden auch bei gehöriger Beobachtung der Prüfungs- und Mitteilungspflicht eingetreten wäre, trägt der **Auftragnehmer** die **Beweislast** (BGH SFH Z 2.400 Bl. 31 = BB 1962, 428 = Betrieb 1962, 537 = LM § 4 VOB/B Nr. 2; vgl. auch BGHZ 61, 118 = NJW 1973, 1688 = BB 1973, 1043 = BauR 1973, 379 = WM 1973, 1015 = MDR 1973, 841 = LM § 282 BGB Nr. 20 Anm. Schmidt; BGH NJW 1975, 824, 825; BGH BauR 1975, 420; BGH BauR 1976, 430 = BB 1976, 1433 = MDR 1977, 133 = SFH Z 2.414.1 Bl. 14 = LM VOB/B Nr. 83). Gleiches gilt für die Behauptung, daß dem Auftraggeber durch das Unterlassen der schriftlichen Mitteilung **keine Nachteile** entstanden seien. Vgl. ferner Rdn. 204 und 211.

VIII. Die Verantwortung des Auftraggebers nach Nr. 3, letzter Halbsatz

1. Mögliches Verhalten des Auftraggebers nach Mitteilung von Bedenken

Nr. 3 enthält **keine Anweisung an den Auftraggeber,** wie er sich nach der ordnungsgemäßen Mitteilung von Bedenken seitens des Auftragnehmers zu verhalten hat. Die Folgen sind daher nach **allgemeinen rechtlichen Gesichtspunkten** zu werten, da er nunmehr die Verpflichtung hat, auf die ihm mitgeteilten Bedenken zu reagieren (vgl. OLG Düsseldorf BauR 1988, 478, 479 = SFH § 9 VOB/B Nr. 5 = NJW-RR 1988, 210).

a) Unternimmt der Auftraggeber auf die Bedenken des Auftragnehmers **nichts, trägt er das Risiko** für die daraus entstehenden Folgen grundsätzlich **allein.** Der Auftragnehmer ist seiner vertraglichen Pflicht nach Nr. 3 hinreichend nachgekommen und **dadurch entlastet.** Entsteht in diesem Zusammenhang ein Schaden, ist der Auftraggeber verantwortlich. Man kann dem **Auftragnehmer eine Nachlässigkeit des Auftraggebers nicht anlasten,** die dadurch entsteht, daß dieser sich um die **sachgerecht geäußerten Bedenken** des Auftragnehmers **nicht kümmert.** Um dem Auftraggeber diese Lage klar vor Augen zu halten, ist es dem Auftragnehmer zu empfehlen, sich nach angemessener Zeit, in der er die Antwort des Auftraggebers auf die geäußerten Bedenken erwarten konnte, nochmals an den Auftraggeber – schriftlich – zu wenden und im Sinne einer „Freizeichnung" jede Verantwortung für etwa entstehende Schäden, auf denen die Bedenken beruhen, abzulehnen (ebenso Kaiser, Mängelhaftungsrecht, Rdn. 57 Fn. 86). Vgl. aber auch hier Rdn. 265 ff.

263 b) **Teilt** dagegen der **Auftraggeber** die **Bedenken** des Auftragnehmers und trifft er eine andere, nach seiner Auffassung sachgerechte Anordnung nach Nr. 1 Abs. 3 oder ordnet er die Änderung des Bauentwurfs an (Teil B § 1 Nr. 3), oder verlangt er im Rahmen von Teil B § 1 Nr. 4 liegende Zusatzleistungen, oder macht er seinerseits ein Angebot auf Abänderung des Bauvertrages, muß der **Auftragnehmer erneut prüfen, ob nicht neue Bedenken geltend gemacht werden müssen** (so auch BGH NJW 1974, 188 = BauR 1974, 128 = SFH Z 2.410 Bl. 60 = MDR 1974, 303 = BB 1974, 107 = LM VOB/B Nr. 65). Gleiches gilt für die Nachprüfung der Mängelbeseitigung, die infolge eines vorherigen Hinweises des Auftragnehmers an der Vorleistung eines anderen Unternehmers erfolgt ist (a. a. O.), ebenso trifft dies im Hinblick auf die Nachprüfung von Abhilfemaßnahmen in bezug auf die übrigen in Nr. 3 festgelegten Prüfungspflichten zu. Hat der Auftragnehmer keine erneuten Bedenken und braucht er solche auch nicht zu haben, wird er der Anordnung des Auftraggebers Folge leisten und notfalls, falls nach dem bisherigen Vertragsinhalt erforderlich und zumutbar, einen abgeänderten Bauvertrag schließen müssen.

264 c) Es kann aber auch sein, daß der **Auftraggeber auf dem bisherigen Vertragsinhalt oder seinen bisherigen Anordnungen besteht,** weil er die mitgeteilten **Bedenken nicht teilt.** Dann ist Nr. 1 Abs. 4 entsprechend anzuwenden (vgl. Hereth/Ludwig/Naschold, Teil B § 4 Ez. 4.136; ebenso Nicklisch in Nicklisch/Weick Teil B § 4 Rdn. 67; Heiermann/Riedl/Rusam/Schwaab Teil B § 4 Rdn. 36 a; a. A. hier Kaiser, Mängelhaftungsrecht, Rdn. 57 Fn. 85, der die Folgen allein auf der Grundlage von Teil B § 4 Nr. 3, letzter Halbsatz sehen will, ohne dabei allerdings die vorgenannte, klar in der VOB zum Ausdruck gebrachte eigentliche vertragliche Grundlage zu beachten).

Es handelt sich um eine **erneute Anordnung des Auftraggebers.** Der Auftragnehmer ist dann grundsätzlich verpflichtet, die Leistung in der angeordneten Art und Weise auszuführen. **Von einer Haftung** für spätere Schäden ist er allerdings **befreit.** Dabei ist dem Auftragnehmer auch hier (vgl. Rdn. 262) zu empfehlen, nach Erhalt der Mitteilung des Auftraggebers diesem schriftlich anzuzeigen, daß er **jegliche Verantwortung** für eventuelle aus dem mitgeteilten Sachverhalt entstehende Schäden **ablehnt,** um auf jeden Fall und nachgewiesenermaßen auch eine mögliche Mithaftung auf der Grundlage des Mitverschuldens (§ 254 BGB) im Verhältnis der Vertragsparteien zueinander auszuschalten.

265 d) Ein **Leistungsverweigerungsrecht** hat der **Auftragnehmer hingegen nur, wenn der Durchführung gesetzliche oder behördliche Bestimmungen entgegenstehen** würden, Nr. 1 Abs. 4 Satz 1 letzter Halbsatz. **Darüber hinaus** wird dem Auftragnehmer aber nach **Treu und Glauben auch dann ein Leistungsverweigerungsrecht** zuerkannt werden müssen, wenn er dem Auftraggeber nicht nur ordnungsgemäß die Bedenken mitgeteilt, sondern wenn seine Prüfung **mit einer an Sicherheit grenzenden Wahrscheinlichkeit** das Ergebnis gehabt hat, daß die vorgesehene Art der Ausführung, die Verwendung der vom Auftraggeber gelieferten Stoffe oder Bauteile oder die Leistungen anderer Unternehmer zusammen mit der eigenen **zum Eintritt eines erheblichen Leistungsmangels oder eines sonstigen, nicht nur geringfügigen Schadens** führen werden (so auch Nicklisch in Nicklisch/Weick Teil B § 4 Rdn. 67; zu eng dagegen Kaiser, Mängelhaftungsrecht, Rdn. 57 Fn. 89, der den hier entscheidenden Gesichtspunkt – § 242 BGB – nicht hinreichend beachtet). Es wäre nämlich ein **Verstoß gegen Treu und Glauben,** wenn dann vom Auftragnehmer verlangt würde, durch eigenes Handeln einen so gut wie sicher vorausgesehenen Schaden herbeizuführen oder zu fördern. Das gilt vor allem, weil man dem Auftragnehmer regelmäßig ein Mitverschulden anlasten müßte, wenn in der gegebenen Situation aller Voraussicht nach der Eintritt von Mängeln so gut wie sicher ist und der Schaden dann auch eintritt. Folgerichtig wird man unter den angegebenen Voraussetzungen dem Auftragnehmer auch ein Kündigungsrecht nach Teil B 9 Nr. 1 a zubilligen müssen (von OLG Düsseldorf BauR 1988, 478, 479 = SFH § 9 VOB/B Nr. 5 = NJW-RR 1988, 210 offengelassen). Allerdings ist **der Auftragnehmer für die Unzumutbarkeit beweispflichtig.** In den Fällen, in denen der Auftragnehmer ein Leistungsverweigerungsrecht hat und davon Gebrauch macht, kommt er mit der betreffenden Leistung nicht in Verzug.

Sofern dem Auftragnehmer hier ein Leistungsverweigerungsrecht zuzuerkennen ist, verstößt eine Klausel in AGB – insbesondere Zusätzlichen Vertragsbedingungen – des Auftraggebers, wonach dem Auftragnehmer ein Leistungsverweigerungsrecht bzw. „Zurückbehaltungsrecht" verwehrt sein soll, gegen § 11 Nr. 2 a bzw. § 9 AGB-Gesetz.

e) Für den Fall, daß der **Auftraggeber** die von ihm (zweckmäßigerweise schriftlich, vgl. Nr. 2.2. VHB zu § 4 VOB/B) zu treffende **Entscheidung** verzögert oder nicht trifft (vgl. Rdn. 262), sind dem Auftragnehmer Rechte, die sich für ihn aus Teil B § 6 ergeben können, zuzugestehen, da es sich auch hier um eine **Mitwirkungspflicht des Auftraggebers** handelt. Damit ist zugleich gesagt, daß der Auftragnehmer befugt ist, mit der Ausführung der Arbeiten, auf die sich seine **fundiert vorgebrachten** Bedenken beziehen, eine **angemessene** Zeit nach Zugang der Mitteilung beim Auftraggeber **zu warten,** bis er seinerseits **unter normalen Umständen den Zugang einer Entschließung** des Auftraggebers **erwarten kann** , was zugleich schon eine entsprechende Verlängerung einer etwa vereinbarten Ausführungsfrist mit sich bringt (vgl. Teil B § 6 Nr. 4). Vor allem kann der Auftragnehmer im Falle der **schuldhaften Verzögerung oder Nichterledigung der vom Auftraggeber zu treffenden Entscheidung Schadensersatzansprüche aus Teil B § 6 Nr. 6** geltend machen; darüber hinaus – besonders bei Unterlassen der Entscheidung durch den Auftraggeber – ist dem Auftragnehmer das **Recht zur Kündigung des Vertrages** nach Teil B § 9 Nr. 1 a mit den sich daraus ergebenden Folgen einzuräumen, sofern die in Nr. 2 a. a. O. geregelten Voraussetzungen vorliegen (OLG Düsseldorf BauR 1988, 478 = SFH § 9 VOB/B Nr. 5 = NJW-RR 1988, 210).

266

2. Haftungsbefreiung des Auftragnehmers bei Erfüllung der Pflichten nach Nr. 3

Soweit der Auftragnehmer die erforderliche **Prüfung richtig angestellt** und daraus entstandene **Bedenken** dem Auftraggeber **den Erfordernissen** der Nr. 3 **gemäß** mitgeteilt hat, wird er grundsätzlich **bei Schadenseintritt von seiner Haftung befreit,** jedenfalls im Innenverhältnis zum Auftraggeber (vgl. auch Rdn. 250 ff.). Der Auftraggeber muß sich also **zumindest eine Herabsetzung seiner Ansprüche** gefallen lassen, in der Regel sogar auf Null. Dabei ist es unerheblich, ob seine Ansprüche rechtlich als Nachbesserungs-, Schadensersatz- oder als sonstige Gewährleistungsrechte zu werten sind. Ersterenfalls wäre die Grundlage für eine Herabsetzung in § 254 BGB zu suchen, im anderen Falle aus § 242 BGB herzuleiten. In Betracht kommen ferner die dem Auftragnehmer durch den § 645 BGB zugebilligten Ansprüche (BGH SFH Z 2.401 Bl. 21 = BB 1961, 430 = Betrieb 1961, 569).

267

3. Haftung des Auftragnehmers bei Verletzung der Pflichten nach Nr. 3

Kommt hingegen der Auftragnehmer seinen sich aus Nr. 3 ergebenden **Pflichten nicht oder nicht hinreichend nach,** haftet er nach Teil B § 4 Nr. 7 oder – nach Abnahme – gemäß Teil B § 13 Nr. 5–7, da er durch Teil B § 4 Nr. 3 bzw. – später – durch Teil B § 13 Nr. 3 a. a. O. **nicht entlastet** wird (vgl. auch BGH BauR 1988, 474 = SFH § 273 BGB Nr. 7). Dann hat der Auftragnehmer eine Haftung zu übernehmen oder mitzuübernehmen, die ihn anderenfalls nicht treffen würde. Wichtig ist dabei, daß der Auftragnehmer grundsätzlich hier nur verpflichtet ist, entweder die erforderliche Nachbesserung selbst vorzunehmen oder die Kosten dafür zu tragen. Sind dagegen weitere Maßnahmen erforderlich, die bisher im Vertrag nicht vorgesehen sind, hat der Auftragnehmer einen **zusätzlichen Vergütungsanspruch** nach Teil B § 2 Nr. 6, da es sich hier um sogenannte **Sowiesokosten** handelt (BGH BauR 1976, 413 = BB 1976, 1433 = MDR 1977, 133 = SFH Z 2.414.1 Bl. 14 = LM VOB/B Nr. 83; BGHZ 91,

268

206 = BauR 1984, 510 = Betrieb 1984, 2553 = NJW 1984, 2457 = MDR 1984, 833 = LM § 633 BGB Nr. 51 = SFH § 13 Nr. 5 VOB/B Nr. 7 = ZfBR 1984, 222 = BB 1984, 2021).

269 Sofern ein Nachunternehmer seine Prüfungs- und Mitwirkungspflichten verletzt hat, muß er nur seine eigenen Leistungen nachbessern; insbesondere braucht er von ihm nicht erkannte fehlerhafte Vorleistungen anderer Nachunternehmer oder des Hauptunternehmers (Generalunternehmers) nicht nachzubessern (BGH WM 1972, 800, 801; Kaiser BauR 1981, 311, 317; Werner/Pastor Rdn. 1067). Kosten der Nachbesserung braucht er insoweit nur zu tragen, wenn sie dadurch erhöht anfallen, daß er seine Prüfungs- und Mitteilungspflichten verletzt hat. Gleiches gilt im Hinblick auf einen etwaigen Schadensersatzanspruch (Werner/Pastor a. a. O.).

270 Auch ist der Auftragnehmer, der die ihm obliegende Mitteilung unterlassen hat, dadurch allein noch nicht gehindert, sich gegenüber dem Schadensersatzanspruch des Auftraggebers wegen mangelhafter Bauleistung **auf dessen mitwirkendes Verschulden** zu berufen (BGH NJW 1960, 1813 = Betrieb 1960, 1066 = MDR 1960, 1005 = BB 1960, 836 = LM VOB/B Nr. 4 = SFH Z 2.400 Bl. 25; BGHZ 79, 180 = BauR 1981, 201 = NJW 1981, 822 = SFH § 16 Nr. 3 VOB/B Nr. 13 = MDR 1981, 487 = Betrieb 1981, 1134 = BlGBW 1981, 152 = Anm. Girisch § 16 [C] VOB/B Nr. 8 = ZfBR 1981, 82). Das ergibt sich aus **Treu und Glauben** und aus dem Grundgedanken des Mitverschuldens (§ 254 BGB), der darin liegt, den an sich ersatzpflichtigen Schädiger nicht den endgültigen wirtschaftlichen Nachteil der einem anderen zugefügten Schädigung voll tragen zu lassen, wenn der Geschädigte selbst zur Entstehung des Schadens beigetragen hat (vgl. dazu auch BGH MDR 1962, 473). Ein mitwirkendes Verschulden ist ein **Verschulden in eigener Angelegenheit,** nämlich ein Außerachtlassen derjenigen Aufmerksamkeit und Sorgfalt, die nach Lage der Sache zur Wahrnehmung eigener Angelegenheiten jeder verständige Mensch ausübt, um Schäden zu vermeiden (BGH SFH Z 3.00 Bl. 52 ff.). Auch wenn der Auftragnehmer jeglichen – also auch den mündlichen – Hinweis gegenüber dem Auftraggeber unterlassen hat, kommt ein mitwirkendes Verschulden des Auftraggebers und seiner **Erfüllungsgehilfen (hier vor allem des Architekten)** in Betracht, wenn der **Mangel durch ihn mitverursacht** worden ist, wobei die Bewertung zumindest ähnlich erfolgt, wie es im eigentlichen Verschuldensbereich geschieht (vgl. dazu beachtlich Rother VersR 1983, 793; OLG Celle BauR 1984, 522 mit Anm. Reim für den Fall einer nicht den anerkannten Regeln der Technik entsprechenden Ausschreibung von waagerechten Abdichtungen von Wänden gegen aufsteigende Feuchtigkeit aus Sperrmörtel). Das kann vor allem bei Mängeln aufgrund der vorgesehenen Art der Ausführung, wie z. B. durch Angabe überholter, unvollständiger oder sonst den anerkannten technischen Regeln nicht entsprechenden Vorgaben, oder wegen der vom Auftraggeber selbst beschafften Stoffe oder Bauteile der Fall sein. Allerdings wiegt hier in der Regel das Mitverschulden **weniger schwer,** als wenn wenigstens ein mündlicher Hinweis des Auftragnehmers erfolgt wäre (BGH Betrieb 1965, 1774 = NJW 1966, 39 = SFH Z 2.414 Bl. 146 ff.). Vgl. dazu auch Teil B § 13 Rdn. 33 ff.

271 Andererseits kann sich der Auftragnehmer bei unterlassenem Hinweis auf das mitwirkende Verschulden des Auftraggebers und/oder seines Erfüllungsgehilfen (des Architekten) dann **nicht** berufen, wenn er den fehlerhaften Plan (vor allem des Architekten) ausführt, obwohl er **erkennt,** daß der Planungsfehler **mit Sicherheit zu einem Mangel** des Bauwerks führen muß. Auch dieses gebietet der hier in der Grundlage maßgebende **Gedanke von Treu und Glauben** (so mit Recht BGH BauR 1973, 190 = BlGBW 1973, 138 = NJW 1973, 518 = VersR 1973, 348 = SFH Z 3.00 Bl. 245 = BB 1973, 360 = Betrieb 1973, 612 = WM 1973, 395 = MDR 1973, 403 = LM VOB/B Nr. 59; BGHZ 90, 344 = BauR 1984, 395 = NJW 1984, 1676 = Betrieb 1984, 1720 = ZIP 1984, 713 = MDR 1984, 748 = BB 1984, 1703 = LM § 273 BGB Nr. 38 Anm. Recken = SFH § 13 Nr. 5 VOB/B Nr. 5 = ZfBR 1984, 395; OLG München NJW-RR 1987, 854). Dies ist jedoch **anders** zu bewerten, **wenn der Auftraggeber eine ihm bekannte Information,** wie etwa ein Bodengutachten, in dem der Einbau einer Isolierung gegen drückendes Wasser

empfohlen wird, **nicht sinnvoll verwertet und ihm dadurch ein so schwerwiegender Planungsfehler vorzuwerfen ist, daß der Auftragnehmer trotz unterbliebener oder unzureichender Belehrung nicht allein für den später aufgetretenen Mangel verantwortlich gemacht werden kann,** vor allem dann, wenn – etwa aus Kostengründen – eine notwendige, alternativ vorgesehene Baumaßnahme später von Auftraggeberseite gestrichen worden ist und der Auftragnehmer mit Recht annehmen kann, daß dem Auftraggeber bei seiner Entscheidung das verbleibende Risiko bewußt war (BGH in der zuletzt genannten Entscheidung). Bei unterlassenem Hinweis kann sich der Auftragnehmer dagegen wiederum nicht auf eine Mitverantwortlichkeit der Auftraggeberseite berufen, wenn das Mitverschulden des Auftraggebers oder seines Erfüllungsgehilfen – z. B. des Architekten – kaum ins Gewicht fällt, was in Betracht kommen kann, wenn es sich beim Auftragnehmer oder dessen Subunternehmer um eine Fachfirma handelt, die in besonderem Maße verpflichtet ist, die betreffende Baumaßnahme ordnungsgemäß zu erledigen, z. B. durch Prüfung der Eignung des Rohbetons (BGHZ 61, 42 = BauR 1973, 313 = BB 1973, 1002; NJW 1973, 1792 = VersR 1973, 937 = SFH Z 2.414 Bl. 308 = Anm. Fenge JR 1974, 66).

Zur Berechnung der Schadensquote beachtlich Aurnhammer VersR 1974, 1060.

4. Angaben usw. des Auftraggebers

Unter den vorangehend erörterten Gesichtspunkten ist es maßgebend zu betrachten, wenn es im letzten Halbsatz der Nr. 3 heißt, daß der Auftraggeber „jedoch" für seine Angaben, Anordnungen oder Lieferungen verantwortlich bleibt. 272

Unter **Angaben des Auftraggebers** sind alle für den Leistungsinhalt **wesentlichen Mitteilungen** zu verstehen, die sich insbesondere aus den Verdingungsunterlagen ergeben und zum Vertragsinhalt geworden sind. Hinzu kommen alle nach Vertragsabschluß liegenden Mitteilungen des Auftraggebers, wenn sie sich auf die vom Auftragnehmer geschuldete Leistung beziehen. **Anordnungen** des Auftraggebers sind in erster Linie solche, wie sie von Nr. 1 Abs. 3 erfaßt werden. Weiter sind hierzu aber auch sonstige Anforderungen des Auftraggebers zu zählen, die entweder zum Vertragsinhalt gehören (Teil B § 1 Nr. 3 oder Nr. 4) oder die sonst zum Vertragsinhalt geworden sind. Der hier verwendete Begriff der **Lieferungen** bezieht sich auf die in Nr. 3 angeführten Stoffe oder Bauteile.

D. Die Bereitstellungspflicht des Auftraggebers nach Nr. 4

Der **Auftraggeber** hat, wenn nichts anderes vereinbart ist, dem Auftragnehmer unentgeltlich **zur Benutzung oder Mitbenutzung zu überlassen:** a) die notwendigen **Lager- und Arbeitsplätze** auf der Baustelle, wozu auch die erforderlichen Flächen für im Einzelfall notwendige **Sozialeinrichtungen** (Tagesunterkünfte, Verpflegungs-, Sanitär- und Sanitätseinrichtungen) zu zählen sind, da dies Mindestbedingungen für einen geordneten Arbeitsplatz sind; b) vorhandene **Zufahrtswege und Anschlußgleise;** c) die vorhandenen **Anschlüsse für Wasser und Energie.** Die Kosten für den Verbrauch und den Messer oder Zähler trägt der Auftragnehmer; mehrere Auftragnehmer tragen sie anteilig. 273

I. Nebenpflicht

Es handelt sich um eine **im Anschluß an Nr. 1 Abs. 1 Satz 1** (vgl. Rdn. 7 ff.) **näher ausgestaltete vertragliche Nebenpflicht des Auftraggebers.** Diese besteht aber **nur, wenn** die Vertragsparteien im Bauvertrag **keine** ausdrückliche **anderweitige Regelung** getroffen haben. Das trifft z. B. wegen der Unterhaltung von Zufahrtswegen nach Ziff. 12.2 der EVM(B)ZVB des VHB zu. 274

II. Unentgeltliche Benutzung oder Mitbenutzung

275 Die Verpflichtung des Auftraggebers zur unentgeltlichen Zurverfügungstellung bedeutet, daß er vom Auftragnehmer für die **Benutzung oder Mitbenutzung** von Lagerplätzen, Arbeitsplätzen, Zufahrtsgleisen und/oder Anschlüssen für Wasser und Energie **keine Vergütung** verlangen kann. Sie regelt sich als grundsätzlich (s. aber Rdn. 276 f.) kostenmäßig zu Lasten des Auftraggebers gehende Nebenpflicht aus dem Bauvertrag nach den Allgemeinen Vertragsbedingungen **als Ausfluß einer Mitwirkungspflicht des Auftraggebers nach § 642 BGB.** Daraus ergibt sich, daß die **Dauer** der unentgeltlichen Überlassung sich **im allgemeinen nach der Zeit der Erstellung der jeweiligen vertraglichen Bauleistung richtet.** Jedoch kann der Auftragnehmer einen Anspruch auf Überlassung über die Bauwerksfertigstellung hinaus haben, wenn er z. B. Wasser benötigt, um gerügte Mängel abzustellen. Etwa damit zusammenhängende, ins Gewicht fallende **Mehrkosten** können jedoch dem Auftragnehmer als **von ihm zu tragende Nachbesserungskosten** zu seinen Lasten in Ansatz gebracht werden, da die Verpflichtung des Auftraggebers zur kostenlosen Überlassung nur auf die eigentliche, zur normalen und ordnungsgemäßen Bauherstellung erforderliche Zeit beschränkt ist.

III. Teilweise Kostentragung durch Auftragnehmer bei Wasser- und Energieverbrauch

276 Die in Nr. 4 geregelte Unentgeltlichkeit ist **nicht umfassend.** Vielmehr ist das nur der Fall bei den unter den Buchstaben a und b genannten Einrichtungen. Bei den von Buchstabe c erfaßten Einrichtungen, nämlich den vorhandenen Wasser-, Gas-, Heizungs- und Stromanschlüssen, bezieht sich die **Unentgeltlichkeit** nur auf die **Benutzung** dieser Einrichtungen **als solche.** Der damit verbundene **Verbrauch an Wasser, Gas, Elektrizität** und sonstiger Energie wird dagegen von der Unentgeltlichkeit nicht erfaßt. Hierfür hat der **Auftragnehmer die Kosten sowie die Grundgebühren** für den Messer oder Zähler **zu tragen.** Diese Kostentragung hat aber lediglich den Charakter eines **Aufwendungsersatzes;** dem Auftraggeber soll nicht mehr ausgeglichen werden, als er selbst zu zahlen verpflichtet ist. Sind **mehrere Auftragnehmer** während der Bauausführung an eine betreffende Versorgungsleitung angeschlossen, gilt kraft ausdrücklicher Regelung **anteilige Kostentragung** als vereinbart.

277 Hier besteht für den Auftragnehmer auch nur Anspruch auf **kostenlose Benutzung vorhandener** Versorgungsanschlüsse, nicht aber auf Neuanbringung oder auf Verlegung vorhandener Anschlüsse. Insofern ist er zur Kostenübernahme verpflichtet, falls zur Durchführung seiner Bauleistung (etwa zum Schleifen von neuverlegtem Parkettboden nach Nr. 3.3.7 der DIN 18 356) die Neuanbringung oder Verlegung eines Anschlusses erforderlich wird. Letzteres ergibt sich aus Teil B § 2 Nr. 1, wonach durch die vereinbarten Preise alle Leistungen abgegolten werden, die nach den dort genannten Vertragsbedingungen zur vertraglichen Leistung gehören, insbesondere auch die etwaigen Nebenleistungen. Der Auftragnehmer muß sich daher vor Abgabe seines Angebotes vergewissern, **wo die erforderlichen Anschlußstellen liegen,** um etwa für ihn notwendig werdende Aufwendungen durch Anbringen oder Verlegen von Anschlußstellen **mit einkalkulieren zu können** (vgl. dazu Siemsen und Tomasczewski, Die Bauverwaltung 1965, 220). Im übrigen ist das Heranbringen von Wasser und Energie von den vom Auftraggeber auf der Baustelle zur Verfügung gestellten Anschlußstellen zu den Verwendungsstellen immer eine Nebenleistung, wie Nr. 4.1.6 der DIN 18 299 zeigt; die dafür anfallenden Kosten kann der Auftragnehmer also nicht ersetzt verlangen.

IV. Rechtsfolgen bei Verletzung der Pflichten nach Nr. 4

278 Kommt ein Auftraggeber seiner Bereitstellungspflicht nach Nr. 4 nicht oder nicht hinreichend nach, kommen die Rechtsfolgen nach Teil B § 6 oder nach Teil B § 9 in Betracht. Das in Rdn. 266 Gesagte gilt hier entsprechend.

E. Schutzpflichten des Auftragnehmers (Nr. 5)

Nach Nr. 5 hat der **Auftragnehmer** die **von ihm ausgeführten Leistungen und die ihm für die Ausführung übergebenen Gegenstände bis zur Abnahme vor Beschädigung und Diebstahl zu schützen** (Satz 1). Auf Verlangen des Auftraggebers hat er sie vor **Winterschäden und Grundwasser** zu schützen, ferner Schnee und Eis zu beseitigen (Satz 2). Obliegt ihm die Verpflichtung nach Satz 2 nicht schon nach dem Vertrag, regelt sich die Vergütung nach Teil B § 2 Nr. 6 (Satz 3).

I. Schutz vor Beschädigung und Diebstahl – Erhaltungspflicht (Satz 1)

Bei dem **Schutz vor Beschädigung und Diebstahl (Satz 1) handelt es sich um eine vertragliche Nebenpflicht** des Auftragnehmers aus dem Bauvertrag. Diese hat zur Grundlage das **Erhaltungsinteresse** beider Partner am unbeeinträchtigten Bestand des ganz oder teilweise hergestellten Werkes. Die dem **Auftragnehmer** nach den Allgemeinen Vertragsbedingungen auferlegte **Erhaltungspflicht** ist nicht eine ungewöhnliche einseitige Belastung, sondern eine den tatsächlichen Verhältnissen gerecht werdende Lösung. Es ist zu bedenken, daß der mit der Herstellung befaßte Auftragnehmer wesentlich eher zur Erhaltung bereits erstellter Leistungen in der Lage ist als der Auftraggeber.

Die **Dauer** der **Erhaltungspflicht** bis zur Abnahme folgt überdies **auch aus dem Gesetz,** wonach der **Auftragnehmer bis zur Abnahme** des fertig hergestellten Werkes die **Gefahr** hierfür **zu tragen** hat, §§ 641, 644 BGB. Für den Bauvertrag gilt nach den Allgemeinen Vertragsbedingungen grundsätzlich das gleiche, wie sich aus Teil B § 12 Nr. 6 entnehmen läßt, es sei denn, daß die Ausnahmeregel Teil B § 7 im Einzelfall eingreift. Insoweit besteht also eine doppelte Grundlage für die in Nr. 5 Satz 1 geregelte Verpflichtung des Auftragnehmers. Dabei ist zu beachten, daß die VOB es nicht bei den genannten bloßen **Gefahrtragungsregeln** mit daraus sich ergebender etwaiger Ersetzungsverpflichtung bewenden lassen wollte, sondern in **Nr. 5 Satz 1 eine Pflicht des Auftragnehmers zur Tätigkeit** festgelegt hat. Dies hebt Nr. 5 Satz 1 über die allgemeinen Gefahrtragungsregeln hinaus und stellt ihn diesen als besondere vertragliche Vereinbarung voran.

II. Beginn und Ende der Erhaltungspflicht

Endet die Erhaltungspflicht kraft ausdrücklicher vertraglicher Regelung **mit der Abnahme,** kann nur der **Anfangszeitpunkt** fraglich sein, zumal hierüber in Nr. 5 Satz 1 ausdrücklich nichts gesagt ist. Jedoch läßt sich aus der dort gewählten Formulierung entnehmen, daß es je nach Sachlage **auf den zu schützenden Gegenstand ankommt.** Handelt es sich um den Schutz ausgeführter Leistungen, ergibt sich daraus an sich, daß die Erhaltungspflicht mit dem Zeitpunkt der Ausführungsbeendigung beginnt. Das darf jedoch nicht dahingehend mißverstanden werden, daß die Schutzmaßnahmen erst zu treffen sind, wenn das Bauwerk bzw. die durch den Vertrag umrissene Leistung völlig fertiggestellt ist. Vielmehr ist der Begriff „ausgeführt" so zu verstehen, daß alles zu erhalten und zu schützen ist, was zum **Zwecke der Erfüllung der Gesamtleistungspflicht bereits als Teil der Leistungen hergestellt ist.** Daher fängt die **Erhaltungspflicht** praktisch bereits **mit dem Beginn der jeweiligen vertraglichen Leistung** an. Handelt es sich um **Gegenstände,** die dem Auftragnehmer zur Ausführung seiner Leistungen **übergeben worden sind,** beginnt die Erhaltungspflicht nicht erst mit der baulichen Verwertung dieser Gegenstände, sondern **bereits mit der Übergabe,** also in dem Zeitpunkt, in dem sie dem Auftragnehmer zur Verfügung stehen (so auch Schmidt VersR 1965, 935). Dies erklärt sich daraus, daß der Auftragnehmer nunmehr die **Verfügungsgewalt** über diese Gegenstände hat.

283 Das **Ende der Erhaltungspflicht** tritt **grundsätzlich auch bei Teilabnahmen** hinsichtlich der abgenommenen Teile ein, **sofern es sich um eine Teilabnahme unter den Voraussetzungen von Teil B § 12 Nr. 2 a** – vgl. dazu Teil B § 12 Rdn. 72 ff. – **handelt.** Ausnahmsweise ist dies allerdings **nicht** der Fall, wenn die von dem betreffenden Auftragnehmer auszuführende **weitere Bauleistung in enger** – insoweit untrennbarer – **räumlicher Beziehung zu dem abgenommenen Teil steht,** insbesondere darauf aufbaut (vgl. Schmidt VersR 1965, 935). Dann liegt regelmäßig aber auch keine Teilabnahme nach Teil B § 12 Nr. 2 a, sondern nur eine solche nach Teil B § 12 Nr. 2 b vor (sogenannte technische Abnahme), durch die die Erhaltungspflicht des Auftragnehmers im allgemeinen ohnehin noch nicht beendet ist.

III. Eindeutig umrissene Erhaltungspflicht

284 Die Erhaltungspflicht des Auftragnehmers nach Nr. 5 Satz 1 **beschränkt** sich kraft ausdrücklicher vertraglicher Regelung **auf** die von ihm **ausgeführten Leistungen** und auf die ihm **für die Ausführung übergebenen Gegenstände** mit dem Ziel, sie **vor Beschädigung und Diebstahl zu bewahren.**

285 1. Soweit es die **ausgeführten Leistungen** angeht, ist die Umgrenzung nicht schwierig. Es handelt sich um die **eigenen Leistungen des Auftragnehmers,** die er aufgrund seiner vertraglichen Leistungspflicht zu erbringen hat. Hierzu zählt alles, was zeitlich zwischen dem Beginn der Ausführung und der Fertigstellung der vom Vertrag umrissenen Leistungen des **betreffenden Auftragnehmers** liegt. Nicht ergreift die Erhaltungspflicht auch Leistungen oder Teile hiervon, die andere Auftragnehmer am gleichen Bauwerk aufgrund ihrer eigenen vertraglichen Bauleistung erbracht haben, es sei denn, es ist in Besonderen oder Zusätzlichen Vertragsbedingungen etwas anderes bestimmt. **Die in Nr. 5 Satz 1 festgelegte Erhaltungspflicht wird in den Allgemeinen Technischen Vertragsbedingungen regelmäßig unter Nr. 4.1.3 wiederholt.** Teilweise sind an der genannten Stelle in den DIN-Normen noch im einzelnen die Erhaltungspflichten näher erläutert, vor allem zur Klarstellung etwaiger Zweifel (vgl. z. B. DIN 18 352 Nr. 4.1.3). Dies gilt dann auch für den Rahmen der Nr. 5 Satz 1, abgesehen davon, daß diese Regelungen ohnehin nach Teil B § 1 Nr. 1 Satz 2 Vertragsgegenstand sind.

286 2. Unter die dem Auftragnehmer für die Ausführung übergebenen Gegenstände fallen zunächst alle **Baustoffe oder Bauteile,** die der Auftragnehmer zur Erbringung seiner vertraglichen Leistungen erhalten hat. Dabei ist es nicht erforderlich, daß die Gegenstände dem Auftragnehmer vom Auftraggeber oder einem seiner Vertreter überlassen worden sind. Vielmehr **genügt auch die Überlassung durch einen Dritten,** wie z. B. einen Lieferanten, wenn es sich nur um Sachen im Hinblick auf die vom Auftragnehmer vertraglich geschuldeten Bauleistungen handelt, sofern ihm die Anlieferung an die Baustelle bekannt ist oder bei Wahrnehmung der erforderlichen Sorgfalt hätte bekannt sein müssen (vgl. Schmidt a. a. O.). Unter die hier erörterte Bestimmung fallen **auch alle sonstigen Sachen, die dem Auftragnehmer überlassen sind, damit er seine Bauleistung erbringen kann,** demgegenüber also nicht solche Stoffe oder Bauteile, die anderen Auftragnehmern zur Ausführung deren vertraglicher Leistung zur Verfügung stehen (so auch Schmidt a. a. O.). Dabei ist festzuhalten, daß nicht nur die zur Ausführung, sondern die **für** die Ausführung übergebenen Gegenstände gemeint sind. Dies ist weitergehend, weil nicht nur Sachen erfaßt sind, die bei der Bauausführung durch den betreffenden Auftragnehmer tatsächlich verwertet oder verbraucht werden, sondern auch solche, die sich auf die dem Auftragnehmer **zugänglich gemachten Eigentumsteile des Auftraggebers** erstrecken (so auch OLG Karlsruhe SFH Z 2.413 Bl. 21). Deshalb fallen auch unter die hier erörterte Regelung keineswegs nur bei der Bauausführung nicht verbrauchtes Baumaterial, sondern auch z. B. **Maschinen, Werkzeuge** usw., weiterhin das im **Rahmen des Erforderlichen und Zumutbaren zugängliche Objekt der Leistung selbst,** wie das **Grundstück** (a. M. OLG Bremen SFH Z 2.401 Bl. 9; wie hier auch Nicklisch in Nicklisch/Weick

Teil B § 4 Rdn. 76), der **Grundstücksteil, die betreffenden Räumlichkeiten,** die dem Auftragnehmer überlassenen Schlüssel dazu (vgl. LG Köln SFH Z 2.10 Bl. 69) und auch die **Vorleistungen anderer Unternehmer, wenn** die Leistung des Auftragnehmers **hierauf aufbaut,** d. h. wenn die Vorleistung für die vertragsgerechte Leistung des Auftragnehmers gebraucht wird. Das OLG Karlsruhe (a. a. O.) befaßt sich mit Erhaltungspflichten des Auftragnehmers anläßlich eines angenommenen Sabotageaktes an der ausgeführten Leistung. Der Entscheidung dieses **Einzelfalles,** insbesondere der ihr zugrunde gelegten Beweiswürdigung, ist zuzustimmen.

3. Der **Umfang der Erhaltungspflicht ist weitgehend auch durch** das in Nr. 5 Satz 1 genannte **zweckbedingte Ziel begrenzt.** Danach hat der Auftragnehmer die **Sachen vor Beschädigung und Diebstahl zu schützen.**
Schutzmaßnahmen gegen **Diebstahl** sind in der Regel ordnungsgemäßer Verschluß sowie Beaufsichtigung und Überwachung. Wie weit die Schutzmaßnahmen im einzelnen zu gehen haben und was zur Erreichung des Schutzzweckes erforderlich ist, bestimmt sich nach den jeweilig örtlich bedingten Gegebenheiten. Sofern an dem betreffenden Ort oder in dessen Nähe häufig Diebstähle von Baumaterialien usw. vorkommen, müssen unter Umständen auch außerhalb der normalen Arbeitszeit die jeweils angezeigten Sicherungsmaßnahmen getroffen werden; notfalls muß der Auftragnehmer zusätzliches Personal zur Bewachung einstellen, falls vertraglich nichts anderes vereinbart ist. Der Auftragnehmer ist auch gehalten, das Funktionieren der getroffenen Sicherungsmaßnahmen in eigener Regie zu **überwachen.**

Der Schutz vor **Beschädigung** beinhaltet die Verpflichtung, die ausgeführte Leistung oder die fertiggestellten Leistungsteile sowie die dem Auftragnehmer für die Ausführung übergebenen Gegenstände **vor schädigenden Einflüssen zu bewahren.** Schädigende Einflüsse sind alle Einwirkungen, die eine Beeinträchtigung im Hinblick auf das Leistungsziel herbeiführen oder darstellen können. Dabei kommt es nicht nur auf menschliche oder mechanisch nachteilige Einwirkungen, sondern **auch** auf solche durch **Witterungseinflüsse** usw. an. Inwieweit hier Schutzmaßnahmen zu treffen sind, regelt sich nach dem zu schützenden Gegenstand unter Berücksichtigung des Schutzzieles; von Bedeutung ist auch, inwieweit nach der **Gewerbesitte** Vorkehrungen im Einzelfall **zumutbar** sind. Wesentliche Anhaltspunkte geben hier die Allgemeinen Technischen Vertragsbedingungen, in denen in großer Zahl Schutzpflichten aufgeführt sind. Soweit es für bestimmte Gegebenheiten keine Vorschriften gibt, sind die vorhandenen als Auslegungsregeln zu Vergleichszwecken geeignet. Entgegen der Ansicht des LG Köln (SFH Z 2.413 Bl. 43) kann es daher **nicht allein** auf die Frage abgestellt werden, ob der Auftragnehmer für ihn wirtschaftlich erträgliche Mittel aufwenden müßte, wenn dies auch u. a. einen Gesichtspunkt abgeben kann. **Entscheidender Maßstab ist die konkret auf das einzelne Bauobjekt bezogene, allgemein auf dem betreffenden Bausektor anerkannte und zu verlangende Übung.** Die Abgrenzung kann nur nach dem Einzelfall bestimmt werden.

IV. Versicherung grundsätzlich nicht Teil der Erhaltungspflicht

Eine nach den Allgemeinen Vertragsbedingungen bestehende **Verpflichtung** des Auftragnehmers, die fertiggestellte Leistung oder deren Teile sowie die übergebenen Gegenstände **gegen Diebstahl oder Schaden versichern zu müssen, besteht nicht.** Dies ist weder verkehrs- noch gewerbeüblich. Eine Versicherung muß nur abgeschlossen werden, wenn dies **ausdrücklich vertraglich vereinbart** ist, was häufig auch geschieht. Falls dann keine besondere Regelung zwischen den Vertragspartnern getroffen ist, muß der Auftragnehmer als der im Grundsatz Erhaltungspflichtige die Versicherungsbeiträge leisten.
Es ist allgemein im eigenen Interesse des Auftragnehmers **angezeigt,** wenn er eine Versicherung, insbesondere gegen mutwillige Beschädigungen oder Zerstörungen, abschließt (so

zutreffend Schmidt VersR 1965, 935). Nicht unproblematisch ist dabei allerdings die Frage der Versicherbarkeit des auf der Grundlage der Nr. 5 möglicherweise eintretenden Schadens, da ein Ausschluß nach § 4 I 6 a und b AHB in Betracht kommen kann.

V. Haftung – Beweislast

290 Kommt der **Auftragnehmer seiner Erhaltungspflicht schuldhaft nicht** oder nicht hinreichend **nach** und entsteht dem Auftraggeber hieraus ein Schaden, **haftet der Auftragnehmer wegen positiver Vertragsverletzung (§ 276 BGB) auf Ersatz des entstandenen Schadens**. Für seine Erfüllungsgehilfen hat der **Auftragnehmer** nach § 278 BGB **einzustehen** (also kommt insoweit kein besonderer Verwahrungsvertrag zwischen den Erfüllungsgehilfen und dem Auftraggeber zustande, vgl. LG Köln SFH Z 2.10 Bl. 69). Für den **Eintritt des Schadens und dessen Höhe** ist der **Auftraggeber darlegungs- und beweispflichtig**.

291 Ist der Auftragnehmer seiner Pflicht nachgekommen, wofür ihn wiederum die Beweislast trifft, oder hat er von ihm nachgewiesen kein Verschulden, weil z. B. höhere Gewalt vorliegt, fällt die Haftung auf den, **der die Gefahr trägt**. Das ist wiederum bis zur Abnahme (Teil B § 12 Nr. 6) grundsätzlich der Auftragnehmer. Soweit es die für die Ausführung **übergebenen Gegenstände** anbelangt, trifft allerdings deren **Eigentümer die Gefahr für den zufälligen Untergang oder die zufällige Verschlechterung**. Das ergibt sich aus § 644 Abs. 1 Satz 3 BGB, der auch im Rahmen eines VOB-Bauvertrages eingreift (vgl. Teil B § 7 Rdn. 32 ff.). Bei Beschädigung oder Zerstörung bereits fertiggestellter Teile **des Bauwerks** tritt in solchem Falle eine **Gefahrverteilung nach Teil B § 7** ein, sofern die dortigen Voraussetzungen gegeben sind, sonst geht die Gefahr erst mit der Abnahme nach Teil B § 12 ganz auf den Auftraggeber über.

292 **Über den Rahmen von Teil B § 4 Nr. 5 hinaus haftet der Auftragnehmer aus §§ 823, 831 BGB** auch dann, wenn er auf einem fremden Grundstück eine größere Anzahl von Arbeitern für längere Zeit beschäftigt und für ihn die **Gefahr planmäßiger Diebstähle** auf dem Grundstück des Auftraggebers durch seine Arbeiter erkennbar ist, auch wenn diese nicht nur bauseitig angeliefertes Material entwenden, sondern z. B. auch das Zinkdach eines Gebäudes, auf das sich die Bauleistung nicht erstreckt, abnehmen und entfernen. Der Auftragnehmer ist verpflichtet, Maßnahmen zu ergreifen, die solche Diebstähle während der Arbeitszeit nach Möglichkeit verhindern (BGHZ 11, 151 = VersR 1954, 95 = SFH Z 4.11 Bl. 1 = NJW 1954, 505 = Betrieb 1954, 213; BGH VersR 1956, 322 = SFH Z 3.11 Bl. 1 = BB 1956, 482 = Betrieb 1956, 500; LG Aachen SFH Z 4.01 Bl. 10; Schmidt VersR 1965, 935).

293 Unabhängig von Nr. 5 Abs. 1 und der daraus sich ergebenden Schadensersatzverpflichtung des Auftragnehmers ist das **Verhältnis** zwischen dem jeweils die Gefahr tragenden Auftraggeber oder Auftragnehmer einerseits und dem **Dieb oder dem schädigenden Dritten** andererseits zu beurteilen. Diese Ansprüche regeln sich nach allgemeinen zivilrechtlichen Vorschriften. Der Schadensersatzanspruch steht dem Geschädigten zu. Der Auftraggeber hat aber dem Auftragnehmer die Ersatzansprüche gegen den Schädiger abzutreten (§ 255 BGB), falls er vom Auftragnehmer wegen seiner Schadensersatzansprüche befriedigt wird. Zu diesen Fragen siehe Schmidt VersR 1965, 514.

VI. Keine Vergütung für Maßnahmen nach Nr. 5 Satz 1

294 Eine **besondere Vergütung für die Durchführung der Erhaltungsmaßnahmen** nach Nr. 5 Satz 1 kann der Auftragnehmer **nicht** beanspruchen. Diese Nebenpflicht gehört mit zur vertraglich geschuldeten Leistung, und ihre Erfüllung ist durch die vereinbarte Vergütung gemäß Teil B § 2 Nr. 1 abgegolten. Dies folgt regelmäßig auch aus der jeweiligen Nr. 4.1.3 in

den Allgemeinen Technischen Vertragsbedingungen; danach rechnen diese Erhaltungspflichten zu den nicht besonders zu vergütenden Nebenpflichten.

VII. Lieferung von Stoffen oder Bauteilen durch Auftragnehmer selbst

Nicht erfaßt von der in der VOB besonders festgelegten Erhaltungspflicht (Nr. 5 Satz 1) werden diejenigen Lieferungen von Stoffen oder Bauteilen, die der Auftragnehmer **selbst** zur Baustelle bringt oder bringen läßt. Diese Gegenstände stehen **ohnehin** kraft seiner vertraglichen Leistungsverpflichtung **unter seiner alleinigen Verantwortung,** so daß es insoweit der Festlegung einer besonderen vertraglichen Nebenverpflichtung des Auftragnehmers nicht bedurfte. Wenn jedoch vom Auftragnehmer beschaffte Stoffe oder Bauteile vor der Verarbeitung oder dem Einbau in das Eigentum des Auftraggebers übergehen, fallen sie mit diesem Zeitpunkt unter Nr. 5 Satz 1. Sie gelten von da ab als dem Auftragnehmer vom Auftraggeber übergebene Sachen.

VIII. Schutz gegen Winterschäden und Grundwasser; Beseitigung von Schnee und Eis (Satz 2)

Schutz gegen Winterschäden und Grundwasser, ferner die Beseitigung von **Schnee und Eis** (Nr. 5 Satz 2) gehören **nicht ohne weiteres** zu den in Nr. 5 Satz 1 geregelten **Erhaltungspflichten.** Es bedarf vielmehr eines **Verlangens** des Auftraggebers **oder einer entsprechenden besonderen vertraglichen Vereinbarung,** um dem Auftragnehmer diese Verpflichtungen aufzuerlegen. Ist das geschehen, handelt es sich **gleichfalls** um eine **Erhaltungspflicht,** wie sie dem Satz 1 zugrunde liegt. Satz 2 steht auch insofern mit der Grundregel in Satz 1 in Zusammenhang, als die hier genannten Maßnahmen für die ausgeführten Leistungen und die dem Auftragnehmer übergebenen Gegenstände zu treffen sind, sie werden somit grundsätzlich auch dadurch abgegrenzt.

1. Eine Möglichkeit, die allgemeine Erhaltungspflicht nach Satz 1 auf die in Satz 2 genannten Maßnahmen auszudehnen, besteht darin, den Auftragnehmer hierzu im Wege Besonderer oder Zusätzlicher Vertragsbedingungen gesondert **vertraglich zu verpflichten.** Dabei ist es nicht in jedem Fall erforderlich, daß in den Vertrag eine ausdrückliche Regelung über eine Verpflichtung nach Satz 2 aufgenommen wird, wenn dies auch der Klarheit wegen angezeigt ist. Sie kann sich auch aus den gesamten Umständen der **vertraglichen Vereinbarungen,** beispielsweise aus der Ausführungsfrist unter Beachtung der Jahreszeit, wie z. B. einem vereinbarten Winterbau, ergeben. Nicht zuletzt sind hier auch die Allgemeinen Technischen Vertragsbedingungen zu beachten, die in gewissem Umfang hier angesprochene vertragliche Erhaltungspflichten beinhalten. Zu Winterbau-Schutzmaßnahmen bei verschiedenen Witterungsbedingungen vgl. Musewald ZSW 1981, 166.

2. Soweit eine vertraglich besonders festgelegte Verpflichtung des Auftragnehmers **nicht** besteht, hat er die in Satz 2 aufgeführten Erhaltungsmaßnahmen aber auch zu treffen, wenn an ihn vom Auftraggeber ein entsprechendes einseitiges **Verlangen** gestellt wird. Diese Erklärung des Auftraggebers muß **inhaltlich zweifelsfrei** sein; sie muß eine genaue Beschreibung dessen enthalten, was vom Auftragnehmer als weitere Erhaltungsmaßnahmen im Rahmen der Nr. 5 Satz 2 verlangt wird. Im übrigen ist die Berechtigung des einseitigen Verlangens des Auftraggebers auch durch Teil B § 1 Nr. 4 Satz 1 ausgewiesen, da es sich um notwendige Leistungen handelt.

IX. Vergütungspflicht bei Maßnahmen gemäß Satz 2 (Satz 3)

Soweit der Auftragnehmer weitere Schutzmaßnahmen nach Satz 2 auf Verlangen des Auftraggebers vorzunehmen hat, sind diese **nicht** in der vertraglichen **Vergütung** enthalten, weil sie, von der Vergütungsseite her betrachtet, **keine echte Nebenverpflichtung** darstellen. Daher ist der Auftraggeber kraft ausdrücklicher Regelung in **Satz 3** zur Zahlung einer **besonderen Vergütung** verpflichtet, die sich nach **Teil B § 2 Nr. 6** regelt. Entsprechendes gilt grundsätzlich auch für den Fall besonderer vertraglicher Verpflichtung des Auftragnehmers zur Vornahme der in Satz 2 genannten Maßnahmen. Abgesehen von den in Teil B § 2 Rdn. 295 f. angeführten, in der Praxis nicht gerade selten vorkommenden Ausnahmen wird man hier auch grundsätzlich eine **vorherige Ankündigung des Vergütungsanspruches des Auftragnehmers** nach Teil B § 2 Nr. 6 Abs. 1 Satz 2 fordern müssen, da durchaus berechtigte Zweifel auf seiten des Auftraggebers auftreten können, ob derartige, nicht zur eigentlichen Leistungserstellung gehörige Maßnahmen vergütungspflichtig sind. Vgl. dazu Teil B § 2 Rdn. 298 ff.

X. Schutzmaßnahmen nach Satz 2 im einzelnen

300 **1. Winterschäden** sind Witterungsschäden, hinsichtlich deren für Schutzmaßnahmen in der Regel, falls zu dieser Zeit schon deren Notwendigkeit erkannt wird, im Leistungsverzeichnis nach DIN 18 299 Nr. 4.2.3 besondere Ansätze vorzusehen sind. Aus den Technischen Vertragsbedingungen ist hier beispielhaft auf DIN 18 330 Nr. 3.1.3, DIN 18 337 Nr. 4.3.6 sowie DIN 18 338 Nr. 4.3.10 zu verweisen.

301 **2. Für Grundwasser** kommt für einen entsprechenden Ansatz im Leistungsbeschrieb ebenfalls DIN 18 299 Nr. 4.2.3 in Betracht. Aus den Technischen Vertragsbedingungen ist z. B. hinzuweisen auf DIN 18 330 und DIN 18 331, jeweils Nr. 4.3.6.

302 **3. Für Beseitigen von Schnee und Eis** gibt es weder in Teil A § 9 noch in den Technischen Vertragsbedingungen ausdrückliche Hinweise. Inwieweit hier eine Verpflichtung bereits nach dem Vertrag besteht oder erst durch besondere vertragliche Vereinbarung oder durch ausdrückliches Verlangen des Auftraggebers entstehen kann, regelt sich nach dem Einzelfall. Entscheidend kann hierbei sein, ob es sich nach dem vorliegenden Vertragsinhalt um von Beginn an vorgesehene **Winterbauten** handelt oder nicht. Im ersten Fall wird im allgemeinen davon auszugehen sein, daß entsprechende Maßnahmen bereits mit zum Vertrag und damit zur vereinbarten Vergütung gehören.

F. Die Pflicht zur Beseitigung vertragswidriger Stoffe oder Bauteile (Nr. 6)

I. Vorbemerkung

303 VOB Teil B regelt neben den eigentlichen Gewährleistungsvorschriften für die Zeit nach Abnahme in § 13 Nr. 5, 6 und 7, in **§ 4 Nr. 6 und 7 Ansprüche,** die dem Auftraggeber **als Erfüllungsansprüche vor der Abnahme** bei einer **bevorstehenden oder bereits eingetretenen mangelhaften Leistung** des Unternehmers zustehen. Neben diesen VOB-Vorschriften kommt eine **unmittelbare oder entsprechende Anwendung der §§ 275, 279–282 u. 323 bis 325 BGB nicht** in Betracht. Das ergibt sich allein daraus, daß Teil B § 13 Nr. 6 ausdrücklich die Folgen behandelt, die eintreten, wenn die Beseitigung des Mangels unmöglich ist (vgl. BGHZ 42, 232 = NJW 1965, 152 = VersR 1964, 1271 = SFH Z 2.414 Bl. 136 ff. = MDR 1965, 35 = BB 1964, 1360 = Betrieb 1964, 1734 = LM § 13 VOB/B Nr. 8 Anm. Rietschel). Das ist auch schon vor der Abnahme zu beachten (vgl. unten Rdn. 348 ff.). **Auch eine Anwendung der §§ 633, 634 und 635 BGB scheidet** angesichts der vorerwähnten Bestimmungen aus den Allgemeinen Vertragsbedingungen **aus**.

II. Vorweggenommener Beseitigungsanspruch in Nr. 6

Nach der ausdrücklichen vertraglichen Regelung in Nr. 6 sind Stoffe oder Bauteile, die dem Vertrag oder den Proben nicht entsprechen, auf Anordnung des Auftraggebers innerhalb einer von ihm bestimmten Frist von der Baustelle zu entfernen. Geschieht dies nicht, können sie auf Kosten des Auftragnehmers entfernt oder für seine Rechnung veräußert werden.

304

Hier handelt es sich um einen dem **Bauvertrag auf der Grundlage der VOB eigentümlichen vorweggenommenen**, weil nämlich das Stadium der Vorbereitung der eigentlichen Leistungsausführung betreffenden (insoweit mißverstanden von Kaiser, Mängelhaftungsrecht, Rdn. 21 sowie ZfBR 1985, 55, 56) **Mängelbeseitigungsanspruch** zwecks Verhinderung von durch den Einbau dann entstehenden eigentlichen Baumängeln mit auch sonst aus dem Erfüllungs- bzw. Gewährleistungsrecht entwickelten Folgen (ohne daß es dazu entgegen Kaiser BlGBW 1976, 101 sowie Mängelhaftungsrecht a. a. O. zunächst einer weiteren Differenzierung bedürfte, zumal Kaiser zur Nennung anderer, diese Regelung rechtfertigender **gesetzlicher** Grundlagen nicht in der Lage ist; wie hier Werner/Pastor Rdn. 1106). Unter Zugrundelegung der gesetzlichen Vorschriften im Werkvertragsrecht liegt dieser Anspruch **an sich auf der Ebene der §§ 633 ff. BGB**, obwohl er hiervon **nicht unmittelbar erfaßt** wird. Denn der Erfüllungs- bzw. Gewährleistungsanspruch im Rahmen des Werkvertrages ist grundsätzlich auf das ganz oder teilweise **hergestellte** Werk und nicht auf die dafür bestimmten **Stoffe oder Bauteile vor ihrer Verwendung** bei der Bauherstellung bezogen. Bei der VOB wird dagegen in Teil B § 4 Nr. 6 nicht erst Erfüllung bzw. Gewährleistung in dem vom Gesetz ausdrücklich angesprochenen Sinne, sondern ordnungsgemäße, **laufende Erfüllung bereits vor und im Verlauf der Leistungserstellung** verlangt. Der hier geregelte, besondere vertragliche **Erfüllungsanspruch** erklärt sich aus der Natur der Bauleistung (vgl. für den gleichgelagerten Anspruch nach Nr. 7 BGH BauR 1971, 126 = NJW 1971, 838 = MDR 1971, 473 = SFH Z 2.414 Bl. 248 = Betrieb 1971, 815). Es ist nämlich eine **Erfahrungstatsache, daß Mängel an Stoffen oder Bauteilen** nur schwer oder nicht mehr mit der notwendigen Klarheit festgestellt werden können, wenn diese bereits verarbeitet, eingebaut oder sonst verwertet worden sind. Außerdem ist die Beseitigung oder Ausbesserung von Stoffen oder Bauteilen, die von Anfang an fehlerhaft sind, aus einer bereits hergestellten oder in der Herstellung begriffenen Bauleistung **erheblich kostenaufwendiger** als vor ihrer Verwendung. Aus diesen Erwägungen heraus bewirkt Nr. 6 somit, **bereits frühzeitig sicherzustellen, daß Mängel** bei der Bauleistung durch den Einbau mangelhafter Stoffe oder Bauteile **gar nicht erst auftreten können**, insbesondere um Schäden möglichst gering zu halten. Bei objektiver Betrachtung liegt dies durchaus gerade **auch im wohlberechtigten Interesse des Auftragnehmers**.

Aus diesen Erwägungen wird man die Regelung in Teil B § 4 Nr. 6 auch beim BGB-Bauvertrag entsprechend heranziehen können (zutreffend Heinrich BauR 1982, 224), und zwar im Rahmen der §§ 633 Abs. 1, 242 BGB.

III. Nr. 6 bezieht sich auf vom Auftragnehmer stammende Stoffe oder Bauteile

Die Beseitigungspflicht nach Satz 1 bezieht sich auf **Stoffe oder Bauteile** (über deren Begriffe vgl. Teil A § 1 Rdn. 53 ff.), die **vom Auftragnehmer beschafft oder vorbereitet** worden sind, damit sie im Rahmen seiner Leistungspflicht bei der endgültigen Leistungserstellung Verwendung finden. Daß es sich um Lieferungen oder bei Dritten bewirkte Bestellungen des Auftragnehmers handeln muß, ergibt sich daraus, daß ein **Erfüllungsanspruch des Auftraggebers** die rechtliche Grundlage bildet, der sich schlecht gegen ihn selbst richten kann. Vor allem aber ist

305

zu beachten, daß die Pflichten des Auftragnehmers hinsichtlich der **vom Auftraggeber** zur Verfügung gestellten Stoffe oder Bauteile – **abschließend** – in Teil B § 4 Nr. 3 und nicht hier geregelt sind.

IV. Vertragswidrige Stoffe oder Bauteile (Satz 1, Halbsatz 1)

306 Voraussetzung ist, daß die **Stoffe oder Bauteile** entweder **dem Vertrag oder den Proben nicht entsprechen.**

Dem **Vertrag** entsprechen sie nicht, wenn ihre Güte **nicht den vertraglichen Bedingungen,** dabei insbesondere dem **Leistungsbeschrieb,** gerecht wird oder wenn beim Fehlen einer ausdrücklichen Vereinbarung die Güte nicht mit dem übereinstimmt, was nach den **anerkannten Regeln der Technik** (Teil B § 4 Nr. 2 Abs. 1) gefordert werden muß. Dabei sind DIN-Vertragsbedingungen oder sonstige Gütebestimmungen – vor allem auch im Hinblick auf die amtliche Zulassung im Einzelfall – von wesentlicher Bedeutung, sofern sie den anerkannten Regeln der Technik entsprechen (vgl. dazu Rdn. 144 ff.). Andernfalls muß es auf die anerkannte Übung auf dem entsprechenden Sektor des Bauwesens ankommen (a. a. O.).

307 Den **Proben** entsprechen die Stoffe oder Bauteile nicht, wenn sie nicht nach Maß, Gewicht und Qualität mit den Eigenschaften übereinstimmen, welche die zum Inhalt der vertraglichen Leistung gemachte Probe hat. Zu beachten ist hier vor allem auch Teil B § 13 Nr. 2 (vgl. dazu Teil B § 13 Rdn. 168 ff.).

V. Beseitigungsanordnung des Auftraggebers unter Fristsetzung (Satz 1, Halbsatz 2)

308 Nr. 6 verlangt für die Beseitigung durch den Auftragnehmer eine **Anordnung des Auftraggebers.** Der Auftraggeber muß zur Beseitigung eine **Frist** setzen (Satz 1, Halbsatz 2).

1. Eindeutige, berechtigte Aufforderung

309 Die Anordnung muß **klar und inhaltlich genau bestimmt** sein, um Wirkungen zu entfalten; die bloße Äußerung von Unzufriedenheit genügt hier nicht. Für die **Beseitigungsanordnung** ist eine schriftliche Form nicht vorgeschrieben. Es **genügt** eine **mündliche Aufforderung.** Dem Auftraggeber ist jedoch die Schriftform zu empfehlen, schon aus Gründen der Beweisführung bei späteren Auseinandersetzungen.

310 Der Auftragnehmer ist nicht schon wie bei der allgemeinen Anordnung nach Nr. 1 Abs. 3 verpflichtet, der Beseitigungsanordnung unter den Voraussetzungen von Nr. 1 Abs. 4 nachzukommen, also auch dann, wenn sie sachlich unberechtigt ist. Die Beseitigungsanordnung hat vielmehr eine objektive Voraussetzung. Es müssen **objektiv anzuerkennende Mängel,** selbstverständlich in dem in Rdn. 306 umschriebenen Rahmen, vorliegen (was Kaiser BlGBW 1976, 101, 102 sowie Mängelhaftungsrecht Rdn. 21 unter 1 verkennt, zumal der Begriff des Mangels keineswegs nur auf die Leistung im engeren Sinne bezogen ist, wie z. B. § 460 BGB zeigt; daß die VOB hier etwas anderes sagen will, ist nicht ersichtlich; wie hier Nicklisch in Nicklisch/Weick Teil B § 4 Rdn. 83 und 87; Heiermann/Riedl/Rusam/Schwaab Teil B § 4 Rdn. 46 b).

311 Muß der Auftragnehmer zugeben, daß die angegebenen Mängel vorhanden sind, besteht eine **unbedingte Beseitigungspflicht** nach Erhalt der Anordnung. Der Fall, daß über die Berechtigung der behaupteten Mängel **Meinungsverschiedenheiten** auftreten, **ist in Nr. 6 nicht ausdrücklich geregelt.** Zweckmäßig ist es, um der Klarheit willen darüber **im Bauvertrag eine besondere Bestimmung** zu treffen, etwa dahin, daß die Vertragspartner dann ein Sachverständigengutachten einholen, dem sie sich unterwerfen. Fehlt es an einer besonderen Vertrags-

bestimmung, bleibt jedem der Vertragspartner nach den Allgemeinen Vertragsbedingungen der in Teil B § 18 Nr. 3 aufgezeigte Weg. Hierbei handelt es sich in Wirklichkeit um die vereinbarte Einholung eines **Schiedsgutachtens**. Über Verbindlichkeit und die gerichtliche Nachprüfbarkeit des Schiedsgutachtens vgl. Teil B § 18 Rdn. 58 ff. Fraglich ist nur, ob für den Einzelfall Einrichtungen staatlicher oder staatlich anerkannter Stellen vorhanden sind, die das Vertrauen der Parteien genießen, um die aufgetretene Streitfrage hinreichend zu klären. Bis zur Klärung der Streitfrage kann eine Beseitigung nach Treu und Glauben nicht verlangt werden. Kommt es zu keiner Einigung oder findet sich kein Weg, die Streitfrage zu klären, sind die Vertragspartner auf den Rechtsweg zu verweisen.

Dann ist in erster Linie die Einleitung eines **gerichtlichen Beweissicherungsverfahrens** zu empfehlen. Das gilt besonders für den Auftraggeber, da ihn nach den Rechtswirkungen der Bauabnahme **später** die **Beweislast** trifft. Für das Beweissicherungsverfahren gelten die §§ 485 ff. ZPO (vgl. dazu Teil B § 18 Rdn. 81 ff.).

Ergibt die Feststellung von dritter Seite, daß die **Beanstandungen** des Auftraggebers **zu** **312** **Unrecht** erfolgt sind, hat der Auftragnehmer die Befugnis, die betreffenden Stoffe oder Bauteile bei der Herstellung seiner vertragsgemäßen Leistung zu verwerten. Hindert ihn der Auftraggeber daran, stehen dem Auftragnehmer die Rechte aus Teil B § 6, gegebenenfalls auch aus Teil B § 9 zu. Hat die zum Nachteil des Auftraggebers ausgegangene Überprüfung längere Zeit in Anspruch genommen, kann der Auftragnehmer u. U. nach Teil B § 6 Nr. 1, 2 a und 4 eine entsprechende Verlängerung der Bauzeit beanspruchen, ggf. ist auch an einen Schadensersatzanspruch nach Teil B § 6 Nr. 6 zu denken.

2. Angemessene Frist zur Beseitigung

Die vom Auftraggeber dem Auftragnehmer zur Beseitigung zu setzende **Frist** ist **erforderlich,** **313** weil sie insbesondere für das **Selbsthilferecht nach Satz 2 sowie etwaige weitergehende Ansprüche des Auftraggebers (vgl. dazu Rdn. 322) von Bedeutung** ist. Über die Bemessung der Frist ist in Nr. 6 nichts erwähnt. Jedoch muß die **Frist angemessen** sein. Das ergibt sich aus den Grundsätzen des § 634 Abs. 1 BGB als gesetzlicher Grundlage für diese Vertragsregelung. Darüber hinaus läßt sich dies mit Kaiser (BlGBW 1976, 101, 102 sowie Mängelhaftungsrecht Rdn. 21 unter 2) und Nicklisch in Nicklisch/Weick (Teil B § 4 Rdn. 83) auch damit rechtfertigen, daß die VOB im allgemeinen von einer angemessenen Fristsetzung ausgeht, wie z. B. in Teil B § 4 Nr. 7 Satz 3, § 5 Nr. 4, § 9 Nr. 2, § 16 Nr. 5 Abs. 3, § 17 Nr. 6 Abs. 3 und insbesondere § 13 Nr. 5 Abs. 2. Im übrigen ist diese Frage **rein theoretischer Natur,** weil sich letztlich das Ergebnis gleichermaßen aus beiden möglichen Grundlagen ergibt, ferner auch § 5 AGB-Gesetz nicht entgegensteht, weil eben nur auf die gesetzliche Grundlage zurückgegriffen würde, was auch durch § 6 AGB-Gesetz nicht anders zu beurteilen wäre.

Es ist dem Auftraggeber andererseits überlassen, ob er von der Fristsetzung im Rahmen seiner **314** Anordnung Gebrauch machen will. Denn der Auftragnehmer ist im Zuge seiner vertraglichen Pflicht zur ordnungsgemäßen Herstellung ohnehin zur Verwendung dazu tauglicher und damit nicht notwendig auszuwechselnder Stoffe und/oder Bauteile verpflichtet. Er kann sich also nicht darauf berufen, er sei nicht zur Beseitigung verpflichtet gewesen, weil er keine eigentliche Beseitigungsanordnung vom Auftraggeber erhalten habe, da in ihr keine Frist zur Beseitigung gesetzt worden sei. Allerdings **scheidet** in einem solchen Falle das **Selbsthilferecht** des Auftraggebers nach Satz 2 **aus, da** die **Fristsetzung zur Geltendmachung dieses Rechts** des Auftragnehmers **erforderlich** ist. Wesentlich ist aber jedenfalls die Beseitigungsanordnung als solche, damit dem Auftraggeber die vollen Erfüllungs- bzw. (später) Gewährleistungsansprüche erhalten bleiben (vgl. § 640 Abs. 2 BGB, der nach Teil B § 12 Nr. 4 Abs. 1 und Nr. 5 Abs. 3 auch entsprechend für den VOB-Vertrag gilt).

VI. Selbsthilferecht des Auftraggebers (Satz 2)

315 Das Recht des Auftraggebers zur **Selbsthilfe** nach Satz 2 ist in Anlehnung an Teil B § 13 Nr. 5 Abs. 2 geschaffen worden. Insoweit ist mit Kaiser (BlGBW 1976, 101, 102 sowie Mängelhaftungsrecht Rdn. 22 unter III), ferner Nicklisch (in Nicklisch/Weick Teil B § 4 Rdn. 85) davon auszugehen, daß Nr. 6 Satz 2 anders als § 633 Abs. 3 BGB seinem Wortlaut nach **nicht den Verzug des Auftragnehmers** verlangt (so jetzt auch Heiermann/Riedl/Rusam/Schwaab Teil B § 4 Rdn. 47 c), so daß es naheliegt, hier die Anforderungen zugrunde zu legen, die Teil B § 13 Nr. 5 Abs. 2 in Abweichung von der genannten BGB-Regelung ausweist (vgl. dazu insbesondere Teil B § 13 Rdn. 535). Dafür kann als Beleg auch Teil B § 8 Nr. 3 Abs. 2 Satz 1 angeführt werden (vgl. Teil B § 8 Rdn. 86 ff; Nicklisch in Nicklisch/Weick a. a. O.). Dem steht auch **nicht § 5 AGB-Gesetz entgegen**, weil es sich insoweit um eine ergänzende Vertragsauslegung im zulässigen Rahmen handelt, zumal die VOB durch die vorgenannten Bestimmungen bei objektiver Betrachtung hinreichende Anhaltspunkte für die Auslegung des tatsächlichen Parteiwillens liefert (vgl. dazu Ulmer/Brandner/Hensen § 5 Rdn. 13 ff.). Ist daher Verzug des Auftragnehmers nicht erforderlich, so **bedarf es keines Verschuldens des Auftragnehmers, um das Selbsthilferecht des Auftraggebers auszulösen.**

Grundlegende Voraussetzung für die Ausübung eines solchen Selbsthilferechts ist aber immer ein **berechtigtes und ordnungsgemäßes Beseitigungsbegehren,** wie es in Rdn. 305 bis 314 dargelegt ist.

Die Selbsthilfe kann der Auftraggeber **in zweierlei Richtung** ausüben. Er kann a) die Stoffe oder Bauteile auf Kosten des Auftragnehmers von der Baustelle **entfernen** oder entfernen lassen, b) die Stoffe oder Bauteile für Rechnung des Auftragnehmers **veräußern.**

1. Fürsorgepflichten des Auftraggebers

316 Das **Recht zur Entfernung** ist in seiner Art und seinem Umfang nicht in das Belieben des Auftraggebers gestellt, vielmehr findet sich hierfür eine Regelung in Satz 2. Die **Interessen des Auftraggebers** können **nur so weit** gehen, wie es zur **Abwendung der Gefahr eines späteren Mangels erforderlich ist.** Deshalb **beschränkt sich die Entfernungsbefugnis auf die Baustelle.** Der Auftraggeber darf die Gegenstände auch nicht vernichten oder so lagern, daß sie dem Einfluß und der Übernahme durch den Auftragnehmer nicht ohne weiteres zugänglich sind. Vielmehr muß er dafür Sorge tragen, daß die Sachen an einen Ort gelangen, an dem sie der Auftragnehmer ohne Schwierigkeiten und ohne Schaden an sich nehmen und sachgerecht darüber weiterverfügen kann. Der Auftraggeber hat auch für eine **ordnungsgemäße Lagerung oder Aufbewahrung** zu sorgen, damit ein – gegebenenfalls weiterer – Vermögensverlust des Auftragnehmers vermieden wird. Insbesondere dürfen die Gegenstände durch die Lagerung nicht noch mehr verschlechtert oder zerstört oder dem Diebstahl ausgesetzt werden.

Verletzt der Auftraggeber diese Pflichten und entsteht dem Auftragnehmer dadurch ein Schaden, ist der Auftraggeber dem Auftragnehmer aus **positiver Vertragsverletzung** verantwortlich. Dabei haftet der Auftraggeber dem Auftragnehmer jedoch nur wegen Vorsatzes und grober Fahrlässigkeit, weil sich der Auftragnehmer im Annahmeverzug befindet, § 300 Abs. 1 BGB.

2. Entfernung auf Kosten des Auftragnehmers

317 Die **Entfernung** im Wege der Selbsthilfe geschieht **auf Kosten des Auftragnehmers.** Es handelt sich dabei um eine Geschäftsführung ohne Auftrag oder, wenn man von Satz 2 als Vertragsinhalt ausgeht, um einen aufschiebend bedingten Auftrag. Deshalb wird seitens des

Auftragnehmers dem Auftraggeber **in jedem Falle** entsprechend §§ 670 bzw. 683 BGB **Aufwendungsersatz** geschuldet. Die Ersatzpflicht besteht im Ausgleich der Vermögenseinbuße, die der Auftraggeber durch die Ausübung des Selbsthilferechts bei der Entfernung gehabt hat. Hierzu gehören insbesondere Löhne, Transportkosten, Kosten der Lagerung usw. Diese kann der Auftraggeber dem Auftragnehmer in Rechnung stellen.

Der Auftraggeber ist verpflichtet, den Auftragnehmer von der erfolgten Entfernung **zu benachrichtigen und ihm zugleich anzuzeigen, wohin er die Stoffe oder Bauteile gebracht hat.** 318

3. Veräußerungsbefugnis des Auftraggebers

Die zweite Möglichkeit der Selbsthilfe ist die **Befugnis zur Veräußerung der Gegenstände.** 319
Dabei handelt es sich um ein **Wahlrecht** neben der Entfernung. Die Veräußerung ist also nicht an zusätzliche Voraussetzungen geknüpft, wie z. B. die Unmöglichkeit der Entfernung von der Baustelle.

Auch die Verkaufsberechtigung legt dem **Auftraggeber gewisse Fürsorgepflichten** auf, da er 320
für den Auftragnehmer handelt und dessen berechtigte Interessen wahrzunehmen hat. Hierbei handelt es sich nicht nur um die ordnungsgemäße Lagerung der Sachen vor dem Verkauf, sondern der Auftraggeber muß im Rahmen zumutbarer Schadensminderung auch einen dem Wert der Sachen entsprechenden **tragbaren Kaufpreis** erzielen. Dem Käufer gegenüber muß er so handeln, daß diesem berechtigte Rügen oder gar Schadensersatzansprüche nicht entstehen, vor allem muß er **Mängel** an zu veräußernden Gegenständen dem Erwerber **offenbaren.** Allerdings gilt **im Verhältnis zum Auftragnehmer** auch hier die Haftungsbeschränkung zugunsten des Auftraggebers auf Vorsatz und grobe Fahrlässigkeit gemäß § 300 Abs. 1 BGB.

Da der Verkauf **für Rechnung** des Auftragnehmers erfolgt, besteht die Verpflichtung des 321
Auftraggebers, nach Abzug der Eigenkosten dem Auftragnehmer den **Erlös auszuhändigen. Hier gilt nicht die vorbezeichnete Haftungsbeschränkung.** Vielmehr haftet der Auftraggeber insoweit nach **§ 276 BGB,** weil es sich um einen Teil der vertraglich vereinbarten Selbsthilfebefugnis **selbst** handelt. Auf Verlangen des Auftragnehmers hat der Auftraggeber **Rechnung über die Durchführung des Verkaufsgeschäftes und insbesondere dessen Ergebnis zu legen,** § 259 BGB. Die Veräußerungsbefugnis umfaßt **nur den Verkauf** im eigentlichen Sinne, also an einen Dritten als Käufer. Selbst kaufen darf der Auftraggeber die zu veräußernden Gegenstände nur, wenn es hierüber zu einer ausdrücklichen – gegebenenfalls auch nachträglichen – Vereinbarung zwischen Auftraggeber und Auftragnehmer kommt. Andernfalls würde § 181 sowie – in entsprechender Anwendung – §§ 457, 456 BGB zuwidergehandelt.

VII. Mögliche weitere Ansprüche des Auftraggebers

Die **Ansprüche des Auftraggebers bei bereits vor ihrem Einbau mangelhaften Stoffen oder** 322
Bauteilen erschöpfen sich nicht in der Befugnis nach Satz 2. Vielmehr können auch noch **weitere Anspruchsgrundlagen** vorliegen. Das kann sich insbesondere daraus ergeben, daß keine ordnungsgemäßen Stoffe oder Bauteile vorhanden sind, die anstelle der mangelhaften beschafft werden können oder daß sich die Beschaffung verzögert. Dann können unter den Voraussetzungen von **Teil B § 5 Nr. 4** Rechtsnachteile für den Auftragnehmer entstehen, wie die dortige Bezugnahme auf **Teil B § 5 Nr. 3** beweist. Diese, dem Auftraggeber zustehenden weiteren Ansprüche (Teil B § 6 Nr. 6 einerseits, Teil B § 8 Nr. 3 andererseits), stehen dann **neben** denjenigen, die nach dem Selbsthilferecht in Satz 2 ohnehin zu Lasten des Auftragnehmers gegeben sind.

VIII. Beratungspflicht des Architekten

323 Über die **Beratungspflicht** des bauaufsichtsführenden **Architekten** gilt das in Rdn. 403 ff. Gesagte entsprechend.

G. Mängelansprüche des Auftraggebers während der Bauausführung vor Fertigstellung der vertraglichen Gesamtleistung (Nr. 7)

324 Vgl. zunächst **Vorbemerkung** zu Teil B § 4 Nr. 6 (Rdn. 303).

Gemäß Nr. 7 hat der Auftragnehmer Leistungen, die schon **während der Ausführung als mangelhaft oder vertragswidrig erkannt werden,** auf eigene Kosten durch mangelfreie zu ersetzen. Hat der Auftragnehmer den Mangel oder die Vertragswidrigkeit zu **vertreten,** hat er **auch den daraus entstehenden Schaden zu ersetzen.** Kommt der Auftragnehmer der Pflicht zur Beseitigung des Mangels **nicht** nach, kann ihm der Auftraggeber eine **angemessene** Frist zur Beseitigung des Mangels setzen und erklären, daß er ihm nach fruchtlosem Ablauf der Frist den **Auftrag entziehe** (§ 8 Nr. 3).

I. Ebenfalls Erfüllungsanspruch des Auftraggebers

325 Es handelt sich bei der **Regelung in Satz 1** um ein vom zeitlichen Bauablauf her gesehen der Nr. 6 folgendes Recht des Auftraggebers. Dieses liegt naturgemäß **ebenfalls im Rahmen der Erfüllung** (so auch BGHZ 51, 275 = MDR 1969, 385 = Betrieb 1969, 481 = NJW 1969, 653 = VersR 1969, 331 = LM § 426 BGB Nr. 28 mit Anm. Rietschel = SFH Z 2.413 Bl. 37 ff.; BGH BauR 1971, 126 = NJW 1971, 838 = MDR 1971, 473 = SFH Z 2.414 Bl. 248 = Betrieb 1971, 815) und des damit verbundenen **Anspruchs** des Auftraggebers **auf Erstellung einer mangelfreien Bauleistung.** Anders als in den §§ 633 ff. BGB werden gerade hier die **Erfüllungspflichten** des Auftragnehmers und die sich daraus ergebenden Rechte des Auftraggebers **bereits für den gesamten Vorgang der Leistungsherstellung ausdrücklich festgelegt.** Dagegen geht der Werkvertrag des BGB grundsätzlich von Mängeln am **hergestellten** Werk aus, wenn dort auch der Anspruch auf Nachbesserung gleichfalls vor der Abnahme geltend gemacht werden kann, wie § 634 Abs. 1 Satz 2 BGB zeigt (vgl. u. a. Palandt/Thomas, § 633 Anm. 2; ferner Heinrich BauR 1982, 224).

326 Die Begründung, warum hier dem Auftraggeber **generell durchsetzbare** Erfüllungsansprüche im gekennzeichneten Umfang ausdrücklich bereits während des Herstellungsvorgangs gegeben werden, ist die gleiche wie hinsichtlich Nr. 6 (vgl. Rdn. 304). Es sollen **spätere Unzuträglichkeiten vermieden** werden, die sich nach erfolgter völliger Bauwerksherstellung bzw. Beendigung der jeweiligen Vertragsleistung in ihrer Ursache manchmal nicht oder nur schwer feststellen lassen. Auch soll möglicherweise verhindert werden, den Auftraggeber und letztlich dann den Auftragnehmer einen **größeren Schaden** erleiden zu lassen, als **unbedingt notwendig** ist. Dabei ist besonders an den Fall zu denken, in dem zu Anfang der Bauwerksherstellung ein Mangel entsteht und auf diesem Mangel weitere Leistungen aufgebaut werden. Die spätere Beseitigung des Mangels ist dann mit weit höheren Unkosten verbunden. So gesehen ist Nr. 7 **nicht eine zusätzliche Belastung des Auftragnehmers, vielmehr handelt es sich um eine dem besonderen Wesen der Bauherstellung gerecht werdende Regelung** mit dem Ziel, eine Schlechtausführung **so früh als nur möglich zu verhindern** und den Aufwand einer etwa notwendig werdenden Mängelbeseitigung **so gering wie möglich** zu halten.

327 Solange der Auftragnehmer seine in Nr. 7 Satz 1 festgelegte Erfüllungspflicht nicht erledigt hat, kann der Auftraggeber grundsätzlich ein **Zurückbehaltungsrecht nach § 320 BGB,** vor allem im Hinblick auf Abschlagszahlungen – ganz oder teilweise (vgl. dazu Teil B § 13 Rdn. 593 ff.) – geltend machen (ebenso Kaiser BauR 1982, 205 m. w. N.), wie sich auch aus Teil B § 16 Nr. 1 Abs. 2 ergibt (dazu Teil B § 16 Rdn. 61 ff.).

Beginnt der Auftragnehmer mit einer vertragswidrigen Ausführung der Leistung und ist zu besorgen, daß er dieses trotz Abmahnung fortsetzt, kann ihm die Weiterarbeit durch **einstweilige Verfügung** untersagt werden, weil dann zu befürchten ist, daß der bestehende Zustand des Grundstückes dahin verändert wird, daß die Verwirklichung des Rechtes des Auftraggebers auf vertragsgerechte Herstellung der Bauleistung wesentlich erschwert wird (vgl. OLG München Betrieb 1986, 2595 = BB 1986, 2296).

II. Voraussetzung: Vor der Abnahmereife erkannte Mängel

Grundlegende Voraussetzung für die nach Nr. 7 gegebenen Ansprüche ist es, daß sie Leistungen betreffen, die schon **während der Ausführung als mangelhaft oder vertragswidrig erkannt** worden sind. Es muß sich um Leistungen im Rahmen des betreffenden Bauvertrages (Teil B §§ 1 Nr. 1 sowie 4 Nr. 2 Abs. 1) handeln. 328

Der Mangel muß **nach** dem **Beginn** der Ausführung der vom Auftragnehmer geschuldeten Arbeiten und **vor der Abnahme der vom jeweiligen Vertrag umrissenen Bauleistung** erkannt worden sein. Der hier verwendete Begriff „während der Ausführung" ist juristisch unscharf. Er stellt aber ersichtlich nicht auf den Zeitpunkt der bloßen Fertigstellung aus der Sicht eines Vertragspartners als **Endzeitpunkt** ab, sondern auf die **abnahmereife Fertigstellung der Leistung.** Nimmt der Auftraggeber eine **abnahmereife** Leistung trotz Aufforderung (vgl. Teil B § 12 Nr. 1) nicht ab, muß von einer **grundlosen Verweigerung der Abnahme** ausgegangen werden, wodurch dann und insbesondere die Ansprüche nach Teil B § 13 Nr. 5–7 gegeben sind, ohne daß eine Regelungslücke entstünde. Ist dagegen die Leistung noch **mit wesentlichen Mängeln behaftet,** kann der Auftraggeber mit **Recht die Abnahme nach Teil B § 12 Nr. 3 verweigern** (vgl. Teil B § 12 Rdn. 82 ff.). Insoweit sind dann **noch die Ansprüche nach Teil B § 4 Nr. 7 gegeben.** Daher muß dem BGH zugestimmt werden, wonach hier als **Endzeitpunkt die abnahmereife Bereitstellung** der Leistung durch den Auftragnehmer gilt (BGHZ 50, 160 = NJW 1968, 1524 = VersR 1968, 750 = MDR 1968, 750 = BB 1968, 770 = WM 1968, 834 = JZ 1969, 386 = SFH Z 2.510 Bl. 32). Auch kann hier kein Unterschied zwischen der zunächst grundlosen Abnahmeverweigerung und der endgültigen grundlosen Abnahmeverweigerung gemacht werden. Entscheidend ist vielmehr allein, daß der Auftraggeber seiner vertraglichen Pflicht zur Abnahme der Leistung trotz an ihn nach Teil B § 12 Nr. 1 ergangener Aufforderung nicht nachkommt. **Allerdings** muß – um eine Regelungslücke zu vermeiden – **zur abnahmereifen Fertigstellung in dem hier erörterten Sinne die Aufforderung zur Abnahme und die in Teil B § 12 Nr. 1 genannte Frist hinzugerechnet** werden. Das – Fertigstellung der Leistung, Aufforderung zur Abnahme, Verstreichen der in Teil B § 12 Nr. 1 festgelegten Frist – muß genügen, um im Falle der grundlos verweigerten Abnahme **anstelle der Rechte aus Teil B § 4 Nr. 7** diejenigen nach Teil B § 13 Nr. 5–7 als gegeben anzusehen. Zutreffend für den vorangehend gekennzeichneten Rahmen daher Locher, Das private Baurecht, Rdn. 113; Kaiser BlGBW 1976, 101; ders., Mängelhaftungsrecht Rdn. 24 m. w. N. Gleiches gilt auch für den vorzeitigen Übergang der Leistungsgefahr (vgl. Teil B § 7 Rdn. 3 f.). 329

Im übrigen muß der **Auftragnehmer** für den Fall der grundlosen Abnahmeverweigerung durch den Auftraggeber nicht – umständlich – auf Abnahme klagen; vielmehr kann er seinen **Vergütungsanspruch einklagen,** worin zugleich das Verlangen auf Abnahme bzw. auf Festlegung ihres erfolgten Eintrittes oder jedenfalls ihrer Wirkungen liegt. 330

331 Nimmt der Auftraggeber die Leistung ab, so gelten – gleichgültig, ob sie wirklich abnahmereif ist – anstelle von Teil B § 4 Nr. 7 die Regeln in Teil B § 13 Nr. 5–7.
Eine **Ausnahme** von der hier aufgezeigten Trennung der Ansprüche nach Teil B § 4 Nr. 7 einerseits und Teil B § 13 Nr. 5–7 andererseits durch die Bereitstellung der abnahmereifen Leistung **gilt allerdings für den Schadensersatzanspruch in Teil B § 4 Nr. 7** (vgl. Rdn. 371 ff.).

III. Voraussetzung: Mangelhafte oder vertragswidrige Leistungen

332 Es müssen Leistungen vorliegen, die **mangelhaft oder vertragswidrig** sind. Besteht Streit darüber, ob dies der Fall ist, muß der **Auftragnehmer darlegen und beweisen,** daß die Leistung einwandfrei ist, da er in dem hier zur Erörterung stehenden Stadium der Bauherstellung vor Abnahme noch **uneingeschränkt Erfüllung** schuldet (vgl. Rdn. 345).

333 1. Nach Teil B § 13 Nr. 1 liegt ein **Mangel** vor, wenn die – hier: bisherige – **Bauleistung mit Fehlern** behaftet ist, die den Wert oder die Tauglichkeit zu dem gewöhnlichen oder nach dem im Vertrag vorausgesetzten Gebrauch aufheben oder mindern. Gleiches gilt, wenn die Leistung nicht den anerkannten Regeln der Technik entspricht. Es kommen Qualitätsmängel, aber auch Quantitätsmängel in Betracht. Dabei kann es sich um Mängel in der Beschaffenheit des bei der bisherigen Ausführung verwendeten Materials sowie um Mängel in der technischen Ausführung, in der Gestaltung, in den vorausgesetzten Maßen usw. handeln, auch kommt dies in Betracht, wenn es der Unternehmer unterlassen hat, eine vorgeschriebene Genehmigung zur Verwendung bestimmter Baustoffe zu besorgen, z. B. bei Verwendung von Beton B 300 (frühere Bezeichnung, vgl. dazu § 5 DIN 1045). Zu unterscheiden ist dabei zwischen Fehler und Schaden am Bauwerk. Der **Fehler** entsteht **durch mangelhafte,** nicht vertragsgerechte Arbeit während der Leistungserstellung, der **Schaden** ist in der Regel die **Folge des Fehlers** und schließt sich daran an.

334 **Mangelhaft** ist **ferner** eine Leistung, die **nicht** eine vertraglich **zugesicherte Eigenschaft** besitzt. Für die Mangelhaftigkeit genügt es bereits, daß eine zugesicherte Eigenschaft (z. B. Beton B 250) fehlt.

335 Ob eine Leistung fehlerhaft – oder vertragswidrig (vgl. Rdn. 336 ff.) – ist, richtet sich an sich nach für den **Zeitpunkt der Abnahme bzw. Abnahmereife maßgebenden Beurteilungsmaßstäben,** wie überhaupt in der Frage von Mängeln die von Teil B § 13 Nr. 1 gesetzten Voraussetzungen und Grenzen auch hier ausschlaggebend sind (vgl. Teil B § 13 Rdn. 102 ff.). Allerdings ist für den Bereich der hier erörterten Regelung in Teil B § 4 Nr. 7 aus der Natur der Sache heraus zunächst von dem **Zeitpunkt des Erkennens während der Ausführung bis zur Abnahmereife** (vgl. Rdn. 328 ff.) auszugehen. Jedoch ist im Streitfalle darüber, ob die Leistung mangelhaft oder vertragswidrig ist, letztlich doch auf die dafür maßgebenden Erkenntnisse im Zeitpunkt der Abnahme bzw. Abnahmereife abzustellen.

336 2. **Vertragswidrig** ist ein **Leistungsteil,** wenn es nicht vertragsgemäß beschaffen ist, wenn also Leistungselemente den **ausdrücklich** zum Vertragsinhalt gewordenen Technischen Vertragsbedingungen (auch den Zusätzlichen Technischen Vertragsbedingungen), den Angaben in der Leistungsbeschreibung, den Zeichnungen, den maßgeblichen Proben usw. nicht entsprechen, was nicht schon ohne weiteres durch den Begriff des Mangels erfaßt zu sein braucht. **Eine vertragswidrige Leistung im Sinne der Nr. 7 muß aber dem geschuldeten Werk selbst anhaften.** So ist die **bloß verspätete Fertigstellung** der Leistung **kein Fall der Nr. 7** (vgl. auch OLG Düsseldorf SFH Z 2.50 Bl. 19 ff.; ferner Heiermann/Riedl/Rusam/Schwaab Teil B § 4 Rdn. 51 d; Kaiser, Mängelhaftungsrecht, Rdn. 23 e sowie Rdn. 28; Locher, Das private Baurecht, Rdn. 113; Nicklisch in Nicklisch/Weick Teil B § 4 Rdn. 95; Werner/Pastor Rdn. 1111). Rechtsfolgen aus **bloßem** Verzug sind in Teil B § 5 Nr. 4 geregelt, und zwar entweder

im Hinblick auf eine Vertragskündigung nach Teil B § 8 Nr. 3 mit den dort aufgeführten Folgen oder bei aufrechterhaltenem Vertrag nach Teil B § 6 Nr. 6. Sofern allerdings **durch mangelhafte Leistung** nach Nr. 7 Satz 1 **zugleich eine Verzögerung der Leistung** herbeigeführt wird, unterfällt **dieser** Verzugsschaden dem **Schadensersatzanspruch in Satz 2 a. a. O.** (BGHZ 62, 90 = BauR 1974, 208 = NJW 1974, 646 = MDR 1974, 483 = SFH Z 2.411 Bl. 56 = Betrieb 1974, 577 = BB 1974, 253). So auch zu verstehen BGHZ 54, 352 = MDR 1971, 203 = LM VOB/B Nr. 43 Anm. Rietschel = NJW 1971, 99 = VersR 1971, 135 = SFH Z 3.01 Bl. 441 ff. = BB 1970, 1508 = BauR 1971, 51); in diesem Sinne klargestellt von Schmidt (Anm. LM VOB/B Nr. 67) im Anschluß an die Anm. des Verfassers BauR 1971, 53.

Als eine vertragswidrige Leistung, die dem geschuldeten Werk selbst anhaftet, ist bereits die den Vertragsbedingungen nicht entsprechende ausgehobene Baugrube bei einem inhaltlich umfassenderen Vertrag anzusehen, da hierfür nur Voraussetzung ist, daß es sich um einen **fehlerhaften Leistungsteil** im Rahmen des Vertrages handelt. Vertragswidrig kann daher auch eine Leistung sein, durch die infolge unsachgemäßer Bearbeitung Schäden an den vom Auftraggeber zur Verfügung gestellten Stoffen oder Bauteilen oder sonst von ihm bereitgestellten Gegenständen entstehen, sofern deren Bearbeitung ein notwendiger Teil der vertraglichen Leistung ist. 337

Über die **Falschlieferung (sogenanntes aliud)** vgl. Teil B § 13 Rdn. 139. **Zum vertragswidrigen Verhalten zählt auch die schuldhafte Verletzung der Eigenleistungsverpflichtung des Auftragnehmers nach Nr. 8** (vgl. Rdn. 405 ff.). 338

3. Ein Mangel oder eine Vertragswidrigkeit besteht **nicht nur,** wenn die **ausgeführte Leistung** von der vorgesehenen **beachtlich abweicht. Auch unerhebliche Mängel oder Vertragswidrigkeiten** werden von Nr. 7 erfaßt (so auch Hereth/Ludwig/Naschold, Teil B § 4 Ez. 4.221; Nicklisch in Nicklisch/Weick Teil B § 4 Rdn. 95). Das gilt, weil der Auftraggeber gerade während der Bauausführung ein schutzwürdiges Recht hat, den Auftragnehmer zur **uneingeschränkt ordnungsgemäßen** Bauleistung anzuhalten. 339

Es genügt ferner, daß durch den Mangel oder die Vertragswidrigkeit das **Gesamtziel** der vertraglichen Leistung gefährdet oder nicht erreicht wird. Die Frage des Mangels oder der Vertragswidrigkeit ist daher nicht nur von dem betreffenden Leistungsteil allein, sondern auch von der Gesamtleistung her zu beantworten. 340

4. Das Gesagte gilt aber grundsätzlich **nicht für Mängel** oder Vertragswidrigkeiten, die nicht vom Auftragnehmer, sondern vom **Auftraggeber verursacht** wurden, etwa durch falsche Angaben des Auftraggebers oder seines bauleitenden Vertreters. **Planungsfehler des Auftraggebers** gehen zu seinen Lasten und werden **von Nr. 7 nicht erfaßt,** es sei denn, daß den Auftragnehmer wegen Verletzung seiner Pflichten aus Teil B § 4 Nr. 3 eine Verantwortlichkeit trifft. 341

Ebenso hat der Auftragnehmer grundsätzlich nicht für Fehlleistungen anderer Auftragnehmer einzustehen. Seine Verantwortlichkeit ist klar durch die ihm übertragene Leistung umgrenzt. Daher können ihm auch weitere, nicht eindeutig zu seinen Lasten gehende Risiken, insbesondere in AGB – Zusätzlichen Vertragsbedingungen –, nicht aufgebürdet werden. 342

So verstößt eine Klausel in Zusätzlichen Vertragsbedingungen, daß der Auftragnehmer zur Beseitigung von Mängeln oder zur Behebung sonstiger Vertragswidrigkeiten unabhängig von deren Verursachung verpflichtet sei, gegen § 9 AGB-Gesetz. Gleiches trifft auf eine Vertragsklausel zu, wonach alle am Bau befindlichen Unternehmer für Schäden an der Verglasung oder anderen Einbauten haften, falls der

Verursacher nicht zu ermitteln ist. Ebenso gilt dies für eine Klausel, daß jede am Bauvorhaben beschäftigte Firma für die Beschädigung von Wegen und Straßen hafte, wenn der Verursacher nicht festzustellen sei (OLG Karlsruhe BB 1983, 725).

343 Hat aber neben dem Fehlverhalten des Auftraggebers bzw. dessen planendem Architekten oder eines anderen anläßlich der Bauausführung tätigen Unternehmers **auch der Auftragnehmer durch** eine **eigene Fehlleistung** den Mangel verursacht oder mitverursacht und hätte dies **für sich genügt, den Mangel herbeizuführen**, ist der **Auftragnehmer verantwortlich** (vgl. BGH SFH Z 3.01 Bl. 463; BGH SFH Z 3.12 Bl. 72). Wäre der Mangel nur teilweise herbeigeführt worden, haftet der Auftragnehmer insoweit.

344 5. Die Beseitigungspflicht besteht, sobald der Mangel **erkannt** ist. **Auch der Auftragnehmer** muß, wenn er **selbst oder einer seiner Erfüllungsgehilfen (§ 278 BGB) den Mangel** oder die Vertragswidrigkeit **erkannt hat, zur Mängelbeseitigung aus eigener Verantwortung** beitragen bzw. sie von sich aus bewirken. Es bedarf deshalb nicht unbedingt der Aufforderung durch den Auftraggeber, weil der **Auftragnehmer ein mangelfreies und vertragsgerechtes Werk schuldet.** Soweit die Auftragnehmerseite daher selbst den Mangel oder die Vertragswidrigkeit **erkannt** hat, ist sie gehalten, **von sich aus** eine ordnungsgemäße Leistung zu erbringen. Hat der **Auftraggeber** den Mangel oder die Vertragswidrigkeit festgestellt, bedarf es keiner diesbezüglichen förmlichen Aufforderung an den Auftragnehmer. Es genügt ein Hinweis, um ihn auf die Erfüllung seiner Pflicht hinzuweisen. **Erkennen** setzt **positives Wissen** voraus. Bloße Vermutungen reichen noch nicht. Besteht Unklarheit über das Vorhandensein eines Mangels oder einer Vertragswidrigkeit, ist eine Untersuchung und Feststellung von sachkundiger Seite angezeigt (vgl. Rdn. 309 ff.).

345 6. Hat der Auftraggeber Mängel oder Vertragswidrigkeiten **erkannt** und ein Mängelbeseitigungsbegehren an den Auftragnehmer gerichtet, braucht er diese dem Auftragnehmer nicht nachzuweisen. Soweit nämlich der **Auftragnehmer** gegen die Behauptungen des Auftraggebers Einwendungen erhebt, hat er die **ordnungsgemäße Vertragserfüllung zu beweisen;** vgl. BGHZ 23, 288 = NJW 1957, 746 = SFH Z 2.2 Bl. 5 = BB 1957, 306 = Betrieb 1957, 281; ferner u. a. Palandt/Thomas, § 633 Anm. 5. Ist ein Mangel oder eine Vertragswidrigkeit **nicht erkannt** (evtl. auch fahrlässig, vgl. Locher, Das private Baurecht, Rdn. 113) worden, **hindert** das selbstverständlich **nicht** das Entstehen von Gewährleistungsansprüchen für die Zeit nach Abnahme (Teil B § 13 Nr. 5–7). Das gleiche trifft zu, wenn der Auftraggeber trotz Erkennens von seinem Recht nach Nr. 7 Satz 1 keinen Gebrauch gemacht hat (Locher a. a. O.).

346 7. Der Auftragnehmer hat, da es sich um einen Erfüllungsanspruch handelt, die Verpflichtung, **auf eigene Kosten** die mangelhafte oder vertragswidrige Leistung **durch eine mangelfreie zu ersetzen, ohne** daß es darauf ankommt, ob ihm wegen der bisherigen Mangelhaftigkeit oder Vertragswidrigkeit ein **Verschulden** vorzuwerfen ist (zutreffend Dähne BauR 1973, 268; Locher a. a. O.; Nicklisch in Nicklisch/Weick Teil B § 4 Rdn. 94). Die **Pflicht zur Ersetzung** der mangelhaften durch eine mangelfreie Leistung **kann** – da es sich um einen Erfüllungsanspruch vor der Abnahme handelt – es im Einzelfall dem Auftragnehmer **gebieten, die bisher erbrachte Leistung zu wiederholen,** also eine **Neuherstellung** vorzunehmen, wenn der Mangel erheblich ist und eine bloße, sachgerechte Ausbesserung keinen hinreichend sicheren Erfolg verspricht (vgl. OLG München OLGZ 1971, 8). Das gilt vor allem auch, wenn bisherige Nachbesserungsversuche vergeblich waren und dieserhalb berechtigte Zweifel bestehen, ob der Erfolg durch bloße Nachbesserung dennoch zu erreichen ist (ähnlich Nicklisch in Nicklisch/Weick Teil B § 4 Rdn. 97). Auch kann der Auftragnehmer angesichts des ihm neben der Beseitigungspflicht gleichermaßen zustehenden **Beseitigungsrechts** eine Neuherstellung vornehmen, wenn er glaubt, hierdurch das Endziel der Leistung sachgerechter oder

kostengünstiger zu erreichen, also selbst dann, wenn an sich eine Nachbesserung des mangelhaft oder vertragswidrig erbrachten Leistungsteils noch möglich wäre.

Hinsichtlich des Umfanges der **vom Auftragnehmer** aus Anlaß der Nachbesserung **zu übernehmenden Kosten** gelten hier die durch § 25 Nr. 1 und 2 AGB-Gesetz neu eingeführten **§§ 633 Abs. 2 Satz 2, 476 a BGB** entsprechend. Hiernach hat der Auftragnehmer nicht nur die eigentlichen Nachbesserungskosten, sondern unbedingt auch die dazu erforderlichen Aufwendungen, wie z. B. Transport- und Wegekosten, zu tragen. Dazu rechnen auch Kosten für Sicherungsmaßnahmen, wie Absperrungen, für Umleitungen, sonstige notwendige Vorkehrungen, vor allem auch, wenn sie zur Schadensminderung getroffen werden.

IV. Ausnahmsweise: Recht zur Verweigerung der Ersetzung

1. Der Auftragnehmer hat unter bestimmten Voraussetzungen die **Möglichkeit,** die Beseitigung der Mängel oder Vertragswidrigkeiten **zu verweigern.** Das folgt aus § 633 Abs. 2 Satz 3 BGB, in dem festgelegt ist, daß der Unternehmer die Beseitigung des Mangels verweigern kann, wenn damit ein **unverhältnismäßig hoher Aufwand** verbunden ist. Die Anwendbarkeit dieser gesetzlichen Regel auf die VOB ergibt sich aus Teil B § 13 Nr. 6. Was für die eigentliche Gewährleistung nach Teil B § 13 gilt, ist auch bei der damit im rechtlichen Zusammenhang stehenden Vorschrift in Teil B § 4 Nr. 7 zu beachten.

In einem solchen Fall muß dann aber dem Auftraggeber das Recht zur **Minderung der Vergütung** zugestanden werden, was sich ebenso aus Teil B § 13 Nr. 6 in Verbindung mit § 634 BGB ergibt. Vgl. dazu auch BGH, Urt. vom 11. 6. 1974 – VII ZR 76/72 – (insoweit abgedruckt SFH Z 2.415.0 Bl. 9 a. E.; ebenso Hereth/Ludwig/Naschold Teil B § 4 Ez. 4.225; Daub/Piel/Soergel/Steffani Teil B § 4 ErlZ 4.210 f.; Nicklisch in Nicklisch/Weick § 4 Rdn. 93, 99; Werner/Pastor Rdn. 1110; Heiermann/Riedl/Rusam/Schwaab Teil B § 4 Rdn. 52 h; vgl. auch OLG Hamm BauR 1980, 462, 463; a. A. Kaiser, Mängelhaftungsrecht, Rdn. 26, siehe jedoch Rdn. 27 sowie auch Rdn. 28 unter 5!!; Schmalzl, Die Haftung des Architekten und des Bauunternehmers, Rdn. 172 sowie LG Amberg NJW 1982, 1540 = BauR 1982, 498).

Die gegenteilige Ansicht, insbesondere des LG Amberg (a. a. O.), verkennt dabei, daß Teil B § 4 Nr. 7 einen Minderungsanspruch nicht ausschließt, sondern sich bloß darüber ausschweigt. Insofern gilt der Grundsatz, daß dort, wo ein Vertragswerk – wie hier die VOB/B – sich **nicht ausdrücklich erklärt,** die gesetzlichen Regeln in den durch das Vertragswerk gezogenen Grenzen Anwendung finden, wobei die Grenzziehung durch § 13 Nr. 6 VOB/B erfolgt ist. Hiernach ist die Minderung zulässig, wenn die Mängelbeseitigung unmöglich ist, vom Auftragnehmer wegen unverhältnismäßigen Aufwandes verweigert wird oder die Nachbesserung für den Auftraggeber im konkreten Fall unzumutbar ist. Insofern liegt im wesentlichen Identität mit den von § 633 Abs. 2 Satz 3 und § 634 Abs. 2 BGB erfaßten Fällen vor. Gerade das sind aber Tatbestände, unter denen sogar vorrangig Minderung in Betracht kommt. Entscheidend ist dabei auch, daß das Gesetz auch schon für die Zeit vor der Abnahme die Minderung zuläßt, wie sich deutlich aus § 634 Abs. 1 Satz 2 BGB ergibt. Auch das von Kaiser (a. a. O.) zur Rechtfertigung seiner abweichenden Ansicht gebrachte Argument, im Einzelfall könne der Auftragnehmer berechtigt und verpflichtet sein, anstatt der nach Art und Umfang vorgesehenen Leistungen die Mängelbeseitigung auch durch andere geeignete Maßnahmen, die sowohl technisch möglich – u. U. kostengünstiger – als auch für den Auftraggeber zumutbar seien, herbeizuführen, ist nicht geeignet, die vorangehend angeführten, auf gesetzlicher Grundlage beruhenden Folgerungen auszuschließen. Abgesehen davon, daß sich ein solches Argument nur aus § 242 BGB im Einzelfall herleiten läßt, das daher nur Ausnahmefälle erfassen kann, somit die hier maßgebenden grundlegenden gesetzlichen Regelungen nicht ausgeschlossen werden können, läßt sich damit auch nicht ein anderes System der Mängelhaftung für den Bereich der VOB begründen.

Auch seiner etwaigen **Schadensersatzpflicht** nach Nr. 7 Satz 2 entgeht der Auftragnehmer dann nicht, sofern er aufgetretene Mängel zu vertreten hat (vgl. BGHZ 50, 160 = NJW 1968,

1524 = MDR 1968, 750 = SFH Z 2.510 Bl. 32 = BB 1968, 770 = Betrieb 1968, 1397; siehe Rdn. 357 ff.).

351 Ein unverhältnismäßig hoher Aufwand ist mit der Beseitigung des Mangels oder der Vertragswidrigkeit verbunden, wenn der Vorteil, den die Besserung gewährt, gegenüber dem notwendigen Aufwand bei der Besserung geringwertig ist. Wann dies vorliegt, beurteilt sich nach objektiven Gesichtspunkten, wobei die **Schwere des Mangels** oder der Vertragswidrigkeit gegenüber dem vertraglich gesetzten **Leistungsziel** und andererseits der **Kostenaufwand der Besserung** als Anhaltspunkte zu sehen sind (vgl. dazu im einzelnen Teil B § 13 Rdn. 621 ff.). Gerade für den hier erörterten Bereich von Teil B § 4 Nr. 7 Satz 1 sind daran aber erhebliche Anforderungen zu stellen, wobei allerdings **nicht schon eine Gefährdung der Existenz des Auftragnehmers** gefordert werden kann.

Für das Vorliegen eines unverhältnismäßigen Aufwandes ist der **Auftragnehmer im einzelnen darlegungs- und beweispflichtig.**

352 2. Will der Auftraggeber nach Erkennen des Mangels den Auftragnehmer nicht mehr beschäftigen und **einigt** er sich mit diesem, daß ein **anderer** Unternehmer die Arbeiten mängelfrei fertigstellt, ist der Auftragnehmer kraft Vereinbarung **nicht mehr zur Mängelbeseitigung gemäß Nr. 7 verpflichtet, da er aus dem Vertrag entlassen ist.** Klagt dann der Auftragnehmer den ihm zustehenden – nach dem von ihm fertiggestellten Teil bemessenen – Werklohn ein, kann der Auftraggeber von der Vergütung keine Abzüge wegen der Mangelhaftigkeit der Leistung des Auftragnehmers machen, da dieser auf die Beseitigung des Mangels keinen Einfluß mehr nehmen kann. Erst recht entfällt die Beseitigungspflicht des Auftragnehmers, wenn in der Vereinbarung zwischen Auftraggeber und Auftragnehmer die Verpflichtung des letzteren enthalten ist, die Kosten des zu beauftragenden weiteren Unternehmers zu tragen. Dann steht dem Auftragnehmer die ursprünglich vereinbarte Vergütung zu, abzüglich des dem anderen Unternehmer vom Auftraggeber gezahlten bzw. zu bezahlenden Werklohnes (vgl. dazu BGH SFH Z 2.414 Bl. 175).

V. Verjährung des Anspruches nach Satz 1

353 Die in Nr. 7 Satz 1 festgelegte **Mängelbeseitigungspflicht des Auftragnehmers** unterliegt, da eine entgegenstehende Regelung fehlt, nach § 195 BGB der **allgemeinen Verjährungsfrist von 30 Jahren** (BGH NJW 1974, 1707 = BauR 1977, 412; siehe auch Schmalzl NJW 1965, 129, 134 und Dähne BauR 1973, 268, 272). Wird die Leistung allerdings **ohne Beseitigung** des Mangels fertiggestellt und **abgenommen,** so ist dann allein Teil B § 13 Nr. 4 maßgebend (so auch BGHZ 54, 352 = MDR 1971, 267; LM VOB/B Nr. 43 Anm. Rietschel = NJW 1971, 99 = VersR 1971, 135 = BB 1970, 1508 = Betrieb 1971, 669 = SFH Z 2.414 Bl. 245 ff. = BauR 1971, 51; ebenso Nicklisch in Nicklisch/Weick VOB/B § 4 Rdn. 114 f.; a. A. OLG Hamm SFH § 8 VOB/B Nr. 5 = BauR 1982, 280 = MDR 1982, 52). Das Gesagte **gilt auch für den nachfolgend erörterten Schadensersatzanspruch** (so auch BGH BauR 1972, 172 = MDR 1972, 410 = LM VOB/B Nr. 51 = SFH Z 2.413 Bl. 45 = VersR 1972, 375 = BlGBW 1972, 118 = Betrieb 1972, 726 = WM 1972, 797). Also verwandelt sich der mit der Abnahme noch nicht erledigte Erfüllungsanspruch in einen Gewährleistungsanspruch nach § 13 VOB/B (so jetzt deutlich BGH BauR 1982, 277 = NJW 1982, 1524 = SFH § 4 Nr. 7 VOB/B Nr. 2 = Betrieb 1982, 1402 = MDR 1982, 746 = BB 1982, 2138 = LM § 4 [A] VOB/B Nr. 12 = ZfBR 1982, 122).

VI. Schadensersatzpflicht des Auftragnehmers (Satz 2)

1. Grundlagen

354 Nach Satz 2 ist der Auftragnehmer **neben seiner Pflicht zur Beseitigung und mangelfreien Erneuerung weiterhin** gehalten, dem Auftraggeber den **Schaden zu ersetzen,** der diesem

durch die **vertragswidrige oder mangelhafte Leistung** entstanden ist. Der Schaden muß also adäquat auf den Mangel oder die Vertragswidrigkeit zurückgehen (Dähne, BauR 1973, 268; u. a. auch Kaiser, Mängelhaftungsrecht, Rdn. 28). Voraussetzung ist ferner, daß den Auftragnehmer an dem Mangel oder der Vertragswidrigkeit **ein Verschulden** trifft. Dabei ist sowohl eigenes Verschulden (§ 276 BGB) als auch das von ihm zu vertretende Verschulden seiner Erfüllungsgehilfen (§ 278 BGB) maßgebend. Dazu wie zu einer etwaigen Verneinung des Verschuldens gilt das in Teil B § 13 Rdn. 694 Gesagte entsprechend. Soweit Kaiser (a. a. O. Rdn. 28) hier Verschulden i. S. schwerwiegender Pflichtverletzung verlangt, findet dies weder im Gesetz noch in der VOB eine Stütze; vielmehr muß nach allgemeinem Begriffsverständnis auch das Vorliegen leichter Fahrlässigkeit ausreichen (vgl. auch Teil B § 10 Rdn. 36 ff.).

Bei diesem Schadensersatzanspruch handelt es sich nicht um einen besonders geregelten und ausgestalteten Schadensersatzanspruch wegen Nichterfüllung, sondern – wenn auch atypisch – um einen **Sonderfall der positiven Vertragsverletzung** (so BGH BauR 1972, 172 = MDR 1972, 410 = SFH Z 2.413 Bl. 45 = VersR 1972, 375 = BlGBW 1972, 118 = Betrieb 1972, 726 = WM 1972, 797 = LM VOB/B Nr. 51; BGH BauR 1978, 306 = SFH § 4 Ziff. 7 VOB/B Nr. 2 = Betrieb 1978, 1537 = MDR 1978, 747 = LM VOB/B Nr. 97 = BlGBW 1979, 14 = ZfBR 1978, 75; insbesondere auch Dähne BauR 1972, 268, 271; Kaiser BlGBW 1976, 121 sowie Mängelhaftungsrecht, Rdn. 29; vgl. auch Heyers BauR 1974, 24; Schmidt MDR 1967, 716; Locher, Das private Baurecht, Rdn. 114; Heiermann/Riedl/Rusam/Schwaab Teil B § 4 Rdn. 55; offengelassen von Nicklisch in Nicklisch/Weick Teil B § 4 Rdn. 106; Werner/Pastor Rdn. 1221; anders wohl BGH NJW 1975, 1701 = BauR 1975, 344 = MDR 1975, 835 = SFH Z 2.502 Bl. 8). **Dies ergibt sich daraus, daß der Schadensersatzanspruch nach Satz 2 außer dem Erfüllungsanspruch gemäß Satz 1 geltend gemacht werden kann,** während die bloße Nichterfüllung und deren mögliche weitere Folgen von dem nachfolgenden Satz 3 erfaßt sind. Ebenso wie beim Erfüllungsanspruch nach Satz 1 ist für den Schadensersatzanspruch nach Satz 2 aber Voraussetzung, daß gerade **auch der Auftraggeber seinerseits nach wie vor bereit und in der Lage ist, seine eigenen Vertragspflichten zu erfüllen.** 355

Der Schadensersatzanspruch nach Nr. 7 Satz 2 ist eine **abschließende Regelung für den Fall des Vorliegens von Mängeln am unfertigen Werk und trotz deren Beseitigung noch vorhandenen Schäden;** darüber hinaus besteht kein weitergehender Anspruch aus demselben Rechtsgrund (BGHZ 50, 160 = NJW 1968, 1524 = VersR 1968, 750 = MDR 1968, 750 = BB 1968, 770 = WM 1968, 834 = JZ 1969, 386 = Betrieb 1968, 1397 = LM § 4 VOB/B Nr. 3 = SFH Z 2.510 Bl. 32). 356

2. Umfang

a) Die Schadensersatzpflicht des Auftragnehmers ist nach dem Wortlaut des Satzes 2 in seinem Umfang an sich **nicht beschränkt,** im Gegensatz zu Teil B § 13 Nr. 7 oder anderen in der VOB ausdrücklich festgehaltenen Haftungseinschränkungen (so auch BGH MDR 1961, 927 = JZ 1962, 23 = LM § 4 VOB Teil B Nr. 1 = SFH Z 2.414 Bl. 92 ff.; BGHZ 48, 78 f. = NJW 1967, 2262 = MDR 1967, 755 = SFH Z 2.411 Bl. 31 = BB 1967, 813 = Betrieb 1967, 1364; BGHZ 50, 160 = NJW 1968, 1524 = VersR 1968, 750 = MDR 1968, 750 = BB 1968, 770 = Betrieb 1968, 1397 = WM 1968, 834 = JZ 1969, 386 = LM § 4 VOB/B Nr. 3 = SFH Z 2.510 Bl. 32). Das heißt aber **nicht** schon ohne weiteres, daß bei zu vertretenden Mängeln wie bei § 635 BGB (vgl. BGHZ 27, 215 = NJW 1958, 1284 = MDR 1958, 598 = SFH Z 2.414 Bl. 43 = BB 1958, 647 = Betrieb 1958, 708) ein Anspruch auf **Schadensersatz wegen Nichterfüllung des ganzen Vertrages** besteht, wenn auch ein solcher Anspruch dem Auftraggeber nach Teil B § 13 Nr. 7 Abs. 2 zustehen kann (vgl. BGH Betrieb 1963, 1213; BGH VersR 1964, 516). Daß Teil B § 4 Nr. 7 Satz 2 grundsätzlich einen **solchen umfassenden Anspruch nicht** einräumt, geht daraus hervor, daß nur **bei berechtigter Entziehung** des Auftrages ein voller Schadensersatz wegen 357

B § 4, 7, Rdn. 358-360

Nichterfüllung vorgesehen ist, und auch dann nur, wenn die Ausführung aus den Gründen, die zur Entziehung geführt haben, für den Auftraggeber **kein Interesse** mehr hat (Teil B § 4 Nr. 7 Satz 3 in Verbindung mit Teil B § 8 Nr. 3 Abs. 2 Satz 2). Deshalb wäre es schwer erklärlich, **wenn voller Schadensersatz wegen Nichterfüllung schon von vornherein durch Teil B § 4 Nr. 7 Satz 2 erfaßt wäre.** Hier ist vielmehr **zunächst** an den Ersatz des Schadens gedacht, der bei **weiterbestehendem Vertrag trotz der Mängelbeseitigung oder der Beseitigung sonstiger Vertragswidrigkeit verbleibt** (ebenso BGHZ 50, 160, 165; BGH BauR 1982, 277 = NJW 1982, 1524 = SFH § 4 Nr. 7 VOB/B Nr. 2 = Betrieb 1982, 1402 = MDR 1982, 746 = BB 1982, 2138 = LM § 4 [A] VOB/B Nr. 12 = ZfBR 1982, 112; OLG Düsseldorf BauR 1980, 276; Kaiser, Mängelhaftungsrecht, Rdn. 28 spricht zu Recht von einem Auffangtatbestand). Insofern steht dem Auftraggeber hinsichtlich seines Schadensersatzanspruches grundsätzlich auch ein **Zurückbehaltungsrecht nach § 320 BGB zu** (zutreffend Kaiser BauR 1982, 205).

358 b) Allerdings erschöpft sich in dem bisher Gesagten die Bedeutung des Satzes 2 nicht. Die Vorschrift gewährt nämlich auch Schadensersatzansprüche, wenn der **Auftragnehmer unberechtigt die Mängelbeseitigung verweigert,** der Auftraggeber den **Vertrag nicht kündigt, auch weiter keine Mängelbeseitigung beansprucht,** deswegen kein Zurückbehaltungsrecht hinsichtlich der Vergütung des Auftragnehmers geltend macht und wegen der Mängel Schadensersatz verlangt (BGH BauR 1979, 152 = BB 1979, 134 = NJW 1979, 549 = SFH § 16 Ziff. 2 VOB/B Nr. 11 = Betrieb 1979, 742 = ZfBR 1979, 65; vgl. Rdn. 336 ff.). **Gleiches gilt, wenn der Auftrag entzogen worden ist** (Hereth/Ludwig/Naschold, Teil B § 4 Ez. 241); Ansprüche auf Grund des Satzes 2 bleiben dann bestehen, so § 8 Nr. 3 Abs. 2 Satz 1 (a. a. O., Teil B § 8 Ez. 87). Dabei ist es für die Bewertung des Schadens auf den Aufwand und die damit verbundenen Kosten abzustellen, die der Auftraggeber im Zeitpunkt der Mängelbeseitigung als vernünftiger, wirtschaftlich denkender Bauherr aufgrund sachkundiger Beratung oder Feststellung aufwenden konnte und mußte, wobei es sich um eine vertretbare Maßnahme der Schadensbeseitigung handeln muß (ähnlich OLG Frankfurt BauR 1984, 67).

359 Da Satz 2 unter Umständen auch vollen Schadensersatz gewährt, kann hieraus im Einzelfall ein Anspruch erwachsen, der sich dem Umfang nach mit dem Anspruch auf Schadensersatz wegen Nichterfüllung des ganzen Vertrages **weitgehend deckt.** So ist etwa bei einem **völlig unbrauchbaren** Bauwerk (z. B. infolge untauglicher Betonmischung) der Schaden evtl. nur dadurch auszugleichen, daß das Bauwerk abgerissen und neu gebaut wird; der Auftraggeber hat für die wertlose Leistung keine Vergütung zu zahlen. Gleiche Rechte können dem Auftraggeber auch zustehen, wenn Mängel nur durch **Beseitigung des gesamten Bauwerks** behoben werden können. Der Grundsatz von Treu und Glauben gebietet es aber **ausnahmsweise,** einen Ausgleich des Schadens in dieser den Auftragnehmer schwer belastenden Weise nicht zuzubilligen, wenn dem **Auftraggeber zuzumuten** ist, das Bauwerk mit dem nicht zu beseitigenden Mangel zu behalten und sich insoweit mit einem Ausgleich in Geld zu begnügen. Andererseits wird sich der Auftraggeber auf eine bloße Mängelbeseitigung nicht einzulassen brauchen, wenn diese zwar an sich möglich, **wirtschaftlich** aber nicht vertretbar ist. Diesen vorangehend dargelegten, vom BGH aufgestellten Grundsätzen (BGHZ 50, 160 = NJW 1968, 1524 = VersR 1968, 750 = MDR 1968, 750 = BB 1968, 770 = Betrieb 1968, 1397 = WM 1968, 834 = JZ 1969, 386 = LM § 4 VOB/B Nr. 3 = SFH Z 2.510 Bl. 32) ist zu folgen.

360 Aus dem Gesagten folgt weiter noch, daß der Schadensersatzanspruch nach Satz 2 sowohl die Fälle erfaßt, in denen dem Auftraggeber trotz Mängelbeseitigung noch ein Schaden verblieben ist, als auch diejenigen, in denen **der Auftragnehmer mit Recht die Mängelbeseitigung infolge unverhältnismäßigen Aufwandes verweigert** (vgl. Rdn. 348 ff.).

c) Von der Schadensersatzpflicht des Auftragnehmers ist alles ergriffen, was **adäquatkausal auf den Mangel oder die damit verbundene Vertragswidrigkeit** zurückzuführen ist (vgl. BGH, Urt. vom 5. 10. 1967 – VII ZR 64/65 –). **Maßgebend für den Umfang** der Verpflichtung zum Schadensersatz sind die **§§ 249 ff. BGB**. 361

d) Zum Schadensersatz zählen hier die **ohne weiteres bemeßbaren Vermögensschäden,** wie z. B. auch die Kosten für die Wiederbeschaffung von Bauteilen (z. B. eines Heizkessels), die der Auftragnehmer nicht geliefert hat, die aber durch die mangelhafte Leistung beschädigt oder zerstört worden sind (BGH BauR 1978, 306 = SFH § 4 Ziff. 7 VOB/B Nr. 2 = Betrieb 1978, 1537 = MDR 1978, 747 = LM VOB/B Nr. 97 = BlGBW 1979, 14 = ZfBR 1978, 75). Hier kann gerade auch ein **außerhalb der mangelhaften Leistung liegender, jedoch darauf zurückzuführender Schaden, wozu insbesondere auch der durch die mangelhafte Leistung adäquat-kausal herbeigeführte Verzugsschaden gehört,** ferner z. B. der insgesamt oder an anderen Teilen des Gebäudes entstandene Mietausfall oder der sonst entgangene Gewinn ersetzt verlangt werden (vgl. dazu BGHZ 72, 31 = BauR 1978, 402 = NJW 1978, 1626 = BB 1978, 1036 = MDR 1978, 831 = BlGBW 1978, 240 = SFH § 635 BGB Nr. 6 = LM § 635 BGB Nr. 47 Anm. Girisch = Betrieb 1978, 2121 = ZfBR 1978, 17 = Anm. Schubert JR 1979, 21 – Gewinnausfall durch Stillegung einer Bowlingbahn; vgl. dazu auch BGH BauR 1979, 159 = SFH § 635 BGB Nr. 8 = ZfBR 1979, 24 = BB 1979, 1321). Allerdings muß sich der Auftraggeber **durch den Verzögerungsschaden etwa entstandene Vorteile entgegenhalten** lassen. So sind z. B. auf den Verzögerungsschaden wegen verspäteter Fertigstellung einer Eigentumswohnung die Vorteile anzurechnen, die der Auftraggeber (Erwerber) aus **ersparten Zinsaufwendungen** für die Erwerbspreisfinanzierung und aus einer **Steuerersparnis** durch die erst mit Bezugsfertigkeit eintretende Beschränkung des Schuldzinsenabzuges (§ 21 a EStG) erlangt (BGH BauR 1983, 465 = Betrieb 1983, 1705 = SFH § 249 BGB Nr. 8 = NJW 1983, 2137 = BB 1983, 1691 = MDR 1983, 1009 = ZfBR 1983, 225). 362

Zum Schaden im hier erörterten Sinne zählen **auch die außergerichtlichen Kosten,** die der Geschädigte selbst oder durch Inanspruchnahme eines Dritten hat aufwenden müssen, **um seinen Schaden dem Grunde und der Höhe nach feststellen zu können**. Das gilt auch für Unternehmen oder Behörden, selbst dann, wenn sie eigene Abteilungen zur Feststellung von Schäden im angegebenen Sinne und Umfang haben (a. A. BGH NJW 1969, 1109 = Betrieb 1969, 789; BGH NJW 1976, 1256 = MDR 1976, 831 mit zutreffender ablehnender Anm. von Schmidt NJW 1976, 1932 sowie Klimke VersR 1977, 615). Zur Erstattung sogenannter „**Regiekosten**" für den hier erörterten Bereich näher und zutreffend Ganten BauR 1987, 22. 363

e) **Anders als früher der V. Zivilsenat des BGH** (BGHZ 66, 277 = NJW 1976, 1630 = BB 1976, 999 = VersR 1976, 956 = MDR 1976, 917 = LM § 251 BGB Nr. 23 Anm. Hagen = WM 1976, 924 = SFH Z 2.411 Bl. 73 = BlGBW 1977, 37; auch BGHZ 71, 234 = NJW 1978, 1805 = BB 1978, 1034 = MDR 1978, 1009 = JZ 1978, 566 = LM § 251 BGB Nr. 25 Anm. Hagen = Betrieb 1978, 1733, dazu Schmidt JuS 1980, 636; sowie BGHZ 75, 366 = BauR 1980, 285 = NJW 1980, 775 = VersR 1980, 378 = MDR 1980, 389 = Betrieb 1980, 587 = LM § 252 BGB Nr. 26 = SFH § 252 BGB Nr. 2 = ZfBR 1980, 130 sogar für den Bereich unerlaubter Handlung; auch Hagen JZ 1983, 833; vgl. dazu auch Vorlagebeschluß des V. Zivilsenats vom 22. 11. 1985 = VersR 1986, 189 = SFH § 249 BGB Nr. 12 = JZ 1986, 387 mit Anm. Zeuner a. a. O. S. 395 = Betrieb 1986, 529 = NJW 1986, 2037; jedenfalls für den Bereich der unerlaubten Handlung richtungweisend, anders dagegen Beschluß des Großen Zivilsenats des BGH vom 9. 7. 1986, BGHZ 98, 212 = BauR 1987, 312 = NJW 1987, 50 = ZIP 1986, 1394 = VersR 1986, 1103 = Betrieb 1986, 2480 = MDR 1987, 109 = SFH § 249 BGB Nr. 14 = JR 1987, 107 Anm. Hohloch = BB 1986, 2155 = LM § 249 [A] BGB = ZfBR 1986, 279 = Medicus EWiR § 249 BGB 6/86, 1071) ist auch ein infolge zunächst mangelhafter Errichtung eines Bauwerkes **entgangener bloßer eigener Gebrauchsvorteil** dem Schaden zuzurechnen. Wie der Große 364

Zivilsenat des BGH (a. a. O.) überzeugend zum Ausdruck gebracht hat, kann bei der Beurteilung der Frage, ob hier ein materieller Schaden vorliegt, nicht maßgeblich auf die Differenzhypothese abgestellt werden; ebenso nicht auf eine Eingrenzung des Schadensbegriffes durch die Regelung über den entgangenen Gewinn in § 252 BGB. Vielmehr ist eine **wertende Betrachtungsweise geboten,** wobei die Wertmaßstäbe allen in Betracht kommenden Vorschriften zu entnehmen sind. Ob ein vermögenswertes Gut beeinträchtigt ist, hängt wesentlich von der **Wertung nach wirtschaftlichen Gesichtspunkten** ab, wobei die herrschende Verkehrsauffassung den ausschlaggebenden Maßstab dafür bildet. Soweit ein Lebensgut „kommerzialisiert" ist, d. h. „erkauft" werden kann, ohne nach allgemeiner Ansicht bloße „Liebhaberei" zu sein, stellt seine teilweise oder gänzliche Einbuße einen **materiellen Schaden** dar, was entsprechend auch gilt, wenn dem Benachteiligten ein Vorteil entgeht (zutreffend insoweit schon, wenn auch in etwas anderem Zusammenhang BGHZ 74, 231 = BauR 1979, 343 = BB 1979, 909 = SFH § 249 BGB Nr. 2; zur Problematik beachtlich auch Brinkmann BB 1987, 1828). Voraussetzung ist aber, daß der Geschädigte **selbst eine bestimmungsgemäße Nutzung vorgenommen hätte und das Bauwerk bzw. die Wohnung für seine Lebenshaltung von zentraler Bedeutung ist** (so jetzt auch der V. Zivilsenat des BGH BauR 1987, 318 = NJW 1987, 771 = VersR 1987, 483 = Betrieb 1987, 1249 = SFH § 249 BGB Nr. 15 = Schiemann EWiR § 249 BGB 3/87, 125). Ein solcher Fall liegt hier aber vor:

365 Nach allgemeiner Verkehrsanschauung liegt nämlich in der **Gebrauchsmöglichkeit jedenfalls eines zu Wohnzwecken bestimmten Objektes** oder eines Teils desselben ein **selbständiger Vermögenswert,** weil im allgemeinen mit der **eigenen** Nutzung ein bestimmter Nutzungswert verbunden wird; dies folgt im allgemeinen daraus, daß die eigenwirtschaftliche Nutzung durch den Auftraggeber auf die ständige Verfügbarkeit des Hauses bzw. einer Eigentumswohnung angewiesen ist (so Großer Zivilsenat des BGH in BGHZ 98, 212 = BauR 1987, 308 = BB 1986, 2155 = LM § 249 [A] BGB Nr. 78 = ZIP 1986, 1394 = VersR 1986, 1103 = Betrieb 1986, 2480 = MDR 1987, 109 = SFH § 249 BGB Nr. 14 = JR 1987, 107 Anm. Hohloch = ZfBR 1986, 279 = Medicus EWiR § 249 BGB 6/86, 1071; vgl. dazu auch BGH VersR 1987, 765; was nicht nur für den vom Großen Zivilsenat entschiedenen Bereich der unerlaubten Handlung gelten kann). Diesem Standpunkt **neigt** auch der VII. Zivilsenat des BGH zu, wie schon aus seiner Entscheidung vom 28. 2. 1980 (BGHZ 76, 179 = BauR 1980, 271 = NJW 1980, 1386 = BB 1980, 702 = Betrieb 1980, 1016 = VersR 1980, 480 = SFH § 635 BGB Nr. 19 = MDR 1980, 571 = ZfBR 1980, 128 = Anm. Hommelhoff JR 1981, 17) zu entnehmen ist und durch die weitere Entscheidung vom 10. 10. 1985 (BGHZ 96, 124 = BauR 1986, 105 = SFH § 13 Nr. 7 VOB/B Nr. 8 = NJW 1986, 427 = ZfBR 1986, 26 = ZIP 1986, 167 = VersR 1986, 42 = MDR 1986, 223 = JZ 1986, 386 = BB 1986, 352 = LM § 13 [E] VOB/B Nr. 13 = Betrieb 1986, 530 = Schiemann EWiR § 249 BGB 1/86, 27) bestätigt wird, **soweit es sich um zu Wohnzwecken bestimmte Bauobjekte und deren Nutzung nach allgemeiner Ansicht notwendige Einrichtungen handelt** (ebenso Nicklisch in Nicklisch/Weick Teil B § 4 Rdn. 104; Bindhardt/Jagenburg § 15 Rdn. 11 ff.; zu eng wohl Kaiser, Mängelhaftungsrecht, Rdn. 121, der es entscheidend auf bloß – ohnehin dem Schadensbegriff unterfallende – tatsächliche Mehraufwendungen bei gleichzeitigem Nutzungsverlust des Auftraggebers abstellt; zutreffend allerdings insoweit, als Kaiser einen längeren Nutzungsverlust verlangt, s. u.). Zu Recht hat der BGH allerdings zum Ausdruck gebracht, daß die vorgenannten Voraussetzungen nicht für private Schwimmbäder gegeben sind, weil insoweit die herrschende Verkehrsauffassung die Benutzbarkeit eines solchen Objektes nicht schon als einen weitgehend und unentbehrlich erscheinenden Bestandteil allgemeiner und alltäglicher Bedürfnisse ansieht (vgl. dazu auch Doerry ZfBR 1982, 189, 194).

Andererseits kann der Bauherr bzw. Erwerber eines Hauses oder einer Eigentumswohnung mit Kraftfahrzeugabstellplatz in einer Tiefgarage, soweit und solange die Tiefgarage mängelbedingt unbenutzbar ist, unter den Voraussetzungen des § 635 BGB oder des § 13 Nr. 7 VOB/B – insoweit auch des § 4 Nr. 7 Satz 2 – eine Entschädigung für den Nutzungsausfall verlangen. Hier ist das gesamte Objekt (Haus bzw. Eigentumswohnung mit dazu zu rechnender Garage) fühlbar mit einem Nachteil behaftet; in einer solchen Garage sieht der Eigentümer bzw. Halter eines Kraftfahrzeuges in erster Linie eine vor Diebstahl und Beschädigung schützende Abstellmöglichkeit, die die Nutzung des Kraftfahrzeuges und damit deren wirtschaftlichen Wert erheblich erhöht. Dabei kommt es für die Schadensbemessung hier auf die Grundlage der werkvertraglichen Gewährleistung an; diese ist die Wertminderung, die die einzelnen Häuser bzw. Wohnungen erfahren haben, falls die Mängel nicht mehr beseitigt werden können, die Garage also endgültig unbenutzbar bleibt; dieser Schaden ist dann ins Verhältnis zu setzen zum Zeitraum, in dem der Wert der Häuser bzw. Wohnungen infolge der Nichtbenutzbarkeit der Garagen gemindert wurde bzw. voraussichtlich gemindert wird, und der Dauer, für die nach dem jeweiligen Vertrag mit der Benutzbarkeit der Garage gerechnet werden durfte; der Mietzins einer sonst verfügbaren Ersatzgarage ist nicht alleiniger Berechnungsmaßstab, allerdings kann er bei der Berechnung der Wertminderung als entscheidender Faktor berücksichtigt werden (BGHZ 96, 124 = BauR 1986, 105 = SFH § 13 Nr. 7 VOB/B Nr. 8 = NJW 1986, 427 = ZfBR 1986, 26 = ZIP 1986, 167 = VersR 1986, 42 = MDR 1985, 223 = JZ 1986, 386 = BB 1986, 352 = LM § 13 VOB/B [E] Nr. 13 = Betrieb 1986, 530 = Schiemann EWiR § 249 BGB 1/86, 27). Entsprechend ist der Berechnungsmaßstab anzusetzen, wenn es um die Berechnung des Nutzungsausfalles für das Haus bzw. die Eigentumswohnung selbst geht. Dazu näher rechtlich wohl einwandfrei Kamphausen (BauR 1988, 48), der die Schadensbemessung entweder nach „bereinigten Mieten" oder nach „anteiligen Vorhaltekosten" vornehmen will.

Allerdings kommt ein Schadensersatz wegen entgangener Nutzung nur in Betracht, wenn die **Beeinträchtigung einen erheblichen Umfang einnimmt und von einer die Grenzen der Zumutbarkeit überschreitenden Dauer** ist; bloß kurzzeitige, allgemein vorhersehbare Beeinträchtigungen, wie z. B. im Rahmen von Umbaumaßnahmen, welche nicht besonders fühlbar sind, müssen daher außer Betracht bleiben (vgl. OLG Düsseldorf BauR 1981, 477 = VersR 1981, 934). Überdies ist der Auftraggeber – schon gemäß § 254 BGB – gehalten, seinerseits alles zu tun, um die Beeinträchtigung im Sinne des Nutzungsverlustes in möglichst geringem Rahmen zu halten (OLG Düsseldorf a. a. O.). Zu eng insoweit jedoch OLG Braunschweig (VersR 1982, 1169), das auf der Grundlage der vorangehend abgelehnten Rechtsprechung des BGH einen ersatzfähigen Schaden allein deshalb verneint, weil Teile der Wohnung benutzbar geblieben seien. 366

Zu den hier erörterten Fragen vgl. vor allem auch Kaiser BauR 1988, 133. Kritisch u. a. Schacht NJW 1981, 1350, der zu Unrecht das tragende Merkmal der Verkehrsauffassung leugnet; zutreffend dazu Bindhardt BauR 1982, 442. Beachtlich sind die Ausführungen von Dunz (JZ 1984, 1010) sowie von Flessner (JZ 1987, 271), der den Vorschlag macht, es nicht auf den Schaden, sondern auf die Berechtigung zum Schadensersatz abzustellen, wobei sich die Höhe nach den Grundsätzen der Erforderlichkeit, Verhältnismäßigkeit und der Zumutbarkeit der Schadensbegrenzung richten soll. Vgl. auch Rauscher (NJW 1986, 2011 sowie Anm. a. a. O. 1987, 53), der die Schadensberechnung nicht nach § 251 Abs. 1 BGB, sondern nach § 249 Satz 2 BGB unter Berücksichtigung des § 254 Abs. 2 BGB ausgerichtet wissen will, was durchaus rechtstheoretisch einwandfrei und praxisnah sein dürfte. 367

f) Einem Schadensersatzanspruch nach Nr. 7 Satz 2 steht **nicht Teil B § 6 Nr. 6 entgegen,** obwohl z. B. Mietausfall, abgesehen von den festen Kostenbestandteilen der Miete, oder der Nutzungsausfall ein entgangener Gewinn ist. Diese Regelung **tritt zurück,** wenn die Voraussetzungen der hier erörterten Bestimmung vorliegen. **Die Unterbrechung der Bauausführung ist ihrerseits die Folge der vom Auftragnehmer zu vertretenden mangelhaften oder vertragswidrigen Ausführung der Bauleistung,** für die der Auftragnehmer einzustehen hat (BGH VersR 1961, 1078 = MDR 1961, 927 = JZ 1962, 23 = SFH Z 2.414 Bl. 92 = BB 1961, 1070 = LM § 635 BGB Nr. 2 = Betrieb 1961, 1256; OLG Köln SFH § 641 BGB Nr. 2). 368

369 g) **Entgangener Gewinn aus verbotswidrigen Verträgen** ist nur dann nicht zu ersetzen, wenn das Verbotsgesetz nicht nur die Vornahme des gewinnbringenden Rechtsgeschäftes mißbilligt, sondern auch dessen zivilrechtliche Wirksamkeit (§ 134 BGB), was bei einem Verstoß gegen bauordnungsrechtliche Vorschriften nicht schon ohne weiteres gesagt werden kann (vgl. BGHZ 75, 366 = BauR 1980, 285 = NJW 1980, 775 = VersR 1980, 378 = MDR 1980, 389 = Betrieb 1980, 587 = LM § 252 BGB Nr. 26 = SFH § 252 BGB Nr. 2 = ZfBR 1980, 130 m. w. N. hinsichtlich des Verstoßes gegen die Mindesthöhe von Wohnräumen).

370 Zu vereinbaren Schadenspauschalen vgl. Teil A § 12 Rdn. 1. Über die theoretischen Grundlagen für die Wertermittlung durch Sachverständige vgl. Aurnhammer BauR 1981, 139; im Hinblick auf mangelhaft erstellte Wohnungen und Wohngebäude siehe Kamphausen BlGBW 1983, 1.

3. Schadensersatzanspruch nach Nr. 7 Satz 2 grundsätzlich nur bis zur Abnahme – Verjährung

371 Der in Teil B § 4 Nr. 7 Satz 2 geregelte **Schadensersatzanspruch** kann ebenso wie der Ersetzungsanspruch nach Satz 1 (vgl. Rdn. 328 ff.) **grundsätzlich** – außer im Falle der Entziehung des Auftrages nach Satz 3 – **nur bis zur Abnahmereife geltend gemacht werden**, also während der Bauzeit (zustimmend OLG Düsseldorf SFH Z 2.50 Bl. 15 ff.). **Nach diesem Zeitpunkt richtet sich die Haftung des Auftragnehmers für Mängel nach § 13 VOB/B** (vgl. BGHZ 50, 160, 163; BGHZ 54, 352, 355, 356 = BauR 1971, 51; BGHZ 55, 354, 356 = BauR 1971, 126; BGH BauR 1982, 277 = NJW 1982, 1524 = SFH § 4 Nr. 7 VOB/B Nr. 2 = Betrieb 1982, 1402 = MDR 1982, 746 = BB 1982, 2138 = LM § 4 [A] VOB/B Nr. 12 = ZfBR 1982, 122), also kommt dann nur Teil B § 13 Nr. 7 mit der kurzen Verjährungsfrist (Teil B § 13 Nr. 4 oder 7 Abs. 3) in Betracht.

372 Eine Ausnahme gilt dann, wenn der Mangel, der den Schaden verursachte, bereits vor der Abnahmereife beseitigt worden, der damit verbundene Schaden jedoch noch nicht ausgeglichen ist. Dann kann dieser Schaden auf der Grundlage von Teil B § 4 Nr. 7 Satz 2 auch noch danach geltend gemacht werden (ebenso Dähne BauR 1973, 268; ferner Heyers BauR 1974, 24; auch Heiermann/Riedl/Rusam/Schwaab Teil B § 4 Rdn. 56; Daub/Piel/Soergel/Steffani Teil B § 4 ErlZ 4.226 f.; Werner/Pastor, Der Bauprozeß Rdn. 1221; Kaiser BlGBW 1976, 121, 123; ders., Mängelhaftungsrecht Rdn. 28; ähnlich Nicklisch in Nicklisch/Weick Teil B § 4 Rdn. 107; Locher, Das private Baurecht, Rdn. 114; nicht eindeutig dazu BGH BauR 1978, 306 = SFH § 4 Ziff. 7 VOB/B Nr. 2 = Betrieb 1978, 1537 = MDR 1978, 747 = LM VOB/B Nr. 97 = BlGBW 1979, 14 = ZfBR 1978, 75). Das ergibt sich schon aus dem **System der Gewährleistungsansprüche** in Teil B § 13 Nr. 5-7, insbesondere daraus, daß dort der Schadensersatzanspruch nach Nr. 7 im allgemeinen nur das erfaßt, was **nach Mängelbeseitigung im Rahmen der Nr. 5** – also einer Mängelbeseitigung nach Abnahme – als Schaden noch übrigbleibt. Daher paßt Teil B § 13 Nr. 7 hier nicht, weil nach Eintritt der Abnahmewirkungen überhaupt keine Mängelbeseitigung erfolgt. Das zwingt zugleich zu der Folgerung, daß dem Auftraggeber der **Schadensersatzanspruch nach Teil B § 4 Nr. 7 in diesem Fall erhalten bleiben muß**, zumal ihm wegen dieses Anspruches allein nicht die Befugnis zur Abnahmeverweigerung zusteht, er also seinen Schadensersatzanspruch durch die Abnahme verlieren würde. Da für den Auftraggeber hier kein Übergang in den Rahmen der Gewährleistungsansprüche nach Abnahme – Teil B § 13 Nr. 5 ff. – gegeben ist, muß zwangsläufig gefolgert werden, daß ihm der auf Teil B § 4 Nr. 7 gegründete **Schadensersatzanspruch nicht verlorengehen** darf (so im Ergebnis auch OLG Düsseldorf, Urt. vom 4. 9. 1973 – 21 U 136/71 –), ohne daß es im übrigen insoweit eines Vorbehalts bei der Abnahme oder einer substantiierten Darlegung des Anspruches bis dahin bedarf (so auch Nicklisch in Nicklisch/Weick Teil B § 4 Rdn. 116).

Auch für diesen Schaden gilt dann aber ab Abnahme die kurze **Verjährungsfrist** in Teil B § 13 Nr. 4 oder auch Nr. 7 Abs. 3, während sonst die Verjährungsfrist nach § 195 BGB maßgebend ist (vgl. Rdn. 353 sowie Dähne BauR 1973, 268). Der gegenteiligen Ansicht des OLG Düsseldorf (a. a. O.) und von Heyers (BauR 1974, 24), die hier die 30jährige Verjährungsfrist annehmen möchten, kann nicht gefolgt werden. Zwar kann der Auftraggeber hier nicht durch schriftliche Mängelanzeige die kurze Verjährungsfrist des § 13 Nr. 4 erneut in Gang setzen und dadurch die Gesamtverjährungsfrist verlängern. Andererseits handelt es sich bei dem hier besonders erörterten Schadensersatzanspruch aber um die Folge **eines beseitigten** Mangels, also um einen **bei Eintritt der Abnahmewirkungen** bereits **abgeschlossenen Schadensvorgang,** aus dem der Auftraggeber ohne weiteres seine Ansprüche innerhalb der ab Abnahme laufenden kurzen Verjährungsfrist geltend machen kann. Eine Ausnahme braucht auch nicht für den von Heyers (a. a. O.) geschilderten Fall gemacht zu werden, in dem der Auftraggeber mehrere Teilabnahmen vorgenommen, sich aber der (Gesamt-)Schaden erst später herausgestellt hat bzw. erst endgültig zu ermitteln war. In diesem Fall wird man es für den Beginn der Verjährungsfrist auf den Zeitpunkt der Schlußabnahme abstellen müssen, weil der Gesamtschaden frühestens mit der Schlußabnahme in seinem vollen Ausmaß erkennbar geworden ist, also bei der erforderlichen Gesamtbetrachtung nach Treu und Glauben erst an die Schlußabnahme angeschlossen werden kann, was die Verjährungsfrist anbelangt. 373

Nicht gefolgt werden kann der mehr rechtstheoretischen Erwägung von Kaiser (Mängelhaftungsrecht, Rdn. 43), der den Schadensersatzanspruch nach Teil B § 4 Nr. 7 Satz 2 in jedem Fall über die Abnahme hinaus bestehen lassen will, also gleichgültig, ob vor oder nach der Abnahme die Ersetzung bzw. die Nachbesserung erfolgt. Einmal übersieht er, daß ein Schadensersatzanspruch nach Teil B § 4 Nr. 7 Satz 2 jedenfalls grundsätzlich an eine erfolgte Nachbesserung gemäß Satz 2 a. a. O. angehängt ist („auch"), ebenso wie der Schadensersatzanspruch nach Teil B § 13 Nr. 7 an eine Nachbesserung oder Minderung gemäß Nr. 5 oder 6 a. a. O. („außerdem"). Zum anderen läßt sich gerade ein Schaden nach Teil B § 4 Nr. 7 Satz 2 in seinen tatsächlichen Auswirkungen ebenfalls grundsätzlich erst nach erfolgter Ersetzung bzw. Nachbesserung der mangelhaften bzw. vertragswidrigen Leistung feststellen. Anderenfalls müßte man einen Schadensteil aus der Zeit vor und einen solchen aus der Zeit nach der Abnahme ermitteln, was wegen der Einheitlichkeit des Schadens sinnwidrig wäre. Kaiser sagt ja selbst, daß Schaden, der erst nach der Abnahme eingetreten ist, Teil B § 13 Nr. 7 unterfällt (a. a. O.). 374

4. Fälligkeit – Beweislast

Der Schadensersatzanspruch ist **mit seiner Geltendmachung fällig.** Eine Pflicht des Auftragnehmers zur Leistung von Schadensersatz besteht aber erst, wenn der Anspruch von dem Auftraggeber in der erforderlichen substantiierten Weise nach Grund und Höhe erhoben wird. Hier genügt kein Hinweis und kein Aufmerksammachen des Auftraggebers nach Satz 1. 375

Die **Beweislast** für Entstehung und Höhe des Schadens hat der **Auftraggeber.** Der Auftraggeber muß dem Auftragnehmer eine **Frist** zur Regelung des Schadens **setzen,** vor allem auch, um die Verzugsvoraussetzungen zu schaffen. Auch dieses hat er darzulegen und zu beweisen. Dagegen muß der **Auftragnehmer beweisen,** daß seine Leistung vertragsgemäß ist bzw. daß er den Mangel fristgerecht und ordnungsgemäß beseitigt hat. Zur Frage einer möglichen **Exculpation des Auftragnehmers, insbesondere** seiner dabei bestehenden Beweislast, BGHZ 23, 288 = NJW 1957, 746 = SFH Z 2.2 Bl. 5 = BB 1957, 306 = Betrieb 1957, 281. 376

VII. Rechte des Auftraggebers bei Nichtbefolgen der Ersetzungspflicht durch Auftragnehmer (Satz 3)

1. Grundlagen

377 Nr. 7 Satz 3 gibt dem **Auftraggeber weitergehende Rechte, falls der Auftragnehmer die ihm nach Satz 1 obliegende Ersetzungspflicht nicht erfüllt.** Er ist nicht verpflichtet, sie sofort oder überhaupt auszunutzen. Er kann, wenn der Auftragnehmer nicht aus eigenem Entschluß seiner Verpflichtung nach Satz 1 nachkommt, zunächst versuchen, eine Frist zur Beseitigung und Besserung (Ersetzung) im Rahmen einer förmlichen Aufforderung zu setzen, **ohne** zu erklären, daß er nach fruchtlosem Fristablauf dem Auftragnehmer nach Teil B § 8 Nr. 3 den Auftrag entziehen werde. Doch hat er dann im Falle der Weigerung oder der Untätigkeit des Auftragnehmers grundsätzlich (Ausnahme vgl. Rdn. 387 ff.) **nicht bereits das Recht zur Auftragsentziehung, sondern er muß dann eine erneute Frist, verbunden mit der Ankündigung des Auftragsentzugs,** setzen. Letzteres kann der Auftraggeber natürlich auch sofort tun, zumal auch die VOB davon ausgeht.

378 Das Recht des Auftraggebers nach Nr. 7 Satz 3 ist **abhängig von** einem **Verschulden des Auftragnehmers,** also der schuldhaften Nichtbefolgung seiner Pflichten aus Satz 1 (ebenso Anderson BauR 1972, 65; Daub/Piel/Soergel/Steffani Teil B § 4 ErlZ 4.233 und Teil B § 8 ErlZ 826; Schmalzl, Die Haftung des Architekten und Bauunternehmers, Rdn. 173; Locher, Das private Baurecht, Rdn. 116; Vygen, Bauvertragsrecht, Rdn. 503; a. A. Hereth/Ludwig/Naschold Teil B § 4 Ez. 4.245; Kaiser BlGBW 1976, 121, 122, auch Mängelhaftungsrecht Rdn. 31 b; Schmitz BauR 1979, 195; Nicklisch in Nicklisch/Weick Teil B § 4 Rdn. 111; Heiermann/Riedl/Rusam/Schwaab Teil B § 4 Rdn. 60 b), **für dessen Fehlen er allerdings entsprechend § 285 BGB die Beweislast trägt.** Der ebenfalls gegenteiligen Ansicht von Dähne (BauR 1972, 279, 280 f.) kann nicht gefolgt werden: Zwar hat Dähne darin recht, daß dieser Fall in der Ausgangslage im Rahmen der auch ohne Verschulden gegebenen Mängelbeseitigungspflicht des Auftragnehmers liegt. Er übersieht aber, daß die kraft Vertrages hier geregelten **Folgen** an die Vorschrift **des § 326 BGB angebunden** sind (im übrigen auch entgegen Kaiser a. a. O.), die **grundsätzlich Verzug, also Verschulden,** voraussetzt (Ausnahme: Erstattung der Mahnkosten nach Kündigung, vgl. Teil B § 8 Rdn. 89, als fortdauernder verschuldensunabhängiger Erfüllungsanspruch). Deshalb kann auch kein Vergleich zur hier rechtlich entfernt liegenden, nach § 649 BGB (Teil B § 8 Nr. 1) an sich gegebenen Möglichkeit der sogenannten freien Kündigung, wie dies auch Kaiser (a. a. O.) versucht, gezogen werden. Schmitz (a. a. O.) übersieht bei seiner mehr auf den BGB-Vertrag abgestellten Argumentation, daß Grundlage auch von Schadensersatzansprüchen nach den §§ 634, 635 BGB eine vorherige Mängelbeseitigungsaufforderung mit Fristsetzung ist, daß dadurch die Voraussetzungen des § 284 Abs. 2 BGB für einen Verzug, somit **vermutetes Verschulden** (§ 285 BGB), gegeben sind bzw. gegeben sein müssen, um die vorgenannten Rechte geltend machen zu können. Gerade für den hier erörterten Bereich ergibt sich deshalb aus der nach Satz 3 erforderlichen Fristsetzung mit Kündigungsandrohung, daß bei deren vergeblichem Ablauf die **Verzugsvoraussetzungen eingetreten** sind, also nach § 285 BGB auch – vermutetes – Verschulden des Auftragnehmers vorliegt. Gerade das beachtet auch Kaiser (a. a. O.) nicht, wenn er zur Verschuldensfrage von zeitaufwendigen Ermittlungen des Auftraggebers spricht, ohne zu berücksichtigen, daß sich nach der feststehenden Regel des § 285 BGB **der Auftragnehmer vom Verschuldensvorwurf freizubeweisen hat.** Soweit Nicklisch in Nicklisch/Weick (a. a. O.) zur Begründung seiner gegenteiligen Ansicht darauf verweist, daß das hier geregelte Kündigungsrecht der verschuldensunabhängigen Wandelung entspreche, greift dieses Argument allein schon deshalb nicht, weil gerade die VOB eine Wandelung an keiner Stelle vorsieht, wie u. a. ein Blick auf Teil B §§ 4 und 13 zeigt (vgl. Teil B Vor §§ 8 und 9 Rdn. 35 ff.; Teil B § 13 Rdn. 657 ff.). Es erscheint daher auch nicht folgerichtig, wenn Nicklisch (a. a. O. Teil B Vor § 13 Rdn. 16 ff.) jedenfalls

für Teil B § 13 die Wandelung verneint, sie in dem hier erörterten Bereich aber dennoch als Beleg für die von ihm vertretene Ansicht heranzuziehen versucht.

2. Erforderlich: Aufforderung zur Beseitigung

Um seinen Anspruch aus Nr. 7 Satz 3 geltend machen zu können, muß der Auftraggeber den Auftragnehmer zunächst **auffordern, den Mangel zu beseitigen.** Insoweit wird also über Satz 1 hinausgehend (vgl. Rdn. 344) eine **Initiative des Auftraggebers** verlangt, die für die in Satz 3 ausdrücklich geregelte Fristsetzung mit Ablehnungsandrohung **zwangsläufig Voraussetzung** ist. Dazu ist es erforderlich, daß der Auftraggeber in der notwendigen klaren und bestimmten Weise den Mangel oder die Vertragswidrigkeit bezeichnet. Dafür gilt das in Teil B § 13 Rdn. 460 ff. Gesagte entsprechend (ebenso OLG Köln SFH § 8 VOB/B Nr. 4). Hinzu kommt das **inhaltlich eindeutige Beseitigungsverlangen bzw. Ersetzungsbegehren.** Dabei ist es nicht notwendig, dem Auftragnehmer im einzelnen mitzuteilen, was von ihm erwartet wird, insbesondere welche Abhilfemaßnahmen im einzelnen erforderlich sind, da er dieses im Rahmen von Teil B §§ 1 Nr. 1 und 4 Nr. 2 Abs. 1 selbst wissen muß. 379

3. Erforderlich: Setzen angemessener Frist

Ferner hat der Auftraggeber dem Auftragnehmer eine **angemessene Frist** zur Beseitigung des Mangels bzw. zur Ersetzung zu setzen. Die Fristsetzung ist **grundsätzlich notwendig,** um zu einem **Leistungsverzug** des Auftragnehmers zu kommen. Ohne Verzug hat der Auftraggeber im allgemeinen **kein Recht,** dem Auftragnehmer den **Auftrag zu entziehen** (vgl. Rdn. 377 f.). 380

Das hier geforderte Setzen einer angemessenen Frist ist eine den Besonderheiten des Bauvertrages gerecht werdende **Abweichung vom Wortlaut des § 634 Abs. 1 Satz 2 BGB,** wobei die auch bei BGB-Verträgen zu setzende Frist zur Beseitigung von vor der Abnahme aufgetretenen Mängeln nicht kürzer sein darf als die im Vertrag zur Ablieferung (Herstellung) vereinbarte Frist. Diese Abweichung von der gesetzlichen Regelung ist für den Bereich des Bauvertrages notwendig, weil es dem Auftraggeber schlechthin nicht zugemutet werden kann, vom bisher ohnehin vertragsuntreuen Auftragnehmer mit der Mängelbeseitigung bis zum Ende der Herstellungsfrist (vgl. Teil B § 5) hingehalten zu werden, zumal dadurch der vorgesehene Baufortschritt, insbesondere auch im Hinblick auf den Einsatz anderer an der Bauherstellung beteiligter Unternehmer, **ungebührlich aufgehalten werden kann,** ferner eine sogleich und nicht erst später erfolgende Mängelbeseitigung **nicht nur dem Auftraggeber** und seinen berechtigten Interessen **dient, sondern** aus dem Gesichtspunkt der **Schadensminderung auch** dem mit dem Beseitigungsaufwand belasteten **Auftragnehmer.** Deshalb wird man es **auch bei BGB-Bauverträgen** in Abweichung vom Wortlaut des § 634 Abs. 1 Satz 2 BGB gemäß § 242 BGB für zulässig halten dürfen, daß der Auftraggeber dem Auftragnehmer eine angemessene Frist zur Vertragserfüllung setzt, die **vor der Ausführungszeit** oder dem sonst für die Fertigstellung zu erwartenden Endzeitpunkt liegt, wenn er im Einzelfall daran ein berechtigtes Interesse hat und es darlegen kann (im Ergebnis ebenso Schmitz BauR 1979, 195). 381

Die **Angemessenheit** der Beseitigungsfrist richtet sich nach Art und Umfang des Mangels, der beseitigt werden muß. Wesentlich für den Begriff der Angemessenheit ist nicht die subjektive Sicht des Auftraggebers, sondern die bei **objektiver Betrachtung** im Einzelfall anzunehmende Zeit, die ein ordnungsgemäßer Auftragnehmer braucht, um diesen Mangel oder diese Vertragswidrigkeit, um die es im Einzelfall geht, zu beheben; dabei ist für die Bewertung davon auszugehen, daß es im **wohlberechtigten Interesse des Auftraggebers** (insoweit auch Kaiser, Mängelhaftungsrecht, Rdn. 31) liegt, daß der Auftragnehmer **unverzüglich** (§ 121 BGB) nach Erhalt der Beseitigungsaufforderung die erforderlichen Arbeiten in Angriff nimmt und 382 zügig durchführt (vgl. auch Kahlke BauR 1981, 516). Im allgemeinen kann die Angemessenheit der Nachfrist mit ca. 2 Wochen, höchstens 1 Monat angesetzt werden (vgl. Thamm BB 1982, 2018). Ausnahmen können sich bei objektiver Betrachtung – nur – ergeben, wenn die ordnungsgemäße Mängelbeseitigung von bestimmten äußeren Voraussetzungen, wie z. B. trockener Witterung, Möglichkeit zur Bereitstellung des Objektes der Nachbesserung erst zu bestimmter Zeit usw., abhängig ist. Auch wird die Frist erst später beginnen, wenn die Vertragspartner eine vorherige Klärung der Mängelbeseitigungsursachen und -maßnahmen durch Einholung eines Sachverständigengutachtens vereinbart haben; dann kann die Frist erst nach Eingang des klärenden Gutachtens beginnen (vgl. BGH SFH Z 2.414.1 Bl. 8 = BauR 1975, 137 = Betrieb 1974, 1959 = WM 1974, 932). Die Setzung einer verhältnismäßig kurzen Frist kann angemessen sein, wenn im Einzelfall die ordnungsgemäße Mängelbeseitigung Voraussetzung für den Beginn oder die Fortsetzung der Arbeiten anderer Unternehmer ist und diese und/oder der Auftraggeber anderenfalls in zeitlicher oder sonstiger Hinsicht in Schwierigkeiten geraten.

383 Es kann im **wohlberechtigten Interesse des Auftraggebers geboten sein und wäre auch rechtlich zulässig**, zusammen mit der Setzung einer angemessenen Frist, bis zu der die Nachbesserung bzw. Ersetzung ordnungsgemäß **beendet** sein muß, zugleich zum Ausdruck zu bringen, daß die Frist entfalle und der Vertrag gekündigt und ein anderer Unternehmer zur Mängelbeseitigung auf Kosten des Auftragnehmers eingesetzt werde, wenn nicht innerhalb einer bestimmten weiteren und kürzeren Frist mit den Nachbesserungsarbeiten **begonnen** worden sei, falls die Zeitspanne zwischen dem Ablauf der zuletzt genannten Frist und der gesetzten angemessenen Frist zur Beendigung der Nachbesserung bei objektiver Betrachtung nicht mehr ausreichen würde, um die Nachbesserung innerhalb der angemessenen Nachbesserungsfrist ordnungsgemäß zu Ende zu bringen (zutreffend Kahlke BauR 1981, 516; vgl. dazu auch Teil B § 13 Rdn. 511 ff.).

384 Von **besonderer Bedeutung** sind bei der hier erörterten Ersetzung **vor Abnahme und der damit verbundenen Fristsetzung auch die Ausführungsfristen** (Teil B § 5 Nr. 1), vorausgesetzt, daß eindeutig Ausführungsfristen (Vertragsfristen) ursprünglich im Vertrag festgelegt worden sind, wobei es sich im allgemeinen um die termingerechte Ausführung der vertraglichen Gesamtleistung handelt. Vereinbarungsgemäß hat der Auftragnehmer nämlich die ihm obliegende Gesamtleistung innerhalb der vertraglich festgelegten Ausführungsfrist fertigzustellen, und zwar gerade **auch dann,** wenn zwischenzeitlich eine Beseitigung von Mängeln oder Vertragswidrigkeiten vorgenommen werden muß.

385 Wird dem Auftragnehmer eine **unangemessene Frist** gesetzt, so **hindert dies keineswegs den Fristbeginn.** Der Auftragnehmer kann dann lediglich eine **Verlängerung** der Frist **im Rahmen der Angemessenheit** begehren. Eine zu kurz bemessene Frist ist also **nicht wirkungslos,** vielmehr wird auf Verlangen des Auftragnehmers nach Treu und Glauben eine den Verhältnissen entsprechende angemessene Frist in Lauf gesetzt (RGZ 106, 89, 90; RG HRR 1932, 1436; BGH, Urt. vom 8. 10. 1970 – VII ZR 235/68 –).

386 Es liegt **unbedingt im Interesse des Auftraggebers,** dem Auftragnehmer eine **angemessene Frist** für die Beseitigung der Mängel **zu setzen,** um nicht durch eine zu kurz bemessene Zeitspanne die Entstehung weiterer Mängel zu verursachen. Die Entscheidung darüber, ob und wieweit eine Frist angemessen ist, obliegt im Streitfall dem Tatrichter (BGH, Urt. vom 13. 4. 1961 – VII ZR 109 und 132/60 –; BGH NJW 1973, 456 = SFH Z 3.12 Bl. 68 = BB 1973, 360 = MDR 1973, 402 = LM § 636 BGB Nr. 3 = WM 1973, 1020). **Andererseits** darf sich der Auftragnehmer in Allgemeinen Geschäftsbedingungen nicht eine unangemessen lange Zeit oder eine nicht hinreichend bestimmte Frist vorbehalten, wie § 10 Nr. 2, vor allem auch § 11 Nr. 8 a AGB-Gesetz zeigen. Unangemessen ist insofern der generelle Vorbehalt, die Nachfrist zur Erbringung bzw. ordnungsgemäßen Erbringung der Leistung müsse 6 Wochen

betragen (OLG Stuttgart NJW 1981, 1105). Erst recht gilt dies für die Bestimmung: „Leistungsverzug ist ausgeschlossen und berechtigt nicht zum Rücktritt vom Vertrage."

4. Entbehrlichkeit der Fristsetzung und Beseitigungsaufforderung

Nach allgemeinen, für den Rahmen des § 326 BGB anerkannten Grundsätzen ist eine **Fristsetzung** mit der Androhung des Auftragsentzugs **entbehrlich,** wenn entweder die Beseitigung des aufgetretenen Mangels oder der aufgetretenen Vertragswidrigkeit **unmöglich** ist oder vom Auftragnehmer **schon ernsthaft und endgültig** verweigert worden ist (BGHZ 50, 160 = NJW 1968, 1524 = VersR 1968, 750 = MDR 1968, 750 = BB 1968, 770 = WM 1968, 834 = JZ 1969, 386 = Betrieb 1968, 1397 = LM § 4 VOB/B Nr. 3 = SFH Z 2.510 Bl. 32; BGH BauR 1985, 450), was sicher noch nicht gegeben ist, wenn die Parteien zunächst die Einholung eines Sachverständigengutachtens zwecks Feststellung der Mängelursachen und der geeigneten Beseitigungsmaßnahmen vereinbaren (BGH BauR 1975, 137 = SFH Z 2.414.1 Bl. 8 = Betrieb 1974, 1959 = WM 1974, 932). Einer endgültigen Weigerung kommt es dagegen gleich, wenn der Auftragnehmer bestimmt und **abschließend** die Meinung vertritt, seine Leistung sei mängelfrei (BGH LM § 326 [Dc] Nr. 2; RGZ 129, 143, 145; BGH, Urt. vom 8. 10. 1970 – VII ZR 235/68 –) oder die Verantwortung auf einen anderen Unternehmer oder Hersteller abschiebt und sich dahin äußert, die Sache gehe ihn nichts an (vgl. BGH BauR 1983, 258 = NJW 1983, 1731 = SFH § 634 BGB Nr. 10 = ZfBR 1983, 123). Gleiches trifft zu, wenn der Auftragnehmer die Nachbesserungsarbeit ohne jegliche Einschränkung von der vorherigen Bezahlung noch offener Vergütung abhängig macht (vgl. BGH a. a. O.). Erst recht gilt dies, wenn der Auftragnehmer die Mängelbeseitigung zugesagt hat und sich dann trotz darauf folgender Fristsetzung durch den Auftraggeber einfach nicht rührt (vgl. dazu KG BauR 1984, 527 = ZfBR 1984, 132). Ein Verzug des Auftragnehmers tritt im Zeitpunkt der endgültigen Erfüllungsverweigerung ein (BGH NJW 1985, 486).

387

Darüber hinaus gilt auch der allgemein anerkannte (vgl. z. B. BGH LM § 634 BGB Nr. 1) Grundsatz, daß dem Auftraggeber ein **Festhalten am Vertrag nicht mehr** zuzumuten ist, wenn der Auftragnehmer **durch** seine **mangelhafte Arbeit** den **Vertragszweck gefährdet** und das Vertrauen in eine vertragsgerechte Arbeit grundlegend erschüttert hat, was vor allem gilt, wenn die Mängel der bisher erbrachten Teilleistung so schwerwiegend sind, daß dem Auftraggeber die Entgegennahme der Nachbesserung nach Sachlage einfach nicht zumutbar ist (BGHZ 50, 160 = NJW 1968, 1524 = VersR 1968, 750 = MDR 1968, 750 = BB 1968, 770 = WM 1968, 834 = JZ 1969, 386 = Betrieb 1968, 1397 = LM § 4 VOB/B Nr. 3 = SFH Z 2.510 Bl. 32; BGH NJW 1975, 825 = BauR 1975, 280 = SFH Z 2.510 Bl. 58 = BB 1975, 1086; BGH BauR 1985, 450; OLG Köln SFH § 8 VOB/B Nr. 4). Vgl. dazu auch Teil B § 5 Rdn. 45 ff.

388

In den genannten Ausnahmefällen – **für die der Auftraggeber beweispflichtig ist** – ist **auch** die **Mängelbeseitigungsaufforderung entbehrlich,** weil eine solche dann eine **leere Förmlichkeit** wäre, es sei denn, die den Ausnahmetatbestand rechtfertigenden Umstände haben sich erst **nach** der Mängelbeseitigungsaufforderung ergeben (vgl. BGH SFH Z 2.414.1 Bl. 8 = BauR 1975, 137 = Betrieb 1974, 1959 = WM 1974, 932).
Zur dennoch in den genannten Ausnahmefällen erforderlichen **Mängelanzeige** vgl. Teil B § 13 Rdn. 527 ff.

389

Dagegen ist eine Nachfristsetzung und eine Kündigungsandrohung nicht allein deshalb entbehrlich, weil sich der Auftraggeber in AGB die fristlose Kündigung für den Fall vorbehalten hat, daß der „Unternehmer grob gegen die anerkannten Regeln der Technik verstößt"; solche Regelung steht im Widerspruch zu § 11 Nr. 4 bzw. § 9 AGB-Gesetz, wenn es sich nicht um einen Individualvertrag handelt (vgl. OLG Köln SFH § 8 VOB/B Nr. 4). Gleiches gilt für eine vorformulierte Vertragsklausel: „Bei Weigerung des Auftragnehmers, Beanstandungen und Mängel an seinen Arbeiten sofort zu beheben, hat der Auftraggeber das Recht,

390

die Arbeit sofort zurückzuweisen und von anderen Firmen auf Kosten des Auftragnehmers herstellen zu lassen" (OLG Düsseldorf BauR 1985, 452). Andererseits liegt ein Verstoß gegen § 11 Nr. 8 b AGB-Gesetz vor, wenn im Rahmen von AGB des Auftragnehmers (insbesondere Zusätzlichen Vertragsbedingungen) generell festgelegt ist, daß der Auftraggeber Rechte aus Verzug immer nur nach erfolgloser Nachfristsetzung geltend machen kann.

5. Androhung des Auftragsentzuges

391 Schließlich muß der Auftraggeber dem Auftragnehmer – abgesehen von den vorangehend genannten Ausnahmen – **erklären,** daß er ihm im **Falle des fruchtlosen Fristablaufs** den **Auftrag entziehe.** Die Androhung der Auftragsentziehung ist erforderlich, um dem Auftragnehmer die Entscheidung zu ermöglichen, die Folgen einer nicht ordnungsgemäßen Erfüllung auf sich zu nehmen oder sie durch Tätigwerden innerhalb der gesetzten Frist abzuwenden; setzt der Auftraggeber dem Auftragnehmer die Frist, unterläßt er dagegen die Androhung der Auftragsentziehung und kündigt er dennoch, so handelt es sich dann grundsätzlich nur um eine Kündigung nach Maßgabe von Teil B § 8 Nr. 1 mit den damit verbundenen, für den Auftraggeber nachteiligen Folgen (vgl. BGH BauR 1987, 689 = NJW 1988, 140 = SFH § 8 VOB/B Nr. 11 = Siegburg EWiR § 8 VOB/B 1/87, 1027 = MDR 1988, 44 = ZfBR 1987, 238 = LM § 8 VOB/B Nr. 15; BGH BauR 1988, 82 = SFH § 8 VOB/B Nr. 12 = NJW-RR 1988, 208 = Betrieb 1988, 282 = MDR 1988, 309; vgl. auch OLG Frankfurt NJW-RR 1987, 979). Die Erklärung hat **bestimmt und inhaltlich unzweifelhaft** zu sein. Für die Ablehnungsandrohung ist es aber nicht erforderlich, daß der Auftraggeber hier unbedingt den Wortlaut der VOB bei seiner Erklärung einhält; vielmehr genügt es, wenn sein **Wille,** die Nachbesserungsleistung bzw. Ersetzungsleistung des Auftragnehmers nach erfolglosem Ablauf der Frist nicht mehr anzunehmen, **eindeutig und zweifelsfrei zum Ausdruck** gebracht wird, wie z. B. durch **klare** Androhung der Beschäftigung eines anderen Unternehmers nach fruchtlosem Ablauf der insoweit klar erkennbar letztmals gesetzten Frist (vgl. BGH BauR 1983, 258 = NJW 1983, 1731 = SFH § 634 BGB Nr. 10 = ZfBR 1983, 123; OLG Düsseldorf BauR 1977, 134).

392 Fruchtlos ist der Fristablauf, wenn der Auftragnehmer seine ihm obliegenden Pflichten zur Beseitigung bzw. Ersetzung **nicht erfüllt** hat. Eine Erfüllung liegt vor allem auch nicht vor, wenn der Auftragnehmer zwar Versuche zur Mängelbeseitigung angestellt hat, diese aber ohne Erfolg geblieben sind.

393 **Andererseits** kann es vorkommen, daß der Auftragnehmer die Beseitigung oder Ersetzung noch rechtzeitig und in **zumutbarer Zeit** während der gesetzten Frist **begonnen** hat, damit aber innerhalb des Fristenlaufs trotz gebotener Anstrengung **nicht ganz fertig** geworden ist. Handelt es sich dabei um **geringfügige oder sonst dem Auftragnehmer nicht in erheblicher Weise zur Last zu legende Fristüberschreitungen,** so wird man aus dem Grundsatz von Treu und Glauben annehmen können, daß dann das angedrohte Kündigungsrecht des Auftraggebers weggefallen ist. Allerdings trifft das nicht generell zu. Vielmehr kommt es auf die Gegebenheiten des Einzelfalles an, insbesondere auch auf die Einwirkung der an sich geringfügigen Fristüberschreitung auf die Einhaltung der vertraglich vereinbarten Ausführungsfristen nach Teil B § 5.

394 Für die Erklärung nach Nr. 7 Satz 3 ist **keine besondere Form** vorgeschrieben. Sie kann daher wirksam **auch mündlich abgegeben** werden. Dem Auftraggeber ist jedoch dringend anzuraten, die Schriftform zu wahren, damit er später die ordnungsgemäße Abgabe der Erklärung beweisen kann. Wird dann allerdings der Bauvertrag nach Teil B § 8 Nr. 3 gekündigt, so **bedarf es für die Kündigung selbst** gemäß Nr. 5 a. a. O. der **Schriftform als Wirksamkeitsvoraussetzung** (vgl. Teil B § 8 Rdn. 148 ff.).

6. Entziehung des Auftrages – Mängelansprüche

Sowohl bei der Nichtbeachtung als auch bei der beachtlichen Überschreitung der gesetzten Frist sowie auch im Falle des untauglichen Versuches zur vollständigen Beseitigung steht dem Auftraggeber das **Recht zu, den Auftrag zu entziehen**, vgl. OLG Düsseldorf, ferner LG Kleve (SFH Z 2.510 Bl. 8 ff. und Z 2.510 Bl. 1 ff.), womit der Rechtsbegriff der **Kündigung gemeint** ist; ebenso u. a. Christoffel S. 89; Ludwigs S. 153.

395

Erst mit fruchtlosem **Ablauf der Frist** (vgl. dazu auch Teil B § 13 Rdn. 511 ff.) entsteht das **Kündigungsrecht** des Auftraggebers (ebenso BGH BauR 1973, 319 = NJW 1973, 1463 = BB 1973, 1046 = Betrieb 1973, 1795 = WM 1973, 1056 = VersR 1973, 767 = SFH Z 2.510 Bl. 47; OLG Celle BauR 1973, 49; Jagenburg VersR 1969, 1077; vgl. auch OLG Frankfurt MDR 1983, 755), abgesehen von den in Rdn. 387 ff. genannten Ausnahmen. Es ist also **kraft ausdrücklicher vertraglicher Regelung nicht so, daß bereits mit dem fruchtlosen Ablauf der Frist nach erfolgter Androhung der Bauvertrag als aufgelöst gilt. Vielmehr bedarf es noch der gesonderten Kündigung durch den Auftraggeber.** Dieser kann sich bis dahin immer noch überlegen, ob er den Auftrag entziehen oder am Bauvertrag festhalten will. Im letzteren Fall ist der Auftragnehmer nach wie vor zur weiteren ordnungsgemäßen Erbringung der Bauleistung verpflichtet. Entschließt sich der Auftraggeber zur Kündigung und spricht er diese aus, ist er daran **gebunden**. Er kann später **nicht einseitig und ohne Einvernehmen** mit dem Auftragnehmer hiervon abgehen und Erfüllung verlangen, vgl. Ludwigs S. 154 f.

396

Der ausdrückliche Ausspruch der Kündigung ist im übrigen auch in jenen Fällen erforderlich, in denen Aufforderung zur Mängelbeseitigung, Fristsetzung und Kündigungsandrohung entbehrlich sind (vgl. Rdn. 387 ff.).

397

Über die Kündigung und deren Folgen verhält sich Teil B § 8 Nr. 3 (vgl. Teil B § 8 Rdn. 76 ff.). Zu den Besonderheiten im Falle einverständlicher Vertragsauflösung vgl. Vor B §§ 8 und 9 Rdn. 18 ff. und B § 8 Rdn. 80.

398

Hat der Auftraggeber dem Auftragnehmer mit Recht den Auftrag entzogen, ist er grundsätzlich **nicht** aus dem Gesichtspunkt der **Schadensminderungspflicht** verpflichtet, den Auftragnehmer weiterzubeschäftigen, wenn er keinen anderen Unternehmer findet, der bereit ist, die Leistung fortzuführen. Das kann ausnahmsweise nur in Erwägung gezogen werden, wenn das Verhalten des Auftragnehmers, das zur Vertragsaufhebung geführt hat, nicht allzu schwerwiegend war und außerdem zu erwarten ist, daß das gestörte Vertrauensverhältnis des Auftraggebers zum Auftragnehmer wiederhergestellt wird. Hinsichtlich dieser Ausnahme ist der gekündigte **Auftragnehmer beweispflichtig**.

399

Auch für die Zeit nach der Entziehung des Auftrages **bleiben** dem Auftraggeber Ansprüche nach Teil B § 4 Nr. 7 Satz 1 auf **Beseitigung von** während der Vertragszeit an bis zur Beendigung des Vertrages erbrachten Leistungsteilen entstandenen **Mängeln bestehen** (BGH BauR 1974, 412 = NJW 1974, 1707 = SFH Z 2.415.0 Bl. 8 = MDR 1974, 1013 = BlGBW 1975, 39 = Betrieb 1974, 1718 = BB 1974, 1183 = LM VOB/B Nr. 73). Gleiches gilt auch für Minderungsansprüche entsprechend Teil B § 13 Nr. 6 (a. a. O.). Allerdings gilt hierfür die **kurze Verjährungsfrist des § 13 Nr. 4 VOB/B** (a. a. O.). Sofern keine Abnahme der Leistung des gekündigten Auftragnehmers stattfindet, wird für den Verjährungsbeginn die Abnahme maßgebend sein, die später hinsichtlich der von einem anderen Unternehmer fertiggestellten Leistung stattfindet (vgl. Dähne BauR 1973, 268). Siehe dazu auch hier Rdn. 353 und 371 ff. sowie Teil B § 8 Rdn. 86 f.

400

7. Nichtbestehen des Kündigungsrechts – Beweislast

Die Mängelbeseitigungspflicht des Auftragnehmers und damit auch die Kündigungsbefugnis des Auftraggebers können auch bei einer ordnungsgemäßen Erklärung nach Satz 3

401

B § 4, 7, Rdn. 402

entfallen oder nicht bestehen. Das ist der Fall, wenn der Beseitigungsanspruch **unzumutbar ist**, weil die Beseitigung nur mit einem **unverhältnismäßig großen Aufwand** ermöglicht werden kann (vgl. Rdn. 348 ff.) oder wenn der **Auftragnehmer zu Recht die behaupteten Vertragswidrigkeiten oder Mängel bestreitet.** Den **Auftragnehmer** trifft hier die **Beweislast** für die Richtigkeit seiner Behauptung. Es ist hier vor der Abnahme seine Pflicht, die mängelfreie Herstellung des Werkes sowie das Nichtvorliegen ihm vorgeworfener Vertragswidrigkeiten darzutun und im Streitfall nachzuweisen.

Das Kündigungsrecht kann andererseits grundsätzlich nicht in Allgemeinen Geschäftsbedingungen des Auftragnehmers ausgeschlossen werden, wie § 11 Nr. 8 AGB-Gesetz zeigt.

8. Beauftragung eines anderen Unternehmers mit der Mängelbeseitigung ohne Vertragskündigung

402 **Entgegen der hier vertretenen Ansicht** ist der BGH (BauR 1986, 573 = NJW-RR 1986, 1148 = SFH § 4 Nr. 7 VOB/B Nr. 3 mit Anm. Hochstein = BB 1986, 1604 = Betrieb 1986, 2075 = JZ 1986, 1071 = MDR 1987, 48 = LM § 4 [A] VOB/B Nr. 15 = ZfBR 1986, 226 = Hochstein EWiR 1986, 935; vgl. auch BGH BauR 1987, 689 = NJW 1988, 140 = SFH § 8 VOB/B Nr. 11 = Siegburg EWiR § 8 VOB/B 1/87, 1027 = MDR 1988, 44 = LM § 8 VOB/B Nr. 15; ferner Clemm BauR 1986, 136) der Meinung, daß bei Verzug des Auftragnehmers mit der Mängelbeseitigung gemäß § 4 Nr. 7 VOB/B der Auftraggeber **Ersatz von Fremdnachbesserungskosten „regelmäßig"** (also nicht nur grundsätzlich) **nicht verlangen könne, bevor er den Auftrag dem Auftragnehmer nach Teil B § 8 Nr. 3 entzogen habe.** Dabei bezieht er sich auf die von ihm im einzelnen zitierte überwiegende Meinung (wobei er als solche z. T. auch Fundstellen angibt, in denen zu dem hier erörterten Sonderproblem überhaupt nicht Stellung bezogen ist). Dem kann in dieser sozusagen absoluten Form nach wie vor **nicht beigepflichtet** werden. Zunächst stellt der BGH ersichtlich nicht in Abrede, daß das gesetzliche Werkvertragsrecht (was dann grundsätzlich auch für den nach dem BGB ausgerichteten Bauvertrag gilt) **in § 633 Abs. 3 BGB** unter den dort gegebenen Voraussetzungen auch **schon für die Zeit vor der Abnahme** den Einsatz eines anderen Unternehmers oder die Eigenbeseitigung durch den Auftraggeber zuläßt, ohne daß dort eine Kündigung oder eine sonstige Beendigung des Vertrages mit dem Auftragnehmer Voraussetzung wäre, wie dies auch durch § 634 Abs. 1 Satz 2 BGB dokumentiert wird (zutreffend dazu Schmitz BauR 1979, 195; Müller-Foell NJW 1987, 1608; Kaiser, Mängelhaftungsrecht, Rdn. 30). Die VOB sagt zwar in Teil B § 4 Nr. 7 **nichts** über das Recht des Auftraggebers, auch ohne vorherige Kündigung des Vertrages mit dem Auftragnehmer zur Mängelbeseitigung zu schreiten und dann vom Auftragnehmer die Kosten der Selbstbeseitigung der Mängel zu verlangen; vielmehr räumt sie nach ihrem Wortlaut in Satz 3 nur das Recht der Kündigung unter den dort näher umschriebenen Voraussetzungen nach Teil B § 8 Nr. 3 ein. Sie trägt damit sicher den **Besonderheiten des Bauvertrages Rechnung,** indem sie zutreffend den **sachgerechtesten Weg** aufzeigt. Denn im allgemeinen hat der Auftraggeber in der hier gegebenen Situation der doppelten Vertragsuntreue des Auftragnehmers (fehlerhafte Leistung, Nichtbeseitigung des Mangels trotz eindeutiger Aufforderung) kein Interesse an der Aufrechterhaltung des Vertrages mit diesem, da das Vertrauensverhältnis entscheidend gestört ist. **Andererseits** ist aber (wofür der BGH eine nähere und einleuchtende Begründung vermissen läßt) die Bestimmung in **Nr. 7 Satz 3 nicht zwingend,** wie die Wendung „kann" zeigt, die nach allgemeiner juristischer Auslegung nur eine Möglichkeit, nicht aber schon eine unbedingte rechtliche Verpflichtung darstellt. Daraus ist zu folgern, daß die VOB/B durch die Kündigungsregelung in Nr. 7 Satz 3 nur den für den Bauvertrag sachgerechtesten Weg aufzeigt, diesen aber [cf1070nicht als einzige Möglichkeit ansieht. Ist dies aber so, dann kann der dem Auftraggeber durch § 633 Abs. 3 BGB auch ohne vorherige Kündigung mögliche Weg bei der VOB/B ebenfalls nicht ganz verschlossen sein. Dies ergibt sich allein

daraus, daß die VOB/B **nur ein Vertragswerk** ist, auf das in Fällen, in denen kein ausdrücklicher Ausschluß klar und deutlich zum Ausdruck gekommen ist, jedenfalls **hilfsweise die einschlägige gesetzliche Bestimmung anwendbar** ist (insoweit zutreffend Hochstein a. a. O.; Müller-Foell a. a. O.; Schmitz a. a. O.). Das um so mehr, als die **VOB/B als AGB** anzusehen, also **restriktiv auszulegen** ist, insbesondere dort, wo ergänzende gesetzliche Bestimmungen, wie hier § 633 Abs. 3 BGB, zur Verfügung stehen. Daher kann es **nicht auszuschließen** sein, daß der **Auftraggeber auch diesen Weg beschreitet.** Dem kann entgegen BGH nicht damit begegnet werden, daß der Auftraggeber ja im Falle der Mangelhaftigkeit nur eines Teils der bisher erbrachten Leistung den Weg der **Teilkündigung** einschlagen könne. Sicher kann dies im Einzelfall eine sachgerechte Möglichkeit sein. Jedoch wäre dann der Auftraggeber bei gänzlichem Ausschluß des § 633 Abs. 3 BGB auf nur wenige Fälle beschränkt, weil die genannte Teilkündigung voraussetzt, daß es sich um in sich abgeschlossene Teile der Leistung handelt, wie sich deutlich aus Teil B § 8 Nr. 3 Abs. 1 Satz 2 ergibt, wobei die engen Voraussetzungen, wie sie in Teil B § 12 Nr. 2 a geregelt sind (vgl. dazu Teil B § 12 Rdn. 72 ff.), gegeben sein müssen. Gerade das **reicht für viele Fälle nicht aus.** Entgegen BGH ist es daher durchaus sach- und interessengerecht, dem Auftraggeber **auch für andere Fälle** die Möglichkeit zu geben, auch ohne vorherige Vertragskündigung zur Selbsthilfe zu schreiten, also den Weg über § 633 Abs. 3 BGB zu gehen. Hierzu müßten jedoch die **teilweise weitergehenden Voraussetzungen** gegeben sein, nämlich eine **Fristsetzung** – nicht nur eine Mahnung wie bei § 633 Abs. 3 BGB – **mit erfolglosem Ablauf** (vgl. dazu Teil B § 13 Rdn. 537 ff.). Das würde auch das Recht beinhalten, von dem Auftragnehmer einen **Kostenvorschuß zur Mängelbeseitigung** zu verlangen. **Andererseits** ist zu beachten, daß die von der VOB/B in Teil B § 4 Nr. 7 Satz 3 angeführte **Kündigung,** wie schon hervorgehoben, die **sachgerechteste Möglichkeit** für eine befriedigende Lösung in der hier erörterten Fallgestaltung ist. Daraus ist zu folgern, daß dem **Auftraggeber nicht etwa ein Wahlrecht eingeräumt ist** (so wohl Müller-Foell a. a. O., S. 1610), ob er den von der VOB/B ausdrücklich allein aufgezeigten Weg der Kündigung gehen will oder ohne diese entsprechend § 633 Abs. 3 BGB vorgehen will. Vielmehr muß hier schon die von der VOB/B aufgezeigte **Kündigung vorrangig** sein und der **Weg über § 633 Abs. 3 BGB auf für sich klar abgrenzbare Fälle beschränkt** bleiben. Dabei kommt es für letzteren einmal auf die jeweils **berechtigte Interessenlage** des Auftraggebers an, zum anderen aber **auch darauf, ob und inwieweit die Verantwortungsbereiche des Auftragnehmers gegen die eines ohne Kündigung eingesetzten Drittunternehmers oder des selbstbeseitigenden Auftraggebers hinreichend klar abgrenzbar sind und dabei auch bei der späteren Abrechnung mit dem Auftragnehmer keine unüberwindlichen Hindernisse entstehen.** Insoweit ist es letztlich maßgebend, wie die Mängel hinsichtlich ihrer Schwere, ihres Umfanges, die Mängelbeseitigungsmaßnahmen und deren Kosten im einzelnen sind, nicht zuletzt aber auch der jeweilige Baufortschritt. Hat der Auftragnehmer die Leistung an sich fertiggestellt, ist sie jedoch in abgrenzbaren Teilbereichen mangelhaft, so wird man im allgemeinen dem Auftraggeber gestatten können, auch ohne Kündigung des Vertrages mit dem Auftragnehmer zur Selbstbeseitigung entsprechend § 633 Abs. 3 BGB überzugehen. Auch bei weniger fortgeschrittenen Leistungen auf der Grundlage des jeweiligen Vertrages mit dem Auftragnehmer dürfte dies möglich sein, wenn die mangelhaften Leistungen für sich eine abgrenzbare Funktion besitzen und sich von den übrigen klar trennen lassen, was z. B. bei Bauverträgen, die das Ausbaugewerbe betreffen, in nicht unerheblichem Maße der Fall sein dürfte (vgl. dazu auch Müller-Foell a. a. O.; OLG Celle BauR 1984, 994 für den Fall der erstrebten dinglichen Übertragung einer bereits bezogenen Eigentumswohnung). Ein brauchbares Abgrenzungskriterium kann durchaus die Prüfung und Beantwortung der Frage sein, **ob die Abgrenzungsschwierigkeiten bei nicht erfolgter Kündigung in Anbetracht der Folgeregelungen bei durchgeführter Kündigung gemäß Teil B § 8 Nr. 6 sowie Nr. 3 Abs. 2 in etwa gleich sind oder nicht,** ob also bei nicht erfolgter Kündigung „nichts durcheinandergerät".

VIII. Pflichten des Architekten im Rahmen der Nr. 7

403 Bezogen auf die Gesamtregelung in Teil B § 4 Nr. 7, ist es nicht unwesentlich, daß es zu den **Pflichten** des **mit der Bauleitung und Bauaufsicht betrauten Architekten** des Auftraggebers gehört, auf der Grundlage des § 15 Abs. 2 Nr. 8 HOAI den Auftragnehmer bei mangelhafter oder sonst vertragswidriger Leistung namens des Auftraggebers zur Beseitigung innerhalb angemessener Frist aufzufordern und nach fruchtlosem Ablauf der Frist und nach vorheriger ordnungsgemäßer Vertragskündigung, die ohne besondere Bevollmächtigung des Architekten der **Auftraggeber selbst** vornehmen muß, einen anderen Unternehmer jedenfalls mit aussuchen zu helfen, um so die Rechte des Auftraggebers gegenüber dem Auftragnehmer nach § 633 Abs. 2 und 3 BGB, § 4 Nr. 7 VOB/B und § 13 Nr. 5 VOB/B **zu wahren.** Vgl. dazu auch Hesse/Korbion/Mantscheff § 15 Rdn. 31.

404 Wünscht der Auftraggeber, sich unmittelbar an den Auftragnehmer wegen der Beseitigung der Mängel oder Vertragswidrigkeiten zu wenden, so bleibt der Architekt verpflichtet, den Auftraggeber **sachkundig zu beraten,** insbesondere auch über die Bedeutung der Mängelrüge und der Fristsetzung. Nur unter **besonderen Umständen** ist der Architekt von dieser Beratungspflicht **befreit,** nämlich wenn der Auftraggeber selbst die erforderliche Sachkunde besitzt oder wenn er gegenüber dem Architekten erklärt, einen sachkundigen Dritten mit der Wahrnehmung seiner Interessen betrauen zu wollen (BGH BauR 1973, 321 mit Anm. Locher = NJW 1973, 1457 = BB 1973, 1003 = VersR 1973, 935 = SFH Z 3.01 Bl. 512 = MDR 1973, 843 = LM § 635 BGB Nr. 33 = WM 1973, 928). Zur Beratungspflicht des Architekten siehe vor allem auch Ganten BauR 1974, 78 sowie Hartmann BauR 1974, 168.

H. Die grundsätzliche Verpflichtung des Auftragnehmers zur Selbstausführung der nach dem Vertrag geschuldeten Bauleistung (Nr. 8)

I. Grundsätzlich: Selbstausführung durch Auftragnehmer (Absatz 1)

405 Nach Nr. 8 Abs. 1 hat der Auftragnehmer die **Leistung im eigenen Betrieb** durchzuführen. Mit **schriftlicher Zustimmung** des Auftraggebers darf er sie **an Nachunternehmer** (zu den sogenannten Unternehmereinsatzformen vgl. Teil A Anhang, hier insbesondere Rdn. 116 ff.) übertragen. Die Zustimmung ist **nicht** notwendig **bei Leistungen,** auf die der Betrieb des Auftragnehmers **nicht eingerichtet** ist.
Das Werkvertragsrecht des BGB kennt an sich **keine persönliche** Leistungsverpflichtung des Werkunternehmers. Der Gesetzgeber hat es im Gegensatz zum Dienstvertrag (§ 613 BGB) beim Werkvertrag nicht für erforderlich gehalten, eine eigene Leistung des herstellenden Unternehmers als vertraglich geschuldet zu verlangen. Deshalb ist es nach den gesetzlichen Regeln über den Werkvertrag durchaus möglich, daß der Werkunternehmer von sich aus einen Dritten mit der Erledigung der ihm nach dem Vertrag obliegenden Leistung betraut, allerdings unter Aufrechterhaltung seines mit dem Auftraggeber bestehenden Vertragsverhältnisses. Über die Werbung mit verdeckten Leistungen durch Subunternehmer vgl. Sanner NJW 1987, 3112.

Somit ist eine Klausel in AGB dahin gehend, daß der Auftragnehmer berechtigt sei, den Vertrag mit allen Rechten und Pflichten auf einen anderen zu übertragen, also sogenannte Überraschungsklausel, schon deswegen unwirksam, weil sie dem **hinsichtlich des Vertragspartners** persönlichkeitsbezogenen Leitbild des Bauvertrages widerspricht, vgl. OLG Zweibrücken BB 1975, 1220 sowie jetzt §§ 3 sowie 11 Nr. 13 AGB-Gesetz.

406 Die VOB geht gegenüber dem Gesetz in ihren Allgemeinen Vertragsbedingungen einen anderen Weg. Es ist **kraft vertraglicher Vereinbarung auch die eigene Leistungspflicht** des Auftragnehmers ausgesprochen, wobei alle Personen eingeschlossen sind, die der Auftrag-

nehmer in seinem Betrieb beschäftigt (siehe Rdn. 410). **Die Leistung durch andere Unternehmer, die nicht Partner des Bauvertrages zwischen Auftraggeber und Auftragnehmer sind, ist grundsätzlich ausgeschlossen.** Eine solche vertragliche Bestimmung, wie hier, ist möglich, da die Vorschriften des BGB zum Werkvertrag insoweit nicht zwingend sind und vertraglich abbedungen werden können.

Die Regelung der VOB beruht auf der **Besonderheit des Bauvertrages.** Die Bauleistung, die im allgemeinen für den Auftraggeber von sehr weittragender Bedeutung ist, verlangt nach aller Erfahrung ein **unbedingtes Vertrauensverhältnis** zwischen dem Auftraggeber und dem Auftragnehmer. Dieses kann am ehesten dadurch geschaffen und vor allem aufrechterhalten werden, daß eine **persönliche Bindung** zwischen Leistungsberechtigten und Leistungsverpflichteten herbeigeführt wird. 407

Ein Auftragnehmer, der die ihm auferlegte **Eigenleistungsverpflichtung** verletzt, handelt **vertragsuntreu** und macht sich wegen **positiver Vertragsverletzung schadensersatzpflichtig.** Der sich wegen Verletzung der Verpflichtung aus Nr. 8 ergebende Schadensersatzanspruch aus positiver Vertragsverletzung **verjährt** innerhalb der in Teil B § 13 Nr. 4 festgelegten Frist, **wenn Baumängel** darauf beruhen, daß der Auftragnehmer die Leistung verbotswidrig an den Nachunternehmer übertragen und der Nachunternehmer mangelhaft geleistet hat (BGHZ 59, 323 = BauR 1973, 46 = NJW 1973, 38 = BB 1972, 1428 = SFH Z 2.414 Bl. 291 = WM 1972, 1401 = MDR 1973, 42 = JZ 1973, 28 = LM § 639 BGB Nr. 12). Für andere Fälle gilt dagegen grundsätzlich die 30jährige Gewährleistungsfrist des § 195 BGB. 408

Auch dürfte hier **sinngemäß Nr. 7 Satz 3 anwendbar** sein, da ein Auftragnehmer, der seine Eigenleistungsverpflichtung nicht erfüllt, eine Vertragswidrigkeit i. S. des Satzes 1 begeht. Daher kommt als Folge des fruchtlosen Ablaufs einer für die Aufnahme der Eigenleistung gesetzten Frist **auch** die **Kündigung** nach Teil B § 8 Nr. 3 entsprechend zur Anwendung (so auch Heiermann/Riedl/Rusam/Schwaab Teil B § 4 Rdn. 63 b; a. A. dagegen Hereth/Ludwig/Naschold, Teil B § 4 Ez. 4.277). Hereth/Ludwig/Naschold räumen aber ein, daß der Auftraggeber nach Teil B § 4 Nr. 1 Abs. 3 und 4 berechtigt ist, den vertragswidrig beauftragten Nachunternehmer vom Bau zu verweisen. Wenn das aber geschieht und der Auftragnehmer die von ihm geschuldete eigene Leistung verweigert, ist es sinnvoll, nach fruchtloser Fristsetzung die Verzugsfolgen, auf die Teil B § 4 Nr. 7 Satz 3 hinweist, eintreten zu lassen. Zu eng daher im Ausgangspunkt Nicklisch in Nicklisch/Weick (Teil B § 4 Rdn. 122), der ein Kündigungsrecht aus positiver Vertragsverletzung nur bei entscheidender Störung des Vertrauensverhältnisses zwischen Auftraggeber und Auftragnehmer zubilligen möchte, ohne dabei zu beachten, daß eine solche schwere Vertrauensstörung doch wohl in aller Regel vorliegen dürfte, wenn der Auftragnehmer trotz Fristsetzung sich immer noch nicht bereit gefunden hat, seine Eigenleistungspflicht zu erfüllen. 409

1. Die Eigenleistungspflicht verwehrt es dem Auftragnehmer natürlich nicht, die **in seinem Betrieb beschäftigten Personen** zur Erledigung der vertraglich geschuldeten Bauleistung einzusetzen. Die **Eigenleistungsverpflichtung des Auftragnehmers** ist **nicht** als **höchstpersönliche Pflicht** zu verstehen. Sie ist nicht auf die Person des Auftragnehmers selbst, sondern **auf** seinen **Betrieb abgestellt.** Alles, was dem Auftragnehmer im Rahmen seines Betriebes an personellen Mitteln zur Verfügung steht, kann von ihm bei der Durchführung der Bauleistung eingesetzt werden. Die sachlichen Mittel (Maschinen, Geräte usw.) sind dagegen hinsichtlich ihres zulässigen Einsatzes auf den Betrieb des Auftragnehmers nicht beschränkt, so daß er befugt ist, sich diese von dritter Seite zu beschaffen. 410

Der Begriff „im Betrieb" bedeutet **nicht,** daß der Auftragnehmer die Bauleistung – soweit überhaupt erforderlich – **in seiner eigenen Betriebsstätte** (Werkstatt) ausführen muß. Der Grundgedanke ist der gleiche wie in Teil A § 2 Nr. 1 Satz 1 und in Teil A § 25 Nr. 2 Abs. 1.

Entscheidend ist die **fachliche Eignung** des Auftragnehmers und nicht der Ort, wo **von ihm** die Leistung tatsächlich ausgeführt wird.

411 2. Eigenleistung kommt nicht nur in Betracht, wenn ein Alleinunternehmer Auftragnehmer ist, sondern sie ist **auch bei** einer **Mehrheit von Unternehmern,** sei es in der speziellen Form der **Arbeitsgemeinschaft,** sei es in einer anderen Form der unternehmerischen Zusammenarbeit vorgeschrieben. Das Gebot der Eigenleistung wird aber nicht verletzt, wenn der Auftragnehmer **namens und in Vollmacht** des Auftraggebers befugterweise als **Hauptunternehmer** Leistungsteile an **Nebenunternehmer** überträgt, weil die Nebenunternehmer in **unmittelbaren vertraglichen Beziehungen zum Auftraggeber** stehen und dieser dadurch zu der Weitergabe der Arbeiten sein Einverständnis erklärt (vgl. Anhang zu Teil A Rdn. 160 ff.).

412 Dagegen **verstößt** eine **eigenmächtige Vergabe von Teilleistungen an Nachunternehmer** durch den Auftragnehmer **gegen das Gebot der Selbstausführung.** Eigenmächtig ist eine solche Vergabe dann, wenn sie **ohne Billigung** durch den Auftraggeber geschieht. Diese Billigung kann sich aus den Besonderen oder Zusätzlichen Bedingungen des Bauvertrages ergeben, sie kann aber auch später im Wege der Vertragsänderung oder durch Genehmigung erteilt werden (ebenso Heiermann/Riedl/Rusam/Schwaab Teil B § 4 Rdn. 62 a; vgl. auch den vom BGH VersR 1965, 136 = SFH Z 2.212 Bl. 20 entschiedenen Fall sowie nachfolgend Rdn. 413 ff.). Liegt die Billigung nicht vor, hat der Auftragnehmer bei eigenmächtigem Einsatz von Nachunternehmern eine positive Verletzung der ihm nach Abs. 1 Satz 1 obliegenden Eigenleistungsverpflichtung begangen.

3. Von der grundsätzlich gegebenen Eigenleistungsverpflichtung hat die VOB in Nr. 8 Abs. 1 Satz 2 und 3 **Ausnahmen** zugelassen.

413 a) Nach Satz 2 darf der Auftragnehmer nur bei einer **schriftlichen Zustimmung** des Auftraggebers die Leistung an **Nachunternehmer** (s. dazu Anhang 45 ff.) übertragen. Übertragen bedeutet, daß der Nachunternehmer **Vertragspartner des Auftragnehmers** und damit dessen **Erfüllungsgehilfe i. S. von § 278 BGB** im Verhältnis zum Auftraggeber wird (vgl. dazu Anhang 47). Der Auftraggeber kann daher auch nicht **einseitig** verlangen, daß er selbst Bauvertragspartner des Nachunternehmers wird, so auch Ludwigs S. 155; a. A. Hereth/Ludwig/Naschold Teil B § 4 Ez. 4.274.

414 Die Zustimmung zur Vergabe an Nachunternehmer kann bereits **im schriftlichen Bauvertrag** liegen, wie z. B. im von vornherein vorgesehenen Generalunternehmereinsatz; sie kann auch später noch erteilt werden. Die Einholung der schriftlichen Zustimmung hat zweckmäßigerweise vor Beginn der Leistung zu geschehen. Eine nachträgliche schriftliche Genehmigung würde aber auch ausreichen. Zustimmung bedeutet nämlich sowohl Einwilligung im Wege einer vorangehenden Billigung als auch Genehmigung im Wege einer nachträglichen Erklärung, §§ 183, 184 BGB. Die Zustimmung kann auch auf die Weitergabe der gesamten vertraglichen Bauleistung ausgedehnt werden, obwohl dies **nicht dem Sinn der VOB entspricht.** Die VOB überläßt aber die Entscheidung dem Parteiwillen. Da die Übertragung auf Nachunternehmer nicht dem gesetzlichen Werkvertragsrecht widerspricht (vgl. Rdn. 405 ff.), kann eine solche vertragliche Regelung entgegen Ulmer/Brandner/Hensen Anh. §§ 9–11 Rdn. 906; Schlosser/Coester-Waltjen/Graba (§ 9 Rdn. 134) sowie Nicklisch in Nicklisch/Weick (Teil B § 4 Rdn. 118, der insoweit allerdings wiederum den Generalunternehmer ausgeklammert sehen will!) nicht gegen zwingende Vorschriften des AGB-Gesetzes verstoßen. Das gilt um so mehr, als aus § 11 Nr. 13 AGB-Gesetz deutlich zu entnehmen ist, daß auch dieses Gesetz gegen einen Subunternehmereinsatz grundsätzlich nichts einzuwenden hat (im Ergebnis ebenso Heiermann/Riedl/Rusam/Schwaab Teil B § 4 Rdn. 62 a; vgl. auch Frikell/Glatzel/Hofmann K 4.24).

Wenn sich die Zustimmung zur Leistungsweitergabe auf einen bestimmten, namentlich genannten Unternehmer beschränkt, was zulässig ist, ist der Auftragnehmer nur insoweit zur Übertragung berechtigt.

Ob eine Zustimmung anzunehmen ist, richtet sich gegebenenfalls auch nach den Umständen des Einzelfalles. Der Wille zur Zustimmung für ein Nachunternehmerverhältnis ist nicht schon zu verneinen, wenn der Auftraggeber dem Auftragnehmer erklärt, er sei mit der Übernahme bestimmter Arbeiten durch einen anderen Unternehmer einverstanden, der Auftragnehmer bleibe jedoch Vertragspartner, und die an ihn bezahlten Beträge seien als „durchlaufende Gelder" zu betrachten (BGH VersR 1965, 136 = SFH Z 2.212 Bl. 20). Auch dann scheidet die Annahme eines Nachunternehmervertrages nicht bereits aus, wenn der Auftragnehmer durch Weitergabe eines Teils des Bauauftrages an einen anderen Unternehmer aus dem Bauvertrag nichts verdient (BGH, a. a. O.).

Der Auftraggeber ist befugt, seine **Zustimmung an Bedingungen und Auflagen zu knüpfen**, die der Auftragnehmer einzuhalten verpflichtet ist, wenn er sich nicht einer Vertragswidrigkeit schuldig machen will, es sei denn, die Bedingungen und Auflagen widersprechen Treu und Glauben (§ 242 BGB) oder verstoßen gegen ein gesetzliches Verbot (§§ 134, 138 BGB). Auch ist es durchaus zulässig und im wohlberechtigten Interesse des Auftraggebers sachgerecht, wenn nicht sogar geboten, die **Zustimmung an Nachweise durch den Auftragnehmer zu knüpfen**, wie z. B. dahin gehend, daß der Nachunternehmer keine illegalen Arbeitskräfte beschäftigt, seine Verpflichtung zur Zahlung von Steuern und Abgaben erfüllt hat usw.

Wegen der Wahrung der hier **als Wirksamkeitserfordernis anzusehenden unumgänglich notwendigen Schriftform** und deren Voraussetzungen vgl. § 127 BGB. An sich hat der **Mangel** der Schriftform grundsätzlich die **Nichtigkeit** einer nur mündlich erteilten Zustimmung zur Folge. Nach allgemeiner Rechtsansicht ist das aber nur der Fall, wenn **nicht ein anderer übereinstimmender Wille** beider Vertragspartner anzunehmen ist. Hier kommt es im Einzelfall auf die Auslegung des wirklichen Willens nach § 133 BGB an, insbesondere darauf, ob **beide Partner davon ausgehen**, daß das nur mündlich Abgesprochene **Gültigkeit** besitzen soll (vgl. dazu näher Teil A § 29 Rdn. 2).

Daß die Zustimmung des Auftraggebers vorliegt, hat der **Auftragnehmer zu beweisen**, da er sich auf ein Ausnahmerecht beruft. Auch ergreift die Beweislast des Auftragnehmers die Tragweite der Zustimmung hinsichtlich ihres Inhaltes (Auflagen, Bedingungen usw.).

Die **Zustimmung** des Auftraggebers ist **auch bei späterem Wechsel eines Nachunternehmers notwendig.**

b) Die in Satz 2 vorgeschriebene **Zustimmung** ist nach Satz 3 **nicht** notwendig, wenn es sich um **Leistungen** handelt, auf die der **Betrieb** des Auftragnehmers **nicht eingerichtet** ist. Voraussetzung ist, daß es sich um Leistungen handelt, die der Auftragnehmer nach seiner betrieblichen Tätigkeit und Einrichtung nicht auszuführen vermag. Dabei scheidet von einer solchen Ausnahme ein Bauvertrag, der aufgrund einer Vergabe nach Fachlosen (vgl. Teil A § 4 Nr. 3 Satz 1) zustande gekommen ist, aus. Denn bei einer solchen Vergabe muß es sich um für den Betrieb des Auftragnehmers einschlägige Leistungsteile handeln. Die hier erörterte Ausnahme findet daher nur Anwendung bei einer Vergabe nach Teillosen (vgl. Teil A § 4 Nr. 2) oder einer Vergabe der Gesamtbauleistung an einen Auftragnehmer.

Es ist zu beachten, daß die Regelung in Satz 3 dem Auftragnehmer **nicht völlige Freiheit** gibt. Beispielsweise ist es ihm nicht ohne weiteres gestattet, sich bei der Vergabe um einen Bauauftrag zu bemühen, der nicht oder zu erheblichen Teilen nicht in sein Fachgebiet, auf das sein Betrieb eingestellt ist, fällt. Er ist dann zumindest verpflichtet, den Auftraggeber vorher über die wahren Verhältnisse zu unterrichten. Ein Zuwiderhandeln könnte zu einer **Haftung aus culpa in contrahendo** führen (für den Fall der Gewährleistung vgl. dazu Teil B § 13 Rdn. 97 ff.) oder im betreffenden Einzelfall sogar eine arglistige Täuschung des Auftraggebers sein (§ 123 BGB; vgl. dazu Einl. Rdn. 80 ff.).

422 Deshalb kommt **Satz 3 im allgemeinen nur in beschränktem Umfang** in Betracht, nämlich wenn es sich bei der betreffenden Teilleistung um eine **nicht sonderlich ins Gewicht fallende Leistung** im Rahmen der vertraglich geschuldeten Gesamtleistung handelt. Die Ansicht von Schlosser/Coester-Waltjen/Graba (§ 9 Rdn. 134), die Regelung in Abs. 1 Satz 3 könne nicht als wirksam angesehen werden, weil sie die Verpflichtung des Auftragnehmers zur Ausführung im eigenen Betrieb aushöhle, liegt neben der Sache. Auch dabei wird übersehen, daß die VOB in Teil B § 4 Nr. 8 im Verhältnis zum gesetzlichen Werkvertragsrecht insgesamt eine den Auftragnehmer in seinen Befugnissen einschränkende Regelung enthält (vgl. Rdn. 405 ff.). Wenn die VOB dann eine gesetzeskonforme Ausnahme unter **bestimmten, vom Auftragnehmer im einzelnen darzulegenden Gründen** gestattet, so ist schlechthin nicht ersichtlich, inwieweit diese Bestimmung gegen Gebote verstoßen soll, die von der Generalklausel in § 9 AGB-Gesetz erfaßt werden, zumal auch insoweit § 11 Nr. 13 a. a. O. nicht in Betracht kommt (vgl. auch Rdn. 413 ff.; im Ergebnis wie hier auch Nicklisch in Nicklisch/Weick Teil B § 4 Rdn. 119; auch Heiermann/Riedl/Rusam/Schwaab Teil B § 4 Rdn. 62 d).

II. Zugrundelegung der VOB (Absatz 2)

423 Nach Nr. 8 Abs. 2 ist der Auftragnehmer verpflichtet, bei der **Weitergabe von Bauleistungen an Nachunternehmer die VOB Teile B und C zugrunde zu legen. Diese** Verpflichtung des Auftragnehmers betrifft **nur** die Weitergabe von **Bauleistungen** (vgl. hierüber Teil A § 1 Rdn. 3 ff.), nicht aber andere Leistungen, wie z. B. die bloße Materialbeschaffung, Transporte, die Erstellung von Gerüsten usw.

424 Die Vertragsverhandlungen mit den Nachunternehmern sind zwar grundsätzlich nach den Richtlinien des Teils A der VOB zu führen. Es kann aber aus **objektiven** Gesichtspunkten gerechtfertigt sein, daß mit einem Nachunternehmer davon abweichende Verhandlungen geführt werden, was jedoch auf das **unumgänglich notwendige Maß zu beschränken** ist. Nach der Besonderheit des Einzelfalles können im späteren Vertrag mit Nachunternehmern Zusätzliche oder Besondere Vertragsbedingungen oder Zusätzliche Technische Vorschriften erforderlich werden, die im Bauvertrag zwischen dem Auftraggeber und dem Auftragnehmer nicht enthalten sind. Dabei muß der hier **im Verhältnis zum Nachunternehmer in die Auftraggeberstellung einrückende Auftragnehmer** besonderes Gewicht auf die Beachtung der Vorschriften des AGB-Gesetzes, vor allem dessen §§ 11 und 10, insbesondere aber auch 9 legen (vgl. dazu Teil A § 10 Rdn. 77 ff.; ferner Korbion/Locher Rdn. 144 ff.). Wie bei den Vereinbarungen zwischen einem Generalunternehmer und dem Nachunternehmer die Erfordernisse der VOB am besten beachtet werden, ergibt sich auch aus dem aus der praktischen Erfahrung aufgebauten „Merkblatt für Generalunternehmer" (vgl. hierzu Anhang Rdn. 139 ff.), worauf trotz seiner schon älteren Fassung verwiesen wird.

425 Die in Absatz 2 geregelte Verpflichtung des Auftragnehmers betrifft lediglich das **Vertragsverhältnis zwischen dem Auftraggeber und dem Auftragnehmer.** Es handelt sich daher insoweit um eine **vertragliche Nebenverpflichtung,** bei deren Verletzung je nach Lage des Falles eine Haftung des Auftragnehmers gegenüber dem Auftraggeber auf **Schadensersatz** gegeben sein kann, wenn nämlich die Abweichung von der VOB sachlich nicht zu rechtfertigen und dem Auftraggeber **deswegen** ein Schaden entstanden ist. Diese Nebenverpflichtung wirkt sich **nicht** auf die **vertraglichen Beziehungen des Auftragnehmers gegenüber dem**

Nachunternehmer aus. Erfüllt der Auftragnehmer bei den Vertragsverhandlungen oder beim Vertragsabschluß mit dem Nachunternehmer seine Pflichten nach Nr. 2 nicht, kann der **Nachunternehmer** hieraus für sich **keine Ansprüche herleiten.** Er hat nur die Rechte, die ihm nach seinem **eigenen Vertrag** mit dem Auftragnehmer als **seinem Auftraggeber** eingeräumt sind (zustimmend Locher NJW 1979, 2236). Insbesondere kann er bei anderer Vertragsgestaltung mit dem Auftragnehmer nicht Einwendungen aus der VOB herleiten mit der Begründung, für den Hauptvertrag habe der Auftragnehmer mit dem Auftraggeber die Anwendung der VOB vereinbart. Es handelt sich um **zwei verschiedene** und voneinander zu trennende **Verträge,** die sich weder überschneiden noch sonst rechtlich miteinander verbunden sind. Der Auftragnehmer ist und bleibt an das gebunden, was er in seinem Vertrag mit dem Auftraggeber vereinbart hat. Das gleiche gilt für den Nachunternehmer hinsichtlich seines Vertrages mit dem Auftragnehmer. **Eine etwaige AGB-Kontrolle hat daher für beide Verträge gesondert – rechtlich unabhängig voneinander – zu erfolgen.** Es ist somit möglich, daß der eine Vertrag dem AGB-Gesetz konform ist, der andere aber nicht oder umgekehrt (zutreffend Locher NJW 1979, 2238, 2239). Das bezieht sich in erster Linie auf etwaige, in den Verträgen enthaltene – unterschiedliche – Zusätzliche Vertragsbedingungen.

Der Auftraggeber hat **nicht** die **Berechtigung,** sich in das Vertragsverhältnis zwischen dem Auftragnehmer und den Nachunternehmern **einzumischen** oder gar **unmittelbare Weisungen** an den Nachunternehmer **zu erteilen.** Falls er **Beanstandungen** gegen den Nachunternehmer erheben zu müssen glaubt, muß er sich an **den Auftragnehmer** wenden und Abstellung oder Beseitigung von diesem verlangen. Die Frage etwaiger unmittelbarer Zahlungen des Auftraggebers an den Nachunternehmer wird von Teil B § 16 Nr. 6 erfaßt, vgl. dazu im einzelnen Teil B § 16 Rdn. 314 ff.

III. Bekanntgabe der Nachunternehmer (Absatz 3)

Absatz 3, wonach der Auftragnehmer dem Auftraggeber die **Nachunternehmer auf Verlangen bekanntzumachen** hat, ist eine **weitere Schutzbestimmung** zugunsten des Auftraggebers. Ihm soll dadurch zunächst die Möglichkeit gegeben werden, festzustellen, ob die **Regeln der VOB** im Vertrag mit dem Nachunternehmer **eingehalten** worden sind (Absatz 2). Das berechtigte Interesse des Auftraggebers geht aber noch darüber hinaus. Er hat ein Recht zu wissen, **wer als Nachunternehmer** an seinem Bauvorhaben mitarbeitet, insbesondere ob er die Voraussetzungen gemäß Teil A § 2 Nr. 1 Satz 1 erfüllt. Im Rahmen seiner Befugnis nach Absatz 3 steht dem Auftraggeber ein **klagbares Recht** zu, wie sich aus dem Wortlaut („auf Verlangen") ergibt (Ludwigs S. 156).

Die Pflicht zur Unterrichtung nach Absatz 3 erstreckt sich auf **Name und Anschrift** des Nachunternehmers, ferner auf Tatsachen, die **im Rahmen** der grundsätzlichen Regelung von **Teil A § 2 Nr. 1 Satz 1** liegen (vgl. dazu auch VHB Nr. 4. zu § 4 VOB/B), sowie auch auf das Recht, die **notwendigen Auskünfte** zu erhalten, um beurteilen zu können, ob der Auftragnehmer seiner vertraglichen Nebenverpflichtung gegenüber dem Auftraggeber Genüge geleistet hat. Dazu gehört auch die Frage, ob der Auftragnehmer seine Zahlungsverpflichtungen gegenüber dem Nachunternehmer erfüllt hat (Teil B § 16 Nr. 6). Weiter gehen die Auskunftsbefugnisse in diesem Rahmen nicht, weil der angegebene Umfang ausreicht, um die Interessen des Auftraggebers zu wahren.

IV. Öffentliche Bauaufträge

Zu Teil B § 4 Nr. 8 besagt das VHB in Nr. 4. zu § 4 B:

4. Weitervergabe von Bauleistungen an Nachunternehmer (§ 4 Nr. 8 VOB/B)

Die Zustimmung zur Übertragung von Leistungen, auf die der Betrieb des Auftragnehmers eingerichtet ist, an Nachunternehmer darf nur dann erteilt werden, wenn der Nachunternehmereinsatz eine technisch zweckmäßigere Ausführung von abgrenzbaren Teilen der Leistung erwarten läßt; die für die Ausführung erforderliche Fachkunde, Leistungsfähigkeit und Zuverlässigkeit des Auftragnehmers darf nicht beeinträchtigt werden.

Der Auftragnehmer hat die Zustimmung zu beantragen und dabei die in Nr. 14.2 der Zusätzlichen Vertragsbedingungen – EVM(B)ZVB – geforderten Angaben zu machen.

Das Bauamt hat festzustellen, ob die Voraussetzungen für die Erteilung der Zustimmung vorliegen, und seine Entscheidung zu begründen. Es hat darauf zu achten, daß die in den Zusätzlichen Vertragsbedingungen Nr. 14 EVM(B)ZVB, Nr. 6 EVM(K) ZVB bzw. Nr. 7 EVM(Z)ZVB enthaltenen Bedingungen erfüllt werden.

Wegen der Aufgaben des Hauptunternehmers vgl. Nr. 3.2 der Richtlinie zu § 8 VOB/A.

J. Entdeckungen während der Ausführung (Nr. 9)

Nr. 9 regelt einen Sachverhalt, der in der Praxis selten vorkommt.

I. Gegenstände von Altertums-, Kunst- oder wissenschaftlichem Wert

430 Bei Ausführung der Leistung können **Gegenstände von Altertums-, Kunst- oder wissenschaftlichem Wert** entdeckt werden. Voraussetzung für die **Entdeckung** ist es nach der gesetzlichen Regelung (§ 984 BGB), daß es sich um **bewegliche Sachen** handelt. Nicht ausreichend sind bloße Grundstücksbestandteile. Diese **Einschränkung** gilt für Nr. 9 **nicht,** da dort von Gegenständen gesprochen wird, worunter **auch unbewegliche Sachen,** also auch Grundstücksbestandteile, fallen. Dabei liegt Nr. 9 nur vor, wenn es sich um Sachen handelt, die Altertums-, Kunst- oder wissenschaftlichen Wert besitzen. Ob diese Voraussetzung gegeben ist, richtet sich **nach allgemeiner verkehrsüblicher Auffassung,** insbesondere nach den allgemein anerkannten Regeln der betreffenden und für die Beantwortung dieser Frage in Betracht kommenden **wissenschaftlichen Zweige.** Notfalls ist daher zur Aufklärung ein einschlägiger Sachverständiger zu hören. Um einen Schatz i. S. des § 984 BGB, der Altertums-, Kunst- oder wissenschaftlichen Wert besitzt, handelt es sich z. B. bei wertvollen Münzen aus dem 14. und 15. Jahrhundert (vgl. dazu BGH BauR 1988, 354 = SFH § 984 BGB Nr. 1 = MDR 1988, 489 = NJW 1988, 1204 = ZfBR 1988, 130 = WM 1988, 498 = JZ 1988, 665 mit Anm. Gursky im Falle der Entdeckung von 23 200 Gold- und Silbermünzen aus der genannten Zeit). In den Fällen, in denen es sich zwar um einen Schatzfund nach § 984 BGB handelt, die gefundene Sache aber keinen Altertums-, Kunst- oder wissenschaftlichen Wert aufweist, gilt auch im Rahmen des VOB-Vertrages § 984 BGB **ausschließlich.** Soweit allerdings der Auftragnehmer aufgrund des § 984 BGB zur Geltendmachung von eigenen Rechten befugt wäre, ist Nr. 9 entsprechend anwendbar, so daß die Rechte auf den Auftraggeber übergehen.

II. Anzeigepflicht des Auftragnehmers

431 Die Verpflichtung des Auftragnehmers nach Nr. 9 geht dahin, dem Auftraggeber den **Fund anzuzeigen.** Die Anzeige ist **unverzüglich** zu erstatten, sobald beim Auftragnehmer oder dessen Erfüllungsgehilfen die Annahme der Entdeckung eines Gegenstandes von Altertums-, Kunst- oder wissenschaftlichem Wert vorhanden ist. Eine Gewißheit ist nicht erforderlich.

432 Nach der Mitteilung muß der Auftragnehmer zunächst von weiterem Aufdecken (z. B. Ausgraben, Abwaschen usw.) Abstand nehmen. Auch darf er den Gegenstand nicht ändern, d. h. aus seiner Lage bringen oder auseinandernehmen, mit anderen Sachen verbinden o. ä. Er hat

vielmehr die Entschließung des Auftraggebers abzuwarten. Daraus folgt aber zu-gleich die sich aus § 242 BGB ergebende Verpflichtung des Auftraggebers, seinerseits in möglichst **kurzer Zeit seine Weisungen** an den Auftragnehmer zu erteilen oder die sonstigen notwendigen Entscheidungen zu treffen. Verzögert der Auftraggeber diese Pflichten, so gerät er in **Annahmeverzug.** Wird hierdurch die weitere Bauausführung **ungebührlich erschwert und/ oder verzögert,** sind dem Auftragnehmer die sich aus Teil B § 6, u. U. auch aus Teil B § 9 ergebenden Rechte zuzusprechen.

Verletzt der Auftragnehmer dagegen seine **Anzeigepflicht** nach der Entdeckung, erstattet er insbesondere seine Anzeige an den Auftraggeber nicht rechtzeitig und erleidet dieser dadurch einen Schaden, macht er sich gegebenenfalls aus **positiver Vertragsverletzung** schadensersatzpflichtig. Denn es handelt sich um eine vertragliche Nebenverpflichtung des Auftragnehmers aus dem Bauvertrag. 433

Das gilt auch, wenn der Auftragnehmer zwar die Anzeige rechtzeitig erstattet, jedoch dem Auftraggeber den entdeckten Gegenstand nicht oder nicht ordnungsgemäß abliefert, **falls** dieser es vom Auftragnehmer **verlangt.** Den Auftragnehmer trifft bis zur Ablieferung, also bis zur Übernahme des Gegenstandes durch den Auftraggeber, eine Fürsorgepflicht dahingehend, daß die entdeckte Sache weder beschädigt noch zerstört wird, noch abhanden kommt. Insoweit ist er dem Auftraggeber für eine schuldhafte Pflichtverletzung nach **§ 276 BGB** sowie hinsichtlich seiner Erfüllungsgehilfen nach § 278 BGB haftbar. Zu dieser Fürsorgepflicht gehört nicht nur die ordnungsgemäße Beaufsichtigung oder Verwahrung des entdeckten Gegenstandes, sondern auch dessen ordnungsgemäßer Transport, falls ein solcher nach der Weisung des Auftraggebers verlangt wird. Allerdings wird man dem Auftragnehmer ein Weigerungsrecht aus Treu und Glauben zuerkennen müssen, falls er die erforderlichen Transport- und Verlademittel oder die fachlichen Arbeitskräfte hierzu nicht besitzt und die Beschaffung dieser Mittel und Kräfte kostenmäßig für den Auftragnehmer außerhalb des Rahmens der nach dem betreffenden Einzelfall zu bewertenden Zumutbarkeit liegt. 434

III. Ausgleich der Mehrkosten

Soweit dem Auftragnehmer durch die Entdeckung oder durch die Ausführung der Weisungen des Auftraggebers **Mehrkosten** entstanden sind, ist der Auftraggeber **zur Ausgleichung** dieser Mehrkosten **verpflichtet.** Es handelt sich um eine Mehrleistung, wozu der Auftragnehmer gemäß Teil B § 2 Nr. 6 nicht ohne Kostenausgleich verpflichtet ist. Die Berechung der Mehrkosten geschieht nach Teil B § 2 Nr. 6 Abs. 2. Voraussetzung für die Kostenerstattung ist allerdings auch hier, daß der Auftragnehmer dem Auftraggeber die Mehrkosten grundsätzlich **ankündigen** muß, bevor er mit der Ausführung der Weisung des Auftraggebers beginnt. Bis dahin entstandene Kosten, also solche, die unmittelbar mit der Entdeckung selbst und deren Absicherung im Zusammenhang stehen, wird er vielfach vorher gar nicht anzeigen können. Im Falle einer solchen Unmöglichkeit schließt Teil B § 2 Nr. 6 Abs. 1 Satz 2 **nicht** den Erstattungsanspruch des Auftragnehmers aus. Ganz davon abgesehen gilt auch hier die in Teil B § 2 Rdn. 301 f. genannte, in der praktischen Auswirkung doch recht weitgehende Ausnahme entsprechend. 435

IV. Entdeckerrechte für Auftraggeber

Schließlich bestimmt Satz 3, daß dem **Auftraggeber die Rechte des Entdeckers** nach § 984 BGB zustehen. Demnach hat der Auftraggeber die Eigentumsrechte **zur Hälfte.** Die andere Hälfte des Eigentums am entdeckten Gegenstand erhält der Eigentümer der Sache, in der der entdeckte Gegenstand verborgen war. Das wird in der Regel der Grundstückseigentümer sein. Insoweit besteht Miteigentum nach **§§ 1008 ff.** BGB zwischen dem Auftraggeber und dem Sacheigentümer. Vielfach werden der Auftraggeber und der Sacheigentümer ein und die- 436 selbe Person sein. Dann ist der Auftraggeber **Alleineigentümer** des entdeckten Gegenstandes. Im übrigen ist der Auftragnehmer als **Besitzmittler des Auftraggebers** anzusehen. Für die Frage des Sacheigentums (Grundstückseigentums) ist es maßgebend, wer Eigentümer der Sache ist, in der der Schatz verborgen war, in der er sich **bis zur Bloßlegung** befunden hat; also kommt es auf den Zeitpunkt der Wahrnehmung nicht an; die den Zustand der Verborgenheit beendende Bloßlegung und die erstmalige Wahrnehmung des Schatzes müssen nicht zeitlich zusammenfallen; also kommt es z.B. nicht darauf an, ob der Schatz bei Abbrucharbeiten schon mit der Trennung von vorher mit dem Grundstück fest verbundener Bauteile entdeckt war (vgl. BGH BauR 1988, 354 = SFH § 984 BGB Nr. 1 = MDR 1988, 489 = NJW 1988, 1204 = ZfBR 1988, 130 = WM 1988, 489 = Gerhardt EWiR § 984 BGB 1/88, 363 = JZ 1988, 665 mit Anm. Gursky).

437   Die vorgenannte vertragliche Regelung gilt jedoch **nur im Verhältnis der Bauvertragspartner** (auch im Bezug auf den nach der VOB/B ausgerichteten Bauvertrag zwischen Haupt- und Nachunternehmer). **Nicht betrifft dies das Verhältnis zwischen dem Auftraggeber und den Arbeitnehmern des Auftragnehmers,** die kraft mit diesen geschlossenen Arbeitsverträgen beim betreffenden Bauvorhaben für den Auftragnehmer beschäftigt sind, es sei denn, zwischen diesen und dem Auftraggeber sind dem Satz 3 entsprechende Vereinbarungen getroffen worden. Finden Arbeitnehmer des Auftragnehmers ohne derartige besondere Vereinbarung während der Ausführung des Auftrages (z. B. während Abbrucharbeiten) einen Schatz, so stehen ihnen Entdeckerrechte nach Maßgabe des § 984 BGB zu. Insofern kann auch der Arbeitgeber nur ausnahmsweise die Entdeckerrechte geltend machen, nämlich, wenn es sich um eine geplante oder gezielte Schatzsuche handelt, was bei einer Bauausführung oder bei Abbrucharbeiten regelmäßig nicht der Fall ist, oder wenn zwischen dem Auftragnehmer und seinen Arbeitnehmern entsprechende Vereinbarungen getroffen worden sind, wonach die Entdeckerrechte dem Auftragnehmer als dem Auftraggeber zustehen. Bloße einseitige Weisungen an den Arbeitnehmer zur Ablieferung dürften dagegen den zulässigen Rahmen des „Direktionsrechts" des Arbeitgebers überschreiten (vgl. dazu BGH a. a. O.).

§ 5 Ausführungsfristen

1. Die Ausführung ist nach den verbindlichen Fristen (Vertragsfristen) zu beginnen, angemessen zu fördern und zu vollenden. In einem Bauzeitenplan enthaltene Einzelfristen gelten nur dann als Vertragsfristen, wenn dies im Vertrag ausdrücklich vereinbart ist.

2. Ist für den Beginn der Ausführung keine Frist vereinbart, so hat der Auftraggeber dem Auftragnehmer auf Verlangen Auskunft über den voraussichtlichen Beginn zu erteilen. Der Auftragnehmer hat innerhalb von 12 Werktagen nach Aufforderung zu beginnen. Der Beginn der Ausführung ist dem Auftraggeber anzuzeigen.

3. Wenn Arbeitskräfte, Geräte, Gerüste, Stoffe oder Bauteile so unzureichend sind, daß die Ausführungsfristen offenbar nicht eingehalten werden können, muß der Auftragnehmer auf Verlangen unverzüglich Abhilfe schaffen.

4. Verzögert der Auftragnehmer den Beginn der Ausführung, gerät er mit der Vollendung in Verzug oder kommt er der in Nr. 3 erwähnten Verpflichtung nicht nach, so kann der Auftraggeber bei Aufrechterhaltung des Vertrages Schadensersatz nach § 6 Nr. 6 verlangen oder dem Auftragnehmer eine angemessene Frist zur Vertragserfüllung setzen und erklären, daß er ihm nach fruchtlosem Ablauf der Frist den Auftrag entziehe (§ 8 Nr. 3).

Inhaltsübersicht

	Rdn.
A. Allgemeines	1–6
I. Begriff der Ausführungsfristen	1–3
II. Teil B § 5 erfaßt grundsätzlich nur Vertragsfristen	4–6
B. Grundregelung in Nr. 1–3	7–31
I. Nur verbindliche Fristen sind maßgebend (Nr. 1)	8–11
II. Verpflichtung des Auftragnehmers zur fristgerechten, zügigen Leistung (Nr. 1–3)	12–31
1. Beginn der Ausführung (Nr. 1); Möglichkeit der Ausführung	13–14
2. Auskunftspflicht des Auftraggebers über voraussichtlichen Baubeginn (Nr. 2 Satz 1)	15–16
3. Verpflichtung des Auftraggebers zum Beginn innerhalb von 12 Werktagen nach Aufforderung – Abrufpflicht des Auftraggebers (Nr. 2 Satz 2)	17–18
4. Anzeige vom Beginn der Ausführung (Nr. 2 Satz 3)	19
5. Pflicht des Auftragnehmers zur angemessenen Förderung der Ausführung (Nr. 1 Satz 1)	20
6. Verpflichtung des Auftragnehmers zur Abhilfe bei Unzulänglichkeiten in seinem Bereich (Nr. 3)	21–27
7. Fertigstellung der Vertragsleistung spätestens mit Fristablauf (Nr. 1 Satz 1); Baustellenräumung	28–30
8. Verlängerung der Ausführungsfrist	31
C. Rechtsfolgen bei Verletzung der in Nr. 1–3 festgelegten Pflichten (Nr. 4)	32–58
I. Allgemeines	32–33
II. Die grundlegenden Voraussetzungen	34–38
III. Rechtsfolgen bei Mißachtung von Pflichten nach Nr. 1–3: Nr. 4	39–52
1. Verzugsschaden bei Aufrechterhaltung des Vertrages (Teil B § 6 Nr. 6)	40–44
2. Fristsetzung, Androhung, Vertragskündigung (Teil B § 8 Nr. 3)	45–51
3. Ausnahmsweise: Vorgehen entsprechend § 5 Nr. 4 vor Fälligkeit der Leistung	52
IV. Vergleich der Rechte nach Nr. 4 mit gesetzlichen Regelungen	53–58
1. Klage auf Vertragserfüllung möglich	54
2. Einrede des nicht erfüllten Vertrages möglich	55–56
3. Dagegen kein Rücktritt oder Schadensersatz wegen Nichterfüllung nach § 636 BGB oder § 326 BGB	57–58

Aufsätze: Kutschmann, „Wenn der Bauhandwerker den Bau liegen läßt", BauR 1972, 133; Kaiser, „Umfang der Schadensersatzhaftung wegen Verzuges des Auftragnehmers nach der VOB/B", NJW 1974, 1310; Martinsen, „Termineinhaltung – ein Problem der Ablaufplanung, -steuerung und Vertragsgestaltung", Baubetriebsberater 1974, 841; Vygen, „Behinderungen des Auftragnehmers und ihre Auswirkungen auf die vereinbarte Bauzeit", BauR 1983, 210; Kühne, „Die Fälligkeit der Werkherstellung, insbesondere bei fehlender Zeitvereinbarung", BB 1988, 711.

A. Allgemeines

I. Begriff der Ausführungsfristen

Teil B § 5 befaßt sich mit dem **zeitlichen Bauablauf.** Dieser ist sowohl für den Auftraggeber als auch für den Auftragnehmer von **grundlegender Bedeutung.** Der Auftraggeber hat regelmäßig ein entscheidendes Interesse daran, die in Auftrag gegebene Bauleistung rechtzeitig zu erhalten, sie insbesondere wie vorgesehen der beabsichtigten Nutzung zuführen zu können. Auch für den Auftragnehmer ist die Bauzeit von besonderer Wichtigkeit im Hinblick auf seine betrieblichen Dispositionen und die von ihm dem Vertrag zugrunde gelegte Preisermittlung. Wegen dieser **Besonderheiten im Bereich der Bauherstellung** bedurfte es in Teil B § 5 näherer Festlegung wesentlicher Grundsätze für den zeitlichen Bereich der Bauausführung, was in der gesetzlichen Regelung des § 636 BGB (vgl. auch Rdn. 57) zumindest nur unvollkommen geschehen ist, wenn es auch entgegen Nicklisch (in Nicklisch/Weick Teil B § 5 Rdn. 1) nicht zutrifft, daß das BGB keine Regeln für den Zeitraum der Werkherstellung aufstellt; dabei wird insbesondere der durch § 636 BGB entsprechend anwendbare § 634 Abs. 1 Satz 2 BGB übersehen. **Auch § 636 BGB erfaßt** im übrigen, wie sich aus der dort gebrauchten Wendung „nicht rechtzeitig hergestellt" ergibt, **nicht nur das zeitliche Ende der Werkherstellung, sondern auch dessen Beginn sowie die zügige Arbeit während der Herstellungszeit,** also den gesamten Herstellungsvorgang, wenn auch die pünktliche Beendigung besonders schwergewichtig sein mag.

2 Unter den in Teil B § 5 angesprochenen **Ausführungsfristen** versteht man den **Zeitraum zwischen dem Beginn der Ausführung und der Fertigstellung der nach dem jeweiligen Auftragsumfang ausgerichteten Bauleistung oder eines Teils derselben.** Im letzteren Fall handelt es sich um **Einzelfristen.** Vgl. dazu im einzelnen Teil A § 11 Rdn. 10-20.

3 Über die **Fristen allgemein,** ihren Beginn und ihr Ende, insbesondere über ihre Berechnung, vgl. die §§ 186 ff. BGB (vgl. auch Teil A § 11 Rdn. 9). Diese gelten auch hier, sofern nicht der Bauvertrag eine ausdrückliche anderweitige Regelung über Fristbeginn, Fristende und Fristberechnung enthält.

II. Teil B § 5 erfaßt grundsätzlich nur Vertragsfristen

4 Begrifflich kennt man beim Bauvertrag als **Oberbegriff** die **Ausführungsfristen,** die in **Vertragsfristen** und **andere Fristen** unterteilt werden. **Nur die ersteren sind von vornherein verbindlich** in dem Sinne, daß daran grundsätzlich im einzelnen in Teil B § 5 Nr. 4 bestimmte Rechtsfolgen geknüpft werden können, wenn sie nicht eingehalten werden. Sofern es sich um Vertragsfristen handeln soll, muß dies **hinreichend klar** im Bauvertrag zum Ausdruck gebracht werden (vgl. Teil A § 11 Rdn. 12 sowie 19 f. und nachfolgend Rdn. 7 ff.). Die Regelung in **Teil B § 5 geht grundsätzlich von Vertragsfristen** aus, allerdings mit der Einschränkung in Nr. 1 Satz 2 hinsichtlich der Einzelfristen.

5 Unberührt davon ist jedoch die nach den allgemeinen Vorschriften auch im Falle des Fehlens von Vertragsfristen dem Auftraggeber zustehende Befugnis, wegen der zügigen Ausführung und Fertigstellung der vertraglichen Leistung den Auftragnehmer gemäß § 284 BGB in Verzug zu setzen. Denn der Auftragnehmer ist dann verpflichtet, die ihm in Auftrag gegebene Leistung innerhalb einer angemessenen, nach Treu und Glauben ausgerichteten Frist zu beginnen, zügig auszuführen und fertigzustellen. Ausgangspunkt ist dabei § 271 BGB, wonach der Auftragnehmer grundsätzlich nach Vertragsabschluß mit der Leistung zu beginnen und sie zügig innerhalb der für die Leistungserstellung benötigten Zeit fertigzustellen hat. Das läßt sich aber bei Baumaßnahmen – vor allem hinsichtlich des Leistungsbeginns – oftmals so nicht verwirklichen; vielmehr kommt es dann auf die Umstände des Einzelfalles an, was jeweils zu ermitteln oft genug schwer ist (vgl. dazu näher die mehr auf Reparaturleistungen an Kraftfahrzeugen und Geräten abgestellten Ausführungen von Kühne BB 1988, 711). Für den Bauvertrag müssen, um zu einer **möglichst sachgerechten Beurteilung zu kommen, die Nr. 2, 3 und 4 entsprechende Anwendung finden.**

6 Liegt der bei Bauverträgen seltene Fall vor, daß es dem Auftragnehmer überlassen bleibt, den Zeitpunkt der Leistung zu bestimmen, etwa dahin, die Leistung zu erbringen „so wie er Zeit habe", und verzögert der Auftragnehmer den Beginn oder die Vollendung der Leistung oder beides, ist an sich die Bestimmung der Leistungszeit nach § 315 Abs. 3 Satz 2 BGB durch richterliches Urteil zu ersetzen. Es leuchtet jedoch ein, daß ein solches Vorgehen oft nicht praktikabel ist und zu untragbaren Verzögerungen führen kann. Dabei kann es dann auch nicht dem beiderseitigen Parteiwillen entsprechen, auf eine vorherige Festlegung des Fälligkeitszeitpunktes überhaupt zu verzichten und erst im Prozeß über den Verzugsschaden

feststellen zu lassen, wann die Leistung fällig war. Daher ist es dem Auftraggeber zu gestatten, aber auch von ihm zu verlangen, bei übermäßiger Verzögerung durch den Auftragnehmer diesem zu erklären, daß er ab einem bestimmten Zeitpunkt die Leistung als fällig ansieht und ihm eine angemessene Frist für die Fertigstellung zu setzen. Überschreitet der Auftragnehmer die Frist und leistet er dann trotz Mahnung nicht, ist er im Leistungsverzug (vgl. dazu BGH BauR 1983, 571 = NJW 1983, 2934 = ZIP 1983, 1206 = Betrieb 1983, 2410 = WM 1983, 1105 = BB 1983, 2410 = SFH § 315 BGB Nr. 1 = MDR 1984, 136 = LM § 315 BGB Nr. 27).

B. Grundregelung in Nr. 1–3

Nach Nr. 1 ist die Ausführung nach den **verbindlichen Fristen** (Vertragsfristen) zu beginnen, angemessen zu fördern und zu vollenden. In einem **Bauzeitenplan** enthaltene **Einzelfristen** gelten **nur** als Vertragsfristen, wenn dies im Bauvertrag **ausdrücklich vereinbart** ist. Dabei wird es entscheidend darauf ankommen, ob solche Zwischenfristen sinnvoll sind, was grundsätzlich nur der Fall sein dürfte, wenn es im Einzelfall, nicht zuletzt bei langfristigen, in einem Vertrag zusammengefaßten Bauvorhaben, nötig ist, Zwischenkontrollen im Hinblick auf den Bauablauf durchzuführen. Ergänzende Verpflichtungen zur Nr. 1 ergeben sich aus Nr. 2 und 3. 7

I. Nur verbindliche Fristen sind maßgebend (Nr. 1)

Bei der in Abs. 1 Satz 1 erwähnten **verbindlichen** Ausführungsfrist handelt es sich um eine **Vertragsfrist,** bei deren Verletzung die in Teil A § 11 Rdn. 1 genannten Folgen eintreten können. Der Begriff der **Ausführungsfrist** als **Vertragsfrist** bezieht sich grundsätzlich auf den Zeitraum zwischen Beginn und Ende der **vertraglich vereinbarten Gesamtleistung.** Wesentlich ist dabei, daß im Vertrag deutlich die **gewollte Verbindlichkeit** zweifelsfrei zum **Ausdruck kommt,** wobei die Worte „Vertragsfrist" oder „verbindlich" – weil von der VOB selbst gebraucht – am eindeutigsten sind. Aber auch auf andere Weise kann, was allerdings zur Vermeidung von Unklarheiten nicht geschehen sollte, die gewollte Verbindlichkeit festgelegt werden, etwa durch die Angabe ganz bestimmter Daten oder Zeiträume, wie z. B. „Ausführungsfrist vom 2. 5. bis 31. 10. ..." (vgl. dazu auch OLG Koblenz NJW-RR 1988, 851) oder „Leistungszeit 6 Monate". Nicht genügt es dagegen, wenn mit der Bauzeitfestlegung nur ungefähre Angaben gemacht werden, wie „ca.", „etwa" usw. Auch sonstige, nicht als zwingend aufzufassende Wendungen, dabei insbesondere in Besonderen oder Zusätzlichen Vertragsbedingungen, genügen nicht, um von einer verbindlichen Ausführungsfrist sprechen zu können, wie etwa die Angabe, daß die Arbeiten von ... bis ... ausgeführt werden „sollen" (vgl. auch Teil A § 11 Rdn. 5 f.; OLG Düsseldorf BauR 1982, 582 = SFH § 11 VOB/B Nr. 7; dazu auch Vygen BauR 1983, 210). 8

Einzelfristen, die **nur** Teile der Ausführung der vertraglich geschuldeten Gesamtleistung betreffen, werden von Satz 1 nur erfaßt, **wenn** für sie die in Satz 2 näher geregelten Voraussetzungen vorliegen, d. h., wenn sie im Vertrag **ausdrücklich als Vertragsfristen** festgelegt sind (vgl. Teil A § 11 Rdn. 19 f.). Das betrifft jedoch nur die Einzelfristen, nicht aber die z. B. in Bauzeitenplänen festgelegten **Anfangs- und Endfristen** für die jeweilige vertragliche **Gesamtleistung;** diese sind **Vertragsfristen nach Satz 1.** 9

Danach ist es zunächst Aufgabe des Auftraggebers, bei der Vertragsgestaltung sich zu überlegen, ob in seinem berechtigten Interesse für das betreffende Bauvorhaben und im Hinblick auf die eingesetzten, durch verschiedene Verträge verpflichteten Auftragnehmer die Festlegung von Vertragsfristen angezeigt ist, da andererseits diese Frage auch für die unternehmerische Preisgestaltung von Bedeutung sein kann. Wesentlich kann dabei neben der Frage der gewünschten endgültigen Fertigstellung besonders die Überlegung sein, welchen Einfluß die 10 in dem betreffenden Bauvertrag festgelegte Leistung auf die Durchführung von Arbeiten nachfolgender Unternehmer hat, deren Leistung auf der hier zu erbringenden aufgebaut wird bzw. davon abhängig ist. Daß sich hier dem Auftraggeber die terminliche Absicherung im Hinblick auf einen zügigen Bauablauf besonders anbieten kann, liegt auf der Hand. Gleiches gilt naturgemäß auch dann, wenn der Auftraggeber im Rahmen der bei ihm gegebenen Interessenlage die Fertigstellung bis zu einem gewissen Zeitpunkt wünscht. Wesentliche Anhaltspunkte für die vom Auftraggeber in der genannten Hinsicht anzustellenden Überlegungen kann hier der von seinem Architekten nach § 15 Abs. 2 Nr. 8 HOAI im Rahmen der von diesem zu erbringenden Grundleistungen aufzustellende Zeitplan (Balkendiagramm) geben.

11 Der Auftragnehmer wiederum muß sich vor Vereinbarung der Ausführungsfrist, in der Regel also vor Vertragsabschluß, vergewissern, ob er in der Lage ist, diese einzuhalten. Dabei muß er prüfen, wieviel Zeit ihm neben den Vorbereitungsarbeiten einschließlich der Baustelleneinrichtung zur wirklichen Arbeit an der Baustelle zur Verfügung steht und ob diese für ihn auskömmlich ist. Andererseits kann hier **§ 10 Nr. 1 AGB-Gesetz** von Bedeutung sein, wonach es dem Verwender von Allgemeinen Geschäftsbedingungen (hier dem Auftragnehmer) untersagt ist, sich unangemessen lange oder nicht hinreichend bestimmte Fristen für die Erbringung einer Leistung vorzubehalten.

So verstößt eine Bedingung in AGB – Zusätzlichen Vertragsbedingungen – des Auftragnehmers dahin, daß die Ausführungsfrist nur annähernd sei und um 3 Monate überschritten werden dürfe, gegen § 10 Nr. 1 AGB-Gesetz (vgl. dazu auch OLG Düsseldorf Betrieb 1982, 220). Gleiches gilt für eine Klausel, die im Falle der Vereinbarung einer bestimmten Leistungszeit deren Beginn nicht nur – was zulässig wäre – von der Vorlage der vom Auftraggeber beizubringenden Unterlagen und dem Vorliegen der verbindlichen Maße im – eigenen – Lieferwerk, sondern deren schriftlicher Bestätigung durch den Auftragnehmer bzw. Hersteller abhängig macht, da der Auftraggeber auf die schriftliche Bestätigung keinen Einfluß hat (BGH BauR 1985, 192 = NJW 1985, 855 = MDR 1985, 398 = BB 1985, 483 = Betrieb 1985, 1283 = SFH § 9 AGBG Nr. 20 = LM § 9 [Cb] AGBG Nr. 10 = ZfBR 1985, 134). Vgl. insbesondere auch Teil A § 11 Rdn. 4.

II. Verpflichtung des Auftragnehmers zur fristgerechten, zügigen Leistung (Nr. 1–3)

12 Die im Vertrag festgesetzte Ausführungsfrist ist vom Auftragnehmer **einzuhalten.** Er muß mit dem Ablauf der Frist das von ihm bis dahin nach dem Vertrag geschuldete Werk oder Teilwerk hergestellt haben. Um dieses zu erreichen, muß er a) mit der Bauausführung **fristgerecht anfangen,** b) die Bauausführung innerhalb des Fristenlaufs **angemessen fördern** und c) die Bauausführung spätestens **zum vertraglich bestimmten Fristablauf vollenden.**

Enthält der Vertrag die Bestimmung, daß für die Durchführung des Bauvorhabens der von der Bauleitung aufgestellte Bauzeitplan maßgebend ist, und liegt dieser bei Vertragsabschluß noch nicht vor, hat der Auftraggeber kraft vertraglicher Vereinbarung die Befugnis, die Ausführungsfrist entsprechend § 315 BGB nach billigem Ermessen zu bestimmen. Ist die Frist dann unangemessen, so kann sie – notfalls durch Richterspruch (vgl. § 315 Abs. 3 Satz 2 BGB) – durch eine angemessene Frist ersetzt werden (vgl. BGH Betrieb 1969, 480 = LM § 326 BGB [G] Nr. 1 = WM 1969, 399 = SFH Z 2.13 Bl. 26 ff. = MDR 1969, 385). Ist im Vertrag festgelegt, daß mit der Ausführung „sofort" zu beginnen sei, so hat der Auftragnehmer dies umgehend nach Vertragsabschluß – also in der Regel innerhalb weniger Tage, die zur Vorbereitung notwendig sind – zu befolgen; zugleich liegt in der Vereinbarung sofortiger Ausführung auch die Verpflichtung des Auftragnehmers, neben umgehendem Arbeitsbeginn die Leistung – besonders – zügig fortzuführen und zu beenden (vgl. dazu OLG München MDR 1976, 42).

13 **1. Der Beginn der Ausführung** fällt mit dem Zeitpunkt zusammen, der im Bauvertrag als **Anfangstermin** genannt ist. Für die Berechnung des Fristbeginns sind die gesetzlichen Bestimmungen des BGB (§§ 186 ff.) maßgebend. Unter Beginn der Ausführung versteht man den Anfang der Tätigkeit. Der **Beginn des Einrichtens der Baustelle** reicht zur Fristwahrung, sofern sich die eigentliche Ausführung sofort daran anschließt.

Voraussetzung ist allerdings, daß die **Leistung,** die im betreffenden Bauvertrag geschuldet wird, unter hinreichenden **objektiven Umständen** auch wirklich in für den Auftragnehmer zumutbarer Weise **ohne Behinderung erbracht werden kann,** insbesondere die Fälligkeitsvoraussetzungen durch **vom Auftraggeber nach dem Vertrag zu erbringender Vorleistungen erfüllt** sind (BGH BauR 1983, 73 = NJW 1983, 989 = Betrieb 1983, 386 = SFH § 5 VOB/B Nr. 5 = ZfBR 1983, 19 = MDR 1983, 392 = LM § 5 VOB/B Nr. 2 = BB 1983, 2075), wie die Sicherstellung der Finanzierung (a. a. O.). Dazu gehört vor allem auch das Vorliegen der **bauaufsichtsrechtlichen Genehmigung** (Baugenehmigung) oder sonst erforderlicher behördlicher Genehmigungen. Fehlen diese, so ist der Auftragnehmer nicht zum Leistungsbeginn verpflichtet, gleichgültig, ob er davon weiß oder nicht; der Auftragnehmer kann sich also grundsätzlich noch darauf berufen, wenn er das Fehlen der Baugenehmigung erst später erfährt; entscheidend ist allein die objektive Betrachtung, ob der Auftraggeber die Leistung verlangen kann, diese also fällig ist (BGH a. a. O.; BGH SFH Z 2.510 Bl. 25; BGH § 326 [G] BGB Nr. 1; BGH BauR 1974, 274 = SFH Z 2.510 Bl. 53 = WM 1974, 687 = NJW 1974, 1080 = MDR 1974, 749 = BB 1974, 857 [L] = LM § 284 BGB Nr. 20 = BlGBW 1974, 173 = Betrieb 1974, 1107). Lehnt der Auftragnehmer allerdings in dem Glauben, die Baugenehmigung sei erteilt, die Ausführung der Leistung aus einem **anderen, insoweit ungerechtfertigten Grund** ernsthaft und endgültig ab, so liegt darin eine **positive Vertragsverletzung,** die den Auftraggeber zur Auftragsentziehung berechtigen kann (a. a. O.). Selbstverständlich ist für den Beginn der Ausführung auch Voraussetzung, daß die Leistung – insbesondere in technischer Hinsicht – tatsächlich erbracht werden kann, dabei vor allem die **Vorleistungen anderer Unternehmer,** die vorhanden sein müssen, um darauf aufbauen zu können, **fertig** sind (vgl. dazu KG BauR 1984, 529). Gleiches gilt für die **vorherige ordnungsgemäße Erfüllung weiterer Bereitstellungspflichten des Auftraggebers,** wie z. B. die rechtzeitige Zurverfügungstellung der erforderlichen **Ausführungsunterlagen** (vgl. Teil B § 3 Nr. 1) oder die **rechtzeitige Beschaffung von** nach den vertraglichen Vereinbarungen vom Auftraggeber etwa **beizustellenden Stoffen oder Bauteilen.**

2. Fehlt es an einer **vertraglichen Festlegung** des **Beginns der Ausführungsfrist** und läßt sich eine solche auch nicht zweifelsfrei im Wege der Vertragsauslegung (§§ 133, 157, 242 BGB) ermitteln, was auch der Fall ist, wenn im Vertrag zwar eine Bauzeit verpflichtend festgelegt wurde, nicht aber der Beginn der Ausführung (vgl. dazu OLG Hamm BauR 1982, 67 = MDR 1981, 844), ist **Nr. 2 maßgebend.** Hiernach besteht zunächst (Nr. 2 Satz 1) die Verpflichtung des Auftraggebers, **auf Verlangen** des Auftragnehmers **Auskunft über den voraussichtlichen Leistungsbeginn** zu geben. Diese Bestimmung berücksichtigt das wohlverstandene Interesse des Auftragnehmers, zumindest über den voraussichtlichen Baubeginn Bescheid zu wissen, um seine betriebliche Planung im allgemeinen und im besonderen wegen des ihm erteilten Bauauftrages einrichten und damit den ihm auferlegten Pflichten nachkommen zu können. Die **Auskunftspflicht** des Auftraggebers besteht jedoch **nicht aus sich heraus,** sondern **nur auf Verlangen** des Auftragnehmers. Will der Auftragnehmer Bescheid wissen, muß er sich wegen der Mitteilung des voraussichtlichen Baubeginns zunächst an den Auftraggeber bzw. die von ihm für die Bauausführung bevollmächtigte Person – etwa den bauaufsichtsführenden Architekten – wenden. Solange der Auftragnehmer dieses nicht tut, ist im Zweifel die Annahme gerechtfertigt, daß er **ohne weiteres in der Lage ist, auf Aufforderung innerhalb der in Nr. 2 Satz 2 geregelten Frist mit der Bauausführung anzufangen.** Hat er sich vorher nicht über den voraussichtlichen Baubeginn erkundigt und erklärt sich der Auftraggeber darüber nicht von selbst, kann sich der Auftragnehmer nicht auf eine etwaige Pflichtverletzung des Auftraggebers, auch nicht auf dessen Mitverschulden (§ 254 BGB), berufen.

Richtet der Auftragnehmer nach Satz 1 ordnungsgemäß die Frage über den voraussichtlichen Baubeginn an den Auftraggeber, so ist dieser oder sein für die Wahrung des ordnungsgemäßen Bauablaufes Beauftragter (§ 278 BGB) – insbesondere sein aufsichtführender Architekt –

verpflichtet, **unverzüglich** (§ 121 BGB) – möglichst schriftlich, vgl. Nr. 4. VHB zu Teil B § 5 – die geforderte **Auskunft zu erteilen.** Geschieht dieses nicht oder verspätet, so ist der Auftragnehmer grundsätzlich berechtigt, unter Wahrung der Voraussetzungen in Teil B § 6 Nr. 1 nach Teil B § 6 Nr. 2 Abs. 1 a eine entsprechende **Verlängerung der Ausführungsfrist** und außerdem – im Falle des Verschuldens des Auftraggebers oder seines Vertreters – **Ersatz** etwa ihm entstandenen **Schadens** nach Teil B § 6 Nr. 6 zu verlangen. Gegebenenfalls kommt auch eine **Kündigung** des Bauvertrages durch den Auftragnehmer nach Teil B § 9 Nr. 1 a unter Beachtung der in Nr. 2 und Nr. 3 a. a. O. festgelegten Voraussetzungen und Folgen in Betracht. Bei der hier geregelten Auskunftspflicht des Auftraggebers handelt es sich nämlich um eine **Mitwirkungspflicht** auf der Grundlage des § 642 BGB (ebenso Vygen BauR 1983, 210). Vgl. dazu auch Teil B § 9 Rdn. 5 ff. Hat der Auftraggeber nach Vertragsabschluß auf die Anfrage des Auftragnehmers zunächst erwidert, er könne – aus diesem oder jenem Grunde – noch keine Angaben über den voraussichtlichen Baubeginn machen, dann ist er verpflichtet, dem Auftragnehmer **unverzüglich von sich aus den voraussichtlichen Baubeginn mitzuteilen, sobald er darüber hinreichend konkrete Angaben** aufgrund der objektiv gegebenen Sachlage machen kann (auch Nicklisch in Nicklisch/Weick Teil B § 4 Rdn. 12). Hier **reicht** somit die **einmal** vom Auftragnehmer **gestellte Anfrage aus,** um den Auftraggeber später aus eigener Initiative zur Auskunft zu verpflichten.

17   3. Hat der Auftraggeber seine Pflichten nach Nr. 2 Satz 1 ordnungsgemäß erfüllt oder hat der Auftragnehmer von seinem dort festgelegten Fragerecht keinen Gebrauch gemacht, so hat dieser bei fehlender vertraglicher Festlegung des Leistungsbeginns gemäß Nr. 2 Satz 2 innerhalb von 12 Werktagen **nach Aufforderung** mit der Leistung zu beginnen. Die in Nr. 2 Satz 2 genannte Frist ist ebenfalls eine **Vertragsfrist,** soweit es den **Beginn der Ausführung** angeht. Ihre Berechnung ist von dem **Zugang** (§§ 130 ff. BGB) einer eindeutigen und inhaltlich zweifelsfreien Erklärung des Auftraggebers an den Auftragnehmer, mit der Ausführung der vertraglichen Leistung zu beginnen, abhängig. Vom Tage nach dem Zugang dieser Aufforderung ab berechnet sich der äußerste („innerhalb")Beginn der Ausführungsfrist gemäß § 187 Abs. 1 BGB, wobei die in die Frist fallenden Sonn- und Feiertage außer acht zu lassen sind. Wegen des Fristendes (§ 188 BGB) ist auch § 193 BGB zu beachten. Für die **Aufforderung** des Auftraggebers ist **keine Form vorgeschrieben.** Sie erfolgt zu Beweiszwecken jedoch am besten schriftlich (so auch Nr. 4. VHB zu § 5 VOB/B). Ist jedoch im konkreten Vertrag vereinbart, daß der Abruf schriftlich zu erfolgen hat, so muß er auch schriftlich geschehen, um für den Auftragnehmer verbindlich zu sein; das gilt dann im übrigen auch für Teilleistungen, deren Durchführung erst später möglich ist, weil Vorleistungen anderer Unternehmer noch nicht fertig sind (vgl. dazu KG BauR 1984, 529). Zur **Abruffrist** vgl. Teil A § 11 Rdn. 16 f.

18   **Unterläßt** der **Auftraggeber** die ihm im Rahmen der Nr. 2 Satz 2 obliegende **Aufforderung,** die als **Abrufpflicht** zu kennzeichnen ist (vgl. dazu auch Teil A § 11 Rdn. 16 f.), so verletzt er damit nicht eine vertragliche Hauptpflicht, woraus Rechtsfolgen aus § 326 BGB entstehen könnten, weswegen für den Bereich des AGB-Gesetzes (vgl. Teil A § 10 Rdn. 77 ff.) nicht § 10 Nr. 2, sondern die Generalklausel des § 9 zu beachten ist (anders Heiermann/Linke Nr. 10.2.3). Vielmehr handelt es sich um eine vertragliche **Nebenpflicht** (Mitwirkungspflicht, vgl. dazu Teil B § 9 Rdn. 5 ff.), durch deren Mißachtung dem Auftragnehmer die folgenden Befugnisse zustehen können: Einmal kann er den Abruf **bei Fälligkeit einklagen** (auch Nicklisch in Nicklisch/Weick Teil B § 5 Rdn. 10). Ferner ist bei **schuldhafter Verzögerung** des Abrufs ein **Schadensersatzanspruch** des Auftragnehmers nach Teil B § 6 Nr. 6 unter gleichzeitiger Verlängerung der Ausführungsfrist nach Nr. 1, 2 Abs. 1 a a. a. O. möglich; außerdem ist wegen Verletzung einer Mitwirkungspflicht (Gläubigerverzug) an ein **Kündigungsrecht** des Auftragnehmers nach Teil B § 9 Nr. 1 a unter den Voraussetzungen der Nr. 2 a. a. O. mit Einschluß der sich aus Nr. 3 a. a. O. ergebenden Ansprüche zu denken. Auch kommen Ansprüche aus der etwaigen Veränderung der **Geschäftsgrundlage** in Be-

tracht, wenn die Vertragspartner den Abruf der vereinbarten Leistung innerhalb eines bestimmten Zeitraumes (den Umständen nach möglicherweise auch stillschweigend) zur **Geschäftsgrundlage gemacht haben** und sich nach Ablauf der vorausgesetzten Zeit zwischen Leistung und Gegenleistung (Vergütung) ein **nicht vorhersehbar gewesenes grobes Mißverhältnis** ergibt. Das folgt aus der Entscheidung des BGH NJW 1972, 99 = MDR 1972, 39 = BB 1971, 1386 = LM § 631 Nr. 21 = Betrieb 1971, 2161 = SFH Z 2.10 Bl. 25, die hier entsprechend anzuwenden ist; ähnlich OLG Düsseldorf BauR 1976, 207, das jedoch für den BGB-Werkvertrag hier Schuldnerverzug des Auftraggebers mit einer Schadensersatzpflicht aus § 286 BGB annimmt (so wohl auch Nicklisch in Nicklisch/Weick a. a. O.).

4. Den **Beginn der Ausführung** hat der Auftragnehmer dem Auftraggeber **anzuzeigen** (Nr. 2 Satz 3). Die Anzeige kann auch mündlich erfolgen. Eine Anzeigepflicht besteht nicht, wenn der Bauvertrag eine Frist für den Beginn der Ausführung enthält, also nicht der Fall der Nr. 2 Satz 2, sondern ein Fall der Nr. 1 vorliegt. Befolgt der Auftragnehmer diese Verpflichtung nicht, so verletzt er eine vertragliche Nebenpflicht, wodurch er sich u. U. aus Gründen **positiver Vertragsverletzung schadensersatzpflichtig** macht. Der Schaden des Auftraggebers kann hier z. B. darin bestehen, daß er nicht rechtzeitig in die Lage versetzt wird, erforderliche Ausführungsunterlagen zur Verfügung zu stellen, weitere der Leistung des Auftragnehmers anschließende Leistungen abzurufen oder von ihm für diesen oder andere Auftragnehmer beizustellende Stoffe oder Bauteile zu beschaffen usw.

19

5. Die dem Auftragnehmer in Nr. 1 Satz 1 weiter zur Pflicht gemachte **angemessene Förderung der Bauausführung** während der Ausführungsfrist bedeutet, daß der Auftragnehmer alles zu tun hat, um den zeitlich vorgesehenen Ablauf der Bauarbeiten einzuhalten. Die das Zusammenwirken der verschiedenen Unternehmer hinsichtlich Beginn und Ende ihrer Leistung regelnden, vom Auftraggeber aufgestellten **Bauzeitenpläne**, sofern sie nicht ohnehin Vertragsfristen enthalten, **und** die vom Auftragnehmer zur eigenen Kontrolle anzufertigenden innerbetrieblichen **Baufristenpläne** gelten als **Anhaltspunkte und Richtlinien** für den angemessenen Leistungsfortschritt im Rahmen der Ausführungszeit (vgl. auch Teil A § 11 Rdn. 23). Fehlen solche Pläne, so gilt, wie überhaupt, die folgende, der Beurteilung im Einzelfall zugrunde zu legende Regel: Um die angemessene Förderung der Leistungsausführung zu erreichen, trifft den Auftragnehmer nicht nur die Pflicht, ständig den jeweiligen Leistungsstand im Vergleich zum bisherigen Ablauf zu beobachten, sondern er muß darüber hinaus die jeweils noch offene Restleistung im Hinblick auf die nach dem Vertrag noch zur Verfügung stehende Ausführungszeit überdenken und entsprechend erforderliche Maßnahmen treffen. Diese Pflicht ergibt sich auch schon aus **Teil B § 4 Nr. 2,** nach welcher der Auftragnehmer die Bauleistung **unter eigener und selbständiger Verantwortung** zu erbringen hat. Der Auftragnehmer bestimmt selbständig den Einsatz von Arbeitskräften, Material, Maschinen, Geräten usw. Die erwähnte Pflicht folgt aber auch aus **Teil B § 6 Nr. 1,** wonach der Auftragnehmer etwaige **Behinderungen** in der ordnungsgemäßen Durchführung der Leistung dem Auftraggeber **unverzüglich** – schriftlich – **anzuzeigen hat.**

20

6. **Während der Bauausführung** kann es zu **Schwierigkeiten** kommen, wie die allgemeine Erfahrung lehrt. Hierüber verhält sich Nr. 3, die besagt, daß auf Verlangen des Auftraggebers der **Auftragnehmer unverzüglich zur Abhilfe verpflichtet** ist, **wenn** Arbeitskräfte, Geräte, Gerüste, Stoffe oder Bauteile so unzureichend sind, daß die Ausführungsfristen offenbar nicht eingehalten werden können. Man könnte der Meinung sein, daß diese Bestimmung im Rahmen der Allgemeinen Vertragsbedingungen überflüssig sei, weil der Auftragnehmer kraft seiner grundlegenden Eigenverantwortung bei der Erbringung der vertraglich geschuldeten Bauleistung nach Teil B § 4 Nr. 2 ohnehin schon gehalten ist, in den hier genannten Fällen abzuhelfen, und zwar **auch ohne besondere Aufforderung durch den Auftraggeber.** Dies trifft im Grunde genommen auch zu. Trotzdem hat Nr. 3 ihren Sinn. Der Auftraggeber hat nämlich nach Teil B § 4 Nr. 1 Abs. 3 und 4 lediglich allgemeingehaltene Überwa-

21

chungs- und Anordnungsrechte, ohne daß er allein daraus bereits berechtigt wäre, dem Auftragnehmer den Auftrag **zu kündigen.** Die Befugnisse in Nr. 3 dagegen gehen weiter. Es besteht ein **durchsetzbares Anordnungs- und Weisungsrecht,** das im Falle der Nichtbeachtung durch den Auftragnehmer zu **erheblichen Rechtsnachteilen** zu dessen Lasten führen kann, wie sich aus der auch auf Fälle der Nr. 3 anwendbaren **Nr. 4 ergibt.** Die Bestimmung in Nr. 3 erscheint auch gerechtfertigt aus dem Gesichtspunkt der Vertragstreue, die für beide Vertragspartner gilt. Es geht hier sicher vorrangig um die Wahrung der berechtigten Vermögensinteressen des Auftraggebers.

22   Bei der Aufzählung in Nr. 3 handelt es sich um Maßnahmen, die **allein** dem **Aufgabenbereich des Auftragnehmers** unterfallen. Der Hinweis auf die Arbeitskräfte und deren Einsatz bedeutet, daß der Auftragnehmer vor und während der Ausführung der Leistung die Lage des Arbeitsmarktes zu beobachten und rechtzeitig die erforderlichen Arbeitskräfte zu beschaffen hat (vgl. BGH SFH Z 2.311 Bl. 20).

23   Um das Abhilfeverlangen des Auftraggebers auszulösen, müssen Arbeitskräfte, Geräte, Gerüste, Stoffe oder Bauteile **so unzureichend** sein, daß die **Ausführungsfristen** vom Auftragnehmer **offenbar nicht eingehalten werden können.** Beispiele für solche Unzulänglichkeiten: Der Auftragnehmer setzt am Bauprojekt ungelernte oder säumige Arbeitskräfte ein; die Anzahl der bei der Bauausführung beschäftigten Personen reicht ganz eindeutig nicht; die Maschinen und/oder sonstigen Geräte sind nach Art und Zahl unzureichend; es sind zu wenig Gerüstteile vorhanden, so daß sie laufend umgebaut werden müssen und deswegen nicht zügig gearbeitet werden kann.

24   Die Ausführungsfristen können offenbar nicht eingehalten werden, wenn der mit den bisher vorhandenen persönlichen und sachlichen Mitteln erreichte Fortgang der Bauherstellung im Verhältnis zur verstrichenen Zeit in einem derartigen **Mißverhältnis** steht, daß nach allgemein anerkannter Erfahrung **mit an Sicherheit grenzender Wahrscheinlichkeit** die Gesamtfertigstellung der betreffenden vertraglichen Leistung nicht mit dem Ablauf der Ausführungsfrist zu erwarten ist. Der Auftraggeber darf sich **nicht mit allgemeinen Vermutungen begnügen,** sondern er muß sich anhand von Tatsachen die Gewißheit über die vorgenannten Voraussetzungen verschaffen. Sind Bauzeitenpläne vorhanden, dienen diese dem Auftraggeber in der Regel als hinreichender Anhaltspunkt für die von ihm zu treffenden Feststellungen. Wesentlich ist auf jeden Fall, daß die Verzögerung mit den in Nr. 3 genannten Voraussetzungen im **ursächlichen Zusammenhang** steht und nicht andere Gründe, vor allem keine Behinderungen des Auftragnehmers, dafür ausschlaggebend sind.

25   Bei Vorliegen der in Nr. 3 gekennzeichneten Umstände hat der **Auftraggeber** das Recht, vom Auftragnehmer **noch während** der vertraglich festgelegten Zeit der Bauausführung **Abhilfe zu verlangen.** Dieses Verlangen geht auf Änderung des bisherigen personellen und sachlichen Einsatzes mit der Maßgabe, daß nunmehr vom Auftragnehmer Arbeitskräfte und/oder Mittel beschafft und eingesetzt werden müssen, durch welche die **hinreichende Gewähr** gegeben ist, daß das bisher Versäumte nachgeholt wird und der weitere Baufortgang **zeitgerecht** im Rahmen der Ausführungsfrist verläuft. Bei dem Verlangen des Auftraggebers handelt es sich um eine einseitige, **inhaltlich bestimmte Willenserklärung** gegenüber dem Auftragnehmer, die **empfangsbedürftig** ist (§§ 130 ff. BGB). Das Verlangen kann mündlich gestellt werden; jedoch ist es ratsam, dieses schriftlich zu tun (vgl. Nr. 4. VHB zu § 5 VOB/B).

26   Eine nach Tagen o. ä. bestimmte **Frist** für die Abhilfe durch den Auftragnehmer ist in Nr. 3 **nicht angeführt.** Der Auftragnehmer ist vielmehr verpflichtet, nach Erhalt des Verlangens sogleich alle erforderlichen und ihm zumutbaren Maßnahmen zu treffen, um die Abhilfe zu schaffen, wie sich aus der hier festgelegten Pflicht zur **unverzüglichen** Abhilfe ergibt.

Insoweit ist auf die Legaldefinition in § 121 BGB hinzuweisen. Demnach hat der Auftragnehmer ohne schuldhaftes Zögern zu handeln. Das erklärt sich schon daraus, daß der Auftragnehmer **ohnehin** an die **Einhaltung der Ausführungsfrist** als **Vertragsfrist gebunden** ist. Erhält er eine Aufforderung, ist es **höchste Zeit,** alles zu tun, um die Ausführungsfrist nicht zu überschreiten und die von ihm zu erbringende Gesamtleistung schnellstens fertigzustellen.

Die Regelung der Nr. 3 hat allgemeingültigen Charakter in dem Sinne, daß sie **auch dann** entsprechend zur Anwendung kommt, **wenn** für die Ausführung der in Auftrag gegebenen Leistung **keine verbindliche Frist** i. S. der Nr. 1 vereinbart worden ist. Dies folgt aus dem sich aus § 636 BGB ergebenden Grundsatz, daß der Auftragnehmer die Leistung nach Beginn mit dem jeweils gebotenen vollen Einsatz zügig durchzuführen und zu beenden hat. 27

7. Nach Fristablauf muß die **Vertragsleistung vollendet** sein. Ob dazu auch die Räumung der Baustelle gehört, ist Frage des Einzelfalles. In der Regel wird man dies nicht annehmen können, da das Räumen nicht mehr zur eigentlichen Vollendung der Bauleistung gehört. Vollendung bedeutet, daß die Leistung – abgestellt auf den jeweiligen Vertragsinhalt – **abnahmereif** fertiggestellt ist; dazu ist aber im allgemeinen die Räumung der Baustelle nicht Voraussetzung. Die **Baustellenräumung** muß sich aber an die **Vollendung der Bauausführung sogleich anschließen** und zügig durchgeführt werden. Ausnahmsweise muß auch die Räumung der Baustelle bis zum Fristablauf erfolgen, wenn durch die noch vorhandene Baustelleneinrichtung usw. der sich aus dem Vertrag im Einzelfall ergebende bestimmungsgemäße Gebrauch der Leistung, insbesondere deren ungehinderte Benutzung oder Weiterbenutzung, merklich behindert wäre, was z. B. bei schlüsselfertiger Bauherstellung oder in bezug auf die nunmehr durchzuführenden Leistungen der nachfolgenden Unternehmer der Fall sein kann (insoweit zutreffend Vygen BauR 1983, 210 und Bauvertragsrecht Rdn. 624 sowie Vygen/Schubert/Lang Rdn. 62). 28

Wenn für die Vollendung der Bauleistung und damit für das Ende der Ausführungsfrist kein nach Nr. 1 verbindlicher Zeitpunkt im Vertrag bestimmt ist, muß das Fristende in **Anlehnung an § 271 Abs. 1 BGB aus den Umständen** entnommen werden. Diese richten sich auf der Grundlage von Treu und Glauben nach dem Inhalt und dem Umfang der geschuldeten Leistung unter Berücksichtigung der allgemein anerkannten Regeln der Gewerbeüblichkeit bei fortlaufend zügiger Arbeit. 29

Ist im Falle der **schlüsselfertigen Errichtung einer Eigentumswohnung** (vgl. dazu Teil B § 12 Rdn. 17 ff.) der Erwerber zur ungehinderten Nutzung auf vom Betreuer bzw. Bauträger zu beschaffende Unterlagen angewiesen, so hat der Betreuer ihm diese rechtzeitig zu verschaffen; gleiches gilt, wenn der Erwerber solche Unterlagen, vor allem den behördlichen Schlußabnahmeschein, zur Abwicklung der Finanzierung benötigt; insoweit ist § 444 BGB entsprechend anzuwenden (vgl. OLG Köln SFH § 444 BGB Nr. 1 mit zutreffender Anmerkung von Hochstein). 30

8. Eine Verlängerung der Ausführungsfrist über den festgelegten Zeitpunkt hinaus ist **möglich.** Eine solche Verlängerung bedarf aber immer einer **vertraglichen Vereinbarung** zwischen den Parteien. Da die Ausführungsfristen Vertragsfristen sind, bedeutet ihre Verlängerung eine **Änderung des Bauvertrages,** die nur übereinstimmend erfolgen kann. Eine Fristverlängerung aufgrund eines einseitig ausübbaren Rechts des Auftragnehmers hat grundsätzlich auszuscheiden, es sei denn, daß die Allgemeinen Vertragsbedingungen dem Auftragnehmer ausdrücklich unter bestimmten Voraussetzungen das Recht einräumen, eine Fristverlängerung in Anspruch zu nehmen (vgl. Teil B § 6 Nr. 2 und 4). Die Verlängerung kann mündlich abgesprochen werden; jedoch ist gerade hier aus Beweisgründen zu empfehlen, die Schrift- 31 form einzuhalten (vgl. auch Nr. 1. VHB zu § 5 VOB/B). **Ohne** besondere, hinreichend klar darauf bezogene **Vollmacht** ist der mit der Oberleitung oder Bauaufsicht beauftragte **Architekt nicht befugt,** für den Auftraggeber mit dem Auftragnehmer eine **Verlängerung der Bauzeit zu vereinbaren** (BGH BauR 1978, 139 = BB 1978, 684 = NJW 1978, 995 = MDR 1978, 655 = SFH § 164 BGB Nr. 1 = LM § 164 BGB Nr. 41).

Eine Bestimmung in AGB des Auftragnehmers – insbesondere Zusätzlichen Vertragsbedingungen –, wonach er sich einseitig die Überschreitung der vertraglich vereinbarten Ausführungsfrist bis zu einem Monat vorbehält, ist nach § 9 Abs. 1 AGB-Gesetz unwirksam, weil sie mit dem Grundsatz des Vorranges der Individualabrede (§ 4 AGB-Gesetz) unvereinbar ist (vgl. OLG Stuttgart ZIP 1981, 875). Daher unzutreffend OLG Frankfurt (BB 1983, 207), wenn es dem Lieferanten von Fertighäusern die Festlegung der Befugnis in AGB gestattet, die Lieferung bis zu sechs Wochen zu verschieben; auch dann, wenn danach unmittelbar Verzug eintritt, da hierdurch nicht schon der Verstoß gegen die genannten gesetzlichen Vorschriften ausgeräumt wird. Vgl. hierzu auch Teil A § 11 Rdn. 4.

C. Rechtsfolgen bei Verletzung der in Nr. 1–3 festgelegten Pflichten (Nr. 4)

I. Allgemeines

32 Nr. 4 zeigt Rechtsfolgen **zum Nachteil des Auftragnehmers** auf, wenn dieser die **Ausführungsfristen** oder die Einzelfristen als Vertragsfristen **nicht eingehalten** hat. Verzögert der Auftragnehmer den Beginn der Ausführung, gerät er mit der Vollendung in Verzug oder kommt er der in Nr. 3 erwähnten Verpflichtung nicht nach, kann der Auftraggeber **bei Aufrechterhaltung des Vertrages Schadensersatz nach Teil B § 6 Nr. 6 verlangen oder dem Auftragnehmer eine angemessene Frist zur Vertragserfüllung setzen und erklären, daß er ihm nach fruchtlosem Ablauf der Frist den Auftrag entziehe (§ 8 Nr. 3).** Das erinnert an die ähnliche Bestimmung in Teil B § 4 Nr. 7. Hier stellt Nr. 4 hinsichtlich der darin behandelten **Fälle der Leistungsverzögerung** eine vertraglich vereinbarte **Sonderregelung** für das Verlangen auf Schadensersatz bei Aufrechterhaltung des Vertrages oder die Entziehung des Auftrages durch den Auftraggeber dar. Das gilt auch für Fälle der **Unmöglichkeit der Leistung.** Nur unter besonderen Umständen erwächst dem Auftraggeber bei krasser Leistungsverzögerung des Auftragnehmers möglicherweise ein Rücktrittsrecht, ohne daß die Voraussetzungen der Nr. 4 und des § 8 Nr. 3 vorliegen (BGH MDR 1968, 486 = BB 1968, 359 = LM VOB/B Nr. 28 = Betrieb 1968, 707 = SFH Z 2.510 Bl. 29 ff.). Zu § 636 BGB vgl. Rdn. 57.

33 Unter **Verzögerung des Beginns der Ausführung** ist die Überschreitung des vertraglich festgelegten Beginns der Ausführungsfrist zu verstehen. Eine **Nichterfüllung der in Nr. 3 erwähnten Verpflichtung** liegt vor, wenn der Auftraggeber zu Recht Abhilfe verlangt hat und der Auftragnehmer dem nicht in zumutbarer Zeit nachgekommen ist. **Verzug mit der Vollendung** ist gegeben, wenn die Herstellung des vertraglich geschuldeten Bauwerks nicht beim Ablauf der Ausführungsfrist **und trotz nach Fristablauf grundsätzlich nach § 284 Abs. 1 BGB erforderlicher und erfolgter Mahnung** des Auftraggebers (vgl. dazu BGH BauR 1985, 576 = Betrieb 1985, 2142 = MDR 1985, 924 = SFH § 16 Nr. 3 VOB/B Nr. 37 = NJW 1986, 2049 = LM § 284 BGB Nr. 32 = ZfBR 1985, 216) beendet ist (vgl. auch Rdn. 34 ff.). Eine Mahnung als Voraussetzung für die Inverzugsetzung ist allerdings bei **kalendermäßig bestimmter Leistungszeit nicht erforderlich** (§ 284 Abs. 2 BGB). Das ist nicht mehr der Fall, wenn zwar ursprünglich diese Voraussetzungen gegeben waren, es jedoch durch einen dem Auftragnehmer nicht zurechenbaren Umstand zu einer Unterbrechung der Leistung gekommen ist, wie z. B. durch das Erfordernis baubehördlicher Genehmigung infolge veränderter Bewehrung oder bei nicht rechtzeitiger Erfüllung sonstiger dem Auftraggeber zuzurechnender Mitwirkungspflichten (vgl. OLG Hamm NJW-RR 1987, 468). Dann bedarf es wiederum der Mahnung, um Verzug herbeizuführen (BGH SFH § 284 BGB Nr. 1). Über-

dies muß die Leistungszeit bzw. die Beendigung der Leistung nach den vertraglichen Regelungen **kalendermäßig klar bestimmt sein, um § 284 Abs. 2 BGB zur Anwendung bringen zu können.** Dazu reicht es nicht, wenn die vereinbarte Ausführungsfrist erst ab tatsächlichem Arbeitsbeginn laufen soll (BGH BauR 1985, 576 = Betrieb 1985, 2142 = MDR 1985, 924 = SFH § 16 Nr. 3 VOB/B Nr. 37 = NJW 1986, 2049 = LM § 284 BGB Nr. 32). Auch genügt es nicht, wenn im Vertrag lediglich festgelegt ist, das zu errichtende Wohngebäude müsse innerhalb eines Jahres ab Arbeitsbeginn bezugsfertig sein (vgl. OLG Hamm BauR 1982, 67 = MDR 1981, 844), was entsprechend gilt, wenn nicht der Beginn der Arbeiten zum Ausgangspunkt genommen wird, sondern der Abruf der Leistung nach Nr. 2. **Es reicht nämlich nicht,** wenn das Ende der vertraglichen Leistungszeit lediglich nach dem Kalender **bestimmbar** ist. Auch dann, wenn eine Ausführungsfrist von 30 Werktagen im Vertrag bestimmt ist und der Auftraggeber den Auftragnehmer auffordert, mit seiner Leistung an einem bestimmten Tag zu beginnen und sie an einem bestimmten Tag 30 Werktage später zu beenden, sind die Voraussetzungen des § 284 Abs. 2 BGB noch nicht gegeben, weil es sich dann um eine einseitige Konkretisierung bzw. Änderung der Leistungszeit handelt, die eine Mahnung noch nicht entbehrlich macht (vgl. OLG Düsseldorf, Urt. vom 22. 2. 1983 – 23 U 157/82 –; auch LG Paderborn MDR 1983, 225).

Sofern das AGB-Gesetz Anwendung findet, verstößt eine in AGB enthaltene Bestimmung, wonach der Auftragnehmer auch ohne Mahnung in Verzug kommt, nur dann nicht gegen § 11 Nr. 4 AGB-Gesetz, wenn die Voraussetzungen des § 284 Abs. 2 BGB gegeben sind (u. a. Korbion/Locher Rdn. 84; Frikell/Glatzel/Hofmann K 5.6). Das gilt unter Berücksichtigung des § 9 AGB-Gesetz auch gegenüber einem Kaufmann, wenn dieser Vertragspartner des Verwenders ist.

II. Die grundlegenden Voraussetzungen

Die eingangs Nr. 4 aufgeführten **Grundvoraussetzungen,** die in jedem Fall **Ausgangspunkt** sind, müssen nicht alle zusammen vorliegen, um dem Auftraggeber die dort anschließend genannten Rechte zu eröffnen. Vielmehr genügt bereits eines der drei verschiedenen Merkmale. Ein **Verschulden des Auftragnehmers** (§ 276 BGB) oder seiner Erfüllungsgehilfen (§ 278 BGB) ist nach dem eindeutigen Wortlaut der VOB **nur** in einem der drei Fälle bereits **von vornherein** erforderlich, nämlich **wenn** er mit der **Vollendung in Verzug** gerät. Zum Verzugsbeginn mit Zugang der Mahnung zutreffend Göhner NJW 1980, 873. Nach § 285 BGB liegt ein Verzug des Schuldners nur vor, wenn er die Verzögerung **zu vertreten** hat.

Das ist z. B. der Fall, wenn der Auftragnehmer frühzeitig und nach dem gegenwärtigen Stand der Bauausführung ohne berechtigten Grund Arbeitskräfte von der Baustelle abzieht, um sie bei einem anderen Bauvorhaben einzusetzen, oder wenn er sogar die Gerüste vorzeitig abbauen läßt, wodurch die Ausführungsfristen überschritten werden (vgl. OLG Celle SFH Z 2.510 Bl. 15 ff.). Ferner trifft das zu, wenn es der Auftragnehmer unterlassen hat, die zur Verwendung von Beton B 300 – frühere Bezeichnung – erforderliche baubehördliche Genehmigung gemäß § 5 der DIN 1045 einzuholen (vgl. BGH SFH Z 2.510 Bl. 21 ff.).

Der Auftragnehmer kann sich hier nicht schon mit der Begründung entlasten, der von ihm eingesetzte Subunternehmer (Erfüllungsgehilfe, vgl. Teil A Anh. 47) oder sein Lieferant habe verzögerlich geleistet, ihn, den Auftragnehmer, selbst treffe daran kein Verschulden (vgl. BGH BauR 1979, 324 = SFH § 285 BGB Nr. 1 = WM 1979, 724 = ZfBR 1979, 170).

Dagegen ist bei den **beiden anderen** in Nr. 4 aufgezählten **Fällen** (Verzögerung des Beginns der Ausführung und Nichtnachkommen der Verpflichtung aus Nr. 3) ein **Verzug** und damit ein Verschulden des Auftragnehmers **nicht erforderlich** (ebenso für den ersten Fall OLG Celle BauR 1973, 49 = MDR 1973, 136 = BlGBW 1973, 138 = SFH Z 2.510 Bl. 49). Vielmehr genügt hier ein **auf den Auftragnehmer zurückgehendes Verhalten, das die Verzögerung des Beginns** der Ausführung oder das Nichtbefolgen der in Nr. 3 genannten Verpflichtung **herbeigeführt** hat, also dafür ursächlich war. Dies ergibt sich entgegen der Ansicht von

Anderson (BauR 1972, 65, 66), der im übrigen der hier vertretenen Auffassung hinsichtlich der Nichterfüllung der in § 5 Nr. 3 festgelegten Pflichten beitritt, auch für die Verzögerung des Beginns der Ausführung. Das folgt aus dem Wortlaut der VOB, der zur Frage der Vollendung der Leistung ausdrücklich von Verzug des Auftragnehmers, hier aber nur von einer auf ein Verhalten des Auftragnehmers zurückzuführenden – also objektiv in seinem Bereich liegenden – Verzögerung des Beginns der Ausführung spricht. Auch die Interessenlage rechtfertigt dieses: Ebenso wie im Falle der Verletzung der Pflichten aus § 5 Nr. 3 liegt es allein in dem seiner gewerblichen Betätigung zuzurechnenden Bereich des Auftragnehmers, wenn er im Vertrag sich freiwillig verpflichtet, zu einer bestimmten Zeit mit der Ausführung zu beginnen, dabei gegebenenfalls durch Vereinbarung der VOB auch die Regelung in § 5 Nr. 2 Satz 2 hinnimmt. Deshalb ist es gerechtfertigt, den ursächlich auf sein Verhalten (Tun oder Unterlassen) zurückgehenden Nichtbeginn der Leistung genügen zu lassen, ohne Verschulden vorauszusetzen. Gegen ungerechtfertigtes Vorgehen des Auftraggebers ist der Auftragnehmer dann immer **noch hinreichend geschützt,** wenn er darlegt und gegebenenfalls beweist, daß die **Ursache des Nichtbeginns der Leistung nicht bei ihm, sondern beim Auftraggeber und in dessen Verantwortungsbereich zu suchen ist.** Das gilt vor allem im Falle des Nichtvorliegens der vom Auftraggeber einzuholenden Baugenehmigung oder sonstiger behördlicher Genehmigungen; gleiches trifft zu, wenn der Auftraggeber die erforderlichen Finanzierungsmittel nicht rechtzeitig beschafft hat (vgl. dazu § 279 BGB); ebenso gilt das bei unvorhergesehenen Verzögerungen des im Vertrag vorgesehenen Arbeitsablaufs (vgl. BGH BauR 1977, 420 = NJW 1977, 1966 = BB 1978, 1236 = LM VOB/B Nr. 93 = MDR 1978, 131 = SFH § 13 Ziff. 5 VOB/B Nr. 1) oder auch sonst bei nicht ordnungsgemäßer Erfüllung von Bereitstellungspflichten des Auftraggebers, wie z. B. aus Teil B § 3 Nr. 1 oder aus Teil B § 4 Nr. 1 Abs. 1 Satz 1.

Auch die gegenteilige Ansicht von Daub/Piel/Soergel/Steffani (Teil B § 5 ErlZ 5.40 und 5.35) vermag schon deswegen nicht zu überzeugen, weil sie nicht auf die hier klar gegebenen Unterschiede im Wortlaut der VOB eingehen. Ihre weiteren Erklärungen (Teil B § 8 ErlZ 8.36 f.) leuchten auch nicht ein: Der Begriff „verzögern" (des Beginns der Ausführung) bedeutet keineswegs nur ein aktives Tun, sondern sicher auch ein Unterlassen, so daß schon deswegen keine Identität mit Verschulden gegeben ist. Auch die unzureichenden Maßnahmen in bezug auf die zügige Ausführung, auf die sich Nr. 4 unter Hinweis auf Nr. 3 bezieht, setzen keineswegs eine vorherige Aufforderung des Auftraggebers zur Beseitigung der Unzuträglichkeiten voraus. Vielmehr ist in Nr. 3 nur eine an sich selbstverständliche und ohnehin gegebene Pflicht des Auftragnehmers festgelegt, die umfassend von Nr. 4 ergriffen ist, weshalb auch nur von der in „Nr. 3 **erwähnten** Verpflichtung" die Rede ist. Wie hier im Ergebnis auch Heiermann/Riedl/Rusam/Schwaab Teil B § 5 Rdn. 13 c; so auch Nicklisch in Nicklisch/Weick Teil B § 5 Rdn. 26.

36 Anders ist dieses im Falle der nicht rechtzeitigen Vollendung der Leistung: Während der Ausführung können sich aus einer Vielzahl von Gründen Verzögerungen ergeben, die im Einzelfall mit der gebotenen Sachlichkeit nicht nur hinsichtlich der Verursachung, sondern auch der eigenen Einstellung der Baubeteiligten, dabei besonders des Auftragnehmers, zu beurteilen sind, wo es also zu einer sachgerechten Beurteilung der Beachtung der Verschuldensfrage bedarf.

37 **Einheitlich für alle drei Fälle** und damit **einschränkend** für die in Nr. 4 an erster und dritter Stelle genannten kommt aber der dem Auftraggeber **bei Aufrechterhaltung des Vertrages nach Teil B § 6 Nr. 6 oder bei Vertragskündigung nach Teil B § 8 Nr. 3 eröffnete Schadensersatzanspruch nur** in Betracht, wenn die betreffende Verzögerung auf ein **Verschulden des Auftragnehmers** zurückgeht (ebenso u. a. Vygen/Schubert/Lang Rdn. 75, 81; vgl. Rdn. 40 ff. und 45 ff.). Dies beruht darauf, daß Schadensersatzansprüche, die im Vertragsrecht ihre

Grundlage haben, nur bei **schuldhaftem** Tun oder Unterlassen gewährt werden. **Gleiches gilt für die Kündigung nach Teil B § 8 Nr. 3** (vgl. Teil B § 8 Rdn. 84 f.).

Festzuhalten bleibt ferner: Es gibt auch – und zwar einschließlich der bereits vorangehend genannten nicht gerade wenigen – Fälle, in denen der **Auftraggeber Rechte aus Nr. 4 nicht geltend machen kann.** Zu denken ist dabei an die Tatbestände in Teil B § 6 Nr. 1, 2 (vgl. dazu BGH BauR 1983, 73 = NJW 1983, 989 = Betrieb 1983, 386 = SFH § 5 VOB/B Nr. 5 = ZfBR 1983, 19 = MDR 1983, 392), Nr. 4 oder gar in Teil B § 9. Ein weiterer Fall ist der, daß der Auftragnehmer nach Teil B § 16 Nr. 5 Abs. 3 Satz 3 berechtigt ist oder war, die Arbeiten bis zum Erhalt einer fälligen Zahlung einzustellen (vgl. dazu OLG Stuttgart NJW-RR 1986, 247 für den Bereich des § 636 BGB). Das gilt **vor allem bei Abschlagszahlungen.** Wenn die Gründe der Verzögerung nicht im Bereich des Auftragnehmers, sondern des Auftraggebers liegen, sind die Voraussetzungen nicht erfüllt, um dem Auftraggeber Rechte gegen den Auftragnehmer aus Nr. 4 zu geben. Das gilt für alle drei in Nr. 4 aufgeführten Fälle. Vgl. dazu auch Rdn. 58.

III. Rechtsfolgen bei Mißachtung von Pflichten nach Nr. 1–3: Nr. 4

Unter den in Rdn. 34 ff. erläuterten Voraussetzungen gewährt die VOB dem Auftraggeber die in Nr. 4 im einzelnen festgelegten Rechte. Ausgehend von dem Grundsatz, daß **Bauverträge möglichst aufrechtzuerhalten** sind, wird ihm **in erster Linie** die Befugnis eingeräumt, bei Aufrechterhaltung des Vertrages **Schadensersatz nach Teil B § 6 Nr. 6** zu verlangen, **in zweiter Linie** kommt die außerdem gegebene Möglichkeit der **Vertragskündigung** in Betracht. Hier handelt es sich nicht um eine dem Auftraggeber auferlegte Rangfolge, die er einhalten muß. Vielmehr hat er ein **Wahlrecht**, ob er von der einen oder der anderen Befugnis Gebrauch machen will, wie sich aus dem zwischen beiden Möglichkeiten gesetzten Wort „**oder**" ergibt. Falls Allgemeine Geschäftsbedingungen – insbesondere Zusätzliche Vertragsbedingungen – des Auftragnehmers in dem hier erörterten Bereich zugunsten des Auftragnehmers Haftungsbeschränkungen enthalten, ist die durch § 11 Nr. 8 AGB-Gesetz zwingend festgelegte Grenze zu beachten, was im Hinblick auf § 9 AGB-Gesetz auch für Kaufleute als Vertragspartner des Verwenders gilt.

1. Der Auftraggeber ist berechtigt, vom Auftragnehmer **unter Aufrechterhaltung des Bauvertrages** den **Verzugsschaden** ersetzt zu verlangen. Dazu muß aber **bei allen** der in Nr. 4 genannten **Fälle ein Verzug** des Auftragnehmers vorliegen. Verzug setzt Fälligkeit der Leistung, **Verschulden** des Auftragnehmers und grundsätzlich Mahnung durch den Auftraggeber voraus (vgl. auch Rdn. 32 ff.). Daher ist eine Regelung in AGB (vornehmlich in Zusätzlichen Vertragsbedingungen) dahingehend, daß der Auftraggeber ohne Abmahnung zum Abzug von Mehrkosten berechtigt sein soll, ein Verstoß gegen § 11 Nr. 4 bzw. – für den Bereich des § 24 – gegen § 9 AGB-Gesetz (vgl. auch LG München I BauR 1981, 474; ferner die besondere Fallgestaltung BGH BauR 1985, 576 = Betrieb 2142 = MDR 1985, 924 = SFH § 16 Nr. 3 VOB/B Nr. 37 = NJW 1986, 2049 = LM § 284 BGB Nr. 32 = ZfBR 1985, 216). Zum Verzugsbeginn mit Zugang der Mahnung zutreffend Göhner NJW 1980, 570. Die Mahnung ist nicht erforderlich, wenn für die Leistung eine Zeit nach dem Kalender bestimmt ist, vgl. im einzelnen § 284 BGB sowie Rdn. 32 f.

Die Pflicht zum Ersatz des Verzugsschadens beruht an sich auf § 286 BGB. Allerdings ist nach den Allgemeinen Vertragsbedingungen eine Begrenzung der nach dem Gesetz gegebenen vollen Schadensersatzpflicht des Auftragnehmers aus Verzug vereinbart. Nach Teil B § 6 Nr. 6 kann der Auftraggeber **nur den nachweislich entstandenen Schaden** verlangen, **nicht** aber **den entgangenen Gewinn**, es sei denn, die dem Auftragnehmer anzulastende **Bauverzögerung** ist von diesem **vorsätzlich oder grob fahrlässig** herbeigeführt worden. Diese Ausnahme von der Ausnahme beruht auf § 11 Nr. 8 b und Nr. 7 AGB-Gesetz. Hierauf stützt sich die in die Fassung der VOB von 1979 aufgenommene Neuformulierung von Teil B § 6 Nr. 6 (vgl. zu dieser Regelung Teil B § 6 Rdn. 116 ff.). Die Haftungsbeschränkung von Teil B § 6 Nr. 6 gilt auch nicht, wenn im Bauvertrag die Geltung der **VOB nur nachrangig nach dem BGB vereinbart** ist (vgl. BGH SFH § 284 BGB Nr. 1 = WM 1978, 218). Gleiches trifft auch auf jene Fälle zu, in denen der **Auftragnehmer die Erfüllung des Bauvertrages ernsthaft und endgültig verweigert,** da er hier nicht den Bau verzögert, sondern ihn zu vereiteln sucht (BGHZ 65, 372 = BauR 1976, 126 = NJW 1976, 517 = SFH Z 2.411 Bl. 65; ferner BGH SFH § 8 VOB/B Nr. 2 = BauR 1980, 465). Wesentlich für die erste in Nr. 4 festgehaltene Rechtsfolge ist, daß der Bauvertrag **aufrechterhalten** und der Auftragnehmer nach wie vor zur vertragsgerechten Leistung verpflichtet bleibt. Ansprüche auf Ersatz des Verzugsschadens **verjähren** in der gleichen Frist wie die Ansprüche, mit deren Erfüllung der Schuldner in Verzug geraten ist (BGH JZ 1962, 357).

42 Die **Beweislast** zur **Ausräumung des Verschuldens hat der Auftragnehmer** (§ 285 BGB), während die **Voraussetzungen** für den **Verzug** nach § 284 BGB i. V. m. Teil B § 5 Nr. 1–3 vom **Auftraggeber** darzulegen und zu beweisen sind. Bestreitet der Auftragnehmer einen Verzugsschaden, weil er nachträglich erfüllt habe, nachdem er in Verzug geraten war, so obliegt ihm ebenfalls die **Beweislast** für das Ausräumen der Verzugsfolgen (BGH NJW 1969, 875 = MDR 1969, 377 = LM § 284 BGB Nr. 17).

43 Ein Verzugsschaden kann hier auch geltend gemacht werden, wenn ein Bauvertrag nach der VOB zwischen einem General- oder einem Hauptunternehmer und einem Nachunternehmer abgeschlossen worden ist und der Nachunternehmer die vereinbarten Ausführungsfristen nicht eingehalten hat. Dann kann der General- oder der Hauptunternehmer vom Nachunternehmer ggf. Schadensersatz wegen zusätzlicher Vorhaltekosten, von ihm infolge des Verzuges an seine Arbeiter gezahlter Über- und Sonntagsstundenzuschläge sowie wegen erhöhter allgemeiner Geschäftskosten verlangen (vgl. OLG Düsseldorf SFH Z 2.411 Bl. 16 ff.).

44 Grundsätzlich ist der Anspruch auf Schadensersatz wegen Verzuges nicht dadurch beeinträchtigt, daß dem Vertragsgegner – hier dem Auftragnehmer – nachträglich ein Anspruch auf Schadensersatz wegen Nichterfüllung – hier gegenüber dem Auftraggeber – erwächst (vgl. BGH NJW 1975, 1740 = MDR 1975, 1010 = LM § 286 BGB Nr. 10).

45 2. Nr. 4 gibt dem Auftraggeber zur Wahl ferner das Recht, dem Auftragnehmer eine **angemessene Frist zur Vertragserfüllung** zu setzen **und zu erklären,** daß er ihm **nach fruchtlosem Ablauf** der Frist den **Auftrag entziehe** (Teil B § 8 Nr. 3).

Grundsätzlich muß der Auftraggeber dem Auftragnehmer eine **Frist zum Beginn oder zur zügigen Fortführung oder zur Beendigung der vertraglich festgelegten Leistung** setzen. Im letzteren Fall muß es vom Sinn der hier getroffenen Regelung, nämlich dem Auftragnehmer den Ernst der Lage und die drohende Vertragskündigung vor Augen zu führen, ausreichen, wenn der Auftraggeber eine angemessene Frist zur Weiterarbeit bzw. zur Wiederaufnahme der Arbeiten setzt, zumal dann, wenn zweifelhaft ist, ob der Auftragnehmer die Arbeiten fortzusetzen bereit ist (vgl. OLG Düsseldorf SFH § 5 VOB/B Nr. 6). **Ausnahmsweise** ist es aber **auch möglich, den Auftragnehmer zu verbindlichen Terminzusagen aufzufordern,** wenn bei einem langfristigen Vertrag zur Bauwerkserrichtung im Bereich des Auftragnehmers liegende Hindernisse auftreten, die es ernsthaft in Frage stellen, ob die vereinbarte Leistung überhaupt oder jedenfalls rechtzeitig ausführbar ist; dies ist ein Gebot von Treu und Glauben (BGH BauR 1983, 73 = NJW 1983, 989 = Betrieb 1983, 386 = SFH § 5 VOB/B Nr. 5 = ZfBR 1983, 19 = MDR 1983, 392 = LM § 5 VOB/B Nr. 2 = BB 1983, 2075). Zwar läßt sich die erforderliche Klärung nach Fälligkeit der vereinbarten Leistung in aller Regel durch Fristsetzung zur Vertragserfüllung erreichen. Anders liegt es jedoch, wenn die aufgetretenen Schwierigkeiten nicht den Baubeginn, sondern die weitere Ausführung betreffen; ausnahmsweise gilt das aber auch für den Baubeginn, z. B. dann, wenn begründete

Zweifel zwar nicht schon wegen des Baubeginns, aber wegen der Arbeiten bestehen, die daran anschließen (BGH a. a. O.). Vgl. auch Rdn. 52. Hat der Auftraggeber dem Auftragnehmer zwar zunächst eine Frist gesetzt und ihm die Kündigung angedroht, hat er sich dann aber doch zur Entgegennahme der Leistung des Auftragnehmers bereit erklärt, so muß er, wenn er dann dennoch kündigen will, dem Auftragnehmer eine neue Frist mit Androhung der Kündigung setzen (vgl. OLG Karlsruhe BauR 1987, 448) und diese abwarten, bevor er kündigen kann.

Für die **Androhung** ist es nicht erforderlich, daß hierbei der Wortlaut der VOB eingehalten wird; vielmehr genügt es, wenn der **Wille des Auftraggebers,** die Leistung des Auftragnehmers **nach erfolglosem Ablauf der Frist nicht mehr anzunehmen, eindeutig** („letztmals") zum Ausdruck gebracht wird (BGH BauR 1983, 258 = NJW 1983, 1731 = SFH § 634 BGB Nr. 10 = ZfBR 1983, 123; OLG Düsseldorf BauR 1977, 134, letzteres für den in rechtlicher Hinsicht gleichgelagerten Fall der Fristsetzung bei Nachbesserungsaufforderung). **Fehlt** es an der hier vorgeschriebenen **Androhung** des Auftragsentzugs, wird das Recht zur Kündigung nach Ablauf der gesetzten Frist nicht begründet, vielmehr wird der Auftragnehmer **dann nur** (wenn das nicht schon der Fall ist) **in Verzug gesetzt** (vgl. BGH MDR 1968, 486 = BB 1968, 359 = LM VOB/B Nr. 28 = Betrieb 1968, 707 = SFH Z 2.510 Bl. 29; vgl. auch VHB Nr. 3. zu § 5 VOB/B). Dann kann der Auftraggeber nur kündigen, wenn er dem Auftragnehmer eine **neue Frist mit Kündigungsandrohung** setzt (a. a. O.).   46

Zur Frage der **Angemessenheit** der Frist siehe **Teil B § 4 Rdn. 380 ff.;** hier richtet sich die Angemessenheit nach der Zeit, die ein leistungsfähiger, sachkundiger und zuverlässiger Auftragnehmer zur Fertigstellung der noch ausstehenden Leistung in **sofort fortgesetzter** zügiger Arbeit benötigt.   47

Sofern das AGB-Gesetz Anwendung findet, ist für eine von diesen Grundsätzen abweichende oder eine zeitlich generalisierende Klausel § 10 Nr. 2 AGB-Gesetz zu beachten. Daher ist diese gesetzliche Bestimmung verletzt und die Klausel unwirksam, wenn in AGB des Auftragnehmers festgelegt ist, daß der Auftraggeber nur dann vom Vertrag zurücktreten oder Schadensersatz wegen Nichterfüllung verlangen kann, wenn er dem in Verzug befindlichen Auftragnehmer zuvor eine Nachfrist von mindestens 6 Wochen gesetzt hat, weil darin die Gefahr liegt, daß der Auftragnehmer die Nachfrist lediglich als „Ersatzlieferungsfrist" nutzen will; daher ist diese generell festgelegte Nachfrist unangemessen lang (BGH BauR 1985, 192 = NJW 985, 855 = MDR 1985, 398 = BB 1985, 483 = Betrieb 1985, 1283 = SFH § 9 AGBG Nr. 20 = LM § 9 [Cb] AGBG Nr. 10 = ZfBR 1985, 134; OLG Stuttgart NJW-RR 1988, 786, 788).

Einer **Fristsetzung mit Androhung des Auftragsentzugs bedarf es ausnahmsweise nicht mehr,** wenn sich das Verhalten des Auftragnehmers als eine **besonders schwere positive Vertragsverletzung** darstellt, die es dem **Auftraggeber unzumutbar** macht, noch weiterhin mit diesem Auftragnehmer im Vertrag zu bleiben. Dazu ist Voraussetzung, daß der Auftragnehmer schwerwiegend und schuldhaft gegen seine vertragliche Verpflichtung verstoßen hat, so daß die dem Bauvertrag innewohnende und für seine Durchführung erforderliche **Vertrauensgrundlage nachhaltig erschüttert** ist; dabei muß der objektive Betrachter bei verständiger Würdigung aller Umstände zu dem Ergebnis kommen, daß es dem Auftraggeber nicht mehr anzusinnen ist, länger am Vertrag festzuhalten (vgl. OLG Köln NJW 1974, 1952). Das ist z. B. der Fall, wenn der Auftragnehmer seine Leute vom Bau abzieht und zugleich die Gerüste abbaut, dadurch den gesamten Bau blockiert (OLG Celle SFH Z 2.510 Bl. 15 ff.), oder wenn der Auftragnehmer die Weiterarbeit ganz bestimmt und abschließend von der Zahlung weiterer Vergütung abhängig macht, obwohl er hierauf eindeutig keinen Anspruch hat. Ebenso gilt dies, wenn der mit der Fertigstellung der Leistung im Verzug befindliche Auftragnehmer diese erst für einen Zeitpunkt ankündigt, der zweifelsfrei nach Ablauf der eigentlichen vom Auftraggeber zu setzenden angemessenen, ihm zumutbaren Nachfrist liegt (vgl. BGH NJW 1984, 48 = Betrieb 1983, 2517 = ZIP 1983, 1349 = BB 1983, 1873 = WM 1983, 1158 = MDR 1984,   48

224 = JZ 1984, 54 = LM § 6 AGBG Nr. 2). Rechtfertigen läßt sich das auch, wenn sich der Auftragnehmer dadurch als besonders unzuverlässig erwiesen hat, daß er mehrmaliger Verlängerung der vertraglichen Ausführungsfrist nicht nachgekommen ist und in diesem Zusammenhang abgegebene Zusicherungen der Vertragserfüllung schuldhaft nicht eingehalten hat (vgl. OLG Bremen SFH Z 2.510 Bl. 37). Dasselbe trifft zu, wenn der Auftragnehmer endgültig und ernsthaft den Beginn oder die Fortsetzung der Leistung verweigert (ebenso BGHZ 50, 160 ff.; OLG Celle BauR 1973, 49 = MDR 1973, 136 = BlGBW 1973, 137 = SFH Z 2.510 Bl. 49; OLG Düsseldorf BauR 1975, 428). Unabdingbare Voraussetzung ist hier aber, daß eine inhaltlich zweifelsfreie Erklärung des Auftragnehmers vorliegt, aus der sich sein endgültiger Entschluß klar entnehmen läßt (vgl. BGH MDR 1976, 393 = BB 1976, 333 = LM § 326 [Dc] BGB Nr. 4 = NJW 1976, 326 L).

Liegen diese **Ausnahmesachverhalte** vor, hat der Auftraggeber das Kündigungsrecht nach Teil B § 8 Nr. 3 auch ohne vorherige Fristsetzung. Eine hiervon abweichende Regelung in AGB – insbesondere Zusätzlichen Vertragsbedingungen – verstößt gegen § 11 Nr. 8 a AGB-Gesetz (vgl. OLG Stuttgart ZIP 1981, 875).

Als endgültige und ernsthafte Erfüllungsverweigerung ist es allerdings noch nicht anzusehen, wenn es sich um bloße Meinungsverschiedenheiten über den Vertragsinhalt oder den Vertragsumfang handelt, sofern sich der Auftragnehmer bereit erklärt hat, zu anderen Bedingungen zu leisten; hierzu gilt das in Teil B § 13 Rdn. 522 f. Gesagte entsprechend. Eine Fristsetzung sowie die Ankündigung des – ganzen oder teilweisen – Auftragsentzugs ist wiederum entbehrlich, wenn sich der Auftragnehmer, etwa weil er zu einem bestimmten Preis angebotene Baumaterialien usw. nicht bereitstellen kann, im Einvernehmen mit dem Auftraggeber mit einem entsprechenden Preisabzug – auch in Höhe des von dritter Seite verlangten Mehrpreises – einverstanden erklärt. Dann liegt in Wirklichkeit eine vereinbarte Änderung des ursprünglichen Bauvertrages vor (vgl. BGH, Urt. vom 2. 7. 1964 – VII ZR 58/63 –). Man sieht daraus, daß hier im Kern die gleichen Grundsätze gelten wie bei § 326 BGB (vgl. dazu auch Teil B § 4 Rdn. 387 ff.).

49 Schriftform ist **für die Aufforderung** nach Nr. 4 ebensowenig erforderlich wie bei Teil B § 4 Nr. 7, jedoch ist eine schriftliche Aufforderung aus Beweisgründen für den Auftraggeber unbedingt zu empfehlen (vgl. auch VHB Nr. 4. zu § 5 VOB/B).
Zur **Schriftform der Kündigung** selbst siehe Teil B § 8 Rdn. 148 ff. Die Kündigung ist erst zulässig, wenn – abgesehen von den genannten Ausnahmen – die vom Auftraggeber mit Androhung des Auftragsentzugs gesetzte Frist abgelaufen ist; daher kann die Kündigung **nicht schon bedingt mit der Fristsetzung** verbunden werden (vgl. Teil B § 8 Rdn. 76 f.).

50 Die **Beweislast** für die Fälligkeit der Leistung, die Fristsetzung und die Androhung der Kündigung nach Nr. 4 hat der **Auftraggeber;** gleiches gilt für **etwaige Ausnahmen** vom Erfordernis der Fristsetzung und Kündigungsandrohung. Dagegen ist der **Auftragnehmer beweispflichtig,** wenn er die **Berechtigung der Androhung, der Fristsetzung oder der Vertragskündigung bestreitet,** insbesondere wenn er behauptet, sich keiner Verletzung der Pflichten nach Nr. 1–3 schuldig gemacht zu haben. Dies folgt aus der entsprechenden Anwendung des § 636 Abs. 2 BGB.

51 Der Hinweis auf Teil B § 8 Nr. 3 bedeutet u. a. auch, daß der Auftraggeber **nach** der **Kündigung** vom Auftragnehmer nicht nur den weitergehenden Schaden nach Abs. 2 Satz 1 a. a. O. mit der hier weiterhin maßgebenden Beschränkung nach Teil B § 6 Nr. 6 (vgl. Rdn. 40 ff. und BGHZ 62, 90 = BauR 1974, 208 = NJW 1974, 646 = BB 1974, 253 = SFH Z 2.411 Bl. 56 = MDR 1974, 483 = LM VOB/B Nr. 67 Anm. Schmidt), sondern unter den Voraussetzungen des Abs. 2 Satz 2 a. a. O. insgesamt **Schadensersatz wegen Nichterfüllung** beanspruchen kann. Dieser Anspruch geht auf den vollen Schaden (§ 249 BGB) und unterliegt **nicht der Begrenzung aus Teil B § 6 Nr. 6** (vgl. BGH a. a. O. sowie BGHZ 48, 78 = NJW 1967, 2262 = MDR 1967, 755 = BB 1967, 813 = VersR 1967, 806 = SFH Z 2.411 Bl. 31 ff.), auch nicht den durch Teil B § 4 Nr. 7 Satz 2 gesetzten Grenzen (vgl. Teil B § 4 Rdn. 354 ff.). Für einen

Schadensersatzanspruch des Auftraggebers ist allerdings immer **Verschulden** des Auftragnehmers **Voraussetzung**. Die vorgenannte, im Falle von Teil B § 8 Nr. 3 Abs. 2 Satz 1 gegebene Haftungsbeschränkung gilt nach § 276 Abs. 2 BGB nicht bei vorsätzlichem Handeln des Auftragnehmers (ebenso RGRK-Glanzmann § 636 Rdn. 31).

3. Denkbar ist auch, daß der **Auftragnehmer bereits vor Fälligkeit seiner Leistung, also** vor Beginn der maßgebenden Ausführungsfrist, **erklärt, er könne infolge unvorhergesehener Umstände nicht fristgerecht mit der Ausführung beginnen.** Dann kann der an alsbaldiger Klärung der Erfüllungsbereitschaft interessierte Auftraggeber den Auftragnehmer entsprechend § 5 Nr. 4 zur Erklärung innerhalb einer gesetzten Frist auffordern, ob er absprachegerecht leisten werde, und ihn darauf hinweisen, daß er die Entgegennahme der Leistung nach Ablauf der Frist ablehne. Gibt der Auftragnehmer dann keine befriedigende Erklärung ab, kann der Auftraggeber entsprechend Teil B § 8 Nr. 3 den Vertrag kündigen; dabei bedarf es auch hier ausnahmsweise keiner Fristsetzung, wenn der Auftragnehmer bereits unzweideutig erklärt hat, er werde in keinem Falle fristgerecht leisten (für einen rechtsähnlichen Fall vgl. BGH BB 1976, 333 = Betrieb 1976, 238 = WM 1976, 75). Vgl. auch Rdn. 40 ff.

IV. Vergleich der Rechte nach Nr. 4 mit gesetzlichen Regelungen

Für die von Nr. 4 erfaßten Sachverhalte enthält das **Gesetz auch noch andere Rechte** zugunsten des Auftraggebers. Ob diese **neben** den Ansprüchen aus Nr. 4 geltend gemacht werden können, ist davon abhängig, ob dem Auftraggeber angesichts seines Schadensersatzanspruches nach Teil B § 6 Nr. 6 sowie seines Kündigungsrechts und der Schadensersatzansprüche nach Teil B § 8 Nr. 3 (vgl. Rdn. 39 ff.) noch ein **Rechtsschutzbedürfnis** zugebilligt werden kann. Das ist zu verneinen, wenn gesetzlich geregelte Rechte in ihren rechtlichen Grundlagen denen **gleichzusetzen** sind, auf denen Ansprüche nach Teil B § 6 Nr. 6 und § 8 Nr. 3 beruhen. Trifft das nicht zu, so kann der Auftraggeber auch von diesen anderen Rechten Gebrauch machen. Hierzu:

1. Der Auftraggeber kann auch ohne vorherige Fristsetzung **Klage auf Vertragserfüllung** erheben. Nach der Verurteilung des Auftragnehmers zur Erbringung der Leistung kann der Auftraggeber **gemäß § 887 ZPO vollstrecken** (Locher, Das private Baurecht, Rdn. 120) **oder nach § 283 BGB vorgehen**. Dieser Weg ist wesentlich umständlicher als die Ausübung des dem Auftraggeber nach Nr. 4 gegebenen Kündigungsrechts. Es könnte aber sein, daß der Auftraggeber im Einzelfall ein **besonderes Interesse** an der Aufrechterhaltung des Bauvertrages mit diesem Auftragnehmer hat, weil er dessen Bauleistung wünscht. Da es sich um eine Klage auf Leistung handelt, der Vertrag also aufrechterhalten bleibt, ist diese gesetzliche Befugnis des Auftraggebers eine andere als die in Nr. 4 vorgesehene Vertragskündigung oder der bloße Schadensersatzanspruch nach Teil B § 6 Nr. 6, so daß ein Rechtsschutzbedürfnis für diesen Weg anstelle des Kündigungsrechts **zu bejahen** ist. Bestehen bleibt dann ein etwaiger Schadensersatzanspruch des Auftraggebers nach Teil B § 6 Nr. 6 oder auch ein über diesen eingeschränkten Anspruch hinausgehender voller Schadensersatzanspruch (vgl. dazu Teil B § 6 Rdn. 116 ff.). Verlangt der Auftraggeber später nach § 283 BGB Schadensersatz wegen Nichterfüllung, gilt insoweit § 8 Nr. 3 Abs. 2 entsprechend (vgl. Rdn. 51).

2. **Unberührt** bleibt das Recht des Auftraggebers, die **Einrede des nichterfüllten Vertrages nach § 320 BGB** zu erheben, z. B. bei der Geltendmachung von Abschlagszahlungen durch den Auftragnehmer. Insofern bestehen keine Überschneidungen zur Nr. 4, da weder der Vertrag gekündigt noch lediglich Schadensersatz bei Aufrechterhaltung des Vertrages begehrt wird, so daß kein Grund vorliegt, das Rechtsschutzbedürfnis für die Einrede des nichterfüllten Vertrages abzulehnen. Allerdings kann sich mit dieser Einrede nur verteidigen, wer am Vertrag **festhält**, nicht aber, wer die **Annahme** des Werkes – der Bauleistung – **endgültig abgelehnt**

hat (RGZ 58, 173, 176; 69, 381, 383; 171, 297, 301; BGH, Urt. vom 14. 4. 1960 – VII ZR 63/59 –). Die Einrede kann also nur der Auftraggeber erheben, der noch ein Tätigwerden des Auftragnehmers verlangt.

56 Bei der Einrede des nichterfüllten Vertrages durch den Auftraggeber trägt der **Auftragnehmer die Beweislast** (vgl. RGZ 95, 116, 119; 106, 294, 299). Er muß also – hier: vor der Abnahme – darlegen und beweisen, daß er seinen Verpflichtungen nach Teil B § 5 Nr. 1–3 ordnungsgemäß nachgekommen ist.

3. Dagegen muß das Rechtsschutzbedürfnis **verneint** werden:

57 a) Das in **§ 636 BGB** festgelegte **Rücktrittsrecht** kann **nicht** geltend gemacht werden. Dieses ist durch Nr. 4 vertraglich anderweitig geregelt und durch die dort festgelegten Ansprüche ersetzt worden. Die Partner eines Bauvertrages haben mit der Vereinbarung der Allgemeinen Vertragsbedingungen § 636 BGB grundsätzlich ausgeschlossen (so im Ergebnis auch Nicklisch in Nicklisch/Weick Teil B § 5 Rdn. 37).

58 b) Aus den gleichen Gründen kommt ein Recht auf **Schadensersatz wegen Nichterfüllung oder ein Rücktritt** vom Vertrag nach **§ 326 BGB nicht** in Betracht, weil auch insoweit **Nr. 4 eine Sonderregelung** kraft Parteivereinbarung enthält (BGH SFH Z 2.13 Bl. 26). Sinngemäß gilt aber auch hier der für § 326 BGB aufgestellte Grundsatz: Ist der Auftraggeber selbst – schuldhaft – vertragsuntreu, so kann er mit der Begründung, der Auftragnehmer habe den Vertragszweck gefährdet oder dieser befinde sich im Verzug, sich nicht durch Kündigung vom Vertrag lösen und Schadensersatz wegen Nichterfüllung verlangen, wenn hier ein Zusammenhang mit seiner eigenen Vertragsverletzung vorliegt, vgl. dazu auch BGH, Urt. vom 14. 7. 1971 – VIII ZR 49/70 –. Vgl. ferner Vor §§ 8+9 Rdn. 10 ff., 23 ff.

§ 6 Behinderung und Unterbrechung der Ausführung

1. Glaubt sich der Auftragnehmer in der ordnungsgemäßen Ausführung der Leistung behindert, so hat er es dem Auftraggeber unverzüglich schriftlich anzuzeigen. Unterläßt er die Anzeige, so hat er nur dann Anspruch auf Berücksichtigung der hindernden Umstände, wenn dem Auftraggeber offenkundig die Tatsache und deren hindernde Wirkung bekannt waren.

2. (1) Ausführungsfristen werden verlängert, soweit die Behinderung verursacht ist:

a) durch einen vom Auftraggeber zu vertretenden Umstand,

b) durch Streik oder eine von der Berufsvertretung der Arbeitgeber angeordnete Aussperrung im Betrieb des Auftragnehmers oder in einem unmittelbar für ihn arbeitenden Betrieb,

c) durch höhere Gewalt oder andere für den Auftragnehmer unabwendbare Umstände.

(2) Witterungseinflüsse während der Ausführungszeit, mit denen bei Abgabe des Angebots normalerweise gerechnet werden mußte, gelten nicht als Behinderung.

3. Der Auftragnehmer hat alles zu tun, was ihm billigerweise zugemutet werden kann, um die Weiterführung der Arbeiten zu ermöglichen. Sobald die hindernden Umstände

wegfallen, hat er ohne weiteres und unverzüglich die Arbeiten wiederaufzunehmen und den Auftraggeber davon zu benachrichtigen.

4. Die Fristverlängerung wird berechnet nach der Dauer der Behinderung mit einem Zuschlag für die Wiederaufnahme der Arbeiten und die etwaige Verschiebung in eine ungünstigere Jahreszeit.

5. Wird die Ausführung für voraussichtlich längere Dauer unterbrochen, ohne daß die Leistung dauernd unmöglich wird, so sind die ausgeführten Leistungen nach den Vertragspreisen abzurechnen und außerdem die Kosten zu vergüten, die dem Auftragnehmer bereits entstanden und in den Vertragspreisen des nicht ausgeführten Teiles der Leistung enthalten sind.

6. Sind die hindernden Umstände von einem Vertragsteil zu vertreten, so hat der andere Teil Anspruch auf Ersatz des nachweislich entstandenen Schadens, des entgangenen Gewinns aber nur bei Vorsatz oder grober Fahrlässigkeit.

7. Dauert eine Unterbrechung länger als 3 Monate, so kann jeder Teil nach Ablauf dieser Zeit den Vertrag schriftlich kündigen. Die Abrechnung regelt sich nach Nr. 5 und 6; wenn der Auftragnehmer die Unterbrechung nicht zu vertreten hat, sind auch die Kosten der Baustellenräumung zu vergüten, soweit sie nicht in der Vergütung für die bereits ausgeführten Leistungen enthalten sind.

Inhaltsübersicht

	Rdn.
A. Allgemeines	1–8
I. Begriffe der Behinderung und Unterbrechung	2–3
II. Teil B § 6 erfaßt nicht Fälle von dauernder Unmöglichkeit, Unvermögen, Nichterfüllung und Schlechterfüllung	4
III. Teil B § 6 erfaßt insbesondere auch rechtliche Hinderungsgründe	5
IV. Teil B § 6 erfaßt darüber hinaus jede tatsächliche Behinderung oder Unterbrechung	6–8
B. Die Anzeigepflicht des Auftragnehmers nach Nr. 1	9–23
I. Voraussetzungen und Erfüllung der Anzeigepflicht	11–16
1. Subjektive, für den betreffenden Fall anerkennenswerte Annahme der Behinderung genügt	11
2. Mündliche Anzeige reicht zur Erfüllung dieser Nebenpflicht	12–14
3. Anzeige an Bevollmächtigten kann ausreichen	15–16
II. Ausnahmetatbestand: Offenkundigkeit der hindernden Umstände und deren Wirkung	17–23
1. Begriff der Offenkundigkeit	18–21
2. Offenkundigkeit in der Person des Vertreters des Auftraggebers genügt grundsätzlich	22
3. Beweislast hat Auftragnehmer	23
C. Die Verlängerung der Ausführungsfristen nach Nr. 2	24–64
I. Vom Auftraggeber zu vertretender Umstand (Nr. 2 Abs. 1 a)	28–37
1. Ursache aus dem Bereich des Auftraggebers	28–30
2. Nicht unbedingt Verschulden des Auftraggebers erforderlich	31–35
3. Bei positiver Vertragsverletzung Verschulden erforderlich	36
4. Nr. 2 Abs. 1a erfaßt alles, was zum Risokobereich des Auftraggebers gehört	37
II. Streik und Aussperrung (Nr. 2 Abs. 1 b)	38–46
1. Allgemeine Voraussetzungen	38–41
2. Streik	42–44
3. Aussperrung	45–46

    III. Höhere Gewalt oder andere für den Auftragnehmer unabwendbare Umstände (Nr. 2 Abs. 1 c) 47–48
        1. Höhere Gewalt 47
        2. Andere für Auftragnehmer unabwendbare Umstände 48
    IV. Sonderregelung über Witterungseinflüsse (Nr. 2 Abs. 2) 49–64
        1. Maßgebend Witterungseinflüsse auf der Baustelle 50-51
        2. Normalerweise voraussehbare Witterungseinflüsse sind unbeachtlich . 52–61
        3. Zeitpunkt der Angebotsabgabe ausschlaggebend 62–63
        4. Keine Verlängerung der bisherigen Ausführungsfrist bei normalen Witterungseinflüssen 64
D. Pflichten des Auftragnehmers während und nach der Behinderung oder Unterbrechung (Nr. 3) 65–76
    I. Fürsorgepflichten während der Behinderung oder Unterbrechung (Satz 1) 66–71
        1. Besonders starke Verpflichtung bei vom Auftragnehmer zu verantwortenden Umständen 67
        2. Erheblich geringere Verpflichtung bei vom Auftraggeber zu verantwortenden Umständen 68
        3. Wiederum stärkere Verpflichtung bei von keinem Vertragspartner zu verantwortenden Umständen 69
        4. Schadensersatzpflicht des Auftragnehmers bei Nichtbeachtung der Pflichten aus Nr. 3 70
        5. Evtl. Recht oder Pflicht zur Übernahme anderweitiger Arbeit 71
    II. Unverzügliche Arbeitsaufnahme nach Wegfall des Hindernisses (Satz 2) . 72–75
    III. Verpflichtungen nach Nr. 3 setzen Fortbestand der Leistungspflicht des Auftragnehmers voraus 76
E. Berechnung der Verlängerung der Ausführungsfristen (Nr. 4) 77–84
    I. Die drei Merkmale für die Berechnung der Verlängerung 78–81
        1. Dauer der Behinderung oder Unterbrechung 79
        2. Zuschlag für die Wiederaufnahme der Arbeiten 80
        3. Verschiebung in ungünstigere Jahreszeit 81
    II. Grundsätzlich Vereinbarung der Fristverlängerung erforderlich 82–84
F. Unterbrechung: Vorläufige Abrechnung während der Unterbrechung der Leistung (Nr. 5) 85–101
    I. Unterbrechung für voraussichtlich längere Dauer ohne dauernde Unmöglichkeit 86–95
        1. Voraussichtlich längere Dauer 86–87
        2. Ohne dauernde Unmöglichkeit 88–91
        3. Unvermögen zur Leistung von Unmöglichkeit zu unterscheiden 92
        4. Nr. 5 (auch Nr. 6 und 7) ist Sondervorschrift für alle länger dauernden Unterbrechungen außerhalb der Unmöglichkeit 93–95
    II. Abrechnung nach Vertragspreisen 96–101
        1. Abrechnung der am Leistungsobjekt selbst erbrachten Arbeiten 98
        2. Auch Abrechnung sonst entstandener und in den Vertragspreisen enthaltener Kosten 99–100
        3. Nicht abzurechnen die durch die Unterbrechung selbst entstehenden Kosten 101
G. Unterbrechung: Vorzeitige Vertragskündigung (Nr. 7) 102–115
    I. Kündigung frühestens 3 Monate seit Beginn der Unterbrechung (Satz 1) 104–110
        1. Immer Zeitablauf von mindestens 3 Monaten Unterbrechung erforderlich 104
        2. Unterbrechung muß im Zeitpunkt der Kündigung fortdauern 105
        3. Etwaiger Ausschluß der Kündigung 106
        4. Möglicherweise nur Teilkündigung zulässig 107
        5. Ausschluß der Kündigung bei Vereitelung weitergehender Rechte des Vertragsgegners 108–110
    II. Schriftform der Kündigung ist zwingend (Satz 1) 111–112
    III. Abrechnung nach Kündigung (Satz 2) 113–114
    IV. Kosten der Baustellenräumung (Satz 2) 115

H. Der Schadensersatzanspruch nach Nr. 6 116–156
   I. Allgemeines 116–123
      1. Auffangtatbestand für die meisten Fälle der Bauverzögerung 116–117
      2. Haftungsbeschränkung für Schaden außerhalb entgangenen Gewinns –
         Ausnahmen 118–123
   II. Schadensersatzanspruch als Folge anstelle anderer gesetzlicher
       Ansprüche 124–126
   III. Nr. 6 gilt sowohl bei Behinderung als auch bei Unterbrechung der Leistung 127
   IV. Verschulden Voraussetzung für Schadensersatzanspruch; Mitverschulden 128–131
   V. Bei leichter Fahrlässigkeit Schadensersatz unter Ausschluß entgangenen
      Gewinns 132–151
      1. Schadensbegriff – Beweislast 133–135
      2. Entgangener Gewinn 136–140
      3. Mögliche Schäden des Auftraggebers 141–143
      4. Mögliche Schäden des Auftragnehmers 144–151
   VI. Verjährung des Schadensersatzanspruches nach Nr. 6 152–156
      1. Schadensersatzanspruch des Auftragnehmers 152–155
      2. Schadensersatzanspruch des Auftraggebers 156

Aufsätze: Brandt, „Ersatz des Drittschadens im Baurecht", BauR 1973, 13; Hochstein, „Unmittelbarer Schaden", „Schaden am Bauwerk" und „Unmittelbarer Schaden am Bauwerk", BauR 1972, 8; Kaiser, „Adressat für Anzeigen des Auftragnehmers nach §§ 4, 6 VOB/B", NJW 1974, 445; Kaiser, „Umfang der Schadensersatzhaftung wegen Verzuges des Auftragnehmers nach der VOB Teil B", NJW 1974, 1310; Dähne, „Gerätevorhaltung und Schadensersatz nach § 6 Nr. 6 VOB/B – ein Vorschlag zur Berechnung", BauR 1978, 429; Heiermann, „Die Spezialregelung des § 6 VOB/B bei Behinderungen und Unterbrechungen der Ausführung von Bauleistungen", BB 1981, 876; Vygen, „Behinderungen des Auftragnehmers und ihre Auswirkungen auf die vereinbarte Bauzeit", BauR 1983, 210; ders., „Behinderungen des Bauablaufs und ihre Auswirkungen auf den Vergütungsanspruch des Unternehmers", BauR 1983, 414; Olshausen, „Planung und Steuerung als Grundlage für einen zusätzlichen Vergütungsanspruch bei gestörtem Bauablauf", Festschrift Korbion, 1986, S. 325 ff.; Walzel, „Zur Frage der Haftung des Auftraggebers aus § 278 BGB bei Bauzeitverzögerung eines Auftragnehmers", BauR 1984, 569; Clemm, „Erstattung der Mehrkosten des Auftragnehmers bei Planlieferverzug des Auftraggebers nach der VOB/B", Betrieb 1985, 2597; Kapellmann, „Der Verjährungsbeginn beim (vergütungsgleichen) Ersatzanspruch des Auftragnehmers aus § 6 Nr. 6 VOB/B und aus § 642 BGB", BauR 1985, 123; Grieger, „Endlich ein Urteil, das zur Art und Weise der Schadensberechnung nach § 6 Nr. 6 VOB/B Stellung nimmt", BauR 1985, 524; Kraus, „Ansprüche des Auftragnehmers bei einem durch Vorunternehmer verursachten Baustillstand", BauR 1986, 17; Kapellmann/Schiffers, „Die Ermittlung der Ersatzansprüche des Auftragnehmers aus vom Bauherrn zu vertretender Behinderung § 6 Nr. 6 VOB/B", BauR 1986, 615; v. Craushaar, „Risikotragung bei mangelhafter Mitwirkung des Bauherrn", BauR 1987, 14; Grieger, „§ 6 Nr. 6 VOB/B – Nachlese zum Urteil des BGH vom 20. 2. 1986 – VII ZR 286/84 (BauR 1986, 347)", BauR 1987, 378. Rutkowsky, „Gefahrtragung und Haftung bei gewaltsamen Anschlägen gegen Großbaumaßnahmen und die daran beteiligten Unternehmen", NJW 1988, 1761.

A. Allgemeines

In § 6 werden **außergewöhnliche Sachverhalte** geregelt, die den normalen, vor allem nach Teil B § 5 Nr. 1–3 festgelegten Leistungsablauf bei der Herstellung der vertraglich vereinbarten Bauleistung gegenwärtig unmöglich machen oder behindern. Es **handelt sich um den Eintritt von Ereignissen, die beim Vertragsabschluß jedenfalls für den Auftragnehmer weder bekannt noch vorausehbar waren,** wenn auch die dafür maßgebenden Ursachen bereits damals vorgelegen haben mögen. Insoweit verlangt Nr. 1 Satz 2 nicht nur das Vorliegen der für die hindernden Umstände ausschlaggebenden Tatsachen, sondern auch den nach außen erkennbaren Eintritt der hindernden Wirkung, letzteres nach Vertragsabschluß. Die praktische Erfahrung im Baugeschehen zeigt, daß vielfach bei der Herstellung eines Bauwerkes **Hindernisse oder Unterbrechungen** eintreten. Man kann von einem **Sondertatbestand** reden, der dem besonderen Wesen des Bauvertrages entspricht und der im Rahmen der gesetzlichen Regelungen des Werkvertragsrechts (z. B. in § 636 BGB) nicht die Beachtung finden konnte, die an sich notwendig gewesen wäre. Deshalb mußten die auf allgemeiner Erfahrung beruhenden und vom normalen Geschehensablauf abweichenden Gegebenheiten im Rahmen der Allgemeinen Vertragsbedingungen berücksichtigt werden.

I. Begriffe der Behinderung und Unterbrechung

2   Unter den Begriff der **Behinderung** fallen **alle Ereignisse,** die den vorgesehenen **Leistungsablauf hemmen oder verzögern.** Die Arbeit als solche kann zwar noch ihren Fortgang nehmen, sie geht aber in einem für den betreffenden Einzelfall beachtlichen Maße langsamer als geplant oder sonst erforderlich vor sich.

3   Der Begriff der **Unterbrechung** geht bereits nach dem allgemeinen Sprachgebrauch über den der Behinderung hinaus. **Unterbrechung** setzt einen **Arbeitsstillstand** bei der Leistungsdurchführung voraus, nicht nur eine zeitliche Hemmung oder Einengung derselben. Eine Unterbrechung ist allerdings nicht erst gegeben, wenn von dem Auftragnehmer überhaupt keine Tätigkeit auf dem Bau mehr entfaltet werden kann, sich insbesondere kein Arbeitnehmer des Auftragnehmers mehr auf dem Bau befindet. Vielmehr kommt es darauf an, daß nichts mehr geschehen kann, was unter Zugrundelegung der dem Auftragnehmer vertraglich auferlegten Leistungspflichten mit zur **unmittelbaren** Leistungserstellung (wozu auch die Anfertigung bzw. Vorfertigung von Bauteilen rechnet) und damit zum Leistungsfortschritt als solchem gehört. Deshalb kommt eine Unterbrechung **auch noch** in Betracht, wenn der Auftragnehmer nach vorerst erfolgter Beendigung der zur eigentlichen Leistung zählenden Arbeiten noch Aufräumungsarbeiten, Bewachungstätigkeiten sowie Sicherungs- oder Unterhaltungsarbeiten für die bereits ausgeführte Bauleistung oder für die Baustelleneinrichtung durchführen lassen muß. Von Unterbrechung muß in jedenfalls entsprechender Anwendung der darauf abgestellten Bestimmungen auch gesprochen werden, wenn die Leistung zum vorgesehenen Zeitpunkt **nicht begonnen werden kann** (vgl. RGRK-Glanzmann § 636 BGB Rdn. 30), ohne daß vorübergehende Unmöglichkeit i. S. des § 308 BGB vorliegt (vgl. dazu Rdn. 4). Zu beachten ist, daß der durch die Unterbrechung herbeigeführte **Stillstand kein dauernder, sondern nur ein vorübergehender** sein darf. Wenn es sich um einen **Dauerzustand** handelt, so liegt nicht eine Unterbrechung, sondern ein **Abbruch** der Bauarbeiten oder zumindest eine **Beendigung** auf längere, unbestimmte Zeit vor.

II. Teil B § 6 erfaßt nicht Fälle von dauernder Unmöglichkeit, Unvermögen, Nichterfüllung und Schlechterfüllung

4   Aus dem Gesagten folgt als erstes, daß Teil B § 6 **nicht die Fälle der dauernden Unmöglichkeit** der Leistung **oder des Unvermögens** des Leistenden erfaßt, vgl. auch Rdn. 88 ff., a. A. offenbar Ludwigs S. 160. In solchen Fällen liegt ein **Dauerzustand** vor, der sich mit dem **Begriff der Unterbrechung nicht vereinbaren** läßt. Eine Ausnahme bildet auch nicht der in § 308 BGB geregelte Fall der vorübergehenden Unmöglichkeit, da dort bei Vertragsabschluß **bekannte** anfängliche Unmöglichkeit vor dem Beginn der Ausführung vorausgesetzt wird. Das deckt sich aber **nicht** mit den in Teil B § 6 geregelten Begriffen der **Behinderung** oder der **Unterbrechung,** da dort grundsätzlich die vertragliche Leistung zunächst einmal planmäßig begonnen haben und ein Teil davon bereits erbracht sein muß, ehe die Behinderung oder die Unterbrechung eintritt oder (ausnahmsweise, vgl. Rdn. 3) die Verzögerung des Leistungsbeginns bei Vertragsabschluß noch nicht bekannt sein darf. Aus den gleichen Gründen bleiben auch die Tatbestände der **vertraglichen Nichterfüllung** von Teil B § 6 unberührt (über Nichterfüllung und positive Vertragsverletzung vgl. Westhelle, Beiträge zum Zivilrecht und Zivilprozeß, Heft 20). Auch sie haben mit einer Behinderung oder einer Unterbrechung der

Ausführung als solcher nichts zu tun. Schließlich sind auch die Fälle **auszuscheiden,** die als **Schlechterfüllung** anzusprechen sind, die also dem **Bereich der vertragsgemäßen Erfüllung bzw. Gewährleistung** zugehören und nicht der – wie hier – verzögerten Ausführung als solcher (ebenso LG Köln BauR 1972, 314). Sofern **Verzögerungen infolge fehlerhafter Ausführung entstehen,** richten sich damit zusammenhängende und über die Mängelbeseitigung oder die etwaige Minderung hinausgehende Ansprüche vor der Abnahme nach **Teil B § 4 Nr. 7 Satz 2** und nach der Abnahme nach **Teil B § 13 Nr. 7** (BGH SFH Z 2.414 Bl. 92 = MDR 1961, 927 = BB 1961, 1070).

III. Teil B § 6 erfaßt insbesondere auch rechtliche Hinderungsgründe

Andererseits können aber **vor allem auch rechtliche Hinderungsgründe** unter den Begriff der Behinderung oder Unterbrechung der Leistungsausführung fallen, wie der **Schuldnerverzug** (§§ 283 ff. BGB), der **Annahmeverzug des Gläubigers** (§§ 293 ff. BGB) und die **positive Vertragsverletzung** (§§ 276, 278 BGB); vgl. BGHZ 48, 78 = NJW 1967, 2262 = SFH Z 2.411 Bl. 31 = MDR 1967, 755 = BB 1967, 813; BGH NJW 1974, 646 = BauR 1974, 208 = SFH Z 2.411 Bl. 56; jeweils für den Fall des Schuldnerverzugs. Wenn aus diesen Gründen die Voraussetzungen der Einzelregelungen des § 6 vorliegen, scheidet eine rechtliche Beurteilung nach den betreffenden gesetzlichen Vorschriften aus; es sind dann **allein** die Bestimmungen des § 6 für die Beurteilung **maßgebend.** Wird dagegen der jeweilige Sachverhalt nicht von § 6 erfaßt, sind die gesetzlichen Bestimmungen zu Schuldner- oder Gläubigerverzug sowie die Rechtsfolgen der positiven Vertragsverletzung anzuwenden; alsdann tritt Teil B § 6 zurück.

5

Teil B § 6 erfaßt aber **nicht nur Behinderungen oder Unterbrechungen,** die wie der Schuldnerverzug, der Gläubigerverzug oder die positive Vertragsverletzung **durch vertragswidriges Verhalten des anderen Vertragsteils** entstanden sind. Das gilt um so mehr, als **im Ausgangspunkt** (anders dann bei Nr. 6) **ein Verschulden** bei der Herbeiführung der Behinderung oder Unterbrechung **nicht vorauszusetzen** ist. Daher kommen für Teil B § 6 **auch Behinderungen oder Unterbrechungen** in Betracht, **die auf einem rechtlich zulässigen – also befugten – Handeln eines Vertragspartners beruhen.** Zu denken ist dabei vor allem an Änderungen des bisherigen Auftragsumfanges durch Anordnung des Auftraggebers nach Teil B § 1 Nr. 3 oder an Zusatzaufträge entweder nach Teil B § 1 Nr. 4 oder kraft nachträglicher Vereinbarung der Parteien (so auch OLG Koblenz NJW-RR 1988, 851). In solchen Fällen ist es denkbar, daß es für den Auftragnehmer unumgänglich ist, die Leistung zeitweise zu unterbrechen, um sich auf die neue Situation – allerdings in der gebotenen, zumutbaren Eile – einzustellen oder daß er infolge der Maßnahme des Auftraggebers bzw. der mit diesem nachträglich getroffenen Vereinbarung mit der nach dem bisher festgelegten Vertragsumfang vereinbarten Bauzeit nicht mehr zurechtkommt, sondern längere Zeit benötigt. Auch das muß als eine rechtlich so zu bewertende Verzögerung des letztlich benötigten und daher bei objektiver Betrachtung vorgesehenen Leistungsablaufes angesehen werden (ebenso Vygen BauR 1983, 210; Vygen/Schubert/Lang Rdn. 122).

IV. Teil B § 6 erfaßt darüber hinaus jede tatsächliche Behinderung oder Unterbrechung

Eine Behinderung oder Unterbrechung ist aber nicht nur gegeben, wenn Rechtsgründe dazu geführt haben. Die beiden Begriffe sind vielmehr dem **Sprachgebrauch des täglichen Lebens entnommen.** Sie verlangen im Ausgangspunkt **nur den Eintritt einer Behinderung oder Unterbrechung** als solcher in der in Rdn. 2 f. angeführten Umgrenzung. Daher kommt es **nicht einmal darauf an, ob die Behinderung oder Unterbrechung durch einen der Vertragspartner verursacht worden ist oder ob die Ursachen anderswo** mit oder ohne Einflußmöglichkeit der Vertragspartner **zu suchen sind.** Also können zur Behinderung oder Unterbrechung, ohne daß in der Ausgangslage zunächst rechtliche Bewertungen erforderlich sind,

6

auch **äußere Ereignisse** beitragen, wie z. B. die Wetterlage, Streiks, Lieferungsschwierigkeiten seitens der Lieferanten, plötzlich notwendig werdende Reparaturen an Maschinen oder Baugeräten usw. Es kann sich auch um Ereignisse handeln, die unmittelbar mit der Bauausführung zusammenhängen, wie Unzuverlässigkeit des Baugrundes, der Gerüste, der Ausführungsunterlagen, Krankheitsausfälle bei den Arbeitnehmern usw.

7 Als **Ansatzpunkt** für Teil B § 6 genügt somit schon die **bloße Tatsache des Eintritts der Behinderung oder Unterbrechung**, ohne daß damit allerdings schon etwas über mögliche rechtliche Folgen gesagt ist.

8 Zum Anspruch auf Ersatz von Mehrkosten aufgrund unerwartet schwieriger Bodenverhältnisse s. Teil B § 2 Rdn. 116 ff.

B. Die Anzeigepflicht des Auftragnehmers nach Nr. 1

9 Glaubt sich der Auftragnehmer in der ordnungsgemäßen Ausführung der Leistung behindert, hat er es dem Auftraggeber **unverzüglich** (vgl. Rdn. 14) **schriftlich** anzuzeigen. Unterläßt er die Anzeige, hat er nur dann Anspruch auf Berücksichtigung der hindernden Umstände, wenn dem Auftraggeber **offenkundig die Tatsache und deren hindernde Wirkung bekannt** waren. Die Anzeigepflicht besteht **auch für die Unterbrechung** der Ausführung, da es sich dort im allgemeinen noch um einen schwerwiegenderen Eingriff als im Falle der Behinderung handelt.

10 Lediglich dann, wenn der **Auftragnehmer seine Anzeige ordnungsgemäß vorbringt** oder – bei deren Unterlassen – **Offenkundigkeit** der Behinderung oder Unterbrechung **vorliegt, kommt eine Verlängerung** der bisherigen **Ausführungsfrist nach Nr. 2** sowie – bei Verschulden des Auftraggebers – ein **Schadensersatzanspruch des Auftragnehmers nach Nr. 6** (vgl. Rdn. 116 ff.) **in Betracht** (BGHZ 48, 78 = NJW 1967, 2262 = SFH Z 2.411 Bl. 31 = MDR 1967, 755 = BB 1967, 813).

I. Voraussetzungen und Erfüllung der Anzeigepflicht

11 1. Der **Auftragnehmer muß sich** in der ordnungsgemäßen Durchführung der Leistung **behindert glauben.** Dies setzt **nicht** die **bestimmte** Kenntnis von Tatsachen voraus, welche die ordnungsgemäße Durchführung der Leistung **wirklich** behindern. Vielmehr genügt eine **nach objektiven Gesichtspunkten anerkennenswerte Besorgnis** des Auftragnehmers, die aufgrund gegebener, notfalls **von ihm nachzuweisender** Umstände angebracht ist, **was allerdings eine vorherige sorgfältige und sachgerechte Prüfung durch den Auftragnehmer voraussetzt** (Kaiser NJW 1974, 445). Dabei ist es nicht notwendig, daß die Behinderung oder Unterbrechung bereits eingetreten ist. Es **reicht die Gewißheit** oder die **begründete Vermutung,** daß sie aller Voraussicht nach eintreten wird. Eine begründete Vermutung liegt z. B. vor, wenn der Auftragnehmer die Ausführungspläne verspätet erhält und er dadurch aufgrund der damit geschaffenen Gegebenheiten im Zweifel ist, ob er die vorgesehene Bauzeit einhalten, insbesondere die verlorene Zeit wieder aufholen kann. Andererseits muß die Behinderungsanzeige mit hinreichender Klarheit ergeben, daß die Behinderung oder Unterbrechung (vgl. Rdn. 2 f.) die **Folge des gegenwärtigen Zustandes** sein wird; daher genügt nicht schon die bloße vorherige Angabe, es sei unerläßlich, die Pläne vollständig und pünktlich zu erhalten, weil sonst die Fertigstellungstermine nicht eingehalten werden könnten (vgl. OLG Köln BauR 1981, 472 = SFH § 6 Nr. 1 VOB/B Nr. 1).

12 2. Die **Anzeigepflicht des Auftragnehmers** ist eine **vertragliche Nebenpflicht,** deren Nichtbeachtung **positive Vertragsverletzung** ist. Sie soll den Auftraggeber von einem möglicher-

weise oder bereits feststehenden, nicht ordnungsgemäßen Ablauf der vorgesehenen Leistung in Kenntnis setzen, damit er die Möglichkeit hat, die erforderlichen Abhilfemaßnahmen, z. B. durch Vervollständigung der Finanzierungsunterlagen oder durch hinreichende Koordinierung der Bauunternehmerleistungen entsprechend Teil B § 4 Nr. 1 Abs. 1 Satz 1 (vgl. BGH BauR 1983, 73 = NJW 1983, 989 = Betrieb 1983, 386 = SFH § 5 VOB/B Nr. 5 = ZfBR 1983, 19 = MDR 1983, 392 = BB 1983, 2075 = LM § 5 VOB/B Nr. 2; OLG Koblenz NJW-RR 1988, 851), zu treffen (so auch Kaiser NJW 1974, 445). Diese können auch darin liegen, daß die Ausführungsfristen verlängert werden. Ein Schaden liegt für den Auftraggeber bei Verletzung der Anzeigepflicht allerdings nur vor, wenn er objektiv in der Lage war, durch Abhilfemaßnahmen Nachteile zu vermeiden.

Für die Anzeige ist **Schriftform vorgeschrieben.** Diese dient im wesentlichen **Beweiszwecken;** sie bedeutet daher nicht, daß bei ihrer Nichtbeachtung eine mündliche Anzeige wirkungslos ist. Vielmehr ist bei dieser Zweckbestimmung im Zweifel (Umkehrschluß aus § 125 Satz 2 BGB) anzunehmen, daß eine **zuverlässige mündliche Anzeige ausreicht,** um die Wirkungen einer positiven Vertragsverletzung abzuwenden (ebenso OLG Köln BauR 1981, 472 = SFH § 6 Nr. 1 VOB/B Nr. 1; OLG Koblenz NJW-RR 1988, 851; auch Nicklisch in Nicklisch/Weick Teil B § 6 Rdn. 19; Heiermann/Riedl/Rusam/Schwaab Teil B § 6 Rdn. 3 c). Der **Auftragnehmer** hat jedoch – wie überhaupt – den **Nachweis** zu erbringen, daß er dem Auftraggeber rechtzeitig und sowie sachlich vollständig sowie richtig angezeigt hat. Gelingt ihm dieser Beweis nicht, haftet er. 13

Nicht gefolgt werden kann der Ansicht von Denzinger (BB 1981, 1123), daß dann, wenn der Auftragnehmer Verwender der VOB/B im betreffenden Vertrag sei, die Nichteinhaltung der Schriftform durch den Auftragnehmer nicht genüge, da in diesem Fall § 5 AGB-Gesetz entgegenstehe. Auch eine Auslegung auf der Grundlage des § 5 AGB-Gesetz haftet nicht am Wortlaut, sondern berücksichtigt nach § 157 BGB den für einen verständigen und redlichen Vertragspartner zweifelsfrei erkennbaren Sinn der betreffenden Vertragsklausel (vgl. Ulmer/Brandner/Hensen § 5 Rdn. 16). Dieser geht aber zweifelsfrei dahin, den Auftraggeber hinreichend und zuverlässig über vorliegende Behinderungen des Auftragnehmers zu informieren; das ergibt sich aus der Klausel selbst, wie insbesondere die Entbehrlichkeit der Anzeige überhaupt bei Offenkundigkeit der Behinderung zeigt. Es wäre daher – für den Auftraggeber auch klar erkennbar – übertriebener Formalismus, wollte man eine zuverlässige mündliche Anzeige nicht genügen lassen.

Die Anzeige muß alle **Tatsachen** enthalten, aus denen sich für den Auftraggeber mit **hinreichender Klarheit die Gründe** für die Behinderung oder Unterbrechung ergeben. Die Mitteilung hat **ohne schuldhaftes Zögern** (§ 121 BGB) zu erfolgen (auch Kaiser MDR 1973, 983, 987), insbesondere um dem Auftraggeber die Möglichkeit zu verschaffen, schnellstmöglich Abhilfe herbeizuführen. Andernfalls begeht der Auftragnehmer eine zum Schadensersatz verpflichtende positive Vertragsverletzung; jedenfalls muß dann seinen sich aus der Verzögerung ergebenden Ansprüchen § 254 BGB entgegengehalten werden. 14

3. Grundsätzlich ist die **Anzeige an** den **Auftraggeber persönlich** zu richten. Es genügt aber für die zuverlässige Mitteilung des Auftragnehmers die **Anzeige** an den **bauaufsichtsführenden Architekten** (vgl. § 15 Abs. 2 Nr. 8 HOAI), **es sei denn,** die **Ursachen der Behinderung oder Unterbrechung gehen auf diesen zurück und er verschließt sich berechtigten Vorhaltungen des Auftragnehmers.** Entsprechendes trifft zu, wenn nicht von einer zuverlässigen Mitteilung an den Auftraggeber über dessen Architekten ausgegangen werden kann, letzterer insbesondere die aufgetretenen Behinderungen auch sonst nicht beseitigen lassen will oder dies außerhalb der ihm eingeräumten Möglichkeiten liegt (vgl. OLG Köln BauR 1981, 472 = SFH § 6 Nr. 1 VOB/B Nr. 1). Hier gelten die Grundsätze entsprechend, die hinsichtlich der zuverlässigen Mitteilung von Bedenken im Rahmen von Teil B § 4 Nr. 3 Anwendung finden (vgl. Teil B § 4 Rdn. 258 f.). Der gegenteiligen Ansicht von Kaiser, der lediglich eine Anzeige unmittelbar an den Auftraggeber genügen lassen will, kann nicht gefolgt werden 15

(NJW 1974, 445; MDR 1973, 983, 986 f.; wie Kaiser auch Nicklisch in Nicklisch/Weick Teil B § 6 Rdn. 19; ferner Werner/Pastor Rdn. 768; Locher, Das private Baurecht, Rdn. 121; vgl. weiter den Fall LG Köln SFH Z 2.411 Bl. 78; wie hier Heiermann/Riedl/Rusam/Schwaab Teil B § 8 Rdn. 3 d; Heiermann BB 1981, 878).

16 Hier handelt es sich nämlich in erster Linie um die vertragsgerechte, zügige Bauausführung nach Teil B § 5 Nr. 1–3, die zu bewerkstelligen und zu überwachen gerade Aufgabe des beaufsichtigenden Architekten aus seinem normalen Vertrag mit dem Auftraggeber ist, wie sich auch aus § 15 Abs. 2 Nr. 8 HOAI ergibt; etwaige dem Auftraggeber durch die Behinderung oder Unterbrechung entstehende Mehrkosten oder sonstige Vermögensschäden sind oftmals nur die Folge nicht ordnungsgemäßer Bereitstellung durch den Auftraggeber. Deshalb ist nicht einzusehen, daß dieser Fall anders zu beurteilen sein soll als im Rahmen von Teil B § 4 Nr. 3 (vgl. auch Daub/Piel/Soergel/Steffani Teil B § 6 ErlZ 6.9. Fn. 6 a).

II. Ausnahmetatbestand: Offenkundigkeit der hindernden Umstände und deren Wirkung

17 Unterläßt der Auftragnehmer die **Anzeige,** hat er einen Anspruch auf die Berücksichtigung der hindernden Umstände nur, wenn dem Auftraggeber **offenkundig die Tatsachen und deren hindernde Wirkung bekannt waren.** Ist das nicht der Fall, kann der Auftragnehmer **nicht verlangen,** daß ihm diese **Umstände angerechnet** werden, vor allem stehen ihm keine Rechte aus Nr. 2, 4 sowie 6 (vgl. dazu Rdn. 116 f.) zu. Er hat damit auch die Befugnis verwirkt, aus an sich berechtigten Gründen Einwendungen gegen Ansprüche des Auftraggebers wegen Nichteinhaltung der Ausführungsfrist nach Teil B § 5 Nr. 4 zu erheben. Allerdings **gilt dies nur für Ansprüche, soweit diese von Teil B § 6 erfaßt sind.** Daher kann sich der Auftragnehmer unabhängig von der Einhaltung der Behinderungsanzeige mit der **Schuldlosigkeit** an der Einhaltung der vertraglichen Bauzeit **verteidigen, wenn eine Vertragsstrafe** gegen ihn **geltend gemacht wird** (vgl. dazu Teil B § 11 Rdn. 33 ff.).

18 **1. Offenkundigkeit** kann nur angenommen werden, wenn der Auftraggeber über die Tatsachen (z. B. Unwetter, Streiks, behördliche Maßnahmen, plötzliche Materialknappheit) **unterrichtet ist oder diese für ihn ohne weiteres wahrnehmbar sind** (z. B. durch Zeitungen, Rundfunk, Fernsehen, eigene Anschauung an Ort und Stelle) **und er deren Auswirkung auf den Baufortschritt im Sinne einer Behinderung oder Unterbrechung mit der erforderlichen Klarheit erkannt hat oder daß sie derart klar in Erscheinung getreten sind, daß** dies für im Bauwesen Tätige (Auftraggeber und Auftragnehmer) eindeutig ist (ähnlich OLG Koblenz NJW-RR 1988, 853), außerdem auch dann, wenn **selbst der in Bausachen unerfahrene Laie geradezu darauf gestoßen wird.** Letzteres ist z. B. der Fall, wenn ohne Veranlassung des Auftragnehmers völlig neue und für die Bauausführung unentbehrliche Zeichnungen angefertigt werden müssen (vgl. OLG Düsseldorf SFH Z 2.300 Bl. 14 ff.) oder wenn Besprechungen über die Folgen eines unerwartet frühen und harten Wintereinbruches stattfinden und der Auftraggeber oder dessen Vertreter die Auswirkungen auf der Baustelle zu Gesicht bekommen (vgl. BGH BauR 1976, 279 = SFH Z 2.411 Bl. 70 = WM 1976, 638 = MDR 1976, 834 = LM VOB/B Nr. 82 = BlGBW 1976, 235). Gleiches gilt, wenn die Bauverzögerung von derartiger Dauer ist, daß der Auftraggeber ohne weiteres Materialpreiserhöhungen erwarten muß (OLG Köln BlGBW 1983, 196). Dagegen ist – anders als OLG Koblenz (a. a. O.) – nicht auch mindestens und unbedingt die Kenntnis des Auftraggebers von dem ungefähren Umfang und der ungefähren Höhe des Ersatzanspruches nötig, weil sich dies oftmals nicht voraussehen läßt.

19 Von einer Offenkundigkeit mit der Folge der Entbehrlichkeit der Anzeige kann dagegen **nicht** gesprochen werden, wenn es sich um eine – gemessen auch am Auftragsumfang – verhältnismäßig kurze und nicht unübliche Verzögerung des Baubeginnes handelt; selbst wenn diese vom Auftraggeber zu vertreten sein sollte, ist damit allein die Anzeige der Behin-

derung noch nicht entbehrlich (BGH BauR 1979, 245 = SFH § 6 VOB/B Nr. 4 = ZfBR 1979, 109 = WM 1979, 582). Gleiches gilt, wenn bei einem größeren Bauvorhaben nur einzelne, für die Ausführung benötigte Pläne nicht rechtzeitig übergeben werden (vgl. OLG Köln BauR 1981, 472 = SFH § 6 Nr. 1 VOB/B Nr. 1).

Auch reichen im Falle der Vereinbarung einer verbindlichen Ausführungsfrist (Vertragsfrist; vgl. Teil B § 5 Nr. 1 Satz 1) bloßer Anfall von Mehrmengen, von Nachtragsaufträgen, die im Verhältnis zum Gesamtauftrag nicht besonders stark ins Gewicht fallen, von Änderungsanordnungen sowie das Vorliegen nicht außergewöhnlicher Witterungsverhältnisse als solche nicht aus, auch wenn mehrere solcher Ereignisse zusammentreffen (vgl. OLG Düsseldorf SFH § 6 Nr. 1 VOB/B Nr. 2). Das gilt bei Nachtragsaufträgen vor allem auch dann, wenn der Auftragnehmer aus Anlaß vorher verlangter Nachträge eine Behinderungsanzeige vorgenommen hat, diese aber jetzt bei einem weiteren Nachtragsauftrag unterläßt (OLG Düsseldorf a. a. O.). 20

Hinsichtlich der rechtlichen Voraussetzungen des Begriffes offenkundig wird im übrigen auch auf die Rechtsprechung und die Kommentierungen zu § 291 ZPO hingewiesen (vgl. z. B. Baumbach/Lauterbach/Albers/Hartmann § 291 Anm. 1). 21

2. Offenkundigkeit der Tatsachen und deren hindernde Wirkung ist auch gegeben, wenn nicht der Auftraggeber, sondern ein von ihm mit der Wahrnehmung seiner Interessen **beauftragter Dritter** sie kennt und der Auftraggeber diese Kenntnis gegen sich gelten lassen muß, es sich also hinsichtlich der Beobachtung der zeitlich ordnungsgemäßen Bauausführung um einen Vertreter des Auftraggebers handelt. Das Landgericht Würzburg hat es deshalb mit Recht für ausreichend gehalten, wenn dem vom Auftraggeber beauftragten **bauleitenden Architekten** die Tatsachen und deren hindernde Wirkung **offenkundig waren** (vgl. SFH Z 2.411 Bl. 4 f., § 166 BGB; ebenso Vygen BauR 1983, 210 und Vygen/Schubert/Lang Rdn. 136; a. A. Kaiser, NJW 1975, 445, jedoch unzutreffend, da der bauleitende Architekt grundsätzlich als der richtige Adressat für die Entgegennahme der Behinderungsanzeige zu gelten hat; vgl. Rdn. 15 f.). 22

3. Den **Nachweis** der Offenkundigkeit hat der **Auftragnehmer** zu führen. In der gerichtlichen Praxis werden hieran wegen des **Ausnahmecharakters erhebliche Anforderungen** gestellt. 23

C. Die Verlängerung der Ausführungsfristen nach Nr. 2

Sind die **Voraussetzungen der Nr. 1** gegeben (vgl. Rdn. 9–23; vgl. auch Nr. 1.2. VHB zu § 6 VOB/B), so werden nach Nr. 2 Abs. 1 die **Ausführungsfristen verlängert**, wenn die Behinderung ursächlich beruht auf a) einem vom Auftraggeber zu vertretenden Umstand, b) auf einem Streik oder einer von der Berufsvertretung der Arbeitgeber angeordneten Aussperrung im Betrieb des Auftragnehmers oder in einem unmittelbar für ihn arbeitenden Betrieb, c) auf höherer Gewalt oder anderen für den Auftragnehmer unabwendbaren Umständen. Hinsichtlich der Witterungseinflüsse besteht eine besondere Regelung in Absatz 2. 24

Voraussetzung ist zusätzlich zu Nr. 1, daß die vorgenannten **hindernden Umstände tatsächlich gegeben** sind. Bloße – wenn auch handgreiflich gegebene – Vermutungen des Auftragnehmers, wie sie für die Anzeigepflicht nach Nr. 1 ausreichend sein können (vgl. Rdn. 11), genügen also noch nicht. Für das tatsächliche Vorliegen der Hinderungsgründe und ihre fühlbare Einwirkung auf die bisher vorgesehene vertragliche Ausführungsfrist ist der **Auftragnehmer darlegungs- und beweispflichtig.** Anhaltspunkte für die Berechnung der Dauer 25

B § 6, 2, Rdn. 26-29

der Verlängerung ergeben sich aus Nr. 4. Aus der Formulierung der Nr. 2 folgt, daß es für die Fristverlängerung **als solche** und deren Wirksamkeit **keiner besonderen Vereinbarung** zwischen den Vertragsparteien mehr **bedarf. Vielmehr ist die Verlängerungsvereinbarung bereits kraft vertraglicher Abmachung getroffen,** wenn die Allgemeinen Vertragsbedingungen zum Vertragsinhalt gemacht sind.

26 Die nachfolgend erörterten Voraussetzungen gelten vor allem **auch als Ausgangspunkt für** die wegen der Unterbrechung oder Behinderung der Ausführung **aus Nr. 6 und 7 möglicherweise herzuleitenden weitergehenden Rechte des Auftragnehmers.**

27 Der Regelung in Nr. 2 ähnliche, jedoch inhaltlich nicht hinreichend klare Regelungen in AGB können gegen §§ 10 Nr. 1, Nr. 7, 11 Nr. 8 AGB-Gesetz verstoßen (vgl. z. B. OLG Stuttgart NJW 1981, 1105). Eine Verletzung der §§ 10 Nr. 4, 11 Nr. 7, 9 AGB-Gesetz liegt in einer formularmäßig verwendeten Bedingung des Auftraggebers, daß eine Verzögerung des Baubeginns den Fertigstellungstermin nur berührt, soweit die Verzögerung 4 Wochen übersteigt und vom Auftraggeber zu vertreten ist.

I. Vom Auftraggeber zu vertretender Umstand (Nr. 2 Abs. 1 a)

28 1. **Wesentlich** ist zunächst ein aus dem Bereich des Auftraggebers kommender **Umstand, der** die **Behinderung oder Unterbrechung** der Leistung **verursacht** hat. Dabei kommt es **nicht allein** auf das Tun oder Unterlassen **des Auftraggebers selbst** an. Vielmehr genügt **auch** ein **Verhalten von Personen,** durch die sich der **Auftraggeber während der Bauausführung vertreten läßt,** die er also mit der Wahrnehmung der ihm als Auftraggeber obliegenden oder auch zustehenden Aufgaben beauftragt hat. Dazu rechnen u. U. seine Familienangehörigen, insbesondere aber diejenigen Personen, die er mit **Planungs- und Aufsichtsaufgaben** außerhalb des Aufgabenbereiches des Auftragnehmers betraut hat. Das betrifft insbesondere vom Auftraggeber im Rahmen eigener Vertragsverhältnisse beschäftigte Architekten und Ingenieure, vor allem, wenn von diesen verbindliche Bauzeitenpläne aufgestellt werden, die zum Gegenstand des Bauvertrages mit dem Auftragnehmer gemacht werden (vgl. OLG Köln BauR 1086, 582 = NJW 1986, 71). Wird die Fortführung der Arbeiten auf Weisung des Architekten des Auftraggebers wegen statischer Bedenken unterbrochen, drei Tage später jedoch wieder freigegeben, so gilt der Bauvertrag nicht als aufgehoben, sondern nur der Zeitpunkt der Vertragserfüllung hinausgeschoben (BGH SFH Z 2.413 Bl. 15). Eine Behinderung liegt auch vor, wenn ein verbindlicher Bauzeitenplan zum Gegenstand des Bauvertrages gemacht wird, der Auftraggeber dem Auftragnehmer jedoch neue Ausführungszeiten nennt, weil die Vorgewerke nicht rechtzeitig fertig werden (OLG Köln a. a. O., s. auch nachfolgend).

29 **Entscheidend** ist es immer, daß es sich im Sinne der Verursachung um **Umstände** handelt, **die ihren Ausgangspunkt in dem dem Auftraggeber zuzurechnenden Bereich** haben, wie z. B. durch Verletzung von Mitwirkungspflichten, im Verlangen veränderter oder zusätzlicher Ausführung der Leistung (vgl. auch OLG Koblenz NJW-RR 1988, 851), in bei Beachtung normaler Prüfungsanforderungen unvorhersehbaren Wasser- und Baugrundverhältnissen usw. (ebenso Vygen/Schubert/Lang Rdn. 125). Geht die Verursachung auf den Auftragnehmer, insbesondere durch – bereits – objektive Verletzung der diesem obliegenden Pflichten, zurück, scheidet eine Verlängerung der Ausführungsfristen nach Nr. 2 aus. Liegt eine **Mitverursachung** beim Auftragnehmer, so ist die **Beurteilung nach den sich aus § 254 BGB ergebenden allgemeingültigen Grundgedanken** vorzunehmen, was sich auch bei der Berechnung der Fristverlängerung nach Nr. 4 niederschlägt. Gerät der Auftragnehmer mit der ihm obliegenden Leistung in Schuldnerverzug und ist deshalb seine Leistung nur noch unter Erschwerungen zu erbringen, so kommt der Auftraggeber jedoch durch ein wörtliches Angebot der Leistung, das ohne Rücksicht auf die vom Auftragnehmer zu vertretenden

Erschwernisse erteilt wird, regelmäßig nicht in Annahmeverzug (BGH BauR 1986, 206 = SFH § 9 VOB/B Nr. 3 = NJW 1986, 987 = MDR 1986, 400 = JZ 1986, 355 = LM § 9 VOB/B Nr. 12 = Betrieb 1986, 533 = ZfBR 1986, 64 = Löwisch EWiR § 295 BGB 1/86, 127 = ZfBR 1986, 64, für den Fall des Abnehmens und Wiederanbringens einer Holzdecke, das durch den Verzug des Auftragnehmers notwendig wurde); also kann in diesem Fall der Auftragnehmer keine Verlängerung der Ausführungsfrist verlangen.

Nach dem Gesagten ist es auch dem **Bereich des Auftraggebers zuzurechnen, daß vorleistende Unternehmer,** auf deren Arbeiten der Auftragnehmer aus gegebenem technischem Zusammenhang zwangsläufig aufbauen muß, also nicht eher ordnungsgemäß ausführen kann, bis die Vorleistung fertiggestellt ist oder jedenfalls einen gewissen Stand erreicht hat, **den Leistungsstand im erforderlichen Maß erreicht haben,** ohne daß es hier darauf ankommt, ob der oder die betreffenden vorleistenden Unternehmer rechtlich als Erfüllungsgehilfen des Auftraggebers einzuordnen sind (zweifelnd für größere Bauvorhaben OLG Köln BauR 1986, 582 = NJW 1986, 71; vgl. dazu für den Gewährleistungsbereich Teil B § 13 Rdn. 195 ff.). Entscheidend ist, daß es zu den vertraglichen Aufgaben des Auftraggebers gehört, dem Auftragnehmer die Baustelle und im Falle nachfolgender unternehmerischer Leistungen das bisher erstellte Teilbauwerk rechtzeitig und so wie nach dem Vertrag geschuldet zur Verfügung zu stellen. Gerade auch insoweit ist es seine Sache, dem Auftragnehmer in zeitlicher Hinsicht die ungehinderte Ausführung der Arbeiten zu ermöglichen, wie sich vor allem auch aus Teil B § 4 Nr. 1 Abs. 1 Satz 1 ergibt. Diese Feststellung, die sich auf den bloßen Risikobereich bezieht (vgl. Rdn. 31 ff.; ebenso insoweit Vygen/Schubert/Lang Rdn. 131), genügt hier, um dem Auftragnehmer das Recht auf Fristverlängerung zu gewähren (einschränkend jedoch wegen des Schadensersatzanspruches nach Nr. 6; vgl. dazu Rdn. 128 ff.). 30

2. Eine **besondere Problematik** liegt hier darin, daß der die Behinderung oder Unterbrechung der Leistungsausführung herbeiführende Umstand nach dem Wortlaut der VOB nicht nur **vom Auftraggeber** bzw. dem ihm zuzurechnenden Bereich ursächlich herbeigeführt, sondern **zu vertreten** sein muß. **Nach allgemeinen Grundsätzen** des Zivilrechts ist darunter zu verstehen, daß das Tun oder Unterlassen des Auftraggebers oder seines mit der Wahrnehmung seiner Aufgaben Beauftragten (§ 278 BGB) **schuldhaft** sein muß, wie sich aus § 276 BGB ergibt. Dem trägt die VOB auch deutlich an anderer Stelle – wie in Teil B § 6 Nr. 6 und § 4 Nr. 7 Satz 2 – Rechnung. 31

Dies muß aber, obwohl mit dem Wortlaut der VOB durchaus übereinstimmend, nach erneuter Überprüfung als **zu eng** angesehen werden. Würde man nämlich eine Verlängerung der Ausführungsfrist – **um die es hier allein geht** – nicht nur von der Verursachung, sondern immer auch vom Verschulden des Auftraggebers abhängig machen, so würden hier **teilweise zu Lasten des Auftragnehmers Ergebnisse** erzielt, die **nach Treu und Glauben nicht hingenommen** werden können (so auch Heiermann BB 1981, 876, 878 sowie Heiermann/Riedl/Rusam/Schwaab Teil B § 6 Rdn. 6 b; Vygen BauR 1983, 210 und auch Nicklisch in Nicklisch/Weick Teil B § 6 Rdn. 25 für den Bereich der Verletzung von Mitwirkungspflichten; ferner Daub/Piel/Soergel/Steffani Teil B ErlZ 6.26 f.; a. A. v. Craushaar BauR 1987, 14, 19, der dies damit begründet, dann liege auch kein Verschulden des Auftragnehmers vor, daher der Auftraggeber auch nicht den Vertrag nach Teil B §§ 5 Nr. 4, 8 Nr. 3 kündigen, auch vom Auftragnehmer keinen Schadensersatz nach Teil B § 6 Nr. 6 fordern könne; dabei wird übersehen, daß es hier nicht um derartige Rechte und Ansprüche geht, sondern um die – bloße – Verlängerung der Bauzeit). 32

Das **gilt schon** in jenen Fällen, in denen ein grundsätzlich Verschulden voraussetzender **Schuldnerverzug** (vgl. § 285 BGB) in Erwägung steht. Wenn auch hier und da auch sonst Schuldnerverzug des Auftraggebers im Rahmen des Bauvertrages in Betracht kommen kann 33 (vgl. Teil B § 9 Rdn. 15 ff. und 25), so dokumentiert dieser sich **hauptsächlich** in der **Nichtzahlung der** von ihm geschuldeten **Vergütung** (vgl. Teil B § 9 Rdn. 25 ff.). Gerade hier setzt aber ein **Vertretenmüssen** im Rechtssinne – mehr kann dazu für Teil B § 6 Nr. 2 a nicht gefordert werden – **nicht einmal** Verzug und damit **Verschulden** (§ 285 BGB) voraus. Vielmehr muß der Auftraggeber die Nichtzahlung der Vergütung – hier besonders von Abschlagszahlungen – auch ohne Verschulden vertreten, wie sich aus § 279 BGB ergibt.

34 **Des weiteren** ergeben sich ursächlich auf das Verhalten des Auftraggebers zurückgehende **Umstände,** die eine Behinderung oder Unterbrechung der Leistung bewirken, **aus der Verletzung von** dem Auftraggeber obliegenden **Mitwirkungspflichten** (vgl. dazu im einzelnen die Hinweise in Teil B § 9 Rdn. 6 ff.). Insoweit liegt aber **im allgemeinen Gläubigerverzug** des Auftraggebers vor (vgl. Teil B § 9 Rdn. 15 ff.), der ein **Verschulden** des Auftraggebers **nicht voraussetzt** (vgl. Teil B § 9 Rdn. 22 f.). Es wäre grob unbillig, wollte man in solchen Fällen, die den Auftragnehmer sogar nach Teil B § 9 Nr. 1 a – wenn auch unter den weiteren Voraussetzungen der Nr. 2 a. a. O. – zur Vertragskündigung berechtigen, nicht die **geringere Möglichkeit** zugestehen, eine Verlängerung der Ausführungsfrist zu verlangen. Das gilt um so mehr, als es grundlegendes Erfordernis sein muß, Bauverträge soweit als möglich aufrechtzuerhalten. Daher erscheint es geboten, **auch** die Fälle, in denen **nicht befolgte Mitwirkungspflichten** des Auftraggebers zu einer Behinderung oder Unterbrechung der vertraglichen Ausführungsfrist führen, **in den Rahmen der Nr. 2 a einzuordnen,** also auch insofern von einem Vertretenmüssen des Auftraggebers zu sprechen. Das gilt besonders auch im Hinblick auf die rechtzeitige Erlangung der Baugenehmigung, weil diese dem Risikobereich des Auftraggebers zuzuordnen ist, wie sich aus Teil B § 4 Nr. 1 Abs. 1 ergibt.

35 Ferner: Gerade beim VOB-Vertrag sind bestimmte **Mitwirkungs- oder Eingriffsrechte des Auftraggebers** gegeben, um ihm auch noch nach Vertragsabschluß die bestmögliche Erreichung des Leistungszieles nach seiner Vorstellung zu gewährleisten. Dazu rechnen u. a. die **Anordnungsrechte** nach Teil B § 4 Nr. 1 Abs. 3, 4 sowie nach Teil B § 1 Nr. 3 und 4 (vgl. dazu auch Rdn. 5), die beachtlichen Einfluß nicht nur auf den Leistungsinhalt, sondern vor allem auch auf die Leistungszeit haben können; weiter zählen hierher die in Teil B § 4 Nr. 1 Abs. 1, Nr. 4, § 3 Nr. 1, § 5 Nr. 2 festgelegten **Mitwirkungspflichten** des Auftraggebers. **Sofern** solche Maßnahmen **nicht durch den Auftragnehmer** oder eine Person, für die er einzustehen hat (§ 278 BGB), **veranlaßt** worden sind, **sondern allein aus dem Bereich des Auftraggebers** oder eines seiner Gehilfen (insbesondere Architekten oder Ingenieurs) **oder von dritter, dem Auftraggeber zuzurechnender Seite** (wie z. B. durch baubehördliche Maßnahmen) stammen, muß auch hier billigerweise von einem Vertretenmüssen des Auftraggebers i. S. der Nr. 2 a gesprochen werden (vgl. LG Würzburg SFH Z 2.411 Bl. 4; auch Kromik/Schwager Anm. 3.4.2.1). Daher werden, sofern das Leistungsverzeichnis von Auftraggeberseite stammt, auch den vorgesehenen Bauablauf entscheidend beeinflussende, unvorhergesehene Mehrmengen, durch die zumindest eine Einheitspreisänderung nach Teil B § 2 Nr. 3 in Betracht käme, dem § 6 Nr. 2 a unterzuordnen sein, was auch in bezug auf das dem Auftraggeber zuzurechnende **Baugrundrisiko** gilt (zutreffend Vygen BauR 1983, 210). Gleiches trifft zu, wenn während des Bauablaufes von Auftraggeberseite veränderte oder zusätzliche Leistungen gefordert werden, die auf jeden Fall den Auftragnehmer nach Teil B § 2 Nr. 5 oder 6 berechtigen, eine veränderte oder zusätzliche Vergütung zu fordern. Auch in den hier genannten Fällen liegt eine Behinderung der Ausführung dann vor, **wenn die bisher festgelegte Leistungszeit nicht mehr in angemessenem Verhältnis zu dem jetzt auszuführenden Leistungsinhalt steht,** sich vielmehr durch dem Auftraggeber grundsätzlich zuzurechnende Umstände eine Neufestlegung der auf den endgültig auszuführenden Leistungsinhalt bezogenen Leistungszeit als notwendig erweist.

36 3. Ist dagegen die Behinderung oder Unterbrechung der Leistung durch eine Handlung des Auftraggebers oder eines seiner Gehilfen veranlaßt worden, die sich **außerhalb der vorge-**

nannten **Mitwirkungspflichten, Mitwirkungs- oder Eingriffsrechte** als eine – sonstige – **positive Vertragsverletzung** darstellt (z. B. durch Beschädigung der noch nicht fertiggestellten Leistung seitens der Kinder des Auftraggebers), ist für ein Vertretenmüssen des Auftraggebers **Verschulden vorauszusetzen.** Gleiches gilt für unerlaubte Handlungen, für die der Auftraggeber einzustehen hat.

4. **Zusammenfassend** läßt sich daher sagen, **daß Nr. 2 Abs. 1 a als vom Auftraggeber zu vertretende Umstände grundsätzlich alle Ereignisse erfaßt, die seinem bauvertraglichen Risikobereich zuzuordnen sind** (im Ergebnis im wesentlichen wie hier Nicklisch in Nicklisch/Weick Teil B § 6 Rdn. 25; ebenso Vygen BauR 1983, 210 und Vygen/Schubert/Lang Rdn. 108 ff.; ähnlich, wenn auch ohne nähere Differenzierung, Daub/Piel/Soergel/Steffani Teil B § 6 ErlZ 6.26 f.) und die er hätte verhindern können und müssen (vgl. BGH BauR 1977, 420 = NJW 1977, 1966 = BB 1978, 1236 = LM VOB/B Nr. 93 = MDR 1978, 131 = SFH § 13 Ziff. 3 VOB/B Nr. 1), wobei auch der für ihn im Verhältnis zum Auftragnehmer handelnde Dritte, wie z. B. die Baugenehmigungsbehörde, mit einzubeziehen ist.

II. Streik und Aussperrung (Nr. 2 Abs. 1 b)

1. **Streik und Aussperrung** sind Mittel des Arbeitskampfes, gegebenenfalls auch des politischen Kampfes.

Über die Grundlagen des deutschen Arbeitskampfrechts vgl. Müller Betrieb, Beilage Nr. 16/82 zu Heft 28. Zum Begriff der Kampfmaßnahmen s. Engel BB 1966, 330; über Streikrecht und Aussperrungsrecht Herschel BB 1976, 1473. Zur Verhältnismäßigkeit von Streik und Aussperrung Richardi NJW 1978, 2057. Zu Arbeitskampf und Vertragserfüllung vgl. Löwisch AcP Bd. 174, 204; über Arbeitskampfklauseln in Allgemeinen Geschäftsbedingungen vgl. BB 1974, 1493. Zum Lohnrisiko bei Streik im Drittbetrieb Schmid JuS 1977, 92. Über die neuere Rechtsprechung des Bundesarbeitsgerichts zum Arbeitskampfrecht vgl. Mager, ArbR der Gegenwart 1978, Bd. 15, 75. Zur Frage des vorläufigen Rechtsschutzes im Arbeitskampf Dütz BB 1980, 533. Vgl. ferner Müller, Überlegungen zu Streik und Aussperrung in Anknüpfung an Aussagen des Bundesarbeitsgerichts, Betrieb 1981 Beilage Nr. 7/81 zu Heft 16. Über Neuordnung von Streik und Aussperrung Adomeit NJW 1984, 773.

Tritt ein Streik oder eine Aussperrung ein, kann die damit verbundene Verzögerung in der Bauausführung **nicht dem Auftragnehmer zur Last gelegt werden,** da dieses Ereignis seine Ursache nicht im Bereich des Auftragnehmers – gesehen im Rahmen seiner eigentlichen bauvertraglichen Verpflichtung – hat. Man kann insoweit auch nicht von einem Leistungsverzug sprechen. Die Vergünstigung der Fristverlängerung kommt dem Auftragnehmer **nicht nur** zu, **wenn** der Streik oder die Aussperrung seinen **eigenen Betrieb betrifft,** sondern **auch,** wenn hiervon ein **Betrieb** betroffen worden ist, **der unmittelbar für den Auftragnehmer arbeitet.** Es ist allerdings grundsätzlich Voraussetzung, daß dieser andere Betrieb **an der vertraglich geschuldeten Bauausführung unmittelbar beteiligt ist oder beteiligt werden soll,** wie z. B. der Betrieb eines Nachunternehmers. Streiks in Zuliefererbetrieben sind nur beachtlich, wenn der Auftragnehmer, insbesondere gemessen an den dem Bauvertrag zugrunde gelegten Preisermittlungsgrundlagen, keine wirtschaftlich vertretbaren Ausweichmöglichkeiten hat, was er darzulegen und zu beweisen hat (ähnlich Vygen/Schubert/Lang Rdn. 100). Nicklisch (in Nicklisch/Weick Teil B § 6 Rdn. 27) will Streiks in Zuliefererbetrieben unbeachtet lassen, weil der Auftragnehmer hinsichtlich der Materialbeschaffung eine „Art Garantenstellung" habe. Dem kann nicht gefolgt werden, weil sonst die hier erörterte, auf Treu und Glauben beruhende VOB-Regelung ihrem Sinn und Zweck nach nicht die gebotene Beachtung und insoweit auch Auslegung erfahren würde (wie hier Heiermann/Riedl/Rusam/Schwaab Teil B § 6 Rdn. 7 b).

Während jeder Streik im Betrieb des Auftragnehmers oder in einem unmittelbar für ihn arbeitenden Betrieb in Betracht kommen kann, ist bei der Aussperrung nur eine solche maßgebend, die von der **Berufsvertretung der Arbeitgeber** angeordnet worden ist. Für eine derartige Anordnung ist der **Auftragnehmer beweispflichtig.** Besteht sie nicht, sondern beruht die Aussperrung auf einem anderen Grunde, kann sich der Auftragnehmer nicht auf Nr. 2 berufen.

41 Zur Problematik der Erhaltungsarbeiten im Arbeitskampf vgl. Fenn, Betrieb 1982, 430.

42 2. Der Begriff des **Streiks** wird in der Rechtsprechung nicht einheitlich ausgelegt. Während der BGH eine enge Begriffsauslegung gewählt hat und ihn auf solche Kampfmaßnahmen beschränkt, die den Gegner zur Annahme anderer Arbeitsbedingungen zu zwingen versuchen (BGHZ 14, 347), legt das BAG einen weiteren Streikbegriff zugrunde (BAG 1, 304). Nach der letzteren Ansicht ist der Streik die **gemeinsam und planmäßig durchgeführte Arbeitseinstellung einer größeren Anzahl Arbeitnehmer innerhalb eines Berufes oder Betriebes zu einem Kampfzweck mit dem Willen zur Fortsetzung der Arbeit nach Erreichung des Kampfzieles oder der Beendigung des Arbeitskampfes.** Für den Bereich der VOB ist der **letzteren Ansicht der Vorzug** zu geben. Das ergibt sich nicht nur daraus, daß es bei dem Begriff des Arbeitskampfes auf das Kampfmittel, nicht jedoch auf den Kampfzweck ankommt. Vor allem kann gerade beim **Bauvertrag nicht nur der arbeitsrechtliche Kampfzweck ausschlaggebend** sein, sondern es müssen, da dem Auftragnehmer auch insoweit im Verhältnis zum Auftraggeber die Hände gebunden sind und er an der ordnungsgemäßen Erbringung der vertraglichen Bauleistung gehindert ist, z. B. der Demonstrationsstreik und der politische Kampfstreik, dabei vor allem auch der Generalstreik, in Rechnung gezogen werden. Auch **kommt es für den hier erörterten Bereich des Bauvertrages nicht auf die Unterscheidung an, ob ein Streik legitim oder illegitim ist.**

43 Zur Rechtsprechung des BAG zum Arbeitskampf Rüthers, ArbR der Gegenwart 1973, Bd. 10, 23; vgl. auch Auffarth RdA 1977, 129 sowie Wenzel Betrieb 1981, 1135. Über Gewerkschaften und wilden Streik Säcker BB 1971, 962. Zur Rechtswidrigkeit des Streiks BAG NJW 1972, 599 L, des sogenannten wilden Streiks BAG NJW 1964, 883 = BB 1964, 304. Hiernach ist jeder nicht durch eine Gewerkschaft organisierte, d. h. durch sie begonnene oder doch nachträglich übernommene Streik rechtswidrig. Daraus folgt andererseits: Führt eine Gewerkschaft einen Streik um die Regelung von Arbeitsbedingungen, so besteht eine Vermutung dafür, daß dieser Streik rechtmäßig ist; darüber hinaus besteht eine Vermutung, daß ein von der Gewerkschaft geführter Streik die Regelung von Arbeits- und Wirtschaftsbedingungen zum Gegenstand hat (BAG Betrieb 1973, 1852 = NJW 1973, 1944 mit krit. Anm. von Biehler NJW 1974, 470). Zur Zulässigkeit von Warnstreiks BAG NJW 1977, 1079; vgl. dazu auch Mayer/Maly BB 1981, 1774; Bobke BB 1982, 865; insbesondere Löwisch BB 1982, 1373.

44 Der rechtswidrige Streik verpflichtet bei Vorliegen eines Verschuldens die Streikenden zum Schadensersatz aus dem Gesichtspunkt der unerlaubten Handlung als Gesamtschuldner gegenüber dem Arbeitgeber. Zum wilden Streik auch Neumann-Duesberg BB 1963, 1442; Rüthers JZ 1970, 625; Löwisch RdA 1970, 321; Schmidt BB 1973, 434; zur Kündigung einzelner an einem wilden Streik teilnehmenden Arbeitnehmer Kittner BB 1974, 1488.

45 3. **Aussperrung** ist die **planmäßige Ausschließung einer größeren Anzahl Arbeitnehmer von der Arbeit,** regelmäßig durch Gesamtlösung der Arbeitsverhältnisse, **zur Erreichung eines Kampfzieles** mit dem Willen der Wiedereinstellung nach Beendigung des Kampfes (vgl. BAG 1, 291, 361). Bei der Aussperrung ist die **Angriffsaussperrung** von der **Abwehraussperrung** zu unterscheiden. Im ersten Fall, der – abgesehen von der Frage der Zulässigkeit – ganz selten ist, geht die Ursache auf eine von den Arbeitgebern verfolgte Zielsetzung zurück. Im zweiten Fall handelt es sich um ein Gegenmittel gegen einen bereits ausgebrochenen oder durchgeführten Streik. Beides ist **im Rahmen der VOB gleich zu behandeln.** Vor allem setzt jede Abwehraussperrung voraus, daß der Arbeitgeber bei ihrem Ausspruch gewillt ist und das – zumindest stillschweigend – zum Ausdruck bringt, mit den Ausgesperrten nach dem Ende des Arbeitskampfes über ihre Wiederbeschäftigung zu verhandeln (BAG NJW 1964, 941 = BB 1964, 428). Allerdings kann nach dem Gebot der Verhältnismäßigkeit eine Aussperrung

mit lösender Wirkung zulässig sein; in einem solchen Falle hat der Arbeitnehmer nach Beendigung des Arbeitskampfes einen Wiedereinstellungsanspruch nach billigem Ermessen (BAG NJW 1971, 1668 = BB 1971, 701 = Betrieb 1971, 1061 = RdA 1971, 185 = WM 1971, 756), dazu zutreffend Däubler JuS 1972, 642.

Die in der Literatur und teilweise auch in der Rechtsprechung in zunehmendem Maße geführte Diskussion über die Zulässigkeit der Abwehraussperrung ist vorläufig durch Entscheidungen des BAG vom 10. 6. 1980 abgeschlossen worden (vgl. dazu Betrieb 1980, 1266 ff. = BB 1980, Beil. 4/80 = NJW 1980, 1642 und 1653 = WM 1980, 840 = JZ 1980, 482 sowie 1980, 771). Danach gilt: Durch das Grundgesetz ergibt sich kein generelles Aussperrungsverbot; Art. 29 Abs. 5 der Verfassung des Landes Hessen wird durch Bundesrecht verdrängt. Die Abwehraussperrung hat eine begrenzte Funktion und Legitimation, nämlich: Herstellung der Verhandlungsparität gegenüber dem Verhandlungsübergewicht der streikenden Gewerkschaft; ungleiche Lastenverteilung eines Teilstreiks; Konkurrenzsituation und Verbandssolidarität. Wichtig ist dabei einmal, daß der Gesetzgeber ein funktionierendes Tarifvertragssystem bereitstellt, zum anderen, daß die Koalitionen durch tarifliche Arbeitskampfordnungen die Unklarheiten beseitigen, die das geltende Arbeitskampfrecht belasten. Vor allem ergibt sich aus den Entscheidungen des BAG (a. a. O.) die Entwicklung von Abgrenzungskriterien, mit deren Hilfe die Proportionalität einer Kampfmaßnahme beurteilt werden kann (vgl. dazu auch Säcker Betrieb 1980, 1276; Konzen und Scholz a. a. O. S. 1593 ff.; Lieb a. a. O. S. 2188; Müller a. a. O. 1981, Beilage 7; Seiter JZ 1980, 749 sowie RdA 1981, 65; Wohlgemuth/Bobke BB 1981, 2141; Otto RdA 1981, 285). Vgl. ferner BAG Betrieb 1985, 1894 zum Gebot der Verhältnismäßigkeit bei der Abwehraussperrung; bei der Prüfung, ob die Arbeitgeberseite das Übermaßverbot verletzt hat, kommt es auf den Aussperrungsbeschluß an und nicht auf die Zahl der Arbeitnehmer, die tatsächlich ausgesperrt werden; Aussperrungen, die auf einem unverhältnismäßigen Beschluß beruhen, sind rechtswidrig (a. a. O.).

III. Höhere Gewalt oder andere für den Auftragnehmer unabwendbare Umstände (Nr. 2 Abs. 1 c)

1. **Höhere Gewalt** wird als Rechtsbegriff in verschiedenen Bestimmungen des BGB gebraucht, z. B. in §§ 203, 701, 1996. Unter höherer Gewalt wird in der Rechtsprechung ein **von außen auf den Betrieb einwirkendes außergewöhnliches Ereignis** verstanden, **das unvorhersehbar ist, selbst bei Anwendung äußerster Sorgfalt ohne Gefährdung des wirtschaftlichen Erfolgs des Unternehmers nicht abgewendet werden kann und auch nicht wegen seiner Häufigkeit von dem Betriebsunternehmer in Rechnung zu stellen und mit in Kauf zu nehmen ist** (u. a. RGZ 93, 66; 101, 94; 104, 150; 109, 172; 117, 12; 171, 104; JW 1931, 865; OHG 3, 189; BGHZ 7, 338). Geringstes **eigenes Verschulden** bei der Entstehung des außergewöhnlichen Ereignisses **schließt höhere Gewalt aus** (BGH Betrieb 1953, 593). Voraussetzung ist, daß es sich um ein **äußeres, betriebsfremdes Ereignis** handeln muß (RGZ 75, 390). Es darf daher **nicht aus der Bauausführung und den damit unmittelbar zusammenhängenden Gegebenheiten** entstehen. In der Regel werden Fälle höherer Gewalt in **Naturereignissen** zu sehen sein, wie Erdbeben, Blitzschlag, Überschwemmungen, Fluten, Orkane. **Hinzuzuzählen** sind unvorhergesehene und objektiv unvorhersehbare **Handlungen dritter Personen,** die auf den Lauf der Bauausführung einwirken, wie z. B. Brandstiftungen, Explosionen und mutwillige Sachbeschädigungen, sofern damit nicht im Rahmen einer gewissen Häufigkeit nach aller Erfahrung zu rechnen ist. Dabei ist entweder auf die Erfahrung in der weiteren Umgebung des Baubereichs oder – bei Bauten besonderer Art – auf die Erfahrung abzustellen, die gerade bei solchen Bauten (z. B. Beschädigung von militärischen Bauten durch Sabotageakte, von Reaktorbauten, von Flughafenerweiterungen usw.) gemacht worden sind. Der Begriff der höheren Gewalt ist **eng gezogen** und kann **nur in sehr begrenztem Umfang** in der täglichen Praxis zutreffen. Gerade deshalb kann für den Ausgangspunkt Rutkowsky (NJW 1988, 1761, 1763) nicht gefolgt werden, der hier für die Beurteilung Teil B § 4 Nr. 5 heranziehen möchte, weil damit keine hinreichenden Anhaltspunkte für eine Bewertung höherer Gewalt gegeben sind. Anderseits sind die von ihm für den Fall von **gewaltsamen Anschlägen** herausgearbeiteten Kriterien durchaus gerade auch für die Bewertung im Bereich der höheren Gewalt zu einer sachgerechten Beurteilung geeignet: Handelt es sich um ein Bau-

vorhaben in einem Bereich, in dem bereits früher auf ähnliche Bauwerke Anschläge verübt wurden und ist dies beiden Vertragspartnern bei Vertragsabschluß bekannt oder mußte es ihnen bekannt sein, so muß dem Auftragnehmer vorgeworfen werden, daß er das mit der Bauausführung **verbundene Risiko bewußt in Kauf genommen** hat, so daß er sich dann später **nicht auf höhere Gewalt berufen kann. Das gilt erst recht, wenn bereits konkrete Ankündigungen von Anschlägen vorliegen.** Sind bei dem betreffenden Bauvorhaben **keine Anhaltspunkte** für etwaige Anschläge gegeben, liegen vor allem **keine entsprechenden Verdachtsmomente** vor, so kann dagegen von **höherer Gewalt gesprochen werden.** Ähnliches muß zugunsten des Auftragnehmers gelten, wenn **nur dem Auftraggeber Anhaltspunkte für Anschläge bekannt sind,** wie z. B. durch Einsprüche oder Eingaben Dritter in vorangegangenen oder laufenden verwaltungsrechtlichen Verfahren, und der Auftraggeber dies dem Auftragnehmer **bei Vertragsabschluß nicht mitteilt.** Das gilt vor allem in Anbetracht der sich aus Teil B § 4 Nr. 1 Abs. 1 ergebenden Verpflichtung des Auftraggebers, für die Aufrechterhaltung der allgemeinen Ordnung auf der Baustelle zu sorgen. Dies ist auch durchaus sachgerecht, weil etwaige gesetzliche Entschädigungsregelungen für solche Fälle keine hinreichende Grundlage für einen Ausgleich zugunsten des Auftragnehmers bieten (Rutkowsky, a. a. O., S. 1765).

48   2. **Unabwendbarer Umstand** ist dagegen in bestimmter Hinsicht ein Weniger. Allerdings setzt er, ähnlich dem Begriff der höheren Gewalt, ein Ereignis voraus, das **nach menschlicher Einsicht und Erfahrung in dem Sinne unvorhersehbar ist, daß es oder seine Auswirkungen trotz wirtschaftlich erträglicher Mittel durch die äußerste nach der Sachlage zu erwartende Sorgfalt nicht verhütbar oder in seinen Wirkungen bis auf ein erträgliches Maß unschädlich zu machen ist** (BGH NJW 1962, 390 = BlGBW 1962, 59, 60 = VersR 1962, 159 = SFH Z 2.413 Bl. 18 ff.; BGHZ 61, 144 = BauR 1973, 317 = BB 1973, 1047 = NJW 1973, 1698 = SFH Z 2.413 Bl. 56 = VersR 1973, 1143 = Betrieb 1973, 1794 = BlGBW 1974, 18 = MDR 1973, 923 = LM VOB/B Nr. 63 Anm. Schmidt). Dieser Begriff hat mit dem der höheren Gewalt gemeinsam, daß es sich um ein Ereignis handeln muß, an dem den **Auftragnehmer keinerlei Verschulden** trifft. Andererseits **braucht** das Ereignis im Gegensatz zur höheren Gewalt **nicht betriebsfremd zu sein.** Daraus ergibt sich, daß in allen Fällen, in denen höhere Gewalt zu bejahen ist, **auch ein unabwendbarer Umstand vorliegt.** Jedoch ist nicht jedes unabwendbare Ereignis ein Fall von höherer Gewalt, da vor allem die Voraussetzung des von außen eingreifenden Ereignisses fehlen kann. Ein unabwendbarer Umstand kann in einer plötzlich, objektiv gänzlich unvorhersehbar aufgetretenen und auf andere Weise, z. B. durch teureren Einkauf, nicht zu beseitigenden, die weitere Bauausführung hindernden Materialknappheit liegen. In Betracht kommt auch ein nach aller Erfahrung in diesem Umfang gänzlich unvorhergesehenes Unwetter (BGH a. a. O.). Hat dagegen der Auftragnehmer andere Unternehmer zu suchen und gegebenenfalls zu beauftragen (z. B. auch Subunternehmer), so ist es kein unabwendbarer Umstand, wenn ihm dies angesichts im Baugewerbe herrschender Hochkonjunktur mißlingt, da diese Aufgabe bei rechtzeitiger Vorsorge, gegebenenfalls auch durch verstärkten Einsatz wirtschaftlicher Mittel, im allgemeinen dennoch zu erfüllen ist (BGH BauR 1983, 73 = NJW 1983, 989 = Betrieb 1983, 386 = SFH § 5 VOB/B Nr. 5 = ZfBR 1983, 19 = MDR 1983, 392 = BB 1983, 2075 = LM § 5 VOB/B Nr. 2). Die Frage, ob ein unabwendbares Ereignis vorliegt, läßt sich nicht in einen vorhersehbaren Teil und einen nicht vorhersehbaren Teil aufspalten; vielmehr ist sie einheitlich zu beantworten, sofern es sich um ein zeitlich geschlossenes, unaufteilbares Vorkommnis handelt (BGH in den zuerst genannten Entscheidungen).

IV. Sonderregelung über Witterungseinflüsse (Nr. 2 Abs. 2)

49   In Nr. 2 Abs. 2 ist eine Sonderregelung hinsichtlich der **Witterungseinflüsse** (nicht etwa nur der Witterungsverhältnisse) getroffen. Hiernach gelten Witterungseinflüsse während der Ausführungszeit, mit denen **bei Abgabe des Angebotes normalerweise gerechnet werden**

mußte, nicht als **Behinderung**. Obwohl dadurch tatsächlich eine Behinderung oder eine Unterbrechung in der Bauausführung eingetreten ist, **gilt sie kraft Vereinbarung im Bauvertrag als nicht erfolgt**. Der Begriff der Witterungseinflüsse bezieht sich auf alle Umstände, die nach dem allgemeinen Sprachgebrauch sowohl in ihrer Entstehung als auch in ihrer Auswirkung auf die Witterung zurückzuführen sind (Regen, Nebel, Hagel, Schneefall, Eis, Wind, Sturm – zum Begriff Sturm vgl. BGH VersR 1969, 607 –, Helligkeit, Dunkelheit usw.).

1. Für die Beurteilung sind grundsätzlich **allein die Witterungseinflüsse** maßgebend, **die unmittelbar auf das Grundstück der Bauausführung einwirken**; es kommt z. B. nur darauf an, welche Stärke ein Sturm an dieser Stelle hat (BGH SFH Z 3.01 Bl. 322; BGH, a. a. O., Z 3.01 Bl. 457). **Ausnahmsweise** kann es auf den Sitz bzw. das Lager des Unternehmers ankommen, wenn Geräte, die für die betreffende Ausführung unumgänglich nötig sind, sich jedoch noch nicht notwendigerweise auf der Baustelle befinden, durch Witterungseinflüsse zerstört, beschädigt sind oder jedenfalls nicht fortbewegt werden können. Ähnliches gilt auch für die Wohnorte und Anfahrtswege von Personal bei Witterungseinflüssen auf diese Orte und/oder die Transportwege. In diesen Ausnahmefällen ist aber zu prüfen, ob der Auftragnehmer ihm zumutbare Vorkehrungen getroffen hat (vgl. Teil B § 4 Nr. 5, Teil A § 9 Nr. 6).

Voraussetzung für die Anwendung des Absatzes 2 ist somit, daß die Witterungsverhältnisse **auf die Bauausführung selbst nachteiligen Einfluß** haben, d. h. ihren vertraglich vorgesehenen oder unter normalen Umständen voraussehbaren Verlauf behindern oder unterbrechen, sei es durch Beschädigung oder Zerstörung bereits vorhandener Leistungsteile, sei es durch Einwirkung auf den vorgesehenen weiteren Bauablauf. Maßgeblich können deshalb auch nur Witterungseinflüsse sein, die **während** der Bauausführung auftreten.

2. **Nicht als Behinderung** gelten Witterungseinflüsse, mit denen bei Abgabe des Angebotes **normalerweise gerechnet werden mußte**. Bloße sogenannte **Schlechtwettertage** reichen dazu naturgemäß **nicht**. Das sind nämlich möglicherweise solche, die dem allgemein vorauszusehenden Witterungsablauf entsprechen. Dabei sind die örtlichen und die jahreszeitlichen Verhältnisse maßgebliche Anhaltspunkte. Zu normalen Witterungseinflüssen zählen insbesondere mehrere Regentage, vgl. BGH, Urt. vom 12. 7. 1962 – VII ZR 22/61 –; ferner Wolkenbrüche in der wärmeren Jahreszeit, auch Stürme in der Küstengegend (vgl. dazu LG Hamburg VersR 1970, 579 mit Anm. von Cuntz VersR 1970, 580 und Gaisbauer VersR 1970, 774). Ein Sturm in der Windstärke 9 ist auch im Rheinland im November nicht ungewöhnlich (OLG Köln VersR 1973, 43). Für Regenfälle im Rohrleitungsbau vgl. BGH BB 1962, 111 = SFH Z 2.413 Bl. 18 ff.

Außergewöhnlich und gegen alle Erfahrung stark auftretende Witterungseinflüsse können dagegen eine Verlängerung der Ausführungsfrist bewirken. Wenn normalerweise mit Frost gerechnet wird, in einem Winter aber eine lang anhaltende, ungewöhnliche Kältewelle auftritt, kann man diesen Umstand nicht grundsätzlich dem Auftragnehmer aufbürden (typisches Beispiel: der Winter 1962/63 bzw. der Winter 1978/79 in Norddeutschland, ungewöhnlich starker Eisregen 1987). Bei Unklarheiten ist es geboten, die **Erkenntnisse des Wetterdienstes** zu Rate zu ziehen, sich insbesondere die Mittelwerte der vergangenen Jahre geben zu lassen. Das gilt vornehmlich bei Großbauten.

Andererseits ist es auch hier geboten, **zur Vermeidung von Härten** die **Grundsätze von Treu und Glauben im Einzelfall** heranzuziehen. Ist z. B. dem Auftragnehmer eine genau bestimmte, vertraglich bindend festgelegte Frist zur Ausführung einer Baumaßnahme gesetzt worden (z. B. vom 1. 8. bis 10. 8.), die nur bei trockenem Wetter ausgeführt werden kann, wie die Anbringung einer vorgeschriebenen Dachdichtung, und regnet es in diesen zehn Tagen, so wird man auch in diesem Fall eine Verlängerung der Ausführungsfrist nicht versagen dürfen, obwohl Dauerregen im August nichts Ungewöhnliches, daher u. U. vorhersehbar ist (ebenso Vygen/Schubert/Lang Rdn. 105).

55 Grundsätzlich gelten Schäden aus Witterungseinflüssen, die – insbesondere durch eine **Bauleistungsversicherung** – versicherbar sind, als solche, mit denen bei Abgabe des Angebots zu rechnen ist. Im übrigen empfiehlt es sich im Interesse beider Vertragspartner, je nach Lage der Baustelle und deren Anfälligkeit gegen bestimmte Witterungseinflüsse **besondere Regelungen** für **Ausfalltage** in Besonderen oder Zusätzlichen Vertragsbedingungen (vgl. Teil A § 10 Nr. 4 Abs. 2) zu treffen. Soweit es Hochwasser, Sturmfluten, außergewöhnlich hohe Grundwasserstände, ungewöhnliche Gewässervereisung und ungewöhnlichen Sturm anbetrifft, kann für derartige Besondere oder Zusätzliche vertragliche Vereinbarungen der Vorschlag der Bundesanstalt für Gewässerkunde vom 6. 10. 1951 (Tgb. Nr. II/8052/3170) dienen (vgl. Hereth/Ludwig/Naschold B § 7.1 Ez. 7.48). Hiernach gelten als vom Auftragnehmer **nicht** zu vertretende Umstände:

56 a) **Hochwasser oder Sturmfluten,** wenn dabei im Schadensmonat der in den letzten 20 der Ausschreibung vorangegangenen gleichen Monaten aufgetretene Höchststand an dem für die Baustelle gewässerkundlich in Betracht kommenden Bezugspegel überschritten wird. Liegen 20jährige Beobachtungen nicht vor oder sind sie wegen baulicher Maßnahmen (z. B. Talsperren) nicht mehr gültig, und können sich die beiden Parteien über den anzunehmenden Risikogrenzwasserstand nicht einigen, so entscheidet über ihn die örtlich zuständige Dienststelle des Wasserwesens oder, wenn diese Auftraggeberin ist, die örtlich zuständige gewässerkundliche Anstalt nach sachverständigem Ermessen. Im Wasserwesen ist für die Bundesgewässer die Wasser- und Schiffahrtsverwaltung des Bundes, für die übrigen Gewässer die Wasserwirtschaftsverwaltung des betreffenden Landes zuständig.

57 b) **ungewöhnlich hohe Grundwasserstände,** wenn dabei im Schadensmonat der in den letzten 20 der Ausschreibung vorangegangenen gleichen Monaten aufgetretene Höchststand an dem für die Baustelle gewässerkundlich (hydrogeologisch) in Betracht kommenden Bezugsbrunnen überschritten wird. Liegen 20jährige Beobachtungen nicht vor oder sind diese wegen künstlicher Eingriffe nicht mehr gültig und können sich die beiden Parteien über den anzunehmenden Risikogrenzwasserstand nicht einigen, so entscheidet über ihn die örtlich zuständige Dienststelle des Wasserwesens oder, wenn diese Auftraggeberin ist, die örtlich zuständige gewässerkundliche Anstalt nach sachverständigem Ermessen, und zwar im Benehmen mit der örtlich zuständigen geologischen Landesanstalt.

58 c) **ungewöhnliche Gewässervereisung,** wenn diese im Schadensmonat nach dem sachverständigen Ermessen der örtlich zuständigen Stelle des Wasserwesens oder, wenn diese Auftraggeberin ist, der örtlich zuständigen gewässerkundlichen Anstalt den Extremzustand im gleichen Monat vor der Ausschreibung überschreitet.

59 d) **ungewöhnlicher Sturm,** wenn dieser im Schadensmonat in Stärke, Richtung und Schwankung nach dem sachverständigen Ermessen des örtlich zuständigen Wetteramtes den Extremzustand im gleichen Monat vor der Ausschreibung überschreitet.

60 Bezüglich der **Besonderen Vertragsbedingungen** wird empfohlen, die möglichen monatlichen Wasserstandsschwankungen während der Bauzeit durch „Haupttabellen" nach dem Muster der Pegelvorschrift für die letzten 20 Jahre vor der Ausschreibung darzustellen und den Verdingungsunterlagen beizufügen, sofern diese Jahresreihe noch vergleichbare Werte liefert. Andernfalls ist eine kürzere Jahresreihe zu wählen oder es ist theoretisch eine gegebenenfalls vereinfachte Haupttabelle aufzustellen, die dem sachverständigen Ermessen zur Zeit der Aufstellung der Verdingungsunterlagen entspricht. Das Risiko bei Wasserständen innerhalb des Rahmens der Haupttabelle würde vom Auftragnehmer, außerhalb ihres Rahmens vom Auftraggeber zu tragen sein.

Zur Festlegung der normalen Witterung in der Bauproduktion ist auch auf die wissenschaftlich fundierten Ausführungen von Thurner, Bauwirtschaft 1972, 1704 besonders hinzuweisen. Unvorhergesehen kann nach BGH eine tägliche Niederschlagsmenge von 64 mm/m² bei einer durchschnittlichen maximalen Niederschlagsmenge von 40 bis 50 mm je Tag sein, was so allgemein als zu weitgehend erscheint (vgl. BGHZ 61, 144 = BauR 1973, 317 = BB 1973, 1047 = NJW 1973, 1698 = SFH Z 2.413 Bl. 56 = VersR 1973, 1143 = Betrieb 1973, 1794 = BlGBW 1974, 18 = MDR 1973, 923 = LM VOB/B Nr. 63 Anm. Schmidt). Ein wolkenbruchartiger Regen, der so stark und so selten ist, daß damit an der Baustelle im Durchschnitt nur alle 20 Jahre einmal zu rechnen ist (hier: 40 mm wolkenbruchartiger Regen in einer Stunde), gehört nicht zu den normalerweise zu erwartenden Witterungseinflüssen, sondern ist ein unvorhersehbares, außergewöhnliches Naturereignis, dessen Folgen der Auftragnehmer nicht mit zumutbaren Mitteln abwenden kann (zutreffend OLG Koblenz SFH § 6 Nr. 2 VOB/B Nr. 1 = Betrieb 1978, 1492).

3. Als **für die Beurteilung maßgebender Zeitpunkt** ist nicht der Abschluß des Bauvertrages, sondern die **Abgabe des Angebots** festgelegt. Dies gilt aber nur, wenn das Angebot vom Auftraggeber **unverändert** angenommen wird. Wenn dagegen der Auftraggeber nach Teil A § 28 Nr. 2 Abs. 2 Erweiterungen, Einschränkungen oder Änderungen des Angebotsinhalts vornimmt und die Bieter auffordert, sich unverzüglich über die Annahme dieses veränderten Angebots zu erklären, ist nicht die Abgabe des ersten, sondern die Annahme des veränderten Angebots ausschlaggebend. Dieses setzt sich bei weiteren Vertragsverhandlungen so lange fort, bis das letzte Angebot unterbreitet wird, auf das schließlich der Vertrag zustande kommt. Eine weitere Ausnahme liegt vor, wenn kraft späterer Vereinbarung zwischen den Parteien – ggf. auch noch während der Bauausführung – die Ausführungsfristen verlängert werden. Dann ist maßgeblicher Zeitpunkt der Tag der den ursprünglichen Vertrag in dem genannten Punkte ändernden Vereinbarung. Das gilt vornehmlich dann, wenn der Auftraggeber im Rahmen von Teil B § 1 Nr. 3 oder 4 vom Auftragnehmer zusätzliche oder veränderte Leistungen verlangt und die Witterungseinflüsse **darauf** einwirken.

Die Wahl des **Zeitpunktes der Angebotsabgabe** und nicht des Vertragsabschlusses beruht auf der Annahme, daß der Auftragnehmer in seinem Angebot und gegebenenfalls der Auftraggeber in seinem Neuangebot oder beide Parteien bei ihrer vertragsändernden Vereinbarung, insbesondere bei der Bemessung der Ausführungsfristen, die **Witterungseinflüsse berücksichtigt** haben, die – vor allem auch jahreszeitlich – an sich zu erwarten sind.

4. Handelt es sich um Witterungseinflüsse, mit denen bei Abgabe des Vertragsangebotes **gerechnet werden mußte,** treten diese ein und behindern oder unterbrechen sie die Ausführung während der vertraglich festgelegten Ausführungsfrist, kann der Auftragnehmer **keine Verlängerung der Ausführungsfrist** beanspruchen. Vielmehr sind diese Einflüsse **unbeachtlich,** so daß die Ausführungsfrist ohne Verlängerung in dem Zeitpunkt abläuft, der **vertraglich vereinbart** ist oder der sonst unter normalen Umständen für die Vollendung der Leistung maßgeblich zu sein hat.

D. Pflichten des Auftragnehmers während und nach der Behinderung oder Unterbrechung (Nr. 3)

Gemäß Nr. 3 hat der **Auftragnehmer alles zu tun,** was ihm billigerweise zugemutet werden kann, **um die Weiterführung der Arbeiten zu ermöglichen.** Sobald die hindernden Umstände weggefallen sind, hat er ohne weiteres und unverzüglich die Arbeiten wieder aufzunehmen und den Auftraggeber davon zu benachrichtigen.

I. Fürsorgepflichten während der Behinderung oder Unterbrechung (Satz 1)

66 In Satz 1 ist eine **besondere vertragliche Nebenpflicht des Auftragnehmers im Sinne einer Bereitstellungsverpflichtung** festgelegt, die auf dem Grundsatz von Treu und Glauben im Rechtsverkehr beruht. Es ist ohne erfolgte Kündigung des Bauvertrages davon auszugehen, daß die **Leistungspflicht** des Auftragnehmers **trotz der Hinderung oder Unterbrechung fortdauert** und von ihm nach wie vor die vertraglich geschuldete Leistung gefordert wird. Dabei muß er nicht nur die Leistung als solche erbringen, sondern alles tun, um die Arbeiten auch möglichst noch fristgerecht auszuführen. Dazu gehört, daß er im Rahmen des ihm Zumutbaren Behinderungen oder Unterbrechungen **soweit als möglich zeitlich einschränkt**. Diese Nebenpflicht zur Tätigkeit ist nicht auf bestimmte Verursachenstatbestände der Behinderung oder Unterbrechung in der Bauausführung beschränkt. Sie bezieht sich also keineswegs nur auf die Fälle, in denen für den eingetretenen Zustand der Auftragnehmer oder keiner von beiden Vertragspartnern verantwortlich zu machen ist. Vielmehr erfaßt sie auch die Fälle in Nr. 2 Abs. 1 a, in denen die Behinderung oder Unterbrechung der Ausführung auf ein Verschulden bzw. eine Verursachung durch den Auftraggeber zurückzuführen ist. **Das alles betrifft allerdings nur die Pflicht zur Tätigkeit als solche. Ihr Umfang und ihre Art** sind dagegen nicht nur von den gegebenen Umständen, sondern **auch von der Verursachung und etwaigem Verschulden** des Verursachers abhängig. Aus dem Begriff „billigerweise zugemutet werden kann" ergibt sich, daß Art und Umfang der Tätigkeit des Auftragnehmers sich nach dem **Grundsatz von Treu und Glauben je nach Verursachung oder schuldhafter Verursachung ausrichten**. So kann dem Auftragnehmer z. B. die Heranziehung auswärtiger Arbeitnehmer zuzumuten sein, weil es in seinem Interesse liegen muß, Betonarbeiten noch vor Einsetzen des Frostes zu beenden (vgl. BGH SFH Z 2.311 Bl. 20).

67 1. Ist die Behinderung oder Unterbrechung der Ausführung infolge eines **vom Auftragnehmer zu verantwortenden Umstandes** eingetreten, wird ihm **jede nur mögliche Anstrengung** verlangt, um die Leistung so bald als möglich fortzuführen und das Versäumte nachzuholen. In diesem Fall wird dem Auftragnehmer **auch ein größerer Kostenaufwand** im Bereich ihm obliegender **Schadensminderungspflicht** bei der Beseitigung des Hindernisses **zuzumuten sein, zumal** er sich dann häufig auch dem Auftraggeber gegenüber nach **Teil B § 6 Nr. 6 schadensersatzpflichtig** gemacht hat. Deswegen entfällt im allgemeinen hier auch ein Anspruch des Auftragnehmers gegenüber dem Auftraggeber auf Erhalt einer besonderen Vergütung.

68 2. Wesentlich **geringer** ist die Pflicht zur Tätigkeit für den Auftragnehmer, wenn der **Auftraggeber die Behinderung oder Unterbrechung** der Leistungsausführung **ursächlich verantworten** muß. Wie weit die Tätigkeitsverpflichtung im Einzelfall geht, hängt von dem Ausmaß der Behinderung oder Unterbrechung sowie dem Umfang der Verursachung oder gar des Verschuldens des Auftraggebers ab. Die Sicherung der Baustelle, die Beseitigung von Fehlern oder Schäden, das Unterhalten der Baustelle und der eingesetzten Materialien sowie Geräte ist aber immer Pflicht des Auftragnehmers. Auch ist dem Auftragnehmer billigerweise in jedem Fall zuzumuten, sich mit dem Auftraggeber **in Verbindung zu setzen** und eine Verständigung über die zu ergreifenden Maßnahmen zu versuchen. **Ein Recht zum Nichttätigwerden**, also eine Befreiung von der Verpflichtung gemäß Nr. 3, kann dem Auftragnehmer **nur dann** zugebilligt werden, wenn die **Behinderung oder Unterbrechung** praktisch eine **Leistungsunmöglichkeit oder ein Leistungsunvermögen** herbeigeführt hat, z. B. wenn der Auftraggeber nicht zu bewegen ist, mit dem Auftragnehmer über die notwendigen Maßnahmen und die dafür zu zahlende Vergütung zu verhandeln. Ein solcher **Vergütungsanspruch** kann nämlich **neben** dem etwaigen **Schadensersatzbegehren** – hier jetzt des Auftragnehmers – **nach Nr. 6** oder an dessen Stelle entstehen, wenn die Voraussetzungen nach Teil B § 2 Nr. 5, 6 oder

8 Abs. 2 vorliegen. Unter Umständen kann dem Auftragnehmer auch ein Recht zur Vertragskündigung zustehen (vgl. Teil B § 9 Rdn. 6 ff.).

3. Hat **keiner der Vertragspartner** die Behinderung oder Unterbrechung der Ausführung **verursacht und/oder zu vertreten**, muß der Auftragnehmer **alle Anstalten** treffen, die für eine **unverzügliche Weiterführung** der behinderten oder unterbrochenen Bauleistung, sobald diese möglich ist, erforderlich sind; zu denken ist an Aufräumungsarbeiten, Material- und Gerätebereithaltung, Planung des weiteren Arbeitsganges, des weiteren Einsatzes seiner Arbeitskräfte, Beseitigung von Hindernissen oder Mängeln. Vornehmlich gehört dazu auch die Sicherung der Baustelle und der Baugeräte, ebenso die Sicherung des bisher erbrachten Leistungsteils. So gehört es allgemein zu den Pflichten eines Dachdeckers, Schutzvorkehrungen zu treffen, die ein Abreißen der Dachhaut durch Windsog verhindern (vgl. für einen ähnlichen Fall OLG Köln VersR 1973, 43). Der Auftragnehmer muß auch alle Arbeiten unverzüglich weiterführen, die noch ausführbar sind und von dem Hindernis nicht erfaßt werden. Er hat **mit dem Auftraggeber Verbindung aufzunehmen und ihn laufend zu unterrichten.** Die Frage der Vergütung regelt sich hier im allgemeinen nach den Voraussetzungen gemäß Teil B § 2 Nr. 6, 8 Abs. 2.

4. Grundsätzlich hat somit der Auftragnehmer die Pflicht, die Weiterführung der Arbeiten so zu ermöglichen, daß sich die Behinderung oder Unterbrechung nur im geringstmöglichen Maße auswirkt. Die **schuldhafte Verletzung dieser bauvertraglichen Nebenverpflichtung** ist eine **positive Vertragsverletzung,** die den Auftragnehmer nach **Nr. 6 zum Schadensersatz** verpflichtet, falls dem Auftraggeber infolge der Untätigkeit oder einer nicht genügenden Tätigkeit des Auftragnehmers ein Schaden entsteht. Möglicherweise hat der Auftraggeber in entsprechender Anwendung von Teil B §§ 5 Nr. 4, 8 Nr. 3 auch ein Recht zur Vertragskündigung aus wichtigem Grund.

5. Andererseits: Unter **vorrangiger** Berücksichtigung der je nach der Verursachung der Behinderung oder Unterbrechung nach den in Rdn. 67–69 abgestuften Pflichtenkreise **kann** der **Auftragnehmer berechtigt sein,** zwischenzeitlich eine **andere Arbeit anzunehmen** und diese auszuführen; das gilt vor allem, wenn die ungehinderte Weiterführung der Leistung **ungewiß** ist und insbesondere der Auftraggeber hierüber keine zuverlässigen Angaben zu machen in der Lage ist. Dazu **kann** der **Auftragnehmer** sogar aus dem Gesichtspunkt der **Schadensminderung verpflichtet sein,** um zu vermeiden, daß ihm dann aus diesen Gründen eine **positive Vertragsverletzung** vorgeworfen und ihm insoweit ein Schadensersatzanspruch nach Nr. 6 entgegengehalten wird (vgl. dazu OLG Stuttgart BauR 1975, 54).

II. Unverzügliche Arbeitsaufnahme nach Wegfall des Hindernisses (Satz 2)

Hindernde Umstände sind weggefallen, wenn Hindernisse, die die Behinderung oder Unterbrechung herbeigeführt und aufrechterhalten haben, beseitigt sind und die **Leistungsfortführung** auf der bisherigen oder einer neu vereinbarten Grundlage **möglich** ist. Die Pflicht zur Leistungsfortführung ist auch gegeben, wenn das Hindernis teilweise beseitigt ist und die Arbeit hinsichtlich der Teilleistung weitergeführt werden kann. Das setzt aber eine selbständige Bearbeitbarkeit des betreffenden Teils voraus.

Der Auftragnehmer hat nach dem Fortfall des Hindernisses **ohne weiteres** und **unverzüglich,** d. h. ohne schuldhaftes Zögern (§ 121 BGB), die **Leistung weiterzuführen.** Die Begriffe „ohne weiteres" und „unverzüglich" besagen nicht das gleiche. Während „unverzüglich" den zeitlichen Rahmen der Wiederaufnahmepflicht umfaßt, deutet „ohne weiteres" auf die sachlichen Voraussetzungen hin. Damit ist zum Ausdruck gebracht, daß der Auftragnehmer **allein infolge der Beseitigung des Hindernisses zur Arbeitsaufnahme verpflichtet ist; er bedarf insbesondere keiner Aufforderung des Auftraggebers.**

74 Der Auftragnehmer hat die Wiederaufnahme der Arbeiten dem Auftraggeber **anzuzeigen**. Eine **Schriftform** ist für die Anzeige **nicht vorgeschrieben**. Sie kann auch mündlich erfolgen. Aus Beweisgründen ist jedoch die Schriftform anzuraten.

75 Die Verletzung der Wiederaufnahmepflicht ist im Falle des Verschuldens eine **positive Vertragsverletzung,** die den Auftragnehmer entsprechend **Nr. 6 schadensersatzpflichtig** macht, falls dem Auftraggeber aus der Verzögerung der Arbeitsaufnahme ein Schaden entstanden ist. Eine bloße Mißachtung der Verpflichtung zur Benachrichtigung des Auftraggebers bei im übrigen ordnungsgemäßer Wiederaufnahme der Arbeiten ist allgemein keine sich besonders auswirkende positive Vertragsverletzung, da es sich hierbei lediglich um eine **Informationsverpflichtung** handelt. Anders kann dies sein, und der Auftragnehmer kann sich wegen der Nichtanzeige nach Nr. 6 schadensersatzpflichtig machen, wenn dadurch eine zusätzliche Behinderung des Auftraggebers eintritt, wie z. B. hinsichtlich des rechtzeitigen Abrufes nachfolgender Bauleistungen oder der Bereitstellung selbst zu beschaffender Materialien oder Transportmittel, der ordnungsgemäßen Kontrolle von Stundenlohnarbeiten nach Teil B § 15 Nr. 3 usw. Unter Umständen kann der Auftraggeber auch den Vertrag **aus wichtigem Grund kündigen,** wenn die sich aus Teil B §§ 5 Nr. 4 und 8 Nr. 3 ergebenden Voraussetzungen vorliegen.

III. Verpflichtungen nach Nr. 3 setzen Fortbestand der Leistungspflicht des Auftragnehmers voraus

76 Sämtliche in Nr. 3 aufgeführten Verpflichtungen des Auftragnehmers bestehen **nur so lange, wie der Bauvertrag fortbesteht.** Kommt es während der Behinderung oder Unterbrechung zu einer **Vertragskündigung,** insbesondere auch einer solchen nach Nr. 7, einer **einverständlichen Aufhebung** des Bauvertrages oder stellt sich die **Unmöglichkeit** der Leistung heraus, sind damit sowohl die Tätigkeitspflicht des Auftragnehmers nach Satz 1 als auch die Wiederaufnahmepflicht nach Satz 2 entfallen. Beide setzen den Fortbestand der bauvertraglichen Leistungspflicht voraus.

E. Berechnung der Verlängerung der Ausführungsfristen (Nr. 4)

77 Nr. 4 befaßt sich mit der **Ermittlung des Zeitraumes der Verlängerung der Ausführungsfrist.** Sie betrifft **alle Fälle** der Unterbrechung oder Behinderung der Ausführung, **in denen die Ausführungsfrist auf der Grundlage der Nr. 2 verlängert wird,** ferner **auch,** wenn ausdrücklich oder stillschweigend eine **Verlängerung** der Ausführungsfrist aus irgendeinem anderen Grunde vereinbart, eine Bestimmung über die **Berechnung der Fristverlängerung** aber **nicht getroffen** ist.

I. Die drei Merkmale für die Berechnung der Verlängerung

78 Die Fristverlängerung nach Nr. 4 berechnet sich nach drei Merkmalen, nämlich erstens der **Dauer der Behinderung,** zweitens einem **Zuschlag für die Wiederaufnahme der Arbeiten** sowie drittens einem **Zuschlag für die etwaige Verschiebung in eine ungünstigere Jahreszeit.** Beruht die Unterbrechung oder Behinderung auf einem Umstand, der teilweise in den Bereich des Auftraggebers, teilweise in den des Auftragnehmers fällt, sind die allgemeingültigen Grundsätze des **§ 254 BGB auch hier anzuwenden;** hiernach kommt es für die Fristberechnung darauf an, ob und inwieweit die Unterbrechung oder Behinderung von dem einen oder anderen Vertragsteil verursacht worden ist. Der auf den Auftragnehmer entfallende Anteil ist dann bei der Neuberechnung der Frist auszuklammern (ähnlich Vygen BauR 1983, 210).

1. Die Dauer der Behinderung oder Unterbrechung läßt sich verhältnismäßig leicht festlegen, da sie von den **tatsächlichen Gegebenheiten abhängig** ist, vgl. hierzu auch Rdn. 1 ff. Gemeint ist die Zeit, in der infolge der Behinderung oder Unterbrechung die ursprünglich vorgesehene ordnungsgemäße – vor allem auch zügige – Leistungsdurchführung nicht möglich war. Insoweit wird eine **Zusatzfrist** festgelegt, wobei die Berechnung nach §§ 186 ff. BGB erfolgt. Die Zusatzfrist wird zu der **vertraglichen Ausführungsfrist hinzugezählt,** sozusagen daran angehängt. Es spielt dabei keine Rolle, ob die bisherige Ausführungsfrist während der Unterbrechung oder Behinderung schon abgelaufen ist oder nicht. Im ersten Fall wird die zwischen dem Beginn der Behinderung oder Unterbrechung und dem Ablauf der vorgesehen gewesenen Ausführungsfrist noch offene Restfrist festgestellt; im zweiten Fall wird die gesamte Zeit der Behinderung oder Unterbrechung hinzugeschlagen. 79

2. Der Zuschlag für die Wiederaufnahme der Arbeiten hat seinen Grund in der allgemeinen Erfahrung, daß eine **Wiederaufnahme** unterbrochener oder behindert gewesener Arbeiten zeitlich **nicht gleichzusetzen ist mit einem ungehinderten Arbeitsfortgang.** Es wäre **unbillig,** wollte man bei der Festlegung der Verlängerung der Ausführungsfrist lediglich den Zeitraum hinzufügen, den die Behinderung oder Unterbrechung in Anspruch genommen hat. Das erforderliche volle **Wiederanlaufen der Arbeiten** setzt gewisse **Vorbereitungen** voraus, die nicht als Ausführung im eigentlichen Sinne angesprochen werden können. Diese Umstände müssen nach Treu und Glauben bei der Berechnung der neuen Ausführungsfrist berücksichtigt werden. Die Ermittlung dieses notwendigen Zuschlages richtet sich nach den Erfordernissen des Einzelfalles. Wesentliche Merkmale sind einerseits Dauer und Umfang der Behinderung oder Unterbrechung und andererseits die deshalb notwendigen Vorkehrungen und zweckbedingten Maßnahmen, die erforderlich sind, um einen ordnungsgemäßen Fortgang der Arbeiten zu ermöglichen. Insoweit sind die Einzelumstände und Einzelmaßnahmen (wie z. B. etwaige erneute Baustelleneinrichtung, Geräte-, Material- und Personalbeschaffung, zumutbare Einordnung in den Betriebsablauf) jeweils festzustellen und ihre voraussichtliche Dauer nach auf allgemeiner Erfahrung beruhenden Grundsätzen zu berechnen. 80

3. Fällt infolge Behinderung oder Unterbrechung die Weiterführung bis zur Vollendung der vertraglichen Bauleistung in eine **Jahreszeit,** die bei der Festlegung der ursprünglichen Ausführungsfrist nicht vorgesehen war, die andererseits aber **witterungsmäßig** oder auch sonst für die zügige Ausführung der vertraglichen Bauleistung **ungünstiger** ist, muß hierfür ein **Zuschlag** bei der Festlegung der neuen Ausführungsfrist gewährt werden. Die Dauer der Verlängerung hängt von den **objektiv zu bewertenden Erfordernissen** des Einzelfalles ab. Da diese Bestimmung ebenfalls ihren Ursprung in dem Grundsatz von **Treu und Glauben** hat, ist **auch der umgekehrte Fall möglich,** daß nämlich eine gewisse Verkürzung der Ausführungsfrist anstelle eines Zuschlags festgelegt wird (auch Nicklisch in Nicklisch/Weick Teil B § 6 Rdn. 30). Läuft z. B. die vertragliche Ausführungsfrist im Winter und hat man aus diesem Grund die Frist sehr ausgiebig angesetzt, kommt man durch eine Unterbrechung in das Frühjahr, kann es denkbar sein, daß wegen der dann herrschenden Witterungsverhältnisse die Zeit der Behinderung oder Unterbrechung gerechterweise nicht ganz hinzugezählt wird, sondern mit einem kürzeren Zeitraum anzusetzen ist. Dabei dürfte es sich allerdings um ausgesprochene Ausnahmefälle handeln. 81

II. Grundsätzlich Vereinbarung der Fristverlängerung erforderlich

Die **Berechnung der Fristverlängerung** hat zunächst der Auftragnehmer im Sinne eines vertragsändernden Angebotes vorzunehmen. Zumindest muß er dem Auftraggeber die für die Berechnung **wesentlichen Gesichtspunkte** im einzelnen **mitteilen.** Der Auftraggeber hat die Verpflichtung, hierzu Stellung zu nehmen und mit dem Auftragnehmer eine **neue** 82

Vereinbarung zu treffen. Diese ist erforderlich, weil die Ausführungsfrist eine **Vertragsfrist** ist (vgl. Teil B § 5 Nr. 1) und daher nur durch **Parteivereinbarung** neu geregelt werden kann (so auch Hereth/Ludwig/Naschold Teil B § 6 Ez 6.59; Heiermann/Riedl/Rusam/Schwaab Teil B § 6 Rdn. 15). Es handelt sich um eine **Ergänzung oder Änderung** des Bauvertrages. Ohne hinreichend klar darauf bezogene Vollmacht ist der mit der Oberleitung oder der Bauaufsicht beauftragte Architekt nicht befugt, für den Auftraggeber mit dem Auftragnehmer wirksam die Verlängerung der Bauzeit zu vereinbaren (BGH BauR 1978, 139 = BB 1978, 684 = NJW 1978, 995 = MDR 1978, 655 = SFH § 164 BGB Nr. 1 = LM § 164 BGB Nr. 41 = Betrieb 1978, 1028).

83 Kommt eine **Einigung** zwischen den Parteien über die Fristverlängerung **nicht** zustande, können sie die Bestimmung einem Dritten überlassen. Insoweit kommen die §§ 317 ff. BGB in Betracht. **Notfalls kann die Bestimmung durch gerichtliche Entscheidung ergehen.** Das Gericht wird z. B. ohnehin darüber entscheiden, wenn der Auftraggeber wegen der Nichteinhaltung der bisherigen Frist gegen den Auftragnehmer Schadensersatzansprüche nach Nr. 6 geltend macht, etwa aus Verzug oder aus positiver Vertragsverletzung, und wenn der Auftragnehmer demgegenüber **berechtigt** gemäß Nr. 2 den Einwand der Fristverlängerung erhebt. In diesen Fällen muß das Gericht die Fristverlängerung nach Nr. 4 bestimmen.

84 Die Ansicht von Daub/Piel/Soergel/Steffani (Teil B § 6 ErlZ 6.71 ff.), angesichts des „strikten Wortlauts der Nr. 2" bedürfe es keiner Vereinbarung der Parteien über die Fristverlängerung, vielmehr könne der Auftragnehmer eine ihm zukommende Verlängerung der Frist „ausnutzen", übersieht in ihrem Kern, daß Nr. 2 durch die Wendung „**werden** verlängert" zwar die Vereinbarung einer Fristverlängerung zum Ausdruck bringt, dagegen nichts über den Zeitraum der Verlängerung auch nur andeutet. Vielmehr werden dazu erst Merkmale durch die Nr. 4 geliefert. Damit ist aber nur ein durchsetzbarer Anspruch (was Daub/Piel/Soergel/Steffani a. a. O. ErlZ 6.73 wohl nicht hinreichend beachten, wenn sie von der Versagung der Fristverlängerung wegen Fehlens der Vereinbarung sprechen) des Auftragnehmers gegen den Auftraggeber geschaffen, der **vereinbarungsgemäß noch näher ausgestaltet werden muß**.

F. Unterbrechung: Vorläufige Abrechnung während der Unterbrechung der Leistung (Nr. 5)

85 Nach Nr. 5 sind die ausgeführten Leistungen nach **Vertragspreisen abzurechnen und** außerdem die **Kosten zu vergüten,** die dem Auftragnehmer bereits entstanden und in den Vertragspreisen des nicht ausgeführten Teils der Leistung enthalten sind, **wenn die Ausführung für voraussichtlich längere Dauer unterbrochen wird, ohne daß eine dauernde Unmöglichkeit der Leistung eingetreten ist.** Diese Regelung ist im Ausgangspunkt auf die **Unterbrechung, nicht dagegen auf die Behinderung** der Leistung abgestellt (vgl. Rdn. 2 f.). Der Grundgedanke dieser Bestimmung liegt darin, den Auftragnehmer nicht übermäßig lange auf die bis dahin verdiente Vergütung warten zu lassen.

I. Unterbrechung für voraussichtlich längere Dauer ohne dauernde Unmöglichkeit

86 1. Eine Unterbrechung von voraussichtlich längerer Dauer ist gegeben, wenn der Stillstand nach Ursache und Fortdauer eine solche Auswirkung hat, daß **vorerst mit einer Wiederaufnahme der Arbeit nicht zu rechnen ist.** Dabei ergibt sich aus dem Begriff „voraussichtlich", daß nur die gegenwärtige Fortdauer der Unterbrechung gewiß sein muß, Gewißheit ist aber nicht notwendig hinsichtlich der künftigen Zeit. Hier genügt die auf **begründeten Anhaltspunkten beruhende hohe Wahrscheinlichkeit der längeren Dauer.** Dafür hat der **Auftragnehmer die Beweislast,** wenn er den hier geregelten besonderen Vergütungsanspruch geltend macht, sich also auf die Fälligkeit der bisher verdienten und noch nicht ausgeglichenen Vergütung beruft.

Was als **längere Dauer** anzusehen ist, hängt vom Einzelfall ab. Dabei sind einerseits die 87
Ursachen und Gründe der Entstehung und Fortdauer der Unterbrechung sowie andererseits
deren vermutliche Auswirkungen auf den zukünftigen Baufortschritt zu beachten. Als obere
Grenze wird ein Unterbrechungszeitraum von mehr als 3 Monaten als längere Dauer angenommen, wie sich aus Nr. 7 folgern läßt. Das dort niedergelegte **Kündigungsrecht** steht **in
engem Zusammenhang mit Nr. 5.** Gibt man den Parteien nach einer Unterbrechung von
mehr als 3 Monaten die Befugnis, den Bauvertrag zu kündigen, muß angenommen werden,
daß **spätestens** mit diesem Zeitpunkt auch das Recht nach Nr. 5 Abs. 1 eintreten soll, die
bisherigen Leistungen abzurechnen. Die Abrechnungsbefugnis nach Nr. 5 ist das schwächere
Recht im Verhältnis zum Kündigungsrecht nach Nr. 7, zumal im ersteren Fall der Bauvertrag
und damit die fortdauernde Leistungspflicht des Auftragnehmers nach dem Vertrag bestehenbleibt. Es kann im Einzelfall dem Parteiwillen entsprechen, daß eine längere Dauer der
Unterbrechung bereits vor dem Ablauf von drei Monaten angenommen wird, insbesondere
bei erbrachten, durch Abschlags- oder im Einzelfall vereinbarte Vorauszahlungen noch nicht
abgedeckten Leistungen.

2. Daß es sich um eine Unterbrechung **ohne dauernde Unmöglichkeit der Leistung** handeln 88
muß, erklärt sich aus dem Begriff der Unterbrechung. Dieser setzt voraus, daß sie **vorübergehender Natur** ist (vgl. Rdn. 4). Deshalb sind jene Fälle **nicht unter Nr. 5** einzuordnen, in
denen infolge Leistungsunterbrechung zugleich eine volle oder teilweise **Leistungsunmöglichkeit** eingetreten ist, was nach § 275 Abs. 2 BGB **auch für das unverschuldete Unvermögen gilt**, wie z. B. bei Entlassung des Stammpersonals wegen vom Auftragnehmer nicht zu
vertretender Nichterteilung der Baugenehmigung (vgl. dazu Stein ZfBR 1986, 210, 213).
Allerdings muß es sich um eine **dauernde Unmöglichkeit** handeln, die somit bei objektiver
Voraussicht nach ihrer Art, Ursache und Fortdauer nicht nur eine vorübergehende Zeit währt.
Von einer dauernden Unmöglichkeit muß gesprochen werden, wenn die geschuldete Leistung
überhaupt nicht weiter erbracht werden kann. Das ist aber nicht schon der Fall, wenn das
Unternehmen des Auftragnehmers in Liquidation geraten und im Handelsregister gelöscht
worden ist, weil immer noch die Möglichkeit der Leistungserfüllung durch einen zu beauftragenden Nachunternehmer besteht (vgl. dazu auch BGHZ 73, 140 = BauR 1979, 159 = BB
1979, 553 = SFH § 16 Nr. 1 VOB/B Nr. 1 = NJW 1979, 549 = BlGBW 1979, 92 = Betrieb
1979, 652 = ZfBR 1979, 66), selbstverständlich unter Wahrung der Voraussetzungen von Teil B
§ 4 Nr. 8. Anders dann, wenn der Einsatz eines Nachunternehmers erkennbar nicht dem
Willen der Vertragspartner entspricht (Stein a. a. O.).

Dauernde Unmöglichkeit **im Rechtssinne** ist **nicht nur bei tatsächlicher (technischer) Un- 89
möglichkeit**, sondern auch gegeben, wenn der Leistungserbringung fortdauernde und nicht
behebbare **rechtliche Hindernisse** im Wege stehen. Hierzu zählen fehlende Rechtsbefugnisse
des zur Leistung verpflichteten, aber auch des für die Entgegennahme der Leistung berechtigten Teils, z. B. Fehlen des Eigentums oder des Besitzes, der Verfügungsgewalt, der Geschäftsfä-
higkeit, das Vorhandensein von fortdauernden gesetzlichen Verboten. Das gilt z. B., wenn die
Herstellung und Montage einer Leuchtreklame dadurch vereitelt wird, daß die Genehmi-
gungsbehörde die Errichtung der Anlage in der vorgesehenen Form und an der vorgesehenen
Stelle nicht genehmigt (vgl. OLG Düsseldorf NJW 1965, 761) oder wenn die zum Abbruch
von Wohnraum erforderliche Genehmigung rechtskräftig versagt worden ist (vgl. dazu BGH
MDR 1978, 301). Schließlich zählen dazu noch Sachverhalte, die zwar nicht den Charakter
einer dauernden, sondern nur den einer vorübergehenden Unmöglichkeit haben, die aber so
geartet sind, daß sie ihrer Natur nach die Erreichung des mit dem Bauvertrag verfolgten
Zwecks ganz ernsthaft in Frage stellen oder daß sie die Einhaltung des Vertrages bis zum
Wegfall der bestehenden, an sich vorübergehenden Unmöglichkeit für den Auftraggeber **nicht
zumutbar** erscheinen lassen (vgl. RGZ 146, 66; OGH NJW 1949, 821; OGHZ 3, 393). In
diesen **Ausnahmefällen** wird eine an sich gegebene vorübergehende Unmöglichkeit als dauernde angesehen. So ist ein auf den politischen Verhältnissen im Iran beruhendes zeitwei-

liges Erfüllungshindernis einer dauernden Unmöglichkeit gleichzusetzen (BGH NJW 1982, 1458 = BauR 1982, 273 = JZ 1982, 467 = Betrieb 1982, 1507 = ZIP 1982, 704 = MDR 1982, 660 = SFH § 275 BGB Nr. 1 = WM 1982, 586 = ZfBR 1982, 114 = LM § 645 BGB Nr. 6 Anm. Walchshöfer). Über weitere Einzelheiten der Voraussetzungen und Folgen der Unmöglichkeit, insbesondere hinsichtlich der Unterscheidung zwischen der anfänglichen und nachträglichen Unmöglichkeit, vgl. die einschlägigen Kommentierungen zum BGB, vor allem zu den §§ 275, 306, 307, 323 ff. BGB.

90 Alle diese Fälle der **Unmöglichkeit** werden **von Nr. 5 nicht erfaßt.** Das **gleiche gilt auch hinsichtlich der Nr. 7,** weil auch dort Voraussetzung ist, daß die Leistung **an sich noch möglich ist.** Soweit allerdings nur teilweise Unmöglichkeit vorliegt, kann wegen des möglichen Teils Nr. 5 oder Nr. 7 zum Zuge kommen, wenn die sonstigen Voraussetzungen hierfür bejaht werden können. Alle Fälle der dauernden oder dieser gleichzusetzenden Unmöglichkeit werden nicht nur nicht von den Nr. 5 und 7, sondern auch nicht von anderen Bestimmungen der Allgemeinen Vertragsbedingungen, insbesondere von Teil B §§ 7, 8 und 9, berührt. Vielmehr **beurteilen** sich diese **nach den entsprechenden Vorschriften des BGB.** Das gilt einmal für die von keiner Partei zu vertretende Unmöglichkeit der Leistung (§ 323 BGB), aber auch für die Bereiche des § 324 und insbesondere des § 325 BGB (dazu RG DR 1941, 1477; vgl. dazu Stein ZfBR 1986, 210, 213 f.; BGH NJW 1958, 217 = SFH Z 2.510 Bl. 4 = LM § 325 BGB Nr. 1; BGHZ 65, 372 = BauR 1976, 126 = BB 1976, 288 = NJW 1976, 517 = MDR 1976, 307 = SFH Z 2.411 Bl. 65 mit abl. Anm. Kaiser NJW 1976, 959, der jedoch die Tragweite der vorangehend erwähnten VOB-Vorschriften unzutreffend sieht; dazu richtig Anm. Doerry LM AGB Nr. 88 a). Bei beiderseits zu vertretender Unmöglichkeit der Leistung, hinsichtlich deren in der Frage des Vertretenmüssens weder auf der einen noch auf der anderen Seite ein deutliches Überwiegen vorliegt, lassen sich annehmbare Rechtsfolgen nur aus § 323 BGB ableiten (Honsell JuS 1979, 81).

91 Keine objektive Unmöglichkeit der geschuldeten Leistung liegt vor, wenn die Herstellung der Bauleistung in einem bestimmten Verfahren vom Auftragnehmer angeboten und darauf der Bauvertrag abgeschlossen wird, der mit dem Vertrag erstrebte Erfolg aber auch durch ein anderes Bauverfahren erzielt werden kann. Insoweit ist Lauenroth (BauR 1973, 21) zuzustimmen (auch Heiermann/Riedl/Rusam/Schwaab Teil B § 6 Rdn. 17 d). Auch bleibt der Bauvertrag grundsätzlich wirksam (Lauenroth a. a. O.). Eine andere Frage ist jedoch die Vergütungsseite. Kostet die schließlich zum Erfolg führende Ausführung mehr, so kann der Auftragnehmer hierfür keine Mehrvergütung verlangen, ohne daß es dazu der Aufrechnung mit Schadensersatzansprüchen des Auftraggebers aus culpa in contrahendo bedarf, wie Lauenroth meint, weil hierfür die Vergütungsregeln in Teil B § 2 keine Möglichkeit bieten (vgl. dazu Teil B § 2 Rdn. 112 ff.). Eine weitere Frage ist aber – und insoweit ist Lauenroth wiederum zuzustimmen –, ob den Auftraggeber nicht ein Mitverschulden entsprechend § 254 BGB trifft, wenn er die Unmöglichkeit der Ausführung nach der angebotenen Ausführungsart hätte bemerken müssen. Insofern kann es im Einzelfall berechtigt sein, den Auftraggeber an den Mehrkosten der wirklichen – sofern notwendigen – Ausführungsart zu beteiligen. Vgl. dazu auch Teil B § 13 Rdn. 614 ff.

92 **3. Zu unterscheiden** von der Unmöglichkeit der Leistung ist das **Unvermögen zur Leistung.** Dieses kann bereits bei Abschluß des Bauvertrages vorhanden sein, es kann aber auch nachträglich während der Bauausführung eintreten. Es handelt sich um die **subjektive Unmöglichkeit.** Dies bedeutet, daß die Leistung an sich **durch** einen **Dritten** möglich, daß aber gerade der Auftragnehmer zu ihrer Erbringung außerstande ist. Typischer Fall ist das finanzielle oder das technische oder das sonstige betriebliche Unvermögen des Auftragnehmers. Lediglich das **nachträgliche Unvermögen** des Auftragnehmers wird wie die Unmöglichkeit behandelt, vgl. § 275 Abs. 2 BGB. Das gilt aber nur, wenn das nachträgliche Unvermögen vom Auftragnehmer nicht zu vertreten ist, wenn ihn also **kein Verschulden** (§ 276 BGB)

an der Verursachung und dem Eintritt des Unvermögens trifft. Liegen dagegen Fälle ursprünglichen Unvermögens oder verschuldeten nachträglichen Unvermögens vor, wird davon der Fortbestand des Bauvertrages **nicht** berührt. Hier kann der Auftraggeber im übrigen nicht selten eine Kündigungsbefugnis nach Teil B § 8 Nr. 2 oder Nr. 3 haben.

4. Soweit die Unterbrechung der Bauausführung sowohl auf **Ursachen, die nach Nr. 2 Abs. 1** zu berücksichtigen sind, **als auch auf anderen Ursachen** beruht, z. B. – außerhalb der Unmöglichkeit (vgl. Rdn. 88 ff.) – einem Unvermögen oder Leistungsverzug des Auftragnehmers, gehen die Nr. 5, 6 und 7 grundsätzlich als **Spezialvorschriften** vor (vgl. BGHZ 48, 78, 81 = SFH Z 2.411 Bl. 31 = NJW 1967, 2262 = MDR 1967, 755 = Betrieb 1967, 1314 = BB 1967, 813; BGHZ 62, 90, 92 = SFH Z 2.411 Bl. 56 = BauR 1974, 208 = NJW 1974, 646 = MDR 1974, 483 = Betrieb 1974, 577 = BB 1974, 253). Das kann allerdings nur so lange gelten, wie damit zu rechnen ist, daß der Auftragnehmer den Vertrag **doch noch erfüllen** wird. Ist das nicht mehr der Fall, kann sich der Auftragnehmer nicht auf ihm günstige Vertragsbedingungen der VOB berufen. So steht ihm das Recht zur Abrechnung nach Nr. 5 Abs. 1 nicht zu, wenn er von sich aus die Unterbrechung der Leistung herbeigeführt hat, wie z. B. durch unberechtigte Erfüllungsverweigerung (BGH SFH Z 2.511 Bl. 1). 93

Insoweit wird der Ansicht von Finnern in seiner Anmerkung zu einem Urteil des LG Würzburg (SFH Z 2.411 Bl. 4 ff.) beigetreten. Der Meinung des LG Würzburg, daß die Unterbrechung der Bauausführung mit gleichzeitigem Leistungsverzug des Auftragnehmers rechtlich sowohl nach den Vorschriften über die Unterbrechung (Teil B § 6 Nr. 5, 6 und 7) als auch über den Verzug (Teil B § 5 Nr. 4, § 6 Nr. 6 und § 8 Nr. 3) zu beurteilen sei, kann nicht gefolgt werden. Ebenso Locher, Das private Baurecht, Rdn. 119 sowie im Grundsatz Hereth/Ludwig/Naschold Teil B § 6 Ez. 14 ff. 94

Der **Auftraggeber ist nicht gehindert, mit etwaigen Gegenansprüchen** aus der Unterbrechung gegenüber dem vorzeitigen Vergütungsanspruch des Auftragnehmers **aufzurechnen oder diese gesondert geltend zu machen,** wobei sie jedoch durch den Rahmen der Nr. 6 eingeschränkt sind. 95

II. Abrechnung nach Vertragspreisen

Unter den in Rdn. 85 ff. angeführten Voraussetzungen sind die bisher **ausgeführten Leistungen nach den Vertragspreisen abzurechnen**. Außerdem sind die **Kosten zu vergüten,** die dem Auftragnehmer **bereits entstanden und in den Vertragspreisen des nicht ausgeführten Teils der Leistung enthalten** sind. Die vorzeitige Abrechnung **beendet keineswegs den Bauvertrag.** Vielmehr besteht er unter den bisherigen Bedingungen fort, insbesondere auch die vertraglich festgelegte Leistungspflicht des Auftragnehmers. Die hier geregelte besondere **Teilfälligkeit** der Vergütung ist aus dem Gesichtspunkt von **Treu und Glauben im Rechtsverkehr** herzuleiten, der für diesen Fall besagt, daß es dem Auftragnehmer infolge der voraussichtlich längeren Unterbrechung der Leistung **nicht zugemutet werden kann, auf die ihm bereits zustehende Teilvergütung zu warten,** also seine Vorleistungspflicht zeitlich noch länger auszudehnen. 96

Jedenfalls für die Abrechnung aufgrund vorzeitigen Gefahrübergangs nach Teil B § 7 kommt eine **entsprechende Anwendung des § 254 BGB** mit der Folge, daß der Auftragnehmer einen Teil der Kosten selbst zu tragen hat, **nicht** in Betracht (vgl. BGHZ 61, 144 = BauR 1973, 317 = BB 1973, 1047 = NJW 1973, 1698 = SFH Z 2.413 Bl. 56 = VersR 1973, 1143 = Betrieb 1973, 1794 = BlGBW 1974, 18 = LM VOB/B Nr. 63 Anm. Schmidt = MDR 1973, 923 = WM 1973, 394). 97

1. **Abzurechnen** sind die vom Auftragnehmer **vor der Unterbrechung am Leistungsobjekt selbst ausgeführten Arbeiten,** und zwar zu den **Vertragspreisen.** Es ist daher festzustellen, welchen Leistungsteil der Auftragnehmer vollendet hat. Diese Feststellung kann z. B. durch 98

gemeinsames **Aufmaß** und Vergleich mit dem Vertragsinhalt, insbesondere der Leistungsbeschreibung bzw. dem Leistungsverzeichnis, oder auf sonst geeignete Art erfolgen. Hieraus ergeben sich im einzelnen auch die Vertragspreise, zumal wenn es sich um einen **Einheitspreisvertrag** handelt. Zum Wesen des Einheitspreisvertrages siehe Teil A § 5 Rdn. 7 ff.. Liegt ein **Pauschalvertrag** vor, wird man zweckmäßig Anhaltspunkte im Vertrag suchen, z. B. in der mit den Einzelpreisen oder Einzelpauschalen versehenen Leistungsbeschreibung, um den **Pauschalwert** der bisher erstellten **Teilleistung** zu ermitteln. **Nicht genügt** dazu allerdings schon ein im Vertrag enthaltener **Zahlungsplan**, da es hier auf die **tatsächlich ausgeführte Leistung und deren Wert ankommt** (vgl. dazu auch BGH BauR 1980, 356 = SFH § 632 BGB Nr. 8). Andernfalls wird man einen Anteil der Vergütung aus der vertraglich vereinbarten Gesamtpauschale durch Gegenüberstellung des bisher erledigten Leistungsteils mit der noch nicht erstellten Bauleistung unter Zuhilfenahme der Kalkulation des Auftragnehmers oder eines nachträglich aufgestellten Leistungsverzeichnisses ermitteln müssen. Gegebenenfalls müssen Sachverständige hinzugezogen werden (Teil A § 7). Das greift naturgemäß nicht mehr, wenn die Arbeiten – und sei es durch einen Drittunternehmer – zwischenzeitlich beendet worden sind; dann kann der Auftragnehmer endgültig abrechnen (vgl. dazu Stein ZfBR 1986, 210, 212). Handelt es sich um einen **Stundenlohnvertrag**, hat die Abrechnung des bisherigen Leistungsteils auf der Grundlage der Regelung in Teil B § 15 Nr. 1, 2 zu erfolgen. Bei **Selbstkostenerstattungsverträgen** wird der Wert des vor der Unterbrechung erledigten Leistungsteils nach dem Inhalt der vertraglichen Abmachungen festgesetzt, vor allem im Hinblick auf Teil A § 5 Nr. 3 Abs. 2. **Soweit Leistungsteile mangelhaft** ausgeführt und die Mängel noch nicht behoben **sind**, steht dem Auftragnehmer der darauf entfallende **Vergütungsanteil noch nicht** zu, da der betreffende Teil der Leistung **noch nicht als ausgeführt** zu gelten hat.

99 2. Von der vorzeitigen Abrechnung wird auch erfaßt, was zwar **am Objekt der Leistung selbst** noch nicht erstellt ist, was dem Auftragnehmer auf der Grundlage der vertraglich geschuldeten Leistung aber **bereits Kosten** verursacht hat. Einmal fallen darunter solche Leistungselemente, die den Auftragnehmer nach Teil B § 16 Nr. 1 Abs. 1 Satz 3 berechtigen würden, Abschläge zu verlangen. Hinzu kommen aber auch alle weiteren Aufwendungen, die der Auftragnehmer zwecks ordnungsgemäßer Erbringung der vertraglichen Leistung **bereits gehabt** hat, wie z. B. durch Material- und Gerätebeschaffung, Baustelleneinrichtung, Vorhaltung usw. Im Falle sogenannter Mischkalkulationen oder überhaupt dann, wenn die Gemeinkosten der Baustelle nicht gesondert ausgewiesen sind, muß eine anteilige Ermittlung angestellt werden.

100 Auch hier bilden die **Vertragspreise den Maßstab für die Kostenberechnung.** Das setzt zweierlei voraus. Einmal müssen die **Kosten in den Vertragspreisen mit enthalten** sein, wofür die Leistungsbeschreibung oder die beim Einsetzen der Preise in die Leistungsbeschreibung aufgestellte **Kalkulation des Auftragnehmers maßgebend** ist. Es empfiehlt sich daher auch aus diesem Grunde, die Kalkulation aufzubewahren. Den **Auftragnehmer** trifft nämlich im Zweifelsfall die **Beweislast**. Zum anderen müssen die Kosten in dem Teil des Angebotes berücksichtigt worden sein, der im Zeitpunkt der Unterbrechung der Leistung **noch nicht erledigt** ist. **Auch hier** hat der **Auftragnehmer** die **Beweislast**. Hinsichtlich der Berechnung bei den einzelnen Bauvertragstypen gelten die gleichen Grundsätze, wie sie in Rdn. 98 genannt sind.

101 3. Mit Hereth/Ludwig/Naschold (Teil B § 6 Ez. 6.86) ist darauf hinzuweisen, daß in den vorzeitig fällig werdenden Vergütungsanteilen **nicht diejenigen Kosten enthalten sind, die dem Auftragnehmer unmittelbar infolge der Leistungsunterbrechung** entstehen, etwa durch Maßnahmen im Rahmen der Handlungspflicht nach Nr. 3 (ebenso Stein ZfBR 1986, 210, 212). Das ergibt sich schon daraus, daß im Zeitpunkt der Abrechnung gemäß Nr. 5 die durch die Unterbrechung selbst entstehenden Kosten in ihrem Ergebnis regelmäßig noch

nicht bekannt sind. Auch dürfte in vielen Fällen nicht feststehen, wem sie zur Last fallen, vor allem auch im Hinblick auf Nr. 6 sowie einen etwaigen vorzeitigen Gefahrübergang nach Teil B § 7. Abgerechnet werden soll nur über **entstandene Kosten bis zum Beginn der Unterbrechung.** (Wegen Nr. 6 vgl. Rdn. 116 ff.)

G. Unterbrechung: Vorzeitige Vertragskündigung (Nr. 7)

Die besondere **Kündigungsmöglichkeit gemäß Nr. 7** geht davon aus, daß es für die Vertragsparteien **unzumutbar** sein kann, den durch die Unterbrechung herbeigeführten Zustand längere Zeit hinzunehmen. Dabei ist zu beachten, daß sich diese Bestimmung ebenso wie Nr. 5 **nur auf** die Fälle der **Behinderung durch Unterbrechung,** nicht aber auf die Fälle der Behinderung der Ausführung aus anderen Gründen (vgl. oben Rdn. 1 ff. und 85 ff.) bezieht. Dauert eine **Unterbrechung länger als drei Monate,** kann **jeder Teil nach Ablauf** dieser Zeit den Vertrag **schriftlich kündigen.** Die Abrechnung regelt sich nach den Nr. 5 und 6. Wenn der **Auftragnehmer** die Unterbrechung **nicht zu vertreten** hat, sind ihm auch die Kosten der Baustellenräumung zu vergüten, soweit sie nicht in der Vergütung für die bereits ausgeführten Leistungen enthalten sind. Soll diese Kündigungsmöglichkeit durch Besondere oder Zusätzliche Vertragsbedingungen ausgeschlossen oder eingeengt werden, muß dies im Bauvertrag zweifelsfrei zum Ausdruck kommen. Soweit hier dann das AGB-Gesetz zur Anwendung gelangt (vgl. dazu Teil A § 10 Rdn. 110 ff.), sind für solche abweichenden Bedingungen jedoch vor allem die Verbotsregelungen in § 10 Nr. 1, 7, 11 Nr. 8, 9, 12 und auf deren Grundlage gerade auch § 9 AGB-Gesetz besonders zu beachten. 102

Es ist mit dem Begriff der Kündigung zwangsläufig verbunden und daher **Grundvoraussetzung** für die Wirksamkeit einer solchen **der eindeutig erklärte Wille des Kündigenden, den Vertrag fortan – endgültig – beenden zu wollen.** Nr. 7 erfaßt daher nicht diejenigen Fälle, in denen der Kündigende nicht ernsthaft das Ziel der Vertragsbeendigung verfolgt, sondern nur, den Vertrag **unter anderen Bedingungen** fortzusetzen (sogenannte **Änderungskündigung**). Hierin kann lediglich ein Angebot auf Vertragsänderung gesehen werden. Im Zweifel ist der **Kündigende** für die Ernsthaftigkeit seines Beendigungswillens **darlegungs- und beweispflichtig,** wofür der Inhalt der Kündigungserklärung u. U. allerdings wesentliche Anhaltspunkte zu vermitteln vermag. 103

I. Kündigung frühestens 3 Monate seit Beginn der Unterbrechung (Satz 1)

1. Hier ist der **Zeitpunkt,** in dem den Parteien nach Treu und Glauben ein Festhalten am Bauvertrag nicht mehr zugemutet werden kann, auf **drei Monate seit Beginn der Unterbrechung** festgelegt worden. Für die Fristberechnung sind die §§ 186 ff. BGB maßgebend. Es gibt zwar in der Praxis Fälle, in denen die Unzumutbarkeit, am Bauvertrag festzuhalten, bereits vor Ablauf von drei Monaten feststeht oder auch erst in einem späteren Zeitpunkt angenommen werden kann. Auf eine Nachprüfung in dieser Richtung kommt es jedoch nicht an. Wenn die Allgemeinen Vertragsbedingungen Vertragsinhalt sind, **gilt** abweichend von den tatsächlichen Gegebenheiten die **Frist von drei Monaten als vereinbart.** Eine Vertragskündigung kommt daher immer erst nach Ablauf der drei Monate in Betracht. Vorzeitige Kündigungsrechte können – abgesehen von Teil B § 8 Nr. 1 – nach Teil B § 8 Nr. 2–4 sowie § 9 gegeben sein, sofern im Einzelfall die dort geregelten Voraussetzungen gegeben sind. Eine Kündigung nach Nr. 7 kommt auch in Betracht, wenn mit der Ausführung der Leistung noch nicht binnen drei Monaten nach dem hierfür eindeutig festgelegten Zeitpunkt begonnen worden war (vgl. RGRK-Glanzmann § 636 BGB Rdn. 30). 104

2. Das Kündigungsrecht setzt voraus, daß die **Unterbrechung im Zeitpunkt der Kündigung fortdauert.** Wird z. B. nach 5 Monaten die Leistungsfortführung wieder für den betreffen- 105 den Vertragspartner erkennbar möglich und wird erst dann gekündigt, ist eine solche Kündigung **unzulässig**.

106 3. Da die hier erörterte besondere Kündigungsmöglichkeit auf dem allgemeingültigen Grundsatz von **Treu und Glauben** beruht, hat sie aus demselben Grunde auch ihre **Grenzen**. So kommt eine **Kündigung nicht** in Betracht, **wenn Unterbrechungen** vorliegen, die **schon bei Vertragsabschluß bekannt** waren oder mit denen zu jener Zeit mit hinreichender Sicherheit – wie z. B. bei einem langdauernden Bauvorhaben – zu rechnen war. Daß ein solcher Kündigungsausschluß vorliegt, muß der Vertragsgegner des Kündigenden beweisen, wohingegen sonst die Kündigungsvoraussetzungen nach Nr. 7 vom Kündigenden zu beweisen sind. Man wird ferner sagen müssen, daß nach Treu und Glauben eine Kündigung auf der Grundlage der Nr. 7 nicht mehr berechtigt ist, wenn **mit Sicherheit die Möglichkeit der Leistungsfortführung in aller Kürze** bevorsteht, weil z. B. die notwendig gewordenen Aufräumungsarbeiten bei Fristablauf kurz vor dem Abschluß stehen und so ersichtlich die Möglichkeit zur Leistungsfortführung gegeben ist. **In erster Linie gilt auch hier der Grundsatz der Vertragstreue, falls es zumutbar ist.** Es muß im letzteren Fall aber in dem für die Kündigung vorgesehenen Zeitpunkt **feststehen,** daß die Fortführung der Leistung in vollem, nach dem Vertrag vorgesehenen Umfang möglich ist. Es reicht nicht aus, wenn dies nur in beschränktem Maße in Betracht kommt, so daß immer noch eine Behinderung (vgl. Rdn. 2 f.) übrigbleibt. Außerdem ist unter dem vorerwähnten Begriff „in aller Kürze" im allgemeinen nur ein Zeitraum von wenigen Tagen zu verstehen, vor allem, wenn die Absicht zur Kündigung vom Auftragnehmer ausgeht. Ebenso wie vom Auftraggeber kann nämlich auch vom Auftragnehmer nach Treu und Glauben ein Festhalten am Vertrag, also eine Vertragstreue, nur erwartet werden, wenn ihm dies **zumutbar** ist. Das kommt nicht in Frage, und es berechtigt ihn trotzdem zur Kündigung, wenn die dreimonatige Unterbrechungszeit derart auf ihn eingewirkt hat, daß der im Bauvertrag vereinbarte Preis wegen der bei Vertragsabschluß nicht vorhersehbaren Folgen der Unterbrechung für ihn aus **objektiv anerkennenswerten Gründen** nicht mehr annehmbar ist und nach dem Bauvertrag keine Möglichkeit besteht, mit dem Auftraggeber zu einer neuen, den Umständen der Unterbrechung Rechnung tragenden Preisvereinbarung zu kommen, dieser insbesondere eine solche ablehnt. Das gilt allerdings nur, wenn die Unterbrechung der Leistung nicht vom Auftragnehmer verursacht oder mitverursacht worden ist.

107 4. Darüber hinaus ergibt der Grundsatz von Treu und Glauben, daß im Einzelfall möglicherweise nur eine **Teilkündigung** in Betracht kommt. Sind die Kündigungsgründe nur auf einen Teil der Leistung bezogen, während andere Teile ungehindert fortgeführt werden können, ist z. B. nur ein Gebäude aus einem einheitlichen Auftrag gegenwärtig nicht ausführbar, ein anderes dagegen doch, und ist das auch nach der Zweckbestimmung der Bauerrichtung wirtschaftlich vertretbar, kann nur eine Teilkündigung in Erwägung gezogen werden, wobei der Auftragnehmer den ungehindert ausführbaren Teil weiter herstellen muß (vgl. OLG Düsseldorf SFH § 5 VOB/B Nr. 6). Für den hiernach kündbaren Teil der Leistung ist es nicht erforderlich, daß es sich um einen abgeschlossenen Teil der Leistung i. S. von Teil B § 12 Nr. 2 a handeln muß (anders hier 10. Aufl.); vielmehr genügt es, wenn die kündbaren und nicht kündbaren Teile der Leistung vergütungsmäßig feststellbar und abrechenbar sind (vgl. dazu OLG Düsseldorf a. a. O.).

108 5. Weiterhin gebietet der Grundsatz von Treu und Glauben, daß die Kündigung ausgeschlossen ist, wenn dadurch nach den Allgemeinen Vertragsbedingungen bestehende **weitergehende Rechte des Vertragsgegners vereitelt** würden.

109 So kann der Auftraggeber, der eine fällige Zahlung nicht geleistet hat, wenn deswegen der Auftragnehmer mit Recht die Leistung eingestellt (unterbrochen) hat (vgl. Teil B § 16 Nr. 5 Abs. 3 Satz 3), nicht nach Ablauf von drei Monaten auf der Grundlage der Nr. 7 den Vertrag

kündigen. Dann steht **nur dem Auftragnehmer** die **Befugnis** zu, das **Kündigungsrecht aus besonderem Grund auszuüben** (Teil B § 9 Nr. 1 b), mit den sich daraus ergebenden Rechten (Teil B § 9 Nr. 3). Dasselbe gilt für alle Fälle, die Teil B § 9 Nr. 1 a unterzuordnen sind, insbesondere die Unterbrechung auf eine schuldhafte Verletzung von Mitwirkungspflichten des Auftraggebers zurückgeht, die dem Auftragnehmer – auch – einen Schadensersatzanspruch nach Teil B § 6 Nr. 6 gibt (vgl. OLG Düsseldorf a. a. O.), wobei der Auftraggeber auch rechtzeitig für die etwa erforderliche Anpassung der Vergütung, wie z. B. nach Teil B § 2 Nr. 5, zu sorgen hat, um die hier erörterte Kündigung zu vermeiden (a. a. O.). Macht der Auftragnehmer von seinem an sich gegebenen Kündigungsrecht keinen Gebrauch, kann der Auftraggeber dies nicht seinerseits durch eine Kündigung nach Nr. 7 – mit den für ihn minder schweren Folgen – „unterlaufen". Voraussetzung ist jedoch, daß sich der Auftragnehmer nach wie vor **leistungsbereit** hält. Allerdings kann der Auftraggeber hier „ohne Grund" – wie in allen Fällen – nach Teil B § 8 Nr. 1 kündigen, jedoch mit den sich aus § 649 BGB ergebenden Vergütungsfolgen (vgl. auch BGH SFH Z 2.510 Bl. 60).

Das Gesagte gilt **umgekehrt** auch für den Fall, in dem der **Auftraggeber aus wichtigem Grund nach Teil B § 8 Nr. 2–4 kündigen könnte**. Auch hier kann der Auftragnehmer dieses Kündigungsrecht nicht seinerseits durch eine Kündigung nach Nr. 7 „unterlaufen". Auch insoweit bleibt es vorrangig bei der Entschließungsfreiheit des Auftraggebers, ob er beim Vertrag bleiben will oder nicht. Daran ist der Auftragnehmer in diesen Fällen gebunden. 110

II. Schriftform der Kündigung ist zwingend (Satz 1)

Schriftform ist – wie bei allen Kündigungen beim VOB-Vertrag – **Gültigkeitsvoraussetzung** für die Kündigung (vgl. Teil B § 8 Rdn. 148 ff.). Das ergibt sich aus der **weittragenden Bedeutung** der Aufhebung eines Vertrages, so daß festzustellen ist, daß die Parteien eine bloße **mündliche Kündigung nicht** als **ausreichend** empfinden. Wird die Schriftform nicht gewahrt, ist die Kündigung grundsätzlich nach § 125 Satz 2 BGB **nichtig.** Dann besteht der Bauvertrag in seiner bisherigen Form fort. Es bleibt den Vertragspartnern allerdings überlassen, im Bauvertrag abweichend von Nr. 7 mündliche Kündigung für ausreichend zu erklären oder später den Vertrag einverständlich aufzuheben (vgl. dazu Vor B §§ 8 + 9 Rdn. 18 ff.). 111

Die Kündigungsbefugnis nach Nr. 7 steht jedem der beiden Bauvertragspartner, sowohl dem Auftraggeber als auch dem Auftragnehmer, zu (Ausnahmen Rdn. 105–110). 112

III. Abrechnung nach Kündigung (Satz 2)

Nach erfolgter Kündigung ist die **Abrechnung** wie im Falle der Nr. 5 vorzunehmen (vgl. Rdn. 96 ff.). **Zusätzlich** sind auch die **Leistungen**, die der Auftragnehmer **infolge der Unterbrechung**, insbesondere wegen seines Tätigwerdens nach Nr. 3, erbracht hat (vgl. Rdn. 101), **zu bezahlen.** Das ist erforderlich, weil die **Abrechnung nach Nr. 7** im Gegensatz zu der nach Nr. 5 eine **endgültige** ist, da die vertraglichen Beziehungen zwischen den Bauvertragspartnern beendet werden. Ist der Kündigung eine vorzeitige Abrechnung nach Nr. 5 vorausgegangen, sind die dem Auftragnehmer bereits zuerkannten und gezahlten Beträge bei der endgültigen Abrechnung in Abzug zu bringen. 113

Wie sich aus Nr. 7 Satz 2 ergibt, richtet sich die **Abrechnung** nicht nur nach dem Rahmen der Nr. 5, sondern **auch** nach dem der **Nr. 6.** Es können somit **auch Schadensersatzansprüche** mit angesetzt bzw. zur **Aufrechnung** gebracht werden, die sich im Einzelfall ergeben haben und durch Nr. 6 (vgl. Rdn. 116 ff.) abgedeckt sind. Das schließt überdies nicht aus, auch auf anderen Grundlagen beruhende Ansprüche, wie etwa aus den §§ 677 ff., 812 ff., 823 ff. BGB, im Wege einheitlicher Abrechnung zu berücksichtigen. 114

IV. Kosten der Baustellenräumung (Satz 2)

115 Die **Kosten der Baustellenräumung** stehen dem Auftragnehmer nur zu, wenn er die Unterbrechung der Bauleistung **nicht zu vertreten** hat (vgl. dazu Rdn. 28 ff.), somit insbesondere dann, wenn die Unterbrechung auf die in Nr. 2 genannten Fälle zurückgeführt werden muß. Das ist aus Treu und Glauben gerechtfertigt. Die Baustellenräumung hat für den Auftraggeber keinen selbständig bewertbaren Leistungswert. Vielmehr handelt es sich um Kosten, die zwangsläufig mit der Bauleistung im Zusammenhang stehen. Solche sind gerechterweise nur zu erstatten, wenn die Unterbrechung der nicht fertiggestellten Leistung und die darauf zurückgehende Vertragskündigung nicht durch den Auftragnehmer oder durch einen seiner Erfüllungsgehilfen zu verantworten sind. Wenn und soweit die Baustellenräumungskosten im Vertrag – insbesondere der Leistungsbeschreibung – nicht besonders ausgewiesen, sondern bereits in der Vergütung für die ausgeführte Leistung enthalten sind, werden sie nicht auch noch gesondert erstattet.

H. Der Schadensersatzanspruch nach Nr. 6

I. Allgemeines

116 1. Der in Nr. 6 geregelte **Schadensersatzanspruch** ist eine **abschließende Regelung für Fälle der Behinderung und Unterbrechung und beschränkt sich nicht auf Rechte, die sich in ihrer Grundlage aus Teil B § 6**, insbesondere der Nr. 1–3 sowie 5 ergeben, sondern Nr. 6 hat für den Fall der Aufrechterhaltung des Bauvertrages eine selbständige Bedeutung innerhalb der die Ausführungsfrist und die Folgen einer Verzögerung der Ausführung regelnden **§§ 5 und 6 Teil B/VOB** (BGHZ 48, 78 = VersR 1967, 806 = SFH Z 2.411 Bl. 31 = NJW 1967, 2262 = LM VOB/B § 6 Nr. 1 = MDR 1967, 755 = BB 1967, 813 = Betrieb 1967, 1314), **darüber hinaus auch dann, wenn dem Auftragnehmer der Auftrag nach § 8 Nr. 3 Abs. 1 entzogen** worden ist, sofern nicht die Voraussetzungen des umfassenden Schadensersatzanspruches nach Teil B § 8 Nr. 3 Abs. 2 Satz 2 gegeben sind (BGHZ 62, 90, 92 = BauR 1974, 208, 210 = NJW 1974, 646 = SFH Z 2.411 Bl. 56 = MDR 1974, 483 = BB 1974, 253). Auf den in § 6 Nr. 5 behandelten Fall, daß die Ausführung für voraussichtlich längere Dauer unterbrochen wird, ohne daß die Leistung dauernd unmöglich ist, kann die Geltung dieses Schadensersatzanspruches nicht beschränkt sein, weil nicht anzunehmen ist, daß der Auftragnehmer oder umgekehrt der Auftraggeber bei einer von ihm zu vertretenden kurzen Unterbrechung schärfer haften soll, als wenn die Unterbrechung länger dauert. **Nr. 6 ist daher ein Auffangtatbestand für alle Fälle der Leistungsverzögerung, die sowohl vom Auftragnehmer als auch vom Auftraggeber als auch von beiden herbeigeführt worden sein können.** Diese Regelung erfaßt sowohl Behinderungen als auch Unterbrechungen der Ausführung. Sie steht im übrigen anstelle des **§ 642 BGB, dessen Anwendung hier ausgeschlossen ist** (vgl. Teil B § 9 Rdn. 25; auch Nicklisch in Nicklisch/Weick Teil B § 6 Rdn. 51; Heiermann/Riedl/Rusam/ Schwaab Teil B § 6 Rdn. 25 h; Kapellmann BauR 1985, 123). Die gegenteilige Ansicht von Kraus (BauR 1986, 17, 23 f.) vermag dagegen keine durchschlagenden Argumente ins Feld zu führen: § 642 BGB ist von den Verfassern der VOB keineswegs übersehen worden, wie Teil B § 9 Nr. 3 Satz 2 zeigt. Daraus ist zu entnehmen, daß die Anwendbarkeit dieser verschuldensunabhängigen gesetzlichen Bestimmung auf den dort geregelten Bereich der **Auftragnehmerkündigung begrenzt** sein soll, also auf den schwereren Fall der Vertragsbeendigung durch den Auftragnehmer auf der Grundlage von Teil B § 9 Nr. 1. Dagegen folgt aus dem eindeutigen Wortlaut von Teil B § 6 Nr. 6, daß die den Vertragspartnern anzulastenden Folgen einer Bauverzögerung bei **aufrechterhaltenem Vertrag** entweder dem Auftraggeber oder dem Auftragnehmer oder beiden nur dann als Verpflichtung zum Ersatz des dem anderen Vertragsteil entstandenen Nachteils aufgebürdet werden sollen, wenn schuldhaftes Verhalten des oder der Verpflichteten vorliegt. Insoweit ist die Regelung der VOB/B eindeutig, so daß entgegen

Kraus (a. a. O.) weder ein Anhalt noch eine Möglichkeit restriktiver Anwendung der hier erörterten VOB-Regelung mit gleichzeitiger Beachtung des § 642 BGB besteht. Zur Abgrenzung von Ansprüchen des Auftragnehmers im Falle der Verletzung von **Mitwirkungspflichten** durch den Auftraggeber nach Nr. 6 von solchen aus Teil B § 2 Nr. 5 vgl. Teil B § 2 Rdn. 262 ff. sowie insbesondere auch Vygen BauR 1983, 414. Vgl. ferner Rdn. 125.

Sofern ein **Leistungsverzug des Auftragnehmers nach Teil B § 5 Nr. 4** Grundlage des Schadensersatzanspruches des Auftraggebers ist (vgl. Rdn. 124), brauchen dafür **nicht unbedingt die Voraussetzungen von Teil B § 6 Nr. 1 vorzuliegen** (BGH in der hier zuerst genannten Entscheidung); **anders** jedoch, wenn eine **andere Verzögerung** vorliegt, insbesondere eine solche, die unter Teil B § 6 Nr. 2 a fällt, wenn es sich also umgekehrt um einen **Schadensersatzanspruch des Auftragnehmers** gegen den Auftraggeber handelt (vgl. dazu BGH BauR 1971, 202 = SFH Z 2.311 Bl. 39 m. w. N.). **117**

2. Hat ein Vertragspartner die **hindernden Umstände zu vertreten**, so hat der andere Teil Anspruch auf **Ersatz des nachweislich** (also konkret von ihm zu beweisenden; ebenso BGH BauR 1986, 347 = SFH § 6 Nr. 6 VOB/B Nr. 4 = BB 1986, 1878 = NJW 1986, 1684 = MDR 1986, 747 = Betrieb 1986, 1216 = ZfBR 1986, 130) entstandenen **Schadens**. Es kommt für den Ausgangspunkt grundsätzlich **nur der Schaden** in Betracht, **der nicht entgangener Gewinn** des geschädigten Teils **ist**. Letzterer muß bei lediglich fahrlässigem Tun oder Unterlassen des Verantwortlichen außer Ansatz bleiben. Hier handelt es sich um eine **echte Haftungsbeschränkung.** Sie gilt zugunsten jedes Vertragsteils, der die die Ausführung hindernden Umstände zu vertreten hat und wegen des durch die Verzögerung dem anderen Teil entstandenen Schadens in Anspruch genommen wird (BGHZ 48, 78 sowie die o. a. weiteren Fundstellen). **118**

Diese **Haftungsbeschränkung** gilt aber, abgesehen von dem durch Teil B § 8 Nr. 3 Abs. 2 Satz 2 erfaßten Bereich (vgl. Rdn. 116 ff.), **nicht,** wenn zugleich oder daneben die Voraussetzungen des Schadensersatzanspruches nach **Teil B § 4 Nr. 7 Satz 2** zugunsten des Auftraggebers gegeben sind, wenn also die Bauverzögerung auf einen bereits **während der Ausführung erkannten Mangel der Leistung des Auftragnehmers** zurückgeht (BGH MDR 1961, 927 = BB 1961, 1070 = SFH Z 2.414 Bl. 92 = LM § 4 VOB/B Nr. 1; BGH NJW 1975, 1701, 1703 = BauR 1975, 344, 346 = SFH Z 2.502 Bl. 8). Dasselbe gilt **erst recht für die Zeit nach Abnahme,** wenn wegen einer durch einen Baumangel hervorgerufenen Verzögerung Teil B § 13 Nr. 7 eingreift. **119**

Daraus folgt zunächst der **begrenzte Geltungsbereich des § 6 Nr. 6,** der außerdem auch dadurch umrissen ist, daß nur das **Risiko eines leistungsfähigen und leistungsbereiten Auftragnehmers verringert** werden soll; daher kommt die Haftungsbeschränkung **auch nicht dem Auftragnehmer** zugute, **der sich von vornherein,** gleichgültig ob die Leistung bereits fällig ist oder nicht, **ernsthaft und endgültig weigert, den Vertrag überhaupt zu erfüllen** (BGHZ 65, 372 = BauR 1976, 126 = BB 1976, 288 = NJW 1976, 517 = MDR 1976, 307 = SFH Z 2.411 Bl. 65 = LM AGB Nr. 88 a Anm. Doerry; BGH SFH § 8 VOB/B Nr. 2 = BauR 1980, 465), **was umgekehrt und gleichermaßen auch hinsichtlich des Auftraggebers gilt.** Dies folgt aus den für § 326 BGB maßgebenden Grundsätzen, die auch hier Gültigkeit beanspruchen (was Kaiser NJW 1976, 959 übersieht, weshalb seiner abl. Anm. nicht zu folgen ist). Also ist der Auftragnehmer auch dann **zum vollen Schadensersatz** verpflichtet. Da es sich hier um den Fall einer schweren positiven Vertragsverletzung handelt, **rechtfertigt sich** diese **Folgerung** im übrigen **auch aus § 11 Nr. 8 b in Verbindung mit Nr. 7 AGB-Gesetz** (vgl. dazu auch Wolf NJW 1980, 2433). Grundsätzlich muß der Auftraggeber in einem solchen Fall aber in rechtsähnlicher Anwendung des § 326 BGB den Auftragnehmer (oder im umgekehrten Fall der Auftragnehmer den Auftraggeber) **unter Fristsetzung zur Leistung auf-** **120** fordern und ihm androhen, daß er nach fruchtlosem Ablauf vom Vertrag **zurücktrete** (bei anfänglicher Leistungsverweigerung, vgl. dazu Vor B §§ 8 + 9 Rdn. 23–30) oder daß er – im Rahmen des Bauvertrages immer möglich – **Schadensersatz wegen Nichterfüllung** verlange. Ohne Fristsetzung ist der Auftraggeber (bzw. im umgekehrten Fall der Auftragnehmer) dann zur Geltendmachung der genannten Rechte befugt, wenn der Auftragnehmer (bzw. Auftraggeber) vorher unzweideutig erklärt hat, er wolle auf keinen Fall fristgerecht oder überhaupt leisten, was der Auftraggeber (bzw. Auftragnehmer) aber im Streitfall beweisen muß.

121 Darüber hinaus gilt der **Ausschluß des entgangenen Gewinns** nur bei „normalem Verschulden", also **bei leichter Fahrlässigkeit, nicht** aber bei – vom Geschädigten grundsätzlich zu beweisendem – **Vorsatz oder grober Fahrlässigkeit** des Ersatzpflichtigen, **wie durch Teil B § 6 Nr. 6 deutlich gemacht ist.** Hinsichtlich des **Vorsatzes** folgt die genannte Regelung bereits aus dem in § 276 Abs. 2 BGB normierten Rechtsgedanken, daß dem Schuldner für vorsätzliches Verhalten (wofür jedoch der bloße Verzug noch nicht ausreicht, BGHZ 48, 78, 82; OLG Köln SFH § 641 BGB Nr. 2) die Haftung nicht erlassen werden kann, was **folgerichtig auch für Arglist** gilt. Überdies führte § 11 Nr. 8 b i. V. m. Nr. 7 AGB-Gesetz dazu, daß der in Teil B § 6 Nr. 6 ausgesprochene Ausschluß entgangenen Gewinns **auch nicht** für die von der früheren Rechtsprechung noch nicht erfaßte (vgl. BGH BauR 1976, 128 = MDR 1976, 392 = BlGBW 1976, 96 = Betrieb 1976, 529 = SFH Z 2.411 Bl. 68 = LM VOB/B Nr. 80) **grobe Fahrlässigkeit** gilt (vgl. auch Teil A § 10 Rdn. 122 ff.). Es war daher für die Verfasser der VOB geboten, auch diesen Fall einzubeziehen.

122 **Vorsatz** kann z. B. gegeben sein, wenn der Auftragnehmer seine Leute von dem betreffenden Bauvorhaben abzieht, weil ihm anderswo ein höherer Gewinn winkt oder weil er dort sonst eine Vertragsstrafe wegen verspäteter Fertigstellung befürchten muß (so zutreffend Wussow IB 1967, 124).

123 Aus dem Gesagten folgt zugleich, daß ein Ausschluß des entgangenen Gewinns in sonstigen Allgemeinen Geschäftsbedingungen – insbesondere Zusätzlichen Vertragsbedingungen – gegen § 11 Nr. 8 b und Nr. 7 und damit regelmäßig auch § 9 AGB-Gesetz verstößt. Das gilt erst recht für Klauseln, die Schadensersatzverpflichtungen wegen – vom Auftraggeber oder Auftragnehmer – verschuldeter Bauverzögerungen noch weitergehend einengen oder überhaupt ausschließen. So liegt eine eindeutige Verletzung der §§ 11 Nr. 7, 9 AGB-Gesetz in der Klausel, dem Auftragnehmer würden Vorhaltungs- und Stillegungskosten der Baustelleneinrichtung einschließlich Maschinenpark „gleich welchen Grundes" nicht erstattet. Hier liegt eine unzulässige Verschiebung des Stillegungsrisikos vor, da sich der Auftraggeber auch für jene Fälle zu entlasten versucht, in denen ein für die Erfüllung seiner Pflichten gegenüber dem Auftragnehmer Verantwortlicher – insbesondere Erfüllungsgehilfe – die Stillegung schuldhaft verursacht hat (vgl. dazu OLG München NJW-RR 1987, 661). In gleicher Weise ist eine Klausel zu beurteilen, wonach der Auftragnehmer bei Änderung von Fristen und Terminen sich hierauf nach bestem Vermögen einrichten werde; Mehrkosten oder Schadensersatz könnten nicht gefordert werden (OLG München BB 1984, 1386). Ebenso trifft dies auf die Bestimmung zu, bei einer vom Auftraggeber „veranlaßten" zeitweiligen Einstellung der Arbeiten habe der Auftragnehmer nur Ansprüche nach § 645 BGB. Unwirksam ist auch die Klausel, der Auftragnehmer habe wegen kurzfristiger Behinderungen oder Unterbrechungen, die ihre Ursache in „paralleler Tätigkeit" verschiedener Unternehmer haben, keine Nachforderungsansprüche. Auch gilt dies für die Bestimmung, dem Auftragnehmer stünden aus vom Auftraggeber verursachten verspäteten Arbeitsbeginn oder Arbeitsstörungen keine besonderen Rechte oder Kosten zu.

II. Schadensersatzanspruch als Folge anstelle anderer gesetzlicher Ansprüche

124 Der **Schadensersatzanspruch** nach Teil B § 6 Nr. 6 tritt **an die Stelle von anderen gesetzlichen Ansprüchen, sofern diese ihre Grundlage in einer Leistungsverzögerung haben** (insbesondere auch des § 642 BGB, vgl. Rdn. 116 f.), wobei aber die in Rdn. 116 f. und 118 ff. genannten **Ausnahmen zu beachten** sind. Allerdings regelt **Nr. 6** insofern **nur die Haf-**

tungsfolgen. Dagegen ergeben sich die **Haftungsgrundlagen** – also die **Voraussetzungen der Haftung** – aus anderen Vertragsbestimmungen, wie z. B. Teil B § 5 Nr. 2 (Verletzung der Abrufpflicht) und Nr. 4 oder § 6 Nr. 2 a, die **ihrerseits durch dem Bereich des Vertragsrechts zugehörige gesetzliche Grundlagen oder allgemein anerkannte Rechtsgrundsätze ausgefüllt oder ergänzt** werden. Insofern kommen der **Schuldnerverzug**, der **Gläubigerverzug** (ebenso BGHZ 48, 78 = NJW 1967, 2262 = MDR 1967, 755 = BB 1967, 813 = VersR 1967, 806 = SFH Z 2.411 Bl. 31), die **positive Vertragsverletzung** usw. in Betracht. Es ist deshalb nicht möglich, z. B. hier die Kosten anzusetzen, die durch – voreilige – Beauftragung eines anderen Unternehmers ohne wirksame Kündigung des Auftraggebers oder zwar durch wirksame Kündigung entstanden sind, ohne daß daraus sich der Anspruch des Auftraggebers auf Erstattung dieser Kosten ergibt (z. B. bei Teil B § 8 Nr. 1).

Dagegen bleiben andere **vertragliche Ansprüche**, die **nicht** dem Bereich des **Schadensersatzanspruches zuzuordnen** sind (wie z. B. zusätzliche Vergütungsansprüche nach Teil B § 2 Nr. 5 oder 6; zur Abgrenzung vgl. Teil B § 2 Rdn. 262 ff.), **unberührt**, können daher nach wie vor selbständig geltend gemacht werden (vgl. BGHZ 50, 25, 30 = NJW 1968, 1234 = SFH Z 2.331 Bl. 61 = MDR 1968, 576 = BB 1968, 486; BGH BauR 1971, 202). **125**

Zu vereinbaren Schadenspauschalen vgl. Teil A § 12 Rdn. 1. **126**

III. Nr. 6 gilt sowohl bei Behinderung als auch bei Unterbrechung der Leistung

Das Schadensersatzbegehren **setzt nicht voraus,** daß es sich um eine **Unterbrechung** der Leistung handeln muß, wie es in Nr. 5 und 7 der Fall ist. Vielmehr reicht das Vorliegen von „hindernden Umständen" aus, woraus sich ergibt, daß **auch Behinderungen** (zu den Begriffen vgl. Rdn. 2 f.) den Schadensersatzanspruch auslösen können, **sofern sich dafür Haftungsgrundlagen ergeben** (vgl. Rdn. 124 ff.). Es macht keinen Unterschied, ob die hindernden Umstände von außen kommen oder ob der Vertragsteil selbst, der auf Schadensersatz in Anspruch genommen wird, unmittelbar die Ursache hierfür gesetzt hat. Erfahrungsgemäß gibt es kein durchgreifendes Unterscheidungsmerkmal zwischen Umwelteinflüssen und aus der Person oder dem Bereich eines Vertragsteils, wie etwa dem Betrieb des Auftragnehmers, hervorgehenden Einwirkungen. **127**

IV. Verschulden Voraussetzung für Schadensersatzanspruch; Mitverschulden

Die Beantwortung der Frage, wer die hindernden Umstände **zu vertreten** hat, richtet sich nach im Bauvertrag etwa getroffenen Abmachungen, sonst – als Regelfall – nach den **gesetzlichen Vorschriften**, insbesondere des BGB. Dabei ist von seiten des verantwortlichen Vertragspartners **sowohl** für **eigenes Verschulden** (§ 276 BGB), wie z. B. vom Auftraggeber zu vertretende Bauzeitverschiebungen (vgl. OLG Köln BauR 1986, 582 = NJW 1986, 71; ferner OLG Düsseldorf BauR 1988, 487 = SFH § 6 Nr. 6 VOB/B Nr. 5; OLG Koblenz NJW-RR 1988, 851), **als auch** für das **Verschulden eines Erfüllungsgehilfen** (§ 278 BGB), z. B. des Architekten, der die Ausführungspläne nicht rechtzeitig zur Verfügung stellt, einzutreten. Problematisch ist dabei die Frage, ob ein **vorleistender Unternehmer** wegen der zeitgerechten Erfüllung seiner Leistung **gegenüber dem nachfolgenden Unternehmer als Erfüllungsgehilfe des Auftraggebers** anzusehen ist, ob sich also der Auftraggeber dessen schuldhafte Leistungsverzögerung wegen der darauf beruhenden Mehraufwendungen des nachfolgenden Unternehmers zurechnen lassen muß. Dies ist aus Rechtsgründen wie folgt **abzugrenzen:** Sofern der Auftraggeber bzw. der von ihm mit der **Bauzeitenplanung Beauftragte** (Architekt, Ingenieur, sonstiger Sonderfachmann) unter schuldhafter Verletzung der ihm nach Teil B § 4 Nr. 1 Abs. 1 Satz 1 obliegenden Koordinierungspflicht bei der zeitlichen Einordnung der verschiedenen für die Gesamtbaumaßnahme notwendigen Unternehmerleistungen den Erfordernissen des Einzelfalles widersprechende, also der **Sachlage nicht entsprechende,** die baubetrieb- **128** lichen Notwendigkeiten nicht beachtende Bauzeiten vorschreibt, insbesondere auch im Rahmen von Bauzeitenplänen, ist der betreffende Architekt usw. im Verhältnis zum nachfolgenden Unternehmer als **Erfüllungsgehilfe des Auftraggebers** anzusehen, so daß ihn dessen Verschulden belastet (vgl. auch OLG Köln a. a. O.). **Gleiches** trifft zu, wenn zwar die Vorgabe der Bauzeit nicht zu beanstanden ist, es jedoch später **zur Behinderung oder gar Unterbrechung des Leistungsablaufes kommt, weil der Architekt usw., den der Auftraggeber zur Erfüllung sonstiger Mitwirkungspflichten** (vgl. dazu Teil B § 9 Rdn. 6 ff.) **einsetzt, dabei schuldhaft seine Pflichten verletzt. Anders dann,** wenn die Verzögerung und die damit entstehenden Mehrkosten des nachfolgenden Unternehmers im Bereich seines Eigenaufwandes **allein darauf zurückzuführen sind, daß der oder die vorleistenden Unternehmer in ihrem Bereich die Leistungsverzögerung herbeigeführt haben.** Dann kann der nachfolgende Unternehmer grundsätzlich nicht geltend machen, dieser oder diese seien Erfüllungsgehilfen des Auftraggebers. Im allgemeinen kann nämlich nicht angenommen werden, daß der Auftraggeber neben seiner vorgenannten Pflicht zur ordnungsgemäßen Bauzeitenplanung sowie zur Erfüllung seiner sonstigen Mitwirkungspflichten auch das Risiko übernehmen und dafür einstehen will, daß andere Auftragnehmer die ihnen in ihren Verträgen eindeutig festgelegten Verpflichtungen zur rechtzeitigen Ausführung ihrer Leistungen erfüllen (insoweit zutreffend Walzel BauR 1984, 569). **Ausnahmsweise** ist der oder sind die vorleistenden Unternehmer als Erfüllungsgehilfen des Auftraggebers gegenüber dem nachfolgenden Unternehmer anzusehen, wenn der Auftraggeber **hinreichend deutlich auch das Risiko der zeitgerechten Erfüllung durch den oder die vorleistenden Unternehmer** im betreffenden Vertrag **übernommen hat.** Das bloße Vorhandensein eines zum Gegenstand der Verträge mit den ausführenden Unternehmern gemachten, den Erfordernissen entsprechenden Bauzeitenplanes reicht dazu nicht schon. Sofern der oder die vorleistenden Unternehmer nach dem Gesagten nicht als Erfüllungsgehilfen des Auftraggebers anzusehen sind, ist **jedoch zu berücksichtigen, daß der Auftraggeber** wegen der ihm von diesen zugefügten Schäden **nicht bessergestellt sein kann,** als wenn insgesamt zeitgerecht erfüllt worden wäre. Sofern er wegen deren Leistungsverzuges gegen diese Ansprüche hat, die seinen **wirklichen Schaden übersteigen, insbesondere aus einer verwirkten Vertragsstrafe,** wird man daher dem nachfolgenden Unternehmer nach § 242 BGB das Recht zugestehen müssen, zur Deckung seiner Mehraufwendungen den den effektiven Schaden des Auftraggebers übersteigenden Anteil von diesem **herausverlangen zu können bzw. abgetreten zu erhalten,** naturgemäß begrenzt auf seine eigenen Mehraufwendungen. Insofern ist der Auftraggeber gegenüber dem nachfolgenden Unternehmer **gemäß § 259 BGB rechenschaftspflichtig,** was dieser notfalls klageweise gegen den Auftraggeber durchsetzen kann. Zur Frage der Erfüllungsgehilfeneigenschaft des oder der vorleistenden Unternehmer im Falle der mangelhaften Leistung und einer darauf beruhenden Zeitverzögerung vgl. Teil B § 13 Rdn. 243.

129 Das **Vertretenmüssen i. S. der Nr. 6 verlangt,** anders als im Falle der Nr. 2 Abs. 1 a (vgl. Rdn. 28 ff.) und der Nr. 7 (vgl. Rdn. 115), **auf jeden Fall Verschulden** oder was diesem gleichsteht, wie z. B. hinsichtlich der Vergütung, insbesondere deren rechtzeitige Bereitstellung, **§ 279 BGB.** Dieses ist eine zwangsläufige Folge daraus, daß aus Vertragsrecht sich ergebende **Schadensersatzansprüche regelmäßig Verschulden voraussetzen.** So gilt für Schuldnerverzug § 287 BGB. Bei **Gläubigerverzug** (insbesondere also auch bei Verletzung von Mitwirkungspflichten des Auftraggebers) muß für den Bereich der Schadensersatzhaftung **auch Verschulden** gefordert werden, obwohl § 293 BGB dies nicht voraussetzt, weil sonst eine nicht gerechtfertigte Schlechterstellung des jeweils als Gläubiger in Betracht kommenden eintreten würde (vgl. BGH BauR 1971, 202 = SFH Z 2.311 Bl. 39). Ordnet z. B. der Auftraggeber zur Klärung eines Nachbareinspruchs auf Bitten der Baubehörde einen Baustopp an, so kann der Auftragnehmer Stillstandskosten (insoweit Gerätevorhaltung) als Schaden gemäß Teil B § 6 Nr. 6 vom Auftraggeber ersetzt verlangen, da dies in den vom Auftraggeber zu vertretenden Risikobereich fällt (OLG Düsseldorf BauR 1988, 487 = SFH

§ 6 Nr. 6 VOB/B Nr. 5). Ein Verschulden muß dem Auftraggeber auch vorgeworfen werden, wenn nur er die Gefahr von Anschlägen auf die Baustelle kennt, er diese dem Auftragnehmer vor oder bei Vertragsabschluß nicht mitteilt, es dann zu Anschlägen und einer damit verbundenen Bauverzögerung kommt, die dem Auftragnehmer nicht vermeidbare Mehrkosten verursacht (vgl. dazu Rutkowsky NJW 1988, 1761, 1763, 1765). Insofern ist eine Haftung des Auftraggebers entweder aus culpa in contrahendo oder – insbesondere – aus positiver Vertragsverletzung gegeben (vgl. dazu auch oben Rdn. 47).

Zur Darlegungs- und Beweislast zutreffend Vygen BauR 1983, 414, 420, für den Fall, daß der Auftragnehmer hier Schadensersatz wegen Mehrkosten geltend macht. Allgemein ist zu sagen: Der Vertragspartner, der in Anspruch genommen wird, muß, sofern der anspruchstellende Vertragspartner die objektiven Voraussetzungen der Behinderung oder Unterbrechung dargelegt und bewiesen hat, dartun und beweisen, daß ihn daran kein Verschulden trifft (vgl. auch OLG Köln BauR 1986, 582 = NJW 1986, 71; OLG Düsseldorf BauR 1988, 487 = SFH § 6 Nr. 6 VOB/B Nr. 5). 130

Hat der Auftragnehmer die Leistung nicht fristgerecht hergestellt, weil er hierzu benötigtes Material nicht rechtzeitig erhalten hat, so genügt das allein nicht schon zur Darlegung und zum Beweis dafür, daß seine Leistung infolge eines Umstandes unterblieben ist, den er selbst nicht zu vertreten habe (BGH BauR 1979, 324 = SFH § 285 BGB Nr. 1 = WM 1979, 724 = ZfBR 1979, 724).

Nr. 6 erwähnt nur den Fall, daß die die Leistung hindernden Umstände von **einem Vertragsteil zu vertreten** sind. Es ist dagegen keine Regelung für den Fall getroffen, daß diese Umstände **von beiden Vertragsteilen zu vertreten** sind, z. B. aus positiver Vertragsverletzung des Auftragnehmers und aus Annahmeverzug des Auftraggebers. Dann ist **Nr. 6 auf beide Vertragspartner entsprechend zur Anwendung** zu bringen, und zwar unter Beachtung der sich aus dem **allgemeinen Rechtsgedanken des** § 254 BGB ergebenden Folgerungen (für den vergleichbaren Fall einer beiderseits verschuldeten Vertragskündigung BGH SFH Z 2.510 Bl. 56). Gerät jedoch der Auftragnehmer mit seiner Leistung in Schuldnerverzug und ist die Leistung deshalb nur noch unter Erschwerungen zu erbringen, so kommt der Auftraggeber durch ein wörtliches Angebot der Leistung, das ohne Rücksicht auf die vom Auftragnehmer zu vertretenden Erschwernisse erteilt wird, regelmäßig nicht in Annahmeverzug (BGH BauR 1986, 206 = SFH § 9 VOB/B Nr. 3 = NJW 1986, 987 = MDR 1986, 400 = JZ 1986, 355 = LM § 9 VOB/B Nr. 2 = Betrieb 1986, 533 = ZfBR 1986, 64 = Löwisch EWiR § 295 BGB 1/86, 127 = ZfBR 1986, 64; für den Fall der Notwendigkeit des Abnehmens und Wiederanbringens einer Holzdecke wegen Leistungsverzuges des Auftragnehmers). Also kann der Auftragnehmer dann auch keinen Schadensersatz nach § 6 Nr. 6 geltend machen. 131

V. Bei leichter Fahrlässigkeit Schadensersatz unter Ausschluß entgangenen Gewinns

Die in Nr. 6 für den Normalfall **leicht fahrlässigen Verhaltens** getroffene Regelung, wonach der geschädigte Teil Anspruch auf Ersatz des ihm nachweislich **entstandenen Schadens unter Ausschluß des entgangenen Gewinns** hat, ist eine im Verhältnis zu den gesetzlichen Schadensersatzregeln der §§ 249 ff. BGB vereinbarte **Einschränkung des Haftungsumfanges**. 132

1. **Schaden i. S. der Nr. 6** ist jeder dem Geschädigten zugefügte Vermögensnachteil, sofern er adäquat auf die vom Vertragsgegner zu vertretenden hindernden Umstände zurückzuführen ist (vgl. auch BGHZ 27, 183; 40, 347). Es muß somit Ursächlichkeit im Sinne der das Schadensersatzrecht beherrschenden Adäquanztheorie gegeben sein (dazu auch BGH BauR 1976, 128 = MDR 1976, 392 = BlGBW 1976, 96 = Betrieb 1976, 529 = SFH Z 2.411 Bl. 68 = LM VOB/B Nr. 80). Dabei ist der **Vertragsinhalt ausschlaggebend, wie er im Zeitpunkt des Eintritts und der Dauer der hindernden Umstände maßgebend und vorhersehbar ist**; 133

spätere Ereignisse, durch die der Vertragsinhalt **unabhängig** von den hindernden Umständen geändert wird, die sich insbesondere auf den Vergütungsanspruch **auch so** auswirken, wie z. B. im Rahmen von Teil B § 2 Nr. 4, 5 und 6, bleiben bei der Schadensberechnung außer Ansatz bzw. werden zugunsten des Schadensersatzpflichtigen berücksichtigt (vgl. auch Rdn. 125).

134 Für die Feststellung, ob und inwieweit ein Schaden entstanden ist, kommt es nach der Differenzhypothese darauf an, wie sich die Vermögenslage des Geschädigten nach dem Schadenseintritt darstellt und wie sie wäre, wenn der Schaden nicht eingetreten wäre. Zum Schaden im hier erörterten Sinne zählen auch die außergerichtlichen Kosten, die der Geschädigte selbst oder durch Inanspruchnahme eines Dritten hat aufwenden müssen, um seinen Schaden dem Grunde und der Höhe nach feststellen zu können. Das gilt auch für Unternehmen oder Behörden, selbst dann, wenn sie eigene Abteilungen zur Feststellung von Schäden im angegebenen Sinne und Umfang haben (a. A. BGH NJW 1969, 1109 = Betrieb 1969, 789; BGH NJW 1976, 1256 = MDR 1976, 831 mit zutreffend ablehnender Anmerkung von Schmidt NJW 1976, 1932 sowie Klimke VersR 1977, 615).

135 Für die **Ursächlichkeit** trifft nach allgemeingültigen und deshalb auch hier maßgebenden Grundsätzen den geschädigten **Anspruchsteller** ebenso die **Beweislast** wie zum **Schaden selbst,** während sich der Gegner im allgemeinen, vor allem bei Verzug und positiver Vertragsverletzung, von dem **Vorwurf des Verschuldens** entlasten muß (vgl. §§ 282, 285 BGB). Gerade die dem Anspruchsteller auferlegte Darlegungs- und Beweislast kann durchaus auf erhebliche Schwierigkeiten stoßen, vor allem dann, wenn es sich um Ansprüche des Auftragnehmers bei vom Auftraggeber schuldhaft verursachten Bauverzögerungen handelt.

136 2. Zwar zählt zum Schadensbegriff des BGB auch der **entgangene Gewinn,** wie sich aus § 252 BGB ergibt. **Dieser ist jedoch kraft ausdrücklicher vertraglicher Vereinbarung grundsätzlich nicht zu ersetzen** (vgl. Rdn. 118 ff.).

137 Nach der Legaldefinition in § 252 Satz 2 BGB gilt als entgangen der Gewinn, der nach dem gewöhnlichen Lauf der Dinge oder nach den besonderen Umständen, insbesondere nach den getroffenen Anstalten und Vorkehrungen, mit Wahrscheinlichkeit erwartet werden konnte. Gewinn ist der **vermögensmäßige Überschuß,** der – beim Auftraggeber – durch die vorgesehene rechtzeitige Nutzung des Bauvorhabens oder – beim Auftragnehmer – durch die rechtzeitige Erstellung der Bauleistung erzielt worden wäre. **Auch im Bereich der Nr. 6 gelten für den entgangenen Gewinn die allgemeinen, nach § 252 BGB ausgerichteten Grundsätze.** Insofern ist die **Schadensberechnung grundsätzlich nach den Erwartungen des Einzelfalles,** also darauf abzustellen, ob und wie sich nach den getroffenen Anstalten und Vorkehrungen der Überschuß wahrscheinlich eingestellt hätte, also insbesondere darauf, wie es bei ordnungsgemäßer Durchführung des Bauvertrages voraussichtlich nach den konkreten Umständen gelaufen wäre. Es **genügt** die Feststellung, welcher Gewinn **wahrscheinlich** gemacht worden wäre, was eine **Beweiserleichterung** bedeutet (BGHZ 29, 398; BGH LM § 252 BGB Nr. 5; BGH DRiZ 1963, 25; BGH VRS 29, 413).

138 § 252 BGB ermöglicht es durch die Wendung „nach dem gewöhnlichen Lauf der Dinge" an sich, den entgangenen Gewinn **auch abstrakt zu berechnen** (BGH a. a. O.). Das kommt aber nur in Betracht, wenn es dem Geschädigten trotz aller ihm zumutbarer Anstrengungen nicht möglich ist, seinen Gewinn konkret zu ermitteln, demgemäß darzulegen und zu beweisen, was bei Bauverträgen selten sein und daher nur ausnahmsweise zum Zuge kommen wird. Ist ein solcher Gewinn trotz aller zumutbarer Bemühungen nicht konkret feststellbar, kommt es für die Schadensberechnung auf **allgemeingültige Erfahrungswerte** an, die im betreffenden Schadensbereich (z. B. Vermietbarkeit oder Nutzungswert der Bauleistung beim Auftraggeber; Möglichkeit der Gewinnerzielung bei einem gleichen Bauobjekt, das während der

Dauer der hindernden Umstände hätte ausgeführt werden können, beim Auftragnehmer) am Ort des Schadens und während der Dauer des Schadensereignisses für die wahrscheinliche Überschußerzielung maßgebend sind.

Entgangener Gewinn aus verbotswidrigen Verträgen ist an sich nur dann nicht zu ersetzen, wenn das Verbotsgesetz nicht nur die Vornahme des gewinnbringenden Rechtsgeschäfts mißbilligt, sondern auch dessen zivilrechtliche Wirksamkeit verhindert, § 134 BGB (BGHZ 75, 366 = BauR 1980, 285 = NJW 1980, 775 = LM § 252 BGB Nr. 26 = SFH § 252 BGB Nr. 2 = VersR 1980, 378 = MDR 1980, 389 = Betrieb 1980, 587 = ZfBR 1980, 130). Zu theoretischen Grundlagen für die Wertermittlung durch Sachverständige vgl. Aurnhammer BauR 1981, 131.

139

Alles dieses schließt Nr. 6 jedoch bei leicht fahrlässigem Verhalten des Schädigers aus, indem sie dem Geschädigten den Anspruch auf entgangenen Gewinn versagt. Aber Ausnahmen: vgl. Rdn. 118 ff. Die Haftungsbeschränkung gilt auch dann nicht, wenn im Bauvertrag die Geltung der VOB **nur nachrangig** nach dem BGB vereinbart ist (BGH SFH § 284 BGB Nr. 1).

140

3. Adäquat-kausal auf die hindernden Umstände zurückgehende **Schäden des Auftraggebers,** die zu ersetzen sind, betreffen einmal solche **am Bauwerk selbst,** wie Beschädigung oder Zerstörung (z. B. der in der Zeit der Bauverzögerung durch Wassereinbruch entstandene Schaden am erstellten Teil der Gesamtleistung, BGH NJW 1967, 2262 = VersR 1967, 806 = SFH Z 2.411 Bl. 31), zum anderen auch Schäden, die sich auf das **sonstige Vermögen des Auftraggebers auswirken,** die aber **nicht entgangener Gewinn** sind. Dazu gehören z. B. die infolge schuldhaft verzögerter Leistung des Auftragnehmers dem Auftraggeber entstandenen Mehrkosten an Lohnkosten für infolge der Verzögerung nicht beschäftigtes Personal (vgl. OLG Düsseldorf, Urt. vom 29. 12. 1967 – 5 U 291/63 –), Mehrkosten eines wegen der Stillegung notwendig gewordenen anderweitigen – auch verlängerten – Aufenthalts, wie in einem Hotel oder in einer Mietwohnung. Hierher rechnen auch Gutachterkosten, die aufgewendet werden müssen, um auf den Leistungsverzug des Auftragnehmers zurückgehende Schäden an der Leistung festzustellen und zu klären (vgl. BGH SFH Z 2.331 Bl. 56; BGH, BauR 1970, 244 = SFH Z 3.01 Bl. 435; BGHZ 54, 352 = MDR 1971, 207 = BB 1970, 1508 = VersR 1971, 135 = NJW 1971, 99 = BauR 1971, 51 = LM VOB/B Nr. 37 = SFH Z 2.414 Bl. 245). Schaden des Auftraggebers ist weiter der von ihm infolge der hindernden Umstände für die endgültige Erstellung der Leistung erbrachte finanzielle Mehraufwand, vor allem auch im Bereich der Finanzierung (anders die auf die Unmittelbarkeit des Schadens nach der VOB – Fassung von 1952 – abgestellte Entscheidung BGH BauR 1970, 54 = SFH Z 2.320 Bl. 35 für Bereitstellungszinsen). Allerdings sind auf den Verzögerungsschaden wegen verspäteter Fertigstellung, z. B. einer Eigentumswohnung, die **Vorteile anzurechnen,** die der geschädigte Erwerber (Auftraggeber) aus ersparten Zinsaufwendungen für die Erwerbspreisfinanzierung und aus einer Steuerersparnis durch die erst mit Bezugsfertigkeit eintretende Beschränkung des Schuldzinsenabzuges (§ 21 a EStG) erlangt (BGH BauR 1983, 465 = NJW 1983, 2137 = Betrieb 1983, 1705 = BB 1983, 1691 = MDR 1983, 1009 = SFH § 249 BGB Nr. 8).

141

Dagegen ist im Falle bloß leicht fahrlässigen Verhaltens des Schädigers nicht erstattungsfähig, weil zum **entgangenen Gewinn** zählend, der bloße **Nutzungsverlust** (vgl. dazu auch Teil B §§ 4 Rdn. 357 ff., 8 Rdn. 98 ff. sowie 13 Rdn. 687 ff.), den der Auftraggeber infolge der vom Auftragnehmer zu vertretenden hindernden Umstände erleidet. Dazu gehört in erster Linie der **Mietausfall** (BGH MDR 1961, 927; BGHZ 53, 122 = BauR 1970, 54 = Betrieb 1970, 536 = NJW 1970, 561 = BGH MDR 1970, 318 = LM VOB/B Nr. 38 Anm. Rietschel = SFH Z 2.320 Bl. 35; OLG Köln SFH § 641 BGB Nr. 2), somit auch der entgangene Gewinn aus der Vermietung und dem Betrieb einer Gaststätte (BGH VersR 1967, 806 = SFH Z 2.411 Bl. 31 = NJW 1967, 2262). Vgl. auch OLG Nürnberg SFH Z 2.411 Bl. 36. Allerdings müssen hier **feste Kostenbestandteile,** die im Rahmen der Miete rechnungsmäßig erfaßt sind, die aber

142

dem Auftraggeber entstehen bzw. ihn belasten, **noch** mit **zum erstattungsfähigen Schaden** gerechnet werden, weil sie nicht zum Überschuß gehören, der beim Auftraggeber verblieben wäre. **Zu ersetzender Schaden** ist es auch, wenn der Auftraggeber einem Dritten – insoweit besonders aufgrund mit diesem bestehender vertraglicher Bindungen, wie einem Mieter, Pächter, Erwerber – den diesem durch die Leistungsverzögerung vom Auftragnehmer schuldhaft herbeigeführten Schaden zu ersetzen hat; insofern handelt es sich um einen nach Teil B § 6 Nr. 6 zu ersetzenden Schaden, nicht aber nur um – teilweise – entgangenen Gewinn des Auftraggebers.

143 Sind dem Auftraggeber infolge schuldhafter Verzögerung der Leistung durch den Auftragnehmer Mehrkosten an Architekten- oder Ingenieurgebühren entstanden, so unterfällt auch dies dem zu ersetzenden Schaden. Insoweit hat der Auftraggeber allerdings im allgemeinen keinen Schaden, weil dem Architekten hier grundsätzlich kein Mehrvergütungsanspruch für seine Leistungen nach § 15 Abs. 2 Nr. 8 HOAI entsteht. Insofern kann der Auftraggeber auch **nicht** im Wege der **Drittschadensliquidation** Mehrkosten des Architekten usw. gegen den Auftragnehmer geltend machen, weil insofern eine echte Schadensverlagerung nicht vorliegt; der Bauvertrag ist nicht im Interesse des Architekten abgeschlossen worden; er ist nicht Träger des Interesses (entgegen LG Freiburg BauR 1980, 467; Brandt BauR 1973, 13, 17; zutreffend Locher/Löffelmann NJW 1982, 970; Locher, Das private Baurecht, Rdn. 20).

144 4. Auf die hindernden Umstände adäquat-kausal zurückgehende **Schäden des Auftragnehmers** liegen im allgemeinen im Bereich des hierdurch erforderlichen **Mehraufwandes bei der Erstellung der vertraglichen Leistung** (z. B. infolge nicht rechtzeitiger Zurverfügungstellung der Baugenehmigung oder von Ausführungsunterlagen, vgl. BGH BauR 1976, 128 = MDR 1976, 392 = BlGBW 1976, 96 = Betrieb 1976, 529 = SFH Z 2.411 Bl. 68 = LM VOB/B Nr. 80 oder wegen unabwendbarer Zerstörung eines Teils der bisher errichteten Leistung durch Unwetter, vgl. OLG München ZfBR 1984, 129), darüber hinaus aber **auch in finanziell bewertbaren, sonst nicht eingetretenen Verlusten im Rahmen seines Gewerbebetriebes** (vgl. dazu auch Vygen BauR 1983, 414). Dazu gehören beispielhaft: die bereits aufgewendeten Kosten oder die bereits entstandenen Forderungen von Lieferanten bei der Beschaffung von noch nicht eingebauten Baustoffen und/oder Bauteilen, erhöhte Unkosten für die Lagerung dieser Stoffe oder Bauteile, die Kosten für die Überwachung der stilliegenden Baustelle, die Lohn- und Gehaltsaufwendungen, sofern sie nicht ohnehin entstanden wären (vgl. dazu KG ZfBR 1984, 129), insbesondere auch für besonders zur Durchführung des Bauauftrages eingestelltes Personal, sofern dies nicht sogleich anderweitig beschäftigt werden kann, die Kosten etwa erforderlicher Umdispositionen hinsichtlich des Einsatzes von Material und Personal einschließlich ganz oder teilweise erforderlicher Baustellenräumung, Kosten der Baustellenunterhaltung, bereits entstandene oder nicht mehr vermeidbare Vorhaltekosten (und zwar sowohl hinsichtlich eigener als auch im Hinblick auf gemietete Geräte, dazu auch BGH BauR 1976, 128 = MDR 1976, 392 = BlGBW 1976, 96 = Betrieb 1976, 529 = SFH Z 2.411 Bl. 68 = LM VOB/B Nr. 80; KG a. a. O.; OLG Düsseldorf BauR 1988, 487 = SFH § 6 Nr. 6 VOB/B Nr. 5), nicht mehr rückgängig zu machende Mieten für nicht anderweitig einzusetzende Geräte, Kosten für die Trockenhaltung der Baustelle, Kosten für während berechtigter Arbeitseinstellung durch den Auftragnehmer eingetretene Lohn- und Materialpreiserhöhungen, selbst dann, wenn ursprünglich im Vertrag Lohn- und Materialpreiserhöhungen als für die Vergütung des Auftragnehmers unbeachtlich bezeichnet worden sind (Schmidt WM 1974, 294, 298 unter Hinweis auf BGH, Urt. vom 22. 11. 1973 – VII ZR 14/72 –). Auch kann der Auftragnehmer infolge der aufgetretenen und vom Auftraggeber zu verantwortenden Verzögerung entstandene **erhöhte Allgemeinkosten** als Schaden in Ansatz bringen, sofern er die Erhöhung im Einzelfall hinreichend spezifiziert darlegt und beweist (vgl. dazu KG ZfBR 1984, 129). Dazu rechnen auch infolge verspäteter Abrechnung eingetretene erhöhte Steuerlasten. Zum Ersatz von Mehrkosten aufgrund unerwartet schwieriger Bodenverhältnisse s. Teil B § 2 Rdn. 116 ff. Schaden des Auftragnehmers können auch Mehrkosten sein, die ihm da-

durch entstehen, daß er Maßnahmen zur Minderung des vom Auftraggeber schuldhaft herbeigeführten Schadens trifft, wie z. B. die Überprüfung und Berichtigung unzutreffender oder unvollständiger Ausführungsunterlagen (etwa Schal- und Bewehrungspläne). Ähnliches gilt, wenn der Auftraggeber schuldhaft seine sonstigen Mitwirkungspflichten verletzt (z. B. durch verspätete Erfüllung seiner Bereitstellungs- und Koordinierungspflicht usw.) und der Auftragnehmer dann durch erhöhten Einsatz von Personal, Material, Mehraufwand an Kosten der Baustelle sowie allgemeinen Geschäftskosten die ursprünglich vorgesehene Bauzeit entweder einhält oder nur unwesentlich überschreitet.

Überhaupt alles, was als **unvermeidbarer Stillegungsschaden** zu bezeichnen ist, gilt im Bereich der Nr. 6 als Schaden des Auftragnehmers (vgl. BGH, Urt. vom 26. 9. 1968 – VII ZR 126/66 –). Dabei kann es sich aber nur um **bereits wirklich entstandene bzw. nach den Umständen unvermeidbar entstehende Kosten** handeln. Dazu rechnen auch Inflationsverluste infolge verspäteter Abrechnung, dagegen nicht Zinsen auf das für die verlängerte Vorhaltung eingesetzte Kapital, da diese nicht dem Schadensbegriff untergeordnet werden können, wenn das auch nicht zu befriedigen vermag (zutreffend Daub/Piel/Soergel/Steffani Teil B § 6 ErlZ 6.102). 145

Aus dem Gesagten ergibt sich bereits, daß der Auftragnehmer seinen **Verzögerungsschaden im jeweiligen Einzelfall grundsätzlich konkret darlegen** und gegebenenfalls nachweisen muß, was **auch für Großbaustellen** gilt, zumal dort die Kontrollmöglichkeiten bei ordnungsgemäßer Aufsicht über die Baustelle u. U. noch zuverlässiger gegeben sind, nämlich bei entsprechendem Überwachungseinsatz; das ist auch nicht unzumutbar, weil etwaige Mehrkosten zwecks Festhaltung des Schadens in den Schadensersatzanspruch miteinbezogen werden können (zutreffend BGH BauR 1986, 347 = SFH § 6 Nr. 6 VOB/B Nr. 4 = BB 1986, 1878 = NJW 1986, 1684 = MDR 1986, 747 = Betrieb 1986, 1216 = Berg EWiR § 6 VOB/B 1/86, 733 = ZfBR 1986, 130; entgegen Grieger BauR 1985, 524, 526). 146

Das **Erfordernis des konkreten Nachweises gilt auch,** wenn der Schaden des Auftragnehmers nicht darin besteht, daß er wegen Bauzeitverlängerung Mehrkosten hat, sondern wenn er die **Bauzeit einhält, dieses aber nur durch im Vergleich zu seiner zur Vertragsgrundlage gewordenen Kalkulation entstehende Mehraufwendungen,** wie z. B. verstärkten Personaleinsatz, Mehrausgaben für Material und erhöhte Baustellenkosten, **erreicht.** Auch dann läßt sich ein Soll-Ist-Vergleich durch Gegenüberstellung der kalkulierten und tatsächlich gehabten Kosten erreichen. **Untauglich** ist für einen solchen Fall das sogenannte **Äquivalenzkostenverfahren,** bei dem eine Gegenüberstellung des der Kalkulation zugrunde gelegten Bauablaufs mit einem sogenannten störungsmodifizierten ohne Rücksicht auf den tatsächlichen (Ist-)Ablauf erfolgt. Dieses Verfahren bringt weitgehend eine bloße fiktive Schadensberechnung, löst sich also von dem Erfordernis konkreter Schadensdarlegung. Sofern hinsichtlich der konkreten Schadensfeststellung Ungewißheiten und Unsicherheiten gegeben sind, lassen sich diese unter der Voraussetzung der Darlegung bestimmter Mindest- und Höchstwerte in Einzelbereichen im Streitfall durchaus durch eine Pauschalierung auf der Grundlage des § 287 ZPO festlegen (BGH a. a. O.; zutreffend entgegen Grieger BauR 1985, 524; Clemm Betrieb 1985, 2597). Allerdings muß der Auftragnehmer hier zunächst darlegen und beweisen, daß und warum er in dem betreffenden Teilbereich den konkreten Nachweis nicht oder nicht in zumutbarer Weise führen kann. Auch dann, wenn letztlich nur eine Schätzung nach § 287 ZPO übrigbleibt, müssen jedenfalls hinreichend Anhaltspunkte für die Mindest- und Höchstwerte vorgebracht werden, um ausreichende Schätzgrundlagen zu haben. Zutreffend weisen Kapellmann/Schiffers (BauR 1986, 615) entgegen Grieger (BauR 1987, 378) im einzelnen nach, daß gerade auch bei Großbaustellen die Schadensermittlung in den einzelnen in Betracht kommenden Bereichen der Auftragnehmerseite weitgehend möglich ist, und zwar bei zumutbarer Überwachung weitestgehend konkret, im übrigen aber mit Werten, die für 147 eine Schadensschätzung erforderlich, aber auch ausreichend sind. Zu den baubetrieblichen Grundlagen Kapellmann/Schiffers a. a. O., vgl. dazu vor allem Olshausen in Festschrift Korbion, 1986, S. 323; ferner Bauer, Bauwirtschaft 1987, 334; insbesondere Vygen/Schubert/Lang Rdn. 235 ff.

148 Eine bloße Abschreibung nach der **Baugeräteliste** (jetzt von 1981) oder ähnlichen der Kalkulation für das Vertragsangebot bzw. den Vertragsabschluß und damit den künftigen Einsatz dienenden Hilfsmitteln entspricht nicht dem hier maßgebenden Schadensbegriff (ebenso Nr. 3.2. VHB zu § 6 VOB/B). Überdies entspricht die in der Baugeräteliste auch erfaßte Kapitalverzinsung dem entgangenen Gewinn; teilweise dürfte das auch für die dort berücksichtigte wirtschaftliche Abschreibung gelten. Sie schlägt zwar bei der kaufmännischen Erfolgsrechnung als Verlust zu Buche, stellt aber kalkulatorisch nur eine Verteilung der Anschaffungskosten über die vermutliche Nutzungsdauer dar. Den sich auf diese Weise ergebenden kalkulatorischen Verlust muß das Gerät durch seinen Einsatz „verdienen", damit der kalkulatorische Abschreibungsverlust zumindest neutralisiert wird. Dies kann jedoch nicht geschehen, wenn das Gerät nicht eingesetzt werden kann bzw. wenn sich die ursprünglich veranschlagte Bauzeit verlängert und das Gerät in dieser Zeitspanne sozusagen „umsonst" arbeitet. Dies führt zwar kaufmännisch zu einem Verlust (Aufwand), der jedoch keinesfalls ohne weiteres mit dem Schaden gleichgesetzt werden kann. Es ist hier vielmehr der Nachweis der durch die längere Gerätevorhaltung entstandenen Mehrkosten dadurch zu führen, daß die durch die Behinderung verursachte verminderte Produktivität des einzelnen Geräts (Ausnutzungsfaktor) derjenigen gegenübergestellt wird, die der Kalkulation zugrunde gelegt worden war und erreicht worden wäre, wenn es nicht zur Behinderung gekommen wäre (insoweit zutreffend KG ZfBR 1984, 129). Dabei kann die Praxis durchaus ergeben, daß insofern das gleiche Ergebnis, wie in der Baugeräteliste angeführt, erzielt wird. Besonders ist hier auf den Berechnungsvorschlag von Dähne (BauR 1978, 429) hinzuweisen, der gerade auch aus baubetriebswirtschaftlichen Gesichtspunkten sachgerechte Wege aufzeigt (vgl. dazu die von OLG Düsseldorf BauR 1988, 487 = SFH § 6 Nr. 6 VOB/B Nr. 5 in einem Einzelfall vorgenommene Berechnung, ferner auch Heiermann BB 1981, 876, 882). Maßgebend für eine Schadensfeststellung ist aber, auch im Hinblick auf § 287 ZPO, **immer vorweg** die unumgängliche Feststellung, daß das betreffende Gerät infolge der schadensbedingten Verlängerung seines Einsatzes **anderweitig ausgefallen** ist, also schadensbedingt nichts „verdienen" konnte (KG a. a. O.).

149 Dagegen ist die bloße **Schmälerung der** bei dem betreffenden Bauvorhaben vom Auftragnehmer vorausberechneten und wahrscheinlich erwarteten bzw. zu erwartenden **Gewinnspanne** als **entgangener Gewinn** nicht erstattungsfähig, wenn dem Auftraggeber nicht Vorsatz oder grobe Fahrlässigkeit vorzuwerfen ist. Gleiches gilt für auf die Behinderung oder Unterbrechung zurückzuführende Gewinnverluste bei anderen Bauvorhaben, also auch entgangenen Aufträgen, soweit es sich dabei um den voraussichtlich erzielbaren Überschuß handelt.

150 **Zweifelhaft** ist gegenwärtig, ob dem Schadensersatzanspruch nach Teil B § 6 Nr. 6 des Auftragnehmers **auch Mehrwertsteuer** zuerkannt werden kann (so Dähne BauR 1978, 429, 433 Fn. 25; Kapellmann BauR 1985, 123, 124; anders KG ZfBR 1984, 129, 132; ebenso OLG Düsseldorf BauR 1988, 487 = SFH § 6 Nr. 6 VOB/B Nr. 5). Zwar fallen Schadensersatzansprüche grundsätzlich nicht unter § 1 Abs. 1 Nr. 1 UStG. Hier ist jedoch die Annahme möglich, daß es sich nicht nur um den Ersatz von Vermögensnachteilen handelt, die der Auftragnehmer infolge der Behinderung bei der Erbringung seiner Leistung gehabt hat (so KG a. a. O.), sondern um einen zusätzlichen Vergütungsanspruch, der ihm wegen der Behinderung und der daraus folgenden Mehraufwendungen zusteht. Für den hier erörterten Bereich liegt vor allem aber der Gedanke nicht fern, daß die Leistung des Auftragnehmers trotz der Stillstandszeiten unverändert bleibt, so daß nur die eigentlich geschuldete Leistung des Auftragnehmers und die dafür vereinbarte Vergütung in einem Austauschverhältnis stehen, an das die Umsatzsteuerpflicht anknüpft (OLG Düsseldorf BauR 1988, 487 = SFH § 6 Nr. 6 VOB/B Nr. 5; Vygen/Schubert/Lang Rdn. 252). Immerhin ist die Frage in der steuerrechtlichen Rechtsprechung **noch nicht geklärt,** so daß in diesem Bereich **gegenwärtig nicht einer Leistungs-, sondern lediglich einer entsprechenden Feststellungsklage** stattgegeben werden kann (BGH BauR 1986, 347 = SFH § 6 Nr. 6 VOB/B = BB 1986, 1878 = NJW 1986, 1684 = MDR 1986, 747 = Betrieb 1986, 1216 = Berg EWiR § 6 VOB/B 1/86, 733 = ZfBR 1986, 130).

Sofern der Auftragnehmer im Rahmen der Nr. 6 Mehrkosten geltend macht, muß er beachten, daß solche durch vorbehaltlose Annahme der Schlußzahlung nach Teil B § 16 Nr. 3 Abs. 2 ausgeschlossen sein können. 151

VI. Verjährung des Schadensersatzanspruches nach Nr. 6

1. Sofern der Anspruch darin besteht, daß der **Auftragnehmer** eigentlich den **Gegenwert** für von ihm geleistete Arbeiten und die damit verbundenen Mehraufwendungen verlangt, verjährt sein Anspruch in der **kurzen Frist** des § 196 Abs. 1 Nr. 1 BGB (2 Jahre) oder, falls die Leistung für einen Gewerbebetrieb des Auftraggebers erbracht worden ist, nach § 196 Abs. 2 BGB (4 Jahre). Dies hat der BGH mit eingehender und überzeugender Begründung dargelegt (BGHZ 50, 25 = NJW 1968, 1234 = MDR 1968, 576 = JZ 1968, 473 = BB 1968, 486 = LM § 538 ZPO Nr. 12 = SFH Z 2.331 Bl. 61 ff.), und zwar für den hier hauptsächlich vorkommenden Fall, daß der Auftragnehmer aus vom Auftraggeber zu vertretender Behinderung die Arbeiten hat verschieben und verlängern müssen, dadurch Mehraufwendungen gehabt hat. Dasselbe trifft folgerichtig auch zu, wenn der Auftragnehmer zwar die vorgegebene Bauzeit eingehalten, er zur Erreichung dieses Zieles infolge nicht ordnungsgemäßer – vor allem nicht zeitgerechter – Mitwirkung der Auftraggeberseite Mehrkosten an Eigenaufwand (Lohn, Material, Kosten der Baustelle, Allgemeine Geschäftskosten) gehabt hat und er dafür seinen Eigenmehraufwand ersetzt verlangt. **Maßgebend** ist hiernach **nicht der Rechtsgrund, sondern der Inhalt des Anspruches** im Hinblick darauf, ob er als **vergütungsgleich** zu bewerten ist oder nicht (vgl. dazu auch OLG Zweibrücken, BauR 1980, 482). 152

Die kurzen Verjährungsfristen kommen auch in Betracht, wenn in Fällen der **positiven Vertragsverletzung** (RG Warn. Rspr. 1939, 165; BGH, Urt. vom 8. 7. 1957 – VII ZR 414/56 –) und des **Verschuldens bei Vertragsabschluß** (BGH Betrieb 1968, 129) ein **Ersatzwert für den in kurzer Frist verjährenden Erfüllungsanspruch verlangt** wird (vgl. auch Einl. Rdn. 69); auch kommt § 196 BGB zum Zuge, wenn das Verlangen auf den Gegenwert für erbrachte Leistungen auf **ungerechtfertigter Bereicherung** oder auf **Geschäftsführung ohne Auftrag** beruht (BGHZ 32, 12, 15; 48, 125, 127). 153

Andere Schadensersatzansprüche verjähren dagegen in der Normalfrist des § 195 BGB. 154

Die Verjährung beginnt mit Ende des Jahres, in dem der Schadensersatzanspruch entsteht, sofern er nach dem Gesagten vergütungsgleich ist, mit Fälligkeit (§ 201 BGB), wobei die Fälligkeit des Vergütungsanspruches maßgebend ist (BGH SFH Z 2.331 Bl. 39, 40; Kapellmann BauR 1985, 123, 128). Die Ansicht des OLG Frankfurt (MDR 1980, 754 = BauR 1980, 570), das auch für den letzteren Fall die Verjährung mit Entstehung des Schadensersatzanspruches beginnen lassen will, übersieht, daß gerade auch bei vergütungsgleichen Schadensersatzansprüchen des Auftragnehmers eine prüfbare Abrechnung erforderlich ist, damit der Auftraggeber die Berechtigung der als Schadensersatz verlangten Mehrvergütung nachprüfen kann (§ 14 Nr. 1 VOB/B), insbesondere auch in bezug auf das Verhältnis zum übrigen, „normalen" Vergütungsanspruch des Auftragnehmers. Selbstverständlich handelt es sich dabei nicht um die normalerweise bei ungehinderter Bauausführung zu fordernde prüfbare Abrechnung durch bloße vergleichsweise Gegenüberstellung des dem Vertrag zugrunde gelegten Leistungsverzeichnisses mit dem tatsächlich erbrachten Leistungs**inhalt** (insofern wohl mißverstanden von Kapellmann a. a. O.), sondern um den Nachweis des infolge der schuldhaften Pflichtverletzung der Auftraggeberseite bei **gleichbleibendem** Leistungsinhalt zwangsläufig durch den Auftragnehmer erbrachten erhöhten Eigenaufwands (Lohn, Material, Baustellenkosten, Allgemeine Geschäftskosten). Wenn dies – was wohl die Regel ist – aus dem 155 zum Vertrag gewordenen Leistungsverzeichnis bzw. Angebot des Auftragnehmers noch nicht ersichtlich ist, so besteht dann die prüfbare Rechnung des Auftragnehmers in der Gegenüberstellung der bisher dem Vertrag zum Eigenaufwand zugrunde gelegten Kalkulationsgrundlagen und dem insoweit wegen der Bauverzögerung erforderlich gewordenen **erhöhten** Eigenaufwand des Auftragnehmers. Beim VOB-Vertrag ist dies grundsätzlich in die – sonst normale – Schlußrechnung aufzunehmen bzw. **in diese** mit einzubeziehen. Des weiteren sind für die Fälligkeit – gerade auch für den Verjährungsbeginn – die grundsätzlichen Fälligkeitsbestimmungen in Teil B § 16 Nr. 3 Abs. 1 von 2 Monaten sowie das Erfordernis der Abnahme einzubeziehen, so daß ab Ende des Jahres, in das der danach ausgerichtete Fälligkeitstermin fällt, auch die Frist zur Verjährung des Schadensersatzanspruches des Auftragnehmers nach Teil B § 6 Nr. 6 beginnt (zutreffend wohl Kapellmann a. a. O.). Andererseits muß angesichts der Tatsache, daß es sich bei Teil B § 6 Nr. 6 „nur" um einen vergütungsgleichen oder -ähnlichen **Schadensersatzanspruch** handelt, dessen Geltendmachung allein dem Auftragnehmer als dem Geschädigten nach Grund **und** Höhe vorbehalten ist, eine entsprechende Anwendung von Teil B § 14 Nr. 4 ausscheiden. Jedoch muß der Auftragnehmer, der seinen Anspruch nach Teil B § 6 Nr. 6 nicht schon in der Schlußrechnung geltend macht, damit rechnen, daß der Auftraggeber nach erfolgter Schlußzahlung die Einrede der vorbehaltenen Annahme der Schlußzahlung geltend macht, wenn er nach Erhalt dieser Zahlung nicht fristgerecht einen Vorbehalt erklärt (zu weitgehend wohl Kapellmann a. a. O., der generell Verjährungsbeginn für den hier erörterten Schadensersatzanspruch mit Ablauf der Frist in Teil B § 16 Nr. 3 Abs. 1 annimmt). Im übrigen wird man es dem Auftragnehmer nicht verwehren können, vor Beendigung seiner Leistung Abschlagszahlungen auf seine Mehrkosten entsprechend Teil B § 16 Nr. 1 unter den dort angeführten Voraussetzungen (prüfbare Aufstellung!) zu verlangen (Kapellmann a. a. O.). Das Gesagte gilt auch bei vorzeitiger Kündigung des Bauvertrages (ebenso BGH BauR 1987, 95 = NJW 1987, 382 = SFH § 16 Nr. 3 VOB/B Nr. 38 = MDR 1987, 310 = Betrieb 1987, 222 = BB 1986, 2293 = Lenzen EWiR 1986, 1251 = LM § 16 [B] VOB/B Nr. 6 = ZfBR 1987, 38).

Schwieriger ist in verjährungsrechtlicher Hinsicht die Frage der Fälligkeit des **Entschädigungsanspruches** des Auftragnehmers nach § 642 BGB bei dem auf der Grundlage der §§ 631 ff. BGB zu beurteilenden Bauvertrag zu beantworten. Anders als OLG Frankfurt (a. a. O.) kommt es für den Beginn der Verjährung dieses Anspruches nicht auf die für das Schadensersatzrecht geltende Regel des ersten Auftretens der Behinderung (des Schadens) an, da es sich hier nicht um einen Schadensersatz-, sondern um einen **Entschädigungs**anspruch handelt, der in seiner Grundlage nicht nur das Entstehen, sondern auch die **abschließende Bewertbarkeit gehabten Mehraufwandes** voraussetzt. Also kann hier nicht die Verjährung vor Abschluß der „Schadensentwicklung" (der Beendigung der Mehraufwendungen) beginnen. Eine andere Frage ist der Beginn der Verjährungsfrist nach Abschluß der genannten Entwicklung. Soweit dieser – was regelmäßig der Fall ist – im Bereich der (Mehr-)Vergütung liegt, ist auch hier gemäß § 641 BGB die Abnahme der betreffenden Bauleistung maßgebend, also das Ende des Jahres, in welchem die Abnahme liegt, ohne daß es darauf ankommt, ob inzwischen die Schlußrechnung bzw. die Rechnung über den Mehraufwand des Auftragnehmers wegen der vom Auftraggeber verschuldeten Kosten vorliegt.

156 2. Schwieriger ist die Frage zu beantworten, wann Schadensersatzansprüche des **Auftraggebers** verjähren. Wird von den vorerwähnten Grundsätzen ausgegangen, hält man insbesondere den **Erfüllungsanspruch,** für den durch den Schadensersatzanspruch ein Äquivalent geschaffen werden soll, für maßgebend, kann daran gedacht werden, daß der Schadensersatzanspruch, sofern er **mit dem aus Teil B § 4 Nr. 7 oder § 13 Nr. 7 vergleichbar oder inhaltsgleich** ist (insbesondere auch für den Rahmen der sogenannten „Mängelfolgeschäden" bzw. „entfernteren Mängelfolgeschäden" aus dem Bereich der positiven Vertragsverletzung), in der dafür maßgebenden Frist verjährt (vgl. Teil B § 4 Rdn. 353, 151 und § 13 Rdn. 803 ff., 274 ff.; ebenso Daub/Piel/Soergel/Steffani Teil B ErlZ B 6.1.112; Heiermann BB 1981, 876, 882; wohl auch Nicklisch in Nicklisch/Weick Teil B § 6 Rdn. 68; so jetzt auch Heiermann/Riedl/Rusam/Schwaab Teil B § 6 Rdn. 30). Diese Überlegung erscheint gerechtfertigt, um ein **zu großes Auseinanderfallen der Verjährungsfristen des Schadensersatzanspruches des**

Auftraggebers einerseits und des Auftragnehmers andererseits zu verhindern, wenn auch zugegeben werden mag, daß Ansprüche des Auftraggebers und des Auftragnehmers auch im übrigen in verschiedenen Fristen verjähren. Strenggenommen ist es sicher richtig, daß es nichts besagt, wenn ein Schadensersatzanspruch des Auftraggebers hier in 30 Jahren verjähren mag, zumal die Schadensersatzansprüche des Auftragnehmers nach Nr. 6 von dem vom BGH eingenommenen Standpunkt aus nicht schlechthin unter § 196 BGB fallen, sondern nur solche, mit denen eine Gegenleistung „für Ausführung von Arbeiten" beansprucht wird (vgl. BGHZ 50, 25 = NJW 1968, 1234 = MDR 1968, 576 = JZ 1968, 473 = BB 1968, 486 = LM § 538 ZPO Nr. 12 = SFH Z 2.331 Bl. 61 ff.).

§ 7 Verteilung der Gefahr

Wird die ganz oder teilweise ausgeführte Leistung vor der Abnahme durch höhere Gewalt, Krieg, Aufruhr oder andere unabwendbare vom Auftragnehmer nicht zu vertretende Umstände beschädigt oder zerstört, so hat dieser für die ausgeführten Teile der Leistung die Ansprüche nach § 6 Nr. 5; für andere Schäden besteht keine gegenseitige Ersatzpflicht.

Inhaltsübersicht

	Rdn.
A. Allgemeines	1–2
B. Begriff der Gefahr	3–4
C. Zeitpunkt des Gefahrübergangs	5–10
I. § 644 BGB; Abnahme	5–7
II. VOB-Regelung	8
III. Entsprechende Anwendung von § 645 BGB	9–10
D. Gefahrtragung für erbrachte Leistungen	11–12
E. Abgrenzung der Gefahrtragung zur Haftung, Gewährleistung und Leistungsverzögerung	13–16
I. Gefahrtragung und Haftung	13
II. Gefahrtragung und Gewährleistung	14–15
III. Gefahrtragung und Leistungsverzögerung	16
F. Höhere Gewalt, Krieg und andere unabwendbare Umstände	17–31
I. Allgemeines	17
II. VOB-Regelung	18–20
III. Begriffsbestimmungen	21–24
1. Höhere Gewalt, Krieg, Aufruhr	21
2. Andere unabwendbare, vom Auftragnehmer nicht zu vertretende Umstände	22–23
3. Witterungseinflüsse	24
IV. Benachrichtigungspflicht	25
V. Beweislast	26
VI. Zerstörung oder Beschädigung der Leistung	27–28
VII. Gefahrübergang	29–31
G. Keine gegenseitige Ersatzpflicht für andere Schäden	32–34
H. Abweichende Vertragsbestimmungen	35–36
J. Feuerversicherung	37
K. Bauleistungsversicherung	38–42
L. Montageversicherung	43

Aufsätze: Duffek, „Handlungen des Bauherrn als unabwendbarer, vom Auftragnehmer nicht zu vertretender Umstand", BauR 1975, 22; Kaiser, „Die Gefahrtragung im Bauvertrag", Festschrift Korbion, 1986, 197 ff.; Rutkowsky, „Gefahrtragung und Haftung bei gewaltsamen Anschlägen gegen Großbaumaßnahmen und die daran beteiligten Unternehmen", NJW 1988, 1761.

A. Allgemeines

1 Wenn in der Überschrift des § 7 von der **Verteilung der Gefahr** gesprochen wird und hieran nähere Bestimmungen geknüpft worden sind, so ist zu beachten, daß die VOB hier eine **teilweise vom Gesetz abweichende Regelung** getroffen hat. Entgegen Schmidt-Salzer (BB Beil. 1/73, S. 8) sowie auch Ulmer/Brandner/Hensen (Anh. §§ 9–11 Rdn. 906; insoweit soll dies nur für den öffentlichen Auftraggeber hinnehmbar sein) ist diese Regelung aus **AGB-rechtlichen Gesichtspunkten nicht unwirksam.** Dagegen sehr mit Recht Huhn, Vahlens Rechtsbücher, Zivilrecht Bd. 3, S. 142 f.; Kaiser, Festschrift Korbion, S. 197, 205; zutreffend auch Schlosser/Coester-Waltjen/Graba § 9 Rdn. 136; auch Frikell/Glatzel/Hofmann Rdn. K. 7.4. Vor allem ist die besondere Regelung in Teil B § 7 deswegen gerechtfertigt, weil Bauwerksleistungen im allgemeinen im Bereich des Auftraggebers ausgeführt werden, dabei vor allem Eingriffen ausgesetzt sind, die insbesondere auch vom Auftragnehmer nicht verhindert werden können. Insofern enthält Teil B § 7 eine nach der hier vorliegenden Sachlage gerechte Gefahrenverteilung.

2 Natürlich kann es kein Verstoß gegen Regelungen des AGB-Gesetzes – vor allem auch nicht gegen dessen § 9 – sein, wenn in Zusätzlichen Vertragsbedingungen für die Gefahrtragung in Abweichung von Teil B § 7 die gesetzlichen Vorschriften (§§ 644 f. BGB) für maßgebend erklärt werden. Was den gesetzlichen Vorschriften des BGB entspricht, ist zugleich auch dem AGB-Gesetz konform. Durch eine derartige abweichende Regelung wird einem nach der VOB ausgerichteten Vertrag noch nicht die Ausgewogenheit genommen, auch dann ist sie noch „als Ganzes" vereinbart (vgl. dazu Teil A § 10 Rdn. 122 ff.). Vgl. auch Rdn. 35 f.

B. Begriff der Gefahr

3 Der **Begriff der Gefahr** ist rechtlicher Natur. Hinter ihm verbirgt sich die Frage, wer z. B. bei Beschädigung oder Zerstörung der bereits fertiggestellten Leistungsteile das **Risiko einer Neuherstellung sowie der Zahlung der Vergütung** zu tragen hat. Die Gefahrtragung kennt damit zwei Aspekte: Die Regelung der **Leistungsgefahr** entscheidet, ob der Auftragnehmer zur Neuherstellung bzw. zur ganzen oder teilweisen Wiederholung seiner bisher erbrachten Leistung verpflichtet bleibt; die Regelung der **Vergütungsgefahr** sagt etwas darüber aus, ob der Auftraggeber die vereinbarte Vergütung bei vorzeitigem Untergang oder vorzeitiger Beschädigung der Leistung zu zahlen hat (vgl. dazu eingehend und zutreffend Kaiser, Festschrift Korbion, S. 197 ff.). § 7 betrifft dabei **nur die Verteilung der Vergütungs- oder Preisgefahr** (ebenso BGH BauR 1977, 420 = NJW 1977, 1966 = BB 1978, 1236 = LM VOB/B Nr. 93 = MDR 1978, 131 = SFH § 13 Ziff. 3 VOB/B Nr. 1).

4 Das Gesetz entscheidet die Frage der **Leistungsgefahr** allgemein dahingehend, daß bei nachträglicher Unmöglichkeit und bei nachträglichem Unvermögen der Auftragnehmer von der **Verpflichtung zur Leistung frei** wird, **wenn** er die Störung **nicht zu vertreten** hat, § 275 BGB. Da beim Bauvertrag als Werkvertrag jedoch ein **Erfolg** geschuldet wird, findet hier § 279 BGB mit der Folge Anwendung, daß der Auftragnehmer, solange die versprochene Leistung als solche überhaupt möglich ist, **auch ohne Verschulden zur Neuherstellung verpflichtet** bleibt. Das **gilt bis zur Abnahme. Nach diesem Zeitpunkt,** bei Annahmeverzug des Auftraggebers (§§ 293 ff. BGB) oder im Falle der Unzumutbarkeit einer Neuherstellung (§§ 633 Abs. 2 Satz 3 BGB, 13 Nr. 6 Teil B), wird der Auftragnehmer von seiner Herstellungspflicht befreit, wenn das Werk ohne sein Verschulden ganz oder teilweise untergeht. Dies wird von **Teil B § 7, der lediglich den Vergütungsanspruch behandelt, nicht berührt.** Für die **Leistungsgefahr** ergeben sich mithin auch dann, wenn die Leistung vor Abnahme durch höhere Gewalt, Krieg, Aufruhr oder andere unabwendbare und vom Auftragnehmer nicht

zu vertretende Umstände beschädigt oder zerstört wird, auch für den Bereich der VOB **keine Abweichungen** von den vorstehenden Grundsätzen.

C. Zeitpunkt des Gefahrübergangs

I. § 644 BGB; Abnahme

Das **Werkvertragsrecht des BGB regelt** die Frage der Gefahrtragung hinsichtlich der **Vergütungsgefahr** in § 644 BGB. In Abs. 1 Satz 1 ist der Grundsatz aufgestellt, daß der Unternehmer bis zur Abnahme die Gefahr (Untergang, Verschlechterung usw.) trägt. Eine Ausnahme gilt, wenn der Besteller im Verzug der Annahme ist (§ 644 Abs. 1 Satz 2 BGB). Eine weitere Ausnahme kommt in Betracht, wenn der von dem Besteller gelieferte Stoff – übertragen auf den Bauvertrag: die von dem Auftraggeber beigestellten Baustoffe oder Bauteile oder auch das zur Verfügung gestellte Baugrundstück – vor der Abnahme durch Zufall untergeht oder verschlechtert wird. 5

Hinsichtlich der Abnahmepflicht ist auf § 640 BGB zu verweisen, wobei die Abnahmewirkung auch eintritt, wenn der Auftraggeber zu Unrecht die Abnahme der hergestellten Leistung verweigert. Kommt nach § 646 BGB eine Abnahme nicht in Betracht, was im Bauwesen kaum der Fall sein dürfte, tritt anstelle der Abnahme der Zeitpunkt der Vollendung, also der endgültigen Fertigstellung des Werkes. 6

Zur Frage, ob einem Auftragnehmer Schadensersatzansprüche unmittelbar gegen den Schädiger zustehen, wenn seine hergestellte, aber noch nicht abgenommene Leistung (z. B. auf dem Innenputz verklebte Kupferfolien, die bereits von einem anderen Unternehmer auftragsgemäß mit mehreren Schichten aufgeklebter Isolierplatten verdeckt sind), an der er das Eigentum durch Verbindung verloren hat, von einem anderen Unternehmer beschädigt wird und zur Pflicht des Auftraggebers zur Abtretung von Schadensersatzansprüchen, die ihm als Eigentümer und Vertragspartner des Schädigers gegen diesen zustehen, BGH NJW 1970, 39 = MDR 1970, 37 = BB 1969, 1329 = LM § 823 (Ae) BGB Nr. 3 = SFH Z 4.01 Bl. 56. 7

II. VOB-Regelung

An sich hat die VOB die sich aus dem Gesetz ergebenden Grundsätze übernommen, wie sich aus Teil B § 12 Nr. 6 ergibt (vgl. Teil B § 12 Rdn. 143 ff.). Auch hier ist die **Abnahme der Leistung der entscheidende Zeitpunkt,** in dem die Gefahr auf den Auftraggeber übergeht. Damit steht im Grundsatz fest, daß bis dahin auch die **Vergütungs- oder Preisgefahr** zu Lasten des Auftragnehmers geht. Zugleich ist aber in Teil B § 12 Nr. 6 darauf hingewiesen, daß die Gefahr nur dann erst mit der Abnahme auf den Auftraggeber übergeht, wenn er sie **nicht schon nach Teil B § 7 trägt.** Im letzteren Fall handelt es sich um einen **vorzeitigen Gefahrübergang** auf den Auftraggeber und damit um eine vorzeitige Entlastung des Auftragnehmers. Teil B § 12 Nr. 6 bildet, ebenso wie § 644 Abs. 1 BGB, die Regel im Rahmen der bauvertraglichen Abmachung, während Teil B § 7 die **Ausnahme** hiervon ist. Insofern ist der Auftragnehmer durch Teil B § 7 bessergestellt, zumal die in Rdn. 5 ff. erwähnten, für den BGB-Vertrag geltenden Ausnahmen **auch beim VOB-Vertrag** Platz greifen. Für den vorzeitigen Gefahrübergang spielt eine Rolle, daß der Auftraggeber wegen der damit verbundenen Risiken eine **Bauleistungsversicherung** abschließen kann, vgl. dazu auch Rdn. 38 ff., die allerdings im Falle sogenannter „innerer Unruhen" nach ihren allgemeinen Bedingungen oftmals nicht eingreifen (vgl. Rutkowsky NJW 1988, 1761, 1765). Wegen der möglichen Vielgestaltigkeit von Versicherungsverträgen ist den Baubeteiligten dringend zu raten, bei Abschluß von die Bauerrichtung betreffenden Versicherungsverträgen besonders auf die von der Versicherung angebotenen Versicherungsbedingungen zu achten (siehe dazu insbesondere Littbarski Rdn. 277 ff.; speziell zur Bauleistungsversicherung Rdn. 647 ff.; ferner Wäldner, 8

"Funktionale Grundbegriffe der Bauleistungsversicherung im Hinblick auf moderne Unternehmereinsatzformen", Beiträge zum Privat- und Wirtschaftsrecht, Heft 39, Verlag Versicherungswirtschaft e. V., Karlsruhe).

III. Entsprechende Anwendung von § 645 BGB

9   In diesem Rahmen ist auch **§ 645 BGB** zu beachten, dessen **entsprechende Anwendung auf den VOB-Vertrag** geboten ist, wenn eine Handlung des Auftraggebers die Leistung in einen Zustand oder eine Lage versetzt hat, die eine **Gefährdung der Leistung mit sich gebracht hat und ursächlich für ihre anschließende Beschädigung oder ihren Untergang gewesen ist,** die also den „Keim der Gefährdung" mit sich gebracht hat (BGHZ 40, 71, 75 = LM § 645 BGB Nr. 1 Anm. Rietschel = NJW 1963, 1824 = SFH Z 2.413 Bl. 25 = BB 1963, 956; BGHZ 78, 352 = NJW 1981, 391 = BauR 1981, 71 = Betrieb 1981, 261 = JZ 1981, 98 = SFH § 7 VOB/B Nr. 1 = MDR 1981, 309 = BB 1981, 325 = Anm. Girisch LM VOB/B Nr. 113 = Anm. Liesegang JR 1981, 196 = ZfBR 1981, 25; vgl. auch BGHZ 60, 14 = NJW 1973, 318; vgl. dazu auch Rutkowsky NJW 1988, 1761, 1762 für den Fall von Gewaltanschlägen). Das kann z. B. der Fall sein, wenn der Auftraggeber einem dem Auftragnehmer nachfolgenden Unternehmer bestimmte Weisungen erteilt oder von ihm die Verwendung bestimmter Werkstoffe verlangt hat und dies dazu führt, daß die Leistung des Auftragnehmers gefährdet und schließlich beschädigt oder zerstört wird; gleiches muß gelten, wenn der Auftraggeber dem Auftragnehmer trotz dessen Vorhaltungen (vgl. Teil B § 4 Nr. 3) bestimmte Weisungen erteilt hat, die sich **gefahrerhöhend ausgewirkt** und dadurch zur Beschädigung oder Zerstörung der Leistung geführt haben, wie überhaupt hierher alle Fälle zu rechnen sind, in denen **einseitiges, eigenmächtiges Handeln oder Unterlassen des Auftraggebers mit den genannten Auswirkungen vorliegt, das vom Auftragnehmer nicht verhindert werden kann.** Das gilt auch für Schäden, die durch voreilige Inbenutzungnahme der Leistung entstehen oder sonst vom Auftragnehmer mit von ihm vernünftigerweise zu verlangenden Maßnahmen nicht verhindert werden können (vgl. zu letzterem LG Berlin BauR 1984, 180). Die entsprechende Anwendung des § 645 BGB ist auch geboten, wenn der Auftraggeber in einem alten, einem Brand erkennbar besonders anfälligen Gebäude Schweißarbeiten ausführen läßt, die andere Auftragnehmer weder verhindern noch auf die sie in zumutbarer Weise Einfluß nehmen können, falls durch die Schweißarbeiten ein Brand entsteht, durch den die noch nicht abgenommenen Leistungen der anderen Auftragnehmer beschädigt oder zerstört werden (vgl. OLG Köln OLGZ 1975, 323 = JMBl. NW 1975, 257), zumal auch die vorhandene bauliche Anlage (z. B. bei Umbau- und Renovierungsarbeiten) als „Stoff" i. S. des § 645 BGB anzusehen ist (Staudinger/Riedel § 645 BGB Rdn. 1). Ähnliches gilt, wenn sich der Baugrund infolge vom Auftragnehmer unvorhergesehener Umstände nicht für die Ausführung des in Auftrag gegebenen Bauwerks eignet. Anders liegt es, wenn der Auftragnehmer von vornherein die Ausführung einer Bauleistung übernimmt, die mehr als üblich gefährdet ist, da er dieses Risiko bei Vertragsabschluß berücksichtigen kann (vgl. dazu Weyer BlGBW 1970, 206, 207 f.). Anders ist es auch, wenn Hauptunternehmer (insofern: Auftraggeber) und Subunternehmer (insofern: Auftragnehmer) gleichzeitig an der Baustelle arbeiten und das unfertige Werk beider durch einen von einem anderen Unternehmer verursachten Brand untergeht, der von keinem von beiden zu vertreten ist (BGHZ 78, 352 = NJW 1981, 391 = BauR 1981, 71 = Betrieb 1981, 261 = JZ 1981, 98 = SFH § 7 VOB/B Nr. 1 = MDR 1981, 309 = BB 1981, 325 = Anm. Girisch LM VOB/B Nr. 113 = Anm. Liesegang JR 1981, 196 = ZfBR 1981, 25); die gleichzeitige Beauftragung verschiedener Handwerker kann für sich allein im Regelfall die Verschiebung der Vergütungsgefahr auf den Auftragnehmer nicht rechtfertigen, was zur Abgrenzung von der vorgenannten Entscheidung des OLG Köln festzuhalten ist (BGH a. a. O.). Vgl. dazu vor allem auch Kaiser, Festschrift Korbion, S. 197, 202 ff.

10 Angesichts der im genannten Umfang gebotenen entsprechenden Anwendung des § 645 BGB auf den VOB-Vertrag erübrigen sich die Bemühungen von Duffek (BauR 1975, 22), der einer ausdehnenden

Auslegung des in § 7 genannten „unabwendbaren, vom Auftragnehmer nicht zu vertretenden Umstandes" für Fälle eigenmächtigen Eingreifens des Auftraggebers das Wort redet, wofür keinerlei Bedürfnis besteht (ebenso Kaiser, a. a. O., S. 205 f.).

D. Gefahrtragung für erbrachte Leistungen

Sachlich bezieht sich der Begriff der **Gefahrtragung** auf die entweder ganz oder in Teilen bereits **erbrachte Leistung,** so wie sie sich im bisher erstellten Bauwerk verkörpert (vgl. auch Rdn. 27 f.). Er bezieht sich demnach nur auf ein Ereignis, das sich zerstörend oder schädigend auf das bereits ganz oder teilweise nach dem Vertrag hergestellte Bauwerk bezieht. **Stoffe oder Bauteile,** die zwar vorhanden, jedoch noch nicht im Rahmen der Bauausführung bestimmungsgemäß verwertet bzw. eingebaut worden und daher noch bewegliche Sachen sind, werden von dem Begriff der Gefahr **nicht erfaßt,** wenn auf sie ein schädigendes oder zerstörendes Ereignis einwirkt (so auch Ludwigs S. 163). Insoweit handelt es sich begrifflich nicht um eine ganz oder teilweise erbrachte Leistung, sondern nur um die **Vorbereitung** einer solchen nach der in Teil A § 1 enthaltenen Begriffsbestimmung. In diesen Fällen muß der Schaden vom Eigentümer der Stoffe oder Bauteile oder dem sie verwahrenden Besitzer getragen werden. Dasselbe gilt folgerichtig auch für die Vergütung für **Bauhilfsmittel,** die zur Erstellung der vertraglichen Leistung notwendigerweise gebraucht werden, wie z. B. Gerüste und Schalungen, Gleisanlagen, jegliche Art von bloßer Bausicherung, Fangedämme, vorübergehend angelegte Baustraßen, Rammgerüste, Transportbahnen usw. Als Bauleistungen bzw. Leistungen im Sinne von Teil B § 7 sind somit nur die mit dem auftragsgemäß zu erstellenden Bauwerk unmittelbar verbundenen, in seine materielle Substanz eingegangenen Leistungen zu verstehen (so mit Recht BGHZ 61, 144 = BauR 1973, 110 = NJW 1973, 368 = VersR 1973, 279 = SFH Z 2.413 Bl. 51 = MDR 1973, 307 = BB 1973, 309 = LM VOB/B Nr. 58 = BlGBW 1973, 200 = MDR 1973, 923 = LM VOB/B Nr. 63 Anm. Schmidt = WM 1973, 394). Im Zweifel kann die erforderliche Einordnung auch anhand technischer Regeln, wie z. B. die DIN-Vorschriften des Teils C, vorgenommen werden. Eine **Abnahme- oder Teilabnahmefähigkeit** der erbrachten Teilleistung wird dagegen **nicht** vorausgesetzt (OLG Köln SFH § 7 VOB/B Nr. 2). **Anders** kann es allerdings liegen, wenn die entsprechenden Vorkehrungen **nicht als Bauhilfsmittel** anzusprechen sind, sondern **vorrangig im Interesse des Auftraggebers an einer ungehinderten Durchführung der Baumaßnahme** überhaupt liegen, wie z. B. bei den in dieser Hinsicht eine Dauerfunktion ausübenden Bauzäunen auf Großbauobjekten, die sie vor Beschädigung oder Zerstörung durch Dritte, insbesondere vor Gewaltanschlägen, schützen sollen (Rutkowsky NJW 1988, 1761, 1762).

Die gegenteilige Ansicht von Ursprung (BauR 1972, 341), der auch noch nicht in das Bauwerk eingegangene Leistungen in den Begriff „ausgeführte Leistungen" mit einbeziehen will, überzeugt nicht, da er den sich aus Teil A § 1 ergebenden Leistungsbegriff verkennt; außerdem ist nicht anzunehmen, daß die VOB gegenüber der gesetzlichen Regelung des § 644 BGB eine weitere Änderung hat schaffen wollen, als sich aus ihrem ohnehin eng auszulegenden Wortlaut in Teil B § 7 ergibt. Entgegen Schmalzl (BauR 1972, 276, 278 f.) ist es ebenfalls nur folgerichtig, **Arbeitsleistungen,** die sich als materieller Leistungserfolg am Bauwerk und damit in der als **Erfolg geschuldeten vertraglichen Leistung noch nicht niedergeschlagen** haben, wenn sie also auch noch den Vorbereitungsarbeiten zugehörig sind, ebenfalls als vom vorzeitigen Gefahrübergang nicht betroffen anzusehen; deshalb wird z. B. der Arbeitsaufwand für durch höhere Gewalt zerstörte Gerüste und Schalungen nicht von dem vorzeitigen Übergang der Vergütungsgefahr erfaßt (BGH a. a. O.). So folgerichtig auch Nr. 1. VHB zu Teil B § 7.

E. Abgrenzung der Gefahrtragung zur Haftung, Gewährleistung und Leistungsverzögerung

I. Gefahrtragung und Haftung

13 Ein wesentlicher **Unterschied** besteht **zwischen** den Begriffen der **Gefahr und** der **Haftung**, die in Teil B § 10 ihre Regelung gefunden hat. Fragen der **Gefahrtragung** treten **nur** auf, wenn weder der eine noch der andere Vertragsteil für die **vor Abnahme** aufgetretene Beschädigung oder Zerstörung im Sinne eines **Vertretenmüssens** (Verschuldens) einzutreten hat. Die **Haftung** kommt dagegen in Betracht, wenn einer der Vertragspartner oder ein Dritter wegen des Vertretenmüssens (Verschuldens) den eingetretenen Schaden zu tragen hat. Daraus ergibt sich zugleich, daß bei der Haftung grundsätzlich die Möglichkeit des Schadensersatzbegehrens für die erlittene Beschädigung oder Zerstörung gegeben ist, während diese Frage bei der Gefahrtragung auszuscheiden hat. Hier kann es nur darum gehen, ob der Auftragnehmer den Schaden durch Wiederholung der zerstörten oder beschädigten Leistung **hinnehmen** muß, **ohne** hierfür vom anderen Vertragspartner eine zusätzliche **Vergütung** verlangen zu können. Dazu im einzelnen zutreffend Kaiser, Festschrift Korbion, S. 197, 198 ff.

II. Gefahrtragung und Gewährleistung

14 Begrifflich zu unterscheiden ist auch zwischen der Gefahrtragung und der **Gewährleistung**. Die Gewährleistung beinhaltet die Frage, wer – grundsätzlich nach Abnahme – für einen Mangel der erbrachten Leistung einzustehen hat. Das Gewährleistungsrecht regelt lediglich einen Ausschnitt aus dem Gesamtkomplex der Haftung der Vertragsparteien. Dazu ebenfalls zutreffend Kaiser a. a. O.

15 **Demgemäß zusammengefaßt:** Wird die Leistung durch einen **abwendbaren,** also vom Auftragnehmer oder vom Auftraggeber **zu vertretenden Umstand** fehlerhaft ausgeführt oder beschädigt oder zerstört, so liegt **nicht** ein Gefahrtragungstatbestand des § 7 VOB/B vor, sondern es greifen die Grundsätze der Mängelbeseitigung nach § 4 Nr. 7 VOB/B, für die Zeit nach der Abnahme die der Gewährleistung nach § 13 Nr. 5–7 VOB/B oder für die Frage der sonstigen Haftung die in § 10 Nr. 1 VOB/B enthaltene Generalklausel ein.

III. Gefahrtragung und Leistungsverzögerung

16 Der Hauptunterschied zwischen Teil B § 6 und Teil B § 7 besteht darin, daß sich § 6 mit der Leistungsseite bei aufgetretenen Leistungsstörungen infolge von Behinderungen oder Unterbrechungen der ordnungsgemäßen Bauausführung befaßt, während § 7 die Frage der Vergütung zum Gegenstand hat. Daraus ergibt sich, daß beide Regelungen sich tatbestandsmäßig nicht überschneiden und unabhängig voneinander zur Anwendung gelangen, also keine der beiden die andere ausschließt. Sie können somit in ein und demselben Fall nebeneinander zur Anwendung kommen.

F. Höhere Gewalt, Krieg und andere unabwendbare Umstände

I. Allgemeines

17 Die besondere und von der gesetzlichen Regelung des § 644 BGB teilweise abweichende Bestimmung (Teil B § 7) findet sich im folgenden:

Wird die Leistung vor der Abnahme durch **höhere Gewalt, Krieg, Aufruhr** oder andere **unabwendbar** vom Auftragnehmer nicht zu vertretende **Umstände** beschädigt oder zerstört, hat dieser für die ausgeführten Leistungen die Ansprüche nach Teil B § 6 Nr. 5; für andere Schäden besteht keine gegenseitige Ersatzpflicht. Dies hat nach den einzelnen Tatbestandsmerkmalen Ähnlichkeit mit Teil B § 6 Nr. 2 Abs. 1 b und c. Die beiden Vorschriften ergänzen sich auch. Teil B § 6 Nr. 2 behandelt Fragen der **zeitlichen Festlegung der Leistungspflicht** des Auftragnehmers, während Teil B § 7 sich mit der **Gegenleistung (Vergütung)** bei gleichen Tatbestandsmerkmalen auseinandersetzt.

II. VOB-Regelung

§ 644 Abs. 1 BGB macht den Unternehmer für den zufälligen Untergang, die zufällige Beschädigung sowie die zufällige Verschlechterung der Leistung verantwortlich. Ausnahmen sind nach Satz 2 nur der Annahmeverzug des Bestellers sowie nach Satz 3 der zufällige Untergang oder die zufällige Verschlechterung des vom Besteller gelieferten Stoffes. Diese Ausnahmen gelten ebenso wie § 645 BGB (vgl. dazu Rdn. 9 f.) auch beim VOB-Betrag, weil sie durch Teil B § 7 weder eingeengt noch ausgeschlossen sind. 18

Unter Berücksichtigung der besonderen Verhältnisse im Bauwesen hat die VOB darüber hinaus eine von der gesetzlichen Vorschrift **abweichende Regelung** getroffen, die sich **aus Treu und Glauben** ergibt. Im Gegensatz zu den sonstigen Werkleistungen, die das Gesetz in den §§ 631 ff. BGB auch regelt, wohnt den Bauleistungen die Besonderheit inne, daß sie bei der Erstellung wesentlich schlechter vor Beschädigungen oder Zerstörungen zu schützen sind als andere Werkleistungen, die in Betriebsräumen gefertigt werden. Daher entlasten die Allgemeinen Vertragsbedingungen unter gewissen Voraussetzungen den Auftragnehmer von der Verantwortung. Gründe der **Billigkeit** haben zu dieser festumrissenen **Ausnahme** geführt. Es sind dies höhere Gewalt, Krieg, Aufruhr oder andere vom Auftragnehmer nicht zu vertretende Umstände. Eine weitere Ausnahme ergibt sich nach der Rechtsprechung für den Bereich des BGB-Werkvertrages auch dann, wenn die Bauleistung durch eine **Handlung des Bestellers,** die eine Gefährdung des Werks mit sich gebracht hat, vor der Abnahme untergegangen (wie z. B. durch Selbstentzündung des vom Besteller in eine neuerrichtete, noch nicht abgenommene Scheune eingebrachten Heues) oder verschlechtert worden ist. Dann kann der Unternehmer einen der geleisteten Arbeit entsprechenden Teil der Vergütung beanspruchen (BGH NJW 1963, 1824 = LM BGB § 645 Nr. 1 Anm. Rietschel = BGHZ 40, 71 = SFH Z 2.413 Bl. 25 = BB 1963, 956). Vgl. dazu Rdn. 9 f. Das gilt **auch** im Rahmen des Bauvertrages nach der **VOB.** Dabei ist allerdings für die Berechnung der Vergütung des Auftragnehmers nicht § 645 BGB, sondern gemäß der vertraglichen Bestimmung in § 7 die in **§ 6 Nr. 5** enthaltene Regelung **maßgebend.** 19

Die VOB mußte es im Rahmen von Teil B § 7 bei einer generellen Regelung belassen. Etwaige im Einzelfall notwendige abweichende vertragliche Vereinbarungen sind im Rahmen Besonderer Vertragsbedingungen zu treffen, wie Teil A § 10 Nr. 4 Abs. 2 ergibt (vgl. auch BGHZ 61, 144 = BauR 1973, 317 = BB 1973, 1047 = NJW 1973, 1698 = SFH Z 2.413 Bl. 56 = VersR 1973, 1143 = Betrieb 1973, 1794 = BlGBW 1974, 18 = MDR 1973, 923 = LM VOB/B Nr. 63 Anm. Schmidt = WM 1973, 394). 20

III. Begriffsbestimmungen

1. Über den **Begriff der höheren Gewalt** vgl. Teil B § 6 Nr. 2 c sowie die einschlägigen Kommentierungen zum BGB. Die in Teil B § 6 Rdn. 47 angeführte Begriffsbestimmung ist auch zur Auslegung der höheren Gewalt i. S. von Teil B § 7 heranzuziehen (BGH BlGBW 1962, 59, 60 = NJW 1962, 390 = VersR 1962, 159 = SFH Z 2.413 Bl. 18 ff.). Die Begriffe **Krieg und Aufruhr** sind eindeutig. In letzterer Hinsicht vgl. auch §§ 113 f., vor allem § 125 StGB. 21

22 **2. Andere unabwendbare, vom Auftragnehmer nicht zu vertretende Umstände** können vielgestaltig sein (vgl. auch Teil B § 6 Rdn. 48). Voraussetzung ist, daß das Ereignis **in seiner Entstehung** nicht auf das Verschulden (§ 276 BGB) und/oder ein sonstiges Vertretenmüssen des Auftragnehmers in dem ihm zuzuordnenden Risikobereich zurückzuführen ist. Es genügt deshalb nicht schon zur Entlastung des Auftragnehmers, daß Umstände vorliegen, die er nicht zu vertreten hat; vielmehr muß es sich um **unabwendbare** Umstände handeln (BGH VersR 1968, 991 = MDR 1968, 833 = WM 1968, 1017 = Betrieb 1968, 1399 = BB 1968, 889 = LM VOB/B Nr. 31 = SFH Z 2.413 Bl. 34 ff.). Der Unterschied zur höheren Gewalt liegt im wesentlichen darin, daß hier ein **betriebsfremder Charakter nicht gefordert** wird (BGH in der im vorangehenden Absatz zitierten Entscheidung). Dieser Begriff setzt aber, und das hat er mit dem Begriff der höheren Gewalt gemeinsam, ebenfalls Ereignisse voraus, die nach menschlicher Einsicht und Erfahrung in dem Sinne unvorhersehbar sind, daß sie oder ihre Auswirkungen **trotz Anwendung wirtschaftlich erträglicher Mittel durch die äußerste nach der Sachlage zu erwartende Sorgfalt nicht verhütbar oder in ihren Wirkungen bis auf ein erträgliches Maß unschädlich zu machen sind** (BGH a. a. O.). Man wird im allgemeinen die Fälle unter diesen Begriff bringen können, die in Teil B § 6 Nr. 2 b genannt sind. Entgegen der Ansicht des LG Köln (SFH Z 2.413 Bl. 49) reicht es für die Annahme eines unabwendbaren Umstandes nicht allein schon aus, daß die Grenzen der Erhaltungspflicht nach Teil B § 4 Nr. 5 VOB/B überschritten sind, da ein unabwendbarer Umstand nur unter wesentlich strengeren Anforderungen gegeben sein kann, zumal für die in Teil B § 7 Nr. 1 geregelte Preisgefahr durchaus auch die Frage der Zumutbarkeit zur Versicherung der Leistung eine Rolle spielen kann. **Vgl. zur Abgrenzung hier vor allem Teil B § 6 Rdn. 47.** Unabwendbarer Umstand kann es z. B. auch sein, wenn ein Arbeiter eines dem Auftragnehmer **nachfolgenden** Unternehmers einen Brand verursacht, da dieser von dem Auftragnehmer im allgemeinen nicht verhindert werden kann, es sei denn, daß im konkreten Fall Brände so häufig sind, daß sie vom Auftragnehmer in Rechnung zu stellen und in Kauf zu nehmen wären (vgl. Weyer BlGBW 1970, 206, 208). Das kann wiederum anders sein, wenn die bisher erbrachten Teilleistungen des Auftragnehmers durch einen Brand zerstört werden, den ein anderer Unternehmer bzw. dessen Arbeitnehmer z. B. durch Schweißarbeiten verursacht hat, **während der Auftragnehmer noch auf der Baustelle arbeitet;** dann bedarf es zur Annahme eines unabwendbaren Umstandes der Darlegung des Auftragnehmers, daß und warum er mit ihm hier zumutbaren Mitteln den Schaden an seiner Teilleistung nicht verhindern konnte (BGHZ 78, 352 = NJW 1981, 391 = BauR 1981, 71 = Betrieb 1981, 261 = JZ 1981, 98 = SFH § 7 VOB/B Nr. 1 = MDR 1981, 309 = BB 1981, 325 = Anm. Girisch LM § 7 VOB/B Nr. 4 = Anm. Liesegang BauR 1981, 196 = ZfBR 1981, 25). Unabwendbarer Umstand kann auch ein mit der äußersten Sorgfalt nicht zu erwartender und daher nicht abwendbarer Wassereinbruch auf der Baustelle sein (OLG Köln SFH § 7 VOB/B Nr. 2). Im Einzelfall – jedoch als eine unter strengen Anforderungen zu beurteilende Ausnahme – kann die Sicherung der erbrachten, jedoch noch nicht abgenommenen Leistung für den Auftragnehmer unzumutbar und daher eine Beschädigung oder ein Verlust von Leistungsteilen ein unabwendbarer Umstand sein. Das kann zutreffen, wenn es auf einer unübersichtlichen, vom Auftragnehmer auch unter erheblichen Anforderungen nicht abzusichernden Großbaustelle wiederholt zu Diebstählen von durch ihn eingebauten Bauteilen kommt (zu weitgehend hier wohl OLG Köln OLGZ 1975, 42). Vgl. dazu Rdn. 27 f.

23 Ob ein **unabwendbarer Umstand** vorliegt, ist **einheitlich zu beurteilen;** eine Aufspaltung in einen vorhersehbaren und nicht vorhersehbaren Teil scheidet grundsätzlich aus, sofern es sich um ein zeitlich einheitliches und unaufteilbares Ereignis handelt (BGHZ 61, 144 = BauR 1973, 317 = BB 1973, 1047 = NJW 1973, 1698 = SFH Z 2.413 Bl. 56 = VersR 1973, 1143 = Betrieb 1973, 1794 = BlGBW 1974, 18 = MDR 1973, 923 = LM VOB/B Nr. 63 Anm. Schmidt = WM 1973, 394). Das gilt vornehmlich für Witterungseinflüsse (a. a. O.).

24 **3. Die Witterungseinflüsse** haben als unabwendbarer Umstand **auszuscheiden,** soweit sie

von Teil B § 6 Nr. 2 Abs. 2 erfaßt werden (vgl. dazu Teil B § 6 Rdn. 49 ff.). Dabei kommt es nicht zuletzt auch auf die **Art der Leistung** an. So sind z. B. Regenfälle zwar keine sich aus dem Baubetrieb selbst ergebenden Ereignisse; ebensowenig haben sie ihren Grund im Betrieb selbst und seinen Einrichtungen (vgl. RGZ 95, 64, 66). Andererseits sind sie bei stärkerem Auftreten geeignet, die Leistung zu beschädigen. Gleichwohl stellen sie z. B. eine für den Rohrleitungsbau im offenen Gelände typische Schadensursache dar, und gerade deshalb können sie in der Regel weder als höhere Gewalt noch als ein unabwendbarer Umstand i. S. v. Teil B § 7 angesehen werden (BGH a. a. O.). Ein Sturm in der Windstärke 9 ist auch im Rheinland im November nicht ungewöhnlich; zu den Pflichten eines Dachdeckermeisters gehört es, durch geeignete Maßnahmen auch bei Beendigung einer Teilleistung die Schutzvorkehrungen zu treffen, die ein Abreißen der Dachhaut durch Windsog verhindern (OLG Köln VersR 1973, 43). Gehen die Witterungseinflüsse über den angegebenen Rahmen hinaus, kann entweder höhere Gewalt oder ein anderer unabwendbarer Umstand in Betracht kommen. Insofern ist es darauf abzustellen, ob es sich um Einflüsse handelt, die nach den allgemeinen, auch den meteorologischen Erfahrungen an dem Ort der zu erbringenden Bauleistung sowie nach der jeweiligen Jahreszeit in den eingetretenen Auswirkungen zu erwarten waren (Orkane, außergewöhnliches Hochwasser in einer sonst trockenen Jahreszeit, starkes Gewitter im Winter usw.). Darüber hinaus ist auch von **unabwendbaren Umständen** zu sprechen, wenn die Vorkehrungen zur Verhinderung der durch sie auftretenden Schäden sehr kostspielig sind und einen Aufwand erfordern, der zu dem Wert der vertraglichen Leistung in keinem auch nur annähernd vertretbaren Verhältnis steht. Diese Grundsätze gelten auch für Vorkommnisse, die in ihren Voraussetzungen und Auswirkungen den Witterungseinflüssen gleichliegen, wie z. B. Erdbeben.

IV. Benachrichtigungspflicht

Der Auftragnehmer ist verpflichtet, den **Auftraggeber** von dem Eintritt der in § 7 genannten Ereignisse zu **benachrichtigen,** falls die Kenntnis des Auftraggebers nicht als gegeben vorausgesetzt werden kann und damit Offenkundigkeit vorliegt. Die Benachrichtigungspflicht ergibt sich aus der vertraglichen **Fürsorgepflicht als Ausfluß von Treu und Glauben.** Falls möglich, hat der Auftragnehmer den Auftraggeber bereits zu benachrichtigen, wenn das **schadenbringende Ereignis droht.** Damit verbunden ist die Pflicht, im Rahmen des Zumutbaren alles zu tun, um den **Schaden** entweder doch noch **abzuwenden** oder ihn zumindest möglichst **gering** zu **halten.** Werden diese Pflichten verletzt, wird man von einer **positiven Vertragsverletzung** des Auftragnehmers sprechen müssen, die ein Nichtvertretenmüssen im Sinne von § 7 ausschließt und damit die Gefahrtragung auf seiten des Auftragnehmers beläßt, wie dies § 644 BGB entspricht.

V. Beweislast

Der **Auftragnehmer** ist sowohl hinsichtlich des Eintritts eines der in § 7 genannten Ereignisse als auch dazu, daß er es nicht zu vertreten hat, im Streitfalle **beweispflichtig** (ebenso BGH VersR 1968, 991 = MDR 1968, 833 = WM 1968, 1017 = Betrieb 1968, 1399 = BB 1968, 889 = LM VOB/B Nr. 31 = SFH Z 2.413 Bl. 34 ff.). Das ergibt sich aus dem Grundsatz, daß er bis zur Abnahme des vertragsgemäß errichteten Bauwerks die Beweislast für die vertragsmäße Erfüllung hat, es sich außerdem hier um eine **Ausnahmeregelung** handelt.

VI. Zerstörung oder Beschädigung der Leistung

Weitere Voraussetzung ist, daß die **Leistung zerstört oder beschädigt** wird. Dabei muß von der vertraglich geschuldeten Bauleistung ausgegangen werden, die bis zum Eintritt des schädigenden Ereignisses ganz oder teilweise bereits errichtet worden ist. Dazu zählen auch zunächst eingebaute und vor Eintritt des beschädigenden oder zerstörenden Ereignisses zwecks Anbringung des Anstrichs wieder abgenommene Heizkörper (BGH VersR 1968, 991 = MDR 1968, 833 = WM 1968, 1017 = Betrieb 1968, 1399 = BB 1968, 889 = LM VOB/B Nr. 31 = SFH Z 2.413 Bl. 34 ff.). Vgl. auch Rdn. 11 f.

28 Zur Zerstörung oder Beschädigung zählt begrifflich **auch der Diebstahl.** Der Auftragnehmer ist gegen Diebstahlsgefahr ebenso zu schützen wie gegen die Gefahr einer Beschädigung oder Zerstörung. Andererseits fordert es das Interesse des Auftraggebers, daß auch bei Diebstahl die Gefahrtragung dem Auftragnehmer ausnahmsweise nur abgenommen wird, wenn er den strengen Anforderungen des § 7 genügt hat (BGH a. a. O.). Vgl. dazu Rdn. 21 ff.

VII. Gefahrübergang

29 Sind alle vorgenannten Voraussetzungen gegeben, so liegt über § 644 BGB hinaus die **Gefahrtragung** für den Untergang, die Beschädigung oder Verschlechterung der Bauleistung **beim Auftraggeber.** Er wird von seiner **Vergütungspflicht nicht befreit** und muß dem Auftragnehmer die bis dahin geschuldete Vergütung bezahlen, ohne einen Leistungswert hierfür erhalten zu haben. Die Vergütung berechnet sich nach Teil B § 6 Nr. 5. Maßgebend sind die Werte der bereits erstellten Leistungen nach dem Maßstab der hierfür **festgelegten oder der üblichen (§ 632 Abs. 2 BGB) Vertragspreise.** Auch sind die in Teil B § 6 Nr. 5 genannten Kosten hinzuzuzählen, die hinsichtlich der noch nicht erstellten Leistungen bereits entstanden und nicht in den Vertragspreisen der beschädigten oder zerstörten Leistung enthalten sind. Ein **Unterschied zu Teil B § 6 Nr. 5** liegt darin, daß für die Neuerrichtung bzw. **Wiederherstellung der beschädigten oder zerstörten Leistungsteile eine erneute Vergütung an den Auftragnehmer nach Teil B § 2 Nr. 6** zu zahlen ist (BGHZ 61, 144 = BauR 1973, 317 = BB 1973, 1047 = NJW 1973, 1698 = SFH Z 2.413 Bl. 56 = VersR 1973, 1143 = Betrieb 1973, 1794 = BlGBW 1974, 18 = MDR 1973, 923 = LM VOB/B Nr. 63 Anm. Schmidt = WM 1973, 394), und zwar auf der Basis der Vertragspreise, falls eine anderweitige vertragliche Abmachung vor Beginn der Neuausführung oder Neuerrichtung nicht getroffen wird (a. A., jedoch ohne sachlich einleuchtenden Grund, Duffek, BauR 1975, 22, 24 f.).

30 Soweit Stoffe oder Bauteile zerstört oder beschädigt werden, die noch nicht eingebaut oder verwertet sind, kann eine Entschädigung im Rahmen von Teil B § 7 nicht verlangt werden (vgl. Rdn. 11 f.).

31 Der nach Teil B § 6 Nr. 5 ausgerichtete **Zahlungsanspruch** des Auftragnehmers besteht **in voller Höhe;** eine entsprechende Anwendung des **§ 254 BGB scheidet aus,** da hier von einer Mitverursachung durch den Auftragnehmer nicht die Rede sein kann (BGH a. a. O.).

G. Keine gegenseitige Ersatzpflicht für andere Schäden

32 Nach § 7 letzter Halbsatz besteht **für andere Schäden keine gegenseitige Ersatzpflicht.** Damit ist zum Ausdruck gebracht, daß in allen Fällen, die von § 7 als **Ausnahmetatbestand nicht erfaßt** werden, die gesetzliche Gefahrtragungsregelung des § 644 BGB gilt. Dies ergibt sich auch aus Teil B § 12 Nr. 6. Das bedeutet, daß grundsätzlich die **Leistungsgefahr beim Auftragnehmer bis zur Abnahme** oder bis zur Vollendung des Werkes, falls eine Abnahme nach der Beschaffenheit nicht möglich ist (§ 646 BGB), verbleibt. Nur soweit § 7 reicht, kommt eine Abweichung von der gesetzlichen Regelung in Betracht.

33 Aber auch nach dem BGB – daher entsprechend auch bei der VOB – gibt es einen Gefahrübergang zugunsten des Auftragnehmers vor der Abnahme, wenn z. B. der **Auftraggeber in**

Annahmeverzug geraten ist, § 644 Abs. 1 Satz 2 BGB. Des weiteren dann, wenn es sich um **Stoffe oder Bauteile** handelt, die **vom Auftraggeber geliefert oder bereitgestellt** worden sind, § 644 Abs. 1 Satz 3 BGB, sofern zufälliger Untergang oder zufällige Verschlechterung eingetreten ist. Andererseits trägt der Auftragnehmer auf jeden Fall die Gefahr für von ihm beschaffte Stoffe oder Bauteile, die noch nicht zum Einbau oder zur Verwertung gelangt sind.

Sofern der Auftragnehmer noch die Leistungsgefahr trägt, kann er sich gegebenenfalls **bei einem Dritten als Schädiger für die Zeit vor der Abnahme aus Besitzverletzung schadlos halten,** und zwar in Höhe der Wiederherstellungskosten, wenn davon auszugehen ist, daß er im Rahmen der auszuführenden Baumaßnahme die unmittelbare Sachherrschaft über den betreffenden Baustellenbereich hat und – was regelmäßig anzunehmen ist – der Besitz mit der Verantwortung für die Sachsubstanz verbunden ist (vgl. BGH NJW 1984, 2569 = MDR 1984, 1005 = LM 823 [Ac] BGB Nr. 37 für den Fall der Beschädigung einer im Bau befindlichen Uferwand aus Spundbohlen durch Verschulden der Besatzung eines Schiffes). 34

H. Abweichende Vertragsbestimmungen

Die aufgezeigten Folgen setzen voraus, daß die Vertragspartner die Allgemeinen Vertragsbedingungen zum Vertragsinhalt machen. **Abweichende Bestimmungen im Vertrag sind möglich.** Diese können einmal dahin gehen, § 7 ganz auszuschließen, so daß § 644 BGB in vollem Umfang zur Anwendung kommt. Sie können aber auch beinhalten, daß § 7 **individualvertraglich** eingeschränkt oder erweitert wird. Solche Vereinbarungen sind in Teil A § 10 Nr. 4 Abs. 2 für die Vertragsverhandlungen vorgesehen, indem für Besondere Vertragsbedingungen Regelungen über die Verteilung der Gefahr bei Schäden angeregt werden, die durch Hochwasser, Sturmfluten, Grundwasser, Wind, Schnee, Eis und dergleichen entstehen können. Hierzu kann in Einzelfällen ein Bedürfnis bestehen, was sich nach den örtlichen und jahreszeitlichen Gegebenheiten richtet. Soweit der Auftragnehmer kraft vertraglicher Regelung über die in § 7 genannten Grenzen hinaus von der Gefahrtragung befreit und eine besondere Vergütungsregelung für diese Fälle nicht getroffen worden ist, kommt auch insoweit **Teil B § 6 Nr. 5 entsprechend** zur Anwendung. 35

Sofern das **AGB-Gesetz** Anwendung findet, vor allem im Bereich **Zusätzlicher Vertragsbedingungen** (vgl. Teil A § 10 Rdn. 77 ff.), ist eine **Erweiterung der Gefahrtragungsregelungen über die §§ 644, 645 BGB hinaus grundsätzlich als Verstoß gegen § 9 AGB-Gesetz anzusehen,** da diese gesetzlichen Bestimmungen bereits das dem Auftragnehmer äußerst Zumutbare beinhalten. So geht es nicht an festzulegen, daß der Auftragnehmer die Gefahr noch bis zur behördlichen Bauabnahme trage. Insoweit kann auch § 10 Nr. 1 AGB-Gesetz zum Tragen kommen, weil diese Klausel den Gefahrübergang auf unbestimmte Zeit verschieben kann, was insbesondere bei Subunternehmerverträgen zutreffen kann (zutreffend Frikell/Glatzel/Hofmann K 7.7 f.). 36

J. Feuerversicherung

Die in der VOB-Fassung von 1952 enthalten gewesene Nr. 2 des § 7, die sich mit der Pflicht des Auftragnehmers zur Versicherung gegen Feuergefahr befaßte, wurde in der Fassung 1973 mit der Begründung gestrichen, nach den jetzt geltenden Versicherungsbestimmungen sei dem **Auftraggeber** im Rahmen der damals so genannten Bauwesenversicherung (jetzt Bauleistungsversicherung) auch der **Abschluß einer Feuerversicherung** möglich. Die dagegen im Bauvertrag **dem Auftragnehmer** auferlegte Verpflichtung zum Abschluß einer Bau- 37 leistungsversicherung beinhaltet aber nicht schon ohne weiteres die Pflicht, eine Feuerversicherung hier einzubeziehen; vielmehr bedarf es dazu einer ausdrücklichen vertraglichen Vereinbarung (vgl. OLG Hamm BauR 1980, 275). Der Schutz der Gebäudefeuerversicherung des Auftraggebers erstreckt sich im Rohbaustadium nicht auf den Auftragnehmer, wenn dieser den Feuerschaden fahrlässig verursacht hat (vgl. dazu Braun VersR 1987, 1162).

K. Bauleistungsversicherung

38 Durch eine **Bauleistungsversicherung** können von Baubeginn bis zur Abnahme die Bauleistungen gegen unvorhergesehene Beschädigungen oder Zerstörungen versichert werden. Dabei kann Versicherungsnehmer sowohl der Auftraggeber als auch der Auftragnehmer sein. Hierzu ist – weil über den Rahmen dieses Kommentars hinausgehend – zur Übersicht ganz besonders auf Littbarski, Haftungs- und Versicherungsrecht im Bauwesen, dort vor allem Rdn. 647 ff.; sowie auf Klingmüller, Schriftenreihe der Deutschen Gesellschaft für Baurecht e. V., Bd. 4 S. 29 ff. sowie auf Möller, Aktuelle Probleme der Bauleistungsversicherung, VW 1979, 1138 hinzuweisen. Besonders wichtig ist hier die umfassende Arbeit von Thürmann zum Sachschadenbegriff in der Bauleistungsversicherung, die sich insbesondere mit der Abgrenzung zu der Frage von Leistungsmängeln befaßt; dazu ferner Beigel BauR 1987, 148. Siehe ferner Wäldner „Funktionale Grundbegriffe der Bauleistungsversicherung im Hinblick auf moderne Unternehmereinsatzformen", Beiträge zum Privat- und Wirtschaftsrecht, Heft 39, Verlag Versicherungswirtschaft e. V., Karlsruhe.
Nach Nr. 2. VHB zu Teil B § 7 wird allerdings der Abschluß einer das Bauherrenrisiko abdeckenden Bauleistungsversicherung wegen des Grundsatzes der sogenannten Selbstversicherung abgelehnt.

39 Ziff. 2 Nr. 1 der Allgemeinen Bedingungen für die Bauwesenversicherung von Gebäudeneubauten durch Auftraggeber (ABN) verstößt nicht gegen § 3 oder § 9 AGB-Gesetz (BGH NJW 1984, 47 = VersR 1983, 821 = ZfBR 1983, 235). Der Begriff „unvorhergesehen" ist im Rahmen der technischen Versicherungen so auszulegen, daß „unvorhergesehen" mit „unvorhersehbar" gleichgesetzt werden muß; dabei ist auf das Verschulden des Versicherungsnehmers oder seines Repräsentanten abzustellen (OLG Hamm VersR 1988, 731).

Die sogenannte Pfuscharbeit, also die mit Ausführungsmängeln behaftete Leistung des Auftragnehmers, wird von der Bauleistungsversicherung nicht abgedeckt (siehe dazu Wussow IB 1964, 6; auch Booz BauR 1981, 107). Vgl. insoweit vor allem auch BGH VersR 1976, 676 sowie besonders BGHZ 75, 50 = VersR 1979, 853 = BauR 1979, 534 = NJW 1979, 2404 = SFH § 13 Ziff. 7 VOB/B Nr. 6 = MDR 1980, 43 = LM BauwesenVers. Allg. Nr. 2 = ZfBR 1979, 243 (letztere Entscheidung in jedenfalls teilweiser Abweichung von OLG Karlsruhe VersR 1978, 337) hinsichtlich der §§ 2, 3 der AVB für die früher so genannte Bauwesenversicherung von Wohngebäuden (1954): Der Deckungsumfang der Bauwesenversicherung betrifft Sachschäden an der Bauleistung, nicht dagegen Leistungsmängel, die sich erst bei der Erbringung der Leistung ergeben, so daß der Sachschaden nur an einer bereits bestehenden Sache entstehen kann, sofern es sich um eine Einwirkung von außen handelt. Ferner ist nach der zuletzt genannten Entscheidung des BGH festzuhalten: Anders als die Haftpflichtversicherung deckt die Bauwesenversicherung (jetzt Bauleistungsversicherung) nach ihrem Sinn und Zweck nicht die Folgen eines in die Versicherungszeit fallenden, haftbar machenden Ereignisses. Sie gewährt vielmehr Schutz gegen Beschädigung oder Zerstörung, regelmäßig beschränkt auf den Zeitraum der Erstellung der Bauleistung, also bis zur Abnahme oder zum Ablauf einer vereinbarten Nachfrist; versichert wird die Zeit einer erhöhten Schadensanfälligkeit während des Herstellungsprozesses. Eine Wasserhaltungsanlage beim Bau einer U-Bahn ist ebenso wie die Herstellung der Baugrube eine Bauleistung, zumindest als erforderliche Nebenarbeit; nicht ist sie hingegen als nichtversichertes Gerät einzustufen (BGH BauR 1985, 349 = VersR 1985, 656 = SFH § 13 Nr. 7 VOB/B Nr. 5 = LM BauwesenVers. Allgemein Nr. 3 = ZfBR 1985, 136). Die Herstellung einer Stahlbetondecke bildet eine einheitliche Teilbauleistung i. S. des § 2 Nr. 1 ABN; beschädigt der Rohbauunternehmer beim Einfüllen oder Rütteln des Betons die von ihm verlegte Bewehrung, so daß diese nach Abnahme der

Verschalung an der Unterseite freiliegt, hat der Bauherr keinen Anspruch auf Versicherungsschutz nach § 2 Nr. 1 ABN; es liegt vielmehr ein typischer Baumangel vor, für den nach § 2 Nr. 3 a ABN keine Entschädigung geleistet wird (OLG Frankfurt VersR 1984, 1057).

Eine Bauleistungsversicherung umfaßt grundsätzlich auch die Kosten der Schadensbeseitigung, die nicht körperlich an der beschädigten Sache vorgenommen wird, sondern die durch äquivalente Maßnahmen die Funktion der beschädigten Sache mit geringeren Aufwendungen wiederherstellt; die Kosten von Vor- und Nacharbeiten, die notwendig sind, um Reparaturen an der beschädigten Sache durchzuführen und den Ausgangszustand wiederherzustellen, gehören grundsätzlich jedenfalls dann zur versicherten Schadensbeseitigung, wenn die Arbeiten sich auf Teile der insgesamt versicherten Bauleistung beziehen, wie z. B. den Abbruch und die Wiederherstellung einer anderen Teil-Bauleistung (BGHZ 75, 62 = VersR 1979, 856 = BauR 1979, 539 = NJW 1979, 2406 = SFH § 13 Ziff. 7 VOB/B Nr. 5 = MDR 1980, 44 = ZfBR 1979, 246 = LM BauwesenVers. Allg. Nr. 1). 40

Ein die Verpflichtung zur unverzüglichen Anzeige auslösender Schadensfall liegt bei der Bauwesenversicherung (Bauleistungsversicherung) bereits vor, wenn ein **möglicherweise** unter die Versicherung fallendes schädigendes Ereignis – wie Beeinträchtigung einer Baustelle durch anormale Witterungseinflüsse – eintritt (LG Kaiserslautern VersR 1965, 278). Die Frist für die Anzeige des Versicherungsfalles beträgt höchstens ein bis zwei Wochen ab Kenntnis; dabei ist die Kenntnis eines für die Regelung des versicherungsrechtlichen Verhältnisses bestellten Vertreters dem Versicherungsnehmer zuzurechnen (OLG Frankfurt VersR 1982, 1065). 41

Zum Versicherungsschutz für den Bauherrn bei „Diebstahl" – Demontage bereits eingebauter Bauteile – durch den Auftragnehmer Martin VW 1975, 104. Über die Haftpflichtversicherung der Baubeteiligten vgl. Schmalzl BauR 1981, 505. Zur Versicherung von Bau- und Montagerisiken im internationalen Wirtschaftsverkehr nach dem Recht der DDR Schulze VersR 1985, 1020. 42

L. Montageversicherung

Von Bedeutung ist auch die **Montageversicherung.** Dazu grundlegend Kommentar von Martin; ferner ders. VW 1972, 440 und 492 sowie Ollick, VerBAV 1972, 110. 43

Vorbemerkung vor §§ 8 und 9
(Kündigung, Rücktritt, Auflösung des Vertrages)

Inhaltsübersicht

	Rdn.
I. Die Kündigung des Bauvertrages	1–9
1. Wirkung der Kündigung	1–4
2. Teil B §§ 8 und 9 sind keine abschließenden Regelungen	5–9
a) § 650 BGB	6–7
b) Empfindliche Störung des Vertrauensverhältnisses	8–9
II. Unmöglichkeit, Rücktritt vom Bauvertrag, Anfechtung, Aufhebung	10–21
1. Rücktritt bei Unmöglichkeit der Leistung – Abgrenzung	11–15
a) Nachträgliche Unmöglichkeit, Schadensersatz wegen Nichterfüllung	12–13
b) Anfängliche Unmöglichkeit	14–15
2. Rücktritt bei Änderung oder Wegfall der Geschäftsgrundlage	16
3. Anfechtung des Bauvertrages	17
4. Einverständliche Vertragsaufhebung	18–21

III. Keine anderen gesetzlichen Aufhebungsmöglichkeiten 22–38
1. Kein Rücktritt wegen Schuldnerverzuges 23
2. Grundsätzlich kein vertragliches Rücktrittsrecht 24–30
3. Kein Rücktritt bei positiver Vertragsverletzung 31–34
4. Grundsätzlich kein Wandelungsrecht des Auftraggebers 35–37
5. Keine Beendigung des Bauvertrages durch Tod eines Vertragspartners . 38

Aufsätze: Schmidt, „Die Kündigung des Bauvertrages nach §§ 8, 9 VOB (Teil B)", MDR 1968, 801 ff.; Jagenburg, „Das Selbsthilferecht des Bauherrn", VersR 1969, 1077; Lindacher, „Definität und Revisibilität der Gläubigerentscheidungen nach § 326 BGB", JZ 1980, 48; Soergel, „Mängelansprüche bei vorzeitiger Vertragsbeendigung wegen höherer Gewalt", Festschrift Korbion, 1986, S. 427 ff.; Werner, „Anwendungsbereich und Auswirkungen des § 650 BGB", Festschrift Korbion, 1986, S. 473 ff.

I. Die Kündigung des Bauvertrages

1 1. §§ 8 und 9 regeln die **Kündigung des Bauvertrages vor Fertigstellung der Leistung** durch einen der beiden Vertragspartner. Nach diesem Zeitpunkt ist eine Kündigung rechtsbegrifflich nicht mehr möglich (BGH BauR 1975, 280 = NJW 1975, 825 = SFH Z 2.510 Bl. 58). Die Kündigung führt zur **Beendigung** des Schuldverhältnisses **für die Zukunft,** RGZ 90, 330; es tritt dadurch also nicht eine rückwirkende Aufhebung des Vertrages ein. **Mit** dem Ausspruch einer **Kündigung** des Bauvertrages **entfällt** die ursprüngliche **vertragliche Bindung** zwischen Auftraggeber und Auftragnehmer **vorzeitig,** so daß das Endziel des Bauvertrages, jedenfalls für das Verhältnis der bisherigen Vertragspartner, in Fortfall kommt. Durch die Kündigung entsteht grundsätzlich ein gegenseitiges Abrechnungsverhältnis, durch das bisher erbrachte Leistungen des Auftragnehmers sowie etwaige Gegenansprüche des Auftraggebers miteinander zu verrechnen sind. Daher endet bei vorzeitiger Kündigung der Bauvertrag nicht erst mit der Abnahme des **gesamten** vertraglichen Werkes durch den Auftraggeber sowie der Zahlung der dafür geschuldeten Vergütung und dem Ablauf der Gewährleistung, sondern vorzeitig durch **einseitige Erklärung des Kündigenden.** Zu **Form und Zugang von Kündigungserklärungen** vgl. Teil B § 8 Rdn. 148 ff. sowie Teil B § 9 Rdn. 48.

2 Die Kündigung ist als **einseitiges Gestaltungsrecht grundsätzlich bedingungsfeindlich.** Ausnahmsweise kann die Kündigung unter einer Rechtsbedingung erfolgen, z. B. der, daß die Voraussetzungen von Teil B § 8 Nr. 4 vorliegen (vgl. dazu Larenz, Lehrbuch, Allgemeiner Teil des Bürgerlichen Rechts, § 25 I).

3 Wichtig ist, daß in der Kündigungserklärung der **Wille,** den **Vertrag vorzeitig beenden zu wollen, zweifelsfrei zum Ausdruck** kommt, was am klarsten durch den Gebrauch des Wortes „Kündigung" erfolgt. Das gilt vor allem auch für Kaufleute, die oftmals ihre eigene Sprachregelung, wie z. B. durch die Worte **„Annullierung", „Stornierung"** und **„Sistierung"** haben. Während die ersten beiden Begriffe im allgemeinen als Ausdruck des Kündigungswillens des Erklärenden aufzufassen sind, und zwar im Zweifel nach Teil B § 8 Nr. 1 (§ 649 BGB), bedeutet der Begriff „Sistierung" grundsätzlich nur das vorübergehende Ruhen eines als solchen fortbestehenden Vertrages (vgl. dazu zutreffend Thamm BB 1975, 1280).

4 **Möglich** ist es auch, nicht den gesamten Vertrag zu kündigen, sondern **für sich abtrennbare Teile des Vertrages** (vgl. dazu auch Teil B § 2 Nr. 4 und § 8 Nr. 3 Abs. 1 Satz 2). In solchen Fällen muß aus der Kündigungserklärung **zweifelsfrei hervorgehen, welcher Teil des Vertrages der Kündigung unterliegen und welcher fortbestehen soll.**

5 2. Teil B §§ 8 und 9 enthält **keine abschließende Aufzählung,** unter welchen Voraussetzungen die **Kündigung** eines nach den Allgemeinen Vertragsbedingungen der VOB ausgerichte-

ten Bauvertrages erfolgen kann. Das ist vom BGH (SFH Z 2.510 Bl. 4 = BB 1958, 9 = NJW 1958, 217 = LM § 325 BGB Nr. 1; SFH Z 2.510 Bl. 25; u. a. auch Anderson BauR 1972, 65) ausdrücklich dahin gehend hervorgehoben worden, daß **Teil B § 8 nicht alle** in der Praxis vorkommenden Kündigungs- und Rücktrittsgründe des Auftraggebers regele.

a) So kommt als **weitere Kündigungsmöglichkeit § 650 BGB** in Frage. Hiernach kann ein Auftraggeber, falls der Auftragnehmer keine Gewähr für die Richtigkeit seines dem Vertrag zugrunde gelegten (vgl. dazu Grimme S. 149 f.) Angebots hinsichtlich des Preises übernommen hat, den Vertrag kündigen, wenn sich ergibt, daß die Bauleistung nicht ohne eine wesentliche Überschreitung des angebotenen Preises ausführbar ist. Der Ausschluß der Gewähr muß dabei hinreichend klar zum Ausdruck gebracht sein, wobei es allerdings genügt, wenn die gewollte Unverbindlichkeit zweifelsfrei verdeutlicht wird, wie z. B. bei genanntem Kostenbetrag handele es sich um einen „ungefähren Richtwert" oder um eine „bloße Kostenschätzung". Ob eine wesentliche Überschreitung eines Kostenanschlags vorliegt, beurteilt sich nach den jeweiligen Gegebenheiten des Einzelfalls. Insofern läßt sich mit Köhler (NJW 1983, 1633, 1634) im Grundsatz nur sagen, daß dies zutrifft, wenn die Überschreitung so wesentlich ist, daß sie einen redlich denkenden Auftraggeber zur Änderung seiner Dispositionen, insbesondere im betreffenden Fall zur Kündigung veranlassen würde (so auch Grimme S. 153 f). Das liegt sicher vor, wenn dem Auftragnehmer Umstände bekannt sind, daß der Auftraggeber an ein bestimmtes Kostenlimit gebunden ist. So ist z. B. eine Überschreitung von mehr als 20 % wesentlich, wenn Auftraggeber ein gemeinnütziger Verein ist, der erklärtermaßen nur über beschränkte Geldmittel verfügt. Überhaupt ist die Frage der wesentlichen Überschreitung nach den Umständen des Einzelfalles zu beurteilen. Im allgemeinen wird die Grenze bei etwa 25 % liegen können, wenn nicht die genannten Umstände vorliegen (vgl. dazu auch Werner, a. a. O., S. 475 f. m. w. N.). **Voraussetzung für eine Kündigung nach § 650 BGB ist** allerdings, daß die **Anwendbarkeit von Teil B § 1 Nr. 3 und 4, § 2 Nr. 3, 5 und 6 durch Besondere oder Zusätzliche Vertragsbedingungen ausdrücklich im betreffenden Bauvertrag ausgeschlossen** worden ist (ähnlich Locher, Das private Baurecht, Rdn. 133). Entgegen Werner (Festschrift Korbion, S. 473, 475) gilt dies bei dem hier erörterten VOB-Vertrag auch im Hinblick auf Teil B § 2 Nr. 3, weil diese nicht nur das bloße System der Abrechnung bei Mengenüber- und/oder Mengenunterschreitungen betrifft, sondern die **vertragliche Vereinbarung** einer möglichen Vergütungsänderung beinhaltet. Anders beim BGB-Bauvertrag, bei dem Teil B § 2 Nr. 3 – auch nicht sinngemäß – zur Anwendung gelangt. Der Ausschluß der genannten VOB-Bestimmungen wird bei einem nach der VOB/B ausgerichteten Vertrag in der Praxis selten vorkommen, ist auch keineswegs zu empfehlen, weil es den Allgemeinen Vertragsbedingungen grob zuwiderläuft, daher von einer Vereinbarung der VOB/B „als Ganzes" nicht mehr die Rede sein kann (vgl. dazu Teil A § 10 Rdn. 122 ff.; Korbion/Locher Rdn. 118 f.); überdies wird bei einer entsprechenden Regelung in Allgemeinen Geschäftsbedingungen – insbesondere Zusätzlichen Vertragsbedingungen – **regelmäßig ein Verstoß gegen § 9 AGB-Gesetz** vorliegen. Erfolgt eine derartige von der VOB abweichende vertragliche Vereinbarung dennoch und – im Wege individueller Vereinbarung – wirksam, so steht einer Anwendung des § 650 BGB nichts im Wege. In Wirklichkeit haben sich die Vertragspartner dann aber weitgehend von einem Vertrag nach der VOB entfernt (vgl. auch Teil B § 2 Rdn. 196 ff.). Kündigt der Auftraggeber hiernach, so kann der Auftragnehmer nach § 645 Abs. 1 BGB einen der geleisteten Arbeit entsprechenden Teil der Vergütung verlangen, wobei jedoch nicht ohne weiteres von der Endsumme des Kostenanschlages, sondern von einem Zuschlag, der für den Auftraggeber im Einzelfall zumutbar ist, auszugehen ist.

§ 650 BGB findet **keine Anwendung,** wenn dem Bauvertrag ein Kostenanschlag zu **Pauschalpreisen** zugrunde liegt (vgl. OLG Rostock OLG 22, 314; Werner, Festschrift Korbion, S. 473), da dann grundsätzlich von einem verbindlichen Kostenanschlag auszugehen ist; gleiches gilt, wenn dem Bauvertrag ein bestimmter, nicht zu überschreitender Höchstpreis zugrunde gelegt wird. Ebenso scheidet § 650 BGB aus, wenn die Vertragspartner einen festumrissenen „Circa-Preis" oder „verbindlichen Richtpreis" vereinbaren, da hier keine unverbindliche Umgrenzung festgelegt ist (Werner a. a. O., S. 474). Zu § 650 BGB vgl. neben den grundlegenden Ausführungen von Werner (a. a. O.) auch Honig BB 1975, 447; Pahlmann DRiZ 1978, 367, dieser zur Bindungswirkung des unverbindlichen Kostenvoranschlages; ferner Köhler NJW 1983, 1633 sowie Grimme S. 139 ff. Das Unterlassen der Anzeigepflicht nach § 650 Abs. 2 BGB ist als eine zum Schadensersatz verpflichtende positive Vertragsverletzung des Auftragnehmers zu werten, falls der Auftraggeber bei rechtzeitiger Anzeige wegen der erheblichen Überschreitung des Kostenanschlages (wobei zugunsten des Auftragnehmers auch hier noch ein gewisser Spielraum einzuräumen ist) den Vertrag gekündigt hätte (vgl. dazu OLG Frankfurt BauR 1985, 207 = OLGZ 1984, 198 = SFH § 650 Nr. 1). Dabei ist für die Schadensersatzpflicht des Auftragnehmers zu vergleichen zwischen der wirtschaftlichen Lage des Auftraggebers bei unterstellter Kündigung auf erfolgte Anzeige durch den Auftragnehmer und der Zahlungsverpflichtung des Auftraggebers nach nicht angezeigter Kostenüberschreitung, wobei sich der Auftraggeber den Betrag anrechnen lassen muß, der dem noch zulässigen Rahmen der Überschreitung durch den Auftragnehmer entspricht (ebenso Werner a. a. O., S. 478 ff.). Allerdings muß der Auftraggeber dann darlegen und beweisen, daß er gekündigt hätte, wobei jedoch eine hinreichend nachvollziehbare Darlegung genügen muß (Köhler a. a. O., S. 1634; ebenso Werner a. a. O., S. 477; vgl. auch Grimme S. 158). Dabei spielen die tatsächlichen Verhältnisse des Einzelfalles eine maßgebende Rolle, wie z. B. die Möglichkeit, bereits in die Wege geleitete Arbeiten ohne Schaden abbrechen zu können, sie also nicht zwangsläufig fortsetzen zu müssen. Für den Bereich der Schadensersatzpflicht des Auftragnehmers ist ferner auch § 254 BGB zu beachten, nämlich ob und inwieweit der Auftraggeber die Überschreitung des Kostenanschlages bei gebotener Sorgfalt hätte erkennen können und müssen, was z. B. bei fortlaufender Unterzeichnung von Stundenlohnberichten bei vertraglich festgelegtem oder sonst dem Auftraggeber bekanntem Stundensatz der Fall sein kann, falls die sonstigen Kosten, wie z. B. die Materialkosten, die in den Stundenlohnberichten nicht enthalten sind, eine nur geringe Rolle spielen. Dagegen kann der Auftragnehmer dem Auftraggeber keine Ansprüche aus §§ 951, 812 BGB entgegenhalten, da § 951 BGB nicht den Rechtsgrund tatsächlich erbrachter Leistungen (§§ 631, 632 BGB) beseitigt, zumal § 650 Abs. 1 BGB ausdrücklich auf eine Abrechnung nach § 645 BGB verweist (ablehnend auch Werner a. a. O., S. 479). Entgegen Köhler (a. a. O., S. 1635) kommt es für den Anspruch des Auftraggebers wegen Verletzung des § 651 Abs. 2 BGB nicht darauf an, ob der Auftraggeber die tatsächlich erbrachte Leistung behalten will oder nicht, wobei nur im letzteren Fall der Schadensersatzanspruch durchgreifen soll, während er im ersteren die tatsächlich erbrachte Leistung voll vergüten müsse. Das ist schon für die Fälle der §§ 946, 950 BGB kaum zu verwirklichen und daher nicht realistisch. Überdies würde hier Sinn und Zweck des § 651 BGB unterlaufen, weil dies in weiten Bereichen dem Auftragnehmer den Anreiz bieten würde, bewußt oder leichtfertig zu niedrige Kostenanschläge abzugeben, um den Auftrag zu erhalten, und dann eine erheblich höhere Vergütung fordern zu können.

8   b) Die **Kündigung** eines Bauvertrages ist im übrigen **aus wichtigem** Grund (so auch Nicklisch in Nicklisch/Weick Teil B Vor §§ 8, 9 Rdn. 15) **immer zulässig, wenn** das gerade für den Bauvertrag als Grundlage vorauszusetzende **Vertrauensverhältnis** durch das Verhalten eines Vertragspartners derart **empfindlich gestört** ist, daß die Erreichung des Vertragszweckes **konkret gefährdet** und dem betroffenen Teil die Fortsetzung des Vertrages **nicht mehr zuzumuten** ist. Beispiel: Der Auftraggeber zeigt den Auftragnehmer unberechtigt bei einer Behörde wegen Betrugs an oder macht einen derartigen Vorwurf bei einem Dritten. Gleiches gilt, wenn der Auftraggeber trotz berechtigter Vorhalte des Auftragnehmers auf einer den anerkannten Regeln der Technik widersprechenden Ausführung besteht (vgl. dazu Teil B § 4 Rdn. 84 ff.; OLG München SFH § 9 VOB/B Nr. 1). Umgekehrt kann die Zahlung von Schmiergeldern an Beauftragte oder Angestellte des Auftraggebers ein wichtiger Grund

zur Kündigung des Bauvertrages ebenso sein wie die nachhaltige und endgültige, der Sache nach unberechtigte Erfüllungsverweigerung durch den Auftragnehmer.

Es ist im Rahmen der Vertragsfreiheit auch möglich, im Bauvertrag in Besonderen oder Zusätzlichen Vertragsbedingungen die Vereinbarung zu treffen, daß unter bestimmten Umständen, die weder von Teil B § 8 noch von § 9 erfaßt werden, der Bauvertrag gekündigt werden kann. Soweit das **AGB-Gesetz** Anwendung findet (vgl. Teil A § 10 Rdn. 77 ff.), ist aber darauf zu achten, daß vom Verwender von AGB dabei u. a. nicht gegen § 10 Nr. 3, § 11 Nr. 8 und 9 sowie auch § 9 a. a. O. verstoßen wird.

II. Unmöglichkeit, Rücktritt vom Bauvertrag, Anfechtung, Aufhebung

Die Kündigung ist **nicht** die **einzige Möglichkeit,** einen Bauvertrag **vorzeitig zu beenden.** Außer Teil B §§ 8 und 9 sowie den sonst zulässigen Kündigungen (z. B. § 6 Nr. 7; vgl. auch Rdn. 5 ff.) kann ein Bauvertrag auch aus folgenden Gründen ein vorzeitiges Ende finden:

1. Wie an anderer Stelle bereits ausgeführt (vgl. Teil B § 6 Rdn. 4 und 88 ff.), **gelten die gesetzlichen Bestimmungen über die anfängliche oder nachträgliche Unmöglichkeit der Leistung** grundsätzlich **neben** den Allgemeinen Vertragsbedingungen der VOB und sind auf die Bauverträge **anzuwenden** (Soergel, Festschrift Korbion, S. 427, 435; zur Unmöglichkeit der Leistung in rechtssystematischer Hinsicht vgl. Braun Jura 1979, 337). **Eine Ausnahme** bilden allerdings – und das ist zur richtigen Unterscheidung unbedingt zu beachten – die mit der Erfüllung **i. S. ordnungsgemäßer Herstellung** zusammenhängenden Fälle, wie sie in Teil B § 4 Rdn. 303 ff. genannt sind, sofern die ordnungsgemäße Herstellung noch möglich ist und nicht durch von den Vertragspartnern nicht steuerbaren Einflüssen, wie Krieg, politische und damit verbundene wirtschaftliche Verhältnisse, verhindert wird (Soergel a. a. O.). Die gesetzlichen Bestimmungen über die Unmöglichkeit der Leistung kommen also **nur dort neben der VOB** zum Zuge, wo es sich um eine Unmöglichkeit **außerhalb** des Rahmens der noch möglichen **vertragsgerechten (mängelfreien) Herstellung** handelt. Das hat aber außerdem seine **Grenze in der Abnahme, da sich dadurch** die **Leistung** auf das tatsächlich hergestellte und abgelieferte Werk **konkretisiert** hat und insoweit nur noch Gewährleistungsansprüche nach den §§ 633 ff. BGB bzw. VOB/B § 13 Nr. 5–7 in Betracht kommen (vgl. dazu BGHZ 62, 83 = BauR 1974, 199 = BB 1974, 294 = NJW 1974, 551 = WM 1974, 195 = Betrieb 1974, 528 = JZ 1974, 332 = LM Allg. Geschäftsbedingungen Nr. 53 = SFH Z 2.10 Bl. 32). Unmöglichkeit der Leistung liegt nicht schon von vornherein allein dadurch vor, daß auf der Auftragnehmerseite das Unternehmen liquidiert und im Handelsregister gelöscht wird, da immer noch die Möglichkeit eines Nachunternehmereinsatzes besteht, was aber voraussetzt, daß im Einzelfall wirklich ein leistungsfähiger, fachkundiger und zuverlässiger Nachunternehmer zur Verfügung steht, was der Auftragnehmer darzulegen und notfalls zu beweisen hat. Außerdem müssen die Voraussetzungen von Teil B § 4 Nr. 8 vorliegen.

a) Soweit demnach die gesetzlichen Regelungen über die **Unmöglichkeit** der Leistung überhaupt neben der VOB zum Zuge kommen können (s. dazu auch Teil B § 6 Rdn. 7, 88 ff.) und es sich um die in **§ 325 BGB** geregelte **nachträglich verschuldete Unmöglichkeit** der Leistung handelt, hat der Auftraggeber das dort bestimmte **Rücktrittsrecht.** Dann bestehen hinsichtlich des Rücktritts (§§ 346 ff. BGB) und des dort bestimmten Rückgewährungsanspruchs keine tatsächlichen und rechtlichen Schwierigkeiten, weil im Normalfall nichts zurückzugewähren ist. Das gleiche gilt, wenn ein **dauerndes Unvermögen des Auftragnehmers** zur Durchführung der ihm obliegenden Leistung vorliegt. Dann stehen dem Auftraggeber auch bei einem Bauvertrag, auf den die VOB Anwendung findet, die Rechte zum Rücktritt oder auf Schadensersatz gemäß §§ 275 Abs. 2, 279, 325 BGB zu (vgl. BGH NJW

1958, 217 = SFH Z 2.510 Bl. 4). Anstelle des Rücktritts kann der Auftraggeber Schadensersatz wegen Nichterfüllung verlangen, und zwar auch dann, wenn er ursprünglich bei der Fristsetzung zur Erfüllung den Rücktritt angedroht hatte; allein die Rücktrittsandrohung verbietet es nicht, später anstelle der Erklärung des Rücktritts Schadensersatz wegen Nichterfüllung zu verlangen; ist allerdings der Rücktritt ausgesprochen, muß es dabei verbleiben (BGH NJW 1979, 762 = BauR 1979, 323 = BB 1979, 861 mit zutreffender Anm. Bülow a. a. O. = MDR 1979, 847 = JZ 1979, 230 = LM § 326 [A] BGB Nr. 21 = ZfBR 1979, 97; dazu überzeugend Lindacher JZ 1980, 48; über Nichterfüllung und Rücktritt vgl. auch Jakobs, Festschrift für Mann 1977, 35). Soweit das **AGB-Gesetz** Anwendung findet (vgl. Teil A § 10 Rdn. 77), sind im Hinblick auf abweichende Besondere oder Zusätzliche Vertragsbedingungen § **11 Nr. 8 und 9, nicht zuletzt auch** § **9** a. a. O. besonders zu beachten; vgl. dazu auch Teil A § 13 Rdn. 13 f.

13   Liegt eine von keinem Vertragspartner zu vertretende **nachträgliche Unmöglichkeit** vor, tritt Befreiung von der Pflicht zur Leistung und Gegenleistung nach §§ 275 Abs. 1, 323 Abs. 1 BGB ein. Es entstehen jedoch die Ansprüche aus §§ 281, 323 Abs. 2 und 3 BGB, so daß von einer Aufhebung des Vertrages im eigentlichen Sinne nicht die Rede sein kann. Wegen dauernden Unvermögens aufgrund Krieges, Änderung der politischen und damit verbundenen wirtschaftlichen Verhältnisse zutreffend Soergel, Festschrift Korbion, S. 427, 434 ff.

14   b) Ist der Vertrag von **vornherein** auf eine **objektiv unmögliche Leistung** gerichtet, so greift § 306 BGB ein; der Vertrag ist also **nichtig, ohne daß es einer Kündigung bedarf.** Sind nur Teilleistungen unmöglich, tritt insofern Teilnichtigkeit ein, während der übrige Vertragsteil fortbesteht.

15   **Keine** objektive Unmöglichkeit der geschuldeten Leistung liegt vor, wenn die Herstellung der Bauleistung in einem **bestimmten Verfahren** angeboten und darauf der Bauvertrag abgeschlossen wird, der mit dem Vertrag erstrebte Erfolg jedoch nicht durch dieses Verfahren, sondern ein anderes erzielt wird bzw. werden kann. Insoweit ist Lauenroth (BauR 1973, 21) zuzustimmen. Auch bleibt der Bauvertrag grundsätzlich wirksam (a. a. O.). Eine andere Frage ist jedoch die Vergütungsseite. Kostet die schließlich zum Erfolg führende Ausführung mehr, so kann der Auftragnehmer hierfür **keine Mehrvergütung** verlangen, ohne daß es der Aufrechnung mit Schadensersatzansprüchen des Auftraggebers aus culpa in contrahendo bedarf, wie Lauenroth meint, weil die Vergütungsregeln in Teil B § 2 keine Möglichkeit dazu bieten (vgl. dazu Teil B § 2 Rdn. 112 ff.). Eine andere Frage ist aber – und insoweit ist Lauenroth wiederum zuzustimmen –, ob den Auftraggeber nicht ein Mitverschulden entsprechend § 254 BGB trifft, weil er oder sein Erfüllungsgehilfe (z. B. planender Architekt) die Unmöglichkeit der Ausführung nach der angebotenen Ausführungsart hätte bemerken müssen. Insofern kann es im Einzelfall berechtigt sein, den Auftraggeber an den Mehrkosten der wirklichen – sofern notwendigen – Ausführungsart zu beteiligen.

16   2. Ein **Rücktrittsrecht** kann auch im Falle der erheblichen **Änderung der Geschäftsgrundlage** gegeben sein. Das trifft jedoch nur in wenigen Ausnahmefällen zu, in denen eine Anpassung an die geänderte Geschäftsgrundlage nicht möglich ist. Vgl. hierzu Rdn. 150 ff. zu Teil B § 2 und die einschlägigen Kommentierungen bei § 242 BGB.

17   3. Weiterhin ist die Möglichkeit der vorzeitigen Beendigung des Bauvertrages aufgrund der **Anfechtungstatbestände** der §§ 119 ff., insbesondere auch des § 123 BGB, gegeben. Zur Anfechtung wegen sogenannten **Kalkulationsirrtums** vgl. Teil A § 19 Rdn. 21 ff. Eine **Anfechtung wegen Irrtums** über verkehrswesentliche Eigenschaften (§ 119 Abs. 2 BGB) ist nicht möglich, sofern und soweit aus dem gleichen Grunde Erfüllung oder Gewährleistung geltend gemacht werden kann (BGH NJW 1961, 772); insoweit enthält die VOB in Teil B §§ 4 Nr. 7 und 13 Nr. 5 ff. **Sonderbestimmungen.** Für eine **Anfechtung wegen arglistiger**

Täuschung ist eine vorsätzliche Täuschung, z. B. des Auftragnehmers über den Umfang der durchzuführenden Arbeiten, erforderlich, wobei der **Anfechtende**, ebenso wie auch im Falle des § 119 BGB, die **Beweislast** trägt. Ein Grund zur Anfechtung nach § 123 BGB kann z. B. auch vorliegen, wenn der Auftragnehmer dem Auftraggeber vor Abschluß des Bauvertrages vorsätzlich seine eigene wirtschaftliche Bedrängnis verschwiegen hat, obwohl er wußte, daß dies die Erreichung des Vertragszweckes vereiteln oder die Erfüllung wesentlicher Vertragspflichten gefährden würde (vgl. BGH Betrieb 1976, 332 = WM 1976, 111). Eine **wirksame Anfechtung beendet den Bauvertrag rückwirkend**, und zwar mit den Folgen der §§ 142, 139 BGB.

4. Schließlich kann ein **Bauvertrag durch einverständliche Absprache** zwischen den Vertragspartnern **aufgehoben** werden. Es handelt sich um eine **beiderseitige** vertragliche **Vereinbarung besonderer Art**. Wie weit die Aufhebung reichen soll, ob nur für die Zukunft oder rückwirkend, bleibt der Parteivereinbarung überlassen, ebenso die Frage der Abwicklung des aufgelösten Vertrages in ihren Einzelheiten. 18

Hinsichtlich der Vergütung sind hier dem Auftragnehmer **grundsätzlich Rechte aus Teil B § 8 Nr. 1** zuzubilligen, da er nicht Gefahr laufen soll, umsonst gearbeitet zu haben (vgl. BGH BauR 1973, 319 = NJW 1973, 1463 = VersR 1973, 767 = BB 1973, 1046 = Betrieb 1973, 1795 = WM 1973, 1056 = SFH Z 2.510 Bl. 47 = BlGBW 1974, 20 = MDR 1973, 843 = LM VOB/B Nr. 61, ferner BGH, Urt. vom 10. 5. 1962 – VII ZR 239/60 – und 23. 1. 1964 – VII ZR 133/62 –), also grundsätzlich sein **Gewinn nicht geschmälert** werden soll (auch Behre BauR 1976, 36). Andererseits kann aber die **Vergütung gemäß Teil B § 8 Nr. 2–4** gemindert sein oder im Ergebnis sogar wegfallen, wenn die Voraussetzungen, die dort geregelt sind, **zur Zeit der einverständlichen Vertragsaufhebung** vorliegen (vgl. Teil B § 8 Rdn. 43 ff.), sofern der Auftraggeber nicht darauf **erkennbar verzichtet**. Insoweit ist es gestattet, nachträglich, vor allem im Rahmen der Abrechnung, „außerordentliche Kündigungsgründe" auch für den Fall der einverständlichen Vertragsaufhebung „nachzuschieben" (BGHZ 65, 391 = BauR 1976, 139 = BB 1976, 160 = NJW 1976, 518 = MDR 1976, 306 = SFH Z 3.007 Bl. 5 = BlGBW 1976, 95 = LM Allg. Vertragsbed. A-Vertrag Nr. 4; BGHZ 82, 100 = BauR 1982, 79 = NJW 1982, 438 = SFH § 19 GOA Nr. 3 = MDR 1982, 313 = BB 1982, 518 = LM § 631 BGB Nr. 42 = Betrieb 1982, 898 = ZfBR 1982, 15 m. w. N.; vgl. auch BAG Betrieb 1980, 1350). Grundsätzlich wird hier im Falle einer im Vertrag vereinbarten Vertragsstrafe Teil B § 8 Nr. 7 entsprechend anzuwenden sein (Kleine-Möller BB 1976, 442, 445 f.). 19

Für die einverständliche Aufhebung des Bauvertrages ist **Schriftform nicht erforderlich** (vgl. Teil B § 8 Rdn. 148). Jedoch ist für das Vorliegen einer einverständlichen Vertragsaufhebung derjenige **beweispflichtig, der sich darauf beruft** (vgl. OLG Celle BauR 1973, 49 = MDR 1973, 136 = BlGBW 1973, 137 = SFH Z 2.510 Bl. 49). Dabei muß der **übereinstimmende Wille** der Parteien, den Vertrag **aufzuheben, klar erkennbar** sein, insbesondere auch, welche Folgen dies haben soll. Das einfache „Auseinanderlaufen" als bloße Tatsache genügt dafür nicht. 20

Wird bei einverständlicher Vertragsauflösung die Übernahme bereits angelieferter, jedoch noch nicht eingebauter Stoffe oder Bauteile durch den Auftraggeber vereinbart, so kommt insoweit Kaufvertragsrecht nicht in Betracht, vielmehr bleibt es auch hier bei dem einheitlichen Typ des Werkvertrages, was insbesondere für die Gewährleistungsfristen von Bedeutung ist (so mit Recht Heyers BauR 1973, 56 entgegen OLG Köln BauR 1973, 53 = SFH Z 2.414.1 Bl. 4). 21

III. Keine anderen gesetzlichen Aufhebungsmöglichkeiten

22 Andere gesetzliche Aufhebungsmöglichkeiten sind bei einem Bauvertrag nach der VOB **nicht** gegeben.

23 **1. Rücktritt oder Schadensersatz wegen Nichterfüllung** nach § 326 BGB **wegen Schuldnerverzuges** eines Vertragspartners ist **auszuschließen,** da an die Stelle dieser Vorschrift zugunsten des Auftraggebers die Regelungen der VOB Teil B § 5 Nr. 4 und Teil B § 8 Nr. 3 sowie hinsichtlich der Kündigungsbefugnis des Auftragnehmers Teil B § 9 treten (ebenso BGH MDR 1968, 486; BGH WM 1969, 399 = Betrieb 1969, 480 = LM § 326 [G] BGB Nr. 1 = SFH Z 2.13 Bl. 26 ff. = MDR 1969, 385; OLG Köln SFH § 8 VOB/B Nr. 7). Entgegen OLG Köln (a. a. O.) und mit Nicklisch in Nicklisch/Weick (Teil B Vor §§ 8, 9 Rdn. 22 sowie § 9 Rdn. 2) ist auch der Anspruch auf Schadensersatz wegen Nichterfüllung nach § 326 BGB aus dem Bereich von Teil B §§ 8 und insbesondere 9 als durch die hier vorliegenden Sonderregelungen der VOB/B ausgeschlossen anzusehen, da – auch – dies jedenfalls faktisch einer Vertragsbeendigung gleichkäme. Die VOB/B will in den §§ 8, 9 eindeutige, in sich abgeschlossene Regelungen für die vorzeitige Vertragsbeendigung (ähnlich auch in Teil B § 6 Nr. 7) treffen. Sie geht mit Recht davon aus, daß den Besonderheiten des Bauvertrages durchweg lediglich die Vertragskündigung gerecht wird, insbesondere auch, was die spätere Auseinandersetzung bzw. Abrechnung der – ehemaligen – Vertragspartner anbelangt (a. A. Hochstein Anmerkung SFH a. a. O.). Deshalb ist die Ansicht des OLG Hamburg (MDR 1971, 135), daß bei unbegründeter Arbeitseinstellung des Auftragnehmers der Auftraggeber unter den Voraussetzungen des § 326 BGB Schadensersatz wegen Nichterfüllung verlangen könne und nicht lediglich auf sein Kündigungsrecht aus § 649 BGB (VOB/B § 8 Nr. 1) angewiesen sei, nicht zutreffend, weil für den VOB-Vertrag die genannten Sonderregelungen gelten. Das gleiche trifft auf den Verzug infolge schlechter Leistung zu, wie sich aus Teil B § 4 Nr. 7 in Verbindung mit Teil B § 8 Nr. 3 ergibt. Zur absoluten Erfüllungsverweigerung vgl. Teil B § 6 Rdn. 118 ff.

24 **2. Der Rücktritt infolge eines vertraglich ausdrücklich vereinbarten Rücktrittsvorbehalts** nach §§ 346 ff. BGB muß **im Grundsatz** aus tatsächlichen und rechtlichen Gründen als ausgeschlossen gelten, es sei denn, die Auslegung des Vertrages ergibt im Einzelfall, daß in Wirklichkeit eine Kündigung gewollt ist. Das folgt schon daraus, daß es nicht durchführbar ist, eine Rückgewähr in Natur zu vollziehen, ohne **wirtschaftliche Werte,** nämlich die bis dahin erbrachte Bauleistung, **zu zerstören.** Man wird daher grundsätzlich einen **vertraglichen Rücktrittsvorbehalt** als gegen Treu und Glauben verstoßend ansehen müssen, wenn im Falle seiner Ausübung eine Rückgewähr nur mit der Vernichtung wirtschaftlicher Werte verbunden ist (a. A. Heiermann/Riedl/Rusam/Schwaab Einf. zu Teil B §§ 8, 9 Rdn. 9 und Nicklisch in Nicklisch/Weick Teil B Vor §§ 8, 9 Rdn. 23, die jedoch keine wirtschaftlich sinnvolle und damit rechtlich tragbare Lösung anbieten). Vor allem gilt das für einen etwaigen Rücktritt des Auftragnehmers. Ein Rücktrittsvorbehalt des Auftraggebers im Vertrag dürfte nur in Betracht kommen, wenn ausdrücklich Bestimmungen in den Bauvertrag aufgenommen werden, wodurch die erwähnten gegen Treu und Glauben verstoßenden Schwierigkeiten aus dem Weg geräumt werden, z. B. durch Vereinbarung einer gegenseitigen Abrechnung dahingehend, daß der Auftragnehmer den Wert der erstellten Leistung ersetzt erhält, soweit eine Rückgewähr praktisch nicht möglich ist, vgl. RG JW 1935, 2199; RGZ 147, 390. Man kann sich auch auf eine Verrechnung nach den Grundsätzen der ungerechtfertigten Bereicherung einigen. Zum Rücktrittsrecht, das in AGB – insbesondere Zusätzlichen Vertragsbedingungen – anstelle eines Schadensersatzanspruches vereinbart ist, vgl. Teil A § 13 Rdn. 13 f.

25 **Ausnahmsweise** ist der **Rücktrittsvorbehalt zulässig, wenn die Gefahr der Zerstörung oder Beschädigung wirtschaftlicher Werte im Einzelfall nicht besteht.** Das gilt einmal, wenn eine

Rückgewähr ohne Beschädigung oder Zerstörung, etwa infolge Auseinandernehmens oder Trennens, möglich ist und wenn dadurch nur eine unerhebliche Wertminderung der weggenommenen Teile eintritt. Auch wird der Rücktritt zulässig sein, wenn praktisch noch keine einen wirtschaftlichen Wert ausmachende Bauleistung vorliegt, z. B. nur Stoffe oder Bauteile beschafft und angeliefert worden sind oder mit der Bauleistung überhaupt noch nicht begonnen worden ist. Weiter gilt das auch für den Fall, in dem die bisherige Bauleistung so schlecht ausgeführt worden ist, daß sie praktisch wirtschaftlich keinen Wert besitzt. Nach dem tieferen Sinn des Gesagten ist ein Rücktrittsrecht auch dann zu bejahen, wenn eine **zugesicherte Eigenschaft** erreicht werden soll, dies aber **nicht gelingt,** jedoch die Erreichung der zugesicherten Eigenschaft **ganz grundlegend für den Vertrag** ist, wie z. B. das Erreichen einer Einsparung im Energiebedarf von 12% je Betriebsjahr. Dann ist die Beweislastregel des § 358 BGB zu Lasten des Leistungspflichtigen anzuwenden (BGH BauR 1981, 575 = NJW 1981, 2403 = BB 1981, 1732 = Betrieb 1981, 2322 = SFH § 358 BGB Nr. 1 = MDR 1982, 49 = LM § 358 BGB Nr. 1 = ZfBR 1981, 218). In einem solchen Fall kann es sich **im Wege der Auslegung ergeben,** daß es sich um einen **Vertrag unter einer aufschiebenden Bedingung** handelt, dann also sich die rechtliche Beurteilung danach und nicht auf der Grundlage eines Rücktrittsrechts ausrichtet (BGH a. a. O.).

Ist unter diesen Voraussetzungen ausnahmsweise ein Rücktritt zulässig, so ist es im Rahmen der Rückabwicklung auch möglich, Ansprüche aus culpa in contrahendo geltend zu machen (OLG Karlsruhe BB 1975, 1316). Auch steht nach Ansicht des BGH der Rücktritt dem Anspruch auf Ersatz des bis zum Rücktritt entstandenen Verzugsschadens nicht entgegen (BGH NJW 1984, 42 = MDR 1983, 1009 = WM 1983, 1054 = ZfBR 1983, 262 = JZ 1984, 419 mit krit. Besprechung von Huber a. a. O., S. 409). Insoweit zutreffend Huber (a. a. O.): Jedoch kann der zurücktretende Gläubiger bei Berechnung des Verzugsschadens keinen Ersatz wegen solcher Vorteile verlangen, die nach den Grundsätzen des Rücktrittsrechts (§ 347 BGB) nicht ihm, sondern dem Schuldner zustehen; vor allem kann deshalb der Auftraggeber keinen Ersatz wegen der zwischen Fälligkeit und Rücktritt entgangenen Gebrauchsvorteile, der Auftragnehmer für denselben Zeitraum keine Verzugszinsen und keinen Ersatz eines weitergehenden Verzugsschadens verlangen; richtigerweise kann der Gläubiger Ersatz desjenigen durch den Verzug entstandenen Schadens beanspruchen, den er nicht erlitten hätte, wenn er den Vertrag von vornherein nicht abgeschlossen hätte; denn so soll ihn der Rücktritt stellen. So wohl auch Tiedke NJW 1984, 767. Abzulehnen ist dagegen die Ansicht von Wunner (NJW 1985, 825), der generell die Anwendung des § 286 Abs. 1 BGB neben § 326 BGB verneint, da er zu wenig die Ursachen des Rücktritts beachtet, die insoweit im Verzug des Schuldners liegen, die aber durch Anwendung der bloßen Rücktrittsvorschriften nicht ausgeglichen würden, was in einem solchen Fall nicht interessen- und sachgerecht wäre, zumal angesichts des in § 326 BGB alternativ neben dem Rücktritt geregelten Schadensersatzes wegen Nichterfüllung. 26

Für das – ausnahmsweise – Vorliegen eines Rücktrittsrechts trägt derjenige die Beweislast, der sich darauf beruft. Sind die Voraussetzungen für ein Rücktrittsrecht nach § 326 BGB gegeben und wird dieses ordnungsgemäß ausgeübt, so steht dem Auftraggeber wegen bindender Ausübung des Wahlrechts der Schadensersatzanspruch wegen Nichterfüllung nach § 326 BGB nicht mehr zu; das ist aber der Fall, solange und soweit der Rücktritt nicht wirksam geworden ist (BGH MDR 1982, 843 = NJW 1982, 1279 = LM § 326 [Ea] BGB Nr. 8). Für die Ausübung eines – zulässigen – vertraglichen Rücktrittsrechts sind aber – falls vorhanden – nur die im Vertrag – in Besonderen oder Zusätzlichen Vertragsbedingungen – vereinbarten Voraussetzungen maßgebend, nicht auch die Erfordernisse des § 326 BGB (BGH MDR 1982, 474 = WM 1982, 239 = NJW 1982, 1036 = LM § 346 BGB Nr. 8 = SFH § 346 Nr. 1), es sei denn, diese sind in die vertragliche Vereinbarung mit einbezogen oder von dieser nicht ausgeschlossen worden. Nimmt der Auftraggeber, obwohl ihm ein Rücktrittsrecht zusteht, die Leistung 27 des Auftragnehmers an, so verliert er dieses (vgl. RGZ 147, 377, 381; BGH SFH Z 2.212 Bl. 36 und Z 2.222 Bl. 14).

28 Zum Rücktritt vgl. auch Rdn. 12 f. und 16 sowie insbesondere auch Lindacher NJW 1980, 48. Ist ausnahmsweise ein vertraglicher Rücktrittsvorbehalt wirksam und ist die Forderung abgetreten worden, so muß bei einem danach erklärten Rücktritt der neue Gläubiger den Rücktritt gegen sich gelten lassen (BGH Betrieb 1986, 425 = NJW 1986, 919 = MDR 1986, 226 = JZ 1986, 353 = LM § 404 BGB Nr. 23).

29 Wann bei einem Bauvertrag nach der VOB, der zusätzlich einen Rücktrittsvorbehalt enthält, der Ausspruch einer Kündigung oder der eines Rücktritts erfolgt, ist eine nach den Grundsätzen des § 133 BGB zu beurteilende Tatfrage. Ein anschauliches Beispiel hierfür liefert das Urt. des BGH vom 21. 5. 1964 – VII ZR 218/62 –.

30 Wenn im Einzelfall das **AGB-Gesetz** anzuwenden ist (vgl. Teil A § 10 Rdn. 77), ist für einen etwaigen Rücktrittsvorbehalt **besonders die Verbotsklausel in § 10 Nr. 3 a. a. O.** zu beachten.

So verstößt eine Klausel in AGB – insbesondere Zusätzlichen Vertragsbedingungen – des Auftragnehmers dahin, daß Betriebsstörungen jeder Art, insbesondere in den Lieferwerken, und Umstände irgendwelcher Art, welche die Lieferung ohne Verschulden des Auftragnehmers verzögern, unmöglich machen oder erheblich verteuern, den Auftragnehmer von der Leistungspflicht befreien, auch noch unter Ausschluß von Schadensersatzansprüchen des Auftraggebers, gegen § 10 Nr. 3 und auch gegen § 11 Nr. 1 AGB-Gesetz; ebenso gilt dies für eine Klausel, daß bei Nichtbelieferung des Auftragnehmers durch seine Lieferanten beiden Parteien das Recht zustehen soll, vom Vertrag, soweit er sich auf die nichtlieferbaren Gegenstände bezieht, zurückzutreten; insoweit liegt ein Verstoß gegen § 10 Nr. 3 und § 11 Nr. 9 AGB-Gesetz vor (vgl. dazu OLG Düsseldorf Betrieb 1982, 220). Gleiches trifft für den Bereich des § 10 Nr. 3 AGB-Gesetz auf eine Klausel des Auftragnehmers zu, in der als von ihm nicht zu vertretende Umstände, insbesondere Streik, Aussperrung und nicht rechtzeitige Belieferung durch Zulieferer, zu seinen Gunsten als Rücktrittsvorbehalt gelten sollen, da eine solche Klausel auch jene Fälle erfaßt, in denen es durch Arbeitskämpfe nur zu einer Leistungsverzögerung kommt, ferner die bloß nicht rechtzeitige Belieferung durch Zulieferer ausreichen soll, ohne daß es auf den Grund ankommt (BGH BauR 1985, 192 = NJW 1985, 855 = MDR 1985, 398 = BB 1985, 483 = Betrieb 1985, 1283 = SFH § 9 AGBG Nr. 20 = LM § 9 [Cb] AGBG Nr. 10 = ZfBR 1985, 134).

31 3. Sofern im Falle schwerwiegender **positiver Vertragsverletzung** von der Rechtsprechung ein **Rücktrittsrecht** gewährt wird (vgl. hierzu RG Gruch 65, 221; RGZ 106, 25), gelten die gleichen Grundsätze wie in Rdn. 24 f. dargelegt.

32 Bei Bauverträgen nach den Allgemeinen Vertragsbedingungen besteht für solche Fälle **kein schutzwürdiges Interesse,** ein besonderes Rücktrittsrecht zu gewähren. Bei Teil B § 8 Nr. 4 gelangt § 8 Nr. 3 **entsprechend** zur Anwendung. Es bestehen keine Bedenken, in den **anderen Fällen** der positiven Vertragsverletzung ein Kündigungsrecht **entsprechend Teil B § 8 Nr. 3** anstelle eines Rücktrittsrechts zu geben, falls die von der Rechtsprechung aufgestellten Grundsätze für ein Rücktrittsrecht bei positiver Vertragsverletzung im Einzelfall vorliegen, wozu grundsätzlich die Voraussetzungen des § 326 BGB gehören (vgl. dazu BGH Betrieb 1977, 159 = LM § 326 [Dc] BGB Nr. 5 = WM 1977, 220; BGH Betrieb 1979, 1648).

33 Insoweit ist also eine **entsprechende Anwendung** von Teil B § 8 Nr. 3 geboten und gerechtfertigt, ebenso BGH SFH Z 2.510 Bl. 25 ff.; BGH WM 1969, 399 = Betrieb 1969, 480 = LM § 326 BGB (G) Nr. 1 = SFH Z 2.13 Bl. 26 ff. = MDR 1969, 385; BGH SFH § 8 VOB/B Nr. 2 = BauR 1980, 465, für den Fall einer **ernsthaften Erfüllungsverweigerung** des Auftragnehmers vor Baubeginn nach Abschluß des Vertrages; ferner OLG Celle SFH Z 2.510 Bl. 15 ff.; OLG Bremen SFH Z 2.510 Bl. 37; Hereth/Ludwig/Naschold Teil B § 8 Ez. 8.11. Dabei kommt

es **nicht** darauf an, ob der Anspruch des Auftraggebers auf Leistung **fällig** ist, etwa weil die vom Auftraggeber zu beschaffende **Baugenehmigung** noch nicht vorliegt (vgl. BGHZ 65, 372, 376 = BauR 1976, 126 = SFH Z 2.411 Bl. 65 = NJW 1976, 517 = MDR 1976, 307 = BB 1976, 288 = Betrieb 1976, 620; BGH SFH § 8 VOB/B Nr. 2 = BauR 1980, 465). **Maßgebend ist allein** die **ernsthafte Erfüllungsverweigerung** des Auftragnehmers, woran allerdings ein **strenger Maßstab** zu setzen ist (BGH NJW 1971, 798; BGH LM § 326 BGB [Dc] Nr. 2; BGH BauR 1974, 274 = SFH Z 2.510 Bl. 53 = WM 1974, 687 = NJW 1974, 1080 = MDR 1974, 749 = LM § 284 BGB Nr. 20 = BlGBW 1974, 173 = Betrieb 1974, 1107). So gilt es als eine ernsthafte Erfüllungsverweigerung des Auftragnehmers, wenn er eine vorherige geologische Untersuchung verlangt, die **objektiv nicht erforderlich** ist, und die Baumaschinen von der Baustelle abzieht (BGH a. a. O.); vgl. dazu auch Teil B § 6 Rdn. 118 ff.

Die aufgezeigte Rechtsfolge gilt auch, wenn es bei **objektiver Betrachtung** dem Auftraggeber einfach **nicht zugemutet** werden kann, die bisher erbrachte Leistung hinzunehmen (vgl. Anderson BauR 1972, 65, 67). 34

4. Die gleichen Grundsätze, wie in Rdn. 24 f. ausgeführt, gelten auch zur Frage der Ausübung eines **Wandelungsrechts** des Auftraggebers nach § 634 BGB, vgl. dazu Christoffel S. 159; Ludwigs S. 187 f.; Lehning NJW 1953, 772; Weber NJW 1958, 1711; Kühn NJW 1955, 412; Schmidt MDR 1963, 263, 266 f.; Schmalzl NJW 1965, 129, 134 und NJW 1971, 2015; Wandelung verneinend auch OLG Koblenz SFH Z 3.00 Bl. 55 ff. = NJW 1962, 741 sowie OLG Karlsruhe BauR 1971, 55. Dabei ist die Kritik von Heinrich (BauR 1982, 224) nicht gerechtfertigt, weil sie die hier maßgebenden Probleme (vgl. Rdn. 24 f.) nicht ausräumt. Es treten nämlich bei der Wandelung die Rücktrittsfolgen ein, so daß hier **dieselbe Interessenlage** vorliegt **wie beim Rücktritt** selbst. Zu weitgehend daher LG Tübingen (SFH § 634 BGB Nr. 6), wenn es die Wandelung zugelassen hat, weil die erforderlichen Schallschutzwerte nicht erreicht werden. Zur Vollziehung der Wandelung vgl. OLG Celle NJW 1960, 102. 35

Der BGH hat es in seinem Urteil vom 29. 5. 1961 – VII ZR 84/60 – als zweifelhaft bezeichnet, ob eine Wandelung nach einem VOB-Bauvertrag zulässig ist; er hat diese Frage jedoch in dem ihm seinerzeit vorliegenden Fall aus Rechtsgründen nicht zu entscheiden brauchen und daher offengelassen; ebenso in weiteren Urteilen (BGHZ 42, 232 = NJW 1965, 152 = VersR 1964, 1248 = MDR 1965, 75 = SFH Z 2.414 Bl. 136; BGHZ 51, 275 = MDR 1969, 385 = Betrieb 1969, 481 = NJW 1969, 653 = VersR 1969, 331 = LM § 426 BGB Nr. 28 mit Anm. Rietschel = SFH Z 2.413 Bl. 37 ff.). Man wird sich in der Frage der Zulässigkeit der Wandelung auch nicht mit der in Rechtsprechung und Literatur vertretenen Meinung (vgl. u. a. RGZ 147, 390, 393; Soergel/Siebert § 634 BGB Anm. 4; Staudinger/Riedel § 634 BGB Nr. 10 h; Stark JW 1929, 1727) helfen können, wonach dann, wenn die Rückgewähr der Leistung in Natur nicht möglich ist, ein Wandelungsanspruch in der Gestalt gegeben wird, daß ein Ausgleich der Leistung in Geld beansprucht werden kann (vgl. dazu auch Peters JR 1979, 265). Der Auftraggeber brauchte dann zwar keine eigentliche Vergütung zu entrichten, er müßte jedoch die Leistung mit ihren Mängeln behalten und ihren Wert dem Auftragnehmer ersetzen. Daran wird er in der Regel kein Interesse haben. Abgesehen davon, daß beim Bauvertrag an sich nicht von der Unmöglichkeit der Rückgewähr im eigentlichen Sinne gesprochen werden kann, weil es vielfach möglich ist, den bisher erstellten Teil des Bauwerkes abzubrechen, würden der Rückgewähr die **Regelungen in Teil B §§ 8 und 9 entgegenstehen.** Diese besonders gestalteten vertraglichen **Kündigungsrechte tragen den Gegebenheiten des Bauvertrages hinreichend Rechnung.** Es besteht kein Bedürfnis, auf die vorgenannte, ohnehin rechtssystematisch bedenkliche Behelfskonstruktion zurückzugreifen. Das gilt um so mehr, als auch bei einem VOB-Bauvertrag weitgehend auf das **Recht zur Minderung,** wie etwa auch bei völliger Unbrauchbarkeit der Leistung des Auftragnehmers, zurückgegriffen werden kann (vgl. dazu Teil B § 13 Rdn. 657 ff.). Angesichts des Gesagten **verstößt** der Ausschluß der Wandelung beim Bauvertrag **nicht gegen** zwingende gesetzliche Bestimmungen, was insbesondere im 36

Hinblick auf das **AGB-Gesetz** – dort vornehmlich § 11 Nr. 7 – zutrifft (ebenso Locher NJW 1977, 1801, 1803).

37 Soweit nach dem in Rdn. 25 ff. Gesagten **ausnahmsweise eine Wandelung** für **zulässig** zu erachten ist, kommt **daneben kein Schadensersatzanspruch gemäß § 635 BGB in Betracht,** weil dieser Schadensersatzanspruch nur statt der Wandelung oder Minderung gegeben ist (OLG Hamm BauR 1984, 524). **Erst recht** gilt dies für einen **Schadensersatzanspruch** nach Teil B § 13 Nr. 7, weil dieser nur neben der Minderung oder Nachbesserung besteht (vgl. Teil B § 13 Rdn. 662 ff.). Sofern beim Ausbau von durch die Wandelung ergriffenen Bauteilen durch den Auftragnehmer Schäden entstehen, kommt allerdings ein **Schadensersatzanspruch des Auftraggebers wegen positiver Forderungsverletzung** in Betracht, wobei dem Auftragnehmer aber pflichtwidriges, schuldhaftes Verhalten vorgeworfen werden muß (OLG Hamm a. a. O., verneinend für den Fall, daß der Auftragnehmer mangelhafte Fenster beim Ausbau nicht zersägt hat).

Zur aufgedrängten Bereicherung und zum Wertersatz bei der Wandelung u. a. im Werkvertragsrecht Koller Betrieb 1974, 2385 und 2458.

38 5. Hervorzuheben ist noch, daß der **Tod des Auftragnehmers den Bauvertrag nicht beendet,** weil der Auftragnehmer nicht in Person zu leisten verpflichtet ist. Falls kraft ausdrücklicher vertraglicher Vereinbarung oder aufgrund sonstiger Umstände die Bauleistung nur vom Auftragnehmer **selbst** verlangt werden kann, tritt allerdings durch seinen Tod nachträgliche, unverschuldete Leistungsunmöglichkeit ein (vgl. dazu Rdn. 12 f.). Auch durch den **Tod des Auftraggebers** wird der Bauvertrag nicht aufgehoben.

§ 8 Kündigung durch den Auftraggeber

1. (1) Der Auftraggeber kann bis zur Vollendung der Leistung jederzeit den Vertrag kündigen.

(2) Dem Auftragnehmer steht die vereinbarte Vergütung zu. Er muß sich jedoch anrechnen lassen, was er infolge der Aufhebung des Vertrages an Kosten erspart oder durch anderweitige Verwendung seiner Arbeitskraft und seines Betriebes erwirbt oder zu erwerben böswillig unterläßt (§ 649 BGB).

2. (1) Der Auftraggeber kann den Vertrag kündigen, wenn der Auftragnehmer seine Zahlungen einstellt, das Vergleichsverfahren beantragt oder in Konkurs gerät.

(2) Die ausgeführten Leistungen sind nach § 6 Nr. 5 abzurechnen. Der Auftraggeber kann Schadensersatz wegen Nichterfüllung des Restes verlangen.

3. (1) Der Auftraggeber kann den Vertrag kündigen, wenn in den Fällen des § 4 Nr. 7 und des § 5 Nr. 4 die gesetzte Frist fruchtlos abgelaufen ist (Entziehung des Auftrags). Die Entziehung des Auftrags kann auf einen in sich abgeschlossenen Teil der vertraglichen Leistung beschränkt werden.

(2) Nach der Entziehung des Auftrags ist der Auftraggeber berechtigt, den noch nicht vollendeten Teil der Leistung zu Lasten des Auftragnehmers durch einen Dritten ausführen zu lassen, doch bleiben seine Ansprüche auf Ersatz des etwa entstehenden weiteren Schadens bestehen. Er ist auch berechtigt, auf die weitere Ausführung zu verzichten und Schadensersatz wegen Nichterfüllung zu verlangen, wenn die Ausführung aus den Gründen, die zur Entziehung des Auftrags geführt haben, für ihn kein Interesse mehr hat.

(3) Für die Weiterführung der Arbeiten kann der Auftraggeber Geräte, Gerüste, auf der Baustelle vorhandene andere Einrichtungen und angelieferte Stoffe und Bauteile gegen angemessene Vergütung in Anspruch nehmen.

(4) Der Auftraggeber hat dem Auftragnehmer eine Aufstellung über die entstandenen Mehrkosten und über seine anderen Ansprüche spätestens binnen 12 Werktagen nach Abrechnung mit dem Dritten zuzusenden.

4. Der Auftraggeber kann den Auftrag entziehen, wenn der Auftragnehmer aus Anlaß der Vergabe eine Abrede getroffen hatte, die eine unzulässige Wettbewerbsbeschränkung darstellt. Die Kündigung ist innerhalb von 12 Werktagen nach Bekanntwerden des Kündigungsgrundes auszusprechen. Die Nr. 3 gilt entsprechend.

5. Die Kündigung ist schriftlich zu erklären.

6. Der Auftragnehmer kann Aufmaß und Abnahme der von ihm ausgeführten Leistungen alsbald nach der Kündigung verlangen; er hat unverzüglich eine prüfbare Rechnung über die ausgeführten Leistungen vorzulegen.

7. Eine wegen Verzugs verwirkte, nach Zeit bemessene Vertragsstrafe kann nur für die Zeit bis zum Tag der Kündigung des Vertrages gefordert werden.

Inhaltsübersicht

	Rdn.
A. Vorbemerkung	1–9
I. Die verschiedenen Kündigungsgründe	1
II. Angabe der Kündigungsgründe	2–4
III. Eindeutige Kündigungserklärung	5
IV. Schriftliche Kündigung	6
V. Fürsorge- und Obhutspflichten nach Kündigung	7
VI. Herausgabe von Unterlagen an Auftraggeber	8
VII. Einverständliche Vertragsaufhebung	9
B. Kündigung „ohne wichtigen Grund" (Nr. 1)	10–42
I. Nr. 1 entspricht § 649 BGB	12–16
1. Kündigung nur bis zur Vollendung der vertraglichen Leistung	13
2. Eindeutige Kündigungserklärung erforderlich	14
3. Wirksamkeit mit Zugang der Kündigungserklärung	15
4. Abweichende Vereinbarungen	16
II. Vergütungsanspruch nach Kündigung (Abs. 2 Satz 1)	17–27
1. Grundsätzlich Anspruch auf volle Vergütung	18
2. Grundsätzlich keine Aufrechnung mit Schadensersatzansprüchen durch Auftraggeber	19
3. Ausnahme: Vertragsstrafe	20
4. Vergütung auf der Grundlage des Bauvertrages als Ausgangspunkt	21–24
5. Abweichende Vertragsbestimmungen	25–27
III. Einschränkung des Vergütungsanspruches (Abs. 2 Satz 2)	28–37
1. Allgemeines – Beweislast	28
2. Anrechnung ersparter Kosten; Ansprüche des Auftraggebers bei Leistungsmängeln	29–31
3. Ansprüche des Auftraggebers bei mangelhafter Leistung	32
4. Sicherheitseinbehalt	33
5. Anrechnung des Gewinns aus Ersatzauftrag	34–35
6. Anrechnung böswillig unterlassenen Gewinns oder böswillig unterlassener Kostenersparnis	36–37

IV. Keine über Nr. 1 Abs. 2 hinausgehenden Ansprüche des Auftragnehmers	38–39
1. AGB-rechtliche Grenzen	38
2. Nicht durch Kündigung verursachte Ansprüche bleiben unberührt	39
V. Teilkündigung	40–42
C. Allgemeines zur Kündigung aus wichtigem Grund (Nr. 2–4)	43–45
D. Kündigung wegen Vermögensverfalls des Auftragnehmers (Nr. 2)	46–75
I. Allgemeines	46–51
1. Vertrauen in die wirtschaftlichen Verhältnisse des Auftragnehmers als Ausgangspunkt	46–48
2. Nr. 2 entspricht den besonderen Erfordernissen beim Bauvertrag	49–50
3. Wirksamkeit der Nr. 2 trotz § 17 KO	51
II. Kündigungsgründe nach Nr. 2 Abs. 1	52–61
1. Zahlungseinstellung	53–54
2. Gerichtliches Vergleichsverfahren	55
3. Konkursverfahren	56–60
a) Voraussetzungen	57
b) Konkursgläubiger	58
c) Schutzwürdiges Interesse des Auftraggebers zur Kündigung	59
d) Pflichten des Konkursverwalters bei Weiterführung des Betriebes des Auftragnehmers	60
4. Wegfall oder Änderung der Geschäftsgrundlage	61
III. Vergütung des Auftragnehmers (Abs. 2 Satz 1)	62–64
1. Abrechnung	62–63
2. Ansprüche des Auftraggebers bei Leistungsmängeln	64
IV. Schadensersatzanspruch des Auftraggebers (Abs. 2 Satz 2)	65–75
1. Aufteilung in ausgeführten und nicht ausgeführten Vertragsteil	65–66
2. Schadensersatz wegen Nichterfüllung	67–70
a) Erfüllungsinteresse	68
b) Gewährleistungsansprüche	69
c) AGB – Zulässigkeit	70
3. Mitverschulden des Auftraggebers möglich	71
4. Abrechnung von Vergütungsanspruch und Schadensersatzanspruch im Zusammenhang	72–75
E. Kündigung wegen Vertragsuntreue des Auftragnehmers (Nr. 3)	76–137
I. Allgemeines	76–80
1. Grundlage: Bruch des Vertrauensverhältnisses	76–77
2. Auch andere positive Vertragsverletzungen fallen unter Nr. 3	78
3. Ordnungsgemäße Kündigungserklärung Voraussetzung	79
4. Entsprechende Anwendung bei einverständlicher Vertragsaufhebung	80
II. Weitere Kündigungsvoraussetzungen (Absatz 1)	81–85
1. Grundsätzlich fruchtloser Ablauf der gesetzlichen Frist erforderlich	81
2. Teilkündigung	82–83
3. Auftragnehmer hat Beweislast für Schuldlosigkeit	84–85
III. Vollendung der Leistung durch Dritten (Abs. 2 Satz 1, erster Halbsatz)	86–97
1. Erstattungsanspruch des Auftraggebers	86–91
a) Mehraufwendungen zu Lasten des Auftragnehmers	88
b) Verschuldensunabhängiger Erstattungsanspruch	89
c) Vorschußanspruch des Auftraggebers	90
d) Verjährung des Erstattungsanspruches	91
2. Einschränkungen hinsichtlich des Erstattungsspruches; Schadensminderungspflicht	92–96
a) Entsprechende Anwendung des § 633 Abs. 2 Satz 2 BGB	93
b) Sorgfaltspflicht des Auftraggebers (§ 254 Abs. 2 BGB)	94
c) Umgrenzung durch bisherigen Auftrag	95
d) Abweichende AGB	96
3. Ansprüche gegen den gekündigten Auftragnehmer wegen Mängel	97
IV. Ersatz weiteren Schadens (Abs. 2 Satz 1, zweiter Halbsatz)	98–102

1. Umfang		98
2. Darlegungs- und Beweislast		99
3. AGB		100
4. Nutzungsausfall		101
5. Sonstiges		102
V. Wahlrecht des Auftraggebers (Abs. 2 Satz 2)		103–119
1. Interessenwegfall infolge Vertragsuntreue des Auftragnehmers erforderlich		103–108
a) Gänzlicher Verzicht durch Auftraggeber		104
b) Anforderungen entsprechend §§ 286 Abs. 2 bzw. 326 Abs. 2 BGB		105
c) Enge Verbindung mit Zweck der Bauleistung		106
d) Völlige Untauglichkeit der Leistung		107
e) Darlegungs- und Beweislast		108
2. Ausnahme: Anfängliche absolute Erfüllungsverweigerung des Auftragnehmers		109
3. Verschulden als weitere Voraussetzung		110-111
4. Positives Interesse ist zu ersetzen		112–118
5. Daneben keine Ansprüche aus positiver Vertragsverletzung		119
VI. Benutzungsrechte und Verwendungsbefugnisse des Auftraggebers (Absatz 3)		120–130
1. Voraussetzung Fortführung der begonnenen Leistung		121
2. Benutzungsrecht; Umfang		122
3. Verwendung von Stoffen oder Bauteilen		123–124
4. Vorherige Mitteilung der Inanspruchnahme erforderlich		125–126
5. Angemessene Vergütung für Auftragnehmer		127–130
VII. Mitteilung der Ansprüche des Auftraggebers (Absatz 4)		131–137
1. Berechnungsvorgang		132–135
2. Frist für Vorlage der Aufstellung der Ansprüche		136–137
F. Kündigung wegen wettbewerbswidrigen Verhaltens des Auftragnehmers (Nr. 4)		138–147
I. Vorgang vor Vertragsabschluß als Ursache (Satz 1)		139–143
1. Bauvertrag ist nicht ohne weiteres unwirksam		140–141
2. Schaden des Auftraggebers nicht erforderlich		142
3. Entsprechende Anwendung auch auf andere die ordnungsgemäße Bauvergabe behindernde Verhaltensweisen des Auftragnehmers		143
II. Kündigungsbefugnis nur innerhalb bestimmter Frist (Satz 2)		144–145
III. Entsprechende Anwendung der Nr. 3 (Satz 3)		146–147
G. Wirksamkeitsvoraussetzung für jede Kündigung: Schriftlichkeit (Nr. 5)		148–153
H. Vergütungsanspruch des Auftragnehmers nach Kündigung (Nr. 6)		154–170
I. Aufmaß und Abnahme (Halbsatz 1)		156–163
1. Aufmaß		157–159
2. Abnahme		160–161
3. Alsbald Aufmaß und Abnahme		162–163
II. Unverzüglich Vorlage prüfbarer Rechnung (Halbsatz 2)		164–170
1. Vorläufiger Charakter der Rechnung		166–167
2. Prüfbarkeit der Rechnung		168
3. Unverzügliche Vorlage der Rechnung		169
4. Etwaige Überzahlungen des Auftraggebers		170
J. Vertragsstrafe nach erfolgter Kündigung (Nr. 7)		171–175
1. Vorbehalt nur, wenn Abnahme erfolgt ist		172
2. Vertragsstrafe nur bis zum Tag der Kündigung		173–174
3. Herabsetzung der Vertragsstrafe; AGB-rechtliche Wirksamkeit der Vertragsstrafenvereinbarung		175

Aufsätze: Anderson, „Zur Problematik des § 8 Nr. 3 VOB/B", BauR 1972, 65; dazu kritisch Dähne, BauR 1972, 279; Kutschmann, „Wenn der Bauhandwerker den Bau liegen läßt", BauR 1972, 133; van Gelder, „Der Anspruch nach § 649 Satz 2 BGB bei Verlustgeschäften und seine Geltendmachung im Prozeß", NJW 1975, 189; Rosenberger, „Vertragsabwicklung im Konkurs des Bauunternehmers", BauR 1975, 233; dazu: Heidland BauR 1975, 305; Grüter, „Das Abschneiden des Werklohns bei Bestellerkündigung in Allg. Geschäftsbedingungen", Betrieb 1980, 867; Heidland, „Ist die Bestimmung in § 8 Nr. 2 VOB/B, nach welcher der Auftraggeber im Falle der Konkurseröffnung über das Vermögen des Auftragnehmers den Vertrag kündigen kann, unwirksam?", BauR 1981, 21.

A. Vorbemerkung

I. Die verschiedenen Kündigungsgründe

1   Teil B § 8 behandelt verschiedene vertraglich festgelegte Kündigungsrechte des Auftraggebers. Sie unterscheiden sich vor allem dadurch, daß **Nr. 1** in Anlehnung an **§ 649 BGB** die sogenannte **„freie" Kündigung** regelt, während die übrigen Kündigungsbefugnisse nach den **Nr. 2, 3 und 4 nur unter den dort geregelten besonderen Voraussetzungen** gegeben sind. Dabei handelt es sich um **Kündigungsrechte,** die rechtlich als solche aus **„wichtigem Grund"** bezeichnet werden können, also Rechte zur **„außerordentlichen" Kündigung.**

II. Angabe der Kündigungsgründe

2   Wegen der in Nr. 2, 3 und 4 im einzelnen festgelegten besonderen Kündigungsfolgen (Schadensersatzansprüche) **muß aus dem Kündigungsschreiben des Auftraggebers hervorgehen,** ob es sich um den Ausspruch der bloß „freien" Kündigung oder um eine „außerordentliche" Kündigung nach den Nr. 2, 3 und 4 handelt (insoweit offen gelassen von BGH SFH Z 2.510 Bl. 25 ff.; wie hier auch Nicklisch in Nicklisch/Weick Teil B §§ 8, 9 Rdn. 30). Ist das Kündigungsschreiben nicht eindeutig, ergibt aber der Gesamtsachverhalt, daß dem Auftraggeber ein „außerordentlicher" Kündigungsgrund zur Seite steht, ist im Zweifel davon auszugehen, daß die Kündigung aus dem zuletzt genannten Grunde ausgesprochen wird. Es ist anzunehmen, daß der Kündigende grundsätzlich die ihm günstigeren Kündigungsmöglichkeiten wählt (BGH a. a. O.; ferner Urt. vom 2. 5. 1964 – VII ZR 218/62 –).

3   Der Ausspruch einer „außerordentlichen" Kündigung bedarf zu seiner Wirksamkeit **nicht,** daß der Auftraggeber die die Kündigung rechtfertigenden Gründe im einzelnen schlüssig darlegt. Vielmehr genügt es, wenn in der Erklärung für den Empfänger erkennbar zum Ausdruck kommt, der Auftraggeber nehme irgendeinen besonderen, „außerordentlichen" Kündigungsgrund für sich in Anspruch. Die Kündigungserklärung braucht also keine schlüssige Darlegung darüber zu enthalten, **auf welchen** der in Teil B § 8 Nr. 2–4 angeführten Gründe der Kündigende sich beruft und ob die jeweiligen Voraussetzungen erfüllt sind. Deshalb ist der Auftraggeber auch nicht gehindert, zur Rechtfertigung seiner „außerordentlichen" Kündigung **weitere Kündigungsgründe nachzuschieben,** und zwar grundsätzlich **auch dann, wenn die Kündigung ursprünglich nur eine solche nach § 649 BGB bzw. Teil B § 8 Nr. 1** ist und der Auftraggeber bei seiner Kündigung die „außerordentlichen" Kündigungsgründe noch **nicht gekannt** hat (vgl. BGH SFH Z 2.510 Bl. 25 ff. sowie LM Nr. 10 zu § 626 BGB und NJW 1975, 825 = BauR 1975, 280 = SFH Z 2.510 Bl. 58 = BB 1975, 1086 m. w. N.; BGHZ 82, 100 = BauR 1982, 79 = NJW 1982, 438 = SFH § 19 GOA Nr. 3 = MDR 1982, 313 = BB 1982, 518 = LM § 631 BGB Nr. 42 = Betrieb 1982, 898 = ZfBR 1982, 15 m. w. N.; vgl. auch BAG Betrieb 1980, 1350; OLG Karlsruhe BauR 1987, 448). Das trifft insbesondere für das Nachschieben von Kündigungsgründen aus den Nr. 2–4 zu.

4   Allerdings hat der **Auftraggeber** die **Beweislast** für die von ihm vorgebrachten „außerordentlichen" Kündigungsrechte, was für ihn ein **nicht unerhebliches Risiko** bedeutet (vgl. BGH NJW 1975, 825 = BauR 1975, 280 = SFH Z 2.510 Bl. 58 = BB 1975, 1086; OLG Oldenburg BauR 1987, 567 für den Fall der Kündigung nach Teil B § 8 Nr. 2). Liegt eine unwirksame „außerordentliche" Kündigung vor, so kann darin eine wirksame Kündigung nach § 649 BGB bzw. Teil B § 8 Nr. 1 gesehen werden, wenn eindeutig ist, daß der Auftraggeber den

Vertrag nicht mehr fortsetzen will (§ 140 BGB; so auch Nicklisch/Weick Teil B §§ 8, 9 Rdn. 31; OLG Oldenburg a. a. O.).

III. Eindeutige Kündigungserklärung

Immer bedarf es aber einer **eindeutigen Kündigungserklärung** des Auftraggebers, um die möglichen Folgen nach Teil B § 8 in Anspruch zu nehmen (vgl. auch Vor Teil B §§ 8+9 Rdn. 1). Eine Kündigung mit allen ihren in Teil B § 8 geregelten möglichen Folgen liegt in Wirklichkeit **nicht** vor, wenn der Auftraggeber – etwa aus einer ersten Verärgerung – zunächst die Kündigung ausspricht, dann aber den Auftragnehmer den vorgesehenen Leistungsumfang weiter ausführen läßt, sei es stillschweigend, sei es kraft ausdrücklicher Absprache. 5

IV. Schriftliche Kündigung

Wichtig für sämtliche Kündigungen nach Teil B § 8 ist die Nr. 5. Die Kündigung muß immer **schriftlich** erfolgen; anderenfalls ist sie grundsätzlich **unwirksam** (vgl. Rdn. 148 ff.). **Bei öffentlichen Bauaufträgen** bedarf die **Kündigung** des Vertrages **der vorherigen Zustimmung** der technischen Aufsichtsbehörde in der Mittelinstanz (VHB zu § 8 VOB/B Nr. 1). 6

V. Fürsorge- und Obhutspflichten nach Kündigung

Soweit die Bauleistung im Zeitpunkt der Kündigung erstellt ist, **verbleibt** diese **beim Auftraggeber** mit Ausnahme des angeschafften und noch nicht eingebauten, vom Auftraggeber aber noch nicht bezahlten Materials. Daraus folgt: **Auch nach Kündigung** des Bauvertrages durch den Auftraggeber – gleichgültig aus welchem Grunde – hat der Auftragnehmer eine **Fürsorge- oder Obhutspflicht dahingehend**, daß er die **bisher erstellte Leistung nicht zerstören oder beschädigen** darf. Anderenfalls macht er sich einer nachvertraglichen Verletzung dieser Pflichten schuldig und muß **Schadensersatz** leisten, mit dem der Auftraggeber gegen den etwaigen Vergütungsanspruch des Auftragnehmers aufrechnen kann. So darf der Auftragnehmer z. B. eine ausgeschachtete Baugrube nicht wieder auffüllen, es sei denn, dies ist zur Abwendung konkret zu erwartenden Schadens im Interesse des Auftraggebers unabweisbar. 7

VI. Herausgabe von Unterlagen an Auftraggeber

In jedem Fall der Kündigung ist der **Auftragnehmer** des weiteren entsprechend **§ 667 BGB** verpflichtet, die ihm zur Ausführung übergebenen Unterlagen, insbesondere diejenigen, die noch für die weitere Ausführung benötigt werden, an den Auftraggeber herauszugeben; in dieser Hinsicht kann es für den Auftraggeber geboten sein, die Herausgabe im Wege einstweiliger Verfügung (§§ 935 ff. ZPO) zu erwirken, was allerdings nur zu bejahen ist, wenn es für den Auftraggeber keinen anderen und/oder billigeren Weg gibt, um sogleich an die Unterlagen zu gelangen (vgl. OLG Frankfurt BauR 1980, 193). 8

VII. Einverständliche Vertragsaufhebung

Wegen der möglichen Folgen bei **einverständlicher Vertragsaufhebung** vgl. Vor B §§ 8 und 9 Rdn. 18 ff. 9

B. Kündigung „ohne wichtigen Grund" (Nr. 1)

10   Nr. 1 behandelt das **Kündigungsrecht des Auftraggebers ohne Vorliegen eines für das Vertragsverhältnis zwischen Auftraggeber und Auftragnehmer besonderen Grundes.** Dazu rechnen alle Fälle, in denen der Auftraggeber nicht einen „wichtigen Grund" für seine Kündigung anzuführen vermag; dabei kommt es im übrigen nicht darauf an, ob den Auftraggeber an den Umständen der Kündigung ein Verschulden i. S. des § 276 BGB oder eine Verantwortlichkeit trifft (wie z. B. an dem Fehlen von Geldmitteln zur Baufinanzierung, § 279 BGB, vgl. BGH SFH Z 2.510 Bl. 60).

11   Der Auftraggeber kann bis zur Vollendung der nach dem Vertrag geschuldeten Bauleistung jederzeit den Bauvertrag mit dem Auftragnehmer kündigen (Nr. 1 Abs. 1). **Dann steht dem Auftragnehmer aber die nach dem Vertrag vereinbarte Vergütung zu.** Er muß sich jedoch hinsichtlich des nichtausgeführten Leistungsteils das anrechnen lassen, was er infolge der Aufhebung des Bauvertrages an Kosten erspart oder durch anderweitige Verwendung seiner Arbeitskraft und seines Betriebes erwirbt oder zu erwerben böswillig unterläßt (Nr. 1 Abs. 2; § 649 BGB). Das gilt entsprechend **auch** für **Teilkündigungen (vgl. Rdn. 41 f.).**

I. Nr. 1 entspricht § 649 BGB

12   Wie sich aus dem Hinweis in Nr. 1 Abs. 2 ergibt, **entspricht** Nr. 1 dem **§ 649 BGB.** Soweit im Wortlaut Unterschiede bestehen, sind sie nicht von rechtlicher Bedeutung. Die Abweichungen der Nr. 1 vom Gesetzestext (§ 649 BGB) sind darauf zurückzuführen, daß sie sprachlich den Besonderheiten des Bauvertrages und der Bauherstellung Rechnung tragen wollen.

13   1. Das jederzeitige **Kündigungsrecht** des Auftraggebers besteht zeitlich nicht unbegrenzt, sondern **nur bis** zur Abwicklung des Bauvertrages **durch Bereitstellung zur Abnahme** des **vollständig** hergestellten Werkes, begrenzt durch den Inhalt der im jeweiligen Vertrag festgelegten Leistungspflicht des Auftragnehmers. Daher muß die **Kündigung vor** der **Vollendung** der bauvertraglichen Leistung **ausgesprochen** werden. Der Begriff der Vollendung bedeutet die endgültige Fertigstellung der Leistung in allen Teilen, und zwar so, daß etwaige wesentliche Mängel (vgl. Teil B § 12 Nr. 3) beseitigt sind und die Bauleistung **zur Abnahme bereitsteht.** Sind z. B. bei einer ersten „Abnahme" wesentliche Mängel der Leistung festgestellt worden, die noch zu beseitigen sind, und kündigt der Auftraggeber in diesem Zeitpunkt den Bauvertrag nach Nr. 1, so ist das noch vor Vollendung und damit zulässig geschehen. Die Kündigung kann also so lange erfolgen, bis eine einwandfreie Fertigung vorliegt, die zur **Abnahme führen kann. Nach** erfolgter **Abnahme** ist dagegen eine **Kündigung nicht mehr möglich** (BGH BauR 1975, 280 = NJW 1975, 825 = SFH Z 2.510 Bl. 58). Als **Anfangszeitpunkt** möglicher Kündigung gilt der **Abschluß des Bauvertrages** und die damit zwischen dem Auftraggeber und dem Auftragnehmer eingetretene vertragliche Bindung. Andererseits ergibt sich daraus aber auch, daß die Kündigung nur zulässig ist, soweit die Leistung des Auftragnehmers **objektiv möglich** ist; ist oder wird sie unmöglich, so ist für eine Kündigung des Auftraggebers mit den Wirkungen des § 649 BGB kein Raum mehr (vgl. BGH, Urt. vom 11. 3. 1965 – VII ZR 174/63 –). Vgl. dazu Vor Teil B §§ 8+9 Rdn. 11 ff.

14   2. Die **Kündigung** ist in der erforderlichen **klaren,** den Kündigungswillen **eindeutig** zum Ausdruck bringenden **Weise** (vgl. Vor Teil B §§ 8+9 Rdn. 1; hier Rdn. 1) als einseitige, empfangsbedürftige Willenserklärung auszusprechen. Hinsichtlich der **Form** und des **Zuganges der Kündigung** vgl. Rdn. 148 ff. Der Auftraggeber braucht die **Gründe für** seine nach Nr. 1 erfolgende **Kündigung nicht anzugeben.** Es ist weder ein besonderer Anlaß noch ein besonderer Grund erforderlich.

15   3. Die **Kündigungswirkung** tritt **mit dem Zugang der Kündigung** beim Auftragnehmer ein, falls der Auftraggeber nicht zum Ausdruck bringt, zu welchem anderen in der Zukunft

liegenden Zeitpunkt er den Bauvertrag als aufgehoben ansehen will. Der **Auftraggeber** ist auch **nicht an eine Kündigungsfrist gebunden,** wie sich aus dem Wort „jederzeit" deutlich ergibt. Die Kündigung des Bauvertrages führt zur **Beendigung des Bauvertragsverhältnisses für die Zukunft (ex nunc), läßt aber den Vertrag für die Vergangenheit als Rechtsgrund für erbrachte Leistungen bestehen** (BGH BauR 1982, 387 = SFH § 649 BGB Nr. 5 = NJW 1982, 2553 = MDR 1982, 723 = LM § 649 BGB Nr. 10 = ZfBR 1982, 160 m. w. N.).

4. Die **Kündigungsregeln sowohl des Teils B § 8 Nr. 1 VOB als auch des § 649 BGB** sind **abdingbar.** Die Vertragsparteien können **individualvertraglich** eine bestimmte Vereinbarung treffen, die das Recht zur Vertragskündigung von dem Eintritt gewisser aufschiebender oder auflösender Bedingungen abhängig macht; z. B.: „Kündigung im Falle der Ablehnung des Modells durch das Denkmalsamt", BGH, Urt. vom 6. 7. 1964 – VII ZR 118/63 – (vgl. auch BGH BauR 1985, 77 = NJW 1985, 631 = ZIP 1985, 291 = MDR 1985, 222 = Betrieb 1985, 222 = SFH § 4 Nr. 1 VOB/B Nr. 1 = ZfBR 1985, 37). Möglich ist auch, im Bauvertrag das „freie" Kündigungsrecht des Auftraggebers überhaupt auszuschließen, etwa durch die Absprache, daß der Vertrag nur aus wichtigem Grund gekündigt werden kann (so auch Nicklisch in Nicklisch/Weick Teil B § 8 Rdn. 4), **was auch für den Bereich des AGB-Gesetzes** gilt. Dann kommt eine Kündigung nach § 649 BGB (Teil B § 8 Nr. 1) nicht in Betracht. Auch ist dann nicht etwa die Wandelung des Bauvertrages möglich (vgl. dazu BGH BauR 1972, 185 = SFH Z 3.01 Bl. 475 = MDR 1972, 407 = LM § 634 BGB Nr. 12 = VersR 1972, 303 = NJW 1972, 526 [L] = BlGBW 1972, 116), abgesehen davon, daß beim Bauvertrag im allgemeinen eine Wandelung nicht in Frage kommt (vgl. Vor Teil B §§ 8+9 Rdn. 35 ff. und Teil B § 13 Rdn. 657 ff.). **Anders liegt es allerdings im Falle eines Dauerschuldverhältnisses, weil dann dem Ausschluß des Kündigungsrechtes § 11 Nr. 12 a AGB-Gesetz entgegensteht,** wenn der Vertragspartner des Verwenders länger als 2 Jahre an den Vertrag gebunden sein soll; dem steht auch nicht § 23 Abs. 2 Nr. 6 AGB-Gesetz entgegen, weil es sich im Falle eines Werkvertrages regelmäßig nicht um die Lieferung zusammengehörig verkaufter Sachen handelt (vgl. BGHZ 84, 109 = BauR 1982, 486 = NJW 1982, 1309 = Betrieb 1982, 1821 = ZIP 1982, 969 = SFH § 11 Nr. 12 AGBG Nr. 1 = MDR 1982, 921 = BB 1982, 1750 = LM AGBG Nr. 36 = ZfBR 1982, 213; AG Helmstedt NJW-RR 1986, 274). Zur Frage etwaigen Ausschlusses des Vergütungsanspruches des Auftragnehmers im Falle der Kündigung nach § 649 BGB bzw. Teil B § 8 Nr. 1 vgl. Rdn. 25 ff. Zum **Ausschluß der Kündigung nach § 649 BGB bzw. Teil B § 8 Nr. 1 lediglich des die Bauerrichtung betreffenden Teils des Bauträgervertrages** vgl. Anh. Rdn. 214 ff.

II. Vergütungsanspruch nach Kündigung (Abs. 2 Satz 1)

Erfolgt die Kündigung gemäß Absatz 1, hat der Auftragnehmer nach Abs. 2 Satz 1 das Recht, vom Auftraggeber die **vereinbarte Vergütung** zu verlangen. Diese braucht ihm der Auftraggeber nicht schon mit der Kündigung zu zahlen, sondern er kann **abwarten, bis der Auftragnehmer** seinen **Vergütungsanspruch** geltend macht. Andererseits **bedarf es nicht der Abnahme** der erbrachten Leistungen, **um die Fälligkeit** der Vergütung **herbeizuführen** (vgl. dazu OLG Köln SFH § 648 BGB Nr. 1; OLG Düsseldorf BauR 1980, 276; vgl. dazu auch Rdn. 154 ff.).

1. Die Kündigung des Auftraggebers nach Absatz 2 soll dem **Auftragnehmer keinen Schaden bringen.** Es soll die wirtschaftliche Bedeutung, die der Bauauftrag für den Auftragnehmer gehabt hat, erhalten bleiben; andererseits soll er aber auch nicht bessergestellt werden, als er bei voller Durchführung des Vertrages – voraussichtlich – gestanden hätte (RGZ 74, 197, 199; BGH BauR 1981, 198 = Betrieb 1981, 315 = SFH § 649 BGB Nr. 3 = ZfBR 1981, 80). Deshalb handelt es sich bei dem Vergütungsanspruch **nicht um einen auf das Erfüllungsinteresse gerichteten Schadensersatzanspruch.** Daher ist auch § 254 BGB nicht anwendbar (OLG Düsseldorf SFH Z 2.13 Bl. 19). Dies ergibt sich aus Nr. 1 Abs. 2 Satz 1, wonach dem Auftragnehmer nach erfolgter Kündigung die **vereinbarte Vergütung** zusteht. Er kann also

grundsätzlich die Gegenleistung des Auftraggebers **in voller Höhe** beanspruchen, **ohne Rücksicht darauf, ob er im Zeitpunkt des Wirksamwerdens der Kündigung bereits Bauleistungen erbracht hat.** Es ist deshalb auch unbeachtlich, inwieweit etwa ausgeführte Bauleistungen zu dieser Zeit wertmäßig gediehen sind. Eine Abwägung zwischen durchgeführter Leistung und deren Vergütungswert kommt bei dieser Kündigung **grundsätzlich nicht** in Betracht. Ausnahmsweise spielt das aber eine Rolle, wenn der Auftragnehmer auf seine – weitergehenden – Rechte nach Nr. 1 Abs. 2 Satz 1 **verzichtet** und nur die **tatsächlich ausgeführte Leistung** in Rechnung stellt (vgl. Rdn. 25 ff.).

19   2. **Grundsätzlich** kann der **Auftraggeber** aus dem bauvertraglichen Verhältnis im Falle einer Kündigung nach Nr. 1 **keine Schadensersatzansprüche zur Aufrechnung** bringen. Hierzu geben ihm im allgemeinen die besonderen Kündigungsgründe der Nr. 2–4 hinreichend Gelegenheit, sofern deren Voraussetzungen vorliegen. Hier ist zu berücksichtigen, daß § 649 BGB und damit Teil B § 8 Nr. 1 eine **abschließende Regelung der Rechte des Auftragnehmers** für den Fall der endgültigen Erfüllungsverweigerung durch den Auftraggeber darstellt, dadurch für ihn Schadensersatzansprüche wegen Nichterfüllung ausgeschlossen sind (OLG Düsseldorf BauR 1973, 114).

20   3. Anders ist dies allerdings in dem Fall einer **Vertragsstrafenvereinbarung:** Die Vertragsstrafe kann für die Zeit bis zur Kündigung geltend gemacht werden, sofern eine solche im Bauvertrag vereinbart ist. Erfolgt dann eine Kündigung nach Nr. 1, so bedarf es des Vorbehalts der Vertragsstrafe (vgl. Teil B § 11 Nr. 4) nicht, **falls nicht eine ausdrückliche Abnahme erfolgt.** Die Vorschriften über die sogenannte stillschweigende oder die sogenannte fiktive Abnahme (Teil B § 12 Nr. 5) sind hier unanwendbar (OLG Düsseldorf, Urt. vom 8. 7. 1969 – 20 U 104/67 –; offengelassen von BGHZ 80, 252 = BauR 1981, 373 = SFH § 8 VOB/B Nr. 3 = NJW 1981, 1839 = MDR 1981, 838 = Betrieb 1981, 1878 = LM § 8 VOB/B Nr. 9 Anm. Girisch = ZfBR 1981, 180). Vgl. dazu näher Rdn. 171 ff.

21   4. Die Vergütung bestimmt sich **nach den bauvertraglichen Abmachungen** (Einheitspreisen, Pauschalen, Stundenlöhnen). Maßgeblicher Ausgangspunkt für die Berechnung ist hier die dem Vertrag zugrunde gelegte **voraussichtliche Endvergütung** des Auftragnehmers, was bei Pauschalverträgen keine Schwierigkeiten macht. Bei Einheitspreisverträgen sind die zum Angebotsendpreis zusammengerechneten, aus der Multiplikation der Einheitspreise mit den Vordersätzen zutreffend ermittelten Positionspreise zu nehmen, die dann zusammenzurechnen sind. Bloße von der vertraglichen Vereinbarung losgelöste Bemessung der Vergütung nach Branchenüblichkeit bleibt außer Betracht (OLG Frankfurt NJW-RR 1987, 979).

22   Bei Kündigung nach teilweiser Ausführung gilt das Gesagte hinsichtlich der nichtausgeführten Teile der Leistung, während die ausgeführten Teile nach Aufmaß gemäß den vereinbarten Einheitspreisen oder dem entsprechenden Anteil der vereinbarten Pauschale abzurechnen sind, da sich etwaige Ersparnisse des Auftragnehmers nur auf den nicht ausgeführten Teil der in Auftrag gegebenen Leistung beziehen können (ebenso BGH BauR 1988, 82 = SFH § 8 VOB/B Nr. 12 = NJW-RR 1988, 208 = Betrieb 1988, 282 = MDR 1988, 309; vgl. auch Rdn. 40 ff.). Ergänzend kommen insoweit die Bestimmungen in Teil B § 2 Nr. 3–8 in Betracht, sofern deren Voraussetzungen gegeben sind. Bei Stundenlohnarbeiten kommen gemäß den vereinbarten Stundensätzen für die ausgeführten Teile der tatsächlich und für die nichtausgeführten Teile der voraussichtlich benötigte Zeitaufwand und das wirklich benötigte bzw. aller Voraussicht erforderliche Material in Ansatz.

23   **Für** den hier im Ausgangspunkt erörterten **Vergütungssatz** als solchen ist der **Auftragnehmer darlegungs- und beweispflichtig.** Ist eine bestimmte Vergütung nicht vereinbart worden, so kommt § 632 Abs. 2 BGB – bei Stundenlohnarbeiten Teil B § 15 Nr. 2 – entsprechend zur Anwendung. Vgl. dazu allgemein auch Thamm BB 1975, 1280, 1281.

An dem Gesagten ändert sich auch nichts bei einem auf die Kalkulation des Auftragnehmers zurückzuführenden sogenannten Verlustgeschäft; auch hier kann der Auftragnehmer nur die vertraglich vereinbarte Vergütung einsetzen (vgl. dazu van Gelder NJW 1975, 189).

24

5. Ob besondere von der VOB abweichende **individualvertragliche** Abmachungen, die grundsätzlich möglich sind (vgl. BGH BauR 1985, 77 = NJW 1985, 631 = ZIP 1985, 891 = MDR 1985, 222 = Betrieb 1985, 222 = SFH § 4 Nr. 1 VOB/B Nr. 1 = ZfBR 1985, 37), geeignet sind, im Falle der Kündigung nach Nr. 1 Abs. 1 den nach Abs. 2 Satz 1 zuerkannten vollen Vergütungsanspruch des Auftragnehmers auszuschließen und ihn nur auf die **ausgeführten Teile** der Leistung oder nach Maßgabe von Teil B § 6 Nr. 5 **zu beschränken,** hängt vom Einzelfall ab. Grundlegende Voraussetzung ist jedenfalls, daß der Wille, bei einer Kündigung des gesamten Vertrages dem Auftragnehmer keine Vergütung für die noch nicht geleisteten Arbeiten zukommen zu lassen, deutlich und zweifelsfrei zum Ausdruck kommt; vgl. OLG Stuttgart BB 1961, 552. Möglich dürfte es sein, **individuell** in Bauverträgen die Regelung zu treffen, daß ein **bestimmter Prozentsatz** der Vergütung des nicht ausgeführten Teils der Leistung als sogenannter entgangener Gewinn zu zahlen ist. Dieser Prozentsatz darf allerdings nicht erheblich unter oder über der allgemeinen Verdienstspanne des betreffenden Baugewerbezweiges liegen, weil sonst möglicherweise eine Unwirksamkeit der Abrede nach § 138 BGB oder jedenfalls nach § 242 BGB gegeben sein könnte (dazu auch Thamm BB 1975, 1280). Falls eine individualvertragliche Abmachung über einen pauschalierten Schadensersatz vorliegt, kommt dagegen eine entsprechende Anwendung des § 343 BGB nicht in Betracht (BGH SFH Z 2.51 Bl. 7).

25

Sofern auf den betreffenden Bauvertrag das **AGB-Gesetz** zur Anwendung gelangt (vgl. Teil A § 10 Rdn. 77 ff.), sind **§ 10 Nr. 7** (vgl. dazu Ulmer/Brandner/Hensen § 10 Nr. 7 Rdn. 16, Anh. §§ 9–11 Rdn. 199; Löwe/v. Westphalen/Trinkner § 10 Nr. 7 Rdn. 19 ff.; Locher/Koeble Rdn. 304 f.) **sowie § 11 Nr. 5 a. a. O. zu beachten** (vgl. dazu AG Gelsenkirchen MDR 1983, 842), wodurch eine Unwirksamkeit von davon erfaßten Vertragsklauseln gegeben sein kann (vgl. auch Locher/Koeble Rdn. 346 sowie hier Rdn. 38 f.). Zu berücksichtigen **ist hier aber besonders § 10 Nr. 3 AGB-Gesetz,** wonach der gänzliche Wegfall eines Vergütungsanspruches des Auftragnehmers im Falle einer vollen oder teilweisen Kündigung des Bauvertrages dann nicht in Betracht kommen kann, wenn dem Auftraggeber in AGB das Recht eingeräumt ist, jederzeit und ohne irgendeine nähere Angabe von Gründen den Vertrag insgesamt oder in Teilen nach freier Wahl zu kündigen, was gerade den hier erörterten Fall von Teil B § 8 Nr. 1 bzw. des § 649 BGB betrifft (vgl. LG Nürnberg-Fürth SFH § 10 Nr. 1 AGB-Gesetz Nr. 2, bestätigt durch OLG Nürnberg SFH § 10 Nr. 3 AGB-Gesetz Nr. 2; vgl. auch OLG Stuttgart NJW 1980, 1583; AG Leonberg NJW-RR 1986, 277). In dieses Verbot sind naturgemäß auch Klauseln einzubeziehen, die mit mehr „indirekten" Redewendungen das gleiche Ziel erreichen sollen, wie z. B. die Bestimmung, der Vergütungsanspruch des Auftragnehmers beschränke sich auf bis dahin erbrachte Leistungen, falls die Kündigung erfolge, weil das Bauvorhaben mangels Erteilung der Baugenehmigung oder wegen Zahlungsunfähigkeit des „Kunden" (des Auftraggebers) nicht begonnen oder fortgeführt werden könne. Hier ist gerade der Fall angesprochen, der im Verhältnis des Auftraggebers zum Auftragnehmer die hier zur Erörterung stehende rechtsgrundlose Kündigung erfaßt (vgl. dazu OLG München NJW-RR 1987, 661).

26

Das trifft **auch** – insoweit ebenfalls für den **kaufmännischen Bereich** – in bezug auf **§ 9 AGB-Gesetz** zu: Das freie Kündigungsrecht des Auftraggebers nach Teil B § 8 Nr. 1 bzw. § 649 BGB, das eine Ausnahme von dem sonst allgemeingültigen Grundsatz bildet, daß die Vertragspartner Vertrauen in den Fortbestand eines einmal abgeschlossenen Vertrages haben können, läßt sich vom Sinn und Zweck des Bauvertrages grundsätzlich nur rechtfertigen, wenn der dem Auftragnehmer nach Maßgabe des § 649 BGB bzw. Teil B § 8 Nr. 1 Abs. 2 zukommende Vergütungsanspruch **ungeschmälert** erhalten bleibt (ebenso BGHZ 92, 244,

27

249, 250 = BauR 1985, 77 = NJW 1985, 631 = ZIP 1985, 291 = MDR 1985, 222 = Betrieb 1985, 222 = SFH § 4 Nr. 1 VOB/B Nr. 1 = ZfBR 1985, 37). Daher kann gerade § 9 AGB-Gesetz auch bei einer generellen für den Auftragnehmer unzumutbaren Einschränkung seines Vergütungsanspruches eingreifen (vgl. dazu Teil B § 2 Rdn. 251 ff.). In diesem Zusammenhang kann eine hiervon abweichende Klausel nur haltbar sein, wenn im Zeitpunkt der Kündigung lediglich noch geringe Teile, die für die Vergütung des Unternehmers und vor allem den vorausberechneten Gewinn ohne wesentliche Bedeutung sind, ausstehen. Nur insoweit kann dem KG BauR 1979, 517 gefolgt werden. Zutreffend dazu auch Grüter Betrieb 1980, 867; ähnlich Locher/Koeble, Baubetreuungsrecht, Rdn. 307. Das Gesagte gilt auch für eine Einschränkung des Vergütungsanspruches gemäß Teil B § 6 Nr. 5 im Rahmen von AGB (insbesondere Zusätzlichen Vertragsbedingungen). Werden durch eine Klausel in AGB die dem Auftragnehmer nach Teil B § 8 Nr. 1 zustehenden Rechte genommen oder in beachtlicher Weise eingeschränkt, berührt dies den Kerngehalt der VOB/B, so daß die Ausgewogenheit der im übrigen vereinbarten VOB/B nicht mehr gegeben ist, also sich der Verwender – regelmäßig hier der Auftraggeber – auf ihm sonst im Verhältnis zum BGB günstige Rechte, wie z. B. auf die vorbehaltlose Annahme der Schlußzahlung nach Teil B § 16 Nr. 3 Abs. 2, nicht berufen kann (vgl. dazu BGH BauR 1987, 694 = NJW 1988, 55 = Betrieb 1987, 2631 = SFH § 16 Nr. 3 VOB/B Nr. 44 = JZ 1988, 39 mit Anm. Peters). Vgl. auch Rdn. 38 f.

III. Einschränkung des Vergütungsanspruches (Abs. 2 Satz 2)

28   1. Die dem Auftragnehmer **im Ausgangspunkt** (vgl. Rdn. 21 ff.) geschuldete **volle Vergütung verringert sich** nach Abs. 2 Satz 2, und zwar **um die Beträge, die der Auftragnehmer erstens infolge der Aufhebung des Vertrages an Kosten erspart oder zweitens durch anderweitige Verwendung seiner Arbeitskraft und seines Betriebes erwirbt oder drittens böswillig zu erwerben unterläßt.** Diese Einschränkung erklärt sich daraus, daß der Auftragnehmer im Falle einer Kündigung gemäß Absatz 1 nach Treu und Glauben nur einen Anspruch darauf hat, **schadlos** gestellt zu werden (RGZ 74, 197, 199; BGH BauR 1981, 198 = Betrieb 1981, 315 = SFH § 649 BGB Nr. 3 = ZfBR 1981, 80). Er soll **weder einen geringeren noch einen größeren Vermögenserwerb** haben, als wenn er unter Aufrechterhaltung des Bauvertrages die Bauleistung für den kündigenden Auftraggeber **durchgeführt hätte.** Finanziell wird er so gestellt, als wäre die Kündigung nicht erfolgt. Das Vorliegen der genannten Voraussetzungen nach Art und Umfang im einzelnen **darzulegen und zu beweisen ist Sache des Auftraggebers** (vgl. RGZ 104, 93, 95; BGH SFH Z 2.223 Bl. 4, Urt. vom 7. 12. 1961 – VII ZR 147/60 – und SFH Z 3.01 Bl. 351 ff.; BGH BauR 1986, 577 = SFH § 649 BGB Nr. 11 = NJW-RR 1986, 1026 = ZfBR 1987, 220; OLG Frankfurt NJW-RR 1987, 979). Dabei ist allerdings zu berücksichtigen, daß der Auftraggeber im allgemeinen die Kalkulation des Auftragnehmers nicht kennt (BGH BauR 1978, 55), weshalb der **Auftragnehmer** ihm dann jedenfalls die **grundlegenden Merkmale seiner Berechnung** (z. B. Lohn, Material, Baustellenkosten, allgemeine Geschäftskosten, Gewinn) **nennen muß.** Dagegen genügen bloße Allgemeinbehauptungen des Auftraggebers ohne hinreichenden Bezug auf den Betrieb des Auftragnehmers **und darüber hinaus den konkreten Bauauftrag und dessen Preisgestaltung** nicht, um der Darlegungslast nachzukommen (OLG Frankfurt a. a. O.). Insoweit reicht bloß unsubstantiierter Vertrag mit dem Beweisangebot auf ein Sachverständigengutachten nicht aus (a. a. O.). Vgl. dazu auch AG Gießen NJW-RR 1987, 1502.

29   2. Die **Anrechnung ersparter Kosten** beruht auf dem Grundgedanken, daß der Auftragnehmer bei Fortführung des Vertrages – weitere – **Kosten gehabt hätte, die für ihn weder einen Gewinn noch einen Verlust bedeutet hätten.** Die eingesparten Kosten können sich **nur hinsichtlich des im Zeitpunkt der Kündigung noch nicht erstellten Leistungsteils** ergeben, während die Kosten für die bereits ausgeführten Teilleistungen bereits entstanden sind und daher dem Auftragnehmer nicht abgezogen werden dürfen. Das gilt **auch bei einem soge-**

nannten Verlustgeschäft (vgl. dazu van Gelder NJW 1975, 189, zugleich auch zutreffend zur Frage der Berechnung des Verlustes bei sogenannter „gemischter" Kalkulation, d. h. bei voraussichtlichem geringerem Verlust bei Gesamtdurchführung des Vertrages als jetzt im Zeitpunkt der Kündigung). Zu den ersparten Kosten gehören die nicht entstandenen **eigentlichen Kosten der Herstellung** (Materialkosten, Baustellengemeinkosten, Löhne, Gehälter, sonstige Aufwendungen an der Baustelle, desgleichen Aufwendungen, um die Baustelle einzurichten, vorzuhalten usw.). Hierher zählen auch grundsätzlich die **Kosten für** vom Auftragnehmer angeschafftes, aber **noch nicht zur Herstellung** der Bauleistung **verwendetes Material** (RGZ 104, 93), **es sei denn**, das Material läßt sich **in absehbarer, zumutbarer Zeit für den Auftragnehmer nicht verwenden** (ebenso OLG Frankfurt NJW-RR 1987, 979). Anderenfalls sind ihm die Anschaffungskosten gegen Herausgabe des Materials zu ersetzen (zutreffend OLG Frankfurt a. a. O.; Heiermann/Riedl/Rusam/Schwaab Teil B § 8 Rdn. 5). Gleiches gilt in bezug auf **noch nicht eingebaute Bauteile,** die allerdings häufig nicht anderweitig verwendbar sind. **Allgemeine Geschäftskosten** sowie alle Kosten im Betrieb des Auftragnehmers, die **unabhängig** vom gekündigten Bauvertrag ohnehin entstanden wären, fallen **nicht unter die ersparten Kosten** (OLG Stuttgart Recht 1907 Nr. 3488; van Gelder NJW 1975, 189, 190). Das gilt grundsätzlich auch im Hinblick auf eine vom Auftragnehmer an seinen Handelsvertreter zu entrichtende Provision, solange nicht feststeht, daß der Auftraggeber eine Vergütung nach § 649 BGB nicht zahlt (BGH NJW 1984, 1455 = ZIP 1984, 343 = Betrieb 1984, 716 = WM 1984, 270 = MDR 1984, 466).

Die Feststellung der ersparten Kosten erfolgt in erster Linie anhand der vertraglichen Unterlagen, etwa der Leistungsbeschreibung oder des Leistungsverzeichnisses. **Hilfsmittel** zur Berechnung ist in vielen Fällen die **Kalkulation** des Auftragnehmers, die zu seinem Vertragsangebot geführt hat. Falls sich hinreichende Feststellungen nicht treffen lassen, werden die Kosten auf der Grundlage der gewerblichen Verkehrssitte im einzelnen zu ermitteln sein. Hinsichtlich der **Vergütung für nichtausgeführte Leistungen kann Mehrwertsteuer nicht beansprucht werden,** weil insoweit kein umsatzsteuerrechtlich erhebliches Austauschgeschäft vorliegt (BGH BauR 1981, 198 = Betrieb 1981, 315 = SFH § 649 BGB Nr. 3 m. w. N.; BGH BauR 1986, 577 = SFH § 649 BGB Nr. 11 = NJW-RR 1986, 1026 = ZfBR 1986, 220; vgl. auch BGHZ 101, 130 = ZIP 1987, 1192 = Crezelius EWiR 1987, 875 = MDR 1987, 843 = Betrieb 1987, 2093 = NJW 1987, 3123 = BB 1987, 1491 = LM § 649 BGB Nr. 18; dagegen mit beachtlichen Gründen Weiß ZIP a. a. O. S. 1193; vgl. auch Jagenburg NJW 1986, 3184; OLG Düsseldorf Betrieb 1985, 2243). Vgl. auch Rdn. 36 f. 30

Der **Einwand der Ersparnis ist kein Gegenrecht des Auftraggebers,** das nur auf dessen Einrede hin berücksichtigt werden dürfte, **sondern** der **vertragliche Vergütungsanspruch besteht von vornherein nur abzüglich der Ersparnis** (BGH a. a. O.; BGH BauR 1986, 577 = SFH § 649 BGB Nr. 11 = NJW-RR 1986, 1026 = ZfBR 1986, 220). Die Ersparnis ist also auch abzusetzen, wenn sich der Auftraggeber nicht darauf beruft. 31

3. Da die Kündigung des Bauvertrages zur Beendigung des Vertrages für die Zukunft führt, ihn aber für die Vergangenheit bestehen läßt (vgl. Rdn. 15), ist davon auszugehen, daß dem Auftraggeber **in bezug auf Mängel des vor der Kündigung ausgeführten Teils der Leistung die damit im Zusammenhang stehenden Ansprüche über die Kündigung hinaus zustehen.** Daher ist er berechtigt, nach wie vor von seinen dieserhalb bestehenden Rechten Gebrauch zu machen, und zwar vor allem (vor der Abnahme) nach Teil B § 4 Nr. 7, soweit es sich um den Ersetzungs- und den Schadensersatzanspruch handelt, sowie (nach der Abnahme) nach Teil B § 13 Nr. 5–7, ausgerichtet nach den jeweils dafür maßgebenden Voraussetzungen. Das betrifft **in erster Linie den Nachbesserungsanspruch,** zumal hier insbesondere auch ein **Nachbesserungsrecht** des gekündigten Auftragnehmers besteht, insbesondere, um sich insoweit den auf die ausgeführte Leistung entfallenden Teilvergütungsanspruch voll zu erhalten (vgl. BGH 32

BauR 1987, 689 = NJW 1988, 140 = SFH § 8 VOB/B Nr. 11 = Siegburg EWiR § 8 VOB/B 1/87, 1027 = MDR 1988, 44 = Betrieb 1987, 2093 = LM § 8 VOB/B Nr. 15; BGH BauR 1988, 82 = SFH § 8 VOB/B Nr. 12 = NJW-RR 1988, 208 = Betrieb 1988, 282 = MDR 1988, 309; OLG Frankfurt NJW-RR 1987, 979; u. a. Soergel Festschrift Korbion S. 427, 430, 433; RGRK-Glanzmann § 649 BGB Rdn. 23). Insoweit im Ergebnis zutreffend Nicklisch in Nicklisch/Weick Teil B Vor §§ 8, 9 Rdn. 40; Heiermann/Riedl/Rusam/Schwaab Teil B § 8 Rdn. 9 d; OLG Düsseldorf BauR 1979, 325; LG Osnabrück MDR 1978, 50). Daher ist u. U. auch in diesem Bereich eine Verurteilung des Auftraggebers zur Zahlung Zug um Zug gegen Nachbesserung geboten. Entgegen der Ansicht von Nicklisch a. a. O. sowie Rdn. 62 wird man dem Auftraggeber in dem hier erörterten Fall **nicht aber ohne weiteres** die **Wahl** einräumen können, ob er **Nachbesserung oder** entsprechend Teil B § 13 Nr. 6 Satz 2 **Minderung** verlangt. Da es sich hier um das Gebrauchmachen vom Recht auf sogenannte „freie" Kündigung handelt, wird man gerechterweise sagen müssen, daß der Auftraggeber grundsätzlich – vor allem auch in Anbetracht des **Nachbesserungsrechtes** des Auftragnehmers – **keine größere Entschließungsfreiheit hat als bei fortbestehendem Vertrag.** Ein besonderes Interesse des Auftraggebers an der Minderung kann hier **nicht allein** dadurch begründet werden, daß er dem Auftragnehmer – ohne rechtlich anerkennenswerten besonderen Grund – den Auftrag gekündigt hat. Jedenfalls ist er an das Verlangen auf **Nachbesserung gebunden, solange sich der Auftragnehmer noch nachbesserungsbereit** zeigt, also von seinem Nachbesserungsrecht Gebrauch macht. Soweit Erfüllungs- oder Gewährleistungsansprüche nach den dafür maßgebenden Voraussetzungen nicht im Bereich der Ersetzung oder Nachbesserung bestehen, sondern in Geld (Kosten der Ersetzung bzw. Nachbesserung durch einen Dritten, insoweit sowohl als Erstattungs- als auch als Vorschußanspruch, Minderung nach Teil B § 13 Nr. 6, Schadensersatz nach Teil B §§ 4 Nr. 7 Satz 2, 13 Nr. 7), werden diese zu Lasten des Auftragnehmers mit dem ihm verbleibenden Vergütungsanspruch bei der Abrechnung nach Nr. 7 (vgl. Rdn. 154 ff.) verrechnet, oder sie können auch noch gesondert vom Auftraggeber geltend gemacht werden.

33 4. Auch kann der Auftraggeber eine für die Erfüllung oder Gewährleistung **vereinbarte Sicherheit,** insbesondere einen Sicherheitseinbehalt nach Teil B § 17 Nr. 6, **nach der Kündigung noch fordern bzw. zurückbehalten,** soweit es den **ausgeführten Teil** der Leistung anbelangt, also anteilig (zutreffend Nicklisch in Nicklisch/Weick a. a. O. sowie OLG Düsseldorf BauR 1979, 325), solange für ihn **noch Erfüllungs- oder Nachbesserungsansprüche durchsetzbar bestehen können.** Dabei ist für die **Dauer** der Gewährleistungssicherheit von entscheidender Bedeutung, ob der Auftragnehmer nach Teil B § 8 Nr. 6 die Abnahme der erbrachten Teilleistung verlangt (vgl. Rdn. 160 ff.) und der Auftraggeber diese vornimmt oder verweigert (vgl. OLG Düsseldorf BauR 1980, 276). Stellt der gekündigte Auftragnehmer hingegen das Abnahmeverlangen nicht, so schadet er sich damit selbst, weil dann auch für seine erbrachte Leistung die spätere Abnahme des – regelmäßig durch einen anderen Unternehmer – fertiggestellten, gekündigten Werkes in Betracht kommt, somit sich der Beginn der Gewährleistungsfrist und die Dauer der Gewährleistungssicherheit danach richten.

34 5. **Infolge** der Aufhebung des Bauvertrages kann der Auftragnehmer in seinem Betrieb Gelegenheit haben, sich **anderweitig gewinnbringend** zu betätigen, was sich aber keineswegs allein daraus ergibt, daß der Auftragnehmer durch die Kündigung „frei geworden" ist. Was er infolge eines solchen anderweitigen Einsatzes der ihm zur Verfügung stehenden Arbeitskräfte oder sonstigen Mittel seines Betriebes **anstelle** des durch die Kündigung verlorengegangenen Auftrages **erwirbt,** ist ihm auf seinen Vergütungsanspruch anzurechnen. Dabei kommt es **allein** auf den erzielten Überschuß, also den **Gewinn,** an. Auch hier ist der Grundgedanke zum Ausdruck gekommen, daß der Auftragnehmer weder besser- noch schlechtergestellt werden soll, als wenn er die Bauleistung durchgeführt hätte.

Dabei ist zu beachten, daß ein **ursächlicher Zusammenhang zwischen der Kündigung und der anderen gewinnbringenden Beschäftigung** bestehen muß. Der Auftragnehmer muß **ausschließlich** durch die Vertragskündigung in die Lage versetzt worden sein, einen anderweitigen Auftrag auszuführen und Gewinn daraus zu erzielen. Konnte der Betrieb des Auftragnehmers **neben** dem gekündigten Auftrag zugleich noch weitere Aufträge ausführen, sind diese **nicht** anzurechnen (ebenso OLG Frankfurt NJW-RR 1987, 979). Das gilt auch, wenn für die Durchführung des gekündigten Auftrages ohnehin neue Arbeitskräfte eingestellt oder Überstunden hätten gemacht werden müssen (OLG Düsseldorf SFH Z 2.13 Bl. 19). Die etwaige Anrechnung erfolgt in der Weise, daß der aufgrund des anderweitigen Auftrages erzielte Vermögenszuwachs (Gewinn) von der Vergütung des gekündigten Auftrags in Abzug gebracht wird. 35

6. Anzurechnen ist nicht nur der tatsächliche Vermögenszuwachs aufgrund eines solchen „Ersatzvertrags", sondern auch ein **Gewinn**, den zu erwerben der **Auftragnehmer böswillig unterlassen** hat. Insoweit ist nicht nur auf § 649 BGB, sondern auch auf die §§ 324 und 615 BGB hinzuweisen, die gleichartige Regelungen enthalten. **Böswillig** ist **nicht gleichbedeutend mit Vorsatz.** Vielmehr muß die **Absicht hinzutreten,** entweder den Auftraggeber zu schädigen oder doch jedenfalls sich die Möglichkeit, untätig zu bleiben, in einer gegen Treu und Glauben verstoßenden Weise zunutze zu machen (RG Puchtels Z 37, 307). 36

Nach allgemein anerkannter Rechtsauffassung muß der Auftragnehmer sich auch anrechnen lassen, was er **böswillig an Kosten zu ersparen unterläßt** (vgl. Rdn. 29 ff.). 37

IV. Keine über Nr. 1 Abs. 2 hinausgehenden Ansprüche des Auftragnehmers

1. Über die Vergütung nach Nr. 1 Abs. 2 **hinaus** stehen dem Auftragnehmer wegen der ursprünglichen Vertragsleistung aus der Kündigung **weitere Ansprüche nicht** zu. Sofern in **AGB** – vor allem Zusätzlichen Vertragsbedingungen – abweichend von Nr. 1 Abs. 2 und damit zugleich von § 649 Satz 2 BGB ein Anspruch des Auftragnehmers ohne Rücksicht auf die tatsächliche Leistung festgelegt ist, ist diese Bestimmung nichtig (BGH BB 1970, 986; BGH BauR 1985, 77 = NJW 1985, 631 = ZIP 1985, 291 = MDR 1985, 222 = Betrieb 1985, 222 = SFH § 4 Nr. 1 VOB/B Nr. 1 = ZfBR 1985, 37; was insofern auch für den Bereich des § 9 AGB-Gesetz gilt). Soweit das **AGB-Gesetz** Anwendung findet (vgl. Teil A § 10 Rdn. 77 ff.), sind hier auch **§ 10 Nr. 7 und § 11 Nr. 5** a. a. O. besonders zu beachten. So darf dem Auftraggeber nicht der Nachweis verwehrt werden, daß der Auftragnehmer höhere Aufwendungen erspart oder anderweitigen Erwerb gehabt oder böswillig nicht gemacht hat, wie z. B. durch die **generelle Regelung,** der Auftraggeber habe im Falle der Kündigung nach Teil B § 8 Nr. 1 40 % der vertraglich festgelegten Vergütung zu entrichten (vgl. OLG Stuttgart NJW 1981, 1105; ebenso BGH BauR 1985, 79 = NJW 1985, 632 = MDR 1985, 486 = Betrieb 1985, 1286 = SFH § 11 Nr. 5 AGBG Nr. 2 = BB 1985, 149 = LM § 10 Ziff. 7 AGBG Nr. 4 = ZfBR 1985, 81 für den Satz von 18 %). Dagegen ist eine in Allgemeinen Geschäftsbedingungen enthaltene Pauschalierungsklausel, die nach Wortlaut und erkennbarem Sinn dem Vertragspartner die Möglichkeit offenläßt, im konkreten Fall nachzuweisen, daß ein geringerer Aufwand entstanden ist oder hätte entstehen können, wirksam (vgl. BGH NJW 1982, 2316 = Betrieb 1982, 1925 = BB 1983, 19 = ZIP 1982, 1092 = JR 1983, 65 Anm. Fischer = MDR 1983, 223 = WM 1982, 907 = LM § 11 Ziff. 5 AGBG Nr. 2 für den Bereich des Schadensersatzanspruches). Das gleiche gilt für eine auf der Grundlage des § 649 BGB zu bewertende, im Vertrag festgelegte pauschale „Bearbeitungsgebühr" von bis zu 5% der Vertragssumme, wenn und soweit dem Auftraggeber nicht der Nachweis eines geringeren Aufwandes des Auftragnehmers abgeschnitten wird (vgl. dazu BGH BauR 1983, 261 = ZIP 1983, 577 = Betrieb 1983, 1484 = NJW 1983, 1491 = ZfBR 1983, 125 = SFH § 649 BGB Nr. 7 = BB 1983, 1051 = MDR 1983, 837 = LM § 8 AGBG Nr. 3; BGH BauR 1985, 79 = NJW 1985, 632 = MDR 1985, 486 = Betrieb 1985, 1286 = SFH § 11 Nr. 5 AGBG Nr. 2 = LM § 10 Ziff. 7 AGBG Nr. 4 = BB 1985, 149 = ZfBR 38

1985, 81, der hier mit Recht bezweifelt, ob ein pauschalierter Satz von mindestens 18 % der Gesamtvergütung noch der Angemessenheitskontrolle standhält, was zu verneinen ist). Siehe dazu auch BGH BauR 1985, 77 = NJW 1985, 631 = ZIP 1985, 291 = MDR 1985, 222 = Betrieb 1985, 222 = SFH § 4 Nr. 1 VOB/B Nr. 1 = ZfBR 1985, 37. Andererseits ist der Auftragnehmer an den von ihm festgesetzten Betrag oder Prozentsatz gebunden (vgl. OLG München Betrieb 1984, 114).

39   2. Soweit **andere Ansprüche**, etwa aus einer **positiven Vertragsverletzung** des Auftraggebers, ihre **Ursache nicht in der Kündigung** haben, sondern **vor** der Kündigung entstanden sind, bleiben sie bestehen. In diesem Zusammenhang ist z. B. auf die Schadensersatzansprüche nach Teil B § 6 Nr. 6 hinzuweisen. Das kann sich im allgemeinen aber nur auf Vorgänge beziehen, die von denjenigen, auf denen die Kündigung beruht, **unabhängig** sind. Anderenfalls wird für den Auftraggeber eine Kündigung nach Nr. 2-4 und für den Auftragnehmer eine solche nach Teil B § 9 in Erwägung zu ziehen sein.

V. Teilkündigung

40   Sowohl § 649 BGB als auch Teil B § 8 Nr. 1 setzen nicht voraus, daß die Kündigung des ganzen Bauvertrages erfolgt. Vielmehr ist es **auch möglich**, den Bauvertrag wegen bestimmter **einzelner Leistungsteile** zu kündigen, die z. Z. der Kündigung **noch nicht erstellt** sind, ihn wegen weiterer, noch nicht erbrachter Leistungen jedoch aufrechtzuerhalten. Das wird nicht selten vorkommen; es ist durchaus möglich, daß der Auftraggeber sich zwischenzeitlich entschließt, einen Teil der bisher nach dem Bauvertrag verabredeten Leistung wegfallen oder anderweitig ausführen zu lassen.

41   Erfolgt eine **teilweise Kündigung des Bauvertrages,** so wird **nur der gekündigte Vertragsteil für die Zukunft gegenstandslos.** Die Vergütungsregel in Absatz 2 bezieht sich ebenfalls nur hierauf, während der nicht gekündigte Vertragsteil nach den bisherigen vertraglichen Bestimmungen unvermindert weiterbesteht und hiernach abzurechnen ist. Der Vertrag zerfällt damit in einen ausgeführten sowie noch auszuführenden und einen nicht mehr auszuführenden Teil. Vgl. dazu auch BGH NJW 1962, 907; BGH NJW 1975, 825 = BauR 1975, 280. Hinsichtlich der Vergütung des Auftragnehmers vgl. auch Teil B § 2 Nr. 4.

42   Ob im Einzelfall wirklich eine **Teilkündigung** vorliegt, ist gegebenenfalls durch **Auslegung zu ermitteln.** So ist es keine teilweise Kündigung, sondern nur eine vereinbarte Änderung des Bauvertrages, wenn sich der Auftragnehmer im Einvernehmen mit dem Auftraggeber damit einverstanden erklärt, daß der Mehrpreis für von dritter Seite gelieferte Gipsdielenwände, die der Auftragnehmer entgegen seinem Angebot nicht liefern kann, von seiner Vergütungsforderung abgezogen wird (vgl. BGH, Urt. vom 2. 7. 1964 – VII ZR 58/63 –).

C. Allgemeines zur Kündigung aus wichtigem Grund (Nr. 2-4)

43   Die Kündigungsregelungen der **Nr. 2, 3 und 4 sind auf den Bauvertrag besonders abgestellte Ausflüsse des Grundsatzes, daß der Unternehmer seinen Werklohnanspruch für noch nicht erbrachte Leistungen bei einer Kündigung des Bestellers verliert, wenn er sich eines den Vertragszweck gefährdenden Verhaltens schuldig gemacht hat** (vgl. dazu BGHZ 31, 224, 229 = MDR 1966, 834 = SFH Z 3.01 Bl. 117; BGH Urt. vom 7. 12. 1961 – VII ZR 147/60 –; vom 20. 5. 1963 – VII ZR 204/61 –; vom 20. 6. 1963 – VII ZR 117/62 –; vom 24. 3. 1964 – VII ZR 185/62 – und vom 6. 5. 1965 – VII ZR 224/63 –). Dieses Verhalten des Auftragnehmers hat seine Grundlage in der **schuldhaften Verletzung** entweder seiner Leistungspflicht als Hauptpflicht oder einer damit zusammenhängenden Nebenpflicht, im letzteren Falle einer positiven Vertragsverletzung. In solchen Fällen besteht **neben der Berechtigung** des

Auftraggebers **zur Kündigung** des Vertrages aus wichtigem Grund auch **grundsätzlich seine Befugnis, vom Auftragnehmer Ersatz des durch dessen Pflichtwidrigkeit entstandenen Schadens zu verlangen** (vgl. auch OLG Hamburg MDR 1971, 135). Zur Beweislast vgl. Rdn. 1.

Allgemein liegt ein wichtiger Grund zur Kündigung vor, wenn dem Kündigenden die **Fortsetzung des Vertrages nach verständigem Ermessen und unter Berücksichtigung aller Umstände des Falles nicht mehr zugemutet werden kann,** wenn also das vertragliche Treueverhältnis grob gestört ist (vgl. auch OLG Frankfurt NJW-RR 1987, 979). 44

Haben **beide Parteien schuldhaft** eine Lage geschaffen, die jeweils für sich zur berechtigten **Kündigung aus wichtigem Grund** führen kann bzw. führt (etwa der Auftragnehmer nach Teil B § 8 Nr. 3 und zugleich der Auftraggeber nach Teil B § 9 Nr. 1 b), so kommt bei der Bewertung der beiderseitigen Ansprüche **§ 254 BGB in Betracht** (vgl. BGH SFH Z 2.510 Bl. 56 = WM 1974, 1117). Allerdings gilt das nicht, wenn die eine Partei das Verhalten der anderen nur zum Vorwand für eine Kündigung nimmt (a. a. O.). 45

D. Kündigung wegen Vermögensverfalls des Auftragnehmers (Nr. 2)

I. Allgemeines

1. Das außerordentliche **Kündigungsrecht des Auftraggebers nach Nr. 2** unterscheidet sich von dem in Nr. 1 dadurch, daß es **nur unter gewissen Voraussetzungen zulässig,** also nicht ohne weiteres nach dem freien Willen des Auftraggebers gegeben ist. Diese hier geregelte besondere Kündigung ist in den gesetzlichen Bestimmungen zum Werkvertrag **nicht ausdrücklich** erwähnt. 46

Die Voraussetzungen dieses **nach der VOB vereinbarten Kündigungsrechts hängen mit der Vermögenslage des Auftragnehmers** zusammen. Der Bauvertrag bedingt ein **besonderes Vertrauensverhältnis** zwischen dem Auftraggeber und dem Auftragnehmer, das **auch auf wirtschaftlichem Gebiet** vorhanden sein muß, wie sich aus Teil A § 2 Nr. 1 Satz 1 ergibt. Die **Leistungsfähigkeit und die Zuverlässigkeit des Auftragnehmers** sind für den Auftraggeber ein **ganz wesentlicher Gesichtspunkt beim Abschluß des Bauvertrages, der bis zu dessen ordnungsgemäßer Abwicklung fortdauert.** Oft stehen große Vermögensinteressen des Auftraggebers auf dem Spiel, wenn er ein Bauvorhaben durchführt. Bei dem Einsatz seines Vermögens ist der Auftraggeber zwangsläufig darauf angewiesen, einen Auftragnehmer zu finden, der weitgehend die Gewähr bietet, daß keine finanziellen Unzuträglichkeiten entstehen, die sich auf die ordnungsgemäße Leistungsdurchführung schädigend oder störend auswirken können. 47

Nr. 2 ist auf die Vermögensverhältnisse des im Rahmen des jeweiligen Bauvertrages eingesetzten **Auftragnehmers abgestellt.** Bei juristischen Personen kommt es dabei auf die für diese maßgebenden Verantwortungs- bzw. Haftungsgrundsätze und -grenzen an. Sofern **im Rahmen eines einheitlichen Bauvertrages auf der Auftragnehmerseite eine Mehrheit von Unternehmern verbunden** ist, ohne eigene juristische Rechtspersönlichkeit – vor allem von der Haftungsseite her – zu sein, wie z. B. eine baurechtliche Arbeitsgemeinschaft (vgl. dazu Teil A Anh. Rdn. 5 ff.), kann es fraglich sein, ob das Kündigungsrecht nach Nr. 2 bereits bei Vermögensverfall **eines Mitgliedes oder einzelner Mitglieder** gegeben ist. Entgegen Daub/Piel/Soergel/Steffani (Teil B § 8 ErlZ 8.13 f.) kann dies so lange nicht verneint werden, wie ein Mitglied oder einzelne Mitglieder noch nicht von dem Vermögensverfall betroffen oder in Leistungsverzug o. ä. geraten sind. Vielmehr kommt es auf die **Gegebenheiten des Einzelfalles** an. Es ist zu bedenken, daß der Auftraggeber der Arbeitsgemeinschaft den Auftrag 48 nach Maßgabe des Grundsatzes der Leistungsfähigkeit (Teil A § 2 Abs. 1 Satz 1) erteilt hat. Sind infolge Ausfalles einzelner Mitglieder oder eines Mitgliedes einer Arbeitsgemeinschaft **aus objektiven Gesichtspunkten die für das betreffende Bauobjekt nach Leistungsinhalt und -ziel vorauszusetzenden grundlegenden Merkmale der Leistungsfähigkeit, Zuverlässigkeit und Fachkunde eindeutig nicht mehr gegeben, so ist dem** insoweit beweispflichtigen **Auftraggeber ein Recht zur Kündigung** des Bauvertrages einzuräumen. Entscheidend ist, ob aus der berechtigten Sicht des Auftraggebers die verbleibenden Mitglieder der Arbeitsgemeinschaft ohne Schwierigkeiten in sachlicher und zeitlicher Hinsicht in der Lage sind, die entstandene Lücke zu schließen (so auch Heiermann/Riedl/Rusam/Schwaab Teil B § 8 Rdn. 10 c und wohl auch Nicklisch in Nicklisch/Weick Teil B § 8 Rdn. 12).

49 2. Wenn während der Bauausführung **Schwierigkeiten in der Vermögenslage des Auftragnehmers** eintreten, **reichen die gesetzlichen Vorschriften,** wie z. B. **§§ 636 oder 325, 326 BGB, nicht immer aus,** den berechtigten Belangen des Auftraggebers gerecht zu werden. Das gilt allein deshalb, weil die Voraussetzungen dieser Vorschriften im allgemeinen in der Praxis schwieriger zu handhaben sind und weil die **Anwendung der Rücktrittsvorschriften,** insbesondere auch aufgrund einer Wandelung, **nur in wenigen Ausnahmefällen zu bejahen** ist (vgl. Vor §§ 8 und 9 Rdn. 23 ff.). Zu den Rechten des Gläubigers nach § 321 BGB im Vergleichsverfahren des Schuldners zutreffend Kornmeier BB 1983, 1312.

50 Um den aufgezeigten Schwierigkeiten zu begegnen und dem Auftraggeber eine – seiner Interessenlage gerecht werdende – schnelle Handlungsmöglichkeit zu gewähren, ist das **außerordentliche Kündigungsrecht** der Nr. 2 **im Falle des Vermögensverfalls des Auftragnehmers** eingeführt worden. **Voraussetzung** für die hier geregelten **Kündigungsgründe** ist es, daß diese **im Zeitpunkt der Kündigung gegeben sind** (vgl. BGH, Urt. vom 29. 4. 1965 – VII ZR 121/63 –; OLG Oldenburg BauR 1987, 567 für den Fall der Kündigung wegen Konkurseröffnung). Anderenfalls handelt es sich bei der Kündigung um eine solche nach Nr. 1, also mit der grundsätzlichen Wirkung der Aufrechterhaltung des Vergütungsanspruches des Auftragnehmers. Treten die in Nr. 2 bezeichneten Ereignisse erst **nach** der Kündigung ein, greift diese Regelung auch nicht durch.

51 3. Die von Rosenberger (BauR 1975, 233), vom LG Aachen (BauR 1979, 150 = SFH § 8 Nr. 2 VOB/B Nr. 1), Böhle-Stamschräder/Kilger (KO, 14. Aufl., § 17 Anm. 8), im Grundsatz auch von Jaeger/Henckel (KO, 9. Aufl., § 17 Rdn. 214) gegen die Wirksamkeit dieser Vertragsregelung für den Fall der **Konkurseröffnung** über das Vermögen des Auftragnehmers im Hinblick auf vorrangige konkursrechtliche Vorschriften geäußerten Bedenken treffen aus den zutreffenden Erwägungen von Heidland (BauR 1975, 305; insbesondere BauR 1981, 21) nicht zu. Zwingende Bestimmungen des Konkursrechts verbieten eine **vorherige Vereinbarung** eines Kündigungsrechts für den Fall der Konkurseröffnung über das Vermögen eines der Vertragspartner – hier des Auftragnehmers –. Insbesondere ist auch kein Vorrang des Wahlrechts des Konkursverwalters nach § 17 KO gegenüber individuellen Kündigungsregelungen für den Konkursfall zu erkennen, auch dann nicht, wenn der Konkursverwalter sein Wahlrecht vor der Kündigung ausübt. Weder der Grundsatz der Gleichbehandlung aller Konkursgläubiger noch das Wahlrecht des Konkursverwalters rechtfertigen dies, zumal konkursrechtlich der Grundsatz der Gleichbehandlung aller ohnehin weitgehend nicht eingehalten ist. Überdies dient § 17 KO zumindest in gleicher Weise dem Schutz des Vertragspartners des Gemeinschuldners (vgl. Heidland a. a. O. m. w. N.). Gerade auch dieser Gesichtspunkt rechtfertigt eine vertragliche Regelung, die dem Auftraggeber für den Fall des Konkurses des Auftragnehmers ein Recht zur Kündigung aus wichtigem Grund einräumt. Daher kann auch der Ansicht von Jaeger/Henckel (§ 17 KO Rdn. 214) nicht gefolgt werden, die eine differenzierende Lösung dahin vorschlagen, dem Konkursverwalter zunächst zwingend das Wahlrecht zuzugestehen, ob seinerseits der Vertrag erfüllt werden soll, und erst daraufhin dem Auftraggeber die Kündigungsbefugnis einzuräumen, wenn der Verwalter die Erfüllung abgelehnt hat oder

wenn im konkreten Fall Umstände vorliegen, die dem Auftraggeber die Vertragsfortsetzung unzumutbar machen (ebenso Henckel JZ 1986, 297). Dabei wird übersehen, daß die Konkurseröffnung über das Vermögen des Auftragnehmers dem Auftraggeber grundsätzlich immer die Fortsetzung eines Bauvertrages angesichts der erheblichen Vermögenswerte, die er dabei einsetzt, und der damit verbundenen Risiken unzumutbar macht, es sei denn, es stehen dem im Einzelfall zu Lasten des Auftraggebers klar festzustellende Gesichtspunkte aus Treu und Glauben entgegen. Es läßt sich einfach nicht wegdiskutieren, daß die Konkurseröffnung die entscheidenden Merkmale, unter denen auf Auftragnehmerseite der Bauvertrag zu stehen hat, nämlich die als grundlegend anzusehenden Eigenschaften der – insoweit persönlichen – Fachkunde, Leistungsfähigkeit und Zuverlässigkeit (vgl. Teil A § 2 Abs. 1 Satz 1), beseitigt. Wie hier insbesondere BGHZ 96, 34 = BauR 1986, 91 mit zust. Anm. von Seiter a. a. O. 1986, 336 = ZIP 1985, 1509 = SFH § 8 Nr. 2 VOB/B Nr. 2 = MDR 1986, 224 = Betrieb 1986, 378 = BB 1986, 23 = NJW 1986, 255 = JZ 1986, 295 = LM VOB/B § 8 Nr. 12 = zu Unrecht ablehnend Kilger EWiR 1986, 87 = ZfBR 1986, 32; auch OLG Düsseldorf BauR 1982, 166 = ZIP 1981, 886 = Betrieb 1981, 1924. Vor allem kann man entgegen Jaeger/Henckel (a. a. O.) und Henckel (a. a. O.) die Kündigung des Auftraggebers nicht nur auf jene Fälle beschränken, in denen ihm die Vertragsfortsetzung unzumutbar ist, wenn zu befürchten ist, daß der Konkursverwalter die Masseschulden nicht erfüllen kann, oder wenn zur Bauausführung geeignete und nach dem Vertrag dafür ausschließlich vorgesehene Personen nicht mehr zur Verfügung stehen. Das läßt sich für den Auftraggeber oft genug nicht überschauen, vor allem was die Vermögenssituation und die nach Konkurseröffnung gegebene betriebliche Lage des Gemeinschuldners anbelangt; zur Hinnahme eines bisher nicht vorgesehenen Nachunternehmereinsatzes ist der Auftraggeber nicht verpflichtet.

II. Kündigungsgründe nach Nr. 2 Abs. 1

Nach Nr. 2 Abs. 1 kann ein Bauvertrag durch den Auftraggeber gekündigt werden, wenn die **Zahlungseinstellung** oder die Beantragung des gerichtlichen **Vergleichsverfahrens,** oder die Eröffnung des **Konkursverfahrens** über das Vermögen des Auftragnehmers erfolgt ist.
Für öffentliche Auftraggeber sind hier die Richtlinien des VHB in Nr. 2. zu § 8 VOB/B zu beachten.

1. Die **Zahlungseinstellung** ist in § 102 Abs. 2 Konkursordnung erwähnt. Sie ist hiernach ein **wesentliches Merkmal der Zahlungsunfähigkeit.** Letztere ist wiederum Voraussetzung für die Eröffnung des Konkursverfahrens, ohne daß eine solche auch tatsächlich erfolgen muß. Für die Annahme einer Zahlungseinstellung muß vorausgesetzt werden, daß der **Auftragnehmer wegen eines voraussichtlich dauernden Mangels an Zahlungsmitteln erkennbar nicht in der Lage ist, seine wesentlichen und sofort zu erfüllenden fälligen Geldschulden** im **allgemeinen zu erfüllen,** vgl. RGZ 100, 65; HRR 38, 655; BGH LM KO § 30 Nr. 6. Eine Zahlungseinstellung liegt somit **nicht** schon vor, wenn der Auftragnehmer nur **vorübergehend** in Geldnöten ist. Ist er Kaufmann im Rechtssinne, so ist der Umstand, daß bei ihm Wechselproteste vorgekommen sind, noch nicht zwingend für die Annahme, daß er zu diesem Zeitpunkt seine Zahlungen eingestellt habe. Vielmehr hängt dies von den Gegebenheiten des Einzelfalles ab. Dasselbe gilt auch für die Nichtzahlung fälliger Steuerforderungen, gegen die der Auftragnehmer Rechtsmittel eingelegt hatte, denen später ein Erfolg beschieden war (vgl. BGH NJW 1962, 102). Demgegenüber kann von einer Zahlungseinstellung ausgegangen werden, wenn diese z. B. einer Bank durch eine Liquiditätsübersicht erkennbar wird, sie den Kredit kündigt und von dem Schuldner ausgestellte Schecks als unbezahlt zurückgibt (OLG Köln KTS 1980, 69). Gleiches gilt, wenn zwar noch geringe Zahlungen geleistet werden, der Schuldner aber einem Großgläubiger, der die wirtschaftlichen Verhältnisse kennt, erklärt, daß er dessen ernsthaft angeforderte, einen wesentlichen Teil seiner fälligen Verpflichtungen bildende Forderung auch nicht teilweise mehr erfüllen könne (BGH NJW 1985, 1785 =

WM 1985, 396 = BB 1985, 1295 = ZIP 1985, 363 = Merz EWiR 1985, 195). Der Annahme der Zahlungseinstellung steht es nicht schon entgegen, wenn der Auftragnehmer Löhne an seine Arbeitnehmer fortgezahlt hat (vgl. RG LZ 1907, 917; Warn. Rspr. 1927 Nr. 100, JW 1927, 386). Entscheidend ist letztlich, daß die Zahlungseinstellung nach außen **offenkundig hervortritt.** Zur Definition der Zahlungsunfähigkeit als Konkursgrund vgl. auch Veit ZIP 1982, 273.

54 Wenn der Auftraggeber von der von **ihm darzulegenden und gegebenenfalls nachzuweisenden Zahlungseinstellung** des Auftragnehmers erfährt, kann er kündigen. Es ist dann Sache des Auftragnehmers, seine dennoch gegebene Zahlungsfähigkeit zu beweisen.

55 2. Zwar ist in Nr. 2 nur allgemein von **Vergleichsverfahren** die Rede. Damit ist jedoch **nur das gerichtliche Vergleichsverfahren** auf der **Grundlage der Vergleichsordnung** vom 26. 2. 1935 (RGBl. I, 321) in der jeweils geltenden Fassung gemeint. Die **Eröffnung** des Vergleichsverfahrens ist **nicht Voraussetzung** für die Entstehung des Kündigungsrechts des Auftraggebers. Vielmehr **genügt** der **Eingang des Eröffnungsantrages bei Gericht** gemäß § 2 VerglO. Besonders ist auf § **50 VerglO** hinzuweisen, wonach der Auftragnehmer vor der Vollendung der Leistung und vor Erhalt der vollen Vergütung berechtigt ist, von sich aus die **weitere Fertigstellung** der vertraglich geschuldeten Leistung **abzulehnen,** wenn er sich hierzu die **Ermächtigung des Vergleichsgerichts** beschafft hat. Schon aus diesem Grunde besteht ein großes Interesse des Auftraggebers, nach Nr. 2 ein eigenes Kündigungsrecht zu erhalten.

56 3. Die Möglichkeit der **Kündigung** des Bauvertrages **im Falle des Konkurses des Auftragnehmers** muß deshalb gegeben sein, weil der **Bauvertrag durch die Konkurseröffnung** als solche **noch nicht aufgehoben** wird. Allerdings **tritt an die Stelle des Auftragnehmers** für ihn handelnd der **Konkursverwalter** (vgl. Rosenberger BauR 1975, 233 und Heidland BauR 1975, 305 sowie BauR 1981, 21). Dabei tritt der Konkursverwalter in das Vertragsverhältnis so ein, wie es sich im Zeitpunkt der Konkurseröffnung darstellt (a. a.O. m. w. N.). Zur Wirksamkeit dieser Kündigungsregelung vgl. Rdn. 49 ff.

57 a) Der Auftragnehmer ist in **Konkurs** geraten, wenn er selbst oder einer seiner Gläubiger den **Antrag auf Eröffnung des Konkursverfahrens gestellt** hat und das **Konkursverfahren durch Gerichtsbeschluß eröffnet** worden ist (vgl. §§ 102 ff. KO). Dazu ist ein rechtswirksamer Eröffnungsbeschluß erforderlich, insbesondere darf er in der Beschwerdeinstanz nicht wieder aufgehoben worden sein (vgl. OLG Oldenburg BauR 1987, 567 für den Fall einer Aufhebung des Eröffnungsbeschlusses mit Anordnung der sofortigen Wirksamkeit nach § 74 Satz 2 KO vor Zugang der Kündigung durch den Auftraggeber). Diese Kündigungsmöglichkeit hat nur zweitrangig Bedeutung im Hinblick auf die erste Möglichkeit der Kündigung des Bauvertrages bei Zahlungseinstellung, da diese im allgemeinen der Konkurseröffnung vorausgeht (vgl. Rdn. 53 f.). Das für die Konkurseröffnung wesentliche Merkmal der Zahlungsunfähigkeit besteht bereits dann, wenn der Schuldner einen wesentlichen Teil seiner Verbindlichkeiten nicht erfüllen kann (OLG Köln KTS 1980, 69; zur Frage der Konkurseröffnung wegen geringfügiger Forderungen vgl. LG Oldenburg KTS 1979, 214 sowie LG Offenburg Rpfl. 1979, 463 m. w. N.). Überdies genügt bei juristischen Personen die Überschuldung – Überwiegen der Passiven vor den Aktiven – zur Eröffnung des Konkurses (§§ 207, 209, 213 KO). Die Konkurseröffnung im Ausland erfaßt auch das Inlandsvermögen des Gemeinschuldners (BGH MDR 1985, 1021 = Betrieb 1985, 2187).

58 b) Wer einen Erfüllungsanspruch aus einem zweiseitigen Vertrag (§ 17 KO) – wie aus einem Bauvertrag – gegen den späteren Gemeinschuldner hat, ist Konkursgläubiger i. S. des § 30 Nr. 1 Fall 2 KO mit der Folge, daß die vertragsgemäße Erfüllung seines Anspruches der

Anfechtung nach dieser Vorschrift unterliegen kann (BGH MDR 1984, 574 = JZ 1984, 420 mit zutreffender kritischer Anmerkung von Baur a. a. O. S. 422).
Zur Befriedigung des die Konkurseröffnung beantragenden Gläubigers nach Erlaß, aber vor Rechtskraft des Konkurseröffnungsbeschlusses vgl. LG Köln ZIP 1980, 34 mit zutreffend abl. Anm. von Uhlenbruck a. a. O.

c) Wie beim Vergleichsverfahren ist auch beim Konkurs des Auftragnehmers ein besonderes Interesse des Auftraggebers an dem Kündigungsrecht nach Nr. 2 zu bejahen, weil **nach § 17 KO der Konkursverwalter das Recht hat, vor Vollendung der Bauleistung sowie vor vollständigem Erhalt der Vergütung die weitere Durchführung des Bauvertrages** für den Auftragnehmer **abzulehnen,** allerdings nur insoweit, als der Vertrag noch nicht ausgeführt ist (vgl. BGH WM 1963, 969). Dabei ist zu beachten, daß dem Konkursverwalter das Wahlrecht des § 17 KO nur zusteht, wenn er zur vollständigen Erfüllung des Vertrages noch in der Lage ist, z. B. der Betrieb fortgeführt wird oder genügend Geldmittel in der Konkursmasse sind; ein wirksames Erfüllungsverlangen des Konkursverwalters nach § 17 KO liegt nicht vor, wenn der Auftraggeber vorher zu einem erheblichen Betrag Ansprüche wegen Mängeln geltend gemacht hat, die Restforderung der Gemeinschuldnerin dazu aber in keinem Verhältnis steht (vgl. OLG Hamm NJW 1977, 768). Teilt der Konkursverwalter dem Auftraggeber mit, er werde anstelle des Gemeinschuldners einen noch nicht erfüllten Vertrag nur bei Änderung der ursprünglich vereinbarten Bedingungen erfüllen, so kommt mit Einverständnis des Auftraggebers ein neuer Vertrag zustande; dagegen ist die Erfüllung des bisherigen Vertrages abgelehnt (BGH ZIP 1988, 322 = BB 1988, 654 = Betrieb 1988, 905 = MDR 1988, 491). Zu den gesetzlichen Rechtsfolgen bei Erfüllungsablehnung durch den Konkursverwalter Rosenberger BauR 1975, 233 und Heidland BauR 1975, 305 sowie BauR 1981, 21. Insoweit kann der Konkursverwalter nur dann vom Auftraggeber etwas zur Masse fordern, wenn dieser **bereichert** ist, also die geschuldete Vergütung auf tatsächlich erbrachte Leistungen noch nicht entrichtet hat und nach Abzug von Schadensersatzansprüchen des Auftraggebers wegen Nichterfüllung des restlichen Teils zugunsten des Gemeinschuldners noch etwas übrigbleibt (BGHZ 68, 379 = NJW 1977, 1345 = BauR 1977, 284 = BB 1977, 918 = SFH Z 2.511 Bl. 23 = MDR 1977, 832; vgl. auch BFH Betrieb 1980, 1875 = ZIP 1980, 796). Das gilt deshalb, weil der Vergütungsanspruch bereits mit Vertragsabschluß entstanden ist, also vor Konkurseröffnung; deshalb ist der Auftraggeber nicht gehindert, gegenüber der Werklohnforderung des Auftragnehmers aufzurechnen; insoweit steht § 55 Abs. 1 Nr. 1 KO nicht entgegen (vgl. LG Hannover NJW 1977, 2079).

d) Über die Pflichten des Konkursverwalters, der ein Geschäft des Gemeinschuldners weiterführt, vgl. BGH MDR 1961, 493 sowie Rosenberger BauR 1975, 233 und Heidland BauR 1975, 305 sowie 1981, 21. **Insbesondere auch: Führt der Konkursverwalter den Betrieb des Gemeinschuldners weiter, so ist § 82 KO zu beachten.** Daraus folgt, daß er den Betrieb nur so lange weiterführen darf, als hinreichende Gewähr dafür besteht, daß die hierfür neu einzugehenden Verbindlichkeiten durch die Konkursmasse voll gedeckt sind, insbesondere die Liquidität der Masse Erfüllung dieser Verpflichtungen jedenfalls innerhalb einer den Gläubigern zumutbaren Zeit nach Fälligkeit zuläßt. Das folgt aus dem besonderen wirtschaftlichen Risiko, das mit der Weiterführung eines solchen Unternehmens unter den gegebenen Umständen verbunden ist und in das der Konkursverwalter neue Gläubiger – insbesondere auch Dritte als Lieferanten des Betriebes des Gemeinschuldners – nicht ohne entsprechende Aufklärung hineinziehen darf. Ein vom Konkursverwalter persönlich einem Massegläubiger zu ersetzender Ausfallschaden kann schon dann entstanden sein, wenn zwar eine Unzulänglichkeit der Konkursmasse (§ 60 KO) noch nicht eingetreten ist, weil in der Masse noch Außenstände vorhanden sind, jedoch ernste Zweifel bestehen, ob sich der (BGH WM 1977, 847). Andererseits: Führt der Konkursverwalter das Unternehmen des Gemeinschuldners entsprechend einem Beschluß der Gläubigerversammlung fort, so haftet er den Massegläubigern, zu deren Befriedigung die Masse nicht ausreicht, nur dann persönlich, wenn er im Laufe der Fortführung des Betriebes erkannt hat oder bei Anwendung der Sorgfalt eines ordentlichen Geschäftsführers hätte erkennen können und müssen, daß er die aus der Masse zu erfüllenden Verbindlichkeiten nicht würde tilgen können (BGHZ 99, 151 = NJW 1987, 844 = Betrieb 1987, 826 = MDR 1987, 403 = BB 1987, 574 = LM § 82 KO Nr. 17; in Einschränkung zu BGH NJW 1980, 55 = VersR 1979, 954 = BB 1979, 1523 = WM 1979, 942; dazu zutreffend Schmidt NJW 1987, 812). Insoweit sind nicht die Bestimmungen der Konkursordnung, sondern die allgemeinen Vorschriften dafür maßgebend, welche Pflichten den Konkursverwalter als Verhandlungs- und Vertragspartner eines Dritten treffen, der mit der Konkursmasse Geschäfte machen will; diesem haftet der Konkursverwalter persönlich nur, wenn er eigene Pflichten ausdrücklich übernommen oder insoweit einen Vertrauensbestand, an dem er sich festhalten lassen muß, geschaffen hat oder eine unerlaubte Handlung (§§ 823 ff. BGB) begangen hat. Der Konkursverwalter muß nicht auf die regelmäßig vorhandenen, im allgemeinen auch bekannten Gefahren hinweisen, die Geschäfte mit der Konkursmasse, insbesondere Vorleistungen oder die Abwicklung von Verträgen über einen längeren Zeitraum, zwangsläufig für den Vertragspartner mit sich bringen; daher kann eine persönliche Haftung des Konkursverwalters nicht aus einem Verstoß gegen Aufklärungs- und Hinweispflichten hergeleitet werden, die jeden Vertragsschließenden während der Verhandlungen und beim Abschluß treffen; der Konkursverwalter enthebt durch seine Eigenhaftung den Geschäftspartner nicht der Notwendigkeit, Risiken und Vorteile des in Aussicht genommenen Geschäfts abzuwägen und gegebenenfalls Sicherheiten zu fordern (BGH ZIP 1987, 650 = Baur EWiR § 82 KO 3/87, 609 = MDR 1987, 667 = BB 1987, 1484 = LM § 82 KO Nr. 18; vgl. auch BGH ZIP 1987, 1856 = WM 1987, 1567 = Pape EWiR § 82 KO 1/88, 91). Soweit die Fortführung des Betriebes bei sich abzeichnender Masseunzulänglichkeit noch verantwortet werden kann, muß der Konkursverwalter den Vertragspartner, vor allem auch Dritte als Lieferanten, über zu befürchtende Schwierigkeiten ins Bild setzen. Anderenfalls haftet er persönlich nach § 82 KO (vgl. BGH VersR 1973, 521; BGH VersR 1975, 767 = WM 1975, 517). Das gilt alles im übrigen auch für den umgekehrten Fall, nämlich den Konkurs des Auftraggebers. Für den Bereich des § 82 KO sind die Verjährungsfristen des § 852 BGB entsprechend anzuwenden, was sach- und interessengerecht ist (BGH MDR 1985, 576 = VersR 1985, 475 = WM 1985, 470). Zur Haftung des Konkursverwalters vgl. auch Gebhardt ZIP 1987, 760.

61 4. Die Kündigungsbefugnis gemäß Nr. 2 Abs. 1 kommt über den Wortlaut der Vertragsbestimmung hinaus **entsprechend** zur Anwendung, wenn der Auftragnehmer sich dem berechtigten Verlangen des Auftraggebers auf Anpassung des Vertrages an geänderte Verhältnisse bei **Wegfall oder Änderung der Geschäftsgrundlage** verschließt (BGH Betrieb 1969, 169 = NJW 1969, 233 = SFH Z 2.511 Bl. 14 ff. = LM § 242 BGB Bb Nr. 57). Siehe dazu Teil B § 2 Rdn. 150 ff., insbesondere Rdn. 167 ff. Lediglich schlechte Vermögensverhältnisse des Auftragnehmers reichen dazu aber noch nicht aus, **wenn nicht besondere Umstände hinzukommen,** die dem Auftraggeber das Festhalten am Vertrag **schlechthin unzumutbar** machen (OLG Oldenburg BauR 1987, 567 für den Fall der Ablehnung der Konkurseröffnung im Beschwerdeverfahren).

III. Vergütung des Auftragnehmers (Abs. 2 Satz 1)

62 1. Wird eine Kündigung nach Nr. 2 Abs. 1 wirksam (vor allem auch unter Einhaltung der Schriftform nach Nr. 5, vgl. Rdn. 148 ff.) ausgesprochen, regelt sich gemäß Nr. 2 Abs. 2 die **Vergütung des Auftragnehmers** nach Teil B § 6 Nr. 5. Vgl. hierzu Teil B § 6 Rdn. 96 ff. **Nur die bis zum Zugang der Kündigung tatsächlich ausgeführten Leistungen** kommen zur **Abrechnung** und werden auf diesem Wege vergütet. Das gilt entgegen Hereth/Ludwig/Naschold (Teil B § 8 Ez. 8.69) und Nicklisch (in Nicklisch/Weick Teil B § 8 Rdn. 16) auch für die Kosten von nichtausgeführten Teilen der Leistung, soweit sie dem Auftragnehmer **bereits entstanden** sind, da die Verweisung in Nr. 2 Abs. 2 Satz 1 auf Teil B § 6 Nr. 5 uneinge-

schränkt ist (zutreffend Heiermann/Riedl/Rusam/Schwaab, Teil B § 8 Rdn. 15). Sofern solche Maßnahmen für den Auftraggeber nutzlos sind und später wiederholt werden müssen, können diese durch den Schadensersatzanspruch des Auftraggebers nach Nr. 2 Abs. 2 Satz 2 (vgl. Rdn. 65 ff.) wieder ausgeglichen, also damit verrechnet werden. Für die Abrechnung der ausgeführten Teile der Bauleistung bedarf es **nicht** unbedingt der **Abnahme als Fälligkeitsvoraussetzung** (vgl. OLG Hamm BauR 1981, 376; s. auch unten Rdn. 162 f.).

Zinsen auf den Vergütungsanspruch, die erst nach **Konkurseröffnung** angefallen sind, nehmen am Konkursverfahren nicht teil; ein Anerkenntnis solcher Zinsen durch den Konkursverwalter ist unwirksam und führt zu keinem Anerkenntnisurteil (OLG Düsseldorf NJW 1974, 1517 = BB 1974, 528). 63

2. Zur Frage etwaiger **Ansprüche des Auftraggebers bei Mängeln des ausgeführten Teils der Leistung** gilt zunächst das in Rdn. 32 f. Ausgeführte entsprechend. Allerdings ist hier insofern eine **Einschränkung** zu machen, daß der **Auftraggeber hier nicht vorrangig auf Ersetzungs- bzw. Nachbesserungsansprüche angewiesen** ist, zumal insoweit von einem Nachbesserungsrecht des Auftragnehmers grundsätzlich nicht mehr gesprochen werden kann. Hier ist zu vermuten, daß der Auftragnehmer nicht mehr in der gebotenen zuverlässigen Weise leistungsbereit ist, es sei denn, der Auftragnehmer bzw. – für ihn – der Konkursverwalter beweist das Gegenteil. Daher ist hier dem Auftraggeber grundsätzlich vorrangig **das Recht zur Minderung in entsprechender Anwendung von Teil B § 13 Nr. 6 Satz 2** zuzugestehen; selbstverständlich kann er dem Auftragnehmer bzw. dem Konkursverwalter auch andere, in Geld bestehende Gewährleistungsansprüche hinsichtlich des ausgeführten Teils der Leistung entgegenhalten, sofern deren Voraussetzungen gegeben sind. Vgl. dazu vor allem auch Rdn. 67 ff. 64

IV. Schadensersatzanspruch des Auftraggebers (Abs. 2 Satz 2)

1. Besondere Bedeutung hat die **Schadensersatzregelung** in Abs. 2 Satz 2. Diese **betrifft nur den nicht ausgeführten Teil der Leistung,** der infolge der Kündigung von dem gekündigten Auftragnehmer nicht mehr erstellt wird. **Hauptfall** sind die im Rahmen des sogenannten kleinen Schadensersatzanspruches, bei dem der Auftraggeber den bisher erstellten Teil der Leistung behält, geltend gemachten **Mehrkosten,** die dem Auftraggeber dadurch entstehen, daß er einen anderen Unternehmer mit der Fertigstellung der noch nicht vollendeten Leistung beauftragen muß, oder die darauf beruhen, daß sich sonst das Bauvorhaben wegen des im einzelnen gegebenen Kündigungsgrundes verteuert. Soweit es sich dagegen um den **ausgeführten Leistungsteil** handelt, kommt nur die Vergütung gemäß Satz 1 in Betracht (vgl. auch BGH NJW 1962, 907; s. o. Rdn. 62 ff.). Hier ist aus dem Gesichtspunkt der **Nichterfüllung des Vertrages** ein Schadensersatzanspruch auch nicht gerechtfertigt, weil der Auftraggeber grundsätzlich den Wert für seine dafür geschuldete Gegenleistung erhalten hat. Schadensersatzansprüche aus anderen Gründen bleiben jedoch auch hier bestehen, was besonders auch für Teil B § 6 Nr. 6 gilt (vgl. Rdn. 38 f.). Hiernach muß in einen nichterfüllten und einen erfüllten Vertragsteil **aufgeteilt** werden. Der Auftraggeber kann aber u. U. auch den sogenannten großen Schadensersatzanspruch geltend machen, den bisher erstellten Teil der Leistung zurückweisen und vollen Schadensersatz wegen Nichterfüllung verlangen. Allerdings dürfte dies nur unter der in Nr. 3 Abs. 2 Satz 2 geregelten Voraussetzung möglich sein, nämlich daß die Weiterführung der Leistung wegen des Vermögensverfalles des Auftragnehmers für ihn kein Interesse mehr hat (vgl. dazu Rdn. 103 ff.). 65

Im allgemeinen wird der Auftraggeber seinen Schadensersatzanspruch einem etwaigen noch bestehenden Vergütungsanspruch des Auftragnehmers (vgl. Rdn. 62 f.) entgegenhalten, wobei es sich bei dem kleinen Schadensersatzanspruch um eine Aufrechnung, im Falle des großen Schadensersatzanspruches um eine Verrechnung handelt, jedoch sind auch hier die §§ 390 Satz 2, 479, 639 Abs. 1 BGB zu beachten (zutreffend Peters JZ 1986, 669). 66

B § 8, 2, Rdn. 67-69

67 2. Soweit dem Auftraggeber nach Abs. 2 Satz 2 **wegen der Nichtausführung** des bei der Kündigung noch nicht fertiggestellten Leistungsteils ein **Schadensersatzanspruch** zusteht, handelt es sich um einen solchen wegen Nichterfüllung, der **gemäß § 326 BGB abzurechnen** ist (BGHZ 15, 333, 336). **Anstelle** des bisherigen vertraglichen **Erfüllungsanspruches** tritt der **Schadensersatzanspruch** des Auftraggebers gegen den Auftragnehmer (BGH WM 1974, 199), **ohne daß es hier allerdings auf ein Verschulden des Auftragnehmers an dem Umstand, der zur Kündigung führte, ankommt.** Insofern handelt es sich um eine besondere vertragliche Regelung, die Rechtsfolgen festlegt, die sonst nur bei Verschulden des Verursachers gegeben sind, und die nach dem sich aus § 279 BGB ergebenden Grundsatz gerechtfertigt ist. Für Forderungen aus ungerechtfertigter Bereicherung ist daneben kein Raum (BGH NJW 1963, 806 = SFH Z 2.50 Bl. 9). **Voraussetzung** für einen Schadensersatzanspruch des Auftraggebers ist es jedoch, **daß er selbst zur Erfüllung seiner Vertragspflichten in der Lage** ist bzw. gewesen wäre (vgl. BGH WM 1974, 328).

68 a) Der Schadensersatzanspruch wegen Nichterfüllung des nicht ausgeführten Teils richtet sich nach den allgemeinen Vorschriften des BGB, vgl. § 249 ff. BGB. Der **Auftraggeber kann das positive Interesse, das Erfüllungsinteresse, fordern.** Er kann das Recht für sich in Anspruch nehmen, **so gestellt zu werden, als ob** der **Auftragnehmer die Gesamtbauleistung entsprechend den Bedingungen des mit ihm abgeschlossenen Vertrages erbracht** hätte. Dabei muß der Auftraggeber etwaige Mehrkosten, die ihm durch die Fertigstellung der Leistung bei Einsatz eines anderen Unternehmers entstanden sind, im einzelnen darlegen und belegen (vgl. BGH BauR 1980, 574 = ZIP 1980, 637). Der Auftragnehmer hat nicht nur den unmittelbaren, sondern auch den mittelbaren Schaden sowie den etwa entgangenen Gewinn (§ 252 BGB) zu ersetzen, also weitergehend als bei Teil B § 6 Nr. 6 (ebenso BGHZ 65, 372 = BauR 1976, 126 = BB 1976, 288 = NJW 1976, 517 = MDR 1976, 307 = SFH Z 2.411 Bl. 65 = LM AGB Nr. 88a Anm. Doerry). Da infolge des gekündigten Vertrages ein Schadensersatz in Natur, d. h. durch Fertigstellung des Werkes, nicht mehr möglich ist, kommt **nur Geldersatz** in Frage (§ 251 BGB), vgl. RGZ 61, 353; 107, 17; BGH LM § 325 Nr. 3.

69 b) **Gewährleistungsansprüche** nach Kündigung durch den Auftraggeber gemäß Teil B § 8 Nr. 2, wie Nachbesserungsansprüche nach Teil B § 13 Nr. 5 Abs. 1 oder Ansprüche auf Kostenvorschuß oder auf Kostenerstattung nach Teil B § 13 Nr. 5 Abs. 2 (ebenso auf Minderung nach Teil B § 13 Nr. 6 oder Schadensersatzansprüche nach Teil B § 13 Nr. 7), sind hier dem **Schadensersatzanspruch wegen Nichterfüllung zuzuordnen.** Schadensersatzansprüche wegen Nichterfüllung **verjähren wie der Erfüllungsanspruch, an dessen Stelle sie treten.** Folglich **beginnt die Verjährung** eines anläßlich der **Konkurseröffnung** entstandenen Anspruches auf Schadensersatz wegen Nichterfüllung nach Teil B § 13 Nr. 4 (ebenso wie bei § 638 Abs. 1 Satz 2 BGB) **mit der Abnahme.** Es ist nämlich Sinn und Zweck werkvertraglicher Gewährleistungsfristen, zwischen den Vertragspartnern eines Werkvertrages möglichst klare Verhältnisse zu schaffen. Daher ist abweichend von § 198 BGB der Verjährungsbeginn für sämtliche Gewährleistungsrechte auf den Zeitpunkt der Abnahme festgelegt. Also beginnt die Verjährung auch dann mit der Abnahme, wenn die Mängel erst viel später auftreten oder wenn die Voraussetzungen für einen durchsetzbaren Gewährleistungsanspruch erst viel später geschaffen werden. Der Verjährungsablauf wird auch nicht durch ein anhängiges Konkursverfahren beeinflußt, da der Auftraggeber seine entsprechende Konkursforderung nach §§ 3, 12, 138 ff. KO zur Konkurstabelle anmelden und damit nach § 209 Abs. 2 Nr. 2 KO die Unterbrechung der Verjährung herbeiführen kann. Diese Rechtsfolge kann auch mit einem an den Konkursverwalter gerichteten schriftlichen Mängelbeseitigungsverlangen erreicht werden; vgl. dazu Teil B § 13 Rdn. 396 ff. (so überzeugend BGHZ 95, 375 = NJW 1986, 310 = MDR 1986, 229 = BB 1986, 215 = LM § 638 BGB Nr. 56 = SFH § 13 VOB/B Nr. 14 = MDR 1986, 229 = Betrieb 1986, 323 = ZIP 1985, 1380 = WM 1985, 1387 = Horn EWiR § 768 BGB 1/85, 973 = ZfBR 1986, 28 m. w. N.).

Anders als in der vorangegangen aufgeführten Entscheidung des IX. Zivilsenats vertritt dagegen der VII. Zivilsenat des BGH die Ansicht, daß dann, wenn es der Konkursverwalter ablehnt, einen vom Gemeinschuldner (Auftragnehmer) und Auftraggeber nicht vollständig erfüllten Bauvertrag zu erfüllen, sich der Auftraggeber innerhalb des an die Stelle des Vertrages getretenen Abrechnungsverhältnisses grundsätzlich auf Mängel der Teilleistung ohne Rücksicht auf die sonst für Gewährleistungsansprüche maßgebende Verjährung berufen könne (BGHZ 96, 392 = BauR 1986, 339 = NJW 1986, 1171 = MDR 1986, 575 = ZIP 1986, 382 = Betrieb 1986, 1012 = BB 1986, 556 = JZ 1986, 689 = LM § 17 KO Nr. 18 = ZfBR 1986, 132 = krit. Marotzke EWiR § 17 KO 2/86, 385 = SFH § 13 Nr. 4 VOB/B mit krit. Anm. von Hochstein).

Dagegen bestehen gewichtige Bedenken. Marotzke (a. a. O.) führt wohl zutreffend aus, daß die vom BGH gezogene Folgerung den Auftraggeber, der seinerseits auch noch nicht vollständig erfüllt hat, in bezug auf Schadensersatz und Verjährung ohne sachlichen Grund besserstellt, als er stünde, wenn er den Vertrag seinerseits schon vollständig erfüllt hätte und somit durch den Konkurs besonders hart getroffen würde. Insoweit würde er wohl kaum ohne weiteres Schadensersatz wegen Nichterfüllung in Rechnung stellen können. Vor allem dazu zutreffend Hochstein (a. a. O.): Rechtsdogmatisch mag man dem VII. Senat einräumen, daß seine Auffassung (einheitliches Abrechnungsverhältnis mit einheitlich langer Verjährungsfrist für den Schadensersatzanspruch des Bestellers) auf den ersten Blick folgerichtig erscheinen kann. Zu lösen ist hier freilich der systematische Konflikt, der darin besteht, daß die einzelnen Rechnungsposten im Einheitsanspruch des Bestellers unterschiedlicher Art sind, einerseits nämlich (mangels Fertigstellung) umgewandelte Resterfüllungsansprüche mit (ursprünglich) 30jähriger Verjährung, andererseits umgewandelte (Erfüllungs- oder) Gewährleistungsansprüche mit – nach Abnahme bzw. Abnahmeersatz – kurzer zweijähriger Verjährungsfrist. Der vom Senat zutreffend angeführte Grundsatz, daß der jetzt bestehende Schadensersatzanspruch nach den Vorschriften verjährt, die für den ursprünglichen Anspruch gelten, muß bei einer solchen Konstellation jedoch durchaus nicht dazu führen, daß nun für den einheitlichen Abrechnungsanspruch in seiner Gesamtheit ebenso einheitlich die längste Verjährungsfrist gilt, die für einen einzelnen Rechnungsposten vor seiner Umwandlung maßgebend war. Denkbar ist vielmehr durchaus eine Lösung, nach der der einheitliche Schadensersatzanspruch sich aus den einzelnen Rechnungsposten in der Gestalt zusammensetzt, die diese einschließlich der Verjährung vor der Umwandlung besessen haben. Dabei müßte zwar in Kauf genommen werden, daß der einheitliche Anspruch hinsichtlich seiner einzelnen Elemente unterschiedlich langen Verjährungsfristen unterliegt. Das erscheint jedoch unschädlich. Denn die Einzelansprüche aus der Zeit vor der Erfüllungsablehnung nach § 17 KO können ohnehin nur in ihrer ursprünglichen Gestalt, d. h. auch mit ihrer Verjährungsbehaftung oder besser: mit der ihnen (noch) eigenen Durchsetzbarkeit, Bestandteil des sodann einheitlichen Schadensersatzanspruchs werden. Das heißt aber mit anderen Worten: Ein Gewährleistungsanspruch, der der kurzen Verjährung unterliegt, wird als Rechnungsposten in den einheitlichen Schadensersatzanspruch mit dieser Besonderheit einbezogen; er wird demzufolge mit Ablauf der ursprünglichen Verjährungsfrist zu einem nicht mehr durchsetzbaren Rechnungsposten. Diese Lösung ist auch in der Praxis ohne Schwierigkeiten handhabbar, zumal der Auftraggeber – wie der IX. Senat dargelegt hat – durchaus eine Unterbrechung der Verjährung und damit eine Erhaltung der Durchsetzbarkeit eines solchen Rechnungspostens herbeiführen kann, seinen Interessen also genügt ist. Entgegen der Auffassung des VII. Senats ergeben sich bei dieser Lösung auch keine unüberwindbaren Probleme hinsichtlich der Frage, wann die Verjährung zu beginnen hat. Es entspricht anerkannter Auffassung (und ist deshalb entgegen der Auffassung des VII. Senats durchaus nicht „willkürlich"), daß bei endgültiger Erfüllungsverweigerung, wie sie gerade auch bei § 17 KO vorliegt, der Weigerungszeitpunkt an die Stelle der Abnahme als Anknüpfungspunkt für weitere Rechtsfolgen tritt, die sonst an die Abnahme anschließen. Warum eine solche Lösung, wie sie das Berufungsgericht gewählt und begründet hatte, als Vorverlegung der Abnahme „in hohem Maße unbillig" sein soll, ist nicht ersichtlich. Denn die bei dieser Beurteilung mit Zugang der Ablehnungserklärung nach § 17 KO beginnende Gewährleistungsverjährung betrifft ausschließlich Ansprüche bezüglich solcher Leistungen, die bereits erbracht sind, bei denen sich Mängel also auch im Laufe der normalen Gewährfrist herausstellen können, ganz abgesehen von der Möglichkeit, die Verjährungsfrist durch Anmeldung der Position zur Konkurstabelle gemäß § 209 Abs. 2 Nr. 2 BGB für die Dauer des Verfahrens zu unterbrechen (eine Möglichkeit, auf die der VII. Senat im Gegensatz zum IX. Senat in keiner Weise eingeht).

c) Soweit von der VOB abweichende Zusätzliche Vertragsbedingungen aufgestellt worden sind, die unter das **AGB-Gesetz** fallen (vgl. Teil A § 10 Rdn. 77 ff.), sind die Verbotsnormen einerseits in § 10 Nr. 7 und andererseits in § 11 Nr. 5 (vgl. dazu Teil A § 12 Rdn. 1 sowie oben

Rdn. 38 f.), 7 und 8 a. a. O. zu beachten, was auch für eine Beurteilung gemäß § 9 AGB-Gesetz von Bedeutung ist.

71   3. Auch hier **gelten** die **Grundsätze des § 254 BGB,** so daß sich der Schadensersatzanspruch des Auftraggebers mindern kann. Ein **Mitverschulden** ist ihm allerdings nicht schon anzulasten, wenn er mit der Fertigstellung der von der in Konkurs geratenen Auftragnehmerin noch nicht vollendeten Leistung nicht eine sogenannte „Auffangfirma", deren Leistungsfähigkeit und Zuverlässigkeit nicht eindeutig feststeht, beauftragt, sondern eine nicht unerheblich teurere andere Firma (vgl. dazu BGH SFH Z 2.510 Bl. 40 = WM 1971, 1474). Für die Behauptung, die Leistung hätte zu einem angemesseneren Preis fertiggestellt werden können, ist der Auftragnehmer beweispflichtig (vgl. BGH MDR 1975, 924 = LM § 254 [Dc] BGB Nr. 23).

Zur Fertigstellung eines Gebäudes durch die Wohnungseigentümergemeinschaft im Falle des Konkurses des Bauträgers vgl. Röll NJW 1978, 1507.

72   4. **Sowohl die Berechnung der Vergütung** nach Abs. 2 Satz 1 **als auch die Berechnung des Schadensersatzes** nach Abs. 2 Satz 2 müssen im Zusammenhang miteinander, **also im Wege der Abrechnung,** erfolgen. Hereth/Ludwig/Naschold (Teil B § 8 Ez. 8.75) ist darin beizustimmen, daß hierbei **Nr. 6** (früher Nr. 3 Abs. 4) und **Nr. 3 Abs. 4** (früher Absatz 5) **entsprechend anzuwenden** sind. Es ist richtig, daß insoweit gleichgelagerte Verhältnisse zu ordnen sind. Ebenso ist der Ansicht (a. a. O. Ez. 8.76) zuzustimmen, daß dem Auftraggeber auch die Befugnis nach **Nr. 3 Abs. 3** einzuräumen ist, da diese der **Schadensminderung** dient, wozu beide Vertragspartner beizutragen verpflichtet sind.

73   Der **Anspruch** des Auftragnehmers **auf Vergütung** für die erstellte (Teil-)Leistung einerseits **und** der **Schadensersatzanspruch** des Auftraggebers **wegen Nichterfüllung** der Restleistung andererseits stehen sich ab der Kündigung verrechenbar gegenüber. An die **Stelle des Vertrages tritt ein Abrechnungsverhältnis,** wobei die vom Auftragnehmer bis zur Konkurseröffnung erbrachten Teilleistungen nur Rechnungsposten bei der Ermittlung des dem Auftraggeber entstandenen Schadens sind. Übersteigt der Wert der Teilleistungen den dem Auftraggeber entstandenen Schaden nicht, kann der Konkursverwalter nichts zur Masse verlangen; das kann er nur, wenn dem Auftraggeber durch die Ablehnung der – weiteren – Vertragserfüllung kein Schaden entstanden oder sein Schaden niedriger ist als der Wert der Teilleistung des Gemeinschuldners (BGHZ 68, 379 = NJW 1977, 1345 = BauR 1977, 284 = BB 1977, 918 = SFH Z 2.511 Bl. 23 = MDR 1977, 832; vgl. dazu auch BFH Betrieb 1980, 1875 = ZIP 1980, 796). Bei einem vor Konkurseröffnung abgeschlossenen Bauvertrag entsteht der Vergütungsanspruch des Gemeinschuldners (Auftragnehmers) schon mit Vertragsabschluß und nicht erst mit dessen – nach Konkurseröffnung liegender – Fälligkeit, so daß die Aufrechnung bzw. Verrechnung mit Gegenansprüchen des Auftraggebers gemäß § 55 Abs. 1 KO zulässig ist (BGH MDR 1984, 574 = JZ 1984, 420 mit krit. Anm. von Baur a. a. O. S. 422).

74   Im Falle des Konkurses des Auftragnehmers ist der Auftraggeber entgegen der bisher hier vertretenen Ansicht auch berechtigt, seinen Anspruch auf Schadensersatz wegen Nichterfüllung gegen die Forderungen des Konkursverwalters auf Vergütung der nach Nr. 3 Abs. 3 in Anspruch genommenen Geräte, Gerüste usw. zur Aufrechnung bzw. Verrechnung zu stellen, § 55 Nr. 1 KO; so auch § 54 VerglO. Die Aufrechnung bzw. Verrechnung mit durch die – spätere – Ablehnung der Erfüllung seitens des Konkursverwalters bedingten Forderungen gegen fällige Forderungen des Gemeinschuldners ist nach § 54 Abs. 1 KO grundsätzlich möglich (vgl. BGH NJW 1978, 2508).

75   Die wegen drohenden Vermögensverfalls des Auftragnehmers zwischen dessen Lieferanten und dem Auftraggeber getroffene Vereinbarung, das Baumaterial an den Auftraggeber gegen Zahlung eines

Abschlages auf die an den Lieferanten abgetretene Werklohnforderung zu liefern, enthält das stillschweigende Verbot der Aufrechnung mit gegen den Auftragnehmer gerichteten Forderungen des Auftraggebers (BGH BauR 1980, 277 = WM 1980, 214 = SFH § 157 BGB Nr. 3 = ZfBR 1980, 139). Zum Aufrechnungsverbot vgl. auch Teil A § 13 Rdn. 32 ff.

E. Kündigung wegen Vertragsuntreue des Auftragnehmers (Nr. 3)

I. Allgemeines

1. Nr. 3 gewährt ein **außerordentliches Kündigungsrecht,** das sich auf **Handlungen oder Unterlassungen des Auftragnehmers** stützt, die eine **Vertragsverletzung** (vertragswidrige Leistung) oder einen **Schuldnerverzug** enthalten. Es liegt ein gewichtiger **Bruch des Vertrauensverhältnisses** durch den Auftragnehmer vor, so daß dem Auftraggeber die Fortsetzung des Bauvertrages **nicht mehr zugemutet** werden kann (ebenso OLG Frankfurt NJW-RR 1987, 979).

Zwei Fälle sind in Nr. 3 Abs. 1 ausdrücklich aufgeführt, nämlich die **Fristversäumnis durch den Auftragnehmer gemäß Teil B § 4 Nr. 7 sowie gemäß Teil B § 5 Nr. 4.** Über die Voraussetzungen hierfür und die etwaigen Ausnahmen vgl. Teil B § 4 Rdn. 324–404 sowie Teil B § 5 Rdn. 32–52. Der Auftraggeber braucht in seiner Kündigungserklärung nicht darzulegen, daß die für eine Kündigung nach Nr. 3 bedeutsame **Nachfrist** nach Teil B § 4 Nr. 7 und § 5 Nr. 4 im Zeitpunkt der Kündigungserklärung bereits fruchtlos abgelaufen war (BGH SFH Z 2.510 Bl. 25 ff.; vgl. ferner Rdn. 1). Allerdings geht er dabei das Risiko ein, daß seine Kündigungserklärung als eine solche nach Teil B § 8 Nr. 1 gewertet wird, falls die **objektiven Voraussetzungen** für eine außerordentliche Kündigung **nicht vorgelegen** haben. Die Kündigungsvoraussetzungen sind erfüllt, wenn **einer** der unter Nr. 3 fallenden Kündigungsgründe gegeben ist.

2. Obwohl in Nr. 3 nicht ausdrücklich erwähnt, fallen **in entsprechender Anwendung auch andere Fälle einer schweren positiven Vertragsverletzung** hierunter, wenn nach der Rechtsprechung wegen grober Störung des vertraglichen Vertrauensverhältnisses ein Rücktrittsrecht gegeben wäre (ebenso OLG Frankfurt NJW-RR 1987, 979; vgl. hierzu Vor Teil B §§ 8, 9 Rdn. 31 sowie Teil B § 3 Rdn. 49 und Teil B § 5 Rdn. 45 ff.). Das ist gerechtfertigt, weil Nr. 3 über den Wortlaut in Absatz 1 hinaus die Bedeutung einer **Generalklausel für Fälle grober Vertragsverletzung durch den Auftragnehmer** hat, zumal sie die maßgebende Bestimmung für die Regelung von Schadensfolgen im einzelnen ist (ebenso Anderson BauR 1972, 65, 66 f.; OLG Celle BauR 1973, 49 = SFH Z 2.510 Bl. 49). Somit kommen auch hier **als Folgen der Kündigung nur die Bestimmungen in Nr. 3 Abs. 2 ff.** in Betracht. Fälle grober Vertragsverletzung können hier die unberechtigte Einstellung der Arbeiten mit komplettem Abbruch der Baustelle sowie die ungerechtfertigte Entfernung schon eingebauter Bauteile sein (OLG Frankfurt a. a. O.). Eine grobe Vertragsverletzung kann es auch sein, wenn sich der Auftragnehmer über den von Teil B § 5 Nr. 4 erfaßten Rahmen hinaus fortgesetzt und wiederholt als derart unzuverlässig erwiesen hat, daß dem Auftraggeber eine Fortsetzung des Vertrages gerechterweise nicht mehr zuzumuten ist (vgl. OLG Karlsruhe BauR 1987, 448).

3. Immer bedarf es aber der **Erklärung der Kündigung** des Vertrages durch den Auftraggeber, um eine **Vertragsauflösung** herbeizuführen (ohne daß hierzu der Gesichtspunkt der Verwirkung, wie Daub/Piel/Soergel/Steffani VOB/B ErlZ B 5.33 und OLG Köln SFH § 8 VOB/B Nr. 4 meinen, bemüht werden müßte) und um die **Rechtswirkungen,** wie sie in den Absätzen 2 ff. geregelt sind, in **Anspruch nehmen zu können,** und zwar durch **gesonderte empfangsbedürftige** Erklärung, die **wirksam grundsätzlich erst nach Fristablauf** erfolgen kann (so

auch BGH BauR 1973, 319 = NJW 1973, 1463 = VersR 1973, 767 = BB 1973, 1046 = SFH Z 2.510 Bl. 47 = BlGBW 1974, 20 = MDR 1973, 843 = Betrieb 1973, 1795 = WM 1973, 1056 = LM VOB/B Nr. 61; Jagenburg VersR 1969, 1077; LG Köln, Urt. vom 25. 2. 1970 – 18 O 420/69 –, s. dazu Jagenburg NJW 1971, 1425, 1426). Vgl. auch Rdn. 81. Zugegangen ist eine unter Abwesenden abgegebene Kündigungserklärung, sobald sie derart in den Machtbereich des Empfängers gelangt, daß bei Annahme gewöhnlicher Verhältnisse damit zu rechnen ist, er könne von ihr Kenntnis erlangen (u. a. BGH BB 1980, 496 = NJW 1980, 990). Voraussetzung ist vor allem auch, daß der Auftraggeber zwischen Setzung der Nachfrist und der Erklärung der Kündigung sich nicht noch in einer Weise mit dem Auftragnehmer, z. B. in Verhandlungen, eingelassen hat, aus der bei objektiver Betrachtung nicht mehr auf einen ernsthaften Kündigungswillen aus den bisher für ihn maßgebenden Gründen geschlossen werden kann. In solchen Fällen muß der Auftraggeber vielmehr eine erneute Nachfrist mit Kündigungsandrohung setzen, um zu einer wirksamen Kündigung aus wichtigem Grund zu kommen.

80   4. Andererseits steht es der Geltendmachung der Rechte aus den Absätzen 2, 3 und aus Nr. 6 **nicht entgegen,** wenn der Vertrag – etwa wegen Nichteinhaltung der Schriftform nach Nr. 5 – in Wirklichkeit **nicht gekündigt,** sondern **einverständlich aufgelöst** worden ist. Vielmehr genügt es, wenn der Auftraggeber **zur Zeit** der vereinbarten **Vertragsauflösung zur Kündigung gemäß Absatz 1 berechtigt** war (vgl. BGH a. a. O. sowie Urt. vom 10. 5. 1962 – VII ZR 239/60 – und vom 23. 1. 1964 – VII ZR 133/62 –). Hier ist es, ebenso wie bei der Kündigung selbst (vgl. Rdn. 1), auch **zulässig,** später, vor allem im Rahmen der Abrechnung, **wichtige Kündigungsgründe „nachzuschieben"** (vgl. BGHZ 65, 391 = BauR 1976, 139 = BB 1976, 160 = NJW 1976, 518 = MDR 1976, 306 = SFH Z 3.007 Bl. 5 = Betrieb 1976, 386 = BlGBW 1976, 95 = LM Allg. Vertragsbed. A-Vertrag Nr. 4; BGHZ 82, 100 = BauR 1982, 79 = NJW 1982, 438 = SFH § 19 GOA Nr. 3 = MDR 1982, 313 = BB 1982, 518 = LM § 631 BGB Nr. 42 = Betrieb 1982, 898 = ZfBR 1982, 15; vgl. auch BAG Betrieb 1980, 1350). Das gilt auch für die anderen „außerordentlichen" Kündigungsbefugnisse gemäß den Nr. 2 und 4. Vgl. dazu auch Vor Teil B §§ 8+9 Rdn. 18 ff.; Schriftform ist für die einverständliche Aufhebung des Vertrages nicht notwendig (vgl. Rdn. 148 ff.).

II. Weitere Kündigungsvoraussetzungen (Absatz 1)

81   1. Nach Absatz 1 ist der Auftraggeber berechtigt, den Bauvertrag zu kündigen, wenn die in den Fällen Teil B § 4 Nr. 7 und § 5 Nr. 4 gesetzte Frist **fruchtlos abgelaufen** ist (vgl. dazu Teil B § 4 Rdn. 395 ff.). Soweit ein Kündigungsrecht wegen schwerer Vertragsverletzung aus anderen Gründen (vgl. Rdn. 78) unter Nr. 3 fällt, sind eine Fristsetzung und eine Kündigungsandrohung aus den in Teil B § 5 Rdn. 45 ff. angeführten Gründen nicht notwendig. Zur **auch sonst ausnahmsweise gegebenen Entbehrlichkeit der Fristsetzung** vgl. Teil B § 4 Rdn. 387 ff., § 5 Rdn. 45 ff. Siehe dazu auch Jagenburg NJW 1976, 2321, 2323.

82   2. Nach Satz 2 ist es **zulässig, die Kündigung auf einen in sich abgeschlossenen Teil der vertraglichen Leistung zu beschränken.** Eine solche Teilkündigung wird der Interessenlage gerecht. Die Pflichtwidrigkeit des Auftragnehmers braucht sich nicht auf den gesamten im konkreten Bauvertrag von ihm geschuldeten Leistungsinhalt zu beziehen, sie kann auch nur einen Teil erfassen. Dann besteht kein Anlaß, dem Auftragnehmer die vertragliche Gesamtleistung zu entziehen. Das ist allerdings **nur möglich,** wenn es sich um einen Leistungsteil handelt, **der sich** sowohl rechtlich als auch tatsächlich **von den anderen Teilen trennen und selbständig festlegen** läßt, vor allem im Hinblick auf die Leistungspflicht des Auftragnehmers und die Vergütungspflicht des Auftraggebers (vgl. OLG Düsseldorf SFH § 5 VOB/B Nr. 6). Daher ist in Satz 2 bestimmt, daß eine **Teilkündigung** nur in Frage kommt, wenn in sich abgeschlossene Leistungsteile vorliegen. Hierfür ist **Teil B § 12 Nr. 2 a maßgebend** (vgl. Teil B § 12 Rdn. 72 ff.).

Liegt eine Teilkündigung vor, wird der Bauvertrag nur wegen des gekündigten Leistungsteils 83
aufgehoben, während er im übrigen zu den bisherigen Bedingungen unverändert fortbesteht.
Auch die Rechtsfolgen nach den Absätzen 2, 3, 4 und nach Nr. 6 kommen nur hinsichtlich des
gekündigten Teils in Betracht.

3. Erhebt der Auftragnehmer **Einwendungen** gegen die Berechtigung der Kündigung, hat er 84
die **Beweislast** für seine **Schuldlosigkeit** (vgl. BGHZ 28, 251 = NJW 1959, 34 = BB 1958, 1185
= SFH Z 3.01 Bl. 86 ff.; auch KG BauR 1984, 527 = MDR 1984, 580 = ZfBR 1984, 132). **Dies
ergibt sich vor allem auch aus dem Grundgedanken der in Teil B § 13 Rdn. 698 ff. angeführten Entscheidungen bei einer auf Teil B § 4 Nr. 7 oder einer auf Teil B § 5 Nr. 4
gestützten Kündigung aus § 285 BGB. Dabei liegt in den Fällen, in denen für den Rahmen
von Teil B § 5 Nr. 4 als solchen noch kein Verschulden vorausgesetzt wird (vgl. Teil B § 5
Rdn. 32 ff.), eine gesetzliche Verschuldensvermutung zu Lasten des Auftragnehmers nunmehr darin, daß er die ihm gesetzte Frist trotz Ablehnungsandrohung hat verstreichen
lassen.** In den Fällen der Kündigung wegen schwerer positiver Vertragsverletzung des Auftragnehmers (vgl. Rdn. 78) liegt ohnehin dessen – sogar als grob zu bezeichnendes – Verschulden vor.

Dagegen muß der **Auftraggeber** die **objektiven Kündigungsvoraussetzungen darlegen und** 85
beweisen. Behauptet allerdings der Auftragnehmer, daß er innerhalb der ihm gesetzten Frist
noch nachträglich ordnungsgemäß erfüllt habe, muß er dies näher darlegen und beweisen, was
sich aber schon aus dem vorangehend Gesagten ergibt (insoweit wohl übersehen von Nicklisch in Nicklisch/Weick Teil B § 8 Rdn. 24).

III. Vollendung der Leistung durch Dritten (Abs. 2 Satz 1, erster Halbsatz)

1. Nach Abs. 2 Satz 1, erster Halbsatz, ist der Auftraggeber **nach** ordnungsgemäß **ausgespro-** 86
chener Kündigung (vgl. Jagenburg VersR 1969, 1076; BGH BauR 1977, 422 = NJW 1977, 1922
= BB 1977, 1275 = MDR 1978, 45 = LM VOB/B Nr. 92 = SFH § 8 Ziff. 3 VOB/B Nr. 1)
berechtigt, den noch **nicht vollendeten Teil** der Leistung, wozu auch Mängel des bisher
erbrachten Leistungsteils gehören (vgl. dazu Rdn. 97), **durch einen Dritten ausführen** zu
lassen. Dies kann auch durch den Auftraggeber selbst geschehen, wie z. B. durch einen
General- oder Hauptunternehmer nach Kündigung des Vertrages mit einem Nach- bzw.
Subunternehmer, wobei auch hier die in Rdn. 92 ff. aufgezeichneten Grenzen gelten. **Voraussetzung** dafür ist in jedem Falle, daß der **Bauvertrag vorher wirksam gekündigt oder
einverständlich** aufgehoben (vgl. Rdn. 80) worden ist, was allerdings nicht hindert, den
nachfolgenden Unternehmer **schon vorher zu beauftragen, wenn dieser nur die Arbeiten
erst nach wirksamer Entziehung des Auftrages** des bisherigen Auftragnehmers **aufnimmt**
(BGH a. a. O.). Sofern der Drittunternehmer einen Teil der noch erforderlichen Arbeiten
schon vor der Kündigung, einen Teil danach ausgeführt hat, muß der Auftraggeber im einzelnen darlegen, welche – erstattungsfähigen – Leistungen nach der Kündigung durchgeführt
worden sind (OLG Düsseldorf MDR 1980, 935; vgl. auch OLG Köln SFH § 8 VOB/B
Nr. 4).

Es ist dem Auftraggeber nicht zuzumuten, das Bauwerk so hinzunehmen und zu belassen, wie 87
es – wenn überhaupt – teilweise bis zur Kündigung vom Auftragnehmer erstellt worden ist.
Mit dem Dritten ist ein anderer Unternehmer gemeint, der die Voraussetzungen erfüllt, wie sie
in Teil A § 2 Nr. 1 Satz 1 zugrunde gelegt sind.

a) Die Fertigstellung des Bauwerks geht **hinsichtlich der erforderlichen Mehraufwendungen** 88
zu Lasten des gekündigten Auftragnehmers. Der Auftraggeber ist daher berechtigt, von
seinem früheren Auftragnehmer den Betrag ersetzt zu verlangen, den er wegen der Beauftragung eines weiteren Unternehmers **über den Preis des bisherigen Bauvertrages, orientiert**

an dessen vereinbartem **Leistungsinhalt, hinaus** ausgeben muß (vgl. auch OLG Düsseldorf BauR 1980, 276). Es kommt dabei auf die **Differenz** (vgl. Absatz 4 und Nr. 6) zwischen der bisherigen Vergütung (vertragliche Einheitspreise, Pauschalpreise usw.) und dem Betrag an, den der Auftraggeber an den Auftragnehmer und zusätzlich an den Dritten zu zahlen gehalten ist. Zum nichtvollendeten Teil der Leistung ist auch zu rechnen, was wegen des Einsatzes des Drittunternehmers aus der Leistung des gekündigten Auftragnehmers zu wiederholen ist, z. B. für die weitere Ausführung nicht brauchbar ist (vgl. dazu OLG Düsseldorf BauR 1988, 478, 479 = SFH § 9 VOB/B Nr. 5 = NJW-RR 1988, 210) oder nicht ohne weiteres zur Verfügung steht, wie dem gekündigten Auftragnehmer obliegende Planungsleistungen.

89 b) Rechtlich gesehen handelt es sich hier um **einen verschuldensunabhängigen Erstattungsanspruch und nicht um einen speziellen Schadensersatzanspruch des Auftraggebers wegen Nichterfüllung** (mit Recht KG BauR 1984, 527 = MDR 1984, 580 = ZfBR 1984, 132; Dähne BauR 1973, 268; Hereth/Ludwig/Naschold, Teil B § 8 Ez. 84 f.; Kaiser, Mängelhaftungsrecht, Rdn. 32 und BlBGW 1976, 121, 122 f.; für „verschuldensunabhängig" auch Locher, Das private Baurecht, Rdn. 125; Heiermann/Riedl/Rusam/Schwaab Teil B § 8 Rdn. 21; Nicklisch in Nicklisch/Weick Teil B § 8 Rdn. 26; dagegen Anderson BauR 1972, 65, 67; Daub/Piel/ Soergel/Steffani Teil B § 8 ErlZ 8.66). Dies folgt vor allem auch aus Nr. 3 Abs. 4, wie Kaiser (a. a. O.) mit Recht hervorhebt.

90 c) Im **Rahmen des Erstattungsanspruches** ist der **Auftraggeber auch berechtigt,** vom gekündigten Auftragnehmer einen **Vorschuß** – hier allerdings **beschränkt auf die voraussichtlichen Mehrkosten** – zu **verlangen** (ebenso KG BauR 1984, 527 = MDR 1984, 580 = ZfBR 1984, 132; Heiermann/Riedl/Rusam/Schwaab Teil B § 8 Rdn. 22 d; Daub/Piel/Soergel/Steffani Teil B § 8 ErlZ 8.74; auch Nicklisch in Nicklisch/Weick Teil B § 8 Rdn. 28; Kutschmann BauR 1972, 133, 135). Allerdings besteht der Vorschußanspruch des Auftraggebers nur insoweit und so lange, wie er ernsthaft die Fertigstellung der Leistung des gekündigten Auftragnehmers beabsichtigt, was durchaus auch noch nach Veräußerung an einen Dritten erfolgen kann (zutreffend KG a. a. O.); die dazu bestehende Möglichkeit oder Verpflichtung muß der Auftraggeber jedoch näher darlegen, gegebenenfalls beweisen (insoweit einschränkend zu KG a. a. O.). Die gegen die Zuerkennung des Vorschußanspruches gerichtete Ansicht von Kaiser (a. a. O.) überzeugt nicht. Es ist unter der angegebenen Voraussetzung dem Auftraggeber **zumindest ebenso** wie bei der Mängelbeseitigung durch einen dritten Unternehmer (vgl. Teil B § 13 Rdn. 551 ff.) **nicht zumutbar, zunächst die Mehrkosten** der Ersatzherstellung **zu bezahlen** und dann erst Erstattung zu verlangen. Es geht entgegen Kaiser nicht an, den Auftraggeber hier auf die spätere Abrechnung mit dem Auftragnehmer zu verweisen. Auch rechtfertigt sich nicht die Befürchtung, es könnten keine hinreichend sicheren Kriterien für die Bemessung der voraussichtlichen Mehrkosten gegeben sein. Insoweit bedarf es nur der Gegenüberstellung des Kostenanschlages des Drittunternehmers mit den noch nicht ausgeführten Teilen des zum Vertrag gewordenen Angebotes des gekündigten Auftragnehmers. Sofern ein Kostenanschlag durch den Drittunternehmer nicht möglich ist, dürfte eine einigermaßen zuverlässige Schätzung der voraussichtlichen Mehrkosten genügen, zumal über den Vorschuß später noch abzurechnen ist. Auch die Ansicht von Daub/Piel/Soergel/Steffani und – ähnlich – Kaiser (a. a. O.), der Auftraggeber könne nur entsprechend dem Baufortschritt Abschlagszahlungen im Wege des Vorschusses verlangen, da er mehr auch dem bisherigen Auftragnehmer nicht zu bezahlen gehabt hätte (Teil B § 16 Nr. 1), trifft nicht zu. Diese Meinung übersieht, daß es hier nicht um den Rahmen der nach dem ursprünglichen Vertrag bei dessen Aufrechterhaltung geschuldeten Vergütung geht, sondern um die bisher nicht vorgesehenen **Mehrkosten,** die in aller Regel die Fertigstellung der Leistung infolge der Kündigung des bisherigen Auftragnehmers erfordert. Daher besteht der Vorschußanspruch grundsätzlich in der einmaligen Zahlung der voraussichtlichen Mehrkosten für die Gesamtfertigstellung (Kutschmann a. a. O.). Mit dem hier gegebenen Vorschußanspruch kann der

Auftraggeber auch gegenüber dem Vergütungsanspruch des Auftragnehmers **aufrechnen;** insoweit gilt das gleiche wie im Falle von Teil B § 13 Nr. 5 Abs. 2 (vgl. dazu Teil B § 13 Rdn. 572 ff.; KG BauR 1984, 527 = MDR 1984, 580 = ZfBR 1984, 132). Der Vorschußanspruch wegen der Mehrkosten muß sich **im Rahmen der Erforderlichkeit** halten (vgl. Teil B § 13 Rdn. 551 ff., 539 ff.; KG a. a. O.), die vom Auftraggeber nachzuweisen ist. Da es sich hier um einen zum Nachbesserungsbereich gehörenden verschuldensunabhängigen Erstattungs- bzw. Vorschußanspruch handelt, kann dieser vom Auftraggeber auch noch geltend gemacht werden, wenn das Bauobjekt zwischenzeitlich ganz oder teilweise veräußert worden ist, es sei denn, der Erwerber widerspricht dem vom Auftraggeber beabsichtigten Drittunternehmereinsatz (so mit Recht KG a. a. O.).

d) Der **Erstattungsanspruch verjährt** an sich nach 30 Jahren (§ 195 BGB); ebenso BGH BauR 1983, 459 = NJW 1983, 2439 = ZIP 1983, 1082 = Betrieb 1983, 2459 = MDR 1984, 136 = LM § 638 BGB Nr. 49). Beruht der Anspruch jedoch auf Teil B § 4 Nr. 7, hängt er also mit mangelhafter oder infolge eines Mangels verzögerter Leistung des Auftragnehmers zusammen, so gilt für die Verjährungsfrist Teil B § 13 Nr. 4 entsprechend, also die dort maßgebende kurze Frist, gerechnet **ab Abnahme** (vgl. dazu BGHZ 54, 352 = BB 1970, 1508 = BauR 1971, 51 = NJW 1971, 99 = MDR 1971, 207 = SFH Z 2.414 Bl. 245; BGH BB 1974, 1183 = BauR 1974, 412 = NJW 1974, 1707 = SFH Z 2.415.0 Bl. 8 = MDR 1974, 1013 = BlGBW 1975, 39 = Betrieb 1974, 1718 = LM VOB/B Nr. 73; BGH BauR 1982, 277 = NJW 1982, 1524 = SFH § 4 Nr. 7 VOB/B Nr. 2 = Betrieb 1982, 1402 = MDR 1982, 746 = BB 1982, 2138 = LM § 4 [A] VOB/B Nr. 12 = ZfBR 1982, 122; so auch Nicklisch in Nicklisch/Weick VOB/B § 4 Rdn. 114 f. und Teil B § 8 Rdn. 29; a. A. OLG Hamm BauR 1982, 280 = SFH § 8 VOB/B Nr. 5 = MDR 1982, 52, das zu sehr auf allgemeine, in der Praxis kaum bedeutsame gewährleistungsrechtliche Gesichtspunkte abstellt, ohne dabei auch die hier letztlich maßgebliche, zeitlich fixierte Abrechnungspflicht in Nr. 3 Abs. 4 gebührend zu beachten). Erfolgt keine Abnahme der bis zur Kündigung des Auftragnehmers erbrachten Leistung (vgl. Nr. 6), so muß zwangsläufig als Abnahmezeitpunkt die Abnahme nach Fertigstellung der Leistung durch den zweiten Unternehmer – bei mehreren, die den Auftrag des **gekündigten** Auftragnehmers zu Ende führen, die Abnahme der Leistung des letzten – maßgebend sein (insoweit mit Recht Dähne BauR 1973, 268). Vgl. auch Rdn. 98 ff.

2. Allerdings muß hinsichtlich der **Mehrausgaben durch Beauftragung eines Dritten** in verschiedener Hinsicht eine **Einschränkung** gemacht werden.

a) **Einmal** finden zugunsten des Auftragnehmers **§ 633 Abs. 2 Satz 2 BGB** und der sich hieraus ergebende **allgemeine Rechtsgedanke Anwendung,** daß die **Beauftragung eines Dritten** mit der Weiterführung der Leistung oder mit der Beseitigung der Leistungsmängel **nicht** in Betracht kommt, wenn dies im Verhältnis zum bisherigen vertraglichen Leistungswert einen **unverhältnismäßig hohen Aufwand** erfordern würde (dem folgend Daub/Piel/Soergel/Steffani Teil B § 8 ErlZ 8.72; auch Nicklisch in Nicklisch/Weick Teil B § 8 Rdn. 27). Das bedeutet aber nicht, daß in solchen Fällen der Auftraggeber die mangelhafte Leistung ohne weiteres hinnehmen muß, vielmehr kann er dann Minderung entsprechend Teil B § 13 Nr. 6 Satz 1 fordern (zutreffend Nicklisch a. a. O.); ferner verbleiben ihm die weiteren Ansprüche, vgl. Rdn. 98 ff. Überdies kann von dem Ersatz der hier erörterten Mehraufwendungen naturgemäß nur gesprochen werden, wenn die von dem Auftragnehmer bis zur Kündigung erbrachte **Teilleistung überhaupt brauchbar** ist. Ist das nicht der Fall, muß der gekündigte Auftragnehmer die gesamten – angemessenen – Aufwendungen durch Beanspruchung eines Drittunternehmers im Wege der Minderung oder als Schadensersatz bezahlen, weil dann von seinem Vergütungsanspruch für seine Teilleistung nichts mehr übrigbleibt (vgl. dazu BGH NJW 1975, 825 = BauR 1975, 280 = SFH Z 2.510 Bl. 58 = BB 1975, 1086 m. w. N.).

94 b) Zum anderen ist dem **Auftraggeber** nach dem Grundgedanken des § 254 Abs. 2 BGB (**Schadensminderungspflicht**) **eine gewisse Sorgfaltspflicht aufzuerlegen,** die sich nicht nur auf die persönlichen und sachlichen Eigenschaften des Dritten nach Teil A § 2 Nr. 1 Satz 1 bezieht, sondern auch dem dort festgelegten weiteren Grundsatz entspricht, daß **Bauleistungen zu angemessenen Preisen zu vergeben** sind. (Über die Angemessenheit der Preise vgl. Teil A § 2 Rdn. 9 ff. sowie Teil A § 25 Rdn. 53 ff.) Der **Auftraggeber hat in zumutbarem Rahmen eine Auswahlpflicht** bei der **Beauftragung eines Dritten.** Allerdings ist kein zu strenger Maßstab anzulegen. Man wird z. B. vom Auftraggeber **nicht** verlangen können, daß er ein **neues Ausschreibungsverfahren** vornimmt, abgesehen davon, daß das in vielen Fällen schon rein zeitlich nicht möglich sein dürfte. Andererseits wird man es aber dem Auftraggeber nicht gestatten können, einen besonders teuren Unternehmer als Dritten mit der Leistungsfortführung zu beauftragen, sofern sowohl in zeitlicher als auch in sachlicher Hinsicht vertrauenswürdige andere Unternehmer zur Verfügung stehen (vgl. dazu auch OLG Düsseldorf BauR 1974, 61). Der Auftraggeber ist deshalb nach Treu und Glauben gehalten, bei der Auswahl des Dritten den **Mehraufwand,** der ihm vom Auftragnehmer zu ersetzen ist, in der Sachlage nach **vertretbaren Grenzen** zu halten. Das kann, falls die Möglichkeit besteht, dadurch geschehen, daß er einen Bieter als Dritten gewinnt, der bei der Ausschreibung mit seinem Angebot in die engere Wahl gelangt ist, vgl. Teil A § 25 Nr. 2 Abs. 2 Satz 2. Öffentliche Auftraggeber haben hier die Richtlinien des VHB zu § 8 VOB/B Nr. 4 zu berücksichtigen. Auch kann es für den Auftraggeber geboten sein, von der Möglichkeit des § 8 Nr. 3 Abs. 3 Gebrauch zu machen (vgl. Anderson BauR 1972, 65, 67). Dagegen kann grundsätzlich nicht deswegen von einer Verletzung der Schadensminderungspflicht durch den Auftraggeber gesprochen werden, weil er den Auftragnehmer nach dessen Kündigung nicht mehr weiterbeschäftigte oder erneut beauftragte, als sich herausstellte, daß für eine Fertigstellung der Bauleistung innerhalb des bisher vereinbarten Zeitplanes kein anderer Unternehmer zu finden war (Schmidt WM 1974, 294, 296 unter Hinweis auf BGH, Urt. vom 14. 6. 1973 – VII ZR 168/71 –). Für die **Verletzung der Schadensminderungspflicht ist der gekündigte Auftragnehmer beweispflichtig** (vgl. BGH Betrieb 1975, 1407 m. w. N.).

95 c) **Hinzu kommt:** Bei der Beauftragung eines anderen Unternehmers mit der Fortführung der Leistung muß sich der Auftraggeber grundsätzlich **in den Grenzen des bisher erteilten Auftrages** unter Berücksichtigung seiner nach Teil B § 1 Nr. 3 und 4 sich ergebenden Änderungsbefugnisse halten. Überschreitet er diese (vgl. dazu Teil B § 1 Rdn. 35), läuft er Gefahr, daß sein Schadensersatzanspruch entfällt, weil dieser nicht bewertbar ist; davon abgesehen wird auch die nach Teil B § 8 Nr. 6 und 3 Abs. 4 vorgesehene Abrechnung zumindest erschwert, wenn nicht unmöglich, was dann zu Lasten des Auftraggebers gehen muß (hierzu mit Recht Anderson BauR 1972, 65, 68 f.; Locher, Das Private Baurecht, Rdn. 125; OLG Köln SFH § 8 VOB/B Nr. 4). Allerdings wird dieses in der Praxis verhältnismäßig selten sein; vielmehr wird sich im allgemeinen eine Abrechnungsbasis unter Berücksichtigung der durch Teil B § 2 Nr. 3–6 sich ergebenden Grundsätze finden (dazu zutreffend Dähne BauR 1972, 279, 281 f.). Dabei sind dann auf der Grundlage von Teil B § 1 Nr. 3 oder 4 angeordnete nachträgliche Leistungsänderungen vom gekündigten Auftragnehmer **nicht zu ersetzen,** weil der Auftraggeber sie auch diesem entsprechend Teil B § 2 Nr. 5 und/oder 6 gesondert zu zahlen gehabt hätte.

96 d) Eine Bestimmung in **AGB** – insbesondere Zusätzlichen Vertragsbedingungen –, die dem Auftraggeber weitergehende Erstattungsansprüche einräumt, kann gegen § **10 Nr. 7 AGB-Gesetz** verstoßen (vgl. OLG Köln SFH § 8 VOB/B Nr. 4).

97 3. Soweit der vom **gekündigten Auftragnehmer erbrachten Leistung Mängel anhaften, bestehen dieserhalb gegen ihn gerichtete Ansprüche des Auftraggebers fort.** So kann der Auftraggeber auch noch nach Entziehung des Auftrages vom gekündigten Auftragnehmer die **Beseitigung von Mängeln** an den bis zur Kündigung erbrachten Teilleistungen, die er

behalten und benutzen will, fordern (BGH BB 1974, 1183 = BauR 1974, 412 = NJW 1974, 1707 = SFH Z 2.415.0 Bl. 8 = MDR 1974, 1013 = BlGBW 1975, 39 = Betrieb 1974, 1718 = LM VOB/B Nr. 73; BGH BauR 1987, 689 = NJW 1988, 140 = SFH § 8 VOB/B Nr. 11 = Siegburg EWiR § 8 VOB/B 1/87, 1027 = MDR 1988, 44 = Betrieb 1987, 2093 = LM § 8 VOB/B Nr. 15 m. w. N.; BGH BauR 1988, 82 = SFH § 8 VOB/B Nr. 12 = NJW-RR 1988, 208 = Betrieb 1988, 282 = MDR 1988, 309 = ZfBR 1987, 271), zumal auch der Auftragnehmer das Recht hat, Mängel an dem von ihm erstellten Teilwerk zu beseitigen oder beseitigen zu lassen, um sich insofern den Teilvergütungsanspruch zu erhalten (BGH in der zuletzt genannten Entscheidung a. a. O.). Zugunsten des Auftraggebers bestehen auch etwaige **Minderungsansprüche oder Schadensersatzansprüche. Nachbesserungs- und Minderungsansprüche sind auch hier verschuldensunabhängig** . Hierzu gilt im übrigen in der Grundlage das in Rdn. 32 f. Ausgeführte, allerdings, da es sich auch hier um eine Kündigung des Bauvertrages aus wichtigem Grunde handelt, mit der in Rdn. 64 angeführten Erweiterung in bezug auf die Minderung. Allerdings ist der Auftraggeber nicht verpflichtet, sich wegen der Mängel des ausgeführten Teils der Leistung weiterhin an den gekündigten Auftragnehmer zu halten; vielmehr kann er mit der Mängelbeseitigung auch einen anderen Unternehmer beauftragen und dann Kostenerstattung vom gekündigten Auftragnehmer verlangen, da auch Mängel zu dem noch nicht vollendeten Teil der Leistung gehören (vgl. auch Rdn. 86 ff.).

IV. Ersatz weiteren Schadens (Abs. 2 Satz 1, zweiter Halbsatz)

1. Dem Auftraggeber stehen im Falle der Vollendung der Leistung durch einen anderen Unternehmer gegen den Auftragnehmer noch **weitere Ansprüche** zu, wie sich aus Abs. 2 Satz 1, zweiter Halbsatz, ergibt. Danach bleiben **neben** dem Anspruch auf Ersatz der **Mehraufwendungen die Ansprüche auf Ersatz des etwa entstehenden weiteren Schadens bestehen.** Dies folgt dem Grundgedanken, daß durch die Erstattung der Mehraufwendungen in vielen Fällen noch **nicht aller Schaden** beseitigt ist. Vielmehr können dem Auftraggeber darüber hinausreichende Schäden dadurch entstanden sein, daß die Bauausführung **nicht mehr termingerecht** erledigt werden kann (Verzugsschaden) oder daß Fehlerquellen infolge der bisher schlechten Bauausführung vorliegen, die ihre Auswirkungen später haben. Für diesen Schadensersatzanspruch ist aber im allgemeinen (vgl. jedoch Rdn. 98 ff.) **Voraussetzung**, daß dem Auftragnehmer ein **Verschulden** zur Last zu legen ist. Dann kommen die **gesetzlichen Bestimmungen** – wie z. B. aus positiver Vertragsverletzung – in Frage, **soweit nicht andere Schadensersatzregelungen im Rahmen der Allgemeinen Vertragsbedingungen im Einzelfall** zutreffen, wie Teil B § 4 Nr. 7 Satz 2 (vgl. u. a. Dähne BauR 1973, 268; Hereth/Ludwig/ Naschold Teil B § 8.3 Ez. 8.87; Kaiser NJW 1974, 1310), vgl. dazu insbesondere oben Rdn. 97 sowie Teil B § 4 Rdn. 336 ff. Gleiches gilt im Hinblick auf Teil B §§ 5 Nr. 4, 6 Nr. 6 (so mit Recht BGHZ 62, 90 = MDR 1974, 483 = LM VOB/B Nr. 67 Anm. Schmidt = NJW 1974, 646 = BB 1974, 253 = BauR 1974, 208 = SFH Z 2.411 Bl. 56 = Betrieb 1974, 577; Kaiser NJW 1974, 1310). **Entscheidend ist dafür, daß Teil B § 8 Nr. 3 Abs. 2 Satz 1, zweiter Halbsatz, selbst keine Ansprüche auf Schadensersatz eröffnet, sondern nur bestimmt, daß bereits vorhandene Ansprüche aufrechterhalten bleiben** (BGH a. a. O.; OLG Frankfurt NJW-RR 1987, 979).

2. Für das Vorhandensein eines neben dem Erstattungsanspruch bestehenden **Schadens** ist der **Auftraggeber darlegungs- und beweispflichtig.** Dabei muß er sich auch etwaige **Vorteile anrechnen lassen.** So sind z. B. auf den Verzögerungsschaden wegen verspäteter Fertigstellung einer Eigentumswohnung die Vorteile anzurechnen, die der geschädigte Auftraggeber aus ersparten Zinsaufwendungen für die Finanzierung des Bauvorhabens und aus einer Steuerersparnis durch die erst mit Bezugsfertigkeit eintretende Beschränkung des Schuldzinsenabzuges (§ 21 a EStG) erlangt (BGH BauR 1983, 465 = NJW 1983, 2137 = Betrieb 1983, 1705 = BB 1983, 1691 = MDR 1983, 1009 = SFH § 249 BGB Nr. 8). Auf der anderen Seite trägt der **Auftragnehmer die Beweislast** für etwa **fehlendes Verschulden** sowie für die Behauptung, der **Schaden hätte geringer gehalten werden können** (vgl. u. a. BGH MDR 1975, 924 = LM § 254 [Dc] BGB Nr. 22). Soweit es sich dabei um Schäden aus dem Vermögensbereich des Auftraggebers handelt, sind dabei die Darlegungsschwierigkeiten zu beachten, die sich für den Auftragnehmer daraus ergeben, daß er keinen Einblick, z. B. in den im Vermögensbereich des Auftraggebers liegenden Steuervorgang, hat (BGH BauR 1983, 465 = NJW 1983, 2137 = Betrieb 1983, 1705 = BB 1983, 1691 = MDR 1983, 1009 = SFH § 249 BGB Nr. 8 m. w. N.).

100 3. Soweit in Einzelfällen zugunsten des Auftragnehmers das **AGB-Gesetz** Anwendung findet (vgl. Teil A § 10 Rdn. 77 ff.), ist auf die Verbotsnormen in § 11 Nr. 5 (vgl. dazu auch Teil A § 12 Rdn. 1) und 7 hinzuweisen.

101 4. Zur **Ersatzfähigkeit bloßen Nutzungsausfalls** vgl. Teil B § 4 Rdn. 357 ff. Das dort Gesagte gilt entsprechend auch hier.

102 5. Zu theoretischen Grundlagen für die Schadensberechnung durch Sachverständige vgl. Aurnhammer BauR 1981, 139.
Für die **Verjährung** gilt auch hier das in Rdn. 91 Gesagte.

V. Wahlrecht des Auftraggebers (Abs. 2 Satz 2)

103 1. Nach Abs. 2 Satz 2 hat der Auftraggeber unter bestimmten, enger als nach § 326 Abs. 1 Satz 2 BGB liegenden Voraussetzungen ein **Wahlrecht zwischen der Beauftragung eines Dritten und dem Verlangen nach vollem Schadensersatz wegen Nichterfüllung**. Danach kann er auf die **weitere Ausführung verzichten, wenn diese für ihn aus den gleichen Gründen, die zur Entziehung des Auftrages geführt haben, kein Interesse mehr hat.** Hier wird **Ursächlichkeit des Interessenverlustes zu den Gründen der Vertragskündigung** verlangt.

104 a) Voraussetzung ist der **Verzicht auf die Weiterführung** der vom gekündigten Vertrag erfaßten Leistung **überhaupt**; es reicht **nicht** aus, daß der Auftraggeber an der Weiterleistung **durch diesen gekündigten Auftragnehmer** kein Interesse mehr hat (vgl. BGHZ 62, 93 = MDR 1974, 483 = LM VOB/B Nr. 47 Anm. Schmidt = NJW 1974, 646 = BB 1974, 253 = BauR 1974, 208 = SFH Z 2.411 Bl. 56 = Betrieb 1974, 577). Ein hier vorauszusetzender weitgehender Verzicht kann nur in ganz bestimmten Fällen vorkommen, ist also **verhältnismäßig selten** (BGHZ 50, 160 = NJW 1968, 1524 = VersR 1968, 750 = SFH Z 2.510 Bl. 32 = MDR 1968, 750 = BB 1968, 770 = WM 1968, 834 = JZ 1969, 386 = Betrieb 1968, 1397 = LM § 4 VOB/B Nr. 3; Anderson BauR 1972, 65, 68), weil im allgemeinen ein Interessenverlust des Auftraggebers **nicht schon durch die Vertragswidrigkeit des Auftragnehmers, die zur Kündigung** des Bauvertrages nach Absatz 1 **geführt** hat, eintritt.

105 b) Hier besteht kraft vertraglicher Vereinbarung in Abweichung von dem einen Interessenwegfall nicht verlangenden Grundtatbestand des § 326 Abs. 1 Satz 2 BGB eine Ausrichtung auf die strengeren Anforderungen in § 286 Abs. 2 und § 326 Abs. 2 BGB. Diese im Verhältnis zu § 326 Abs. 1 Satz 2 BGB engere vertragliche Regelung ist auch durchaus der allgemein gegebenen Interessenlage gerade des Auftraggebers im Bereich von Bauverträgen angemessen. Für den Normalfall ist nämlich davon auszugehen, daß der Auftraggeber eine einmal gefaßte Bauabsicht durchführen und nicht vorzeitig wieder aufgeben will.

106 c) Der **Verlust des Interesses** auf seiten des Auftraggebers ist **eng verbunden mit Sinn und Zweck der Bauleistung.** Man wird davon sprechen können, wenn sich **durch** die Vertragsverletzung des Auftragnehmers das Interesse des Auftraggebers an dem vertraglich vereinbarten Bauwerk zwischenzeitlich wesentlich geändert hat oder gar infolge bestimmter Um-

stände ganz weggefallen ist (ähnlich wohl OLG Hamburg VersR 1984, 1048). Das ist besonders bei reinen Zweckbauten der Fall, die termingebunden sind, wie z. B. bei einem Behelfsbau, der nur für eine bestimmte Zeit errichtet werden soll, oder bei Bauten für Veranstaltungen, die nur von bestimmter Dauer sind (Ausstellungen; vgl. dazu auch Schmalzl NJW 1965, 129, 134).

d) Ein **Interessenwegfall** kann auch darin liegen, daß die vom Auftragnehmer bisher erstellte Leistung **gänzlich untauglich**, insbesondere **nicht nachbesserungsfähig** ist oder sich die Nachbesserung nur durch einen für den Auftraggeber **unzumutbaren Aufwand** bewerkstelligen ließe. 107

e) Für das Vorliegen des **Interessenverlustes und die Ursächlichkeit** mit den Gründen der Vertragskündigung ist der **Auftraggeber darlegungs- und beweispflichtig.** 108

2. **Ausnahmsweise** ist aber auch für den Bereich des Schadensersatzanspruches nach Abs. 2 Satz 2 der **Wegfall des Interesses** des Auftraggebers dann **nicht erforderlich,** wenn sich der Auftragnehmer **rechtsgrundlos sogleich nach Vertragsabschluß, noch vor Fälligkeit seiner Leistung** (und zwar auf diese beschränkt!), ernsthaft und endgültig weigert, den Vertrag überhaupt zu erfüllen. Das folgt analog aus § 326 Abs. 2 BGB, wonach bei ernsthafter und endgültiger Erfüllungsverweigerung Schadensersatz wegen Nichterfüllung ohne Darlegung des Wegfalls des Erfüllungsinteresses verlangt werden kann (BGH WM 1969, 399 = Betrieb 1969, 480 = LM § 326 [G]Nr. 1 = SFH Z 2.13 Bl. 26 ff. = MDR 1969, 385; auch BGHZ 65, 372 = BauR 1976, 126 = BB 1976, 288 = NJW 1976, 517 = MDR 1976, 307 = SFH Z 2.411 Bl. 65 = LM AGB Nr. 88 a). Der gegenteiligen Ansicht von Daub/Piel/Soergel/Steffani (Teil B § 8 ErlZ B 8.82 ff.), wonach auch in einem solchen Falle die Kausalität zwischen dem Kündigungsgrund und dem Interessenwegfall vom Auftraggeber dargelegt und bewiesen werden müsse, kann nicht gefolgt werden (ebenso Kaiser, Mängelhaftungsrecht, Rdn. 34 Fn. 83). Zu bedenken ist, daß die vor Fälligkeit seiner Leistung – grundlos – erfolgte absolute Verweigerung des Auftragnehmers zur Erfüllung des Vertrages eine **ganz außergewöhnliche grobe Vertragsverletzung** darstellt. Wenn in solchen Fällen entsprechend § 326 Abs. 2 BGB schon eine Fristsetzung entbehrlich ist, um den nach dem vom Gesetz in § 326 BGB ins Auge gefaßten **vollen** Schadensersatzanspruch auszulösen, so muß dem Auftraggeber, wenn er sich entschließt, die Bauabsicht nicht zu verwirklichen, aus Treu und Glauben auch zugestanden werden, daß die Aufgabe seiner Bauabsicht auf die grobe Vertragsuntreue des Auftragnehmers zurückzuführen ist, ohne daß dieses dann noch näherer Begründung bedarf. Allerdings wird man dem Auftragnehmer nicht den Gegenbeweis verwehren dürfen, daß die Aufgabe der Bauabsicht durch den Auftraggeber ganz andere Ursachen als die – zufälligerweise damit zusammenfallende – absolute Erfüllungsverweigerung hat. 109

3. Es muß hinzukommen, daß der Auftrag nach Absatz 1 entzogen oder gekündigt sein muß, und zwar wegen eines **schuldhaft vertragswidrigen Verhaltens** des Auftragnehmers (vgl. Teil B § 4 Rdn. 377 f. und § 5 Rdn. 32 ff. sowie hier Rdn. 84 f.; insoweit auch Kaiser, Mängelhaftungsrecht, Rdn. 31 d). 110

Die Voraussetzung schuldhaften Handelns des Auftragnehmers ergibt sich aus den allgemeinen Grundsätzen, die das Gesetz für das Entstehen eines Schadensersatzanspruches wegen Nichterfüllung vorschreibt. So setzen die **§§ 326 Abs. 2 und 286 Abs. 2 BGB** einen **Schuldnerverzug** des Auftragnehmers voraus, also Verschulden im Sinne von **§§ 276, 278 BGB.** Desgleichen hat auch § 635 BGB das Verschulden des Unternehmers als wesentliche Voraussetzung. Deshalb muß auch bei Satz 2 ein **Verschulden Voraussetzung** sein, da sonst eine unzulässige Abweichung von allgemeinen, auch für die VOB maßgebenden Rechtsgrundsätzen vorliegen würde. 111

112 4. Der hier geregelte **Schadensersatzanspruch** wegen Nichterfüllung ist – im Gegensatz zu dem aus Teil B § 4 Nr. 7 Satz 2 sich ergebenden Schadensersatzanspruch (vgl. Teil B § 4 Rdn. 354 ff.) – ein „echter" und „**voller**" dieser Art. Er ist auch **nicht durch Teil B § 6 Nr. 6 eingeengt**, weil der dort festgelegte – eingeschränkte – Schadensersatzanspruch nur für den Fall der **Aufrechterhaltung**, also nicht der hier erörterten Kündigung des Vertrages aus wichtigem Grund, gilt (im Ergebnis ebenso Kaiser NJW 1974, 1310). Er geht auf **Ersatz des positiven Interesses**, §§ 249 ff. BGB (ebenso BGH VersR 1967, 806 = SFH Z 2.411 Bl. 3 ff.). Der Auftraggeber kann also vom Auftragnehmer verlangen, so gestellt zu werden, **als ob der Auftrag ordnungsgemäß** und vertragsgerecht **ausgeführt** worden wäre. Der Schadensersatzanspruch besteht allerdings **nur** unter der Voraussetzung, daß der **Auftraggeber selbst zur Erfüllung seiner Vertragspflichten in der Lage** ist oder gewesen wäre (vgl. BGH WM 1974, 328). Es handelt sich bei diesem – da durch die Kündigung Erfüllung ausgeschlossen ist – **ausschließlich auf Leistung in Geld** ausgerichteten Schadensersatzanspruch für den Regelfall um eine Postensaldierung im Wege der Differenztheorie: Die Schadensermittlung erfolgt durch einen Vergleich der Vermögenslage des Auftraggebers, wie sie sich infolge der Nichterfüllung durch den Auftragnehmer gestaltet hat, mit der Vermögenslage, in der er sich **bei ordnungsgemäßer Vertragserfüllung** unter Berücksichtigung voraussichtlicher, von der VOB gewährter Rechte und Pflichten (vgl. z. B. Teil B § 1 Nr. 3 und 4, Teil B §§ 2 Nr. 3–7, 6 Nr. 2, 13 Nr. 3 bzw. 4 Nr. 3) befunden hätte. **Maßgebend** für den Schadensersatzanspruch ist die **Verschlechterung der Vermögenslage des Auftraggebers.** Hier sind grundsätzlich alle adäquaten Folgen des haftungsbegründenden Umstandes bis zum Zeitpunkt der letzten mündlichen Verhandlung in der Tatsacheninstanz, dem aus prozessualen Gründen letztmöglichen tatsächlichen Beurteilungszeitpunkt, in die Schadensberechnung mit einzubeziehen (BGH BauR 1980, 279 = SFH § 252 BGB Nr. 3 = MDR 1980, 478 = NJW 1980, 1742 = WM 1980, 466 = VersR 1980, 454 m. w. N.); nur wenn der Schuldner bereits vorher seine Ersatzpflicht erfüllt, schließt er die Zurechnung späterer Schadensfolgen aus (a. a. O.).

113 Dabei sind die erbrachten Leistungen des Auftragnehmers **nur dann mit in die Schadensberechnung einzubeziehen, wenn deren Behalt überhaupt noch dem Interesse des Auftraggebers entspricht** (zutreffend Nicklisch in Nicklisch/Weick Teil B § 8 Rdn. 44), was nur dann der Fall sein kann, wenn sich der Interessenverlust auf den noch fehlenden Leistungsteil beschränkt. Dann ist nicht nach den Vertragspreisen abzurechnen, sondern nach ihrem für den Auftraggeber bei objektiver Betrachtung gegebenen **wirklichen Wert als Verrechnungsposten**, wobei geleistete Voraus- oder Abschlagszahlungen zu berücksichtigen sind.

114 Ähnliches gilt für **Architekten- und Ingenieurleistungen,** auch wenn sie schon vor Abschluß des Vertrages mit dem gekündigten Auftragnehmer erbracht worden sind; sie können in die Schadensberechnung nur einbezogen werden, wenn sie für den Auftraggeber absolut kein Interesse mehr haben, insbesondere nicht anderweitig verwendbar sind (vgl. dazu OLG Hamburg VersR 1984, 1048).

115 Zugunsten des Auftraggebers sind auch solche Posten zu beachten, die als **Folgeschäden** sein Vermögen infolge der Vertragsuntreue des Auftragnehmers, auf welcher die Kündigung beruht, vermindert haben (vgl. dazu Heyers BauR 1974, 24 m. N.). Dazu können z. B. Kosten eines Gutachtens gehören, durch das der Umfang der vom Auftragnehmer bereits erbrachten Leistung zwecks Berechnung seines Werklohnanspruches festgestellt werden soll (BGHZ 48, 78 = MDR 1967, 755 = BB 1967, 813 = VersR 1967, 806 = SFH Z 2.411 Bl. 31 ff. = NJW 1967, 2262). Andererseits erfaßt der hier erörterte Schadensersatzanspruch nicht Preisänderungen bzw. Verteuerungen, die **unabhängig** von der Vertragsuntreue des Auftragnehmers eingetreten sind, wie insbesondere Fälle von Teil B § 2 Nr. 4, 5 und 6.

116 In Einzelfällen kann **auch** der **Aufrechnungsweg** zulässig oder geboten sein (BGH SFH

Z 2.414 Bl. 127 = BB 1963, 995 = Betrieb 1963, 1213). Vgl. ferner BGH NJW 1958, 1915 = MDR 1958, 915 = BB 1958, 1109 = SFH Z 2.332 Bl. 30 für den Fall der Geltendmachung von Schadensersatz wegen Nichterfüllung bei an einen Dritten abgetretener Vergütungsforderung des Auftragnehmers. Zu diesem Urteil auch Braga MDR 1959, 437.

Der hier erörterte Schadensersatzanspruch wegen Nichterfüllung gilt als schon vor Konkurseröffnung aufschiebend bedingt entstanden; gemäß § 54 Abs. 1 KO ist daher die Aufrechnung mit ihm auch nach Konkurseröffnung nicht ausgeschlossen; er wird mit der Kündigung fällig, also jedenfalls gleichzeitig mit dem (Teil)Vergütungsanspruch des Auftragnehmers (BGH BauR 1980, 182 = NJW 1980, 585 = Betrieb 1980, 733 = MDR 1980, 303 = SFH § 392 BGB Nr. 1 = LM § 392 BGB Nr. 4 = ZfBR 1980, 137 m. w. N.). 117

Zur **Beweislast** vgl. auch Rdn. 98 ff. Alle Schadensersatzansprüche nach Teil B § 8 Nr. 3 Abs. 2 Satz 2 **verjähren** in 30 Jahren (§ 195 BGB; ebenso Dähne BauR 1973, 268). 118

5. Der erörterte Schadensersatzanspruch wegen Nichterfüllung ist für Fälle der hier in Betracht kommenden Art **abschließend**; es besteht daneben **nicht auch** noch ein solcher aus dem Gesichtspunkt der **positiven Vertragsverletzung** (BGHZ 50, 160 ff. = NJW 1968, 1524 = VersR 1968, 750 = MDR 1968, 750 = BB 1968, 770 = WM 1968, 834 = JZ 1969, 386 = Betrieb 1968, 1397 = SFH Z 2.510 Bl. 32 = LM § 4 VOB/B Nr. 3). 119

VI. Benutzungsrechte und Verwendungsbefugnisse des Auftraggebers (Absatz 3)

Absatz 3 verfolgt den **Zweck**, den **Auftraggeber möglichst schnell** dadurch **schadlos zu stellen,** daß ihm oder dem von ihm beauftragten Dritten alsbald die **Fortführung der durch die Kündigung unterbrochenen Arbeiten ermöglicht** wird. Weiterhin ist zu bedenken, daß – soweit bereits erfolgt – durch die Baustelleneinrichtung, durch die Anlieferung von Stoffen oder Bauteilen sowie durch die Beschaffung von Geräten dem **Auftragnehmer bereits Kosten entstanden** sind. Es wäre wirtschaftlich wenig sinnvoll, diese Werte nicht zu benutzen, da hierdurch **Mehrkosten vermieden** werden. Hier handelt es sich **auch** um einen Gesichtspunkt der **Schadensminderung.** Insoweit kann in Einzelfällen auch eine **Schadensminderungspflicht** des Auftraggebers gegeben sein, allerdings **nur als Ausnahme und in engen Grenzen** (zu weitgehend Daub/Piel/Soergel/Steffani Teil B § 8 ErlZ 8, 96, die es lediglich auf die bei dem zur Fertigstellung der Leistung beauftragten Unternehmer gegebenen Verhältnisse bzw. dessen Einstellung abstellen). Man wird aber von einer Schadensminderungspflicht nur sprechen können, wenn der gekündigte Auftragnehmer ohne weiteres von sich aus bereit ist, die in Betracht kommenden Gegenstände zur Verfügung zu stellen, und nicht in der zwingenden Lage ist, sie jetzt oder in absehbarer Zeit anderweitig zu verwenden, sie selbstverständlich für die Weiterführung des Bauvorhabens **uneingeschränkt tauglich** sind und der nachfolgende Unternehmer sie nicht aus im Rahmen seines Betriebes sowie seines berechtigten geschäftlichen Interesses liegenden Gründen ablehnt. Für ersteres trägt der gekündigte Auftragnehmer die Darlegungs- und Beweislast; für das andere hat sie der Auftraggeber. 120

1. **Voraussetzung** für die hier angesprochenen **Benutzungsrechte und Verwendungsbefugnisse** ist die **Fortführung** der durch die Kündigung unterbrochenen Arbeiten mit dem Ziel der Vollendung der vertraglichen Bauleistung. Absatz 3 kommt **nicht** in Betracht, wenn der Auftraggeber nach Abs. 2 Satz 2 das Wahlrecht ausübt und allein vollen **Schadensersatz wegen Nichterfüllung** verlangt. 121

2. Das **Benutzungsrecht des Auftraggebers** erstreckt sich auf die **Baustelleneinrichtung,** also **Geräte, Gerüste und andere Einrichtungsgegenstände,** wie Unterkünfte, Lagerbauten, Büroräume, Wasser- und sonstige Versorgungsanschlüsse, Entsorgung, **soweit sie vom gekündigten Auftragnehmer stammen.** Selbstverständlich beschränkt sich das Benutzungs- 122

recht des Auftraggebers nur auf die Geräte und Einrichtungsgegenstände, die zur **Baustelleneinrichtung gehören** und die der Auftragnehmer für die Ausführungszeit der Bauleistung **an Ort und Stelle eingebracht** hat. Zum Handgebrauch bestimmte **Werkzeuge** können **nicht** zur Baustelleneinrichtung gezählt werden, weil sie nicht Bestandteil der Einrichtung der Baustelle, sondern in ihrem Gebrauch personengebunden sind. Der **Auftraggeber** ist verpflichtet, die in Anspruch genommenen Gegenstände im Rahmen des Zumutbaren **sorgfältig zu behandeln und vor Schaden** – auch übermäßiger Abnutzung – **zu bewahren; andernfalls ist er aus positiver Vertragsverletzung schadensersatzpflichtig.**

123   3. Der Auftraggeber kann ferner **Stoffe oder Bauteile** (vgl. hierzu Teil A § 1 Rdn. 53 ff.), die angeliefert worden sind, in Anspruch nehmen. Das bedeutet, daß er die Stoffe oder Bauteile, die von dem gekündigten Auftragnehmer angeschafft worden sind und für die noch nicht erstellte Bauleistung **bestimmungsgemäß bereitliegen,** verwenden darf. Angeliefert sind demnach noch nicht Stoffe oder Bauteile, die der Auftragnehmer noch auf Lager hat, noch viel weniger solche, die erst an dritter Stelle bestellt oder in Auftrag gegeben worden sind.

124   Durch die Inanspruchnahme von angelieferten Stoffen oder Bauteilen kommt hinsichtlich dieser in der Folgezeit **nicht** das **Kaufvertragsrecht** zur Anwendung; vielmehr richtet sich die weitere **rechtliche Beurteilung** nach dem bisher einheitlich geltenden Werkvertragsrecht der **VOB,** was insbesondere für **Erfüllungs- und Gewährleistungsansprüche** (vgl. dazu Rdn. 32 f., 64, 97) sowie deren **Verjährung** von Bedeutung ist (so mit Recht Heyers BauR 1973, 56 Anm. zu OLG Köln BauR 1973, 53 = SFH Z 2.414.2 Bl. 4).

125   4. Die Inanspruchnahme der Baustelleneinrichtung sowie der angelieferten Stoffe oder Bauteile **setzt die empfangsbedürftige Mitteilung des Auftraggebers gegenüber dem gekündigten Auftragnehmer (§§ 130 ff. BGB) voraus, daß er von seiner Befugnis nach Absatz 3 Gebrauch mache.** Die Benutzungs- und Verwendungsbefugnis steht ihm ohne diese Mitteilung nicht zu, weil es sich **nicht** um ein kraft Vertrages **von selbst gegebenes Recht** handelt.

126   Voraussetzung ist auch, daß der Auftraggeber die in Anspruch genommenen Sachen **im einzelnen** dem Auftragnehmer gegenüber **bezeichnet.** Hierauf hat der Auftragnehmer schon wegen der erforderlichen Kontrolle sowie der Berechnung der Vergütung einen Anspruch. Es ist zweckmäßig, **vor der Inanspruchnahme eine Bestandsaufnahme zu machen,** um Klarheit zu schaffen und eine genaue Abgrenzung vorzunehmen. Sollte sich der Auftragnehmer weigern, seiner vertraglichen Pflicht nach Absatz 3 nachzukommen, kann es wegen der Eilbedürftigkeit für den Auftraggeber geboten sein, seine Rechte im Wege einstweiliger Verfügung (§§ 935 ff. ZPO) durchzusetzen.

127   5. **Für die Inanspruchnahme** steht dem Auftragnehmer eine **angemessene Vergütung** zu. Über den Begriff der angemessenen Vergütung vgl. Teil A § 2 Rdn. 9 ff. sowie Teil A § 25 Rdn. 53 ff. Soweit möglich, sind – notfalls unter Zuhilfenahme der Kalkulation des Auftragnehmers – die auf den konkreten Fall ausgerichteten, auf die in Anspruch genommenen Gegenstände bezogenen **Vertragspreise** des gekündigten Auftragnehmers Ausgangspunkt für die Bewertung, weil bei selbständiger Berechnung sich im allgemeinen ein Mehrpreis ergeben würde, der ohnehin dem Schadensersatzanspruch des Auftraggebers nach Abs. 2 Satz 1 unterfallen würde. Gerade das soll durch die Inanspruchnahme nach Absatz 3 vermieden werden. Außerdem soll die Inanspruchnahme weder dem Auftragnehmer noch dem Auftraggeber einen Vorteil bringen (unzutreffend daher Heiermann/Riedl/Rusam/Schwaab Teil B § 8 Rdn. 26 a; unklar Daub/Piel/Soergel/Steffani Teil B § 8 ErlZ 8.97).

128   Die Vergütung ist durch Vereinbarung zwischen dem Auftraggeber und dem bisherigen Auftragnehmer festzulegen. Kommt es nicht zu einer Einigung, so kann die Preisbestim-

mung einem sachverständigen Dritten überlassen werden, §§ 317 ff. BGB, notfalls muß sie der Festsetzung durch gerichtliche Entscheidung vorbehalten bleiben.

Der Auftraggeber ist grundsätzlich berechtigt, seine Ansprüche aus Nr. 3 Abs. 1 gegenüber dem Vergütungsanspruch des Auftragnehmers **zur Verrechnung** zu bringen (vgl. Absatz 4, Rdn. 131 ff.). 129

Für den Fall des Ausschlusses des hier erörterten Vergütungsanspruches des Auftragnehmers in AGB (insbesondere Zusätzlichen Vertragsbedingungen) des Auftraggebers ist § 10 Nr. 7 AGB-Gesetz zu beachten. 130

VII. Mitteilung der Ansprüche des Auftraggebers (Absatz 4)

Absatz 4 befaßt sich mit der **Rechnungsaufstellung des Auftraggebers.** Ebenso wie Absatz 3 gilt er **nur für** den Fall der **Fortsetzung** der noch nicht erbrachten Vertragsleistung **durch einen Dritten,** also für den Bereich des Abs. 2 Satz 1. 131

1. Die **Aufstellung** muß **aus zwei Gruppen bestehen,** wie aus den dem Auftraggeber nach Abs. 2 Satz 1 gegebenen Befugnissen hervorgeht. Der Auftraggeber hat die ihm infolge der Beauftragung eines Dritten mit der Weiterführung der Leistung entstandenen **Mehrkosten** (vgl. Rdn. 86 ff.) **sowie den Anspruch auf Ersatz** des entstandenen **weiteren Schadens** (vgl. Rdn. 98 ff.) **zu spezifizieren,** d. h. im einzelnen nach Grund und Höhe anzugeben. **Hier gelten die in Teil B § 14 Nr. 1 an die prüfbare Rechnung gestellten Anforderungen entsprechend.** Am besten werden die beiden Kostenteile getrennt aufgeführt. 132

Bei der **Berechnung der Mehrkosten** ist auszugehen von der ursprünglich mit dem Auftragnehmer **vereinbarten Vergütung** einerseits und den tatsächlich für das Bauwerk aufgewendeten Kosten andererseits; letztere setzen sich zusammen aus der Vergütung an den Auftragnehmer für den von ihm erstellten Leistungsteil und aus der an den Dritten zu zahlenden Vergütung. Bei der Vergütung des Auftragnehmers sind auch die mangelhaften Leistungsteile zu berücksichtigen, soweit sie für die ordnungsgemäße Fertigstellung des Bauwerkes verwertbar waren, also abzüglich der Kosten einer Nachbesserung durch einen Dritten sowie einer etwaigen Minderung (vgl. dazu auch Rdn. 32 f., 64, 97). Dem so errechneten **Mehrbetrag** ist die Summe **hinzuzuzählen,** die dem Auftraggeber an **weiteren Schadensersatzansprüchen** noch zusteht. In die Aufstellung sind aber nicht nur die weiterhin entstandenen Schadensersatzansprüche nach Abs. 2 Satz 1 aufzunehmen, sondern **alle Ansprüche, die** dem Auftraggeber gegen den Auftragnehmer aus dem unbefriedigend verlaufenen Vertragsverhältnis zustehen, **soweit** sie **adäquat-kausal** darauf zurückzuführen sind. Absatz 4 spricht nicht nur von den weiteren Schadensersatzansprüchen nach Abs. 2 Satz 1, sondern allgemein und in erweiternder Form von **„anderen Ansprüchen"** des Auftraggebers. Hierzu gehört z. B. die Zurückforderung eines Vorschusses aus dem Gesichtspunkt der ungerechtfertigten Bereicherung. Dazu rechnen auch Ansprüche aus Teil B § 4 Nr. 7 Abs. 2, Teil B § 13 Nr. 7 oder aus Teil B § 6 Nr. 6, natürlich auch aus § 286 Abs. 1 BGB (vgl. Heyers BauR 1974, 24). Insoweit **bedarf es auch keines Vorbehalts dieser Rechte bei der Kündigung,** um deren Durchsetzbarkeit zu sichern (Heyers a. a. O.). 133

Schließlich ist zugunsten des Auftragnehmers in Ansatz zu bringen, was ihm aus der Benutzung oder Verwertung der in Absatz 3 genannten Gegenstände zusteht. 134

Etwa **noch bestehende Mängelansprüche** des Auftraggebers (vgl. Rdn. 32 f., 64, 97) bleiben durch die Abrechnung **unberührt.** 135

2. Der Auftraggeber ist verpflichtet, dem Auftragnehmer seine **Kostenaufstellung binnen 12 Werktagen** (vgl. hierzu die §§ 186 ff. BGB) **nach Abrechnung mit dem Dritten** zuzusenden. 136

Das bezieht sich **nur** auf seine Ansprüche auf die **Mehrkosten** sowie seine Ansprüche auf **Ersatz des etwa entstandenen weiteren Schadens.** Es handelt sich aber **noch nicht** um eine **endgültige Abrechnung,** in der die **wirklich bestehenden** Gegenforderungen des Auftragnehmers auch berücksichtigt sind. Demnach werden von dieser Frist **nur die eigenen Ansprüche** des Auftraggebers erfaßt, **nicht** aber liegt darin **schon** oder auch **erst** eine endgültige **Stellungnahme oder ein Anerkenntnis zu den Gegenforderungen des Auftragnehmers** nach Absatz 3 und Nr. 6. Zur **Fälligkeit eines etwaigen Restvergütungsanspruches des Auftragnehmers** vgl. Rdn. 154 ff., insbesondere Rdn. 166 f.

137 **Voraussetzung** für den Fristbeginn ist die **erfolgte Abrechnung mit dem Dritten** im Rahmen von Teil B § 14. Die **Bezahlung** der Forderung des Dritten ist dagegen **nicht Bedingung.** Die Frist von 12 Werktagen ist **keine Ausschlußfrist in dem Sinne,** daß dem Auftraggeber bei Fristüberschreitung die in Absatz 4 genannten Forderungen gegen den gekündigten Auftragnehmer **verlorengehen** würden. Hätte man eine solche Folge gewollt, wäre sie ausdrücklich festgelegt worden, da sie in solcher Härte in aller Regel nicht als dem Parteiwillen entsprechend anzusehen ist. Wohl handelt es sich um eine **Nebenverpflichtung** des Auftraggebers aus dem gekündigten Bauvertrag. Verletzt der Auftraggeber daher seine Pflicht **schuldhaft,** begeht er eine **positive Vertragsverletzung** (insoweit a. A. Kaiser, Mängelhaftungsrecht, Rdn. 32, der von den §§ 280, 286 BGB ausgeht, ohne dies näher zu begründen), die dem Auftragnehmer einen Schadensersatzanspruch gibt, **falls** ihm aus dieser Pflichtverletzung **ein Schaden entsteht.** Das kann z. B. dadurch eintreten, daß der Auftragnehmer wegen seiner bauvertraglichen Verpflichtungen gehalten war, Kredite aufzunehmen und durch das pflichtwidrige Verhalten des Auftraggebers eine endgültige Abrechnung nicht möglich ist, so daß für den Auftragnehmer die Schwierigkeit auftritt, fälligen Rückzahlungsverpflichtungen nicht rechtzeitig nachkommen zu können. Gleiches gilt, wenn durch das dem Auftraggeber zuzurechnende verzögerliche Verhalten und den damit verbundenen Zeitablauf Abrechnungsschwierigkeiten auftreten.

F. Kündigung wegen wettbewerbswidrigen Verhaltens des Auftragnehmers (Nr. 4)

138 Eine weitere Möglichkeit zur vorzeitigen Vertragskündigung aus wichtigem Grund vor Vollendung der Vertragsleistung enthält Nr. 4. Sie hat ihre Grundlage in einem wettbewerbswidrigen Handeln des Auftragnehmers. Hat dieser **aus Anlaß der Vergabe eine Abrede getroffen, die eine unzulässige Wettbewerbsbeschränkung darstellt, kann der Auftraggeber den Vertrag kündigen.** Wegen der Schwere des Vorwurfs und der sich daraus aus Nr. 4 abzeichnenden Folgen ist eine Kündigung des Bauvertrages erst zulässig, wenn den Auftragnehmer ein **Verschulden** trifft. Dieses ist dann jedoch in aller Regel gegeben.

I. Vorgang vor Vertragsabschluß als Ursache (Satz 1)

139 Dieses Kündigungsrecht hat darin seine **Besonderheit,** daß es an sich **mit der vertraglichen Leistungserfüllung** selbst **nichts zu tun** hat; die hier angesprochene Handlung des Auftragnehmers liegt sogar **vor Abschluß des Bauvertrages.** Dabei ist mit der Wendung „aus Anlaß der Vergabe" nicht nur der Zeitpunkt des Vertragsabschlusses (Zuschlags) zu verstehen, sondern **das gesamte Vergabeverfahren,** beginnend mit der Aufforderung zur Abgabe von Angeboten (einschließlich öffentlichen Teilnahmewettbewerbs bei Beschränkter Ausschreibung oder Freihändiger Vergabe, vgl. Teil A § 3) bis zur Erteilung des Zuschlages (vgl. Teil A § 28). Hat der Auftragnehmer **in dieser Zeit eine wettbewerbsbeschränkende Abrede** getroffen, **kann** der **Auftraggeber** ihm den erteilten **Auftrag im Wege der außerordentlichen Kündigung entziehen.** Die Ansicht von Daub/Piel/Soergel/Steffani (Teil B § 8 ErlZ 8.58), die Vertragskündigung sei nur so lange zulässig, wie sich diese Abrede noch als eine Wettbe-

werbsbeschränkung darstelle, findet im Wortlaut der VOB keine Stütze; entscheidend ist allein die einmal während des Vergabeverfahrens getroffene und bis zur Vergabe aufrechterhaltene Absprache (so auch Nicklisch in Nicklisch/Weick Teil B § 8 Rdn. 52).
Wegen der unzulässigen Wettbewerbsbeschränkung vgl. Teil A § 25 Rdn. 13 ff. und die dort angeführte Rechtsprechung.

1. Zur Kartellbildung in der Bauwirtschaft vgl. Crome BB 1959, 832 und 1961, 118; vgl. dazu auch Barnickel, Aktuelle kartellrechtliche Probleme der Bauwirtschaft, RWS-Seminarskript Nr. 30. Über die Auslegung des Merkmals „zu einem gemeinsamen Zweck" sowie die Eignung des wettbewerbsbeschränkenden Vertrages in bezug auf die Marktverhältnisse nach § 1 GWB vgl. BGH BB 1977, 409.   140

Das besondere Kündigungsrecht des Auftraggebers hat seine Berechtigung. Zwar ist eine Preisabsprache unter mehreren Unternehmern im Angebotsverfahren nach § 1 GWB unwirksam, falls nicht die Ausnahmen gemäß den §§ 2–8, u. a. auch § 20 Abs. 2 GWB, vorliegen. Gleiches gilt nach dem auch für den Bereich von Teil B § 8 Nr. 4 in Betracht kommenden § 25 Abs. 1 GWB (auch Nicklisch in Nicklisch/Weick Teil B § 8 Rdn. 49; vgl. dazu OLG Celle BauR 1985, 598) **schon bei „aufeinander abgestimmtem Verhalten"** der beteiligten Unternehmer, ohne daß unbedingt der Abschluß eines wirksamen Kartellvertrages Voraussetzung wäre, was häufig bei den sogenannten „Frühstückskartellen" in Betracht kommt (vgl. dazu Häring BlGBW 1975, 227). Der Verstoß gegen zwingende kartellrechtliche Vorschriften führt aber grundsätzlich **nicht bereits** nach § 134 BGB zur **Nichtigkeit des Bauvertrages,** den der einzelne an der verbotenen Kartellabsprache beteiligte Auftragnehmer später mit dem Auftraggeber geschlossen hat und in dem z. B. der kartellarisch abgesprochene Preis vereinbart worden ist. Die hier nach der VOB **vereinbarte Kündigungsmöglichkeit** für den Auftraggeber tritt **an die Stelle** der sonst für diese Fälle zugelassenen **Anfechtungsbefugnis** (vgl. dazu OLG Celle NJW 1963, 2126). Zur Auskunftspflicht beim Verrat von Ausschreibungsunterlagen BGH NJW 1976, 193.   141

2. Es ist **nicht Voraussetzung,** daß der Auftraggeber **durch die verbotene Kartellabrede (in der Praxis regelmäßig Preisabsprache)** einen **Schaden** erlitten hat, etwa dadurch, daß durch sie der sonst angemessene Vertragspreis erhöht worden ist. Vielmehr **genügt** die verbotene **Kartellabrede als solche.** Nr. 4 gilt daher auch, wenn z. B. durch die verbotene Preisabrede aus Konkurrenzgründen ein zu niedriger Vertragspreis zustande gekommen ist. Hat der Auftraggeber infolge der verbotenen Preisabrede einen **Schaden erlitten,** kann er gegenüber dem Auftragnehmer **Schadensersatzansprüche** auch aus dem Gesichtspunkt der culpa in contrahendo, unter Umständen auch aus unerlaubter Handlung, geltend machen (vgl. OLG Celle a. a. O.). **Auf jeden Fall** stehen dem Auftraggeber die **Ansprüche gemäß Nr. 3** zu (vgl. Rdn. 86 ff.). Zu Schadensersatzansprüchen des Auftraggebers bei Submissionsabsprachen vgl. auch Schmid ZIP 1983, 652.   142

3. Aus dem Grundgedanken des lauteren Wettbewerbs ist dem Auftraggeber auch dann **entsprechend der hier erörterten Regelung** die Befugnis zur Vertragskündigung zuzustehen, wenn **Gründe** auftreten, d. h. **nach Vertragsabschluß bekannt werden,** die dem Auftraggeber außerhalb der verbotenen Preisabsprache **bei der Vergabe das Recht einräumen,** entsprechend Teil A § 25 Nr. 1 d **von** einer weiteren **Angebotswertung Abstand zu nehmen.** Das ist neben anderen vom GWB erfaßten Möglichkeiten wettbewerbsbeschränkenden Verhaltens z. B. der Fall bei Zahlung von **Schmiergeldern,** bei der **Behauptung unwahrer geschäftsschädigender Tatsachen** über andere Bieter und bei der **Abwerbung von Arbeitskräften** der Mitbieter. Vgl. dazu Teil A § 25 Rdn. 33. Die insoweit nicht klare, wohl ablehnende Ansicht von Daub/Piel/Soergel/Steffani Teil B, S. 373 Fn. 43, hier sei auf das GWB und nicht auf das UWG abgestellt, verkennt, daß gerade heute dem **Grundgedanken des lauteren Wettbewerbs ganz allgemein Rechnung zu tragen ist,** deshalb auch noch nach Vertrags-   143

abschluß diejenigen Verhaltensweisen aufzugreifen sind, die es dem Auftraggeber verwehrt haben, eine ordnungsgemäße, der Sachlage nach angemessene Bauvergabe durchzuführen. An einem solchen Verständnis der Nr. 4 dürfte gerade auch die Auftragnehmerseite besonderes Interesse haben. Für öffentliche Auftraggeber ist hier das VHB zu § 8 VOB/B Nr. 3 zu beachten. Die Ansicht von Nicklisch (in Nicklisch/Weick, Teil B § 8 Rdn. 53), die entsprechende Anwendung von Teil B § 8 Nr. 4 sei entbehrlich, weil der Auftraggeber in den hier erörterten Fällen das Recht zur Kündigung aus wichtigem Grund oder aus positiver Vertragsverletzung habe, ist einmal theoretisch, übersieht außerdem aber, daß es auch für solche Fälle geboten erscheint, den Auftraggeber anzuhalten, im Interesse der Klarheit die Frist der Nr. 4 Satz 2 a. a. O. einzuhalten, wenn er kündigen will.

II. Kündigungsbefugnis nur innerhalb bestimmter Frist (Satz 2)

144 Nach Nr. 4 Satz 2 ist der Auftraggeber verpflichtet, die **Kündigung innerhalb von 12 Werktagen (§§ 186 ff. BGB)** nach Bekanntwerden des Kündigungsgrundes, wobei positive Kenntnis vorauszusetzen ist, auszusprechen. Es handelt sich nach dem dieser Regelung zugrundeliegenden Parteiwillen um eine vertraglich vereinbarte **Ausschlußfrist,** deren Überschreitung das **Kündigungsrecht in Wegfall** bringt. Es ist davon auszugehen, daß der Auftraggeber in der Lage ist, sich innerhalb dieser Zeit zu überlegen, ob er unter den ihm bekanntgewordenen Umständen **noch hinreichend Vertrauen** zu diesem Auftragnehmer hat. Andererseits hat auch der Auftragnehmer ein Recht darauf, zu wissen, ob er die übernommene und evtl. sogar begonnene Bauleistung fertigstellen kann oder nicht. Ein **Schweigen** des Auftraggebers trotz Kenntnis der einzelnen Umstände muß als **Billigung der Vertragsfortführung** angesehen werden.

145 Sollte der Auftraggeber sich zur Kündigung innerhalb der ihm vertraglich gesetzten Ausschlußfrist entschließen und tut er dies, gelten für eine ordnungsgemäße, insbesondere fristgerechte Kündigung die allgemeinen Vorschriften. Vor allem muß die **Kündigung, um wirksam zu sein, schriftlich** erklärt werden (vgl. Nr. 5; Rdn. 148 ff.). Der **Auftraggeber** hat die **Beweislast** sowohl für die formelle Seite der Kündigung – insbesondere auch die Einhaltung der Frist – als auch für ihre Berechtigung; er muß z. B. das Vorliegen einer gesetzlich nicht ausdrücklich gestatteten Preisabrede beweisen.

III. Entsprechende Anwendung der Nr. 3 (Satz 3)

146 Für die **Abwicklung** des gekündigten Bauvertrages gilt **Nr. 3 entsprechend.** Das gilt allerdings nur für die Absätze 2–4 (Rdn. 86 ff.), da Nr. 3 Abs. 1 den dortigen Kündigungsgrund als solchen enthält. Insbesondere gilt hier nicht Abs. 1 Satz 2, weil eine **Teilkündigung** der zur Zeit der Kündigung noch nicht ausgeführten Leistung bzw. Teilleistung nach dem Sachverhalt, welcher der Nr. 4 zugrunde liegt, **nicht gerechtfertigt** ist. Dieser Kündigungsgrund ist nämlich ein **absoluter,** der eine nur teilweise Aufhebung des Bauvertrages nicht rechtfertigen könnte. Die gegenteilige Ansicht von Nicklisch (in Nicklisch/Weick, Teil B § 8 Rdn. 54), die auch eine Teilkündigung zulassen will, übersieht, daß hier die letztlich maßgebliche **Rechtsfolgengrundlage in § 134 BGB** liegt, der das etwaige Interesse des Auftraggebers an teilweiser Aufrechterhaltung des Vertrages nachgeordnet sein muß.

147 Zur Unwirksamkeit eines vom Auftraggeber von den Bietern in seinen Verdingungsunterlagen geforderten „Vertragsstrafenversprechens" für den Fall unzulässiger Preisabsprachen gemäß § 9 AGB-Gesetz vgl. Teil A § 12 Rdn. 11 f.

G. Wirksamkeitsvoraussetzung für jede Kündigung: Schriftlichkeit (Nr. 5)

Nach Nr. 5 ist die **Kündigung schriftlich** zu erklären. Daraus, daß dies als **besondere, für sich abgeschlossene Regelung** (Nr. 5) in Teil B § 8 aufgenommen worden ist, ergibt sich, daß sie für **alle Vertragskündigungen oder Teilkündigungen** gilt, die in Teil B § 8 Nr. 1–4 aufgeführt sind. Wesentlich ist hier auch § 127 BGB mit der dort ausgesprochenen Verweisung auf § 126 BGB.

Die Kündigung durch Einhaltung der Schriftform ist **zwingend**, d. h., sie ist **Wirksamkeitsvoraussetzung für die rechtlichen Folgen einer Kündigung** (ebenso OLG Celle BauR 1973, 49 = MDR 1973, 136 = BlGBW 1973, 137 = SFH Z 2.510 Bl. 49; OLG Köln SFH § 8 VOB/B Nr. 4). Aus der großen Bedeutung dieser Kündigung als ganzer oder teilweiser Aufhebung des Bauvertrages mit allen ihren Folgen muß angenommen werden, daß die Vertragspartner, welche die VOB und damit Teil B § 8 zum Vertragsinhalt machen, **eine solche Wirkung der Formvorschrift bewußt als vertraglich vereinbart** – und zwar uneingeschränkt – wollen. Wird die **Schriftform nicht eingehalten, ist daher angesichts dieser klaren vertraglichen Aussage die Kündigung formnichtig nach § 125 Satz 2 BGB.** Eine formlos erklärte Kündigung kann nur dann wirksam sein, wenn die Parteien – was auch noch nach Vertragsabschluß bis zur Kündigungserklärung geschehen kann – **einverständlich** auf die Einhaltung der Schriftform Verzicht leisten, was derjenige zu beweisen hat, der sich darauf beruft. In der Regel wird dies in der Praxis allerdings mit einer formlos gültigen einverständlichen Vertragsaufhebung zusammenfallen (vgl. nachfolgend).

Die vertraglich vereinbarte **Schriftform** der Kündigung ist **grundsätzlich auch einzuhalten**, wenn im Einzelfall eine **vorherige Fristsetzung mit Kündigungsandrohung nach Teil B § 4 Nr. 7** (vgl. Teil B § 4 Rdn. 387 ff.) oder nach Teil B § 5 Nr. 4 (vgl. Teil B § 5 Rdn. 45 ff.) **entbehrlich** ist (OLG Celle BauR 1973, 49 = MDR 1973, 136 = BlGBW 1973, 137 = SFH Z 2.510 Bl. 49; Jagenburg VersR 1969, 1077).

Anders als nach dem Gesagten ist dies **bei einverständlicher Aufhebung des Vertrages** (s. dazu Rdn. 80 und Vor Teil B §§ 8+9 Rdn. 18 ff.); diese wird von der **eng auszulegenden**, nur auf Kündigungsfälle bezogenen **Schriftlichkeitsklausel nicht erfaßt** (vgl. OLG Celle a. a. O.). Kommt aber eine einverständliche Vertragsaufhebung nicht in Betracht, so ist bei Fehlen der Schriftform der Kündigung auch kein Anspruch aus positiver Vertragsverletzung wegen unberechtigter Erfüllungsverweigerung des Auftragnehmers gegeben, ebensowenig ein Anspruch aus § 326 BGB (so mit Recht OLG Celle a. a. O.).

Eine **schriftliche Kündigung** ist nach § 130 Abs. 1 BGB **zugegangen, sobald sie in verkehrsüblicher Art in die tatsächliche Verfügungsgewalt des Empfängers** oder eines anderen, der ihn in der Empfangnahme von Briefen vertreten konnte, gelangt und ihm dadurch die Möglichkeit der Kenntnisnahme verschafft ist (BAG BB 1976, 696). Zur Frage des **Zuganges von Einschreibesendungen** vgl. Teil B § 12 Rdn. 130; zu sonstigen Gesichtspunkten des Zuganges vgl. auch Teil A § 28 Rdn. 7 ff. Über die Vermittlung der Kündigung durch den Gerichtsvollzieher oder durch Niederlegung bei der Post im unmittelbaren Auftrag des Absenders vgl. BGH BB 1977, 67 = WM 1977, 19. Eine von einem Bevollmächtigten vorgenommene Kündigung kann zurückgewiesen werden, falls dieser eine Vollmachtsurkunde nur in beglaubigter Abschrift vorlegt; das gilt auch, wenn die Kündigung durch Vermittlung eines Gerichtsvollziehers zugestellt wird (BGH NJW 1981, 1210 = MDR 1981, 664 = BB 1981, 1182 = LM § 174 BGB Nr. 1 = JurBüro 1981, 535).

Soweit das **AGB-Gesetz** eingreift (vgl. Teil A § 10 Rdn. 77 ff.), bedürfen insbesondere bei Zusätzlichen Vertragsbedingungen die Verbotsnormen in § **10 Nr. 6 und § 11 Nr. 16** a. a. O. der Beachtung. Für den rein kaufmännischen Verkehr ist allerdings in letzterer Hinsicht zu beachten, daß nach den insoweit maßgebenden §§ 24 Abs. 2, 9 AGB-Gesetz strengere Form-erfordernisse, wie z. B. die Abgabe von für

B § 8, 6, Rdn. 154-160

den Vertrag wesentlicher Erklärung in eingeschriebener Form, nicht unüblich und daher weiterhin zulässig sind (vgl. dazu Alisch JZ 1982, 706, 708).

H. Vergütungsanspruch des Auftragnehmers nach Kündigung (Nr. 6)

154 Nr. 6 befaßt sich mit dem **Vergütungsanspruch des gekündigten Auftragnehmers**. Daraus, daß diese Regelung aus Nr. 3 Abs. 4 der Fassung 1952 als selbständige Nummer in die Fassung 1973 aufgenommen und dort beibehalten worden ist, ergibt sich, daß **sie für alle in Nr. 1–4 genannten Kündigungsfälle gilt,** also nicht nur für diejenigen, die ihre Grundlagen in Nr. 3 haben (ebenso BGH BauR 1988, 82 = SFH § 8 VOB/B Nr. 12 = NJW-RR 88, 208 = Betrieb 1988, 282 = MDR 1988, 309; OLG München SFH § 8 VOB/B Nr. 6).

155 Nach erfolgter Kündigung **kann** der Auftragnehmer **alsbald das Aufmaß und die Abnahme** der von ihm ausgeführten Leistung verlangen (Halbsatz 1 a. a. O.). Er **hat** – also ist er **insoweit** verpflichtet – **unverzüglich** eine **prüfbare Rechnung** über die ausgeführten Leistungen vorzulegen (Halbsatz 2 a. a. O.). Dazu hat eine **endgültige Abrechnung** zu erfolgen; vor allem können vom Auftragnehmer dann **keine Abschlagsforderungen** mehr gestellt werden (vgl. dazu Teil B § 16 Rdn. 74 ff.).

I. Aufmaß und Abnahme (Halbsatz 1)

156 Zum Aufmaß vgl. Teil B § 14 Nr. 2, zur Abnahme vgl. Teil B § 12. Begrifflich kann die hier geregelte Abnahme nur eine solche auf der Grundlage von Teil B § 12 Nr. 1, 2 a oder Nr. 4 sein, während die sogenannte **fiktive Abnahme und deren Wirkungen auszuscheiden** haben (vgl. OLG Düsseldorf, Urt. vom 8. 7. 1969 – 20 U 104/67 –).

157 1. Ziel des **Aufmaßes** ist es, die bis zur Kündigung vom Auftragnehmer ausgeführten Leistungsteile im einzelnen festzulegen, um die nach dem Vertrag, insbesondere den Preisen des Leistungsverzeichnisses, geschuldete Vergütung feststellen zu können. Aus dem Wortlaut der Nr. 6 Satz 1 („kann verlangen") ergibt sich, daß hier grundsätzlich ein **gemeinsames Aufmaß** gemeint ist. Kommt der Auftraggeber dem Verlangen des gekündigten Auftragnehmers zur Vornahme des gemeinsamen Aufmaßes nicht nach, muß er ihm jedenfalls das Aufmaß ermöglichen, damit dieser seine in Nr. 6 Satz 2 festgelegte Pflicht zur Vorlage einer prüfbaren Rechnung erfüllen kann; anderenfalls macht sich der Auftraggeber aus **positiver Vertragsverletzung** schadensersatzpflichtig (vgl. OLG München SFH § 8 VOB/B Nr. 6).

158 Das **Aufmaß ist nicht nur beim Einheitspreisvertrag, sondern auch beim Pauschalvertrag – grundsätzlich – erforderlich,** um den Umfang der bis zur Kündigung erstellten Leistung festzustellen und eine **anteilige Pauschale** berechnen zu können (vgl. dazu auch OLG München SFH § 8 VOB/B Nr. 6).

159 Im allgemeinen ist das auch dann angezeigt, wenn der Pauschalvereinbarung kein in sich aufgeschlüsseltes Leistungsverzeichnis nach Teil A § 9 zugrunde gelegen hat, um den bis zur Kündigung tatsächlich erbrachten Leistungsteil hinreichend zuverlässig feststellen und dann den entsprechenden Vergütungsanteil ermitteln zu können. Gegebenenfalls müssen hier etwaige Kalkulationsunterlagen des Auftragnehmers als Hilfe herangezogen werden. Bei **Stundenlohnarbeiten** kommt es auf den Nachweis des bis zur Kündigung gehabten Aufwandes an Lohn und Material entsprechend den getroffenen Vereinbarungen oder dem durch Teil B § 15 Nr. 1 Abs. 2, Nr. 2 vorgegebenen Maßstab an.

160 2. Zweck der **Abnahme,** die entgegen OLG Düsseldorf (BauR 1978, 404) sowie Kaiser (Mängelhaftungsrecht, Rdn. 35) – abgesehen von der Frage der Voraussetzung für die Fällig-

keit der Vergütung (vgl. Rdn. 162 f.) – von der Zielsetzung her eine solche im Rechtssinne nach Teil B § 12 Nr. 1, 2 a oder 4 (vgl. Rdn. 156) ist und nicht etwa nur eine der technischen Abnahme nach Teil B § 12 Nr. 2 b vergleichbare, weil sie sonst ganz den hier verfolgten Zweck verfehlen würde, ist es, die **Billigung der Vertragsmäßigkeit des ausgeführten Leistungsteils zu erhalten** und/oder feststellen zu lassen, welche Leistungsteile mangelhaft und nicht vertragsgerecht sind, damit entsprechende Abzüge von der Vergütung ermittelt werden können (so auch OLG Düsseldorf BauR 1978 a. a. O.), insbesondere aber der **Zeitpunkt des Beginns der Verjährungsfrist wegen der sich aus den Mängeln ergebenden Ansprüche** (vgl. Rdn. 32 f., 64, 97) festgelegt werden kann. Vor allem dient diese Abnahme der Feststellung der Ordnungsgemäßheit des erstellten Leistungsteils oder dessen Mangelhaftigkeit im einzelnen, bevor ein anderer Unternehmer mit der Fortführung der Arbeiten beauftragt wird (a. a. O.). Allerdings ist **Voraussetzung für diese Abnahme,** daß der vom gekündigten Auftragnehmer **erstellte Leistungsteil für sich beurteilbar ist,** ohne daß jedoch unbedingt die engeren Voraussetzungen der Teilabnahme nach Teil B § 12 Nr. 2 a gegeben sein müssen (so wohl auch BGHZ 80, 252 = BauR 1981, 373 = NJW 1981, 1939 = LM VOB/B Nr. 118 Anm. Girisch; ferner Nicklisch in Nicklisch/Weick Teil B § 8 Rdn. 61; Vygen, Bauvertragsrecht, Rdn. 510; Heiermann/Riedl/Rusam/Schwaab Teil B § 8 Rdn. 35).

Die Abnahme hat durch den Auftraggeber oder einen von ihm bestellten Vertreter zu erfolgen. Der **Auftragnehmer ist von dem Termin zu benachrichtigen,** damit er Gelegenheit erhält, sich zur Sache an Ort und Stelle zu äußern. 161

3. Das Verlangen nach Aufmaß und Abnahme **kann** der Auftragnehmer stellen. Tut er es, so muß er das Verlangen **alsbald** nach dem Wirksamwerden der Kündigung tun. Insofern kann in Anlehnung an Teil B § 14 Nr. 3 und § 12 Nr. 1 eine Frist von 12 Werktagen – hier ab Zugang der schriftlichen Kündigung – als angemessen angesehen werden (Daub/Piel/Soergel/Steffani Teil B § 8 ErlZ 8.102). Jedoch beinhaltet die VOB hier keine **echte Nebenverpflichtung als Nachwirkung** aus dem durch Kündigung beseitigten Bauvertrag. Vielmehr bedeutet Nr. 6, erster Halbsatz, nur einen **Hinweis** an den Auftragnehmer, seine Abnahme- und Aufmaßrechte baldmöglichst – notfalls auch im Klagewege – geltend zu machen, bevor ihm aus einer **Verzögerung Nachteile** entstehen können. Es ist zu bedenken, daß man vom Auftraggeber nicht erwarten kann, mit der Weiterführung der Arbeiten so lange zu warten, bis der Auftragnehmer nach seinem Belieben mit dem Verlangen auf Aufmaß und Abnahme an ihn herantritt. Vielmehr muß ihm, vor allem auch aus dem Gesichtspunkt der Pflicht zur Schadensabwendung oder Schadensverringerung, das Recht zugestanden werden, sobald als möglich den Dritten mit der Weiterführung der Arbeiten zu beauftragen. Erfolgt eine Fortführung der Arbeiten durch den Dritten, ist es häufig schwierig, nachträglich das Aufmaß des schon erstellten Leistungsteils sowie die Abnahme desselben in der nötigen, klar abgrenzbaren Weise vorzunehmen. Ähnliches gilt für den Fall, in dem sich der Auftraggeber entschließt, die Bauleistung nicht mehr weiterzuführen. Deshalb rät die VOB dem Auftragnehmer, alsbald nach der Kündigung die entsprechenden Handlungen vom Auftraggeber zu verlangen, um hier nicht in ihm zur Last gehende unnötige **Beweisschwierigkeiten** zu geraten. 162

Überdies ist die **Vornahme des Aufmaßes eine Mitvoraussetzung** für die Herbeiführung der **Fälligkeit des Vergütungsanspruches** des Auftragnehmers (vgl. Rdn. 157 ff. und 164 f.). **Nicht** ist dagegen – wie sonst bei regulärer Vertragsabwicklung (vgl. Teil B § 12 Rdn. 42 und § 16 Rdn. 12 ff.) – die **Abnahme,** wie sie hier im Falle der vorzeitigen Vertragskündigung in Betracht kommen kann, **Mitvoraussetzung für die Fälligkeit** der vom Auftragnehmer bis zur Abnahme verdienten Vergütung (ebenso BGH BauR 1987, 95 = NJW 1987, 382 = SFH § 16 Nr. 3 VOB/B Nr. 38 = MDR 1987, 310 = Betrieb 1987, 222 = BB 1986, 2293 = Lenzen EWiR § 16 VOB/B 2/86, 1251 = LM § 16 [B] VOB/B Nr. 6 = ZfBR 1987, 38; OLG Düsseldorf BauR 1978, 404 sowie BauR 1980, 276; vgl. OLG Köln SFH § 648 BGB Nr. 1; OLG Hamm 163

BauR 1981, 376; ferner OLG München SFH § 8 VOB/B Nr. 6; Heiermann/Riedl/Rusam/Schwaab Teil B § 8 Rdn. 35 d, jedoch nur zutreffend hinsichtlich der Abnahme; a. A. wohl Vygen/Schubert/Lang Rdn. 86).

II. Unverzüglich Vorlage prüfbarer Rechnung (Halbsatz 2)

164 Nach dem zweiten Halbsatz in Nr. 6 hat der Auftragnehmer **unverzüglich** nach der Kündigung eine **prüfbare Rechnung** vorzulegen (vgl. dazu OLG München SFH § 8 VOB/B Nr. 6), was im übrigen auch bei einverständlicher Vertragsaufhebung (vgl. dazu Vor B §§ 8+9 Rdn. 18 ff.) gilt (LG Hanau SFH § 14 VOB/B Nr. 4). Wie sich aus dem zwingend formulierten Wortlaut („hat") ergibt, handelt es sich hier um eine **unbedingte Verpflichtung des Auftragnehmers,** die neben dem Aufmaß als eine **Mitvoraussetzung für** den Eintritt der **Fälligkeit seines Vergütungsanspruches** anzusehen ist. Das gilt **auch für den Pauschalvertrag,** wobei die in die Rechnung aufzunehmenden **tatsächlich erbrachten Leistungen** vergütungsmäßig nicht nur – regelmäßig nach dem Aufbau der Einheitspreisberechnung – zur vertraglichen Gesamtleistung in das Verhältnis zu bringen sind (dazu auch OLG München SFH § 8 VOB/B Nr. 6), sondern auch ein anteiliger, dem Pauschalnachlaß entsprechender Abschlag zu machen ist (vgl. dazu auch Brügmann, Der Bauvertrag S. 171 f.). Insbesondere bei einer Kündigung aus wichtigem Grund nach den Nr. 2, 3 und 4 sind die tatsächlich erbrachten Leistungen abzurechnen, und es sind nicht etwa in einem Zahlungsplan enthaltene Vergütungsanteile zu berechnen (BGH BauR 1980, 356 = SFH § 632 BGB Nr. 8 = ZfBR 1980, 139; OLG München a. a. O.).

165 Zur Verrechnung von Voraus- und/oder Abschlagszahlungen vgl. Teil B § 16 Rdn. 131 ff.

166 1. Diese Rechnung hat allerdings nur vorläufigen Charakter, weil sie lediglich die vermeintliche Vergütungsforderung des Auftragnehmers enthält. Sie ist daher **nur eine Forderungsaufstellung des Auftragnehmers ohne endgültigen, klageweise durchsetzbaren Forderungswert.** Vielmehr bedarf es noch der Prüfung und Stellungnahme des Auftraggebers hierzu nach den für **Teil B § 16 Nr. 3 Abs. 1 maßgebenden Grundsätzen** (so auch BGH BauR 1987, 95 = NJW 1987, 382 = SFH § 16 Nr. 3 VOB/B Nr. 38 = MDR 1987, 310 = Betrieb 1987, 222 = BB 1986, 2293 = Lenzen EWiR § 16 VOB/B 2/86, 1251 = LM § 16 (B) VOB/B Nr. 6 = ZfBR 1987, 38; OLG München a. a. O.), und zwar unter Berücksichtigung etwaiger **Gegenansprüche** des Auftraggebers **im Falle einer Kündigung nach Nr. 2, 3 oder 4,** wie z. B. nach Nr. 3 Abs. 4, wobei für den Zeitpunkt der Mitteilung des Prüfungsergebnisses bei einer Kündigung nach Nr. 3 oder Nr. 4 die in Nr. 3 Abs. 4 (vgl. Rdn. 136 f.) getroffene Regelung maßgebend ist. Insoweit ist also die **Fälligkeit** möglicherweise über den nach Teil B § 16 Nr. 3 Abs. 1 maßgebenden Zeitpunkt **hinausgeschoben.**

167 **Vorher** ist auch die dem Auftragnehmer etwa noch zustehende **Vergütung noch nicht fällig, auch nicht** ein evtl. nach Teil B § 17 vereinbarter **Sicherheitseinbehalt.** Letzterer wird allerdings mit der vorgenannten **Mitteilung des endgültigen Abrechnungsergebnisses durch den Auftraggeber** fällig, **wenn dem Auftraggeber keine Nachbesserungsansprüche** nach der Kündigung **zustehen,** sondern **nur Ansprüche auf Abzug des Nachbesserungsaufwandes eines Folgeunternehmers, auf Minderung oder Schadensersatz** (siehe dazu Rdn. 32 f., 64, 97), weil diese ohne weiteres von der dem Auftragnehmer etwa noch zustehenden Vergütung in Abzug gebracht werden können, es sei denn, im Zeitpunkt der Mitteilung des endgültigen Abrechnungsergebnisses lassen sich derartige Kosten noch nicht feststellen. Sowohl dann als auch im Falle fortbestehender Mängelbeseitigungsansprüche (vgl. a. a. O.) kann jedoch der Sicherheitseinbehalt für die insoweit maßgebende Gewährleistungsfrist (vgl. Rdn. 91) weiterhin festgehalten werden. Der Sicherheitseinbehalt für den Fall des Fortbestehens von Nachbesserungsansprüchen kann nicht nur dann noch zurückgehalten werden, wenn die Leistung des gekündigten Auftragnehmers im Zeitpunkt der Kündigung im wesentlichen bereits

fertig war (vgl. dazu OLG Düsseldorf BauR 1979, 325), sondern auch sonst bei fortdauernden Mängelbeseitigungsansprüchen gegen den gekündigten Auftragnehmer.

2. Es genügt nicht, wenn der Auftragnehmer die vorläufige Rechnung nach eigenem Gutdünken aufstellt. Vielmehr sind auch hier die Voraussetzungen der **Prüfbarkeit** nach den Allgemeinen Vertragsbedingungen zu schaffen (ebenso BGH BauR 1987, 95 = NJW 1987, 382 = SFH § 16 Nr. 3 VOB/B Nr. 38 = MDR 1987, 310 = Betrieb 1987, 222 = BB 1986, 2293 = Lenzen EWiR § 16 VOB/B 2/86, 1251 = LM § 16 [B] VOB/B Nr. 6 = ZfBR 1987, 38). Die vorläufige Rechnung muß daher den **Anforderungen** genügen, die sich aus **Teil B § 14 Nr. 1** ergeben. Legt der Auftragnehmer keine prüfbare Rechnung vor, so kann sein Vergütungsanspruch grundsätzlich nicht fällig werden. 168

3. Der Auftragnehmer ist verpflichtet, eine prüfbare Rechnung unverzüglich (vgl. § 121 BGB : ohne schuldhaftes Zögern) **nach Aufmaß vorzulegen.** Hier handelt es sich um eine **nachvertragliche Verpflichtung,** bei deren Verletzung dem Auftraggeber **Schadensersatzansprüche** erwachsen können. Diese – vom Auftraggeber im Einzelfall nachzuweisenden – Ansprüche (wie z. B. wegen mangelnder Nachprüfbarkeit der Rechnung infolge zwischenzeitlichen Baufortschritts oder durch besondere Sachverständigenkosten) können dazu führen, daß der Auftragnehmer einen etwa zu Recht bestehenden Vergütungsanspruch teilweise oder gar ganz einbüßt, er u. U. sogar, je nach dem Umfang des auf seine Unterlassung adäquat-kausal zurückzuführenden Schadens, noch draufzahlen muß. Der Auftragnehmer tut also in jedem Falle gut daran, die hier geregelte **Verpflichtung ordnungsgemäß, vor allem auch pünktlich,** zu erfüllen. 169

4. Für einen auf etwaiger **Überzahlung durch Abschlagszahlungen** o. ä. beruhenden **Bereicherungsanspruch** kommt es für die **Beweislast** darauf an, ob der Vergütungsanspruch als solcher bereits feststeht (wie beim unveränderten Pauschalvertrag) oder ob er noch zu ermitteln ist (wie beim Einheitspreis- oder beim Stundenlohnvertrag). Im ersten Fall trägt der Auftraggeber, im zweiten Fall trägt der Auftragnehmer die Beweislast (OLG Düsseldorf BauR 1977, 64). 170

J. Vertragsstrafe nach erfolgter Kündigung (Nr. 7)

Nr. 7 behandelt die Frage einer von dem gekündigten Auftragnehmer **wegen Verzuges verwirkten Vertragsstrafe.** Diese Bestimmung gilt ebenfalls für **alle** in Teil B § 8 geregelten **Kündigungsfälle,** auch für den von einer Teilkündigung erfaßten Vertragsteil. Dasselbe trifft auch auf einverständliche Vertragsaufhebungen zu (vgl. dazu Vor Teil B §§ 8+9 Rdn. 18 ff.); so auch Kleine-Möller BB 1976, 442, 445 f. Andere, in Besonderen oder Zusätzlichen Vertragsbedingungen vereinbarte Vertragsstrafen, die nicht auf einem Verzug des Auftragnehmers beruhen, werden von Nr. 7 nicht erfaßt. Insoweit gelten über Teil B § 11 Nr. 1 allein die §§ 339 ff. BGB. 171

1. Über die Vertragsstrafe vgl. Teil A § 12 sowie Teil B § 11 und die dortigen Anmerkungen. Ein **Vorbehalt** der Vertragsstrafe (Teil B § 11 Nr. 4) ist bei einer Teilkündigung auf Grundlage der Nr. 3 **nur im Falle einer tatsächlich erfolgten Abnahme** (vgl. Rdn. 160 f.), **die lediglich als „erklärte Abnahme"** (Teil B § 12 Nr. 1 oder 4) und nicht als „fiktive Abnahme" (Teil B § 12 Nr. 5) in Betracht kommen kann (vgl. OLG Düsseldorf, Urt. vom 8. 7. 1969 – 20 U 104/67 –), **erforderlich** (ebenso BGHZ 80, 252 = BGH BauR 1981, 373 = SFH § 8 VOB/B Nr. 3 = NJW 1981, 1839 = MDR 1981, 838 = Betrieb 1981, 1878 = LM § 8 VOB/B Nr. 9 = ZfBR 1981, 180). Anderenfalls kann die Vertragsstrafe auch so dem Auftragnehmer entgegengesetzt werden, da bei einem vorzeitig gekündigten Vertrag grundsätzlich nicht schon davon ausgegangen werden kann, der Auftraggeber billige die bis zur Kündigung erbrachte 172

Leistung des Auftragnehmers als im wesentlichen vertragsgerecht (BGH a. a. O.). Gleiches gilt entgegen Knacke (S. 65 f.) zunächst auch für eine Kündigung nach Nr. 2. Entscheidend ist hier der Vertrauensverlust wegen Vermögensverfalls des Auftragnehmers, weswegen in diesem Fall ebenso wie bei einer Kündigung nach Nr. 3 grundsätzlich nicht von einer Billigung des vom Auftragnehmer erbrachten Leistungsteils, zumal eine Mängelbeseitigung durch diesen oft genug ausscheidet, gesprochen werden kann. Entgegen Knacke (a. a. O.) kann auch bei einer Kündigung nach Nr. 1 nicht davon ausgegangen werden, daß hier ein Vorbehalt bei späterer Inbenutzungnahme der von einem anderen Unternehmer fertiggestellten Leistung nach Maßgabe von Teil B § 12 Nr. 5 Abs. 2 erforderlich sei, um den Vertragsstrafenanspruch aufrecht zu erhalten. Zunächst werden davon nicht die Fälle erfaßt, in denen der Auftraggeber die gekündigte oder teilgekündigte Leistung nicht fertigstellt und sie auch nicht in Benutzung nimmt. Hinzu kommt aber hier, daß mit der Kündigung zwischen den ehemaligen Vertragspartnern ein Abrechnungsverhältnis entsteht, in dessen Rahmen der Auftraggeber den Vorbehalt erklären müßte, um nicht treuwidrig (§ 242 BGB) zu handeln. Es liegt also gerade hier am Auftragnehmer, alsbald Klarheit zu bekommen, was er in der Hand hat. Er kann nämlich unverzüglich nach Kündigung dem Auftraggeber eine prüfbare Rechnung (Nr. 6) vorlegen, worauf dann nach Maßgabe von Teil § 16 Nr. 3 Abs. 1 nach zwei Monaten die Fälligkeit eintreten würde, daher der Auftraggeber, will er nicht treuwidrig handeln, bis dahin den Vorbehalt erklären müßte (von BGH, a. a. O. offen gelassen, vgl. Rdn. 20).

173 2. Nr. 7 enthält eine Klärung zugunsten des Auftragnehmers insofern, als die **wegen Verzuges verwirkte Vertragsstrafe,** wenn sie nach Zeit bemessen ist, **nur für die Zeit bis zum Tage der Vertragskündigung gefordert** werden kann. Handelt es sich nicht um eine einmalige Vertragsstrafe, die mit der Verwirkung in einem festen Betrag sofort fällig wird, sondern um eine Vertragsstrafe, die in einem bestimmten Zeitabschnitt immer wieder neu entsteht (z. B. je Tag 200 DM), würde die Laufzeit der Strafe so lange bestehen, bis der Verzug beseitigt wäre. Praktisch würde die Strafzahlung erst mit der Vollendung der ursprünglich vertraglich abgemachten Leistung ihr Ende finden. **Nr. 7 hat den Endzeitpunkt der Vertragsstrafe auf den Tag des Wirksamwerdens der Kündigung nach Teil B § 8 vorverlegt.**

174 **Das entspricht** dem **Wesen der Vertragsstrafe,** die die **Erfüllung einer Verbindlichkeit sichern soll** und infolge ihrer unselbständigen Natur gegenstandslos wird, wenn die Verbindlichkeit nicht mehr besteht oder später wegfällt (vgl. BGH GRUR 1953, 262, 264). Daraus ist zu folgern, daß nach der Beendigung eines Vertragsverhältnisses nur noch ein Strafanspruch wegen **vorher** begangener Vertragswidrigkeiten geltend gemacht werden kann, wohingegen für die Zukunft keine Vertragsstrafe mehr verwirkt werden kann, nachdem der Hauptvertrag zwischenzeitlich gekündigt worden ist (OLGZ 17, 423). Dies rechtfertigt sich nicht allein aus dem Wesen der Vertragsstrafe, sondern überdies aus § 339 BGB, wonach eine Geldstrafe, wenn sie für den Fall nicht gehöriger Erfüllung versprochen wird, nur verwirkt ist, wenn der Schuldner mit seiner durch die Vertragsstrafe gesicherten Verpflichtung in Verzug kommt (vgl. BGH NJW 1962, 1340). Ein – weiterer – Verzug ist nach der Auflösung des Vertragsverhältnisses durch Kündigung nicht mehr denkbar. Entgegen Daub/Piel/Soergel/Steffani (Teil B § 8 ErlZ 8.111) kommt nach erfolgter Kündigung nicht nur eine wegen Verzugs verwirkte Vertragsstrafe bei Überschreitung von (Einzel-)Vertragsfristen in Betracht, sondern auch eine solche, die für den Fall der Überschreitung der Gesamtfertigstellungszeit versprochen worden ist (auch Heiermann/Riedl/Rusam/Schwaab Teil B § 8 Rdn. 37 a). Letzteres trifft zu, wenn die Kündigung wegen Überschreitung der vereinbarten Gesamtfertigstellungsfrist ausgesprochen wird.

175 3. Wird abweichend von den Regeln der VOB in Besonderen oder Zusätzlichen Vertragsbedingungen eine Vertragsstrafe für den Fall der Kündigung des Bauvertrages vereinbart und ist diese unverhältnismäßig hoch, so ist bei der Bemessung nach § 343 BGB auch zu berück-

sichtigen, inwieweit das Verhalten des Fordernden zu der Lösung des Vertrages beigetragen hat (vgl. OLG Köln NJW 1974, 1952). Insoweit ist der in § 254 BGB enthaltene Grundgedanke zu beachten. Zur **AGB-rechtlichen Wirksamkeit** von Vertragsstrafenvereinbarungen vgl. Teil A § 11 Rdn. 11 ff.

§ 9 Kündigung durch den Auftragnehmer

1. Der Auftragnehmer kann den Vertrag kündigen:
a) wenn der Auftraggeber eine ihm obliegende Handlung unterläßt und dadurch den Auftragnehmer außerstand setzt, die Leistung auszuführen (Annahmeverzug nach §§ 293 ff. BGB),
b) wenn der Auftraggeber eine fällige Zahlung nicht leistet oder sonst in Schuldnerverzug gerät.

2. Die Kündigung ist schriftlich zu erklären. Sie ist erst zulässig, wenn der Auftragnehmer dem Auftraggeber ohne Erfolg eine angemessene Frist zur Vertragserfüllung gesetzt und erklärt hat, daß er nach fruchtlosem Ablauf der Frist den Vertrag kündigen werde.

3. Die bisherigen Leistungen sind nach den Vertragspreisen abzurechnen. Außerdem hat der Auftragnehmer Anspruch auf angemessene Entschädigung nach § 642 BGB; etwaige weitergehende Ansprüche des Auftragnehmers bleiben unberührt.

Inhaltsübersicht

	Rdn.
A. Allgemeines	1–3
B. Kündigung wegen Gläubigerverzuges des Auftraggebers (Nr. 1 a)	4–25
I. Unterlassen einer Mitwirkungspflicht durch Auftraggeber	5–21
1. Hinweise auf einzelne Mitwirkungspflichten	6–14
a) Allgemeine Bereitstellungspflicht	6
b) Übergabe von Ausführungsunterlagen	7
c) Abstecken der Hauptachsen usw.	8
d) Allgemeine Ordnung auf der Baustelle; Zusammenwirken der verschiedenen Unternehmer	9
e) Öffentlich-rechtliche Genehmigungen und Erlaubnisse	10
f) Erforderliche Anordnungen	11
g) Besondere Pflicht nach Teil B § 4 Nr. 4	12
h) Auskunfts- und Abrufpflicht	13
i) Besonders vereinbarte Mitwirkungspflichten	14
2. Rechtliche Einordnung der Mitwirkungspflichten	15–17
3. Nr. 1 a entsprechend anwendbar bei Änderung oder Wegfall der Geschäftsgrundlage	18
4. Kausalität zwischen Unterlassen der Mitwirkung und für den Auftragnehmer zumindest unzumutbarer Erschwerung	19–21
II. Annahmeverzug des Auftraggebers erforderlich	22–23
III. Nachfristsetzung mit Kündigungsandrohung notwendig	24
IV. Mögliche Rechtsfolgen außerhalb der Kündigung	25
C. Kündigung wegen Schuldnerverzuges des Auftraggebers (Nr. 1 b)	26–39
I. Allgemeines	26–28
II. Voraussetzung: Schuldnerverzug des Auftraggebers	29–37
1. Fälligkeit der Zahlung bzw. der selbständigen Leistung des Auftraggebers	29–34
a) Grundsätzlich Geldleistung	30–31

        b) Nichtvollendung der Leistung 32
        c) Fälligkeit 33
        d) Leistungsverweigerungsrecht des Auftraggebers 34
     2. Verzug des Auftraggebers 35–37
        a) Mahnung 36
        b) Verschulden 37
   III. Nachfristsetzung mit Kündigungsandrohung notwendig 38
   IV. Sonstige Befugnisse des Auftragnehmers 39
D. Weitere Kündigungsvoraussetzungen (Nr. 2) 40–48
   I. Nachfristsetzung mit Kündigungsandrohung (Satz 2) 41–45
   II. Kündigung nach Fristablauf 46–47
   III. Schriftliche Kündigung (Satz 1) 48
E. Kündigungsfolgen (Nr. 3) 49–61
   I. Abrechnung nach Vertragspreisen (Satz 1) 50–53
   II. Anspruch auf angemessene Entschädigung (Satz 2, erster Halbsatz) .. 54–57
   III. Weitergehende Ansprüche des Auftragnehmers (Satz 2, zweiter Halbsatz) 58–61

Aufsätze: Nicklisch, „Mitwirkungspflichten des Bestellers beim Werkvertrag, insbesondere beim Bau- und Industrieanlagenvertrag", BB 1979, 553; Schmidt, „Die Kündigung des Bauvertrages nach §§ 8, 9 VOB (Teil B)", MDR 1968, 801; Leineweber, „Die Rechte des Bauunternehmers im Konkurs des Auftraggebers", BauR 1980, 510.

A. Allgemeines

1   Teil B § 9 ist das Gegenstück zu Teil B § 8, indem hier die Voraussetzungen und Folgen einer etwaigen **Vertragskündigung des Auftragnehmers** festgelegt sind.
Allerdings sind die Kündigungsbefugnisse des Auftragnehmers im Verhältnis zu denjenigen des Auftraggebers **eingeschränkt;** so hat er kein dem Teil B § 8 Nr. 1 (§ 649 BGB) vergleichbares Kündigungsrecht, sondern nur **außerordentliche Kündigungsmöglichkeiten.** Insofern verstößt auch eine Klausel in AGB des Auftraggebers – insbesondere in Zusätzlichen Vertragsbedingungen –, nach der ihm ein Kündigungs- oder Rücktrittsrecht eingeräumt wird für den Fall, daß er von seinem (Baustoff-)Lieferanten nicht oder nicht rechtzeitig beliefert wird, gegen § 10 Nr. 3 AGB-Gesetz (vgl. OLG Stuttgart ZIP 1981, 875).

2   In Teil B § 9 sind die **Voraussetzungen für diese außerordentlichen Kündigungsrechte des Auftragnehmers** bei für das bauvertragliche Verhältnis schwerwiegenden vertraglichen **Pflichtverletzungen des Auftraggebers** festgelegt. Daneben kommt für den Auftragnehmer eine Vertragskündigung noch nach Teil B § 6 Nr. 7 in Betracht. Hat der Auftragnehmer den Bauvertrag wirksam nach Teil B § 9 gekündigt, so kann eine Kündigung des Auftraggebers nach Teil B § 8 oder § 6 Nr. 7 nicht mehr erfolgen, da der Vertrag durch die Kündigung des Auftragnehmers bereits aufgelöst ist (vgl. BGH BauR 1975, 136 = NJW 1974, 1467 = SFH Z 2.511 Bl. 21). Außerhalb der eigentlichen Regelung in Teil B § 9 ist eine Kündigung durch den Auftragnehmer nur zulässig, wenn zu Lasten des Auftraggebers von einem schwerwiegenden absoluten Vertrauensverlust gesprochen werden muß, so daß dem Auftragnehmer nach Treu und Glauben beim besten Willen nicht mehr zugemutet werden kann, am Vertrag festzuhalten, was insbesondere in Betracht kommt, wenn nach den Umständen des Falles der Auftragnehmer in keiner Weise mehr mit der Erfüllung seines Vergütungsanspruches rechnen kann, wie z. B. bei einem Anschlußkonkurs (vgl. dazu OLG München BauR 1988, Heft 5).

3   **Nach Nr. 1 gibt es zwei Gruppen eines außerordentlichen Kündigungsrechts.** Es muß vorliegen: **entweder** a) das Unterlassen einer dem Auftraggeber obliegenden Handlung, wodurch der Auftragnehmer außerstande gesetzt wird, die Leistung auszuführen (Annahme-

verzug §§ 293 ff. BGB) **oder** b) das Nichtleisten einer fälligen Zahlung durch den Auftraggeber oder ein sonstiger Schuldnerverzug des Auftraggebers (§§ 284 ff. BGB).

B. Kündigung wegen Gläubigerverzuges des Auftraggebers (Nr. 1 a)

Die als erste genannte Kündigungsbefugnis des Auftragnehmers ist an mehrere tatsächliche und rechtliche Voraussetzungen geknüpft. Der **Auftraggeber** muß eine **Mitwirkungspflicht** bei der Leistungserbringung des Auftragnehmers haben, **und** er muß diese **Handlung unterlassen.** Außerdem muß der Auftragnehmer **durch** diese Unterlassung **außerstande** gesetzt worden sein, die Leistung, die von der Mitwirkung des Auftraggebers abhängig ist, auszuführen.

I. Unterlassen einer Mitwirkungspflicht durch Auftraggeber

Der Grundgedanke einer Mitwirkungspflicht des Auftraggebers stammt aus dem allgemeinen Werkvertragsrecht, § 642 BGB.

Ebensowenig wie in § 642 BGB wird in Teil B § 9 Nr. 1 a im einzelnen bestimmt, **was** als **Mitwirkungspflicht** des Auftragnehmers **anzusehen** ist. Es ist nur ganz allgemein von den Pflichten des Auftraggebers zur Mitwirkung („obliegende Handlung") die Rede, ohne deren vorherige oder gleichzeitige Erledigung die Erfüllung der Leistungspflicht des Auftragnehmers entweder nicht möglich oder jedenfalls wesentlich und unzumutbar erschwert ist. Um die Mitwirkungspflichten im einzelnen zu ermitteln, muß daher auf den übrigen Inhalt des Vertrages, insbesondere auf die sonstigen Allgemeinen Vertragsbedingungen, zurückgegriffen werden

1. Dazu sind festzuhalten:

a) **die allgemeine Bereitstellungspflicht des Auftraggebers** hinsichtlich des Objektes der Leistung, also **der baulichen Anlage** einschließlich der Feststellung des Zustandes nach Teil B § 3 Nr. 4, was vor allem auch noch bei einer Selbstübernahme von Leistungsteilen nach Teilkündigung des Bauvertrages durch den Auftraggeber gilt (vgl. Teil B § 2 Rdn. 254 f.; vgl. insoweit aber auch Rdn. 26 ff.); dazu rechnet vornehmlich auch die Bereitstellung des Baugrundstückes bzw. Bauobjektes, das für die Leistung des Auftragnehmers aufnahmebereit sein muß; so können Bodenbelagsarbeiten erst ausgeführt werden, wenn der Innenausbau weitgehend abgeschlossen ist (OLG Stuttgart BauR 1973, 385); außerdem gehört hierzu die als selbstverständlich anzusehende Verpflichtung des Auftraggebers, die **Finanzierung** für das Bauvorhaben **sicherzustellen** und damit auch von seiner Seite den vorgesehenen Baubeginn einzuhalten;

b) die **unentgeltliche rechtzeitige Übergabe von Ausführungsunterlagen** an den Auftragnehmer nach Teil B § 3 Nr. 1 (vgl. Teil B § 3 Rdn. 17 ff. und BGH SFH Z 2.511 Bl. 18 ff.);

c) das **Abstecken der Hauptachsen** der baulichen Anlage usw. nach Teil B § 3 Nr. 2 (vgl. Teil B § 3 Rdn. 30), ebenso die **Mitwirkung bei der Feststellung des Zustandes der Straßen usw.** nach Teil B § 3 Nr. 4 (vgl. Teil B § 3 Rdn. 49);

d) die **Aufrechterhaltung der allgemeinen Ordnung** auf der Baustelle sowie die **Regelung des Zusammenwirkens mehrerer Unternehmer** nach Teil B § 4 Nr. 1 Abs. 1 Satz 1 (vgl. Teil B § 4 Rdn. 2 ff.);

10 e) die Herbeiführung der öffentlich-rechtlichen **Genehmigungen und Erlaubnisse** nach Teil B § 4 Nr. 1 Abs. 1 Satz 2 (vgl. Teil B § 4 Rdn. 17 ff. sowie OLG München BauR 1980, 274);

11 f) die **Anordnungen** im Rahmen von Teil B § 4 Nr. 1 Abs. 4 (vgl. Teil B § 4 Rdn. 83), Teil B § 4 Nr. 3 (vgl. Teil B § 4 Rdn. 266), Teil B § 6 Nr. 1 (vgl. Teil B § 6 Rdn. 11) und im Bereich von Teil B § 6 Nr. 3, soweit diese notwendig werden, um eine ordnungsgemäße Leistungsdurchführung oder Weiterführung der unterbrochenen Leistungen zu sichern (vgl. Teil B § 6 Rdn. 70);

12 g) die **Zurverfügungstellungspflicht** des Auftraggebers nach Teil B § 4 Nr. 4 (vgl. Teil B § 4 Rdn. 278);

13 h) die Auskunfts- und auch **Abrufpflicht** des Auftraggebers nach Teil B § 5 Nr. 2 (vgl. Teil B § 5 Rdn. 15 f.).

14 i) Außer diesen sich aus den Allgemeinen Vertragsbedingungen ergebenden Mitwirkungspflichten können noch weitere in Besonderen oder Zusätzlichen Vertragsbedingungen vereinbart sein, z. B. nach Teil A § 10 Nr. 4 Abs. 1 b. Bestehen dann Zweifel, ob es sich um echte vertragliche Mitwirkungspflichten des Auftraggebers handelt, ist entscheidend die Frage, ob die Bauleistung **ohne** die **Mitwirkung** des **Auftraggebers nicht in der vertraglich festgelegten Form und Frist durchgeführt** werden kann bzw. ob die Durchführung zwar möglich ist, aber zu Lasten des Auftragnehmers – nicht zuletzt auch im Hinblick auf die vereinbarte Vergütung – in beachtlicher Weise erschwert wird.

15 2. Die vorangehend in Rdn. 6 ff. umrissenen **Mitwirkungspflichten** des Auftraggebers sind **keine eigentliche Schuldnerverpflichtung** in dem Sinne, daß der Auftraggeber bei deren Verletzung in Schuldnerverzug geraten würde, wofür Verschulden (vgl. § 285 BGB) erforderlich wäre. Vielmehr geht auch die VOB/B von der gesetzlichen Grundlage, nämlich der Regelung des § 642 BGB, aus, also dem **Annahmeverzug (Gläubigerverzug) gemäß den §§ 293 ff. BGB.** Das ergibt sich deutlich aus dem Wortlaut der Nr. 1 a. An sich würde durch diese Qualifizierung der Mitwirkungshandlungen dem Auftraggeber **lediglich eine Obliegenheit** auferlegt, die als solche nicht einklagbar wäre (vgl. RGZ 37, 24; 53, 221). Selbst wenn dies so wäre, würde die VOB/B **auch dann dem Auftragnehmer ein Kündigungsrecht nach Nr. 1 a** geben, wie dessen Wortlaut deutlich ergibt, sofern die weiteren Voraussetzungen der Nr. 2 (vgl. Rdn. 40 ff.) im Einzelfall erfüllt sind (vgl. auch Nicklisch in Nicklisch/Weick Teil B § 9 Rdn. 6). Dazu ist jedoch zu beachten:

Die in Teil B festgelegten **Mitwirkungshandlungen** des Auftraggebers (vgl. Rdn. 6 ff.) sind **nach der besonderen Natur des Bauvertrages zu bewerten,** die insbesondere ein **vertrauensvolles Zusammenwirken** von Auftraggeber und Auftragnehmer verlangt, wobei **jeder aus dem ihm zuzurechnenden Bereich dazu beizutragen hat, daß die vertraglich vereinbarte Bauleistung pünktlich und mängelfrei erbracht werden kann.** Ohne die in Rdn. 6 ff. gekennzeichneten Mitwirkungshandlungen des Auftraggebers kann dies besonders auch von einem leistungsfähigen, fachkundigen und zuverlässigen Auftragnehmer nicht erreicht werden. Daher muß dies zwangsläufig zu der Folgerung führen, daß im Rahmen des Bauvertrages dem **Auftraggeber nicht nur die Stellung eines Gläubigers mit bloßen Obliegenheiten** zukommt, sondern daß er **zugleich die vertragliche Nebenpflicht** gegenüber dem Auftragnehmer hat, die ihm auferlegten **Mitwirkungshandlungen zu erfüllen,** weshalb insoweit durchweg zugleich von **Nebenpflichten des Auftraggebers** zu sprechen ist, bei deren **schuldhafter Verletzung sich der Auftraggeber aus positiver Vertragsverletzung schadensersatzpflichtig** macht. Im Falle der Kündigung des Vertrages durch den Auftragnehmer ist diese Schadensersatzpflicht keine Kündigungsvoraussetzung, da hierfür Regelungen in

Nr. 1 a und 2 ausschlaggebend sind, sondern eine Kündigungsfolge (vgl. auch Rdn. 58 ff.). Ohne Vertragskündigung hat dagegen der Auftragnehmer bei schuldhafter Verletzung der Mitwirkungspflichten des Auftraggebers **nicht nur einen Schadensersatzanspruch** – regelmäßig nach Teil B § 6 Nr. 6 –, sondern **auch einen klagbaren Anspruch auf Erfüllung dieser Nebenpflichten,** der auch im Wege einstweiligen Rechtsschutzes durchgesetzt werden kann (zutreffend Nicklisch in Nicklisch/Weick Teil B § 4 Rdn. 13).

Entgegen Nicklisch in Nicklisch/Weick Teil B § 4 Rdn. 12 (vgl. auch Müller-Foell, dort insbesondere S. 87 ff.) handelt es sich dagegen bei den genannten Mitwirkungspflichten des Auftraggebers **nicht um Schuldnerpflichten mit der Folge etwaigen Schuldnerverzuges.** Dem steht bereits die gesetzliche Ausgangsregelung des § 642 Abs. 1 BGB entgegen. Selbst unter Berücksichtigung der Tatsache, daß es sich bei Bauverträgen häufiger um längerfristige Verträge (sogenannte Langzeitverträge) handelt, bei denen die Mitwirkungshandlungen nicht selten den ganzen Herstellungsprozeß begleiten, **ist und bleibt der Auftragnehmer Schuldner der Bauherstellung,** wie sich deutlich aus der klaren Regelung des § 631 Abs. 1 BGB sowie aus Teil B § 4 Nr. 2 Abs. 1 ergibt. Ohne besondere vertragliche Vereinbarung, die von diesem Normalrahmen abweicht, ist es daher gerade auch aus rechtssystematischen Gründen nicht zulässig, aus Besteller und Auftraggeber der Leistung zugleich auch einen Leistungsschuldner in bezug auf seine Mitwirkungspflichten zu machen. **Er ist und bleibt – wenn auch mit Nebenpflichten beladener – Gläubiger** der vom Auftragnehmer herzustellenden Leistung. Vor allem läßt sich entgegen Nicklisch (a. a. O.) auch kaum eine rechtssystematisch gerechtfertigte und insbesondere für die Praxis brauchbare Unterscheidung dahin treffen, ob es sich um Bauaufträge größeren oder kleineren (oder mittleren?) Umfanges handelt. Insofern dürfte sich kaum eine klar überschaubare Abgrenzung finden lassen, zumal insoweit die Ansichten – dann auch in der Rechtsprechung – durchaus verschieden sein können. 16

Es muß daher dabei verbleiben, daß der Auftraggeber hinsichtlich seiner gekennzeichneten Mitwirkungspflichten grundsätzlich ein mit gegen ihn durchsetzbaren Nebenpflichten versehener Gläubiger ist (vgl. dazu u. a. auch BGH NJW 1972, 99 = MDR 1972, 39 = BB 1971, 1386 = Betrieb 1971, 2126 = LM § 631 BGB Nr. 21 = SFH Z 2.10 Bl. 25; unklar dazu Locher, Das private Baurecht, Rdn. 108, 128; ähnlich wie hier wohl Werner/Pastor Rdn. 1251).

Hiervon sind nur dann **Ausnahmen** zu machen, **wenn der Auftraggeber kraft besonderer vertraglicher Vereinbarung mit dem Auftragnehmer Pflichten übernimmt, die im Sinne der Übernahme eigentlicher Unternehmerpflichten der unmittelbaren bauvertraglichen Herstellung zuzuordnen sind;** dann – aber auch nur soweit – rückt er im Verhältnis zum Auftragnehmer in eine Schuldnerstellung ein (vgl. dazu Rdn. 26 ff.). 17

3. Das in Nr. 1 a geregelte **Kündigungsrecht des Auftragnehmers ist sinngemäß auch** auf diejenigen Fälle anzuwenden, in denen sich der Auftraggeber dem berechtigten Verlangen des Auftragnehmers auf Anpassung an die geänderte Lage im **Falle der Änderung oder des Wegfalls der Geschäftsgrundlage verschließt** (vgl. dazu BGH Betrieb 1969, 169 = NJW 1969, 233 = SFH Z 2.511 Bl. 14 ff. sowie Teil B § 2 Rdn. 170, 167 ff. und Teil B § 8 Rdn. 61). 18

4. Weitere Voraussetzung für das **Kündigungsrecht** des Auftragnehmers nach Nr. 1 a ist das – u. U. auch schuldlose – **Unterlassen ordnungsgemäßer Erfüllung der vertraglichen Nebenpflicht zur Mitwirkung** durch den Auftraggeber bzw. durch seinen Erfüllungsgehilfen, z. B. seinen Architekten (§ 278 BGB). Ein Unterlassen liegt **auch** vor, wenn der Auftraggeber **nur teilweise** mitwirkt, weil er oder sein Erfüllungsgehilfe grundsätzlich seine Pflichten vollständig zu erledigen hat. 19

20 Der Auftragnehmer muß aber durch das Unterlassen oder Teilunterlassen der Mitwirkung des Auftraggebers außerstande gesetzt werden, die vertraglich von ihm geforderte Leistung auszuführen. Damit muß **Ursächlichkeit** zwischen der Unterlassung und dem Hindernis für die ordnungsgemäße Leistungsdurchführung bestehen. Das trifft z. B. zu, wenn nach – voreiligem – Vertragsabschluß mit dem Auftragnehmer die Baugenehmigung nach den Plänen des Architekten versagt wird und sich der Auftraggeber trotz Bereitschaft des Auftragnehmers weigert, nach veränderten, genehmigungsreifen Plänen zu bauen (vgl. OLG München BauR 1980, 274). Eine Ursächlichkeit ist auch zu bejahen, wenn die Mißachtung der Mitwirkungspflicht einen Teil der dem Auftragnehmer in Auftrag gegebenen Leistung betrifft, hierdurch jedenfalls dieser Teil nicht ordnungsgemäß ausgeführt werden kann.

21 Der Auftragnehmer ist im übrigen nicht nur außerstande, die Leistung auszuführen, wenn sie ihm objektiv unmöglich wird, sondern auch, wenn zwar eine objektive Möglichkeit gegeben ist, diese aber ohne die vertragliche Mitwirkung des Auftraggebers einen derartigen Aufwand oder eine solche Verzögerung oder sonstige Erschwerung mit sich bringt, daß die – gegebenenfalls weitere – Durchführung der Leistung für ihn nach Treu und Glauben **unzumutbar** ist.

II. Annahmeverzug des Auftraggebers erforderlich

22 Außerdem muß der **Auftraggeber** für den Bereich der Nr. 1 a sich **im Annahmeverzug** befinden (vgl. Rdn. 15 ff.). Wichtig ist, daß der Annahmeverzug **nicht** von einem **Verschulden** des Auftraggebers abhängig ist.

Es müssen somit **in Beachtung der §§ 293 ff. BGB** im wesentlichen folgende **Voraussetzungen hinzukommen:** a) Der Auftragnehmer muß nach dem Vertrag berechtigt sein, die Bauleistung in dem jeweils maßgebenden Zeitpunkt (ohne verfrüht zu sein) zu erbringen, und zwar nunmehr in der Weise, daß sie von der Mitwirkungspflicht des Auftraggebers abhängig ist; b) der Auftragnehmer muß zu der Leistung tatsächlich imstande sein, es dürfen bei ihm weder Unmöglichkeit noch Unvermögen vorliegen; c) der Auftragnehmer muß dem Auftraggeber die Leistung ordnungsgemäß (vgl. auch § 299 BGB) anbieten und ihn zugleich zur Mitwirkung auffordern; d) der Auftraggeber muß die Mitwirkungspflicht nicht befolgen (vgl. Rdn. 19 ff.), wobei es, wie erwähnt, auf sein Verschulden nicht ankommt; das **bloße Unterlassen reicht aus**.

23 Auch für den Bereich der Verletzung von Mitwirkungspflichten gelten die Grundsätze des **§ 254 BGB entsprechend** (vgl. LG Hannover MDR 1980, 227). Gerät allerdings der Auftragnehmer mit seiner Leistung in Schuldnerverzug und ist die Leistung deshalb nur noch unter Erschwerungen zu erbringen, so kommt der Auftraggeber durch ein wörtliches Angebot der Leistung, das ohne Rücksicht auf die vom Auftragnehmer zu vertretenden Erschwernisse abgegeben wird, regelmäßig nicht in Annahmeverzug (BGH BauR 1986, 206 = SFH § 9 VOB/B Nr. 3 = NJW 1986, 987 = MDR 1986, 400 = JZ 1986, 355 = LM § 9 VOB/B Nr. 2 = Betrieb 1986, 533 = ZfBR 1986, 64 = Löwisch EWiR 1986, 127 = ZfBR 1986, 64; insoweit bei Notwendigkeit des Abnehmens und Wiederanbringens von Holzdecken, das wegen des Leistungsverzuges des Auftragnehmers notwendig wird). Also kann der Auftragnehmer in einem solchen Fall nicht den Vertrag kündigen.

Erlangt der Auftraggeber z. B. unvorhergesehen nicht die gewünschte Finanzierung, hat der Auftragnehmer, wenn die Bauleistung bereits – voreilig – in Auftrag gegeben war, daraus u. U. ein Kündigungsrecht nach Nr. 1 a mit allen sich daraus ergebenden Folgen (vgl. dazu BGH SFH Z 2.511 Bl. 8 sowie OLG München BauR 1980, 274). In einem solchen Fall kann der Auftraggeber dem Auftragnehmer nur dann Mitverschulden (§ 254 BGB) entgegenhalten, wenn der Auftragnehmer entweder weisungswidrig oder sonst auf eigene Faust zu bauen begonnen hat, obwohl für ihn nach den eindeutigen Umständen zweifelsfrei ersichtlich war, daß die Finanzierung nicht erreicht werden konnte. Das wird grundsätzlich selten der Fall und dem Auftragnehmer noch seltener nachzuweisen sein.

III. Nachfristsetzung mit Kündigungsandrohung notwendig

Die Befugnis des Auftragnehmers zur Kündigung des Vertrages ist weiter von der Setzung einer **angemessenen Nachfrist mit Kündigungsandrohung** gemäß Nr. 2 Satz 2 abhängig (vgl. Rdn. 41 ff.).

IV. Mögliche Rechtsfolgen außerhalb der Kündigung

Unabhängig von der Möglichkeit der Kündigung treten durch den Annahmeverzug des Auftraggebers folgende **anderen rechtlichen Wirkungen** ein:

Die **Gefahr** für die erbrachte Bauleistung **geht** nach § 644 Abs. 1 Satz 2 BGB auf den Auftraggeber **über**. Der Auftragnehmer trägt nur eine auf Vorsatz und grobe Fahrlässigkeit **beschränkte Haftung**, § 300 BGB. Die Rechtsfolgen des § 642 BGB, d. h. die Ansprüche des Auftragnehmers auf Entschädigung, kommen dagegen, wie sich kraft besonderer vertraglicher Vereinbarung aus Nr. 3 ergibt, erst **nach** erfolgter Vertragskündigung zum Zuge, da der Bauvertrag erst aufgehoben sein muß. Statt dessen kommt im Falle der Nichtkündigung, also der Aufrechterhaltung des Vertrages, ein Schadensersatzanspruch des Auftragnehmers nach § 6 Nr. 6 in Betracht, welcher aber **Verschulden des Auftraggebers** voraussetzt (vgl. Teil B § 6 Rdn. 116 f., 128 ff.; so auch Nicklisch in Nicklisch/Weick Teil B § 6 Rdn. 51). **§ 326 BGB** scheidet aus, da insoweit **Schuldnerverzug** des Auftraggebers **nicht** vorliegt, vgl. Rdn. 15 ff. Davon abgesehen bilden die §§ 642, 643 und 645 BGB sowie Teil B § 9 Sondervorschriften vor den dem allgemeinen Schuldrecht entstammenden Bestimmungen des § 326 BGB, wobei Teil B § 9 grundsätzlich kraft vertraglicher Vereinbarung vor den genannten werkvertraglichen Vorschriften rangiert.

Ein Ausschluß des hier erörterten Kündigungsrechts des Auftragnehmers in AGB (insbesondere Zusätzlichen Vertragsbedingungen) des Auftraggebers verstößt gegen § 11 Nr. 8 bzw. – bei Kaufleuten – gegen § 9 AGB-Gesetz.

C. Kündigung wegen Schuldnerverzuges des Auftraggebers (Nr. 1 b)

I. Allgemeines

Die in Nr. 1 b festgelegte zweite Möglichkeit einer Kündigung durch den Auftragnehmer betrifft in erster Linie das **Nichtleisten einer fälligen Zahlung durch den Auftraggeber**. Hier wird **Schuldnerverzug** des Auftraggebers gemäß §§ 284 ff. BGB vorausgesetzt. Die Zahlungspflicht ist nämlich eine **vertragliche Hauptschuld** des Auftraggebers.

Darüber hinaus kann es beim Bauvertrag vorkommen, daß der Auftraggeber kraft **Besonderer oder Zusätzlicher Vertragsbedingungen oder auch durch spätere, nach Abschluß des Bauvertrages getroffene Vereinbarungen** nicht nur Mitwirkungspflichten (vgl. dazu Rdn. 4 ff.; insbesondere Rdn. 15 ff.), sondern dem **eigentlichen Herstellungsbereich zuzurechnende selbständige Leistungen zu erbringen hat,** wie z. B. die Zurverfügungstellung von Transportmitteln, die Übernahme von Lieferungen oder Leistungen entsprechend Teil B § 2 Nr. 4

(vgl. dazu Teil B § 2 Rdn. 254 f.), vor allem auch sogenannte Eigenleistungen. Gleiches trifft **ausnahmsweise** auf jene Fälle zu, in denen der Auftraggeber **über die bloße für den Normalfall der ordnungsgemäßen Bauherstellung erforderliche Mitwirkung** (vgl. Rdn. 6 ff.) hinaus **mit dem Auftragnehmer eng zusammenarbeiten** muß, um die ordnungsgemäße Erstellung der Bauleistung **überhaupt zu ermöglichen.** Das kann z. B. bei längerfristigen Vorhaben über **Spezialobjekte,** wie z. B. Industrieanlagen, bei denen es ganz wesentlich auf die Erfahrung und das vorauszusetzende Spezialwissen (Know-how) des Auftraggebers oder von ihm beschäftigter Dritter ankommt, der Fall sein (vgl. dazu Teil B § 3 Rdn. 1 sowie Nicklisch BB 1979, 533). Hierher ist auch der Fall zu rechnen, in dem der Zeitpunkt für die Vornahme der Mitwirkung durch den Auftraggeber kalendermäßig oder sonst genau festgelegt wurde, zugleich aber auch für die Leistung des Auftragnehmers Vertragsfristen nach Teil B § 5 Nr. 1 festgelegt sind (zutreffend Heiermann/Riedl/Rusam/Schwaab Teil B § 9 Rdn. 5; Locher, Das private Baurecht, Rdn. 128). Das gilt um so mehr, wenn Einzelfristen vertraglich bindend vereinbart sind (vgl. Teil B § 5 Nr. 1 Satz 2). Zu den in Nr. 1 b einzuordnenden Pflichten des Auftraggebers zählt **auch die Pflicht zur Teilabnahme** unter den Voraussetzungen von Teil B § 12 Nr. 2 (vgl. dazu Teil B § 12 Rdn. 68 ff.), ohne daß es hier darauf ankommt, ob es sich um eine solche nach Nr. 2 a oder 2 b handelt. Dagegen kommt die Schlußabnahme der vertraglichen Leistung nicht in Betracht, da eine Vertragskündigung nach deren Fertigstellung ohne Sinn wäre.

28 Auch in allen vorgenannten Fällen ist der Auftraggeber **Schuldner,** und er kann in **Schuldnerverzug** geraten. Auch sie regeln sich nach Nr. 1 b, wie dort aus dem zweiten Halbsatz hervorgeht. Hierfür **gilt entsprechend,** was nachstehend für den vorweg ausdrücklich geregelten Hauptfall – den **Zahlungsverzug** – gesagt ist. Naturgemäß muß sich dann der Verzug auf die geschuldete selbständige bzw. besondere Leistung beziehen, also **ursächlich darauf zurückgehen.**

II. Voraussetzung: Schuldnerverzug des Auftraggebers

Es müssen, auch wegen der Vorschriften der §§ 284 ff. BGB, folgende Voraussetzungen gegeben sein:

29 1. Der Auftraggeber muß dem Auftragnehmer eine **fällige Zahlung** (oder sonstige Leistung, vgl. Rdn. 26 ff.) schulden.

30 a) Da der Ausdruck Zahlung gewählt ist, muß es sich im allgemeinen um die Pflicht zur **Erbringung einer Geldleistung** handeln. Das kann zunächst die **Vergütung** für die vertragliche Bauleistung des Auftragnehmers betreffen. Da aber in der VOB nicht von der Vergütung allein die Rede ist, kommen **auch andere** aus dem Vertrag sich ergebende Zahlungspflichten des Auftraggebers in Betracht: z. B. eine **Schadensersatzpflicht** des Auftraggebers aus Teil B § 6 Nr. 6; ebenso der Schadensausgleich im Innenverhältnis nach Teil B § 10 Nr. 2 ff., sofern der Auftraggeber hier etwas zu zahlen hat; die Ansprüche aus positiver Vertragsverletzung des Auftraggebers usw.

31 Der Begriff Zahlung bezieht sich zwar in der Regel, aber nicht ausschließlich auf Geldleistungen. Das betrifft neben der Vergütung vor allem auch die zuletzt erwähnten Ansprüche. Ist ausnahmsweise ein **Naturallohn** oder ein **Naturalersatz** vertraglich **vereinbart** oder nach gesetzlichen Bestimmungen zu leisten, fällt dieser gleichfalls unter den Begriff Zahlung. Werden andere Vermögenswerte geschuldet, wird man Nr. 1 b entsprechend anwenden müssen, falls sich aus dem Bauvertrag nichts anderes ergibt.

32 b) Das außerordentliche Kündigungsrecht des Auftragnehmers setzt voraus, daß seine nach dem Bauvertrag geschuldete **Leistung noch nicht vollendet,** d. h. noch nicht abnahmereif

ist. Von diesem Zeitpunkt ab ist nämlich eine Kündigung begrifflich nicht mehr möglich. Daher fällt die **Schlußzahlung** nach endgültiger Fertigstellung des Werkes **nicht** unter Teil B § 9 Nr. 1 b. Gleiches gilt für die Zeit nach Fertigstellung auch für andere Zahlungspflichten oder Leistungspflichten des Auftraggebers außerhalb des Vergütungsbereiches. Daher kann es sich für die Anwendbarkeit der Kündigungsregelung in Nr. 1 b im Rahmen der Vergütung nur um solche Zahlungen handeln, wie sie in Teil B § 16 **Nr. 1 (Abschlagszahlungen)**, § 16 **Nr. 2 (Vorauszahlungen)**, § 16 **Nr. 4 (Teilschlußzahlungen)** sowie § 15 **Nr. 4 (noch nicht abschließende Stundenlohnzahlungen)** aufgeführt sind. Voraussetzung ist immer, daß auch diese Zahlungen **vor** der Vollendung der vom Auftragnehmer geschuldeten vertraglichen Gesamtbauleistung **fällig** und im Rahmen des § 9 Nr. 2 Satz 2 (vgl. Rdn. 41 ff.) **angemahnt** worden sind.

c) **Fällig** ist eine **Zahlung** (oder sonstige Leistung, vgl. Rdn. 26 ff.), wenn der Auftraggeber nach den vertraglichen Bestimmungen zur Leistung verpflichtet ist, wenn also die Voraussetzungen für den **Eintritt der Zahlungs- bzw. Leistungspflicht** gegeben sind (z. B. Beginn der Ausführung, Anlieferung des Materials, Fertigstellung des Rohbaues usw.). Insoweit ist **allein die vertragliche Regelung unter Berücksichtigung der dafür geltenden Vorschriften der VOB** (vgl. z. B. Rdn. 32) **maßgebend**; nach dem für diesen Bereich grundsätzlich nicht anwendbaren Gesetz tritt Fälligkeit der Vergütung – abgesehen von dem in § 641 Abs. 1 Satz 2 BGB geregelten Fall – erst nach der Erbringung, d. h. der Vollendung und Abnahme der vertraglich geschuldeten Gesamtleistung, ein, was – auf die VOB abgestellt – mit der Fälligkeit der Schlußzahlung gleichzusetzen wäre.

Mit Ausnahme der Vorauszahlung setzt im Vergütungsbereich die Fälligkeit weiterhin voraus, daß die **Leistungsteile**, von deren Fertigstellung die jeweilige Zahlung abhängig ist, auch **vollständig hergestellt worden sind**. Das ergibt sich aus § 271 BGB sowie aus den Allgemeinen Vertragsbedingungen, wie z. B. aus Teil B § 16 Nr. 1 hinsichtlich der Abschlagszahlungen, § 16 Nr. 4 hinsichtlich der Teilzahlungen, § 15 Nr. 4 hinsichtlich der Stundenlohnarbeiten.

Zur Frage, inwieweit ein Bauhandwerker mit seiner Werklohnforderung Vergleichsgläubiger ist, wenn er den Bauvertrag zur Zeit der vom Auftraggeber erwirkten Eröffnung des Vergleichsverfahrens noch nicht vollständig erfüllt hat, vgl. BGH MDR 1977, 219 = SFH Z 8.40 Bl. 7 = BauR 1977, 212.

d) **Fällig** ist eine Zahlung oder sonstige Leistung des Auftraggebers **nicht**, wenn ihm wegen der nicht erbrachten Leistung oder aus anderen Gründen seinerseits ein **Leistungsverweigerungsrecht** zusteht (vgl. BGH WM 1963, 476; BGH WM 1974, 369). Allerdings ist in diesem Zusammenhang § 320 Abs. 2 BGB zu beachten; liegt nur ein geringfügiger Mangel vor, ist ein Leistungsverweigerungsrecht für den Auftraggeber nicht gegeben. Es kommen auch die Verweigerungsrechte des Auftraggebers nach Zahlungen gemäß Teil B § 16 Nr. 6, ferner in den Fällen der nicht ordnungsgemäßen Rechnungserteilung durch den Auftragnehmer im Rahmen von § 16 Nr. 1 Abs. 1 Satz 2 sowie § 14 Nr. 1 und 2 in Betracht. Auch dann liegt Fälligkeit nicht vor. Zur Frage der **Fälligkeit der Vergütung** vgl. **insbesondere** auch Teil B § 16 Rdn. 9 ff. Soweit das **AGB-Gesetz** Anwendung findet (vgl. Teil A § 10 Rdn. 77 ff.), sind hinsichtlich abweichender Vertragsbedingungen – vor allem Zusätzlicher Vertragsbedingungen – die Verbotsnormen in § 10 Nr. 1, § 11 Nr. 2, 3, 8 und 9 **insbesondere** zu beachten. Vgl. dazu auch Teil A § 13 Rdn. 4 ff.

2. Damit allein ist aber eine Kündigungsbefugnis nach Nr. 1 b noch nicht gegeben, sondern es **muß weiter Verzug des Auftraggebers vorliegen**.

Erforderlich ist hier zunächst, daß der Auftraggeber trotz der fälligen Schuld **nicht leistet**. Insbesondere hat der Auftragnehmer ein Recht zur Kündigung, wenn ihn der Auftraggeber bewußt mit der Zahlung fälliger Beträge hinhält und ihm dann einen ungedeckten Scheck gibt, weil dadurch das Vertrauensverhältnis der Vertragspartner zerstört ist (vgl. BGH, Urt. vom 25. 5. 1970 – VII ZR 144/68 –). Dieses Nichtleisten (also auch durch ungedeckte Wechsel oder Schecks) muß die weiteren Voraussetzungen des Schuldnerverzuges erfüllen, es müssen **Mahnung und Verschulden des Auftraggebers** vorliegen.

36 a) Für die **Mahnung** gilt § 284 BGB. Grundsätzlich muß der Auftragnehmer den Auftraggeber zur Zahlung auffordern, wobei auch eine mündliche Aufforderung genügt. Zu den Voraussetzungen der Mahnung vgl. Teil B § 16 Rdn. 279 ff. Sie wird durch Klageerhebung oder Zustellung eines Mahnbescheides im Mahnverfahren ersetzt. Die Mahnung ist **entbehrlich**, wenn die **Voraussetzungen des § 284 Abs. 2 BGB** gegeben sind, wobei es auf den Inhalt der bauvertraglichen Abmachungen ankommt. Diese gesetzliche Vorschrift besagt, daß eine Mahnung nicht erforderlich ist, wenn für die Leistung eine **Zeit nach dem Kalender** bestimmt ist und sie innerhalb dieser Zeit nicht erbracht wird. Voraussetzung ist dabei aber, daß sich die Leistung nur nach dem Kalender bestimmen läßt, während die **bloße Möglichkeit** der Berechnung nach dem Kalender **nicht genügt**, wie z. B. die Abrede „Zahlung 8 Tage nach Beginn der Bauarbeiten" (vgl. dazu RGZ 68, 22; 103, 33; OLG Düsseldorf MDR 1976, 41) oder „30 Tage nach Rechnungsstellung". Eine Mahnung ist darüber hinaus auch dann nicht mehr erforderlich, wenn im Falle der **ernsthaften und endgültigen Erfüllungsverweigerung durch den Auftraggeber** eine Nachfristsetzung nach Nr. 2 nicht mehr nötig bzw. zumutbar wäre (vgl. dazu Rdn. 41 ff.).

37 b) Ein **Verschulden des Auftraggebers** wird regelmäßig in der Nichtleistung der Zahlung bzw. der Nichterfüllung seiner sonstigen Schuldnerpflichten liegen. Ausnahmen können lediglich bei irriger Annahme eines Leistungsverweigerungsrechts durch den Auftraggeber gegeben sein, obwohl dies als Rechtsirrtum grundsätzlich unbeachtlich ist. Hier muß der Auftraggeber – wie überhaupt – darlegen und gegebenenfalls beweisen, daß ihn kein Verschulden trifft (§ 285 BGB). Vgl. aber auch § 279 BGB: Gerade aus dieser gesetzlichen Bestimmung folgt, daß der Auftraggeber grundsätzlich dafür einzustehen hat, daß er das für die Bauausführung und damit die Bezahlung des Auftragnehmers erforderliche Geld besitzt. Ein Verschulden des Auftraggebers ist es im allgemeinen erst recht, wenn er vorhersehbar in Vermögensverfall gerät, also z. B. das Vergleichs- oder das Konkursverfahren über sein Vermögen eröffnet wird.

III. Nachfristsetzung mit Kündigungsandrohung notwendig

38 Wenn die Nichtleistung einer fälligen Zahlung oder einer sonst geschuldeten selbständigen Leistung (vgl. Rdn. 26 ff.) vorliegt und der Auftraggeber sich in Verzug befindet, ist ein **Kündigungsrecht** für den Auftragnehmer **nur** gegeben, **wenn die weiteren Voraussetzungen nach Nr. 2 Satz 2 vorliegen,** vgl. Rdn. 41 ff. Sofern der betreffende Vergütungsanspruch abgetreten ist, steht das Recht der dort geregelten Fristsetzung mit Kündigungsandrohung dem Abtretungsempfänger zu; das Recht zur Kündigung selbst kann zusammen mit der Forderung abgetreten werden; ohne eine solche Abtretung verbleibt es beim Zedenten (vgl. dazu BGH BauR 1985, 688 = NJW 1985, 2640 = SFH § 326 BGB Nr. 8 = WM 1985, 1106 = Betrieb 1985, 2242, 2243 = MDR 1986, 302 = LM § 326 [Da] BGB Nr. 2/3 = MDR 1986, 302 = Medicus EWiR § 326 BGB 3/85, 647).

AGB des Auftraggebers, die das hier festgelegte Kündigungsrecht des Auftragnehmers einschränken oder gar ausschließen wollen, sind unwirksam. Das trifft z. B. auf die Klausel zu, der Auftragnehmer könne den Vertrag erst kündigen, wenn sich der Auftraggeber länger als 4 Wochen in Verzug befinde; sei die Zahlungsverpflichtung unstreitig, könne der Auftraggeber statt dessen Sicherheit leisten; eine solche Bestimmung verstößt gegen § 9 AGB-Gesetz, weil sie grundlegende Rechte, die sich aus § 326 BGB ergeben, unzulässig hinausschiebt (OLG München BB 1984, 1386 = Bunte, Bd. IV, 271).

IV. Sonstige Befugnisse des Auftragnehmers

Außerhalb des Kündigungsrechts stehen dem Auftragnehmer bei **Schuldnerverzug des Auftraggebers** noch folgende **weitere Rechte** zu: die Befugnis nach Teil B § 16 Nr. 5 Abs. 3 Satz 3 auf **Arbeitseinstellung**, und zwar in dem dort aufgezeigten Rahmen (vgl. Teil B § 16 Rdn. 307 ff.), der Anspruch auf **Verzugszinsen** sowie auf Ersatz des **Verzugsschadens** (§ 286 BGB) nach Maßgabe der vertraglichen Bestimmungen in Teil B § 16 Nr. 5 Abs. 3 Satz 1 und 2, also insbesondere nach vorheriger **Nachfristsetzung**. Sollte nach Vertragsabschluß in den **Vermögensverhältnissen des Auftraggebers eine wesentliche Verschlechterung** eingetreten sein, so hat der Auftragnehmer außerdem nach § 321 BGB ein Leistungsverweigerungsrecht, bis ihm Sicherheit geleistet oder der entsprechende Vergütungsteil bezahlt ist, sofern sein Anspruch gefährdet ist. Ausnahmsweise kann der Auftragnehmer unter den angegebenen Voraussetzungen die Vergütung für den erbrachten Teil seiner Vertragsleistung sogleich verlangen, wenn er mängelfrei und teilabnahmefähig ist und der Auftraggeber die Teilleistung tatsächlich ungehindert nutzt (BGH BauR 1985, 565 = NJW 1985, 2696 = JZ 1985, 959 = MDR 1986, 45 = LM § 321 BGB Nr. 6 = SFH § 321 BGB Nr. 1 = Betrieb 1986, 2503 = MDR 1986, 45 = ZfBR 1985, 271). Er hat dagegen **nicht die Rechte aus § 326 BGB**, weil Teil B § 9 eine abweichende und daher die gesetzliche Vorschrift ausschließende Regelung enthält (ebenso OLG Köln SFH § 8 VOB/B Nr. 7). Der Auftragnehmer kann wegen der fälligen und nicht geleisteten Zahlung auch gesondert vorgehen, indem er unter Aufrechterhaltung des Bauvertrages eine **Zahlungsklage** oder eine Klage auf Erfüllung der sonstigen Verpflichtung (vgl. Rdn. 26 ff.) gegen den Auftraggeber erhebt.

Sofern dem Auftragnehmer in dem hier erörterten Bereich ein Leistungsverweigerungsrecht zusteht, verstößt dessen Ausschluß in AGB – insbesondere Zusätzlichen Vertragsbedingungen – des Auftraggebers gegen § 11 Nr. 2 a bzw. b oder auch gegen § 9 AGB-Gesetz.

D. Weitere Kündigungsvoraussetzungen (Nr. 2)

Nr. 2 enthält zwei verschiedene Regelungen: Satz 1 befaßt sich mit der **formellen Seite** der Kündigung, während Satz 2 noch eine **weitere sachliche Voraussetzung** für die Entstehung des Kündigungsrechts aufzählt.

I. Nachfristsetzung mit Kündigungsandrohung (Satz 2)

Nachdem die Voraussetzungen der Nr. 1 erfüllt sind (also nicht erst geschaffen werden), ist der Auftragnehmer nach **Satz 2** – als grundsätzlicher Wirksamkeitsvoraussetzung – **erst berechtigt**, dem Auftraggeber den Bauvertrag **zu kündigen, wenn er ohne Erfolg eine angemessene Frist zur Nachholung der Handlung oder Zahlung gesetzt und erklärt hat, daß er nach fruchtlosem Ablauf der Frist den Vertrag kündigen werde. Das gilt für beide Fälle der Kündigung,** sowohl nach Nr. 1 a als auch nach Nr. 1 b.

Die Nachholfrist hat folgende Voraussetzungen: a) Es muß sich um eine inhaltlich **klare, zugangsbedürftige** (§§ 130 ff. BGB) **Willenserklärung** des Auftragnehmers **mit der Aufforderung** handeln, die unterlassene Handlung oder Zahlung **nachzuholen**. Zwecks Nachweises ist die Einhaltung der Schriftform dringend zu empfehlen. b) Die dem Auftraggeber gesetzte Nachholfrist muß **angemessen** sein (vgl. hierzu Teil B § 4 Rdn. 380 ff.). c) Weiterhin ist es notwendig, daß der Auftragnehmer dem Auftraggeber **zugleich** erklärt, daß er nach fruchtlosem Fristablauf den Bauvertrag kündigen werde. Somit ist mit der Nachfristsetzung die Kündigungsandrohung zu verbinden.

Hiernach gilt – im umgekehrten Verhältnis der Vertragspartner – dasselbe wie nach Teil B

§ 5 Nr. 4, so daß dazu, vor allem auch hinsichtlich etwaiger Ausnahmen, auf Teil B § 5 Rdn. 45 ff. Bezug zu nehmen ist. Daraus ist vor allem zu folgern, daß eine **Nachfristsetzung mit Kündigungsandrohung ausnahmsweise entbehrlich** ist, wenn eine **ernstliche und endgültige Zahlungsverweigerung** des Auftraggebers vorliegt (vgl. BGH SFH Z 2.511 Bl. 21 = BauR 1975, 136 = NJW 1974, 1467) oder er sich in gleicher Weise weigert, **seine sonstigen nach Nr. 1 a und b bestehenden Pflichten zu erfüllen,** wie z. B. die Herbeiführung einer genehmigungsreifen Bauplanung (vgl. OLG München BauR 1980, 274). Entsprechendes gilt, wenn dem Auftraggeber die Erfüllung der ihm obliegenden Verpflichtung unmöglich geworden ist (vgl. RGZ 94, 29). Eine Nachfristsetzung ist auch entbehrlich, wenn der Auftraggeber die Erfüllung seiner Pflichten erst für einen Zeitpunkt ankündigt, der nach Ablauf der eigentlich vom Auftragnehmer zu setzenden angemessenen Nachfrist liegt (entsprechend BGH NJW 1984, 48 = Betrieb 1983, 2517 = BB 1983, 1837 = ZIP 1983, 1349 = WM 1983, 1158 = MDR 1984, 224 = JZ 1984, 54 = LM § 6 AGBG Nr. 2).

Für solche **Ausnahmesachverhalte** ist der **Auftragnehmer beweispflichtig,** so daß für ihn aus diesem Grunde Vorsicht geboten ist, wenn er die Nachfristsetzung und die Kündigungsandrohung unterläßt.

44 Im Falle des Konkurses des Auftraggebers ist die Nachfristsetzung mit Kündigungsandrohung nicht entbehrlich, weil das Konkursverfahren eröffnet und damit die Zahlungsunfähigkeit des Auftraggebers offenkundig geworden ist, da der Konkursverwalter gemäß § 17 KO die weitere Vertragserfüllung wählen und damit den Vergütungsanspruch des Auftragnehmers aus der Masse befriedigen kann (zutreffend Leineweber BauR 1980, 510, 516).

45 Ein **genereller Ausschluß des Erfordernisses der Nachfristsetzung** in AGB – insbesondere Zusätzlichen Vertragsbedingungen – des Auftragnehmers verstößt dagegen im Anwendungsbereich des AGB-Gesetzes (vgl. dazu Teil A § 10 Rdn. 77 ff.) gegen § 11 Nr. 4 AGB-Gesetz (vgl. dazu OLG Düsseldorf Betrieb 1982, 220).

II. Kündigung nach Fristablauf

46 Ist die **Frist zur Nachholung fruchtlos verstrichen,** steht dem Auftragnehmer das **Kündigungsrecht** zu. Allerdings ist § 320 Abs. 2 BGB zu beachten. Danach ist eine Kündigung nicht zulässig, wenn die nachzuholende Leistung des Auftraggebers bis auf einen geringfügigen Teil erbracht ist, so daß eine Kündigung bei dieser Sachlage gegen Treu und Glauben verstoßen würde (ebenso OLG Düsseldorf BB 1978, 1339, 1340 für den Fall, daß von Abschlagszahlungen nur noch ein geringer Teil offen ist).

47 Teil B § 9 deckt sich daher nicht mit § 643 BGB, da der Bauvertrag nicht ohne weiteres nach fruchtlosem Ablauf der gesetzten Nachholfrist mit Kündigungsandrohung wie bei § 643 BGB aufgehoben ist; es bedarf vielmehr noch eines ausdrücklichen Kündigungsausspruches in einer gesonderten und von der Erklärung der Fristsetzung mit Kündigungsandrohung unabhängigen weiteren Erklärung (so auch BGH BauR 1973, 319 = NJW 1973, 1463 = VersR 1973, 767 = BB 1973, 1046 = SFH Z 2.510 Bl. 47 = BlGBW 1974, 20 = MDR 1973, 843 = LM VOB/B Nr. 61; über Ausnahmen hiervon im Falle einer einverständlichen Vertragsauflösung gilt das zu Teil B § 8 Rdn. 76 f. Gesagte entsprechend).

III. Schriftliche Kündigung (Satz 1)

48 Die **Kündigung** ist **nach Satz 1 schriftlich** auszusprechen, vgl. hierzu Teil B § 8 Rdn. 148 ff. Die Einhaltung der Schriftform ist demnach grundsätzlich **Wirksamkeitsvoraussetzung** für den Eintritt der Aufhebung des Bauvertrages durch Kündigung.

E. Kündigungsfolgen (Nr. 3)

Nr. 3 regelt die **Kündigungsfolgen**. Dazu sind drei Gruppen zu unterscheiden: 49

I. Abrechnung nach Vertragspreisen (Satz 1)

Gemäß Satz 1 sind nach wirksam erfolgter Kündigung die **bisherigen Leistungen des Auftragnehmers zu den Vertragspreisen abzurechnen.** Es handelt sich um diejenigen vertraglichen Leistungsteile, die der Auftragnehmer **bis zur Wirksamkeit der Vertragskündigung** – Zugang der schriftlichen Kündigung beim Auftraggeber – **fertiggestellt hat.** 50

Zur Abrechnung nach Vertragspreisen vgl. Teil B § 6 Nr. 5 (Teil B § 6 Rdn. 96 ff.). Zwar ist in § 9 Nr. 3 über die bereits entstandenen Kosten, die in den Vertragspreisen des nicht ausgeführten Teils enthalten sind, sowie über die Kosten der Baustellenräumung nichts erwähnt. Dazu ist zu sagen, daß der Auftragnehmer hier nicht schlechtergestellt werden soll als bei seiner schwächeren Kündigungsbefugnis nach Teil B § 6 Nr. 7. Deshalb ist die entsprechende Anwendung von Teil B § 6 Nr. 7 zweiter Halbsatz sowie von Teil B § 6 Nr. 5 letzter Halbsatz geboten, zumal § 645 Abs. 1 Satz 2 BGB für den Fall des § 643 BGB eine der Bestimmung in Teil B § 6 Nr. 5 und Nr. 7 entsprechende Regelung getroffen hat (so auch Nicklisch in Nicklisch/Weick Teil B § 9 Rdn. 27). Daraus folgt auch: Sofern der Auftragnehmer, im wesentlichen aus dem Gesichtspunkt der Schadensminderung, über den Zeitpunkt der Kündigung hinaus Arbeiten aus Sicherheitsgründen ausführt oder um in technischer Hinsicht einen erforderlichen Abschluß zu erreichen, sind ihm diese auch zu bezahlen (Hereth/Ludwig/Naschold Teil B § 9 Ez. 9.60). 51

Sind an der erbrachten Leistung Mängel vorhanden und sind diese vom Auftraggeber mit Recht gerügt worden, **können** die **erforderlichen Mängelbeseitigungskosten** von dem zugunsten des Auftragnehmers errechneten und an sich an ihn auszuzahlenden Vergütungsteil einverständlich **in Abzug** gebracht werden. **Fraglich ist aber, ob der Auftraggeber über die Vertragskündigung hinaus auch sonst noch Ansprüche wegen früher oder später aufgetretener oder erkannter Mängel gegen den Auftragnehmer geltend machen kann.** Das ist **zu bejahen,** weil der Auftragnehmer im Ergebnis **nicht mehr erhalten** darf, als der **vertragsgerechte Wert** der von ihm erstellten **Leistung** ausmacht. Diese Grundregel ist **unabhängig** davon, daß der Auftragnehmer durch das Verhalten des Auftraggebers veranlaßt worden ist, den Vertrag zu kündigen, da dies grundsätzlich mit seiner Verpflichtung zur mangelfreien Vertragserfüllung rechtlich nicht im Zusammenhang steht. Überdies ergibt auch der nach § 642 BGB ausgerichtete Entschädigungsanspruch (vgl. Rdn. 54 ff.), daß der **Auftragnehmer nicht bessergestellt werden soll, als habe er seine Vertragspflichten erfüllt,** also vorhandene Mängel unter Einsatz eigener Kräfte und Mittel beseitigt. Deshalb kann der Auftraggeber **auch nach Vertragskündigung durch den Auftragnehmer noch Nachbesserungsansprüche sowie etwaige weitere Ansprüche** gegen diesen geltend machen. Hierzu gilt das in Teil B § 8 Rdn. 32 f. Gesagte entsprechend. Auch hier sind die Grundsätze des § 254 BGB zu beachten, was besonders zum Tragen kommen kann, wenn der Mangel auf einem Verhalten des Auftraggebers beruht, das für den Auftragnehmer berechtigter Anlaß zur Vertragskündigung war. 52

Der Anspruch des Auftraggebers im Falle des Auftretens von Mängeln **verjährt ab Vertragskündigung in der Regelfrist** gemäß Teil B § 13 Nr. 4, Nr. 5 Abs. 1 Satz 2 und 3. 53

II. Anspruch auf angemessene Entschädigung (Satz 2, erster Halbsatz)

Nach Satz 2 erster Halbsatz hat der **Auftragnehmer außerdem einen Anspruch auf angemessene Entschädigung** durch den Auftraggeber nach § 642 BGB. Nach herrschender Mei- 54 nung (vgl. dazu auch Nicklisch in Nicklisch/Weick Teil B § 9 Rdn. 29 f. m. w. N.) hat die hier zum Vertragsinhalt erklärte gesetzliche Regelung des § 642 BGB **nicht** den Charakter eines **Schadensersatzanspruches**, sondern den einer **Abfindung** für den Auftragnehmer, weshalb hier auch Teil B § 6 Nr. 6 außer Betracht bleibt (a. A. Nicklisch in Nicklisch/Weick Teil B § 9 Rdn. 32, der hier unzulässigerweise die nur bei fortdauerndem Vertrag geltende Haftungsbeschränkung in Teil B § 6 Nr. 6 heranziehen will). Dies beruht nach Treu und Glauben auf der Erwägung, daß der Auftragnehmer für seine Mühewaltungen und Aufwendungen einen Ausgleich erhalten soll, wenn er zum vorzeitigen Abbruch der Bauleistung infolge eines Verhaltens des Auftraggebers gezwungen und insbesondere in seinen Erwartungen hinsichtlich des errechneten Gesamtgewinns enttäuscht wird. Der Entschädigungsanspruch des Auftragnehmers erfaßt solche Nachteile, die ihm durch den Verzug des Auftraggebers außerhalb der ursprünglich geplanten Vertragsdauer entstanden sind (zutreffend Nicklisch in Nicklisch/Weick Teil B § 9 Rdn. 29; OLG Köln § 8 VOB/B Nr. 7). Zu den Aufwendungen gehören nicht nur z. B. die Vorhaltung von Geräten, sondern auch der Verdienstausfall des Auftragnehmers (vgl. BGH SFH Z 2.511 Bl. 8 ff.; auch OLG München BauR 1980, 274). Die Höhe der Abfindung errechnet sich gemäß § 642 Abs. 2 BGB einerseits nach der Dauer des Verzuges und der Höhe der vereinbarten Vergütung, andererseits nach demjenigen, was der Auftragnehmer infolge des Verzuges des Auftraggebers an Aufwendungen erspart oder durch anderweitige Verwendung seiner Arbeitskraft erwerben kann. Es ist eine summarische Abgeltung für das Bereithalten von Arbeitskraft und Geschäftskapital (RG JW 1920, 1031).

55 Da es sich bei dem nach § 642 BGB ausgerichteten Anspruch nicht um einen Schadensersatzanspruch handelt, kann es zweifelhaft sein, ob hier überhaupt gemäß **§ 254 BGB** vom Auftraggeber ein etwaiges **Mitverschulden des Auftragnehmers** (etwa wegen nicht rechtzeitigen Bemühens um andere Aufträge) geltend gemacht werden kann (offengelassen vom BGH a. a. O.). Da der Regelung des § 254 BGB ein allgemeiner Rechtsgedanke zugrunde liegt, wird man aber auch hier berechtigte Einwendungen wegen Mitverschuldens des Auftragnehmers gelten lassen müssen, was zu einer entsprechenden Herabsetzung des Anspruches aus § 642 BGB führt (ebenso Nicklisch in Nicklisch/Weick Teil B § 9 Rdn. 31). Allerdings: Dem Auftragnehmer kann grundsätzlich **nicht Mitverschulden** i. S. des § 254 BGB deswegen entgegengehalten werden, weil er habe erkennen können und müssen, daß das Bauvorhaben nicht durchgeführt würde oder weil eine der von Nr. 1 a und b sonst erfaßten Kündigungsvoraussetzungen gegeben sei. Hier handelt es sich um Kündigungsrechte des Auftragnehmers, die erst **nach** Abschluß des Bauvertrages eintreten. Es ist **allein Sache des Auftraggebers**, die Voraussetzungen für die ordnungsgemäße Durchführung des Bauvertrages zu schaffen; den Auftragnehmer trifft insofern keine Verantwortlichkeit. Ihm kann es grundsätzlich nicht zur Last gelegt werden, wenn er nach Vertragsabschluß notwendige Aufwendungen macht und sonstige sachgerechte Vorkehrungen trifft, die nur dazu dienen, eine den Erwartungen entsprechende ordnungsgemäße Durchführung des Bauvertrages zu gewährleisten (vgl. BGH a. a. O.).

56 Der **Anspruch aus § 642 BGB verjährt in zwei Jahren**, § 196 Abs. 1 Nr. 1 BGB (Palandt/Thomas § 642 Anm. 2; OLG Dresden, Sächsisches Archiv f. Rechtspflege 1906, 202), ausnahmsweise unter den Voraussetzungen des § 196 Abs. 2 BGB in vier Jahren, da sich im allgemeinen die Verjährung von Ansprüchen wegen schuldhafter Nichterfüllung von Verpflichtungen nach der Verjährung, die für das ursprüngliche Rechtsverhältnis maßgebend ist, richtet (RGZ 116, 281). Dies ist hier aber die Vereitelung der rechtzeitigen, nach normalem Lauf der Dinge zu erwartenden Entstehung des Vergütungsanspruches des Auftragnehmers. Die Verjährungsfrist beginnt mit dem Schluß des Jahres, in das die Kündigung fällt (§ 201 BGB) und Fälligkeit der vom Auftraggeber vorgelegten prüfbaren Schlußrechnung eingetreten ist; insoweit gilt das in Teil B § 8 Rdn. 164 ff. Gesagte auch hier entsprechend (BGH BauR 1987, 95 = NJW 1987, 382 = SFH § 16 Nr. 3 VOB/B Nr. 38 = MDR 1987, 310 =

Betrieb 1987, 222 = BB 1986, 2293 = Lenzen EWiR 1986, 1251 = LM § 16 [B] VOB/B Nr. 6 = ZfBR 1987, 95).

Für etwaige, die vorgenannten Bestimmungen ausschließende oder einschränkende Entschädigungsregelungen in AGB ist zumindest § 9 AGB-Gesetz zu beachten. Allerdings greift entgegen Frikell/Glatzel/Hofmann (K 9.4) hier nicht § 11 Nr. 8 b AGB-Gesetz ein, da es sich beim Anspruch aus § 642 BGB um keinen Schadensersatzanspruch handelt. 57

III. Weitergehende Ansprüche des Auftragnehmers (Satz 2, zweiter Halbsatz)

Schließlich kann der **Auftragnehmer** bei Vorliegen der dafür jeweils maßgebenden Voraussetzungen **noch weitergehende Ansprüche** geltend machen, ohne daß auch hier die Beschränkung in Teil B § 6 Nr. 6 Platz greift. 58

Die VOB/B enthält hier keine eigene Anspruchsgrundlage; vielmehr wird nur klargestellt, daß nach sonstigen Regeln entstandene Ansprüche aufrechterhalten bleiben. Dabei handelt es sich neben einem Anspruch auf Ersatz von **Mehraufwendungen gemäß § 304 BGB** im Falle der Kündigung nach Nr. 1 a im wesentlichen um **gesetzliche Schadensersatzansprüche**, die von der Kündigung und der Beendigung des Bauvertrages nicht beeinträchtigt werden, wie aus **Schuldnerverzug des Auftraggebers** (§§ 286 ff. BGB) bei Kündigung nach Nr. 1 b. Es kommen ferner vor allem Ansprüche aus **positiver Vertragsverletzung** in Betracht, soweit diese aus einem schuldhaften **Verhalten des Auftraggebers** herzuleiten sind, das sich mit Nr. 1 a und b **deckt**. Eine positive Vertragsverletzung liegt z. B. vor, wenn sich der Auftraggeber (oder dessen Architekt) nicht rechtzeitig über die Bebaubarkeit des Grundstückes erkundigt und deshalb keine Baugenehmigung (vgl. Teil B § 4 Nr. 1 Abs. 1 Satz 2) erhalten hat, so daß die im Bauvertrag vorgesehene Leistung vom Auftragnehmer nicht durchgeführt werden kann. Auch die Verletzung der in Teil B § 3 Nr. 1 und 2 festgelegten Pflichten des Auftraggebers kann zu einer Schadensersatzverpflichtung führen. Hinzu kommen noch **andere vertragliche Ansprüche**, wie z. B. **Schadensausgleichspflichten** im Innenverhältnis (Teil B § 10 Nr. 2 ff.) usw. Denkbar sind auch **Bereicherungsansprüche**. Das gilt besonders, wenn zur Zeit der Vertragskündigung durch den bisherigen Bauvertrag nicht gedeckte Leistungen erbracht worden sind, die der Auftraggeber auf sein Verlangen zusätzlich oder abweichend vom Vertrag gefordert und erhalten hat. Da durch die Kündigung – soweit erforderlich – der Bauvertrag in Fortfall gekommen ist, können im allgemeinen nach der Kündigung keine Vereinbarungen auf der bisherigen vertraglichen Basis – etwa nach Teil B § 2 Nr. 3 Abs. 2, 3 und 4, Nr. 5 oder 6 – mehr getroffen werden. Dann kommen u. U. Bereicherungsansprüche in Betracht, die sich allerdings im wesentlichen nach den durch die betreffenden vertraglichen Bestimmungen gegebenen Richtlinien richten, da der Auftraggeber im allgemeinen auch sonst eine entsprechende Vergütung hätte bezahlen müssen. Hinsichtlich der hier erörterten weitergehenden Ansprüche des Auftragnehmers kommt u. U. auch **Mitverschulden** des Auftragnehmers in Betracht (§ 254 BGB).

Hat der Auftraggeber seine Mitwirkungspflichten schuldhaft dergestalt verletzt, daß die Erbringung der Leistung **unmöglich** geworden ist, kommt § 324 BGB zur Anwendung, allerdings mit der Maßgabe, daß dem Auftragnehmer der volle Vergütungsanspruch zusteht, und zwar in entsprechender Anwendung des § 324 Abs. 2 BGB in Verbindung mit § 645 Abs. 1 Satz 2 und Abs. 2 BGB (zutreffend Nicklisch in Nicklisch/Weick Teil B § 9 Rdn. 42). Ist die Unmöglichkeit ohne Verschulden des Auftraggebers eingetreten, bleibt es bei einem Anspruch des Auftragnehmers nach Nr. 3 Satz 1 (vgl. auch §§ 643, 645 Abs. 1 Satz 2 BGB). 59

In der Frage der **Herausgabe** von **Ausführungsunterlagen**, die der Auftraggeber dem Auftragnehmer **überlassen** hat, gilt auch hier das in Teil B § 8 Rdn. 1 Gesagte entsprechend. 60

B § 10

61 Ein Ausschluß oder eine Einschränkung von Schadensersatzansprüchen des Auftragnehmers in AGB des Auftraggebers (insbesondere Zusätzlichen Vertragsbedingungen) kann gegen § 11 Nr. 7, 8 (vgl. dazu OLG Köln § 8 VOB/B Nr. 7) bzw. – bei Kaufleuten – § 9 AGB-Gesetz verstoßen.

§ 10 Haftung der Vertragsparteien

1. Die Vertragsparteien haften einander für eigenes Verschulden sowie für das Verschulden ihrer gesetzlichen Vertreter und der Personen, deren sie sich zur Erfüllung ihrer Verbindlichkeiten bedienen (§§ 276, 278 BGB).

2. (1) Entsteht einem Dritten im Zusammenhang mit der Leistung ein Schaden, für den auf Grund gesetzlicher Haftpflichtbestimmungen beide Vertragsparteien haften, so gelten für den Ausgleich zwischen den Vertragsparteien die allgemeinen gesetzlichen Bestimmungen, soweit im Einzelfall nichts anderes vereinbart ist. Soweit der Schaden des Dritten nur die Folge einer Maßnahme ist, die der Auftraggeber in dieser Form angeordnet hat, trägt er den Schaden allein, wenn ihn der Auftragnehmer auf die mit der angeordneten Ausführung verbundene Gefahr nach § 4 Nr. 3 hingewiesen hat.

(2) Der Auftragnehmer trägt den Schaden allein, soweit er ihn durch Versicherung seiner gesetzlichen Haftpflicht gedeckt hat oder innerhalb der von der Versicherungsaufsichtsbehörde genehmigten Allgemeinen Versicherungsbedingungen zu tarifmäßigen, nicht auf außergewöhnliche Verhältnisse abgestellten Prämien und Prämienzuschlägen bei einem im Inland zum Geschäftsbetrieb zugelassenen Versicherer hätte decken können.

3. Ist der Auftragnehmer einem Dritten nach §§ 823 ff. BGB zu Schadenersatz verpflichtet wegen unbefugten Betretens oder Beschädigung angrenzender Grundstücke, wegen Entnahme oder Auflagerung von Boden oder anderen Gegenständen außerhalb der vom Auftraggeber dazu angewiesenen Flächen oder wegen der Folgen eigenmächtiger Versperrung von Wegen oder Wasserläufen, so trägt er im Verhältnis zum Auftraggeber den Schaden allein.

4. Für die Verletzung gewerblicher Schutzrechte haftet im Verhältnis der Vertragsparteien zueinander der Auftragnehmer allein, wenn er selbst das geschützte Verfahren oder die Verwendung geschützter Gegenstände angeboten oder wenn der Auftraggeber die Verwendung vorgeschrieben und auf das Schutzrecht hingewiesen hat.

5. Ist eine Vertragspartei gegenüber der anderen nach Nr. 2, 3 oder 4 von der Ausgleichspflicht befreit, so gilt diese Befreiung auch zugunsten ihrer gesetzlichen Vertreter und Erfüllungsgehilfen, wenn sie nicht vorsätzlich oder grob fahrlässig gehandelt haben.

6. Soweit eine Vertragspartei von dem Dritten für einen Schaden in Anspruch genommen wird, den nach Nr. 2, 3 oder 4 die andere Vertragspartei zu tragen hat, kann sie verlangen, daß ihre Vertragspartei sie von der Verbindlichkeit gegenüber dem Dritten befreit. Sie darf den Anspruch des Dritten nicht anerkennen oder befriedigen, ohne der anderen Vertragspartei vorher Gelegenheit zur Äußerung gegeben zu haben.

Inhaltsübersicht

	Rdn.
A. Allgemeines	1–7
I. Überblick	1–2
II. Unterscheidung: Nr. 1 einerseits und Nrn. 2–6 andererseits	3–7
B. Die schuldrechtlich-vertragliche Haftung der Bauvertragspartner (Nr. 1)	8–65
I. Nr. 1 regelt grundsätzlich nicht den objektiven Haftungstatbestand; Ergänzungen	9–28
1. Ergänzung: Entsprechende Anwendung des § 618 BGB	10–14
2. Ergänzung: Obhuts- und Fürsorgepflichten des Auftragnehmers	15–21
3. Ergänzung: Schutzwirkung zugunsten Dritter	22–25
4. Ergänzung: Vertrag zugunsten Dritter	26–27
5. Ergänzung: Allgemeine Obhuts- und Fürsorgepflichten des Auftraggebers	28
II. Schadensverursachung	29–35
1. Begriff der Adäquanz maßgebend	29–32
2. Beweis des ersten Anscheins	33–35
III. Subjektive Voraussetzung: Verschulden	36–52
1. Vorsatz	37
2. Fahrlässigkeit	38–40
3. Fahrlässigkeit beim Bauvertrag	41
4. Einzelfälle	42
5. Beweislast bei positiver Vertragsverletzung	43–50
6. Von § 276 BGB abweichende Verschuldensvoraussetzungen	51–52
IV. Haftung für gesetzliche Vertreter und Erfüllungsgehilfen	53–65
1. Gesetzliche Vertreter	55
2. Erfüllungsgehilfen	56–65
a) Erfüllungsgehilfen des Auftragnehmers	57–60
b) Erfüllungsgehilfen des Auftraggebers	61–62
c) Innerer Zusammenhang zur Erledigung bauvertraglicher Pflichten	63–65
C. Schadensausgleich im Innenverhältnis zwischen Auftragnehmer und Auftraggeber bei Haftung gegenüber einem Dritten aufgrund gesetzlicher Haftpflichtbestimmungen (Nr. 2)	66–200
I. Allgemeines	66
II. Gesetzliche Haftpflichtbestimmungen	67–177
1. § 823 Abs. 1 BGB	69–71
2. § 823 Abs. 2 BGB (Schutzgesetze)	72–90
a) §§ 907, 909 BGB	73–83
b) § 1004 BGB	84
c) § 1134 BGB	85
d) Strafbestimmungen	86
e) Vorschriften der Landesbauordnungen	87
f) Weitere Schutzgesetze	88–90
3. Insbesondere: §§ 836 ff. BGB	91–99
a) Grundlagen	91
b) Fehlerfreiheit	92
c) Darlegungs- und Beweislast	93
d) Kausalität	94–95
e) Erstellung zu bestimmtem Zweck nach technischen Regeln	96
f) Abbrucharbeiten	97
g) Weitere Einzelfälle	98–99
4. Insbesondere: Verkehrssicherungspflichten	100–151
a) Grundlagen	100
b) Person des Sicherungspflichtigen	101–105
c) Grundsätzlich erforderliche Vorkehrungen	106–108
d) Dauer der Sicherungspflicht	109
e) Unerlaubter Eingriff Außenstehender	110

f)	Schadensanspruch des Geschädigten	111
g)	Zu Einzelfragen	112–151
aa)	Allgemeiner Rahmen	112–115
bb)	Bauzäune, Baugerüste, Baugruben	116
cc)	Abbrucharbeiten	117
dd)	Gefährliche Arbeiten	118–124
ee)	Lagerung von Material, Verwenden und Abstellen von Maschinen usw.	125–127
ff)	Anlieger, Nachbarn, Hausbewohner	128–132
gg)	Versorgungsleitungen	133–135
hh)	Straßenbau – sonstiger Tiefbau	136–144
ii)	Kinder auf der Baustelle	145–147
kk)	Sicherungspflichten des Architekten bzw. Bauleiters	148–150
ll)	Öffentliche Auftraggeber	151

5. Insbesondere: Unfallverhütungsvorschriften 152–161
   a) Rechtliche Bewertung, Einzelfälle 152–156
   b) Subjektive Kriterien, Einzelfälle 157–158
   c) Etwaige Verantwortlichkeit der Berufsgenossenschaft 159–161
6. Haftung nach § 839 BGB 162–172
   a) Grundsätzlich keine Staatshaftung 162–168
   b) Einzelfälle 169–172
7. Haftung für Verrichtungsgehilfen (§ 831 BGB) 173–176
8. Verzug bei unerlaubter Handlung 177
III. Haftung beider Vertragspartner 178–183
   1. § 830 BGB 179–181
   2. § 840 BGB 182
   3. Ermittlung der Schadensquote 183
IV. Grundregel für Haftungsausgleich im Innenverhältnis (Nr. 2 Abs. 1 Satz 1) 184–193
   1. § 840 Abs. 2 und 3 BGB 185–186
   2. §§ 840 Abs. 1, 426 BGB 187–190
   3. Gesetzliche Sonderregelungen 191
   4. Abweichende Vereinbarungen in Einzelfällen 192–193
V. Vom Gesetz abweichende Ausgleichsvereinbarung bei vom Auftragnehmer nach Teil B § 4 Nr. 3 befolgter Prüfungs- und Hinweispflicht (Nr. 2 Abs. 1 Satz 2) 194–196
VI. Vom Gesetz abweichende Ausgleichsregelung bei Versicherbarkeit des Schadens durch Auftragnehmer (Nr. 2 Abs. 2) 197–200
   1. Grundgedanke der Gewerbeüblichkeit 198
   2. Voraussetzung: Deckung durch Haftpflichtversicherung des Auftragnehmers 199
   3. Zumutbare Versicherbarkeit 200

D. Sondertatbestände nach Nr. 3 201–222
I. Allgemeines 201
II. Mögliche Schadensursachen 202–220
   1. Unbefugtes Betreten oder Beschädigung angrenzender Grundstücke 203–205
   2. Einzelfälle 206–217
      a) Beschädigung von Kabeln, Bäumen 206
      b) Immissionen (§ 906 BGB) 207–211
      c) § 905 BGB 212
      d) § 922 Satz 3 BGB 213
      e) § 909 BGB 214
      f) Mitverschulden des Nachbarn 215
      g) Sonstiges (§§ 1004, 912 ff. BGB) 216–217
   3. Entnahme oder Auflagerung von Boden und sonstigen Gegenständen 218–219
   4. Versperren von Wegen und Wasserläufen 220
III. Haftung auch für Verrichtungsgehilfen 221
IV. Auftragnehmer trägt Schaden allein 222

E. Sondertatbestand: Verletzung gewerblicher Schutzrechte (Nr. 4) 223–226
  I. Gewerbliche Schutzrechte 223
  II. Schadenstragung durch Auftragnehmer; Voraussetzungen 224–226
F. Anwendung der Ausgleichsregelungen der Nr. 2, 3 und 4 zugunsten gesetzlicher Vertreter und Erfüllungsgehilfen (Nr. 5) 227–228
G. Grundpflichten der Bauvertragspartner bei Inanspruchnahme durch einen geschädigten Dritten (Nr. 6) 229–236
  I. Allgemeine Voraussetzungen der Nr. 6 230
  II. Anspruch auf Freistellung 231–233
  III. Gelegenheit zur Äußerung für anderen Vertragspartner 234–236

Aufsätze: Wussow, „Zur Haftungsabwälzung auf den Unternehmer in Zusätzlichen Vertragsbedingungen der öffentlichen Hand", VersR 1977, 979; Mertens, „Verkehrspflichten und Deliktsrecht", VersR 1980, 397; Steffen, „Verkehrspflichten im Spannungsfeld von Bestandsschutz und Handlungsfreiheit", VersR 1980, 409; Schmalzl, „Der Tatbestand des Bauens über die Grenze (§§ 912 ff. BGB)", BauR 1981, 328; ders., „Die Haftpflichtversicherung der Baubeteiligten", BauR 1981, 505; Lewer, „Die Haftung des Werkbestellers nach Dienstleistungsrecht gem. den §§ 616, 619 BGB", JZ 1983, 336; Brüggemeier, „Die vertragsrechtliche Haftung für fehlerhafte Produkte und der deliktsrechtliche Eigentumsschutz nach § 823 Abs. 1 BGB", VersR 1983, 501; Marburger, „Die haftungs- und versicherungsrechtliche Bedeutung technischer Regeln", VersR 1983, 597; Weitnauer, „Die Tiefgarage auf dem Nachbargrundstück", ZfBR 1983, 97; Bindhardt, „Pflichten und Verantwortung des Architekten gegenüber den Nachbarn seines Bauherrn", BauR 1983, 422; Kullmann, „Die außervertragliche Haftung des Bauherrn in der Rechtsprechung des Bundesgerichtshofes", Festschrift f. Korbion 1986, 235.

A. Allgemeines

I. Überblick

Teil B § 10 befaßt sich mit der internen **Haftung der Vertragspartner** auf der Grundlage der Allgemeinen Vertragsbedingungen, **vor allem auch im Verhältnis zu im Zusammenhang mit der Bauausführung geschädigten Dritten** und dem damit möglicherweise verbundenen **Ausgleich der Bauvertragspartner untereinander**. In letzterer Hinsicht sind die Haftungsgrundlagen weitgehend in dem von der VOB selbst nicht geregelten **außervertraglichen Bereich** zu suchen, wobei Teil B § 10 für den Fall des Eintritts der Haftung eines oder beider Vertragspartner gegenüber geschädigten Dritten lediglich den **Ausgleich im Innenverhältnis** regelt. 1

Haftung im hier erörterten Sinne bedeutet das **Verpflichtetsein zu einer Ersatzleistung,** ein **Einstehenmüssen für einen eingetretenen Schaden.** Dieser Begriff ist verschieden von dem der **Gefahrtragung** (vgl. Teil B § 7, § 12 Nr. 6); letzterer behandelt, wer von den Vertragsbeteiligten – insbesondere kostenmäßig – die Schadensfolgen eines Ereignisses zu tragen hat, das **weder von einem der Vertragspartner noch von einem Dritten zu vertreten** ist. Man kann umgekehrt auch sagen, daß Haftung alles umfaßt, was nicht der Gefahrtragung unterliegt. Dabei ist folgendes zu beachten: Die **Haftung** kann **sowohl aufgrund der Verletzung schuldrechtlich-vertraglicher Verpflichtungen** gegeben sein, **als auch unabhängig und losgelöst hiervon kraft gesetzlicher Vorschrift,** wie z. B. aus unerlaubter Handlung (§§ 823 ff. BGB). 2

II. Unterscheidung: Nr. 1 einerseits und Nr. 2–6 andererseits

Teil B § 10 befaßt sich mit **zwei wesentlichen Haftungsfragen, die voneinander zu unterscheiden sind.** Nr. 1 betrifft die zivilrechtliche **Haftung der Parteien unmittelbar untereinander, beruhend auf dem bauvertraglichen Verhältnis,** also den durch den Vertrag selbst und damit verbundene gesetzliche Vorschriften begründeten und hiervon direkt abhängigen Rechten und Pflichten. Demgegenüber befassen sich Nr. 2–6 mit dem **haftungsmäßigen** 3

Ausgleich im Innenverhältnis, wenn eine der Vertragsparteien **nach außen** wegen eines mit der **bauvertraglichen Erfüllung zusammenhängenden** und **hieraus** entstandenen Schadens kraft Gesetzes oder jedenfalls auf gesetzlicher Grundlage von einem Dritten in Anspruch genommen worden ist, der nicht als Vertragspartei (Auftragnehmer oder Auftraggeber) angesehen werden kann (vgl. dazu auch OLG Karlsruhe SFH Z 2.413 Bl. 21 ff.).

4 Nr. 1 einerseits und Nr. 2–6 andererseits sind daher **getrennt** für sich **zu betrachten**. Während sich die allein das unmittelbare Parteienverhältnis betreffende Nr. 1 ohne Unterscheidung zwischen Haupt- und Nebenpflichten lediglich auf die **durch den eigentlichen Bauvertrag umrissenen schuldrechtlich-vertraglichen Haftungspflichten** bezieht, z. B. aus Verzug oder positiver Vertragsverletzung, behandeln Nr. 2–6 ausschließlich die Haftung nach gesetzlichen Haftpflichtbestimmungen, wie z. B. aus unerlaubter Handlung. Bezüglich Nr. 1 ergibt sich das deutlich aus der Formulierung, insbesondere aus dem Hinweis auf die **rein schuldrechtlichen Vorschriften** der §§ 276, 278 BGB sowie aus dem Gebrauch des Begriffes des **Erfüllungsgehilfen.** Daraus folgt zugleich, **daß im Verhältnis zwischen Auftraggeber und Auftragnehmer** sich die als Grundlage für die Bestimmungen in Nr. 2–6 dienende außervertraglich-gesetzliche Haftung (wie z. B. aus unerlaubter Handlung) **nicht nach Nr. 1, sondern nach den hierfür maßgebenden gesetzlichen Bestimmungen** (z. B. §§ 823 ff. BGB) richtet. Deshalb enthält Teil B § 10 Nr. 1 **keine** von der außervertraglich-gesetzlichen Haftungsgrundlage **abweichende Regelung,** was auch gar nicht möglich wäre, soweit es die Haftungsverhältnisse zu einem im Rahmen der Bauausführung geschädigten, nicht am Bauvertrag als unmittelbarer Vertragspartner beteiligten Dritten anbelangt.

5 Somit liegen Nr. 2–6 außervertraglich-gesetzliche Haftungsbestimmungen zugrunde, die den Bauvertragspartnern einem Dritten gegenüber auferlegt sind und die ihre Grundlage in Handlungen oder Unterlassungen haben, die bei der Bauausführung oder in ursächlichem Zusammenhang damit erfolgt sind. Es wird daher in der VOB nur im Wege vertraglicher Vereinbarung festgelegt, **wie** der von beiden oder von einem Vertragspartner einem Dritten gegenüber zu tragende Schaden **im Innenverhältnis** der Bauvertragspartner **zu verteilen** ist.

6 Selbstverständlich gelten die hier vorauszusetzenden außervertraglichen Haftungsgrundlagen nicht nur im Hinblick auf Dritte, sondern **auch für die Vertragspartner zueinander,** ohne daß hier allerdings die Ausgleichsregeln der Nr. 2–6 eingreifen. Vielmehr ist dann der für das schädigende Ereignis verantwortliche Vertragspartner dem anderen ganz oder teilweise (arg. § 254 BGB) nach den dafür maßgebenden Rechtsgrundlagen **unmittelbar und endgültig** verantwortlich.

7 Zu einem besonderen Haftungsfall nach Teil B § 10 Nr. 1 in Verbindung mit Nr. 23 Abs. 2 der Zusätzlichen Vertragsbedingungen der Deutschen Bundesbahn (Z – VOB/B) siehe BGH VersR 1965, 136 = SFH Z 2.212 Bl. 20. Zu einem weiteren besonderen Haftungsfall auf der Grundlage des § 10 der ABest. der Deutschen Bundesbahn siehe BGH VersR 1965, 883 = SFH Z 2.212 Bl. 24 ff. Allgemein über Haftungsprobleme bei Eisenbahnoberbauarbeiten aus der Sicht des Bauunternehmers Carls, Bauwirtschaft 1973, 715.

Zu der für den Bereich der Haftung in den Besonderen Vertragsbedingungen getroffenen Abrede der Parteien: „Der Auftragnehmer verpflichtet sich, den Auftraggeber von allen Ansprüchen Dritter freizustellen, die durch das Verhalten des Auftragnehmers oder seiner Erfüllungs- oder Verrichtungsgehilfen bei der Ausführung der Auftragsarbeiten oder der mit diesen zusammenhängenden Arbeiten – ohne Rücksicht auf Verschulden – ausgelöst und gegen den Auftraggeber geltend gemacht werden", BGH BauR 1972, 116 = NJW 1972, 256 = MDR 1972, 229 = LM VOB/B Nr. 48 = SFH Z 4.141 Bl. 58 = VersR 1972, 173 = BlGBW 1972, 59. Mit Recht sagt der BGH dazu, daß derartige Klauseln aus Gründen der Billigkeit **eng auszulegen** sind. Daher kann dieser besonderen vertraglichen Regelung nicht entnommen werden, daß von ihr auch solche Schäden erfaßt werden sollten, die bei ordnungsgemäßer Ausführung der Leistung zwangsläufig entstehen müssen und daher für den Auftragnehmer unvermeidbar sind. Soweit das

AGB-Gesetz Anwendung findet (vgl. Teil A § 10 Rdn. 77 ff.), dürfte insofern vornehmlich dessen § 9 Beachtung finden und zur Unwirksamkeit der vorgenannten Klausel führen.

B. Die schuldrechtlich-vertragliche Haftung der Bauvertragspartner (Nr. 1)

Nach Nr. 1 haften die Vertragspartner einander **für eigenes Verschulden** sowie für das Verschulden ihrer gesetzlichen Vertreter und der Personen, deren sie sich zur Erfüllung ihrer Verbindlichkeiten bedienen. In letzterer Hinsicht nimmt die VOB dabei ausdrücklich auf die §§ 276, 278 BGB Bezug.

I. Nr. 1 regelt grundsätzlich nicht den objektiven Haftungstatbestand

Wenn hier von der Haftung für **eigenes** Verschulden sowie von der Haftung für **fremdes** Verschulden (gesetzliche Vertreter, Erfüllungsgehilfen) gesprochen wird, so ist zunächst hervorzuheben, daß das **Verschulden für sich allein noch keinen Haftungstatbestand** darstellt. Es bildet vielmehr nur den **subjektiven** Teil desselben. Die **objektiven Teile der** vertraglichen **Haftungstatbestände,** wie die Verletzung bauvertraglicher Haupt- oder Nebenpflichten oder der Schuldnerverzug, ergeben sich **aus den jeweiligen bauvertraglichen Regelungen** im weitesten Sinne (ebenso OLG Köln SFH § 641 BGB Nr. 2). Dazu zählen nicht nur die Allgemeinen Vertragsbedingungen, sondern auch z. B. die Besonderen oder Zusätzlichen Vertragsbedingungen sowie die gesetzlichen Vorschriften, soweit sie nicht der jeweils maßgebenden vertraglichen Abrede entgegenstehen, also nach Maßgabe des dispositiven Rechts anwendbar sind. Demnach sind die **objektiven Haftungsvoraussetzungen nicht in Teil B § 10,** sondern in den einzelnen vertraglichen oder den jeweils einschlägigen und durch die **Allgemeinen Vertragsbedingungen** oder die sonstigen Vertragsbedingungen zulässigerweise **nicht abbedungenen gesetzlichen Bestimmungen** geregelt.

Allerdings sind hier noch an **objektiven Haftungsgrundlagen,** die im Rahmen eines Bauvertrages eine Rolle spielen können, **ergänzend nachzutragen,** weil sie nicht unmittelbar mit einzelnen VOB-Bestimmungen im Zusammenhang stehen und sich daher nicht ohne weiteres aus ihnen ergeben:

1. Auch **§ 618 BGB** ist zwecks Vermeidung von Bauunfällen und damit verbundenen Personenschäden auf Werkverträge **entsprechend anwendbar** (RGZ 159, 268; BGHZ 5, 62 = NJW 1952, 458 = SFH Z 0 Bl. 1; ferner BGH, Urt. vom 8. 12. 1966 – VII ZR 325/64 –), **ebenso bei einem Bauvertrag nach der VOB.** Dem hat der **Auftraggeber besondere Beachtung** zu schenken, soweit er Räume, Vorrichtungen oder Gerätschaften zur Ausführung der Bauleistung zur Verfügung stellt. Hier kann dem **Auftragnehmer aber ein erhebliches Mitverschulden,** unter Umständen sogar ein Alleinverschulden, aufzuerlegen sein, wenn der Schaden bzw. der Unfall auf die Außerachtlassung der von dem **fachkundigen** Auftragnehmer zu erwartenden Einschätzung der örtlichen Verhältnisse zurückzuführen ist (BGH a. a. O.).

Inwieweit dritte Personen in die **Fürsorge- und Obhutspflichten** eines Werkvertrages **einbezogen** sind und daher **aus eigenem Recht Schadensersatzansprüche** gegenüber dem Verantwortlichen herleiten können, insbesondere im Hinblick auf **§ 618 BGB,** vgl. BGHZ 33, 247 = NJW 1961, 211 = SFH Z 4.13 Bl. 78; BGHZ 49, 350; BGH NJW 1964, 33; 1965, 1757; 1969, 4; 1970, 38 = MDR 1970, 37 = SFH Z 4.01 Bl. 56; VersR 1970, 831; BGH MDR 1975, 305 m. w. N. **Auch der Auftraggeber** kann aus dem Werkvertrag mit dem Auftragnehmer **in entsprechender Anwendung des § 618 BGB Fürsorgepflichten gegenüber den Arbeitnehmern des Auftragnehmers** dahingehend haben, dafür zu sorgen, daß diese gefahrlos arbeiten können (BGHZ 5, 62 = NJW 1952, 458 = SFH Z 0 Bl. 1; BGHZ 26, 366, 370; BGH VersR 1970, 831; OLG Oldenburg VersR 1979, 629 hinsichtlich Fürsorge- und Schutzpflichten der Deutschen Bundesbahn gegenüber dem Arbeiter eines Privatunternehmers bei Aufstellung eines Sicherungspostens; OLG Stuttgart NJW 1984, 1904 in bezug auf die Aufgabe des Auftraggebers, sachlich zusammenhängende Arbeitsvorgänge so zu regeln, daß Arbeitnehmer gegen Schaden an Leben und Gesundheit geschützt sind). Dabei genügt es für die Bejahung einer Schutzpflicht gegenüber dem Arbeitnehmer, daß dieser in einer Weise tätig ist, die nicht völlig außerhalb des Vertragsverhältnisses der Partner des Bauvertrages steht (BGH VersR 1963, 1076; OLG Stuttgart a. a. O.). Soweit § 618 BGB eingreift, haftet der Schädiger dem Geschädigten unmittelbar für den diesem entstandenen Personenschaden. Dagegen ist es nicht Zweck des § 618 BGB, den Auftragnehmer für diejenigen Nachteile schadlos zu halten, die ihm mittelbar daraus entstehen können, daß seine Arbeitnehmer durch Verschulden des Auftraggebers körperlich geschädigt werden (OLG Stuttgart a. a. O.). Auch der selbständige Unternehmer kann in den Betrieb, in dem er Werkleistungen ausführt, eingegliedert sein; jedoch kommt ein Haftungsausschluß nach §§ 636, 637 RVO nicht in Betracht, wenn ein Betriebsangehöriger den Unternehmer selbst schädigt (OLG Hamm VersR 1986, 974).

12 Selbst bei der grundsätzlichen Annahme einer Obhutpflicht muß sich der geschädigte Dritte aber nicht nur ein eigenes, sondern auch ein etwaiges **Mitverschulden des Vertragspartners des Schädigers** (also z. B. seines Arbeitgebers) gemäß **§ 254 BGB** zurechnen lassen (BGHZ 33, 247 = NJW 1961, 134 = SFH Z 4.13 Bl. 78 = BB 1961, 8; BGH NJW 1975, 867 = VersR 1975, 522 = MDR 1975, 479 = LM § 328 BGB Nr. 50 = Anm. Marburger JR 1975, 369). Das gilt auch, wenn der Vertragspartner nicht gesetzlicher Vertreter oder Erfüllungsgehilfe des Geschädigten war. Das ergibt sich aus dem dem § 334 BGB zugrundeliegenden Rechtsgedanken, nach dem Einwendungen aus dem Vertrag dem Versprechenden auch gegenüber dem Dritten zustehen (vgl. dazu auch OLG Düsseldorf SFH Z 5.1 Bl. 31 ff. sowie BGH VersR 1972, 199 = NJW 1972, 289 = MDR 1972, 229 = LM § 254 [Ea] BGB Nr. 11).

13 Soweit den Auftraggeber im Rahmen eines Werkvertrages in entsprechender Anwendung des § 618 BGB eine Fürsorgepflicht trifft, kann diese abbedungen werden, wenn sie den Auftragnehmer oder dessen Subunternehmer schützen soll (BGHZ 56, 269 = MDR 1971, 917 = VersR 1971, 910 = SFH Z 4.13 Bl. 137 = NJW 1971, 1931 = JZ 1971, 695 = BB 1971, 977 = LM § 618 BGB Nr. 10 Anm. Weber).

14 Die von Lewer (JZ 1983, 336) an der Einbeziehung der §§ 618 f. BGB in den Werkvertragsbereich geübte Kritik, die sich nicht eigentlich mit dem Bauvertrag befaßt, greift jedenfalls für diesen Vertrag nicht. Zumindest rechtfertigt sich die Befürchtung, daß der Auftraggeber mit Pflichten beladen werde, die eigentlich dem Auftragnehmer gegenüber seinen Arbeitnehmern oblägen, nicht für den Rahmen des VOB-Vertrages. Soweit es sich um **arbeitsschutzrechtliche Bestimmungen** handelt, wird der **Auftraggeber** grundsätzlich **damit nicht belastet,** wie sich aus der grundlegenden, immer vorrangigen Verpflichtung des Auftragnehmers gemäß **Teil B § 4 Nr. 2 Abs. 2 Satz 1, die gesetzlichen, behördlichen und berufsgenossenschaftlichen Verpflichtungen gegenüber seinen Arbeitnehmern alleinverantwortlich zu beachten, ergibt** (vgl. dazu Teil B § 4 Rdn. 177 f.). Damit ist klargestellt, daß die **Schutzpflicht des § 618 BGB nicht öffentlich-rechtliche Bestimmungen erfaßt,** die allein der Auftragnehmer im Verhältnis zu seinen Arbeitnehmern zu beachten hat. Insoweit steht auch nicht § 619 BGB entgegen, weil die betreffenden Bestimmungen **von vornherein nur den Auftragnehmer betreffen,** also nicht den Kreis des § 618 BGB berühren, daher eine vertragliche Abbedingung in Wirklichkeit nicht vorliegt, genaugenommen also die Bestimmung in Teil B § 4 Nr. 2 Abs. 1 Satz 1 insoweit lediglich eine Klarstellung ist. Vgl. auch Rdn. 22 ff.

15 **2.** Auf der anderen Seite gilt der **allgemeine Grundsatz,** daß der **Auftragnehmer** eine vertragliche Pflicht hat, mit dem **Eigentum des Auftraggebers,** das im Rahmen der Bauleistung der Einwirkung seiner Arbeiten ausgesetzt ist, **pfleglich umzugehen** und eine **Beschädigung** dieses Eigentums zu unterlassen (vgl. dazu u. a. BGH VersR 1964, 238; BGH VersR

1966, 1154; BGH VersR 1969, 827; BGH MDR 1975, 375; BGH LM § 631 BGB Nr. 15; BGH VersR 1982, 1196 = NJW 1983, 113 = WM 1982, 1312 = MDR 1983, 122 = LM § 631 BGB Nr. 45). Eine solche vertragliche **Obhutspflicht** ist beim Werkvertrag regelmäßig in bezug auf die in den **Gewahrsam des Auftragnehmers** gelangten oder seiner Einwirkung unmittelbar unterliegenden **Sachen des Auftraggebers** gegeben (vgl. BGH SFH Z 4.01 Bl. 42 ff. = VersR 1966, 1154), wie z. B. hinsichtlich des dem Auftragnehmer bzw. seinem Erfüllungsgehilfen überlassenen Hauptschlüssels zum Bauwerk, in dem die Leistung ausgeführt wird (vgl. LG Köln SFH Z 2.10 Bl. 69).

Die Verletzung einer solchen **Nebenpflicht** aus dem Bauvertrag begründet die Haftung des Auftragnehmers aus dem **Gesichtspunkt der positiven Vertragsverletzung.** So ist es als eine Verpflichtung des Auftragnehmers aus dem Bauvertrag anzusehen, die mit der Durchführung des Auftrages verbundenen Gefahren richtig einzuschätzen, ihnen zu begegnen und dabei die gebotene Sorgfalt anzuwenden, um den Auftraggeber vor Schaden zu schützen; tut er das nicht und entsteht z. B. an dem durch eine Sprengung nicht einbezogenen Eigentum des Auftraggebers ein Schaden, haftet der Auftragnehmer (BGH VersR 1973, 1069 = SFH Z 4.01 Bl. 81; vgl. auch BGH VersR 1975, 1094 = MDR 1975, 1000 = LM § 823 BGB [Dc] Nr. 99 und 100 für den Fall der Sprengung in der Nähe einer Wasserstraße).

16

Eine solche Obhutspflicht spielt auch eine Rolle in bezug auf die Verpflichtung des Auftragnehmers, **bereits ganz oder teilweise erstellte Leistungen anderer, an demselben Bauwerk tätiger Unternehmer pfleglich zu behandeln und zu schützen** (nicht liegt **hier** ein gesamtschuldnerisches Verhältnis beider Unternehmer zum Auftraggeber vor, vgl. Teil B § 13 Rdn. 27 ff.). Der geschädigte Unternehmer – dessen Leistung noch nicht abgenommen ist – kann hier **vom Auftraggeber die Abtretung seiner Schadensersatzansprüche gegen den Auftragnehmer** verlangen (vgl. BGH NJW 1970, 38 = VersR 1969, 1117 = SFH Z 4.01 Bl. 56 ff.; OLG Hamburg MDR 1974, 668; vgl. dazu Weyer BlGBW 1970, 206, 210), wobei für das Innenverhältnis zwischen den beiden Unternehmern im Rahmen des § 254 BGB die Grundsätze des § 840 Abs. 2 und 3 BGB entsprechend heranzuziehen sein dürften. Besondere vertragliche Sorgfaltspflichten des Auftragnehmers hinsichtlich der Leistungen eines anderen Auftragnehmers können sich vor allem auch ergeben, wenn die Leistungen beider Unternehmer untrennbar zum Zwecke der ordnungsgemäßen Bauherstellung miteinander verbunden sind (vgl. dazu BGH NJW 1952, 217 = SFH Z 2.221 Bl. 2 = LM § 278 BGB Nr. 2/3 sowie Weyer a. a. O., 206, 208). Möglicherweise kann der andere Unternehmer, dessen Leistung durch schuldhaftes Handeln des Auftragnehmers oder seiner Leute beschädigt worden ist, gegen diesen einen Schadensersatzanspruch nach § 823 Abs. 1 BGB wegen Besitzverletzung haben, solange er noch Besitzer der Leistung bzw. des betreffenden, von ihm erstellten Leistungsteils ist; nicht greift dagegen der Gesichtspunkt der Verletzung eines sonstigen Rechts i. S. des § 823 Abs. 1 BGB durch (Weyer, a. a. O., 209 f.).

17

In den hier erörterten Fällen wird man auch dem Auftraggeber, vor allem demjenigen, der zugleich Grundstückseigentümer ist, die Möglichkeit geben müssen, den Schaden an der Leistung des betroffenen Unternehmers gegen den verantwortlichen Auftragnehmer aus dem Gesichtspunkt der **Gefahrenentlastung** im Wege der **Drittschadensliquidation** geltend zu machen, wodurch der betroffene Unternehmer vornehmlich seiner vertraglichen Verpflichtung zur Wiederholung oder zur Erneuerung seiner beschädigten Leistung enthoben wird (OLG Hamburg MDR 1974, 668; insoweit wohl auch durch die Kritik von Locher/Löffelmann NJW 1982, 970 nicht erfaßt). Zur Drittschadensliquidation siehe auch Steding JuS 1983, 29.

18

Eine **Obhutspflicht des Auftragnehmers besteht in gewissem Grade auch noch hinsichtlich der von ihm hergestellten Leistung, wenn er in örtlichem und zeitlichem Zusammenhang damit an der Vorbereitung späterer ordnungsgemäßer Nutzung** der betreffenden Bau-

19

leistung **mitwirkt**. So haftet der Auftragnehmer, der die Fliesen- und Plattenarbeiten in Auftrag genommen hat, für Schäden, die nach Beendigung der Arbeiten bei der Reinigung der Platten mit einem von ihm zur Verfügung gestellten, aber dafür ungeeigneten Mittel entstehen, aus dem Gesichtspunkt der positiven Vertragsverletzung (OLG Schleswig MDR 1983, 315).

20 Grundlegende Voraussetzung für eine der vorangehend gekennzeichneten Fürsorge- und Obhutspflichten ist es jedoch, daß ein **Zusammenhang zwischen zu schützendem Rechtsgut und der Vertragserfüllung durch den Auftragnehmer** besteht (zur Abgrenzung vgl. OLG Saarbrücken VersR 1976, 176).

Sind allerdings Sachen des Auftraggebers schon vor Vertragsabschluß in die Obhut des Auftragnehmers gegeben worden, so haftet er aus culpa in contrahendo, wenn diese aus von ihm zu vertretenden Gründen beschädigt werden (BGH NJW 1977, 376 = BB 1977, 121 = BauR 1977, 202).

21 **Auch** im Hinblick auf die **persönliche Unversehrtheit des Auftraggebers** kann den Auftragnehmer unter Berücksichtigung der besonderen Umstände in der Person des Auftraggebers sowie der Verhältnisse an der Baustelle eine **Obhutspflicht** treffen. So kann der Auftragnehmer die vertragliche Nebenpflicht haben, einem gehbehinderten Auftraggeber beim Betreten der Baustelle behilflich zu sein (OLG Nürnberg VersR 1979, 748). Gleiches gilt für die Sicherung von Baumaßnahmen, wie z. B. die provisorische, ausreichende Sicherung eines Querträgers, damit er nicht durch einen Anstoß aus seiner Lage gehoben werden und herabstürzen kann, insbesondere dann, wenn Unfallverhütungsvorschriften dies gebieten (OLG Karlsruhe VersR 1985, 297).

22 3. Darüber hinaus muß der Auftragnehmer beachten, daß **auch Dritte sowohl hinsichtlich der Unversehrtheit ihrer Gesundheit als auch ihres Eigentums sowie sonstiger absoluter Rechte in den Schutzbereich des Werkvertrages mit eingeschlossen sein können**. Dies ergibt sich aus Treu und Glauben dann, wenn der Auftragnehmer erkennen muß, **daß der Auftraggeber auf die Sicherheit dieser Dritten und das Unversehrtbleiben ihrer Rechte ebenso vertraut wie hinsichtlich seiner eigenen, weil der Auftraggeber seinerseits den Dritten gegenüber zum Schutz und zur Fürsorge verpflichtet ist** (vgl. dazu BGH MDR 1975, 305 m. w. N.; BGH NJW 1975, 867 = MDR 1975, 479 = LM § 328 BGB Nr. 50 = VersR 1975, 522 = Anm. Marburger JR 1975, 369; zu den rechtlichen Grundlagen vgl. z. B. Larenz, Schuldrecht Bd. I § 17 II; Schwerdtner Jura 1980, 493). Dabei kommt es nicht darauf an, ob dem Schutzpflichtigen die Zahl oder die Namen der schutzberechtigten Personen bekannt ist; jedoch muß die zu schützende Personengruppe objektiv abgrenzbar sein (BGH BauR 1984, 189 = VersR 1984, 85 = NJW 1984, 355 = JZ 1984, 246 = ZIP 1984, 70 = SFH § 328 BGB Nr. 3 = MDR 1984, 269 m. w. N).

23 Unter diesen Voraussetzungen ist **auch der Werkvertrag ein Vertrag mit Schutzwirkung zugunsten Dritter** (vgl. BGHZ 5, 62 = NJW 1952, 458 = SFH Z 0 Bl. 1; BGHZ 26, 366, 370; BGH VersR 1970, 831; BGH NJW 1977, 2208 = BB 1977, 1419 = VersR 1977, 1006 = SFH § 328 BGB Nr. 1). Darauf muß der Auftragnehmer während der Erfüllung seiner bauvertraglichen Pflichten besonders achten, sofern sich für ihn erkennbar die Schutzwirkung des Bauvertrages auch auf diese Dritten erstreckt. Insoweit muß jedoch bei Fehlen ausdrücklicher Vereinbarung eine solche Schutzwirkung unter Berücksichtigung der objektiven Interessenlage eingeschränkt nach dem Innenverhältnis des Auftraggebers zu dem Dritten beurteilt werden und kann auch nur dann als stillschweigend vereinbart angesehen werden, wenn der Auftraggeber sozusagen für das **Wohl und Wehe des Dritten mitverantwortlich** ist, weil er ihm Schutz und Fürsorge zu gewähren hat (BGH NJW 1977, 2208 = BB 1977, 1419 = VersR 1977, 1006 = SFH § 328 BGB Nr. 1 = MDR 1978, 127 m. w. N.; BGH NJW 1984, 355 = MDR 1984,

296 = JZ 1984, 246 = LM § 328 BGB Nr. 75 = ZSW 1984, 83, dazu Littbarski NJW 1984, 1667); sonst würde der Pflichtenkreis des Auftragnehmers zu weit ausgedehnt (a. a. O.). Nicht trifft dies dagegen schon auf den durch die Beschädigung eines Stromkabels betroffenen Gewerbebetrieb zu; diesem stehen keine Ersatzansprüche in bezug auf den Vertrag zwischen Auftraggeber und Auftragnehmer zu (BGH in der erstgenannten Entscheidung), weil es an einem die hier maßgebenden besonderen Pflichten auslösenden Rechtsverhältnis fehlt. So hat ein Vertrag zwischen der Bundespost und einem Tiefbauunternehmen über die Verlegung von Kabeln keine Schutzwirkung zugunsten der Gemeinde als Eigentümerin von Versorgungsleitungen, die bei den Arbeiten beschädigt werden (OLG Köln VersR 1984, 340).

Die Schutzwirkung trifft im allgemeinen auf die **Familienangehörigen des Auftraggebers** zu (vgl. BGH VersR 1956, 500 = SFH Z 2.20 Bl. 1). Der Auftragnehmer ist z. B. haftbar, wenn durch seine fehlerhafte Leistung ein Wassereinbruch in einem der Ehefrau (Auftraggeberin) gehörenden Haus entstanden ist und der Ehemann dadurch an seinen Sachen Schaden – u. U. auch Verdienstausfall – erlitten hat. Auch erstreckt sich die Schutzwirkung des Bauvertrages regelmäßig auf **Mieter des Auftraggebers** (vgl. BGH NJW 1976, 1843 = BB 1976, 1001 = LM § 558 BGB Nr. 22 = BlGBW 1977, 79 = MDR 1977, 134; OLG Köln BB 1976, 669 = VersR 1976, 1183 = JMBl. NRW 1976, 137 hinsichtlich eines Heizungs-Wartungsvertrages). **Erst recht** gelten diese Grundsätze im Hinblick auf die **körperliche Unversehrtheit** von Familienangehörigen oder Mietern des Auftraggebers. Mieter sind jedoch nur dann in den Schutzbereich des Werkvertrages einbezogen, wenn ein wirksamer Mietvertrag besteht oder sie jedenfalls für den Unternehmer erkennbar in den Schutzbereich einbezogen sind (OLG Hamm NJW-RR 1987, 725). Selbst wenn dies zutrifft, kommt für diese – wie auch andere Schutzberechtigte – kein Anspruch in Betracht, wenn sie gegenüber dem Vermieter (dem ihnen eigentlich Verpflichteten) vertraglich auf Folgeansprüche wirksam verzichtet haben. Dann kommen für sie gegen den Schädiger auch keine Ansprüche aus abgetretenem Recht oder aus dem Gesichtspunkt der Drittschadensliquidation zum Zuge (OLG Hamm a. a. O.). Wenn in Betriebsräumen des Auftraggebers Bauarbeiten durchzuführen sind, sind im allgemeinen die **Betriebsangehörigen** in den Schutzbereich des Werkvertrages einbezogen; bei schuldhafter Verletzung der damit verbundenen Pflichten – vor allem auch der Unfallverhütungsvorschriften – stehen ihnen vertragliche Ansprüche gegen den Auftragnehmer zu; das gilt auch für Ansprüche gegen einen vom Generalunternehmer eingesetzten Subunternehmer (OLG Braunschweig NJW-RR 1986, 1314; dazu vor allem BGH LM § 157 [D] BGB Nr. 5 = BB 1965, 1107 mit Anm. Köpke). In den Schutzbereich einbezogen sind ferner **Hausangestellte** (RGZ 127, 224); der **Vermieter** (BGH NJW 1954, 874 = VersR 1954, 223 = SFH Z 4.01 Bl. 14; der **Nachbar** (OLG Düsseldorf NJW 1965, 359). **Nicht** gehören dazu **andere Auftragnehmer** (BGH NJW 1970, 38, 40; vgl. auch BGH NJW 1971, 753; KG BauR 1973, 116); der **Auftraggeber für den Bereich eines Subunternehmervertrages** (vgl. Anh. Rdn. 116 ff.; Feudner BauR 1984, 247, 258 f.; a. A. Schlechtriem ZfBR 1983, 101, 103); die **Besucher** des Auftraggebers (Herding/Schmalzl S. 507).

24

Soweit der Auftragnehmer hier seine Schutzpflichten verletzt, steht den **Dritten ein unmittelbarer Schadensersatzanspruch gegen den Auftragnehmer** zu (vgl. dazu BGH NJW 1956, 1193 = MDR 1956, 534 = LM § 157 [D] BGB Nr. 5 = LM § 328 BGB Nr. 18; BGH LM § 328 BGB Nr. 29 = VersR 1965, 997; BGHZ 49, 350, 355; BGHZ 51, 91, 96 = VersR 1969, 155; OLG Nürnberg MDR 1974, 401). Dabei ist es nur konsequent, daß sich der Geschädigte ein etwaiges Mitverschulden des Auftraggebers entgegenhalten lassen muß (vgl. BGH NJW 1975, 867 = MDR 1975, 479 = LM § 328 BGB Nr. 50 = VersR 1975, 522 = Anm. Marburger JR 1975, 369).

25

4. Aus dem Gesagten folgt, daß einem **Dritten erst recht unmittelbare Ansprüche** gegen den Auftragnehmer zustehen, **wenn sich dies zu seinen Gunsten aus dem Vertrag im Einzelfall ergibt (§ 328 BGB).** Fehlt es insoweit an einer ausdrücklichen Vertragsregelung,

26

kommt es auf die Auslegung der betreffenden vertraglichen Bestimmung an (vgl. dazu Ziegler JuS 1979, 327), wobei sich der Umfang des Schutzbereiches auch aus dem schlüssigen Verhalten der Vertragspartner ergeben kann (BGH BauR 1984, 189 = VersR 1984, 85 = NJW 1984, 355 = JZ 1984, 246 = ZIP 1984, 70 = SFH § 328 BGB Nr. 3 = MDR 1984, 296). Ist z. B. aus dem Vertrag zu entnehmen, daß dem Auftragnehmer die vertragliche Verpflichtung auferlegt worden ist, sich vor oder während der Ausführung der Arbeiten über unterirdische Leitungen zu informieren und daß er selbst dafür verantwortlich ist, so steht auch dem Eigentümer einer Ölleitung ein Schadensersatzanspruch gegen den Auftragnehmer zu, wenn durch dessen Pflichtverletzung ein Schaden an der Leitung entsteht (BGH SFH Z 4.01 Bl. 72 = VersR 1972, 260).

27 Zu Haftpflichtansprüchen aus Verträgen mit Schutzwirkung zugunsten Dritter vgl. weiter Anh. Rdn. 116 ff.; auch Weimar VW 1975, 180; ferner Berg JuS 1977, 363; ders. NJW 1978, 2018 unter zutreffender **Abgrenzung zwischen Schutzwirkung zugunsten Dritter und Drittschadensliquidation** (vgl. Rdn. 15 ff.) mit kritischer Würdigung von BGH NJW 1978, 883 = MDR 1978, 486. Über die Zurechnung von Mitverschulden des Vertragsgläubigers bei der Schadensentstehung zu Lasten des in den Schutzbereich eines Vertrages einbezogenen Dritten nach §§ 254 Abs. 2 Satz 2, 278 BGB beachtlich Sass VersR 1988, 768.

28 5. Umgekehrt gibt es aber auch **allgemeine Fürsorge- und Obhutspflichten des Auftraggebers** gegenüber dem Auftragnehmer, und zwar dann, wenn sich im Baubereich **Gefahrenquellen oder auch gefahrerhöhende Umstände** befinden oder solche auftreten können, auf die der **Auftragnehmer keinen Einfluß hat und/oder die er bei sorgfältiger Beobachtung der tatsächlichen Gegebenheiten nicht voll erkennen kann,** was vor allem auch für das Verhältnis zwischen Hauptunternehmer und Subunternehmer gilt (vgl. dazu auch Anh. Rdn. 151 ff.). Der **Auftraggeber hat** alles ihm Zumutbare und ihm Mögliche zu unternehmen, um den **Auftragnehmer bei der Erfüllung seiner Vertragspflichten vor Schaden zu bewahren** (BGH VersR 1959, 948). Bei Verletzung dieser Verpflichtung kann sich der Auftraggeber seinerseits aus **positiver Vertragsverletzung schadensersatzpflichtig** machen (a. a. O.). Was dem Auftraggeber hier möglich und zumutbar ist, richtet sich nach den Gegebenheiten des Einzelfalles. Eine solche Fürsorge- und Obhutspflicht des Auftraggebers betrifft nicht nur den Auftragnehmer selbst und die von diesem auf der Baustelle eingesetzten Personen, sondern auch die vom Auftragnehmer auf der Baustelle verwendeten Sachen, wie z. B. die Maschinen (BGH BauR 1975, 64 = VersR 1975, 41 = SFH Z 2.210 Bl. 14) oder sonstige in seinem Eigentum stehende Gegenstände, die sich im Baubereich befinden und zur Ausführung benötigt werden. Dazu rechnen auch dort zulässigerweise abgestellte Kraftfahrzeuge des Auftragnehmers oder seiner Arbeitnehmer (vgl. dazu OLG Celle VersR 1977, 671).

II. Schadensverursachung

29 1. **Voraussetzung** für das Vorliegen eines **objektiven Haftungstatbestandes** ist immer, daß der **Verantwortliche den Schaden verursacht,** also eine Bedingung für den Schadenseintritt gesetzt hat, die nicht weggedacht werden kann, ohne daß der schädigende Erfolg entfiele (BGHZ 2, 138; BGHZ 7, 198, 204 = VersR 1952, 430; BGHZ 57, 137, 141 = VersR 1972, 64). Entscheidend ist grundsätzlich der Begriff der **Adäquanz.** Dabei kann eine Tatsache **ausreichend** sein, die im allgemeinen, und nicht nur unter besonders eigenartigen, ganz unwahrscheinlichen und nach dem regelmäßigen Verlauf der Dinge außer Betracht zu lassenden Umständen jedenfalls zur **Mitherbeiführung** des schädlichen Erfolges geeignet ist (BGH a. a. O.). Ist eine Tatsache mitursächlich für den schädigenden Erfolg, genügt es, sie als adäquat zu werten, wenn sie die objektive Möglichkeit eines Erfolges von der Art des eingetretenen generell in nicht unerheblicher Weise **erhöht** hat (BGHZ 3, 261 [267]; 8, 325 [329]; 18, 286 [288]; BGH VersR 1956, 571; BGH NJW 1952, 1010; BGH VersR 1971, 818 = SFH Z 3.01 Bl. 463; BGH BauR 1973, 51 = SFH Z 2.414 Bl. 296). Ein Gasinstallateur, der beim Einbau

einer Gastherme mit Abgasklappe Montagefehler begangen hat, ist bei einer Kohlenmonoxydvergiftung der Hausbewohner auch dann zum Schadensersatz verpflichtet, wenn zwar die Ursächlichkeit der falschen Montage für das Schadensereignis nicht festgestellt werden kann, jedoch auch alle anderen in Betracht kommenden Schadensursachen in seinen Schadensbereich fallen (OLG Celle BauR 1987, 231 = VersR 1987, 993). Die **Grenze** für die Adäquanz wird allerdings durch dasjenige bestimmt, was dem betreffenden Verursacher oder Mitverursacher im Einzelfall **unter Berücksichtigung seiner Obliegenheiten billigerweise zuzumuten** ist (vgl. BGH VersR 1952, 128). Auch muß der Rechtswidrigkeitszusammenhang vorliegen, d. h., der geltend gemachte Schaden muß nach Art und Entstehungsgeschichte unter den Schutzweck der verletzten Norm fallen (vgl. BGHZ 27, 138 = VersR 1958, 414; BGHZ 57, 137, 142 = VersR 1972, 64); hiernach sind Schäden nicht zu ersetzen, wenn sie bei wertender Betrachtung mit der durch die Schädigung geschaffenen Gefahrenlage nur mehr eine äußere Verbindung haben (vgl. LG Regensburg VersR 1977, 459 für den Fall der Beschäftigung einer Putzerkolonne wegen einer durch Unfall herbeigeführten Verhinderung des Auftraggebers zur Erbringung von Eigenleistungen).

Ein adäquater **Kausalzusammenhang** wird **für den gesamten** – evtl. auch erst später eingetretenen – **Schaden** verlangt. Liegen zwei Ursachen vor, wie z. B. ein Planungsfehler eines Architekten und eine fehlerhafte Ausführung des Auftragnehmers, so ist im Zweifel anzunehmen, daß beide zu dem Schaden geführt haben (vgl. BGH VersR 1971, 818; BGH BauR 1872, 114 = BB 1972, 552 = VersR 1972, 274 = MDR 1972, 316; OLG Düsseldorf SFH Z 2.414 Bl. 56). 30

Unter Umständen kann hier auch im Rahmen des **§ 254 BGB** die sogenannte **überholende Kausalität** eine Rolle spielen, wenn nämlich ein anderer, hypothetischer Schadensverlauf ohnehin wirksam geworden wäre, z. B. bei einer mit Glasfliesen fehlerhaft versehenen Außenwand, wenn zugleich das vom Auftraggeber vorgeschriebene Klebemittel auch bei fehlerfreier Verlegung zu dem Schaden geführt hätte (vgl. OLG Saarbrücken BauR 1970, 109 = SFH Z 2.400 Bl. 50 = NJW 1970, 1414 = BB 1970, 1417). Vgl. dazu auch Ganten BauR 1977, 162. 31

Im Zusammenhang mit den sonstigen objektiven Haftungsvoraussetzungen ist auch die Verursachung **von demjenigen zu beweisen, der daraus Ansprüche geltend macht** (vgl. auch Rdn. 43 ff.). Dabei muß der Geschädigte Einzelheiten zum Verlauf des Schadensereignisses nicht allein deshalb vortragen, weil seine Angaben bestritten sind; jedoch beschränkt sich die Darlegungs- und Beweislast zum Schadenshergang auf die Umstände, aus denen sich ein haftungsbegründender Tatbestand ergibt (vgl. BGH BauR 1987, 477 = SFH § 286 ZPO Nr. 5 = ZfBR 1987, 245; zugleich zur Frage, wann eine Parteivernehmung nach § 448 ZPO von Amts wegen veranlaßt ist). 32

2. Eine wesentliche Rolle kann hier der sogenannte **Beweis des ersten Anscheins** spielen, nämlich eine **Beweiserleichterung.** Dabei geht es um sogenannte typische Geschehensabläufe, d. h. Sachverhalte, die nach der Regel des Lebens auf eine bestimmte Ursache hinweisen und in einer bestimmten Richtung zu verlaufen pflegen (RGZ 130, 359; 134, 241; 153, 137; RG DJ 1940, 373; BGH NJW 1951, 360; BGH VersR 1956, 84; BGH VersR 1958, 841 = VRS 15, 87). Der Beweispflichtige braucht in solchen Fällen nur den vollen Beweis für den Tatbestand zu erbringen, der den Anscheinsbeweis rechtfertigt (OLG Karlsruhe VersR 1978, 771; BGH BauR 1980, 381 = VersR 1980, 532 = SFH § 286 ZPO Nr. 2). Vgl. dazu auch Ganten a. a. O. sowie kritisch und beachtlich Greger VersR 1980, 1091. 33

Der Richter hat bei diesen Sachverhalten, besonders hinsichtlich des ursächlichen Zusammenhanges und des Verschuldens, Schlüsse zu ziehen, die im Wege der Beweiswürdigung dazu führen, den **typischen Ablauf** im konkreten Fall **als bewiesen anzusehen** (RG und BGH 34

a. a. O.), **wenn der Inanspruchgenommene** eine solche Beweiswürdigung **nicht dadurch verhindert,** daß er eine ernstlich in Betracht zu ziehende **Möglichkeit einer anderen Ursache oder eines anderen Ablaufs nachweist** (vgl. BGHZ 6, 169; 8, 239). Dabei genügt nicht der bloße Nachweis, daß ein untypischer Geschehensablauf vorliegen **kann** (so OLG Hamm VersR 1978, 47); vielmehr ist es grundsätzlich erforderlich, nicht nur auf eine typische andere Schadensursache hinzuweisen, sondern darzutun, daß eine andere Ursache **ernsthaft** in Betracht kommt (BGH NJW 1978, 2032 = VersR 1978, 945 = BB 1978, 1233 = LM § 286 [C] ZPO Nr. 70).

35 So entspricht es einem typischen Geschehensablauf, daß eine Decke einstürzt, wenn der Beton schlecht ist oder wenn sie vorzeitig belastet oder wenn sie zu früh oder unsachgemäß entschalt wird. Das gilt erst recht, wenn gleichzeitig mehrere dieser auf die Leistung desselben Auftragnehmers zurückgehenden möglichen Ursachen zusammentreffen. Auch ist nach dem ersten Anschein der Ursachenzusammenhang als bewiesen anzusehen, wenn bei Arbeiten mit einem Propangasbrenner in der Nähe gestapelte Poresta-Platten in Brand geraten (BGH BauR 1980, 381 = VersR 1980, 532 = SFH § 286 ZPO Nr. 2). Die Erstellung eines Stahlgerüstes unter mehrfacher Verletzung der Unfallverhütungsvorschriften (fehlender Seitenschutz und fehlende Übergangsmöglichkeiten an der Ecke des Hausvorsprunges) ist grob fahrlässig; stürzt ein Arbeiter im Bereich der mangelhaft gesicherten Straße ab, kommt ihm der Beweis des ersten Anscheins für die Ursache des Fehlers zugute (OLG Karlsruhe BauR 1988, 116). Die Regeln des Anscheinsbeweises sind aber **nicht** anwendbar, wenn für die verschiedenen nach dem konkreten Sachverhalt gegebenen Ursachenmöglichkeiten teils der Auftragnehmer und teils der Auftraggeber oder ein Dritter verantwortlich wäre (vgl. dazu auch Werner/Pastor Rdn. 1831 ff.). Das trifft vor allem auch zu, wenn ein Bauvertrag nach der VOB zwischen einem Haupt- und einem Nachunternehmer abgeschlossen worden ist, der Nachunternehmer die Decke errichtet hat und diese dann möglicherweise aus verschiedenen Gründen eingestürzt ist, die teils der Haupt- und teils der Nachunternehmer zu vertreten hätte (vgl. dazu BGH VersR 1964, 1063). Ferner spricht dafür, daß ein Handwerker einen bestimmten Fehler gemacht hat, nur dann ein Anschein, wenn es sich um einen Fehler handelt, der **typischerweise** bei der von ihm ausgeführten Tätigkeit vorkommt, sich etwa häufig einschleicht, was auch der Fall sein kann, wenn der Fehler erst einige Zeit nach der Ausführung der Arbeit entdeckt wird und keine ernsthaften Anhaltspunkte dafür vorhanden sind, daß in der Zwischenzeit weder ein anderer Handwerker noch eine sonstige Person in dem Bereich, in dem der Fehler begangen worden war, tätig wurde. Handelt es sich dagegen um einen außergewöhnlichen Fehler, der zwar vorkommen kann, aber nicht vorkommen darf, wie z. B. um einen groben Verstoß gegen einschlägige anerkannte Regeln der Technik, dann ist mangels eines typischen Geschehensablaufes von vornherein kein Raum für einen Anscheinsbeweis (vgl. dazu BGH VersR 1979, 822 = MDR 1979, 1012). Der Anscheinsbeweis versagt im allgemeinen auch, wenn es sich darum handelt, daß festgestellt werden muß, wie ein Mensch **gehandelt haben würde** (BGHZ 31, 351, 357; BGH LM § 286 [C] ZPO Nr. 11; BGH VersR 1975, 540); **gleiches** gilt für die Feststellung **grober Fahrlässigkeit** (vgl. Rdn. 38 ff.).

Zum Anscheinsbeweis für die Verursachung eines Dachstuhlbrandes durch Abbrennen einer größeren Holzmenge im Sockel eines zum Abbruch bestimmten Fabrikschornsteins BGH VersR 1975, 379.

III. Subjektive Voraussetzung: Verschulden

36 **Subjektive Haftungsvoraussetzung** ist das **Verschulden.** In § 276 BGB sind **Abstufungen des Verschuldens** nach dem jeweiligen Grad vorgenommen; man unterscheidet **Vorsatz und Fahrlässigkeit.**

Hinsichtlich des Ausschlusses oder der Beschränkung der subjektiven Haftungsvoraussetzungen in AGB ist § 11 Nr. 7 AGB-Gesetz besonders zu beachten.

1. **Vorsatz** ist das **Bewußtsein der Rechtswidrigkeit** (der Vertragswidrigkeit) des Handelns und das **Voraussehen**, daß dieses Handeln (Tun oder Unterlassen) aller Wahrscheinlichkeit nach zu einem **schädlichen Erfolg** zum Nachteil eines anderen (des Vertragspartners) führen kann. Dabei ist nicht erforderlich, daß der schädliche Erfolg gewünscht oder gar beabsichtigt ist, vgl. RGZ 57, 241. Auch ist der Beweggrund des Handelns unerheblich. Vorsatz ist **auch die Billigung des als möglich erkannten schädlichen Erfolges**, was als **bedingter Vorsatz** bezeichnet wird, vgl. hierzu BGH VersR 1952, 223; BGH VersR 1969, 453.

2. Die Fahrlässigkeit wird unterteilt in **leichte und grobe Fahrlässigkeit**. Fahrlässigkeit ist nach § 276 BGB das **Außerachtlassen der im Verkehr erforderlichen Sorgfalt**. Dabei kommt es auf die im **Einzelfall zu fordernde Sorgfalt** an (BGHZ 8, 141), insbesondere auch darauf, daß **jeder, der sich gewerblich betätigt, dafür die notwendige Sachkunde besitzt** (vgl. BGH NJW 1956, 787 = BB 1956, 321 = VersR 1956, 288 = SFH Z 2.401 Bl. 1; BGH BauR 1974, 125 = SFH Z 2.414.3 Bl. 8). Wegen der Einzelheiten vgl. die einschlägigen Kommentierungen zu § 276 BGB. **Leichte Fahrlässigkeit** ist gegeben, wenn eine **Sorgfaltsverletzung in geringerem Umfang** vorliegt, wie z. B. eine bloße, vorwerfbare Nachlässigkeit. **Grob fahrlässig** handelt derjenige, bei dessen Handeln „die erforderliche Sorgfalt nach den gesamten Umständen **in ungewöhnlich grobem Maße** verletzt worden ist und bei dem dasjenige unbeachtet geblieben ist, was im gegebenen Fall jedem hätte einleuchten müssen", BGHZ 10, 14, 17 = NJW 1953, 1139; BGH VersR 1972, 877, 879 = SFH Z 4.13 Bl. 141; BGH VersR 1973, 565; BGH BauR 1983, 186; OLG München VersR 1974, 1219; OLG Stuttgart BauR 1988, 116 zur Erstellung eines Stahlgerüstes unter mehrfacher Verletzung der Unfallverhütungsvorschriften; OLG Stuttgart VersR 1982, 1093 zur Haftung eines Architekten für fehlerhafte Montage eines Bauxitbunkers). Für grobe Fahrlässigkeit ist neben dem objektiven Kriterium **hochgradigen Außerachtlassens** der im Verkehr erforderlichen Sorgfalt **subjektiv** erforderlich, daß der Schädiger sich der **Gefährlichkeit seines Handelns unbedingt hätte bewußt sein müssen,** sie gewissermaßen „mit den Händen hätte greifen müssen" (a. a. O.), wobei gesteigertes Verschulden erforderlich ist (BGH MDR 1985, 557).

Für grobe Fahrlässigkeit ist der **Anscheinsbeweis nicht** zuzulassen (OLG Stuttgart VersR 1968, 593; OLG Köln VersR 1976, 71 und VersR 1978, 154; OLG Oldenburg VersR 1978, 348; BAG Betrieb 1973, 1405; a. A., jedoch unzutreffend, Schneider MDR 1971, 535). Bei der Beurteilung, ob grobe Fahrlässigkeit gegeben ist, sind alle Umstände des Geschehensablaufs **zusammenfassend** dahin gehend zu würdigen, ob eine oder mehrere besonders grobe und auch subjektiv schlechthin unentschuldbare Pflichtverletzungen vorgelegen haben (BGH VersR 1972, 944; OLG Köln VersR 1972, 638; OLG München VersR 1974, 1219). **Grundsätzlich** kann sich der Inanspruchgenommene dabei **nicht** auf ein **Mitverschulden des Geschädigten** berufen (BGH NJW 1973, 1497 = VersR 1973, 922; OLG München a. a. O).

Zum Rechtsbegriff der groben Fahrlässigkeit vgl. Sanden VersR 1967, 1013 sowie Lohe VersR 1968, 323 und Weingart VersR 1968, 427. Zur groben Fahrlässigkeit im Rahmen von Unfallverhütungsvorschriften siehe Rdn. 197 f.

Die Beurteilung, ob grobe Fahrlässigkeit vorliegt, ist in erster Linie Aufgabe des Tatrichters. Das Revisionsgericht darf nur prüfen, ob das Berufungsgericht den Begriff der groben Fahrlässigkeit verkannt und die insoweit erforderlichen Feststellungen rechtsfehlerfrei getroffen hat; für die Beurteilung des Grades der Fahrlässigkeit lassen sich allgemeine Regeln nur mit großem Vorbehalt aufstellen (BGH VersR 1967, 809, 810 m. w. N.; 1972, 877, 879 = SFH Z 4.13 Bl. 141). Zur Beurteilung grober Fahrlässigkeit bei Organisation und Überwachung von Tiefbauarbeiten BGH VersR 1972, 877: Unfall eines Arbeiters beim Einsturz einer ungesicherten Grabenwand. Zum Begriff der groben Fahrlässigkeit bei der Einweisung eines der deutschen Sprache nicht mächtigen ausländischen Hilfsarbeiters in eine gefährliche Arbeit bei der Druckrohrherstellung in einem Betonwerk OLG Stuttgart VersR 1972, 879. Die Nichtbeachtung der für den Aushub von Gräben (durch Tieflöffelbagger) geltenden Verbauvorschriften rechtfertigt nach der zutreffenden Ansicht des OLG Saarbrücken (VersR 1973, 182) den Vorwurf grober Fahrlässigkeit.

41 3. Zur **fahrlässigen Verletzung bauvertraglicher Pflichten** ist besonders auf das Urt. des BGH vom 13. 2. 1958 (SFH Z 2.413 Bl. 11 ff. = NJW 1958, 705 = MDR 1958, 333) hinzuweisen. Hier hat der BGH im wesentlichen ausgeführt: Für die Annahme fahrlässigen Handelns genüge die Voraussehbarkeit der Verletzung eines geschützten Rechts oder Rechtsgutes, während die Voraussehbarkeit bestimmter oder entfernter Schadenswirkungen nicht erforderlich sei; ob ein Schaden voraussehbar sei, sei rechtlich insofern von Bedeutung, als der Handelnde für besonders eigenartige, objektiv ganz unwahrscheinliche und nach dem regelmäßigen Verlauf außer Betracht zu lassende Folgen seines Tuns nicht einzustehen brauche; dann fehle es schon an dem im Zivilrecht erforderlichen adäquaten Kausalzusammenhang, an der Verursachung des Schadens; sei der Schaden aber adäquat verursacht, hänge die Feststellung eines Verschuldens von der objektiven Voraussehbarkeit der schädlichen Folgen für den Täter nicht ab; Voraussehbarkeit der Rechtsverletzung genüge. **Dabei kann es für die Auftragnehmerseite grundsätzlich nicht entscheidend sein, ob an ihrer Spitze technisch versierte oder nur kaufmännisch vorgebildete Fachleute stehen.** Vielmehr muß Vertretern oder Organen von Auftragnehmern, die keine technische oder keine hinreichende technische Vorbildung haben, **besondere Sorgfalt bei der Bemühung um die technische Information** durch eingehende Befragung sachverständiger Personen abverlangt werden, vor allem dann, wenn für sie nach den streng zu beurteilenden Umständen des Falles hinreichender Anlaß zur näheren Information besteht (vgl. BGH VersR 1972, 693). Letzteres gilt vor allem auch, wenn bauordnungsrechtliche Vorschriften entweder unklar sind oder gar, wenn sie durch die betreffende Baumaßnahme nicht eingehalten werden. Bei der Frage des Verschuldens eines minderjährigen Handwerkslehrlings, der bei unter Aufsicht ausgeführten Arbeiten einen Schaden verursacht hat, sind seine mangelnden fachlichen Kenntnisse und beruflichen Erfahrungen ebenso zu berücksichtigen wie der Umstand, daß ihm keine Arbeit unter eigener Verantwortung übertragen war, sofern die Schadensursache als Angelegenheit der Aufsicht festzustellen ist (vgl. BGH BauR 1979, 266 = NJW 1979, 864 = VersR 1979, 278 für den Fall eines Brandes aus Anlaß von Schweißarbeiten infolge mangelnder Sicherung der Umgebung der Schweißstelle).

42 4. An Einzelentscheidungen sind aus der Sammlung von Schäfer/Finnern/Hochstein (SFH) weiter zu nennen: Nicht befolgte Anordnungen des Bauherrn betr. Zementmörtel-Spritzbewurf unter Betondecken machten den Bauunternehmer bei abfallendem Deckenputz haftbar, OLG Düsseldorf, Urt. vom 14. 6. 1955 (Z 2.400 Bl. 2). Fehlende Anordnungen des Bauherrn betr. Bauzaun entbinden den Bauunternehmer nicht von der Pflicht, hiergegen Bedenken zu erheben, OLG Hamm, Urt. vom 13. 10. 1953 (Z 2.400 Bl. 1). Der Bauunternehmer (Plattenlegerfirma) ist für die ihm vom Bauherrn vorgehaltene Beschaffenheit des Betonunterbodens, der Dehnungsfugen, des Gefälles sowie einer Isolierung als Unterlage für die von ihm zu verlegenden Platten verantwortlich; er darf sich nicht auf andere Bauunternehmer oder auf die vom Architekten als örtlichem Bauführer durchzuführende Überwachung jener Bauarbeiten verlassen, BGH, Urt. vom 28. 2. 1956 (Z 2.401 Bl. 1 = NJW 1956, 787). Über die Pflichten des Bauunternehmers zur Standfestigkeitsuntersuchung von Ruinenmauern beim teilweisen Hausaufbau vgl. BGH, Urt. vom 24. 2. 1954 (Z 4.01 Bl. 14 = NJW 1954, 874). Zu den Pflichten des Bauunternehmers zu gewissenhafter Auswahl seiner Aufsichtsorgane vgl. LG Aachen, Urt. vom 24. 9. 1954 (Z 4.01 Bl. 10 ff.).
Eine gemeinsame Ortsbesichtigung, die der Auftraggeber mit der Auftragnehmerin (Sprengfirma) anhand von Bauplänen des zu sprengenden Objekts und seiner Umgebung vorgenommen hat, entlastet die Sprengfirma nicht von einer örtlich anzustellenden eigenen Untersuchung der im Sprengbereich liegenden anderen Baulichkeiten; wegen möglicherweise inzwischen eingetretener Änderungen darf sie sich nicht nur auf die Baupläne verlassen, sondern muß sich gegebenenfalls durch Probebohrungen Gewißheit über die Wanddicke eines stehenbleibenden Objekts im Sprengbereich verschaffen (BGH VersR 1973, 1069 = SFH Z 4.01 Bl. 81).

43 5. Zur **Beweislast hinsichtlich des Verschuldens bei positiver Vertragsverletzung:** Bei vom **Bauherrn** erhobenen Schadensersatzansprüchen trifft den **Unternehmer** entsprechend den §§ 282, 276 BGB die **Beweislast** dahin, daß ihm kein Verschulden **vorzuwerfen sei** (BGHZ 23, 288 = VersR 1957, 251 = NJW 1957, 746 = SFH Z 2.2 Bl. 5 ff.; BGHZ 28, 251 = NJW 1959, 34 = SFH Z 3.01 Bl. 86; BGHZ 48, 310; BGH MDR 1969, 653 = Betrieb 1969, 745 = VersR 1969, 470 = BB 1969, 512 = BGH VersR 1970, 831; OLG Celle VersR 1964, 1211). Voraussetzung ist allerdings, daß die Schadensursache im **Gefahrenbereich des Auftragnehmers** liegt und sich aus der Sachlage auch der Schluß rechtfertigt, daß er die ihm obliegende Sorgfalt

nicht beobachtet hat (BGH a. a. O.; OLG Köln VersR 1966, 476). Um sich entlasten zu können, muß der Bauunternehmer den Nachweis einer Beobachtung der erforderlichen Sorgfalt **für alle seine Mitarbeiter** führen, deren Verhalten ursächlich z. B. für die fehlerhafte (Decken-) Konstruktion sein kann, BGH SFH Z 4.01 Bl. 25 ff. Hat der Schuldner durch objektiv pflichtwidriges Verhalten eine positive Vertragsverletzung begangen, dann wird er von seiner Haftung für den dadurch entstandenen Schaden nicht schon durch den Nachweis frei, daß ihn hinsichtlich einer von zwei als Schadensursache in Frage kommenden Handlungen kein Verschulden trifft (vgl. BGH NJW 1980, 2186 = VersR 1980, 1027 = JZ 1981, 273 mit Anm. Baumgärtel = MDR 1981, 39 = LM § 282 BGB Nr. 32).

Soweit es sich dagegen nicht um die Frage des Verschuldens, sondern um die in **erster Linie** 44 festzustellenden **objektiven Voraussetzungen** eines Schadensersatzanspruches aus positiver Vertragsverletzung handelt (Schaden, Ursächlichkeit), trägt der Gläubiger, also hier der Auftraggeber, der den Anspruch geltend macht, die Beweislast (vgl. BGHZ 42, 16 = VersR 1964, 1063; außerdem BB 1964, 448; BGHZ 48, 310 = NJW 1968, 43 = SFH Z 3.00 Bl. 121; BGH NJW 1969, 1708 = BB 1969, 893; BGH VersR 1970, 831 m. w. N.; BGH SFH Z 2.413 Bl. 53). Siehe dazu auch Prölss VersR 1964, 901 sowie Ganten BauR 1977, 162.

Die genannte Beweislastregel ist somit nicht dahin auszudehnen, daß der Inanspruchgenommene auch zu 45 beweisen hat, ihn treffe kein Pflichtverstoß, und der Schaden sei nicht durch sein objektiv pflichtwidriges Handeln entstanden (BGH Betrieb 1969, 745 = VersR 1969, 470). **Anders** liegt es aber, wenn die positive Vertragsverletzung in der **Mißachtung** einer vertraglichen **Aufklärungs- und Beratungspflicht** liegt. Dann trifft den Inanspruchgenommenen die Beweislast dafür, daß der Schaden auch bei pflichtgemäßem Handeln eingetreten wäre, weil sich der Geschädigte über jeden Hinweis oder Rat hinweggesetzt hätte (BGHZ 61, 118 = BB 1973, 1043 = NJW 1973, 1688 = BauR 1973, 379 = WM 1973, 1015 = MDR 1973, 841 = LM § 282 BGB Nr. 20 Anm. Schmidt). Die gegen diese Entscheidung von Hofmann (NJW 1974, 1461) vorgebrachten Bedenken sind nicht gerechtfertigt. Würde man seiner Ansicht folgen, der zur Aufklärung Verpflichtete (Auftragnehmer oder Architekt) könne sich gegen den auf die Verletzung seiner Aufklärungs- und Beratungspflicht gegründeten Schadensersatzanspruch nicht damit verteidigen, es stehe nicht fest, daß der Anspruchsteller (Auftraggeber) seinen Rat beherzigt hätte, würde das vielfach zu einer strengeren Haftung des Aufklärungsverpflichteten führen. Hofmann beachtet nicht hinreichend, daß in dem hier maßgebenden vertraglichen Bereich die Frage der Kausalität zwischen Tun und/oder Unterlassen insbesondere in baurechtlicher Sicht nach dem Geschehensablauf im Einzelfall beurteilt werden muß, zumal eine Haftung grundsätzlich allein nach vertraglichen und nicht nach außervertraglichen Haftungsgrundsätzen in Betracht kommt. Vgl. auch Teil B § 13 Rdn. 155 ff.

Fordert der Auftraggeber von **mehreren Unternehmern** Schadensersatz, muß er grundsätzlich jedem 46 beweisen, daß er objektiv vertragswidrig gehandelt hat; nur soweit dies gelungen ist, müssen sich die Betreffenden vom Vorwurf des Verschuldens entlasten (BGH VersR 1968, 493 = LM § 830 Nr. 11). § 830 Abs. 1 Satz 2 BGB ist hier grundsätzlich nicht entsprechend anwendbar (BGH a. a. O. sowie – für Gewährleistungsansprüche – BGH BauR 1975, 130 = SFH Z 2.414.3 Bl. 11; a. A., jedoch für den vertragsrechtlichen Teil zu weitgehend, Schantl VersR 1981, 105; vgl. auch Deutsch NJW 1981, 2731).

Die dargelegten Grundsätze gelten für den umgekehrten Fall, in dem der Auftragnehmer 47 gegen den Auftraggeber Ansprüche aus positiver Vertragsverletzung geltend macht, entsprechend.

Gleiches trifft zu, wenn sich der Auftraggeber oder der Auftragnehmer im Zusammenhang mit Lieferun- 48 gen seines **Baustofflieferanten beraten** läßt und daraufhin ein nicht taugliches Material angeschafft und verwertet wird; dann ist der Lieferant seinem geschädigten Vertragspartner möglicherweise auch aus positiver Vertragsverletzung schadensersatzpflichtig. Vgl. dazu auch Teil B § 4 Rdn. 232 f.

Soweit hier das **AGB-Gesetz** eingreift (vgl. Teil A § 10 Rdn. 77 ff.), ist für vertraglich abwei- 49 chende Regelungen – vor allem im Rahmen Zusätzlicher Vertragsbedingungen – zur Frage der Beweislast die Verbotsnorm in **§ 11 Nr. 15** (a. a. O.) besonders zu beachten (vgl. auch Teil A § 13 Rdn. 42 ff.).

Allerdings werden durch § 11 Nr. 15 AGB-Gesetz nicht bisher vor allem durch das Gesetz anerkannte Rechtsinstitute erfaßt, die eine Umkehr der Beweislast zur Folge haben, wie das abstrakte Schuldversprechen (§ 780 BGB) und das abstrakte Schuldanerkenntnis (§ 781 BGB); insofern zutreffend OLG Stuttgart BB 1979, 857. Zum Vergleich zwischen konstitutivem und deklaratorischem Schuldanerkenntnis vgl. Crezelius Betrieb 1977, 1541.

50 Zur hier nicht erörterten Frage der **Gewährleistung** bei Beteiligung mehrerer Unternehmer vgl. Teil B § 13 Rdn. 163 ff.

51 6. Die allgemeine Regelung über das Verschulden in **§ 276 BGB gilt nur grundsätzlich,** wie in ihr selbst zum Ausdruck gelangt ist (... sofern nichts anderes bestimmt ist ...). Hiervon können sich nach dem **Gesetz oder dem Vertrag Abweichungen** ergeben. **Gesetzliche** abweichende **Bestimmungen** finden sich z. B. in § 300 BGB (Beschränkung auf Vorsatz und grobe Fahrlässigkeit), § 287 Satz 2 BGB (Erweiterung der Haftung auf Zufall bei während des Verzuges eintretender Unmöglichkeit), § 279 BGB (Haftung für Gattungssachen – insbesondere Geldbeschaffung – bei Unvermögen des Schuldners auch ohne Verschulden). **Durch Vertrag** kann eine Haftungserweiterung bei Garantieverträgen (vgl. hierzu Teil B § 13 Rdn. 840 ff.) eintreten. Vertraglich abweichende Bestimmungen enthalten Teil B § 10 Nr. 5 (Beschränkung auf Vorsatz und grobe Fahrlässigkeit), § 13 Nr. 7 Abs. 2 (teilweise Beschränkung auf Vorsatz und grobe Fahrlässigkeit).

52 Bei **vertraglichen Haftungsvereinbarungen** ist § 276 Abs. 2 BGB zu beachten. Danach ist **wegen Vorsatzes ein Haftungserlaß im voraus,** also bereits im Wege bauvertraglicher Absprache, **unzulässig.** Sofern das **AGB-Gesetz** im betreffenden Fall anzuwenden ist (vgl. Teil A § 10 Rdn. 77 ff.), muß die **Verbotsnorm des § 11 Nr. 7 a. a. O., die einen Haftungsausschluß oder eine Haftungsbeschränkung bei grobem Verschulden verbietet, beachtet werden.** Darüber hinaus kommt **auch bei leichter Fahrlässigkeit ein Freizeichnungsverbot in AGB** in Betracht, nämlich bei zugesicherten Eigenschaften oder einem vergleichbaren Vertrauenstatbestand, bei zumutbarer Abdeckung des Schadens durch eine Haftpflichtversicherung sowie bei einem Verhalten mit typischen Gefahren für Leben und Gesundheit (überzeugend dazu Wolf NJW 1980, 2433). Zur Einschränkung der Haftung für Erfüllungsgehilfen vgl. Rdn. 57 ff.

IV. Haftung für gesetzliche Vertreter und Erfüllungsgehilfen

53 Die in Nr. 1 festgelegte **Haftungspflicht** besteht nach ihrem Wortlaut nicht nur wegen des eigenen Handelns der Vertragspartner selbst, sondern **auch** hinsichtlich ihrer **gesetzlichen Vertreter und** ihrer **Erfüllungsgehilfen.** Dies ist keine Sonderbestimmung für den Bereich des VOB-Vertrages; vielmehr **entspricht** sie den **§§ 276, 278 BGB, also gesetzlichen Regelungen.** Voraussetzung ist auf der einen Seite ein Handeln (Tun oder Unterlassen) dieser mit dem betreffenden Vertragspartner auf die genannte Weise rechtlich verbundenen Personen im **ursächlichen Zusammenhang mit den ihm obliegenden vertraglichen Pflichten** sowie auf der anderen Seite ein **Verschulden dieser Personen.** Hier ist – vor allem auch hinsichtlich des Verschuldens – das **Verhalten des gesetzlichen Vertreters oder des Erfüllungsgehilfen maßgebend,** nicht dasjenige des Vertragspartners, für den diese handeln. Dieser hat sich aber deren Handeln wie eigenes Verschulden anrechnen zu lassen, **§ 278 BGB.** Zum Verschulden für Erfüllungsgehilfen vgl. von Caemmerer, Festschrift für Hauß, S. 373.

54 Eine **unmittelbare Haftung von Vertretern oder Erfüllungsgehilfen** gegenüber dem Partner des von ihnen Vertretenen kommt **nur ausnahmsweise** in Betracht. Neben der insoweit immer möglichen Haftung aus unerlaubter Handlung kann eine Eigenhaftung des Vertreters oder Erfüllungsgehilfen aus culpa in contrahendo oder aus positiver Vertragsverletzung nur zum Zuge kommen, wenn der Vertreter oder der Erfüllungsgehilfe bei den Vertragsverhandlungen oder hinsichtlich von Obliegenheiten aus einem bestehenden Vertrag schuldhaft ein

besonderes **Vertrauen** erweckt hat, aufgrund dessen es zum Schaden gekommen ist (vgl. dazu BGH SFH § 278 BGB Nr. 1; für den Bereich der culpa in contrahendo s. insbesondere Einl. Rdn. 66 ff.).

1. Der **Begriff des gesetzlichen Vertreters** ist im Bereich des § 278 BGB im weiteren Sinne aufzufassen. Hierunter fallen nicht nur die Eltern, der Vormund, der Pfleger oder der Beistand, sondern auch alle Personen, die kraft Gesetzes mit Wirkung für andere handeln, wie der Konkurs- und Zwangsverwalter und der Testamentsvollstrecker (RGZ 144, 401), der Geschäftsführer einer GmbH, der Komplementär einer KG, der persönlich haftende Gesellschafter einer OHG. **Nicht** sind dagegen von **§ 278 BGB erfaßt der Vorstand oder die sonst verfassungsgemäß** berufenen **Vertreter juristischer Personen** des privaten oder öffentlichen Rechts. Hier handelt es sich um **Organe,** deren Verschulden **eigenes Verschulden** der juristischen Person selbst ist; insoweit finden die Vorschriften der §§ 30, 31, 86, 89 BGB Anwendung. Eine **Behörde als Auftraggeberin hat für das Verschulden des Stadtbaumeisters als ihres satzungsmäßig berufenen Vertreters** nach §§ 31, 89 BGB einzustehen (BGH VersR 1960, 824 = SFH Z 2.400 Bl. 28). 55

2. Erfüllungsgehilfe ist diejenige Person, deren sich der vertraglich zur Leistung Verpflichtete **zur Erfüllung seiner Vertragspflichten bedient.** Voraussetzung ist, daß die betreffende Person **mit Willen des zur Vertragserfüllung Verpflichteten tatsächlich zum Zwecke der Erfüllung als „Hilfsperson" tätig** wird, wobei es unbeachtlich ist, ob der Gehilfe weiß, daß er als solcher bei der Erfüllung eingesetzt ist (vgl. BGH VersR 1969, 1109; BGH BauR 1978, 304 = NJW 1978, 1157 = BB 1978, 832 = VersR 1978, 520 = Betrieb 1978, 837 = WM 1978, 617 = SFH § 278 BGB Nr. 2 = MDR 1978, 655 = LM § 278 BGB Nr. 77). Dabei muß sich die Tätigkeit des Erfüllungsgehilfen als eine vom Schuldner gewollte Mitwirkung bei der Vertragserfüllung darstellen (a. a. O.; BGHZ 13, 111, 113 f.; BGH BauR 1979, 159 = SFH § 635 BGB Nr. 1 = ZfBR 1979, 24 = BB 1979, 1321). Vgl. auch Rdn. 63 ff. Über die Eigenschaften eines Erfüllungsgehilfen im Bauwesen vgl. BGH NJW 1952, 217 = SFH Z 2.221 Bl. 2. Grundsätzlich gilt: Für Anwendung des § 278 BGB ist der **Inhalt des Vertrages,** nicht die Art und Weise seiner Ausführung **maßgebend** (BGH VersR 1968, 350). 56

a) Auf seiten des Auftragnehmers sind Erfüllungsgehilfen alle Personen, die er zur Erledigung seiner bauvertraglichen Leistungspflichten im weitesten Sinne einsetzt. Erfüllungsgehilfe ist auch derjenige, dessen sich der Auftragnehmer zur Erfüllung vertraglicher Nebenpflichten bedient, insbesondere der ihm vertraglich auferlegten **Obhutspflichten** (vgl. Rdn. 10-28). Es kommt nicht darauf an, ob und in welchem Vertragsverhältnis (z. B. Dienstvertrag) die betreffenden Personen im Innenverhältnis zum Auftragnehmer stehen. Es kommen nicht nur Aufsichtspersonen (Bauführer, Poliere) in Betracht, sondern auch alle diejenigen, die mit der Ausführung der Leistung zu tun haben (Handwerker, Arbeiter, Hilfsarbeiter, Kranführer, Kraftfahrzeugführer usw.). 57

Eine Gemeinde hat gegenüber einem Anschlußnehmer ihrer Abwasseranlage für eine Beschädigung durch eine Baufirma einzutreten, die von ihr im Rahmen der Errichtung einer U-Bahn mit Arbeiten in der Nähe der Leitung beauftragt worden ist (BGH VersR 1978, 38).

Zu den **Erfüllungsgehilfen** sind **auch die Nachunternehmer** zu zählen (vgl. hierzu Anhang zu Teil A Rdn. 121 ff.), sofern der **Auftraggeber** mit ihrem Einsatz und ihrer Beauftragung **einverstanden** ist (vgl. Teil B § 4 Nr. 8). Ist er das nicht, kann nicht von einem Erfüllungsgehilfen gesprochen werden, weil der Auftragnehmer dann nicht zur Übertragung einer Leistungserfüllung aus dem Bauvertrag dem Auftraggeber gegenüber berechtigt ist. Dann haftet der Auftragnehmer bei einem Verschulden des unzulässigerweise eingesetzten Nachunternehmers **unmittelbar** aus § 276 BGB. 58

Zur Erfüllungsgehilfeneigenschaft des **vorleistenden Unternehmers** vgl. Teil B § 13 Rdn. 195 ff.

59 **Nicht Erfüllungsgehilfe** des Auftragnehmers sind dessen **Baustofflieferant** und die von diesem zur Erfüllung seiner gegenüber dem Auftragnehmer bestehenden Vertragspflichten – auch im Hinblick auf seine Gewährleistung – eingesetzten Arbeitnehmer (vgl. dazu Teil B § 4 Rdn. 232 f.).

60 Soweit sie hiernach in Betracht kommt, richtet sich die Haftung für Erfüllungsgehilfen nach § 278 BGB. Dabei kann **individualvertraglich ein Erlaß der Haftung vereinbart** werden. Das gilt nicht nur für fahrlässiges oder grob fahrlässiges Verhalten des Erfüllungsgehilfen, sondern auch für Vorsatz. § 278 BGB spricht in Satz 2 aus, daß § 276 Abs. 2 BGB keine Anwendung findet. Gilt diese Beschränkung für den Ausschluß einer Haftung für Erfüllungsgehilfen mithin nicht, muß doch auf der anderen Seite zum **Schutze des redlichen Verkehrs** im Bauwesen gefordert werden, daß ein solcher Ausschluß der Haftung nicht nur für fahrlässiges, sondern auch für vorsätzliches Handeln des Erfüllungsgehilfen im Rahmen der Vertragsbedingungen in einer dem anderen Bauvertragspartner auch **mit Sicherheit zum Bewußtsein gebrachten Weise** erfolgt. Treu und Glauben erfordern es, daß der andere Vertragspartner vor Abschluß des Vertrages so informiert wird, daß er eine solche Vertragsbedingung nach menschlichem Ermessen **nicht übersehen kann.** Soweit hier allerdings das **AGB-Gesetz** eingreift (vgl. Teil A § 10 Rdn. 77 ff.), ist - besonders für Zusätzliche Vertragsbedingungen – die Verbotsklausel in § **11 Nr. 7** a. a. O. wesentlich, wonach eine Haftung für grobes Verschulden (Vorsatz, grobe Fahrlässigkeit) auch des Erfüllungsgehilfen und des gesetzlichen Vertreters nicht ausgeschlossen oder begrenzt werden kann; diese Grenzen müssen – auch für den Bereich unerlaubter Handlung – eingehalten werden; falls dies geschieht, liegt darin grundsätzlich noch keine nach § 11 Nr. 15 a AGB-Gesetz zu beanstandende Beweislastverschiebung (BGH ZIP 1985, 687 = VersR 1985, 595 = v. Westphalen EWiR § 11 Nr. 7 AGBG 1/85, 237). Sofern es sich um Haftungsbeschränkungsklauseln im Bereich des rein kaufmännischen Verkehrs handelt, gilt § 11 Nr. 7 AGB-Gesetz über die §§ 24 Abs. 2, 9 AGB-Gesetz allerdings nur in eingeschränktem Sinne. Entscheidend dürfte sein, ob und inwieweit dem Vertragsgegner des Verwenders eine Haftungsbeschränkung oder gar ein Haftungsausschluß zumutbar ist; insbesondere ob ihm andere Ersatzmöglichkeiten offenstehen (z. B. Versicherung) und ob eine etwaige Begrenzung in der Höhe für einen Kaufmann hinnehmbar erscheint (zu weitgehend im Hinblick auf eine mögliche Haftungsbeschränkung Alisch JZ 1982, 706, 707 f.).

61 b) Als **Erfüllungsgehilfen des Auftraggebers** kommen neben anderen Personen, deren er sich zur Erfüllung seiner bauvertraglichen Pflichten und Nebenpflichten bedient, wie z. B. Familienangehörige oder sonstige Dritte, in erster Linie der von ihm beauftragte **Architekt** oder der sonst von ihm bestellte **Bauleiter** in Betracht. Der hier maßgebende Begriff des Bauleiters ist nicht zu verwechseln mit dem verantwortlichen Bauleiter des öffentlichen Baurechts. Zu letzterem siehe Teil B § 4 Rdn. 138 ff. Grundsätzlich ist der **Architekt** Erfüllungsgehilfe des Auftraggebers, sofern es sich um ihm übertragene **Planung** und die **technische und geschäftliche Oberleitung einschließlich der Koordinierungspflichten** handelt (dazu BGH NJW 1972, 447; **jetzt § 15 HOAI Leistungsphasen 1–7,** sofern dort Elemente der früheren technischen und geschäftlichen Oberleitung – § 19 Abs. 1 g GOA – enthalten sind, vgl. dazu Hesse/Korbion/Mantscheff § 15 Rdn. 4), **nicht** aber **hinsichtlich der Aufsichtspflicht** (Bauaufsicht bzw. Objektüberwachung; jetzt § 15 HOAI Leistungsphasen 8, 9; zum örtlichen Bauführer vgl. Neuenfeld BauR 1974, 17), siehe Teil B § 13 Rdn. 676 ff. Vgl. hierzu OLG Frankfurt (NJW 1968, 1333) und BGH SFH Z 2.20 Bl. 1 ff., der im übrigen auch zur Frage des **Mitverschuldens** Stellung nimmt, die aus dem allgemeinen Rechtsgedanken des **§ 254 BGB** für das gesamte Haftungsrecht von Bedeutung ist (ferner BGH VersR 1964, 267 = SFH Z 2.400 Bl. 33 ff.; BGHZ 70, 187, 191 = BauR 1978, 149 = NJW 1978, 643 mit Anm. Hüsemeyer NJW 1978, 1165 = MDR 1978, 396 = JZ 1978, 354 = BB 1978, 378 = LM § 361 BGB Nr. 38; BGH BauR 1982, 514 = SFH § 72 ZPO Nr. 2).

62 Es ist Sinn des **§ 254 BGB,** den an sich ersatzpflichtigen Schädiger nicht den endgültigen wirtschaftlichen Nachteil der einem anderen zugefügten Schädigung voll tragen zu lassen, wenn der Geschädigte selbst zur Entstehung des Schadens beigetragen hat (vgl. auch BGH MDR 1962, 473). Ein mitwirkendes Verschulden ist ein **Verschulden in eigener Angelegenheit,** nämlich ein Außerachtlassen derjenigen Aufmerk-

samkeit und Sorgfalt, die nach Lage der Sache zur Wahrnehmung eigener Angelegenheiten jeder verständige Mensch ausübt, um Schäden zu vermeiden (BGH SFH Z 3.00 Bl. 52 ff.). **Zur Berechnung der Schadensquote bei mitwirkendem Verschulden beachtlich Aurnhammer VersR 1974, 1060.**
Zur gesamtschuldnerischen Haftung von Architekt und Unternehmer siehe Teil B § 13 Rdn. 27 ff.

Nach BGH NJW 1961, 1523 = SFH Z 4.142 Bl. 23 hat der Baggerunternehmer neben dem bauleitenden Architekten eigenverantwortlich zu prüfen, ob durch eine Ausbaggerung der Boden des Nachbargrundstücks nicht die erforderliche Stütze verliert. Ist nach den gegebenen Verhältnissen schon bei geringen Änderungen der geplanten Ausbaggerung mit Schaden zu rechnen, hat der Auftragnehmer sicherzustellen, daß die Ausbaggerung entsprechend seiner Anweisung erfolgt und solchenfalls eine Erweiterung der Baugrube auch nicht auf einseitige Anordnung des bauleitenden Architekten durchgeführt wird. Meines Erachtens geht diese Auffassung etwas weit. Grundsätzlich gilt aber: Wer als Bauherr, Bauunternehmer oder Architekt die Mauer des Nachbargrundstückes unterfängt, handelt schuldhaft, wenn er sich nicht zuvor des Einverständnisses des Nachbarn vergewissert (BGH VersR 1970, 376 = BauR 1970, 120 = SFH Z 4.142 Bl. 70 ff.).

Zum ursächlichen Zusammenhang fehlerhafter Bauplanung und Bauleitung mit einer nach teilweisem Hauseinsturz getroffenen behördlichen Anordnung weiteren Mauerabbruches BGHZ 57, 245 = BauR 1972, 189 = NJW 1972, 195 = MDR 1972, 221.

Im übrigen gilt hier das in Rdn. 57 ff. zum Grundsätzlichen Ausgeführte entsprechend.

c) Da für eine Haftung Voraussetzung ist, daß die gesetzlichen Vertreter oder Erfüllungsgehilfen **in Erledigung der bauvertraglichen Pflichten** handeln, genügt hierfür nicht nur ein äußerer, sondern es **muß** auch ein **innerer Zusammenhang** gegeben sein (vgl. RGZ 63, 344; BGH SFH Z 4.01 Bl. 42 ff. = VersR 1966, 1154). Es darf deshalb **nicht nur ein Handeln bei Gelegenheit** der Bauausführung vorliegen, wie z. B. ein Diebstahl des zu Stemmarbeiten eingesetzten Hilfsarbeiters (so auch OLG Hamburg MDR 1977, 752; a. A. Ratjen JR 1979, 232). Die Abgrenzung im Einzelfall ist nicht immer einfach. Sogenannte „Neugierhandlungen" einzelner Arbeitnehmer schließen die an die Erfüllungsgehilfeneigenschaft zu Lasten des Auftragnehmers geknüpfte Rechtsfolge nicht ohne weiteres aus. Hält z. B. ein Arbeiter des Auftragnehmers ein Streichholz an eine mit Klebstoff versehene Isolierplatte, die eingebaut werden soll, um festzustellen, ob es sich wirklich um einen feuergefährlichen Stoff handelt, so geschieht dies im äußeren und inneren Zusammenhang mit der Bauleistung bzw. der damit verbundenen vertraglichen Obhutspflicht des Auftragnehmers (BGH SFH Z 4.01 Bl. 42 ff. = VersR 1966, 1154).

Hier ist das Urteil des BGH vom 4. 11. 1953 von Interesse (BGHZ 11, 151 = NJW 1954, 505 = SFH Z 4.11 Bl. 1 ff.). Ein Unternehmer, der auf einem fremden Grundstück eine nicht unbeträchtliche Anzahl von Arbeitern für eine nicht unerhebliche Zeit beschäftigt, ist, wenn die Gefahr planmäßiger Diebstähle auf dem Grundstück (des Auftraggebers) durch seine Arbeiter erkennbar ist, verpflichtet, Maßnahmen zu ergreifen, um solche Diebstähle während der Arbeitszeit nach Möglichkeit zu verhindern. Über die Haftung des Auftragnehmers für das Unterlassen von Sicherungsmaßnahmen bei der Bauausführung durch einen Erfüllungsgehilfen (Abwurf eines Holzbalkens) vgl. BGH SFH Z 4.13 Bl. 45 ff. Nicht Erfüllungsgehilfe des einen Auftragnehmers ist der andere Auftragnehmer, der eine **eigene und selbständige bauvertragliche Verpflichtung gegenüber dem Auftraggeber** übernommen hat, also nicht Nachunternehmer ist. Insoweit kommt eine gesamtschuldnerische Haftung beider in Betracht, falls die Schadensursache sowohl auf das schuldhafte Handeln des einen Auftragnehmers oder seiner Erfüllungsgehilfen als auch auf das Handeln des anderen Auftragnehmers oder seiner Erfüllungsgehilfen zurückgeführt werden muß. Das kommt vor allem in Frage, wenn sich nicht eindeutig ermitteln läßt, von der Seite der Schaden oder die Vertragswidrigkeit schuldhaft verursacht worden ist.

Haben sich **mehrere Auftragnehmer im Rahmen eines Vertrages zur gemeinschaftlichen Herstellung** eines einheitlichen Bauwerkes verpflichtet, kann die Haftung eines jeden Mitunternehmers nicht nur für das Verschulden der anderen Mitunternehmer, sondern auch für das Verschulden der von diesen bestellten Erfüllungsgehilfen begründet sein, vgl. hierzu BGH NJW 1952, 217. Siehe auch die Entscheidung des BGH vom 23. 3. 1956, in der es um die Zurverfügungstellung von Arbeitern und Polieren des

Auftragnehmers an den Auftraggeber sowie dessen Architekten geht (SFH Z 3.11 Bl. 1 ff.). Dann bleibt der Auftragnehmer Geschäftsherr im Verhältnis zu seinen Arbeitern und Polieren, wenn ihm diesen gegenüber weiter Aufsichtsrechte und -pflichten obliegen.

C. Schadensausgleich im Innenverhältnis zwischen Auftragnehmer und Auftraggeber bei Haftung gegenüber einem Dritten aufgrund gesetzlicher Haftpflichtbestimmungen (Nr. 2)

I. Allgemeines

66   Grundlegende **Voraussetzung** für den hier erörterten **Haftungsausgleich** im Innenverhältnis der Bauvertragspartner ist es, daß **einem Dritten** im Zusammenhang mit der Bauleistung **ein Schaden entstanden** ist. Für die Regelung der Nr. 2 ist dies aber nur von Bedeutung, wenn der Schaden **adäquat-kausal auf den Bauleistungsvorgang zurückzuführen** ist (vgl. dazu Rdn. 29 ff.), wobei gerade auch der **Anscheinsbeweis** eine Rolle spielen kann (vgl. dazu Rdn. 33 ff.). Dieser Schaden muß seinen Ursprung in einem menschlichen Versagen anläßlich der Bauausführung haben. Dies beschränkt sich allerdings nicht auf die eigentliche Bauarbeit selbst, sondern bezieht sich auch auf – nach Vertragsabschluß erfolgende – Vorbereitungsarbeiten, wie z. B. Baustelleneinrichtung, Baustellenbesichtigungen unmittelbar vor Arbeitsbeginn zwecks Festlegung des Arbeitsablaufs. Dabei kann es sich sowohl um ein Handeln des Vertragspartners selbst als auch seiner Vertreter oder Erfüllungsgehilfen (vgl. dazu Rdn. 56 ff.), im Rahmen der Delikthaftung **Verrichtungsgehilfe** (vgl. § 831 BGB) genannt, handeln. Der Auftragnehmer ist im übrigen grundsätzlich nicht Verrichtungsgehilfe des Auftraggebers (BGH VersR 1964, 46).

II. Haftung aufgrund gesetzlicher Haftpflichtbestimmungen

67   Weitere Voraussetzung ist eine **Haftung beider Vertragspartner aufgrund der gesetzlichen Haftpflichtbestimmungen.** Der Begriff der gesetzlichen Haftpflichtbestimmungen ist nicht zu eng aufzufassen. Vielmehr sind **alle gesetzlichen Regelungen einzubeziehen, aufgrund deren eine Schadensersatzpflicht des Auftraggebers und des Auftragnehmers aus einer Schadensentstehung im Zusammenhang mit der Bauleistung einem Dritten,** der für sich nicht Rechte aus dem Bauvertrag selbst herzuleiten vermag, gegenüber vorliegt.

68   Das gilt auch für aus dem Gesetz zu entnehmende Haftungsgrundlagen, die sich aus einem besonderen Rechtsverhältnis eines Bauvertragspartners zu einem Dritten ergeben. So muß eine Gemeinde (Auftraggeber) gegenüber einem Anschlußnehmer (Dritten) für eine Beschädigung der Hausanschlußleitung durch eine Baufirma (Auftragnehmer) eintreten, die von der Gemeinde im Rahmen der Errichtung einer U-Bahn mit Arbeiten in der Nähe der Leitung beauftragt worden ist. Sie trifft nämlich die vertragliche Nebenpflicht aus dem zwischen ihr und dem Abnehmer bestehenden öffentlich-rechtlichen Schuldverhältnis dahin gehend, alles zu unterlassen, was die Funktionsfähigkeit der Anschlußleitung gefährden oder beeinträchtigen könnte; insofern ergibt sich ihre Haftung aus den §§ 276, 278 BGB, da die Baufirma insoweit ihre Erfüllungsgehilfin ist (BGH MDR 1978, 298). Auch § 1542 RVO ist für den hier erörterten Bereich zu beachten.

1. § 823 Abs. 1 BGB

69   In erster Linie kommen die Vorschriften des BGB **über unerlaubte Handlungen** in Betracht, nämlich **§ 823 Abs. 1 BGB,** der die vorsätzliche oder fahrlässige Verletzung fremder Rechtsgüter, **des Eigentums,** des Körpers, der Gesundheit, der Freiheit oder eines sonstigen Rechts behandelt. Zur Frage des Nutzungsausfalles infolge unerlaubter Handlung gilt das in Teil B § 4 Rdn. 357 ff. Gesagte entsprechend. Für den Bereich des Bauwesens zählen zum Rahmen des § 823 Abs. 1 BGB vornehmlich auch die **Verkehrssicherungspflichten** (vgl. Rdn. 100 ff.)

sowie die **Pflicht zur Einhaltung der Unfallverhütungsvorschriften** (vgl. Rdn. 152 ff. ff.) sowie der **allgemein anerkannten Regeln der Technik** (vgl. Teil B § 4 Rdn. 141 ff.). Zu den sonstigen Rechten gehört auch das **Recht am eingerichteten und ausgeübten Gewerbebetrieb** (BGHZ 3, 270, 279 f.; LG Karlsruhe VersR 1972, 1060). Die Problematik der Abgrenzung zwischen Eigentums- und – von § 823 Abs. 1 BGB nicht geschütztem – Vermögensschaden liegt wesentlich in der Abwicklung des Mängelfolgeschadens bei Schlechtleistungen (zutreffend Plum AcP 1981, Bd. 181, 68).

Zur vertragsrechtlichen Haftung für fehlerhafte Produkte und zum deliktsrechtlichen Eigentumsschutz nach § 823 Abs. 1 BGB vgl. kritisch Brüggemeier VersR 1983, 501.

Zu Unterlassungs- und Schadensersatzansprüchen des durch nachbarliche Baumaßnahmen beeinträchtigten Gewerbebetriebes vgl. Werner/Hildebrandt NJW 1982, 2219; s. auch Rdn. 72 ff., 206 ff. Über Störungen eines Ladenbetriebs durch Bauarbeiten eines anderen vgl. OLG Düsseldorf NJW 1961, 1925 f.; das Urteil befaßt sich zugleich mit Fragen der in solchen Fällen maßgeblichen Überwachungspflicht. Beeinträchtigungen des Gewerbebetriebes eines Straßenanliegers infolge des Baues einer gemeindlichen Kanalisationsanlage können enteignenden Charakter haben (BGHZ 57, 359 = NJW 1972, 243 = MDR 1972, 216 = BB 1972, 62 = Betrieb 1972, 133 = VersR 1972, 537 = BauR 1972, 257); vgl. dazu auch BGH NJW 1976, 1312 = Betrieb 1976, 1151 und für den Fall der Untertunnelung sowie der Anlage einer Fußgängerzone BGH Betrieb 1980, 2509. Über die Berechnung einer Enteignungsentschädigung für vorübergehende Eingriffe in einen Gewerbebetrieb siehe BGH, Urt. vom 26. 6. 1972 – III ZR 203/68 –. Zur möglichen Eigentumsverletzung im Falle der Verkantung eines Gebäudes dadurch, daß das danebenliegende Grundstück infolge Vertiefung durch Baumaßnahmen auf einem davorliegenden Grundstück die Stütze verloren hat, vgl. Rdn. 73 ff. Über die Beweislastverteilung im Rahmen des § 823 Abs. 1 BGB vgl. Baumgärtel und Wittmann, Festschrift für Schäfer, de Gruyter-Verlag, 1980, S. 13 ff. sowie Baumgärtel § 823 Rdn. 1 ff. Ein Gasinstallateur, der beim Einbau einer Gastherme mit Abgasklappe Montagefehler begangen hat, ist bei einer Kohlenmonoxydvergiftung der Hausbewohner auch dann zum Schadensersatz verpflichtet, wenn zwar die Ursächlichkeit der falschen Montage für das Schadensereignis nicht festgestellt werden kann, jedoch auch alle anderen in Betracht kommenden Schadensursachen in seinen Verantwortungsbereich fallen (OLG Celle BauR 1987, 231 = VersR 1987, 993). Die nachbarrechtlichen Vorschriften, wie z. B. § 906 BGB, sind in dem von ihnen erfaßten Regelungsbereich dafür maßgebend, ob eine widerrechtliche Handlung i. S. des § 823 Abs. 1 BGB vorliegt (BGHZ 90, 225 = NJW 1984, 2207 = MDR 1984, 745 = VersR 1984, 655 = LM § 823 [Aa] BGB Nr. 70).

Zur **Verjährung** (§ 852 BGB), auch bei den nachfolgend erörterten anderen Haftungsgrundlagen aus dem Gesichtspunkt der unerlaubten Handlung, gilt das in Teil B § 13 Rdn. 295 ff. Gesagte. Für den Bereich des § 909 BGB vgl. Rdn. 73 ff.

2. § 823 Abs. 2 BGB (Schutzgesetze)

Ferner ist § 823 Abs. 2 BGB zu beachten, der die schuldhafte **Verletzung eines Schutzgesetzes** erfaßt. Schutzgesetze in dem hier maßgebenden Sinne liegen nur vor, wenn die betreffende Rechtsnorm nach ihrem Inhalt und Zweck nicht (nur) die Belange der Allgemeinheit schützt und damit auch dem Geschädigten nützt, sondern (zumindest auch) dem Schutz des Geschädigten dienen soll und es die so geschützten Einzelinteressen sind, die er mit seinem Ersatzverlangen verfolgt (BGH MDR 1975, 130 m. w. N.; BGH NJW 1976, 1740 = BauR 1977, 66 = MDR 1977, 131 = VersR 1976, 1043). Der **Individualschutz muß beabsichtigt, nicht nur objektiv bewirkt sein,** wobei es sich nicht um den Hauptzweck des Gesetzes zu handeln braucht (BGH a. a. O. sowie NJW 1976, 1888 = BauR 1977, 69 = MDR 1977, 41). Zur Gesetzestechnik des § 823 Abs. 2 BGB beachtlich Peters JZ 1983, 913. In bezug auf die Verletzung eines Schutzgesetzes hat der **Geschädigte die Umstände zu beweisen, aus denen sich objektiv der Verstoß gegen ein Schutzgesetz, die Ursächlichkeit für den eingetretenen Schaden und das Verschulden des Inanspruchgenommenen ergibt;** steht allerdings die Verletzung eines Schutzgesetzes objektiv fest, so muß der Inanspruchgenommene regelmäßig Umstände darlegen und beweisen, welche die Annahme seines Verschuldens ausräumen; auch hinsichtlich der Ursächlichkeit können im Einzelfall zugunsten des

Geschädigten Beweiserleichterungen in Betracht kommen, wie durch Annahme eines Anscheinsbeweises oder in engen Grenzen auch eine Beweislastumkehr, wenn Wesen und Inhalt der materiellen Schutznorm und die in ihr enthaltene Verhaltensanweisung es gebieten, dem Schädiger aufgrund einer von ihm geschaffenen unklaren Beweislage die Sachverhaltsaufklärung und ihre Risiken aufzuerlegen (BGH NJW 1985, 1774 m. w. N.).

73 a) **Zu den Schutzgesetzen gehören** die **§§ 907, 909 BGB** (BGHZ 12, 75 = NJW 1954, 593 = SFH Z 2.10 Bl. 1; BGH VersR 1959, 470; BGH NJW 1960, 335; BGH LM § 909 BGB Nr. 4 a; BGH NJW 1971, 935 = WM 1971, 897). **§ 909 BGB gilt für jeden, der ein Grundstück vertieft oder daran mitwirkt, insbesondere also für den Auftraggeber, den Auftragnehmer und den Architekten** (BGHZ 85, 375 = BauR 1983, 177 = VersR 1983, 336 = NJW 1983, 872 = JZ 1983, 452 = MDR 1983, 567 = SFH § 906 BGB Nr. 2 = ZfBR 1983, 87 m. w. N.; vgl. dazu insbesondere Littbarski Rdn. 243 ff. sowie Kullmann, Festschrift Korbion S. 235, 243 f.). **Für die Anwendung des § 909 BGB genügt jede Einwirkung auf das Grundstück, die zur Folge hat, daß der Boden des Nachbargrundstückes in der Senkrechten den Halt verliert oder daß dort die Festigkeit der unteren Bodenschichten in ihrem waagerechten Verlauf beeinträchtigt wird** (BGH a. a. O.). Die Frage, ob infolge einer Vertiefung der Boden des Nachbargrundstückes die **erforderliche Stütze** i. S. des § 909 BGB verliert, beurteilt sich danach, welche Befestigung das Nachbargrundstück nach seiner tatsächlichen Beschaffenheit benötigt; rechtswidrig ist eine Vertiefung somit auch dann, wenn sie zu einer Beeinträchtigung der Standfestigkeit des Nachbarhauses nur in Anbetracht seiner schon durch Alter und Kriegseinwirkungen bedingten Schadensanfälligkeit führt (BGH a. a. O.). Jedoch: Ist ein Grundstücksnachbar im Rahmen des nachbarrechtlichen Gemeinschaftsverhältnisses nach Treu und Glauben ausnahmsweise zur Duldung einer nach § 909 BGB an sich unzulässigen Vertiefung durch den anderen Nachbarn verpflichtet, so handelt der Architekt, der im Auftrag dieses anderen Nachbarn die Vertiefung plant und durchführt, nicht rechtswidrig (BGHZ 101, 290 = BauR 1987, 717 = Betrieb 1988, 113 = NJW 1987, 2808 = MDR 1987, 1012 = LM § 909 BGB Nr. 30). Hat der Eigentümer des beeinträchtigten Grundstückes das benachbarte Grundstück selbst abgegraben und eine Stützmauer gebaut, so kann grundsätzlich auch sein (Sonder-)Rechtsnachfolger gegen den Eigentümer des vertieften Grundstückes keine Ansprüche auf der Grundlage des § 909 BGB (wie auf Herstellung einer genügenden anderweitigen Befestigung nach Einsturz der alten Stützmauer) erheben (BGH BauR 1984, 661 = NJW 1984, 2463 = MDR 1984, 924 = SFH § 909 BGB Nr. 9). Hat der Eigentümer eines Grundstückes durch dessen Vertiefung die Festigkeit eines ihm zunächst ebenfalls gehörenden Nachbargrundstückes beeinträchtigt, so kann der Käufer des beeinträchtigten Grundstückes gegen ihn keine Schadensersatzansprüche unter dem Gesichtspunkt der unzulässigen Vertiefung (§ 909 BGB) geltend machen; ein nachbarrechtlicher Ausgleichsanspruch analog § 909 Abs. 2 BGB wegen der fortwirkenden Folge der Vertiefungshandlung wird in diesem Fall schon durch die Sonderregelungen des Kaufgewährleistungsanspruches ausgeschlossen (BGH BauR 1988, 350 = SFH § 459 BGB Nr. 8 = Medicus EWiR § 909 BGB 1/88, 361 = NJW 1988, 1202 = MDR 1988, 483 = LM § 459 BGB Nr. 89).

74 Zur Sorgfaltspflicht des Auftraggebers bei der Auswahl eines Auftragnehmers für Fundamentierungsarbeiten BGH MDR 1970, 754 = VersR 1969, 1096 = SFH Z 4.142 Bl. 68; zum Nachweis der Ursächlichkeit von Erdarbeiten für Mauerrisse an einem benachbarten Bauwerk BGH VersR 1969, 378. Wer als Bauherr, Bauunternehmer oder Architekt die Mauer des **Nachbargrundstückes** unterfängt, handelt schuldhaft, **wenn er sich nicht zuvor des Einverständnisses des Nachbarn vergewissert** (BGH VersR 1970, 376 = BauR 1970, 120 = SFH Z 4.142 Bl. 70).

75 Zur Haftung des Auftraggebers und des Architekten für Schäden am Nachbarhaus ferner BGH NJW 1969, 2140 = MDR 1970, 32 = BB 1969, 1457 = LM § 909 BGB Nr. 9 = BauR 1970, 123. Auch der Statiker kann für eine Grundstücksvertiefung verantwortlich sein, wenn er die ihm obliegenden Sorgfaltspflichten

schuldhaft verletzt (OLG Düsseldorf BauR 1975, 71). Also kommt eine Haftung von Auftragnehmer, Architekt und Statiker für eine unzulässige Grundstücksvertiefung in Betracht (vgl. dazu OLG Köln BauR 1987, 472). Vertieft wird ein Grundstück auch beim Abgraben des Fußes eines Hanges, BGH MDR 1972, 404 = LM § 909 BGB Nr. 14 = NJW 1972, 629 [L] = SFH Z 4.142 Bl. 83. Gleiches gilt für das Abrutschen eines Hanges bei Bachregulierungsarbeiten, BGH NJW 1973, 2007. Vertiefung ist es auch, wenn sich der Boden ohne Entnahme von Bodenbestandteilen infolge des Gewichts eines Neubaues und der dadurch bedingten Pressung des Untergrundes senkt, infolge einer durch Druck ausgesetzten Pressung in Bewegung gerät und seinen Halt verliert (BGHZ 44, 130 = NJW 1965, 2099 = SFH Z 4.142 Bl. 40; OLG Düsseldorf BauR 1975, 71).

In den Schutzbereich des § 909 BGB sind benachbarte Grundstücke einbezogen, die durch eine unzulässige Vertiefung geschädigt werden. Läßt ein Hauseigentümer sein Haus abbrechen, um neu zu bauen, dann haftet er, wenn wegen nicht sachgerechten Aushebens der Baugrube Gebäudeteile des Nachbarhauses die Standfestigkeit verlieren (OLG Köln VersR 1988, 581). Wird dem Boden eines Nachbargrundstückes die erforderliche Stütze durch Vertiefung genommen, hierdurch das auf dem Nachbargrundstück aufstehende Gebäude verkantet, so handelt es sich insoweit um einen Fall des § 909 BGB; wird aber als Folge einer solchen Verkantung ein Gebäude auf einem weiteren Grundstück beschädigt, so ist dieser letztere Schaden nicht von dem durch § 909 BGB bezweckten Schutz des Bodens von Nachbargrundstücken erfaßt (BGHZ 12, 75 = NJW 1953, 593 = VersR 1954, 101 = SFH Z 2.10 Bl. 1; bestätigt durch BGH BauR 1979, 355 = VersR 1979, 442 = Betrieb 1979, 937 = MDR 1979, 655 = LM § 909 BGB Nr. 20 = SFH § 823 BGB Nr. 4 = ZfBR 1979, 102, insoweit entgegen OLG Düsseldorf VersR 1977, 362 [L]). Wie der BGH in der zuletzt genannten Entscheidung zutreffend hervorgehoben hat, kann sich eine Ersatzpflicht dann aber aus dem Gesichtspunkt der **Eigentumsverletzung nach § 823 Abs. 1 BGB** ergeben. Das Gesagte kommt auch für Schäden in Betracht, die an einem Nachbarhaus zwar aus Anlaß der Grundstücksvertiefung, aber nicht durch Verlust der für das Haus erforderlichen Baustütze, sondern durch Bodenerschütterungen – also durch Immissionen – verursacht worden sind (BGHZ 85, 375 = BauR 1983, 177 = VersR 1983, 336 = NJW 1983, 872 = JZ 1983, 452 = MDR 1983, 567 = SFH § 909 BGB Nr. 2 = ZfBR 1983, 87).

Über die Grundstücksvertiefung durch gemeindliche Kanalisationsanlage BGHZ 57, 370 = BauR 1972, 257 = NJW 1972, 527 = MDR 1972, 306 = BB 1972, 201 = LM § 909 BGB Anm. Kreft = SFH Z 4.142 Bl. 79; dazu auch OLG Düsseldorf VersR 1972, 158; vgl. ferner BGH NJW 1978, 1051 = MDR 1978, 646 = BB 1978, 1442 = LM § 909 BGB Nr. 17. Wird durch Ausschachtungen an einer öffentlichen Straße, die im Zuge privatrechtlich organisierter Ausbauarbeiten vorgenommen worden sind, die Standfestigkeit eines auf einem Nachbargrundstück errichteten Hauses beeinträchtigt, so kann das einen nachbarrechtlichen Ausgleichsanspruch auslösen (BGHZ 72, 289 = BauR 1979, 80 = NJW 1979, 164 = SFH § 1004 BGB Nr. 1 = BB 1979, 805 = Betrieb 1978, 2370 = ZfBR 1979, 70). Sind bei Straßenbauarbeiten erforderliche Abstützungsmaßnahmen an der Gartenmauer auf Anordnung der Mitarbeiter des Straßenbauamtes unterblieben, so ist trotz entsprechender Vertragsgestaltung eine das Land entlastende eigenverantwortliche Bauausführung durch das Straßenbauunternehmen nicht mehr gegeben; wird einem Bauwerk auf Anweisung eines Bediensteten der Landesbehörde die Stütze entzogen, so ist darin ein rechtswidriger hoheitlicher Eingriff in das Eigentum zu sehen (OLG Stuttgart VersR 1987, 910). Es kann einen entschädigungspflichtigen Eingriff in das Grundeigentum darstellen, wenn beim Bau einer Erschließungsstraße das Straßengelände in einer Weise vertieft wird, daß auf einem benachbarten Hausgrundstück eine senkrecht abfallende, ungesicherte Böschung entsteht und der Boden die erforderliche Stütze verliert (BGH VersR 1980, 459 = NJW 1980, 1679). Zur Vertiefung durch von Nachbarn ungenehmigte Erdarbeiten OLG Düsseldorf MDR 1972, 867; über im Zusammenhang mit einer Vertiefung vorgenommene mangelhafte chemische Befestigung des Nachbargrundstückes OLG Düsseldorf SFH Z 4.142 Bl. 89 = VersR 1974, 439 = MDR 1974, 137. Bei Unterfangungsarbeiten hat der Auftraggeber darauf zu achten, daß die Erfordernisse der DIN 4123 (z. B. ordnungsgemäße Breite der Lamellen sowie sachgerechtes Absenken des Grundwassers) eingehalten werden; insoweit kann er sich nicht mit dem Argument der Beauftragung eines zuverlässigen Statikers und Unternehmers entlasten, wenn er auf die besondere Gefahrenlage in den Gründungsverhältnissen des Nachbarhauses aufmerksam gemacht worden ist (vgl. OLG Bamberg VersR 1984, 337; vgl. auch weiter unten). Der Boden eines von einem Wasserlauf durchflossenen Grundstückes erfordert für seine Stütze die Gewährleistung, daß der Wasserlauf nach den gegebenen Verhältnissen, etwa in Verbindung mit Sickern oder anderen Strömungen, anläßlich der gelegentlichen Zuführung von Hochwasser nicht zu einer Abschwemmung des Bodens führt; hat eine Vernachlässigung des Wasserlaufs die Durchströmung und damit den Schaden verursacht, ist dies im Rahmen des § 254 BGB mitzuberücksichtigen (BGHZ 63, 176 = NJW 1975, 257 = MDR 1975, 307 = LM § 909 BGB Nr. 15 Anm. Mattern). Anders als bei oberirdischen Abbrucharbeiten können solche, die auf den Boden derart einwirken, daß der Boden des Nachbargrundstückes in der Senkrechten den Halt verliert oder daß die unteren Bodenschichten in ihrem waagerechten Verlauf beeinträchtigt werden, eine Vertiefung i. S. des § 909 BGB bewirken, wie z. B. im Falle des Abbruches eines Kellers (vgl. BGH BauR 1980, 89 = NJW 1980, 224 = VersR 1980, 48 = SFH § 909 BGB Nr. 4 = MDR 1980, 130 = LM § 909 BGB Nr. 23 = ZfBR 1980, 83 m. w. N.).

78 Die Schadensersatzhaftung aus den §§ 823 Abs. 2, 909 BGB setzt Verschulden des Schädigers voraus; also muß der Inanspruchgenommene seine gesetzliche Pflicht, das Nachbargrundstück durch geeignete Befestigungsmaßnahmen vor einem Stützverlust zu bewahren, vorsätzlich oder fahrlässig verletzt haben (BGH NJW 1973, 2207 = VersR 1974, 169 = SFH Z 8.41 Bl. 11; BGH VersR 1977, 355 = NJW 1977, 763 = SFH Z 2.210 Bl. 21 = MDR 1977, 567 = LM § 909 BGB Nr. 16 = WM 1977, 559 – Grundwasserabsenkung –). Dabei muß der Verletzte wie auch sonst bei einer Schutzgesetzverletzung (vgl. dazu allgemein Rdn. 72; BGH LM § 823 [B] BGB Nr. 8 = JZ 1977, 178 = MDR 1977, 304) den Beweis auch dann erbringen, wenn der objektive Tatbestand der Verletzung nur aufgrund einer gesetzlichen Vermutung festgestellt ist. Ein Bauträger als Bauherr ist zwar nicht verpflichtet, sich um die vom Auftragnehmer auszuführenden technischen Bauarbeiten im einzelnen zu kümmern, jedoch hat er im Rahmen des für ihn nach § 909 BGB gebotenen besonderen rücksichtsvollen Verhaltens gegenüber dem Nachbarn die Pflicht, sich gegebenenfalls unter Einholung fachkundigen Rates zu vergewissern, daß seine sich aus § 909 BGB ergebenden Obliegenheiten erfüllt werden; das gilt z. B. auch bei der Beauftragung eines Spezialunternehmens mit einer Grundwasserabsenkung zwecks Trockenhaltung einer 4,5 m tiefen Baugrube (vgl. BGH NJW 1979, 2515 = VersR 1979, 768 = BauR 1979, 533 = SFH § 823 BGB Nr. 5 = MDR 1979, 1008 = Betrieb 1979, 1984 = LM § 909 BGB Nr. 21 = ZfBR 1979, 208; BGH BauR 1982, 399). Geht von dem Füllmaterial einer Kanalisationsanlage auf die angrenzenden Grundstücke Drainagewirkung mit der Folge aus, daß Setzrisse an Häusern entstehen, so kann der auf Schadensersatz in Anspruch genommene Bauunternehmer, der die Arbeiten durchgeführt hat, sich nicht damit entlasten, daß die auftraggebende Gemeinde ihm die Verwendung dieses Füllmaterials vorgeschrieben habe (BGH BauR 1980, 582 = VersR 1980, 1144 = Betrieb 1980, 2338 = BB 1980, 1824 = NJW 1981, 50 = SFH § 823 BGB Nr. 8 = MDR 1981, 129 = BlGBW 1981, 150 = LM § 823 [Eh] BGB Nr. 40). Für die Frage des Verschuldens ist es erheblich, ob der Verpflichtete von vornherein die besondere Gefahrenlage bedacht hat, die sich aus dem Bauzustand des Nachbargebäudes unter Berücksichtigung seines Alters und sonstiger wesentlicher Umstände (z. B. Kriegseinwirkung) bei der gewählten Art der baulichen Maßnahme ergibt (BGHZ 85, 375 = BauR 1983, 177 = VersR 1983, 336 = NJW 1983, 872 = JZ 1983, 452 = MDR 1983, 567 = SFH § 906 BGB Nr. 2 = ZfBR 1983, 87 für den Fall der Einbringung eines sogenannten Berliner Verbaues).

79 Die etwaige Haftung des Auftragnehmers für die durch fehlerhafte Unterfangung eines Nachbaranwesens hervorgerufenen Schäden erstreckt sich auch auf den Ersatz des Minderwerts, der dem Nachbargrundstück noch nach seiner Instandsetzung verbleibt (LG München I VersR 1971, 550).

80 Hat ein Grundstückseigentümer sein Grundstück so abgeschachtet, daß der Boden des Nachbargrundstückes die erforderliche Stütze verliert, so muß die Klage, mit der die Herstellung einer genügenden anderweitigen Befestigung verlangt wird, die Angabe der vor der Abschachtung vorhanden gewesenen Festigkeit des beeinträchtigten Grundstückes enthalten, um zulässig zu sein (BGH BauR 1978, 502 = NJW 1978, 1584 = MDR 1978, 914 = BB 1978, 1487 = LM § 253 ZPO Nr. 60).

81 Auch für den Schadensersatzanspruch aus § 909 BGB gilt die dreijährige Verjährungsfrist des § 852 BGB (vgl. BGH VersR 1963, 753). Geht es nicht um die Fortdauer schädigender Einwirkungen ein und derselben Handlung, sondern um Wiederholungen der schädigenden Handlung selbst, die mit neuen Schädigungen verbunden sind, so läuft die Verjährungsfrist für jede Einzelhandlung besonders (vgl. BGH LM § 952 BGB Nr. 43; BGH LM § 852 BGB Nr. 59; BGH BauR 1981, 206 = VersR 1981, 135 = NJW 1981, 573 = Betrieb 1981, 841 = SFH § 852 BGB Nr. 1 = MDR 1981, 395 = LM § 909 BGB Nr. 26 = BlGBW 1983, 39). Handelt es sich um mehrere Teilakte einer natürlichen Handlungseinheit, wofür bei Errichtung eines Hauses manches spricht, so beginnt die Verjährung nicht schon mit der Kenntnis des Verletzten vom Eintritt irgendeines Schadens, sondern frühestens nach Beendigung des einzelnen Zeitabschnittes, wenn nicht sogar erst mit Abschluß des schädigenden Handelns insgesamt (vgl. BGH LM § 952 BGB Nr. 43; BGH BauR 1981, 206 = VersR 1981, 135 = NJW 1981, 573 = Betrieb 1981, 841 = SFH § 852 BGB Nr. 1 = MDR 1981, 395 = LM § 909 BGB Nr. 26). Letzteres gilt z. B. nach der zuletzt genannten BGH-Entscheidung bei Schäden, die mit fortschreitender Bautätigkeit entstehen (z. B. Risse), gleichwertige Ursachen in der Kellerausschachtung, dem Abpumpen von Grundwasser und dem Druck des Gebäudegewichts haben können.

82 Wer eine Vertiefung seines Grundstückes beabsichtigt und sich verpflichtet, dem Grundstücksnachbarn alle hierdurch entstehenden Vertiefungsschäden zu ersetzen, kann damit eine vertragliche Garantie zur Schadloshaltung übernommen haben (BGH BauR 1982, 398 = SFH § 209 BGB Nr. 7 = ZfBR 1982, 128 = NJW 1982, 1809 = MDR 1982, 743 = LM § 909 BGB Nr. 27).

83 Zu § 909 BGB siehe außerdem auch Rdn. 214, zu § 906 BGB siehe Rdn. 207 ff.

84 b) **Schutzgesetz ist auch § 1004 BGB.** Über den Inhalt des Anspruches aus § 1004 BGB Mertens NJW 1972, 1783. § 1004 BGB stellt dem Eigentümer bei bloßer Störung seines Besitzes oder Eigentums zusätzlich zu dem deliktischen Eigentumsschutz des § 823 Abs. 1 BGB noch den beweismäßig mitunter günstigeren Schadensersatzanspruch aus § 823 Abs. 2 BGB zur Verfügung (vgl. BGH VersR 1977, 136). Zum Unterlassungsanspruch eines Grundstückseigentümers, wenn der Schwenkbereich eines Baukranes über seinem Grundstück liegt, LG Arnsberg MDR 1980, 579; dazu auch LG Köln SFH § 24 NachbG NW Nr. 1, das in dem von ihm entschiedenen Fall zutreffend einen Anspruch des Nachbarn verneint hat. Über das Nichteinhalten von Abstandflächen nach § 6 Abs. 1 und Abs. 10 BauO NW BGH SFH § 322 ZPO Nr. 2.

85 c) **Gleiches trifft auch auf § 1134 BGB zu.** Jedoch erscheint es zu weitgehend, wenn der BGH, zwar unter einem eingeschränkten Voraussetzungen, es dem **Architekten** bei Abbruch- oder Umbauarbeiten auferlegt hat, darauf zu achten, daß die Sicherheit der auf dem Baugrundstück lastenden Grundpfandrechte nicht gefährdet und die Zustimmung des Gläubigers eingeholt wird, da dies grundsätzlich Sache des Auftraggebers selbst sein dürfte (BGHZ 65, 211 = BauR 1976, 215 = NJW 1976, 189 = MDR 1976, 133 = JZ 1976, 135 = BB 1976, 15 = VersR 1976, 190 = SFH Z 3.001 Bl. 5 = BlGBW 1976, 97 = LM § 823 [Ad] BGB Nr. 8 Anm. Steffen mit zutreffender abl. Anm. von Locher BauR 1976, 218 und Ratjen Betrieb 1977, 389). Anders nur dann, wenn der Architekt **hinreichende Anhaltspunkte** für eine Verletzung des § 1134 BGB hat, ihm also Verschulden vorzuwerfen ist (vgl. auch Locher, Das private Baurecht, Rdn. 459). **Erst recht muß das Gesagte im Hinblick auf den ausführenden Auftragnehmer gelten.**

86 d) **Zu den Schutzgesetzen** zählen auch **viele Vorschriften des StGB,** dabei vor allem auch **§ 323 i. d. F. des Strafrechtsänderungsgesetzes vom 28. 3. 1980 (BGBl. I, S. 373).** Zu den allgemein anerkannten Regeln der Technik vgl. Teil B § 4 Rdn. 141 ff. Über Grundfragen der strafrechtlichen Zurechnung im Tatbestand der Baugefährdung Schünemann ZfBR 1980, 4 sowie 113 und 159.

Zum **Begriff „Bauleiter"** i. S. des § 330 (§ 323) StGB OLG Karlsruhe, Urt. vom 7. 8. 1969 – 1 Ss 76/69 – : Bauleiter ist nur derjenige, der sich tatsächlich der Bauleitung unterzieht, und zwar i. S. einer technischen Überordnung gegenüber den anderen am Bau Tätigen (ebenso OLG Hamm NJW 1969, 2211). Nach BGH (SFH S 2.1 Bl. 10) ist Bauleiter, wer die **technischen Anordnungen** für die Durchführung des Baues **im ganzen gibt;** Bauausführender ist, wer bei der Bauherstellung mitwirkt, dabei körperlich arbeitet oder in Einzelheiten die Arbeiten leitet. Letzteres trifft regelmäßig auf den Auftragnehmer zu, ersteres kann für ihn im Einzelfall auch in Betracht kommen, gleichermaßen, je nach Lage des Falles, auch für den aufsichtsführenden Architekten.
Über einen mitarbeitenden Polier als Bauleiter OLG Koblenz SFH S 2.1 Bl. 35.

87 e) **Schutzgesetze sind auch einzelne Bestimmungen der Landesbauordnungen**
Das trifft bzw. traf z. B. zu auf § 7 Abs. 3 LBO NRW i. d. F. vom 27. 1. 1970 (GVBl. NW 1970, 96), soweit er die Traufhöhe von Garagen beschränkt (BGH SFH Z 5.0 Bl. 44 = MDR 1975, 744), § 7 Abs. 1 und 2 a. a. O. hinsichtlich des Schutzes des Nachbarn (BGHZ 66, 354 = MDR 1977, 41 = LM § 823 [Bf] BGB Nr. 63 = NJW 1976, 1888; insofern auch §§ 7 Abs. 1, Abs. 3 Nr. 1 der Hess. BauO, dazu OLG Frankfurt NJW-RR 1988, 403), § 13 Abs. 2 LBO NRW (BGH NJW 1968, 1279 = VersR 1968, 771 = BB 1968, 484; LG Krefeld VersR 1982, 1085 im Hinblick auf den Träger der Versorgungsleitung und Eigentümer der Anlage), was aber **nicht zugunsten der Stromabnehmer** gilt (OLG Hamm NJW 1973, 760 mit kritischer Anm. von Isenbeck NJW 1973, 1755). Demgemäß sind – hinsichtlich des Stromabnehmers – auch keine Schutzgesetze Art. 13 Abs. 2 BayBauO (BayObLG NJW 1972, 1085 = VersR 1972, 667), § 18 Abs. 3 Bad.-Württ. LBO (BGHZ 66, 388 = NJW 1976, 1740 = BauR 1977, 66 = VersR 1976, 1043 = MDR 1977, 131 = SFH Z 4.142 Bl. 92; OLG Karlsruhe NJW 1975, 221), § 13 Abs. 3 LBO Saarland (OLG Saarbrücken VersR 1976, 176). Dagegen hat § 25 der Hessischen LBO vom 6. 7. 1957 Schutzgesetzcharakter (dazu

B § 10, 2, Rdn. 88+89

BGH Betrieb 1970, 1126); gleiches gilt für § 7 Bad.-Württ. LBO, der sich über Grenzabstände verhält (OLG Karlsruhe Justiz 1975, 309). Ebenso trifft dies wegen der Abstandsflächen auf § 6 Abs. 1 und 10 der BauO NW vom 27. 1. 1970 (a. a. O.) zu (BGH SFH § 322 ZPO Nr. 2). Zum privatrechtlichen Rechtsschutz gegen baurechtswidrige Bauten als Beispiel für die Realisierung von „Schutzgesetzen" s. Picker AcP 76, Bd. 176, 28.

88 f) **Schutzgesetze enthalten u. a. weiter:**
§ 826 BGB, der sich mit der vorsätzlichen Schadenszufügung in einer gegen die **guten Sitten** verstoßenden Weise befaßt; § 839 BGB bei Schäden, die einem Dritten durch die **Amtspflichtverletzung eines Beamten** entstehen. An weiteren Gesetzen außerhalb des BGB, die in aller Regel in ihren wesentlichen Bestimmungen auch als Schutzgesetze nach § 823 Abs. 2 BGB zu gelten haben, sind zu erwähnen: das **Maschinenschutzgesetz** vom 24. 6. 1968 (BGBl. I, S. 717; OLG München VersR 1975, 605); das **Straßenverkehrsgesetz** vom 19. 12. 1952 (BGBl. I, S. 837); die **Straßenverkehrsordnung** vom 16. 11.1970 (BGBl. I, S. 1565; ber. 1971, S. 38; z. B. § 12 Abs. 3 Nr. 3 StVO, vgl. BayOLG MDR 1975, 867; AG Schöneberg MDR 1978, 493, umstritten dagegen im Hinblick auf § 12 Abs. 1 Nr. 6 b, insoweit wohl zutreffend verneinend LG Berlin NJW 1983, 288 = MDR 1982, 1018; a. A. LG Berlin VersR 1972, 548; AG Charlottenburg VersR 1971, 92; LG München I NJW 1983, 288; die **Bau- und BetriebsVO für Straßenbahnen** vom 31. 8. 1965 (BGBl. I, S. 1513); die **Eisenbahn- Bau- und Betriebsordnung** vom 8. 5. 1967 (BGBl. II, S. 1963); das **Haftpflichtgesetz** vom 4. 1. 1978 (BGBl. I, S. 146), vgl. dazu Schulz NJW 1978, 255; dazu BGH VersR 1983, 588 = SFH § 836 BGB Nr. 1 in bezug auf Nässeschäden durch ein fehlerhaftes Kanalisationsanschlußrohr; vgl. zum früheren Reichshaftpflichtgesetz als Beispiel: BGH VersR 1965, 136 = SFH Z 2.212 Bl. 20; BGH VersR 1965, 883 = SFH Z 2.212 Bl. 24 ff.; OLG Frankfurt VersR 1978, 966; OLG Oldenburg VersR 1979, 629; OLG Schleswig VersR 1983, 163 (im Falle der Haftung des Stadtwerkes für Schäden aus einer bei Tiefbauarbeiten verursachten Gasexplosion; dazu auch LG Wuppertal VersR 1983, 594); auch hier ist § 254 BGB entsprechend anwendbar, BGH VersR 1976, 757; das **Patentgesetz** i. d. F. der Bekanntmachung vom 16. 12. 1980 (BGBl. I 1981, 1); das **Gesetz gegen unlauteren Wettbewerb** vom 7. 6. 1909 (RGBl. I, S. 499); das **Gebrauchsmustergesetz** i. d. F. vom 28. 8. 1986 (BGBl. I, S. 1455); das **Warenzeichengesetz** i. d. F. vom 2. 1. 1968 (BGBl. I, S. 29); das **Gesetz gegen Wettbewerbsbeschränkungen** i. d. F. vom 24. 9. 1980 (BGBl. I. S. 1761); das **Urheberrechtsgesetz** vom 9. 9. 1965 (BGBl. I, S. 1273), hierzu vgl. Teil A § 20 Rdn. 28 ff. sowie Teil B § 3 Rdn. 64 ff.; **§§ 1, 5 des Gesetzes über die Sicherung von Bauforderungen vom 1. 6. 1909** (RGBl. I S. 499); vgl. BGH BauR 1982, 193 = VersR 1982, 193 = SFH § 1 GSB Nr. 1 = Betrieb 1982, 693 = MDR 1982, 478 = NJW 1982, 1037 = LM § 823 [Bf] BGB Nr. 80 = ZfBR 1982, 75; BGH BauR 1986, 115 = SFH § 1 GSB Nr. 2 = MDR 1986, 649 = NJW 1986, 1104 = LM § 134 BGB Nr. 113 = Betrieb 1986, 642 = Hochstein EWiR § 134 BGB 1/86, 21 = ZfBR 1986, 80;, s. dazu Teil B § 4 Rdn. 41 ff.

Dazu u. a. noch aus Schäfer/Finnern/Hochstein:
89 Über die Haftung des Bauherrn aus § 823 Abs. 2 BGB, wenn an einer Zentralheizungsanlage Feuerschäden entstehen, er vorher eine Firma sorgfältig ausgewählt und diese mit der Bauausführung beauftragt hat, vgl. BGH, Urt. vom 21. 12. 1955 (Z 4.00 Bl. 8 ff.). Zur Kennzeichenpflicht bei Bauarbeiten auf Straßen vgl. § 45 StVO; die Anzeigepflicht des Auftragnehmers nach § 45 Abs. 6 StVO ist nicht auf solche Arbeiten im Fahrbahnbereich beschränkt, die eine besondere Verkehrsregelung durch amtliche Verkehrszeichen erforderlich machen (OLG Hamm JMBl. NRW 1974, 9). Über die Pflicht zur Aufstellung von Warnlichtern bei Verschmutzung von Straßen vgl. BGH, Urt. vom 20. 1. 1954 (Z 4.13 Bl. 14 ff.) sowie bei der Anlieferung von Baustoffen (hier: Splitt) bei Straßenbauarbeiten vgl. OLG Neustadt, Urt. vom 23. 1. 1953 (Z 4.13 Bl. 18 ff.). Zu der Aufsichtspflicht des Bauunternehmers bei Straßenbauarbeiten hinsichtlich Absperrung, Sicherung und Warnleuchten vgl. BGH, Urt. vom 6. 10. 1954 (Z 4.01 Bl. 3 ff.). Zur Absicherung einer mitten auf einer belebten städtischen Ausfallstraße befindlichen Baustelle durch Warnlampen und Warnbaken und deren Kontrolle, insbesondere nach einem Unwetter, OLG Köln VersR 1973, 1076 [L] = OLGZ 1973, 321. Dort ist ausgesprochen, daß die Absicherung einer mitten auf einer belebten städtischen Ausfallstraße befindlichen Baustelle grundsätzlich mittels solcher Warnlampen erfolgen soll, die elektrisch oder mit Batterie betrieben werden; ferner sollen die Warnbaken bei Dunkelheit reflektieren.

Entschließt sich ein Straßenbauunternehmer, die Sicherung der Baustelle nur durch Petroleumlampen vorzunehmen, und reflektiert der Anstrich der Warnbaken nicht, so muß er durch ausreichende Kontrolle gewährleisten, daß die Petroleumlampen in Betrieb bleiben; eine besondere und unverzügliche Kontrollpflicht obliegt dem Straßenbauunternehmer nach einem Unwetter (a. a. O.). Der Auftragnehmer ist nicht für Angaben des Auftraggebers auf dem Bauschild verantwortlich, die von ihm weder veranlaßt noch ihm sonst zuzurechnen sind (vgl. OLG Stuttgart NJW-RR 1987, 35 für den Bereich des § 3 UWG sowie des § 14 Abs. 3 BadWürttBauO).

Keine Schutzgesetze sind die §§ 9 Abs. 2, 3, 4 sowie 9 a des **Bundesfernstraßengesetzes** zugunsten des Trägers der Straßenbaulast (BGH MDR 1975, 130). 90

3. Insbesondere: §§ 836 ff. BGB

a) **Gerade die §§ 836 ff. BGB sind im Bauwesen besonders wichtig.** Diesen Vorschriften liegt 91 der Gedanke zugrunde, daß der **Eigenbesitzer eines Gebäudes** oder eines anderen mit einem Grundstück verbundenen Werkes oder der ihm nach §§ 837 f. BGB Gleichgestellte **aufgrund einer gesetzlichen Verschuldensvermutung für die besonderen, typischen Gefahren haftet, die** aus der Natur der Sache durch die Errichtung von Bauwerken begründet werden und denen nur durch **Beachtung der Erfahrungsregeln der Bau- und Ingenieurkunst** bei der Errichtung sowie einer sachentsprechenden Unterhaltung begegnet werden kann, BGH NJW 1961, 1670 = VersR 1961, 803 = MDR 1961, 847; vgl. auch BGH BauR 1985, 471 = NJW 1985, 2588 = VersR 1985, 666 = MDR 1986, 44 = LM § 836 BGB Nr. 21 = SFH § 836 BGB Nr. 2 = MDR 1986, 44 = Betrieb 1985, 1786. Siehe dazu vor allem auch Kullmann, Festschrift Korbion, 235, 245 ff. Als Eigenbesitzer eines Gebäudes i. S. von §§ 836 Abs. 2, 837 BGB ist auch der Mieter einer Grundstücksfläche anzusehen, auf der er ein Gebäude zu seinem eigenen Nutzen errichtet hat, wenn er dem Vermieter gegenüber die Verpflichtung eingegangen ist, nach Ablauf der Mietzeit den ursprünglichen Zustand des Grundstückes wiederherzustellen (OLG Frankfurt VersR 1978, 966). Dagegen sind die **bauausführenden Handwerker** grundsätzlich **nicht** als Eigenbesitzer anzusehen, soweit es die **Bauerrichtung selbst** anbelangt; anders jedoch wegen der von ihnen verwendeten Gerüste und Geräte (vgl. hier a. E.).

b) **Fehlerfrei i. S. des § 836 BGB** errichtet ist ein Gebäude, wenn es so ausgeführt ist, daß es 92 weder während des Baues noch im fertigen Zustand zusammenstürzt oder sich Teile davon ablösen (BGH VersR 1962, 1105; BGH BauR 1979, 78 = VersR 1978, 1160 = NJW 1979, 309 = MDR 1979, 130 = LM § 836 BGB Nr. 16 = ZfBR 1978, 70).

c) Im Falle der §§ 836, 837 BGB hat der **Geschädigte nur die objektiven Voraussetzungen** 93 **für einen ursächlichen Zusammenhang** zwischen mangelhafter Errichtung bzw. Unterhaltung des Gebäudes, dem Ablösen von Gebäudeteilen und dem Schadenseintritt darzutun und zu beweisen; dagegen hat der **Eigenbesitzer den Entlastungsbeweis zu führen,** daß er zwecks Abwendung der Gefahr die im Verkehr erforderliche Sorgfalt beobachtet hat oder daß der Schaden auch bei Anwendung dieser Sorgfalt entstanden wäre (BGH LM § 836 BGB Nr. 4 = VersR 1952, 291; BGH NJW 1961, 1670 = VersR 1961, 803 = MDR 1961, 847; OLG Frankfurt a. a. O.). Zur Entlastung kann der Nachweis der Beauftragung eines zuverlässigen, sachkundigen Handwerkers dienen, da durch das Gebot der vertrauensvollen Zusammenarbeit, die Selbstverantwortlichkeit, die Selbständigkeit und Weisungsunabhängigkeit des Auftragnehmers der Beaufsichtigung von Fachunternehmern Grenzen gesetzt sind, wenn der Auftraggeber nicht selbst technisch einschlägig vorgebildet ist; einem technisch nicht vorgebildeten Auftraggeber obliegt nur dann die Pflicht zum Eingreifen, wenn ihm Gefahren sichtbar geworden sind bzw. ihm schädigende Auswirkungen und Handlungsweisen des Auftragnehmers nicht entgehen konnten oder wenn er Anlaß zu Zweifeln hätte haben müssen, daß der Auftragnehmer den Gefahren und Sicherheitsanforderungen nicht in der gebührenden Weise Rechnung trägt (BGH BauR 1985, 471 = NJW 1985, 2588 = VersR 1985, 666 =

LM § 836 BGB Nr. 21 = SFH § 836 BGB Nr. 2 = MDR 1986, 44 = Betrieb 1985, 1786 m. w. N.; für den Fall der Überprüfung der richtigen Montage einer Duschkabine). Allerdings werden an die gebotene sorgfältige und fortgesetzte Überwachung des Bauzustandes hohe Anforderungen gestellt, vor allem wenn Gebäude oder Gebäudeteile (z. B. Hotels, Gaststätten und Pensionen) von zahlreichen Menschen benutzt werden, von denen nicht erwartet werden kann, daß sie diese pfleglich behandeln. Dann muß der für das Gebäude Verantwortliche den baulichen Zustand vor allem im Hinblick auf übermäßige Abnutzung, Verschleiß, Erschütterungen, unsachgemäße Behandlung und damit verbundene Gefahren überprüfen, wobei allerdings keine überspannten Anforderungen gestellt werden dürfen, was von den konkreten Verhältnissen abhängig ist, insbesondere von der Art und Weise der Nutzung und dem davon abhängigen Grad der Schadenserwartung, auch in bezug darauf, was ihm von dritter Seite (Personal, Benutzer) gemeldet worden ist (BGH a. a. O.; im konkreten Fall verneint bei einem Montagefehler in einer Duschkabine). Daher begründet § 836 BGB noch keine Vermutung für ein Mitverschulden des Besitzers, soweit das Gebäude selbst durch einen Dritten beschädigt wird (BGHZ 79, 259 = NJW 1981, 983 = VersR 1981, 676 = JZ 1981, 314 = MDR 1981, 483 = LM § 836 BGB Nr. 18). Über den Entlastungsbeweis nach § 836 Abs. 1 Satz 2 BGB OLG Zweibrücken OLGZ 69, 341.

94 **d) Für** die **Kausalität** der Schadensverursachung **genügt es, wenn der Einsturz oder die Teilablösung eine von mehreren, und sei es auch nur eine mittelbare, Bedingung für die Schadensfolge adäquat gesetzt hat.** Die Haftung eines Grundstücksbesitzers für die Ablösung von Gebäudeteilen greift auch ein, wenn zur Ursächlichkeit fehlerhafter Errichtung oder mangelhafter Unterhaltung des Gebäudes Witterungseinflüsse hinzutreten, wie z. B. bei der Lösung von Dachziegeln während eines heftigen Gewitters (AG Traunstein VersR 1975, 623). Insoweit muß ein Eigenbesitzer auch ungewöhnliche, am betreffenden Ort aber erfahrungsgemäß mögliche Sturmstärken oder sonstige Witterungseinflüsse in seine Betrachtung einbeziehen und entsprechende Vorkehrungen treffen (BGH VersR 1976, 66 m. w. N.; OLG Frankfurt a. a. O.). Für die Anwendbarkeit des § 836 BGB ist aber Voraussetzung, daß die Schäden – wenn auch nur unter anderem oder mittelbar – **gerade durch die typischen Gefahren** des Einsturzes oder der Teilablösung selbst herbeigeführt worden sind, wie sie durch fehlerhafte Errichtung oder mangelhafte Unterhaltung von Bauwerken begründet werden (BGH a. a. O.). So weist z. B. ein Wasserrohrbruch als solcher nicht schon hinreichend auf mangelhafte Errichtung oder Unterhaltung hin (vgl. OLG Karlsruhe VersR 1979, 59). Bei dem Bruch eines Abwasserrohres wäre dies vielmehr nur der Fall, wenn z. B. Feuchtigkeit in ein Haus dadurch eindringt, daß beim Bruch des Rohres darin befindliches Wasser durch die Bruchstelle ausgetreten ist; anders dann, wenn das Rohr durch den Bruch nicht mehr „funktioniert", weil es durch Schutt verstopft worden ist; dann ist der Schaden nicht **durch** Ablösen von Teilen des Werkes, sondern durch das bei späteren Regenfällen in dem Regenrohr gestaute Wasser entstanden (vgl. BGH VersR 1983, 588 = SFH § 836 BGB Nr. 1 = MDR 1983, 1000 = LM § 836 BGB Nr. 19 m. w. N.). Diese aus Sinn und Zweck des § 836 BGB sich ergebende **Einengung der seinem Bereich unterfallenden Ursachenabläufe** ist in der Rechtsprechung des Reichsgerichts dahin gekennzeichnet worden, daß der Schaden gerade durch die „**bewegend wirkende Kraft**" des Einsturzes oder der Ablösung herbeigeführt werden müsse, vgl. Recht 1910 Nr. 3921; RGZ 172, 161.

95 Demnach ist § 836 BGB für anwendbar erachtet worden, wenn durch den Bruch eines Wasserrohres (RGZ 135, 1; OLG Karlsruhe VersR 1979, 59), eines der Anlage von Fischteichen dienenden Staudammes (RGZ 97, 112), eines Deiches (Warn. Rspr. 1913 Nr. 417) oder durch eine in einen Flußdeich eingebaute Schleuse (HRR 1930 Nr. 1104) oder nach Lösen eines Sektors aus einer Wehranlage (BGH LM § 836 BGB Nr. 17 = MDR 1979, 206) Wasserschäden entstanden sind. § 836 BGB kommt auch in Betracht, wenn ein Meßgehilfe nach Besteigen einer Grenzmauer dadurch verletzt wird, daß er sich an eine höher gelegene Mauerkante anlehnt und dann abstürzt, weil eine Ecke der Kante abbricht (OLG Hamm VersR 1972, 1173). Um einen Teil des Gebäudes i. S. des § 836 Abs. 1 Satz 1 BGB handelt es sich auch bei einer Duschkabine, deren Rahmen auf eine fest mit dem Mauerwerk verbundene Duschwanne aufgesetzt und

mittels Dübeln an die mit Wandfliesen bedeckte Wand angeschraubt ist (BGH BauR 1985, 471 = NJW 1985, 2588 = VersR 1985, 666 = LM § 836 BGB Nr. 21 = SFH § 636 BGB Nr. 2 = MDR 1986, 44 = Betrieb 1985, 1786). Gebäudeteil in dem hier maßgebenden Sinn ist nämlich eine Sache nicht nur, wenn sie zur Herstellung eines Gebäudes eingefügt ist, sondern auch dann, wenn sie in einem so festen baulichen Zusammenhang mit dem Gebäude steht, daß sich daraus nach der Verkehrsanschauung ihre Zugehörigkeit zu dem Bauganzen ergibt (RGZ 107, 337, 339; BGH a. a. O.). Dagegen ist das Fehlen einer Vorrichtung zum Feststellen eines geöffneten Fensterflügels nicht als fehlerhafte Errichtung eines Gebäudes i. S. des § 836 Abs. 1 Satz 1 BGB anzusehen (OLG Düsseldorf VersR 1982, 1201). Ferner hat das Reichsgericht die Anwendbarkeit des § 836 BGB verneint, wenn das abgelöste Stück eines Bauwerkes nicht durch die „bewegend wirkende Kraft" (kinetische Energie) der Ablösung, sondern erst dadurch zur Schadensursache geworden ist, daß es auf der Straße liegengeblieben und nicht entfernt worden war (Recht 1910 Nr. 3921). Daher greift § 836 BGB auch nicht ein, wenn ein Gebäude oder Gebäudeteil wegen Baufälligkeit niedergerissen wird und der Abriß nach Plan, wenn auch teilweise schneller als beabsichtigt und leichter als bei einem in gutem Zustand befindlichen Gebäude, erfolgt (BGH BauR 1979, 78 = VersR 1978, 1160 = NJW 1979, 309 = MDR 1979, 130 = LM § 836 BGB Nr. 16 = ZfBR 1978, 79 m. w. N.).

e) Auch setzt ein Werk i. S. von § 836 BGB die **Erstellung zu einem bestimmten Zweck nach technischen Kunst- oder Erfahrensregeln voraus** (BGH a. a. O.; RGZ 60, 138; 76, 260). Grundsätzlich haftet der Auftraggeber als Hauseigentümer nach § 836 BGB für die sich aus dem schadhaften Zustand von Gebäudeteilen ergebenden Unfallfolgen, wenn er es unterlassen hat, den mit Ausbesserungsarbeiten beauftragten Auftragnehmer auf die erkennbar drohende Gefahr aufmerksam zu machen (BGH VersR 1965, 801). Zur Sorgfaltspflicht des Auftraggebers, wenn im Verlauf von Umbauarbeiten nicht abgestützte Giebel frei stehenbleiben, BGH VersR 1968, 972. Ersatz für einen Schaden, den ein auf einem Rohrbruch in einer gemeindlichen Wasserleitung beruhender Wassereinbruch einem Sacheigentümer verursacht, kann weder aus enteignungsrechtlichen Gesichtspunkten noch aus einer allgemeinen öffentlich-rechtlichen Gefährdungshaftung oder einer entsprechenden Anwendung des § 1 a HaftpflG, sondern allein aus § 836 BGB gefordert werden (BGHZ 55, 229 = NJW 1971, 607 = MDR 1971, 463 = BB 1971, 291 = SFH Z 4.141 Bl. 51 = VersR 1971, 452). Dabei gibt es jedoch keinen allgemeinen Erfahrungssatz dahin, daß Wasserrohrbrüche in der Regel auf fehlerhafter Anlage oder mangelhafter Unterhaltung des Rohrleitungssystems beruhen (LG Heidelberg VersR 1977, 47).

f) Bei **Abbrucharbeiten** können die dabei Beschäftigten ihre Ersatzansprüche nicht auf § 836 BGB stützen. Der Haftung des Gebäudebesitzers nach § 836 BGB liegt der Gedanke zugrunde, daß jeder für den durch seine Sachen verursachten Schaden einzustehen hat, soweit er ihn bei billiger Rücksichtnahme hätte verhindern können (BGHZ 58, 149, 156; BGH VersR 1968, 972 m. w. N.). Durch Abbrucharbeiten werden neue, durch den Besitzer nicht, allenfalls beschränkt beherrschbare Gefahren geschaffen. Deshalb ist der Unternehmer verpflichtet, sich vor Beginn seiner Arbeiten und auch noch während ihrer Ausführung ständig zu vergewissern, ob er die Arbeiten gefahrlos durchführen kann; vor allem darf er nicht blindlings Anweisungen des Bestellers befolgen und muß den Bauherrn gegen die mit der vorgesehenen Ausführung verbundenen Gefahren hinweisen. Hat er den Hinweis nicht gegeben und ist dadurch ein Gebäude eingestürzt, so entspricht es nicht mehr der Grundvorstellung des § 836 BGB, wenn er oder seine Arbeiter wie unbeteiligte, vom Einsturz betroffene Dritte gegen den Gebäudebesitzer Ansprüche auf § 836 BGB stützen könnten und diesem nur der Mitverschuldenseinwand bliebe; bei derartiger Gestaltung sind die Risikobereiche entscheidend anders verteilt, als sie dem Bild des § 836 BGB entsprechen (BGH BauR 1979, 78 = VersR 1978, 1160 = NJW 1979, 309 = MDR 1979, 130 = LM § 836 BGB Nr. 16 = ZfBR 1978, 79 m. w. N. für den Fall der von einem Baufachmann zu erkennenden Standunsicherheit eines Stahlgerüstes bei Entfernung des Mauerwerks).

g) Zu den §§ 836 ff. BGB sind ferner aus der u. a. bei SFH sowie sonst veröffentlichten Rechtsprechung zu erwähnen:
Ein **Baugerüst** ist im Sinne von § 836 BGB ein mit dem Grundstück verbundenes Werk, zu dem die Gerüstbretter gehören, auch wenn ihre Verbindung nur auf der Schwerkraft beruht. Nicht das Mittel der Verbindung, sondern die sachgerechte Einfügung der Teile zum bestimmungsgemäßen Zweck des Werkes ist entscheidend. Für die Ablösung von Teilen des Werkes und die daraus herrührende Verletzung eines Straßenbenutzers ist der Bauunternehmer gemäß § 837 BGB verantwortlich. Die angeordnete Überwachung der (!) Arbeiter durch einen zuverlässigen Polier vermag die gesetzliche Verschuldensvermutung zu Lasten des Bauunternehmers (§ 836 BGB) nicht zu widerlegen, wenn der Nachweis einer sorgfältigen Auswahl der einzelnen Arbeiter – oder der Entlastungsbeweis über den verantwortlichen Bauleiter – fehlt, BGH, Urt. vom 21. 4. 1959 (Z 4.01 Bl. 27 ff. = VersR 1959, 694; vgl. auch BGH VersR 1960, 426); BGH,

Urt. vom 23. 9. 1953 (Z 4.03 Bl. 1 ff. = Betrieb 1953, 923). Gerade im Hinblick auf Schäden, die durch ein nicht ordnungsgemäß befestigtes Gerüst entstehen, ist für die Anwendbarkeit des § 836 BGB wesentlich, daß es genügt, wenn zwar nicht der abstürzende Teil als solcher den Schaden unmittelbar herbeigeführt hat, jedoch bei gewöhnlichem Geschehensablauf die Unfallfolge eintreten konnte, z. B. wenn ein Brett nachgibt und der Geschädigte dadurch in die Tiefe stürzt (RGZ 52, 236; 97, 112; BGH NJW 1973, 1648 = MDR 1973, 841). Auch ein **Turmdrehkran** ist ein mit einem Grundstück verbundenes Werk, sofern er bei einem größeren Bauvorhaben auf Schienen montiert wird; insoweit besteht kein Unterschied zu der rechtlichen Beurteilung bei Baugerüsten; es handelt sich um ein mit dem Grundstück fest verbundenes Werk, obwohl der Kran in einem gewissen Umfang auf den Schienen bewegt werden kann; stürzt ein solcher Kran infolge starken Windes um, so kann bei einer Windstärke unter 12 von einem Errichtungs- oder Bedienungsmangel gesprochen werden (OLG Düsseldorf BB 1975, 942 = MDR 1975, 843 = VersR 1976, 94). Zu § 836 BGB ist auch auf das Urteil des BGH vom 30. 5. 1961 hinzuweisen, das sich mit dem Einsturz eines Gebäudes bei starkem Wind befaßt (Z 4.00 Bl. 15 ff.).

99 Sind die Stahlbetonarbeiten eines Bauunternehmers und die Fertigbetonteile einer Betonsteinfirma beide mangelhaft, ohne daß festgestellt werden kann, welche der mangelhaften Leistungen den Bauwerkseinsturz herbeiführte, so haften beide Unternehmer gemäß § 830 Abs. 1 Satz 2 BGB, BGH, Urt. vom 14. 3. 1957 (Z 2.413 Bl. 5 ff. = BB 1957, 383).

4. Insbesondere: Verkehrssicherungspflichten

100 a) Einen ganz **wesentlichen** Teil im Rahmen des § 823 BGB (sowohl Absatz 1 als auch Absatz 2) stellen im Bauwesen die **Verkehrssicherungspflichten** dar. Diese bestehen **neben den Schutzgesetzen** und werden von der Rechtsprechung aus dem **Grundgedanken** hergeleitet, **daß allgemein im Verkehr** – weit als Verhalten der Menschen untereinander gesehen und nicht etwa nur auf den Straßenverkehr beschränkt – **Gefahrenquellen** geschaffen werden und daß **dabei Rücksicht auf andere Personen und Sachen zu nehmen** ist. Das begründet die Verpflichtung, Vorkehrungen zu treffen, um bestmöglichst den Eintritt von Schäden bei anderen zu vermeiden. Vgl. hierzu allgemein BGHZ 9, 373, 386, 387; 24, 124; RGZ 121, 404; 165, 159. Wer Gefahrenquellen selbst hervorruft oder sie in seinem Einflußbereich andauern läßt, hat alle nach Lage der Dinge erforderlichen Sicherungsmaßnahmen zu treffen, damit sich die potentiellen Gefahrenquellen nicht zum Schaden anderer Personen auswirken können, z. B. die nötigen Vorkehrungen vorzunehmen, damit durch Erdarbeiten keine Überschwemmungsschäden auf benachbarten Grundstücken verursacht werden (vgl. dazu BGH BauR 1985, 593 = VersR 1985, 839 = SFH § 823 BGB Nr. 17 = MDR 1986, 220 = NJW-RR 1986, 190 = LM § 823 [Dc] BGB Nr. 148 = ZfBR 1985, 219). Grundlegend zu den Verkehrssicherungspflichten Mertens VersR 1980, 397, Steffen VersR 1980, 409, insbesondere v. Bar, Verkehrspflichten, 1980, Carl-Heymanns-Verlag, mit tiefer Durchdringung der hier wesentlichen Rechtsfragen unter gleichzeitiger rechtssystematischer Einordnung der einzelnen, insoweit beachtlichen Bereiche, ferner Schmalzl BauR 1981, 505; Kullmann, Festschrift Korbion, 235 ff.; Littbarski Rdn. 223 ff.

101 b) **Im Ausgangspunkt** trifft den **Auftraggeber** die **Verkehrssicherungspflicht des Grundstückseigentümers** in einem auf den jeweiligen Einzelfall abzusteckenden Rahmen, da er durch Inangriffnahme der Baumaßnahme die Gefahrenquelle eröffnet (BGH BauR 1976, 441 = SFH Z 2.20 Bl. 22 = MDR 1976, 1010 = BB 1976, 1342 = LM § 823 [Dc] Nr. 106 = VersR 1976, 945 = BlGBW 1976, 236). **Vornehmlich ist jedoch der Auftragnehmer im Bereich der von ihm auszuführenden Baumaßnahmen verkehrssicherungspflichtig,** und zwar kraft des von ihm ausgeübten Gewerbes; anders ist dies nur, wenn der Auftraggeber im Einzelfall einen so starken Einfluß ausübt, daß rechtlich davon ausgegangen werden muß, er selbst bewerkstellige die Bauausführung durch den Auftragnehmer lediglich als Werkzeug oder Mittler (BGH BauR 1976, 291 = VersR 1976, 776). Gleiches gilt für den Einsatz eines Architekten.

102 Zur Frage möglicher Entlastung des Auftragnehmers sind bei der Beurteilung strenge Anfor-

derungen zu stellen; so reicht es nicht schon aus, daß dem Auftragnehmer die gesamte Planung vorgegeben, der Bauablauf und die Art der Bauausführung vorgeschrieben und ihm aufgegeben wird, die Leistungen „nach Weisung des Auftraggebers" auszuführen (vgl. BGH BauR 1985, 593 = VersR 1985, 839 = SFH § 823 BGB Nr. 17 = MDR 1986, 220 = NJW-RR 1986, 190 = LM § 823 [Dc] BGB Nr. 148 = ZfBR 1985, 219). Anders liegt dies nur dann, wenn nach der besonderen Vertragsgestaltung festgestellt werden kann, daß die Auftraggeberseite aufgrund ihrer speziellen Erkenntnismöglichkeiten den Eindruck erweckt hat, sie habe alle mit den Arbeiten verbundenen Gefahren für Dritte geprüft und verneint, so daß der Auftragnehmer mit derartigen Gefahren nicht zu rechnen brauchte (BGH a. a. O.).

Andererseits kommt eine Einschränkung der grundsätzlich dem Auftraggeber obliegenden Verkehrssicherungspflicht nur in Betracht, wenn er die Bauleistungen einem ihm als zuverlässig bekannten Auftragnehmer überträgt; dafür ist er dann auch beweispflichtig, wenn er infolge Zeitablaufs und Vernichtung von Unterlagen den beauftragten Auftragnehmer nicht mehr benennen kann; die glaubhafte Darlegung einer üblicherweise eingehaltenen Vergabepraxis genügt noch nicht zum Nachweis (OLG Karlsruhe VersR 1985, 481). Für Schäden, die beim Abbruch eines Hauses an dem Nachbargrundstück entstehen, haftet der Auftraggeber (Eigentümer) daher, wenn er das mit der Ausführung der Abbrucharbeiten beauftragte Unternehmen nicht sorgfältig ausgewählt und nicht ausreichend über Einzelheiten der Maßnahme unterrichtet hat (OLG Hamm VersR 1987, 1096).

103

Die eigenverantwortliche Weiterübertragung von Verkehrssicherungspflichten durch den Auftragnehmer auf eigene Angestellte entlastet ihn insofern nicht, als er sich um die Erfüllung der von ihm weitergegebenen Pflichten kümmern muß, soweit es ihm möglich und zumutbar ist; hier kommt nur eine Verringerung der Verantwortlichkeit des Auftragnehmers, nicht aber ihre Beseitigung in Betracht (BGH VersR 1982, 576 = NJW 1982, 2187 = MDR 1982, 826 = LM § 823 [Ea] BGB Nr. 66 m. w. N.). Zwar geht bei Beauftragung eines **Nachunternehmers** die Verkehrssiche-rungspflicht auf diesen über, soweit es sich um den Bereich der ihm übertragenen Bauausführung handelt, jedoch hat auch der Auftragnehmer (Haupt- bzw. Generalunternehmer) ebenfalls noch insoweit eine Verkehrssicherungspflicht, als er auch in dem Nachunternehmerbereich darauf zu achten hat, daß die notwendigen Sicherungsmaßnahmen zum Schutze Dritter getroffen werden (a. A. OLG Schleswig MDR 1982, 318).

104

Jedoch ist der **Auftraggeber auch bei Beauftragung eines als zuverlässig bekannten** (vgl. dazu BGH NJW 1969, 2140; BGH BauR 1982, 399 = VersR 1982, 595 = NJW 1982, 2187 = MDR 1982, 826) **Unternehmers** und/oder Architekten **nicht von jeglicher Überwachungspflicht befreit;** vielmehr muß **auch er eingreifen, wenn er Gefahren sieht oder** – selbst als Laie – **hätte sehen müssen, wenn er Anlaß zu Zweifeln hat,** ob der von ihm Beauftragte den **Gefahren und Sicherungserfordernissen in der gebührenden Weise Rechnung trägt** oder wenn **dessen Tätigkeit mit besonderen Gefahren verbunden** ist, die auch vom Auftraggeber erkannt und durch eigene Anweisungen abgestellt werden können (BGH BauR 1976, 441 = SFH Z 2.20 Bl. 22 = MDR 1976, 1010 = BB 1976, 1342 = LM § 823 [Dc] Nr. 106 = VersR 1976, 954 = BlBGW 1976, 236 m. w. N.; BGH BauR 1982, 399 = VersR 1982, 595 = NJW 1982, 2187 = MDR 1982, 826; BGH VersR 1982, 576 m. w. N. = NJW 1982, 2187 = MDR 1982, 826 = LM § 826 [Ea] BGB Nr. 66; vgl. auch OLG Karlsruhe VersR 1976, 837), was gerade auch für den öffentlichen Auftraggeber gilt. Dazu gehört auch, sich z. B. zu vergewissern, ob der Architekt tatsächlich, wie erforderlich, einen Sonderfachmann beauftragt und von diesem kontrollierbare Anweisungen erhalten hat und ob die Zusammenarbeit zwischen Auftragnehmer, Architekt und Statiker reibungslos verläuft (BGH in der zuerst genannten Entscheidung). Überdies: Auch bei Beauftragung eines Spezialunternehmens (hier: Grundwasserabsenkung zwecks Trockenhaltung einer 4,5 m tiefen Baugrube) hat der Auftraggeber (hier: Bauträger) gegebenenfalls auf die sich aus § 909 BGB ergebende Pflicht zur Rücksichtnahme auf die Nachbargrundstücke (hier: Erhaltung der für den Boden erforderlichen Stütze) hinzuwirken (vgl.

105

BGH NJW 1979, 2515 = VersR 1979, 768 = BauR 1979, 533 = SFH § 823 BGB Nr. 5 = MDR 1979, 1008 = Betrieb 1979, 1984 = ZfBR 1979, 208). Auch verletzt der Auftraggeber die ihm obliegende Verkehrssicherungspflicht, wenn er einem Unternehmer, über dessen Kenntnisse in Abbrucharbeiten er sich nicht vergewissert hat, den Auftrag erteilt, ein unmittelbar an einer Bundesstraße gelegenes mehrstöckiges Haus abzubrechen und ihn nicht überwacht (OLG Frankfurt BauR 1980, 635). Soweit allerdings im konkreten Fall **zugleich der Tatbestand des § 836 BGB vorliegt** (vgl. dazu Rdn. 91 ff.), geht die Verkehrssicherungspflicht des Auftraggebers **nicht über die dort zu stellenden Anforderungen hinaus** (vgl. BGH BauR 1985, 471 = NJW 1985, 2588 = VersR 1986, 660 = LM § 836 BGB Nr. 21 = SFH § 836 BGB Nr. 2 = MDR 1986, 44 = Betrieb 1985, 1786).

106   c) Zutreffend hebt das OLG Bamberg (VersR 1971, 233) hervor, daß der **Sicherungspflichtige** zwar nicht verpflichtet ist, gegen alle nur denkbaren Gefahren Vorkehrungen zu treffen; jedoch muß er während der Bauzeit die Baustelle mit zumutbaren Mitteln **so sichern, daß objektiv erkennbare Gefahren von Dritten ferngehalten werden,** vor allem im Hinblick auf deren Körper, Gesundheit und Eigentum. Dabei ist aber eine Verkehrssicherung, die jeden Schaden ausschließt, nicht möglich (BGH VersR 1964, 746; VersR 1975, 812; BauR 1976, 294 = VersR 1976, 149 = BB 1976, 114 = SFH Z 2.20 Bl. 19). Es bedarf auch nur solcher Sicherungsmaßnahmen, die ein verständiger, umsichtiger, in vernünftigen Grenzen vorsichtiger Mensch für ausreichend halten darf, um andere Personen vor nicht fernliegenden (vgl. dazu OLG Celle MDR 1983, 933) Schäden zu bewahren und die ihm den Umständen nach zumutbar sind (BGH VersR 1960, 715, 716; VersR 1975, 812; BauR 1976, 294 = VersR 1976, 149 = BB 1976, 114 = SFH Z 2.20 Bl. 19). Brauchbare **Anhaltspunkte** dafür, was im Einzelfall an Schutzmaßnahmen zu verlangen ist, können die **Unfallverhütungsvorschriften der Bauberufsgenossenschaften** (UVV) geben (a. a. O., vgl. Rdn. 152 ff.), ferner auch sonstige öffentlich-rechtliche Vorschriften, wie die **Brandschutzbestimmungen** (dazu BGH BauR 1976, 142 = VersR 1976, 166) oder **sogenannte kodifizierte technische Regeln** (vgl. dazu Marburger VersR 1983, 597, 604). Der Auftragnehmer bleibt auch dann verkehrssicherungspflichtig, wenn er einen Mitarbeiter zum örtlichen Bauführer bestellt hat. Insoweit muß er sich im Rahmen des Möglichen und Zumutbaren um die Erfüllung der Verkehrssicherungspflichten kümmern.

107   Andererseits besteht die Pflicht des Sicherungspflichtigen zur Gefahrenabwehr **unabhängig von baubehördlichen Anordnungen,** zumal das Verbot der Gefährdung des Verkehrs häufig umfassender als die der Baubehörde gestellte Aufgabe ist (BGH BauR 1976, 294 = VersR 1976, 149 = BB 1976, 114 = SFH Z 2.20 Bl. 19). Ebenfalls ist die Verkehrssicherungspflicht des Auftragnehmers **nicht schon** dadurch erfüllt, daß er bei der Ausführung der Leistung sich **an die DIN- Vorschriften des Teils C der VOB** gehalten hat; vielmehr beantwortet sich die Frage der Erfüllung oder Nichterfüllung der Verkehrssicherungspflicht nach den im **Einzelfall erforderlichen Vorkehrungen,** die nach anerkannter Erfahrung **erforderlich sind, um Schäden** an Menschen und Sachen **zu verhindern** (vgl. dazu OLG Karlsruhe VersR 1978, 770 mit Anm. von Schmalzl VersR 1979, 550). So stellt das Vorhandensein eines Kanalrostes mit 4 cm breiten Schlitzen eine Gefahrenstelle dar, die nicht damit zu rechtfertigen ist, daß der Rost den DIN-Vorschriften entspricht, wenn die besondere Sachlage Vorkehrungen zur Schadensverhütung erforderlich macht, wie z. B. bei regem Fußgänger- und Fahrzeugverkehr im Bereich einer Ampelanlage (vgl. OLG Düsseldorf VersR 1978, 768). Allerdings kann es ausnahmsweise gerechtfertigt sein, von **besonderen** Sicherungsmaßnahmen Abstand zu nehmen, wenn sich aus der Leistungsbeschreibung berechtigte Anhaltspunkte dafür ergeben, daß ein mit den örtlichen Gegebenheiten, wie z. B. etwaigen Hochwassergefahren, besonders vertrauter – hier: öffentlicher – Auftraggeber Sicherungsmaßnahmen für entbehrlich hält (BGH BauR 1976, 291 = VersR 1976, 776). Die Verkehrssicherungspflicht des Auftragnehmers kann auch entfallen, wenn die weitere Leistung, wodurch die Gefahr eines Schadens beseitigt wird, vom Auftraggeber selbst übernommen wird und er von der Notwendigkeit schadensver-

hütender weiterer Arbeiten von sich aus weiß oder jedenfalls vom Auftragnehmer oder einem kompetenten Dritten darauf hingewiesen worden ist (OLG Karlsruhe VersR 1979, 61).

Zu den Anforderungen an die Verkehrssicherungspflicht des Architekten und des Auftragnehmers, wenn Teile der Leistung (z. B. Ladenräume) bereits vertragsgemäß durch den Mieter genutzt werden, bevor die Bauarbeiten vollständig beendet sind, OLG Celle VersR 1977, 479.

Ob ein Schaden auf einen objektiv verkehrswidrigen Zustand eines Gebäudes oder einer sonstigen baulichen Anlage zurückzuführen ist, beantwortet sich **nicht nur nach den allgemein**, sondern insbesondere **auch nach den sich aus dem speziellen Nutzungszweck des Bauwerks oder der baulichen Anlage erforderlichen, nach der Verkehrsanschauung für richtig und notwendig gehaltenen Sicherungsvorkehrungen.** So muß z. B. bei der Gestaltung von Schwimmbadeinrichtungen im Rahmen des wirtschaftlichen Zumutbaren auch auf solche Gefahren Bedacht genommen werden, die Kindern nur bei einer zwar mißbräuchlichen, aber nicht ganz fernliegenden Benutzung drohen können (BGH VersR 1978, 561). 108

d) Die Verkehrssicherungspflicht dauert grundsätzlich so lange an, wie ein gefahrdrohender Zustand besteht, was demnach auch bei einem im wesentlichen fertiggestellten Gebäude gilt (OLG Karlsruhe VersR 1979, 1128). Auch **nach** der **Herstellung** der Leistung und deren Abnahme kann sich die **Verkehrssicherungspflicht** des Auftragnehmers noch auswirken: Er ist grundsätzlich verpflichtet, die Leistung so zu erbringen (z. B. eine schwere Abdeckplatte über einem Heizkörper ordnungsgemäß zu befestigen), daß von ihr keine Gefahr für den Auftraggeber und auch für Dritte ausgeht (also sich die Platte nicht löst und Schäden verursacht). Hinsichtlich Dritter gilt das auch, wenn der Auftraggeber mit der mangelhaften Leistung einverstanden, ein Dritter aber Schaden genommen hat, weil er befugterweise mit der Leistung in Berührung gekommen ist. Auch dann ist der Auftragnehmer wegen Verletzung der Verkehrssicherungspflicht verantwortlich (vgl. OLG Düsseldorf NJW 1973, 249 = VersR 1973, 259). Andererseits: Die Verkehrssicherungspflicht des Auftragnehmers **endet** grundsätzlich mit dem **Räumen der Baustelle,** was auch bei Unterbrechung der Arbeiten gilt, sofern die Baustelle dem (öffentlichen) Verkehr wieder zugänglich gemacht worden ist (vgl. Koblenz VersR 1982, 1085); sie dauert allerdings fort, wenn der Auftragnehmer die Baustelle in verkehrsunsicherem Zustand zurückgelassen hat, was von dem Geschädigten zu beweisen ist (OLG Bremen VersR 1978, 873). 109

Besteht eine von einem Bauunternehmer bei der Durchführung seiner Bauarbeiten geschaffene Gefahrenquelle nach der Beendigung der Arbeiten fort, so endet die Verkehrssicherungspflicht des Unternehmers erst, wenn die Sicherung der Gefahrenquelle von einem anderen tatsächlich und ausreichend übernommen wird (OLG Köln OLGZ 1973, 210 = BauR 1974, 359). Zur Beweislast: OLG Köln VersR 1966, 834. Auch kann die Verkehrssicherungspflicht des Auftragnehmers noch fortbestehen, wenn sich dies aus einer **Vereinbarung** mit dem Auftraggeber ergibt, z. B. der Rohbauunternehmer sich nach Fertigstellung des Rohbaues verpflichtet, Abdeckbretter auf der Baustelle zu belassen; erst recht gilt dies, wenn er zugleich als verantwortlicher Bauleiter gemäß der einschlägigen Landesbauordnung bestellt worden ist (BGH BauR 1985, 237 = NJW 1985, 1078 = MDR 1985, 396 = VersR 85, 360 = JZ 1985, 398 = LM § 823 [Dc] BGB Nr. 144 = SFH § 823 BGB Nr. 16 = ZfBR 1985, 132). Grundsätzlich ist dann die Verkehrssicherungspflicht auf einen sogenannten beschränkten Baustellenverkehr auszurichten, also im Hinblick auf diejenigen, die erwartungsgemäß die Baustelle zur Weiterführung des Baues betreten, wie Architekten, weitere Handwerker, Lieferanten, Auftraggeber, insbesondere im Hinblick auf von diesem übernommene Eigenleistungen, wobei u. U. auch Wochenendtage einzubeziehen sind. Allerdings kann es sein, daß dieser Kreis aufgrund einer Vereinbarung oder nach den Umständen des Einzelfalles weiter zu ziehen ist, also höhere Anforderungen an die fortdauernde Verkehrssicherungspflicht zu stellen sind; dies kann bei zu erwartenden Besuchern der Fall sein. Dabei ist aber grundsätzlich davon auszugehen, daß der Auftraggeber die sich aus der Baustelle ergebenden Gefahren kennt, denen er die Besucher aussetzt; daher kommt hier den Umständen nach eine erhöhte Verkehrssicherungspflicht des Auftragnehmers nur in Betracht, wenn er erkennen muß, daß es der Auftraggeber unter Verstoß gegen die ihn treffende Sicherungspflicht duldet, daß die Besucher ohne Begleitung Baukundiger den Zutritt erhalten (BGH a. a. O.). Ein Auftragnehmer haftet jedenfalls nicht für einen Unfall, den ein Gast des Auftraggebers durch einen Sturz aus dem nicht ausgebauten Dachboden in das Erdgeschoß des Bauwerkes erleidet, wenn er den Auftraggeber vorher ausdrücklich auf die Nichtbegehbarkeit der Unfallstelle (nicht tragfähige Aussparung im Dachgeschoßboden) hingewiesen hatte (OLG Koblenz VersR 1985, 600).

110 e) **Die Verkehrssicherungspflicht kann sich auch auf solche Gefahren erstrecken, die erst durch unerlaubten und vorsätzlichen Eingriff Außenstehender entstehen** (wie z. B. die unbefugte Entfernung von ungesicherten Abdeckrosten, BGH BauR 1976, 294 = VersR 1976, 149 = BB 1976, 114 = SFH Z 2.20 Bl. 18). Auch gegenüber Unbefugten kann eine Verkehrssicherungspflicht bestehen, wenn dem potentiellen Schädiger im Hinblick auf den Grad der Gefährdung gefahrvermeidende Aufwendungen zumutbar sind und nicht notwehr-analoge Gesichtspunkte eingreifen (Schröder AcP 179, 567).

111 f) Eine Verletzung der Verkehrssicherungspflicht gibt dem **Geschädigten** einen **Anspruch auf Ersatz des vollen Schadens;** also ist er so zu stellen, als sei der ihm zugefügte Schaden nicht entstanden. Selbstverständlich sind bei der Beurteilung des Einzelfalles die Grundsätze des § 254 BGB zu beachten.

Zum vertraglichen Ausschluß von Sicherungspflichten vgl. OLG Koblenz VersR 1979, 628. Allgemein zur Sicherheit auf der Baustelle vgl. Grave, Baustellensicherung, 1976, Werner-Verlag, Düsseldorf.

g) Zu Einzelfragen:

aa) Allgemeiner Rahmen

112 Zur Schadensersatzpflicht des **Auftraggebers** bei unterlassener Verkehrssicherung BGH Betrieb 1966, 148. Über die Pflicht des **Auftragnehmers** zu Kontrollgängen OLG Koblenz SFH Z 4.13 Bl. 34; zu seiner Sicherungspflicht nach Arbeitsschluß BGH Betrieb 1967, 1804. Grundsätzlich ist die Verkehrssicherungspflicht des Unternehmers auf den eigentlichen Baustellenbereich beschränkt, allerdings gemessen an dem jeweiligen Gefahrenbereich (OLG Nürnberg MDR 1975, 319 = VersR 1975, 545). Über die Pflichten eines **Bauunternehmers, Bauleiters und Architekten** zur Sicherung des Verkehrs für Fahrzeuge, die Baumaterial anliefern, BGH BauR 1976, 69 = BB 1975, 1085 = VersR 1975, 949 = MDR 1975, 1011 = BlGBW 1975, 259 = SFH Z 2.20 Bl. 17 = Betrieb 1975, 1792.

113 Verursacht ein **Bauarbeiter** (hier: Heizungsmonteur) fahrlässig einen Schaden an einem Gebäude, in dem er arbeitet, oder an dessen Zubehör bzw. Einrichtung, so haftet (auch) er dem Eigentümer gegenüber auf Schadensersatz, und zwar auch dann, wenn er sogenannte **gefahrgeneigte Arbeit** (hier: Schweißarbeiten) verrichtet hat; ihm kann allenfalls gegen seinen Arbeitgeber (Auftragnehmer) ein Anspruch auf **Freistellung** von der gegen ihn erhobenen Forderung zustehen (BGH BauR 1979, 266 = VersR 1979, 278). Zur Haftung aus dem Gesichtspunkt gefahrgeneigter Arbeit aus Anlaß der Umstellung von Stadt- auf Erdgas vgl. BGH VersR 1978, 538 = LM AVB f. d. Gasversorgung Nr. 1.

114 Wer den Verkehr auf einer **Schiffahrtsstraße** zu sichern hat (wie z. B. die Bundesrepublik Deutschland), ist grundsätzlich nicht gehalten, die Schweißnähte eines Wehrsektors vor dessen Einbau in die Wehranlage auf eine plangerechte und fehlerfreie Ausführung zu überprüfen (BGH VersR 1975, 799 = SFH Z 2.20 Bl. 13). Grundsätzlich trifft den Auftragnehmer eine Verkehrssicherungspflicht hinsichtlich des Ladeplatzes von Schiffen, die zur Abfuhr von Aushubmaterial bei einer Hafenverbreiterung eingesetzt werden (BGH BauR 1977, 432 = SFH Z 2.20 Bl. 25 = VersR 1977, 565 = MDR 1977, 913 = LM § 823 [Dc] BGB Nr. 111).

Wer mit seinem parkenden Kraftfahrzeug die Einfahrt zu einer Baustelle versperrt, macht sich schadensersatzpflichtig; dem Bauunternehmer fällt aber mitwirkendes Verschulden (§ 254 Abs. 2 BGB) zur Last, wenn er nicht sofort die Polizei benachrichtigt (AG Schöneberg MDR 1978, 493).

Art und Weise sowie Umfang der Verkehrssicherungspflicht gegenüber anderen am Bauvorhaben tätigen Handwerkern sind auch davon bestimmt, ob und welche Vorsicht durch sie infolge ihrer spezifischen Berufsausübung ohnehin zu erwarten ist. Daher kann es genügen, eine Öffnung in einem Flachdach nicht durch eine stabile Abdeckung, sondern durch eine sogenannte Flatterleine zu sichern, wenn es sich darum handelt, den ohnehin an Arbeiten im absturzgefährdeten Bereichen gewöhnten Dachdecker zu warnen (vgl. BGH BauR 1979, 531 = VersR 1979, 1107). 115

bb) Bauzäune, Baugerüste, Baugruben

Zu Sicherungsmaßnahmen durch **Bauzäune und Baugerüste** RG JW 1921, 148. Zur Entfernung eines Bauzaunes durch den Auftragnehmer auf Weisung des Auftraggebers und die dadurch geschaffene Verkehrsunsicherheit BGH SFH Z 4.13 Bl. 72. Gerüste müssen so errichtet und vorgehalten werden, daß sie in ihrer Konstruktion haltbar sind und keine Unfallgefahr für den Benutzer in sich tragen, sie vor allem nicht gegen Unfallverhütungsvorschriften verstoßen (vgl. OLG Karlsruhe BauR 1988, 116 = fehlender Seitenschutz und fehlende Übergangsmöglichkeiten an der Ecke des Hausvorsprunges; LG Osnabrück BauR 1985, 709 = vor einem Gerüstträger endende Bohle). Bei Baugerüsten kommt eine Verletzung der Verkehrssicherungspflicht auch in Betracht, wenn deren Benutzung zwar nicht gestattet worden ist, der sicherungspflichtige Unternehmer aber von dem Benutzen durch andere – auch andere Handwerker – weiß oder wissen muß (BGH VersR 1959, 694 = SFH Z 4.01 Bl. 27; BGH NJW 1973, 1648 = MDR 1973, 841). Zur Schadensersatzpflicht des Unternehmers, wenn infolge mangelnder Sicherung von Gerüsten nicht Arbeiter, sondern der Bauherr oder der Architekt bei der Besichtigung der Bauarbeiten zu Schaden kommen, BGH SFH Z 4.12 Bl. 1. Zur Sicherungspflicht bei Sturz eines Passanten in eine umzäunte **Baugrube** LG Düsseldorf SFH Z 4.13 Bl. 34; über die Pflicht zur Absicherung eines Kellerloches OLG Köln SFH Z 4.00 Bl. 6. Liegt die Gefahrenstelle im Keller eines Rohbaues (z. B. bei einem trockenen Schwimmbecken), so reicht die Absperrung der Kellertreppe als Sicherungsmaßnahme nur gegenüber Unbefugten aus; provisorische Maßnahmen sind zur Verkehrssicherung nur ausreichend, wenn die endgültige Sicherung innerhalb kürzester Frist erfolgt (OLG Köln OLGZ 73, 210). Zur Verkehrssicherungspflicht eines Bauunternehmers, der in einer Baugrube Schalungsbretter abstellt, vgl. OLG Hamm BAuR 1988, 247. 116

cc) Abbrucharbeiten

Gerade hier müssen besondere Sicherheitsvorkehrungen getroffen werden (BGH SFH Z 4.13 Bl. 7; OLG Nürnberg VersR 1966, 767; dazu auch RGZ 70, 200 sowie Otto BauR 1974, 179). Zur Sorgfaltspflicht bei der Enttrümmerung einer Hausruine BGH SFH Z 4.01 Bl. 31 und BGH VersR 1966, 165. 117

dd) Gefährliche Arbeiten

Bei Schweißarbeiten ist es ein Erfahrungssatz, daß beim Schweißen, wo hohe Wärmeenergien eingesetzt werden, in der näheren Umgebung der Arbeitsstelle, oft auch mehrere Meter von ihr entfernt, durch fortgeschleuderte Schweißperlen Brände entstehen können (BGH VersR 1963, 657). Für die deswegen zu treffenden Sicherungsmaßnahmen genügt es nicht, Feuerlöscher und Löschwasser bereitzustellen; vielmehr müssen die für den Einzelfall maßgebenden **Brandschutzbestimmungen unbedingt befolgt** werden; darüber hinaus muß das jeweils zur Schadensvermeidung Gebotene beachtet werden (BGH BauR 1976, 142 = VersR 1976, 166). Ist ein Brand im Zusammenhang mit Schweißarbeiten ausgebrochen und läßt sich ein enger zeitlicher Zusammenhang feststellen, spricht der Anscheinsbeweis dafür, daß der Brand durch Versäumung von Sicherungspflichten seitens der mit dem Schweißen beschäftigten Arbeiter herbeigeführt worden ist (BGH VersR 1974, 750; BGH BauR 1980, 381 = VersR 1980, 532 = SFH § 286 ZPO Nr. 2 insoweit im Hinblick auf die Inbrandsetzung von in der Nähe von Arbeiten mit einem Propangasbrenner gelagerter Poresta-Platten). Bei der **Zurverfügungstellung leicht in Brand geratenden Materials**, das in seiner Gefährlichkeit nicht ohne weiteres erkennbar ist, trifft den Bereitstellenden eine entsprechende Aufklärungspflicht (BGH VersR 1966, 542). Zu den Anforderungen an die Sicherungsvorkehrungen beim **Verlegen von Kunststoffböden mit feuergefährlichen Klebstoffen** OLG Köln VersR 1976, 1163. Zur Frage, wann der Beweis des ersten Anscheins für einen ursächlichen Zusammenhang zwischen Schweißarbeiten und dem Ausbruch eines Brandes in demselben Gebäude, aber in einem anderen Stockwerk, spricht, vgl. BGH BauR 1984, 80 = VersR 1984, 63 = SFH § 286 ZPO Nr. 3 = MDR 1984, 221 = 118

BlGBW 1984, 14 = LM § 286 [C] ZPO Nr. 78); insoweit bei mangelnder Abdichtung von nach unten hin offenen Steigrohren, die zum Zwecke der Anbringung von Querrohren aufgeschmelzt werden.

119 Es ist in erster Linie Aufgabe des mit der **Sprengung** beauftragten Unternehmers, die mit der Durchführung des Auftrages verbundenen Gefahren richtig einzuschätzen und dabei die gebotene Sorgfalt anzuwenden, um den Auftraggeber vor Schaden zu bewahren (BGH WM 1972, 243; BGH VersR 1973, 1069 = SFH Z 4.01 Bl. 81; vgl. auch BGH VersR 1975, 1094 = MDR 1975, 1000 = LM § 823 [Dc] Nr. 99 und 100 für den Fall von Sprengarbeiten in der Nähe einer Wasserstraße).

120 Zur Sicherung bei mit **Erschütterungen** verbundenen Arbeiten OLG Bamberg VersR 1966, 834. Eine Gemeinde hat bei Kanalisationsarbeiten, bei denen durch Zerschlagen alter Betonrohre mit Erschütterungen zu rechnen ist, mit besonderer Sorgfalt zu prüfen, welche Folgen dadurch für die Standfestigkeit alter Häuser entstehen können (vgl. OLG Frankfurt VersR 1982, 170, zugleich zutreffend zur Frage der Kausalität sowie zur Schadensberechnung).

121 Über die Haftung des Architekten und des Auftragnehmers bei fehlerhafter **Unterfangung einer Giebelmauer** BGH VersR 1968, 1057; zum fehlenden ausreichenden Sichern beim **„provisorischen" Hochlegen eines Stahlträgers** während des Baues einer Betriebshalle OLG Karlsruhe VersR 1985, 297. Ein Dachdecker, der **Aussparungen in einem Betondach,** die zur Aufnahme von Lichtkuppeln bestimmt sind, **vorübergehend lediglich mit Dachpappe zuklebt, darüber Schaltafeln legt, genügt den Sicherungsanforderungen nicht,** weil die Schaltafeln im Rahmen des weiteren Bauablaufes ohne weiteres entfernt werden können; vielmehr ist eine dauerhafte Absperrung und Sicherung mit entsprechender Kennzeichnung der Gefahrenstelle erforderlich (OLG Düsseldorf VersR 1987, 414).

122 Zur Verkehrssicherungspflicht bei der **Umstellung von Stadt- auf Erdgas** (ordnungsgemäßes Zusammensetzen eines zum Umfetten auseinandergenommenen Eckhahnes auf dem Gaszähler; zugleich auch im Hinblick auf die AVB Gas) vgl. BGH VersR 1978, 538 = LM AVB f. d. Gasversorgung Nr. 1. Werden im Bereich eines teilweise schon alten (hier 36 Jahre) Gasversorgungsnetzes Arbeiten zum Bau einer U-Bahn ausgeführt, durch die Schäden am Versorgungsnetz oder darüber hinaus (hier: Explosion durch Stadtgas) auftreten können, so ist das kommunale Gasversorgungsunternehmen, auch wenn es nicht Auftraggeber der Bauarbeiten ist, verpflichtet, unter Anlegung strenger Maßstäbe die zur Vermeidung von Schäden erforderlichen Vorkehrungen zu treffen; es kann sich nicht allein auf eine sorgfältige Ausführung der Bauarbeiten verlassen (BGH BauR 1980, 382 = VersR 1980, 355 = MDR 1980, 1015; gleichzeitig auch zu Nr. II 5 AVB-Gas). Für die Installation eines Gasdruckminderers an der Außenseite eines Gebäudes ist ein sicherer Standort zu wählen; zumindest ist eine solche Anlage, wenn sie in der Nähe einer Verkehrsfläche errichtet ist, durch Leitplanken oder ähnliche Schutzvorrichtungen abzuschirmen (LG Heidelberg VersR 1984, 1157).

123 Zu den Sorgfaltspflichten eines Transportunternehmers bei der Ablagerung von Erdaushub, der eine **Grundwassergefährdung** herbeiführen kann, auf einer Deponie vgl. BGH NJW 1981, 2457 = MDR 1982, 121 = VersR 1981, 980 = SFH § 276 BGB Nr. 17 = LM § 276 [Cd] BGB Nr. 8.

124 Der Auftragnehmer haftet, wenn er bei der Elektroinstallation einer Milchkühlanlage eine Nullung als Schutzmaßnahme unterläßt und es dann zu Schäden infolge von **Stromstößen** kommt (OLG Oldenburg VersR 1982, 198).

ee) Lagerung von Material, Verwenden und Abstellen von Maschinen usw.

125 Ein Auftragnehmer, der auf dem Bürgersteig Kalksandsteine für ein Bauvorhaben lagert, hat zumutbare Maßnahmen zu treffen, um zu verhindern, daß von Unbefugten Steine auf die Fahrbahn geworfen werden; bloß zwei Kontrollfahrten mit dem Auto an der Baustelle vorbei reichen dazu nicht (OLG Köln VersR 1974, 1186). Allgemein zur Lagerung von Baumaterial auf dem Gehweg BGH VersR 1967, 485; wegen der Lagerung auf der Straße RG Recht 30, 11.
Über die Haftung des Unternehmers für die Verschmutzung fremder Fahrzeuge durch bei ihm anfallenden Zementstaub OLG Celle VersR 1977, 671.

126 Zur Verantwortung eines **Kranführers** sowie des betreffenden Unternehmers bei Verwendung eines Autokranes auf – teilweise – verfülltem Boden und Anheben einer die zugelassene Traglast wesentlich überschreitenden Last vgl. OLG Köln BauR 1979, 268 = VersR 1979, 266.

Ein Kranführer verstößt gegen die Verkehrssicherungspflicht, wenn er den Verkehr, insbesondere Lkw mit hohen Aufbauten, nicht vor dem beim Abbau eine Krans herabhängenden, teilweise verdeckten Seil warnt; dabei trifft einen Lkw-Fahrer ein Mitverschulden, wenn er mit dem Herabhängen des Seils in seine Fahrbahn rechnen muß (vgl. OLG Stuttgart VersR 1981, 361).

Der Unternehmer von Putzarbeiten verletzt die ihm auch gegenüber Unbefugten obliegende Sicherungspflicht, wenn er es unterläßt, seine in unmittelbarer Nähe des Neubaues zurückgelassene Kalkpfanne nach Betriebsschluß gehörig abzudecken (OLG Hamm VersR 1972, 1147). Zu den Grenzen der Sicherungspflicht des Bauunternehmers bei **Zurücklassen schwerer Baugeräte** an einer Straßenbaustelle LG Aachen VersR 1972, 449. Der Fahrer, der einen zur Baustelle gehörenden Gerätewagen im Halteverbot abstellt, handelt nicht schuldhaft, wenn er nach den Besonderheiten des Streitfalles (insbesondere durch Duldung der Polizei) der Meinung sein konnte, das Halteverbot erstrecke sich nicht auf den Gerätewagen; jedoch haftet der Halter des Gerätewagens nach § 7 StVG (BGH BauR 1983, 288).   127

ff) Anlieger, Nachbarn, Hausbewohner

Im allgemeinen braucht sich zwar der Bauherr, der einen zuverlässigen Auftragnehmer mit der Errichtung eines Bauwerkes beauftragt, nicht darum zu kümmern, ob die bei der An- und Abfahrt von Materialien und Erde eingesetzten Fahrzeuge des Auftragnehmers bei **Anliegern** des Zufahrtsweges **vermeidbare Schäden** verursachen. Jedoch muß er schon bei der Planung des Bauvorhabens darauf achten, daß solche Schäden vermieden werden, und während der Bauausführung notfalls sofort eingreifen, wenn er ernsthaften Anlaß zu Zweifeln hat, ob dem Schutz dritter Personen ausreichend Rechnung getragen wird (BGH VersR 1966, 145 m. w. N.), wie z. B. bei bewußter Veranlassung von Schwerlastverkehr bei einem Großprojekt ohne gleichzeitige Schutzmaßnahmen trotz zumutbarer Erkennbarkeit der Gefahr für die Anlieger (vgl. BGH BauR 1981, 302 = VersR 1981, 302 = VersR 1981, 262). Dabei kommt es nicht darauf an, ob die Straßenverkehrsbehörde an sich gebotene Maßnahmen unterläßt (BGH a. a. O.). Über die erforderlichen Schutzmaßnahmen zugunsten von Straßenanliegern bei einem längere Zeit andauernden Transport feuchten Erdaushubs in großen Mengen BGH VersR 1966, 145 = SFH Z 4.00 Bl. 24. Wer – insbesondere als **Auftragnehmer** – eine erhebliche Fahrbahnverschmutzung verursacht hat, genügt seiner Verkehrssicherungspflicht nicht schon durch oberflächliche Reinigung oder durch Aufstellen eines Schildes „Baustelle" (BGH VersR 1975, 714).   128

Bei der Ausführung von Bauvorhaben hat der **Auftraggeber** alle denkbaren Sicherheitsvorkehrungen zu treffen, um **Schädigungen von Nachbarparzellen** zu verhindern. Bei Unterlassen solcher Maßnahmen ist der Auftraggeber dem geschädigten Nachbarn schadensersatzpflichtig (OLG Düsseldorf NJW 1965, 1278); ähnlich OLG Düsseldorf BauR 1973, 395, jedoch werden dort zu strenge Anforderungen an den Bauherrn gestellt (zutreffend Anm. Bindhardt a. a. O.; dazu ders. VersR 1974, 530). Ein Wohnungsbauunternehmen, das es aufgrund eines Vertrages mit der Stadt übernimmt, Rohbauland zu erschließen, haftet aus der ihm obliegenden Verkehrssicherungspflicht für Schäden, die durch infolge Veränderung der Wasserablaufverhältnisse nach Straßen- und Kanalisationsausbau abfließendes Regenwasser auf den Nachbargrundstücken entstehen (OLG Hamm MDR 1975, 144). Eine Gemeinde hat in einem sich auf abfallendem Gelände befindlichen Neubaugebiet, in dem die Kanaleinläufe der Abwasserrohre in den erst halbfertigen Straßen noch nicht eingebaut sind, bei Stillstand der Arbeiten wegen des Winterwetters dafür Sorge zu tragen, daß die Anlieger gegen voraussehbare Überschwemmungen geschützt werden (VersR 1982, 555). Ebenso kann ein Grundstückseigentümer gegen die ihm obliegende Verkehrssicherungspflicht verstoßen, wenn er durch die Verrohrung eines über sein Grundstück führenden Grabens die Überschwemmungsgefahr für tiefer liegende Nachbargrundstücke vergrößert; wer ein einem Grundstück Bauaushub lagert, kann ebenfalls Verkehrssicherungspflichten verletzen, wenn er durch die Ablagerung des Aushubs eine Art Damm errichtet, der bei heftigen Regenfällen die Eigentümer von Nachbargrundstücken der Gefahr von Überschwemmungen aussetzt (BGH BauR 1983, 285; gleichlautende Entscheidung VersR 1983, 242). Der Auftragnehmer muß grundsätzlich bei Straßenbaumaßnahmen selbst Vorkehrungen gegen aus der veränderten Vorflut erwachsende Überschwemmungsgefahren treffen (BGH BauR 1985, 190 = VersR 1985, 839 = SFH § 823 BGB Nr. 17 = MDR 1986, 220 = NJW-RR 1986, 190 = LM § 823 [Dc] BGB Nr. 148). Zu den Sorgfaltspflichten bei der Enttrümmerung einer Hausruine in bezug auf das Nachbargrundstück BGH SFH Z 4.01 Bl. 31; auch BGH VersR 1966, 165. Zum Schutz des Nachbarn vor Gefahren (Wasserschäden) bei Ausschachtungsarbeiten BGH VersR 1969, 542 und bei einem Richtfest in bezug auf einen ungesicherten Treppenschacht BGH BauR 1983, 387 = NJW 1983, 624; dort zugleich zur Frage der Mitschuld (§ 254 BGB) des Geschädigten. Über die Sicherungspflicht des Auftragnehmers   129 bei Umrüstungsarbeiten BGH VersR 1969, 798 sowie zu den notwendigen Sicherungsmaßnahmen bei Sperrung einer Straße im Falle eines Rohrbruches LG Koblenz VersR 1969, 542.

130 Der Auftragnehmer hat die Pflicht, unzumutbare und vermeidbare **Lärmbelästigungen** zu vermeiden; so haftet er für Gehörschäden eines Hausbewohners, die durch Lärm und Vibration eines Preßlufthammers ohne vorherige Benachrichtigung der Betroffenen entstehen (OLG Köln VersR 1978, 471).

131 Besteht durch Tiefbauarbeiten an einem Wasserlauf die Gefahr, daß Fische durch Wassertrübungen usw. beeinträchtigt werden oder eingehen, gehört es zur Verkehrssicherungspflicht des Auftragnehmers, den Eigentümer des Gewässers bzw. einer daran angeschlossenen Fischzucht auf die Gefahr hinzuweisen und ihn zu warnen (OLG Köln SFH § 823 BGB Nr. 10).

132 Ein zu **kurzer Handlauf** stellt bei einer dem **öffentlichen Verkehr zugänglichen Treppe** (Treppe von einem Bürgerhaus zu einer Straße) eine nicht zu vernachlässigende Gefahrenquelle dar, für die der für die Ausgestaltung der Treppe Verkehrssicherungspflichtige den Benutzern, evtl. unter Berücksichtigung eines den Geschädigten treffenden Mitverschuldens, haftet, und zwar unabhängig von Vorschriften des öffentlichen Baurechtes (vgl. OLG Frankfurt VersR 1987, 204).

gg) Versorgungsleitungen

133 **Tiefbauunternehmer,** die an öffentlichen Straßen Bauarbeiten mit Baggern durchführen, müssen sich über Lage und Verlauf unterirdisch verlegter **Versorgungsleitungen** vergewissern (was auch für Subunternehmer gilt, vgl. LG Koblenz VersR 1982, 477); besonders der Einsatz von Baugerät, wie z. B. von Baggern, erfordert hier erhöhte Sorgfalt des Auftragnehmers (vgl. BGH BauR 1985, 706 = VersR 1985, 1147 = BlGBW 1985, 232 = SFH § 823 BGB Nr. 18 = MDR 1986, 305 = LM § 823 [Ac] BGB Nr. 41 = MDR 1986, 305; zugleich zur Verantwortung eines Gasversorgungsunternehmens für den Explosionsschaden, wenn sich der zur Unfallstelle beorderte Rohrnetzmeister dort vor der Explosion unsachgemäß verhalten hat); sofern sich der Unternehmer nicht selbst Gewißheit durch Einsichtnahme in die Bestandspläne verschafft, bedarf es einer klaren, eindringlichen Anweisung des Unternehmers an die örtlichen Bauleiter und aufsichtsführenden Poliere, wann und wie sie sich über Lage und Verlauf der Versorgungsleitungen anhand zuverlässiger Unterlagen der in Betracht kommenden Versorgungsunternehmen zu vergewissern haben (BGH VersR 1971, 741 = SFH Z 4.01 Bl. 67 = NJW 1971, 1313 = BB 1971, 723 = LM § 823 [Ac] BGB Nr. 16 = MDR 1971, 740). Vgl. auch BGH NJW 1971, 113 m. w. N. sowie LG Krefeld VersR 1982, 1085; außerdem Jansen VersR 1975, 405 in zutreffender Erwiderung auf Roth/Stielow VersR 1973, 894. Sind Bestandspläne nicht ausreichend oder nicht vorhanden, ebenfalls auch nicht sonstige Unterlagen, so muß der Tiefbauunternehmer die Lage der Versorgungsleitungen durch eigene Untersuchung, wie Probeschlitze, zu ermitteln versuchen (OLG Köln VersR 1987, 513 m. w. N.). Hat der Tiefbauunternehmer die an ihn zumutbar zu stellenden Anforderungen erfüllt, wie z. B. durch genaue Einsicht in vorhandene Unterlagen, Suchgrabungen, Erörterung mit der Eigentümerin der Versorgungsleitungen, ist er von seiner Haftung befreit (vgl. OLG Köln VersR 1984, 340). Zwar kann ein Tiefbauunternehmer seine Sorgfaltspflichten auf einen anderen Unternehmer (z. B. Subunternehmer) übertragen; ihm verbleiben aber stets eigene Auswahl-, Kontroll- und Überwachungspflichten, deren Ausmaß sich nach den Umständen des Einzelfalles richtet, wobei dann allerdings die Gefahr der Entstehung besonders hoher Schäden zu einer gesteigerten Sorgfaltspflicht des Delegierenden führen muß (BGH VersR 1976, 62 = NJW 1976, 46 m. w. N.); gerade hier bestehen besondere Kontroll- und Sicherungspflichten zur Vermeidung einer Beschädigung von Versorgungsleitungen (vgl. BGH BauR 1983, 95 = VersR 1983, 152 = SFH § 823 BGB Nr. 13 = ZfBR 1983, 124).

134 Zur **Haftung bei Kabelschäden** BGH NJW 1968, 1279 = VersR 1968, 593 mit Anm. Otto VersR 1968, 771 = BB 1968, 484; OLG Saarbrücken VersR 1976, 176; OLG Frankfurt VersR 1981, 987; OLG Schleswig SchlHA 1968, 282; OLG Köln OLGZ 1976, 87 = VersR 1976, 791, letzteres auch zur Frage des Mitverschuldens; LG Köln VersR 1970, 664; LG Essen VersR 1970, 357 sowie LG Saarbrücken VersR 1971, 774; dazu besonders auch Wussow BauR 1972, 270. Auf der anderen Seite: Ein überörtliches Strom-Versorgungsunternehmen muß dafür Sorge tragen, daß das örtliche Versorgungsunternehmen anfragende Bauunternehmer auf die Möglichkeit hinweist, daß in dem fraglichen Gebiet auch nicht Kabel des überörtlichen Versorgungsunternehmens liegen; wenn das überörtliche Versorgungsunternehmen dies unterläßt, ist ihm bei der Beschädigung eines seiner Kabel ein Mitverschulden anzulasten (OLG Düsseldorf VersR 1979, 674). Zur Entlastung eines Tiefbauunternehmers, der behördlicherseits zu Tiefbauarbeiten verpflichtet

war und sich von der zuständigen Behörde über den Verlauf eines im Arbeitsbereich verlegten Kabels Auskunft hat geben lassen, OLG Schleswig VersR 1969, 909.

Der Umfang der Verkehrssicherungspflicht hinsichtlich der Fernmeldekabel der Bundespost ergibt sich aus der Kabelschutzanweisung des Posttechnischen Zentralamtes, OLG Zweibrücken VersR 1977, 45. Zur Verkehrssicherungspflicht bei Kanalbauarbeiten im Zuge einer öffentlichen Straße OLG Köln VersR 1971, 324; die Haftung eines Straßenbauunternehmers für die Beschädigung eines städtischen Versorgungskabels beim Einsatz einer Fallplatte zum Nachverdichten eines Kabelgrabens wird nicht dadurch ausgeschlossen oder gemindert, daß sich das Stadtbauamt, das den Auftrag erteilt hat, allgemein mit der Verwendung der Fallplatte einverstanden erklärt hat (OLG Bamberg VersR 1970, 843). Sinkt ein Plattenbelag nach Kabelverlegungsarbeiten so ab, daß er gegenüber dem übrigen Plattenniveau eine bis zu 3,5 cm tiefe und an den Rändern sich scharfkantig abhebende Mulde bildet, handelt es sich um eine verkehrswidrige Gefahrenstelle (LG Hildesheim VersR 1977, 750).

Ein durch Beschädigung eines Stromkabels betroffener Gewerbebetrieb kann grundsätzlich keine Ersatzansprüche aus unerlaubter Handlung auf den zwischen dem Auftragnehmer und dem Auftraggeber geschlossenen Vertrag stützen, ebenso grundsätzlich nicht auf einen Vertrag mit Schutzwirkung zugunsten Dritter (BGH NJW 1977, 2208 = BauR 1977, 435 = VersR 1977, 1006 = SFH § 328 BGB Nr. 1 = MDR 1978, 127 = BB 1977, 1409).

Beim Ausheben von Kabelgräben erstreckt sich die Verkehrssicherungspflicht des Ausführenden auch darauf, eine **Beschädigung des Wurzelwerks** von unmittelbar in der Nähe befindlichen Bäumen tunlichst zu vermeiden (vgl. KG VersR 1978, 871 mit Anm. Koch). Dabei bestimmt sich der Umfang der Sorgfaltspflichten des Tiefbauunternehmers auch nach den Richtlinien zum Schutze von Bäumen und Sträuchern im Bereich von Baustellen (RS BB) und nach den Vorschriften der DIN 18 920; lassen sich die Arbeiten hiernach nicht ausführen, muß der Auftragnehmer zumindest dem Auftraggeber gegenüber Bedenken geltend machen (Teil B § 4 Nr. 3 VOB/B; vgl. dazu LG Kassel VersR 1987, 1199 mit Anm. Koch). Eine Schadensersatzpflicht aus unerlaubter Handlung ist gegeben, wenn beim Bau einer Fernwärmeleitung die Hauptwurzeln eines bedeutenden Baumes außerhalb des bestandenen Grundstückes durchtrennt werden, dies zum Absterben des Baumes führt, und unterlassen wurde, vorher dem Baumeigentümer anzubieten, gegen Übernahme der Mehrkosten die Leitung unter Schonung der Wurzeln zu verlegen; einer solchen Verpflichtung steht das Selbsthilferecht nach § 910 BGB nicht entgegen; gibt das Leitungsunternehmen der ausführenden Firma nicht auf, bei Aushub- und Rohrverlegungsarbeiten die Wurzeln von außerhalb des Arbeitsbereiches stehenden Bäumen zu schonen, sind die Voraussetzungen für eine Entlastung des Unternehmens nicht gegeben (LG Stuttgart VersR 1987, 1201 mit Anm. Koch).

hh) Straßenbau – sonstiger Tiefbau

Zur Benutzung einer noch im Bau befindlichen, nur für den Baustellenverkehr zugelassenen Straße OLG Köln VersR 1969, 619; zur Haftung des **Architekten** über die Folgen gefahrbringender Mängel BGH Betrieb 1970, 2215. Zum Umfang der Baustellensicherung auf der Fahrbahn durch den Unternehmer bei außerordentlich großer und ungewöhnlich schwer erkennbarer Gefahrenquelle OLG Düsseldorf DAR 1983, 356. Nimmt eine Baustelle auf einer Großstadtstraße die Hälfte der Fahrbahn ein und wird der Fahrzeugverkehr in beiden Richtungen auf eine 6,30 m breite andere Fahrbahnhälfte verlegt, so hat der **Auftragnehmer** die Pflicht, Fußgänger, die die Straße neben der Baustelle überqueren, auf möglichen Fahrzeugverkehr aus beiden Richtungen hinzuweisen; allerdings fällt dem Fußgänger, der in dieser Situation nur auf den Verkehr aus einer Richtung achtet, mitwirkendes Verschulden zur Last (KG MDR 1978, 578 = VersR 1978, 766). Berührt die Baustelle zur Unfallzeit den Straßenkörper nicht, muß der Auftragnehmer bzw. sein mit der Verkehrssicherung Beauftragter grundsätzlich Vorkehrungen auch gegen solche Gefahren treffen, die den Verkehrsteilnehmern von einer besonderen Führung der Straße, z. B. wegen eines Straßenknicks, drohen (vgl. dazu BGH VersR 1982, 576 = NJW 1982, 2187 = MDR 1982, 826 = LM § 823 [Ea] BGB Nr. 66 m. w. N.). Wird von einer Straßenbaustelle durch ein Kraftfahrzeug ein Stein emporgeschleudert, der die Schaufensterscheibe eines wenige Meter entfernt liegenden Geschäfts zerstört, hat der für die Baustelle Verkehrssicherungspflichtige – im allgemeinen der bauende **Auftraggeber** – für diesen Schaden einzustehen (LG Marburg VersR 1976, 1186). Über die Sicherungspflicht des Bauleiters einer Straßenbaufirma, der die Fahrbahn über die ganze Breite mit Haftkleber besprizen läßt und den Verkehr über die so behandelte Fläche leitet, BayObLG DAR 1976, 301; zur Verantwortlichkeit für einen Auffahrunfall infolge einer bei Vermessungsarbeiten in geringer Höhe über die Fahrbahn gespannten Schnur KG VRS 1976, Bd. 51, 388.

137 Zur **Beschilderung von Straßenbaustellen** OLG Köln VersR 1966, 834; auch BGH SFH Z 4.01 Bl. 22. Der Auftragnehmer ist in der Regel nur verpflichtet, die Baustelle abzusperren und zu kennzeichnen; nur bei außergewöhnlich gefährlichen Straßenarbeiten kann er zu besonderen Maßnahmen, wie ständiger Bewachung, verpflichtet sein (KG VerkMitt. 1972, 43); gleiches gilt für eine Baugrube auf einem Bürgersteig im Hinblick auf Blinde, es sei denn, dem Verkehrssicherungspflichtigen ist bekannt, daß dort häufig Blinde verkehren (KG VersR 1976, 862). Die im Zuge von Straßenbauarbeiten angebrachten Fahrbahnmarkierungen sind im Falle ihrer Aufhebung so deutlich und nachhaltig zu entfernen, daß dies für einen sorgfältigen und nicht völlig unerfahrenen Verkehrsteilnehmer durch einen raschen, beiläufigen Blick unzweifelhaft erkennbar ist (OLG Düsseldorf VersR 1981, 960). Einen Bauunternehmer trifft gegenüber „**unbefugten**" **Benutzern** von Straßen, die durch einen von ihm gesperrten und durch Warnlampen gesicherten Baustellenbereich fahren, auch für das gesperrte Straßenstück die Verkehrssicherungspflicht, wenn er weiß oder jedenfalls wissen muß, daß „Unbefugte" dort verkehren; er muß dann die entsprechenden Schutzmaßnahmen treffen oder verhindern, daß der gesperrte Straßenteil benutzt wird (ähnlich LG Aachen VersR 1974, 682). Führt ein Straßenbauunternehmer in einem Fremdenverkehrsort an einer von Urlaubern benutzten Straße Bauarbeiten aus, die in unbeleuchteten Bereichen Gefahrenquellen zur Folge haben, so genügt er seiner Verkehrssicherungspflicht nicht schon durch Aufstellung von Warntafeln, denen lediglich bei Tageslicht Hinweise auf die gefahrdrohende Straßenbeschaffenheit zu entnehmen sind (OLG Stuttgart VersR 1974, 395). Zur Pflicht des Straßenbauunternehmers, zugunsten von Fußgängern an einer Straßenbaustelle Hinweisschilder, mit denen darauf hingewiesen wird, daß trotz halbseitiger Straßensperrung mit Fahrzeugverkehr von links gerechnet werden muß, aufzustellen, KG VRS 78 Bd. 55, 103. Die Verkehrssicherungspflicht erfordert es, daß die zur Absicherung der Gefahrenstelle notwendigen Sicherungseinrichtungen (Verkehrszeichen, Absperrbaken, Beleuchtung während der Nachtzeit) nach ihrer Anbringung und Inbetriebsetzung in nach den jeweiligen Gegebenheiten ausgerichteten Zeitabständen auf Zustand und Funktion überwacht werden; insoweit können Kontrollen in Abend- und Nachtstunden auf einer Baustelle an einer Bundesautobahn in dreistündigen Abständen ausreichen (OLG Bremen VersR 1979, 1126).

138 Die Verkehrssicherungspflicht eines Tiefbauunternehmers, der an einer öffentlichen Straße Tiefbauarbeiten ausführt, reicht nur so weit, **wie Sicherheitsvorkehrungen vom Standpunkt des Straßenbenutzers erforderlich und aus der Sicht des Verantwortlichen zumutbar sind;** beim Befahren eines unfertigen Straßenstückes kann daher ein absoluter Schutz vor Kanaldeckeln, die mit ihrer abgeschrägten Umgebung bis zu 12–13 cm über die vorläufige Fahrbahnaufschüttung hinausragen, nicht erwartet werden (OLG Karlsruhe VersR 1971, 1022), jedenfalls dann nicht, wenn der Sicherungspflichtige ein Warnzeichen angebracht und eine Begrenzung der Geschwindigkeit angeordnet hat (so mit Recht KG VersR 1973, 351). Anders ist dies zu beurteilen, wenn nach einer Fahrbahnabsenkung auch noch der Kanaldeckel etwa 1,5 bis 2 cm aus dem normalen Fahrbahnniveau hervorragt (KG VersR 1977, 37 = DAR 1976, 212; vgl. dazu auch OLG Karlsruhe MDR 1984, 54). Dagegen kann nach anderer Ansicht ein 6 cm aus der Fahrbahnoberfläche herausragender Kanaldeckel im Hinblick auf die – vorgeschriebene – allgemeine Bodenfreiheit von Kraftfahrzeugen von mindestens 10 cm nicht generell beanstandet werden; damit, daß jemand mit einem Fahrzeug von lediglich 5,5 cm Bodenfreiheit durch den Gefahrenbereich ohne Ausweichen vor dem erkennbar überhöhten Deckel fahren werde, braucht der Verkehrssicherungspflichtige grundsätzlich nicht zu rechnen (OLG München VersR 1977, 939 mit richtiger krit. Anm. von Schulz VersR 1978, 66). Besondere Sicherungsmaßnahmen müssen von dem verkehrssicherungspflichtigen Auftragnehmer dann nicht getroffen werden, wenn eine am Ende einer Baustelle befindliche Bodenwelle gut zu erkennen ist (KG VersR 1983, 1162).

139 Mehrere selbständige Bauunternehmer, die an einer Straßenbaustelle beschäftigt sind und mit ihren Baufahrzeugen über eine Baustelleneinfahrt die Fahrbahn der angrenzenden Straße verschmutzen, haften als Gesamtschuldner für Schäden, die dadurch entstehen, daß der Fahrbahnschmutz bei trockenem Wetter aufgewirbelt wird und die Fassaden anliegender Häuser verschmutzt (OLG Düsseldorf BauR 1984, 400).

140 Grundsätzlich obliegt einem Tiefbauunternehmer eine Sicherung gegen **witterungsbedingte Gefahren** nur, wenn er die allgemeine Verkehrssicherungspflicht durch Vereinbarung übernommen hat oder wenn sich die Witterungseinflüsse im Zusammenhang mit den Baumaßnahmen besonders auswirken; vor allem kann sich der Geschädigte auf die Schaffung einer Gefahrenquelle nicht berufen, wenn er die Gefahrenlage durch zumutbares Verhalten ohne weiteres bewältigen konnte (OLG Bamberg VersR 1974, 552 im Falle des Sturzes einer Frau von einer Laufbohle). Zur Verkehrssicherungspflicht einer mit Straßenbauar-

beiten beauftragten Firma gegenüber Wintersportlern, die eine an die Baustelle grenzende Wiese benutzen, OLG Stuttgart VersR 1983, 932.

Darüber, wen die Verkehrssicherungspflicht trifft, wenn die von privaten Firmen auf der Autobahn durchgeführten Bauarbeiten vorübergehend eingestellt werden und die Baustelle auf Anordnung des Landesstraßenbauamtes geräumt wird, OLG Hamm DAR 1972, 22 = VRS 1972, 105.

Auch **nach** der **Beendigung** von Straßenbauarbeiten bleibt für **dadurch an der Straße geschaffene Gefahren** der Bauunternehmer bzw. sein Bauleiter bis zu deren Beseitigung weiterhin verantwortlich (vgl. OLG Bamberg VersR 1981, 960: verneint für einen auf einem Bankett befindlichen Sandhaufen). Nach stärkeren Eingriffen in den Straßenkörper, durch die die Standfestigkeit der Straße beeinträchtigt sein kann, hat der Verkehrssicherungspflichtige, bevor er den Verkehr über die bisherige Baustelle wieder zuläßt, den wiederhergestellten Straßenteil in eigener Verantwortung selbst oder durch Dritte auch auf etwaige nicht sichtbare Mängel der Tragfähigkeit zu überprüfen und sich von der Standfestigkeit des Straßenkörpers zu überzeugen, sofern nicht schon durch eine hinreichende Überwachung der Verfüllarbeiten die Tragfähigkeit gewährleistet ist (BGH VersR 1973, 126 = NJW 1973, 277 = SFH Z 4.03 Bl. 13 = LM BGB § 823 [Dc] Nr. 88). 141

Die Verkehrssicherungspflicht bei Straßenbauarbeiten kann als gesamtschuldnerische Haftung des Wegeunterhaltspflichtigen und des ausführenden Unternehmers in Betracht kommen, wenn nicht die erforderlichen Vorkehrungen getroffen worden sind (vgl. LG Darmstadt VersR 1974, 396). Allerdings: Sperrt ein Bauunternehmer eine Straße, so trifft vorrangig ihn die Pflicht, die durch die Verkehrssicherung erforderlichen Maßnahmen zu treffen; er kann sich nicht schon durch den Hinweis darauf entlasten, die Straßenbaubehörde habe die von ihr veranlaßten Maßnahmen für genügend erachtet (BGH VersR 1977, 543 = SFH Z 2.20 Bl. 27 = LM § 823 [Dc] BGB Nr. 110). 142

Fließen größere Wassermengen aus einer noch **nicht ans Abflußnetz angeschlossenen Drainageleitung** eines im Bau befindlichen Hauses an einem Steilhang auf die Straße, so ist der Bauherr für den Unfallschaden verantwortlich, wenn dieser Teil der Fahrbahn infolge der Straßennässe plötzlich vereist und ein Kraftfahrzeug ins Schleudern gerät und umkippt (AG Hagen VersR 1973, 556 [L]). Zur Haftung des Unternehmers für Fehler bei der Ausführung eines Auftrages, eine Kanalisationsanlage freizulegen und auszubessern, unter Berücksichtigung eines Mitverschuldens des geschädigten Gebäudeeigentümers, BGH VersR 1974, 243. 143

Ein Auftragnehmer, der für den **Baulastträger** einer öffentlichen Straße die Sicherung einer Baustelle übernimmt, kann sich wegen der Schäden, die er an den von ihm aufgestellten Sicherungseinrichtungen erleidet, nicht an den Entschädigungsfonds („Verkehrsopferhilfe") halten (BGHZ 69, 315 = BauR 1978, 71 = NJW 1978, 164 = VersR 1978, 43 = SFH § 12 PflVG Nr. 1 = MDR 1978, 218 = BB 1978, 382). Eine Verkehrssicherungspflicht des Trägers der Straßenbaulast setzt beim Ausbau einer Gemeindestraße jedenfalls zu dem Zeitpunkt ein, in dem die Gemeinde als Trägerin der Straßenbaulast Kenntnis davon erhält, daß die Straße von der bauausführenden Firma für den Verkehr freigegeben worden ist (vgl. OLG Karlsruhe VersR 1979, 165). Kann bei Straßenausbesserungsarbeiten die letzte Asphaltdecke wegen Wintereinbruches erst in der warmen Jahreszeit aufgebracht werden, dann trägt in der Zwischenzeit die Verkehrssicherungspflicht an der nicht ebenen Straßenbaustelle nicht der Bauunternehmer, sondern der für die Straße Sicherungspflichtige, also für die Zeit der gänzlichen Unterbrechung der Arbeiten (vgl. OLG Hamm NJW-RR 1988, 1507). 144

ii) Kinder auf der Baustelle

Über Haftung bei einem Unfall eines 7jährigen Jungen auf der Baustelle (§ 828 BGB) vgl. OLG Celle SFH Z 4.13 Bl. 51; auch OLG Oldenburg a. a. O. Z 4.13 Bl. 37 und OLG Hamm a. a. O. Z 4.13 Bl. 21 sowie BauR 1986, 479; insbesondere BGH VersR 1962, 625 und 1964, 825. Wer ein 7jähriges Kind an eine gefährliche Maschine (hier: Mörtelmaschine ohne Schutzvorrichtung der Antriebskette) heranruft, hat für hieraus entstehende Unfallfolgen ohne weiteres einzustehen (BGH VersR 1965, 877, zugleich zur Frage eines etwaigen Mitverschuldens des Kindes). Ist eine Baustelle frei zugänglich, müssen gefährliche Arbeitsgeräte (wie z. B. eine Kreissäge) während der arbeitsfreien Zeit so gesichert werden, daß eine Benutzung durch spielende Kinder nicht möglich ist (BGH VersR 1975, 453). Bei einem noch im Bau befindlichen Werksgelände, das zunächst nur zum Teil durch einen Zaun umgeben ist, muß die Betriebsleitung zum Schutz spielender Kinder dafür sorgen, daß offene Zugänge entweder kontrolliert oder an Gefahren- 145 stellen Sicherungsmaßnahmen getroffen werden (OLG Stuttgart VersR 1977, 65). Eine Sicherungspflicht des Rohbauunternehmers hat auch gegenüber unberechtigt im Rohbau spielenden Kindern dort ihre Grenzen, wo es sich nicht mehr um die Abwehr erkennbarer und übersehbarer Gefahren handelt (OLG Hamm VersR 1972, 1147, auch zum Mitverschulden eines fast 11jährigen Jungen, der beim verbotenen Spielen in einem Neubau verunglückte). Ein Balkon im Erdgeschoß eines Rohbaues muß gegen das Eindringen spielender Kinder nach Feierabend gesichert werden, wenn er verhältnismäßig leicht zu besteigen ist; die vorschriftsmäßige Absicherung des Treppenhauses, der Treppenhausöffnungen und des Treppenpodestes durch Metallsprieße ist dagegen ausreichend (OLG Karlsruhe VersR 1982, 1010, hier auch zum weitaus überwiegenden Verschulden eines mehr als 13 Jahre alten Gymnasiasten). Ein Bauunternehmer genügt seiner Verkehrssicherungspflicht, wenn er auf der Baustelle zurückgelassene Paletten ordnungsgemäß stapelt (vgl. OLG München BauR 1988, 349).

146 Aus § 832 BGB folgt nur, daß der Aufsichtspflichtige die Erfüllung seiner Pflicht beweisen muß; der Nachweis, daß und in welchem Umfang eine solche Pflicht überhaupt besteht, ist Aufgabe des Geschädigten (OLG Celle VersR 1979, 476). Zur Einsichtsfähigkeit von Kindern siehe OLG Schleswig VersR 1967, 91 sowie BGH VersR 1970, 374; zur Übertragung der Aufsichtspflicht über ein Kind BGH VersR 1968, 903 = Betrieb 1968, 1355.

147 Allgemein zur Sicherung einer Baustelle vor spielenden Kindern Otto VersPrax. 1953, 55; zur Verkehrssicherungspflicht auf unbebauten Grundstücken BGH SFH Z 2.20 Bl. 15. Eine Rechtsprechungsübersicht von Marburger zur Verkehrssicherungspflicht gegenüber Unbefugten findet sich in Juristische Analysen 1971, 481.

kk) Sicherungspflichten des Architekten bzw. Bauleiters

148 **Zur Verkehrssicherungspflicht des Architekten** insbesondere BGHZ 68, 169, 175 ff.; Schmalzl NJW 1977, 2041; ders. BauR 1981, 505; Neuenfeld BauR 1981, 436; weiter Bindhardt VersR 1972, 901; ders. in Der Architekt 1972, 112 sowie vor allem BauR 1975, 376 und entgegen Koenig (VersR 1971, 701): Sie besteht, da **grundsätzlich der Bauunternehmer verkehrssicherungspflichtig ist, nur insoweit, als es sich um vom Architekten wahrgenommene oder – weiter als Bindhardt – gemessen an den bei ihm im Einzelfall vorauszusetzenden Kenntnissen um voraussehbare Gefahrenquellen handelt**, wobei die Aufgabenbereiche der technischen Oberleitung und insbesondere der örtlichen Bauaufsicht, jetzt Objektüberwachung, ausschlaggebend sind (vgl. auch BGH BauR 1976, 441 = SFH Z 2.20 Bl. 22 = MDR 1976, 1010 = BB 1976, 1342 = LM § 823 [Dc] Nr. 106 = VersR 1976, 954 = BlGBW 1976, 236).

Das gilt in erster Linie für jene Fälle, in denen dem Architekten nur die technische und geschäftliche Oberleitung sowie die örtliche Bauaufsicht (jetzt Objektüberwachung) übertragen worden sind und er **nicht verantwortlicher Bauleiter nach der jeweiligen Landesbauordnung** ist. Dabei verstößt ein solcher Architekt nicht gegen eine ihm auferlegte Berufspflicht im Rahmen einer Verkehrssicherungspflicht, wenn er es unterläßt, ein statisches Gutachten über die Haltbarkeit einer Kupole-Decke einzuholen, für die Ausführungszeichnungen der Planverfasser vorliegen und ihm übergeben worden sind; daher hat er auch nicht die Beweislast für die fehlende Ursächlichkeit seines Verhaltens für den infolge Herabstürzens der Decke eingetretenen Schaden (OLG Stuttgart VersR 1975, 69). Das gilt allerdings nur, wenn er nach der gegebenen Sachlage bei objektiver Betrachtung aufgrund der ihm vorliegenden Zeichnungen keine Bedenken gegen die Haltbarkeit zu haben brauchte. Zu den Verkehrsauftragspflichten eines mit der örtlichen Bauaufsicht betrauten Architekten, dem Hilfspolier des Auftragnehmers einen Auftrag zur Veränderung eines von einem Fachunternehmen erstellten Gerüstes erteilt, vgl. BGH BauR 1984, 77 = NJW 1984, 360 = MDR 1984, 219 = Betrieb 1984, 1393 = LM § 823 [Dc] BGB Nr. 137 = SFH § 823 BGB Nr. 14 = ZfBR 1984, 79). Über Pflichten und Verantwortung des Architekten gegenüber den Nachbarn seines Bauherrn vgl. Bindhardt BauR 1983, 422.

149 Ein Architekt, der **auch die Planung und dazu die Bauleitung** übernommen hat, haftet nach den Deliktsvorschriften für die Folgen gefahrbringender Mängel des Bauwerks, die ein gewissenhafter Architekt bei sorgfältiger Prüfung hätte erkennen können (BGH NJW 1970, 2290 = Betrieb 1970, 2215 = VersR 1971, 84 = BauR 1971, 64 = SFH Z 4.13 Bl. 130 = BlGWB 1971, 48 für den Fall des Sturzes auf einer fehlerhaften Wendeltreppe; vgl. auch OLG Hamm BlGWB 1971, 211). Gleiches gilt für auf Planungs- und Aussichtsfehlern beruhende Körper- und Sachschäden durch Herabstürzen einer mangelhaft erstellten Dachkonstruktion oder Decke (BGH VersR 1964, 1250; BGH VersR 1971, 644 = BauR 1971, 131), durch ungesicherte Glaswände (VersR 1968, 470). Das trifft auch im Hinblick auf Schäden zu, die infolge

Baumängeln durch Witterungseinflüsse entstehen, da der Benutzer mit Recht darauf vertrauen kann, daß das Gebäude hinreichend gegen solche geschützt ist. Allerdings wird die deliktische Verantwortlichkeit des Architekten als „Garanten" nicht nur von den faktischen und rechtlichen Einflußmöglichkeiten in den Grenzen seiner beruflichen Zuständigkeit für das Bauwerk, sondern auch von Art und Maß des im konkreten Fall veranlaßten Vertrauens für den Verkehr mitbestimmt. Hat ein Bauherr ein Gebäude in Billigstbauweise errichten lassen, kann der Verkehr keinen perfekten Schutz gegen Witterungseinflüsse erwarten, dann kann dem Auftraggeber bzw. Eigentümer die alleinige Pflicht zur beschränkten Eröffnung des Verkehrs zum Gebäude oder zur rechtzeitigen Benachrichtigung der Benutzer treffen, damit diese eigene Dispositionen zur Gefahrenabwehr treffen können. Ähnliches gilt von der Zweckbestimmung des Gebäudes. Ist es nicht zur Lagerung besonders feuchtigkeitsempfindlicher Gegenstände errichtet worden, ist es Sache des Eigentümers, für einen beschränkten Benutzerkreis Sorge zu tragen. Überdies sind die deliktischen Verkehrspflichten auf eine zumutbare Abwehr von Gefahren für Gesundheit und Eigentum der Benutzer des Gebäudes abgestellt, da das Nutzungsinteresse selbst allein dem Schutz der Vertragsordnung vorbehalten ist; seine Beeinträchtigung löst nur vertragliche Ersatzansprüche aus. Daher erwachsen in erster Linie deliktische Haftungsverantwortlichkeiten des Architekten gerade bei Feuchtigkeitsschäden aus verborgenen Gefahren des Bauwerks für Gesundheit und Eigentum seiner Benutzer (vgl. dazu BGH BauR 1987, 116 = MDR 1987, 305 = NJW 1987, 1013 = JZ 1987, 423 = VersR 1987, 159 = Betrieb 1987, 1249 = Jagenburg EWiR § 823 BGB 7/87, 677 = ZfBR 1987, 75).

Der Architekt ist **voll verkehrssicherungspflichtig,** wenn er zum **verantwortlichen Bauleiter** bestellt worden ist, allerdings auch hier unter Beachtung der vorrangigen Verkehrssicherungspflicht des betreffenden Unternehmers sowie der nach den Gegebenheiten des Falles zumutbaren Vorkehrungen (vgl. OLG Hamm BauR 1980, 378). Zu diesen Fragen siehe insbesondere Ganten BauR 1973, 148; Kullmann BauR 1977, 84 sowie Rabe BauR 1981, 332; vgl. auch BGH SFH Z 3.012 Bl. 12. Zur Haftung des Architekten gegenüber Auftragnehmern für die Sicherheit der Baustelle – hier: über das Grundstück führende Starkstromleitungen – LG Karlsruhe BB 1973, 17. Es ist möglich, daß ein **verantwortlicher Bauleiter,** der nicht die zivilrechtliche Bauleitung übernommen hat, seine Haftung für Unfälle bei Eigenarbeiten des Bauherrn, der vereinbarungsgemäß die erforderlichen Bau- und Schutzgerüste selbst zu beschaffen hat, ausschließt (OLG Koblenz BauR 1979, 176).

150

ll) Öffentliche Auftraggeber

Über die Verkehrssicherungspflicht als Amtspflicht im Hinblick auf Art. 34 GG und § 839 BGB siehe Janicki NJW 1967, 203. Zur Entlastung des Auftragnehmers bei öffentlicher Überwachungspflicht und überwiegendem Verschulden einer Behörde vgl. OLG Frankfurt SFH Z 4.03 Bl. 4. Über die Haftung einer Gemeinde gegenüber einem Anschlußnehmer für die schädigenden Auswirkungen der unsachgemäßen Planung und Ausführung von Arbeiten an einer Abwasseranlage, deren Benutzung nicht durch eine Ortssatzung geregelt ist, BGH NJW 1977, 197.

151

5. Insbesondere: Unfallverhütungsvorschriften

a) Die **Unfallverhütungsvorschriften der Berufsgenossenschaften** sind zwar **keine Schutzgesetze** nach § 823 Abs. 2 BGB (vgl. RG in JW 1929, 1461; BGH VersR 1961, 160; BGH VersR 1969, 827 = SFH Z 4.01 Bl. 54 f.; OLG Düsseldorf VersR 1982, 501; a. A. Marburger VersR 1983, 597, 605 f.), jedoch sind sie im **Rahmen der Verkehrssicherungspflichten von besonderer Bedeutung, da sie deren Rahmen im Einzelfall abstecken.** Werden sie **nicht beachtet** und tritt an der Gefahrenstelle ein Unfall ein, **ist die Ursächlichkeit des Verstoßes für den Unfall nach dem ersten Anschein als erwiesen anzusehen** (BGH VersR 1965, 1055). Ähnlich OLG Frankfurt (VersR 1972, 105): Wird eine Unfallverhütungsvorschrift verletzt, die eine bestimmte Betriebsgefahr ausschließen soll, so spricht bei Eintritt eines Unfallereignisses an der Gefahrenstelle nach den Grundsätzen des Anscheinsbeweises die Vermutung dafür, daß der Unfall bei Beachtung der Unfallverhütungsvorschriften vermieden worden wäre; es ist dann Sache des Unternehmers, diese Vermutung zu entkräften. Das gilt um so mehr, als die **Kenntnis der einschlägigen Unfallverhütungsvorschriften bei den für die Arbeitsausführung verantwortlichen Personen vorausgesetzt werden muß** (OLG Saarbrücken VersR 1973, 182). Vgl. über Einzelfälle folgende Urteile (zunächst aus SFH):

152

153 Nichtbeachten von Unfallverhütungsvorschriften in ihrer zivilrechtlichen Auswirkung bei Fehlen strafrechtlichen Verschuldens, Urt. vom 24. 6. 1953 (Z 3.10 Bl. 1 ff.); Fehlen der Bekleidung eines Kreissägeblattes entgegen den Unfallverhütungsvorschriften, Urt. vom 11. 2. 1953 (Z 3.1 Bl. 1 ff.); Notwendigkeit eines Außenstandgerüstes, Urt. vom 29. 4. 1958 (Z 4.13 Bl. 61 ff.); Erfüllung der Verkehrssicherungspflicht durch Anbringung von Betretungsverboten („Unbefugten ist das Betreten der Baustelle verboten"), Urt. vom 11. 12. 1956 (Z 4.13 Bl. 42 ff.); Unfall durch Betreten eines Schalbretts (Z 4.13 Bl. 125 f. = VersR 1969, 37).

Weiter:

154 Nichtanbringen von Fanggerüsten bei Dachdeckerarbeiten BGH VersR 1967, 133; OLG Koblenz VersR 1976, 862; Fehlen der Schutz- bzw. Brustwehr bei Gerüsten BGH NJW 1973, 1648 = MDR 1973, 841; mangelnde Sicherung von Öffnungen in einem Flachdach BGH VersR 1968, 768; Fehlen erforderlicher Schutz- und Sicherheitsvorkehrungen an einem Autokran, wie Fehlen der Überlast-Warneinrichtung, des Tragkraftschildes, der Ausladungsanzeigevorrichtung, aus denen sich die höchstzulässige Belastung hinreichend klar ersehen läßt (OLG Köln BauR 1979, 268 = VersR 1979, 266); fehlendes ausreichendes Sichern eines Querträgers, so daß er durch einen Anstoß aus seiner Lage gehoben werden kann (OLG Karlsruhe VersR 1985, 297); fehlender Seitenschutz und fehlende Übergangsmöglichkeiten an der Ecke des Hausvorsprunges bei Erstellung eines Stahlgerüstes (OLG Karlsruhe BauR 1988, 116); zur seitlichen Absicherung eines 1 m breiten Steges, der an der Baustelle über den Arbeitsraum zum Rohbau führt, OLG Nürnberg VersR 1979, 748.

155 Bei mangelhafter Sicherung eines Förderbandes kann Verantwortlichkeit des Unternehmers vorliegen (vgl. OLG Celle VersR 1974, 1176). Gleiches gilt bei Beauftragung eines noch nicht 17jährigen Arbeitnehmers mit der Bedienung einer gefährlichen Säge; ebenso, wenn der Unternehmer, der weder die einschlägigen UVV noch das Alter eines Jugendlichen kennt, diesem mißverständliche Weisungen über die Arbeit an einer gefährlichen Säge mit funktionsunfähiger Schutzvorrichtung erteilt, der Jugendliche dann entgegen den UVV die Säge allein bedient und sich dabei verletzt (OLG Köln VersR 1974, 354). Zum Beweis des ersten Anscheins für die Ursache von Stürzen auf einer Treppe BGH MDR 1974, 217 = VersR 1974, 263 = Betrieb 1974, 426 = LM § 823 [Ef] BGB Nr. 17.

156 Verpflichtet sich der Auftraggeber dem beauftragten Malermeister gegenüber, das zum Anstreichen der Hausfassade erforderliche Gerüst zur Verfügung zu stellen, so haftet er diesem grundsätzlich neben der Gerüstbaufirma für eine nicht ohne weiteres erkennbare Schadhaftigkeit der Einstiegleiter; allerdings ist dem Auftragnehmer ein erhebliches Mitverschulden anzulasten, wenn er von einer fremden Leiter stürzt, deren Schadhaftigkeit er entgegen der einschlägigen Unfallverhütungsvorschrift („Leitern und Tritte") nicht vorher geprüft hat (LG Freiburg VersR 1974, 1035). Dieser Fall betrifft zwar nicht unmittelbar die hier erörterte VOB-Regelung (Teil B § 10 Nr. 2), ist jedoch allgemein zu beachten.

b) In **subjektiver Hinsicht** gilt für die UVV:

157 Die Verletzung der UVV begründet **stets den Vorwurf** der **qualifizierten Fahrlässigkeit,** weil der Auftragnehmer oder der ihm Gleichgestellte diejenige Pflicht verletzt hat, die ihm **wegen seines Berufes auferlegt** ist (BGH VersR 1953, 335; BGH VersR 1960, 614; OLG Köln VersR 1963, 621; OLG Saarbrücken VersR 1973, 182; offengelassen hinsichtlich grober Fahrlässigkeit von OLG Stuttgart VersR 1969, 252 m. w. N.). Damit ist allerdings **nicht immer der Vorwurf grober Fahrlässigkeit** verbunden (über den Begriff vgl. Rdn. 38 ff.); der vorerwähnte Begriff der **Berufsfahrlässigkeit** entstammt § 903 RVO a. F. und kann sowohl Fahrlässigkeit als auch grobe Fahrlässigkeit bedeuten (BGH VersR 1968, 64, 66; 1969, 39; OLG Köln VersR 1976, 145; ähnlich OLG Frankfurt VersR 1970, 808 sowie OLG Koblenz VersR 1976, 862).

158 Grobe Fahrlässigkeit eines Tiefbauunternehmers ist gegeben, wenn er einen 3,90 m tiefen Graben, der durch Gelände unterschiedlicher Bodenklassen führt (z. T. Lehm, Ton, Mergel oder Kies), entgegen den Unfallverhütungsvorschriften weder verbaut noch eine entsprechende Abböschung der Grabenwände vornimmt (OLG Hamm VersR 1972, 348). Dasselbe gilt bei Nichtbeachtung der für den Aushub von Gräben geltenden Verbauvorschriften (OLG Saarbrücken VersR 1973, 182). Zum Beweis des ersten Anscheins für die schuldhaft gesetzte Ursache von Stürzen auf einer Treppe BGH VersR 1974, 263; vgl.

dazu auch BGH VersR 1973, 818, ferner bei Mißachtung des Verbots, Jugendliche an gefährlichen Maschinen wie einer Kreissäge zu beschäftigen, OLG Düsseldorf VersR 1973, 662; ferner OLG Köln BB 1974, 187. Zu den Voraussetzungen für die Annahme eines bewußten Verstoßes gegen behördliche Vorschriften beim Einfüllen von Benzin in eine Reinigungsanlage während des Fortganges von Schweißarbeiten auf einem in der Nähe befindlichen Arbeitsplatz OLG Hamm VersR 1971, 1005. Zur grob fahrlässigen Herbeiführung eines Arbeitsunfalles durch Außerachtlassung von UVV bei Fehlen von Schutzgittern an einem Betonautomaten OLG Stuttgart VersR 1973, 28; ferner bei Fehlen vorschriftsmäßiger Schutzvorrichtung eines Transportbandes eines sogenannten Stetigförderers OLG Düsseldorf VersR 1979, 540. Die Erstellung eines Stahlgerüstes unter mehrfacher Verletzung der UVV – fehlender Seitenschutz und fehlende Übergangsmöglichkeiten an der Ecke des Hausvorsprunges – ist grob fahrlässig (OLG Karlsruhe BauR 1988, 116, zugleich zum Mitverschulden des Geschädigten).

c) Zur Frage, inwieweit der gemäß § 640 RVO in Anspruch genommene Auftragnehmer einer Berufsgenossenschaft entgegenhalten kann, sie sei an dem Unfall mitschuldig, weil sie die Beachtung der Unfallverhütungsvorschriften nicht hinreichend überwacht habe, BGH VersR 1970, 344. Hat eine Berufsgenossenschaft darauf verzichtet, in Einzelfällen gegen eine gefährliche Bauweise der ihr angehörenden Bauunternehmer einzuschreiten, obwohl ihr deren fast allgemeine Übung bekannt war, dann ist ihr nach Treu und Glauben der Rückgriff versagt (BGH NJW 1974, 797 = BauR 1974, 286 = BB 1974, 512 = LM § 242 [Cd] BGB Nr. 172 = Vers 1974, 651 für den Fall unterlassenen Einsatzes eines Verbaugerätes). Sonst kann es jedoch einem auf Rückgriff in Anspruch genommenen Unternehmer nicht zur Entlastung gereichen, daß die Berufsgenossenschaft sein leichtfertiges Verhalten zwar mißbilligt, aber nicht nachhaltig unterbunden hat (BGH NJW 1974, 890 = BB 1974, 420 = LM § 254 BGB [Bb] Nr. 4 = VersR 1974, 649). 159

Der Geschädigte kann einen außerhalb des Sozialversicherungsverhältnisses stehenden Zweitschädiger insoweit nicht auf Schadensersatz in Anspruch nehmen, als der für den Unfall mitverantwortliche Unternehmer ohne seine Haftungsfreistellung (§ 636 RVO) im Verhältnis zu dem Zweitschädiger (§§ 426, 254 BGB) für den Schaden aufkommen müßte (BGHZ 61, 51 = BGH NJW 1973, 1648 = MDR 1973, 841). Ansprüche des Geschädigten gegen einen außerhalb des Sozialversicherungsverhältnisses stehenden Zweitschädiger sind auf den Betrag beschränkt, der auf ihn im Innenverhältnis zum Arbeitgeber (Erstschädiger) endgültig entfiele, wenn die Schadensverteilung nach § 426 BGB nicht durch die Sonderregelung der §§ 636, 637 RVO gestört wäre; ist der Zweitschädiger im Innenverhältnis der Schädiger durch eine vertragliche Vereinbarung von der Haftung freigestellt, so entfällt deshalb grundsätzlich ein Anspruch des Geschädigten gegen ihn (BGH BauR 1987, 469). 160

Zum Verstoß gegen Unfallverhütungsvorschriften und zum Rückgriff gemäß § 640 RVO Weyer VersR 1971, 93. Siehe auch Kromik/Schwager, Straftaten und Ordnungswidrigkeiten bei der Durchführung von Bauvorhaben, 1982, Werner-Verlag, Düsseldorf. 161

6. Haftung nach § 839 BGB

a) Eine **Staatshaftung anstelle einer Unternehmerhaftung (§ 839 BGB) scheidet im Bauvertragswesen grundsätzlich aus.** Das trifft vor allem für den Bereich des Straßenbaues zu. Ein Auftragnehmer wird nicht schon in Ausübung öffentlicher Gewalt tätig, wenn er im Auftrage einer Gemeinde, eines Landes oder des Bundes Bauarbeiten durchführt, die zum öffentlich-rechtlichen Aufgabenbereich des Auftraggebers gehören (BGH VersR 1973, 417 m. w. N.; BGH BauR 1985, 593 = VersR 1985, 839 = SFH § 823 BGB Nr. 17 = MDR 1986, 220 = NJW-RR 1986, 190 = LM § 823 [Dc] BGB Nr. 148 = ZfBR 1985, 219; so auch OLG Düsseldorf VersR 1972, 158 und OLG Karlsruhe VersR 1979, 59 für die Verlegung von Versorgungsleitungen). Ebensowenig handelt ein Auftragnehmer, der zum verantwortlichen Bauleiter bestellt ist, bei der Wahrnehmung seiner Aufgaben in Ausübung öffentlicher Gewalt. 162

Andererseits kann eine **Haftung nach Art. 14 GG und § 839 BGB** in Betracht kommen, wenn die Überwachung der ordnungsgemäßen Durchführung der Straßenbauarbeiten nicht durch den Auftragnehmer selbst, sondern **verantwortlich durch einen Bediensteten des öffentlichen Auftraggebers** erfolgt. Dies stellt sich als Ausübung hoheitlicher Gewalt dar; sie dient nicht nur dem Zweck, die Belange des Auftraggebers gegenüber dem privaten Auftrag- 163 nehmer zu wahren, sondern ist auch darauf gerichtet, von Dritten Schäden fernzuhalten (vgl. BGH VersR 1973, 417). In solchen Fällen kommt auch eine Haftung aus **enteignungsgleichem Eingriff** in Betracht, wenn einem Dritten **durch behördliche Baumaßnahmen** Schäden erwachsen (a. a. O.). Die Subsidiaritätsklausel des § 839 Abs. 1 Satz 2 BGB findet auf Rückgriffsansprüche nach den §§ 640, 641 RVO keine Anwendung (BGH VersR 1973, 818). Zur neueren Rechtsprechung des BGH zur Subsidiaritätsklausel (§ 839 Abs. 1 Satz 2 BGB) vgl. Eßer DRiZ 1981, 370.

164 Im übrigen kommt eine hoheitliche, die Haftung aus § 839 BGB begründende Baumaßnahme grundsätzlich nur in Betracht, wenn sie auf der Grundlage öffentlich-rechtlicher Bestimmungen veranlaßt worden ist, wie z. B. zur Erschließung nach den §§ 123 ff. BBauG (vgl. BGH BauR 1983, 285; gleichlautende Entscheidung auch VersR 1983, 242 für den Fall der Verrohrung eines Grabens, dort verneint). Dafür reicht es auch noch nicht, daß dem Auftragnehmer von seiten des öffentlichen Auftraggebers die gesamte Planung vorgegeben, der Bauablauf und die Art der Bauausführung vorgeschrieben und ihm aufgegeben wird, die Arbeiten „nach den Weisungen des Auftraggebers" auszuführen, da der Auftragnehmer dadurch nicht schon zum Verrichtungsgehilfen i. S. des § 831 BGB wird, sondern selbständiger, zur eigenverantwortlichen Ausführung verpflichteter Unternehmer bleibt; das um so mehr, wenn der Auftraggeber die Bauaufsicht nicht selbst ausführt, sondern einem Dritten überträgt (BGH BauR 1985, 593 = VersR 1985, 839 = SFH § 823 BGB Nr. 17 = MDR 1986, 220 = NJW-RR 1986, 190 = LM § 823 [Dc] BGB Nr. 148 = ZfBR 1985, 219).

165 Beendet eine Baufirma die ihr übertragenen Straßenbauarbeiten unter Räumung der Baustelle, erlischt grundsätzlich ihre Verkehrssicherungspflicht. An ihre Stelle tritt erneut die zuständige Verwaltung; diese kann die ihr obliegende Amtspflicht nicht durch vertragliche Absprache auf die Baufirma zurückübertragen; für Schadensersatzansprüche, die einem Straßenbenutzer bei einer – verfrühten – Verkehrsfreigabe erwachsen, ist die Baufirma nicht passivlegitimiert (OLG München VersR 1980, 240). Das gilt auch bei Unterbrechung der Arbeiten, wenn die Baustelle geräumt und dem öffentlichen Verkehr wieder zugänglich gemacht worden ist (LG Koblenz VersR 1982, 1085 m. w. N.).

166 Die **Verpflichtung der Bauordnungsbehörde, eine den bauordnungsrechtlichen Vorschriften widersprechende Baugenehmigung nicht zu erteilen, besteht zwar gegenüber dem Bauherrn, nicht aber gegenüber dem Bauunternehmer;** vielmehr stehen diesem aus der Erfüllung eines Bauvertrages, insbesondere bei damit verbundenen Erschwerungen oder Vereitelungen, hinreichend Ansprüche gegenüber dem Auftraggeber als seinem Vertragspartner zu (vgl. BGH NJW 1980, 2378 = VersR 1980, 847 = SFH § 839 BGB Nr. 3 m. w. N.).

167 Das sogenannte **Staatshaftungsgesetz,** durch das der bisherige § 839 BGB eine anderweitige – verbesserte – Regelung erfahren sollte, ist mit Art. 70 GG unvereinbar und daher **nichtig** (vgl. BVerfG u. a. NJW 1983, 25).

168 Zur **Verjährung:** Die dreijährige Verjährungsfrist des § 852 BGB für Amtshaftungsansprüche beginnt nicht, solange der Verletzte nicht tatsächliche Umstände kennt, aus denen sich eine schuldhafte Amtspflichtverletzung wenigstens in ihren Grundzügen ergibt (BGH WM 1976, 643 = VersR 1976, 859); auch beginnt die Verjährungsfrist bei Unklarheiten über die Möglichkeit der anderweitigen Ersatzerlangung erst mit der Kenntnis des Geschädigten, daß über einen bestimmten von einer Versicherung gedeckten Betrag hinaus eine weitere Ersatzmöglichkeit nicht besteht (OLG Düsseldorf VersR 1974, 553). Vgl. auch Teil B § 13 Rdn. 295 ff.

169 b) Es liegt **keine Ausübung hoheitlicher Gewalt** vor, wenn der Auftragnehmer bei Straßenbauarbeiten die Baustelle absperrt oder kennzeichnet, Zeichen zur Leitung des Verkehrs bei halbseitigen Straßenabsperrungen bedient oder gesperrte Straßen und Umleitungen kennzeichnet. In allen diesen Fällen haftet daher der Auftragnehmer insbesondere gemäß §§ 823 ff. BGB selbst auf Schadensersatz. Eine Abwälzung der Haftung auf eine öffentlich-rechtliche Körperschaft gemäß Art. 34 GG ist nicht möglich. Vgl. dazu

BGH SFH Z. 4.142 Bl. 13 = VersR 1965, 562; Wussow JB 1965, 221 ff.; OLG Köln VersR 1968, 76; BVerwG BB 1970, 1074. Über die Richtigkeit dieser Rechtsprechung herrscht kein Zweifel mehr nach der Änderung der §§ 3 a, 45 Abs. 6 und 7 StVO; dazu zutreffend Clasen NJW 1972, 1930.

Dem Auftragnehmer obliegt aber nur im allgemeinen die Pflicht, Arbeitsstellen zu kennzeichnen und abzusperren sowie abgesperrte Straßen und Umleitungen zu bezeichnen; nicht gehört dazu die Pflicht, Verkehrszeichen mit Gebotsinhalt zu beschaffen, anzulegen und zu unterhalten. Dieses obliegt dem Träger der Straßenbaulast (BGH, Urt. vom 29. 11. 1973 – III ZR 211/71 –.) Deshalb hat eine Gemeinde gerade auch hinsichtlich der Verkehrsregelung im Bereich einer Baustelle die Amtspflicht, dafür zu sorgen, daß durch den Betrieb einer Ampelanlage kein Verkehrsteilnehmer zu Schaden kommen kann (OLG Düsseldorf VersR 1977, 455). 170

Werden bei Bauarbeiten an einer Bundesstraße die Fahrstreifen der Richtungsfahrbahn vorübergehend so nach links verlegt, daß die vorher am linken Fahrbahnrand angebrachten Kanaldeckel sich dann auf dem linken Fahrstreifen befinden, hat die verkehrssicherungspflichtige Stadt die nunmehr besonderen Belastungen ausgesetzten Kanaldeckel auf ihre Tragfähigkeit zu überprüfen und laufend auch auf nicht sichtbare Mängel zu kontrollieren; Überholverbote und Geschwindigkeitsbegrenzungen für LKW reichen dafür nicht aus (OLG Hamm VersR 1977, 970 [L]). Auch ist eine Stadt verpflichtet, auf einer nur provisorisch ausgebauten, für den Verkehr zugelassenen Straße den Niveauunterschied zwischen den Kanaldeckeln und der Fahrbahn so auszugleichen, daß Fahrzeuge nicht an den Kanalschächten hängenbleiben und dabei beschädigt werden (OLG Hamm 1979, 1033). Ein außerordentlicher Eingriff in den Bürgersteigbereich (wie z. B. eine Probebohrung) erfordert anschließend außergewöhnliche Kontrollmaßnahmen der verkehrssicherungspflichtigen Stadt, um das Auftreten einer besonderen Gefahrenquelle (z. B. Loch durch Nachsacken des Erdreiches) zu verhindern oder zumindest ihrem Unentdecktbleiben vorzubeugen; dabei kann die Pflicht, die Arbeitsstelle auf ordnungsgemäße Verfüllung zu überprüfen, nicht auf das mit der unmittelbaren Anordnung des Eingriffs befaßte Unternehmen (z. B. Stadtwerke) abgewälzt werden (OLG Düsseldorf VersR 1982, 1076). Bei mangelhafter Absicherung einer Straßenbaustelle kann eine Haftung des Verkehrssicherungspflichtigen ausscheiden, wenn der Geschädigte einen Unfall dadurch verursacht und verschuldet hat, daß er es unterließ, seine Fahrgeschwindigkeit den Straßen- und Sichtverhältnissen anzupassen (vgl. OLG Karlsruhe VersR 1979, 383). Zur Haftung einer Gemeinde gegenüber einem Anschlußnehmer ihrer Abwasseranlage für die Beschädigung der Hausanschlußleitung durch eine von der Gemeinde beauftragte Baufirma BGH VersR 1978, 38 = MDR 1978, 298 = LM § 278 BGB Nr. 76. 171

Ist ein Ingenieur als **öffentlich bestellter Vermessungsingenieur** vom Land Rheinland-Pfalz mit der Vornahme von Abmarkungsgeschäften bei anläßlich von Kabelverlegungsarbeiten beseitigten Grenzmarken betraut worden, so ist er in **Ausübung eines ihm anvertrauten öffentlichen Amtes** tätig geworden; hat er durch Verletzung der in der **Kabelschutzanweisung** umschriebenen Verkehrssicherungspflicht schuldhaft die Beschädigung von Posteigentum verursacht, so stellt dies zugleich eine Verletzung der ihm gegenüber der DBP obliegenden Amtspflicht dar (OLG Zweibrücken VersR 1975, 842, zugleich zur Frage, inwieweit die Staatshaftung für sogenannte Gebührenbeamte in Rheinland-Pfalz auszuschließen ist). 172

7. Haftung für Verrichtungsgehilfen (§ 831 BGB)

Wird der Schadensfall durch einen vom Auftragnehmer oder Auftraggeber **bei der Bauausführung Beschäftigten** herbeigeführt, kann sich der jeweilige Vertragspartner, dessen Verrichtungsgehilfe der bei der Ausführung Beschäftigte ist, von der Haftung gegenüber dem Geschädigten **im Rahmen des § 831 BGB** befreien. Danach tritt die Ersatzpflicht nicht ein, wenn der Geschäftsherr (hier Auftragnehmer oder Auftraggeber) **bei der Auswahl der von ihm bestellten Person die im Verkehr erforderliche Sorgfalt** beobachtet hat oder wenn der Schaden auch bei Anwendung dieser Sorgfalt entstanden sein würde. 173

Zu den Voraussetzungen des vom Verkehrssicherungspflichtigen zu führenden Entlastungsbeweises BGH VersR 1969, 515. Vor allem gehört zur ordnungsgemäßen Auswahl die Pflicht des Auftragnehmers, einen für die ihm konkret gestellte Bauaufgabe hinreichend vorgebildeten, fachkundigen Verrichtungsgehilfen auszuwählen; dieser muß auch 174 die erforderliche Qualifikation zur Selbständigkeit besitzen, wenn ihm verantwortungsvolle Arbeiten überlassen werden, wie z. B. gefahrenträchtige Reparatur- und Installationsarbeiten in einer Sauna (OLG München VersR 1977, 1111). Zur Entlastung gehört es neben der ordnungsgemäßen Auswahl ferner, daß der betreffende Verrichtungsgehilfe in seine Aufgabe ordnungsgemäß eingewiesen worden ist und dazu auch die notwendigen Anweisungen erhalten hat, was derjenige darzulegen und zu beweisen hat, der den Verrichtungsgehilfen eingesetzt hat (vgl. dazu auch OLG Celle VersR 1977, 671 zur Frage hinreichender Anweisung). Allerdings bedarf es keines besonderen Entlastungsbeweises, wenn der Verrichtungsgehilfe sich so verhalten hat, wie jede mit Sorgfalt ausgewählte Person sich bei dem betreffenden Geschehnis verhalten hätte (BGH VersR 1975, 447); dies muß aber nach der Lebenserfahrung feststehen, notfalls bewiesen werden. Aus dem Bereich der Bauausführung sind folgende Entscheidungen hervorzuheben:

175 Zur Haftung für „Gelegenheitsgehilfen" BGH MDR 1958, 680 = SFH Z 4.13 Bl. 54; über die Beaufsichtigung und Überwachung von Erfüllungs- bzw. Verrichtungsgehilfen bei Kanalisationsarbeiten durch den Bauunternehmer vgl. BGH SFH Z 2.221 Bl. 11 f.; über die Sorgfaltspflicht des Auftragnehmers beim Abbau von Baugerüsten vgl. BGH SFH Z 4.13 Bl. 65 ff. Der Auftragnehmer bleibt auch dann Geschäftsherr der von ihm mit der Vornahme von Bauarbeiten beauftragten Verrichtungsgehilfen, wenn sich die ihn beauftragende Stadtgemeinde die Oberbauleitung vorbehalten hat (BGH VersR 1974, 243). Wer einen Bagger mit Führer einem anderen Unternehmer vermietet, ist nicht Geschäftsherr für einen Einsatz des Baggers, den der Baggerführer auf Weisung des anderen Unternehmers ausführt (OLG Düsseldorf VersR 1979, 674).

176 § 830 Abs. 1 Satz 2 BGB findet auch bei einer Haftung nach § 831 BGB Anwendung (OLG Düsseldorf VersR 1980, 1171). Nach der durchaus – vor allem für die Rechtsfortbildung – beachtlichen Ansicht des LG Göttingen greift § 852 BGB bei Verletzung von Verkehrssicherungspflichten grundsätzlich nur ein, wenn auch der Gehilfe sicherungspflichtig ist (VersR 1981, 760 mit zust. Anm. von v. Bar).

Zur Einschränkung der Haftung für Verrichtungsgehilfen durch AGB gilt das in Rdn. 57 ff. Gesagte entsprechend.

8. Verzug bei unerlaubter Handlung

177 Bei Ansprüchen aus unerlaubter Handlung tritt **Schuldnerverzug** (§§ 284, 285 BGB) regelmäßig erst nach Ablauf des Zeitraumes ein, den der Ersatzverpflichtete zur unverzüglichen (§ 121 BGB) Prüfung des Anspruches benötigt (BGH NJW 1964, 1467; auch OLG Köln VersR 1975, 1105).

III. Haftung beider Vertragspartner

178 **Voraussetzung** für die Ausgleichung im Rahmen von Nr. 2 Abs. 1 Satz 1 ist die **Schadensersatzverpflichtung beider Vertragspartner als Gesamtschuldner gegenüber dem geschädigten Dritten aufgrund gesetzlicher Vorschrift**. Demnach hat eine beiderseitige Haftung gegenüber dem geschädigten Dritten aufgrund Vertrages oder die Haftung des einen Partners aufgrund Gesetzes und des anderen auf Grund Vertrages auszuscheiden. Liegen solche Fälle vor, kommt für den Ausgleich im Innenverhältnis der Bauvertragspartner **nur § 426 BGB in Verbindung mit § 254 BGB** in Frage (vgl. dazu BGH NVwZ 1984, 677). Die gegenteilige Ansicht von Nicklisch in Nicklisch/Weick (Teil B § 10 Rdn. 34), wonach die hier erörterte Regelung auch bei vertraglichen Ansprüchen Anwendung finden soll, verkennt, daß die Vertragsbestimmungen der VOB/B als Allgemeine Geschäftsbedingungen restriktiv auszulegen sind, zumal ihr Wortlaut hier keinen Anhalt für eine ausdehnende Interpretation bietet.

1. Die **Rechtsgrundlage** für eine **beiderseitige gesetzliche Haftung** liegt zunächst in § 830 BGB. Allerdings wird eine solche nach § 830 Abs. 1 Satz 1 BGB verhältnismäßig selten sein, da hier bewußtes und gewolltes Zusammenwirken von Auftraggeber und Auftragnehmer vorausgesetzt wird, wozu Fahrlässigkeit nicht genügt (BGH SFH Z 2.413 Bl. 5 = VersR 1957, 304; BGHZ 30, 203 = NJW 1959, 1772 = VersR 1959, 629).

Häufiger wird dagegen der Fall des **§ 830 Abs. 1 Satz 2 BGB** sein. Eine Beteiligung liegt hier vor, wenn durch mehrere, an sich selbständige, jedoch in zeitlichem, örtlichem und sachlichem Zusammenhang stehende Handlungen eine gemeinschaftliche Gefährdung herbeigeführt wird (BGH a. a. O.; OLG Köln VersR 1976, 863; vgl. auch OLG Stuttgart BauR 1985, 608). In der Grundlage setzt eine Haftung nach § 830 Abs. 1 Satz 2 BGB voraus, daß die Beteiligung der auf Zahlung von Schadensersatz in Anspruch genommenen Personen an dem zum Schaden führenden Ereignis bewiesen ist (OLG Schleswig VersR 1980, 341). Wer einen von mehreren Beteiligten nach § 830 Abs. 1 Satz 2 BGB für einen Schaden verantwortlich macht, hat den Nachweis zu führen, daß der Inanspruchgenommene **zumindest auch eine Gefahrenquelle gesetzt hat,** die den Schaden verursacht oder mitverursacht haben kann (BGH VersR 1975, 714). § 830 Abs. 1 Satz 2 BGB ist nicht zur Überwindung von Zweifeln wegen der Teilnahme an einer unerlaubten Handlung entsprechend anwendbar (BGH NJW 1984, 1226 = LM § 830 BGB Nr. 24 = VersR 1984, 359 = JZ 1984, 521 = MDR 1984, 567). Kommt der Geschädigte selbst als Schadensverursacher in Betracht, scheidet § 830 Abs. 1 Satz 2 BGB aus (BGHZ 60, 177 = NJW 1973, 993 = MDR 1973, 574 = BB 1973, 1045 = VersR 1973, 438 = JZ 1973, 597; OLG Köln VersR 1976, 863). Die Anwendung des § 830 BGB wird für die übrigen Teilnehmer an einer unerlaubten Handlung nicht dadurch ausgeschlossen, daß die Haftung eines der Beteiligten besonderen, die Deliktvorschriften verdrängenden Regeln (z. B. Art. 34 GG, § 839 BGB) unterliegt (vgl. BGH NJW 1978, 816 = WM 1978, 253). Sind als mögliche Ursachen der Beeinträchtigung eines Grundstückes die Vertiefung mehrerer Nachbargrundstücke oder von diesen ausgehende Bodenerschütterungen, so greift die Risikoverteilung (Verursachungsvermutung) nach § 830 Abs. 1 Satz 2 BGB auch dann ein, wenn einer der möglichen Schadensverursacher aus unerlaubter Handlung haftet und ein anderer aufgrund eines nachbarrechtlichen Ausgleichsanspruches angemessenen Ausgleich schuldet oder wegen enteignenden oder enteignungsgleichen Eingriffs zur Entschädigung verpflichtet ist (BGHZ 101, 106 = BauR 1987, 712 = VersR 1987, 1193 = MDR 1987, 1011 = Betrieb 1988, 112 = NJW 1987, 2810 = LM § 830 BGB Nr. 26). Haben zwei Deliktsschuldner für den Schaden eines Dritten gesamtschuldnerisch einzustehen, so steht die Regelung des Innenausgleichs in § 426 BGB der auf § 826 BGB gestützten Inanspruchnahme des einen Schuldners durch den anderen für dessen Haftungsschaden dann nicht entgegen, wenn jener Schuldner diesen vorsätzlich in die Mithaftung gedrängt hat (a. a. O.).

§ 830 Abs. 1 Satz 2 BGB gilt nicht nur für die deliktische Haftung, sondern entsprechend auch für die vertragliche Schadensersatzhaftung (vgl. Schantl VersR 1981, 105. Zur einschränkenden Auslegung dieser Bestimmung durch den BGH vgl. Deutsch NJW 1981, 2731).

Trifft einen der nach § 830 Abs. 1 Satz 2 BGB alternativ haftenden Beteiligten ein Mitverschulden, so kann auch der andere Beteiligte, wenn sein Verursachungsbeitrag nicht positiv festgestellt ist, nur zu der geringsten (hypothetischen) Haftungsquote verurteilt werden (BGH JZ 1982, 726 = NJW 1982, 2307 = MDR 1983, 44 = LM § 830 BGB Nr. 23).

2. Eine gesetzliche Bestimmung für die Anwendung der Nr. 2 Abs. 1 Satz 1 kann **des weiteren in § 840 Abs. 1 in Verbindung mit § 426 Abs. 1 BGB liegen** (vgl. BGH VersR 1969, 1039 = SFH Z 4.13 Bl. 126 ff.). Voraussetzung ist hiernach, daß für den einem Dritten im Zusammenhang mit der Bauleistung entstandenen Schaden beide Vertragspartner **aus eigener Verantwortlichkeit nebeneinander** einzutreten haben. Das kann z. B. sein, wenn der Schaden auf fehlerhafte Anordnungen des Auftraggebers und zugleich auf eine unzulängliche Bauausführung des Auftragnehmers zurückzuführen ist. Die Grundsätze des § 840 Abs. 1 BGB zur Frage

der gemeinschaftlichen Haftung mehrerer gelten nicht nur für die im BGB geregelten Schadensersatzfälle aus unerlaubter Handlung im engeren Sinne, sondern auch für die Begründung von Schadensersatzhaftung auf der Grundlage der in Rdn. 72 ff. genannten Nebengesetze sowie nach dem Gedanken der Verkehrssicherung (vgl. Rdn. 100 ff.). Bei der hier begründeten gesamtschuldnerischen Haftung kann der Geschädigte nach seinem Belieben gegen beide oder gegen den einen oder anderen Schädiger vorgehen (§ 421 Abs. 1 BGB), ohne aus dem Gesichtspunkt der Schadensminderungspflicht (§ 254 BGB) zu einem Vorgehen in einer bestimmten Richtung gezwungen zu sein (vgl. Lappe NJW 1977, 95).

183   3. Zur Ermittlung der Schadensquote bei gesamtschuldnerischer Haftung beachtlich Aurnhammer VersR 1974, 1060.

IV. Grundregel für Haftungsausgleich im Innenverhältnis (Nr. 2 Abs. 1 Satz 1)

184   Nach Nr. 2 Abs. 1 Satz 1 regelt sich der **Ausgleich im Innenverhältnis** zwischen Auftraggeber und Auftragnehmer **grundsätzlich nach** den hierfür maßgeblichen **allgemeinen gesetzlichen Bestimmungen**.

185   1. Zunächst § 840 Abs. 2 und 3 BGB :

§ 840 Abs. 2 BGB scheidet für den Bereich der Allgemeinen Vertragsbedingungen aus, da es sich dort nicht um den Ausgleich zwischen dem Auftraggeber und dem Auftragnehmer handelt, sondern um den Ausgleich zwischen dem einen Vertragsteil und seinem Erfüllungs- oder Verrichtungsgehilfen, der gleichfalls aus unerlaubter Handlung unmittelbar schadensersatzpflichtig gegenüber dem Dritten geworden ist.

186   Dagegen kommt § 840 Abs. 3 BGB auch bei einem VOB-Vertrag zur Anwendung. Danach entfällt ein Ausgleichsanspruch, wenn der eine Teil wegen einer **schuldhaft** begangenen unerlaubten Handlung, der andere aber nur als Tierhalter (§§ 833, 834 BGB) oder als Grundstücksbesitzer oder Unterhaltungsverantwortlicher **für den Einsturz eines Gebäudes oder die Ablösung eines Gebäudeteils** zum Schadensersatz verpflichtet ist (§§ 836 ff. BGB). Dies erklärt sich daraus, daß es sich bei den letzteren Fällen **lediglich** um eine **Gefährdungshaftung** handelt, während im ersteren Fall ein **schuldhaftes** und nicht bloß pflichtwidriges Tun oder Unterlassen vorliegt. Kommen diese beiden verschiedenen Haftungsgrundlagen zusammen und haften beide Partner als Gesamtschuldner dem Dritten gegenüber nach § 840 Abs. 1 BGB, entspricht es der Gerechtigkeit, **denjenigen im Innenverhältnis** allein haften und den **ganzen Schaden tragen zu lassen, der schuldhaft gehandelt hat**. Im übrigen gilt § 840 Abs. 3 BGB nicht nur im Rahmen der unerlaubten Handlungen nach dem BGB, sondern auch im Zusammenhang mit den sonstigen gesetzlichen Haftpflichten (vgl. Rdn. 72 ff.), sofern auf der einen Seite ein schuldhaftes Handeln eines Schädigers und auf der anderen Seite eine Verantwortlichkeit eines weiteren Schädigers nach den §§ 833–838 BGB zusammentreffen.

187   2. Da § 840 Abs. 3 BGB nur einen durch die §§ 833–838 BGB eingeschränkten Anwendungsbereich erlaubt, ergibt sich **für den Regelfall** die Ausgleichung im Innenverhältnis bei einer beiderseitigen Haftung von Auftragnehmer und Auftraggeber aus § **840 Abs. 1 BGB** in Verbindung mit der **allgemeinen Ausgleichsbestimmung des** § **426 BGB im Rahmen eines gesamtschuldnerischen Verhältnisses** (vgl. Rdn. 178 ff.). Hiernach sind die nach außen gesamtschuldnerisch haftenden **Vertragspartner** des Bauvertrages **im Verhältnis zueinander zu gleichen Anteilen** zur Schadenstragung verpflichtet, **soweit nicht ein anderes bestimmt ist**.

188   **Dazu ist** § **254 BGB** von Bedeutung. Allerdings kommt § 254 BGB nur sinngemäß zum Zuge, da er nicht unmittelbar auf den hier erörterten Haftungsausgleich zwischen Auftraggeber und Auftragnehmer angelegt ist. Er enthält aber einen auch hier zu beachtenden allgemein aner-

kannten Rechtsgedanken. Danach hängt im Einzelfall der **Schadensausgleich** dem Grunde und der Höhe nach davon ab, **inwieweit der dem Dritten entstandene Schaden vorwiegend von dem einen oder dem anderen Vertragsteil** (Auftraggeber oder Auftragnehmer) verursacht worden ist. Dabei sind **auch die Grundsätze des § 254 Abs. 2 BGB zu beachten,** inwieweit es nämlich der eine oder andere Vertragsteil unterlassen hat, den Dritten auf die Gefahr eines ungewöhnlich hohen Schadens aufmerksam zu machen, oder es unterlassen hat, den Schaden abzuwenden oder zu mindern. Beruht die Haftung des ersten Schädigers (z. B. Auftraggebers) gegenüber dem Geschädigten nur darauf, daß er eine von einem zweiten Schädiger (z. B. Auftragnehmer) bewußt geschaffene Gefahrenlage nicht alsbald beseitigt hat, dann hat der zweite Schädiger in der Regel keinen Ausgleichsanspruch gegen den ersten (BGH NJW 1980, 2348 = Betrieb 1980, 2081 = VersR 1980, 770 = MDR 1980, 923). Ähnliches gilt, wenn der Schaden dadurch eingetreten ist, daß der eine Schädiger eine besondere Vertragspflicht gegenüber dem anderen verletzt hat, wie z. B. sorgfältige Planungen, Bauüberwachungen, Baugrunduntersuchungen, und dadurch der Schaden eingetreten ist (BGH NVwZ 1984, 677).

Der Ausgleich eines Gesamtschuldners gegen den anderen nach § 426 Abs. 1 BGB ist unabhängig davon, wie in einem vorangegangenen Rechtsstreit zwischen dem Gläubiger (hier dem Geschädigten) und dem letzteren entschieden worden ist (RGZ 69, 422, 425; 146, 97, 100; BGH VersR 1969, 1039 = SFH Z 4.13 Bl. 126 ff.). Das ist auch nach Teil B § 10 Nr. 2 Satz 1 nicht anders (BGH a. a. O.).

Allerdings kommt der Gedanke des § 254 BGB **nicht** zur Anwendung, wenn im Vorprozeß des Geschädigten gegen einen Gesamtschuldner dieser dem anderen den **Streit verkündet** hat. Dies ergibt sich aus § 68 ZPO, der die Anwendung des § 254 BGB ausschließt (BGH a. a. O.), vgl. dazu die Kommentierungen zur ZPO.

Sind mehrere für eine unerlaubte Handlung Verantwortliche in einem Rechtsstreit zum Schadensersatz verurteilt worden, dann bleibt in der Regel bei der Ausgleichung der ihnen gesamtschuldnerisch auferlegten Gerichtskosten eine Haftungseinheit, die bezüglich des Hauptanspruches bestand, außer Betracht (BGH NJW 1974, 693 = LM § 100 ZPO Nr. 4). Der Zweitschädiger kann gegen den Mitschädiger neben dem Ausgleichsanspruch aus § 426 BGB nicht auch noch einen inhaltsgleichen Anspruch unter dem Gesichtspunkt des Schadensersatzes gemäß § 823 Abs. 2 BGB geltend machen (BGHZ 20, 371 = NJW 1956, 1068 = JZ 1956, 690 = BB 1956, 515 = LM § 158 c VVG Nr. 4).

Soweit ein Vertragspartner die Ansprüche des Dritten befriedigt hat, geht der Anspruch des Dritten gegen den anderen Vertragspartner auf den ersten Partner über, § 426 Abs. 2 BGB. Das gleiche gilt, wenn eine Versicherung für einen Partner gezahlt hat, § 67 VVG.

3. Allerdings kommen nicht in allen Fällen die §§ 840 Abs. 1, 426, 254 BGB zur unmittelbaren Anwendung, weil in einer **Reihe von Nebengesetzen Sonderregelungen enthalten sind.** Insoweit wird auf die §§ 17, 18 StVG, § 8 Sachschädenhaftpflichtgesetz (Haftpflicht der Eisenbahnen und Straßenbahnen) sowie § 12 Haftpflichtgesetz hingewiesen.

4. Nach Nr. 2 Abs. 1 Satz 1 kommt der **Schadensausgleich** im Innenverhältnis zwischen den Vertragspartnern auf der Grundlage der in Rdn. 178 ff. angeführten gesetzlichen Bestimmungen **nur** in Betracht, **wenn die Bauvertragspartner nicht** im Wege vertraglicher Abrede eine **andere Regelung getroffen** haben. Es ist zulässig, eine anderweitige, von den §§ 840, 426, 254 BGB abweichende Vereinbarung festzulegen. Ist das der Fall, so **geht diese** den gesetzlichen Vorschriften **vor** und ist allein maßgebend. Die gesetzlichen Bestimmungen gelten dann nur **hilfsweise,** etwa bei **Auslegungsfragen** oder zur Vervollständigung mangelhafter abweichender Abreden. Daher ist es gerade auch hier **geboten, abweichende vertragliche Abreden klar und zweifelsfrei zu fassen** (vgl. dazu BGH BauR 1972, 116 = NJW 1972, 256 = MDR 1972, 229 = LM VOB/B Nr. 48).

193 Abweichende Ausgleichsregelungen sollen nach Teil A § 10 Nr. 4 Abs. 1 e in den Besonderen oder in den Zusätzlichen Vertragsbedingungen enthalten sein.

Sofern im Hinblick auf solche abweichenden Regelungen das **AGB-Gesetz** zur Anwendung gelangt (vgl. Teil A § 10 Rdn. 77 ff.), ist **§ 11 Nr. 7 a. a. O. zu beachten, wonach eine Haftung für grobes Verschulden nicht abbedungen** werden darf. Gleiches gilt für **§ 11 Nr. 15 a. a. O.**, der in dem dort aufgezeigten Umfang die **Verschiebung der Beweislast untersagt.** Vgl. u. a. dazu Korbion/Locher Rdn. 99 ff. m. w. N.; Frikell/Glatzel/Hofmann Rdn. K 10.8. Im übrigen ist hier – vor allem auch für den kaufmännischen Bereich – besonders auch die **Generalklausel des § 9 a. a. O. zu beachten.** Unangemessen ist dabei eine Vertragsbedingung, vor allem in Zusätzlichen Vertragsbedingungen, wonach der Auftraggeber **auch solche Risiken auf den Auftragnehmer abwälzen möchte, die bei ordnungsgemäßer Ausführung der Arbeiten zwangsläufig entstehen und für den Auftragnehmer unvermeidbar sind** (BGH a. a. O. für den Fall einer mit einer Wasserbaumaßnahme zwangsläufig verbundenen Lärmbelästigung für ein im Umkreis der Baustelle gelegenes Hotel, das über Umsatzrückgänge zu klagen hatte). Ähnliches gilt für andere Baumaßnahmen, durch die Belästigungen der Anwohner pp. selbst durch sorgfältigste Maßnahmen seitens des Auftragnehmers nicht zu vermeiden sind.

V. Vom Gesetz abweichende Ausgleichsvereinbarung bei vom Auftragnehmer nach Teil B § 4 Nr. 3 befolgter Prüfungs- und Hinweispflicht (Nr. 2 Abs. 1 Satz 2)

194 Eine erste von den gesetzlichen Vorschriften (vgl. Rdn. 184 ff.) für den Bereich der VOB **abweichende Schadensausgleichsbestimmung** im Innenverhältnis ergibt sich aus Nr. 2 Abs. 1 Satz 2. Soweit nämlich der Schaden des Dritten nur die Folge einer Maßnahme ist, die der **Auftraggeber in dieser Form angeordnet** hat, trägt er den **Schaden allein, wenn** ihn der Auftragnehmer auf die mit der angeordneten Ausführung verbundene Gefahr nach Teil B § 4 Nr. 3 **hingewiesen** hat.

195 Diese Vertragsbestimmung trägt den **Besonderheiten der bauvertraglichen Verhältnisse** Rechnung. Insoweit handelt es sich um einen Ausfluß von Treu und Glauben (§ 242 BGB), weshalb dieser Grundsatz über den VOB-Vertrag hinaus für alle Bauverträge gilt (BGH LM § 633 Nr. 3 BGB; BGH SFH Z 2.410 Bl. 31; BGH BauR 1987, 79 = NJW 1987, 643 = Betrieb 1987, 782 = MDR 1987, 308 = JZ 1987, 160 = LM § 633 BGB Nr. 61 = SFH § 633 BGB Nr. 61 = ZfBR 1987, 32; BGH BauR 1987, 86 = NJW 1987, 644 = BB 1987, 155 = SFH § 633 BGB Nr. 59 = Betrieb 1987, 1833 = ZfBR 1987, 34 = LM § 633 BGB Nr. 60). Wenn nämlich dem Auftraggeber nach Teil B § 4 Nr. 1 Abs. 4 die Befugnis gegeben ist, sich grundsätzlich gegenüber dem Auftragnehmer mit seinen Anordnungen durchzusetzen, entspricht es der Billigkeit, ihn alsdann für seine Anordnung und deren Auswirkungen haften zu lassen, wenn daraus einem Dritten ein Schaden entstanden ist. **Voraussetzung** ist allerdings, daß der Schaden des Dritten **seine Ursache ausschließlich in der vom Auftraggeber angeordneten Maßnahme hat.** Ist sie nur eine **Mitursache** des Schadens, kommt diese Ausnahmeregelung **nicht** zum Zuge. **Weitere Voraussetzung** für die Befreiung des Auftragnehmers vom Schadensausgleich im Innenverhältnis ist es, daß er **vor der Ausführung der Anordnung** und **vor der Entstehung des Schadens** dem Auftraggeber gegenüber ordnungsgemäß nach Teil B § 4 Nr. 3 gehandelt hat. Hierzu vgl. Teil B § 4 Rdn. 182 ff.

196 Der **Auftragnehmer** ist für das Vorliegen der ihn entlastenden besonderen Umstände **beweispflichtig**.

VI. Vom Gesetz abweichende Ausgleichsregelung bei Versicherbarkeit des Schadens durch Auftragnehmer (Nr. 2 Abs. 2)

Eine weitere von den gesetzlichen Vorschriften (vgl. Rdn. 184 ff.) **abweichende vertragliche Ausgleichsregelung** im Innenverhältnis findet sich in Nr. 2 Abs. 2. Hiernach trägt der **Auftragnehmer den Schaden allein,** soweit er ihn durch Versicherung seiner gesetzlichen Haftpflicht gedeckt hat oder innerhalb der von der Versicherungsaufsichtsbehörde genehmigten Allgemeinen Versicherungsbedingungen zu tarifmäßigen, nicht auf außergewöhnliche Verhältnisse abgestellten Prämien und Prämienzuschlägen bei einem im Inland zum Geschäftsbetrieb zugelassenen Versicherer hätte abdecken können. Das **gilt** somit kraft vertraglicher Regelung gerade **auch bei beiderseitigem Verschulden** sowohl des Auftraggebers als auch des Auftragnehmers (BGH VersR 1969, 1039 = SFH Z 4.13 Bl. 126 ff.).

1. Diese Vertragsbestimmung beruht auf dem **Grundgedanken der Gewerbeüblichkeit.** Es entspricht den allgemeinen Gepflogenheiten im Baugewerbe, daß ein die Voraussetzungen des Teils A § 2 Nr. 1 Satz 1 erfüllender **Auftragnehmer** eine **Haftpflichtversicherung abgeschlossen hat.** Eine normale Haftpflichtversicherung läuft für den Auftragnehmer allgemein, solange er seinen Gewerbebetrieb ausübt. Da dies eine im Baugewerbe übliche Maßnahme betrifft, die unabhängig von dem jeweiligen Bauvertrag ist, handelt es sich in Wirklichkeit um eine Eigenschaft des Auftragnehmers, die nach den Grundsätzen von Teil A § 2 Nr. 1 Satz 1 Voraussetzung für den Abschluß des Bauvertrages sein soll. Aus diesem Grunde ist es **billig und zumutbar, den Schadensausgleich auf den Auftragnehmer abzuwälzen,** vgl. dazu BGH MDR 1962, 283. Die hier erörterte VOB-Regelung gilt auch für das Verhältnis zwischen Haupt- und Nachunternehmer im Bereich von Nachunternehmerverträgen, weil die VOB insofern keinen Unterschied macht (OLG Stuttgart VersR 1981, 741).

2. Soweit die **Deckung des Schadens durch die gesetzliche Haftpflichtversicherung** des Auftragnehmers gegeben ist, ist Nr. 2 Abs. 2 eindeutig. Wird der gesamte Schaden durch die Haftpflichtversicherung des Auftragnehmers beglichen, ist der Auftraggeber von einer Ausgleichspflicht im Innenverhältnis befreit. Ist Deckung nur zum Teil gegeben, kommt wegen des nicht gedeckten Schadensteils die Grundregel der Nr. 2 Abs. 1 in Betracht (vgl. Rdn. 184-196). **Zu den hier wesentlichen versicherungsrechtlichen Fragen vgl. Teil B § 13 Rdn. 743 ff;** eingehend ferner Littbarski Rdn. 319 ff.

3. Die Ausnahmeregelung in Absatz 2 begnügt sich nicht damit, dem Auftragnehmer den Schadensausgleich im Innenverhältnis nur zu versagen, wenn er **tatsächlich Versicherungsnehmer** einer Haftpflichtversicherung **ist** und diese im Schadensfall für ihn **eingetreten ist.** Vielmehr wird ihm das **alleinige Schadensrisiko im Innenverhältnis auch** aufgebürdet, **wenn** er es **unterlassen** hat, durch Abschluß einer Haftpflichtversicherung den **Schaden abzudecken.** Das gilt allerdings **nur,** sofern er den Schaden durch eine unter **normalen Umständen von ihm zu verlangende Haftpflichtversicherung** hätte abdecken können. Es muß die **Möglichkeit** bestehen bzw. bestanden haben, **für tragbare und gewerbeübliche Prämien** eine Versicherung abschließen zu können. Das ist gemeint, wenn es in Nr. 2 Abs. 2 heißt: „oder innerhalb der von der Versicherungsaufsichtsbehörde genehmigten Allgemeinen Versicherungsbedingungen zu tarifmäßigen, nicht auf außergewöhnliche Verhältnisse abgestellten Prämien und Prämienzuschlägen bei einem im Inland zum Geschäftsbetrieb zugelassenen Versicherer hätte decken können." Die Versicherungsunternehmen haben voneinander abweichende Bedingungen und Prämien. Man wird nach dem Grundsatz des § 243 Abs. 1 BGB **einen Mittelweg gehen und von einem Durchschnitt der von der Versicherungsaufsichtsbehörde genehmigten allgemeinen Versicherungsbedingungen und damit auch von durchschnittlichen Prämien der Haftpflichtversicherer ausgehen müssen,** sofern nicht die besondere Art der Bauleistung, wie etwa eine besonders gefährliche Leistung, zu einer anderen Folgerung zwingt. Soweit seit der Fassung 1973 der VOB von einem „im Inland zum Geschäftsbetrieb zugelassenen Versicherer" die Rede ist, beruht dieses auf dem Bestreben, eine Diskriminierung ausländischer, jedoch in der Bundesrepublik zulässigerweise geschäftlich tätiger Versicherer zu vermeiden; auch diese sind in den Bereich der VOB mit einbezogen. Zur Zulassung ausländischer Versicherungsunternehmen in der Bundesrepublik Deutschland vgl. Späte, Diss. FU Berlin, 1973.

D. Sondertatbestände nach Nr. 3

I. Allgemeines

201 Während Nr. 2 die **Grundregel mit mehr allgemeinvertraglichen Ausnahmen (Verpflichtung** nach Teil B § 4 Nr. 3; Versicherbarkeit des Schadens) für den Schadensausgleich im Innenverhältnis aufstellt, enthalten Nr. 3 und 4 (dazu Rdn. 223 f.) weitere **auf das Schadensobjekt bezogene Ausnahmen.** Auch hier muß wie in Nr. 2 ein Schaden vorliegen, der einem Dritten im Zusammenhang mit der Bauleistung entstanden ist (vgl. Rdn. 66 ff.). Allerdings sind hier die Tatbestände fest umgrenzt. Es gelten auch nicht alle gesetzlichen Haftpflichtbestimmungen als Haftungsgrundlage (vgl. hierzu Rdn. 67 ff.), sondern es muß eine **Schadensersatzhaftung aus unerlaubter Handlung,** §§ 823 ff. BGB, gegeben sein. Deshalb gelten hier die in den Rdn. 67 ff. aufgeführten Haftungsgrundlagen nur insoweit als Ausgangspunkte, als sie die §§ 823 ff. **BGB einschließlich der Verkehrssicherungspflicht betreffen.** Nr. 3 gilt ferner nicht für Handlungen des Auftraggebers, sondern ist auf solche des Auftragnehmers beschränkt. Gerade deswegen hat diese Vorschrift eine **besondere Bedeutung für den Auftraggeber,** weil sie ihm im Innenverhältnis zum Auftragnehmer **Haftungsbefreiung** gewährt, indem der **Auftragnehmer** im Ergebnis den Schaden **allein zu tragen** hat. Zu bedenken ist nämlich, daß der Auftraggeber in den in Nr. 3 geregelten Schadensfällen dem Geschädigten gegenüber auch unmittelbar haftbar sein kann. Dies folgt aus dem Grundsatz, daß es dem **Eigentümer** eines Grundstücks obliegt, für die Beschädigung einer Sache einstehen zu müssen, wenn er sie bei billiger Rücksichtnahme hätte verhüten können. Dabei verpflichtet die Errichtung eines Bauwerkes den Auftraggeber zur **sorgfältigen Auswahl des Auftragnehmers** im Hinblick auf zu beachtende **verkehrsnotwendige Schutzmaßnahmen,** darüber hinaus u. U. auch zum **persönlichen Eingreifen,** wenn die nach dem Gesetz zu schützenden **Interessen des Nachbarn** gefährdet werden (vgl. OLG Düsseldorf SFH Z 5.0 Bl. 34 f.). Wird z. B. bei Durchführung eines Bauvorhabens die gärtnerisch genutzte Nachbarparzelle infolge Benutzung durch den Auftragnehmer als Zufahrtsweg und Lagerplatz beschädigt, ist grundsätzlich **auch** der Auftraggeber dem Nachbarn gemäß § 823 BGB zum Schadensersatz verpflichtet (a. a. O.).

II. Mögliche Schadensursachen

202 Es kommen nur folgende Schadensursachen in Betracht, die in ihrer unmittelbaren Verursachung **auf eine unerlaubte Handlung des Auftragnehmers zurückzuführen** sind:

203 1. Es muß ein **unbefugtes Betreten oder eine Beschädigung angrenzender Grundstücke** vorliegen. Von unbefugtem Betreten angrenzender Grundstücke ist zu sprechen, wenn es **ohne Einwilligung des Berechtigten** (des Eigentümers, des Besitzers, des Nutzungsberechtigten) geschieht.

Darüber, ob der Nachbar das Betreten seines Grundstücks zur Ausführung von Verputzarbeiten an einer – an der Grenze gelegenen – Garage und an der Grenzmauer verbieten kann, OLG Hamm NJW 1966, 599. Eine Duldungspflicht des Nachbarn kann sich hier vor allem auch aus den jeweils einschlägigen landesrechtlichen Nachbarrechtsgesetzen ergeben, wie z. B. hinsichtlich einer vorübergehenden Errichtung einer Stützmauer auf seinem Grundstück nach § 17 NachbG Schl.-H., vgl. dazu OLG Schleswig BauR

1984, 83. Ähnliches gilt für die Lagerung von Gerüsten und Baumaterial (vgl. OLG Hamm MDR 1962, 480; LG Berlin JR 1963, 343; LG Aachen NJW 1966, 204; LG Frankenthal DWW 1967, 285). Vgl. dazu, vor allem zu den maßgebenden rechtlichen Grundlagen, Weimar BauR 1975, 26. Ein Betreten eines angrenzenden Grundstücks liegt noch nicht darin, daß der Schwenkbereich eines Baukranes auf dieses Grundstück reicht, zumal dies in erheblicher Höhe der Fall ist; insofern liegt keine Verletzung des § 24 NachbG NW vor (LG Köln SFH § 24 NachbG NW Nr. 1).

Unter **angrenzenden Grundstücken** sind solche zu verstehen, die sich **dem Baugrundstück anschließen.** Man wird aber auch die sonst im unmittelbaren Bereich des Baugrundstücks liegenden Grundstücke mit erfassen müssen. 204

Ist der Auftraggeber derjenige, der die Befugnis über das benachbarte Grundstück ausübt, hat er im Schadensfalle einen unmittelbaren vertraglichen Anspruch gegen den Auftragnehmer wegen Verletzung einer Nebenpflicht. Zumindest sind Ansprüche aus §§ 823 ff. BGB unmittelbar dem Auftragnehmer gegenüber gegeben, so daß insoweit Nr. 3 keine Anwendung findet.

Eine **Beschädigung eines Grundstücks** ist anzunehmen, wenn durch die unerlaubte Handlung, für die der Auftragnehmer einzutreten hat, eine **Wertminderung** dieses Grundstücks herbeigeführt worden ist, sei es durch Beschädigung oder Vernichtung des Aufwuchses, der Aufbauten usw. 205

2. Einzelfälle:

a) Zur Beschädigung eines Fernsprechkabels bei Straßenbauarbeiten vgl. KG SFH Z 3.13 Bl. 1 ff. Eine Baufirma haftet dem Grundstücksnachbarn, wenn sie nach Aufstellen eines Baukrans eigenmächtig durch einen Arbeiter der Montagefirma die Spitze eines auf dem Nachbargrundstück stehenden, die Drehbewegung eines Kranauslegers behindernden Baumes kürzen läßt (§§ 823, 249 BGB); dabei kann die Höhe des Ersatzes durch die Notwendigkeit der Neuanpflanzung eines gleichwertigen Baumes bestimmt sein, vor allem, wenn die Wertminderung des Grundstückes so hoch wie die Neuanschaffung ist (vgl. LG Detmold VersR 1982, 253 mit Anm. Koch für den Fall der Kürzung der Spitze einer repräsentativen Pyramideneiche um 2 m). Überhaupt gehen Beschädigungen von Bäumen und Pflanzen auf dem Nachbargrundstück im Zusammenhang mit Bauarbeiten grundsätzlich zu Lasten des Auftragnehmers. Über das Haftungsverhältnis zwischen Auftragnehmer und bauleitendem Architekten bei der Beschädigung eines Nachbarhauses anläßlich von Ausbaggerungsarbeiten vgl. BGH NJW 1961, 1523 = MDR 1961, 671 = BB 1961, 653 = SFH Z 4.142 Bl. 23. 206

b) Eine Beschädigung angrenzender Grundstücke ist auch denkbar durch **Immissionen, die über den zulässigen Rahmen des § 906 BGB** hinausgehen. Hierzu sowie zu der damit zusammenhängenden Schadensersatzklage über die §§ 1004, 823 Abs. 2 BGB vgl. BGH Betrieb 1958, 1039 = SFH Z 4.141 Bl. 24 = VersR 1958, 481 = VRS 15, 87. Um Immissionen handelt es sich auch, wenn Schäden an einem Nachbarhaus zwar aus Anlaß der Grundstücksvertiefung, aber nicht durch Verlust der für das Haus erforderlichen Bodenstütze, sondern durch Bodenerschütterungen verursacht worden sind (BGHZ 85, 375 = BauR 1983, 177 = VersR 1983, 336 = NJW 1983, 872 = JZ 1983, 452 = MDR 1983, 567 = SFH § 906 BGB Nr. 2 = ZfBR 1983, 87 m. w. N.). Allerdings ist derjenige, der als Bauunternehmer auf einem fremden Grundstück ein Bauwerk errichtet, nicht im Sinne des § 906 Abs. 2 BGB „Benutzer" dieses Grundstückes (BGH NJW 1966, 42 = MDR 1966, 134 = BB 1965, 1229 = LM § 906 BGB Nr. 20 = VersR 1965, 1204 = SFH Z 4.142 Bl. 46 ff.). § 906 BGB findet nur bei Zuführungen, nicht aber bei Abhaltung i. S. negativer Einwirkungen (z. B. bei gestörtem Fernsehempfang) Anwendung (AG Frankfurt NJW 1977, 1782 mit beachtlicher ablehnender Anm. von Tiedemann a. a. O.). Zur Frage, ob und in welchem Umfang der Inhaber eines Kaufhauses Ersatzansprüche wegen Umsatzrückgangs und Verschmutzung von Waren – vor allem auf der Grundlage des § 906 BGB – hat, die er durch den Bau einer Fußgängerpassage auf einem in unmittelbarer Nähe seines Geschäftes gelegenen Platz erleidet, BGH MDR 1971, 912 = BB 1971, 1030 = LM § 906 BGB Nr. 40. Allerdings erstreckt sich der Schutz eines Anliegergewerbebetriebes nicht auf ein Recht zum unveränderten Fortbestand einer bestimmten Verbindung der Anliegerstraße mit dem öffentlichen Wegesystem, wenn dabei der Grundsatz der Verhältnismäßigkeit beachtet und jede überflüssige Verzögerung vermieden wird (BGH NJW 1978, 373 = Betrieb 1978, 294 = VersR 1978, 420 = WM 1978, 92 = MDR 1978, 389 für den Fall der Absperrung einer Straße wegen einer Großbaustelle; auch zum 207

Zusammentreffen von Straßenbauarbeiten mit Arbeiten auf einer Großbaustelle). Beeinträchtigt die aufgrund zeitweiliger Sondernutzung des Gehsteiges vor dem Nachbargrundstück verursachte Einwirkung auf ein Grundstück dessen ortsübliche Nutzung (z. B. als Ladengeschäft) durch nachhaltige Behinderung des Kontakts nach außen, so kann, wie bei der unmittelbaren Einwirkung vom Nachbargrundstück her, ein angemessener Ausgleich in Geld geboten sein; der Ausgleich ist für die bewirkte Einbuße insoweit zu leisten, als die Beeinträchtigung über das zumutbare Maß hinausgeht; ist der Ertrag einer gewerblichen Nutzung (z. B. des Besitzes am Grundstück) beeinträchtigt, so ist dem Ausgleichsanspruch nicht eine hypothetische Entwicklung des Gewerbebetriebes, sondern der Ertrag zugrunde zu legen, der vor der Beeinträchtigung erzielt wurde (BGH BB 1974, 1137 = MDR 1974, 1008 für den Fall der vorübergehenden Errichtung eines Fußgängertunnels auf dem Gehsteig während der Bauzeit). Zu etwaigen Ansprüchen eines Nachbarn aus § 906 BGB, Art. 14 GG bei Einwirkungen auf sein Grundstück bei übermäßig langen Restaurierungsarbeiten an einem Baudenkmal vgl. BGH MDR 1977, 128 = LM § 906 BGB Nr. 49.

208 Wird der Verkehrswert eines Grundstücks vorübergehend durch Immissionen vermindert, so endet der hiermit verbundene Vermögensschaden, sobald die Einwirkungen endgültig aufhören; von diesem Zeitpunkt entfällt nur die etwaige Ersatzpflicht des Schädigers (BGH VersR 1977, 665 = WM 1977, 788).

209 Über Unterlassungs- und Schadensersatzansprüche des durch nachbarliche Baumaßnahmen beeinträchtigten Gewerbebetriebes Werner/Hildebrandt NJW 1982, 2219. Zu den Voraussetzungen eines nachbarrechtlichen **Ausgleichsanspruches i. S. des § 906 Abs. 2 Satz 2 BGB,** wenn Zementstaub auf einer Straße zur Glättebildung führt, deren Behebung durch den Straßeneigentümer erhebliche laufende Aufwendungen erfordert, BGHZ 62, 186 = NJW 1974, 987 = MDR 1974, 653 = BB 1974, 528 = LM § 906 BGB Nr. 44 Anm. Mattern = Betrieb 1974, 916. Ein solcher ist – wie der BGH mit Recht entschieden hat – auch gegeben, wenn die Beeinträchtigung zwar ortsüblich, für den Straßeneigentümer aber unzumutbar ist. Ein nachbarrechtlicher Ausgleichsanspruch entsprechend § 906 Abs. 2 Satz 2 BGB kommt auch in Betracht, wenn eine nach § 906 BGB rechtswidrige und deshalb abwehrfähige Immissionsbeeinträchtigung von dem Eigentümer oder Besitzer des betroffenen Grundstückes aus besonderen Gründen nicht verhindert werden kann (BGHZ 90, 255 = NJW 1984, 2207 = MDR 1984, 745 = VersR 1984, 655 = LM § 823 [Aa] BGB Nr. 70). Zum Ausgleichsanspruch bei Beeinträchtigung durch zwei Immittenten BGH MDR 1976, 651. Der Ausgleichsanspruch des § 906 Abs. 2 Satz 2 BGB steht als bürgerlich-rechtlicher Aufopferungsanspruch auch dem geschädigten Besitzer eines Grundstückes zu (BGH NJW 1978, 373 = Betrieb 1978, 294 = VersR 1978, 420 = MDR 1978, 389 = WM 1978, 92). Im Rahmen des nachbarrechtlichen Ausgleichsanspruches für Vertiefungsschäden können sowohl der schadensanfällige Zustand des betroffenen Grundstücks als auch ein schuldhafter oder schuldloser Mitverursachungsbeitrag des Eigentümers des geschädigten Grundstückes schadensmindernd berücksichtigt werden (BGH BauR 1988, 111 = MDR 1988, 214 = SFH § 906 BGB Nr. 4 = NJW-RR 1988, 136 = LM § 906 BGB Nr. 78).

210 Über die Rechtsprechung zu § 906 BGB vgl. Gehrmann BauR 1972, 333; zur Ortsüblichkeit von Immissionen, insbesondere bei Bauarbeiten, Wagner NJW 1971, 595; zur Frage, ob es sich bei dem Anspruch aus § 906 Abs. 2 Satz 2 BGB um einen solchen handelt, der unter § 1 AHB fällt, Syre VersR 1973, 166; dazu kritisch Geller VersR 1979, 893. Über Immissionen durch Betriebe der öffentlichen Hand vgl. Papier NJW 1974, 1797.

211 Die Verletzung nachbarschützender Bebauungsvorschriften kann einen quasinegatorischen Beseitigungsanspruch des Nachbarn begründen (BGH MDR 1974, 571 = LM § 1004 BGB Nr. 132). Das Verlangen des Nachbarn wird sich aber als rechtsmißbräuchlich erweisen, wenn die Herstellung des gebotenen Zustandes nur mit unverhältnismäßigen Aufwendungen möglich wäre; bei der gebotenen Abwägung können Art und Grad eines etwaigen Verschuldens des Verletzers bedeutsam sein, wobei es auch darauf ankommen kann, wann Beanstandungen des Nachbarn bekanntwerden (a. a. O.). Allerdings bringt, abgesehen von krassen Fällen, die Verletzung des ästhetischen Empfindens des Nachbarn für diesen noch keinen Abwehranspruch nach den §§ 906, 1004 BGB (BGH NJW 1975, 170 = BlGBW 1975, 97 mit krit. Anm. von Loewenheim NJW 1975, 826).

212 **c) Auch § 905 BGB kann hier von Bedeutung sein:** So kann der Eigentümer eine unterirdische Einwirkung auf sein Grundstück auch dann verbieten, wenn durch den Eingriff nur ein Dritter in seinem Nutzungsrecht an diesem Grundstück unmittelbar beeinträchtigt wird (wie z. B. der Nutzungsberechtigte bei einer Untertunnelung). Dabei ist die Widerlegung des Ausschließungsinteresses nach § 905 Abs. 2 BGB nicht auf solche Gesichtspunkte zu erstrecken, die zwar vorstellbar sind, auf die sich der

Eigentümer aber selbst nicht beruft (wie z. B. auf eine Beeinträchtigung durch Untertunnelung); vgl. dazu BGH BauR 1981, 207 = NJW 1981, 573 = MDR 1981, 394 = LM § 905 BGB Nr. 6. Ein Ausschließungsinteresse liegt gemäß § 905 Abs. 2 BGB dann nicht vor, wenn der Schwenkbereich eines auf dem Nachbargrundstück arbeitenden Baukrans in größerer Höhe über dem Erdboden liegt und auch sonst keine hinreichenden Anhaltspunkte für eine Beeinträchtigung der Nutzung des Grundstückes ersichtlich sind (BGH SFH § 24 NachbG NW Nr. 1).

d) Weiterhin ist es möglich, daß ein **unerlaubter Eingriff in eine Grenzeinrichtung gemäß § 922 Satz 3 BGB** vorliegt, wie der Eingriff in eine halbscheidige Giebelmauer durch Abriß eines Hauses. Wer sein an eine gemeinsame Giebelmauer angebautes Haus abreißt, muß die Kosten einer dadurch nötig gewordenen Außenisolierung der Mauer tragen, wenn ein Wiederaufbau des Hauses an die Giebelmauer nicht mehr erfolgt (vgl. BGHZ 78, 397 = BauR 1981, 405 = MDR 1981, 305 = BB 1981, 458 = NJW 1981, 866 = SFH § 922 BGB Nr. 1 = LM § 922 BGB Nr. 3). Ein Grundstückseigentümer, der sein in einer geschlossenen Häuserzeile stehendes Gebäude abbricht, ist verpflichtet, Vorkehrungen zum Schutz der dadurch freigelegten Wand des Nachbargebäudes, insbesondere gegen Feuchtigkeitseinwirkungen, zu treffen (OLG Frankfurt OLGZ 1982, 352). Eine Grenzeinrichtung ist auch in ihrem Erscheinungsbild vor Beeinträchtigung geschützt, wenn sich die Grundstücksnachbarn ausdrücklich oder stillschweigend für eine bestimmte Grenzeinrichtung entschieden haben; dann kann jeder Nachbar die Erhaltung der Grenzanlage auch in ihrem äußeren Erscheinungsbild verlangen (BGH NJW 1985, 1458). Keine Grenzeinrichtung ist es, wenn eine Mauer mangels Zustimmung des Nachbarn zu einer Grenzüberschreitung errichtet worden ist (BGH BauR 1984, 661 = NJW 1984, 2463 = MDR 1984, 924 = SFH § 909 BGB Nr. 9).

e) Auch § 909 BGB ist zu beachten (vgl. dazu zunächst Rdn. 73 ff.). So liegt eine Vertiefung auch vor, wenn das Bodenniveau – ohne Entnahme von Bodenbestandteilen – infolge des Gewichts eines Neubaues und der dadurch bedingten Pressung des Untergrundes sich senkt (BGHZ 44, 130 = NJW 1965, 2099 = SFH Z 4.142 Bl. 40; OLG Düsseldorf BauR 1975, 71). Gleiches gilt, wenn die Senkung durch Auflage gewichtiger Stoffe (z. B. durch Auskippen von Bauschutt und Erdaushub) eintritt (BGH NJW 1971, 935 = SFH Z 4.142 Bl. 74 = VersR 1971, 565). Ebenso trifft das zu, wenn die zwecks Befestigung des Nachbargrundstückes im Zusammenhang mit einer Vertiefung vorgenommene chemische Behandlung unzulänglich war, OLG Düsseldorf SFH Z 4.142 Bl. 89 = VersR 1974, 439 = MDR 1974, 137. Die erforderliche Stütze hat der Boden auch verloren, wenn er infolge einer durch Druck ausgelösten Pressung vom Nachbargrundstück her in Bewegung gerät und in sich seinen Halt verliert (vgl. BGHZ 44, 130 = NJW 1965, 2099 = MDR 1965, 898 = JZ 1965, 644 = SFH Z 4.142 Bl. 40 = BB 1965, 1005 = VersR 1965, 1050 = WM 1965, 1039, zugleich zur Frage des Ausschlusses des Ersatzanspruches, wenn Neubau und Nachbarhaus einen gemeinsamen schlechten Untergrund haben); ebenso gilt das, wenn der auf das tiefer liegende Erdreich ausgeübte Druck seitlich in den Boden des Nachbargrundstückes hinüberwirkt und dieses hierdurch seinen Halt verliert (BGH NJW 1971, 935 = SFH Z 4.142 Bl. 74 = VersR 1971, 565). Dringt infolge der baulichen Veränderung eines Grundstückes in die Giebelwand des Nachbarhauses mehr Regenwasser ein, als wenn das Grundstück noch bis zur natürlichen Geländehöhe aus gewachsenem Boden bestünde, hat der Nachbar einen Unterlassungsanspruch (OLG Köln MDR 1975, 403). Zur Frage, unter welchen Voraussetzungen sich derjenige, der durch Grundstücksvertiefung oder sonstige Baumaßnahmen Schäden an einem Nachbargrundstück verursacht hat, dem Ersatzanspruch des Nachbarn gegenüber auf den schlechten baulichen Zustand des benachbarten Gebäudes berufen kann, vgl. BGH NJW 1966, 42 = MDR 1966, 134 = BB 1965, 1329 = LM § 909 BGB Nr. 6 = VersR 1965, 1204 = SFH Z 4.142 Bl. 46 ff. Der Boden eines von einem Wasserlauf durchflossenen Grundstückes erfordert für seine Stütze die Gewährleistung, daß der Wasserlauf nach den gegebenen Verhältnissen, etwa in Verbindung mit Sicker- oder anderen Strömungen, anläßlich der gelegentlichen Zuführung von Hochwasser nicht zu einer Abschwemmung des Bodens führt; hat eine Vernachlässigung des Wasserlaufs die Durchströmung und damit den Schaden mitverursacht, ist dies im Rahmen des § 254 BGB mitzuberücksichtigen (BGHZ 63, 176 = NJW 1975, 257 = MDR 1975, 307 = LM § 909 BGB Nr. 15 Anm. Mattern). Wird zur Abstützung des Bodens eines Nachbargrundstücks eine Stahlspundwand in den Boden gerammt, stellt das Einrammen der Wand, jedenfalls wenn dies auf dem Nachbargrundstück selbst geschieht, nicht einen Teil der Vertiefung i. S. des § 909 BGB dar (BGH VersR 1966, 757 = SFH Z 4.142 Bl. 8). Aus nachbarlichem Gemeinschaftsverhältnis kann ein Anspruch auf Duldung nicht hergeleitet werden, wenn das Bauwerk nicht den Regeln der Baukunst entspricht (für den Bereich des Überbaus BGH BauR 1973, 128). Wird durch Ausschachtungen an einer öffentlichen Straße, die im Zuge privatrechtlich organisierter Ausbauarbeiten vorgenommen worden sind, die Standfestigkeit eines auf einem Nachbargrundstück errichteten Hauses beeinträchtigt, so kann das einen nachbarrechtlichen Ausgleichsanspruch auslösen (BGHZ 72, 289 = BauR 1979, 80 = NJW 1979, 164 = SFH § 1004 BGB Nr. 1 = BB 1979, 805 = Betrieb 1978, 2470 =

ZfBR 1979, 70; zugleich auch zu § 906 BGB). Gleiches gilt, wenn durch eine Grundstücksvertiefung ohne Verschulden des Eigentümers dem Boden des Nachbargrundstückes die erforderliche Stütze entzogen wird (BGHZ 85, 375 = BauR 1983, 177 = VersR 1983, 336 = NJW 1983, 872 = JZ 1983, 452 = MDR 1983, 567 = SFH § 906 BGB Nr. 2 = ZfBR 1983, 87). Sind Grundstückseigentümer und Architekt für ein und dieselbe Schadensursache verantwortlich, so haften sie auch dann nach § 840 BGB als Gesamtschuldner, wenn den Eigentümer eine nachbarrechtliche Ausgleichspflicht und nur den Architekten eine Haftung aus unerlaubter Handlung trifft (BGH a. a. O.).
Zur Verjährung eines Anspruches aus § 909 BGB vgl. Rdn. 73 ff.

215 f) Möglicherweise kann dem geschädigten **Nachbarn ein Mitverschulden** (§ 254 BGB) an der Entstehung des Schadens zur Last gelegt werden (vgl. BGH SFH Z 4.141 Bl. 18 sowie Wussow IB 1967, 67 ff.; letzterer auch zur Frage des Ersatzes von Aufwendungen, die der Nachbar zur Schadensabwendung gehabt hat).

g) Sonstiges

216 Der Grundstückseigentümer (Nachbar) kann die Beseitigung oder Abänderung einer bereits vorhandenen **Einzäunung** jedenfalls dann nach § 1004 BGB verlangen, wenn sich nur unter dieser Voraussetzung sein nachbarrechtlicher Anspruch (hier §§ 32, 35 Abs. 1 NachbG NW) auf eine ortsübliche und von der bisherigen in ihrem Erscheinungsbild abweichende Einfriedung verwirklichen läßt (BGH BauR 1979, 444 = NJW 1979, 1409; vgl. auch BGH NJW 1979, 1408). Zum Unterlassungsanspruch eines Grundstückseigentümers, wenn der Schwenkbereich eines Baukranes über seinem Grundstück liegt, LG Arnsberg MDR 1980, 579.

217 Auch bei **Überbauten** kann ein Beseitigungsanspruch des Nachbarn nach den **§§ 912 ff. BGB** gegeben sein, wenn der Überbau grob fahrlässig (vgl. Rdn. 36 ff.) erfolgt ist, wobei sich der Überbauende zu entlasten hat (vgl. BGHZ 39, 5, 14; BGHZ 42, 63, 68). Dabei vermag die irrige Annahme, der Nachbar gestatte den Überbau, nicht davon vom Vorwurf grober Fahrlässigkeit zu entlasten, wenn der Irrtum eine Folge besonders schwerer Verletzung der im Verkehr erforderlichen Sorgfalt ist (BGH WM 1968, 432, 433 m. w. N.). Wesentlich ist hier, daß sich der Auftraggeber das Verschulden seines Architekten zurechnen lassen muß (BGH WM 1977, 342); dagegen haftet der Auftraggeber grundsätzlich nicht für das Verschulden des Auftragnehmers (BGH a. a. O.; BGH NJW 1977, 375 mit Anm. Schubert JR 1977, 414; ferner BGH BauR 1979, 444 = NJW 1979, 1409; BGH SFH § 912 BGB Nr. 1). Das Beseitigungsverlangen im Falle der grob schuldhaften Überbauung kann ausnahmsweise ausgeschlossen sein, wenn unverhältnismäßige Aufwendungen mit der Durchsetzung dieses Begehrens verbunden sind (BGHZ 62, 388, 391; BGH MDR 1974, 571; BGH WM 1977, 536; BGH BauR 1979, 444 = NJW 1979, 1409; BGH SFH § 912 BGB Nr. 1). Objektiv liegt ein Überbau nur vor, wenn ein einheitliches Gebäude über die Grundstücksgrenze gebaut ist, wobei für die Beurteilung in erster Linie die körperliche, bautechnische Beschaffenheit ausschlaggebend ist, möglicherweise auch die Verkehrsanschauung oder eine natürliche Betrachtungsweise (vgl. BGH BauR 1981, 494 = Betrieb 1981, 1774 = MDR 1981, 1002 = LM § 912 BGB Nr. 34 = NJW 1982, 756 = ZfBR 1981, 97 im Falle einer Tiefgarage m. w. N.). Über den Grenzüberbau bei Wohnungs- und Teileigentum Ludwig DNotZ 1983, 411. Zum Tatbestand des Bauens über die Grenze vgl. vor allem auch Schmalzl BauR 1981, 328. Zur Tiefgarage auf dem Nachbargrundstück vgl. Weitnauer ZfBR 1983, 97. Über die Geschäftsherreneigenschaft im Rahmen von § 912 Abs. 1 BGB, insbesondere zur Beweislastverteilung, BGH NJW 1983, 2022 = MDR 1983, 833 = LM § 912 BGB Nr. 36).
Ein Haftpflichtversicherungsschutz wegen Überbaus über die Grenze besteht nicht, weil das die Ansprüche eines Dritten auslösende Ereignis nicht Gegenstand des Versicherungsschutzes nach § 1 AHB ist (zutreffend LG Heidelberg BB 1983, 466).

218 3. Des weiteren gehört hierher auch die **Entnahme oder Auflagerung von Boden oder anderen Gegenständen außerhalb der vom Auftraggeber dazu angewiesenen Flächen**. Die **Entnahme** von Boden geschieht durch **Beseitigung von Erde**, sei es durch Aushub, sei es durch Bewegung lose liegender Erde o. ä. Die **Auflagerung** von Boden ist das Gegenteil, nämlich die **Zulagerung von Erde**. Das gleiche gilt auch für die Entnahme oder Auflagerung **von anderen Gegenständen** als Boden, also von Baumaterialien oder sonstigen Sachen, die aus Anlaß der Bauausführung gelagert oder verlagert werden.

219 Der Schaden als Folge unerlaubter Handlung nach §§ 823 ff. BGB muß dadurch entstanden

sein, daß die Entnahme oder Auflagerung von Boden oder anderen Gegenständen durch den Auftragnehmer **außerhalb der ausdrücklich hierfür vom Auftraggeber angewiesenen Plätze** vorgenommen wurde. Insoweit muß der Auftraggeber **schuldhaft der Anweisung des Auftraggebers zuwidergehandelt** haben. Ein besonderes weiteres Verschulden bei diesem Zuwiderhandeln ist nicht erforderlich.

4. Das **Versperren von Wegen oder Wasserläufen** bedeutet das **Bereiten von Hindernissen durch Gegenstände** in der Weise, daß hierdurch der ordnungsgemäße Verkehr auf der Straße bzw. auf den Wegen oder der ordnungsgemäße Lauf des Wassers und der Verkehr auf dem Wasser **behindert** wird. **Eigenmächtig** handelt der Auftragnehmer, der **keine Befugnis zu seinem Handeln** besitzt, der also nicht für eine ordnungsbehördliche Erlaubnis und Sicherungsmaßnahme sorgt, sondern aus eigenem Antrieb und ohne die erforderliche Erlaubnis oder Ausnahmegenehmigung vorgeht. **Haftungsvoraussetzung** ist hier, **daß als Folge des eigenmächtigen Handelns des Auftragnehmers einem Dritten ein Schaden** entstanden ist, aufgrund dessen der Auftragnehmer nach den §§ 823 ff. BGB verantwortlich ist. 220

III. Haftung auch für Verrichtungsgehilfen

Soweit eine Schadensersatzverpflichtung des Auftragnehmers gegenüber einem Dritten nach Nr. 3 aus dem Gesichtspunkt der unerlaubten Handlung besteht, ist das verbotene Handeln nicht auf seine Person beschränkt, sondern es fallen hierunter auch Haftungsverpflichtungen des Auftragnehmers aus dem Handeln der für ihn tätigen Personen (**Verrichtungsgehilfen**). Für diese hat er kraft § 831 BGB einzustehen. Zur möglichen Haftungsbefreiung s. Rdn. 173 ff. 221

Über Pflichten und Verantwortung des Architekten gegenüber den Nachbarn seines Bauherrn vgl. Bindhardt BauR 1983, 422.

IV. Auftragnehmer trägt Schaden allein

In Fällen der Nr. 3 findet entgegen Nr. 2 **kein Schadensausgleich im Innenverhältnis,** also insbesondere nicht nach §§ 840 Abs. 3, 426 BGB, statt, wenn neben dem Auftragnehmer auch der Auftraggeber dem Dritten haftet. Vielmehr hat hier im Innenverhältnis der für den Schaden mitverantwortliche **Auftragnehmer** die **Schadensfolgen allein und endgültig** zu übernehmen. Hat der Auftraggeber den Schaden des Dritten bereits ganz oder teilweise ausgeglichen, muß der Auftragnehmer ihm die gehabten Aufwendungen voll ersetzen. 222

E. Sondertatbestand: Verletzung gewerblicher Schutzrechte (Nr. 4)

I. Gewerbliche Schutzrechte

Erste Voraussetzung für diese besondere Ausgleichsregelung ist die **Verletzung gewerblicher Schutzrechte.** Dabei kann von einer durch Nr. 4 erfaßten Rechtsverletzung nur gesprochen werden, wenn es sich um gewerbliche **Schutzrechte eines Dritten** handelt, der nicht Bauvertragspartner ist. Vgl. zu den allgemeinen Grundsätzen beim Urheberschutz Teil A § 20 Rdn. 34 ff. Zu den gewerblichen Schutzrechten ist u. a. zu verweisen auf a) das **Gesetz über Urheberrecht und verwandte Schutzrechte (Urheberrechtsgesetz)** vom 9. 9. 1965 (BGBl. I, S. 1273); b) das **Patentgesetz** i. d. F. vom 16. 12. 1980 (BGBl. 1981 I, S. 1); c) das **Gebrauchsmustergesetz** i. d. F. der Bekanntmachung vom 28. 8. 1986 (BGBl. I, S. 1455); d) das **Gesetz betreffend das Urheberrecht an Mustern und Modellen (Geschmacksmustergesetz)** vom 11. 1. 1876, RGBl. S. 11). 223

II. Schadenstragung durch Auftragnehmer; Voraussetzungen

224 **Hat der Auftragnehmer** das nach den vorbezeichneten Regelungen geschützte **Verfahren oder die Verwendung** geschützter Gegenstände im Rahmen der beabsichtigten Bauausführung **angeboten, findet abweichend von Nr. 2 kein Schadensausgleich im Innenverhältnis zwischen den Vertragspartnern** statt, da der Auftragnehmer den Schaden dann allein zu **tragen** hat. Hat er Schadensersatz geleistet, hat es damit sein Bewenden. Hat der Auftraggeber in einem solchen Falle dem Geschädigten geleistet oder mitgeleistet, so hat der Auftragnehmer diese Beträge dem Auftraggeber zu erstatten. Anderenfalls hat der etwa in Anspruch genommene Auftraggeber einen Freistellungsanspruch gegen den Auftragnehmer.

225 Das gleiche gilt nach Nr. 4, wenn der Auftraggeber die Verwendung des geschützten Verfahrens oder der geschützten Gegenstände – sei es vor Vertragsabschluß anläßlich der Ausschreibung, sei es nach Vertragsabschluß etwa im Rahmen von Teil B § 4 Nr. 1 Abs. 3 – dem Auftragnehmer **vorgeschrieben und den Auftragnehmer zugleich auf das Schutzrecht hingewiesen** hat. Dann ist es Sache des für die Bauleistung allein verantwortlichen Auftragnehmers (Teil B § 4 Nr. 2 Abs. 1), sich die erforderlichen Genehmigungen für die gewünschte Art der Bauausführung zu beschaffen oder im Falle des Mißerfolges die Leistungsdurchführung auf diese Art und Weise zu verweigern (Teil B § 4 Nr. 1 Abs. 4).

226 **Fehlen** dagegen die in Nr. 4 genannten Voraussetzungen, insbesondere auch der **Hinweis** des Auftraggebers auf das bestehende Schutzrecht, kommt **nicht Nr. 4,** sondern der **Normalfall der Nr. 2** für den Ausgleich des Schadens im Innenverhältnis in Betracht.

F. Anwendung der Ausgleichsregelungen der Nr. 2, 3 und 4 zugunsten gesetzlicher Vertreter und Erfüllungsgehilfen (Nr. 5)

227 Ist eine Vertragspartei nach Nr. 2, 3 oder 4 gegenüber der anderen von der Ausgleichspflicht befreit, gilt die Befreiung auch zugunsten ihrer gesetzlichen Vertreter und Erfüllungsgehilfen (vgl. dazu Rdn. 53–65), **sofern diese nicht vorsätzlich oder grob fahrlässig** anläßlich der Entstehung des dem Dritten erwachsenen Schadens **gehandelt haben.** Diese Regelung ist notwendig, da andernfalls die aus eigenem Verhalten gegenüber dem Dritten auch selbst verantwortlichen gesetzlichen Vertreter oder Erfüllungsgehilfen ausgleichspflichtig wären. Deshalb regelt sich insoweit die Frage des Schadensausgleichs im Innenverhältnis kraft **ausdrücklicher vertraglicher Bestimmung** auf die gleiche Weise wie unter den eigentlichen Vertragsparteien. Insoweit ist von einem **Vertrag zugunsten der gesetzlichen Vertreter und Erfüllungsgehilfen** (§§ 328 ff. BGB) zu sprechen, und zwar von einem **echten Vertrag zugunsten Dritter.**

228 **Allerdings gilt diese Gleichschaltung** der gesetzlichen Vertreter und Erfüllungsgehilfen mit den Ausgleichsrechten und -pflichten der Vertragspartner selbst **nur insofern, als die normale gesetzliche Ausgleichspflicht eintreten würde.** Diese Personen können sich nicht auf die Befreiung von der Ausgleichspflicht nach Nr. 2–4 berufen, wenn sie den Schaden **vorsätzlich oder grob fahrlässig** herbeigeführt haben. Das entspricht der Billigkeit und dem Grundgedanken, daß derjenige, der aus zumindest grobem Verschulden einen Schaden herbeigeführt hat, nicht Freistellung von oder Herabsetzung seiner Ausgleichspflicht im Innenverhältnis verlangen kann, zumal der betreffende Vertragspartner im allgemeinen nur ersatzpflichtig ist aufgrund eines minderen Verschuldens, das regelmäßig in einer Verletzung der Aufsichtspflicht liegt. Dies **entspricht** im übrigen auch § 11 Nr. 7 AGB-Gesetz.

G. Grundpflichten der Bauvertragspartner bei Inanspruchnahme durch einen geschädigten Dritten (Nr. 6)

Diese Bestimmung enthält für die Praxis **wesentliche Vertragspflichten hinsichtlich des Verhaltens bei der Inanspruchnahme durch den geschädigten Dritten.** Sie betrifft nicht den Schadensausgleich als solchen, sondern sie befaßt sich mit dem **Verhalten der Vertragspartner** im Innenverhältnis, **wenn** der **geschädigte Dritte den Ersatz** des ihm zugefügten Schadens verlangt. 229

I. Allgemeine Voraussetzungen der Nr. 6

Nr. 6 greift nur ein, **wenn beide Vertragspartner** dem Dritten **haften,** aber im Innenverhältnis **nur eine** der Parteien **verantwortlich ist** (vgl. dazu Rdn. 183 ff.). 230

II. Anspruch auf Freistellung

Wird der im Innenverhältnis **nicht verantwortliche** Vertragspartner von dem Dritten **in Anspruch genommen,** hat er gegen den anderen Vertragspartner einen **Anspruch auf Freistellung,** der in § 257 BGB seinen Ausgangspunkt hat. Allgemein zum Freistellungsanspruch Bischof ZIP 1984, 1444. Die Freistellung erfolgt dadurch, daß der andere im Innenverhältnis allein verantwortliche Vertragspartner an den Dritten zahlt, vgl. § 267 Abs. 1 BGB, oder die Schuld für den Inanspruchgenommenen befreiend übernimmt. Der Freistellungsanspruch umfaßt auch die Verpflichtung, unbegründete Ansprüche Dritter vom Vertragsgegner abzuwehren (BGH NJW 1970, 1594 mit zutreffender Anm. von Reinhardt NJW 1970, 2288 = MDR 1970, 920 = BB 1970, 1972 = LM § 157 BGB [Ge] Nr. 13). 231

Wird der nicht verantwortliche Vertragspartner vom Dritten in Anspruch genommen, weil der andere sich zu Unrecht weigert, diesen freizustellen, so kommt ihm wegen der gehabten Aufwendungen ein **Schadensersatzanspruch aus positiver Vertragsverletzung** gegen diesen zu (a. a. O.). Das gilt auch, wenn die Weigerung darauf beruht, daß der Haftpflichtversicherer des Weigernden einen Eintritt abgelehnt oder sich zum Schadensfall noch nicht geäußert hat. Dies berührt nämlich nicht die vertraglichen Rechte und Pflichten der Bauvertragspartner, sondern nur das Innenverhältnis des Weigernden zu seiner Versicherung. 232

Die Vertragspartei, die von der anderen Befreiung verlangen kann, ist gehalten, der anderen **von der Inanspruchnahme so rechtzeitig Kenntnis zu geben, daß diese ohne Verzug an den geschädigten Dritten leisten kann.** Außerdem müssen sich die **Vertragspartner** unter Zugrundelegung der Nr. 2–4 **darüber klar sein, daß nur einer von ihnen haftet.** Im Streitfalle wird hierüber eine gerichtliche Entscheidung notwendig sein. Der geschädigte Dritte wird aber mit der Erfüllung seiner Ansprüche meist nicht so lange warten wollen, bis eine solche Entscheidung ergangen ist. Dann bleibt dem von dem Dritten in Anspruch genommenen Vertragspartner nichts anderes übrig, als **vorerst** an den Dritten zu zahlen, um Verzugsfolgen usw. zu vermeiden. Erst dann wird er die Klärung herbeiführen können, ob er im Innenverhältnis von der Schadenstragung befreit ist oder nicht. Dann erstreckt sich sein Ausgleichsanspruch neben den gehabten Aufwendungen (BGH a. a. O.) im Innenverhältnis auch auf die Kosten des von dem Geschädigten gegen ihn angestrengten gerichtlichen Verfahrens, falls seine Rechtsverteidigung in jenem Prozeß nicht von Anfang an aussichtslos war (vgl. BGH NJW 1974, 693 m. w. N.). Das ergibt sich vor allem aus dem nachfolgend erörterten Satz 2. 233

III. Gelegenheit zur Äußerung für anderen Vertragspartner

Nach Satz 2 darf diejenige Vertragspartei, die von dem geschädigten Dritten in Anspruch genommen wird, **dessen Anspruch weder anerkennen noch befriedigen,** ohne der anderen 234 vorher Gelegenheit zur Äußerung zu geben. Eine Verletzung dieser vertraglichen Verpflichtung kann einen Schadensersatzanspruch des nicht benachrichtigten Partners aus **positiver Vertragsverletzung** zur Folge haben. Sie gilt unabhängig davon, ob der in Anspruch genommene Vertragspartner Freistellung nach Satz 1 verlangt hat oder nicht. **Erforderlich ist nur die Inanspruchnahme durch den Dritten.**

235 Bevor die Äußerung der anderen Vertragspartei erfolgt ist, darf der in Anspruch genommene Vertragspartner die Forderung des Dritten weder anerkennen noch begleichen. Tut er es dennoch, stehen dem anderen Vertragspartner nicht nur etwaige Schadensersatzansprüche offen, sondern er ist im Innenverhältnis auch berechtigt, **alle Einwendungen zu erheben, die sich aufgrund und Höhe der Forderung beziehen** und die er dem Dritten **mit Erfolg** hätte entgegenhalten können.

236 Die hier dem vom geschädigten Dritten in Anspruch genommenen Vertragspartner auferlegte Pflicht hat allerdings ihre **Grenzen,** nicht zuletzt auch aus dem Gesichtspunkt von **Treu und Glauben.** Das kommt insbesondere in Betracht, wenn die Unterrichtung bloße Förmelei wäre, weil der andere Vertragspartner **von vornherein jegliche Mitverantwortung oder Verantwortung entschieden und bestimmt in Abrede** stellt (LG Wuppertal VersR 1983, 594). In einem solchen Ausnahmefall, der allerdings die völlige Unterrichtung des anderen Vertragspartners über den Schadensfall voraussetzt, bedarf es dann keiner Äußerung mehr; das um so mehr, als dann der in Anspruch genommene Vertragspartner durch Erfüllung der Ansprüche des Geschädigten vor allem auch zur Minderung des Schadens beiträgt. Für den hier in Betracht gezogenen **Ausnahmefall** trägt allerdings der **in Anspruch genommene Vertragspartner die Beweislast.**

§ 11 Vertragsstrafe

1. Wenn Vertragsstrafen vereinbart sind, gelten die §§ 339 bis 345 BGB.

2. Ist die Vertragsstrafe für den Fall vereinbart, daß der Auftragnehmer nicht in der vorgesehenen Frist erfüllt, so wird sie fällig, wenn der Auftragnehmer in Verzug gerät.

3. Ist die Vertragsstrafe nach Tagen bemessen, so zählen nur Werktage; ist sie nach Wochen bemessen, so wird jeder Werktag angefangener Wochen als 1/6 Woche gerechnet.

4. Hat der Auftraggeber die Leistung abgenommen, so kann er die Strafe nur verlangen, wenn er dies bei der Abnahme vorbehalten hat.

Inhaltsübersicht

	Rdn.
A. Allgemeines	1
B. Voraussetzung: Ausdrückliche Vertragsstrafenvereinbarung	2–3
C. Weitgehende Möglichkeit der Vereinbarung von Vertragsstrafen	4–5
D. Anwendung gesetzlicher Bestimmungen (Nr. 1)	6–21
I. Allgemeines	6–7
II. Vertragsstrafe wegen Nichterfüllung oder nichtgehöriger Erfüllung; grundsätzlich immer Verzug Voraussetzung	8–12
III. Vertragsstrafe wegen Nichterfüllung	13–16
IV. Vertragsstrafe wegen nichtgehöriger Erfüllung	17–21
1. Verlangen der Vertragsstrafe neben Erfüllung	17
2. Verfallklausel	18

	3. Vorbehalt der Vertragsstrafe	19–20
	4. Entsprechende Anwendung des § 340 Abs. 2 BGB	21
E.	Vertragsstrafe bei nicht rechtzeitiger Erfüllung (Nr. 2)	22–27
	I. Voraussetzung: Verbindliche Fristen	22–24
	II. Voraussetzung: Schuldnerverzug	25–27
F.	Fristberechnung (Nr. 3)	28–37
	I. Fristberechnung ohne Sonn- und Feiertage	29–32
	II. Fristberechnung nur für die Zeit, in der die Vertragsleistung erfüllt werden konnte; u. U. Wegfall der Vertragsstrafe	33–37
G.	Vorbehalt der Vertragsstrafe bei Abnahme (Nr. 4)	38–53
	I. Vorbehalt bei Abnahme	38–45
	1. Sinn des Vorbehaltes	38
	2. Grundsätzlich Abnahmezeitpunkt maßgebend	39–41
	3. Entbehrlichkeit des Vorbehaltes	42
	4. Begriff der Abnahme	43
	5. Abdingbarkeit des Vorbehaltes	44
	6. Vorbehalt bei Teilabnahme	45
	II. Äußerung des Vorbehaltes; Form	46–47
	III. Vorbehaltserklärung grundsätzlich nur gegenüber Auftragnehmer; Vertreter des Auftraggebers	48–52
	1. Erklärung gegenüber Auftragnehmer	48
	2. Vorbehaltserklärung durch Architekten	49–50
	3. Hinweispflicht des Architekten	51
	4. Genehmigung vollmachtsloser Vorbehaltserklärung	52
	IV. Fehlender Vorbehalt führt nicht zum Verlust von Schadensersatzansprüchen	53
H.	Höhe und Herabsetzung der Vertragsstrafe	54–56
J.	Beweislast	57
K.	Aufrechnung – Verrechnung	58
L.	Verjährung des Vertragsstrafenanspruches	59

Aufsätze: Beuthien, „Pauschalierter Schadensersatz und Vertragsstrafe", Festschrift für Larenz, 1973, S. 495 ff.; Horschitz, „Atypische Vertragsstrafen", NJW 1973, 1958; Kleine-Möller, „Die Vertragsstrafe im Bauvertrag", BB 1976, 442; Brügmann, „Ist der Sonnabend ein Werktag?", BauR 1978, 22; Wolfensberger/Langhein, „Die Anwendung des § 11 Nr. 1 VOB/B auf Vollkaufleute", BauR 1982, 20; Vygen, „Rechtliche Beratungs- und Hinweispflichten des Architekten und Bauingenieurs beim Abschluß von Bauverträgen und bei der Vertragsabwicklung unter besonderer Berücksichtigung einer Vertragsstrafenvereinbarung beim Bauvertrag", BauR 1984, 245; Kapellmann/Langen, „Bemessung von Vertragsstrafen für verzögerte Baufertigstellung in AGB" BB 1987, 560; Weyer, „Verteidigungsmöglichkeiten des Unternehmers gegenüber einer unangemessen hohen Vertragsstrafe", BauR 1988, 28.

A. Allgemeines

Über Begriff, Zweck und Umfang von Vertragsstrafen im Rahmen eines Bauvertrages vgl. Teil A § 12 Rdn. 1 ff. In Teil A § 12 sind zwar Vertragsstrafen (Nr. 1) und Beschleunigungsvergütungen (Nr. 2) in einer Bestimmung zusammengefaßt. Sie haben aber nichts miteinander zu tun. Vor allem ist die Ansicht irrig, bei einem VOB-Vertrag könnten Vertragsstrafen nur vereinbart werden, wenn zugleich auch Beschleunigungsvergütungen festgelegt würden. Zur Abgrenzung zwischen Vertragsstrafe und Vereinbarung einer Schadenspauschale sowie zu sogenannten Verfallklauseln vgl. Teil A § 12 Rdn. 1.

B. Voraussetzung: Ausdrückliche Vertragsstrafenvereinbarung

2 Voraussetzung für die Anwendbarkeit von Teil B § 11 ist, daß eine **Vertragsstrafe ausdrücklich und gesondert** im Bauvertrag **vereinbart** worden ist, was auch noch nach Abschluß des Vertrages bis zu dessen endgültiger Abwicklung geschehen kann. **Die Vereinbarung der VOB als solcher,** insbesondere des Teils B, **reicht nicht aus,** § 11 anzuwenden. Die **Vertragsstrafen sind** in den **Zusätzlichen** oder in den **Besonderen Vertragsbedingungen** festzulegen, wie sich aus Teil A § 10 Nr. 4 Abs. 1 f entnehmen läßt. Wegen ihrer möglichen gravierenden Auswirkungen auf den Bauvertrag ist es für die Wirksamkeit einer Vertragsstrafenabrede erforderlich, daß sie sich an einer – vor allem für den Auftragnehmer – ohne Schwierigkeiten erkennbaren, **übersichtlichen Stelle** im Bauvertrag findet (vgl. dazu OLG Düsseldorf BauR 1982, 582 = SFH § 11 VOB/B Nr. 7; ebenso Knacke S. 13). Zwar sind gerade bei Bauverträgen Vertragsstrafenabreden häufig, daher nichts Außergewöhnliches. Somit sind sie im allgemeinen nicht „überraschend" (vgl. § 3 AGB-Gesetz), so daß der Auftragnehmer – vornehmlich in Zusätzlichen Vertragsbedingungen – damit rechnen muß (BGHZ 72, 222 = BauR 1979, 56 = BB 1979, 69 = NJW 1979, 212 = VersR 1979, 251 = MDR 1979, 220 = LM § 341 BGB Nr. 7 a = SFH § 341 BGB Nr. 2 = WM 1978, 1407 = BlGBW 1979, 77 = ZfBR 1979, 15; BGHZ 85, 305 = BauR 1983, 80 = NJW 1983, 385 = Betrieb 1983, 440 = SFH § 341 BGB Nr. 4 = WM 1983, 87 = ZIP 1983, 77 = MDR 1983, 302 = BB 1983, 663 = LM § 341 BGB Nr. 9 Anm. Bliesener = ZfBR 1983, 78 m. w. N.; ebenso Weyer BauR 1988, 28, 30). Da sie aber für jeden einzelnen Vertrag **gesondert** vereinbart werden müssen, dürfen sie für den Auftragnehmer nicht „überraschend" im Vertrag auftauchen, müssen daher folgerichtig im jeweils gegebenen tatsächlichen und rechtlichen Zusammenhang, wie z. B. der Absprache über die vorgesehene Bauzeit, eingeordnet werden (ähnlich Kleine-Möller BB 1976, 442, 444; zu eng hier Knacke S. 17 f.).

3 Darüber hinaus ist es erforderlich, daß der Wille, einverständlich eine Vertragsstrafe zu vereinbaren, **sich ganz zweifelsfrei aus den entsprechenden Vertragsunterlagen ergibt.** Das gilt vor allem auch dann, wenn es sich insoweit um Allgemeine Geschäftsbedingungen – vornehmlich Zusätzliche Vertragsbedingungen (vgl. dazu Teil A § 10 Rdn. 77 ff.) – handelt, da besonders hier die Regelung des **§ 5 AGB-Gesetz** zu beachten ist. Allerdings ist ein individualvertraglich festgelegtes, unklar formuliertes Versprechen nicht ohne weiteres unwirksam; sofern es noch der Auslegung fähig ist, muß es nach den §§ 133, 157 BGB im Einzelfall ausgelegt werden; dabei kommt es vor allem auch auf den Zweck des Strafversprechens an (BGH BauR 1975, 209 = BB 1975, 581 = Betrieb 1975, 879 = MDR 1975, 656 = LM § 339 BGB Nr. 19; ebenso Weyer a. a. O.). Bei Vertragsverstößen, die auf die Leistungsverpflichtung des Versprechenden ohne Einfluß sind, kann im Zweifel keine Vertragsstrafe ausgelöst werden (BGH a. a. O.).

C. Weitgehende Möglichkeit der Vereinbarung von Vertragsstrafen

4 Vertragsstrafen können für die verschiedenen Fälle nicht vertragsgerechten Handelns vereinbart werden, vgl. Teil A § 12 Rdn. 11. Teil A § 12 Nr. 1 erwähnt den Fall der **Überschreitung von Vertragsfristen.** Das ist gegeben, wenn ein Vertragspartner mit der Erfüllung seiner vertraglichen Pflichten in **Verzug** gerät. Darüber hinaus können Vertragsstrafen für alle möglichen Fälle der Nichteinhaltung vertraglicher Leistungsobliegenheiten abgesprochen werden, wie z. B. für ganze oder teilweise **Nichterfüllung,** für gegenständlich **nichtordnungsgemäße Erfüllung** usw.

5 Es ist möglich, eine Vertragsstrafenabrede durch die Vereinbarung einer Sicherheitsleistung – insofern vor allem durch selbstschuldnerische Bürgschaft gemäß Teil B § 17 Nr. 4 – abzusichern. Allerdings bedarf dieses einer hinreichend klaren Festlegung, aus der sich ergibt, daß die Sicherheitsleistung den

Bereich der Vertragsstrafe erfaßt (vgl. BGH BauR 1982, 506 = NJW 1982, 2305 = SFH § 767 BGB Nr. 3 = ZIP 1982, 940 = MDR 1983, 50 = Betrieb 1982, 2029 = BB 1982, 1388 = ZfBR 1982, 216).

D. Anwendung gesetzlicher Bestimmungen (Nr. 1)

I. Allgemeines

Nach Nr. 1 gelten unter der **Voraussetzung, daß** zwischen den Partnern des Bauvertrages Vertragsstrafen **vereinbart** worden sind, die gesetzlichen Vorschriften der **§§ 339–345 BGB**. Es wird also im Grundsatz auf eine vom Gesetz abweichende Regelung verzichtet. Das heißt aber nicht, daß **im Bauvertrag im Einzelfall abweichende Bestimmungen** über die Vertragsstrafe nicht getroffen werden können. Vielmehr ist es im Rahmen der Vertragsfreiheit gestattet, in den Besonderen oder in den Zusätzlichen Vertragsbedingungen eine Vertragsstrafe festzulegen, die von den §§ 339 ff. BGB abweicht. So kann an sich anders als nach § 339 Satz 1 BGB vereinbart werden, daß eine Vertragsstrafe auch verwirkt sein soll, wenn die Leistung des Schuldners aus Gründen unterbleibt, die von seinem Willen unabhängig oder die ihm nicht als Verschulden zuzurechnen sind. Eine solche Vertragsstrafe, die wegen ihrer möglichen schwerwiegenden Auswirkungen **im Einzelfall ausgehandelt** und – vor allem auch im Hinblick **auf § 9 AGB-Gesetz** – nicht bloß durch Hinweis in Allgemeinen Geschäftsbedingungen vereinbart sein muß (vgl. OLG Hamm BB 1975, 852; OLG Düsseldorf BauR 1985, 327, ebenso Locher, Das Private Baurecht, Rdn. 421 m. w. N.; Löwe/v. Westphalen/Trinkner § 11 Nr. 6 Rdn. 21; Kaiser, Mängelhaftungsrecht, Rdn. 386; Werner/Pastor Rdn. 1433), hat eine **garantieähnliche Funktion** (BGH NJW 1971, 883 = LM § 341 BGB Nr. 3 = BauR 1971, 122 = BB 1971, 415 = Betrieb 1971, 714; OLG Düsseldorf BauR 1975, 57; BGH BauR 1975, 209 = BB 1975, 581 = Betrieb 1975, 879 = MDR 1975, 656 = LM § 339 BGB Nr. 19; s. auch Rdn. 8 ff.). Vereinbarungen dieser Art sind **auch im kaufmännischen Verkehr eng auszulegen,** vor allem müssen sie inhaltlich zweifelsfrei sein, weil **grundsätzlich eine Vertragsstrafe nur bei Vorliegen des Verschuldens verwirkt ist** (BGH Betrieb 1973, 164; AG Bremerhaven NJW-RR 1986, 276). Eine solche besondere Vereinbarung kann noch nicht angenommen werden, wenn die Parteien etwas verabreden, was über den gesetzlichen Rahmen nicht hinausgeht, so, wenn z. B. nur bestimmt wird, die Vertragsstrafe solle sofort fällig werden, wenn der Schuldner die zu erbringende Leistung nicht rechtzeitig bewirkt (BGH a. a. O.). Vielmehr muß eine **klar erkennbar zum Ausdruck gekommene besondere Interessenlage des Berechtigten ersichtlich sein,** wie z. B. auf unbedingte Einhaltung der Bauzeit, weil das Bauwerk zu einem nicht verschiebbaren Zeitpunkt in Benutzung genommen werden muß. Im übrigen ist in dem zwingenden und keiner anderweitigen vertraglichen Vereinbarung zugänglichen § 344 BGB eine Grenze gesetzt (vgl. Teil A § 12 Rdn. 8).

Im **kaufmännischen Verkehr** verstößt eine einseitig vom Verwender aufgestellte Klausel in AGB, wonach die Vertragsstrafe unabhängig vom Verschulden verwirkt sein soll, **ebenfalls grundsätzlich gegen § 9 AGB-Gesetz.** Das kann **nur dann anders** beurteilt werden, wenn **gewichtige Gründe** vorliegen, welche die Vertragsstrafenregelung trotz Abweichung vom **dispositiven Gesetzesrecht mit Recht und Billigkeit noch vereinbar einscheinen lassen,** die verschuldensabhängige Haftung des Vertragsstrafenschuldners also durch sachliche, die Unwirksamkeitsvermutung des § 9 Abs. 2 Nr. 1 AGB-Gesetz ausräumende Gründe gerechtfertigt ist (BGH Betrieb 1984, 1673). Dies dürfte aber **bei Bauverträgen kaum in Betracht** kommen, zumal die Interessen des Auftraggebers, die im allgemeinen für die jeweilige Vertragsstrafenvereinbarung maßgebend sind, durchaus unterschiedlich sind, es daher nicht gerechtfertigt ist, formelhaft und unabhängig vom konkreten Bauvertrag und den gerade dafür maßgebenden Gesichtspunkten verschuldensunabhängige Regelungen in AGB generell aufzunehmen.

B § 11, 1, Rdn. 8+9

II. Vertragsstrafe wegen Nichterfüllung oder nichtgehöriger Erfüllung; grundsätzlich immer Verzug Voraussetzung

8   Die §§ 339 ff. BGB unterscheiden **zwei Fälle einer Vertragsstrafe,** wie sich aus § 339 Abs. 1 BGB ergibt. Einmal handelt es sich um die – gänzliche – **Nichterfüllung** einer Verbindlichkeit, zum anderen um den Fall der **nichtgehörigen Erfüllung** derselben. Zur Nichterfüllung zählt es bei einer Bauleistung, wenn sie nicht abnahmefähig ist (Kleine-Möller BB 1976, 442, 446), was aber bei einem nach der VOB/B ausgerichteten Bauvertrag nur in Betracht kommt, wenn wesentliche Mängel i. S. von Teil B § 12 Nr. 3 vorliegen (zutreffend Knacke S. 21 f.). Dabei muß es sich aber zwecks sachgerechter Abgrenzung von der Vertragsstrafe wegen nicht gehöriger Erfüllung um die gänzliche Nichterfüllung der geschuldeten Vertragsleistung handeln, vor allem um die vorzeitige unberechtigte endgültige Weigerung der Erfüllung durch den Auftragnehmer, ohne daß ihm berechtigte Kündigungsgründe zur Seite stehen. Naturgemäß gehören dazu auch jene Fälle, in welchen der Auftragnehmer sich überhaupt grundlos weigert, die vertragliche Leistung zu erbringen (Knacke S. 23 f.). Zur Gruppe der nichtgehörigen Erfüllung rechnen dagegen die **Schlechterfüllung,** die **Teilerfüllung** und die **verspätete Erfüllung.** Dabei sind die von **§ 11 Nr. 6 AGB-Gesetz** aufgestellten Grenzen zu beachten, sofern Vertragsstrafen in dem AGB-Gesetz unterliegenden Allgemeinen Geschäftsbedingungen enthalten sind. **Gleiches** trifft im Hinblick auf **§ 9 AGB-Gesetz** zu.

9   **Gemeinsam** haben **alle Arten** von Vertragsstrafen, daß ihre Verwirkung (Fälligkeit) erst beim **Verzug** des Leistungsverpflichteten eintritt (§ 339 BGB; a. A. Kaiser, Mängelhaftungsrecht, Rdn. 388 m. w. N., wobei jedoch übersehen wird, daß § 339 Satz 1 BGB generell Verzug verlangt). Es genügt also nicht die bloße Tatsache, daß der Leistungsverpflichtete nicht erfüllt, schlecht erfüllt, nur teilweise erfüllt oder verspätet erfüllt, vielmehr müssen grundsätzlich die Voraussetzungen des **Schuldnerverzuges** vorliegen, vgl. §§ 284 ff. BGB. Zu der Fälligkeit der Leistung müssen grundsätzlich noch **eine nach Fristablauf ausgesprochene** (vgl. BGH BauR 1985, 576 = Betrieb 1985, 2142 = MDR 1985, 924 = SFH § 16 Nr. 3 VOB/B Nr. 37 = NJW 1986, 2049 = LM § 284 BGB Nr. 32 = ZfBR 1985, 216) **Mahnung** (§ 284 Abs. 1 BGB) des Berechtigten **und Verschulden** (§ 285 BGB) des Verpflichteten (vgl. auch oben Rdn. 6) hinzukommen, wobei sich die Entbehrlichkeit der Mahnung nicht schon aus der Bestimmung in Besonderen oder Zusätzlichen Vertragsbedingungen ergibt, daß die Vertragsstrafe bei Überschreiten von Vertragsfristen zu zahlen ist (KG BauR 1984, 529). Ausnahmsweise gilt das Gesagte entsprechend den für § 326 BGB maßgebenden Grundsätzen, die auch hier anzuwenden sind, dann nicht, wenn sich der Schuldner mit Bestimmtheit geweigert hat, die Leistung zu erbringen oder wenn er sich bisher als gänzlich unzuverlässig erwiesen hat; für das Vorliegen solcher Ausnahmevoraussetzungen ist der **Gläubiger der Vertragsstrafe darlegungs- und beweispflichtig.** Eine **Mahnung** ist sonst nur unter den Ausnahmen des § 284 Abs. 2 BGB entbehrlich, also insbesondere, wenn die Zeit der Leistung **nach dem Kalender bestimmt** ist (BGH BauR 1975, 209 = BB 1975, 581 = Betrieb 1975, 879 = MDR 1975, 656 = LM § 339 BGB Nr. 19 m. w. N.). Darauf muß bei Bauverträgen besonders geachtet werden. Soll eine vereinbarte Ausführungsfrist erst ab dem tatsächlichen Arbeitsbeginn laufen, handelt es sich nicht schon um eine nach dem Kalender bestimmte Frist (BGH BauR 1985, 576 = Betrieb 1985, 2142 = MDR 1985, 924 = SFH § 16 Nr. 3 VOB/B Nr. 37 = NJW 1986, 2049 = LM § 284 BGB Nr. 32 = ZfBR 1985, 216). Gleiches gilt, wenn im Vertrag lediglich Bauzeiten als solche (z. B. 6 Monate, 100 Arbeitstage usw.) ohne kalendermäßig bestimmten Baubeginn angegeben werden. Anders liegt es, wenn die Vertragspartner im Bauvertrag einen **bestimmten Kalendertag für den Beginn der Bauausführung** und eine Fertigstellungsfrist von 30 Arbeitstagen vereinbart haben; dann liegt ein sich nach dem Kalender ergebender Endtermin i. S. des § 284 Abs. 2 BGB vor (OLG Düsseldorf BauR 1986, 457 = SFH § 11 VOB/B Nr. 10; ebenso Knacke S. 30). Dagegen ist die Mahnung wiederum nicht entbehrlich, wenn die Leistungszeit im Einvernehmen mit dem Auftraggeber, z. B. durch Anrechnung von Schlechtwetterzeiten oder sonstigen Behinderungen des Auftragnehmers oder Urlaub, ohne hinreichende Festlegung

eines Endzeitpunktes verlängert worden ist (so mit Recht OLG Koblenz SFH Z 2.411 Bl. 52; auch Knacke, a. a. O.). Vgl. dazu hier Rdn. 25 ff., Teil B § 5 Rdn. 32 f. sowie u. a. auch Erman/ Battes § 284 BGB Rdn. 31. Überhaupt gilt dies, wenn die Nichteinhaltung der kalendermäßig bestimmten Fristen auf einer nicht rechtzeitigen Erfüllung von dem Auftraggeber obliegenden Mitwirkungshandlungen beruht und zwischen den Vertragspartnern eine neue Fristenvereinbarung nicht getroffen wird (vgl. OLG Hamm NJW-RR 1987, 468).

Ein Verzug ist auch bei vom Schuldner zu vertretender Unmöglichkeit der Leistung gegeben. 10

Entgegen früherer Auffassung (vgl. LM § 407 BGB Nr. 3) hat der BGH mit Recht ausgesprochen, daß der Schuldner, auch wenn die geschuldete Leistung in einem **Unterlassen** besteht, die Vertragsstrafe nur verwirkt, wenn er die Zuwiderhandlung **zu vertreten** hat, falls nichts anderes vereinbart ist (BGH NJW 1972, 1893 mit zustimmender Anmerkung von Lindacher NJW 1972, 2264; Betrieb 1972, 1912 = MDR 1972, 1018 = JZ 1972, 663 = LM § 339 BGB Nr. 16; s. auch Anmerkung von Schulent JR 1973, 111). 11

Ist der Schuldner **durch** das Verhalten des **Gläubigers veranlaßt** worden, **vertragswidrig zu handeln,** so steht der Geltendmachung der Vertragsstrafe durch den Gläubiger der Einwand des Rechtsmißbrauchs entgegen (BGH NJW 1971, 1126). Dieser auf dem Gedanken von **Treu und Glauben beruhende Grundsatz gilt für alle Vertragsstrafenfälle,** vor allem **auch für** den Bereich des **Bauvertrages.** Auch kann im Einzelfall der Anspruch auf Geltendmachung der Vertragsstrafe ausgeschlossen sein, wenn der Betroffene – vor allem auch wegen Zeitablaufs und unklarer Haltung des Berechtigten – nach Treu und Glauben davon ausgehen konnte, daß er nicht mehr in Anspruch genommen werde (BGH SFH Z 2.411 Bl. 76). 12

III. Vertragsstrafe wegen Nichterfüllung

Ist die **Vertragsstrafe wegen Nichterfüllung** einer vertraglichen Pflicht verwirkt, ist § 340 BGB maßgebend. Hiernach kann der Gläubiger die **Vertragsstrafe nur statt** der **Erfüllung** verlangen. Solange er das Verlangen noch nicht gestellt hat, kann der Schuldner noch die Leistung erbringen. Hat der Gläubiger dem Schuldner erklärt, daß er die verwirkte Strafe verlange, ist der Anspruch auf weitere Erfüllung ausgeschlossen. Das gilt allerdings nur, wenn die Vertragsstrafe nach den getroffenen Abreden auch **tatsächlich verwirkt** ist. Solange dies nicht feststeht, kann der Erfüllungsanspruch **neben** dem Anspruch auf die Vertragsstrafe geltend gemacht werden, BGH LM Nr. 2 zu § 17 UWG. Erweist sich der Vertragsstrafenanspruch als unbegründet, wird dadurch eine etwaige Schadensersatzforderung des Auftraggebers, z. B. wegen Mietausfalls, nicht berührt (BGH a. a. O.; Urt. vom 10. 10. 1968 – VII ZR 59/66 –; RG JW 1912, 74). Dann muß er naturgemäß alle Voraussetzungen eines solchen Schadensersatzanspruches, vor allem auch hinsichtlich seiner Höhe, darlegen und beweisen. 13

Nach § 340 Abs. 2 BGB kann der Gläubiger die verwirkte Strafe als **Mindestbetrag des Schadens verlangen, wenn** ihm gegen den Schuldner ein **Schadensersatzanspruch wegen Nichterfüllung zusteht.** Dies kann aus Verzug, der verschuldeten Unmöglichkeit oder auch aus Gewährleistung der Fall sein, **je nachdem, wie weit das Strafversprechen im Einzelfall reicht.** Darüber hinaus ist dem Gläubiger nach dem Gesetz gestattet, seinen weiteren Schaden, den er jedoch insoweit **im einzelnen darlegen und beweisen muß,** geltend zu machen. Dies kommt allerdings nur in Betracht, wenn die verabredete Vertragsstrafe in Geld besteht, wie sich aus § 342 BGB ergibt. Es ist möglich, **individualvertraglich** eine von § 340 Abs. 2 BGB abweichende Regelung zu treffen (vgl. Horschitz NJW 1973, 1958). 14

15 Mindestbetrag des Schadens bedeutet die **untere Grenze** des Schadensersatzanspruches. Der Gläubiger kann die verwirkte Strafe als Schadensersatz wegen Nichterfüllung auf jeden Fall fordern, ohne daß ein Schaden in dieser Höhe überhaupt nachgeprüft wird. Darüber hinaus kann er auch noch das Erfüllungsinteresse, den im einzelnen darzulegenden positiven Schaden, verlangen, soweit es den Betrag der Vertragsstrafe übersteigt. Der Gläubiger braucht somit einen Schadensnachweis nicht zu führen, soweit er die verwirkte Vertragsstrafe als Mindestbetrag des Schadensersatzes wegen Nichterfüllung verlangt. Dieser Anspruch steht ihm auch zu, wenn sein Erfüllungsinteresse geringer ist als die verlangte Vertragsstrafe. Das einmal erklärte Verlangen auf Zahlung einer für den Fall der Nichterfüllung versprochenen Vertragsstrafe schließt es allein nicht aus, nachträglich gemäß § 340 Abs. 2 BGB die verwirkte Strafe als Mindestbetrag des Schadens und darüber hinaus Ersatz des weitergehenden Schadens zu verlangen, BGH LM Nr. 2 zu § 17 UWG.

16 Daraus folgt aber auch, daß sich der Gläubiger die **verwirkte Strafe** grundsätzlich auf seinen möglicherweise höheren Schadensersatzanspruch wegen Nichterfüllung **anrechnen** lassen muß; auch gilt das, wenn einseitig aufgestellte Allgemeine Geschäftsbedingungen oder Formularverträge die Bestimmung enthalten, daß Schadensersatzansprüche durch die Vertragsstrafe nicht berührt werden, weil eine solche Bestimmung gegen das Gerechtigkeitsgebot verstößt und daher unwirksam ist (BGH BB 1975, 9 = NJW 1975, 163 = Betrieb 1975, 96 = MDR 1975, 223; OLG Karlsruhe BB 1983, 725). Gleiches gilt, wenn die AGB des Auftraggebers eine Bestimmung enthalten, daß **neben** der Vertragsstrafe Schadensersatz wegen Nichterfüllung verlangt werden kann (a. a. O.; OLG Hamm NJW-RR 1987, 468). Vgl. insoweit § 11 Nr. 5 sowie § 9 AGB-Gesetz (dazu Löwe/v. Westphalen/Trinkner § 11 Nr. 6 Rdn. 22; Ulmer/Brandner/Hensen § 11 Nr. 6 Rdn. 13 m. w. N.).

IV. Vertragsstrafe wegen nichtgehöriger Erfüllung

17 1. Ist die Vertragsstrafe wegen einer **nichtgehörigen Erfüllung** der darauf bezogenen vertraglichen Pflicht verwirkt, insbesondere wegen einer nicht rechtzeitigen, nur teilweisen oder mangelhaften Erfüllung, ist der Gläubiger berechtigt, die verwirkte **Strafe neben der Erfüllung** zu verlangen. Die Regelung des § 341 BGB ist also eine andere als der für die Nichterfüllung einer Verpflichtung geltende § 340 BGB. Dabei muß die Vertragsstrafenvereinbarung mit **hinreichender Deutlichkeit ergeben, ob sie sämtliche Fälle nichtgehöriger Erfüllung erfaßt oder nur Teilbereiche davon**, wie z. B. die vollständige, mängelfreie oder nur die rechtzeitige Erfüllung (vgl. dazu Rdn. 22 f.). Ist sie nur für den letzteren Fall vereinbart, so erfaßt sie grundsätzlich nicht auch die vollständige, mängelfreie Erfüllung (zutreffend insofern Knacke S. 24 f.). Erfüllt der Auftragnehmer innerhalb der vorgegebenen Zeit, aber mangelhaft, so fällt damit nicht ohne weiteres die Vertragsstrafe an. Anders liegt der Fall dann, wenn der Auftraggeber wegen wesentlicher Mängel die Abnahme zu Recht verweigert; dann ergibt sich regelmäßig auch eine Überschreitung der Bauzeit, weil der Auftragnehmer noch nicht erfüllt hat (zu eng daher hierzu Knacke a. a. O.).

18 2. Eine einer Vertragsstrafenabrede wegen nichtgehöriger Erfüllung ähnliche Regelung kann auch in einer sogenannten **Verfallklausel** liegen, etwa dahin gehend, daß sich die vereinbarte Vergütung um einen bestimmten Betrag je Monat bei nicht termingerechter Fertigstellung der Leistung mindert (vgl. BGH NJW 1972, 1893; BGH BauR 1983, 77 = NJW 1983, 384 = SFH § 123 BGB Nr. 4 = WM 1983, 87 = ZIP 1983, 76 = MDR 1983, 302 = WM 1983, 90 = BB 1983, W661 = LM § 341 BGB Nr. 8 Anm. Walchshöfer = ZfBR 1983, 75; vgl. dazu auch Teil A § 12 Nr. 1).

19 3. Zu beachten ist **hier besonders § 341 Abs. 3 BGB,** wonach der Gläubiger **bei Annahme** der Leistung **nach Verwirkung** der Vertragsstrafe diese nur noch verlangen kann, wenn er sich das Recht hierzu **bei der Annahme der Leistung ausdrücklich vorbehält**. Dieses Erfor-

dernis ist **eng auszulegen,** allerdings kann es **vertraglich abbedungen** werden (BGH NJW 1971, 883 = LM § 341 BGB Nr. 3 = BauR 1971, 122 = BB 1971, 415 = Betrieb 1971, 714; LG Köln BauR 1972, 57 mit Anm. Jagenburg; OLG Düsseldorf BauR 1975, 57 und 1977, 281). Eine Abbedingung des Vorbehalts liegt allerdings noch nicht in der Vertragsbestimmung, die Vertragsstrafe werde sofort fällig, wenn der Schuldner seine Leistung nicht rechtzeitig bewirke (BGH a. a. O.). Ein stillschweigendes Abbedingen des Vorbehalts liegt auch regelmäßig noch nicht vor, wenn sich der Schuldner in einer notariellen Urkunde der sofortigen Zwangsvollstreckung unterworfen hat (vgl. BGHZ 73, 243 = NJW 1979, 1163 = WM 1979, 555 = MDR 1979, 566 = JZ 1979, 347 = LM § 341 BGB Nr. 6). Entgegen der vom OLG Hamm (BauR 1976, 63 = Betrieb 1975, 1601 = BB 1975, 852 = BlGBW 1975, 218) sowie vom OLG Köln (BauR 1977, 425 = SFH Z 2.414.1 Bl. 22) und auch vom LG München I (SFH § 9 AGB-Gesetz Nr. 1), ferner auch von Knacke (S. 69 f.) vertretenen Auffassung ist dem BGH (BGHZ 72, 222 = BauR 1979, 56 = BB 1979, 69 = NJW 1979, 212 = VersR 1979, 251 = MDR 1979, 220 = LM § 341 BGB Nr. 7 a = SFH § 341 BGB Nr. 2 = WM 1978, 1407 = BlGBW 1979, 77 = ZfBR 1979, 15) darin beizutreten, daß eine Vereinbarung in Allgemeinen Geschäftsbedingungen von Bauverträgen (insbesondere Zusätzlichen Vertragsbedingungen), der Auftraggeber müsse sich eine Vertragsstrafe nicht schon bei der Abnahme vorbehalten, er dürfe sie vielmehr noch bis zur Schlußzahlung geltend machen, noch wirksam ist. (So jetzt auch OLG Hamm NJW-RR 1987, 468, das mit Recht jedoch Bedenken für den Fall der Überschreitung von Einzelfristen als Vertragsfristen, für die jeweils eine Vertragsstrafe vereinbart worden ist, äußert; insoweit wird vom Auftraggeber der Vorbehalt jedenfalls bei etwaigen Teilabnahmen oder der Fälligkeit jeweiliger Teilschlußzahlungen zu verlangen sein.) Gegen diese, auf die Entstehungsgeschichte und den Zweck des § 341 Abs. 3 BGB gegründete Auffassung lassen sich als letztlich entscheidend zu bewertende Gegenargumente nicht finden: Es ist zum einen richtig, daß § 341 Abs. 3 BGB – nur – einer Zweckmäßigkeitserwägung des Gesetzgebers entspringt; allerdings soll diese Bestimmung zum anderen auch unbillige Härten zu Lasten des Schuldners der Vertragsstrafe (hier des Auftragnehmers) verhindern. In dieser Hinsicht sprengt die erörterte Vertragsklausel **noch nicht** den Rahmen des Zulässigen, und zwar sowohl in zeitlicher als auch in sachlicher Hinsicht, wie der BGH (a. a. O.) überzeugend dargelegt hat. Wird in einem solchen Falle jegliche Schlußzahlung verweigert, so ist der Zeitpunkt der Verweigerung für die Erklärung des Vorbehalts maßgebend (BGH a. a. O.). Voraussetzung für die Wirksamkeit der genannten Klausel dürfte allerdings sein, daß mit dem Begriff „Schlußzahlung" in zeitlicher Hinsicht die **Fälligkeit der Schlußzahlung** (Teil B § 16 Nr. 3 Abs. 1) gemeint ist und dies hinreichend deutlich zum Ausdruck kommt, da es andernfalls der Auftraggeber in der Hand hätte, nicht nur den Zeitpunkt der Schlußzahlung, sondern insoweit auch die Erklärung des Vorbehalts der Vertragsstrafe beliebig hinauszuschieben, was wiederum einen Verstoß gegen § 9 AGB-Gesetz bedeuten würde (zutreffend Vygen BauR 1984, 245, 251 f.). Aus dem Gesagten folgt bereits, daß es nicht möglich ist, in AGB das Erfordernis des Vorbehalts überhaupt entfallen zu lassen; eine solche Regelung verstößt eindeutig gegen § 9 AGB-Gesetz (BGHZ 85, 305 = BauR 1983, 80 = NJW 1983, 385 = MDR 1983, 302 = Betrieb 1983, 440 = SFH § 341 BGB Nr. 4 = WM 1983, 87 = ZIP 1983, 77 = MDR 1983, 302 = BB 1983, 663 = LM § 341 BGB Nr. 9 Anm. Bliesener = ZfBR 1983, 78; OLG Hamm BauR 1987, 560 = ZfBR 1986, 284; OLG München ZfBR 1986, 284; KG BauR 1988, 230; zutreffend schon OLG Karlsruhe BB 1980, 600). Das trifft auch zu, wenn die Geschäftsbedingungen gegenüber Kaufleuten verwendet werden (BGH a. a. O.). Gleiches gilt für die Bestimmung, daß die Vertragsstrafe ohne vorherigen Vorbehalt noch bis zum Ablauf der Gewährleistungsfrist geltend gemacht werden kann (OLG Nürnberg MDR 1980, 398). Vor allem soll der Auftragnehmer auch dann, wenn die Vertragsstrafe bereits verfallen ist, die Aussicht behalten, daß sein Vertragspartner von diesem Recht keinen Gebrauch mehr macht; die Entscheidung darüber soll der Gläubiger nach dem Sinn des Gesetzes grundsätzlich im Zeitpunkt und unter dem Eindruck der in zeitlicher Hinsicht nachgeholten Erfüllung treffen (BGH a. a. O., m. w. N.). Unwirksam ist ferner eine Bestimmung in AGB des Auftraggebers, wonach die verwirkte Vertragsstrafe der Einfachheit halber von der Schlußrechnung abgezogen wird, da hierdurch der Auftraggeber es in der Hand hätte, die Vertragsstrafe noch später zu fordern (BGH BauR 1984, 643 = SFH § 341 BGB Nr. 6 = ZfBR 1984, 272). Liegt eine solche von § 341 Abs. 3 BGB abweichende, aus den genannten Gründen **unwirksame Vertragsregelung** vor, **verbleibt** es bei dem gesetzlich in § 341 Abs. 3 BGB normierten und damit im Einklang stehenden, auch in Teil B § 11 Nr. 4 festgelegten Erfordernis, daß der Vorbehalt **bei der Abnahme** zu erklären ist. Dies gilt auch dann, wenn der Vorbehalt noch in einer Zeit erklärt wird, hinsichtlich der nach dem Gesagten an sich abweichende Vertragsbedingungen zulässig sind, wie z. B. im Rahmen der Fälligkeit der Schlußrechnung. Auch hier kommt eine sogenannte geltungserhaltende Reduktion unzulässiger Allgemeiner Geschäftsbedingungen auf einen noch zulässigen Rahmen nicht in Betracht (BGH a. a. O.; vgl. dazu auch Teil A § 10 Rdn. 79 ff.).

20 Zu dem auf nicht zeitgerechte Erfüllung bezogenen Vorbehalt beim VOB-Bauvertrag vgl. Rdn. 38–52.

21 4. Hat der Gläubiger einen Anspruch auf Schadensersatz gegen den Schuldner wegen nichtgehöriger Erfüllung, kommt nach § 341 Abs. 2 BGB § 340 Abs. 2 BGB entsprechend zur Anwendung, vgl. hierzu Rdn. 13 ff. Das gilt aber nicht, wenn der Gläubiger die Vertragsstrafe wegen nicht rechtzeitiger Erfüllung und daneben den erst später entstandenen Schadensersatzanspruch wegen Nichterfüllung geltend macht; in diesem Fall steht dem Gläubiger die Vertragsstrafe und der ungekürzte Schadensersatzanspruch zu (RGZ 94, 203, 207). Dabei braucht sich der Gläubiger die vom Schuldner zu zahlende Vertragsstrafe wegen nicht rechtzeitiger Erfüllung seiner Verbindlichkeit nicht auf die Verzugszinsen für die Zeit nach der Verwirkung der Vertragsstrafe anrechnen zu lassen (BGH NJW 1963, 1197 = LM § 341 BGB Nr. 2 = BB 1963, 572).

E. Vertragsstrafe bei nicht rechtzeitiger Erfüllung (Nr. 2)

22 I. Teil B § 11 Nr. 2 befaßt sich mit der **Vertragsstrafe** für den Fall der **nicht fristgerechten Erfüllung**. Es handelt sich also um die nicht rechtzeitige Erledigung einer vertraglichen Leistungspflicht, somit einen **Unterfall der Vertragsstrafe wegen nichtgehöriger Erfüllung** (vgl. Rdn. 17 ff.). Dieser erfaßt für den angesprochenen Bereich alle vertraglichen Verpflichtungen des Auftragnehmers, also **auch die vertraglichen Nebenpflichten,** sofern – was oftmals der Fall ist – die Vertragsstrafenvereinbarung auch darauf bezogen ist. Voraussetzung ist, daß dem Auftragnehmer die **Einhaltung einer – vor allem hinsichtlich des Endes – genau festgelegten oder bestimmbaren vertraglichen Frist** (vgl. dazu Teil B § 5 Rdn. 4 ff.) obliegt und er diese Verpflichtung **nicht erfüllt** hat. Die Überschreitung bloß unverbindlicher Fristen führt nicht zu einem Verfall der Vertragsstrafe nach Nr. 2. So ist es eine nicht hinreichende Festlegung, wenn im Vertrag lediglich gesagt ist, daß die Leistung von ... bis ... ausgeführt werden „**soll**" (OLG Düsseldorf BauR 1982, 582 = SFH § 11 VOB/B Nr. 7).

23 Hat der Auftragnehmer zwar fristgerecht seine Arbeiten beendet, sind diese jedoch **mangelhaft,** so kommt es für einen etwaigen Verfall der Vertragsstrafe in erster Linie darauf an, ob auch die mangelhafte Leistung und evtl. auch die mit der Mängelbeseitigung verbundene Zeit von der Strafvereinbarung erfaßt sind, was gegebenenfalls durch Auslegung zu ermitteln ist (so auch KG BauR 1984, 529), da die bloß verspätete und die mangelhafte Leistung durchaus **zwei verschiedene Fälle nichtgehöriger Vertragserfüllung** sind. Wegen der schwerwiegenden Folgen der Strafvereinbarung ist auch hier eine einschränkende Auslegung der in Betracht kommenden vertraglichen Vereinbarung geboten. Allerdings: Handelt es sich um einen schwerwiegenden Mangel, der den Auftraggeber nach Teil B § 12 Nr. 3 zur Verweigerung der Abnahme berechtigen würde, wird man überhaupt eine Vertragserfüllung im hier maßgebenden Sinne ausschließen müssen, so daß die Vertragsstrafe dann noch erfallen kann

(ebenso KG a. a. O.; ähnlich Kleine-Möller BB 1976, 442, 446). Voraussetzung ist – als Einschränkung – hier jedoch, daß die mangelhafte Erfüllung auch zu einer Verzögerung der vorgegebenen Bauzeit führt, was aber regelmäßig der Fall ist (vgl. oben Rdn. 17 ff.)

Da die hier erörterte Vertragsstrafe als ein **Druckmittel zur zeitgerechten Erfüllung der Leistungspflicht** des Auftragnehmers gelten soll, kann sie mit diesem Zweck nicht mehr vereinbart werden, wenn der Auftragnehmer als Schuldner seine Leistungspflicht bereits erfüllt hat und die Frist abgelaufen ist. Dann ist eine später dennoch vereinbarte Vertragsstrafe gegenstandslos, da sie wirksam nicht mehr abgesprochen werden kann, wenn die in ihr enthaltene Bedingung für den Verfall schon eingetreten ist (OLG Düsseldorf BauR 1979, 153).

II. Die weiteren Voraussetzungen der Verwirkung einer Vertragsstrafe bei Nichteinhaltung einer vertraglichen Frist regeln sich nach § 341 BGB (vgl. Rdn. 17 ff.). Auch hier gilt die Grundregel des § 339 BGB **(vgl. Rdn. 8 ff.)**, daß die Verwirkung (Fälligkeit) einer **Vertragsstrafe** erst eintritt, **wenn Schuldnerverzug** des Leistungspflichtigen vorliegt. Grundsätzlich ist dazu eine **Mahnung Voraussetzung,** es sei denn, es liegen im Einzelfall die Voraussetzungen des § 284 Abs. 2 BGB vor (vgl. dazu auch BGH BauR 1987, 92 = NJW 1987, 380 = SFH § 11 VOB/B Nr. 11 = MDR 1987, 309 = ZIP 1986, 1570 = BB 1986, 2295 = Betrieb 1987, 430 = Vygen EWiR 1986, 1247 = LM § 11 VOB/B Nr. 8 = ZfBR 1987, 35; OLG Koblenz SFH Z 2.411 Bl. 52). Nr. 2 stimmt daher mit dem BGB überein und wäre an sich entbehrlich. Sie will die Bauvertragspartner nur noch einmal ausdrücklich auf die zu beachtenden Grundlagen hinweisen. Kein Schuldnerverzug des Auftragnehmers, sondern eine stillschweigende Verlängerung der Ausführungsfrist liegt z. B. vor, wenn der Architekt des Auftraggebers – ohne daß ihm der Auftragnehmer dazu Anlaß gegeben hat und in dessen Einverständnis – die Arbeiten unterbrechen läßt, um abzuwarten, ob der verwendete Mörtel abbinden werde (vgl. BGH, Urt. vom 11. 11. 1963 – VII ZR 54/62 –). Ein Schuldnerverzug des Auftragnehmers ist auch nicht gegeben, wenn er berechtigterweise die Arbeit eingestellt hat (vgl. BGH, Urt. vom 29. 4. 1965 – VII ZR 121/63 –). Siehe vor allem auch Rdn. 33 ff.

Sind die Voraussetzungen für die Verwirkung der Vertragsstrafe gegeben, ist sie zu entrichten, ohne daß der Berechtigte noch den Nachweis eines tatsächlich entstandenen Schadens zu erbringen braucht.

Über das Verhältnis einer für die Einhaltung einer vertraglichen Erfüllungsfrist abgegebenen Garantie zu Teil B § 12 Nr. 1 Halbsatz 2 vgl. BGH BB 1962, 1176.

F. Fristberechnung (Nr. 3)

Nr. 3 enthält für den Fall der nicht fristgerechten Vertragserfüllung eine Fristberechnung besonderer Art, die **von der gesetzlichen Regelung** des BGB **teilweise abweicht.** Nach den gesetzlichen Fristbestimmungen haben Sonn- und Feiertage sowie Samstage auf den Fristenlauf nur eine hemmende Wirkung, wenn einer dieser Tage gleichzeitig der **Endzeitpunkt** der Frist ist, § 193 BGB. Die übrigen **innerhalb** der Frist liegenden Sonn- und Feiertage sowie Samstage werden hingegen bei der Frist mitgerechnet.

I. Fristberechnung ohne Sonn- und Feiertage

Nach Nr. 3 werden dagegen alle innerhalb der Frist liegenden **Sonn- und Feiertage nicht mitgezählt.** Es zählen nur die Werktage, wenn die Frist nach Tagen bemessen ist. Ist die Frist nach Wochen bemessen, wird jeder Werktag einer angefangenen Woche als 1/6 Woche gerechnet. Im übrigen gelten für die Fristberechnung die Vorschriften der §§ 187 ff. BGB.

30 Die aus dem Jahre 1952 stammende Fassung und die hier in Nr. 3 auch in der Fassung 1979 beibehaltene Regelung der VOB spricht sich nicht mit der erforderlichen Deutlichkeit darüber aus, welche Einwirkung die **arbeitsfreien Samstage** auf den Fristenlauf haben. Dazu wird man sagen müssen, daß **auch die arbeitsfreien Samstage** nach dem Willen der Verfasser der VOB **mitgerechnet** werden sollen, **es sei denn, der letzte Tag der Frist ist ein Samstag (vgl. § 193 BGB).** Dies ergibt sich aus der in der gegenwärtigen Fassung der VOB beibehaltenen Regelung, daß dann, wenn die Vertragsstrafe nach Wochen bemessen ist, jeder Werktag einer angefangenen Woche als 1/6 Woche zu rechnen ist (so auch BGH BauR 1978, 485 = NJW 1978, 2594 = BB 1978, 1592 = SFH § 11 VOB/B Nr. 1 = WM 1978, 1293 = MDR 1978, 920 = LM VOB/B Nr. 101 = ZfBR 1978, 75; u. a. auch Knacke S. 32, insoweit zutreffend gegen Brügmann BauR 1978, 22). Es dürfte daher **sachgerechter** sein, bei Vertragsstrafenvereinbarungen von **Arbeitstagen** auszugehen, was aber im jeweiligen Vertrag zweifelsfrei zum Ausdruck kommen muß.

31 Dieser Schluß muß wohl oder übel gezogen werden, obwohl hier die VOB an der Wirklichkeit vorbeigeht (so auch Kapellmann/Langen BB 1987, 560, 561). Vor allem trifft das Argument, der Samstag sei heute noch nicht allgemein arbeitsfrei (Daub/Piel/Soergel/Steffani ErlZ B 0.109), wohl kaum zu. Es mag sein, daß viele Unternehmer selbst oder deren leitende Angestellte noch samstags im Rahmen ihres Betriebes arbeiten. Darum geht es aber nicht, sondern darum, ob und inwieweit der Auftragnehmer arbeitsrechtlich in der Lage ist, seine Arbeitnehmer auch samstags ohne Schwierigkeiten anzuhalten, für ihn in Erfüllung seiner bauvertraglichen Pflichten zu arbeiten. Daher dürfte es schon angezeigt sein, in der Zukunft die VOB in dem hier angesprochenen Punkt wirklichkeitsnaher zu fassen. Auch scheinen hier keine Vergleiche mit öffentlich-rechtlichen Bestimmungen angebracht zu sein, wie Daub/Piel/Soergel/Steffani a. a. O. dies tun.

32 Für die Berechnung der Vertragsstrafe im Falle der **Vertragskündigung** ist auf **Teil B § 8 Nr. 7** zu verweisen (vgl. hierzu Teil B § 8 Rdn. 171 ff.).

II. Fristberechnung nur für die Zeit, in der die Vertragsleistung erfüllt werden konnte; u. U. Wegfall der Vertragsstrafe

33 Ist für nicht fristgerechte Erfüllung eine Vertragsstrafe vereinbart, gilt für ihre Verwirkung, vor allem den dafür vorauszusetzenden **Verzug,** daß in die Fristberechnung nur die Zeit einzubeziehen ist, in der die **im Vertrag vereinbarte Bauleistung zu erfüllen war und tatsächlich auch ungehindert erfüllt werden konnte,** insbesondere der Auftraggeber seine im Zusammenhang mit der Ermöglichung fristgerechter Erfüllung durch den Auftragnehmer stehenden Pflichten selbst erfüllt hat (vgl. auch Weyer BauR 1988, 28, 31 f.). Letzteres ist z. B. nicht der Fall bei noch fehlender Baugenehmigung, weil dem Auftragnehmer nicht zugemutet werden kann, gegen ein gesetzliches Verbot zu verstoßen (BGH NJW 1974, 1080 = BauR 1974, 274 = MDR 1974, 750 = Betrieb 1974, 1117 = SFH Z 2.510 Bl. 53 = BB 1974, 857). Hat der **Auftraggeber** die **Umstände zu vertreten,** die zu einem verspäteten Leistungsbeginn geführt haben oder fallen sie jedenfalls in den ihm zurechenbaren Bereich, hat er z. B. nachträglich Leistungen verlangt, die ursprünglich nicht vereinbart waren (vgl. z. B. Teil B § 1 Nr. 3 und 4 in Verbindung mit § 2 Nr. 5 und 6), sind die darauf entfallenden Verzögerungszeiten, wie z. B. diejenigen, die für die Erstellung des ursprünglich nicht vereinbarten Leistungsteils verbraucht worden sind, grundsätzlich bei der Fristberechnung für den Verfall und/oder die zeitliche Bemessung der Vertragsstrafe **nicht in Ansatz zu bringen,** sondern auszuklammern. Gleiches gilt, wenn zugunsten des **Auftragnehmers** von den in Teil B § 6 Nr. 2 geregelten Ausnahmetatbeständen (vgl. Teil B § 6 Rdn. 24 ff.) auszugehen ist, wofür er – wie hier überhaupt, da es um den **Nachweis des Nichtvertretenmüssens nach § 285 BGB** geht – **beweispflichtig** ist. Insoweit bedarf es vor allem auch der **Beachtung der Anzeigepflicht nach Teil B § 6 Nr. 1 Satz 1,** es sei denn, es kann beim Auftraggeber Offenkundigkeit hinsichtlich der hindernden Umstände nach a. a. O. Satz 2 angenommen werden (vgl. dazu BGH BauR 1976, 279 = SFH Z 2.411 Bl. 70 = WM 1976, 638 = MDR 1976, 834 = LM VOB/B Nr. 82 =

BlGBW 1976, 235 sowie Teil B § 6 Rdn. 9 ff.). Im allgemeinen wird der Auftragnehmer durch Vorlage einer inhaltlich zutreffenden Behinderungsanzeige den Nachweis der Schuldlosigkeit an der Verzögerung führen können, naturgemäß nur für den Bereich und den damit zusammenhängenden Ausführungszeitraum, auf den sie sich bezieht. Andererseits ist dem Auftragnehmer für die hier erörterte Vertragsstrafe **nicht der Nachweis der Schuldlosigkeit an der Bauverzögerung genommen, wenn er die Behinderungsanzeige unterlassen hat,** da die Behinderungsanzeige im Zweifel nur für die Ansprüche gilt, die in Teil B § 6, dort insbesondere unter Nr. 2, 4, 6 erfaßt sind. Daher ist die in Teil B § 11 geregelte Vertragsstrafe ein **selbständiger, von Teil B § 6 nicht erfaßter Anspruch,** gegen den eine davon unabhängige Verteidigung des Auftragnehmers zulässig sein muß.

Im Falle der Leistungserweiterung bleibt es ausnahmsweise bei der ursprünglichen Fristberechnung, wenn nach dem Vertrag oder aus den Umständen zu entnehmen ist, daß die im Vertrag vereinbarte Frist auch für den Fall der nachträglichen Erweiterung gelten soll (vgl. dazu BGH MDR 1962, 897 = NJW 1962, 1819 = BB 1962, 1176, in dem hier erörterten Gesichtspunkt jedoch nicht abgedruckt; vgl. außerdem BGH SFH Z 2.411 Bl. 39 f.). Anders liegt der Fall auch, wenn mit der Erweiterung der ursprünglich vereinbarten Leistung auch die für die Berechnung der Vertragsstrafe maßgeblichen Fristen ausdrücklich verlängert werden. 34

Allerdings kommt eine **Fristverlängerung,** für die im übrigen **Teil B § 6 Nr. 4** entsprechend gilt, falls keine ausdrückliche – nachträgliche – Regelung hinsichtlich der Vertragsstrafe getroffen wird (ebenso OLG Düsseldorf BauR 1982, 582 = SFH § 11 VOB/B Nr. 7), **nur** in Betracht, wenn es sich bei den in den Bereich des Auftraggebers fallenden Umständen um solche handelt, durch die **nicht sonderlich ins Gewicht fallende und zeitlich klar nachvollziehbare Abweichungen** vom Fristenplan, auf dem die Berechnung der Vertragsstrafe beruht, vorliegen. 35

Haben dagegen vom **Auftragnehmer nicht zu vertretende Umstände** die Bauausführung **so erheblich verzögert,** daß der **ganze Zeitplan des Auftragnehmers umgeworfen** und er zu einer **durchgreifenden Neuordnung** gezwungen wird, so ist die Vertragsstrafenzusage **hinfällig** (BGH SFH Z 2.411 Bl. 24 ff. und Z 2.412 Bl. 13 ff. = NJW 1966, 971 = MDR 1966, 495 = BB 1966, 267 = LM § 339 BGB Nr. 11; BGH Betrieb 1969, 1058 = WM 1969, 1019 = MDR 1969, 655 = LM VOB/B Nr. 36 = SFH Z 2.311 Bl. 31 ff. für den Fall erheblicher Massenüberschreitungen und umfangreicher Nachtragsaufträge; BGH WM 1974, 105; OLG Düsseldorf BauR 1975, 57), wofür der **Auftragnehmer** allerdings auch insoweit **darlegungs- und beweispflichtig** ist. Gleiches gilt für sonst vom Auftraggeber zu verantwortende beachtliche Zeitverschiebungen, wie z. B. erhebliche Änderungen der Bauplanung (BGH BauR 1974, 206 = SFH Z 2.502 Bl. 1; OLG Düsseldorf BauR 1982, 582 = SFH § 11 VOB/B Nr. 7), ferner Verzögerungen in der Leistung von Abschlagszahlungen, sofern dadurch der betriebliche Ablauf des Auftragnehmers bzw. dessen Organisation beeinflußt wurde und werden durfte (BGH a. a. O.), wie durch die Notwendigkeit, jetzt ein anderes Vorhaben in Angriff zu nehmen, um flüssige Geldmittel zur Aufrechterhaltung des Betriebes zu bekommen. Dies alles ergibt sich, wie der BGH a. a. O. mit Recht ausgesprochen hat, aus dem **Grundsatz von Treu und Glauben.** Grundlegende Änderungen ziehen weitere Folgen nach sich, die in das ursprüngliche Vertragsbild nicht mehr einzuordnen sind und deswegen eine neue Fristberechnung unmöglich, zumindest aber unsicher machen, also deswegen eine neue vertragliche Vereinbarung nicht getroffen wird oder getroffen werden kann, vor allem auch unter Berücksichtigung einer etwa bereits verlängerten Baufrist (ähnlich wohl Knacke S. 35 ff.). Gerade das muß bei einem Vertragsstrafenversprechen im Falle der nicht fristgerechten Erfüllung vermieden werden (vgl. dazu auch BGH, Urt. vom 30. 10. 1961 – VII ZR 83/60 –). Das gilt auch bei wesentlicher Verschiebung des Arbeitsbeginns, wenn die Ausführungsfrist nicht nach dem Kalender, sondern **nach Arbeitstagen** bestimmt ist (BGH BauR 1973, 48 = SFH Z 2.411 Bl. 48 und OLG Düsseldorf BauR 1971, 263). Die vorangehend aufgezeigte Folge kann 36 um so eher eintreten, je knapper die Ausführungsfrist als Vertragsfrist bemessen ist. Allerdings: Der Wegfall der Vertragsstrafenvereinbarung gilt auch bei erheblicher Zeitverschiebung **nicht,** wenn der Auftragnehmer von vornherein beim Vertragsabschluß damit rechnen und sich darauf einrichten mußte, vor allem dann, wenn bereits entsprechende ausreichende Hinweise von Auftraggeberseite vor oder bei Vertragsabschluß gegeben worden sind (vgl. BGH BauR 1973, 48 = SFH Z 2.411 Bl. 48). Diese Abgrenzung ist gleichfalls durch Treu und Glauben geboten.

37   Wird die im Vertrag vorgesehene Leistung später **vermindert,** gilt mangels abweichender Vereinbarung die **bisher maßgebliche Frist,** es sei denn, daß im Einzelfall aus Treu und Glauben eine anderweitige Beurteilung geboten ist. Das kann sein, wenn die bisher verlangte Leistung in ganz erheblichem Umfang vermindert wird und genau nachweisbare berechtigte Interessen des Auftraggebers eine anderweitige Berechnung der für die Vertragsstrafe maßgeblichen Frist gebieten, dies außerdem im Einzelfall auch möglich ist. In einem solchen Fall ist der Auftraggeber jedoch verpflichtet, den Auftragnehmer mit der erforderlichen Eindeutigkeit und rechtzeitig darauf hinzuweisen, daß er nunmehr gerade auch in bezug auf die Vertragsstrafe von einer verkürzten Frist ausgeht (zutreffend Locher, Das private Baurecht, Rdn. 424).

G. Vorbehalt der Vertragsstrafe bei Abnahme (Nr. 4)

I. Vorbehalt bei Abnahme

38   1. Vgl. dazu zunächst Rdn. 19 ff. Sinn des Vorbehaltes ist es, dem Auftragnehmer von seiten des Auftraggebers klarzumachen, daß er unter dem Eindruck der nachgeholten Erfüllung sein Recht, die Vertragsstrafe zu fordern, nicht aufgeben will (BGH BauR 1987 = NJW 1987, 380 = SFH § 11 VOB/B Nr. 11 = MDR 1987, 309 = ZIP 1986, 1570 = BB 1986, 2295 = Betrieb 1987, 430 = Vygen EWiR 1986, 1247 = LM § 11 VOB/B Nr. 8 m. w. N.).

39   2. Das Verlangen an den Auftraggeber, daß er sich **bei der Abnahme** der nicht fristgerecht erbrachten Leistung das **Recht auf die Vertragsstrafe vorbehalten muß,** ist grundsätzlich wörtlich zu nehmen, wenn er nicht einen Rechtsverlust erleiden will. Dies beruht rechtstheoretisch sowohl auf dem Gedanken der Verwirkung als auch auf dem der Obliegenheitsverletzung. Eine frühere oder spätere Geltendmachung des Vorbehalts genügt im allgemeinen nicht (BGHZ 33, 236, 237; BGH NJW 1971, 883 = BauR 1971, 122 = MDR 1971, 473 = LM § 341 BGB Nr. 3 = BB 1971, 415 = Betrieb 1971, 714; BGH BauR 1973, 192 = SFH Z 2.411 Bl. 50; BGH NJW 1977, 897 = BauR 1977, 280; BGHZ 85, 240 = BauR 1983, 77 = NJW 1983, 384 = SFH § 123 BGB Nr. 4 = MDR 1983, 302 = ZIP 1983, 76 = WM 1983, 90 = BB 1983, 661 = LM § 341 BGB Nr. 8 Anm. Walchshöfer = ZfBR 1983, 75; OLG Düsseldorf BauR 1977, 281; zu weitgehend daher Nicklisch in Nicklisch/Weick Teil B § 12 Rdn. 24, der einen erneuten Vorbehalt generell für entbehrlich hält, „wenn für die Beteiligten im Zeitpunkt der Abnahme keine vernünftigen Zweifel bestehen können, daß der Gläubiger die verfallene Vertragsstrafe auch weiterhin geltend macht", zumal eine solche sich im subjektiven Bereich bewegende Feststellung in der Praxis – speziell der gerichtlichen – auf erhebliche Schwierigkeiten stoßen wird). Deshalb genügt es nicht, wenn die Abnahme an Ort und Stelle vorgenommen wird, dabei über den Vorbehalt nichts gesagt wird, sondern dieser erst in einem **später** überhaupt erst angefertigten „Abnahmeprotokoll" auftaucht (ebenso OLG Düsseldorf BauR 1982, 582 = SFH § 11 VOB/B Nr. 7). Wird dagegen über das Ergebnis der – förmlichen – Abnahme **vereinbarungsgemäß** eine Niederschrift gefertigt, die von **beiden Parteien unterzeichnet** werden muß, so ist das Erfordernis eines Vorbehalts von Vertragsstrafenansprüchen gewahrt, wenn der Auftraggeber den Vorbehalt in der Niederschrift **vor der Unterzeichnung** vermerkt; die Unterschriftsleistung ist jedenfalls dann Teil der Abnahme, wenn Baustellen-

besichtigung und Fertigung der Niederschrift in **engem zeitlichem Zusammenhang** stehen (BGH BauR 1974, 206 = SFH Z 2.502 Bl. 1; BGH BauR 1987, 92 = NJW 1987, 380 = SFH § 11 VOB/B Nr. 3 = MDR 1987, 309 = ZIP 1986, 1570 = BB 1986, 2295 = Betrieb 1987, 430 = Vygen EWiR 1986, 1247 = LM § 11 Nr. 8 = ZfBR 1987, 35 für den Fall des zeitlichen Abstandes von einer Woche). Eine dabei vom Auftragnehmer in das Abnahmeprotokoll gesetzte Unterschrift bedeutet allerdings für sich allein noch nicht ein **Anerkenntnis der Vertragsstrafenansprüche** des Auftraggebers (BGH a. a. O.; OLG Koblenz SFH Z 2.411 Bl. 52); vielmehr erklärt er damit nur, daß er den Inhalt der Abnahmeniederschrift und damit auch die Vorbehaltserklärung zur Kenntnis genommen hat. Anders kann es hinsichtlich des – bloßen – **Vorbehaltes der Vertragsstrafe** liegen: Hat gemäß Vereinbarung eine förmliche Abnahme stattgefunden, über die das Abnahmeprotokoll erst zwei Wochen später erstellt und dann von beiden Parteien unterzeichnet wird, so ist davon auszugehen, daß die in dem Abnahmeprotokoll enthaltenen Erklärungen – insbesondere auch der Vorbehalt der Vertragsstrafe – bei der Abnahmeverhandlung abgegeben worden sind (OLG Düsseldorf SFH § 11 VOB/B Nr. 10 = BauR 1986, 457).

Andererseits erlischt der Vertragsstrafenanspruch, wenn der Auftraggeber hiermit **schon vorher aufgerechnet** hat, sich ihn jedoch nicht mehr bei Abnahme vorbehält (so ausdrücklich BGHZ 85, 240 = BauR 1983, 77 = NJW 1983, 384 = Betrieb 1983, 442 = SFH § 123 BGB Nr. 4 = MDR 1983, 302 = BB 1983, 661 = WM 1983, 90 = ZIP 1983, 76 = LM § 341 = BGB Nr. 8 Anm. Walchshöfer = ZfBR 1983, 75; schon früher hier sowie OLG Celle MDR 1972, 142; ebenso Hochstein Anm. zu SFH Z 2.502 Bl. 11 und Locher, Das private Baurecht, Rdn. 426; auch Heiermann/Riedl/Rusam/Schwaab Teil B § 11 Rdn. 9 i; a. A., jedoch nicht überzeugend, Reinicke/Tiedtke Betrieb 1983, 1639). Mit Recht führt der BGH (a. a. O.) aus, daß Sinn und Zweck des Vertragsstrafenvorbehalts nach § 341 Abs. 3 BGB als Spezialregelung Vorrang genießt vor der allgemeinen Bestimmung des § 389 BGB, wonach ein Anspruch mit erklärter Aufrechnung erlischt.

40

Der Vorbehalt der Vertragsstrafe bei Abnahme ist auch notwendig, wenn die Fristvereinbarung der Vertragspartner eine garantieähnliche Funktion hat (BGH NJW 1971, 883; BGH BauR 1973, 192 = SFH Z 2.411 Bl. 50). Er ist auch zu erklären, wenn bei Abnahme noch nicht eindeutig feststeht, ob der Auftragnehmer die Überschreitung der Vertragsfrist zu vertreten hat (vgl. VHB Nr. 2. zu § 11 VOB/B).

41

3. Andererseits bedarf es eines **Vorbehalts** bei der Abnahme der Leistung **nicht, wenn** in diesem Zeitpunkt die **Vertragsstrafe bereits eingeklagt** ist; denn es ist nicht einzusehen, wie sich der Gläubiger (Auftraggeber) seinen Strafanspruch noch deutlicher vorbehalten soll als dadurch, daß er im Zeitpunkt der Abnahme darum prozessiert (mit Recht BGHZ 62, 328 = WM 1974, 658 = BauR 1975, 55 = NJW 1974, 1329 = BB 1974, 906 = LM § 341 BGB Nr. 4 Anm. Mattern = Betrieb 1974, 1331 = SFH Z 2.502 Bl. 5; BGHZ 85, 305 = BauR 1983, 80 = NJW 1983, 385 = Betrieb 1983, 440 = SFH § 341 Nr. 4 = WM 1983, 87 = ZIP 1983, 77 = MDR 1983, 302 = BB 1983, 663 = LM § 341 BGB Nr. 9 Anm. Bliesener = ZfBR 1983, 78; entgegen RG JW 1911, 400 Nr. 8; anders auch Knacke S. 63). **Voraussetzung** ist jedoch, daß der Auftraggeber im Zeitpunkt der Abnahme noch seinen Anspruch im Prozeßwege weiterverfolgt und der **Prozeß** – auch ein Mahnverfahren – durch sein Verhalten **nicht** zum **Stillstand** gekommen ist. Entgegen Knacke (a. a. O.) läßt sich dies im Einzelfall durchaus feststellen, nämlich ob der Auftraggeber das Verfahren, in dem er die Vertragsstrafe eingeklagt hat, fortsetzt, wobei die §§ 211 Abs. 2, 213 BGB hinreichende Anhaltspunkte abzugeben vermögen. Ein nochmaliger Vorbehalt bei Abnahme ist auch nicht erforderlich, wenn sich die Vertragspartner schon vor der Abnahme über deren Verfall einig sind (RGZ 72, 168, 170). Kommt es, vor allem angesichts besonderer **individualvertraglicher** Regelungen im Bauvertrag (z. B. durch Ausschluß der Abnahmewirkungen nach Teil B § 12 Nr. 5), nicht zur Abnahme, bedarf es auch nicht des Vorbehaltes einer Vertragsstrafe (vgl. BGH BauR 1976,

42

279 = SFH Z 2.411 Bl. 70 = WM 1976, 638 = MDR 1976, 834 = LM VOB/B Nr. 82 = BlGBW 1976, 235).

43   4. Der hier maßgebliche **Begriff der Abnahme** (vgl. dazu Teil B § 12 Rdn. 1 ff.) ist identisch mit der „Annahme" in § 341 Abs. 3 BGB, ebenso mit der „Annahme als Erfüllung" nach § 363 BGB sowie mit der „Abnahme" in § 640 BGB (BGHZ 33, 236), was (im Gegensatz zu dem von Böggering JuS 1978, 515 gemachten Versuch der Festlegung eines „funktionalen" Abnahmebegriffes) durchaus auch dem gerade heute grundlegend wichtigen Gebot der Rechtssicherheit entspricht. Die **behördliche Bauabnahme spielt hier keine Rolle.** Wenn der Auftraggeber die bisher nicht gehörig erfüllte Leistung abnimmt, muß er zugleich zum Ausdruck bringen, daß er sich **trotz der Abnahme noch das Recht auf die Vertragsstrafe vorbehält,** vgl. hierzu LG München SFH Z 2.411 Bl. 7 ff.; im gleichen Sinne BGH a. a. O. Die Abnahme erfordert im übrigen nicht, daß der Auftraggeber das Werk als mängelfrei entgegennimmt. Vielmehr genügt es, daß er die Leistung als im wesentlichen vertragsmäßige Erfüllung behandelt, RGZ 107, 340, 343; 110, 404, 407; BGHZ 48, 257, 262; 50, 160, 162; BGH NJW 1970, 421 = BauR 1970, 48. Zum Vorbehalt bei der sogenannten fiktiven Abnahme nach Teil B § 12 Nr. 5 s. Teil B § 12 Rdn. 124, 141; für den Bereich der förmlichen Abnahme vgl. Teil B § 12 Rdn. 101 ff. Zum **Vorbehalt bei vorzeitig gekündigtem Bauvertrag** s. Teil B § 8 Rdn. 5 sowie Rdn. 51.

Ist in Besonderen oder Zusätzlichen Vertragsbedingungen vereinbart, daß die Bauleistung innerhalb von vier Wochen seit Bezug abgenommen sei bzw. als abgenommen gelte, so muß der Auftraggeber den Vorbehalt innerhalb dieses Zeitraumes erklären.

44   5. Zur **vertraglichen Abdingbarkeit** des § 341 Abs. 3 BGB vgl. oben Rdn. 19.

45   6. Sofern eine **Teilabnahme nach Teil B § 12 Nr. 2 a** in Betracht kommt (vgl. dazu Teil B § 12 Rdn. 72 ff.) und die Vertragspartner in Besonderen oder Zusätzlichen Vertragsbedingungen für den von der Teilabnahme erfaßten Teil der Gesamtleistung eine Vertragsstrafe vereinbart haben, muß der Vorbehalt der Vertragsstrafe bei der Teilabnahme erklärt werden. Ist dagegen die Vertragsstrafe für die nicht rechtzeitige Erbringung der vertraglichen **Gesamtleistung vereinbart,** so ist der Vorbehalt bei der **Abnahme der letzten Teilleistung** zu erklären (OLG Düsseldorf SFH § 11 Nr. 6 VOB/B).

II. Äußerung des Vorbehaltes; Form

46   Es ist bei Äußerung des Vorbehaltes nicht notwendig, daß der Auftraggeber unbedingt das Wort „Vorbehalt" gebraucht; es muß nur eine **unmißverständliche Äußerung** vorliegen, woraus der Auftragnehmer den wirklichen und eindeutigen Willen des Auftraggebers erkennen kann (vgl. hierzu LG Rottweil SFH Z 2.411 Bl. 1 ff.). Die Willenserklärung muß nicht jeweils „individuell" abgegeben werden, sondern es genügt, wenn der Vorbehalt in eine formularmäßig vorbereitete Abnahmeniederschrift aufgenommen worden ist und dann mit deren Unterzeichnung durch den Auftraggeber erklärt wird, nachdem der Auftraggeber vorher die vorformulierte Vorbehaltserklärung hinreichend klar gekennzeichnet hat (BGH BauR 1987, 92 = NJW 1987, 380 = SFH § 11 VOB/B Nr. 11 = MDR 1984, 309 = ZIP 1986, 1570 = BB 1986, 2295 = Betrieb 1987, 430 = Vygen EWiR § 11 Nr. 4 VOB/B 1/86, 1247 = LM § 11 VOB/B Nr. 8 = ZfBR 1987, 35). Der Auftraggeber muß letztlich seinen **Vorbehaltswillen bei der Abnahme zweifelsfrei erkennbar kundtun** (vgl. BGHZ 62, 328 = WM 1974, 658 = BauR 1975, 55 = NJW 1974, 1324 = BB 1974, 906 = LM § 341 BGB Nr. 4 Anm. Mattern = Betrieb 1974, 1331 = SFH Z 2.502 Bl. 5). So ist es kein hinreichend klarer Vorbehalt, wenn in ein Abnahmeprotokoll lediglich der Vermerk aufgenommen wird, „Konventionalstrafe regelt der Vertrag" (OLG Frankfurt SFH § 11 VOB/B Nr. 9). Auch genügt es nicht, wenn ein Vorbehalt vor der Abnahme in einer Weise geltend gemacht wurde, daß sein Fortwirken lediglich

zu unterstellen ist (BGH a. a. O., m. w. N.). Zur gleichen Folgerung gelangt man auch nach den Grundsätzen der §§ 133, 157 BGB.

Die **Vorbehaltserklärung** kann **mündlich** geschehen. Jedoch: Sofern eine **förmliche Abnahme** stattfindet, ist der Vorbehalt **nur wirksam** erklärt, **wenn** er in das **Abnahmeprotokoll** aufgenommen worden ist, so daß ein bloß mündlicher Vorbehalt nicht genügt (vgl. Teil B § 12 Rdn. 101 ff.; ebenso LG Tübingen NJW 1973, 1975; OLG Frankfurt SFH § 11 VOB/B Nr. 9). 47

III. Vorbehaltserklärung grundsätzlich nur gegenüber Auftragnehmer; Vertreter des Auftraggebers

1. Der Vorbehalt der Vertragsstrafe kann im Zweifel **nur** dem **Auftragnehmer** oder einer leitenden Person seines Betriebes, etwa einem Prokuristen, **gegenüber erklärt** werden. Allgemein genügt eine Erklärung des Auftraggebers auf der Baustelle gegenüber dem Polier oder auch dem örtlichen Bauleiter **nicht**, um den Anspruch auf eine Vertragsstrafe aufrechtzuerhalten, weil in der Regel anzunehmen ist, daß diese Personen nicht vom Auftragnehmer zur Entgegennahme derartiger Erklärungen bevollmächtigt sind (ebenso Locher, Das private Baurecht, Rdn. 426; Kaiser, Mängelhaftungsrecht, Rdn. 404). Ist für den Auftragnehmer keine zur Entgegennahme der Vorbehaltserklärung befugte Person bei der Abnahme zugegen, muß somit die Erklärung gesondert dem Auftragnehmer oder einem insoweit zum Empfang bevollmächtigten Vertreter zugeleitet werden. Andererseits ist im Zweifel anzunehmen, daß derjenige, der vom Auftragnehmer zur Entgegennahme der Abnahme bevollmächtigt ist, auch die Vollmacht zum Empfang der Vorbehaltserklärung hat (ebenso BGH BauR 1987, 92 = NJW 1987, 380 = SFH § 11 VOB/B Nr. 11 = MDR 1987, 309 = ZIP 1986, 1570 = BB 1986, 2295 = Betrieb 1987, 430 = Vygen EWiR § 11 Nr. 4 VOB/B 1/86, 1247 = LM § 11 VOB/B Nr. 8 = ZfBR 1987, 35). 48

2. Auch kann der **(bauleitende) Architekt oder Ingenieur nicht** ohne weiteres als **ermächtigt** angesehen werden, den Vorbehalt für den Auftraggeber zu erklären (ebenso Schmalzl, Die Haftung des Architekten und des Bauunternehmers, Rdn. 10; Locher, Das private Baurecht, Rdn. 326, 426; Jagenburg BauR 1978, 180, 185 f.; Werner/Pastor Rdn. 1443; Knacke S. 58 f.; offen gelassen BGHZ 74, 235 = BauR 1979, 345 = BB 1979, 910 = NJW 1979, 1499 = SFH § 341 BGB Nr. 3 = WM 1979, 836 = MDR 1979, 837 = JZ 1979, 478 = LM § 341 BGB Nr. 7 Anm. Schmidt = ZfBR 1979, 154). Da es sich hier um eine Befugnis des Auftraggebers handelt, die nicht mit seinen unmittelbaren Interessen an der Bauleistung und daher mit dem einem Architekten gewöhnlich übertragenen Geschäftsbereich, wie auch der – jedenfalls technischen – Bauabnahme selbst, sondern mit den Vermögensinteressen des Auftraggebers als solchen in Zusammenhang steht, ist grundsätzlich davon auszugehen, daß es einer **besonderen Vollmacht** des Architekten durch den Auftraggeber bedarf, wenn der Architekt für ihn bei der Abnahme die Vertragsstrafe durch Erklärung eines Vorbehalts geltend machen soll. Der lediglich allgemein auf die bloßen Architektenleistungen im Bereich des § 15 HOAI abgestellte Architektenvertrag ersetzt diese Vollmacht nicht (ebenso Seesemann BlGBW 1962, 102; LG München I SFH Z 2.411 Bl. 7; OLG Stuttgart BauR 1975, 432; Kleine-Möller BB 1976, 442, 445; Schmalzl, Die Haftung des Architekten und des Bauunternehmers, Rdn. 10 sowie MDR 1977, 622, 623; Locher, Das private Baurecht, Rdn. 426; auch Heiermann/Riedl/Rusam/Schwaab Teil B § 11 Rdn. 9 c). Diese Folgerung läßt sich auch aus den Entscheidungsgründen des Urteils des BGH vom 15. 2. 1960 (NJW 1960, 859 = BB 1960, 345 = Betrieb 1960, 459 = SFH Z 2.330 Bl. 6 = MDR 1960, 488) rechtfertigen. Ist der Architekt oder Ingenieur nicht bevollmächtigt, den Vorbehalt auszusprechen, so ist er dazu auch nicht verpflichtet (zutreffend Locher a. a. O.). 49

Anders liegt der Fall, **wenn der Architekt oder Ingenieur vom Auftraggeber ausdrücklich** 50 (vgl. dazu BGH BauR 1987, 92 = NJW 1987, 380 = SFH § 11 VOB/B Nr. 11 = MDR 1987, 309 = ZIP 1986, 1570 = BB 1986, 2295 = Betrieb 1987, 430 = Vygen EWiR § 11 Nr. 4 VOB/B 1/86, 1247 = LM § 11 VOB/B Nr. 8 = ZfBR 1987, 35) **oder jedenfalls erkennbar** (vgl. Teil B §§ 12 Rdn. 9 ff., 2 Rdn. 29 ff.) **zur Vornahme der rechtsgeschäftlichen Abnahme bevollmächtigt ist,** und zwar allein deshalb, weil damit zwangsläufig die Geltendmachung des Vorbehalts der Vertragsstrafe verbunden ist (vgl. § 341 Abs. 3 BGB; §§ 11 Nr. 4, 12 Nr. 4 Abs. 1 Satz 3, Nr. 5 VOB/B). Daher kann auch ein mit der Abnahme beauftragter Angestellter des Bevollmächtigten den Vorbehalt der Vertragsstrafe erklären (BGH a. a. O.; ebenso Knacke S. 57). Insofern bleibt es dem Auftraggeber immer noch überlassen, ob er eine vorbehaltene Vertragsstrafe später wirklich verlangt (ebenso Nicklisch in Nicklisch/Weick Teil B § 11 Rdn. 23).

51   3. Hat jedoch der nicht bevollmächtigte **Architekt** an der Bauvertragsgestaltung und damit der **Vereinbarung der Vertragsstrafe,** insbesondere durch Verwendung bei ihm üblicher Formularbedingungen, **mitgewirkt,** ist er verpflichtet, den Auftraggeber rechtzeitig **auf den erforderlichen Vorbehalt bei der Abnahme aufmerksam zu machen,** damit dieser keinen Rechtsverlust erleidet. Über diesen Rahmen hinaus ist dem BGH darin zu folgen, daß eine solche Hinweispflicht des Architekten wegen seiner Beratungs- und Betreuungspflichten gegenüber dem Auftraggeber auch dann besteht, wenn er zwar – z. B. durch Ausschreibung der Unternehmerleistungen – nicht an der Vereinbarung der Vertragsstrafe mitgewirkt hat, sondern wenn er **auch sonst davon Kenntnis hat oder den Umständen nach hätte haben müssen** (BGHZ 74, 235 = BauR 1979, 345 = BB 1979, 910 = NJW 1979, 1499 = SFH § 341 BGB Nr. 3 = WM 1979, 836 = ZfBR 1979, 154 = MDR 1979, 837 = JZ 1979, 478 = LM § 341 BGB Nr. 7 mit krit. Anm. von Ganten NJW 1979, 2513; ebenso Werner/Pastor Rdn. 1443; im Ergebnis wohl auch Kaiser Rdn. 406; Heiermann/Riedl/Rusam/Schwaab Teil B § 11 Rdn. 9 c; Knacke S. 60 f.). In letzterer Hinsicht dürfte allerdings nicht die allgemeine Erfahrung genügen, daß in Bauverträgen häufig Vertragsstrafen vereinbart werden; vielmehr müssen für den Architekten im Einzelfall konkrete Anhaltspunkte gegeben sein, um die Vereinbarung einer Vertragsstrafe als gegeben anzusehen (insoweit könnten die Entscheidungsgründe des BGH wohl Anlaß zu Mißverständnissen geben; vgl. dazu insbesondere die krit. Anm. von Hochstein a. a. O.; vgl. auch Vygen BauR 1984, 245, 254 ff.; Kaiser a. a. O.). Eine **schuldhafte Unterlassung** der Erfüllung der vorangehend gekennzeichneten Hinweispflicht macht den Architekten wegen positiver Vertragsverletzung gegenüber dem Auftraggeber schadensersatzpflichtig. Diese Hinweispflicht des Architekten kann aber entfallen, wenn sich für ihn aus den Umständen des Falles hinreichende Anhaltspunkte für die berechtigte Annahme ergeben, der Auftraggeber werde von sich aus oder durch einen sachkundigen Dritten die Frage des Verfalls der Vertragsstrafe prüfen und diese gegebenenfalls rechtzeitig geltend machen (vgl. dazu OLG Stuttgart BauR 1975, 432). Dafür ist der Architekt im Streitfall allerdings darlegungs- und beweispflichtig.

52   4. Hat ein nichtbevollmächtigter Architekt bzw. Ingenieur oder sonst ein vollmachtloser Vertreter des Auftraggebers den Vorbehalt der Vertragsstrafe erklärt, **so ist und bleibt dieser unwirksam, wenn der Auftragnehmer die fehlende Vertretungsmacht zur Erklärung des Vorbehalts im Rahmen der Abnahme rügt;** dann ist auch eine nachträgliche **Heilung durch Genehmigung des Auftraggebers nicht mehr möglich,** da es sich bei der Vorbehaltserklärung um ein einseitiges Rechtsgeschäft nach § 180 BGB handelt (Kleine-Möller BB 1976, 442, 443, 445). Daher ist eine nachträgliche Genehmigung nach den §§ 180 Satz 2, 177 Abs. 1 BGB nur möglich, wenn die Vertretungsmacht bei Erklärung des Vorbehalts nicht beanstandet wird oder der Erklärungsempfänger damit einverstanden war, daß der Erklärende ohne besondere Vertretungsmacht in bezug auf den Vorbehalt handelte, was nach § 180 Satz 3 BGB auch gilt, wenn die Erklärung des Vorbehaltes gegenüber einem zu dessen Empfang nicht bevollmächtigten Dritten erfolgt und dieser damit einverstanden ist (ebenso Nicklisch in Nicklisch/Weick Teil B § 11 Rdn. 23; Knacke S. 61).

IV. Fehlender Vorbehalt führt nicht zum Verlust von Schadensersatzansprüchen

Hat der Auftraggeber die **rechtzeitige Geltendmachung der Vertragsstrafe versäumt**, so ist er **dadurch nicht gehindert**, gegen den Auftragnehmer einen **Schadensersatzanspruch**, der durch die Vertragsstrafe ganz oder teilweise abgedeckt worden wäre, **geltend zu machen**. Denn der Auftraggeber kann wählen, ob er die Vertragsstrafe als Mindestbetrag des Schadens oder ob er Schadensersatz geltend machen will. Ist ihm ersteres verwehrt, so ist damit die Möglichkeit der Geltendmachung eines auf demselben Sachverhalt beruhenden Schadensersatzanspruches nicht ausgeschlossen (BGH BauR 1975, 344 = NJW 1975, 1701 = BB 1975, 990 = SFH Z 2.502 Bl. 8 = MDR 1975, 835 = LM VOB/B Nr. 76/77).

53

H. Höhe und Herabsetzung der Vertragsstrafe

Über die **zulässige Höhe** und die etwaige **Herabsetzung einer überhöhten Vertragsstrafe** vgl. Teil A § 12 Rdn. 17–24 (dazu auch Kapellmann/Langen BB 1987, 560; Weyer BauR 1988, 28, 29, 33). Demnach ist dem Richter im Rahmen des **§ 343 BGB** ein Gestaltungsrecht an die Hand gegeben. Die Ermäßigung einer wirksam vereinbarten und verwirkten Vertragsstrafe steht im Ermessen des Tatrichters. Dabei ist bei der Bemessung der Strafhöhe grundsätzlich jedes berechtigte Interesse des Auftraggebers, nicht nur das Vermögensinteresse, das mit dem rechtzeitigen Erhalt der Leistung verbunden ist, zu berücksichtigen; andererseits sind im betreffenden Einzelfall die anzuerkennenden Belange des Auftragnehmers zu beachten; grundsätzlich müssen aber Sinn und Zweck der Vertragsstrafe als Druck- und Sicherungsmittel gewahrt bleiben (Weyer a. a. O. S. 33). In der Revisionsinstanz kann nur nachgeprüft werden, ob der Tatrichter bei der Ausübung seines Ermessens von falschen Rechtsgrundsätzen ausgegangen ist, BGH LM Nr. 2 zu § 339 BGB, dazu insbesondere BAG NJW 1964, 123. Zu beachten ist jedoch, daß die Regelung des § 343 BGB auf **Individualregelungen zugeschnitten ist**, sie also eine **Überprüfung, insbesondere nach § 9 AGB-Gesetz, nicht ausschließt**, soweit Vertragsstrafenregelungen in Allgemeinen Geschäftsbedingungen, besonders in Zusätzlichen Vertragsbedingungen, enthalten sind, was auch für Verträge aus der Zeit vor Inkrafttreten des AGB-Gesetzes gilt (BGHZ 85, 305 = BauR 1983, 80 = NJW 1983, 385 = Betrieb 1983, 440 = SFH § 341 BGB Nr. 4 = WM 1983, 87 = ZIP 1983, 77 = MDR 1983, 302 = BB 1983, 663 = LM § 341 BGB Nr. 9 Anm. Bliesener = ZfBR 1983, 78; vgl. auch dazu besonders Teil A § 12 Rdn. 17 ff.).

54

Wird abweichend von den Regeln der VOB in Besonderen oder Zusätzlichen Vertragsbedingungen eine Vertragsstrafe für den Fall der Kündigung des Bauvertrages vereinbart und ist diese unverhältnismäßig hoch, so ist bei der Bemessung nach § 343 BGB auch zu berücksichtigen, inwieweit das Verhalten des Fordernden zu der Lösung des Vertrages beigetragen hat (vgl. OLG Köln NJW 1974, 1952). Insoweit ist der in § 254 BGB enthaltene Grundgedanke zu beachten.

55

Soweit Behörden Auftraggeber sind und zu ihren Gunsten eine Vertragsstrafe vom Auftragnehmer infolge vertraglicher Pflichtverletzung verwirkt worden ist, sind § 59 BHO vom 19. 8. 1969 und die dazu ergangene vorläufige Verwaltungsvorschrift bzw. die entsprechenden Bestimmungen in den Haushaltsordnungen der Länder maßgebend. Danach kommt es darauf an, ob die Einziehung der Vertragsstrafe für den Auftragnehmer eine besondere Härte bedeuten würde. Für die Praxis heißt dies, daß der Auftragnehmer einen Antrag auf Ermäßigung oder Erlaß der Vertragsstrafe beim öffentlichen Auftraggeber stellen kann. Dabei muß er allerdings die Umstände im einzelnen nachprüfbar darlegen, aus denen er eine besondere Härte für den Fall der Leistung der Vertragsstrafe herleitet.

56

J. Beweislast

Die **Beweislast** für die Vereinbarung der Vertragsstrafe, deren Höhe und ihre Fälligkeit – **auch** den bei der Abnahme gemachten **Vorbehalt** – obliegt dem **Auftraggeber** (vgl. auch

57

BGH BB 1977, 517 = NJW 1977, 897 = SFH Z 2.502 Bl. 11 = BauR 1977, 280 = MDR 1977, 571 = LM VOB/B Nr. 85 = WM 1977, 554). Dagegen hat der Auftragnehmer den Beweis gemäß § 345 BGB zu führen, wenn er die Verwirkung der Strafe bestreitet, weil er die Leistung ordnungsgemäß erfüllt habe. Das gilt nach der Beweislastregel des § 285 BGB besonders auch für die Entlastung vom Vorwurf des Verschuldens im Rahmen des Verzuges des Auftragnehmers. Verlangt der Auftragnehmer nach § 443 BGB die Herabsetzung der Vertragsstrafe, ist er im Hinblick auf die behauptete Unverhältnismäßigkeit der Vertragsstrafenhöhe ebenfalls darlegungs- und beweispflichtig.

K. Aufrechnung – Verrechnung

58 Der Auftraggeber ist grundsätzlich – sofern im Bauvertrag nichts Abweichendes vereinbart ist – berechtigt, mit einer zu seinen Gunsten verwirkten Vertragsstrafe gegenüber dem Vergütungsanspruch des Auftragnehmers die **Verrechnung** zu erklären. Denn es handelt sich nach der herrschenden Differenzlehre nicht um einen selbständigen Anspruch gegenüber dem Vergütungsanspruch des Auftragnehmers, sondern um einen Anspruch derjenigen Partei, die nach Abrechnung aller Aktiv- und Passivposten noch etwas zu fordern hat. Das rechtfertigt sich vor allem daraus, daß der Vertragsstrafenanspruch in der Grundlage ein **Schadensersatzanspruch** ist. Dies bedeutet, daß der vom Auftragnehmer ausbedungene Vergütungsanspruch nichts anderes als ein Faktor für die Berechnung der dem Auftraggeber zustehenden Strafforderung ist, der entfällt, wenn und soweit die geforderte Vertragsstrafe verwirkt ist (RGRK § 340 BGB Anm. 7; OLG Düsseldorf BauR 1975, 57; a. A. Kaiser, Mängelhaftungsrecht, Rdn. 199 Fn. 3, der insoweit Erlöschen des Vergütungsanspruches des Auftragnehmers in Höhe der verwirkten Vertragsstrafe annimmt, was aber kaum von praktischer Bedeutung sein dürfte). Dann handelt es sich nicht um eine Aufrechnung, sondern lediglich um die Ermittlung des rechnerischen Ergebnisses im Wege der Abrechnung.

L. Verjährung des Vertragsstrafenanspruches

59 Weil es für die Vertragsstrafe keine ausdrückliche Verjährungsvorschrift gibt, kann der Standpunkt vertreten werden, daß dafür die allgemeine Verjährungsfrist des § 195 BGB von 30 Jahren maßgebend sei (so Soergel/Siebert/Schmidt § 339 BGB Anm. 24). Da die Vertragsstrafe aber an sich **keinen selbständigen Anspruchsgrund** darstellt, sondern sowohl vom Bestand als auch von der Verletzung oder der Nichtverletzung des durch sie gesicherten Rechts abhängig ist, ist davon auszugehen, daß der Vertragsstrafenanspruch – auch – hinsichtlich der **Verjährung** das **rechtliche Schicksal des** von ihm erfaßten **Hauptanspruches** teilt, es sei denn, die Vertragsstrafe ist bereits verfallen oder das Strafversprechen wird erst nach Eintritt der Verjährung des Hauptanspruches (auch in deren Unkenntnis) abgegeben (so Erman/Westermann § 339 Anm. 5). Das gilt sowohl für die Vertragsstrafe bei Nichterfüllung als auch für die Vertragsstrafe bei nichtgehöriger Erfüllung; anders dann, wenn das Strafversprechen unabhängig vom Erfüllungsinteresse oder vom Interesse an der gehörigen – insbesondere – fristgerechten Erfüllung abgegeben wird, was aber bei Bauverträgen selten ist (vgl. dazu auch Horschitz NJW 1973, 1961; Locher, Das private Baurecht, Rdn. 427; Kaiser, Mängelhaftungsrecht, Rdn. 407 m. w. N.).

§ 12 Abnahme

1. Verlangt der Auftragnehmer nach der Fertigstellung – gegebenenfalls auch vor Ablauf der vereinbarten Ausführungsfrist – die Abnahme der Leistung, so hat sie der Auftraggeber binnen 12 Werktagen durchzuführen; eine andere Frist kann vereinbart werden.

2. Besonders abzunehmen sind auf Verlangen:

a) in sich abgeschlossene Teile der Leistung,

b) andere Teile der Leistung, wenn sie durch die weitere Ausführung der Prüfung und Feststellung entzogen werden.

3. Wegen wesentlicher Mängel kann die Abnahme bis zur Beseitigung verweigert werden.

4. (1) Eine förmliche Abnahme hat stattzufinden, wenn eine Vertragspartei es verlangt. Jede Partei kann auf ihre Kosten einen Sachverständigen zuziehen. Der Befund ist in gemeinsamer Verhandlung schriftlich niederzulegen. In die Niederschrift sind etwaige Vorbehalte wegen bekannter Mängel und wegen Vertragsstrafen aufzunehmen, ebenso etwaige Einwendungen des Auftragnehmers. Jede Partei erhält eine Ausfertigung.

(2) Die förmliche Abnahme kann in Abwesenheit des Auftragnehmers stattfinden, wenn der Termin vereinbart war oder der Auftraggeber mit genügender Frist dazu eingeladen hatte. Das Ergebnis der Abnahme ist dem Auftragnehmer alsbald mitzuteilen.

5. (1) Wird keine Abnahme verlangt, so gilt die Leistung als abgenommen mit Ablauf von 12 Werktagen nach schriftlicher Mitteilung über die Fertigstellung der Leistung.

(2) Hat der Auftraggeber die Leistung oder einen Teil der Leistung in Benutzung genommen, so gilt die Abnahme nach Ablauf von 6 Werktagen nach Beginn der Benutzung als erfolgt, wenn nichts anderes vereinbart ist. Die Benutzung von Teilen einer baulichen Anlage zur Weiterführung der Arbeiten gilt nicht als Abnahme.

(3) Vorbehalte wegen bekannter Mängel oder wegen Vertragsstrafen hat der Auftraggeber spätestens zu den in den Absätzen 1 und 2 bezeichneten Zeitpunkten geltend zu machen.

6. Mit der Abnahme geht die Gefahr auf den Auftraggeber über, soweit er sie nicht schon nach § 7 trägt.

Inhaltsübersicht

	Rdn.
A. Der Abnahmebegriff des BGB	1–6
I. § 640 BGB maßgebend; Inhalt	1
II. Billigung des Werkes	2
III. Abweichende Meinungen	3
IV. Leistung muß bei Abnahme vorhanden sein	4
V. AGB-Klauseln	5
VI. Abnahme von Wohnungseigentum	6
B. Der Abnahmebegriff der VOB	7–8

- C. Allgemeine Voraussetzungen der Abnahme nach BGB und VOB 9–22
  - I. Billigung als im wesentlichen vertragsgerecht 9–16
    1. Tatsächliches Verhalten als Billigung 9
    2. Ausdrückliche Äußerung nicht erforderlich 10
    3. Gleichzeitige Mängelrügen grundsätzlich kein Hinderungsgrund ... 11
    4. Für Billigung keine Prüfung erforderlich 12
    5. Architekt nicht ohne weiteres zur Abnahme befugt 13–14
    6. Anscheinsvollmacht zur Abnahme 15
    7. Abnahme durch Gemeinde 16
  - II. Grundsätzliche Voraussetzung: Fertigstellung der Leistung im wesentlichen 17–19
    1. „Funktionelle" Fertigstellung erforderlich 17
    2. Schlüsselfertige Leistung 18
    3. Geschuldeter Enderfolg maßgebend 19
  - III. Abnahme grundsätzlich nicht anfechtbar 20–22
    1. Keine Anfechtbarkeit im Bereich der Erfüllung und Gewährleistung 20–21
    2. Anders bei anderen Sachverhalten 22
- D. Die Wirkungen der Abnahme 23–42
  - I. Beendigung des Erfüllungsstadiums; Umkehr der Beweislast; Übergang der Leistungsgefahr 23–26
    1. Beendigung des Erfüllungsstadiums 23
    2. Umkehr der Beweislast 24
    3. Grundsätzlich nur Anspruch nach Teil B § 13 Nr. 5–7 25
    4. Übergang der Leistungsgefahr 26
  - II. Beginn der Gewährleistungsfrist 27–29
    1. Beginn der Verjährungsfrist 27
    2. Nur bei „echter" Teilabnahme 28
    3. Endgültige Ablehnung der Abnahme 29
  - III. Übergang der Vergütungsgefahr 30
  - IV. Möglicher Ausschluß von Vertragsstrafen 31
  - V. Möglicher Ausschluß von Gewährleistungsansprüchen (§ 640 Abs. 2 BGB) 32–40
    1. Nur Ausschluß von Nachbesserung und Minderung, nicht aber von Schadensersatz 32–37
       a) Vorbehalt nur bei verschuldensunabhängigen Gewährleistungsansprüchen erforderlich 33
       b) Entbehrlichkeit auch bei gerichtlich anhängigen Verfahren 34
       c) Einschränkung des Vorbehaltserfordernisses auch bei VOB-Vertrag 35
       d) Pflicht des Auftraggebers zur Entgegennahme angebotener Nachbesserung 36
       e) Abweichende Meinungen 37
    2. Abnahme in Kenntnis des Mangels 38–39
    3. Über § 640 Abs. 2 BGB hinausgehende Einschränkungen von Gewährleistungsansprüchen in AGB 40
  - VI. Sonst Verlust der Gewährleistungsansprüche nur bei Verzicht des Auftraggebers 41
  - VII. Beginn des Abrechnungsstadiums 42
- E. Teil B § 12 selbst 43–145
  - I. Abnahme auf Verlangen des Auftragnehmers (Nr. 1) 44–67
    1. Allgemeines 44–48
    2. Abnahmeverlangen – Frist zur Abnahme 49–52
    3. Erklärte Abnahme 53–61
       a) Ausdrücklich erklärte Abnahme 54
       b) Stillschweigende Abnahme 55–60
       c) Abgrenzung zur fiktiven Abnahme 61
    4. Kosten der Abnahme 62
    5. Folgen grundloser Nichtabnahme 63–67
       a) Gläubigerverzug 63
       b) Schuldnerverzug 64–66
       c) Klage auf Abnahme 67

II. Teilabnahme (Nr. 2) 68–81
   1. Allgemeines 68–71
   2. „Echte" Teilabnahme (Nr. 2 a) 72–75
      a) In sich abgeschlossene Teile der Leistung 72–73
      b) Schlüsselfertige Leistungen 74
      c) Vorbehalte von Gewährleistungsansprüchen 75
   3. „Unechte" Teilabnahme (Nr. 2 b) 76–80
      a) Rechtzeitige Feststellung des Befundes 76
      b) Nur sogenannte technische Teilabnahme 77–78
      c) Folgen bei Verweigerung durch Auftraggeber 79–80
   4. Abnahme nach erfolgter Vertragskündigung nicht solche nach Nr. 2   81
III. Abnahmeverweigerung (Nr. 3) 82–87
   1. Keine Weigerung bei unwesentlichen Mängeln 82
   2. Wesentlicher Mangel 83
   3. Fehlen zugesicherter Eigenschaften oder Verstöße gegen anerkannte Regeln der Technik 84
   4. Zumutbarkeit als entscheidendes Kriterium 85
   5. Eindeutige Abnahmeverweigerung 86
   6. Folgen der Abnahmeverweigerung 87
IV. Förmliche Abnahme (Nr. 4) 88–111
   1. Allgemeines 88–89
   2. Verlangen einer Vertragspartei (Abs. 1 Satz 1) 90–94
   3. Abnahmetermin (Abs. 2 Satz 1) 95–96
   4. Hinzuziehung von Sachverständigen (Abs. 1 Satz 2) 97–98
   5. Schriftliche Niederlegung des Befundes (Abs. 1 Satz 3) 99–100
   6. Einzelheiten der Niederschrift (Abs. 1 Satz 4) 101–104
   7. Ausfertigung der Niederschrift an Vertragspartner (Abs. 1 Satz 5) ... 105
   8. Förmliche Abnahme in Abwesenheit des Auftragnehmers (Absatz 2) 106–111
V. Fiktive Abnahme (Nr. 5) 112–142
   1. Allgemeines 112–119
      a) Begriffliches 112–113
      b) Voraussetzungen 114–117
      c) Leistung muß fertig, Vertrag darf nicht gekündigt sein . 118
      d) Bewertung AGB-Gesetz 119
   2. Schriftliche Mitteilung von der Fertigstellung der Leistung (Nr. 5 Abs. 1) 120-130
      a) Grundlagen 120–123
      b) Eintritt der Abnahmewirkungen 124
      c) Vorbehalte bekannter Mängel oder von Vertragsstrafen ... 125–129
      d) Form des Vorbehaltes 130
   3. Inbenutzungnahme der Leistung (Nr. 5 Abs. 2) 131–141
      a) Inbenutzungsnahme der Leistung 131–133
      b) Umfang der Inbenutzungnahme 134–136
      c) Bedeutung von Mängelrügen 137
      d) Fristberechnung 138
      e) Eintritt der Abnahmewirkungen 139–140
      f) Vorbehalte wegen Gewährleistungsansprüchen und Vertragsstrafen 141
   4. Von Nr. 5 abweichende Vereinbarungen 142
VI. Gefahrübergang (Nr. 6) 143–145

Aufsätze: Brandt, „Die Vollmacht des Architekten zur Abnahme von Unternehmerleistungen", BauR 1972, 69; Hochstein, „Die ,vergessene' förmliche Abnahmevereinbarung und ihre Rechtsfolgen im Bauprozeß", BauR 1975, 221; Bartmann, „Inwiefern macht eine Abnahme den Werklohn fällig?", BauR 1977, 16; Böggering, „Die Abnahme beim Werkvertrag", JuS 1978, 512; Brügmann, „Die ursprünglich vereinbarte und später nicht durchgeführte förmliche Abnahme nach VOB", BauR 1979, 277; Dähne, „Die ,vergessene' förmliche Abnahme nach § 12 Nr. 4 VOB/B", BauR 1980, 223; Keilholz, „Um eine Neubewertung der Abnahme im Werkvertrags- und Baurecht", BauR 1982, 121; Wilhelm, „Mängelhaftung und Kenntnis des Gläubigers vom Mangel", JZ 1982, 488; Jakobs, „Die Abnahme beim Werkvertrag", AcP 183 (1983), 145; Bühl, „Die Abnahme der Bauleistungen bei der Errichtung einer Eigentumswohnungsanlage", BauR 1984, 237.

A. Der Abnahmebegriff des BGB

I. Inhalt

1 **Der Abnahmebegriff** nach § 640 BGB hat grundsätzlich **nichts mit** der aufgrund öffentlichen Rechts erfolgenden **behördlichen Bauabnahme zu tun**.

Die **Abnahmepflicht** des Auftraggebers ist, wie sie sich aus § 640 BGB ergibt, eine **Besonderheit des Werkvertragsrechts**. Bei anderen Vertragstypen des Schuldrechts genügt die Annahme der Leistung durch den Gläubiger als äußeres Zeichen für die erfolgte vertragliche Erfüllung des Schuldners. Sie liegt z. B. beim Kauf in der körperlichen Hinnahme einer Sache als Leistungserfüllung (vgl. § 433 Abs. 2 BGB). **Die körperliche Hinnahme allein kann beim Werkvertrag nicht genügen, weil es hier auch auf die Feststellung der ordnungsgemäßen Erstellung** des Werkes **ankommt**. Während beim Kauf der vom Verkäufer zu leistende Gegenstand in der Regel beim Kaufvertragsabschluß und der darauf folgenden bloßen Übergabe fertig vorliegt und daher häufig zu diesem Zeitpunkt festgestellt werden kann, ob er dem vertraglichen Willen des Leistungsempfängers entspricht, wird **nach der Rechtsnatur des Werkvertrages die Leistung erst hergestellt**. Der Besteller weiß also beim Vertragsabschluß noch nicht, ob das nach dem Vertrag vom Hersteller geschuldete Werk nach seiner Fertigstellung auch seinem vertraglichen Willen entspricht. Deshalb kann die **bloße körperliche Übergabe als Annahme der Erfüllung** der Leistungspflicht des Unternehmers **im allgemeinen nicht schon ausreichen**. Vielmehr ist es nötig, daß der Besteller bei der auch hier grundsätzlich notwendigen (vgl. BGH BauR 1983, 573 = ZfBR 1983, 260 = SFH § 640 BGB Nr. 10 Anm. Hochstein) Übergabe (ausnahmsweise tatsächlicher Inbesitznahme, zutreffend Hochstein a. a. O.) des hergestellten Werkes durch den Auftragnehmer dieses auch im einzelnen überprüft, ob es seinem beim Vertragsabschluß erklärten Bestellerwillen entspricht. Insoweit wird von der **Billigung des hergestellten Werkes** durch den Besteller gesprochen. Dies ist der Annahme der Erfüllung i. S. des § 341 Abs. 3 BGB sowie der Annahme als Erfüllung i. S. des § 363 BGB zumindest fast gleichbedeutend (vgl. RGZ 57, 337). Die Billigung ist **grundsätzlich eine einseitige, nicht notwendig empfangsbedürftige (vgl. Rdn. 9 ff.) Willenserklärung des Bestellers** (RGZ 110, 404, 406 f.; BGH NJW 1974, 95 = BauR 1974, 67 = BB 1974, 159 = BlGBW 1974, 51 = VersR 1974, 361 = MDR 1974, 220 = LM § 640 BGB Nr. 4 = SFH Z 3.023 Bl. 3; OLG Düsseldorf SFH § 640 BGB Nr. 9; Schmalzl, Die Haftung des Architekten und des Bauunternehmers, Rdn. 164; Locher, Das private Baurecht, Rdn. 37; Brandt BauR 1972, 69; Ganten NJW 1974, 987; Hochstein BauR 1975, 221; Böggering JuS 1978, 512; Schmitz Betrieb 1980, 1009; Nicklisch in Nicklisch/Weick Teil B § 12 Rdn. 34; a. A. Vygen, Bauvertragsrecht, Rdn. 367, der grundsätzlich von einer empfangsbedürftigen Willenserklärung ausgeht; widersprüchlich Heiermann/Riedl/Rusam/Schwaab Teil B § 12 Rdn. 2 a, die einerseits von einer empfangsbedürftigen Willenserklärung sprechen, es andererseits aber genügen lassen, daß die nach außen hervortretende, als Billigung anzusehende Verhaltsweise des Auftraggebers – bloß – zur Kenntnisnahme des Auftraggebers bestimmt und/oder geeignet ist; a. A. Kaiser, Mängelhaftungsrecht, Rdn. 37, der lediglich von einer geschäftsähnlichen Handlung ausgeht; wie hier wohl RGRK-Glanzmann § 640 Rdn. 9; ähnlich wohl auch Jakobs AcP 183 [1983], 163, unklar aber wegen S. 145, 173 [Fn. 45]). Vgl. dazu auch Rdn. 9 ff.

II. Billigung des Werks

2 Die **Abnahme beim Werkvertrag** beinhaltet daher nicht nur die körperliche Entgegennahme des Leistungsgegenstandes als Erfüllung, sondern zugleich **auch die im genannten Sinne zu verstehende ausdrücklich oder stillschweigend erklärte Billigung als der Hauptsache nach vertragsgemäßer Leistungserfüllung** .

(RGZ 107, 343; 110, 407; BGHZ 48, 257, 262; 50, 160 ff. = NJW 1968, 1524 = VersR 1968, 750 = MDR 1968, 750 = SFH Z 2.510 Bl. 32 = BB 1968, 770 = WM 1968, 834 = JZ 1969, 386 = Betrieb 1968, 1397 = LM

§ 4 VOB/B Nr. 3; BGH NJW 1970, 421; BGH NJW 1970, 317 = BauR 1970, 48 = SFH Z 2.414 Bl. 231 = VersR 1970, 180 = Betrieb 1970, 250; BGH BauR 1973, 192 = SFH Z 2.411 Bl. 50; BGH NJW 1974, 95 = BauR 1974, 67 = BB 1974, 159 = BlGBW 1974, 51 = VersR 1974, 361 = MDR 1974, 220 = LM § 640 BGB Nr. 4 = SFH Z 3.023 Bl. 3). Letzteres folgt aus dem Wortlaut des § 640 Abs. 1 BGB, wonach der **Besteller verpflichtet** ist, das **vertragsmäßig hergestellte** Werk abzunehmen. Dies bedeutet weiterhin, daß die Abnahmepflicht des Bestellers eine **vertragliche Hauptpflicht** ist (allgemeine Meinung, u. a. auch Nicklisch in Nicklisch/Weick Teil B § 12 Rdn. 9; Werner/Pastor Rdn. 934), weshalb der Auftragnehmer gegen den Auftraggeber **auf Vornahme der Abnahme** klagen kann (insoweit u. a. auch Jakobs AcP 183 [1983], 145, 172 ff.). Die Leistungspflicht des Unternehmers, die Herstellung des geschuldeten Werkes (§ 631 Abs. 1 BGB), kann grundsätzlich nur erfüllt werden, wenn die Leistung auch in der vorgeschriebenen Weise abgenommen wird. Ist die hergestellte Leistung bei Fertigstellung schon im Besitz des Auftraggebers als Bestellers, was bei Bauverträgen häufig vorkommt, genügt für die Abnahme regelmäßig die Billigung (RGZ 110, 404, 406 f.; RG WarnRspr. 1928 Nr. 146; BGH SFH Z 2.411 Bl. 11; BGH BauR 1985, 192, 195 = NJW 1985, 855).

III. Abweichende Meinungen

Daraus folgt zugleich, daß die Abnahme entgegen Kaiser nicht nur eine „geschäftsähnliche" Handlung des Auftraggebers ist (Mängelhaftungsrecht Rdn. 37). Dadurch wird einmal das Gewicht der Abnahme als vertragliche Hauptpflicht des Auftraggebers verkannt, zum anderen werden damit aber auch die Grenzen zu der gerade dem VOB-Vertrag eigenen besonderen Form der Abnahme nach Teil B § 12 Nr. 5 (vgl. Rdn. 112 ff.) verwischt. Wenn Glanzmann (RGRK § 640 BGB Rdn. 9) ebenfalls von einer geschäftsähnlichen Handlung spricht, so übersieht Kaiser (a. a. O.) wohl, daß Glanzmann hierbei ersichtlich an seine Bemerkung in Rdn. 8 a. a. O. anschließt, die Billigung sei **nicht als rechtsgeschäftliches Anerkenntnis notwendig,** vielmehr genüge jedes Verhalten, welches das Einverständnis in der Hauptsache zum Ausdruck bringt, wobei durch die dabei (a. a. O.) angeführten Beispiele die Möglichkeit der stillschweigenden Einverständniserklärung aufgezeigt ist, die aber **immer noch als Willenserklärung zu gelten** hat. Vgl. hier auch Rdn. 9 ff.

3

Soweit v. Craushaar (BauR 1979, 449) im Anschluß an Pietsch (Die Abnahme im Werkvertragsrecht – geschichtliche Entwicklung und geltendes Recht, Diss. Hamburg 1976) sowie Böggering (JuS 1978, 512) es **als Abnahme für den Beginn der Verjährung von Gewährleistungsansprüchen** (vgl. Rdn. 27 ff.) genügen lassen wollen, daß die Leistung im wesentlichen fertiggestellt und prüfbar ist, kann dem nicht gefolgt werden. Ob eine Leistung i. S. des § 640 BGB **vertragsmäßig hergestellt** ist, kann mit der **erforderlichen Genauigkeit** angesichts der Erfolgsbedingtheit des Werkvertrages nur unter Einbeziehung des **billigenden oder den Umständen nach als billigend anzunehmenden Bestellerwillens des Auftraggebers** gemessen werden, zumal die insoweit maßgeblichen Wortlaute des Bauvertrages – insbesondere der Leistungsbeschrieb – oftmals nicht den nötigen Aufschluß geben dürften, um eine an lediglich objektiven Anhaltspunkten ausgerichtete Bewertung allein ausschlaggebend sein zu lassen (so auch Kaiser, Mängelhaftungsrecht, Rdn. 37 sowie BauR 1983, 203).

Die Ansicht von Böggering (a. a. O.), der der Abnahme hinsichtlich ihrer Wirkungen generell funktionalen Charakter zuweisen möchte, mag rechtstheoretisch, vor allem auch nach der von ihm im einzelnen aufgezeigten Entstehungsgeschichte, vertretbar sein. Jedoch ist seiner Auffassung schon deswegen nicht zu folgen, weil seine Argumente zu stark auf allgemeinen schuldrechtlichen sowie auf kaufvertraglichen Regelungen des BGB basieren, also nicht hinreichend die besonderen Voraussetzungen und Folgen werkvertraglicher – **erfolgsbedingter** – Herstellung beachten. Würde man seiner Ansicht das Wort reden, so wäre überdies eine sachgerechte Abwicklung von Bauverträgen noch in einem weiteren Bereich erschwert, was sicher nicht angebracht ist, da es nicht gerechtfertigt sein kann, den Baubeteiligten allein aus rechtstheoretischer Sicht noch mehr Schwierigkeiten zu bereiten, als sie hier ohnehin bestehen.

IV. Leistung muß bei Abnahme vorhanden sein

4   Grundlegende **Voraussetzung** für die Abnahme ist, daß die erstellte Werkleistung **im Zeitpunkt der Abnahme noch vorhanden** ist. Anderenfalls ist nicht nur keine Abnahme möglich, sondern der Auftragnehmer geht auch grundsätzlich seines Vergütungsanspruches verlustig. Geht allerdings die Leistung vor der Abnahme unter und hat eine Handlung des Auftraggebers, die eine Gefährdung der Leistung mit sich gebracht hat, zu dem Untergang geführt, kann der Auftragnehmer einen der geleisteten Arbeit entsprechenden Teil der Vergütung beanspruchen (BGHZ 40, 71 = MDR 1973, 921 = SFH Z 2.413 Bl. 25 = NJW 1963, 1824). Vgl. dazu vor allem auch § 644 BGB und Teil B § 7.

V. AGB-Klauseln

5   Zur Unwirksamkeit einer in AGB – insbesondere zusätzlichen Vertragsbedingungen – enthaltenen Klausel, nach der die Abnahme von einer sogenannten „**Mängelfreibescheinigung**" eines Dritten, wie z. B. des Erwerbers des Bauwerkes oder eines Teils desselben, abhängig gemacht wird, vgl. Teil B § 16 Rdn. 100 ff. sowie Korbion/Locher Rdn. 106. Auch kann eine Vertragsbestimmung dahin gehend, daß die Abnahme frühestens nach Bezugsfertigkeit der letzten Wohneinheit stattfinden soll, gegen **§ 10 Nr. 1 AGB-Gesetz verstoßen**, wenn der Auftraggeber Verwender entsprechender AGB ist (vgl. LG München I SFH § 9 AGB-Gesetz Nr. 1; vgl. auch OLG Nürnberg Betrieb 1980, 1393 sowie OLGZ 1980, 217; ferner Bühl BauR 1984, 237, 239). Entsprechend ist eine Klausel zu beurteilen, daß die Abnahme erst nach der baubehördlichen Gebrauchsabnahme des Gesamtbauwerkes erfolgen kann, vor allem, wenn es sich bei dem betreffenden Vertrag lediglich um eine Teilleistung im Rahmen eines zu erstellenden Bauwerks handelt (Frikell/Glatzel/Hofmann K 12.10; vgl. dazu auch Korbion/Locher Rdn. 106). Ebenso trifft das auf eine Klausel zu, wonach die Abnahme vom Auftragnehmer erst verlangt werden kann, wenn das Bauwerk in seiner Gesamtheit gebrauchsfertig erstellt ist oder ganze Teilbereiche fertig sind, wenn diese in verschiedene Aufträge aufgeteilt sind. Hier kann auch § 9 AGB-Gesetz – also auch, wenn der Vertragspartner des Verwenders Kaufmann ist – eingreifen. Der durch das Gesetz eingeräumte Wertungsspielraum dürfte in einem solchen Fall überschritten sein, wenn die Leistung des Auftragnehmers erhebliche Zeit vor der Bezugsfertigkeit abgeschlossen ist und im Hinblick auf ihre Vertragsgemäßheit weitaus früher beurteilt werden kann. Gleiches gilt für eine Klausel, daß die Abnahme erst nach Fertigstellung des gesamten inneren Ausbaues erfolge, zumal es in der Hand des Auftraggebers liegt, weitere Innenausbauarbeiten, die nicht im Auftrag des Auftragnehmers liegen und davon abhängig sind, zeitverzögert zu vergeben und dadurch die Abnahme gerade auch der längst fertiggestellten Leistungen des Auftragnehmers hinauszuschieben. In solchen Fällen kann gerade auch § 9 AGB-Gesetz zum Tragen kommen. Ein unzulässiges Hinausschieben der Abnahme und damit ein Verstoß gegen §§ 10 Nr. 1, 9 AGB-Gesetz liegt in der Klausel, die Leistungen des Auftragnehmers bedürften der förmlichen Abnahme, die im Zeitpunkt der Übergabe des Hauses – bei Eigentumswohnungen bei Übergabe des Gemeinschaftseigentums – an den Kunden des Auftraggebers erfolge, es sei denn, daß eine solche Abnahme nicht binnen 6 Monaten nach Fertigstellung der Leistung des Auftragnehmers erfolgt sei und der Auftragnehmer schriftlich die Abnahme verlange; hier wird das Risiko der Gefahrtragung sowie der Mängelhaftung und auch des Erhalts der Schlußvergütung jedenfalls für ein halbes Jahr nach Fertigstellung der Leistung unzulässig auf den Auftragnehmer verlagert (OLG München NJW-RR 1987, 661; vgl. dazu auch OLG München BB 1984, 1386 = AGBE Bd. IV, 271). Erst recht gilt dies bei Verträgen mit Auftragnehmern, die nicht die endgültige (z. B. auch schlüsselfertige) Herstellung schulden, sondern nur einen Teilbereich, wie etwa der Rohbauunternehmer (vgl. Korbion/Locher Rdn. 106). Ebenso trifft dies auf die Klausel in

AGB des Auftraggebers zu, wonach die Leistung nur förmlich abgenommen werde, eine stillschweigende Abnahme ausgeschlossen sei (vgl. dazu auch Korbion/Locher Rdn. 103). Auch kann eine Klausel, wonach die Abnahme einer **Subunternehmerleistung** von der Abnahme des Gesamtbauwerks oder/und der baubehördlichen Endabnahme abhängig gemacht wird, gegen § 10 Nr. 1 bzw. § 9 AGB-Gesetz verstoßen **(vgl. dazu Anh. Rdn. 139 ff.)**. Vgl. weiter auch die in Teil B § 2 Rdn. 3 ff. sowie Teil B § 13 Rdn. 304 ff. aufgeführten Klauseln.

VI. Abnahme von Wohnungseigentum

Bei **Wohnungseigentum** ist die **Abnahme sowohl für das Sondereigentum als auch das Gemeinschaftseigentum von den einzelnen Bewerbern** zu erklären, wenn sie nicht – insbesondere die Abnahme des Gemeinschaftseigentums – durch einen gemeinsam bevollmächtigten Vertreter (Verwalter) vorgenommen werden soll oder eine sonstige besondere vertragliche Regelung getroffen worden ist (a. A. hier wohl OLG Stuttgart MDR 1980, 495; wie hier BGH BauR 1985, 314 = ZfBR 1985, 132 m. w. N.; Groß BauR 1975, 12; Locher/Koeble Rdn. 372; Heiermann/Riedl/Rusam/Schwaab Teil B § 12 Rdn. 2 f; Bühl BauR 1984, 237, 241 ff.; a. A. Kapellmann MDR 1973, 1; Deckert NJW 1975, 854). Zur getrennten Abnahme von Sonder- und Gemeinschaftseigentum vgl. Rdn. 73.

6

B. Der Abnahmebegriff der VOB

Soweit in den Allgemeinen Vertragsbedingungen der Begriff Abnahme gebraucht wird, insbesondere in Teil B § 12, ist er **im allgemeinen rechtlich der gleiche wie im Werkvertragsrecht des BGB**. Jedenfalls trifft das auf die unter Rdn. 1 ff. erläuterten Grundsätze zu, so daß diese auch im Rahmen der VOB Geltung haben. Auch **beim Bauvertrag nach der VOB besteht demnach im allgemeinen die Abnahme aus der körperlichen Übernahme und der Billigung** durch den Auftraggeber. Das gilt in erster Linie für den in Teil B § 12 Nr. 1 angeführten Abnahmebegriff; dies trifft aber auch für die Abnahme zu, wie sie in Teil B § 12 Nr. 4 und 5 jeweils als Grundlage dient, da in diesen Regelungen lediglich Sonderformen der Billigung festgehalten sind.

7

Eine Abnahme ist auch bei der VOB insbesondere nicht gegeben, wenn sie mit hinreichender Deutlichkeit von Auftraggeberseite **abgelehnt** wird; vgl. dazu insbesondere Teil B § 12 Nr. 3 (Rdn. 82 ff.).

8

C. Allgemeine Voraussetzungen der Abnahme nach BGB und VOB

I. Billigung als im wesentlichen vertragsgerecht

1. Für die **Billigung des dem Auftraggeber übergebenen Werkes genügt ein tatsächliches Verhalten des Bestellers** (Auftraggebers), aus dem der Hersteller (Auftragnehmer) **unzweideutig zu erkennen vermag**, daß das Werk als **im wesentlichen vertragsgerecht** angesehen wird, also das hergestellte Werk als die vertraglich geschuldete Leistung hingenommen wird. Insofern muß die Billigung **dem Auftragnehmer gegenüber schlüssig zum Ausdruck kommen**, da ja die Leistung **durch den Auftraggeber** abzunehmen ist (BGH BauR 1974, 67 = BB 1974, 159 = BlGBW 1974, 51 = NJW 1974, 95 = VersR 1974, 361 = MDR 1974, 220 = LM § 640 BGB Nr. 4 = SFH Z 3.023 Bl. 3), **ohne daß es sich dabei allerdings um eine empfangsbedürftige Willenserklärung nach § 130 BGB im eigentlichen Sinne handeln muß**. Voraussetzung ist daher, daß die nach außen hervortretende, als Billigung anzusehende Verhaltensweise des Auftraggebers zur Kenntnisnahme des Auftragnehmers bestimmt und/oder

9

geeignet ist, ohne daß die Kenntnisnahme im Abnahmezeitpunkt bei ihm tatsächlich vorliegen muß.

10   2. Dabei bedarf es **nicht** einer **ausdrücklichen Äußerung, vielmehr genügt auch eine konkludente Handlung** (BGH NJW 1970, 421 = BauR 1970, 49 = SFH Z 2.414 Bl. 231), z. B. Benutzung ohne Beanstandung, wobei die **VOB allerdings** als sogenannte **fiktive Abnahme** außerdem noch eine – auf den BGB-Bauvertrag nicht anwendbare (was LG Regensburg SFH § 641 BGB Nr. 6 mit Anm. Hochstein übersieht) – **vom Willen des Abnehmenden unabhängige Sonderregelung** in Teil B § 12 Nr. 5 bereithält (vgl. Rdn. 112 ff.), ohne daß dadurch eine im Bereich der a. a. O. Nr. 1 liegende mögliche konkludente („stillschweigende") Abnahme ausgeschlossen wäre (ebenso OLG München SFH § 16 Nr. 3 VOB/B Nr. 4; vgl. Rdn. 53).

11   3. Auch **gleichzeitig geltend gemachte Mängelrügen** und der Vorbehalt von Schadensersatzansprüchen **stehen der Billigung im Rahmen der Abnahme nicht entgegen** (RG LZ 1915, 904; BGH SFH Z 2.50 Bl. 24 ff.; BGH, Urt. vom 18. 2. 1965 – VII ZR 40/63 –), bei der ausdrücklich, wie z. B. in einer Niederschrift (vgl. dazu Rdn. 88 ff.), erklärten Abnahme selbst dann nicht, wenn es sich um schwerwiegende Mängel handelt (vgl. BGH BauR 1973, 192 = SFH Z 2.411 Bl. 50). Solche Gewährleistungsansprüche gehen durch die Abnahme nicht verloren (so auch BGHZ 54, 352, 354 = VersR 1971, 135 = NJW 1971, 99 = BauR 1971, 51 = SFH Z 2.414 Bl. 245 ff.), jedoch beginnt damit die Verjährungsfrist für diese; vgl. Rdn. 23 ff., aber auch Rdn. 32 ff., 41.

12   4. Der Vorgang der **Billigung** im Rahmen der Abnahme setzt in tatsächlicher Hinsicht bestimmte **Maßnahmen des Auftraggebers** oder seines zur Abnahme befugten **Vertreters** voraus, welche die **Annahme der Billigung herbeizuführen geeignet sind**. Vgl. dazu im einzelnen für den Bereich der VOB Rdn. 53, 88 ff. und Rdn. 112 ff. Im allgemeinen **genügt für die Billigung eine äußere Entgegennahme des Bauwerkes, aus der sich mit erforderlicher Eindeutigkeit ergibt, daß der Auftraggeber die Leistung als Erfüllung des Bauvertrages – als „fertig" – entgegennimmt, also sein Wille dahin geht.** In Einzelfällen kann es dabei vorkommen, daß der Auftraggeber die vollendete und zur Abnahme vom Auftragnehmer bereitgestellte Leistung besichtigt. Es kann auch notwendig sein, eine Prüfung der Beschaffenheit des Bauwerkes vorzunehmen, um zu einer Billigung zu gelangen. Das Gesetz und die VOB verlangen eine solche **Prüfung nicht, auch keine sofortige Prüfungsmöglichkeit** (BGH, Urt. vom 7. 11. 1957 – VII ZR 26/57 –, vom 18. 12. 1960 – VII ZR 20/59 – sowie BauR 1970, 48 = NJW 1970, 421 = VersR 1970, 180 = Betrieb 1970, 250 = SFH Z 2.414 Bl. 231 ff. = MDR 1970, 317 = LM VOB/B Nr. 37). **Vielmehr überlassen sie es dem Einzelfall, was in tatsächlicher Hinsicht als ausreichend angesehen werden kann.**

Ist allerdings im Bauvertrag in Besonderen oder den Zusätzlichen Vertragsbedingungen (vgl. Teil A § 10 Nr. 4 Abs. 1 g) eine Prüfung des Bauwerkes durch den Auftraggeber vorgeschrieben, hat er auch die vertragliche Prüfungspflicht. Im Bauvertrag kann als Voraussetzung der Abnahme auch vereinbart sein, daß die Abnahme nach schriftlicher Anerkennung durch die Bauleitung in Form einer Abnahmebescheinigung erfolgen soll (vgl. dazu BGH, Urt. vom 8. 7. 1963 – VII ZR 132/62 –). Gleiches gilt, wenn vertraglich vereinbart worden ist, daß die Abnahme durch einen gemeinsamen Ortstermin erfolgen soll (BGH SFH Z 2.331 Bl. 94).

13   5. **Früher war die Annahme gerechtfertigt, daß der Architekt,** dem der Auftraggeber die Aufsicht sowie vor allem die **technische und geschäftliche Oberleitung** übertragen hatte, **befugt** war, mit Wirkung für und gegen den Auftraggeber die **Abnahme** i. S. der vorgenannten Billigung **vorzunehmen;** diese Annahme war für den in § 19 Abs. 4 und insbesondere Absatz 1 g umschriebenen Aufgabenbereich berechtigt (BGH NJW 1960, 859 = MDR 1960, 488 = LM GOA § 19 Nr. 2 = SFH Z 2.330 Bl. 6; OLG Karlsruhe BauR 1971, 55; OLG Hamm BauR 1971, 138; LG Essen NJW 1978, 108 m. w. N.; a. A. insbesondere Brandt BauR 1972, 69; Schmalzl MDR 1977, 622, 623; Glanzmann RGRK § 631 BGB Rdn. 143; Hochstein BauR 1973, 333, 338; OLG Frankfurt SFH § 638 BGB Nr. 13). Allerdings meinte der BGH später (BGHZ 74, 235 = BauR 1979, 345 = NJW 1979, 1499 = SFH § 341 BGB Nr. 3 mit krit. Anm. Hochstein = WM 1979, 896 = JZ 1979, 478 = LM § 341 BGB Nr. 7 Anm. Schmidt) unter ausdrücklichem Offenlassen

der hier erörterten Frage, in seiner vorgenannten und auch einer späteren Entscheidung (BGH NJW 1964, 647) sei offengeblieben, ob damit die rechtsgeschäftliche Abnahme des § 640 BGB oder diejenige des örtlichen Bauführers nach § 19 Abs. 4 GOA gemeint gewesen sei. Dafür sind allerdings keine ausreichenden Anhaltspunkte zu erkennen: Einmal hat der BGH in jenen Entscheidungen ersichtlich nicht zwischen rechtsgeschäftlicher und „sonstiger Abnahme" unterschieden, wie im übrigen auch nicht in anderen Entscheidungen aus jener Zeit; zum anderen sind vor allem in der erstgenannten Entscheidung Befugnisse des Architekten keineswegs nur hinsichtlich der örtlichen Bauleitung nach § 19 Abs. 4 GOA, sondern – sogar in erster Linie – für den Fall der ihm übertragenen technischen oder geschäftlichen Oberleitung angesprochen worden.

Jedoch ist **seit Inkrafttreten der HOAI die vorangehend für die frühere Rechtslage vertretene Ansicht nicht mehr richtig.** Dies folgt daraus, daß im Leistungskatalog des § 15 HOAI die frühere geschäftliche und technische Oberleitung in dem dafür bisher maßgebenden Umfang nicht mehr enthalten ist. Vielmehr ergibt sich aus **§ 15 Abs. 2 Nr. 8 HOAI,** wonach es im Rahmen der Objektüberwachung u. a. Aufgabe des Architekten ist, die „Abnahme der Bauleistungen unter Mitwirkung anderer an der Planung und Objektüberwachung fachlich Beteiligter unter Feststellung von Mängeln" vorzunehmen, daß diese Aufgabe bzw. Befugnis nicht mehr die weitreichende Tragweite hat, wie sie bisher nach der GOA anzunehmen war. Insoweit ist in der Tat nur von einer architektenvertraglichen Verpflichtung und damit einer originären Befugnis des Architekten zur **Feststellung des technischen Befundes** auszugehen, nicht aber zur Abnahme i. S. des § 640 BGB bzw. des § 12 VOB/B (vgl. Hesse/Korbion/Mantscheff, HOAI, § 15 Rdn. 31; Locher/Koeble/Frik, HOAI, § 15 Rdn. 31; Neuenfeld, HOAI, § 15 Anm. 46; Locher, Das private Baurecht, Rdn. 325; Jochem, HOAI, § 15 Rdn.93; Heiermann/Riedl/Rusam/Schwaab Teil B § 12 Rdn. 2 l; Nicklisch in Nicklisch/Weick Teil B § 12 Rdn. 14; Werner/Pastor Rdn. 768). Daher bedarf der Architekt zur Vornahme der rechtsgeschäftlichen Abnahme jetzt einer besonderen Vollmacht des Auftraggebers (zur Vollmacht des Architekten vgl. Teil B § 2 Rdn. 29 ff.). 14

6. In Betracht kommt aber für den Einzelfall die Annahme einer **Anscheinsvollmacht** dahin, für den Auftraggeber rechtswirksam die Abnahme vornehmen, insbesondere bei einer förmlichen Abnahme die entsprechenden Erklärungen für den Auftraggeber abgeben zu dürfen. Zu den Grundlagen der Anscheinsvollmacht vgl. Teil B § 2 Rdn. 29 ff. Eine solche kann der Auftragnehmer u. U. hinsichtlich des für den Auftraggeber **aufsichtsführenden Architekten oder Ingenieurs** annehmen, wenn dieser für den Auftraggeber **die gesamten Verhandlungen, die zum Vertragsabschluß geführt haben, und außerdem und insbesondere die gesamte bisherige Vertragsabwicklung in Händen gehabt hat** und auch sonst eine Einschränkung hinsichtlich seiner Befugnisse – vornehmlich zur Abnahme – aus dem Vertrag nicht ersichtlich ist. Von der Anscheinsvollmacht kann **auch** ein **beim Auftraggeber selbst Beschäftigter** erfaßt sein, z. B. wenn er vom Auftraggeber als für ihn und zugleich den Auftragnehmer maßgebender Bauleiter bestellt worden ist, ohne daß ersichtlich eine Ausnahme hinsichtlich der Abnahmebefugnis gemacht worden ist. Das gilt **auch für einen öffentlichen Auftraggeber,** wie z. B. den beim Gemeindebauamt tätigen, für das betreffende Bauvorhaben als Oberbauleiter Eingesetzten (vgl. BGHZ 97, 224 = BauR 1986, 444 SFH § 12 VOB/B Nr. 11 = NJW 1986, 1758 = Betrieb 86, 2177 = JZ 1986, 910 = MDR 1986, 840 = LM § 12 VOB/B Nr. 7 = ZfBR 1986, 167). 15

7. Die Abnahme einer Bauleistung – insbesondere eine förmliche – muß im Falle einer Gemeinde als Auftraggeberin nicht vom Bürgermeister oder seinem allgemeinen Vertreter vorgenommen werden, um rechtswirksam zu sein. Die Abnahme ist zwar häufig kein Geschäft der laufenden Verwaltung. Sie ist jedoch kein -neues- Verpflichtungsgeschäft; insoweit führt die Abnahme weder zum Entstehen noch zur Erhöhung von Verpflichtungen der Gemeinde aus dem ohnehin bestehenden Bauvertrag (vgl. BGH a. a. O. im Hinblick auf § 62 des Saarländischen Kommunalselbstverwaltungsgesetzes i. d. F. vom 2. 1. 1975 (Amtsbl. Saarl. S. 49). Ähnliches gilt für einen etwa bei der Abnahme unterlassenen Vorbehalt wegen Mängeln oder einer Vertragsstrafe, weil dies Rechtsfolgen ohne Rücksicht auf einen Verzichtswillen des Erklärenden eintreten (BGH a. a. O.). 16

II. Grundsätzliche Voraussetzung: Fertigstellung der Leistung im wesentlichen

17 1. **Grundsätzlich** kommt eine **Abnahme** i. S. der vorangehend gekennzeichneten Billigung jedoch erst in Betracht, **wenn** die **Leistung fertiggestellt,** d. h. vollendet ist (BGHZ 50, 160, 162 = NJW 1968, 1524 = MDR 1968, 750 = SFH Z 2.510 Bl. 32; BGH NJW 1964, 647 = MDR 1964, 316 = SFH Z 3.01 Bl. 250). Dies ist jedoch **nicht zwingend.** Vielmehr ist eine Abnahme – auch eine stillschweigende – auch schon möglich, wenn bestimmte, für die abschließende Beurteilung **nicht** unbedingt **wichtige Einzelleistungen noch ausstehen** (vgl. BGH WM 1971, 101 und VersR 1972, 640; so wohl auch v. Craushaar BauR 1979, 449, der für die Abnahme die Prüfbarkeit der Leistung voraussetzt); vgl. auch Werner/Pastor Rdn. 934; Vygen, Bauvertragsrecht, Rdn. 370; zu weitgehend Nicklisch in Nicklisch/Weick (Teil B § 12 Rdn. 10), der für den BGB-Bauvertrag völlige Fertigstellung verlangt. Daher genügt es, wenn die **Bauleistung fast erbracht** ist und die fehlenden Leistungsteile so **unbedeutend** sind, daß sie eine ordnungsgemäße Abnahme der Gesamtleistung nicht ausschließen. Jedoch **muß** die Bauleistung **„funktionell" fertig** sein, d. h., sie muß **ungehindert in den bestimmungsgemäßen Gebrauch übernommen werden können** (Hochstein BauR 1975, 221, 222; OLG Düsseldorf BauR 1982, 168; von BGH BauR 1973, 192 = SFH Z 2.411 Bl. 50 offengelassen). Zur Abnahme fertig sind daher noch nicht nach dem Bauvertrag zu erstellende Gebäude, wenn die dazugehörige und nach demselben Bauvertrag zu errichtende Kläranlage noch nicht fertig ist. Deshalb können allgemein **nur geringfügige Arbeiten noch ausstehen** (OLGZ 43, 44; RG Recht 1920 Nr. 2370). Dagegen spielt der Umstand, daß wegen einzelner Mängel Nachbesserung verlangt wird, für die Möglichkeit einer wirksamen Abnahme keine Rolle (vgl. Rdn. 9 ff.). Möglich ist als **Ausnahmefall** allerdings auch, daß die nach ihm fertig vom Auftragnehmer (z. B. Nachunternehmer) geschuldete Leistung **an sich fertig** ist, ihre Sachgerechtheit nach zwangsläufig damit verbundenen technischen Beurteilungskriterien aber **erst beurteilt werden kann, wenn eine weitere Leistung erbracht** ist, wie z. B. bei einem auf die bloße Stahlarmierung beschränkten Auftrag, auf den anschließend die Betonierungsarbeiten erfolgen. Dann dürfte die Stahlarmierung erst für den Zeitpunkt der Beendigung der Betonierungsarbeiten in dem hier erörterten Sinne **„fertig" sein,** um als abnahmereif zu gelten. Nimmt der Auftraggeber (z. B. Hauptunternehmer) dann doch vorzeitig ab, so dürfte ihn als – vorauszusetzenden – Fachkundigen möglicherweise der Vorwurf des Mitverschuldens entsprechend §§ 254, 242 BGB treffen, wenn sich erst bei der Betonierung Mängel der Stahlarmierung ergeben.

Nicht zu folgen ist der Ansicht von Kaiser (Mängelhaftungsrecht, Rdn. 38 m. w. N.), der Auftraggeber sei jederzeit berechtigt, auch die unvollendete Leistung abzunehmen. Das kann schon deswegen nicht zutreffen, weil dann das entscheidende Merkmal der Abnahme, nämlich die Billigung der Leistung durch den Auftraggeber als im wesentlichen vertragsgerecht, ausgehöhlt würde. Vielmehr setzt die Billigung in diesem Sinne schon **begrifflich die Vollendung der Leistung wie vorgenannt voraus.** Das gilt um so mehr, als durch die Möglichkeit einer vorzeitigen Billigung auch in das Recht des Auftragnehmers eingegriffen würde, zu bestimmen, wann seine Leistung fertig, d.h. funktionsgerecht ist, und er andernfalls Gefahr liefe, gerade wegen der noch fehlenden beachtlichen Teile später mit Gewährleistungsansprüchen des Auftraggebers überzogen zu werden, was den Auftragnehmer immer teurer zu stehen käme, als eine noch vor Abnahme erfolgte Fertigstellung der Leistung im genannten Sinne.

18 2. Wird die **schlüsselfertige Erstellung** einer Leistung geschuldet, so ist die erwähnte Voraussetzung gegeben, **wenn die Leistung benutzt** – z. B. das Haus bezogen – **werden kann und der Auftragnehmer eine in der Hauptsache vertragsmäßige,** den Auftraggeber zur Abnahme verpflichtende Leistung erbracht hat (BGH, Urt. vom 27. 5. 1974 – VII ZR 151/72 –, vgl. Schmidt MDR 1975, 710, 711; insoweit auch Kaiser, Mängelhaftungsrecht Rdn. 23 a). Daraus folgt zugleich, daß beim schlüsselfertigen Bauen die ordnungsgemäße Leistung in bezug auf die **uneingeschränkte Bezugsfertigkeit** geschuldet wird, und zwar im Hinblick auf die **dauerhafte – vorgesehene – Benutzungsfähigkeit,** wenn auch – wie in allen sonstigen bauvertraglichen Fällen – einzelne geringfügige Mängel oder fehlende Teile die Abnahmereife noch nicht beeinträchtigen. Zu eng hier Brandt BauR 1982, 524, der Vergleiche zu den

Voraussetzungen zugesicherter Eigenschaften zu ziehen versucht. Sicher liegt in dem bloßen Wort „schlüsselfertig" nicht schon die Zusicherung einer Eigenschaft. Andererseits bedeutet es die Verpflichtung des Auftragnehmers, sämtliche Leistungen zu erbringen, welche die Bezugsfertigkeit und damit die vorgesehene dauerhafte Nutzungsmöglichkeit herbeizuführen geeignet sind; anderenfalls ist diese Leistung mit Mängeln behaftet, ohne daß es auf die Frage etwa zugesicherter Eigenschaften ankäme. Dabei kommt es auf die Einhaltung der Baubeschreibung oder der zum Vertragsinhalt gemachten Pläne allein nur an, wenn diese hinsichtlich Richtigkeit und Vollständigkeit den Anforderungen in Teil B § 4 Nr. 2 bzw. § 13 Nr. 1 und/oder Nr. 2 VOB/B entsprechen. Anderenfalls ist die Leistung fehlerhaft (insofern auch BGH BauR 1984, 395 = NJW 1984, 1676 = Betrieb 1984, 1720 = ZIP 1984, 713 = MDR 1984, 748 = BB 1984, 1703 = LM § 273 BGB Nr. 38 Anm. Recken = SFH § 13 Nr. 5 VOB/B Nr. 5 = ZfBR 1984, 173).

3. Aus dem insgesamt Gesagten folgt, daß der Begriff der **Abnahme grundsätzlich nur** mit der zu erstellenden Leistung selbst **im Sinne des geschuldeten Enderfolges** in Zusammenhang gebracht werden kann. **Bloße Vorbereitungsarbeiten,** die der Ermöglichung der eigentlichen Vertragsleistung dienen sollen, wie z. B. **Baustelleneinrichtungen, Gerüstarbeiten,** sind im Rechtssinne nicht abnahmefähig.

III. Abnahme grundsätzlich nicht anfechtbar

1. Eine erfolgte **Abnahme kann wegen Irrtums** (§ 119 BGB) **oder wegen arglistiger Täuschung** (§ 123 BGB) **grundsätzlich nicht angefochten** werden, jedenfalls soweit es die **Abnahme in bezug auf Mängel** und damit insoweit deren Wirkungen anbetrifft. Zwar ist die Billigung der vom jeweiligen Bauvertrag erfaßten Leistung als vertragsgerecht eine Willenserklärung (vgl. Rdn. 1). Auch können unter Umständen die Voraussetzungen der Anfechtung als solche gegeben sein, z. B. wenn die Leistung des Auftragnehmers einen wesentlichen Mangel aufweist, den der Auftraggeber bei der Abnahme nicht erkannt hat. Dasselbe gilt im verstärkten Maße, wenn der Auftragnehmer den Auftraggeber bei der Abnahme über einen wesentlichen Mangel hinweggetäuscht hat. Trotzdem kann im angegebenen Bereich eine Anfechtung nicht erfolgen, weil es sich bei den besonderen Vorschriften über die **Gewährleistung** beim Werkvertrag und damit auch beim Bauvertrag um **Spezialregelungen** handelt.

Das gilt besonders, weil in den insoweit auch für den VOB-Vertrag geltenden **§§ 637, 638 Abs. 1 BGB Anfechtungstatbestände enthalten** sind, die der Gewährleistung unterliegen. Im übrigen reichen die Gewährleistungsvorschriften im allgemeinen aus, um die berechtigten Belange des Auftraggebers auch bei Vorliegen von an sich gegebenen Anfechtungstatbeständen zu wahren (so auch Wussow IB 1965, 86; Nicklisch in Nicklisch/Weick Teil B § 12 Rdn. 34; Werner/Pastor Rdn. 946).

2. **Anders verhält es sich mit Sachverhalten, die außerhalb des Erfüllungs- und/oder Gewährleistungsbereiches liegen.** Hier ist eine Anfechtung wegen arglistiger Täuschung oder widerrechtlicher Drohung nach § 123 BGB möglich, weil solche Sachverhalte von den vorgenannten Sonderregelungen nicht erfaßt sind (so auch Nicklisch in Nicklisch/Weick Teil B § 12 Rdn. 34; Kaiser, Mängelhaftungsrecht, Rdn. 39). Bei der Drohung kommt es dabei vor allem auf deren Widerrechtlichkeit an. Ist z. B. im Vertrag eine Übergabe des Hauses vor Bezug vorgesehen, so kann der Auftraggeber grundsätzlich nicht davon ausgehen, daß ihm der Bezug vor Übergabe gestattet wird, ohne daß der Auftragnehmer vorher noch darauf hinzuweisen hat, vor allem, wenn der Auftraggeber sich mit der Vornahme noch ausstehender Arbeiten nach Bezug einverstanden erklärt; wenn auch der Auftraggeber dringend auf den Einzug in das Haus angewiesen ist, hat der Auftragnehmer grundsätzlich ein berechtigtes Interesse daran, vor dem Einzug die Übergabe durchzuführen, bei der es dem Auftraggeber freisteht, alle etwaigen Beanstandungen vorzubringen; insoweit handelt es sich um ein ange-

messenes Mittel, wenn der Auftragnehmer verlangt, daß der Bezug des Hauses erst nach Unterzeichnung des Übergabe- und Abnahmeprotokolls stattfindet (BGH BauR 1983, 77 = NJW 1983, 384 = SFH § 123 BGB Nr. 4 = MDR 1983, 302 = ZIP 1983, 76 = WM 1983, 90 = BB 1983, 661 = ZfBR 1983, 75).

D. Die Wirkungen der Abnahme

I. Beendigung des Erfüllungsstadiums; Umkehr der Beweislast; Übergang der Leistungsgefahr

23   1. Dadurch, daß **durch die Abnahme** des Auftraggebers die im wesentlichen vertragsgerechte Erfüllung der Leistungspflicht des Auftragnehmers zum Ausdruck gebracht wird, **endet an sich das** vor allem durch Teil B § 4 umrissene **Erfüllungsstadium, und es beginnt das Stadium der Gewährleistung,** das durch Teil B § 13 ausgefüllt wird (vgl. Teil B § 4 Rdn. 303 sowie Teil B § 13 Rdn. 4 ff.). Damit **endet auch die Vorleistungspflicht des Auftragnehmers** (BGH BauR 1973, 313 = SFH Z 2.414 Bl. 308; vgl. auch Dähne BauR 1972, 136). Dabei ist es ohne Belang, ob die Leistung des Auftragnehmers einwandfrei oder noch fehlerhaft ist (BGH BauR 1984, 395 = NJW 1984, 1676 = Betrieb 1984, 1720 = ZIP 1984, 713 = MDR 1984, 748 = BB 1984, 1703 = LM § 273 BGB Nr. 38 Anm. Recken = SFH § 13 Nr. 5 VOB/B Nr. 5 = ZfBR 1984, 173). Auch ist es für die genannte Wirkung nicht von Bedeutung, wenn sich später – ausnahmsweise – herausstellt, daß die vom Auftragnehmer geschuldete Leistung insgesamt mangelhaft ist und eine ordnungsgemäße Nachbesserung nur in einer Neuherstellung dieser Leistung liegen kann (vgl. dazu Teil B § 13 Rdn. 477 ff.).

24   2. Dadurch wird zugleich **die Beweislast hinsichtlich der Vertragsgerechtheit der Leistung umgekehrt.** Von der Abnahme an braucht nicht mehr der Auftragnehmer die vertragsgerechte Erfüllung der Leistung im einzelnen darzulegen und zu beweisen, sondern die **Beweislast für etwaige Mängel liegt von diesem Zeitpunkt ab beim Auftraggeber.** Das trifft vor allem auf damit im Zusammenhang stehende Gewährleistungsansprüche zu und gilt entsprechend § 363 BGB auch hinsichtlich solcher Mängel, wegen denen der Auftraggeber bei der Abnahme einen Vorbehalt erklärt hat (RGZ 71, 23; vgl. Rdn. 32 ff.). Etwaige anderweitige Regelungen in AGB – besonders in Zusätzlichen Vertragsbedingungen –, z. B. dahin gehend, daß der Auftragnehmer auch nach der Abnahme die Beweislast für die Ordnungsgemäßheit seiner Leistung trägt, verstoßen gegen § 11 Nr. 15 a AGB-Gesetz. Das gleiche gilt im Hinblick auf § 9 AGB-Gesetz, sofern der Vertragspartner des Verwenders Kaufmann ist (ebenso Frikell/Glatzel/Hofmann K 12.19 m. w. N.).

25   3. Nach der Abnahme **konkretisiert sich der Erfüllungsanspruch des Auftraggebers auf die erbrachte Leistung**, und der Auftraggeber kann grundsätzlich (Ausnahme vgl. Teil B § 4 Rdn. 371 ff.) nur die sich aus Teil B § 13 Nr. 5–7 ergebenden Gewährleistungsansprüche, dabei in erster Linie das **Verlangen auf Nachbesserung (Mängelbeseitigung), dabei notfalls auf Neuherstellung (vgl. dazu Teil B § 13 Rdn. 477 ff.),** geltend machen, **ohne daß sich wegen vorhandener Mängel an der erfolgten Abnahme** und deren Wirkungen **etwas ändert.** Dem **Vergütungsanspruch** des Auftragnehmers kann der Auftraggeber einen – berechtigten – Nachbesserungsanspruch mit der Folge entgegenhalten, daß er zur Zahlung nur **Zug um Zug gegen Nachbesserung** (vgl. §§ 320, 322 Abs. 1 BGB) verurteilt wird (vgl. Teil B § 13 Rdn. 582 ff., ferner BGH BauR 1980, 357 = SFH § 12 VOB/B Nr. 4).

26   4. Mit der Abnahme geht auch die sogenannte **Leistungsgefahr auf den Auftraggeber** über, also die Gefahr für den zufälligen Untergang oder die Gefahr für die zufällige Verschlechterung der hergestellten Leistung, somit in Fällen, die von keiner Vertragspartei zu vertreten sind. Insoweit greifen zugunsten des Auftragnehmers die §§ 275, 279 BGB ein.

II. Beginn der Gewährleistungsfrist

1. Mit der Abnahme beginnt die **Gewährleistungsfrist** für die Mängelansprüche des Auftraggebers und damit der Lauf der hierfür maßgeblichen **Verjährungsfrist**, § 638 BGB, Teil B § 13 Nr. 4 und Nr. 5 Abs. 1, und zwar unabhängig davon, ob etwaige Mängel zu jenem Zeitpunkt erkennbar sind (vgl. OLG Köln OLGZ 1978, 321 für den Bereich des Kaufvertrages; siehe dazu auch Rdn. 1). Das trifft auch auf solche Ansprüche zu, die bereits vor der Abnahme nach Teil B § 4 Nr. 7 Satz 1 bestanden haben und bei Abnahme noch nicht erledigt sind, ebenso grundsätzlich auf den Schadensersatzanspruch nach Teil B § 4 Nr. 7 (vgl. dazu näher Teil B § 4 Rdn. 353 sowie Rdn. 371 ff.). **Im übrigen scheiden die Untersuchungs- und Rügepflicht des § 377 HGB gemäß § 381 Abs. 2 HGB für Bauverträge im allgemeinen aus.**

2. Die genannte Wirkung tritt bei der **Teilabnahme nur** in dem in **Teil B § 12 Nr. 2 a** geregelten Fall ein, nicht aber im Falle der Nr. 2 b (vgl. BGHZ 50, 160 = NJW 1968, 1524 = VersR 1968, 750 = MDR 1968, 750 = SFH Z 2.510 Bl. 32 = BB 1968, 770 = WM 1968, 834 = JZ 1969, 386 = Betrieb 1968, 1397 = LM § 4 VOB/B Nr. 3), falls die Parteien letzterem keine weitergehende Wirkung beigelegt haben (a. a. O.).

3. **Erfolgt keine Abnahme, beginnt die Verjährungsfrist mit der endgültigen Ablehnung der Abnahme durch den Auftraggeber** (vgl. RGZ 165, 41, 54; BGH JZ 1963, 596 = SFH Z 3.01 Bl. 230; Z 2.331 Bl. 54 und BauR 1970, 48 = NJW 1970, 421 = VersR 1970, 180 = Betrieb 1970, 250 = SFH Z 2.414 Bl. 231 ff. = MDR 1970, 317 = LM VOB/B Nr. 37; BGH WM 1974, 200 = BauR 1974, 205; Staudinger/Riedel § 638 Rdn. 15; Enneccerus/Lehmann, Schuldrecht, § 151 II 4 c). Eine endgültige Ablehnung der Abnahme kann insbesondere auch in der Erklärung der **Kündigung** des Bauvertrages durch den Auftraggeber liegen. Allerdings kommt es hier auf die Umstände des Einzelfalles an; die bloße Kündigung oder die Beauftragung eines anderen Unternehmers mit der Fertigstellung der Leistung reicht für sich allein regelmäßig noch nicht aus, um eine endgültige Abnahmeverweigerung anzunehmen (BGH BB 1974, 1183 = BauR 1974, 412 = NJW 1974, 1707 = SFH Z 2.415.0 Bl. 8 = MDR 1974, 1013 = BlGBW 1975, 39 = Betrieb 1974, 1718 = LM VOB/B Nr. 73; vgl. ferner OLG Düsseldorf BauR 1980, 276).
Auch bei endgültiger Ablehnung der Abnahme gilt für den VOB-Vertrag die **kurze Verjährungsfrist** nach Teil B § 13 Nr. 4 (von BGH a. a. O. offengelassen). Denn die endgültige Ablehnung der Abnahme hat nur die Wirkung der Abnahme, ohne auf die jeweils maßgebende Verjährungsfrist für Gewährleistungsansprüche ändernden Einfluß auszuüben. Vgl. dazu auch Teil B § 13 Rdn. 307 f.

III. Übergang der Vergütungsgefahr

Die **Gefahr bezüglich der Vergütung für die abgenommene Bauleistung** geht auf den Auftraggeber über (§ 644 BGB, Teil B § 12 Nr. 6), vgl. hier Rdn. 143 ff.

IV. Möglicher Ausschluß von Vertragsstrafen

Der Auftraggeber kann eine verwirkte **Vertragsstrafe** neben der Leistungserfüllung nur verlangen, **wenn** er sich dieses Recht **bei der Abnahme ausdrücklich vorbehalten** hat (§ 341 Abs. 3 BGB, Teil B § 11 Nr. 4; vgl. dazu Teil B § 11 Rdn. 38 ff. sowie hier Rdn. 101 ff. und 125 ff.).

V. Möglicher Ausschluß von Gewährleistungsansprüchen

1. Der Auftraggeber kann, **wenn er ein mangelhaftes Werk trotz Kenntnis des Mangels abgenommen hat,** beim BGB-Bauvertrag die sich aus den §§ 633, 634 BGB ergebenden

Rechte nur geltend machen, **wenn er sich diese bei Abnahme vorbehalten hat, wie aus § 640 Abs. 2 BGB hervorgeht.** Das gleiche ergibt sich schon im Ausgangspunkt **auch für die Abnahme beim VOB-Vertrag,** wie aus Sinn und Zweck der Bestimmungen in Teil B § 12 Nr. 4 Abs. 1 Satz 4 und Nr. 5 Abs. 3 folgt, da diese Regelungen ersichtlich auf die von § 640 Abs. 2 BGB festgelegte Rechtsfolge abgestellt sind.

33 a) Wie der ausdrücklich auf die §§ 633, 634 BGB bezogene Hinweis ergibt, bezieht sich die vorgenannte Einschränkung allerdings **nur auf diejenigen Gewährleistungsansprüche, die unabhängig von einem etwaigen Verschulden des Auftragnehmers** im Hinblick auf die betreffende mangelhafte Leistung sind. **Dagegen werden davon die Schadensersatzansprüche aus positiver Vertragsverletzung und insbesondere aus § 635 BGB nicht erfaßt,** es sei denn, der Auftraggeber hat auf die Verfolgung solcher Ansprüche erkennbar Verzicht geleistet.

(RGZ 90, 18; BGH WM 1961, 1109 = LM § 639 BGB Nr. 2; BGH LM § 377 HGB Nr. 10 = MDR 1966, 496 = BB 1966, 302; BGH WM 1969, 96; BGHZ 61, 369 = NJW 1974, 143 = BauR 1974, 59 = Betrieb 1973, 2312 = BB 1974, 15 = SFH Z 2.414.3 Bl. 4 = VersR 1974, 292 = WM 1974, 36; Palandt/Thomas § 640 Anm. 2; Soergel/Ballerstedt § 640 Anm. 1, 10; Staudinger/Riedel § 640 Anm. 17; Larenz Schuldrecht II, § 53 II a; RGRK-Glanzmann § 640 Rdn. 26; Nicklisch in Nicklisch/Weick Teil B § 12 Rdn. 28; zutreffend dazu vor allem BGHZ 77, 134 = BauR 1980, 460 = SFH § 13 Ziff. 7 VOB/B Nr. 7 = NJW 1980, 1952 = BB 1980, 1124 = Betrieb 1980, 1740 = MDR 1980, 838 = LM § 13 [A] VOB/B Nr. 8 Anm. Girisch = Anm. Schubert JR 1980, 501 = ZfBR 1980, 191; vgl. ferner Festge BauR 1980, 432 sowie insbesondere Keilholz BauR 1982, 121).

34 b) **Entbehrlich ist überdies ein Vorbehalt, wenn im Zeitpunkt der Abnahme wegen des betreffenden Mangels bereits ein Prozeß anhängig** ist (vgl. Rdn. 101 ff.). Es wäre nutzlose Förmlichkeit, auch hier einen Vorbehalt zu verlangen, weil ein solcher nicht klarer zum Ausdruck kommen kann als dadurch, daß um den betreffenden Mangel zur Zeit der Abnahme bereits prozessiert wird. **Gleiches** gilt auch, wenn im **genannten Zeitpunkt ein Beweissicherungsverfahren,** das sich auf den betreffenden Mangel bezieht, gegen den Auftragnehmer anhängig und noch nicht abgeschlossen ist. Zwar wird darum noch nicht ein echter Streit i. S. eines Prozesses geführt. Aber angesichts dessen, daß der Vorbehalt keinesfalls bereits ein Geltendmachen voraussetzt, sondern nur das erklärte Aufrechterhalten etwaiger Geltendmachung, muß auch insoweit ein Vorbehalt entbehrlich sein (vgl. OLG Köln BauR 1983, 463).

35 c) Das zur Beschränkung der Notwendigkeit des Vorbehalts Gesagte **gilt auch für den Bereich der VOB,** da die Bestimmungen in Teil B § 12 Nr. 4 Abs. 1 Satz 4 und Nr. 5 Abs. 3 (vgl. dazu Rdn. 101 ff., 114 ff., 124 ff.) gerade auf die für § 640 Abs. 2 BGB maßgebenden Rechtsfolgen hinweisen, so daß **auch hier Schadensersatzansprüche aus positiver Vertragsverletzung und – entsprechend § 635 BGB – aus Teil B § 13 Nr. 7 auch dann noch über die Abnahme hinaus fortbestehen,** wenn sie sich der Auftraggeber trotz Kenntnis des Mangels bei der Abnahme nicht vorbehalten hatte (u. a. BGH SFH Z 2.414 Bl. 140; BGH Betrieb 1969, 481 = BB 1969, 383 = SFH Z 4.01 Bl. 50; BGH BauR 1975, 344 = NJW 1975, 1701 = BB 1975, 990 = SFH Z 2.502 Bl. 8 = MDR 1975, 835 = LM VOB/B Nr. 76/77; OLG Köln SFH Z 2.414.1 Bl. 17 mit Anm. Hochstein; OLG Nürnberg NJW-RR 1986, 1346). Dabei hat der BGH in der zuletzt genannten Entscheidung konsequent zum Ausdruck gebracht, daß ein **Vorbehalt auch bei einem Schadensersatzanspruch nach Teil B § 4 Nr. 7 Satz 2 entbehrlich** ist, zumal es sich hier um einen letztlich auf positiver Vertragsverletzung gegründeten Anspruch handelt (vgl. dazu Teil B § 4 Rdn. 354 ff.). Der dem Auftragnehmer auch ohne Vorbehalt noch verbleibende **Schadensersatzanspruch besteht dann nur noch in Geld** (so mit Recht BGHZ 61, 369 = BauR 1974, 59 = NJW 1974, 143 = Betrieb 1973, 2312 = BB 1974, 15 = VersR 1974, 292 = SFH Z 2.414.3 Bl. 4 = WM 1974, 36 = MDR 1974, 219 = LM § 635 BGB Nr. 34 Anm. Schmidt), wozu vor allem auch Mängelbeseitigungskosten gehören können

(BGHZ 77, 134 = BauR 1980, 460 = ZfBR 1980, 191 = SFH § 13 Nr. 7 VOB/B Nr. 7 = NJW 1980, 1952 = BB 1980, 1124 = Betrieb, 1740).

d) Allerdings ist der **Auftraggeber verpflichtet,** eine ihm in der hier erörterten Situation dennoch vom **Auftragnehmer angebotene Nachbesserung** anstelle des Schadensersatzes in Geld **hinzunehmen.** Dies setzt aber die ernsthafte Bereitschaft und die unverzügliche, sachgerechte – keinesfalls nur unzulängliche – Nachbesserung durch den Auftragnehmer voraus. Diese Folge ergibt sich besonders für die VOB aus deren Gewährleistungssystem und dem darin eingeordneten Schadensersatzanspruch nach Teil B § 13 Nr. 7 (vgl. dazu Teil B § 13 Rdn. 662 ff., 673 ff., 710 ff.). Daraus folgt besonders, **daß grundlegender und weitaus vorrangiger Gewährleistungsanspruch die Nachbesserung** ist, weil davon auszugehen ist, daß der bauende Auftraggeber in erster Linie eine taugliche Bauleistung haben möchte, nicht aber vorrangig Geldersatz neben mangelhafter Leistung. Daher muß der Auftraggeber eine in rechter Art und Weise angebotene und dann auch durchgeführte Nachbesserung anstelle des Schadensersatzanspruches nach Teil B § 13 Nr. 7 hinnehmen; dann kann er Schadensersatz nur noch hinsichtlich dessen verlangen, was evtl. nach erfolgter ordnungsgemäßer Nachbesserung als auf den Mangel zurückzuführender Schaden noch übriggeblieben ist (vgl. dazu zutreffend OLG Köln SFH Z 2.414.1 Bl. 17 mit zustimmender Anm. Hochstein). **Grundlegende Voraussetzung** ist hier allerdings, daß der Auftraggeber Schadensersatz nach Teil B § 13 Nr. 7 geltend macht, weil seine vorherige ordnungsgemäße Nachbesserungsaufforderung vom Auftragnehmer unter Hinweis auf die Ausschlußwirkung des § 640 Abs. 2 BGB zurückgewiesen worden ist. Ist das nicht der Fall, etwa deswegen, weil der Auftraggeber von vornherein das Hindernis des § 640 Abs. 2 BGB erkannt und deswegen sogleich Ansprüche nach Teil B § 13 Nr. 7 geltend gemacht hat, so wird er jedenfalls gehalten sein, vorprozessual die Nachbesserungsbereitschaft des Auftragnehmers zu klären, um nicht einer Kostenfolge nach § 93 ZPO im späteren Prozeß ausgesetzt zu sein (insoweit zutreffend Hochstein a. a. O.).

e) Die gegen den Fortbestand des Schadensersatzanspruches im gekennzeichneten Umfang von Jagenburg (BauR 1974, 361 und NJW 1976, 2321, 2324), Kaiser (Mängelhaftungsrecht Rdn. 136 = BlGBW 1976, 204, 205 f.) und Peters (NJW 1980, 750) geäußerten Bedenken überzeugen nicht, **wie insbesondere auch der BGH** (BauR 1980, 460 = NJW 1980, 1055 = BB 1980, 1124 = Betrieb 1980, 1740 = MDR 1980, 839 = Anm. Schubert JR 1980, 501 = LM § 13 VOB/B [A] Nr. 8 Anm. Girisch = ZfBR 1980, 191 = SFH § 13 Ziff. 7 VOB/B Nr. 7) **deutlich gemacht hat.** Zutreffend auch Festge BauR 1980, 432 und Keilholz BauR 1982, 121. Soweit Jagenburg (a. a. O.) die Ansicht vertritt, auch § 635 BGB setze die §§ 633, 634 BGB voraus, so daß schon deswegen eine Anwendbarkeit dieser Vorschrift ausgeschlossen sei, übersieht er, daß gerade die weitere Voraussetzung für § 635 BGB, nämlich das **schuldhafte Verhalten des Auftragnehmers, Anlaß dafür** ist, auch die in den **§§ 633, 634 BGB festgelegten Voraussetzungen sozusagen wieder in dem Sinne einzusetzen,** als dann ein unterlassener Vorbehalt nicht mehr schadet. Das ergibt sich auch deutlich aus dem Wortlaut des § 640 Abs. 2 BGB, der sich nur auf die Ansprüche aus den §§ 633, 634 BGB **als solche** beschränkt, ohne aber zu sagen, daß sie nicht weiter gelten, wenn **zusätzliche tatbestandliche Voraussetzungen, nämlich das Verschulden des Auftragnehmers, vorliegen.** Soweit Jagenburg ferner damit argumentiert, § 635 BGB setze gerade die Abnahme voraus, so daß er bei der Abnahme noch gar keine Rolle spielen könne, ist das schon deswegen kein hinreichendes Gegenargument, weil die durch § 640 Abs. 2 BGB gekennzeichneten Wirkungen ohnehin erst durch die Abnahme und das Verhalten des Auftraggebers dabei relevant werden. Auch die Argumente von Kaiser (a. a. O.) sowie Peters (a. a. O.), die im wesentlichen auf die Gesetzesmaterialien zurückgehen, greifen nicht durch, weil danach der letzte zum Gesetz gewordene Entwurf nicht auch den Ausschluß des Schadensersatzanspruches in § 635 BGB erwähnt. Das zwingt zu nichts anderem als zu der gebotenen restriktiven, wörtlichen Auslegung des Gesetzes, das lediglich – und dem Wortlaut nach zweifelsfrei – den Ausschluß der Rechte aus den §§ 633, 634 BGB bestimmt, nicht aber des § 635 BGB. Soweit gerade auch Kaiser (a. a. O. und Peters (a. a. O.) von einer wirtschaftlich unbefriedigenden Regelung sprechen, da dem Auftragnehmer der für ihn teurere Schadensersatzanspruch anstelle der Nachbesserung oder der Minderung angelastet werde, ist das eben eine Folge des für den Schadensersatzanspruch vorauszusetzenden **schuldhaften Verhaltens des Auftragnehmers.** Hier stehen sich bei Bewertung der Interessenlage einerseits der – unterstellt – nachlässige Auftraggeber, der trotz Mängelkenntnis abgenommen hat, und der schuldhaft nachlässig arbeitende Auftragnehmer gegenüber. Daß sich der Gesetzgeber für diesen Fall zugunsten des Auftraggebers entschieden hat, kann sicher nicht als eine Ungereimtheit bezeichnet werden, sondern als eine **gerechte Interessenabwägung** (so BGH a. a. O. und Schmidt Anm. zu LM § 635 BGB Nr. 34), die für diese Situation zur Schaffung von Klarheit dient. Insbesondere bleibt zu berücksichtigen, daß es dem Auftragnehmer unbenommen ist, Geldforderungen des Auftraggebers, die Nachbesserungskosten betreffen, durch entsprechende eigene Nachbesserung ungeachtet eines Berufens auf § 640 Abs. 2 BGB zu begegnen, wie weiter oben näher ausgeführt worden ist. Auch die Argumente von Wilhelm (JZ 1982, 488), die sich im wesentlichen auf eine vergleichende Darstellung der Materialien zum BGB durch Gegenüberstellung entsprechender Vorschriften aus dem Kaufvertrag und dem Mietvertrag beziehen, vermögen nicht überzeugend den Ausschluß des Schadensersatzanspruches im Falle des § 640 Abs. 2 BGB zu begründen. Einmal muß bei der von Wilhelm dargelegten Unklarheit der Materialien der eindeutige Wortlaut des § 640 Abs. 2 BGB schon im Interesse der Rechtssicherheit ausschlaggebend sein. Zum anderen macht es gerade auch vom wirtschaftlichen Blickpunkt aus durchaus einen Unterschied, ob ein Kauf, eine Miete oder ein Werkzeug vorliegt, dessen entscheidendes Kriterium die **Erfolgsbedingtheit** der Leistung ist, die es rechtfertigt, im Falle der Mangelhaftigkeit auch im Bereich des § 640 Abs. 2 BGB dem Auftraggeber im Wege des Schadensersatzanspruches noch einen Wertausgleich zu sichern.

Andererseits ist es sicher nicht richtig, wenn das OLG Düsseldorf (BauR 1970, 112 und BauR 1974, 346) aus dem Fortbestand des § 635 BGB bzw. von Teil B § 13 Nr. 7 VOB/B allein wegen des Verschuldens des Auftragnehmers folgert, daß dann auch wieder die Ansprüche auf Nachbesserung und Minderung sozusagen wieder auflebten. Dies widerspricht dem klaren Wortlaut des § 640 Abs. 2 BGB; vielmehr bleibt es beim Ausschluß von Wandelung und Minderung (wie OLG Düsseldorf und auch unzutreffend Daub/Piel/Soergel/Steffani, Teil B § 12 ErlZ 12.15; wie hier und zutreffend Heiermann/Riedl/Rusam/Schwaab, Teil B § 12 Rdn. 6; ebenso Nicklisch in Nicklisch/Weick Teil B § 12 Rdn. 28).

Überdies: Es gibt eine hinreichende Handhabe, um eine mißbräuchliche Geltendmachung von Schadensersatzansprüchen durch den Auftraggeber zu verhindern. Diese kann sich aus der bereits erwähnten möglichen Annahme eines Verzichts auf die Geltendmachung des Schadensersatzanspruches durch den Auftraggeber, der vor allem in einer einige Zeit nach Abnahme fortdauernden Nutzung der Leistung liegen kann (vgl. RG Gruchot 57, 964), rechtfertigen, es sei denn, die Nutzung erfolgt im Interesse des Auftragnehmers zum Zwecke der Schadensminderung.

38 **2. Die vorangehenden Erörterungen gelten – auch beim VOB-Vertrag – nur für den Fall, daß der Auftraggeber in Kenntnis eines Mangels die Abnahme vornimmt.** Dazu gehört das **positive Wissen des Auftraggebers, durch welchen Fehler der Wert oder die vertragsmäßige Tauglichkeit des Werkes aufgehoben oder gemindert wird;** nur dann kennt er den Fehler in der sich aus § 633 BGB (Teil B § 13 Nr. 1) ergebenden Bedeutung (RGZ 149, 401 f.; BGH NJW 1970, 383 = BB 1969, 1504 = MDR 1970, 228 = LM § 476 BGB Nr. 8). Bloßes „Kennenmüssen," wie z. B. auch nach den vorliegenden Plänen oder den einschlägigen bauordnungsrechtlichen Bestimmungen, reicht somit **nicht** schon für den Ausschluß der genannten Gewährleistungsansprüche. Insoweit kommt auch **nicht § 254 BGB** neben **§ 640 Abs. 2 BGB** zur Anwendung (vgl. BGH NJW 1978, 2240 = BB 1978, 1138 = MDR 1978, 924 = LM § 460 BGB Nr. 3 = Betrieb 1978, 1779).

39 In etwas anderer Hinsicht ist die Frage zu betrachten, unter welchen Voraussetzungen der **Auftragnehmer** im Einzelfall den **von ihm zu erbringenden Nachweis** dafür **geführt** hat, daß der **Auftraggeber** im Zeitpunkt der Abnahme den **Mangel gekannt** hat. Hierfür kann es – je nach den Umständen – genügen, wenn der Mangel so klar und gravierend in Erscheinung getreten ist, daß der Auftraggeber ihn bei der Abnahme einfach nicht übersehen haben kann. Dies gilt ganz besonders bei einem sachkundigen Auftraggeber. Das ist jedoch nur nach dem jeweiligen Einzelfall und mit **äußerster Vorsicht und Zurückhaltung** zu beurteilen, da der **Auftragnehmer** grundsätzlich den **vollen Beweis** dafür **zu erbringen** hat, daß der Auftraggeber den Mangel bei der Abnahme gekannt hat.

3. Über den Rahmen des § 640 Abs. 2 BGB hinausgehende Einschränkungen von Gewährleistungsansprüchen auf Nachbesserung und/oder Minderung verstoßen im Geltungsbereich des AGB-Gesetz gegen dessen § 11 Nr. 10 a). Das gilt aber **auch für Individualverträge,** wenn dort lediglich formelhaft und ohne eingehende Erörterung der einschneidenden Rechtsfolgen die Freizeichnung auf alle bei der Abnahme „erkennbaren Mängel" erfolgt (vgl. BGH BauR 1986, 345 = SFH § 633 BGB Nr. 56 = NJW-RR 1986, 1026 = MDR 1986, 839 = Betrieb 1986, 1215 = LM § 633 BGB Nr. 59 = ZfBR 1986, 120 = Löwe EWiR 1986, 551 = ZfBR 1986, 120). Dies dürfte über den vom BGH entschiedenen Fall (Veräußerung neu errichteter oder noch zu errichtender Eigentumswohnungen und Häuser) hinaus generell für Bauverträge mit privaten Bauherren gelten. **40**

VI. Sonst Verlust der Gewährleistungsansprüche nur bei Verzicht des Auftraggebers

Die Gewährleistungsansprüche werden, abgesehen von der in Rdn. 32 ff. genannten Ausnahme, durch die Abnahme sonst nicht ausgeschlossen. Also werden dem Auftraggeber die Rechte aus den §§ 633 bis 635 BGB nicht genommen, sondern sie werden als eigentliche Gewährleistungsansprüche zu jenem Zeitpunkt erst existent (vgl. Rdn. 23 ff. sowie BGH VersR 1971, 135 = NJW 1971, 99 = BB 1970, 1508 = BauR 1971, 51 = SFH Z 2.414 Bl. 245 ff.), es sei denn, daß der Auftraggeber **bei der Abnahme ausdrücklich oder stillschweigend** auf die Geltendmachung von Gewährleistungsansprüchen **verzichtet** hat. Für einen solchen **Ausnahmetatbestand** trägt der **Auftragnehmer die Beweislast.** Das gleiche gilt hinsichtlich der Rechte aus Teil B § 13. **41**

VII. Beginn des Abrechnungsstadiums

Der **Vorgang der endgültigen Abrechnung** i. S. der Erfüllung durch Bezahlung der Bauleistung beginnt spätestens mit der Abnahme. Das betrifft vor allem die **schon nach der Fertigstellung (also nicht erst nach der Abnahme) vom Auftragnehmer zu erstellende Schlußrechnung** (Teil B § 14 Nr. 3) **und die daraufhin vom Auftraggeber zu leistende Schlußzahlung** (Teil B § 16 Nr. 3). Das gilt auch, wenn die Abnahme vom Auftraggeber zu Unrecht verweigert worden ist. **42**

Zur **Fälligkeit der Schlußzahlung** s. Teil B § 16 Rdn. 12 ff. Daraus, daß spätestens mit der Abnahme der Vorgang der endgültigen Abrechnung bzw. Bezahlung beginnt, folgt zugleich, daß die **Abnahme eine, wenn auch nur eine, Voraussetzung für die Fälligkeit der Schlußzahlung ist,** insoweit also kein Unterschied zu § 641 BGB besteht (a. a. O.). Ferner müssen hier für die Fälligkeit noch eine **ordnungsgemäße Abrechnung nach Teil B § 14, darüber hinaus und zusätzlich zu § 641 BGB** noch grundsätzlich der **Zeitablauf von zwei Monaten nach Einreichung der Schlußrechnung** (Teil B § 16 Nr. 3 Abs. 1) **hinzukommen,** um die Fälligkeit oder Schlußzahlung herbeizuführen.

E. Teil B § 12 selbst

Die Regelungen in Teil B § 12 tragen den besonderen Gegebenheiten des Bauvertrages Rechnung, indem hinsichtlich der **Abnahme,** insbesondere ihrer Art, ihrer Durchführung und ihrer Wirkungen, **einige vertragliche Sonderregeln** aufgestellt sind. Soweit sie von den gesetzlichen Abnahmevorschriften abweichen oder diese erweitern, **gehen sie als** für den betreffenden Fall maßgebende **vertragliche Bestimmungen den gesetzlichen vor.** Hierzu im einzelnen: **43**

I. Abnahme auf Verlangen des Auftragnehmers (Nr. 1)

1. Allgemeines

44 Nach **Nr. 1** hat der Auftraggeber die **Abnahme** der fertiggestellten Bauleistung **innerhalb von 12 Werktagen** durchzuführen, **falls** der **Auftragnehmer** die Abnahme nach der Fertigstellung **verlangt**. Eine hiervon abweichende Vereinbarung kann in Besonderen oder in Zusätzlichen Vertragsbedingungen getroffen werden (vgl. Teil A § 10 Nr. 4 Abs. 1 g), in letzterer Hinsicht jedoch nur, soweit nicht zwingende Regelungen des AGB-Gesetzes, insbesondere dessen § 9, entgegenstehen (vgl. dazu Teil A § 10 Rdn. 77 ff. sowie entsprechende Einzelerörterungen in den nachfolgenden Randnummern).

45 Nr. 1 bezieht sich nur auf die Abnahme der vertraglichen Gesamtleistung. Teilabnahmen regeln sich nach Nr. 2.

46 Die Regelung der Nr. 1 dient dazu, möglichst eindeutig festzulegen, wann der Auftraggeber zur Abnahme verpflichtet ist, wann er damit zunächst in Annahmeverzug gerät sowie wann und unter welchen Voraussetzungen dann Schuldnerverzug des Auftraggebers vorliegt, vor allem im Hinblick auf § 284 BGB (vgl. Rdn. 63 ff.). Eine der Nr. 1 entsprechende Ergänzung des § 640 Abs. 1 BGB, somit auch für den BGB-Werkvertrag, dürfte angezeigt sein (vgl. dazu Jakobs AcP 183 [1983], 145, 172 ff.).

47 Das Abnahmeverlangen kann **nicht erst** gestellt werden, wenn die Gesamtleistung **restlos fertig** ist, sondern auch **schon, wenn nur noch unwesentliche Leistungsteile fehlen,** vgl. Rdn. 17 ff. In diesem Sinne muß die Leistung allerdings **abnahmereif** sein, wie durch die Wendung „nach Fertigstellung" in Nr. 1 klargestellt ist (vgl. OLG Düsseldorf BauR 1976, 433).

48 Haben die Vertragspartner vereinbart, daß die Abnahme erst stattfinden soll, **wenn ein Dritter das Gesamtbauvorhaben abgenommen hat** (z. B. der Bauherr gegenüber dem Nachunternehmer im Falle eines Nachunternehmervertrages oder der Generalunternehmer gegenüber dem Nachunternehmer im Falle der Weitergabe eines Leistungsteils an einen weiteren Nachunternehmer), so ist dieser Vereinbarung die Grundlage entzogen, wenn der Dritte in Konkurs gerät und dadurch auf unabsehbare Zeit ungewiß geworden ist, wann das Gesamtbauvorhaben abgenommen wird und der Auftragnehmer (Nachunternehmer) hierauf keinen Einfluß hat (vgl. dazu BGH BauR 1981, 284 = NJW 1981, 1448 = BlGBW 1981, 153 = SFH § 12 VOB/B Nr. 6 = Betrieb 1981, 1923 = MDR 1981, 747 = LM § 12 VOB/B Nr. 5 = ZfBR 1981, 139; zugleich wegen der Verzugszinsen auf die Vergütung). Zur Unwirksamkeit von abweichenden AGB-Klauseln vgl. Rdn. 1.

2. Abnahmeverlangen – Frist zur Abnahme

49 Die in Nr. 1 geregelte Abnahmepflicht des Auftraggebers setzt ein **Verlangen des Auftragnehmers** voraus. Die entsprechende – empfangsbedürftige – Willenserklärung des Auftragnehmers muß das **unzweifelhafte Abnahmeverlangen** zum Ausdruck bringen. Es ist dabei nicht erforderlich, daß das Wort „Abnahme" gebraucht wird; entscheidend ist der gegenüber dem Auftraggeber zweifelsfrei zum Ausdruck gebrachte Wille, die fertige Leistung nunmehr gebilligt zu bekommen. Eine besondere **Form** für ein solches Begehren des Auftragnehmers ist **nicht vorgeschrieben;** es genügt eine mündliche Aufforderung. Allerdings ist es ratsam, aus Beweisgründen die Schriftform zu wählen.

50 Ein darüber hinausgehendes Erfordernis, etwa das Verlangen in Zusätzlichen Vertragsbedingungen des Auftraggebers, daß die Abnahme durch eingeschriebenen Brief zu beantragen ist, verstößt gegen § 11 Nr. 16 AGB-Gesetz, soweit diese Regelung unmittelbar anwendbar ist (vgl. Teil A § 10 Rdn. 159 ff.). Sofern solche Bedingungen gegenüber einem Auftragnehmer verwendet werden, der Kaufmann ist, kommt dagegen der dann in Betracht kommende § 9 AGB-Gesetz nicht zum Zuge, zumal im kaufmänni-

schen Geschäftsverkehr üblicherweise Erklärungen von besonderer Wichtigkeit ohnehin per Einschreiben abgegeben werden. Das gilt hier um so mehr, als die Berechnung der in Teil B § 12 Nr. 1 genannten Frist zur Abnahme dann leichter nachvollzogen werden kann (ebenso Ulmer/Brandner/Hensen § 11 Nr. 16 Rdn. 10; Dittmann/Stahl Rdn. 605; Heiermann/Linke Nr. 11.16.5; Löwe/v. Westphalen/Trinkner § 11 Nr. 16 Rdn. 11; a. A. Schlosser/Coester-Waltjen/Graba § 11 Nr. 16 Rdn. 10; Frikell/Glatzel/Hofmann K 12.17). Das Gesagte trifft auch auf eine Klausel zu, nach der Erklärungen des Auftragnehmers nur gegenüber der Hauptverwaltung, nicht aber gegenüber der auftragvergebenden Niederlassung wirksam abgegeben werden können, da es sich hier um ein durch § 11 Nr. 16 AGB-Gesetz – auch – untersagtes besonderes Zugangserfordernis handelt (Frikell/Glatzel/Hofmann K 12.20 m. w. N.); nicht verstößt eine solche Klausel aus den angegebenen Gründen gegen § 9 AGB-Gesetz (a. A. Frikell/Glatzel/Hofmann K 12.21).

Die in Nr. 1 geregelte **Abnahmepflicht des Auftraggebers** ist nicht vom Ablauf der Ausführungsfrist abhängig. Das Abnahmeverlangen kann nach Fertigstellung der vertraglichen Leistung (vgl. Rdn. 44 ff.) gestellt werden, **ohne Rücksicht darauf, ob die vorgesehene Ausführungsfrist schon abgelaufen ist oder nicht.** 51

Mit dem Zugang der Aufforderung des Auftragnehmers **beginnt** die in Nr. 1 genannte **Abnahmefrist** für den Auftraggeber zu laufen. Für den **Fristbeginn** und den **Fristenlauf** gelten die gesetzlichen Vorschriften der §§ 186 ff. BGB, allerdings mit der Maßgabe, daß **nur Werktage** gerechnet werden. In die Frist fallende Samstage werden hier mitgerechnet, es sei denn, bei dem letzten Tag der Frist handelt es sich um einen Samstag (§ 193 BGB). 52

3. Erklärte Abnahme

Nr. 1 bezieht sich auf die vor allem auch von § 640 BGB erfaßte **erklärte Abnahme,** also die nach außen in Erscheinung tretende Willensäußerung, die Leistung als im wesentlichen vertragsgerecht entgegenzunehmen (vgl. dazu zunächst Rdn. 1 ff.). Das **gilt insoweit auch für die Teilabnahme nach Nr. 2** und in ähnlicher Weise auch für die **förmliche Abnahme nach Nr. 4,** nicht dagegen für die lediglich **fingierte (fiktive) Abnahme,** die als besondere Art der Abnahme und in ihrer Gültigkeit lediglich auf den VOB-Vertrag beschränkt in Nr. 5 festgehalten ist. 53

Der hier erörterte **Normalfall der erklärten Abnahme** verlangt nicht den ausdrücklich **erklärten Abnahmewillen,** vielmehr **genügt** es für diese Abnahme auch, wenn auf andere Weise **schlüssig** – stillschweigend bzw. konkludent – die **Billigung der Leistung** des Auftragnehmers durch den Auftraggeber zum Ausdruck kommt (ebenso OLG München SFH § 13 VOB/B Nr. 4 sowie SFH § 12 VOB/B Nr. 7).

a) Als **ausdrücklich erklärte Abnahme** kommt eine Erklärung des Auftraggebers unter Gebrauch des Wortes „Abnahme" oder in gleichbedeutendem Sinne in Betracht.
So gilt es allgemein als ausdrücklich erklärte Abnahme, wenn der Auftraggeber dem Auftragnehmer mitteilt, diese sei durchgeführt worden (BGH BauR 1973, 192 = SFH Z 2.411 Bl. 50). Gleiches trifft zu, wenn der Auftraggeber dem Auftragnehmer nach Fertigstellung der Leistung erklärt, er sei „mit ihm zufrieden", es sei „in Ordnung", er habe es „gut gemacht", er – der Auftraggeber – könne nunmehr die Leistung „nutzen" oder „in Gebrauch nehmen", er – der Auftraggeber – „ziehe nächsten Monat ein" usw. Daraus ist ersichtlich, daß bei sachgerechter Auslegung nach den Gegebenheiten des Einzelfalles die **ausdrücklich erklärte Abnahme recht häufig** in Betracht kommen kann. 54

b) In noch größerem Maße kommt in der Praxis die **stillschweigende Abnahme** vor, wobei allerdings **gerade hier der Billigungswille des Auftraggebers zweifelsfrei aus den Umständen des Einzelfalles zu entnehmen sein muß.** 55

56 Dazu gehört z. B. die vorbehaltlose Zahlung der Vergütung (BGH SFH Z 2.50 Bl. 9 = NJW 1963, 806 sowie BauR 1970, 48 = NJW 1970, 421 = VersR 1970, 180 = Betrieb 1970, 250 = SFH Z 2.414 Bl. 231 = MDR 1970, 317 = LM VOB/B Nr. 37; BGHZ 72, 257 = BauR 1979, 76 = NJW 1979, 214 = VersR 1979, 259 = SFH § 638 BGB Nr. 5 = BlGBW 1979, 79 = BB 1979, 650 = Betrieb 1979, 982 = ZfBR 1979, 29 = ZSW 1980, 18 mit Anm. Müller; KG OLG 34, 39) **oder ganz erheblicher Vergütungsteile,** vor allem bei gleichzeitiger Benutzung der Leistung (vgl. BGH BauR 1971, 128 = SFH Z 4.01 Bl. 65) und bloßer Geltendmachung eines Zurückbehaltungsrechts wegen vorhandener Mängel (vgl. OLG München SFH § 12 VOB/B Nr. 7). Gleiches gilt für eine vom Auftraggeber freiwillig bewilligte Eintragung einer Sicherungshypothek für die Vergütung des Auftragnehmers (KG OLG 24, 383) oder die Freigabe der Sicherheitsleistung des Auftragnehmers bzw. des vom Auftraggeber einbehaltenen Sicherheitsbetrages (vgl. BGH SFH Z 2.50 Bl. 9 = NJW 1963, 806).

57 Auch der **anstandslose** Einzug in ein fertiggestelltes Haus zählt bereits hier (vgl. Rdn. 61) zur stillschweigenden Abnahme (vgl. BGH BauR 1985, 200 = JZ 1985, 351 = NJW 1985, 731 = MDR 1985, 662 = Betrieb 1985, 2098 = SFH § 640 BGB Nr. 11 = LM § 640 BGB Nr. 8 = ZfBR 1985, 71; OLG Celle NJW 1962, 494; LG Nürnberg-Fürth BauR 1974, 426 = SFH Z 3.008 Bl.2), da der Auftraggeber von da an am ehesten in der Lage ist festzustellen, ob die Leistung als in der Hauptsache vertragsgemäß gebilligt werden kann, wie es dem Wesen der Abnahme nach § 640 Abs. 1 BGB enspricht (BGH a. a. O.). Wird die Leistung zu verschiedenen Zwecken genutzt (z. B. als Arztpraxis und zu Wohnzwecken), so genügt es, wenn für die insgesamt fertiggestellte Leistung eine Nutzungsart aufgenommen wird, da dies nicht anders zu beurteilen ist, als wenn ein einheitlich nutzbares Gebäude aus freier Entscheidung des Auftraggebers zunächst nur teilweise in Gebrauch genommen wird; andernfalls hätte es der Auftraggeber in der Hand, z. B. den Beginn der Verjährungsfrist für etwaige Mängel beliebig hinauszuschieben (BGH a. a. O.). Allerdings genügt hier für die stillschweigende Abnahme nicht schon der bloße Einzug oder die diesem vorangehende Schlüsselübergabe; vielmehr muß in subjektiver Hinsicht **für den Auftragnehmer ein schlüssiges Verhalten des Auftraggebers dahingehend, die Leistung als im wesentlichen vertragsgerecht entgegenzunehmen, deutlich erkennbar sein.** Ein solches kann im allgemeinen erst nach Ablauf einer gewissen Frist nach Einzug, innerhalb der der Auftraggeber keine Abnahmeverweigerung hinreichend klar erklärt, angenommen werden, ohne daß diese Frist mit derjenigen des § 12 Nr. 5 Abs. 2 VOB/B ohne weiteres gleichzusetzen ist (BGH a. a. O.; vgl. auch OLG Düsseldorf SFH § 640 BGB Nr. 9). Die Dauer der Frist hängt dabei von den Umständen des Einzelfalles ab, insbesondere von Art und Umfang der Leistung, die in Gebrauch genommen worden ist, wobei es auch eine Rolle spielen kann, daß sie, bedingt durch die verschiedenartige Nutzung einzelner Teile, nicht in einem Zug, sondern in engem zeitlichem Zusammenhang in Benutzung genommen wird (BGH a. a. O.). Anders kann es liegen, wenn der Auftraggeber zuvor die fertiggestellte Leistung besichtigt und sie dann ohne eindeutige Abnahmeverweigerung in Benutzung nimmt; dann kann der Einzug als Zeitpunkt der stillschweigenden Abnahme gelten (OLG Düsseldorf a. a. O.). Wird die Abnahme zunächst verweigert und wird die in Auftrag gegebene Leistung aufgrund von Mängelrügen vervollständigt und werden Mängel nachgebessert, so ist der Nutzungszeitraum, nach dessen Ablauf eine stillschweigende Abnahme angenommen werden kann, je nach Sachlage länger anzusetzen, weil dem Auftraggeber ausreichende Gelegenheit gegeben werden muß, die vervollständigte und nachgebesserte Leistung in bezug auf ihre Vertragsgerechtheit nachzuprüfen (vgl. dazu OLG Frankfurt, Thamm/Detzen EWiR § 640 BGB 1/88, 667).

58 Die genannten Grundsätze gelten auch für die Inbenutzungnahme sonstiger vom Auftragnehmer fertiggestellter Bauleistungen. Auch hier ist grundsätzlich eine gewisse Nutzungszeit erforderlich, um auf die Billigung der Vertragsgerechtheit der erbrachten Arbeiten schließen zu können, wobei es nicht zuletzt auch auf die Gegebenheiten des Einzelfalles ankommt. So kann z. B. bei Einbau einer Wärmepumpe im Sommer im allgemeinen eine Billigung durch

den Auftraggeber erst nach einer etwas längeren Nutzungszeit angenommen werden (OLG Köln SFH § 640 BGB Nr. 13: zwei Monate). Eine stillschweigende Abnahme kann auch darin liegen, daß ein Bauträger eine fertiggestellte Wohnung oder ein fertiggestelltes Haus unter Angabe der Bezugsfertigkeit auf dem Markt anbietet. Ferner kann sie sich daraus ergeben, daß der Auftraggeber bei äußeren Putzer- oder Anstreicherarbeiten den Abbau des Gerüstes bewilligt (Werner/Pastor Rdn. 942).

Entscheidend für die stillschweigende Abnahme ist es, daß nach dem bei den gegebenen Umständen des Einzelfalles objektiv zu bewertenden Verhalten des Auftraggebers ohne vernünftigen Zweifel auf die Billigung der Leistung als in der Hauptsache vertragsgemäß geschlossen werden kann (vgl. BGH BauR 1974, 67 = BB 1974, 159 = NJW 1974, 95 = BlGBW 1974, 51 = VersR 1974, 361 = MDR 1974, 220 = LM § 640 BGB Nr. 4 = SFH Z 3.023 Bl. 3). Daher scheidet eine stillschweigende Billigung trotz Benutzung allgemein aus, wenn die Leistung **noch nicht im wesentlichen fertig** ist und zusätzlich der bisher erstellte Leistungsteil ersichtlich **grobe Mängel** aufweist (BGH SFH Z 2.511 Bl. 10). Die bloße Erteilung des Gebrauchsabnahmescheins durch die Baubehörde liefert für sich noch keinen hinreichenden Anhalt für die Annahme einer konkludenten Abnahme (vgl. BGH, Urt. vom 30. 12. 1963 – VII ZR 53/62 –). Auch der Einzug in ein noch nicht im wesentlichen fertiges Haus unter dem Zwang der Verhältnisse (etwa wegen unumgänglich notwendiger Aufgabe der bisherigen Wohnung) ist im allgemeinen noch nicht als Abnahme anzusehen, vor allem wenn es sich nur um einen vorläufigen Einzug in der berechtigten Erwartung der Fertigstellung handelt (vgl. dazu auch BGH BauR 1975, 344 = NJW 1975, 1701 = SFH Z 2.502 Bl. 8). Weiter genügt der bloße Probelauf einer neu hergestellten oder umgebauten Heizungsanlage für sich allgemein noch nicht, um eine konkludente Abnahme anzunehmen, auch dann nicht, wenn dieser Probelauf mehrere Wochen dauert. Allerdings gilt dies grundsätzlich nur unter der Voraussetzung, daß die Tätigkeit der Anlage als Probelauf hinreichend erkennbar ist, insbesondere die Bedienung und Überwachung noch vom Auftragnehmer erfolgen und der Auftraggeber noch nicht in die Bedienung eingewiesen ist. Ebenfalls ist es nicht bereits eine stillschweigende Abnahme, wenn der Architekt im Auftrag des Auftraggebers die Rechnungen des Auftragnehmers geprüft und mit dem Vermerk „sachlich und rechnerisch richtig" versehen hat, da diese rein rechnerische Prüfung nichts mit der für die Abnahme wesentlichen Prüfung der Vertragsgerechtigkeit der Leistung zu tun hat (LG Köln MDR 1962, 821 = SFH Z 2.50 Bl. 12; auch Nicklisch in Nicklisch/Weick Teil B § 12 Rdn. 41).

Aus dem Gesagten folgt, daß eine Klausel in AGB – vor allem auch in Bauträger-Erwerberverträgen –, die Abnahme gelte als mit dem Bezug der Wohnung oder des Hauses erfolgt, nach §§ 10 Nr. 5, 11 Nr. 10 f AGB-Gesetz unwirksam ist (vgl. Bühl BauR 1984, 237, 239 m. w. N.), was auch im Hinblick auf § 9 AGB-Gesetz gelten dürfte.

Ob in der – ausdrücklichen – **Geltendmachung von Minderung nach Teil B § 13 Nr. 6 oder von Schadensersatz nach Teil B § 13 Nr. 7 zugleich eine stillschweigende Abnahme** zu sehen ist, dürfte wegen der besonderen Ausgestaltung der Gewährleistungsansprüche beim VOB-Vertrag **allgemein zu bejahen** sein; dagegen beantwortet sich diese Frage beim BGB-Vertrag von Fall zu Fall (so zutreffend Rabe NJW 1966, 1970 entgegen LG Hamburg NJW 1966, 1564).

c) Soweit in der **Inbenutzungnahme** der erstellten Leistung nach dem Gesagten eine **stillschweigende Abnahme** liegen kann, die gerade auch für § 640 BGB in Betracht kommt, bedarf es allerdings der **Abgrenzung zu der in Nr. 5 Abs. 2 allein für die VOB geregelten fiktiven Abnahme.** Beide Abnahmemöglichkeiten treten bei der Inbenutzungnahme der Leistung in gleicher Weise in Erscheinung; sie unterscheiden sich darin, daß die **stillschweigende Abnahme einen Abnahmewillen** (Willen zur Billigung der Leistung als im wesentlichen vertragsgerecht) des Auftraggebers **voraussetzt,** während dies für die **fiktive Abnahme** nach Nr. 5 Abs. 2 **nicht** erforderlich ist (BGH BauR 1975, 344 = NJW 1975, 1701 = SFH Z 2.502 Bl. 8). Vielmehr handelt es sich bei der **fiktiven Abnahme** um „typisiertes Verhalten mit normativer Wirkung", bei dem der **Wille des Handelnden außer Betracht bleibt, solange dieser der damit verbundenen Rechtswirkung nicht ausdrücklich widerspricht.** Da beide Fälle in ihrer äußeren Erscheinung in der Praxis zusammentreffen, kommt es für die Entscheidung, ob die eine oder die andere Abnahme vorliegt, darauf an, ob sich im betreffenden Fall nach den dort gegebenen Umständen ein **Abnahmewille des Auftraggebers feststellen läßt oder nicht.** Das ist vor allem von Bedeutung in der Frage, ob etwaige Vorbehalte wegen Vertragsstrafen oder von Mängeln (vgl. die auch auf den VOB-Vertrag anwendbaren §§ 341 Abs. 3 und 640 Abs. 2 BGB) „bei der Abnahme" erklärt worden sind oder ob es hier – nur – auf die Frist von 6 Werktagen gemäß Nr. 5 Abs. 3 ankommt. **Außerdem schließt die Vereinbarung einer förmlichen Abnahme (vgl. Nr. 4) möglicherweise eine fiktive Abnahme nach Nr. 5 aus, nicht aber die stillschweigende Abnahme** (vgl. OLG Düsseldorf SFH § 12 VOB/B Nr. 3). Eine stillschweigende Abnahme anstelle der fiktiven Abnahme kann darin liegen, daß der Auftraggeber die Leistung in Benutzung nimmt und **vor Ablauf** der in Teil B § 12 Nr. 5 Abs. 2 geregelten Frist die Vergütung des Auftragnehmers, evtl. unter Einbehalt einer vereinbarten Sicherheitsleistung, voll auszahlt. Dann liegt unter den Voraussetzungen von Teil B § 12 Nr. 1 oder Nr. 2 a eine – vorherige – stillschweigende Abnahme anstelle der fiktiven Abnahme vor (vgl. dazu Rdn. 55 ff.). Andererseits kann eine fiktive Abnahme bereits erfolgt sein, wenn der Fall der Nr. 5 Abs. 1 gegeben ist, also seit der schriftlichen Mitteilung des Auftragnehmers von der Fertigstellung der Leistung bereits 12 Werktage vergangen sind, was nicht selten zutrifft.

4. Kosten der Abnahme

62 Die **Kosten der Abnahme** trägt der **Auftraggeber,** da die Abnahme zu seinen **vertraglichen Hauptpflichten** gehört. Er kann jedoch die Kosten aus dem Gesichtspunkt der **positiven Vertragsverletzung vom Auftragnehmer erstattet verlangen,** wenn sich bei der Abnahme herausstellt, daß der Auftragnehmer seiner vertraglichen Leistungspflicht **schuldhaft nicht oder in einer die Abnahmeverweigerung rechtfertigenden Weise** (vgl. Nr. 3; hier Rdn. 82 ff.) schlecht nachgekommen ist. Der Auftragnehmer kann die Abnahme erst verlangen, wenn die Bauleistung gemäß den vertraglichen Vereinbarungen in allen ihren wesentlichen Teilen ordnungsgemäß fertiggestellt ist (vgl. Rdn. 17 ff.). Vorher hat er kein Recht auf Abnahme. Vielmehr hat er die **vertragliche Nebenpflicht, den Auftraggeber vor ungerechtfertigtem Abnahmeverlangen und damit verbundenen Kosten zu bewahren.**

5. Folgen grundloser Nichtabnahme

63 a) **Kommt der Auftraggeber der Aufforderung** des Auftragnehmers innerhalb der in Nr. 1 festgelegten Frist von 12 Werktagen oder innerhalb der sonst zwischen den Vertragsparteien vereinbarten Frist **nicht nach,** liegt **Annahmeverzug** vor.

Hierbei handelt es sich um einen **Gläubigerverzug,** der **auch ohne Verschulden** des Auftraggebers eintritt. Die Folgen dieses Verzuges sind, daß die **Gefahr** des zufälligen Unterganges des Bauwerkes auf den Auftraggeber **übergeht,** § 644 Abs. 1 Satz 2 BGB. Weiterhin hat der **Auftragnehmer** von diesem Zeitpunkt ab **nur noch Vorsatz und grobe Fahrlässigkeit zu vertreten,** § 300 BGB. Muß der Auftragnehmer nach einem erfolglosen Angebot sowie für die Erhaltung der geschuldeten Bauleistung **Mehraufwendungen** machen, kann er dafür **Ersatz vom Auftraggeber** verlangen, § 304 BGB.

64 b) **Mahnt der Auftragnehmer nach Ablauf der Frist den Auftraggeber wegen seiner Nichtabnahme** und beruht die daraufhin wiederum nicht erfolgte Abnahme auf einem **Verschulden** des Auftraggebers, so kommt dieser in **Schuldnerverzug,** da es sich bei der Ab-

nahme um eine **Hauptpflicht des Auftraggebers** aus dem Bauvertrag handelt. In den hier erörterten Fällen geht es dann in erster Linie nicht mehr um die Pflicht zur Entgegennahme der Leistung, sondern jetzt vordringlich um die schuldhafte Verletzung der Hauptpflicht zur Entgegennahme der fertiggestellten oder ordnungsgemäßen Leistung als im wesentlichen vertragsgerecht.

Das bedeutet, daß der Auftragnehmer seinen **Verzugsschaden**, insbesondere wegen nicht rechtzeitigen Erhalts der Vergütung, geltend machen kann, §§ 286 ff. BGB. **Außerdem** ist ihm das Recht zuzubilligen, nach **§ 326 BGB** vorzugehen (RGZ 171, 297, 300; BGH NJW 1972, 99 = MDR 1972, 39 = SFH Z 2.10 Bl. 25 = BB 1971, 1386 = LM § 631 BGB Nr. 21 = Betrieb 1971, 2151). 65

Überdies treten dann die Abnahmewirkungen, soweit sie oben in Rdn. 23–31 und 42 genannt sind (zutreffend insoweit Nicklisch in Nicklisch/Weick Teil B § 12 Rdn. 45; Kaiser, Mängelhaftungsrecht, Rdn. 41 a. E.; Heiermann/Riedl/Rusam/Schwaab Teil B § 12 Rdn. 12 ff.), **auch ohne Abnahme des Auftraggebers ein, wenn dieser sie bestimmt und endgültig zu Unrecht verweigert, etwa mit der Behauptung tatsächlich nicht vorhandener Mängel** (so auch OLG München SFH § 12 VOB/B Nr. 7). 66

c) Schließlich verbleibt dem Auftragnehmer das Recht, den Auftraggeber **auf Abnahme** (insoweit als vertragliche Hauptpflicht des Auftraggebers selbständig einklagbar; ebenso BGH BauR 1981, 284 = NJW 1981, 1448 = BlGBW 1981, 153 = SFH § 12 VOB/B Nr. 6 = Betrieb 1981, 1923 = MDR 1981, 747 = LM § 12 VOB/B Nr. 5 = ZfBR 1981, 139) **und auf Zahlung** der vereinbarten Vergütung **zu verklagen.** Die gesonderte Klage auf Abnahme erübrigt sich aber meist, weil die damit zusammenhängenden Fragen im **Rahmen des Zahlungsprozesses** des Auftragnehmers gegen den Auftraggeber nachgeprüft werden, wenn sie streitig sind. 67

II. Teilabnahme (Nr. 2)

1. Allgemeines

Nr. 2 bezieht sich als **Ausnahme** von dem gerade auch von Nr. 1 erfaßten Grundsatz der einheitlichen Gesamtabnahme (vgl. Rdn. 44 ff.) auf die mögliche Verpflichtung des Auftraggebers zur **Abnahme von Teilleistungen.** Dabei handelt es sich um eine für den VOB-Vertrag im Wege vertraglicher Vereinbarung festgelegte **Ausgestaltung der gesetzlichen Sonderbestimmung in § 641 Abs. 1 Satz 2 BGB.** 68

Die Verpflichtung zur Abnahme von Teilleistungen ist **nur in zwei Fällen** gegeben. Es muß sich entweder um **in sich abgeschlossene Teile der vertraglichen Leistung** oder um **andere Leistungsteile** handeln, die durch die weitere Bauausführung der **Prüfung und Feststellung entzogen** werden. Unabdingbare Voraussetzung ist es dabei, daß es sich um **Teile aus demselben Auftrag** handelt; werden dagegen z. B. durch zwei getrennte Aufträge Rohbauarbeiten und Innenputzarbeiten vergeben, so kann die Abnahme des einen Auftrages nicht als Teilabnahme des anderen gewertet werden; vielmehr ist dieses dann eine abschließende „Vollabnahme" (vgl. BGH BauR 1974, 63 = SFH Z 2.331 Bl. 94). Zum Ausschluß der Teilabnahme in Besonderen oder Zusätzlichen Vertragsbedingungen vgl. Teil A § 10 Rdn. 31 ff. 69

Grundsätzlich ist auch die **Abnahme von Teilleistungen von einem vorherigen Verlangen des Auftragnehmers abhängig** (vgl. Rdn. 49 ff.). Man wird aber auch dem Auftraggeber, insbesondere bei Vorliegen der in Nr. 2 b festgelegten Voraussetzungen, das Recht geben müssen, von sich aus eine Teilabnahme herbeizuführen, ohne hierzu vom Willen und Verlangen des Auftragnehmers abhängig zu sein. Der Auftraggeber kann von sich aus diese 70

Teilabnahme auf der Grundlage seines **Anordnungsrechts** nach Teil B § 4 Nr. 1 Abs. 3 verlangen.

71 Auch die Teilabnahme ist grundsätzlich eine erklärte Abnahme; sie muß also ausdrücklich oder stillschweigend erfolgen (vgl. dazu Rdn. 53–61). Die sogenannte **fiktive Abnahme kommt nach Sinn und Zweck nur bei der „echten" Teilabnahme gemäß Nr. 2 a und dort auch nur für den in Nr. 5 Abs. 2 geregelten Fall in Betracht,** wie der unterschiedliche Wortlaut in Nr. 5 Abs. 1 einerseits und Nr. 5 Abs. 2 andererseits klar ergibt.

2. „Echte" Teilabnahme (Nr. 2 a)

72 a) **In sich abgeschlossene Teile der Leistung** (Nr. 2 a) liegen vor, wenn sie nach allgemeiner Verkehrsauffassung als **selbständig** und von den übrigen Teilleistungen aus demselben Bauvertrag **unabhängig** anzusehen sind, sie sich also **in ihrer Gebrauchsfähigkeit abschließend für sich beurteilen lassen,** wie z. B. der vertragsmäßig geschuldete Einbau einer Heizungsanlage, obwohl der Auftragnehmer nach demselben Bauvertrag noch Installationsarbeiten durchzuführen hat oder umgekehrt (vgl. BGH BauR 1975, 423; BGHZ 73, 140 = BauR 1979, 159 = BB 1979, 553 = SFH § 16 Nr. 1 VOB/B Nr. 1 = NJW 1979, 650 = BlGBW 1979, 92 = Betrieb 1979, 692 = ZfBR 1979, 66), die Fertigstellung eines Hauses oder einer Brücke, obwohl mehrere solcher Objekte nach demselben Vertrag zu errichten sind.

73 In solchen Fällen ist es durchaus sinnvoll, eine Teilabnahme zu verlangen, weil sie **wegen der funktionellen Trennbarkeit der einzelnen vertraglichen Leistungsgegenstände möglich** ist. Dabei ist der Begriff der in sich abgeschlossenen Teile der Leistung möglichst **eng auszulegen,** damit vor allem **Schwierigkeiten und Überschneidungen hinsichtlich der Gewährleistung,** insoweit insbesondere auch angesichts unterschiedlich laufender Gewährleistungsfristen, vermieden werden. Nicht darunter fallen z. B. eine Betondecke oder auch die verschiedenen Stockwerke eines Rohbaues, weil die Abnahme ihrem ganzen Sinn und Zweck nach ordnungsgemäß nur hinsichtlich des gesamten Rohbaues durchgeführt werden kann (ebenso BGHZ 50, 160 = NJW 1968, 1524 = SFH Z 2.510 Bl. 32 = VersR 1968, 750 = MDR 1968, 750 = BB 1968, 770 = WM 1968, 834 = JZ 1969, 386 = Betrieb 1968, 1397 = LM § 4 VOB/B Nr. 3); ferner auch nicht verschiedene Abdichtungsarbeiten an demselben Objekt, die als Einzelmaßnahmen auf den gleichen Erfolg ausgerichtet sind (OLG Düsseldorf, Urt. vom 8. 7. 1969 – 20 U 198/68 –). Nicht teilabnahmefähig sind Teile einer Treppenkonstruktion, da es sich hier um eine einheitliche Werkleistung handelt, zumal dann, wenn der Auftragnehmer insoweit auch Planungsaufgaben übernommen hat, und zwar unabhängig davon, ob einzelne Teile, wie z. B. das Geländer, erst später in Auftrag gegeben werden und der Auftragnehmer auch solche Teile ebenfalls anbietet und ausführt (BGH BauR 1985, 565 = NJW 1985, 2696 = JZ 1985, 959 = MDR 1986, 45 = LM § 321 BGB Nr. 6 = SFH § 321 BGB Nr. 1 = Betrieb 1986, 2503 = MDR 1986, 45 = ZfBR 1985, 271 für den Fall zwischenzeitlicher Verschlechterung der Vermögensverhältnisse des Auftraggebers; vgl. dazu aber Teil B § 9 Rdn. 39). Auch die bloße Vergabe mehrerer Fachlose an einen Auftragnehmer in einem Vertrag genügt als solche noch nicht, um von vornherein in sich abgeschlossene Teilleistungen nach Nr. 2 a annehmen zu können. Unter den genannten Voraussetzungen ist es im Falle der Errichtung von Wohnungseigentum möglich, Sondereigentum und Gemeinschaftseigentum getrennt abzunehmen (vgl. dazu BGH BauR 1983, 753 = SFH § 640 BGB Nr. 10 Anm. Hochstein = ZfBR 1983, 260). Gleiches gilt für die Abnahme von Teilen des Gemeinschaftseigentums (vgl. Bühl, BauR 1984, 237, 244). Also kann aus der Abnahme des Sondereigentums nicht ohne weiteres auf die Abnahme des Gemeinschaftseigentums geschlossen werden und umgekehrt (vgl. OLG Stuttgart MDR 1980, 495). Erst recht gilt dies für die bloße Ingebrauchnahme des Gemeinschaftseigentums, wenn die Wohnanlage als solche noch nicht fertig ist (BGH BauR 1981, 467).

b) Soweit es sich um sogenannte **schlüsselfertig zu erstellende Bauleistungen** handelt, die aus mehreren 74
Gebäuden bestehen, gilt hinsichtlich des Begriffes der in sich abgeschlossenen Teile der Leistung:

Zuerst ist die Teilleistung nach allgemeiner Verkehrsanschauung zu bestimmen. Hier liegt aber auch ein subjektives Moment vor, indem der Auftraggeber durch seine Planung und die darauf beruhende Auftragserteilung **bestimmt, was als Teilleistung** im Rahmen der von ihm im jeweiligen Bauvertrag vergebenen Gesamtleistung **anzusehen** ist. Wird in einem Auftrag die sogenannte schlüsselfertige Erstellung eines Kasernenkomplexes vergeben, der mehrere Mannschaftshäuser, ein Küchengebäude, eine Garage und bestimmte Versorgungsanlagen enthält, ist jedes Haus davon – mit Einschluß der dazugehörigen Versorgungsanlagen – eine Teilleistung, einmal weil dies der Verkehrsanschauung entspricht, zum anderen, weil der Bauherr durch seine Planung von sich aus festgelegt hat, daß so der Begriff der Teilleistung zu verstehen sei.

Die so umgrenzte **Teilleistung genügt** für sich allein aber **noch nicht, um eine Teilabnahme nach Nr. 2 a zu bewirken.** Vielmehr muß sie **in sich abgeschlossen** sein. Darunter ist zu verstehen, daß diese Teilleistung, so wie sie der Bauherr bestimmt hat und wie sie nach der allgemeinen Verkehrsanschauung zu verstehen ist, **fähig ist,** die **ihr zugedachte Funktion zu erfüllen** (ebenso Ganten, Pflichtverletzung und Schadensrisiko im privaten Baurecht, S. 168). Das ist grundsätzlich nicht der Fall, wenn zwar ein Mannschaftsgebäude fertiggestellt ist, es den ihm zugedachten Nutzungszweck aber noch nicht erfüllen kann, da noch kein Licht vorhanden ist und im Hause noch keine Abortanlage in Betrieb genommen werden kann, weil die zu ihrem Funktionieren erforderlichen und außerhalb des Hauses liegenden Einrichtungen, wie Elektrozentrale und Kläranlage, nicht fertig sind und noch kein funktionierender Anschluß besteht. Insofern liegt hinsichtlich des Begriffes der in sich abgeschlossenen Teilleistung eine Wechselbeziehung zwischen dem Mannschaftsgebäude und den vorgenannten, wenn auch außerhalb des Hauses liegenden Versorgungsanlagen vor. Die Fertigstellung und das Funktionieren des einen ist von der Fertigstellung und dem Funktionieren des anderen abhängig.

Anders dürfte es zu beurteilen sein, wenn ein an die erforderlichen Versorgungsanlagen angeschlossenes und daher in seiner Gebrauchsfähigkeit beurteilbares Mannschaftsgebäude, aber noch nicht das im Rahmen des Gesamtkomplexes liegende selbständige Küchengebäude, fertiggestellt und funktionsfähig ist. Hier besteht keine Abhängigkeit, weil der Auftraggeber durch seine Planung, nämlich die Errichtung eines selbständigen Küchengebäudes, zu erkennen gegeben hat, daß zur Funktionsfähigkeit des Mannschaftsgebäudes nicht eine dort vorhandene eigene Küche gehört, diese also als andere und selbständige Teilleistung anzusehen ist.

c) Erfolgt mit Recht eine **Teilabnahme nach Nr. 2 a,** so muß sich der Auftraggeber auf das 75
abgenommene Teilwerk entfallende, ihm bekannte **Gewährleistungsansprüche vorbehalten,** um nicht seinen Nachbesserungs- oder Minderungsanspruch zu verlieren (vgl. Rdn. 32 ff.). Gleiches gilt für eine etwaige **Vertragsstrafe, sofern** sich diese hinsichtlich ihres Verfalls **auf den abgenommenen Teil für sich bezieht,** was in Besonderen oder Zusätzlichen Vertragsbedingungen ausdrücklich geregelt sein müßte (vgl. Teil B § 11 Rdn. 38 ff.).

3. „Unechte" Teilabnahme (Nr. 2 b)

a) Andere nicht in sich abgeschlossene Leistungsteile können abgenommen werden, wenn sie 76
durch die **weitere Bauausführung der Nachprüfung entzogen werden oder sonstige entsprechende Feststellungen im Rahmen einer späteren Abnahme nicht mehr getroffen werden können (Nr. 2 b).** Diese Regelung folgt reinen **Zweckmäßigkeitsgründen.** Sie geht dahin, bisher erstellte unselbständige Leistungsteile (wie z. B. Betondecken vor Aufbringen des Estrichs und des Oberbodens) im Hinblick auf ihre technisch ordnungsgemäße Beschaffenheit überprüfen zu können, um nicht später dadurch in Schwierigkeiten zu geraten, daß diese Leistungsteile entweder überhaupt nicht mehr oder nur unter erschwerten, vor allem kostenmäßig weit mehr ins Gewicht fallenden Umständen überprüfbar sind.

b) Schon aus der jeweils andersartigen Natur und dem verschiedenen Sinn der Abnahmen 77
nach **Nr. 2 a und Nr. 2 b** ergibt sich ihre **unterschiedliche rechtliche Bedeutung.** Während

die Teilabnahme selbständiger und damit in sich geschlossener Teilleistungen nach **Nr. 2 a** eine **echte Abnahme** mit allen ihren rechtlichen Folgen darstellt, ist das bei der Abnahme auf der Grundlage der **Nr. 2 b nicht der Fall**, sofern ihr die Vertragspartner keine weitergehende Bedeutung beimessen (BGHZ 50, 160 = NJW 1968, 1524 = SFH Z 2.510 Bl. 32 = VersR 1968, 750 = MDR 1968, 750 = BB 1968, 770 = WM 1968, 834 = Betrieb 1968, 1397 = LM § 4 VOB/B Nr. 3). Letzteres muß jedoch aus Besonderen oder Zusätzlichen Vertragsbedingungen **inhaltlich zweifelsfrei** hervorgehen.

78 Bei der Abnahme nach Nr. 2 b handelt es sich **nur** um eine **Vorbereitung der späteren endgültigen Abnahme (sogenannte technische Abnahme)**. Es werden die tatsächlichen Gegebenheiten festgestellt, die für die spätere Prüfung der Leistung im Rahmen eigentlicher Abnahme von Bedeutung sind. Somit treten in den **Fällen der Nr. 2 b** die rechtlichen Wirkungen der Abnahme grundsätzlich erst ein, wenn entweder nach Nr. 1 das **Gesamtwerk** oder nach Nr. 2 a eine **selbständige Teilleistung**, in der der gemäß Nr. 2 b vorzeitig abgenommene Leistungsteil liegt, **abgenommen** sind. Das gilt nicht nur u. a. für den Beginn der Gewährleistungsfrist nach Teil B § 13 Nr. 4, sondern auch für die Anbahnung der Fälligkeit des insoweit abschließenden Vergütungsanspruches. Während nach Teil B § 16 Nr. 4 in den Fällen der Nr. 2 a eine **endgültige Teilabrechnung und Teilschlußzahlung** erfolgen kann, ist das bei Nr. 2 b nicht der Fall. Insofern kommen nach wie vor **nur Abschlagszahlungen** in Betracht, sofern die Voraussetzungen dafür (Teil B § 16 Nr. 1) gegeben sind.

79 **c) Verweigert der Auftraggeber seine Mitwirkung an einer Teilabnahme** nach Nr. 2 b, läuft er Gefahr, daß in dem betreffenden Bereich etwa vorhandene Mängel, die nicht festgestellt sind, zu seinen Lasten gehen, weil ihn später wegen der abgelehnten Teilabnahme die **Beweislast** trifft (insoweit ebenso Locher, Das private Baurecht, Rdn. 140; Heiermann/Riedl/Rusam/Schwaab Teil B § 12 Rdn. 15 a; Nicklisch in Nicklisch/Weick Teil B § 12 Rdn. 55; Baumgärtel, Handbuch der Beweislast, Band 1, § 640 Rdn. 7; Vygen, Bauvertragsrecht, Rdn. 400; a. A. wohl Hereth/Ludwig/Naschold Teil B § 12 Ez. 12.23 sowie Kaiser, Mängelhaftungsrecht, Rdn. 40). Die Gegenmeinung übersieht dabei, daß es sich bei der technischen Abnahme um eine vertraglich vereinbarte „**Beweissicherung**" handelt, deren Vereitelung demjenigen zur Last gehen muß, der sie von seiner Seite verhindert. Andererseits gehen Locher (a. a. O.), Nicklisch in Nicklisch/Weick Teil B § 12 Rdn. 21 a und Heiermann/Riedl/Rusam/Schwaab (a. a. O.) zu weit, wenn sie auch einer durchgeführten technischen Abnahme schon die Wirkung der Beweislastumkehr beimessen wollen; dabei wird übersehen, daß die sogenannte technische Abnahme nicht die Wirkungen der rechtsgeschäftlichen Abnahme hat. Allerdings wird man insoweit von einem **Anscheinsbeweis** zugunsten des Auftragnehmers dahin gehend ausgehen können, daß die Leistung in dem Zustand, in dem sie sich bei der unechten Teilabnahme befand, funktionsgerecht war.

80 Bei Verweigerung der Teilabnahme durch den Auftraggeber ist außerdem festzustellen, daß er eine **vertragliche Nebenpflicht** verletzt. Daher hat er etwa bei der späteren rechtgeschäftlichen Abnahme entstehende Mehrkosten zu ersetzen, die zur Prüfung der Ordnungsgemäßheit der Leistungen anfallen, bei einer rechtzeitig durchgeführten technischen Abnahme vermieden worden wären, wie z. B. durch Aufgraben zwecks Feststellung aufgetretener Nässeschäden zur Klärung der Verursachung durch den betreffenden Auftragnehmer (zutreffend Vygen a. a. O.). Die übrigen aus der Verweigerung einer Abnahme sich ergebenden Ansprüche (vgl. Rdn. 63 ff.) stehen dem Auftragnehmer dagegen nicht zu. Wird dadurch allerdings die weitere Leistungsdurchführung **behindert oder gar unterbrochen**, ergeben sich die Rechte des Auftragnehmers aus **Teil B § 6, gegebenenfalls auch aus Teil B § 9**.

4. Abnahme nach erfolgter Vertragskündigung nicht solche nach Nr. 2

81 Die **Abnahme der teilweise fertiggestellten Leistung** bei einer vorzeitigen Vertragskündigung hat nichts mit der Abnahme einer Teilleistung im Sinne von Nr. 2 zu tun,

insbesondere ist sie nicht an die Voraussetzungen in Nr. 2 a und b gebunden. Hierbei handelt es sich vielmehr um den **besonders liegenden Fall einer endgültigen Abnahme,** insbesondere auch zum Zwecke der Abrechnung (vgl. Teil B § 8 Nr. 6 und Teil B § 9 Nr. 3 Satz 1), die **zwangsläufig auf den Leistungsinhalt beschränkt ist,** der **bis zum Wirksamwerden der Kündigung** vom Auftragnehmer **erstellt** worden ist. Vgl. dazu Teil B § 8 Rdn. 160 f., § 9 Rdn. 49 ff.

III. Abnahmeverweigerung (Nr. 3)

1. Nach Nr. 3 **kann** (muß also nicht) vom Auftraggeber die **Abnahme verweigert** werden, solange **wesentliche Mängel der vertraglich geschuldeten Bauleistung** vorliegen, die beseitigt werden müssen. Daraus ergibt sich zugleich der Umkehrschluß, daß dem Auftraggeber **wegen unwesentlicher Mängel nicht** die Befugnis zusteht, die Abnahme der Leistung abzulehnen. Insoweit handelt es sich um eine **vom gesetzlichen Werkvertragsrecht abweichende Bestimmung.** Dort ist die Verweigerung der Abnahme auch wegen unwesentlicher Mängel möglich, weil eine Einschränkung wie hier in Nr. 3 weder in § 640 BGB noch sonst in den Gewährleistungsregeln gemacht ist (ebenso OLG Karlsruhe MDR 1967, 669), es sei denn, die Mängel sind nach Sinn und Zweck des Vertrages so geringfügig, daß die Verweigerung der Abnahme Treu und Glauben (§ 242 BGB) widerspricht (u. a. RGRK-Glanzmann § 640 BGB Rdn. 20; Münchner Kommentar/Soergel § 640 BGB Rdn. 21). Die Regelung der Nr. 3 verstößt nicht gegen § 9 AGB-Gesetz (zutreffend Wolf/Horn/Lindacher § 23 Rdn. 254 m. w. N.).

82

2. Was als **wesentlicher Mangel** anzusehen ist, ist in Nr. 3 **nicht** aufgeführt. Insoweit ist von Teil B § 13 Nr. 1 auszugehen (also lediglich zum Ausgangspunkt zu nehmen; insoweit zustimmend Kaiser, Mängelhaftungsrecht Rdn. 41 Fn. 67) und ein wesentlicher Mangel anzunehmen, wenn die Bauleistung die **vertraglich zugesicherten Eigenschaften** nicht hat, **nicht den anerkannten Regeln der Technik (Bautechnik) entspricht** oder sonst mit **beachtlichen Fehlern** behaftet ist, die den Wert oder die Tauglichkeit zu dem gewöhnlichen oder dem nach dem Vertrag vorausgesetzten Gebrauch **aufheben** oder **wesentlich** mindern (vgl. insoweit den für die Beurteilung ähnlichen Rahmen in Teil B § 13 Nr. 7 Abs. 1, siehe Teil B § 13 Rdn. 683 ff.; ebenso Heiermann/Riedl/Rusam/Schwaab Teil B § 12 Rdn. 17 d). Das gilt auch im Hinblick auf vertraglich geschuldete, jedoch noch nicht fertiggestellte Leistungen. Im allgemeinen ist hier eine weite Auslegung am Platze (ebenso Kaiser, a. a. O., Rdn. 41, der zu ähnlichem Ergebnis kommt; zu eng Dähne BauR 1973, 268). Dabei sind die Art, der Umfang und vor allem die Auswirkungen des Mangels maßgebende Kriterien (BGH BauR 1981, 284 = NJW 1981, 1448 = BlGBW 1981, 153 = SFH § 12 VOB/B Nr. 6 = Betrieb 1981, 1923 = MDR 1981, 747 = LM § 12 VOB/B Nr. 5 = ZfBR 1981, 139), und zwar im Hinblick auf die Zweckbestimmung der jeweils in Auftrag gegebenen Leistung, vor allem ihrer ungehinderten Gebrauchstauglichkeit. So liegt sicher ein wesentlicher Mangel vor, wenn 16% des verlegten Fliesenmaterials farblich unzulässige Abweichungen aufweisen (vgl. LG Amberg BauR 1982, 498 = NJW 1982, 1540). Bei der erforderlichen Bewertung kommt es aber **keineswegs** nur auf **objektive Gesichtspunkte** an, sondern **auch auf dem Auftragnehmer unzweifelhaft erkennbar gemachte subjektive Merkmale unter besonderer Berücksichtigung des Bestellerwillens des Auftraggebers** (ebenso BGH a. a. O.). Dabei spielt in letzterer Hinsicht der Gesichtspunkt der **Zumutbarkeit der Hinnahme der bisherigen Leistung** für den Auftraggeber eine entscheidende Rolle.

83

3. Bei **Fehlen zugesicherter Eigenschaften und bei Leistungen, die nicht den allgemein anerkannten Regeln der Bautechnik entsprechen,** ist im **allgemeinen** (diese Einschränkung beachtet der BGH in seiner Entscheidung vom 26. 2. 1981 – VII ZR 287/79 – = BauR 1981, 284 = NJW 1981, 1448 = BlGBW 1981, 153 = SFH § 12 VOB/B Nr. 6 = Betrieb 1981, 1923 = MDR 1981, 747 = LM § 12 VOB/B Nr. 5 = ZfBR 1981, 139 bei seinem Hinweis auf

84

diese Kommentarstelle ersichtlich nicht) anzunehmen, daß dies auch dem Bestellerwillen in beachtlichem Maße widerspricht, ihn also zur Abnahmeverweigerung berechtigt. Diese Folgerung ergibt sich regelmäßig, wenn die Voraussetzungen für die vertragliche Zusicherung einer Eigenschaft (vgl. dazu Teil B § 13 Rdn. 116 ff.) berücksichtigt werden, vor allem dadurch, daß der Auftraggeber nicht nur eine Eigenschaft im Rechtssinne als solche fordert, sondern durch die verlangte Zusicherung **besonderen Wert** auf sie legt. Nur dann, wenn die erbrachte Leistung uneingeschränkt in gleicher Weise brauchbar ist und den zum Ausdruck gebrachten Bestellerwillen in keiner beachtlichen Weise beeinträchtigt, kann es im Einzelfall vorkommen, daß auch das Fehlen einer zugesicherten Eigenschaft oder eines Teils derselben nicht als wesentlicher Mangel anzusehen ist (vgl. dazu vor allem Teil B § 13 Rdn. 127 f.). Sonst beachtliche Fehler liegen im allgemeinen dann vor, wenn die erstellte Leistung dem erkennbar gewordenen Willen des Auftraggebers im Hinblick auf Art, Umfang und Dauer der vorgesehenen Nutzung in einer nach der Verkehrsauffassung fühlbaren Weise nicht entspricht. Dabei können auch die voraussichtlichen Mängelbeseitigungskosten durchaus wesentliche Anhaltspunkte sein.

85 4. Unter Beachtung der vorangehend dargelegten Gesichtspunkte muß letztlich entscheidendes Kriterium dafür, ob ein Mangel als wesentlich anzusehen ist, sein, daß die in Abweichung von § 640 BGB in Teil B § 12 Nr. 3 getroffene Regelung einen angemessenen Ausgleich der widerstreitenden Interessen der Bauvertragspartner bewirken will. Dem Interesse des Auftraggebers an möglichst vollständiger Erfüllung vertragsgerechter Leistung vor Zahlung der Vergütung steht das Interesse des Auftragnehmers, die mit der Abnahme verbundenen Rechtsfolgen herbeizuführen, vor allem eine Grundvoraussetzung für die Fälligkeit der Vergütung zu schaffen, gegenüber. Daher wird durch das Merkmal, daß der vor Abnahme zu beseitigende Mangel wesentlich sein muß, für den Einzelfall auf den Gesichtspunkt der **Zumutbarkeit** abgestellt. Tritt die Bedeutung des Mangels bei Abwägung der beiderseits berechtigten Interessen so weit zurück, daß es für den Auftraggeber zumutbar ist, eine zügige Abwicklung des gesamten Vertragsverhältnisses nicht länger aufzuhalten, so darf er die Abnahme nicht verweigern (BGH BauR 1981, 284 = NJW 1981, 1448 = BlGBW 1981, 153 = SFH § 12 VOB/B Nr. 6 = Betrieb 1981, 1923 = MDR 1981, 747 = LM § 12 VOB/B Nr. 5 = ZfBR 1981, 139). Unberührt davon bleibt sein Leistungsverweigerungsrecht nach § 320 BGB, das bis zur Beseitigung ordnungsgemäß gerügter Mängel fortbesteht und lediglich zu einer Zug-um-Zug-Verurteilung des Auftraggebers führt (BGH, a. a. O., m. w. N.). Ein nicht wesentlicher Mangel sind z. B. Unebenheiten eines Treppenpodestes geringen Umfanges, die mit wenig Zeit- und Kostenaufwand zu beseitigen sind (vgl. KG BauR 1984, 529). Bei der hier im Bereich der Zumutbarkeit durchzuführenden Abwägung ist insbesondere auf eine **Gesamtbetrachtung** der durch den betreffenden Auftragnehmer verursachten Mängel abzustellen. So mag es sein, daß ein einzelner Mangel für sich gesehen nicht als wesentlich gelten kann, daß es aber angesichts der Gesamtheit aller aufgetretenen Mängel und der daraus sich ergebenden Schwergewichtigkeit dem Auftraggeber nicht zuzumuten ist, die Leistung des Auftragnehmers als im wesentlichen vertragsgerecht zu billigen, also abzunehmen. Das kommt insbesondere bei einer Vielzahl von Mängeln in Betracht (vgl. dazu KG BauR 1984, 527).

86 5. Die **Abnahmeverweigerung** muß **als empfangsbedürftige Willenserklärung** durch den Auftraggeber gegenüber dem Auftragnehmer **hinreichend klar zum Ausdruck** kommen, da er sich auf eine Auslegung seines Verhaltens im Sinne einer Abnahmeverweigerung nicht ohne weiteres verlassen kann. Allerdings kann die Abnahmeverweigerung im **Einzelfall aus den Umständen** entnommen werden. Das kann z. B. der Fall sein, wenn der Auftraggeber bereits vor Fertigstellung der Leistung Mängel gerügt, der Auftragnehmer dann die Nachbesserung versucht hat, der Auftraggeber in dem Zeitpunkt, in dem die Abnahme erfolgen soll, aber erneut mit Recht die betreffenden Mängel rügt. In diesem Rahmen ist dem OLG Köln (BB 1974, 159) zuzustimmen. Liegen solche Umstände aber nicht vor, hat also der Auftraggeber vor Fertigstellung keine Beanstandung der Leistung erhoben und hat ihn der Auftragnehmer

zur Abnahme aufgefordert, so liegt im Zweifel keine Abnahmeverweigerung vor, wenn diese nicht innerhalb der in Nr. 1 geregelten Frist erfolgt.

6. Sofern der Auftraggeber **mit Recht die Abnahme verweigert,** treten die **Abnahmewirkungen** (vgl. Rdn. 23–42) **nicht** ein. Dann scheidet auch eine fiktive Abnahme nach Nr. 5 (vgl. Rdn. 112 ff.) aus. Hinsichtlich des Vergütungsanspruches des Auftragnehmers steht dem Auftraggeber ein **Leistungsverweigerungsrecht nach § 320 BGB** zu. Für den Fall unberechtigter Abnahmeverweigerung vgl. Rdn. 63 ff. Über die Frage **endgültiger** Abnahmeverweigerung siehe Rdn. 27 ff. 87

IV. Förmliche Abnahme (Nr. 4)

1. Allgemeines

Nr. 4 betrifft die **förmliche Abnahme.** Sie hat den gerade für das Bauvertragswesen besonders wichtigen Zweck, beide Vertragspartner zur gemeinsamen Feststellung des Befundes sozusagen an einen Tisch zu bringen, um möglichst sogleich Einigkeit oder jedenfalls Klarheit darüber herbeizuführen, ob und inwieweit der Auftragnehmer seine Leistungspflicht erfüllt hat, ob und gegebenenfalls was von seiten des Auftraggebers zu beanstanden ist. Dabei geht es vor allem darum, etwaige Streitigkeiten zu vermeiden oder jedenfalls einzuschränken, Unklarheiten und spätere Beweisschwierigkeiten, auch bezüglich der Vorbehalte bekannter Mängel oder Vertragsstrafen, von vornherein zu beseitigen. Insofern hat die förmliche Abnahme eine für das Bauvertragswesen sicher grundlegende Bedeutung. Zur Befugnis zur förmlichen Abnahme bei einer Gemeinde vgl. oben Rdn. 16 sowie zur etwaigen Anscheinsvollmacht – auch – bei der förmlichen Abnahme s. oben Rdn. 15. 88

Die **förmliche Abnahme** ist dem **gesetzlichen Werkvertragsrecht des BGB unbekannt,** da sich dort, insbesondere in § 640 BGB, keine der Nr. 4 entsprechende Regelung findet. 89

Jedoch kann sie **auch dort** zwischen den Vertragspartnern in gleicher oder ähnlicher (vgl. dazu BGH SFH Z 2.50 Bl. 9 und Bl. 24) Form vereinbart werden, wie z. B. durch die Absprache, daß „schriftliche Abnahme" erfolgen soll. Dann ist aber bei Fehlen weitergehender Vereinbarung grundsätzlich nur die Abnahmeerklärung selbst formbedürftig, nicht dagegen auch die Prüfung der Leistung und die etwaige Feststellung von Mängeln (vgl. BGH BauR 1974, 63). Unter bestimmten Voraussetzungen kann ein beim **Bauvertrag nach dem BGB vereinbartes förmliches Abnahmeverlangen** bzw. ein Berufen des Auftraggebers darauf **nach Treu und Glauben (§ 242 BGB) ausgeschlossen** sein, insbesondere wenn sich aus dem Verhalten des Auftraggebers ergibt (z. B. Teilnahme an der baubehördlichen Abnahme, völlige Zahlung einschließlich des Sicherheitsbetrages), daß er die Abnahme als erfolgt gelten lassen will (BGH a. a. O.; vgl. dazu insbesondere Hochstein BauR 1975, 221).

Für die **VOB** gilt folgendes:

2. Verlangen einer Vertragspartei (Abs. 1 Satz 1)

Eine **Verpflichtung** des Auftraggebers **zur förmlichen Abnahme** ist gegeben, **wenn eine Vertragspartei eine solche verlangt.** Es genügt somit das einseitige Verlangen i. S. einer empfangsbedürftigen Willenserklärung; dieses kann deshalb **sowohl vom Auftraggeber als auch vom Auftragnehmer gestellt** werden. 90

Das so gekennzeichnete **Verlangen auf förmliche Abnahme** ist allein **aufgrund der Vereinbarung der VOB berechtigt,** ohne daß es dafür einer weiteren Absprache in Besonderen oder Zusätzlichen Vertragsbedingungen bedarf, wie z. B. entsprechend Teil A § 10 Nr. 4 Abs. 1 g. Eine solche ist nur nötig, wenn die Vertragsparteien eine die Nr. 4 erweiternde oder einschrän- 91 kende Vereinbarung treffen wollen. Im übrigen **kann auf die förmliche Abnahme auch nachträglich verzichtet** werden.

92 Das förmliche Abnahmeverlangen ist darüber hinaus grundsätzlich **ausgeschlossen, wenn bereits eine Abnahme auf der Grundlage der Nr. 1 stattgefunden hat.** Das gilt auch im Hinblick auf Nr. 5: Ist ursprünglich eine förmliche Abnahme – insbesondere im Bauvertrag – vorgesehen, kommt aber **keiner der Vertragspartner später darauf zurück, kann die Abnahmewirkung eintreten, wenn die in Nr. 5 geregelten Voraussetzungen vorliegen** (vgl. BGH SFH Z 2.50 Bl. 24 ff.), und zwar mit allen dort sich ergebenden Folgen. Ein solcher, als **Verzicht** auf eine förmliche Abnahme zu bewertender Vorgang kann sich **aus den Umständen** ergeben, wie z. B. aus dem längere Monate dauernden Schweigen des Auftraggebers auf die Schlußrechnung des Auftragnehmers (BGH SFH Z 2.501 Bl. 2 = BauR 1977, 344 = BB 1977, 869 = LM VOB/B Nr. 87 = MDR 1977, 832 = BlGBW 1977, 196) und dessen Mahnungen, vor allem nach verhältnismäßig unbedeutenden Nacharbeiten (vgl. OLG Stuttgart BauR 1974, 344, dazu kritisch hinsichtlich der Rechtskonstruktion Hochstein BauR 1975, 221). Unerheblich ist, ob die Parteien sich dabei bewußt sind, daß förmliche Abnahme im Vertrag vorgesehen ist oder ob sie dies „vergessen" haben (BGH SFH Z 2.501 Bl. 2 = BauR 1977, 344 = BB 1977, 869 = MDR 1977, 832 = BlGBW 1977, 196). Das gilt **selbst dann, wenn die Parteien vereinbart haben, die Änderung des Vertrages bedürfe der Schriftform,** sofern aus den Umständen zu entnehmen ist, daß die Parteien von der förmlichen Abnahme keinen Gebrauch machen wollen, wie z. B. durch Aufforderung des Auftraggebers unter Fristsetzung an den Auftragnehmer, die Schlußrechnung vorzulegen, ohne daß die förmliche Abnahme stattgefunden hat (vgl. BGHZ 72, 222 = BauR 1979, 56 = NJW 1979, 212 = VersR 1979, 251 = SFH § 341 BGB Nr. 2 = BlGBW 1979, 77 = WM 1978, 1407 = ZfBR 1979, 15 = BB 1979, 69 = Betrieb 1979, 1740 m. w. N.). Die hier aufgezeigten Ausnahmen sind aber mit **äußerster Vorsicht und daher zurückhaltend** zu beurteilen (vgl. Rdn. 114 ff.; so auch Nicklisch in Nicklisch/Weick Teil B § 12 Rdn. 67; Locher, Das private Baurecht, Rdn. 144; Werner/Pastor Rdn. 969 ff.; zu eng aber Kaiser, Mängelhaftungsrecht, Rdn. 40, der hier der Individualabrede auf förmliche Abnahme Vorrang einräumen will, was bei Zusätzlichen Vertragsbedingungen schon begrifflich nicht zutrifft, abgesehen davon, daß an einem unbedingten Festhalten an einer Form das Wort redet, das auch sonst im Vertragswesen so nicht angenommen wird und angenommen werden kann; immerhin schließt auch er die Möglichkeit einer stillschweigenden Abnahme, vgl. dazu oben Rdn. 55 ff., nicht aus.

93 Sofern nach dem Gesagten möglich bzw. noch zulässig, ist eine **bestimmte Form** für das förmliche Abnahmeverlangen **nicht vorgeschrieben;** es **kann mündlich gestellt** werden. Es empfiehlt sich aber auch hier, zu Beweiszwecken die Schriftform zu wählen.

94 Eine berechtigte **Verweigerung der Abnahme** durch den Auftraggeber kommt **auch hier nur unter den Voraussetzungen der Nr. 3** (vgl. dazu Rdn. 82 ff.) in Betracht.

3. Abnahmetermin (Abs. 2 Satz 1)

95 Die förmliche Abnahme erfordert ferner eine **Festlegung des Abnahmetermins,** wie sich aus Nr. 4 Abs. 2 Satz 1 ergibt. Eine **solche Art der Abnahme setzt** ihrem Sinngehalt nach nämlich grundsätzlich die **Anwesenheit beider Vertragspartner oder jedenfalls die hinreichende Gelegenheit hierzu durch rechtzeitige Kenntnis von dem Termin** voraus. Es läge ein Verstoß gegen Treu und Glauben vor, wenn man einen Partner von diesem besonderen Abnahmevorgang dadurch ausschließen wollte, daß er vom Termin nicht rechtzeitig unterrichtet wird. Das bezieht sich in erster Linie auf eine mögliche Pflichtverletzung des Auftraggebers, da nur dieser die Abnahme vornehmen kann bzw. vorzunehmen hat. Gerade dazu ist zu bedenken, daß es neben der objektiv **hinreichend sicheren Feststellung des Befundes** vor

allem darum geht, möglichst Einigkeit beider Vertragspartner über die Einzelheiten und das Ergebnis dieses Befundes zu erzielen (vgl. Rdn. 88 f.).

Die Bestimmung des Abnahmetermins kann auf zwei Arten erfolgen. Er kann mit dem anderen Vertragspartner **vereinbart werden.** Diesen Weg sollte man, wenn eben möglich, wählen. Es reicht aber auch, dem **Auftragnehmer eine Einladung zum Termin zuzuleiten,** wobei die Vorschriften der §§ 130 ff. BGB über den Zugang empfangsbedürftiger Willenserklärungen zu beachten sind. Die Einladung muß eindeutig angeben, welche Leistung abgenommen werden soll. Sie muß ferner genaue Angaben über Ort und Zeit enthalten. Voraussetzung ist, daß der Termin so angesetzt wird, daß **zwischen der Einladung und dem Terminstag eine nach gewerbeüblichen Grundsätzen als ausreichend zu bezeichnende Frist** liegt. Es entspricht Treu und Glauben, daß dem **Auftragnehmer hinreichend Gelegenheit** gegeben werden muß, sich **auf diesen Termin einzustellen und ihn vorzubereiten.** Die Bemessung der Frist richtet sich nach dem Einzelfall. Wesentliche Anhaltspunkte sind Art und Umfang der vollendeten und abzunehmenden Bauleistung, die Beschäftigungslage des Auftragnehmers sowie das berechtigte Interesse des Auftraggebers an einer möglichst schnellen förmlichen Abnahme. **Allgemein** dürfte die in Nr. 1 bezeichnete **Frist von 12 Werktagen als mittlere Frist** anzunehmen sein (ebenso Vygen, Bauvertragsrecht, Rdn. 375). 96

4. Hinzuziehung von Sachverständigen (Abs. 1 Satz 2)

Jede Vertragspartei ist nach Nr. 4 Abs. 1 Satz 2 berechtigt, **auf ihre Kosten** einen **Sachverständigen hinzuzuziehen.** Das ist besonders dem Auftraggeber zu empfehlen, wenn er selbst oder sein Vertreter bzw. Erfüllungsgehilfe (z. B. Architekt) **nicht die notwendige Sachkunde** besitzt, um in technischer Hinsicht die Bauleistung ordnungsgemäß beurteilen zu können. Dabei entspricht die Beschäftigung von Sachverständigen bei der förmlichen Abnahme der Bestimmung in Teil A § 7 Nr. 1 c und unterfällt damit der Gesamtregelung jener Vorschrift. 97

Die hier in Nr. 4 Abs. 1 Satz 2 festgelegte Verpflichtung des jeweiligen Vertragspartners, die **Kosten der Hinzuziehung des Sachverständigen selbst zu tragen,** bezieht sich nur auf die allein von Nr. 4 erfaßte Tätigkeit eines Sachverständigen zwecks **Feststellung des Befundes der zur Abnahme anstehenden Leistung.** Davon zu unterscheiden ist die Hinzuziehung eines Sachverständigen zum Zwecke der **Feststellung bereits aufgetretener Mängel.** Hier kann sich hinsichtlich der Sachverständigenkosten ein Anspruch des Auftraggebers gegen den Auftragnehmer rechtfertigen, der vor der Abnahme nach Teil B § 4 Nr. 7 Satz 2 und nach der Abnahme nach Teil B § 13 Nr. 5 oder Nr. 7 Abs. 1 unter den dafür jeweils maßgebenden Voraussetzungen gegeben sein kann (BGHZ 54, 352, 358 = NJW 1971, 99 = MDR 1971, 207 = BB 1970, 1508). Im ersteren Fall gilt dies vor allem auch, wenn der Abnahmebefund so ist, daß der Auftraggeber **mit Recht die Abnahme verweigert** (vgl. Rdn. 82 ff.), weil es dem Auftragnehmer in der Regel als Verschulden zuzurechnen ist, daß die Leistung entgegen seinen Angaben noch nicht vertragsgerecht erstellt ist. 98

5. Schriftliche Niederlegung des Befundes (Abs. 1 Satz 3)

Nach Nr. 4 Abs. 1 Satz 3 ist der **Befund in gemeinsamer Verhandlung schriftlich niederzulegen.** Das betrifft einmal den **Befund selbst,** der angetroffen wird. Zum anderen ist das **Ergebnis der Prüfung** schriftlich festzuhalten. Beides hat in **gemeinschaftlicher Verhandlung,** also grundsätzlich in Anwesenheit des Auftraggebers und des Auftragnehmers oder ihrer bevollmächtigten Vertreter, zu geschehen. Beide Vertragspartner haben das Recht, sowohl beim eigentlichen Prüfungsvorgang als auch bei der schriftlichen Niederlegung **gleichberechtigt zu Wort zu kommen.** Der Auftraggeber ist gehalten, in Streitpunkten den Auftragnehmer anzuhören und dessen Auffassung nicht nur entgegenzunehmen, sondern sie auch entsprechend zu würdigen. 99

100 Die **schriftliche Niederlegung des Befundes** hat **in allen Einzelheiten nur** zu erfolgen, soweit übereinstimmend Mängel festgestellt werden oder Fragen über das Vorhandensein oder Nichtvorhandensein von Mängeln streitig sind. Es ist daher nicht erforderlich, in die Niederschrift alle die Leistungselemente im einzelnen einzutragen, die von beiden Seiten für **ordnungsgemäß** gehalten werden. Insoweit genügt eine generell gehaltene Billigung der Leistung.

6. Einzelheiten der Niederschrift (Abs. 1 Satz 4)

101 Nach Nr. 4 Abs. 1 Satz 4 sind die Vertragspartner verpflichtet, **bekannte Mängel konkret zu bezeichnen.** Hierunter sind solche Mängel zu verstehen, die dem Auftraggeber **im Sinne positiver Kenntnis tatsächlich bekannt geworden** sind, wofür im Streitfall der Auftragnehmer wegen der etwaigen Ausschlußwirkung des § 640 Abs. 2 BGB (vgl. dazu Rdn. 32 ff.) die Beweislast trägt. Der Auftraggeber soll weiter Mängel aufnehmen, die er **für solche hält.**

102 Außerdem muß er aber auch noch einen Vorbehalt machen, wenn er seine Gewährleistungsansprüche (mit Ausnahme etwaiger Schadensersatzansprüche) behalten will (vgl. Rdn. 38 ff.). Das gleiche gilt hinsichtlich des **Vorbehaltes** des Anspruches **auf eine verwirkte Vertragsstrafe** (vgl. dazu Teil B § 11 Rdn. 38 ff. und hier Rdn. 125 ff. sowie für den Fall der Abnahme durch eine Gemeinde Rdn. 16). Die erforderlichen **Vorbehalte müssen in das Abnahmeprotokoll aufgenommen werden,** da sie **sonst nicht wirksam** sind (vgl. BGH BauR 1973, 192 = SFH Z 2.411 Bl. 50; OLG Frankfurt SFH § 11 VOB/B Nr. 9; LG Tübingen NJW 1973, 1975). Wird über das Ergebnis der Abnahme vereinbarungsgemäß eine Niederschrift gefertigt, die von beiden Vertragspartnern unterzeichnet werden muß, so ist das Erfordernis eines Vorbehalts von Vertragsstrafenansprüchen gewahrt, wenn der Auftraggeber den Vorbehalt **vor der Unterzeichnung** in der Niederschrift vermerkt. Die Unterschriftsleistung ist jedenfalls dann Teil der Abnahme, wenn Baustellenbesichtigung und Fertigung der Niederschrift in **engem zeitlichem Zusammenhang** stehen (BGH BauR 1974, 206 = WM 1974, 105 = SFH Z 2.502 Bl. 1). Die bloße Mitunterzeichnung des Abnahmeprotokolls durch den Auftragnehmer bedeutet noch **kein Anerkenntnis** des Vertragsstrafenanspruches des Auftraggebers; vielmehr wird dadurch lediglich die Tatsache bestätigt, daß der Auftraggeber den Vorbehalt **gemacht hat, ohne weitergehende Wirkungen** zu Lasten des Auftragnehmers zu haben (BGH BauR 1987, 92 = NJW 1987, 380 = BB 1986, 2295 = Betrieb 1987, 436 = SFH § 11 VOB/B Nr. 11 = ZfBR 1987, 35; OLG Koblenz SFH Z 2.411 Bl. 52). Entsprechendes gilt für den Vorbehalt von Gewährleistungsansprüchen.

103 Für den Fall, daß **im Zeitpunkt der Abnahme wegen etwaiger Mängel bereits ein Prozeß anhängig ist,** bedarf es hinsichtlich dieser – anders dagegen wegen anderer, von dem Prozeßstoff nicht erfaßter – **grundsätzlich keines Vorbehaltes** im Abnahmeprotokoll mehr (vgl. Teil B § 11 Rdn. 38 ff. sowie Jagenburg NJW 1974, 2264, 2266). **Gleiches gilt auch,** wenn im Zeitpunkt der Abnahme gegen den Auftragnehmer wegen bestimmter Mängel ein **Beweissicherungsverfahren** anhängig ist (vgl. Rdn. 32 ff.).

104 In die Niederschrift sind aber insbesondere auch die Einwendungen des Auftragnehmers in ihren Einzelheiten mit aufzunehmen, desgleichen die Stellungnahmen der beigezogenen Sachverständigen.

7. Ausfertigung der Niederschrift an Vertragspartner (Abs. 1 Satz 5)

105 Nach Nr. 4 Abs. 1 Satz 5 muß **jede Partei eine Ausfertigung** der angefertigten **Niederschrift** erhalten. Diese Bestimmung fußt auf dem Grundsatz der **Gleichberechtigung der Vertragspartner.** Keiner soll ohne Grund einen Vorteil gegenüber dem anderen bekommen. Das gilt insbesondere, weil die Niederschrift nicht nur eine **eingehende Prüfung und Begutachtung**

der **Leistung** herbeiführen soll (so Heidland BauR 1971, 18, ferner Hochstein BauR 1975, 221), sondern darüber hinaus auch ein **wertvolles Beweismittel** darstellen kann (vgl. Rdn. 88).

8. Förmliche Abnahme in Abwesenheit des Auftragnehmers (Absatz 2)

Nr. 4 Abs. 2 Satz 1 enthält die **Ausnahme** von dem Grundsatz, daß bei der förmlichen Abnahme der Bauleistung im allgemeinen **beide Vertragspartner** anwesend und an ihr **zu beteiligen** sind. Das ist nicht erforderlich, wenn der Auftragnehmer **entweder zum vereinbarten oder zu einem ihm rechtzeitig mitgeteilten Termin** (vgl. Rdn. 95 f.) **der Abnahme nicht erscheint.** Der **Auftraggeber** kann dann **allein** die **förmliche Abnahme** vornehmen, da ja nur er die Pflicht und damit das Recht zur Abnahme hat.

Diese Ausnahme gilt wiederum nicht, wenn der Auftragnehmer durch einen später nach Vereinbarung des Termins oder dem Erhalt der Einladung dazu eingetretenen **wichtigen Grund** am Erscheinen verhindert ist und ein mit der Sachlage vertrauter, befugter Vertreter nicht zur Verfügung steht. Ein solcher wichtiger Grund kann in einer Erkrankung oder in ähnlichen persönlichen Umständen oder aber auch in objektiv vorrangigen geschäftlichen Angelegenheiten des Auftragnehmers liegen, wofür er die **Beweislast** hat. Bei der Beurteilung solcher Ausnahmesachverhalte ist aber ein **strenger Maßstab** anzulegen. Liegt ein anerkennenswerter Hinderungsgrund vor, ist dem Auftragnehmer das Recht zuzugestehen, vom Auftraggeber die Verschiebung des förmlichen Abnahmetermins zu verlangen. Dabei ist aber Voraussetzung, daß der Auftraggeber durch den Auftragnehmer **unverzüglich von dem Eintritt des wichtigen Hinderungsgrundes benachrichtigt** wird. Andernfalls ist der Auftraggeber zur Termindurchführung nach Maßgabe des Absatzes 2 berechtigt. Einer nach dem Termin eingehenden Entschuldigung des Auftragnehmers mit einem gleichzeitigen Verlangen auf Neuansetzung des Termins wird man nicht unter den Voraussetzungen der Wiedereinsetzung in den vorigen Stand entsprechend § 233 ZPO Beachtung schenken können. Das bedeutet, daß der Auftragnehmer ohne Verschulden (also auch nicht fahrlässig) an der **rechtzeitigen Mitteilung des Hinderungsgrundes** verhindert gewesen sein muß. Allerdings kommt dies nur in Betracht, wenn der Auftragnehmer durch das Ergebnis des Abnahmetermins in seinen Rechten beeinträchtigt worden sein kann, also zumindest Mängel festgestellt, Vorbehalte wegen Mängeln und/oder Vertragsstrafen gemacht worden sind oder sogar die Abnahme verweigert worden ist.

Das zur etwaigen Terminsverlegung Gesagte gilt erst recht für jenen Fall, in dem beim Auftragnehmer bereits bei Erhalt der Einladung zum Abnahmetermin die genannten Hinderungsgründe vorliegen.

Soweit der Auftraggeber befugt ist, die förmliche **Abnahme ohne den Auftragnehmer** vorzunehmen, ist er von der Verpflichtung zur Anfertigung einer Niederschrift nach Maßgabe des Absatzes 1 befreit. Das ergibt sich aus Abs. 2 Satz 2, wonach **dem Auftragnehmer lediglich das Ergebnis der Abnahme mitzuteilen** ist. Wenn auch der Auftraggeber zur Niederschrift nicht verpflichtet ist und nur das Ergebnis seiner Prüfung mitzuteilen braucht, muß er **dennoch einen Vorbehalt dem Auftragnehmer gegenüber machen, wenn er wegen konkret festgestellter und demgemäß dem Auftragnehmer auch mitzuteilender Mängel seine darauf bezogenen Gewährleistungsansprüche** in vollem Umfang und seinen **Anspruch auf eine etwa verwirkte Vertragsstrafe behalten will** (§§ 640 Abs. 2, 341 Abs. 3 BGB).

Dabei wird man allgemein davon ausgehen müssen, daß die **Abnahme noch nicht** erfolgt ist, **solange nicht** die **Mitteilung des Abnahmeergebnisses** an den Auftragnehmer geschehen ist (zutreffend Heiermann/Riedl/Rusam/Schwaab Teil B § 12 Rdn. 24). Das folgt allein daraus, daß die Abnahme als Billigung im wesentlichen vertragsgerechter Leistung dem Auftragnehmer gegenüber auch **zum Ausdruck kommen muß** (vgl. Rdn. 9 ff.). Die Mitteilung des Ergebnisses der Abnahme gehört somit **hier für den Bereich der förmlichen Abnahme** mit zur Abnahme selbst.

Darüber hinaus ist der **Auftraggeber** im Rahmen seiner Hauptpflicht zur Abnahme vertraglich **verpflichtet, das Ergebnis seiner einseitigen förmlichen Abnahme alsbald mitzuteilen, wofür als äußerste Frist die von 12 Werktagen (vgl. Nr. 1) gelten mag. Kommt der Auftraggeber dieser im Rahmen einer Nebenleistung liegenden Verpflichtung schuldhaft nicht nach, kann er sich aus **positiver Vertragsverletzung** dem Auftragnehmer gegenüber schadensersatzpflichtig machen, sofern diesem aus der Verzögerung der Mitteilung des Abnahmeergebnisses ein Schaden entstanden ist. Häufig wird dem **Auftragnehmer** hier allerdings ein **Mitverschulden** (§ 254 BGB) vorzuwerfen sein, weil es ja seine Sache gewesen wäre, an dem Abnahmetermin teilzunehmen.

111 **Erscheint** der **Auftraggeber** seinerseits **nicht** zu dem von ihm selbst anberaumten förmlichen Abnahmetermin, kommt er in **Verzug**. Es treten dann die Folgen ein, die in Rdn. 63 ff. im einzelnen aufgeführt sind.

V. Fiktive Abnahme (Nr. 5)

1. Allgemeines

112 a) **Nr. 5** wird vielfach als **stillschweigende Abnahme** bezeichnet. Das **trifft rechtsbegrifflich nicht zu** (ebenso Brandt BauR 1972, 69; Hochstein BauR 1975, 221; Nicklisch in Nicklisch/Weick Teil B § 12 Rdn. 73). Vielmehr regelt Nr. 5 in den Absätzen 1 und 2 zwei Fälle, in denen über den Rahmen des § 640 BGB hinaus die Wirkung der Abnahme **unabhängig vom ausdrücklich erklärten oder den Umständen nach anzunehmenden wirklichen Willen** des Auftraggebers **eintreten kann, falls er nicht** gleichzeitig die Verweigerung der Abnahme gemäß Nr. 3 zum Ausdruck bringt. Daher sind die hier geregelten Abnahmemöglichkeiten **nicht zu verwechseln mit einer stillschweigenden Billigung** des Bauwerks durch eine entsprechende konkludente Handlung des Auftraggebers, wie sie **insbesondere im Bereich der Abnahme nach Nr. 1** liegen kann (vgl. Rdn. 9 ff., 53 und 55 ff.). Der im konkreten Vertrag festgelegte Ausschluß einer Abnahme nach Nr. 5 bedeutet nicht zugleich schon den vereinbarten Ausschluß konkludenter Abnahme (ebenso OLG München SFH § 16 Nr. 3 VOB/B Nr. 4; OLG Düsseldorf SFH § 12 VOB/B Nr. 3). Da die Regelung der Nr. 5 nicht einer stillschweigenden Abnahme gleichgesetzt werden kann, kommen deren Bestimmungen beim BGB-Bauvertrag – auch sinngemäß – nicht in Betracht (übersehen vom LG Regensburg SFH § 641 BGB Nr. 6).

113 In Nr. 5 wird **ungeachtet des Willens des Auftraggebers** die **Abnahme als gegeben unterstellt, wenn gewisse äußere Ereignisse eingetreten** sind. Es kommt somit grundsätzlich nicht auf die innere Einstellung des Auftraggebers an, ob er die Leistung billigen will, wie das bei einer stillschweigenden Abnahme erforderlich wäre. **Für den Eintritt der Abnahmewirkung nach Nr. 5 ist neben bisher fehlendem Abnahmeverlangen nichts weiter erforderlich als das Vorliegen der dort aufgezählten Tatsachen.**

Dies wird von Trapp (BlGBW 1972, 121), der für den Eintritt der Abnahmewirkung durch Bezug eines Hauses noch weitere zielgerichtete, auf einen Abnahmewillen deutlich hinweisende Verhaltensweisen des Auftraggebers verlangt, nicht richtig gesehen; vor allem läßt sich hier entgegen Trapp kein Vergleich zur Abnahme des Architektenwerks ziehen, weil die dort gegebenen Besonderheiten keinen Beurteilungsmaßstab für das Verhältnis zwischen Auftragnehmer und Auftraggeber abgeben; dieses Ergebnis ist entgegen Trapp auch nicht unbillig, weil es der Auftraggeber jederzeit in der Hand hat, die Abnahme ausdrücklich zu erklären oder sie ausdrücklich abzulehnen; er darf nur nicht den „richtigen Zeitpunkt verschlafen".

114 b) **Vorausgesetzt** wird aber für den Eintritt der Abnahmewirkung nach Nr. 5 **immer, daß keine berechtigte Abnahmeverweigerung nach Nr. 3 vorliegt und daß keine ausdrücklich erklärte Abnahme verlangt wird** (KG BauR 1988, 230, 231). Letzteres betrifft (entgegen Daub/Soergel/Piel/Steffani, Teil B § 12 ErlZ 12.80; wie hier Heiermann/Riedl/Rusam/Schwaab Teil B § 12 Rdn. 27; ferner Nicklisch in Nicklisch/Weick Teil B § 12 Rdn. 75) nicht

nur die förmliche Abnahme nach Nr. 4, sondern auch die **ausdrücklich** erklärte Abnahme nach Nr. 1 (vgl. Rdn. 54), da Nr. 5 Abs. 1 **schlechthin ein fehlendes Abnahmeverlangen voraussetzt,** daher insoweit **auch Nr. 1** ergreift, dort naturgemäß **nur hinsichtlich einer ausdrücklich erklärten,** außerhalb der stillschweigenden (vgl. Rdn. 9 ff., 53) oder förmlichen liegenden **Abnahme.** Das **Verlangen** einer – bloß – **technischen Teilabnahme** nach Nr. 2 b (vgl. Rdn. 76 ff.) **schließt** die **fiktive Abnahme nicht aus** (OLG Düsseldorf BauR 1985, 327, 328).

Jedoch wird eine **Abnahmewirkung nach Nr. 5 nicht ausgeschlossen,** wenn zwar ursprünglich (insbesondere in Besonderen oder Zusätzlichen Vertragsbedingungen) eine erklärte Abnahme – insbesondere eine **förmliche** nach Nr. 4 – vorgesehen war, **nach Fertigstellung** darauf aber besonders seitens des Auftraggebers **nicht mehr zurückgekommen wird** (vgl. BGH SFH Z 2.50 Bl. 9 und Z 2.50 Bl. 24 ff.; KG BauR 1979, 256 und BauR 1988, 230, 231; OLG Düsseldorf BauR 1981, 294). **Vgl. dazu insbesondere auch Rdn. 90 ff.** Ist das doch der Fall, so kommt eine fiktive Abnahme nicht in Betracht (BGH SFH Z 2.331 Bl. 94; BGH BauR 1974, 63). Allerdings darf man im Falle des Nichtzurückkommens auf eine vereinbarte erklärte Abnahme den **Eintritt der Abnahmewirkung nicht schon durch bloßen Ablauf der in Nr. 5 geregelten Fristen** annehmen, insbesondere nicht bei einer ursprünglich vereinbarten oder verlangten, aber ohne sachlich berechtigten Grund nicht durchgeführten förmlichen Abnahme. Vielmehr ist an die jeweils maßgebliche Frist eine **weitere angemessene Frist zu setzen und darüber hinaus aus den Umständen,** insbesondere dem zwischenzeitlichen Verhalten des Auftraggebers, zu beurteilen, ob **nach Treu und Glauben die Abnahmewirkungen im Einzelfall als gegeben anzusehen sind** (so zutreffend Hochstein BauR 1975, 221; dem folgend KG BauR 1979, 256 sowie BauR 1988, 230, 231; OLG Düsseldorf BauR 1981, 294). Das ist der Fall, wenn bei objektiver Betrachtung aus den Umständen anzunehmen ist, daß keine Partei, **insbesondere der Auftraggeber,** auf die vereinbarte andere Abnahmeform zurückkommt (ebenso KG a. a. O.); anders dagegen, wenn sich alsbald nach der Übergabe der Wohnung Mängel zeigen und gerügt werden (vgl. OLG Celle BauR 1984, 409). Nach dem Gesagten kann dies aber entgegen Jagenburg (NJW 1974, 2264) nicht schon entsprechend Teil B § 12 Nr. 1 generell, also „automatisch", binnen 12 Werktagen nach Ablauf der Fristen nach Nr. 5 der Fall sein, weil Nr. 1 ein tatsächliches Verlangen des Auftragnehmers zur Abnahme voraussetzt (vgl. dazu Rdn. 90 ff.). **Hinzu kommt vor allem, daß es hier nicht allein auf den Zeitablauf, sondern auf die Umstände des einzelnen Falles ankommt, aus denen entweder ein Verzicht der Vertragspartner, insbesondere des Auftraggebers, auf die förmliche Abnahme anzunehmen ist oder aber ein Verstoß gegen Treu und Glauben, wenn sich ein Vertragspartner, auch insofern vor allem der Auftraggeber, jetzt noch auf das Erfordernis förmlicher Abnahme beruft** (ebenso Vygen, Bauvertragsrecht, Rdn. 387; ähnlich Nicklisch in Nicklisch/Weick Teil B § 12 Rdn. 75, 67 ff.; wohl auch Werner/Pastor Rdn. 969 ff.).

115

Auch der Vorschlag von Brügmann (BauR 1979, 277), der hier ebenfalls die Frist von 12 Werktagen gemäß Teil B § 12 Nr. 5 Abs. 1 für maßgebend halten will, insoweit gerechnet ab schriftlicher Mitteilung der Fertigstellung der Leistung, vermag deshalb nicht zu überzeugen. Sein Argument, diese Regelung sei – im Gegensatz zur Formulierung in Nr. 5 Abs. 2 a. a. O. – insofern zwingend („so gilt"), ohne ausdrückliche Erwähnung der Möglichkeit anderweitiger Vereinbarung, weil dadurch auf jeden Fall die Abnahmewirkung nach 12 Werktagen eintrete, also auch bei an sich vereinbarter förmlicher Abnahme, verkennt die hier von der VOB und die dieser als Vertragswerk gesetzten Grenzen. Die von Brügmann für maßgebend gehaltene Formulierung in § 12 Nr. 5 Abs. 1 will ersichtlich nicht die Möglichkeit ausschließen, in Besonderen oder Zusätzlichen Vertragsbedingungen festzulegen, daß eine erklärte Abnahme maßgebend sein soll, insbesondere eine förmliche. Dies ergibt sich schon eingangs des hier angesprochenen Absatzes 1, der von einem Nichtverlangen erklärter Abnahme ausgeht. Ein dem entgegenstehendes Verlangen erklärter Abnahme kann aber durchaus bereits in Besonderen oder Zusätzlichen Vertragsbedingungen zunächst einmal generell festgelegt werden. Überdies ist die VOB als Vertragswerk in einzelnen Bestimmungen, mögen sie auch für den Bereich dieses Vertragswerkes „zwingend" formuliert sein, jederzeit

116

einer abweichenden vertraglichen Gestaltung zugänglich, wie sich zwangsläufig aus dem Grundsatz der Vertragsfreiheit ergibt, insbesondere dort, wo – lediglich – eine vertragliche Regelung durch eine andere ersetzt werden soll. Das muß gerade für den Bereich des § 12 Nr. 5 VOB/B gelten, da die dort geregelte fiktive Abnahme im Gesetz (§ 640 BGB) keinen Niederschlag gefunden hat. Brügmann und Jagenburg (a. a. O.) ist sicher zuzugeben, daß der hier geforderte zeitliche Zuschlag, um den dennoch gegebenen Eintritt der Abnahmewirkungen annehmen zu können, weil nach dem Einzelfall unterschiedlich lang, schwer zu fixieren ist. Das läßt sich aber nicht vermeiden, weil die Feststellung dennoch eingetretener Abnahmewirkung nur aus den Umständen auf der Grundlage des Verhaltens des Auftraggebers – ebenso wie im übrigen auch im Falle stillschweigender Abnahme (vgl. Rdn. 55 ff. und 61) – ergeben kann. Dabei kann die Beurteilung nur aus der Rückschau angestellt werden, wofür notgedrungen ein gewisser, nach den Gegebenheiten des Einzelfalles ausgerichteter Spielraum gegeben sein muß. Ähnlich wie hier und gegen Brügmann (a. a. O.) vor allem auch Dähne (BauR 1980, 223), der zur Vermeidung der hier durchaus für den Einzelfall gegebenen Schwierigkeiten eine Neufassung von Teil B § 12 Nr. 4 Abs. 1 Satz 1 dahin vorschlägt, daß eine förmliche Abnahme stattzufinden habe, wenn eine Vertragspartei sie **nach Fertigstellung** verlange, wenn also ein solches Verlangen **ausdrücklich** nach Fertigstellung **wiederholt** wird, falls die förmliche Abnahme bereits vorher im Vertrag vereinbart worden ist. Insofern kann es durchaus angebracht sein, eine entsprechende vertragliche Regelung bereits jetzt in Besonderen oder Zusätzlichen Vertragsbedingungen zu treffen.

117 Treten unter den genannten Gesichtspunkten nach der gegenwärtig geltenden VOB-Regelung die Wirkungen der Abnahme ein, so **gilt** das **auch für die erforderlichen Vorbehalte von bekannten Mängeln und verwirkten Vertragsstrafen.** Diese Vorbehalte müssen dann, um nicht auch insoweit einen Rechtsverlust zu Lasten des Auftraggebers annehmen zu müssen, ebenfalls **innerhalb** der vorgenannten weiteren angemessenen Frist erklärt werden (Hochstein a. a. O.).

118 c) Grundsätzliche Voraussetzung für eine Abnahme nach Nr. 5 ist es aber auch hier, daß die Leistung **zumindest im wesentlichen fertig** und der Vertrag **nicht vorzeitig** – nach Teil B § 6 Nr. 7, §§ 8 oder 9 – **gekündigt** worden ist (vgl. Rdn. 17 ff.). Für solche Fälle **scheidet die Abnahmefiktion aus.** Das ergibt sich aus den hier in Nr. 5 in den Absätzen 1 und 2 geregelten Voraussetzungen, unter denen die Fiktion einer Abnahme möglich ist.

119 d) **Soweit** auf den betreffenden Bauvertrag das **AGB-Gesetz Anwendung** findet (vgl. Teil A § 10 Rdn. 77 ff.), ist besonders zu beachten, daß die Regelung über die fiktive Abnahme in **Nr. 5 Abs. 1 und 2 an sich gegen § 10 Nr. 5 AGB-Gesetz verstößt,** wonach grundsätzlich eine Vertragsklausel unwirksam ist, nach der eine Erklärung des Vertragspartners des Verwenders – hier: Auftraggebers – bei Vornahme oder Unterlassung einer bestimmten Handlung (hier Abnahme oder Verweigerung der Abnahme) als abgegeben oder nicht abgegeben gilt. Hiernach steht **Nr. 5 Abs. 1 und 2 zu einem Klauselverbot,** allerdings dieses mit Wertungsmöglichkeit und damit kein uneingeschränktes, absolutes Verbot, **in Widerspruch.**

Jedoch greift hier die **Ausnahmeregelung in § 23 Abs. 2 Nr. 5 AGB- Gesetz** ein, wonach u. a. § 10 Abs. 5 a. a. O. nicht gilt, wenn die VOB Vertragsgrundlage ist. Hiernach ist § 12 **Nr. 5 Abs. 1 und 2 VOB/B durch den Gesetzgeber sozusagen sanktioniert. Allerdings** trifft dies auf den betreffenden Fall **nur** zu, **wenn die VOB „als Ganzes"** vereinbart ist (vgl. dazu näher Teil A § 10 Rdn. 122 ff.; insbesondere BGH BauR 1983, 161 = NJW 1983, 816 = BB 1983, 599 = MDR 1983, 393 = Betrieb 1983, 819 = ZIP 1983, 325 = SFH § 16 Nr. 3 VOB/B Nr. 25 = ZfBR 1983, 85 = Anm. Locher BauR 1983, 362; Heiermann/Riedl/Rusam/Schwaab Teil B § 12 Rdn. 34 b; Vygen, Bauvertragsrecht Rdn. 386; Löwe/v. Westphalen/Trinkner, Band III 35.5 Rdn. 13; Ulmer/Brandner/Hensen Anh. §§ 9–11 Rdn. 904; vgl. auch Teil B § 16 Rdn. 158 ff.). Sofern Palandt/Heinrichs (AGB-Gesetz § 10 Anm. 5 b, dd; Stübing NJW 1978, 1606, 1607, 1610, auch Nicklisch in Nicklisch/Weick Teil B § 12 Rdn. 92; vgl. ferner Wolf/Horn/Lindacher § 23 Rdn. 255 f.) die Regelung in § 23 Abs. 2 Nr. 5 AGB-Gesetz in bezug auf Teil B § 12 Nr. 5 Abs. 1 für verfassungsrechtlich bedenklich halten, weil im Hinblick auf Art. 3 GG nicht einzusehen sei, daß hier der Verwender anders zu behandeln sei als in anderen

Fällen, ist das nicht gerechtfertigt. Sie übersehen dabei nämlich, daß **auch bei Art. 3 GG die nun einmal gegebene Besonderheit des Bauvertrages** zu berücksichtigen ist und hier **insbesondere** die **Ausgewogenheit des Gesamtvertragswerkes der VOB**. Gerade diese Gesichtspunkte dürften zu der Annahme führen, daß die angeführte Bestimmung des AGB-Gesetzes als verfassungskonform anzusehen ist, zumal für den Bereich des § 10 AGB-Gesetz Wertungsspielraum gegeben ist (so im Ergebnis auch Löwe/v. Westphalen/Trinkner § 23 Abs. 2 Nr. 5 Rdn. 7; Ulmer/Brandner/Hensen § 23 Rdn. 45). Siehe dazu auch Teil A § 10 Rdn. 122 ff.

2. Schriftliche Mitteilung von der Fertigstellung der Leistung (Nr. 5 Abs. 1)

a) **Wird keine Abnahme verlangt, gilt** die Leistung **mit dem Ablauf von 12 Werktagen nach der schriftlichen Mitteilung über die Fertigstellung als abgenommen** (Absatz 1). **Grundlegendes Erfordernis** ist es, daß eine fertige, **abnahmereife Leistung** vorliegt (OLG Düsseldorf BauR 1976, 939), da auch hier die in Nr. 1 festgehaltenen **objektiven** Voraussetzungen für die Abnahme gelten (a. a. O.; vgl. Rdn. 17 ff., 49 ff., 118). 120

Die **schriftliche Mitteilung** erfolgt als empfangsbedürftige Willenserklärung vom Auftragnehmer an den Auftraggeber bzw. dessen für die Abnahme bevollmächtigten Vertreter (wegen des Architekten vgl. Rdn. 13 f.). 121

Sie ist **Wirksamkeitsvoraussetzung für den Beginn der Frist von 12 Werktagen**, damit **auch für den Eintritt der Abnahmewirkung** nach Ablauf dieser Frist. Deshalb unterliegt es keinem Zweifel, daß der **Fristbeginn und der daran anschließende Lauf der Frist zunächst vom Zugang der schriftlichen Mitteilung** über die Fertigstellung der Leistung beim Auftraggeber oder seinem für die Abnahme befugten Vertreter **abhängig** sind, wofür die §§ 130 ff. BGB und – für die Fristberechnung – die §§ 187 ff. BGB maßgebend sind. Vor allem auch die **Einhaltung der Schriftform ist zwingend**; also **genügt** hier eine bloß **mündliche Mitteilung nicht**. 122

Es ist nicht erforderlich, daß der Auftragnehmer in seiner schriftlichen Mitteilung ausdrücklich erklärt, die Leistung sei vollendet und abnahmereif. Zwar ist eine solche konkrete Mitteilung zu empfehlen, um etwaige Unklarheiten zu vermeiden. Es genügt aber auch eine **andere Art der schriftlichen Mitteilung, die zweifelsfrei die Nachricht von der Fertigstellung der Leistung beinhaltet**, wie z. B. die Zusendung der als solche eindeutig ausgewiesenen **Schlußrechnung** (ständige Rechtsprechung, u. a. BGHZ 55, 354 = NJW 1971, 831 = MDR 1971, 473 = BauR 1971, 126 = WM 1971, 685 = SFH Z 2.414 Bl. 248 = LM § 320 BGB Nr. 11 Anm. Rietschel = BlGBW 1971, 178; BGH BauR 1980, 357 = SFH § 12 VOB/B Nr. 4), die Erklärung der erfolgten Räumung der Baustelle usw. So stellt z. B. eine vom Auftragnehmer dem Auftraggeber bzw. dessen zur Abnahme bevollmächtigtem Vertreter zugesandte Rechnung mit der Überschrift „Ausgeführte Dachdeckerarbeiten ..." eine schriftliche Mitteilung über die Fertigstellung einer Leistung im Sinne von Teil B § 12 Nr. 5 Abs. 1 dar, vgl. OLG Hamm SFH Z 2.50 Bl. 5 ff.; ferner OLG Düsseldorf SFH Z 2.50 Bl. 19 ff., Z 2.50 Bl. 15 ff. Erst recht gilt dies für den Vermerk auf der übersandten Rechnung „Ordnungsmäß fertiggestellte Arbeiten" (vgl. OLG Frankfurt BauR 1979, 326). 123

b) Ist die Frist von 12 Werktagen seit Erhalt der Mitteilung über die Fertigstellung der Leistung abgelaufen, **ohne daß die Abnahme verweigert oder eine ausdrücklich erklärte Abnahme verlangt oder vorgenommen** worden ist, dann **gilt die Bauleistung als abgenommen**, und es treten die **Wirkungen der Abnahme** (vgl. Rdn. 23 ff.) ein. 124

c) Will der Auftraggeber nach Fristablauf noch bisher **bekannte Gewährleistungsansprüche** geltend machen (§ 640 Abs. 2 BGB) oder eine **verwirkte Vertragsstrafe** (§ 341 Abs. 3 BGB) verlangen, muß er sich diese Rechte **bis zum Ablauf der Frist von 12 Werktagen** dem 125

Auftragnehmer gegenüber vorbehalten (Absatz 3). Tut er das nicht, hat er mit Fristablauf diese Rechte verwirkt bzw. eine ihn betreffende Obliegenheit mit der Wirkung des Ausschlusses verletzt. Hinsichtlich der **Gewährleistungsansprüche** gilt dies jedoch **nur für Nachbesserung und Minderung** nach Teil B § 13 Nr. 5 und 6, **nicht aber hinsichtlich des Schadensersatzanspruches nach Nr. 7** a. a. O. Die Wirkung der hier erörterten Regelung der VOB geht über den Rahmen des § 640 Abs. 2 BGB nicht hinaus, der nicht Schadensersatzansprüche aus § 635 BGB erfaßt (OLG Düsseldorf SFH Z 2.50 Bl. 15 ff. und BauR 1974, 346; KG BauR 1973, 244). Vgl. dazu insbesondere auch Rdn. 32 ff. und Teil B § 13 Rdn. 673 ff. **Gleiches gilt hinsichtlich eines Schadensersatzanspruches nach Teil B § 4 Nr. 7;** auch insoweit bedarf es keines Vorbehaltes bei der Abnahme (BGH BauR 1975, 344 = NJW 1975, 1701 = BB 1975, 990 = SFH Z 2.502 Bl. 8 = MDR 1975, 834 = LM VOB/B Nr. 76/77).

Soweit es etwaige Nachbesserungs- und Minderungsansprüche sowie Vertragsstrafenansprüche des Auftraggebers anbelangt, liegt es andererseits sicher im **besonderen Interesse des Auftragnehmers, die schriftliche Mitteilung** über die Fertigstellung **unverzüglich nach Beendigung** der Leistung an den Auftraggeber zu richten.

126 Grundlegende Voraussetzung für einen **wirksamen Vorbehalt** der genannten **Gewährleistungs- oder von Vertragsstrafenansprüchen** ist es, daß er **innerhalb der 12tägigen Frist** erklärt werden muß, um diese aufrechterhalten zu können. Die **vor oder nach** dieser Frist ausgesprochenen Vorbehalte haben grundsätzlich **keine Wirkung**.
Zwar könnte aus dem Wort „spätestens" in Teil B § 12 Nr. 5 Abs. 3 geschlossen werden, daß der Vorbehalt auch vor dem Fristbeginn erklärt werden könne. Eine solche Auslegung würde aber nicht dem Sinn dieser Bestimmung gerecht. **In ihr wird anstelle der tatsächlich erfolgten Abnahme eine Frist gesetzt** (BGHZ 33, 236, 239 = LM ZPO § 279 a Nr. 1 = NJW 1961, 115 = MDR 1961, 46 = SFH Z 2.411 Bl. 11 = JZ 1961, 58 = BB 1960, 1302; BGH NJW 1971, 838 = BauR 1971, 126 = SFH Z 2.414 Bl. 248). Wenn bei der erklärten, also auf § 640 BGB beruhenden Abnahme ein Vorbehalt **im Zeitpunkt der Abnahme** erforderlich ist, kann bei der hier unterstellten Abnahme nichts anderes gelten. Nur muß der Vorbehalt statt zu einem bestimmten Zeitpunkt innerhalb einer bestimmten Frist geltend gemacht werden (OLG Düsseldorf SFH Z 2.50 Bl. 5 ff.; vgl. auch BGH SFH Z 2.411 Bl. 34; später offengelassen von BGHZ 54, 352 = MDR 1971, 201 = VersR 1971, 135 = NJW 1971, 99 = BB 1970, 1508 = BauR 1971, 51 = SFH Z 2.414 Bl. 245 ff.).

127 Allerdings kann **ausnahmsweise** auf die Geltendmachung des Vorbehalts **hinsichtlich entdeckter Mängel innerhalb** der genannten Frist auch aus dem früheren Verhalten des Auftraggebers geschlossen werden, so z. B., wenn er kurz zuvor Mängel gerügt und dem Auftragnehmer **eindringlich** erklärt hat, er werde die – mangelhafte – Leistung **niemals hinnehmen, und ganz klar ist, daß sich diese Haltung innerhalb der hier maßgeblichen Frist nicht geändert hat** (ebenso KG BauR 1973, 244; vgl. dazu auch RGZ 58, 261, 262; RGZ 73, 146, 147 sowie BGHZ 62, 328 = WM 1974, 658 = BauR 1975, 55 = NJW 1974, 328 = BB 1974, 906 = LM § 341 BGB Nr. 4 Anm. Mattern = Betrieb 1974, 1331 = SFH Z 2.502 Bl. 5; vor allem auch BGH BauR 1975, 344 = NJW 1975, 1701 = BB 1975, 990 = SFH Z 2.502 Bl. 8 = MDR 1975, 835 = LM VOB/B Nr. 76/77). Dies ist jedoch **eng auszulegen, insbesondere müssen klare Anhaltspunkte für die unveränderte Haltung des Auftraggebers innerhalb der Frist vorliegen,** und die Mängel müssen schon vorher ganz zweifelsfrei bezeichnet worden sein. Für diesen **Ausnahmetatbestand** hat der **Auftraggeber** die **Beweislast**.

128 **Der Vorbehalt ist im Falle eines bereits anhängigen Prozesses** dann entbehrlich, wenn der Auftraggeber seinen Mängelbeseitigungsanspruch bereits vor der Abnahme klageweise geltend gemacht hat, was an sich selbstverständlich ist (zutreffend Jagenburg NJW 1974, 2264, 2266).

129 Zum **Vorbehalt bei der Vertragsstrafe** vgl. vor allem Teil B § 11 Rdn. 38 ff. Dagegen gilt die

vorangehend für den Fall einer schon vor Fristbeginn ordnungsgemäß erhobenen Mängelrüge erwähnte **Ausnahme nicht für den Bereich der Vertragsstrafe;** denn der Vorbehalt einer Mängelrüge, **die auf eine mängelfreie Leistung als besonders vorrangigem Interesse des Auftraggebers abzielt,** kann mit dem Vorbehalt der Vertragsstrafe, die den **Auftragnehmer zur fristgerechten Vertragserfüllung anhalten soll,** nicht verglichen werden (OLG Düsseldorf BauR 1977, 281; a. A. Nicklisch in Nicklisch/Weick Teil B § 12 Rdn. 89 in Verkennung der gegebenen Unterschiede; wie hier wohl Werner/Pastor Rdn. 1613; Locher, Das private Baurecht, Rdn. 147). Versäumt der Auftraggeber den rechtzeitigen Vorbehalt der Vertragsstrafe, so ist er, anders als im Bereich des § 640 Abs. 2 BGB, allerdings nicht gehindert, gegen den Auftragnehmer einen aus demselben Sachverhalt hergeleiteten Schadensersatzanspruch, der ganz oder zum Teil auch durch die Vertragsstrafenvereinbarung abgedeckt ist, geltend zu machen (vgl. dazu Teil B § 11 Rdn. 53).

d) Der **Vorbehalt kann mündlich erklärt werden;** jedoch ist dem Auftraggeber zu Beweiszwecken dringend anzuraten, die Schriftform zu wählen. Dabei muß die schriftliche Äußerung des Vorbehalts **innerhalb der genannten Frist von 12 Werktagen beim Auftragnehmer eingehen.** 130

Das gilt **auch für Einschreibesendungen,** deren **Zugang** grundsätzlich nicht schon mit der Hinterlassung eines Benachrichtigungszettels bewirkt ist, sondern erst mit der Übergabe des Briefes an den Adressaten oder eine zur Annahme berechtigte Person (BGH VersR 1971, 262; BGH VersR 1984, 45; BAG NJW 1963, 554; OLG Celle NJW 1974, 1386; OLG Hamm VersR 1976, 722; vgl. dazu auch Behn AcP 78, Bd. 178, 505). Daher begründet die Versendung eines Briefes per Einschreiben noch keinen Anscheinsbeweis für dessen Zugang (OLG Köln MDR 1987, 405); ist der verspätete Zugang eines Einschreibens aber darauf zurückzuführen, daß der Empfänger ein Postfach hat und dieses täglich nur einmal am frühen Morgen (oder in noch längeren Abständen) leert, so kann er sich auf eine etwaige Verspätung nicht berufen (OLG Celle a. a. O.). Zu Fragen des Zugangs vgl. auch Teil A § 28 Rdn. 7 ff.

3. Inbenutzungnahme der Leistung (Nr. 5 Abs. 2)

a) Hat der Auftraggeber die **Leistung** oder einen Teil derselben **in Benutzung genommen, gilt die Abnahme nach dem Ablauf von 6 Werktagen nach Beginn der Benutzung als erfolgt,** wenn nichts anderes vereinbart ist. Die Benutzung von Teilen einer baulichen Anlage zur Weiterführung des Baues gilt nicht als Abnahme. 131

Erste Voraussetzung für den Eintritt der in Absatz 2 geregelten zweiten Form der fiktiven Abnahme ist die **Benutzung der Leistung** oder eines Teils derselben **durch den Auftraggeber, ohne daß ausdrücklich eine Abnahme verlangt worden ist.** Dieser zuletzt genannte Teil aus Absatz 1 gilt auch hier (vgl. Rdn. 114 ff.). Ebenfalls darf eine zu Recht erklärte Abnahmeverweigerung nach Nr. 3 nicht schon vorliegen; auch darf zwischenzeitlich noch keine Abnahme, vor allem nach Maßgabe der Nr. 1 oder der Nr. 4, erfolgt sein (vgl. dazu Rdn. 139). 132

Typisches Beispiel für die Inbenutzungnahme der Leistung ist der Einzug in ein neu errichtetes bzw. um- oder ausgebautes Bauwerk. 133

(So auch BGH NJW 1962, 1569 = BlGBW 1962, 302; Urt. vom 10. 2. 1966 – VII ZR 118/64 –; in gleichem Sinne auch BGHZ 55, 354 = NJW 1971, 838 = BauR 1971, 126 = MDR 1971, 473 = WM 1971, 685 = SFH Z 2.414 Bl. 248 = LM § 320 BGB Nr. 11 Anm. Rietschel = BlGBW 1971, 178; BGH BauR 1975, 344 = NJW 1975, 1701 = BB 1975, 990 = SFH Z 2.502 Bl. 8 = MDR 1975, 835 = LM VOB/B Nr. 76/77; LG Nürnberg-Fürth BauR 1974, 426 = SFH Z 3.008 Bl. 2).

Die Benutzung kann auch auf andere Weise geschehen, wie z. B. durch Freigabe einer Brücke für den Verkehr, Inbetriebnahme eines Kraftwerkes, Aufnahme der Fabrikation, Inbetriebnahme und Bezahlung einer nach dem Vertrag zu verlegenden Lichtleitung (BGH BauR 1971, 128 = SFH Z 4.01 Bl. 65) oder durch Eröffnung eines Ladenlokals für den Geschäftsverkehr. Handelt es sich um die **Leistung eines Subunternehmers**, so liegt die **Inbenutzungnahme durch den Auftraggeber (hier Hauptunternehmer bzw. Generalunternehmer) darin, daß dieser die Leistung dem Bauherrn zur Benutzung überläßt und der Bauherr sie nutzt** (vgl. KG BauR 1973, 244). Im Falle der Weiternutzung während eines Um- oder Erweiterungsbaues liegt eine Inbenutzungnahme im hier erörterten Sinne im Zeitpunkt der dem Auftraggeber klar erkennbaren Fertigstellung der Arbeiten vor (OLG Karlsruhe Justiz 1980, 325).

134 b) Die **Benutzung** kann sich **entweder** auf die **gesamte vertragliche Leistung** des Auftragnehmers **oder nur auf einen Teil** derselben beziehen. Dabei kommen **nur solche Teile der Gesamtleistung in Betracht, die für eine eigene Abnahme geeignet sind.** Es muß sich also um Teilleistungen handeln, die **Nr. 2 a unterliegen,** nicht aber um solche, die nur von Nr. 2 b erfaßt werden (vgl. Rdn. 68 ff.). Bei den letzteren ist eine eigentliche Abnahme noch nicht möglich, sondern es wird lediglich der technische Befund für eine spätere wirkliche Abnahme festgehalten.

135 Nach Abs. 2 Satz 2 gilt es ferner **nicht** als **Benutzung, wenn Teile** der baulichen Anlage **in Benutzung genommen** werden **und** das **nur für die Weiterführung** der Arbeiten geschieht, z. B. der Rohbau betreten und benutzt wird, um – durch andere Handwerker – den Innenausbau herbeizuführen.

136 Daraus ist zu folgern, daß eine **Benutzung im Sinne von Abs. 2 Satz 1 nur** gegeben ist, **wenn es sich um eine Ingebrauchnahme zu einem Zweck handelt, der sich aus dem Endzweck der bestimmungsgemäßen Bauwerkserrichtung** ergibt (z. B. Wohnen im neuen oder umgebauten Haus, Fahren auf der neuen Straße usw.). Eine bloße **Erprobung,** wie etwa der Probelauf einer Heizung, ist **noch keine Benutzung** durch den Auftraggeber, selbst wenn er das Haus bereits bewohnt, wie das im Falle einer Modernisierung der Heizung in einem Altbau nicht selten ist. Auch die gelegentliche Benutzung zu anderen Zwecken als dem Ziel der Bauwerkserrichtung vor dessen Erreichung fällt nicht unter Abs. 2 Satz 1. **Nicht notwendig** ist es dagegen für den Begriff der Benutzung, daß die **gänzliche Vollendung** des Bauwerkes vorausgesetzt würde; allerdings muß es auch hier **im wesentlichen fertig** („vertragsgerecht") sein (vgl. Rdn. 17 ff.).

137 c) Für die hier erörterte besondere Form der Abnahme kommt es **nicht schlechthin** darauf an, ob der Auftraggeber bei Inbenutzungnahme **noch Mängel** beanstandet. Vielmehr genügt es für die Abnahme, daß er mit der durch die **Benutzung zum Ausdruck gekommenen Haltung die Leistung bei objektiver Betrachtung als im wesentlichen vertragsgemäße Erfüllung behandelt,** BGH NJW 1961, 115 = MDR 1961, 46 = JZ 1961, 58 = SFH Z 2.411 Bl. 11 = BB 1960, 1302; BGH BauR 1975, 344 = NJW 1975, 1701 = BB 1975, 990 = SFH Z 2.502 Bl. 8 = MDR 1975, 835 = LM VOB/B Nr. 76/77. Das wird er in der Regel nicht tun, wenn an der Leistung noch wesentliche Teile fehlen, außerdem die erstellten Leistungsteile grobe, ersichtliche Mängel aufweisen (vgl. BGH SFH Z 2.511 Bl. 10; auch Nicklisch in Nicklisch/Weick Teil B § 12 Rdn. 87). Gleiches gilt, wenn der Auftraggeber nur aus dem **Zwang der Verhältnisse** , etwa weil er die bisher innegehabte Mietwohnung verlassen muß, die Leistung benutzt, wenn also eine – im übrigen von ihm zu beweisende – Notsituation vorliegt. Anzunehmen ist das auch, wenn der Auftraggeber trotz erkennbar gemachter Abnahmeverweigerung den Einzug von Mietern ersichtlich zwecks Vermeidung von Mietausfällen herbeiführt, also **lediglich** aus dem Gesichtspunkt der **Schadensminderung** (vgl. BGH BauR 1979, 152 = BB 1979, 134 = NJW 1979, 549 = SFH § 16 Ziff. 2 VOB/B Nr. 11 = Betrieb 1979, 742 = ZfBR 1979, 65). Auch dürfte in der Regel eine Abnahme durch Benutzung zu verneinen sein, wenn der Auf-

traggeber **unmittelbar bei** Übernahme der Leistung wesentliche und ins Gewicht fallende Mängel rügt (vgl. dazu OLG Köln BB 1974, 159). Allerdings kommt es hier nicht auf ein „subjektives Moment" auf seiten des Auftraggebers an, weil der **Abnahmewille im Rahmen** der hier erörterten sogenannten **fiktiven Abnahme keine Rolle** spielt. Bei derart typisiertem Verhalten mit normierter Wirkung bleibt der Wille des Handelnden außer Betracht, falls dieser der Rechtswirkung nicht durch ausdrückliche Erklärung entgegentritt (vgl. z. B. § 108 Abs. 2 Satz 2 Halbsatz 2, § 568 Satz 1 BGB, § 362 Abs. 1 Satz 1 Halbsatz 2 HGB; so mit Recht BGH BauR 1975, 344 = NJW 1975, 1701 = BB 1975, 1 = BB 1975, 990 = SFH Z 2.502 Bl. 8 = MDR 1975, 835 = LM VOB/B Nr. 76/77). Das kann **grundsätzlich nur durch ausdrückliche Verweigerung der Abnahme** nach Teil B § 12 Nr. 3 (vgl. Rdn. 82 ff.) geschehen.

d) Um den Eintritt der Abnahme hier zu erreichen, müssen **6 Werktage** seit dem Beginn der **Benutzung** vergangen sein. Die Benutzung **beginnt mit dem ersten Tag der tatsächlichen Ingebrauchnahme;** für die Fristberechnung ist nach § 187 Abs. 1 BGB der diesem Tag folgende Werktag erster Tag. Weiter ist zu fordern, daß die Benutzung **ununterbrochen** 6 Werktage erfolgt sein muß, bis die Abnahmewirkung eintritt, es sei denn, der Auftraggeber gibt die Benutzung innerhalb der Frist **ohne erkennbaren Zusammenhang mit der Leistung** des Auftragnehmers auf oder unterbricht sie. Es wäre nicht angängig, einem Auftraggeber die Abnahme zu unterstellen, wenn er die Leistung zwei Werktage benutzt, die Benutzung dann **wegen der Mängel unterbricht,** sie nach erfolgter Nachbesserung durch den Auftragnehmer fünf Tage fortsetzt und sie dann wegen neuer oder immer **noch fortbestehender Mängel** erneut unterbricht. 138

Bei der Berechnung der 6 Werktage zählen Samstage mit (BGH BauR 1975, 344 = NJW 1975, 1701 = BB 1975, 990 = SFH Z 2.502 Bl. 8 = MDR 1975, 835 = LM VOB/B Nr. 76/77), jedoch ist hinsichtlich des letzten Tages der Frist § 193 BGB zu beachten.

e) Sind seit dem Beginn der Benutzung 6 Werktage vergangen, so **gilt** die **Abnahme als erfolgt,** und es treten die Wirkungen wie bei einer normalen oder förmlichen Abnahme ein, vgl. hierzu Rdn. 23 ff. 139

Äußert sich der Auftraggeber innerhalb dieser Frist in positivem Sinne über die Abnahme, ist für eine fiktive Abnahme nach Nr. 5 kein Raum mehr. Vielmehr ist dann entweder nach Nr. 1 oder nach Nr. 2 a abgenommen, u. U. auch nach Nr. 4, wenn die dortigen besonderen Voraussetzungen erfüllt sind. Lehnt der Auftraggeber in dieser Zeit die Abnahme ab, etwa wegen wesentlicher Mängel, so ist Nr. 3 maßgebend. Die **Benutzung gilt dann nicht als Abnahme,** wenn der Auftraggeber diese entweder ausdrücklich abgelehnt oder durch eine Erklärung unmißverständlich kundgetan hat, daß er das Werk nicht als abgenommen ansehen kann (vgl. hierzu BGH SFH Z 2.50 Bl. 3 f. sowie BGH BauR 1979, 152 = BB 1979, 134 = NJW 1979, 549 = SFH § 16 Ziff. 2 VOB/B Nr. 11 = Betrieb 1979, 742 = ZfBR 1979, 65; ferner Rdn. 82 ff.). Eine Ablehnung kann, je nach Lage des Falles, auch darin liegen, daß der Auftraggeber innerhalb der Sechstagefrist einen Vorbehalt wegen wesentlicher Mängel der Bauleistung gemacht hat und daraus zugleich die Verweigerung der Abnahme zu folgern ist, vgl. hierzu LG Rottweil (SFH Z 2.50 Bl. 1 f.). 140

f) Schließlich kommt auch hier Nr. 5 Abs. 3 zur Anwendung, wonach der Auftraggeber im Wege einer empfangsbedürftigen Willenserklärung **innerhalb der Sechstagefrist Vorbehalte eindeutig zum Ausdruck bringen muß,** wenn er nicht die Gewährleistungsansprüche auf **Nachbesserung oder Minderung sowie** den Anspruch auf eine **verwirkte Vertragsstrafe** verlieren will, §§ 640 Abs. 2, 341 Abs. 3 BGB, vgl. dazu BGHZ 33, 236 = NJW 1961, 115 = MDR 1961, 46 = JZ 1961, 58 = SFH Z 2.411 Bl. 11 = BB 1960, 1302. Siehe Rdn. 32 ff. sowie 101 ff., 124–130 und 114 ff. Die dort erörterten Gesichtspunkte gelten auch hier (vgl. auch 141

BGH BauR 1975, 344 = NJW 5, 344 = NJW 1975, 1701 = BB 1975, 990 = SFH Z 2.502 Bl. 8 = MDR 1975, 835 = LM VOB/B Nr. 76/77).

4. Von Nr. 5 abweichende Vereinbarungen

142 Es bleibt den Parteien unbenommen, im Bauvertrag durch Besondere oder Zusätzliche Vertragsbedingungen (vgl. Teil A § 10 Nr. 4 g) eine von der Abnahmefiktion in Nr. 5 **abweichende Vereinbarung** zu treffen. Diese liegt etwa in der Absprache, daß die geleisteten Arbeiten erst nach Abnahme durch die Bauleitung in die Verantwortlichkeit des Auftraggebers übergehen sollen (LG Köln SFH Z 2.50 Bl. 12 ff.), oder in der Vereinbarung, daß die Abnahme in einem gemeinsamen Ortstermin erfolgen (BGH SFH Z 2.331 Bl. 94) oder daß der Architekt schriftlich abnehmen soll (BGH BauR 1974, 73 = VersR 1974, 261). Aus einer solchen Abrede geht hervor, daß nach dem Parteiwillen eine wirkliche und nicht nur eine fiktive Abnahme erfolgen soll.

Auch einer solchen Klausel muß aber ganz klar der übereinstimmende Wille der Vertragspartner zu entnehmen sein, daß die fiktive Abnahme nach Nr. 5 **in beiden Alternativen, und zwar uneingeschränkt, ausgeschlossen sein soll** (vgl. dazu KG BauR 1979, 256; OLG Düsseldorf SFH § 14 VOB/B Nr. 3). **Vgl. aber auch hier Rdn. 114 ff. und 90 ff.**

VI. Gefahrübergang (Nr. 6)

143 **Mit der Abnahme** der Bauleistung **geht die Gefahr hinsichtlich der Vergütung auf den Auftraggeber über.** Über den Begriff der Gefahr vgl. Teil B § 7 Rdn. 3 ff. Die gleiche Regelung findet sich in § 644 BGB (so auch BGH BlGBW 1962, 59). Allerdings bedurfte es hier für den Bereich der VOB wegen der besonderen Regelung in Teil B § 7 einer Einschränkung. Die Gefahr kann mit der Abnahme nur insoweit auf den Auftraggeber übergehen, als er sie **im Zeitpunkt der Abnahme noch nicht trägt.**

144 Da es sich bei Teil B § 7 um eine von der gesetzlichen Regelung teilweise abweichende vertragliche Vereinbarung handelt, wird man aus Nr. 6 den Schluß ziehen müssen, daß die Gefahr auch dann bereits vor der Abnahme auf den Auftraggeber übergeht, wenn aus anderen als in Teil B § 7 Nr. 1 geregelten Gründen **kraft ausdrücklicher Parteivereinbarung** in den Besonderen oder Zusätzlichen Vertragsbedingungen ein früherer Gefahrübergang – unabhängig von der Abnahme – vereinbart worden ist. Die Möglichkeit einer solchen Vereinbarung bietet Teil A § 10 Nr. 4 Abs. 2. Der Auftraggeber kann für die Zeit nach Gefahrübergang bis zur Fertigstellung bzw. Inbenutzungnahme des fertigen Objektes eine Bauleistungsversicherung abschließen (vgl. dazu Kaiser, Bauwirtschaft 1972, 1483; ferner Teil B § 7 Rdn. 38 f.).

145 Allerdings bringt der **Gefahrübergang**, gleichgültig für welchen Zeitpunkt er vorgesehen ist, dann **keine Haftungsbefreiung** des Auftragnehmers, wenn er seine Leistung unter Verwendung von für die dieser nachfolgenden Leistung gefährlichen Stoffen erstellt hat und die nachfolgende Leistung eines anderen Unternehmers hierdurch Schaden erleidet oder gar auch die eigene Leistung des Auftragnehmers; dann haftet dieser gegenüber dem Auftraggeber für den eingetretenen Schaden aus **positiver Vertragsverletzung** (so mit Recht Weyer BlGBW 1970, 206 f.).

§ 13 Gewährleistung

1. Der Auftragnehmer übernimmt die Gewähr, daß seine Leistung zur Zeit der Abnahme die vertraglich zugesicherten Eigenschaften hat, den anerkannten Regeln der Technik entspricht und nicht mit Fehlern behaftet ist, die den Wert oder die Tauglichkeit zu dem gewöhnlichen oder dem nach dem Vertrag vorausgesetzten Gebrauch aufheben oder mindern.

2. Bei Leistungen nach Probe gelten die Eigenschaften der Probe als zugesichert, soweit nicht Abweichungen nach der Verkehrssitte als bedeutungslos anzusehen sind. Dies gilt auch für Proben, die erst nach Vertragsabschluß als solche anerkannt sind.

3. Ist ein Mangel zurückzuführen auf die Leistungsbeschreibung oder auf Anordnungen des Auftraggebers, auf die von diesem gelieferten oder vorgeschriebenen Stoffe oder Bauteile oder die Beschaffenheit der Vorleistung eines anderen Unternehmers, so ist der Auftragnehmer von der Gewährleistung für diese Mängel frei, außer wenn er die ihm nach § 4 Nr. 3 obliegende Mitteilung über die zu befürchtenden Mängel unterlassen hat.

4. Ist für die Gewährleistung keine Verjährungsfrist im Vertrag vereinbart, so beträgt sie für Bauwerke und für Holzerkrankungen 2 Jahre, für Arbeiten an einem Grundstück und für die vom Feuer berührten Teile von Feuerungsanlagen ein Jahr. Die Frist beginnt mit der Abnahme der gesamten Leistung; nur für in sich abgeschlossene Teile der Leistung beginnt sie mit der Teilabnahme (§ 12 Nr. 2 a).

5. (1) Der Auftragnehmer ist verpflichtet, alle während der Verjährungsfrist hervortretenden Mängel, die auf vertragswidrige Leistung zurückzuführen sind, auf seine Kosten zu beseitigen, wenn es der Auftraggeber vor Ablauf der Frist schriftlich verlangt. Der Anspruch auf Beseitigung der gerügten Mängel verjährt mit Ablauf der Regelfristen der Nr. 4, gerechnet vom Zugang des schriftlichen Verlangens an, jedoch nicht vor Ablauf der vereinbarten Frist. Nach Abnahme der Mängelbeseitigungsleistung beginnen für diese Leistung die Regelfristen der Nr. 4, wenn nichts anderes vereinbart ist.

(2) Kommt der Auftragnehmer der Aufforderung zur Mängelbeseitigung in einer vom Auftraggeber gesetzten angemessenen Frist nicht nach, so kann der Auftraggeber die Mängel auf Kosten des Auftragnehmers beseitigen lassen.

6. Ist die Beseitigung des Mangels unmöglich oder würde sie einen unverhältnismäßig hohen Aufwand erfordern und wird sie deshalb vom Auftragnehmer verweigert, so kann der Auftraggeber Minderung der Vergütung verlangen (§ 634 Absatz 4, § 472 BGB). Der Auftraggeber kann ausnahmsweise auch dann Minderung der Vergütung verlangen, wenn die Beseitigung des Mangels für ihn unzumutbar ist.

7. (1) Ist ein wesentlicher Mangel, der die Gebrauchsfähigkeit erheblich beeinträchtigt, auf ein Verschulden des Auftragnehmers oder seiner Erfüllungsgehilfen zurückzuführen, so ist der Auftragnehmer außerdem verpflichtet, dem Auftraggeber den Schaden an der baulichen Anlage zu ersetzen, zu deren Herstellung, Instandhaltung oder Änderung die Leistung dient.

(2) Den darüber hinausgehenden Schaden hat er nur dann zu ersetzen,

a) wenn der Mangel auf Vorsatz oder grober Fahrlässigkeit beruht,

b) wenn der Mangel auf einem Verstoß gegen die anerkannten Regeln der Technik beruht,

c) wenn der Mangel in dem Fehlen einer vertraglich zugesicherten Eigenschaft besteht oder

d) soweit der Auftragnehmer den Schaden durch Versicherung seiner gesetzlichen Haftpflicht gedeckt hat oder innerhalb der von der Versicherungsaufsichtsbehörde genehmigten Allgemeinen Versicherungsbedingungen zu tarifmäßigen, nicht auf außergewöhnliche Verhältnisse abgestellten Prämien und Prämienzuschlägen bei einem im Inland zum Geschäftsbetrieb zugelassenen Versicherer hätte decken können.

(3) Abweichend von Nr. 4 gelten die gesetzlichen Verjährungsfristen, soweit sich der Auftragnehmer nach Absatz 2 durch Versicherung geschützt hat oder hätte schützen können oder soweit ein besonderer Versicherungsschutz vereinbart ist.

(4) Eine Einschränkung oder Erweiterung der Haftung kann in begründeten Sonderfällen vereinbart werden.

Inhaltsübersicht

	Rdn.
Erster Abschnitt: Allgemeines	1–101
A. Bedeutung der Gewährleistung	1–7
I. Begriff der Gewährleistung	1–3
II. Maßgebender Ausgangspunkt für ordnungsgemäße Erfüllung: Abnahme	4–6
III. Beginn der eigentlichen Gewährleistungspflicht: Abnahme	7
B. Haftungsverhältnis Auftraggeber – Auftragnehmer – Architekt – Sonderfachmann	8–62
I. Möglich auch Gewährleistungsansprüche des Auftraggebers gegen Architekten bzw. Sonderfachmann	9–49
1. Architektenvertrag ist grundsätzlich Werkvertrag	9–13
a) Planung und Aufsicht oder Planung allein	9–10
b) Objektüberwachung	11
c) Positive Vertragsverletzung	12
d) Rechtsberatung	13
2. Baumängel zugleich als Mängel des Architektenwerks	14–20
3. Grundsätzlich Schadensersatzpflicht des Architekten; Beweislast – Verjährung	21–26
a) Fehlerhafte Leistung nach Bauausführung grundsätzlich nicht nachholbar	21–22
b) Nur ausnahmsweise Nachbesserungsrecht wegen des Baumangels	23
c) Schadensersatz- oder Minderungsanspruch gegen den Architekten grundsätzlich unabhängig vom Nachbesserungsanspruch gegen den Auftragnehmer	24
d) Darlegungs- und Beweislast	25
e) Verjährung	26
4. Gesamtschuldnerische Haftung von Architekt und Auftragnehmer	27–31
a) Grundsatz	27–29
b) Gilt auch im Verhältnis zum Statiker und sonstigen Sonderfachmann	30
c) Gilt nicht im Verhältnis zu verschiedenen am Bauvorhaben tätigen Unternehmern sowie zum Baustofflieferanten	31
5. Gleiche Wirkungen auch bei Vorliegen eines VOB-Vertrages mit Auftragnehmer	32
6. Mitverantwortung des Auftraggebers für seinen Architekten	33–40
a) Grundsatz	33
b) Grenzen	34–35
c) Quotenhaftung	36

d) Mögliche Haftungsbefreiung oder volle Haftung des Auftragnehmers 37
e) Beweislast – Beweiswürdigung 38
f) Auftragnehmer nicht Erfüllungsgehilfe des Auftraggebers 39
g) Sonderfälle 40
7. Ausgleich im Innenverhältnis 41–46
8. Ausgleichsanspruch verjährt grundsätzlich nach § 195 BGB 47–49
II. Vereinbarung subsidiärer Haftung 50-57
1. Zulässigkeit – Grenzen 50
2. Möglicher Inhalt – Unvermögen des Auftragnehmers 51–55
3. Einengung gesamtschuldnerischer Haftung 56
4. Beginn von Gewährleistungsansprüchen gegen den Architekten 57
III. Haftungsbeschränkung auf unmittelbaren Schaden 58–62
C. Bei Mängeln auch Ansprüche aus unerlaubter Handlung? 63–68
I. Grundsätzlich kein Anspruch aus § 823 BGB 64
II. Mögliche Ausnahmetatbestände 65–68
D. Unterscheidung zwischen Nachbesserungs- und Reparaturarbeiten 69
E. System der Gewährleistungsansprüche in Teil B § 13 70-73
I. Art und Umfang der Gewährleistungspflicht 70
II. Verjährung der Gewährleistungsansprüche 71–72
III. Gewährleistungsansprüche selbst 73
F. Vergleich zwischen gesetzlichen Gewährleistungsregeln und den VOB-Bestimmungen 74–75
1. §§ 633 ff. BGB 74
2. Gegenüberstellung 75
G. Abweichende Gewährleistungsvereinbarungen 76–77
H. Abtretung von Gewährleistungsansprüchen 78–96
I. Umfang der Abtretbarkeit 78–81
II. Voraussetzungen wirksamer Abtretung 82–92
1. Durchsetzbarkeit des Anspruches 82–85
2. Hinreichende Bestimmtheit bzw. Bestimmbarkeit des Anspruches .. 86–88
3. Bestimmungen des AGB-Gesetzes 89
4. Sonstiges 90–92
III. Abtretung von Gewährleistungsansprüchen – Vergütungsanspruch des Auftragnehmers 93–96
J. Ansprüche aus Verschulden bei Vertragsabschluß sowie wegen Änderung oder Wegfalls der Geschäftsgrundlage und Gewährleistung 97–100
1. Verschulden bei Vertragsabschluß 97–98
2. Geschäftsführung ohne Auftrag 99
3. Grundsätze gelten auch beim VOB-Vertrag 100
K. Besonderheiten für das gerichtliche Verfahren 101

Zweiter Abschnitt: Die Gewährleistungspflichten (Teil B § 13 Nr. 1–3) 102–210
A. Die grundlegende Gewährleistung in Nr. 1 102–167
I. Gesetzlicher Ausgangspunkt (§ 633 Abs. 1 BGB) 102–103
1. Gesetzliche Regelung 102
2. Begriff des Mangels 103
II. Besonderheiten im Wortlaut von Teil B § 13 Nr. 1 104–112
1. Leistung nach anerkannten Regeln der Technik 104
2. Mängelfreiheit im Zeitpunkt der Abnahme 105–111
3. Keine Anwendung des § 633 Abs. 1 BGB beim VOB-Vertrag 112
III. Gewährleistungsregeln der Nr. 1 im einzelnen 113–162
1. Allgemeines 113–115
2. Zusicherung einer Eigenschaft 116–132
a) Begriff der Eigenschaft 116–118
b) Zusicherung der Eigenschaft 119–123
c) Zusicherung im Vertrag 124–126
d) Auch Zusicherung unwesentlicher Eigenschaften 127–128

e) Kein Anspruch aus culpa in contrahendo bei unrichtigen Angaben über Eigenschaften; Anfechtung 129–130
f) Zusicherung einer Eigenschaft, unselbständige Garantie 131
g) Beweislast 132
3. Leistung nach anerkannten Regeln der Technik 133–137
   a) Grundlage 133
   b) Verpflichtungsumfang 134–135
   c) Verantwortlichkeit bei Verstoß gegen anerkannte Regeln der Technik 136–137
4. Verpflichtung zur fehlerfreien Leistung 138–154
   a) Begriff des Fehlers 138–139
   b) Voraussetzungen für Wert oder Tauglichkeit 140–143
   c) Aufhebung oder Minderung des Wertes zu dem gewöhnlichen oder nach dem Vertrag vorausgesetzten Gebrauch 144–154
   aa) Gewöhnlicher Gebrauch oder nach dem Vertrag vorausgesetzter Gebrauch 145–150
   bb) Aufhebung des Wertes oder der Tauglichkeit 151
   cc) Minderung des Wertes oder der Tauglichkeit 152–154
5. Unterscheidung zwischen den Gewährleistungspflichten in Nr. 1 – Zusammenfassung 155–158
6. Beratungspflicht des Auftragnehmers 159–161
7. Qualitativ bessere Leistung 162
IV. Beweislast 163–167

B. Gewährleistung bei Bauleistungen nach Probe (Nr. 2) 168–173
   I. Allgemeines 168
   II. Zeitpunkt der Festlegung der Leistung nach Probe 169–170
   III. Mangel bei Nichtübereinstimmung mit Proben 171
   IV. Mangel der Probe selbst 172
   V. Beweislast 173

C. Die Befreiung des Auftragnehmers von der Gewährleistungspflicht (Nr. 3) .. 174–210
   I. Allgemeines 174–180
      1. Voraussetzung: Vorgänge aus dem Bereich des Auftraggebers – Beweislast 175
      2. Die Haftungsbefreiungstatbestände; Überblick 176–178
      3. Grundsätze der Rechtsprechung zum BGB-Werkvertrag als Ausgangspunkt 179
      4. Zusammenfassung 180
   II. Die Haftungsbefreiungstatbestände im einzelnen 181–197
      1. Mangel der Leistungsbeschreibung 181–183
      2. Mangel durch Anordnungen des Auftraggebers 184–188
      3. Mangel durch vom Auftraggeber gelieferte Stoffe oder Bauteile . 189
      4. Mangel durch vom Auftraggeber vorgeschriebene Stoffe oder Bauteile . 190–194
      5. Mangel durch Vorleistungen anderer Unternehmer 195–197
   III. Weitere Haftungsbefreiungsvoraussetzungen 198–206
      1. Bestehen der Mitteilungspflicht 199–203
         a) Überblick 199
         b) Vorhandensein eines Architekten entbindet grundsätzlich nicht von Mitteilungspflicht 200
         c) Ausnahme: Spezialkenntnisse des Architekten bzw. Sonderfachmannes oder Auftraggebers 201–202
         d) Ausnahme: Klare Erkennbarkeit des Auftretens eines Mangels .. 203
      2. Inhalt und Form der Mitteilung 204–205
      3. Beweislast 206
   IV. Vertragliche Sonderregelungen 207–209
   V. Drittschadensliquidation 210

Dritter Abschnitt: Die Gewährleistungsfristen (Teil B § 13 Nr. 4; Nr. 5 Abs. 1 Satz 2 und 3) und ihr Lauf 211–441
A. Vorbemerkung 211–213
B. Allgemeine Grundlagen 214–230
    I. Kein automatischer Verlust von Gewährleistungsansprüchen 214
    II. Verwirkung eines Gewährleistungsanspruches 215
    III. Verzicht auf Gewährleistungsansprüche; Stillhalteabkommen; Musterprozeß; außergerichtlicher Vergleich 216–223
    IV. Verzicht auf Geltendmachung der Verjährungseinrede 224–226
    V. Grundlagen der Verjährungseinrede 227–229
    VI. Arglistige Verjährungseinrede 230
C. Vereinbarung einer von Nr. 4 abweichenden Gewährleistungsfrist 231–242
    I. Dispositives Recht und AGB-Gesetz 231–234
        1. § 638 BGB und AGB-Gesetz 231–232
        2. VOB/B und AGB-Gesetz 233–234
    II. VOB geht von getroffener Abrede aus 235–240
    III. Grundsätzlicher Vorrang der Nr. 4 241
    IV. Abweichende Vereinbarung in Nr. 7 Abs. 3 242
D. Die vertraglichen Verjährungsfristen nach Teil B § 13 Nr. 4 Satz 1 243–258
    I. Unterschiedliche Fristen nach Leistungsgegenstand 243
    II. Bauwerke 244–247
    III. Holzerkrankungen 248–249
    IV. Arbeiten an einem Grundstück 250–254
        1. Eigentliche Arbeiten am Grundstück 251
        2. Außerhalb des Bestandes eines Gebäudes liegende Arbeiten 252
        3. Arbeiten an Bauwerken und an Grundstücken gleichzeitig 253
        4. Gewährleistungsfrist: ein Jahr 254
    V. Feuerungsanlagen 255–257
    VI. Von Nr. 4 Satz 1 nicht erfaßte Leistungen 258
E. Gewährleistungsfristen in Sonderfällen 259–303
    I. Arglistiges Verschweigen von Mängeln 259–273
        1. 30jährige Verjährungsfrist auch bei VOB-Vertrag 259
        2. Arglistiges Verschweigen 260–266
        3. Verantwortlichkeit des Auftragnehmers für Erfüllungsgehilfen 267–271
        4. Arglistiges Vorspiegeln 272
        5. Beweislast 273
    II. Positive Vertragsverletzung und Gewährleistung 274–294
        1. Grundsätzlich 30jährige Verjährungsfrist 274
        2. Grundsätzliche Abgrenzung; insbesondere Mangelfolgeschäden – entferntere Mangelfolgeschäden 275–278
            a) „Eigentliche" positive Vertragsverletzung 275
            b) Sogenannte „entferntere Mängelfolgeschäden" 276–278
        3. Nr. 4 bezieht sich einheitlich auf Mangelschäden, Mangelfolgeschäden und entferntere Mangelfolgeschäden 279–282
        4. Ausnahme: Versicherungsschutz des Auftragnehmers 283
        5. Einzelfälle 284–294
            a) Entferntere Mangelfolgeschäden 285–286
            b) Mangelschäden, Mangelfolgeschäden 287–290
            c) Exkurs: Architekten- oder Ingenieurleistungen 291–294
    III. Ansprüche gegen Auftragnehmer aus unerlaubter Handlung 295–301
        1. Grundlagen – Verjährungsfrist 295–296
        2. Beginn der Verjährungsfrist 297–301
    IV. Haftung des Baustofflieferanten oder -herstellers aus unerlaubter Handlung 302
    V. Ansprüche aus culpa in contrahendo 303
F. Der zeitliche Lauf der Verjährungsfristen bei Gewährleistungsansprüchen ... 304–430
    I. Der Beginn der Verjährungsfrist (Nr. 4 Satz 2) 304–313
        1. Grundsätzlich Verjährungsbeginn mit Abnahme 304–306
        2. Verweigerung der Abnahme 307–308

3. Mängelkenntnis durch Auftraggeber ohne Belang ... 309–310
4. Berechnung des Verjährungsbeginns nach gesetzlichen Vorschriften . 311
5. Früherer Verjährungsbeginn ... 312–313
II. Allgemeines zum Lauf der Verjährungsfrist ... 314–317
III. Die Hemmung der Verjährung nach gesetzlichen Vorschriften ... 318–341
    1. Wirkung der Hemmung ... 318
    2. Stundung oder Leistungsverweigerungsrecht (§ 202 BGB) ... 319–322
    3. Höhere Gewalt (§ 203 Abs. 2 BGB) ... 323–325
    4. Hemmung durch Prüfung und/oder Beseitigung des Mangels (§ 639 Abs. 2 BGB) ... 326–341
        a) Allgemeines ... 326–330
        b) Prüfung oder Beseitigung des Mangels ... 331–333
        c) Einverständnis des Auftraggebers ... 334
        d) Beginn der Hemmung ... 335
        e) Ende der Hemmung ... 336–338
        f) Beweislast ... 339
        g) Arglisteinrede des Auftraggebers ... 340
        h) § 639 Abs. 2 BGB gilt uneingeschränkt für VOB-Vertrag ... 341
IV. Die Unterbrechung der Verjährung nach gesetzlichen Vorschriften ... 342–386
    1. Wirkung der Unterbrechung ... 342
    2. Anerkenntnis des Gewährleistungsanspruches (§ 208 BGB) ... 343–350
        a) Grundlagen ... 343–344
        b) Einzelumstände ... 345
        c) Vorliegen mehrerer Mängel ... 346
        d) Erklärung gegenüber einem Dritten ... 347
        e) Unterbrechung auch hinsichtlich anderer Gewährleistungsansprüche ... 348
        f) Lauf der Verjährungsfrist nach Eintritt der Unterbrechungswirkung ... 349
        g) Rechtswirkungen bei Anerkenntnis gemäß §§ 782, 781 BGB ... 350
    3. Unterbrechung durch gerichtliche Geltendmachung von Gewährleistungsansprüchen (§ 209 BGB) ... 351–375
        a) Klageerhebung (§ 209 Abs. 1 BGB) ... 351–353
        b) Gegenstand der Klage muß Gewährleistungsanspruch sein – Umfang der Unterbrechung ... 354–360
        c) Der Klage gleichstehende Maßnahmen (§ 209 Abs. 2 BGB) ... 361–368
        aa) Mahnbescheid ... 362
        bb) Güteantrag ... 363
        cc) Anmeldung im Konkurs ... 364
        dd) Erfolglose Aufrechnung ... 365
        ee) Streitverkündung ... 366
        ff) Vollstreckungshandlung – Zwangsvollstreckung ... 367
        gg) Schiedsgerichtsverfahren ... 368
        d) Dauer der Unterbrechung (§ 211 BGB) ... 369–375
    4. Unterbrechung durch Beweissicherungsverfahren (§§ 639 Abs. 1, 477 Abs. 2 BGB) ... 376–386
        a) Grundlage – Umfang ... 376–377
        b) Dauer der Unterbrechung ... 378–380
        c) Voraussetzung: Verfahren gegen Auftragnehmer – Abtretung ... 381
        d) Hinreichende Kennzeichnung des Mangels ... 382–383
        e) Keine Unterbrechung durch bloßen Beweisantrag ... 384
        f) Ernstgemeinter Beweissicherungsantrag ... 385
        g) §§ 639 Abs. 1, 477 Abs. 2 BGB gelten auch beim VOB-Vertrag .. 386
V. Auswirkungen der Hemmung oder Unterbrechung auf die übrigen Gewährleistungsansprüche (§§ 639 Abs. 1, 477 Abs. 3 BGB) ... 387–395
    1. Ausgangspunkt ... 387–388
    2. Anderes Gewährleistungssystem der VOB ... 389
    3. Nachbesserung und Minderung schließen sich aus ... 390
    4. Nachbesserung und Ansprüche aus Nr. 5 Abs. 2 schließen sich aus . 391

5. Entsprechende Anwendung der §§ 639 Abs. 1, 477 Abs. 3 BGB auch auf Schadensersatzanspruch nach Nr. 7	392
6. Entsprechende Anwendung der §§ 639 Abs. 1, 477 Abs. 3 BGB auf alle VOB-Gewährleistungsansprüche	393–394
7. Ende der Hemmung oder Unterbrechung der Verjährung	395
VI. Auf den Lauf der Verjährungsfrist einwirkende Sonderregelungen beim VOB-Vertrag nach Teil B § 13 Nr. 5 Abs. 1 Satz 2 und 3	396–428
1. Übersicht	396
2. Die Quasi-Unterbrechung bei schriftlicher Mängelrüge (Nr. 5 Abs. 1 Satz 2)	397–415
a) Rechtsprechung des BGH als Ausgangspunkt	397–402
b) Übernahme der Rechtsprechung in spätere Fassungen der VOB	403–407
c) Auswirkung bei von den Regelfristen der Nr. 4 abweichender Fristvereinbarung	408–415
aa) Längere Frist	409–412
bb) Kürzere Frist	413–414
cc) Vereinbarung einer Endfrist	415
3. Die Verjährung der Gewährleistung bei Mängelbeseitigungsleistungen (Nr. 5 Abs. 1 Satz 3)	416–428
a) Allgemeines	416
b) Vornahme der Nachbesserungsleistung durch Auftragnehmer als Voraussetzung	417
c) Besondere Verjährungsfrist für Mängelbeseitigungsleistung	418–419
d) Abnahme der Mängelbeseitigungsleistung erforderlich	420–421
e) Lauf der Verjährungsfrist für die Mängelbeseitigungsleistung	422–428
aa) Vereinbarte andere Frist	423
bb) Keine Verkürzung der Rechte des Auftraggebers	424
cc) Ebenso bei schriftlicher Mängelrüge	425
dd) Erneute Mängelrüge	426
ee) Erneute Unterbrechung durch schriftliche Rüge	427
ff) Grundlage der Folgerungen	428
VII. Die Vollendung der Verjährung der Gewährleistungsansprüche	429–430
G. Keine anderen Anspruchsgrundlagen bei verjährten Gewährleistungsansprüchen	431–433
H. Ausnahmebefugnisse des Auftraggebers nach Verjährung seiner Gewährleistungsansprüche: §§ 639 Abs. 1, 478, 479 BGB	434–441
I. Grundlage	434–436
II. Geltung auch beim VOB-Vertrag	437
III. Auftraggeber hat Einrede der Leistungsverweigerung; u. U. Aufrechnungsbefugnis	438–440
IV. Erstattete Anzeige erhält Rechte	441
Vierter Abschnitt: Die Gewährleistungsansprüche	442–824
Erster Teil: Die Nachbesserung (Teil B § 13 Nr. 5)	442–607
A. Vorbemerkung	442–449
I. Allgemeine Übersicht	442
II. Gesetzliche Grundlagen	443–444
III. Rechtsnatur der VOB-Nachbesserungsbestimmungen	445
IV. Vorrang des Nachbesserungsanspruches	446
V. Vergleich mit den gesetzlichen Bestimmungen	447–449
B. Der Nachbesserungsanspruch (Teil B § 13 Nr. 5 Abs. 1)	450–504
I. Die Voraussetzungen	450–503
1. Mangel der Leistung des Auftragnehmers – Darlegungs- und Beweislast	453–456
2. Hervortreten während der Verjährungsfrist	457–459
3. Konkretisierte Mängelbeseitigungsaufforderung	460–463
4. Grundsätzlich keine Mängelbeseitigung durch Auftraggeber vor Aufforderung an Auftragnehmer	464–473
a) Auftraggeber trägt Folgen voreiliger Eigennachbesserung	464–467

B § 13

b) Ausnahme: Weigernder oder absolut unzuverlässiger Auftragnehmer	468–471
c) Ausnahme: Vergeblicher, jedoch unschädlicher Nachbesserungsversuch des Auftraggebers	472
d) Ausnahme: Gefahr im Verzuge	473
5. Art und Umfang des Nachbesserungsanspruches	474–491
a) Vertragsgemäße Herstellung grundsätzlich in eigener Verantwortung des Auftragnehmers	474–476
b) Beseitigung auf Kosten des Auftragnehmers	477
c) Zurverfügungsstellungspflicht des Auftraggebers	478
d) Ausnahmsweise Pflicht zur Neuherstellung	479–483
aa) Neuherstellungsrecht des Auftragnehmers	480
bb) Neuherstellungspflicht des Auftragnehmers	481–483
e) Notwendiger Nachbesserungsaufwand	484–486
f) Anläßlich Nachbesserung anfallende Architekten- oder Ingenieurgebühren	487–488
g) Grenzen des Nachbesserungsanspruches als solchen	489–490
h) Abweichende vertragliche Regelung	491
6. Schriftliches Nachbesserungsverlangen	492–499
a) Nicht erforderlich für Beseitigungsanspruch und Beseitigungsaufforderung als solche	493–494
b) Anspruchsbegründend aber für Erhaltung der Gewährleistungsansprüche über die ursprüngliche Verjährungsfrist hinaus	495–498
c) Zusammenfassung	499
7. Verhältnis von Nachbesserung (Nr. 5) zu Minderung (Nr. 6) und Schadensersatz (Nr. 7)	500-503
II. Besondere Gewährleistungsregelungen in Nr. 5 Abs. 1 Satz 2 und 3	504
C. Die Mängelbeseitigung auf Veranlassung des Auftraggebers (Teil B § 13 Nr. 5 Abs. 2)	505–581
I. Ausgangspunkt	505–506
II. Grundlagen	507–536
1. Durchsetzbarer Nachbesserungsanspruch	507
2. Angemessene Frist zur Mängelbeseitigung	508–510
3. Ungenutzter Fristablauf	511–513
4. Grundsätzlich kein Selbsthilferecht bei Versäumung der Fristsetzung	514–521
5. Ausnahme: Selbsthilfe ohne vorherige Fristsetzung	522–529
a) Verweigerung der Nachbesserung durch Auftragnehmer	522–523
b) Unzuverlässigkeit des Auftragnehmers	524–525
c) Weitere Ausnahmefälle	526
d) Beweislast	527
e) Keine Mängelbeseitigungsaufforderung – jedoch Mängelanzeige	528–529
6. Aufrechterhaltung anderer Gewährleistungsansprüche bei Nichtinanspruchnahme des Selbsthilferechts	530-534
7. Abweichungen von § 633 Abs. 3 BGB in Nr. 5 Abs. 2	535–536
III. Der Kostenerstattungs- sowie Kostenvorschußanspruch des Auftraggebers	537–581
1. Zur Nachbesserung gehörender Gewährleistungsanspruch	537–538
2. Aufwand in gebotenen Grenzen	539–545
a) Grundlage	539
b) Erforderlicher Aufwand	540-545
3. Aufwendungen	546–547
4. Erstattungsanspruch	548–550
a) Grundlage	548
b) Freistellungsanspruch	549
c) Kosten erfolgloser Nachbesserung	550
5. Besonderheit: Kostenvorschußanspruch des Auftraggebers	551–560
a) Grundlage	551–552
b) Abrechnungspflicht	553–554

c) Versagung – Rückzahlung des Vorschusses 555–558
d) Anspruch Nachzahlung 559
e) Auswirkungen der §§ 639 Abs. 1, 478, 479 BGB auf
   Kostenvorschuß 560
6. Kostenvorschuß auch bei BGB-Vertrag 561–562
7. Nur gesetzliche Zinsen bei Vorschuß 563–566
   a) Grundlage 563–565
   b) Erstattung – Abrechnung der Zinsen 566
8. Kein Vorschuß durch einstweilige Verfügung 567
9. Verjährung des Kostenerstattungs- und des
   Kostenvorschußanspruches 568–570
   a) Kostenerstattungsanspruch 568–569
   b) Kostenvorschußanspruch 570
10. Aufrechnungsbefugnis mit Kostenerstattungs- und
    Kostenvorschußanspruch, Abtretung 572–577
11. Kostenerstattung auch als Schadensersatzanspruch möglich ... 578–580
12. Mögliche Sondervereinbarungen 581

D. Leistungsverweigerungsrecht des Auftraggebers während des Bestehens von
   Ansprüchen nach Teil B § 13 Nr. 5 582–602
   I. Grundlagen: Zug-um-Zug-Verurteilung 582–592
      1. Einrede des nichterfüllten Vertrages 582–588
         a) Grundlage: Leistungsverweigerungsrecht 582
         b) Voraussetzung: Fällige Nachbesserungsansprüche 583
         c) Voraussetzung: Fortbestehendes Nachbesserungsverlangen ... 584
         d) Wirkung: Nichtfälligkeit der Vergütung des Auftragnehmers ... 585
         e) Geltung auch beim VOB-Vertrag 586
         f) Darlegungs- und Beweislast 587
         g) AGB-Klauseln 588
      2. Zug-um-Zug-Verurteilung 589–590
      3. Einrede nichterfüllten Vertrages auch bei Abtretung von
         Gewährleistungsansprüchen 591
      4. Leistungsverweigerungsrecht bei Teilvergütungsanspruch . 592
   II. Leistungsverweigerungsrecht als Druckmittel für Auftraggeber ... 593–599
      1. Teilweises Leistungsverweigerungsrecht 593–595
      2. Allgemeine Geschäftsbedingungen 596
      3. Sicherheitseinbehalte 597
      4. Ausschluß des Zurückbehaltungsrechtes nach Treu und Glauben ... 598
      5. Kostenentscheidung 599
   III. Wegfall des Leistungsverweigerungsrechts 600–602

E. Mitverantwortlichkeit des Auftraggebers 603–607
   I. Entsprechende Anwendung des § 254 BGB auch im Rahmen der
      Nachbesserung 603
   II. Beispiele der Mitverantwortung des Auftraggebers 604
   III. Mitverantwortlichkeit des Auftraggebers bei klageweise Geltendmachung
        des Vergütungsanspruches 605–606
   IV. Verteilung der Verantwortlichkeit 607

Zweiter Teil: Die Minderung der Vergütung (Teil B § 13 Nr. 6) ... 608–661
A. Allgemeines 608–611
B. Regeltatbestände der Minderung (Teil B § 13 Nr. 6 Satz 1) .. 612–631
   I. Überblick über die Regelungen in Nr. 6 Satz 1 612–613
   II. Unmöglichkeit der Mängelbeseitigung 614–620
      1. Objektiv tatsächliche oder rechtliche Unmöglichkeit ... 614–618
      2. Teilweise Unmöglichkeit 619
      3. Gegebenheiten des Einzelfalles maßgebend 620
   III. Ablehnung der Mängelbeseitigung durch Auftragnehmer wegen
        unverhältnismäßig hohen Aufwandes 621–631
      1. Unverhältnismäßig hoher Aufwand 621–626

      2. Verweigerung der Nachbesserung wegen unverhältnismäßig hohen Aufwandes 627–631
C. Ausnahmetatbestand der Minderung (Teil B § 13 Nr. 6 Satz 2) 632–635
D. Auftraggeber muß Minderung der Vergütung verlangen 636–637
E. Die Minderung selbst, insbesondere ihre Berechnung 638–652
    I. Verweisung auf gesetzliche Vorschriften 638–639
    II. Vollzug der Minderung 640–641
    III. Berechnung der Minderung 642–645
    IV. Minderung bei teilweiser Geltendmachung des Vergütungsanspruches .. 646–647
    V. Minderung bei Pauschalverträgen 648
    VI. Minderung bei anderer Vergütung als Geld 649
    VII. Minderung bei mehreren Beteiligten 650
    VIII. Minderung bei mehreren Mängeln 651
    IX. Minderung bei Pflichtverletzung durch Erfüllungsgehilfen – Mitverantwortlichkeit 652
F. Das Verhältnis der Minderung nach Nr. 6 zum gesetzlichen Recht auf Minderung nach § 634 Abs. 1 und 2 BGB 653–655
G. Neben Minderungsanspruch keine Ansprüche aus ungerechtfertigter Bereicherung oder Geschäftsführung ohne Auftrag 656
H. Grundsätzlich keine Wandelung beim VOB-Bauvertrag 657–661

Dritter Teil: Der zusätzliche Schadensersatzanspruch (Teil B § 13 Nr. 7) 662–824
A. Allgemeiner Überblick 662–681
    I. Zusätzlicher Gewährleistungsanspruch 662–667
        1. Grundlage 662
        2. Grundsätzlich vorherige Nachbesserung oder Minderung – Ausnahmen 663–665
        3. Sonderfälle 666–667
    II. Überblick über weitere Voraussetzungen 668–671
    III. „Großer" und „kleiner" Schadensersatzanspruch 672
    IV. Nr. 7 gilt für alle Schäden im Zusammenhang mit Baumängeln 673–675
    V. Mitverschulden des Auftraggebers 676–678
        1. Grundsätzliches 676–677
        2. Schadensminderungspflicht 678
    VI. Begrenzte Vertretungsmacht des Architekten 679
    VII. Klageantrag bei Schadensersatzklage 680–681
B. Sowohl für den Schadensersatzanspruch nach Nr. 7 Abs. 1 als auch den Schadensersatzanspruch nach Nr. 7 Abs. 2 im Ausgangspunkt geltende Voraussetzungen 682–702
    I. Wesentlicher, die Gebrauchsfähigkeit erheblich beeinträchtigender Mangel 682–693
        1. Wesentlicher Mangel 683–686
        2. Beeinträchtigung der Gebrauchsfähigkeit 687–690
        3. Erhebliche Beeinträchtigung erforderlich 691–692
        4. Vorgenannte Voraussetzungen gelten auch bei zugesicherten Eigenschaften 693
    II. Verschulden des Auftragnehmers 694–697
    III. Beweislast 698–702
        1. Objektive Pflichtverletzung 698
        2. Schaden 699–700
        3. Verschulden 701
        4. Mehrere Auftragnehmer 702
C. Weitere, aber auch spezielle Voraussetzungen für den Schadensersatzanspruch nach Nr. 7 Abs. 1 703–726
    I. Begrenzter Umfang des Anspruches 703–719
        1. Schaden an der baulichen Anlage 703–705

2. Umfang des Schadensersatzes 706–717
      a) Folgen der mangelhaften Leistung 707–709
      b) Mangelbeseitigungsaufwand 710–714
      c) Gutachterkosten – sonstige Kosten der Schadensfeststellung 715
      d) Zusätzlicher Erhaltungsaufwand 716
      e) Wegen Kosten der Mängelbeseitigung vorherige
         Beseitigungsaufforderung mit Fristsetzung grundsätzlich
         erforderlich 717
   3. Schadensersatz bei Minderung 718
   4. Schadensberechnung – Sachverständige 719
  II. Kurze Verjährung des Schadensersatzanspruches nach Nr. 7 Abs. 1 720
 III. Art des Schadensersatzes 721–725
  IV. Aufrechnung bzw. Verrechnung mit Vergütungsanspruch des
      Auftragnehmers 726
D. Weitere und spezielle Voraussetzungen für den Schadensersatzanspruch nach
   Nr. 7 Abs. 2 727–799
    I. Allgemeines zum Anspruchsumfang 727–736
   II. Besondere Voraussetzungen des Anspruchs 737–799
   1. Vorsatz oder grobe Fahrlässigkeit 738
   2. Verstoß gegen anerkannte Regeln der Technik 739–741
   3. Fehlen zugesicherter Eigenschaft 742
   4. Versicherte oder versicherbare Leistung 743–798
      a) Grundsätzlich Schäden aus mangelhafter Leistung nicht
         versicherbar 746–749
      b) Bearbeitungsschadensklausel 750-761
         aa) Sinn und Zweck der Bearbeitungsschadensklausel 751–752
         bb) Begriff der gewerblichen Tätigkeit 753–761
      c) Einzelne Fallgruppen – Versicherbarkeit 762–792
         aa) Abwässer-, Überschwemmungs-, Verschmutzungsschäden 762–765
         bb) Sogenannte „Erdrutschung" 766–767
         cc) Allmähliche Temperatureinwirkung 768
         dd) Weitere Fälle 769–778
         ee) Schweißschadenklausel 779–781
         ff) Begriff des Baugrundstückes 782
         gg) Besonders gefahrdrohender Umstand 783
         hh) Abbrucharbeiten 784
         jj) Betriebshaftpflichtversicherung, Abgrenzung 785–790
         kk) Schwammbildung 791
         ll) Bauleistungsversicherung 792
      d) Schiedsverfahren über Haftpflichtansprüche 793
      e) Tatsächlicher oder möglicher Versicherungsschutz 794–798
   5. Beweislast 799
E. Aufrechnung bzw. Verrechnung von Schadensersatzanspruch mit
   Vergütungsanspruch 800-802
F. Verjährung des Schadensersatzanspruches (Nr. 7 Abs. 3) 803–810
G. Schadensersatzansprüche Dritter 811
H. Einschränkung oder Erweiterung der Schadensersatzpflicht (Nr. 7 Abs. 4) .. 812–824
    I. Grenzen der Zulässigkeit zu beachten 812–814
   II. Anderweitige Regelung nur in begründeten Sonderfällen 815
  III. Freizeichnungsklauseln 816–824

Fünfter Abschnitt: Sonderfälle im Rahmen der Gewährleistung 825–851
A. Der Vorteilsausgleich 825–834
    I. Grundlage 825
   II. Umfang 826–834
       1. Anknüpfungspunkt 827
       2. Längere Lebensdauer der Leistung 828
       3. Mehrkosten bei ursprünglich ordnungsgemäßer Leistungsausführung 829

4. Verspätete Mängelbeseitigung		830
5. Zwischenzeitliche Nutzung durch Auftraggeber		831
6. Zusammenfassung		832
7. Weitere Voraussetzung: Dasselbe Schadensereignis		833
8. Ausgleich in Geld – Berechnung		834
B. Sonderregelungen zur Gewährleistung im Einzelfall		835–851
I. Grenzen der Zulässigkeit zu beachten		835
II. Freizeichnungsklauseln		836–839
III. Verschärfung der Gewährleistung durch Gewähr- oder Garantieverträge		840-851
1. Verschiedene Tragweite		840–849
a) Zusicherung einer Eigenschaft		841
b) Unselbständige Garantie – Gewährfristen		842–846
c) Selbständige Garantie		847–849
2. Auslegung im Einzelfall erforderlich		850–851

Aufsätze: Schmalzl, „Die Gewährleistungsansprüche des Bauherrn gegen den Bauunternehmer", NJW 1965, 129 ff.; Wussow, „Die Baumängelhaftung nach der VOB", NJW 1967, 953 ff.; ders. „Baumängelhaftung und Versicherung in der VOB", NJW 1967, 1552; Schmidt, „Gewährleistung nach § 13 VOB Teil B", MDR 1963, 263 ff.; ders. „Verjährung nach § 13 VOB Teil B. Ansprüche aus unerlaubter Handlung und ungerechtfertigter Bereicherung," MDR 1964, 636 ff.; ders. „Die Ausführung der Bauleistung nach VOB Teil B", MDR 1967, 713 ff.; Heimann/Trosien, „Die Rechtsprechung des Bundesgerichtshofs für Sachmängel nach der Verdingungsordnung für Bauleistungen (VOB)", WM 1968, 1002; Ganten, „Zur Verjährung der Ansprüche des Bestellers bei Mängelfolgeschäden", VersR 1970, 1080; Laufs und Schwenger, „Der Schadensersatzanspruch des Bestellers beim Werkvertrag: Inhalt, Verjährung, Beweislast", NJW 1970, 1817; Immenga, „Fehler oder zugesicherte Eigenschaft", AcP 71, 1; Schmalzl, „Gedanken zur Rechtsnatur der Schadensersatzansprüche aus § 13 Nr. 7 VOB/B", BauR 1971, 172; Hochstein, „Unmittelbarer Schaden, Schaden am Bauwerk und unmittelbarer Schaden am Bauwerk", BauR 1972, 8; Kaiser, „Die Problematik der kurzen Verjährung des Kostenerstattungsanspruches im Baurecht (§ 633 Abs. 3 BGB, § 13 Nr. 5 Abs. 2 VOB/B)"; Brandt, „Ersatz des Drittschadens im Baurecht", BauR 1973, 13; Jagenburg, „Haftungsbeschränkung durch Abtretung von Gewährleistungsansprüchen", NJW 1972, 1222; dazu auch Brych NJW 1972, 896 und Ludewig NJW 1972, 516; Finger, „Die Haftung des Werkunternehmers für Mängelfolgeschäden", NJW 1973, 81 sowie ders. Betrieb 1972, 1211; Dähne, „Der Übergang vom Erfüllungs- zum Gewährleistungsanspruch in der VOB", BauR 1972, 136; Laum, „Zur Zuschußpflicht des mitverantwortlichen Bauherrn bei der Nachbesserung", BauR 1972, 140; Hesse, „Ersatz unnötiger Nachbesserungskosten", BauR 1972, 197; Ehe, „Die Bauleitung für Nachbesserungsarbeiten nach § 13 VOB", BB 1972, 1387; Wussow, „Der Ausgleich zwischen Architekt und Bauunternehmer gemäß § 426 BGB", NJW 1974, 9; Schmitz, „Die Verjährung von Mängelfolgeschäden im Kauf- und Werkvertragsrecht", NJW 1973, 2081; Kaiser, „Kostenerstattungs- und Vorschußansprüche des Bauherrn wegen Mängelbeseitigungskosten", BlGBW 1974, 17; Jakobs, „Die Schadensersatzpflicht des Unternehmers wegen mangelhafter Werkleistung im Verhältnis zur Wandelung und Minderung", JuS 1974, 341; ders. „Die Verjährung von Schadensersatzansprüchen wegen mangelhafter Werkleistung", JuS 1975, 76; Heiermann, „Gewährleistung nach dem Bauvertragsrecht unter besonderer Berücksichtigung der Novellierung der Verdingungsordnung für Bauleistungen (VOB) 1973", BB 1974, 958; Freund und Barthelmess, „Eigentumsverletzung durch Baumängel?", NJW 1975, 281; v. Craushaar, „Bauwerksleistungen im Sinne von § 638 BGB", NJW 1975, 993; Kaiser, „Die Bedeutung der schriftlichen Mängelrüge nach VOB/B", NJW 1975, 2184; Schmalzl, „Bauvertrag, Garantie und Verjährung", BauR 1976, 221; Brügmann, „Die gesamtschuldnerische Haftung der Baubeteiligten gegenüber dem Bauherrn – und die Regelung im Innenverhältnis", BauR 1976, 383; Nicklisch, „Risikoverteilung im Werkvertragsrecht bei Anweisungen des Bestellers", Festschrift f. Bosch, 1976; Schmalzl, „Zur Rechtsnatur des Architektenvertrages nach der neueren Rechtsprechung", BauR 1977, 80; Stötter, „Haftung des Bauherrn nach § 278 BGB für Planungsverschulden seines Architekten (im Verhältnis zum Bauunternehmer)", BauR 1978, 18; Hahn, „Abtretung von Gewährleistungsansprüchen", BauR 1978, 80; Ganten, „Grundsätzliche Fragen zur Schadensquotierung (§ 426 Abs. 1 Satz 1 BGB)", BauR 1978, 187; v. Gierke und v. Reinersdorf, „Abgrenzung der Schadensersatzansprüche aus Werkmängeln", JuS 1978, 817; Aurnhammer, „Verfahren zur Bestimmung von Wertminderungen bei (Bau-)Mängeln und (Bau-)Schäden", BauR 1978, 356; Barnickel, „Die Rechtsnatur des Architektenvertrages nach BauR 1979, 202; Grunski, „Art und Umfang des zu ersetzenden Schadens", Jura 1979, 57; Peters, Mängelschäden und Mangelfolgeschäden", NJW 1978, 665; ders., „Der Anspruch auf Schadensersatz wegen Nichterfüllung gemäß § 635 BGB", JZ 1977, 458; ders., „Schadensersatz wegen Nichterfüllung bei vorbehaltloser Abnahme einer als mangelhaft erkannten Werkleistung?", NJW 1980, 750; ders., „Zur Verjährung der Ansprüche aus culpa in contrahendo und positiver Forderungsverletzung", VersR 1979, 103; Heimbücher, „Entscheidungen des BGH zu § 4 I 6 AHB", WM 1979, 1018 und 1073; v. Craushaar, „Die Verjährung der Gewährleistungsansprüche bei Arbeiten zur Herstellung eines Gebäudes", BauR 1979, 449; ders., „Die Verjährung der Gewährleistungsansprüche bei Bauleistungen am fertigen Gebäude", BauR 1980, 112; Nicklisch, „Schadensersatzhaftung für Eigenschaftszusicherung im Werkvertragsrecht und deren Einschränkbarkeit durch AGB", Festschrift f. Beitzke 1979, S. 89; Backherms, „Recht und Technik", JuS 1980, 9; Eisenmann, „Ersatzansprüche nach Werk- und Kaufvertragsrecht bei Verwendung mangelhafter Baumaterialien", Betrieb 1980, 433; Döbereiner, „Schallschutz im Hochbau: Regeln der Technik in Literatur und Rechtsprechung (unter Berücksichtigung der DIN 4109 Entwurf Februar 1979)", BauR 1980, 296; Jagenburg, „Die Abnahme des Architektenwerkes und die Tätigkeitspflicht des Architekten bei Mängeln", BauR 1980, 406; Festge, „Führt die vorbehaltlose Abnahme einer als mangelhaft erkannten Werkleistung doch zum Verlust von Schadensersatzansprüchen wegen Mängeln?", BauR 1980, 432; Schmidt, „§ 13 VOB/B im Bauträgervertrag", BauR 1981, 119; Booz, „Verjährungsrechtliche Probleme der Gewährleistungsansprüche des Bauherrn gegen den Bauunternehmer – Versuch einer rechtspolitischen Lösung", BauR 1981, 107; Otto, „Gewährleistungsansprüche bei arglistigem Verschweigen von Mängeln", ZSW 1981, 194; Brügmann, „Die Einrede des nichterfüllten Vertrages bei Baumängeln", BauR 1981, 128; Weyer, „Umfang der Einrede des nichterfüllten Vertrages und Kostenentscheidung", BauR 1981, 426 (Stellungnahme zu Brügmann, a. a. O.); Schacht, „Die Rechtsprechung zum Schadensersatzanspruch wegen entgangener Nutzungsmöglichkeit", NJW 1981, 1350; Schmalzl, „Die Haftpflichtversicherung der Baubeteiligten", BauR 1981, 505; Kahlke, „Zum Verzug des zur Mängelbeseitigung Verpflichteten gemäß §§ 538, 633, 634 BGB und § 13 Nr. 5 Abs. 2 VOB/B", BauR 1981, 516; Heinrich, „Die Einwirkung der VOB auf den BGB-Bauvertrag im Bereich des Mängelrechts", BauR 1982, 224; Kaiser, „Rechtsfragen bei der Anwendung der §§ 320, 322 BGB im gesetzlichen Werkvertragsrecht und in der VOB/B", BauR 1982, 205; Mantscheff, „Unzureichender Wärmeschutz, Ansätze für eine Minderwert-Berechnung", BauR 1982, 435; Bindhardt, „Merkantiler Minderwert von Immobilien – Probleme!", BauR 1982, 442; Nettesheim, „Unterbrechung der Gewährleistungsfrist durch Nachbesserungsarbeiten", BB 1982, 1022; Brandt, „Zum Leistungsumfang beim schlüsselfertigen Bauen nach Baubeschreibung in bezug auf technisch notwendige, aber nicht ausdrücklich vereinbarte Teilleistungen, insbesondere bei der Nachbesserung", BauR 1982, 524; Müller-Foell, „Zum Problem der kurzen Verjährung nach § 13 Nr. 4 VOB/B", BauR 1982, 538; Kniested, „Zinsen auf Kostenvorschüsse gemäß § 633 III BGB und § 13 Nr. 5 II VOB/B", DRiZ 1982, 229; Littbarski, „Der Folgeschaden in der Betriebshaftpflichtversicherung", VersR 1982, 915; Peters, „Vergleichsverhandlungen und Verjährung", NJW 1982, 1857; Usinger, „Die Hemmung der Verjährung durch Prüfung oder Beseitigung des Mangels", NJW 1982, 1021; Kaiser, „Der Begriff des Fehlers und der zugesicherten Eigenschaft im gesetzlichen Werkvertragsrecht", BauR 1983, 19; ders., „Der richtige Beurteilungszeitpunkt bei einem Verstoß gegen die anerkannten Regeln der Technik", BauR 1983, 203; Trapp, „Das Leistungsverweigerungsrecht des Bestellers nach §§ 320 ff. BGB als Druckmittel zur Leistungserbringung und Mängelbeseitigung", BauR 1983, 318; Schmalzl, „Neue Tendenz im Architektenhaftpflichtrecht: Weg von der positiven Vertragsverletzung hin zu § 635 BGB", NJW 1983, 1717; Kaiser, „Struktureigenschaften der Gesamtschuld", BauR 1984, 32; Festge, „Die Blasbachtalbrücke und die VOB", ZfBR 1984, 6; Marbach, „Auswirkungen des Urteils – OLG Frankfurt vom 27. 5. 1983 – zum sogenannten Blasbachtalbrückenfall", ZfBR 1984, 9; Feudner, „Generalunternehmer/Drittschadensliquidation", BauR 1984, 257; Grunsky, „Prozessuale Probleme bei Geltendmachung des Vorschußanspruches zur Mängelbeseitigung", NJW 1984, 2545; Schmalzl, „Die Haftpflichtversicherung des Bauunternehmers", BauR 1984, 456; Renkl, „Die Abrechnung des Vorschusses in Bausachen", BauR 1984, 472; Knacke, „Die Ausgleichspflicht zwischen Gesamtschuldnern", BauR 1985, 273; Kaiser, „Aktuelle Rechtsfragen im privaten Baurecht", ZfBR 1985, 55; Kaiser, „Die gesamtschuldnerische Haftung des Architekten neben anderen Baubeteiligten", ZfBR 1985, 101; Siegburg, „Anerkannte Regeln der Bautechnik – DIN-Normen", BauR 1985, 367; Eberstein, „Anerkannte Regeln der Technik und Allgemeine Technische Vorschriften für Bauleistungen (ATV/DIN-Normen)", BB 1985, 1760; Müller, „Die Bedeutung der Funktionsgarantie beim klimatechnischen Anlagenbau", BauR 1985, 517; Hahn, „Verschleiß und Abnutzung im Bauvertragsrecht", BauR 1985, 521; Blomeyer, „Die Kosten erfolgloser Nachbesserungsversuche des Auftraggebers", ZfBR 1985, 155; Joswig, „Zur Erstattungsfähigkeit von Gutachterkosten, NJW 1985, 1323; Baden, „Die Befugnis des Unternehmers zur Mängelbeseitigung beim BGB- und VOB-Vertrag. Die Funktion der Ablehnungsandrohung auch bei § 13 Nr. 5 Abs. 2 VOB/B", BauR 1986, 28; Clemm, „Abgrenzung zwischen (kostenloser) Nachbesserung und (entgeltlichem) Werkvertrag", BB 1986, 616; Ehlen/Blatt, „Die Rechtsprechung des BGH zur Einbeziehung von Mängelfolgeschäden in den Anwendungsbereich des § 635 BGB beim Bau", Festschrift Korbion, 1986, 69; Ganten, „Recht und Pflicht des Architekten zur Nachbesserung seines (mangelhaften) Werkes", Festschrift Korbion, 1986, 85; Gross, „Vorteilsausgleichung im Gewährleistungsrecht", Festschrift Korbion, 1986, 123; Littbarski, „Die Auswirkungen der Rechtsprechung zu den ‚weiterfressenden Mängeln' auf das Haftpflicht- und Haftpflichtversicherungsrecht", Festschrift Korbion, 1986, 269; Schmalzl, „Die Bedeutung des Anspruches auf Schadensersatz wegen Nichterfüllung im Sinne des § 635 BGB für die Haftpflichtversicherung des Architekten und des Bauunternehmers", Festschrift Korbion, 1986, 371; Siegburg, „Baumängel aufgrund fehlerhafter Vorgaben des Bauherrn", Festschrift Korbion, 1986, 411; Jagenburg, „Stand der Technik gestern, heute, morgen?; Der für die anerkannten Regeln der Technik maßgebende Zeitpunkt", Festschrift Korbion, 1986, 179; Thesen, „Zur Abänderbarkeit des § 13 Nr. 4 VOB/B", ZfBR 1986, 153; Schmidt, „Sinn der Regelfrist in § 13 Nr. 4 VOB/B", ZfBR 1986, 207; Hickl, „Die Verjährungsunterbrechungswirkung beim gerichtlichen Beweissicherungsverfahren", BauR 1986, 282; Gross, „Die Einbeziehung des Herstellers in die Haftung des Ausführenden", BauR 1986, 127; Kaiser, „Aktuelle Rechtsfragen im privaten Baurecht", ZfBR 1986, 252; Grunewald, „Eigentumsverletzung im Zusammenhang mit fehlerhaften Werkleistungen", JZ 1987, 1098; Schulze, „Ersatz der Mängelbeseitigungskosten und allgemeines Schuldrecht", NJW 1987, 3097; Kaiser, „Rechtsfragen des § 13 Nr. 4 VOB/B", BauR 1987, 617; Kullmann, „Das Risiko in der Produzentenhaftung", VersR 1988, 655; Schellen, „Ermittlung des kleinen Schadenersatzanspruches gemäß § 635 BGB", BauR 1988, 42; Thamm, „Hemmung und Unterbrechung der Gewährleistungs-/Verjährungsfrist nach BGB durch Nachbesserung", BB 1988, 1477.

Erster Abschnitt: Allgemeines

A. Bedeutung der Gewährleistung

I. Begriff der Gewährleistung

1 Teil B § 13 regelt nach seiner Überschrift die **Gewährleistung** bei einem Bauvertrag, der auf der Grundlage der Allgemeinen Vertragsbedingungen abgeschlossen worden ist. Unter **Gewährleistung** wird das **Einstehenmüssen des Auftragnehmers für die ordnungsgemäße und vertragsgerechte Erfüllung** seiner Leistungspflichten aus dem Bauvertrag **auch noch nach der Abnahme** verstanden. Es geht also um die mangelfreie Erbringung der Bauleistung **unter Zugrundelegung der für den jeweiligen Einzelfall maßgebenden vertraglichen Vereinbarungen auch noch über die Abnahme hinaus.** Insoweit ist die Überschrift von Teil B § 13 „Gewährleistung" rechtsdogmatisch zu eng (richtig Nicklisch in Nicklisch/Weick Teil B § 13 Rdn. 12).

2 Der Auftragnehmer hat die Bauleistung so zu erstellen, wie es von ihm nach dem Bauvertrag und den damit verbundenen Bedingungen jeweils erwartet werden kann. **Grundsätzlich setzt die Gewährleistung** einen bestehenden und **wirksamen Bauvertrag voraus.** Hinsichtlich etwaiger Ausnahmen bei sogenannter **vorzeitiger Vertragskündigung** vgl. Teil B § 8 Rdn. 32 f., 64, 97, Teil B § 9 Rdn. 50 ff., bei sogenannter **einverständlicher Vertragsaufhebung** vgl. Vor Teil B §§ 8+9 Rdn. 18 ff. sowie bei sogenannten **Schwarzarbeitsverträgen** vgl. Teil B § 4 Rdn. 31 ff.

3 Überläßt der Auftragnehmer eines Bauvertrages dessen Erfüllung ganz einem namensgleichen Unternehmen, das mit ihm zu einer Firmengruppe desselben Namens gehört, und wickelt das Unternehmen jahrelang den Vertrag einschließlich Gewährleistung selbständig als eigene Angelegenheit ab, dann setzt es sich wegen des von ihm erzeugten Rechtsscheins in einer gegen Treu und Glauben verstoßenden Weise mit seinem Verhalten in Widerspruch, wenn es sich im nachfolgenden Mängelprozeß auf seine fehlende Passivlegitimation beruft (BGH BauR 1987, 82 = Siegburg EWiR § 242 BGB 2/87, 21 = MDR 1987, 307 = NJW-RR 1987, 335 = SFH § 631 BGB Nr. 18 = LM § 631 BGB Nr. 56 = ZfBR 1987, 30).

Über Rückstellungen für Gewährleistungs- und Ersatzansprüche vgl. Durchlaub BB 1979, 825.

II. Maßgebender Ausgangspunkt für ordnungsgemäße Erfüllung: Abnahme

Der **maßgebende Ausgangspunkt** für die ordnungsgemäße Erfüllung der vertraglichen Leistungspflicht ist **die Abnahme** der Leistung (vgl. dazu Rdn. 304 ff.). Dieses **entspricht einem allgemeinen,** das **Werkvertragsrecht beherrschenden Grundsatz** (so u. a. BGHZ 62, 83 = NJW 1974, 551 m. w. N. = BauR 1974, 199 = BB 1974, 294 = Betrieb 1974, 528 = SFH Z 2.10 Bl. 32 ff. = JZ 1974, 332 = LM Allg. Geschäftsbedingungen Nr. 53). **Spätestens** zu diesem Zeitpunkt muß die Bauleistung so beschaffen sein, wie sie vom Auftraggeber nach den vertraglichen Bedingungen erwartet werden kann. Entspricht sie, **insbesondere auch rückschauend nach späterer Erkenntnis** (vgl. dazu Rdn. 9 ff. und 105 ff.), **im Zeitpunkt der** – durchgeführten oder als erfolgt festzustellenden – **Abnahme** bei sachgerechter Beurteilung **nicht den vertraglichen Leistungserfordernissen,** ergeben sich grundsätzlich **zugunsten des Auftraggebers Rechte,** die darauf abgestellt sind, die festgestellten **Mängel zu beseitigen** und noch **nachträglich** eine **ordnungsgemäße Leistungserstellung** (Nachbesserung) durch den Auftragnehmer sicherzustellen, außerdem dem Auftraggeber in bestimmten Fällen die Herabsetzung der Vergütung des Auftragnehmers (Minderung) zu gestatten und es ihm ferner zu ermöglichen, Ersatz eines ihm entstandenen und noch verbliebenen Schadens zu verlangen. 4

Hieraus folgt, daß die in **Teil B § 13** geregelten **Ansprüche** die **Abnahme voraussetzen** (BGHZ 51, 275 = MDR 1969, 385 = Betrieb 1969, 481 = NJW 1969, 653 = VersR 1969, 331 = LM § 426 BGB Nr. 28 mit Anm. Rietschel = SFH Z 2.413 Bl. 37 ff.). Allerdings kommen sie auch schon in Betracht, wenn der Auftraggeber die **Abnahme bestimmt und endgültig verweigert,** weil dies der **Wirkung der Abnahme gleichkommt** (vgl. Rdn. 307 f.; ebenso OLG Düsseldorf BauR 1980, 276). 5

Vor der Abnahme bzw. dem Eintritt der Abnahmewirkung kommen wegen mangelhafter Leistung **während der Ausführung** nur **Erfüllungsansprüche nach Teil B § 4 Nr. 6 und insbesondere 7** in Betracht (vgl. Teil B § 4 Rdn. 328 ff.). Die **Ansprüche aus Teil B § 13 und Teil B § 4 Nr. 6 und 7 schließen sich daher grundsätzlich aus.** Diese Folge nimmt der BGH auch in der Frage der Verjährung von ursprünglich auf Teil B § 4 Nr. 7 beruhenden Ansprüchen an, soweit sie sich **inhaltlich** mit solchen aus Teil B § 13 Nr. 7 decken, wie z. B. Mängelbeseitigungskosten; hierfür gelten nach Abnahme die Verjährungsfristen nach Teil B § 13 Nr. 4 (BGHZ 54, 352 = MDR 1971, 207 = VersR 1971, 135 = NJW 1971, 99 = BB 1970, 1508 = BauR 1971, 51). 6

III. Beginn der eigentlichen Gewährleistungspflicht: Abnahme

Die **Gewährleistungspflicht** des Auftragnehmers **reicht über die Abnahme hinaus.** Unter gewissen Voraussetzungen und innerhalb einer bestimmten **(Verjährungs-)Zeit** ist der Auftragnehmer dem Auftraggeber noch zu einer **Mängelbeseitigung (Nachbesserung)** verpflichtet, auch noch über diesen Zeitraum hinaus, wenn er nicht die **Einrede der Verjährung** erhebt. Diese Verpflichtung beruht auf dem **Grundgedanken,** daß eine **Bauleistung für längere Zeit Bestand haben soll.** Der bloße Abnahmevorgang ist kein hinreichender Schutz für den Auftraggeber, um genau zu erkennen, ob er voraussichtlich für eine als normal vorauszusetzende Dauer eine vertragsgemäße, bestimmungsgerechte Bauleistung erhalten hat und um sich in dieser Hinsicht endgültig zufriedenzugeben. Gerade die Praxis im Bauwesen hat gezeigt, daß bestimmte Arten von Leistungsmängeln nicht selten zeitlich erst später, z. B. nach dem Beginn der Benutzung des Bauwerkes oder im Rahmen eintretender Trocknungsvorgänge, auftreten. Es würde dem Grundgedanken von **Treu und Glauben** im Rechtsverkehr widersprechen, wollte man das Risiko für diese erst später erkennbaren oder jedenfalls erst merklich hervortretenden Mängel mit der Abnahme einseitig dem Auftraggeber auferlegen und sie fortan aus dem vertraglichen Pflichtenkreis des Auftragnehmers loslösen, indem man ihn von Gewährleistungspflichten nach der Abnahme befreit. 7

B. Haftungsverhältnis Auftraggeber – Auftragnehmer – Architekt – Sonderfachmann

8 **Vorbemerkung:** Die folgenden Erörterungen beziehen sich darauf, daß der Auftraggeber fast regelmäßig **kraft selbständiger Verträge neben dem** mit der unmittelbaren Bauausführung befaßten **Auftragnehmer** noch einen **bauplanenden und/oder bauaufsichtsführenden Architekten** und evtl. auch noch einen **Sonderfachmann** (z. B. Statiker) beschäftigt. Ist es dagegen so, daß der Auftragnehmer auch noch selbst die an sich dem Architekten oder dem Sonderfachmann obliegenden Leistungen individualvertraglich übernimmt, **haftet er hierfür neben seinen eigentlichen Herstellerpflichten allein und zusätzlich** – soweit anwendbar – entsprechend den folgenden Erörterungen. Die Fälle, in denen der Architekt **ohne unmittelbaren Bezug auf eine bestimmte Bauleistung** des Auftragnehmers Planungsarbeiten vornimmt (vgl. dazu Ganten NJW 1975, 391), stehen in dem hier interessierenden Zusammenhang nicht zur Erörterung.

I. Möglich auch Gewährleistungsansprüche des Auftraggebers gegen Architekten bzw. Sonderfachmann

1. Architektenvertrag ist grundsätzlich Werkvertrag

9 a) Die Frage der **Gewährleistung** kann auch eine **über** das unmittelbare **vertragliche Verhältnis zwischen Auftraggeber und Auftragnehmer hinausgehende Bedeutung** haben. Es kann sein, daß der Auftraggeber **neben dem Gewährleistungsanspruch gegen den Auftragnehmer bei mangelhafter Bauleistung auch einen Gewährleistungsanspruch** aus dem Werkvertrag mit dem Architekten (vgl. BGHZ 31, 224 = BB 1960, 113 = NJW 1960, 431 = SFH Z 3.01 Bl. 117) gegen diesen hat. Der **Architektenvertrag** ist zunächst insofern **Werkvertrag**, als dem Architekten die **Planung** oder **die Planung und die Bauaufsicht (Objektüberwachung)** übertragen worden ist (vgl. BGHZ 32, 206 = NJW 1960, 1198 = SFH Z 3.01 Bl. 121; BGH SFH Z 3.01 Bl. 311).

10 Die **§§ 631 ff. BGB** kommen **ebenfalls zur Anwendung,** wenn der Architekt kraft mit ihm abgeschlossenen Vertrages nur mit einem **Teil der Planung** beauftragt worden ist, wie z. B. den sonstigen Planungsarbeiten nach § 15 Abs. 2 Nr. 5–7 HOAI, also mit Ausnahme von Grundlagenermittlung, Vorplanung, Entwurfsplanung und Genehmigungsplanung, vgl. BGH BauR 1974, 211 = BB 1974, 486 = NJW 1974, 898 = JZ 1974, 416 = LM § 631 BGB Nr. 29 Anm. Schmidt = SFH Z 3.010 Bl. 9 = JR 1974, 423 Anm. Schubert = Betrieb 1974, 870. Werkvertrag ist es auch, wenn der mit der Objektüberwachung beauftragte Architekt, um die Entwässerung des Gebäudes zu sichern, dessen Lage der Höhe nach **einzumessen** hat, weil es sich **auch insoweit** um eine **Planungsarbeit** handelt (BGH BauR 1973, 332 = NJW 1973, 1458 = MDR 1974, 35 = VersR 1973, 842 = BlGBW 1973, 239 = BB 1973, 1283 = LM § 631 BGB Nr. 24 = SFH Z 3.01 Bl. 512). Gleiches gilt für die Grenzvermessung (OLG Düsseldorf BauR 1975, 68), wie überhaupt alle vom Architekten übernommenen **Absteckungs- und Einmeßarbeiten** i. S. von Teil B § 3 Nr. 2 hierher gehören. Vgl. zu diesen Fragen vor allem auch Schmalzl NJW 1983, 1717.

11 b) **Auch die bloße Übertragung der Bauleitung bzw. der Objektüberwachung (§ 15 Abs. 2 Nr. 8 HOAI) ist dem werkvertraglichen Bereich zuzuordnen,** so daß die Tätigkeit des planenden und/oder aufsichtsführenden Architekten einer einheitlichen Betrachtung im Hinblick auf seine vertraglichen Rechte und Pflichten gegenüber dem Auftraggeber unterliegt. Dies entspricht der zutreffenden Rechtsprechung des BGH (BGHZ 82, 100 = BauR 1982, 79 = NJW 1982, 438 = SFH § 19 GOA Nr. 3 = MDR 1982, 313 = BB 1982, 518 = LM § 631 BGB Nr. 42 = Betrieb 1982, 898 = ZfBR 1982, 15 m. w. N. unter Aufgabe früherer Recht-

sprechung). Auch der aufsichtsführende bzw. überwachende Architekt schuldet nämlich den **Erfolg dahin, daß das Bauwerk plangerecht entsprechend den genehmigten Bauvorlagen und frei von Mängeln entsteht.** Wenn dabei auch nicht erwartet wird, daß er das Bauwerk selbst errichtet, so schuldet er jedoch einen erfolgsbedingten Beitrag und nicht nur eine Arbeitsleistung dahin, daß er die Arbeiten der an der Bauausführung unmittelbar Beteiligten leitet, koordiniert und überwacht, damit das Bauwerk plangerecht und mängelfrei zur Vollendung kommt. Dieser Beitrag ist hinsichtlich seiner Zielsetzung nicht geringer zu veranschlagen als derjenige des planenden Architekten. Dem steht nicht entgegen, daß der bauführende bzw. objektüberwachende Architekt nicht für sämtliche Mängel einzutreten hat, sondern nur für solche, die durch eine objektiv mangelhafte Erfüllung seiner Bauführeraufgaben verursacht werden (vgl. dazu auch Teil B § 4 Rdn. 110 ff.). Durch diese Einschränkung wird nur dem Umstand Rechnung getragen, daß der bauführende bzw. objektüberwachende Architekt, der das Gesamtbauwerk zusammen mit anderen errichtet, für die von diesen zu erbringenden Leistungen nicht in jedem Fall einzustehen hat. Überdies ist eine einheitliche Regelung der architektenvertraglichen Beziehungen im Verhältnis zum Auftraggeber auch sachgerechter, weil dann z. B. auch insofern die Verjährungsfrist für Gewährleistungsansprüche nach § 638 BGB, die Möglichkeit der Eintragung einer Bauhandwerkersicherungshypothek nach § 648 BGB sowie des Erhaltes des Vergütungsanspruches bei einer Kündigung nach § 649 BGB besteht (BGH a. a. O.).

c) Auch der Architekt kann sich nach der (mehr auf die früher geltende GOA bezogene) Rechtsprechung des BGH **neben** seinen nachstehend behandelten eigenen **Gewährleistungspflichten** der **positiven Verletzung** seiner Vertragspflichten gegenüber dem Auftraggeber schuldig machen, wie z. B. dadurch, daß er der Ursache von Baumängeln nicht nachgeht und namens des Auftraggebers nicht ein ordnungsgemäßes Mängelbeseitigungsverlangen – insbesondere – schriftlich gegenüber dem für den Mangel verantwortlichen Auftragnehmer stellt, vor allem um die Verjährung von Gewährleistungsansprüchen gegen den Auftragnehmer zu verhindern (vgl. BGHZ 71, 144 = BauR 1978, 235 = BB 1978, 1437 = NJW 1978, 1311 = SFH § 633 BGB Nr. 1 = LM § 635 BGB Nr. 31 Anm. Girisch = MDR 1978, 656 = VersR 1978, 565 = Betrieb 1978, 1688 m. w. N.). Das betrifft auch die hinreichende Aufklärung des Auftraggebers über Mängel des – eigenen – Architektenwerkes (a. a. O.). Von seiner Pflicht, Ursachen von Baumängeln aufzuklären und dem Auftraggeber u. U. eigene Planungs- und/oder Bauaufsichtsfehler rechtzeitig zu offenbaren, ist der Architekt nur befreit, wenn er darauf vertrauen durfte, daß andere vom Auftraggeber beauftragte Personen oder von diesen eingesetzte Sachverständige diese Aufgabe übernehmen und den Auftraggeber ausreichend beraten (vgl. BGH BauR 1987, 343 = Siegburg EWiR § 638 BGB 2/87, 567 = SFH § 635 BGB Nr. 54 = MDR 1987, 660 = NJW 1987, 2743 = ZfBR 1987, 135), wofür der Architekt darlegungs- und beweisbelastet ist. Sofern wegen Verletzung der genannten Pflichten Ansprüche des Auftraggebers aus positiver Vertragsverletzung **nach der Abnahme** des Bauwerks entstehen, fallen diese nicht unter die kürzere Verjährungsfrist für Schadensersatzansprüche wegen nicht vertragsgemäßer Erfüllung (§ 638 BGB bzw. die dieserhalb individualvertraglich vereinbarte Frist), deren Verjährung mit Abnahme bzw. Ingebrauchnahme des Bauwerks beginnen soll; vielmehr beläuft sich hier die Verjährungsfrist gemäß § 195 BGB auf 30 Jahre (BGH a. a. O.). Vgl. dazu auch BGHZ 92, 251 = BauR 1985, 97 = SFH § 635 BGB Nr. 40 = ZfBR 1985, 84 = NJW 1985, 328 sowie BauR 1985, 232 = SFH § 635 BGB Nr. 42 = NJW 1985, 119. Zu diesen Fragen vgl. auch Ehlen/Blatt, Festschrift Korbion, 1986, S. 69, 81 ff.; weiter Ganten, Festschrift Korbion, 1986, S. 85 ff., dabei insbesondere auch zur Entwicklung der Rechtsprechung; außerdem Jagenburg BauR 1980, 406. Zur Abgrenzung zwischen positiver Vertragsverletzung und Mängelhaftung beim Architektenvertrag aufgrund neuerer Tendenz in der Rechtsprechung vgl. Schmalzl NJW 1983, 1717. Ganten (a. a. O., S. 89) weist im übrigen wohl mit Recht darauf hin, daß die vorangehend vom BGH zur Grundlage seiner Entscheidungen gemachten Fallgestaltungen nach der seit 1977 anstelle der GOA geltenden **HOAI** im wesentlichen **nicht mehr der positiven Vertragsverletzung, sondern dem Bereich der §§ 633 ff.**

BGB als Hauptpflichten unterliegen dürften, wie durch § 15 Abs. 2 Nr. 9 (Objektbetreuung und Dokumentation) ausgewiesen ist.

13 d) Mit der **Tätigkeit des Architekten** sind oftmals Aufgaben verbunden, die als **Rechtsberatung** anzusehen sind. Daher muß er darauf achten, im Einzelfall nicht gegen das **Rechtsberatungsgesetz** vom 13. 12. 1935 (RGBl. I S. 1478) i. d. F. des Gesetzes vom 18. 8. 1980 (BGBl. I S. 1503) zu verstoßen. Dabei ist die Abgrenzung darin zu sehen, daß es nach dem Berufsbild des Architekten dessen Aufgabe ist, ein Bauwerk durch Planung und/oder Aufsicht zu errichten. Soweit mit der Erfüllung damit verbundener Einzelleistungen, wie sie z. B. in § 15 HOAI umschrieben sind, **zwangsläufig auch die Besorgung rechtlicher Angelegenheiten** verbunden ist, muß dies dem Architekten durchaus **gestattet** sein, wie z. B. Vorbereitung der betreffenden Unternehmerverträge im Bereich der Mitwirkung bei der Vergabe, Wahrnehmung der Rechte des Auftraggebers im Bereich der Mängelbeseitigung, Hinwirken auf die Beachtung öffentlich-rechtlicher Bauvorschriften, Beratung des Auftraggebers über steuerliche Vergünstigungen, sofern dieser erkennbar Wert darauf legt (vgl. BGHZ 70, 12 = BauR 1978, 60 = BB 1978, 1439 = NJW 1978, 322 = MDR 1978, 305 = LM § 1 RechtsberatungsG Nr. 31 = BlGBW 1978, 74 = SFH § 631 BGB Nr. 1 m. w. N.). **Nicht** gilt das dagegen für Angelegenheiten, die **außerhalb der eigentlichen Bauerrichtung** liegen, wie z. B. die **Übernahme von Betreuungsleistungen als Nebenleistung zur Architektenaufgabe** (Entwurf von Verträgen mit späteren Erwerbern, Teilnahme an notariellen Verhandlungen im Rahmen des Abschlusses solcher Verträge, Errechnung der Anteile der einzelnen Wohnungseigentümer an der Gesamtanlage, Entwurf der Teilungsvereinbarung bzw.-erklärung, Abfassung des Hausverwaltervertrages usw.), also diese Tätigkeiten **nicht im Rahmen gewerblicher Betreuung** erfolgen (BGH a. a. O.).

2. Baumängel zugleich als Mängel des Architektenwerkes

14 Der Auftraggeber hat bei Vorliegen eines durch den Auftragnehmer während der Ausführung herbeigeführten Mangels einen Gewährleistungsanspruch **auch** gegen den Architekten, **wenn die fehlerhafte Bauleistung** des Auftragnehmers **entweder auch auf unbefriedigender Planung** (vgl. dazu z. B. BGH NJW 1962, 1764) **oder auch in der Nachlässigkeit des Architekten bei der Bauaufsicht beruht** (vgl. dazu auch Teil B § 4 Rdn. 110 ff.).

15 **Baumängel** sind **zugleich Mängel des Architektenwerkes,** wenn sie durch eine – objektiv – **mangelhafte Erfüllung der Architektenaufgaben** verursacht oder mitverursacht sind (BGHZ 31, 224, 227 f. = NJW 1960, 431 = BB 1960, 113 = SFH Z 3.01 Bl. 117; BGHZ 42, 16, 18; vgl. auch Kaiser BlGBW 1974, 221). Dasselbe trifft auf die Leistung des **Statikers** oder sonstigen Sonderfachmannes zu (vgl. BGHZ 48, 257 = MDR 1968, 41 = JZ 1967, 758 = BB 1967, 1222 = LM § 638 BGB Nr. 9 = NJW 1967, 2259 = VersR 1967, 1074 = SFH Z 3.01 Bl. 373; vgl. auch OLG Stuttgart MDR 1969, 49 mit Anm. Schmalzl). Zur Rechtsstellung des **Statikers und Vermessungsingenieurs** sowie sonstiger Ingenieurs und dessen Verantwortlichkeit siehe Teil A § 9 Rdn. 71 ff., ferner Teil B § 3 Rdn. 1 und 21 f.

16 **Zu beachten ist aber: Von Mängeln des Architektenwerkes** und damit von Gewährleistungsansprüchen gegen den Architekten kann **keine Rede** sein, **wenn der Architekt den vertraglich geschuldeten Erfolg erreicht hat,** und zwar auch dann nicht, wenn der Architekt die eine oder andere Teilleistung gemäß § 15 HOAI (früher § 19 GOA) nicht vollständig erbracht hat. Ein aus Werkmängeln hergeleiteter **Gewährleistungsanspruch gegen den Architekten** kommt demnach **nur** in Betracht, sofern zu beanstandende **Einzelleistungen des Architekten zu einem Mangel** des Architektenwerks **geführt** haben (vgl. BGH NJW 1966, 1713 = BGHZ 45, 372 = SFH Z 3.01 Bl. 346; ferner BGH, Urt. vom 27. 10. 1966 – VII ZR 257/63 – und – VII ZR 21/64 –). Zu diesen Einzelleistungen zählen vor allem auch die **Ausführungszeichnungen**

bzw. die **Ausführungsplanung** des planenden Architekten (§ 15 Abs. 2 Nr. 5 HOAI; vgl. dazu Teil A § 9 Rdn. 1, Rdn. 69; Teil B § 3 Rdn. 9), ferner die von ihm im Rahmen der **Mitwirkung bei der Vergabe aufzustellenden Leistungsbeschreibungen** (§ 15 Abs. 2 Nr. 6 HOAI). Hierher rechnet auch die dem Architekten zumutbare **Überprüfung der vom Auftragnehmer aufgestellten Leistungsbeschreibung** im Hinblick auf deren Vollständigkeit dahin, ob in ihr technisch unumgänglich erforderliche Leistungsansätze enthalten sind (BGH BauR 1978, 405 = NJW 1978, 2393 = BB 1978, 1543 = ZfBR 1978, 24 = MDR 1978, 831 = SFH § 639 BGB Nr. 2 = Betrieb 1978, 2121); in dem vorwerfbaren Unterlassen einer solchen Überprüfung kann **nicht nur** ein **Planungsfehler** des Architekten liegen, sondern **auch** ein **Aufsichtsfehler,** weil der Architekt dann die erhöhte Verpflichtung zur Aufsicht hat, um möglichst noch Schaden zu verhindern (BGH a. a. O.). Vor allem hat der Architekt insgesamt bei seiner Planung auf die **Einhaltung der allgemein anerkannten Regeln der Technik** zu achten; dabei muß er insbesondere in zumutbarer Weise berücksichtigen, ob und inwieweit vorhandene DIN-Vorschriften noch den anerkannten technischen Regeln entsprechen (vgl. dazu Döbereiner BauR 1980, 296 im Hinblick auf die Mindestanforderungen an den Schallschutz im Verhältnis zur DIN 4109, Fassung 1962, siehe insofern weiter Eisenberg ZSW 1980, 231 sowie Teil B § 4 Rdn. 144 ff. und 153 ff.).

Ein Architektenwerk ist somit mangelhaft, wenn die geplante Ausführung des Architektenwerkes notwendigerweise zu einem Mangel des Bauwerks führen muß bzw. mußte (BGH VersR 1971, 134 = NJW 1971, 92 mit Anm. von Ganten NJW 1971, 374 = Betrieb 1970, 2365 = BauR 1971, 58 = SFH Z 3.01 Bl. 441 ff. = MDR 1971, 123 = LM § 633 BGB Nr. 17). 17

Soweit es sich um die **Verwendung neuartiger oder spezieller Baustoffe** und/oder **Baumethoden** handelt, kann, wenn es später dadurch zu einem Mangel kommt, dem Architekten – nur – dann kein Vorwurf gemacht werden, wenn das betreffende Material oder die betreffende Baumethode im Zeitpunkt der Verwendung bzw. ihrer Anwendung in Fachkreisen als den anerkannten Regeln der Technik entsprechend und für die vorgesehene Maßnahme geeignet angesehen wird und der Architekt – evtl. nach gebotener Erkundigung – keinen Zweifel hat und zu haben braucht, daß dieses zutrifft (vgl. BGH BauR 1976, 66 = Betrieb 1976, 146 = BB 1976, 17 = MDR 1976, 214 = SFH Z 3.001 Bl. 1 = LM § 635 BGB Nr. 40 = BlGBW 1976, 59). Auch kann sich der Architekt auf das bessere Wissen eines über lange Jahre erfahrenen Fachunternehmers verlassen, wenn er nicht hinreichende Anhaltspunkte zu Zweifeln hat (BGH a. a. O.). Zur gesteigerten Überwachungspflicht des Architekten im Hinblick auf einen ungeeigneten Unternehmer vgl. Teil B § 4 Rdn. 133 ff. 18
Zur planerischen Haftung des Architekten für eine ursprünglich nicht vorgesehene Leistung vgl. Teil B § 4 Rdn. 118 ff.

Das Gesagte gilt auch für die Leistungen des Statikers und der übrigen aus Anlaß der Bauerrichtung tätigen Sonderfachleute. 19

Zur **Abnahme** des Architektenwerks und der damit für ihn in Lauf gesetzten Gewährleistungsfrist wegen Mängeln der Leistung vgl. BGH BauR 1972, 251 = SFH Z 3.00 Bl. 218 = VersR 1972, 640. Vgl. dazu im einzelnen Jagenburg BauR 1980, 406. Soweit es bloße Planungsleistungen bis zur Genehmigungsplanung (§ 15 Abs. 2 Nr. 1–4 HOAI) betrifft, sind diese unabhängig von der Bauwerksherstellung zu bewerten, weil es sich hier um Leistungen handelt, die werkvertragsrechtlich für sich beurteilbar sind. Die **Abnahme des Statikerwerks** setzt nicht die Ausführung der Bauleistung selbst voraus, da statische Planung und Berechnung für sich geprüft werden können (so mit Recht BGH BauR 1974, 67 = NJW 1974, 95 mit beachtlicher Anm. von Ganten NJW 1974, 987 = BB 1974, 159 = BlGBW 1974, 51 = VersR 1974, 361 = MDR 1974, 220 = LM § 640 BGB Nr. 4 = SFH Z 3.023 Bl. 3). Dieses trifft **auch** auf die **Abnahme eines Bodengutachtens** zu, weil auch die Leistungen des Geologen hin- 20 sichtlich ihrer Ordnungsgemäßheit für sich abschließend beurteilbar sind (BGHZ 72, 257 = BGH BauR 1979, 76 = NJW 1979, 214 = VersR 1979, 259 = SFH § 638 BGB Nr. 5 = BlGBW 1979, 79 = BB 1979, 650 = ZfBR 1979, 29 = ZSW 1980, 18 mit Anm. Müller; zugleich zur Frage des Verjährungsbeginns wegen Mängeln).

3. Grundsätzlich Schadensersatzpflicht des Architekten; Beweislast

21 a) Ein **Schadensersatz-**, ggf. auch ein **Minderungsanspruch** und **nicht ein Nachbesserungsanspruch**, besteht nach Ansicht des BGH unter den angegebenen Voraussetzungen hier gegen den Architekten deswegen, weil dieser **nach erfolgter Bauausführung seine fehlerhafte Leistung** (Planung und/oder Aufsicht) **nicht mehr nachholen**, d. h. nachbessern kann. Eine vernachlässigte Bauaufsicht, die zu schlechter Leistung des Auftragnehmers geführt hat, ist nicht mehr rückgängig zu machen. Die bloße Änderung unrichtiger oder sonst fehlerhafter Pläne wird zu nichts führen, wenn die auf dieser Planung beruhende Leistung vom Auftragnehmer **bereits erstellt** ist (BGH NJW 1962, 390 = MDR 1962, 295 = VersR 1962, 160 = SFH Z 3.01 Bl. 164; BGH NJW 1962, 1499 = VersR 1962, 742 = BB 1962, 777 = Betrieb 1962, 964 = SFH Z 3.01 Bl. 172; BGHZ 39, 261 = NJW 1963, 1401 = MDR 1963, 669 = JZ 1963, 596 = VersR 1963, 881 = BB 1963, 668 = Betrieb 1963, 1318 = SFH Z 3.01 Bl. 208; BGHZ 43, 227 = NJW 1965, 1175 = MDR 1965, 453 = VersR 1965, 437 = BB 1965, 522 = Betrieb 1965, 627 = SFH Z 3.00 Bl. 68; BGH BauR 1981, 395 = SFH § 635 BGB Nr. 27 = LM § 635 BGB Nr. 60 = MDR 1981, 836 = ZfBR 1981, 173; ferner u. a. OLG München SFH § 635 BGB Nr. 57 = Betrieb 1988, 1443; ebenso Wussow NJW 1974, 90; Schmalzl, Die Haftung des Architekten und des Bauunternehmers, Rdn. 36; Werner/Pastor Rdn. 1130; Heiermann/Riedl/Rusam/ Schwaab Einf. zu Teil B § 13 Rdn. 12; vgl. dazu insbesondere auch Ehlen/Blatt, Festschrift Korbion, 1986, S. 69, 80 ff.). Der **Schadensersatzanspruch** ist grundsätzlich auf **Geld** gerichtet (BGH NJW 1978, 1853 = BauR 1978, 498 = SFH § 635 BGB Nr. 7 = VersR 1978, 868 = Betrieb 1979, 87 = BB 1978, 1237 = ZfBR 1978, 17; BGH BauR 1981, 479 = VersR 1981, 856 = NJW 1981, 2243 = SFH § 635 BGB Nr. 29 = MDR 1982, 48 = LM § 276 [Hb] BGB Nr. 30 = Betrieb 1982, 899 = ZfBR 1981, 222).

22 Der hieran geübten Kritik (vgl. u. a. Hess, S. 69 ff.; Ganten NJW 1970, 687, 691, jetzt allerdings eingeschränkt, vgl. Festschrift Korbion, 1986, S. 86, 96; Kaiser NJW 1973, 1910; Locher, Das private Baurecht, Rdn. 238; Bindhardt/Jagenburg § 4 Rdn. 32 f. m. w. N.) kann dann nicht gefolgt werden, wenn die Bauleistung des Auftragnehmers selbst trotz fehlerhafter Pläne oder Aufsicht des Architekten nicht mangelhaft ist, insofern also nicht nachzubessern ist, oder der Auftragnehmer aus anderen Gründen, wie z. B. wegen von ihm nach Teil B § 4 Nr. 3 oder § 13 Nr. 3 ordnungsgemäß erhobener Bedenken oder von ihm berechtigt erhobener Verjährungseinrede, selbst nicht bzw. nicht mehr nachbesserungspflichtig ist. Ist das aber doch der Fall, so erscheint es entgegen BGH a. a. O. **ausnahmsweise** dennoch **gerechtfertigt, vom Architekten im Bereich seiner bisherigen vertraglichen Aufgaben als Nachbesserung planerische oder aufsichtliche Maßnahmen zu verlangen, soweit solche zur Mängelbeseitigung an der Bauleistung objektiv noch erforderlich** sind, also die bloßen Beseitigungsmaßnahmen durch den Auftragnehmer ohne weitere Planung oder Bauaufsicht seitens des Architekten noch nicht ausreichen. Insoweit ist es berechtigt, auch den Architekten zur Nachbesserung für **verpflichtet** zu halten, sofern dies im Einzelfall für den **Auftraggeber möglich und vor allem zumutbar** ist (§ 634 Abs. 2 BGB; ebenso Ehlen/Blatt, Festschrift Korbion, 1986, S. 69, 80; so auch Ganten, Festschrift Korbion, 1986, S. 85, 95 ff., der dies zutreffend als Wertungsfrage im Einzelfall bezeichnet; vgl. dazu auch RGRK-Glanzmann Anh. zu §§ 633 bis 635 Rdn. 64). Folgt man dem nicht und beläßt es auch im angeführten Bereich bei der Schadensersatzpflicht des Architekten im Rahmen des § 635 BGB, so wird man es dem Architekten grundsätzlich nicht verwehren können, selbst aus eigener Initiative durch planerische oder aufsichtliche Maßnahmen den von ihm zu ersetzenden Schaden

geringer zu halten; dies folgt aus der dem Auftraggeber obliegenden **Schadensminderungspflicht**.

Selbstverständlich kommt eine **Nachbesserung** der – fehlerhaften – Architektenpläne immer und so lange in Betracht, wie die darauf beruhende **Bauausführung noch nicht erfolgt ist**. Insoweit kann der Auftraggeber gegenüber dem Architekten gemäß §§ 633 Abs. 1, 634 Abs. 1 BGB die Pflicht haben, diesen zunächst zur Beantragung eines möglichen Dispenses aufzufordern (vgl. u. a. OLG Hamm MDR 1978, 226).

b) Hinsichtlich **des Baumangels selbst** wird man dem Architekten ein **Nachbesserungsrecht nur in ganz seltenen Ausnahmefällen** auf der Grundlage des **§ 242 BGB** (zutreffend Werner/Pastor Rdn. 1134 m. w. N.) einräumen können, wenn er selbst in der Lage ist, auf eigene Kosten die Mängel absolut zweifelsfrei und nachhaltig zu beseitigen, wobei er die vorgesehene Mängelbeseitigung im einzelnen bezeichnen und genau darlegen muß, warum er selbst zur kostengünstigeren und auch schnelleren Beseitigung in der Lage ist (Locher a. a. O. Rdn. 239; Bindhardt/Jagenburg § 4 Rdn. 49; vgl. dazu auch Werner/Pastor Rdn. 1133 m. w. N.). 23

Über diesen Rahmen hinaus ist es im Einzelfall möglich, im Architektenvertrag **besonders zu vereinbaren, daß der Architekt selbst die Nachbesserung auf seine Kosten bewerkstelligen kann**. Damit wird grundsätzlich keine Nachbesserungspflicht, sondern ein **Nachbesserungsrecht des Architekten vereinbart**. Dann ist der Auftraggeber nicht gehalten, dem Architekten zur Nachbesserung eine Frist mit Ablehnungsandrohung zu setzen (§ 634 BGB), sondern er hat ihm nur ausreichend Gelegenheit zur Mängelbeseitigung zu geben (KG BauR 1972, 384). Macht der Architekt von der ihm eingeräumten Möglichkeit der Selbstbeseitigung des Schadens keinen Gebrauch, so hat er auch hier Schadensersatz in Geld zu leisten (BGH BauR 1981, 395 = SFH § 635 BGB Nr. 27 = LM § 635 BGB Nr. 60 = MDR 1981, 836 = ZfBR 1981, 173).

c) Die **Verpflichtung des Architekten zur Leistung von Schadensersatz** oder zur Hinnahme einer **Minderung** oder – ausnahmsweise – zur **Nachbesserung** steht **unabhängig neben der des Auftragnehmers** zur Vornahme der Nachbesserung, und sie hängt nicht davon ab, daß letzterer die seinige erfüllt. Eine **Ersatzhaftung**, wie sie in § 771 BGB oder in § 839 Abs. 1 Satz 2 BGB (vgl. dazu BGH NJW 1961, 1165) vorgesehen ist, **kennt das Bauvertragsrecht nicht**. Ebensowenig trifft es zu, daß der Auftraggeber keinen Schaden erlitten hat, solange ihm noch der Nachbesserungsanspruch gegen den Auftragnehmer zusteht. Maßgebend ist nur, wie sich die wirtschaftliche Lage des Auftraggebers gestaltet hat. Sie ist regelmäßig trotz Bestehens des Nachbesserungsanspruchs gegen den Auftragnehmer durch den Mangel verschlechtert. Dafür hat **auch** der Architekt einzutreten, wenn ihm ein Aufsichtsverschulden oder ein Planungsverschulden, auf dem **zugleich auch der Mangel beruht**, zur Last fällt. Deshalb steht es dem **Auftraggeber grundsätzlich frei, ob er wegen des Mangels am Bauwerk den Unternehmer oder den Architekten, der seine Pflichten schuldhaft verletzt hat, oder beide (vgl. Rdn. 27 f.) in Anspruch nehmen will** (vgl. dazu BGHZ 39, 261 = LM § 633 BGB Nr. 9 [Anm. Rietschel] = NJW 1963, 1401 = MDR 1963, 669 = BB 1963, 688 = SFH Z 3.01 Bl. 208). Zu den Gewährleistungsansprüchen des Auftraggebers gegen den Architekten siehe auch Schmalzl NJW 1967, 10 ff. 24

Ist aber bei Baumängeln der Architekt allein verklagt und führt der Auftragnehmer während des Prozesses die Nachbesserung erfolgreich und vollständig durch, ist der Schadensersatzprozeß des Auftraggebers gegen den Architekten regelmäßig in der Hauptsache erledigt, so daß dann allein über die Kosten des Rechtsstreits nach § 91 a ZPO zu befinden ist (so auch Wussow IB 1966, 112; vgl. dazu auch BGHZ 43, 227, 233 = NJW 1965, 1175 = SFH Z 3.00 Bl. 86; BGHZ 51, 275 = SFH Z 2.413 Bl. 37 = NJW 1969, 653). Dann kommt **nur** – auch bei teilweiser Verantwortlichkeit – ein **Ausgleichsanspruch des Auftragnehmers** gegen den Architekten nach § 426 BGB in Betracht (BGH BauR 1971, 60 = VersR 1971, 157 = SFH Z 3.01 Bl. 445; s. dazu Rdn. 41 ff.).

d) Der **Auftraggeber** hat grundsätzlich die **objektiven Voraussetzungen** seines Schadensersatzanspruches gegen den Architekten **darzulegen und zu beweisen**. Allgemein muß er 25 sowohl die objektiv fehlerhafte Planung oder die objektiv ungenügende Aufsichtsführung als auch deren Ursächlichkeit für den Bauwerksmangel sowie den daraus entstandenen Schaden nachweisen. Nur zur Frage, ob der **Architekt** den Mangel seines Werkes **zu vertreten hat, hat dieser die Beweislast,** er muß also darlegen und beweisen, daß ihn an dem ihm nachgewiesenen objektiven Mangel **kein Verschulden** trifft (BGHZ 42, 16, 18; 48, 310 = NJW 1968, 43 = MDR 1968, 141 = JZ 1968, 23 = BB 1967, 1356 = VersR 1967, 1194 = SFH Z 3.00 Bl. 121; BGH BauR 1979, 159 = ZfBR 1979, 24; BGH BauR 1982, 514 = SFH § 72 ZPO Nr. 2 = ZfBR 1982, 170). **Ausnahmsweise** ist dem **Architekten** aber auch die **Beweislast zur Frage der Ursächlichkeit der Verletzung von Planungspflichten** aufzuerlegen, wenn er eine an sich **gebotene Planung unterlassen** hat und es dem Auftraggeber nach der gegebenen Sachlage nicht möglich ist, die Ursache für einen aufgetretenen Baumangel festzustellen, wenn z. B. Wasser in den Keller eingedrungen ist, sich aber die undichte Stelle nicht lokalisieren läßt (BGH BauR 1974, 63 = VersR 1974, 261).

26 e) Der **Schadensersatzanspruch** des Auftraggebers gegen den Architekten wegen Planungsfehlers, aber auch wegen Mängeln in der Aufsicht, beruht grundsätzlich auf § 635 BGB und **verjährt** daher nach **§ 638 BGB im allgemeinen nach Ablauf von 5 Jahren** seit der Abnahme. Jedoch: Verletzt der Architekt die ihm gegenüber dem Auftraggeber obliegende Aufklärungs- und Beratungspflicht, deren Entstehung er selbst zu vertreten hat, und verjähren deshalb die gegen ihn gerichteten Gewährleistungsansprüche seines Auftraggebers, so haftet er diesem aus **positiver Vertragsverletzung dahin, daß die Verjährung als nicht eingetreten gilt** (BGHZ 91, 251, 258 = BauR 1985, 97 = NJW 1985, 328 = Betrieb 1985, 912 = ZIP 1985, 502 = MDR 1985, 222 = SFH § 635 BGB Nr. 40 = ZfBR 1985, 84; BGH BauR 1985, 232 = VersR 1985, 474 = SFH § 635 BGB Nr. 42 = ZfBR 1985, 119; BGH BauR 1986, 112 = SFH § 635 BGB Nr. 46 = VersR 1986, 37 = NJW-RR 1987, 182 = ZfBR 1986, 17).

4. Gesamtschuldnerische Haftung von Architekt und Auftragnehmer

27 a) Lange umstritten war in der Rechtsprechung, wie das **Verhältnis des Architekten einerseits und des Auftragnehmers andererseits zum Auftraggeber** jeweils rechtlich einzuordnen ist (vgl. dazu u. a. BGH VersR 1962, 742; BGHZ 39, 261 = NJW 1963, 1401 = SFH Z 3.01 Bl. 208 = VersR 1963, 878; BGH NJW 1962, 1499 = SFH Z 3.01 Bl. 172), wie also für den Bereich der Erfüllung sowie der Gewährleistung Architektenvertrag und Bauvertrag zueinander stehen. **Bedeutung** hat das vor allem dafür, ob der Auftraggeber sich vom Architekten oder dem Auftragnehmer den **Einwand** gefallen lassen muß, **der andere** (Auftragnehmer bzw. Architekt) **habe durch ein pflichtwidriges Tun oder Unterlassen zur Entstehung des Mangels beigetragen, oder sogar, dieser sei von dem anderen allein herbeigeführt worden und welche Auswirkungen dies im Rahmen des § 254 BGB hat.** Auch geht es weiter darum, ob und unter welchen Voraussetzungen der **Auftragnehmer vom Architekten und umgekehrt im Innenverhältnis einen Ausgleich** verlangen kann, wenn er vom Auftraggeber wegen eines Mangels, der sowohl auf mangelhafter Bauausführung des Auftragnehmers als auch auf mangelnder Planung oder fehlerhafter Bauaufsicht des Architekten beruht, in Anspruch genommen worden ist. Hiermit hat sich der Große Senat für Zivilsachen des Bundesgerichtshofs auf Vorlage des VII. Zivilsenats (VersR 1964, 1048) befaßt. Er hat sich für die Annahme eines **Gesamtschuldnerverhältnisses zwischen Auftragnehmer und Architekt** wie folgt entschieden (BGHZ 43, 227 = MDR 1965, 453 = NJW 1965, 1175 = BB 1965, 251 = VersR 1965, 437 = SFH Z 3.00 Bl. 86 ff. = LM § 426 BGB Nr. 24 Anm. Rietschel):

„Der Große Zivilsenat und ihm folgend der VI. und III. Zivilsenat des BGH (BGHZ 13, 360, 365; 19, 114, 123; 28, 297) haben ausgesprochen, daß ein Gesamtschuldverhältnis einen inneren Zusammenhang der beiden Verpflichtungen im Sinne einer rechtlichen Zweckgemeinschaft voraussetzt. Zwischen Architekt und Bauunternehmer bestehen zwar in der Regel keine vertraglichen Beziehungen. Der Bauherr schließt aber mit beiden Verträge ab, kraft deren sie Leistungen zu erbringen haben, deren Ergebnis die plangerechte und fehlerfreie Errichtung des Bauwerks sein soll. Um dieses Ziel zu erreichen, arbeiten Architekt und Bauunternehmer eng zusammen. Zwischen ihnen besteht also eine enge, keineswegs nur zufällige und absichtslose, sondern planmäßige rechtliche Zweckgemeinschaft, wie sie in der bisherigen Rechtsprechung des BGH für die Annahme einer Gesamtschuld für notwendig erachtet worden ist.

Zu beantworten bleibt aber die Frage, ob und wann Architekt und Bauunternehmer jeder die ganze Leistung zu bewirken verpflichtet, der Bauherr aber die Leistung nur einmal zu fordern berechtigt ist (§ 421 BGB).

Bei ihrer Beantwortung geht der Große Senat für Zivilsachen davon aus, daß auch der Vertrag des Bauherrn mit dem Architekten – ebenso wie der mit dem Bauunternehmer – in der Regel ein Werkvertrag ist. Das vom Architekten versprochene Werk besteht im allgemeinen in Bauplanung, Oberleitung und örtlicher Aufsicht (BGHZ 31, 224). Der von dem Architekten auf Grund des mit ihm geschlossenen Vertrages geschuldete Erfolg ist jedoch nicht das Bauwerk selbst als körperliche Sache (BGHZ 31, 224; 32, 206; 37, 341; BGH NJW 1961, 269; BGH NJW 1962, 1499). Der Architekt schuldet, solange nicht Leistungsstörungen den Inhalt der Verpflichtung verändern, im Sinne des § 421 BGB etwas anderes als der Unternehmer. Dadurch, daß der eine – Architekt oder Bauunternehmer – die von ihm geschuldete Leistung bewirkt, erfüllt er nicht die Verbindlichkeiten des anderen. Architekt und Bauunternehmer sind deshalb, soweit es sich um die Errichtung des Bauwerks handelt, keine Gesamtschuldner (BGHZ 37, 341; 39, 261).

Architekt und Bauunternehmer sind dagegen Gesamtschuldner, wenn sie beide wegen eines Mangels am Bauwerk auf Schadensersatz in Geld wegen Nichterfüllung nach § 635 BGB haften. Auch in bezug auf die Erfüllung dieser Verbindlichkeit besteht zwischen ihnen die von der bisherigen Rechtsprechung insoweit für notwendig erachtete rechtliche Zweckgemeinschaft, die nicht nur zufällig und absichtslos zustande gekommen ist. Der Zweck dieser Gemeinschaft ist es, daß Architekt und Bauunternehmer jeder auf seine Art für die Beseitigung desselben Schadens einzustehen haben, den der Bauherr dadurch erlitten hat, daß jeder von ihnen seine vertraglich geschuldeten Pflichten mangelhaft erfüllt hat. Der Bauherr kann sich nach seinem Belieben an den einen oder den anderen halten. Er kann aber die Leistung nur einmal fordern. Die Leistung des einen befreit auch den anderen. Derjenige, der geleistet hat, kann nach Maßgabe des § 426 BGB von dem anderen Ausgleichung verlangen. In welchem Umfang der andere auszugleichen verpflichtet ist, hängt von den jeweiligen Umständen ab. Insbesondere ist nach § 254 BGB zu berücksichtigen, inwieweit der Schaden vorwiegend von dem einen oder von dem anderen verursacht worden ist...

Der Große Senat für Zivilsachen ist zu dem Ergebnis gelangt, daß der Architekt und der Bauunternehmer auch bei dieser Fallgestaltung (der Architekt wird auf Schadensersatz in Anspruch genommen, der Bauunternehmer war aber u. U. nur zur Mängelbeseitigung verpflichtet) Gesamtschuldner sind. § 426 Abs. 1 BGB ist hier unmittelbar anzuwenden. Das RG und auch der BGH sind allerdings in ihrer Rspr. bisher stillschweigend davon ausgegangen, daß eine Gesamtschuld voraussetzt, daß die mehreren Schuldner wenigstens zunächst die gleiche Leistung schulden. Ein Gesamtschuldverhältnis kann nach dieser Rspr. nur entstehen, wenn die geschuldeten Leistungen den gleichen Inhalt haben, wobei allerdings betont wird, daß sie nicht genau übereinzustimmen brauchen (RGZ 92, 401). Auch im Schrifttum wird vielfach ausdrücklich bemerkt, daß die ‚Identität der geschuldeten Leistung' eine unerläßliche Voraussetzung für das Zustandekommen eines Gesamtschuldverhältnisses ist...

Wie dem auch sei, so ist doch hier das, was Architekt und Bauunternehmer schulden, auch dann nicht etwas gänzlich Verschiedenes, wenn der Architekt Geldersatz zu leisten und der Bauunternehmer nachzubessern hat. Die Nachbesserungspflicht des Bauunternehmers kann alsbald in eine Schadensersatzpflicht in Geld übergehen (§§ 633 Abs. 3, 635 BGB). Umgekehrt kann der Architekt zwar in der Regel in Fällen wie hier nach § 633 BGB nicht nachbessern; denn das würde zu nichts führen. Durch die bloße Änderung eines etwa fehlerhaften Planes würde der Mangel nicht behoben, und die versäumte Bauaufsicht kann nicht nachgeholt werden. Die Beseitigung der Baumängel durch den Architekten selbst wäre also keine Nachbesserung des Architektenwerks. In besonderen Fällen kann aber auch der Architekt berechtigt sein, selbst dafür zu sorgen, daß der Mangel behoben wird, und der Bauherr kann gegen seine Schadensminderungspflicht aus § 254 Abs. 2 Satz 1 BGB verstoßen, wenn er ihm hierzu keine Gelegenheit gibt...

Wenigstens bei einer solchen Fallgestaltung erscheint es geboten, in Anlehnung an die Rechtsprechung des Reichsgerichts das Erfordernis genauer Identität aufzulockern. Der Wortlaut des § 421 BGB erfordert diese genaue Identität nicht („eine" Leistung: unbestimmter Artikel). Unerläßliche Voraussetzung für das Bestehen einer Gesamtschuld nach § 421 ist, daß dem Gläubiger mehrere Schuldner in der Weise haften, daß er sich mit der Leistung eines von ihnen zufrieden geben muß. Das ist auch dann der Fall, wenn, wie hier, der Unternehmer nachzubessern, der Architekt dagegen Schadensersatz in Geld zu leisten hat ... Daraus folgt, daß die jeweilige Leistung vom Architekten und Bauherrn dem anderen zugute kommt ...

Daß Architekt und Bauunternehmer etwas Verschiedenes schulden, steht der Ausgleichung nach § 426 Abs. 1 Satz 1 BGB nicht entgegen ...

Im Hinblick darauf, daß Architekt und Bauunternehmer in einer engen rechtlichen Zweckgemeinschaft verbunden sind, daß die von ihnen geschuldeten Leistungen nicht völlig verschieden sind, daß vielmehr auch die Verbindlichkeit desjenigen, der den Mangel in natura zu beseitigen hat, zu einer Verpflichtung, Schadensersatz in Geld zu leisten, werden kann, ist hier ein Gesamtschuldverhältnis anzunehmen, obwohl Architekt und Bauunternehmer verschiedene Leistungen schulden."

28 **Zu diesem Beschluß** kritisch Frotz NJW 1965, 1257 ff. Seine Kritik hat im wesentlichen rechtstheoretische Bedeutung. Gegen Frotz auch Hönn NJW 1965, 1701. Demgegenüber die an der Verjährungsfrage orientierten Ausführungen von Menard NJW 1966, 1699; dagegen wiederum Hönn NJW 1966, 2200. Siehe auch Schreiter VersR 1965, 939, ferner Tempel zum Thema „Verhältnis der Haftung von Bauunternehmer und Architekt" in JuS 1965, 262. Beachtenswert sind die kritischen Ausführungen von Ganten NJW 1970, 687, insbesondere 690 ff. Ders. auch BauR 1975, 177, wobei Ganten den Versuch macht, einer nachrangigen, also nicht gesamtschuldnerischen Haftung des **bauaufsichtsführenden** Architekten das Wort zu reden, wenn der Auftragnehmer auf Nachbesserung, der Architekt aber auf Schadensersatz haftet. Dem kann nicht gefolgt werden: Wenn Ganten die Risikolast des aufsichtsführenden Architekten geringer ansehen will, falls der Auftragnehmer aufgrund seiner Eigenverantwortung einen nachbesserungsfähigen Baufehler begangen hat, so übersieht er, daß es **uneingeschränkte, eigenverantwortliche Aufgabe des aufsichtsführenden Architekten** aus seinem Vertrag mit dem Auftraggeber ist, die **Entstehung von Baumängeln** kraft seiner bauaufsichtlichen Verpflichtung zu **verhindern.** Man kann hier also keineswegs von einer Nachrangigkeit der Aufsichtsverantwortung des Architekten gegenüber dem Auftraggeber im Verhältnis zur Ausführungsverantwortung des Auftragnehmers aus seinem Vertrag mit dem Auftraggeber sprechen. Das würde auch den Auftragnehmer u. U. dazu verführen können, die von ihm geschuldete Nachbesserung zu verweigern, nur um auch die gesamtschuldnerische Haftung des Architekten herbeizuführen (ebenso Kaiser BauR 1984, 32; dort auch sonst beachtlich zu den Struktureigenschaften der Gesamtschuld; zu den Grundlagen ferner ders. ZfBR 1985, 101).

29 Die zwischen dem Auftragnehmer und dem Architekten bestehende Zweckgemeinschaft, die die Anwendung der Vorschriften über die **Gesamtschuld** rechtfertigt, ist **auch** anzunehmen, **wenn der Auftraggeber die Verträge** mit dem Auftragnehmer und dem Architekten **zeitlich nacheinander geschlossen hat** (BGH VersR 1965, 804). Allgemein zur weiteren Auflockerung des Begriffes der „rechtlichen Zweckgemeinschaft" mit Recht BGH NJW 1972, 1802.

30 b) Ein **gesamtschuldnerisches Verhältnis** besteht **auch für den Architekten und den Statiker sowie sonstigen Sonderfachmann** gegenüber dem Auftraggeber (vgl. BGH BauR 1971, 265 = VersR 1971, 666 = WM 1971, 682 = SFH Z 3.00 Bl. 197; OLG Karlsruhe MDR 1971, 45), so daß es – je nach Sachlage – denkbar ist, daß wegen eines aufgetretenen Baumangels Auftragnehmer, Architekt und Statiker dem Auftraggeber gesamtschuldnerisch haften. Über die verschiedenen Fallgestaltungen vgl. auch Knacke BauR 1985, 270.

31 c) Entgegen Brügmann (BauR 1976, 383) können dagegen die Grundsätze der gesamtschuldnerischen Haftung **nicht auch auf das Verhältnis verschiedener am Bau beschäftigter Unternehmer,** wie z. B. bei Beschädigung der noch nicht abgenommenen Leistung des einen Unternehmers durch Leute des anderen, Anwendung finden. Insoweit besteht **keine Zweckgemeinschaft** i. S. der hier **erforderlichen Verklammerung,** sondern nur eine **neben-vertrag-**

liche Obhutspflicht gegenüber dem Auftraggeber (vgl. dazu Teil B § 10 Rdn. 15 ff. und Teil B § 4 Rdn. 244 f.). Gleiches gilt auch für das Verhältnis verschiedener am Bau tätiger Nachunternehmer zum Hauptunternehmer; erst recht sind die Nachunternehmer und der Hauptunternehmer nicht Gesamtschuldner des Auftraggebers, da sie zum Auftraggeber nicht in vertraglichen Beziehungen stehen (BGH BauR 1975, 130; BGH BauR 1981, 383 = SFH § 13 Ziff. 5 VOB/B 1952 Nr. 15 = NJW 1981, 1779 = ZfBR 1981, 169 = Betrieb 1981, 1924; Knacke a. a. O. S. 273). Entgegen Brügmann (a. a. O.) kann ein gesamtschuldnerisches Verhältnis **auch nicht zwischen dem Baustofflieferanten,** der auf Bestellung des Auftraggebers Baustoffe geliefert hat, **und dem diese verarbeitenden Auftragnehmer** konstruiert werden, da es hier schon deswegen an der vorauszusetzenden Zweckgemeinschaft fehlt, weil der **Baustofflieferant vertragsrechtlich keinen** – auch nicht mittelbaren – **Beitrag zur eigentlichen Bauherstellung** leistet. Deshalb ist er auch nicht Erfüllungsgehilfe des Auftragnehmers (ähnlich Daub/Piel/Soergel/Steffani Teil B § 4 ErlZ B 4.260). Auch aus den Gesichtspunkten der **Drittschadensliquidation** sowie der unerlaubten Handlung bestehen im allgemeinen keine **Ansprüche des Auftraggebers gegen den Baustofflieferanten** (vgl. BGH BauR 1983, 584 = ZIP 1983, 1076 = MDR 1983, 928 = SFH § 477 BGB Nr. 6 = Betrieb 1983, 2130 = WM 1983, 987 = JZ 1984, 36 mit Anm. Schwark; LG Stade VersR 1977, 656). Zur Garantie des Baustoffherstellers vgl. Teil B § 4 Rdn. 232 f. sowie zur Garantie zugunsten des Auftraggebers als echter Vertrag zugunsten Dritter vgl. Rdn. 842 ff.

5. Gleiche Wirkungen auch bei Vorliegen eines VOB-Vertrages mit Auftragnehmer

Eine gesamtschuldnerische Haftung kommt auch in Betracht, wenn hinsichtlich des Auftragnehmers ein VOB-Vertrag vorliegt, er also vom Auftraggeber nach Teil B § 13 Nr. 7 auf Schadensersatz in Anspruch genommen wird, der Auftraggeber zugleich aus § 635 BGB gegen den Architekten vorgeht. Da der BGH (a. a. O.) auch auf § 633 Abs. 3 BGB Bezug genommen hat, trifft das **ebenfalls** zu, wenn der Auftraggeber unter den Voraussetzungen des § 13 Nr. 5 Abs. 2 einen **Kostenerstattungsanspruch oder einen Vorschußanspruch** auf die Mängelbeseitigungskosten gegen den Auftragnehmer und einen Schadensersatzanspruch gemäß § 635 BGB gegen den Architekten erhebt. Weiter kommt eine Anwendung des § 426 Abs. 1 BGB in Betracht, wenn der Auftraggeber gegen den Architekten einen Anspruch aus § 635 BGB und gegen den **Auftragnehmer einen solchen aus Teil B § 4 Nr. 7** hat (BGHZ 51, 275 = MDR 1969, 385 = Betrieb 1969, 481 = NJW 1969, 653 = VersR 1969, 331 = LM § 426 BGB Nr. 28 Anm. Rietschel = SFH Z 2.413 Bl. 37 ff.).

32

Überhaupt: Die Gründe, die der Große Zivilsenat für die Annahme des Gesamtschuldverhältnisses aufgezeigt hat, gelten für alle Fallmöglichkeiten, in denen Architekt und Auftragnehmer wechselseitig zu Nachbesserung, Wandelung, Minderung oder Schadensersatz wegen Nichterfüllung verpflichtet sind (BGH a. a. O.). Dabei macht es keinen Unterschied, ob der Auftraggeber einerseits Ansprüche (gegen den Auftragnehmer) nach der VOB und andererseits (gegen den Architekten) nach §§ 633 ff. BGB hat.

6. Mitverantwortung des Auftraggebers für seinen Architekten

a) **Macht der Auftraggeber gegen den Auftragnehmer Gewährleistungsansprüche geltend, so gilt sowohl für den Bereich des BGB-Bauvertrages als auch für den des VOB-Bauvertrages:**

33

Der **Auftragnehmer kann trotz gesamtschuldnerischer Haftung** mit dem Architekten usw. den **Einwand** erheben, der Mangel beruhe **auch oder allein auf einer Pflichtverletzung des Architekten** (ebenso im schweizerischen Recht: Urteil des schweizerischen Bundesgerichts BGE 95 II, 43 ff. vom 4. 2. 1969). Das muß sich der **Auftraggeber entgegenhalten lassen, sofern der Architekt** im Rahmen seiner **Tätigkeit** im Verhältnis zum Auftragnehmer **Erfül-**

lungsgehilfe des Auftraggebers (§ 278 BGB) ist, so daß dann § 254 BGB zu Lasten des Auftraggebers zur Anwendung gelangt. Dann haftet der Architekt in Höhe der dem Auftraggeber zur Last zu legenden Mitverantwortlichkeitsquote diesem gegenüber allein. Das Gesagte **gilt auch für das Verhältnis zwischen Hauptunternehmer und Nachunternehmer**; also muß sich der Hauptunternehmer Pflichtverletzungen des Architekten des Auftraggebers vom Nachunternehmer entgegenhalten lassen, weil er gegenüber dem Nachunternehmer die Stellung eines Auftraggebers einnimmt (vgl. dazu Anh. Rdn. 154 ff.; BGH BauR 1987, 86 = NJW 1987, 644 = BB 1987, 155 = SFH § 633 BGB Nr. 59 = Betrieb 1987, 1833 = ZfBR 1987, 34 = LM § 633 BGB Nr. 60 = ZfBR 1987, 34).

Eine Klausel in AGB – insbesondere Zusätzlichen Vertragsbedingungen – des Auftraggebers dahingehend, der Auftragnehmer verzichte darauf, sich bei Gewährleistungsansprüchen auf ein mitwirkendes Verschulden des Auftraggebers oder seiner Erfüllungsgehilfen zu berufen, verstößt nicht nur gegen § 11 Nr. 7 AGB-Gesetz, sondern auch gegen dessen § 9, da eine solche Regelung grundlegenden Gesichtspunkten bauvertraglicher Rechte und Pflichten widerspricht (zutreffend Frikell/Glatzel/Hofmann K 13.15 f.).

34 b) **Zu beachten ist aber: Der Architekt ist nur insoweit Erfüllungsgehilfe** des Auftraggebers, als er eine Tätigkeit entfaltet, die im Verhältnis zum Auftragnehmer zur **Aufgabe des Auftraggebers** gehört. Das betrifft den Aufgabenbereich des **bauplanenden Architekten** (ebenso des **Statikers**: BGH BauR 1971, 265 = VersR 1971, 666 = SFH Z 3.00 Bl. 197, **sowie des sonstigen Sonderfachmannes**), weil die **Planung** zu den **Pflichten des Auftraggebers** gegenüber dem Auftragnehmer zählt; **nicht** bezieht sich das dagegen auf den Bereich der **Bauaufsicht (Bauüberwachung)** des Architekten.

(Vgl. BGH SFH Z 2.20 Bl. 1 = VersR 1956, 500; BGH BB 1962, 903; BGH VersR 1964, 267; BGH SFH Z 2.400 Bl. 41 und Bl. 44; BGH BauR 1972, 112 = WM 1972, 800; NJW 1973, 518 = BauR 1973, 190 = VersR 1973, 348 = SFH Z 3.00 Bl. 245 = BB 1973, 360 = Betrieb 1973, 616 = NJW 1973, 395 = BlGBW 1973, 138 = MDR 1973, 403 = LM VOB/B Nr. 59; BGHZ 59, 339 = NJW 1973, 140 = BauR 1973, 119 = BB 1973, 66 = SFH Z 3.00 Bl. 234; BGH BauR 1974, 205 = WM 1974, 200; BGH BauR 1978, 405 = NJW 1978, 2393 = MDR 1978, 831 = SFH § 639 BGB Nr. 2 = Betrieb 1978, 2121; BB 1978, 1543 = ZfBR 1979, 24; OLG Stuttgart VersR 1970, 531). Vgl. dazu auch Teil B § 4 Rdn. 133 ff.

35 Zu dem **Planungsbereich** gehört es u. a., daß der **Auftraggeber** durch seinen Architekten dem Auftragnehmer **einwandfreie Pläne und Unterlagen** zur Verfügung zu stellen hat, die zur ordnungsgemäßen und reibungslosen Ausführung des Baues unentbehrlich sind (BGH SFH Z 2.400 Bl. 33; BGH SFH Z 2.400 Bl. 41 und Bl. 44; BGH SFH Z 2.414 Bl. 146; BGH SFH Z 2.400 Bl. 47 ff.; BGH BauR 1970, 57 = VersR 1970, 280 = SFH Z 2.222 Bl. 18 ff.; BGH BauR 1981, 284 = NJW 1981, 1448 = BlGBW 1981, 153 = SFH § 12 VOB/B Nr. 6 = Betrieb 1981, 1923 = MDR 1981, 747 = LM § 12 VOB/B Nr. 5 = ZfBR 1981, 139 m. w. N.; OLG Frankfurt NJW 1974, 775). Dazu rechnet **vor allem auch die Abstimmung** der Leistungen der einzelnen Auftragnehmer während der Ausführung aufeinander (BGH BauR 1970, 57 = VersR 1970, 280 = SFH Z 2.222 Bl. 18 ff.). Vgl. dazu auch Stötter BauR 1978, 18. Gleiches gilt für **sonstige Koordinationspflichten des Architekten**, wie z. B. die rechtzeitige Sorge für die ordnungsgemäße Verlegung bestimmten Materials (vgl. OLG Düsseldorf MDR 1984, 756 = VersR 1985, 246).

36 c) Für die gesamtschuldnerische Haftung von Architekt und Auftragnehmer kann die insoweit gegebene, in der Praxis regelmäßig nach Verschuldensgesichtspunkten bewertete (vgl. dazu beachtlich Rother VersR 1983, 793) **Mitverantwortung des Auftraggebers** bedeuten, daß ihm gegenüber dem Auftragnehmer ein Anspruch auf **Ersatz des vollen Schadens zu versagen** ist, je nachdem, **wie schwer die Mitverantwortung** des Auftraggebers wegen des pflichtwidrigen Tuns oder Unterlassens seines Architekten zu bewerten ist. Dabei **haftet** der Auftragnehmer, wenn sich der Auftraggeber eine Pflichtverletzung des Architekten als seines Erfül-

lungsgehilfen anrechnen lassen muß, **von vornherein nur zu einer Quote,** die gesamtschuldnerische Haftung besteht dann in Höhe dieser Quote (BGH SFH Z 2.400 Bl. 47 ff.; BGH BauR 1970, 57 = VersR 1970, 280 = SFH Z 2.222 Bl. 18 ff.; vgl. dazu auch OLG Frankfurt BauR 1987, 322 = SFH § 249 BGB Nr. 13 im Falle der teilweise auf Ausführungsfehler, teilweise auch auf Planungsfehler zurückgehenden Mängel eines Flachdaches).

d) Eine **Haftung des Auftragnehmers** entfällt ganz, wenn die Fehlleistung **allein** auf einen Planungsfehler des Architekten zurückzuführen ist (OLG Frankfurt NJW 1974, 62) und der Auftragnehmer seine etwaigen **Pflichten gemäß Teil B § 4 Nr. 3 und § 13 Nr. 3** erfüllt hat oder er den Planungsfehler bei der gebotenen von ihm zu verlangenden unternehmerischen Sorgfalt nicht hat erkennen können (ebenso Kaiser ZfBR 1985, 100, 103). Liegt der Fall dagegen so, daß der Schaden sowohl durch einen Planungsfehler des Architekten als auch durch einen Ausführungsfehler oder eine sonstige, im Rahmen ordnungsgemäßer Herstellung liegende Pflichtverletzung des Auftragnehmers entstanden ist und hat der **Ausführungsfehler oder diese Pflichtverletzung auch ohne den Planungsmangel selbständig zum vollen eingetretenen Schaden beigetragen,** haftet der Auftragnehmer gegenüber dem Auftraggeber voll, und eine sogenannte Quotenhaftung kommt nicht in Betracht (vgl. Brügmann BauR 1976, 383). **Anders** ist dies wiederum, wenn der **Planungsfehler zum vollen,** der **Ausführungsfehler** aber **nur teilweise zum Schaden geführt** hat. Dann ist eine **quotenmäßige Verteilung** nach den genannten Grundsätzen am Platze.

37

e) Der **Beweis für** die Umstände, die dem Auftraggeber unter dem Gesichtspunkt des § 254 BGB angelastet werden, **obliegt demjenigen, der sich auf eine Mitverantwortlichkeit seines Vertragsgegners beruft,** also hier **regelmäßig dem Auftragnehmer.** Für den Bereich der **Beweiswürdigung gilt** § 286 ZPO, wobei im einzelnen abzuwägen ist, ob der Mangel mehr dem Bereich der Planung oder dem der Ausführung zuzurechnen ist. **Inwieweit** ein danach festgestelltes Tun oder Unterlassen des Auftraggebers von Einfluß auf Entstehen und Höhe des Schadens gewesen ist, ist dagegen unter **Anwendung des § 287 ZPO zu entscheiden** (BGH NJW 1968, 985). Dabei ist mitwirkendes Verschulden zu dem **konkreten,** nicht zu einem gedachten **Geschehensablauf,** bei dem der Schaden auch hätte eintreten können, **in Bezug zu setzen** (BGH SFH Z 4.10 Bl. 23). **Über die Berechnung der Schadensquote bei mitwirkendem Verschulden beachtlich Aurnhammer VersR 1974, 1060. Zur Ermittlung der Schadensquote vgl. Schulz BauR 1984, 40.

38

f) Wird der Architekt wegen eines Ausführungsmangels auf der Grundlage verfehlter Aufsicht in Anspruch genommen, kann er gegenüber dem Auftraggeber dagegen nicht Mitverantwortlichkeit einwenden, weil der **Auftragnehmer nicht Erfüllungsgehilfe des Auftraggebers im Verhältnis zum Architekten** ist; insoweit haftet der Architekt also voll gegenüber dem Auftraggeber. Danach gilt hier nichts anderes als im Verhältnis des Auftragnehmers zum Auftraggeber in bezug auf Aufsichtsverschulden des Architekten (s. o.).

39

g) Zur **Streitverkündung** bei gesamtschuldnerischer Haftung vgl. Rdn. 361 ff.

40

Hat sich der Auftraggeber mit dem Architekten oder dem Auftragnehmer wegen seiner Gewährleistungsansprüche verglichen und macht er jetzt seine – etwa durch den Vergleich noch nicht gedeckten – Ansprüche gegen den anderen geltend, so ist § 423 BGB anwendbar, wonach ein zwischen einem Gläubiger und einem Gesamtschuldner vereinbarter Erlaß für die übrigen Schuldner wirkt, wenn die Vertragsschließenden (die Vergleichspartner) das ganze Vertragsverhältnis aufheben wollen (BGH SFH Z 3.01 Bl. 325 ff.). Dazu kann regelmäßig ein Vertrag zugunsten Dritter dienen, was aber häufig bei solchen Sonderabsprachen zugunsten des daran nicht beteiligten Auftragnehmers oder Architekten nicht zutrifft. Vgl. dazu insbesondere BGHZ 47, 376, 379; 11, 170; 58, 216 = BauR 1972, 246 = NJW 1972, 942 = BlGBW 1972, 195 = SFH Z 2.414 Bl. 274 = VersR 1972, 587 = MDR 1972, 596 = LM § 426 BGB Nr. 35 Anm. Rietschel. Greift eine zwischen Auftraggeber und Architekten oder Auftragnehmer getroffene Vereinbarung nicht zugunsten des daran Nichtbeteiligten durch, so bleibt der **spätere Ausgleich** zwischen

Architekt und Auftragnehmer (vgl. Rdn. 41 ff.) davon unberührt. Ein solcher „hinkender Gesamtschuldnerausgleich" muß dann in Kauf genommen werden, weil sonst der Zweck der gesetzlichen Ausgleichsvorschriften vereitelt würde (BGH a. a. O.). Die davon in der Begründung abweichende Ansicht (vgl. vor allem Werner/Pastor Rdn. 1392 ff.; vgl. auch Kaiser ZfBR 1985, 100, 107 m. w. N.) greift nicht durch. Der sich zwecks Erbringung einer ordnungsgemäßen Bauleistung auf eine objektive Zweckgemeinschaft Einlassende weiß, daß er nicht nur in eigener Verantwortung haftet, sondern über seinen eigenen Anteil hinaus für einen anderen mithaften kann. Er kann sich durch entsprechende Freistellung durch den Auftraggeber vor Ausgleichsansprüchen sichern (Locher, Das private Baurecht, Rdn. 289; Bindhardt/Jagenburg § 9 Rdn. 14; vgl. dazu auch Wussow NJW 1974, 9, 16; Knacke BauR 1985, 270, 273).
Über Haftungseinheit und Mitverschulden vgl. Messer JZ 1979, 385.

7. Ausgleich im Innenverhältnis

41   Sind Auftragnehmer oder Architekt und/oder ein Sonderfachmann als Gesamtschuldner **in Anspruch genommen** worden, so sind für den grundsätzlich in Geld bestehenden **Ausgleich im Innenverhältnis** zwischen ihnen (**§ 426 BGB**) wiederum die Grundsätze des **§ 254 BGB zu beachten**. Eine generelle Regel für die letztliche Haftungsverteilung im einzelnen läßt sich dazu nicht aufstellen, vielmehr kommt es auf die **Verhältnisse des Einzelfalles** unter besonderer Beachtung des **Zusammenhanges zwischen Schadens- bzw. Mängelursache und den jeweiligen Aufgabenbereich bzw. Verantwortungsbereich** des Auftragnehmers einerseits und des Architekten andererseits an (vgl. dazu BGH SFH Z 3.00 Bl. 90 ff.; BGH VersR 1965, 875; ferner Kaiser ZfBR 1985, 100, 105 ff.). Insofern gibt auch § 840 BGB brauchbare Anhaltspunkte (vgl. Brügmann BauR 1976, 383). Die **Beweislast** für eine von der in § 426 Abs. 1 BGB im Grundsatz festgelegten hälftigen Teilung abweichende Verschiebung zu Lasten eines anderen trägt derjenige, der sich darauf beruft (Kaiser a. a. O., m. w. N.).

42   Beruht der Mangel maßgeblich auf einem **Planungsfehler** des Architekten, wird er in der Regel für ein solches Versehen im Verhältnis zum Auftragnehmer die **überwiegende Verantwortung** tragen müssen. Hier kann der Architekt im Einzelfall **sogar allein** verantwortlich sein (BGHZ 51, 275 = MDR 1969, 385 = Betrieb 1969, 481 = NJW 1969, 653 = VersR 1969, 331 = LM § 426 BGB Nr. 28 Anm. Rietschel = SFH Z 2.413 Bl. 37 ff.), was vor allem dann von Bedeutung sein kann, wenn der Auftragnehmer gegenüber dem Auftraggeber **lediglich wegen Verletzung der Prüfungs- und Hinweispflicht im Hinblick auf Planungsmaßnahmen des Architekten (Teil B §§ 4 Nr. 3, 13 Nr. 3)** verantwortlich war. Das kann auch in Betracht kommen, wenn der **Planungsfehler die entscheidende Ursache** für den Mangel war, **außerdem** dem Architekten noch eine **grobe Aufsichtspflichtverletzung** vorzuwerfen ist (vgl. BGHZ 51, 275 = NJW 1969, 653 = SFH Z 2.413 Bl. 37 = MDR 1969, 385 = Betrieb 1969, 481).

43   Ist dem Architekten nur ein **Aufsichtsverschulden** zur Last zu legen, liegt die Möglichkeit näher, daß den die mangelhafte Leistung ausführenden Auftragnehmer die **überwiegende Verantwortlichkeit** trifft. Beim Aufsichtsfehler kann der Auftragnehmer auch dem Architekten nach Treu und Glauben grundsätzlich **nicht** entgegenhalten, dieser habe **nicht genügend auf ihn aufgepaßt** (BGH NJW 1971, 615). Vielmehr ist dann regelmäßig der **Beaufsichtigte (Auftragnehmer) verantwortlich** (vgl. BGHZ 28, 297, 300; Tschernitschek NJW 1963, 1133; Schmidt NJW 1964, 295; BGH SFH Z 3.01 Bl. 325 ff.; OLG Düsseldorf BlGBW 1983, 220 = BauR 1984, Heft 2). Diese Beurteilung kann sich ändern, wenn es der Architekt schuldhaft unterlassen hat, auf schwer erkennbare Gefahren des an sich nicht fehlerhaften Planes hinzuweisen (BGH a. a. O.). Eine andere Bewertung kommt auch in Betracht, wenn der Aufsichtsführende kraft einer besseren, von dem Auftragnehmer nicht zu erwartenden Sachkunde die Mangelhaftigkeit allein oder jedenfalls besser feststellen konnte als dieser, was vor allem für den Bereich der Ausführung von für die Gesamtbaumaßnahme wichtigen, besonders schadensanfälligen Bauteilen gilt.

44 Ist der Schaden insgesamt in gleicher Weise sowohl durch einen Planungsfehler des Architekten als auch durch einen Ausführungsfehler des Auftragnehmers verursacht worden, wird im allgemeinen eine gleiche Verteilung im Innenverhältnis von Architekt und Auftragnehmer angebracht sein (Brügmann BauR 1976, 383). Anders liegt dies, wenn die jeweilige Schadensverursachung unterschiedliche Auswirkungen gehabt hat. Über die Schadensquotierung beachtlich Ganten BauR 1978, 187.

Zur Berechnung der **Schadensquote** vgl. Rdn. 33 ff.

45 Befriedigt einer der Gesamtschuldner – Auftragnehmer oder Architekt – den Auftraggeber **nur teilweise**, und zwar höchstens in Höhe des Anteils, den er im Verhältnis zu den anderen Gesamtschuldnern selbst zu tragen hat, so hat er keinen Ausgleichsanspruch gegen den anderen Gesamtschuldner (OLG München MDR 1972, 239).

46 Eine Klausel in AGB – insbesondere Zusätzlichen Vertragsbedingungen – der Auftraggeberseite dahingehend, der Auftragnehmer verzichte bei Gewährleistungsansprüchen des Auftraggebers auf Ausgleichsansprüche gegen den Architekten oder andere Erfüllungsgehilfen des Auftraggebers, ist nicht nur überraschend und daher regelmäßig nach § 3 AGB-Gesetz unwirksam, sondern verstößt auch gegen Grundgedanken vertragsrechtlicher, insbesondere werkvertragsrechtlicher Regelung in einem Maße, daß Unwirksamkeit nach § 9 AGB-Gesetz vorliegt (zutreffend Frikell/Glatzel/Hofmann K 13.17 ff.).

8. Ausgleichsanspruch verjährt grundsätzlich nach § 195 BGB

47 Das **Rückgriffsrecht** des Architekten (§ 426 Abs. 1 BGB) gegen den Auftragnehmer wird zunächst **nicht** dadurch **berührt,** daß die Werklohnforderung des Auftragnehmers gegen den Auftraggeber inzwischen **verjährt** ist (vgl. BGH SFH Z 3.01 Bl. 318 ff. = VersR 1965, 804). Der Ausgleichsanspruch aus § 426 BGB ist **selbständig** und unterliegt der **30jährigen Verjährung** (BGH VersR 1971, 157 = BauR 1971, 60 = SFH Z 3.01 Bl. 445 ff.; BGHZ 58, 216 = NJW 1972, 942 = BauR 1972, 246 = MDR 1972, 596 = LM § 426 BGB Nr. 35 = BlGBW 1972, 195 = SFH Z 2.414 Bl. 274 = VersR 1972, 587 = JZ 1972, 526 Anm. Keutz).

48 Mit Recht – zumal auch sachgerecht – hat der BGH **außerdem** in der zuletzt genannten Entscheidung ausgesprochen: Hat der mit der Bauleitung betraute Architekt dem Auftraggeber wegen fehlerhafter Bauaufsicht Schadensersatz zu leisten, so ist der die Bauarbeiten ausführende **Auftragnehmer auch dann nach § 426 Abs. 1 BGB zum Ausgleich verpflichtet, wenn seine Haftung für Mängel am Bauwerk vertraglich auf einen geringeren Zeitraum als die gesetzliche Verjährungsfrist beschränkt** worden war (wie z. B. nach VOB/B § 13 Nr. 4) und der Mangel, der zu dem Schaden geführt hat, **erst nach Ablauf** der vereinbarten Frist **erkannt wurde.** Dann ist der Architekt nicht schon deshalb nach Treu und Glauben gehindert, den ihm zustehenden Ausgleichsanspruch geltend zu machen, weil er am Abschluß des Bauvertrages mitgewirkt und die die Haftungsbeschränkung enthaltende Vertragsbestimmung (etwa durch Vereinbarung der VOB oder – individualvertraglich – einer der VOB/B § 13 Nr. 4 ähnlichen Bestimmung) selbst verfaßt hat (BGH a. a. O.). Zu Unrecht wendet sich Schlechtriem (NJW 1972, 1554) hiergegen mit der Begründung, es könne keinen Unterschied machen, ob der Schaden vom Auftraggeber geltend gemacht werde, wobei er sich die abgekürzten Gewährleistungsfristen entgegenhalten lassen müsse oder im Wege des Ausgleichs zwischen den beiden „Schädigern", hier Auftragnehmer und Architekt. Einmal handelt es sich um völlig verschiedene Anspruchsgrundlagen; hier aus Gewährleistung, für die **allein** die kurzen Verjährungsfristen in Betracht kommen, dort um den Ausgleich zwischen den „Schädigern", die beide zur Entstehung des Werkmangels beigetragen haben. Deshalb ist es nur folgerichtig, den Ausgleich unabhängig davon zu gewähren, ob sich der Ausgleichspflichtige gegenüber dem Auftraggeber auf die kurze Verjährung im Rahmen der Gewährleistung hätte berufen können.

Die vorgenannten Grundsätze gelten entsprechend auch für den Ausgleichsanspruch des Auftragnehmers gegen den Architekten.

Zum Ausgleich zwischen Architekt und Bauunternehmer gemäß § 426 BGB vgl. insbesondere auch Wussow NJW 1974, 9.

49 Hinsichtlich **der** den Gesamtschuldnern – Auftragnehmer und/oder Architekt – **im Vorprozeß auferlegten Kosten** gilt für den Ausgleich im Innenverhältnis nach § 426 BGB folgendes: Grundsätzlich kommt eine Ausgleichung nicht in Betracht, da die Kosten dem jeweiligen Gesamtschuldner auferlegt wurden, weil er den Auftraggeber nicht streitlos befriedigt hat und dann im Prozeß unterlegen ist (vgl. BGH NJW 1974, 693 = LM § 100 ZPO Nr. 4). Maßgebend bleibt somit der jeweilige Umfang der gesamtschuldnerischen Verurteilung des einzelnen und die ihm demgemäß auferlegte Kostenlast. Eine Ausgleichung kommt jedoch für den im § 100 Abs. 4, 3 ZPO aufgezeigten Rahmen in Betracht, z. B. wenn ein Gesamtschuldner im Prozeß den gegen ihn gerichteten Anspruch anerkennt, der andere sich jedoch verurteilen läßt, oder wenn ein Gesamtschuldner eine eingelegte Berufung zurücknimmt, der andere durch Berufungsurteil verurteilt wird (vgl. BGH a. a. O.). Ebenfalls ist ein Ausgleichsanspruch eines Gesamtschuldners gegen den anderen gegeben, wenn ihm dadurch besondere Ansprüche gegen einen anderen entstanden sind, weil dieser kraft besonderer Mitwirkungspflicht bei der Abwicklung der gemeinsamen Verbindlichkeit zu seiner Freistellung verpflichtet war (BGH a. a. O.). Das kommt vor allem in Betracht, wenn der Architekt seine Aufsichtspflicht verletzt hat, dieses jedoch im Erstprozeß des Auftraggebers gegen Auftragnehmer und Architekt als Gesamtschuldner nicht zugunsten des Auftragnehmers zu berücksichtigen war (vgl. Rdn. 33 ff.). Vgl. zu diesen Fragen auch Knacke BauR 1985, 270, 275.

II. Vereinbarung subsidiärer Haftung

50 1. Es ist grundsätzlich möglich, **vertraglich** zu vereinbaren, daß im Rahmen der Gewährleistung entweder der Architekt oder der Unternehmer **nur subsidiär haften** soll. Soweit das **AGB-Gesetz** auf den betreffenden Vertrag **Anwendung** findet (vgl. dazu Teil A § 10 Rdn. 77 ff.), ist aber die **Verbotsnorm in § 11 Nr. 10 a. a. O. zu beachten. Hiernach ist es u. a. unzulässig, die subsidiäre Haftung von einer vorherigen gerichtlichen Inanspruchnahme des primär Haftenden abhängig zu machen, und es ist daher eine entsprechende Vertragsklausel nichtig.** Häufig wird eine **subsidiäre Haftung des Architekten** im Verhältnis zum Auftragnehmer vereinbart, und zwar in der Regel im Vertrag des Auftraggebers mit dem Architekten. Gleiches gilt für **Verträge zwischen Bauträgern und den Erwerbern.** Sofern insoweit mit einer **Abtretung von Gewährleistungsansprüchen** eine etwaige **Subsidiärhaftung** verbunden ist, vgl. Rdn. 78 ff. sowie Anh. zu Teil A Rdn. 193.

51 2. Hierzu gehört z. B. die Klausel: „Wird der Architekt wegen ungenügender Aufsicht und Prüfung für fehlerhafte Bauausführung in Anspruch genommen, so haftet er nur im Falle des Unvermögens der ausführenden Unternehmer", vgl. dazu BGH SFH Z 3.01 Bl. 290 ff. = VersR 1965, 45 = BB 1964, 1397; OLG Köln VersR 1968, 653. **Planungsverschulden** des Architekten ist **hier nicht berührt; dafür haftet der Architekt also unbeschränkt** (vgl. auch BGH BauR 1981, 479 = VersR 1981, 856 = NJW 1981, 2243 = SFH § 635 BGB Nr. 29 = MDR 1982, 48 = LM § 276 [Hb] BGB Nr. 30 = Betrieb 1982, 899 = ZfBR 1981, 222). Andererseits **bezieht sich diese Klausel** grundsätzlich nicht nur auf die örtliche **Bauaufsicht, sondern auch auf die Oberleitung** des Architekten (BGH a. a. O.), sofern es sich dabei um Aufsichtsaufgaben des Architekten handelt, somit heute vornehmlich auf den **gesamten Bereich der**

Objektüberwachung nach § 15 Abs. 2 Nr. 8 HOAI (wozu z. B. auch schon die Überwachung bei der Herstellung wesentlicher Bauelemente vor dem Baubeginn gehört; BGH BauR 1975, 218 = NJW 1975, 737 = MDR 1975, 482 = SFH Z 3.014 Bl. 1 = Betrieb 1975, 786 = WM 1975, 333 = BB 1975, 786 = BlGBW 1975, 138). Das ist wiederum dann anders, wenn es sich um die dem Architekten – auch im Falle der Einschaltung von Sonderfachleuten – auferlegte Pflicht zur Sorge für die erforderlichen behördlichen Genehmigungen handelt, weil der Architekt dann nicht im Hinblick auf ungenügende Aufsicht und Prüfung für fehlerhafte Ausführung **selbst** in Anspruch genommen wird (BGH BauR 1975, 67).

Die Frage des **Unvermögens des Auftragnehmers** ist **unbeachtlich**, wenn sich ergibt, daß dieser **überhaupt nicht haftet**, etwa wenn dies bereits durch rechtskräftiges Urteil gegen den Auftraggeber entschieden ist. Dann hat der Architekt ohne Rücksicht auf die Subsidiaritätsklausel bei eigenem Verschulden für den eingetretenen Schaden einzustehen (vgl. BGH SFH Z 3.01 Bl. 283). **52**

Dem **Unvermögen des Auftragnehmers ist** der Fall **gleichzustellen,** in dem es dem **Auftraggeber nicht zugemutet werden kann,** gegen diesen vorzugehen. Mit Recht betont der BGH in seinem erstgenannten Urteil (a. a. O.) dazu aber, daß an eine Unzumutbarkeit in diesem Sinne **keine geringen Anforderungen** gestellt werden dürfen. Der Architekt soll nämlich nach dem Parteiwillen grundsätzlich nur haften, wenn **feststeht,** daß der Auftraggeber vom Auftragnehmer **keine Befriedigung** erlangen kann. Insoweit müssen **durchschlagende und sichere Anhaltspunkte** für eine solche Annahme vorliegen (BGH a. a. O.). Dazu genügt es nicht schon, daß der Auftragnehmer, der für den Mangel verantwortlich ist, sein Unternehmen inzwischen liquidiert hat und jetzt als Arbeitnehmer tätig ist. **53**

Hauptfälle des Unvermögens sind zunächst solche, in denen der **Auftragnehmer konkursreif ist oder eine eidesstattliche Versicherung nach § 807 ZPO** abgegeben hat. Zu Unrecht meint das LG Lübeck (VersR 1965, 1138), daß nach der genannten Klausel ein „Unvermögen" des Auftragnehmers nicht gegeben sei, wenn der Auftraggeber seine Ansprüche gegen diesen nicht durchzusetzen in der Lage ist, weil sie **verjährt** sind, und der Auftragnehmer die Einrede der Verjährung erhoben hat. Gerade das ist einer der Hauptfälle, in denen es dem Auftraggeber nicht zuzumuten ist, gegen den Auftragnehmer – von vornherein ohne Erfolg – vorzugehen (ebenso BGH BauR 1974, 66 = BB 1974, 298 = WM 1973, 1324). Allerdings kann in einem solchen Falle der Verjährung ein **Unvermögen** zugunsten des Auftraggebers **nicht** anerkannt werden, wenn dieses auf **seine Nachlässigkeit** zurückzuführen ist (BGH VersR 1965, 45; BGHZ 71, 144 = BauR 1978, 235 = NJW 1978, 1311 = BB 1978, 1437 = SFH § 633 Nr. 1 = LM § 633 BGB Nr. 31 Anm. Girisch = MDR 1978, 656 = VersR 1978, 565 = Betrieb 1978, 1688). Eine solche liegt aber noch nicht bei Ungewißheit über die Mängelursachen vor, zumal deren Aufklärung grundsätzlich Sache des Architekten ist, der dabei auch eigene Fehler in Betracht zu ziehen hat (BGH a. a. O.). Daher kann hier von einer Nachlässigkeit des Auftraggebers grundsätzlich nur gesprochen werden, wenn er in unverjährter Zeit **nichts unternimmt, obwohl ihm Ursache und mögliche Auswirkungen des Mangels hinreichend zuverlässig bekannt sind.** **54**

Im übrigen erfaßt die erwähnte Subsidiaritätsklausel alle Fälle, in denen Ansprüche des Auftraggebers gegen den Auftragnehmer realisierbar sind. Auf die Erkennbarkeit des Mangels durch den Architekten kommt es nicht an, wenn auch der Auftragnehmer dafür aus seinem Vertrag mit dem Auftraggeber (etwa nach Teil B § 13 Nr. 3 in Verbindung mit Teil B § 4 Nr. 3) verantwortlich ist. **55**

3. Einen **Verstoß gegen §§ 11 Nr. 10 a sowie 9 AGB-Gesetz** enthält eine in Architektenformularverträgen verwendete Klausel, wonach der Architekt für einen Sachschaden, für den auch ein Dritter (also auch der Auftragnehmer) einzustehen hat, nur in dem Umfang haften **56**

soll, in dem er im Verhältnis zum Dritten haftbar ist. Zwar besteht im Falle gesamtschuldnerischer Haftung nur eine Quotenhaftung (vgl. Rdn. 33 ff.). Jedoch würden dadurch die Ergebnisse eines Regreßprozesses zu Lasten des geschädigten Auftraggebers vorweggenommen, weshalb er nur mit einem erheblichen Risiko prozessieren könnte. Vor allem würde dem Auftraggeber die Wahl, ob er den Architekten oder den Auftragnehmer oder beide wegen des Baumangels in Anspruch nehmen will, weitgehend eingeengt (vgl. OLG München SFH § 635 BGB Nr. 57 = Betrieb 1988, 1443).

57   4. Zur Frage des **Beginns von Gewährleistungsansprüchen** gegen den Architekten im Falle einer vertraglich vereinbarten subsidiären Haftung wie zuvor geschildert: Ist hinsichtlich des Beginns der Verjährungsfrist kein von § 640 BGB abweichender Zeitpunkt vereinbart, so beginnt sie nach § 198 Satz 1 BGB, wenn das Unvermögen des Unternehmers hinreichend feststeht; denn § 198 Satz 1 BGB erfaßt auch bedingte Ansprüche in dem Sinne, daß der Eintritt der Bedingung dem Entstehen des Anspruches gleichgesetzt wird (RGZ 65, 245; ebenso BGH BauR 1987, 343 = Siegburg EWiR § 638 BGB 2/87, 567 = SFH § 633 BGB Nr. 54 = MDR 1987, 660 = NJW 1987, 274 = ZfBR 1987, 135 = WEZ 1988, 200). Wird aber durch eine von § 640 BGB abweichende Klausel der Beginn der Gewährleistungsfrist vorverlegt, was nach § 225 Satz 2 BGB zulässig ist (wie z. B. durch die Vereinbarung des Verjährungsbeginns nach Beendigung der Tätigkeit des Architekten), so beginnt die Verjährungsfrist auch schon zu jenem früheren Zeitpunkt, obwohl auch hier erst nach Feststehen des Unvermögens des Unternehmers eine Leistungsklage gegen den Architekten erfolgreich erhoben werden könnte. Eine solche von § 640 BGB abweichende Klausel soll besagen, daß die Gewährleistungsfrist von Ansprüchen gegen den Architekten schon in dem Zeitpunkt beginnen soll, wenn gegen ihn Feststellungsklage erhoben werden kann (BGH NJW 1971, 1840 = BauR 1971, 270 = SFH Z 3.00 Bl. 208 = VersR 1971, 931; vgl. dazu aber auch BGH BauR 1981, 469 = NJW 1981, 2343 = SFH § 198 BGB Nr. 5 = BB 1982, 149 = MDR 1982, 48 = LM § 198 BGB Nr. 12 = ZfBR 1981, 214; dazu Peters NJW 1982, 562, der hier zutreffend auf § 202 Abs. 1 BGB hinweist). Anders dürfte es wiederum liegen, wenn die Vereinbarung des früheren Verjährungsbeginns nicht einheitlich alle Gewährleistungsansprüche gegen den Architekten betrifft (wie z. B. die Regelung, daß die Verjährung mit der Abnahme von Teilleistungen beginnt). Eine solche Bestimmung ist nicht nur unklar hinsichtlich der Grundlage der Gewährleistungsansprüche, insbesondere der Ursachen der Fehlleistung des Architekten, und deshalb für den Auftraggeber nicht hinreichend überschaubar, sondern sie ist auch geeignet, sofort Streit über die Frage der Abnahme von Teilleistungen herbeizuführen. Eine solche Klausel wäre daher eine für den Auftraggeber nicht mehr hinnehmbare Verschiebung des Risikos, so daß der nach § 640 BGB in Verbindung mit § 198 Satz 1 BGB maßgebende normale Verjährungsbeginn bei hinreichendem Feststehen des Unvermögens des Unternehmers gilt (vgl. OLG Köln VersR 1979, 87 = SFH § 198 BGB Nr. 2 mit krit. Anm. von Hochstein).

Zur Auslegung der Subsidiaritätsklausel Wussow NJW 1970, 113 ff., zur vertraglich vereinbarten Subsidiärhaftung des Architekten Wilts VersR 1967, 6. Zum Umfang der Subsidiaritätsklausel in § 14 der Vertragsbestimmungen der GOI BGH BauR 1970, 180 = SFH Z 3.01 Bl. 427.

III. Haftungsbeschränkung auf unmittelbaren Schaden

58   Neben der sogenannten „Unvermögensklausel" gibt es als Haftungsbeschränkung auch häufig die sogenannte **„Unmittelbarkeitsklausel"**. Dabei wird im allgemeinen im Architektenvertrag vereinbart, daß der **Architekt nur für den unmittelbaren Schaden am Bauwerk haften soll** und daß demgemäß der **Ersatz des mittelbaren Schadens** (wozu z. B. die Gewinnteile des Mietausfalls rechnen, vgl. OLG Köln BauR 1971, 134) **ausgeschlossen** ist. Diese Haftungsbeschränkung gilt dann **auch für Folgeschäden**, die von Mängeln am Bauwerk selbst herrühren (BGH NJW 1971, 1130 = BB 1971, 415 = BauR 1971, 131 = SFH Z 3.00 Bl. 193 = WM 1971, 678 = VersR 1971, 642 = MDR 1971, 474 = LM Architektenvertrag Nr. 4; BGH VersR 1971, 1041; anders KG MDR 1970, 844, das jedenfalls die Haftungsgrundlage aus positiver Vertragsverletzung von der genannten Vertragsklausel nicht erfaßt ansieht).

59   Dabei ist es noch **unmittelbarer Schaden,** wenn es sich um die **Kosten eines Gutachtens** handelt, das zur **Festlegung der Mängelursachen und der Kosten der Mängelbeseitigung** eingeholt worden ist (OLG Frankfurt MDR 1970, 924; BGH NJW 1971, 1130 = BB 1971, 415 = BauR 1971, 131 = SFH Z 3.00 Bl. 193 = VersR 1971, 642 = WM 1971, 678 = MDR 1971, 474

= LM Architektenvertrag Nr. 4). Auch gilt die **Haftungsbeschränkung nicht,** wenn der Architekt schuldhaft eine **fehlerhafte Kostenschätzung** abgegeben hat, aufgrund derer es überhaupt erst zum Abschluß des Architektenvertrages gekommen ist (BGH BauR 1971, 270 = VersR 1971, 930 = NJW 1971, 1840 = LM § 301 ZPO Nr. 22 = SFH Z 3.00 Bl. 208 = VersR 1971, 1041 = MDR 1972, 40). Deshalb ist es bei der **gebotenen engen Auslegung** gerechtfertigt, daß die Ausschlußklausel auch nicht eingreift, wenn der Architekt **nach Abschluß des Architektenvertrages** eine fehlerhafte Kostenschätzung vornimmt, da man hier in der Regel nicht von einem Schaden am Bauwerk im eigentlichen Sinne sprechen kann. Ebenfalls erfaßt die Klausel nicht den Schaden, der durch **falsche Beratung** nach Abschluß des Architektenwerks wegen eines gefahrdrohenden Zustandes, der auf Verletzung der Bauaufsicht beruht, herbeigeführt wird (BGH a. a. O.). Naturgemäß kann die Haftungsbeschränkung auch nicht eingreifen, wenn ein Planungsfehler überhaupt nicht zu einem Fehler am Bauwerk geführt hat, wenn z. B. das Bauwerk nicht oder nicht nach den Plänen des Architekten errichtet worden ist (BGH BauR 1972, 185 = MDR 1972, 407 = SFH Z 3.01 Bl. 475 = WM 1972, 540); gleiches gilt bei einem Koordinierungsversagen des Architekten, das nicht zu einem Mangel des Bauwerkes geführt hat (BGH NJW 1977, 714 = BauR 1977, 220 = BB 1977, 516 = SFH Z 3.003.3 Bl. 9 = MDR 1977, 486 = VersR 1977, 527 = LM Allg. Vertragsbest. z. A-Vertrag Nr. 5 = BlGBW 1977, 175). Weiter kommt die Klausel nicht in Betracht, wenn der Schaden nicht auf einem Mangel des Architektenwerks, sondern auf einer Verletzung sonstiger vertraglicher Nebenpflichten des Architekten beruht (BGH BauR 1972, 185 = SFH Z 3.01 Bl. 475 = MDR 1972, 407 = LM § 634 BGB Nr. 12 = VersR 1972, 303 = NJW 1972, 526 [L] = BlGBW 1972, 116).

60 Trotz Vereinbarung kommen Haftungsbeschränkungen nicht zum Zuge, wenn den Architekten der Vorwurf des **Vorsatzes oder der groben Fahrlässigkeit** trifft (vgl. BGHZ 20, 164, 167; 38, 183, 185; 54, 236, 243; OLG Oldenburg BauR 1981, 399 = VersR 1981, 541). Dieser bereits seit längerem allgemeingültige Grundsatz hat auch in der **Verbotsnorm des § 11 Nr. 7 AGB-Gesetz** (vgl. dazu allgemein Teil A § 10 Rdn. 77 ff.) seinen **Niederschlag** gefunden.

61 Die **Beweislast** für das Vorliegen einer seine Haftung ausschließenden bzw. einschränkenden Vertragsklausel hat derjenige, der sich darauf beruft, in der Regel also der Architekt.

62 Allgemein zu Haftungsbeschränkungen in Architektenverträgen Hesse BauR 1970, 193.

Beachtlich in diesem Zusammenhang Brandt (BauR 1973, 13), der die Grundsätze der **Drittschadensliquidation** in jenen Fällen angewendet wissen will, in denen vertragliche Ansprüche des Auftraggebers kraft Vereinbarung entweder gegen den Auftragnehmer oder den Architekten – auch für den Bereich deren gesamtschuldnerischer Haftung – ausgeschlossen sind, also auch ein Ausgleich zwischen Architekt und Auftragnehmer nach den Grundsätzen des § 426 BGB ausscheidet, in denen jedoch der eine – Auftragnehmer oder Architekt – infolge des Fehlverhaltens des anderen einen nicht ausgeglichenen Schaden hat. Dem wird grundsätzlich zuzustimmen sein, wenn dies auch eine Erweiterung der Rechtsprechung zur Frage der Drittschadensliquidation voraussetzt. Allerdings käme eine solche Rechtsfolge nur in Betracht, wenn nicht ein **Freistellungsanspruch** des Geschädigten besteht (Brandt a. a. O.).

C. Bei Mängeln auch Ansprüche aus unerlaubter Handlung?

63 Ist die Bauleistung durch ein **Verschulden des Auftragnehmers mangelhaft** errichtet worden, stehen dem Auftraggeber auch dann **im allgemeinen nur die Gewährleistungsansprüche** – also beim Bauvertrag der VOB nach Teil B § 13 – zu.

B § 13, Rdn. 64+65

I. Grundsätzlich kein Anspruch aus § 823 BGB

64 Deshalb kann der Auftraggeber beim **Bauvertrag** den Auftragnehmer **grundsätzlich nicht wegen** des durch die Mängel der vertraglichen Leistung **selbst** entstandenen Vermögensschadens aus **unerlaubter Handlung** nach § 823 Abs. 1 BGB oder wegen Verletzung eines Schutzgesetzes gemäß § 823 Abs. 2 BGB in Verbindung mit § 323 StGB (früher § 330 StGB) in Anspruch nehmen. Der Auftraggeber ist in der Regel gegen Schäden dieser Art – **mangelhafte Errichtung des Bauwerks selbst** – hinreichend durch die Gewährleistungsvorschriften des **Werkvertragsrechts (einschließlich der VOB)** geschützt (vgl. BGHZ 39, 366 = MDR 1963, 754 = LM § 823 [Bb] BGB Nr. 6 mit Anmerkung Rietschel = NJW 1963, 1827 = SFH Z 3.01 Bl. 222; BGH NJW 1969, 1710 = BB 1969, 934 = Betrieb 1969, 1551 = MDR 1969, 1000 = JZ 1969, 666 = LM § 638 BGB Nr. 11 = SFH Z 4.02 Bl. 9 ff.; BGHZ 96, 221 = BauR 1986, 211 = SFH § 13 Nr. 7 VOB/B Nr. 9 = NJW 1986, 922 = JZ 1986, 397 mit Anm. Stoll = MDR 1986, 401 = BB 1986, 761 = LM § 13 [E] VOB/B Nr. 14 = Betrieb 1986, 530 = Hensen EWiR § 13 VOB/B 1/86, 201 = ZfBR 1986, 67 m. w. N.; BGH BauR 1986, 437 = SFH § 638 BGB Nr. 33 = NJW 1986, 1927 = MDR 1986, 749 = JZ 1986, 698 = LM § 638 BGB Nr. 58 = Betrieb 1986, 1385; OLG Bamberg BauR 1987, 211; LG Koblenz NJW 1977, 812). Das trifft **nicht** nur auf den Gesichtspunkt der sicherlich auch in Betracht kommenden **Verletzung des Eigentums,** sondern **auch** auf den der **Verletzung des Besitzes** (BGH, Urt. vom 21. 10. 1963 – VII ZR 178/62 –) sowie der **anderen in § 823 Abs. 1 und 2 BGB geschützten Rechtsgüter** zu. Die in BGHZ 39, 366 vertretene Rechtsauffassung hat der BGH mit überzeugender Begründung (VersR 1965, 245 = NJW 1965, 534 = JZ 1965, 217 = SFH Z 2.400 Bl. 38 ff.) aufrechterhalten. Dort ist insbesondere weiter ausgeführt, daß ein auf § 823 Abs. 2 BGB beruhender Schadensersatzanspruch auch **nicht aus** dem **Verstoß gegen** die **Baugenehmigung** gefolgert werden kann. Wie die gesamte Tätigkeit der Baugenehmigungsbehörden (BGHZ 39, 358, 365) **dienen auch** die sie regelnden **Bestimmungen der Bauordnungen** lediglich dem **öffentlichen Interesse der Gefahrenabwehr.** Sie haben **nicht zum Ziel, den Auftraggeber vor Vermögensschäden durch vertragswidrige Leistung des Auftragnehmers zu bewahren.** Das ist besonders wesentlich im Zusammenhang mit der Frage der **Verjährung der Gewährleistungsansprüche.**

Das Fehlen einer Baugenehmigung kann aber im Rahmen des **Mitverschuldens** (§ 254 BGB) **bei der vertraglichen Haftung** von Bedeutung sein, wenn die Bauleistung nach fehlerhaften und nicht genehmigten Plänen, die vom Auftraggeber bereitgestellt worden sind, mangelhaft erstellt worden ist (vgl. dazu BGH SFH Z 2.414 Bl. 143 ff.). Wird entgegen der erteilten Baugenehmigung ein nicht zugelassenes Material verwendet, so kann dadurch die Annahme der adäquaten Verursachung eines aufgetretenen Baumangels begründet sein (BGH VersR 1970, 744, 745).

Zur **Eigentumsverletzung durch den Baustofflieferanten** bzw. **Hersteller von Baustoffen** bei Lieferung fehlerhafter Baustoffe vgl. Rdn. 295 ff.

II. Mögliche Ausnahmetatbestände

65 Über **Ausnahmen** von dem grundsätzlichen Ausschluß von Ansprüchen aus **unerlaubter Handlung und die dann nach § 852 BGB maßgebende Verjährungsfrist** bei Zusammentreffen von Ansprüchen aus Vertrag und aus unerlaubter Handlung wegen gleichzeitiger Verletzung des Eigentums an einem schon vorher vorhandenen Teil (vgl. dazu OLG München NJW 1977, 438) **des Gesamtwerkes,** was hauptsächlich bei **Um-, Erneuerungs- und Erweiterungsarbeiten** in Betracht kommt, vgl. BGHZ 55, 392 = NJW 1971, 1131 = MDR 1971, 571 = JZ 1971, 463 = BB 1971, 936 = VersR 1971, 639 = LM § 638 BGB Nr. 17 Anm. Rietschel; dazu beachtlich Schlechtriem JZ 1971, 449; Ganten NJW 1971, 1804 und BauR 1973, 148; vgl. ferner BGH BauR 1972, 114 = MDR 1972, 316 = BB 1972, 552 = LM § 635 BGB Nr. 25 = VersR 1972, 274 = Betrieb 1972, 233; BGHZ 58, 216 = BauR 1972, 246 = NJW 1972, 942; BGH BlGBW 1972, 195 = SFH Z 2.414 Bl. 274 = MDR 1972, 596 = LM § 426 BGB Nr. 35; BGHZ 61, 203 = BauR 1973, 381 = NJW 1973, 1752 mit Anm. Finger S. 2104 =

VersR 1973, 1141 = SFH Z 4.01 Bl. 77 = BB 1973, 1094 = MDR 1973, 923 = LM VOB/B Nr. 64 Anm. Schmidt = WM 1973, 1139; BGH BauR 1977, 277 = NJW 1977, 1819 = MDR 1977, 740 = WM 1977, 763 = LM § 249 [Cb] BGB Nr. 21; BGHZ 73, 217 = BauR 1979, 328 = SFH § 128 Nr. 1 HGB = NJW 1979, 1361 = Betrieb 1979, 1123 = BB 1979, 755 = JZ 1980, 193; BGHZ 96, 221 = BauR 1986, 211 = SFH § 13 Nr. 7 VOB/B Nr. 9 = NJW 1986, 922 = JZ 1986, 397 = MDR 1986, 401 = BB 1986, 761 = LM § 13 [E] VOB/B Nr. 14 = Betrieb 1986, 530 = Hensen EWiR § 13 VOB/B 1/86, 201 = ZfBR 1986, 67; dazu auch Grunewald JZ 1987, 1098, die jedenfalls den Vorrang des Nachbesserungsanspruches auch für das Deliktsrecht anerkennt. Hiernach kommen Ansprüche aus unerlaubter Handlung in Betracht, **wenn bei Gelegenheit** der werkvertraglichen Bearbeitung ein **schon vorhandener Bauteil oder eine sonst bereits seit früher** im Eigentum des Auftraggebers befindliche Sache, die **nicht der eigentlichen werkvertraglichen Leistungspflicht** des Auftragnehmers **unmittelbar unterliegt,** die also **außerhalb des zu bearbeitenden Bereiches** liegt und schon besteht, zu Schaden kommt (zu weitgehend hier Grunewald a. a. O., die durchweg das vertragliche Nachbesserungsrecht auch dem Deliktsrecht zuordnen will). Ein solcher Ausnahmetatbestand ist aber nicht gegeben, wenn eine vorhandene bauliche Anlage erweitert und **dadurch eine neue einheitliche Gesamtanlage** geschaffen wird (BGH BauR 1972, 379). Insofern kann auch eine andere Beurteilung geboten sein, wenn wegen eines Teils des Schadens Gewährleistungsansprüche, vor allem auf Nachbesserung, wegen eines anderen Teils Ansprüche aus unerlaubter Handlung bestehen. Zwar sind hier an sich die Voraussetzungen und Rechtsfolgen unterschiedlich zu beurteilen; dabei sind jedoch Wechselwirkungen nicht auszuschließen. Haftet z. B. der Auftragnehmer wegen Folgeschäden an einer Spundwand – auch – aus unerlaubter Handlung, ist er andererseits wegen mangelhafter, die Folgeschäden herbeiführender Erdarbeiten nachbesserungspflichtig, so muß hier ein Schadensersatzanspruch aus unerlaubter Handlung hinter einem solchen aus Gewährleistung nach Teil B § 13 Nr. 7 zurücktreten, weil sonst in das für den Nachbesserungsbereich (Erdarbeiten) vorrangige Nachbesserungsrecht des Auftragnehmers unberechtigt eingegriffen würde (BGHZ 96, 221 = BauR 1986, 211 = SFH § 13 Nr. 7 VOB/B Nr. 9 = NJW 1986, 922 = JZ 1986, 397 mit insoweit zu weitgehender Anm. von Stoll = WM 1986, 291 = MDR 1986, 401 = BB 1986, 761 = LM § 13 [E] VOB/B Nr. 14 = Betrieb 1986, 530 = Hensen EWiR § 13 VOB/B 1/86, 201 = ZfBR 1986, 67). Für diesen Ausnahmebereich ist Grunewald a. a. O. zu folgen.

Der Ansicht von Freund und Barthelmess (NJW 1975, 281), die neben den Gewährleistungsansprüchen einen Anspruch aus unerlaubter Handlung auch dann eröffnen wollen, wenn an der eigentlichen Bauleistung der Wert oder die Nutzbarkeit des Bauwerkes oder die dafür zugesicherte Eigenschaft beeinträchtigt werden, kann nicht gefolgt werden. Wenn die Genannten die Besonderheiten des Gewährleistungsrechts im Rahmen der Bauwerksherstellung zu leugnen versuchen, so übersehen sie damit zunächst die **grundlegende Bedeutung der Abnahme im Bauvertragsrecht.** Es mag sein, daß bis zum Eintritt eines Mangels die erstellten Teile der Bauleistung bereits in das Eigentum des Auftraggebers übergegangen sind. Die Verfasser übersehen aber, daß es darauf angesichts der in der Tat besonderen Vorschriften des Werkvertragsrechts nicht ankommt. Vielmehr kann der Auftragnehmer im Rahmen des Bauvertrages eine zunächst verpfuschte Leistung bis zu ihrer Abnahme ordnungsgemäß herstellen, ja, er muß es sogar, wie aus Teil B § 4 Nr. 7 bzw. § 634 Abs. 1 Satz 2 BGB folgt. Darüber hinaus ist er aber auch **nach der Abnahme** gehalten, bei Geltendmachung von Gewährleistungsansprüchen durch den Auftraggeber eine ordnungsgemäße Leistung herzustellen, wie sich aus Teil B § 13 Nr. 5 VOB/B bzw. aus § 633 Abs. 1 und Abs. 2 Satz 1 BGB ergibt. Anderenfalls muß der Auftragnehmer nach der vertraglichen Regelung in Teil B § 13 Nr. 6 eine Minderung seiner Vergütung und wegen des dann noch verbliebenen Schadens einen Schadensersatzanspruch des Auftraggebers nach Teil B § 13 Nr. 7 hinnehmen, oder er muß sich – beim BGB-Bauvertrag – damit begnügen, unter den Voraussetzungen des § 634 BGB entweder einer Minderung in Kauf zu nehmen oder sich einem Schadensersatzanspruch nach § 635 BGB ausgesetzt zu sehen. Daraus erhellt, daß das **Werkvertragsrecht doch Besonderheiten enthält, die vorrangig sind,** und demgemäß einen außervertraglichen Anspruch aus unerlaubter Handlung so lange blockieren, also unmöglich machen, wie sie reichen. Die Abgrenzung zwischen vertraglichen Ansprüchen und solchen aus der außervertraglichen unerlaubten Handlung ist überdies auch geboten, um eine hinreichend klare Fixierung des speziellen Vertragsrechts einerseits und der allgemeinen Gesichtspunkte der unerlaubten Handlung andererseits zu ermöglichen. Für die Praxis ist in diesem Zusammenhang anzumerken: Da es hier im eigentlichen um die Frage der **Verjährungsfrist** geht, die nach § 852 BGB drei Jahre statt im Grundsatz nur zwei Jahre nach VOB/B § 13 Nr. 4 beträgt, wobei auch die VOB hier weitgehende Ausnahmen enthält, die eine in Wirklichkeit längere Gewährleistungsfrist bewirken (vgl. dazu Rdn. 211–441 im einzelnen), ist es geradezu unangemessen, zu versuchen, über einen „juristischen Kniff" einem Auftraggeber, der einen von ihm bemerkten Mangel nicht rechtzeitig nach den Gewährleistungsvorschriften der VOB geltend macht, „zu helfen". Im Ergebnis wie hier Kaiser, Mängelhaftungsrecht, Rdn. 160 ff.; Nicklisch in Nicklisch/Weick Vor Teil B § 13 Rdn. 36 ff.; Werner/Pastor Rdn. 1277 ff.

66 Kommt **ausnahmsweise eine Haftung aus unerlaubter Handlung** zum Zuge und haftet für **denselben Schaden** zugleich ein anderer aus Vertrag, so **haften beide Verantwortlichen als Gesamtschuldner.** Der Ausgleich zwischen ihnen vollzieht sich dann nach § 426 Abs. 1 BGB (wobei u. U. die besonderen Ausgleichsregelungen in Teil B § 10 Nr. 2 ff. von Bedeutung sein können); in einem solchen Falle steht dem Vertragsschuldner gegen den Eigentümer kein Anspruch aus § 255 BGB zu (BGHZ 59, 97 = NJW 1972, 1802 = VersR 1972, 1043 = MDR 1972, 1025 = LM § 421 BGB Nr. 9 Anm. Rietschel).

67 Bei Vorliegen der hier in Betracht kommenden Ausnahmetatbestände ist **auch durch die VOB eine Haftung aus unerlaubter Handlung nicht ausgeschlossen,** so mit Recht BGHZ 61, 203 = BauR 1973, 381 = NJW 1973, 1752 mit Anm. Finger S. 2104 = VersR 1973, 1141 = SFH Z 4.01 Bl. 77 = BB 1973, 1094 = MDR 1973, 923 = WM 1973, 1139 = LM VOB/B Nr. 64 Anm. Schmidt. Überhaupt kann auch sonst aus Klauseln, die die vertragliche Haftung einschränken, nicht ohne weiteres geschlossen werden, daß diese auch für Ansprüche aus unerlaubter Handlung gelten sollen, wie z. B. bei der Beschränkung der Haftung auf „unmittelbaren Schaden am Bauwerk" (vgl. BGH BauR 1975, 286 = NJW 1975, 1315 = BB 1975, 855 = MDR 1975, 748 = VersR 1975, 857 = SFH Z 2.300 Bl. 3 = BlGBW 1975, 236 = LM Allg. Vertragsbest. A-Vertrag Nr. 3).

68 Bei einer Haftung aus unerlaubter Handlung ist **dem Schädiger** das nach den §§ 823 ff. BGB vorauszusetzende **Verschulden nachzuweisen.** Hinsichtlich seiner **Gehilfen** steht ihm die Entlastungsmöglichkeit nach § 831 BGB offen (BGH a. a. O., m. w. N.). Siehe dazu Teil B § 10 Rdn. 173 ff.

Zur Verjährung von Ansprüchen aus unerlaubter Handlung s. Rdn. 295 ff.

D. Unterscheidung zwischen Nachbesserungs- und Reparaturarbeiten

69 Der rechtsbegrifflich bedeutsame **Unterschied zwischen Nachbesserungs- und Reparaturarbeiten** liegt im folgenden: Der Begriff der Nachbesserungsarbeiten setzt voraus, daß die aufgetretenen Mängel **bei der Erstellung der Bauleistung im Verantwortungsbereich des Auftragnehmers im Rahmen seiner Leistungspflicht entstanden, also ursächlich darauf zurückzuführen sind** und daß sie vom Auftraggeber gegenüber dem Auftragnehmer i. S. des Verlangens auf Beseitigung des Mangels geltend gemacht werden. Alle **Arbeiten, die außerhalb dieses Rahmens liegen und zur Behebung eines Schadens** am Bauwerk oder dessen Teilen **dienen,** sind **Reparaturarbeiten.** Davon muß man im Rechtssinne allerdings auch sprechen, wenn ein Mangel der Leistung innerhalb der Gewährleistungsfrist beseitigt werden soll, der Auftraggeber jedoch **ohne berechtigten Grund, also ohne Vorliegen der in Teil B § 13 Nr. 5 Abs. 2 geregelten Voraussetzungen** (vor allem Nachbesserungsaufforderung und Fristsetzung gegenüber dem Auftragnehmer), einen anderen Unternehmer als den Auftragnehmer hiermit betraut (vgl. dazu BGH LM § 276 [Cc] BGB Nr. 18). Eine Aufforderung zur Mängelbeseitigung i. S. der Nachbesserung und nicht ein Antrag auf Abschluß eines Reparaturvertrages liegt dagegen vor, wenn der Auftraggeber den Auftragnehmer kurz nach Herstellung der Leistung zur Beseitigung des Mangels auffordert, obwohl vertraglich „Garantieansprüche" ausgeschlossen wurden (vgl. dazu LG Aachen MDR 1964, 756).

E. System der Gewährleistungsansprüche in Teil B § 13
Der in Teil B § 13 getroffenen Gewährleistungsregelung liegt folgendes System zugrunde:

I. Art und Umfang der Gewährleistungspflicht
In den **Nr. 1–3** sind Art und Umfang der Gewährleistungspflicht des Auftragnehmers bestimmt, falls ein Bauvertrag auf der Grundlage der Allgemeinen Vertragsbedingungen zustande gekommen und – was nach dem Grundsatz der Vertragsfreiheit, allerdings unter Beachtung zwingender Verbotsnormen des AGB-Gesetzes sowie des Gebotes der Vereinbarung der VOB „als Ganzes" entsprechend § 23 Abs. 2 Nr. 5 AGB-Gesetz (vgl. dazu Teil A § 10 Rdn. 77 ff.), möglich wäre – im Einzelfall keine von den Regelungen in den Nr. 1–3 abweichende Vereinbarung zwischen dem Auftraggeber und dem Auftragnehmer getroffen worden ist. **Nr. 1** stellt eine **allgemeingültige Bestimmung** grundsätzlicher Art dar. Dazu haben die **Nr. 2 und 3** ergänzende Bedeutung, weil sie **Sondertatbestände** (Leistung nach Probe, besondere und außerhalb des „unmittelbaren" Bereichs des Auftragnehmers liegende Ursache des Mangels) voraussetzen.

70

II. Verjährung der Gewährleistungsansprüche
Die zweite Gruppe bilden **Nr. 4 und 5 Abs. 1 Satz 2 und 3**, die sich mit der Verjährungsfrist für die Gewährleistung befassen. Die dort getroffenen zeitlichen Regelungen bestimmen die **Fortdauer der vertraglichen Gewährleistungspflichten über den Zeitpunkt der Abnahme** hinaus und umgrenzen diese im einzelnen, ohne daß der Auftragnehmer sich unter den dort geregelten Voraussetzungen auf Zeitablauf (Verjährung) berufen kann.

71

Ist im Vertrag geregelt. daß sich **Art und Umfang** der Gewährleistung nach den Bestimmungen der VOB/B richten sollen, so ist es möglicherweise zweifelhaft, ob damit auch die übrigen, in den Nr. 4–7 des § 13 a. a. O. enthaltenen Bestimmungen erfaßt sein sollen, insbesondere die Verjährungsregelungen in den Nr. 4 und 5 (zweifelnd BGH BauR 1981, 591 = NJW 1981, 2741 = Betrieb 1981, 2535 = SFH § 13 Nr. 5 VOB/B Nr. 2 = VersR 1981, 982 = MDR 1982, 131 = LM § 477 BGB Nr. 34 = ZfBR 1981, 268). Jedoch wird man dies bei sachgerechter Auslegung des wirklichen Parteiwillens im allgemeinen bejahen müssen, da die Vertragspartner regelmäßig auf die Gewährleistungsansprüche selbst und deren Verjährung gleichermaßen entscheidendes Gewicht legen und auch letztere bei einer Formulierung wie der genannten erfassen wollen.

72

III. Gewährleistungsansprüche selbst
Schließlich befaßt sich die dritte Gruppe in der **Nr. 5 Abs. 1 Satz 1, Abs. 2 sowie in den Nr. 6 und 7** mit der Art und dem Umfang der Verpflichtungen des Auftragnehmers, falls nach den Nr. 1–3 **Mängel** festgestellt werden und keine Verjährungseinrede des Auftragnehmers zu befürchten bzw. gerechtfertigt ist.

73

F. Vergleich zwischen gesetzlichen Gewährleistungsregeln und den VOB-Bestimmungen

1. Regelungen über die **Gewährleistung**, wie sie in Teil B § 13 getroffen worden sind, finden sich selbstverständlich **auch im gesetzlichen Werkvertragsrecht**.

74

Die Bestimmungen in Teil B § 13 stellen eine auf den **besonderen Typ des Bauvertrages abgestellte Ausgestaltung der Gewährleistung** im Rahmen des Werkvertragsrechts dar.

Das Werkvertragsrecht des BGB enthält die **Grundregel** über die Gewährleistung in § 633 Abs. 1 BGB. Das Gegenstück hierzu bildet in dem dort festgehaltenen Rahmen **Teil B § 13 Nr. 1**, während **ausdrückliche gesetzliche Regelungen im Werkvertragsrecht**, wie sie den **Sondertatbeständen in Teil B § 13 Nr. 2 und 3 entsprechen würden, fehlen.**

Zur **Dauer** der Gewährleistungspflicht sind gesetzliche Bestimmungen in den **§§ 638, 639 BGB** enthalten. Das **Gegenstück** hierzu in den Allgemeinen Vertragsbedingungen der VOB ist **Teil B § 13 Nr. 4**, wobei sich in der VOB allerdings keine ausdrückliche, dem § 639 BGB entsprechende Regelung findet. Andererseits enthält das BGB wiederum keine ausdrücklichen Bestimmungen, die mit Teil B § 13 Nr. 5 Abs. 1 Satz 2 und 3 identisch wären.

Schließlich ist die Frage der Haftung für auftretende Mängel im Gesetz in den **§§ 633 Abs. 2 und 3, 634, 635, 637 sowie in § 640 Abs. 2 BGB geregelt,** während sich die darauf bezogene Regelung der VOB aus den Bestimmungen in Teil B § 13 **Nr. 5–7** ergibt, ohne daß dort ausdrücklich Vorschriften enthalten sind, wie sie aus § 637 und § 640 Abs. 2 BGB ersichtlich sind. Zu § 640 Abs. 2 BGB siehe insbesondere auch Teil B § 12 Rdn. 32 ff.

75 2. Bei einer **Gegenüberstellung der gesetzlichen Vorschriften aus dem Werkvertragsrecht** mit den **Bestimmungen in Teil B § 13** ergibt sich, daß sie **zum Teil übereinstimmen, zum Teil voneinander abweichen.** Eine entscheidende Rolle für das Verständnis des Gewährleistungssystems der VOB spielt die Frage, inwieweit hier im Einzelfall eine vertragliche Vereinbarung zwischen den Vertragspartnern geschaffen worden ist, die von der gesetzlichen Gewährleistung abweicht. Zu prüfen ist auch jeweils, ob die Allgemeinen Vertragsbedingungen des Teils B § 13 die Anwendung der gesetzlichen Gewährleistungsregeln offenlassen, diese also noch neben Teil B § 13 stehen. Wegen des Zusammenhangs wird der Vergleich der Einzelregelungen von Teil B § 13 mit den werkvertraglichen Gewährleistungsbestimmungen im Rahmen der nachfolgenden Einzelkommentierungen eingehend angestellt. Festzuhalten bleibt aber, daß das **Gewährleistungssystem der VOB,** soweit es von den gesetzlichen Vorschriften des Werkvertragsrechts des BGB abweicht, **unter Berücksichtigung der Gesamtausgewogenheit der VOB** (vgl. dazu Teil A § 10 Rdn. 113 ff.) **nicht gegen zwingende gesetzliche Regelungen des AGB-Gesetzes verstößt,** auch nicht im Hinblick auf § 11 Nr. 7 AGB-Gesetz (zutreffend Locher NJW 1977, 1801, 1803). Zur bloßen Vereinbarung des § 13 VOB/B in AGB – insbesondere Zusätzlichen Vertragsbedingungen – vgl. Teil A § 10 Rdn. 136 ff.

G. Abweichende Gewährleistungsvereinbarungen

76 Sowohl die grundsätzlich dispositivem Recht unterliegenden gesetzlichen Gewährleistungsvorschriften als auch die Gewährleistungsbestimmungen in Teil B § 13 **setzen** für die Beurteilung im Einzelfall **voraus, daß keine davon abweichenden oder ergänzenden Vereinbarungen** zwischen den Vertragspartnern getroffen worden sind. Im Rahmen der **Vertragsfreiheit sind auch hinsichtlich der Gewährleistung besondere vertragliche Regelungen zulässig** (z. B. Gewährverträge, Freizeichnungsklauseln usw., vgl. dazu Teil A § 13 Rdn. 3 ff. und hier Rdn. 812–824, 835 ff.). Liegen sie vor, haben sie **grundsätzlich Vorrang** vor den Gewährleistungsvorschriften des Werkvertrages nach dem BGB und des Bauvertrages nach den Allgemeinen Vertragsbedingungen, **soweit nicht zwingende gesetzliche Vorschriften entgegenstehen. Letzteres ist gerade heute ein ganz wesentlicher Gesichtspunkt,** dem besondere Beachtung geschenkt werden muß. Insoweit ist es **leicht möglich, daß vom Gesetz und von der VOB abweichende Bedingungen gegen Treu und Glauben und gegen die guten Sitten (§§ 242, 138 BGB) verstoßen** oder sonst den nach dem Gesetz noch als zulässig anzusehenden Rahmen überschreiten und daher nichtig sind (vgl. dazu im einzelnen a. a. O.). Von ganz **besonderer Bedeutung** ist hier aber das seit dem 1. 4. 1977 in Kraft befindliche **AGB-**

Gesetz, sofern es auf den betreffenden Bauvertrag anzuwenden ist (dazu im einzelnen Teil A § 10 Rdn. 77 ff.). **Dabei sind die Verbotskataloge in den §§ 10 f. a. a. O. unbedingt zu beachten, für den Rahmen der Gewährleistung insbesondere § 11 Nrn. 2, 3, 7, 10, 11, 15 und 16.** Vor allem gilt dies **auch für § 9 AGB-Gesetz.** Des weiteren muß besonders darauf geachtet werden, daß die **Ausgewogenheit des Gesamtvertragswerkes der VOB/B erhalten bleibt (vgl. § 23 Abs. 2 Nr. 5 AGB-Gesetz).** Darauf wird bei der Erläuterung der jeweils die betreffenden Fragen berührenden VOB-Regeln im einzelnen hingewiesen.

Die von den Allgemeinen Vertragsbedingungen der VOB abweichenden, den Bereich der Gewährleistung betreffenden **Sonderabsprachen** sind gemäß Teil A § 10 Nr. 4 Abs. 2 in den **Besonderen Vertragsbedingungen,** ausnahmsweise – und regelwidrig – in den **Zusätzlichen Technischen Vorschriften** festzuhalten. Sie müssen **vor allem auch inhaltlich klar und deutlich und dürfen nicht überraschend sein** (vgl. dazu vornehmlich auch die §§ 3 und 5 AGB-Gesetz), **insbesondere** auch die von den Allgemeinen Vertragsbedingungen (Teil B § 13) abweichenden Bestimmungen in allen notwendigen Einzelheiten enthalten. 77

H. Abtretung von Gewährleistungsansprüchen

I. Umfang der Abtretbarkeit

Mit Recht bejaht die Rechtsprechung (vgl. dazu BGHZ 96, 146 = BauR 1986, 98 = SFH § 398 BGB Nr. 7 = NJW 1986, 713 = ZIP 1986, 234 = BB 1986, 841 = MDR 1986, 310 = JZ 1986, 336 = Betrieb 1986, 266 = JR 1986, 284 mit Anm. Schubert = LM § 633 BGB Nr. 58 = ZfBR 1986, 21 = Hensen EWiR § 633 BGB 1/86, 43 = ZfBR 1986, 21; OLG Koblenz NJW 1962, 741 = SFH Z 3.00 Bl. 55) die **Möglichkeit der Abtretung von Gewährleistungsansprüchen** an einen Dritten (z. B. im Falle der Weiterveräußerung des neu errichteten Bauwerkes) insoweit, als es sich um **Ansprüche auf Nachbesserung (einschließlich Kostenvorschuß und Kostenerstattung) sowie auf Schadenersatz wegen Nichterfüllung,** also aus § 633 Abs. 3, 635 BGB bzw. Teil B § 13 Nr. 5 Abs. 2 und Nr. 7, handelt. 78

Die Abtretung des Nachbesserungsanspruches sowie der damit zusammenhängenden Ansprüche auf Kostenvorschuß sowie Kostenerstattung ist **auch möglich, wenn der neue Gläubiger das Bauwerk bzw. die Bauleistung,** wegen deren Gewährleistungsansprüche geltend gemacht werden, **nicht erworben hat;** dem steht nicht § 399 BGB entgegen, weil mit der Abtretung des Nachbesserungsanspruches nicht eine Änderung des Leistungsinhaltes, den der Auftragnehmer schuldet, erfolgt; insofern schuldet er nach wie vor und unverändert Nachbesserung seiner Leistung; nicht wesentlich ist, ob der neue Gläubiger die Verfügungsgewalt über das nachzubessernde Werk hat, weil auch dadurch der Inhalt der Schuld, die Nachbesserungspflicht des Auftragnehmers, nicht verändert wird (BGHZ 96, 146 = BauR 1986, 98 = SFH § 398 BGB Nr. 7 = ZIP 1986, 234 = NJW 1986, 713 = BB 1986, 840 = MDR 1986, 310 = JZ 1986, 336 = Betrieb 1986, 266 = JR 1986, 284 Anm. Schubert = LM § 633 BGB Nr. 58 = ZfBR 1986, 21 – mit Recht kritisch Hensen EWiR § 633 BGB 1/86, 43).

Anders als bisher mit der bis dahin herrschenden Meinung hier vertretenen Ansicht gilt dies nach der insoweit überzeugenden neueren Rechtsprechung des BGH **auch für Minderungsansprüche** (BGHZ 95, 250 = BauR 1985, 686 = NJW 1985, 2822 = MDR 1986, 137 = SFH § 634 BGB Nr. 13 = BB 1985, 1938 = Betrieb 1985, 2503 = LM § 634 BGB Nr. 22 = JZ 1986, 85 mit Anm. Scheyhing = JR 1986, 152 mit Anm. Scheyhing = ZfBR 1985, 277 = Siegburg EWiR § 634 BGB 1/85, 757). In der Tat wird bei der Minderung an sich nicht in den Bestand des Vertrages dadurch eingegriffen, daß damit das Schuldverhältnis aufgelöst würde, insbesondere wird ein Rückabwicklungsverhältnis zwischen den Parteien des Vertrages nicht begründet; letztlich wird vom Ergebnis her nur nachträglich die Vergütung des Auftragneh- 79 mers herabgesetzt, was ebenso wie bei den Mängelbeseitigungsrechten, wie Ansprüchen auf Kostenerstattung und Kostenvorschuß, letztlich nur eine Vermögenseinbuße des Auftragnehmers darstellt, wie dies auch bei Schadensersatz wegen Nichterfüllung zutrifft. Selbst wenn hier noch einige rechtstheoretische Bedenken bestehen können, so ist die Abtretbarkeit des Minderungsanspruches letztlich aus praktischen Erwägungen zu bejahen. Der BGH führt dazu durchaus überzeugend aus, daß dadurch ein für den Zessionar untragbares Ergebnis für jene Fälle vermieden wird, in denen der Auftragnehmer nach § 633 Abs. 2 Satz 3 BGB bzw. Teil B § 13 Nr. 6 die Mängelbeseitigung zu Recht wegen unverhältnismäßigen Aufwandes verweigert und der Auftraggeber bei Fehlen der Voraussetzungen des § 635 BGB bzw. von Teil B § 13 Nr. 7 einen Ausgleich für die erlittene Vermögenseinbuße nicht erreichen kann, ebenso für den Fall, in dem die Mängelbeseitigung nicht möglich ist, dem Auftragnehmer aber auch hier kein Verschulden vorzuwerfen ist.

80 **Grundsätzlich anders** wird es nach wie vor hinsichtlich der **Abtretbarkeit des Wandelungsanspruches** sein, sofern dieser beim Bauvertrag überhaupt eine Rolle spielen kann (vgl. dazu Rdn. 657 ff.). Dieser ist ein unselbständiges, akzessorisches Gestaltungsrecht. Hier wird durch die Auftraggeberseite in den Bestand des Schuldverhältnisses eingegriffen; es wird rückwirkend aufgelöst mit der Folge des Rückgewährschuldverhältnisses. Dies ergreift nicht nur die Gläubiger-, sondern auch die Schuldnerstellung des Auftraggebers und umgekehrt des Auftragnehmers. Ein solches Recht kann nur von dem ursprünglichen Vertragspartner wahrgenommen werden. Allerdings wird davon eine **Ausnahme** für den Fall zu machen sein, in dem sich die Folgen der Wandelung denen der Minderung bzw. des Schadensersatzes zumindest weitgehend annähern (vgl. dazu Rdn. 657 ff.). **Gleiches** gilt für ein ausnahmsweise gegebenes vertragliches **Rücktrittsrecht** (vgl. Vor Teil B §§ 8+9 Rdn. 25 ff.). Eine weitere Ausnahme wird in jenen Fällen anzunehmen sein, in denen die Abtretung vom Auftraggeber dem Auftragnehmer mitgeteilt und ihm zugleich unwiderruflich gesagt wird, daß die Abwicklung des Vertragsverhältnisses durch den Abtretungsempfänger geschieht und in denen dies auch von der Abtretung hinreichend deutlich erfaßt ist (vgl. dazu Scheyhing JZ 1986, 86, 87).

81 Den aufgrund einer Abtretung mit einer neuen Klage geltend gemachten Gewährleistungsansprüchen steht die Rechtskraft eines dieselben Gewährleistungsansprüche betreffenden – wegen fehlender Aktivlegitimation – klageabweisenden Urteils dann nicht entgegen, wenn die Abtretung erst nach Schluß der maßgeblichen mündlichen Verhandlung im Vorprozeß erklärt worden ist (BGH BauR 1986, 117 = Betrieb 1986, 109 = NJW 1986, 1046 = SFH § 322 ZPO Nr. 3 = MDR 1986, 312 = ZfBR 1986, 284 = BB 1986, 354).

II. Voraussetzungen wirksamer Abtretung

82 **1. Grundlegend für die Wirksamkeit** einer solchen Abtretung im vorgenannten zulässigen Rahmen ist zunächst, daß die **Eigenverantwortung des Abtretenden nur insoweit abgetreten** werden kann, **als sich der Abtretungsempfänger auch tatsächlich schadlos halten kann.**

(BGHZ 70, 389 = BauR 1978, 308 = NJW 1978, 1375 = BB 1978, 582 = MDR 1978, 570 = SFH § 633 BGB Nr. 9 = LM § 633 BGB Nr. 30 Anm. Girisch = Betrieb 1978, 1073 m. w. N.; BGH BauR 1980, 71 = SFH § 633 BGB Nr. 21 = NJW 1980, 283 = WM 1980, 39 = MDR 1980, 222 = LM § 635 BGB Nr. 53 m. w. N.; BGH BauR 1980, 568 = NJW 1980, 2800 = BB 1980, 1549 = Betrieb 1980, 2337 = MDR 1980, 1014 = SFH § 633 BGB Nr. 25 = LM Allg. Geschäftsbed. Nr. 110 = ZfBR 1980, 227; BGH 81, 35 = BauR 1981, 467 = NJW 1981, 1841 = Betrieb 1981, 1920 = 1981, 426 = SFH § 21 WEG Nr. 5 = MDR 1982, 50 = ZfBR 1981, 230; BGH BauR 1981, 469 = NJW 1981, 2343 = SFH § 198 BGB Nr. 5 = BB 1982, 149 = MDR 1982, 48 = LM § 198 BGB Nr. 12 = ZfBR 1981, 214; BGH BauR 1981, 571 = SFH § 633 BGB Nr. 30 = MDR 1982, 49 = LM § 635 BGB Nr. 64 = ZfBR 1981, 219; vgl. dazu auch Anh. Rdn. 193).

83 Von dem Abtretungsempfänger können bei der Verfolgung des ihm abgetretenen Anspru-

ches nur solche Maßnahmen und Handlungen verlangt werden, die ihm billigerweise zuzumuten sind (BGH BauR 1981, 469 = NJW 1982, 2343 = SFH § 198 BGB Nr. 5 = BB 1982, 149 = MDR 1982, 48 = LM § 198 BGB Nr. 12 = ZfBR 1981, 219). Wird z. B der Gewährleistungspflichtige zahlungsunfähig, können die Ansprüche sonst aus dem Abtretungsempfänger nicht anzulastenden Rechtsgründen – etwa wegen eines **vereinbarten Haftungsausschlusses** oder wegen zwischenzeitlich eingetretener Verjährung – nicht durchgesetzt werden, **haftet der Abtretende weiter auf Gewährleistung** (bzw. leben die Gewährleistungsansprüche gegen ihn wieder auf) und nicht etwa aus dem Gesichtspunkt positiver Vertragsverletzung, sofern er – wie z. B. der Bauträger – dem Abtretungsempfänger vertraglich selbst verpflichtet ist bzw. war (vgl. BGH Betrieb 1975, 682; BGH NJW 1974, 1135 = BauR 1974, 278 = SFH Z 7.22 Bl. 1 = JZ 1974, 613 mit Anm. Locher = BB 1974, 761 mit Anm. Schmidt; BGHZ 70, 193 = BauR 1978, 136 = NJW 1978, 634 = MDR 1978, 397 = BB 1978, 220 = Betrieb 1978, 439 = SFH Vor §§ 145 ff. BGB-AGB Nr. 1 = LM Allg. Geschäftsbed. Nr. 82 m. w. N.; vgl. Jagenburg NJW 1972, 1222; Wabnitz NJW 1972, 1397, 1399; BGH BauR 1982, 61 = Betrieb 1982, 277 = SFH § 13 Nr. 4 VOB/B Nr. 3 = MDR 1982, 313 = NJW 1982, 169 = BB 1981, 2095 = LM § 13 [B] VOB/B Nr. 18 = ZfBR 1982, 163 insoweit zur Verjährung). **Dabei kommt es nicht darauf an, ob das Fehlschlagen der Durchsetzung der Gewährleistungsansprüche durch den Abtretungsempfänger von dem Abtretenden zu vertreten ist;** vielmehr genügt die Tatsache, daß der Versuch, den für den Mangel zunächst verantwortlichen Architekten, Unternehmer oder Lieferanten in Anspruch zu nehmen, **ohne Verschulden des Abtretungsempfängers mißlingt** (BGH BauR 1980, 71 = WM 1980, 39 = NJW 1980, 283 = MDR 1980, 222 = SFH § 633 BGB Nr. 21 = LM § 635 BGB Nr. 53). So kann es ihm nicht zugemutet werden, mit Hilfe eines gegen den Schuldner erlangten Titels auch noch gegen einen Drittschuldner aufgrund einer von ihm gepfändeten Forderung zu prozessieren, wenn dieser die Erfüllung verweigert, oder auch dann nicht, wenn keine erkennbar realisierbaren Vermögenswerte des Schuldners vorhanden sind (BGH BauR 1981, 469 = NJW 1981, 2343 = SFH § 198 BGB Nr. 5 = BB 1982, 149 = MDR 1982, 48 = LM § 198 BGB Nr. 12 = ZfBR 1981, 219).

84 In diesem Sinne ist es auch weitere Voraussetzung für die Wirksamkeit der Abtretung von Gewährleistungsansprüchen, daß der **Abtretende von sich aus die im Einzelfall erforderlichen Informationen erteilt und die notwendigen Unterlagen zur Verfügung stellt, die zur Durchsetzung des abgetretenen Gewährleistungsanspruchs notwendig sind** (so mit Recht Jagenburg a. a. O.; siehe dazu auch Brych NJW 1972, 896; Ludewig NJW 1972, 516). Dazu gehört vor allem die **zuverlässige** Angabe über die Person des oder der Verpflichteten (vgl. BGH BauR 1981, 514 = ZfBR 1979, 235) sowie über Beginn und Ende der Gewährleistungsfrist. Auch ist der Abtretende verpflichtet, ihm im Zeitpunkt der Abtretung **bekannte Mängel zu offenbaren** (BGH SFH Z 2.10 Bl. 63 = NJW 1976, 1975). Die vorgenannten Unterstützungspflichten sind vertragliche **Nebenverpflichtungen** des Abtretenden, ohne daß diese ausdrücklich in den Bauvertrag aufgenommen werden müssen (BGHZ 70, 389 BauR 1978, 308 = NJW 1978, 1375 = BB 1978, 582 = MDR 1978, 570 = SFH § 633 BGB Nr. 9 = LM § 633 BGB Nr. 30 Anm. Girisch = Betrieb 1978, 1073). Im Falle ihrer Verletzung macht sich der Abtretende zumindest schadensersatzpflichtig (vgl. OLG Stuttgart BauR 1978, 401).

85 Die **Besonderheit des abgetretenen Gewährleistungsanspruches** liegt darin, daß er **durch das Fehlschlagen zumutbarer Bemühungen des Abtretungsempfängers um Schadloshaltung** aus den abgetretenen Rechten **aufschiebend bedingt** ist. Die **Bedingung tritt ein, wenn das Fehlschlagen feststeht.** Da der Anspruch erst mit dem Eintritt der Bedingung gegen den Abtretenden geltend gemacht werden kann, beginnt die Verjährung gemäß § 198 BGB mit diesem Zeitpunkt. Zum gleichen Ergebnis führt auch eine Anwendung des § 202 Abs. 1 BGB (so wohl zutreffend Peters NJW 1982, 562), wenn von Anfang an ein sich aus der vertraglichen Gewährleistung ergebendes Gewährleistungsrecht des Abtretenden be-

steht, das den Lauf der Verjährung hemmt; die Verjährung beginnt dann erst mit dem Eintritt der Bedingung, die die Hemmung beendet (BGH BauR 1981, 469 = NJW 1981, 2343 = SFH § 198 BGB Nr. 5 = BB 1982, 149 = MDR 1982, 48 = LM § 198 BGB Nr. 12 = ZfBR 1981, 214).

Im Falle des Fehlschlagens der Durchsetzung von abgetretenen Gewährleistungsansprüchen kann der Abtretende **Rückabtretung** verlangen (BGH a. a. O.).

86 2. Vom Bisherigen abgesehen, setzt eine rechtswirksame Abtretung voraus, daß die **abzutretende Forderung bestimmt oder jedenfalls bestimmbar** ist, wofür das **Vorliegen konkreter Ansprüche** notwendig ist (vgl. dazu LG Kaiserslautern VersR 1973, 868; Reithmann/Brych/ Manhardt, Rdn. 100, 109 Nr. 10). Die Bestimmtheit der Abtretung ist aber nicht schon zu verneinen, wenn sich der Abtretende vorbehält, selbst die Mängelbeseitigung zu bewerkstelligen bzw. durchzusetzen (vgl. BGH BauR 1984, 172 = SFH § 633 BGB Nr. 39). Hinsichtlich der **Person des Schuldners** (Auftragnehmers) genügt es für die Bestimmtheit und Wirksamkeit der Abtretung, daß diese im Zeitpunkt der Entstehung des abgetretenen Anspruches feststeht, mag sie auch dem neuen Gläubiger im Zeitpunkt der Abtretung noch nicht bekannt sein (BGH BauR 1975, 206 = BB 1975, 442 = MDR 1975, 569 = SFH Z 7.22 Bl. 7 = Betrieb 1975, 682 = BlGBW 1975, 198 = LM Allg. Geschäftsbed. Nr. 62 m. w. N.; BGH BauR 1979, 514 = WM 1979, 1043 = SFH § 633 BGB Nr. 19 = Betrieb 1979, 2270 = MDR 1980, 135 = LM § 633 BGB Nr. 35 = ZfBR 1979, 235; BGH BauR 1980, 71 = NJW 1980, 283 = WM 1980, 39 = MDR 1980, 222 = SFH § 633 BGB Nr. 21 = LM § 635 BGB Nr. 53). In der zuletzt genannten Entscheidung hat der BGH mit Recht hervorgehoben, daß es dem Auftraggeber grundsätzlich nicht zuzumuten ist, zwecks Auffindens des „richtigen" Verantwortlichen zeitraubende und kostspielige Ermittlungen anzustellen und/oder insofern einen risikoreichen Prozeß zu führen.

87 Sollen auch Ansprüche gegen **Subunternehmer** abgetreten sein, muß dieses aus dem Bauvertrag **zweifelsfrei** hervorgehen, und es muß auch tatsächlich geschehen; die bloße Verpflichtung dazu im Bauvertrag reicht für sich allein nicht (BGH in der vorangehend zuerst genannten Entscheidung). Die Abtretung von Gewährleistungsansprüchen gegen „Bauunternehmer, Handwerker und sonstige Lieferanten" erfaßt **nicht Architekten oder andere an der Bauplanung und Bauaufsicht beteiligte Personen** (BGHZ 70, 389 = BauR 1978, 308 = BB 1978, 582 = MDR 1978, 570 = NJW 1978, 1375 = SFH § 633 BGB Nr. 9 = LM § 633 BGB Nr. 30 Anm. Girisch = Betrieb 1978, 1073; BGHZ 70, 193 = NJW 1978, 634 = BB 1978, 220 = BauR 1978, 136 = SFH Vor §§ 145 ff. BGB Nr. 1 = MDR 1978, 397 = LM Allg. Geschäftsbed. Nr. 82 Anm. Doerry). Andererseits umfaßt eine Abtretung von Gewährleistungsansprüchen gegen „die am Bau Beteiligten" auch Ansprüche gegen den Architekten (OLG Düsseldorf BlGBW 1983, 220 = BauR 1984, Heft 2).

88 Sofern der Auftragnehmer auch Planungsleistungen zu erbringen hat und auch daraus sich ergebende Gewährleistungsansprüche abgetreten werden sollen, muß dies zweifelsfrei im Vertrag zum Ausdruck kommen (vgl. BGH BauR 1980, 568 = NJW 1980, 2800 = BB 1980, 1549 = Betrieb 1980, 2337 = MDR 1980, 1014 = SFH § 633 BGB Nr. 25 = LM Allg. Geschäftsbed. Nr. 110 = ZfBR 1980, 227). Zum unmittelbaren Anspruch des Subunternehmers gegen den Auftraggeber auf Rückgabe der dem Auftraggeber aus Anlaß der Abtretung vom Hauptunternehmer übergebenen Gewährleistungssicherheit (Bürgschaftsurkunde) vgl. Anh. Rdn. 151 ff.

89 3. **Die vorgenannten,** auf der Grundlage schon früher ergangener Rechtsprechung beruhenden **Grundsätze füllen auch die Verbotsnorm in § 11 Nr. 10 a AGB-Gesetz aus** (vgl. dazu Ulmer/Brandner/Hensen, § 11 Nr. 10 a Rdn. 9 ff.; Nettesheim BB 1979, 1220), wobei auch die Verpflichtung des Verwenders zur Tragung der Nachbesserungsaufwendungen in § 11

Nr. 10 c AGB-Gesetz eine Rolle spielt (Ulmer/Brandner/Hensen a. a. O. Rdn. 59 ff.). Vgl. dazu vor allem auch Hahn BauR 1978, 80. So verstieß schon vor Inkrafttreten des ABG-Gesetzes eine formularmäßige Klausel dahin, daß der Abtretende den Abtretungsempfänger nur innerhalb der ersten drei Monate ab Anzeige über schlüsselfertige Herstellung und Bezugsfertigkeit bei der Verfolgung der abgetretenen Gewährleistungsansprüche zu unterstützen habe, wegen ihrer zeitlichen Beschränkung gegen Treu und Glauben und war bzw. ist unwirksam.

4. Ist die Abtretung vereinbarungsgemäß von der **Zustimmung** des Schuldners – also hier des Auftragnehmers – **abhängig** gemacht worden, ist eine ohne solche Zustimmung dennoch erfolgte Abtretung nicht nur dem Auftragnehmer, sondern auch Dritten gegenüber **unwirksam** (vgl. dazu BGHZ 40, 156 = NJW 1964, 243 = MDR 1964, 136 = BB 1963, 1400). 90

Zum Einfluß der Abtretung von Mängelansprüchen an Dritte im Rahmen von Werkverträgen vgl. die im wesentlichen zu billigenden Ausführungen von Groß NJW 1971, 648. Durch die Abtretung von Gewährleistungsansprüchen seitens des Auftraggebers (z. B. des Bauträgers) an einen Dritten (z. B. Erwerber) kommt grundsätzlich kein Gesamtschuldverhältnis zwischen dem Auftraggeber und dem Auftragnehmer gegenüber dem Dritten zustande. 91

Zur Abtretung von Gewährleistungsansprüchen **durch Bauträger** vgl. vor allem auch Teil A § 13 Rdn. 4 und Anh. Teil A Rdn. 193 ff.; vgl. auch Häring BlGBW 1978, 225 sowie insbesondere Locher/Koeble, Baubetreuungs- und Bauträgerrecht, Rdn. 312 ff. Über den Schuldnerschutz bei der Forderungsabtretung im Hinblick auf die §§ 404, 406, 407 BGB eingehend Kornblum BB 1981, 1296. 92

Wer sich zwecks Ablösung eines Garantieeinbehaltes für den Auftragnehmer einem Bauträger gegenüber verbürgt, der seinerseits seine Gewährleistungsansprüche an den Erwerber des Bauwerks abgetreten hat, haftet, wenn der Bauträger selbst für die Gewährleistung einstehen muß, weil der Auftragnehmer zur Mängelbeseitigung nicht mehr in der Lage ist (BGH BauR 1982, 384 = ZIP 1982, 423 = BB 1982, 519 = NJW 1982, 1808 = Betrieb 1982, 1214 = WM 1982, 485 = SFH § 765 BGB Nr. 1 = MDR 1982, 925 = ZfBR 1982, 124).

III. Abtretung von Gewährleistungsansprüchen – Vergütungsanspruch des Auftragnehmers

Wichtig ist, daß der **Mängelbeseitigungsanspruch** nach Teil B § 13 Nr. 1 Abs. 1 als jedenfalls teilweise modifizierter Erfüllungsanspruch dem **Auftraggeber gegenüber dem Vergütungsanspruch des Auftragnehmers** auch dann noch **die Einrede des nichterfüllten Vertrages gewährt**, wenn dieser die Gewährleistungsansprüche an Dritte abgetreten hat (BGHZ 55, 354 = BauR 1971, 126 = MDR 1971, 473 = NJW 1971, 838 = WM 1971, 685 = SFH Z 2.414 Bl. 248 = LM § 320 BGB Nr. 11 Anm. Rietschel = BlGBW 1971, 178; ausdrücklich aufrechterhalten durch BGH BauR 1978, 398 = SFH § 320 BGB Nr. 4 = MDR 1978, 920 = BlGBW 1978, 238 = Betrieb 1978, 2312 = LM § 320 BGB Nr. 17 = ZfBR 1978, 25; BGH BauR 1982, 61 = Betrieb 1982, 277 = SFH § 13 Nr. 4 VOB/B Nr. 3 = MDR 1982, 313 = NJW 1982, 169 = BB 1981, 2095 = LM § 13 [B] VOB/B Nr. 18 = ZfBR 1981, 284). Denn er ist **nach wie vor Vertragspartner des Auftragnehmers**; häufig haftet er dem Abtretungsempfänger (z. B. dem Erwerber eines von ihm erstellten Hauses), wenn auch wegen der Ausführungsfehler des Auftragnehmers im allgemeinen nur subsidiär, nach wie vor auf Gewährleistung. Im letzteren Falle haftet er dem Abtretungsempfänger darüber hinaus sogar unmittelbar, wenn dieser die abgetretenen Ansprüche nicht gegen den Auftragnehmer durchzusetzen vermag (vgl. Rdn. 82 ff.). Daher hat der Auftraggeber auch noch **nach der Abtretung** der Gewährleistungsansprüche **ein eigenes Interesse** an deren Durchsetzung, das dem eines Sicherungszedenten vergleichbar ist (so mit Recht BGH in der zuletzt genannten Entscheidung). 93

Dadurch entsteht keine den Auftragnehmer unzumutbar belastende Lage, wenn ihm jetzt anstelle eines Gläubigers möglicherweise eine Mehrheit von Abtretungsempfängern entgegensteht. Dadurch wird seine Rechtsstellung nicht verschlechtert. Er kann ja den Erwerbern alle Einwendungen und Einreden entgegenhalten, die er gegen den Auftraggeber geltend machen kann (BGH a. a. O.).

94 Darüber hinaus: Solange der Auftraggeber, der seine Gewährleistungsansprüche gegen den Auftragnehmer an einen Erwerber abgetreten hat, einen Teil des Vergütungsanspruches des Auftragnehmers zurückbehält, darf auch der – eigentlich von dem Mangel betroffene – Erwerber einen entsprechenden Teil der dem Auftraggeber geschuldeten Vergütung zurückbehalten; nach Treu und Glauben muß der Erwerber so gestellt werden, **als habe er unmittelbare Gewährleistungsansprüche gegen den betreffenden Auftragnehmer** (BGHZ 70, 193 = NJW 1978, 634 = BB 1978, 220 = BauR 1978, 136 = SFH Vor §§ 145 ff. BGB-AGB-Nr. 1 = MDR 1978, 397 = LM Allg. Geschäftsbed. Nr. 82 Anm. Doerry).

95 Selbst klageweise **geltend machen** kann der Auftraggeber den abgetretenen Gewährleistungsanspruch aber nur, wenn der Dritte diesen auf ihn **zurückabgetreten hat** oder er den Auftraggeber zur Geltendmachung in gewillkürter Prozeßstandschaft **wirksam ermächtigt** hat (BGH a. a. O.; BGHZ 70, 389 = BauR 1978, 308 = NJW 1978, 1375 = BB 1978, 582 = MDR 1978, 570 = SFH § 633 BGB Nr. 9 = LM § 633 BGB Nr. 30 Anm. Girisch = Betrieb 1978, 1073), wobei nach der zuletzt genannten Entscheidung eine Ermächtigung vor allem auch in der späteren Verpflichtung des Bauträgers, Betreuers oder Generalunternehmers (dieser im Verhältnis zu Subunternehmern) liegen kann, mit allen zu Gebote stehenden Mitteln und allem Nachdruck die Behebung der festgestellten Mängel bei dem „Schuldigen" durchzusetzen. Dabei kann der Bauträger, Betreuer oder Generalunternehmer die eigenen Nachbesserungskosten bei dem Verpflichteten einklagen und Leistung an sich verlangen (BGH a. a. O.). Selbst wenn eine Ermächtigung oder Rückabtretung in einem solchen Falle nicht vorliegt, können die von dem ursprünglich Abtretenden selbst gehabten Nachbesserungsaufwendungen gegenüber dem Verpflichteten zwar grundsätzlich nicht aus Geschäftsführung ohne Auftrag – weil im allgemeinen nicht dessen wirklichem oder mutmaßlichem Willen entsprechend –, dagegen aber gemäß den §§ 684, 267, 812 BGB aus ungerechtfertigter Bereicherung geltend gemacht werden, da hier die Leistung des Dritten zumindest auch für den eigentlich Verpflichteten erbracht worden ist. Allerdings trifft dies nur zu, wenn die Voraussetzungen der §§ 633, 634 BGB bzw. – beim VOB-Vertrag – des § 13 Nr. 5 im Einzelfall gegeben sind; dabei gelten auch für den Bereicherungsanspruch die für die Gewährleistungsansprüche maßgebenden Gewährleistungsfristen, da dem für den eigentlich Berechtigten Handelnden keine bessere Rechtsstellung eingeräumt werden kann, als sie diesem gegenüber dem Verpflichteten zusteht (BGH a. a. O.).

96 Erreicht der Auftraggeber in dem gegen ihn geführten Vergütungsprozeß des Auftragnehmers aufgrund der Einrede des nichterfüllten Vertrages einen Nachlaß, so hat er diesen entsprechend § 667 BGB dem Abtretungsempfänger zu überlassen. Sofern der Auftragnehmer vor der Abtretung den Auftraggeber wegen der Gewährleistungsansprüche bereits befriedigt hat, muß dies der Abtretungsempfänger nach § 407 BGB gegenüber dem Auftragnehmer hinnehmen. Soweit dadurch die durch die Abtretung beabsichtigte Freizeichnung des Auftraggebers nicht erreicht wird, muß sich dies der Auftraggeber trotz der Abtretung von dem Empfänger entgegenhalten lassen (Jagenburg NJW 1972, 1222, 1223).

J. Ansprüche aus Verschulden bei Vertragsabschluß sowie wegen Änderung oder Wegfall der Geschäftsgrundlage und Gewährleistung

1. Hat der Auftraggeber **Gewährleistungsansprüche** gegen den Auftragnehmer, z. B. deswegen, weil die mangelhafte Leistung auf einem vom Auftragnehmer schon **vor** Vertragsabschluß unrichtig aufgestellten Leistungsverzeichnis beruht, kann er aus demselben Sachverhalt Ansprüche aus **Verschulden bei Vertragsabschluß** (culpa in contrahendo) **nicht geltend machen**, da solchen die **Sonderregelung über die Gewährleistung vorgeht** (vgl. BGH, Urt. vom 30. 5. 1963 – VII ZR 244/61 –, Urt. vom 17. 10. 1966 – VII ZR 164/64 – und NJW 1969, 1710 = BB 1969, 934 = Betrieb 1969, 1551 = MDR 1969, 1000 = JZ 1969, 666 = LM § 638 BGB Nr. 11 = SFH Z 4.02 Bl. 9 ff.; BGH BB 1975, 988 = SFH Z 7.21 Bl. 2 = Betrieb 1975, 1263 = BauR 1976, 59; BGH BauR 1975, 341 = SFH Z 2.414.0 Bl. 4). Gleiches gilt im Hinblick auf fahrlässige Angaben oder Nichtangaben über Eigenschaften des zu liefernden bzw. zu leistenden Gegenstandes (vgl. dazu BGHZ 88, 130, 134; BGH BauR 1986, 437 = SFH § 638 BGB Nr. 33 = NJW 1986, 1927 = MDR 1986, 749 = JZ 1986, 698 = LM § 638 BGB Nr. 58 = Betrieb 1986, 1385).

Soweit die Rechtsprechung (vgl. dazu Diederichsen BB 1965, 401, 403 sowie Littbarski JZ 1978, 3, jeweils m. N.; BGH LM § 242 [Cd] BGB Nr. 37) überhaupt **neben** den Gewährleistungsrechten Ansprüche aus Verschulden bei Vertragsabschluß zugelassen hat, betrifft das **Schäden, deren Ersatz nicht nach den Bestimmungen über die Gewährleistung verlangt werden kann** (vgl. auch, jedoch nicht hinreichend klar, OLG Hamburg MDR 1973, 496; anders BGH WM 1973, 641 = Betrieb 1973, 1062). Das **scheidet wiederum aus,** wenn sich der Vertrauensschaden adäquat-kausal (vgl. dazu Teil B § 10 Rdn. 29 ff.) mit dem Schaden **deckt,** den § 635 BGB – oder Teil B § 13 Nr. 7 – erfaßt (BGH NJW 1969, 1710 = BB 1969, 934 = Betrieb 1969, 1551 = MDR 1969, 1000 = JZ 1969, 666 = LM § 638 BGB Nr. 11 = SFH Z 4.02 Bl. 9 ff.). **Dann gilt für die Verjährung auch die dafür maßgebliche Vorschrift des Werkvertragsrechts** (§ 638 BGB bzw. Teil B § 13 Nr. 4), vgl. BGH a. a. O. Vgl. auch Rdn. 129 f.

2. Ebenso können auch Ansprüche wegen **Änderung oder Wegfall der Geschäftsgrundlage** grundsätzlich **nicht anstelle oder neben Gewährleistungsansprüchen** geltend gemacht werden (vgl. dazu OLG Hamm JZ 1979, 266).

3. **Diese** von der Rechtsprechung ausgesprochenen **Grundsätze gelten auch bei einem VOB-Bauvertrag** (so auch Kaiser, Mängelhaftungsrecht, Rdn. 159; Nicklisch in Nicklisch/Weick Vor Teil B § 13 Rdn. 31; Werner/Pastor Rdn. 1306).

Zur Abgrenzung von Gewährleistungs- und Schadensersatzansprüchen nach §§ 325, 326 BGB bei Werklieferungsverträgen BGH VersR 1971, 349 = SFH Z 2.220 Bl. 9.

K. Besonderheiten für das gerichtliche Verfahren

Für das **gerichtliche Verfahren ist wesentlich:** Ist ein Vergütungsanspruch geltend gemacht worden und hierüber ein **Grundurteil** ergangen, kann im späteren Betragsverfahren ein bisher nicht erhobener Gewährleistungsanspruch – ebenso wie sonstige neue Einwendungen – **nur** angebracht werden, **wenn der Anspruch erst nach Erlaß des Grundurteils geltend gemacht werden kann** (vgl. RGZ 62, 337, 339; 124, 131, 133 f.; 138, 212; BGH, Urt. vom 28. 6. 1965 – VII ZR 175/63 –). Dabei kommt es ebenso wie bei der Aufrechnung (BGHZ 24, 97; 34, 274) sowie der Anfechtung auf den **Zeitpunkt der Möglichkeit** der Geltendmachung an.

Zweiter Abschnitt: Die Gewährleistungspflichten
(Teil B § 13 Nr. 1–3)

A. Die grundlegende Gewährleistung in Nr. 1

I. Gesetzlicher Ausgangspunkt (§ 633 Abs. 1 BGB)

102 1. Nach § 633 Abs. 1 BGB ist der Unternehmer verpflichtet, das Werk so herzustellen, daß es die **zugesicherten Eigenschaften** hat **und nicht mit Fehlern behaftet** ist, die den Wert oder die Tauglichkeit zu dem gewöhnlichen oder nach dem Vertrag vorausgesetzten Gebrauch aufheben oder mindern. Nach dem Sprachgebrauch des BGB ist der Begriff des Mangels sowohl mit „Fehler" als auch mit „zugesicherte Eigenschaft" umschrieben. Der Gesetzgeber hatte die erklärte Absicht, aus Gründen der Rechtsklarheit den Mängeln eines Werkes begrifflich denselben Inhalt zu geben wie denjenigen einer Kaufsache (§ 459 BGB). Ob dies für den Bereich des Bauvertrages und die dafür maßgebenden Besonderheiten, vor allem im Hinblick auf die technischen Anforderungen, als ausreichend angesehen werden kann, ist zumindest zweifelhaft.

Sowohl der Begriff der zugesicherten Eigenschaften als auch das Verbot, das Werk mit Fehlern herzustellen, decken sich mit den entsprechenden Bestimmungen in Nr. 1, so daß insoweit Übereinstimmung zwischen der gesetzlichen Regelung und der bauvertraglichen Gewährleistungsbestimmung der VOB besteht.

103 2. **Mangelhaft ist eine Leistung immer dann,** wenn die geplante und durchgeführte Arbeit **notwendigerweise zu einem Mangel,** wie z. B. zur Blasenbildung bei einem Anstrich, führen mußte (vgl. BGHZ 48, 310, 312 = SFH Z 3.00 Bl. 121; BGH WM 1971, 52; BGH BauR 1975, 130 = SFH Z 2.414.3 Bl. 11). Dabei ist zu beachten, daß beim Bauvertrag sich die zugesicherten Eigenschaften oder die etwa in Betracht kommenden Fehler **lediglich auf die vom Auftragnehmer geschuldete Bauleistung** beziehen können und hiernach bemessen werden müssen. Es kommt also bei der Frage, ob eine Bauleistung mit Fehlern behaftet ist oder nicht die zugesicherten Eigenschaften hat, darauf an, ob sie **nach den Erfordernissen des jeweiligen Einzelfalles** den Anforderungen genügt, die sie ihrem **vertraglichen Zweck entsprechend haben muß** (vgl. BGH BauR 1970, 57 = VersR 1970, 280 = SFH Z 2.222 Bl. 18 ff.), **und zwar unter besonderer Berücksichtigung des dem jeweiligen Vertrag zugrundeliegenden konkreten Bestellerwillens des Auftraggebers.** Kein Fehler und auch kein Fehlen einer vertraglich zugesicherten Eigenschaft ist es, wenn der Vertrag auf der Grundlage einer bestimmten Ausführungsart ordnungsgemäß zustande gekommen ist, die Leistung dann aber nach einer anderen ausgeführt wurde, weil sich die **angebotene als unmöglich erwiesen** hat (vgl. dazu Vor Teil B §§ 8+9 Rdn. 14 f.).

II. Besonderheiten im Wortlaut von Teil B § 13 Nr. 1

Dem Wortlaut nach enthält Nr. 1 im Verhältnis zu § 633 Abs. 1 BGB **zwei Besonderheiten:**

104 1. Die **eine** liegt darin, daß das vom Auftragnehmer herzustellende Bauwerk nicht nur die vertraglich zugesicherten Eigenschaften besitzen muß und keine wesentlichen Fehler aufweisen darf, sondern es muß den **anerkannten Regeln der Technik** entsprechen. Dieser besonderen Verpflichtung des Auftragnehmers liegt der Gedanke zugrunde, daß **derjenige, der ein Gewerbe ausübt, dafür einzustehen hat, daß er die entsprechende Kenntnis und Kunstfertigkeit besitzt** (RG DJ 1939, 105; zum Zeitpunkt der allgemeinen Anerkennung technischer Regeln vgl. Teil B § 4 Rdn. 141 ff.). Hierbei handelt es sich um eine im Wortlaut der VOB ausdrücklich festgehaltene vertragliche Festlegung der Leistungs- und Gewährleistungspflichten des Auftragnehmers, die sich **aus der besonderen Art des Bauvertrages erklären läßt.** Dies ist nicht in dem Sinne zu verstehen, daß die Verpflichtung des Auftragnehmers

zur Einhaltung der allgemein anerkannten Regeln der Technik lediglich für den Bereich des Bauvertrages auf der Grundlage der VOB gelten würde. Vielmehr handelt es sich nur um eine **Klarstellung in dem Sinne, daß damit die beiden anderen, auch vom Gesetz gebrauchten Begriffe, die sich auch bei der VOB in Teil B § 13 Nr. 1 wiederholen, jedenfalls teilweise dahingehend ausgefüllt werden, daß eine Leistung, um mängelfrei zu sein, auf jeden Fall den anerkannten Regeln der Technik entsprechen muß.** Daraus ergibt sich aber zugleich, daß **diese Anforderung auch für nach dem BGB ausgerichtete Bauverträge gilt,** also dort bei Bauverträgen in den § 633 Abs. 1 BGB hineinzuinterpretieren ist (ebenso BGH BauR 1981, 577, 579 = WM 1981, 1108 = ZfBR 1981, 265; Heinrich BauR 1982, 224; Werner/Pastor Rdn. 1056; Nicklisch in Nicklisch/Weick Teil B § 13 Rdn. 31; so wohl auch Heiermann/ Riedl/Rusam/Schwaab Teil B § 13 Rdn. 5; zu eng Kaiser, Mängelhaftungsrecht, Rdn. 68 und BauR 1983, 19 sowie BauR 1983, 203; Siegburg BauR 1985, 367, 381 ff.; ferner Heiermann BB 1974, 958, 959). Es **genügt daher auch beim nach den §§ 631 ff. BGB ausgerichteten Bauvertrag im allgemeinen nicht, daß der Auftragnehmer ein Bauwerk erstellt, das die nach dem Bauvertrag zugesicherten Eigenschaften aufweist und danach auch sonst fehlerfrei ist.** Vielmehr wird darüber hinaus auch dort noch verlangt, daß er die Bauwerkserrichtung **auch fachgerecht im Sinne der anerkannten Regeln der Technik** vornimmt (so u. a. auch Marbach ZfBR 1984, 9). Das wird oft den gleichen Inhalt haben; es braucht aber nicht so zu sein. Das Bauwerk kann an sich den sonst üblichen Gebrauch genügen und dennoch nicht mit den anerkannten Regeln der Technik übereinstimmen oder auch umgekehrt, wie z. B. bei gehobenem Wohnkomfort, nicht den dafür maßgebenden Mindestanforderungen an Schallschutz – wenn auch noch der DIN 4109 genügend – entsprechen (vgl. dazu OLG Stuttgart BauR 1977, 279). Das gilt insbesondere auch im Hinblick auf die Verwendung neuartiger Werkstoffe, vgl. dazu Willigmann, GrundE 1961, 686. Über den Begriff der anerkannten Regeln der Technik vgl. Teil B § 4 Rdn. 144 ff. Zum Begriff „ballsicher" im Hinblick auf Turnhallendecken nach DIN 18 032 Nr. 7.3 vgl. OLG Stuttgart BauR 1980, 82.

Ob die anerkannten Regeln der Technik eingehalten worden sind, unterliegt der Nachprüfung des Tatsachenrichters, da sie keine Rechtsnormen sind, BVerwG NJW 1962, 506.

2. Ferner ist in Nr. 1 **zusätzlich bestimmt,** daß die mängelfreie Leistung im **Zeitpunkt der Abnahme** der Bauleistung vorzuliegen hat. Das bedeutet **keine Einschränkung oder Erweiterung im Verhältnis zu § 633 Abs. 1 BGB.** Denn die dort geregelte Verpflichtung zu einer ordnungsgemäßen Leistung ist **ebenfalls auf den Zeitpunkt der Abnahme** des Werkes durch den Besteller abgestellt, **wie § 640 Abs. 1 BGB** („das **vertragsmäßig** hergestellte Werk abzunehmen") zeigt.

Immerhin ist in der VOB/B **hinsichtlich des Zeitpunktes,** in dem die Leistung vertragsgemäß sein muß, **eine klare Regelung getroffen.** Teilweise anders als bisher in den Vorauflagen muß hier jedoch eine **Unterscheidung getroffen werden,** und zwar im Hinblick auf die in Nr. 1 im einzelnen festgehaltenen **Leistungs- bzw. Erfüllungspflichten des Auftragnehmers,** nämlich einmal zur Erbringung der Leistung nach zugesicherten Eigenschaften (vgl. Rdn. 116 ff.), zum anderen zur Einhaltung der allgemein anerkannten Regeln der Technik (vgl. Rdn. 133 ff.) und ferner – insbesondere – zur fehlerfreien Leistung (vgl. Rdn. 138 ff.); siehe dazu auch Rdn. 155 ff.

Ob eine Leistung die **zugesicherten Eigenschaften** hat, bestimmt sich nach dem **Zeitpunkt der Abnahme,** zumal dies in aller Regel bereits endgültig in diesem Zeitpunkt feststellbar ist.

Zur Frage der hinreichenden **Beachtung der anerkannten Regeln der Technik** weist Kaiser (BauR 1983, 203, 207 sowie Mängelhaftungsrecht Rdn. 68) zutreffend darauf hin, daß es auch hier auf den **anerkannten Stand der Bautechnik zur Zeit der Abnahme** ankommt (ebenso OLG Stuttgart BauR 1980, 82, 83; Locher, Das private Baurecht, Rdn. 252; Vygen, Bauvertragsrecht Rdn. 439 f.; Jagenburg NJW 1971, 1431; Tempel JuS 1979, 800; Werner/Pastor Rdn. 1027; Heiermann/Riedl/Rusam/Schwaab Teil B § 13 Rdn. 5; Daub/Piel/Soergel/Steffani ErlZ B 13.158; Nicklisch in Nicklisch/Weick B § 13 Rdn. 35; Siegburg, Gewährleistung beim Bauvertrag, Rdn. 81). Anders nur dann, wenn der Auftragnehmer bei den Vertragsverhandlungen **erkennbar und hinreichend deutlich** das Risiko in bezug auf die Einhaltung anerkannter Regeln der Technik auch für die Zeit nach der Abnahme übernommen hat (zu weitgehend dabei Kaiser a. a. O., der es genügen lassen will, wenn die Verhandlungspartner bekanntgewordene Risiken erörtert haben). Zuzustimmen ist Kaiser (a. a. O.) im Ergebnis insofern, als der Auftragnehmer verantwortlich bleibt, wenn ihm zum Zeitpunkt des Vertragsabschlusses – und auch noch während der Ausführung – ein solches Risiko bekannt ist bzw. wird oder es für ihn erkennbar war; insoweit ergibt sich seine Haftung entweder aus §§ 4 Nr. 3, 13 Nr. 3 oder aus culpa in contrahendo bzw. aus positiver Vertragsverletzung, weil der Auftragnehmer vor und auch nach Vertragsabschluß die gebotene Aufklärung unterlassen hat. Nicht zu folgen ist hingegen der jetzigen Ansicht von Jagenburg (Festschrift Korbion, 1986, S. 179 ff.), der jedenfalls für längerfristige Verträge den maßgebenden Zeitpunkt auf den des Vertragsabschlusses vorverlagern will; dies findet weder im Wortlaut der VOB/B noch sonst eine Stütze (ablehnend auch Kaiser ZfBR 1985, 55, 58).

109 **Anders** kann es jedoch für den Bereich der **Fehlerfreiheit** der Leistung aussehen. Zwar kommt es auch hier für die Beurteilung grundsätzlich auf den **Zeitpunkt der Abnahme** an. Jedoch ist zu beachten, daß der **Auftragnehmer unabhängig von der Vorhersehbarkeit den unbedingten Erfolg des ihm gesteckten Leistungszieles schuldet,** weshalb seine Leistungspflicht im Hinblick auf die Fehlerfreiheit über die im Zeitpunkt der Abnahme geltenden anerkannten Regeln der Technik hinausgehen kann (vgl. dazu näher Rdn. 155 ff. mit Rechtsprechungsnachweisen; dazu auch OLG Frankfurt BauR 1983, 156 = NJW 1983, 456 = SFH § 13 Nr. 1 VOB/B Nr. 2, vgl. dazu Festge ZfBR 1984, 6 sowie Marbach a. a. O. S. 9). Daher kann es hier sein, daß sich **später** – insbesondere während der Gewährleistungszeit – **noch ein Mangel der Leistung i. S. der Fehlerhaftigkeit herausstellt, für den der Auftragnehmer, obwohl die Abnahme erfolgt ist, noch gewährleistungspflichtig ist** (ebenso u. a. Kaiser ZfBR 1985, 55, 58 f.).

110 Von dem Erörterten grundsätzlich **unabhängig zu betrachten und daher gesondert zu beurteilen ist die Frage, ob und inwieweit ein Mangel bereits im Zeitpunkt der Abnahme in Erscheinung getreten,** also hervorgetreten ist. Darauf kommt es in dem hier erörterten Bereich nicht als entscheidendes Abgrenzungskriterium an. Vielmehr liegt ein **Mangel auch dann** vor, wenn er **bei der Abnahme sozusagen bereits „im Keim" vorhanden ist,** sofern für den Zeitpunkt der Abnahme oder auch später für den Bereich der Fehlerfreiheit (s. o.) eine Verletzung der in Nr. 1 im einzelnen festgelegten Pflichten des Auftragnehmers mit hinreichender Eindeutigkeit festzustellen ist.

111 Zur Abnahmewirkung bei endgültiger Abnahmeverweigerung s. Teil B § 12 Rdn. 27 ff. Über den **Ausschluß bestimmter Gewährleistungsansprüche bei Abnahme in Kenntnis eines Mangels** vgl. Teil B § 12 Rdn. 32 ff., 125 ff. sowie hier Rdn. 673 ff.

112 3. Im Ergebnis enthält also – andersherum betrachtet – **§ 633 Abs. 1 BGB im Verhältnis zu Teil B § 13 Nr. 1 keine zusätzlichen Tatbestandsmerkmale.**

Bei der Beurteilung der Gewährleistungspflicht im Rahmen eines nach den Allgemeinen Vertragsbedingungen abgeschlossenen Bauvertrages kommt daher eine **zusätzliche Anwendung des § 633 Abs. 1 BGB über den § 13 Nr. 1 hinaus oder eine Anwendung neben** dieser

Regelung **nicht** in Betracht. **§ 633 Abs. 1 BGB ist vollständig von Teil B § 13 Nr. 1 über-deckt.**

III. Gewährleistungsregeln der Nr. 1 im einzelnen

1. Allgemeines

Nach Teil B § 13 Nr. 1 ist es Pflicht des Auftragnehmers, seine Leistung **bis zum Zeitpunkt der Abnahme** (Teil B § 12) so zu erbringen, daß sie a) die vertraglich **zugesicherten Eigenschaften** hat, b) den **anerkannten Regeln der Technik** entspricht und c) **nicht mit Fehlern behaftet** ist, die den Wert oder die Tauglichkeit der Leistung zu dem gewöhnlichen oder dem nach dem Vertrag vorausgesetzten Gebrauch aufheben oder mindern. Dabei kommt es für die Frage der Vertragsgerechtheit darauf an, ob der Auftragnehmer seine **aus dem betreffenden Bauvertrag sich ergebende vertragliche Leistungspflicht** erfüllt hat, wobei es **nicht nur auf die objektive Beurteilung** ankommt, sondern auf das, was die Vertragspartner **subjektiv für eine ordnungsgemäße Beschaffenheit der Leistung vorausgesetzt haben**; z. B. ist im allgemeinen anzunehmen, daß die Vertragspartner bei Vertragsabschluß davon ausgegangen sind, daß das Bauwerk, das der Auftragnehmer zu errichten hat, keine Risse aufweist. Maßgebend für die Verantwortlich des Auftragnehmers ist weiter der Grundsatz der **Zurechenbarkeit** zu seinem Bereich, die durch den Umfang seiner jeweiligen Leistungspflicht einschließlich etwaiger Prüfungs- und Hinweispflichten gemäß Teil B § 4 Nr. 3 und § 13 Nr. 3 bestimmt ist. Dabei kann die Regelung des § 645 BGB durchaus als sinngemäß anzuwendender Anhaltspunkt dienen. Die Feststellung von Mängelursachen im einzelnen ist nicht notwendig, wenn feststeht, daß die Mängel jedenfalls zum Rahmen der Leistungsverpflichtung des Auftragnehmers gehören (vgl. BGH BauR 1975, 278 = NJW 1975, 1217 = MDR 1975, 657 = BB 1975, 989 = SFH Z 2.410 Bl. 70 = LM VOB/B Nr. 74).

113

Da für die Beurteilung zunächst der Zeitpunkt **maßgebend** ist, in dem nach Teil B § 12 die **Abnahme** durch den Auftraggeber erfolgt oder in anderer Weise die Abnahmewirkung eintritt (vgl. Rdn. 105 ff.), ist der **Auftragnehmer auch verpflichtet,** die **Leistung bis zur Abnahme in vertragsrechtem Zustand zu erhalten**, also dafür zu sorgen, daß sie nicht beschädigt wird. Andernfalls liegt ein Mangel seiner Leistung vor (BGH SFH Z 2.413 Bl. 53; BGH BauR 1974, 63 = VersR 1974, 261). Darüber hinaus kann ein Auftragnehmer wegen eines Mangels **auch schon vor der Abnahme in Anspruch genommen** werden, wie Teil B § 4 Nr. 7 sowie – für den Bereich des BGB-Werkvertrages – § 634 Abs. 1 Satz 2 BGB zeigen.

114

Ob die vorgenannten Voraussetzungen für die Vertragsgerechtheit der Leistung gegeben sind, **richtet sich keinesfalls** schon **danach, ob die Baubehörde das Baugesuch** entsprechend dem vorgelegten Plan **genehmigt und den Bau abgenommen** hat. Die Baubehörde prüft den Plan und den ausgeführten Bau nur dahin, **ob sie den im öffentlichen Interesse ergangenen Vorschriften des Bauordnungsrechts genügen.** Die Entscheidung der Behörde, daß diesen Vorschriften genügt sei, besagt **noch nicht, daß die Bauleistung vertragsgemäß ausgeführt** ist. Sie kann vielmehr trotz behördlicher Genehmigung und – soweit erforderlich – Abnahme Mängel aufweisen, die Ansprüche des Auftraggebers gegen den Auftragnehmer (oder gegen den Architekten) begründen; das um so mehr, als auch die Baubehörde von ihr zu beachtende Fehler und sonstige Mängel übersehen kann (vgl. BGH, Urt. vom 9. 1. 1964 – VII ZR 160/62 –). **Entscheidend** sind also **allein die vertraglichen Anforderungen aus dem Bauvertrag** zwischen Auftraggeber und Auftragnehmer. Allerdings kann im allgemeinen davon ausgegangen werden, daß die **fehlende behördliche Genehmigungsfähigkeit einer Bauleistung einen Sachmangel** i. S. des § 633 Abs. 1 BGB und damit auch nach Teil B § 13 Nr. 1 darstellt (vgl. BGH, Urt. vom 21. 3. 1968 – VII ZR 4/66 – für den Fall der unzulässigen Anbringung eines Holzfußbodens in einem Tanzlokal).

115

2. Zusicherung einer Eigenschaft

116 a) Der **Begriff der Eigenschaft** befaßt sich mit der **Brauchbarkeit und Tauglichkeit** der Bauleistung unter Zugrundelegung der hierfür **maßgeblichen Verkehrsanschauung**. Hierbei kommen, wie das im Kaufrecht (§ 459 BGB) gleichfalls der Fall ist, **nicht nur Eigenschaften hinsichtlich der natürlichen Beschaffenheit** der Leistung, z. B. der verwendeten Materialien, in Betracht, sondern darüber hinaus auch solche **tatsächlichen und rechtlichen Verhältnisse, die nach der Verkehrsauffassung einen Einfluß auf die Wertschätzung über Art und Dauer der Brauchbarkeit sowie des Wertes der Leistung überhaupt ausüben**, vgl. hierzu u. a. RGZ 117, 315; BGHZ 34, 32, 41; BGHZ 70, 48; BGH NJW 1981, 864. **Anders als beim Fehlerbegriff** (vgl. Rdn. 138 ff.) wird hier eine **Haftung** des Auftragnehmers **schon dann** begründet, **wenn eine solche Eigenschaft fehlt, ohne daß es auf eine Wertminderung der Leistung oder eine Beeinträchtigung der Zwecke des Auftraggebers ankommt; erst recht spielt die Frage des Verschuldens des Auftragnehmers keine Rolle** (zutreffend Kaiser BauR 1983, 19; Siegburg BauR 1983, 379 m. w. N.). Als **Eigenschaften sind auch die wertbildenden Faktoren anzusehen, also die tatsächlichen oder rechtlichen Beziehungen der Leistung zur Umwelt,** sofern diese in der Sache selbst ihren Grund haben und ihr für gewisse Dauer anhaften, vgl. RGZ 161, 333. Eine wesentliche Umweltbeziehung ist nicht vorhanden, wenn derartige tatsächliche und rechtliche Beziehungen erst bevorstehen, RGZ 161, 195. Vgl. auch Rdn. 127 ff.

117 Zu dem so zu verstehenden Begriff der Eigenschaft gehört z. B. die „Unterhaltsfreiheit" einer Aluminiumfassade (vgl. BGH BauR 1976, 66 = MDR 1976, 214 = Betrieb 1976, 146 = SFH Z 3.001 Bl. 1 = LM § 635 BGB Nr. 40 = BlGBW 1976, 59; ebenso gilt dies für die tatsächliche oder rechtliche Bebaubarkeit eines Grundstückes, vgl. BGH NJW 1979, 2200 = WM 1979, 1119 = MDR 1979, 1008 = ZfBR 1979, 233). Hierher rechnet auch die in Gewicht auszudrückende Menge von Material, die benötigt wird, um bei „standfester Verdichtung" eine bestimmte Dicke einer Sportplatzdecke in ihren einzelnen Schichten zu erreichen, wenn dies die Eignung des Materials für den im Vertrag vorausgesetzten Gebrauch betrifft (BGH BauR 1978, 482 = BB 1978, 1489 = MDR 1979, 50 = LM § 377 HGB Nr. 21 = ZfBR 1978, 26 für den Fall eines Kaufvertrages mit einem Baustofflieferanten, was entsprechend für das Leistungsverzeichnis beim Bauvertrag zu gelten hat). Zusicherung in diesem Sinne ist auch die Zusage einer konkreten Energieeinsparung, wie z. B. von 12% pro Betriebsjahr (BGH BauR 1981, 575 = NJW 1981, 2403 = BB 1981, 1732 = Betrieb 1981, 2322 = SFH § 358 BGB Nr. 1 = MDR 1982, 49 = LM § 320 BGB Nr. 1 = ZfBR 1981, 218). Weiter rechnet hierher die Festlegung eines bestimmten Wärmedurchlaßwertes bei Fenster- und Türrahmen (K-Wert), da davon auszugehen ist, daß dies für den Auftraggeber von besonderer Wichtigkeit ist (vgl. dazu BGHZ 96, 111 = BauR 1986, 93 = NJW 1986, 711 = SFH § 13 Nr. 5 VOB/B Nr. 12 = BB 1986, 154 = MDR 1986, 400 = Betrieb 1986, 376 = LM § 633 BGB Nr. 57 = JZ 1986, 291 mit Anm. Köhler = WM 1986, 43 = ZfBR 1986, 23 = Vygen EWiR § 633 BGB 2/86, 357). Dagegen ist es nicht schon die Zusicherung einer Eigenschaft, wenn im Rahmen einer Leistungsbeschreibung lediglich eine Art und Weise der Ausführung beschrieben wird, wie sie ohnehin nach den anerkannten Regeln der Technik geboten ist, so z. B. die nähere Beschreibung, wo die Fugen zwischen Fassadenblenden zu hinterlegen sind (vgl. BGH BauR 1981, 284 = NJW 1981, 1448 = SFH § 12 VOB/B Nr. 6 = Betrieb 1981, 1923 = ZfBR 1981, 139 m. w. N.). Eine zugesicherte Eigenschaft kann auch in einer zugesagten bestimmten Nutzung der Leistung, insbesondere durch vermögenswerten Vorteil liegen, wie z. B. die Zusage einer „einkommensteuerrechtlich relevanten Einliegerwohnung" (BGH BauR 1987, 438 = NJW 1987, 2373 = SFH § 13 Nr. 4 VOB/B Nr. 12 = LM § 11 Ziff. 10 f AGBG Nr. 6 = ZfBR 1987, 199); ebenso die Zusicherung der Funktionsfähigkeit eines offenen Kamins (vgl. OLG Köln BauR 1988, 223).

Keine Eigenschaft ist dagegen der bloße Wert oder der Preis einer Sache (Palandt/Putzo § 459 BGB Anm. 4 b).

Auch die Zusicherung des Nichtvorhandenseins eines Fehlers ist als Eigenschaft im Rechts- 118
sinne anzusehen (RGZ 101, 69; RGZ 114, 241, 243). Folgerichtig muß das auch gelten, wenn
der Auftragnehmer dem Auftraggeber vertraglich **ausdrücklich und unbedingt** die Einhaltung im einzelnen bezeichneter DIN-Vorschriften **zusichert** (vgl. dazu BGH NJW 1980, 1950
= ZIP 1980, 880 m. w. N.). Gleiches gilt im Hinblick auf ein **Gütezeichen.** Insofern kann nach
den Umständen allerdings auch eine unselbständige Garantie (vgl. dazu Henseler BB 1969,
24 f. sowie Rdn. 842 ff.) vorliegen. Andererseits reicht die **bloße Bezugnahme auf DIN-Normen nicht** schon für die Annahme der Zusicherung einer Eigenschaft aus (a. a. O.; BGH NJW
1981, 1501 = Betrieb 1981, 1515 = BB 1981, 815 mit Anm. Marburger S. 1177 = ZIP 1981, 504;
a. A., jedoch zu weitgehend, Siegburg BauR 1985, 367, 380); gleiches gilt für die **bloße
Bezugnahme auf Prüfzeugnisse** (OLG Hamm BB 1987, 363).

b) Es ist aber **nicht schlechthin jede Eigenschaft maßgebend,** die nach dieser Umschreibung 119
als solche gilt. Vielmehr kommen **nur zugesicherte Eigenschaften** in Betracht. **Dazu gehört
im Ausgangspunkt, daß der Auftraggeber eindeutig erkennbar macht, daß er besonderen
Wert auf das Vorliegen der Eigenschaft legt.** Des weiteren sind die Besonderheiten des
Werkvertragsrechts im Verhältnis zum Kaufvertrag zu beachten: Die Kaufsache liegt mit ihren
vorauszusetzenden Eigenschaften bei Vertragsabschluß bereits vor; beim Werkvertrag wird
der Gegenstand der Leistung nach Abschluß des Vertrages erst hergestellt, so daß es einer
deutlichen Festlegung ihrer erst erwarteten Eigenschaften durch die Parteien bedarf, zumal
der Auftragnehmer für die Einhaltung der zugesicherten Eigenschaften einzustehen hat, und
zwar für den Bereich der Erfüllung bzw. Gewährleistung – ausgenommen beim Schadensersatzanspruch (§ 635 BGB, Teil B § 13 Nr. 7) – auch ohne Verschulden. Gerade deswegen
bedarf es der **ernsthaften Erklärung des Auftragnehmers, daß die Leistung die zugesicherte
Eigenschaft aufweisen wird,** was aber auch genügt (ebenso Siegburg BauR 1985, 367, 380
m. w. N.; Müller BauR 1985, 517, 518).

Eine Zusicherung setzt hiernach die **vertragliche Absprache voraus, daß die Leistung im** 120
Zeitpunkt der Abnahme eine bestimmte Beschaffenheit aufweise. Entgegen Eimer (NJW
1973, 590) und Tempel (JuS 1973, 800) ist jedoch nicht eine Zusicherung im Sinne unselbständiger Garantie (vgl. dazu Rdn. 842 ff.) zu verlangen, es sei denn, die Zusicherung soll zeitlich
über die Abnahme hinausgehen (so auch Kaiser BauR 1983, 19). **Vielmehr genügt hier in
Beachtung der Erfolgsbedingtheit werkvertraglicher (bauvertraglicher) Leistungspflicht
im Sinne einer einfachen Zusicherung die ernsthafte Erklärung, daß die Leistung bei der
Abnahme eine bestimmte Beschaffenheit aufweise** (z. B. Beton B 300 – vgl. dazu auch BGH
MDR 1960, 838 –; die Angabe über die mit einer bestimmten Menge Material zu erreichende
Dichtigkeit, selbst unter Vorbehalt gewisser Abweichungen im Rahmen einer Marge, vgl.
BGH BauR 1978, 482 = BB 1978, 1489 = MDR 1979, 50 = LM § 377 HGB Nr. 21 = ZfBR
1978, 26; Türen aus Massiv-Eiche usw.). Dabei ist es anders als im Kaufrecht für die Zusicherung **nicht erforderlich, daß der Auftragnehmer außerdem zum Ausdruck bringt, er
werde für alle Folgen einstehen,** wenn die Eigenschaft nicht erreicht werde (BGHZ 96, 11
= BauR 1986, 93 = NJW 1986, 717 = SFH § 13 Nr. 5 VOB/B Nr. 12 = BB 1986, 154 = MDR
1986, 400 = Betrieb 1986, 376 = JZ 1986, 291 = WM 1986, 43 = ZfBR 1986, 23 = Vygen EWiR
§ 633 BGB 2/86, 357). **Sicher fehlt die zugesicherte Eigenschaft, wenn die Leistung nicht in
der geforderten Weise, jedoch nach technischen Gesichtspunkten noch brauchbar ist.** So
kann eine geringere Betongüte als die vertraglich vereinbarte einen die Gewährleistungspflicht
des Auftragnehmers begründenden Mangel der Bauleistung auch dann darstellen, wenn die
vom Statiker erstrebte Tragfähigkeit der Decken zwar noch gegeben ist, bei Verwendung von
Beton der vereinbarten Güte aber eine noch größere Tragfähigkeit erreicht worden wäre
(BGH SFH Z 2.414 Bl. 66). Selbstverständlich fehlt es an der zugesicherten Eigenschaft, wenn
der Auftraggeber, und sei es auch **nur aus geschmacklichen Gründen,** eine bestimmte Art der
Ausführung verlangt hat, dies aber nicht befolgt wurde. So ist z. B. die Lieferung von Fenstern
und Türen in Tola branca anstatt, wie vertraglich vorgesehen, in Teakholz als mangelhaft

anzusehen (BGH NJW 1962, 1569 = SFH Z 2.414 Bl. 103 = BlGBW 1962, 320). Gleiches gilt, wenn anstelle einer im Auftrag gegebenen Elektrospeicherheizung mit Warmwasserkreislauf eine aus Einzelgeräten bestehende billigere Nachtstromheizung eingebaut wird, die sich in der Funktionsweise grundlegend unterscheidet (OLG Nürnberg NJW-RR 1986, 1346).

Zu diesen Fragen eingehend und überzeugend Nicklisch, Festschrift für Beitzke, S. 89 ff., insbesondere 100 f., insoweit auch zu § 11 Nr. 11 AGB-Gesetz; außerdem ders. in Nicklisch/Weick Teil B § 13 Rdn. 21 ff.; ähnlich Kaiser Betrieb 1979, 533; auch Mängelhaftungsrecht Rdn. 66 ff. sowie BauR a. a. O.; Siegburg BauR 1985, 367, 379 f.; vgl. auch Heiermann/Riedl/Rusam/Schwaab Teil B § 13 Rdn. 3 ff.

121 Von dem so für den Bereich des Bauvertrages besonders zu verstehenden Begriff der Zusicherung zu unterscheiden sind **allgemeingehaltene, vom bestimmten Leistungsgegenstand losgelöste** und nicht bestimmt hierauf bezogene Ankündigungen, Anpreisungen, Lobpreisungen usw., vgl. dazu RGZ 165, 47; BGH LM BGB Nr. 2 zu § 463. Aber auch bei diesen Vorgängen ist unter Zugrundelegung von Treu und Glauben eine gewisse Vorsicht angebracht. Werden bereits ernsthafte Vertragsverhandlungen zwischen den Partnern geführt und wird der Vertrag daraufhin abgeschlossen, wird man oft auch in diesen Fällen von der Zusicherung von Eigenschaften sprechen müssen.

122 Die **Zusicherung** einer Eigenschaft kann – im allgemeinen als Ausnahme – auch **stillschweigend** durch schlüssiges Verhalten geschehen. Ob und inwieweit dies zutrifft, ist eine Frage des Einzelfalles. Dabei ist entscheidend, **wie der Auftraggeber** die betreffenden Äußerungen des Auftragnehmers unter Berücksichtigung seines sonstigen Verhaltens und der Umstände, die zum Vertragsabschluß geführt haben, **nach Treu und Glauben mit Rücksicht auf die Verkehrssitte auffassen durfte** (vgl. BGHZ 59, 158 = Betrieb 1972, 1668 = VersR 1972, 1058 = NJW 1972, 1706 = WM 1972, 966 = BB 1972, 1069 mit Anm. v. Westphalen = MDR 1972, 1027 = JZ 1972, 699 = LM § 459 BGB Nr. 30 Anm. Hiddemann = SFH Z 3.13 Bl. 72). Beachtlich dazu ist die Anm. von Teichmann und Hansen (NJW 1973, 20), der zugestimmt wird. Die stillschweigende Zusicherung einer Eigenschaft kann vor allem in dem **beiden Vertragsteilen bekannten Verwendungszweck der Bauleistung** liegen (vgl. BGH SFH Z 2.414.3 Bl. 14 und BauR 1978, 482 = LM § 377 HGB Nr. 21 = MDR 1979, 50 = BB 1978, 1489 = ZfBR 1978, 26 für den Bereich des Kaufvertrages; ferner BGH VersR 1966, 241 = Betrieb 1966, 147 = SFH Z 3.13 Bl. 39), wobei es jedoch ganz auf die **Umstände des Einzelfalles** ankommt (BGH WM 1971, 797 = Betrieb 1971, 1520; BGH WM 1971, 1121, 1123). Dazu genügt allein der bloße Hinweis auf eine bestimmte DIN-Norm noch nicht (BGH SFH Z 2.414.3 Bl. 14; BGH NJW 1980, 1950 = ZIP 1980, 880). Gleiches gilt für eine bestimmte Gütebezeichnung als Waren- bzw. Gegenstandsbezeichnung i. S. bloßer Festlegung des Vertragsinhaltes (BGH MDR 1981, 839 m. w. N.), wie überhaupt für Produkte, für deren vertragliche Fixierung auf Normen und technische Angaben Bezug genommen werden muß (OLG Schleswig MDR 1983, 1023).

123 Für die Annahme einer Zusicherung ist es **nicht entscheidend, ob der Auftragnehmer selbst in der Lage ist, das Vorliegen der Eigenschaft nachzuprüfen, oder ob sie im Zeitpunkt der Zusicherung technisch überhaupt zu erreichen ist** (BGHZ 96, 11 = BauR 1986, 93 = NJW 1986, 717 = SFH § 13 Nr. 5 VOB/B Nr. 12 = BB 1986, 154 = MDR 1986, 400 = Betrieb 1986, 376 = JZ 1986, 291 = WM 1986, 43 = ZfBR 1986, 23 = Vygen EWiR § 633 BGB 2/86, 357).

124 c) Die **irgendwann angestellte Erörterung über Eigenschaften reicht für sich allein nicht. Vielmehr muß die Zusicherung im Vertrag deutlich zum Ausdruck kommen.** Man kann daher von einer vertraglich zugesicherten Eigenschaft nicht sprechen, wenn zwar während

der Vertragsverhandlungen entsprechende Erklärungen vom späteren Auftragnehmer abgegeben worden sind, diese aber **vor dem endgültigen Vertragsabschluß bewußt und gewollt geändert oder berichtigt worden** sind, wie z. B. durch Änderung des Angebotes.

Die vertragliche Zusicherung von Eigenschaften befindet sich in aller Regel in den Unterlagen, die für den Bauvertrag und dessen Inhalt maßgebend sind. Hierher gehört in erster Linie die **Leistungsbeschreibung,** ohne daß allerdings in den normalerweise dort aufzunehmenden Angaben des Leistungsbeschriebes als solche bereits die Zusicherung einer Eigenschaft zu sehen ist (vgl. BGH BauR 1981, 284 = NJW 1981, 1448 = BlGBW 1981, 153 = SFH § 12 VOB/B Nr. 6 = Betrieb 1981, 1923 = MDR 1981, 747 = LM § 12 VOB/B Nr. 5 = ZfBR 1981, 139), da sich allein daraus nicht schon die vorangehend in Rdn. 116 ff. gekennzeichneten Voraussetzungen ergeben. Abgesehen davon, daß es sich bei einer zugesicherten Eigenschaft im allgemeinen um ein Material oder eine Ausführungsart von besonderer, über das allgemeine ersichtlich hinausgehender Wertschätzung handeln muß, kommt hier eine Zusicherung nur in Betracht, wenn der Auftraggeber in der Leistungsbeschreibung oder an anderer Stelle im Vertrag **unzweifelhaft zum Ausdruck bringt, daß er vom Auftragnehmer mit Bestimmtheit und unbedingt verlangt, die Leistung mit der im einzelnen beschriebenen Eigenschaft auszuführen.** 125

Als Zusicherung in Betracht kommt hier auch eine schriftliche Erklärung, wie sie in der Ausschreibung verlangt werden kann, vgl. Teil A § 21 Nr. 1 Satz 1, wobei aber gerade auch hier eine Zusicherung zweifelsfrei und unmißverständlich zum Ausdruck kommen muß (vgl. – allerdings für den Bereich des Kaufvertrages – BGH MDR 1981, 221 = NJW 1981, 222 = Betrieb 1981, 213 = BlGBW 1981, 151 = LM § 463 BGB Nr. 38). Die Zusicherung kann als Vertragsergänzung oder -änderung auch erst nach Vertragsabschluß erfolgen. 126

d) Als vertraglich **zugesicherte Eigenschaften** gelten an sich auch solche, die hinsichtlich der Beschaffenheit und des zweckbestimmten Wertes der Bauleistung **bei objektiver Wertung nicht als erheblich** angesehen werden können. Auch für das Fehlen solcher vertraglich zugesicherter Eigenschaften muß der Auftragnehmer grundsätzlich einstehen, selbst wenn dadurch der Wert und die Tauglichkeit der Vertragsleistung **an sich nicht gemindert** sind, RGZ 66, 167; BGH SFH Z 2.414.0 Bl. 10. 127

Man wird aber diese Folgerung **nicht unbedingt und auf jeden Fall für den Bauvertrag zur Anwendung** bringen können, wenn sie auch im Grundsatz zutreffen mag. Ist das Fehlen einer Eigenschaft **unter Beachtung des vertraglichen Willens der Parteien – hier besonders des Willens des Auftraggebers – für den Wert oder die Tauglichkeit der Leistung völlig ohne Belang,** vor allem auch im Hinblick auf die anerkannten Regeln der Bautechnik sowie die konkrete Bauabsicht des Auftraggebers und den damit verfolgten Zweck, wird man billigerweise **nicht** von dem Fehlen einer zugesicherten Eigenschaft sprechen dürfen. Deshalb ist der Ansicht von Hereth/Ludwig/Naschold Teil B § 13 Ez. 13.92 und 13.115 zu folgen, wonach die Grenze dort liegt, wo etwaige **Abweichungen nach der Verkehrssitte als bedeutungslos** anzusehen sind, allerdings mit der Einschränkung, daß der **Auftraggeberwille** hinsichtlich der jeweiligen Bauabsicht **hinreichende Berücksichtigung** zu erfahren hat (vgl. dazu auch Wussow NJW 1967, 953, 954; auch Nicklisch in Nicklisch/Weick Teil B § 13 Rdn. 28). Dieser Wille kommt vielfach im **Leistungsverzeichnis oder in den sonstigen Vertragsunterlagen** zum Ausdruck, so daß eine Abweichung von dem hier deutlich zum Ausdruck Gebrachten grundsätzlich das Fehlen einer zugesicherten Eigenschaft bedeutet (vgl. OLG Nürnberg NJW-RR 1986, 1346 für den Fall des Einbaues einer aus Einzelgeräten bestehenden Nachtstromheizung anstelle einer in Auftrag gegebenen teureren Elektrospeicherheizung mit Warmwasserkreislauf). Eine **Ausnahme** gilt nach Treu und Glauben allerdings wiederum dann, wenn die Leistungsbeschreibung nicht den anerkannten Regeln der Bautechnik entspricht, wofür der **Auftragnehmer beweispflichtig** ist. 128

Zur Freizeichnung von der Haftung für zugesicherte Eigenschaften, dabei vor allem auch zum AGB-Gesetz, s. Teil A § 13 Rdn. 15 ff.

129 e) **Fahrlässige Angaben oder Nichtangaben des Auftragnehmers** bzw. späteren Auftragnehmers **über Eigenschaften** der Bauleistung oder eines Teils derselben begründen **keinen Anspruch auf Ersatz des Vertrauensschadens** unter dem Gesichtspunkt der culpa in contrahendo; vielmehr bestimmt sich dann die Haftung des Auftragnehmers **allein nach den Gewährleistungsvorschriften**, also vor der Abnahme nach Teil B § 4 Nr. 6 f. und nach der Abnahme nach Teil B § 13 Nr. 5 ff. (so mit Recht für den Fall des Kaufvertrages BGHZ 60, 319 = NJW 1973, 1234 = MDR 1973, 659 = BB 1973, 680 = Betrieb 1973, 1062 = LM § 459 BGB Nr. 33 Anm. von der Mühlen); das **gilt auch für den** Werkvertrag (BGH SFH Z 2.414.0 Bl. 10 = Betrieb 1976, 985; Nicklisch in Nicklisch/Weick Teil B Vor § 13 Rdn. 31; a. A. Littbarski JZ 1978, 3). Siehe dazu auch Rdn. 97 ff.

130 **Möglich** ist allerdings eine **Anfechtung wegen arglistiger Täuschung,** wenn den Auftragnehmer wegen Fehlens einer zugesicherten Eigenschaft eine **Offenbarungspflicht** trifft (vgl. BGH BauR 1979, 85 = SFH § 123 BGB Nr. 1 = LM § 123 BGB Nr. 50 = MDR 1978, 1009 = Betrieb 1978, 2262 für den Bereich des Kaufvertrages; vgl. dazu Einl. Rdn. 80 ff.).

131 f) Zur Unterscheidung zwischen Zusicherung einer Eigenschaft, unselbständiger und selbständiger Garantie vgl. Teil B § 13 Rdn. 840 ff.

132 g) Die **Zusicherung der Eigenschaft und deren Inhalt muß der Auftraggeber darlegen und beweisen** (BGHZ 42, 16, 18 = NJW 1964, 1791; BGH NJW 1983, 217, 218). Dafür, daß die zugesicherte Eigenschaft vorhanden oder nicht vorhanden ist, gelten die sonstigen Beweisregeln, vgl. dazu Rdn. 163 ff.

3. Leistung nach anerkannten Regeln der Technik

133 a) Eine Besonderheit der bauvertraglichen Gewährleistung ist die Verpflichtung des Auftragnehmers, die **Bauleistung nach den anerkannten Regeln der Technik** (zum Begriff vgl. Teil B § 4 Rdn. 150 f.) zu erbringen. Hierbei handelt es sich um eine **allgemeine bauvertragliche Leistungspflicht** des Auftragnehmers (vgl. Rdn. 104), die **nicht erst** auf den Zeitpunkt der für Teil B § 13 Nr.1 maßgebenden Abnahme (vgl. Rdn. 105 ff.) abgestellt ist, sondern vom Auftragnehmer schon vorher während der gesamten Leistungserstellung beachtet werden muß, wie sich aus der **Generalklausel in Teil B § 4 Nr. 2** ergibt (vgl. Teil B § 4 Rdn. 144 ff.). Diese Verpflichtung ist also **ohnehin gegeben.** Sie ist in Teil B § 13 Nr. 1 nur deshalb nochmals zum Ausdruck gekommen, um den Auftragnehmer anzuhalten, weiterhin und zunächst bis zur Abnahme seiner Leistung dieses Gebot zu beachten und als **grundlegend** für die ordnungsgemäße Erfüllung seiner Leistungspflicht anzusehen. **Der Sinn liegt vor allem auch darin, daß die bauvertragliche Leistung ihrer Natur nach technisch- fachlichen Charakters ist, wobei grundsätzlich vorauszusetzen ist, daß der Auftragnehmer die erforderlichen Kenntnisse besitzt** (vgl. auch Schmidt MDR 1963, 263, 264). Sie ist nur dann ordnungsgemäß, wenn sie **aus objektiv sachlichen Gesichtspunkten als tauglich anerkannt werden kann.** Dabei ist davon auszugehen, daß eine derartige Leistung dem beiderseitigen übereinstimmenden Willen der Vertragsparteien entspricht, weil die entsprechende Verpflichtung eindeutig in Teil B § 4 Nr. 2 zum Ausdruck gekommen und in Teil B § 13 Nr. 1 wiederholt worden ist.

Aus den angeführten Gründen ist die Einhaltung der allgemein anerkannten Regeln der Technik eine Verpflichtung des Auftragnehmers, die **grundsätzlich auch für den Bereich des BGB-Werkvertrages** gilt, da sie **gewerbeüblich** ist (vgl. BGH BauR 1978, 498; Heinrich BauR 1982, 224; Fischer S. 99 m. w. N., 105; zu eng Kaiser BauR 1983, 19; Marbach ZfBR 1984, 9,

10; Siegburg BauR 1985, 367, 381 ff., der es unzulässigerweise nur auf den „Stand der Technik" abstellen will; vgl. auch Rdn. 104).

b) Die anerkannten Regeln der Technik können in **zwei Gruppen** unterteilt werden, nämlich einmal in diejenigen, die **jedem am Baugeschehen unternehmerisch Beteiligten** ohne Voraussetzung einer besonderen Fachrichtung bekannt sein und von ihm eingehalten werden müssen (z. B. allgemeine Erfordernisse der baulichen Stabilität, Regendichtigkeit von Fenstern, vgl. BGH SFH Z 2.414 Bl. 129 ff.), und zum anderen in diejenigen, die **im speziellen Fach** des Auftragnehmers im Rahmen seines technischen Tätigkeitsbereichs beachtet werden müssen (z. B. die besonderen Kenntnisse bei dem Einbau einer Zentralheizungsanlage; die Kenntnis des Rohbauunternehmers, daß Vormauersteine frostbeständig sein müssen, vgl. dazu BGH 1979, 154 = SFH § 13 Ziff. 3 VOB/B Nr. 2). 134

Dabei kommen für den jeweiligen Vertrag aber nicht alle möglicherweise einschlägigen Regeln der Technik in Frage, sondern nur diejenigen, die nach Inhalt und Tragweite auf die **konkret geschuldete Leistung bezogen sind.** Dabei ist **aus objektiver Sicht zu beurteilen,** ob diese Regeln in den Fachkreisen, denen der Auftragnehmer angehört, für die **nach dem Bauvertrag geschuldete** Bauausführung als richtig, zutreffend und technisch zeitgemäß gelten. Bloße Billigung in der Theorie reicht nicht aus, auch nicht ohne weiteres die Aufnahme bestimmter Regeln in die bauordnungsrechtlichen Vorschriften, RGZ 56, 346. Die aus praktischer Erfahrung kommende Anerkennung ist daher wesentlich mitentscheidend. Dabei ist zu berücksichtigen, daß die **Anerkennung bautechnischer Regeln** nicht etwas Feststehendes und Bleibendes ist, sondern sich **im Laufe der Zeit ändert und wandelt.** Sie richtet sich nach der technischen Entwicklung. Daher ist der Auftragnehmer gehalten, sich mit dem jeweiligen anerkannten Stand der Bautechnik in allgemeiner Hinsicht sowie in seinem Fachgebiet vertraut zu machen, um die bauvertragliche Gewährleistungspflicht ordnungsgemäß erfüllen zu können. Informationsquellen sind hierbei neben der eigenen praktischen Erfahrung die Fachliteratur (Fachbücher und Fachzeitschriften) sowie Kurse und Lehrgänge. Vgl. zu diesen Fragen im einzelnen Teil B § 4 Rdn. 144 ff. 135

c) Ein **Leistungsmangel** aus Gründen der Verletzung dieser dem Bauvertrag typischen Gewährleistungsverpflichtung liegt vor, **wenn die allgemein anerkannten Regeln der Bautechnik nicht** oder nicht hinreichend **beachtet** worden sind (vgl. dazu OLG Stuttgart BauR 1977, 129). Es ist dabei nicht erforderlich, daß eine vertraglich zugesicherte Eigenschaft fehlt oder die Bauleistung sonst mit Fehlern der in Teil B § 13 Nr. 1 bezeichneten Art behaftet ist, wenn das in der Praxis auch regelmäßig der Fall ist (vgl. Rdn. 104). Auch **kommt** es **nicht darauf an, ob bereits Schäden** wegen der gegen anerkannte Regeln der Technik verstoßenden Arbeiten **eingetreten sind,** wie z. B. Feuchtigkeitsschäden an einer Schaufensteranlage, die nicht die erforderliche Dichtigkeit aufweist (vgl. BGH SFH Z 2.414 Bl. 129; BGH BauR 1981, 577 = NJW 1981, 2801 = SFH § 17 VOB/B Nr. 5 = MDR 1982, 133 = LM § 320 BGB Nr. 19 = ZfBR 1981, 265) oder Schäden am Bauwerk infolge mangelnder Stärke von Hartschaumplatten (BGHZ 90, 354 = BauR 1984, 401 = ZIP 1984, 709 = SFH § 274 BGB Nr. 1 = LM § 273 BGB Nr. 37 Anm. Recken = NJW 1984, 1679 = BB 1984, 1832 = Betrieb 1984, 1824 = ZfBR 1984, 176). Das gilt um so mehr, wenn die vom Auftragnehmer gewählte Ausführung der Leistung das Risiko eines Schadens in sich birgt (BGH in der vorangehend zuerst genannten Scheidung; BGH BauR 1975, 346, 347; auch OLG München ZIP 1984, 76 = BauR 1984, 637). **Die Verpflichtung zur Beachtung der anerkannten Regeln der Bautechnik ist daher unabhängig von den sonstigen Gewährleistungspflichten.** Eine Verletzung dieser Pflicht führt auch zur Verantwortlichkeit, wenn die Bauleistung sonst nicht zu beanstanden ist (auch Eberstein BB 1985, 1760, 1763, a. A. Siegburg BauR 1985, 367). Das gilt im Ausgangspunkt allerdings nur, wenn dem Auftragnehmer insoweit freie Hand gelassen und er nicht durch ausdrückliche anderweitige Anordnungen des Auftraggebers oder seines Vertreters, z. B. des Architekten, eingeengt und gebunden ist. Hierbei ist auf der anderen Seite aber zu beachten, daß der- 136 artige Anordnungen nicht ohne weiteres den Auftragnehmer von seiner Verantwortlichkeit befreien, wie sich aus Teil B § 4 Nr. 3 sowie Teil B § 13 Nr. 3 ergibt. Hier hat der Auftraggeber berechtigt vorgebrachte Bedenken des Auftragnehmers im Hinblick auf überholte, lückenhafte oder sonst nicht hinreichend gesicherte technische Vorgaben zu beachten, zumal es dem Auftragnehmer auch aus anderen rechtlichen Gesichtspunkten nicht zuzumuten ist, diese einzuhalten; er kann sich nämlich u. U. einer Haftung aus § 823 Abs. 1 oder Abs. 2 BGB – letzteres im Hinblick auf § 323 StGB – aussetzen (vgl. insoweit auch Eberstein BB 1985, 1760, 1763).

137 So ist es z. B. als nicht den anerkannten Regeln der Technik entsprechend anzusehen, wenn freitragende Stahlbetondecken, die zu den statisch wichtigsten Teilen des Hauses gehören, keine richtige Stahlbewehrung und nicht das vorgeschriebene Mischungsverhältnis (DIN 1045 §§ 9, 11) aufweisen (vgl. dazu OLG Düsseldorf SFH Z 3.01 Bl. 205). Nicht den anerkannten Regeln der Technik entspricht es natürlich, wenn ein Balkon mangelhaft isoliert wird, so daß Regenwasser eindringt (vgl. OLG Düsseldorf SFH Z 3.01 Bl. 218 ff.). Zu nach den anerkannten Regeln der Bautechnik durchzuführenden Unterfangungsarbeiten gehört es, alle Maßnahmen zu treffen, um das Einstürzen des Gebäudes zu verhindern, demnach auch die Sorge dafür, daß rechtzeitig eine Abstützung angebracht wird und so lange wie erforderlich erhalten bleibt (BGH VersR 1978, 1009). Waagerechte Abdichtungen von Wänden aus Sperrmörtel gegen aufsteigende Feuchtigkeit sind nicht allgemein anerkannte Regeln der Technik (vgl. OLG Celle BauR 1984, 522 mit Anm. Reim; ebenso trifft dies auf eine sogenannte monovalente Heizungsanlage, also ein System zu, das durch kein anderes unterstützt wird (OLG München ZIP 1984, 76 = BauR 1984, 637). Über mangelhafte Bodenverfestigung im Hinblick auf die DIN 4093, 18 309 und 18 196 vgl. LG Essen BauR 1984, 642). Zur Frage bestimmter Raumtemperaturen in Kellerräumen vgl. LG Köln BauR 1987, 452. Die Mindestanforderungen für Schallschutz nach DIN 4109 (Fassung 1962) entsprachen jedenfalls 1974 selbst bei durchschnittlichem Wohnkomfort nicht mehr die allgemein anerkannten Regeln der Bautechnik, LG Tübingen SFH § 634 BGB Nr. 6; dazu eingehend und zutreffend unter Berücksichtigung von Rechtsprechung im übrigen Döbereiner BauR 1980, 296. Überdies: Ein Leistungsmangel liegt auch vor, wenn die Schalldämmung zwischen Reihenhäusern nur in einer Richtung – bei Luftschallübertragung zum Nachbarhaus – nicht den Anforderungen der DIN 4109 genügt; will ein Bauträger oder ein Auftragnehmer die Schalldämmung zwischen Reihenhäusern auf die Mindestanforderung der DIN 4109 (Fassung 1962) beschränken, so hat er keine Toleranz nach unten mehr (OLG Frankfurt BauR 1980, 361; vgl. ferner OLG Köln BauR 1981, 475 = SFH § 4 Ziff. 2 VOB/B Nr. 2; OLG Zweibrücken BlGBW 1983, 15; OLG München BauR 1985, 453; vgl. zu diesen Fragen auch OLG Hamm BauR 1987, 569). Über die Neufassung der DIN 4109 vgl. Eisenberg ZSW 1980, 231.
Zu den Anforderungen nach DIN 4109 sowie DIN 4108 (Wärmeschutz) vgl. insbesondere auch Teil B § 4 Rdn. 144 ff. und 153 ff. Zur DIN 4108 vgl. vor allem auch Mantscheff BauR 1982, 435.

Vgl. hier auch Grün/Grün, Bautaschenbuch für Richter und Rechtsanwälte 1978, Vieweg-Verlag, Braunschweig.

4. Verpflichtung zur fehlerfreien Leistung

138 a) Der **Begriff des Fehlers** unterliegt im Ausgangspunkt den gleichen Grundsätzen, wie es beim Kaufvertrag in den §§ 459 ff. BGB der Fall ist (vgl. dazu näher u. a. Kaiser BauR 1983, 19). **Fehler** ist somit zunächst eine ungünstige **Abweichung** der Leistung in ihrer Beschaffenheit **von dem allgemein so vorausgesetzten Normalen** (gewöhnlicher Gebrauch). In diesem zum objektiven Teil des Fehlerbegriffes gehörenden Bereich zählt beim Bauvertrag vor allem – auch, aber nicht allein – die Nichteinhaltung der allgemein anerkannten Regeln der Technik (vgl. dazu Rdn. 104). Darüber hinaus spielen aber auch **subjektive Elemente**

eine tragende Rolle. Der Begriff des Fehlers wird nämlich weiterhin durch die **konkrete „Bestellung" des Auftraggebers** umrissen, nämlich durch das, was die **Vertragspartner** nach dem jeweiligen Inhalt des Vertrages ausdrücklich oder konkludent im Hinblick auf die jeweils geforderte **allgemeine oder besondere Beschaffenheit** der Bauleistung vereinbart haben. Dies wird durch die Regelung in § 633 Abs. 1 BGB umschrieben, wonach die Leistung keine Fehler aufweisen darf, die den Wert oder die Tauglichkeit nach dem **im Vertrag vorausgesetzten Gebrauch** aufheben oder mindern. Hier handelt es sich um eine – weitere – nähere Erläuterung des Fehlerbegriffes (vgl. Kaiser BauR 1983, 19). Vgl. dazu auch Rdn. 145 ff.

Aus dem Gesagten ergibt sich zunächst, daß Fehler nur eine solche Abweichung ist, die sich auf die **Beschaffenheit der Sache selbst** bezieht. Fehler ist also nur ein **Mangel der Sache, nicht** jedoch **des Rechts**. Dadurch wird zum Ausdruck gebracht, daß unter **Fehlern der Bauleistung Mängel zu verstehen sind, die der Sache unmittelbar anhaften**, nicht aber Mängel, die sich erst mittelbar bei der Heranziehung besonderer und außerhalb der Sache liegender Verhältnisse, vor allem der Rechte Dritter, ergeben (vgl. hierzu u. a. RG Warn. 1912, 275 Nr. 270; Staudinger/Werner § 459 BGB Anm. III 1). Eine **Falschlieferung (sogenanntes aliud)** kommt dagegen **nur** in Betracht, wenn die erbrachte Leistung von der geschuldeten Leistung **gegenständlich** abweicht (BGH NJW 1984, 1955 = MDR 1985, 48 = LM § 459 BGB Nr. 73), was im Rahmen von Bauverträgen nur selten vorkommen dürfte. Dann kommt nicht Teil B § 13 Nr. 1 zum Zuge, sondern es kommen die allgemeinen Vorschriften des Schuldrechtes des BGB zur Anwendung. Nimmt der Auftraggeber das aliud **als Erfüllung an** und ist ein Wert geringer, so ist die Vergütung zu mindern (RG SeuffA 70, 102), ist sie mangelhaft, so hat der Auftraggeber die Gewährleistungsansprüche, also auch diejenigen nach Teil B § 13 Nr. 5 bis 7. Über Verschleiß und Abnutzung im Bauvertragsrecht vgl. Hahn BauR 1985, 521.

139

Danach ist festzuhalten:

b) Es kommt **nicht immer jeder Fehler** als Mangel der Leistung in Betracht. Vielmehr muß es sich um einen solchen handeln, der den **Wert oder die Tauglichkeit der Sache beeinträchtigt. Es genügt das Vorliegen eines dieser beiden Tatbestandsmerkmale,** sie brauchen nicht beide zusammen im Einzelfall gegeben zu sein.

140

Wert bedeutet nach allgemeiner Meinung den **objektiven Verkehrswert der Leistung** (vgl. OLG Stuttgart BauR 1977, 129). Es kommt also auf die **objektive Wertschätzung aus allgemeiner, vor allem auch fachkundiger Sicht** an; die rein subjektive Wertauffassung eines der Vertragspartner ist **insoweit** – also bis dahin – grundsätzlich nicht ausschlaggebend. **Auch der Begriff der Tauglichkeit als solcher ist objektiver Natur**, so daß es auch insofern auf die Auffassung eines unbeteiligten Dritten ankommt. Unter **Tauglichkeit** versteht man die **Gebrauchsfähigkeit** oder – bei Bauleistungen – die **Benutzungsfähigkeit** der Sache. Zur Benutzungsfähigkeit eines Bauwerkes zählt auch der merkantile Wert bzw. Minderwert (BGHZ 55, 198 = NJW 1971, 615 = BB 1971, 290 = Betrieb 1971, 425 = VersR 1971, 446 = SFH Z 2.301 Bl. 35 = BauR 1971, 124 = MDR 1971, 385 = LM VOB/B Nr. 43).

141

Nach dem vorangehend gekennzeichneten Rahmen kommen als Fehler in erster Linie **Qualitätsabweichungen** (z. B. unzureichende Fensterstärken, anderes Material), ferner aber auch sonstige **Abweichungen vom Leistungsverzeichnis** (z. B. andere Farbe) sowie **Abweichungen von den im betreffenden Fall zu erwartenden Umständen** (z. B. Tragfähigkeit von Brückenelementen) in Betracht. Dabei spielen die anerkannten Regeln der Technik (vgl. dazu Rdn. 133 sowie insbesondere Teil B § 4 Rdn. 150 ff.) gerade hier mit eine ausschlaggebende Rolle. Vgl. dazu auch Kaiser BauR 1983, 19.

142

143 **Fehlerfrei** im vorgenannten Sinn muß die Leistung **grundsätzlich immer** sein. Darauf, ob etwaige **Fehler vorhersehbar** sind, kommt es **ebensowenig** an **wie auf ihre Erkennbarkeit** während der Ausführung oder bei der Abnahme. Die Übernahme einer Bauleistung zu einem sogenannten **Freundschaftspreis besagt nichts anderes;** ein entgegenstehender Wille muß im Vertrag deutlich zum Ausdruck kommen; je nach Lage des Falles kann aber bei Vereinbarung eines Freundschaftspreises ein Mitverschulden (§ 254 BGB) des Auftraggebers gegeben sein (BGH BauR 1974, 125 = SFH Z 2.414.3 Bl. 8), was vor allem bei einer Vergabe durch einen Unternehmer als Auftraggeber an einen Subunternehmer in Betracht kommt (a. a. O.). Das Gesagte dürfte für sogenannte **„Billigpreise"** allgemein gelten.

144 c) Mit dem bisher Gesagten allein steht aber ein **Leistungsmangel noch nicht** fest. Es muß vielmehr **hinzukommen,** daß die Bauleistung **durch** den Fehler zu dem **gewöhnlichen oder dem nach dem Vertrag vorausgesetzten Gebrauch aufgehoben oder gemindert wird.** Es wird unterschieden zwischen dem gewöhnlichen und dem nach dem Vertrag vorausgesetzten Gebrauch sowie dessen Aufhebung oder Minderung.

145 aa) Der Wert oder die Tauglichkeit nach dem **gewöhnlichen Gebrauch** ist diejenige Beschaffenheit, die im allgemeinen nach den anerkannten Regeln der Technik (vgl. Rdn. 133 ff.) **objektiv** unter Zugrundelegung der im konkreten Bauvertrag gegebenen Anforderungen bei Anlegung eines dem Grundgedanken nach sinngemäß dem § 243 BGB entsprechenden (vgl. dazu Ringel, das Bauzentrum 1981, Heft 3, S. 42) **durchschnittlichen Maßstabes allgemein bei Bauleistungen dieser bestimmten Art verlangt und vorausgesetzt wird.** Letzteres ist vor allem auch dann maßgebend, wenn es hinsichtlich der betreffenden Leistung noch keine anerkannten Regeln der Technik gibt, vor allem wenn eine Ungewißheit über die Risiken des Gebrauchs der Leistung besteht (vgl. dazu OLG München ZIP 1984, 76 = BB 1984, 239). Hier kommt es in aller Regel auf die allgemein anzuerkennende Auffassung im Zeitpunkt der Abnahme an.

Die sogenannte Florverwerfung (shading) bei verlegten Teppichböden ist als ein Fehler anzusehen, durch den die Tauglichkeit der Leistung, gemessen an der berechtigten **allgemeinen** Erwartung des Auftraggebers, herabgesetzt wird (LG Münster SFH § 633 BGB Nr. 4; AG Lörrach a. a. O. Nr. 6; a. A. AG Oldenburg (a. a. O. Nr. 5), das jedoch unzutreffend hier von einem Kaufvertrag ausgeht.

146 **Anders ist es bei dem nach dem Vertrag vorausgesetzten Gebrauch.** Hier kommt es bei der Beurteilung von Fehlern **über das Bisherige hinausgehend** entscheidend auf **subjektive Gesichtspunkte** des vertraglichen Wollens der Bauvertragsparteien (des Auftraggebers und des Auftragnehmers, insoweit in erster Linie den klar erkennbar gemachten Bestellerwillen des Auftraggebers) an, vor allem bei der VOB **auf den Zeitpunkt der Abnahme abgestellt.** Der nach dem Vertrag vorausgesetzte Gebrauch der Leistung muß zwangsläufig **subjektive Elemente** beinhalten, nämlich den **nach außen gegenüber dem anderen Vertragspartner eindeutig zutage getretenen Willen zur Erreichung eines bestimmten Leistungszieles** (vgl. dazu OLG Stuttgart BauR 1977, 129), vor allem im Hinblick auf **Aufwendigkeit, konkret beabsichtigte Nutzung** usw. Bloß einseitige, **nicht hinreichend zum Ausdruck gebrachte** oder sonst **nicht klar erkennbare** Wünsche oder Vorstellungen eines der Vertragspartner, insbesondere des Auftraggebers allein, reichen nicht. Vielmehr muß der vertraglich festgelegte Gebrauch auf der **übereinstimmenden, wenn auch den Umständen nach stillschweigend sich deckenden Willenseinigung** der Vertragspartner beruhen. Dabei ist nach der allgemein anerkennenswerten und damit zum Vertragsinhalt gewordenen Auffassung des Auftraggebers davon auszugehen, daß er letztlich ein seiner Zielvorstellung entsprechendes fehlerfreies Bauwerk haben will, also ein absolut gebrauchstaugliches; andernfalls ist die Leistung des Auftragnehmers fehler- bzw. mangelhaft.

147 Das Gesagte bezieht sich keinesfalls nur auf den Endzustand eines zu errichtenden Gebäudes und dessen ungehinderte Nutzbarkeit, sondern betrifft auch lediglich in Auftrag gegebene Teil-

gewerke oder auch nur Teilleistungen aus einem erteilten Auftrag, hierbei vor allem ihre uneingeschränkte Nutzbarkeit zum weiteren Bau.

Eine vertragliche Einigung über den Gebrauch der zu erstellenden Bauleistung kann auf verschiedene Weise zustande kommen. Maßgebend sind hier die Gegebenheiten und Verhältnisse des Einzelfalles. Wesentlich ist dabei die vom Auftraggeber ausgehende **Bauabsicht in bezug auf die spätere Verwendung des Bauwerkes,** soweit sie dem Auftragnehmer bekannt oder zweifelsfrei erkennbar und von beiden Partnern bei der Festlegung des Vertragsinhaltes in seinen Einzelheiten hinreichend deutlich zugrunde gelegt worden ist. So zählen die baulichen Einzelheiten eines Fabrikgebäudes, eines Hotels, eines Siedlungshauses, eines Kraftwerkes, einer Straße zu dem nach dem jeweiligen Vertrag **vorausgesetzten Gebrauch** und sind **bestimmend** hierfür, **also die von Baumängeln freie Verwendung der Leistung.** Das gilt auch für die vertraglich festgelegte Wohnfläche eines zu errichtenden Hauses bzw. einer zu erstellenden Wohnung (vgl. OLG Düsseldorf NJW 1981, 1455 = BauR 1981, 475 = BlGBW 1981, 135). So ist auch das vom Bauträger erstellte Haus i. S. von Teil B § 13 Nr. 1 mangelhaft, wenn in den dem notariellen Vertrag beigefügten Beschreibungen und dem Grundrißplan 3 Kinderzimmer im Kellergeschoß vorgesehen sind, der Bauträger die Baugenehmigung nur für ein Kinderzimmer im Kellergeschoß erhalten hat; dieser Mangel besteht auch dann noch, wenn der Erwerber (Auftraggeber) auch die beiden übrigen Räume im Kellergeschoß tatsächlich als Kinderzimmer nutzt (OLG Düsseldorf BauR 1984, 294 = SFH § 13 Nr. 1 VOB/B Nr. 4).

148

Eine **Einigung** kann nach dem Gesagten **auch** auf **stillschweigender Abmachung** beruhen, wobei an die Darlegung und an den Beweis im Einzelfall nicht allzu leichte Anforderungen zu stellen sind, wenn sich der vorgesehene Gebrauch nicht ohne weiteres erkennbar aus den Vertragsunterlagen, wie z. B. dem Leistungsverzeichnis, ergibt.

149

Fehler, die **keinen mindernden Einfluß** auf den Wert oder die Tauglichkeit der vertraglichen Bauleistung im vorgenannten Sinne haben, müssen im Rahmen des Gewährleistungsrechtes **außer Betracht bleiben.** Anders bei zugesicherten Eigenschaften (vgl. Rdn. 127 ff.).

150

bb) Eine **Aufhebung des Wertes oder der Tauglichkeit** liegt vor, wenn das **Leistungsergebnis,** d. h. die bisher erbrachte **Bauleistung, für den ihr zugrunde gelegten Zweck nicht zu gebrauchen** ist. Ist z. B. der Bau einer Straße Gegenstand des Bauvertrages, auf der besonders schwere Fahrzeuge verkehren sollen, und wird deswegen eine besonders feste Straßendecke vorausgesetzt bzw. verlangt, ist ihre **Tauglichkeit** zu diesem Zweck aufgehoben, d. h. nicht gegeben, wenn der Auftragnehmer entgegen der für ihn klar erkennbaren vertraglichen Verpflichtung eine leichte Straßendecke anlegt. Wird bei einem Tunnelbau eine ganz bestimmte lichte Weite verlangt, damit Fahrzeuge von bestimmter Größe den Tunnel durchfahren können, und wird diese Weite dann zu gering ausgeführt, liegt ebenfalls eine Aufhebung der Tauglichkeit vor. Dasselbe gilt, wenn eine Abwasseranlage zu tief angelegt wird und deshalb nicht an das städtische Kanalnetz angeschlossen werden kann (vgl. BGH, Urt. vom 11. 7. 1963 – VI ZR 166/62 –). Von der Aufhebung der Tauglichkeit ist auch zu sprechen, wenn beim Fertigteilbau zur Verkleidung von Außen- und Innenwänden benutzte Platten einen Gasgeruch ausströmen, durch den das weitere Bewohnen des Hauses, vor allem wegen etwa drohender Gesundheitsschäden, unzumutbar ist (vgl. BGH SFH Z 2.414 Bl. 160). Ebenso gilt dies, wenn ein Fertighaus wegen fehlerhaft imprägnierter Holzteile und dadurch in das Haus eindringender Gase unbewohnbar ist (OLG Saarbrücken NJW-RR 1987, 470). Gleiches trifft auf Einbaumöbel zu, die Ausdünstungen (Formaldehyd-Konzentration) haben, die objektiv als unangenehm empfunden werden (brennende Augen und/oder Kopfschmerzen bzw. beißend oder stechend), so daß ein längerer Aufenthalt in den Räumen nicht erträglich ist, weil das körperliche Wohlbefinden beeinträchtigt wird (LG Nürnberg-Fürth BauR 1987, 214 = NJW-RR 1986, 1466). Eine **Wertaufhebung** ist z. B. gegeben, wenn eine Halle, die

151

Ausstellungszwecken dienen soll, nicht die Einrichtungen oder Beschaffenheiten baulicher Art aufweist, die für die Veranstaltung von Ausstellungen unumgänglich notwendig sind.

152 cc) Eine **Minderung des Wertes oder der Tauglichkeit** ist **im Verhältnis zur Aufhebung das Geringere.** Wann eine Minderung vorliegt, ist Frage der für den Einzelfall **maßgeblichen Verkehrsanschauung** unter besonderer Berücksichtigung der nach dem jeweiligen, **durch den Bestellerwillen des Auftraggebers erkennbar geprägten Leistungsziel ausgerichteten Grundsätze von Treu und Glauben.** So kann unter Umständen schon ein fehlender Mauerstein oder eine um wenige Zentimeter zu niedrig errichtete Mauer oder ein den vertraglichen Bedingungen nicht ganz entsprechender Anstrich, eine andere Holzart oder eine sonstige andere Stoffbeschaffenheit eine Minderung des Wertes oder der Tauglichkeit darstellen. Auch gehört es z. B. zur ordnungsgemäßen Ausführung von Anstreicherarbeiten, daß der Untergrund sachgerecht vorbehandelt wird (OLG Düsseldorf BauR 1971, 262). Mangelhaft ist es deshalb, wenn auf einen elastischen, faserarmierten Untergrund (Vlies) ein Kunstharzanstrich angebracht wird, da das Vlies ein zu weicher Untergrund ist, auf den der harte, spannungsreiche Lackanstrich nicht ohne Gefahr entstehender Risse aufgebracht werden kann (KG BauR 1988, 229).

153 Es ist zu beachten, daß es hier im Gegensatz zum Kaufrecht (vgl. § 459 Abs. 1 Satz 2 BGB einerseits sowie § 633 Abs. 1 BGB und Teil B § 13 Nr. 1 VOB andererseits) **nicht darauf ankommt,** ob die Minderung im Einzelfall nach den angeführten Gesichtspunkten **als erheblich** anzusehen ist oder nicht. **Auch** eine an sich **nicht erhebliche Minderung** stellt beim Werk- und Bauvertrag einen **Leistungsmangel** dar. Selbst sogenannte **Schönheitsfehler** (z. B. unsaubere und unakkurate Schaufensteranlagen, BGH SFH § 17 VOB/B Nr. 5) können daher Fehler im Rechtssinne sein. Weder § 633 Abs. 1 BGB noch Teil B § 13 Abs. 1 VOB enthält eine Bestimmung wie § 459 Abs. 1 Satz 2 BGB, wonach eine lediglich unerhebliche Minderung des Wertes oder der Tauglichkeit nicht in Betracht gezogen werden kann. Man wird aber **auch hier eine Grenze** nach **Treu und Glauben** ziehen müssen. Wenn eine Wert- oder Tauglichkeitsminderung zwar vorhanden, aber **ganz geringfügig** ist, muß ein Auftraggeber, **sofern** es für ihn im betreffenden Fall **zumutbar** ist, sie hinnehmen, und er kann keine Gewährleistungsansprüche gegenüber dem Auftragnehmer geltend machen. Das kann z. B., je nach Lage des Einzelfalles, bei einem bloßen sog. **optischen Mangel** der Fall sein, wobei **weder der technische Wert der Leistung noch deren Vertragsgerechtheit, noch die Lebensdauer der Leistung beeinträchtigt sein darf,** sondern höchstens das **ästhetische Empfinden** in so geringer Bedeutung, daß die Leistung **nach allgemeiner, objektiv zu billigender Ansicht unter Berücksichtigung des im Einzelfall letztlich maßgebenden, erkennbaren Bestellerwillens des Auftraggebers noch als vertraglich richtig** angesehen werden muß. In der Praxis dürfte ein solcher Fall allerdings ausgesprochen **selten** vorkommen. So trifft das nicht mehr zu, wenn bestellte Schaufensteranlagen nach sachverständiger Beurteilung sehr unsauber und unakkurat hergestellt worden sind, sie sich also – insbesondere auch von ihrer Zweckbestimmung nach dem Bestellerwillen – als unfachmännische Arbeit darstellen (vgl. dazu BGH BauR 1981, 577 = NJW 1981, 2801 = SFH § 17 VOB/B Nr. 5 = MDR 1982, 133 = LM § 320 BGB Nr. 19 = ZfBR 1981, 265).

154 Allerdings: Ausdrücklich ist eine Unterscheidung zwischen erheblicher und nicht erheblicher Minderung beim Bauvertrag für den **Schadensersatzanspruch** aufgrund von Leistungsmängeln in **Teil B § 13 Nr. 7** getroffen, indem dort in Absatz 1 – auch als Voraussetzung für den Schadensersatzanspruch nach Absatz 2 – das **Vorliegen eines wesentlichen Mangels vorausgesetzt** wird. Dies ist eine wirkliche Ausnahme von den vorgenannten Grundsätzen. Sie berührt aber nicht den für Nr. 1 maßgebenden Fehlerbegriff.

5. Unterscheidung zwischen den Gewährleistungspflichten in Nr. 1 – Zusammenfassung

Hinsichtlich der drei Gruppen der Gewährleistungspflicht des Auftragnehmers (Fehlen der vertraglich zugesicherten Eigenschaften; Nichtbeachtung der Regeln der Technik; Fehler, die den Wert oder die Tauglichkeit zu dem gewöhnlichen oder dem nach dem Vertrag vorausgesetzten Gebrauch aufheben oder mindern) ergeben sich die **folgenden Unterscheidungsmerkmale:** Die Verpflichtung zur Leistung unter Erreichung der vertraglich **zugesicherten Eigenschaften kann sich in vielen Fällen mit der Pflicht zur Vermeidung von Fehlern decken,** also kann das Fehlen zugesicherter Eigenschaften zugleich ein Fehler sein. Das braucht aber nicht immer so zu sein. In der Frage des Vorhandenseins oder Nichtvorhandenseins vertraglich zugesicherter Eigenschaften zur Zeit der Leistungsabnahme ist allein die **zumindest klar erkennbare vertragliche Vereinbarung zwischen den Bauvertragspartnern** entscheidend. Demgegenüber beurteilt sich das Vorliegen oder Nichtvorliegen von **Fehlern** nicht unbedingt nach den ausdrücklichen vertraglichen Absprachen, sondern ihre Beantwortung kann sich **auch aus allgemeingültigen Gesichtspunkten** ergeben, wie z. B. gerade auch den anerkannten Regeln der Technik. Die Gewährleistungspflicht zur Vermeidung von Fehlern deckt sich demnach hinsichtlich ihres **grundlegenden Ausgangspunktes oftmals mit der Gewährleistungspflicht zur Einhaltung der allgemein anerkannten Regeln der Bautechnik.** Anders ist dies nur, wenn der Bauvertrag Leistungsanforderungen enthält, die – ohne bereits als zugesicherte Eigenschaften gelten zu müssen – **über die Mindestanforderungen der allgemein anerkannten Regeln der Technik hinausgehen;** dann ist die Leistung fehlerhaft, ohne zugleich gegen die anerkannten Regeln der Technik zu verstoßen (vgl. BGH BauR 1981, 395 = SFH § 635 BGB Nr. 27 = MDR 1981, 836 = LM § 635 BGB Nr. 60 = ZfBR 1981, 173 für den Fall der geringfügigen Überschreitung der Mindestwerte für das Wärmedämmgebiet I der DIN 4108, wenn vertraglich „Vollwärmedämmung an der Außenseite" und „extrem hoher Wärmedämmwert" gefordert werden).

Zu beachten ist aber besonders:

Die **Fehlerfreiheit** einer Leistung richtet sich **keineswegs nur nach der Beachtung der allgemein anerkannten Regeln der Technik, da der Begriff der Fehlerfreiheit darüber hinausgeht.** Die Einhaltung der anerkannten Regeln der Technik füllt mehr oder weniger nur den gewöhnlichen Gebrauch – also einen Teil des Begriffes der Fehlerfreiheit – aus. Dagegen **schuldet der Auftragnehmer darüber hinaus den nach dem Vertrag vorausgesetzten Gebrauch, also die unbedingte Erreichung des für ihn erkennbaren, vom Auftraggeber aufgegebenen Leistungszieles** (vgl. Rdn. 138 ff.). Deshalb kann es durchaus sein, daß die erbrachte Leistung im Zeitpunkt der Abnahme (vgl. Rdn. 105 ff.) den zu dieser Zeit anerkannten Regeln der Technik entspricht, jedoch **nicht dem nach dem Vertrag hinreichend klar vorausgesetzten Gebrauch.** Die Anforderungen an die Fehlerfreiheit gehen **also weiter** als die Forderung nach Einhaltung der anerkannten Regeln der Technik. **Maßgebend ist, daß der Auftragnehmer die Entstehung eines mängelfreien Werkes zu gewährleisten hat.** Entspricht es nicht diesen Anforderungen, so ist die Leistung fehlerhaft, und zwar **unabhängig davon, ob die Regeln der Technik eingehalten** sind; ausschlaggebend ist allein, daß der Leistungsmangel den angestrebten Erfolg beeinträchtigt. Das entspricht der vom Gesetz – und demgemäß auch der VOB/B – vorgenommenen Risikoverteilung. Ist also dieses **Leistungsziel nicht erreicht,** obwohl im (seltenen, weshalb es oftmals auf eine sachgerechte, klare Fragestellung in den gerichtlichen Beweisbeschlüssen ankommt!) Einzelfall die anerkannten Regeln der Technik eingehalten worden sind, so ist der **Auftragnehmer dennoch gewährleistungspflichtig** (BGHZ 91, 206, 213 = BauR 1984, 510 = NJW 1984, 2457 = SFH § 13 Nr. 5 VOB/B Nr. 7 = Betrieb 1984, 2553 = MDR 1984, 833 = LM § 633 BGB Nr. 51 Anm. Recken = ZfBR 1984, 222 = BB 1984, 2553 m. w. N.; BGH BauR 1985, 567 = SFH § 633 BGB Nr. 52 = ZfBR 1985, 276 für den Fall von Korrosionsfehlern bei Aluminium-Heizkörpern). **Deshalb:** Läßt sich das vertraglich vorauszusetzende Leistungsziel nicht mit der in der vertraglichen „Baubeschreibung" (Leistungsbeschreibung) vorgesehenen Konstruktion erreichen, auch wenn dadurch die anerkannten Regeln der Technik eingehalten sind, so muß der Auftragnehmer **ohne Aufpreis weitere, aufwendigere Maßnahmen treffen** (BGH BauR 1987, 207 = SFH § 13 Nr. 5 VOB/B Nr. 17 = ZfBR 1987, 71 = NJW-RR 1987, 336 im Falle der Umkleidung des Hauses mit einer Wärmedämmschicht, einem elastischen Seidengitter und Kunststoffputz, um Bewegungen des Baukörpers ohne Rißbildung aufzufangen. Ebenfalls gilt dies, wenn durch verwendetes Material das Ziel der Fehlerfreiheit nicht erreicht wird (OLG Köln SFH § 13 Nr. 3 VOB/B Nr. 7). Allerdings **beschränken** sich in den hier erörterten Ausnahmefällen die **Gewährleistungsrechte regelmäßig auf die verschuldensunabhängigen Ansprüche im Bereich der Nachbesserung oder der Minderung** (vgl. dazu unten Rdn. 694 ff.).

157 Gerade im Bereich des vertraglich vorausgesetzten Gebrauchs kann im Einzelfall die Frage einer besonders vereinbarten Haftungsminderung oder gar Haftungsbefreiung eine Rolle spielen, zumal es hier im wesentlichen um eine vom Auftraggeber verlangte Leistung nach Art und Umfang geht. Insofern kann eine Risikoverlagerung auf den Auftraggeber nicht schon daraus gefolgert werden, daß er bestimmte Vorstellungen über die bestellte Leistung hat, da es andernfalls der Auftragnehmer in der Hand hätte, seiner Einstandspflicht für die Tauglichkeit der Leistung zu entgehen, indem er ein bestimmtes System oder eine bestimmte Art der Ausführung zum Gegenstand seines Angebotes macht. **Notwendig** ist vielmehr eine **hinreichend klare rechtsgeschäftliche Risikoübernahme durch den Auftraggeber** (BGH a. a. O. in der zuerst genannten Entscheidung). Darüber hinaus kann eine Haftungsbefreiung des Auftragnehmers nur im Rahmen von Teil B § 13 Nr. 3 in Betracht gezogen werden (vgl. Rdn. 174 ff.).

158 Die Nichteinhaltung der Gewähr für vertraglich zugesicherte Eigenschaften ist eine **vertragswidrige Leistung**, während die Nichteinhaltung der anerkannten Regeln der Bautechnik und die Nichtbeachtung der Gewähr zur Fehlerfreiheit der Leistung als **mangelhafte Leistung** anzusprechen sind, ohne daß es auf besondere vertragliche Vereinbarungen im einzelnen ankommt. **Rechtlich** ist diese Unterscheidung jedoch **hinsichtlich der Rechtsfolgen** – Gewährleistung – **ohne Bedeutung.**

6. Beratungspflicht des Auftragnehmers

159 Es kann vorkommen, daß dem **Auftragnehmer** im Rahmen seines Vertrages über den nach Teil B §§ 3 Nr. 3 Satz 2, 4 Nr. 3, 13 Nr. 3 ohnehin gegebenen Verpflichtungsumfang hinaus eine **Pflicht zur sachgerecht-fachmännischen Beratung** des Auftraggebers obliegt. Führt er diese nicht ordnungsgemäß aus und **wirkt sich das als Folge nachteilig auf die Leistung** aus, so handelt es sich um einen **Mangel mit** den daraus sich ergebenden **Gewährleistungsansprüchen des Auftraggebers, nicht** aber um einen **Fall der positiven Vertragsverletzung, sofern** sich der aus der fehlerhaften Beratung ergebende **Schaden mit dem aus Gewährleistung deckt** (vgl. BGHZ 35, 130; BGH MDR 1956, 216; BGH NJW 1960, 720; BGHZ 37, 341 = SFH Z 3.01 Bl. 79; BGHZ 47, 312, 319 = NJW 1967, 1805 = SFH Z 3.12 Bl. 49; BGH NJW 1965, 148, 150; BGH SFH Z 2.414 Bl. 200 ff.; BGH BauR 1972, 379; vgl. auch BGH NJW 1974, 1187; ferner BGH BauR 1975, 341 = SFH Z 2.414.0 Bl. 4). So hat der Auftragnehmer, der dem Auftraggeber eine neuartige, noch nicht erprobte Anlage anbietet, diesem gegenüber die Pflicht zur Aufklärung und Beratung über deren Wirtschaftlichkeit sowie über alle Nachteile und Risiken, die auftreten können (BGH BauR 1987, 681 = NJW-RR 1987, 1305 = ZfBR 1987, 269 = BB 1987, 1843 = Betrieb 1987, 2094 = SFH § 631 BGB Nr. 22 = LM § 631 BGB Nr. 58 = MDR 1988, 134 im Hinblick auf ein Blockheizkraftwerk). Ferner hat ein Auftragnehmer, der Kunststoffenster zum Einbau anstelle der vorhandenen Holzfenster anbietet und dazu Maß nimmt, die Verpflichtung, den Auftraggeber darauf hinzuweisen, daß der

Gesamtrahmen der Kunststoffenster kleiner ist als der der vorhandenen Fenster, die unteren und oberen Rahmen der Kunststoffenster eine erhebliche Breite aufweisen und aufgrund ihrer ganzen Gestaltung weniger Licht eindringen kann (LG Berlin BauR 1983, 462).

Je nach der **vertraglichen Festlegung im Einzelfall** kann es aber auch sein, daß eine **Beratung** durch den Auftragnehmer **unabhängig** von dem normalen Bereich der Gewährleistung, wie etwa im Rahmen der Zusicherung einer Eigenschaft, als **vertragliche Nebenverpflichtung** gegeben ist. Dann **haftet der Auftragnehmer aus positiver Vertragsverletzung bei schuldhafter Mißachtung dieser Verpflichtung.** Wer hier seine Vertragspflicht verletzt, kann in der Regel gegenüber dem Ersatzanspruch des Geschädigten nicht geltend machen, diesen treffe nach Treu und Glauben ein Mitverschulden, weil er dem Rat oder der Auskunft vertraut und dadurch einen Mangel an Sorgfalt gezeigt habe (BGH SFH Z 4.10 Bl. 26 ff.).

160

Eine **Haftung aus positiver Vertragsverletzung** kann **auch durch Außerachtlassung allgemein gebotener Sorgfalts- und Beratungspflichten** des Auftragnehmers außerhalb seiner eigentlichen Leistungspflicht in Betracht kommen. So haftet der Auftragnehmer, der Fliesen- und Plattenarbeiten ausgeführt hat, für Schäden, die nach der Beendigung der Arbeiten bei der Reinigung der Platten mit einem von ihm zur Verfügung gestellten, dafür aber ungeeigneten Mittel entstehen (OLG Schleswig MDR 1983, 315). Vgl. dazu auch Teil B § 10 Rdn. 43 ff. Über Nichterfüllung und positive Vertragsverletzung beachtlich Westhelle, Beiträge zum Zivilrecht und Zivilprozeß, Heft 20.

161

7. Qualitativ bessere Leistung

Erbringt der Auftragnehmer über den konkreten Vertragsinhalt (vgl. Rdn. 113–161) hinaus – vor allem hinsichtlich des verwendeten Materials – eine in der Qualität bessere Leistung, so kann im Ausgangspunkt **nicht** von einer **mangelhaften Leistung** gesprochen werden (z. B. bei Lieferung einer besseren Holzqualität als in der Leistungsbeschreibung, die ebenfalls den Anforderungen genügen würde, festgelegt wurde). Andererseits **kann** eine solche nichtbestellte Leistung **mangelhaft sein,** wenn die bessere Qualität in sonstiger Hinsicht nicht mit der bestellten Leistung übereinstimmt, z. B. einen anderen Farbton oder eine andere Gestaltung aufweist. Dann kann der Auftraggeber seine Erfüllungs- bzw. Gewährleistungsrechte geltend machen. Ausnahmsweise scheidet dies aus, wenn nur eine geringere Abweichung vorliegt, die hinzunehmen dem Auftraggeber aus Treu und Glauben zumutbar ist (§ 242 BGB; Gauch Rdn. 872 ff.). Ist die qualitätsmäßig bessere Leistung nicht mangelhaft, steht dem Auftragnehmer dennoch keine erhöhte Vergütung zu (vgl. Teil B § 2 Nr. 8 Abs. 1, siehe a. a. O. Rdn. 351 ff.), es sei denn, die in Teil B § 2 Nr. 8 Abs. 2 geregelten Ausnahmen (vgl. a. a. O. Rdn. 371 ff.) sind gegeben.

162

IV. Beweislast

Nr. 1 ist Ausdruck des vertraglichen **Anspruches des Auftraggebers auf ordnungsgemäße, den jeweiligen vertraglichen Leistungspflichten entsprechende Erbringung der Bauleistung durch den Auftragnehmer.** Grundsätzlich muß der Auftragnehmer die vertragsgemäße Erfüllung beweisen. Dies bezieht sich vor allem auch auf die Frage der **nachhaltigen Beseitigung** von **vor der Abnahme** vorhandenen und gerügten Mängeln (BGH BauR 1981, 577 = NJW 1981, 2801 = SFH § 17 VOB/B Nr. 5 = MDR 1982, 133 = LM § 320 BGB Nr. 19 = ZfBR 1981, 265). Das gilt **jedoch nur bis zur Abnahme der Leistung.** Mit der Abnahme bzw. dem Eintritt der Abnahmewirkungen **kehrt sich** die **Beweislast** zu Lasten des Auftraggebers **teilweise um** (vgl. auch Teil B § 12 Rdn. 23 ff. sowie hier Rdn. 698 ff.). Macht der Auftraggeber dann einen Gewährleistungsanspruch gegen den **Auftragnehmer** geltend, so **muß** er

163

diesem die **objektive Pflichtverletzung beweisen,** während der **Auftragnehmer** – ähnlich der positiven Vertragsverletzung – **beweisen muß,** daß ihn an dem objektiv festgestellten Mangel **kein Verschulden** trifft, **sofern Verschulden Haftungsvoraussetzung** ist (vgl. BGHZ 42, 16, 18; BGHZ 48, 310, 312 = NJW 1968, 43 = MDR 1968, 141 = JZ 1968, 23 = BB 1967, 1356 = VersR 1967, 1194 = SFH Z 3.00 Bl. 121 ff. mit krit. Anm. von Fuchs NJW 1968, 835; vgl. dazu auch BGHZ 23, 288 = SFH Z 2.2 Bl. 5; BGHZ 28, 251 = SFH Z 3.01 Bl. 86; BGHZ 61, 42, 47 = BauR 1973, 313; BGHZ 61, 118; BGH BauR 1979, 159; BGH BauR 1981, 575 = NJW 1981, 2403 = BB 1981, 1732 = Betrieb 1981, 2322 = SFH § 358 BGB Nr. 1 = MDR 1982, 49 = LM § 358 BGB Nr. 1; BGH BauR 1982, 514 = SFH § 72 ZPO Nr. 2 = ZfBR 1982, 170; BGHZ 90, 354 = BauR 1984, 401 = ZIP 1984, 709 = SFH § 274 BGB Nr. 1 = NJW 1984, 1679 = BB 1984, 1832 = Betrieb 1984, 1824 = ZfBR 1984, 176). Dieser **Grundsatz gilt für sämtliche Gewährleistungsansprüche,** insbesondere auch nach Teil B § 13 Nr. 7, wobei es jedoch bei den **Ansprüchen nach den Nr. 5 und 6 a. a. O.** lediglich auf die objektive Pflichtverletzung ankommt, da für Nachbesserungs- und Minderungsansprüche Verschulden nicht Voraussetzung ist.

Das zur objektiven Pflichtverletzung Gesagte betrifft vor allem auch die Frage, ob der Mangel auf die Leistung des in Anspruch genommenen Auftragnehmers zurückzuführen ist.

164 Für den Bereich der objektiven Pflichtverletzung gelten jedoch auch die **Grundsätze des Beweises des ersten Anscheins.** Spricht dieser gegen den Auftragnehmer, so muß er ihn entkräften (ebenso BGHZ 90, 354 = BauR 1984, 401 = ZIP 1984, 709 = SFH § 274 BGB Nr. 1 = NJW 1984, 1679 = BB 1984, 1832 = Betrieb 1984, 1824 = ZfBR 1984, 176). Läßt sich – bezogen auf den betreffenden Mangel – ein **grobfahrlässiger Verstoß des Auftragnehmers** gegen die anerkannten Regeln der Technik feststellen, ist es dem Auftraggeber aber nach Sachlage nicht möglich, die **Ursächlichkeit** völlig nachzuweisen, so können auch dann zu seinen Gunsten die Grundsätze des **Beweises des ersten Anscheins** zur Anwendung gelangen mit der Folge, daß der Auftragnehmer die Annahme seiner objektiven Verantwortlichkeit zu entkräften hat.

165 Sind **mehrere Unternehmer** mit ihren Leistungen an dem Mangel beteiligt, muß der Auftraggeber nach der Abnahme **jedem** von ihnen die **objektive Pflichtverletzung** nachweisen, und jeder einzelne muß sich dann vom Vorwurf des Verschuldens entlasten, falls es darauf ankommt (vgl. BGH VersR 1968, 493 = LM § 830 BGB Nr. 11). Handelt es sich um mehrere Unternehmer – insbesondere **Subunternehmer** –, die **nicht dieselbe Leistung** schulden, sondern nacheinander verschiedene Leistungen, z. B. der eine das Anlegen einer Betondecke, der andere das Aufbringen des Estrichs darauf, so muß der Auftraggeber demjenigen von ihnen, den er in Anspruch nimmt, nachweisen, daß seine Leistung **objektiv vertragswidrig ist und den Schaden verursacht** hat. Auch insoweit handelt es sich nämlich **nicht um Gesamtschuldner** (so mit Recht BGH BauR 1975, 130 = SFH Z 2.414.3 Bl. 11). Dabei kommt es für einen **Schadensersatzanspruch** allerdings nicht **darauf an, ob der feststehende Schaden nur auf die im Gefahrenbereich eines Unternehmers liegenden möglichen Ursachen** zurückgeführt werden kann; vielmehr kann es für den Nachweis der Verursachung des Schadens genügen, daß eine **erwiesene Mangelhaftigkeit der Leistung dieses Unternehmers mitursächlich geworden sein kann,** auch wenn die Mitverursachung durch andere Umstände nicht mit letzter Sicherheit auszuschließen ist (BGH WM 1971, 1056, 1058; BGH BauR 1973, 51; BGH BauR 1975, 130 = SFH Z 2.414.3 Bl. 11).

166 Im Hinblick auf **abweichende vertragliche Regeln zur Beweislast** ist für den Bereich des **AGB-Gesetzes** (vgl. Teil A § 10 Rdn. 77 ff.) die Verbotsnorm in **§ 11 Nr. 15 a. a. O. besonders zu beachten** (vgl. auch Teil A § 13 Rdn. 42 ff.). Das gilt vor allem für Klauseln in AGB – insbesondere Zusätzlichen Vertragsbedingungen –, wonach der Auftragnehmer auch nach der Abnahme für die Vollständigkeit und Mängelfreiheit seiner Leistung beweisbelastet sein

soll. Dies trifft auch für Nebenarbeiten, wie z. B. die ordnungsgemäße Reinigung der Baustelle, zu. Gleiches gilt für die – auch anteilweise – Überwälzung von Mängelbeseitigungskosten, falls der Verursacher des Mangels nicht festgestellt werden sollte.

Den Auftraggeber kann der Vorwurf der **Beweisvereitelung** treffen, wenn er in Kenntnis notwendiger – auch weiterer – Beweiserhebung (z. B. durch einen Sachverständigen) einen Dritten weiterbauen bzw. die Mängel beseitigen läßt (OLG Düsseldorf BauR 1980, 289) und auf diese Weise hinreichend eindeutige Feststellungen im Rahmen der Beweisaufnahme unmöglich macht. Das gilt um so mehr, als er durchweg mit einem vorher durchgeführten Beweissicherungsverfahren seine berechtigten Interessen wahren kann.

B. Gewährleistung bei Bauleistungen nach Probe (Nr. 2)

I. Allgemeines

Eine **Leistung** oder eine Herstellung **nach Probe** ist dem **gesetzlichen Werkvertragsrecht fremd;** jedenfalls sind hierüber in den §§ 631 ff. BGB keine besonderen Bestimmungen enthalten. Lediglich das **Recht des Kaufvertrages** enthält in § 494 BGB eine **Regelung für den Kauf nach Probe.** Hiernach sind bei einem Kauf nach Probe oder nach Muster die Eigenschaften der Probe oder des Musters als zugesichert anzusehen. Da es sich in der **Grundstruktur um das gleiche** handelt und lediglich die Vertragstypen, allerdings mit darauf zurückzuführenden beachtlichen Unterschieden, andere sind, ergibt sich zwischen § 494 BGB (Kaufvertrag) und § 13 Nr. 2 (Leistungen nach Probe) **dieselbe Folge,** daß nämlich die **Eigenschaften der Probe als zugesichert gelten.** Es handelt sich um einen **Unterfall einer vertraglich zugesicherten Eigenschaft** (vgl. hierzu oben Rdn. 116 ff.). Die Zusicherung anhand der Probe oder nach Muster ist hier so zu verstehen, als ob die ihnen innewohnenden und durch sie zum Ausdruck kommenden **Eigenschaften** (vgl. dazu Rdn. 116 ff.) **wörtlich in den Vertrag aufgenommen worden wären.** Das bedingt aber grundsätzlich, im Vertrag, hier vor allem in der Leistungsbeschreibung, auch festzulegen, ob – ausgerichtet nach dem von der betreffenden Probe bzw. dem Muster umfaßten Leistungsrahmen – **alle** für den Wert der Bauleistung maßgebenden oder ob nur einzelne Eigenschaften (wie z. B. die Färbung oder die Oberflächenstruktur, vgl. BGH Betrieb 1966, 415) zugesichert werden sollen. Ist dazu im Vertrag nichts gesagt, wird man im allgemeinen **ersteres annehmen müssen.**

II. Zeitpunkt der Festlegung der Leistung nach Probe

Die bauvertragliche Pflicht, eine Leistung oder einen Teil derselben nach Probe oder nach einem Muster auszuführen, kann zu **Beginn oder im Verlauf der auf Abschluß des Bauvertrages gerichteten Verhandlungen** festgelegt werden. Das ergibt sich aus Teil A § 9 Nr. 4 Abs. 2 sowie aus Teil A § 21 Nr. 1 Abs. 4 und Teil A § 22 Nr. 3 Abs. 3. Sind die dort im Rahmen des Vergabeverfahrens vorgesehenen Voraussetzungen erfüllt, ist **im Zweifel** anzunehmen, daß die betreffenden Proben oder Muster **im Zeitpunkt des Vertragsabschlusses** mit zum **Gegenstand der bauvertraglichen Absprachen** gemacht worden sind und von Beginn an eine vertragliche Zusicherung einer Eigenschaft vorliegt, **die sich aus der Art und Weise und der Beschaffenheit der Probe selbst ergibt.** Gleiches gilt, wenn der spätere Auftragnehmer bei einer Leistungsbeschreibung nach Leistungsprogramm von sich aus unter Bezugnahme auf Proben oder Muster anbietet oder diese dem Angebot beifügt (Teil A § 10 Nr. 10 ff.) und der Auftraggeber dieses Angebot annimmt.

Die VOB hat aber **auch dem Umstand Rechnung** getragen, daß Proben nach den Erfahrungen der Praxis nicht selten erst **nach Vertragsabschluß vorgelegt werden,** insbesondere dann, wenn der Bauvertrag zunächst gewisse Einzelheiten noch nicht enthält, z. B. die Farbe und die Beschaffenheit der Tapeten, des Außenputzes, der Fußböden. Deshalb ist in Satz 2 die Regelung getroffen worden, daß **auch die Eigenschaften der Proben (oder Muster) als zugesichert gelten, die erst nach Vertragsabschluß als solche anerkannt worden sind.** Diese Anerkennung kann zeitlich so lange geschehen, bis mit der Ausführung der Leistung oder des Leistungsteils **begonnen** wird. Wesentlich ist, den Begriff „als solche anerkannt" richtig zu erfassen. Es genügt dabei **nicht, daß lediglich** die Probe oder das Muster **vorgelegt und die Ausführung auf der Grundlage der Probe festgelegt** worden ist. Vielmehr muß noch der **Wille** der Vertragspartner – vornehmlich des Auftraggebers – **hinzukommen,** daß die der Entschließung zugrunde gelegte Probe nach ihrer Art und Beschaffenheit **für die richtige Bauausführung maßgebend** sein soll und daß der Auftragnehmer sich nach dieser Probe **zu richten** hat. Also ist die **bloß informatorische Vorlage** von Proben und Mustern, um den Auftraggeber über die verschiedenen Einsatzmöglichkeiten eines Werkstoffes **zu beraten, noch keine Zusicherung.** Anders ist es, wenn es um die **genaue Festlegung der artbestimmenden bzw. individualisierenden Eigenschaften** geht und davon der **Bestellerwille** des Auftraggebers **abhängig ist** (vgl. KG NJW 1974, 1954).

III. Mangel bei Nichtübereinstimmung mit Proben

171 Entspricht die spätere Bauausführung **nicht der Probe oder dem Muster,** handelt es sich um einen **Leistungsmangel.** Es entstehen dadurch **Erfüllungs- bzw. Gewährleistungsansprüche** des Auftraggebers gegenüber dem Auftragnehmer. Allerdings gilt hier eine **Ausnahme.** Kraft **ausdrücklicher** und insoweit von § 633 Abs. 1 BGB (vgl. auch Rdn. 127 f.) abweichender **vertraglicher Bestimmung in Nr. 2 Satz 1** ist ein **Anspruch des Auftraggebers nicht** gegeben, wenn es sich um **Abweichungen** handelt, die **nach der Verkehrssitte als bedeutungslos anzusehen** sind. Liegen nur solche **geringfügigen Abweichungen vor, muß der Auftraggeber sie hinnehmen,** ohne hieraus Rechte zu seinen Gunsten herleiten zu können. Hierüber **entscheidet** nicht die subjektive Auffassung eines der Vertragspartner, sondern die **objektive Sicht** der mit dem hier maßgebenden Baugeschehen sowohl auf der Auftragnehmer- als auch auf der Auftraggeberseite **vertrauten Kreise.** Entscheidend ist hier, ob durch die Abweichung eine Verschlechterung der Qualität oder des Wertes, letzteres vor allem auch unter Berücksichtigung des vom Auftraggeber zum Ausdruck gebrachten **Bestellerwillens hinsichtlich der Nutzung und des Erscheinungsbildes** der Leistung, eingetreten ist. Man wird dann von einer nach der Verkehrssitte bedeutungslosen Abweichung von der Probe bzw. vom Muster nur in **recht engen Grenzen** sprechen können. Wenn der Auftragnehmer schon Proben bzw. Muster unter bindender vertraglicher Vereinbarung (vgl. Rdn. 170) vorlegt oder annimmt, dann muß er sich auch **grundsätzlich daran halten.**

IV. Mangel der Probe selbst

172 **Möglich ist auch,** was Nr. 2 nicht erwähnt, **daß bereits die Probe oder das Muster selbst** einen **versteckten,** also einen objektiv nicht ohne weiteres erkennbaren **Mangel,** insbesondere einen **Fehler in der Beschaffenheit,** aufweist und daß dieser auch **auf die Leistung übertragen wird.** Dann ist es zunächst von Bedeutung, ob die Probe vom Auftraggeber oder vom Auftragnehmer herrührt. Stammt sie vom Auftraggeber, ist **Teil B § 4 Nr. 3 oder § 13 Nr. 3** entsprechend anzuwenden, also der Auftragnehmer nur wegen ihm **vorwerfbarer Verletzung einer ihm obliegenden Prüfungs- und Hinweispflicht** verantwortlich oder mitverantwortlich zu machen; vgl. Rdn. 174 ff. Stammt die Probe vom Auftragnehmer, hat er **grundsätzlich** für den Leistungsmangel **einzustehen** (vgl. hierzu Staudinger/Werner Anm. 1 f zu § 494 BGB; RGZ 99, 249; RG DR 1942, 1160; Hereth/Ludwig/Naschold Teil B § 13 Ez. 13.116). Die Vertragspartner können aber vereinbaren, daß der Auftragnehmer für solche versteckten Mängel nicht haften, sondern daß die Probe schlechthin maßgebend sein soll (vgl. RGZ 95, 45). Handelt es sich um deutlich erkennbare Fehler der Probe und läßt der Auftraggeber sich trotzdem darauf ein, so entfällt sein Erfüllungs- bzw. Gewährleistungsanspruch

(BGH Betrieb 1957, 66). Im Falle einer arglistigen Täuschung haftet stets derjenige Vertragspartner, dem die Täuschung zuzurechnen ist.

V. Beweislast

Die **Darlegungs- und Beweislast** im Rahmen der Gewährleistung für die Vereinbarung der Leistung nach Probe bzw. Muster, die Nichtübereinstimmung von Probe bzw. Muster mit der erbrachten Leistung sowie die Identität zwischen der jetzt vorgelegten Probe (bzw. Muster) mit derjenigen, die dem Vertrag als zugesicherte Eigenschaft zugrunde liegt, hat nach der Abnahme der **Auftraggeber** (vgl. RG JW 1910, 938; Palandt/Putzo § 494 BGB Anm. 3), davor der Auftragnehmer (vgl. Rdn. 163 ff.).

C. Die Befreiung des Auftragnehmers von der Gewährleistungspflicht (Nr. 3)

I. Allgemeines

Der **Auftragnehmer hat grundsätzlich** für die von ihm geschuldete Bauleistung auch noch **nach der Abnahme** einzustehen und dafür **Gewähr zu leisten.** Unter Berücksichtigung anderer, für die Zeit **bis zur Abnahme** maßgeblicher bauvertraglicher Vorschriften der VOB (z. B. Teil B § 4 Nr. 1–3) ist es aber **nicht gerechtfertigt, dem Auftragnehmer ausnahmslos und immer jedes sich aus Teil B § 13 Nr. 1 und 2 ergebende Risiko aufzubürden.** Vielmehr kann seine **Gewährleistungspflicht nur so weit gehen, wie er für seine Leistungspflicht auch schon vor der Abnahme die Verantwortung trägt,** er insbesondere hinsichtlich der Erfüllung dieser Verpflichtung nicht nachteilig durch **Einwirkung des Auftraggebers** bzw. Personen, für die der Auftraggeber gegenüber dem Auftragnehmer als **seinen Erfüllungsgehilfen** verantwortlich ist, einschließlich derer, die im Rahmen der Bauerrichtung ihren **eigenen Vertrag mit dem Auftraggeber** haben (Architekt, andere Unternehmer), beeinflußt wird (vgl. dazu auch Ganten, Pflichtverletzung und Schadensrisiko im privaten Baurecht, S. 133). **Aus diesem Grunde** ist **Nr. 3** geschaffen worden, **die den Auftragnehmer unter bestimmten Voraussetzungen von der Gewährleistungspflicht befreit** und das Risiko der mangelfreien Leistungsausführung ausnahmsweise dem Auftraggeber zuweist. Insoweit ist eine **Abgrenzung aus dem Bereich der Zumutbarkeit** geschaffen, was seine **entscheidende Grundlage in § 242 BGB** hat. Dazu kann man zur Begründung weniger auf die Schutzzwecklehre (so Nicklisch in Nicklisch/Weick Teil B § 13 Rdn. 48) zurückgreifen, da es sich hier nicht um die Begründung der Haftung und die Schadensfolgen handelt, sondern um die **Freistellung von einer grundsätzlich gegebenen Haftung** (zutreffend Kaiser, Mängelhaftungsrecht, Rdn. 128 Fn. 2). Weil es hier im Kern um eine Verlagerung des normalerweise beim Auftragnehmer liegenden Risikos geht, sind die **Ausnahmebestimmungen der Nr. 3 zwangsläufig eng auszulegen** (BGH BauR 1975, 421; BGH NJW 1977, 1966 = BauR 1977, 420 = SFH § 13 Nr. 3 VOB/B Nr. 1).

1. Voraussetzung für eine Haftungsbefreiung ist es, daß der **Leistungsmangel auf Vorgänge zurückzuführen ist, die aus dem in Nr. 3 umgrenzten Bereich des Auftraggebers** stammen. Die **Beweislast hierfür liegt beim Auftragnehmer, da er sich von seiner grundsätzlichen Gewährleistungspflicht nach Teil B § 13 Nr. 1 und 2 zu entlasten hat** (ebenso BGHZ 61, 42 = LM § 4 VOB/B Nr. 2 = BGH BauR 1973, 313 = BB 1973, 1002 = NJW 1973, 1972 = VersR 1973, 937 = SFH Z 2.414 Bl. 308 = Anm. Fenge JR 1974, 66). Vgl. auch Rdn. 206.

2. Nr. 3 zählt im einzelnen auf, welche Vorgänge aus dem Bereich des Auftraggebers für die Befreiung des Auftragnehmers von seiner Gewährleistungspflicht in Betracht kommen können: a) die (vom Auftraggeber aufgestellte) **Leistungsbeschreibung,** b) die – gegebenenfalls sonstigen – **Anordnungen des Auftraggebers,** c) die vom Auftraggeber gelieferten

Stoffe oder Bauteile, d) die vom Auftraggeber vorgeschriebenen Stoffe oder Bauteile, e) die Beschaffenheit der Vorleistungen anderer Auftragnehmer. Dabei handelt es sich im wesentlichen um eine **Angleichung** an die Regelung in **Teil B § 4 Nr. 3** (vgl. dazu im einzelnen Teil B § 4 Rdn. 182 ff.). **Diese Aufzählung möglicher Haftungsbefreiungstatbestände zugunsten des Auftragnehmers ist abschließend und keiner ausdehnenden Auslegung zugänglich.** Dabei ist Voraussetzung, daß sich die genannten Maßnahmen des Auftraggebers auf das **normalerweise** vom Auftragnehmer **ohnehin** ausdrücklich oder stillschweigend auch ohne sie zu übernehmende Risiko auswirken, **also adäquat kausal darauf zurückgehen, ohne daß dazu eine ausdrückliche oder stillschweigende Risikoübernahme durch den Auftragnehmer erforderlich ist** (zu weitgehend daher die hier in der 10. Auflage vertretene Auffassung, wonach eine gefahrerhöhende Auswirkung verlangt wurde, vgl. dazu im einzelnen Teil B § 4 Rdn. 182 ff., so daß auch Nicklisch in Nicklisch/Weick Teil B § 4 Rdn. 48; Fischer S. 135, 136 sowie OLG Frankfurt BauR 1983, 156 = NJW 1983, 456 = SFH § 13 Nr. 1 VOB/B Nr. 2 nicht zu folgen ist; dazu zutreffend OLG Köln SFH § 13 Nr. 3 VOB/B Nr. 7; Siegburg Festschrift Korbion, 1986, S. 411, 417 ff.; Kaiser, Mängelhaftungsrecht, Rdn. 128; vgl. dazu auch Jagenburg NJW 1982, 2412, 2415; ähnlich Festge ZfBR 1984, 6; Marbach ZfBR 1984, 9; Vygen, Bauvertragsrecht Rdn. 452; Medicus ZfBR 1984, 155).

177 Zu den verschiedenen Möglichkeiten der Haftungsbefreiung für den Auftragnehmer vgl. Teil B § 4 Rdn. 261 ff. Zwar ist in Teil B § 13 Nr. 3 der **letzte Halbsatz aus Teil B § 4 Nr. 3 nicht erwähnt.** Das wirkt sich aber entgegen Siegburg (Festschrift Korbion, 1986, S. 411, 425 f.) **nicht in den Fällen zum Nachteil des Auftragnehmers aus, in denen er seine Prüfungs- und Hinweispflichten verletzt hat,** weswegen – nach Siegburg (a. a. O.) – hier § 9 Abs. 1 AGB-Gesetz in Betracht kommen könnte. Einmal sind AGB – wie insbesondere auch die VOB/B – auslegungsfähig. Des weiteren ist zu berücksichtigen, daß Grundlage für die Regelung in Teil B § 13 Nr. 3 die Bestimmung in Teil B § 4 Nr. 3 ist, und zwar ihrem **gesamten Inhalt nach.** Es mag unglücklich formuliert sein, wenn Teil B § 13 Nr. 3 ausdrücklich nur den Fall erwähnt, in dem eine völlige Haftungsbefreiung des Auftragnehmers die Folge ist. Daraus ist aber sicher **nicht zu schließen,** daß die Verfasser der VOB/B bewußt jene Fälle **ausschließen** wollten, in denen **nur eine teilweise Haftungsbefreiung** bei im übrigen gegebener und bleibender Verantwortung des Auftragnehmers in Betracht kommt. Andernfalls wäre dies eine **grobe Mißachtung** der grundlegenden Regelung des **§ 254 BGB,** was sicher nicht gewollt ist.

178 Beruht der Mangel teilweise auf einem oder mehreren der in Nr. 3 genannten und dem Auftraggeber zuzurechnenden Umständen, teilweise auf einer dem Auftragnehmer ohnehin nach Nr. 1 und/oder Nr. 2 anzulastenden nachlässigen Ausführung, so ist, sofern der Auftragnehmer sonst seine in §§ 4 Nr. 3, 13 Nr. 3 festgelegten Pflichten erfüllt hat, die Haftung anteilig nach §§ 242, 254 BGB je nach dem Grad der Mitverursachung festzulegen (vgl. OLG Saarbrücken NJW 1970, 1192 = BB 1970, 1417; OLG Hamm BauR 1988, 481).

179 3. Wie sich aus dem Wortlaut der §§ 633 ff. BGB ergibt, sind **im Werkvertragsrecht des BGB keine der Nr. 3 entsprechenden ausdrücklichen Regelungen** über die Befreiung des Auftragnehmers von seiner Gewährleistungspflicht enthalten. Jedoch handelt es sich hier um einen dem zivilen Vertragsrecht innewohnenden **allgemeingültigen Grundsatz, der ebenso wie im Falle von Teil B § 4 Nr. 3 aus dem Grundsatz von Treu und Glauben (§ 242 BGB) auch für die nach dem BGB ausgerichteten Bauverträge Gültigkeit hat** (vgl. dazu Teil B § 4 Nr. 3 Rdn. 182 ff. und die dort mitgeteilte neuere Rechtsprechung). Daher hat die **Rechtsprechung** schon früher für den Bereich der § 633 ff. BGB unter bestimmten Voraussetzungen Ausnahmen von der Gewährleistungshaftung des Unternehmers zugelassen, z. B. **wenn der Mangel auf die Beschaffenheit einer Vorleistung eines anderen Unternehmers** zurückzuführen ist. In einem solchen Fall hat der mit seiner vertraglichen Leistung darauf aufbauende, später zum Einsatz kommende Unternehmer für einen bei seiner Leistungserstellung **infolge der fehler-**

haften Vorleistung sozusagen zwangsläufig auftretenden weiteren oder neuen Mangel nur einzustehen, wenn ein Fachmann den Mangel der Vorarbeit hätte erkennen können, vgl. BGH LM § 633 BGB Nr. 3; vgl. vor allem Teil B § 4 Rdn. 182 ff. und 236 ff. Auch kann der Besteller keine Mängelansprüche erheben, wenn dem Hersteller der Nachweis gelingt, daß der Mangel auf die **Beschaffenheit eines vom Besteller gelieferten Stoffes bzw. Bauteiles oder auf Anweisungen des Bestellers zurückzuführen ist.** Dabei ist allerdings die **Frage mitentscheidend,** ob dem Unternehmer nach den Umständen des Einzelfalles nach Treu und Glauben eine **Prüfungspflicht** hinsichtlich der Vorleistung des anderen Unternehmers oder des vom Besteller gelieferten mangelhaften Stoffes bzw. Bauteiles oder im Falle von unrichtigen Anweisungen als Mangelursache eine sachgemäße **Aufklärungspflicht** gegenüber dem Besteller obgelegen hat (vgl. auch Staudinger/Riedel § 633 BGB Anm. 22; Soergel/Mühl § 633 BGB Rdn. 24, 34; Moos NJW 1961, 157, 158; im einzelnen vor allem Siegburg, Festschrift Korbion, 1986, S. 411, 413 ff.). Das Gesagte muß **auch für jene Fälle** gelten, in denen der Leistungsmangel adäquat-kausal auf die **von Auftraggeberseite aufgestellte Leistungsbeschreibung oder sonstige Anordnungen** aus diesem Bereich zurückzuführen ist (OLG Celle NJW 1960, 102; OLG München MDR 1960, 399; insbesondere Nicklisch, Festschrift f. Bosch, 1976, 731 ff.; Siegburg a. a. O., beide m. w. N.).

Dazu siehe besonders auch Teil B § 4 Rdn. 187 ff. Eine **Haftungsbefreiung** des Unternehmers aus dem hier letztlich maßgebenden Gesichtspunkt von **Treu und Glauben** kann sich bei **Beachtung gebotener Vorsicht** gerade für den Bereich des nach den §§ 631 ff. BGB ausgerichteten Bauvertrages allerdings **nur auf ganz bestimmte Einzelfälle beschränken** (vgl. auch Rdn. 174).

4. Die VOB berücksichtigt im wesentlichen die Grundsätze, wie sie von der Rechtsprechung und Rechtslehre als allgemeingültig für das Werkvertragsrecht aufgestellt worden sind, indem sie die **anerkannten Ausnahmetatbestände** in Teil B § 13 Nr. 3 aufgenommen hat (vgl. auch BGH BauR 1977, 420 = NJW 1977, 1966 = BB 1978, 1236 = LM VOB/B Nr. 93 = MDR 1978, 131 = SFH § 13 Ziff. 3 VOB/B Nr. 1). Siehe dazu auch Schmidt NJW 1966, 1494. Wegen des rechtlichen Zusammenhangs folgt daraus zugleich:

Hat der Auftragnehmer die in Teil B § 4 Nr. 3 festgelegten Pflichten verletzt und bestehen für den Auftraggeber die damit verbundenen Nachteile und Schäden über die Abnahme hinaus fort, so hat der Auftragnehmer – wie sich aus Teil B § 13 Nr. 3 ergibt – nach der Abnahme nach Maßgabe des § 13 Nr. 5–7 grundsätzlich Gewähr zu leisten.

II. Die Haftungsbefreiungstatbestände im einzelnen

1. Mangel der Leistungsbeschreibung

Zunächst kommt eine Befreiung des Auftragnehmers von der Gewährleistung in Betracht, wenn der betreffende **Mangel auf die Leistungsbeschreibung zurückzuführen** ist. Es muß sich um eine **vom Auftraggeber** bzw. von seinem **Architekten** grundsätzlich entsprechend Teil A § 9 Nr. 3–9 sowie der DIN 18 299 ausnahmsweise im Rahmen von Teil A § 9 Nr. 11 (vgl. dazu Teil A § 9 Rdn. 131–147) **aufgestellte** Leistungsbeschreibung handeln, **die zum Gegenstand des Bauvertrages** gemacht worden ist. Dabei ist dies im Sinne einer **Anordnung** zu verstehen (vgl. Rdn. 184 ff.), da die vom Auftraggeber bzw. seinem Erfüllungsgehilfen ausgestellte Leistungsbeschreibung das Verlangen zu einer bestimmten Ausführung darstellt (Flach, Die VOB/B und das Leitbild des gesetzlichen Werkvertragsrechtes, S. 177; Siegburg, Festschrift Korbion, 1986, S. 411, 425). Hat der Auftragnehmer selbst das Leistungsverzeichnis aufgestellt, wie z. B. auch nach Teil A § 9 Nr. 12 (vgl. dazu Teil A § 9 Rdn. 148–158), oder hat er **sonstige Bauunterlagen selbst angefertigt** (z. B. Werkzeichnungen, Verlegepläne, Materialaufstellungen) **oder von dritter Seite beschafft, und führt er die Leistung danach** aus, so ist er für deren Ordnungsgemäßheit ohnehin nach Teil B § 13 Nr. 1 oder 2 in Verbindung mit § 4 Nr. 2 verantwortlich. Die hier erörterte Nr. 3 ist dann nicht anwendbar, da sie nur den Fall im Auge hat, daß der Auftragnehmer das ausführt, was ihm vom Auftraggeber vorgeschrieben worden ist (vgl. BGH, Urt. vom 15. 3. 1971 – VII ZR 153/69 –; BGH BauR 1975, 278 = NJW 1975, 1217 = MDR 1975, 657 = BB 1975, 989 = SFH Z 2.410 Bl. 70 = LM VOB/B Nr. 74). Deshalb **scheidet eine Haftungsbefreiung nach Nr. 3 regelmäßig auch dort aus,** wo die Bestimmung des Leistungsinhaltes durch **gemeinsame Erörterung zwischen Auftraggeber und Auftragnehmer ohne dessen hinreichenden Vorbehalt erfolgt ist.**

182 Allein nach dieser allgemeinen Abgrenzung kann man dem Auftragnehmer allerdings **nicht schon eine Befreiung von der Gewährleistung zugestehen, wenn er sich auch grundsätzlich auf die Richtigkeit** und Vollständigkeit des vom Auftraggeber bzw. dessen Erfüllungsgehilfen (Architekt, Statiker usw.) stammenden Leistungsbeschriebs verlassen kann (vgl. Teil A § 9 Rdn. 1). Denn er hat grundsätzlich eine **Prüfungspflicht.** Er muß nachprüfen, ob die Angaben in ihren Einzelheiten wie auch nach ihrem Gesamtbild **technisch einwandfrei und zur Erreichung der Bauabsicht tauglich** sind, ob sie insbesondere den anerkannten Regeln der Technik, vor allem dabei auch den Anforderungen in den DIN-Normen, entsprechen (BGH BauR 1975, 420; OLG Celle BauR 1984, 522 mit Anm. Reim im Hinblick auf eine nicht den DIN 18 337 und 18 195 Teil 4 entsprechende Ausschreibung waagerechter Abdichtung von Wänden gegen aufsteigende Feuchtigkeit). Diese **Prüfungspflicht** hat jedoch ihre **Grenzen in der Fachkenntnis,** die von einem ordnungsgemäßen Auftragnehmer (vgl. Teil A § 2 Nr. 1 Satz 1) des maßgebenden Berufszweiges verlangt werden kann und muß (vgl. auch BGH BauR 1977, 420 = NJW 1977, 1966 = BB 1978, 1236 = LM VOB/B Nr. 93 = MDR 1978, 131 = SFH § 13 Ziff. 3 VOB/B Nr. 1). Dabei spricht allerdings schon recht viel für eine entsprechende, beim Auftragnehmer vorauszusetzende Kenntnis dadurch, daß er sich um den betreffenden Bauauftrag beworben und ihn auch erhalten hat. Innerhalb dieses Rahmens muß der Auftragnehmer Überlegungen vor der Abgabe seines Angebotes, **spätestens aber vor der Ausführung der Leistung bzw. des betreffenden Leistungsteiles** anstellen. Sonst entspricht es **nicht Treu und Glauben,** einen Auftragnehmer von seiner Verantwortlichkeit **zu befreien,** da er im Rahmen seiner bauvertraglichen **Verpflichtungen gehalten** ist, den **Auftraggeber vor Schaden zu bewahren** (vgl. auch Schmidt MDR 1963, 263, 265). Ist der Leistungsbeschrieb z. B. ungenau, ergibt sich jedoch aus dem erkennbaren Verwendungszweck, daß das genannte Material dazu ungeeignet ist (z. B. Kalksandstein für äußere – frostbeständige – Verblendung), so muß der Auftragnehmer Bedenken geltend machen, dabei auch etwaige Zweifel rechtzeitig klären (vgl. BGH SFH § 13 Ziff. 3 VOB/B Nr. 2).

183 Zu den hier wesentlichen Gesichtspunkten siehe vor allem Teil B § 4 Rdn. 205 ff.

Die Prüfungspflicht ist im übrigen **unabhängig von der Anzeigepflicht** nach Teil B § 4 Nr. 3, da sie grundsätzlich immer besteht (a. A. Siegburg, Festschrift Korbion, 1986, S. 411, 425, der jedoch übersieht, daß einer Pflicht zur Anzeige logischerweise zunächst eine Prüfung voranzugehen hat). Die Anzeigepflicht wird nur in dem Falle ausgelöst, in dem dem Auftragnehmer **Bedenken gegen die Leistungsbeschreibung zumindest kommen müssen.**

2. Mangel durch Anordnungen des Auftraggebers

184 Eine Befreiung des Auftragnehmers von der Gewährleistungshaftung ist weiter möglich, wenn der **Leistungsmangel auf Anordnungen des Auftraggebers,** z. B. nach Teil B § 4 Nr. 1 Abs. 3 und 4, **beruht.** Das gilt vor allem auch hinsichtlich der Planung des vom Auftraggeber als seines Erfüllungsgehilfen beauftragten und zu entsprechenden Anordnungen befugten Architekten (vgl. dazu Teil B § 4 Rdn. 205 ff.; zutreffend dazu Siegburg, Festschrift Korbion, 1986, S. 411, 414 f.). Es ist auch hier ein Gebot der Billigkeit, dem Auftragnehmer

eine Entlastungsmöglichkeit zu verschaffen, wenn aufgrund von solchen Handlungen der Auftraggeberseite ein Mangel entsteht. Das ist nicht zuletzt auch in Teil B § 4 Nr. 3, letzter Halbsatz, zum Ausdruck gekommen.

Zum **Begriff „Anordnung"** vgl. Teil B § 4 Rdn. 65 f., aber auch Teil B § 4 Rdn. 205 ff. Daher kann z. B. nicht schon von Anordnung gesprochen werden, wenn sich die Bauausführung wegen schleppender Fertigstellung anderer Gewerke ohne Verschulden des Auftraggebers verzögert (BGH BauR 1977, 420 = NJW 1977, 1966), und zwar auch dann nicht, wenn es infolge der Unterbrechung durch unbekannte chemische Einflüsse zu einem Mangel kommt (a. a. O.). Kommen für die Ausführung nur bestimmte Materialien in Betracht, läßt der Auftraggeber dem Auftragnehmer aber im einzelnen die freie Wahl, so liegt auch keine Anordnung vor (BGH SFH Z 2.414 Bl. 219). Andererseits ist eine Anordnung aber auch darin zu erblicken, daß der Auftraggeber dem Auftragnehmer die Einschaltung eines namentlich benannten, bestimmten Nachunternehmers vorschreibt (zutreffend Nicklisch in Nicklisch/Weick Teil B § 13 Rdn. 55; vgl. dazu Teil A Anh. Rdn. 151 ff.).   185

Auch in dem hier erörterten Rahmen hat der Auftragnehmer die erwähnte **Prüfungspflicht** in dem für ihn gebotenen Umfang (vgl. Rdn. 181 ff.). Dabei hat er grundsätzlich auch daran mitzuwirken, daß das durch den Architektenplan festgelegte Erscheinungsbild des Baues nicht beeinträchtigt wird (LG Mönchengladbach VersR 1971, 187 für den Fall der Unregelmäßigkeit von Fensteranordnungen).   186

Ist die Planung auf Bedenken des Auftragnehmers hin **geändert worden, so muß er erneut prüfen, ob hierdurch eine mangelfreie Leistung** erstellt werden kann (BGH WM 1974, 220; BGH SFH Z 2.414 Bl. 288). Hat er wiederum Bedenken oder muß er solche aufgrund der ihm abzuverlangenden Fachkenntnis haben, muß er erneut den Auftraggeber darauf hinweisen (a. a. O.).   187

Siehe hier **insbesondere auch** Teil B § 4 Rdn. 205 ff.   188

3. Mangel durch vom Auftraggeber gelieferte Stoffe oder Bauteile

Ist der **Leistungsmangel auf vom Auftraggeber gelieferte Stoffe oder Bauteile** zurückzuführen, verbleibt **grundsätzlich die Verantwortlichkeit beim Auftraggeber,** vgl. dazu BGH SFH Z 2.401 Bl. 21. Allerdings wird der Auftragnehmer nicht schon allein deswegen freigestellt, weil die Lieferung vom Auftraggeber erfolgt ist. Vielmehr obliegt ihm in für ihn jeweils zumutbarem Rahmen auch hier eine eigene **Prüfungspflicht** (so auch Künzel BlGBW 1961, 230). Hinsichtlich des Umfanges gilt das in Rdn. 181 ff. und **vor allem Teil B § 4 Rdn. 225 ff.** Gesagte entsprechend. Gerade weil es entscheidend auf das **beim Auftragnehmer vorauszusetzende Fachwissen** ankommt, der Auftragnehmer sich kraft der von ihm zu verlangenden Ausbildung und Kenntnisse durchweg unter den Stoffen und Bauteilen auskennen muß, kann hier seine Prüfungspflicht für den Regelfall **nicht gering zu veranschlagen** sein. Allerdings geht sie in ihrem Umfang normalerweise nicht über das Prüfen durch Besicht (vgl. dazu OLG Stuttgart BauR 1975, 56), Betasten, Nachmessen usw. hinaus, es sei denn, es ergeben sich im Einzelfall nähere Anhaltspunkte für die Notwendigkeit genauerer Prüfung. Der Auftragnehmer braucht deshalb im allgemeinen kein „Taschenlabor" mit sich zu führen.   189

4. Mangel durch vom Auftraggeber vorgeschriebene Stoffe oder Bauteile

Der Auftragnehmer ist auch von der Gewährleistung befreit, wenn der **Mangel der Leistung auf Stoffe oder Bauteile zurückzuführen** ist, die **vom Auftraggeber vorgeschrieben** worden sind. Hier liegt der gleiche Gedanke, wie in Rdn. 189 erwähnt, zugrunde. Der Begriff „Vor-   190 schreiben" setzt aber ein **eindeutiges, Befolgung heischendes Verlangen des Auftraggebers** voraus, das dem Auftragnehmer keine Wahl mehr läßt (vgl. BGHZ 91, 206 = BauR 1984, 510 = NJW 1984, 2457 = SFH § 13 Nr. 5 VOB/B Nr. 7 = BB 1984, 2021 = Betrieb 1984, 2553 = ZfBR 1984, 222; OLG Köln SFH § 13 Nr. 3 VOB/B Nr. 7). Das **bloße Einverständnis** des Auftraggebers mit einem bestimmten Baustoff oder Bauteil, wie z. B. hinsichtlich einer bestimmten Bestellnummer, Farbe oder einer bestimmten Bezugsquelle **genügt** dafür **allein noch nicht** (BGH SFH Z 2.414 Bl. 219; BGH NJW 1973, 754 = BauR 1973, 188; BGH BauR 1975, 421 = SFH Z 2.400 Bl. 58). In der zuletzt genannten Entscheidung hat der BGH mit Recht zum Ausdruck gebracht, daß **kein Anlaß** besteht, die **Ausnahmebestimmung in VOB/B § 13 Nr. 3 weit auszulegen,** weil die Gewährleistungsregelung in VOB/B § 13 im wesentlichen dem § 633 BGB entspricht (vgl. dazu Rdn. 102–112). Somit muß der Auftraggeber **ganz bestimmte** Baustoffe, Bauteile oder Bezugsquellen **ohne Ausweichmöglichkeit für den Auftragnehmer** vorgeschrieben haben (so auch OLG Saarbrücken BauR 1970, 109, 110 = NJW 1970, 1192 = OLGZ 1971, 164; OLG Düsseldorf SFH § 4 Nr. 3 VOB/B Nr. 5; OLG Köln a. a. O.), etwa dadurch, daß diese unausweichlicher Bestandteil des Planungskonzeptes sind (vgl. OLG Hamm BauR 1988, 481, 482). Die Forderung nach einem **Werkstoff als solchem** (z. B. Hartfaserplatten, Zement, Schieferdeckung usw.) reicht daher im allgemeinen nicht aus. Die Voraussetzungen sind dagegen in der Regel gegeben, wenn eine ganz bestimmte Materialmarke oder ein für sich alleinstehendes Fabrikat oder eine bestimmte Bezugsquelle ganz deutlich und ohne Einschränkung verlangt wird, vgl. hierzu LG Hamburg „Teka-Stein" (SFH Z 2.400 Bl. 15 ff.). So genügt es, wenn dem Auftragnehmer die Verwendung braun engobierter Flachdachpfannen aus einer bestimmten Ziegelei vorgeschrieben wird, wenn diese Ziegel in der gewünschten Art und Güte nicht von jeder Ziegelei hergestellt werden (BGH BauR 1973, 188 = NJW 1973, 754 = Betrieb 1973, 663 = SFH Z 2.410 Bl. 57 = BlGBW 1973, 139 = BB 1973, 539 = MDR 1973, 489 = WM 1973, 1057 = LM VOB/B Nr. 60). Gleiches gilt für das Vorschreiben eines bestimmten Materials zur Fassadenverkleidung (OLG Düsseldorf a. a. O.) oder zur Dachabdichtung (OLG Köln a. a. O. – Trocal-Folie).

191 Das Vorschreiben wird im allgemeinen **schon in der Leistungsbeschreibung** erfolgen (ebenso OLG Düsseldorf a. a. O.; OLG Köln a. a. O.). Es kann aber auch **noch nach Vertragsabschluß** geschehen, insbesondere durch **Anordnungen** des Auftraggebers oder eines seiner für den Bereich von Teil B § 4 Nr. 1 Abs. 3 bevollmächtigten Vertreters (wie hier Heiermann/ Riedl/Rusam/Schwaab Teil B § 13 Rdn. 20 d). Aber auch hier besteht eine Prüfungspflicht des Auftragnehmers im vorangehend (Rdn. 189 und 181 ff.) genannten Rahmen. Soweit Kaiser, Mängelhaftungsrecht, Rdn. 132 Fn. 24 meint, ein Vorschreiben nach Vertragsabschluß komme nur auf der Grundlage von Teil B § 1 Nr. 3 oder 4, nicht aber nach Teil B § 4 Nr. 1 Abs. 3 in Betracht, weil sonst die Entschließungsfreiheit des Auftragnehmers unzulässig beeinträchtigt werde, trifft dies zunächst schon deswegen nicht zu, weil hier in der Regel nur der in Teil B § 1 Nr. 3 geregelte Fall in Betracht kommt, der insofern im Hinblick auf einen Eingriff in die Entschließungsfreiheit des Auftragnehmers keinen ersichtlichen Unterschied zu Teil B § 4 Nr. 1 Abs. 3 ausmacht. Überdies und vor allem dürfte entscheidend sein, daß dem Auftragnehmer etwaige veränderte oder zusätzliche Vergütungsansprüche nach Teil B § 2 Nr. 5 und 6 auch dann zustehen, wenn die Ursache für die veränderte oder die zusätzliche Leistung aus dem Bereich von Teil B § 4 Nr. 1 Abs. 3 kommt.

192 Zu den Vertretern des Auftraggebers in dem hier erörterten Bereich zählt vor allem auch der mit der Planung, Vorbereitung der Vergabe, Mitwirkung bei der Vergabe sowie Objektüberwachung beauftragte **Architekt** des Auftraggebers. So gehört es zu den in einem Architektenvertrag übernommenen Pflichten des Architekten, auch die fachgerechte Auswahl und Prüfung der für den Bau **bestimmt vorgesehenen** Materialien (Redpine-Dielen als Außenverkleidung eines Bauwerkes, vgl. LG Düsseldorf SFH Z 3.01 Bl. 240 ff.) vorzunehmen. Der

Architekt hat auch eine Erkundigungspflicht, wenn er nicht hinreichende Fachkenntnisse im Einzelfall besitzt. Verletzt er sie, geht dies im bauvertraglichen Verhältnis zwischen Auftraggeber und Auftragnehmer nicht selten zu Lasten des Auftraggebers, **jedenfalls im Rahmen des § 254 BGB**. So darf sich der Architekt angesichts des von ihm empfohlenen Teakholzes für Türen und Fenster nicht auf angebliche Fachkenntnisse des ausführenden Unternehmers verlassen. Er muß sich vielmehr dann selbst um die Auswahl des richtigen Holzes kümmern. Fehlen ihm die erforderlichen Kenntnisse, muß er sich durch einen Sachverständigen beraten lassen, um den Bauherrn vor Schaden zu bewahren (BGH SFH Z 2.414 Bl. 103 und Z 3.01 Bl. 177).

Die **Befreiung des Auftragnehmers** von der Verantwortlichkeit für vom Auftraggeber vorgeschriebene Baustoffe oder Bauteile **regelt sich allein nach den in Teil B § 13 Nr. 3 angeführten Voraussetzungen.** Sie kann also auch eintreten, wenn das betreffende Material ausnahmsweise – etwa aufgrund eines Herstellungsfehlers – nicht die sonst übliche Beschaffenheit besitzt, also das Produkt an sich mängelfrei ist, das betreffende Einzelstück jedoch nicht (z. B. gelieferte Dachziegel entgegen dem sonst Üblichen nicht frostbeständig sind); auch hier kommt es allein darauf an, ob der Auftragnehmer im Einzelfall die in Teil B § 4 Nr. 3 vorgeschriebene Prüfungs- und Mitteilungspflicht gehabt und erfüllt hat (so mit Recht BGH BauR 1973, 188 = NJW 1973, 754 = Betrieb 1973, 663 = SFH Z 2.410 Bl. 57 = BlGBW 1973, 139 = BB 1973, 539 = MDR 1973, 489 = WM 1973, 1057 = LM VOB/B Nr. 60; OLG Stuttgart BauR 1975, 56, 57; a. A. Nicklisch in Nicklisch/Weick Teil B § 13 Rdn. 50, der jedoch im Hinblick auf den Begriff „zurückzuführen" übersieht, daß es hier allein auf die Verursachung im Ausgangspunkt und eine damit bereits verbundene Risikoübernahme ankommt; wie hier Kaiser, Mängelhaftungsrecht, Rdn. 132; Medicus ZfBR 1984, 155, 160, 161). Der Auftragnehmer ist also von seiner Verantwortung nur frei, wenn er die ihm obliegenden Prüfungs- und Mitteilungspflichten **erfüllt hat** oder wenn er **ausnahmsweise im Einzelfall nach dem bei ihm vorauszusetzenden Fachwissen nicht in der Lage war, den Fehler des ihm vorgeschriebenen Materials zu erkennen** (vgl. dazu OLG Düsseldorf SFH § 4 Nr. 3 VOB/B Nr. 5; ferner OLG Köln SFH § 13 Nr. 3 VOB/B Nr. 7; OLG Hamm BauR 1988, 481).

193

Eine etwaige Prüfungs- und Mitteilungspflicht ist vom Auftragnehmer in dem in Rdn. 189 und 181 ff. gekennzeichneten Rahmen wahrzunehmen.

Der Auftragnehmer hat Veranlassung zur Klage gegeben (§ 93 ZPO), wenn der **begründete Verdacht** besteht, daß die von ihm verwendeten Baustoffe oder Bauteile mangelhaft sind, der Auftraggeber deswegen die Zahlung der Vergütung verweigert, sich dieser Verdacht jedoch im Prozeß nicht bestätigt (zutreffend OLG Köln MDR 1973, 593).

194

5. Mangel durch Vorleistungen anderer Unternehmer

Eine Befreiung des Auftragnehmers von der Gewährleistungshaftung kann auch in Betracht kommen, wenn der **Leistungsmangel auf Vorleistungen eines oder mehrerer anderer Auftragnehmer zurückzuführen ist** (vgl. dazu näher Teil B § 4 Rdn. 234 ff.).

195

Der hier verwendete Begriff der Vorleistung bezieht sich auf Vorarbeiten eines anderen, am gleichen Objekt tätigen Unternehmers, wozu auch der **sogenannte Eigenleistungen erbringende Auftraggeber** rechnen kann (auch OLG München NJW-RR 1987, 854). Es muß dabei **in technischer Hinsicht ein natürlicher Sachzusammenhang** zwischen der Vorleistung und der Vertragsleistung des Auftragnehmers bestehen; letztere muß auf der ersteren **aufbauen,** oder erstere muß jedenfalls die **sachlich- technische Grundlage** für letztere sein. Die Vorleistung muß mangelhaft sein, und die Folgen dieser Mangelhaftigkeit müssen sich auf die spätere Leistung des Auftragnehmers in dem Sinne übertragen, daß diese **dadurch selbst** mangelhaft wird. Das kann z. B. der Fall sein, wenn das Betonfundament und das darauf aufgebaute Mauerwerk von zwei verschiedenen Auftragnehmern errichtet werden. Ist das Betonfundament des Vorunternehmers nicht ordnungsgemäß, bietet es z. B. nicht den notwendigen Halt und treten deshalb Risse im später erbauten Mauerwerk auf, obwohl es als solches an sich ordnungsgemäß errichtet ist, handelt es sich um einen Mangel, der **durch** die Vorleistung entstanden ist. Dasselbe gilt, wenn sich z. B. der Bitumenanstrich, über den Fliesen an sich mängelfrei verlegt worden sind, nach Beendigung dieser Arbeiten als nicht ordnungsgemäß erweist, vgl. BGH SFH Z 2.410 Bl. 13 f.

196 Die Haftungsbefreiung des Auftragnehmers muß ausscheiden, wenn er nicht nach Maßgabe des in Rdn. 181 ff. umschriebenen Rahmens geprüft hat und er als **Fachmann den Mangel der Vorarbeit in für ihn zumutbarer Weise hat erkennen können,** BGH SFH Z 2.41 Bl. 1 ff. Er muß nämlich grundsätzlich **darauf hinwirken, daß die seiner Arbeit dienenden Vorarbeiten anderer Handwerker zwecksentsprechend ausgeführt werden und einwandfreies Material dazu angeliefert wird** (vgl. BGH BB 1956, 321 = NJW 1956, 787 = SFH Z 2.401 Bl. 1). Entgegen der bisher hier vertretenen Auffassung kann sich der Auftragnehmer allerdings grundsätzlich **nicht allein schon deswegen auf eine Mitverantwortlichkeit des Auftraggebers berufen, weil der vorleistende Unternehmer Erfüllungsgehilfe des Auftraggebers im Verhältnis zu ihm sei** (vgl. dazu Teil B § 6 Rdn. 128 ff.).

197 Wegen der **ausnahmsweisen Hinweispflicht** des Auftragnehmers hinsichtlich der Leistung **nachfolgender** Unternehmer s. Teil B § 4 Rdn. 234 ff.

III. Weitere Haftungsbefreiungsvoraussetzungen

198 Um eine Befreiung des Auftragnehmers in den vorbezeichneten Fällen (Rdn. 181–197) von seiner Gewährleistungspflicht eintreten zu lassen, muß aber **noch hinzukommen:**

1. Bestehen der Mitteilungspflicht

199 a) Bereits aus Rdn. 181–197 und Teil B § 4 Nr. 3 (vgl. dort Rdn. 246 ff.) ergibt sich als Voraussetzung für den Bereich von Teil B § 13 Nr. 3, daß der **Auftragnehmer Bedenken hatte oder bei für ihn zumutbarer ordnungsgemäßer Prüfung hätte bekommen müssen. Das ist Voraussetzung für die Auslösung der Mitteilungspflicht.** Wenn also der Auftragnehmer keine Bedenken hatte und diese dem Auftraggeber deswegen auch nicht mitgeteilt, oder wenn er zwar Bedenken gehabt, diese aber nicht ordnungsgemäß an den Auftraggeber weitergegeben hatte, so ist, falls aufgrund des bei ihm **vorauszusetzenden Fachwissens eine Prüfungs- und damit zugleich Mitteilungspflicht bestanden hat,** der Schluß zu ziehen, daß eine **Befreiung des Auftragnehmers** von der Gewährleistung **nicht** zum Zuge kommt.

200 b) Hat der **Auftragnehmer Bedenken,** insbesondere gegen die **Anordnungen des** bauplanenden oder bauleitenden **Architekten,** bekommen, hat er durchweg eine **Mitteilungspflicht** nach Teil B § 4 Nr. 3. Er darf dann nicht schweigen und sich **grundsätzlich nicht darauf verlassen, daß ein Architekt vorhanden ist** (vgl. hierzu auch KG SFH Z 2.410 Bl. 21 ff.). Darüber hinaus gibt es Fälle, in denen der Auftragnehmer sich **nicht einmal durch die bloße Mitteilung seiner Bedenken an den Architekten** (hinsichtlich des Architekten vgl. Teil B § 4 Rdn. 258 f.) **oder den Auftraggeber entlasten kann,** z. B. wenn er die **sichere Erkenntnis** hat, daß sich nicht nur der Architekt, sondern auch der Auftraggeber den **berechtigten Bedenken verschließen** und die geforderte Art der Bauausführung nach seinen Erfahrungen zu erheblichen Mängeln oder sonstigen Schäden führen wird. Dann ist vom Auftragnehmer **zusätzlich** zu verlangen, daß er die **Leistung verweigert,** um die Befreiung nicht nur von der Gewährleistung, sondern von der Haftung allgemein zu erlangen (vgl. BGH SFH Z 2.40 Bl. 1 ff.; vgl. hierzu auch Teil B § 4 Rdn. 265). Dann tritt die Haftungsbefreiung erst ein, wenn der

Auftragnehmer einen **Verzicht des Auftraggebers auf Ansprüche aus dem Auftreten solcher Schäden erwirkt** (vgl. hierzu OLG Düsseldorf SFH Z 2.414 Bl. 31 ff.) **oder jedenfalls versucht hat, einen solchen zu erreichen, da ihm nach Treu und Glauben in der hier gegebenen Situation nicht mehr zugemutet werden kann** (insoweit zutreffend OLG Düsseldorf BauR 1988, 478, 480 = SFH § 9 VOB/B Nr. 5 = NJW-RR 1988, 210). Das gilt **erst recht**, wenn der Auftragnehmer in einem solchen Fall die ihm obliegende Prüfung und Mitteilung überhaupt unterlassen oder jedenfalls nicht vertragsgerecht ausgeführt hat. Dann kann er sich im allgemeinen **nicht einmal auf ein mitwirkendes Verschulden des Auftraggebers bzw. dessen Architekten als Erfüllungsgehilfen** (vgl. Teil B § 4 Rdn. 268 ff.) **berufen**, weil dem der **Grundsatz von Treu und Glauben entgegensteht** (BGH NJW 1973, 518 = BauR 1973, 190 = VersR 1973, 348 = SFH Z 3.00 Bl. 245 = BB 1973, 360 = Betrieb 1973, 616 = WM 1973, 395 = BlGBW 1973, 138 = MDR 1973, 403 = LM VOB/B Nr. 59; vgl. auch OLG München NJW-RR 1987, 854).

c) Andererseits:

Zu denken ist aber auch an den Fall, in dem der Auftraggeber selbst oder sein bevollmächtigter Vertreter den **Mangel** oder die Gefahr des Mangels **erkannt hat** oder jedenfalls **eher als der Auftragnehmer hätte erkennen können oder müssen.** Das ist vor allem anzunehmen, wenn der **Auftraggeber** – besonders auf einem baulichen Spezialgebiet – **selbst Fachmann ist** oder er einen gerade mit den **speziellen Fachkenntnissen ausgestatteten bauleitenden Architekten oder einen Sonderfachmann** beschäftigt. Bei einem solchen Auftraggeber oder Architekten bzw. Sonderfachmann ist im allgemeinen davon auszugehen, daß er über die gerade hier erforderlichen besonderen Kenntnisse verfügt und seine **Anordnungen nach sorgsamer Überlegung und Prüfung** trifft. Jedenfalls wird man es dem Auftragnehmer zubilligen müssen, daß er sich dann **bis zu einem gewissen Grade** auf die Anordnungen des Auftraggebers oder bauleitenden Architekten bzw. Sonderfachmannes **verlassen** kann und ihm daher insoweit weder eine eigene **besondere** Prüfungspflicht noch eine Mitteilungspflicht nach Teil B § 4 Nr. 3 aufzubürden ist. Ist dann ein Mangel auf eine Anordnung des Auftraggebers oder des bauleitenden Architekten bzw. Sonderfachmannes zurückzuführen und ist diese von Teil B § 13 Nr. 3 erfaßt (vgl. Rdn. 184 ff.), wird man **ausnahmsweise** den Auftragnehmer von seiner an sich bestehenden Gewährleistung befreien müssen. Das gilt jedoch **nur für einen verhältnismäßig engen Bereich. Die Grenze liegt dort, wo das in dem betreffenden Fall erforderliche Wissen des Auftraggebers, des Architekten oder des Sonderfachmannes hinter der vorauszusetzenden speziellen handwerklichen Kenntnis und Erfahrung des Auftragnehmers zurücktritt oder nicht höher zu veranschlagen ist.** Sicher kann sich der Auftragnehmer dem Auftraggeber gegenüber zu seiner Entlastung auf die Anordnungen des Auftraggebers oder bauleitenden Architekten bzw. Sonderfachmannes **nicht** berufen, wenn es auf **handwerkliche und sonstige fachliche,** vom Auftraggeber, Architekten oder Sonderfachmann **nicht** zu erwartende Spezialkenntnisse ankommt. Dann hat der Auftragnehmer u. a. auch darauf hinzuwirken, daß seiner Arbeit dienende Vorarbeiten anderer Handwerker zweckentsprechend ausgeführt werden (vgl. hierzu BGH NJW 1956, 787 = SFH Z 2.401 Bl. 1). Das OLG Hamm (SFH Z 2.414 Bl. 37 ff.) hat z. B. mit Recht entschieden, daß der Auftragnehmer den Architekten auf die dem Bauwerk aus seiner Fundierung auf drei verschiedenen Bodenarten (natürlich gelagerter Faulschiefer, aufgeschütteter Faulschiefer mit Lehm durchsetzt, Fels) drohenden Gefahren hinzuweisen habe.

Im Ergebnis ist zu sagen, daß die Fälle, in denen bei einem – auch – fachkundigen Auftraggeber oder bei Einschaltung eines bauleitenden Architekten oder Sonderfachmannes seitens des Auftraggebers der fachkundige Auftragnehmer von seiner Gewährleistungshaftung befreit ist, eine im verhältnismäßig **engen Bereich liegende Ausnahme** bilden. Er wird, da er mit Arbeiten **seines Faches** befaßt wird und seine speziellen Kenntnisse oft größer sind als diejenigen mehr allgemeiner Art, insbesondere des Architekten, von seiner Prüfungs- und Mitteilungspflicht recht häufig nicht zu befreien sein.

203 d) **Schließlich:**

Von einer Mitteilungspflicht nach Teil B § 4 Nr. 3 ist der Auftragnehmer – allerdings in **seltener Ausnahme** – als befreit anzusehen, wenn der Auftraggeber **ohne weiteres in der Lage war, die Gefahr** des später eingetretenen Mangels vor der Leistungsausführung **zu erkennen**. Bei einem Auftraggeber, der Laie in bautechnischen Dingen ist, gilt das allerdings nur, wenn er **ohne jede Schwierigkeit mit diesem Mangel hat rechnen müssen,** diese Folge für ihn ganz **offen zutage getreten** ist. Hat z. B. der Auftraggeber ein bestimmtes eingebautes Material sich an zwei anderen Bauwerken angesehen und daraufhin dieses Material ausdrücklich zur Verwertung auch an seinem Bauvorhaben gefordert, entfällt eine spätere Gewährleistungshaftung des Auftragnehmers und insbesondere auch eine Mitteilungspflicht nach Teil B § 4 Nr. 3 dann, **wenn** der aufgetretene Mangel **bereits an den besichtigten Bauwerken vorhanden war und vom Auftraggeber entweder erkannt worden ist oder von ihm selbst als Laien mit Sicherheit hätte erkannt werden müssen** (vgl. hierzu LG Hamburg SFH Z 2.400 Bl. 15).

2. Inhalt und Form der Mitteilung

204 Die **Mitteilung** des Auftragnehmers muß **inhaltlich klar, vollständig und an den richtigen Adressaten gerichtet sein** (vgl. dazu im einzelnen Teil B § 4 Rdn. 246 ff.). Dabei hat der Auftragnehmer seine Verpflichtung erfüllt, wenn er die Bedenken dem Auftraggeber in ihrer **tatsächlichen Grundlage im Hinblick auf die konkrete Gefahr möglicher Mängel und Schäden mitgeteilt, ihm dies also deutlich vor Augen geführt hat.** Er hat dagegen nicht die zusätzliche Verpflichtung, den Auftraggeber über Abhilfemöglichkeiten zu belehren (vgl. OLG Celle NJW 1960, 102), sofern dieser selbst fachkundig (z. B. durch Architekten oder Ingenieur) beraten ist.

205 Nach Teil B § 4 Nr. 3 muß die **Mitteilung grundsätzlich schriftlich** erfolgen, um den Auftragnehmer von seiner Gewährleistungspflicht (Teil B § 13 Nr. 3) ganz oder teilweise zu entbinden. Der Gesichtspunkt von Treu und Glauben gebietet es jedoch, hiervon **Ausnahmen** zuzulassen, wenn die Mitteilung nicht in der in Teil B § 4 Nr. 3 vorgeschriebenen Schriftform erfolgt ist. Hat der Auftragnehmer dem Auftraggeber seine Bedenken **nur mündlich, aber eindeutig in zulässiger und erforderlicher Weise** mitgeteilt, kann ihm die **Möglichkeit,** sich bei eintretenden Mängeln nach Treu und Glauben auf **eine Mitverantwortung** des Auftraggebers (§ 254 BGB) oder sogar eine **Haftungsbefreiung zu berufen, nicht** generell verwehrt werden. **Vgl. dazu näher Teil B § 4 Rdn. 250 ff.** sowie insbesondere BGH NJW 1960, 1813 = BB 1960, 836 = SFH Z 2.400 Bl. 25 = MDR 1960, 1005; BGH LM § 4 VOB/B Nr. 2; BGH WM 1971, 682, 685; BGH NJW 1973, 518 = BauR 1973, 190 = VersR 1973, 348 = SFH Z 3.00 Bl. 245 = BB 1973, 360 = Betrieb 1973, 616 = WM 1973, 395 = BlGBW 1973, 138 = MDR 1973, 403 = LM VOB/B Nr. 59; BGH BauR 1975, 278 = NJW 1975, 1217 = MDR 1975, 657 = BB 1975, 989 = SFH Z 2.410 Bl. 70 = LM VOB/B Nr. 74.

3. Beweislast

206 Zur Beweislast für den Rahmen von Teil B § 13 Nr. 3 gelten die für Teil B § 4 Nr. 3 maßgebenden Regeln **entsprechend** (vgl. Teil B § 4 Rdn. 204 und Rdn. 260).

IV. Vertragliche Sonderregelungen

Möglicherweise kommt eine **Gewährleistungshaftung** des Auftragnehmers **nicht** in Betracht, **wenn** sie kraft ausdrücklicher und von Teil B § 4 Nr. 3 und § 13 Nr. 3 abweichender **individualvertraglicher** Bestimmung **im Sinne einer deutlich festgelegten Haftungsbefreiung ausgeschlossen** ist, was **in diesem Rahmen** als **zulässig** angesehen werden kann. Dann handelt es sich nämlich um eine die durch Teil B § 4 Nr. 3 und § 13 Nr. 3 festgelegte erweiterte Gewährleistung einengende Regelung, **ohne daß dadurch die sonstige normale Gewährleistung des Auftragnehmers berührt wird,** diese bleibt also aufrechterhalten. Soweit das **AGB-Gesetz in Betracht** kommt (vgl. Teil A § 10 Rdn. 77 ff.), kann bei einer entsprechenden, die vorgenannten erweiterten Pflichten des Auftragnehmers ausschließenden Klausel **nicht** von einem **Verstoß gegen § 11 Nr. 10 a des AGB-Gesetzes** gesprochen werden. Auch wird ein solcher Ausschluß im allgemeinen nicht der Generalklausel in § 9 AGB-Gesetz zuwiderlaufen. Die durch Teil B §§ 4 Nr. 3, 13 Nr. 3 erweiterten Pflichten des Auftragnehmers haben ihre **eigentliche Ursache in Handlungen oder Unterlassungen aus dem Bereich des Auftraggebers** (vgl. Rdn. 175), weshalb eine entsprechende Ausschlußklausel zugunsten des Auftragnehmers grundsätzlich nicht als gegen Treu und Glauben verstoßend angesehen werden kann. Das gilt erst recht für Vertragsklauseln, durch die kein Ausschluß, sondern lediglich eine Einengung der sich aus Teil B §§ 4 Nr. 3, 13 Nr. 3 ergebenden Pflichten des Auftragnehmers festgelegt wird.

207

Eine von den genannten Vertragsbestimmungen abweichende Regelung ist in entsprechender Anwendung von Teil A § 10 Nr. 4 Abs. 2 in die Besonderen Vertragsbedingungen aufzunehmen. Sofern sich der Ausschluß nur auf Teile der in Teil B §§ 4 Nr. 3, 13 Nr. 3 festgelegten Pflichten bezieht, muß dies in der vertraglichen Sonderregelung **klar abgegrenzt zum Ausdruck** kommen. Ähnliches gilt, wenn sich die Sondervereinbarung auf bestimmte Teile der vertraglichen Leistung erstrecken soll. Gerade auch hier muß der Auftragnehmer besonderen Bedacht darauf nehmen, daß der Leistungsteil genau abgegrenzt bezeichnet wird. Dem Auftragnehmer ist es zu empfehlen, einen auf Teil B § 13 Nr. 3 bezogenen Gewährleistungsausschluß im Bauvertrag zu vereinbaren, wenn die von ihm verlangte Leistung oder ein bestimmter Teil derselben im Hinblick auf die in Teil B § 4 Nr. 3 festgelegten Verpflichtungen als besonders risikovoll zu bezeichnen ist. Allerdings kommt es immer darauf an, ob und inwieweit der Auftraggeber diesem Verlangen auf Haftungsbeschränkung stattgibt, da diese **wirksam nur durch eine vertragliche Vereinbarung** zustande kommen kann, **nicht aber durch eine bloß einseitige Erklärung des Auftragnehmers.** Vgl. dazu BGH SFH Z 2.413 Bl. 15 ff.; dort hat der BGH den Fall behandelt, daß durch den Bauvertrag ausdrücklich die Haftung des Auftragnehmers für Regenschäden ausgeschlossen ist.

208

Zur Vereinbarung einer **über den Rahmen von Teil B § 13 Nr. 3 hinausgehenden Verpflichtung des Auftragnehmers** gilt das in Teil B § 4 Rdn. 219 und **insbesondere dort Rdn. 182 ff.** Gesagte.

209

V. Drittschadensliquidation

Soweit eine Risikoverlagerung im Bereich von Teil B § 13 Nr. 3 auf den Auftraggeber eintritt, kann diese häufig nicht dem Nachunternehmer oder Lieferanten des Auftragnehmers zugute kommen, die an sich gewährleistungspflichtig sind. Danach wird man hier nach den Grundsätzen der **Schadensliquidation im Drittinteresse** (vgl. dazu auch Teil A Anh. Rdn. 123 ff.; Teil B § 6 Rdn. 141 ff.; § 10 Rdn. 15 ff.; Teil B § 13 Rdn. 58 ff.) dem Auftragnehmer das Recht zugestehen müssen, Gewährleistungsansprüche des Auftraggebers gegen die betreffenden Dritten geltend zu machen (insoweit zutreffend Nicklisch in Nicklisch/Weick Teil B § 13 Rdn. 62; vgl. Kaiser, Mängelhaftungsrecht, Rdn. 97 b; Schlechtriem ZfBR 1983, 103, 104; auch Locher/Löffelmann NJW 1982, 970 scheinen dem nicht zu widersprechen; a. A.

210

wohl Werner/Pastor Rdn. 1180); dem steht die für den Bereich der Drittschadensliquidation durchaus gebotene enge Auslegung (vgl. dazu Feudner BauR 1984, 257) nicht entgegen. Der Auftraggeber selbst kann solche Ansprüche nur gegen Abtretung durch den Auftragnehmer geltend machen, worauf er Anspruch hat (Larenz, Schuldrecht Allg. Teil, § 27 IV b).

Dritter Abschnitt: Die Gewährleistungsfristen (Teil B § 13 Nr. 4; Nr. 5 Abs. 1 Satz 2 und 3) und ihr Lauf

A. Vorbemerkung

211 Die in Teil B § 13 Nr. 4 geregelten **Verjährungsfristen gelten für alle Gewährleistungsansprüche,** soweit sie in einem **VOB-Bauvertrag** vorgesehen sind, also für die in Nr. 5 Abs. 1 Satz 1 und Abs. 2, 6 und 7 im einzelnen aufgeführten oder daraus abgeleiteten Ansprüche. **Daneben** finden sich aber von Nr. 4 abweichende **Sonderregelungen für besondere Gewährleistungsfälle** in Nr. 5 Abs. 1 Satz 2 und 3 sowie in Nr. 7 Abs. 3.

212 Die in **Nr. 4 festgelegten Fristen gelten auch für jene Fälle,** in denen es sich ursprünglich um einen auf **Teil B § 4 Nr. 7** beruhenden Anspruch handelt, die Bauleistung **zwischenzeitlich abgenommen** worden ist und sich der Anspruch **inhaltlich** mit einem solchen aus Teil B § 13 **deckt** (BGH NJW 1971, 99 = BB 1970, 1508 = VersR 1971, 135 = BauR 1971, 51 = SFH Z 2.414 Bl. 215 ff.). Die kurzen **Fristen der Nr. 4** sind nach erfolgter Abnahme **auch maßgebend,** wenn entstandene Mängel darauf beruhen, daß der **Auftragnehmer gegen das Verbot in Teil B § 4 Nr. 8 Abs. 1,** eigenmächtig an Nachunternehmer zu vergeben, **verstoßen und der Nachunternehmer mangelhaft geleistet hat** (BGHZ 59, 323 = NJW 1973, 38 = MDR 1973, 42 = JZ 1973, 28 = BB 1972, 1428 = BauR 1973, 46 = LM § 639 BGB Nr. 12 = SFH Z 2.414 Bl. 291). Auch kommen diese Fristen bei einem VOB-Vertrag zur Anwendung, wenn die Parteien durch individualvertragliche Vereinbarung die Voraussetzungen oder den Umfang der Gewährleistung (ganz oder teilweise) anders als in Teil B § 13 Nr. 1–3, 5–7 geregelt haben, jedoch eine von Nr. 4 abweichende Absprache nicht getroffen worden ist (vgl. dazu BGH BlGBW 1972, 117). **Anders** ist es jedoch, und die gesetzlichen Gewährleistungsfristen des § 638 BGB kommen zur Anwendung, **wenn das AGB-Gesetz eingreift** (vgl. Teil A § 10 Rdn. 77 ff.) und – insbesondere durch Zusätzliche Vertragsbedingungen – von den genannten Vorschriften oder anderer Bestimmungen der VOB/B abweichende Vertragsbedingungen dergestalt gestellt worden sind, daß von der **Ausgewogenheit des Gesamtvertragswerkes der VOB/B nicht mehr gesprochen werden kann, weil sie nicht „als Ganzes" vereinbart worden ist** (vgl. dazu näher Teil A § 10 Rdn. 131 ff.). Zur Vereinbarung der VOB/B in Bauträgerverträgen vgl. Teil A § 1 Rdn. 31 f.

213 Zu beachten ist immer: Die kurze Verjährungsfrist der **Nr. 4** kommt **nur für solche Gewährleistungsansprüche** in Betracht, die ihre **Ursache in der Ausführung der Leistung selbst bis zur Abnahme haben.** Sie sind daher **nicht** auf **Ansprüche** zugeschnitten, **die erst nach Abnahme entstehen,** insbesondere infolge schuldhafter Verletzung von Nebenpflichten durch den Auftragnehmer **(positiver Vertragsverletzung),** etwa bei der Untersuchung und Beseitigung später zutage getretener Baumängel, bei der Wahrung von Gewährleistungsrechten des Auftraggebers und bei seiner späteren Beratung; insoweit ist die Frist des § 195 BGB maßgebend (vgl. BGHZ 71, 144 = BauR 1978, 235 = BB 1978, 1437 = NJW 1978, 1311 = SFH § 633 BGB Nr. 1 = MDR 1978, 656 = LM § 633 BGB Nr. 31 Anm. Girisch = VersR 1978, 565 = Betrieb 1978, 1688).

B. Allgemeine Grundlagen

I. Kein automatischer Verlust von Gewährleistungsansprüchen

Weder das **gesetzliche Werkvertragsrecht des BGB** noch die **Allgemeinen Vertragsbedingungen der VOB,** allerdings mit Ausnahme des von § 640 Abs. 2 BGB erfaßten Sachverhaltes (Abnahme eines Werkes in Kenntnis des Mangels; vgl. dazu Teil B § 12 Rdn. 38 ff.), sowie der sich aus der Nichtbeachtung von Teil B § 12 Nr. 4 Abs. 1 Satz 4 und Nr. 5 Abs. 3 ergebenden Folge (Abnahme der Bauleistung ohne Vorbehalt der bekannten Mängel), legen fest, daß die Gewährleistungsansprüche des Auftraggebers ganz oder teilweise zu einem **bestimmten Zeitpunkt ein Ende** finden.

214

Ein Endzeitpunkt mit der **Folge automatischen Wegfalls** des Anspruchs ist sowohl dem Gesetz als auch den Allgemeinen Vertragsbedingungen grundsätzlich **unbekannt,** es sei denn, daß entweder der Auftragnehmer einen eindeutig erklärten **Verzicht** des Auftraggebers auf die Geltendmachung von Gewährleistungsansprüchen im Wege einer **vertraglichen Vereinbarung** erwirkt hat oder daß nach dem Verhalten des Auftraggebers eine **Verwirkung** der Gewährleistungsansprüche angenommen werden muß.

II. Verwirkung eines Gewährleistungsanspruches

Von **Verwirkung** kann nur gesprochen werden, wenn im Einzelfall die Ausübung des Gewährleistungsrechts als Verstoß gegen Treu und Glauben angesehen werden muß, sie sich also als **unzulässige Rechtsausübung** darstellt. Das ist der Fall, wenn der Auftragnehmer aus dem bisherigen – wenn auch unabsichtlichen –, **über eine längere Zeit andauernden** Verhalten des Auftraggebers hat entnehmen müssen, daß dieser den Gewährleistungsanspruch **nicht mehr geltend machen will,** der Auftragnehmer also mit dem Anspruch **nicht mehr zu rechnen brauchte und sich in seiner Wirtschaftsführung darauf einrichten durfte und auch eingerichtet hat** (vgl. hierzu RGZ 159, 106, ferner RGZ 144, 22 und RG in JW 1938, 3295; BGHZ 9, 1, 5; BGH MDR 1969, 473 = SFH Z 2.331 Bl. 75 ff.). Im allgemeinen kann das aber nur sein, wenn außergewöhnlich lange Gewährleistungsfristen vereinbart worden sind. In der Regel kommt eine Verwirkung der Gewährleistungsansprüche daher nur in ganz seltenen Ausnahmen in Betracht. Vgl. auch Teil B § 2 Rdn. 91 ff.

215

III. Verzicht auf Gewährleistungsansprüche; Stillhalteabkommen; Musterprozeß; außergerichtlicher Vergleich

Zunächst ist festzuhalten, daß die Parteien für Gewährleistungsansprüche **nicht** von vornherein den **Ausschluß der Verjährung vereinbaren können,** weil dies dem § 225 BGB entgegensteht. Ist das doch geschehen, so tritt an die Stelle des nichtigen Verjährungsausschlusses nicht die 30jährige Verjährung, sondern die gesetzliche Verjährung des § 638 BGB (vgl. BGH BauR 1988, 465 = SFH § 208 BGB Nr. 4 = NJW 1988, 1259). Andererseits können die Vertragspartner – also vor allem der Auftraggeber – im Wege einer **Individualvereinbarung** durch einen **Erlaßvertrag (§ 397 BGB) auf Gewährleistungsansprüche verzichten.** Dies **muß nicht schon bei Vertragsabschluß vereinbart** werden, vielmehr kann es noch nachträglich geschehen. Auch bedarf es **keiner ausdrücklichen Verzichtserklärung,** insbesondere des Auftraggebers, sondern es **genügt** ein entsprechendes, den **Verzichtswillen klar zum Ausdruck bringendes Verhalten.** So liegt z. B. ein hinreichend klar zum Ausdruck gebrachter Verzichtswille des Auftraggebers oft dann vor, wenn er sich bereit erklärt, dem Auftragnehmer die **Nachbesserungsarbeiten voll und gesondert zu vergüten** (vgl. dazu BGH SFH Z 3.01 Bl. 336; BGH BauR 1981, 383 = NJW 1981, 1779 = SFH § 13 Ziff. 5 VOB/B Nr. 15 = Betrieb 1981, 1924 = MDR 1981, 1004 = LM § 13 VOB/B [A] Nr. 9 = ZfBR 1981, 169). Dann kann der Auftraggeber hinsichtlich des ursprünglichen Mangels auch **keine weiteren Gewährleistungsan-**

216

sprüche – also Minderung oder Schadensersatz – geltend machen. **Andererseits ist ein Verzicht auf Gewährleistungsansprüche in AGB nicht möglich, wie sich zwingend aus § 11 Nr. 10 a AGB-Gesetz ergibt, sofern der Auftragnehmer Verwender der AGB ist.** Das gilt im Hinblick auf § 9 AGB-Gesetz auch für den kaufmännischen Bereich. Zum Verzicht auf Gewährleistungsansprüche vgl. auch Teil A § 13 Rdn. 47 ff.

217 Der Verzicht, der individualvertraglich gerade hinsichtlich der Geltendmachung der Gewährleistungsansprüche auch schon vor Ablauf der Verjährungsfrist vereinbart werden kann (vgl. Bülow NJW 1971, 2254), weil dies dem § 225 BGB nicht entgegenstünde, kann auch durch **Festlegung eines Zeitraumes befristet** werden oder nur **bis zum Eintritt eines bestimmten Ereignisses.** Dieses ist dann grundsätzlich als **Stillhalteabkommen** (pactum de non petendo) mit der Wirkung der **Hemmung der Verjährung** nach § 202 BGB anzusehen (vgl. BGB LM § 202 BGB Nr. 3, 5; BGHZ 58, 103 = BauR 1972, 179 = NJW 1972, 525 = JZ 1972, 285 = BB 1972, 419 = LM § 208 BGB Nr. 7 Anm. Rietschel = Betrieb 1972, 527).

218 Ein Stillhalteabkommen kann auch in **Verhandlungen** der Bauvertragspartner **zwecks außergerichtlicher Klärung strittiger Fragen** liegen (OLG Hamm SFH Z 2.310 Bl. 32; s. ferner BGH SFH Z 2.415.2 Bl. 15 = BauR 1977, 346; dort auch zur Frage, welche Überlegfrist nach endgültigem Scheitern von Vergleichsverhandlungen zuzubilligen ist [§ 242 BGB], ohne daß sich der andere Vertragspartner auf einen zwischenzeitlichen Ablauf der Gewährleistungsfrist berufen kann). Folgerichtig gilt dies auch, wenn die Parteien die Einholung eines **Schiedsgutachtens** über die vom Auftraggeber gerügten Mängel vereinbaren; dann **dauert die Hemmung der Verjährung an,** bis das Gutachten vorliegt oder die Parteien die Abrede einverständlich aufheben (OLG Hamm NJW 1976, 717 = MDR 1976, 578). Das gilt auch, wenn es ausschließlich Sache des Auftraggebers oder des Auftragnehmers als jeweiligen Gläubigers ist, den Schiedsgutachter zu beauftragen; auch dann ist zum Schutz des Vertragspartners (Schuldners) von einer unangemessenen Verlängerung der Verjährungsfrist für eine entsprechende Anwendung des § 220 Abs. 2 BGB in dem Sinne kein Raum, daß die Verjährung nur gehemmt wird, wenn sich die Erstattung des Schiedsgutachtens nicht aus in der Person des Gläubigers liegenden Gründen verzögert, da der andere Vertragspartner nicht gehindert ist, seinerseits den Schiedsgutachter zu beauftragen oder den Schiedsgutachtenvertrag bei unangemessener Verzögerung der Beauftragung des Schiedsgutachters zu kündigen, abgesehen davon, daß in einem solchen Falle auch der Schiedsgutachtenvertrag aus Treu und Glauben (§ 242 BGB) unwirksam wäre, der Gläubiger sich jedenfalls nicht darauf berufen könnte (OLG Hamm BauR 1983, 374 = MDR 1982, 933).

219 Für die Annahme eines Stillhalteabkommens reicht es demgegenüber **noch nicht,** wenn die Parteien über das Vorhandensein von Mängeln, ob sie beseitigt werden oder ob die Vergütung des Auftragnehmers bzw. Baubetreuers (Bauträgers) gemindert wird, **lediglich verhandeln** (BGHZ 72, 229 = BauR 1979, 59 = NJW 1979, 156 = BB 1978, 1693 = ZMR 1979, 10 = SFH § 196 Abs. 1 Nr. 1 BGB Nr. 1 = MDR 1979, 219 = Betrieb 1979, 88 = LM § 196 BGB Nr. 34 Anm. Girisch = JZ 1979, 30 = ZfBR 1979, 26).

220 Im Falle eines Stillhalteabkommens **gilt § 270 Abs. 3 ZPO entsprechend** (BGH NJW 1974, 1285). Hat demnach der Schuldner (hier Auftragnehmer) zunächst unbefristet auf die Geltendmachung der Verjährungseinrede verzichtet, so steht dem Gläubiger (hier Auftraggeber) von dem Zeitpunkt an, in dem er die Absicht des Schuldners, an dem Verzicht nicht mehr festhalten zu wollen, **zu erkennen in der Lage ist, nur noch eine angemessene, jedoch in aller Regel kurze Übergangsfrist zur Klageerhebung zur Verfügung** (BGH NJW 1978, 1256 = MDR 1978, 479 = VersR 1978, 521 = WM 1978, 415 = LM § 242 [Cb] BGB Nr. 11 a). Ist der Verzicht auf die Verjährungseinrede allerdings zeitlich genau befristet, so kann sie nach

Fristablauf erhoben werden, ohne daß dem der Einwand der unzulässigen Rechtsausübung entgegengesetzt werden kann (OLG Köln VersR 1976, 71).

Dem Gesagten ähnlich liegen auch jene Fälle, in denen die Parteien zwecks Vermeidung einer Vielzahl gleichgelagerter Prozesse vereinbaren, einen **Musterprozeß** zur Klärung der aufgetretenen Streitfragen zu führen und sich dann nach der erwarteten gerichtlichen Entscheidung zu richten. Eignet sich der in Lauf gesetzte Prozeß wegen während des Verfahrens unvorhergesehen aufgetretener Schwierigkeiten nicht als Musterprozeß, so kann der Beklagte einem weiteren Prozeß nicht mit der Einrede der Verjährung beggnen, weil dem Treu und Glauben entgegenstünde (BAG Betrieb 1975, 1464). 221

Ein Stillhalteabkommen kann auch in dem auf Vorschlag des Gerichts vereinbarten Abwarten bis zur Entscheidung aufgeworfener Rechtsfragen in einem bereits laufenden Revisionsverfahren liegen (BGH VersR 1979, 348).

Einigen sich Auftragnehmer und Auftraggeber darauf, daß über die streitige Frage, ob Mängel vorhanden sind, in einem **Beweissicherungsverfahren** ein Sachverständigengutachten eingeholt werden soll, so sind dann bis zur Vorlage des Gutachtens vorgenommene, auf die Verfolgung von Gewährleistungsansprüchen gerichtete Rechtshandlungen des Auftraggebers auch nach § 242 BGB wegen widersprüchlichen Verhaltens (venire contra factum proprium) unwirksam (OLG Hamm BauR 1982, 591). 222

Andererseits: 223

Einigen sich die Vertragspartner in einem **außergerichtlichen Vergleich** über die vom Auftragnehmer geschuldete Nachbesserung, so hat dies, wenn sich aus dem klar erkennbaren Parteiwillen nichts anderes ergibt (z. B. der Nachbesserungsanspruch bei Vergleichsabschluß schon verjährt war), **keine schuldumschaffende Wirkung;** demgemäß unterliegt der Anspruch des Auftraggebers auf Nachbesserung bzw. Kostenvorschuß weiterhin der Verjährung nach Teil B § 13 Nr. 4 – beim BGB-Bauvertrag nach § 638 BGB – (BGH BauR 1987, 692 = SFH § 13 Nr. 4 VOB/B Nr. 13 = WM 1987, 1256 = Kraus EWiR § 779 BGB 1/87, 1189 = NJW-RR 1987, 1426 = MDR 1988, 134 = BB 1988, 299 = ZfBR 1987, 273).

IV. Verzicht auf Geltendmachung der Verjährungseinrede

Von dem Verzicht auf Gewährleistungsansprüche (durch den Auftraggeber) ist der **Verzicht auf die Geltendmachung der Verjährungseinrede** (durch den Auftragnehmer) zu unterscheiden. Über dessen Voraussetzungen und Wirkungen vgl. Teil B § 2 Rdn. 86 ff.; die dort aufgeführten Grundsätze **gelten entsprechend auch für den Bereich der Gewährleistung.** 224

Ein vom Schuldner vor Ablauf der Verjährungsfrist ausgesprochener Verzicht auf die Einrede der Verjährung führt dazu, daß die abredewidrige Berufung auf die Verjährungseinrede als Rechtsmißbrauch behandelt wird (§ 242 BGB), solange der Schuldner nicht erklärt, er halte sich nicht mehr an seinen Verzicht gebunden (BGH VersR 1984, 689; BGH VersR 1986, 1080); gleiches gilt, wenn der Gläubiger den Anspruch innerhalb angemessener Zeit nach Auftreten begründeter Zweifel an der Fortdauer des Verzichtswillens gerichtlich geltend macht (OLG Hamm VersR 1983, 787). 225

Gerade auch hier kann durch ein Stillhalteabkommen ein Vertrauenstatbestand dahin erweckt werden, daß der Gläubiger aus dem Verhalten des Schuldners das Vertrauen gewinnen kann, er werde nicht Verjährung geltend machen, sondern sich auf sachliche Einwendungen beschränken; eine dennoch erhobene Verjährungseinrede verstößt dann gegen Treu und 226

Glauben, solange der Schuldner nicht erklärt, er halte sich nicht mehr an die „Verzichts-Erklärung" (BGH VersR 1982, 365 sowie a. a. O. S. 444; BGH VersR 1984, 689).

V. Grundlagen der Verjährungseinrede

227 Bei den in Rdn. 215 ff. genannten Ausnahmefällen handelt es sich aber um ausgesprochene **Sondertatbestände**, während in **aller Regel** (vgl. Rdn. 214) an sich von einem **zeitlich nicht begrenzten Bestehen der Gewährleistungsansprüche** ausgegangen werden muß. Um den Auftragnehmer jedoch nicht allzu lange Zeit mit Gewährleistungsansprüchen des Auftraggebers ohne eine deren Durchsetzbarkeit **ausschließende Verteidigungsmöglichkeit** zu belasten, gehen sowohl das Gesetz (§§ 638, 639 BGB) als auch die VOB (Teil B § 13 Nr. 4, 5 Abs. 1 Satz 2 und 3 sowie Nr. 7 Abs. 3) davon aus, daß die **Gewährleistungsansprüche** des Auftraggebers der **Verjährung unterliegen.**

228 Dieses Rechtsinstitut beruht auf dem **Grundgedanken der Herstellung des Rechtsfriedens.** Man geht von der allgemeinen Lebenserfahrung aus, daß Rechte, die eine gewisse Zeit nicht ausgeübt werden, keines Rechtsschutzes mehr bedürfen, selbst auf die Gefahr hin, daß der Anspruchsberechtigte dabei wirtschaftlich oder auch sonst einen Verlust erleidet. Die **Verjährung** bewirkt aber **nicht den Wegfall des Gewährleistungsanspruches** des Auftraggebers in der Weise, daß dieser nach dem betreffenden Zeitablauf **untergegangen** ist. Vielmehr gewährt der zeitliche Ablauf der Verjährungsfrist **dem Auftragnehmer lediglich die Befugnis, sich darauf im Wege einer Einrede zu berufen.** Sie gibt dem Auftragnehmer ein **Leistungsverweigerungsrecht,** wie sich aus § 222 Abs. 1 BGB ergibt. Dadurch wird dem Auftraggeber die **zwangsweise (klageweise) Durchsetzung** seines Gewährleistungsanspruches **unmöglich** gemacht, und er **muß sich mit dem gegenwärtigen Zustand zufriedengeben.** Vgl. dazu auch KG SFH Z 2.414 Bl. 101 f. Wegen der sich aus den §§ **639 Abs. 1, 478, 479 BGB** ergebenden **Ausnahmen** siehe Rdn. 434 ff.

229 Um die Wirkung des **Leistungsverweigerungsrechts** zu erreichen, müssen nicht nur die zeitlichen und sonstigen Voraussetzungen der Verjährung im Einzelfall eingetreten sein, sondern die **Einrede muß** auch **ordnungsgemäß** und hinreichend klar durch **einseitige empfangsbedürftige Willenserklärung** des Auftragnehmers gegenüber dem Auftraggeber **erhoben werden. Es liegt beim Auftragnehmer,** ob er sich auf die eingetretene Verjährung **berufen will.** Von Amts wegen, etwa durch das Gericht, ist eine Prüfung, Feststellung sowie Berücksichtigung der Verjährung ohne ausdrückliche Einrede des Auftragnehmers **nicht zulässig.** Ob die **Wirkungen der Verjährung** im Einzelfall **in Betracht kommen,** hängt demnach **allein von dem Willen des Auftragnehmers und seiner unmißverständlichen Äußerung dazu ab.** Grundsätzlich kann der Berechtigte – hier der Auftragnehmer – die Verjährungseinrede noch im Prozeß bis zur letzten mündlichen Verhandlung in der Tatsacheninstanz erheben; das gilt grundsätzlich auch dann, wenn die Verjährung bereits vor Prozeßbeginn eingetreten ist; auch insoweit kann die Verjährung noch in der Berufungsinstanz eingeredet werden (vgl. OLG Frankfurt MDR 1981, 228).

VI. Arglistige Verjährungseinrede

230 Das **Berufen auf** die **Verjährung** kann im Einzelfall **arglistig** sein. In erster Linie gilt das, wenn der Auftragnehmer den Auftraggeber vorsätzlich **in den Glauben versetzt,** er könne seine Gewährleistungsansprüche gegen ihn noch **durchsetzen** oder wenn er ihm **Nachbesserungsbereitschaft vortäuscht.** Nimmt der Auftraggeber mit Unterstützung des Auftragnehmers wegen desselben Mangels einen anderen Auftragnehmer oder den Architekten erfolglos in Anspruch, ist jedoch der Auftragnehmer für diesen Mangel **allein verantwortlich,** so ist dessen Berufen auf die inzwischen eingetretene Verjährung der Gewährleistungsansprüche gegen ihn **arglistig,** wenn er den Irrtum des Auftraggebers über die Person des Verant-

wortlichen bewußt hervorgerufen oder unterhalten hat (OLG Köln VersR 1971, 378 für den umgekehrten Fall der Erstinanspruchnahme des Auftragnehmers anstelle des Architekten). Auch verstößt die **Verjährungseinrede gegen Treu und Glauben, wenn sich der Auftragnehmer auf wiederholte und langandauernde Vergleichsverhandlungen einläßt** in dem ersichtlichen Bemühen, den Streit gütlich beizulegen; vor allem gilt dies bei schwebenden Vergleichsverhandlungen **während eines Prozesses** (vgl. BGH BauR 1977, 346 = SFH Z 2.415.2 Bl. 15). Dagegen kann sich bei einem beiderseitigen Irrtum über die Berechnung der Verjährungsfrist der eine Vertragspartner grundsätzlich nicht darauf berufen, der andere handele arglistig, wenn dieser die Verjährungseinrede erhebt (vgl. OLG Celle AnwBl. 1979, 20).

Für das Vorliegen arglistigen Verhaltens trägt der **Auftraggeber** die **Beweislast**.

C. Vereinbarung einer von Nr. 4 abweichenden Gewährleistungsfrist

I. Dispositives Recht und AGB-Gesetz

1. Die **gesetzlich geregelten Verjährungsfristen** zur Gewährleistung beim Werkvertrag (**§§ 638, 639 BGB**) haben jedenfalls **für den individuell ausgehandelten Bauvertrag nicht den Charakter zwingender gesetzlicher Vorschriften.** Vielmehr ist es **schon** möglich, im Wege vertraglicher Vereinbarung **anderweitige Regelungen** über diese Fristen zu treffen. Einmal können sie abgekürzt werden, § 225 Satz 2 BGB. Zum anderen können sie nach § 638 Abs. 2 BGB verlängert werden, wobei es sich in der Regel um einen materiell-rechtlichen Vertrag handelt, der die Entstehung des Rechts zur Leistungsverweigerung aufschiebt (Enneccerus/Nipperdey, Allg. Teil des BGB, 15. Aufl., Bd. 2 § 230 I).

231

Im übrigen sind die im Verhältnis zum Kaufvertrag (§ 477 Abs. 1 Satz 1 BGB) längeren Gewährleistungsfristen sowohl des § 638 BGB als auch in Teil B § 13 Nr. 4 VOB/B gerechtfertigt, auch soweit es sich um den häufig zwischen dem Auftragnehmer im Zusammenhang mit einem ihm vom Auftraggeber erteilten Bauleistungsauftrag und dem Baustofflieferanten abgeschlossenen Kaufvertrag handelt, da die unternehmerische Herstellungspflicht kaufvertragliche Gesichtspunkte überlagert (vgl. dazu Stellungnahme der Bundesregierung v. 11. 11. 1980, Betrieb 1980, 2503).

Allerdings kommt eine früher auch insoweit zulässig gewesene **Verkürzung der gesetzlichen Gewährleistungsfristen des § 638 BGB nach § 11 Nr. 10 f des seit dem 1. 4. 1977 in Kraft befindlichen AGB-Gesetzes nicht mehr in Betracht, sofern dieses Gesetz eingreift,** also von seiten des jeweiligen Verwenders vorformulierte Klauseln (insoweit insbesondere: Zusätzliche Vertragsbedingungen) zum Gegenstand des Bauvertrages gemacht worden sind. Dann sind **von § 638 BGB abweichende Vertragsklauseln nichtig,** so daß in aller Regel im betreffenden Fall diese gesetzliche Bestimmung maßgebend ist. Das Gesagte gilt gemäß § 9 AGB-Gesetz **auch für den kaufmännischen Bereich** (BGHZ 90, 273 = BauR 1984, 390 = NJW 1984, 1750 = Betrieb 1984, 1341 = BB 1984, 1447 = WM 1984, 870 = ZIP 1984, 968 = MDR 1984, 749 = JZ 1984, 754 = SFH § 638 BGB Nr. 29 = ZfBR 1984, 186; vgl. auch OLG Düsseldorf BauR 1988, 222). Diese Folge ergibt sich vor allem, weil oft genug die Gefahr besteht, daß Mängel erst nach Ablauf der in AGB genannten Gewährleistungsfrist auftreten, wie bei einer Verkürzung der gesetzlichen Gewährleistungsfrist von 5 Jahren auf 6 Monate; das gilt um so mehr, wenn der Beginn der Verjährungsfrist nicht auf den Zeitpunkt der Abnahme, sondern den bloßen Empfang der Leistung festgelegt ist (BGH BauR 1981, 378 = BB 1981, 935 = ZIP 1981, 620 = NJW 1981, 1510 = SFH § 9 AGB-Gesetz Nr. 4 = WM 1981, 681 = MDR 1981, 837 = Betrieb 1981, 1719 = LM § 9 [Cf] AGBG Nr. 5 = ZfBR 1981, 172). Das trifft aber auch zu, wenn der Beginn der Gewährleistungsfrist an die Abnahme geknüpft ist (vgl. BGH in der zuerst genannten Entscheidung; Abkürzung der gesetzlichen Frist auf 2 Jahre im Falle eines nicht der VOB/B unterliegenden Vertrages bei Verarbeitung von Polyuretan-Hartschaum). Wegen

232

des Geltungsbereiches des AGB-Gesetzes im Rahmen von Bauverträgen vgl. Teil A § 10 Rdn. 77 ff. und Teil A § 13 Rdn. 8 ff.

Zu etwaigen unklaren Regelungen in AGB hinsichtlich der Gewährleistungsfrist vgl. Einl. Rdn. 19 ff.

233 2. In diesem Zusammenhang ist zu beachten, daß **Teil B der VOB nach dem Willen des Gesetzgebers auch als AGB anzusehen ist und daher den Regelungen des genannten Gesetzes unterliegt** (vgl. Teil A § 10 Rdn. 113 f.). Allerdings erfaßt die hinsichtlich der Verjährungsfrist maßgebende Bestimmung in § 11 Nr. 10 f AGB- Gesetz nicht VOB-Verträge, also insbesondere nicht Teil B § 13 Nr. 4, wie sich aus der **Ausnahmevorschrift in § 23 Abs. 2 Nr. 5 AGB-Gesetz** ergibt. Das **gilt aber nur, wenn die VOB dem betreffenden Bauvertrag „als Ganzes" zugrunde gelegt worden ist** (vgl. dazu näher Teil A § 10 Rdn. 113 ff., dabei insbesondere für den Bauträgervertrag dort auch Rdn. 141 ff.; siehe des weiteren auch hier Rdn. 211 ff.).

Sollte das – insbesondere wegen der Absprache von sonstigen, von der VOB abweichenden gewichtigen Vertragsbestimmungen in Besonderen oder Zusätzlichen Vertragsbedingungen – im Einzelfall **nicht zutreffen, tritt** nach § 6 Abs. 2 AGB-Gesetz bei im allgemeinen anzunehmenden Fortbestand des Vertrages **an die Stelle der in Nr. 4 festgelegten Verjährungsfrist die des § 638 BGB** (vgl. auch OLG Stuttgart NJW-RR 1988, 786, 787). **Zu beachten ist hier aber:** Das AGB-Gesetz erfaßt nach dem klaren Wortlaut seines § 1 **nur den Schutz des Vertragspartners des Verwenders von AGB;** wird daher **vom Verwender selbst** (insoweit vor allem Auftraggeber) die „isolierte" Vereinbarung der Gewährleistungsbestimmungen der VOB/B im Rahmen seiner AGB als Vertragsbedingung gestellt, so **kann er sich später nicht auf deren Unwirksamkeit berufen** (BGH BauR 1987, 205 = NJW 1987, 837 = MDR 1987, 397 = Betrieb 1987, 577 = Bunte EWiR § 638 BGB 1/87, 139 = JZ 1987, 579 = SFH § 13 Nr. 1 VOB/B Nr. 6 = LM § 9 [A] AGBG Nr. 2 = WM 1987, 214 = ZfBR 1987, 73). **Das betrifft auch jene Fälle, in denen die eigenen AGB – vor allem Zusätzliche Vertragsbedingungen – des Auftraggebers bei Vereinbarung der VOB/B im übrigen in bezug auf die Gewährleistungsfrist in sich unklar sind,** so daß eigentlich § 5 AGB-Gesetz eingreifen würde; dann muß sich der **Auftraggeber die kurze Frist der Nr. 4 zurechnen lassen** (vgl. OLG Hamm BB 1988, 301 = NJW-RR 1988, 723, „Garantieleistungen entsprechend VOB bzw. BGB", „Maßgebend für die Ausführung der Arbeiten, für das Aufmaß sowie Abrechnung der geleisteten Arbeiten ist die VOB, Ausgabe 1965, bzw. BGB"; OLG Bamberg BauR 1987, 211, „Garantie gem. § 638 BGB" . . . Vertragsgrundlage Leistungsverzeichnis, in dem in Abschnitt B 6 festgehalten ist „Gewährleistung [§ 13 VOB]", ferner Vermerk in der Niederschrift zur Abnahme „Gewährleistungszeit 2 Jahre"). Vgl. dazu auch Rdn. 239 f.

234 Der Ansicht von Schlosser/Coester-Waltjen/Graba (§ 9 Rdn. 137) sowie Schmidt-Salzer (AGB 1977, F 144), die Teil B § 13 Nr. 4 wegen der von § 638 BGB bei Bauwerksleistungen abweichenden, verkürzten Verjährungsfrist als gegen § 9 AGB-Gesetz verstoßend erachten (wohl auch Ulmer/Brandner/Hensen Anh. §§ 9–11 Rdn. 908), kann nicht gefolgt werden. Sie übersehen einmal, daß die VOB/B **nicht wegen ihrer Einzelbestimmungen, sondern nur hinsichtlich ihrer Gesamtausgewogenheit der AGB-Kontrolle unterliegt,** des weiteren aber, daß in weiteren Bereichen **rein bauliche Ausführungsmängel,** um die es sich für die Gewährleistung im Rahmen des Bauvertrages mit dem Auftragnehmer handelt, in aller Regel im Verlaufe von zwei Jahren nach Abnahme hervortreten (insoweit zu allgemein auch Löwe EWiR 1987, § 13 VOB/B 1/87, 715) und daher schriftlich mit Unterbrechungswirkung gerügt werden können (vgl. Rdn. 396 ff.), wozu dann noch die besondere Verjährungsfrist bei Mängelbeseitigungsleistungen tritt (vgl. Rdn. 416 ff.). **Vor allem wird dabei auch nicht hinreichend berücksichtigt, daß es die VOB/B in der hier erörterten Nr. 4 den Bauvertragspartnern ohne weiteres gestattet, eine längere Gewährleistungsfrist zu vereinbaren,** was auch in AGB – vor allem Zusätzlichen Vertragsbedingungen – des Auftraggebers möglich ist (vgl. dazu Rdn. 235 ff.).

Die gegenteilige Ansicht von Müller-Foell (BauR 1982, 538) unterscheidet in der maßgeblichen rechtlichen Sicht hier nicht hinreichend zwischen Planungs- und die Verantwortung des Auftragnehmers eigentlich betreffenden Ausführungsmängeln, weshalb auch sein Versuch der teleologischen Reduktion des Verjährungsbeginns bei später erkennbaren Mängeln keine hinreichende Grundlage hat; davon abgesehen läßt sich nicht übersehen, daß die VOB nach ihrem klaren Wortlaut nach Teil B § 13 Nr. 4 den Verjährungsbeginn für Gewährleistungsansprüche an die Abnahme knüpft, so daß hier nichts auszulegen ist, vor allem sich eine Einschränkung in der von Müller-Foell angezeigten Richtung nicht vertreten läßt. Insoweit kann daher auch Nicklisch in Nicklisch/Weick Teil B § 13 Rdn. 65, 55 nicht gefolgt werden.

Insbesondere ist es nach dem schon zuvor Gesagten **gerade für den Bereich des § 9 AGB-Gesetz unzulässig, eine einzelne Vertragsbestimmung der VOB herauszugreifen und zu bewerten**, ohne das Gesamtvertragswerk zu würdigen, dabei vor allem auch dem Auftragnehmer im Verhältnis zum BGB-Werkvertrag „nachteilige" Vorschriften, wie z. B. Teil B §§ 16 Nr. 3 Abs. 2, 2 Nr. 6 Abs. 1 Satz 2. Die vorangehend zuerst Genannten lassen hiernach die Ausgewogenheit des Gesamtvertragswerks der VOB/B völlig außer Betracht, wie auch ihre übrigen Ausführungen, die einseitig allein den Auftraggeber und dessen Rechte berücksichtigen (a. a. O. Rdn. 134 ff.), zeigen. Vgl. dazu auch Ulmer/Brandner/Hensen Anh. §§ 9–11 Rdn. 905 ff.; wie hier Löwe/v. Westphalen/Trinkner § 23 Abs. 2 Nr. 5 Rdn. 9 sowie Band III, 5. Bauvertrag/VOB-Vertrag, Rdn. 16; ferner Nicklisch in Nicklisch/Weick Teil B § 13 Rdn. 67.

II. VOB geht von getroffener Abrede aus

Teil B § 13 Nr. 4 bringt zum Ausdruck, daß die dort festgelegten, teilweise im Verhältnis zu § 638 BGB kürzeren Fristen **nur gelten, wenn eine andere Verjährungsfrist von den Vertragspartnern nicht festgelegt** worden ist („Ist für die Verjährung keine Gewährleistungsfrist vereinbart, ..."). Die VOB überläßt es daher in erster Linie den Vertragschließenden, ja fordert sie sogar auf, die Dauer der Verjährungsfrist im Einzelfall, also durch auch vom AGB-Gesetz nicht untersagte, vielmehr, wie sich gerade aus dessen § 11 Nr. 10 f ergibt, sogar geförderte hinreichend klare Vereinbarung festzulegen.

235

Dies übersieht von Hippel, abgesehen von § 225 Satz 2 BGB, in seinem „Ruf nach Reform" (NJW 1970, 1835). Unzutreffend auch Schmidt-Salzer (BB Beil. 1/73 S. 8), worauf Huhn (Vahlens Rechtsbücher, Zivilrecht Bd. 3, S. 149 f.) richtig hinweist. Gerade angesichts dieser Regelung der VOB/B, die den individuellen Bedürfnissen des Auftraggebers voll Rechnung trägt, leuchten auch die Vorschläge von Nicklisch in Nicklisch/Weick Vor Teil B § 13 Rdn. 56 ff., abgesehen von ihrer Unpraktikabilität sowie ihrem zweifelhaften Erfolg für die Praxis (so zutreffend Keilholz, Gutachten S. 290), nicht ohne weiteres ein.

Dabei ist es **keineswegs ausgeschlossen, eine abweichende Vereinbarung auch in Formularbedingungen bzw. in AGB zu treffen** (BGH BauR 1987, 84 = NJW 1987, 381 = SFH § 13 Nr. 5 VOB/B Nr. 16 mit Anm. Hochstein = MDR 1987, 310 = Betrieb 1987, 379 = BB 1986, 2291 = Hochstein EWiR § 13 Nr. 5 VOB/B 1/86, 1249 = ZfBR 1987, 37 = WEZ 1987, 228, dazu Kaiser a. a. O. S. 179 = LM § 13 [B]VOB/B Nr. 22; BGH BauR 1987, 445 = NJW-RR 1987, 851 = ZfBR 1987, 191 = SFH § 13 Nr. 4 VOB/B Nr. 10 = MDR 1987, 834 = Löwe EWiR § 13 VOB/B 1/87, 715 = LM § 13 [B] VOB/B Nr. 23), was für jene Fälle gilt, in denen von Auftraggeberseite keine längere als die gesetzliche Gewährleistungsfrist verlangt wird, (vgl. dazu Teil A § 10 Rdn. 141 ff.) und der Auftragnehmer – was durchweg der Fall ist – mit solchen verlängerten Gewährleistungsfristen rechnen muß. Daher hat der BGH in der

236

zuletzt genannten Entscheidung zutreffend ausgeführt, daß die die Gewährleistungsfristen regelnde Nr. 10 der von der öffentlichen Hand verwendeten „Zusätzlichen Technischen Vorschriften für Straßenbauarbeiten (ZTV-Stra)" jedenfalls für ein Fachunternehmen für Tiefbau keine überraschende Klausel i. S. des § 3 AGB-Gesetz ist. Der gegenteiligen Ansicht des OLG München (BB 1986, 554 = MDR 1986, 406 = NJW-RR 1986, 382 sowie BauR 1987, 554) und der diese stützenden Meinung von Schmidt (ZfBR 1986, 207) kann daher nicht gefolgt werden (wie hier u. a. Thesen ZfBR 1986, 153; Siegburg EWiR § 13 VOB/B 2/86, 303; Kaiser BauR 1987, 617; Beigl BauR 1988, 22).

Dazu ist noch zu bemerken: Darüber, wann im Rahmen des Vergabeverfahrens eine anderweitige Regelung der Gewährleistungsfrist angebracht sein kann, äußert sich Teil A § 13 Nr. 2 (vgl. dazu Teil A § 13 Rdn. 51 ff.). Dadurch kann aber **nicht schon umgekehrt gesagt** werden, die **generelle Festlegung von längeren Verjährungsfristen** als in Teil B § 13 Nr. 4, wie z. B. nach § 638 BGB, vor allem in Zusätzlichen Vertragsbestimmungen des Auftraggebers, **beseitige die Ausgewogenheit der VOB/B als Ganzes** (ebenso BGH BauR 1987, 84 = NJW 1987, 381 = SFH § 13 Nr. 5 VOB/B Nr. 16 mit Anm. Hochstein = MDR 1987, 310 = Betrieb 1987, 379 = BB 1986, 2291 = Hochstein EWiR § 13 Nr. 5 VOB/B 1/86, 1249 = WEZ 1987, 228, dazu Kaiser a. a. O. S. 179 = LM § 13 [B]VOB/B Nr. 22 m. w. N.; auch OLG München NJW-RR 1988, 786; a. A. wohl Bartsch ZfBR 1954, 1; ferner Schmidt a. a. O.). Abgesehen davon, daß die Regelung in Teil A § 13 Nr. 2 lediglich eine Empfehlung i. S. einer sog. Soll-Vorschrift darstellt, also keinesfalls einen maßgeblichen Beurteilungsrahmen, sondern höchstens nur einen schwachen, letztlich nicht entscheidenden Anhalt für eine Bewertung auf der Grundlage des § 9 AGB-Gesetz abgeben kann, dürfte auch bei einer Gesamtbetrachtung eines Vertragswerkes im Hinblick auf seine Ausgewogenheit keine Unwirksamkeit einer Klausel, die ihrem Inhalt nach nur auf den Rahmen gesetzlicher Vorschrift zurückgeht, gegeben sein. Anders kann dies nur dann zu beurteilen sein, wenn andere Vertragsbestimmungen zugunsten des Verwenders von AGB bereits **von sich aus und für sich allein** das erforderliche Gleichgewicht der Ausgewogenheit völlig aus dem noch zumutbaren Rahmen bringen.

237 Geht jedoch der Auftraggeber in seinen AGB **über die gesetzliche Gewährleistungsfrist hinaus,** so kann dies **nur in jenen Fällen gerechtfertigt** sein, in denen dem in Auftrag gegebenen Werk die **Gefahr typischer Spätschäden** anhaftet, weshalb es dringend geboten erscheint, entsprechende Vereinbarungen nur in Einzelfällen im Wege der **Individualabsprache** zu treffen, um nicht Gefahr zu laufen, daß eine entsprechende Klausel **nach § 9 AGB-Gesetz unwirksam** ist. Letzteres dürfte entgegen der Ansicht des LG Hanau (NJW-RR 1987, 1104) zutreffen, das eine Klausel in AGB des Auftraggebers, wonach eine Gewährleistungsfrist für verdeckte Mängel bei Innenputzarbeiten (!) von dreißig Jahren festgelegt war, für zulässig gehalten hat; denn gerade bei diesem Gewerk pflegen Gewährleistungsmängel weitaus früher in Erscheinung zu treten, und es dürfte kaum nach so langer Zeit festzustellen sein, ob ein etwaiger Schaden am Putz auf die Leistung des Auftragnehmers oder auf andere Ursachen, wie z. B. durch Benutzung, zurückgeht.

238 Zur Vereinbarung **unterschiedlicher Gewährleistungsfristen** im **Generalunternehmervertrag einerseits** und in den **Nachunternehmerverträgen andererseits,** vor allem im Hinblick auf **§ 9 AGB-Gesetz,** vgl. Anh. Rdn. 139 ff.

239 Liegt eine wirksame **anderweitige Vereinbarung** zwischen den Vertragsparteien vor, tritt diese **an die Stelle der Nr. 4.** Die Beweislast dafür, daß eine von Nr. 4 abweichende Frist **nicht vereinbart worden ist und damit die sich aus Nr. 4 ergebende Regelfrist gilt, liegt beim Auftragnehmer;** zumindest muß er eine zu seinen Lasten gehende Vermutung ausräumen. Dies folgt aus dem den Vertragswillen der Bauvertragspartner wiedergebenden Wortlaut der Nr. 4, der dahin geht, daß die **Parteien in ihrem Vertrag die Verjährungsfrist** für

Gewährleistungsansprüche **geregelt haben,** und nur dann, wenn dies **nicht geschehen** ist, **hilfsweise die Frist der Nr. 4** gelten soll (ebenso Schmalzl, Die Haftung des Architekten und des Bauunternehmers, Rdn. 190, Fn. 510; a. A. Werner/Pastor Rdn. 1679 und Kaiser, Mängelhaftungsrecht, Rdn. 168).

Eine von Nr. 4 abweichende Absprache soll in den Besonderen Vertragsbedingungen getroffen werden, wie aus Teil A § 10 Nr. 4 Abs. 2 ersichtlich ist. Dabei muß dies mit der **nötigen Klarheit und zweifelsfrei** geschehen. 240

So genügt nicht eine Vertragsklausel, wonach der Auftragnehmer für seine Leistungen „nach den Bestimmungen der VOB und des BGB haftet". Dies ist kein eindeutiger Hinweis darauf, daß für die Verjährung die Fünfjahresfrist des § 638 BGB gelten soll (OLG Düsseldorf BauR 1972, 117). Hier bleibt es bei der kurzen Frist, die in der VOB ihren Niederschlag gefunden hat.
Ähnliches gilt für die Regelung „Gewährleistungsfristen: Es gelten die in VOB/B § 13 festgesetzten Termine und BGB" oder „Als Gewährleistungsfristen für die vertragsgemäße Beschaffenheit der Bauarbeiten und der Baustofflieferung gelten die in VOB/B § 13 festgesetzten Termine sowie die Bestimmungen des BGB"; daraus kann bestenfalls geschlossen werden, es solle hinsichtlich der Gewährleistungsfrist Teil B § 13 Nr. 4 und Nr. 5 gelten, im übrigen aber die für die Fristberechnung maßgebenden Bestimmungen der §§ 186 ff., 202 ff. BGB. Eine abweichende Vertragsregelung kann auch nicht schon in der Bestimmung gesehen werden, bis zu einem bestimmten Zeitpunkt würden evtl. Ausbesserungen kostenlos erfolgen (vgl. BGH SFH Z 2.414 Bl. 222).
Ist im Bauvertrag vereinbart, daß sich die Gewährleistungsfrist für verborgene Mängel um eine bestimmte Frist verlängert, so bedeutet dies nicht eine generelle Verlängerung der Gewährleistungsfrist (so Vogt BB 1979, 657); vielmehr bezieht sich die verlängerte Frist nur auf bis zum Ablauf der bisherigen Frist noch nicht hervorgetretene Mängel, für deren späteres Auftreten der Auftraggeber die Beweislast trägt.
Ist in einem VOB-Vertrag im Wege individueller Vereinbarung – also nicht im Rahmen von AGB – für die Verjährung ein Endzeitpunkt festgelegt, der kürzer ist als die zweijährige Regelfrist der Nr. 4, so ist damit zugleich die an sich gegebene verjährungsunterbrechende Wirkung einer schriftlichen Mängelrüge (vgl. Rdn. 396 ff.) als abbedungen anzusehen (vgl. BGH BauR 1981, 591 = NJW 1981, 2741 = Betrieb 1981, 2535 = SFH § 13 Nr. 5 VOB/B Nr. 2 = VersR 1981, 982 = MDR 1982, 131 = LM § 477 BGB Nr. 34 = ZfBR 1981, 268).
Vgl. zu diesen Fragen auch Rdn. 231 ff.

III. Grundsätzlicher Vorrang der Nr. 4

Kommt die Verjährungsfrist der Nr. 4 oder eine andere vereinbarte Frist zur Anwendung, geht diese **als Vertragsvereinbarung der gesetzlichen Regelung (§ 638 BGB) vor,** soweit sie nach der getroffenen Absprache nicht mit dieser identisch ist und/oder nicht das Gesetz Bestimmungen enthält, die in Nr. 4 oder Nr. 5 Abs. 1 oder der anderweitigen Vereinbarung **nicht erwähnt und daher wiederum aus dem Gesetz zu entnehmen sind** (vgl. z. B. die allgemeinen Bestimmungen über Fristende, Hemmung, Unterbrechung der Verjährung usw. in den §§ 202 ff., 639 BGB; dazu Rdn. 314 ff.). 241

IV. Abweichende Vereinbarung in Nr. 7 Abs. 3

Auch im Rahmen der VOB kann bereits nach den Allgemeinen Vertragsbedingungen **vereinbarungsgemäß** eine von Nr. 4 abweichende Gewährleistungsfrist in Betracht kommen, nämlich **Nr. 7 Abs. 3** (vgl. Rdn. 803 ff.). 242

D. Die vertraglichen Verjährungsfristen nach Teil B § 13 Nr. 4 Satz 1

I. Unterschiedliche Fristen nach Leistungsgegenstand

Die in dieser Bestimmung aufgeführten **vertraglichen Verjährungsfristen sind nicht einheitlich,** sondern je **nach dem Leistungsgegenstand verschieden** festgelegt. Dies hat seinen 243

Grund in allgemeinen Erfahrungssätzen. Es ist zu bedenken, daß bei Bauleistungen im allgemeinen die Möglichkeit des Auftretens, der Entdeckung sowie der Beurteilung von Mängeln in zeitlicher Hinsicht verschieden ist, vor allem auch im Hinblick auf **bloße Verschleißerscheinungen,** für die der Auftragnehmer nicht verantwortlich gemacht werden kann. Dies ist der tiefere Sinn der unterschiedlichen Festlegung der Verjährungsfristen in Nr. 4 Satz 1. Hiernach sind als Verjährungsfristen festgelegt: a) **für Bauwerke zwei Jahre,** b) **für Holzerkrankungen zwei Jahre,** c) **für Arbeiten an einem Grundstück ein Jahr** und d) **für vom Feuer berührte Teile von Feuerungsanlagen ein Jahr.** Hierzu im einzelnen:

II. Bauwerke

244 Von dem Begriff „**Bauwerke**" sind alle vertraglichen Leistungspflichten erfaßt, die sich auf die **Errichtung, die Veränderung oder den Erhalt eines Bauwerkes** beziehen, die also **ursächlich zur Erstellung, Veränderung oder Erhaltung eines Bauwerks beitragen. Hierzu wird zur Vermeidung von Wiederholungen auf die Ausführungen zu Teil A § 1 verwiesen** (vgl. dort Rdn. 4–20, 22 und 27–36). Das gilt insbesondere auch für die dort angeführte Rechtsprechung und Literatur, die sich vornehmlich mit der Verjährung von Gewährleistungsansprüchen befassen.

Zum Bauwerksbegriff vgl. auch v. Craushaar BauR 1979, 449, der es maßgeblich auf das Späterkennungsrisiko als Abgrenzungskriterium abstellen möchte; dabei verlangt er mit Recht eine klarere und weitergehende Loslösung von § 94 BGB, wobei es als wesentliches Merkmal durchaus richtig ist, dem Auftragnehmer weitestmöglich den Rückgriff gegenüber seinen Lieferanten und Herstellern von konkret bestellten Bauteilen usw. zu sichern; jedoch ist die von v. Craushaar in diesem Zusammenhang für den Bereich des § 638 BGB verlangte Einschränkung des Begriffes der Bauwerksarbeiten jedenfalls teilweise zu weitgehend; besser erscheint die Beibehaltung der von der Rechtsprechung als Abgrenzungskriterium für entscheidend gehaltenen Frage der **Haltbarkeit und des Bestandes des Bauwerkes,** für das die betreffende Lieferung bzw. Leistung bestimmt ist. Ähnliches gilt für die weiteren Ausführungen von v. Craushaar in bezug auf die Verjährung der Gewährleistungsansprüche bei Bauleistungen am fertigen Bauwerk; ebenso trifft dies für die von Booz (BauR 1981, 107) vertretene Ansicht zu (vgl. dazu näher und weiteres Teil A § 1 Rdn. 20).

245 Die kurze Verjährungsfrist der Nr. 4 für den Bereich von Bauwerksleistungen kommt auch in Betracht, wenn die Leistung deshalb als fehlerhaft anzusehen ist, weil öffentlich-rechtliche Genehmigungen hinsichtlich ihrer Tauglichkeit nicht vorliegen (z. B. zur Tragfähigkeit von verwendeten Dübeln); die insoweit vertraglich geschuldete Nachweispflicht ist gleichfalls werkbezogen (BGH BauR 1981, 69 = SFH § 638 BGB Nr. 15 = NJW 1981, 112 = BB 1980, 1771 = MDR 1981, 219 = Betrieb 1981, 573 = BlGBW 1981, 151 = LM § 638 BGB Nr. 40 = ZfBR 1980, 289).

246 Zur Abgrenzung zu Arbeiten an einem Grundstück siehe Rdn. 250 ff.; dort auch über die Verjährung von Gewährleistungsansprüchen bei einer sogenannten kombinierten Leistung an einem Bauwerk und an einem Grundstück.

247 Die **Verjährungsfrist von zwei Jahren weicht von § 638 BGB ab,** da dort ein Zeitraum von fünf Jahren bestimmt ist. Ausgehend vom Grundsatz der Vertragsfreiheit ist festzustellen, daß die in der VOB gegenüber den gesetzlichen Regeln des Werkvertrages verkürzte Verjährungsfrist kraft **Parteivereinbarung grundsätzlich zulässig** ist (vgl. dazu Rdn. 231–241).

III. Holzerkrankungen

248 Die gesetzlichen Vorschriften des Werkvertragsrechts kennen keine besondere Verjährungsfrist für **Mängel infolge von Holzerkrankungen,** wie sie in Nr. 4 Satz 1 geregelt ist. Derar-

tige Mängelursachen bilden somit **im BGB keinen Sondertatbestand.** Nach der gesetzlichen Regelung kann daher die Verjährungsfrist für solche Mängel nur danach beurteilt werden, ob die Holzarbeiten, auf die sich die Holzerkrankung im Einzelfall bezieht, im Rahmen von Arbeiten an einem Bauwerk liegen, was in aller Regel der Fall sein wird, oder ob sie mit Arbeiten an einem Grundstück oder an beweglichen Sachen im Zusammenhang stehen. Die gesetzlichen Verjährungsfristen sind dann jeweils verschieden.

Nach Nr. 4 Satz 1 beträgt die **Verjährungsfrist** für Mängelansprüche bei Holzerkrankungen dagegen **einheitlich zwei Jahre.** Holzerkrankungen können bereits bei der Verwendung des Holzes im Zuge der Erstellung der Leistung vorhanden sein; sie können auch später nach ihrer Vollendung innerhalb der Verjährungsfrist auftreten, **sofern die Verursachung auf die Zeit vor der Abnahme zurückgeht,** z. B. die Schädlinge schon vorhanden waren, wenn auch nur im Keim. Holzerkrankungen können entweder durch Schädlinge verursacht werden, die bereits bei dem Einkauf des Holzes vorhanden sind, oder auch durch Schädigungen, die später aufgetreten sind (etwa durch unsachgemäße Lagerung, nicht ordnungsgemäße Isolierung, Feuchtigkeit usw.). Immer ist Voraussetzung, daß die betreffende Erkrankung die Leistung des Auftragnehmers nachteilig beeinflußt und daher einen **Leistungsmangel hervorgerufen hat.** 249

IV. Arbeiten an einem Grundstück

Der Begriff „**Arbeiten an einem Grundstück**" ist ein Rechtsbegriff (so auch BGH BauR 1970, 106 = SFH Z 2.414 Bl. 237 = WM 1970, 586 = NJW 1970, 942). 250

1. Es handelt sich einmal um **bloße Arbeiten am Grund und Boden (Erdarbeiten oder unmittelbar damit verbundene Leistungen),** ohne mit einer **Bauwerkserrichtung selbst im Zusammenhang zu stehen** (wie z. B. bloße Gartengestaltung, **für sich allein** vorgenommene Baggerarbeiten, Planierungsarbeiten, Abbrucharbeiten als solche). Unter solchen Arbeiten an einem Grundstück „im eigentlichen Sinne" versteht man die – **allein einen Bauvertrag ausmachende** – **Veränderung des natürlichen Zustandes des Grund und Bodens,** also die Gestaltung des Erdbodens selbst und für sich als Endziel (vgl. BGH NJW 1971, 2219 = BauR 1971, 259). Daher sind **Ausschachtungsarbeiten,** die zwar für sich gesondert, aber **im Zusammenhang mit der Errichtung eines Hauses oder eines sonstigen Bauwerkes (z. B. einer Straße oder eines Kanals)** in Auftrag gegeben werden, bereits **Arbeiten an einem Bauwerk,** weil sie wegen der Verbindung mit der geschuldeten Bauerrichtung und der Mitwirkung an deren fehlerfreier Erstellung nicht mehr bloße Arbeiten an einem Grundstück sind (BGHZ 68, 208 = SFH Z 1.1 Bl. 4 = BB 1977, 673 = BauR 1977, 203 = NJW 1977, 1146 = MDR 1977, 658 = LM § 638 BGB Nr. 31 Anm. Doerry, vgl. dazu auch Teil A § 1 Rdn. 22 ff.). 251

2. Als Arbeiten an einem Grundstück gelten aber auch solche, die an auf einem Grundstück stehenden Gebäuden vorgenommen werden, aber wegen ihrer Eigenart **nicht** Arbeiten an einem **Bauwerk** sind, weil sie **nicht das Bauwerk** oder einen Bauwerksteil **in der Substanz betreffen** (vgl. hierzu im einzelnen Teil A § 1 Rdn. 14 ff. und 21, weshalb Nachfolgendes hier nur beispielhaft, daher zwangsläufig unvollständig gebracht wird). Arbeiten an einem Grundstück sind deshalb auch bloße Ausbesserungs- und Instandsetzungsarbeiten (z. B. Ausbesserungsarbeiten am Anstrich) in oder an Gebäuden oder Gebäudeteilen, **ohne daß sie zu dessen oder deren Erhalt dienen** (vgl. BGH SFH Z 2.414 Bl. 106 ff. sowie SFH Z 2.414 Bl. 150 ff.; ebenso LG München MDR 1966, 50). Auch das Verlegen von Teppichböden durch Aufkleben mittels Dispersionsklebers ist Arbeit an einem Grundstück (BGH BauR 1970, 106 = WM 1970, 586 = SFH Z 2.414 Bl. 237 = NJW 1970, 942), ebenso der bloße Umbau einer vorhandenen Beleuchtungsanlage (BGH BauR 1971, 128 = SFH Z 4.01 Bl. 65). **Anders** ist dies wiederum bei ausgesprochenen **Erneuerungsarbeiten,** die an die **Substanz des Bauwerkes** 252

oder eines Teils desselben gehen. Das sind echte Bauwerksleistungen (z. B. Ersetzen des alten Dachstuhls durch einen neuen, des Fußbodens, des Innenputzes, auch der Anstrich einer Hausfassade). Gleiches gilt für **Ergänzungsarbeiten,** wenn sie zur **engen und dauerhaften Verbindung** mit dem Gebäude führen, wie z. B. der nachträgliche Einbau einer Klimaanlage in ein Druckereigebäude (BGH Betrieb 1974, 87 = BauR 1974, 57 = NJW 1974, 136 = BB 1974, 106 = BlGBW 1974, 50 = MDR 1974, 219 = LM § 638 BGB Nr. 26 = SFH Z 1.1 Bl. 1). Daher zählt es auch ohne weiteres zu den Bauwerksarbeiten, wenn zur Beseitigung von Kellernässe an einem bestehenden Gebäude die Außenwände des Kellers neu isoliert und an den Seiten des Hauses Dränagerohre mit Kies verlegt werden (BGH BauR 1984, 64 = NJW 1984, 168 = Betrieb 1984, 113 = ZfBR 1984, 38 = SFH § 638 BGB Nr. 27).

253   3. Vielfach sind in einem **einheitlichen Bauvertrag sowohl Arbeiten an einem Bauwerk als auch Arbeiten an einem Grundstück** erfaßt. Hier ist **nicht eine Aufteilung** in der Weise vorzunehmen, daß z. B. die mit der Gebäudeerrichtung nicht zusammenhängenden Arbeiten als Arbeiten am Grundstück und die übrigen als Arbeiten an einem Bauwerk eingeordnet werden. Dann handelt es sich vielmehr **insgesamt um Arbeiten an einem Bauwerk** mit der hierfür maßgeblichen längeren Verjährungsfrist. Man kann von Arbeiten an einem Grundstück nur sprechen, wenn es sich um **technisch und wirtschaftlich selbständige** Leistungen im Rahmen eines gesonderten und allein darauf abgestellten Vertrages handelt, d. h. um solche, die **nicht gleichzeitig** mit der Errichtung, der Veränderung oder zum Erhalt eines Bauwerkes ausgeführt werden und hierfür notwendig sind (ähnlich BGH BauR 1973, 246 = SFH Z 4.10 Bl. 31 sowie v. Craushaar BauR 1979, 449 m. w. N.; auch Nicklisch in Nicklisch/Weick Teil B § 13 Rdn. 78).

254   4. Liegen nicht Arbeiten an einem Bauwerk, sondern nur Arbeiten an einem Grundstück vor, beträgt nach Teil B § 13 Nr. 4 Satz 1 die **Verjährungsfrist** für Gewährleistungsansprüche des Auftraggebers **ein Jahr.** Diese Frist deckt sich mit der entsprechenden Regelung in § 638 Abs. 1 BGB.

V. Feuerungsanlagen

255   Schließlich enthält Nr. 4 Satz 1 noch einen **besonderen Tatbestand,** der auch **im Werkvertragsrecht des BGB (§ 638) nicht enthalten ist,** nämlich die **Verjährung bei Bauleistungen an vom Feuer berührten Teilen von Feuerungsanlagen.** Die Verjährungsfrist beträgt in diesen Fällen **ein Jahr.**

256   Diese **kurze Verjährungsfrist ist aus allgemeinen Erfahrungssätzen** zu verstehen, weil Feuerungsanlagen, die vom Feuer berührt werden, einem **überverhältnismäßig hohen Verschleiß** unterliegen, der dem **Auftragnehmer nicht zur Last** gelegt werden kann. Vor allem läßt sich an den betreffenden Stellen schon nach kurzer Zeit der Benutzung **kaum noch feststellen, ob ein Mangel auf die Leistung des Auftragnehmers oder den unverhältnismäßig hohen Verschleiß zurückzuführen ist.**

257   Zu beachten ist aber, daß diese kurze Verjährungsfrist gegenständlich beschränkt ist. Insbesondere betrifft sie **nicht die Feuerungsanlagen insgesamt,** sondern **nur die Teile** derselben, die **vom Feuer berührt** werden. Es muß sich also um Feuerungsanlagen (gemauerte Öfen, Heizungsöfen) und bei diesen wiederum um **diejenigen Teile** handeln, die **von dem Feuer unmittelbar erreicht** werden (die im Ofen befindlichen Röhren, die Roste, der Schamott). Geht der jeweils erteilte Bauauftrag weiter, erfaßt er insbesondere auch Bauwerksleistungen, so wird hier – ausnahmsweise – der an sich einheitliche Vertrag **je nach Leistungsbereich in verschiedene Gewährleistungsfristen aufgeteilt.**

VI. Von Nr. 4 Satz 1 nicht erfaßte Leistungen

Liegen ausnahmsweise Bauleistungen im Rahmen eines Bauvertrages nach den Allgemeinen Vertragsbedingungen der VOB vor, die **weder als Arbeiten an Bauwerken noch als solche an Grundstücken anzusehen sind**, handelt es sich ferner weder um Leistungsmängel, die auf **Holzerkrankungen** zurückzuführen sind, **noch sich auf von Feuer berührte Teile von Feuerungsanlagen** beziehen, sind es also Leistungen, die den Tatbestandsmerkmalen in Nr. 4 Satz 1 **nicht untergeordnet** werden können (vgl. z. B. Teil A § 1 Rdn. 25 f.), kommt für die Bemessung der **Verjährungsfrist** für Leistungsmängel als ergänzende Regelung nur § 638 Abs. 1 BGB in Betracht. Demnach beträgt die Verjährungsfrist in diesen Fällen, in denen es sich grundsätzlich nur um **bewegliche Werke** handeln kann (vgl. BGH BauR 1970, 106 = SFH Z 2.414 Bl. 237 = WM 1970, 586 = NJW 1970, 942; ferner BGH BauR 1979, 321 = NJW 1979, 1651 = SFH § 635 BGB Nr. 12 = JZ 1979, 569 = BB 1979, 757 = Betrieb 1979, 2418 = MDR 1979, 749 = LM § 635 BGB Nr. 50 = ZfBR 1979, 153 für die Montage einer Schankeinrichtung; OLG Düsseldorf NJW-RR 1987, 563 = Thamm EWiR § 638 BGB 1/86, 1187 für Gewährleistungsmängel an einer Maschine, die zwar auf Fundamenten im Hallenboden verankert ist, deren Wegnahme aber die Halle auch anderweitig verwendbar macht und die Mängel typische Fehler an der Maschine und nicht die Verbindung zum Gebäude betreffen), **auch beim VOB-Vertrag sechs Monate**. Allerdings sind derartige von den Tatbestandsmerkmalen in Nr. 4 Satz 1 nicht erfaßte Fälle **ausgesprochen selten**. Im übrigen ist hier in **weiten Bereichen Kaufvertragsrecht anzuwenden,** so daß die Vereinbarung der VOB/B nicht in Betracht kommt, wie z. B. im Falle der Lieferung und des bloßen Anschlusses eines serienmäßig hergestellten Heizöltanks, der nur in das Erdreich eingebettet und an die vorhandene Ölheizung angeschlossen wird (BGH BauR 1986, 437 = SFH § 638 BGB Nr. 33 = NJW 1986, 1927 = MDR 1986, 749 = JZ 1986, 698 = LM § 638 BGB Nr. 58 = Betrieb 1986, 1385) oder des Austausches einer Wärmepumpe (vgl. OLG Hamm BauR 1986, 578 = Betrieb 1986, 688 = NJW-RR 1987, 563 = Thamm EWiR § 638 BGB 1/86, 1187) oder bei sogenannten Bausatzverträgen, weil dort das **kaufrechtliche Umsatzgeschäft überwiegt** (vgl. dazu Teil A § 1 Rdn. 14 ff., 33 f., 37 ff., 60 ff.).

Zur Abgrenzung von Gewährleistungs- und Schadensersatzansprüchen wegen Nichterfüllung (§§ 325, 326 BGB) bei Werklieferungsverträgen BGH VersR 1971, 349 = SFH Z 2.220 Bl. 9.

E. Gewährleistungsfristen in Sonderfällen

I. Arglistiges Verschweigen von Mängeln

1. 30jährige Verjährungsfrist auch bei VOB-Vertrag

Nach § 638 Abs. 1 Satz 1 BGB gelten die dort festgelegten Verjährungsfristen für Gewährleistungsmängel nicht, wenn der Unternehmer den aufgetretenen Mangel bei der Abnahme (auf diesen Zeitpunkt kommt es an) arglistig verschwiegen hat. Einen derartigen Vorbehalt enthält Teil B § 13 Nr. 4 Satz 1 nicht. Das bedeutet jedoch **nicht,** daß bei einem VOB-Bauvertrag im Gegensatz zu der gesetzlichen Regelung die Verjährungsfristen der Nr. 4 Satz 1 auch gelten, wenn der aufgetretene Leistungsmangel vom Auftragnehmer arglistig verschwiegen worden ist. Ein solcher Wille kann den Bauvertragspartnern **nicht unterstellt** werden. Er wäre rechtlich auch nicht beachtlich, da sonst gegen die **zwingende gesetzliche Regelung in § 637 BGB** (vgl. vor allem auch § 638 Abs. 1 Satz 1 a. a. O.) verstoßen würde. Dem steht auch **nicht § 225 Satz 2 BGB** entgegen, weil § 637 BGB eine **Spezialregelung** enthält. Eine entgegenstehende Vereinbarung wäre demnach nichtig (vgl. dazu für den Bereich des AGB-Gesetzes **auch § 11 Nr. 7 AGB-Gesetz**). Daraus folgt, daß **in allen Fällen,** in denen dem Auftraggeber vom Auftragnehmer Leistungsmängel **arglistig verschwiegen** worden sind, keine der in Nr. 4 Satz 1 genannten kurzen Verjährungsfristen gilt. **Vielmehr bleibt es dann bei der allgemeinen Verjährungsfrist von 30 Jahren des § 195 BGB** (BGH VersR 1965, 245 = SFH Z 2.400 Bl. 38 ff.; außerdem BGH SFH Z 2.414 Bl. 150 ff. und a. a. O., Z 2.414 Bl. 177 ff. = NJW 1967, 340; BGH VersR 1970, 744 = BauR 1970, 244 = SFH Z 3.01 Bl. 435 = WM 1970, 964; BGH BauR 1975, 419; BGH BauR 1981, 591 = NJW 1981, 2741 = Betrieb 1981, 2535 = SFH § 13 Nr. 5 VOB/B Nr. 2 = VersR 1981, 982 = MDR 1982, 131 = LM § 477 BGB Nr. 34 = ZfBR 1981, 268).

2. Arglistiges Verschweigen

260 **Arglistiges Verschweigen eines Mangels liegt vor, wenn der Auftragnehmer den Mangel als solchen wahrgenommen, seine Bedeutung als erheblich für den Bestand oder die Benutzung des Bauwerkes erkannt, ihn aber dem Auftraggeber pflichtwidrig nicht mitgeteilt hat** (vgl. hierzu OLG Karlsruhe SFH Z 2.414 Bl. 24 f.; zustimmend OLG Stuttgart BauR 1972, 315) **oder in Unterlassung dieser Mitteilung von sich aus nicht für die Beseitigung des erkannten erheblichen Mangels gesorgt hat.** Vgl. dazu insbesondere auch Einl. Rdn. 80 ff. Ein Mangel ist für den Bestand oder die Benutzung des Bauwerkes erheblich, wenn durch ihn eine wertmäßig nicht bedeutungslose Minderung der Leistung eingetreten ist.

261 **Arglistiges Verschweigen** eines Mangels **erfordert nicht,** daß der Auftragnehmer **die Folgen** seines Handelns **bewußt in Kauf genommen oder bei ihm eine Schädigungsabsicht** vorgelegen hat (BGH BauR 1986, 215 = SFH § 638 BGB Nr. 31 = NJW 1986, 980 = MDR 1986, 400 = BB 1986, 351 = LM § 638 BGB Nr. 57 = Betrieb 1987, 533 = ZfBR 1986, 69). Andererseits genügt dafür nicht allein, daß er nachlässig oder unfachmännisch gearbeitet und daß er darüber den Auftraggeber nicht aufgeklärt hat (vgl. OLG Köln BauR 1988, 223). Vielmehr ist **erforderlich, daß er die Mangelhaftigkeit seiner Arbeit erkannt hat und sich bewußt war, daß durch den Mangel die Dauerhaftigkeit des Bestandes seiner Leistung erheblich beeinträchtigt wird oder beeinträchtigt werden kann.** Insoweit besteht eine Pflicht des Auftragnehmers zur **Offenbarung** des Mangels (vgl. OLG Stuttgart a. a. O.). Das gilt vornehmlich bei für ihn **offenkundigen Mängeln** (a. a. O.).

262 Nach der Rechtsprechung des BGH muß von arglistigem Verschweigen eines Mangels gesprochen werden, wenn der **Auftragnehmer sich bewußt ist, daß ein bestimmter Umstand für die Entschließung seines Vertragsgegners von Erheblichkeit ist, er nach Treu und Glauben diesen Umstand mitzuteilen verpflichtet ist und ihn trotzdem nicht offenbart** (BGH SFH Z 3.01 Bl. 230; BGH BauR 1970, 244 = WM 1970, 964 = VersR 1970, 744 = SFH Z 3.01 Bl. 435; BGHZ 62, 63 = VersR 1974, 490 = NJW 1974, 553 = Betrieb 1974, 672 = BB 1974, 340 = BauR 1974, 130 = SFH Z 2.415.0 Bl. 3; BGH BauR 1986, 215 = SFH § 638 BGB Nr. 31 = NJW 1986, 980 = MDR 1986, 490 = BB 1986, 351 = LM § 638 BGB Nr. 57 = Betrieb 1986, 533 = ZfBR 1986, 69; OLG Karlsruhe BauR 1979, 335; OLG Frankfurt SFH § 638 BGB Nr. 13; OLG Köln BauR 1984, 525). Ein Verstoß gegen Treu und Glauben liegt vornehmlich hier vor, wenn der Auftragnehmer der Ansicht ist, daß der betreffende Umstand dem Auftraggeber unbekannt ist (vgl. BGH WM 1971, 797; BGH SFH Z 2.414.3 Bl. 14) und ihm nach den Umständen des Falles auch noch einige Zeit (oftmals über den Ablauf der Gewährleistungsfrist) unbekannt bleiben wird.

263 Eine **Offenbarungspflicht** muß z. B. für einen Unternehmer gelten, der für eine schwammanfällige Holzbalkendecke mit Rinde behaftete Einschubbretter und als Verfüllmaterial wertlosen, mit Holzteilchen durchsetzten Bauschutt verwendet. Der dem Bauwerk anhaftende Mangel besteht dann in dem Vorhandensein des Materials, das die Entstehung von Hausschwamm begünstigt. Der Auftragnehmer braucht **nur gewußt oder damit gerechnet** zu haben, daß dieses Material zu Schwammbildung in den Decken führen kann; ein **bewußtes Inkaufneh-**

men der Folgen der vertragswidrigen Ausführung ist nicht erforderlich (RG JW 1938, 1646; BGH, Urt. vom 11. 2. 1965 – VII ZR 78/63 –; BGH VersR 1970, 744 = BauR 1970, 244 = WM 1970, 964 = SFH Z 3.01 Bl. 435); entgegen Otto (BlGBW 1981, 47; ders. auch ZSW 1981, 194) ist **weder ein „Verdecken" des Mangels noch eine Verdeckungsabsicht erforderlich** (zutreffend Kaiser, Mängelhaftungsrecht, Rdn. 178). Ähnliches gilt für die Pflicht zur Offenbarung der Verwendung fäulnisbefallener Bauhölzer, erst recht bei etwa schon eingetretenem Fäulnisbefall, wenn dies von einem fachkundigen Vertreter auf der Auftragnehmerseite bemerkt worden ist (vgl. dazu BGH BauR 1979, 85 = SFH § 123 BGB Nr. 1 = LM § 123 BGB Nr. 50 = MDR 1978, 1009 = Betrieb 1978, 2262). Ebenfalls trifft dies bei eigenmächtiger, vorsätzlich verschwiegener Verwendung branchenunüblicher Baustoffe durch den Auftragnehmer zu, wenn dadurch erhebliche Baurisiken geschaffen werden (BGH, Urt. vom 20. 12. 1976 – VII ZR 105/74 –; vgl. dazu Schmidt MDR 1977, 715, 717). Auch kann arglistiges Verschweigen vorliegen, wenn der Auftragnehmer den Putz vorsätzlich unzureichend untersucht und bei dieser Putzart allgemein auftretende Mängel nicht mitteilt (vgl. BGH BauR 1975, 341 = SFH Z 2.414.0 Bl. 4). Arglistiges Verschweigen ist ferner anzunehmen, wenn der Veräußerer eines von ihm errichteten Hauses dieses entgegen der Anordnung oder der Empfehlung der Baubehörde anders ausführt und das dem Erwerber nicht offenbart; dies gilt auch, wenn der Veräußerer darauf vertraut hat, daß keine Schäden auftreten (wie z. B. Eindringen von Wasser in die Außenwände) und der Erwerber im Beisein eines Fachkundigen das Haus besichtigt, dieser aber die gefahrenträchtige Ausführung ohne den gebotenen Hinweis des Veräußerers nicht erkennt (BGH BauR 1986, 215 = SFH § 638 BGB Nr. 31 = NJW 1986, 980 = MDR 1980, 490 = BB 1986, 351 = LM § 638 BGB Nr. 57 = Betrieb 1986, 533 = ZfBR 1986, 69).

Andererseits genügt das **bloße Fehlen wesentlicher Bauteile allein noch nicht,** um ein arglistiges Verschweigen annehmen zu können; vielmehr **muß hinzukommen,** daß der Auftragnehmer oder der für ihn auf der Baustelle Verantwortliche den **Mangel bemerkt** hat (BGH SFH Z 8.41 Bl. 17). So reicht es für die Annahme eines arglistigen Verschweigens auch noch nicht, wenn Querbügel in einer Reihe von Pfeilern fehlen, die Querbügel einen wichtigen Leistungsteil betreffen, ihr Fehlen auf mangelhafter Leistung von Leuten des Auftragnehmers beruht und nach Einbringen der Stahlkonstruktion in die Schalung nicht mehr erkannt werden konnte (vgl. BGH BauR 1975, 419). 264

Das arglistige Verschweigen verlangt nicht nur **keine Schädigungsabsicht, sondern an sich auch keinen eigenen Vorteil des Schädigers** (BGH WM 1970, 964). Ein solches Verschweigen von Mängeln kann aber vorliegen, wenn der Auftragnehmer nicht ausgeführte Leistungen berechnet oder überhaupt Leistungen in die Rechnung mit aufnimmt, die nicht so, sondern ganz anders ausgeführt worden sind. Dadurch kann das Fehlen von Mängeln verschwiegen oder nicht vorhandene Eigenschaften können vorgetäuscht, möglicherweise können darüber hinaus nicht verdiente Beträge berechnet werden (vgl. BGH NJW 1967, 340 = VersR 1967, 160 = DWW 1967, 50 = SFH Z 2.414 Bl. 177 ff.). 265

Arglistiges Verschweigen eines Mangels ist aber regelmäßig nicht gegeben, wenn der Auftragnehmer **einen billigen und in der Qualität schlechteren Baustoff** als den im Bauvertrag vereinbarten **nicht heimlich,** sondern dem Auftraggeber gegenüber offen **verwendet,** wie z. B. durch Einreichung zahlreicher Zwischenrechnungen noch während der Ausführung mit Angabe des wirklich eingebauten Stoffes (vgl. BGH NJW 1962, 803 = SFH Z 2.50 Bl. 9 ff.). 266

3. Verantwortlichkeit des Auftragnehmers für Erfüllungsgehilfen

Die vorangehend gekennzeichneten Voraussetzungen des arglistigen Verschweigens können häufig bei einer Hilfsperson des Auftragnehmers vorliegen, so daß er sich nach § 278 BGB so behandeln lassen muß, als hätte er selbst den Mangel arglistig verschwiegen. 267

268 **Andererseits kann hier dem Auftragnehmer aber nicht** die Verantwortlichkeit **für alle** seine zur Erledigung seiner vertraglichen Leistungspflichten eingesetzten Gehilfen auferlegt werden, für die § 278 BGB in Betracht käme. Grundsätzlich muß vielmehr davon ausgegangen werden, daß der Auftragnehmer nur für einen solchen Erfüllungsgehilfen verantwortlich ist, **dessen er sich** gerade in der Frage der Mangelhaftigkeit oder der Mängelfreiheit seiner Leistung **im Rahmen seiner Offenbarungspflicht bedient.** Das ist in der Regel derjenige Gehilfe, der vom Auftragnehmer mit der **Ablieferung der Leistung** an den Auftraggeber betraut ist oder der jedenfalls dabei mitwirkt. Dazu gehört im allgemeinen diejenige Person, die vom Auftragnehmer als **dessen Baustellenleiter** eingesetzt ist (so mit Recht KG BauR 1970, 242 = MDR 1970, 1010; OLG Karlsruhe BauR 1979, 335), was vornehmlich für die von **Teil B § 4 Nr. 1 Abs. 3 Satz 3 erfaßten Personen** gilt. Ähnlich OLG Düsseldorf: Es kommt für die Haftung des Auftragnehmers auf den Erfüllungsgehilfen an, dessen er sich **bei der Abnahme der Leistung bedient** (MDR 1971, 579 [L]), den er also zur Beobachtung des Abnahmevorganges einsetzt; ebenso OLG Köln BauR 1984, 525, 526 = SFH § 278 BGB Nr. 5 mit Anm. Hochstein.

269 Anders Hoffmann JZ 1969, 372 sowie Jagenburg NJW 1971, 1425, 1427, nach deren Ansicht sich der Auftragnehmer die Kenntnis **jeder** der von ihm bei der Erstellung der Leistung eingesetzten Personen anrechnen lassen soll. Dies geht jedoch zu weit, weil es so den **dem Unternehmer zumutbaren und daher zurechenbaren Bereich grober Verschuldenshaftung überschreitet,** und es ist der genannten Umgrenzung der Vorzug zu geben (ebenso Locher, Das private Baurecht, Rdn. 49 a. E.; Kaiser, Mängelhaftungsrecht, Rdn. 179; Werner/Pastor Rdn. 1653; Nicklisch in Nicklisch/Weick Teil B § 13 Rdn. 83; Heiermann/Riedl/Rusam/Schwaab Teil B § 13 Rdn. 35 e; OLG Köln BauR 1984, 525 im Hinblick auf das Verhältnis zwischen dem von Auftragnehmer eingesetzten Bauleiter und den Betonpolieren auf einer Großbaustelle). Es kommt für die Frage arglistigen Verschweigens von Mängeln grundsätzlich auf den **Abnahmevorgang** an. Dann kann der Auftragnehmer vernünftigerweise nur für denjenigen einstehen, den er sich zur Erfüllung der mit der **Ablieferung bzw. Übergabe (Abnahme) der Leistung** verbundenen Aufgaben als **seinen Vertreter bestellt** hat und nicht darüber hinaus (so im Grundsatz auch BGHZ 62, 63 = NJW 1974, 553 = BauR 1974, 130 = BB 1974, 340 = VersR 1974, 490 = Betrieb 1974, 672 = SFH Z 2.415.0 Bl. 3 = LM § 278 BGB Nr. 64 = WM 1974, 309; BGH BauR 1975, 419; BGH BauR 1976, 131).

270 Allerdings hat der BGH (a. a. O.) über den vorgenannten, im Grundsatz maßgebenden Rahmen hinaus mit Recht eine **Erweiterung für jene Fälle vorgenommen, in denen eine Hilfsperson allein durch ihr Wissen und durch ihre Mitteilung den Auftragnehmer in den Stand setzt, seine Offenbarungspflicht gegenüber dem Auftraggeber zu erfüllen.** Das gilt vor allem, wenn im Bereich eines Großbetriebes angesichts seiner **arbeitsteiligen Organisation** eine Hilfsperson die Leistung prüft, den Mangel erkennt und verschweigt, sie aber mit der Abnahme bzw. der Ablieferung nichts zu tun hat. Ebenso trifft das zu, wenn eine Hilfsperson zur Prüfung der Leistung eingesetzt wird und sie einen schwer zu erkennenden Mangel oder einen Mangel, der nur kurze Zeit sichtbar ist, etwa weil er durch andere Bauleistungen im Rahmen des Baufortschritts überdeckt wird, feststellt. Dann muß sich der Auftragnehmer auch die Kenntnis seines nur im eigenen Bereich als „Prüfer" eingesetzten Gehilfen gemäß § 278 BGB zurechnen lassen (BGH a. a. O.; vgl. dazu auch OLG Karlsruhe BauR 1979, 335; OLG Köln BauR 1984, 525, 526 = SFH § 278 BGB Nr. 5; ferner Jagenburg NJW 1971, 1425, 1426 sowie Hochstein Anm. zu OLG Köln a. a. O., jedoch zu weitgehend, weil sie die Grundsätze des Organisationsverschuldens anwenden wollen, ohne den hier maßgebenden Grundsatz groben Verschuldens des Auftragnehmers ausreichend zu beachten; anders jedoch in den Fällen, in denen sich die Voraussetzungen der §§ 162, 166, 242 BGB einwandfrei feststellen lassen, wenn sich also der Auftragnehmer seiner Verantwortlichkeit durch Übertragung von Aufgaben auf niederrangige Funktionsträger bewußt zu entziehen versucht; so wohl auch Kaiser, Mängelhaftungsrecht, Rdn. 179). Folgerichtig gilt das Gesagte auch **für**

einen Nachunternehmer (Subunternehmer), wenn er vom Hauptunternehmer mit der **eigenverantwortlichen Ausführung** der ihm übertragenen Leistung **beauftragt worden ist**, ohne daß die Ausführung der Leistung vom Hauptunternehmer selbst überwacht oder geprüft wird (BGHZ 66, 43 = BauR 1976, 131 = BB 1976, 287 = NJW 1976, 516 = SFH Z 2.221 Bl. 16 = MDR 1976, 484 = JR 1976, 285 mit Anm. Schubert = LM § 278 BGB Nr. 73 a Anm. Doerry = BB 1976, 427).

Die **Offenbarungspflicht** des Auftragnehmers wird **nicht dadurch aufgehoben oder gemildert, daß der Auftraggeber einen bauleitenden Architekten eingesetzt** hat, insbesondere wenn es sich um einen schwerwiegenden Mangel handelt. Selbst wenn der Architekt diesen gesehen hat, kann nicht davon ausgegangen werden, der Auftraggeber werde diesen hinnehmen (BGH a. a. O.). 271

4. Arglistiges Vorspiegeln

Dem arglistigen Verschweigen ist das **arglistige Vorspiegeln des Vorhandenseins eines vertraglich geschuldeten Leistungsteils gleichzusetzen** (vgl. BGH VersR 1965, 245 = SFH Z 2.400 Bl. 38 ff. für den Fall des Anbringens einer sogenannter Scheinfuge, die darüber täuschen soll, daß eine ordnungsgemäße Verfugung stattgefunden habe). 272

5. Beweislast

Die **Beweislast** für das Vorliegen eines arglistigen Verschweigens oder eines arglistigen Vorspiegelns obliegt dem **Auftraggeber** (BGHZ 46, 238 = NJW 1967, 340 = SFH Z 2.414 Bl. 177; BGH SFH Z 8.41 Bl. 17; BGH BauR 1975, 419). Im übrigen muß der insoweit maßgebende Tatbestand noch **im Zeitpunkt der Abnahme** vorliegen. 273

II. Positive Vertragsverletzung und Gewährleistung

1. Grundsätzlich 30jährige Verjährungsfrist

Sowohl § 638 BGB als auch Teil B § 13 Nr. 4 betreffen lediglich die Verjährung von Gewährleistungsansprüchen. Sie gelten demnach grundsätzlich nicht bei Ansprüchen aus positiver Vertragsverletzung. 274

Ansprüche aus positiver Vertragsverletzung verjähren im Rahmen eines BGB-Werkvertrages im allgemeinen gemäß § 195 BGB in 30 Jahren (BGHZ 58, 305 = NJW 1972, 1195 = VersR 1972, 692 = BauR 1972, 309 = SFH Z 2.414 Bl. 286 = MDR 1972, 596 = LM § 635 BGB Nr. 30 Anm. Rietschel; BGHZ 67, 1 = BauR 1976, 354 = NJW 1976, 1502 = BB 1976, 1340 = VersR 1976, 1064 = SFH Z 3.004.1 Bl. 1 = MDR 1977, 44 = JZ 1977, 228 = LM § 638 BGB Nr. 30 Anm. Doerry; OLG Düsseldorf SFH Z 2.414 Bl. 124 ff.), und zwar **auch, wenn der Anspruch zugleich auf unerlaubte Handlung nach den §§ 823 ff. BGB gestützt werden könnte**, insoweit also § 852 BGB maßgebend wäre (BGH BauR 1976, 142 = VersR 1976, 166). Vgl. dazu Peters VersR 1979, 103, der für eine entsprechende Heranziehung des § 852 BGB eintritt.

Diese allgemein aufgestellten Grundsätze lassen sich allerdings nicht ohne nähere Prüfung auf Bauverträge, insbesondere solche auf der Grundlage der VOB, übertragen, wie sich nachfolgend ergibt:

2. Grundsätzliche Abgrenzung; insbesondere Mangelfolgeschäden – entferntere Mangelfolgeschäden

275 a) Ansprüche aus dem Bereich der Leistungspflicht des Auftragnehmers können beim Werkvertrag **verschiedene Entstehungsgründe** haben. Einmal kann es sich um „eigentliche" Verletzungen vertraglicher Nebenpflichten handeln, die in **keinem Zusammenhang mit einem Mangel** der Leistung stehen, wie z. B. das fahrlässige Inbrandsetzen eines Leistungsteils während der Ausführung (vgl. BGH VersR 1966, 1154 = SFH Z 4.01 Bl. 42 ff.). **Dies gilt für alle Fälle, in denen der Auftragnehmer aus Anlaß der Bauausführung gegenüber dem Auftraggeber nebenvertragliche Obhuts- und Fürsorgepflichten hat** (vgl. dazu näher Teil B § 10 Rdn. 15 ff.). Die darauf gestützten Ansprüche sind eindeutig dem Bereich der positiven Vertragsverletzung zuzuordnen und unterliegen **auch bei dem nach der VOB/B ausgerichteten Bauvertrag** ohne weiteres der 30jährigen Verjährung. Ähnliches gilt wegen der Mehrkosten, wenn der **Auftragnehmer seine Pflichten zur Ausführung der Leistung als solche**, also **außerhalb des Mängelbereichs, nicht erfüllt** und der Auftraggeber deswegen den Vertrag aus wichtigem Grund **kündigt** und dann Ansprüche nach Teil B § 8 Nr. 3 Abs. 2 geltend macht (vgl. BGH BauR 1983, 459 = ZIP 1983, 1082 = NJW 1983, 2439 = SFH § 638 BGB Nr. 26 = Betrieb 1983, 2459 = ZfBR 1982, 280 = LM § 638 BGB Nr. 49 = MDR 1984, 136; vgl. dazu Teil B § 8 Rdn. 91).

276 b) Unter den Begriff der positiven Vertragsverletzung fallen **nach der Rechtsprechung zum BGB-Werkvertrag** aber **auch Ansprüche** auf Ersatz solcher Schäden, die zwar **auf das mangelhafte Werk zurückgehen**, aber **weder in einem dem Werk unmittelbar anhaftenden Nachteil** bestehen **noch sonst eng und unmittelbar mit dem Mangel zusammenhängen**, also nicht ohne weiteres dem Bereich des Mangels zugerechnet werden können. Hier liegt die **Vertragsverletzung in solchen Nachteilen**, die dem Auftraggeber als **weitere Folge** des Mangels, also außerhalb der Bauleistung selbst erwachsen sind.

(BGHZ 35, 130, 132; 37, 341, 343 = SFH Z 3.01 Bl. 179; BGHZ 46, 238, 239 = SFH Z 2.414 Bl. 177; BGHZ 48, 257; BGH JZ 1963, 596, 597; BGH SFH Z 2.50 Bl. 9; BGH VersR 1964, 516; BGH NJW 1969, 839; BGHZ 58, 225 = BauR 1972, 255 = NJW 1972, 901 = BlGBW 1972, 197 = SFH Z 3.01 Bl. 485 = VersR 1972, 589 = MDR 1972, 597 = BB 1972, 684 = LM § 635 BGB Nr. 28 Anm. Rietschel). Dazu nochmals **grundlegend mit näherer Differenzierung** durch BGH und mit insoweit zutreffenden Ausführungen von Schlechtriem (NJW 1972, 1554; vgl. aber oben Rdn. 41 ff.): BGHZ 58, 85 = NJW 1972, 625 = Betrieb 1972, 481 = BauR 1972, 182 = BB 1972, 382 = MDR 1972, 408 = LM § 635 Nr. 27 Anm. Rietschel = SFH Z 3.01 Bl. 479 = VersR 1972, 396 mit beachtlicher Anm. von Ganten a. a. O. S. 540 = BlGBW 1972, 114; auch noch BGHZ 58, 332 = BauR 1972, 311 = VersR 1972, 858 = BlGBW 1972, 192 = SFH Z 2.414 Bl. 281 = NJW 1972, 1280 = MDR 1972, 772 = BB 1972, 1118 = LM VOB/B Nr. 53 Anm. Rietschel; BGHZ 72, 257 = BGH BauR 1979, 76 = NJW 1979, 214 = VersR 1979, 259 = SFH § 638 BGB Nr. 5 = BlGBW 1979, 79 = BB 1979, 650 = Betrieb 1979, 982 = ZfBR 1979, 29 = ZSW 1980, 18 mit Anm. Müller; weiterhin BGH BauR 1982, 489 = NJW 1982, 2244 = SFH § 635 BGB Nr. 34 = Betrieb 1982, 1979 = JZ 1982, 864 = MDR 1983, 48 = BB 1982, 1327 = Anm. Schwarz JR 1983, 154 = LM § 635 BGB Nr. 70 = ZfBR 1982, 205 mit nochmaliger systematischer Darstellung unter Berücksichtigung bisher entschiedener Fälle; BGH Betrieb 1983, 2458 = NJW 1983, 2440 = LM § 638 BGB Nr. 50; vgl. u. a. auch OLG Köln VersR 1977, 139.)

277 **Für die Abgrenzung zu §§ 635, 638 BGB** – also der für Gewährleistungsansprüche kurzen Verjährungsfrist – ist, wie der BGH in den zuletzt genannten Entscheidungen ausgeführt hat, **auf die Art des geltend gemachten Schadens abzustellen** (vgl. auch BGH JZ 1963, 596; BGH NJW 1969, 1710; BGH NJW 1970, 421, 423; BGH NJW 1971, 99 = VersR 1971, 135 = BB 1970, 1508 = BauR 1971, 51; BGH BauR 1971, 128 = SFH Z 4.01 Bl. 65; BGHZ 55, 392 = NJW 1971, 571 = JZ 1971, 463 = MDR 1971, 571 = BB 1971, 936 = LM § 638 BGB Nr. 17 Anm. Rietschel = VersR 1971, 639). Dabei kommt es mit maßgebend auf die **am Leistungsobjekt orientierte Art des verletzten Rechtsguts im Zusammenhang mit dem vertraglichen Leistungsziel im Einzelfall** an. Zum Bereich des § 635 BGB zählen vor allem auch jene Fälle,

in denen das Werk nur darauf gerichtet ist, in der Hand des Auftraggebers seine Verkörperung in einem weiteren Werk zu finden, so daß sich Fehler des ersten Werkes zwangsläufig auf das zweite übertragen müssen (vgl. BGHZ 58, 85 = BauR 1972, 182 = SFH Z 3.01 Bl. 479 = NJW 1972, 625 = MDR 1972, 408 = BB 1972, 382 = Betrieb 1972, 481; vgl. auch OLG Frankfurt NJW-RR 1987, 565). Zutreffend ist der BGH in richtiger Auseinandersetzung mit den von der Literatur geäußerten Bedenken grundsätzlich bei dieser Auffassung geblieben (BGHZ 67, 1 = BauR 1976, 354 = NJW 1976, 1502 = BB 1976, 1340 = VersR 1976, 1064 = SFH Z 3.004.0 Bl. 1 = MDR 1977, 44 = JR 1977, 110 Anm. Schubert; vgl. auch – für den Bereich des Architektenvertrages – BGH BauR 1981, 482 = SFH § 635 BGB Nr. 28 = NJW 1981, 2182 = JZ 1981, 626 = Betrieb 1981, 2119 = WM 1981, 903 = MDR 1982, 48 = LM § 635 BGB Nr. 62 = ZfBR 1981, 223).

Danach fallen in den Bereich des § 635 BGB nur die auf dem Mangel unmittelbar als „Mangelschäden" beruhenden Schäden sowie solche, die als nächste „Mangelfolgeschäden" in engem Zusammenhang darauf zurückgehen. Andere, damit nicht mehr in Zusammenhang zu bringende Schäden, die ihre Ursache auch noch in einem Mangel haben, aber nicht mit diesem eng zusammenhängen („entferntere Mangelfolgeschäden"), rechnen zur positiven Vertragsverletzung, verjähren daher in 30 Jahren. Für die Abgrenzung kommt es dabei auf eine nach der Vertragsart angemessene Güter- und Risikoverteilung an; nur dort, wo der darauf zielende Zweck es nötig macht, sind nächste Folgeschäden in § 635 BGB einzubeziehen (BGH a. a. O.; vgl. dazu u. a. auch Finger NJW 1977, 792; Peters NJW 1978, 665; Honsell Jura 1979, 184, 197 ff.; nicht überzeugend dagegen OLG Bremen, das aus „bilanztechnischen" Gründen zugunsten des Auftragnehmers immer die Frist des § 638 BGB maßgebend sein läßt, was keinerlei gesetzliche Grundlage hat, ebensowenig wie die Annahme des Verjährungsbeginns mit der „frühestmöglichen Erkennbarkeit" des Schadens, OLGZ 1979, 226). Ehlen/Blatt (Festschrift Korbion, 1986, S. 69 ff.) führen allerdings mit Recht aus, daß die vom BGH gewählte grundsätzlich zutreffende Abgrenzung bei Bauverträgen in der Praxis zu Schwierigkeiten führen kann, wenn es sich – vor allem bei Umbau-, Renovierungs- und Erweiterungsmaßnahmen – um Schäden an sogenannten angrenzenden, schon vorhandenen Bauteilen handelt; insoweit bleibt in der Tat häufig nur eine Entscheidung nach Billigkeitsgesichtspunkten übrig. Michalski (NJW 1988, 793), der die hier erörterte Problematik durch eine extensive Auslegung des § 638 BGB und der damit verbundenen Verjährungsfrist lösen will, ist nicht zu folgen, weil er den durch § 635 BGB klar umgrenzten Rahmen des Schadensersatzes wegen Nichterfüllung, also der Nichterfüllung der in Auftrag gegebenen Leistung selbst, und deren unmittelbare Folgen nicht hinreichend beachtet. Hehemann (NJW 1988, 801) gibt hierzu allerdings Abgrenzungsrichtlinien, die sich noch im Bereich des § 635 BGB vertreten lassen, auch im übrigen sich weitgehend mit der Rechtsprechung des BGH decken dürften.

3. Nr. 4 bezieht sich auf Mangelschäden, Mangelfolgeschäden und entferntere Mangelfolgeschäden

Anders und daher für die Praxis wesentlich einfacher zu handhaben ist dagegen die für Teil B § 13 – dort vornehmlich Nr. 7 – maßgebende Einordnung: Zutreffend gehen Hereth/Ludwig/Naschold (Teil B § 13 Ez. 10.26) davon aus, daß neben den unter § 635 BGB fallenden Mangelschäden und Mangelfolgeschäden **auch die entfernteren Mangelfolgeschäden der zweijährigen Verjährungsfrist der Nr. 4 und nicht der 30jährigen Verjährung unterliegen.** Dies ergibt sich daraus, daß **auch Schadensersatzansprüche aus entfernteren Mangelfolgen unter Nr. 7 Abs. 2**, also nach dem erklärten Willen der Partner eines VOB-Vertrages, **unter die Gewährleistung fallen** (BGH BauR 1970, 48 = NJW 1970, 421 = VersR 1970, 180 = Betrieb 1970, 250 = SFH Z 2.414 Bl. 231 ff. = MDR 1970, 317 = LM VOB/B Nr. 37). **Somit wird hier nicht, wie in der Rechtsprechung zum BGB-Werkvertrag** (vgl. Rdn. 275 ff.), **zwischen „Mangelfolgeschäden" und „entfernteren Mangelfolgeschäden" unterschieden** (vgl. BGH a. a. O. sowie BauR 1976, 142 = VersR 1976, 166), **wie vor allem auch aus § 13 Nr. 7 Abs. 3 hervorgeht.** Also kommt in den angesprochenen Bereichen **beim VOB-Vertrag** eine **einheitliche Verjährungsfrist** in Betracht. Das gilt auch für die Mangelhaftigkeit der Leistung, weil öffentlich-rechtliche Genehmigungen hinsichtlich der Tauglichkeit von verwendetem Material (z. B. der Tragfähigkeit von Dübeln) nicht vorliegen (BGH BauR 1981, 69 = SFH § 638 BGB Nr. 15 = NJW 1981, 112 = BB 1980, 1771 = MDR 1971, 219 = Betrieb 1981, 573 = BlGBW 1981, 151 = LM § 638 BGB Nr. 40 = ZfBR 1980, 289).

280 **Innerhalb der Mangelfolgeschäden** ist die Unterscheidung zwischen eigentlichen, d. h. eng als unmittelbare Folge des Mangels mit diesem zusammenhängenden Schäden und den entfernteren Schäden beim VOB-Vertrag **nur insofern von Bedeutung, als sie zur Klärung zwischen dem Schadensersatzanspruch nach § 13 Nr. 7 Abs. 1 und demjenigen nach Nr. 7 Abs. 2 a. a. O. dient.** Unter letzteren fallen weitgehend nur die entfernteren Mangelfolgen, die u. U. nicht nur der positiven Vertragsverletzung, sondern auch der unerlaubten Handlung zuzurechnen sind (vgl. Rdn. 727 ff.).

281 Es ist auch nicht einzusehen, warum der auf dem Mangel selbst beruhende Gewährleistungsanspruch in der kurzen Frist verjähren soll, der darauf lediglich „aufgebaute Folgeanspruch", also der Ersatzanspruch als entferntere Folge des Mangels, dagegen in 30 Jahren (ebenso BGHZ 58, 332 = BauR 1972, 311 = VersR 1972, 858 = BlGBW 1972, 192 = SFH Z 2.414 Bl. 281 = NJW 1972, 1280 = MDR 1972, 772 = BB 1972, 1118 = LM VOB/B Nr. 53 Anm. Rietschel; LG Köln BauR 1970, 51; OLG Düsseldorf NJW 1972, 58; Herding/Schmalzl Kap. 43, 13; Wussow NJW 1967, 953, 957 f.; vgl. dazu ferner Ganten VersR 1970, 1080, ders. auch BauR 1973, 148; Laufs und Schwenger NJW 1970, 1817; Finger Betrieb 1972, 1211 und NJW 1973, 81; Hoche in Festschrift für Lange 1970, 241; Ballerstedt in Festschrift für Larenz 1973, 717; Schmitz NJW 1973, 2081; insofern in der Grundlage auch Michalski NJW 1988, 793; vgl. ferner BGH NJW 1980, 1950 = Betrieb 1980, 1639; MDR 1980, 839 = ZIP 1980, 880 = OLG Celle BB 1979, 858 für den Bereich des Kaufvertrages).

282 **Allerdings** kommt die Verjährungsfrist der **Nr. 4 nur für solche Ansprüche** in Betracht, die ihre **Grundlage in der Zeit vor oder im Zeitpunkt der Abnahme** der Bauleistung haben, nicht aber für solche, auf die der Verjährungsbeginn im Zeitpunkt der Abnahme nicht zugeschnitten ist, die also erst **danach durch positive Vertragsverletzung des Auftragnehmers entstehen,** wie z. B. infolge unzulänglicher Untersuchung oder Beseitigung später zutage getretener Mängel, unzureichender Beachtung der Gewährleistungsrechte des Auftraggebers, auch bei der späteren Beratung des Auftraggebers (vgl. dazu BGHZ 71, 144 = BauR 1978, 235 = BB 1978, 1437 = NJW 1978, 1311 = SFH § 633 BGB Nr. 11 = MDR 1978, 656 = LM § 633 BGB Nr. 31 Anm. Girisch = VersR 1978, 565 = Betrieb 1978, 1688).

Zur **Beweislast** bei positiver Vertragsverletzung vgl. Teil B § 10 Rdn. 43 ff.

4. Ausnahme: Versicherungsschutz des Auftragnehmers

283 Allerdings ist zugleich eine **wichtige Ausnahme** zu beachten: Diese ergibt sich auch aus **Teil B § 13 Nr. 7 Abs. 3,** wonach die **gesetzlichen Verjährungsfristen maßgebend** sind, soweit sich der Auftragnehmer nach Absatz 2 a. a. O. **durch Versicherung geschützt hat oder hätte schützen können** oder soweit ein **besonderer Versicherungsschutz vereinbart ist.** Die gesetzliche Verjährungsfrist bei positiver Vertragsverletzung beträgt aber gemäß § 195 BGB 30 Jahre, so daß dann **jedenfalls für die unter Teil B § 13 Nr. 7 Abs. 2 fallenden entfernteren Mängelfolgeschäden die lange Verjährungsfrist gilt.**

Haben die Parteien allerdings durch **Individualabsprache** vereinbart, daß der Auftragnehmer für die Güte der von ihm ausgeführten Arbeiten und die gelieferten Baustoffe zwei

Jahre hafte, so sind darin **auch die Mängelfolgeschäden** einbegriffen (vgl. BGHZ 58, 216 = NJW 1972, 942 = BauR 1972, 246 = BlGBW 1972, 195 = SFH Z 2.414 Bl. 274 = VersR 1972, 587 = MDR 1972, 596 = LM § 426 BGB Nr. 35 Anm. Rietschel).

5. Einzelfälle:

a) Entferntere Mangelfolgeschäden

Hier ist zunächst, auch zeitlich gesehen, der Hinzutritt eines **weiteren, besonderen Ereignisses** zu fordern, das **durch den Mangel ausgelöst** worden ist. Das trifft z. B. auf **Prozeßkosten** zu, die der Auftraggeber im Rahmen eines Rechtsstreits über die Ordnungsmäßigkeit der Bauleistung gegen einen Dritten, etwa gegen den Architekten, oder einen Erwerber aufgewendet hat und in dem festgestellt wurde, daß nicht den Architekten oder den sonstigen Dritten, sondern den Auftragnehmer die Verantwortlichkeit für den Leistungsmangel trifft (insoweit wegen der Erwerber offen gelassen von BGH BauR 1983, 573 = SFH § 640 BGB Nr. 10 = ZfBR 1983, 260). Zur **positiven Vertragsverletzung** und nicht zur Mangelhaftigkeit der Leistung gehören auch Ansprüche des Auftraggebers auf Ersatz der aufgrund des Mangels der Leistung durch eindringendes Wasser entstandenen und noch entstehenden Aufwendungen; sie sind weitere Folgen des Mangels (vgl. BGH, Urt. vom 20. 4. 1966 – VII ZR 122/64 –). Zu diesen Aufwendungen rechnen auch Maßnahmen, um den Wasserschaden zu verhindern oder klein zu halten (a. a. O.). Zum entferneren Mangelfolgeschaden zählt auch der **Freistellungsanspruch** des Auftraggebers gegen den Auftragnehmer im Hinblick auf Ersatzansprüche, die der Eigentümer eines Nachbarhauses wegen der an diesem durch mangelhafte Bauausführung beim Bauvorhaben des Auftraggebers entstandenen Schäden geltend macht (vgl. BGH SFH Z 3.01 Bl. 421 ff.). In den Bereich der positiven Vertragsverletzung **fällt** auch derjenige Schaden, der sich aus **unrichtig erstatteten Gutachten, Schätzungen und Auskünften** ergibt (BGHZ 67, 1 = BauR 1976, 354 = NJW 1976, 1502 = BB 1976, 1340 = VersR 1976, 1064 = SFH Z 3.004.0 Bl. 1 = MDR 1977, 44 = JZ 1977, 228 = Betrieb 1976, 1443 = LM § 638 BGB Nr. 30 Anm. Doerry).

Entscheidend für die Abgrenzung zu entferneren Mangelfolgeschäden ist es, ob der Schaden im Einzelfall an der Leistung des Auftragnehmers oder in – auch in zeitlicher Hinsicht – unmittelbarem Zusammenhang damit oder ob er zeitlich später **oder** an einem anderen Rechtsgut des Auftraggebers bzw. eines Dritten entstanden ist; nur in den beiden letzteren Fällen kommt ein entfernterer Mangelfolgeschaden in Betracht. Hierher rechnen auch **z. B. Brandschäden,** die im Zusammenhang mit Schweiß- und Isolierungsarbeiten verursacht worden sind (BGH VersR 1963, 195; BGH VersR 1966, 1154). Das gilt auch, wenn **infolge eines Mangels** an der Leistung des Auftragnehmers ein Brandschaden an einem Gebäude entsteht, das nicht Gegenstand der Bauleistung ist (BGHZ 58, 305 = NJW 1972, 1195 = VersR 1972, 692 = BauR 1972, 309 = SFH Z 2.414 Bl. 286 = MDR 1972, 685 = LM § 635 BGB Nr. 30 Anm. Rietschel). Entferntere Mängelfolgen sind auch infolge fehlerhafter Leistung einige Jahre später aufgetretene **Wasserschäden** (vgl. BGH BauR 1980 572 = SFH § 4 AHB Nr. 2 = LM § 4 AHaftpflichtVB Nr. 38 = MDR 1981, 34 = VersR 1980, 813 = Betrieb 1980, 1939) sowie **Wasserschäden,** die nach einer von einem Dritten durchgeführten Probebeheizung auftreten, weil ein von dem Auftragnehmer montierter Heizkörper zu dünnwandig war und daher dem Wasserdruck der von dem Dritten installierten Heizanlage nicht standhielt (BGH VersR 1962, 480). Entsprechendes gilt für Schäden, die **auslaufendes Öl** nur deshalb verursachte, weil der Unternehmer bestimmte Rohrteile nicht ordnungsgemäß verschlossen bzw. nur mangelhaft angeschweißt hatte (BGH BauR 1972, 127, 128 und BGH BauR 1972, 114 = LM § 635 BGB Nr. 25). Ebenfalls trifft dies für den Schaden zu, den ein mit der Demontage einer Kranbrücke beauftragter Unternehmer an Kranbahn und Kranbrücke verursacht hatte (BGH NJW 1969, 838). Entfernterer Mängelfolgeschaden ist es auch, wenn etwa ein Jahr nach Montage einer Schankeinrichtung ein Regal abstürzt und dadurch Schäden verursacht (BGH BauR 1979, 321 = BB 1979, 757 = NJW 1979, 1651 = SFH § 635 BGB Nr. 12 = JZ 1979, 569 = Betrieb 1979, 2418 = MDR 1979, 749 = LM § 635 BGB Nr. 50 = ZfBR 1979, 153; vgl. dazu Littbarski JZ 1979, 552). Handelt es sich um eine umfassende Werkleistung und ist nur ein davon abtrennbarer Teil mangelhaft, sind die Schäden an anderen, ursprünglich in die Werkleistung einbezogenen Teilen entstanden, so kann es sich gleichwohl um entferntere Mangelfolgeschäden handeln (vgl. dazu BGH BauR 1982, 489 = NJW 1982, 2244 = SFH § 635 BGB Nr. 34 = Betrieb 1982, 1979 = JZ 1982, 864 = MDR 1983, 48 = BB 1982, 1327 = Anm. Schwark JR 1983, 154 = LM § 635 BGB Nr. 70 = ZfBR 1982, 205).

b) Mangelschäden, Mangelfolgeschäden

287 Kosten, die zur Beseitigung eines Mangels erforderlich werden, sind unmittelbar aus der **Mangelhaftigkeit entstanden** (vgl. RG Recht 1926, 508 Nr. 1667; BGH VersR 1962, 1062; Betrieb 1963, 1213), vor allem auch die dadurch entstehenden **Mehrkosten** (BGHZ 46, 238 = SFH Z 2.414 Bl. 177 = VersR 1967, 160; BGHZ 54, 352, 358; BGH NJW 1969, 1710 = SFH Z 4.02 Bl. 9). Dazu zählen **auch Kosten für die Planung und Leitung der Nachbesserungsarbeiten** durch einen Architekten sowie die **Zwischenfinanzierungskosten** für die Nachbesserungsarbeiten (OLG Düsseldorf BauR 1972, 117). Auch rechnen hierher z. B. Schäden durch zur Fertigstellung eines Bauwerkes bestimmte Isolierarbeiten, die infolge mangelhafter Ausführung am Bauwerk im übrigen entstehen (BGH BauR 1970, 48 = NJW 1970, 421 = VersR 1970, 180 = Betrieb 1970, 250 = SFH Z 2.414 Bl. 231 = MDR 1970, 317 = LM VOB/B Nr. 37). Weiter zählen hierher neben den eigentlichen Mängelbeseitigungskosten auch die Kosten für die Reparatur von durch die mangelhafte Herstellung der Bauleistung beschädigtem Baugerät (vgl. dazu OLG München NJW-RR 1987, 854), für den Fall des Umstürzens eines Autokrans bei Versetzarbeiten infolge mangelhaften Standplatzes.

288 Ferner gehören dazu der **Minderwert** der mangelhaften Leistung selbst, wie z. B. **erhöhte Heizkosten** (LG Hamburg VersR 1969, 818), **Abstützungskosten, Gerüstkosten** zur Stützung einer durchhängenden Leitung (BGH NJW 1969, 1710 = BB 1969, 934 = Betrieb 1969, 1551 = MDR 1969, 1000 = JZ 1969, 666 = LM § 638 BGB Nr. 11 = SFH Z 4.02 Bl. 9 ff.).

289 Weiterhin ist der **Mietausfall** ein infolge der Mängel entstandener Schaden und deshalb ebenfalls unter dem Gesichtspunkt der Gewährleistung zu ersetzen, auch soweit es sich dabei um den Überschuß, den entgangenen Gewinn (§ 252 BGB) und nicht nur die festen Kostenbestandteile der Miete handelt (vgl. dazu BGHZ 37, 341, 343 f. = SFH Z 3.01 Bl. 179; BGH JZ 1963, 596; BGHZ 35, 130, 138; 58, 225 = BauR 1972, 255 = NJW 1972, 901 = BlGBW 1972, 197 = SFH Z 3.01 Bl. 485 = VersR 1972, 589 = MDR 1972, 597 = BB 1972, 684 = LM § 635 BGB Nr. 28 Anm. Rietschel). Dasselbe gilt für **Aufwendungen,** die dem Auftraggeber dadurch entstanden sind, daß er wegen der Mängel und deren Beseitigung das **Haus verlassen und eine Mietwohnung oder ein Hotel beziehen muß.** Auch dieser Schaden hängt **eng** mit dem Mangel der Leistung und der auf ihm beruhenden Unbrauchbarkeit zusammen und haftet daher dem **Werk unmittelbar** an. Er besteht darin, daß der Auftraggeber das Werk nicht benutzen kann; es handelt sich also um einen sich eindeutig als Vermögensschaden darstellenden **Nutzungsausfall;** der Mietausfall beruht darauf, daß Dritte das Objekt nicht benutzen können. Mit Unbrauchbarkeit und Mangelhaftigkeit hängen beide Nachteile gleich eng zusammen, eine unterschiedliche rechtliche Behandlung ist nicht gerechtfertigt (BGHZ 46, 238, 240 = NJW 1967, 340 = VersR 1967, 160 = DWW 1967, 50 = MDR 1967, 208 = BB 1967, 57 = LM VOB/B Nr. 13 = SFH Z 2.414 Bl. 177 ff.; ebenso BGH BauR 1970, 48 = NJW 1970, 421 = VersR 1970, 180 = Betrieb 1970, 250 = SFH Z 2.414 Bl. 231 = MDR 1970, 317 = LM VOB/B Nr. 37). Zum Nutzungsausfall im übrigen vgl. Teil B § 4 Rdn. 354 ff.

290 Nach zutreffender Rechtsprechung des BGH gehören in den hier erörterten Schadensbereich auch die Kosten eines vom Auftraggeber zwecks Feststellung der Mängel notwendigerweise eingeholten **Privatgutachtens** (BGHZ 54, 352 = MDR 1971, 207 = VersR 1971, 135 = NJW 1971, 99 = BB 1970, 1508 = BauR 1971, 51 = LM VOB/B Nr. 37 = SFH Z 2.414 Bl. 245; BGH BauR 1971, 131 = NJW 1971, 1130 = SFH Z 3.00 Bl. 139 = VersR 1971, 642 = WM 1971, 678 = MDR 1971, 474 = LM Architektenvertrag Nr. 4 = BB 1971, 415) wie überhaupt alle **Kosten der Untersuchung der mangelhaften Leistung** (wie z. B. die Vermessungskosten zur Feststellung von Ausmaß und Ursache des Schadens bei fehlerhaftem Bodengutachten, BGHZ 72, 257 = BauR 1979, 76 = NJW 1979, 214 = VersR 1979, 259 = SFH § 638 BGB Nr. 5 = BlGBW 1979, 79 = BB 1979, 650 = Betrieb 1979, 982 = ZfBR 1979, 29 = ZSW 1980, 18 Anm. Müller).

Das trifft allerdings nur zu, wenn der Auftraggeber **infolge des Verhaltens des Auftragnehmers,** etwa weil dieser einen Mangel bestreitet, **berechtigten Anlaß hatte,** den Privatgutachter zu beschäftigen oder die Untersuchung der Leistung vornehmen zu lassen; **gleiches** gilt, wenn **auf beiden Seiten unklar ist, ob ein Mangel vorliegt** und dieser dann von sachverständiger Seite bestätigt wird. Die Kosten des Gutachters müssen sich in einem für den Einzelfall angemessenen Rahmen halten, ohne daß hier allerdings eine Bindung an die Sätze des ZuSEG besteht (vgl. OLG Bamberg JurBüro 1975, 941 im Hinblick auf § 91 ZPO). Sofern im Prozeß geltend gemachte Gutachtenkosten aus materiell-rechtlichen

Gründen nicht zuerkannt worden sind, ist die betroffene Partei nicht gehindert, diese im späteren Kostenfestsetzungsverfahren unter den Voraussetzungen des § 91 ZPO berücksichtigt zu verlangen (OLG Koblenz VersR 1975, 932), falls sie zur zweckentsprechenden Rechtsverfolgung notwendig waren (OLG Koblenz JurBüro 1976, 1686). Gibt das Gericht einer nicht sachkundigen Partei auf, die behaupteten Mängel einer Leistung substantiiert darzulegen, so ist die Notwendigkeit der Hinzuziehung eines Sachverständigen evident (OLG Koblenz ZSW 1980, 235 = JurBüro 1981, 129). Anders liegt es, wenn die Partei selbst die erforderliche Sachkunde besitzt (OLG Koblenz ZSW 1980, 236). Die Erstattungsfähigkeit der Sachverständigenkosten kann regelmäßig und, sofern die sonstigen Voraussetzungen vorliegen, nicht mit der Begründung verneint werden, der Auftraggeber hätte ein Beweissicherungsverfahren nach den §§ 485 ff. ZPO durchführen können (OLG Stuttgart Justiz 1980, 328).

Wegen der Gutachtenkosten im Beweissicherungsverfahren vgl. BGHZ 46, 238 = NJW 1967, 340, 341 = SFH Z 2.414 Bl. 177. Vgl. dazu auch Teil B § 18 Rdn. 96 ff.

c) Exkurs: Architekten- oder Ingenieurleistungen

Für den Bereich des – außerhalb der VOB liegenden – **Architekten- oder Ingenieurvertrages** ist hier ergänzend zu bemerken:

Es fallen **fehlerhafte Pläne** des Architekten, auf die die mangelhafte Leistung zurückzuführen ist, **unmittelbar auf den Mangel zurück.** Sie sind für sich allein ein wesentlicher Bestandteil der Gesamtleistung, sie beziehen sich unmittelbar auf die Herstellung des Bauwerkes selbst, und sie werden daher von der Gewährleistung im Rahmen des Architektenvertrages, also auch von der für die Gewährleistung maßgeblichen Verjährungsfrist des § 638 BGB, erfaßt (BGHZ 37, 341 = SFH Z 3.01 Bl. 179 ff.). **Gleiches gilt für die statische Berechnung und die Konstruktionszeichnungen des Ingenieurs** für ein Bauwerk aus dem zwischen dem Ingenieur und dem Auftraggeber bestehenden Werkvertrag (BGHZ 48, 257; OLG Koblenz SFH Z 3.01 Bl. 186 ff.); ferner gilt dies bei **fehlerhafter Planung der Sanitär-, Heizungs- und Elektroarbeiten** (OLG München NJW 1974, 2238). 291

Ebenso trifft das zu, wenn ein **Vermessungsingenieur** in unmittelbarem sachlichen und zeitlichen Zusammenhang mit der Errichtung eines Bauwerkes mangelhafte Vermessungs- und Absteckungsarbeiten vornimmt; der dadurch herbeigeführte merkantile Minderwert des Gebäudes steht mit dem bebauten Grundstück, somit auch **mit dem Bauwerk, im engen und unmittelbaren Zusammenhang** (BGHZ 58, 225 = BauR 1972, 225 = NJW 1972, 901 = BlGBW 1972, 197 = SFH Z 3.01 Bl. 485 = VersR 1972, 589 = LM § 635 BGB Nr. 28 Anm. Rietschel). **Entsprechendes** gilt für den **Architekten,** wenn dieser die Vermessungs- und Absteckungsarbeiten übernimmt, vor allem, wenn sie **im Rahmen von Teil B § 3 Nr. 2** liegen. Mangelhafte Werkleistung ist es auch, wenn ein Vermessungsingenieur ein Grundstück im Zusammenhang mit der beabsichtigten Bebauung unrichtig einmißt und dadurch der Grenzstein falsch gesetzt wird (OLG Düsseldorf BauR 1975, 68; vgl. ferner Teil A § 9 Rdn. 71 ff.). Gleiches trifft zu, wenn infolge fehlerhaften Bodengutachtens eine Senkung des (Hallen-)Fußbodens eintritt (BGHZ 72, 257 = BauR 1979, 76 = NJW 1979, 214 = VersR 1979, 259 = SFH § 638 BGB Nr. 5 = BlGBW 1979, 79 = BB 1979, 650 = Betrieb 1979, 982 = ZfBR 1979, 29 = ZSW 1980, 18 mit Anm. Müller). 292

Dagegen ist ein **Verstoß gegen die Beratungspflicht des Architekten oder des Sonderfachmannes** der **positiven Vertragsverletzung** zuzurechnen (BGH NJW 1964, 1022 = VersR 1964, 611 = SFH Z 3.01 Bl. 253 ff. = MDR 1964, 589). In diesen Bereich fallen **auch Folgeschäden aus schuldhaft unrichtigen Schätzungen, Gutachten oder Auskünften** des Architekten, zumal sich deren Auswirkungen vielfach erst später ergeben, so daß sich die aus der positiven Vertragsverletzung herzuleitende längere Verjährungsfrist rechtfertigt (BGHZ 67, 1 = BauR 1976, 354 = NJW 1976, 1502 = BB 1976, 1340 = VersR 1976, 1064 = SFH Z 3.004.0 Bl. 1 = MDR 1977, 44 = JZ 1977, 228 = LM § 638 BGB Nr. 30 Anm. Doerry = Betrieb 1976, 1473). Dasselbe gilt für das **Freistellungsbegehren** des Auftraggebers gegenüber dem Statiker im Hinblick auf Ersatzansprüche, die der Eigentümer eines Nachbarhauses wegen der an diesem infolge fehlerhafter Statik aufgetretenen Schäden geltend macht (BGH SFH Z 3.01 Bl. 421 ff.; BGH SFH Z 3.00 Bl. 172 ff.). Um Ansprüche aus positiver Vertragsverletzung handelt es sich auch, wenn sie infolge schuldhafter Pflichtverletzung des Architekten **nach der Bauabnahme entstanden** sind (vgl. dazu oben Rdn. 9 ff.). 293

294 Ansprüche des Auftraggebers, die im Rahmen eines Architektenvertrages der positiven Vertragsverletzung zuzurechnen sind, verjähren auch hier in 30 Jahren. Zur Abgrenzung von Gewährleistung und positiver Vertragsverletzung vgl. hier vor allem BGHZ 67, 1 = BauR 1976, 354 = NJW 1976, 1502 = BB 1976, 1340 = VersR 1976, 1064 = SFH Z 3.004.0 Bl. 1 = MDR 1977, 44 = JZ 1977, 228 = LM § 638 BGB Nr. 30 Anm. Doerry = Betrieb 1976, 1473 m. w. N.

III. Ansprüche gegen Auftragnehmer aus unerlaubter Handlung

295 1. Die **Gewährleistungsfristen** gemäß Teil B § 13 Nr. 4 **gelten nicht bei Haftung aus unerlaubter Handlung** (§§ 823 ff. BGB). Vgl. dazu die in **Rdn. 65 ff.** für den Bereich des Bauvertrages angeführten Ausnahmefälle. Insoweit kommen **vornehmlich Ansprüche** in Betracht, die **auf Ersatz entfernter Mangelfolgeschäden** – vgl. Rdn. 275 ff. – gerichtet sind (BGHZ 55, 392 = NJW 1971, 1131 mit Anm. Ganten a. a. O. S. 1804 = MDR 1971, 571 = JZ 1971, 463 = BB 1971, 936; BGH BauR 1972, 114 = MDR 1972, 310 = BB 1972, 552 = LM § 635 BGB Nr. 25; BGHZ 61, 203 = BauR 1973, 381 = NJW 1973, 1752 mit Anm. Finger S. 2104 = VersR 1973, 1141 = SFH Z 4.01 Bl. 77 = BB 1973, 1094 = MDR 1973, 923 = LM VOB/B Nr. 64 Anm. Schmidt = WM 1973, 1139). Das gilt vor allem für Schäden am Eigentum des Auftraggebers oder eines Dritten, die im **sogenannten nichtbearbeiteten Bereich entstehen, also dort, worauf sich** die auftragsgemäß und mängelfrei zu erbringende **Leistung nicht erstreckt,** wie z. B. bei der Beschädigung eines Hauses durch Wasser, das durch eine nicht ordnungsgemäß verschlossene Öffnung eines Kanalschachtes ausgetreten ist, oder durch Beschädigung einer Schankeinrichtung wegen nicht sachgerechter Anbringung eines Regals (vgl. dazu BGH BauR 1979, 321 = NJW 1979, 1651 = SFH § 635 BGB Nr. 12 = JZ 1979, 569 = BB 1979, 757 = Betrieb 1979, 2418 = MDR 1979, 749 = LM § 635 BGB Nr. 50 = ZfBR 1979, 153).

Auch sonst können Ansprüche aus unerlaubter Handlung entstehen, vor allem wenn sie **außerhalb der sachgerechten Bauherstellung selbst** liegt, jedoch **bei deren Gelegenheit** geschieht; außerdem ist auf die in Teil B § 10 Rdn. 69 ff. erwähnten besonderen Haftungsgrundlagen zu verweisen.

296 Ansprüche aus unerlaubter Handlung **verjähren nach § 852 BGB in drei Jahren, und** zwar auch dann, wenn wegen des gleichen Sachverhalts auch ein Anspruch aus positiver Vertragsverletzung besteht (vgl. BGHZ 66, 317 = NJW 1976, 1505 = MDR 1976, 836 = JZ 1977, 30 = BB 1976, 902 mit Anm. v. Westphalen a. a. O. S. 1097 = LM § 477 BGB Nr. 25). Zur Neufassung des § 852 BGB vgl. Gesetz vom 22. 6. 1977 und 16. 8. 1977 (BGBl. I S. 998 und 1577).

297 2. Zur **Kenntnis der Person des Ersatzpflichtigen** i. S. des § 852 BGB s. BGH VersR 1971, 154: diese hat der Geschädigte erst, wenn ihm Tatsachen bekannt werden, die auf eine Verursachung und ein schuldhaftes Verhalten des betreffenden Schädigers hinweisen (vgl. dazu auch BGH VersR 1986, 1080); allerdings: kann der Geschädigte aufgrund der ihm bekannten Umstände Name und Anschrift des Ersatzpflichtigen in zumutbarer Weise ohne besondere Mühe in Erfahrung bringen, so gilt ihm die Person des Ersatzpflichtigen als in dem Augenblick bekannt, in dem er auf die entsprechende Erkundigung hin diese Kenntnis erhalten hätte (BGH Betrieb 1973, 1501 = LM § 852 BGB Nr. 4; BGH BauR 1976, 142 = VersR 1976, 166; BGH VersR 1976, 147; OLG Köln VersR 1974, 1089; OLG Braunschweig VersR 1974, 1183). Das trifft ohne weiteres dann zu, wenn dem Geschädigten bekannt ist, daß gegen den Schädiger ein Ermittlungsverfahren eingeleitet worden ist (OLG Köln VersR 1975, 91), sofern er daraus so viele Tatsachen kennt, daß er mit einigermaßen sicherer Aussicht auf Erfolg Klage erheben kann (BGH VersR 1975, 520; OLG Braunschweig a. a. O.). An dieser Voraussetzung kann es allerdings fehlen, wenn die Rechtslage besonders verwickelt ist und bis die sich daraus ergebenden Zweifel geklärt sind (BGH VersR 1980, 846). Andererseits kann der Geschädigte Kenntnis von der Person des Ersatzpflichtigen bereits durch Zustellung der Anklageschrift in einem gegen den Schädiger eingeleiteten Strafverfahren bekommen;

offenbleibende Zweifel an der Erweisbarkeit der Anklagetatsachen ändern daran nichts (BGH VersR 1983, 273). Hat der Geschädigte einen Anwalt beauftragt, die für die Ermittlung des Schädigers nötigen Informationen einzuziehen, so muß er sich dessen Kenntnis auch dann zurechnen lassen, wenn sie ihm nicht übermittelt wird (OLG Köln VersR 1974, 1089). In den vorgenannten Fällen handelt es sich um die Gleichstellung bestehender Erkenntnisquellen mit der nach § 852 BGB zu fordernden positiven Kenntnis, ohne daß damit dieser schon ein Kennenmüssen i. S. einer fahrlässigen Unkenntnis hinzugerechnet würde (vgl. BGH VersR 1979, 278, 280; auch grob fahrlässige Unkenntnis als solche reicht nicht (vgl. OLG Stuttgart NJW 1984, 182); lediglich die **mißbräuchliche Nichtkenntnis** der Person des Schädigers steht der in § 852 BGB für den Beginn der Verjährungsfrist verlangten Kenntnis gleich (BGH JZ 1985, 589 = NJW 1985, 2022).

Kommen mehrere Ersatzpflichtige in Betracht, so beginnt die Verjährung nach § 852 BGB erst mit dem Zeitpunkt, in dem begründete Zweifel über die Person des Ersatzpflichtigen nicht mehr bestehen (OLG Frankfurt OLGZ 71, 1). 298

Bei Feststellung des Zeitpunktes, zu dem der Geschädigte die in § 852 BGB vorausgesetzte Kenntnis des Schadens erlangt hat, ist zu berücksichtigen, daß der **einer unerlaubten Handlung insgesamt entspringende Schaden eine Einheit** darstellt; deshalb kommt es nicht auf die Kenntnis der einzelnen Schadensfolgen an, sondern es genügt die allgemeine Kenntnis vom Schadenseintritt (BGH VersR 1978, 350 m. w. N.). Daher bezieht sich die gemäß § 852 BGB mit der Kenntnis der Person des Ersatzpflichtigen einsetzende Verjährung auch auf nachträglich eintretende Schadensfolgen, die im Zeitpunkt der Kenntnis vom Gesamtschaden als möglich voraussehbar sind (BGH VersR 1979, 1106). Jedoch ist zu unterscheiden, ob eine abgeschlossene Handlung oder ob eine fortdauernde Handlung – evtl. mehrere über einen längeren Zeitraum wiederholte Handlungen – vorliegt. Nur im ersten Fall beginnt die Verjährung des gesamten Anspruches schon im Zeitpunkt, in dem der Geschädigte eine allgemeine Kenntnis vom Schaden hat. Handelt es sich dagegen um **Wiederholungen der schädigenden Handlung selbst, so läuft die Verjährungsfrist für jede Einzelhandlung besonders.** Geht es um mehrere Teilakte einer natürlichen Handlungseinheit, wofür gerade im Zusammenhang mit der Errichtung eines Hauses manches spricht, so beginnt die Verjährung von Ersatzansprüchen für Schäden, die in späteren Zeitabschnitten entstehen, frühestens jeweils nach Beendigung des einzelnen Zeitabschnittes, wenn nicht gar erst mit Abschluß des schädigenden Handels insgesamt (BGH BauR 1981, 206 = VersR 1981, 135 = NJW 1981, 573 = Betrieb 1981, 841 = SFH § 852 BGB Nr. 1 = MDR 1981, 395 = LM § 909 Nr. 26 = ZfBR 1981, 22 m. w. N.). Zu weitgehend dagegen Peters (JZ 1983, 121), der den Beginn der Verjährung von der Fälligkeit der Ansprüche abhängig macht, also von dem anerkannten Grundsatz des einheitlichen Schadens abrücken will. Dem Begriff der Schadenseinheit kommt jedoch für die Verjährung nur im Rahmen der Kenntnis vom Schaden und der Person des Ersatzpflichtigen nach § 852 Abs. 1 BGB Bedeutung zu; anders für die Unterbrechung der Verjährung durch Klageerhebung nach § 209 BGB; dort ist vom jeweiligen Streitgegenstand auszugehen, was vor allem für Teilklagen von Bedeutung ist (BGH 1988, 965 = JZ 1988, 367 = VersR 1988, 401 = MDR 1988, 396 = Schiemann EWiR § 852 BGB 1/88, 149; vgl. auch Rdn. 351 ff.). 299

Über die Voraussetzungen der **Hemmung der Verjährung nach § 852 Abs. 2 BGB** BGH VersR 1985, 643 sowie BGH VersR 1988, 718 = MDR 1988, 493 = NJW-RR 1988, 730 = LM § 210 BGB Nr. 7 m. w. N.: Unter Verhandlungen ist jeder Meinungsaustausch über den Schadensfall zu verstehen, angesichts dessen der Berechtigte davon ausgehen kann, daß sein Begehren von der Gegenseite noch nicht endgültig abgelehnt wird; die Hemmung endet, wenn die Fortsetzung der Verhandlungen verweigert wird; schlafen die Verhandlungen ein oder werden sie verschleppt, so ist die Fortsetzung der Verhandlungen ab dem Zeitpunkt als 300 verweigert anzusehen, zu dem nach der jeweiligen Sachlage nach Treu und Glauben eine Antwort des Ersatzberechtigten auf die letzte Antwort des Verpflichteten zu erwarten gewesen wäre; werden abgebrochene Verhandlungen wieder aufgenommen, so tritt eine erneute Hemmung einer noch nicht abgelaufenen Verjährungsfrist ein.

301 Darüber, ob bei verjährten Gewährleistungsansprüchen solche aus unerlaubter Handlung oder ungerechtfertigter Bereicherung bestehen können, Rdn. 431. Zu den erörterten Fragen über die Verjährung im Deliktsrecht vgl. auch Lepa VersR 1986, 301.

IV. Haftung des Baustofflieferanten oder -herstellers aus unerlaubter Handlung

302 Zur **unerlaubten Handlung (Eigentumsverletzung) durch den Baustofflieferanten,** der verunreinigten Sand liefert, mit dem ein Haus verputzt wird (BGH BauR 1978, 239 = NJW 1978, 1051 = SFH § 823 BGB Nr. 1 = Betrieb 1978, 119): Dadurch ist bei einem bestehenden Haus weder in der Substanz noch in der Gebrauchsfähigkeit (Benutzbarkeit) gegenüber dem bisherigen Zustand eine Wertminderung entstanden; das notwendige Abschlagen des Putzes stellt einen Vermögensschaden dar, betrifft also ein in § 823 Abs. 1 BGB nicht geschütztes Rechtsgut; die bloße Lieferung fehlerhaften Sandes ist noch keine Eigentumsverletzung; die Vermischung des wertlosen Sandes mit anderem, vom Auftraggeber beschafften und ihm gehörenden Material (Kalk, Zement) bedeutet auch keine Eigentumsverletzung, weil das beigesteuerte andere Material durch Vermischung (§ 948 BGB) und Verarbeitung (§ 950 BGB) untergegangen ist. Vgl. vor allem auch BGH NJW 1981, 2248 = Betrieb 1981, 1870 = WM 1981, 952 = BB 1981, 1238 = ZIP 1981, 866 = BauR 1982, 175 = MDR 1982, 134 = LM § 477 BGB Nr. 33 m. w. N.: Eine Eigentumsverletzung liegt nicht vor, wenn mit dem Einbau fehlerhaften Materials jeweils ein weiterer mangelhaft errichteter Bauteil entsteht und in diesem mangelhaften Zustand erst in das Eigentum des Grundstückseigentümers übergeht; für den Fall von fehlerhaften Dämmelementen, die Risse verursachten; hier in bezug auf den **Baustoffhersteller.** Vgl. dazu auch LG Hanau (VersR 1987, 165) für den Fall der Lieferung fehlerhafter Hohlblocksteine, ferner OLG Bamberg (VersR 1986, 977) für die Herstellung und Lieferung von Fliesen, deren Glasur bläschenförmige Hohlräume enthält, die bei geringer Belastung einbrechen und bis zu 1 mm tiefe Löcher hinterlassen, das weitere OLG Oldenburg VersR 1986, 1003 mit Nichtannahmebeschluß des BGH a. a. O. bei Lieferung untauglichen Dichtungsmaterials bei einem Schwimmbad. Andererseits können dem Eigentümer eines Hauses gegen den Hersteller einer Dachabdeckfolie deliktische Schadensersatzansprüche aus Eigentumsverletzung zustehen, wenn diese Folie nach ihrer Anbringung infolge eines Produktfehlers ihre wasserabweisende Wirkung verliert und durch eindringende Feuchtigkeit Schäden an den unteren Schichten des Dachaufbaues entstehen (BGH BauR 1985, 102 = NJW 1985, 194 = BB 1984, 2148 = MDR 1985, 310 = JZ 1984, 1119 = VersR 1984, 1151 = LM § 823 [Ac] BGB Nr. 38 mit beachtlicher krit. Anm. von Thürmann VersR 1985, 692). Gleiches gilt in bezug auf Dachdämmplatten, wenn diese nach Verlegung entsprechend der vom Hersteller gegebenen fehlerhaften Verlegeanleitung infolge ihrer Formunbeständigkeit gegenüber äußeren Temperatureinflüssen Knackgeräusche verursachen, die sich nicht nur auf das Dach beschränken, sondern ständig als Geräuschimmissionen auch in andere Teile des Hauses dringen; insoweit schuldet der Hersteller Schadensersatz, der sich unter den gegebenen besonderen Umständen mit den Kosten im Rahmen der Gewährleistung deckt (OLG Oldenburg NJW-RR 1988, 540). Zur Haftung der Vertriebsgesellschaft eines **Baustoffherstellers** für von diesem fehlerhaft hergestellte Produkte vgl. BGH BauR 1981, 495 = NJW 1981, 2250. Allgemein zur Rechtsprechung des BGH zur deliktischen Haftung des Herstellers für Schäden an der von ihm hergestellten Sache, Kullmann BB 1985, 409 sowie zum Risiko der **Produzentenhaftung** ders. VersR 1988, 655 unter Berücksichtigung des künftigen Produkthaftpflichtgesetzes (verschuldensunabhängige Haftung, Verlagerung des Beweisrisikos). Über den Fehlerbegriff der EG-Richtlinie Produkthaftung eingehend Schmidt-Salzer BB 1988, 349; vgl. zu diesen Fragen auch Sack VersR 1988, 438.

V. Ansprüche aus culpa in contrahendo

Anders als bei Überschneidungen mit Ansprüchen aus unerlaubter Handlung ist es, wenn sich **303** Gewährleistungsansprüche mit solchen aus **culpa in contrahendo** (Verschulden bei Vertragsabschluß) dadurch **decken**, daß erstere ihre Ursache oder Mitursache in einem Vorgang haben, der rechtlich – auch – als culpa in contrahendo einzuordnen ist. Dann ist allein die Verjährungsfrist der **Nr. 4 maßgebend** (vgl. Rdn. 97 ff.). Dazu Peters VersR 1979, 103, der wohl auch insoweit für eine entsprechende Anwendung des § 852 BGB eintritt. Dazu dürfte es an einer ausreichenden rechtlichen Grundlage fehlen.

F. Der zeitliche Lauf der Verjährungsfristen bei Gewährleistungsansprüchen

I. Der Beginn der Verjährungsfrist (Nr. 4 Satz 2)

1. Grundsätzlich Verjährungsbeginn mit Abnahme

Die Verjährungsfrist beginnt nach § 638 Abs. 1 Satz 2 BGB grundsätzlich mit der Ab- **304** nahme des Werkes. Das trifft auch bei Bauverträgen nach den Allgemeinen Vertragsbedingungen zu, wie sich aus Nr. 4 Satz 2, 1. Halbsatz, ergibt (vgl. Teil B § 12 Rdn. 27 ff.).

Für die Abnahme als Beginn der Verjährungsfrist ist **Teil B § 12 maßgebend.** Es muß sich im **305** allgemeinen um die **Abnahme der vertraglichen Gesamtbauleistung handeln.** Grundsätzlich beginnt die Verjährungsfrist also erst mit einer Abnahme nach **Fertigstellung** des **gesamten Bauwerkes.** Hiervon gibt es eine **Ausnahme,** und zwar bei der **Teilabnahme in sich abgeschlossener Teile** der Gesamtleistung (Teil B § 12 Nr. 2 a, vgl. dazu Teil B § 12 Rdn. 68 ff.). Die auf diese Ausnahme bezogene Bestimmung in **Teil B § 13 Nr. 4 Satz 2,** wonach die Verjährung für **in sich abgeschlossene Teile** der Leistung mit der Teilabnahme beginnt, ist eine dem Wesen des Bauvertrages entsprechende **Sonderregelung.** Aus dem gleichen Grunde, aus dem die VOB gemäß Teil B § 12 Nr. 2 a eine **Teilabnahme** zuläßt, hat sie **hinsichtlich der Gewährleistung für solche Teile** auch eigene Verjährungsfristen eingeführt (vgl. BGH BauR 1975, 423). **Die Sonderregelung** in Nr. 4 Satz 2 **beschränkt sich aber auf eine Teilabnahme, wie sie von Teil B § 12 Nr. 2 a erfaßt wird.** Insbesondere fallen bloß technische Abnahmen nach Teil B § 12 Nr. 2 b nicht hierunter, wenn ihnen die Parteien im konkreten Fall keine weitergehende Wirkung beimessen (BGHZ 50, 160 ff. = NJW 1968, 1524 = VersR 1968, 750 = MDR 1968, 770 = WM 1968, 834 = JZ 1969, 386 = Betrieb 1968, 1397 = LM § 4 VOB/B Nr. 3 = SFH Z 2.510 Bl. 32 ff.).

Eine **Vorverlegung des Beginns der Verjährungsfrist** für Gewährleistungsansprüche auf **306** einen – angemessenen – Zeitpunkt nach Fertigstellung und **vor Abnahme** wegen unvorhergesehener, vor allem vom Auftragnehmer in keiner Weise zu vertretender überlanger Bauzeit kann im Einzelfall **nur aus dem Gesichtspunkt des Wegfalls oder der Änderung der Geschäftsgrundlage** in Erwägung gezogen werden. Insoweit kann es sich nur um ganz krasse Ausnahmefälle handeln, die bei angemessener Berücksichtigung der beiderseitigen Interessen eine entsprechende Korrektur aufzwingen (vgl. dazu OLG Köln VersR 1977, 89 für den Bereich des Architektenvertrages). **In AGB verstößt eine solche Regelung nicht nur gegen § 11 Nr. 10 f, sondern auch gegen § 9 AGB-Gesetz.** Andererseits wäre es auch ein Verstoß gegen § 9 AGB-Gesetz, wenn der **Auftraggeber** den Beginn der Gewährleistungsfrist **ausnahmslos von der Ingebrauchnahme der Leistung,** also unabhängig von einer etwa davor liegenden Abnahme, abhängig macht, weil dies der **zwingenden Regelung des § 225 BGB widerspricht.** Gleiches gilt für Bestimmungen, wonach der Beginn der Verjährungsfrist vom Zeitpunkt des – objektiven Auftretens bzw. der Erkennbarkeit des Mangels abhängig gemacht wird (dazu zutreffend Kaiser BauR 1987, 617, 618 m. w. N.). Dasselbe trifft auch auf einen Generalunternehmervertrag zu, wonach die Gewährleistungsfrist 2 Jahre beträgt und erst mit mängelfreier Abnahme beginnt, da auch dies gegen § 225 BGB verstößt (OLG Düsseldorf, BauR 1987, 451). Auch ist es unzulässig, den Beginn der Gewährleistungsfrist von **Handlungen Dritter abhängig** zu machen, wie z. B. der Mängelfreibescheinigung von Erwerbern von Eigentumswohnungen sowie der baubehördlichen Abnahme, wenn im letzteren Fall zugleich ein Endzeitpunkt nach Fertigstellung der Leistung festgelegt ist (vgl. dazu auch Korbion/Locher Rdn. 102 ff., ferner hier Teil B § 12 Rdn. 1).

2. Verweigerung der Abnahme

307 **Hat der Auftraggeber die Abnahme verweigert, beginnt die Verjährung in dem Zeitpunkt, in dem er die Bauleistung und deren Abnahme endgültig abgelehnt hat,** vgl. RGZ 165, 41, 54; BGH JZ 1963, 596 = SFH Z 3.01 Bl. 230 ff.; BGH SFH Z 2.331 Bl. 54; BGH NJW 1970, 421, 422 = BauR 1970, 48 = SFH Z 2.414 Bl. 231; BGH BauR 1974, 205 = WM 1974, 200; BGHZ 79, 180 = BauR 1981, 201 = NJW 1981, 822 = SFH § 16 Nr. 3 VOB/B Nr. 13 = MDR 1981, 487 = Betrieb 1981, 1134 = BlGBW 1981, 152 = Anm. Girisch LM § 16 (C) VOB/B Nr. 8 = ZfBR 1980, 82. Dabei kommt es **entscheidend** auf die vom Auftraggeber **erkennbar und zweifelsfrei** zum Ausdruck gebrachte **endgültige Weigerung, nicht** aber auf **deren Gründe** an (teilweise a. A., jedoch nicht überzeugend Kaiser, Mängelhaftungsrecht, Rdn. 181 Fn. 15, der es auf eine Gesamtbetrachtung in zu komplizierter Differenzierung abstellen will).

308 Selbst bei **berechtigter** Abnahmeverweigerung (Teil B § 12 Nr. 3) besteht daher **im Falle ihrer Endgültigkeit, also nicht schon bei bloßer Aufrechterhaltung des Mängelbeseitigungsverlangens,** kein rechtlich schutzwürdiges Interesse des Auftraggebers an der Aufrechterhaltung von Erfüllungsansprüchen mehr, da er ja durch seine Weigerung klargemacht hat, an der Erfüllung durch diesen Auftragnehmer kein Interesse mehr zu haben (ähnlich Nicklisch in Nicklisch/Weick Teil B § 13 Rdn. 89; wohl auch Kaiser, Mängelhaftungsrecht, Rdn. 181). Daher ist es auch hier angebracht, den letztlich dem Rechtsfrieden dienenden Beginn der Verjährungsfrist und deren Lauf ebenso wie bei erfolgter Abnahme anzunehmen. Vgl. auch Teil B § 12 Rdn. 27 ff.

3. Mängelkenntnis durch Auftraggeber ohne Belang

309 **Für den durch die Abnahme herbeigeführten Beginn der Verjährungsfrist wegen Mängeln der Leistung ist es ohne Bedeutung, ob der Auftraggeber einen etwaigen Mangel kennt, welches seine Ursachen sind und wer dafür verantwortlich ist.** Gleiches gilt für die **Erkennbarkeit** von Mängeln (vgl. OLG Köln OLGZ 1978, 321 für den Bereich des Kaufvertrages; vgl. auch Vogt BB 1969, 657). Dies ist also anders als im Bereich der unerlaubten Handlung, § 852 BGB (vgl. dazu Rdn. 295 ff. und BGH SFH Z 2.414 Bl. 210 ff.). **Eine andere Frage** ist es, ob und inwieweit der Auftraggeber seine Gewährleistungsansprüche **in Anbetracht des § 640 Abs. 2 BGB noch durchzusetzen vermag** (vgl. dazu Teil B § 12 Rdn. 32 ff., 124–130, 141).

310 Andererseits **genügt** es **für** die **fristgerechte Geltendmachung** von Gewährleistungsansprüchen, daß sie **während der Verjährungsfrist ordnungsgemäß** (vgl. Rdn. 460 ff.) angezeigt werden, und zwar **auch** dann, **wenn sich die eigentlichen Auswirkungen des Mangels erst nach Ablauf der Gewährleistungsfrist ergeben,** da es sich insoweit um ein **einheitliches Ganzes** handelt (vgl. BGH LM § 198 BGB Nr. 3).

4. Berechnung des Verjährungsbeginns nach gesetzlichen Vorschriften

311 Für die **genaue Festlegung des Verjährungsbeginns** (Abnahme der Leistung) gelten die **allgemeinen gesetzlichen** Bestimmungen des BGB; vgl. dazu § 187 Abs. 1 BGB. Tritt die

Abnahmewirkung nach Teil B § 12 Nr. 5 ein (12 Werktage nach schriftlicher Mitteilung über die Fertigstellung bzw. 6 Werktage nach Inbenutzungnahme der Leistung), ist für den Verjährungsbeginn der **Kalendertag maßgebend**, der **auf die Frist** von 12 bzw. 6 Werktagen **folgt**, vgl. hierzu auch OLG Hamm SFH Z 2.50 Bl. 5 ff.

5. Früherer Verjährungsbeginn

Die VOB untersagt es an sich nicht, in **Einzelfällen** den Beginn der Verjährungsfrist für die Gewährleistungsansprüche im Wege einer **Individualvereinbarung** abweichend von der Abnahme festzulegen, auch auf einen früheren Zeitpunkt. Dem stehen grundsätzlich keine Bedenken entgegen, zumal es nach § 225 Satz 2 BGB möglich ist, durch Parteivereinbarung den Beginn der Verjährung von Gewährleistungsansprüchen auf einen früheren Zeitpunkt zu verlegen (RGZ 66, 412). Davon sollte aber für den Bereich des VOB-Vertrages nur in wirklich begründeten Ausnahmefällen Gebrauch gemacht werden. 312

So beginnt die Gewährleistungsfrist für die schlüsselfertige Herstellung eines Supermarktes auch dann mit der Übergabe des Supermarktes an die Mieterin des Auftraggebers, wenn im Generalunternehmervertrag vorgesehen ist, daß der Fristbeginn eine förmliche Schlußabnahme und die Erteilung einer Abnahmebescheinigung voraussetzt, beides aber nicht geschehen ist und der Auftragnehmer mit Recht geltend macht, man habe abweichend von der Vertragsklausel vereinbart, daß die Gewährleistungsfrist bereits ab Übergabe des Objektes an den Mieter laufen soll (vgl. dazu OLG Frankfurt BauR 1987, 574).

Insbesondere aber bedeutet eine abweichende Vereinbarung dahingehend, daß die Verjährung schon vor der Abnahme zu einem – im übrigen hinreichend klar festzulegenden – Zeitpunkt beginnen soll, **in der Regel zugleich eine Abkürzung der gesetzlichen und auch der VOB-Verjährungsfrist**. Soweit, insbesondere bei Zusätzlichen Vertragsbedingungen der Auftragnehmerseite, im betreffenden Fall das **AGB-Gesetz** anzuwenden ist (vgl. Teil A § 10 Rdn. 77 ff.), **ist eine solche Vertragsbestimmung** wegen **Verstoßes gegen § 11 Nr. 10 f a. a. O. unwirksam** sein, zumal dann wegen dieser Vertragsbestimmung nicht mehr die Vereinbarung der VOB als Ganzes vorliegt (vgl. Teil A § 10 Rdn. 131 ff.), somit kann die in § 23 Abs. 2 Nr. 5 AGB-Gesetz festgelegte Ausnahme nicht in Betracht gezogen werden. 313

II. Allgemeines zum Lauf der Verjährungsfrist

Hat der Lauf der Verjährungsfrist begonnen, dauert er unter normalen Umständen ungehindert und fortlaufend so lange an, bis der im einzelnen maßgebliche Zeitraum vorüber ist. **Ebensowenig** wie für den Beginn (vgl. Rdn. 309 f.) hat es auch auf den Lauf der Verjährungsfrist oder deren Ende **Einfluß**, ob der Auftragnehmer oder der Auftraggeber intern und für sich ohne Geltendmachung durch den Auftraggeber etwaige Leistungsmängel bereits zu Beginn der Verjährungsfrist **kennen oder** den Umständen des Einzelfalles nach **kennen muß** oder ob sie von ihnen **erst während des Fristenlaufes erfahren**. Es kann sein, daß ein Mangel erst kurz vor dem Ablauf der Verjährungsfrist erkannt wird. Der Auftraggeber ist auch dann gehalten, seine Gewährleistungsrechte **noch rechtzeitig vor Fristablauf geltend zu machen**, um nicht durch eine etwaige Verjährungseinrede des Auftragnehmers einen Rechtsverlust zu erleiden. Soweit seitens des Auftragnehmers ein Mangel **arglistig verschwiegen** worden ist, ist der Auftraggeber durch die kraft zwingender gesetzlicher Regelung (vgl. §§ 638 Abs. 1, 637 BGB) eintretende Verlängerung der Gewährleistungsfrist auf 30 Jahre (§ 195 BGB) hinreichend geschützt (vgl. Rdn. 259 ff.). 314

Ebenfalls **keine Bedeutung** für den Lauf der Verjährungsfrist hat es, ob und **wann** in dieser Zeit **der Leistungsmangel objektiv in Erscheinung tritt**. Entscheidend für den Beginn der Verjährungsfrist und für ihren daran anschließenden Lauf ist **allein der Zeitpunkt der** 315

Abnahme, nicht aber das Datum des Auftretens des Leistungsmangels. Daher **unterscheidet die VOB** – ebenso wie das Werkvertragsrecht des BGB – auch **nicht zwischen sogenannten offenen und verdeckten Mängeln** (vgl. auch Vogt BB 1979, 657).

316 Der Lauf der Fristen wird **aufgehalten, wenn eine Hemmung** oder **Unterbrechung** der Verjährung eintritt. Hier handelt es sich um zwei Rechtsinstitute aus dem Verjährungsrecht des BGB, die **auch auf das Recht des Bauvertrages nach der VOB Anwendung finden,** zumal in den Allgemeinen Vertragsbedingungen entgegenstehende Regeln nicht enthalten sind (vgl. dazu auch BGH BauR 1987, 84 = NJW 1987, 381 = SFH § 13 Nr. 5 VOB/B Nr. 16 mit Anm. Hochstein = MDR 1987, 310 = Betrieb 1987, 379 = BB 1986, 2291 = Hochstein EWiR § 13 Nr. 5 VOB/B 1/86, 1249 = ZfBR 1987, 37 = WEZ 1987, 228, dazu Kaiser a. a. O. S. 179 = LM § 13 [B] VOB/B Nr. 22). Hemmung oder Unterbrechung der Verjährung kommen aber **nicht mehr** in Betracht, **wenn die Verjährung bereits vollendet,** also die Gewährleistungsfrist schon abgelaufen ist (vgl. Rdn. 429).

317 **Meist** werden **Gewährleistungsmängel** nicht wegen der Gesamtheit der in dem betreffenden Bauvertrag geschuldeten und errichteten Leistung auftreten und daher geltend gemacht werden können, sondern nur **wegen bestimmter Teile dieser Leistung.** Macht der Auftraggeber dann darauf bezogene Gewährleistungsrechte in einer Weise geltend, daß er damit eine **Hemmung oder Unterbrechung** der Verjährung bewirkt (vgl. Rdn. 318 ff.), treten diese Folgen **nur für den gerügten mangelhaften Leistungsteil ein,** nicht aber für die gesamte Bauleistung. **Wegen der übrigen Teile der vertraglichen Bauleistung läuft die bisherige Verjährungsfrist ungehindert weiter.**

III. Die Hemmung der Verjährung nach gesetzlichen Vorschriften

1. Wirkung der Hemmung

318 Tritt eine **Hemmung** der Verjährung ein, wird dieser **Zeitraum in die Verjährungsfrist nicht eingerechnet** (§ 205 BGB). Es tritt also ein **Stillstand des Fristenlaufs** ein, der so lange andauert, bis der Zustand, der die Hemmung bewirkt hat, weggefallen ist. Ab da läuft die **restliche Verjährungsfrist weiter,** die bei Eintritt der Hemmung noch offen ist. Bei mehrfacher Hemmung gilt das für den jeweils verbliebenen Rest.

Die für die **Praxis wesentlichen Gründe** für den Eintritt der Verjährungshemmung können beim Bauvertrag die nachfolgend Rdn. in 319–341 erörterten sein, wobei sie **nebeneinander und/oder ganz oder teilweise sich überschneidend vorkommen können.**

Die nach den allgemeinen gesetzlichen Vorschriften weiterhin möglichen Tatbestände der Hemmung der Verjährungsfrist, wie die Hemmung aus Gründen der persönlichen Rücksichtnahme nach § 204 BGB sowie die Ablaufshemmung nach den §§ 206, 207 BGB, kommen zwar ebenfalls auf VOB-Bauverträge zur Anwendung, dürften jedoch in der Praxis zumindest sehr selten sein.

2. Stundung oder Leistungsverweigerungsrecht (§ 202 BGB)

319 Es kann eine **Stundung der Leistung oder ein Leistungsverweigerungsrecht des Verpflichteten,** hier des gewährleistungspflichtigen Auftragnehmers, vorliegen, und zwar im Rahmen des **§ 202 Abs. 1 BGB.**

Die **Stundung setzt ein Einverständnis des Berechtigten** voraus. In der Praxis des VOB-Bauvertrages kann es hier als Hauptfall gelten, daß der Auftraggeber dem Auftragnehmer nach Erkennen und der Rüge des **Leistungsmangels** gestattet, mit seiner Beseitigung zu warten, oder daß er ihm sonst **Aufschub** gewährt. Hierher gehört auch der Fall, in dem Auftraggeber und Auftragnehmer über die zweckmäßigste Art und Weise der Nachbesserung verhandeln (so BGH BB 1967, 904). Auch Fälle des sogenannten **pactum de non petendo (Stillhalteabkommen)** sind in den Bereich der Hemmung einzuordnen (vgl. Rdn. 216 ff.; siehe auch unten). Zur Stundung genügt allerdings eine ausdrückliche Vereinbarung der Parteien, das Ruhen eines abhängigen Prozesses herbeizuführen, als solche im allgemeinen noch nicht, da einer derartigen Abrede regelmäßig nur prozessuale Bedeutung zukommt (vgl. BGH NJW 1983, 2496 = LM § 211 BGB Nr. 18 = WM 1983, 533 = MDR 1983, 747).

Zur Hemmung der Verjährung im Falle von **Vergleichsverhandlungen** zwischen den Parteien vgl. OLG Celle VersR 1962, 577. Eine Hemmung der Verjährung nach § 202 Abs. 1 BGB kann auch in Betracht kommen, wenn sich der Auftraggeber gegenüber dem Auftragnehmer verpflichtet hat, ihn **vorübergehend** – etwa während der Dauer eines Prozesses gegen einen Dritten – **nicht in Anspruch zu nehmen** (vgl. dazu BGH NJW 1964, 1022 = VersR 1964, 611 = SFH Z 3.01 Bl. 253 ff.). Das kann auch zutreffen, wenn die Parteien vereinbart haben, die Angelegenheit bis zur Erledigung eines anderen Prozesses zurückzustellen (KG VersR 1972, 352). Alles dies sind Fälle eines sogenannten **pactum de non petendo** (s. o.; vgl. Rdn. 224 ff.).

Eine in einem sogenannten **Stillhalteabkommen** liegende Stundung fällt auch dann insgesamt weg, wenn lediglich eine Teilklage erhoben wird (vgl. BGH VersR 1964, 1201).

Für die **Dauer der gewährten Stundung** ist die **Verjährung** der Gewährleistungsansprüche **gehemmt**. Eine Stundungsvereinbarung kann – insbesondere vom Auftraggeber – **widerrufen** werden, wenn sich später die Verhältnisse, unter denen die Stundung gewährt worden ist, wesentlich verschlechtert haben (vgl. BGH WM 1974, 838), was z. B. zutreffen kann, wenn sich der Mangel vergrößert oder wesentlich nachteiliger auswirkt als angenommen wurde, oder wenn sich in den Vermögens- und damit Leistungsverhältnissen des Auftragnehmers eine erhebliche Verschlechterung ergeben hat. Zur Stundung bei Abtretung von Gewährleistungsansprüchen vgl. Rdn. 82 ff. 320

Hier ist besonders zu beachten:

In der **Stundungsvereinbarung** liegt häufig zugleich ein **Anerkenntnis** durch den Auftragnehmer **gemäß § 208 BGB** (BGH BauR 1978, 486 = WM 1978, 632 = NJW 1978, 1914 = MDR 1978, 743 = SFH § 208 BGB Nr. 3 = LM § 208 BGB Nr. 9 m. w. N.; **vgl. dazu Rdn. 343 ff.**). Ist eine Stundungsvereinbarung zeitlich **unbestimmt,** so ist **entsprechend den Vorstellungen der Parteien** unter Zugrundelegung des Grundes der Stundung von der ungefähren Dauer der Verzögerung auszugehen (vgl. OLG Hamm MDR 1977, 928). 321

Besonders darauf hinzuweisen ist, daß das in § 202 Abs. 1 BGB ebenfalls angesprochene **Leistungsverweigerungsrecht** nicht die in § 202 Abs. 2 BGB aufgeführten Einreden erfaßt, insoweit also die **Ablaufshemmung nicht** eintritt. Die bloße Einrede des **Zurückbehaltungsrechts** (§ 273 BGB) oder des nichterfüllten Vertrages (§ 320 BGB), der mangelnden Sicherheitsleistung, hier **insbesondere des Auftraggebers wegen vorhandener Mängel,** bewirken noch nicht die Hemmung der Verjährung. 322

3. Höhere Gewalt (§ 203 Abs. 2 BGB)

Ferner kommt die auf § 203 Abs. 2 BGB beruhende Verhinderung der Geltendmachung von Gewährleistungsansprüchen wegen Vorliegens **höherer Gewalt** (vgl. dazu Teil B § 6 Rdn. 47) in Betracht. Es muß sich um ein **außergewöhnliches Ereignis** handeln, **das unter den gegebenen Umständen auch durch äußerste, nach Lage der Sache vom Betroffenen zu erwartende Sorgfalt nicht verhütet werden kann.** Schon das geringste **Verschulden schließt höhere Gewalt aus.** Schwere Krankheit ist dann ein Grund zur Hemmung der Verjährung 323 nach § 203 Abs. 2 BGB, wenn dem Betroffenen infolge seines Zustandes die Besorgung seiner Angelegenheiten schlechthin unmöglich wird (BGH VersR 1963, 93).

324 Die Änderung der Rechtsprechung ist nicht stets höhere Gewalt i. S. des § 203 Abs. 2 BGB. Höhere Gewalt ist jedenfalls **ausgeschlossen,** wenn über die betreffende Rechtsfrage **verschiedene veröffentlichte Auffassungen oberer Gerichte** bestehen, so daß der Anspruchsteller nicht auf den Fortbestand einer bestimmten Rechtsmeinung vertrauen darf (vgl. BGH NJW 1960, 283; JZ 1963, 596 = SFH Z 3.01 Bl. 230 ff.; BGHZ 45, 223 = NJW 1964, 1022 = VersR 1964, 611 = SFH Z 3.01 Bl. 253 ff.; BGHZ 60, 98 = BauR 1973, 125 = NJW 1973, 364 = MDR 1973, 305 = BB 1973, 402 = LM § 203 BGB Nr. 14 Anm. Rietschel = BlGBW 1973, 117 = SFH Z 3.01 Bl. 497; BGH BauR 1977, 143 = NJW 1977, 375 = MDR 1977, 306 = Betrieb 1977, 581 = BB 1977, 815 = LM § 203 BGB Nr. 17 = BlGBW 1977, 98). **Erst recht** scheidet eine Hemmung nach §§ 202, 203 BGB aus, wenn nur ein OLG, keinesfalls also die ständige Rechtsprechung, eine Vertragsbestimmung (hier: **Musterprozeßklausel**) für wirksam hält und der BGH diese später für unwirksam erklärt; insoweit kommen aber evtl. Schadensersatzansprüche des Betroffenen gegen den Verwender unzulässiger AGB aus **culpa in contrahendo** in Betracht, des weiteren kann die dann vom Verwender erhobene **Einrede der Verjährung gegen Treu und Glauben (§ 242 BGB) verstoßen** (BGH BauR 1988, 97 = NJW 1988, 197 = v. Feldmann EWiR § 202 BGB 1/87, 1165 = ZIP 1988, 34 = SFH § 202 BGB Nr. 5 = MDR 1988, 219 = Betrieb 1988, 751 = ZfBR 1988, 12 = LM § 202 BGB Nr. 23).

325 Zur Hemmung der Verjährung im **Prozeßkostenhilfeverfahren** im Falle des § 203 Abs. 2 BGB vgl. BGH NJW 1978, 938 = WM 1978, 329 = BB 1978, 427; BGH VersR 1981, 59 m. w. N.). Eine die Verjährung hemmende Wirkung kommt der Einreichung des Prozeßkostenhilfegesuches auch zu, wenn der Schuldner in der Folgezeit auf die Einrede der Verjährung befristet verzichtet (BGH VersR 1981, 482 = NJW 1981, 1550 = MDR 1981, 651 = JZ 1981, 348 = LM § 203 BGB Nr. 19). Eine Hemmung entfällt, wenn das Prozeßkostenhilfeverfahren und damit die Unterbrechung der Verjährung durch Klageerhebung aus Verschulden des Anspruchstellers oder seines Bevollmächtigten verzögert wird (BGH VersR 1977, 622). Eine die Verjährung hemmende Wirkung kommt dem Prozeßkostenhilfeverfahren nämlich nur so lange zu, als der Antragsteller unter Anwendung aller ihm zumutbaren Sorgfalt die erforderlichen Maßnahmen zur Erlangung der Prozeßkostenhilfe rechtzeitig ergriffen und das Verfahren sachgemäß betrieben hat; ist in einem Prozeßkostenhilfegesuch auf Anlagen Bezug genommen, die dem Gericht nicht vorliegen, so ist das Gericht grundsätzlich verpflichtet, den Antragsteller auf das Fehlen der Anlagen hinzuweisen (BGH VersR 1981, 59). Zu diesen Fragen auch Feuring MDR 1982, 898.

4. Hemmung durch Prüfung und/oder Beseitigung des Mangels (§ 639 Abs. 2 BGB)

326 a) Das gesetzliche Werkvertragsrecht enthält in **§ 639 Abs. 2 BGB** einen **besonderen Hemmungstatbestand.** Hiernach ist, **wenn der Auftragnehmer im Einverständnis mit dem Auftraggeber** (nicht etwa umgekehrt der Auftraggeber im Einverständnis des Auftragnehmers, vgl. OLG München VersR 1977, 380, 381) **die Prüfung des Vorhandenseins des Mangels oder seine Beseitigung** vornimmt, die Verjährung **ab Zugang** (vgl. Rdn. 334 f.) der **Erklärung des Einverständnisses** (z. B. der Vereinbarung eines Ortstermins zur Besichtigung des Mangels; vgl. dazu BGH BauR 1981, 591 = NJW 1981, 2741 = Betrieb 1981, 2535 = SFH § 13 Nr. 5 VOB/B Nr. 2 = VersR 1981, 982 = MDR 1982, 131 = LM § 477 BGB Nr. 34 = ZfBR 1981, 268) **so lange gehemmt, bis der Auftragnehmer dem Auftraggeber das Ergebnis der Prüfung mitteilt oder ihm gegenüber den Mangel für beseitigt erklärt oder die Fortsetzung der Beseitigung verweigert.** Prüfung und Beseitigung des gerügten Mangels sind also – **alternativ** – nebeneinandergestellt.

327 Vor allem für den Bereich der hier erfaßten Mängelbeseitigung kann aber neben dem genannten Hemmungstatbestand auch eine Unterbrechung der Verjährung durch Aner-

kenntnis gemäß § 208 BGB vorliegen (vgl. dazu, insbesondere zur Abgrenzung, Rdn. 343 ff.). § 639 Abs. 2 BGB ist nämlich im Verhältnis zu § 208 BGB **nicht lex specialis** (vgl. u. a. BGH NJW 1988, 254 m. w. N.; zutreffend Nettesheim BB 1982, 1022). Daher ist dann **§ 208 BGB jedenfalls in den Auswirkungen bezüglich der Verjährungsfrist vorrangig**. Auch kann zunächst eine Hemmung durch Untersuchung und Prüfung des Mangels vorliegen, der sich dann eine Unterbrechung der Verjährung anschließt, etwa dadurch, daß der Auftragnehmer anschließend die Mängelbeseitigung in Angriff nimmt (vgl. dazu BGH BB 1956, 1165).

Sinn und Zweck des § 639 Abs. 2 BGB gehen dahin, daß die Verjährung gehemmt sein soll, solange der Unternehmer mit Willen des Auftraggebers **zwecks Nachbesserung** die Mängel untersucht oder an deren Beseitigung arbeitet, also sich **darum bemüht.** Dabei kommt es **allein auf das tatsächliche Bemühen** des Auftragnehmers an, nicht auf seine diesem zugrundeliegenden Beweggründe; unerheblich ist es daher, wenn der Auftragnehmer erklärt, eine Rechtspflicht nicht anzuerkennen und nur aus Gefälligkeit zu handeln (BGH BauR 1977, 348 = SFH Z 2.415.1 Bl. 1). **So lange sich der Auftragnehmer selbst oder durch einen Dritten** (wie etwa einen Subunternehmer, vgl. dazu auch OLG Frankfurt SFH § 638 BGB Nr. 58, **aber auch durch Weiterleitung der Mängelrüge des Auftraggebers an die Haftpflichtversicherung zur weiteren Veranlassung) bemüht, soll der Auftraggeber nicht gezwungen sein, gegen ihn Klage zu erheben, wobei es auch nicht auf den Erfolg dieses Bemühens ankommt.** Sonst würden oftmals die Nachbesserungsbereitschaft des Auftragnehmers und die gütliche Abwicklung des Vertragsverhältnisses gestört (BGHZ 48, 108 = BB 1967, 904 = NJW 1967, 2005 = MDR 1967, 832 = SFH Z 2.331 Bl. 45 ff.). Eine Hemmung der Verjährung tritt daher auch ein, wenn der Auftragnehmer den gerügten Mangel rechtlich – in bezug auf seine Verantwortlichkeit – prüft, zumal die rechtliche Prüfung regelmäßig mit der Prüfung des tatsächlichen Befundes einhergeht, somit beides als Einheit zu betrachten ist (BGH BauR 1983, 87 = Betrieb 1983, 107 = SFH § 639 BGB Nr. 5 = NJW 1983, 162 = BB 1983, 149 = MDR 1983, 222 = LM § 639 BGB Nr. 20 = ZfBR 1982, 254).

328

§ 639 Abs. 2 BGB ist **nicht auf bestimmte Arten der gesetzlichen Gewährleistungsansprüche beschränkt, sofern sich andere als die Nachbesserung erst nach Mängelprüfung oder erfolglos versuchter oder nach teilweise erfolgter Beseitigung ergeben,** wie z. B. Minderung oder Schadensersatz. Daher muß davon ausgegangen werden, daß die Hemmung der Verjährung in dem gekennzeichneten Umfang für alle Rechte gilt, die dem Auftraggeber eingeräumt sind, **auch im Rahmen eines VOB-Vertrages** (BGH a. a. O.; vgl. auch OLG Frankfurt BauR 1987, 574). Dieser Hemmungstatbestand ist in seinem Eintritt **nicht davon abhängig, daß die Leistung im konkreten Fall auch nachbesserungsfähig ist;** die in § 639 Abs. 2 BGB erwähnte Prüfung der vom Auftraggeber gerügten Mängel dient gerade der Feststellung der Nachbesserungsfähigkeit; selbst wenn sich herausstellt oder gar schon vorher feststeht, daß die mangelhafte Leistung nicht mehr nachgebessert werden kann, hat der Auftragnehmer immerhin Gelegenheit zu ermitteln, ob und **inwieweit er Minderung oder gegebenenfalls Schadensersatz zugestehen will,** so daß ihm die während der Untersuchung oder des Versuchs der Mängelbeseitigung vergehende Zeit dafür zugute kommt. So lange wartet aber auch der Auftraggeber im allgemeinen ab, und der Rechtsfrieden bleibt in gewissem Grade auch noch erhalten. Daher ergibt sich die aufgezeigte Folge bei Abwägung der beiderseits gerechterweise zu beachtenden Interessenlage, wobei vor allem zu berücksichtigen ist, daß **derjenige, der sich auf Verhandlungen o. ä. über ihm zustehende Ansprüche einläßt, vor deren Abschluß keinen Nachteil erleiden soll** (BGHZ 66, 367 = BauR 1976, 361 = NJW 1976, 1447 = BB 1976, 1292 = MDR 1976, 922 = VersR 1976, 939 mit Anm. Schubert JR 1977, 16 = LM § 639 BGB Nr. 16 Anm. Girisch; OLG Nürnberg MDR 1975, 1018; BGH BauR 1983, 87 = Betrieb 1983, 107 = SFH § 639 BGB Nr. 5 = NJW 1983, 162 = BB 1983, 149 = MDR 1983, 222 = LM § 639 BGB Nr. 20 = ZfBR 1982, 254; a. A. OLG Köln VersR 1974, 96 = MDR 1974, 314).

329

330 § 639 Abs. 2 BGB wirkt nur zwischen den Partnern des betreffenden Bauvertrages.

331 b) Es muß sich immer um die **Prüfung oder die Beseitigung des Mangels** der Bauleistung **des jeweils wegen behaupteter Mängel in Anspruch genommenen Auftragnehmers** handeln, also um **dessen Arbeit,** und zwar durch den betreffenden Auftragnehmer **selbst oder dessen bevollmächtigten Vertreter,** ohne daß es für den **Bereich der Prüfung** auf deren Ergebnis ankommt, ob also in Wirklichkeit ein Mangel vorliegt, der zum Leistungs- bzw. Verantwortungsbereich des Auftragnehmers gehört. **Es genügt nicht, wenn dieser Auftragnehmer,** dessen Leistung auch mangelhaft sein soll, nur dem Auftraggeber bei der Prüfung oder Beseitigung der Mängel **der Leistung anderer Auftragnehmer oder des Architekten** (z. B. eines Planungsmangels) **behilflich ist** (vgl. dazu BGH NJW 1964, 647 = SFH Z 3.01 Bl. 250 ff. = LM BGB § 638 Nr. 5 = MDR 1964, 316; BGH BauR 1972, 251; BGHZ 71, 144 = BauR 1978, 235 = BB 1978, 1437 = NJW 1978, 1311 = SFH § 633 Nr. 11 = MDR 1978, 656 = LM § 633 BGB Nr. 31 Anm. Girisch = VersR 1978, 565 = Betrieb 1978, 1688). **Anders** kann es aber liegen, wenn der Auftragnehmer nur die Leistung eines anderen prüfen will, seine Prüfung aber objektiv auch die eigene Leistung betrifft und er damit rechnen muß, daß der Auftraggeber von ihm auch die Überprüfung der eigenen Leistung erwartet; in einem solchen Fall tritt somit die Hemmung der Verjährung nach § 639 Abs. 2 BGB ein (BGH BauR 1978, 405 = NJW 1978, 2393 = MDR 1978, 831 = BB 1978, 1543 = SFH § 639 BGB Nr. 2 = LM § 639 BGB Nr. 17 = Betrieb 1978, 2121 = ZfBR 1979, 24). Das kann insbesondere in Betracht kommen, wenn für den betreffenden Mangel mehrere Unternehmer oder der Architekt verantwortlich oder mitverantwortlich sein können, sich dadurch die Überprüfung zwangsläufig – mit – auf die Leistung des prüfenden Auftragnehmers erstreckt bzw. erstrecken muß. Diese Folge ist vor allem gerechtfertigt, um zu verhindern, daß der prüfende Auftragnehmer gegenüber anderen Unternehmern, die ihre Prüfungspflicht gerade auch in bezug auf die eigene Leistung ordnungsgemäß erfüllen, einen ungerechtfertigten Vorteil erhält (BGH a. a. O.). Die Hemmungswirkung des § 639 Abs. 2 BGB kommt somit letztlich nur hinsichtlich **des** Auftragnehmers in Betracht, **der** sich der **Prüfung** des Vorliegens eines zu seinem vertraglichen Leistungsbereich gehörenden Mangels als eines möglicherweise von ihm zu vertretenden **unterzieht;** nicht tritt dagegen die Hemmung im Verhältnis zu anderen Auftragnehmern oder gegenüber dem möglicherweise allein- oder mitverantwortlichen Architekten ein (OLG Köln VersR 1971, 378).

332 § 639 Abs. 2 BGB greift insoweit ein, als es sich um die **Prüfung und Beseitigung der äußeren Erscheinungsform des Mangels,** also des aufgetretenen Schadens (z. B. Feuchtigkeit), **und dessen Umfanges** (vgl. dazu BGH BauR 1987, 443 = SFH § 633 BGB Nr. 63 = NJW-RR 1987, 798 = ZfBR 1987, 188), durch den betreffenden Auftragnehmer handelt. Es ist **nicht erforderlich,** daß die Prüfung und die daran anschließende Nachbesserung **gerade an dem wirklichen Mangel und in dessen Erkenntnis** (wenn sich z. B. später herausstellt, daß die Feuchtigkeit im Giebel ihre Ursache im fehlerhaften Fundament hat) **vorgenommen wird.** Vielmehr greift § 639 Abs. 2 BGB **auch** ein, wenn sich der Auftragnehmer **in Unkenntnis des wirklichen Mangels auf untaugliche Nachbesserungsversuche** an dem als Erscheinungsform des Mangels äußerlich sichtbaren Schaden beschränkt, wie z. B. Ausbessern von Putzrissen, die durch Verwendung von Hohlblocksteinen von zu geringer Festigkeit verursacht sind und daher immer wieder auftreten (BGH BB 1967, 904 = NJW 1967, 2005 = SFH Z 2.331 Bl. 45).

333 Es muß sich in jedem Fall aber um einen **ernsthaften Prüfungs- oder Beseitigungswillen des Auftragnehmers** handeln. Die Äußerung eines **bloßen Vergleichsvorschlages** über bestimmte Abhilfemaßnahmen „ohne Anerkennung einer Rechtspflicht" ist **keine die Verjährung hemmende Maßnahme** i. S. des § 639 Abs. 2 BGB; erst recht gilt dies, wenn der Auftragnehmer die Prüfung nur zur Vorbereitung auf einen späteren Prozeß oder ein Schiedsverfahren vornimmt. Auch **reicht die bloße Teilnahme** des Auftragnehmers an einer von einem

Gutachter im Beweissicherungsverfahren vorgenommenen **Ortsbesichtigung als solche nicht,** um diesen Hemmungstatbestand als gegeben anzusehen (vgl. BGHZ 46, 238, insoweit nicht abgedruckt = NJW 1967, 340 = VersR 1967, 160 = DWW 1967, 50 = SFH Z 2.414 Bl. 177). Vor allem trifft das zu, wenn der Auftragnehmer von vornherein erklärt, für die Mängel **nicht verantwortlich zu sein und er die Nachbesserung bestimmt ablehnt** (BGH BauR 1975, 341 = SFH Z 2.414.0 Bl. 4). **Anders kann** es sein, wenn nach Erstattung eines Gutachtens zwischen den Parteien noch ein Schriftwechsel stattfindet, in dem der Auftragnehmer Gegenvorschläge für eine richtige Schadensermittlung macht. Gleiches kann gelten, wenn der betreffende Auftragnehmer in einem Beweissicherungsverfahren gegen Unbekannt als möglicher Verantwortlicher genannt ist und an einer Baubesichtigung durch einen Sachverständigen teilnimmt (vgl. BGH BauR 1980, 364 = BB 1980, 703 = Betrieb 1980, 1257 = NJW 1980, 1458 = SFH § 639 BGB Nr. 4 = MDR 1980, 663). Dann kommt eine Hemmung so lange in Betracht, bis der Auftragnehmer endgültig die Mängelbeseitigung ablehnt (vgl. BGH SFH Z 2.414 Bl. 202).

c) Grundlegendes Erfordernis ist es, daß das **Einverständnis des Auftraggebers** zur Prüfung und/oder Mängelbeseitigung vorliegt, das **sowohl ausdrücklich als auch** nach den jeweiligen Umständen des Einzelfalles **stillschweigend** (z. B. durch Nichtbeanstandung der ihm mitgeteilten Prüfung seitens der Haftpflichtversicherung des Auftragnehmers, BGH BauR 1983, 87 = Betrieb 1983, 107 = SFH § 639 BGB Nr. 5 = NJW 1983, 162 = BB 1983, 149 = MDR 1983, 222 = LM § 639 BGB Nr. 20 = ZfBR 1982, 254), wie überhaupt durch Duldung der Prüfung durch den Haftpflichtversicherer bzw. den von diesem eingeschalteten Sachverständigen (vgl. BGH BauR 1985, 202 = SFH § 639 BGB Nr.7 = ZfBR 1985, 70) gegeben werden kann. Ein Einverständnis des Auftraggebers kann z. B. auch in der Vereinbarung der Beteiligten liegen, einen Sachverständigen mit der Prüfung des Mangels und der Ermittlung des hierfür Verantwortlichen zu beauftragen (vgl. BGH NJW 1964, 1022 = VersR 1964, 611 = SFH Z 3.01 Bl. 253 = MDR 1964, 589; BGH SFH Z 2.414 Bl. 202). Gleiches trifft auf die Vereinbarung zu, einige Zeit Beobachtungen durch einen Sachverständigen anstellen zu lassen, wie z. B. die Absprache, ein Jahr lang Beobachtungen und Messungen der Senkung eines Hallenfußbodens durch einen Vermesser vornehmen zu lassen (BGHZ 72, 257 = BauR 1979, 76 = NJW 1979, 214 = VersR 1979, 259 = SFH § 638 BGB Nr. 5 = BlGBW 1979, 79 = BB 1979, 650 = Betrieb 1979, 982 = ZfBR 1979, 29 = ZSW 1980, 18 mit Anm. Müller).

d) Die Hemmung der Verjährung tritt in dem **Zeitpunkt** ein, in dem **der Auftragnehmer mit der Prüfung oder Beseitigung des Mangels beginnt und das Einverständnis zur Prüfung oder Beseitigung vom Auftraggeber erklärt wird** und dem Auftragnehmer **zugeht** (vgl. § 130 Abs. 1 BGB; dazu auch BGH a. a. O.), auch wenn der Auftragnehmer bereits mit der Prüfung oder Mängelbeseitigung begonnen hat. Das läßt sich, soweit es den Zeitpunkt anbetrifft, bei stillschweigendem Einverständnis oft schwerlich feststellen. Hier muß dann im Zweifel für den Beginn der Verjährungshemmung der **Anfang des Prüfungs- oder Beseitigungsvorganges** unter stillschweigender Billigung des Auftraggebers gelten. Erfährt der Auftraggeber, daß sich der Auftragnehmer seit längerem mit der Prüfung des Mangels befaßt, und billigt er dieses, so tritt die Hemmung entgegen der vom OLG Oldenburg MDR 1977, 1019 und BB 1977, 1375 vertretenen Auffassung **erst zu diesem späteren Zeitpunkt** ein; anderenfalls würde eine etwa zwischenzeitlich eingetretene Verjährung nachträglich wieder beseitigt, wodurch der Auftragnehmer unangemessen belastet würde (zutreffend BGH BauR 1983, 87 = Betrieb 1983, 107 = SFH § 639 BGB Nr. 5 = NJW 1983, 162 = BB 1983, 149 = MDR 1983, 222 = LM § 639 BGB Nr. 20 = ZfBR 1982, 254; ebenso Usinger NJW 1982, 1021, 1022). **Oftmals hat der Auftraggeber sein Einverständnis mit der Prüfung und Beseitigung des Mangels schon vor deren Beginn erklärt, wie z. B. durch eine vorangehende Mängelrüge mit Beseitigungsaufforderung.**

Zur Frage der Hemmung der Verjährung durch Prüfung oder Beseitigung **bei Mängeln am**

Gemeinschafts- und/oder Sondereigentum im Rahmen von Wohnungseigentum zutreffend Usinger NJW 1982, 1021.

336 e) Das **Ende der Hemmung** ergibt sich aus § 639 Abs. 2 BGB, wobei **drei Möglichkeiten** bestehen.
Zunächst ist das Ende der Hemmung eingetreten, wenn der Auftragnehmer dem Auftraggeber das **Ergebnis der Prüfung mitteilt.** Es genügt also nicht, daß das Prüfungsergebnis dem Auftragnehmer von irgendwoher bloß vorliegt, sondern es muß zusätzlich dem **Auftraggeber bekanntgegeben** worden sein. Schließt sich aber die Beseitigung des Mangels oder der Versuch der Beseitigung an die Prüfung an, so wird dadurch die **Hemmung fortgesetzt.** Auch genügt es für das Ende der Hemmung nicht, wenn vorgenommene Nachbesserungsversuche beendet sind, ihr Erfolg aber nach übereinstimmender Übereinkunft der Vertragspartner erst **abgewartet** werden soll (BGH BauR 1971, 54 = SFH Z 2.414 Bl. 243). Sonst genügt aber die **Mitteilung vom Prüfungsergebnis** (vgl. auch BGHZ 72, 257 = BauR 1979, 76 = NJW 1979, 214 = VersR 1979, 259 = SFH § 638 BGB Nr. 5 = BlGBW 1979, 79 = BB 1979, 650 = Betrieb 1979, 982 = ZfBR 1979, 29 = ZSW 1980, 18 mit Anm. Müller), so daß daran anschließende Verhandlungen, ob und inwieweit der Mangel zu beseitigen ist, oder etwaige Vergleichsverhandlungen **außerhalb** der Verjährungshemmung liegen. Darin kann dann aber unter Umständen die **Hemmung durch Stundung** i. S. des § 202 BGB liegen (vgl. BGH BB 1967, 904 = NJW 1967, 2005 = SFH Z 2.331 Bl. 45 ff.; vgl. auch Rdn. 319 ff. und 224 ff.).

337 Weiterhin ist die Verjährungshemmung beendet, **wenn der Auftragnehmer gegenüber dem Auftraggeber den Mangel für beseitigt erklärt,** wofür eine entsprechende **ausdrückliche empfangsbedürftige Erklärung** zu fordern ist. Daß der Mangel tatsächlich beseitigt ist, wird nicht vorausgesetzt. Der Auftraggeber ist also gehalten, alsbald nach Erhalt dieser Erklärung festzustellen, ob die Mängelbeseitigung auch tatsächlich erfolgt ist, um nicht in Gefahr zu kommen, daß zwischenzeitlich die Verjährung seiner Gewährleistungsansprüche eintritt. Werden zeitlich **nacheinander mehrere Nachbesserungsversuche** angestellt, etwa weil Putzrisse immer wieder auftreten, so kann die Annahme berechtigt sein, daß sich die **Hemmung** nicht nur nach den jeweiligen tatsächlichen Nachbesserungsarbeiten bemißt, sondern **durchlaufend vom ersten bis zum letzten Nachbesserungsversuch** (vgl. dazu BGH SFH Z 2.414 Bl. 243 ff.).

338 Schließlich ist das Ende der Hemmung gegeben, wenn der Auftragnehmer gegenüber dem Auftraggeber die **Fortsetzung der Mängelbeseitigung verweigert,** und zwar **unabhängig davon, ob die Beseitigung überhaupt möglich war** (BGHZ 66, 367 = BauR 1976, 361 = NJW 1976, 1447 = BB 1976, 1292 = MDR 1976, 922 = VersR 1976, 939 mit Anm. Schubert JR 1977, 16; BGH BauR 1979, 427 = BB 1979, 185 = NJW 1979, 645 = WM 1979, 302 = SFH § 477 BGB Nr. 3 = MDR 1979, 488 = LM § 477 BGB Nr. 29 = ZfBR 1979, 98 = Betrieb 1979, 982). Hierzu bedarf es **nicht unbedingt einer ausdrücklichen Erklärung des Auftragnehmers.** Vielmehr kann auf eine solche auch **stillschweigend aus seinem Verhalten** nach den Gesamtumständen des Einzelfalles geschlossen werden, z. B. im Falle der Klageerhebung hinsichtlich der Vergütung, der Einstellung der Arbeiten, bei Verstreichenlassen einer zur Mängelbeseitigung gesetzten Frist usw.

339 f) **Dem Auftragnehmer obliegt der Nachweis der Tatsachen, die zur Beendigung der Hemmung geführt haben.** Er muß also dartun und beweisen, daß und wann er dem Auftraggeber nach Beendigung seiner Nachbesserungsarbeiten das Ergebnis seiner Bemühungen mitgeteilt oder die Mängel für beseitigt erklärt hat oder daß und wann er die Mängelbeseitigung abgelehnt hat (BGH BauR 1977, 348 = SFH Z 2.415.1 Bl. 1).

340 g) Sind die in Rdn. 331–339 aufgezeigten **Voraussetzungen des § 639 Abs. 2 BGB** nicht gegeben, kommt eine **Verjährungshemmung nicht** in Betracht. Wegen der Möglichkeit für den Auftraggeber, hier der Verjährungseinrede des Auftragnehmers die **Einrede der Arglist** entgegenzusetzen, RG JW 1919, 102, 304. Diese kommt vor allem auch in Betracht, wenn der Auftragnehmer **nur zum Schein auf die Prüfung und die Verhandlung über den Mangel und dessen Beseitigung eingegangen ist** (vgl. dazu BGH VersR 1963, 753; ferner BGH NJW 1964, 647 = SFH Z 3.01 Bl. 250 ff. = LM BGB § 639 Nr. 5 = MDR 1964, 316; auch BGH BB 1967, 904 = NJW 1967, 2005 = SFH Z 2.331 Bl. 45 ff.). Siehe auch Rdn. 230.

h) Wenn auch in **Teil B der VOB** eine Bestimmung wie in **§ 639 Abs. 2 BGB** nicht enthalten ist, sind keine Bedenken vorhanden, diese gesetzliche Vorschrift nach den angeführten Grundsätzen und unter den angegebenen Voraussetzungen **in vollem Umfang auf den Bauvertrag nach der VOB anzuwenden**. Was nach dem Gesetz für das Verhältnis zwischen Unternehmer und Besteller gilt, muß insoweit **auch für Auftraggeber und Auftragnehmer im Rahmen eines VOB- Vertrages** maßgebend sein (vgl. auch BGH MDR 1963, 42 = NJW 1963, 810 = SFH Z 2.414 Bl. 109; ferner u. a. OLG Düsseldorf SFH Z 2.331 Bl. 27). Besondere Beachtung muß hier aber auch die Sonderregelung in Teil B § 13 Nr. 5 Abs. 1 Satz 3 finden! (Vgl. dazu Rdn. 416 ff.) 341

Über die Anwendbarkeit des § 477 Abs. 3 BGB bei einem dem § 639 Abs. 2 BGB unterfallenden Sachverhalt auf den VOB-Vertrag vgl. BGHZ 48, 108 = SFH Z 2.331 Bl. 45 = BB 1967, 904 sowie Rdn. 387 f.

IV. Die Unterbrechung der Verjährung nach gesetzlichen Vorschriften

1. Wirkung der Unterbrechung

Nach § 217 BGB bewirkt die Unterbrechung der Verjährung, **daß die bis zur Unterbrechung verstrichene Zeit des Verjährungsablaufs** nicht in Betracht kommt, d. h. **wegfällt**. Nach Ende der jeweiligen Unterbrechung beginnt der Lauf einer vollen neuen Verjährungsfrist. Das gilt auch, wenn vertraglich eine längere als die in Teil B § 13 Nr. 4 vorgesehene Gewährleistungsfrist vereinbart worden ist (ebenso BGH BauR 1987, 84 = NJW 1987, 381 = SFH § 13 Nr. 5 VOB/B Nr. 16 mit Anm. Hochstein = MDR 1987, 310 = Betrieb 1987, 379 = BB 1986, 2291 = Hochstein EWiR § 13 Nr. 5 VOB/B 1/86, 1249 = ZfBR 1987, 37 = WEZ 1987, 228, dazu Kaiser a. a. O. S. 179 = LM § 13 VOB/B Nr. 22). Die Voraussetzungen für den Eintritt der Verjährungsunterbrechung, die nebeneinander und/oder ganz oder teilweise sich überschneidend möglich sind, können folgende sein: 342

2. Anerkenntnis des Gewährleistungsanspruches (§ 208 BGB)

a) Zunächst ist die **Unterbrechung durch Anerkenntnis** des Gewährleistungsanspruches durch den Auftragnehmer nach **§ 208 BGB** möglich. Über das Verhältnis zum Hemmungstatbestand des § 639 Abs. 2 BGB vgl. Rdn. 326 ff. 343

Nach ständiger Rechtsprechung (vgl. u. a. RGZ 113, 238; BGH LM § 208 BGB Nr. 1 und 3; BGH VersR 1965, 958; BGH NJW 1967, 2353; BGH MDR 1969, 473 = NJW 1969, 1108 = SFH Z 2.331 Bl. 75 ff.; BGHZ 58, 103 = BauR 1972, 179 = NJW 1972, 525 = JZ 1972, 285 = BB 1972, 419 = LM § 208 BGB Nr. 7 Anm. Rietschel = Betrieb 1972, 527; BGH VersR 1972, 398; BGH BauR 1978, 143 = LM VOB/B Nr. 94; BGH BauR 1978, 486 = WM 1978, 632 = NJW 1978, 1914 = MDR 1978, 743 Betrieb 1978, 1783 = SFH § 208 BGB Nr. 3 = LM § 208 BGB Nr. 9; BGH BauR 1981, 591 = NJW 1981, 2741 = Betrieb 1981, 2535 = SFH § 13 Nr. 5 VOB/B Nr. 2 = VersR 1981, 982 = MDR 1982, 131 = LM § 477 BGB Nr. 34 = ZfBR 1981, 268; BGH BB 1987, 1904 = ZIP 1987, 1320 = Betrieb 1987, 2197 = WM 1987, 1200 = Schlechtriem EWiR § 208 BGB 1/87, 963 = LM § 477 BGB Nr. 44 insoweit auch für den Fall der Abtretung der Gewährleistungsansprüche; OLG München VersR 1978, 1026) ist

Voraussetzung für ein Anerkenntnis nicht eine entspre-chende empfangsbedürftige und ausdrückliche rechtsgeschäftliche Anerkenntniserklärung im eigentlichen Sinne, vielmehr ist das tatsächliche Verhalten des Verpflichteten gegenüber dem Berechtigten durch Handlung oder Äußerung entscheidend, wenn sich aus ihm nur das Bewußtsein vom Bestehen des Anspruches unzweideutig ergibt, er insbesondere die Leistung nicht nur aus Kulanz oder zur gütlichen Beilegung eines Streites anbietet (vgl. dazu auch BGH WM 1970, 548, 549; BGHZ 80, 222 = BauR 1981, 385 = Betrieb 1981, 1276 = BB 1981, 868 = JZ 1981, 440 = MDR 1981, 662 = NJW 1981, 1953 = SFH § 209 BGB Nr. 6 = LM § 209 BGB Nr. 42 = ZfBR 1981, 167; BGH BauR 1988, 465 = SFH § 208 BGB Nr. 4 = NJW 1988, 1259; BGH NJW 1988, 254 = BB 1987, 1904 = ZIP 1987, 1320 = Betrieb 1987, 2197 = WM 1987, 1200 = Schlechtriem EWiR § 208 BGB 1/87, 963 = LM § 477 BGB Nr. 44; OLG München DAR 1981, 13). Insofern sind im Einzelfall Umstände maßgebend, die bei objektiver Betrachtung beim Auftraggeber den berechtigten Eindruck vermitteln, daß der Auftragnehmer sich seiner Verpflichtung zur Gewährleistung uneingeschränkt bewußt ist und diese erfüllen will (u. a. BGH in der zuletzt genannten Entscheidung). Dabei genügt es grundsätzlich für ein rechtswirksames Anerkenntnis im hier erörterten Sinne, wenn das gekennzeichnete Verhalten den **Anspruch in seinem Grund** zum Gegenstand hat, **sofern der Schuldner – hier Auftragnehmer – sich des Bestehens des gegen ihn erhobenen Anspruches bewußt ist** (BGH NJW 1969, 1108; BGH VersR 1974, 571; BGH WM 1974, 929; BGH SFH Z 2.415.2 Bl. 5; BGH BauR 1981, 591 = NJW 1981, 2741 = Betrieb 1981, 2535; SFH § 13 Nr. 5 VOB/B Nr. 2 = VersR 1981, 982 = MDR 1982, 131 = LM § 477 BGB Nr. 34 = ZfBR 1981, 268). Dagegen liegt ein Anerkenntnis im Sinne von § 208 BGB **nicht** vor, wenn der Bestand des Anspruches **von Gegenansprüchen abhängig** gemacht und damit dem **Grunde nach in Frage gestellt** wird (vgl. BGH NJW 1969, 1108 = SFH Z 2.331 Bl. 75; BGH NJW 1988, 254 = BB 1987, 1904 = ZIP 1987, 1320 = Betrieb 1987, 2197 = WM 1987, 1200 = Schlechtriem EWiR § 208 BGB 1/87, 963 = LM § 477 BGB Nr. 44; OLG Köln SFH Z 7.25 Bl. 1).

344 Das die Verjährung nach § 208 BGB unterbrechende **Anerkenntnis** braucht **nicht unbedingt in einer positiven Handlung**, wie z. B. in einer ausdrücklichen Erklärung des Auftragnehmers, es handele sich um einen in seinen Verantwortungsbereich fallenden Mangel und der klaren Äußerung der Beseitigungsbereitschaft, zu bestehen, wie z. B. der Erklärung, vor Ablauf der Gewährleistungsfrist würden alle Objekte besichtigt und die Mängel aufgenommen bzw. Teile des übersandten Gutachtens würden den Handwerkern zugesandt und für die Mängelbeseitigung sei ein bestimmter Zeitraum vorgesehen (vgl. dazu BGH BauR 1988, 465 = SFH § 208 BGB Nr. 4 = NJW 1988, 1259; ferner BGH NJW 1965, 1430); andererseits genügt bloßes Schweigen im Bewußtsein der Schuld nicht (OLG Schleswig SchlHA 1968, 185). Letztlich maßgebend ist ein **tatsächliches Verhalten, das zur Kenntnisnahme des Berechtigten bestimmt und geeignet ist;** es stellt keine empfangsbedürftige Willenserklärung dar und wird, wenn es sich um eine schriftliche Erklärung handelt, bereits mit der Absendung wirksam (LG Traunstein VersR 1980, 438).

345 b) Neben den in § 208 BGB genannten Merkmalen anerkennenden Verhaltens (Abschlagszahlung, Zinszahlung, Sicherheitsleistung) kommen **auch andere** in Betracht, aus denen sich die Willensrichtung des Verpflichteten ergibt, zumal diese Beispiele für den hier erörterten Gewährleistungsbereich kaum passen. Beim Bauvertrag ist das insbesondere der Fall, wenn der Auftragnehmer den aufgetretenen und gerügten **Mangel beseitigt** oder sich **ernsthaft** um die **Mängelbeseitigung bemüht,** wobei allerdings **nicht jede** auf Verlangen des Auftraggebers vorgenommene **Nachbesserung zugleich** ein die Verjährung unterbrechendes **Anerkenntnis** bedeutet, da anderenfalls die Regelung des § 639 Abs. 2 BGB (vgl. dazu Rdn. 326 ff.) überflüssig wäre (BGH SFH § 13 Ziff. 5 VOB/B Nr. 1). So kann z. B. das bloße Ausbessern von Rissen und Fugen in einem Hofestrich nicht ohne weiteres als Anerkenntnis gewertet werden, wenn es an Feststellungen über Umfang und Kosten der Nachbesserung fehlt, außerdem der

Auftragnehmer erklärt, die Nachbesserungen würden nur „aus Kulanz" vorgenommen (a. a. O.). Anders dann, wenn sich die Nachbesserungsarbeiten in ihrem Umfang, ihrer Dauer und ihren Kosten als so erheblich darstellen, daß der Auftraggeber daraus das Bewußtsein des Auftragnehmers, zur entsprechenden Nachbesserung verpflichtet zu sein, nach den gegebenen Umständen mit Recht entnehmen kann (BGH NJW 1988, 254 = BB 1987, 1904 = ZIP 1987, 1320 = Betrieb 1987, 2197 = WM 1987, 1200 = Schlechtriem EWiR § 208 BGB 1/87, 963 = LM § 477 BGB Nr. 44). Die Erklärung allein, die Mängelbeseitigung geschehe **ohne Anerkennung einer Rechtspflicht, schließt ein Anerkenntnis nicht ohne weiteres aus**, weil allein daraus noch nicht auf mangelndes Bewußtsein vom Bestehen eines Anspruches geschlossen werden kann (vgl. BGH VersR 1972, 398; OLG München VersR 1978, 1026). Das kann auch gelten, wenn der Auftraggeber vom Auftragnehmer um Nachsicht, um wohlwollende Beurteilung usw. gebeten wird, wobei es jedoch auf die **Umstände des Einzelfalles** ankommt. Dabei reicht es für ein Anerkenntnis nicht, wenn der Auftragnehmer zwar bestimmte Leistungen erbringt, aber beweist, daß er dies auf Wunsch des Auftraggebers zusätzlich getan habe (vgl. OLG Hamm BB 1988, 301 = NJW-RR 1988, 723). Das bloße Angebot einer vergleichsweisen Erledigung ist noch kein Anerkenntnis (ebenso OLG Düsseldorf SFH Z 2.414 Bl. 163 ff.). Dagegen liegt in einer **Stundungsvereinbarung häufig ein Anerkenntnis** (BGH BauR 1978, 486 = WM 1978, 632 = NJW 1978, 1914 = MDR 1978, 743 = Betrieb 1978, 1783 = SFH § 208 BGB Nr. 3 = LM § 208 BGB Nr. 9). Erklärt der Auftragnehmer, er werde die Mängelbeseitigung vornehmen, sobald die Witterung es erlaube, so liegt darin ein Anerkenntnis seiner Nachbesserungspflicht.

c) Sind im Rahmen der erstellten Leistung aus einem Bauvertrag **mehrere Mängel** vorhanden, kann es sein, daß sich das Anerkenntnis **nur auf einen Teil** derselben bezieht. Voraussetzung ist dafür aber eine ganz bestimmte, **abgrenzbare Anerkennung**, durch die der **Umfang genau bezeichnet oder eindeutig erkennbar abgegrenzt** ist. Unter dieser Voraussetzung tritt eine Unterbrechung der Verjährung für die Gewährleistungsansprüche **nur insoweit** ein (vgl. dazu RG Warn.Rspr. 1908 Nr. 192; 1910 Nr. 416; RGZ 63, 389; BGH, Urt. vom 28. 10. 1963 – VII ZR 96/62 – und vom 19. 12. 1968 – VII ZR 151/66 –; BGH BauR 1981, 591 = NJW 1981, 2741 = Betrieb 1981, 2535 = SFH § 13 Nr. 5 VOB/B Nr. 2 = VersR 1981, 982 = MDR 1982, 131 = LM § 477 BGB Nr. 34 = ZfBR 1981, 268; OLG Frankfurt VersR 1966, 1057; auch Thamm BB 1988, 1477, 1478).

346

d) Die einem **Dritten** gegenüber abgegebene, ein Anerkenntnis enthaltende Erklärung ist **geeignet, die Verjährung zu unterbrechen, wenn die Erklärung** des Verpflichteten **für den Berechtigten bestimmt war**. Daran ändert auch nicht, daß der Erklärende einen anderen für den Berechtigten gehalten hat, sofern der wirkliche Gläubiger von der Erklärung Kenntnis erhalten und der Erklärende die Befriedigung des Gläubigers nicht abgelehnt hat (BGH MDR 1959, 481 = BB 1959, 354 = LM § 208 BGB Nr. 1 = SFH Z 2.331 Bl. 6).

347

e) Durch das Anerkenntnis des Mängelbeseitigungsanspruches wird **auch die Verjährung des Schadensersatzanspruches** des Auftraggebers aus Gewährleistung **unterbrochen** (vgl. BGHZ 39, 189 = NJW 1963, 1451 = MDR 1963, 583 = BB 1963, 669 = LM § 639 BGB Nr. 3 [Anm. Rietschel] = SFH Z 2.414 Bl. 113). Diese für den Werkvertrag nach dem BGB (§ 635) ausgesprochene Folge **gilt auch für** die Schadensersatzansprüche nach **Teil B § 13 Nr. 7. Dasselbe** trifft auf den **Minderungsanspruch** zu, **falls** sich später herausstellt, daß nicht Nachbesserung nach Teil B § 13 Nr. 5, sondern **nur Minderung** nach Nr. 6 a. a. O. **möglich** ist.

348

f) Die nach Unterbrechung durch Anerkenntnis **neu beginnende Verjährungsfrist läuft von dem Zeitpunkt des Anerkenntnisses** an und nicht erst vom Schluß des Jahres, in das das Anerkenntnis fällt. § 201 BGB kommt insofern nicht zum Zuge (RGZ 120, 355, 362; BGH SFH Z 2.331 Bl. 38 f.). Wird ein Anerkenntnis **später nochmals bestätigt oder erneuert**, **unterbricht** dies nach § 208 BGB **abermals** die Verjährung (BGH, Urt. vom 19. 12. 1968 –

349

VII ZR 151/66 –). Zur Verjährung bei durchgeführter Mängelbeseitigungsleistung vgl. Rdn. 416 ff.

350 g) Sofern im betreffenden Einzelfall **ausdrücklich** ein **Anerkenntnis** abgegeben wird, **das** die **Voraussetzungen des schuldbestätigenden** – deklaratorischen – Anerkenntnisses erfüllt (§ 782 BGB), wird dadurch **nicht** die Verjährungsfrist in eine solche nach § **195 BGB** umgewandelt; vielmehr bleibt es bei der dem bisherigen Schuldverhältnis zugrundeliegenden Verjährungsfrist (vgl. auch BGH 1982, 1809 m. w. N.; OLG Frankfurt MDR 1984, 400); **anders bei schuldbegründendem Anerkenntnis nach § 781 BGB** (vgl. LG Saarbrücken VersR 1973, 513).

3. Unterbrechung durch gerichtliche Geltendmachung von Gewährleistungsansprüchen (§ 209 BGB)

351 a) In erster Linie tritt gemäß § **209 Abs. 1 BGB** die **Unterbrechung der Verjährung im Falle der Klageerhebung** ein. Für die Herbeiführung der Unterbrechungswirkung genügt der eindeutig geäußerte Wille gegenüber dem Gegner und dem Gericht, den Anspruch gerichtlich geltend zu machen; ob z. B. die **prozessualen Voraussetzungen** des § 256 ZPO im Falle der Erhebung einer Feststellungsklage vorliegen, ist **nicht entscheidend** (vgl. BGHZ 37, 287, 291; BGH VersR 1964, 1050; 1967, 904); ähnliches gilt für die Voraussetzungen des § 253 ZPO bei einer Leistungsklage (vgl. BGH VersR 1979, 764) sowie die Voraussetzungen für das eigene Rechtsschutzinteresse bei gewillkürter Prozeßstandschaft (BGH Betrieb 1980, 2187 = BB 1980, 1825 = WM 1980, 1244 = NJW 1980, 2461 = Anm. Olzen JR 1981, 108; a. A., jedoch zu eng, Tiedke Betrieb 1981, 1317). Ist der Auftraggeber bei Klageerhebung aus im Einzelfall berechtigten Gründen (etwa weil die Parteien noch bis kurz vor der Klageerhebung miteinander verhandelt haben, das vom Auftraggeber bestellte Sachverständigengutachten noch nicht vorliegt, andererseits aber der Verjährungseintritt droht), noch nicht in der Lage, die beanstandeten Mängel näher zu beschreiben, so führt – gegebenenfalls nach § 242 BGB – die Erhebung der Klage dennoch die Unterbrechung der Verjährung herbei (vgl. BGH BauR 1987, 686 = NJW 1987, 135 = Heinrichs EWiR § 242 BGB 13/87, 1169 = SFH § 633 BGB Nr. 68 = BB 1988, 16 = ZIP 1987, 1461 = Betrieb 1987, 2516 = MDR 1988, 219 = ZfBR 1988, 16 = LM § 633 BGB Nr. 65), sofern das Gutachten alsbald nachgereicht und die beanstandeten Mängel gekennzeichnet werden. Ist bei mehreren konkurrierenden Sicherungsabtretungen unklar, wer Forderungsgläubiger ist, und erhebt der Zedent Feststellungsklage mit dem erklärten Ziel, die drohende Verjährung zu unterbrechen, so ist sein Klageantrag möglichst so auszulegen, daß das Ziel der Verjährungsunterbrechung erreicht wird (BGH BauR 1981, 208 = ZIP 1981, 51 = MDR 1981, 307 = NJW 1981, 678 = SFH § 209 BGB Nr. 5 = Betrieb 1981, 1821). Die Verjährung von Gewährleistungsansprüchen, die Ehegatten aus der gemeinsamen Errichtung eines Hauses oder einer Eigentumswohnung – oder auch einer sonstigen Bauleistung – zustehen, wird regelmäßig auch durch eine Klage unterbrochen, die nur einer der Ehegatten erhebt und mit der er Leistungen allein an sich verlangt (BGHZ 94, 117 = BauR 1985, 445 = NJW 1985, 1826 = MDR 1985, 750 = JZ 1985, 959 mit Anm. von Reinicke/Tiedtke S. 888; JR 1986, 99 mit Anm. Schubert S. 101 = SFH § 209 BGB Nr. 8 = LM § 209 BGB Nr. 54 = WM 1985, 753 = Betrieb 1985, 1631 = ZfBR 1985, 169), was auch gilt, wenn zwischen ihnen keine Gesamtgläubigerschaft nach § 428 BGB, sondern eine Bruchteils- oder gemeinschaftliche Gläubigerschaft (§ 432 BGB) besteht, zumal der Gewährleistungsanspruch auf eine unteilbare Leistung gerichtet ist. Einmal steht dem klagenden Ehegatten aus der von ihm mit dem anderen gebildeten Gemeinschaft die Klagebefugnis aus § 744 Abs. 2 BGB zu, da sie der Erhaltung der der Gemeinschaft zustehenden Ansprüche dient; überdies kann möglicherweise auch von einer gewillkürten Prozeßstandschaft gesprochen werden, nämlich der Ermächtigung zur Einklagung des Anspruches im eigenen Namen bei vorliegenden eigenen Interessen an der Prozeßführung. Letzteres ist bei gemeinsamer Bauherrschaft von Eheleuten der Fall,

wenn dem klagenden Ehegatten die Abwicklung der damit verbundenen Fragen dem Auftragnehmer gegenüber erkennbar überlassen worden ist (BGH a. a. O.). Entgegen Reinicke/Tiedtke (a. a. O.) ist diese Entscheidung nicht nur sachgerecht, sondern im Rahmen gesetzeskonformer Rechtsfortbildung rechtstheoretisch nicht zu beanstanden.

Die **Unterbrechung** der Verjährungsfrist bezieht sich jedoch **nur auf den im betreffenden Prozeß Beklagten;** so unterbricht die Klage gegen eine Kommanditgesellschaft nicht schon die Verjährung des gleichen Anspruches gegen einen möglicherweise mithaftenden Gesellschafter; vielmehr muß dieser persönlich (mit)verklagt werden (BGHZ 73, 217 = BauR 1979, 328 = NJW 1979, 1361 = BB 1979, 755 = SFH § 128 HGB Nr. 1 = Betrieb 1979, 1123 = BB 1979, 755 = JZ 1980, 193). Allerdings muß sich der Gesellschafter nach § 129 Abs. 1 HGB die durch Klageerhebung unterbrochene Verjährungsfrist entgegenhalten lassen, so daß er dann seinerseits gehindert ist, die Verjährungseinrede für die Dauer des Prozesses gegen die Gesellschaft zu erheben (BGH a. a. O.). **Keine Unterbrechungswirkung hat eine Klage gegen den falschen Schuldner** (BGHZ 80, 222 = BauR 1981, 385 = Betrieb 1981, 1276 = BB 1981, 868 = JZ 1981, 440 = MDR 1981, 662 = NJW 1981, 1953 = SFH § 209 BGB Nr. 6 = LM § 209 BGB Nr. 42 = ZfBR 1981, 167 m. w. N.). Das ist noch nicht der Fall, wenn die Gesellschafter einer BGB-Gesellschaft eine zum Gesellschaftsvermögen gehörende Forderung einklagen und der Beklagte dagegen im Prozeß mit einer ihm gegen einen Gesellschafter zustehenden Forderung aufrechnet, obwohl es an der Gegenseitigkeit der sich gegenüberstehenden Forderungen fehlt (§ 719 Abs. 2 BGB); entscheidend ist, daß der schuldnerische Gesellschafter auch (Mit-)Inhaber der gegen die Gesellschaft gerichteten Forderung ist (BGH a. a. O.).

352

Maßgebend für den Beginn der Unterbrechung ist die Zustellung der Klageschrift; das gilt auch, wenn kein Termin zur mündlichen Verhandlung bestimmt wird (OLG Nürnberg MDR 1967, 669). Ist ein Prozeß zu dem Zeitpunkt, in dem die Verjährungsfrist zu laufen beginnt, bereits anhängig, tritt mit dem Beginn des Laufs der Verjährungsfrist zugleich die Unterbrechung ein (BGHZ 52, 47 = MDR 1969, 565 = NJW 1969, 1164). Nach § 270 Abs. 3 ZPO tritt die Unterbrechung der Verjährung auch ein, wenn die Klage vor Ablauf der Gewährleistungsfrist eingereicht wird, die Zustellung aber nach Ablauf der Frist demnächst erfolgt. In letzterer Hinsicht kommt es für die Bemessung nicht auf den Zeitraum zwischen der Einreichung der Klage und deren Zustellung, sondern allein darauf an, ob die Klage, gemessen von dem Tage des Ablaufs der Verjährungsfrist „demnächst" zugestellt ist. Insoweit ist maßgebend, ob und inwieweit der Kläger das von ihm zu Verlangende und Zumutbare – z. B. Einzahlung des von ihm geforderten Gerichtskostenvorschusses – getan hat; nicht zurechenbar sind ihm etwaige Verzögerungen, die er nicht zu steuern vermag, wie den Zustellungsbetrieb des betreffenden Gerichtes (vgl. BGH NJW 1986, 1347 = WM 1986, 273 m. w. N.). Im allgemeinen werden für die Einzahlung des geforderten Gerichtskostenvorschusses Fristen von 2 Wochen oder gering darüber noch als hinreichend angesehen (BGH a. a. O.). Vgl. dazu auch BGH SFH Z 2.415.2 Bl. 5 (zu dem früheren § 261 b Abs. 3 ZPO); OLG Düsseldorf MDR 1976, 848.

353

b) Die **Klage muß sich auf den Gewährleistungsanspruch des Auftraggebers beziehen,** und zwar dergestalt, daß das Gericht **wegen der Klage oder Widerklage und nicht nur aufgrund einer bloßen Verteidigung** des Auftraggebers als Beklagten (z. B. gegenüber dem lediglich vom Auftragnehmer eingeklagten Vergütungsanspruch) über Bestehen oder Nichtbestehen und die Art und den Umfang des Gewährleistungsanspruches im einzelnen zu **befinden** hat. Besteht der vom Auftragnehmer – vor allem im Bereich von Teil B § 13 Nr. 7 – zu ersetzende Schaden des Auftraggebers in der Belastung mit einer Verbindlichkeit, so unterbricht die Zahlungsklage des Auftraggebers auch die Verjährung eines Freistellungsanspruches (vgl. dazu BGH NJW 1985, 1152 = Betrieb 1985, 649 = MDR 1985, 658).

354

355 Auch hier bezieht sich die **Unterbrechung** der Verjährung **grundsätzlich nur** auf die **Gewährleistungsansprüche, die rechtshängig sind**; wegen der übrigen läuft die bisherige Verjährungsfrist ungehindert weiter. Das hat **Bedeutung bei Teilklagen**. Wird z. B. nur **ein Teil eines** Anspruches auf Erstattung bereits entstandener Mängelbeseitigungskosten geltend gemacht, so bezieht sich die **Unterbrechung** der Verjährung **nur darauf**, es sei denn, die Teilklage beruht erkennbar auf einem Irrtum (vgl. dazu BGH WM 1978, 461); auch muß die Teilklage eine eindeutige Abgrenzung zum nicht eingeklagten Teil enthalten, andernfalls die verjährungsunterbrechende Wirkung auch wegen der Teilklage entfallen kann (vgl. dazu BGH VersR 1984, 782). Bei einer Teilklage tritt die Unterbrechung der Verjährung nur hinsichtlich des eindeutig eingeklagten Teils auch deshalb ein, weil die §§ 639 Abs. 1, 477 Abs. 3 BGB nicht etwas anderes besagen; hier geht es nicht um die Auswechslung oder die zusätzliche Geltendmachung eines anderen oder um die bisher unvorhergesehene Erweiterung desselben Gewährleistungsanspruches, sondern – nur – um einen Teil **ein und desselben Gewährleistungsanspruches,** wie hier des Kostenerstattungsanspruches. Das ergibt sich vor allem dann, wenn der Auftraggeber nur in einem Teilbereich vollständig nachbessern läßt in dem Bewußtsein, daß in der Folgezeit in weiteren Teilbereichen wegen des aufgetretenen Mangels noch eine Nachbesserung notwendig sein würde, also ein Fall, der von § 477 Abs. 3 BGB nicht erfaßt ist (BGH NJW 1976, 960 = BauR 1976, 202 = BB 1976, 624 = SFH Z 2.415.2 Bl. 8 = MDR 1976, 655 = LM VOB/B Nr. 81 Anm. Girisch).

356 **Dagegen:** Wird mit einer Schadensersatzklage der **gesamte Schaden** geltend gemacht, so wirkt die Unterbrechung der Verjährung auch für eine auf nachträglicher Baukostensteigerung beruhende Erhöhung des Klageanspruches (vgl. BGH BauR 1982, 398 = SFH § 209 BGB Nr. 7 = NJW 1982, 1809 = MDR 1982, 743 = LM § 909 BGB Nr. 27 = ZfBR 1982, 128). **Ähnlich** liegt es, wenn es sich um die **Geltendmachung eines anderen als des wegen desselben Mangels ursprünglich erhobenen Gewährleistungsanspruches** handelt oder wenn der Auftraggeber davon ausgeht, die **Mängel seien endgültig und umfassend beseitigt,** er darauf einen Kostenerstattungsanspruch stützt, seine Annahme jedoch in Wirklichkeit nicht zutrifft (BGH in der zuerst genannten Entscheidung). Dann gelten auch hier die §§ 639 Abs. 1, 477 Abs. 3 BGB, und es ergibt sich:

Die Klage auf **Ersatz der Mängelbeseitigungskosten** (§ 633 Abs. 3 BGB bzw. § 13 Nr. 5 Abs. 2 VOB/B) **unterbricht** grundsätzlich die **Verjährung auch aller anderen Gewährleistungsansprüche,** ebenso wie die Klage auf **Mängelbeseitigung** nach § 633 Abs. 2 BGB bzw. § 13 Nr. 5 Abs. 1 VOB/B (BGHZ 58, 30 = NJW 1972, 526 = BauR 1972, 176 = MDR 1972, 409 = JZ 1972, 211 = BB 1972, 242 = LM § 639 BGB Nr. 10 Anm. Rietschel = SFH Z 2.414 Bl. 266). Das gilt auch für Ansprüche auf **Minderung** nach § 634 BGB bzw. Teil B § 13 Nr. 6 (vgl. dazu BGHZ 95, 250 = BauR 1985, 686 = NJW 1985, 2822 = MDR 1986, 137 = SFH § 634 BGB Nr. 13 = BB 1985, 1938 = Betrieb 1985, 2503 = LM § 634 BGB Nr. 22 = JZ 1986, 85 mit Anm. Scheyhing = JR 1986, 152 mit Anm. Schubert = ZfBR 1985, 277 = Siegburg EWiR § 634 BGB 1/85, 757); ebenso für Ansprüche auf **Schadensersatz** nach § 635 BGB bzw. Teil B § 13 Nr. 7.

357 Eine **Besonderheit** gilt **hinsichtlich der Klage (nicht schon der bloßen Aufrechnung, vgl. dazu Rdn. 570) des Auftraggebers** gegen den Auftragnehmer **auf Zahlung eines Kostenvorschusses für die Mängelbeseitigung durch einen Dritten** (dazu Rdn. 551 ff.), wie sich aus der **Rechtsnatur des Vorschusses** ergibt. Es handelt sich um **nichts Endgültiges;** über den Vorschuß muß nicht nur – später – abgerechnet werden, sondern gegebenenfalls kann **auch eine Nachzahlung** verlangt werden. Da diese begrifflich die Kosten für denselben, **bereits früher geltend gemachten** Mangel betrifft, handelt es sich insofern **nur um eine Frage der Höhe des bereits erhobenen Vorschußanspruches.** Daraus folgt: Wird ein Kostenvorschuß **rechtzeitig vor Ablauf der Verjährungsfrist** geltend gemacht, so tritt die **Unterbrechungswirkung** des § 209 Abs. 1 BGB nicht nur wegen des ursprünglich eingeklagten Betrages ein, sondern **auch**

wegen später – selbst nach Ablauf der bisherigen Verjährungsfrist – **erhöhter Ansprüche,** die z. B. auf zwischenzeitlich eingetretene Kostensteigerungen gestützt werden (BGHZ 66, 138 = BauR 1976, 205 = NJW 1976, 956 = BB 1976, 572 = SFH Z 2.415.2 Bl. 11 = MDR 1976, 655 = LM § 209 BGB Nr. 30 Anm. Doerry; vgl. dazu auch Rdn. 570, dort vor allem auch wegen der Zulässigkeit einer neben der Vorschußklage erhobenen Feststellungsklage). **Anders** liegt es nur, wenn der Auftraggeber seinen Vorschußanspruch eindeutig und endgültig auf den eingeklagten Betrag beschränkt hat, wozu aber eine **ganz zweifelsfreie Erklärung des Auftraggebers** in bezug auf die Beschränkung erforderlich ist (vgl. dazu OLG München SFH § 209 BGB Nr. 4 mit zutreffender zweifelnder Anm. von Hochstein bezüglich des dort entschiedenen Falles). Dabei kann dann der Auftraggeber entgegen OLG München (a. a. O.) wegen des nicht eingeklagten Anspruches, falls die dort angenommene eindeutige Beschränkung unterstellt wird, auch keine Feststellungsklage mit Erfolg mehr erheben, wenn es sich um denselben Mangel handelt und inzwischen Verjährung eingetreten ist sowie vom Auftragnehmer die Verjährungseinrede erhoben wird (zutreffend Hochstein a. a. O.).

Auch die zunächst auf Schadensersatz gerichtete Klage unterbricht die Verjährung hinsichtlich eines später auf Ersatz von Gutachtenkosten und auf Vorschuß umgestellten Anspruches, weil **beides dem Bereich des Nachbesserungsanspruches zuzurechnen** ist und ein Zurückgehen des Auftraggebers auf den Nachbesserungsanspruch, der der Erreichung des vertraglichen Leistungszieles am ehesten dient, für zulässig angesehen werden muß (von BGH BauR 1977, 348 = SFH Z 2.415.1 Bl. 1 offengelassen). 358

Zur Verjährungsunterbrechung bei **hilfsweiser Geltendmachung** eines Anspruches vgl. BGH NJW 1968, 692 mit Anm. Oehlers NJW 1970, 845. Über die Unterbrechung der Verjährung bei **gleichzeitiger Einreichung von Klage und Prozeßkostenhilfegesuch** siehe BGH VersR 1965, 155 m. w. N. Die Erhebung einer **negativen Feststellungsklage** und die Verteidigung gegen sie durch Klageabweisungsantrag führen **keine Unterbrechung** nach § 209 BGB herbei (BGH NJW 1972, 1043 = MDR 1972, 592 = LM § 209 BGB Nr. 23; a. A. OLG Schleswig NJW 1976, 970, jedoch zu Unrecht, da nicht beachtet wird, daß § 209 BGB ein tätiges, auf Zusprechung eigenen Rechtes gerichtetes Vorgehen voraussetzt, wie insbesondere auch der BGH in der Revisionsentscheidung zur gleichen Sache eingehend und mit weiteren Nachweisen zum Ausdruck gebracht hat, vgl. BGH BauR 1978, 488 = NJW 1978, 1975 = MDR 1978, 830 = WM 1978, 1018 = SFH § 209 BGB Nr. 2 = BB 1978, 1188; dazu krit. Gürisch MDR 1980, 359). Gleiches gilt für einen **Antrag auf Erlaß einer einstweiligen Verfügung** und dessen Zustellung (OLG Düsseldorf WRP 1973, 481). 359

Hat der Gläubiger dem Schuldner angezeigt, daß er die Forderung **abgetreten** habe, ist die Abtretung jedoch nicht erfolgt oder unwirksam und hat der Schuldner noch nicht an den Dritten gezahlt – bzw. hier: den Gewährleistungsanspruch erfüllt –, so bleibt der Gläubiger auch dann zur Klageerhebung und damit zur Unterbrechung der Verjährung berechtigt, wenn er die Zustimmung des Scheinzessionars zur Rücknahme der Anzeige noch nicht erlangt hat (BGHZ 64, 117 = NJW 1975, 1140 = WM 1975, 433 = BB 1975, 940 = MDR 1965, 657 mit Anm. Schubert JR 1975, 502 = LM § 409 BGB Nr. 4 Anm. Doerry). 360

c) Nach § **209 Abs. 2 BGB** stehen der Klageerhebung für die Unterbrechung der Verjährung folgende Maßnahmen gleich: 361

aa) Die Zustellung eines **Mahnbescheides** im Mahnverfahren, §§ 688 ff. ZPO. 362

Darüber, wann die **Zustellung eines Mahnbescheides im Mahnverfahren** noch als „demnächst" i. S. des § 693 Abs. 2 ZPO anzusehen ist, vgl. eingehend und zutreffend BGH NJW 1971, 891. Wird der Mahnbescheid knapp sechs Wochen nach Eingang des Antrages auf Erlaß des Mahnbescheides zugestellt, so kann die Zustellung noch im Sinne des § 693 Abs. 2 ZPO als „**demnächst**" erfolgt angesehen werden; entscheidend ist, daß die Fristüberschreitung geringfügig ist; diese bemißt sich nach dem Zeitraum zwischen dem Zeitpunkt der gerichtlichen Kostenanforderung und deren Erledigung durch die Partei; insofern sind 14 Tage noch als geringfügig anzusehen (BGH JurBüro 1985, 393). Ähnliches trifft zu, wenn der Gläubiger auf Aufforderung des Gerichtes unverzüglich einen unvollständigen Mahnantrag mit dem Rechtspfleger erörtert und dessen Vervollständigung bewirkt; die daran anschließende Zeit bis zur Zustellung des Mahnbescheides kann ihm nicht zur Last gelegt werden (vgl. OLG Hamm BauR 1986, 462). Wird ein vor Ablauf der Klagefrist bei Gericht eingereichter Mahnbescheid nach Fristablauf i. S. des § 693 Abs. 2 ZPO „demnächst" zugestellt, so wahrt diese Zustellung die Klagefrist, wenn nach Erhebung des Widerspruches i. S. von § 696 Abs. 2 ZPO a. F. „alsbald" Termin anberaumt (jetzt nach § 696 Abs. 1 ZPO n. F. der Rechtsstreit alsbald an das zuständige Gericht abgegeben) wird (vgl. BGH VersR 1979, 738). Kommt nach Erlaß des Vollstreckungsbescheides das Verfahren dadurch zum Stillstand, daß der Vollstreckungsbescheid nicht zugestellt wird, beginnt mit dessen Erlaß die Verjährungsfrist wieder zu laufen (OLG München OLGZ 76, 189).

Auch ein bei einem unzuständigen Amtsgericht eingereichter Antrag auf Erlaß eines Mahnbescheides unterbricht die Verjährung, wenn dieses die Sache auf Antrag an das zuständige Amtsgericht weiterleitet und von dort die Zustellung demnächst erfolgt (BAG NZA 1988, 175 [L]; vgl. weiter BGH NJW 1983, 1050; Bode MDR 1982, 632); die Unterbrechung tritt auch ein, wenn der Mahnbescheid erlassen wird, obwohl der Antrag nicht unterzeichnet ist (BGH a. a. O.).

Hat der Antragsteller im Mahnantrag als sachlich zuständiges Gericht gemäß § 690 Abs. 1 Nr. 5 ZPO offensichtlich irrtümlich statt des Landgerichts das Amtsgericht angekreuzt, so kann der Rechtspfleger das von Amts wegen berichtigen; unterläßt er es, obgleich es den Umständen nach geboten ist, so geht eine durch Rückfrage beim Antragsteller hervorgerufene Verzögerung der Zustellung des Mahnbescheides (vgl. § 693 Abs. 2 ZPO) grundsätzlich nicht zu seinen Lasten (BGH BauR 1984, 89 = NJW 1984, 242 = SFH § 690 ZPO Nr. 1 = ZIP 1983, 1511 = WM 1983, 1317).

363 bb) Die Anbringung eines **Güteantrages** bei einer Gütestelle, wie sie in § 794 Abs. 1 Nr. 1 ZPO bezeichnet ist.

364 cc) Die **Anmeldung** eines mit den Gewährleistungsansprüchen zusammenhängenden Anspruches im **Konkurs**, § 139 KO, wohingegen die bloße Konkurseröffnung über das Vermögen des Gläubigers, also hier des Auftraggebers, weder die Unterbrechung noch die Hemmung der Verjährung bewirkt (vgl. BGH NJW 1963, 2019 = LM BGB § 202 Nr. 6); auch tritt die Unterbrechungswirkung nicht schon durch die Anmeldung zur Konkurstabelle ein, wenn diese zwar nach dem Konkursantrag des Gemeinschuldners, aber vor Konkurseröffnung eingegangen ist (LSG Stuttgart KTS 1985, 566).

365 dd) Die – **erfolglose** (vgl. dazu BGHZ 80, 222 = BauR 1981, 385 = Betrieb 1981, 1276 = BB 1981, 868 = JZ 1981, 440 = MDR 1981, 662 = NJW 1981, 1953 = SFH § 209 BGB Nr. 6 = LM § 209 BGB Nr. 42 = ZfBR 1981, 167; vgl. auch BGH NJW 1982, 1516; **insbesondere hier Rdn. 570**) – Geltendmachung der **Aufrechnung** des Anspruches **im Prozeßverfahren**, §§ 387 ff. BGB; mit einer Eventualaufrechnung im Prozeß wird die Verjährung der Aufrechnungsforderung bis zur rechtskräftigen Entscheidung über die Klageforderung im Betragsverfahren unterbrochen (BGH NJW 1980, 2303 = WM 1980, 1172 = MDR 1981, 44 = LM § 215 BGB Nr. 3 = Anm. Schreiber JR 1981, 61); die Verjährung des Anspruches wird auch dann durch die Aufrechnung im Prozeß unterbrochen, wenn diese aus prozessualen oder aus materiellrechtlichen Gründen unzulässig ist, insoweit findet § 209 Abs. 2 Nr. 3 BGB im Zweifel auf Klauseln in Allgemeinen Geschäftsbedingungen entsprechende Anwendung, die eine Ausschlußfrist für die gerichtliche Geltendmachung von Ansprüchen vorschreiben (BGH MDR 1982, 651); zur Aufrechnung mit einer Forderung gegen einen BGB-Gesellschafter, wenn die Gesellschafter eine zum Gesellschaftsvermögen gehörende Forderung einklagen, vgl. Rdn. 351 ff.

366 ee) Die wirksame (vgl. OLG Hamburg VersR 1984, 1049) **Streitverkündung** in dem Prozeß, von dessen Ausgang der Anspruch abhängt: §§ 72 ff. ZPO, § 215 BGB, vgl. dazu BGHZ 36, 212 = NJW 1962, 387 = MDR 1962, 200 = JZ 1962, 415 = BB 1962, 613 = LM BGB § 209 Nr. 11 (für den Fall, daß der Streitverkündete im Vorprozeß obgesiegt hat); BGH NJW 1964, 1022 = VersR 1964, 611 = SFH Z 3.01 Bl. 253 ff.; BGHZ 65, 127 = NJW 1976, 39 = MDR 1976, 215 = Betrieb 1975, 2369 = WM 1976, 1210; BGH BauR 1974, 66 = Betrieb 1973, 2342 = VersR 1974, 107 = LM § 215 BGB Nr. 2 Anm. Doerry im Hinblick auf § 215 Abs. 2 BGB; zur Wirksamkeit der Streitverkündung, vor allem in verjährungsrechtlicher Hinsicht, genügt es, daß der Rechtsstreit, in dem der Streit verkündet werden soll, anhängig ist, Rechtshängigkeit ist nicht erforderlich (BGHZ 91, 251 = BauR 1985, 97 = NJW 1985, 328 = Betrieb 1985, 912 = MDR 1985, 222 = ZIP 1985, 502 = SFH § 635 BGB Nr. 40 = ZfBR 1985, 84); der Begriff der Abhängigkeit in § 209 Abs. 2 Nr. 4 BGB besagt nicht dasselbe wie in § 148 ZPO (OLG Frankfurt

OLGZ 71, 1); eine Abhängigkeit von dem Ausgang des Prozesses kann auch vorliegen für eine Streitverkündung, die erst im Prozeß über die Höhe einer Ersatzverpflichtung an den regreßpflichtigen Dritten bewirkt wird, also z. B. nach bereits abgeschlossenem Feststellungsprozeß (§ 256 ZPO); zwar kann dann eine Nebeninterventionswirkung wegen des Anspruchsgrundes nicht mehr eintreten, jedoch wird die Unterbrechung der Verjährung wegen des Anspruches unabhängig davon herbeigeführt, wie weit ein Prozeß gediehen oder inwieweit abschließend über einen Anspruch entschieden ist (vgl. BGH BauR 1979, 255 = VersR 1979, 155); Streitverkündung ist nur bei alternativer Schuldnerschaft (z. B. wenn Planungsverschulden des Architekten in Betracht kommt), nicht aber bei uneingeschränkter gesamtschuldnerischer Haftung möglich (z. B. wenn der Auftragnehmer für Ausführungsfehler, der Architekt für fehlerhafte Bauaufsicht haften); sie ist jedoch gegenüber dem planenden Architekten auch dann sinnvoll, wenn der klagende Auftraggeber vom haftenden Auftragnehmer nur teilweise entschädigt wird, weil er sich ein Mitverschulden seines planenden Architekten anrechnen lassen muß (vgl. BGHZ 65, 127, 131; BGHZ 70, 187 = BauR 1978, 149 = NJW 1978, 643 = SFH § 631 BGB Nr. 3 = BB 1978, 378 = MDR 1978, 396 mit abl. Anm. von Häsemeyer NJW 1978, 1165; BGH NJW 1982, 281; BGH BauR 1982, 514 = SFH § 72 ZPO Nr. 2 = ZfBR 1982, 170). Im Falle uneingeschränkter gesamtschuldnerischer Haftung bleibt für die Unterstützung des Streitverkünders kein Raum (§§ 74 Abs. 1, 67 ZPO), wenn nämlich dem Streitverkündungsgegner gerade vorgeworfen wird, für den Schaden gemeinsam mit dem Architekten (dem eine Aufsichtspflichtverletzung vorgeworfen wird) verantwortlich zu sein, könnte er dem Vortrag des Streitverkünders nur entgegentreten und den ihm gemachten Vorwurf abstreiten, was der Streithelfer aber nicht dürfte (BGH a. a. O.); zum Umfang der Streitverkündungswirkung im Bereich gesamtschuldnerischer Haftung mehrerer Baubeteiligter vgl. OLG München NJW 1986, 263 mit zutreffender abl. Anm. von Vollkommer a. a. O.; verkündet eine Partei einem Dritten den Streit, so tritt die Streithilfewirkung nur gegen den Dritten ein, nicht auch gegen die Partei, die ihm im Vorprozeß den Streit verkündet hat (BGH BauR 1987, 473 = NJW 1987, 1894 = MDR 1987, 835 = JZ 1987, 1033 mit Anm. Fenn = ZfBR 1987, 201).

ff) Die Vornahme einer **Vollstreckungshandlung** und, soweit die **Zwangsvollstreckung** den Gerichten oder anderen Behörden zugewiesen ist, die Stellung eines Antrages auf Zwangsvollstreckung. 367

gg) Die Erhebung des Anspruches vor einem **Schiedsgericht** (vgl. § 220 BGB). 368

d) Nach § 211 Abs. 1 BGB dauert die durch Klageerhebung herbeigeführte **Unterbrechung** der Verjährung **bis zur rechtskräftigen Entscheidung** des Prozesses sowohl nach Grund als auch gegebenenfalls nach Betrag, insoweit auch im Falle eines Teilurteils (vgl. dazu und für den insoweit gleichliegenden Bereich des § 215 BGB BGHZ 65, 127 = NJW 1976, 39 = MDR 1976, 215 = Betrieb 1975, 2369 = WM 1976, 1210 = LM § 215 BGB Nr. 2 Anm. Doerry), **oder bis zur anderweitigen Erledigung** fort, es sei denn, daß die in § 211 Abs. 2 BGB näher umschriebenen Umstände vorliegen. 369

Die Voraussetzungen des § 211 Abs. 2 Satz 1 BGB sind im allgemeinen gegeben, wenn der Stillstand des Verfahrens **entscheidend auf Untätigkeit der Partei beruht** (BAG NJW 1972, 1247), wie z. B. durch Nichterledigung eines für sich ergangenen gerichtlichen Auflagenbeschlusses, von dessen Erfüllung der Fortgang des Verfahrens abhängt (vgl. BGH NJW 1968, 692, 694; BGH BauR 1974, 350). Ähnliches gilt für eine dem Gericht von beiden Parteien eingereichte Anzeige über das Schweben von Vergleichsverhandlungen unter gleichzeitigem Nichtweiterbetreiben des Verfahrens (OLG Hamm SFH Z 2.310 Bl. 32). Gleiches trifft allgemein auf die Vereinbarung der Parteien zu, den Prozeß nicht weiterzubetreiben (vgl. BGH VersR 1976, 36). Voraussetzung für ein Nichtbetreiben des Verfahrens ist es aber immer, daß dessen Fortgang **allein in die Hände der Parteien** gelegt ist, also von deren Entschließung abhängig ist. Insoweit geht z. B. die Verantwortung für das Betreiben eines Prozesses mit der Wirkung des § 212 Abs. 2 Satz 1 BGB vom Gericht auf den Kläger über, wenn das Gericht mit dessen ausdrücklichem Einverständnis von einer Terminsbestimmung auf unbestimmte Zeit absieht; dabei macht es keinen Unterschied, ob dieser Verfahrensweise des Gerichts eine Anregung des Klägers vorausgegangen ist oder ob umgekehrt sich der Kläger mit einer Anregung des Gerichtes einverstanden erklärt hat (BGH NJW 1983, 2496 = MDR 1983, 747 = WM 1983, 533 = LM § 211 BGB Nr. 18). **Anders** liegt es, wenn **die Leitung des Verfahrens** 370 beim Gericht liegt und die Parteien lediglich zwecks ordnungsgemäßer Fortführung des Verfahrens mitwirken sollen und diese Mitwirkung lediglich nicht befolgen, wie z. B. durch Nichtangabe der ladungsfähigen Anschrift eines Zeugen (RGZ 97, 126, 127; OLG Köln VersR 1970, 1022), Nichtzahlung eines Prozeßkostenvorschusses (KG OLGZ 28, 48), Nichtbefolgung der Auflagen in einem Auflagen- und Beweisbeschluß (BGH VersR 1978, 1142 = MDR 1979, 215 = JZ 1979, 31 = LM § 211 BGB Nr. 12).

371 Ferner ist zur Abgrenzung festzuhalten: § 211 Abs. 2 Satz 1 BGB soll eine Umgehung des § 225 BGB, wonach die Verjährung grundsätzlich weder ausgeschlossen noch erschwert werden kann, verhindern. Auf eine solche Umgehung liefe es hinaus, wenn die nach § 209 BGB eingetretene Unterbrechung der Verjährung gemäß § 211 Abs. 1 BGB auch in den Fällen bis zur rechtskräftigen Entscheidung des Prozesses fortdauern würde, in denen jemand Klage erhebt, in der Folge aber die Sache bewußt und grundlos nicht mehr weiterbetreibt. Aus der genannten Zweckbestimmung des § 211 Abs. 2 Satz 1 BGB folgt daher, daß eine Beendigung der Unterbrechung der Verjährung nur in Betracht kommt, wenn **Umgehungsfälle vorliegen,** z. B. wenn **grundlos** ein Teil der Anträge nicht mehr weiterverfolgt wird (BGH BauR 1979, 155 = NJW 1979, 810 = Schäfer/Finnern/Hochstein § 211 BGB Nr. 2 = Betrieb 1979, 694 = MDR 1979, 486 = LM § 211 BGB Nr. 14 m. w. N.), auch nach Anordnung des Ruhens des Verfahrens nach § 251 a ZPO (vgl. BGH MDR 1988, 214 = VersR 1988, 389). Ein solcher Umgehungsfall ist aber noch nicht gegeben, wenn die Parteien den Ausgang des Rechtsmittelverfahrens gegen ein Teilurteil abwarten, weil die dort zu treffende Entscheidung auch für den noch nicht entschiedenen Verfahrensteil erhebliche Bedeutung hat; dann liegt in diesem Verfahren kein „Nichtbetreiben" des Prozesses i. S. des § 211 Abs. 2 Satz 1 BGB vor (BGH a. a. O.). Gleiches gilt, wenn z. B. durch die Begründung eines landgerichtlichen Urteils ein Vertrauenstatbestand geschaffen wird, wie z. B. durch die – wenn auch unrichtige – Ansicht, daß die Durchsetzung eines Anspruches oder eines Teiles desselben von noch nicht eingetretenen materiellrechtlichen oder prozessualen Voraussetzungen abhängig sei (vgl. BGH MDR 1987, 42 = NJW 1987, 371 = LM § 211 BGB Nr. 20).

372 **Daher:**

Die eingetretene Unterbrechung der Verjährung wird durch Stillstand des Rechtsstreits nicht beendet, wenn das Ruhen lediglich angeordnet wird, um dem Kläger Gelegenheit zur Beschaffung von Beweismitteln zu geben, aufgrund deren er seinen Klageantrag beziffern kann (OLG Karlsruhe BB 1972, 119). Für die Fälle der Aufrechnung oder Streitverkündung s. § 215 BGB. Eine durch Einleitung eines Mahnverfahrens herbeigeführte Unterbrechung der Verjährung wird dadurch beendet, daß der Prozeß anschließend nicht betrieben wird und in Stillstand gerät (BGH VersR 1963, 93). Dagegen hat das Gericht nach Eintritt der Rechtskraft eines Grundurteils (§ 304 ZPO) von Amts wegen Termin zur Fortsetzung der Verhandlung zu bestimmen; unterbleibt dies, so kann den Parteien nicht angelastet werden, den Prozeß nicht betrieben zu haben (BGH MDR 1979, 923 = MDR 1979, 1006).

373 Die sich auf die Verjährung beziehenden Folgen der §§ 211 Abs. 2, 212 Abs. 1 BGB treten, soweit es sich um die entsprechenden Teile des Klageanspruchs handelt, auch ein, wenn eine Klage nur teilweise zurückgenommen wird oder wenn der Prozeß nur wegen eines Teils des Klageanspruchs in Stillstand gerät, weil er insoweit nicht betrieben wird (BGH JZ 1962, 357). Zum rückwirkenden Wegfall der Verjährungsunterbrechung bei hilfsweise geltend gemachtem Anspruch im Falle der Zuerkennung des Hauptanspruches sowie der Anwendbarkeit des § 212 Abs. 2 Satz 1 BGB vgl. BGH NJW 1968, 692 mit Anm. Oehlers NJW 1970, 845, der jedoch, soweit ablehnend, aus rechtspolitischen Gründen nicht zu folgen ist. Es ist nicht einzusehen, warum der Anspruchsteller in diesem Fall schlechtergestellt sein soll als in den in § 212 Abs. 1 BGB ausdrücklich vorgesehenen Fällen. Die Verjährung wird in den Fällen des § 211 Abs. 2 Satz 2 BGB auch dann erneut unterbrochen, wenn der Kläger die Klagefor-

derung während eines Stillstandes des Rechtsstreits i. S. des § 211 Abs. 2 Satz 1 BGB abgetreten hat und der Klageantrag nicht auf Verurteilung des Beklagten zur Zahlung an den Zessionar umgestellt wird (BGH MDR 1984, 287 = NJW 1984, 2102 = WM 1984, 167).

Verweist das Amtsgericht nach Widerspruch gegen einen **Mahnbescheid** das Verfahren an das Landgericht, so wird das Streitverfahren beim Landgericht anhängig mit der Wirkung, daß es sich im Sinne der §§ 213, 212 a Satz 1 BGB dem Mahnverfahren unmittelbar anschließt und demzufolge für die Unterbrechung § 212 Abs. 2 BGB anwendbar ist (BGHZ 55, 212 = MDR 1971, 383 = BB 1971, 455 = NJW 1971, 751 = LM § 211 BGB Nr. 9 = SFH Z 2.331 Bl. 85; vgl. dazu auch BGH VersR 1979, 738). Ein vor Ablauf der Verjährung gestellter Antrag des Klägers auf Terminbestimmung ist auch dann als eine den Prozeß weiterbetreibende Handlung im Sinne des § 211 Abs. 2 Satz 2 BGB anzusehen, wenn die für eine Terminbestimmung erforderliche Zahlung der weiteren halben Prozeßgebühr erst nach Ablauf der Verjährung erfolgt; erforderlich ist dann aber, daß die Gebühr **demnächst** nach Eingang des Antrages auf Terminbestimmung gezahlt wird (BGH a. a. O.). Zum Stillstand eines sich an das Mahnverfahren unmittelbar anschließenden Streitverfahrens, wenn nach rechtzeitigem Widerspruch die vom Kläger beantragte Anberaumung eines Verhandlungstermins daran scheitert, daß er die angeforderte restliche Gebühr nicht entrichtet, vgl. BGH VersR 1981, 482 = NJW 1981, 1550 = MDR 1981, 651 = JZ 1981, 348 = LM § 203 BGB Nr. 19. 374

Eine **den Prozeß weiterbetreibende Handlung** ist grundsätzlich jedes Vorgehen einer Partei, das die Förderung des Prozesses herbeiführen soll, wie z. B. die Erledigung eines gerichtlichen Auflagenbeschlusses (BGB BauR 1974, 350). Dabei genügt jede zur Förderung des Verfahrens bestimmte und nach objektiven, nicht zu engen Maßstäben geeignet erscheinende Handlung einer Partei; nicht entscheidend ist, ob diese Handlung eine Förderung des Prozesses tatsächlich demnächst bewirkt (BGHZ 73, 8 = BauR 1979, 156 = NJW 1979, 809 = SFH § 209 BGB Nr. 1 = JurBüro 1979, 41 = BB 1979, 805 = Betrieb 1979, 694 für den Fall eines unerledigt gebliebenen Zustellungsersuchens an einen Gerichtsvollzieher; vgl. auch BGH MDR 1988, 214 = VersR 1988, 389). Daher genügt auch die Einzahlung der zweiten Gebührenhälfte im Mahnverfahren, wenn der Kläger nicht ausdrücklich beantragt, nunmehr Verhandlungstermin zu bestimmen (BGH BauR 1982, 501 = NJW 1982, 2662 = SFH § 211 BGB Nr. 3 = MDR 1983, 47 = BB 1982, 2141 = ZfBR 1982, 202 = LM § 211 BGB Nr. 17). 375

4. Unterbrechung durch Beweissicherungsverfahren (§§ 639 Abs. 1, 477 Abs. 2 BGB)

a) Ein **besonderer Tatbestand der Unterbrechung** der Verjährung ergibt sich aus den **gesetzlichen Bestimmungen über den Werkvertrag**. Gemäß § 639 Abs. 1 in Verbindung mit § 477 Abs. 2 BGB wird die Verjährung der Gewährleistungsansprüche unterbrochen, wenn der Besteller (Auftraggeber) die **gerichtliche Beweissicherung beantragt**. Also gilt dies **nicht** für einen Beweissicherungsantrag des Auftragnehmers. Über das **gerichtliche Beweissicherungsverfahren** sind in den §§ 485 ff. ZPO Bestimmungen enthalten, vgl. dazu Teil B § 18 Rdn. 81 ff. 376

Zur Befugnis des Wohnungseigentümers, die Beweissicherung im Hinblick auf Mängel des Gemeinschaftseigentums einzuleiten, vgl. Teil A Anh. Rdn. 273 ff.

Die **Unterbrechungswirkung** tritt dann nicht nur wegen eines geltend gemachten Nachbesserungsanspruches und seiner möglichen Auswirkungen, wie etwa des Kostenerstattungsanspruches oder des Kostenvorschußanspruches, ein, sondern **auch wegen der übrigen in Betracht kommenden Gewährleistungsansprüche** (BGHZ 48, 108, 116 = NJW 1967, 2005 = 377

SFH Z 2.331 Bl. 45 = BB 1967, 904; BGHZ 66, 138 = BauR 1976, 205 = NJW 1976, 956 = BB 1976, 572 = SFH Z 2.415.2 Bl. 11 = MDR 1976, 655 = LM § 209 BGB Nr. 30 Anm. Doerry).

378 **b)** Die Unterbrechung der Verjährung tritt mit der **Einreichung des Beweissicherungsantrages** bei Gericht ein, wobei es wegen des Datums im Zweifelsfalle für den Antragsgegner zweckmäßig sein kann, sich bei Gericht zu erkundigen (vgl. Hickl BauR 1986, 282, 283). Sie **dauert bis zur Beendigung** des Beweissicherungsverfahrens fort; somit beginnt ab da der Lauf einer **neuen Gewährleistungsfrist**. Falls nichts anderes vereinbart ist (vgl. Rdn. 235 ff.), handelt es sich dabei um die Regelfrist der Nr. 4. Die Beendigung der Unterbrechung tritt regelmäßig mit **Zugang** der Feststellung der Beweissicherung, also z. B. des Sachverständigengutachtens, **bei den Parteien des Beweissicherungsverfahrens ein** (vgl. BGH BauR 1979, 427; OLG Düsseldorf SFH Z 2.414 Bl. 163 ff.), wobei allerdings der **Eingang beim Auftraggeber maßgebend** ist, wie sich aus §§ 639 Abs. 1, 477 Abs. 2 BGB ergibt (LG Mönchengladbach MDR 1984, 843). Bei **mehreren Gutachten wegen desselben Mangels** kommt es grundsätzlich auf den **Eingang des letzten** an. **Anders** aber dann, wenn **in einem Beweissicherungsverfahren wegen verschiedener, voneinander abgegrenzter Mängel verschiedene Gutachten erstellt werden;** dann ist für die Unterbrechung der Eingang des darauf bezogenen jeweiligen Gutachtens maßgebend (OLG Düsseldorf BauR 1985, 326). Erstattet der Sachverständige vor Gericht sein Gutachten mündlich oder erläutert er dieses nach zunächst schriftlicher Erstattung mündlich vor Gericht, tritt die Beendigung der Verjährungsunterbrechung mit dem **Verlesen des Protokolls** oder mit **Vorlage des Protokolls zur Durchsicht** (§ 162 ZPO) ein (BGHZ 60, 212 = MDR 1973, 580 = VersR 1973, 422 = NJW 1973, 698 = Betrieb 1973, 719 = LM § 477 BGB Nr. 20 Anm. Hoffmann). Allerdings setzt die Anhörung des Sachverständigen zur Erläuterung seines schriftlichen Gutachtens einen Antrag eines der Verfahrensbeteiligten voraus, der **binnen angemessener Frist in engem zeitlichen Zusammenhang mit dem Zugang des Gutachtens** bei den Beteiligten gestellt werden muß, andernfalls die Unterbrechungswirkung mit Zugang des Gutachtens entfällt. Bei der Bemessung der Frist sind Umfang und Gehalt des Gutachtens im Einzelfall angemessen zu berücksichtigen (vgl. LG Frankfurt BauR 1985, 603 = MDR 1985, 149; ebenso Hickl BauR 1986, 282, 284). Entgegen LG Köln (BauR 1985, 481 = SFH § 411 ZPO Nr. 3) sowie LG Hanau (BauR 1985, 482 = SFH § 411 ZPO Nr. 2) kann hier nicht generell § 211 Abs. 2 BGB entsprechend zur Anwendung kommen, weil die dort festgelegte 6-Monatsfrist im allgemeinen als erheblich zu lang angesehen werden muß, daher die hier erörterte Unterbrechung der Verjährung ihrem Sinn und Zweck entsprechend unzulässigerweise zu weit ausgedehnt würde. Hat das Amtsgericht den Antrag des Beteiligten, zur Erläuterung seines Gutachtens den Sachverständigen anzuhören, ohne sachliche Prüfung als unzulässig verworfen, weil der Antrag erst nach Beendigung des Verfahrens (Eingang des Gutachtens) gestellt worden sei, so ist gegen einen solchen Beschluß die Beschwerde zulässig (ebenso LG Frankfurt a. a. O.). Um hier Unklarheiten wegen Zeitablaufes zu verhindern, empfiehlt es sich für das Gericht, den Beteiligten eine Frist zur evtl. Stellungnahme zu dem Gutachten zu setzen (Hickl a. a. O.).

379 Im übrigen bewirkt auch ein nach dem § 485 ff. ZPO unzulässiger Beweissicherungsantrag, vor allem wenn das darüber entscheidende Gericht ihn für zulässig hält, die Unterbrechung der Verjährung nach den §§ 639 Abs. 1, 477 Abs. 2 BGB. Dies folgt aus der in § 477 Abs. 2 Satz 3 BGB angeordneten entsprechenden Anwendung des § 212 BGB. Daraus ergibt sich, daß die Unterbrechungswirkung so lange eintritt, wie nicht der Antrag wegen seiner Prozeßwidrigkeit als unzulässig abgewiesen wird (BGH BauR 1983, 255 = NJW 1983, 1901 = SFH § 639 BGB Nr. 6 = Betrieb 1983, 1708 = MDR 1983, 754 = BB 1983, 2212 = ZfBR 1983, 121 m. w. N. sowie auch OLG Hamburg MDR 1978, 845; OLG Köln BauR 1988, 241, 242; dazu ferner Barnickel BlGBW 1979, 44).

Die Anwendung des § 212 Abs. 1 BGB in Verbindung mit Abs. 2 Satz 1 a. a. O. bedeutet hier **380** sinngemäß, daß die Unterbrechungswirkung entfällt, wenn der Beweissicherungsantrag **zurückgenommen oder aus prozessualen Gründen zurückgewiesen** wird, es sei denn, daß binnen 6 Monaten Klage erhoben wird. Gleiches gilt **nicht,** wenn das Beweissicherungsverfahren sachlich (in der Regel durch Mitteilung des Sachverständigengutachtens) erledigt wird, da der Wortlaut des § 212 BGB für eine solche Erweiterung keinen Anhalt gibt, zumal die Rechtssicherheit eine enge Auslegung der Verjährungsvorschriften gebietet (vgl. OLG Düsseldorf NJW 1968, 2380; BGHZ 53, 43 = BauR 1970, 45 = NJW 1970, 419 = BB 1970, 191 = VersR 1970, 176 = MDR 1970, 316 = JZ 1970, 289 = LM § 638 BGB Nr. 13 = SFH Z 2.414 Bl. 235 ff. m. w. N., insbesondere Kubisch NJW 1965, 1966; a. A. OLG Hamm NJW 1965, 1535).

c) **Voraussetzung für den Eintritt der Unterbrechung** der Verjährung ist es stets, daß sich **381** der **Beweissicherungsantrag nur oder auch gegen den Auftragnehmer richtet,** d. h. dieser als Anspruchsgegner allein genannt oder mitbezeichnet wird oder nach dem Vortrag des Anspruchstellers (Auftraggebers) in Betracht kommt. Daher **reicht ein Beweissicherungsantrag gegen Unbekannt hier nicht** (ebenso BGH BauR 1980, 364 = BB 1980, 703 = Betrieb 1980, 1257 = NJW 1980, 1458 = SFH § 639 BGB Nr. 4 = MDR 1980, 663). **Ein nur gegen andere Auftragnehmer, den Architekten, Statiker oder sonstigen Sonderfachmann gerichteter Beweissicherungsantrag führt somit die Unterbrechungswirkung hinsichtlich des „eigentlichen" Auftragnehmers nicht herbei** (vgl. dazu OLG Köln VersR 1971, 378). Andererseits tritt die Unterbrechungswirkung auch ein, wenn der Auftraggeber das Beweissicherungsverfahren eingeleitet bzw. durchgeführt, dann (also nicht schon vorher) aber die Gewährleistungsansprüche **abgetreten** hat; eine einmal eingetretene Unterbrechung der Verjährung wird durch eine spätere Abtretung **nicht beeinträchtigt** (zutreffend Kroppen/Heyers/Schmitz Rdn. 1069 ff.; Hickl BauR 1986, 282, 283; a. A. Wussow, Das gerichtliche Beweissicherungsverfahren, S. 85 unter zu weitgehender Auslegung der Entscheidung OLG Düsseldorf BauR 1972, 111).

d) **Außerdem tritt die Unterbrechungswirkung nur hinsichtlich des konkret gerügten** **382** **Mangels ein, sofern und soweit sich das Beweissicherungsverfahren darauf bezieht** (BGHZ 66, 138 = BauR 1976, 205 = NJW 1976, 956 = BB 1976, 572 = SFH Z 2.415.2 Bl. 11 = MDR 1976, 655 = LM § 209 BGB Nr. 30 Anm. Doerry = Betrieb 1976, 912), also vom Beweissicherungsantrag, dessen Begründung, den beigefügten Mitteln zur Glaubhaftmachung sowie von dem darauf ergangenen Beweissicherungsbeschluß abgedeckt ist (vgl. OLG Frankfurt BauR 1984, 67). Insoweit bedarf es der hinreichenden **Angabe des Mangels in seiner äußeren Erscheinungsform** (z. B. Riß im Mauerwerk) unter gleichzeitiger **Angabe seiner Lage** (z. B. westliche Giebelwand). Falls das OLG Hamburg hierzu geringere Anforderungen stellen will (insoweit unklar MDR 1978, 845), kann dem nicht gefolgt werden. Das kann **ausnahmsweise** nur dann anders sein, wenn die äußere Erscheinungsform eines Mangels nur zu vermuten ist und darüber noch nähere Feststellungen durch einen Sachkundigen zu treffen sind. Dann muß es für die Zulässigkeit eines Beweissicherungsantrages und damit den Eintritt der Unterbrechungswirkung genügen, wenn mehr allgemeingehaltene Angaben gemacht werden, unter gleichzeitiger Glaubhaftmachung, daß dies gegenwärtig nicht besser oder klarer möglich ist. Dann dient ja das Beweissicherungsverfahren gerade zur nötigen Aufklärung; sonst müßte man hier von dem Antragsteller verlangen, zunächst einen Privatgutachter zu beschäftigen, was durch das Beweissicherungsverfahren auch vermieden werden soll (insoweit zutreffend OLG Hamburg a. a. O.; ähnlich OLG Frankfurt a. a. O.). Wird ein Mangel **erstmalig** durch das im Beweissicherungsverfahren eingehende Sachverständigengutachten festgestellt, so wird die Verjährung wegen dieses Mangels nur unterbrochen, wenn er im Beweissicherungsantrag entweder in groben Zügen oder jedenfalls allgemein bezeichnet worden ist (vgl. OLG Köln SFH § 640 BGB Nr. 13). Dabei kommt es nicht darauf an, welche Ursachen des aufgetretenen Mangels der Antragsteller vermutet hat; es genügt, wenn er darauf hinweist, daß über die Ursachen und Erscheinungsformen des Mangels Streit bestehe, daß auch die betreffenden Erscheinungsformen in die Überlegungen einbezogen worden sei und der Antrag sich auf alle Bereiche bezieht, die **von der Leistung des Antragsgegners erfaßt sind** (vgl. BGH BauR 1987, 443 = SFH § 633 BGB Nr. 63 = NJW-RR 1987, 798 = ZfBR 1987, 188). Wegen der hier erörterten Ausnahmefälle daher zu eng Hickl BauR 1986, 282, 284 ff.

383 Von Bedeutung für einen zulässigen Beweissicherungsantrag ist auch, daß der Antragsteller zum Ausdruck bringt, er mache ihm zustehende Gewährleistungsansprüche gegen den Antragsteller geltend, ohne daß dies allerdings im Falle der Nichtbeachtung die Unterbrechungswirkung hindert, wenn die Beweissicherung dennoch angeordnet wird (vgl. Rdn. 378 ff.). Es genügt aber, wenn für den Antragsgegner erkennbar ist, daß z. B. Erwerber von Wohnungseigentum ihnen abgetretene Ansprüche geltend machen, indem er dies zumindest aus den Umständen hinreichend klar entnehmen kann (vgl. BGH BauR 1983, 255 = SFH § 639 BGB Nr. 6 = Betrieb 1983, 1708 = NJW 1983, 1901 = MDR 1983, 745 = BB 1983, 2212 = ZfBR 1983, 121).

384 e) **Keine Unterbrechung** der Verjährung tritt ein, wenn nicht ein Beweissicherungsantrag nach § 485 ZPO, sondern **nur ein Beweisantrag nach § 282 ZPO** gestellt wird, da es sich bei dem **Beweissicherungsverfahren** um ein **selbständiges,** neben oder vor dem Hauptprozeß laufendes **Verfahren** handelt, während dies beim bloßen Beweisantrag im Rahmen des Hauptprozesses nicht der Fall ist (BGHZ 59, 323 = BauR 1973, 46 = NJW 1973, 38 = BB 1972, 1428 = SFH Z 2.414 Bl. 291 = MDR 1973, 42 = JZ 1973, 28 = LM § 639 BGB Nr. 12 Anm. Rietschel).

385 f) Auch **setzt** die **Unterbrechung** der Verjährung einen **ernstgemeinten Beweissicherungsantrag** voraus. Die Unterbrechung tritt daher nicht ein, wenn der Antragsteller von vornherein erklärt, er wolle eine richterliche Verfügung nicht, vielmehr den Antrag nur zur Unterbrechung der Verjährung einreichen (RGZ 66, 412).

386 g) **Die §§ 639 Abs. 1, 477 Abs. 2 BGB sind auch auf den VOB- Bauvertrag anzuwenden,** zumal entgegenstehende Bestimmungen in den Allgemeinen Vertragsbedingungen nicht enthalten sind (ebenso BGHZ 48, 108 = BB 1967, 904 = NJW 1967, 2005 = SFH Z 2.331 Bl. 45 ff.).

V. Auswirkungen der Hemmung oder Unterbrechung auf die übrigen Gewährleistungsansprüche (§§ 639 Abs. 1, 477 Abs. 3 BGB)

1. Ausgangspunkt

387 Nach § 639 Abs. 1 BGB findet § 477 Abs. 3 BGB auf den gesetzlichen Werkvertrag entsprechende Anwendung. Hiernach bewirkt die Hemmung oder Unterbrechung der Verjährung eines der in § 477 Abs. 1 BGB bezeichneten Ansprüche **auch die Hemmung oder Unterbrechung der Verjährung der anderen Ansprüche.** Allerdings gilt das **nicht** für den Bereich echter **Teilklagen,** in denen der Auftraggeber nur und hinreichend deutlich einen Teil **ein und desselben Gewährleistungsanspruchs** geltend macht, vor allem in dem Bewußtsein, daß ein Teilbereich des aufgetretenen Mangels nicht von der Klage erfaßt ist (vgl. dazu Rdn. 354 ff.).

388 Zu beachten ist weiter: Die gleichzeitige Unterbrechung oder Hemmung der Verjährung paralleler Gewährleistungsansprüche **wirkt** nach wohl überwiegender Ansicht **nur, soweit sich alle Ansprüche gegenseitig ausschließen** (vgl. RGZ 93, 158, 162; 134, 272; RGRK § 477 BGB Anm. 9; Soergel/Siebert § 477 Rdn. 16, § 638 Rdn. 2; a. A. Larenz NJW 1951, 500;

Palandt/Putzo § 477 Anm. 3). Das mag beim gesetzlichen Werkvertragsrecht vertretbar sein (BGHZ 39, 189 = NJW 1963, 1451 = SFH Z 2.414 Bl. 113). Hierzu vgl. auch Henkel, Die Grenzen der Verjährungsunterbrechung, JZ 1962, 335, 336 f.

Die Frage ist aber, welche Schlüsse hier für den Bereich der VOB zu ziehen sind.

2. Anderes Gewährleistungssystem der VOB

Die Gewährleistungsansprüche der VOB (Teil B § 13 Nr. 5 ff.) sind in ihrem Verhältnis zueinander **anders geregelt** als die entsprechenden Ansprüche nach dem gesetzlichen Werkvertragsrecht (§§ 633 Abs. 2 und 3, 634, 635 BGB). Beim gesetzlichen Werkvertrag bestehen für den Besteller nach den jeweils im einzelnen geregelten Voraussetzungen **Wahlmöglichkeiten**, wobei der eine Anspruch den anderen (Nachbesserung – Wandelung – Minderung – Schadensersatz) **ausschließt. Teilweise anders ist das beim VOB- Bauvertrag. Grundsätzlich hat der Auftraggeber nach Nr. 5 nur den Anspruch auf Nachbesserung** einschließlich der sich aus deren Absatz 2 ergebenden Erstattungs- bzw. Vorschußansprüche. Nur wenn die Erfüllung dieser Ansprüche nach den in Nr. 6 geregelten Voraussetzungen nicht zu erreichen ist, kommt der Minderungsanspruch in Betracht. Außerdem steht dem Auftraggeber der Schadensersatzanspruch nach Nr. 7 grundsätzlich nicht anstelle, sondern neben den Rechten aus Nr. 5 oder Nr. 6 zu, im allgemeinen aber auch nur, soweit ihm nach erfolgter Nachbesserung oder Minderung noch ein Schaden verblieben ist.

3. Nachbesserung und Minderung schließen sich aus

Hiernach schließen sich auch im Bereich der VOB der **Nachbesserungsanspruch** und der **Minderungsanspruch** insofern gegenseitig aus, als der Minderungsanspruch nur in Betracht gezogen werden kann, wenn unter den in Nr. 6 geregelten Voraussetzungen die **grundsätzlich erforderliche Nachbesserung** (Nr. 5) **nicht zu erreichen ist.** Insoweit können gegen eine entsprechende Anwendung der §§ 639 Abs. 1, 477 Abs. 3 BGB **keine Bedenken** erhoben werden. Nur auf diese Weise kann den bauvertraglichen Erfordernissen in Verbindung mit dem Sinn der genannten gesetzlichen Regelung Rechnung getragen werden. Das wird besonders dann augenfällig, wenn ein Mangel der Bauleistung erst kurz vor dem Ablauf der ursprünglichen und ohne Berücksichtigung der eingetretenen Hemmung oder Unterbrechung berechneten Gewährleistungsfrist entdeckt wird und erst danach die Voraussetzungen gegeben sind, unter denen nach Nr. 6 Minderungsansprüche geltend gemacht werden können. Es würde nicht angehen, dem Auftragnehmer die Befugnis zur Einrede der Verjährung angesichts eines Sachverhalts zuzuerkennen, der außerhalb des Einflußbereiches des Auftraggebers liegt (so auch OLG München NJW 1972, 62).

4. Nachbesserung und Ansprüche aus Nr. 5 Abs. 2 schließen sich aus

Gleiches gilt auch für das Verhältnis des eigentlichen **Nachbesserungsanspruches** einerseits (Teil B § 13 Nr. 5 Abs. 1) und der **Ansprüche auf Erstattung von Mängelbeseitigungskosten oder auf Vorschuß hierauf** (Teil B § 13 Nr. 5 Abs. 2; vgl. dazu Rdn. 537 ff.) andererseits. Dies rechtfertigt sich um so mehr, als der Kostenerstattungsanspruch ebenso wie der Kostenvorschußanspruch rechtsbegrifflich kein „selbständiger" Gewährleistungsanspruch, sondern **nur ein Unterfall des Mängelbeseitigungsanspruches** ist, weshalb die §§ 639 Abs. 1, 477 Abs. 3 BGB insoweit auch für den BGB-Bauvertrag in Betracht kommen (BGHZ 58, 30 = BauR 1972, 176 = NJW 1972, 526 = MDR 1972, 409 = Jz 1972, 211 = BB 1972, 242 = LM § 639 BGB Nr. 10 Anm. Rietschel = SFH Z 2.414 Bl. 266).

Hinzu kommt aber vor allem, daß der Kostenerstattungsanspruch grundsätzlich **erst durchgreifen kann,** wenn der Auftragnehmer **nach** vorher unter **Fristsetzung ergangener Mängel-**

B § 13, 4, Rdn. 392+393

beseitigungsaufforderung des Auftraggebers die Beseitigung **grundlos abgelehnt** hat, also die Mängelbeseitigung durch den Auftraggeber oder einen von diesem beauftragten Dritten auf Kosten des Auftragnehmers **vorher grundsätzlich nicht** möglich ist.

5. Entsprechende Anwendung der §§ 639 Abs. 1, 477 Abs. 3 BGB auch auf Schadensersatzanspruch nach Nr. 7

392   Die **Schadensersatzansprüche** nach Nr. 7 sind **zwar nicht** durch die Geltendmachung des Nachbesserungsanspruches einschließlich des Kostenerstattungs- oder Kostenvorschußanspruches (Nr. 5) oder des Minderungsanspruches (Nr. 6) **ausgeschlossen, da sie daneben bestehen** und grundsätzlich auch daneben entstanden sind. Auch hier ist es jedoch nach **Treu und Glauben** gerechtfertigt, eine **entsprechende Anwendung** der §§ 639 Abs. 1, 477 Abs. 3 BGB zu befürworten. Es ist zu bedenken, daß **durch den Schadensersatzanspruch nach Nr. 7** gerade auch die Nachteile ausgeglichen werden sollen, die dem Auftraggeber infolge der nachlässigen Bauausführung des Auftragnehmers entstanden sind, die aber im allgemeinen **nicht schon durch die Nachbesserung oder durch die Minderung** nach Nr. 5 oder Nr. 6 **behoben werden.** In der Regel läßt sich ein solcher Schaden und nicht selten auch die Verantwortlichkeit dafür **erst feststellen, nachdem** die Nachbesserung vorgenommen oder die Vergütung des Auftragnehmers gemindert worden ist. Würde die Hemmung oder Unterbrechung der Verjährung des Nachbesserungsanspruchs oder des Minderungsanspruchs nicht zugleich den **gesamten** Schadensersatzanspruch ergreifen, würde das zu dem unbilligen Ergebnis führen, daß der Auftraggeber sich hinsichtlich dieses Schadensersatzanspruchs von seiten des Auftragnehmers die Einrede der Verjährung entgegenhalten lassen müßte, **bevor er überhaupt in der Lage ist, diesen** im einzelnen **geltend zu machen,** wenn auch im Prozeß der geminderte Wert neben dem sonstigen Schaden nicht besonders ausgewiesen zu werden braucht (vgl. BGH LM § 13 VOB/B Nr. 3 sowie Urt. vom 17. 2. 1964 – VII ZR 200/62 –).

6. Entsprechende Anwendung der §§ 639 Abs. 1, 477 Abs. 3 BGB auf alle VOB-Gewährleistungsansprüche

393   Daher: Auch hinsichtlich sämtlicher Gewährleistungsansprüche des VOB-Bauvertrages (Teil B § 13 Nr. 5, 6 und 7) **sind die §§ 639 Abs. 1, 477 Abs. 3 BGB entsprechend anzuwenden** (so auch BGHZ 59, 202 = BauR 1972, 308 = NJW 1972, 1753 = MDR 1972, 943 = BB 1972, 1118 = LM VOB/B Nr. 54 Anm. Rietschel = SFH Z 2.414 Bl. 288; ebenso für den Fall des § 639 Abs. 2 BGB : BGHZ 48, 108, 112 ff. = BB 1967, 904 = NJW 1967, 2005 = SFH Z 2.331 Bl. 45 ff.). Das ist vor allem **auch wegen der verjährungsunterbrechenden Wirkung der schriftlichen Mängelanzeige von Bedeutung** (vgl. dazu Rdn. 396 ff.).

Dem **steht nicht entgegen, daß der Auftraggeber** durch Berechnungsschwierigkeiten **nicht gehindert ist,** bereits vorher – bevor Fragen vor allem des Erfolges der Nachbesserung nach Nr. 5 sowie etwaiger Minderung nach Nr. 6 geklärt sind – **Klage auf Feststellung der Schadensersatzpflicht** des Auftragnehmers hinsichtlich des dann noch verbleibenden Schadens **zu erheben.** Insofern hat der BGH in seiner zuletzt genannten Entscheidung (a. a. O.) zum Rahmen des § 639 Abs. 2 BGB überzeugende Ausführungen gemacht. Darüber hinaus ist aber § 477 Abs. 3 BGB bei einem VOB-Bauvertrag auch auf die anderen gesetzlichen Tatbestände der Hemmung oder Unterbrechung der Verjährung anzuwenden, wenn es sich um den möglicherweise **neben** Nachbesserung oder Minderung (deren Verjährungsfrist gehemmt oder unterbrochen ist) **noch verbleibenden Schadensersatzanspruch nach Nr. 7** handelt. Dieses Ergebnis ist allein sinnvoll: Als Schadensersatzanspruch nach Nr. 7 kommt im allgemeinen nur das in Betracht, was als Schaden (sei es unmittelbar mit dem Werk zusammenhängend, sei es als sogenannter Mangelfolgeschaden; vgl. dazu Rdn. 275 ff.) **nach erfolgter** Nachbesserung (ggf. durch einen Dritten) oder **nach erfolgter** Minderung noch **übrigbleibt.** Bis zur Ermittlung von Nachbesserung oder Minderung, insbesondere deren Umfang, steht nicht nur nicht fest, wieweit und vor allem wo wegen eines fortbestehenden Mangels oder Minderwerts der Leistung noch ein Schaden vorliegt, sondern in vielen Fällen auch nicht, ob überhaupt ein solcher **Schaden übriggeblieben** ist. Deshalb wird der Auftraggeber oft in diesem Stadium überhaupt **noch keine konkreten Anhaltspunkte** haben und dementsprechend vortragen können, so daß er die Abweisung einer auf die Zukunft gerichteten Feststellungklage riskiert. Nicht nur hier liegt ein Unsicherheitsfaktor. Macht der Auftraggeber neben einem Nachbesserungs- oder Minderungsanspruch außerdem die **Feststellung** eines etwaigen – noch übrigbleibenden – Schadensersatzanspruches nach Nr. 7 geltend, kommt es **zusätzlich** zu den Voraussetzungen gemäß der Nr. 5 oder 6 noch auf die Feststellung des **Verschuldens** des Auftragnehmers an dem Mangel oder Schaden an, da nur unter dieser weiteren Voraussetzung ein Schadensersatzanspruch nach Nr. 7 gewährt wird (wobei dort zudem die Verschuldensmerkmale teilweise noch „abgestuft" sind, hierzu also u. U. noch weitere Voraussetzungen gegeben sein müssen). Ein etwaiger Rechtsstreit wird also im Falle eines allein oder zusätzlich erhobenen, in Richtung der Nr. 7 gehenden **Feststellungsanspruches** in einem Zeitpunkt mit Prozeßstoff belastet, der **jetzt noch nicht akut** ist. Es wird – von der praktischen Auswirkung her gesehen – zur Zeit im „luftleeren Raum" gefochten. Überdies kann eine Feststellungsklage häufig nur die – bloße – Feststellung einer **etwaigen** Schadensersatzpflicht des Auftragnehmers nach Nr. 7 bringen. Gerade weil wegen der noch nicht feststehenden Tragweite der Nachbesserung oder Minderung noch nicht gesagt werden kann, ob und inwieweit ein Schaden nach Nr. 7 verbleibt, macht eine solche Feststellungsklage eine spätere Leistungsklage über das Ob und Wie des **tatsächlich verbliebenen Schadens grundsätzlich nicht entbehrlich**.

Alles dies rechtfertigt die Folgerung, **§ 477 Abs. 3 BGB auf alle Fälle der Hemmung oder Unterbrechung der Verjährung** des Nachbesserungs- oder des Minderungsanspruches auch im Hinblick auf den etwaigen Schadensersatzanspruch nach Nr. 7 anzuwenden. Die berechtigten Belange des Auftragnehmers am Erhalt der Verjährungseinrede hinsichtlich des Schadensersatzanspruches nach Nr. 7 stehen dem nicht entgegen. Im Verhältnis zum BGB-Bauvertrag (§ 635 BGB) ist die etwaige Schadensersatzpflicht des Auftragnehmers nach Nr. 7 ohnehin eingegrenzt. Dann entspricht es nur **Treu und Glauben**, dem Auftraggeber zu gestatten, seinen erst **nach Nachbesserung oder Minderung verbleibenden Schaden**, der ihm im allgemeinen gemäß Nr. 7 nur zusteht, dann noch geltend machen zu können, wenn er **sich konkret feststellen läßt, ohne die Verjährungseinrede des Auftragnehmers befürchten zu müssen.** 394

7. Ende der Hemmung oder Unterbrechung der Verjährung

Hinsichtlich des **Endes** der **Hemmung oder Unterbrechung** der Verjährung gilt: Der Lauf der Verjährung des **Minderungsanspruches** setzt sich fort bzw. beginnt wieder, sobald für den Auftraggeber **erkennbar** ist, daß die zunächst beanspruchte Nachbesserung wegen Eintritts der Voraussetzungen der Nr. 6 **nicht zum Erfolg führt. Dasselbe** tritt **bei dem Schadensersatzanspruch** nach Nr. 7 ein, wenn das Ergebnis der – versuchten – Nachbesserung oder der Minderung **objektiv vorliegt,** damit **erkennbar** ist, ob ein Schaden gegeben ist, der im Rahmen der Nr. 7 ersetzt verlangt werden kann. 395

VI. Auf den Lauf der Verjährungsfrist einwirkende Sonderregelungen beim VOB-Vertrag nach Teil B § 13 Nr. 5 Abs. 1 Satz 2 und 3

1. Übersicht

In den vorgenannten Vorschriften enthält die VOB **Sonderbestimmungen,** die in den Wortlaut der Fassung von 1973 Eingang gefunden haben, in den Fassungen 1979 und 1988 beibehalten wurden und die für ihre jeweilige Reichweite als **vertraglich vereinbarte Quasi-Unterbrechungstatbestände** im Hinblick auf den Lauf der ursprünglichen Verjährungsfrist für die Gewährleistungsansprüche des Auftraggebers anzusehen sind. So bestimmt **Nr. 5 Abs. 1 Satz 2, daß der Anspruch auf Beseitigung der gerügten Mängel mit Ablauf der Regelfrist der Nr. 4 verjährt, gerechnet vom Zugang des schriftlichen Verlangens an, jedoch nicht vor Ablauf der vereinbarten Frist.** Des weiteren ist in Nr. 5 Abs. 1 Satz 3 festgehalten, 396 daß nach Abnahme der Mängelbeseitigungsleistung für diese die Regelfristen der Nr. 4 beginnen, wenn nichts anderes vereinbart ist.

2. Die Quasi-Unterbrechung bei schriftlicher Mängelrüge (Nr. 5 Abs. 1 Satz 2)

397 a) Nr. 5 Abs. 1 Satz 2 stützt sich auf die Rechtsprechung des Bundesgerichtshofes. Aus der bereits in Teil B § 13 Nr. 5 Abs. 1 der Fassung 1952 enthaltenen Forderung auf ein **schriftliches Mängelbeseitigungsverlangen** des Auftraggebers hat der Bundesgerichtshof gefolgert, daß der **Auftraggeber die Mängelbeseitigung** auch **nach Ablauf der ursprünglichen Verjährungsfrist** in **Teil B § 13 Nr. 4 verlangen kann, wenn er den Auftragnehmer vor Ablauf der Frist schriftlich dazu aufgefordert hat** (NJW 1957, 344 = SFH Z 2.414 Bl. 26 ff.; vgl. BGH NJW 1959, 142; ferner OLG Düsseldorf SFH Z 2.414 Bl. 70 ff.). Der BGH hat dabei **nicht ausdrücklich von einer Unterbrechung der Verjährung** gesprochen, vielmehr von einer Aufrechterhaltung des Gewährleistungsverlangens des Auftraggebers über die Verjährungsfrist hinaus. Wenn auch **nicht unmittelbar eine Unterbrechung der Verjährung** angenommen wurde, so sind doch die **Auswirkungen** dieser auf der Auslegung von Teil B § 13 Nr. 5 Abs. 1 Fassung 1952 beruhenden Ansicht im wesentlichen die gleichen (zustimmend BGHZ 59, 202 = NJW 1972, 1753 = BauR 1972, 308 = SFH Z 2.414 Bl. 288 = MDR 1972, 943 = BB 1972, 1118; auch OLG Oldenburg VersR 1975, 289).

398 In weiterer Entwicklung dieses Gedankens hat der BGH insbesondere durch das Urteil vom 25. 10. 1962 (NJW 1963, 810 = MDR 1963, 42 = BB 1962, 1346 = VersR 1962, 1210 = SFH Z 2.414 Bl. 109 = LM § 13 VOB/B Nr. 6) zunächst klargestellt, daß dann, wenn der Auftraggeber den Auftragnehmer **vor Ablauf der Verjährungsfrist der Nr. 4 gemäß Nr. 5 Abs. 1 Fassung 1952 schriftlich** zur Mängelbeseitigung auffordert, vom Zugang dieser Aufforderung **die in Nr. 4 vorgesehene Frist neu zu laufen beginnt.** Das bestätigt nur die Annahme, daß die Rechtsansicht des BGH in ihren Wirkungen der Unterbrechung der Verjährung im wesentlichen gleichkam, zumal ein im Gesetz nicht vorgesehener Unterbrechungsgrund vertraglich festgelegt werden kann (RG Recht 1913 Nr. 2989). Weiter hat der BGH (a. a. O.; vgl. ferner BGHZ 66, 142, 144 = NJW 1976, 960 = BauR 1976, 202 = SFH Z 2.415.2 Bl. 8 = MDR 1976, 655 = BB 1976, 624 = Betrieb 1976, 911) ausgeführt, daß **nur die erste Aufforderung** des Auftraggebers an den Auftragnehmer gemäß Nr. 5 Abs. 1 a. a. O. die **neue** Verjährungsfrist **wegen des gerügten Mangels – also auf diesen Mangel beschränkt –** in Lauf setzt. **Damit ist,** so der BGH, den **Bedürfnissen des Auftraggebers genügt.** Würde man ihm zugestehen, durch wiederholte Aufforderungen die Frist immer weiter zu erstrecken, würde das mit dem von der VOB verfolgten Ziel in Widerspruch stehen, den Auftragnehmer durch die in Nr. 4 festgelegte kurze Verjährungsfrist zu begünstigen. Der Auftraggeber hätte es dann in der Hand, obwohl er den Mangel kennt, die Frist sogar über den in § 638 Abs. 1 BGB maßgebenden Zeitraum bis zur Dauer von 30 Jahren (§ 195 BGB) zu verlängern. Das wäre mit der in Teil B § 13 Nr. 5 Abs. 1 getroffenen Regelung („alle während der Verjährungsfrist hervortretenden Mängel ... zu beseitigen") nicht zu vereinbaren. Das gilt auch für eine nach schriftlicher Rüge und eine nach darauf durch den Auftragnehmer gemäß § 208 BGB erklärtes Anerkenntnis erfolgte erneute (zweite) schriftliche Rüge (vgl. dazu Rdn. 403 ff.).

399 Der BGH hat die vorbezeichnete Rechtsauffassung auch in weiteren Urteilen aufrechterhalten (vgl. u. a. BGHZ 53, 122 = BauR 1970, 54 = NJW 1970, 561 = Betrieb 1970, 536 = MDR 1970, 318 = LM VOB/B Nr. 38 Anm. Rietschel = SFH Z 2.320 Bl. 35 ff. sowie BauR 1970, 48 = NJW 1970, 421 = VersR 1970, 180 = Betrieb 1970, 250 = SFH Z 4.14 Bl. 231 ff. = MDR 1970, 317 = LM VOB/B Nr. 37). In der zuletzt genannten Entscheidung hat er seine Ansicht trotz der daran geäußerten weiteren Kritik (Wolff NJW 1968, 683 und Brandt NJW 1968, 1508) bestätigt und **mit Recht** darauf hingewiesen, daß seine Auffassung allein der den berechtigten Interessen des Auftraggebers und des Auftragnehmers dienenden Regelung in Teil B § 13 Nr. 5 Abs. 1 der damaligen Fassung von 1952 entsprach. Siehe u. a. auch BGHZ 58, 7 =

BauR 1972, 172 = NJW 1972, 530 MDR 1972, 409 = LM VOB/B Nr. 50 Anm. Rietschel = SFH Z 2.414 Bl. 262; BGHZ 58, 332, 335 f. = SFH Z 2.414 Bl. 288; BGHZ 62, 293 = BauR 1974, 280 = SFH Z 2.415.2 Bl. 3 = NJW 1974, 1188 = BB 1974, 762 = LM VOB/B Nr. 72 Anm. Schmidt; BGH BauR 1982, 661 = SFH § 13 Ziff. 4 VOB/B Nr. 2 = ZfBR 1982, 19; OLG Oldenburg VersR 1975, 289; OLG Frankfurt BauR 1983, 156 = NJW 1983, 456 = SFH § 13 Nr. 1 VOB/B Nr. 2.

Das den gerügten Mangel betreffende schriftliche **Nachbesserungsverlangen unterbricht** dabei nicht nur die Verjährung des Nachbesserungsanspruchs, sondern **sämtlicher in Betracht kommender Gewährleistungsansprüche**, also auch solcher aus **§ 13 Nr. 6 und 7** (BGHZ 59, 202 = SFH Z 2.414 Bl. 288 = NJW 1972, 1753 = MDR 1972, 943 = BB 1972, 1118 = BauR 1972, 308 = LM VOB/B Nr. 54; BGHZ 62, 293 = BauR 1974, 280 = NJW 1974, 1188 = MDR 1974, 927 = Betrieb 1974, 1331 = BB 1974, 762 = SFH Z 2.415.2 Bl. 3 = LM VOB/B Nr. 72 Anm. Schmidt; vgl. auch OLG Düsseldorf SFH Z 2.415.0 Bl. 1). Das gilt vor allem, weil der Auftraggeber häufig nicht von vornherein weiß, ob und inwieweit der ihm durch mangelhafte Leistung zugefügte Nachteil im Wege der Nachbesserung ausgeglichen werden kann oder ob ihm außerdem noch Minderungs-, insbesondere aber Schadensersatzansprüche zustehen. Die umfassende Unterbrechungswirkung gilt vor allem **auch für Ansprüche auf Kostenvorschuß** zur Mängelbeseitigung sowie auf **Kostenerstattung** auf der Grundlage von Teil B § 13 Nr. 5 Abs. 2 sowie für einen **Schadensersatzanspruch nach § 13 Nr. 5 Abs. 1 in Verbindung mit § 26 KO** (BGHZ 95, 375 = NJW 1986, 310 = MDR 1986, 229 = BB 1986, 215 = LM § 638 BGB Nr. 56 = SFH § 13 Nr. 5 VOB/B Nr. 14 = MDR 1986, 229 = Betrieb 1986, 323 = ZIP 1985, 1380 = WM 1985, 1387 = Horn EWiR § 768 BGB 1/85, 973 = ZfBR 1986, 28).

400

Voraussetzung für den Eintritt der aufgezeigten **Unterbrechungswirkung** ist es **aber** immer, daß das schriftliche **Mängelbeseitigungsverlangen nach der Abnahme innerhalb** der ab da laufenden Verjährungsfrist **gestellt wird.** Ein schriftliches Mängelbeseitigungsverlangen **vor der Abnahme genügt** also **nicht. Insoweit gilt Teil B § 4 Nr. 7 allein** (BGH SFH Z 2.415.2 Bl. 15 = BauR 1977, 346). Auch reicht eine schriftliche Mängelrüge nicht mehr, die erst nach Ablauf der Verjährungsfrist eingeht (OLG Düsseldorf BauR 1978, 407).

401

Immer muß die schriftliche Mängelbeseitigungsaufforderung, um die Unterbrechung der Verjährung herbeizuführen, an den Auftragnehmer bzw. denjenigen, der in dessen Rechtsstellung eingerückt ist (wie z. B. den Konkursverwalter) **erfolgen. Nicht reicht** dagegen die Mängelbeseitigungsaufforderung bzw. Mängelanzeige gegenüber dem **Bürgen,** der sich für die Erfüllung bzw. die Gewährleistung durch den Auftragnehmer verbürgt hat. Der Bürge schuldet dem Auftraggeber eine selbständige Leistung aus der Bürgschaft, nicht aber Gewährleistung; gegen ihn läuft nicht die Verjährung der Hauptschuld (des Gewährleistungsanspruches); nur über die Abhängigkeit der Bürgschaftsschuld von der Hauptschuld wird erreicht, daß der Bürge nach § 768 BGB dem Bürgschaftsgläubiger die dem Hauptschuldner gegenüber eingetretene Verjährung der Bürgschaftsschuld entgegenhalten kann. Auch Sinn und Zweck des § 13 Nr. 5 Abs. 1 VOB/B, nämlich die Prüfung und Beseitigung des Mangels durch den Auftragnehmer, werden nur erreicht, wenn die Mängelbeseitigungsaufforderung gegenüber dem Auftragnehmer vorgenommen wird, zumal seine Gewährleistungspflicht nicht schon mit der Zahlung des Bürgen erlischt. **Auch** die **Konkurseröffnung** über das Vermögen des Auftragnehmers **ändert dies nicht,** da die Akzessorietät der Bürgschaftsschuld nur dann zurücktritt, wenn die Hauptschuld aus Gründen untergeht, in ihrem Bestand verringert oder einredebehaftet wird, die auf den Vermögensverfall des Auftragnehmers zurückzuführen sind, wogegen die Bürgschaft gerade Schutz gewähren soll. Die Verjährung der Gewährleistungsschuld tritt aber unabhängig von der Konkurseröffnung ein, nicht, weil die Auftragnehmerin zahlungsunfähig ist, vgl. dazu Teil B § 8 Rdn. 67 ff. (dazu BGHZ 95, 375 = NJW 1986, 310 = MDR 1986, 229 = BB 1986, 215 = LM § 638 BGB Nr. 56 = SFH § 13 Nr. 5

402

VOB/B Nr. 14 = MDR 1986, 229 = Betrieb 1986, 323 = ZIP 1985, 1380 = WM 1985, 1387 = Horn EWiR § 768 BGB 1/85, 973 = ZfBR 1986, 28).

403 b) Die aufgezeigte, in der Rechtsprechung des Bundesgerichtshofs entwickelte **Folge ist in die Fassung 1973 der VOB in Teil B § 13 Nr. 5 Abs. 1 Satz 2 aufgenommen** und in den Fassungen 1979 und 1988 beibehalten worden, so daß das Gesagte jetzt erst recht kraft ausdrücklicher vertraglicher Vereinbarung zwischen den Bauvertragspartnern gilt. Somit hat die **schriftliche Mängelanzeige rechtbegründende Wirkung**, indem sie den **Nachbesserungsanspruch** des Auftraggebers über den Lauf der ursprünglichen Verjährungsfrist gemäß Nr. 4 hinaus mit der Wirkung **wahrt**, daß mit Eingang der schriftlichen Mängelanzeige beim Auftragnehmer wegen der schriftlich gerügten Mängel eine neue Verjährungsfrist nach den jeweils maßgebenden zeitlichen Maßstäben der Nr. 4, bei Bauwerken also von wiederum zwei Jahren, in Lauf gesetzt wird; dieses allerdings nur einmal. Dagegen läuft wegen der **nicht schriftlich gerügten Mängel oder wegen später erst auftretender Mängel die ursprüngliche Verjährungsfrist der Nr. 4 weiter**.

404 Dadurch erfolgt hier eine **Aufspaltung von Verjährungsfristen**, geteilt einmal in die **schriftlich gerügten Mängel**, dabei im Falle von mehreren zeitlich nacheinander erfolgten schriftlichen Rügen verschiedener Mängel wiederum aufgeteilt nach deren **jeweiligem Eingang beim Auftragnehmer**, zum anderen in die überhaupt **nicht oder die jedenfalls nicht schriftlich gerügten Mängel**. Dabei sind besonders auch die §§ 639 Abs. 1, 477 Abs. 4 BGB im Hinblick auf alle in Betracht kommenden Gewährleistungsansprüche von Bedeutung (vgl. Rdn. 387 ff.).

405 **Wichtig ist ferner: Durch die schriftliche Mängelanzeige wird die Verjährung mit einer neuen Frist von zwei Jahren nur hinsichtlich der schriftlich in hinreichender Konkretisierung gerügten Mängel in Lauf gesetzt;** vor allem genügt nicht eine bloß allgemeingehaltene, auf Fehler eines ganzen Leistungskomplexes oder gar auf Fehler des Gesamtwerkes bezogene Mängelrüge (vgl. LG Münster MDR 1971, 758). Vielmehr muß die **schriftliche Mängelrüge den in Rdn. 460 ff. genannten Voraussetzungen entsprechen** (so vor allem auch BGHZ 62, 293 = BauR 1974, 280 = SFH Z 2.415.2 Bl. 3 = NJW 1974, 1188 = BB 1974, 762 = MDR 1974, 927 = LM VOB/B Nr. 72 Anm. Schmidt; BGH BauR 1982, 66 = SFH § 13 Ziff. 4 VOB/B Nr. 2 = ZfBR 1982, 19; vgl. auch LG Hamburg MDR 1974, 581 = BlGBW 1974, 199).

406 Auf die **neue zweijährige Frist** können aber auch **Hemmungen**, z. B. gemäß § 639 Abs. 2 BGB, oder **Unterbrechungen einwirken**, wie sie nach den allgemeinen Vorschriften des BGB möglich sind, z. B. nach den §§ 208–210, 639 Abs. 1, 477 Abs. 2 BGB (BGH BauR 1978, 143 = NJW 1978, 537 = BB 1978, 378 = Betrieb 1978, 691 = SFH § 13 Ziff. 5 VOB/B Nr. 5 = LM VOB/B Nr. 94; BGH SFH § 13 Ziff. 5 VOB/B Nr. 1). **Auch umgekehrt** kann eine nach mündlicher Mängelrüge durch **Anerkenntnis unterbrochene Verjährung** durch **schriftliche Aufforderung** gemäß § 13 Nr. 5 Abs. 1 Satz 2 VOB/B erneut in Lauf gesetzt werden (BGH NJW 1957, 344 = LM § 13 VOB/B Nr. 1). Dagegen kann bei einer durch Anerkenntnis gemäß § 208 BGB **nach vorher erfolgter schriftlicher Rüge** erneut unterbrochenen Verjährungsfrist eine weitere Verlängerung der Frist nicht durch jetzt wiederum vorgenommene schriftliche Rüge erreicht werden. Dies würde Sinn und Zweck des § 13 Nr. 5 Abs. 1 Satz 2 VOB/B widersprechen, nämlich durch eine **einmalige** Unterbrechungswirkung nach schriftlicher Rüge einen Ausgleich für die gegenüber dem Gesetz (§ 638 BGB) bei der VOB verkürzte Gewährleistungsfrist herbeizuführen (vgl. BGH BauR 1978, 143 = NJW 1978, 537 = BB 1978, 378 = Betrieb 1978, 691 = SFH § 13 Ziff. 5 VOB/B Nr. 5 = LM VOB/B Nr. 94; BGH SFH § 13 Ziff. 5 VOB/B Nr. 1).

407 Hat der Auftragnehmer seinen Vergütungsanspruch eingeklagt, der Auftraggeber dagegen lediglich

einredeweise wegen vorhandener Mängel die Leistung verweigert, läuft während des Prozesses die – erneute – zweijährige Verjährungsfrist hinsichtlich der schriftlich gerügten Gewährleistungsansprüche ab, so sind diese **verjährt**, es sei denn, der Auftraggeber hat zwischenzeitlich **Widerklage** auf Mängelbeseitigung bzw. – in den Fällen der Nr. 5 Abs. 2 – auf Erstattung von Mängelbeseitigungskosten oder auf Zahlung eines Kostenvorschusses erhoben. Allerdings werden dem Auftraggeber trotz **eingetretener Verjährung** die sich aus den **§§ 639 Abs. 1, 478, 479 BGB** (vgl. Rdn. 434 ff.) ergebenden **Befugnisse nicht genommen, sofern** er die Mängel vor Ablauf der Verjährungsfrist ordnungsgemäß gerügt hat.

c) Nach Nr. 4 **gelten** die von der VOB festgelegten **Regelverjährungsfristen nur, wenn** im jeweiligen Bauvertrag durch Besondere oder Zusätzliche Vertragsbedingungen bzw. Technische Vorschriften (vgl. Teil A § 10 Nr. 4 Abs. 2) **nichts anderes vereinbart ist.** 408

Das zwingt zu der Frage, **ob und inwieweit** die in Rdn. 397 ff. für den Fall **schriftlicher Mängelrüge** festgelegten Folgen auf jene Fälle einwirken, in denen im Bauvertrag andere Verjährungsfristen als die Regelfristen der Nr. 4 vereinbart worden sind.

Dem trägt der Wortlaut der jetzigen Fassung der VOB jedenfalls teilweise dadurch Rechnung, daß in Nr. 5 Abs. 1 Satz 2 im letzten Halbsatz hinzugefügt worden ist, die **Verjährung** trete auch bei schriftlichem Mängelbeseitigungsverlangen **nicht vor Ablauf der vereinbarten Frist ein.** Hieraus folgt:

aa) **Wird eine längere Verjährungsfrist als die Regelfrist der Nr. 4** – insbesondere die fünfjährige Frist des § 638 BGB oder eine darüber hinausgehende Frist – **vereinbart,** so taucht die Frage auf, ob dann **überhaupt eine neue Frist** durch den Eingang des schriftlichen Mängelbeseitigungsverlangens **in Lauf gesetzt wird, falls ja, welche.** 409

Die erste Frage hat der BGH mit Recht bejaht, so daß **auch in jenen Fällen,** in denen eine längere Verjährungsfrist, als sie es nach Nr. 4 wäre, vereinbart worden ist, mit dem Zugang der schriftlichen Mängelbeseitigungsaufforderung **eine neue Verjährungsfrist zu laufen beginnt** (BGHZ 58, 7 = BauR 1972, 172 = NJW 1972, 530 = MDR 1972, 409 = LM VOB/B Nr. 50 Anm. Rietschel = Betrieb 1972, 527 = SFH Z 2.414 Bl. 262). 410

Der Kritik von Luster an dieser Entscheidung (BauR 1972, 175 f.) kann nicht gefolgt werden. Es gelingt ihr nicht, den vom BGH richtig hervorgehobenen maßgebenden Gesichtspunkt aus dem Wege zu räumen: Nach seiner Fassung **regelt Teil B § 13 Nr. 5 Abs. 1 Satz 2 als typisierte Bestimmung alle Fälle einheitlich,** also sowohl diejenigen, in denen die Frist der Nr. 4 gilt, als auch diejenigen, in denen im Einzelfall die Verjährungsfristen gesondert geregelt sind. Im gleichen Sinne auch BGHZ 58, 332 = BauR 1972, 311 = VersR 1972, 858 = SFH Z 2.414 Bl. 281 = NJW 1972, 1280 = MDR 1972, 772 = BB 1972, 1118 = LM VOB/B Nr. 53 Anm. Rietschel.

Zur zweiten Frage, welche Verjährungsfrist hier durch den Zugang des schriftlichen Mängelbeseitigungsverlangens **in Lauf gesetzt wird,** ist mit Anderson (BauR 1970, 144) und Schlicht (NJW 1972, 1260, ferner OLG Oldenburg VersR 1975, 289 und OLG Köln VersR 1976, 894, im Anschluß an OLG Oldenburg, besonders auch BGHZ 66, 142 = NJW 1976, 960 = BauR 1976, 202 = BB 1976, 624 = SFH Z 2.415.2 Bl. 8 = MDR 1976, 655 = LM VOB/B Nr. 81 Anm. Girisch) bereits für die VOB-Fassung von 1952 davon auszugehen, daß **nur eine Verlängerung um die Regelfrist der Nr. 4 in Betracht zu ziehen ist, nicht aber eine Verlängerung um die volle vertraglich vereinbarte längere Frist.** Dies ist auch gerechtfertigt, da einmal den berechtigten **Belangen des Auftraggebers,** dem vereinbarungsgemäß eine längere Verjährungsfrist als die Regelfrist der Nr. 4 und damit zumindest eine Annäherung an die, wenn nicht eine Gleichsetzung mit der Verjährungsfrist des § 638 BGB oder sogar eine längere Frist als diese zugute kommt, zum anderen aber auch **dem Gebot der Herbeiführung alsbaldigen Rechtsfriedens Rechnung getragen wird** (ähnlich BGHZ a. a. O.). Dies entspricht auch dem Willen der Verfasser der 1979 und 1988 beibehaltenen Fassung 1973 der 411

VOB, wie sich aus den Erwägungsgründen zur zuletzt genannten Fassung in Teil B § 13 Nr. 5 Abs. 1 entnehmen läßt.

412 Damit mußte aber **auch eine weitere Frage geregelt** werden: Wird einerseits eine längere Verjährungsfrist als die Regelfrist nach Nr. 4 vereinbart, beginnt andererseits bei Erhebung des schriftlichen Mängelbeseitigungsverlangens eine neue Verjährungsfrist gemäß Nr. 4, **so könnte dies zu der Annahme verleiten, daß dadurch möglicherweise eine Verkürzung der ursprünglich vereinbarten längeren Verjährungsfrist erfolge.** Ist z. B. eine fünfjährige Gewährleistungsfrist vereinbart worden, wird ein Mangel schriftlich nach zwei Jahren gerügt, so würde die bloße Hinzurechnung einer zweijährigen Regelfrist nach Nr. 4 im Ergebnis auf eine Gesamtverjährungsfrist von **nur vier Jahren** hinauslaufen. Dies **entspräche bestimmt nicht dem vertraglichen Willen der Parteien.** Daher sagt hier Nr. 5 Abs. 1 Satz 2 ausdrücklich, daß die Verjährung **nicht vor Ablauf der** – ursprünglich vertraglich – **vereinbarten Frist abläuft**, bei dem genannten Beispiel also nicht vor Ablauf von fünf Jahren, gerechnet ab Abnahme. Somit **bleibt in jenen Fällen unbedingt die ursprünglich vertraglich vereinbarte Verjährungsfrist erhalten,** was zum Ergebnis führt, daß hier die schriftliche Mängelbeseitigungsaufforderung letztlich für die Verjährung ohne Bedeutung ist.

413 bb) Wird im Vertrag durch **Individualabrede** ausnahmsweise eine **kürzere Verjährungsfrist als die jeweils in Betracht kommende Regelfrist der Nr. 4** vereinbart, was bei dem AGB-Gesetz unterliegenden Verträgen gemäß § 11 Nr. 10 f a. a. O. nicht möglich ist, auch sonst der VOB/B die nach § 23 Abs. 2 Nr. 5 AGB-Gesetz erforderliche Ausgewogenheit genommen würde (vgl. Rdn. 231 ff. und Teil A § 10 Rdn. 77 ff.), so kommt **auch hier** mit Eingang des schriftlichen Mängelbeseitigungsverlangens als **neue Verjährungsfrist nur die Regelfrist der Nr. 4** in Betracht. Hier kann man erst recht dem vertraglichen Willen der Parteien, die ja bewußt eine kürzere Verjährungsfrist vereinbart haben, als sie in Nr. 4 enthalten ist, nur dadurch Rechnung tragen, daß sich an den Eingang der schriftlichen Mängelrüge keine längere Frist als die Regelfrist der Nr. 4 anschließt.

414 Dabei folgt aus der Formulierung in Nr. 5 Abs. 1 Satz 2 zugleich auch, daß jetzt **nicht die vertraglich vereinbarte kürzere Frist neu** in Lauf gesetzt wird, **sondern die Regelfrist der Nr. 4** (auch Kaiser NJW 1975, 2184, 2185). Das entspricht auch den berechtigten Belangen des Auftraggebers, der im allgemeinen bei Vereinbarung einer kürzerer Verjährungsfrist, als in Nr. 4 vorgesehen, davon ausgegangen ist, daß mit einer Mängelfreiheit der Leistung zu rechnen ist (vgl. auch Teil A § 13 Nr. 1). Wird er in dieser Erwartung enttäuscht, so ist es **angemessen,** ihm mit Zugang seiner schriftlichen Mängelrüge **jetzt die Regelfrist der Nr. 4 zuzubilligen.** Ist z. B. eine einjährige Verjährungsfrist vereinbart, würde diese nach Nr. 4 an sich zwei Jahre betragen, und wird ein Mangel nach Ablauf eines halben Jahres schriftlich gerügt, so wird dann die zweijährige Frist der Nr. 4 in Lauf gesetzt.

415 cc) Anders liegt jedoch der Fall, in dem die Vertragspartner durch **Individualvereinbarung zwar die Gewährleistung nach der VOB vereinbart, jedoch einen Endzeitpunkt** festgelegt haben, in dem die Gewährleistungsansprüche erlöschen sollen. Dann ist davon auszugehen, daß auch eine schriftliche Mängelrüge **keine Verlängerung der Gewährleistungsfrist** über den klar und deutlich festgelegten Endzeitpunkt hinaus bewirkt (BGH BauR 1981, 591 = NJW 1981, 2741 = Betrieb 1981, 2535 = SFH § 13 Nr. 5 VOB/B Nr. 2 = VersR 1981, 982 = MDR 1982, 131 = LM § 477 BGB Nr. 34 = ZfBR 1981, 268).

3. Die Verjährung der Gewährleistung bei Mängelbeseitigungsleistungen (Nr. 5 Abs. 1 Satz 3)

416 a) In die auch insoweit unverändert geltende Fassung 1973 der VOB ist durch **Teil B § 13 Nr. 5 Abs. 1 Satz 3** die Bestimmung eingefügt worden, daß nach Abnahme der Mängelbe-

seitigungsleistung für diese Leistung die Regelfristen der Nr. 4 beginnen, wenn – im Vertrag – nichts anderes vereinbart ist. Hier handelt es sich um **eine über das gesetzliche Werkvertragsrecht hinausgehende, den Bedürfnissen der Praxis gerecht werdende Bestimmung.** Es ist dabei der Begriff der **Mängelbeseitigungsleistung** geprägt worden, der dem gesetzlichen Werkvertragsrecht des BGB im Bereich der Verjährung von Gewährleistungsansprüchen fremd ist, insbesondere im Hinblick auf die Gewährleistungsfristen in § 638 BGB. Vielmehr **läuft** dort die **Verjährungsfrist ungeachtet der beendeten Nachbesserung unter Berücksichtigung etwa eingetretener Hemmungen oder Unterbrechungen weiter,** und sie ist auch für die spätere Beurteilung der Ordnungsgemäßheit der Nachbesserung maßgebend; **allerdings greift bei Nachbesserungsleistungen dann regelmäßig § 639 Abs. 2 oder auch § 208 BGB ein** (vgl. Rdn. 418 f.). Die VOB geht hier somit weiter als das gesetzliche Werkvertragsrecht, wobei Nr. 5 Abs. 1 Satz 3 **nicht** – auch nicht entsprechend – **auf die frühere Fassung von 1952 angewendet** werden konnte, weil § 13 Nr. 5 Abs. 1 a. F. dafür keine Handhabe gab (vgl. BGH SFH Z 2.415.2 Bl. 13). Gleiches trifft nach der gegenwärtigen Fassung des Gesetzes erst recht im Hinblick auf eine entsprechende oder sinngemäße Anwendung im Bereich des § 638 BGB zu (a. A. Keisers, Die Verjährung von bauvertraglichen Mängelansprüchen, insbesondere solchen aus mangelhafter Mängelbeseitigung, Diss. 1977, S. 73 ff.).

b) Ausgangspunkt der hier erörterten VOB-Regelung ist die erfolgte **Vornahme einer Nachbesserung durch den Auftragnehmer** – also nicht durch einen nach Teil B § 13 Nr. 5 Abs. 2 vom Auftraggeber in einem gesonderten Vertrag beauftragten anderen Unternehmer – an einer erbrachten Leistung oder einem Teil derselben, weil sie bisher nicht die Anforderungen an die Vertragsgemäßheit entsprechend Teil B § 13 Nr. 1–3 erfüllt, weswegen der **Auftragnehmer** gemäß seiner Verpflichtung in Nr. 5 Abs. 1 Satz 1 die erforderliche **Nachbesserung durchgeführt hat.** Der Begriff der Mängelbeseitigungsleistung besagt also, daß es sich um eine **Tätigkeit** im Rahmen der Leistungspflicht des Auftragnehmers handelt, **die sich auf die Beseitigung einer bisherigen Fehlleistung nach Abnahme im Rahmen der Gewährleistung bezieht,** sich zugleich aber **auch darauf beschränkt.** Dabei kommt es nicht darauf an, ob die Mängel, derentwegen die Mängelbeseitigungsleistung durchgeführt wird, erst nach der Abnahme gerügt worden (entsprechend Satz 1 während der Verjährungsfrist hervorgetreten) oder ob sie bereits vor der Abnahme vorhanden, erkannt und bei der Abnahme vorbehalten worden sind. Die Regelung in **Satz 3 bezieht sich auf nach Abnahme erfolgte Mängelbeseitigungen schlechthin;** insoweit hat diese Bestimmung **selbständige,** über den Rahmen des Satzes 1 hinausgehende **Tragweite.** Da die Mängelbeseitigungsleistung nach der Abnahme liegt, geht die VOB/B hier jedoch nicht von einer **erneuten** Vorleistungspflicht des Auftragnehmers aus (BGHZ 90, 344 = BauR 1984, 395 = NJW 1984, 1676 = Betrieb 1984, 1720 = ZIP 1984, 713 = MDR 1984, 748 = BB 1984, 1703 = LM § 273 BGB Nr. 38 Anm. Recken = SFH § 13 Nr. 5 VOB/B Nr. 5 = ZfBR 1984, 173).

c) Hinsichtlich der Verjährung ist hier zunächst die Folge, daß **durch** den **Beginn der Nachbesserungsleistung oder bereits durch die dieser vorangehende Prüfung** des gerügten Mangels der bisherige **Lauf der** mit der Abnahme begonnenen und durch evtl. schriftliche Mängelrüge neu in Lauf gesetzten **Verjährungsfrist gemäß § 639 Abs. 2 BGB** gehemmt ist (vgl. dazu Rdn. 326 ff.).

Während nach dem BGB die Hemmung der Verjährung mit der Erklärung des Auftragnehmers gegenüber dem Auftraggeber, daß er den Mangel beseitigt habe, beendet ist und die bisherige Verjährungsfrist hinsichtlich ihres noch offenen Restes weiterläuft, hat die VOB für den Fall, in dem es **tatsächlich zu einer Mängelbeseitigungsleistung gekommen** ist, **also nicht auch für die übrigen von § 639 Abs. 2 BGB erfaßten Fallgestaltungen,** eine Sonderregelung getroffen. Sie geht dahin, daß dann **grundsätzlich wegen der Mängelbeseitigungslei-**

stung und durch diese abgegrenzt nochmals **eine neue Verjährungsfrist entsprechend der jeweils in Betracht kommenden Regelfrist der Nr. 4 beginnt.**

419 **Außer § 639 Abs. 2 BGB kommt bei Mängelbeseitigungsleistungen nicht selten auch** eine **Unterbrechung** der **bisherigen** Verjährungsfrist **aufgrund eines Anerkenntnisses auf der Grundlage des § 208 BGB** in Betracht (vgl. Rdn. 343 ff.). Dann laufen die nach Anerkenntnis bzw. nach beseitigtem Mangel neu begonnene bzw. wieder in Lauf gesetzte ursprüngliche Gewährleistungsfrist und die hier erörterte, neu in die VOB aufgenommene Verjährungsfrist **weitgehend parallel nebeneinander.** Ähnliches gilt, wenn der Mängelbeseitigungsleistung ein schriftliches Mängelbeseitigungsverlangen vorausgegangen und die Mängelbeseitigung unverzüglich darauf durchgeführt worden ist.

420 **d) Anders als in § 639 Abs. 2 BGB beginnt die auf die Mängelbeseitigungsleistung bezogene Verjährungsfrist** nicht schon mit der bloßen Erklärung der erfolgten Mängelbeseitigung durch den Auftragnehmer an den Auftraggeber. Vielmehr setzt die VOB zunächst eine **Abnahme der Mängelbeseitigungsleistung** durch den Auftraggeber voraus (BGH SFH § 13 Nr. 5 VOB/B Nr. 15 = NJW-RR 1986, 98). Insoweit müssen daher zunächst die **Voraussetzungen von Teil B § 12,** bezogen auf die Mängelbeseitigungsleistung, gegeben sein, wozu zunächst die Fertigstellung, also die Beendigung der Mängelbeseitigung, erforderlich ist, und zwar hinsichtlich aller erforderlichen Arbeiten, auch wenn diese in einzelnen Zeitabschnitten erbracht werden (vgl. BGH a. a. O.).

421 Des weiteren sind hinsichtlich der Art und der sonstigen Erfordernisse der Abnahme die u. U. durch Besondere oder Zusätzliche Vertragsbedingungen ausgefüllten oder veränderten Regelungen in Teil B § 12 maßgebend. Auch hier ist es deshalb im Falle des Fehlens eines Verlangens förmlicher Abnahme oder des späteren nicht mehr Festhaltens daran die mögliche Folge, daß die **Abnahmewirkung auf eine der anderen, in Teil B § 12 geregelten Möglichkeiten eintritt,** insbesondere im Wege **fiktiver Abnahme** nach Teil B § 12 Nr. 5. Zum Beispiel liegt entsprechend § 12 Nr. 5 eine Abnahme in der rügelosen Hinnahme der nachgebesserten Leistung, wenn nicht im Einzelfall besondere Umstände entgegenstehen, insbesondere für den Auftraggeber nach den gegebenen Verhältnissen ersichtlich der Zwang zur Übernahme der nachgebesserten Leistung, gleichgültig, wie sie beschaffen ist, besteht (vgl. dazu OLG Köln BB 1974, 159). Gerade bei bereits bewohnten oder sonst genutzten Bauwerken beginnt hier die in § 12 Nr. 5 Abs. 2 festgelegte Abnahmefrist vielfach schon durch die mit der Beendigung der Nachbesserungsleistung zusammenfallende Wieder- oder Weiterbenutzung, also kann insoweit die Abnahmewirkung recht schnell eintreten. Sicher ist es hinsichtlich der Mängelbeseitigungsleistung **unbedingt angebracht,** in Besonderen oder Zusätzlichen Vertragsbedingungen **zu vereinbaren, daß auf jeden Fall und nur eine förmliche Abnahme** nach Teil B § 12 Nr. 4 zu erfolgen hat, um die bestmögliche Sicherheit für eine Feststellung der nunmehrigen Vertragsgerechtheit der bisher mangelhaften Leistung zu erreichen.

422 **e) Mit der Abnahme** der Mängelbeseitigungsleistung werden **grundsätzlich die Regelfristen der Nr. 4** in bezug auf die vom Auftragnehmer für die Mängelbeseitigung erbrachten und vom Auftraggeber abgenommenen Leistungen in Gang gesetzt. **Diese gelten dann allein und nur für die Mängelbeseitigungsleistung, und sie gehen nicht darüber hinaus.** Zu beachten ist jedoch, daß dies nach Teil B § 13 Nr. 5 Abs. 1 Satz 3 letzter Halbsatz nur gilt, **wenn** zwischen den Bauvertragspartnern **nichts anderes vereinbart ist.** Dazu sind wiederum verschiedene Fallgestaltungen möglich:

423 **aa)** Einmal kann es sein, daß durch Zusätzliche oder Besondere Vertragsbedingungen (entsprechend Teil A § 10 Nr. 4 Abs. 2) im Bauvertrag **vereinbart** ist, daß **für die** – etwaige – **Mängelbeseitigung** eine **andere** – also entweder eine längere oder eine kürzere – **Verjäh-**

rungsfrist als die betreffende Regelfrist nach Nr. 4 gelten soll. **Dann** ist die jeweils abgesprochene **andere Frist** maßgebend; sie tritt anstelle der sich aus der Nr. 4 ergebenden Frist.

bb) Des weiteren muß beachtet werden, daß die besondere Gewährleistungsfrist für Mängelbeseitigungsleistungen dem **berechtigten Interesse des Auftraggebers auf Erhalt einer letztlich mängelfreien Leistung** zumindest ebenso dient wie die anderen wegen der vertraglichen Leistung insgesamt oder wegen eines – insbesondere schriftlich – gerügten Mangels laufenden Gewährleistungsfristen. Daraus folgt, daß hinsichtlich einer Mängelbeseitigungsleistung und der an deren Abnahme angeknüpften besonderen Gewährleistungsfrist nach dem Willen der Bauvertragspartner **keine Verkürzung der Rechte des Auftraggebers eintreten darf.**

Ist **allgemein** eine längere Verjährungsfrist als die in Betracht kommende Regelfrist der Nr. 4 vereinbart (bei Bauwerken z. B. anstelle von 2 Jahren 5 Jahre), erfolgt aber die Abnahme einer Mängelbeseitigungsleistung zu einem Zeitpunkt, in dem bei Hinzurechnung der Regelfrist der Nr. 4 (also nach 2 Jahren) die vertraglich **vereinbarte allgemeine Gewährleistungsfrist** noch nicht erreicht würde, so läuft auch hinsichtlich der Mängelbeseitigungsleistung die Verjährungsfrist nicht vor Ablauf der allgemein für Gewährleistungsansprüche vertraglich festgelegten Frist ab. Wird also bei einer vereinbarten fünfjährigen Gewährleistungsfrist eine Mängelbeseitigungsleistung zwei Jahre nach der „eigentlichen" Abnahme abgenommen, so **endet auch hinsichtlich der Mängelbeseitigungsleistung die Gewährleistungsfrist** nicht schon nach vier Jahren, sondern – **entsprechend der vereinbarten Gesamtverjährungsfrist** – erst fünf Jahre nach der „eigentlichen" Abnahme.

cc) **Ebenso** verhält es sich in jenen Fällen, in denen **infolge schriftlichen Mängelbeseitigungsverlangens** bei einer vereinbarten längeren Gewährleistungsfrist (etwa von fünf Jahren) durch die Abnahme der Mängelbeseitigungsleistung eine **Verkürzung** der vereinbarten Frist eintreten würde, wenn auf diese Abnahme **nur die betreffende Regelfrist der Nr. 4 hinzugerechnet würde.** Ist also eine Gewährleistungsfrist von fünf Jahren vereinbart, der Mangel nach einem Jahr schriftlich gerügt und die darauf erfolgte Mängelbeseitigungsleistung nach einem weiteren Jahr abgenommen worden, so endet die Gewährleistungsfrist für die Mängelbeseitigungsleistung nicht schon nach vier Jahren, sondern erst mit Ablauf der insgesamt für Gewährleistungsansprüche vereinbarten fünf Jahre.

dd) **Daraus folgt zugleich:** Soweit eine **Mängelbeseitigungsleistung nicht zum Erfolg** geführt hat und sie noch während der bisherigen oder neuen Gewährleistungsfrist erneut gerügt wird (wobei für die ordnungsgemäße Rüge die in Rdn. 460 ff. angeführten Voraussetzungen erforderlich, aber auch ausreichend sind, vgl. dazu auch BGH BauR 1987, 207 = SFH § 13 Nr. 5 VOB/B Nr. 17 = ZfBR 1987, 71 = NJW-RR 1987, 336), ist das nicht nur möglich (vgl. dazu OLG München MDR 1984, 141), sondern diese **Gewährleistungsfrist wird** dann entsprechend § 639 Abs. 2 BGB **zunächst erneut gehemmt, z. B. wenn** der Auftragnehmer wiederum die Mängelbeseitigung versucht. Evtl. kommt auch eine **Unterbrechung durch Anerkenntnis** gemäß § 208 BGB in Betracht. **Mit der** – erneuten – **Abnahme dieser Mängelbeseitigungsleistung beginnt nochmals neu die Regelfrist der Nr. 4,** sofern insoweit keine andere Fristregelung im Vertrag getroffen worden ist. Hier kann sich **wiederholt eine erneute Verjährungsfrist wegen der Mängelbeseitigungsleistung ergeben** (ebenso Heiermann/Riedl/Rusam/Schwaab, Teil B § 13 Rdn. 58 e). Zeigt sich allerdings, daß die Mängelbeseitigungsleistung schließlich unmöglich ist oder unverhältnismäßigen Aufwand erfordert (und vom Auftragnehmer deswegen abgelehnt wird) oder für den Auftraggeber unzumutbar ist, tritt dann **§ 13 Nr. 6** ein, wovon der Auftraggeber rechtzeitig vor Ablauf der gerade laufenden Gewährleistungsfrist Gebrauch machen muß.

427 ee) **Auch** führt die **schriftliche Rüge der** ganzen **Mängelbeseitigungsleistung** oder eines Teils derselben dazu, daß dadurch wegen des betreffenden damit gerügten Mangels **erneut die Regelfrist** für die Verjährung nach Nr. 5 Abs. 1 Satz 3 in Lauf gesetzt wird, insoweit aber ebenso wie bei der Hauptfrist **nur einmal** (so auch BGH SFH § 13 Nr. 5 VOB/B Nr. 15 = NJW-RR 1986, 98; siehe dazu Rdn. 397 ff.).

428 ff) Die aufgezeigten Folgerungen ergeben sich aus einer entsprechenden Beachtung von Nr. 5 Abs. 1 Satz 1. Insofern handelt es sich um eine anderweitige Vereinbarung gemäß Nr. 5 Abs. 1 Satz 3 letzter Halbsatz.

VII. Die Vollendung der Verjährung der Gewährleistungsansprüche

429 Diese tritt mit dem **Ablauf der jeweils letztlich, insbesondere auch unter Berücksichtigung etwaiger Hemmungen oder Unterbrechungen, maßgebenden Verjährungsfrist** ein. Für die **Berechnung** des Endzeitpunktes sind die **§§ 188 ff. BGB maßgebend.** Falls das Fristende auf einen Sonn- oder Feiertag oder Samstag fällt, ist § 193 BGB zu beachten, wonach an die Stelle dieses Tages der nächstfolgende Werktag als Fristende tritt. Das gilt ohne weiteres auch für die Verjährung, vgl. hierzu AG Mannheim MDR 1957, 36.

430 Ist die **Verjährung vollendet,** kann der Auftragnehmer einem Gewährleistungsanspruch des Auftraggebers mit der **Verjährungseinrede begegnen** und insofern die **Erfüllung** des an ihn gestellten Verlangens **verweigern** (§ 222 Abs. 1 BGB). Die **Beweislast** für den Eintritt der Vollendung der Verjährung trägt der **Auftragnehmer.** Wegen der trotz Ablaufes der Verjährungsfrist erfüllten Gewährleistung, insbesondere bei Unkenntnis der eingetretenen Verjährung, vgl. § 222 Abs. 2 BGB, wonach bewirkte Leistungen **nicht zurückgefordert** werden können. In Ausnahmefällen kann der **Verjährungseinrede** der Einwand der **unzulässigen Rechtsausübung** entgegengesetzt werden, vgl. dazu die einschlägigen Kommentierungen zu § 242 BGB sowie Rdn. 230. Voraussetzung ist jedenfalls, daß der Auftragnehmer durch die Erhebung der Verjährungseinrede gegen Treu und Glauben handelt, insbesondere gegen generell oder jedenfalls im konkreten Fall maßgebende bzw. verabredete Gepflogenheiten (vgl. dazu KG BauR 1974, 345, 346). Zum **Verzicht** auf die und zur **Verwirkung** der Verjährungseinrede vgl. Rdn. 215 ff.

G. Keine anderen Anspruchsgrundlagen bei verjährten Gewährleistungsansprüchen

431 Sind **Gewährleistungsansprüche** an sich gegeben, jedoch **verjährt,** und wird vom Auftragnehmer die Verjährungseinrede erhoben, kann der Auftraggeber wegen eines vorhandenen Mangels **grundsätzlich nicht** auf **Ansprüche aus unerlaubter Handlung** nach den §§ 823 ff. BGB – etwa wegen Eigentumsverletzung – „ausweichen" (vgl. dazu, insbesondere hinsichtlich der in Betracht kommenden **Ausnahmen,** Rdn. 63 ff. und 295 ff.). Auch sind für den Bereich der Gewährleistung Ansprüche nach **§ 823 Abs. 2 BGB ausgeschlossen,** zumal die **VOB nicht Schutzgesetz** ist (a. a. O.; ferner vgl. BGH SFH Z 2.11 Bl. 1).

432 Des weiteren kommen dann für den Auftraggeber **keine Ansprüche aus ungerechtfertigter Bereicherung** in Betracht. Er kann nicht behaupten, der Auftragnehmer sei durch schlechte Bauausführung bzw. durch Verwendung minderwertigen und nicht vertragsgerechten Materials auf seine – des Auftraggebers – Kosten ungerechtfertigt bereichert, und dieser müsse ihm daher trotz des Ablaufs der Gewährleistungsfristen die **bereits bezahlte** Vergütung herausgeben. **Der Auftraggeber hat die Vergütung mit Rechtsgrund aufgrund des Bauvertrages bezahlt.** Er kann sich auch nicht darauf berufen, ihm stehe ein Bereicherungsanspruch zu, weil der mit der Leistung des Auftragnehmers bezweckte Erfolg nicht eingetreten sei. Die

Rückforderung des aufgrund des Bauvertrages gezahlten Betrages ist nicht schon deshalb gerechtfertigt, weil die Bauleistung mangelhaft ist. Der Auftraggeber hat nämlich bezahlt, um seine eigene **Vertragspflicht** – die Zahlung der Vergütung – zu erfüllen (vgl. BGH MDR 1963, 298 = BB 1963, 110 = VersR 1963, 169 = LM Nr. 4 zu § 634 BGB = SFH Z 2.50 Bl. 9).

Schließlich kann der Auftraggeber beim VOB-Vertrag grundsätzlich **auch keine Ansprüche aus positiver Vertragsverletzung** geltend machen, sofern diese **mit einer mangelhaften Leistung** des Auftragnehmers **im Zusammenhang** stehen (vgl. Rdn. 274 ff.). 433

H. Ausnahmebefugnisse des Auftraggebers nach Verjährung seiner Gewährleistungsansprüche: §§ 639 Abs. 1, 478, 479 BGB

I. Grundlage

Beim BGB-Werkvertrag ist der **Besteller** unter bestimmten Voraussetzungen **nicht rechtlos**, wenn seine gesetzlichen Gewährleistungsansprüche (Nachbesserung, Wandelung, Minderung, Schadensersatz) verjährt sind und der Unternehmer die Einrede der Verjährung erhoben hat. Dies folgt aus den §§ 639 Abs. 1, 478, 479 BGB. Hiernach steht dem Besteller ein **Leistungsverweigerungsrecht hinsichtlich der von ihm geschuldeten Vergütung zu, und/ oder es bleibt ihm das Aufrechnungsrecht erhalten**. Dieses Recht entspricht der Einrede des nichterfüllten Vertrages nach § 320 BGB (RGRK-Glanzmann § 639 BGB Nr. 13; Heyers BauR 1970, 135, 144). 434

Die genannte Folge kommt in Betracht, wenn der Besteller dem Unternehmer **vor Ablauf der Verjährungsfrist den Mangel angezeigt** oder die **Anzeige** an ihn **abgesandt** hat, wobei hier die **mündliche Anzeige genügt** (so auch BGH SFH Z 2.13 Bl. 33 ff.). Das gilt allerdings grundsätzlich (Ausnahme: enger wirtschaftlicher, insbesondere auch zeitlicher Zusammenhang) **nur für denjenigen Bauvertrag, in dessen Rahmen der Mangel angezeigt** worden ist; das Leistungsverweigerungsrecht sowie das Recht zur Aufrechnung erstrecken sich also **nicht auf andere, hinsichtlich der Vergütung noch nicht abgewickelte Bauverträge** (vgl. dazu BGH NJW 1981, 1156 = MDR 1981, 400 = BB 1981, 752 = LM § 479 BGB Nr. 5; BGH BauR 1987, 565 = Betrieb 1987, 2092 = SFH § 639 BGB Nr. 11 = ZIP 1987, 1324 = NJW 1987, 3254 = MDR 1988, 49 = LM § 639 BGB Nr. 26 = ZfBR 1987, 270 = Siegburg EWiR § 479 BGB 1/87, 865). Die **Beweislast** für die vor Ablauf der Verjährungsfrist erfolgte Mängelanzeige trifft den **Besteller**. 435

Die genannten Befugnisse stehen dem Besteller auch zu, wenn er vor Vollendung der Verjährung ein **gerichtliches Beweissicherungsverfahren** über den behaupteten Mangel **beantragt** oder in einem **bereits anhängigen Rechtsstreit** mit einem Dritten dem Unternehmer **den Streit verkündet** hat. 436

II. Geltung auch beim VOB-Vertrag

Die **gleichen Befugnisse** hat der Auftraggeber bei einem Bauvertrag **nach der VOB**, sofern hier Gewährleistungsansprüche in Betracht kommen und **nicht ausgeschlossen** sind wie die Wandelung (vgl. Rdn. 657 ff.). **Die genannten Rechte erfassen auch den Nachbesserungsanspruch (insoweit § 478 BGB)** nach Teil B § 13 Nr. 5 (BGHZ 53, 122 = BauR 1970, 54 = NJW 1970, 561 = Betrieb 1970, 536 = MDR 1970, 318 = LM VOB/B Nr. 38 Anm. Rietschel = SFH Z 2.320 Bl. 35 ff. = BB 1970, 1027), dabei auch die Kostenerstattung und den Kostenvorschuß für die Mängelbeseitigung durch den Auftraggeber oder einen Dritten (insoweit allerdings § 479 BGB, vgl. BGH BauR 1987, 565 = Betrieb 1987, 2092 = SFH § 639 BGB 437

Nr. 11 = ZIP 1987, 1324 = NJW 1987, 3254 = MDR 1988, 49 = LM § 639 BGB Nr. 26 = ZfBR 1987, 270 = Siegburg EWiR § 479 BGB 1/87, 865). Der kritischen Auseinandersetzung von Heyers mit der zuerst zitierten Entscheidung, die insbesondere auf die Rechtssystematik bezogen ist (BauR 1970, 135), die dem Urteil aber im Ergebnis zustimmt, ist im wesentlichen beizutreten. **Auch hier genügt eine hinreichend konkretisierte (vgl. Rdn. 441, 460 ff.) mündliche Mängelanzeige vor Verjährungseintritt.**

III. Auftraggeber hat Einrede der Leistungsverweigerung; u. U. Aufrechnungsbefugnis

438 In allen hiernach in Betracht kommenden Fällen hat der Auftraggeber aber nur eine **Einrede, die Leistung der Vergütung zu verweigern,** wie sich aus **§ 478 BGB** ergibt, **sowie die Möglichkeit einer Aufrechnung** mit dem ihm etwa zur Seite **stehenden Schadensersatzanspruch, § 479 BGB.**

439 Dies führt zunächst dazu, daß der Auftraggeber nach Ablauf der Verjährungsfrist und nach vom Auftragnehmer mit Recht erhobener Verjährungseinrede **noch mit Schadensersatzansprüchen** (nach Teil B § 13 Nr. 7, sofern deren Voraussetzungen gegeben sind, auch solchen nach Teil B § 4 Nr. 7, wenn sie dem Auftraggeber erhalten geblieben sind; vgl. dazu Teil B § 4 Rdn. 371 ff.) **gegenüber dem Vergütungsanspruch** bzw. dem restlichen Vergütungsanspruch des Auftragnehmers **aufrechnen bzw. verrechnen** kann **(§ 479 BGB).** Auch kann er wegen eines ihm ausnahmsweise nach Teil B § 13 Nr. 6 gegebenen, jedoch verjährten **Minderungsanspruches ein Leistungsverweigerungsrecht geltend machen,** wodurch im allgemeinen eine **aufrechnungsähnliche Wirkung** eintritt, also eine entsprechende **endgültige Verminderung der Vergütung des Auftragnehmers.** In solchen Fällen wird nämlich durchweg eine nach Ablauf der Verjährungsfrist erfolgende freiwillige Nachbesserung durch den Auftragnehmer ausscheiden. Ähnliches gilt für den **rechtlich dem Bereich des Nachbesserungsanspruches zuzurechnenden Kostenerstattungsanspruch** des Auftraggebers für den Fall der befugterweise erfolgten Nachbesserung durch einen Drittunternehmer (Teil B § 13 Nr. 5 Abs. 2), sofern dieser Anspruch schon **vor** Ablauf der Verjährungsfrist **entstanden** und der Auftragnehmer nach seiner Entstehung noch rechtzeitig – vor allem auch hinsichtlich seines Betrages – **angezeigt** worden ist. Dies muß folgerichtig **auch** für den **Kostenvorschußanspruch** zutreffen, **sofern** der Mangel vor Ablauf der Verjährungsfrist mit Beseitigungsverlangen angezeigt, außerdem dem Auftragnehmer grundsätzlich eine Frist zur Beseitigung gesetzt und diese abgelaufen war, also die Voraussetzungen der Nr. 5 Abs. 2 eingetreten waren und geltend gemacht wurden. Dies rechtfertigt sich, da **auch der Vorschuß begrifflich der Nachbesserung zuzuordnen** ist und bei dieser Fallgestaltung seine vollen – zusätzlichen – Voraussetzungen noch **vor** Verjährungsablauf eingetreten sind, so daß die Anzeige sämtliche hier maßgebenden Anforderungen der §§ 639 Abs. 1, 478 f. BGB erfüllt (insoweit teilweise zutreffend OLG Düsseldorf BauR 1978, 408; a. A. wohl Nicklisch in Nicklisch/Weick Teil B § 13 Rdn. 106; wie hier Kaiser, Mängelhaftungsrecht, Rdn. 198). Allerdings müssen die Voraussetzungen von Teil B § 13 Nr. 5 Abs. 2 BGB nicht nur vor Ablauf der Verjährungsfrist gegeben, sondern auch angezeigt worden sein, wobei die Höhe zumindest bestimmbar vorgebracht worden sein muß. Entgegen OLG Düsseldorf a. a. O. gehört auch dieses zum Entstehungstatbestand, wie er in den §§ 639 Abs. 1, 478 f. BGB vorausgesetzt ist.

440 **Fraglich** ist demgegenüber, **welche Rechtsfolge** die entsprechende Anwendung des **§ 478 BGB auf den verjährten, noch nicht** – auch nicht ersatzweise durch Nachbesserung eines Dritten und damit verbundene Kostenerstattung oder einen Kostenvorschußanspruch – **erledigten Nachbesserungsanspruch** des Auftraggebers **hat.**

Hier ist unter bestimmten Voraussetzungen **nicht eine sonst normalerweise erforderliche Abweisung der auf Zahlung der Vergütung gerichteten Klage** des Auftragnehmers gerechtfertigt, sondern eine **Verurteilung des Auftraggebers zur Zahlung der Vergütung Zug um Zug gegen Durchführung der Nachbesserung** möglich. In solchem Falle erhält die rechtzeitige Mängelanzeige dem Auftraggeber eine Rechtsposition, kraft deren er **noch einen Mängelbeseitigungsanspruch** hat, der Grundlage des Zurückbehaltungsrechts ist. Anders als bei der Minderung oder dem Schadensersatzanspruch oder der bereits endgültig ermittelten und damit zu fordernden Kostenerstattung bzw. dem etwa feststehenden Kostenvorschuß wäre der Umfang der Klageabweisung im allgemeinen nur schwer oder nicht zu bemessen, vor allem wird das in der Praxis selten genau in Geld zu bewerten sein. Besonders dem Auftragnehmer geschieht kein Nachteil, wenn es statt der Abweisung der Klage zur Zug-um-Zug-Verurteilung kommt; er steht sich nicht selten sogar besser als bei einer „reinen" Klageabweisung. Auch der Interessenlage des Auftraggebers wird dies im allgemeinen gerecht. Falls er sein Zurückbehaltungsrecht geltend macht und – nur – Klageabweisung begehrt, wird bei Fehlen entgegenstehender Anhaltspunkte davon auszugehen sein, daß er Zug-um-Zug-Verurteilung erstrebt. Das kommt aber nur in Betracht, wenn der Auftraggeber nicht nur – rechtzeitig vor Ablauf der Verjährungsfrist – den Mangel angezeigt, sondern auch **schon damals ernsthaft die Beseitigung des Mangels verlangt hat,** er außerdem bis zum Ablauf der Gewährleistungsfrist **beim Mängelbeseitigungsanspruch geblieben** ist. **Des weiteren wird man hier zusätzlich fordern müssen, daß der Auftragnehmer zur Nachbesserung noch bereit ist,** anderenfalls wird man, je nach dem zu bewertenden Umfang des Mangels, zur **Klageabweisung kommen müssen** (so und auch im übrigen mit Recht Heyers BauR 1970, 135; auch Kaiser, Mängelhaftungsrecht, Rdn. 198). Das **Ergebnis hängt** also **von der zu ermittelnden** (für den Prozeßfall: § 139 ZPO) **Entschließung des Auftragnehmers** darüber **ab,** ob er trotz eingetretener Verjährung noch **ernsthaft zur Nachbesserung bereit ist.** Erklärt er sich dazu **positiv,** kommt die Zug-um-Zug-Verurteilung in Betracht. **Verweigert er die Nachbesserung oder erklärt er sich zur Frage der Nachbesserungsbereitschaft nicht,** kommt es zur **ganzen oder teilweisen Abweisung seines Vergütungsanspruches,** je nachdem, wie hoch die Kosten der Mängelbeseitigung anzusetzen sind.

IV. Erstattete Anzeige erhält Rechte

Die einmal **erstattete Anzeige erhält** dem Auftraggeber die **bezeichneten Rechte,** vor allem werden sie durch **vergebliche Nachbesserungsversuche** des Auftragnehmers **nicht beeinträchtigt,** BGH Urt. vom 25. 11. 1957 – VII ZR 63/57 –. Es ist **nicht erforderlich,** daß die **Anzeige** erst **nach Beginn** der Verjährungsfrist, also **nach der Abnahme,** erfolgt oder abgesandt worden ist; andererseits muß auf jeden Fall die Absendung der Anzeige oder der Eingang derselben **vor der Vollendung der Verjährung** liegen. Ersteres ist vor allem auch im Hinblick auf Teil B § 4 Nr. 7 von Bedeutung, vgl. BGH MDR 1961, 927 = WM 1961, 1109 = NJW 1961, 1268 = BB 1961, 1070 = LM § 16 VOB/B Nr. 1 = SFH Z 2.414 Bl. 92 f.

Voraussetzung für die Anwendbarkeit der §§ 639 Abs. 1, 479, 478 BGB ist es aber **weiter, daß in der Anzeige die Mängel hinreichend gerügt worden sind** (vgl. Rdn. 460 ff.). Auch genügt es nicht für die Erhaltung eines Schadensersatzanspruches wegen merkantilen Minderwertes, wenn vor Ablauf der Verjährungsfrist nur die Verwendung schlechten Mörtels gerügt worden ist, der merkantile Minderwert dann aber aus einer mangelhaften Druckfestigkeit der Steine, auf die sich die Rüge bisher nicht bezog, hergeleitet wird (BGH, Urt. vom 5. 10. 1967 – VII ZR 64/65 –).

Andererseits: Da der Schadensersatzanspruch **einheitlich verjährt,** sofern es sich um **voraussehbare Folgen** handelt (vgl. Rdn. 803 ff.), und zwar ohne Rücksicht darauf, **zu welchem Zeitpunkt die einzelnen Vermögensnachteile entstanden sind,** müssen auch diejenigen Maßnahmen, die dem Eintritt der Verjährung **entgegengesetzt** werden können, **ebenso einheitlich verjähren.** Infolgedessen **erhält eine nach § 478 BGB rechtzeitig erstattete**

Mängelanzeige dem Auftraggeber **die Möglichkeit,** gegenüber dem Vergütungsanspruch des Auftragnehmers auch mit dem Anspruch auf Ersatz solcher Schäden **aufzurechnen, die als Folge des Mangels erst zu einem späteren Zeitpunkt, selbst nach Ablauf der Verjährungsfrist, aufgetreten** sind, sofern sie nur **rechtlich als Teil des einheitlichen Schadens** anzusehen sind (BGHZ 50,21 = BGH NJW 1968, 1324 = SFH Z 2.0 Bl. 16 ff. = MDR 1968, 574 = BB 1968, 523 = LM § 479 BGB Nr. 4 Anm. Rietschel).

Vierter Abschnitt: Die Gewährleistungsansprüche
Erster Teil: Die Nachbesserung (Teil B § 13 Nr. 5)

A. Vorbemerkung

I. Allgemeine Übersicht

442 In **Teil B § 13 Nr. 5, 6 und 7** sind die dem für die Zeit vor der Abnahme geltenden § 4 Nr. 6 und 7 nachfolgenden **Ansprüche** geregelt, **die dem Auftraggeber bei einer mangelhaften Leistung des Auftragnehmers nach der Abnahme zustehen.** Sie stehen anstelle der gesetzlichen, für den Bereich des Werkvertrages maßgebenden Vorschriften in den **§§ 633 ff. BGB.** Neben den genannten VOB-Vorschriften ist für eine unmittelbare oder entsprechende **Anwendung** der allgemeinen gesetzlichen Bestimmungen in den **§§ 275, 279–282 und 323–325 BGB kein Raum.** Das folgt allein daraus, daß **Teil B § 13 Nr. 6 ausdrücklich die Folgen behandelt,** die eintreten, wenn die Beseitigung des Mangels unmöglich ist (vgl. BGH NJW 1965, 152 = VersR 1964, 1271 = SFH Z 2.414 Bl. 136 ff. = LM § 13 VOB/B Nr. 8 Anm. Rietschel).

II. Gesetzliche Grundlagen

443 Nach dem **gesetzlichen Werkvertragsrecht** ist der Unternehmer, der ein mangelhaftes Werk hergestellt hat, dem Besteller zur **Nachbesserung** verpflichtet (§ 633 Abs. 2 Satz 1 BGB). Im Ergebnis handelt es sich hier um einen auf die abgenommene Leistung bezogenen und grundsätzlich darauf konzentrierten **Erfüllungsanspruch, da das Ziel die Herstellung eines einwandfreien Werkes ist** (vgl. u. a. BGHZ 42, 232 = NJW 1965, 152 = MDR 1965, 35 = VersR 1964, 1271 = BB 1964, 1360 = Betrieb 1964, 1734 = SFH Z 2.414 Bl. 36 = LM § 13 VOB/B Nr. 8 Anm. Rietschel). Der Besteller kann daher vom Hersteller die Beseitigung eines Leistungsmangels verlangen, es sei denn, daß die Beseitigung einen **unverhältnismäßigen Aufwand** erfordert. Dann steht dem an sich zur Nachbesserung verpflichteten Unternehmer ein **Leistungsverweigerungsrecht** zu, wie sich aus § 633 Abs. 2 Satz 3 BGB ergibt. Gerät der Unternehmer mit der Nachbesserung in **Verzug** (§ 633 Abs. 3 BGB), kann der Besteller den Mangel **selbst beseitigen oder durch einen Dritten beseitigen lassen** und vom Unternehmer Ersatz der hierfür erforderlichen Aufwendungen verlangen.

444 Soweit hiervon abweichende vertragliche Regelungen getroffen werden sollen, sind für den Bereich des **AGB-Gesetzes** (vgl. Teil A § 10 Rdn. 77 ff.) die durch die §§ 9–11, insbesondere § 11 Nr. 10 a. a. O., aufgestellten Grenzen zu beachten (vgl. dazu vor allem auch Teil A § 13 Rdn. 3 ff.). **Die Bestimmungen der VOB halten dieses Gebot ein, falls die VOB/B als Ganzes vereinbart worden ist** (vgl. dazu Teil A § 10 Rdn. 131 ff., insbesondere die dort im einzelnen aufgeführte Rechtsprechung; dazu auch OLG Nürnberg NJW-RR 1986, 1346).

III. Rechtsnatur der VOB-Nachbesserungsbestimmungen

Von § 633 BGB weicht Teil B § 13 Nr. 5 nur wenig ab. Der Regelung in der VOB kommt 445
jedoch teilweise eine **andere Bedeutung** zu. Es handelt sich nämlich **nicht nur** um einen
Erfüllungsanspruch (von BGHZ 55, 354 = BauR 1971, 126 = MDR 1971, 473 = WM 1971,
685 = SFH Z 2.414 Bl. 248 = LM § 320 BGB Nr. 11 Anm. Rietschel = BlGBW 1971, 178 =
NJW 1971, 838 ist diese Kommentarstelle richtig interpretiert worden: **sowohl Erfüllungs-
als auch Gewährleistungsanspruch), sondern auch** um einen zwischen den Vertragspartnern
vereinbarten **besonderen vertraglichen Gewährleistungsanspruch**, vgl. auch Schmidt MDR
1963, 263, 265; Dähne BauR 1972, 136, 137 f., anders wohl a. a. O. S. 279, 280. Es ist zu
beachten, daß **Nr. 5 im Rahmen der vertraglichen Bestimmungen über die Gewährleistung**
in die VOB aufgenommen worden ist. Anders als § 633 Abs. 2 und 3 BGB, die sowohl für die
Zeit vor als auch für die Zeit nach der Abnahme gelten und sich deshalb als **reiner Erfüllungsanspruch** darstellen, enthalten die Allgemeinen Vertragsbedingungen **zwei verschiedene Bestimmungen**. So ist der **reine Erfüllungsanspruch** des Auftraggebers für die Zeit **vor der
Abnahme** der Bauleistungen **in Teil B § 4 Nr. 7** festgelegt worden, während für die Zeit **nach
der Abnahme der in Teil B § 13 Nr. 5 enthaltene Nachbesserungsanspruch gilt**. Insoweit zu
Recht weist Hereth in seiner Anmerkung zum Urt. des BGH vom 30. 10. 1958 (NJW 1959,
142 = SFH Z 2.414 Bl. 49) in NJW 1959, 483 darauf hin, daß der Anspruch auf Mängelbeseitigung, der vor der Abnahme erhoben wird, nach der VOB nur theoretisch mit dem Anspruch
auf Mängelbeseitigung übereinstimmt, der nach der Abnahme geltend gemacht wird. Hereth
ist zuzustimmen, wenn er ausführt, daß hinsichtlich der anderen Merkmale Unterschiede
zwischen beiden Ansprüchen bestehen. Das gilt insbesondere für die Rechtslage, die bei
Nichterfüllung des Anspruchs auf Mängelbeseitigung entsteht. Vor allem ist es angesichts
des **ganz vorrangig auf den Bereich der Nachbesserung abgestellten Gewährleistungssystems der VOB**, die von seiten des Gesetzgebers als AGB angesehen wird (vgl. Teil A § 10
Rdn. 77 ff.), notwendig, **für bestimmte Ausnahmefälle dem Auftraggeber den Anspruch
auf Neuherstellung zu erhalten**, wenn dies nach der inzwischen geänderten Rechtsprechung des BGH (vgl. Rdn. 481 ff.) auch für § 633 Abs. 2 BGB gilt; immerhin war und ist
dieser Ausnahmegesichtspunkt schon bisher eher mit Teil B § 13 Nr. 5 Abs. 1 im Zusammenhang mit der im Verhältnis zu § 634 BGB einschränkenden Regelung der Nr. 6 zu
rechtfertigen. Aufgrund der besonderen Systematik im Aufbau der Allgemeinen Vertragsbedingungen ist es daher erforderlich, den **Nachbesserungsanspruch nach der Abnahme** der
Leistung (Teil B § 13 Nr. 5) – sicher vorrangig – **als einen besonderen vertraglichen Gewährleistungsanspruch neben** dem für bestimmte Ausnahmefälle fortbestehenden **reinen Erfüllungsanspruch anzusehen**. Diese Erwägungen hat der BGH schon früher als beachtlich
bezeichnet (NJW 1965, 152 = VersR 1964, 1271 = SFH Z 2.414 Bl. 136 ff.), wobei im übrigen
in BGHZ 53, 122 = NJW 1970, 561 = BauR 1970, 54, 56 = SFH Z 2.320 Bl. 35 der Anspruch
aus Teil B § 13 Nr. 5 zutreffend als **primärer und hauptsächlicher Gewährleistungsanspruch**
bezeichnet wurde. Dazu Heyers BauR 1970, 135; auch Ganten, Pflichtverletzung und Schadensrisiko im privaten Baurecht, S. 132. Entgegen Blaese (S. 86) dürfte es sich bei der hier
vertretenen Auffassung nicht um eine unvereinbare Vermengung von Erfüllungs- und Gewährleistungsanspruch handeln, weil ein solches Übereinandergreifen, wie es sich aus den
genannten Regelungen der VOB/B ergibt, durchaus im Rahmen der Vertragsfreiheit in einem
Vertragswerk so festgelegt werden kann.

Wenn Kaiser, Mängelhaftungsrecht, Rdn. 75, hier von dem Nachbesserungsanspruch in Teil B § 13 Nr. 5
unter Gleichstellung mit § 633 Abs. 2 Satz 1 BGB als einem modifizierten Erfüllungsanspruch spricht (so
wohl auch Nicklisch in Nicklisch/Weick Teil B § 13 Rdn. 13; ebenso Erhardt-Renken S. 84 ff.), so stimmt
dies **nicht voll** mit der genannten Besonderheit der VOB-Regelungen überein, wenn sie auch der hier
vertretenen Ansicht nahekommt; im übrigen dürfte die von Kaiser herangezogene BGH-Entscheidung
(BauR 1973, 313, 315) die von ihm vertretene Ansicht kaum stützen, da sie die Wirkungen der Ab-

nahme bei mangelhafter Leistung in ganz anderer Hinsicht (vorher: Klageabweisung, nachher Zug-um-Zug-Verurteilung) behandelt.

IV. Vorrang des Nachbesserungsanspruches

446 Daß der **Anspruch auf Nachbesserung** im Wege vertraglicher Vereinbarung als **Erfüllungs- und Gewährleistungsanspruch** gewählt worden ist, hat seine Grundlage in der **Besonderheit des Leistungsgegenstandes beim Bauvertrag.** Ziel des Bauvertrages ist es, **bleibende Werte zu schaffen und zu erhalten.** Auch werden beiderseits meist recht erhebliche wirtschaftliche Mittel eingesetzt und zur Durchführung des Vertrages bereitgestellt sowie geleistet. Um unter diesen Umständen das Gewährleistungsrecht sinnfällig zu regeln, muß das **Begehren auf Nachbesserung in den Vordergrund gestellt** werden. Die **Gewährleistung** muß **in erster Linie** auf den **Erhalt** und nicht auf die **Zerstörung (Wandelung)** oder auf eine Verminderung (**Minderung; Nr. 6**) **dieser Werteinsätze** oder einen **bloßen Schadensausgleich in Geld** (Nr. 7) abgestellt sein.

V. Vergleich mit den gesetzlichen Bestimmungen

447 Der **Wortlaut** in Teil B § 13 Nr. 5 **deckt sich nicht** mit dem des § 633 Abs. 2 und 3 BGB. Es handelt sich aber **nur** um eine den Besonderheiten des Bauvertrages gerecht werdende **andere Formulierung, ohne** insoweit **jedenfalls für die Praxis besondere rechtlich beachtliche Änderungen** aufzuweisen. In Nr. 5 Abs. 1 wird anders als in den gesetzlichen Regelungen eine **besondere Betonung auf den zeitlichen Geltungsbereich** dieser Bestimmung als eines über den bloßen Erfüllungsanspruch hinausgehenden Gewährleistungsanspruches („während der Verjährungsfrist"... „vor Ablauf der Frist"...) gelegt.

448 Weitere Unterschiede sind: In Nr. 5 Abs. 1 Satz 1 ist **Schriftform für das Verlangen auf Nachbesserung dem Wortlaut nach** erwähnt, während das in § 633 Abs. 2 oder 3 BGB nicht der Fall ist. Zum anderen ist **in Nr. 5** eine Bestimmung, wie sie § **633 Abs. 2 Satz 3 BGB** aufweist (das Recht auf Verweigerung der Nachbesserung bei unverhältnismäßigem Aufwand), **nicht enthalten.** Es ist aber zu bemerken, daß hier die **VOB keine Lücke** enthält, wie sich aus Nr. 6 Satz 1 ergibt. Insoweit liegt bei der VOB lediglich eine „Verschiebung" in den Bereich der Minderung vor. Ferner ist für den Bereich des § **633 Abs. 3 BGB** Verzug des Auftragnehmers mit der Mängelbeseitigung **erforderlich,** aber auch ausreichend, während **Teil B § 13 Nr. 5 Abs. 2** von einer **vergeblichen Fristsetzung** zur Mängelbeseitigung ausgeht.

449 Da es sich bei **Nr. 5** um eine **vertragliche Sonderregelung** handelt, die kraft Vereinbarung einen echten Gewährleistungsanspruch neben dem Erfüllungsanspruch darstellt, regelt sich die **Gesamtfrage der Nachbesserung** bei einem VOB-Bauvertrag **ausschließlich** nach dieser Bestimmung und, soweit es sich um „daran anschließende" Gewährleistungsansprüche handelt, **nach** den weiteren Regelungen in **Nr. 6 und 7, nicht aber** – auch nicht entsprechend – nach § 633 Abs. 2 und 3 sowie den §§ 634, 635 BGB.

B. Der Nachbesserungsanspruch (Teil B § 13 Nr. 5 Abs. 1)

I. Die Voraussetzungen

450 Der Auftragnehmer muß alle während der Verjährungsfrist hervortretenden Mängel, die auf vertragswidrige Leistung zurückzuführen sind, auf seine Kosten beseitigen, wenn es der Auftraggeber vor Ablauf der Frist schriftlich verlangt. Hier besteht **nicht nur** eine **Nachbesserungspflicht,** sondern **auch** ein **Nachbesserungsrecht** des Auftragnehmers (vgl.

Rdn. 464 ff.), das den **Auftraggeber** im Falle der Geltendmachung von Mängeln mit Ausnahme der in Teil B § 13 Nr. 6 geregelten Fälle grundsätzlich auch **verpflichtet, die Nachbesserung entgegenzunehmen,** und zwar im Sinne einer **vertraglichen Mitwirkungspflicht** (vgl. LG Köln BauR 1972, 314, 315). Bei der **Nichtbeachtung** dieser Verpflichtung **verliert der Auftraggeber ein etwaiges Leistungsverweigerungsrecht** nach § 320 BGB (vgl. Rdn. 582 ff.) in bezug auf die dem Auftragnehmer noch zustehende Vergütung. Insbesondere gilt dies auch, wenn dem Auftragnehmer die Besichtigung der Leistung zwecks Mängelfeststellung sowie Klärung der erforderlichen Maßnahmen aus nicht stichhaltigen Gründen verweigert oder nicht ermöglicht wird (vgl. dazu OLG Frankfurt BauR 1979, 326).

Davon abgesehen gewährt der Mängelbeseitigungsanspruch nach Nr. 5 Abs. 1 Satz 1 dem Auftraggeber gegenüber dem Vergütungsanspruch des Auftragnehmers **auch dann noch die Einrede des nicht erfüllten Vertrages,** wenn er die **Gewährleistungsansprüche an Dritte abgetreten** hat (BGHZ 55, 354 = BauR 1971, 126 = MDR 1971, 473 = WM 1971, 685 = SFH Z 2.414 Bl. 248 = LM § 320 BGB Nr. 11 Anm. Rietschel = BlGBW 1971, 178 = NJW 1971, 838). Folglich besteht der **Nachbesserungsanspruch** und bestehen die dazu gehörenden Rechte, wie auch die nach Teil B § 13 Nr. 5 Abs. 2 (vgl. dazu Rdn. 505 ff.), **nach Veräußerung des Bauwerkes und Abtretung des Mängelbeseitigungsanspruches** an einen Erwerber noch fort; der Auftragnehmer bleibt zur Nachbesserung verpflichtet, wenn der Erwerber mit der Mängelbeseitigung einverstanden oder verpflichtet ist, diese zu dulden, wobei in der erfolgten Abtretung zugleich dessen Einverständnis mit der Nachbesserung liegt (vgl. dazu Usinger NJW 1986, 229).

451

Sofern auch ein persönlich haftender Gesellschafter einer Personengesellschaft (Auftragnehmerin) auf Gewährleistung in Anspruch genommen werden kann, schuldet auch er ebenso wie diese die Nachbesserung und nicht einen Geldersatz; hier handelt es sich nämlich um eine vertretbare handwerkliche Leistung, die der Gesellschafter notfalls auch durch Beauftragung eines Dritten erfüllen kann (BGHZ 73, 217 = BauR 1979, 328 = NJW 1979, 1361 = BB 1979, 755 = SFH § 128 HGB Nr. 1 = Betrieb 1979, 1123 = JZ 1980, 193).

452

1. Mangel der Leistung des Auftragnehmers

Erste Voraussetzung ist es, daß die vom Auftragnehmer erstellte Leistung **während** der durch die Abnahme in Lauf gesetzten **Verjährungsfrist** einen **Mangel** aufweist. Dabei genügt nicht jeder Mangel, sondern es muß sich um einen solchen handeln, der **vertragswidrig** ist. Als **vertragswidrig** hat beim VOB-Bauvertrag eine Leistung zu gelten, **wenn sie nicht den in Teil B § 13 Nr. 1–3 im einzelnen festgelegten Voraussetzungen entspricht,** der **Auftragnehmer** für den Leistungsmangel die **Verantwortung trägt,** also den damit vorausgesetzten Erfolg nicht erreicht, der Mangel somit **ursächlich auf die von ihm vertraglich geschuldete Leistung zurückgeht,** also nicht auf diejenige eines anderen Auftragnehmers (vgl. BGHZ 96, 221 = BauR 1986, 211 = SFH § 13 Nr. 7 VOB/B Nr. 9 = BGH NJW 1986, 922 = JZ 1986, 397 mit Anm. Stoll = MDR 1986, 401 = BB 1986, 761 = LM § 13 [E] VOB/B Nr. 14 = Betrieb 1986, 530 = Hensen EWiR § 13 VOB/B 1/86, 201 = ZfBR 1986, 67), **und er** nach dem Vertrag **nicht in der Lage ist,** die **Verantwortlichkeit auf** den **Auftraggeber abzuwälzen** (ebenso Nicklisch in Nicklisch/Weick Teil B § 13 Rdn. 116; im Ergebnis so auch Kaiser, Mängelhaftungsrecht, Rdn. 73). Insofern – hier nach der Abnahme – trägt der **Auftraggeber die Darlegungs- und Beweislast.** Sie kann **nicht einseitig durch AGB** – insbesondere Zusätzliche Vertragsbedingungen – auf den Auftragnehmer **abgewälzt** werden, auch nicht etwa dahin, daß dem Auftraggeber die Bestimmung überlassen bleibt, ob und welche Mängel dem Auftragnehmer zuzurechnen sind. Solche Regelung verstößt gegen § 9 AGB-Gesetz (ebenso wie die Klausel, daß dem Auftraggeber die Festlegung überlassen bleibt, welcher Bauschutt vom betreffenden Auftragnehmer stammt, den er zu beseitigen hat; gleiches gilt z. B. für die

453

Bestimmung, daß der Auftragnehmer für alle Schäden an der Verglasung oder an anderen Bauteilen haften soll, auch wenn der Schadensverursacher nicht zu ermitteln ist).

454 Kommen mehrere Ursachen aus Bauverträgen mit verschiedenen Unternehmern für einen Schaden in Betracht, so ist grundsätzlich nach § 287 ZPO zu entscheiden, wieweit dieser auf dem einen oder anderen Ereignis beruht (vgl. BGHZ 33, 293, 302).

Trägt die Verwendung eines bestimmten Werkstoffes das Risiko eines bestimmten Schadens in sich, das bei Gebrauch des im Vertrag vorgesehenen Werkstoffes nicht bestehen würde, kann es für den Nachweis der Ursächlichkeit und damit der Zurechenbarkeit des Mangels genügen, wenn eben dieser Schaden eintritt, auch wenn dessen Verursachung durch andere Umstände nicht mit letzter Sicherheit auszuschließen ist (BGH BauR 1973, 51 = SFH Z 2.414 Bl. 296), **ohne** daß hier allerdings von einer **Umkehr der Beweislast** gesprochen werden kann (BGH BauR 1975, 346).

Haben **zwei Mängel einen gleichen Schaden herbeigeführt,** so sind **beide mitursächlich,** auch wenn einer allein genügt hätte, den Schaden herbeizuführen (BGH SFH Z 3.01 Bl. 463 = WM 1971, 1056; BGH SFH Z 3.12 Bl. 72). Ergibt sich die Möglichkeit, daß aus **derselben** vertraglichen Leistungspflicht eines Auftragnehmers **mehrere Ursachen** für den Mangel bestehen, bedarf es grundsätzlich **nicht der Feststellung, welche Ursache wirklich maßgebend ist** (BGH BauR 1975, 278 = NJW 1975, 1217 = MDR 1975, 657 = BB 1975, 989 = SFH Z 2.410 Bl. 70 = LM VOB/B Nr. 74). Das gilt auch, wenn eine Mängelursache auf die Arbeit eines Subunternehmers zurückgehen kann (a. a. O.). Dagegen liegt ein vertragswidriger, den Auftragnehmer zur Nachbesserung verpflichtender **Mangel nicht** vor, wenn es sich lediglich um die **Abnutzung** einer sonst vertragsgerecht erbrachten Leistung handelt. Insoweit kommt es für die Abgrenzung auf die technische Beurteilung der Beschaffenheit des betreffenden Bauteils sowie auf den unmittelbaren ursächlichen Zusammenhang mit dessen Gebrauch an.

Zur Mitwirkungspflicht des Auftragnehmers bei der Aufklärung der Mängelursachen aufgrund besonderer vertraglicher Regelung vgl. OLG Hamburg BauR 1979, 248. Eine solche Verpflichtung ist nicht ohne weiteres hinsichtlich der Tragung der Kosten der Aufklärung gegeben (a. a. O.).

455 Ob ein **Mangel wesentlich** ist, spielt für den **Bereich des Nachbesserungsanspruchs keine Rolle;** also kann sich der Auftragnehmer grundsätzlich gegenüber einem Nachbesserungsanspruch nicht mit dem Argument verteidigen, der Mangel bzw. dessen Auswirkungen seien nur unwesentlich (vgl. dazu OLG Düsseldorf BauR 1980, 75).

456 Stellt sich heraus, daß eine Nachbesserungsleistung des Auftragnehmers erfolgt ist, **ohne** daß ein **Mangel der Ausführung** in dem durch seinen Vertrag umrissenen Bereich vorlag, hat der Auftraggeber diese Nachbesserungsleistung **angemessen zu vergüten** (§§ 632 Abs. 2 BGB, Teil B § 2 Nr. 1, 2, 6). Hat der Auftraggeber schuldhaft keine ordnungsgemäße Mängelfeststellung hinsichtlich des Verursachers getroffen, hat er eine vertragliche Nebenpflicht verletzt, die ihn schadensersatzpflichtig macht; dann hat er auch für schuldhafte Pflichtverletzungen seines Erfüllungsgehilfen, z. B. des Architekten, einzustehen (§§ 276, 278 BGB); vgl. dazu LG Mainz SFH § 16 Nr. 3 VOB/B Nr. 35.

2. Hervortreten während der Verjährungsfrist

457 Weitere Voraussetzung ist es, daß der **Mangel während der Verjährungsfrist** hervortritt. Damit ist nicht gemeint, daß der Mangel erst nach dem Beginn der Verjährungsfrist **entstanden** sein darf. Vielmehr wird nur ein **Hervortreten des Mangels** im Sinne einer **Wahrnehmung oder Wahrnehmungsmöglichkeit** verlangt. Deshalb fallen hierunter u. a. auch **Män-**

gel, die bei der Abnahme bereits, wenn auch nur im Keim, vorhanden waren, die sich dem Auftraggeber aber erst später im Laufe der Verjährungsfrist bemerkbar gemacht haben.

Wegen der bereits **bei der Abnahme positiv – also wirklich – bekannten Mängel** wird auf § 640 Abs. 2 BGB in Verbindung mit Teil B § 12 Nr. 4 Abs. 1 Satz 4 und 5 Abs. 3 hingewiesen (vgl. Teil B § 12 Rdn. 32 ff., 124–130 sowie 141). Hier kommt es für den **Nachbesserungsanspruch** darauf an, ob der Auftraggeber ihn sich **bei Abnahme vorbehalten hat**. 458

Nicht erforderlich ist es, daß auch die **Schadensauswirkungen** eines Mangels sämtlich während der Verjährungsfrist **aufgetreten** sind. Vielmehr genügt grundsätzlich die ordnungsgemäße Mängelanzeige auch für solche erst später erkennbar hervortretende, auf diesen Mangel zurückzuführende Schäden, **da die Folgen der mangelhaften Leistung als einheitliches Ganzes anzusehen sind** (vgl. BGH LM § 198 BGB Nr. 3). 459

3. Konkretisierte Mangelbeseitigungsaufforderung

Weiter ist für den Mangelbeseitigungsanspruch das **Verlangen des Auftraggebers auf Beseitigung** erforderlich. Es wird eine **eindeutige und inhaltlich zweifelsfreie empfangsbedürftige Willenserklärung des Auftraggebers** an den Auftragnehmer **verlangt**. 460

Dabei ist vom Auftraggeber genau zu bezeichnen, welcher Mangel aufgetreten ist und beseitigt werden soll. **Allzu strenge Anforderungen sind jedoch nicht zu stellen. Es genügt aber keineswegs, die Bauleistung schlechthin als mangelhaft zu bezeichnen.** Daher reicht es auch nicht, neben einer hinreichend konkreten Rüge eines Mangels eine „Rüge" für „weitere vorhandene, noch nicht sichtbare und nicht erkennbare Mängel" abzugeben (LG Hamburg MDR 1974, 581 = BlGBW 1974, 199), soweit es sich um letztere handelt. Unzulänglich ist auch die Rüge: „An einigen Fenstern blättert die Farbe ab" (KG BauR 1974, 345). Vielmehr müssen die beanstandeten Mängel **so genau hervorgehoben werden, daß der Auftragnehmer zweifelsfrei ersehen kann, was im einzelnen beanstandet wird und daß von ihm in bezug darauf Abhilfe i. S. der Beseitigung verlangt wird** (vgl. Schmidt MDR 1963, 263, 265; vgl. vor allem auch BGHZ 58, 332 = BauR 1972, 311 = VersR 1972, 858 = BlGBW 1972, 192 = SFH Z 2.414 Bl. 281 = NJW 1972, 1280 = MDR 1972, 772 = BB 1972, 1118 = LM VOB/B Nr. 53 Anm. Rietschel; BGHZ 62, 293 = BauR 1974, 280 = SFH Z 2.415.2 Bl. 3 = NJW 1974, 1188 = BB 1974, 762 = LM VOB/B Nr. 72 Anm. Schmidt; BGH BauR 1975, 341 = SFH Z 2.414.0 Bl. 4; BGH SFH § 812 BGB Nr. 3; BGH BauR 1980, 574 = SFH § 633 BGB Nr. 24 = ZIP 1980, 637 = ZfBR 1980, 231; BGH BauR 1982, 66 = SFH § 13 Ziff. 4 VOB/B Nr. 2 = ZfBR 1982, 19; BGH BauR 1985, 355 = SFH § 633 BGB Nr. 50 = ZfBR 1985, 171; BGH BauR 1987, 84 = NJW 1987, 381 = SFH § 13 Nr. 5 VOB/B Nr. 16 mit Anm. Hochstein = MDR 1987, 310 = Betrieb 1987, 379 = BB 1986, 2291 = Hochstein EWiR § 13 Nr. 5 VOB/B 1/86, 1249 = ZfBR 1987, 37 = WEZ 1987, 228, dazu Kaiser a. a. O. S. 179 = LM § 13 [B] VOB/B Nr. 22; OLG Frankfurt NJW-RR 1987, 979). Diese Konkretisierung ist **notwendig, damit der Auftragnehmer Art und Umfang der von ihm geforderten Nachbesserung erkennen kann**, außerdem der Auftraggeber später nicht ohne weiteres ursprünglich nicht gemeinte oder nicht berechtigte weitere Mängel nachschieben kann (KG BauR 1974, 345; ähnlich für den hier entsprechend zu beurteilenden Bereich des Kaufvertrages BGH BauR 1978, 482 = BB 1978, 1489 = MDR 1979, 50 = LM § 377 HGB Nr. 21 = ZfBR 1978, 26). Dabei muß vor allem die **äußere Erscheinungsform** des Mangels nach Art (z. B. Feuchtigkeit) und Lage (z. B. Westgiebel) hinreichend dargetan werden, während die **Kenntnis und damit die Benennung der technischen Mängelursache bzw. der Gründe ihrer Entstehung** (BGHZ 48, 108, 110 = NJW 1967, 2005 = SFH Z 2.331 Bl. 45; BGH BauR 1976, 430 = BB 1976, 1433 = MDR 1977, 133 = SFH Z 2.414.1 Bl. 14 = LM VOB/B Nr. 83; vgl. auch BGH BauR 1982, 66 = SFH § 13 Ziff. 4 VOB/B Nr. 2 = ZfBR 1982, 19) durch den Auftraggeber grundsätzlich **nicht** vorausgesetzt werden kann. Daher genügt z. B. für eine ordnungsgemäße Mängelrüge die Darlegung, 461 daß an einer Filterrückspülanlage Kalkablagerungen vorhanden sind, daß bei einer Fußbodenheizung der Fußboden im Fensterbereich zu kalt bleibe (vgl. BGH BauR 1985, 355 = SFH § 633 BGB Nr. 50 = ZfBR 1985, 171). **Der Auftragnehmer muß aber auf jeden Fall aus der betreffenden Rüge außerdem ganz klar erkennen können, daß es sich um einen Teil der von ihm erbrachten Leistung handelt.** Andererseits dürfen an die Mängelrüge **keine übertriebenen Anforderungen** gestellt werden. So ist es nicht nötig, alle Risse nach Lage, Länge und Breite zu kennzeichnen, wenn sämtliche Risse zweifelsfrei in den Leistungsbereich des Auftragnehmers fallen und der Auftragnehmer eindeutig erkennen kann – evtl. auch erkannt hat –, worum es sich handelt (vgl. OLG Frankfurt BauR 1983, 156 = NJW 1983, 456 = SFH § 13 Nr. 1 VOB/B Nr. 2 für den Fall des Auftretens von Rissen an einer Spannbetonbrücke; vgl. auch OLG Köln BauR 1988, 241, 242). Auch genügt für eine ordnungsgemäße Mängelrüge die Angabe, von 28 Mengenwärmezählern funktionierten 20 nicht, sowie die Heizungsanlage werde nicht warm oder nicht ausreichend warm (vgl. BGH BauR 1988, 474, 476). Auch sonst sind zur Darstellung der äußeren Erscheinungsform des Mangels nur Hinweise über diejenigen Auswirkungen erforderlich, die zur Zeit der Mängelrüge erkannt wurden bzw. erkennbar waren, wie z. B. die Angabe, an welchen Teilen des Daches sich Undichtigkeiten gezeigt haben. Damit ist aber die Mängelrüge nicht örtlich begrenzt, vielmehr erstreckt sie sich umfassend auf die Mängelursache, und zwar auch für Bereiche, in denen sich bisher noch keine Undichtigkeiten gezeigt haben. Die Angabe der Stellen der Undichtigkeit ist nur ein Hinweis auf bereits zutage getretene Mängelschäden, ohne das Mängelbeseitigungsverlangen zu begrenzen. Es ist dann Sache des Auftragnehmers, den Mangel und seine Ursache nachzuprüfen; erst daraus kann sich der Umfang seiner Mängelbeseitigungspflicht ergeben (BGH BauR 1987, 84 = NJW 1987, 381 = SFH § 13 VOB/B Nr. 16 mit Anm. Hochstein = MDR 1987, 310 = Betrieb 1987, 379 = BB 1986, 2291 = ZfBR 1987, 37 = WEZ 1987, 228, dazu Kaiser a. a. O. S. 179 = LM § 13 [B] VOB/B Nr. 22). Das gilt auch, wenn es sich um mehrere an sich selbständige Bauteile (z. B. Dächer, Terrassen) handelt. Entscheidend ist vielmehr der Umfang des jeweils erteilten Auftrages und die sich daraus ergebende Gewährleistungspflicht des Auftragnehmers (BGH a. a. O.). Somit liegt in der **bloßen Bezeichnung der Mängelfolgen** durch den Auftraggeber **keine Begrenzung des Mängelbeseitigungsverlangens**; vielmehr werden davon im Zweifel **alle damit zusammenhängenden Mängelursachen erfaßt,** was insbesondere auch für nach erfolglosem Mängelbeseitigungsversuch erneut aufgetretene Mängel gilt (vgl. BGH BauR 1987, 207 = SFH § 13 Nr. 5 VOB/B Nr. 17 = ZfBR 1987, 71 = NJW-RR 1987, 336). Beanstandet der Auftraggeber, daß sein Bungalow-Flachdach an mehreren Stellen Durchfeuchtungserscheinungen zeige, so sind damit alle Beseitigungsansprüche erfaßt, die die Ursache für die Undichtigkeit des Daches bilden (vgl. OLG Frankfurt NJW-RR 1988, 402). Gibt der Auftraggeber bei einem über mehrere Häuser verlaufenden Dach, das vom Auftragnehmer als einheitliches Werk geschuldet war, eine Stelle an, an der Wasser in einer Wohnung auftritt, so liegt darin zunächst nur ein Hinweis auf festgestellte Mängelschäden, nicht aber eine Begrenzung des Mängelbeseitigungsverlangens nur auf das eine Haus, mag auch das Eigentum an dem einheitlichen Werk inzwischen geteilt worden sein (BGH BauR 1987, 443 = SFH § 633 BGB Nr. 63 = NJW-RR 1987, 798 = ZfBR 1987, 188).

462 Die Erklärung des Auftraggebers muß des weiteren **mit Bestimmtheit** auf das **Verlangen zur Beseitigung des Mangels gerichtet sein** (BGHZ 62, 293 = BauR 1974, 280 = SFH Z 2.415.2 Bl. 3 = NJW 1974, 1188 = BB 1974, 762 = LM VOB/B Nr. 72 Anm. Schmidt; BGH BauR 1975, 341 = SFH Z 2.414.0 Bl. 4) **und erkennbar machen, daß die Nichtbeachtung der Aufforderung von ihm nicht hingenommen wird** (ähnlich LG Köln SFH Z 2.414.1 Bl. 10; OLG Hamm BB 1988, 301, 302 = NJW-RR 1988, 723). Für die Praxis ergibt sich dies allerdings regelmäßig schon aus der betreffenden Mängelrüge. Bloße Überlegungen, ob und auf welche Weise nachgebessert werden kann (vgl. LG Köln a. a. O.) oder auch in dieser Richtung geführte Vergleichsverhandlungen (vgl. OLG Köln SFH Z 2.300 Bl. 14 ff.) oder die Angabe, man komme auf einen bestimmten Mangel noch zurück (vgl. BGH BauR 1978,

482 = BB 1978, 1489 = MDR 1979, 50 = LM § 377 HGB Nr. 21 = ZfBR 1978, 26 für den Bereich des Kaufvertrages, was gleichermaßen auch für den Bauvertrag gilt), reichen dagegen noch nicht aus. Andererseits **genügt** die Aufforderung des Auftraggebers an den Auftragnehmer, sich wegen der Mängelbeseitigung mit seinem – des Auftraggebers – **Architekten in Verbindung zu setzen, um die Behebung der Schäden zu besprechen,** sofern die Mängel hinreichend gekennzeichnet werden (BGHZ 62, 293 = BauR 1974, 280 = SFH Z 2.415.2 Bl. 3 = NJW 1974, 1188 = BB 1974, 762 = LM VOB/B Nr. 72 Anm. Schmidt). Gleiches trifft – erst recht – für die Aufforderung zu, die **Bereitschaft zur Mängelbeseitigung zu erklären.**

Erklärt sich der Auftragnehmer zunächst zur Beseitigung bestimmter Baumängel bereit, verweigert er diese aber dann, weil er sich aufgrund später getroffener Feststellungen nicht zur Mängelbeseitigung verpflichtet glaubt, sind die für ein schuldbestätigendes Anerkenntnis maßgebenden Grundsätze heranzuziehen: In diesem Fall trifft den **Auftragnehmer** die **Beweislast** für die Richtigkeit der später getroffenen Feststellung und der sich für ihn daraus ergebenden günstigen Rechtswirkungen (BGH SFH Z 2.414 Bl. 198). Verweigert der Auftragnehmer **grundlos** die Mängelbeseitigung, muß er sich **an seinem Anerkenntnis festhalten lassen.** 463

4. Grundsätzlich keine Mängelbeseitigung durch Auftraggeber vor Aufforderung an Auftragnehmer

a) Läßt der Auftraggeber im Bereich der Nachbesserung (vgl. Rdn. 484 ff.) den Mangel **selbst** abstellen, **ohne vorher den Auftragnehmer hierzu überhaupt aufgefordert zu haben,** ist das **nicht vertragsgerecht.** Denn der **Auftragnehmer** hat nicht nur eine Nachbesserungspflicht, sondern auch ein **Nachbesserungsrecht,** d. h. die vertragliche Befugnis, die Nachbesserung **selbst** und aufgrund seiner **eigenen fachmännischen Entschließung vornehmen zu können** (vgl. Rdn. 450 ff.; insoweit auch BGHZ 90, 344 = BauR 1984, 395 = NJW 1984, 1676 = Betrieb 1984, 1720 = ZIP 1984, 713 = MDR 1984, 748 = BB 1984, 1703 = LM § 273 BGB Nr. 38 Anm. Recken = SFH § 13 Nr. 5 VOB/B Nr. 16 = Hochstein EWiR § 13 Nr. 5 VOB/B 1/86, 1249 = ZfBR 1984, 173). 464

Früher (BB 1961, 430 = Betrieb 1961, 569 = SFH Z 2.401 Bl. 21) hat der BGH die Ansicht vertreten, der Auftraggeber könne bei voreilig von ihm selbst bewerkstelligter Nachbesserung vom Auftragnehmer aus **ungerechtfertigter Bereicherung** Ersatz seiner Aufwendungen insoweit verlangen, als dieser eigene Aufwendungen dadurch erspart hat, daß er den Mangel nicht selbst zu beheben brauchte. Diese Auffassung hat der BGH später (Betrieb 1965, 1774 = NJW 1966, 39 = MDR 1966, 140 = BB 1965, 1373 = SFH Z 2.414 Bl. 146 ff.; ebenso Urt. vom 7. 10. 1968 – VII ZR 103/66 – sowie SFH Z 2.414.3 Bl. 19) wieder aufgegeben. Dabei hat er mit Recht ausgeführt, daß Teil B § 13 Nr. 5 **abschließend** ist und daneben **keinen Anspruch des Auftraggebers aus ungerechtfertigter Bereicherung** zuläßt; sonst würde auch in tatsächlicher Hinsicht die Ermittlung einer etwaigen Bereicherung des Auftragnehmers auf unüberwindliche und letztlich unzumutbare Schwierigkeiten stoßen (auch BGH SFH Z 2.13 Bl. 33 ff.; BGH SFH § 812 BGB Nr. 3; ebenso OLG Frankfurt NJW-RR 1987, 979). **Der Auftraggeber tut also gut daran, sich genau an die Regeln der Nr. 5 zu halten und nicht vorschnell zu handeln, wenn er nicht einen Rechtsverlust,** auch hinsichtlich seiner etwaigen Rechte aus Nr. 7, **erleiden will.** Grundsätzlich scheiden aus den angeführten Gründen dann **auch Ansprüche des Auftraggebers aus** dem Gesichtspunkt der **Geschäftsführung ohne Auftrag** aus (BGH SFH Z 2.414.3 Bl. 19; vgl. auch BGH WM 1972, 1025; SFH § 812 BGB Nr. 3). Die zuletzt genannte BGH-Entscheidung weist zutreffend darauf hin, daß auch dann keine Ansprüche aus ungerechtfertigter Bereicherung oder aus Geschäftsführung ohne Auftrag gegeben sind, wenn der Auftraggeber die Gewährleistungsansprüche an Erwerber abgetreten hat und er nach der Abtretung die Mängelansprüche der Erwerber befriedigt, ohne 465 gegenüber dem Auftragnehmer die Voraussetzungen des § 13 Nr. 5 Abs. 2 VOB/B oder nach § 13 Nr. 7 VOB/B geschaffen zu haben. **Dieselben Folgen treffen im Hinblick auf den Kostenerstattungsanspruch des Werkbestellers aus § 633 Abs. 3 BGB zu** (vgl. BGH NJW 1968, 43 = MDR 1968, 42 = BB 1967, 1223 = LM BGB § 633 Nr. 14 = SFH Z 3.13 Bl. 49; auch OLG Hamm BauR 1984, 537; LG Köln SFH Z 2.414.1 Bl. 10), **was für den Anspruch aus Teil B § 13 Nr. 5 Abs. 2 entsprechend gilt.**

466 **Auch ein anderer Unternehmer,** den der Auftraggeber unzulässigerweise mit der Nachbesserung beauftragt hat, **hat** wegen der dadurch entstandenen Aufwendungen **keinen Anspruch** aus ungerechtfertigter Bereicherung oder Geschäftsführung ohne Auftrag **gegen den Auftragnehmer** (Festge, BauR 1973, 274).

467 Eine Klausel in AGB (vor allem Zusätzlichen Vertragsbedingungen), daß der Auftragnehmer eine Kürzung seiner Vergütung wegen vorhandener Mängel „auch ohne Benachrichtigung" hinzunehmen hat, verstößt gegen § 11 Nr. 4 bzw. § 9 AGB-Gesetz. Gleiches trifft auf eine Bestimmung zu, wonach der Auftraggeber – ungeachtet der Regelung in § 634 Abs. 2 BGB bzw. § 13 Nr. 5 Abs. 2 VOB/B und der in Rdn. 468–473 sowie 522–529 genannten Ausnahmen – **generell** die Wahl zur Selbstbeseitigung von Mängeln auf Kosten des Auftragnehmers haben soll; eine solche Klausel ist also auch im kaufmännischen Bereich unwirksam (OLG Koblenz ZIP 1981, 995).

468 b) Eine **Ausnahme** vom Gesagten gilt jedoch zugunsten des Auftraggebers, wenn **das Verhalten des Auftragnehmers von vornherein zweifelsfrei und ernstlich sowie endgültig erkennen läßt, daß er einer Aufforderung zur Mängelbeseitigung nicht nachkommen wird.** Dann ist eine solche Aufforderung ebenso entbehrlich wie die Fristsetzung nach Nr. 5 Abs. 2, und zwar unter den dafür maßgebenden Voraussetzungen (vgl. Rdn. 522 ff.; dazu RGZ 64, 294; BGH NJW 1967, 389 sowie insbesondere BGH NJW 1971, 798; OLG Düsseldorf, Urt. v. 6. 3. 1970 – 5 U 145/68 –; LG Köln SFH Z 2.414.1 Bl. 10; BGH BauR 1983, 258 = NJW 1983, 1731 = SFH § 634 BGB Nr. 10 = ZfBR 1983, 123; vgl. dazu vor allem auch Teil B § 4 Rdn. 387 ff.).

469 **Gleiches** gilt nach Treu und Glauben, wenn sich der **Auftragnehmer im Rahmen der Ausführungen der Leistung als völlig unzuverlässig erwiesen** hat, indem ihm ein derart grober Mangel unterlaufen ist, so daß mit Sicherheit zu erwarten ist, daß ihm die ordnungsgemäße Mängelbeseitigung nicht gelingt. Ebenso trifft das zu, wenn sich der Auftragnehmer nicht mit der nach dem jeweiligen Fall gebotenen Ernsthaftigkeit und Eile um die erforderliche Mängelbeseitigung kümmert (vgl. OLG Stuttgart BauR 1980, 363 für den Fall fehlgeschlagener Sanierungsarbeiten nach mangelhafter Leistung eines anderen Unternehmers).

470 Für die vorerwähnten **Ausnahmetatbestände** ist aber der **Auftraggeber darlegungs- und beweispflichtig,** wobei in der Praxis gerade hier **Beweisschwierigkeiten** auftreten können. Besonders auch deshalb ist diese Ausnahmeregelung für den Auftraggeber unbedingt mit der **gebotenen Vorsicht** aufzufassen. So reicht es für den Nachweis absoluter Unzuverlässigkeit des Auftragnehmers nicht schon aus, wenn dieser nicht in die Handwerksrolle eingetragen ist und es dem Auftraggeber – was regelmäßig zutrifft – entscheidend um den Erhalt einer letztlich ordnungsgemäßen Werkleistung geht; damit allein ist noch nicht die mangelnde Qualifikation des Auftragnehmers nachgewiesen (BGH BauR 1984, 58 = NJW 1984, 230 = MDR 1984, 135 = BB 1984, 173 = JZ 1984, 149 = SFH § 134 BGB Nr. 5 = ZfBR 1984, 31 = ZIP 1983, 1460 = JZ 1984, 149 = Betrieb 1984, 767 = WM 1983, 1315 = LM § 134 BGB Nr. 108 = Anm. Köhler JR 1984, 324).

Zur dennoch trotz berechtigter Nachbesserungsverweigerung des Auftraggebers erforderlichen **Mängelanzeige** vgl. Rdn. 527 ff.

c) Eine **weitere Ausnahme** liegt im folgenden:

Unternimmt der **Auftraggeber** ohne vorherige Aufforderung und Fristsetzung gegenüber dem Auftragnehmer **nur einen erfolglosen Nachbesserungsversuch**, so **verliert** er damit **noch nicht seinen Nachbesserungsanspruch**, da dieser erst erlischt, wenn die Nachbesserung – sei es von dem Auftragnehmer, sei es von einem anderen – tatsächlich **erfolgreich ausgeführt** worden ist. Allerdings **gilt dies nicht, und der Nachbesserungsanspruch des Auftraggebers geht verloren**, wenn er durch seinen erfolglosen Versuch eine **sachgerechte Nachbesserung unmöglich gemacht oder wesentlich erschwert hat** (so mit Recht OLG Köln BauR 1973, 53 = SFH Z 2.414.1 Bl. 4 mit zust. Anm. von Heyers BauR 1973, 56). Die Frage der wesentlichen Erschwerung ist hier zunächst technisch zu sehen, sie orientiert sich aber letztlich an dem nach § 242 BGB ausgerichteten Gesichtspunkt der Zumutbarkeit.

d) **Ausnahme: Gefahr im Verzuge**

Schließlich kann ausnahmsweise ein sogleich gegebenes Nachbesserungsrecht des Auftraggebers vorliegen, wenn **Gefahr im Verzuge** oder infolge außergewöhnlicher, bei objektiver Betrachtung bisher nicht vorherzusehender Umstände Eile geboten ist (LG Köln SFH Z 2.414.1 Bl. 10). Die Beurteilung solcher **eng auszulegender** und auch hier **vom Auftraggeber nachzuweisender Umstände** richtet sich im wesentlichen nach der **Gefahrträchtigkeit** des aufgetretenen Mangels sowie den **Umständen,** unter denen der Auftraggeber im Rahmen der **Zumutbarkeit** damit fertig zu werden hat, vor allem, ob und inwieweit er nicht die Möglichkeit besitzt, den Auftragnehmer zur sofortigen Nachbesserung heranzuziehen.

5. Art und Umfang des Nachbesserungsanspruches

a) Der **Begriff Beseitigung des Mangels** ist dahin gehend zu verstehen, **daß der Auftragnehmer verpflichtet** ist, **alle Anstalten zu treffen, um die von ihm nach dem jeweiligen Vertrag geschuldete Leistung in allen Einzelheiten und in ihrer Gesamtheit so zu erstellen, wie es nach dem Bauvertrag von ihm zu erwarten ist.** Er muß die Leistung in eine Beschaffenheit versetzen, **wie sie nach Nr. 1–3** gemäß den an ihn im betreffenden Vertrag gestellten Anforderungen **von ihm verlangt wird** (ebenso Wussow NJW 1967, 953, 954).

Allerdings hat der Auftraggeber grundsätzlich **keinen Anspruch** darauf, daß der Auftragnehmer einen Mangel **in bestimmter Weise** nachbessert; vielmehr hat der Auftragnehmer bei Fehlen anderweitiger vertraglicher Regelung im allgemeinen das **Recht, selbst zu bestimmen, auf welche Weise er den Mangel mit dem Endziel der Vertragsgerechtheit nachhaltig und dauerhaft beseitigen will** (BGH BauR 1973, 313 = BB 1973, 1002 = NJW 1973, 1792 = VersR 1973, 937 = SFH Z 2.414 Bl. 308 = MDR 1973, 842 = WM 1973, 1598 = Anm. Fenge JR 1974, 66), es sei denn, es stehen im Einzelfall **aus der berechtigten Sicht des Auftraggebers** Gesichtspunkte von Treu und Glauben entgegen. Zur Frage der **für den Auftraggeber zumutbaren Mängelbeseitigung** vgl. Rdn. 614 ff.

Der Auftragnehmer trägt das Risiko seiner Arbeit; daher muß er gewöhnlich auch allein entscheiden können, wie er die Mängel beseitigt (BGH BauR 1976, 430 = BB 1976, 1433 = MDR 1977, 133 = Schäfer/Finnern Z 2.414.1 Bl. 14 = LM VOB/B Nr. 83 = Betrieb 1976, 2103; so auch Nicklisch in Nicklisch/Weick Teil B § 13 Rdn. 119; zu weitgehend hier Kaiser, Mängelhaftungsrecht, Rdn. 75, der unzulässigerweise Gesichtspunkte der Unzumutbarkeit für den Auftraggeber anführt, die lediglich im Bereich von Teil B § 13 Nr. 6 Satz 2, also der

Minderung, vgl. dazu Rdn. 632 ff., eine Rolle spielen; wie Kaiser i. E. auch Fischer S. 150 f.). Vgl. aber auch Rdn. 614 ff.

476 Eine Verurteilung zur Mängelbeseitigung erfordert deshalb **im allgemeinen** lediglich die Bezeichnung des Mangels der Leistung, den der Auftragnehmer zu beheben hat; die Beifügung von Anordnungen, **wie die Beseitigung technisch vorzunehmen ist,** hat in der Regel zu **unterbleiben,** es sei denn, daß der Auftragnehmer mit der Beseitigung auf diese Weise einverstanden ist; im übrigen erwächst der in einem Prozeß vom Auftraggeber **einredeweise** geltend gemachte Nachbesserungsanspruch nicht in Rechtskraft und ist nicht vollstreckbar, weswegen in einem späteren Prozeß erneut geprüft werden muß, wie weit die Nachbesserungspflicht geht (BGH a.a.O.). Ist allerdings zwischen den Parteien **streitig,** ob ein mangelhafter Bauteil **auszubessern oder auszuwechseln ist, bedarf** diese Frage der gerichtlichen **Entscheidung im Erkenntnisverfahren;** für die **Notwendigkeit des Auswechselns hat der Auftraggeber die Beweislast** (OLG Köln BauR 1977, 275). **Gleiches** gilt, wenn es sich nicht um Nachbesserungsarbeiten im eigentlichen Sinne durch Wiederholung der bisher geschuldeten Leistung, sondern um eine dem **Auftraggeber zumutbare – gleichwertige – Sanierungsmaßnahme** (vgl. Rdn. 614 ff.) handelt (KG BauR 1981, 380), es insbesondere darum geht, denkbare weitere Schäden zu verhindern (a. a. O.).

Eine zwischenzeitlich im Betrieb des Auftragnehmers eingetretene „Produktionsänderung" dahingehend, daß er sich jetzt entgegen dem Zeitpunkt der „eigentlichen" Ausführung nicht mehr mit der Herstellung des betreffenden – mangelhaften – Leistungsgegenstandes befaßt, ändert nichts an der Nachbesserungspflicht; notfalls muß er dann einen anderen Unternehmer mit der Vornahme der Nachbesserung beauftragen (vgl. OLG Köln BB 1971, 373 = BauR 1971, 129 mit Anm. Jagenburg = SFH Z 4.01 Bl. 62 = Betrieb 1971, 717 = BlGBW 1971, 179).

477 b) Die **Beseitigung hat,** wie dies in Nr. 5 Abs. 1 Satz 1 zum Ausdruck gekommen ist, grundsätzlich **auf Kosten und zu Lasten des Auftragnehmers** zu erfolgen. Das Verlangen, die mangelhafte Leistung kostenmäßig zu Lasten des Auftragnehmers auszuführen, muß sich **aus der Mängelbeseitigungsaufforderung,** zumindest aus den im Zusammenhang mit der Aufforderung gegebenen Umständen, für den Auftragnehmer zweifelsfrei ergeben.

So kann es möglicherweise nicht genügen, wenn der Auftraggeber den Auftragnehmer zur Vornahme einer bestimmten „Reparatur" auffordert, der Auftragnehmer daraufhin ein schriftliches Angebot macht, dabei Preise einsetzt und der Auftragnehmer dann vom Auftraggeber den Auftrag erhält, und zwar selbst dann nicht, wenn letzterer dabei zum Ausdruck bringt, es bleibe zu klären, wie die Schadensregelung erfolgen soll. Darin kann u. U. die Erteilung eines vergütungspflichtigen Auftrages an den Auftragnehmer gesehen werden (vgl. dazu näher Clemm BB 1986, 616 sowie Teil B § 2 Rdn. 166 ff.).

478 c) Im übrigen ist der **Auftraggeber verpflichtet,** die betreffende **Bauleistung,** die mangelhaft ist, dem **Auftragnehmer in dem zur Nachbesserung erforderlichen Umfang zur Verfügung zu stellen.** Insbesondere muß er ihnen den Zugang und die ungehinderte Nachbesserungsarbeit ermöglichen. Insofern hat der Auftraggeber eine **Mitwirkungspflicht,** aus deren Verletzung dem Auftragnehmer Ansprüche nach Teil B § 6 Nr. 6 oder aus positiver Vertragsverletzung erwachsen können.

479 d) Die **im Einzelfall technisch erforderlichen Anstalten zur Beseitigung des Mangels** können begrifflich einmal in der **Nachbesserung im eigentlichen Sinne** (Umgestaltung der bisher mangelhaften Leistung in eine vertragsgerechte, ordnungsgemäße), zum anderen in einer völligen **Neuherstellung** des mangelhaften Leistungsteils bzw. der mangelhaften Leistung bestehen.

Insofern geht der hier maßgebliche **Gewährleistungsanspruch** nach dem Werkvertragsrecht des BGB **im Ausgangspunkt zunächst nur** auf **Nachbesserung** und **nicht auf Neuherstellung der** vertraglich übertragenen **Gesamtleistung** (vgl. jedoch die Ausnahme Rdn. 481 ff.). Die **Neuherstellung** lediglich eines – wenn auch ganzen – **Leistungsteils** im Rahmen der vertraglichen Gesamtleistung, wie z. B. des Außenputzes, wenn der erteilte Auftrag sämtliche Arbeiten des Bauhauptgewerbes umfaßt, **gilt** dabei **noch als Nachbesserung im Bereich der Leistungsverpflichtung** des Auftragnehmers (vgl. hierzu RGZ 57, 275; 95; 329; BGHZ 26, 337 = SFH Z 2.414 Bl. 60 = NJW 1958, 706; NJW 1962, 1569 = LM § 13 VOB/B Nr. 5; BGHZ 42, 238 = NJW 1965, 152 = SFH Z 2.414 Bl. 136 und BGHZ 47, 272 = MDR 1967, 666 = JZ 1967, 639 = BB 1967, 602 = NJW 1967, 1366 mit Anm. Wussow = SFH Z 2.414 Bl. 187 ff.; BGHZ 58, 7 = BauR 1972, 172 = NJW 1972, 530 = MDR 1972, 409 = LM VOB/B Nr. 50 Anm. Rietschel = SFH Z 2.414 Bl. 262). **Diese Begrenzung trifft auch auf einen VOB-Bauvertrag zu.** Fraglich ist aber, ob bei einem Bauvertrag sowohl nach BGB als auch nach der VOB als Nachbesserung nicht ausnahmsweise doch die **Neuherstellung der Gesamtleistung bewirkt werden kann,** wenn sie **völlig unbrauchbar** ist.

Bei dieser Fragestellung ist zu unterscheiden: Einmal, der Auftragnehmer will – etwa um seinen Ruf zu retten – von sich aus die unbrauchbare Leistung neu herstellen. Zum anderen, der Auftragnehmer ist – trotz Aufforderung durch den Auftraggeber – zur Neuherstellung nicht bereit.

aa) Im ersten Fall: Es ist dem **Auftragnehmer grundsätzlich nicht zu verwehren,** selbst die Mängelbeseitigung im Wege der völligen Neuherstellung zu beanspruchen und vorzunehmen, wenn er dazu bereit ist und es im übrigen aus anerkennenswerten sachlichen Gründen für zweckmäßig und sinnvoll hält. Unter Umständen kann dies auch aus Kostengründen für ihn geboten sein; es ist im Einzelfall nämlich möglich, daß die Neuherstellung **kostengünstiger** ist als die etwaige Minderung nach Nr. 6 und/oder ein etwaiger Schadensersatzanspruch des Auftraggebers nach Nr. 7. Die Befugnis zur Neuherstellung hat allerdings ihre **Grenzen dort, wo der Neuherstellung berechtigte Interessen des Auftraggebers entgegenstehen** (vgl. u. a. RGRK-Glanzmann § 633 BGB Rdn. 20; Planck § 633 Anm. II a; RGZ 107, 339). Das ist vor allem auch eine Frage der **Zumutbarkeit für den Auftraggeber,** und es kommt insoweit auf die Beurteilung im Einzelfall an. Diese im Rahmen des § 633 BGB entwickelten Gedanken gelten entsprechend **auch für** einen Bauvertrag nach der **VOB.**

480

bb) Im zweiten Fall: Können die Mängel nur durch Neuherstellung der Gesamtleistung beseitigt werden und ist der Auftragnehmer hierzu **von sich aus nicht bereit,** konnte ihn der Auftraggeber dazu gemäß früherer Rechtsprechung nach den Werkvertragsregeln des BGB nicht verpflichten, da der Auftragnehmer nach der Abnahme der Leistung nur Nachbesserung schulden würde (vgl. RGZ 57, 275; 95, 329; 107, 339; BGHZ 26, 337, 340 = NJW 1958, 706 = SFH Z 2.414 Bl. 60). **Der Begriff der Nachbesserung setzte nach früherer Ansicht voraus, daß die Bauleistung in der Hauptsache bei den Nachbesserungsarbeiten bestehenbleibt.** Diese Regel wollte der BGH uneingeschränkt **auch auf Bauverträge nach der VOB angewendet wissen** (NJW 1962, 1569 = LM § 13 VOB/B Nr. 5 = VersR 1962, 764 = BlGBW 1962, 302). Er hat dazu aber **später** (BGHZ 42, 232 = NJW 1965, 152 = VersR 1964, 1271 = SFH Z 2.414 Bl. 136 = LM VOB/B § 13 Nr. 8 Anm. Rietschel) bereits **mit Recht** ausgeführt: Es bestehen Zweifel, ob die nach dem allgemeinen Werkvertragsrecht geltende Regel, daß im Rahmen der Nachbesserung keine Neuherstellung der Bauleistung verlangt werden kann, wirklich auch bei einem Bauvertrag nach der VOB gilt (in jenem Urteil ist die Frage nicht entschieden, vielmehr offengelassen worden, ebenso später BGHZ 58, 7 = BauR 1972, 172 = NJW 1972, 530 = MDR 1972, 409 = LM VOB/B Nr. 50 Anm. Rietschel = SFH Z 2.414 Bl. 262; auch noch BGH SFH Z 2.414.3 Bl. 11; BGHZ 61, 42, 45 = BauR 1973, 313 = SFH Z 2.414 Bl. 308 = NJW 1973, 1792 = LM § 320 BGB Nr. 14). Denn der **Nachbesserungs-**

481

anspruch nach der VOB Teil B § 13 Nr. 5 Abs. 1 Satz 1 ist **auch ein Gewährleistungsanspruch** (vgl. Rdn. 445 f.).

482 Unter diesen Gesichtspunkten wurde angesichts der langjährig „festgefahrenen" Rechtsprechung hier in diesem Kommentar bisher die Ansicht vertreten, daß der Auftraggeber beim VOB-Vertrag ausnahmsweise auch Neuherstellung im Rahmen der Mängelbeseitigung verlangen könne, wenn er im Bereich der Gewährleistung nicht auf andere Weise einen gerechten und zumutbaren Ausgleich, wie z. B. im Wege der Minderung oder des Schadensersatzes, erhalten könne, was aber seltene Ausnahmen gewesen wäre. Das rechtfertigte sich nicht nur aus dem Gesichtspunkt von Treu und Glauben, sondern weil die Gewährleistungsvorschriften sowohl der §§ 633 ff. BGB als auch nach Teil B § 13 Nr. 5 VOB/B Sondervorschriften für den werkvertraglichen bzw. bauvertraglichen Bereich sind, daher dem § 306 BGB vorgehen. Insoweit hat aber der **BGH inzwischen einen weiteren Schritt getan, indem er in Abkehr von der bisherigen Rechtsprechung den Nachbesserungsanspruch des Auftraggebers auch nach Abnahme auf Neuherstellung zuläßt, wenn nur auf diese Weise Mängel nachhaltig zu beseitigen sind;** dabei besteht **kein Unterschied, ob es sich um einen nach den §§ 631 ff. BGB oder nach der VOB/B ausgerichteten Vertrag** handelt (BGHZ 96, 111 = BauR 1986, 93 = NJW 1986, 717 = SFH § 13 Nr. 5 VOB/B Nr. 12 = BB 1986, 154 = MDR 1986, 400 = Betrieb 1986, 376 = JZ 1986, 291 Anm. Köhler = WM 1986, 43 = ZfBR 1986, 23 = Vygen EWiR § 633 BGB 2/86, 357). Dies ist durchaus sachgerecht, zumal es entscheidend sein muß, daß der **Auftraggeber letztlich eine taugliche Bauleistung,** und nicht nur eine mangelhafte Leistung mit einem Ausgleich in Geld (Minderung, Schadensersatz) bekommt. Richtig ist, daß weder das BGB (§§ 633, 634) noch die VOB/B (§§ 4 Nr. 7, 13) den Begriff der Nachbesserung, sondern den der **Mängelbeseitigung** verwenden, woraus sich bei sachgerechter Betrachtung ergibt, daß sich die Mängelbeseitigung nicht auf die bloße Nachbesserung, sondern auch auf die Neuherstellung beziehen muß, zumal dann, wenn es sich nicht um einen umfangreichen Auftrag im Rahmen der Bauherstellung handelt, bei dem die Neuanfertigung eines Teils dieser Leistung noch im Rahmen der Nachbesserung in Betracht kommt (vgl. oben Rdn. 477 ff.), sondern um einen weniger umfangreichen Auftrag, der für die Brauchbarkeit des Gesamtbauvorhabens von erheblicher Bedeutung ist, bei dem aber eine völlige Untauglichkeit weitaus eher möglich ist. Insofern geht es nicht an, die als berechtigt anzuerkennenden Auftraggeberinteressen unterschiedlich zu bewerten und daran unterschiedliche Rechtsfolgen zu knüpfen. Daran ändert letztlich auch die Wirkung der Abnahme nichts, wodurch sich der Erfüllungsanspruch auf das abgenommene Werk beschränkt. Bei Abnahme vom Auftraggeber erkannte und vorbehaltene Mängel müssen notfalls durch Neuherstellung beseitigt werden, zumal der Auftraggeber dann regelmäßig die Abnahme verweigert. Das kann für die Zeit nach der Abnahme jedenfalls aus Treu und Glauben dann nicht anders sein, wenn die Mängelbeseitigung nur durch Neuherstellung zu erreichen ist, zumal die Billigung der Leistung durch die Abnahme aus einem Kenntnisstand des Auftraggebers im Zeitpunkt der Abnahme herrührt. Auch kann der Vertrauensschutz des Auftragnehmers, der eine völlig untaugliche Leistung erbracht hat, durch die Abnahme nicht so weit gehen, daß er darauf vertrauen kann, nunmehr zur Neuherstellung nicht mehr verpflichtet zu werden. Dies alles gilt gleichermaßen sowohl bei einem Bauvertrag, der nach den §§ 631 ff. BGB, als auch bei einem solchen, der nah der VOB/B ausgerichtet ist.

Es mag sein, daß diese „Kehrtwendung" in der Rechtsprechung durch die angeführte Entscheidung **in rechtstheoretischer Hinsicht manche Frage offen** läßt, vor allem im Hinblick auf das Verhältnis zwischen § 633 Abs. 1 und Abs. 2 BGB sowie Teil B § 13 Nr. 1-3 und Nr. 5 und zu den allgemeinen schuldrechtlichen Bestimmungen des BGB, das insbesondere in Bezug auf die **Wirkungen zwischenzeitlich erfolgter Abnahme.** Diese rechtstheoretische „Lücke" läßt sich aber **durchaus schließen,** wie Blaese, Der Erfüllungsanspruch und seine Konkretisierung im Werkvertrag, Baurechtliche Schriften, Band 11, 1988, sowie Köhler BauR 1988, 278 nachzuweisen versucht haben. Beiden dürfte zuzustimmen sein, wobei Köhler allerdings bei seiner mehr auf die allgemeinen schuldrechtlichen Bestimmungen des BGB abgestellten Untersuchungen zu wenig die Besonderheit der werkvertraglichen Vorschriften der §§ 633 ff. BGB beachtet. Jedenfalls dürfte beiden der Nachweis gelungen sein, daß der **Abnahme nicht die schuldkonzentrierende Wirkung zukommt wie sie bisher angenommen wurde.** Vor allem zeigen diese beiden Untersuchungen, daß die Rechtsprechung des BGH im Ergebnis rechtlich hinreichend untermauert ist und daher für die Zukunft bestimmend sein wird. So z. B. OLG München (NJW-RR 1987, 1234) für den Fall der Notwendigkeit der Neuanbringung eines Estrichs.

Im übrigen sind die **berechtigten Interessen des Auftragnehmers hinreichend dadurch gewahrt,** daß eine **Neuherstellung nur in dem wirklich gegebenen Ausnahmefall in Betracht kommt, wenn eine Mängelbeseitigung aus maßgebenden technischen Gründen auf andere Weise nicht erfolgen kann.** Hinzu kommt, daß dem Auftragnehmer nach wie vor das Recht eingeräumt ist, die **Mängelbeseitigung durch Neuherstellung wegen unverhältnismäßigem, also unzumutbarem Aufwand gemäß §§ 633 Abs. 2 Satz 2 BGB, 13 Nr. 6 Satz 1 VOB/B zu verweigern** (vgl. dazu auch BGH BauR 1988, 123 = SFH § 633 BGB Nr. 70 = ZfBR 1988, 37 sowie unten Rdn. 621 ff.). Auch kann es sein, daß selbst die Neuherstellung nach den derzeit anerkannten Regeln der Technik die Mängelbeseitigung nicht erreicht, was dann ein Fall des § 275 BGB wäre (Köhler a. a. O.).

483

e) Die Pflicht zur Mängelbeseitigung **beschränkt sich** möglicherweise **nicht** nur **auf die Behebung des Mangels** an der Leistung **selbst** und die dabei entstehenden Aufwendungen, insbesondere Transport-, Wege-, Arbeits- und Materialkosten (vgl. dazu jetzt auch §§ 633 Abs. 2 Satz 2, 476 a BGB); vielmehr kann es sein, **daß außerdem noch weiterer Aufwand erforderlich ist.** Das gilt insbesondere im Hinblick auf **Arbeiten, die notwendig sind, um an die Leistung des verpflichteten Unternehmers und damit an den Mangel technisch überhaupt heranzukommen,** wodurch im Rahmen der Nachbesserung Schäden am sonstigen Eigentum des Auftraggebers entstehen können, die außerdem **zugleich mit dem Mangel wieder beseitigt werden müssen** (vgl. auch Eisenmann Betrieb 1980, 433; KG BauR 1981, 380; OLG Celle BauR 1984, 409; OLG Düsseldorf BauR 1986, 217 für den Bereich des § 887 ZPO; OLG Bamberg BauR 1987, 211, 212; Nicklisch in Nicklisch/Weick Teil B § 13 Rdn. 120). Also gehört hierher **alles, was vorbereitend zur Mängelbeseitigung sowie zur Herstellung des früheren Zustandes nach Mängelbeseitigung einschließlich der Beseitigung von Nachbesserungsspuren erforderlich ist** (BGHZ 96, 221 = BauR 1986, 211 = SFH § 13 Nr. 7 VOB/B Nr. 9 = NJW 1986, 922 = JZ 1986, 397 mit Anm. Stoll = MDR 1986, 401 = BB 1986, 761 = LM § 13 [E] VOB/B Nr. 14 = Betrieb 1986, 530 = ZfBR 1986, 67 = Hensen EWiR § 13 VOB/B 1/86, 201 m. w. N.).

484

Hat der Auftragnehmer z. B. im Hause des Auftraggebers eine Rohrleitung unter später aufgebrachtem Putz verlegt und ist diese schadhaft, wird es notwendig sein, alles zu entfernen, was den unmittelbaren Zutritt zur schadhaften Stelle verwehrt. Dann muß der Putz, **soweit** technisch im Hinblick auf die Mängelbeseitigung **notwendig,** weggeschlagen, und dieser muß später **wieder aufgebracht** werden. So können **neben der reinen Mängelbeseitigung als solcher** durch den hierzu verpflichteten Auftragnehmer an der Rohrleitung außerdem z. B. Mauer-, Putz-, Fliesen-, Maler-, Reinigungs- und Architektenarbeiten zu leisten sein (vgl. auch BGH a. a. O.; OLG Celle a. a. O.), gegebenenfalls im Wege der **Einschaltung anderer Fachleute** durch ihn.

Hierfür hat der **Auftragnehmer,** der die mangelhafte Leistung erbracht hat, **auch aufzukommen.** Andernfalls liefe der Auftraggeber Gefahr, die Erfüllung seines Anspruches auf Mängelbeseitigung mit einer Einbuße seines Vermögens bezahlen zu müssen. Die **Nachbesserungspflicht** des Auftragnehmers **umfaßt daher auch die Beseitigung jeder Beeinträchti-**

B § 13, 5, Rdn. 485-487

gung, die dem Eigentum des Auftraggebers zugefügt werden muß, um die Behebung des Mangels selbst zu ermöglichen.

485 Die Verpflichtung zur späteren Beseitigung derartiger Nachbesserungsspuren ist, weil sie einen Teil der in Teil B § 13 Nr. 5 Abs. 1 Satz 1 festgelegten **Nachbesserungspflicht** bildet, **unabhängig von den Voraussetzungen,** unter denen dem Auftraggeber ein Schadensersatzanspruch gegen den Auftragnehmer zusteht. **Sie besteht daher auch, wenn der Auftraggeber keinen Schadensersatz nach Teil B § 13 Nr. 7 verlangen kann.** Da sie **untrennbar mit der Pflicht zur Behebung des Werkmangels verbunden** ist, muß sie ebenso wie diese selbst als eine Belastung angesehen werden, die zu dem **verschuldensunabhängigen vertraglichen Gewährleistungs- und Erfüllungsaufwand des Auftragnehmers** zählt. Deshalb scheidet auch eine Deckung des zusätzlich erforderlichen Aufwandes durch die Haftpflichtversicherung des Auftragnehmers (§§ 1 Nr. 1, 4 Abs. 1, Nr. 6 Abs. 3 AHB) aus (vgl. dazu BGH NJW 1963, 811 = SFH Z 4.15 Bl. 31 = MDR 1963, 382 = BB 1963, 210 = LM VOB/B § 13 Nr. 7 und hinsichtlich der Nachbesserungspflicht bei Bauverträgen nach dem BGB NJW 1963, 805 = MDR 1963, 383 = LM § 633 BGB Nr. 8; BGH BauR 1979, 333 = NJW 1979, 2095 = SFH § 633 BGB Nr. 16 = BB 1979, 804 = LM § 633 BGB Nr. 33 = ZfBR 1979, 150 = Anm. Schubert JR 1979, 459). Dazu auch Jagenburg BauR 1971, 130 Anm. zu OLG Köln a. a. O. S. 129 = BB 1971, 373 = SFH Z 4.01 Bl. 62 ff. = Betrieb 1971, 717 = BlGBW 1972, 19 = BlGBW 1971, 179.

486 Nach dem Gesagten rechnen zu den vom Auftragnehmer zu tragenden bzw. zu ersetzenden Nachbesserungskosten z. B. bei der Nachbesserung von Isolierungsarbeiten auch die dazu nötigen Nebenarbeiten, wie Ausbau der Türen, der Ölheizung, des Öltanks, der Kellertreppen, Abmontieren und Wiederanbringen der Elektroanschlüsse sowie Anpassen und Wiedereinbau der Kellertüren (BGH WM 1972, 800), oder bei der Nachbesserung von Rohrleitungen das Aufspüren der Schadstellen, Aufreißen der Straßendecke, Aufgraben des Erdreichs bis zur Rohrleitung, Freilegung der Leckstellen der Rohre durch Entfernen der Isolierung, Verfüllen des Rohrgrabens, Verdichten des Erdreichs, Wiederherstellung der im Zuge der Nachbesserung aufgerissenen Straßendecke (BGHZ 58, 332, 339 = BauR 1972, 311 = NJW 1972, 1280 = MDR 1972, 772 = BB 1972, 1118); ebenso gilt dies, wenn Asphaltschichten zwecks Mängelbeseitigung entfernt und im Anschluß an die Nachbesserung der Fahrbahnisolierung wieder aufgetragen werden müssen (BGH BauR 1975, 130, 133). Zur Beseitigung von undichten Stellen an unter dem Estrich verlegten Heizrohren rechnen Entfernen des Teppichbodens, Aufstemmen des Estrichs, Ausräumen der Perlite-Schüttung, Abtransport des Bauschutts, Verlegung neuen Estrichs und neuen Teppichbodens, Malerarbeiten, soweit diese durch die Nachbesserung veranlaßt werden; auch zählen hierher sonstige Nebenkosten, wie z. B. Telefonkosten zur Vorbereitung und Durchführung der Nachbesserung (vgl. dazu BGH BauR 1979, 333 = SFH § 633 BGB Nr. 16 = BB 1979, 804 = NJW 1979, 2095 = LM § 633 BGB Nr. 33 = ZfBR 1979, 150 = Anm. Schubert JR 1979, 459). **Davon zu unterscheiden** und nicht hierher zu rechnen sind wiederum **Kosten, die zur Vorbereitung eines Rechtsstreits anfallen,** wie z. B. Fotokosten (BGH a. a. O. m. w. N.). Vgl. auch Rdn. 507.

487 f) Zu den **Nachbesserungskosten** können auch **Vergütungen** zählen, die der Auftraggeber **an den von ihm beschäftigten Architekten oder Ingenieur** für Planungs- und Aufsichtsleistungen **im Rahmen der Nachbesserung zu zahlen** hat. Dies **setzt** allerdings **voraus,** daß der **Architekt bzw. Ingenieur** einen **über** seine ohnehin gegebenen vertraglichen Honoraransprüche **hinausgehenden,** auf Nachbesserungsarbeiten bezogenen **Vergütungsanspruch** gegen den Auftraggeber besitzt; das ist jedenfalls nach der jetzt geltenden HOAI (z. B. beim Architekten § 15 Abs. 1 Nr. 8 und 9) im allgemeinen bei normalen, **keiner besonderen Planung bedürftigen** Nachbesserungen **nicht** der Fall. Selbst wenn dies aber im Einzelfall notwendig ist, ist ein besonderer Honoraranspruch des Architekten **zu verneinen,** wenn der

nachzubessernde **Baumangel teilweise** – also auch – **auf einer Fehlleistung** des **Architekten** beruht und **auch er deswegen** dem Auftraggeber neben dem Auftragnehmer aus seinem Vertrag mit diesem **Nachbesserung bzw. eine Mitwirkung dabei schuldet** (vgl. BGH NJW 1967, 782 = MDR 1967, 833; OLG Nürnberg SFH Z 3.012 Bl. 2; ebenso Neuenfeld Bauwelt 1973, 631, 638 und Trapp BauR 1977, 322). **Nur dann, wenn der Architekt auf keinen Fall Mitverursacher und Mitverantwortlicher des entstandenen Baumangels ist, ist seine Leistung aus Anlaß der Mängelbeseitigung besonders zu vergüten** (Neuenfeld a. a. O., m. w. N.).

Beschäftigt der Auftraggeber für die Mängelbeseitigung einen **anderen Architekten,** so kann er die diesem geschuldeten Kosten grundsätzlich nur dann vom Auftragnehmer erstattet verlangen, wenn den **bisherigen Architekten keine Mitverantwortlichkeit trifft.** Andernfalls ist es ihm **zuzumuten,** den bisherigen Architekten zur – kostenlosen – **Mitwirkung bei der Mängelbeseitigung anzuhalten.** Ist das **ausnahmsweise** – etwa wegen groben Fehlverhaltens oder zwischenzeitlichen Berufswechsels dieses Architekten – nicht zumutbar oder möglich, so kann der Auftraggeber die hier erörterten Kosten seines späteren Architekten **nur von seinem bisherigen Architekten erstattet verlangen. Gleiches gilt auch im Hinblick auf im Rahmen der Nachbesserung erforderliche Tätigkeiten von Sonderfachleuten,** wie Statiker, Heizungsingenieure usw. 488

Das Gesagte ist auch zu den Ausführungen von Ehle (BlGBW 1973, 46) zu beachten.

g) **Andererseits,** und damit findet der in Rdn. 484–488 umrissene Bereich der Nachbesserung und des damit verbundenen, vom Auftragnehmer ohnehin zu tragenden Aufwandes seine **Grenze,** erfaßt die **Nachbesserung nur die zur Mängelbeseitigung erforderlichen Arbeiten und Vorkehrungen selbst.** Allerdings kann die Nachbesserungspflicht des Auftragnehmers ausnahmsweise auch Bereiche erfassen, die andere Bauwerke betreffen, wenn dies erforderlich ist, um die dem Auftraggeber gegenüber bestehenden Leistungspflichten zu erfüllen, wobei es auf die jeweilige Vertragsgestaltung ankommt. So können Gewährleistungsansprüche des Erwerbers eines in sogenannten Gartenhofstil errichteten Hauses auch auf Nachbesserung der den Gartenhof umschließenden Außenwände der Nachbarhäuser gerichtet sein, da es dann Sache des Auftragnehmers ist, mit den Nachbarn von vornherein entsprechende werkvertragliche Regelungen zu treffen (vgl. dazu BGH BauR 1988, 461 = SFH § 633 BGB Nr. 74). Die vom Auftragnehmer zu tragenden **Kosten beschränken sich aber auf den von ihm zu verantwortenden Leistungsbereich,** gehen also nicht darüber hinaus. Wird bei der Prüfung eines Mangels festgestellt, daß dieser nicht in den vom betreffenden Auftragnehmer vertraglich geschuldeten Rahmen fällt, so hat er grundsätzlich die damit verbundenen Kosten nicht zu tragen (vgl. dazu Clemm BB 1986, 616 sowie Teil B § 2 Rdn. 131). Bessert er dann im Einvernehmen mit dem Auftraggeber **in anderer Weise** nach, so muß dies **mängelfrei** sein; insofern kann von bloßer „Kulanz" des Auftragnehmers nicht die Rede sein (vgl. BGHZ 99, 160 = BauR 1987, 205 = NJW 1987, 837 = MDR 1987, 397 = Betrieb 1987, 577 = Bunte EWiR § 638 BGB 1/87, 139 = JZ 1987, 579 = SFH § 13 Nr. 1 VOB/B Nr. 6 = LM § 9 [A] AGBG Nr. 2 = ZfBR 1987, 73). Von den Mängelbeseitigungskosten im eigentlichen Sinn sind auch nicht Behinderungen und Verluste erfaßt, die aus Anlaß der Nachbesserung **am sonstigen Vermögen des Auftraggebers** entstehen. Also werden durch die Nachbesserungspflicht des Auftragnehmers auch nicht solche Schäden des Auftraggebers berührt, die an anderen Bauteilen oder am sonstigen Eigentum des Auftraggebers entstehen, somit – insofern lediglich – auf Mängeln der Leistung beruhen (BGHZ 96, 221 = BauR 1986, 211 = SFH § 13 Nr. 7 VOB/B Nr.9 = NJW 1986, 922 = JZ 1986, 397 mit insoweit zu weitgehender Anm. von Stoll = MDR 1986, 401 = BB 1986, 761 = LM § 13 [E] VOB/B Nr. 14 = Betrieb 1986, 530 = ZfBR 1986, 67 = Hensen EWiR § 13 VOB/B 1/86, 201), für den Fall des Entstehens von Schäden an einer Spundwand, die Folgeschäden des Mangels sind und von der Nachbesserungspflicht des Auftragnehmers nicht erfaßt werden. Hierher rechnet z. B. auch der durch die Nichtbenut- 489 zung einer Bowlingbahn während der Nachbesserungsarbeiten dem Auftraggeber entgehende Gewinn (BGHZ 72, 31 = BauR 1978, 402 = BB 1978, 1036 = MDR 1978, 831 = BlGBW 1978, 240 = SFH § 635 BGB Nr. 6 = LM § 635 BGB Nr. 47 Anm. Girisch = Anm. Schubert JR 1979, 21; vgl. dazu auch BGH BauR 1979, 159 = SFH § 635 BGB Nr. 8 = ZfBR 1979, 24 = BB 1979, 1321 = Betrieb 1979, 258). Der Gesagte gilt auch für Kosten eines Vorprozesses, die der Auftraggeber wegen der Mängel, zu deren Beseitigung der Auftragnehmer verpflichtet ist, vergeblich aufgewendet hat, wie z. B. der Hauptunternehmer gegenüber dem Auftraggeber, wenn der Nachunternehmer von ihm – zutreffend – nunmehr auf Mängelbeseitigung in Anspruch genommen wird, oder der Bauträger gegenüber den Erwerbern, wenn es sich herausgestellt hat, daß der Auftragnehmer Mängel verursacht hat, die zunächst zu beseitigen sind; allerdings muß der Auftraggeber im Vorprozeß in dem für ihn zumutbaren Maße mit Recht davon ausgegangen sein, daß die Leistung mängelfrei ist, wie z. B. nach Einholung eines Privatgutachtens oder gar der Durchführung eines Beweissicherungsverfahrens (vgl. dazu Rdn. 727 ff.). Die angeführten Nachteile gehören vielmehr zu dem **Schadensersatzanspruch nach Teil B § 13 Nr. 7 Abs. 1 oder 2** (vgl. Rdn. 662 ff.). Diese vom BGH für den Bereich der §§ 633 und 635 BGB vorgenommene Abgrenzung gilt gleichermaßen für das Verhältnis von Teil B § 13 Nr. 5 zu Nr. 7 a. a. O. (ebenso BGHZ 96, 221 = BauR 1986, 211 = SFH § 13 Nr. 7 VOB/B Nr. 9 = NJW 1986, 922 = MDR 1986, 401 = BB 1986, 761 = LM § 13 [E] VOB/B Nr. 14 = Betrieb 1986, 530 = ZfBR 1986, 67 = Hensen EWiR § 13 VOB/B 1/86, 221).

Ferner:

490 Hat der Auftragnehmer seine **Pflichten gemäß Teil B §§ 4 Nr. 3, 13 Nr. 3 verletzt** und beruht der Mangel darauf, kommt er also in seinem Ursprung aus dem Bereich des Auftraggebers, so besteht die **Nachbesserungs- und damit die Kostentragungspflicht des Auftragnehmers nicht über den ursprünglichen und insoweit noch fortbestehenden Vertragsumfang hinaus.** Daher schuldet der Auftragnehmer **im Bereich der Nachbesserung als solcher** nicht Nachholung einer etwaigen Fehlplanung des Architekten oder Ingenieurs, auch nicht die Kosten der Neubeschaffung von Stoffen oder Bauteilen, die vom Auftraggeber gemäß vertraglicher Absprache beschafft (beigestellt) worden sind; gleiches gilt hinsichtlich der Kosten für die Beseitigung fehlerhafter Vorleistungen anderer Unternehmer. Vgl. dazu auch BGH BB 1976, 1433, 1434 = BauR 1976, 430.

Zum Umfang der **Rechtskraft** bei Verurteilung zur Nachbesserung vgl. Teil B § 18 Rdn. 153 ff.

491 h) Der gemäß Rdn. 484 ff. gekennzeichnete, vom Auftragnehmer geschuldete **Nachbesserungsaufwand kann zwar in Individualverträgen eingeschränkt werden,** zumal die §§ 633 Abs. 2 Satz 2, 476 a BGB dispositives Recht sind. In **AGB** – insbesondere Zusätzlichen Vertragsbedingungen – ist eine solche Klausel jedoch **regelmäßig gemäß § 11 Nr. 10 c AGB-Gesetz unwirksam.** Das gilt nach § 9 AGB-Gesetz auch für den kaufmännischen Bereich, sofern der Vertragspartner zur Tragung eines beachtlichen Teils des Nachbesserungsaufwandes verpflichtet werden soll (vgl. BGH BauR 1981, 378 = BB 1981, 935 = ZIP 1981, 620 = NJW 1981, 1510 = SFH § 9 AGB-Gesetz Nr. 4 = WM 1981, 681 = MDR 1981, 837 = Betrieb 1981, 1719 = LM § 9 [Cf] AGBG Nr. 5 = ZfBR 1981, 172).

6. Schriftliches Nachbesserungsverlangen

492 Nach dem Wortlaut in Nr. 5 Abs. 1 Satz 1 muß das **Verlangen auf Nachbesserung** vom Auftraggeber **schriftlich** gestellt werden. Dabei fragt es sich, welche Bedeutung diese Schriftform für den Bereich des Nachbesserungsverlangens selbst hat.

493 a) Es ist **nicht** so, daß die Einhaltung der Schriftform **grundlegendes Wesensmerkmal für**

die Entstehung des Nachbesserungsanspruches als solchen ist. Auch kann nicht davon ausgegangen werden, daß lediglich die schriftliche Geltendmachung des Mängelbeseitigungsanspruches eine ordnungsgemäße und den Auftragnehmer verpflichtende Aufforderung enthält (a. M. früher OLG Hamburg SFH Z 2.414 Bl. 10 ff.; unzutreffend auch Huhn, Vahlens Rechtsbücher, Zivilrecht Bd. 3, S. 146).

Das Mängelbeseitigungsverlangen nach Nr. 5 Abs. 1 Satz 1 ist in Wirklichkeit nichts anderes als die **Aufforderung** des Auftraggebers an den Auftragnehmer **zur endlich ordnungsgemäßen Erfüllung seiner bauvertraglichen Pflichten.** Die nachträgliche Erfüllungspflicht im Rahmen der Gewährleistung ist praktisch **die gleiche, wie sie** nach dem Bauvertrag für den Auftragnehmer **von Anfang an bestanden hat.** Es wäre nicht sinnvoll, wenn man für die gleiche Verpflichtung bis zur Abnahme der Leistung keine Form, von diesem Zeitpunkt ab aber die Schriftform verlangen würde. Deshalb ist sowohl das **Entstehen der Pflicht des Auftragnehmers zur Nachbesserung als auch die darauf beruhende Verpflichtung zum Handeln nicht von der Einhaltung der Schriftform** durch den Auftraggeber **abhängig** (ebenso schon Hereth/Ludwig/Naschold Teil B § 13 Ez. 12.209 ff.; Schmidt MDR 1963, 264, 265 f., vor allem u. a. BGH BB 1958, 1272; BGHZ 58, 332 = BauR 1972, 311 = VersR 1972, 858 = BlGBW 1972, 192 = SFH Z 2.414 Bl. 281 = NJW 1972, 1280 = MDR 1972, 772 = LM VOB/B Nr. 53 Anm. Rietschel). **Insoweit genügt daher auch die mündliche Mängelbeseitigungsaufforderung des Auftraggebers.**

Die in Nr. 5 Abs. 1 Satz 1 erwähnte Schriftform kann daher allgemein (Umkehrschluß aus § 125 Satz 2 BGB) **für den gekennzeichneten Rahmen nur ein vertraglich festgesetztes Gebot** sein, das man möglichst beachten soll, dessen **Nichteinhaltung** den Auftraggeber in seinen Gewährleistungsrechten aber **nicht beeinträchtigt.** Ihm ist jedoch **dringend anzuraten, die Schriftform einzuhalten, insbesondere aus Gründen des Beweises einer ordnungsgemäßen Mängelbeseitigungsaufforderung** bei einer späteren Auseinandersetzung.

b) Demgegenüber ist wichtig: **Die in Nr. 5 Abs. 1 Satz 1 erwähnte Schriftform hat aber entscheidende Bedeutung für die in Nr. 4 geregelte Verjährungsfrist wegen der Mängelansprüche. Die Einhaltung der Schriftform bewirkt nämlich einen gewissen Ausgleich für die in Nr. 4 im Verhältnis zu den gesetzlichen Fristen festgelegte Verkürzung der Verjährung der Gewährleistungsansprüche.** Dieser von der Rechtsprechung des Bundesgerichtshofs entwickelte Gedanke hat in Teil B § 13 Nr. 5 Abs. 1 **Satz 2** seinen Niederschlag gefunden. Siehe dazu im einzelnen Rdn. 396 ff.

Die allgemeinen Vorschriften des BGB über die Hemmung oder Unterbrechung der Verjährung sehen an sich keinen Fall vor, in dem die schriftliche Mängelrüge, d. h. das **schriftliche Verlangen** des Auftraggebers innerhalb der Verjährungsfrist auf Beseitigung der nach Abnahme hervorgetretenen Mängel, den Ablauf der Verjährung über die Zeit der Prüfung des angezeigten Mangels durch den Auftragnehmer hinaus hemmt oder die Verjährung durch die bloße Mängelanzeige unterbricht. Da bei der für den Bauvertrag nach der VOB abgekürzten Frist ein Mangel insbesondere erst kurz vor dem Ablauf der Verjährung eintreten kann, erschien es geboten, dem Auftraggeber die Möglichkeit zu verschaffen, sein **Recht auf Nachbesserung auch über die bisher laufende Verjährungsfrist hinaus zu wahren,** ohne ihn zu zwingen, zu den allgemeinen gesetzlichen Mitteln zu greifen, etwa die Unterbrechung der Verjährung durch Klage gegen den Auftragnehmer herbeizuführen. **Deshalb kommt der schriftlichen Aufforderung und dem schriftlichen Verlangen nach Nr. 5 Abs. 1 Satz 1 rechtsbegründende Bedeutung dahingehend zu, daß es den Nachbesserungsanspruch des Auftraggebers über die Vollendung der Verjährung** hinaus wahrt und der Auftragnehmer nach Ablauf der bisherigen **Verjährungsfrist gehindert ist, die Einrede der Verjährung zu erheben.** Das gilt auch für die übrigen Gewährleistungsansprüche (vgl. u. a. OLG Düsseldorf SFH Z 2.415.0 Bl. 1; BGHZ 59, 202 = SFH Z 2.414 Bl. 288 = NJW 1972, 1753 = MDR

1972, 943 = BB 1972, 1118 = BauR 1972, 308 = LM VOB/B Nr. 54), **zumal auch hier die §§ 639 Abs. 1, 477 Abs. 3 BGB zu beachten** sind (vgl. dazu Rdn. 387 ff.).

496 Der Auftraggeber kann dann weiterhin bis zur Beseitigung des gerügten Mangels bzw. bis zum Ablauf der neuen Verjährungsfrist die **Einrede des nicht erfüllten Vertrages** geltend machen, d. h. die Bezahlung der Vergütung des Auftragnehmers verweigern, KG SFH Z 2.410 Bl. 21 ff. Außerdem kann der Auftraggeber auch noch unter den Voraussetzungen von Nr. 5 Abs. 2 vorgehen.

497 **Unabweisbare Bedingung ist hier allerdings, daß das schriftliche Mängelbeseitigungsverlangen in der rechten Form und Frist sowie mit dem notwendigen Inhalt,** insbesondere durch hinreichende Angabe der **konkret gerügten Mängel,** und nicht durch bloße auf das Gesamtbauwerk bezogene Allgemeinangaben (vgl. Rdn. 460 ff.; OLG Köln BauR 1972, 240; LG Münster MDR 1971, 758) **noch vor Vollendung der Verjährung gestellt, d. h. dem Auftragnehmer zugegangen ist.**

498 Hier ist die **Schriftform keine bloße Formsache ohne besondere Bedeutung,** sondern nach dem der vertraglichen Vereinbarung zugrundeliegenden Willen der Partner Wirksamkeitsvoraussetzung für die Durchsetzbarkeit des Mängelbeseitigungsanspruches über die Vollendung der bisherigen Verjährungsfrist hinaus. Hält der Auftraggeber die Schriftform nicht ein, setzt er sich der Gefahr aus, daß der Auftragnehmer zu Recht die Einrede der Verjährung erhebt (vgl. u. a. BGH NJW 1959, 142 = MDR 1959, 119 mit Anm. Hereth NJW 1959, 483; ferner Schmalzl NJW 1965, 129, 135).

499 c) Zusammenfassend ist daher zur Bedeutung der Schriftform in Nr. 5 Abs. 1 Satz 1 und 2 festzustellen: Keine ausschlaggebende Bedeutung hat die Einhaltung der Schriftform für die Wirksamkeit des während der Verjährungsfrist gestellten Mängelbeseitigungsverlangens des Auftraggebers sowie für die Verpflichtung des Auftragnehmers zur ordnungsgemäßen Erstellung der Leistung, also zur Vornahme der Nachbesserung. Hingegen ist die Einhaltung der Schriftform von rechtsbegründender Bedeutung, wenn der Auftraggeber sich über die Vollendung der bisherigen Verjährungsfrist hinaus den Mängelbeseitigungsanspruch erhalten, d. h. ihn nicht der Einrede der Verjährung durch den Auftragnehmer aussetzen will.

7. Verhältnis von Nachbesserung (Nr. 5) zu Minderung (Nr. 6) und Schadensersatz (Nr. 7)

Für das Verhältnis des Nachbesserungsanspruches in Nr. 5 insgesamt (auch für den Bereich des Absatzes 2) **zu den weiteren vertraglichen Gewährleistungsregeln in den Nr. 6 und 7 gilt:**

500 **Ist die Beseitigung des Mangels nicht möglich bzw. verlangt der Auftraggeber in diesem Fall keine Neuherstellung** (vgl. dazu Rdn. 477 ff., 614 ff.), **oder liegen die sonst in Nr. 6 geregelten Voraussetzungen vor, so gilt anstelle des Nachbesserungsanspruches ersatzweise** der dort festgelegte **Minderungsanspruch** des Auftraggebers. Sofern die Mängelbeseitigung einen **unverhältnismäßig hohen Aufwand** erfordern würde, kommt eine Minderung nur in Betracht, wenn der Auftragnehmer **deswegen** die Nachbesserung verweigert (vgl. Rdn. 612 ff.). Solange dies nicht geschieht, kann sich der Auftraggeber auf sein Nachbesserungsrecht berufen.

501 Sind die **Voraussetzungen gegeben,** nach denen der Auftraggeber **gemäß Nr. 7 einen Schadensersatzanspruch** gegenüber dem Auftragnehmer geltend machen kann, sind die Ansprüche insofern voneinander unabhängig, als der Schadensersatzanspruch **ein zusätzlicher**

Gewährleistungsanspruch ist, allerdings **im allgemeinen nur insoweit, als der Schaden durch die Nachbesserung oder gegebenenfalls eine Minderung noch nicht behoben ist.** Umgekehrt: **Der Nachbesserungsanspruch geht allein durch das Bestehen eines Schadensersatzanspruches nicht verloren.** Das gleiche hat auch für das Verhältnis des Minderungsanspruches nach Nr. 6 zu einem Schadensersatzanspruch nach Nr. 7 zu gelten.

Hat der Auftraggeber **objektiv anerkennenswerte Bedenken,** ob eine Nachbesserung überhaupt möglich ist oder ob durch die Nachbesserung der infolge des Mangels entstandene Schaden ganz behoben wird, so kann er **neben** dem Nachbesserungsanspruch **hilfsweise** Minderung oder/und Schadensersatz geltend machen (vgl. BGH BB 1963, 995 = SFH Z 2.414 Bl. 127). 502

Zum **Leistungsverweigerungsrecht** des Auftraggebers gegenüber dem Vergütungsanspruch des Auftragnehmers sowie zur Frage des **Mitverschuldens** des Auftraggebers an der Entstehung eines Mangels vgl. Rdn. 582 ff. und 603 ff. 503

II. Besondere Gewährleistungsregelungen in Nr. 5 Abs. 1 Satz 2 und 3

Vgl. dazu die aus systematischen Gründen zu Nr. 4 gebrachten Erläuterungen Rdn. 396–428. 504

C. Die Mängelbeseitigung auf Veranlassung des Auftraggebers (Teil B § 13 Nr. 5 Abs. 2)

I. Ausgangspunkt

Nr. 5 Abs. 2 regelt den **Fall, in dem der Auftragnehmer trotz nach Absatz 1 gegebener Verpflichtung seiner vertraglichen Nachbesserungspflicht nicht oder nicht rechtzeitig nachkommt.** Kommt der Auftragnehmer der Aufforderung zur Mängelbeseitigung in einer vom Auftraggeber gesetzten **angemessenen Frist** nicht nach, so kann der Auftraggeber die Mängel **auf Kosten des Auftragnehmers beseitigen lassen.** Hier wird dem **Auftraggeber ein Selbsthilferecht im Hinblick auf die erforderliche Nachbesserung** eingeräumt. Diese Befugnis hat ihre gesetzliche Grundlage in § 633 Abs. 3 BGB. **Nr. 5 Abs. 2 stimmt bis auf zwei Ausnahmen mit § 633 Abs. 3 BGB überein** (vgl. auch OLG Düsseldorf SFH Z 2.331 Bl. 27). Zu den Ausnahmen (Schuldnerverzug) vgl. Rdn. 535 f. Die hier erörterten Grundsätze gelten **sinngemäß auch für das Selbsthilferecht des Auftraggebers nach § 887 ZPO** im Bereich der Zwangsvollstreckung (OLG Düsseldorf BauR 1978, 503). 505

Sind die Voraussetzungen von Teil B § 13 Nr. 5 Abs. 2 im Einzelfall gegeben (vgl. dazu nachfolgend Rdn. 507–581), so hat der **Auftragnehmer für sich selbst kein Nachbesserungsrecht** mehr. Seine **nachträglich** erklärte Nachbesserungsbereitschaft ist also rechtlich für den Auftragnehmer nicht durchsetzbar, vielmehr allein von einer **etwaigen Zustimmung des Auftraggebers abhängig** (vgl. OLG Düsseldorf BauR 1980, 75; OLG Köln SFH § 635 BGB Nr. 57), **ohne daß dieser dazu verpflichtet wäre.** Nicht gefolgt werden kann Baden (BauR 1986, 28), der in Anlehnung an § 634 Abs. 1 BGB dem Auftragnehmer auch nach Ablauf der ihm zur Mängelbeseitigung gesetzten Frist noch so lange ein Nachbesserungsrecht geben will, bis ihm eine Frist zur Beseitigung **unter Ablehnungsandrohung** gesetzt ist. Dies **widerspricht** deutlich dem **klaren und insoweit nicht auslegungsfähigen Wortlaut der VOB/B in Nr. 5 Abs. 2,** wonach das Selbsthilferecht des Auftraggebers bereits dann entsteht, wenn der Auftragnehmer bis zum Ablauf der Frist die Nachbesserung nicht vorgenommen hat, ohne daß weitere Voraussetzungen gegeben sein müßten. 506

II. Grundlagen

1. Durchsetzbarer Nachbesserungsanspruch

507 Die dem Auftraggeber nach Nr. 5 Abs. 2 zugestandene **Selbsthilfe** hat zunächst zur **Voraussetzung, daß** ihm ein **fälliger, durchsetzbarer Nachbesserungsanspruch** (zur Abgrenzung vgl. Rdn. 489 f.) zusteht, der insbesondere **nicht durch eine seitens des Auftragnehmers zu Recht erhobene Einrede der Verjährung** ausgeschlossen ist (zustimmend BGHZ 90, 344 = BauR 1984, 395 = NJW 1984, 1676 = Betrieb 1984, 1720 = ZIP 1984, 713 = MDR 1984, 748 = BB 1984, 1703 = LM § 273 BGB Nr. 38 Anm. Recken = SFH § 13 Nr. 5 VOB/B Nr. 5 = ZfBR 1984, 173; OLG Düsseldorf SFH Z 2.331 Bl. 27). Vgl. dazu zunächst Rdn. 450 ff.

Zum **Nachbesserungsanspruch** im Rahmen der Mängelbeseitigung gehört **alles, was zum Leistungsinhalt des jeweiligen Bauvertrages zu rechnen** ist (vgl. Rdn. 474 ff.). Dazu zählt im allgemeinen auch die Räumung der Baustelle von Bauschutt sowie das Aufräumen des Bauplatzes (offengelassen vom BGH SFH Z 2.414.3 Bl. 19 = BauR 1977, 350).

Es muß nicht nur die **Verpflichtung zur Gewährleistung als solche** gegeben, sondern es muß weiterhin auch die **Beseitigung des Mangels**, gegebenenfalls auch die Neuherstellung der Leistung, durch den Auftragnehmer im Rahmen der bei ihm nach dem Vertrag **objektiv zu verlangenden Gegebenheiten möglich** (vgl. Rdn. 614 ff.) sein.

Weitere Voraussetzung für die Selbsthilfe des Auftraggebers ist es, daß er dem Auftragnehmer zur Mängelbeseitigung eine **angemessene Frist gesetzt hat und der Auftragnehmer diese Frist ungenutzt hat verstreichen lassen** (vgl. Rdn. 508 ff.). Fehlt es an einer der genannten Voraussetzungen, besteht **kein Kostenerstattungsanspruch oder Kostenvorschußanspruch** des Auftraggebers; allerdings geht **dadurch** sein **Nachbesserungsanspruch gegenüber dem Auftragnehmer grundsätzlich nach Nr. 5 Abs. 1 nicht schon verloren.** Anders ist es, wenn der Auftraggeber oder ein von diesem beauftragter Dritter so unzulänglich nachzubessern versucht hat, daß eine **nunmehrige Nachbesserung** durch den Auftragnehmer **unzumutbar wesentlich erschwert oder gar unmöglich gemacht würde** (vgl. OLG Köln BauR 1973, 53). Vgl. vor allem auch Rdn. 464 ff.

2. Angemessene Frist zur Mängelbeseitigung

508 Es muß **als erstes eine Aufforderung des Auftraggebers an den Auftragnehmer zur Beseitigung des Mangels ergangen sein.** Über deren Voraussetzungen, insbesondere auch zur Schriftform, vgl. Rdn. 450 ff. sowie 492 ff.

Weiterhin muß der Auftraggeber dem Auftragnehmer zur **Mängelbeseitigung** eine **angemessene Frist** gesetzt haben. Die Fristsetzung kann mit der Aufforderung verbunden sein, sie kann aber auch später nachgeholt werden, nachdem die erste, zunächst ohne Fristbestimmung erfolgte Aufforderung fruchtlos geblieben ist. **Sie muß im allgemeinen die unbedingte Aufforderung an den Auftragnehmer enthalten, innerhalb einer vom Auftraggeber genau festgesetzten, zumindest vom Auftragnehmer klar errechenbaren Zeit** (über die Fristberechnung vgl. die §§ 186 ff. BGB) **die Beseitigung des im einzelnen gerügten Mangels vorzunehmen** und damit die Bauleistung letztlich ordnungsgemäß zu erbringen. Hiernach **genügt grundsätzlich nicht schon die Aufforderung an den Auftragnehmer, die Beseitigungsbereitschaft** binnen einer bestimmten Frist zu erklären; vielmehr ist auch die Frist zur **Beseitigung** zu bestimmen; vgl. aber Rdn. 522 ff. Andererseits kann vom Auftraggeber für den Bereich der Fristbestimmung nicht mehr verlangt werden, als von ihm vernünftigerweise erwartet werden kann. So kann es ausreichen, wenn der Auftraggeber **nur den Beginn** der Nachbesserung angibt, weil er den für die Mängelbeseitigung erforderlichen Zeitraum, insbesondere im Hinblick auf die erforderlichen Maßnahmen, nur schwer abzuschätzen in der Lage ist, wie z. B. bei einer Dachreparatur (vgl. BGH BauR 1982, 496 = SFH § 13 Nr. 5 VOB/B Nr. 3 = ZfBR 1982, 211).

Die **Fristsetzung** selbst **bedarf** ebenso wie die Aufforderung **keiner besonderen Form.**

In der Erklärung des Auftraggebers, er werde nach fruchtlosem Ablauf der Frist die Beseitigung des Mangels auf Kosten des Auftragnehmers selbst vornehmen lassen, ist **noch kein** – vorweggenommener – **Verzicht** des Auftraggebers auf seinen **Mängelbeseitigungsanspruch** gegenüber dem Auftragnehmer zu sehen. Für einen **Verzicht** müssen vielmehr **eindeutige Erklärungen** des Auftraggebers dahin gehend vorliegen, daß er nach Ablauf der Frist **keine Nachbesserung durch den betreffenden Auftragnehmer mehr wünscht** (vgl. KG SFH Z 2.410 Bl. 21).

Wesentliche **Voraussetzung** ist ferner, daß die **Fristbestimmung angemessen** ist. Zur Angemessenheit der Frist vgl. Teil B § 4 Rdn. 380 ff. **Maßgebend** für die Angemessenheit ist nicht allein die subjektive Sicht des Auftraggebers, sondern **die bei objektiver Betrachtung im Einzelfall anzunehmende Zeit, die ein ordnungsgemäßer Auftragnehmer braucht, um diesen Mangel,** um den es im Einzelfall geht, **zu beheben.** Dabei ist davon auszugehen, daß es im wohlberechtigten Interesse des Auftraggebers liegt, **daß der Auftragnehmer unverzüglich (§ 121 BGB) nach Erhalt der Mängelbeseitigungsaufforderung die Nachbesserungsarbeiten in Angriff nimmt und zügig durchführt.** Ausnahmen können sich bei objektiver Betrachtung – nur – ergeben, wenn die ordnungsgemäße Mängelbeseitigung von bestimmten äußeren Voraussetzungen, wie z. B. trockener Witterung, Bereitstellung des Objekts der Nachbesserung erst zu bestimmter Zeit, Abtrocknung vorangehender Leistungen (vgl. OLG Celle BauR 1984, 409) usw., abhängig ist. Auch muß die Frist zwangsläufig später beginnen, wenn die Vertragspartner eine vorherige Klärung der Mängelbeseitigungsursachen und -maßnahmen durch Einholung eines Sachverständigengutachtens vereinbart haben; dann kann sie erst nach Eingang des klärenden Gutachtens beginnen (vgl. BGH SFH Z 2.414.1 Bl. 8 = BauR 1975, 137 = Betrieb 1974, 1959 = WM 1974, 932).

Eine angemessene Frist liegt nicht vor, wenn der Auftraggeber sie während eines Rechtsstreites über den erforderlichen Umfang und die Art der Nachbesserung nach der letzten mündlichen Verhandlung setzt und die Frist zwar nach dem Verkündungstermin, aber noch vor der Zustellung des Urteils abläuft (OLG Düsseldorf BauR 1982, 587 = SFH § 13 Nr. 5 VOB/B Nr. 4); dann steht dem Auftraggeber kein Kostenerstattungsanspruch gegen den Auftragnehmer zu, wenn er bereits vor Zustellung des Urteils die Nachbesserung durch einen anderen Unternehmer durchführen läßt (a. a. O.).

Da die Angemessenheit der Frist von den jeweiligen Umständen des Einzelfalles entscheidend abhängig ist, kann eine Klausel in AGB – insbesondere Zusätzlichen Vertragsbedingungen –, wonach der Auftragnehmer generell die Mängelbeseitigung binnen einer Woche vorzunehmen und danach der Auftraggeber das Recht zur „Ersatzvornahme" hat, gegen § 9 AGB-Gesetz verstoßen.

3. Ungenutzter Fristablauf

Schließlich muß die als angemessen anzuerkennende Frist ungenutzt verstrichen sein. Dies ist der Fall, wenn der Auftragnehmer in dieser Zeit nichts oder nichts Hinreichendes (vgl. dazu auch Teil B § 4 Rdn. 380 ff.) zur ordnungsgemäßen Mängelbeseitigung unternommen hat. Das gilt auch, wenn der Auftragnehmer nur einen Teil nachbessert oder wenn er die Nachbesserung unter Vorziehen anderer Arbeiten zurückstellt, sich dadurch dem Auftraggeber der berechtigte Verdacht aufdrängt, der Auftragnehmer werde seiner Nachbesserungspflicht **nicht die gebotene Aufmerksamkeit und Sorgfalt** entgegenbringen und der Auftraggeber deswegen zu Recht die Entgegennahme weiterer Nachbesserung ablehnt (vgl. BGH LM § 634 Nr. 1; RGZ 104, 15, 17; vgl. auch OLG Düsseldorf BauR 1978, 503). Die Frist ist ebenfalls ungenutzt verstrichen, wenn es dem Auftragnehmer bis zu ihrem Ende trotz Bemühens nicht **gelungen ist, den Mangel zu beseitigen.** Das trifft auch dann zu, wenn der Auftragnehmer innerhalb der Frist die – an sich taugliche – Nachbesserung beginnt, diese aber nicht beendet, weil seine Arbeitnehmer heimlich die Baustelle verlassen (unzutreffend daher OLG Celle BauR 1983, 260). Der Erfolg, nämlich die ordnungsgemäße, vollständige Mängelbeseitigung, wird geschuldet. Seine **Nichterreichung** innerhalb der vom Auftraggeber gesetzten angemessenen Frist **löst grundsätzlich die Selbsthilfebefugnis des Auftraggebers aus.**

512 Das trifft – ausnahmsweise – auch **schon vor Ablauf** der angemessenen Frist zu, **wenn eindeutig feststeht,** daß der Auftragnehmer in der verbleibenden Restfrist **bei objektiver Betrachtung überhaupt nicht mehr in der Lage sein wird, die Nachbesserung ordnungsgemäß bis zum Ablauf der gesetzten angemessenen Frist zu Ende zu bringen** (zur Abgrenzung vgl. OLG Frankfurt MDR 1983, 755). Dies gilt besonders dann, wenn der Auftraggeber aus Anlaß des Setzens einer angemessenen Frist zur Nachbesserung erklärt hat, daß diese wieder entfalle, wenn nicht bis spätestens zum Ende einer innerhalb der angemessenen Frist liegenden – kürzeren – Frist mit der Nachbesserung begonnen worden sei (insoweit zutreffend Kahlke BauR 1981, 516; vgl. auch Teil B § 4 Rdn. 380 ff.). Voraussetzung für die Wirksamkeit ist jedoch, daß die zur Aufnahme der Nachbesserungsarbeiten gesetzte Frist ihrerseits nicht zu kurz ist, sie es also dem Auftragnehmer ermöglicht, bei **unverzüglicher** Inangriffnahme der erforderlichen Vorklärungen sowie Vorarbeiten pünktlich an Ort und Stelle mit der Nachbesserung zu beginnen und diese zügig zu Ende zu bringen (vgl. dazu BGH BauR 1982, 496 = ZfBR 1982, 211 = SFH § 13 Nr. 5 VOB/B Nr. 3; so auch Kaiser, Mängelhaftungsrecht, Rdn. 81).

513 Der Auftraggeber kann allerdings auch noch nach Fristablauf ein Angebot des Auftragnehmers, den Mangel zu beseitigen, annehmen und ihm hierzu Gelegenheit geben. Verpflichtet ist er dazu jedoch nicht; vielmehr hat er grundsätzlich dann die Wahl, ob er noch den Auftragnehmer oder einen Dritten mit der Mängelbeseitigung beauftragen will (vgl. auch Rdn. 505 f.).

4. Grundsätzlich kein Selbsthilferecht bei Versäumung der Fristsetzung

514 Fordert der Auftraggeber den Auftragnehmer zur Mängelbeseitigung auf, **ohne ihm hierzu eine angemessene Frist zu setzen,** oder unterläßt er sogar die Mängelbeseitigungsaufforderung, wird das Selbsthilferecht im allgemeinen nicht ausgelöst, auch nicht, wenn der Auftragnehmer trotz – bloßer – Beseitigungsaufforderung nichts unternimmt. Es läuft daher **keine Frist ohne ausdrückliche Fristsetzung.** Bloße **Mahnung** oder auch sonst bereits eingetretener bloßer **Verzug allein reicht nicht.**

515 **Es ist hingegen nicht notwendig, daß der Auftragnehmer im Rahmen oder neben der Fristsetzung vom Auftraggeber darüber belehrt wird, daß er bei fruchtlosem Ablauf der Frist die Mängelbeseitigung auf Kosten des Auftragnehmers veranlassen werde.** Diese Folge ergibt sich für den Auftragnehmer aus Nr. 5 Abs. 2, die Inhalt des Vertrages ist, **von selbst** (vgl. auch Rdn. 505 f.).

516 Auch während des Laufs der im Regelfall gesetzten Frist hat der Auftraggeber im allgemeinen (Ausnahme vgl. Rdn. 511 ff.) nicht die Befugnis, im Wege der Selbsthilfe einzuschreiten. Tut er es dennoch, steht ihm grundsätzlich der sich aus Nr. 5 Abs. 2 ergebende Kostenerstattungsanspruch nicht zu.

517 Zu den Mängelbeseitigungsfolgen, für die der Auftragnehmer nicht aufkommen muß, kann auch ein Minderwert gehören, den der Auftragnehmer durch eigene Mängelbeseitigung möglicherweise hätte verhindern können (BGH BauR 1988, 82 = SFH § 8 VOB/B Nr. 12 =

NJW-RR 1988, 208). Der Auftraggeber hat bei Fehlen der vorgenannten Voraussetzungen auch **keinen Anspruch** gegen den Auftragnehmer aus **ungerechtfertigter Bereicherung** (**§§ 812 ff**. BGB), weil die **VOB** hier eine **abschließende Regelung** enthält und daneben ein Bereicherungsanspruch nicht gegeben ist (BGH NJW 1966, 39 = Betrieb 1965, 1774 = SFH Z 2.414 Bl. 146 ff.; BGH SFH Z 2.414.3 Bl. 19; BGHZ 90, 344 = BauR 1984, 395 = NJW 1984, 1676 = Betrieb 1984, 1720 = ZIP 1984, 713 = MDR 1984, 748 = BB 1984, 1703 = LM § 273 BGB Nr. 38 Anm. Recken = SFH § 13 Nr. 5 VOB/B Nr. 5 = ZfBR 1984, 173). Das **trifft auch zu, wenn der Auftraggeber Gewährleistungsansprüche an einen Dritten abgetreten hat** (wie z. B. der Bauträger an den Erwerber). Auch insoweit müssen die Voraussetzungen des Anspruchs auf Ersatz von Fremdnachbesserungskosten vorliegen, weil sonst der Auftraggeber bei Abtretung seiner Gewährleistungsansprüche besserstünde, wozu jegliche Berechtigung fehlt (vgl. BGHZ 70, 389 = BauR 1978, 308 = BB 1978, 582 = MDR 1978, 570 = NJW 1978, 1375 = SFH § 633 BGB Nr. 9 = LM § 633 BGB Nr. 30 Anm. Girisch = Betrieb 1978, 1073).

Gleiches gilt für **etwaige Ansprüche aus Geschäftsführung ohne Auftrag** (BGH SFH Z 2.414.3 Bl. 19; BGHZ 90, 344 = BauR 1984, 395 = NJW 1984, 1676 = Betrieb 1984, 1720 = ZIP 1984, 713 = MDR 1984, 748 = BB 1984, 1703 = LM § 273 BGB Nr. 38 Anm. Recken = SFH § 13 Nr. 5 VOB/B Nr. 5 = ZfBR 1984, 173). Wenn hier auch objektiv ein fremdes Geschäft vorliegen mag, so scheitert ein Anspruch aus Geschäftsführung ohne Auftrag daran, daß der **Auftragnehmer nicht zum Aufwendungsersatz,** also einer Zahlung, verpflichtet ist bzw. war, **sondern zur Nachbesserung,** so daß § 683 BGB nicht durchgreift. 518

Andererseits: Ist eine vom Auftraggeber eigenmächtig vorgenommene bzw. veranlaßte Nachbesserung erfolglos geblieben, so ist er nicht gehindert, noch nachträglich den Auftragnehmer ordnungsgemäß zur Mängelbeseitigung aufzufordern und ihm dazu eine Frist zu setzen, da bisher die Voraussetzungen zur Selbsthilfe nicht gegeben waren, der Auftraggeber also seinen **Nachbesserungsanspruch gegen den Auftragnehmer noch nicht verloren hat** (vgl. dazu BGH BauR 1976, 57 = NJW 1976, 143 = BB 1976, 485 = MDR 1976, 213 = SFH Z 8.41 Bl. 19 = LM § 633 BGB Nr. 27). Dies setzt allerdings nach Treu und Glauben voraus, daß die Nachbesserung **für den Auftragnehmer** noch in dem Sinne **zumutbar** ist, daß sie durch den eigenmächtigen, vergeblichen Nachbesserungsversuch des Auftraggebers nicht wesentlich erschwert oder gar unmöglich gemacht worden ist (OLG Köln BauR 1973, 53 = SFH Z 2.414.1 Bl. 4 mit zust. Anm. von Heyers BauR 1973, 56). 519

Es bestehen im übrigen keine Bedenken dagegen, daß der Auftraggeber bereits einen **anderen Unternehmer mit der Mängelbeseitigung beauftragt, bevor** die dem Auftragnehmer gesetzte **Frist abgelaufen** ist, sofern der mit der Mängelbeseitigung beauftragte Unternehmer seine Arbeiten **nicht vor** – vergeblichem – **Fristablauf beginnt;** dann bleiben dem Auftraggeber die Rechte aus Teil B § 13 Nr. 5 Abs. 2 erhalten. Hier gilt das gleiche wie im Falle der Kündigung nach Teil B § 8 Nr. 3 (vgl. dazu Teil B § 8 Rdn. 87 f.). 520

Eine Klausel in AGB (insbesondere Zusätzlichen Vertragsbedingungen), wonach der Auftraggeber **immer** und nicht nur bei Vorliegen der nachfolgend in Rdn. 522 ff. genannten Ausnahmen berechtigt sein soll, ohne Nachfristsetzung die „Ersatzvornahme" zu bewerkstelligen, verstößt gegen § 9 AGB-Gesetz. Gleiches trifft auf eine Bestimmung zu, wonach der Auftraggeber – ungeachtet der Regelung in § 634 Abs. 2 BGB bzw. § 13 Nr. 5 Abs. 2 VOB/B und der in Rdn. 468–472 sowie in Rdn. 522–529 aufgeführten Ausnahmen – **generell** die Wahl zur Selbstbeseitigung von Mängeln auf Kosten des Auftragnehmers haben soll; sie ist somit auch im kaufmännischen Bereich unwirksam (OLG Koblenz ZIP 1981, 995). 521

5. Ausnahme: Selbsthilfe ohne Fristsetzung

522 a) Nach Treu und Glauben ist ohne das Erfordernis vorangegangener Fristsetzung oder des Abwartens des Ablaufs der gesetzten Frist (vgl. dazu auch Rdn. 511 ff.) ein **frühzeitiges Selbsthilferecht des Auftraggebers einschließlich** des damit nach Nr. 5 Abs. 2 verbundenen **Kostenerstattungsanspruches bzw. Kostenvorschußanspruches** ausnahmsweise zu bejahen, wenn der Auftragnehmer **von vornherein**, dabei evtl. schon vor der Abnahme (vgl. BGH BauR 1978, 306 = BB 1978, 1781 = SFH § 4 Ziff. 7 VOB/B Nr. 2 = Betrieb 1978, 1537 = MDR 1978, 744 = LM VOB/B Nr. 98 = BlGBW 1979, 14) **oder im Laufe der Zeit**, gegebenenfalls noch während eines Rechtsstreits, seine **Gewährleistungspflicht überhaupt** (dazu BGH LM § 459 BGB Nr. 20; BGH BauR 1976, 283 = SFH Z 3.003.3 Bl. 5) und/oder das **Vorhandensein des Mangels entschieden bestritten hat und bereits eindeutig klar ist, daß er die Mängelbeseitigung nicht vornehmen wird** (RGZ 64, 294; RG Warn.Rspr. 1919 Nr. 159; RGZ 129, 143, 145; BGH LM § 326 BGB [Dc] Nr. 2; BGH SFH Z 2.414 Bl. 60; BGH NJW 1971, 798; BGH BauR 1976, 285 = SFH Z 3.003.3 Bl. 5; BGH BauR 1983, 258 = NJW 1983, 1731 = SFH § 634 BGB Nr. 10 = ZfBR 1983, 123; BGH BauR 1985, 198 = SFH § 13 Nr. 5 VOB/B Nr. 8 = ZfBR 1985, 79; BGHZ 96, 146 = BauR 1986, 98 = SFH § 398 BGB Nr. 7 = ZIP 1986, 234 = NJW 1986, 713 = BB 1986, 841 = MDR 1986, 310 = JZ 1986, 336 = Betrieb 1986, 246 = JR 1986, 264 Anm. Schubert = LM § 633 BGB Nr. 58 = ZfBR 1986, 21 = Hensen EWiR § 633 BGB 1/86, 43; OLG Köln SFH Z 2.414.2 Bl. 1 sowie BauR 1980, 77 = SFH § 13 Ziff. 7 VOB/B Nr. 4), **wobei es auf die Gründe der endgültigen Weigerung nicht ankommt** (BGH BauR 1985, 198 = SFH § 13 Nr. 5 VOB/B Nr. 8 = ZfBR 1985, 79; OLG Frankfurt NJW 1970, 1084). Bei der Beurteilung ist hier aber **ein strenger Maßstab** anzulegen (RG Warn.Rspr. 1919, Nr. 159). Es handelt sich um **vom Auftraggeber zu beweisende Ausnahmetatbestände, die eng auszulegen** sind (Schmidt MDR 1963, 263, 266). Voraussetzung ist eine **eindeutig ablehnende Haltung des Auftragnehmers** in dem Sinne, daß er sich klar erkennbar absolut weigert, sich auf die Erörterung der vom Auftraggeber mit Recht behaupteten Mängel und deren Beseitigung einzulassen. Zur Beurteilung ist das **gesamte Verhalten** des Auftragnehmers heranzuziehen, **auch** seine **spätere Einlassung im Prozeß** (BGH BauR 1985, 198 = SFH § 13 Nr. 5 VOB/B Nr. 8 = ZfBR 1985, 79 m. w. N.).

523 Grundsätzlich reicht es hiernach **nicht schon** aus, wenn der Auftragnehmer nicht die Mängel, sondern **nur seine Verantwortung** für sie in Abrede stellt (vgl. BGHZ 26, 337 = NJW 1958, 70 = SFH Z 2.414 Bl. 60). Dagegen **kann ein hartnäckiges** – **striktes** – **Bestreiten der Mängelbeseitigungspflicht** darin liegen, daß der Auftragnehmer die Nachbesserungsverpflichtung auf einen anderen Unternehmer abzuschieben versucht (BGH BauR 1983, 258 = NJW 1983, 1731 = SFH § 634 BGB Nr. 10 = ZfBR 1983, 123; OLG Köln SFH Z 2.414.1 Bl. 17), etwa dabei erklärt, er habe „mit der Sache nichts zu tun" (BGH a. a. O.). Gleiches gilt, wenn der Auftragnehmer die Mängelbeseitigung unabhängig davon verweigert hat, ob seine Ansicht über die Planungsverantwortung des Auftraggebers bzw. seines Erfüllungsgehilfen (z. B. Architekt) zutrifft (BGH BauR 1985, 198 = SFH § 13 Nr. 5 VOB/B Nr. 8 = ZfBR 1985, 79). Daß er ursprünglich in erheblich geringerem Umfang bereit war, Mängel zu beseitigen, kann nicht zu seinen Gunsten gewertet werden, weil es auf das Verhalten des Auftragnehmers in bezug auf die **konkret erforderliche Mängelbeseitigung** ankommt (BGH a. a. O.). Bloße Meinungsverschiedenheiten über den Vertragsinhalt oder den Umfang der vertraglichen Leistungspflicht genügen demgegenüber wiederum noch nicht, insbesondere wenn der Auftragnehmer sich bereit erklärt hat, zu anderen als den geforderten Bedingungen – allerdings kostenlos – nachzubessern. Ähnliches gilt auch, wenn der Auftragnehmer nur gegen Erstattung der Kosten nachbessern will, weil er entweder den Mangel bestreitet oder seine Verantwortlichkeit dafür in Abrede stellt. **Denn die Fristsetzung soll den Auftragnehmer gerade vor die Frage stellen, ob er die in Teil B § 13 Nr. 5 Abs. 2 geregelten Folgen auf sich nehmen oder sie durch nachträgliche Erfüllung von sich abwenden will.** Was dazu für § 326 BGB in RG Warn.Rspr. 1920 Nr. 193, BGH LM Nr. 2 zu § 326 (Dc) BGB, BGH NJW 1968, 103 und

BGH NJW 1971, 798 gesagt ist, gilt entsprechend auch hier. Deshalb ist eine Nachfristsetzung erst recht nicht entbehrlich, wenn die Vertragspartner vereinbaren, zunächst ein **Sachverständigengutachten zwecks Feststellung der Mängelursachen** und/oder der geeigneten Mängelbeseitigungsmaßnahmen einzuholen und dieses noch nicht vorliegt (BGH SFH Z 2.414.1 Bl. 8 = BauR 1975, 137 = Betrieb 1974, 1959 = WM 1974, 932). Andererseits kann eine Nachbesserungsverweigerung des Auftragnehmers daraus geschlossen werden, daß er auf ein vorgelegtes Sachverständigengutachten, mehrfache Aufforderungen zur Mängelbeseitigung, insbesondere auch im Hinblick auf deren Beginn (vgl. dazu Rdn. 508 ff.), nicht reagiert, somit eine Fristsetzung oder eine weitere Fristsetzung nur eine leere Förmlichkeit wäre, da eine solche nach dem Verhalten des Auftragnehmers nicht zum Erfolg geführt hätte (BGH BauR 1982, 496 = SFH § 13 Nr. 5 VOB/B Nr. 3 = ZfBR 1982, 211; BGH BauR 1976, 285).

b) Einer **Nachfristsetzung** bedarf es über den bisher festgelegten Rahmen hinaus aber **auch nicht**, wenn sich der Auftragnehmer bei der Bauausführung **nachweislich derart unzuverlässig und nachlässig verhalten hat, daß dem Auftraggeber die Vornahme der Mängelbeseitigung durch diesen Auftragnehmer nicht mehr zuzumuten ist** (ebenso BGHZ 46, 242 = MDR 1967, 209 = BB 1967, 222 = NJW 1967, 389 = Anm. Ostler JR 1967, 259 = Betrieb 1967, 77 = SFH Z 2.414 Bl. 171; ferner BGH SFH Z 2.414 Bl. 224 ff.; BGHZ 50, 166 = NJW 1968, 1524 = MDR 1968, 750 = LM § 4 VOB/B Nr. 3 = BB 1968, 970 = Betrieb 1968, 2397 = SFH Z 2.510 Bl. 32 = VersR 1968, 750 = JZ 1969, 386; BGHZ 92, 308 = BauR 1985, 83 = NJW 1985, 381 = SFH § 634 BGB Nr. 12 = BB 1985, 11 = Betrieb 1985, 222 = MDR 1985, 228 = JZ 1985, 239 = LM § 634 BGB Nr. 21 Anm. Hesse = ZfBR 1985, 33; vgl. auch OLG Stuttgart BauR 1980, 363).

524

Auch dazu sind die für § 326 BGB geltenden Grundsätze entsprechend heranzuziehen. Voraussetzung ist, daß der **Auftragnehmer schwerwiegend** (vgl. u. a. BGH BauR 1981, 395 = SFH § 635 BGB Nr. 27 = LM § 635 BGB Nr. 60 = ZfBR 1981, 173) **und schuldhaft gegen seine vertragliche Verpflichtung verstoßen** hat, so daß die dem Bauvertrag innewohnende und für seine Durchführung erforderliche **Vertrauensgrundlage tiefgreifend erschüttert ist;** dabei muß der objektive Beobachter bei verständiger Würdigung aller Umstände zu dem Ergebnis kommen, daß es dem Auftraggeber nicht mehr zumutbar ist, länger am Vertrag festzuhalten (vgl. OLG Köln NJW 1974, 1952). Dies trifft z. B. zu, wenn der Auftragnehmer mehrere vergebliche Nachbesserungsversuche vorgenommen hat, ohne Ursache und Ausmaß der Mängel erkannt zu haben; dabei kann er sich zu seiner Entlastung nicht darauf berufen, der Auftraggeber habe es versäumt, eine ordnungsgemäße Planung durch einen Sonderfachmann (Ingenieur) vornehmen zu lassen, weil ein Auftragnehmer, der sich zugetraut hat, den betreffenden Auftrag zu übernehmen, ohne dazu in der Lage zu sein, daraus keinen Vorteil für sich ziehen kann (BGHZ 92, 308 = BauR 1985, 83 = NJW 1985, 381 = MDR 1985, 228 = JZ 1985, 239 = Betrieb 1985, 223 = BB 1985, 11 = LM § 634 BGB Nr. 21 Anm. Hesse = SFH § 634 BGB Nr. 12 = ZfBR 1985, 33 = Anm. Schubert JR 1985, 237; vgl. dazu auch OLG Frankfurt NJW-RR 1988, 918).

525

Das Gesagte gilt auch im Rahmen der Zwangsvollstreckung für den Bereich des § 887 ZPO (OLG Düsseldorf MDR 1982, 61).

c) Eine Nachfristsetzung ist schließlich auch entbehrlich, wenn die Voraussetzungen der **Geschäftsführung ohne Auftrag,** §§ 677 ff. BGB, in dem Sinne vorliegen, daß **nach § 679 BGB die sofortige Mängelbeseitigung im öffentlichen Interesse geboten ist.** Man wird nach Treu und Glauben dem Auftraggeber die Veranlassung sofortiger Mängelbeseitigung auch dann zubilligen müssen, wenn sonstwie **Gefahr im Verzuge oder infolge ganz besonderer, außergewöhnlicher Umstände Eile geboten ist.**

526

527 d) Für das Vorliegen der in Rdn. 522-529 gekennzeichneten Ausnahmen trägt der Auftraggeber die volle Beweislast.

528 e) Sofern ausnahmsweise eine **Fristsetzung entbehrlich** ist, bedarf es grundsätzlich **auch keiner Aufforderung zur Mängelbeseitigung**, weil auch das eine **nutzlose Formalität** wäre (vgl. BGH, Urt. vom 21. 1. 1957 – VII ZR 262/56 –; BGH NJW 1971, 798; BGH BauR 1976, 285 = SFH Z 3.003.3 Bl. 5). Dabei ist allerdings zu bedenken, daß sich die genannten, auf dem Verhalten des Auftragnehmers beruhenden **Ausnahmefälle vielfach erst aufgrund und daher nach einer Aufforderung zur Mängelbeseitigung** ergeben; dann ist naturgemäß zunächst eine Mängelbeseitigungsaufforderung notwendig. Andererseits gelten die erörterten Ausnahmen auch, wenn sie erst nach Fristsetzung, aber vor Fristablauf eintreten (BGH SFH Z 2.414.1 Bl. 8 = BauR 1975, 137 = Betrieb 1974, 1959 = WM 1974, 932).

529 Ebenso wie beim BGB-Werkvertrag (vgl. Palandt/Thomas § 634 BGB Anm. 2 c) bleibt aber der **Auftraggeber auch in den vorgenannten Ausnahmefällen immer zur Mängelanzeige verpflichtet**, wenn er gegen den Auftragnehmer Ansprüche (vgl. Rdn. 537 ff.) geltend machen will, da die VOB hier keine vom BGB abweichende Regelung enthält, die dortigen Voraussetzungen somit auch hier gelten. Inhaltlich muß die Mängelanzeige **grundsätzlich dieselben Voraussetzungen** erfüllen **wie die Mängelrüge** (vgl. dazu Rdn. 460 ff.).

6. Aufrechterhaltung anderer Gewährleistungsansprüche bei Nichtinanspruchnahme des Selbsthilferechts

530 Wenn der Auftraggeber von seinem Recht, unter den angegebenen Voraussetzungen selbst die Mängel beseitigen zu lassen, **keinen Gebrauch macht, verliert er nicht etwa ihm sonst gegebene Gewährleistungsansprüche** gegen den Auftragnehmer, wie solche nach Teil B § 13 Nr. 6 und 7 (ebenso OLG Hamburg BauR 1979, 331 für den Fall der Nr. 7). **Nr. 5 Abs. 2 ist eine sogenannte „Kannvorschrift"**, sie zwingt den Auftraggeber also nicht, unbedingt auf diesem Wege vorzugehen. Allerdings muß der Auftraggeber auch dann, wenn er Rechte aus den Nr. 6 oder 7 geltend machen will, den Auftragnehmer grundsätzlich zunächst vergeblich zur Mängelbeseitigung aufgefordert haben, weil dem Auftragnehmer ein Mängelbeseitigungsrecht zusteht, das der Auftraggeber nicht einseitig beschneiden darf. Dem **Auftraggeber** ist hier außerdem eine gewisse **Vorsicht** anzuraten. Denn er kann die **anderen Gewährleistungsansprüche grundsätzlich nur geltend machen, wenn deren besondere Voraussetzungen gegeben sind**, was einer vorangegangenen **sorgfältigen Prüfung** bedarf. Grundsätzlich sollte der Auftraggeber daher den durch Nr. 5 Abs. 2 vorgegebenen Weg beschreiten, zumal das Gewährleistungssystem der VOB vornehmlich darauf gerichtet ist, dem Auftraggeber **letztlich eine mängelfreie Bauleistung zu verschaffen**. Wegen der Besonderheit bei Geltendmachung von Mängelbeseitigungskosten im Rahmen von Teil B § 13 Nr. 7 Abs. 1 vgl. Rdn. 710 ff.

531 Dem Auftraggeber ist es auch nicht verwehrt, anstelle der vorgenannten Ansprüche und der Beauftragung eines anderen Unternehmers mit der Mängelbeseitigung dem Auftragnehmer erneut eine Frist zur Beseitigung zu setzen, sozusagen bei Nr. 5 Abs. 1 und den Grundvoraussetzungen der Nr. 2 vorerst stehenzubleiben, da der Ablauf der einmal gesetzten Frist ihn nicht hindert, erneut von dem Auftragnehmer unter Fristsetzung die Mängelbeseitigung zu fordern (vgl. OLG Hamburg BauR 1979, 331).

532 Im vorerörterten Bereich ist es nicht unwesentlich für den Auftraggeber, daß es zu den **vertraglichen Pflichten** seines **mit der Bauleitung und Bauaufsicht betrauten Architekten** gehört, den Auftragnehmer bei mangelhafter Leistung namens des Auftraggebers zur Nachbesserung innerhalb angemessener Frist aufzufordern und nach fruchtlosem Ablauf der Frist namens des Auftraggebers einen anderen Unternehmer mit der Nachbesserung zu beauf-

tragen, um so die **Rechte des Auftraggebers** gegenüber dem Auftragnehmer nach § 633 Abs. 2, 3 BGB, § 4 Nr. 7 VOB/B und § 13 Nr. 5 VOB/B **zu wahren.** Wünscht der Auftraggeber, sich unmittelbar an den Auftragnehmer wegen der Nachbesserung zu halten, so bleibt der Architekt immerhin verpflichtet, ihn **sachkundig zu beraten,** insbesondere auch über die Bedeutung der Mängelrüge und der Fristsetzung. Nur unter **besonderen Umständen** ist der Architekt von dieser Beratungspflicht **befreit,** wenn nämlich der Auftraggeber selbst die erforderliche Sachkunde besitzt oder wenn er gegenüber dem Architekten erklärt, selbst einen sachkundigen Dritten mit der Wahrnehmung seiner Interessen betrauen zu wollen (BGHZ 61, 28 = BauR 1973, 321 mit Anm. Locher = NJW 1973, 1457 = BB 1973, 1003 = VersR 1973, 935 = SFH Z 3.01 Bl. 512 = Betrieb 1973, 1793 = BlGBW 1974, 58 = MDR 1973, 843 = LM § 635 BGB Nr. 33 = WM 1973, 928) oder dies bereits getan hat. Diese auf der Rechtsprechung beruhende **Verpflichtung** des Architekten ist jedoch **nicht unbedenklich,** soweit es sich um die Androhung der Auftragsentziehung, der Kündigung und der Beauftragung eines Dritten mit der Fortführung der Leistung handelt. Insoweit ist der Kritik von Locher (BauR 1973, 323 sowie Das private Baurecht Rdn. 301; vgl. ferner Hartmann BauR 1974, 173) beizutreten. Hier werden dem Architekten Aufgaben angesonnen, die weder zu seiner allgemeinvertraglichen Verpflichtung gehören, noch durch eine normale Architektenvollmacht gedeckt werden. Zu den Beratungspflichten des Architekten vgl. vor allem auch Ganten BauR 1974, 78 und Hartmann BauR 1974, 168.

Es kann auch Fälle geben, in denen **die Geltendmachung der Rechte aus Teil B § 13 Nr. 5 Abs. 2 (oder auch § 633 Abs. 3 BGB) dem Auftraggeber nichts bringt, weil Schäden,** die ursächlich auf eine mangelhafte Leistung zurückzuführen sind, **durch eine Mängelbeseitigung nicht mehr zu verhindern** sind, wie z. B. Verdienstausfall, Gutachterkosten nach vergeblichen Mängelbeseitigungsversuchen des Auftragnehmers. Dann kann der Auftraggeber insoweit **unmittelbar einen Schadensersatzanspruch nach Teil B § 13 Nr. 7 (bzw. § 635 BGB) geltend machen** (BGHZ 92, 308 = BGH BauR 1985, 83 = NJW 1985, 381 = MDR 1985, 228 = JZ 1985, 239 = Betrieb 1985, 223 = BB 1985, 11 = LM § 634 BGB Nr. 21 Anm. Hesse = SFH § 634 BGB Nr. 12 = ZfBR 1985, 33 = Anm. Schubert JR 1985, 237; vgl. dazu auch Rdn. 662 ff.). 533

Wegen der Auswirkungen der §§ 639 Abs. 1, 478, 479 BGB auf den Kostenerstattungsanspruch vgl. Rdn. 434 ff. 534

7. Abweichungen von § 633 Abs. 3 BGB in Nr. 5 Abs. 2

Nr. 5 Abs. 2 setzt an sich im Gegensatz zu § 633 Abs. 3 BGB **nicht alle Erfordernisse des Schuldnerverzuges** (§§ 284 ff. BGB) voraus. Zwar sind auch hier Bestehen des Nachbesserungsanspruches sowie eine Aufforderung zur Nachbesserung notwendig, **nicht** hingegen ein **Verschulden des Auftragnehmers** (vgl. § 285 BGB) wegen Nichterledigung innerhalb der gesetzten Frist. 535

Andererseits setzt das Selbsthilferecht des Auftraggebers nach Nr. 5 Abs. 2 grundsätzlich (vgl. Rdn. 514 ff.) **eine Mängelbeseitigungsaufforderung – nicht notwendig eine Mahnung – mit einer Fristsetzung** voraus. **Anders als bei § 633 Abs. 3 BGB genügt also die bloße Inverzugsetzung durch Mahnung hier nicht** (so auch BGH BauR 1982, 496 = SFH § 13 Nr. 5 VOB/B Nr. 3 = ZfBR 1982, 211; vgl. auch BGHZ 96, 146 = BauR 1986, 98 = SFH § 398 BGB Nr. 7 = ZIP 1986, 234 = NJW 1986, 713 = BB 1986, 840 = MDR 1986, 310 = JZ 1986, 336 = Betrieb 1986, 266 = JR 1986, 284 Anm. Schubert = LM § 633 BGB Nr. 58 = ZfBR 1986, 21 = Hensen EWiR § 633 BGB 1/86, 43). Auch eine Möglichkeit, wie sie § 284 Abs. 2 BGB bietet, ist nicht gegeben, da auch in solchen Fällen immer noch die Fristsetzung nötig ist (ähnlich Kaiser, Mängelhaftungsrecht, Rdn. 80). § 284 Abs. 2 BGB besagt nur, daß ein Schuldner ohne Mahnung in Verzug kommt, wenn für die Leistung eine Zeit nach dem Kalender be- 536 stimmt ist und der Schuldner zu der bestimmten Zeit nicht leistet, zeigt also auch nur eine Verzugsvoraussetzung auf.

III. Der Kostenerstattungs- und Kostenvorschußanspruch des Auftraggebers

1. Zur Nachbesserung gehörender Gewährleistungsanspruch

537 Das Recht des Auftraggebers, den Mangel auf Kosten des Auftragnehmers beseitigen zu lassen, gibt ihm zunächst einen **Kostenerstattungsanspruch** gegenüber dem Auftragnehmer. Hier handelt es sich um einen **der Nachbesserung begrifflich zuzuordnenden Gewährleistungs- und nicht** um einen **Schadensersatzanspruch** (vgl. BGH SFH Z 2.414 Bl. 187; BGH BauR 1970, 48 = NJW 1970, 421 = VersR 1970, 180 = Betrieb 1970, 250 = SFH Z 2.414 Bl. 231 ff. = MDR 1970, 317 = LM VOB/B Nr. 37). Für **Grund und Höhe** dieser Kosten, die einklagbar sind, ist **der Auftraggeber darlegungs- und beweispflichtig,** und zwar muß er hierüber **entsprechend Teil B § 14 Nr. 1 prüfbar abrechnen.**

538 Allerdings sind der Kostenerstattungs- und auch der außerdem bestehende Vorschußanspruch (vgl. dazu Rdn. 551 ff.) begrifflich an Arbeiten und damit zusammenhängende Aufwendungen für die Nachbesserung selbst gebunden. Daher rechnen sonstige Vermögensverluste, die dem Auftraggeber aus Anlaß der Nachbesserung entstehen, wie z. B. der Gewinnausfall während der wegen der Nachbesserungsarbeiten notwendigen Stillegung einer Bowlingbahn, nicht zum Bereich des § 13 Nr. 5 Abs. 2, sondern zu dem des **§ 13 Nr. 7 Abs. 2.** Diese vom BGH für das Verhältnis zwischen §§ 633 und 635 BGB ausgesprochene Folge gilt entsprechend auch hier (vgl. BGHZ 72, 31 = BauR 1978, 402 = NJW 1978, 1626 = BB 1978, 1036 = MDR 1978, 831 = BlGBW 1978, 240 = SFH § 635 BGB Nr. 6 = LM § 635 BGB Nr. 47 = Betrieb 1978, 2121 = ZfBR 1978, 17 = Anm. Schubert JR 1979, 21; ferner auch BGH BauR 1979, 159 = SFH § 635 BGB Nr. 8 = BB 1979, 1321 = Betrieb 1979, 258 = ZfBR 1979, 24). Ähnliches gilt auch für vom Auftraggeber in Vorprozessen vergeblich aufgewendete Kosten (vgl. dazu Rdn. 487 f. sowie Rdn. 727 ff.).

2. Aufwand in gebotenen Grenzen

539 a) Der **Auftraggeber ist gehalten,** sich bei Ausübung seines Selbsthilferechtes hinsichtlich des damit verbundenen **kostenmäßigen Aufwandes in gebotenen Grenzen zu halten.** Er darf nur das veranlassen, was **notwendig** ist, um die **nachhaltige** Beseitigung des Mangels zu erreichen, auch wenn zur nachhaltigen Nachbesserung notgedrungen eine aufwendigere Leistung erforderlich ist (vgl. dazu OLG Frankfurt NJW-RR 1988, 918). Er kann im Bereich der Nachbesserung zu Lasten des Auftragnehmers nichts verlangen, was sich als eine nicht unbedingt erforderliche **Erweiterung der vertraglich vereinbarten Leistung** darstellen würde. Ein solcher außerhalb der eigentlichen Nachbesserung liegender Aufwand braucht vom Auftragnehmer nicht erstattet zu werden. Diese Folgerung ergibt sich bereits aus § 633 Abs. 3 BGB, wonach der Besteller lediglich berechtigt ist, die **erforderlichen Aufwendungen** vom Unternehmer ersetzt zu verlangen (BGH, Urt. vom 14. 3. 1963 – VII ZR 215/61 – sowie SFH Z 2.50 Bl. 24 ff.). Wenn auch der Begriff „erforderlich" in Nr. 5 Abs. 2 nicht ausdrücklich genannt ist, ergibt sich doch, daß er auch beim VOB-Bauvertrag Geltung hat (so u. a. auch Nicklisch in Nicklisch/Weick Teil B § 13 Rdn. 150).

540 b) Die **Erforderlichkeit** wird allerdings nicht schon mit der bloßen Behauptung des Auftragnehmers in Zweifel gezogen, ein anderer als der hinzugezogene Unternehmer würde die Arbeiten billiger oder sachgerechter ausführen (vgl. BGH, Urt. vom 11. 7. 1966 – VII ZR 305/64 –). Allgemein darf der hier gesteckte Rahmen der **Erforderlichkeit nämlich nicht zu eng** gesehen werden. Auszugehen ist davon, daß sich der Auftraggeber hier einem **doppelt vertragsuntreuen Auftragnehmer** gegenübersieht: Einmal hat dieser die geschuldete Lei-

stung nicht vertragsgerecht erbracht, zum anderen und überdies hat er die nachträgliche ordnungsgemäße Leistungserbringung – nämlich die Nachbesserung – nicht veranlaßt, obwohl er dazu unter Fristsetzung aufgefordert worden war. Ein solcher Unternehmer erscheint **nur in begrenztem Maße schutzwürdig.** Deshalb muß der Auftraggeber grundsätzlich davon ausgehen können, daß ihm die durch Einsatz eines Drittunternehmers aufgewendeten Kosten auch von dem doppelt vertragsuntreuen Auftragnehmer erstattet werden, zumal es der Auftragnehmer in der Hand gehabt hat, selbst den von ihm herbeigeführten Mangel zu beseitigen. Deshalb ist es dem Auftraggeber auch grundsätzlich zu gestatten, für die Beauftragung des Drittunternehmers nicht vorher ein Ausschreibungsverfahren veranstalten zu müssen, sich darüber **hinaus in erster Linie einen Unternehmer seines Vertrauens auszusuchen, selbst wenn dieser in einiger Entfernung vom Ort der Bauleistung seinen Sitz hat** (so auch OLG Köln SFH § 633 BGB Nr. 27). Auch ist der Auftraggeber nicht unbedingt an eine Kostenschätzung eines Sachverständigen in einem Beweissicherungsverfahren gebunden, wenn er belegen kann, etwa durch Vorlage mehrerer Kostenanschläge fachkundiger, leistungsfähiger und zuverlässiger Unternehmen, daß der tatsächlich erforderliche Aufwand höher als vom Sachverständigen angenommen ist (insoweit zu weitgehend LG Hanau, MDR 1985, 1025, das nur einen Kostenanschlag eines fachkundigen Unternehmens ausreichen läßt, was jedenfalls bei Nachbesserungsarbeiten erheblichen Umfanges nicht zutreffen dürfte). Auch muß es der Auftragnehmer hinnehmen, von dem dritten Unternehmer in Ansatz gebrachte Stundenlohnvergütungen zu erstatten, wenn die betreffende Nachbesserungsleistung üblicherweise im Stundenlohn vergütet wird (ebenso OLG Köln SFH § 633 BGB Nr. 34). Dafür, daß der Auftraggeber hier seine **Schadensminderungspflicht** verletzt hat, trägt der **Auftragnehmer die Beweislast** (a. a. O.).

Zum erforderlichen Beseitigungsaufwand können auch die **Kosten für die Feststellung des Umfanges der Mängel** durch den Drittunternehmer gehören (vgl. OLG Frankfurt BauR 1983, 156 = NJW 1983, 456 = SFH § 13 Nr. 1 VOB/B Nr. 2). Das gilt erst recht für die Kosten eines Sachverständigen, insoweit auch für die Ermittlung des Aufwandes zur Mängelbeseitigung und der damit verbundenen Kosten, wenn der Auftraggeber dazu nicht selbst in der Lage ist; insoweit kann der Auftraggeber nicht darauf verwiesen werden, sich die notwendigen Kenntnisse durch kostenlose Kostenanschläge von anderen Unternehmern zu verschaffen (vgl. dazu KG JurBüro 1985, 1247); anders kann es liegen, wenn es sich um kleinere, eindeutig umrissene Mängel handelt, die keiner besonderen sachkundigen Beurteilung im Hinblick auf Art und Umfang einer nachhaltigen Mängelbeseitigung und deren Kosten bedürfen. Kosten eines Sachverständigengutachten sind auch dann erstattungsfähig, wenn sie durch objektiv nicht erforderliche Untersuchungen (z. B. im Labor) stark überhöht sind, da sich der Auftraggeber grundsätzlich darauf verlassen kann, daß der Sachverständige aufgrund seines Sachverständigeneides und seiner Sachkunde nur solche Untersuchungen vornimmt, die zur zuverlässigen Beantwortung der mit der Mängelbeseitigung zusammenhängenden Fragen notwendig sind (vgl. OLG Düsseldorf SFH § 13 Nr. 7 VOB/B Nr. 6). 541

Des weiteren sind alle Aufwendungen als erstattungsfähig anzusehen, die grundsätzlich mit Sicherheit und nicht nur wahrscheinlich den aufgetretenen Mangel beseitigen helfen. Dazu vgl. OLG Düsseldorf BauR 1974, 61. Anders kann dies allerdings liegen, wenn ein Sachverständiger in einem Beweissicherungsverfahren eine bestimmte Nachbesserungsmaßnahme vorgeschlagen hat; wird dann ein anderes, aufwendigeres Verfahren gewählt, muß der Auftraggeber die **Notwendigkeit darlegen und beweisen** (OLG Düsseldorf, Urt. vom 18. 5. 1976 – 20 U 210/75 –). Sonst hat **dafür, daß** der Mängelbeseitigungsaufwand **niedriger** hätte sein können, der **Auftragnehmer** die Beweislast (vgl. dazu BGH Betrieb 1975, 1407). 542

Ausnahmsweise kann eine kostengünstigere, den eigentlichen Mangel nicht behebende Nachbesserungsmaßnahme zulässig, aber auch geboten sein, wenn sie mit hinreichender 543

Sicherheit den vertraglichen Leistungs- und Nutzungszweck zu erreichen geeignet ist (vgl. dazu OLG Frankfurt a. a. O. für den Fall von Rissen in einer Spannbetonbrücke: Sanierung durch Verpressen mit Kunstharz).

544 Jedoch gilt für alle Fälle: Es handelt sich nicht um erforderliche Mängelbeseitigungskosten, wenn der Auftraggeber sie nicht in der wirtschaftlichsten und rationellsten Weise vornehmen läßt, z. B. mit Unterbrechungen ohne hinreichenden Grund, und es dadurch zu einer Verteuerung des Nachbesserungsaufwandes kommt (OLG Frankfurt a. a. O.).

545 Insgesamt ist es für die Bewertung auf den Aufwand und die damit verbundenen Kosten abzustellen, die der Auftraggeber im Zeitpunkt der Mängelbeseitigung als vernünftiger, wirtschaftlich denkender Bauherr aufgrund sachkundiger Beratung oder Feststellung aufwenden konnte und mußte, wobei es sich um eine vertretbare Maßnahme der Schadensbeseitigung handeln muß (ähnlich OLG Frankfurt a. a. O.). Die hiergegen von Renkl (BauR 1984, 472, 474) geäußerten Bedenken, indem er es **allein auf die objektiv erforderlichen Nachbesserungskosten** abstellen will, sind **nicht gerechtfertigt.** Angesichts der bereits erwähnten doppelten Vertragsuntreue des Auftragnehmers muß es entscheidend auf die berechtigte Sicht des Auftraggebers ankommen. Der Auftragnehmer hatte es ja in der Hand, die von ihm geschuldete Nachbesserung selbst vorzunehmen. Daher ist es entgegen Renkl (a. a. O.) schon richtig, dem **Auftraggeber nur die Darlegungs- und Beweislast für die sorgfältige Auswahl** des nachbessernden Unternehmers nach den angeführten Gesichtspunkten aufzuerlegen, während die **Überschreitung dieser Grenzen vom Auftragnehmer darzulegen und zu beweisen** ist. Gelingt dem Auftragnehmer allerdings dieser Nachweis, so ist seine Kostentragungspflicht entsprechend niedriger zu bewerten. Darüber hinaus können dem Auftragnehmer u. U. im Falle des Verschuldens des Auftraggebers Schadensersatzansprüche aus **positiver Vertragsverletzung** zustehen, wie z. B. wegen Kosten, die der Auftragnehmer aufwenden muß, um schuldhaft leichtfertige Angaben des Auftraggebers zu entkräften.

3. Aufwendungen

546 Unter „Aufwendungen" wird allgemein die **freiwillige Aufopferung von Vermögenswerten für die Interessen eines anderen** verstanden (BGHZ 59, 328 = BauR 1973, 52 = NJW 1973, 46 = SFH Z 2.414 Bl. 294 = WM 1972, 1458 = MDR 1973, 129 = JZ 1973, 168 = LM VOB/B Nr. 57 Anm. Rietschel m. w. N.; vgl. auch OLG Düsseldorf BauR 1974, 61). Gerade auch Arbeitsleistungen für einen anderen – hier Auftragnehmer – können Aufwendungen sein (BGH a. a. O.). Dazu gehören die **Kosten der Mängelbeseitigung, des dafür notwendigen Materials und die Nebenkosten,** wie z. B. zusätzliche Kosten durch Inanspruchnahme eines Architekten im Rahmen der Nachbesserung (OLG Nürnberg SFH Z 3.012 Bl. 2, vgl. dazu Rdn. 487 f.).

547 Auch dann, wenn der Auftraggeber **selbst nachbessert** und nicht einen anderen Unternehmer damit beauftragt, handelt es sich um Aufwendungen in dem hier gemeinten Sinne, **ebenso, wenn dies durch Familienangehörige** erfolgt, weil der Werkvertrag ein entgeltlicher Vertrag ist und der Auftragnehmer seinerseits die kostenlose – insoweit „kostenübernehmende" – Nachbesserung schuldet. Die hierfür in Betracht kommenden Kosten sind – gegebenenfalls über § 287 ZPO – dadurch zu ermitteln, daß der Lohn einzusetzen ist, den ein in beruflich abhängiger Stellung Tätiger für die betreffende Nachbesserungsarbeit zu beanspruchen hätte (BGH a. a. O.). Ob es sich dabei um einen Helfer- oder Facharbeiter- oder Meisterlohn handelt, hängt davon ab, worin die Nachbesserungsarbeit besteht und welche Kenntnisse sie im einzelnen erfordert. Maßgebend ist aber nur der Lohn, der an den Betreffenden unmittelbar zu zahlen gewesen wäre, nicht der Lohn, der an einen gewerblichen Unternehmer zu entrichten sein würde, wenn dieser den Nachbesserungsauftrag erhalten und die ent-

sprechenden Arbeitskräfte eingesetzt hätte (zutreffend Schmidt WM 1974, 294). Bessert der Auftraggeber im **eigenen Betrieb** nach, so kann er den – im einzelnen nachzuweisenden – angemessenen Personal- und Materialaufwand und einen entsprechenden Gemeinkostenzuschlag in Ansatz bringen (vgl. dazu KG VersR 1979, 233 für den Fall der Schadensberechnung nach § 249 BGB, deren Grundsätze hier entsprechend gelten).

4. Erstattungsanspruch

a) Der **Auftraggeber kann** die bei der Mängelbeseitigung entstandenen erforderlichen **Kosten zunächst selbst vorlegen,** also die Rechnung des Dritten, der die Leistung erbracht hat, aus eigenen Mitteln begleichen. Dann hat er einen **Erstattungsanspruch** gegen den Auftragnehmer. Dabei ist nicht Voraussetzung, daß der Auftraggeber die Schlußrechnung des Dritten bereits beglichen hat; vielmehr besteht der Erstattungsanspruch auch schon bei vom Auftraggeber geleisteten Abschlagszahlungen, Teilschlußzahlungen oder auch bei Vorauszahlungen, sofern bei letzteren unverzüglich die Verwendung zur Begleichung der Nachbesserungsleistung des Dritten erfolgt.

b) Der Auftraggeber kann aber **auch nach § 257 BGB vorgehen.** Dann ist der **Auftragnehmer verpflichtet,** den **Auftraggeber** von der Verbindlichkeit gegenüber dem Dritten **zu befreien.** Insofern handelt es sich um einen **Freistellungsanspruch** (dazu allgemein Bischof ZIP 1984, 1444). Ist die Forderung des Dritten noch nicht fällig, kann der Auftraggeber vom Auftragnehmer die **Leistung von Sicherheit** verlangen. Der Anspruch nach § 257 BGB verjährt nach § 195 BGB in 30 Jahren (BGH NJW 1983, 1729).

c) Hat die **Nachbesserung durch den Dritten nicht zum Erfolg geführt,** muß sich der Auftraggeber grundsätzlich wegen seiner dann daraus entstandenen Gewährleistungsansprüche an den Dritten **gemäß dem mit diesem abgeschlossenen selbständigen Werkvertrag** wenden und sie diesem gegenüber geltend machen; der Auftraggeber hat insoweit also keinen Kostenerstattungsanspruch gegen den zunächst vertragsuntreuen Auftragnehmer. Allerdings ist hier die eigene Vertragsuntreue des Auftragnehmers als Grundursache für die aufgetretenen Unzuträglichkeiten nach wie vor maßgebend. Deshalb wird vom Auftraggeber in einem solchen Fall nicht mehr zu verlangen sein, als den nachbessernden Unternehmer, auch mit Fristsetzung, zur Erfüllung aufzufordern. Nicht wird dem Auftraggeber zuzumuten sein, den nachbessernden Unternehmer zu verklagen; vielmehr muß er berechtigt sein, im Falle der Nichterfüllung der Nachbesserungsaufforderung seine Ansprüche an den Auftragnehmer abzutreten. Das ist allerdings nur insoweit berechtigt, als dem Auftraggeber nicht der Vorwurf gemacht werden muß, den nachbessernden Unternehmer nicht sorgfältig genug ausgewählt zu haben (ähnlich Blomeyer ZfBR 1985, 155, 158). Möglich ist es vor allem aber auch, daß der Auftraggeber Nachbesserungskosten aufgewendet hat, und sich später herausstellt, daß die Nachbesserung der vom Auftragnehmer unrichtig ausgeführten Leistung **überhaupt oder auf diese Weise unmöglich** war, dies vorher bei Beauftragung des Dritten mit der Nachbesserung – auch bei hinreichender Erfüllung der diesem vor Auftragsannahme aufzuerlegenden Beratungspflicht – nicht erkennbar war. Zu weitgehend hier Blomeyer (a. a. O.), der die Erstattungsfähigkeit solcher vergeblich aufgewendeter Nachbesserungskosten aus den §§ 662 ff. sowie auch § 286 BGB herleiten und nur dann eine Ausnahme machen will, wenn die Kosten des erfolglosen Nachbesserungsversuches schon bei seiner Vornahme in vorhersehbarer Weise unverhältnismäßig sind. Hier werden die Grenzen des dem Auftraggeber hier Zumutbaren zu weit gezogen.

5. Besonderheit: Kostenvorschußanspruch des Auftraggebers

a) Darüber hinaus ist der Auftraggeber auch berechtigt, von dem Auftragnehmer vor Inangriffnahme der Nachbesserung einen Vorschuß in Höhe der zur Mängelbeseitigung

voraussichtlich erforderlichen Kosten zu verlangen. Voraussetzung für die Entstehung des Vorschußanspruches ist, wie auch sonst, daß die dem Auftragnehmer zur Mängelbeseitigung gesetzte Frist fruchtlos verstrichen oder aus besonderen Gründen die Fristsetzung nicht notwendig ist, etwa weil der Auftragnehmer absolut die Mängelbeseitigung **bereits verweigert** oder er sich so **unzuverlässig** erwiesen hat, daß es dem Auftraggeber nicht zugemutet werden kann, diesen Auftragnehmer noch weiter zu beschäftigen (vgl. Rdn. 522 ff.).

552 Die Zuerkennung eines Vorschußanspruches ist ein sich aus den Besonderheiten des Bauvertrages ergebendes **Gebot der Billigkeit.** Nach Teil B § 13 Nr. 5 Abs. 1 hat der Auftragnehmer die Verpflichtung, die Mängel auf seine Kosten zu beseitigen. Kommt er dieser Pflicht nach, braucht der Auftraggeber hierfür keine eigenen Mittel einzusetzen. **Der Auftraggeber darf aber nicht schlechtergestellt werden, wenn der Auftragnehmer die Mängelbeseitigung zu Unrecht verweigert.** Auch dann muß es ihm grundsätzlich möglich sein, **ohne eigene Mittel aufzuwenden,** die Mängel auf Kosten des Auftragnehmers abstellen zu lassen (BGHZ 47, 272 = JZ 1967, 639 = BB 1967, 602 = LM § 13 VOB/B Nr. 12 Anm. Rietschel = SFH Z 2.414 Bl. 187 = NJW 1967, 1366 mit Anm. Wussow; vgl. auch BGHZ 54, 244 = BauR 1970, 237 = SFH Z 2.414 Bl. 239 = NJW 1970, 2019 = MDR 1970, 834 = Betrieb 1970, 1731; ferner BGH BauR 1983, 365 = NJW 1983, 2191 = BB 1983, 1179 = SFH § 291 BGB Nr. 3 = Betrieb 1983, 2033 = ZfBR 1983, 185 = JZ 1983, 705 mit Anm. Köhler). Dieses ist in erster Linie ein **Gebot von Treu und Glauben** (§ 242 BGB). Dabei ist auch die **sinngemäße Beachtung der §§ 683, 669 BGB denkbar,** wonach der Beauftragte bzw. Geschäftsführer ohne Auftrag (hier der Auftraggeber) vom Geschäftsherrn (hier dem Auftragnehmer) zur Durchführung des von ihm übernommenen Auftrages **einen Vorschuß verlangen kann.** Der Auftraggeber führt im Rahmen von Teil B § 13 Nr. 5 eine Aufgabe (ein Geschäft im Rechtssinne) aus, die nach dem Bauvertrag eigentlich vom Auftragnehmer zu erfüllen ist (ebenso BGH a. a. O.); allerdings besorgt der Auftraggeber in der Regel kein Geschäft des Auftragnehmers, vielmehr handelt er nur an dessen Stelle; auch unterscheidet sich die Interessenlage des Auftraggebers von der eines Beauftragten grundsätzlich dadurch, daß der Kostenvorschuß nicht dem Zahlungspflichtigen dient, sondern demjenigen, der ihn zu erhalten hat (BGHZ 94, 330 = BauR 1985, 569 = NJW 1985, 2325 = Betrieb 1986, 35 = MDR 1985, 924 = JZ 1985, 852 = LM § 288 BGB Nr. 17 = SFH § 13 Nr. 5 VOB/B Nr. 11 = BB 1985, 2133 = ZfBR 1985, 217 m. w. N.). Daher kommen Regelungen aus dem Auftragsrecht sinngemäß nur zur Anwendung, wo sie sich von ihrem Gehalt und ihrer Zielsetzung in das Gesagte einordnen lassen. Zu den rechtstheoretischen Grundlagen des Vorschußanspruches vgl. auch Ehrhardt-Renken, S. 31 ff.

553 b) Selbstverständlich muß dies im **Rahmen der „Erforderlichkeit"** liegen (vgl. Rdn. 539 ff.). Insoweit hat der Auftraggeber eine Nachweispflicht, etwa durch Vorlage des Kostenanschlages eines anderen Unternehmers, den er für die Nachbesserung zum Einsatz bringen will. Zu berücksichtigen ist weiter, daß der **Vorschuß nichts Endgültiges** ist. Es handelt sich nämlich um die **Vorwegnahme des Kostenerstattungsanspruches des Auftraggebers** (vgl. Rdn. 537 ff.) i. S. des Aufwendungsersatzes (BGH a. a. O. sowie insbesondere BGH BauR 1983, 365 = NJW 1983, 2191 = BB 1983, 1179 = SFH § 291 BGB Nr. 3 = Betrieb 1983, 2033 = MDR 1983, 1015 = ZfBR 1983, 185 = JZ 1983, 705 mit Anm. Köhler), weshalb man entgegen Kniestedt (DRiZ 1982, 229) nicht von zweckgebundener Vorstufe des weiterbestehenden Nachbesserungsanspruches sprechen kann. Daher muß der Auftraggeber den erhaltenen Vorschuß später **abrechnen.** Er muß dem Auftragnehmer **nachweisen, daß er den an ihn gezahlten Betrag zur Mängelbeseitigung benötigt und verwendet hat.** Ggf. kann er **Nachzahlung** verlangen; den **nicht benötigten Teil des Vorschusses muß er dem Auftragnehmer zurückzahlen** (BGH a. a. O.). Im letzteren Falle ergibt sich dies schon aus der Rechtsnatur des Vorschußanspruches (vgl. auch §§ 683, 669, 670 BGB), ohne daß es eines Zurückgreifens auf die §§ 812 ff. BGB bedarf (was Kniestedt DRiZ 1982, 229 sowie auch Renkl BauR 1984, 472, 475 f. verkennen). Darüber hinaus hat der Auftragnehmer entsprechend § 666 BGB

einen Anspruch auf Auskunftserteilung und Rechenschaftslegung; dabei kann der Auftragnehmer jederzeit Auskunft über den Verbleib und die Verwendung des Vorschusses verlangen, während er Rechenschaft erst nach Beendigung der ersatzweise durchgeführten Nachbesserung beanspruchen kann; letztere geht dahin, daß ihm die erforderlichen Kosten vollständig, richtig und im einzelnen prüfbar dargetan und belegt werden (insoweit zutreffend Renkl BauR 1984, 472, 473). Für die **Abrechnung** gelten im übrigen **die gleichen Grundsätze wie zum Kostenerstattungsanspruch** des Auftraggebers (vgl. dazu Rdn. 539 ff.). Daher sind **auch Eigenleistungen** des Auftraggebers abzurechnen (vgl. Rdn. 546 f.), soweit sie zur Mängelbeseitigung erforderlich und nicht teurer waren als vergleichbare Leistungen gewerblicher Unternehmer. Die Ansprüche auf Auskunftserteilung und Rechenschaftslegung sind selbständig einklagbar, können aber nur mit dem Abrechnungsanspruch abgetreten werden (Renkl a. a. O., m. w. N.).

Ist der Auftragnehmer aufgrund eines von ihm nicht beanstandeten Kostenvoranschlages zur Vorschußzahlung verurteilt worden, kann er später bei der Abrechnung nicht geltend machen, die veranschlagten Preise seien zu hoch (vgl. LG Hannover MDR 1984, 229). 554

Der Ansicht von Köhler (Anm. a. a. O.), der wohl generell eine Sicherheitsleistung durch den Auftragnehmer als ein dem berechtigten Anliegen des Auftraggebers auf Vorschuß gleichwertiges, jedoch für den Auftragnehmer weniger lästiges Mittel ansieht, kann schon deswegen nicht ohne weiteres (siehe unten) gefolgt werden, weil die Sicherheitsleistung beim Bauvertrag ihrem Sinn und Zweck nach nicht vornherein zur Abdeckung vorhandener Mängel und der damit verbundenen Mängelbeseitigungskosten, sondern grundsätzlich zur Sicherung von Ansprüchen wegen später auftretender Mängel dient. Überdies würde dadurch dem Auftraggeber jegliche Möglichkeit verwehrt, mit Ansprüchen auf Mängelbeseitigungskosten gegenüber dem Vergütungsanspruch des Auftragnehmers aufzurechnen (vgl. Rdn. 572 ff.). Also wäre die nach Ansicht von Köhler „bessere" Sicherheitsleistung nichts anderes als eine Verschiebung des Kostenrisikos des Auftraggebers von der Vorlage der Mängelbeseitigungskosten auf die Vorlage an sich vom Auftragnehmer bisher nicht verdienter Vergütung. Schließlich müßte sich der Auftraggeber dann auf einen jedenfalls umständlicheren Weg begeben, um die Mängelbeseitigungskosten zu erhalten, obwohl er einen doppelt vertragsuntreuen Auftragnehmer zum Gegenüber hat (vgl. Rdn. 539 ff.).

c) Es kann unter Berücksichtigung der genannten Voraussetzungen allerdings Fälle geben, in denen dem Auftraggeber der verlangte **Vorschuß zu versagen** ist, z. B. wenn er **nicht ernsthaft die Nachbesserung selbst oder durch einen Dritten betreibt** oder wenn er in Wirklichkeit von vornherein eine Minderung der Vergütung oder die Geltendmachung eines Schadensersatzanspruches erstrebt, obwohl deren weitergehende Voraussetzungen nicht **vorliegen** (vgl. dazu auch BGH BauR 1984, 406 = NJW 1984, 2456 = Betrieb 1984, 2344 = MDR 1985, 45 = JZ 1984, 754 = LM § 633 BGB Nr. 50 = SFH § 633 BGB Nr. 43 = ZfBR 1984, 185). Gleiches gilt, wenn der Auftraggeber vor Erhalt des Vorschusses **entgegen ursprünglich erklärter Absicht nunmehr keine Mängelbeseitigung mehr will** (vgl. OLG Hamburg BauR 1979, 331) **oder betreibt** (vgl. OLG Köln BauR 1988, 483). Dann steht dem aus Treu und Glauben zuzubilligenden Recht auf Vorschuß wegen des eigenen Verhaltens des Auftraggebers **wiederum der Gesichtspunkt von Treu und Glauben entgegen**. Daraus folgt, daß der **Auftraggeber verpflichtet** ist, den **Vorschuß – bestimmungsgemäß – zur Nachbesserung zu verwenden, und zwar binnen angemessener Zeit**. Im allgemeinen wird man hier als Richtwert nicht mehr als einen Zeitraum von einem halben bis äußerstenfalls einem Jahr zubilligen können (vgl. dazu auch OLG Köln a. a. O.). Veranlaßt der Auftraggeber nicht innerhalb dieser Zeit die Nachbesserung und ist ihm dieses im Verhältnis zum Auftragnehmer zuzurechnen, muß er den erhaltenen **Vorschuß zurückzahlen**. Dazu auch Wussow NJW 1967, 953, 955 ff. sowie kritisch, jedoch nicht zu billigen, a. a. O. S. 1366 f.; wie hier Kaiser, Mängelhaftungsrecht, Rdn. 84 m. w. N. 555

556 Für den Bereich des **BGB-Bauvertrages** (wegen der Möglichkeit der Zuerkennung des Vorschußanspruches zur Mängelbeseitigung vgl. unten Rdn. 561 f.) hat der BGH nunmehr (BauR 1988, Heft 5 = SFH § 635 BGB Nr. 61) entschieden, daß der **Auftraggeber dann, wenn er einen Kostenvorschuß zur Mängelbeseitigung erhalten habe, grundsätzlich nicht gehindert sei, vor dessen bestimmungsmäßiger Verwendung Schadensersatz nach den §§ 634, 635 BGB zu verlangen und daß er mit diesem Anspruch gegen die Forderung des Auftragnehmers auf Rückgewähr des Vorschusses aufrechnen könne,** was durchaus dem Gewährleistungssystem der §§ 633 ff. BGB entspricht. In Erweiterung des bisher hier vertretenen Standpunktes bedeutet dies für den **Bereich des VOB/B-Vertrages: Stellt sich nachträglich nach Erhalt des Vorschusses heraus, daß die Mängelbeseitigung** (auch aus Rechtsgründen, vgl. BGH a. a. O.) **unmöglich oder daß die Mängelbeseitigung für den Auftraggeber unzumutbar ist** (vgl. dazu unten Rdn. 614 ff., 632 ff.), so kann der Auftraggeber die **Minderung** erklären und den **Kostenvorschuß entsprechend verwenden.** Sind neben den Voraussetzungen für den Nachbesserungsanspruch zugleich auch diejenigen für einen Schadensersatzanspruch nach Teil B § 13 Nr. 7 gegeben (vgl. dazu unten Rdn. 662 ff.), so kann der Auftraggeber sich nachträglich zur Geltendmachung des Schadensersatzanspruches anstelle der Nachbesserung entschließen und insofern mit dem erhaltenen Vorschuß aufrechnen.

557 Da der Kostenvorschußanspruch aus Gründen der Billigkeit zu gewähren ist, **entfällt er ganz oder teilweise, wenn der Auftraggeber unter Berücksichtigung etwaiger weiterer, gegen den Auftragnehmer bestehender Gewährleistungsansprüche und deren Absicherung die ohne Verzögerung zu verwirklichende Möglichkeit hat, sich auf andere Weise wegen der Nachbesserungskosten schadlos zu halten,** wie z. B. durch Verwertung einer ihm nach Teil B § 17 zur Verfügung stehenden **Sicherheit** (BGH in den unter a genannten Entscheidungen) oder durch **Einbehaltung** der Vergütung des Auftragnehmers (vgl. Rdn. 582 ff.) und er dadurch in die Lage versetzt wird, insoweit **mit den Nachbesserungskosten aufzurechnen bzw. diese zu verrechnen** (so mit Recht LG Köln BauR 1973, 114; vgl. ferner OLG Karlsruhe Justiz 1983, 386). Eine Gewährleistungsbürgschaft, sofern sie die Nachbesserung und deren Folgen umfaßt, betrifft auch den Anspruch des Auftraggebers auf Vorschuß für die voraussichtlichen Mängelbeseitigungskosten (BGH BauR 1984, 406 = NJW 1984, 2456 = Betrieb 1984, 2344 = MDR 1985, 45 = JZ 1984, 754 = LM § 633 BGB Nr. 50 = SFH § 633 BGB Nr. 43 = ZfBR 1984, 185).

558 Der Kostenvorschußanspruch **vermindert sich entsprechend § 254 BGB, wenn den Auftraggeber oder seinen Erfüllungsgehilfen** (insbesondere Architekt oder Ingenieur) **eine Mitverantwortlichkeit** an der Entstehung des Mangels vorzuwerfen ist (vgl. Rdn. 603 ff.; OLG Düsseldorf MDR 1984, 756 = VersR 1985, 246).

559 d) Sofern der Auftraggeber **Nachzahlung** verlangt, weil der ursprünglich in Anspruch genommene Vorschuß nicht ausreicht, handelt es sich auch hier um einen nach wie vor dem Nachbesserungsbereich zuzurechnenden Vorschußanspruch, also nicht um einen Schadensersatzanspruch. Auch insofern gelten die bereits für den Kostenerstattungsanspruch aufgezeigten Grenzen (vgl. Rdn. 539 ff.).

560 e) Über die Auswirkungen der §§ 639 Abs. 1, 478, 479 BGB auf den Kostenvorschußanspruch vgl. Rdn. 434 ff.

6. Kostenvorschuß auch bei BGB-Vertrag

561 Die vorgenannten Grundsätze sind allgemein **auch bei** einem nach dem **BGB** ausgerichteten **Bauvertrag** anzuwenden (BGHZ 56, 136 = NJW 1971, 1450 = BB 1971, 846 = BlGBW 1971, 232 = SFH Z 4.00 Bl. 27). Allerdings gilt dies **nur dann, wenn** es sich in der Grundlage um

die **Kosten der Eigennachbesserung oder der Nachbesserung durch einen Dritten (§ 633 Abs. 3 BGB)** handelt und **diese geltend gemacht** werden. Dagegen kommt der **Vorschußanspruch für Mängelbeseitigungskosten nicht im Rahmen eines Schadensersatzanspruches nach § 635 BGB** in Betracht – demgemäß auch nicht für den Schadensersatzanspruch nach Teil B § 13 Nr. 7 –, weil hierfür kein rechtlich schutzwürdiges Interesse besteht. Denn der Auftraggeber kann im Bereich des § 635 BGB die Nachbesserungskosten, die durch die Einschaltung eines Dritten entstehen, auch **schon vor Nachbesserung** geltend machen und sich für den Fall, daß der Schadensersatz bei späterer Nachbesserung nicht ausreichen sollte, durch **Feststellungsklage schützen** (so mit Recht BGHZ 61, 28 = BauR 1973, 321 mit Anm. Locher = NJW 1973, 1457 = BB 1973, 1003 = Betrieb 1973, 1793 = SFH Z 3.01 Bl. 512 = VersR 1973, 935 = BlGBW 1974, 58 = MDR 1973, 843 = WM 1973, 928 = LM § 635 BGB Nr. 33 Anm. Schmidt; vgl. ferner BGHZ 59, 365, 366 = BauR 1973, 112 = SFH Z 2.414 Bl. 298; BGHZ 61, 369, 371 = BauR 1974, 59 = SFH Z 2.414.3 Bl. 4 sowie BGHZ 62, 323 = BauR 1974, 276 = BB 1974, 997 = NJW 1974, 1322 = LM Allg. Geschäftsbed. Nr. 56 = SFH Z 2.10 Bl. 41 = Betrieb 1974, 1328 = MDR 1974, 626; BGH BauR 1987, 209 = Betrieb 1987, 781 = NJW 1987, 889 = JZ 1987, 364 = SFH § 633 BGB Nr. 62 = MDR 1987, 574 = LM § 633 BGB Nr. 62 = ZfBR 1987, 72).

Daraus folgt sowohl für den BGB-Bauvertrag als auch den VOB-Vertrag, daß der Auftraggeber hinreichend prüfen und sich dann klar entscheiden muß, ob er einen Kostenvorschußanspruch oder einen Schadensersatzanspruch geltend machen will. Wegen ihrer gänzlich voneinander verschiedenen Grundlagen und Folgen handelt es sich bei Vorschußanspruch und Schadensersatzanspruch nicht um einen einheitlichen, sondern um eine **Mehrheit von Streitgegenständen** (dazu im einzelnen zutreffend Grunski NJW 1984, 2545), weshalb ein unberechtigter, weil die einzelnen Voraussetzungen nicht erfüllender Anspruch der Klageabweisung unterliegen muß. Insofern ist jedoch **im Prozeß in Zweifelsfällen von der richterlichen Fragepflicht nach § 139 ZPO Gebrauch zu machen** (Grunski a. a. O.). 562

Wegen der späteren Aufrechnung mit Schadensersatz- bzw. Minderungsansprüchen gegen den vom Auftragnehmer gezahlten Kostenvorschuß durch den Auftraggeber vgl. oben Rdn. 551 ff.

7. Nur gesetzliche Zinsen bei Vorschuß

a) Bei Verurteilung zur Vorschußzahlung durch den Auftragnehmer kann der Auftraggeber nur **Zinsen** in Höhe von 4 % nach § 288 Abs. 1 Satz 1 BGB bzw. von 5 % unter den Voraussetzungen des § 352 HGB verlangen, da der **Vorschußbetrag zweckbestimmt** zur Mängelbeseitigung einzusetzen ist, er also **nicht zur Abdeckung sonstiger Verbindlichkeiten** oder zur verzinslichen Anlegung verwendet werden kann (OLG Köln BauR 1973, 248; vgl. auch OLG Düsseldorf BauR 1971, 57, 58). 563

Die gegenteilige Ansicht des OLG München (BauR 1978, 409 = NJW 1978, 766 = SFH § 291 BGB Nr. 1 = MDR 1978, 404), das die Verzinsung des Vorschusses verneint, überzeugt nicht: Der hier vom Auftragnehmer zu leistende **Vorschuß ist und bleibt eine Geldschuld i. S. der §§ 288 Abs. 1 Satz 1, 291 BGB, § 352 HGB**, weil sich seine an sich in Natur geschuldete Nachbesserung in einen Geldersatz ebenso **umwandelt**, wie es im Falle des Kostenerstattungsanspruches des Auftraggebers nach – berechtigt – erfolgter Nachbesserung durch einen Dritten ist. Es ist also nicht so, daß der Vorschuß lediglich den Auftraggeber in die Lage versetzen soll, die an sich von dem Auftragnehmer geschuldete Nachbesserung zu finanzieren. Aber auch dann wäre das nichts anderes als eine Geldschuld i. S. der genannten Vorschriften. Sicher ist auch diese Geldschuld dazu bestimmt, das Vermögen des Auftraggebers zu mehren, nämlich ihn endlich in den Genuß der vertraglich geschuldeten Leistung zu versetzen (so eindeutig auch BGHZ 77, 60 = BauR 1980, 359 = NJW 1980, 1955 = MDR 1980, 748 = SFH § 13 Ziff. 5 VOB/B Nr. 14 = BB 1980, 862 = Betrieb 1980, 2129 = LM § 13 VOB/B [C] Nr. 18 Anm. Girsich; zu Recht aufrechterhalten in der weiteren Entscheidung BGH BauR 1983, 365 = NJW 1983, 2191 = BB 1983, 1179 = SFH § 291 BGB Nr. 3 = LM § 284 BGB Nr. 28 = Betrieb 1983, 2033 = MDR 1983, 1015 = ZfBR 1983, 185 = BlGBW 1984, 18 = JZ 1983, 705 mit insoweit zustimmender Anm. Köhler; vgl. ferner zutreffende Anm. von

Kaiser BauR 1984, 177). Die Bedenken von Kniestedt (DRiZ 1982, 229) vermögen dies nicht zu erschüttern. Auch die Vorwegnahme des Kostenerstattungsanspruches mit dem Erfordernis späterer Abrechnung (vgl. Rdn. 551 ff.) ist und bleibt eine Geldschuld; die Verzinsung ist auch deswegen nicht gehindert, weil Zinsen eine in der Vergangenheit liegende Leistung beinhalten würden; vielmehr ist die Nachbesserung, für die die Geldschuld vorläufig geleistet wird, erst noch vorzunehmen; ist die Leistung aber ersatzweise in Geld zu erbringen, so ist es durchaus gerechtfertigt, Zinsen darauf im angegebenen Rahmen für die Zeit zu entrichten, in der der Auftragnehmer die eigentlich geschuldete Leistung nicht erbracht hat.

564 Allerdings beginnt die Pflicht des Auftragnehmers zur Entrichtung von Verzugszinsen **nicht schon** ab dem Tage, mit dem er mit der **Mängelbeseitigung in Verzug gekommen** ist, da dieser Verzug nur die Mängelbeseitigung nach Teil B § 13 Nr. 5 Abs. 1 betrifft, während es hier um den **Verzug im Rahmen von Teil B § 13 Nr. 5 Abs. 2** geht. Dieser tritt erst ein, wenn der Auftraggeber nach Ablauf der dem Auftragnehmer fruchtlos gesetzten Nachbesserungsfrist den Kostenvorschuß verlangt und diesen angemahnt hat (§ 284 Abs. 1 BGB; BGH a. a. O.), wobei auch § 284 Abs. 2 BGB zu beachten ist.

565 Da es sich bei dem Kostenvorschußanspruch um eine Geldschuld handelt, kommen **auch Prozeßzinsen** nach § 291 BGB in Betracht (BGH a. a. O., m. w. N.).

566 b) Sofern der **Vorschuß nicht zweckgerecht verwendet worden ist oder die tatsächlichen Mängelbeseitigungskosten übersteigt,** ergibt sich aus der mit ihm verbundenen Erstattungspflicht, daß **auch die darauf vom Auftragnehmer geleisteten Zinsen wieder zurückzuzahlen sind,** da auch insofern eine Akzessorietät zur bestimmungsgemäßen Verwendung des Vorschusses besteht (BGHZ 94, 330 = BauR 1985, 569 = NJW 1985, 2325 = Betrieb 1986, 35 = MDR 1985, 924 = JZ 1985, 852 = LM § 288 BGB Nr. 17 Anm. Recken = SFH § 13 Nr. 5 VOB/B Nr. 11 = ZfBR 1985, 217; zu eng Renkl BauR 1984, 472, 475 f., der hier lediglich bereicherungsrechtliche Gesichtspunkte sieht, ohne die Rechtsnatur des Vorschusses hinreichend zu beachten; vgl. auch oben Rdn. 551 ff.). Entgegen der bisher hier vertretenen Auffassung sowie OLG Düsseldorf (BauR 1980, 468) und KG (BauR 1984, 4468) ist dies **jedoch anders hinsichtlich Verzugs- und Prozeßzinsen, die auf den Vorschuß gezahlt wurden, der zur Nachbesserung tatsächlich verwendet wurde; insoweit sind sie nicht in die Abrechnung mit einzubeziehen** (BGH a. a. O.): Die auf den Kostenvorschuß infolge Verzuges oder Rechtshängigkeit zu zahlenden Zinsen (§§ 288 Abs. 1, 291 BGB) bilden ungeachtet der Zweckgebundenheit des Vorschusses einen gesetzlich festgelegten Mindestersatz für die zeitweilige Vorenthaltung der Hauptsumme ohne Rücksicht darauf, ob und in welcher Höhe dem Gläubiger tatsächlich ein Schaden entstanden ist; in typisierender Betrachtung hat der Gesetzgeber damit der Tatsache Rechnung getragen, daß die mit dem Besitz von Geld verbundenen Nutzungsmöglichkeiten in der Regel geldwerte Vorteile bieten, deren Vorenthaltung rechtlich als Schaden angesehen wird, gleichgültig, ob und inwieweit der Auftraggeber die Hauptsumme verwenden kann oder – wie hier beim Vorschuß – zu verwenden hat. Das ist in der Tat auch sachgerecht, weil der Auftragnehmer aus der Zahlungsverzögerung oder -verweigerung keinen Vorteil ziehen und nicht für seine Vertragsuntreue belohnt werden soll. Insofern verbietet sich, vor allem wegen der auf den Auftragnehmer zurückgehenden Verzögerung der Nachbesserung, jeder Vorteilsausgleich oder jede Anrechnung. Wenn auch nicht unbedenklich (vgl. Anm. Hochstein SFH a. a. O.), so ist dieser Ansicht des BGH letztlich doch der Vorzug einzuräumen.

8. Kein Vorschuß durch einstweilige Verfügung

567 Der Auftraggeber kann seinen **Vorschußanspruch regelmäßig nicht im Wege einstweiliger Verfügung** durchsetzen, sondern ist im Streitfall auf die **Geltendmachung im normalen Prozeß** angewiesen; im allgemeinen sind weder die Voraussetzungen des § 935 ZPO noch die des § 940 ZPO gegeben, noch liegt einer der Fälle vor, in denen die Rechtsprechung in

Fortbildung des § 940 ZPO über die im Gesetz geregelten Fälle hinaus die vorläufige Verurteilung zur Befriedigung eines Geldanspruches zugelassen hat; außerdem fehlt es hier allgemein am Vorliegen der dringenden Gefahr eines Vermögensschadens (OLG Düsseldorf BauR 1972, 323).

9. Verjährung des Kostenerstattungs- und des Kostenvorschußanspruches

Für die **Verjährung des Kostenerstattungsanspruches** und des **Kostenvorschußanspruches** gilt:

a) Der **Kostenerstattungsanspruch der VOB entspricht weitgehend dem § 633 Abs. 3 BGB,** **zumal er daraus abzuleiten ist** (vgl. Rdn. 505 f.).

Der auf dieser gesetzlichen Vorschrift beruhende Anspruch unterliegt der **kurzen Verjährung** nach § 638 Abs. 1 BGB (BGHZ 19, 319, 320 = NJW 1956, 1195 = SFH Z 2.414 Bl. 16; BGHZ 39, 189, 190 = NJW 1963, 1451 = SFH Z 2.414 Bl. 113; BGHZ 54, 352 = NJW 1971, 99 = SFH Z 2.414 Bl. 245 = MDR 1971, 207 = BB 1970, 1508 = Betrieb 1971, 669; BGHZ 58, 30 = NJW 1972, 526 = BauR 1972, 176 = SFH Z 2.414 Bl. 266 = MDR 1972, 409 = BB 1972, 242; vgl. dazu auch Kaiser NJW 1973, 176 m. w. N.). Er ist rechtsdogmatisch als ein **Ausfluß des Mängelbeseitigungsanspruches** anzusehen. Dementsprechend gilt bei einem VOB-Bauvertrag die **Verjährungsfrist der Nr. 4 einschließlich der Sonderregelungen in Nr. 5 Abs. 1 Satz 2 und 3 auch für den Kostenerstattungsanspruch** des Auftraggebers, da Gesichtspunkte, die eine andere Annahme rechtfertigen könnten, nicht ersichtlich sind (vgl. BGH BauR 1970, 48 = NJW 1970, 421 = VersR 1970, 180 = Betrieb 1970, 250 = SFH Z 2.414 Bl. 231 ff. = MDR 1970, 317 = LM VOB/B Nr. 37). Im Rahmen des Satzes 3 gilt dies für den Fall, daß der Auftragnehmer zwar zunächst nachgebessert hat, der Mangel jedoch erneut aufgetaucht und daraufhin eine erneute Mängelbeseitigungsaufforderung mit Fristsetzung nach Absatz 2 vergeblich geblieben ist.

Diese Ansicht, die anscheinend keine Ausnahme zulassen will, ist für die **Praxis bedenklich,** da es nicht selten vorkommen kann, daß der Kostenerstattungsanspruch, vor allem hinsichtlich seiner Höhe, **bis zum Ablauf der kurzen Verjährungsfrist noch nicht endgültig feststeht.** Das gilt gerade auch in jenen Fällen, in denen der Auftraggeber durch schriftliche Mängelrüge zunächst die Quasi-Unterbrechung der Verjährung und den Lauf einer neuen Regelfrist nach Nr. 4 bewirkt hat (vgl. Rdn. 397 ff.). Im allgemeinen bleibt dann dem Auftraggeber, um die **Verjährungseinrede zu verhindern, nur die Klage gegen den Auftragnehmer auf Feststellung** (zur Feststellungsklage vgl. Teil B § 18 Rdn. 118 ff.) **des Anspruches auf Kostenerstattung** (vgl. Rdn. 351 ff.) oder – falls noch möglich – die Einleitung eines Beweissicherungsverfahrens (vgl. Rdn. 376 ff.). Er wird hier also praktisch zur Einleitung eines gerichtlichen Verfahrens gezwungen, um einen Rechtsverlust zu vermeiden. Rechtsdogmatisch läßt sich hier aber kaum eine andere Lösung finden. Einen Ausweg könnte allerdings die entsprechende Anwendung des § 639 Abs. 2 BGB auf diese Fälle bieten (so Kaiser NJW 1973, 176 sowie Mängelhaftungsrecht Rdn. 85; ihm folgend Heiermann/Riedl/Rusam/Schwaab Teil B § 13 Rdn. 72). Aber hiergegen bestehen grundlegende dogmatische Bedenken, weil diese Vorschrift von dem **freiwilligen** Nachbesserungsversuch des Auftragnehmers ausgeht, während dies hier in dem Fall, der in dem Kostenerstattungsanspruch des Auftraggebers endet, grundsätzlich **nicht zutrifft.** Das kann entgegen Kaiser (a. a. O.) auch nicht anders gesehen werden, weil Teil B § 13 Nr. 5 Abs. 2 vertraglich vereinbart ist, da dies für § 633 Abs. 3 BGB genauso gilt. Um Härtefälle zu Lasten des Auftraggebers zu vermeiden, erscheint es als einziger rechtlich gangbarer Ausweg vielmehr **im Einzelfall** geboten, dem Auftragnehmer nach § 242 BGB **die Einrede der Verjährung zu versagen,** wenn der Auftraggeber infolge **besonderer, auf das Verhalten des Auftragnehmers zurückzuführender Umstände** gehindert war, den Kostenerstattungsanspruch gegen diesen vor Ablauf der Verjährungsfrist geltend zu machen, z. B. wenn der Auftragnehmer hartnäckig die geschuldete Nachbesserung verweigert oder hinausgezögert hat, der Auftraggeber Schwierigkeiten hatte, einen nachbesserungsbereiten anderen Unternehmer zu finden und/oder die Nachbesserung sich schwierig und langwierig gestaltet hat. Dabei ist zu bedenken, daß dem Auftraggeber hier ein doppelt vertragsuntreuer Auftragnehmer gegenübersteht, der einmal mangelhaft, also vertragswidrig gearbeitet und darüber hinaus noch die geschuldete Nachbesserung grundlos verweigert hat. Soweit Kaiser (a. a. O.) aus Gründen der Rechtssicherheit hiergegen Bedenken erhebt, dürften die vorgenannten Gesichtspunkte klare Richtlinien ergeben und solche Bedenken kaum aufkommen lassen; eine **generelle Hemmung der Verjährung verstieße dagegen gegen den eindeutigen Wortlaut des Gesetzes** (vgl. auch RGRK-Glanzmann § 639 BGB Rdn. 20) und zugleich auch der VOB, so daß lediglich eine Lösung aus Treu und Glauben für den Einzelfall möglich ist. Wie hier auch Nicklisch in Nicklisch/Weick Teil B § 13 Rdn. 164; Locher, Das private Baurecht, Rdn. 159.

570 b) Diese Problematik wird weitgehend **vermieden,** wenn der Auftraggeber einen **Kostenvorschußanspruch** geltend macht. Aber auch das muß noch **innerhalb der maßgebenden Verjährungsfrist** erfolgen. **Auch der Kostenvorschußanspruch unterliegt nämlich der kurzen Verjährung,** zumal er rechtsbegrifflich noch **weit eher dem Nachbesserungsanspruch zuzurechnen** ist als der Kostenerstattungsanspruch (ebenso BGHZ 66, 138 = BauR 1976, 205 = BB 1976, 572 = NJW 1976, 956 = SFH Z 2.415.2 Bl. 11 = MDR 1976, 655 = LM § 209 BGB Nr. 30 Anm. Doerry). Dabei ist jedoch wesentlich, daß die **Klage auf Zahlung** eines bestimmten Betrages als Vorschuß zur Mängelbeseitigung **auch die Verjährung des späteren** – mit zwischenzeitlichen Kostensteigerungen begründeten – **Anspruches auf Zahlung eines höheren Vorschusses** zur Behebung desselben Mangels **unterbricht** (BGH a. a. O. und Rdn. 354 ff.). Daher bedarf es für den Bereich der Verjährungsunterbrechung bei der Klage auf Kostenvorschuß nicht etwa einer Feststellungsklage, weil dann insoweit auch ein Feststellungsinteresse nicht gegeben ist (BGH a. a. O. sowie BGHZ 66, 142, 149). Anders liegt der Fall jedoch, wenn der Auftraggeber die – von der Frage des Verjährungseintritts nicht abhängige – Feststellung begehrt, daß der Auftragnehmer auch die weiteren, von der bisherigen Leistungsklage auf Vorschuß nicht erfaßten Mängelbeseitigungskosten zu tragen hat und er nicht zu überblicken vermag, ob der bisher verlangte Vorschuß ausreicht (BGH BauR 1986, 345 = SFH § 633 BGB Nr. 56 = NJW-RR 1986, 1026 = MDR 1986, 839 = LM § 633 BGB Nr. 59 = ZfBR 1986, 120; a. A. OLG Celle NJW-RR 1986, 99). Demgegenüber besteht entgegen Renkl (BauR 1984, 472, 474 f.) kein Anlaß, eine Unterbrechungswirkung auch dann noch – erneut – anzunehmen, wenn die Nachforderung erst später im Wege endgültiger Abrechnung geltend gemacht wird, da dann nicht nur die vorangehend (vgl. Rdn. 568 f.) aufgezeigte Verjährungsfolge für den Bereich des Kostenerstattungsanspruches durchlöchert würde, sondern weil dafür schon deswegen kein Bedürfnis besteht, weil der Auftraggeber, der ohnehin zu schnellstmöglichen Nachbesserung verpflichtet ist, so gut wie ausnahmslos während der durch die Entscheidung über die Klage auf Vorschuß neu in Lauf gesetzten Verjährungsfrist merkt, ob er mit dem bisher festgestellten Vorschuß auskommt oder nicht.

571 Rechnet dagegen der Auftraggeber in einem Werklohnprozeß mit einem Kostenvorschußanspruch erfolgreich – nur – auf (vgl. nachfolgend Rdn. 572 ff.), so wird dadurch die **Verjährung der die Werklohnforderung etwa übersteigenden Gewährleistungsansprüche nicht unterbrochen.** Abgesehen davon, daß bei der bloßen Aufrechnung die Verjährung nur dann unterbrochen wird, wenn sie **nicht durchgreift,** beschränken sich die Wirkungen der Aufrechnung im Prozeß von vornherein auf den Klageanspruch – den Vergütungsanspruch des Auftragnehmers –, gegen den aufgerechnet wird. Unterbrochen werden kann die Verjährung immer nur insoweit, wie Aufrechnung erklärt wird, also nie über die Klageanspruch hinaus (BGH BauR 1986, 576 = SFH § 209 BGB Nr. 9 = NJW-RR 1986, 1079 = WM 1986, 1026 = BB

1986, 1322 = NJW-RR 1986, 1709 = LM § 209 BGB Nr. 57 = JZ 1986, 909 = MDR 1987, 47 = Betrieb 1986, 1721 = v. Feldmann EWiR § 209 BGB 1/86, 649 = ZfBR 1986, 219). Daher muß der Auftraggeber hier der Verjährung grundsätzlich durch Erhebung einer Widerklage oder Hilfswiderklage entgegenwirken (BGH a. a. O.).

10. Aufrechnungsbefugnis mit Kostenerstattungs- und Kostenvorschußanspruch, Abtretung

Der **Auftraggeber kann mit seinem Kostenerstattungsanspruch gegen** eine etwa noch bestehende **Vergütungsforderung des Auftragnehmers** aus dem Bauvertrag **aufrechnen**. Dabei kann gegenüber dem **Kostenerstattungsanspruch** nach Nr. 5 Abs. 2 berücksichtigt werden, daß der Auftraggeber zu den Mängeln der Leistung, insbesondere auch durch ein Planungsverschulden seines Architekten (vgl. Rdn. 33 ff.), beigetragen hat. Der **Rechtsgedanke des § 254 BGB** (vgl. dazu Rdn. 603 ff.) ist auch in solchen Fällen **anwendbar** (BGH Betrieb 1961, 569 = BB 1961, 430; SFH Z 2.400 Bl. 38; SFH Z 2.400 Bl. 41; BGHZ 47, 272 = NJW 1967, 1366 = MDR 1967, 666 = JZ 1967, 639 = BB 1967, 602; BGH BauR 1971, 265 = VersR 1971, 666 = SFH Z 3.00 Bl. 197 m. w. N.).

572

Daraus folgt aber nicht schon ohne weiteres, daß der Auftraggeber auch mit einem Vorschußanspruch die Aufrechnung gegen den Vergütungsanspruch des Auftragnehmers erklären kann. Dies hat der BGH aber mit Recht **bejaht** (BGHZ 54, 244 = MDR 1970, 834 = BlGBW 1971, 49 = BauR 1970, 237 = SFH Z 2.414 Bl. 239 = Betrieb 1970, 1731 = WM 1970, 1195 = NJW 1970, 2019), vor allem auch im Hinblick auf § 387 BGB. Dabei handelt es sich um eine Aufrechnung und **nicht um eine Abrechnung**, was bei einer Hilfsaufrechnung im Hinblick auf den Streitwert gemäß § 19 Abs. 3 KGK eine Rolle spielt (a. A. OLG Düsseldorf, 5. Zivilsenat, BauR 1984, 308; OLG München BauR 1987, 600 = MDR 1987, 670; überzeugend dagegen OLG Düsseldorf, 23. Zivilsenat, BauR 1984, 543; differenzierend Schellen BauR 1988, 42).

573

Zur Verjährung des Kostenvorschußanspruches bei bloß aufrechnungsweiser Geltendmachung vgl. vorangehend Rdn. 570. **Erhebt der Auftragnehmer** im Falle der vom Auftraggeber erklärten Aufrechnung hinsichtlich des Vorschußanspruches die **Einrede der Verjährung**, so hat er damit – nur – Erfolg, wenn feststeht, daß sich Vergütungsanspruch und Kostenvorschußanspruch **in nicht verjährter Zeit nicht aufrechenbar gegenübergestanden** haben (vgl. § 390 Satz 2 BGB).

574

Hat der Auftraggeber mit Erfolg zunächst mit seinem Vorschußanspruch gegenüber dem Vergütungsanspruch oder Restvergütungsanspruch des Auftragnehmers aufgerechnet und ergibt sich bei der späteren Abrechnung, daß der zur Mängelbeseitigung verwendete Betrag **geringer** war als der durch Aufrechnung dem Vergütungsanspruch gegenübergestellte Vorschußanspruch, muß der Auftraggeber den **nicht verbrauchten Vorschußbetrag trotz erfolgter Aufrechnung an den Auftragnehmer auszahlen**. Dieses ergibt sich zwangsläufig **aus der mit dem Vorschußanspruch eng verbundenen Pflicht zur Abrechnung**, nämlich der jedenfalls analogen Anwendung der §§ 667 1. Alt., 666 BGB (Renkl BauR 1984, 472, 473f.; Mantscheff BauR 1985, 395; Ehrhardt-Renken S. 20, 117), ohne daß es hier auf den Gesichtspunkt der ungerechtfertigten Bereicherung (§§ 812 ff. BGB) ankommen müßte. Demnach dürfte es auch nicht erforderlich sein, entsprechend BGH die Rückzahlungspflicht aus § 242 BGB abzuleiten (vgl. BGHZ 94, 330, 334 = BauR 1985, 569 = NJW 1985, 2325 = SFH § 13 Nr. 5 VOB/B Nr. 11 = BB 1985, 2133 = ZfBR 1985, 217).

575

Zu etwa in Besonderen oder Zusätzlichen Vertragsbedingungen vereinbarten **Aufrechnungsverboten** vgl. Teil A § 13 Rdn. 32 ff.

576

577 Die **Abtretung eines Kostenvorschußanspruches** ist – ebenso wie die Abtretung eines Kostenerstattungsanspruches – **grundsätzlich möglich,** weil dem nicht ohne weiteres § 399 BGB entgegensteht. Da der Vorschuß bestimmungsgemäß zu verwenden ist (vgl. Rdn. 551 ff.), ist dafür allerdings Voraussetzung, daß der **Abtretungsempfänger** die **Nachbesserung** selbst oder durch einen anderen Unternehmer **bewirken, insbesondere die mangelhafte Leistung von sich aus zur Mängelbeseitigung bereitstellen kann.** Außerdem muß auch bei ihm ein **rechtlich schutzwürdiges Interesse an dem Vorschuß** bestehen (vgl. Rdn. 555).

Über den Schuldnerschutz bei der Forderungsabtretung im Hinblick auf die §§ 404, 406, 407 BGB eingehend Kornblum BB 1981, 1296.

11. Kostenerstattung auch als Schadensersatzanspruch möglich

578 An sich ist der Auftraggeber **nicht unbedingt gehalten,** den in Nr. 5 Abs. 2 festgelegten **Anspruch auf Ausgleich der Nachbesserungskosten nur in diesem Rahmen geltend zu machen.** Er kann – anders als beim Kostenvorschußanspruch, vgl. dazu Rdn. 561 f. – **diese Kosten, die ihm grundsätzlich** (Ausnahmen vgl. Rdn. 522 ff.) **nach vergeblicher Mängelbeseitigungsaufforderung und Fristsetzung** durch die Inanspruchnahme eines anderen Unternehmers **entstanden sind,** auch **im Wege des Schadensersatzes nach Teil B § 13 Nr. 7 Abs. 1 ersetzt verlangen.** Solche sind als Schaden an der baulichen Anlage nach Nr. 7 Abs. 1 anzusehen (vgl. Rdn. 703 ff.; ebenso BGH BauR 1981, 395 = SFH § 635 BGB Nr. 27 = LM § 635 BGB Nr. 60 = ZfBR 1981, 173). Zu den Voraussetzungen vgl. aber auch Rdn. 717.

579 Allerdings bietet diese Möglichkeit **Nachteile:** Der Auftraggeber muß dem Auftragnehmer, auf dessen Tun oder Unterlassen der Mangel (Schaden) zurückzuführen ist, **Verschulden** zur Last legen. Wenn sich der **Auftragnehmer** hier auch **von dem Vorwurf des Verschuldens freibeweisen muß** (vgl. BGH NJW 1968, 48), so steht dem nicht entgegen, daß der Auftraggeber auf dem Wege des **verschuldensunabhängigen Kostenerstattungsanspruchs leichter zum Ziele gelangen kann.**

580 Der Schadensersatzanspruch nach Nr. 7 steht dem Auftraggeber auch offen, wenn er von den Rechten in Teil B § 13 Nr. 5 Abs. 2 überhaupt keinen Gebrauch macht. Das ergibt sich aus dem Wort „kann" a. a. O., wonach es dem Auftraggeber **freisteht,** ob er überhaupt nach Nr. 5 Abs. 2 vorgehen oder statt dessen den Wert der Nachbesserungskosten als Schadensersatz nach Nr. 7 geltend machen will (vgl. auch Rdn. 530 ff. sowie 710 ff.). Die gegenteilige Ansicht von Nicklisch in Nicklisch/Weick (Teil B § 13 Rdn. 224 f.), wonach dem Auftraggeber deshalb ein Schadensersatzanspruch nach Teil B § 13 Nr. 7 verschlossen sein soll, weil das Wort „kann" sich nur darauf beziehe, daß der Auftraggeber unter den zusätzlichen Voraussetzungen der Nr. 5 Abs. 2 a. a. O. Ersatz der Mängelbeseitigungskosten anstatt weiterhin Mängelbeseitigung verlangen könne, übersieht, daß es sich bei dem Wort „kann" um eine Regelung handelt, die sich **auch in § 633 Abs. 3 BGB** findet. Auch beim BGB-Bauvertrag kann der Auftraggeber unter den Voraussetzungen des § 634 BGB – insbesondere auch Absatz 2 a. a. O. – Schadensersatz nach § 635 BGB verlangen. Überdies: Falls der Auftragnehmer nicht innerhalb der nach Teil B § 13 Nr. 5 Abs. 2 gesetzten Frist die Mängel beseitigt, dürfte es für den Auftraggeber sicher illusorisch sein, noch weiterhin von diesem Auftragnehmer Mängelbeseitigung zu verlangen. Insoweit bezieht sich das Wort „kann" vernünftigerweise entweder auf die Mängelbeseitigung durch den Auftragnehmer bzw. durch Drittunternehmer auf Kosten des Auftragnehmers oder auf Schadensersatz nach Teil B § 13 Nr. 7 in Höhe der Mängelbeseitigungskosten (im wesentlichen wie hier auch Kaiser, Mängelhaftungsrecht, Rdn. 118; Werner/Pastor Rdn. 1205; Vygen, Bauvertragsrecht, Rdn. 568).

12. Mögliche Sondervereinbarungen

Es entspricht der Vertragsfreiheit, daß die Vertragsparteien – auch noch nach Vertragsabschluß – von der VOB abweichend **Sonderregelungen** treffen können, die wirksam sind, wenn sie nicht gegen allgemeine Grundsätze (§§ 138, 242 BGB) oder gegen ein gesetzliches Verbot (§ 134 BGB), hier vor allem gegen möglicherweise einschlägige Regeln des **AGB-Gesetzes** (vgl. dazu Teil A § 10 Rdn. 77 ff.), verstoßen. So ist eine individualvertragliche Absprache zwischen Auftraggeber und Auftragnehmer möglich, daß ein anderer Unternehmer die Fertigstellung einer – bisher mangelhaften – Leistung übernimmt und der Auftragnehmer die Aufwendungen trägt, die durch die Tätigkeit des weiteren Unternehmers entstehen. Wird dabei vereinbart, daß der andere Unternehmer die Leistung fertigstellt und betriebsreif macht (z. B. eine sanitäre Anlage), kann dies dahin gehend auszulegen sein, daß der Auftragnehmer von der Haftung für etwaige später entdeckte Mängel freigestellt ist, er dem Auftraggeber nicht mehr unmittelbar auf Mängelbeseitigung haftet, insoweit vielmehr allein der andere Unternehmer einzustehen hat, er allerdings die Kostenerstattung für die – weiteren – Nachbesserungsarbeiten des anderen Unternehmers zu tragen verpflichtet ist (vgl. dazu BGH SFH Z 2.414 Bl. 175). **Möglich** ist **auch eine Individualvereinbarung** der Vertragspartner, daß der Auftragnehmer anstelle der Vornahme der Nachbesserung dem Auftraggeber einen **bestimmten Nachlaß auf die Vergütung** gewährt; eine solche Regelung kann auch stillschweigend getroffen werden, was dann angenommen werden kann, wenn das Nachlaßangebot den Forderungen des Auftraggebers entgegenkommt, für ihn insoweit günstig ist und er die Verhandlungen über den Mangel damit beendet (vgl. BGH, BauR 1984, 171).

581

Andererseits ist die Klausel in AGB – insbesondere Zusätzlichen Vertragsbedingungen – „Nach Fertigstellung der Arbeiten ist die Baustelle peinlich sauber zu reinigen; bei Nichtreinigen werden ohne Benachrichtigung die Reinigungskosten dem Auftragnehmer in Rechnung gestellt" ein Verstoß gegen § 11 Nr. 4 AGB-Gesetz, jedenfalls im nichtkaufmännischen Verkehr (OLG Nürnberg SFH § 10 Nr. 3 AGB-Gesetz Nr. 2).

D. Leistungsverweigerungsrecht des Auftraggebers während des Bestehens von Ansprüchen nach Teil B § 13 Nr. 5

I. Grundlagen; Zug-um-Zug-Verurteilung

1. Einrede des nichterfüllten Vertrages

a) Der Auftraggeber, der einen Anspruch auf Beseitigung eines Mangels hat, hat beim BGB-Werkvertrag gegenüber dem Vergütungsanspruch des Auftragnehmers auch noch nach der Abnahme des Werkes ein Leistungsverweigerungsrecht nach § 320 BGB (Einrede des nichterfüllten Vertrages; vgl. BGHZ 26, 337, 339 = NJW 1958, 706 = SFH Z 2.414 Bl. 60; BGH NJW 1970, 383, 386; BGH WM 1974, 369; BGH BauR 1980, 357 = SFH § 12 VOB/B Nr. 4; vgl. dazu umfassend Kaiser BauR 1982, 205). Dagegen hat er daneben – vor allem auch beim VOB-Vertrag – **nicht das Rücktrittsrecht nach den §§ 325, 326 BGB** (vgl. BGHZ 62, 83 = NJW 1974, 551 = BauR 1974, 199 = BB 1974, 294 = Betrieb 1974, 528 = SFH Z 2.10 Bl. 33 ff. = JZ 1974, 332 = LM Allg. Geschäftsbedingungen Nr. 53). Das objektive Bestehen des **Leistungsverweigerungsrechtes** des Auftraggebers **hindert den Eintritt des Schuldnerverzuges** hinsichtlich der dem Auftragnehmer geschuldeten Vergütung bzw. Restvergütung (vgl. BGH WM 1959, 614, 625; NJW 1963, 1149 = WM 1963, 476, 477; NJW 1966, 200 sowie SFH Z 2.302 Bl. 19 ff.). Im Ergebnis wie hier Nicklisch in Nicklisch/Weick Teil B § 13 Rdn. 167. Zum Unterschied zwischen **Leistungsverweigerungsrecht und Sicherheitsleistung** vgl. Teil B § 17 Rdn. 1 und 114.

582

583 b) **Voraussetzung für ein Leistungsverweigerungsrecht** wegen vorhandener Leistungsmängel ist es, daß **Nachbesserungsansprüche** tatsächlich **entstanden,** mithin **fällig** sind (vgl. BGH BauR 1982, 579 = BB 1982, 1942 = SFH § 17 VOB/B Nr. 6 = NJW 1982, 2494 = Betrieb 1982, 2454 = LM § 17 VOB/B Nr. 3 = ZfBR 1982, 253 m. w. N.); **nicht reicht** dagegen die **Möglichkeit des Entstehens solcher Ansprüche aus** (OLG Düsseldorf BauR 1975, 348 m. w. N.). Unerheblich ist es, ob sich der Verpflichtete in Verzug (§§ 284 f. BGB) befindet oder ob ihn ein Verschulden (§§ 276, 278 BGB) trifft, oder ob der Gegenanspruch, dessentwegen das Leistungsverweigerungsrecht geltend gemacht wird, verjährt ist, wenn er nur vor Eintritt der Verjährung entstanden ist und geltend gemacht wurde (vgl. §§ 390 S. 2, 639 Abs. 1, 478 Abs. 1 BGB). Jedoch darf die Nachbesserung nicht unmöglich sein; überhaupt dürfen die Voraussetzungen der Minderung oder bloß des Schadensersatzes nach Teil B § 13 Nr. 6 und/oder Nr. 7 nicht gegeben sein, in letzterer Hinsicht allerdings nur, wenn der Auftraggeber die Leistung des Auftragnehmers zurückweist und die Zahlung jeglicher Vergütung verweigert (vgl. Kaiser BauR 1982, 205 m. w. N.). Gleiches gilt für den auch auf den VOB-Vertrag anwendbaren Bereich des § 640 Abs. 2 BGB (vgl. Rdn. 457 ff.).

584 c) Erforderlich für das Leistungsverweigerungsrecht ist es ferner, daß der Auftraggeber vom Auftragnehmer **noch Nachbesserung,** also weiterhin ein Tätigwerden **verlangt** (BGHZ 26, 337, 340 = NJW 1958, 706 = SFH Z 2.414 Bl. 60; OLG München SFH § 635 BGB Nr. 57). Gemeint ist damit das **fortbestehende** Verlangen auf **Nachbesserung als solche** und nicht die Geltendmachung eines anderen, **auf Geld** gerichteten Gewährleistungsanspruches, insbesondere **auch nicht eines Kostenerstattungsanspruches oder eines Kostenvorschußanspruches** nach Teil B § 13 Nr. 5 Abs. 2 (daher zu eng Weidemann BauR 1980, 124). **Vielmehr** kommt hier, **da sich dann Geldansprüche gegenüberstehen, grundsätzlich nur eine Aufrechnung bzw. Verrechnung,** nicht aber ein Leistungsverweigerungsrecht des Auftraggebers hinsichtlich der dem Auftragnehmer noch geschuldeten Vergütung **in Betracht** (vgl. RGZ 83, 140; 85, 110; 123, 8; BGH LM § 355 HGB Nr. 12; OLG Düsseldorf, Urt. vom 3. 1. 1973 – 5 U 79/90 –; auch Kaiser BauR 1982, 205).

Wie jeder Bauherr darf auch der Erwerber einer Eigentumswohnung gegenüber dem Bauträger die Zahlung einer nach Baufortschritt fälligen Rate des Erwerbspreises jedenfalls wegen bis dahin am Sondereigentum aufgetretener Baumängel in angemessenem Verhältnis zum voraussichtlichen Beseitigungsaufwand verweigern (BGH BauR 1984, 166 = NJW 1984, 725 = Betrieb 1984, 450 = SFH § 320 BGB Nr. 9 = ZfBR 1984, 35 = MDR 1984, 480 = LM § 320 BGB Nr. 25).

585 d) Macht der Auftraggeber wegen bestehender Mängel **mit Recht** ein **Zurückbehaltungsrecht** geltend, ist die damit zurückbehaltene **Vergütung** des Auftragnehmers **nicht fällig i. S. des § 291 Satz 1 Halbsatz 2 BGB.** Daher stehen dem Auftragnehmer, solange das Zurückbehaltungsrecht des Auftraggebers besteht, auch **keine Prozeßzinsen** zu (BGHZ 55, 198 = NJW 1971, 615 = BB 1971, 290 = Betrieb 1971, 425 = MDR 1971, 385 = VersR 1971, 446 = BauR 1971, 124 = LM VOB/B Nr. 44 Anm. Rietschel = SFH Z 2.301 Bl. 35). **Gleiches gilt für Verzugszinsen.** Vgl. dazu auch Teil A § 13 Rdn. 25 ff.

586 e) **Die vorangehend und nachfolgend erörterten Grundsätze zum Leistungsverweigerungsrecht gelten unbedenklich auch für den VOB- Vertrag** (dazu zutreffend und mit Recht Weyer BauR 1981, 426 gegen Brügmann BauR 1981, 128; vgl. auch Kaiser BauR 1982, 205), zumal die gesetzlichen Bestimmungen (hier § 320 BGB) dann ergänzend eingreifen, wenn die VOB – wie hier – weder anderweitige noch überhaupt Regelungen enthält. Vor allem ist eine unterschiedliche Betrachtungsweise weder aus der Vorleistungspflicht des Auftragnehmers noch aus Einzelbestimmungen der VOB, noch aus der Abnahme, noch aus den Regelungen des AGB-Gesetzes geboten (zutreffend Weyer a. a. O.).

587 f) Beim Leistungsverweigerungsrecht gilt hinsichtlich der **Darlegungs- und Beweislast** nichts anderes als nach allgemeinen Grundsätzen: Nach der Abnahme muß der **Auftragge-**

ber darlegen und beweisen, welche Mängel die Leistung des Auftragnehmers hat (vgl. dazu Rdn. 163 ff.), während er nicht den technischen Ursachen nachgehen und nicht vortragen muß, wie die Mängelbeseitigung vor sich zu gehen hat; grundsätzlich hat der Auftragnehmer im Rahmen des ihm zukommenden Mängelbeseitigungsrechts die Bestimmung, wie er die Mängelbeseitigung vornimmt (vgl. auch Weyer a. a. O. m. w. N.); er muß dadurch nur das Ziel der geschuldeten Leistung – grundsätzlich uneingeschränkt – erreichen.

g) Eine Klausel in AGB – vor allem in Zusätzlichen Vertragsbedingungen –, wonach Mängelrügen den „vereinbarten Zahlungsplan" nicht ändern, verstößt gegen § 11 Nr. 2 a AGB-Gesetz. Unter § 11 Nr. 2 a AGB-Gesetz fällt auch eine formularmäßige Klausel, wonach der Veräußerer (Auftragnehmer) verlangen kann, daß der Erwerber (Auftraggeber) ohne Rücksicht auf vorhandene Baumängel vor Übergabe des bezugsfertigen Bauwerkes dann noch nicht fällige Teile des Erwerbspreises der Vergütung von insgesamt 14 % nach Anweisung des Veräußerers (Auftragnehmers) hinterlegt (BGH BauR 1985, 93 = Betrieb 1985, 590 = NJW 1985, 852 = MDR 1985, 663 = LM § 11 Ziff. 2 a AGBG Nr. 2 = SFH § 11 Nr. 2 AGBG Nr. 3 = WM 1984, 1610 = v. Westphalen EWiR § 11 Nr. 2 a AGBG 1/85, 13 = ZfBR 1985, 40 = BB 1985, 148). Ein Verstoß gegen §§ 9, 11 Nr. 2 ist ferner eine AGB-Klausel, daß „Fehllieferungen" nicht zur Schecksperrung berechtigen, da dies auch für mangelhafte oder unvollständige Leistungen gelten soll, also dem Auftraggeber in Mißachtung der §§ 320, 273 BGB ein Zurückbehaltungs- bzw. Leistungsverweigerungsrecht zumindest beschneiden soll; gleiches gilt für eine Bestimmung, wonach der Auftragnehmer die Durchführung der Montage von einer 90 %igen Bezahlung der Gesamtvergütung abhängig macht, weil auch insofern Leistungsverweigerungs- und Zurückbehaltungsrechte des Auftraggebers vereitelt werden (BGH BauR 1985, 192 = NJW 1985, 855 = MDR 1985, 398 = BB 1985, 483 = Betrieb 1985, 1283 = SFH § 9 AGBG Nr. 20 = LM § 9 [Cb] AGBG Nr. 10 = ZfBR 1985, 134). Vgl. auch Teil A § 13 Rdn. 25 ff.

588

2. Zug-um-Zug-Verurteilung

Ist, was hier vorauszusetzen ist, die **Leistung abgenommen,** so führt die Geltendmachung des Zurückbehaltungsrechts zur Verurteilung des Auftraggebers **Zug um Zug gegen Beseitigung des Mangels** (vgl. auch Kaiser BauR 1982, 205 m. w. N.). Dagegen, jedoch unzutreffend, Schneider (Betrieb 1969, 115), der die Ansicht vertritt, daß hier die Klage abzuweisen sei. Eine **Klageabweisung** zugunsten des Auftraggebers kommt vielmehr nur in Betracht, wenn die **Abnahme** der Leistung **noch nicht erfolgt** ist.

589

(Vgl. BGHZ 26, 337, 339 = NJW 1958, 706 = SFH Z 2.414 Bl. 60; BGH SFH Z 2.414 Bl. 140 ff.; BGHZ 61, 42 = BauR 1973, 313 = NJW 1973, 1792 = VersR 1973, 937 = BB 1973, 1002 = SFH Z 2.414 Bl. 308 = MDR 1973, 842 = Betrieb 1973, 1598 = WM 1973, 995 = Anm. Fenge JR 1974, 66, dabei mit eingehender, zutreffender Begründung gegen die Ansicht von Schneider a. a. O.; vgl. auch BGH LM § 320 BGB Nr. 14 Anm. Schmidt; weiter BGHZ 73, 140, 145 = BauR 1979, 159 = SFH § 635 BGB Nr. 8 = BB 1979, 1321 = Betrieb 1979, 258 = ZfBR 1979, 24; BGH BauR 1980, 357 = SFH § 12 VOB/B Nr. 4; BGH BauR 1982, 579 = BB 1982, 1942 = SFH § 17 VOB/B Nr. 6 = NJW 1982, 2494 = Betrieb 1982, 2454 = LM § 17 VOB/B Nr. 3 = ZfBR 1982, 253; ferner Weidemann BauR 1980, 124; Kaiser BauR 1982, 205.)

Gleiches gilt für den VOB-Vertrag (a. a. O. sowie BGHZ 55, 354, 357, 358 = SFH Z 2.414 Bl. 248 = BauR 1971, 126 = NJW 1971, 838). Die gegenteilige Ansicht von Fischer (BauR 1973, 210) überzeugt nicht, weil es für die hier entscheidende Frage des Wegfalls der Vorleistungspflicht allein auf die **Abnahme ankommt und nicht auf die Fälligkeit der Vergütung** (BGH a. a. O.), wobei Fischer zudem irrig die Abnahme nicht als Voraussetzung der Fälligkeit der Schlußzahlung ansieht (vgl. Teil B § 16 Rdn. 12 ff.).

590

Über Zug-um-Zug-Urteile in der Zwangsvollstreckung Doms NJW 1984, 1340; dazu zutreffend Schibel NJW 1984, 1945.

3. Einrede nichterfüllten Vertrages auch bei Abtretung von Gewährleistungsansprüchen

591 Der Mängelbeseitigungsanspruch nach Nr. 5 Abs. 1 gewährt dem Auftraggeber gegenüber dem Vergütungsanspruch des Auftragnehmers **auch dann noch die Einrede des nicht erfüllten Vertrages, wenn er die Gewährleistungsansprüche an Dritte abgetreten hat.**

(BGHZ 55, 354 = NJW 1971, 838 = MDR 1971, 473 = BauR 1971, 126 = SFH Z 2.414 Bl. 248 = LM § 320 BGB Nr. 11 Anm. Rietschel = BlGBW 1971, 178; BGH NJW 1971, 615 = MDR 1971, 385 = VersR 1971, 446 = BB 1971, 290 = Betrieb 1971, 425 = WM 1971, 685; BGHZ 70, 389 = BauR 1978, 308 = BB 1978, 582 = MDR 1978, 570 = NJW 1978, 1375 = SFH § 633 BGB Nr. 9 = LM § 633 BGB Nr. 30 Anm. Girisch = Betrieb 1978, 1073; ausdrücklich aufrechterhalten durch BGH BauR 1978, 398 = SFH § 320 BGB Nr. 4 = MDR 1978, 920 = Betrieb 1978, 2312 = LM § 320 BGB Nr. 17 = BlGBW 1978, 238 = ZfBR 1978, 25.)

Es gilt jedoch die **Einschränkung: § 320 BGB findet keine Anwendung, wenn der Auftraggeber seine Leistung – die Zahlung der Vergütung – endgültig und nicht nur vorübergehend wegen der vorhandenen Mängel verweigert hat;** wer selbst nicht erfüllungsbereit ist, kann vom Gegner nicht Erfüllung verlangen (vgl. BGH NJW 1970, 1502). Vgl. auch Rdn. 93 ff.

4. Leistungsverweigerungsrecht bei Teilvergütungsanspruch

592 Macht der Auftragnehmer nur einen **Teil seines Vergütungsanspruches** geltend, so ist das vom Auftraggeber wegen vorhandener Leistungsmängel beanspruchte **Leistungsverweigerungsrecht nicht** von vornherein **betragsmäßig beschränkt**, sondern es richtet sich gegen die gesamte Werklohnforderung; allerdings ist hier **§ 320 Abs. 2 BGB** zu beachten.

(BGH NJW 1958, 706; BGHZ 54, 244, 249 = BauR 1970, 237; BGHZ 56, 312 = NJW 1971, 1800 = SFH Z 2.414 Bl. 258 = MDR 1971, 835 = BB 1971, 1080 = LM § 320 BGB Nr. 5 = BauR 1971, 260; BGH BauR 1981, 284 = NJW 1981, 1448 = BlGBW 1981, 153 = SFH § 12 VOB/B Nr. 6 = Betrieb 1981, 1923 = MDR 1981, 747 = LM § 12 VOB/B Nr. 5 = ZfBR 1981, 132.)

Vor allem kann das **Leistungsverweigerungsrecht nur** geltend gemacht werden, **sofern der noch nicht verlangte restliche Teil des unbestrittenen Vergütungsanspruches** nach den dafür maßgebenden Grundsätzen (vgl. Rdn. 593 ff.) **zur Beseitigung der Mängel nicht ausreichen würde** (im Anschluß an BGH SFH Z 2.410 Bl. 40 ff. = NJW 1967, 34 = MDR 1967, 36 = BB 1966, 1322). Das trifft insbesondere zu, wenn es sich bei dem noch nicht geltend gemachten Teil der Vergütung um die zwischen den Vertragspartnern vereinbarte **Sicherheitsleistung** für etwaige Gewährleistungsansprüche des Auftraggebers handelt.

II. Leistungsverweigerungsrecht als Druckmittel für Auftraggeber

593 **1. Erfaßt das Leistungsverweigerungsrecht rechtsdogmatisch grundsätzlich die gesamte geschuldete (Gegen-)Leistung,** so kann sich nur die Frage stellen, ob nicht **im Einzelfall** aus Treu und Glauben eine **Einschränkung geboten** ist (so zutreffend Weyer BauR 1981, 426 m. w. N.; ferner Kaiser BauR 1982, 205), wie sich auch aus § 320 Abs. 2 BGB entnehmen läßt. Dazu gilt:

Ist der voraussichtliche Mängelbeseitigungsaufwand geringer als die geschuldete Vergütung, besteht nach dem Grundsatz der Verhältnismäßigkeit und Billigkeit im allgemeinen nur ein teilweises Verweigerungsrecht.

(BGHZ 26, 337 = NJW 1958, 706 = MDR 1958, 332 = SFH Z 2.414 Bl. 60; BGHZ 54, 244, 249 = BauR 1970, 237; BGHZ 56, 312, 316 = BauR 1971, 260; BGH BauR 1978, 398 = SFH § 320 BGB Nr. 4 = MDR 1978, 920 = Betrieb 1978, 2312 = LM § 320 BGB Nr. 17 = BlGBW 1978, 238; BGH BauR 1981, 284 = NJW 1981, 1448 = BlGBW 1981, 153 = SFH § 12 VOB/B Nr. 6 = Betrieb 1981, 1923 = MDR 1981, 747 = LM § 12 VOB/B Nr. 5 = ZfBR 1981, 132; BGH BauR 1981, 577 = NJW 1981, 2801 = SFH § 17 VOB/B Nr. 5 = MDR 1982, 133 = LM § 320 BGB Nr. 19 = ZfBR 1981, 265.)

Hier ist es jedoch durchweg **nicht angängig, den einbehaltenen Betrag der Vergütung genau der Summe gleichzusetzen, die notwendig ist, um den Leistungsmangel beheben zu lassen. Das Leistungsverweigerungsrecht soll und muß vielmehr als Druckmittel auf den Auftragnehmer wirken, den Mangel schnellstmöglich und ordnungsgemäß zu beseitigen.** Dabei ist aber die Beachtung einer **Verhältnismäßigkeit** zwischen dem einbehaltenen Teil der Vergütung und dem Kostenanteil für die Behebung des Mangels erforderlich (BGH a. a. O.). Werden z. B. 10 000 DM Vergütung geschuldet, sind 1000 DM für die Behebung des Mangels erforderlich, wird die Einbehaltung von bis zu 3000 DM, je nach Lage des Falles, gerechtfertigt sein. Dabei muß eine Übersicherung des Auftraggebers vermieden werden (BGH a. a. O.; BGH BB 1974, 260, 262; OLG Düsseldorf BauR 1975, 348). Vgl. dazu die Zusammenstellung bei Weyer BauR 1981, 426.

Eine **allgemeingültige Formel** läßt sich hier deshalb **nicht** aufstellen, weil **allein die Verhältnisse des Einzelfalles unter Berücksichtigung von Treu und Glauben maßgebend sind** (so auch Weyer BauR 1981, 426 sowie Kaiser BauR 1982, 205; im Grundsatz richtig OLG Hamburg, allerdings nicht zu billigen, wenn es generell als erforderlichen Nachbesserungsaufwand dessen dreifachen Wert der noch ausstehenden Vergütung gegenüberstellen will, vgl. MDR 1970, 676; davon abweichend und auf den Einzelfall abgestellt dasselbe Gericht MDR 1970, 243; dazu vor allem auch OLG Düsseldorf a. a. O.). Insbesondere eine Vielzahl vorhandener Mängel kann den Einbehalt eines erheblichen Betrages rechtfertigen (vgl. z. B. OLG Frankfurt BauR 1982, 377). Hat sich der Auftragnehmer auch bisher schon nur zögernd oder nicht zur Nachbesserung herbeigelassen oder ist er (entgegen OLG Karlsruhe SFH Z 2.330 Bl. 27 nicht schon die Bauwirtschaft allgemein) überbeschäftigt, kann ausnahmsweise sogar die Zurückbehaltung des gesamten noch geschuldeten Werklohnes berechtigt sein, selbst wenn die Mängelbeseitigung mit nicht allzu großem Aufwand zu bewerkstelligen ist.

2. Allgemeine Geschäftsbedingungen – also Zusätzliche und gegebenenfalls Besondere Vertragsbedingungen –, durch die sich der Auftraggeber, der diese aufgesetzt hat, über den nach § 273 BGB hinausgehenden Rahmen ein Zurückbehaltungsrecht zusichern läßt, bedürfen hinsichtlich ihrer Wirksamkeit einer besonderen Rechtfertigung, die nicht schon dadurch gegeben ist, daß es sich um einen Bauvertrag handelt (vgl. OLG Köln BauR 1973, 53 mit Anm. Heyers = SFH Z 2.414.1 Bl. 4). Grundsätzlich gegen den Sinn und Zweck des Bauvertrages, insbesondere des dabei in vertretbarem Rahmen zu haltenden Gleichgewichts von Leistung und Gegenleistung und damit **gegen § 9 AGB-Gesetz** oder – im Einzelfall - **gegen § 242 BGB verstoßend,** dürfte eine Klausel zu werten sein, nach der das **Ruhen oder die Einstellung aller Zahlungen** bis zur ordnungsgemäßen Mängelbeseitigung **unabhängig von der Schwere des Mangels und den zur Beseitigung erforderlichen Aufwendungen festgelegt** werden soll; jedenfalls muß dies für verhältnismäßig geringfügige Mängel – gemessen an der noch offenen Vergütung – gelten (vgl. dazu OLG Köln SFH § 641 BGB Nr. 2).

3. Sofern ein **Sicherheitseinbehalt** hinsichtlich der Vergütung des Auftragnehmers vereinbart ist, muß dieser zugunsten des Auftragnehmers bei **Festlegung der Höhe des Leistungsverweigerungsrechts berücksichtigt** werden (RG JW 1915, 1189; OLG Düsseldorf BauR 1975, 348), und zwar gerade bei nach der Abnahme aufgetretenen Mängeln. **Besonders auch** hier ist aber zugunsten des Auftraggebers der **sogenannte Druckzuschlag zu beachten;** der Auftragnehmer kann nicht einwenden, der Auftraggeber dürfe das Leistungsverweigerungsrecht nur wegen eines den Sicherheitseinbehalt wertmäßig übersteigenden Mängelbeseitigungsanspruches geltend machen (BGH BauR 1982, 579 = BB 1982, 1942 = SFH § 17 VOB/B Nr. 6 = NJW 1982, 2494 = Betrieb 1982, 2454 = LM § 17 VOB/B Nr. 3 = ZfBR 1982, 253). Anders liegt es, wenn der Auftraggeber keine Mängelbeseitigung mehr verlangt und/oder die Parteien sich verständigt haben, das Vorhaben endgültig abzurechnen (BGH a. a. O.). Darüber hinaus muß sich der Auftraggeber vereinbarte Sicherheitseinbehalte auf vor der Abnahme zu leistende Abschlagszahlungen grundsätzlich nicht anrechnen lassen (BGH BauR 1981, 577 = NJW 1981, 2801 = SFH § 17 VOB/B Nr. 5 = MDR 1982, 133 = LM § 320 BGB Nr. 19 = ZfBR 1981, 265). Jedenfalls braucht er sich nicht – nur – auf den Einbehalt verweisen zu lassen, wenn die Mängel an sich durch diesen gedeckt sind. Er kann einen weiteren erheblichen Betrag zurückbehalten, der erforderlich erscheint, den Auftragnehmer zur schleunigen Nachbesserung anzuhalten (a. a. O.). Die an den vorgenannten BGH-Entscheidungen geübte Kritik von Trapp (BauR 1983, 318), der wohl generell das Leistungsverweigerungsrecht nur hinsichtlich des die Sicherheitsleistung übersteigenden Betrages zulassen möchte, überzeugt nicht. Er übersieht, daß hier ein **absolut vorrangiges Interesse des Auftraggebers** besteht, jetzt – endlich – eine vertragsgerechte Leistung zu erhalten, weshalb es durchaus im Einzelfall, je nach Schwere und Umfang der Mängel, gerechtfertigt sein kann, einen Einbehalt zu machen, der den Betrag der Sicherheitsleistung zwar mit einbezieht, jedoch darüber hinausgeht; vor allem ist dann auch keine Aufspaltung des Vergütungsanspruches des Auftragnehmers in einen durch Sicherheitsleistung gedeckten und einen davon nicht erfaßten Teil gerechtfertigt. Das gilt erst recht dann, wenn noch nicht abzusehen ist, ob und inwieweit noch weitere Mängel auftreten können, die durch den Sicherheitseinbehalt abgedeckt werden sollen.

598   4. Hinsichtlich des Leistungsverweigerungsrechts ist ferner zu berücksichtigen, daß beim Vorhandensein von Mängeln die Leistung (hier: die Zahlung der Vergütung) **insoweit nicht verweigert werden darf (§ 320 Abs. 2 BGB)**, als die Verweigerung wegen verhältnismäßiger Geringfügigkeit der Mängel gegen Treu und Glauben verstoßen würde (RGRK § 320 Anm. 9; vgl. dazu auch OLG Nürnberg BB 1965, 183 = OLGZ 1965, 12; KG SFH Z 2.412 Bl. 16 ff.; OLG Saarbrücken MDR 1967, 670; OLG Hamburg MDR 1970, 243). Diese **Ausnahme** ist aber gerade bei Bauverträgen **sehr eng zu beurteilen**.

Unter Umständen kann die **Geltendmachung des Leistungsverweigerungsrechts gegen Treu und Glauben verstoßen**, wenn – was beim Bauvertrag so gut wie nie vorkommen dürfte – der **Mangel versichert** ist und eine **auf den konkreten Fall bezogene volle Deckungszusage des Versicherers** vorliegt (vgl. für den Architektenvertrag Trapp BauR 1977, 29).

599   5. Bei der **Kostenentscheidung** im Falle einer nach dem Gesagten erfolgenden Zug-um-Zug-Verurteilung ist in aller Regel auf der Grundlage des § 92 Abs. 1 ZPO nach einer im Einzelfall ausgerichteten wirtschaftlichen Betrachtungsweise eine Verteilung vorzunehmen, wobei auch die Verzögerung zu beachten ist, die dadurch eintritt, daß der Auftragnehmer den einbehaltenen Betrag später erhält, ebenfalls für die Dauer des Verzuges mit der Mängelbeseitigung auch keine Zinsen auf den einbehaltenen Werklohn (dazu Weyer BauR 1981, 426; ferner Kaiser BauR 1982, 205).

III. Wegfall des Leistungsverweigerungsrechts

600   Das **Leistungsverweigerungsrecht entfällt, sobald eine ordnungsgemäße Mängelbeseitigung erfolgt ist.** Es entfällt aber **auch,** wenn der Auftraggeber dem Auftragnehmer **nicht hinreichend Gelegenheit zur Nachbesserung** gibt oder sie ihm sogar **verweigert**. Es besteht nämlich eine vertragliche **Mitwirkungspflicht** des Auftraggebers insofern, als er die Nachbesserung – soweit sie sachgerecht ist – **ermöglichen, sie** dulden und die **verbesserte Leistung entgegennehmen muß**. Gerät der Auftraggeber als Gläubiger hier seinerseits in **Verzug, entfällt** sein wegen des Mangels nach § 320 BGB gegebenes **Leistungsverweigerungsrecht** (BGH NJW 1966, 200, 201; BGH Betrieb 1970, 1375; LG Köln BauR 1972, 314; OLG Hamburg BauR 1979, 331, letzteres für den Fall der Erklärung des Auftraggebers vor Ablauf der für die Mängelbeseitigung gesetzten Frist, die Nachbesserungsaufforderung sei „erledigt").

Der **Verlust des Leistungsverweigerungsrechts** des Auftraggebers tritt **erst recht** ein, wenn er 601
die Leistung **endgültig zurückweist**, und vor allem dann, wenn er den **Vertrag ungerechtfertigt** (etwa wegen unbegründeter Anfechtung) **als nicht bestehend erklärt**; gerade auch dann
kann er dem Verlangen des Auftragnehmers auf Zahlung der Vergütung weder die Einrede der
mangelnden Fälligkeit noch die des nichterfüllten Vertrages entgegensetzen (BGHZ 50, 175,
177 f.; BGH BauR 1984, 58 = SFH § 134 BGB Nr. 5 = ZIP 1983, 1460 = BB 1984, 173 = NJW
1984, 230 = MDR 1984, 135 = JZ 1984, 149 = ZfBR 1984, 31 = JZ 1984, 149 = Betrieb 1984,
767 = WM 1983, 1315 = LM § 134 BGB Nr. 108 = Anm. Köhler JR 1984, 324 m. w. N.).

Ist der **Auftraggeber Zug um Zug** gegen Vornahme bestimmter Nachbesserungsmaßnahmen 602
durch den Auftragnehmer zur Zahlung der diesem zustehenden Vergütung **verurteilt worden**, muß der **Auftragnehmer** nach § 765 ZPO durch öffentliche oder öffentlich beglaubigte Urkunden nachweisen, daß er die **Nachbesserung** vorgenommen hat oder daß sich
der **Auftraggeber** insoweit im **Verzuge der Annahme** befindet, falls die Frage der ordnungsgemäßen Nachbesserung streitig ist, oder der Auftraggeber aus anderen Gründen jetzt nicht
zahlt. Dies ist grundsätzlich im **Zwangsvollstreckungsverfahren zu klären**; ergeben sich
allerdings hinsichtlich der **Tragweite des Urteils**, durch das die Verurteilung zur Zahlung Zug
um Zug gegen Vornahme von Nachbesserungsmaßnahmen ausgesprochen worden ist, **Zweifel**, wie z. B. zur Frage, ob bei lose verlegten Platten eine frostsichere Sandfilterschicht bei der
Nachbesserung einzubringen ist, so kann der Auftragnehmer hier **Klage auf Feststellung des
Urteilsinhaltes** erheben (BGH BauR 1976, 430 = BB 1976, 1433 = MDR 1977, 133 = SFH
Z 2.414.1 Bl. 14 = LM VOB/B Nr. 83 m. w. N.).

E. Mitverantwortlichkeit des Auftraggebers

**I. Die Grundsätze des § 254 BGB finden auch im Rahmen der Nachbesserung entspre- 603
chende Anwendung.** Es ist zwar richtig, daß § 254 BGB **nur für Schadensersatzfälle gilt**
und deshalb dem Nachbesserungs- oder dem Kostenerstattungsanspruch aus § 633 Abs. 2 und
3 BGB sowie dem Anspruch aus Teil B § 13 Nr. 5 **an sich nicht entgegengesetzt werden
kann**. Jedoch können **auch** diese Ansprüche, wenn der Auftraggeber oder sein Erfüllungsgehilfe (z. B. der Architekt) den Mangel des Bauwerkes mitverursacht hat, **nach Treu und
Glauben** (§ 242 BGB) eine Einschränkung dahingehend erfahren, daß der Auftraggeber zu
den Kosten der Nachbesserung beitragen muß (BGH Betrieb 1961, 569 = BB 1961, 430 =
SFH Z 2.401 Bl. 21; BGH SFH Z 2.400 Bl. 38; BGH SFH Z 2.400 Bl. 41 ff.; BGH BauR 1971,
265 = SFH Z 3.00 Bl. 197; BGH NJW 1981, 1448 = BauR 1981, 284 = SFH § 12 VOB/B Nr. 6
= Betrieb 1981, 1923 = ZfBR 1981, 139; BGHZ 90, 344 = BauR 1984, 395 = SFH § 13 Nr. 5
VOB/B Nr. 5 = NJW 1984, 1676 = ZIP 1984, 713 = MDR 1984, 748 = BB 1984, 1703 = LM
§ 273 BGB Nr. 38 mit Anm. Recken = Betrieb 1984, 1720 = ZfBR 1984, 173; BGHZ 90, 354 =
BauR 1984, 401 = NJW 1984, 1679 = ZIP 1984, 709 = BB 1984, 1832 = BB 1984, 1832 =
Betrieb 1984, 1824 = SFH § 274 BGB Nr. 1 = LM § 273 BGB Nr. 38 m. Anm. Recken = ZfBR
1984, 176; OLG Düsseldorf BauR 1979, 246). Dem Auftragnehmer bleibt es unbenommen, die
Mängel ohne Rücksicht auf die Kostenbeteiligungspflicht des Auftraggebers vorweg zu beseitigen und den von diesem geschuldeten Zuschuß danach einzufordern. **Rechtlich geboten ist
eine solche uneingeschränkte Vorleistung nach Abnahme der Leistung,** die hier vorausgesetzt ist, aber **nicht**. Vielmehr muß ihm bis zu einem gewissen Grade ein **Zurückbehaltungsrecht entsprechend § 273 Abs. 1 BGB zuerkannt** werden, und zwar insoweit, als er **nach Treu
und Glauben die Mängelbeseitigung von ausreichender Sicherheitsleistung durch den
Auftraggeber abhängig machen darf**. Einerseits ist der Auftragnehmer nachbesserungspflichtig und -berechtigt; andererseits ist dem Auftraggeber nicht zuzumuten, den Zuschuß
schon vor Mängelbeseitigung, deren Durchführung für ihn in diesem Stadium ungewiß

ist, zu zahlen; auch kann der Auftragnehmer nicht ein betrags- oder quotenmäßiges Anerkenntnis vom Auftraggeber verlangen, zumal die Ungewißheit der Nachbesserung oder jedenfalls der ordnungsgemäßen Nachbesserung den Auftraggeber in stärkerem Maße belastet. Insoweit ist ein angemessener Interessenausgleich ähnlich der Regelung des § 273 Abs. 3 BGB gemäß § 242 BGB dadurch erreicht, daß der Auftraggeber eine angemessene Sicherheit leistet, die hier auch durch eine vertrauenswürdige Bürgschaft in Betracht kommt. Macht der Auftragnehmer die Nachbesserung von einer Sicherheitsleistung abhängig, so muß er dem Auftraggeber die voraussichtlichen Beseitigungskosten und den darin enthaltenen Anteil des Auftraggebers substantiiert darlegen, gegebenenfalls mit Untermauerung durch ein Sachverständigengutachten. Andernfalls verweigert er die Nachbesserung unberechtigt, und der Auftraggeber kann ohne – weitere – Fristsetzung auf Kosten des Auftragnehmers zur Fremdnachbesserung übergehen, was auch gilt, wenn der Auftragnehmer die Zahlung des Zuschusses oder ein entsprechendes Anerkenntnis verlangt. Lehnt dagegen der Auftraggeber die Sicherheitsleistung ab, so verliert er dadurch seinen Aufwendungsersatzanspruch, und er muß den Werklohn bzw. den Restwerklohn zahlen, was auch gilt, wenn die Sicherheitsleistung erheblich zu niedrig ist. Ist sie nur verhältnismäßig unbedeutend zu niedrig, muß der Auftragnehmer nach § 242 BGB nachbessern und den Differenzbetrag dann nachfordern (BGHZ 90, 395 = BauR 1984, 395 = NJW 1984, 1676 = Betrieb 1984, 1720 = ZIP 1984, 713 = MDR 1984, 748 = BB 1984, 1703 = LM § 273 BGB Nr. 38 Anm. Recken = SFH § 13 Nr. 5 VOB/B Nr. 5 = ZfBR 1984, 173). **Klagt der Auftraggeber hingegen auf Nachbesserung, so ist der Auftragnehmer nur Zug um Zug gegen die jeweils in Betracht kommende Zuschußzahlung zu verurteilen** (BGH a. a. O.).

604 II. Eine Mitverantwortung des Auftraggebers kann z. B. in Betracht kommen, wenn die **Mängel** auf die vom Architekten angefertigte **Leistungsbeschreibung zurückzuführen** sind. Dabei ist allerdings zu beachten, daß **nicht jede Unvollständigkeit** oder Auslassung als ein **Fehler der Leistungsbeschreibung** angesehen werden kann. Wird eine bestimmte Leistung gefordert, ist das – auch ohne ausdrückliche Benennung in der Leistungsbeschreibung – als Leistungsinhalt geschuldet, was unter Berücksichtigung der anerkannten Regeln der Technik sowie der jeweiligen örtlichen und sachlichen Gegebenheiten von jedem Fachmann als notwendig erachtet wird oder womit jeder Fachmann rechnen muß (vgl. BGH SFH Z 2.410 Bl. 37). Von einem mitwirkenden Verschulden des Auftraggebers kann auch **nicht** die Rede sein, wenn der **Auftragnehmer den Planungsmangel erkannt und sich trotzdem an die Planung gehalten und dadurch die Leistung fehlerhaft ausgeführt hat** (BGH NJW 1973, 518 = SFH Z 3.00 Bl. 245 = BB 1973, 360 = Betrieb 1973, 616 = WM 1973, 393 = BauR 1973, 190). Ähnliches gilt, wenn der Auftragnehmer erkannt hat, daß überhaupt keine Planung erfolgt ist (BGH BauR 1974, 63). **Anders** liegt es jedoch, **wenn dem Auftraggeber die Notwendigkeit einer bestimmten Planungsmaßnahme bekannt ist,** wie z. B. durch ein Bodengutachten, er diese, wie etwa den Einbau einer Isolierung gegen drückendes Wasser, **trotzdem unterläßt,** z. B. um Kosten zu sparen, und der Auftragnehmer den Umständen nach **der berechtigten Annahme sein kann, der Auftraggeber werde ein verbleibendes Risiko bewußt in Kauf nehmen,** wie etwa bei Streichen einer alternativ vorgesehenen Druckwasser-Isolierung (BGHZ 90, 344 = BauR 1984, 395 = NJW 1984, 1676 = ZIP 1984, 713 = MDR 1984, 748 = BB 1984, 1703 = LM § 273 BGB Nr. 38 Anm. Recken = SFH § 3 Nr. 5 VOB/B Nr. 5 = ZfBR 1984, 173). Das gilt vornehmlich **auch bei unterlassener oder fehlerhafter Koordination durch den Architekten** (vgl. OLG Düsseldorf MDR 1984, 756 = VersR 1985, 246).

Durch das Unterlassen von Absperrmaßnahmen seitens des Auftraggebers trotz Aufforderung des Auftragnehmers kann ein mitwirkendes Verschulden bei der Entstehung von Mängeln in Betracht kommen. Im Einzelfall kann ein mitwirkendes Verschulden des Auftraggebers auch darin liegen, daß er entgegen dem Rat seines Architekten einen **fachlich ungeeigneten Auftragnehmer** mit der Durchführung der Bauleistung **beauftragt** hat (BGH SFH Z 2.414.3 Bl. 8 = BauR 1974, 125). Andererseits kann sich der Auftragnehmer nicht auf ein mitwirkendes Verschulden des Auftraggebers mit der Begründung berufen, der Architekt habe ihn besser beaufsichtigen müssen (BGH NJW 1971, 615; BGH BauR 1974, 205 = WM 1974, 200 = SFH Z 2.510 Bl. 53).

Zur Frage mitwirkenden Verschuldens des Auftraggebers vgl. vor allem auch Rdn. 33 ff. sowie Teil B § 4 Rdn. 261 ff.

Die **Beweislast** für mitwirkendes Verschulden des Auftraggebers hat der **Auftragnehmer**.

Zur Berechnung der Schadensquote beachtlich Aurnhammer VersR 1974, 1060, ebenso Schulz BauR 1984, 40; zur Schadensquotierung insbesondere Ganten BauR 1978, 187.

III. Für die in der Praxis häufigeren Fälle, in denen der **Auftragnehmer** seinen Vergütungsanspruch oder Restvergütungsanspruch klageweise geltend macht, der Auftraggeber die Mängelbeseitigung verlangt und ein Zurückbehaltungsrecht beansprucht, ihn aber ein Mitverschulden an den Mängeln trifft, gilt: Die Feststellung einer Mitverantwortung des **Auftraggebers** führt dann im Urteilsausspruch dazu, daß der **Auftraggeber zur Zahlung** der festgestellten vertraglichen Vergütung – soweit hier unter Berücksichtigung des § 254 BGB der Betrag der Zurückbehaltung (vgl. dazu Rdn. 593 ff.) reicht, ohne Zinsen – **Zug um Zug gegen Vornahme** im einzelnen im Urteilstenor bezeichneter Nachbesserungsmaßnahmen durch den Auftragnehmer verurteilt wird und daß **wiederum der Auftragnehmer** – nur – zur **Vornahme der Nachbesserungsarbeiten Zug um Zug gegen Zuschußleistung des Auftraggebers zu den Nachbesserungskosten** durch den Auftraggeber, der dem Grad seines Mitverschuldens entspricht, verpflichtet ist (BGHZ 90, 354 = BauR 1984, 401 = NJW 1984, 1679 = ZIP 1984, 709 = BB 1984, 1832 = MDR 1984, 748 = SFH § 274 BGB Nr. 1 = LM § 273 BGB Nr. 38 Anm. Recken = Betrieb 1984, 1824 = ZfBR 1984, 176; Laum BauR 1972, 140; OLG Düsseldorf BauR 1979, 246). Hier ist es **gerechtfertigt, die Nachbesserungspflicht des Auftragnehmers entsprechend dem Grundsatz des § 274 BGB nicht nur von einer Sicherheitsleistung, sondern von einem Zug um Zug zu erbringenden Zuschuß des Auftraggebers abhängig** zu machen, weil im gerichtlichen Verfahren der Umfang des geschuldeten Kostenzuschusses regelmäßig festgestellt werden kann und für den Auftraggeber nicht die Gefahr besteht, durch Fehleinschätzung der Rechtslage seine Gewährleistungsansprüche vorzeitig in vollem Umfang zu verlieren (BGH a. a. O.). Insoweit handelt es sich um eine **„doppelte Zug-um-Zug-Verurteilung"**, die jedoch hinsichtlich der jeweils in Betracht kommenden Vorleistungspflichten nicht gleichzeitig, sondern zeitlich nacheinander liegt: Zuerst hat der Auftraggeber seinen Beitrag zu den Nachbesserungskosten zu leisten, dann hat der Auftragnehmer nachzubessern, und schließlich hat der Auftraggeber nach erfolgter ordnungsgemäßer Nachbesserung und deren Abnahme (vgl. Rdn. 420 f.) die festgestellte bzw. noch offene vertragliche Vergütung zu zahlen.

Allerdings ist der **Auftraggeber** entgegen der in der Vorauflage hier vertretenen Ansicht **nicht bereits zur endgültigen Zahlung bzw. Aushändigung des Zuschußbetrages** an den Auftragnehmer **verpflichtet,** da er immerhin eine gewisse **Sicherheit haben muß, daß daß der Auftragnehmer seiner** nach wie vor gegebenen **Nachbesserungspflicht nachkommt,** vor allem dann, wenn sein Kostenzuschußanspruch im Verhältnis zu seinem Werklohnanspruch bzw. Restwerklohnanspruch eine beträchtliche Höhe hat. **Vielmehr genügt es, wenn der Auftraggeber den Zuschuß in einer den Verzug der Annahme begründenden Weise anbietet.** Hat der **Auftraggeber einen Titel auf Mängelbeseitigung Zug um Zug gegen Zuschußzahlung** erstritten (s. o.), so braucht er **nicht vorzuleisten, sondern muß den Zuschußbetrag nur tatsächlich anbieten;** dann muß der Auftragnehmer die Nachbesserung vornehmen, und er erhält dann den Zuschuß ausbezahlt; im Falle der Nachbesserungsverweigerung hat er die Zwangsvollstreckung nach § 887 ZPO zu dulden, wobei die Zuschußzahlung des Auftraggebers nach § 887 Abs. 2 ZPO zu berücksichtigen ist. **Im Falle der klageweisen Geltendmachung des Werklohnes durch den Auftragnehmer ergibt sich, daß der Auftragnehmer die Nachbesserung ordnungsgemäß anbieten muß, wobei er entsprechend § 295 Satz 2 BGB den Auftraggeber zur Zuschußleistung aufzufordern hat; lehnt dieser ab, kann der Vergütungstitel vollstreckt werden (BGH a. a. O.). Bietet der Auftraggeber den Zuschuß tatsächlich an, so muß der Auftragnehmer die Mängel abnahmereif beseitigen; insofern ist der Auftragnehmer auch hier praktisch vorleistungspflichtig, indem er den Nachweis der ordnungsgemäßen Nachbesserung führen muß, bevor ihm der Zuschuß ausgehändigt wird und er seinen Restwerklohnanspruch vollstrecken kann. **Jedoch ist es für den Auftragnehmer aus Gründen der Sicherstellung unabdingbar, daß der Zuschuß während der Mängelbeseitigung bereitgestellt ist und bereitgestellt bleibt, weshalb der Auftraggeber aus Treu und Glauben verpflichtet ist, den Zuschuß nach Abgabe seines Zuschußangebotes zu hinterlegen;** er muß ihn also schon zu Beginn der Nachbesserung bereitstellen, ohne ihn allerdings schon auszahlen zu müssen (BGH a. a. O.). Bessert der Auftragnehmer trotz Hinterlegung des Zuschusses nicht nach, kann der Auftraggeber nach angemessener Frist die Freigabe des Zuschusses nach § 242 BGB verlangen, und er kann einen anderen Unternehmer mit der Mängelbeseitigung beauftragen sowie die dabei anfallenden Kosten mit dem Restwerklohn des Auftragnehmers und seiner Eigenbeteiligungsquote verrechnen (BGH a. a. O.; zustimmend Kaiser ZfBR 1985, 55, 60 f.).

606 Die hiergegen früher vom OLG Hamm (BauR 1979, 247), auch gegen die Ausführungen von Laum (BauR 1972, 140), geäußerten Bedenken (vgl. auch Nicklisch in Nicklisch/Weick Teil B § 13 Rdn. 182) greifen nicht durch: Einer besonderen klageweisen oder durch Aufrechnung oder Verrechnung zum Ausdruck gebrachten Geltendmachung des Zuschußanspruches durch den Auftragnehmer bedarf es nicht, da dieser dem § 254 BGB – auch unter Berücksichtigung des § 242 BGB – immanent ist, also einem **allgemeinen Rechtsgedanken entstammend ohne weiteres zu berücksichtigen ist.** Die Festlegung der Höhe der Zuschußpflicht des Auftraggebers dürfte im Einzelfall durchaus möglich sein, und zwar als eine seinem Mitverschulden entsprechende Quote an den jeweils festgestellten Mängelbeseitigungskosten (§ 287 ZPO). Auch eine etwaige spätere Weigerung des Auftragnehmers, die Mängelbeseitigung auszuführen, steht nicht entgegen, weil er dann nur einen etwaigen, von seiner Zug-um-Zug-Leistung der Höhe nach nicht abhängigen Teil seines titulierten Vergütungsanspruches in der Zwangsvollstreckung durchzusetzen vermag, außerdem den vom Auftraggeber etwa geleisteten Zuschuß zurückzuerstatten hat (§ 812 BGB).

607 Die Verteilung der Verantwortlichkeit für einen entstandenen Schaden im Rahmen des § 254 BGB obliegt dem Tatrichter. Das Revisionsgericht kann nur nachprüfen, ob der Tatrichter alle Unterlagen ordnungsgemäß festgestellt, bei der Abwägung verwertet und nicht gegen die durch die Denkgesetze und Erfahrungssätze gezogenen Grenzen verstoßen hat (BGH NJW 1952, 1329; BGH NJW 1970, 461; BGHZ 51, 275, 279; BGH WM 1973, 150).

Zweiter Teil: Die Minderung der Vergütung
(Teil B § 13 Nr. 6)

A. Allgemeines

608 Siehe zunächst Rdn. 442 und 500 ff.

Nach dem **Gewährleistungssystem der VOB** kommt ein **Minderungsanspruch des Auftraggebers** – die Herabsetzung der Vergütung des Auftragnehmers wegen eines von diesem verursachten und seine vertragliche Leistung betreffenden Mangels – **nur unter den in Teil B § 13 Nr. 6 festgelegten Voraussetzungen** in Betracht. Diese Regelung ist **abschließend** und daher einer darüber hinausgehenden **ausdehnenden Auslegung nicht zugänglich.** Insofern handelt es sich um eine **Einschränkung gegenüber den gesetzlichen Bestimmungen** des Werkvertragsrechts (§ 634 BGB), die eine Minderung im weiteren Umfang zulassen (vgl. auch Rdn. 653 ff.). Diese Einengung ergibt sich aus den **Besonderheiten des Bauvertrages**. Grundsätzlich ist nämlich davon auszugehen, daß es dem Auftraggeber **in erster Linie darum geht, eine mangelfreie Bauleistung zu erhalten.** Dies hat zur Folge, daß dem **Nachbesserungsanspruch** – gegebenenfalls durch Einschaltung eines nachbessernden anderen Unternehmers – der **unbedingte Vorrang vor der Minderung** eingeräumt ist.

Teil B § 13 Nr. 6 verstößt nicht gegen das AGB-Gesetz (vgl. u. a. Schlosser/Coester-Waltjen/Graba, § 9 Rdn. 138; Ulmer/Brandner/Hensen Anh. §§ 9–11 Rdn. 911).

Nach Teil B § 13 Nr. 6 bestehen lediglich **drei Möglichkeiten, unter denen dem Auftraggeber anstelle des Nachbesserungsanspruches ein Recht auf Minderung** der Vergütung des Auftragnehmers **eingeräumt wird.** Die ersten beiden sind als sogenannte **Regeltatbestände in Satz 1** enthalten, und zwar handelt es sich einmal um die **Unmöglichkeit der Mängelbeseitigung und** zum anderen um den **unverhältnismäßigen Aufwand im Falle der Durchführung der Mängelbeseitigung.** Des weiteren regelt der jetzige **Satz 2** einen sogenannten **Ausnahmetatbestand** etwaiger Minderung, nämlich den Fall der **Unzumutbarkeit der Mängelbeseitigung für den Auftraggeber.** 609

Hierbei handelt es sich im übrigen um eine Klarstellung insofern, als es nach der Fassung der VOB von 1952 auch möglich war zu mindern, wenn die Nachbesserung nicht nur objektiv, sondern darüber hinaus auch „nach Lage der Dinge" unmöglich war. Der jetzige Satz 2 entspricht im wesentlichen der dazu in den früheren – bis zur sechsten – Auflagen dieses Kommentars (vgl. 6. Aufl. zu Teil B § 13 Rdn. 88) vertretenen Auffassung.

Wegen des möglichen **Verlustes des Minderungsanspruches bei Abnahme trotz Kenntnis des Mangels** vgl. Teil B § 12 Rdn. 32 ff. Zur **Abtretbarkeit** des Minderungsanspruches vgl. oben Rdn. 78 ff. 610

Zur Minderung im Falle von **Mängeln des Gemeinschaftseigentums** bei Wohnungseigentum vgl. Teil A Anh. Rdn. 273 ff. 611

B. Regeltatbestände der Minderung (Teil B § 13 Nr. 6 Satz 1)

I. Überblick über die Regelungen in Nr. 6 Satz 1

Der Minderungsanspruch des Auftraggebers nach Satz 1 hat folgende Voraussetzungen: **Entweder** muß die **Beseitigung des Mangels** nach dem in Nr. 5 festgelegten Rahmen, auch im Wege des Selbsthilferechts nach Nr. 5 Abs. 2, **unmöglich** sein, **oder** die Beseitigung des Mangels ist zwar möglich, jedoch erfordert sie nach Sachlage einen **unverhältnismäßig hohen Aufwand.** 612

Mit dem OLG Celle (SFH Z 2.414 Bl. 88 ff.) ist davon auszugehen, daß die in Satz 1 weiter geforderte **Weigerung des Auftragnehmers** (. . . und wird sie **deshalb** vom Auftragnehmer verweigert . . .) **nur für den zweiten Fall gilt,** nämlich, daß die Mängelbeseitigung einen unverhältnismäßig hohen Aufwand erfordert. In diesem Falle hat der Auftraggeber nur einen Anspruch auf Minderung der Vergütung, **wenn sich der Auftragnehmer ausdrücklich auf den unverhältnismäßig hohen Aufwand beruft.** Soweit und solange dies nicht mit hinreichender Deutlichkeit geschehen ist, bleibt der Nachbesserungsanspruch des Auftraggebers bestehen. Liegt hingegen eine **Unmöglichkeit der Mängelbeseitigung** vor, kommt es nicht darauf an, ob der Auftragnehmer die Beseitigung des Mangels abgelehnt hat oder ob er zu Abhilfemaßnahmen bereit ist. Dann ergibt sich der Anspruch des Auftraggebers **auf Minderung von selbst** aus der Tatsache der Unmöglichkeit der Mängelbeseitigung.

613 Liegt Unmöglichkeit der Mängelbeseitigung vor oder hat der Auftragnehmer zu Recht wegen des zu erwartenden unverhältnismäßig hohen Aufwandes die Beseitigung abgelehnt, ist der Auftraggeber berechtigt, die vertraglich geschuldete Vergütung gegenüber dem Auftragnehmer **zu mindern.** Dabei finden **für die Berechnung der Minderung** kraft ausdrücklicher Hervorhebung in Satz 1 die **gesetzlichen Vorschriften der §§ 634 Abs. 4, 472 BGB** entsprechende Anwendung (vgl. Rdn. 642 ff.).

II. Unmöglichkeit der Mängelbeseitigung

1. Objektiv tatsächliche oder rechtliche Unmöglichkeit

614 Die vom Auftraggeber darzulegende und zu beweisende **Unmöglichkeit der Mängelbeseitigung** muß grundsätzlich **objektiv** gegeben sein. Weder der Auftragnehmer des Bauvertrages noch irgendein anderer Unternehmer, der die grundlegenden Voraussetzungen gemäß Teil A § 2 Nr. 1 Satz 1 erfüllt, darf in der Lage sein, den aufgetretenen Mangel zu beseitigen (so auch OLG Köln SFH Z 2.414.2 Bl. 1). Das hängt in bezug auf die Nachbesserungsleistung von einer **sachgerechten technischen Beurteilung** ab. So ist es z. B. Unmöglichkeit der Mängelbeseitigung, wenn eine Baugrube zu breit und zu tief ausgehoben wurde und die zur Erreichung des in der Planung vorgesehenen Niveaus erforderlichen Maßnahmen (Vergrößerung der Fundamente, Ausfüllung der Zwischenräume mit gestampftem Kies) wegen des inzwischen errichteten Hauses technisch nicht mehr möglich sind (vgl. BGHZ 68, 208 = NJW 1977, 1146 = BB 1977, 673 = SFH Z 1.1 Bl. 4 = BauR 1977, 203 = MDR 1977, 658 = LM § 638 BGB Nr. 31 Anm. Doerry = Betrieb 1977, 1133). Gleiches trifft zu, wenn ein Haus oder eine Wohnung mit geringerer Wohnfläche oder Nutzungsfläche als vertraglich vereinbart errichtet wurde (OLG Düsseldorf NJW 1981, 1455 = BauR 1981, 475 = Betrieb 1981, 1038 = BlGBW 1981, 135; OLG Düsseldorf SFH § 13 Nr. 1 VOB/B Nr. 4). Ebenso gilt dies, wenn die vertraglich vorgesehene Wohnhöhe nicht erreicht ist (vgl. LG Wiesbaden NJW 1986, 329). Ist ein Fertighaus wegen fehlerhafter Imprägnierung, aus der Gase ausströmen, unbewohnbar, so ist ebenfalls die Mängelbeseitigung objektiv unmöglich (vgl. OLG Saarbrücken NJW-RR 1987, 470).

615 Dagegen liegt eine objektive Unmöglichkeit noch nicht allein darin, daß bei der Mängelbeseitigung in wirtschaftlicher Hinsicht ein Aufwand erforderlich ist, der kostenmäßig einer Neuherstellung gleichkommt (OLG Düsseldorf BauR 1982, 587 = SFH § 13 Nr. 5 VOB/B Nr. 4). Andererseits darf hier der Gesichtspunkt des **für den Auftraggeber Zumutbaren** nicht außer Betracht bleiben. Unter der Voraussetzung, daß die Grundsubstanz erhalten bleibt, sind im allgemeinen auch Beseitigungsmaßnahmen zulässig, durch die der **vertragsmäßige Zustand auf einem anderen** als dem im Vertrag – vor allem der Leistungsbeschreibung – vorgesehenen **Weg erreicht wird** (RG Warn. Rspr. 15, 79). Denkbar ist z. B., daß eine fehlerhaft gebaute Decke durch Unterzüge tragfähig gemacht werden kann (BGHZ 58, 30, 33 = BauR 1972, 176 = NJW 1972, 526 = MDR 1972, 409 = JZ 1972, 211 = BB 1972, 242). Eine durch Hinterlegung von Stoßfugen bezweckte Abdichtung läßt sich möglicherweise verhältnismäßig einfach und ohne wesentliche Beeinträchtigung des ästhetischen Gesamteindruckes durch Anfertigung und Anbringung eines Kunststoffteils erreichen (BGH BauR 1981, 284 = NJW 1981, 1448 = BlGBW 1981, 153 = SFH § 12 VOB/B Nr. 6 = Betrieb 1981, 1923 = MDR 1981, 747 = LM § 12 VOB/B Nr. 5 = ZfBR 1981, 139). Gleiches gilt bei einer mangelhaften Isolierung durch Ausstampfen der Arbeitsräume der ehemaligen Baugrube mit durchgehend bindigem Material und/oder Einbau einer Drainage oder durch Einrammen von Spundwänden um das Haus (vgl. KG BauR 1981, 380).

616 Die Frage der Unmöglichkeit der Nachbesserung ist im Einzelfall aber **nicht nur nach tatsächlichen, sondern insbesondere auch nach rechtlichen Gesichtspunkten zu beurteilen.** Ist z. B. die vertraglich geschuldete Bauleistung **völlig unbrauchbar** (etwa Untauglichkeit sämtlicher Dachziegel, die der Dachdecker zu liefern und zu verlegen hatte), wäre die

Nachbesserung nur im Wege der Neuherstellung zu erzielen. Zwar kann der Auftraggeber nach der jetzigen Rechtsprechung des BGH (vgl. Rdn. 481 ff.) im Falle der technischen Unmöglichkeit der bloßen Nachbesserung als Mängelbeseitigung **notfalls Neuherstellung** der Leistung vom Auftragnehmer verlangen. Jedoch ist damit die hier erörterte Bestimmung in Teil B § 13 Nr. **6 nicht gegenstandslos** geworden. Vielmehr ist zu folgern, daß dem Auftraggeber ein **Wahlrecht** eingeräumt ist, in diesem Fall entweder Neuherstellung nach Nr. 5 oder Minderung gemäß Nr. 6 zu verlangen. Insofern gilt Nr. 6 also weiterhin. Wird aber vom Auftraggeber keine Neuherstellung verlangt, wäre die bloße Nachbesserung nicht nur dem in Betracht kommenden Auftragnehmer **unmöglich**, sondern **auch jedem anderen** (vgl. BGHZ 42, 232 = NJW 1965, 152 = VersR 1964, 1271 = SFH Z 2.414 Bl. 136 ff. = LM VOB/B § 13 Nr. 8 Anm. Rietschel; u. a. Kaiser, Mängelhaftungsrecht, Rdn. 87 a). **Auch reine rechtliche Hinderungsgründe** können eine objektiv gegebene Unmöglichkeit der Nachbesserung bedeuten. Dies ist z. B. der Fall, wenn nach einer Auskunft des zuständigen Bauaufsichtsamtes die Voraussetzungen für eine Baugenehmigung nicht vorliegen und auch nicht ohne weiteres geschaffen werden können (OLG Düsseldorf BauR 1984, 294 = SFH § 13 Nr. 1 VOB/B Nr. 4). Rechtliche Unmöglichkeit liegt auch vor, wenn die Vertragspartner nach Kenntnis von dem Mangel einvernehmlich auf die Mängelbeseitigung verzichtet haben (BGH BauR 1982, 277 = NJW 1982, 1524 = ZfBR 1982, 122). Nicht schon unmöglich ist dagegen die Nachbesserung, weil diese unter Umständen Eingriffe in das Gemeinschaftseigentum erforderlich macht, jedenfalls nicht, solange nicht rechtliche Hinderungsgründe ersichtlich sind, daß und inwieweit die Miteigentümer Nachbesserung verhindern können (vgl. OLG München BauR 1985, 453). Über weitere Einzelheiten zur Frage der objektiven Leistungsunmöglichkeit vgl. Teil B § 6 Rdn. 88 ff.

Lediglich **subjektive Unmöglichkeit** (Unvermögen) des Auftragnehmers **reicht** für einen Minderungsanspruch **nicht aus.** Das gilt auch für die Fälle, in denen zur Mängelbeseitigung besondere Spezialkenntnisse erforderlich sind, die nur wenige andere erreichbare Unternehmer aufzuweisen haben. Dann muß der Auftragnehmer notfalls einen solchen anderen Unternehmer mit der Mängelbeseitigung betrauen. Insbesondere geht eine **finanzielle Unmöglichkeit** des Auftragnehmers immer zu dessen Lasten, wenn nicht der zweite Fall des unverhältnismäßig hohen Aufwandes vorliegt.

617

Stellt sich erst später, etwa aufgrund eines Nachbesserungsversuches, die Unmöglichkeit der Nachbesserung heraus, so hat dies auf den mit der Abnahme beginnenden Lauf der **Gewährleistungsfrist grundsätzlich keinen Einfluß**; jedoch wird hier regelmäßig eine Hemmung des Laufs der Verjährungsfrist gemäß § 639 Abs. 2 BGB vorliegen (ähnlich OLG Frankfurt MDR 1983, 54 = Betrieb 1982, 2397 = BB 1983, 151 für den Fall mißlungener Nachbesserung und nur unter dieser Voraussetzung eingeräumter Wandelung bei einem Kaufvertrag). Auch eine Unterbrechung durch Anerkenntnis der Gewährleistungspflicht (§ 208 BGB; vgl. Rdn. 343 ff.) kann von seiten des Auftragnehmers vorliegen. Ähnlich liegt es hinsichtlich der durch die schriftliche Mängelrüge herbeigeführten Quasi-Unterbrechung der Verjährungsfrist (vgl. Rdn. 396 ff.), weil diese unabhängig von dem Erfolg des Nachbesserungsversuches ist. Das gilt wiederum nicht, wenn die Mängelbeseitigung von Anfang an unmöglich ist und der Auftraggeber anstelle der Nachbesserung i. S. der Neuherstellung sogleich die Minderung innerhalb der mit der Abnahme beginnenden Erstfrist verlangt, da die Unterbrechungswirkung auf den Bereich von Teil B § 13 Nr. 5 beschränkt ist und nicht darüber hinaus ausgedehnt werden kann, wie schon der unterschiedliche Wortlaut von Nr. 5 Abs. 1 und Nr. 6, der jeweils für sich zu betrachten ist, zeigt (LG Wiesbaden NJW 1986, 329).

618

2. Teilweise Unmöglichkeit

Die Unmöglichkeit braucht sich nicht unbedingt auf die Beseitigung des gesamten Mangels zu beziehen. Vielmehr kann es sein, daß sich im Einzelfall ein aufgetretener **Mangel nur**

619

teilweise, jedoch nicht völlig beheben läßt. Dann ist bei einer teilweisen Verpflichtung zur Mängelbeseitigung **nur ein Minderungsanspruch für den restlichen, mangelhaft bleibenden Teil** gegeben. Dabei kommt es allerdings darauf an, daß **wenigstens eine dem Auftraggeber zumutbare Teiltauglichkeit** erzielt wird; andernfalls muß ihm die Befugnis zur **Gesamtminderung** zugesprochen werden. Insbesondere braucht er eine bloße „Experimentiererei" nicht hinzunehmen. Die Zumutbarkeit für eine teilweise Mängelbeseitigung kann z. B. gegeben sein, wenn ein Haus zwar zu hoch angelegt worden ist, eine Senkung der Wageneinstellplätze aber möglich ist (OLG Köln SFH Z 2.414.2 Bl. 1 mit zutreffender Anm. von Hochstein). Anders liegt es, wenn Einbaumöbel mit zu hoher Formaldehyd-Konzentration versehen sind und eine hinreichend sichere Mängelbeseitigungsmöglichkeit nicht gegeben ist (LG Nürnberg-Fürth NJW-RR 1986, 1466); solche „Verbesserungsmaßnahmen" sind für den Auftraggeber nicht hinnehmbar.

3. Gegebenheiten des Einzelfalles maßgebend

620 Bei der Beurteilung der Frage, ob ganze oder teilweise Unmöglichkeit der Mängelbeseitigung vorliegt, kommt es immer **auf die jeweilige Lage des Einzelfalles und dessen Verhältnisse an**. Es ist daher **unzulässig**, die Unmöglichkeit lediglich nach **allgemeinen abstrakten Gesichtspunkten oder auch nur nach allgemeinen Erfahrungssätzen ohne konkrete Beziehung auf das Einzelobjekt** und den hiermit verbundenen Mangel zu beurteilen. Das muß gerade auch von Sachverständigen beachtet werden, wenn sie die Frage zu beantworten haben, ob in einem bestimmten Fall objektiv völlige oder teilweise Unmöglichkeit der Mängelbeseitigung vorliegt.

III. Ablehnung der Mängelbeseitigung durch Auftragnehmer wegen unverhältnismäßig hohen Aufwandes

1. Unverhältnismäßig hoher Aufwand

621 Der zweite Fall etwaiger Minderung setzt im Gegensatz zum ersten zunächst voraus, daß die **Nachbesserung an sich objektiv möglich** ist. Ob dann die Mängelbeseitigung nur mit **unverhältnismäßig hohem Aufwand** vorgenommen werden kann, **regelt sich in der Grundlage nach § 633 Abs. 2 Satz 3 BGB**. Insoweit liegt **Übereinstimmung** in Inhalt und Tragweite **zwischen der gesetzlichen Vorschrift und der VOB-Bestimmung** vor, vgl. hierzu auch OLG Köln SFH Z 2.414 Bl. 76 ff.; ferner KG SFH Z 2.414 Bl. 167.

622 Entscheidend für die hier maßgebliche Beurteilung **ist das Wertverhältnis zwischen dem zur Beseitigung des Mangels erforderlichen Aufwand des Auftragnehmers an Arbeit und Kosten einerseits und dem Vorteil, den die Mängelbeseitigung dem Auftraggeber andererseits gewährt** (vgl. hierzu u. a. Staudinger/Riedel, § 633 Anm. 24 mit Nachweisen). Unverhältnismäßig sind also die Aufwendungen für die Beseitigung eines Baumangels, wenn der damit **zwecks Beseitigung erzielte Erfolg oder Teilerfolg bei Abwägung aller Umstände des Einzelfalles in keinem vernünftigen Verhältnis zur Höhe des dafür mit Sicherheit zu erwartenden Geldaufwandes steht** (BGHZ 59, 365 = NJW 1973, 138 = BauR 1973, 112 = Betrieb 1973, 67 = SFH Z 2.414 Bl. 298 = MDR 1973, 210 = WM 1973, 69 = LM § 633 BGB Nr. 21 Anm. Rietschel; vgl. auch OLG Hamm BauR 1980, 462; OLG Düsseldorf BauR 1981, 475; OLG Köln SFH § 633 BGB Nr. 34; ebenso im übrigen für das schweizerische Recht, Art. 368 Abs. 2 OR, das Schweizerische Bundesgericht; BGE 111 II 173 f.).

623 Der Grundgedanke ist, daß der Auftragnehmer vor **unzumutbaren Leistungen** geschützt werden muß, wobei es sich um einen allgemeingültigen rechtlichen Gesichtspunkt handelt (Staudinger/Riedel, a. a. O.; vgl. dazu auch Rdn. 614 ff.). Zu Recht weisen Hereth/Ludwig/Naschold (Teil B § 13 Ez. 13.250) darauf hin, daß in der Praxis von einer Unverhältnismäßig-

keit des Aufwandes zur Mängelbeseitigung vielfach gesprochen werden muß, wenn diese Mängel lediglich die Gebrauchsfähigkeit so gut wie nicht beeinträchtigende „Schönheitsfehler" (besser: optische Fehler; vgl. dazu Rdn. 152 f.) sind, die nur mit erheblichen Kosten beseitigt werden können (so auch Schmalzl NJW 1965, 129, 135; auch Wussow NJW 1967, 953, 955). Dazu zählen etwa geringfügige Kratzer an einer eingesetzten Fensterscheibe (vgl. zur Abgrenzung sinngemäß OLG München VersR 1965, 366), u. U. auch die sogenannte Florverwerfung (shading) bei Veloursteppichböden (vgl. dazu LG Münster SFH § 633 BGB Nr. 4). Des weiteren kann dies bei bloß optischer Beeinträchtigung eines Hallenbodens eines Betriebes, die wegen Verschmutzung des Bodens kaum auffällt, in Betracht kommen, zumal dann, wenn die Halle eine Reihe von Jahren bestimmungsgemäß genutzt wird (vgl. BGH BauR 1988, 123 = SFH § 633 BGB Nr. 70 = ZfBR 1988, 37). Im Einzelfall kann hierher auch die **Überschreitung von zulässigen Toleranzen** bei Maßdifferenzen zählen, **sofern keinerlei Beeinträchtigung der technischen Funktion der Leistung** vorliegt und im übrigen dem **Auftraggeber die Hinnahme** der Beeinträchtigung nach den Gegebenheiten des Einzelfalles **im Rahmen des Zumutbaren noch angesonnen** werden kann (z. B. bei nicht ohne weiteres erkennbaren Unebenheiten im Putz, der nicht als endgültige Oberfläche vorgesehen ist, sondern mit Rauhfaser beklebt werden soll). Andererseits kann eine **Zumutbarkeit** für den Auftraggeber **nicht mehr** angenommen werden, wenn Schaufensteranlagen nach sachkundiger Beurteilung sehr unsauber und unakkurat ausgeführt worden sind, vor allem im Hinblick auf Sinn und Zweck solcher Anlagen nach dem erkennbaren Bestellerwillen des Auftraggebers (vgl. dazu BGH BauR 1981, 577 = NJW 1981, 2801 = SFH § 17 VOB/B Nr. 5 = MDR 1982, 133 = LM § 320 BGB Nr. 19 = ZfBR 1981, 265). Erst recht gilt dies, wenn der Auftragnehmer eine zugesicherte Eigenschaft nicht eingehalten hat, sogar schuldhaft von ihr abgewichen ist, zumal davon ausgegangen werden muß, daß der Auftraggeber besonderen Wert auf Erhalt der Leistung zu den zugesicherten Eigenschaften legt (vgl. OLG Nürnberg NJW-RR 1986, 1346 für den Fall der Lieferung einer aus Einzelgeräten bestehenden Nachstromheizung anstelle der bestellten Elektrospeicherheizung mit Warmwasserkreislauf). Auch trifft dies zu, wenn der Auftragnehmer für den Wärmedurchlaß von Fenstern und Türen einen bestimmten bei der Ausführung nicht eingehaltenen k-Wert zugesichert hat, da die Erreichung eines solchen Wertes für den Auftraggeber für die als ganz wesentlich zu erachtende Wärmedämmung, für das Risiko der Vermeidung von Schwitzwasserbildung über eine längere Frostperiode und nicht zuletzt für das Erreichen geringerer Heizkosten von entscheidender Bedeutung ist (vgl. BGHZ 96, 111 = BauR 1986, 93 = NJW 1986, 717 = SFH § 13 Nr. 5 VOB/B Nr. 12 = BB 1986, 154 = MDR 1986, 400 = Betrieb 1986, 376 = JZ 1986, 291 Anm. Köhler = WM 1986, 43 = ZfBR 1986, 23 = Vygen EWiR § 633 BGB 2/86, 357). Auch legt der Auftraggeber im allgemeinen auf das Erreichen eines gebotenen Schallschutzes besonderen Wert, was selbst bei verhältnismäßig geringer Unterschreitung der Mindestanforderungen der Fall ist, wenn die ordnungsgemäße Leistung mit angemessenen Kosten zu erreichen ist (OLG München BauR 1985, 453); anders dann, wenn die Besserung ungewiß ist und der Nachbesserungsversuch mit ganz erheblichen Kosten verbunden wäre (OLG Köln SFH § 13 Nr. 6 VOB/B Nr. 4). Entgegen OLG Köln SFH Z 2.414.2 Bl. 4 kann bei Annahme einer Wertminderung von 30 % der Vergütung von einem „Schönheitsfehler" keinesweg mehr gesprochen werden (mit Recht Anm. Hochstein a. a. O.).

Dabei darf das Gesagte aber – insbesondere von Auftragnehmerseite – nicht mißverstanden werden: **Es kommt allein darauf an, wie es sich mit dem Verhältnis des Nachbesserungsaufwandes zu der damit erzielten Besserung verhält.** Dagegen ist eine **Beurteilung bloß nach dem Aufwand der Nachbesserung nicht zulässig**. Solange dadurch eine Behebung eines als – regelmäßig – beachtlich zu bezeichnenden Mangels erreicht wird, kann von einem unverhältnismäßig hohen Aufwand **nicht** gesprochen werden, zumal Mehrkosten, die der Auftraggeber schon bei anfänglich ordnungsgemäßer Erfüllung gehabt und zu tragen gehabt hätte, ohnehin außer Betracht zu lassen sind. Daher ist es **kein Beurteilungskriterium,** ob der Auftragnehmer durch den Aufwand der Nachbesserung den bei der betreffenden Bauleistung **erwarteten Gewinn einbüßt** und ob er bei der notwendigen Nachbesserung – u. U. sogar erheblich – **„zuzahlen" muß** (daher auch insoweit rechtlich unrichtig OLG Köln in der zuletzt genannten Entscheidung mit zutreffender Anm. von Hochstein; wie hier auch Nicklisch in Nicklisch/Weick Teil B § 13 Rdn. 115; ebenso Kaiser, Mängelhaftungsrecht, Rdn. 88). **In keinem Fall ist es beachtlich,** ob der Auftragnehmer durch die Nachbesserungsarbeiten in seiner **sonstigen betrieblichen Planung,** vor allem im Hinblick auf die Erfüllung seiner Verpflichtungen bei der Ausführung von Bauleistungen für andere Auftraggeber, **beeinträchtigt wird** oder nicht. Bei der Festlegung des Nachbesserungsaufwandes kommt es auf die Kosten an, die dem eigentlichen Bereich der Nachbesserung zuzurechnen sind (vgl. dazu oben Rdn. 474–491); nicht zählen dazu die Mängelfolgeschäden bzw. entfernteren Mängelfolgeschäden (vgl. dazu oben Rdn. 275 ff.).

625 Darüber hinaus: Bei der Frage nach der Unverhältnismäßigkeit der Aufwendungen sind **auch andere Umstände als das reine Wertverhältnis, namentlich der Grad des Verschuldens, zu berücksichtigen** (vgl. BGH Betrieb 1988, 547). So kann sich der Auftragnehmer, der den Mangel **grobfahrlässig** herbeigeführt hat, **grundsätzlich nicht auf unverhältnismäßigen Aufwand berufen** (OLG Düsseldorf BauR 1987, 572 = NJW-RR 1987, 1167). **Keinesfalls** hat der Auftragnehmer die **Möglichkeit,** die **Nachbesserung** wegen unverhältnismäßig hohen Aufwandes **zu verweigern,** wenn der Mangel darauf beruht, daß er **entgegen der vertraglichen Vereinbarung** (z. B. anders als nach dem Leistungsverzeichnis) **vorsätzlich ein billigeres und minderwertigeres Material benutzt hat** (vgl. OLG Hamburg MDR 1974, 489 = BlGBW 1974, 199). In einem Fall **besonders schwerer Vertragsverletzung** ist es dem Auftragnehmer **überhaupt verwehrt,** sich auf die **Unzumutbarkeit** der von ihm im Wege der Nachbesserung verlangten vertragsgerechten Leistung **zu berufen,** was sich vor allem auch aus dem in § 637 BGB enthaltenen Rechtsgedanken rechtfertigt. Die **Beweislast für** das Vorliegen des **Vorsatzes oder der groben Fahrlässigkeit** des Auftragnehmers trifft allerdings den Auftraggeber.

626 Wegen des dem Auftraggeber nach **berechtigter Beseitigungsverweigerung** des Auftragnehmers noch verbleibenden **Schadensersatzanspruches** vgl. Rdn. 703 ff.

2. Verweigerung der Nachbesserung wegen unverhältnismäßig hohen Aufwandes

627 Die zweite Möglichkeit der Minderung **setzt außerdem voraus, daß der Auftragnehmer wegen des unverhältnismäßig hohen Beseitigungsaufwandes die Nachbesserung verweigert** (vgl. Rdn. 612 f.). Hierzu bedarf es einer **eindeutig darauf abgestellten und insoweit näher begründeten Erklärung des Auftragnehmers gegenüber dem Auftraggeber** (ebenso OLG Düsseldorf BauR 1987, 572 = NJW-RR 1987, 1167). Maßgebend ist daher **allein die Erklärung des nachbesserungspflichtigen Auftragnehmers,** nicht dagegen eines Dritten, wie z. B. des Pfändungsgläubigers, der den Vergütungsanspruch des Auftragnehmers gepfändet hat und sich hat überweisen lassen (OLG Köln SFH § 641 BGB Nr. 2).

628 Die **Ablehnung** bedarf zu ihrer Wirksamkeit **keiner besonderen Form,** sie kann **auch mündlich** erklärt werden. Es ist dem Auftragnehmer jedoch aus Beweisgründen anzuraten, die Schriftform zu wählen.

629 Der Auftragnehmer muß **im einzelnen die Tatsachen angeben,** aus denen er den unverhältnismäßig hohen Aufwand der Mängelbeseitigung herleitet. Weiterhin muß die Erklärung die klare **Willensäußerung des Auftragnehmers** enthalten, daß er **aus diesem Grund** die **Mängelbeseitigung ablehnt.** Ein **ursächlicher Zusammenhang** zwischen diesen Tatsachen und der hierauf beruhenden Weigerungserklärung ist **notwendig.** Ist dieser nicht gegeben, verweigert der Auftragnehmer insbesondere aus einem anderen Grund die Nachbesserung, ist Nr. 6 **nicht** erfüllt.

Den **Auftragnehmer** trifft hinsichtlich der Gründe, die er zur Verweigerung der Nachbesserung anführt, die **Darlegungs- und Beweislast** (ebenso Kaiser, Mängelhaftungsrecht, Rdn. 88; zu Unrecht ablehnend Nicklisch in Nicklisch/Weick Teil B § 13 Rdn. 186 im Hinblick auf Teil B § 13 Nr. 6, da auch hier die Darlegungs- und Beweislast zunächst beim Auftragnehmer liegt, soweit es sich um den unverhältnismäßigen Aufwand als Grundvoraussetzung handelt, der Auftraggeber also erst in zweiter Linie am Zuge ist und dann auf die – unterstellt berechtigte – Weigerung des Auftragnehmers verweisen kann). 630

Ein Ausschluß des § 633 Abs. 2 Satz 3 BGB bzw. der hier erörterten Regelung der VOB in AGB – insbesondere Zusätzlichen Vertragsbedingungen – etwa dahin gehend, daß der Auftragnehmer auch in solchen Fällen zur Nachbesserung verpflichtet sei, dürfte gegen § 9 AGB-Gesetz verstoßen. 631

C. Ausnahmetatbestand der Minderung (Teil B § 13 Nr. 6 Satz 2)

Nach Nr. 6 Satz 2 kann der Auftraggeber **ausnahmsweise auch dann Minderung der Vergütung verlangen, wenn die Beseitigung des Mangels für ihn unzumutbar ist.** Hier handelt es sich um eine weitere **Möglichkeit für den Auftraggeber,** die Minderung der Vergütung des Auftragnehmers anstelle der Nachbesserung zu beanspruchen. Dabei ist durch das Wort „ausnahmsweise" deutlich zum Ausdruck gebracht worden, daß es sich hier – vor allem auch im Verhältnis zu den in Satz 1 angeführten Regeltatbeständen der Minderung – um eine **Ausnahmebestimmung** handelt. Diese ist schon nach ihrem Wortlaut auf **Verhältnisse und Belange** abgestellt, **die allein im Bereich des Auftraggebers gegeben sind.** Satz 2 scheidet also von vornherein für den **Auftragnehmer** aus; dieser **kann sich nicht darauf berufen.** Die Regelung beruht auf dem **Grundsatz von Treu und Glauben (§ 242 BGB),** was dadurch zum Ausdruck kommt, daß die Mängelbeseitigung für den Auftraggeber **unzumutbar** sein muß. Hiernach ist bei der Beurteilung, ob eine Nachbesserung vorzunehmen ist, die **berechtigte Interessenlage des Auftraggebers zu beachten,** was gerade beim VOB-Vertrag notwendig ist, weil der Auftraggeber nach dem dort geregelten Gewährleistungssystem **grundsätzlich an die Duldung einer Nachbesserung** bei Vorliegen eines Leistungsmangels **gebunden ist.** Die hier erörterte Ausnahmebestimmung ist **eng auszulegen.** 632

Es kann Fälle geben, in denen die **Mängelbeseitigung** zwar objektiv möglich ist und auch keinen unverhältnismäßig hohen Aufwand erfordert, aber mit Umständen verbunden ist, die hinzunehmen für den Auftraggeber nach den Gegebenheiten des Einzelfalles unzumutbar ist. Das gilt vor allem, wenn der Vorgang der Mängelbeseitigung dem **Auftraggeber besondere persönliche und/oder wirtschaftliche Opfer abfordert,** die man ihm nicht zumuten kann, und zwar **selbst dann nicht, wenn sie vom Auftragnehmer dann sonst – etwa im Wege des Schadensersatzes nach Teil B § 13 Nr. 7 – auszugleichen sind.** So kann es z. B. wegen Krankheit oder wegen Alters des Auftraggebers oder einer seiner Hausbewohner nicht zumutbar sein, die bei der Mängelbeseitigung auftretenden Unzuträglichkeiten, wie etwa den damit verbundenen Lärm, hinzunehmen. Zu denken ist auch an den Fall, in dem es nicht angängig ist, daß der Auftraggeber für die erforderliche Zeit der Nachbesserung einen von ihm geführten Gewerbebetrieb über Gebühr einschränken oder gar stillegen muß. Ähnliches kann auch gelten, wenn **bisherige Nachbesserungsversuche ohne Erfolg geblieben** sind. Dadurch kann es möglicherweise für den Auftraggeber nicht mehr zumutbar geworden sein, weitere Nachbesserungsversuche des Auftragnehmers – auch durch einen anderen Unternehmer – hinzunehmen (vgl. dazu den Sachverhalt, wie er der auf anderen rechtlichen Gesichtspunkten aufgebauten Entscheidung des Bundesgerichtshofs NJW 1970, 383 = BB 1969, 1504 zugrunde gelegen hat). 633

634 Auch kann es Fälle geben, in denen **aus objektiven Gründen im voraus nicht hinreichend gesagt werden kann, ob die Mängelbeseitigung möglich ist oder nicht.** Auch hier kann es wegen des damit verbundenen Risikos u. U. für den Auftraggeber nicht zumutbar sein, die Mängelbeseitigung zu erdulden (vgl. OLG Celle SFH Z 2.414 Bl. 88; LG Nürnberg-Fürth NJW-RR 1986, 1466). Das gilt vor allem, wenn die Nachbesserungsarbeiten nach allgemeinem Sprachgebrauch als „**Experimentiererei**" anzusehen sind (vgl. auch Rdn. 619).

635 Für das Vorliegen eines unter Nr. 6 Satz 2 fallenden Ausnahmetatbestandes hat der **Auftraggeber die Darlegungs- und Beweislast.**

D. Auftraggeber muß Minderung der Vergütung verlangen

636 Liegen die Voraussetzungen gemäß Nr. 6 Satz 1 oder 2 vor, ist der **Auftraggeber berechtigt, die Minderung der Vergütung zu verlangen.** Aus Nr. 6 („zu verlangen") geht hervor, daß der **Auftraggeber gehalten** ist, eine entsprechende empfangsbedürftige **Willenserklärung gegenüber dem Auftragnehmer abzugeben** (vgl. auch § 130 BGB). Bevor dies nicht geschehen ist, kommt eine Minderung der Vergütung nicht in Betracht. Für die Erklärung des Auftraggebers ist **keine besondere Form vorgeschrieben,** so daß sie mündlich abgegeben werden kann. Sie **muß ihrem Inhalt nach das Minderungsverlangen** – Herabsetzung der Vergütung des Auftragnehmers – **hinreichend deutlich machen.**

637 Dagegen hat der Auftragnehmer kein „**Recht auf Minderung**" (unrichtig OLG Köln SFH Z 2.414 Bl. 4 mit zutreffender Anm. Hochstein), was ihn naturgemäß nicht hindert, sich auf Unmöglichkeit der Mängelbeseitigung oder auf unverhältnismäßigen Aufwand zu berufen. Es bleibt aber dann immer noch allein **dem Auftraggeber überlassen,** ob er Rechte aus § 13 Nr. 6 VOB/B geltend macht. Daher kann der **Auftragnehmer nicht seinerseits im Klageweg durchsetzbar darauf bestehen, daß der Auftraggeber von einem Minderungsrecht Gebrauch macht.**

E. Die Minderung selbst, insbesondere ihre Berechnung

I. Verweisung auf gesetzliche Vorschriften

638 Zur **Durchführung der Minderung** enthalten die Allgemeinen Vertragsbedingungen in Nr. 6 **keine besondere Regelung.** Vielmehr **verweisen** sie am Ende von Nr. 6 Satz 1 **auf die §§ 634 Abs. 4 und 472 BGB.** Da in § 634 Abs. 4 BGB auch auf § 472 BGB verwiesen ist, könnte die nochmalige ausdrückliche Hervorhebung dieser Vorschrift in Nr. 6 überflüssig erscheinen. Trotzdem besteht eine Berechtigung, sie in den Allgemeinen Vertragsbedingungen besonders hervorzuheben, weil, jedenfalls für den VOB-Vertrag, **nur eine entsprechende Anwendung** des § 472 BGB in Betracht kommt (vgl. Rdn. 619).

639 Auch die anderen gesetzlichen Bestimmungen, die in § 634 Abs. 4 BGB angeführt sind, finden beim VOB-Bauvertrag Anwendung, **soweit sie die Minderung betreffen.** Das gilt **nicht für die Wandelung,** die von § 634 Abs. 4 BGB auch erfaßt wird. Abgesehen davon, daß im Rahmen der Nr. 6 die **Wandelung** nicht erwähnt ist, kommt sie **beim Bauvertrag nach der VOB grundsätzlich** nicht in Betracht (vgl. Einl. vor Teil B §§ 8, 9 Rdn. 35 ff. sowie hier Rdn. 657 ff.). Deshalb **scheiden** hier **die** in § 634 Abs. 4 BGB erwähnten gesetzlichen **Bestimmungen aus dem Kaufvertragsrecht aus, die sich nur auf die Wandelung beziehen.** Dagegen kommen folgende Bestimmungen an sich im Rahmen der Minderung beim Bauvertrag nach der VOB in Betracht: §§ 465, 472, 473, 474, 475 BGB. Das gilt allerdings **nur**

insoweit, als sie sich mit dem sachlichen Gegenstand des Bauvertrages vereinbaren lassen.

II. Vollzug der Minderung

Nach § 465 BGB gilt die **Minderung** als **vollzogen, wenn sich der Auftragnehmer** auf Verlangen des Auftraggebers mit ihr **einverstanden erklärt.** Diese gesetzliche Regelung ist für das Gewährleistungsrecht im Rahmen der VOB **ohne Bedeutung,** weil sie nur darauf abgestellt ist, daß dem Auftraggeber die gesetzlichen Gewährleistungsansprüche auf **Wandelung oder Minderung wahlweise** zustehen. Das kommt aber nach Nr. 5 und 6 nicht in Betracht (vgl. Rdn. 638 f.). Vielmehr ist die **Minderungsbefugnis** unter den Voraussetzungen der Nr. 6 lediglich **ein Ersatzrecht** im Verhältnis zu dem grundlegenden Gewährleistungsanspruch auf **Nachbesserung** nach Maßgabe der Nr. 5. **Mit ihrer berechtigten Geltendmachung** ist die **Minderung vollzogen, sind also ihre Wirkungen eingetreten** (ebenso Kaiser, Mängelhaftungsrecht, Rdn. 90; a. A., jedoch ohne Auswirkung für die Praxis, Nicklisch in Nicklisch/Weick Teil B § 13 Rdn. 206 sowie Heiermann/Riedl/Rusam/Schwaab Teil B § 13 Rdn. 78 a, die § 465 BGB in dem Sinne für anwendbar halten, daß die berechtigte Minderungserklärung für die Vertragspartner bindend sei).

640

Die erfolgreiche Geltendmachung eines Minderungsanspruches hat zur Folge, daß in der betreffenden Höhe ein Vergütungsanspruch des Auftragnehmers **nicht entstanden** ist. In einer darauf bezogenen Rechtsverteidigung liegt **keine Aufrechnung,** sondern eine **Verrechnung;** da hierdurch grundsätzlich keine Rechtswirkungen nach § 322 Abs. 2 ZPO eintreten, erfolgt auch keine Wertaddition nach § 19 GKG, es sei denn, es werden neben den Minderungsansprüchen noch Ansprüche wegen entfernterer Mängelfolgen (Teil B § 13 Nr. 7 Abs. 2) geltend gemacht (OLG Köln Betrieb 1978, 2314). Der Übergang von der Forderung auf Ersatz der Nachbesserungskosten zum Minderungsanspruch ist keine Klageänderung (OLG München NJW 1972, 62).

641

III. Berechnung der Minderung

§ 472 BGB ist die **grundsätzliche Bestimmung für die Berechnung der Minderung der Vergütung.** Hiernach ist die Vergütung in dem Verhältnis herabzusetzen, in dem **zur Zeit des Vertragsabschlusses** der Wert der Bauleistung in dem vorauszusetzenden ordnungsgemäßen Zustand zu dem späteren wirklichen, verminderten Wert steht.

642

So gilt dies aber nicht für den Bauvertrag, insbesondere nicht für den nach der VOB ausgerichteten, wie der BGH (BGHZ 58, 181 = BauR 1972, 242 = BlGBW 1972, 180 = SFH Z 2.414 Bl. 278 = NJW 1972, 821 = MDR 1972, 509 = JZ 1972, 313 = BB 1972, 429 = LM VOB/B Nr. 52 Anm. Rietschel) zutreffend hervorgehoben hat, da die dem Bereich des Kaufvertragsrechts zugehörige Vorschrift des § 472 BGB nicht die folgenden Besonderheiten berücksichtigt:

Unter Beachtung der Regelung in VOB Teil B § 13 Nr. 1 ist für § 472 BGB bei der Minderung die vereinbarte Vergütung in dem Verhältnis herabzusetzen, in dem der Wert der mangelfreien Leistung zum Wert der mangelhaften nicht bei Vertragsabschluß, sondern **bei der Abnahme** steht (BGH a. a. O.; so auch BGHZ 42, 232, 234 = NJW 1965, 152 = SFH Z 2.414 Bl. 136 = VersR 1964, 1271; ebenso Nicklisch in Nicklisch/Weick Teil B § 13 Rdn. 208; Kaiser, Mängelhaftungsrecht, Rdn. 90). Hier kommt es anders als beim Kauf auf den **Zeitpunkt der Abnahme** an, da der Auftragnehmer beim Bauvertrag erst einen Wert schafft. Das von ihm herzustellende Werk besteht bei Abschluß des Bauvertrages noch nicht. Deshalb ist für die Minderung **zunächst festzustellen, welchen Wert die Leistung im Zeitpunkt der Abnahme im mangelfreien Zustand gehabt hätte. Deckt sich dieser mit dem** für die Leistung gezahlten oder zu zahlenden **Werklohn**, so kann die Minderung dadurch vollzogen werden, daß von der Vergütung **lediglich der Betrag abgezogen wird, der erforderlich ist, um die Mängel, deren Ursachen zur Zeit der Abnahme vorhanden waren, zu beseitigen** (so auch BGH LM § 472 BGB Nrn. 1 und 4). In der Relation „Wert der mangelfreien Leistung : Wert der mangelhaften Leistung = Werklohn : x" sind dann die Glieder „Wert der mangelfreien Leistung" und „Werklohn" gleich groß. **Deckt sich der Wert der mangelfreien Leistung nicht mit dem Werklohn, ist der Werklohn nach dem in § 472 BGB angegebenen Verhältnis des vollen zum geminderten Wert herabzusetzen.** Dann muß auch der Wert der Leistung in ihrem mangelhaften Zustand ermittelt werden. Letzteres gilt sogar **allein** für jene Fälle, in denen die Minderung darauf beruht, daß der Auftragnehmer mit Recht die Mängelbeseitigung wegen **unverhältnismäßigen Aufwandes verweigert hat oder Unmöglichkeit der Mängelbeseitigung gegeben ist** (so auch Nicklisch in Nicklisch/Weick Teil B § 13 Rdn. 209), es sei denn, es lassen sich eine **angemessene Ersatzlösung und deren Kosten feststellen**, wie z. B. durch Tieferlegung eines als solchen nicht mangelhaften Fußbodens (vgl. BGHZ 90, 354 = BauR 1984, 401 = ZIP 1984, 709 = LM § 273 BGB Nr. 37 Anm. Recken = SFH § 274 BGB Nr. 1 = NJW 1984, 1679 = BB 1984, 1832 = Betrieb 1984, 1824 = ZfBR 1984, 176).

643 Der Minderwert einer Bauleistung drückt sich regelmäßig in dem Geldbetrag aus, der **aufgewendet werden muß**, um die bei der Abnahme vorhandenen Mängel zu beseitigen. Darüber hinaus kann auch ein **nach der Mängelbeseitigung verbleibender verkehrsmäßiger Minderwert berücksichtigt** werden (so auch RG JW 1912, 1103; OLG Köln SFH § 13 Nr. 6 VOB/B Nr. 4 im Falle mangelhafter Schalldämmung); vgl. dazu auch Rdn. 687 ff. **Erst recht** kommt es auf den Minderwert an, wenn die Nachbesserung wegen unverhältnismäßigen Aufwandes oder Unmöglichkeit unterbleibt. Zwar ist der Minderungsanspruch kein Schadensersatzanspruch, und er darf deshalb auch nicht wie ein solcher berechnet werden. Aber zu den Kosten der Mängelbeseitigung, sofern es darauf bei der Minderung ankommt, zählt alles, was **notwendigerweise** erforderlich ist, um die Mängel zu beheben. Deshalb gehören z. B. auch etwa notwendige Abbruchkosten dazu, was bei der Berechnung der Minderung mit einzubeziehen ist.

Besteht der Mangel darin, daß ein zu errichtendes Haus oder eine zu erstellende Wohnung eine kleinere Wohnfläche als vertraglich vereinbart aufweist (vgl. dazu auch Rdn. 148 f. und 614 ff.), so ist bei der Berechnung des Minderwertes der Wert der vereinbarten Wohnfläche zum Wert der verringerten Wohnfläche ins Verhältnis zu setzen. Dabei kommt es für die Berechnung entweder auf die Gesamtquadratmeterzahl der Wohnfläche oder aber die Kubikmeter umbauten Raumes, nicht aber auf die unterschiedlichen Quadratmeterzahlen der einzelnen Geschosse an (vgl. OLG Düsseldorf NJW 1981, 1455 = Betrieb 1981, 1038 = BauR 1981, 475 = BlGBW 1981, 135).

644 Ist die vom betreffenden Bauvertrag erfaßte Bauleistung **völlig wertlos** und kommt Minderung in Betracht (vgl. Rdn. 477 ff.), kann der Auftraggeber vom Auftragnehmer die **Herausgabe der vollen Vergütung** verlangen bzw. **entfällt seine Verpflichtung zur Zahlung der Vergütung,** soweit er diese noch nicht geleistet hat (vgl. dazu BGHZ 42, 232 = NJW 1965, 152 = SFH Z 2.414 Bl. 136 = VersR 1964, 1271). Außerdem kann er im Wege des Schadensersatzes nach Teil B § 13 Nr. 7 Abs. 1 die Beseitigung bzw. Wegnahme der untauglichen Leistung beanspruchen (vgl. dazu OLG Hamm BB 1978, 64 = NJW 1978, 2035 mit krit. Anm. von Kornmeier NJW 1978, 2035, der für diesen Fall – wohl zutreffend – die Rechtsgrundlage eher in der Wandelung sieht, vgl. dazu Rdn. 660 f., 720 ff.).

645 Unter der Voraussetzung der Einhaltung der vorangehend aufgezeigten Gesichtspunkte bieten die Ausführungen von Aurnhammer BauR 1978, 356 wertvolle Hinweise für die Berechnung der Minderung; vor allem können sie eine durchaus praktikable Handhabung für die Er-

mittlung von Minderungen durch Sachverständige sein. Zu den theoretischen Grundlagen für die Wertermittlung durch Sachverständige vgl. ders. BauR 1981, 139. Über die Ermittlung von Minderwerten mangelhaft erstellter Wohnungen und Wohngebäude vgl. Kamphausen BlGBW 1983, 1. Speziell zur Minderwertberechnung bei unzureichendem Wärmeschutz beachtlich Mantscheff BauR 1982, 435.

IV. Minderung bei teilweiser Geltendmachung des Vergütungsanspruches

Macht der Auftragnehmer nur einen **Teil** seines Vergütungsanspruches geltend, so **betrifft die Minderung** des Auftraggebers die **gesamte Werklohnforderung** des Auftragnehmers, da diese nach **§ 472 Abs. 1 BGB insgesamt auf einen niedrigeren Betrag herabgesetzt wird;** der Minderungsbetrag ist von dem **letztrangigen Teil** der Werklohnforderung **abzurechnen**. Daher kann der Auftraggeber nicht verlangen, daß seine Minderung gerade auf den eingeklagten Werklohnteil einwirkt (BGHZ 56, 312 = NJW 1971, 1800 = SFH Z 2.414 Bl. 258 = MDR 1971, 835 = BB 1971, 1080 = LM § 320 BGB Nr. 5 = BauR 1971, 260).

646

Hat der Auftragnehmer seinen Vergütungsanspruch nur teilweise an einen Dritten **abgetreten** und den Rest der Forderung behalten, haben beide Forderungsteile (der abgetretene und der verbliebene) grundsätzlich gleichen Rang. Allerdings könnte der Auftraggeber nach seiner Wahl an einen Gläubiger mit der Bestimmung zahlen, daß dessen Teilforderung in voller Höhe des gezahlten Betrages getilgt werde. Dagegen kann der von einem gleichberechtigten Teilgläubiger auf Zahlung in Anspruch genommene minderungsberechtigte Auftraggeber nicht diesem Gläubiger allein die volle Minderung entgegensetzen. Vielmehr kann er die Minderung grundsätzlich nur gegenüber jeder der Teilforderungen im Verhältnis ihrer Höhe verlangen. Dies gebietet die nach Treu und Glauben erforderliche Rücksichtnahme auf die gleichberechtigten Gläubiger (den Auftragnehmer und den Dritten), die dahin geht, daß jede Teilforderung nur verhältnismäßig gemindert wird (BGHZ 46, 242 = SFH Z 2.414 Bl. 171 = NJW 1967, 388 = Anm. Ostler JR 1967, 259 = Betrieb 1967, 77).

647

V. Minderung bei Pauschalverträgen

Wesentlich für Bauverträge ist die Sonderregelung in § 472 Abs. 2 BGB, die insbesondere für **Pauschalverträge** zutrifft. Ist ein Gesamtpreis (Pauschale) für mehrere Leistungsteile vereinbart worden und sind nur einzelne Teile mangelhaft, andere hingegen ordnungsgemäß und vertragsgerecht, ist bei der Berechnung der Minderung nicht der Einzelpreis oder der Einzelwert (insoweit der ermittelte Einheitspreis) der mangelhaften Leistungsteile zu berücksichtigen, sondern es **muß bei der Herabsetzung des Preises der Gesamtwert aller Leistungsteile zugrunde gelegt werden.** Hiernach stehen sich der Gesamtwert der Leistung ohne Mängel einerseits und der Gesamtwert der Leistung mit den Mängeln andererseits als Rechnungsposten gegenüber.

648

VI. Minderung bei anderer Vergütung als Geld

§ 473 BGB geht davon aus, daß neben der in Geld festgelegten Vergütung noch andere, und zwar **nicht vertretbare Gegenleistungen,** wie etwa sogenannte Gegengeschäfte, vereinbart worden sind (z. B. bestimmte Dienste oder Sachlieferungen des Auftraggebers). Die **anderen Gegenleistungen** sind bei der Berechnung der Minderung **in Geld zu veranschlagen,** wobei der **Zeitpunkt des Abschlusses des Bauvertrages maßgebend** ist. Die Herabsetzung der Gegenleistung des Auftraggebers erfolgt an dem dafür in Geld festgesetzten Preis. Wenn dieser geringer ist als der durch Minderung von der Vergütung abzusetzende Betrag, muß der Auftragnehmer dem Auftraggeber den überschießenden Betrag herauszahlen.

649

VII. Minderung bei mehreren Beteiligten

650 § 474 BGB kommt beim Bauvertrag nur mit dem ersten Absatz zur Anwendung, weil der in Absatz 2 bestimmte Ausschluß der Wandelung – von gewissen Ausnahmen abgesehen (vgl. Vorbem. vor §§ 8, 9 Rdn. 35 ff. sowie hier Rdn. 657 ff.) – ohnehin beim Bauvertrag der VOB gegeben ist. Vorausgesetzt wird in § 474 Abs. 1 BGB, daß **entweder auf der Auftraggeber- oder auf der Auftragnehmerseite oder auf beiden Seiten mehrere Personen beteiligt** sind. Ist das der Fall, **so kann jeder gegen jeden die Minderung der Vergütung geltend machen.**

VIII. Minderung bei mehreren Mängeln

651 § 475 BGB besagt, daß durch die wegen **eines Mangels erfolgte Minderung** das Recht des Auftraggebers, **wegen eines anderen Mangels von neuem Minderung zu verlangen, nicht ausgeschlossen wird.** Voraussetzung ist dabei, daß es sich um einen **anderen** Leistungsmangel als denjenigen handelt, für den bereits die Minderung erfolgt ist. Für die Berechnung der weiteren Minderung gilt als Wert der mangelfreien Leistung der Wert der mangelhaften Leistung aus der früheren Minderungsberechnung und als vereinbarte Vergütung die bei der vorangegangenen Minderung berechnete **mindere Vergütung** (vgl. Staudinger/Honsell, § 475 Anm. 4; Palandt/Putzo, § 475 Anm. 2).

IX. Minderung bei Pflichtverletzung durch Erfüllungsgehilfen – Mitverantwortlichkeit

652 Soweit der Auftraggeber die Aufgabe hat, dem Auftragnehmer brauchbare Pläne und Unterlagen zur Verfügung zu stellen (Teil B § 3 Nr. 1), ist der Architekt des Auftraggebers, der diese Pläne anzufertigen hat, sein **Erfüllungsgehilfe**. Der Auftraggeber muß sich dann ein etwaiges Verschulden des Architekten als **Mitverschulden** anrechnen lassen (vgl. Rdn. 33 ff.). Für den **Bereich der Minderung** folgt dies aus § 242 BGB (BGH Betrieb 1961, 569; vgl. dazu auch LG Mönchengladbach VersR 1971, 187). Überhaupt gelten die zum Nachbesserungsanspruch aufgeführten Gesichtspunkte (vgl. Rdn. 603 f.), ebenso die zum Schadensersatzanspruch genannten (vgl. Rdn. 676 ff.), entsprechend auch für die Minderung.

F. Das Verhältnis der Minderung nach Nr. 6 zum gesetzlichen Recht auf Minderung nach § 634 Abs. 1 und 2 BGB

653 Beim **gesetzlichen Werkvertragsrecht** hat der Auftraggeber, wie sich aus § 634 BGB ergibt, **leichter zu erreichende Möglichkeiten, um Minderung der Vergütung geltend zu machen,** als es nach Teil B § 13 Nr. 6 der Fall ist. Nach dem Gesetz (§ 634 Abs. 1 BGB) ist ein Minderungsrecht u. a. **schon** gegeben, wenn der Besteller nach zunächst erfolgloser Mängelrüge dem Unternehmer **eine Frist zur Beseitigung des Mangels gesetzt und dabei erklärt hat, daß er nach Ablauf der Frist die Beseitigung des Mangels ablehne,** und wenn dann bis zum Ablauf der Frist die Beseitigung des Mangels nicht erfolgt ist. Der **Grund,** warum der Auftragnehmer die Mängelbeseitigung nicht vornimmt, spielt dann **im Gegensatz zu Nr. 6 keine Rolle.** Allerdings liegt eine **Ablehnungsandrohung** i. S. des § 634 Abs. 1 Satz 1 BGB **nicht schon** vor, wenn der Auftraggeber den Auftragnehmer zur Mängelbeseitigung innerhalb einer bestimmten Frist auffordert und zugleich erklärt, nach fruchtlosem Fristablauf werde er **zwar Nachbesserung durch den Auftragnehmer ablehnen, dann (nur) zur Ersatzvornahme schreiten und zunächst einen angemessenen Vorschuß auf die voraussichtlichen Mängelbeseitigungskosten anfordern;** hierin liegt bei verständiger Würdigung **noch keine** Ablehnungsandrohung i. S. des § 634 Abs. 1 Satz 1 BGB, sondern nur die Ankündigung, daß der Auftraggeber von seinem Selbsthilferecht nach § 633 Abs. 3 BGB Gebrauch machen will

(BGH BauR 1987, 209 = Betrieb 1987, 781 = NJW 1987, 889 = JZ 1987, 364 = SFH § 633 BGB Nr. 62 = MDR 1987, 574 = LM § 633 BGB Nr. 62 = ZfBR 1987, 72).

Die Frage, ob der Auftraggeber über § 634 Abs. 1 BGB auch beim VOB-Vertrag eine Minderung der Vergütung beanspruchen kann, obwohl sie nach der vertraglichen Bestimmung in Nr. 6 nicht vorgesehen ist, muß **verneint** werden; vgl. auch Schmidt MDR 1963, 263, 266 sowie u. a. Nicklisch in Nicklisch/Weick Teil B § 13 Rdn. 213. Es besteht dazu **kein Rechtsschutzbedürfnis**, da der Auftraggeber beim VOB-Vertrag für seine berechtigten Belange **auch so hinreichenden Schutz** hat. 654

Bedeutsam wird diese Frage im allgemeinen nur, wenn der Auftragnehmer ohne jeden Grund und ohne weitere Erklärung oder mit ablehnender Erklärung die Beseitigung eines Mangels ablehnt, obwohl die Beseitigung objektiv möglich ist und auch keinen unverhältnismäßig hohen Aufwand erfordert. Hierzu rechnet auch, daß der Auftragnehmer seine Ablehnung auf die Behauptung zu stützen versucht, die Mängelbeseitigung sei objektiv unmöglich oder mit unverhältnismäßig hohen Kosten verbunden, obwohl dies in Wirklichkeit nicht zutrifft. In allen diesen Fällen ist der **Auftraggeber** durch die Allgemeinen Vertragsbedingungen aber **hinreichend geschützt**, so daß er **auf die gesetzlichen Minderungsregeln nicht zurückzugreifen braucht**. Einmal gibt ihm das in Nr. 5 Abs. 1 enthaltene Gewährleistungsrecht auf Nachbesserung einen **klagbaren Anspruch**. Zum anderen kann er sich des **Selbsthilferechts** nach Nr. 5 Abs. 2 bedienen. 655

Dieser hinreichende vertragliche Rechtsschutz auch für die von Nr. 6 im Gegensatz zu – hier insbesondere – § 634 Abs. 2 BGB nicht erfaßten Fälle der unberechtigten Nachbesserungsverweigerung des Auftragnehmers oder eines untauglichen Nachbesserungsversuchs **entspricht der besonderen Interessenlage beim Bauvertrag**. Dem Auftraggeber, der sich eine Bauleistung vertraglich ausbedungen hat und deren ordnungsgemäße Erstellung vom Auftragnehmer verlangt, ist es in erster Linie darum zu tun, ein vertragsgerechtes Werk zu erhalten. Er ist in aller Regel nicht mit der Minderung in dem vom gesetzlichen Werkvertragsrecht eröffneten weiteren Bereich zufrieden und will auch nicht **bloß weniger** oder u. U. keine Vergütung **bezahlen**. Vielmehr geht es ihm vornehmlich darum, eine Bauleistung zu erhalten, wie er sie sich bei Vertragsabschluß zu dem dabei zugrunde gelegten Preis vorgestellt hat. Daher entspricht es dem berechtigten Interesse des Auftraggebers beim Bauvertrag, **in erster Linie diejenigen Gewährleistungsrechte** zu haben, **die ihm die durchsetzbare Möglichkeit bieten, die erwartete Leistung zu erreichen**. Dieses **Ziel** ist am ehesten auf dem Wege der **Nachbesserung**, sei es nach Nr. 5 Abs. 1, sei es nach Nr. 5 Abs. 2, **zu erreichen**. Nur wenn in Wirklichkeit eine Unmöglichkeit oder Unzumutbarkeit der Nachbesserung vorliegt, wird es auch seinem Willen entsprechen, sich mit dem **Behelf der Vergütungsminderung zufriedengeben** zu wollen. Dem stehen auch die **Bestimmungen des AGB-Gesetzes** (dazu Teil A § 10 Rdn. 77 ff.) **nicht entgegen**.

Daher:

Eine von den gesetzlichen Werkvertragsregeln nach § 634 BGB erfaßte Minderung aus anderen tatbestandsmäßigen Voraussetzungen, als sie von Teil B § 13 Nr. 6 gedeckt sind, hat beim VOB-Vertrag als vertraglich ausgeschlossen zu gelten.

G. Neben Minderungsanspruch keine Ansprüche aus ungerechtfertigter Bereicherung oder Geschäftsführung ohne Auftrag

Ebenso wie beim Werkvertrag nach dem BGB (vgl. BGH NJW 1963, 806 = SFH Z 2.50 Bl. 9 ff.) kommt auch bei der VOB **neben** dem grundsätzlich der kürzeren Verjährung 656 unterliegenden **Minderungsanspruch** des Auftraggebers ein **weiterer Anspruch** aus **ungerechtfertigter Bereicherung** (§§ 812 ff. BGB) hinsichtlich eines vom Auftragnehmer infolge der mangelhaften Ausführung der Bauleistung von der vertraglich ausbedungenen und vom Auftraggeber geleisteten Vergütung ersparten Betrages nicht in Betracht. **Gleiches** gilt für **Ansprüche** aus **Geschäftsführung ohne Auftrag.** Auch andere Unternehmer, die wegen der Nichtnachbesserungsfähigkeit der Leistung des Auftragnehmers ihre Arbeiten der mangelhaften Leistung des Auftragnehmers anpassen mußten, haben **gegen diesen nicht unmittelbar derartige Ansprüche** (Festge, BauR 1973, 274).

H. Grundsätzlich keine Wandelung beim VOB-Bauvertrag

657 Der beim gesetzlichen Werkvertrag als **wahlweises Gewährleistungsrecht** neben der Minderung bestehende **Anspruch auf Wandelung,** der in Teil B § 13 **nicht erwähnt** ist, hat beim Bauvertrag nach der VOB **grundsätzlich** als **ausgeschlossen** zu gelten, vgl. dazu Christoffel S. 159; Ludwigs S. 187 f.; Lehning NJW 1953, 772; Weber NJW 1958, 1711; Kuhn NJW 1955, 412; Schmidt MDR 1963, 263, 266 mit überzeugenden Gründen gegen die Ansicht von Kuhn; ferner Schmalzl NJW 1965, 129, 134 und NJW 1971, 2015; weiter u. a. auch Kaiser, Mängelhaftungsrecht, Rdn. 92 ff.; Locher, Das private Baurecht, Rdn. 165; Werner/Pastor Rdn. 1185; Schmalzl, Die Haftung des Architekten und Bauunternehmers, Rdn. 183; Nicklisch in Nicklisch/Weick Teil B § 13 Rdn. 218; verneinend auch OLG Koblenz SFH Z 3.00 Bl. 55 ff. = NJW 1962, 741, OLG Karlsruhe BauR 1971, 55 (die zu diesen beiden Entscheidungen von Heinrich BauR 1982, 224 gebrachte, auf den BGB-Bauvertrag bezogene Kritik ist ungerechtfertigt, weil auch für den BGB-Bauvertrag dieselben Probleme bestehen wie im Rahmen der VOB). Hierfür gelten die **gleichen Gründe aus der Interessenlage des Auftraggebers,** wie sie in Rdn. 653 ff. dargetan sind; dazu vor allem auch Vorbem. vor Teil B §§ 8, 9 Rdn. 35 ff. Zur Wandelung beim Bauvertrag vgl. u. a. auch Staudinger/Honsell, § 634 BGB Anm. 10 h mit Nachweisen.

658 Der Bundesgerichtshof hat es in seinem Urt. vom 29. 5. 1961 – VII ZR 84/60 – als **zweifelhaft** bezeichnet, ob eine Wandelung nach einem VOB-Bauvertrag zulässig ist, er hat diese Frage jedoch in dem ihm damals vorliegenden Fall aus Rechtsgründen nicht zu entscheiden brauchen und daher offengelassen; ebenso in weiteren Entscheidungen (BGHZ 42, 232 = NJW 1965, 152 = SFH Z 2.414 Bl. 136 = VersR 1964, 1248 = MDR 1965, 75 sowie BGHZ 51, 275 = NJW 1969, 653 = SFH Z 2.413 Bl. 37). Allgemein hat auch die **Wandelung beim Bauvertrag so gut wie keine praktische Bedeutung,** da den berechtigten Belangen des Auftraggebers grundsätzlich durch den Nachbesserungsanspruch nach Nr. 5, gegebenenfalls durch die Minderung nach Nr. 6 sowie durch den wegen des nach Nachbesserung oder Minderung etwa noch nicht ausgeglichenen Schadens u. U. bestehenden Schadensersatzanspruch nach Nr. 7 im allgemeinen Genüge getan ist (so u. a. auch Kaiser, a. a. O.; Nicklisch in Nicklisch/Weick Teil B Vor § 13 Rdn. 17).

Auch das AGB-Gesetz verbietet den Ausschluß der Wandelung nicht, wie aus § 11 Nr. 10 b a. a. O. hervorgeht.

659 **Dagegen** ist beim **Bauträgervertrag** (vgl. dazu Teil A Anh. Rdn. 189 ff.) eine **Wandelung durchaus möglich,** da hier, anders als beim normalen Bauvertrag, das Objekt nicht personenbezogen ist, sondern nach der Wandelung wieder auf einen Dritten übertragen (veräußert) werden kann, während beim normalen Bauvertrag das Objekt an die Person des Auftraggebers gebunden ist (vgl. auch Locher/Koeble, Rdn. 205). Zur Frage des **Ausschlusses der Wandelung in AGB** hier zutreffend Brych (ZfBR 1979, 222): Da der Bauträgervertrag in seiner Gesamtheit nicht von § 23 Abs. 2 Nr. 5 AGB-Gesetz erfaßt sein kann, ist der Ausschluß

der Wandelung in Bauträgerverträgen nach § 11 Nr. 10 b AGB-Gesetz **nicht zulässig** (ebenso OLG Köln BauR 1986, 219 = NJW 1986, 330).

Allerdings gibt es auch beim normalen Bauvertrag Rechtsfolgen, die sich in ihrer Auswirkung weitgehend der Wandelung nähern. Das gilt z. B. für den Fall der von der VOB ausdrücklich zugelassenen **Minderung bei völliger Untauglichkeit der Leistung** des Auftragnehmers. Dann braucht der Auftraggeber keine Vergütung zu entrichten, bzw. er kann die bereits gezahlte Vergütung vom Auftragnehmer erstattet verlangen (vgl. dazu BGHZ 42, 232 = NJW 1965, 152 = VersR 1964, 1271 = SFH Z 2.414 Bl. 136 ff. = LM § 13 VOB/B Nr. 8 Anm. Rietschel). Insoweit bestehen aber auch nicht die Bedenken, die gegen eine Wandelung sprechen, weil der Auftraggeber durch die völlige Fehlleistung des Auftragnehmers **überhaupt keinen wirtschaftlich bedeutsamen Wert erhalten hat,** der – wie im Falle der Rückgewähr bei der Wandelung – der Zerstörung unterliegen würde. Hieraus könnte man folgern, daß in einem solchen Fall auch für den VOB-Bauvertrag die Wandelung zugelassen werden könnte. Abgesehen davon, daß die VOB die Wandelung nicht vorsieht, würde hierfür aber **kein Bedürfnis** bestehen, weil der BGH gerade in der o. a. Entscheidung einen rechtlich einwandfreien Weg (Minderung) gezeigt hat, um zu einem der Interessenlage gerecht werdenden Ergebnis zu kommen (vgl. dazu Rdn. 477 ff., 614 ff. sowie 640 f.). Hinsichtlich der untauglichen Leistung ist der **Auftraggeber außerdem befugt, im Wege des Schadensersatzes nach Teil B § 13 Nr. 7 Abs. 1 die Wegnahme bzw. die Beseitigung sowie die Herstellung des bisherigen Zustandes zu verlangen** (vgl. OLG Hamm BB 1978, 64 = NJW 1978, 1060; LG Nürnberg-Fürth NJW-RR 1986, 1466 für den Fall der Gebrauchsuntauglichkeit von Einbaumöbeln wegen zu hoher Formaldehyd-Konzentration). Entgegen Kornmeier (NJW 1978, 2035) besteht daher auch hier kein Bedürfnis, ausnahmsweise die Wandelung zuzulassen (vgl. auch Rdn. 718, 721 ff.). Zur **Abtretbarkeit** eines ausnahmsweise gegebenen Wandelungsrechtes vgl. oben Rdn. 78 ff.

Die für eine Wandelungserklärung und den Vollzug der Wandelung entstandenen Anwaltskosten sind dem Auftraggeber als Vertragskosten zu ersetzen (vgl. AG Albstadt AnwBl. 1979, 160), was beim VOB-Vertrag für die Minderung nach Teil B § 13 Nr. 6 sowie den Schadensersatz nach Teil B § 13 Nr. 7 entsprechend gilt.

Zur aufgedrängten Bereicherung und zum Wertersatz bei der Wandelung u. a. im Werkvertragsrecht Koller Betrieb 1974, 2385 und 2458.

Dritter Teil: Der zusätzliche Schadensersatzanspruch (Teil B § 13 Nr. 7)

A. Allgemeiner Überblick

I. Zusätzlicher Gewährleistungsanspruch

1. Dieser **Schadensersatzanspruch** ist **ein zusätzliches Recht des Auftraggebers,** das **neben** dem **Nachbesserungsanspruch (Nr. 5)** oder dem **Minderungsanspruch (Nr. 6) besteht.** Er tritt also **im allgemeinen nicht – wie bei § 635 BGB** (vgl. dazu RGZ 95, 2; RG HRR 1926, 1351; BGH SFH Z 2.414 Bl. 127; OLG Hamm BauR 1980, 362; zu den Voraussetzungen des § 234 Abs. 1 S. 1 BGB für den Schadensersatzanspruch nach § 635 BGB s. Rdn. 653 ff.) – **an die Stelle** des Nachbesserungsanspruches oder des im Einzelfall gegebenen Minderungsanspruches.

2. Erste Bedingung für einen solchen **Schadensersatzanspruch** ist grundsätzlich, daß die Voraussetzungen entweder der Nr. 5 oder der Nr. 6 gegeben sein müssen, daß also im Einzelfall **zunächst nachgebessert oder gemindert worden ist;** es sei denn, der Auftraggeber ist hierzu auch nach der VOB nicht verpflichtet, wie beim Kostenerstattungsanspruch (vgl.

dazu Rdn. 578 ff.) **oder in der Lage, wie im Falle des entsprechend anwendbaren § 640 Abs. 2 BGB** (vgl. Teil B § 12 Rdn. 32 ff. sowie hier Rdn. 673 ff., 710 ff.), **oder auch nicht willens, wie bei Nichtinanspruchnahme des Selbsthilferechtes** (vgl. Rdn. 530 ff.). Eine solche **Ausnahme** gilt vor allem **auch, wenn auf einen Mangel ursächlich zurückgehende Schäden durch eine Nachbesserung oder eine Minderung der Vergütung des Auftragnehmers nicht mehr verhindert werden können,** wie z. B. Verdienstausfall oder Gutachterkosten nach vergeblichen Nachbesserungsversuchen (vgl. BGHZ 92, 308 = BauR 1985, 83 = NJW 1985, 381 = MDR 1985, 228 = JZ 1985, 239 = Betrieb 1985, 223 = LM § 634 BGB Nr. 21 Anm. Hesse = BB 1985, 11 = SFH § 634 BGB Nr. 12 = ZfBR 1985, 33 = Anm. Schubert JR 1985, 237). Gerade in einem solchen Fall kann der Auftraggeber einen Schadensersatzanspruch nach Teil B § 13 Nr. 7 **ohne weiteres geltend machen.** Joswig (NJW 1985, 1325), der den Ersatz der Gutachterkosten von der vorherigen vergeblichen Nachbesserung mit Fristsetzung oder den etwa nach § 634 Abs. 2 BGB bzw. auch hier geltenden Ausnahmen (vgl. Rdn. 468 ff., 472, 473, 522–529) abhängig machen möchte, verkennt, daß die bloße Nachbesserung nicht schon den Aufwand des Auftraggebers, den er infolge der Gutachtenerstattung hat, ausgleicht, daher im allgemeinen dem Schadensersatzbereich zugewiesen werden muß. Allerdings dürfte als Voraussetzung gelten, daß der Auftraggeber auch anerkennenwerten Anlaß zur Gutachteneinholung hatte, etwa weil die Mängelursachen für ihn nicht ohne weiteres feststellbar sind, er eine Sachverständigenäußerung benötigt, um den richtigen Auftragnehmer wegen der Mängelbeseitigung anzusprechen und diesem gegenüber – wie auch sonst – eine ordnungsgemäße Mängelrüge abgeben zu können, oder um bei vergeblichen Nachbesserungsversuchen nähere fachkundige Aufklärung zu erhalten, wie gerade der vom BGH entschiedene Fall zeigt.

664 Nach dem Gesagten ist **generell als Ausnahme festzuhalten: Alle Schadensersatzansprüche, die nicht Gegenstand einer Mängelbeseitigung oder einer Minderung sind bzw. sein können** (vgl. dazu Rdn. 489 ff.), vor allem auch diejenigen, die auf Mängel der Leistung beruhen, ohne aber von der Nachbesserungspflicht erfaßt zu werden, sind einem Schadensersatzanspruch nach Teil B § 13 Nr. 7 auch dann zugänglich, wenn die Voraussetzungen nach Teil B § 13 Nr. 5 Abs. 1, 2 bzw. der Minderung nach Teil B § 13 Nr. 6 nicht gegeben sind (BGHZ 96, 221 = BauR 1986, 211 = SFH § 13 Nr. 7 VOB/B Nr. 9 = NJW 1986, 922 = JZ 1986, 397 mit die gebotene Abgrenzung nicht hinreichend beachtender Anm. von Stoll = MDR 1986, 401 = BB 1986, 761 = LM § 13 [E] VOB/B Nr. 14 = Betrieb 1986, 530 = ZfBR 1986, 67 = Hensen EWiR § 13 VOB/B 1/86, 201). Vgl. auch Rdn. 710 ff.

665 Abgesehen von diesen Ausnahmen ist aber zu beachten: Der Schaden, der in **nichts anderem als der Mangelhaftigkeit der Leistung selbst vor ihrer Nachbesserung oder** – falls zulässig – **der Minderung der Vergütung besteht und bereits dadurch voll ausgeglichen worden ist,** ist von Nr. 7 **nicht** erfaßt (zu eng daher OLG Hamburg BauR 1979, 331). Siehe dazu ferner Korbion/Hochstein Rdn. 228.

Daher ergreift der Schadensersatzanspruch nach Nr. 7 grundsätzlich **nur solche** ursächlich auf einen Leistungsmangel zurückgehenden **Schäden,** die trotz ordnungsgemäßer Mängelbeseitigungsaufforderung (vgl. BGH SFH § 812 BGB Nr. 3; BGH BauR 1982, 277 = NJW 1982, 1524 = SFH § 4 Nr. 7 VOB/B Nr. 2 = Betrieb 1982, 1402 = MDR 1982, 746 = BB 1982, 2138 = ZfBR 1982, 125) bzw. Mängelanzeige **durch eine Nachbesserung oder durch eine Minderung noch nicht ausgeglichen worden sind bzw. werden** (vgl. dazu zutreffend Anm. Hochstein zu OLG Köln SFH Z 2.414.1 Bl. 17, 19 ff.). **Dies folgt aus der in Nr. 7 Abs. 1 enthaltenen, auch für die übrigen Bestimmungen der Nr. 7 geltenden Wendung „außerdem"** (u. a. auch Kaiser, Mängelhaftungsrecht, Rdn. 96 f.; Locher, Das private Baurecht, Rdn. 166; Nicklisch in Nicklisch/Weick Teil B § 13 Rdn. 220; Heiermann/Riedl/Rusam/Schwaab Teil B § 13 Rdn. 81; OLG Düsseldorf BauR 1982, 587 = SFH § 13 Nr. 5 VOB/B Nr. 4). Vorherige Mängelbeseitigungsaufforderung ist allerdings – ausnahmsweise – entbehrlich, wenn die

Vertragspartner einvernehmlich die Mängelbeseitigung ausgeschlossen haben (BGH BauR 1982, 277 = NJW 1982, 1524 = SFH § 4 Nr. 7 VOB/B Nr. 2 = Betrieb 1982, 1402 = MDR 1982, 746 = BB 1982, 2138 = LM § 4 [A] VOB/B Nr. 12 = ZfBR 1982, 215); dann ist der Auftraggeber nicht gehindert, Schadensersatz nach Nr. 7 zu verlangen (a. a. O.).

3. Über die Befugnis zur Geltendmachung von Schadensersatzansprüchen bei **Mängeln des Gemeinschaftseigentums** im Rahmen von Wohnungseigentum vgl. Rdn. 230. 666

Soweit man bei einem Bauvertrag nach der VOB ausnahmsweise die Wandelung als Gewährleistungsanspruch gelten lassen will (vgl. hierzu Rdn. 657 ff. sowie Vorbemerkung vor §§ 8, 9 Rdn. 35 ff.), ist davon auszugehen, daß der Schadensersatzanspruch nach Nr. 7 daneben erhoben werden kann, wie das auch hinsichtlich der Nachbesserung nach Nr. 5 sowie der Minderung nach Nr. 6 der Fall ist. Allerdings wird hier auch nur der Schaden ersetzt, der nach erfolgter Wandelung noch übrigbleibt. 667

II. Überblick über weitere Voraussetzungen

Damit **allein** steht dem Auftraggeber aber ein Schadensersatzanspruch gemäß Nr. 7 **noch nicht zu.** Vielmehr müssen noch **weitere Voraussetzungen hinzukommen,** die im einzelnen in **Nr. 7 Abs. 1** aufgeführt sind: a) Es muß ein **wesentlicher Mangel** vorliegen, der die **Gebrauchsfähigkeit** der Leistung **erheblich beeinträchtigt;** b) dieser Mangel muß auf ein **Verschulden** des Auftragnehmers oder seiner Erfüllungsgehilfen zurückzuführen sein. 668

Durch diesen Mangel muß dem Auftraggeber ein **Schaden** entstanden sein, der grundsätzlich, wie hervorgehoben (vgl. Rdn. 662 ff.), **trotz Nachbesserung** nach Nr. 5 oder **trotz Vergütungsminderung** nach Nr. 6 noch fortbesteht. 669

Die hier genannten weiteren Voraussetzungen müssen sämtlich auch für einen Schadensersatzanspruch vorliegen, der auf Nr. 7 Abs. 2 beruht. 670

Teil B § 13 Nr. 7 verstößt bei Vereinbarung der VOB/B als Ganzes (vgl. Teil A § 10 Rdn. 131 ff.) nicht gegen zwingende Regelungen des AGB-Gesetzes. Vor allem liegt keine Verletzung des § 11 Nr. 7 AGB-Gesetz vor, weil im Falle groben Verschuldens ohnehin auch für den Bereich von Teil B § 13 Nr. 7 Abs. 2 gehaftet wird (vgl. Rdn. 738). Auch nach – jetziger – Ansicht von Ulmer/Brandner/Hensen (Anh. §§ 9–11 Rdn. 911) ist die für Teil B § 13 Nr. 7 generell erforderliche Voraussetzung, daß es sich um einen **wesentlichen Mangel** handeln muß, unbedenklich, zumal das Gewährleistungssystem der VOB angesichts des vorrangigen Anspruches auf Nachbesserung in erster Linie interessengerecht auf Erhaltung vorhandener Bausubstanz gerichtet ist (zutreffend Locher NJW 1977, 1801, 1803; ähnlich Kaiser, Mängelhaftungsrecht, Rdn. 104). Auch wird nicht § 11 Nr. 11 AGB-Gesetz verletzt, weil Teil B § 13 Nr. 7 Abs. 2 c nicht davon abweicht. Anders dann, wenn im betreffenden Bauvertrag nicht die VOB/B als Ganzes, sondern nur die Gewährleistung nach § 13 VOB/B vereinbart ist (vgl. dazu Teil A § 10 Rdn. 141 ff., insoweit von OLG Nürnberg NJW-RR 1986, 1346 übersehen), weil dann wegen des sowohl in Teil B § 13 Nr. 7 Abs. 1 als auch in Absatz 2 verlangten Erfordernisses eines wesentlichen Mangels gegen § 11 AGB-Gesetz verstoßen wird. 671

III. „Großer" und „kleiner" Schadensersatzanspruch

Der durch Teil B § 13 Nr. 7 eröffnete **Schadensersatzanspruch** ist inhaltlich von **unterschiedlicher Tragweite.** Im bauvertragsrechtlichen Sprachgebrauch wird zwischen dem in **Nr. 7 Abs. 1** geregelten „kleinen" und dem in Nr. 7 Abs. 2 und 3 eröffneten „großen" Scha- 672 densersatzanspruch unterschieden. Ersterer **beschränkt sich auf** den infolge der herstellenden, instandhaltenden oder ändernden Leistung entstandenen, grundsätzlich (wegen der Ausnahmen vgl. Rdn. 662 ff.) nach Nachbesserung oder Minderung verbliebenen bzw. verbleibenden **Schaden an der baulichen Anlage selbst.** Letzterer **dehnt die Schadensersatzpflicht des Auftragnehmers auf sämtliche darüber hinausgehenden Schäden aus, sofern sie i. S. der Adäquanz ursächlich auf die mangelhafte Leistung** des Auftragnehmers zurückzuführen sind. Insbesondere werden **hiervon auch** die für den Bereich des BGB-Werkvertrages (§ 635 BGB) im einzelnen unterschiedenen **Mangelfolgeschäden und entfernteren Mangelfolgeschäden gleichermaßen erfaßt** (vgl. dazu Rdn. 274 ff.).

IV. Nr. 7 gilt für alle Schäden im Zusammenhang mit Baumängeln

673   Der hier geregelte Schadensersatzanspruch steht bei einem VOB-Bauvertrag **anstelle des § 635 BGB und der Haftungsgrundsätze aus positiver Vertragsverletzung.** Im letzteren Falle gilt das allerdings **nur insoweit, als Teil B § 13 Nr. 7 Abs. 2 reicht,** also ein – wenn auch entfernterer – Ursachenzusammenhang **mit einem Mangel** der vertraglich geschuldeten Bauleistung besteht (dazu vgl. vor allem BGH BauR 1970, 48 = NJW 1970, 421 = VersR 1970, 180 = Betrieb 1970, 250 = SFH Z 2.414 Bl. 231 ff. = MDR 1970, 317 = LM VOB/B Nr. 37). Andere Haftungsfälle aus positiver Vertragsverletzung regeln sich nach Teil B § 10 Nr. 1. Allgemein über Art und Umfang des zu ersetzenden Schadens Gurski Jura 1979, 57.

674   Sind der Nachbesserungsanspruch und der Minderungsanspruch wegen § 640 Abs. 2 BGB bzw. Teil B § 12 Nr. 4 Satz 3 und Nr. 5 Abs. 3 nicht gegeben, verbleibt es allein bei dem Schadensersatzanspruch nach Teil B § 13 Nr. 7, sofern die dort im einzelnen geregelten Voraussetzungen vorliegen (so auch BGH NJW 1980, 1955 = BB 1980, 1124 = Betrieb 1980, 1740 = MDR 1980, 839 = BauR 1980, 460 = SFH § 13 Ziff. 7 VOB/B Nr. 7 in richtiger Auseinandersetzung mit der gegenteiligen Auffassung von Jagenburg BauR 1974, 361 sowie NJW 1976, 2321, 2324; Kaiser, Mängelhaftungsrecht, Rdn. 136 f. = BlGBW 1976, 204, 205 f.; ferner Peters NJW 1980, 750; wie hier auch OLG Nürnberg NJW-RR 1986, 1346; Nicklisch in Nicklisch/Weick Teil B § 13 Rdn. 226; Werner/Pastor Rdn. 1207). Vgl. dazu Teil B § 12 Rdn. 32 ff., 124, 141; hier Rdn. 662 ff. sowie 710 ff., vor allem auch hinsichtlich des möglichen Schadensumfanges, der der Ersatzpflicht zugänglich ist. Siehe dazu auch zutreffend Anm. Hochstein zu OLG Köln SFH Z 2.414.2 Bl. 1, dem insoweit nicht gefolgt werden kann.

675   Beruht der Schadensersatzanspruch auf Voraussetzungen, die eine **Verletzung der** dem Auftragnehmer nach Teil B § 4 Nr. 1 Abs. 4, § 4 Nr. 3 und § 13 Nr. 3 obliegenden **Prüfungs- und Hinweispflichten** bedeuten, geht dieser **nicht über** den durch **Teil B § 13 Nr. 7** festgelegten Rahmen **hinaus** (vgl. BGH, Urt. vom 17. 2. 1964 – VII ZR 200/62 – sowie BGH SFH Z 2.411 Bl. 34).

V. Mitverschulden des Auftraggebers

676   1. Hat der Auftraggeber bzw. sein Erfüllungsgehilfe (z. B. der Architekt) den Mangel am Bauwerk und den damit zusammenhängenden Schaden schuldhaft **mitverursacht,** finden ebenso wie im Falle des § 635 BGB **auch bei Teil B § 13 Nr. 7 die Grundsätze des § 254 BGB entsprechende Anwendung** (vgl. BGH Betrieb 1961, 569 sowie VersR 1965, 245 = SFH Z 2.400 Bl. 38 ff. = JZ 1965, 217 = NJW 1965, 534 und SFH Z 2.400 Bl. 41 ff.). Ein Mitverschulden des Auftraggebers kann auch darin liegen, daß er entgegen dem Rat seines Architekten oder Sonderfachmanns einen fachlich ungeeigneten Auftragnehmer beauftragt (BGH BauR 1974, 125 = SFH Z 2.414.3 Bl. 8 = WM 1974, 311).

677   Hinsichtlich des dem Auftraggeber möglicherweise über § 278 BGB zur Last zu legenden

Mitverschuldens seines Architekten bzw. Sonderfachmannes ist aber gerade hier besonders zu beachten:

Der **Architekt** bzw. Sonderfachmann ist **nur insoweit Erfüllungsgehilfe** des Auftraggebers, als er eine Tätigkeit entfaltet, die im Verhältnis zum Auftragnehmer **zur Aufgabe des Auftraggebers** gehört, wie z. B. **gemäß Teil B § 3 Nr. 1 die Fertigung und Bereitstellung von Plänen** (BGH BauR 1971, 265; BGH BauR 1972, 112 = Betrieb 1972, 184 = NJW 1972, 447 = MDR 1972, 316 = BB 1972, 200 = LM VOB/B Nr. 49 = VersR 1972, 275 = BlGBW 1972, 119; BGH VersR 1970, 280 = BauR 1970, 57 = SFH Z 2.222 Bl. 18; BGH BauR 1981, 284 = NJW 1981, 1448 = BlGBW 1981, 153 = SFH § 12 VOB/B Nr. 6 = Betrieb 1981, 1923 = MDR 1981, 747 = LM § 12 VOB/B Nr. 5 = ZfBR 1981, 139 m. w. N.; OLG Frankfurt NJW 1968, 1333) sowie die ordnungsgemäße Wahrnehmung der sich aus Teil B § 4 Nr. 1 Abs. 1 ergebenden Pflichten, nicht aber die Überwachung der Bauausführung.

(Vgl. dazu BGH BB 1962, 903; BGH SFH Z 2.20 Bl. 1 = VersR 1956, 500; BGH VersR 1964, 267; BGH SFH Z 2.400 Bl. 41; BGH SFH Z 3.01 Bl. 325; OLG Stuttgart SFH Z 2.414 Bl. 252 = MDR 1971, 299 = VersR 1970, 531 mit Anm. Ganten VersR 1970, 823; BGH, Urt. vom 15. 3. 1971 – VII ZR 153/69 –; BGH BauR 1972, 112 = Betrieb 1972, 184 = NJW 1972, 447 = MDR 1972, 316 = BB 1972, 200 = LM VOB/B Nr. 49 = VersR 1972, 275 = BlGBW 1972, 119; BGH NJW 1973, 518 = BauR 1973, 190 = VersR 1973, 348 = SFH Z 3.00 Bl. 245 = BB 1973, 360 = Betrieb 1973, 616 = WM 1973, 395 = BlGBW 1973, 138 = MDR 1973, 403 = LM VOB/B Nr. 59; BGHZ 61, 42 = BauR 1973, 313 = BB 1973, 1002 = NJW 1973, 1792 = VersR 1973, 937 = SFH Z 2.414 Bl. 308 = MDR 1973, 842; BGHZ 70, 187, 191 = BauR 1978, 149 = NJW 1978, 643 = MDR 1978, 396 = JZ 1978, 354 = BB 1978, 378 = LM § 631 BGB Nr. 38; BGH BauR 1982, 514 = SFH § 72 ZPO Nr. 2 = ZfBR 1982, 170.)

Etwas anderes gilt nur, wenn der Aufsichtsführende kraft einer besseren, von dem Unternehmer nicht zu erwartenden Sachkunde die Mangelhaftigkeit allein oder jedenfalls leichter feststellen konnte als dieser (BGH, Urt. vom 14. 5. 1970 – VII ZR 154/69 –). Gleiches trifft zu, wenn der Aufsichtsführende die Mängel **tatsächlich erkannt** hat. Siehe dazu auch Rdn. 33 ff., 603 f. sowie 652.

2. Gerade für den Bereich des Schadensersatzanspruches kann **im Rahmen des § 254 BGB** auch der Gesichtspunkt der **Schadensminderungspflicht des Auftraggebers** eine Rolle spielen. Dieser bedeutet, daß der Auftraggeber verpflichtet ist, den ihm infolge der mangelhaften Leistung entstandenen und nach Teil B § 13 Nr. 7 erheblichen Schaden möglichst **klein zu halten und sich zu gebotener Zeit im erforderlichen Umfang selbst um die Schadensbeseitigung zu bemühen.** 678

Diese Anforderung kann an den Auftraggeber allerdings gerade für den Bereich des VOB-Vertrages erst nach einer gewissen Zeit gestellt werden. Da der Schadensersatzanspruch nach Nr. 7 grundsätzlich (vgl. Rdn. 662 ff.) nur das gewährt, was nach erfolgter Nachbesserung oder – ausnahmsweise – Minderung noch an Schaden verbleibt, kann von einer Schadensminderungspflicht des Auftraggebers im allgemeinen erst gesprochen werden, wenn feststeht, ob und welcher Schaden ihm **nach Nachbesserung oder Minderung noch verbleibt.** Hinzu kommt hier, daß eine Schadensminderungspflicht des Auftraggebers überhaupt nur in Betracht kommen kann, wenn vorher eindeutig **geklärt worden ist, welche Maßnahmen zur Mängelbeseitigung erforderlich** sind (BGH WM 1974, 200). Für eine etwaige **Verletzung der Schadensminderungspflicht** durch den Auftraggeber ist der **Auftragnehmer beweispflichtig** (BGH Betrieb 1975, 1407 m. w. N.).

VI. Begrenzte Vertretungsmacht des Architekten

Festzuhalten ist besonders, daß der **Architekt** des Auftraggebers **nicht ohne besondere Vollmacht** berechtigt ist, für den Auftraggeber auf etwaige **Schadensersatzansprüche**, wie 679 sie sich aus Nr. 7 gegen den Auftragnehmer ergeben können, **zu verzichten** (vgl. BGH NJW 1960, 859 sowie SFH Z 2.414 Bl. 140 ff.). Vgl. auch Rdn. 530 ff.

VII. Klageantrag bei Schadensersatzklage

680 Wird im Klageweg durch Leistungsklage Schadensersatz geltend gemacht, ist darauf zu achten, daß der **Klageantrag** den **Erfordernissen des § 253 ZPO entspricht,** er insbesondere **hinreichend bestimmt** ist. So reicht z. B. nicht ein Antrag, der Beklagte (Auftragnehmer) sei verpflichtet, den „durch die mangelhafte Ausführung der Verblendung der Außenwand" entstandenen Schaden zu ersetzen. Es muß zumindest angegeben werden, worauf die „mangelhafte Ausführung" beruht. Darüber hinaus gehört bei einem Schadensersatzanspruch im Wege der Leistungsklage auch grundsätzlich die **Bezifferung des Schadens** zu einem ordnungsgemäßen Antrag.

681 Mit Ausnahme der zuletzt genannten Voraussetzung gilt dies vor allem auch für **Feststellungsanträge,** die auf Nr. 7 gestützt sind, abgesehen davon, daß die **besonderen Voraussetzungen des § 256 ZPO vorliegen müssen** (vgl. dazu BGH SFH Z 2.414 Bl. 153 ff.). Diese dürften jedoch in der Praxis oft gegeben sein, weil der Auftraggeber bei Klageerhebung häufig noch nicht weiß, welcher Schaden ihm im einzelnen nach erfolgter Nachbesserung oder Minderung oder auch sonst verblieben ist oder verbleiben wird. Das gilt besonders, wenn der **Schadensersatzanspruch zugleich mit dem Anspruch auf Nachbesserung oder Minderung verbunden** wird. Zur Feststellungsklage im Baumängelprozeß grundlegend Wussow NJW 1969, 481; Werner/Pastor Rdn. 341 ff.; ferner Locher, Das private Baurecht, Rdn. 499 ff.

B. Sowohl für den Schadensersatzanspruch nach Nr. 7 Abs. 1 als auch den Schadensersatzanspruch nach Nr. 7 Abs. 2 im Ausgangspunkt geltende Voraussetzungen

I. Wesentlicher, die Gebrauchsfähigkeit erheblich beeinträchtigender Mangel

682 Der Leistungsmangel muß sich **für den Bereich des Schadensersatzanspruches nach Teil B § 13 Nr. 7 als wesentlicher Mangel, der die Gebrauchsfähigkeit erheblich beeinträchtigt,** darstellen.

1. Wesentlicher Mangel

683 Der Begriff „wesentlich" hat **zwei Merkmale,** und zwar ein **objektives und ein subjektives.** Das **objektive Merkmal** ist die **allgemeine Verkehrsauffassung,** d. h. die Auffassung unbeteiligter Dritter darüber, ob der vorliegende Mangel **unter Zugrundelegung des Vertragszwecks als empfindlich und deswegen als beachtlich** anzusehen ist oder ob es sich nur um eine unbedeutende Abweichung von dem vertraglichen Leistungsziel handelt. Bei der **subjektiven Seite** ist das **spezielle Interesse des Auftraggebers an der vertragsgerechten Leistung** in Betracht zu ziehen, und zwar **unter besonderer Beachtung des von ihm verfolgten Nutzungs- oder Verwendungszweckes** (ebenso OLG Stuttgart BauR 1979, 432; Nicklisch in Nicklisch/Weick Teil B § 13 Rdn. 233). Ob der Mangel so ist, daß ein Ausgleich in Geld gerechtfertigt erscheint (so Kaiser, Mängelhaftungsrecht, Rdn. 99; Heiermann/Riedl/Rusam/ Schwaab Teil B § 13 Rdn. 83 b), spielt dagegen **hier noch** keine Rolle.

684 Es ist allerdings aus Treu und Glauben eine **Einschränkung** dahingehend zu machen, daß **besondere Interessen des Auftraggebers nur** zu Lasten des Auftragnehmers berücksichtigt

werden können, **wenn** sie dem **Auftragnehmer im Hinblick auf den Vertragszweck vor oder bei** der Durchführung der Bauleistung entweder **bekannt gewesen sind oder hätten bekannt sein müssen** (ebenso Kaiser, Mängelhaftungsrecht, Rdn. 99 Fn. 52).

Im allgemeinen, wenn auch nicht uneingeschränkt (vgl. dazu BGH NJW 1962, 1569 = LM § 13 VOB/B Nr. 5 = BlGBW 1962, 302 = SFH Z 2.414 Bl. 103 = MDR 1962, 816 = Betrieb 1962, 1004; BGHZ 46, 242 = NJW 1967, 388, 390 = SFH Z 2.414 Bl. 171 = MDR 1967, 209 = BB 1967, 10 = Betrieb 1967, 77; BGH BauR 1981, 284 = ZfBR 1981, 139 = SFH § 12 VOB/B Nr. 6 = Betrieb 1981, 1923 = NJW 1981, 1448), wird das **Fehlen einer zugesicherten Eigenschaft** einen **wesentlichen Mangel** darstellen (vgl. dazu Teil B § 12 Rdn. 82 ff.). 685

Mit Recht hat der BGH (NJW 1962, 1569 = BlGBW 1962, 302 = SFH Z 2.414 Bl. 103 = MDR 1962, 816 = Betrieb 1962, 1004) die Verwendung einer anderen als der vertraglich vereinbarten Holzart als in der Regel wesentlichen Mangel angesehen, selbst wenn es sich nicht um eine besonders zugesicherte Eigenschaft handeln sollte. Anderes könnte nur gelten, wenn die Verwendung der einen Holzart anstelle der anderen sowohl im Hinblick auf das Leistungsziel als auch hinsichtlich des berechtigten Interesses des Auftraggebers nur unwesentliche Unterschiede aufweist. 686

Wesentlicher Mangel ist auch eine nicht ausreichende Festigkeit des Mauermörtels, weil dadurch keine hinreichende Standsicherheit des Gebäudes gewährleistet ist (BGH, Urt. vom 20. 12. 1976 – VII ZR 105/74 –; vgl. dazu Schmidt MDR 1977, 715, 716).

Unwesentlich kann es dagegen sein, wenn an einem Haus verlegte Platten lediglich geringfügige farbliche Unterschiede aufweisen (vgl. BGH BauR 1970, 237), was aber eine Frage der Zumutbarkeit für den Auftraggeber im Einzelfall ist.

2. Beeinträchtigung der Gebrauchsfähigkeit

Die **Gebrauchsfähigkeit der Bauleistung** ist **beeinträchtigt,** wenn die Merkmale vorliegen, die nach Teil B § 13 Nr. 1 den **Wert oder die Tauglichkeit der Leistung zu dem gewöhnlichen oder nach dem Vertrag vorausgesetzten Gebrauch aufheben oder mindern;** dazu Rdn. 144 ff. (so auch BGH VersR 1964, 516). 687

Wie aus der auch hier im Ausgangspunkt maßgebenden Entscheidung BGHZ 9, 98 = NJW 1953, 659 = SFH Z 2.414 Bl. 2 deutlich hervorgeht, kommt **nicht nur eine technische Gebrauchsminderung oder Gebrauchsaufhebung in Betracht,** also das, was in den unmittelbaren Bereich des Nachbesserungsaufwandes fällt, sondern **auch der trotz – gegebenenfalls fiktiv angenommener – Instandsetzung (Nachbesserung) etwa verbleibende Minderwert der Leistung im kaufmännischen Sinn (merkantiler Minderwert),** ebenso BGHZ 55, 198 = NJW 1971, 615 = BB 1971, 290 = Betrieb 1971, 425 = VersR 1971, 446 = BauR 1971, 124 = MDR 1971, 385 = LM VOB/B Nr. 44 Anm. Rietschel = SFH Z 2.301 Bl. 35; auch BGH NJW 1962, 1569 = MDR 1962, 816 = VersR 1962, 763 = Betrieb 1962, 1004; BGHZ 46, 242 = NJW 1967, 388 = MDR 1967, 209 = BB 1967, 12 = SFH Z 2.414 Bl. 171; BGH SFH Z 2.411 Bl. 34; OLG Stuttgart BauR 1979, 432. Gedacht ist hierbei an den Verkaufswert auf dem Immobilienmarkt, der dem Bauwerk unmittelbar anhaftet (vgl. BGH VersR 1969, 473; so auch Bindhardt BauR 1982, 442), der darauf beruht, daß bei einem großen Teil des Publikums, vor allem wegen des **Verdachts verborgen gebliebener Schäden, eine den Preis beeinflussende Abneigung gegen den Erwerb besteht** (BGH BauR 1979, 158 = SFH § 634 BGB Nr. 5 = Betrieb 1978, 1590), **ohne daß ein Wille zur Mängelbeseitigung und/oder** eine bestimmte **Verkaufsabsicht vorausgesetzt würde** (BGH BB 1961, 1216 = Betrieb 1961, 1515 = SFH Z 2.510 Bl. 12) **oder tatsächlich ein Verkauf erfolgt** (BGH BauR 1986, 103 = SFH § 13 Nr. 7 VOB/B Nr. 7 = JZ 1986, 154 = MDR 1986, 311 = NJW 1986, 428 = Betrieb 1986, 764 =

ZfBR 1986, 27; dazu weiter BGHZ 99, 81 = BauR 1987, 89 = NJW 1987, 645 = Betrieb 1987, 529 = JZ 1987, 247 mit Anm. Köhler = SFH § 13 Nr. 7 VOB/B Nr. 10 = BB 1987, 365 = MDR 1987, 309 = Schlechtriem EWiR § 635 BGB 1/87, 137 = ZfBR 1987, 93 = LM § 635 BGB Nr. 82; vgl. dazu Peters Jura 1987, 422; zu den Kritiken an dieser Entscheidung vgl. Rdn. 710 ff.). Für die Frage des Schadensersatzes ist ferner an den **Minderwert bei der Vermietung oder Beleihung** zu denken. Die Annahme eines merkantilen Minderwerts beruht auf der **Lebenserfahrung, daß eine einmal mit Mängeln behaftet gewesene Sache trotz sorgfältiger und vollständiger Nachbesserung im Geschäftsverkehr vielfach niedriger bewertet wird** (BGH BB 1961, 1216 = Betrieb 1961, 1515 = SFH Z 2.510 Bl. 12).

688 Zur Berechnung des Minderwertes bei schwammbefallenen, abbruchreifen Gebäuden BGH BlGBW 1971, 212. Entgangener Gewinn aus verbotswidrigen Verträgen ist nur dann nicht zu ersetzen, wenn das Verbotsgesetz nicht nur die Vornahme des gewinnbringenden Rechtsgeschäfts mißbilligt, sondern auch dessen zivilrechtliche Wirksamkeit verhindert (§ 134 BGB), was von einem Verstoß gegen bauordnungsrechtliche Vorschriften nicht ohne weiteres gesagt werden kann (BGHZ 75, 366 = NJW 1980, 775 = VersR 1980, 378 = MDR 1980, 389 = Betrieb 1980, 587 = SFH § 252 BGB Nr. 2 = LM § 252 BGB Nr. 26 = ZfBR 1980, 130 m. w. N. für den Fall des Verstoßes gegen die Vorschriften über die Mindesthöhe von Wohnraum). Zum merkantilen Minderwert vgl. auch Schulz BauR 1984, 40 sowie Schlund ZSW 1980, 30. Zur Minderwertberechnung bei unzureichendem Wärmeschutz beachtlich Mantscheff BauR 1982, 435.

689 Über die **Zurechenbarkeit eines infolge mangelhafter Bauwerkserrichtung lediglich übriggebliebenen bzw. außerdem bestehenden entgangenen Gebrauchsvorteils zum Schadensbegriff,** ob es sich in der – bloßen – Gebrauchsmöglichkeit um einen selbständigen Vermögenswert handelt, **vgl. Teil B § 4 Rdn. 357 ff.** Das dort Gesagte gilt insbesondere auch für den Bereich von Teil B § 13 Nr. 7.

690 Soweit es sich um die **technische Gebrauchsminderung** handelt, braucht der Auftraggeber **wegen des Minderwertes** – anders als nach Nr. 6 – **keine besonderen Darlegungen zu machen.** Es wäre im Rahmen der Nr. 7 eine überflüssige Förmlichkeit, wollte man von ihm noch eine besondere Berechnung des Minderwertes der erbrachten „Leistung" auf der Grundlage der §§ 634 Abs. 4, 472 BGB fordern. Der **geminderte Wert ist begrifflich in dem Schaden,** den der Auftragnehmer zu ersetzen hat, **ohne weiteres enthalten** (BGH MDR 1960, 838 = BB 1960, 755). Zur Unterscheidung zwischen technischem und merkantilem Minderwert vgl. BGH NJW 1971, 615 = BB 1971, 290 = Betrieb 1971, 425.

3. Erhebliche Beeinträchtigung erforderlich

691 Nicht jede **Beeinträchtigung** der **Gebrauchsfähigkeit** der Leistung genügt für einen Schadensersatzanspruch nach Nr. 7; sie **muß** vielmehr **erheblich sein.** Das trifft ohne weiteres zu, wenn der **Wert oder die Tauglichkeit zum gewöhnlichen oder nach dem Vertrag vorausgesetzten Gebrauch aufgehoben,** also weggefallen **ist.** Bei einer **Minderung** des Wertes oder der Tauglichkeit kommt es auf die **Umstände des Einzelfalles** an, insbesondere darauf, ob die Abweichung von der vertraglichen Leistung **nach allgemein zu billigender Auffassung als derart schwerwiegend angesehen werden muß, daß der Auftraggeber durch die bloße Nachbesserung und damit nachträgliche Erfüllung oder auch die Minderung der Vergütung des Auftragnehmers oder ausnahmsweise ohne solche Maßnahmen** (vgl. Rdn. 662 ff.) keinen gerechten Ausgleich hat.

692 In diesem Sinne ist es z. B. als ein wesentlicher Mangel anzusehen, wenn durch das im Steinholz enthaltene Nigrulit an Gasleitungen Korrosionen verursacht werden; die Gebrauchsfähigkeit des Hauses wird dabei vor allem durch die Gefahr einer Gesundheitsschädigung der Hausbewohner erheblich beeinträchtigt (BGH SFH Z 2.414 Bl. 157 ff.). Gleiches gilt bei Verlegung einer Dämmschicht nicht aus Estrichdämmplatten, sondern entgegen der Leistungsbeschreibung aus Kokos-

platten, vor allem auch im Hinblick auf Druckstellen, die durch Aufstellen von Möbeln verursacht werden (vgl. dazu näher OLG Stuttgart BauR 1979, 432). Dagegen liegt z. B. keine erhebliche Beeinträchtigung der Gebrauchsfähigkeit bei Überschreitung zulässiger Maßdifferenzen vor, wenn diese einem Laien nicht ohne weiteres erkennbar sind und außerdem durch von vornherein vorgesehene andere Baumaßnahmen (z. B. Aufkleben von Rauhfasertapete auf den Putz) in ihrer Bedeutung noch weiter eingeschränkt werden.

4. Vorgenannte Voraussetzungen gelten auch bei zugesicherten Eigenschaften

Die angeführten Voraussetzungen für einen Schadensersatzanspruch nach Nr. 7, daß nämlich ein **wesentlicher Mangel** vorliegen muß, der die Gebrauchsfähigkeit **erheblich** beeinträchtigt, gelten **auch,** wenn es sich um **zugesicherte Eigenschaften** handelt (BGH NJW 1962, 1562 = LM § 13 VOB/B Nr. 5 = BlGBW 1962, 302 = SFH Z 2.414 Bl. 103 = MDR 1962, 816 = Betrieb 1962, 1004; BGHZ 46, 242 = MDR 1967, 209 = BB 1967, 10 = Betrieb 1967, 77 = SFH Z 2.414 Bl. 171 und SFH Z 2.411 Bl. 34). **In aller Regel wird hier ein wesentlicher Mangel vorliegen.** Daraus, daß sich der Auftraggeber eine bestimmte Eigenschaft vertraglich hat zusichern lassen, ist im allgemeinen zu folgern, daß sie für ihn einen **wichtigen Punkt** im Hinblick auf die Ordnungsgemäßheit der vorgesehenen Leistung darstellt. Über die Voraussetzungen der Zusicherung von Eigenschaften vgl. Rdn. 116 ff.

693

II. Verschulden des Auftragnehmers

Das Vorliegen eines wesentlichen Mangels, der die Gebrauchsfähigkeit erheblich beeinträchtigt, reicht noch nicht aus, den Auftragnehmer schadensersatzpflichtig zu machen. **Der Mangel muß vielmehr auf ein Verschulden des Auftragnehmers oder eines seiner Erfüllungsgehilfen zurückzuführen sein.** Das gilt **auch bei Fehlen einer zugesicherten Eigenschaft** (BGH NJW 1962, 1569 = LM § 13 VOB/B Nr. 5 = BlGBW 1962, 302 = MDR 1962, 816 = Betrieb 1962, 1004 = SFH Z 2.414 Bl. 103). Damit folgt die **VOB den allgemeinen Regeln des Vertragsrechts,** wonach Schadensersatz für eine vertragswidrige Handlung **nur** in Betracht kommt, **wenn der entstandene Schaden auf einem Verschulden des Verpflichteten (§ 276 BGB) oder einer ihm rechtlich gleichgestellten Person, also eines seiner Erfüllungsgehilfen (§ 278 BGB), beruht.** Zum Ausnahmefall einer Garantie vgl. Rdn. 840 ff.

694

Der Begriff des Verschuldens ist der gleiche, wie er aus dem allgemeinen Schuldrecht des BGB bekannt ist. Deshalb **reicht leichte Fahrlässigkeit aus,** § 276 BGB. Bei **Vorsatz oder grober Fahrlässigkeit erhöht sich** der Umfang der **Schadensersatzverpflichtung** gemäß Nr. 7 Abs. 2 a; vgl. dazu Rdn. 738.

695

Über die einzelnen **Verschuldensbegriffe** (leichte Fahrlässigkeit, grobe Fahrlässigkeit, Vorsatz) vgl. Teil B § 10 Rdn. 36 ff., zum **Begriff des Erfüllungsgehilfen** vgl. Teil B § 10 Rdn. 56 ff. Zur Haftung mehrerer selbständiger Auftragnehmer als Gesamtschuldner vgl. BGH NJW 1952, 217 = BB 1952, 43 = SFH Z 2.221 Bl. 2. Zur Frage etwaigen mitwirkenden Verschuldens des Auftraggebers sind die sich aus § 254 BGB ergebenden Grundsätze zu beachten (vgl. dazu vor allem auch Rdn. 33 ff., 603 ff., 652 und 676 ff.).

Trifft weder den Auftragnehmer noch einen Erfüllungsgehilfen im Rahmen des diesen zuzumutenden Wissens sowie der für sie gebotenen Aufklärung ein Verschulden an dem Leistungsmangel und demgemäß auch seinen etwaigen Auswirkungen, kommt ein **Schadensersatzanspruch** des Auftraggebers nach Nr. 7 **nicht in Betracht,** vgl. hierzu BGH SFH Z 2.410 Bl. 18 ff. (kein Verschulden, wenn eine Lackzersetzung auf einer Unverträglichkeit mit dem Grundanstrich beruht; OLG München SFH § 635 BGB Nr. 52 im Falle einer einem Handwerker nicht erkennbaren Nachteiligkeit einer vom Auftraggeber vorgeschriebenen neu-

696

artigen Abdeckfolie). Eine solche Folge kommt besonders auch in Betracht, wenn **gelieferte Bauteile nicht erkennbar funktionsunfähig sind** und daher für den Auftragnehmer bzw. dessen Erfüllungsgehilfen **kein Anlaß besteht, die Funktionsfähigkeit nachzuprüfen** (vgl. dazu BGH BauR 1978, 304 = NJW 1978, 1157 = SFH § 278 BGB Nr. 2 = BB 1978, 832 = VersR 1978, 520 = Betrieb 1978, 837 = WM 1978, 617 = MDR 1978, 655 = LM § 278 BGB Nr. 77 für den Fall des Fehlens einer Stopfbuchsenschraube an einem fabrikneuen Ventil). **Gleiches** trifft für jene Fälle zu, in denen der Auftragnehmer **im Zeitpunkt der Abnahme** (vgl. dazu oben Rdn. 105 ff.) zwar die zu dieser Zeit anerkannten Regeln der Technik **eingehalten hat, seine Leistung aber dennoch als fehlerhaft zu gelten hat** (vgl. dazu oben Rdn. 155 ff.). Dann hat der Auftraggeber in der Regel nur die verschuldensunabhängigen Gewährleistungsrechte auf Nachbesserung, gegebenenfalls auf Neuherstellung, einschließlich der dazu sich ergebenden Ansprüche nach Nr. 5 Abs. 2 (vgl. Rdn. 505 ff.) oder auf Minderung (vgl. dazu Rdn. 608 ff.).

697 Wesentliche Gesichtspunkte zur Verschuldensfrage enthält u. a. das Urteil des BGH NJW 1962, 1569 = SFH Z 2.414 Bl. 103 = BlGBW 1962, 302 = LM § 13 VOB/B Nr. 5 = MDR 1962, 816 = Betrieb 1962, 1004. Dort ist insbesondere (hinsichtlich der Verwendung ausländischer Hölzer) ausgesprochen, daß ein **Auftragnehmer sich die notwendige Sachkenntnis aneignen muß**, um den Auftraggeber sachkundig beraten zu können. Insbesondere obliegt ihm auch die Pflicht, sich über die sein Arbeitsgebiet betreffenden Neuentwicklungen zu vergewissern (vgl. BGH BauR 1979, 159 = SFH § 635 BGB Nr. 8 = BB 1979, 1321 = Betrieb 1979, 258 = ZfBR 1979, 24). **Andernfalls** muß er sich **selbst bei einem Sachverständigen informieren**, um gegebenenfalls eigenes Verschulden auszuschließen.

III. Beweislast

698 1. **Die Beweislast hinsichtlich des nach der Abnahme bestehenden Mangels,** und zwar der **objektiven Pflichtverletzung,** die für den Schadensersatzanspruch verantwortlich zeichnet, **liegt beim Auftraggeber** (vgl. auch Rdn. 163 ff.). Diese vom BGH für § 635 BGB ausgesprochene Folge (u. a. BGHZ 42, 16 = NJW 1964, 1791 = Betrieb 1964, 1221 = MDR 1964, 742 mit Anm. Fuchs MDR 1966, 735; BGHZ 48, 310 = MDR 1968, 141 = JZ 1968, 23 = BB 1967, 1356 = VersR 1967, 1194 = SFH Z 3.00 Bl. 121 ff. = LM § 635 BGB Nr. 16 = NJW 1968, 43 mit kritischer Anm. von Fuchs NJW 1968, 836; vgl. auch BGH BauR 1981, 575 = NJW 1981, 2403 = BB 1981, 1732 = Betrieb 1981, 2322 = SFH § 358 BGB Nr. 1 = MDR 1982, 49 = LM § 358 BGB Nr. 1 = ZfBR 1981, 218 m. w. N.) **gilt auch im Rahmen von Teil B § 13 Nr. 7 VOB.** Das trifft vor allem auf die Frage zu, **ob der Mangel auf eine fehlerhafte Leistung des in Anspruch genommenen Auftragnehmers zurückzuführen ist.** Läßt sich allerdings – bezogen auf den betreffenden Mangel – ein **grobfahrlässiger Verstoß** des Auftragnehmers gegen die anerkannten Regeln der Technik feststellen, ist es dem Auftraggeber aber nach Sachlage nicht möglich, die Ursächlichkeit völlig nachzuweisen, so können die Grundsätze des **Beweises des ersten Anscheins** zur Anwendung gelangen mit der Folge, daß der Auftragnehmer die Annahme seiner objektiven Verantwortlichkeit zu entkräften hat. Weiter gilt: Trägt die **Verwendung eines bestimmten Werkstoffes das Risiko eines bestimmten Schadens in sich,** das bei Verwendung des im Vertrag vorgesehenen Werkstoffes nicht bestehen würde, so kann es für den Nachweis der Ursächlichkeit genügen, wenn **eben dieser Schaden eintritt,** wenn auch die Verursachung durch andere Umstände nicht völlig auszuschließen ist (BGH BauR 1973, 51 = SFH Z 2.414 Bl. 296; BGH SFH Z 2.312 Bl. 72). **Auch sonst** können hier die **Grundsätze des Beweises des ersten Anscheins** zu Lasten des Auftragnehmers zum Zuge kommen. Friert z. B. eine nicht isolierte Leitung, die gegen Temperaturen bis zu −15 ° C zu isolieren war, ein, spricht so gut wie alles für die Schadensverursachung durch eine mangelhafte Leistung; dem kann der Auftragnehmer nur durch die Darlegung und den konkreten Beweis entgegentreten, daß die Leitung bei weniger als −15 ° C eingefroren ist (OLG Koblenz NJW-RR 1988, 532).

2. Auch die Beweislast zum Schaden und seinem Umfang hat der Auftraggeber. Insoweit kann es notwendig sein, daß er seinen Anspruch **unverzüglich geltend macht,** um die Schadensfeststellung nicht zu erschweren oder gar unmöglich zu machen, was vom Einzelfall, insbesondere der **Art des aufgetretenen Schadens,** abhängig ist. Wird die **Schadensfeststellung** durch verzögerndes Verhalten des Auftraggebers **erschwert oder gar unmöglich,** geht das grundsätzlich **zu seinen Lasten.** Ggf. ist ein gerichtliches **Beweissicherungsverfahren** am Platze.

Handelt es sich allerdings um eine – zulässigerweise – vorgenommene objektive Schadensberechnung, wie z. B. hinsichtlich entgangener Kapitalnutzung, muß der Schuldner, insoweit also der Auftragnehmer, beweisen, daß ein solcher Schaden nicht aufgetreten ist (BGH Betrieb 1974, 529). Überhaupt muß derjenige, der gegenüber einer Schadensersatzforderung **einwendet, der Schaden hätte zu einem geringeren Preis behoben werden können** als geschehen, **dieses beweisen** (BGH MDR 1975, 924 = Betrieb 1975, 1407 = LM § 254 [Dc] BGB Nr. 22). Auch kann sich der Auftragnehmer (wie z. B. der Subunternehmer) gegenüber dem Auftraggeber (wie z. B. dem General- oder Hauptunternehmer) grundsätzlich **nicht darauf berufen,** der Bauherr bzw. Erwerber habe von diesem die Leistung ohne Geltendmachung von Mängelansprüchen entgegengenommen (BGH BauR 1977, 277 = NJW 1977, 1819 = MDR 1977, 740 = WM 1977, 763 = LM § 249 [Cb] BGB Nr. 21). Zu etwa vereinbarten Schadenspauschalen vgl. Teil A § 12 Rdn. 1.

3. Der Auftragnehmer hat die Beweislast, wenn es sich um die Frage handelt, ob er die **objektiv feststehende Pflichtverletzung ausnahmsweise nicht zu vertreten** hat (insbesondere BGHZ 42, 16, 18; 48, 310 = MDR 1968, 141 = JZ 1968, 23 = BB 1967, 1356 = VersR 1967, 1194 = SFH Z 3.00 Bl. 121 = NJW 1968, 43 mit Anm. Fuchs NJW 1968, 836; BGH BauR 1979, 159 = ZfBR 1979, 24 = SFH § 635 BGB Nr. 8 = BB 1979, 1321 = Betrieb 1979, 258; BGH BauR 1982, 514 = SFH § 72 ZPO Nr. 2 = ZfBR 1982, 170). Vgl. dazu auch BGHZ 28, 251, 253 = NJW 1959, 34 = MDR 1959, 34 = BB 1959, 1185 = SFH Z 3.01 Bl. 86; 23, 288 = NJW 1957, 746 = BB 1957, 306 = Betrieb 1957, 281 = SFH Z 2.2 Bl. 5; OLG Saarbrücken NJW-RR 1987, 470; OLG München NJW-RR 1987, 854). Dies wird ihm, wie die Praxis zeigt, nur selten gelingen.

4. Verlangt der Auftraggeber von mehreren Auftragnehmern wegen schuldhafter Verletzung der jeweils mit diesen abgeschlossenen Werkverträge **Schadensersatz,** muß er **jedem von ihnen die objektive Pflichtverletzung nachweisen, und jeder einzelne muß sich dann vom Vorwurf der Pflichtverletzung entlasten** (vgl. BGH VersR 1968, 493 = LM § 830 BGB Nr. 11).

Vgl. dazu auch Rdn. 163 ff.; ferner Baumgärtel ZfBR 1982, 1.

C. Weitere, aber auch spezielle Voraussetzungen für den Schadensersatzanspruch nach Nr. 7 Abs. 1

I. Begrenzter Umfang des Anspruches

1. Schaden an der baulichen Anlage

Die **Schadensersatzverpflichtung ist hinsichtlich ihres Umfanges in Nr. 7 Abs. 1** vertraglich **begrenzt.** Danach hat der Auftragnehmer dem Auftraggeber den **Schaden an der baulichen Anlage** zu ersetzen, **zu deren Herstellung, Instandhaltung oder Änderung die Leistung dient.** Hierbei handelt es sich um eine **feste Umgrenzung,** die einer **weitergehenden Auslegung und Ausdehnung nicht zugänglich** ist. Zum Begriff der baulichen Anlage vgl. Einl. Vor Teil B Rdn. 1 f. Insofern ist nicht die Bauleistung im engeren Sinn gemeint, **sondern** darüber hinaus die gesamte bauliche Anlage, in deren Bereich der Auftragnehmer die vertragliche Leistung auszuführen hatte.

704 **Daraus ergibt sich, daß der nach Nr. 7 Abs. 1 auszugleichende** und nicht bereits durch ein Vorgehen des Auftraggebers nach Nr. 5 oder 6 gedeckte **Schaden nicht unbedingt an der eigentlichen Bauleistung selbst aufgetreten sein muß,** wie z. B. infolge nicht rechtwinkeliger Ausführung von Mauer- oder Verputzarbeiten (vgl. insoweit BGH SFH Z 2.414 Bl. 140 ff.), zu gering bemessener Toreinfahrt (vgl. OLG Karlsruhe MDR 1969, 49: hier entsprechend anwendbar), erheblicher Setzrisse oder Schubrisse. Vielmehr kann der – hier schon nach Absatz 1 zu ersetzende – **Schaden auch in adäquat-kausalem Zusammenhang mit der Bauleistung an der betreffenden baulichen Anlage, also auch dort, wo nicht unmittelbar gearbeitet worden ist,** entstanden sein, z. B. durch Auftreten von Schwamm bei Auffüllen der Baugrube mit Holzabfällen (vgl. hierzu RG in JW 1938, 1646), Risse an einem aufstehenden Gebäude infolge unsachgemäßer Erdarbeiten, Durchfeuchtung von Fußböden und Wänden infolge baulicher Fehler an einem errichteten Balkon (vgl. dazu OLG Düsseldorf SFH Z 3.01 Bl. 218 ff.), wie überhaupt auf andere Bauwerksteile sich ausdehnende Feuchtigkeit. Daraus folgt, daß **hier nicht zwischen sogenannten unmittelbarem und sogenannten mittelbarem Schaden am Bauwerk** unterschieden wird; also kommt es z. B. nicht darauf an, ob Hausschwamm durch mangelhaften Anschluß eines Spülsteins „mittelbar" verursacht worden ist (vgl. RG Warn.Rspr. 1920, 44 Nr. 33; vgl. dazu auch Hochstein BauR 1972, 8 ff.; im Ergebnis wie hier Nicklisch in Nicklisch/Weick Teil B § 13 Rdn. 240; ähnlich Kaiser, Mängelhaftungsrecht, Rdn. 114, wenn er unter dem Begriff des unmittelbaren Schadens den sogenannten Objektschaden versteht, a. a. O. Fn. 117; Werner/Pastor Rdn. 1212). Verglichen mit dem Anwendungsbereich des § 635 BGB (vgl. dazu oben Rdn. 274 ff.) werden demnach hier z. T. bereits Schäden eingeordnet, die sonst dem Bereich des sogenannten entfernteren Mängelfolgeschadens zuzurechnen wären.

705 Immer muß es sich aber um einen **Schaden** handeln, der **an der baulichen Anlage selbst** entstanden ist, wie z. B. aus Anlaß des Ausbaues mangelhafter Fenster (vgl. OLG Hamm BauR 1984, 524). Dazu rechnen dagegen z. B. nicht Wasserschäden an dem im Hause lagernden Material (insoweit vergleichbar BGH LM § 634 BGB Nr. 12 = BauR 1972, 185 = NJW 1972, 526 = MDR 1972, 407 = Betrieb 1972, 431 = SFH Z 3.01 Bl. 475; BGH NJW 1971, 1130 = BauR 1971, 131 = MDR 1971, 474 = BB 1971, 415 = Betrieb 1971, 768 = SFH Z 3.00 Bl. 193; BGH BauR 1975, 286 = NJW 1975, 1315 = BB 1975, 855 = MDR 1975, 748 = VersR 1975, 857 = SFH Z 2.300 Bl. 3 = BlGBW 1975, 236 = LM Allg. Vertragsbest. A-Vertrag Nr. 3) oder an den Einrichtungsgegenständen.

2. Umfang des Schadensersatzes

706 Der **Schaden,** dessen Ersatz hier verlangt werden kann, **muß,** wie schon aus dem Gesagten zu folgern ist, **entweder der Bauleistung unmittelbar anhaften oder jedenfalls in engem Zusammenhang mit ihr stehen** (in letzterer Hinsicht daher zu eng Kaiser, Mängelhaftungsrecht, Rdn. 119; zutreffend dazu Nicklisch in Nicklisch/Weick Teil B § 13 Rdn. 240). Der Schaden an der baulichen Anlage hat **grundsätzlich dieselbe Tragweite wie § 635 BGB** (BGHZ 58, 332 = BauR 1972, 311 = NJW 1972, 1280 = MDR 1972, 772 = BB 1972, 1118 = Betrieb 1972, 1531 = SFH Z 2.414 Bl. 281; BGH BauR 1981, 395 = SFH § 635 BGB Nr. 27 = LM § 635 BGB Nr. 60 = ZfBR 1981, 173; BGHZ 99, 81 = BauR 1987, 89 = NJW 1987, 645 = Betrieb 1987, 529 = JZ 1987, 247 mit Anm. Köhler = SFH § 13 Nr. 7 VOB/B Nr. 10 = BB 1985, 365 = MDR 1987, 309 = Schlechtriem EWiR § 635 BGB 1/87, 137 = ZfBR 1987, 93 = LM § 635 BGB Nr. 82; zu der Kritik an dieser Entscheidung vgl. unten Rdn. 710 ff.).

Es muß sich also im allgemeinen um **einen Mangelschaden oder einen Mangelfolgeschaden** (vgl. dazu Rdn. 274 ff.) handeln. Dagegen fallen auf positiver Vertragsverletzung beruhende entferntere **Mangelfolgeschäden** (vgl. a. a. O.) nur ausnahmsweise unter den Schadensersatzanspruch nach Nr. 1 (vgl. insoweit oben Rdn. 703 ff.), vielmehr im allgemeinen unter den nach Nr. 2. Daher:

a) Zunächst ist alles Schaden an der baulichen Anlage, was die **mangelhafte Leistung selbst betrifft, insbesondere auch durch Herabsetzung ihres Nutzungs- oder Verkehrswertes** (so auch Nicklisch in Nicklisch/Weick Teil B § 13 Rdn. 242; **vgl. hierzu Rdn. 687 ff.;** dort insbesondere auch zur Frage des reinen Nutzungsausfalls).

707

Hierunter fallen deshalb **auch der Verdienstausfall** (vgl. dazu BGHZ 92, 308 = BauR 1985, 83 = NJW 1985, 381 = MDR 1985, 228 = JZ 1985, 239 = Betrieb 1985, 223 = BB 1985, 11 = LM § 634 BGB Nr. 21 Anm. Hesse = SFH § 634 BGB Nr. 12 = ZfBR 1985, 117), **der Mietausfall und der Zinsverlust** (BGHZ 46, 238 = NJW 1967, 340 = MDR 1967, 208 = VersR 1967, 160 = BB 1967, 57 = SFH Z 2.414 Bl. 177 = LM § 638 BGB Nr. 8), sofern sie ursächlich auf mangelhafter Leistung beruhen und deren Folgen sind (so auch Nicklisch in Nicklisch/Weick Teil B § 13 Rdn. 248). Hier muß sich der Auftraggeber allerdings im Rahmen der **Schadensminderung** um baldmögliche Schadensbeseitigung zwecks Herbeiführung der Vermietbarkeit bemühen, wenn er im Wege des Schadensersatzes Mietausfall fordern will (BGHZ 59, 365 = NJW 1973, 138 = MDR 1973, 210 = Betrieb 1973, 67 = SFH Z 2.414 Bl. 298 = WM 1973, 69, 71 = BauR 1973, 112; BGH BauR 1974, 205). Jedoch kommt es dabei immer auf die Fallgestaltung im Einzelfall an; jedenfalls kann der Auftraggeber auch im Rahmen seiner Schadensminderungspflicht abwarten, bis eindeutig geklärt ist, welche Maßnahmen zur Mängelbeseitigung notwendig sind (BGH WM 1974, 200). Kosten für die Schadensminderung sind dem hier erörterten Schadensersatzanspruch zuzurechnen, sofern der Auftraggeber sie zu Recht aufgewendet hat, insbesondere dann, wenn sie außerhalb des Leistungsbereichs des Auftragnehmers liegen, also nicht schon ohnehin zu dessen Mängelbeseitigungspflicht gehören (ebenso Nicklisch in Nicklisch/Weick Teil B § 13 Rdn. 245).

Ein Schadensersatzanspruch nach Teil B § 13 Nr. 7 Abs. 1, etwa wegen **infolge eines Mangels verzögerter Fertigstellung (Nutzungsausfall),** entfällt nicht deshalb, weil der Auftraggeber insoweit auch einen Vertragsstrafenanspruch hätte, ihn aber nicht geltend machen kann, weil er sich diesen bei Abnahme nicht vorbehalten hat (mit Recht BGH BauR 1975, 344 = NJW 1975, 1701 = BB 1975, 990 = SFH Z 2.502 Bl. 8 = MDR 1975, 835 = LM VOB/B Nr. 76/77); grundsätzlich hat der Auftraggeber das Wahlrecht, ob er die Vertragsstrafe oder den Schadensersatzanspruch geltend machen will; kann er ersteres nicht mehr, so ist ihm der zweite Weg nicht verbaut.

708

Eine mangelhafte Leistung ist **auch schadensursächlich, wenn zugleich mit ihr eine andere fehlerhafte Leistung den Schaden herbeigeführt hat; dann sind beide Mängel mitursächlich,** selbst wenn einer allein genügt hätte, um den Schaden zu verursachen (vgl. BGH SFH Z 3.01 Bl. 463 = WM 1971, 1056; BGH SFH Z 3.12 Bl. 72).

709

b) Zum Schaden zählt vornehmlich der **Aufwand, der dem Auftraggeber entstanden und der zur Beseitigung der Schäden an der baulichen Anlage erforderlich ist,** wenn der Auftragnehmer zu Recht (Teil B § 13 Nr. 6) oder trotz entsprechender Aufforderung und Fristsetzung durch den Auftraggeber zu Unrecht (Teil B § 13 Nr. 5 Abs. 2) die Mängelbeseitigung verweigert hat (vgl. BGH VersR 1962, 1062; BGHZ 59, 365 = NJW 1973, 138 = BauR 1973, 112 = SFH Z 2.414 Bl. 298 = Betrieb 1973, 67 = MDR 1973, 210 = WM 1973, 69 = LM § 633 BGB Nr. 21 Anm. Rietschel). **In diesen Bereich fallen auch die Kosten, die der Auftraggeber für die objektiv mögliche Beseitigung von ihm bei der Abnahme bekannten Mängeln aufwenden muß, weil der Auftragnehmer entsprechend § 640 Abs. 2 BGB mit Recht die Mängelbeseitigung verweigert hat** (so insbesondere BGHZ 77, 134 = MDR 1980, 838 = BauR 1980, 460 = NJW 1980, 1952 = BB 1980, 1124 = Betrieb 1980, 1740 = SFH § 13

710

Ziff. 7 VOB/B Nr. 7 = LM § 13 VOB/B [A] Nr. 8 = Anm. Schubert JR 1980, 501; vgl. dazu auch OLG Köln SFH Z 2.414.1 Bl. 17 mit Anm. Hochstein; OLG Köln BauR 1980, 77 = SFH § 13 Ziff. 7 VOB/B Nr. 4; OLG Nürnberg NJW-RR 1986, 1346; siehe vor allem auch Teil B § 12 Rdn. 32 ff. sowie hier Rdn. 662 ff., 673 ff.). Zur Berechnung von Beseitigungskosten vgl. auch Rdn. 546 f. Insofern ist für die Bewertung auf den Aufwand und die damit verbundenen Kosten abzustellen, die der Auftraggeber im Zeitpunkt der Mangelbeseitigung als vernünftiger, wirtschaftlich denkender Bauherr aufgrund sachkundiger Beratung oder Feststellung aufwenden konnte und mußte, wobei es sich um eine vertretbare Maßnahme der Schadensbeseitigung handeln muß (ähnlich OLG Frankfurt BauR 1984, 67). Dabei sind im allgemeinen Kosten zur Grundlage zu nehmen, die im Betrieb des Auftragnehmers entstanden wären, weil diesem der Ausschluß des Nachbesserungsanspruches oder des Minderungsrechtes des Auftraggebers nach § 640 Abs. 2 BGB grundsätzlich nicht angelastet werden kann.

711 **Voraussetzung** für den Ersatz der Mängelbeseitigungskosten an der baulichen Anlage ist hier **nicht,** daß der Auftraggeber die Mängel **tatsächlich beseitigen läßt.** Auch erlischt der Anspruch **nicht,** wenn der Auftraggeber das betreffende Grundstück **veräußert, bevor er den zur Mängelbeseitigung nötigen Geldbetrag erhalten** hat, was **auch** für den Fall der **Zwangsversteigerung** gilt. Insoweit ist der Zeitpunkt der letzten mündlichen Verhandlung für den Ansatz der – insoweit fiktiven – Mängelbeseitigungskosten maßgebend. Nur dies wird der „Dispositionsfreiheit" des geschädigten Auftraggebers gerecht. Dabei ergeben sich jedoch Einschränkungen aus der entsprechenden Anwendung des § 251 Abs. 2 BGB; es kommt also für die Schadensberechnung auf den Ansatz sinnvoller Mängelbeseitigungskosten an, wobei gerade für den fiktiven Ansatz von Kosten eine gebotene Zurückhaltung zu fordern ist (vgl. BGHZ 99, 81 = BauR 1987, 89 = NJW 1987, 645 = Betrieb 1987, 529 = JZ 1987, 247 mit Anm. Köhler = SFH § 13 Nr. 7 VOB/B Nr. 10 = BB 1987, 365 = MDR 1987, 309 = Schlechtriem EWiR § 635 BGB Nr. 1/87, 137 = ZfBR 1987, 93 = LM § 635 BGB Nr. 82 m. w. N.; vgl. dazu Peters Jura 1987, 422 sowie Schulze NJW 1987, 3097).

Nicht zu folgen ist der Kritik von Köhler (a. a. O.), der unzutreffend von einem Schadensersatz durch Naturalrestitution anstelle von Geld ausgeht (vgl. dazu Rdn. 721 ff.), außerdem deswegen auch zu Unrecht einwendet, der Auftraggeber, der sein bebautes Grundstück vor Beseitigung der Mängel veräußere, handele unzulässigerweise widersprüchlich (venire contra factum proprium), da er dann sein Interesse an den Kosten der ordnungsgemäßen Herstellung verloren habe, weshalb – nur – der Kompensationsanspruch gemäß § 251 Abs. 1 BGB bestehe; es sei ihm verwehrt, sich eine zusätzliche Einnahmequelle zu verschaffen. Köhler übersieht dabei, daß es nach wie vor bauvertragliche Pflicht des Auftragnehmers ist, die geschuldete Leistung wertmäßig so zu erbringen, wie es dem Vertrag zugrunde gelegt war; geht dies nach der gegebenen Sach- und Rechtslage nicht mehr, so muß er dem Auftraggeber nach wie vor voll für die Folgen seiner nicht vertragsgerechten Leistung einstehen, unabhängig davon, welche Dispositionen der Auftraggeber zwischenzeitlich mit dem nicht ordnungsgemäß hergestellten Werk trifft. Das würde in der Tat ansonsten eine Verkürzung des Schadensersatzanspruches des Auftraggebers bedeuten, der die schuldhafte Vertragsuntreue des Auftragnehmers zur Grundlage hat. Hier ist die Interessenlage des Auftraggebers als vorrangig zu betrachten. Anders nur dann, wenn der Auftraggeber auf andere Weise einen Ausgleich erhält, wie z. B. dadurch, daß ihm der Erwerber den vollen Wert ohne Rücksicht auf die mangelhafte Leistung bezahlt. Aus den gleichen Gründen ist auch Schulze (a. a. O.) nicht zuzustimmen, der die Schadensersatzfrage nach § 251 Abs. 1 BGB sowie dem Bereich des deliktischen Anspruches gelöst wissen will. Auch er beachtet nicht hinreichend, daß es für die Bemessung des Ob und Wie des Schadensersatzanspruches hier entscheidend auf das Vertragsverhältnis zwischen dem den Erfolg schuldenden Auftragnehmer und dem Auftraggeber als dem Empfänger der für ihn erfolgsbedingten Leistung ankommen muß, und zwar grundsätzlich unabhängig davon, welches Schicksal die Leistung – vor allem später – im Hinblick auf deren Behalt durch den Auftraggeber erfährt. Der Auftragnehmer kann und soll nicht besser- oder schlechtergestellt werden als dies der Fall wäre, wenn der Auftraggeber als der im Verhältnis zum Auftragnehmer geltende Empfänger der Leistung stehen würde, er also diesem gegenüber seine Gewährleistungsrechte geltend machen würde.

Ist die Gesamtleistung völlig untauglich, so rechnen zum Schadensersatz die Kosten des 712
Abrisses, des Abtransportes und der Lagerung oder Vernichtung der entsprechenden Bauteile
(OLG Saarbrücken NJW-RR 1987, 470 für den Fall der infolge untauglicher Imprägnierung
der Holzteile und der dadurch ausströmenden Gase eingetretenen Unbewohnbarkeit eines
Fertighauses).

Schaden an der baulichen Anlage können auch Kosten sein, die zur **Schadensminderung** 713
aufgewendet werden, wie z. B. die Kosten für eine Pumpanlage bei infolge schlechter Bauausführung eingetretener Undichtigkeit des Gebäudes. Nicht rechnen hierher dagegen die Kosten
für die Unterbringung der Mieter in einem Hotel; diese unterfallen dem Bereich der Nr. 7
Abs. 2.

Unter Umständen kann auch eine im Rahmen der Gewährleistung zwischen dem Hauptun- 714
ternehmer und dem Auftraggeber vereinbarte Verlängerung der Gewährleistungsfrist als
„Schaden am Bauwerk", dementsprechend auch als „Schaden an der baulichen Anlage"
anzusehen sein, den der Hauptunternehmer gegenüber dem Subunternehmer geltend machen
kann (vgl. BGH BauR 1970, 48 = NJW 1970, 48 = VersR 1970, 180 = Betrieb 1970, 250 = SFH
Z 2.414 Bl. 231 ff. = MDR 1970, 317 = LM VOB/B Nr. 37). Zum Schadensersatz bei völlig
unbrauchbarer Leistung siehe Rdn. 727 ff.

c) **Daß Gutachterkosten, die aufgewendet werden, um an der baulichen Anlage entstan- 715
dene Schäden festzustellen und zu klären, Schäden an der baulichen Anlage sind,** wird vom
BGH zutreffend bejaht (BGHZ 54, 352 = MDR 1971, 207 = VersR 1971, 135 = NJW 1971, 99
= BB 1970, 1508 = BauR 1971, 51 = LM VOB/B Nr. 43 = SFH Z 2.414 Bl. 245; vgl. auch
BGHZ 92, 308 = BauR 1985, 83 = NJW 1985, 381 = MDR 1985, 228 = JZ 1985, 239 = Betrieb
1985, 223 = BB 1985, 11 = LM § 634 BGB Nr. 21 Anm. Hesse = SFH § 634 BGB Nr. 12 =
ZfBR 1985, 33 = Anm. Schubert JR 1985, 237; dazu auch Rdn. 662 ff.). Zum Schaden im hier
erörterten Sinne zählen auch die sonstigen außergerichtlichen Kosten, die der Geschädigte
selbst oder durch Inanspruchnahme eines Dritten hat aufwenden müssen, um seinen Schaden
an der baulichen Anlage dem Grunde und der Höhe nach feststellen zu können (ebenso LG
Nürnberg-Fürth NJW-RR 1986, 1466). Insoweit braucht sich der nicht sachkundige Auftraggeber nicht darauf verweisen zu lassen, er habe anstelle eines Sachverständigen kostenlose
Angebote von Fachunternehmern einholen können (vgl. KG JurBüro 1985, 1247); anders
lediglich dann, wenn es sich um einfache Mängelbeseitigungsarbeiten handelt, deren Kosten
durch zuverlässige Unternehmerangebote zweifelsfrei festgestellt werden können. Auch kann
der nicht sachkundige Auftraggeber u. U. stark überhöhte Kosten der Untersuchungen durch
den Sachverständigen, die objektiv nicht erforderlich waren (z. B. zusätzliche Laboruntersuchungen), erstattet verlangen, da er sich grundsätzlich darauf verlassen kann, daß der Sachverständige aufgrund seines Sachverständigeneides und seiner Sachkunde nur solche Untersuchungen vornimmt, die zur zuverlässigen Beantwortung der anstehenden Fragen erforderlich
sind; das gilt im übrigen auch für den Bereich eines Beweissicherungsverfahrens, wenn das
Gericht die von dem Sachverständigen geforderten Kosten bewilligt und auszahlt (OLG
Düsseldorf SFH § 13 Nr. 7 VOB/B Nr. 6). Das Gesagte trifft auch für Unternehmen oder
Behörden zu, selbst dann, wenn sie eigene Abteilungen zur Feststellung von Schäden im
angegebenen Sinne und Umfang haben (a. A. BGH NJW 1969, 1109 = Betrieb 1969, 789;
BGH NJW 1976, 1256 = MDR 1976, 831 mit zutreffender ablehnender Anm. von Schmidt
NJW 1976, 1932 und Klimke VersR 1977, 615). Zum Ersatz sogenannter Regiekosten beachtlich und durchweg zutreffend Ganten BauR 1987, 22.

d) Zum Schaden an der baulichen Anlage zählt auch der auf die mangelhafte Leistung 716
zurückgehende **zusätzliche Erhaltungsaufwand,** insbesondere bei nur teilweise erfolgter und
nur möglicher Nachbesserung. Dieser berechnet sich nach dem tatsächlich nötigen Mehraufwand, und zwar bis zu dem Zeitpunkt, in dem erfahrungsgemäß eine Überholung

oder Erneuerung des betreffenden Bauteils erforderlich ist. Insofern dürfte es im Streitfall wesentlich auf eine sachverständige Beurteilung als Beweis für eine Schutzgrundlage nach § 287 ZPO ankommen.

717 e) Soweit es sich um den zur **konkret beabsichtigten Beseitigung der Schäden an der baulichen Anlage erforderlichen Aufwand** handelt, kann er, **sofern er sich mit den Mängelbeseitigungskosten gemäß Nr. 5 Abs. 2 deckt,** im allgemeinen (Ausnahmen: vgl. Rdn. 522 ff., 710 ff.) **nur** geltend gemacht werden, **wenn dem Auftragnehmer vorher vergeblich eine Frist zur Mängelbeseitigung gesetzt** worden war (ebenso BGH BauR 1981, 395 = SFH § 635 BGB Nr. 27 = LM § 635 BGB Nr. 60 = ZfBR 1981, 173). Anderenfalls würde die **Ausschlußwirkung,** die nach Nr. 5 Abs. 2 an die Unterlassung der Fristsetzung durch den Auftraggeber geknüpft ist, **vereitelt werden** (BGH NJW 1966, 39 = BB 1965, 1373 = Betrieb 1965, 1774 = SFH Z 2.414 Bl. 146 ff. = LM § 812 BGB Nr. 68). Zum Verhältnis des hier erörterten Schadensersatzanspruches zu dem Kostenerstattungsanspruch gemäß Nr. 5 Abs. 2 vgl. Rdn. 578 ff. Allerdings ist eine vorausgegangene vergebliche Mängelbeseitigungsaufforderung mit Fristsetzung für den Schadensersatzanspruch nach Nr. 7 Abs. 1 **nur insoweit erforderlich, als dem Auftraggeber überhaupt ein Nachbesserungsanspruch nach Teil B § 13 Nr. 5 Abs. 1 zugestanden hat,** also unter den gleichen Voraussetzungen, unter denen ein dem Nachbesserungsbereich zuzurechnender Anspruch aus Teil B § 13 Nr. 5 Abs. 2 gegeben wäre. Somit ist es für den Schadensersatzanspruch nach Nr. 7 Abs. 1 **nicht erforderlich, vorher zur Nachbesserung aufzufordern und dazu eine Frist zu setzen, wenn im Hinblick auf § 640 Abs. 2 BGB kein Nachbesserungsanspruch bestanden hat oder wenn lediglich ein Minderungsanspruch nach Nr. 6 in Betracht käme** (vgl. Rdn. 608 ff.; von KG BauR 1979, 517 im Hinblick auf § 640 Abs. 2 BGB übersehen; vgl. dazu auch Rdn. 662 ff.)

3. Schadensersatz bei Minderung

718 Soweit bei **Minderung** (Teil B § 13 Nr. 6) dem Auftraggeber für den Bereich der baulichen Anlage **noch** ein Schadensersatzanspruch **verbleibt,** ist grundsätzlich der Auftragnehmer zum **Ersatz des vollen Schadens** – soweit er von der VOB gewährt wird – verpflichtet. Allerdings kommt ausnahmsweise die entsprechende Anwendung des § 251 Abs. 2 BGB in Betracht, wenn es für den Auftragnehmer **unzumutbar** wäre, die vom Auftraggeber – vor allem bei eigener oder von ihm anderweitig dennoch veranlaßter Nachbesserung – **in nicht sinnvoller Weise gemachten Aufwendungen tragen zu müssen.** Grundsätzlich kann aber der Auftraggeber vom Auftragnehmer den Ersatz des – **durch die Minderung noch nicht gedeckten** – Schadens verlangen, insbesondere die Erstattung der Aufwendungen, die erforderlich waren, um die Leistung mängelfrei zu machen (vgl. dazu BGHZ 59, 365 = NJW 1973, 138 = BauR 1973, 112 = Betrieb 1973, 67 = SFH Z 2.414 Bl. 298 = MDR 1973, 210 = WM 1973, 69 = LM § 633 BGB Nr. 21 Anm. Rietschel). Auch ein etwa **bleibender Minderwert** der baulichen Anlage gehört hierher (BGH SFH Z 2.414 Bl. 140 f.). Sofern und soweit die Leistung **untauglich** ist und die Voraussetzungen für eine Minderung nach Teil B § 13 Nr. 6 gegeben sind (vgl. Rdn. 608 ff.), kann der Auftraggeber im Wege des Schadensersatzes auch die Wegnahme bzw. Beseitigung der Leistung sowie die Herstellung des alten Zustandes verlangen (vgl. OLG Hamm BB 1978, 64 = NJW 1978, 1060; LG Nürnberg-Fürth NJW-RR 1986, 1466). Vgl. dazu auch Rdn. 660 f. und 721 ff.

4. Schadensberechnung – Sachverständige

719 Im allgemeinen berechnet sich hier der Schaden ähnlich den für die Minderung maßgebenden Gesichtspunkten (vgl. Rdn. 642 ff.), zuzüglich des außerhalb der mangelhaften eigentlichen Leistung entstandenen Schadens (für den Bereich des § 635 BGB vgl. Schellen BauR 1988, 42). Beachtliche Anhaltspunkte – insbesondere für den Bereich der Sachverständigentätigkeit – bieten die Ausführungen von Aurnhammer BauR 1978, 356 und BauR 1981, 139

sowie von Schulz BauR 1984, 40, was auch für die in Rdn. 703–717 genannten Schäden gilt. Über die Wertermittlung von Minderwerten mangelhaft erstellter Wohnungen und Wohngebäuden Kamphausen BlGBW 1983, 1. Zum Minderwert bei unzureichendem Schallschutz vgl. OLG Zweibrücken BlGBW 1983, 15.

II. Kurze Verjährung des Schadensersatzanspruches nach Nr. 7 Abs. 1

Der **Schadensersatzanspruch** nach Nr. 7 Abs. 1 verjährt in den nach Nr. 4 in Verbindung mit Nr. 5 Abs. 1 Satz 2 und 3 maßgeblichen Fristen (BGH BauR 1970, 48 = NJW 1970, 421 = VersR 1970, 180 = Betrieb 1970, 250 = SFH Z 2.414 Bl. 231 = MDR 1970, 317 = LM VOB/B Nr. 37). Die Ausnahmeregelung der Nr. 7 Abs. 3 (vgl. Rdn. 803 ff.) kommt hier allerdings auch zum Zuge, sofern deren Voraussetzungen gegeben sind. Wird mit einer **Schadensersatzklage der gesamte Schaden** geltend gemacht, so wirkt die Unterbrechung der Verjährung auch für eine auf nachträglicher Baukostensteigerung beruhende Erhöhung des Klageanspruches (vgl. BGH BauR 1982, 398 = SFH § 209 BGB Nr. 7 = ZfBR 1982, 128 = NJW 1982, 1809 = MDR 1982, 743 = LM § 909 BGB Nr. 27).

720

III. Art des Schadensersatzes

Die **Art des Schadensersatzes** richtet sich eigentlich nach den allgemeinen Regeln. Demnach käme grundsätzlich die **Naturalherstellung,** also die ordnungsgemäße Erstellung der Leistung selbst, gemäß § 249 BGB in Betracht **und nur ausnahmsweise auf Verlangen des Auftraggebers die Zahlung des Geldinteresses.** Nach der zutreffenden Ansicht des OLG Köln, das diese Frage, soweit ersichtlich, zuerst entschieden hat, (NJW 1960, 1256 = SFH Z 2.414 Bl. 76 = MDR 1960, 582) kommt aber im **Werkvertragsrecht die Naturalherstellung grundsätzlich nicht in Frage, weil sie praktisch auf die Erfüllung der vertraglich geschuldeten Leistung hinausliefe.** Das widerspräche den sich aus §§ 634, 635 BGB ergebenden Grundsätzen (a. A. Barnickel VersR 1977, 802, der jedoch verkennt, daß hier sowohl Minderung als auch Schadensersatz wegen Nichterfüllung begrifflich nicht auf Erfüllung, sondern nur auf geldwerten Ersatz gerichtet sein können; gleiches gilt für die gegenteilige Ansicht von Köhler, JZ 1987, 248, 249, der bei seinem Berufen auf § 250 BGB übersieht, daß diese Bestimmung keine eigenständige Regelung gegenüber § 249 BGB, sondern nur eine Folgeregelung zu dieser grundlegenden gesetzlichen Vorschrift darstellt).

721

Der **Schadensersatzanspruch des § 635 BGB** kann daher beim Bauvertrag grundsätzlich nur darauf hinauslaufen, den **Schadensausgleich in Geld** und nicht durch Naturalherstellung zu erreichen.

(OLG Köln a. a. O. mit den dort aufgeführten Literaturhinweisen; ferner BGH, Urt. vom 14. 3. 1966 – VII ZR 27/64 –; BGHZ 59, 365, 367 = BauR 1973, 112 = NJW 1973, 138 = SFH Z 2.414 Bl. 298; BGHZ 61, 28, 30 = BauR 1973, 321 = NJW 1973, 1457 = SFH Z 3.01 Bl. 512; insbesondere BGHZ 61, 369 = BauR 1974, 59 = NJW 1974, 143 = Betrieb 1973, 2512 = VersR 1974, 29 = MDR 1974, 219 = LM § 635 BGB Nr. 34 Anm. Schmidt = BB 1974, 15 = WM 1974, 36 = SFH Z 2.414.3 Bl. 4; BGH BauR 1978, 498 = NJW 1978, 498; BGHZ 99, 81 = BauR 1987, 89 = NJW 1987, 645 = Betrieb 1987, 529 = JZ 1987, 247 mit Anm. Köhler = SFH § 13 Nr. 7 VOB/B Nr. 10 = BB 1987, 365 = MDR 1987, 309 = Schlechtriem EWiR § 635 BGB 1/87, 137 = ZfBR 1987, 93 = LM § 635 BGB Nr. 82 m. w. N.; dazu auch Peters Jura 1987, 422; KG BauR 1981, 380; ebenso u. a. Schmalzl NJW 1965, 129, 130 f.; **vgl. dazu auch Rdn. 710 ff.**)

Ein **Schadensersatzanspruch in Geld** kommt vor allem nur in Betracht, wenn der Auftraggeber ihm bekannte Mängel abgenommen hat, ohne dabei einen Vorbehalt zu machen, daher die Rechtsfolge des § 640 Abs. 2 BGB eingetreten ist, die auch auf den VOB-Vertrag Anwendung findet.

722

(Vgl. Teil B § 12 Rdn. 32 ff., hier Rdn. 662 ff., 673 ff., 710 ff., sowie für § 633 Abs. 3 BGB BGHZ 61, 369 = BauR 1974, 59 = NJW 1974, 143 = Betrieb 1973, 2512 = VersR 1974, 292 = MDR 1974, 219 = LM § 635 BGB Nr. 34 Anm. Schmidt = BB 1974, 15 = WM 1974, 36 = SFH Z 2.414.3 Bl. 4; nunmehr für Teil B § 13

Nr. 7 auch BGHZ 77, 134 = MDR 1980, 838 = BauR 1980, 460 = NJW 1980, 1952 = BB 1980, 1124 = Betrieb 1980, 1740 = SFH § 13 Ziff. 7 VOB/B Nr. 7 = LM § 13 VOB/B [A] Nr. 8 Anm. Girisch = Anm. Schubert JR 1980, 501.)

723 Alle vorgenannten Grundsätze gelten auch für den Bereich des VOB-Vertrages, sofern durch die Naturalherstellung eine Erfüllung bauvertraglicher Herstellungspflichten erreicht würde. Andernfalls kommt allerdings Naturalersatz in Betracht. Das trifft z. B. zu, wenn **die Leistung untauglich ist und die Voraussetzungen der Minderung gegeben sind** (vgl. Rdn. 608 ff.), **hinsichtlich des** dann im Wege des Schadensersatzes gegebenen **Wegnahme- und Beseitigungsrechtes** des Auftraggebers (vgl. OLG Hamm BB 1978, 64 = NJW 1978, 1060; LG Nürnberg-Fürth NJW-RR 1986, 1466; siehe dazu Rdn. 660 f. und 718).

724 Vor allem: Liegt der **Rechtsgrund des Schadensersatzanspruches nicht** im eigentlichen Bereich der **Gewährleistung, so ist grundsätzlich Naturalherstellung geschuldet** (so auch Nicklisch in Nicklisch/Weick Teil B § 13 Rdn. 228). Zur Unterscheidung dieses Beispiel: Werden mit Stahlrahmen versehene große Schaufenster eingebaut und werden dabei die Scheiben durch Schweißarbeiten beim Einbau beschädigt, liegt es im Rahmen der Gewährleistung, wenn der Auftragnehmer Stahlrahmen **und** Scheiben zu liefern hatte, und er haftet auf Schadensersatz in Geld. Waren dagegen die Scheiben von einem anderen Auftragnehmer zu liefern, so ist es eine positive Vertragsverletzung, u. U. auch eine unerlaubte Handlung (§ 823 Abs. 1 BGB), wenn der Auftragnehmer, der nur die Stahlrahmen nebst Einbau zu leisten hat, bei Schweißarbeiten anläßlich des Einbaues die bereits eingesetzten Scheiben zerstört oder beschädigt. Dann kann von ihm auch Schadensersatz in Natur (Verschaffung von neuen Scheiben) verlangt werden (vgl. insbesondere auch BGH BauR 1978, 498 = NJW 1977, 1819; BGHZ 99, 81 = BauR 1987, 89 = NJW 1987, 645 = Betrieb 1987, 529 = JZ 1987, 247 mit Anm. Köhler = SFH § 13 Nr. 7 VOB/B Nr. 10 = BB 1987, 365 = MDR 1987, 309 = ZfBR 1987, 93 = LM § 635 BGB Nr. 82 = Schlechtriem EWiR § 635 BGB 1/87, 137; dazu Peters Jura 1987, 422).

725 Auch für den von einem **Architekten** aus seinem Vertrag mit dem Auftraggeber gemäß § 635 BGB **zu leistenden Schadensersatz** kommt grundsätzlich nur **Geldersatz** in Frage, es sei denn, es ist ihm ausnahmsweise möglich, den Schaden mit geringerem Kostenaufwand zu beseitigen, als es sonst, insbesondere durch einen Unternehmer, möglich wäre (BGH BauR 1978, 498 = NJW 1978, 1853 = BB 1978, 1237 = SFH § 635 BGB Nr. 7 = Anm. Ganten NJW 1978, 2593 = MDR 1978, 920 = VersR 1978, 868 = Betrieb 1979, 87 = LM § 635 BGB Nr. 48 = ZfBR 1978, 24 m. w. N.; BGH BauR 1981, 395 = SFH § 635 BGB Nr. 27 = LM § 635 BGB Nr. 60 = ZfBR 1981, 173; insoweit auch OLG Köln NJW 1978, 429). Die zu dieser Entscheidung des OLG Köln geäußerte Kritik von Barnickel (BlGBW 1978, 85) übersieht vor allem, daß der Architekt aus seinem Vertrag mit dem Bauherrn nicht ein Bauwerk, sondern fehlerfreie Planung und Bauaufsicht im Zusammenhang mit einer Bauwerkserrichtung schuldet, die nicht mehr nachholbar sind, wenn es – auch – aufgrund seiner fehlerhaften Leistung zu Mängeln am Bauwerk gekommen ist, daher schon deswegen eine Naturalherstellung grundsätzlich nicht in Betracht kommt. Sofern der Architekt nach dem Vertrag die Befugnis hat, den Schaden selbst zu beseitigen, muß er von sich aus von dieser Möglichkeit Gebrauch machen, anderenfalls er auch hier Schadensersatz in Geld zu leisten hat (BGH BauR 1981, 395 = SFH § 635 BGB Nr. 27 = LM § 635 BGB Nr. 60 = ZfBR 1981, 173).

IV. Aufrechnung bzw. Verrechnung mit Vergütungsanspruch des Auftragnehmers

726 Vgl. dazu Rdn. 800 ff.

D. Weitere und spezielle Voraussetzungen für den Schadensersatzanspruch nach Nr. 7 Abs. 2

I. Allgemeines zum Anspruchsumfang

727 Den über den Rahmen von Nr. 7 Abs. 1 **hinausgehenden Schaden kann** der Auftraggeber **nur nach den in Nr. 7 Abs. 2 geregelten Voraussetzungen ersetzt verlangen.**

Auch hier muß es sich ebenso wie in Nr. 7 Abs. 1 um einen schuldhaft herbeigeführten wesentlichen Mangel handeln, der die Gebrauchsfähigkeit des Bauwerks erheblich beeinträchtigt (vgl. Rdn. 682–702 sowie BGH NJW 1962, 1569 = MDR 1962, 816 = BB 1962, 816 = LM § 13 VOB/B Nr. 5). Dagegen ist der in Nr. 7 Abs. 1 notwendige **Zusammenhang zwischen Schaden und baulicher Anlage** (vgl. Rdn. 703 ff.) **nicht erforderlich.** Das ergibt sich aus dem wesentlich größeren Bereich des hier geregelten weiteren Schadensersatzanspruches, was in Nr. 7 Abs. 2 auch durch die dort eingangs verwendeten Worte **„darüber hinausgehenden Schaden"** zum Ausdruck kommt. Damit ist der Schaden gemeint, der **nicht schon durch den Schadensersatzanspruch nach Nr. 7 Abs. 1 ausgeglichen wird** (vgl. dazu Rdn. 706–718).

Nach Nr. 7 Abs. 2 kann demnach **jeder Schaden in vollem Umfange ersetzt verlangt werden, wenn er nur adäquat-ursächlich auf die Fehlleistung des Auftragnehmers oder seiner Erfüllungsgehilfen zurückzuführen** ist, wie z. B. Wasserschäden als Auswirkung defekt angelegter Heizung, sofern sie nicht schon Schäden an der baulichen Anlage sind, Schäden an Möbeln oder sonstigen Einrichtungsgegenständen (vgl. dazu auch OLG Koblenz NJW-RR 1988, 532, 533 f.), Kosten eines gegen einen Dritten gerichteten Beweissicherungsverfahrens (vgl. BGH, Urt. vom 22. 4. 1965 – VII ZR 143/63 –), auch Kosten eines Vorprozesses, den der Auftraggeber gegen Erwerber wegen der Mängel der mangelhaften Leistung führen mußte (vgl. BGH BauR 1983, 573 = ZfBR 1983, 260 = SFH § 640 BGB Nr. 10 m. w. N.), Kosten für die anderweitige Unterbringung von Mietern, zusätzlicher Finanzierungsaufwand für den Auftraggeber. Allerdings ist der Auftraggeber im Rahmen der **Schadensminderung** gehalten, die Kosten auf ein **zumutbares Maß zu beschränken,** was gerade auch für Kosten eines Vorprozesses, wie z. B. des Bauträgers gegen die Erwerber von Wohnungseigentum oder des Hauptunternehmers gegen den Auftraggeber gilt, wenn letztlich die Mängel auf das schuldhafte Verhalten des Nachunternehmers zurückgehen. Insofern ist es dem Auftraggeber (z. B. Bauträger, Hauptunternehmer) grundsätzlich zuzumuten, zunächst die Frage des Bestehens von Mängeln, ihrer Verursachung und der Verantwortlichkeit zu klären und den wirklich Verantwortlichen auf Mängelbeseitigung in Anspruch zu nehmen, also es nicht von vornherein auf einen (Vor-)Prozeß ankommen zu lassen, was entweder durch ein Beweissicherungsverfahren oder jedenfalls ein Gutachten eines Sachkundigen geschehen kann. Anders ist es nur, wenn die Kosten solcher vorherigen Klärung höher sind als die voraussichtlichen Kosten des (Vor-)Prozesses oder der Auftragnehmer dem Auftraggeber unzutreffend erklärt hat, die Mängel seien beseitigt (nur insoweit kann dem LG Freiburg BauR 1984, 531 zugestimmt werden). Darüber hinaus muß der Auftragnehmer aber auch solche Kosten eines Vorprozesses ersetzen, der durch seine unrichtigen Angaben über Mängelursachen und Verantwortlichkeit dafür veranlaßt worden ist (BGH NJW 1971, 134; KG BauR 1988, 229).

Weiterhin ist hierher der **zusätzliche Kostenaufwand** zu rechnen, der z. B. erforderlich ist, um das Gebäude einer besonderen Bestimmung zuzuführen, die erst infolge des Mangels geboten ist, z. B. die Einrichtung als Büroraum anstelle – wie vorgesehen – als Fabrikraum, weil die nicht vertragsgerechte Decke die für die Fabrikation benötigten Maschinen nicht trägt. Auch der Mehrverbrauch von Wasser oder Gas rechnet hierher, wenn der Schaden in einer mangelhaft verlegten Leitung oder unzureichender Anlage besteht. Dieser Schadensersatzanspruch ist auch gegeben, wenn der Auftragnehmer innerhalb der ihm nach Nr. 5 Abs. 2 gesetzten angemessenen Frist den Mangel beseitigt, für den bis zur Mängelbeseitigung dem Auftraggeber außerhalb der Bauleistung an seinem sonstigen Vermögen entstandenen Mehraufwand; insoweit kann sich der Auftragnehmer nicht darauf berufen, er habe ja innerhalb der Frist Zeit gehabt, den Mangel zu beseitigen; entscheidend ist allein, daß er eine mangelhafte Leistung erbracht und er für die Folgen des Mangels einzustehen hat.

Auch sonst rechnen Vermögensverluste, **insbesondere Verzugsschäden,** hierher, die dem

Auftraggeber neben den eigentlichen mit der Nachbesserung verbundenen Aufwendungen entstanden sind, wie z. B. der infolge der durch die Nachbesserung erforderlichen Stilllegung einer Bowlingbahn entgangene Gewinn (vgl. BGHZ 72, 31 = BauR 1978, 402 = NJW 1978, 1036 = BB 1978, 1036 = MDR 1978, 831 = BlGBW 1978, 240 = SFH § 635 BGB Nr. 6 = LM § 635 BGB Nr. 47 Anm. Girisch = Betrieb 1978, 2121 = ZfBR 1978, 17 = Anm. Schubert JR 1979, 21; vgl. auch BGH BauR 1979, 159 = SFH § 635 BGB Nr. 8 = BB 1979, 1321 = Betrieb 1979, 258 = ZfBR 1979, 24). Allerdings muß sich der Auftraggeber hier auch **etwaige Vorteile anrechnen lassen.** Insoweit sind ihm auf den Verzögerungsschaden infolge einer – auf mangelhafter Leistung des Auftragnehmers beruhenden – verspäteten Fertigstellung der Leistung, z. B. einer Eigentumswohnung, die Vorteile anzurechnen, die er aus ersparten Zinsaufwendungen für die Finanzierung des Bauvorhabens und aus einer Steuerersparnis durch die erst mit Bezugsfertigkeit eintretende Beschränkung des Schuldzinsenabzuges (§ 21 a EStG) erlangt (BGH BauR 1983, 465 = SFH § 249 BGB Nr. 8 = ZfBR 1983, 225 = Betrieb 1983, 1705 = NJW 1983, 2137 = BB 1983, 1691 = MDR 1983, 1009).

731 Aus dem Gesagten ergibt sich, daß **insbesondere die sogenannten „entfernteren Mangelfolgeschäden" dem Schadensersatzanspruch aus Absatz 2 unterfallen** (vgl. BGH BauR 1970, 48 = NJW 1970, 421 = VersR 1970, 180 = Betrieb 1970, 250 = SFH Z 2.414 Bl. 231 ff. = MDR 1970, 317 = LM VOB/B Nr. 37; BGHZ 58, 332, 340; BGHZ 61, 203 = BauR 1973, 381 = NJW 1973, 1752 mit Anm. Finger S. 2104 = VersR 1973, 1141 = SFH Z 4.01 Bl. 77 = BB 1973, 1094 = MDR 1973, 923 = LM VOB/B Nr. 64 Anm. Schmidt). Zu den hier erörterten Mangelfolgeschäden rechnet allerdings nicht der Schaden, der durch einen Verstoß gegen Teil B § 3 Nr. 3 entstanden ist (BayObLG MDR 1971, 487). Siehe im einzelnen auch Rdn. 274 ff. Wegen der hier **möglicherweise daneben bestehenden Ansprüche aus unerlaubter Handlung** vgl. Rdn. 63 ff., 295 ff. und 803 ff.

732 Auch Körper- und Gesundheitsschäden des Auftraggebers, die durch eine mangelhafte Leistung des Auftragnehmers verursacht sind, zählen hierher, da zum entfernteren Mangelfolgeschaden auch mängelbedingte Gesundheitsschäden rechnen (Larenz, Schuldrecht, Besonderer Teil § 53 II b; Hereth/Ludwig/Naschold Ez. 13.302; Kaiser, Mängelhaftungsrecht, Rdn. 123; Nicklisch in Nicklisch/Weick Teil B § 13 Rdn. 266; Locher, Das private Baurecht, Rdn. 169; a. A. Schmalzl BauR 1971, 172, 177; ders., Haftung des Architekten und des Bauunternehmers, Rdn. 187; Wussow, Haftung und Versicherung bei der Bauausführung, S. 238, 248).

733 Ist die Bauleistung **völlig unbrauchbar,** kann **voller Schadensersatz** beansprucht werden, und zwar in demselben Umfang wie bei § 635 BGB (BGH BB 1963, 995 = Betrieb 1963, 1213 = SFH Z 2.414 Bl. 127; VersR 1964, 516), somit auch schon nach Nr. 7 Abs. 1 (vgl. Rdn. 703 ff.). Der Auftraggeber kann vor allem die Übernahme der Leistung ablehnen, jegliche Zahlung verweigern und darüber hinaus auch noch im Bereich von Nr. 7 Abs. 1 und 2 weiteren Schaden geltend machen (vgl. BGHZ 27, 215, 218 = SFH Z 2.414 Bl. 103). Die Höhe des Schadensersatzanspruches kommt dann in der Regel den **Kosten der Neuherstellung** gleich, zuzüglich weiteren Schadens, der in ursächlichem Zusammenhang mit dem Mangel steht.

734 Zum Bereich der **Schadensminderungspflicht** (vgl. dazu Rdn. 676 ff.) gehört es auch, daß der Auftraggeber das erneute Auftreten von Schäden verhindert, mit denen er nach den vorausgegangenen Ereignissen rechnen muß, wie z. B. die Beschädigung von erneut eingelagertem Material, das schon bei einem ersten Wassereinbruch Schaden erlitten hatte (vgl. dazu BGH BauR 1975, 286 = NJW 1975, 1315 = BB 1975, 855 = MDR 1975, 748 = VersR 1975, 857 = SFH Z 3.000 Bl. 3 = BlGBW 1975, 236 = LM Allg. Vertragsbest. A-Vertrag Nr. 3). Für die Verletzung der Schadensminderungspflicht des Auftraggebers ist der Auftragnehmer

beweispflichtig (BGH Betrieb 1975, 1407 = MDR 1975, 924 = LM § 254 [Dc] BGB Nr. 22 m. w. N.).

Zum Schadensersatzanspruch nach vorausgehender **Minderung** vgl. Rdn. 718. Auch hier kann ein etwa **bleibender Minderwert** des Leistungsobjekts dem Schaden hinzugerechnet werden (BGH SFH Z 2.414 Bl. 68). 735

Hinsichtlich der **Art des Schadensersatzes** gilt das in Rdn. 721 ff. Gesagte. 736

II. Besondere Voraussetzungen des Anspruchs
Zu dem vorangehend gekennzeichneten vollen Schadensersatz, der über den begrenzten Rahmen des Absatzes 1 hinausgeht, kann der Auftragnehmer jedoch nur verpflichtet werden, wenn folgende weiteren Voraussetzungen gegeben sind, wobei das Vorliegen einer derselben genügt, die einzelnen Voraussetzungen also alternativ nebeneinanderstehen: 737

1. Vorsatz oder grobe Fahrlässigkeit
Der wesentliche Mangel, der die Gebrauchsfähigkeit erheblich beeinträchtigt, muß hier auf **Vorsatz oder grober Fahrlässigkeit** des Auftragnehmers oder seiner Erfüllungsgehilfen beruhen. **Leichte Fahrlässigkeit reicht also nicht.** Die Beweislast für diese besonderen Verschuldensvoraussetzungen hat der Auftraggeber. Zu den Begriffsumschreibungen des Vorsatzes und der groben Fahrlässigkeit vgl. Teil B § 10 Rdn. 36 ff. Als grobe Fahrlässigkeit ist es z. B. anzusehen, wenn der Auftragnehmer einen im Boden liegenden Öltank mit scharfkantigem Schotter verfüllt und dadurch Undichtigkeit des Tanks eintritt (OLG Stuttgart SFH Z 2.414 Bl. 252 = MDR 1971, 299 = VersR 1970, 531 mit Anm. Ganten VersR 1970, 823). Gleiches gilt bei fehlerhafter Imprägnierung (Überdosis) von Holzteilen eines Fertighauses, durch die Gase ausströmen, die nur in das Hausinnere entweichen können, weil das Fertighaus nach außen mit einer PVC-Folie als Dampfsperre versehen ist (vgl. OLG Saarbrücken NJW-RR 1987, 470). 738

2. Verstoß gegen anerkannte Regeln der Technik
Der wesentliche Mangel muß auf einem **Verstoß gegen die anerkannten Regeln der Technik** beruhen. Über den Begriff der anerkannten Regeln der Technik vgl. Rdn. 104 und insbesondere Teil B § 4 Rdn. 144 ff. Erforderlich ist, daß ein **ursächlicher Zusammenhang** zwischen dem Verstoß und den anerkannten Regeln der Technik sowie dem Schaden besteht. 739

Zwar wird hier von einem Verschulden des Auftragnehmers oder seiner Erfüllungsgehilfen nicht ausdrücklich gesprochen. Trotzdem handelt es sich nicht um eine bloße Risikohaftung des Auftragnehmers. Dies ergibt sich auch hier daraus, daß Nr. 7 Abs. 2 nicht für sich allein steht, sondern die **grundlegenden Voraussetzungen des Absatzes 1 ebenfalls gegeben sein müssen** (vgl. Rdn. 694 ff.). Demnach ist **schuldhaftes** ursächliches **Handeln des Auftragnehmers** oder seiner Erfüllungsgehilfen auch hier erforderlich. Andererseits **braucht nicht ein grobes Verschulden, Vorsatz oder grobe Fahrlässigkeit, vorzuliegen,** somit muß es sich nicht um einen groben Verstoß gegen anerkannte Regeln der Technik handeln (ebenso BGH BauR 1975, 130 = SFH Z 2.414.3 Bl. 11). Vielmehr **genügt** allgemein Verschulden gemäß § 276 BGB, also auch **leichte Fahrlässigkeit.** 740

Die Erfahrung der Praxis lehrt, daß der auch hier vorauszusetzende wesentliche Mangel (vgl. Rdn. 682 ff.). im allgemeinen auf einem schuldhaften Verstoß des Auftragnehmers gegen anerkannte Regeln der Technik beruht, so daß der „große" Schadensersatzanspruch in Nr. 7 Abs. 2 durchweg über die hier erörterte besondere Voraussetzung gegeben ist. Vor 741 allem gelingt es dem **insoweit beweispflichtigen** Auftragnehmer (vgl. insoweit auch KG BauR 1988, 229) in aller Regel nicht, sich vom Vorwurf des Verschuldens zu entlasten.

3. Fehlen zugesicherter Eigenschaft

742 Der wesentliche Mangel muß in dem **Fehlen einer vertraglich zugesicherten Eigenschaft** bestehen. Über den Begriff der vertraglich zugesicherten Eigenschaft vgl. Rdn. 116 ff.

Voraussetzung für einen Schadensersatzanspruch wegen Fehlens vertraglich zugesicherter Eigenschaften ist es hier auch, daß die **grundlegenden Voraussetzungen der Nr. 7 Abs. 1 vorliegen** (vgl. Rdn. 682 ff.). Ein Schadensersatzanspruch des Auftraggebers ist also ebenfalls davon abhängig, daß ein Verschulden des Auftragnehmers **und** ein wesentlicher Mangel, der die Gebrauchsfähigkeit erheblich beeinträchtigt, gegeben sind (BGH NJW 1962, 1569). Hinsichtlich des ursächlichen Zusammenhanges sowie des Verschuldens gilt das in Rdn. 739 Ausgeführte entsprechend.

4. Versicherte oder versicherbare Leistung

743 Der weitere, von Nr. 7 Abs. 1 noch nicht erfaßte Schaden ist schließlich zu ersetzen, wenn ihn der **Auftragnehmer durch Versicherung seiner gesetzlichen Haftpflicht gedeckt hat oder innerhalb der von der Versicherungsaufsichtsbehörde genehmigten Allgemeinen Versicherungsbedingungen zu tarifmäßigen, nicht auf außergewöhnliche Verhältnisse abgestellten Prämien und Prämienzuschlägen bei einem im Inland zum Geschäftsbetrieb zugelassenen Versicherer hätte decken können (Nr. 7 Abs. 2 d).** Zur Zulassung ausländischer Versicherungsunternehmen in Deutschland: Späte, Dissertation, FU Berlin 1973.

744 **Auch hier sind die grundlegenden Voraussetzungen des Absatzes 1 erforderlich.** Es muß somit zunächst ein wesentlicher Mangel vorliegen, der die Gebrauchsfähigkeit der Leistung erheblich beeinträchtigt und der auf ein schuldhaftes Verhalten des Auftragnehmers oder seiner Erfüllungsgehilfen zurückzuführen ist (vgl. Rdn. 682 ff.).

745 Hier ist die **Schadensersatzpflicht** insofern erweitert, **als der eingetretene Schaden durch einen tatsächlich vorhandenen oder möglichen Versicherungsschutz gedeckt ist oder hätte gedeckt werden können.** Dabei kommt **nur ein etwaiger Versicherungsschutz durch Haftpflichtversicherung** in Betracht, weil hier andere Versicherungsmöglichkeiten, vor allem auch die Bauwesenversicherung, nicht erwähnt sind (vgl. dazu Wussow NJW 1967, 1552). **Sinn** dieser Regelung ist es, **zu verhindern, daß die vertragliche Beschränkung der Schadensersatzpflicht** nach Absatz 1, die nur das Vertragsverhältnis der Partner des Bauvertrages betrifft, **auch dem außerhalb** dieser Rechtsbeziehung stehenden **Haftpflichtversicherer zugute kommt.** Das gilt auch im Hinblick auf den Ausschluß der in Nr. 4 geregelten kurzen Verjährungsfrist gemäß Nr. 7 Abs. 3 (ebenso Wussow NJW 1967, 1552). **Grundlegend** zur Berufshaftpflichtversicherung des Bauunternehmers und des Architekten, zur Betriebshaftpflichtversicherung des Unternehmers sowie auch zur Bauherrenhaftpflichtversicherung Schmalzl BauR 1981, 505; insbesondere in kritischer Auseinandersetzung mit der Rechtsprechung des BGH ders., Festschrift Korbion, 1986, S. 371 ff.; ferner ders. speziell zur Haftpflichtversicherung des Bauunternehmers, BauR 1984, 456. Über die Auswirkungen der Rechtsprechung zu den „weiterfressenden Mängeln" auf das Haftpflicht- und Haftpflichtversicherungsrecht Littbarski, Festschrift Korbion, 1986, S. 269, 280 ff. mit **beachtlichen Anregungen,** denen voll beizutreten ist.

Über haftpflichtversicherungsrechtliche Probleme der Bauwirtschaft: König, Dissertation, FU Berlin 1972 (1971). Über funktionale Grundbegriffe der Bauleistungsversicherung im Hinblick auf moderne Unternehmereinsatzformen vgl. Wäldner, Beiträge zum Privat- und Wirtschaftsrecht, Heft 39, 1981,

Verlag Versicherungswirtschaft Karlsruhe. Zur Baubetriebshaftpflichtversicherung Hofmann/Kleine-Möller, 1981, Verlag E. Vögel, München. Siehe ferner: Lotter, Haftpflicht- und Bauwesenversicherungsschutz im Baugewerbe, 1973, Luchterhand-Verlag. Zu den neuen AVB und den Klauseln bei der Bauleistungs- und Baugeräteversicherung Martin VW 1974, 993, 1052, 1130, 1192. Über Bauversicherungen auch Neuenfeld, 1976, Forum-Verlag GmbH, Stuttgart; zu aktuellen Problemen der Bauleistungsversicherung Möller VW 1979, 1138. Zur Haftpflichtversicherung des Architekten vgl. insbesondere die übersichtliche und umfassende Darstellung von Schmalzl BauR 1983, 489. Über die Auswirkungen des AGB-Gesetzes auf die Leistungspflicht des Haftpflichtversicherers Helm VersR 1978, 1; zur Inhaltskontrolle nach dem AGB-Gesetz bei Allgemeinen Versicherungsbedingungen vgl. Schaefer a. a. O. S. 4. Zur Versicherung von Bau- und Montagerisiko im internationalen Wirtschaftsverkehr nach dem Recht der DDR Schulze VersR 1985, 1020.

a) Allgemein ist zu sagen, **daß Schäden, die mit einem Mangel der Leistung und dem erforderlichen Aufwand für seine Beseitigung (vgl. Rdn. 474 ff.) unmittelbar zusammenhängen, oftmals durch Versicherungsschutz nicht gedeckt werden können** (vgl. BGHZ 46, 238 240 ff. = NJW 1967, 340 = VersR 1967, 160 = MDR 1967, 208 = BB 1967, 57 = SFH Z 2.414 Bl. 177; BGH VersR 1964, 265; BGH BauR 1970, 48, 51; Wussow NJW 1967, 1552; BGH BB 1978, 685 = VersR 1979, 219 = MDR 1978, 393 = LM § 4 AHVB Nr. 37 = SFH § 4 AHB Nr. 1, insoweit zu OLG Hamm VersR 1978, 28; dazu auch Booz BauR 1981, 107), was vor allem auch für Schadensersatzansprüche wegen Nichterfüllung gemäß § 635 BGB, daher auch für solche nach Teil B § 13 Nr. 7 Abs. 1 gilt (LG Köln VersR 1980, 814). **Ausnahme** ist die **ausdrückliche versicherungsvertragliche Einbeziehung** solcher Schäden in den Deckungsschutz (vgl. dazu OLG Hamm VersR 1977, 1093). Damit ist jedoch **nicht gesagt, daß alle Schadensersatzansprüche** wegen mit dem Werkmangel zusammenhängender **Folgeschäden**, die nach den zum Werkvertragsrecht entwickelten Grundsätzen (vgl. dazu Rdn. 274 ff.) als Schadensersatzansprüche im Sinne von § 635 BGB anzusehen sind, für den Auftragnehmer nicht versicherbar sind; vielmehr ist die **Abgrenzung aus versicherungsrechtlicher Sicht dort** zu suchen, wo es sich um **vertragliche Erfüllungsansprüche am Leistungsgegenstand selbst und anderen, darüber hinausgehenden Schadensersatzansprüchen im Zusammenhang mit der Werkleistung** handelt (BGHZ 80, 284 = BauR 1981, 488 = NJW 1981, 1780 = VersR 1981, 771 = BB 1981, 1179 = MDR 1981, 738 = SFH § 635 BGB Nr. 30 = ZfBR 1981, 229; vgl. dazu im einzelnen kritisch und i. w. zustimmend Littbarski VersR 1982, 915; Eiselt/Trapp NJW 1984, 899 mit rechtlicher Abgrenzung auf der Grundlage der Leistungsbeschreibung; zutreffend kritisch dazu Schmalzl, Festschrift Korbion, 1986, S. 371, 385; ferner BGH VersR 1984, 252 = MDR 1984, 210 = BB 1984, 1070 = Betrieb 1984, 1615; vgl. dazu vor allem auch Schmalzl BauR 1984, 456). Die zur letztgenannten Entscheidung gebrachte abl. Anm. von v. Forstner (VersR 1984, 750), der Folgeschäden zu dem vom Auftragnehmer einzukalkulierenden Unternehmerrisiko rechnen möchte, verkennt, daß es für den Auftragnehmer schon aus allgemeinen baubetrieblichen Gesichtspunkten gar nicht möglich ist, derartige Schäden, die nach Inhalt und Auswirkung wegen ihrer Vielgestaltigkeit nicht zu übersehen sind, in die Vergütung mit einzukalkulieren. Beachtlich dagegen Honsell (VersR 1985, 3), dem im wesentlichen zu folgen ist. Ob Deckungsschutz für eine zum Ausgleich des Erfüllungsinteresses des Auftraggebers zu erbringende Ersatzleistung gefordert wird, ist danach zu beurteilen, ob der Auftraggeber sein unmittelbares Interesse am eigentlichen Leistungsgegenstand geltend macht (BGH VersR 1985, 1153 = MDR 1986, 1513 in gleichzeitiger Auseinandersetzung mit Littbarski a. a. O.). Ein Deckungsschutz fehlt in jenen Fällen, in denen ein Wohnungsbauunternehmen (Bauträger) wegen Nachbesserung oder Minderung in Anspruch genommen wird, weil das von ihm auf eigene Rechnung herzustellende Haus Mängel aufweist, die auf das Verschulden eines bei ihm angestellten Architekten, Bauingenieurs oder Bautechnikers zurückzuführen sind; das ergibt sich aus dem werkvertraglichen Charakter auch solcher Verträge; dabei ist für VOB-Verträge wesentlich, daß nach dem dafür maßgebenden Gewährleistungssystem grundsätzlich nur Nachbesserung, ersatzweise Minderung verlangt werden kann (vgl. BGH BB 1978, 685 = VersR 1979, 219 = MDR 1978, 393 = LM § 4 AHVB Nr. 37 = SFH § 4 AHB Nr. 1).

747 Über die Abgrenzung des Begriffes des **Sachschadens** im Sinne des § 1 AHB von dem durch die Allgemeinen Versicherungsbedingungen für die **Haftpflichtversicherung** ohnehin nicht gedeckten **Vermögensschäden** BGH VersR 1960, 1074 sowie BGH BB 1961, 352 = VersR 1961, 265. Die letztere Entscheidung sowie das in BGHZ 23, 353, 354 abgedruckte Urteil des Bundesgerichtshofes sind von besonderer Bedeutung für die Frage des Umfanges des Versicherungsschutzes bei geschuldeten Leistungen der Haftpflichtversicherung (**Deckungsumfang**). **Konstruktionsbedingte Mängel** eines Bauwerkes sind nach diesen Entscheidungen (vgl. dazu vor allem auch OLG Hamm VersR 1978, 28) **Sach- und nicht Vermögensschäden, sofern sie sich in der Fehlerhaftigkeit erschöpfen,** ohne zu weiteren Schäden zu führen.

748 Sind Nachbesserungsansprüche aus dem Bereich der Gewährleistung – ausnahmsweise – versichert, so erstreckt sich der Versicherungsschutz nicht auf vor Abnahme vorgenommene Nachbesserungen (OLG Hamm VersR 1977, 1093).

749 Über den Begriff der **vorsätzlichen Schadenszufügung** im Sinne des Ausschlusses des Versicherungsschutzes nach § 4 I 1 AHB zutreffend OLG München BB 1974, 1181. Hiernach sind an die Bejahung vorsätzlichen Handelns, das sich auch auf die – ohne daß der konkrete Kausalverlauf in den Einzelheiten vorausgesehen werden müßte – Herbeiführung der Schadensfolgen erstrecken muß, **nicht geringere Anforderungen zu stellen als im Falle des § 823 Abs. 1 BGB.**

Der **Ausschluß i. S. des § 4 Abs. 1 Nr. 2 S. 2 AHB** ist gegeben, wenn der Versicherungsnehmer Kenntnis von der Schädlichkeit der Arbeit hatte und diese Kenntnis einer vorsätzlichen Schadensherbeiführung gleichsteht, was z. B. bei der Beschädigung einer wertvollen Majolikafigur auf dem Baugelände durch Einsatz eines Knickladers beim Verfüllen eines Rohrgrabens trotz Anordnung von Handarbeit zutreffen kann (vgl. dazu OLG München VersR 1987, 755).

750 b) Zur Auslegung der **sogenannten Bearbeitungsschadenklausel** in § 4 I 6 b der AVB für die Haftpflichtversicherung (AHB) vgl. BGH LM § 4 AHB Nr. 14; BGH SFH Z 4.15 Bl. 26 f., ferner OLG Frankfurt VersR 1963, 571 sowie OLG Celle NJW 1963, 1206; außerdem OLG Frankfurt VersR 1964, 963 mit abl. Anm. von Wussow; weiterhin BGH VersR 1967, 160 = SFH Z 2.414 Bl. 177 ff. = NJW 1967, 340 = DWW 1967, 50. Dazu insbesondere auch Schmalzl, Festschrift Korbion, 1986, S. 371 ff.

Dazu auch Schmalzl BauR 1984, 456; Rottmüller VersR 1986, 843; Nickel VersR 1987, 965; schon früher Prölss NJW 1962, 968 sowie VersR 1967, 432; Wussow Betrieb 1966, 1176; Wilts VersR 1966, 1093; Goujet VersPrax. 1970, 133; Otto, Baubetriebswirtschaft 1964, 161 = Betrieb 1964, 1435 (Die Tätigkeitsklausel in der Haftpflichtversicherung). Die Ausführungen von Otto sind eine zutreffende kritische Auseinandersetzung mit dem Urteil des LG Bonn v. 19. 6. 1963 – 7 O 43/62 –, bei dem es sich um die Beschädigungen eines Lkw anläßlich von Baggerarbeiten handelte. Über Entscheidungen des BGH zu § 4 I 6 AHB auch Heimbücher VW 1979, 1018 sowie a. a. O. 1979, 1073. Zur Rechtslage in Österreich vgl. Ob. Gerichtshof VersR 1978, 477.

751 aa) **Sinn und Zweck der Bearbeitungsschadenklausel** ist es, die Möglichkeit **auszuschließen, daß dem Haftpflichtversicherer die Haftung für Schäden aufgebürdet wird, die in bezug auf die Durchführung seiner gewerblichen Arbeiten zu tragen in das Risiko des Auftragnehmers gehört.** Es soll verhindert werden, die Haftpflicht des Versicherers für solche Schäden in Anspruch zu nehmen, die an fremden Sachen **bei der Ausführung gewerblicher Arbeiten** möglicherweise durch schuldhaftes Verhalten des Versicherten bzw. seiner Erfüllungsgehilfen verursacht werden können. Die Ausschlußklausel **schließt** deshalb **Haft-**

pflichtansprüche für Risiken dieser Art schlechthin aus, also ohne Rücksicht darauf, ob den Auftragnehmer oder seine Gehilfen ein Verschulden trifft. Sie kommt auch zum Zuge, wenn es sich um die **entgangene Nutzung** an dem mangelhaft hergestellten und dadurch zu Schaden gekommenen Gegenstand selbst – also der Leistung – handelt, wobei es nicht darauf ankommt, ob der Geschädigte die Sache selbst nutzt oder an einen Dritten vermietet oder veräußert (OLG Köln VersR 1985, 933 m. w. N., für den Fall des zeitwesen Ausfalles eines Krans infolge mangelhafter Herstellung). Dagegen findet die Bearbeitungsschadenklausel keine Anwendung, wenn ein Haftpflichtschaden darauf zurückzuführen ist, daß der versicherte Unternehmer **nach ordnungsgemäßer Ausführung** seiner Arbeiten – insbesondere im Hinblick auf die Nutzung der Leistung – falsch berät (OLG Hamm VersR 1983, 525).

Die Ausschlußklausel greift aber erst ein, nachdem der Auftragnehmer mit der Ausführung der Leistung begonnen hat (BGH VersR 1975, 557 = NJW 1975, 1278 = MDR 1975, 653 = LM § 4 AHaftpflichtVB Nr. 36); erfüllt daher der Auftragnehmer seine Vertragspflicht, z. B. die Eindeckung eines Wohnhausneubaues, erst nach Ablauf der dafür vertraglich festgelegten Frist und treten infolgedessen an den **bisher erstellten Teilen** des Bauwerkes Schäden ein, wie z. B. durch einen in der Zwischenzeit niedergehenden Gewitterregen, so ist für Ersatzansprüche, die der Auftraggeber deswegen gegen den Auftragnehmer geltend macht, Versicherungsschutz zu gewähren (a. a. O.). 752

bb) **Unter gewerblicher Tätigkeit i. S. des § 4 I 6 b AHB ist ein bewußtes und gewolltes, auf einer bestimmten Vorstellung beruhendes, also zweckgebundenes Handeln zu verstehen** (BGH VersR 1966, 434 = NJW 1966, 1073; auch OLG Bremen VersR 1978, 1057). Voraussetzung für das Eingreifen der Ausschlußklausel ist immer, daß die zum Schaden führende Tätigkeit **zum gewerblichen und beruflichen Bereich des Schädigers** gehört; andernfalls greift die Ausschlußklausel nicht ein (vgl. LG Nürnberg-Fürth VersR 1986, 539 für den Fall der bloßen Mithilfe beim Abladen einer Maschine). In diesem Sinne ist gewerbliche Tätigkeit jede Arbeitsleistung, die im Zusammenhang mit der vom Auftragnehmer zu erbringenden, geschuldeten Leistung vorgenommen wird (AG Beckum VersR 1978, 25), wobei der **objektive Bereich der Ausschlußklausel von ihrem Sinn und Zweck her durchaus eng** gezogen werden muß (BGH VersR 1970, 45 = LM § 4 AHB Nr. 24; OLG Bremen a. a. O.). Dabei ist es für die Anwendung der Bearbeitungsschadensklausel ohne Bedeutung, in welcher Beziehung der dem Auftragnehmer erteilte Auftrag zu der beschädigten Sache stand; die Klausel kann daher auch eingreifen, wenn eine unmittelbare Einwirkung auf die beschädigte Sache bei Vornahme der gewerblichen Tätigkeit gerade vermieden werden sollte, z. B. bei unvorsichtigem Hantieren mit einer Axt anläßlich einer Dacherneuerung (LG Mainz VersR 1976, 378), bei einem Schaden durch Eindringen der im Dachinnern zur Befestigung von Leitungen eingeschlagenen Nägel in die Dachhaut (OLG Hamm VersR 1973, 509) oder bei Beschädigung einer Tapete bei Bohrarbeiten (LG Koblenz VersR 1975, 630), bei zwangsläufiger, unvermeidbarer Einwirkung auf gefährdete Gegenstände, wie die unteren Dachelemente bei Abdichtungsarbeiten an der Dachhaut eines Flachdaches (OLG Hamm VersR 1986, 1117 = MDR 1987, 145), oder durch Wegrücken von Gegenständen im unmittelbaren Zusammenhang mit der Bearbeitung selbst (KG VersR 1977, 1141). 753

Als **Ausschlußobjekt** ist jede Sache anzusehen, die objektiv in einem Zusammenhang mit der gewerblichen Tätigkeit benutzt und subjektiv vom Auftragnehmer zur Durchführung seiner – vertraglichen – Arbeitsleistung in Anspruch genommen wird (AG Beckum VersR 1978, 25). 754

Das LG München I (VersR 1965, 774) hebt mit Recht hervor: § 4 I 6 b AHB setzt nicht voraus, daß die Tätigkeit an der beschädigten Sache der **Endzweck der unternehmerischen Tätigkeit** war. Der Ausschluß der genannten Vorschrift umfaßt vielmehr alle durch die 755 gewerbliche Tätigkeit am Ausschlußobjekt (z. B. bei einer aus verschiedenen Schichten bestehenden Dacheindeckung) adäquat verursachten Schäden. Ist der Auftragnehmer an der Herstellung eines Flachdaches durch Leistung einer beachtlichen Teilarbeit (z. B. durch Anbringen und Isolieren der Pappauflage) beteiligt, so ist Gegenstand seiner gewerblichen Tätigkeit die gesamte Dachanlage mit allen ihren wesentlichen Bestandteilen, wozu auch eine Styropor-Dämmschicht, nicht dagegen ein durchlaufendes Antennenkabel gehört (LG Wiesbaden VersR 1974, 1169; vgl. auch LG Mainz VersR 1976, 376). Für den Anwendungsbereich der Bearbeitungsschadenklausel ist es ohne Belang, ob ein bei bestimmten Arbeiten an einem Gebäude beschädigter Gebäudeteil im Mittelpunkt des Auftrags gestanden hat; vielmehr genügt es, wenn **bei Gelegenheit** der Auftragsausführung auch **an dem beschädigten Gebäudeteil eine Tätigkeit ausgeübt** worden ist, wie z. B. im Falle der Beschädigung der Dachhaut bei Aufrichtung eines Rundumgerüstes für Fassadenarbeiten (OLG München VersR 1975, 608) oder der Beschädigung des Daches eines Nachbarhauses durch Aufstellen eines Gerüstes darauf (LG Hamburg VersR 1978, 241).

756   Zur unternehmerischen Tätigkeit gehört **auch** die **Beseitigung von Mängeln** an der Bauleistung, wenn dabei ein weiterer Mangel oder Schaden entsteht (zu entnehmen auch aus BGH VersR 1973, 809; ferner LG Stade VersR 1973, 43; vgl. auch Schmalzl, Festschrift Korbion, 1986, S. 371, 372 f.). Dabei schließt die Nachbesserungspflicht auch Maßnahmen ein, die getroffen werden, um die Beschädigung anderer Gegenstände des Auftraggebers bei der Ausführung der Nachbesserung zu vermeiden (LG Stade a. a. O.). **Voraussetzung ist eine zielgerichtete berufliche Tätigkeit am Ausschlußobjekt** (LG Nürnberg-Fürth VersR 1965, 1144; ferner LG Köln VersR 1966, 483; OLG Celle VersR 1969, 120).

757   **Entscheidend für die Abgrenzung** des Ausschlußobjekts ist die **konkrete, schadensstiftende Einzeltätigkeit;** daß z. B. durch die Bearbeitung einer Wandfläche eine andere im Gefahrenbereich dieser Tätigkeit liegende Sache in Mitleidenschaft gezogen und geschädigt wird, macht sie noch nicht zum Ausschlußobjekt (BGH VersR 1970, 612 = SFH Z 4.15 Bl. 38 ff. = LM § 4 AHB Nr. 25 = BB 1970, 639 = MDR 1970, 667; OLG Hamm VersR 1986, 1117 = MDR 1987, 145 bei Brand auch der unteren Dachteile im Rahmen von Abdichtungsarbeiten an einem Flachdach; OLG Oldenburg VersR 1983, 357 für den Fall eines Brandes durch herabfallende Schweißperlen; in letzterer Hinsicht vgl. auch OLG Köln VersR 1984, 73, zu Unrecht dagegen einschränkend OLG Bremen VersR 1984, 127). Das kann nur dann angenommen werden, wenn die beschädigte Sache **notgedrungen von der Leistung ergriffen** wird, wie z. B. bei zwangsläufig durch Aushebung von Gräben beschädigten Fernmeldekabeln (OLG Frankfurt VersR 1979, 562; siehe dazu auch weiter unten). Werden durch Schweißarbeiten bei der Errichtung einer Feuer-Außentreppe an einem Verwaltungsgebäude die Fenster des Hauses trotz vorgenommener Abdeckung beschädigt, kann sich der Betriebshaftpflichtversicherer der Schlosserei nicht auf die Leistungsfreiheit wegen eines Bearbeitungsschadens berufen (OLG Karlsruhe VersR 1981, 569). Werden beim Abwaschen eines frisch plattierten Küchenfußbodens mit 10 %iger Salzsäure die zur Kücheneinrichtung gehörenden Edelstahlkochkessel bespritzt, so daß dort bleibende Flecken entstehen, ist aus einer Betriebshaftpflichtversicherung des Plattenlegers Versicherungsschutz zu gewähren (OLG Köln NJW-RR 1987, 1052). Vgl. auch Rdn. 769 ff.

758   Im Falle eines Bearbeitungsschadens kann sich der Haftpflichtversicherer auf einen Leistungsausschluß nach § 4 I 6 b AHB **nicht** berufen, wenn der Schaden bereits durch eine vorausgegangene, nicht unter den Ausschlußtatbestand fallende Tätigkeit des Versicherten im wesentlichen herbeigeführt worden war und der Versicherte hiernach nur bei dem Versuch, eine Ausdehnung des Schadens zu verhindern, unter den Ausschluß fallende fehlerhafte Maßnahmen ergriffen hat (OLG Hamburg VersR 1974, 1189 für den Fall unzulänglichen Verbaus und den Versuch, den dadurch am Nachbargrundstück entstandenen Schaden durch unzureichende Einbringung von Sand und Magerbeton klein zu halten).

Ein **Mehraufwand**, der dem Auftragnehmer **durch ein bei Ausführung der ihm übertragenen Arbeiten auftretendes Schadensereignis entsteht**, dient der vertragsmäßigen Erfüllung und fällt daher **nicht** unter den **Haftpflichtversicherungsschutz** der AHB (LG Aachen VersR 1972, 1159). 759

Zur Beschädigung einer auf dem Nachbargrundstück stehenden **Giebelmauer** bei Ausschachtungs- und Fundamentarbeiten vgl. OLG Hamm VersR 1971, 261; über die Versicherbarkeit von **Beschädigungen öffentlicher Versorgungsleitungen** bei Tiefbauarbeiten Wussow BauR 1972, 270. Ist bei der Durchführung von Tiefbauarbeiten ein im Baustellenbereich verlegtes Kabel als Ausschlußobjekt nach § 4 I 6 b AHB anzusehen, so kommt es für die Beschädigung des Kabels durch Arbeiter des Versicherungsnehmers (Auftragnehmers) nicht darauf an, ob der Schaden auch bei Anwendung der nach den Umständen gebotenen Sorgfalt entstanden wäre und ob diese Sorgfalt beachtet worden ist (OLG Saarbrücken VersR 1974, 794). 760

Zum **einheitlichen Schadensereignis** AG Hamburg VersR 1971, 1161. Bewegliche Sachen, an denen der Auftragnehmer eine gewerbliche oder berufliche Tätigkeit ausübt, sind auch dann insgesamt Ausschlußobjekt, wenn sie aus verschiedenen Teilen zusammengesetzt sind, vorausgesetzt, sie bilden eine wirtschaftliche Einheit (LG Tübingen VersR 1973, 510). 761

c) Einzelne Fallgruppen – Versicherbarkeit

aa) Über den Begriff der **Abwässer- und Überschwemmungsschäden** im Sinne von § 4 I 5 AHB vgl. BGH MDR 1962, 283, siehe außerdem KG VersR 1964, 1229; weiterhin LG Osnabrück VersR 1967, 49; LG Freiburg VersR 1966, 841; zum Begriff „Abwässer" in § 4 I 5 AHB BGH VersR 1968, 1080 = MDR 1969, 38 = LM § 4 AHaftpflichtVB Nr. 22 sowie BGH NJW 1973, 366; ferner LG Düsseldorf VersR 1968, 1131 und VersR 1970, 945. 762

Mit der begrifflichen **Abgrenzung** zwischen **Abwasserschaden und Verschmutzungsschaden** befaßt sich das AG München (VersR 1972, 241: Eindringen von Zementschlempe in einen Entwässerungsgully). Nach der zutreffenden Ansicht des OLG Karlsruhe (VersR 1971, 1029) ist als Abwasserschaden i. S. der genannten Vorschrift auch die beim Weggießen von zementhaltigem Reinigungswasser entstandene Ablagerung von Zementschlamm in einem Rohrleitungssystem anzusehen. Wird die Toilette (hier in einem Neubau) zur Beseitigung von Abfällen benutzt, wird das Spülwasser durch Verunreinigung zum Abwasser i. S. des § 5 I b AHB (LG Köln VersR 1980, 225). Dagegen ist **abgeleitetes Regenwasser** dann kein Abwasser i. S. von § 4 I 5 AHB, wenn es sich um die Ableitung vorübergehend angesammelter und geringfügig durch Staub, Ruß und Herbstlaub verunreinigter Wassermengen handelt (OLG Saarbrücken VersR 1975, 149 bei durch Ableitung von Wasser von einem Flachdach, auf dem sich infolge fehlerhafter Ausführung Regenwasser gesammelt hatte, entstandenen Schäden; OLG Karlsruhe VersR 1985, 978 für den Fall der Ableitung von Niederschlagswasser und Abwasser in ein Mischkammersystem, wenn die wirkliche Schadensursache nicht hinreichend feststellbar ist; OLG Saarbrücken VersR 1987, 1003: mit Bausand vermischtes Regenwasser). Aus beschädigten Heizungsrohren von selbst ausfließendes Wasser ist kein Abwasser i. S. von § 4 I 5 AHB (LG Berlin VersR 1972, 527). Gleiches gilt für überlaufendes Kondenswasser eines Klimagerätes (OLG Karlsruhe VersR 1981, 1121). 763

Abgesehen vom Merkmal der Allmählichkeit der Einwirkung liegt ein bloßer Feuchtigkeitsschaden i. S. von § 4 I 5 AHB vor, wenn geringe Flüssigkeitsmengen, etwa in Tropfenform, eingewirkt haben (BGH Betrieb 1980, 1939 = BauR 1980, 572 = SFH § 4 AHB Nr. 2 = LM § 4 AHaftpflichtVB Nr. 38 = MDR 1981, 34 = VersR 1980, 813; OLG Karlsruhe VersR 1981, 1121). Davon kann nicht mehr gesprochen werden, wenn der Feuchtigkeitsschaden auf dem

Austritt eines streichholzdicken Wasserstrahls unter erheblichem Druck besteht, der bewirkte, daß die Isolierschicht unter dem Estrich der Räume voll Wasser lief (OLG Hamm VersR 1982, 482).

764 Dabei setzt der außerdem wesentliche Begriff der **allmählichen Einwirkung** eine gewisse Dauer des schädlichen Entwicklungsprozesses voraus, während das Schadensereignis dann plötzlich auftreten kann (OLG Hamm VersR 1983, 525). Ein allmähliches Eindringen von Feuchtigkeit kann durch Regenfälle bei einem verlegten Kabel geschehen, wenn sich die Papierisolierung der Kabelader mit Wasser vollsaugt (LG Saarbrücken VersR 1977, 998). Zur allmählichen Einwirkung von Feuchtigkeit als Ausschlußgrund bei Auftreten sogenannter „Kalkspatzen" als Folge des Vorhandenseins ungelöschter Kalkteilchen einer Putzschicht OLG München VersR 1970, 146. Über Kalkspatzen und die Feuchtigkeitsklausel im Bereich der Allgemeinen Haftpflichtversicherung Theda VersPrax. 1970, 196. Unter die Ausschlußklausel (§ 4 I 5 AHB) fallen insbesondere auch Schäden, die auf einem durch langandauernde Feuchtigkeitseinwirkung herbeigeführten Gipstreiben beruhen (LG Hamburg VersR 1972, 166; zugleich zum Begriff der allmählichen Einwirkung). Zu letzterem vor allem auch Mayer-Kahlen VersPrax. 1974, 74 und 82. Die allmähliche Durchsetzung einer Mauer durch aus einer Ölheizungsanlage austretendes Heizöl fällt nach Ansicht des LG Kiel nicht unter den Begriff des „durch allmähliche Einwirkung von Feuchtigkeit" entstandenen Schadens i. S. der genannten Vorschrift (VersR 1965, 894). Hierzu mit Recht ablehnend Wussow IB 1965, 155. Für den Ausschluß des Versicherungsschutzes wegen allmählicher Einwirkung von Feuchtigkeit ist die Herkunft der Feuchtigkeit ebensowenig von Bedeutung wie die Frage eines Verschuldens des Versicherungsnehmers oder seiner Erfüllungsgehilfen (LG Düsseldorf VersR 1970, 705 mit zutreffender Anm. von Oehm).

765 Über die Deckungspflicht des Haftpflichtversicherers bei Wasserschäden vgl. auch KG SFH Z 4.15 Bl. 18 ff. Zur Tragweite der Bearbeitungsschadenklausel bei **im Anschluß an Installationsarbeiten auftretenden Wasserschäden** KG VersR 1964, 1229. Der Haftungsausschluß nach § 4 I Nr. 6 b AHB greift nicht ein, wenn bei der Aufstockung eines Gebäudes Sachen eines Mieters infolge unzureichender Abdeckung der Baustelle durch Regenwasser beschädigt werden (OLG Saarbrücken VersR 1987, 1003 [L]).

766 bb) Darüber, ob sich ein Haftpflichtversicherer, bei dem ein Bauunternehmer in Abweichung von § 4 I 5 AHB auch gegen auf „**Erdrutschung**" gegründete Haftpflichtansprüche versichert ist, auf die sogenannte Obhuts- und Bearbeitungsklausel berufen kann, OLG Bamberg VersR 1969, 917. Der Haftungsausschluß nach § 4 I 5 AHB bezieht sich auf Haftpflichtansprüche aus **Sachschäden, die durch Erdrutsche entstehen, und zwar grundsätzlich solche auf dem Baugrundstück;** dagegen kommt der Deckungsschutz im allgemeinen in Betracht, wenn der Auftragnehmer bei der Bauausführung die Interessen des Grundstücksnachbarn deswegen mißachtet hat, weil es auf dem Nachbargrundstück zu Erdrutschungen gekommen ist; allerdings gilt dies wiederum nicht, wenn sich das Bauvorhaben auch auf das Nachbargrundstück erstreckt, dieses also in den Bauvorgang mit einbezogen ist (BGH, Urt. vom 10. 2. 1971 – IV ZR 124/69 –). Zum Haftungsausschluß bei Erdrutsch und bei Grundstückssenkung auch OLG Düsseldorf VersR 1968, 161. Eine Erdrutschung liegt auch vor, wenn sich das Erdreich unter Tage aus dem natürlichen Zusammenhang mit seiner Umgebung löst und in Bewegung übergeht (BGH VersR 1970, 611 = Betrieb 1970, 1125).

767 Eine „**Bearbeitung**" eines **Nachbargrundstückes** und des auf ihm stehenden Gebäudes i. S. von § 4 I 6 b AHB **liegt noch nicht im bloßen Baugrubenaushub auf dem diesseitigen Grundstück;** eine solche Tätigkeit enthält noch keine bewußte und gewollte Einwirkung auf das benachbarte Hausgrundstück; das gilt auch, wenn das Baugrundstück innerhalb eines geschlossenen, bebauten Altstadtviertels liegt und der Aushub bis zur Grundstücksgrenze reicht (BGH VersR 1978, 1009).

cc) Der Haftungsausschluß für **Sachschäden,** die durch **allmähliche Temperatureinwirkung** 768 entstehen (§ 4 I 5 AHB), erstreckt sich auch auf Hitzeschäden, die von der schädigenden Anlage selbst ausgehen (LG Nürnberg-Fürth VersR 1969, 1084: Zerstörung von Brennrohren durch fehlerhafte Einstellung von Ölbrennern). Ein ständiges Absinken der Raumtemperatur innerhalb von vier Tagen, das zum Einfrieren der Raumheizungsanlage führt, bildet auch dann, wenn die Abkühlung auf einen plötzlichen Abfall der Außentemperatur zurückgeht, eine allmähliche Einwirkung i. S. der Ausschlußklausel des § 4 I 5 AHB; für die Anwendung der Ausschlußklausel genügt es, wenn die allmähliche Einwirkung (hier von Kälte) eine von mehreren Schadensursachen darstellt (OLG Nürnberg VersR 1979, 125).

dd) Weitere Fälle:

Über die Deckungspflicht des Haftpflichtversicherers, wenn der Lieferant dem Auftrag- 769 **nehmer Mörtel mit ungelöschten Kalkteilchen** liefert, durch die der aufgetragene Feinputz und der Farbanstrich beschädigt werden, vgl. BGH SFH Z 4.15 Bl. 28 ff. = LM § 4 AHaftpflichtVB Nr. 15; weiterhin BGH VersR 1966, 722. Führt der Haftpflichtversicherte die **Zimmerarbeiten** für den Dachstuhl eines Neubaus aus, ist nur der Dachstuhl selbst Ausschlußobjekt i. S. des § 4 I 6 b AHB. Haftpflichtansprüche gegen den Versicherten wegen Schäden, die an anderen, nicht in die eigentliche Bearbeitung einbezogenen oder damit in Verbindung stehenden Teilen des Daches (z. B. an der Dachhaut, Dachantenne oder den Dachrinnen) entstehen, sind durch die Haftpflichtversicherung gedeckt (BGH Betrieb 1956, 985; SFH Z 4.15 Bl. 9 ff.). Die Haftpflichtversicherung des Auftragnehmers umfaßt nicht Schäden an **Wasserleitungsrohren,** die im Zuge von Ausschachtungsarbeiten entstehen (LG Mainz SFH Z 4.15 Bl. 6 f.). Ferner fällt die Beschädigung einer an der Außenwand eines Hauses angebrachten **Leuchtschriftanlage,** die **im Zusammenhang** mit der Durchführung von **Außenputzarbeiten** von einem Arbeiter des haftpflichtversicherten Auftragnehmers bei Abbau des Gerüstes herbeigeführt wird, unter den Haftungsausschluß des § 4 Abs. I 6 b AHB (LG Tübingen VersR 1963, 249).

Mit dem **Verputzen von Hauswänden** ist die Einwirkung auf nicht abgedeckte Türen und 770 Fenster durch **Kalk- und Mörtelspritzer** so eng verbunden, daß beide Vorgänge nach der Verkehrsanschauung auf ein und dieselbe Tätigkeit zurückgeführt werden; waren sich der haftpflichtversicherte Auftragnehmer oder seine Leute dessen bewußt, daß die Kalk- und Mörtelmasse Tür- und Fensterrahmen treffen und dort haftenbleiben würde, greift die Ausschlußklausel (§ 4 I 6 b AHB) ein (BGH VersR 1968, 1029). Werden beim **Verputz einer Wandfläche** die Metallrahmen der in die Fläche eingelassenen Türen und Fenster durch Mörtelspritzer beschädigt, werden die hieraus abgeleiteten Schadensersatzansprüche des Auftraggebers vom Schutz der Betriebshaftpflichtversicherung nicht erfaßt; für die Anwendung der Ausschlußklausel (§ 4 I 6 b AHB) ist es gleichgültig, ob die zum Schutz der Metallrahmen gegen Putzspritzer gebotenen Maßnahmen unterlassen worden sind oder ob sie unzureichend waren (BGH VersR 1970, 610).

Auch greift die Ausschlußklausel ein, wenn bei der Bearbeitung der **Holzkonstruktion des** 771 **Dachstuhles** einer Kirche die darunterbefindliche Stuckdecke von dem verwendeten Konservierungsmittel benetzt und dadurch beschädigt wird (BGH SFH Z 4.15 Bl. 49 = MDR 1971, 831 = LM § 4 AHaftpflichtVB Nr. 32 = BlGBW 1972, 18 = VersR 1971, 874).

Fensterscheiben, die sich in unmittelbarer Nähe eines mit **Sandstrahl** zu bearbeitenden 772 Fußbodens befinden und zur Vermeidung von Beschädigungen durch abspringende Sandkörner vom Auftragnehmer mit Holzfaserplatten **abgedeckt** werden, gehören zu den Ausschlußobjekten des § 4 I 6 b AHB (LG Köln VersR 1964, 423); ähnlich mit Papier verklebte Fenster bei Außenputzarbeiten (LG Hanau VersR 1966, 177). Nach Ansicht des LG Göttingen

(VersR 1965, 79) ist das nicht der Fall bei einem **Teppich,** der bei Gelegenheit des Anstreichens von Heizkörpern durch Umwerfen des Farbtopfes beschädigt wird.

773 **Unterfangungsarbeiten** stellen sich stets als bewußtes und gewolltes Einwirken auf das unterfangene Objekt dar; sie unterfallen immer der Bearbeitungsschadenklausel (BGH VersR 1978, 1009). Wenn nach Planung und Ausführung der einem **Tiefbauunternehmer** übertragenen Arbeit (z. B. Verlegung eines Straßenbeleuchtungskabels) **die Lage eines vorhandenen anderen Kabels** „per Handarbeit" in der Erde **gesucht werden muß,** dann liegt im Falle der Beschädigung des anderen Kabels eine „notwendige Einwirkung" auf die Sache und damit eine berufliche Tätigkeit „an" oder „mit" dieser Sache vor (OLG Koblenz VersR 1983, 73).

774 Zur gewerblichen und beruflichen Tätigkeit des Versicherungsnehmers (Auftragnehmers) i. S. des § 4 I 6 b AHB gehören **auch Tätigkeiten,** die **zur Erfüllung von Nebenpflichten** aus einem übernommenen Reparaturauftrag ausgeübt worden sind (vgl. LG Kiel VersR 1965, 506 mit zust. Anm. von Stelzer VersR 1965, 993).

775 Für die Anwendung der Bearbeitungschadenklausel kommt es bei **beweglichen Sachen** nicht darauf an, ob die an ihnen vorgenommene Tätigkeit des Auftragnehmers unmittelbar Gegenstand der ihm aufgetragenen Arbeiten gewesen ist. Werden z. B. von einem Schlosser in dem Treppenhaus eines Neubaues Schweißarbeiten zur Befestigung des Geländers ausgeführt, dabei in der Nähe stehende und noch nicht eingebaute Badewannen beschädigt, greift die Haftpflichtausschlußklausel des § 4 I 6 b AHB ein, ohne daß es auf die Frage des Verschuldens des Unternehmers der Schweißarbeiten ankommt (AG Hamburg VersR 1965, 704).

776 Unter den Ausschluß der Bearbeitungsschadenklausel fallen **auch Fehlleistungen** des Auftragnehmers und der von ihm beauftragten Personen, die **an Teilen einer den Gegenstand der Auftragnehmerleistung bildenden Gesamtanlage** entstehen (vgl. LG Frankfurt VersR 1964, 1237).

777 Auch wenn der Schaden an der bearbeiteten Sache durch die Verwendung eines zweckwidrig konstruierten oder schadhaften Bearbeitungsmittels eintritt, greift die Ausschlußklausel ein (BGH NJW 1969, 698). Nicht versicherbar ist das Risiko, das durch die Benutzung eines silikonhaltigen Putzmittels seitens des Glasers bei neueingesetzten Fensterscheiben – filmartiger Beschlag – entsteht (OLG Düsseldorf SFH Z 2.331 Bl. 27 ff.).

778 Zur Benutzung von **Aufzügen mit Werkzeug** (Leiter) bei Bauarbeiten BGH VersR 1970, 145. Zur Bearbeitungsschadenklausel bei **Anbringung von Schutzvorrichtungen** vgl. Goujet VersPrax. 1966, 62, 87.

779 ee) Zur Rechtsnatur der **Schweißschadenklausel** in der allgemeinen Haftpflichtversicherung Stelzer VersR 1968, 719; dazu krit. Wilcke VersR 1969, 8; dagegen wiederum zutreffend Stelzer VersR 1977, 13. Daher stellt nach richtiger Ansicht des OLG Schleswig die Schweißschadenklausel **keine echte Risikobegrenzung** dar, sondern sie enthält die **Vereinbarung einer** vor dem Eintritt des Versicherungsfalles dem Versicherer gegenüber zu erfüllenden **Obliegenheit** mit der Folge, daß die **Leistungsfreiheit** des Versicherers im Falle der Nichterfüllung **nur unter den Voraussetzungen des § 6 Abs. 1 VVG** eintritt (VersR 1972, 823). Entzündet sich beim Aufbrennen eines durch ein Deckenloch führenden Rohres durch Funkenflug auf dem Boden liegendes Stroh und führt das entstehende Schadenfeuer zum Abbrennen des Gebäudes, greift für den mit der Anlage einer Heizung beauftragten Auftragnehmer der Schutz der Betriebshaftpflichtversicherung ein; hier sind die Voraussetzungen der Tätigkeits-

klausel nicht gegeben (BGH VersR 1970, 609 = LM AHaftpflichtVB § 4 Nr. 27 = SFH Z 4.15 Bl. 40 f.).

Die Bearbeitungsschadenklausel ist **nicht schon** anwendbar, weil der Auftragnehmer es unterlassen hat, **Gegenstände abzudecken,** die bei der Durchführung der eigentlichen Auftragstätigkeit unmittelbar gefährdet waren und deren Schutz deshalb zu seinen Unternehmerpflichten gehörte (vgl. BGH VersR 1966, 434). Bei dem dort entschiedenen Fall handelte es sich darum, daß bei der Durchführung von Schweißarbeiten überhaupt keine Schutzvorkehrungen getroffen worden waren. In gleicher Weise ist auch der Fall grundsätzlich zu beurteilen, in dem zwar Schutzvorkehrungen vorgenommen werden, diese sich aber nachträglich als unzulänglich erweisen. Beides gilt allerdings nur, wenn kein bewußtes und gewolltes Einwirken auf den beschädigten Gegenstand vorliegt; anderenfalls greift die Bearbeitungsschadenklausel ein (BGH VersR 1966, 625). Dazu auch OLG Frankfurt NJW 1966, 1973. Siehe auch Rdn. 753 ff.

Von einer **ungewöhnlichen und gefährlichen Beschäftigung** als Ausschluß der Versicherbarkeit kann nur gesprochen werden, wenn die schadensstiftende Handlung im Rahmen einer allgemeinen Betätigung des Versicherten vorgenommen worden ist, die ihrerseits ungewöhnlich und gefährlich ist und deshalb in erhöhtem Maße die Gefahr der Vornahme schadensstiftender Handlungen in sich birgt, was für das **Verkleben von Teerpappbahnen mit Propangasbrenner** durch einen Nichtfachmann nicht schon gesagt werden kann (OLG Hamm VersR 1981, 1122). Ein „vorschriftswidriger Umgang mit brennbaren und explosiblen Stoffen" kann nur bei Bestehen solcher Vorschriften angenommen werden (a. a. O.).

ff) Zum Begriff **Baugrundstück i. S. A I Nr. 7 der Besonderen Bedingungen** zu § 4 I 5 AHB vgl. BGH VersR 1971, 457 = MDR 1971, 466 = LM § 4 AHaftpflichtVB Nr. 29.

gg) **Kein Risikoausschluß** i. S. § 4 II 3 AHB, sondern eine **Obliegenheit** liegt vor, wenn der Versicherungsnehmer **einen besonders gefahrdrohenden Umstand auf Verlangen des Versicherers beseitigen soll,** um einen weiteren Schaden zu verhindern, z. B. um einen erneuten Schaden durch **Wassereinbruch** zu vermeiden (BGH NJW 1973, 284 = MDR 1973, 392 = LM § 4 AHB Nr. 33). Gleiches gilt, soweit die mit einem Baggerunternehmer im Rahmen einer Betriebshaftpflichtversicherung für den Fall der Beschädigung von Erdleitungen vereinbarte „Kabelklausel" dem Versicherungsnehmer bestimmte **Erkundigungspflichten** auferlegt (OLG München VersR 1974, 153). Versicherungsbedingungen, die den **Versicherungsschutz beim vorschriftswidrigen Umgang mit brennbaren oder explosiven Stoffen versagen,** begründen ebenfalls eine **Obliegenheit** des Versicherungsnehmers; auf die Verletzung dieser Obliegenheit kann sich der **Versicherer nur berufen,** wenn er das **Versicherungsverhältnis** gemäß § 6 Abs. 1 Satz 3 VVG **gekündigt** hat (BGH VersR 1980, 153).

hh) Mit dem Ausschlußtatbestand von **Einreißarbeiten** durch Seile gemäß Nr. II A 2 des Frageformulars bei Abschluß von **Betriebshaftpflichtversicherungen** (Sonderausschlußklausel bei Betriebshaftpflichtversicherung) befaßt sich das OLG Düsseldorf (VersR 1964, 669). Zur Tragweite eines Haftungsausschlusses für Einreißarbeiten im Hinblick auf Unfälle, die sich beim Aufladen des abzuräumenden Bauschuttes ereignen, OLG Saarbrücken VersR 1974, 1165. Schäden, die der mit dem **Abreißen eines Gebäudes** beauftragte Auftragnehmer bei reinen Aufräumungs- und Auflagearbeiten verursacht, fallen nicht unter die Ausschlußklausel des § 22 der Besonderen Vertragsbedingungen für Haftpflichtversicherung – BHB – (LG Saarbrücken VersR 1974, 1117). Die in Nr. 8 der Risikobeschreibungen für **Abbruchunternehmer** vereinbarte Risikobeschränkung für Sachschäden innerhalb eines durch die Höhe des abzureißenden Bauwerks bestimmten Umkreises (Radiusklausel) ist dahin auszulegen, daß für ihre Grenze nicht die Höhe der noch abzureißenden Bauwerksteile zur Zeit des Schadensfalles, sondern die ursprüngliche Gebäudehöhe zu Beginn der Abbrucharbeiten entscheidend ist (OLG Celle VersR 1976, 133). Nach Ansicht des OLG Düsseldorf gehört zu den versicherten Risiken der von einem Abbruchunternehmer geschlossenen Betriebshaftpflichtversicherung auch die Entstehung von Staubschäden (VersR 1969, 693 mit krit. Anm. von Wilcke VersR 1969, 1084).

785 jj) Zur **Abgrenzung zwischen Privathaftpflichtversicherung und Betriebshaftpflichtversicherung** BGH VersR 1973, 313 und OLG Hamm VersR 1979, 1046 und Theißen VersR 1964, 705. Zum Bereich der **Betriebshaftpflichtversicherung** gehört jedes **betriebsbezogene Handeln;** dieses setzt voraus, daß das Handeln des Betriebsangehörigen bestimmt gewesen ist, den Interessen des Betriebes zu dienen. Wird der Versicherungsnehmer einer Betriebshaftpflichtversicherung als Betriebsinhaber wegen eines Schadens in Anspruch genommen, den ein Betriebsangehöriger verursacht hat, so fällt das Schadensereignis schon aus diesem Grunde in die Haftpflicht aus dem Betrieb (BGH VersR 1983, 945 = MDR 1984, 128).

Eine über „Elektroinstallation" abgeschlossene Betriebshaftpflichtversicherung erfaßt nicht auch Schäden, die im Rahmen einer Wasserinstallation entstehen (LG Marburg VersR 1978, 909).

Zur Frage, ob der Versicherer einer Betriebshaftpflichtversicherung für Haftpflichtschäden einzustehen hat, die bei Außenarbeiten mit einem **Sandstrahlgebläse durch Flugsand** an benachbarten Fabrikationsräumen entstanden sind, BGH VersR 1964, 916. Aus dieser Entscheidung folgt vor allem, daß **nur ungewisse Ereignisse Gegenstand einer Betriebshaftpflichtversicherung sein können.**

786 **Grundsätzlich gewährt auch die Betriebshaftpflichtversicherung keinen Versicherungsschutz, wenn eine Leistung mangelhaft erstellt** wurde und nunmehr Gewährleistungsansprüche gegen den Auftragnehmer geltend gemacht werden (vgl. § 4 I 6 b AHB). Wenn ein gegen Betriebshaftpflicht versicherter Unternehmer aufgrund einheitlichen Auftrages das gesamte Dach eines Hauses errichtet, sind Schäden an der Dachhaut, die auf mangelhafte Verankerung der Pfetten zurückgehen, auch dann als Schäden an der hergestellten Sache im Sinne von § 4 II 5 AHB anzusehen, wenn der Haftpflichtversicherungsvertrag die Tätigkeit des Versicherungsnehmers als Dachdecker nicht ausdrücklich erfaßt (LG Traunstein VersR 1968, 1030). Eine Betriebshaftpflichtversicherung für das **Dachdeckergewerbe** umfaßt nicht das Risiko, das mit dem wiederholten Vermieten von Gerüsten an Dritte verbunden ist; das gilt auch dann, wenn der Umsatz aus diesen Vermietungen im Verhältnis zum Gesamtumsatz des Unternehmens relativ gering ist (BGH VersR 1975, 77 = BB 1975, 65 = MDR 1974, 125 = SFH Z 4.15 Bl. 51). Im Rahmen von § 4 II 5 AHB ist der Nutzungsausfall, weil zum Erfüllungsinteresse gehörend, nicht vom Haftpflichtversicherungsschutz erfaßt (vgl. dazu Hübner VersR 1985, 810); gleiches gilt für erhöhten Personal- und Sachaufwand (a. a. O.). Siehe dazu auch Schmalzl, Festschrift Korbion, 1986, S. 371, 387 f.

787 Andererseits gehören **Ansprüche aus positiver Vertragsverletzung regelmäßig zum versicherten Risiko bei der Betriebshaftpflichtversicherung** (vgl. BGHZ 46, 238, 241 f. = NJW 1967, 340 = MDR 1967, 208 = BB 1967, 57 = Betrieb 1967, 119 = SFH Z 2.414 Bl. 177; BGH BauR 1982, 489 = NJW 1982, 2244 = SFH § 635 BGB Nr. 34 = Betrieb 1982, 1979 = JZ 1982, 864 = MDR 1983, 48 = BB 1982, 1327 = Anm. Schwark JR 1983, 154 = LM § 635 BGB Nr. 70 = ZfBR 1982, 205).

788 Ansprüche aus einer Betriebshaftpflichtversicherung können im Rahmen der Übernahme des Unternehmens in der Regel ohne ausdrückliche Zustimmung des Versicherers übertragen werden (BGH VersR 1983, 945 = MDR 1984, 128).

789 Bei einer Betriebshaftpflichtversicherung gilt die **Anzeigepflicht** gerade **auch für solche**

Schäden, hinsichtlich deren der Versicherungsnehmer Schadensersatzansprüche des Geschädigten **nicht für gerechtfertigt hält** (LG Köln VersR 1969, 795 für Beschädigung von Wasserleitungsanlagen bei Bauarbeiten, mit krit. Anm. von Jochheim VersR 1969, 939).

Übernimmt ein Architekt aufgrund eines Bauvertrages die Lieferung schlüsselfertiger Häuser zum sogenannten Festpreis, so wird seine gesamte Berufstätigkeit für diese Bauten von der Architekten-Haftpflichtversicherung nicht gedeckt; das gilt auch dann, wenn der Architekt den Bauvertrag mit Hilfe selbständiger Unternehmer erfüllt (BGH SFH Z 4.15 Bl. 47 = VersR 1971, 557 = BlGBW 1971, 238).

kk) „Schwammbildung" i. S. des § 4 Abs. 1 Nr. 5 AHB im Bereich der Gebäudehaftpflichtversicherung liegt nur vor, wenn die haftpflichtbegründende Beschädigung von der Schwammbildung ausgeht und die Schwammbildung in dem Gefahrenkreis auftritt, für den der Versicherungsnehmer verantwortlich ist (OLG Schleswig VersR 1985, 1053).

ll) Hinsichtlich der **Bauleistungsversicherung** vgl. die Hinweise in Teil B § 7 Rdn. 38.

d) Zu der gerade das Bauwesen interessierenden Frage des **Schiedsverfahrens über Haftpflichtansprüche und Haftpflichtversicherungsschutz** Prölss VersR 1965, 101 mit rechtlich zutreffenden Darlegungen. Hiernach ist die Haftpflichtversicherung berechtigt, den Fall selbständig zu prüfen, ohne an die Feststellungen des Schiedsgerichtes gebunden zu sein. Die Ausführungen von Prölss sind zwar auf das Verhältnis von Auftraggeber zum Architekten abgestellt, sie gelten aber entsprechend für das Verhältnis zwischen Auftraggeber und Auftragnehmer. Siehe dazu auch Bindhardt VersR 1965, 554.

e) Nach Nr. 7 Abs. 2 d richtet sich der Umfang der Schadensersatzpflicht des Auftragnehmers nach dem ihm gegebenen oder jedenfalls unter zumutbaren Bedingungen möglichen Versicherungsschutz. Dies wird durch das dort eingangs verwendete Wort „soweit" belegt. Dazu gilt:

Es besteht zwar grundsätzlich die volle Schadensausgleichspflicht auf der Grundlage der §§ 249 ff. BGB, jedoch ist diese nach den im Einzelfall gegebenen oder möglichen Versicherungsdeckungen ausgerichtet. Allgemein ist zu sagen, **daß jeder Auftragnehmer die in seiner Branche üblichen Versicherungen abschließen muß. Entscheidend** ist, daß auf außergewöhnliche Verhältnisse abgestellte Sonderprämien und Sonderleistungen nicht vorgeschrieben sind. Soweit allerdings **besonders gefährliche Arbeiten** (wie z. B. Sprengarbeiten) ausgeführt werden, müssen auch hier **notfalls besondere Versicherungen als normal** bezeichnet werden.

Ist der Auftragnehmer zwar eine Haftpflichtversicherung eingegangen, wird aber der **eingetretene Schaden nur teilweise gedeckt,** ist weiter zu prüfen, ob es ihm unter den in Absatz 2 d zugrunde gelegten **normalen** Bedingungen und Voraussetzungen möglich gewesen wäre, den Schaden abzudecken. Ist das **zu bejahen,** tritt zu seinen Lasten die **erhöhte Haftung des Absatzes 2** ebenso ein, wie in dem Fall, in dem er überhaupt den Abschluß einer ihm zumutbaren Versicherung unterlassen hat. Im anderen Fall **beschränkt sich der Umfang der Ersatzpflicht des Auftragnehmers für den Bereich der Nr. 7 Abs. 2 auf den Betrag, den die Haftpflichtversicherung tatsächlich zahlt.**

In diesem Zusammenhang ist zu beachten: Nach § 5 3 S. 1 AHB ist der Versicherungsnehmer (hier: Auftragnehmer) nach seinem mit der Haftpflichtversicherung eingegangenen Vertrag verpflichtet, unter Beachtung der Weisungen des Versicherers nach Möglichkeit **für die Abwendung und Minderung des Schadens** zu sorgen. Diese Verpflichtung **beginnt** allerdings erst **mit dem Eintritt des Versicherungsfalles,** nicht schon mit dessen Drohen

(BGH VersR 1965, 326 = NJW 1965, 755). Verletzt der Versicherungsnehmer (Auftragnehmer) seine **Schadensminderungspflicht** und hat er deshalb keine Schadensdeckung durch den Haftpflichtversicherer – etwa wenn fortschreitend Teile des Deckenputzes abfallen und er sich nicht darum kümmert –, hat er dem Auftraggeber gegenüber eine **volle Schadensersatzpflicht** nach Nr. 7 Abs. 2. Das **Unterlassen der Schadensminderungspflicht** und der damit verbundene ganze oder teilweise Verlust der Haftpflichtdeckung liegt in seinem Bereich und **geht zu seinen Lasten**. Bei ordnungsgemäßem Verhalten hätte er – sofern die in Absatz 2 genannten Voraussetzungen des möglichen Versicherungsschutzes gegeben sind – den Schaden durch Versicherungsleistung **decken können**. Das trifft allgemein auf die dem Auftragnehmer als Versicherungsnehmer – insbesondere nach § 5 AHB – obliegenden Pflichten zu (zustimmend wohl Wussow NJW 1967, 1552, 1553).

797 Verweigert der Haftpflichtversicherer den Deckungsschutz, ist ein Vergleich des Schädigers mit dem Geschädigten über die Schadenshöhe auch für ihn bindend (OLG Hamburg VersR 1982, 458). Die Klausel in einem Vordruck, den ein Haftpflichtversicherer für Abfindungserklärungen verwendet, wonach sich der Verzicht des Geschädigten auf weitergehende Ansprüche nicht nur auf den Versicherungsnehmer und den Versicherer, sondern uneingeschränkt auf „jeden Dritten" erstreckt, ist überraschend und benachteiligt den Geschädigten entgegen den Geboten von Treu und Glauben unangemessen; sie ist daher unwirksam (BGH BauR 1985, 100 = ZIP 1985, 421 = MDR 1985, 662 = SFH § 3 AGBG Nr. 3 = VersR 1985, 165 = NJW 1985, 970 = BB 1985, 147 = Betrieb 1985, 647 = ZfBR 1985, 39).

798 Ist der Auftragnehmer gemäß **DIN 18 299 Nr. 4.2.4 (früher Teil A § 9 Nr. 6)** zur **Versicherung eines besonderen oder außergewöhnlichen Wagnisses verpflichtet**, d. h., ist eine entsprechende Bestimmung zum Gegenstand des Bauvertrages gemacht worden und ist der Auftragnehmer dieser Verpflichtung **nicht nachgekommen**, tritt aufgrund dieses erweiterten und auf **besonderer vertraglicher Vereinbarung** beruhenden Sachverhalts seine **erhöhte Schadensersatzpflicht nach Nr. 7 Abs. 2** ein (a. A. Wussow NJW 1967, 1552, der hier als Grundlage einen Anspruch aus positiver Vertragsverletzung annimmt, im Ergebnis jedoch gleich, weil auch nach der hier vertretenen Ansicht Verschulden des Auftragnehmers erforderlich ist, vgl. Rdn. 803 ff.; insoweit zutreffender Hinweis von Nicklisch in Nicklisch/Weick Teil B § 13 Rdn. 260).

5. Beweislast

799 Wegen der **Beweislast** vgl. Rdn. 698 ff. und 163 ff. Die dortigen Ausführungen gelten auch für Nr. 7 Abs. 2. Vgl. aber Rdn. 738; überhaupt muß der **Auftraggeber das Vorliegen der besonderen Voraussetzungen für diesen Schadensersatzanspruch** (vgl. Rdn. 737–798) **beweisen**.

E. Aufrechnung bzw. Verrechnung von Schadensersatzanspruch mit Vergütungsanspruch

800 Wird dem **Vergütungsanspruch des Auftragnehmers** ein Schadensersatzanspruch des Auftraggebers nach Nr. 7 Abs. 1 oder Abs. 2 entgegengesetzt, **erlischt** der **Anspruch** des Auftragnehmers **auf** den **Werklohn in entsprechender Höhe**.

Dabei handelt es sich rechtlich um eine **Aufrechnung** und **nicht** um eine **Verrechnung, wenn** dem Vergütungsanspruch des Auftragnehmers **Schadensersatzansprüche** des Auftraggebers **wegen einzelner, genau bezeichneter Mängel** gegenüberstehen **und der Auftraggeber die Leistung behält,** wovon gerade auch die VOB ausgeht (vgl. OLG Düsseldorf BauR 1974, 203; OLG Frankfurt BauR 1986, 611; OLG München SFH § 635 BGB Nr. 57; RGRK-

Glanzmann § 635 BGB Rdn. 12 f. m. w. N.). Eine **Verrechnung** nach der Differenztheorie kommt demnach **nur** in Betracht, **wenn der Auftraggeber die mangelhafte Leistung oder Teilleistung zurückweist und Schadensersatz wegen Nichterfüllung des ganzen Vertrages verlangt** (a. a. O.; ferner BGH SFH Z 2.510 Bl. 12; BGH BauR 1972, 185; zu weitgehend daher Werner/Pastor, Der Bauprozeß, Rdn. 1811; wie hier Kaiser, Mängelhaftungsrecht, Rdn. 125; Nicklisch in Nicklisch/Weick Teil B § 13 Rdn. 268; a. A. OLG Düsseldorf, 5. Zivilsenat, BauR 1984, 308). Da letzteres dem Schadensersatzanspruch nach **Teil B § 13 Nr. 7** sehr häufig nicht innewohnt, muß für diesen Bereich im allgemeinen von **Aufrechnung** gesprochen werden. Das gilt um so mehr, als für die **Zurückweisung der Leistung oder Teilleistung vom Auftraggeber die Darlegung und gegebenenfalls der Nachweis zu fordern ist, daß diese für ihn kein Interesse mehr hat** (RGRK-Glanzmann Anh. zu §§ 633–635 BGB Rdn. 52; Nicklisch in Nicklisch/Weick Teil B § 13 Rdn. 268; a. A. Daub/Piel/Soergel/Steffani Teil B § 13 ErlZ 567; Kaiser, Mängelhaftungsrecht, Rdn. 125). Zutreffend weist Glanzmann a. a. O. darauf hin, daß diese Folge jedenfalls für den VOB-Vertrag gilt, weil auch schon vor der Abnahme der Schadensersatz wegen Nichterfüllung von einem solchen Interesse des Auftraggebers abhängig ist (vgl. Teil B § 4 Nr. 7 Satz 2, § 8 Nr. 3 Abs. 2 Satz 2). Da beim VOB-Vertrag regelmäßig die Wandelung ausgeschlossen ist (vgl. Rdn. 657 ff.), greift gegen die hier vertretene Ansicht auch nicht das Argument durch, bei der Wandelung sei auch kein besonderes Interesse des Bestellers erforderlich (zutreffend Nicklisch in Nicklisch/Weick a. a. O. in Auseinandersetzung mit BGHZ 27, 215, 218 f.). Sollte jedoch der letztere Fall durchgreifen, ist der Auftraggeber an der Verrechnung gegenüber der Vergütung des Auftragnehmers **nicht durch** ein etwaiges **im Vertrag festgelegtes Aufrechnungsverbot** gehindert (RGRK-Glanzmann § 635 BGB Rdn. 9; Nicklisch in Nicklisch/Weick a. a. O.; Kaiser a. a. O.; Werner/Pastor Rdn. 1810; BGH BauR 1972, 185 = SFH Z 3.01 Bl. 475 = NJW 1972, 526 = MDR 1972, 407 = BB 1972, 431; BGH SFH Z 3.003.3 Bl. 5; BGHZ 70, 240 = BauR 1978, 224 = NJW 1978, 814 = SFH § 635 BGB Nr. 2 = BB 1978, 325 = Betrieb 1978, 1171; KG BauR 1972, 121).

Hat der Auftragnehmer nur den **Teil der Vergütung** verlangt, der bei Abnahme der Leistung bzw. bei Erteilung der Schlußrechnung fällig ist, hiervon aber die **vereinbarte Sicherheitsleistung ausgenommen,** so kann der Auftraggeber gegenüber der geltend gemachten Teilforderung mit einem Schadensersatzanspruch bei Behalt der Leistung **nur aufrechnen, soweit dieser den Betrag der Sicherheitsleistung übersteigt.** Dies folgt aus der Zweckbestimmung der Sicherheitsleistung (vgl. BGH NJW 1967, 34 = SFH Z 2.410 Bl. 40 ff. = MDR 1967, 36 = BB 1966, 1322; BGH BB 1963, 995 = SFH Z 2.414 Bl. 127).

In **Ausnahmefällen** kann es berechtigt sein, daß der Auftragnehmer gegenüber der Aufrechnung bzw. Verrechnung des Auftraggebers den **Einwand der unzulässigen Rechtsausübung oder der Arglist** erhebt; zu den Voraussetzungen vgl. BGH Betrieb 1971, 1152. Unter Umständen kann dies auch in Betracht kommen, wenn der Schaden, für den der Auftraggeber einem anderen einzustehen hat, **versichert ist** und eine auf den konkreten Fall bezogene, den Schaden **voll ausgleichende Deckungszusage** eines Haftpflichtversicherers vorliegt. Insoweit kann den Ausführungen von Trapp BauR 1977, 29 – dort bezogen auf den Architektenvertrag – gefolgt werden.

F. Verjährung des Schadensersatzanspruches (Nr. 7 Abs. 3)

Der in den **beiden** ersten Absätzen der Nr. 7 geregelte **Schadensersatzanspruch verjährt an sich nach Nr. 4** unter Einschluß der Sonderregelungen in Nr. 5 Abs. 1 Satz 2 und 3. Diese Verjährungsbestimmungen gelten grundsätzlich auch für den Schadensersatzanspruch, weil er an sich **neben** den Gewährleistungsansprüchen auf Nachbesserung oder Minderung nach Nr. 5 oder Nr. 6 besteht (vgl. BGHZ 58, 332 = NJW 1972, 1280 = MDR 1972, 772 = BB

1972, 1118 = BauR 1972, 311 = LM VOB/B Nr. 53 = SFH Z 2.414 Bl. 281; OLG Köln VersR 1976, 894). Hinsichtlich der Verjährung des Schadensersatzanspruches nach Nr. 7 Abs. 1 vgl. auch Rdn. 720.

804 Die gesetzliche **Verjährungsfrist nach dem BGB (§ 638)** tritt jedoch **auch beim VOB-Vertrag, und zwar im Bereich sowohl der Nr. 7 Abs. 1 als auch der Nr. 7 Abs. 2, kraft ausdrücklicher vertraglicher Regelung in Absatz 3** in den Fällen ein, in denen sich der Auftragnehmer nach **Absatz 2 d** durch **Versicherung geschützt hat oder hätte schützen können oder in denen ein besonderer Versicherungsschutz vereinbart ist.** Vgl. dazu insbesondere auch Rdn. 794 ff. Hier ist also die jeweilige Vereinbarung der Bauvertragspartner maßgebend.

805 Im Falle des Unterlassens zumutbarer Versicherung ist jedoch **Voraussetzung, daß den Auftragnehmer für das Unterlassen ein Verschulden trifft** (Hereth/Ludwig/Naschold Teil B § 13 Rdn. 315; Nicklisch in Nicklisch/Weick Teil B § 13 Rdn. 275; Daub/Piel/Soergel/Steffani Teil B § 13 ErlZ 600; Kaiser, Mängelhaftungsrecht, Rdn. 173; a. A. Wussow NJW 1967, 1552). Hierzu sind besonders auch die Fälle zu zählen, in denen dem Auftragnehmer nach **DIN 18 299 Nr. 4.2.4** (früher Teil A § 9 Nr. 6) die Versicherung eines besonderen Haftpflichtwagnisses **vertraglich zur Pflicht** gemacht worden ist.

806 Handelt es sich nicht oder nicht nur um Schadensersatzansprüche, die sich aus Gewährleistungsansprüchen des Auftraggebers, sondern – auch – aus Ansprüchen wegen **positiver Vertragsverletzung** des Auftragnehmers ergeben, tritt allgemein die **Verjährung erst nach Ablauf von 30 Jahren ein. Dies betrifft auch diejenigen von Nr. 7 Abs. 2 erfaßten Schadensersatzansprüche, die zwar positive Vertragsverletzung zum Rechtsgrund haben, die aber als sogenannte „entferntere Mangelfolgeschäden" anzusehen sind** (vgl. dazu Rdn. 727 ff. und 274 ff.), so daß auch hier die Sonderregelung in Nr. 7 Abs. 3 eingreift, falls deren **Voraussetzungen gegeben sind** (ebenso Kaiser, Mängelhaftungsrecht, Rdn. 173; Nicklisch in Nicklisch/Weick Teil B § 13 Rdn. 276). Fallen **Ansprüche aus culpa in contrahendo** mit solchen aus Gewährleistung zusammen, gilt für die Verjährung Nr. 4, gegebenenfalls § 638 BGB, sofern Nr. 7 Abs. 3 eingreift (vgl. Rdn. 303, 97 ff.).

807 Zu der hier von der VOB eröffneten gesetzlichen Verjährungsfrist zählt aber **auch § 852 BGB**, falls – auch – eine **Haftung** des Auftragnehmers aus den **§§ 823 ff. BGB** in Betracht kommt (vgl. Rdn. 63 ff.), was gerade im Bereich der vorerwähnten sogenannten „**entferneren Mangelfolgeschäden**" vorkommen kann (BGHZ 61, 203 = BauR 1973, 381 = SFH Z 4.01 Bl. 77 = NJW 1973, 1752 mit Anm. Finger S. 2104 = VersR 1973, 1141 = BB 1973, 1094 = MDR 1973, 923 = LM VOB/B Nr. 64 Anm. Schmidt). Vgl. auch Rdn. 65 ff., 295 ff. sowie 727 ff.

808 Treten nacheinander weitere Schäden wegen desselben Mangels auf, **beginnt die Verjährung einheitlich** auch für die erst später entstehenden Folgen, soweit diese **voraussehbar sind** (vgl. RGZ 106, 283; BGH SFH Z 2.331 Bl. 54 ff.; außerdem BGHZ 50, 21 = NJW 1968, 1324 = SFH Z 2.0 Bl. 16 ff. = MDR 1968, 574 = BB 1968, 523 m. w. N.).

809 Ein **Anerkenntnis des Mängelbeseitigungsanspruchs gemäß § 208 BGB** (vgl. Rdn. 343 ff.) **bewirkt auch eine Unterbrechung der Verjährung des Schadensersatzanspruches** (vgl. BGHZ 39, 189 = NJW 1963, 1451 = SFH Z 2.414 Bl. 113 = MDR 1963, 583 = BB 1963, 669 = LM § 639 BGB Nr. 3 Anm. Rietschel). Entgegen Schmalzl (NJW 1965, 129, 136) **trifft** dies **auch auf VOB-Bauverträge zu.** Der Schadensersatzanspruch der Nr. 7 steht zwar grundsätzlich **neben** den eigentlichen Gewährleistungsansprüchen auf Nachbesserung nach Nr. 5 sowie auf Minderung nach Nr. 6 und nicht an deren Stelle (vgl. Rdn. 662 ff.). Gerade deswegen läßt sich aber vielfach bei Geltendmachung von Nachbesserung oder Minderung bzw. beim Anerkenntnis derartiger Ansprüche **noch nicht übersehen, ob Nachbesserung bzw. Minde-

rung zum völligen Erfolg führen werden und ob deshalb nach der Nachbesserung oder
der Minderung noch ein Schaden verbleibt, der nach Nr. 7 noch auszugleichen ist. Aus
diesem Grunde kann die **Rechtsfolge keine andere** sein als in dem vom BGH (a. a. O.)
entschiedenen Fall, der zwar das gesetzliche Werkvertragsrecht nach dem BGB betrifft.

Soweit anstelle der Verjährungsfristen nach **Teil B § 13 Nr. 4 die gesetzlichen Verjährungs-** 810
fristen treten, ist wegen der Gewährleistungsfristen aus dem Werkvertragsrecht auf **§ 638
BGB** zu verweisen (bei Bauwerken 5 Jahre, bei Arbeiten an einem Grundstück 1 Jahr, sonst
6 Monate; vgl. Rdn. 243 ff.).

G. Schadensersatzansprüche Dritter
Siehe dazu Teil B § 10 Rdn. 22 ff.   811

H. Einschränkung oder Erweiterung der Schadensersatzpflicht (Nr. 7 Abs. 4)

I. Grenzen der Zulässigkeit zu beachten

Schließlich läßt die VOB Teil B § 13 Nr. 7 Abs. 4 nach wie vor die **Möglichkeit der Ein-** 812
**schränkung oder Erweiterung der Haftung kraft ausdrücklicher Vereinbarung in begrün-
deten Sonderfällen** zu. Diese Bestimmung **bezieht sich,** wie sich aus ihrer Einordnung ergibt,
nur auf den in Nr. 7 geregelten Schadensersatzanspruch. Wegen alle oder weitere Gewährleistungsansprüche erfassender Sonderregelungen vgl. Rdn. 835 ff.

Um eine von den Bestimmungen in Nr. 7 Abs. 1–3 abweichende vertragliche Abrede **wirksam** 813
zu treffen, bedarf es einer **ausdrücklichen vertraglichen Vereinbarung zwischen den Vertragspartnern,** die wegen der erforderlichen inhaltlichen Klarheit am besten schriftlich in den
Bauvertrag aufgenommen wird. Voraussetzung ist, daß eine abweichende Regelung sich **in
den Grenzen des Zulässigen hält,** dabei auch hinsichtlich ihrer Tragweite inhaltlich eindeutig und für den Betroffenen nicht überraschend ist. Sie darf also – auch als Individualvereinbarung – weder einen Verstoß gegen ein gesetzliches Verbot, § 134 BGB, noch gegen
die guten Sitten, § 138 BGB, noch einen Verstoß gegen die Grundsätze von Treu und
Glauben, § 242 BGB, enthalten. Zu beachten ist, daß auch in Individualregelungen nach
§ 276 Abs. 2 BGB die **Haftung** des Auftragnehmers **für vorsätzliches Handeln nicht erlassen werden kann,** was nicht für die Haftung des Auftragnehmers für das Verhalten seiner
Erfüllungsgehilfen gilt, § 278 Satz 2 BGB. **Auch auf § 637 BGB ist hinzuweisen.**

Über den vorgenannten Rahmen der Zulässigkeit hinaus sind **die Sondervorschriften des** 814
AGB-Gesetzes zu beachten, sofern dessen Regelungen auf Zusätzliche oder Besondere Vertragsbedingungen anzuwenden sind (vgl. dazu Teil A § 10 Rdn. 77 ff.). **Hier können für
Schadensersatzansprüche aus dem Bereich der Gewährleistung u. a. die Bestimmungen in
§§ 3, 5, 9, vor allem § 11 Nr. 2, 3, 4, 5, 7, 10, 11 und 15 AGB-Gesetz von Bedeutung sein,** so
daß im Anwendungsbereich dieses Gesetzes bei der Abfassung von Besonderen, **vor allem
Zusätzlichen Vertragsbedingungen unbedingt Vorsicht geboten ist.** Vgl. dazu vor allem
auch Teil A § 13 Rdn. 3 ff.; zur Schadenspauschalierung vgl. Teil A § 12 Rdn. 1.

II. Anderweitige Regelung nur in begründeten Sonderfällen

Grundlegend wichtig ist, daß nach Nr. 7 Abs. 4 die Einschränkung oder Erweiterung der 815
Schadensersatzhaftung des Auftragnehmers nur in begründeten Sonderfällen vereinbart

werden kann. Es müssen also **Sondertatbestände** vorliegen, für die eine Schadensersatzhaftung in den Grenzen der Nr. 7 entweder nicht ausreichend oder zu streng ist. Dabei kommt es jeweils auf **die näheren Umstände der vom Auftragnehmer geschuldeten Leistung an,** wie z. B. besondere Gefährdung durch Grundwasser, besondere Umwelteinflüsse, hoher Grad an Verschleiß im Rahmen der Nutzung usw. Immer ist Voraussetzung, daß eine Abweichung nur im Wege **beiderseitigen Einverständnisses, also nach den Grundsätzen vertraglicher Vereinbarung, §§ 145 ff. BGB,** zustande kommt. Lediglich **einseitige Forderungen** dieses oder jenes Vertragsteils **sind unbeachtlich.** Zur Kollision Allgemeiner Geschäftsbedingungen vgl. Ebel NJW 1978, 1033.

III. Freizeichnungsklauseln

816 Hauptfälle einer Sonderregelung zur Schadensersatzhaftung sind **individualvertraglich vereinbarte Freizeichnungsklauseln.** Hierdurch wird die Haftung des Auftragnehmers für Schadensersatz **entweder ausgeschlossen oder gemildert.** Sie können generell vereinbart oder auf gewisse Sachverhalte (z. B. Streik, Witterungseinflüsse) beschränkt werden, **falls dem nicht zwingende gesetzliche Vorschriften entgegenstehen** (vgl. Rdn. 812 ff.).

817 Freizeichnungsklauseln sind grundsätzlich eng und im Zweifel gegen den auszulegen, der sie verfaßt hat; sie können keine ausdehnende Anwendung erfahren.
(Vgl. BGHZ 22, 90, 96; BGH NJW 1960, 1661; 1962, 388, 389; 1970, 383, 386; BGH BauR 1972, 114 = MDR 1972, 316 = BB 1972, 552 = LM § 635 BGB Nr. 25 = VersR 1972, 274 = Betrieb 1972, 233; BGHZ 62, 83 = WM 1974, 195 = JZ 1974, 332 = LM Allg. Geschäftsbed. Nr. 53 = NJW 1974, 551 = BauR 1974, 199 = BB 1974, 294 = Betrieb 1974, 528 = SFH Z 2.10 Bl. 32 ff. = WM 1974, 195; BGH BauR 1982, 489 = NJW 1982, 2244 = SFH § 635 BGB Nr. 34 = Betrieb 1982, 1979 = JZ 1982, 864 = MDR 1983, 48 = BB 1982, 1327 = Anm. Schwark JR 1983, 154 = LM § 635 BGB Nr. 70 = ZfBR 1982, 205.)

So ist bei einer Beschränkung der Schadensersatzhaftung auf den „unmittelbaren Schaden am Bauwerk" im allgemeinen davon auszugehen, daß **Schadensersatzansprüche aus unerlaubter Handlung nicht ausgeschlossen** sein sollen (vgl. BGH BauR 1975, 286 = NJW 1975, 1315 = BB 1975, 855 = MDR 1975, 748 = VersR 1975, 857 = SFH Z 3.000 Bl. 3 = BlGBW 1975, 236 = LM Allg. Vertragsbest. A-Vertrag Nr. 3). Vor allem erfaßt eine Klausel, die – insbesondere in Allgemeinen Geschäftsbedingungen (Zusätzlichen Vertragsbedingungen) – im Bereich der Gewährleistung Ansprüche, insbesondere Schadensersatzansprüche, ausschließt, **nicht schon ohne weiteres Ansprüche aus positiver Vertragsverletzung** (vgl. dazu BGH BauR 1982, 489 = NJW 1982, 2244 = SFH § 635 BGB Nr. 34 = Betrieb 1982, 1979 = JZ 1982, 864 = MDR 1983, 48 = BB 1982, 1327 = Anm. Schwark JR 1983, 154 = LM § 635 BGB Nr. 70 = ZfBR 1982, 205).

818 Wie diese Beispiele zeigen, ist **bei Individualabreden eine ergänzende Auslegung** solcher Bedingungen an sich schon **möglich** (vgl. BGHZ 54, 106, 115; 60, 353, 362). Sie darf aber nicht einseitig die Interessen des Auftragnehmers oder umgekehrt des Auftraggebers berücksichtigen; vielmehr erfordert sie eine **angemessene Beachtung der beiderseitigen Interessen.** Ist das nicht möglich, läßt sich insbesondere bei verschiedener Gestaltungsmöglichkeit nicht feststellen, welche Regelung die Vertragspartner getroffen hätten, wenn sie sich – wegen Unwirksamkeit einer Freizeichnungsklausel – einer Vertragslücke bewußt gewesen wären, so muß der betroffenen Partei der **für sie gebotene Gewährleistungsanspruch zugestanden werden.** Das gilt z. B., wenn der Auftragnehmer in seinen Allgemeinen Geschäftsbedingungen für den Fall des Fehlschlagens der Nachbesserung sowohl Schadensersatzansprüche als auch ein Rücktrittsrecht und/oder ein Wandelungs- oder Minderungsrecht des Auftraggebers ausschließt; dieser Ausschluß ist nach § 242 BGB unbeachtlich, weil das Gericht hier eine ergänzende Vertragsauslegung nicht vornehmen kann (vgl. BGHZ 62, 83 = WM 1974, 195 = Betrieb 1974, 528 = SFH Z 2.10 Bl. 32 ff. = JZ 1974, 332 = LM Allg. Geschäftsbed. Nr. 53 = BauR 1974, 199

= NJW 1974, 551 = BB 1974, 294; BGHZ 70, 240 = NJW 1978, 814 = BauR 1978, 224 = BB 1978, 325 = WM 1978, 324 = MDR 1978, 483 = LM § 635 BGB Nr. 45 Anm. Girisch = SFH § 635 BGB Nr. 2 = Betrieb 1978, 1171 = Anm. Schubert JR 1978, 376); **vgl. dazu jetzt vor allem § 11 Nr. 10 b AGB-Gesetz.** Dabei müssen die dort gekennzeichneten Mindestbefugnisse dem Auftraggeber in AGB ausdrücklich offengehalten werden (vgl. OLG Stuttgart WRP 1980, 444; OLG Koblenz ZIP 1981, 509, 511). Das gilt nach § 9 Abs. 2 Nr. 1 AGB-Gesetz auch für Vertragsbeziehungen unter Kaufleuten (vgl. BGH NJW 1981, 1501 = Betrieb 1981, 1515 = BB 1981, 815 mit Anm. Marburger S. 1177 = ZIP 1981, 504, 506).

Demgemäß ist auch eine Freizeichnungsklausel **unwirksam**, die dahin geht, daß der Auftragnehmer unter Ausschluß aller übrigen Gewährleistungsansprüche nur zur Mängelbeseitigung verpflichtet sein soll, sofern ihn ein Verschulden an dem Mangel trifft (vgl. BGHZ 62, 323 = BauR 1974, 276 = BB 1974, 997 = NJW 1974, 1322 = LM Allg. Geschäftsbed. Nr. 56 = SFH Z 2.10 Bl. 41 = Betrieb 1974, 1328 = MDR 1974, 626). Ebenso trifft dies auf eine Klausel zu, wonach Schadensersatzansprüche auch bei schuldhafter Verletzung der Nachbesserungspflicht oder bei Fehlschlagen der Nachbesserung im Falle einer Fehlkonstruktion ausgeschlossen sein sollen (vgl. dazu Teil A § 13 Rdn. 13 f.). Gleiches gilt für die Freizeichnung von Gewährleistungsansprüchen aus Mängeln, die nicht im sog. Abnahmeprotokoll enthalten sind, wenn die entsprechende Vertragsklausel nicht zwischen den Vertragspartnern frei ausgehandelt worden, sondern lediglich in einseitig aufgestellten Formularbedingungen des Auftragnehmers enthalten ist (BGH BauR 1975, 206 = BB 1975, 442 = MDR 1975, 569 = SFH Z 7.22 Bl. 7 = Betrieb 1975, 682 = BlGBW 1975, 198 = LM Allg. Geschäftsbed. Nr. 62). Jedenfalls bleibt hier das Risiko, daß die Schadloshaltung fehlschlägt, beim Auftragnehmer bzw. Veräußerer (a. a. O.). Bezweckt eine von einem das besondere Vertrauen des Auftraggebers genießenden Fachunternehmer selbständig geplante und ausgeführte Baumaßnahme (z. B. die Errichtung eines Klimaanlage) mit Wissen des Auftragnehmers vor allem den Schutz wertvoller, hochempfindlicher Geräte (z. B. von EDV-Maschinen), so kann sich der Auftragnehmer nicht auf den Ausschluß seiner Haftung für entferntere Mängelfolgeschäden in von ihm verwendeten AGB berufen, wenn die Geräte infolge Planungsfehlers beschädigt werden; dies verstößt gegen § 9 AGB-Gesetz bzw. gegen § 242 BGB (BGH BB 1985, 884 = ZIP 1985, 623 = MDR 1985, 569 = BlGBW 1985, 110 = Betrieb 1985, 1388 = SFH § 9 AGBG Nr. 21 = LM § 9 [Bg] AGBG Nr. 4 = BauR 1985, 317 = NJW-RR 1986, 271 = ZfBR 1985, 173 = v. Westphalen EWiR § 633 BGB 1/85, 77).

819

Zur Freizeichnung von der Haftung für zugesicherte Eigenschaften s. Teil A § 13 Rdn. 15 ff. sowie § 11 Nr. 11 AGB-Gesetz.

820

Insbesondere müssen Freizeichnungsklauseln **in ihrer Tragweite eindeutig und aus sich heraus verständlich sein,** und zwar vor allem **auch für einen Nichtjuristen,** sofern eine unzweideutige und klare Fassung möglich ist. Dabei ist eine Klausel in Allgemeinen Geschäftsbedingungen – insbesondere Zusätzlichen Vertragsbedingungen –, nach der Schadensersatzansprüche wegen Nichterfüllung und Verzuges ausgeschlossen sind, soweit dies gesetzlich zulässig ist, ein Verstoß gegen das Verständlichkeitsgebot des § 2 Abs. 1 Nr. 2 AGB-Gesetz und daher unwirksam (vgl. OLG Stuttgart NJW 1980, 1105).

821

Für die Haftung von Angestellten des Auftragnehmers aus **unerlaubter Handlung** können gleichfalls Freizeichnungsklauseln in Betracht kommen, insbesondere im Hinblick auf sogenannte „gefahrengeneigte Arbeit" (s. dazu auch BGH NJW 1962, 388). Im Rechtsverkehr zwischen Kaufleuten kann eine Haftung aus unerlaubter Handlung ausgeschlossen werden, sofern dem Handelnden lediglich leichte Fahrlässigkeit zur Last fällt und der Haftungsausschluß inhaltlich zweifelsfrei festgelegt ist (vgl. BGH NJW 1979, 2148 = WM 1979, 435 = Betrieb 1979, 1078). Daher kann sich ein Unternehmer in seinen **Allgemeinen Geschäftsbedingungen** dem Besteller gegenüber nicht von der Haftung für ein eigenes **grobes** Verschul-

822

den oder für ein solches seiner leitenden Angestellten freizeichnen (BGHZ 20, 164; NJW 1962, 1195 = BGH LM § 276 [Cc] BGB Nr. 18); s. dazu auch § 11 Nr. 7 AGB-Gesetz. In der zuletzt genannten Entscheidung hat der BGH in Ergänzung seines weiteren, in VersR 1962, 22 veröffentlichten Urteils ausgeführt, daß sich hieran nichts ändert, wenn der Auftragnehmer den Auftraggeber auf die Notwendigkeit einer Kaskoversicherung hingewiesen und der Kaskoversicherer den dem Auftraggeber infolge eines solchen Verschuldens entstandenen Schaden gedeckt hat. Anders ist das nur, wenn der Anspruch des Bestellers vereinbarungsgemäß gerade für den Fall ausgeschlossen ist, daß der Versicherer den Schaden deckt und tatsächlich Versicherungsschutz gewährt.

823 Zur Drittwirkung formularmäßiger Freizeichnungsklauseln (§ 276 Abs. 2 BGB) siehe Schmidt-Salzer BB 1969, 297. Diese Grundsätze sind auf das Vertragsrecht der VOB entsprechend anzuwenden.

824 In der widerspruchslosen Hinnahme einer modifizierten Annahmeerklärung allein ist noch keine stillschweigende Annahme zu sehen (BGHZ 61, 282 = BB 1973, 1459; BGH BB 1974, 1136 = WM 1974, 842 = Betrieb 1974, 2466; vgl. dazu auch Vogt BB 1975, 200).

Zu den Freizeichnungsklauseln vgl. auch Rdn. 836 ff.

Fünfter Abschnitt: Sonderfälle im Rahmen der Gewährleistung

A. Der Vorteilsausgleich

825 I. Bei der **Berechnung des Schadensersatzanspruches** nach Teil B § 13 Nr. 7 kann die Frage des **Ausgleichs** eines vom Auftraggeber gegenüber seiner bisher durch ursprünglich ordnungsgemäße vertragliche Erfüllung vorausgesetzten Vermögenslage gewonnenen Vorteils eine Rolle spielen. Sie ist gleichermaßen aber auch bei den anderen Gewährleistungsansprüchen, also bei Minderung und Nachbesserung, dort einschließlich Kostenerstattung und Kostenvorschuß, von Bedeutung und daher entsprechend zu beantworten (BGHZ 91, 206 = BauR 1984, 510 = Betrieb 1984, 2553 = NJW 1984, 2457 = BB 1984, 2021 = MDR 1984, 833 = LM § 633 BGB Nr. 51 Anm. Recken = SFH § 13 Nr. 5 VOB/B Nr. 7 = ZfBR 1984, 222; BGH BauR 1987, 86 = NJW 1987, 644 = BB 1987, 155 = SFH § 633 BGB Nr. 59 = Betrieb 1987, 1833 = ZfBR 1987, 34 = LM § 633 BGB Nr. 66; a. A. hinsichtlich der Nachbesserung Kaiser, Mängelhaftungsrecht, Rdn. 203, der jedoch bei dem Versuch, die Problematik über § 2 VOB/B zu klären, übersieht, daß es sich hier **in der Grundlage nicht um Vergütung, sondern um die dem Leistungsbereich zuzurechnenden Auswirkungen des – bestehenden – Gewährleistungsanspruches des Auftraggebers i. S. der Schadensberechnung bzw. des Kostenausgleichs handelt**, ohne daß es vorrangig auf die Auswirkung, nämlich die Art und Weise der Berechnung, ankommt, was auch Groß, Festschrift Korbion, 1986, S. 123, 131 f. nicht hinreichend berücksichtigt; wie hier Brandt BauR 1982, 524; jetzt auch Werner/Pastor Rdn. 1730).

Grundgedanke ist hier:

Der Geschädigte soll nicht bessergestellt werden, als es ohne das schädigende Ereignis der Fall gewesen wäre, wie sich aus § 249 BGB, dem insoweit ein allgemeiner Rechtsgedanke innewohnt, ergibt; ebenfalls folgt dies aus § 242 BGB. Er kann also grundsätzlich nicht günstiger dastehen, als er bei von vornherein vertragsgerechter Erfüllung gestanden hätte (BGH a. a. O., m. w. N.).

826 II. Bei Beachtung dieser tragenden Grundlage zeigt sich, daß bei weitem nicht alle Vorteile, die dem Geschädigten im Zusammenhang gerade auch mit der Schadensbeseitigung erwach-

sen, auf den Gewährleistungsanspruch anzurechnen sind und damit dem Schädiger zugute kommen können, sondern **nur solche, deren Anrechnung dem jeweiligen Zweck des Ersatzes entspricht und daher den Schädiger nicht unbillig entlastet** (BGH a. a. O., m. w. N.; vgl. Groß, Festschrift Korbion, 1986, S. 123 ff.; für den Bereich des Schadensersatzes Palandt/Heinrichs, Vorbem. 7 A vor § 249 BGB m. w. N.; insbesondere Lange JuS 1978, 649). Dazu ist **besonders für den Bereich des Bauvertrages** zu beachten:

1. Anknüpfungspunkt ist die **grundlegende Erwägung,** daß der **Auftragnehmer nicht mit Kosten solcher Maßnahmen belastet werden darf, die er nach dem Vertrag nicht zu erbringen brauchte.** Andererseits kann er sich **nicht** seiner **werkvertraglichen Erfolgshaftung entziehen.** Daher ist zunächst in jedem Einzelfall die geschuldete Leistung konkret zu ermitteln und dem Vertrag entsprechend festzulegen. Hat der Auftragnehmer hiernach einen **bestimmten Erfolg zu einem bestimmten Preis versprochen,** so bleibt er an seine Zusage auch dann gebunden, wenn sich die beabsichtigte Ausführungsart nachträglich als unzureichend erweist und aufwendigere Maßnahmen erforderlich werden. Auch für den Bereich der vertraglich geschuldeten Nachbesserung können grundsätzlich dem Auftraggeber keine Mehrkosten aus dem Gesichtspunkt der Vorteilsausgleichung angelastet werden (BGHZ 91, 206 = BauR 1984, 510 = Betrieb 1984, 2553 = NJW 1984, 2457 = ZIP 1984, 713 = BB 1984, 2021 = MDR 1984, 833 = LM § 633 BGB Nr. 51 Anm. Recken = SFH § 13 Nr. 5 VOB/B Nr. 7 = ZfBR 1984, 222).

2. Wird durch die zu späterer Zeit erfolgende Erfüllung der Gewährleistung eine **längere Lebensdauer** der Bauleistung erreicht, als **von Beginn an nach dem Vertrag vorausgesetzt wird bzw. vorauszusetzen ist,** so muß sich der Auftraggeber den ihm **dadurch entstandenen Vorteil anrechnen lassen,** z. B. weil eine an sich bei normalem Verlauf und ursprünglich mängelfreier Leistung ohnehin erforderlich werdende Renovierung, ohne **daß diese die Mängelbeseitigung selbst berührt,** jetzt erst später zu erfolgen hat (vgl. dazu BGHZ 30, 29 = NJW 1959, 1078 = MDR 1959, 567 = LM § 249 [Ha] BGB Nr. 209; BGH BauR 1971, 61 = SFH Z 3.01 Bl. 445; OLG Hamburg MDR 1952, 224; OLG Köln Betrieb 1954, 695; OLG Düsseldorf BauR 1974, 413; KG BauR 1978, 410; OLG Frankfurt BauR 1984, 67; OLG Frankfurt BauR 1987, 322 = SFH § 249 BGB Nr. 13 bei verlängerter Lebensdauer eines Flachdaches und ersparten Unterhaltungs- sowie Pflegearbeiten in dem besonderen Fall, daß der Auftraggeber das Bauobjekt unabhängig von der Sanierung bereits bei ursprünglicher Fertigstellung vermieten konnte). Hat ein Altbau infolge der jetzt sachgerechten Nachbesserung den Wert eines Neubaues, **ohne daß dies bereits dem Inhalt des Vertrages entsprochen hat,** muß der Auftraggeber sich den dadurch gewonnenen Vorteil anrechnen lassen, es sei denn, dieser Erfolg wäre durch eine von vornherein sachgerechte Leistung des Auftragnehmers auch schon erreicht worden (vgl. für einen Fall aus dem außervertraglichen Schadensersatzrecht BGH VersR 1974, 243).

3. Gleiches gilt, wenn die mangelhafte Leistung **bei ursprünglich nicht schon dem Vertragsinhalt** zuzurechnender **Leistungspflicht des Auftragnehmers von Anfang an bei richtiger Ausführung mehr gekostet** hätte, als es bei der unsachgemäßen Ausführung, gemessen an der vereinbarten vertraglichen Vergütung, **tatsächlich der Fall** war **(sogenannte Ohnehinkosten oder Sowiesokosten),** vgl. BGH BauR 1976, 430; BGH WM 1972, 800; ferner Brandt BauR 1982, 524, wie z. B. durch Einbau stärkerer Fensterrahmen (vgl. dazu auch KG BauR 1978, 410: verlängertes Wirksamwerden eines Abstrahleffektes, als ursprünglich möglich gewesen wäre; OLG Frankfurt BauR 1987, 322 = SFH § 249 BGB Nr. 13: fehlende Gewebeträgereinlagen in einem Flachdach; nachfolgend BGH : anderes Wärmeschutzkonzept). Insoweit ist **aber zur Abgrenzung maßgebend,** ob sich die – zum Vertrag gewordene – Kalkulation des Auftragnehmers nicht allein nach seinen eigenen Vorstellungen, sondern in erster Linie nach einem **Leistungsverzeichnis des Auftraggebers** richtet; dann erfaßt der vereinbarte Preis die Leistung nur in der jeweils angegebenen Größe, Güte und Herstellungsart.

Notwendig werdende Zusatzarbeiten (vgl. Teil B § 2 Nr. 1, 6 Abs. 1, 7 Abs. 1 Satz 4, 8 Abs. 2 Satz 2) sind dann innerhalb der Mängelbeseitigung anrechnungsfähige sogenannte Sowiesokosten. Entsprechendes muß gelten, wenn die Vertragsparteien auf Anregung des Auftragnehmers nicht nur den Leistungserfolg, sondern eine ganz bestimmte Ausführungsart **ausdrücklich** zum Vertragsgegenstand gemacht haben (insoweit insbesondere BGHZ 91, 206 = BauR 1984, 510 = Betrieb 1984, 2553 = NJW 1984, 2457 = ZIP 1984, 713 = BB 1984, 2021 = MDR 1984, 833 = LM § 633 BGB Nr. 51 Anm. Recken = SFH § 13 Nr. 5 VOB/B Nr. 7 = ZfBR 1984, 222). Kommt unter diesen Voraussetzungen ein Vorteilsausgleich in Betracht, ist **jedoch nur auf den Preisunterschied im Zeitpunkt der ursprünglichen Ausführung abzustellen** (vgl. dazu BGH BauR 1971, 60 = SFH Z 3.01 Bl. 445 sowie BGH, Urt. vom 19. 11. 1970 – VII ZR 230/68 –; über beide Entscheidungen Jagenburg NJW 1971, 1425, 1428; weiter BGH SFH Z 3.01 Bl. 512; BGHZ 90, 344 = BauR 1984, 395 = NJW 1984, 1676 = BB 1984, 1703 = Betrieb 1984, 1720 = MDR 1984, 748 = SFH § 13 Nr. 5 VOB/B Nr. 5 = ZfBR 1984, 173).

830   4. Keiner der Vertragspartner – weder Auftraggeber noch Auftragnehmer – **soll** dadurch, daß der Vertragszweck vom Auftragnehmer nicht sogleich, sondern – jedenfalls im wirtschaftlichen Ergebnis – erst später im Rahmen der Gewährleistung erreicht wird, einen **sonst nicht gehabten Vorteil** erlangen. Dabei ist aber insbesondere auch die Beachtung des Grundsatzes der **Zumutbarkeit wesentlich** (vgl. OLG Düsseldorf BauR 1974, 413). Deshalb kann sich der **hier darlegungs- und beweispflichtige** (vgl. RG JW 1909, 445) **Auftragnehmer** hinsichtlich seines Kostenaufwandes auch grundsätzlich **nicht auf** einen vom Auftraggeber erzielten **Vorteil berufen,** wenn er die erforderliche Mängelbeseitigung entgegen seiner vertraglichen Pflicht (§§ 633 Abs. 2 S. 1 BGB; § 13 Nr. 5 Abs. 1 Satz 1 VOB/B) **nicht sogleich, sondern erst später** – u. U. sogar erst nach erfolgter gerichtlicher Verurteilung – vorgenommen hat, wie z. B. auf zwischenzeitlich ersparte Pflegekosten oder auf die bisherige Nutzung der mangelhaften Leistung oder auf eine **lediglich durch die auf dem bisherigen Vertrag beruhende spätere Nachbesserung** erzielte längere Lebensdauer (BGHZ 91, 206 = BauR 1984, 510 = NJW 1984, 2457 = Betrieb 1984, 2553 = BB 1984, 2021 = ZIP 1984, 713 = MDR 1984, 748 = MDR 1984, 833 = LM § 633 BGB Nr. 51 Anm. Recken = SFH § 13 Nr. 5 VOB/B Nr. 7 = ZfBR 1984, 222; KG BauR 1978, 410). Zwischenzeitlich eingetretene Verteuerungen muß der Auftragnehmer ohnehin selbst tragen, wenn er im Rahmen der Gewährleistung lediglich eine ihm obliegende vertragliche Verpflichtung erfüllt.

831   5. Auch braucht sich der Auftraggeber **nicht darauf verweisen zu lassen,** er habe das – wenn auch fehlerhafte – Werk immerhin **einige Zeit nutzen können;** denn dabei handelt es sich um eine **unvermeidliche Nutzung,** die gerade nicht den vertraglich geschuldeten unbeeinträchtigten Gebrauch ermöglicht (BGH a. a. O.; ebenso OLG Saarbrücken NJW-RR 1987, 470). Für ersparte Renovierungsarbeiten ist überdies zu berücksichtigen, daß es bei einer nachzubessernden oder sogar erneuerungsbedürftigen Bauleistung sinnvoll sein kann, zunächst jede Instandsetzung zu unterlassen; die Gewährleistungspflicht des Auftragnehmers muß auch in ihrem Umfang davon grundsätzlich unberührt bleiben; nur so steht dies im Einklang mit dem Grundgedanken der Vorteilsausgleichung (BGH a. a. O.). Ausnahmsweise muß jedoch anderes gelten, wenn sich die Mängel verhältnismäßig spät ausgewirkt haben und der Auftraggeber bis dahin keine Gebrauchsnachteile hinnehmen mußte; dann ist es nach Treu und Glauben geboten, die mit der Nachbesserung erzielte längere Lebensdauer sowie den ersparten Instandhaltungsaufwand anspruchsmindernd zu berücksichtigen (von BGH a. a. O. offengelassen). Als Vorteil muß es sich der Auftraggeber auch anrechnen lassen, wenn durch die Nachbesserung des Auftragnehmers zugleich von ihm selbst oder seinem Erfüllungsgehilfen (§ 278 BGB), z. B. seinem Architekten, verursachte Mängel sozusagen zwangsläufig mitbeseitigt werden (BGH a. a. O.). Nutzt der Auftraggeber im Rahmen von Nachbesserungsarbeiten verwendete Arbeitsvorrichtungen oder -geräte gleichzeitig für andere, außerhalb der Gewähr-

leistung des Auftragnehmers liegende Leistungen, so muß er sich dies auch mit einem entsprechenden Kostenanteil als Vorteil anrechnen lassen (zutreffend Kaiser, Mängelhaftungsrecht, Rdn. 205).

6. Dem Vorteilsausgleich zugänglich sind somit nur solche Vorteile, die der Auftraggeber allein durch die Gewährleistung außerhalb ohnehin bestehender vertraglicher Verpflichtung des Auftragnehmers im Verhältnis zu – unterstellter – sogleich ordentlicher Arbeit dieses Auftragnehmers erlangt hat (so auch BGH a. a. O.).

7. Voraussetzung für jeden Vorteilsausgleich ist es außerdem immer, daß der Vorteil auf demselben Schadensereignis, das den Nachteil verursacht hat, beruht (vgl. BGH NJW 1976, 747 = VersR 1976, 471 = MDR 1976, 305; BGH NJW 1977, 1819 mit Anm. Schlechtriem a. a. O.; BGH NJW 1978, 536). Entgegen Kaiser (Mängelhaftungsrecht, Rdn. 203 Fn. 8) gelten die vorerörterten Grundsätze zur Vorteilsausgleichung grundsätzlich **auch bei einer – bloßen – Pauschalpreisvereinbarung** (insoweit zutreffend Brandt BauR 1982, 524), da sie unabhängig von der vereinbarten Preisart als solcher sind. **Anders** jedoch **bei einer Baukostengarantie** des Auftragnehmers (vgl. Rdn. 847 ff.), es sei denn, es handelt sich um Änderungs- oder Zusatzwünsche des Auftraggebers, die nicht die bisherige Leistung im Rahmen des technisch Notwendigen erfassen, sondern unabhängig davon sind, wie sogenannte „echte" Sonderwünsche (insoweit zutreffend Kaiser a. a. O., entgegen Brandt a. a. O.). Eine solche Garantie liegt aber nicht schon in der bloßen Vereinbarung eines „Festpreises" ohne weitere, eindeutig auf eine Garantie hinweisende vertragliche Regelung (zu weitgehend daher Werner/Pastor Rdn. 1735).

8. In Bauvertragssachen ist der **Vorteil grundsätzlich im Wege der Abrechnung durch Geld auszugleichen** (insoweit zutreffend Werner/Pastor Rdn. 1734 m. w. N.). Dabei sind für die **Berechnung** des Ausgleichs diejenigen Maßstäbe heranzuziehen, wie sie sich **sonst aus dem maßgebenden Grundvertrag** ergeben, wie nach Teil B § 2 Nr. 3, 5, 6, 7, 8 Abs. 2 (insoweit zutreffend Groß, Festschrift Korbion, 1986, S. 123 ff.) oder Teil B § 6 Nr. 6 (entgegen Groß a. a. O. beim VOB-Vertrag nicht § 642 BGB).

Berücksichtigt ein Feststellungsurteil, das sich mit der Ersatzpflicht von Mängelbeseitigungskosten befaßt, sogenannte „Sowieso-" oder „Ohnehinkosten", so ergreift die Rechtskraft des Urteils nicht auch diese hier festgestellte Anspruchsminderung endgültig, da über die Höhe der anzurechnenden Kosten erst dann endgültig befunden werden kann, wenn die Mängel- oder Schadensbeseitigung erfolgt, also der eigentliche Zweck der Feststellung erreicht ist, somit feststeht, ob das der Entscheidung im Feststellungsurteil zugrundegelegte Sanierungskonzept tatsächlich greift; deshalb ist es dem zur Mängelbeseitigung oder zur Schadensbeseitigung Verpflichteten unbenommen, sich später auf wirklich anzusetzende „Sowieso-" oder „Ohnehinkosten" zu berufen (BGH BauR 1988, 468).

B. Sonderregelungen zur Gewährleistung im Einzelfall

I. Grenzen der Zulässigkeit zu beachten

Die **Gewährleistungsansprüche können** an sich wegen der herrschenden Vertragsfreiheit im Einzelfall, anders als in Teil B § 13 festgehalten ist, **ausdrücklich vertraglich erweitert oder eingeschränkt** werden, soweit hierdurch nicht die Grenzen der guten Sitten, § 138 BGB, oder die Grundsätze von Treu und Glauben im Rechtsverkehr, § 242 BGB, überschritten werden oder ein gesetzliches Verbot, § 134 BGB, mißachtet wird.

Gerade bei Bauverträgen ist zu beachten: Verträge, die aufgrund Allgemeiner Geschäftsbedingungen geschlossen werden, unterliegen erheblich strengeren Wirksamkeitsvoraussetzungen als Verträge, deren Inhalt frei ausgehandelt wird. Denn bei Allgemeinen Geschäftsbedingungen und Formularverträgen besteht die Gefahr, daß sie unangemessene, überraschende Klauseln enthalten, in denen sich die mißbräuchliche Verfolgung einseitiger Interessen auf Kosten des Vertragspartners verkörpert und die daher bei Abwägung der Interessen der normalerweise an einem Bauvertrag Beteiligten der Billigkeit widersprechen (vgl. bereits BGH WM 1974, 512). Das muß **besonders bei von der VOB abweichenden** Allgemeinen Geschäftsbedingungen und Formularverträgen **beachtet werden, vor allem auch, um nicht das in § 23 Abs. 2 Nr. 5 AGB-Gesetz vorausgesetzte Gleichgewicht der beiderseitigen Rechte und Pflichten in Gefahr zu bringen** (vgl. dazu insbesondere auch Teil A § 10 Rdn. 131 ff.). Insoweit ist eine **verschärfte Inhaltskontrolle geboten. Daher bedürfen gerade hier die Vorschriften des AGB-Gesetzes,** soweit sie im betreffenden Fall eingreifen (vgl. dazu Teil A § 10 Rdn. 77 ff.), **der besonderen Beachtung.** Insoweit handelt es sich vornehmlich um die bereits in Rdn. 812 genannten Bestimmungen dieses Gesetzes, wobei **ganz besonders die Generalklausel in § 9 a. a. O. von erheblichem Gewicht** ist. Vgl. dazu insbesondere auch Teil A § 13 Rdn. 3 ff.

II. Freizeichnungsklauseln

836   Möglich sind die bereits in anderem Zusammenhang erwähnten **Freizeichnungsklauseln,** vgl. Rdn. 816 ff. Das gilt sowohl hinsichtlich der Leistungspflicht als solcher (Teil B § 13 Nr. 1–3) als auch wegen der vertraglichen Gewährleistungsansprüche (Teil B § 13 Nr. 5–7). Eine anderweitige Festlegung der Verjährungsfristen im Rahmen der Gewährleistung ist ohnehin in Teil B § 13 Nr. 4 vorgesehen.

837   Dabei ist es **auch für** den vom AGB-Gesetz (vgl. § 11 Nr. 10 a a. a. O.) nicht erfaßten **Individualvertrag** grundsätzlich nach **Treu und Glauben nicht zulässig, daß die Gewährleistungsansprüche völlig ausgeschlossen werden.** Man kann eine **Freizeichnungsklausel nur als eine Milderung, nicht aber als eine völlige Ausschließung der Gewährleistung zulassen.** Dem Auftraggeber muß **zumindest** die hinreichende **Möglichkeit** belassen bleiben, seine **Rechte gegen den Auftragnehmer auf Erhalt wenigstens annähernd vertragsgerechter Leistung geltend machen zu können.** Soweit sich die Freizeichnung im Individualvertrag nur auf gewisse, einigermaßen hinnehmbare und klar überschaubare Sachverhalte bezieht, wie z. B. auf **hinreichend umschriebene und inhaltlich klar abgegrenzte** unvorhergesehene Ereignisse, dürfte sie als zulässig gelten. Allgemein wird es für den **Individualvertrag** auch als zulässig gelten können, wenn im Bauvertrag die Gewährleistungsansprüche nur auf Nachbesserungspflichten des Auftragnehmers beschränkt werden, also auf die Ansprüche aus Nr. 5. Dann sind die Minderungsansprüche der Nr. 6 und die danebenstehenden Schadensersatzansprüche der Nr. 7 ausgeschlossen, es sei denn, die Nachbesserung schlägt fehl (vgl. dazu Rdn. 816 ff.). **Ein Ausschluß von Schadensersatzansprüchen im Bereich der Gewährleistung erfaßt jedoch nicht ohne weiteres auch solche aus positiver Vertragsverletzung** (vgl. BGH BauR 1982, 489 = NJW 1982, 2244 = SFH § 635 BGB Nr. 34 = Betrieb 1982, 1979 = JZ 1982, 864 = MDR 1983, 48 = BB 1982, 1327 = Anm. Schwark JR 1983, 154 = LM § 635 BGB Nr. 70 = ZfBR 1982, 205). Zur Freizeichnung von der Haftung für **zugesicherte Eigenschaften** vgl. Teil A § 13 Rdn. 15 ff.

838   Zu beachten ist besonders hier die auch im Rahmen der VOB geltende Vorschrift des **§ 637 BGB,** wonach eine Vereinbarung, durch die die Verpflichtung des Unternehmers, einen Mangel des Werkes zu vertreten, erlassen oder beschränkt wird, **nichtig** ist, wenn der Unternehmer den Mangel **arglistig verschweigt.** Trotz entgegenstehender Vereinbarung haftet der Auftragnehmer also auch, wenn er einen ihm bekannten Mangel dem Auftraggeber arglistig vorenthält (vgl. dazu Rdn. 259 ff.).

839   Selbstverständlich gilt auch hier der Grundsatz, daß **Freizeichnungsklauseln als Ausnahmebestimmungen eng auszulegen** sind (siehe dazu Rdn. 816 ff).

III. Verschärfung der Gewährleistung durch Gewähr- oder Garantieverträge

1. Verschiedene Tragweite

Gerade im Bauvertragswesen kommt der **Gebrauch der Begriffe „Garantie" oder „Gewähr" recht häufig** vor. Dabei bringt dies im Streitfall oft Schwierigkeiten, weil hier die **rechtliche Tragweite unterschiedlich** sein kann (vgl. BGH BB 1959, 724; NJW 1960, 748; RG JW 1923, 268; RGZ 165, 41, 46 f.). Besonders im Baubereich neigt man in diesem Punkte nicht selten zu „kräftigen Ausdrücken" und somit zu **Übertreibungen**. Begriffe wie „Garantieleistung", „garantiert", „Garantie auf jeden Fall", „volle Garantie" usw. werden oft unüberlegt gebraucht (dazu auch BGH SFH Z 3.00 Bl. 172 ff.; vor allem auch Schmalzl BauR 1976, 221; Kaiser BauR 1983, 19 sowie Müller BauR 1985, 517, 518). Den Bauvertragspartnern ist daher dringend anzuraten, **das, was sie wollen, so deutlich zum Ausdruck zu bringen, daß es hier keine Auslegungsschwierigkeiten gibt**. Eine rechtlich beachtliche Garantiezusage ist auch im Bauvertragswesen ausgesprochen selten (zutreffend Schmalzl a. a. O.). Dabei sollte man sich vergegenwärtigen, daß Garantie beim Werkvertrag **drei verschiedene rechtliche Bedeutungen** haben kann (vgl. dazu BGH BauR 1970, 107, ferner BauR 1973, 191 = BB 1973, 1602 = WM 1973, 411 = SFH Z 2.414 Bl. 302; außerdem BB 1973, 1511 = WM 1973, 1322 = SFH Z 2.414.5 Bl. 1 = Betrieb 1974, 190):

840

a) Sie kann sich einmal in der **gewöhnlichen Zusicherung einer Eigenschaft** der Bauleistung erschöpfen, also dem gleichkommen, was § 633 Abs. 1 BGB und Teil B § 13 Nr. 1 ohnehin im Auge haben (vgl. dazu Rdn. 116 ff.). Dann handelt es sich um nichts anderes als einen Fall der normalen und ohnehin gegebenen gesetzlichen oder vertraglichen Gewährleistungspflicht des Auftragnehmers.

841

b) Sie kann auch bedeuten, daß die Bauleistung die **zugesicherten Eigenschaften unbedingt** habe, so daß der Auftragnehmer, wenn sie fehlen, dies auch **ohne Verschulden** zu vertreten hat und auf Schadensersatz nach § 635 BGB bzw. Teil B § 13 Nr. 7 haftet, **ohne** daß die **Verschuldensvoraussetzungen** gegeben sein müssen, sofern die sonstigen Erfordernisse für eine Schadensersatzpflicht vorliegen. Hier wird von **unselbständiger Garantie** gesprochen.

842

An sich geht die Leistungspflicht des Auftragnehmers auch hier nicht über das normale vertragliche Maß hinaus. Es handelt sich vielmehr um ein besonderes Hervorheben der vertraglichen Leistungspflicht unter Übernahme der **besonderen zusätzlichen Verpflichtung, gegebenenfalls auch ohne Verschulden zum Schadensersatz verpflichtet zu sein**. In diesen Fällen gilt grundsätzlich die für Gewährleistungsansprüche maßgebende Gewährleistungsfrist.

843

Aber: Hierunter fallen auch die sogenannten **Gewährfristen**. Gemeint ist damit die für einen bestimmten Zeitraum festgelegte Übernahme der **Gewährleistungspflicht über den zeitlichen Rahmen des § 638 BGB oder – beim VOB-Vertrag – von Teil B § 13 Nr. 4 einschließlich der besonderen Regelungen in Nr. 5 Abs. 1 Satz 2 und 3 hinaus**. Wird eine „Garantie" nur für einen Zeitraum übernommen, der nicht über die normale Gewährleistungsfrist hinausgeht, scheidet die Annahme eines unselbständigen Gewährvertrages aus (vgl. OLG Düsseldorf SFH Z 2.414 Bl. 163 ff.; OLG Schleswig SchlHA 1965, 276). Wird dagegen eine „Garantie" **für eine längere Zeit als die Gewährleistungsfrist** nach der VOB (2 Jahre) oder nach dem BGB (5 Jahre) übernommen, so läuft dies häufig auf eine **Verlängerung der Gewährleistungsfrist** hinaus (vgl. BGH NJW 1965, 152 = VersR 1964, 1271 = SFH Z 2.414 Bl. 136 ff. = LM § 13 VOB/B Nr. 8 Anm. Rietschel; vgl. für diesen Bereich auch BGH BauR 1979, 427 = BB 1979, 185 = NJW 1979, 645 = WM 1979, 302 = MDR 1979, 488 = SFH § 477 BGB Nr. 3 = LM § 477 BGB Nr. 29 = Betrieb 1979, 982 = ZfBR 1979, 98 für den Fall eines Kaufvertrages über

844

Baumaterial; BGH BauR 1982, 175 = NJW 1981, 2248 = Betrieb 1981, 1870 = WM 1981, 952 = BB 1981, 1238 = ZIP 1981, 866 = MDR 1982, 134 = LM § 477 BGB Nr. 33 mit beachtlicher krit. Anm. von Bunte NJW 1982, 1629 in bezug auf den dort entschiedenen Fall; KG Betrieb 1981, 522, ebenfalls für den kaufvertraglichen Bereich).

845 **Dabei ist wiederum zu unterscheiden:** Zur Annahme einer unselbständigen Garantie **genügt es nicht,** wenn im Bauvertrag **lediglich** in Abweichung von Teil B § 13 Nr. 4 oder von § 638 BGB **längere** als die dort jeweils vorgesehenen **Gewährleistungsfristen** festgelegt werden. Das kann auch bei einer **einfachen, im Vertrag nicht näher umschriebenen „Funktionsgarantie",** die sich oft auf eine bestimmte technische Anlage oder Teile derselben bezieht, der Fall sein (vgl. Müller BauR 1985, 517), ebenso in bezug auf Abdichtungsarbeiten, Korrosionsschutzarbeiten. Dann handelt es sich nämlich nur um eine abweichende vertragliche Regelung ohne weitere – zusätzliche – Verpflichtung. Vielmehr kann von einer **unselbständigen Garantie** nur gesprochen werden, wenn aus der betreffenden vertraglichen Regelung noch die **zusätzliche Vertragspflicht** entnommen werden kann, daß die normale (gesetzliche oder vertragliche) Verjährungsfrist abweichend von der allgemeinen Regel (Abnahme) erst in Lauf gesetzt wird, wenn ein Mangel innerhalb der vertraglich festgesetzten besonderen Frist auftritt bzw. entdeckt wird (BGH BauR 1986, 437 = SFH § 638 BGB Nr. 33 = NJW 1986, 1927 = MDR 1986, 749 = JZ 1986, 698 = LM § 638 BGB Nr. 58 = Betrieb 1986, 1385 m. w. N.). Entdeckt ist der Mangel, sobald der Gewährleistungsberechtigte von seinem Vorhandensein Kenntnis erlangt, wie z. B. durch ein Gutachten im Rahmen eines Beweissicherungsverfahrens; unerheblich ist dabei, ob er die künftige Entwicklung des Mangels zu überblicken vermag (BGH a. a. O.). Im Falle einer unselbständigen Garantie ist es ohne Verstoß gegen § 11 Nr. 10 f AGB-Gesetz auch möglich, die normale gesetzliche Gewährleistungsfrist, die mit der **Entdeckung des Mangels in Lauf gesetzt** wird, abzukürzen (BGH BauR 1979, 427 = BB 1979, 185 = NJW 1979, 645 = WM 1979, 302 = SFH § 477 BGB Nr. 3 = MDR 1979, 488 = LM § 477 BGB Nr. 29 = Betrieb 1979, 982 = ZfBR 1979, 98 m. w. N.). Ein berechtigtes Interesse des Auftraggebers, daß die kürzere Verjährungsfrist schlechthin mindestens auf die Garantiezeit verlängert wird, besteht im allgemeinen nicht, auch nicht, wenn ein Mangel während der Garantiezeit wiederholt auftritt, wobei jedoch im Einzelfall eine Hemmung oder Unterbrechung der Verjährung in Betracht kommt (KG Betrieb 1981, 522, in letzterer Hinsicht entgegen OLG Hamm Betrieb 1980, 778).

Zu den hier wesentlichen Gewährleistungsfristen vgl. vor allem Soergel/Ballerstedt § 638 Rdn. 17, insbesondere die dort aufgeführten Einzelheiten; des weiteren RGRK-Metzger § 477 Rdn. 15 und WM Sonderbeilage 1973 Nr. 1; grundlegend dazu auch BGH BauR 1979, 427 = BB 1979, 185 = NJW 1979, 645 = WM 1979, 302 = SFH § 477 BGB Nr. 3 = MDR 1979, 488 = LM § 477 BGB Nr. 29 = Betrieb 1979, 982 = ZfBR 1979, 98; vgl. auch BGHZ 75, 75 = BauR 1979, 511 = BB 1979, 1257 = NJW 1979, 2036 = SFH § 638 BGB Nr. 11 = MDR 1979, 1013 = Betrieb 1979, 1932 = JZ 1979, 685 = LM § 638 BGB Nr. 37 = ZfBR 1979, 204; BGH BauR 1982, 175 = NJW 1981, 2248 = Betrieb 1981, 1870 = WM 1981, 952 = BB 1981, 1238 = ZIP 1981, 866 = MDR 1982, 134 = LM § 477 BGB Nr. 33 mit beachtlicher krit. Anm. von Bunte (NJW 1982, 1629) in bezug auf den dort entschiedenen Fall.

Die Vereinbarung einer Gewährleistungsfrist i. S. unselbständiger Garantie kann z. B. bei der Vertragsklausel gegeben sein: „Bis zum ... werden Ausbesserungsarbeiten kostenlos ausgeführt", wobei der Auftragnehmer allerdings nur für solche Mängel eintreten soll, die sich während der vereinbarten Frist zeigen (vgl. BGH SFH Z 2.414 Bl. 222). Eine bloße Verlängerung vertraglicher Gewährleistungsfrist dürfte dagegen in der Vertragsbestimmung zu sehen sein, daß der Auftragnehmer „auf die Dauer von 10 Jahren die gesamte Verantwortlichkeit für die Verwendung erstgütigen, bestgeeigneten Materials und die sach- und fachgemäße dauerhafte Ausführung nach dem neuesten Stand der Bautechnik übernimmt". Vgl. auch Rdn. 850.

Zur Garantie des Baustoffhändlers gegenüber dem Kunden des Verkäufers vgl. Teil B § 4 **846** Rdn. 232 f. Möglich ist dabei auch eine **Garantie des Herstellers von Baustoffen oder Bauteilen** gegenüber dem Baustofflieferanten, von dem der Auftragnehmer bezieht, die sich zugunsten des Auftraggebers als **echter Vertrag zugunsten Dritter** (§ 328 BGB) darstellt. Dann kann dem Auftraggeber ein unmittelbarer, sämtliche gesetzlichen und/oder vertraglichen Gewährleistungsansprüche erfassender Anspruch gegen den Hersteller zustehen (vgl. dazu BGHZ 75, 75 = BauR 1979, 511 = BB 1979, 1257 = NJW 1979, 2036 = SFH § 638 BGB Nr. 11 = MDR 1979, 1013 = Betrieb 1979, 1932 = JZ 1979, 685 = LM § 638 BGB Nr. 37 = ZfBR 1979, 204). Hier kommt auch dann die fünfjährige Gewährleistungsfrist in Betracht, wenn zwischen Auftraggeber und Auftragnehmer die VOB/B vereinbart ist und für die Gewährleistungsfrist Teil B § 13 Nr. 4 gilt (BGH a. a. O.). Zum Fehlerbegriff der EG-Richtlinie Produkthaftung Schmidt-Salzer BB 1988, 349. Über das Risiko in der Produzentenhaftung, vor allem auch zum zu erwartenden Produkthaftpflichtgesetz (verschuldensunabhängige Haftung, Verlagerung der Beweislast) Kullmann VersR 1988, 655.

c) Schließlich und **insbesondere** kann die Garantie beim Bauvertrag aber auch die Übernahme **847** der **Gewähr für einen über die Vertragsmäßigkeit hinausgehenden, noch von anderen Faktoren abhängigen Erfolg** darstellen (vgl. BGH BauR 1986, 437 = SFH § 638 BGB Nr. 33 = NJW 1986, 1927 = MDR 1986, 749 = JZ 1986, 698 = LM § 638 BGB Nr. 58 = Betrieb 1986, 1385; Schmalzl BauR 1976, 221, jeweils m. w. N.).

Dabei ist zunächst wesentlich, daß der **unbedingte Verpflichtungswille des Übernehmers erkennbar erklärt wird** (BGH WM 1960, 879, 881; BGH SFH Z 3.00 Bl. 172 ff.). Insofern kommt es weniger auf den Gebrauch des Wortes „Garantie" an als vielmehr auf den nach § 133 BGB eindeutig auszulegenden Willen, unbedingt für den erstrebten Erfolg einstehen zu wollen (Schmalzl a. a. O.). Dann handelt es sich um einen **selbständigen Garantievertrag** (vgl. u. a. RGZ 146, 120, 124; 165, 41, 46 ff.; BGH BB 1957, 1195; BGH NJW 1960, 1567 = SFH Z 3.01 Bl. 128; BGH NJW 1965, 148, 149; BGH BauR 1970, 107 m. w. N.; Soergel/Siebl Bl. 128; BGH NJW 1965, 148, 149; BGH BauR 1970, 107 m. w. N.; Soergel/Siebert, § 633 BGB Rdn. 18 f.; Enneccerus/Lehmann, § 197 II 1).

Der **garantierte Erfolg,** den der Auftraggeber mit dem Erhalt der Bauleistung verfolgt, **kann** **848** **technischer** und/oder **wirtschaftlicher Natur sein.** Gerade bei Bauverträgen kommen dabei auch echte Garantien vor, die auf Erzielung eines bestimmten **wirtschaftlichen Erfolges** abgestellt sind. Dazu kann vor allem die Garantie eines bestimmten Jahresmietertrages gehören (vgl. BGH BauR 1973, 191 = BB 1973, 1602 = WM 1973, 411 = SFH Z 2.414 Bl. 302). Garantiert der mit der Erstellung eines Wohnblocks beauftragte Generalunternehmer dem Auftraggeber einen bestimmten Jahresmietertrag, so muß er für den garantierten Betrag selbst dann einstehen, wenn ihm bei der Wohnflächen- und Wirtschaftlichkeitsberechnung ein Irrtum unterlaufen ist. Allenfalls kann, wenn eine ausdrückliche zeitliche Begrenzung der Mietertragsgarantie fehlt, geprüft werden, ob und wann nach den Grundsätzen von Treu und Glauben (§ 242 BGB) das Garantieversprechen endet (BGH SFH Z. 2.212 Bl. 32 ff.). Zur echten Garantie gehören auch Fälle einer **„Festpreisgarantie", sofern sich der Auftragnehmer** (insbesondere Baubetreuer bzw. Bauträger) **verpflichtet, den Auftraggeber** (Erwerber) **von über den „Festpreis" hinausgehenden Forderungen anderer Handwerker sowie von Lieferanten freizustellen** (BGHZ 85, 39 = BauR 1983, 66 = Betrieb 1982, 2615 = SFH § 134 BGB Nr. 4 = NJW 1983, 109 = MDR 1983, 222 = ZIP 1983, 463 = LM § 134 BGB Nr. 103 Anm. Walchshöfer = ZfBR 1983, 246 m. w. N.). **Am häufigsten** sind im Bauvertragswesen allerdings diejenigen Fälle, in denen ein **bestimmter technischer Erfolg – unbedingt – garantiert wird** (z. B. „unbedingte Haltbarkeit auf die Dauer von 10 Jahren"). Auch hier gelten die allgemeinen Grundsätze, wonach es Sinn und Zweck eines selbständigen Garantievertrages ist, daß der Gläubiger **auf jeden Fall** die Leistung, **den garantierten Erfolg erhalten,** ihm sogar die Gefahr „untypischer Zufälle" abgenommen werden soll (BGH LM

§ 765 BGB Nr. 1; NJW 1958, 1483). Die Haftung des Auftragnehmers wird **nicht dadurch ausgeschlossen, daß der Schaden auch ohne die Garantie eingetreten wäre. Ein ursächlicher Zusammenhang zwischen Schaden und Tätigkeit des Auftragnehmers ist nicht erforderlich** (Pfaff DWW 1961, 269).

Zur etwaigen Garantie im Bereich des § 909 BGB vgl. Teil B § 10 Rdn. 73 ff.

849 Bei **echten Garantieverträgen** beträgt die **Verjährungsfrist** für die geleistete Garantie, insbesondere auch die Gewährleistung, falls nichts anderes vereinbart worden ist, **30 Jahre**.

2. Auslegung im Einzelfall erforderlich

850 Welche der drei vorgenannten Arten der „Garantie" vorliegen, ist **im Streitfall jeweils zu ermitteln.** Zur Unterscheidung zwischen der einfachen Zusicherung einer Eigenschaft und einer selbständigen Garantie sind die vom BGH für den Bereich des Kaufvertrages aufgestellten Grundsätze entsprechend verwendbar (BGH MDR 1958, 951). Beim **echten Garantievertrag ist das Einstehenmüssen des Auftragnehmers nicht davon abhängig, ob seine Leistung an sich als ordnungsgemäß im Sinne von § 633 Abs. 1 BGB (beim BGB-Bauvertrag) oder nach Teil B § 13 Nr. 1–3 (beim VOB-Bauvertrag) anzusehen oder ob er für den Mangel verantwortlich zu machen ist.** Liegt ein selbständiger Garantievertrag vor, kann sich der Auftragnehmer auch nicht auf sonstige gesetzliche Beschränkungen einer Verantwortlichkeit oder auf Teil B § 13 berufen.

851 Unzutreffend ist die Ansicht des OLG Düsseldorf (SFH Z 2.414 Bl. 70 ff.), eine selbständige Garantie liege in der zusätzlichen Vertragsvereinbarung, daß „der Auftragnehmer die volle Verantwortung für Stand- und Betriebssicherheit des Bauwerks trägt und für alle Mängel haftet, die nach dem Stande der Technik zu vermeiden waren". Hierin liegt keine über § 633 Abs. 1 BGB bzw. Teil B § 13 Nr. 1 VOB, also die allgemeine Gewährleistung, hinausgehende Verpflichtung. Das gilt um so mehr, als der Auftragnehmer ohnehin nach den Allgemeinen Technischen Vorschriften verpflichtet ist, auf die Beschaffenheit des Baugrundes zu achten und die für seine Tragfähigkeit ungünstigen Umstände sofort mitzuteilen (vgl. DIN 18 331 Nr. 3.1.4 in Verbindung mit dem in Teil B § 4 Nr. 3 geregelten Grundsatz). Des weiteren widersprechen Mängel, „die nach dem Stande der Technik zu vermeiden waren", ohnehin den anerkannten Regeln der Technik, die nach Teil B § 13 Nr. 1 Bestandteil der allgemeinen Gewährleistungspflichten des Auftragnehmers sind (vgl. Rdn. 102 ff.). Auch in der vertraglichen Redewendung, der Auftragnehmer werde „für die Haltbarkeit der Anlage und einwandfreie Funktion derselben, sowohl insgesamt wie auch in einzelnen Teilen, eine Garantie von 2 Jahren übernehmen", liegt nur eine normale Gewährleistung im Rahmen des Bauvertrages, nicht aber ein selbständiges Garantieversprechen (OLG Düsseldorf SFH Z 2.414 Bl. 121 ff.). Dasselbe trifft auf die Vertragsklausel zu: „Der Unternehmer (Auftragnehmer) haftet für die Güte und die Dauerhaftigkeit der von ihm gelieferten Materialien und für die Mustergültigkeit seiner Arbeiten auf die Dauer von 2 Jahren, vom Tage der Abnahme gerechnet" (BGH, Urt. vom 30. 12. 1963 – VII ZR 53/62 –). Ebenso gilt dies für die vertragliche Abrede, es werde „Garantie nach der VOB" geleistet (BGH BauR 1970, 48 = NJW 1970, 421 = VersR 1970, 180 = Betrieb 1970, 250 = SFH Z 2.414 Bl. 231 ff.); gleiches trifft für die Übernahme der „Gewährleistung nach DIN, § 13" zu (BGH SFH Z 2.331 Bl. 64). In allen diesen Fällen dürfte nicht einmal eine unselbständige Garantie vorliegen, weil diese beispielhaft genannten Verpflichtungen nicht über den normalen Rahmen der Gewährleistung hinausgehen. Eine normale und über die gesetzliche oder vertragliche Gewährleistungsverpflichtung nicht hinausgehende Vertragsregelung ist es auch nur, wenn hinsichtlich bestimmter Baustoffe oder Bauteile – lediglich – auf Prüf- oder Gütezeichen hingewiesen wird. Gleiches gilt auch für die Vertragsbedingung: „Nach Erbringung der Sauberkeitsschicht ist eine Isolierung gegen Grundwasser einzubringen. Zu diesem Zweck ist, ..." als Isolierschicht einzubauen. Dasselbe ist genau nach Werksvorschrift zu verarbeiten. Der Unternehmer übernimmt die volle Garantie und ist

für jeden Schaden haftbar, der durch Eindringen von Grundwasser entstehen kann." Vgl. dazu BGH BauR 1970, 107, dort jedenfalls als selbständige Garantie verneint; aber auch eine unselbständige dürfte es nicht einmal sein. Das dürfte auch für die Vertragsbestimmung gelten „Sie garantieren eine fach- und sachgerechte Arbeitsausführung und haften für ihre Leistungen im Rahmen der VOB auf die Dauer von 5 Jahren". Hier wird lediglich die Gewährleistungsfrist kraft vertraglicher Abrede als solche verlängert, ohne daß für den Auftragnehmer weitergehende Verpflichtungen – auch im Hinblick auf eine unselbständige Garantie – entstehen. Gerade im Rahmen von Bauverträgen nach der VOB werden Redewendungen, wie die in den vorauf angeführten Beispielen genannten, oft gebraucht. Man begnügt sich vielfach nicht mit einer bloßen Bezugnahme auf die Vorschriften des Teils B. Vielmehr vertritt man die – möglicherweise hier und da auch zweckmäßige – Ansicht, man müsse deren Inhalt im Bauvertrag mit „gewissen Varianten" wiederholen. Das ergibt aber keineswegs schon einen selbständigen Garantievertrag, in der Regel nicht einmal eine unselbständige Garantie. Siehe dazu auch KG BauR 1971, 264.

Zum Garantievertrag im Kaufrecht vgl. Müller ZIP 1981, 707.

§ 14 Abrechnung

1. Der Auftragnehmer hat seine Leistungen prüfbar abzurechnen. Er hat die Rechnungen übersichtlich aufzustellen und dabei die Reihenfolge der Posten einzuhalten und die in den Vertragsbestandteilen enthaltenen Bezeichnungen zu verwenden. Die zum Nachweis von Art und Umfang der Leistung erforderlichen Mengenberechnungen, Zeichnungen und andere Belege sind beizufügen. Änderungen und Ergänzungen des Vertrages sind in der Rechnung besonders kenntlich zu machen; sie sind auf Verlangen getrennt abzurechnen.

2. Die für die Abrechnung notwendigen Feststellungen sind dem Fortgang der Leistung entsprechend möglichst gemeinsam vorzunehmen. Die Abrechnungsbestimmungen in den Technischen *Vertragsbedingungen* und den anderen Vertragsunterlagen sind zu beachten. Für Leistungen, die bei Weiterführung der Arbeiten nur schwer feststellbar sind, hat der Auftragnehmer rechtzeitig gemeinsame Feststellungen zu beantragen.

3. Die Schlußrechnung muß bei Leistungen mit einer vertraglichen Ausführungsfrist von höchstens 3 Monaten spätestens 12 Werktage nach Fertigstellung eingereicht werden, wenn nichts anderes vereinbart ist; diese Frist wird um je 6 Werktage für je weitere 3 Monate Ausführungsfrist verlängert.

4. Reicht der Auftragnehmer eine prüfbare Rechnung nicht ein, obwohl ihm der Auftraggeber dafür eine angemessene Frist gesetzt hat, so kann sie der Auftraggeber selbst auf Kosten des Auftragnehmers aufstellen.

Inhaltsübersicht

	Rdn.
A. Begriff der Abrechnung; insbesondere wesentlich bei Einheitspreisvertrag ...	1–6
I. Allgemeines	1–3
II. Berechnungsgrundlagen	4–6
B. Voraussetzungen der Prüfbarkeit der Rechnungen (Nr. 1)	7–26
I. Pflicht zur prüfbaren Abrechnung (Satz 1)	8
1. Voraussetzung für die Fälligkeit des Vergütungsanspruchs	11–14
2. Abrechnung muß für Auftraggeber oder den von ihm mit deren Feststellung Befaßten prüfbar sein	15

II. Einzelheiten für die Prüfbarkeit der Abrechnung (Nr. 1 Satz 2–4)	16–23
1. Übersichtliche, klare Aufstellung (Nr. 1 Satz 2)	16–18
a) Begriff „Rechnungen"	17
b) Übersichtlichkeit	18
2. Der Rechnung beizufügende Unterlagen (Nr. 1 Satz 3)	19–21
3. Kenntlichmachung und getrennte Abrechnung von Änderungen oder Ergänzungen des Vertrages (Nr. 1 Satz 4)	22–23
III. Im allgemeinen keine Anfechtbarkeit der Abrechnung	24–26
C. Das Aufmaß (Nr. 2)	27–46
I. Möglichst gemeinsame Feststellungen entsprechend dem Baufortschritt (Satz 1)	29–43
1. Keine unbedingte Vertragspflicht zum Zusammenwirken	30–32
2. Feststellung aller für die Abrechnung notwendigen Umstände – Rechtswirkungen gemeinschaftlichen Aufmaßes	33–42
a) Gemeinsames Aufmaß	34
b) Anerkenntniswirkung	35–38
c) Vergleich	39–40
d) Möglichkeit der Anfechtung	41
e) Vollmacht des Architekten	42
3. Feststellungen entsprechend Fortgang der Leistungen	43
II. Beachtung der Abrechnungsbestimmungen (Satz 2)	44–45
III. Durch Baufortschritt verdeckte Leistungen (Satz 3)	46
D. Zeitpunkt der Einreichung der Schlußrechnung (Nr. 3)	47–54
I. Grundlagen	47–50
II. Abhängig von Ausführungsfrist	51–52
III. Voraussetzung: Fertigstellung der Leistung	53
IV. Auch Einreichung von Rechnungen für Zusatz- oder Ergänzungsaufträge	54
E. Rechnungsaufstellung durch Auftraggeber (Nr. 4)	55–67
I. Fehlen prüfbarer Rechnung des Auftragnehmers	56–57
II. Setzen angemessener Frist	58–59
III. Erfordernis prüfbarer Rechnung	60–61
IV. Rechnungsaufstellung auf Kosten des Auftragnehmers	62–63
V. Folgen der Selbstaufstellung durch Auftraggeber	64–67
F. Abrechnung bei öffentlichen Aufträgen	68

Aufsätze: Mantscheff, „Prüfungsfähige Rechnungen", BauR 1972, 205; Hochstein, „Der Prüfvermerk des Architekten auf der Schlußrechnung – Rechtswirkungen; Bedeutung im Urkundsprozeß", BauR 1973, 333; Duffek, „Fälligkeit der Schlußzahlung nach VOB/B", BauR 1976, 164; Hochstein, „Die Abnahme als Fälligkeitsvoraussetzung des Vergütungsanspruches beim VOB-Bauvertrag", BauR 1976, 168; Bartmann, „Inwiefern macht eine Abnahme den Werklohn fällig?", BauR 1977, 16; Dähne, „Die Schlußrechnung des Auftraggebers nach § 14 Nr. 4 VOB/B", BauR 1981, 233; Junker, „Die Bindung an eine fehlerhafte Rechnung", ZIP 1982, 1158; Kronenbitter, „Der Skontoabzug in der Praxis der VOB/B", BB 1984, 2030; Winkler/Hackmann, „Die Bewertung der Rückstellung für die Verpflichtung zur Rechnungsstellung nach § 14 VOB/B", BB 1985, 1103.

A. Begriff der Abrechnung

I. Allgemeines

1 **Rechtsbegrifflich** ist das Wort „Abrechnung" in § 782 BGB erwähnt. Es erfaßt dort jede unter Mitwirkung von Gläubiger und Schuldner stattfindende **Feststellung eines Rechnungsergebnisses,** sei es im Wege des laufenden, sei es im Wege des „uneigentlichen" Rechnungsverhältnisses, RGZ 95, 20. In dieser allgemeinen Form versteht die VOB den Begriff der Abrechnung in Teil B § 14 **nicht.** Dort ist unter Abrechnung die **Feststellung des Rechnungsergebnisses möglichst unter gemeinsamer Mitwirkung von Auftraggeber und Auftragnehmer** gemeint, soweit es sich um den **Vergütungsanspruch des Auftragnehmers** für die von ihm

ausgeführten **Vertragsleistungen** handelt. Es geht also um Berechnung und Feststellung der Hauptverpflichtung des Auftraggebers aus dem Bauvertrag.

Andere abzurechnende **Ansprüche** des Auftragnehmers und des Auftraggebers aus dem Bauvertrag, **die nicht die Vergütung** für die hergestellte Leistung **betreffen,** richten sich im allgemeinen nicht nach Teil B § 14. Solche Ansprüche, wie z. B. Schadensersatzansprüche, insbesondere auch nach Teil B §§ 6 Nr. 6, 8 Nr. 3 werden nach den dafür geltenden Grundsätzen (vgl. §§ 249 ff. BGB) abgerechnet. 2

Die Abrechnung der Vergütung des Auftragnehmers muß ihren **Ausgang bei** demjenigen Vertragspartner nehmen, der den Anspruch auf die Vergütung hat, nämlich bei dem **Auftragnehmer;** sie ist also zunächst seine Aufgabe. Das ergibt sich aus dem allgemeinen Grundsatz, daß derjenige, der von einem anderen etwas zu fordern hat, die Forderung im einzelnen darlegen und gegebenenfalls beweisen muß. Die Regelung in Nr. 4 ist also eine Ausnahme (vgl. dazu auch Nr. 1. VHB zu Teil B § 14). 3

II. Berechnungsgrundlagen

Insofern ist Teil B § 14 in den **Nr. 1 und 2** auf den Normalfall des Bauvertrages, nämlich den **Einheitspreisvertrag,** abgestellt. Das betrifft insbesondere die **prüfbare Abrechnung der erbrachten Leistungen** (Rdn. 7 ff.) sowie die **Feststellung des ausgeführten Leistungsumfanges durch Aufmaß** (Rdn. 27 ff.). Aus der andersgearteten Natur des **Pauschalvertrages** folgt, daß dort die in Nr. 1 und 2 niedergelegten Regeln grundsätzlich **nur** insoweit **zur Anwendung** gelangen, als es sich mit dem **Typ des Pauschalvertrages verträgt** (ähnlich OLG Celle BauR 1979, 433; vgl. auch OLG München SFH § 8 VOB/B Nr. 6). Insbesondere die in Nr. 2 geregelte Feststellung des Leistungsumfanges – in erster Linie das **Aufmaß,** also die Feststellung der Vordersätze – ist beim Pauschalvertrag im allgemeinen **ohne Bedeutung,** da sich die Vergütung grundsätzlich nach dem vereinbarten Pauschalpreis richtet und nicht nach dem tatsächlich erbrachten Leistungsumfang. Zwar muß auch beim Pauschalvertrag eine Rechnung inhaltlich klar und bestimmt sein, also nachgeprüft werden können. Dazu bedarf es aber nicht des Vorgehens gemäß Nr. 1 Satz 2, vielmehr genügt grundsätzlich die klare Bezeichnung der auftragsgemäß erbrachten Leistung sowie die Nennung des vereinbarten pauschalen Preises, um eine Rechnung prüfbar, insbesondere auch im Sinne der Nr. 4, zu machen (vgl. BGH BauR 1979, 525 = SFH § 16 Ziff. 2 VOB/B Nr. 13 = WM 1979, 1046 = Betrieb 1979, 2369 = ZfBR 1979, 207 = MDR 1980, 136 = LM § 16 VOB/B Nr. 3). Allerdings muß die besondere Regelung in Nr. 1 Satz 4 auf den Pauschalvertrag ebenso angewendet werden wie die Nr. 3 und 4. Das hier zum Pauschalvertrag Gesagte gilt aber nur, sofern es bei dem ursprünglich vereinbarten **Leistungsziel geblieben** ist, gleichgültig, ob und welche Mehr- oder Minderleistungen erforderlich waren (vgl. BGH a. a. O.). Sind letztere jedoch über die bloße Vordersatzänderung hinaus dadurch zustande gekommen, daß sich der vertraglich vorgesehene **Leistungsinhalt** durch **Veranlassung des Auftraggebers** oder seines insoweit befugten Vertreters geändert hat, und sind dadurch für die Veränderung des Pauschalpreises die Voraussetzungen nach Teil B § 2 Nr. 4, 5 oder 6 (vgl. Teil B § 2 Nr. 7 Abs. 1 Satz 4) geschaffen worden, so sind jedenfalls die veränderten oder die zusätzlichen Leistungsteile nach Maßgabe von Teil B § 14 Nr. 1 und 2 abzurechnen, **falls** dazu noch keine der Veränderung angepaßte Vereinbarung über eine neue Pauschale getroffen worden ist. Dann muß nämlich die Einheitspreisberechnung zumindest Ausgangspunkt für die Festlegung der veränderten oder zusätzlichen Vergütung sein. 4

Für die Abrechnung nach **Stundenlöhnen** und im Wege der **Selbstkostenerstattung gilt Teil B § 14 entsprechend** (ebenso LG Hanau BauR 1979, 256 für den Stundenlohnvertrag). 5

Im **Bilanzsteuerrecht** gilt: Für die sich aus Teil B § 14 ergebende Abrechnungsverpflichtung 6 ist eine Rückstellung zu bilden, soweit sich diese Pflicht auf Bauleistungen bezieht, die am Bilanzstichtag bereits abgenommen, aber noch nicht abgerechnet sind; die Rückstellung für die Abrechnungsverpflichtung ist mit den Vollkosten (Einzelkosten und Gemeinkosten) zu bewerten (BFH Betrieb 1986, 1901 = NJW-RR 1987, 533).

B. Voraussetzungen der Prüfbarkeit der Rechnungen (Nr. 1)

7   Teil B § 14 Nr. 1 nennt die **Voraussetzungen für eine ordnungsgemäße Abrechnung** durch den Auftragnehmer. Dabei wird als Obersatz und damit zugleich als **Grundvoraussetzung gefordert, daß der Auftragnehmer seine – erbrachten – Leistungen prüfbar abzurechnen hat (Satz 1).** In den nachfolgenden Sätzen 2–4 sind die einzelnen Voraussetzungen für eine prüfbare Abrechnung der Leistungen näher bezeichnet. Vgl. dazu in allgemeiner Hinsicht auch OLG Köln NJW 1973, 2111.

I. Pflicht zur prüfbaren Abrechnung (Satz 1)

8   Nr. 1 Satz 1, wonach der Auftragnehmer seine erbrachten Leistungen prüfbar **abzurechnen hat**, ist eine **zwingende vertragliche Verpflichtung des Auftragnehmers. Er ist auf jeden Fall gehalten, dieser nachzukommen,** was auch für Abrechnungen mit Hilfe elektronischer Datenverarbeitung gilt (vgl. dazu im einzelnen auch Nr. 3. VHB zu § 14 VOB/B); dies ist nicht nur eine zwingende Voraussetzung für die Fälligkeit seines Vergütungsanspruches. Es handelt sich darüber hinaus nämlich um eine vertragliche Nebenverpflichtung. Ihre Nichtbeachtung kann daher eine positive Vertragsverletzung des Auftragnehmers mit der sich daraus ergebenden Pflicht bedeuten, dem Auftraggeber den dadurch entstandenen Schaden (wie z. B. durch Versagung der Auszahlung von Kredit infolge fehlender oder nicht ordnungsgemäßer Bauabrechnungsunterlagen oder durch erhöhten Aufwand bei der Rechnungsprüfung) zu ersetzen.

9   Vom Auftraggeber ist allerdings zu fordern, daß er die Rechnungen sofort nach Eingang danach durchsieht, ob sie den Anforderungen der Prüfbarkeit genügen; ist das nicht der Fall, muß er sie dem Auftragnehmer unverzüglich (§ 121 BGB) zwecks Vervollständigung zurückgeben (vgl. auch Nr. 2. VHB zu Teil B § 14). Dies ist nach Treu und Glauben allerdings nicht erforderlich, wenn die Abrechnung ganz offensichtlich überhaupt nicht prüfbar ist, so daß sich der Auftragnehmer insoweit nicht auf ein Unterlassen des Auftraggebers berufen kann (LG Hanau BauR 1979, 256 sowie SFH § 14 VOB/B Nr. 4; dagegen Heiermann/Riedl/Rusam/Schwaab Teil B § 14 Rdn. 10, die hier den objektiv zu bewertenden Begriff „offensichtlich" verkennen).

10 Eine elektronische Abrechnung muß der Auftraggeber nur dann als prüfbar entgegennehmen, wenn ihm hierzu die entsprechenden Prüfungsmittel zur Verfügung stehen oder von Auftragnehmerseite zur Verfügung gestellt werden.

11 1. Besondere Bedeutung hat die Aufstellung einer **prüfbaren** Rechnung für die **Fälligkeit des Vergütungsanspruches** des Auftragnehmers. Es handelt sich – neben der Abnahme oder Teilabnahme der Leistung (vgl. Teil B § 12 Rdn. 42 sowie § 16 Rdn. 12 ff.) – um eine weitere **Voraussetzung für das Fälligwerden des Vergütungsanspruches** (LG Würzburg SFH Z 2.412 Bl. 7 ff.; ebenso LG Hanau BauR 1979, 256 sowie SFH § 14 VOB/B Nr. 4; auch Heiermann/Riedl/Rusam/Schwaab Teil B § 14 Rdn. 23), was im übrigen **auch für** den BGB-Bauvertrag und den dafür maßgebenden **§ 641 BGB gilt** (so auch u. a. OLG Hamm SFH § 641 BGB Nr. 8; LG Hanau SFH § 14 VOB/B Nr. 4; Werner/Pastor Rdn. 953 m. w. N.; a. A. OLG Celle NJW 1986, 327 = MDR 1986, 56 = BauR 1986, 356 mit abl. Anm. U. Locher

a. a. O.; Bartmann BauR 1977, 16), und zwar für den Bereich des Einheitspreisvertrages, des Pauschalvertrages, sofern sich nach Vertragsabschluß die vereinbarten Leistungen im ihnen eigentlichen Inhalt und nicht nur in den Vordersätzen geändert haben und eine neue – angepaßte – Pauschale nicht vereinbart wurde, sowie des Stundenlohnvertrages, **ohne daß damit jedoch die Frage des Beginns der Verjährungsfrist hinsichtlich des Vergütungsanspruches aus einem solchen Vertrag angesprochen ist.** Insoweit ist eine unterschiedliche Bewertung der Abnahme geboten (vgl. näher Teil B § 16 Rdn. 12 ff. und 24 ff.).

Die Erteilung der Schlußrechnung als Fälligkeitsvoraussetzung ergibt sich für den VOB-Vertrag aus Teil B § 16 Nr. 1 Satz 2. Zwar ist dort nur von der Vorlage einer prüfbaren Aufstellung bei Abschlagszahlungen die Rede. Man muß aber mit dem LG Würzburg (a. a. O.) sagen, daß dann, wenn bereits für Abschlagszahlungen die Vorlage prüfbarer Aufstellungen Fälligkeitsvoraussetzung ist, das **erst recht für die anderen Zahlungen, die darüber hinaus der ganzen oder teilweisen Abgeltung des Vergütungsanspruches dienen, zutrifft, insbesondere für die Fälligkeit der Schlußzahlung.** Das wird besonders dadurch bestätigt, daß für die Fälligkeit der Schlußzahlung auch die vorangegangene Prüfung der Schlußrechnung grundsätzlich vorausgesetzt wird (Teil B § 16 Nr. 3 Abs. 1). Hinzu kommt, daß dem Auftraggeber allgemein keine Zahlung zuzumuten ist, wenn er nicht in der Lage ist, die Berechtigung der ihm gegenüber geltend gemachten Forderung im einzelnen nachzuprüfen. Vgl. auch Rdn. 47 ff.

Eine **Ausnahme** muß jedoch gelten: Der Auftraggeber kann sich nicht auf mangelnde Fälligkeit wegen **Fehlens** einer prüfbaren Rechnung berufen, wenn dem der **Grundsatz von Treu und Glauben** entgegensteht. Das ist z. B. der Fall, wenn bereits viele Jahre nach Beendigung der Arbeiten verstrichen sind, u. U. der Bau bereits in andere Hände übergegangen und der Auftragnehmer wegen des Zeitablaufes nicht mehr in der Lage ist, eine prüfbare Rechnung aufzustellen (vgl. BGH NJW 1967, 2353 = MDR 1968, 40 = BB 1967, 1224 = Betrieb 1967, 1891 = SFH Z 2.331 Bl. 50).

Über weitere Voraussetzungen für die Fälligkeit der Vergütung Teil B § 16 Rdn. 9 ff.

2. Nr. 1 Satz 1 beantwortet nicht die Frage, **für wen** die Abrechnung der Leistungen **prüfbar** sein muß. Grundsätzlich muß dies **für den Auftraggeber** als Vertragspartner des Auftragnehmers der Fall sein. Dabei ist vor allem zu beachten, daß die an eine prüfbare Abrechnung zu stellenden Anforderungen dem **Schutz des Auftraggebers** dienen, insbesondere haben sie den Zweck, ihn vor **Übervorteilung** zu schützen. Dieser Zweck kann allerdings auch auf andere Weise erreicht werden. Verfügt der Auftraggeber über einen **Architekten**, dem er die **Objektüberwachung** nach § 15 Abs. 1 Nr. 8 und Abs. 2 Nr. 8 HOAI, in der **auch die Rechnungsprüfung enthalten** ist, übertragen hat, genügt es im allgemeinen, wenn der Auftragnehmer die Rechnung so aufstellt, daß der **sachkundige Architekt sie prüfen kann.** Hat der Auftraggeber Zweifel, kann er von dem Architekten aufgrund seines Vertrages mit diesem Aufklärung verlangen (BGH NJW 1967, 342 = MDR 1967, 209 = BB 1967, 12 = LM VOB/B § 14 Nr. 1 = SFH Z 2.330 Bl. 25). Hat der Auftraggeber keinen mit der Objektüberwachung beauftragten Architekten, muß die Rechnung für ihn selbst ohne Schwierigkeiten nachprüfbar sein. Ähnliches gilt auch, wenn der Architekt nachweislich seine Pflichten bei der Rechnungsprüfung schuldhaft verletzt hat.

II. Einzelheiten für die Prüfbarkeit der Abrechnung (Nr. 1 Satz 2–4)

1. Nach **Nr. 1 Satz 2** hat der Auftragnehmer seine Rechnungen übersichtlich aufzustellen und dabei die Reihenfolge der Posten einzuhalten und die in den Vertragsbestandteilen enthaltenen Bezeichnungen zu verwenden.

17 a) Unter den in Satz 2 verwendeten Begriff „Rechnungen" fallen alle **schriftlichen Aufstellungen** über Vergütungsansprüche, die dem Auftragnehmer nach den Allgemeinen Vertragsbedingungen zustehen. Es kommen nach Teil B § 16 **Rechnungen über Abschlagszahlungen** (Nr. 1), **Schlußzahlungen** (Nr. 3) und **Teilschlußzahlungen** (Nr. 4) in Betracht (vgl. Teil B § 16 Rdn. 44 ff., 95 ff., 260). Dazu sind auch die **Stundenlohnrechnungen** nach Teil B § 15 Nr. 4 zu zählen (vgl. Teil B § 15 Rdn. 57 ff.).

18 b) Die in Satz 2 geforderte **Übersichtlichkeit der Rechnungsaufstellung** bedeutet: Die in Rechnung gestellten Leistungselemente müssen **genau bezeichnet** sein. Überschneidungen, Unklarheiten, Unvollständigkeiten usw. sind zu vermeiden. Verlangt wird auch die Einhaltung einer **äußeren Übereinstimmung mit den Vertragsunterlagen**, insbesondere denjenigen, die sich mit den Preisen befassen, wie z. B. das **Leistungsverzeichnis**. Das ergibt sich aus der weiteren Forderung in Satz 2, daß bei der Rechnungsaufstellung die Reihenfolge der Posten und die in den Vertragsunterlagen enthaltenen Bezeichnungen einzuhalten sind. Demnach muß der Auftragnehmer, um dem Erfordernis der prüfbaren Rechnung gerecht zu werden, seine Rechnungsaufstellung **sozusagen spiegelbildlich nach der Reihenfolge** und den einzelnen Positionen **der Leistungsbeschreibung** oder den entsprechenden anderen Vertragsunterlagen und den dort verwendeten Bezeichnungen ausrichten. Sinn dieser Verpflichtung ist es, eine **wirkliche Prüfbarkeit** herbeizuführen, insbesondere den Auftraggeber in die Lage zu versetzen, **einwandfreie Vergleiche** zwischen den vertraglichen Vereinbarungen und dem Rechnungsinhalt anstellen zu können.

19 2. Nr. 1 Satz 3 befaßt sich mit **Unterlagen,** die der Rechnung beizufügen sind, wenn sie zum **Nachweis von Art und Umfang der Leistung erforderlich** sind.

Zu einer einwandfreien, prüfbaren Rechnung gehört es, daß **Mengenberechnungen, Zeichnungen** (Ausführungs- und Abrechnungszeichnungen) **und andere Belege der Rechnung beigefügt** , also nicht nur zur Einsichtnahme des Auftraggebers bereitgehalten werden (vgl. LG Hanau SFH § 14 VOB/B Nr. 4), **soweit das zur Erklärung oder zum Nachweis einzelner Rechnungspositionen oder des Gesamtleistungsinhaltes notwendig ist.** Unter dem Begriff der „anderen Belege" ist alles zu verstehen, was für eine Erläuterung oder einen Nachweis der einzelnen Rechnungsansätze von Bedeutung sein kann. Auch Nr. 1 Satz 3 enthält eine **zwingende Verpflichtung des Auftragnehmers.**

20 Werden die genannten Unterlagen allerdings zum Nachweis von Art und Umfang der Leistung nicht benötigt, so brauchen sie der Abrechnung auch nicht beigefügt zu werden (ebenso OLG Düsseldorf SFH § 14 VOB/B Nr. 3). Eine Beifügung der Unterlagen ist regelmäßig entbehrlich, wenn der Auftraggeber die Bauleitung selbst in die Hand genommen hat und sich deshalb an Ort und Stelle anhand der nach Satz 2 aufgestellten Rechnung von Art und Umfang der Leistung selbst überzeugen konnte (LG Hanau a. a. O.). Auch wenn die Leistung ihrer Art und ihrem Umfang nach unstreitig ist oder der Auftraggeber dies aus den ihm ohnehin zur Verfügung stehenden Unterlagen ersehen kann, **bedarf es jedenfalls nicht der Beifügung aller** in Satz 3 genannten Belege (vgl. dazu auch OLG Köln MDR 1964, 1003 = JR 1964, 464). Andererseits: Fehlen **notwendig erklärende** Unterlagen, so liegt erst eine prüfbare Rechnung vor, wenn die Unterlagen vom Auftragnehmer beigeschafft sind.

21 Möglich ist es auch, in **Besonderen oder Zusätzlichen Vertragsbedingungen** zu vereinbaren, daß anstelle des örtlichen Aufmaßes (vgl. Rdn. 27 ff.) andere Unterlagen, wie z. B. Mengenberechnungen oder Aufmaßzeichnungen (vgl. dazu auch DIN 18 299 Nr. 5 als Allgemeinbestimmung), erstellt und der Rechnung als Nachweis beigefügt werden sollen. Dann müssen solche das örtliche Aufmaß ersetzende Unterlagen hinreichend genau aufgestellt werden,

um dem Auftraggeber ein für ihn übersichtliches und abschließendes Bild über die tatsächlich erbrachten Leistungen zu vermitteln.

3. Nach Nr. 1 Satz 4 sind Änderungen oder Ergänzungen des ursprünglichen Vertrages in der Rechnung **besonders kenntlich** zu machen und **auf Verlangen getrennt abzurechnen.** Dies ist erforderlich, weil sich solche zusätzlichen oder veränderten Leistungen – abgestellt auf den Zeitpunkt des Vertragsabschlusses – nicht in der Leistungsbeschreibung oder in den sonstigen Unterlagen des **Hauptvertrages** befinden. Sie müssen daher, wenn die Vertragsunterlagen zwischenzeitlich nicht schon ergänzt worden sind, im Rahmen einer prüfbaren Rechnung **mit klarer Kennzeichnung besonders aufgeführt** werden. Im Einzelfall können hier Ausführungszeichnungen, in denen die Änderungen eingetragen sind, zweckdienlich sein. Auf Verlangen des Auftraggebers sind alle Änderungen und Ergänzungen der ursprünglichen vertraglichen Leistung sogar getrennt abzurechnen. Der Auftraggeber sollte von dieser Möglichkeit Gebrauch machen, wenn ein umfangreicher Auftrag vorliegt oder nach Teil B § 2 Nr. 4–8 ins Gewicht fallende erhebliche Änderungen und Ergänzungen vorgenommen worden sind, da eine äußerlich nicht aufgeteilte Abrechnung sonst zu Überschneidungen oder Unklarheiten führen kann.

Es ist aber zu beachten, daß Nr. 1 Satz 4 nur Änderungen und Ergänzungen meint, also Leistungsteile, die ursprünglich im Auftrag so, wie ausgeführt, noch nicht enthalten waren. Das trifft wiederum nicht auf jene Fälle zu, in denen die tatsächlich erbrachten Leistungen **nur** ihrem Umfang nach (in den Vordersätzen) von den im Leistungsverzeichnis angenommenen Maßen abweichen. Solche Abweichungen ergeben sich aus dem **Aufmaß** (BGH NJW 1967, 342 = SFH Z 2.330 Bl. 25 ff. = BB 1967, 12 = LM § 14 VOB/B Nr. 1).

III. Im allgemeinen keine Anfechtbarkeit der Abrechnung

Die **Rechnungsaufstellung** und die **Rechnungserteilung als solche** enthalten **im Falle einer vereinbarten Vergütung** (§ 631 Abs. 1 BGB; VOB/B § 2 Nr. 1 ff.) keine Willenserklärung im rechtsgeschäftlichen Sinn (ebenso OLG München MDR 1987, 407 = NJW-RR 1987, 598 = SFH § 16 Nr. 3 VOB/B Nr. 42). Deshalb kommt im Falle des **Verrechnens oder** der **Unvollständigkeit** oder der **Falschaufstellung** der Rechnung durch den Auftragnehmer **keine Anfechtung wegen Irrtums** nach § 119 BGB in Frage (so auch Wussow IB 1965, 86). Ist die Rechnung zum Nachteil des Auftragnehmers unrichtig, hat er lediglich die ihm zustehende Vergütung **noch nicht vollständig gefordert;** also ist er grundsätzlich berechtigt, den Unterschiedsbetrag in einer neuen Rechnung geltend zu machen. Dabei muß er gerade auch bei dieser neuen Rechnung die Voraussetzungen erfüllen, die an eine prüfbare Rechnung nach Nr. 1 zu stellen sind, wenn er die Fälligkeit herbeiführen will. **Allerdings ist der Auftragnehmer durch die sich für ihn im Einzelfall durch Teil B § 16 Nr. 3 Abs. 2 ergebenden Beschränkungen gebunden** (BGH BauR 1988, 217 = NJW 1988, 910 = SFH § 16 Nr. 3 VOB/B Nr. 45 = MDR 1988, 40 = Betrieb 1988, 440 = Lenzen EWiR § 16 VOB/B 1/88, 201 = JZ 1988, 571); vgl. dazu auch Schelle BauR 1987, 272. Hat der Auftragnehmer dagegen vom Auftraggeber infolge falscher Rechnungserteilung zuviel gefordert und erhalten, kann der Auftraggeber den zuviel gezahlten Betrag nach den Grundsätzen der **ungerechtfertigten Bereicherung vom Auftragnehmer zurückverlangen,** §§ 812 ff. BGB. Insoweit hat der Auftraggeber die Darlegungs- und Beweislast (vgl. OLG Düsseldorf BauR 1977, 64).

Die Folgerung, daß die Rechnungsaufstellung und die Zusendung der Rechnung an den Auftraggeber keine anfechtbare rechtsgeschäftliche Willenserklärung darstellt, gilt nur für die **Rechnung selbst,** nicht dagegen für die anderen gemeinschaftlichen Erklärungen, die der Rechnungsaufstellung als Voraussetzung dienen, z. B. das Aufmaß, vgl. unten Rdn. 33 ff.

26 Zu den hier erörterten Fragen, vor allem auch im Falle der Rechnungserteilung auf der **Grundlage des § 632 Abs. 2 BGB oder der §§ 315 f. BGB, siehe weiter Teil B § 2 Rdn. 28 sowie insbesondere Junker ZIP 1982, 1158.**

Zur ordnungsgemäßen Rechnungsaufstellung bei Zweifeln über den Mehrwertsteuersatz vgl. Teil B § 2 Rdn. 124 ff.

C. Das Aufmaß (Nr. 2)

27 Nr. 2 befaßt sich mit Vorgängen, die **zeitlich vor der Rechnungsaufstellung** durch den Auftragnehmer, die nach Maßgabe der Nr. 1 Satz 2–4 zu erfolgen hat (vgl. oben Rdn. 16 ff.), liegen und zu deren **Vorbereitung** dienen, weshalb der Aufbau der VOB hier unsystematisch ist. Durch sie soll eine prüfbare Abrechnung gemäß dem Obersatz in Nr. 1 Satz 1 (vgl. oben Rdn. 7 ff.) in die Wege geleitet werden. Es handelt sich um die für die Rechnungsaufstellung notwendige Feststellung der wirklich geleisteten Vordersätze durch den Auftragnehmer, insoweit also um **einen tatsächlichen Vorgang,** so daß darin grundsätzlich nicht schon ein **Schuldanerkenntnis** des Auftraggebers zu erblicken ist (vgl. BGH, Urt. vom 26. 9. 1968 – VII ZR 126/66 –), **es sei denn,** es handelt sich um ein **gemeinsames Aufmaß mit einverständlichen Feststellungen** (vgl. Rdn. 33 ff.). Auch der **Auftraggeber** hat ein **berechtigtes Interesse** an diesen Feststellungen, da es ihm hierdurch ermöglicht und erleichtert wird, den Rechnungsinhalt nicht nur nach den Vertragsunterlagen, sondern auch am Objekt der Leistung selbst nachzuprüfen. **Grundsätzlich** kommt ein **Aufmaß nur beim Einheitspreisvertrag,** nicht aber beim Pauschalvertrag in Betracht (vgl. Teil B § 2 Rdn. 190); anders dann, wenn sich beim Pauschalvertrag Leistungsänderungen ergeben haben und eine Vergütungsänderung nach Teil B § 2 Nr. 4–6 in Betracht kommt und sich die Vertragspartner bisher nicht auf eine neue Pauschale geeinigt haben. Dann ist die Festlegung einer neuen Pauschale nur möglich, wenn jedenfalls im Bereich der Leistungsänderungen eine Feststellung der tatsächlich erbrachten Leistungen erfolgt ist, wozu auch dann ein Aufmaß nötig ist. In den genannten Bereichen ist die ordnungsgemäße Aufstellung des **Aufmaßes mit eine Voraussetzung für die Fälligkeit der Schlußvergütung im Hinblick auf den Eintritt der Zahlungspflicht des Auftraggebers,** was im übrigen auch für den beim BGB-Bauvertrag maßgebenden § 641 BGB gilt (insoweit zutreffend Bartmann BauR 1977, 16; vgl. dazu oben Rdn. 11 ff.). **Anders liegt es jedoch beim BGB-Bauvertrag hinsichtlich des Beginns der Verjährungsfrist für den Vergütungsanspruch.** Für diesen kommt es auf den Zeitpunkt der Abnahme bzw. auf das Ende des Jahres an, in dem die Abnahme liegt, vgl. dazu Rdn. 11 ff. sowie insbesondere Teil B § 16 Rdn. 12 ff. und 24 ff.

28 Soll das Aufmaß vereinbarungsgemäß vom Auftraggeber aufgestellt werden, so hindert dessen Fehlen nicht den Beginn der Verjährungsfrist für den Vergütungsanspruch, weil dieser nach § 198 BGB entstanden ist und der Auftragnehmer die Unterbrechung der Verjährung durch eine Feststellungsklage erreichen kann (vgl. BGH BauR 1979, 62 = SFH § 198 BGB Nr. 1).

I. Möglichst gemeinsame Feststellungen entsprechend dem Baufortschritt

29 Nr. 2 Satz 1 legt fest, daß die für die Abrechnung (die Rechnungsaufstellung und die Rechnungsprüfung) **notwendigen Feststellungen** dem Fortgang der Leistung entsprechend **möglichst gemeinsam vorzunehmen sind.** Die gemeinsame Feststellung hat ihren Sinn darin, daß etwaige Zweifelsfragen aufgedeckt und nach Möglichkeit **sofort geklärt** werden können. Es sollen **klare Verhältnisse** geschaffen und spätere Streitigkeiten vermieden werden (vgl. KG SFH Z 2.412 Bl. 16 ff.). Jedenfalls besteht die nicht zu unterschätzende Möglichkeit, im gemeinsamen Zusammenwirken etwaige Meinungsverschiedenheiten zu erörtern und da-

durch unterschiedliche Ergebnisse zwischen dem Rechnungsinhalt und dem Ergebnis der Rechnungsprüfung zu vermeiden. Zweck der gemeinschaftlichen Feststellungen ist es daher, daß Auftraggeber und Auftragnehmer zusammen an Ort und Stelle die **auf die erbrachte Leistung bezogenen, für die Abrechnung bedeutsamen Tatsachen** mit dem Willen **ermitteln,** diese der Abrechnung zugrunde zu legen (ähnlich OLG Stuttgart BauR 1972, 318). Weil solche gemeinsamen Feststellungen **zeitlich vor Rechnungserteilung** liegen, ist kein Fall von Nr. 2 Satz 1 gegeben, wenn der Architekt oder der Auftraggeber eigene Feststellungen erst später bei dem Vorliegen der Rechnungen trifft, auch nicht, wenn sich der Auftragnehmer damit einverstanden erklärt (BGH, Urt. vom 26. 9. 1968 – VII ZR 126/66 –), es sei denn, daß sich aus den Umständen des Einzelfalles etwas anderes ergibt (a. a. O.).

1. Aus der Fassung in Satz 1, wonach die Feststellungen **„möglichst" gemeinsam** zu treffen sind, folgt, daß das geforderte **Zusammenwirken** als solches keine zwingende, von vornherein gegebene vertragliche Verpflichtung darstellt, aus deren Nichteinhalten bereits Rechtsansprüche des einen Vertragsteils gegenüber dem anderen hergeleitet werden könnten. Es steht vielmehr im Ausgangspunkt jedem der Vertragspartner die Möglichkeit offen, die für ihn notwendigen Feststellungen allein ohne den anderen Vertragsteil vorzunehmen. Ein solches Verhalten liegt aber **nicht im Sinne der VOB,** so daß den Vertragspartnern dringend zu empfehlen ist, die Feststellungen gemeinsam zu treffen (vgl. dazu Nr. 5.1. VHB zu § 14 VOB/B, wo für den öffentlichen Auftraggeber die gemeinsame Feststellung zutreffend als Regelfall bezeichnet wird, falls nicht die Leistung nach den Technischen Vertragsbedingungen aus Zeichnungen zu ermitteln ist; ebenso gilt dies jetzt nach DIN 18 299 Nr. 5 für nach der VOB ausgerichtete Bauverträge allgemein). Die gegenteilige Ansicht von Weick (in Nicklisch/Weick Teil B § 14 Rdn. 17), der hier eine vertragliche Nebenpflicht annimmt, die nur dann entfallen („möglichst") soll, wenn gemeinsame Feststellungen nicht möglich oder „nicht praktikabel" (wann?) sind, übersieht, daß die Einschränkung durch das Wort „möglichst" nichts anderes bedeuten kann als eine **Empfehlung, die tunlichst zu befolgen ist.** Auch kann man den von Weick (a. a. O.) nach seiner Ansicht daraus im Falle der Nichtbefolgung hergeleiteten „Schadensersatzanspruch" dahin, daß bei Verzug des einen Vertragspartners der andere allein die Feststellungen soll treffen können (doch wohl nicht für den anderen von vornherein verbindlich!?), wohl kaum in den Bereich des Schadensersatzes einordnen, abgesehen davon, daß es **allein die Aufgabe des Auftragnehmers ist und bleibt, als Fälligkeitsvoraussetzung für seine Rechnung das Aufmaß zu nehmen.**

Wenn auch in der Grundlage eine rechtliche Verpflichtung zum gemeinsamen Handeln nicht besteht, kann die Verweigerung der Mitwirkung zu einer **Unterbrechung oder Behinderung der Leistung** führen, z. B. wenn nach Teil B § 12 Nr. 2 b eine Teilabnahme von Leistungen verlangt wird, die durch die weitere Ausführung der Prüfung und Feststellung entzogen werden (vgl. auch Nr. 2 Satz 3; dazu Rdn. 46). Kann die Teilabnahme nicht erfolgen, weil der Auftraggeber zur Mitwirkung nicht bereit ist, gehen die Nachteile einer etwaigen darauf beruhenden Unterbrechung oder Behinderung im Rahmen von Teil B § 6 zu seinen Lasten. Das gilt auch im Hinblick auf Teil B § 6 Nr. 6, wobei dann im allgemeinen ein Verschulden des Auftraggebers indiziert ist, woraus sich in diesem Bereich folgerichtig ein **Schadensersatzanspruch** des Auftragnehmers wegen der dadurch vom Auftraggeber herbeigeführten Bauverzögerung ergibt. Ähnlich kann es liegen, wenn nach Abschluß der vertraglichen Arbeiten im Bereich der Schlußabrechnung für die Abrechnung wesentliche Teile sich nicht mehr oder nur mit unzumutbarem Aufwand feststellen lassen. Dann wird der Auftraggeber die entsprechenden Rechnungsangaben des Auftragnehmers hinnehmen müssen, **zumindest kehrt sich** dann die **Beweislast** zu seinem Nachteil **um** (ähnlich Huhn, Vahlens Rechtsbücher, Zivilrecht Bd. 3, S. 138), falls er vom Auftragnehmer ordnungsgemäß zum gemeinsamen Aufmaß aufgefordert worden war. Das gilt umgekehrt aber auch bei einer unberechtigten Weigerung oder insoweit gegebenen Nachlässigkeit des Auftragnehmers, die erforderlichen Feststellungen mit dem Auftraggeber vorzunehmen; er muß dann als beweisfällig gelten. Diese Grundsätze gelten nach Treu und Glauben (§ 242 BGB) auch dann, wenn die Vertragspartner die VOB/B nicht vereinbart haben, es jedoch dem Auftraggeber ohne gemeinschaftliches Aufmaß nicht möglich wäre, die Rechnung des Auftragnehmers nachzuprüfen (OLG Köln NJW 1973, 2111).

32 Aus dem zuletzt Gesagten folgt: Es besteht zwar keine vertragliche Verpflichtung zur gemeinsamen Vornahme des an sich vom Auftragnehmer als Voraussetzung für die Fälligkeit seines Vergütungsanspruches zu bewirkenden Aufmaßes. Jedoch hat er die **vertragliche Pflicht,** dem **Auftraggeber** jedenfalls die **Gelegenheit zu geben, am Aufmaß teilzunehmen** und es dadurch zum gemeinsamen zu machen. Dazu ist es erforderlich, daß der Auftragnehmer den Auftraggeber von dem **vorgesehenen Aufmaßtermin binnen angemessener Frist benachrichtigt.** Unterläßt er dieses, so kann ihm der Auftraggeber **insoweit** Ansprüche aus **positiver Vertragsverletzung** entgegenhalten, als ihm später infolge zwangsläufiger Erschwerung der Überprüfung des vom Auftragnehmer allein genommenen Aufmaßes **Mehrkosten** entstehen, wie z. B. durch erforderliche Einschaltung eines Sachverständigen.

33 2. Festzustellen sind beim Aufmaß alle Umstände der Leistung, die für eine ordnungsgemäße Abrechnung eine Rolle spielen. Hierzu gehören alle **Ermittlungen am Leistungsobjekt** im Hinblick auf den für die vereinbarte Vergütung maßgebenden Wert **nach Zahl, Maß und Gewicht** im Bereich der sogenannten Vordersätze. Die Feststellung vornehmlich der **vertragsgerechten Leistung,** d. h. die Prüfung der Tauglichkeit der Leistung zum vertraglich vereinbarten Zweck, gehört nicht dazu. Diese Prüfung ist eine Angelegenheit der **Abnahme** nach Teil B § 12.

34 a) Von grundlegender Bedeutung ist die Vornahme des **Aufmaßes beim Einheitspreisvertrag.** Gerade dort werden die Wirkungen für die Abrechnung der notwendigen Feststellungen deutlich. Wird das Aufmaß **gemeinschaftlich genommen und einverständlich** der Abrechnung zugrunde gelegt, handelt es sich um **gegenseitige rechtsgeschäftliche Willenserklärungen** im Sinne einer **Vereinbarung. Voraussetzung** ist hierbei, daß es sich um **wirklich gemeinschaftliche Feststellungen** handelt, daß also **Einigkeit** hinsichtlich jeder Einzelheit des Aufmaßes und seiner Gesamtheit oder jedenfalls eines Teils davon herrscht.

35 b) Diese **Aufmaßfeststellung** im beiderseitigen Einverständnis ist für die Vertragspartner dann **bindend.** Hier handelt es sich im Regelfall **nicht um ein Schuldanerkenntnis i. S. des § 782 BGB,** da die Vertragspartner **keine selbständige neue Verpflichtung unabhängig vom bisherigen Schuldverhältnis** schaffen wollen, wie dies Voraussetzung für § 782 BGB wäre (BGH WM 1967, 824, 825; KG NJW 1975, 1326, 1327). Vielmehr wollen die Vertragspartner im allgemeinen durch die gemeinschaftlich einverständlich getroffenen Feststellungen ersichtlich spätere Streitigkeiten aus dem bisherigen, fortbestehenden Schuldverhältnis für den hier angesprochenen Teilbereich der Abrechnung vermeiden, weswegen ein **deklaratorisches Schuldanerkenntnis** anzunehmen ist (insoweit zutreffend Weick in Nicklisch/Weick Teil B § 14 Rdn. 20; OLG Köln JMBl. NW 1968, 248, 250 = MDR 1968, 148; offengelassen OLG Karlsruhe BauR 1972, 381). Nur **im Ausnahmefall** kann von einem abstrakten Schuldanerkenntnis i. S. des § 782 BGB gesprochen werden, wenn hinreichende Anhaltspunkte für die Annahme vorliegen, daß die Vertragspartner durch die gemeinsamen Feststellungen eine **neue selbständige Regelung vornehmen wollten,** etwa weil später veränderte oder zusätzliche Leistungen vorliegen, hinsichtlich deren für die Ermittlung der ausgeführten Mengen keine vertragliche Regelung getroffen oder ersichtlich ist, weil die an sich vereinbarten Technischen Vertragsbedingungen (vgl. Teil B § 1 Nr. 1 Satz 2) oder die Zusätzlichen Technischen Vertragsbedingungen bzw. die Leistungsbeschreibung (vgl. Teil A § 10 Nr. 3 und 4 Abs. 1 h) darüber keine Aussage enthalten oder weil die Parteien von vereinbarten Aufmaßbestimmungen (vgl.

Rdn. 44 f.) abweichen wollen (von Weick in Nicklisch/Weick a. a. O. insoweit nicht in Betracht gezogen).

Sowohl im Bereich des deklaratorischen (schuldbestätigenden) als insbesondere im Rahmen des abstrakten Schuldanerkenntnisses sind die Vertragspartner an die getroffenen Feststellungen gebunden (BGH NJW 1974, 646 = BauR 1974, 210 = LM VOB/B Nr. 68 = SFH Z 2.412 Bl. 21 = Betrieb 1974, 822; BGH BauR 1975, 211 = MDR 1975, 482 = SFH Z 2.412 Bl. 23 = LM VOB/C Nr. 1 a; KG MDR 1956, 356 = SFH Z 2.302 Bl. 6 sowie SFH Z 2.412 Bl. 16; OLG Köln a. a. O.; OLG Karlsruhe a. a. O.; Werner/Pastor Rdn. 1421 ff.; Heiermann/Riedl/Rusam/Schwaab Teil B § 14 Rdn. 37; Weick in Nicklisch/Weick a. a. O.; Locher, Das private Baurecht, Rdn. 196). In der zuletzt genannten Entscheidung hat der BGH mit Recht ausgeführt, daß eine solche **Bindung** an ein gemeinsames Aufmaß **auch für den öffentlichen Auftraggeber** besteht und daß dies auch nicht durch eine spätere Überprüfung seitens der Rechnungsprüfungsbehörde geändert werden kann (a. a. O.). Allerdings besteht die Bindung an das Aufmaßergebnis nur in tatsächlicher Hinsicht, nicht auch hinsichtlich der richtigen Anwendung der Aufmaßbestimmungen (a. a. O.). Überdies erstreckt sich ein **Anerkenntnis nur auf die zum Vertragsinhalt gewordenen Leistungen,** daher nicht auf vom Auftragnehmer i. S. von Teil B § 2 Nr. 8 Abs. 1 erbrachte Leistungen; auch kann hierin **nicht** schon ein **Anerkenntnis nach Teil B § 2 Nr. 8 Abs. 2 Satz 1** gesehen werden (BGH in der zuerst genannten Entscheidung). 36

Es ist möglich, in Besonderen oder Zusätzlichen Vertragsbedingungen die Anerkenntniswirkung eines gemeinschaflichen Aufmaßes dadurch einzuengen, daß die spätere Berichtigung von Aufmaßfehlern vertraglich ausdrücklich zugelassen wird, wie auch aus Nr. 5.2. VHB zu § 14 VOB/B hervorgeht. Dabei erfaßt der Begriff „Aufmaßfehler" Abweichungen in Aufmaßlisten und Abrechnungszeichnungen von der tatsächlichen Ausführung oder untereinander, Rechenfehler, Schreibfehler, nicht aber die unrichtige Anwendung von Aufmaßbestimmungen in Teil C (BGH BauR 1975, 424 = MDR 1975, 836 = SFH Z 2.330.2 Bl. 26; vgl. auch OLG München NJW-RR 1987, 1500). Wird auf die bloße Berichtigung tatsächlicher Aufmaßfehler abgestellt, liegt bei einer entsprechenden Vertragsklausel nicht bereits ein Verstoß gegen § 9 AGB-Gesetz vor, da sich eine solche Regelung in gleicher Weise zum Vorteil oder zum Nachteil sowohl des Auftraggebers als auch des Auftragnehmers auswirken kann. 37

Liegt bei Fehlen abweichender Vertragsbedingungen der **Regelfall des deklaratorischen Anerkenntnisses** vor, kann der betreffende Vertragspartner später **nicht mehr bloß einwenden, die getroffenen Feststellungen entsprächen nicht der Wirklichkeit;** das reicht auch dann nicht, wenn (was ohnehin erforderlich ist) die angeblich unzutreffenden und zutreffenden Maßangaben im einzelnen dargelegt werden; anders **nur** dann, **wenn der betreffende Vertragspartner im einzelnen darlegt und beweist,** daß ihm die die Unrichtigkeit begründenden Tatsachen **erst nach dem gemeinsamen Aufmaß bekannt geworden** sind. Insoweit muß dann von einer **Umkehr der Beweislast** gesprochen werden. Im Falle eines schuldbegründenden Aufmaßes nach **§ 782 BGB** besteht hingegen grundsätzlich eine **absolute Bindung** der Vertragspartner. 38

c) Im Bereich des Aufmaßes kann im Einzelfall auch ein **Vergleich** i. S. des § 779 BGB vorliegen, z. B. wenn zwischen den Parteien der Umfang der vom Auftragnehmer erbrachten Leistung zunächst streitig ist, sie dann vereinbaren, daß die Streitpunkte durch gemeinsames Aufmaß geklärt werden sollen und dies auch **einverständlich** geschieht, sie sich also im Wege gegenseitigen Nachgebens auf ein bestimmtes Ergebnis einigen (OLG Stuttgart BauR 1972, 318). 39

Zu berücksichtigen ist allerdings, daß die Tragweite eines möglichen **Vergleichs oder eines** 40

Anerkenntnisses grundsätzlich dadurch **eingeschränkt** ist, daß sie sich nur auf das Aufmaß, also das „**Maßnehmen**" selbst und das hinsichtlich der bloßen Maße erzielte Einverständnis bezieht. Tauchen später in der Rechnung Unstimmigkeiten **anderer** Art auf, z. B. wegen der Einheitspreise oder der sonstigen Berechnungen, wie z. B. beim Malnehmen der aufgemessenen Vordersätze mit den Einheitspreisen, können diese vom Auftraggeber nach wie vor beanstandet werden, ohne an den Vergleich oder das Anerkenntnis gebunden zu sein (BGH NJW 1974, 646 = BauR 1974, 210 = LM VOB/B Nr. 68 = SFH Z 2.412 Bl. 21 = Betrieb 1974, 822; BGH BauR 1975, 211 = MDR 1975, 482 = SFH Z 2.412 Bl. 23 = LM VOB/C Nr. 1 a).

41 d) Da es sich bei dem beiderseits erklärten Einverständnis um rechtsgeschäftliche Willenserklärungen handelt, können sie wegen **Irrtums** nach § 119 BGB **angefochten** werden (so auch OLG Stuttgart BauR 1972, 318 und OLG Karlsruhe BauR 1972, 381). Die Anfechtung kommt z. B. in Betracht, wenn bei der Aufmessung ein von dem Betreffenden nicht erkannter Meß- oder Berechnungsfehler unterlaufen ist (vgl. BGH SFH Z 2.302 Bl. 22 ff., wonach hier die rechtliche Einordnung auch nach dem Gesichtspunkt des Wegfalls der Geschäftsgrundlage offengelassen wird, der immer mehr an Boden gewinnt, vgl. OLG Stuttgart BauR 1972, 318; auch Weick in Nicklisch/Weick Teil B § 14 Rdn. 22). Gemäß § 121 BGB hat die Anfechtung unverzüglich nach erhaltener Kenntnis des Anfechtungsgrundes zu erfolgen. Auch eine Anfechtung nach § 123 BGB wegen arglistiger Täuschung ist denkbar.

42 e) Zum Anerkenntnis eines Aufmaßes (nicht dagegen zum Abschluß eines entsprechenden Vergleichs) ist der **Architekt** des Auftraggebers, sofern ihm die örtliche Bauführung und die geschäftliche Oberleitung (**nunmehr nach § 15 Abs. 2 Nr. 8 HOAI die Objektüberwachung**) übertragen worden sind, **regelmäßig** als vom Auftraggeber **bevollmächtigt** anzusehen (vgl. BGH NJW 1960, 859; BB 1963, 111; SFH Z 2.330 Bl. 6 ff.; OLG Stuttgart NJW 1966, 1461 und BauR 1972, 318; Locher, Das private Baurecht, Rdn. 196). Das trifft auch zu, wenn der Architekt nur örtlicher Bauleiter ist (KG SFH Z 2.412 Bl. 16 ff.). Siehe auch Hochstein BauR 1973, 333. Die Vollmacht des Architekten endet nicht ohne weiteres mit der Fertigstellung des Bauvorhabens selbst; vielmehr kann ein Architekt auch noch 5 Jahre nach Fertigstellung des Bauvorhabens ermächtigt sein, ein Aufmaß der geleisteten Arbeiten zusammen mit dem Auftragnehmer zu nehmen und so als Bevollmächtigter des Auftraggebers zu handeln (BGH BauR 1975, 137 = SFH Z 2.331 Bl. 96 = WM 1974, 929).

43 3. Nach Satz 1 **sind** die für die Abrechnung notwendigen Feststellungen dem **Fortgang der Leistung entsprechend** vorzunehmen. Auch hier handelt es sich um eine vertragliche Verpflichtung der Vertragspartner, naturgemäß in erster Linie des zur prüfbaren Abrechnung verpflichteten Auftragnehmers (vgl. Rdn. 8 ff.). Damit ist nicht gesagt, daß beide Vertragspartner je nach dem Leistungsfortschritt laufend Feststellungen für die Abrechnung zu treffen haben. Gemeint ist vielmehr, daß keine Partei die Beteiligung an den gemeinsamen Feststellungen verweigern darf, **weil** noch nicht die ganze Leistung fertiggestellt ist. Wenn der Auftragnehmer **befugt** ist, Zahlungen zu verlangen und er **hierfür prüfbare Rechnungen** bzw. Aufstellungen anfertigen und dem Auftraggeber vorlegen muß, muß er den diesen bzw. seinen dazu befugten Vertreter (vor allem den bauleitenden Architekten, vgl. Rdn. 42) zur Mitwirkung auffordern können. Stehen dem Auftragnehmer z. B. nach dem Leistungsfortschritt auf der Grundlage von Teil B § 16 Nr. 1 oder 4 Abschlagszahlungen oder Teilschlußzahlungen oder nach Teil B § 15 Nr. 4 Stundenlohnzahlungen zu, dürfen gemeinsame oder überhaupt Feststellungen, die für die Abrechnung notwendig sind, vom Auftraggeber nicht verhindert werden. Über etwaige Rechtsfolgen vgl. Rdn. 31 f.; das dort Gesagte gilt hier entsprechend.

II. Beachtung der Abrechnungsbestimmungen

Nach Nr. 2 Satz 2 sind bei **den für die Abrechnung notwendigen Feststellungen** die **Abrechnungsbestimmungen in den Technischen Vertragsbedingungen** oder in den möglicherweise im Einzelfall vorrangigen anderen Vertragsunterlagen, wie z. B. den etwaigen besonderen Angaben im Leistungsverzeichnis oder in Zusätzlichen Technischen Vertragsbedingungen, zu beachten. Dabei ist zunächst Ziff. 0.5 der DIN 18 299 zu beachten, wonach im Leistungsverzeichnis die Abrechnungseinheiten für die Teilleistungen (Positionen) gemäß Abschnitt 0.5 der jeweiligen ATV anzugeben sind. Des weiteren enthalten die DIN 18 300 ff. durchweg unter **Nr. 5** Bestimmungen über die Art der **Abrechnung** (Abrechnungsregelungen), die hier grundsätzlich zu beachten sind, weswegen auf die dort jeweils geregelten Einzelheiten zu verweisen ist. Auf Beachtung der Abrechnungsbestimmungen besteht ein **Rechtsanspruch** jedes Vertragspartners, da die Allgemeinen und die etwaigen für den Einzelfall vereinbarten oder die Zusätzlichen Technischen Vertragsbedingungen bindender Vertragsinhalt sind. Verletzt ein Vertragspartner diese Vorschriften, binden die vertragswidrig getroffenen Feststellungen den anderen nicht (vgl. auch Rdn. 33 ff.). Da die Abrechnungsbestimmungen in den Allgemeinen Technischen Vertragsbedingungen das zum Ausdruck bringen, was im Baugewerbe üblich ist, finden sie entsprechend § 157 BGB auch bei nach den §§ 631 ff. BGB ausgerichteten Verträgen Anwendung.

44

Lehrreich und unbedingt zu empfehlen ist die von den Autoren von der Damerau und Tauterat verfaßte Darstellung der Aufmaßregeln nach der VOB „VOB im Bild", Bauverlag Wiesbaden/Verlagsgesellschaft R. Müller, Köln-Braunsfeld, in der jeweils neuesten Auflage. Die dort durch Zeichnungen gegebenen bildlichen Darstellungen sind wertvolle und jederzeit verständliche Hinweise in Zweifelsfragen zu Aufmaßen nach den jeweils maßgebenden DIN-Normen des Teils C. Dazu auch Siemsen, Abrechnungsfragen nach der VOB, Verlagsgesellschaft R. Müller a. a. O. Für automatisierte Bauabrechnung empfiehlt sich das Standardleistungsbuch (vgl. Teil A § 9 Rdn. 43).

Nach den Abschnitten 5.102 und 3.051.1 Abs. 1 DIN 18 300 in der Fassung von Dezember 1958 ist mangels einer abweichenden Vereinbarung der Baugrubenaushub nach den Außenmaßen der Baukörper zuzüglich eines Arbeitsraumes von 50 cm Breite zu berechnen (BGH BauR 1975, 211 = MDR 1975, 482 = SFH Z 2.412 Bl. 23 = LM VOB/C Nr. 1 a). Zur Abrechnung von Türöffnungen in nach dem Leistungsverzeichnis als „leichte Trennwände" angegebenen Abtrennungen, die möglicherweise als „Verschläge" zu kennzeichnen sind, vgl. OLG Hamburg BauR 1979, 520. Über die Auslegung der DIN 18 300 Nr. 5.104 – Fassung 1965 –, nämlich die Berechnung von Arbeitsraum beim Fundamentaushub, vgl. OLG Köln BauR 1982, 170 = SFH § 632 BGB Nr. 11. Zur Abrechnung von Leibungsputzarbeiten kraft besonderer vertraglicher Vereinbarung vgl. OLG München NJW-RR 1987, 1500.

45

III. Durch Baufortschritt verdeckte Leistungen

In **Nr. 2 Satz 3** wird dem Auftragnehmer die **Verpflichtung** auferlegt, bei Leistungen, die bei der Weiterführung der Arbeiten nur schwer feststellbar sind, rechtzeitig gemeinsame Feststellungen zu beantragen. Dies deckt sich weitgehend mit der die Leistungspflicht des Auftragnehmers entsprechenden Regelung in Teil B § 12 Nr. 2 b; vgl. Teil B § 12 Rdn. 76 ff.; auch Dähne BauR 1981, 233 Fn. 4. Insoweit handelt es sich um eine **zwingende vertragliche Nebenverpflichtung des Auftragnehmers.** Das ergibt sich aus der **Besonderheit des Falles,** da nur er als Verantwortlicher für die Leistung (Teil B § 4 Nr. 2) zu beurteilen vermag, ob und wann bei der Weiterführung der Leistung die Teilleistung nicht mehr richtig an Ort und Stelle (auch unter Zuhilfenahme von Aufmaßzeichnungen) zu überprüfen ist. **Er** muß den Antrag **so rechtzeitig** stellen, daß durch die Feststellungen die **Weiterführung** der Arbeiten **nicht erschwert oder sonst behindert oder gar unterbrochen wird.** Etwaige, durch einen zu spät gestellten Antrag eintretende Behinderungen oder Unterbrechungen der Arbeiten hat der Auftragnehmer aus dem Gesichtspunkt der **positiven Vertragsverletzung** zu vertreten. Gleiches gilt für alle Erschwernisse, insbesondere den zusätzlichen Kostenaufwand, der später zum Zwecke der Feststellung bzw. Prüfung der wirklich ausgeführten – inzwischen

46

verdeckten – Leistung dem Auftraggeber entsteht. Sofern sich zuverlässige Feststellungen später nicht mehr treffen lassen, geht dies zu Lasten des Auftragnehmers, zumal er für seine vergütungsgemäß ins Gewicht fallende Leistung ohnehin darlegungs- und beweispflichtig ist. Andererseits: Hier hat der **Auftraggeber** eine entsprechende **Mitwirkungspflicht.** Findet er sich trotz Aufforderung des Auftragnehmers zu gemeinsamen Feststellungen nicht bereit, macht sich der Auftraggeber seinerseits aus **positiver Vertragsverletzung** schadensersatzpflichtig, wodurch Kosten etwaiger Erschwernisse zu seinen Lasten gehen; evtl. haftet er unter den Voraussetzungen von Teil B § 6 Nr. 2 a nach Maßgabe von a. a. O. Nr. 6 auf Schadensersatz. Vgl. auch Rdn. 30 ff.

D. Zeitpunkt der Einreichung der Schlußrechnung (Nr. 3)

I. Grundlagen

47 Zum Begriff der Schlußrechnung vgl. Teil B § 16 Rdn. 95 ff.

48 **Nr. 3 behandelt die Frage des Zeitpunktes der Einreichung der Schlußrechnung** durch den Auftragnehmer. Diese Bestimmung ist **nur** auf die **Schlußrechnung** anzuwenden, welche die **Grundlage für die Schlußzahlung und den Ausgangspunkt für deren Fälligkeit** nach Teil B § 16 Nr. 3 bildet (vgl. auch Rdn. 11 ff., 27 f.). Rechnungen, die sich auf andere, vor der Schlußzahlung liegende Zahlungen, wie Abschlagszahlungen, Teilschlußzahlungen oder Vorauszahlungen beziehen, werden von Nr. 3 nicht erfaßt. Insoweit muß es **dem Auftragnehmer überlassen** bleiben, ob und wann er vorzeitige Zahlungen verlangen und deshalb vorzeitig prüfbare Rechnungen bzw. Aufstellungen im jeweils erforderlichen Umfang anfertigen und dem Auftraggeber vorlegen will.

49 Soweit das OLG Celle (BauR 1974, 413) auch für den Fall, daß der Auftragnehmer seine Schlußrechnung nicht innerhalb der in § 14 Nr. 3 VOB/B festgelegten Frist einreicht, eine vorzeitige Fälligkeit seiner Schlußvergütung nach Ablauf der in Nr. 3 a. a. O. geregelten Frist, zuzüglich der in VOB/B § 16 Nr. 3 Abs. 1 festgelegten weiteren Frist von 2 Monaten annimmt, kann dem nicht gefolgt werden. Sein Hinweis auf die §§ 198, 199 BGB und deren Entstehungsgeschichte betrifft hier nicht einschlägige, für sich abgegrenzte Sonderfälle. Insbesondere übersieht aber das OLG, im übrigen ebenso wie Schultz JZ 1973, 713, daß die Vertragspartner bei Vereinbarung der VOB eine besondere Regelung gewollt haben: Wie sich aus § 14 Nr. 4 VOB/B ergibt, haben die Parteien ausdrücklich eine von den gesetzlichen Regelungen abweichende Absprache dahin gehend getroffen, daß sie es für den Fall der nicht rechtzeitigen Aufstellung der Schlußrechnung durch den Auftragnehmer nunmehr dem Auftraggeber überlassen, dieses zu tun und damit von sich aus die Fälligkeit des Schlußvergütungsanspruches des Auftragnehmers herbeizuführen. Das wird auch der besonderen Sachlage bei Bauverträgen eher gerecht, da hierdurch spätere Streitigkeiten über die Berechtigung der Schlußvergütung des Auftragnehmers jedenfalls eingedämmt werden, vor allem auch im Hinblick auf die in § 16 Nr. 3 Abs. 2 VOB/B geregelten Ausschlußwirkungen nach erfolgter Schlußzahlung. In diesem Sinne insbesondere BGH NJW 1977, 2075 = BB 1977, 1324 = Betrieb 1977, 1942 = SFH Z 2.331 Bl. 100 = BauR 1977, 354.

50 Eine gesonderte Schlußrechnung ist u. U. entbehrlich, wenn sich aus Besonderen oder Zusätzlichen Vertragsbedingungen sowohl Zeitpunkt und Höhe der Zahlung klar ergeben, wie z. B. bei einem Pauschalvertrag mit festbestimmten, im einzelnen umrissenen Zahlungen und Zahlungsterminen (vgl. BGH SFH Z 2.330.1 Bl. 7), sofern vorgesehener Umfang und Inhalt der Leistung unverändert geblieben sind. Das dürfte aber eine seltene Ausnahme sein.

II. Abhängig von Ausführungsfrist

Die **Frist für die Einreichung der Schlußrechnung** ist nach Nr. 3 davon **abhängig, wie lange die vertragliche Ausführungsfrist** gedauert hat. Man hat als **Anhaltspunkt** für die erfahrungsgemäß notwendige Zeit zur Aufstellung der Schlußrechnung die jeweilige vertragliche Ausführungsfrist genommen. Aus der letzteren läßt sich in etwa der Umfang der Bauleistung entnehmen. Je umfangreicher sie ist, um so längere Zeit beansprucht erfahrungsgemäß die Aufstellung der Schlußrechnung. Maßgebend ist hier die im betreffenden Vertrag vereinbarte Ausführungsfrist; bei späterer einverständlicher Änderung gilt die dann festgelegte Frist. Ist eine Ausführungsfrist nicht vereinbart oder veränderten Bedingungen angepaßt worden, so bemißt sich die Frist im Einzelfall nach der für die betreffende Leistung bei zügigem Einsatz erforderlichen Zeit. Da hier auch Zusatzaufträge mit abzurechnen sind (vgl. Rdn. 54), ist die dafür erforderliche Zeit der jeweiligen Frist hinzuzurechnen.

51

Die Schlußrechnung bei einer vertraglichen Ausführungsfrist von höchstens drei Monaten (vgl. hierzu Teil B § 5 Rdn. 1 ff.) muß spätestens **12 Werktage nach der Fertigstellung** des Bauwerkes eingereicht werden, wenn nichts anderes vereinbart ist. Diese Frist wird um **je 6 Werktage für je drei weitere Monate Ausführungsfrist verlängert**.

52

III. Voraussetzung: Fertigstellung der Leistung

Voraussetzung für den Beginn der Frist ist die **Fertigstellung der Bauleistung**. Der Lauf der Frist bestimmt sich nach den §§ 186 ff. BGB. In diese Frist fallende Samstage werden, da Werktage, mitgerechnet, es sei denn, daß der letzte Tag der Frist ein Samstag, Sonntag oder Feiertag ist (vgl. § 193 BGB). Als Zeitpunkt der Fertigstellung gilt der Tag, an dem der Auftragnehmer die ihm vertraglich obliegende **Gesamtleistung vollendet** hat, wenn er also „fertig" ist (dazu näher Teil B § 12 Rdn. 17 ff.). Anhaltspunkte dafür sind z. B. die Mitteilung von der Fertigstellung der Leistung an den Auftraggeber (vgl. Teil B § 12 Nr. 5 Abs. 1) oder der Tag, an dem die endgültige und vollständige, nicht nur teilweise Räumung der Baustelle **beginnt,** ohne daß nachfolgend noch im Einzelfall ins Gewicht fallende Restarbeiten (einschließlich Mängelbeseitigung) vorgenommen werden bzw. vorgenommen werden müssen. **Nicht Voraussetzung** ist die **Abnahme** der Leistung, da diese in der Regel erst nach der Fertigstellung liegt; auch etwaige spätere Gewährleistungsansprüche des Auftraggebers hindern für die Zeit nach Abnahme die zunächst gegebene Fertigstellung als solche nicht. Die Abnahme ist zwar wesentlich für die Fälligkeit der Schlußzahlung (vgl. Teil B § 16 Rdn. 12 ff.), nicht aber für die Aufstellung der Schlußrechnung.

53

IV. Auch Einreichung von Rechnungen für Zusatz- oder Ergänzungsaufträge

Die Pflicht zur Einreichung der Schlußrechnung innerhalb der jeweils maßgebenden Frist betrifft nicht nur die auf der ursprünglichen vertraglichen Leistungsvereinbarung beruhende Schlußrechnung, sondern auch diejenigen Rechnungsteile, die auf **Änderungen oder Ergänzungen des Auftrages** beruhen. Dadurch soll eine möglichst schnelle Abrechnung der **gesamten Bauleistung** erreicht werden, was für alle Beteiligten von Nutzen ist. Wenn auch diese Forderung in der jetzigen Fassung der VOB nicht mehr ausdrücklich enthalten ist, so ergibt sie sich doch nach wie vor aus der Grundregel der Nr. 1, insbesondere deren Satz 4.

54

E. Rechnungsaufstellung durch Auftraggeber (Nr. 4)

Erfüllt der Auftragnehmer seine Verpflichtung zur Einreichung einer prüfbaren Rechnung nicht, schadet er sich in erster Linie selbst, weil vor Vorlage der Rechnung die **Fälligkeit**

55

seines Vergütungsanspruches **nicht eintreten kann** (vgl. zur Fälligkeit Teil B § 16 Rdn. 9 ff. und die dortigen Hinweise). Aus dieser Sicht könnte es dem Auftraggeber gleichgültig sein, ob und wann der Auftragnehmer die Rechnung einreicht. Trotzdem hat die VOB mit Nr. 4 eine Regelung geschaffen, die dem **Auftraggeber eine Möglichkeit** gibt, **auch ohne Mitwirkung des Auftragnehmers zu einer Abrechnung zu kommen.** Es gibt nämlich in der Praxis Fälle, in denen der Auftraggeber ein **besonderes Interesse an der alsbaldigen Abrechnung** hat. Das gilt z. B., wenn er zur Bauerrichtung Fremdmittel erhalten hat, die nach den zugrundeliegenden Bedingungen innerhalb einer bestimmten Zeit zu Bauzwecken verwendet sein müssen oder vom Darlehensgeber erst zur Auszahlung gelangen, wenn die Abrechnung des Auftragnehmers vorliegt, oder man denke an Behörden als Auftraggeber, die für Bauerrichtungen bewilligte Gelder innerhalb eines bestimmten Rechnungsjahres zu verwerten haben. Dann kann nicht nur ein berechtigtes Interesse, sondern sogar eine einem Dritten gegenüber bestehende **Verpflichtung den Auftraggeber zwingen,** von sich aus eine Abrechnung herbeizuführen. Daher bietet Nr. 4 dem Auftraggeber einen **Schutz gegen den säumigen Auftragnehmer** (vgl. BGH SFH Z 2.331 Bl. 78 f.), indem ihm hier ein **Recht auf Ersatzvornahme** eingeräumt ist (zutreffend Dähne BauR 1981, 233, der den Begriff Selbsthilferecht des Auftraggebers als zu eng bezeichnet). Die Regelung der Nr. 4 ist rechtlich als ein Quasi-Schadensersatzanspruch des Auftraggebers anzusehen, und zwar als Folge dessen, daß der Auftragnehmer seinen vertraglichen Nebenpflichten, wie sie in Nr. 1–3 im einzelnen festgelegt sind, nicht nachgekommen ist (vgl. auch BFH NJW-RR 1987, 533 = Betrieb 1986, 1901). Der Auftraggeber ist jedoch nicht verpflichtet, die ihm nach Nr. 4 eingeräumte Ersatzvornahme vorzunehmen, da es sich hier nur um eine sogenannte Kann-Vorschrift handelt; vielmehr kann er gegen den Auftragnehmer auch Klage auf Erteilung der Schlußrechnung erheben (OLG München NJW-RR 1987, 146).

I. Fehlen prüfbarer Rechnung des Auftragnehmers

56 Voraussetzung ist, daß der Auftragnehmer eine **prüfbare Rechnung nicht** einreicht. Dies ist auch der Fall, wenn er zwar eine Rechnung aufgestellt und eingereicht hat, diese aber nicht den Erfordernissen der Prüfbarkeit entspricht, wie es nach Nr. 1 vorausgesetzt wird, abgestellt auf das Verhältnis der jeweiligen Vertragspartner. Liegt eine Rechnung vor und macht der Auftraggeber geltend, diese sei nicht prüfbar, muß er im einzelnen darlegen, in welchen Punkten er die Rechnung als nicht prüfbar ansieht (Dähne BauR 1981, 233). Dabei kommt es für die Entscheidung im Streitfall auf die **objektive Würdigung** der im Einzelfall gegebenen Sachlage, **nicht dagegen auf die subjektive Auffassung des Auftraggebers** an. Ist bereits ein gemeinsames Aufmaß genommen, so muß dieses als Teilvoraussetzung der Prüfbarkeit genügen; es ist also bei der Rechnungsaufstellung durch den Auftraggeber zu verwenden (ähnlich Dähne a. a. O.). Falls nur ein Teil der Rechnung als nicht prüfbar anzusehen ist, ein anderer, vergütungsmäßig in sich bewertbarer dagegen schon, so kommt eine weitere Abschlagszahlung durch den Auftraggeber (Teil B § 16 Nr. 1 Abs. 1 Satz 3) in Betracht (Dähne a. a. O.). Die Befugnis zur Selbstaufstellung der Rechnung beschränkt sich dann auf den nichtprüfbaren Teil.

57 Eine weitere Voraussetzung für das Selbsthilferecht des Auftraggebers ergibt sich im Ausgangspunkt auch aus Nr. 3, nämlich die Nichtaufstellung der Schlußrechnung sowie der ergänzenden Rechnungen im vorgenannten Umfang innerhalb der festgelegten Fristen. Die Regelung der **Nr. 4** ist aber **nicht nur** auf die **Schlußrechnung** abgestellt, sondern **auch** auf **andere Rechnungen** des Auftragnehmers, wenn auch die Aufstellung der Schlußrechnung den Hauptfall bilden mag. Daher gilt für Teilschlußrechnungen die Fristenregelung der Nr. 3 entsprechend, während für Abschlagsrechnungen sowie Vorauszahlungsrechnungen die Regelungen in Teil B § 16 Nr. 1 oder 2 sinngemäß anzuwenden sind, es dabei in erster Linie aber auf jeweils getroffene besondere vertragliche Fälligkeitsbestimmungen ankommt. Letztere sind zwecks Schaffung von Klarheit dringend zu empfehlen, wenn es sich um

Abschlags- oder Vorauszahlungsrechnungen handelt und der Auftraggeber die sich aus Nr. 4 ergebenden Rechte geltend machen will.

II. Setzen angemessener Frist

Kommt der Auftragnehmer seiner Verpflichtung zur Einreichung von prüfbaren Rechnungen nicht fristgemäß nach, kann der Auftraggeber **erst** zur eigenen Rechnungsaufstellung übergehen, wenn er dem Auftragnehmer vorher **ohne Erfolg** eine **angemessene Frist** (Nachfrist) zur Aufstellung und Einreichung der Rechnung gesetzt hat. Die **Angemessenheit** der Frist richtet sich nach den **Gegebenheiten des Einzelfalles.** Zu berücksichtigen sind Art und Umfang der Bauleistung. Außerdem sind die berechtigten Interessen des Auftraggebers an der alsbaldigen Erlangung einer prüfbaren Rechnung zu beachten. In etwa können auch hier die Fristen der Nr. 3 als dem Auftraggeber äußerst zumutbare Orientierungspunkte dienen. 58

Die Aufforderung des Auftraggebers an den Auftragnehmer zur jetzt endlich vorzunehmenden Aufstellung einer prüfbaren Rechnung unter Setzung einer angemessenen Frist bedarf **keiner** besonderen **Form.** Sie kann mündlich ergehen. Doch **empfiehlt sich** auch hier die **Schriftform,** schon aus Gründen eines später etwa notwendig werdenden Beweises. 59

III. Erfordernis prüfbarer Rechnung

Hat der Auftragnehmer innerhalb der gesetzten Frist oder vor Beendigung des Selbstaufstellens durch den Auftraggeber (vgl. dazu Dähne BauR 1981, 233) eine prüfbare Rechnung nicht eingereicht, ist der **Auftraggeber** befugt, **von sich aus** die **Rechnung aufzustellen,** und zwar soweit bisher eine prüfbare Rechnung – ganz oder zum Teil; vgl. dazu OLG Düsseldorf BauR 1987, 336 = SFH § 14 VOB/B Nr. 5 – (vgl. Rdn. 56 f.) noch nicht vorliegt. Dabei muß er selbst alle Erfordernisse beachten, die nach Nr. 1 und 2 für die Aufstellung einer ordnungsgemäßen, prüfbaren Rechnung vorgeschrieben sind. Vor allem muß diese Schlußrechnung sämtliche vergütungspflichtigen Leistungen des Auftragnehmers aus dem betreffenden Vertrag erfassen; sie darf sich nicht nur mit Teilen, vor allem nicht mit einem ganzen oder teilweisen Gegenüberstellen von Gegenansprüchen, begnügen (vgl. dazu BGH BauR 1984, 182 = NJW 1984, 1757 = SFH § 16 Nr. 3 VOB/B Nr. 31 = ZfBR 1984, 74 = MDR 1984, 569 = Betrieb 1984, 825 = LM § 16 [B] VOB/B Nr. 5). Der Auftraggeber muß so sorgfältig vorgehen, als sei er der Auftragnehmer. Andernfalls setzt er sich **berechtigten Einwendungen des Auftragnehmers** aus. Zu beachten ist aber, daß für solche Einwendungen die **Beweislast** grundsätzlich beim **Auftragnehmer** liegt, weil er die Berechtigung seines Vergütungsanspruches darzulegen und zu beweisen hat. Da der Auftraggeber die prüfbare Rechnung sozusagen stellvertretend für den Auftragnehmer aufstellt, muß er auch etwaige, gesondert auszuweisende Mehrwertsteuer berücksichtigen. Handelt es sich um die Selbstaufstellung einer **Teilschlußrechnung**, so hat der Auftraggeber ebenfalls die Voraussetzungen der Nr. 1 und 2 genau zu beachten; bei Selbstaufstellen von **Abschlagsrechnungen** hat er sich nach Teil B § 16 Nr. 1 zu richten. 60

Die vom Auftraggeber aufgestellte Rechnung ist dem **Auftragnehmer zu übermitteln,** damit dieser **Gelegenheit zur Prüfung und Stellungnahme** erhält (vgl. dazu auch Rdn. 64 ff.). 61

IV. Rechnungsaufstellung auf Kosten des Auftragnehmers

Die Aufstellung bzw. Vervollständigung (vgl. dazu OLG Düsseldorf BauR 1987, 336 = SFH § 14 VOB/B Nr. 5) der Rechnung geschieht **auf Kosten des Auftragnehmers.** Dieser muß den Aufwand tragen, der dem Auftraggeber hierbei entstanden ist, nämlich die erforderlich 62 gewordenen Personal- und Sachkosten einschließlich aller Nebenkosten. Dabei ist auf die unbedingt notwendigen Mehrkosten abzustellen, die dem Auftraggeber durch die Selbstaufstellung der prüfbaren Rechnung entstehen; Kosten, die er ohnehin im Wege der Prüfungstätigkeit gehabt hätte, wenn die Rechnung des Auftragnehmers prüfbar gewesen wäre, sind jedenfalls dann abzuziehen, wenn die vorgelegte Rechnung in Teilen prüfbar ist (OLG Düsseldorf a. a. O.). In den vom Auftragnehmer zu ersetzenden Kosten können auch die **erforderlichen** Kosten der notfalls mit der Rechnungsaufstellung beauftragten Sachverständigen enthalten sein, z. B. wenn der Auftraggeber oder sein Vertreter (Architekt) nicht die Sachkenntnis besitzt, die für die Fertigung einer den Anforderungen der Prüfbarkeit entsprechenden Rechnung notwendig ist (auch Dähne BauR 1981, 233). Das Recht auf Selbstaufstellung der Rechnung und damit zur Erstattung der damit verbundenen Kosten durch den Auftragnehmer ist allein von den Voraussetzungen der Nr. 4 abhängig, daher ist grundsätzlich ein **Verschulden des Auftragnehmers** an der Nichtaufstellung der Rechnung **nicht erforderlich;** anders kann es nur zu beurteilen sein, wenn der Auftraggeber keinen begründeten Anlaß zur Selbstaufstellung gehabt (vgl. Rdn. 55), daher rechtsmißbräuchlich gehandelt hat, was aber vom Auftragnehmer im einzelnen darzulegen und zu beweisen ist (zutreffend Dähne a. a. O.). Nicht maßgebend ist es, ob die letztlich erfolgende Zahlung des Auftraggebers auf die von ihm aufgestellte prüfbare Rechnung zurückgeht; wegen der Vertragsuntreue des Auftragnehmers kommt es allein darauf an, ob die Voraussetzungen der Nr. 4 vorliegen (Dähne a. a. O.).

63 Die Höhe der Kosten bestimmt sich entsprechend § 632 Abs. 2 BGB nach den Grundsätzen der Üblichkeit. Hierfür können auch Gebührenordnungen, wie die HOAI, Anhaltspunkte liefern, was auch bei Selbstaufstellung der Rechnung durch einen öffentlichen Auftraggeber gilt (OLG Düsseldorf a. a. O.). Ein Ausgleich dieser Kosten kann im Wege der **Aufrechnung gegen den Vergütungsanspruch** des Auftragnehmers erfolgen. Der Auftraggeber kann die Kosten auch gesondert gegen den Auftragnehmer geltend machen. Dieser Weg ist besonders zu empfehlen, wenn zu erwarten ist, daß es wegen der Vergütung zu einem Streit zwischen den Vertragspartnern kommt. Zur Bewertung der bilanzmäßigen Rückstellung in dem hier erörterten Bereich vgl. Winkler/Hackmann BB 1985, 1103.

V. Folgen der Selbstaufstellung durch Auftraggeber

64 Die vom Auftraggeber nach Nr. 4 im Wege der Ersatzvornahme aufgestellte prüfbare Rechnung hat **grundsätzlich die gleichen Rechtswirkungen** im Gefolge **wie die vom Auftragnehmer vorgelegte prüfbare Rechnung.** Das betrifft bei Schlußrechnungen bzw. Teilschlußrechnungen insbesondere die Fälligkeit nach Abnahme (vgl. vor allem Teil B § 16 Rdn. 9 ff.) sowie den damit verbundenen Beginn der Verjährungsfrist (vgl. BGH BauR 1984, 182 = NJW 1984, 1757 = SFH § 16 Nr. 3 VOB/B Nr. 31 = ZfBR 1984, 74 = MDR 1984, 569 = Betrieb 1984, 825 = LM § 16 [B] VOB/B Nr. 5).

65 Allerdings ist für die Berechnung der **Fälligkeit der Schlußzahlung** im Ausgangspunkt hier der Zeitpunkt **maßgebend,** in dem der Auftraggeber die **Schlußrechnung aufgestellt und den Endbetrag ermittelt** hat. Dies folgt aus der sinngemäßen Berücksichtigung von Teil B § 16 Nr. 3 Abs. 1 Satz 1 (vgl. dazu Teil B § 16 Rdn. 105 ff.; zutreffend Dähne BauR 1981, 233). Zwar weiß der Auftragnehmer im allgemeinen diesen Zeitpunkt nicht, jedoch muß er sich dies als Folge seiner eigenen Vertragsuntreue zurechnen lassen (Dähne a. a. O.), was auch in der Frage der Nachfristsetzung nach Teil B § 16 Nr. 5 Abs. 3 gilt (Dähne a. a. O.). Das Gesagte trifft auch auf Teilschlußrechnungen zu.

66 **Anders** liegt es wiederum, wenn es sich um die **Frage vorbehaltloser Annahme der Schlußzahlung** handelt. Voraussetzung für den Beginn der Frist von 12 Werktagen, innerhalb deren der Vorbehalt zu erklären ist (Teil B § 16 Nr. 3 Abs. 2), ist hier nicht nur der Eingang der

Schlußzahlung oder Teilschlußzahlung beim Auftragnehmer, sondern auch die Vorlage der vom Auftraggeber selbst aufgestellten Schlußrechnung (vgl. Teil B § 16 Rdn. 166) bzw. Teilschlußrechnung. Die hiergegen von Dähne (a. a. O.) erhobenen Bedenken, der eine Pflicht des Auftraggebers zur Überlassung der Schlußrechnung an den Auftragnehmer erst für den Bereich der Begründung des Vorbehaltes (Teil B § 16 Nr. 3 Abs. 2 Satz 5) annehmen möchte, sind nicht gerechtfertigt. Zwar trifft es zu, daß sich der Auftragnehmer die Nichtkenntnis der Einzelheiten und des Ergebnisses der vom Auftraggeber aufgestellten Schlußrechnung selbst zurechnen muß. Zu beachten ist hier aber, daß dies allein nicht schon eine Rechtfertigung für eine so gravierende Folge, wie es die Wirkungen einer vorbehaltlosen Annahme der Schlußzahlung sein können, ist. Das gilt um so mehr, wenn man mit Dähne (vgl. Rdn. 62 f.) davon ausgeht, daß das Recht des Auftraggebers zur Selbstaufstellung der Rechnung und damit zur Kostenerstattung verschuldensunabhängig ist. Überdies unterscheidet sich der hier erörterte Fall von demjenigen, in dem der Auftragnehmer die Schlußrechnung selbst aufgestellt und eine mit dieser nicht übereinstimmende Schlußzahlung erhalten hat, grundlegend dadurch, daß der Auftragnehmer im Normalfall sowohl die – von ihm ermittelten – Rechnungsgrößen und dazu den Betrag der vorgestellten Schlußzahlung vor Augen hat, während ihm ersteres im Falle von Teil B § 14 Nr. 4 gänzlich fehlt, er also keinerlei Vergleichsmöglichkeiten hat, um in Überlegungen, die vernünftigerweise bereits für den Bereich der Vorbehaltserklärung anzustellen sind, eintreten zu können. Dies muß erfolgen, damit der Vorbehalt nicht „in der Luft" hängt, also nicht allein auf Verdacht erhoben werden muß. Anderes zu verlangen wäre sicher übertriebener Formalismus, abgesehen davon, daß Dähne (a. a. O.) die erforderliche Kenntnis in den Bereich der Vorbehaltsbegründung verlagert, sie also im Ergebnis lediglich auf später verlegt, ohne daß dadurch für diese oder jene Partei ein anderes Ergebnis erreicht werden könnte, als wenn die Kenntnis der Schlußrechnung durch den Auftragnehmer bereits Voraussetzung für die Frist zur Vorbehaltserklärung ist.

Eine Klausel in AGB – insbesondere Zusätzlichen Vertragsbedingungen – des Auftraggebers dahin, daß der Auftragnehmer im Falle der Selbstaufstellung der Rechnung durch den Auftraggeber auf Einsprüche verzichtet, verstößt gegen § 9 AGB-Gesetz, da hier dem Grundgedanken des § 315 BGB nicht hinreichend Rechnung getragen wird (Frikell/Glatzel/Hofmann K 14.11).

F. Abrechnung bei öffentlichen Aufträgen

Für die Abrechnung öffentlicher Bauaufträge bestimmt das VHB zu § 14 VOB/B:

1. Aufstellung der Rechnung

Das Aufstellen der Rechnung obliegt dem Auftragnehmer; der Auftraggeber darf, abgesehen von den in § 14 Nr. 4 VOB/B geregelten Ausnahmen, keine Rechnungen aufstellen.

2. Prüfbarkeit der Rechnung

Sofort nach Eingang der Rechnung ist zu prüfen, ob die zur Beurteilung des Leistungsumfanges erforderlichen Unterlagen vollständig und zweifelsfrei sind und ob die Rechnungen so aufgestellt sind, daß sie den Zusätzlichen Vertragsbedingungen – EVM (B/K/Z) ZVB – entsprechen. Ist dies nicht der Fall, ist die Rechnung dem Auftragnehmer unverzüglich mit der Aufforderung zurückzusenden, sie zu vervollständigen.

3. Besonderheiten beim Einsatz der automatisierten Datenverarbeitung (ADV) für das Prüfen der Rechnung

3.1 Allgemeines

3.1.1 Mit Datenverarbeitungsanlagen aufgestellte Rechnungen gelten auch dann als prüfbar, wenn sie in einzelnen Angaben manuell ergänzt oder berichtigt worden sind.

3.1.2 Für das Prüfen der Rechnung ist grundsätzlich ein anderes Programm als das zu verwenden, mit dem der Auftragnehmer seine Rechnung aufgestellt hat. Ausnahmsweise kann dasselbe Programm verwendet werden, wenn sichergestellt ist, daß die Prüfberechnung zeitlich und hinsichtlich der Dateien unabhängig von der Erstberechnung durchgeführt worden ist.

Die Rechenstelle hat dies in der Bescheinigung nach Nr. 3.2.3 zu bestätigen.

3.1.3 Werden während der Bearbeitung Fehler der Datenermittlung oder Datenerfassung festgestellt, die Auswirkungen auf den Rechengang haben können, sind diese dem Auftragnehmer unverzüglich mitzuteilen.

3.2 Verfahren bei der Prüfberechnung

3.2.1 Durch die Prüfung der Eingabebelege vor der Erfassung ist sicherzustellen, daß – die Angaben fehlerfrei sind und einen ungehinderten Rechengang ermöglichen, und – bei der Feststellung der Rechnung die Angaben ohne nochmalige Prüfung zugrunde gelegt werden können.

Auf den Angabebelegen ist zu bescheinigen: „In allen Teilen geprüft und mit den ersichtlichen Änderungen für richtig befunden."

3.2.2 Vor der Prüfberechnung sind die Datenträger darauf zu prüfen, ob die Daten richtig und vollständig erfaßt worden sind.

Dies gilt unabhängig davon, ob die Datenträger von der Erfassungsstelle des Auftraggebers oder vom Auftragnehmer hergestellt worden sind.

Die mit der Prüfung beauftragte Stelle hat hierüber folgende Bescheinigung abzugeben: „Die Datenträger wurden auf Übereinstimmung des Inhalts mit den uns übergebenen Eingabebelegen geprüft.

Dabei haben sich keine Abweichungen/folgende Abweichungen ergeben."

Festgestellte Abweichungen sind vor der Prüfberechnung zu berichtigen. Dies ist ebenfalls zu bescheinigen.

3.2.3 Eine mit der Datenverarbeitung beauftragte verwaltungsfremde Stelle hat zu bescheinigen:
„Die Prüfberechnung wurdenach der REB-Verfahrensbeschreibung Nr. ....
nach der Verfahrensbeschreibung ....
auf unserer Datenverarbeitungsanlage (Bezeichnung der Anlage) ....
mit dem Rechenprogramm .... durchgeführt.

Die sachgemäße Anwendung des Rechenprogramms und – sofern es sich nicht um ein von der Verwaltung zur Verfügung gestelltes Programm handelt – dessen Richtigkeit werden bestätigt.

Für den Fall, daß für das Aufstellen und Prüfen der Rechnung dasselbe Programm verwendet worden ist, wird ferner bestätigt, daß die Prüfberechnung zeitlich und hinsichtlich der Dateien unabhängig von der Erstberechnung durchgeführt worden ist.

Wir sind vom Auftragnehmer, dessen Rechnung geprüft wurde, unabhängig."

Eine mit der Datenverarbeitung beauftragte verwaltungseigene Stelle hat zu bescheinigen:
„Die Prüfberechnung wurdenach der REB-Verfahrensbeschreibung Nr. ....
nach der Verfahrensbeschreibung ....
auf unserer Datenverarbeitungsanlage (Bezeichnung der Anlage) ....
mit dem Rechenprogramm .... durchgeführt.

Die sachgemäße Anwendung des Rechenprogramms wird bestätigt.

Die Richtigkeit des Programms ergibt sich aus: ...."

3.3 Hinweise zur Bearbeitung der Rechnung

3.3.1 Bei der rechnerischen Prüfung ist wegen der Vereinbarung in Nr. 20.8 EVM (B) ZVB wie folgt zu verfahren:

Weicht die Prüfberechnungssumme um nicht mehr als 0,1 von Tausend von der Rechnungssumme ab, ist der Endbetrag der Rechnung des Auftragnehmers maßgebend; einer weiteren Untersuchung der Ursachen der Abweichungen bedarf es nicht.

Bei größeren Abweichungen ist zunächst zu prüfen, ob die im Vertrag vereinbarten Preise richtig übernommen worden sind; etwaige Fehler sind zu berichtigen.

Verbleibt danach noch immer eine größere Abweichung, sind die Mengen der einzelnen Positionen der Rechnung mit denen der Prüfberechnung zu vergleichen. Ergeben sich bei einzelnen Positionen Mengendifferenzen, die jeweils nicht größer als 1 in der zweiten Stelle nach dem Komma sind, so sind die Mengen und Gesamtbeträge der Rechnung des Auftragnehmers maßgebend. Die sich hieraus ergebenden Beträge sind die vereinbarte Vergütung.

Bei größeren Abweichungen ist entsprechend EVM(B)ZVB Nr. 20.8 letzter Absatz zu verfahren. Die entsprechenden Teile der Prüfberechnung sind dem Auftragnehmer unverzüglich zuzuleiten. Der nach Nr. 20.8 EVM (B) ZVB unbestrittene Betrag ist fristgerecht zu bezahlen.

3.3.2 Änderungen oder Ergänzungen, die aufgrund der vorstehenden Regelung vorgenommen werden, sind so aus der Prüfberechnung in die Rechnung zu übertragen, daß zu erkennen ist, inwieweit die einzelnen Ansätze berichtigt worden sind. Alle Änderungen der Rechnung müssen aus dieser selbst abgelesen werden können.

3.3.3 Bei der rechnerischen Feststellung ist zu vermerken:
„Die Rechnung wurde in dem aus der Prüfberechnung – Anlage – ersichtlichen Umfang mit ADV geprüft."

Der Rechnung sind beizufügen: – die Eingabebelege, – die Bescheinigungen nach 3.2.1 bis 3.2.3, – die als solche zu kennzeichnende Prüfberechnung.

4. Fristsetzung

Wenn der Auftragnehmer innerhalb der Frist des § 14 Nr. 3 VOB/B keine prüfbare Rechnung eingereicht hat, ist ihm schriftlich eine angemessene Frist mit dem Hinweis zu setzen, daß nach deren Ablauf die Rechnung auf seine Kosten aufgestellt wird.

5. Gemeinsames Aufmaß

5.1 Nach den Allgemeinen Technischen Vorschriften ist die Leistung aus Zeichnungen zu ermitteln, soweit die ausgeführte Leistung diesen Zeichnungen entspricht. Sind solche Zeichnungen nicht vorhanden, ist die Leistung – in der Regel gemeinsam mit dem Auftragnehmer – aufzumessen und ggf. zeichnerisch festzulegen.

Eine Leistung, die durch den Baufortschritt verdeckt wird, muß gemeinsam aufgemessen werden.

5.2 Das gemeinsame Aufmaß stellt kein Anerkenntnis der Feststellungen über den Leistungsumfang dar; vgl. Nr. 20.1 EVM (B) ZVB und Nr. 9.1 EVM (K) ZVB.

6. Unterrichtung des Auftragnehmers

Ergibt die Prüfung der Rechnung, daß dem Auftragnehmer eine andere als die geforderte Vergütung zusteht, ist er mit Abgang der Auszahlungsanordnung an die Kasse mit dem Formblatt EFB-SZ zu unterrichten.

Beim Einsatz von DV-Anlagen siehe Nr. 3.3.1.

Bei Überzahlungen und Zahlungen an Dritte vgl. Nr. 7 der Richtlinie zu § 16 VOB/B.

§ 15 Stundenlohnarbeiten

1. (1) Stundenlohnarbeiten werden nach den vertraglichen Vereinbarungen abgerechnet.

(2) Soweit für die Vergütung keine Vereinbarungen getroffen worden sind, gilt die ortsübliche Vergütung. Ist diese nicht zu ermitteln, so werden die Aufwendungen des Auftragnehmers für Lohn- und Gehaltskosten der Baustelle, Lohn- und Gehaltsnebenkosten der Baustelle, Stoffkosten der Baustelle, Kosten der Einrichtungen, Geräte, Maschinen und maschinellen Anlagen der Baustelle, Fracht-, Fuhr- und Ladekosten, Sozialkassenbeiträge und Sonderkosten, die bei wirtschaftlicher Betriebsführung entstehen, mit angemessenen Zuschlägen für Gemeinkosten und Gewinn (einschließlich allgemeinem Unternehmerwagnis) zuzüglich Umsatzsteuer vergütet.

2. Verlangt der Auftraggeber, daß die Stundenlohnarbeiten durch einen Polier oder eine andere Aufsichtsperson beaufsichtigt werden, oder ist die Aufsicht nach den einschlägigen Unfallverhütungsvorschriften notwendig, so gilt Nr. 1 entsprechend.

3. Dem Auftraggeber ist die Ausführung von Stundenlohnarbeiten vor Beginn anzuzeigen. Über die geleisteten Arbeitsstunden und den dabei erforderlichen, besonders zu vergütenden Aufwand für den Verbrauch von Stoffen, für Vorhaltung von Einrichtungen, Geräten, Maschinen und maschinellen Anlagen, für Frachten, Fuhr- und Ladeleistungen sowie etwaige Sonderkosten sind, wenn nichts anderes vereinbart ist, je nach der Verkehrssitte werktäglich oder wöchentlich Listen (Stundenlohnzettel) einzureichen. Der Auftraggeber hat die von ihm bescheinigten Stundenlohnzettel unverzüglich, spätestens jedoch innerhalb von 6 Werktagen nach Zugang, zurückzugeben. Dabei kann er Einwendungen auf den Stundenlohnzetteln oder gesondert schriftlich erheben. Nicht fristgemäß zurückgegebene Stundenlohnzettel gelten als anerkannt.

4. Stundenlohnrechnungen sind alsbald nach Abschluß der Stundenlohnarbeiten, längstens jedoch in Abständen von 4 Wochen, einzureichen. Für die Zahlung gilt § 16.

5. Wenn Stundenlohnarbeiten zwar vereinbart waren, über den Umfang der Stundenlohnleistungen aber mangels rechtzeitiger Vorlage der Stundenlohnzettel Zweifel bestehen, so kann der Auftraggeber verlangen, daß für die nachweisbar ausgeführten Leistungen eine Vergütung vereinbart wird, die nach Maßgabe von Nr. 1 Absatz 2 für einen wirtschaftlich vertretbaren Aufwand an Arbeitszeit und Verbrauch von Stoffen, für Vorhaltung von Einrichtungen, Geräten, Maschinen und maschinellen Anlagen, für Frachten, Fuhr- und Ladeleistungen sowie etwaige Sonderkosten ermittelt wird.

Inhaltsübersicht

	Rdn.
A. Allgemeines	1–5
I. Besondere Vergütungsart	1
II. Nur für Ausnahmefälle geeignet	2
III. Grundsätze von Teil A § 5 Nr. 2 sollten beachtet werden	3
IV. Ausdrückliche Vereinbarung der Stundenlohnvergütung erforderlich	4
V. Umfang von Stundenlohnverträgen	5
B. Grundsätze für die Abrechnung nach Stundenlöhnen (Nr. 1)	6–26
I. Übersicht	6
II. Abrechnung nach vertraglichen Vereinbarungen (Nr. 1 Abs. 1)	7–13
1. Grundsätzlich ausdrückliche Absprache erforderlich	7
2. Im allgemeinen Freiheit der Vertragspartner bei Festlegung der Abrechnungsmerkmale	8–9
3. Einschränkung für öffentliche Auftraggeber durch BaupreisVO und LSP-Bau	10–13
III. Fehlende Abrechnungsvereinbarung (Nr. 1 Abs. 2)	14–26
1. Überblick	14
2. Ortsübliche Vergütung (Satz 1)	15
3. Bemessungsgrundlagen bei Fehlen ortsüblicher Vergütungssätze (Satz 2)	16–26
a) Aufwendungen des Auftragnehmers	17–20
b) Voraussetzung: Wirtschaftliche Betriebsführung	21–23
c) Zuschläge für Gemeinkosten und Gewinn	24–25
d) Zusammenfassung	26
C. Zusätzliche Aufsichtsvergütung (Nr. 2)	27–33
I. Allgemeines	27
II. Aufsicht auf Verlangen des Auftraggebers oder nach Unfallverhütungsvorschriften notwendig	28–30
III. Umfang der Beaufsichtigung	31
IV. Berechnung der Aufsichtsvergütung	32–33
D. Kontrolle der Stundenlohnleistungen durch Auftraggeber (Nr. 3)	34–56
I. Allgemeines	34
II. Anzeige vom Beginn der Stundenlohnarbeiten (Satz 1)	35–56
1. Sinn: Kontrollmöglichkeit	35
2. Entsprechende Anwendung der Nr. 5 bei Verletzung	36–37
3. Anzeige vor Leistungsbeginn; keine besondere Form nötig	38
III. Verpflichtung zur Vorlage von Stundenlohnzetteln (Satz 2)	39–44
1. Allgemeines	39–40
2. Notwendige Angaben auf den Stundenlohnzetteln	41–42
3. Zeitraum zur Vorlage von Stundenlohnzetteln	43–44
IV. Folgen der Möglichkeit zur Prüfung von Stundenlohnzetteln (Satz 3–5)	45–56
1. Allgemeines	45
2. Verpflichtung des Auftraggebers zur unverzüglichen Rückgabe der bescheinigten Stundenlohnzettel (Satz 3)	46–50
a) Bescheinigung des Auftraggebers, insbesondere Vollmacht des Architekten, Anerkenntniswirkung	47–49
b) Fristgerechte Rückgabe der bescheinigten Stundenlohnzettel	50
3. Einwendungen des Auftraggebers auf Stundenlohnzetteln oder gesondert schriftlich (Satz 4)	51
4. Folgen nicht rechtzeitiger Rückgabe der Stundenlohnzettel: Anerkenntniswirkung (Satz 5)	52–56
E. Frist zur Vorlage der Stundenlohnrechnungen; Fälligkeit; Zahlung (Nr. 4)	57–61
I. Allgemeines	57
II. Fristen zur Einreichung der Stundenlohnrechnungen (Satz 1)	58–60
III. Fälligkeitsregelung (Satz 2)	61
F. Abrechnung bei Zweifeln über Umfang der Stundenlohnarbeiten (Nr. 5)	62–73
I. Allgemeines	62–63
II. Nicht rechtzeitige Vorlage der Stundenlohnzettel	64

    III. Zweifel über Umfang der Stundenlohnleistung infolge nicht rechtzeitiger
         Vorlage der Stundenlohnzettel; Beweislast; entsprechende Anwendung auf
         andere Fälle 65–68
    IV. Verlangen des Auftraggebers auf Berechnung nach Nr. 5; Rechtzeitigkeit . 69
     V. Auftragnehmer muß auf berechtigtes Verlangen zur Neuberechnung
         eingehen 70
    VI. Neuberechnung der Stundenlohnvergütung 71–73

A. Allgemeines

I. Besondere Vergütungsart

1   Teil B § 15 ist eine **Sonderbestimmung über die Abrechnung von Stundenlohnarbeiten.** Die Vergütung von – selbstverständlich auch hier erfolgsbedingten – Bauleistungen im Rahmen eines Stundenlohnvertrages richtet sich nach **anderen Maßstäben, als es bei** den für das Bauwesen grundsätzlich maßgebenden **Leistungsverträgen** (vgl. Teil A § 5 Nr. 1 = Einheitspreisverträge, Pauschalverträge) der Fall ist. Der Unterschied liegt darin, daß die Vergütung nach Stundenlohn nicht entsprechend dem üblichen Wert der erstellten Leistung, sondern davon unabhängig nach der **aufgewandten Arbeitszeit und dem dabei verbrauchten Material** berechnet wird. Bei Stundenlohnverträgen kann daher die Höhe der Vergütung **im Zeitpunkt des Vertragsabschlusses noch nicht festliegen,** und zwar weit weniger, als es z. B. bei Einheitspreisverträgen der Fall ist. Die Folge ist, daß eine endgültige Berechnung der Vergütung erst nach Erledigung der vom jeweiligen Vertrag umrissenen Bauleistung oder eines bestimmten Teils, auf den vereinbarungsgemäß Stundenlohnarbeiten entfallen, erfolgen kann. Um auch in solchen Fällen soweit als möglich klare Verhältnisse zu schaffen, hat die VOB aber im Rahmen der Allgemeinen Vertragsbedingungen **Berechnungsmaßstäbe** sowie weitere Einzelheiten für die Berechnung oder Festlegung der dem Auftragnehmer vom Auftraggeber geschuldeten Vergütung festgehalten.

II. Nur für Ausnahmefälle geeignet

2   **Stundenlohnverträge,** die selbstverständlich auch zum werkvertraglichen Bereich gehören, **sollten eine Ausnahme sein,** weil sie nicht immer das grundsätzlich erforderliche **Gleichgewicht** zwischen Leistungswert und Vergütungswert herbeiführen. Das weicht für den Vergütungsbereich auch von dem Werkvertragsrecht des BGB ab, da dort im Gegensatz zum Dienstvertrag in erster Linie die **Herstellung,** also der **Leistungserfolg,** und nicht die Arbeitsleistung und der bloße Materialaufwand geschuldet werden. Aus diesen Gründen ist in Teil A § 5 Nr. 2 zum Ausdruck gekommen, daß **nur Bauleistungen geringeren Umfangs, die überwiegend Lohnkosten verursachen,** der Vergabe im Stundenlohn zugänglich sein sollen. Näheres hierüber siehe Teil A § 5 Rdn. 22 ff.

III. Grundsätze von Teil A § 5 Nr. 2 sollten beachtet werden

3   Teil B § 15 setzt nicht unbedingt voraus, daß Teil A § 5 Nr. 2 eingehalten worden ist, es sei denn, es handelt sich um **Bauvergabe öffentlicher Auftraggeber,** für welche die Vergaberegeln des Teils A grundsätzlich **bindend** sind, wobei vor allem auch auf § 11 der BaupreisVO 1972 (VO PR Nr. 1/72) in Verbindung mit Nr. 44 ff. LSP-Bau hinzuweisen ist (vgl. Rdn. 10 ff.). Allerdings sollte auch der private Auftraggeber die Regel in Teil A § 5 Nr. 2 im eigenen Interesse einhalten. Ansonsten genügt für die Anwendung der besonderen Abrechnungsvorschriften in Teil B § 15, wenn eine nach allgemeinen Grundsätzen (§§ 145 ff. BGB) **wirksame Vereinbarung** der Vertragsparteien dahin gehend vorliegt, daß die Vergütung des Auftragnehmers nach Stundenlöhnen berechnet werden soll. Allerdings muß hierfür im

Falle eines jeden VOB-Vertrages **zwingend** noch eine **weitere Voraussetzung** vorliegen, wie sich neben Teil B § 2 Nr. 2 **insbesondere aus Teil B § 2 Nr. 10** ergibt:

IV. Ausdrückliche Vereinbarung der Stundenlohnvergütung erforderlich

Die Vereinbarung, daß nach Stundenlöhnen abgerechnet werden soll, muß vor Ausführung der betreffenden Arbeiten getroffen worden sein. Insoweit handelt es sich um eine **Wirksamkeitsvoraussetzung** (vgl. Teil B § 2 Rdn. 407 ff.). Ist sie nicht eingehalten worden, muß auch hier grundsätzlich nach dem Normaltyp des Einheitspreises (vgl. Teil B § 2 Nr. 2), ausnahmsweise auf der Grundlage eines im Einzelfall vereinbarten Pauschalpreises, abgerechnet werden.

4

V. Umfang von Stundenlohnverträgen

Stundenlohnverträge können für sich selbständig abgeschlossen werden, sie können aber auch Abschnitte aus einem größeren, ansonsten auf der Grundlage der Leistungspreisberechnung (Teil A § 5 Nr. 1) beruhenden Vertrag erfassen. Im letzteren Falle wird häufig von sogenannten **angehängten Stundenlohnarbeiten** gesprochen.

5

B. Grundsätze für die Abrechnung nach Stundenlöhnen (Nr. 1)

I. Übersicht

Nr. 1 enthält die grundlegenden Maßstäbe, die für die Stundenlohnabrechnung ausschlaggebend sind. Dabei wird unterschieden zwischen dem Fall, in dem zur Höhe eine vertragliche Vereinbarung getroffen worden ist (Absatz 1), und dem Fall, in dem eine solche ausdrückliche vertragliche Absprache fehlt (Absatz 2).

6

II. Abrechnung nach vertraglichen Vereinbarungen (Nr. 1 Abs. 1)

1. Nach Nr. 1 Abs. 1 werden Stundenlohnarbeiten nach den vertraglichen Vereinbarungen abgerechnet. Insoweit hat die VOB in der Fassung von 1973 den bereits in der Fassung von 1952 maßgebenden Grundsatz beibehalten, daß es für die **Abrechnung von Stundenlohnarbeiten in erster Linie auf die vertragliche Berechnungsabsprache ankommt.** Das entspricht nichts anderem als dem § 631 Abs. 1 BGB sowie dem dem zivilen Vertragsrecht innewohnenden Grundsatz der den jeweiligen Vertragspartnern vorbehaltenen **Vertragsgestaltungsfreiheit.** Eine solche vertragliche Vereinbarung über die Berechnung von Stundenlohnarbeiten muß **grundsätzlich ausdrücklich und inhaltlich zweifelsfrei** getroffen worden sein, damit Mißverständnisse vermieden werden und später bei der Abrechnung keine Zweifelsfragen auftauchen. So ist bei lediglicher Vereinbarung bestimmter Sätze für Stundenlohn und Materialkosten grundsätzlich davon auszugehen, daß daneben Kosten für Geräte und Fracht nicht gesondert ersetzt verlangt werden können (LG Köln SFH Z 2.303 Bl. 19). **Nur in Ausnahmefällen** wird man eine **stillschweigende Vereinbarung** bestimmter Maßstäbe für die Abrechnung von Stundenlohnarbeiten annehmen können. Das wird nur in Betracht kommen, wenn ein bestimmter Auftraggeber einem bestimmten Auftragnehmer in zeitlich kurzen Abständen mehrfach Stundenlohnarbeiten von im wesentlichen gleicher Art vergibt und die früheren Leistungen vereinbarungsgemäß und insbesondere ohne Beanstandung seitens des einen oder anderen Vertragspartners nach einem bestimmten Abrechnungsmodus abgerechnet worden sind, von dem man dann mit Fug und Recht annehmen kann, daß er **auch hier gelten soll.** Immerhin handelt es sich aber um einen wirklichen **Ausnahmefall,** weshalb bei geringstem Zweifel nicht gesagt werden kann, daß eine stillschweigende Abrechnungsvereinbarung für den jetzt maßgebenden Fall getroffen worden ist.

7

8   2. Die den Vertragsparteien hier im Ausgangspunkt gewährte **Vertragsgestaltungsfreiheit** zur Vereinbarung der Abrechnungsmerkmale für die Stundenlohnarbeiten ist **grundsätzlich nicht begrenzt, abgesehen von Grenzen, die durch zwingende gesetzliche Vorschriften, wie den §§ 134, 138 oder 242 BGB, gesetzt sind.**

9   **Sofern das AGB-Gesetz eingreift (vgl. Teil A § 10 Rdn. 77 ff.), sind hier insbesondere die §§ 3, 5, 9, 11 Nr. 1 zu beachten.** Entgegen der Fassung von 1952 vermeidet die VOB jetzt die Festlegung der Abrechnungsmerkmale nach „Stundenlohnsätzen" und „Verrechnungssätzen", weil damit **nicht alle Arten möglicher Abrechnungsvereinbarungen** erfaßt sind. Grundsätzlich können daher ohne bestimmte Einschränkung Absprachen über die Abrechnung von Löhnen, Stoffen, Gerätevorhaltung und anderen Leistungen und die darauf zu berechnenden Zuschläge für Gemeinkosten und Gewinn sowie etwa dazugehörige Aufsichtsvergütungen getroffen werden. Im allgemeinen sollten aber bei der vertraglichen Vereinbarung der Abrechnungsmerkmale diejenigen beachtet werden, die sich in Abs. 2 Satz 2 (vgl. Rdn. 16 ff.) sowie gegebenenfalls in Nr. 2 (vgl. Rdn. 27 ff.) finden.

10 3. Überdies ergibt sich aus dem eingangs Rdn. 8 gemachten Hinweis auf zwingende gesetzliche Vorschriften, insoweit insbesondere aus § 134 BGB, daß die grundsätzlich mögliche freie Vereinbarung der Abrechnungsmodalitäten bei Stundenlohnverträgen eine **Einschränkung für diejenigen Auftraggeber** erfahren hat, **bei denen die betreffende Bauvergabe den §§ 2, 11 der VO PR Nr. 1/72 (BGBl. I S. 304 ff.) in Verbindung mit Nr. 44 ff. LSP-Bau unterliegt.** Hier sind die Leitsätze maßgebend, die in der Anlage zu dieser VO unter Abschnitt IV als „Besondere Vorschriften für die Ermittlung von Stundenlohnabrechnungspreisen" (LSP-Bau) enthalten sind. Der **öffentliche Auftraggeber ist grundsätzlich gehalten, diese** ihm vorgeschriebenen **zwingenden Regeln einzuhalten.** Zu den Grundlagen vgl. Altmann BauR 1981, 445 sowie zu den maßgeblichen Begriffen ders. BlGBW 1982, 116. Nach § 11 Abs. 1 VO PR 1/72 in Verbindung mit Nr. 44 ff. LSP-Bau liegt ein Stundenlohnabrechnungspreis vor, wenn die Vergütung nach dem tatsächlichen Aufwand des Auftragnehmers, vor allem für Arbeitsstunden, Stoffe, Gerätevorhaltung bemessen werden soll. Preisrechtlich ist dabei eine Vergütung nach tatsächlichem Aufwand auch gegeben, wenn einige Kostenfaktoren nicht über Einzelnachweis, sondern über betriebsübliche Zuschläge abgerechnet werden. Werden im Rahmen des Angebotsverfahrens feste Sätze oder Beträge vereinbart, die nach Angebotsaufforderung an mehrere Unternehmer zustande kommen, handelt es sich um einen **Wettbewerbspreis** i. S. des Preisrechts. Insoweit gelten hinsichtlich der Preishöhe und des Überprüfungsverfahrens die preisrechtlichen Bestimmungen über Wettbewerbspreise. Sind feste Sätze oder Beträge nicht vereinbart, kommen preisrechtlich die Bestimmungen über die Stundenlohnabrechnung in Betracht. Handelt es sich um Preise, die aus einer Preisliste des Auftragnehmers ersichtlich sind und die regelmäßig auch anderen Auftraggebern berechnet werden, handelt es sich um einen Listenpreis nach § 6 VO PR 1/72; dann findet eine preisrechtliche Überprüfung dahingehend statt, ob es sich hier tatsächlich um einen Listenpreis nach der Baupreisverordnung handelt. In Betracht kommt auch ein sogenannter frei vereinbarter Preis nach § 12 VO PR 1/72, wenn nämlich weder die Voraussetzung eines Wettbewerbspreises noch die eines Listenpreises oder eines Selbstkostenpreises vorliegt. **Voraussetzung** ist dabei aber immer, daß auch in der Höhe ein **bestimmter Preis vereinbart** worden ist. Maßgebend für die preisrechtliche Zulässigkeit ist es letztlich, ob Leistung und Gegenleistung nicht in einem auffälligen Mißverhältnis stehen. Dazu siehe insbesondere auch Altmann BauR 1982, 445.

11 Wegen der Einzelheiten vgl. Hereth/Crome, Baupreisrecht, 3. Aufl. S. 193 ff.; Ebisch/Gottschalk, Preise und Preisprüfungen bei öffentlichen Aufträgen, 5. Aufl., S. 519 ff. und S. 609 ff., Verlag Franz Vahlen, München; Kainzbauer/Krämer, Amtliche Werte und Bewertungsrichtlinien für die Baupreisermittlung bei öffentlichen Aufträgen, Schriftenreihe des Hauptverbandes der Deutschen Bauindustrie, Heft 20, Bauverlag GmbH Wiesbaden und Berlin, 1975;

Rogmans, Öffentliches Auftragswesen, Leitfaden für die Vergabe und Abwicklung von öffentlichen Aufträgen einschließlich Bauaufträgen, Erich-Schmidt-Verlag Berlin; ferner Altmann BlGBW 1972, 148, 150 f.; Zeiger BauR 1973, 202, 204; Altmann Betrieb 1972, 1373; BlGBW 1976, 46 sowie 1983, 426 und BlGBW 1983, 168.

Stundenlohnabrechnungsvereinbarungen öffentlicher Auftraggeber, die **diese Regeln nicht einhalten, sind grundsätzlich** wegen Verstoßes gegen ein gesetzliches Verbot (§ 134 BGB) **unwirksam.** Sind derartige Absprachen erst nach Vertragsabschluß getroffen worden, sind die betreffenden Arbeiten nach den zulässigen Sätzen abzurechnen. Ist eine überhöhte Stundenlohnabrechnungsforderung bereits im Angebot enthalten und wird diese noch vor Vertragsabschluß entdeckt, so gilt das zu Teil A § 19 Rdn. 19 f. Ausgeführte entsprechend.

Vgl. auch Nr. 2.1. bis 2.4. VHB zu Teil A § 5 sowie Nr. 2.1. VHB zu Teil A § 2. Zur Frage der **Einbeziehung vermögenswirksamer Leistungen** in die Stundenlohnverrechnungssätze vgl. Rundschreiben des Bundesministers für Wirtschaft und Finanzen vom 12. 5. 1971 und vom 15. 6. 1971 (Die Bauverwaltung 1971, 474).

III. Fehlende Abrechnungsvereinbarung (Nr. 1 Abs. 2)

1. Nr. 1 Abs. 2 enthält Regelungen für den **Fall, in dem** zwischen den Bauvertragspartnern zwar Stundenlohnarbeiten vor deren Ausführung abgesprochen worden sind (Teil B § 2 Nr. 10), in dem es aber **unterlassen wurde, die Merkmale für deren Berechnung festzulegen.** Hier wird **zunächst** auf die **ortsübliche Vergütung** zurückgegriffen (Satz 1); ist eine solche nicht festzustellen, so ist **nach Richtpunkten** abzurechnen, die im einzelnen in **Satz 2** aufgeführt worden sind. Bei den hier angeführten Gesichtspunkten handelt es sich um allgemein anerkannte baubetriebliche Berechnungsmerkmale, weswegen sie auch bei einem nach den Regelungen der §§ 631 ff. BGB ausgerichteten Bauvertrag, vor allem im Hinblick auf die Üblichkeit bzw. Angemessenheit (§ 632 Abs. 2 BGB), Geltung haben.

2. Das in Abs. 2 Satz 1 im Falle des Fehlens vertraglicher Abrechnungsvereinbarungen in erster Linie erfolgte Zurückgreifen auf die jeweils **ortsüblichen Vergütungen** beruht in der **Grundlage auf § 632 Abs. 2 BGB.** Allerdings ist auf die Besonderheiten des Bauvertragswesens abgestellt, wenn hier eine **Einschränkung** dahin gehend festgelegt wurde, daß es sich um die ortsübliche Vergütung handeln muß („gilt"). Dies entspricht dem Bestreben der VOB, in jedem einzelnen Fall möglichst die **Grundsätze der Angemessenheit der Vergütung** einzuhalten. Das wiederum setzt die **Möglichkeit der Vergleichbarkeit** voraus, die am ehesten aus der Ortsüblichkeit entnommen werden kann. Dabei handelt es sich um die Feststellung **ortsüblicher Sätze** für Löhne, Stoffe, Gerätevorhaltung, sonstige mit Stundenlohnarbeiten verbundene vergütungspflichtige Leistungen sowie von Zuschlägen für Gemeinkosten und Gewinn. **Ausschlaggebend** für die Hauptkosten (vgl. die im Text der VOB in Teil B § 15 Nr. 1 Abs. 2 eingerückte Aufzählung) **sind die Sätze, wie sie für das betreffende Gewerk zur Zeit der Bauleistung an dem Ort ihrer Ausführung oder in dessen engerem Bereich allgemein und daher üblicherweise bezahlt werden.** Dagegen sind die Zuschläge für Gemeinkosten und Gewinn grundsätzlich nach dem Zeitpunkt des Vertragsabschlusses bzw. der Vereinbarung der Stundenlohnabrechnung festzulegen, es sei denn, es haben sich hier Kostenentwicklungen ergeben, die zur genannten Zeit noch nicht voraussehbar waren (nicht ganz eindeutig Daub/Piel/Soergel/Steffani Teil B § 15 ErlZ B 15.33; zu weitgehend Weick in Nicklisch/Weick Teil B § 15 Rdn. 12, der hier „auf den Durchschnitt der Zeit zwischen Vertragsabschluß und Abschluß der Arbeiten" abstellen will, soweit es sich um die Gemeinkosten handelt, was einmal der Grundregel des § 632 Abs. 2 BGB widerspricht, die es auf den Zeitpunkt des Vertragsabschlusses abstellt, zum anderen aber auch viel zu unklar und unbestimmt ist).

Im Zweifel kann es hier geboten sein, Auskünfte oder Gutachten ortsansässiger oder jedenfalls den örtlichen Bereich erfassender Berufsvertretungen, wie z. B. Handwerkskammern oder Industrie- und Handelskammern, einzuholen. Grundsätzlich muß davon ausgegangen werden, daß die **ortsüblichen Sätze sich aufgrund des Wettbewerbs** gebildet haben.

16 3. Lassen sich **ortsübliche Vergütungen** oder Teile solcher für Stundenlohnarbeiten **nicht** oder nur mit einem **unzumutbaren**, weil **unverhältnismäßigen Aufwand** feststellen, wobei letzteres eine seltene Ausnahme sein dürfte, so **gelten die in Abs. 2 Satz 2 im einzelnen** nach Maßgabe der betrieblichen Kostenrechnung festgelegten Abrechnungsregeln. Diese sind dadurch als vereinbart anzusehen, daß die VOB/B kraft vertraglicher Absprache Vertragsgegenstand geworden ist.

17 a) Hiernach wird zunächst von den **Aufwendungen** des Auftragnehmers **für Lohn- und Gehaltskosten der Baustelle, Lohn- und Gehaltsnebenkosten der Baustelle, Kosten der Einrichtungen, Geräte, Maschinen und maschinellen Anlagen der Baustelle, Fracht-, Fuhr- und Ladekosten, Sozialkassenbeiträge und Sonderkosten** ausgegangen. Der Begriff „Aufwendungen" ergibt, daß hier nur die **tatsächlich** vom Auftragnehmer **verauslagten Beträge** zu berechnen sind. Es ist also zunächst der **Eigenaufwand des Auftragnehmers** in Ansatz zu bringen, der von ihm im Zweifelsfalle im einzelnen nachzuweisen ist. Dabei ergibt die Einzelaufzählung in Satz 2 eine Aufteilung in **zwei große Gruppen,** und zwar einmal die **personellen** und zum anderen die **sachlichen Kosten.** Selbstverständlich müssen diese Aufwendungen **auf die jeweilige nach Stundenlöhnen abzurechnende Leistung** oder Teilleistung **bezogen sein,** wie sich der aus wiederholten, als **Einschränkung** anzusehenden Wendung „**der Baustelle**" ergibt. Gegebenenfalls sind hierauf lediglich anteilig entfallende, tatsächlich gehabte Kosten bzw. Aufwendungen zu ermitteln.

18 Im übrigen sind die hier im einzelnen angeführten Berechnungsmerkmale ihrem Inhalt und Umfang nach hinreichend klar und bedürfen grundsätzlich keiner näheren Erläuterung, so daß auf sie verwiesen werden kann. Wenn als letztes Berechnungsmerkmal sogenannte **Sonderkosten** erwähnt sind, so handelt es sich um eine **Zusammenfassung von** auf die betreffende Baustelle entfallenden **besonderen Kosten.** Dazu **gehören** auch die **Lohnzuschläge** und die **Lohnzulagen,** wie sie in Teil B § 15 Nr. 1 Abs. 2 und 3 der Fassung 1952 im einzelnen erwähnt waren. Hiernach sind Lohnzuschläge für Mehrarbeit, Nacht-, Sonntags- und Feiertagsarbeit, außerdem Erschwerniszuschläge, Leistungszulagen und lohnsteuerpflichtige Wegezeitentschädigungen ansatzfähig. Gleiches gilt für Lohnzulagen, wie Wege- und Fahrgelder vom Betrieb zur Baustelle, sofern solche unmittelbar durch die in Auftrag gegebenen Stundenlohnarbeiten, also nicht durch nach anderen Vergütungsmerkmalen zu berechnende Arbeiten, verursacht sind, Auslösungen (Trennungsgelder, Unterkunfts- und Übernachtungsgelder, Kosten für An- und Rückreisen und Familienheimfahrten), die nur mit einem Zuschlag für Umsatzsteuer erstattungsfähig sind bzw. waren. Das wird allerdings auch durch das in Satz 2 enthaltene Merkmal „Lohn- und Gehaltsnebenkosten" erfaßt. Hinsichtlich der Lohnzuschläge und Lohnzulagen für bei **öffentlichen Aufträgen** ausgeführte Stundenlohnarbeiten **gelten** die **baupreisrechtlichen Vorschriften,** insbesondere auch LSP-Bau Nr. 45 Abs. 1 in Verbindung mit Nr. 46 Abs. 1 (vgl. auch Rdn. 10 ff.).

19 In Satz 2 sind **auch diejenigen Kosten mit einbegriffen, die von Teil B § 15 Nr. 4 der Fassung 1952 erfaßt waren,** nämlich Kosten für Stoffe oder Bauteile, Bauhilfs- und Baubetriebsstoffe. Diese unterfallen einmal dem Begriff „Stoffkosten der Baustelle", zum anderen den „Sonderkosten", gegebenenfalls auch den „Kosten der Einrichtungen". Über Stoffe und/oder Bauteile vgl. Teil A § 1 Rdn. 53 ff. **Bauhilfsstoffe sind bewegliche Sachen, die bei der Bauausführung als Hilfe benötigt werden,** wie z. B. Gerüstbretter. **Baubetriebsstoffe sind verbrauchbare Sachen, die zur Ausführung der Bauarbeiten verwendet werden,** wie Wasser, Dieselkraftstoff, Benzin, Schmieröl usw. Auch hier werden – entgegen der früheren Fassung der

VOB – zunächst **nur die tatsächlich gehabten Aufwendungen in Ansatz gebracht. Das gilt entsprechend für Kosten wegen unverhältnismäßigen Verschleißes**, wie sie in **Teil B § 15 Nr. 2 Abs. 2 der Fassung 1952** enthalten waren; gleiches trifft auch auf übermäßigen Aufwand an Einrichtungen, Geräten usw. zu.

Zu beachten ist, daß die den jeweiligen Merkmalen unterfallenden Kosten dort nur dann aufgeführt werden können, wenn sie nicht schon ohnehin in einem oder mehreren der anderen Merkmale enthalten und berücksichtigt worden sind. Es muß also peinlichst darauf geachtet werden, daß ein **doppelter Ansatz vermieden** wird. Das gilt vor allem bei den personellen Kosten, nicht zuletzt unter Berücksichtigung des Inhalts und des Umfanges jeweils gültiger tarifvertraglicher Vereinbarungen. 20

b) Die genannten **eigenen Auslagen** des Auftragnehmers (Hauptkosten) sind zwar allgemein für die Stundenlohnberechnung anzusetzen, jedoch **nicht ausnahmlos und in jedem Fall**. Dies ergibt sich nämlich aus der **Einschränkung** in Satz 2, wonach diese Kosten als **ansatzfähig** für die Berechnung gegenüber dem Auftraggeber **nur** anerkannt werden, **wenn sie bei wirtschaftlicher Betriebsführung des Auftragnehmers entstehen**. Der Auftragnehmer kann also **nicht jeden gehabten Aufwand** berechnen, sondern **nur, wenn dies aus dem Gesichtspunkt der Wirtschaftlichkeit anzuerkennen ist**. Im Streitfall ist der **Auftragnehmer** auch für die Wirtschaftlichkeit **beweispflichtig**. 21

Voraussetzung ist hier, daß der **Auftragnehmer** die an ihn zu stellenden **Anforderungen rationellen Baubetriebes und sparsamer Wirtschaftsführung eingehalten hat**. Hierzu gilt das gleiche wie zu Teil A § 25 Nr. 2 Abs. 2, so daß darauf zu verweisen ist (vgl. Teil A § 25 Rdn. 59 ff.). Siehe dazu auch Nr. 4 Abs. 2 LSP-Bau. Dabei spielt insbesondere auch der Gesichtspunkt der **Erforderlichkeit** im Einzelfall eine tragende Rolle. Was die personellen Kosten anbelangt, ist zu verlangen, daß der Auftragnehmer **nicht mehr Arbeitskräfte einsetzt, als es zur sachgerechten und zügigen Ausführung**, insbesondere zur Einhaltung der gesetzten Ausführungsfristen, **erforderlich ist, daß er außerdem darauf achtet, sein Personal zu Zeiten einzusetzen, in denen die Lohnkosten und Lohnnebenkosten nicht zusätzlichen Aufwand** erfordern, **wenn** anderes **nicht notwendig** ist. So geht es nicht an, Stundenlohnarbeiten samstags oder nach Feierabend ausführen zu lassen, wenn dieses auch an einem Arbeitstag zur normalen Arbeitszeit, insbesondere nach den vertraglichen Ausführungsfristen, möglich wäre. Ist eine Leistungsverzögerung vom Auftragnehmer zu vertreten und kann er den Rückstand nur durch zusätzlichen Einsatz außerhalb der normalen Arbeitszeit einholen, kann er die ihm entstehenden Mehraufwendungen nicht dem Auftraggeber berechnen. Ähnlich verhält es sich auch mit den Materialkosten. Der in diesem Zusammenhang zu machende Aufwand soll zwar in erster Linie eine **ordnungsgemäße Ausführung gewährleisten**, er muß sich jedoch in einem **angemessenen Verhältnis** hierzu bewegen. Grundsätzlich ist daher auf die Verwendung von Materialien **mittlerer Art und Güte** zu achten, **wenn dem Auftragnehmer nichts anders vorgeschrieben worden ist**. Das gilt auch hinsichtlich der **Wahl der Bezugsquellen,** auch deren Entfernung zur Baustelle. 22

Insgesamt muß der Auftragnehmer also im Rahmen des ihm auferlegten Gebotes der Wirtschaftlichkeit unbedingt darauf achten, daß er sowohl hinsichtlich der personellen als auch wegen der sachlichen Kosten bei Stundenlohnarbeiten im Rahmen seines Betriebes dieselbe Sorgfalt an den Tag legt, als wenn er die Leistung zu Einheitspreisen oder zu einem Pauschalpreis zu erbringen hätte. Ist das nicht der Fall, müssen die für die Stundenlohnvergütung einzusetzenden **Kostenbestandteile auf ein objektiv der Sachlage entsprechendes Maß zurückgeführt werden**. 23

c) Zu den bei wirtschaftlicher Betriebsführung sachlich gerechtfertigten Aufwendungen sind nach dem letzten Halbsatz in Abs. 2 Satz 2 für die Vergütung nach Stundenlöhnen noch 24 angemessene Zuschläge für Gemeinkosten und Gewinn (einschließlich dem allgemeinen Unternehmerwagnis) zuzüglich Umsatzsteuer hinzuzurechnen. Gewinn ist der Überschuß, den der Auftragnehmer bei Abzug aller Kosten für die betreffende Bauleistung für sein Vermögen übrigbehält. Ob ein solcher wirklich übrigbleibt, hängt vom Einzelfall ab. Hier ist nämlich nur ein Zuschlag für **den Gewinn** hinzuzurechnen, den **bei objektiver Betrachtung nach allgemeingültigen Maßstäben, Erfahrungssätzen und Durchschnittswerten ein sorgfältig handelnder Auftragnehmer nach vorauszusetzender ordnungsgemäßer Leistung** voraussichtlich noch erübrigen wird. Einzurechnen ist ein **Zuschlag für das allgemeine Unternehmerwagnis.** Zum Wagniszuschlag vgl. Teil B § 2 Rdn. 170. Hier ist jedoch nur das **allgemeine Unternehmerwagnis** mit einzuberechnen, also das Wagnis, das nach allgemein anerkannter Übung im betreffenden Gewerbezweig für die jeweils maßgebliche – in Auftrag gegebene – Stundenlohnleistung unter **normalen voraussehbaren Umständen als angemessen** anzusehen ist.

25 Als Zuschlag kommt weiter noch ein solcher für die **Gemeinkosten** hinzu. Hierunter werden **Allgemeinkosten** im Zusammenhang mit der betreffenden nach Stundenlöhnen ausgerichteten Baustelle verstanden, die sich auf die jeweils nach Stundenlöhnen zu berechnende, in Auftrag gegebene **Gesamtleistung** beziehen, die also diese Gesamtleistung überlagern. Hierzu gehören auch die Normalkosten für dauernd zum Einsatz kommendes Handwerkszeug, für Kleingeräte und kleineres, nicht besonders berechnungsfähiges Hilfsmaterial.

26 d) Werden die nach Rdn. 17 ff. als ansatzfähig anzuerkennenden Kostenbestandteile **zusammengerechnet,** so ergibt sich die nach den Allgemeinen Vertragsbedingungen der VOB (Teil B § 15 Nr. 1 Abs. 2 Satz 2) **angemessene Stundenlohnvergütung, die dem Auftragnehmer im Einzelfall zusteht,** wenn sie sich nicht schon nach den Grundsätzen der Ortsüblichkeit (Nr. 1 Abs. 2 Satz 1) oder kraft ausdrücklicher Vereinbarung (Nr. 1 Abs. 1) feststellen läßt. Auch die Regelung in Abs. 2 Satz 2 ist ebenso wie Abs. 2 Satz 1 eine **Ausfüllung des § 632 Abs. 2 BGB, und zwar insofern eine hilfsweise.** Deshalb gelten auch hier die dortigen Grundsätze der **Beweislast;** sie wird also grundsätzlich vom **Auftragnehmer** getragen (vgl. dazu Teil B § 2 Rdn. 12 ff.).

C. Zusätzliche Aufsichtsvergütung (Nr. 2)

I. Allgemeines

27 Während Nr. 1 die allgemeine Stundenlohnabrechnung beinhaltet, befaßt sich **Nr. 2** mit einer darauf **im Einzelfall zu berechnenden Zulage,** nämlich der sogenannten **Aufsichtsvergütung.** Verlangt der Auftraggeber, daß die Stundenlohnarbeiten durch einen Polier oder eine andere Aufsichtsperson beaufsichtigt werden, oder ist die Aufsicht nach den einschlägigen Unfallverhütungsvorschriften notwendig, so **gilt Nr. 1 entsprechend.**

II. Aufsicht auf Verlangen des Auftraggebers oder nach Unfallverhütungsvorschriften notwendig

28 **Grundsätzliche Voraussetzung** für eine solche **Sondervergütung** ist einmal das von dem Auftraggeber an den Auftragnehmer gestellte **Verlangen,** daß die Stundenlohnarbeiten durch einen Polier oder eine andere Aufsichtsperson **beaufsichtigt** werden. Hierzu ist erforderlich, daß es sich um eine **besondere Aufsicht** in dem Sinne handelt, daß eine **zusätzliche Person mit besonderer, für die Beaufsichtigung** geeigneter **fachlicher Qualifikation,** wie z. B. ein Polier, ein Meister o. ä., einzusetzen ist, die **nicht selbst mitarbeitet,** sondern die Aufsicht führt. **Nicht mit eingeschlossen** ist damit der **Auftragnehmer** selbst, der ohnehin kraft der ihm nach Teil B § 4 Nr. 2 Abs. 1 obliegenden generellen Verantwortlichkeit auch bei Stun-

denlohnarbeiten die notwendige Überwachungspflicht hat. Seine Tätigkeit ist durch den – einschließlich allgemeinem Wagniszuschlag – in der Stundenlohnvergütung nach Nr. 1 enthaltenen Gewinn mit abgegolten. Für ihn kommt eine zusätzliche Berechnung nach Nr. 2 nicht in Betracht. Vielmehr muß es sich um eine **besondere,** von ihm auf Verlangen des Auftraggebers gestellte **Aufsichtsperson** handeln.

Auch **ohne Verlangen** des Auftraggebers **kann sich die Notwendigkeit** der Gestellung einer besonderen Aufsichtsperson ergeben, **wenn dies nach den einschlägigen** – also in das betreffende Gewerk, das zu Stundenlöhnen ausgeführt wird, fallenden – **Unfallverhütungsvorschriften notwendig** ist. Daß es hier keines besonderen Verlangens des Auftraggebers bedarf, ergibt sich aus Teil B § 4 Nr. 2 Abs. 2, wonach der Auftragnehmer von sich aus für die Einhaltung berufsgenossenschaftlicher Verpflichtungen einzustehen hat. Gerade wegen des hier erörterten Falles ist der generelle Ausschluß von Aufsichtsvergütungen in Formularbedingungen des Auftraggebers ein Verstoß gegen § 9 AGB-Gesetz, weil dadurch die Grundgedanken der §§ 632, 242 BGB mißachtet werden. 29

Wird ein Verlangen zur Bereitstellung einer besonderen Aufsichtsperson durch den Auftraggeber **nicht** gestellt **oder** ist diese nach den einschlägigen Unfallverhütungsvorschriften **nicht notwendig,** so **entfällt Nr. 2.** Der Auftragnehmer ist also dann nicht befugt, von sich aus eine Aufsichtsperson einzusetzen, was vor allem für Zeiten der sinkenden Baukonjunktur gilt. Der Auftragnehmer darf z. B. keinen Meister einsetzen, bloß um ihn zu beschäftigen. 30

III. Umfang der Beaufsichtigung

Beaufsichtigen in dem hier angesprochenen Sinn bedeutet das **Überwachen** und die **Überprüfung** der Arbeitsleistung der bei den betreffenden Stundenlohnarbeiten beschäftigten Arbeitnehmer des Auftragnehmers. Dies geht in Richtung auf eine einwandfreie, gefahrenfreie, störungslose, vor allem auch zügige Arbeit, ohne daß die Aufsichtsperson selbst unmittelbar mit Hand anlegt. 31

IV. Berechnung der Aufsichtsvergütung

Ist die Gestellung einer besonderen Aufsichtsperson verlangt oder erforderlich, so müssen die **Aufsichtsstunden gesondert vergütet** werden. Die **Bemessung** dieser Vergütung richtet sich **nach den in Nr. 1 gegebenen Richtlinien.** Dies ist jedoch von vornherein einschränkend dahingehend zu verstehen, daß die Regeln der Nr. 1 nur insoweit gelten, als es sich um das Entgelt für von der Aufsichtsperson erbrachte Arbeitsstunden, also die **persönlichen Kosten** handelt. Es ergibt sich daraus, daß die Aufsichtsperson grundsätzlich nur einen persönlichen Arbeitsaufwand durch die Vornahme der Aufsicht erbringt. 32

Maßgebend für die Berechnung der Aufsichtsvergütung ist in erster Linie die von Nr. 1 Abs. 1 als vorrangig behandelte Vergütungsvereinbarung zwischen den Bauvertragspartnern (vgl. Rdn. 7 ff.). Ist eine solche Vereinbarung nicht getroffen worden, so gilt für die Aufsichtsperson nach Nr. 1 Abs. 2 Satz 1 die ortsübliche Vergütung (vgl. Rdn. 15), z. B. für eine Polierstunde, Meisterstunde usw. Läßt sich eine solche nicht ermitteln, so gilt hinsichtlich der hier allein anzusetzenden persönlichen Kosten Nr. 1 Abs. 2 Satz 2 (vgl. Rdn. 16 ff.), soweit diese Regelung darauf bezogen ist. Beaufsichtigt der Betreffende zugleich Arbeiten, für die eine andere Vergütungsart (z. B. nach Einheitspreisen, Pauschale) vereinbart ist, so beschränkt sich die hier nach Nr. 2 maßgebende Aufsichtsvergütung auf den für die Beaufsichtigung der Stundenlohnarbeiten maßgebenden Anteil. 33

D. Kontrolle der Stundenlohnleistungen durch Auftraggeber (Nr. 3)

I. Allgemeines

34 Teil B § 15 Nr. 3 enthält einige grundlegende Regelungen, durch die es dem Auftraggeber ermöglicht werden soll, möglichst frühzeitig und bestmöglichst den bei Stundenlohnarbeiten angefallenen Aufwand zu überwachen und zu überprüfen, soweit es die angemessene Vergütung anbelangt. Da es sich bei dem Stundenlohnvertrag nicht um einen Leistungsvertrag, also einen Vertrag, bei dem die Angemessenheit der Vergütung an dem späteren sichtbaren Leistungsergebnis gemessen werden kann, handelt, sondern um einen sogenannten „**Aufwandsvertrag**", bei dem die Vergütung nach Zeit- und Materialaufwand ohne besondere Rücksicht auf das sichtbare Ergebnis der Leistung bemessen wird, liegt es auf der Hand, daß die Kontrollmöglichkeiten des Auftraggebers hinsichtlich des für ihn angemessenen Vergütungsaufwandes recht eingeschränkt sind. Dem versucht Nr. 3 möglichst abzuhelfen, indem sie vorsieht,

– einmal die Verpflichtung des Auftragnehmers, den **Beginn** der Stundenlohnarbeiten **anzuzeigen** (Satz 1);

– zum anderen die Verpflichtung des Auftragnehmers zur **Einreichung von Stundenlohnzetteln** (Satz 2);

– zum dritten die **Prüfung** dieser Stundenlohnzettel mit der Verpflichtung für den Auftraggeber, sie bescheinigt zurückzugeben oder zur gleichzeitigen Erhebung von Einwendungen, wobei auch eine **Anerkenntniswirkung** zu Lasten des Auftraggebers eintreten kann (Satz 3–5).

II. Anzeige vom Beginn der Stundenlohnarbeiten (Satz 1)

35 1. Nach Nr. 3 Satz 1 **muß** der Auftragnehmer dem Auftraggeber die Ausführung von Stundenlohnarbeiten **vor** deren **Beginn anzeigen**. Der Sinn dieser Regelung ergibt sich aus dem in Rdn. 34 Ausgeführten. Der **Auftraggeber muß** unbedingt **rechtzeitig über den Beginn** der vereinbarten Stundenlohnarbeiten **orientiert werden, um** die für ihn gebotene, seinen berechtigten Interessen gerecht werdende **Kontrolle ausführen zu können.** Die Pflicht zur Anzeige besteht jedoch von ihrem Sinn und Zweck her nur, wenn es der Orientierung des Auftraggebers über den Beginn der Stundenlohnarbeiten bedarf, also die Anzeige sich **nicht nur als bloße Förmlichkeit** darstellt. Letzteres wäre der Fall, wenn der Auftragnehmer ohnehin über den Beginn der Stundenlohnarbeiten Bescheid weiß, also auch so die Kontrollmöglichkeit hat. Das trifft z. B. zu, wenn sich an die Vereinbarung von Stundenlohnarbeiten sofort deren Beginn anschließt; anders dann, wenn zwischen der Stundenlohnvereinbarung und dem Beginn dieser Arbeiten ein zeitlicher Abstand liegt. Über das Vorliegen von Ausnahmen, die eine Anzeige entbehrlich machen, ist der Auftragnehmer im Streitfall darlegungs- und beweispflichtig.

36 2. In der **Praxis** wird die im Einzelfall gegebene Anzeigepflicht des Auftragnehmers **häufig nicht beachtet.** Zwar wird man hier von **einer vertraglichen Nebenpflicht** sprechen müssen, **die an sich dem Bereich der positiven Vertragsverletzung zuzuordnen** ist. Diese würde jedoch **nur** – im Wege einer Schadensersatzpflicht – **durchgreifen,** wenn der **Auftragnehmer die Anzeige schuldhaft unterlassen** hat, was sicher auch oft genug der Fall ist. Das wird aber der hier als vorrangig anzusehenden berechtigten Interessenlage des Auftraggebers, **nämlich auf jeden Fall** eine hinreichende Kontrollmöglichkeit während der Ausführung der Stundenlohnarbeiten zu haben, nicht immer gerecht. Vielmehr müssen **auch dann Rechtsfolgen zu seinen Gunsten** eingeräumt werden, wenn der Auftragnehmer – ebenso wie bei der Unter-

lassung der pünktlichen Vorlage von Stundenlohnzetteln – **schuldlos** die Anzeige unterlassen hat und dem **Auftraggeber dadurch verwehrt worden ist, die erforderliche Kontrolle an Ort und Stelle auszuüben,** insbesondere auch, um Vergleichsmöglichkeiten mit den späteren Angaben in den Stundenlohnzetteln zu haben. Dazu zeigt die VOB/B einen der **Sachlage entsprechend gebotenen Weg** auf, um dem berechtigten Auftraggeberinteresse gerecht zu werden. Insoweit ist auf die **Regelung in Nr. 5** hinzuweisen, wonach der Auftragnehmer, wenn er dem Auftraggeber die ihm zustehende Kontrollmöglichkeit nicht oder nicht hinreichend verschafft hat, die **tatsächlich erbrachten Leistungen nachweisen muß** und hierfür **nur objektiv berechtigte Stundenlöhne** nach der Maßgabe der Nr. 1 Abs. 2 für einen **wirtschaftlich vertretbaren Aufwand** an Arbeitszeit, Materialverbrauch usw. verlangen kann oder gar auf eine Vergütung nach Einheits- oder Pauschalpreisen angewiesen ist (vgl. Rdn. 62 f., 71 f.). Dadurch wird den berechtigten Belangen des Auftraggebers **hinreichend Genüge** getan, wenn der Auftragnehmer ihm durch Mißachtung seiner Anzeigepflicht die rechtzeitige Kontrollmöglichkeit genommen hat. Zwar erfaßt der **Wortlaut der Nr. 5 nicht den Fall der Nichtanzeige,** also die Mißachtung der Nr. 3 Satz 1 durch den Auftragnehmer. Eine **entsprechende Anwendung** der Nr. 5 rechtfertigt sich aber **aus Sinn und Zweck** des Satzes 1, der dem des Satzes 2 – der Vorlage von Stundenlohnzetteln – insofern gleichsteht, als es sich **auch dort um die gebotene Kontrolle** durch den Auftraggeber handelt (für den Fall schuldlosen Unterlassens der Anzeige wie hier Weick in Nicklisch/Weick Teil B § 16 Rdn. 24). Daher hier zu eng Daub/Piel/Soergel/Steffani Teil B § 15 ErlZ B 15.53; auch Heiermann/Riedl/Rusam/Schwaab Teil B § 15 Rdn. 29 f. sowie Werner/Pastor Rdn. 859.

Sofern die Nichtanzeige auf **schuldhaftes Verhalten** des Auftragnehmers zurückgeht, liegen freilich die Voraussetzungen für einen Schadensersatzanspruch aus positiver Vertragsverletzung vor. Allerdings richtet sich dieser **grundsätzlich auch nach Nr. 5.** Dabei ist zu berücksichtigen, daß auch ein Schadensersatzanspruch des Auftraggebers wegen unterlassener Anzeige durch den Auftragnehmer – lediglich – darauf beruhen kann, daß ihm die Möglichkeit der Kontrolle der Stundenlohnarbeiten im Hinblick auf eine vom Auftragnehmer wirklich verdiente Vergütung genommen wird. Das führt aber keinesfalls zu einem Wegfall des Vergütungsanspruches des Auftragnehmers, da ja der Auftraggeber jedenfalls eine vergütungspflichtige Leistung erhalten hat. Vielmehr kann auch hier im Ausgangspunkt nur die Folge sein, daß der Auftragnehmer unabhängig vom tatsächlich gehabten Leistungsaufwand nur denjenigen bezahlt verlangen kann, der bei **objektiver Betrachtung** jeweils als **angemessen** anzusehen ist. Gerade das wird aber durch die vertragliche Regelung in Nr. 5 erreicht. Im Ergebnis wie hier Locher, Das Private Baurecht, Rdn. 199; unklar dazu Weick in Nicklisch/Weick, der ohne nähere Begründung der Ansicht ist, die entsprechende Anwendung der Nr. 5 erübrige sich hier. Im Einzelfall kann es allerdings sein, daß der Auftraggeber **noch einen über den Rahmen der Nr. 5 hinausgehenden Schaden** infolge des schuldhaften Unterlassens des Auftragnehmers hat, wie z. B. notwendige höhere Prüfungskosten, etwa durch Einschaltung eines Sachverständigen, um eine leistungsgerechte Vergütung zu ermitteln. **Auch dieser** besondere adäquat-kausal auf die schuldhafte Pflichtverletzung des Auftragnehmers hinausgehende **Mehraufwand** ist als **Schadensersatz aus positiver Vertragsverletzung** des Auftragnehmers im Falle seines Verschuldens **zu ersetzen** (insofern im Ergebnis richtig Weick in Nicklisch/Weick a. a. O., wenn er ohne nähere Angaben davon ausgeht, der Schadensersatzanspruch gehe weiter als die Regelung der Nr. 5).

3. Der Auftragnehmer erfüllt seine **Anzeigepflicht** gegenüber dem Auftraggeber **nur,** wenn er die Anzeige **vor Beginn der Leistung** macht, die nach Stundenlöhnen abzurechnen ist. Gerade auch dieses liegt in Sinn und Zweck des Satzes 1. Der **Auftraggeber soll seine Kontrolle von Beginn der Stundenlohnleistungen an ausführen können,** was vor allem auch den von ihm im Einzelfall eingesetzten bauaufsichtsführenden Architekten betrifft.

Eine **besondere Form** ist für die Anzeige des Auftragnehmers **nicht vorgeschrieben,** sie kann also mündlich erfolgen. Sicherer ist aus Beweisgründen naturgemäß der schriftliche Weg.

III. Verpflichtung zur Vorlage von Stundenlohnzetteln (Satz 2)

39 1. Nach Nr. 3 Satz 2 hat der Auftragnehmer dem Auftraggeber über die geleisteten Arbeitsstunden und den dabei erforderlichen, besonders zu vergütenden Aufwand für den Verbrauch von Stoffen, für Vorhaltung von Einrichtungen, Geräten, Maschinen und maschinellen Anlagen, für Frachten, Fuhr- und Ladeleistungen sowie etwaige Sonderkosten **Listen (Stundenlohnzettel) einzureichen;** dies hat, **wenn nichts anderes vereinbart** ist, je nach der Verkehrssitte **werktäglich oder wöchentlich** zu geschehen.

40 In der Verpflichtung zur Vorlage der Stundenlohnzettel liegt eine **weitere Kontrollmöglichkeit für den Auftraggeber** neben der in Satz 1 geregelten Anzeigepflicht. Im Falle der **Verletzung dieser Verpflichtung** gilt das zur Mißachtung der Anzeigepflicht Gesagte (vgl. Rdn. 36 f.) **entsprechend,** wobei hier kraft ausdrücklicher vertraglicher Regelung die **Bestimmung der Nr. 5 unmittelbare Anwendung** findet.

41 2. Um dem Auftraggeber die hinreichende und sachgerechte Kontrolle zu ermöglichen, ist in **Satz 2 im einzelnen aufgezählt, welche Angaben** der Auftragnehmer auf den Stundenlohnzetteln zu machen hat. Hierher gehören in erster Linie die jeweils geleisteten Arbeitsstunden, wozu auch der Aufwand für Aufsichtsstunden nach Nr. 2 zählt. Dazu ist es notwendig, die jeweils eingesetzten Personen (auch hinsichtlich ihrer Funktion: z. B. Meister, Facharbeiter, Helfer), den Ort und die Art ihres Einsatzes zu bezeichnen. In Zusätzlichen und Besonderen Vertragsbedingungen kann außerdem festgelegt werden, daß der tatsächliche Lohnaufwand anhand von Lohnlisten auf Verlangen nachgewiesen wird. Ferner sind Einzelangaben über den erbrachten sachlichen Aufwand hinzuzufügen, die hinsichtlich der jeweiligen, für die Stundenlohnberechnung maßgebenden kostenmäßig ins Gewicht fallenden Gruppen in Satz 2 aufgeführt sind. Dabei handelt es sich um **dieselben Merkmale,** wie sie in **Nr. 1 Abs. 2 Satz 2** enthalten sind (vgl. Rdn. 16 ff.). Zu beachten ist dabei, daß nach **Satz 2** nur der **erforderliche, besonders zu vergütende Aufwand** in den Stundenlohnzetteln aufgeführt werden darf. Dies ist mit der in Nr. 1 Abs. 2 Satz 2 aufgestellten Forderung **gleichzusetzen,** daß für die Berechnung der Stundenlohnvergütung nur Aufwendungen in Ansatz gelangen, die bei **wirtschaftlicher Betriebsführung** entstehen (vgl. dazu Rdn. 21 ff.). Der Auftragnehmer wird also von vornherein angehalten, dieses bei seinen Aufstellungen in den Stundenlohnzetteln zu berücksichtigen, **um nicht später** bei berechtigten Einwendungen des Auftraggebers **in Schwierigkeiten** zu geraten. Erfüllt der Auftragnehmer hier seine Pflichten nicht, ist **Nr. 5 entsprechend anwendbar.** Im übrigen ist es nicht vorausgesetzt, daß in jedem Fall der in Satz 2 im einzelnen aufgezählte Aufwand voll notwendig war; so ist es denkbar, daß nur Lohnstunden ohne Materialeinsatz geleistet worden sind. Dann ist nur der tatsächlich gehabte erforderliche Aufwand in die Stundenlohnzettel einzutragen.

42 **Nicht notwendig** und auch nicht üblich ist es hingegen, in den Stundenlohnzetteln die **jeweilige Stundenlohnvergütung anzugeben.** Die Stundenlohnzettel sind – ähnlich dem Aufmaß beim Einheitspreisvertrag – lediglich **Leistungsnachweise als solche** und dienen als **Unterlage für die spätere Stundenlohnrechnung.** Für die Aufstellung der Stundenlohnrechnungen gilt **Nr. 4** (vgl. Rdn. 61 ff.).

43 3. Zum **Zeitraum,** in dem jeweils die ordnungsgemäß ausgefüllten Stundenlohnzettel dem Auftraggeber **vorzulegen** sind, geht, wie Satz 2 zeigt („wenn nichts anderes vereinbart ist"), die VOB **in erster Linie** davon aus, daß hierüber im jeweiligen Vertrag eine **Vereinbarung**

zwischen den Parteien getroffen worden ist. Eine solche kann in Besonderen oder Zusätzlichen Vertragsbedingungen erfolgen (Teil A § 10 Nr. 4 Abs. 1 i).

Nur wenn es **versäumt** wurde, im Vertrag bzw. spätestens bei der Vereinbarung von Stundenlohnleistungen nach Teil B § 2 Nr. 10 eine Absprache hinsichtlich der Zeiträume der Einreichung von Stundenlohnzetteln zu treffen, **greift Nr. 3 Satz 2 als Ersatzregelung ein.** Dann hat die Einreichung der Stundenlohnzettel **je nach der Verkehrssitte täglich oder wöchentlich** zu erfolgen. Insoweit kommt es auf die allgemein anerkannte Übung im betreffenden Baugewerbezweig am Ort der auszuführenden Stundenlohnarbeiten an, wobei nach allgemeiner Erfahrung die tägliche Vorlage üblich ist. Gegebenenfalls kann eine Auskunft bei der zuständigen Handwerks- oder Handelskammer Aufschluß geben, notfalls auch die gutachtliche Äußerung eines Sachverständigen. 44

IV. Folgen der Möglichkeit zur Prüfung der Stundenlohnzettel (Satz 3-5)

1. Die Regelungen in **Satz 3-5** dienen dem Zweck, möglichst bald Klarheit über den der späteren Stundenlohnrechnung zugrunde zu legenden Leistungsumfang zu schaffen. Es liegt in der **Natur der Stundenlohnarbeiten** begründet, daß deren **wirklicher** Aufwand in bezug auf Leistungsinhalt und -umfang nachträglich, vor allem wenn eine längere Zeit verstrichen ist, **nicht mehr oder nur schwer** und dann auch nur mit erheblichem, oftmals unzumutbarem Aufwand **festzustellen**, genaugenommen zu rekonstruieren ist. Daher werden hier **verhältnismäßig kurze Fristen** für den Auftraggeber gesetzt, **um etwaige Einwendungen** gegen die Einzelangaben in den ihm vorgelegten Stundenlohnzetteln **zu erheben, für deren Versäumnis** er grundsätzlich die damit verbundenen Rechtsnachteile zu tragen hat. 45

2. Nach Satz 3 ist es eine vertragliche Verpflichtung des Auftraggebers, die ihm vorgelegten und von ihm bescheinigten Stundenlohnzettel unverzüglich, spätestens jedoch innerhalb 6 Werktagen nach Zugang, zurückzugeben. 46

a) In der Bescheinigung des Auftraggebers – wie es die VOB ausdrückt – liegt die **Billigung des Auftraggebers der Richtigkeit** der in den Stundenlohnzetteln enthaltenen Angaben, also sein Einverständnis, daß diese, allerdings nur soweit sie inhaltlich reichen, der späteren Stundenlohnrechnung zugrunde gelegt werden können. Dabei bedeutet das Wort „Bescheinigung" nicht, daß der Auftraggeber ausdrücklich in gesondert dafür gebrauchten Worten die Richtigkeit der Angaben auf dem betreffenden Stundenlohnzettel bestätigen müsse. Vielmehr **genügt** dazu die bloße **Unterschrift** des Auftraggebers bzw. seines hierzu bevollmächtigten Vertreters. 47

Grundsätzlich ist nach bisheriger Rechtsprechung der **Architekt oder dessen Bauleiter nicht ohne weiteres zu einer zu Lasten des Auftraggebers gehenden Billigung** ihnen vorgelegter Stundenlohnzettel bzw. der darin enthaltenen Leistungsangaben **befugt.** Vielmehr bedürfen sie nach dieser Ansicht dazu **regelmäßig einer sich darauf erstreckenden Vollmacht** des Auftraggebers (vgl. BGH NJW 1960, 859 = MDR 1960, 488 = LM § 19 GOA Nr. 2 = SFH Z 2.330 Bl. 6; OLG Köln MDR 1962, 214). Allerdings können auch hier Bindungen des Auftraggebers aufgrund einer **Anscheins- oder Duldungsvollmacht** (vgl. dazu Teil B § 2 Rdn. 29 ff.) gegeben sein. Das gilt vornehmlich dann, wenn der Auftraggeber es dem Architekten **überlassen hat, für die Vertragsgestaltung oder die Vertragsabwicklung wesentliche Handlungen für ihn vorzunehmen,** wie z. B. die Aufstellung der Vertragsunterlagen, die Erteilung des Zuschlages, die auch hinsichtlich des Leistungsumfanges allein bestimmende Aufsicht bei der Ausführung usw. (vgl. dazu auch BGH SFH Z 2.303 Bl. 11). Der Verfasser neigt allerdings in **Abweichung vom Bisherigen** zur Annahme, daß die vom Architekten heute auch ohne besondere Vollmacht auf der Grundlage des § 15 Abs. 2 Nr. 8 HOAI 48 vorgenommene Kontrolle und die dann von ihm im Falle der Billigung des Inhaltes der Stundenlohnzettel geleistete Unterschrift **den Auftraggeber bindet.** Diese Folge rechtfertigt sich vor allem unter Beachtung dessen, daß der Architekt auch zur Billigung eines gemeinsam mit dem Auftragnehmer vorgenommenen Aufmaßes befugt ist (vgl. Teil B § 14 Rdn. 33 ff.). Ebenso wie das Aufmaß beim Einheitspreisvertrag dient die Kontrolle der Stundenlohnzettel der Feststellung eines vergütungspflichtigen Leistungsbestandteiles, lediglich abgestellt auf die Besonderheiten der Stundenlohnvergütung. Insofern handelt es sich um nichts anderes als eine Art „Ersatzaufmaß", so daß ein eigentlicher Unterschied zwischen der Tätigkeit des Architekten beim gemeinsamen Aufmaß und der Prüfung und Bescheinigung von Stundenlohnzetteln nicht zu erkennen ist (ebenso Meissner BauR 1987, 495, 506 ff.).

49 Rechtlich hat die **Bescheinigung** des Auftraggebers bzw. dessen befugten Vertreters auf den Stundenlohnzetteln die **Wirkung eines Anerkenntnisses** der darin enthaltenen Leistungsangaben, **jedoch nur, soweit diese selbst reichen** (vgl. dazu Rdn. 52 ff.). Kraft vertraglicher Regelung hat der Auftragnehmer einen Anspruch auf schriftliche Bestätigung seiner Leistungsangaben; andererseits können **auch die Rechtswirkungen eines Anerkenntnisses bei mündlicher Bestätigung** vorliegen, da der Bescheinigung im wesentlichen Beweisfunktion zukommt. Auch ist noch ein **späteres** (vgl. Rdn. 50) schriftliches oder mündliches **Anerkenntnis möglich.**

50 b) **Die Rückgabe** der bescheinigten Stundenlohnzettel hat **unverzüglich, spätestens jedoch innerhalb von 6 Werktagen nach Zugang** beim Auftraggeber bzw. seinem bevollmächtigten Vertreter, zu erfolgen. Hiernach ergibt sich die **vertragliche Verpflichtung** des Auftraggebers bzw. seines Vertreters, **sogleich nach Zugang** der Stundenlohnzettel diese **zu prüfen und sie dann unverzüglich,** also gemäß § 121 BGB ohne schuldhaftes Zögern, mit seiner Bescheinigung **zurückzugeben.** Dabei ist in Satz 3 dem Auftraggeber **als Äußerstes eine Frist** zur Rückgabe der bescheinigten Stundenlohnzettel von **6 Werktagen nach Zugang** bei ihm gesetzt. Insoweit ergibt das Wort „zurückzugeben", daß die bescheinigten Stundenlohnzettel **nach Ablauf der 6 Werktage wieder dem Auftragnehmer vorliegen, also bei diesem eingegangen sein müssen.** Die Frist berechnet sich somit als Zeitraum zwischen dem Eingang der Stundenlohnzettel beim Auftraggeber und dem Eingang der bescheinigten Stundenlohnzettel beim Auftragnehmer. Für die Berechnung der Frist sind die §§ 186 ff. BGB maßgebend. Da auch hier die Frist **nach Werktagen** festgelegt ist, bedeutet dies, daß Samstage, die innerhalb der Frist liegen, mitzurechnen sind, es sei denn, der letzte Tag der Frist fällt auf einen Samstag (vgl. § 193 BGB).

51 3. Es gibt nicht selten Fälle, in denen der **Auftraggeber** gegen die Leistungsangaben auf den Stundenlohnzetteln **Einwendungen zu erheben hat.** Hierzu bestimmt **Satz 4,** daß der Auftraggeber **Einwendungen auf den Stundenlohnzetteln oder gesondert schriftlich erheben kann.** Wesentlich ist dazu zunächst das eingangs des Satzes 4 verwendete Wort „**Dabei**". Daraus folgt, daß **Satz 4 an Satz 3 unmittelbar anschließt,** was bedeutet, daß die etwaigen **Einwendungen** gegen die Leistungsangaben **innerhalb der in Satz 3 genannten Frist erhoben werden müssen** (vgl. Rdn. 50). Dabei eröffnet die VOB **zwei Möglichkeiten,** was den **äußeren Ausdruck der Einwendungen** anbelangt. Einmal können sie **auf den zurückgegebenen Stundenlohnzetteln,** also als sogenannte „unmittelbare Negativbescheinigung" gemacht werden. Sie können aber auch **gesondert schriftlich** geltend gemacht werden. Die **Einhaltung der Schriftform** sowohl auf den Stundenlohnzetteln als auch in einer gesonderten Mitteilung wird allerdings **nicht als Wirksamkeitsvoraussetzung** für das Erheben von Einwendungen, insbesondere zur Vermeidung etwaiger Anerkenntniswirkung (vgl. Rdn. 52 ff.), anzusehen sein. Vielmehr reicht auch eine **entsprechende zuverlässige und alle beanstandeten Punkte erfassende mündliche Mitteilung,** allerdings innerhalb der Frist des Satzes 3, **aus.** Jedoch ist dem Auftraggeber zur Vermeidung von Rechtsnachteilen, insbeson-

dere zwecks Ausschlusses der Wirkungen des Satzes 4 (vgl. Rdn. 52 ff.), dringend anzuraten, **aus Beweisgründen** die Schriftform im Rahmen einer der beiden in Satz 4 aufgezeigten Möglichkeiten **einzuhalten.**

4. Gibt der Auftraggeber die ihm ordnungsgemäß vorgelegten Stundenlohnzettel nicht oder nicht rechtzeitig zurück, erhebt er vor allem auch keine fristgerechten Einwendungen nach Satz 4, so **gelten die betreffenden Stundenlohnzettel nach Satz 5 als anerkannt.** Diese Anerkenntniswirkung tritt **erst recht** ein, **wenn** der **Auftraggeber** die Stundenlohnzettel im Sinne des Satzes 3 **bescheinigt hat** (vgl. Rdn. 47 ff.). Was für das nach Satz 5 unterstellte Einverständnis gilt, muß im Falle des ausdrücklich erklärten Einverständnisses **um so mehr Geltung beanspruchen.** Dasselbe gilt überdies auch, wenn die Stundenlohnzettel nicht in der Frist des Satzes 2 vorgelegt und/oder nicht innerhalb der Frist des Satzes 3, sondern **erst später gebilligt** worden sind. Im letzteren Fall tritt an die Stelle des bisher nur fingierten Anerkenntnisses das dann ausdrücklich erklärte.

Die Regelungen in Nr. 3 besagen nämlich nicht, daß die **Anerkennung** nicht fristgerecht vorgelegter und/oder gebilligter Stundenlohnzettel **keine Rechtswirkung** habe (vgl. BGH SFH Z 2.302 Bl. 22). Insbesondere kann sich der Auftraggeber in solchen Fällen später auch nicht ohne weiteres auf das Recht zur Neuberechnung der Stundenlohnvergütung nach Maßgabe der Nr. 5 berufen.

Die hieraus folgende Anerkenntniswirkung, insbesondere auch die des nach Satz 5 unterstellten Anerkenntnisses, bezieht und **beschränkt sich** aber nur **auf die tatsächlichen Angaben in den Stundenlohnzetteln**, geht also nicht darüber hinaus, und sie hat auch nicht die rechtliche Folge, daß dem Auftraggeber für die Zukunft unbedingt und auf jeden Fall **alle Einwendungen** gegen die Richtigkeit der Stundenlohnzettel **abgeschnitten** werden. Vielmehr hat diese Regelung den Sinn, klare Rechtsverhältnisse zu schaffen. Ihre Bedeutung liegt dagegen **nicht in der Begründung einer selbständigen Verbindlichkeit** in der Weise, daß sich der Auftraggeber verpflichtet, die ausgewiesenen Stundenlohnarbeiten **unabhängig von dem Bestehen eines Schuldgrundes zu bezahlen** (§ 781 BGB). Es handelt sich vielmehr um ein **bestätigendes Anerkenntnis** (sogenanntes deklaratorisches Schuldanerkenntnis), welches das Schuldverhältnis näher festlegt und die Wirkung hat, daß der Auftraggeber **grundsätzlich keine Einwendungen gegen seine Verpflichtung mehr erheben kann,** es sei denn, daß sie ihm oder seinem befugten Vertreter (vgl. Rdn. 47 ff.) **erst nach der Abgabe bekanntgeworden** sind. In einem solchen Fall **genügt** der **Auftragnehmer** als **Gläubiger** seiner **Beweislast,** wenn er die **nicht beanstandeten Stundenlohnzettel** vorlegt. Der Auftraggeber muß sie dann als richtig hinnehmen, es sei denn, daß **er im Sinne einer Umkehr der Beweislast im einzelnen** den **Nachweis** zu führen vermag, **daß sie unrichtig sind und daß er** bzw. sein Bevollmächtigter, z. B. Architekt, **von dieser Unrichtigkeit bisher nichts gewußt haben**; vgl. BGH NJW 1958, 1535 = SFH Z 2.303 Bl. 4 ff. = LM § 15 VOB/B Nr. 1 = MDR 1958, 682 = BB 1958, 792; BGH BauR 1970, 239 = NJW 1970, 2295 = SFH Z 2.303 Bl. 16 = BlGBW 1971, 71 = Betrieb 1970, 2240 = WM 1970, 1455; BGH SFH Z 2.302 Bl. 22; ebenso KG SFH Z 2.412 Bl. 16 ff. Hiernach gilt folgendes:

Der Auftraggeber kann sich ausnahmsweise auch noch auf die Unrichtigkeit der Stundenlohnzettel berufen, wenn er sie länger als 6 Tage unbeanstandet gelassen hat. Er hat aber in diesem Fall **zu beweisen, daß sie unrichtig sind und daß er** bzw. **sein befugter Vertreter** (vgl. Rdn. 47 ff.) **dies bei Ablauf der Frist nicht gewußt haben.** Das trifft unabhängig davon zu, ob der Auftraggeber die auf den Stundenlohnzetteln beruhenden Rechnungsbeträge schon bezahlt hat oder nicht. Diese Gesichtspunkte gelten nicht nur für die Fälle des unterstellten Anerkenntnisses nach Satz 5, sondern darüber hinaus **auch für die Fälle einer erteilten Bescheinigung** nach Satz 3 entsprechend (so auch BGH BauR 1970, 239 = NJW 1970, 2295 = SFH Z 2.303 Bl. 16 f. = BlGBW 1971, 71 = Betrieb 1970, 2240 = WM 1970, 1455).

55 Dem Auftraggeber ist es auch nicht verwehrt, Rechtsbehelfe geltend zu machen, von denen er bisher nichts gewußt und mit denen er nicht gerechnet hat (vgl. BGH MDR 1968, 485; Betrieb 1970, 1378), wie z. B. die Einrede der ungerechtfertigten Bereicherung.

56 **Nr. 3 Satz 5 ist auch angesichts des § 10 Nr. 5 AGB-Gesetz** nach wie vor **wirksam** (ebenso Frikell/Glatzel/Hofmann, Bauvertragsklauseln und AGB-Gesetz K 15.3; Weick in Nicklisch/Weick Teil B § 15 Rdn. 33; Löwe/v. Westphalen/Trinkner, Bd. III, 35.5–48 Rdn. 21; Staudinger/Schlosser § 23 Rdn. 26; Recken BauR 1978, 417, 421; a. A. Wolf/Horn/Lindacher § 23 Rdn. 261). Das folgt einmal aus der im Wortlaut nicht auf ganz bestimmte Fälle beschränkten Ausnahmevorschrift in **§ 23 Abs. 2 Nr. 5 AGB-Gesetz** (vgl. dazu Teil A § 10 Rdn. 77 ff., insbesondere Rdn. 122 ff.), **sofern die VOB/B als Ganzes Vertragsinhalt ist** (vgl. Teil A § 10 Rdn. 131 ff.). **Überdies** ergibt eine **sachgerechte Wertung, daß die Regelung in Nr. 3 Satz 5 notwendig ist, um die berechtigten Belange des Auftragnehmers hier zu wahren.** Es ist nämlich eine Erfahrungstatsache, daß gerade Stundenlohnleistungen von dem dafür grundsätzlich beweispflichtigen Auftragnehmer je schwerer nachzuweisen sind, je größer der zeitliche Abstand zu ihrer Erbringung ist. Da andererseits der Auftraggeber erstens durch das Erfordernis der vorherigen Vereinbarung von Stundenlohnleistungen überhaupt (Teil B § 2 Nr. 10), zweitens durch die Anzeigepflicht des Auftragnehmers nach Nr. 3 Satz 1, drittens durch das Erfordernis der Vorlage von Stundenlohnzetteln in kurzen Zeitabständen nach Nr. 3 Satz 2 ganz umfassende Kontrollmöglichkeiten hat, ist es nichts anderes als ein **Gebot der Billigkeit,** den Auftraggeber anzuhalten, diese auch wahrzunehmen. Hier muß gelten: Wer ihm zustehende Rechte nicht wahrnimmt, darf sich über deren Verlust oder – wie hier – ihre später erschwerte Durchsetzbarkeit nicht beklagen. Aus den genannten Gründen dürfte ein **Ausschluß der Anerkenntniswirkung in AGB** überhaupt und insbesondere derjenigen nach Nr. 3 Abs. 5 der VOB/B den **Charakter der Ausgewogenheit nehmen,** so daß § 23 Abs. 2 Nr. 5 AGB-Gesetz nicht die Sanktion anderer dem Auftraggeber im Verhältnis zum BGB günstigerer, an sich gegen § 9 AGB-Gesetz verstoßender Bestimmungen, wie z. B. in Teil B § 16 Nr. 3 Abs. 2, zur Folge hat. Darüber hinaus dürfte ein genereller Ausschluß der Anerkenntniswirkung, also gerade auch im Hinblick auf vorbehaltlos unterzeichnete Stundenlohnzettel, wegen Verstoßes gegen § 9 AGB-Gesetz unwirksam sein.

E. Frist zur Vorlage von Stundenlohnrechnungen; Zahlung (Nr. 4)

I. Allgemeines

57 Nr. 4 befaßt sich mit der **Einreichung von Stundenlohnrechnungen,** vor allem der **Frist hierzu,** des weiteren mit der **Zahlung** der Stundenlohnvergütung. Danach sind Stundenlohnrechnungen **alsbald nach Abschluß der Stundenlohnarbeiten, längstens jedoch in Abständen von 4 Wochen, einzureichen;** für die Zahlung gilt Teil B § 16. Auch diese Regelung dient dazu, dem Auftraggeber eine **baldmögliche Überprüfung** zu ermöglichen, hier der Angaben in den Stundenlohnrechnungen, was am ehesten erfolgen kann, wenn die Stundenlohnrechnungen baldmöglichst bei dem Auftraggeber eintreffen.

II. Fristen zur Einreichung der Stundenlohnrechnungen (Satz 1)

58 Daher ist in Satz 1 in erster Linie die Forderung aufgestellt, daß die Stundenlohnrechnungen **alsbald nach Abschluß der Stundenlohnarbeiten** bei dem Auftraggeber einzureichen sind. Damit ist dem Auftragnehmer **zunächst keine Frist** gesetzt, sondern er ist insofern vertraglich – nur – gehalten, die Stundenlohnrechnungen mit **tunlichster Beschleunigung** („alsbald"), **gerechnet vom Abschluß der Stundenlohnarbeiten,** aufzustellen und dem Auftraggeber vorzulegen.

Handelt es sich nur um geringfügige Stundenlohnarbeiten, was der Regel entsprechen dürfte, und sind diese im Rahmen des Baufortschritts kurzfristig zu erledigen, so kommt im allgemeinen auch nur die **Vorlage einer Stundenlohnrechnung**, insoweit i. S. einer Schlußrechnung, in Betracht. Diese muß **längstens 4 Wochen** nach Beendigung der Stundenlohnarbeiten erfolgen, wie sich aus dem Wortlaut der VOB ergibt, was als äußerstes Zugeständnis an den Begriff „längstens" zu gelten hat. Dauern Stundenlohnarbeiten im Einzelfall **länger als 4 Wochen**, wie z. B. bei in einem umfangreichen, längerfristigen Bauvertrag im Rahmen einzelner Abschnitte vereinbarten sogenannten angehängten Stundenlohnarbeiten, so sind die jeweiligen Stundenlohnrechnungen **äußerstenfalls in vierwöchentlichen Abständen** einzureichen. Dabei ist die **erste Frist** zwangsläufig **ab dem Tage des Beginns** der Stundenlohnarbeiten **zu berechnen**, weil sich eine andere Fristberechnung – etwa nach einzelnen Leistungsabschnitten – **nicht generell** anstellen läßt. Insofern dürfte es im Einzelfall angezeigt sein, im Wege Besonderer oder Zusätzlicher Vertragsbedingungen entsprechende ausdrückliche Regelungen zu treffen (vgl. Teil A § 10 Nr. 4 Abs. 1 i). Werden solche besonderen Absprachen nicht getroffen, bleibt nur der aufgezeigte Weg für die Berechnung der ersten Frist übrig, wobei sich **weitere vierwöchentliche Fristen daran anschließen**. Gerade für den Fall sogenannter **angehänger Stundenlohnarbeiten** ergibt sich, daß die Regelung in Nr. 4 Satz 1 von Teil B § 14 Nr. 3 unabhängig ist. Daraus folgt, daß in Fällen, in denen die Fristen in Nr. 4 sowie nach Teil B § 14 Nr. 3 nicht – ausnahmsweise – identisch sind, getrennte Rechnungen einzureichen sind, und zwar einmal über die Stundenlohnarbeiten und zum anderen über die Teil B § 14 Nr. 3 unterfallenden Leistungen, die auf der Grundlage des Leistungsvertrages (vgl. Teil A § 5 Nr. 1) abzurechnen sind.

Befolgt der Auftragnehmer die Verpflichtung zur fristgemäßen Einreichung seiner Stundenlohnrechnungen nicht, schadet er sich in erster Linie selbst, weil seine Vergütungsansprüche **nicht vorher fällig werden können**. Denn für die Fälligkeit ist jeweils die Vorlage der Stundenlohnrechnungen notwendig, wie sich aus dem Hinweis auf Teil B § 16 in Satz 2 ergibt. Notfalls kann der Auftraggeber unter den Voraussetzungen von Teil B § 14 Nr. 4 den dort gekennzeichneten Weg beschreiten, also zur Selbstaufstellung der Stundenlohnrechnungen übergehen, wobei die Maßstäbe entsprechend heranzuziehen sind, wie sie durch Teil B § 15 Nr. 5 eröffnet und vorgezeichnet werden (vgl. dazu Rdn. 71 ff.).

III. Fälligkeitsregelung (Satz 2)

Der wegen der Zahlung in **Nr. 4 Satz 2** erfolgte Hinweis **auf Teil B § 16 bedeutet in erster Linie eine Fälligkeitsregelung. Die Bezugnahme auf Teil B § 16 besagt zugleich, daß auch hinsichtlich der Stundenlohnrechnungen verschiedene Fälligkeiten in Betracht kommen können,** je nachdem, welcher Charakter ihnen auf der Grundlage von Teil B § 16 beizumessen ist. Handelt es sich um eine **einmalige** oder die **abschließende Stundenlohnrechnung**, so dürfte diese dem Charakter der **Schlußrechnung** und demgemäß der dann zu erfolgenden Schlußzahlung entsprechen. Insoweit gilt für die **Fälligkeit Teil B § 16 Nr. 3 Abs. 1**, es tritt also die Fälligkeit spätestens 2 Monate nach Zugang der betreffenden Stundenlohnrechnung, jedoch **frühestens mit der Abnahme** ein. Handelt es sich dagegen um eine Stundenlohnrechnung, die in dem **vorgeschriebenen vierwöchentlichen Abstand bei insgesamt länger andauernden oder sich über den Zeitraum von 4 Wochen hinaus wiederholenden bzw. erneut auftretenden Stundenlohnarbeiten** vorgelegt wird, **ohne die abschließende** – insbesondere die letzte – Rechnung zu sein, so wird sich in der Regel um eine solche handeln, die den Charakter der **Abschlagsrechnung** hat. Diese wird dann entsprechend **Teil B § 16 Nr. 1 Abs. 3 spätestens nach Ablauf von 12 Werktagen** nach Zugang beim Auftraggeber **fällig**. **Möglich** ist es **auch**, daß derartige Rechnungen den Charakter von **Teilschlußrechnungen** tragen, wobei es sich allerdings in erster Linie um die **Abrechnung in sich abgeschlossener Teile** der Leistung entsprechend **Teil B § 16 Nr. 4** handeln muß, die für sich **abgenommen** worden sind. Auch dann **gilt** die in **Teil B § 16 Nr. 3 Abs. 1** enthaltene Fälligkeitsregel entsprechend. Im übrigen ist es durch Teil B § 15 Nr. 4 **nicht ausgeschlossen,** daß der Auftragnehmer auch ohne Einhaltung der dort geregelten vierwöchigen Fristen **Abschlagszahlungen** auf Stundenlohnarbeiten verlangt, sofern er **zumindest zugleich** damit die nach **Nr. 3 erforderlichen Leistungsnachweise** erbringt. Für die Fälligkeit solcher Abschlagszahlungen **gilt Teil B § 16 Nr. 1, dort vor allem auch Absatz 3, entsprechend.** Schließlich können **auch** hier **Vorauszahlungen** nach Maßgabe von Teil B § 16 Nr. 2 **vereinbart** werden.

F. Abrechnung bei Zweifeln über Umfang der Stundenlohnarbeiten (Nr. 5)

I. Allgemeines

62 Sind Stundenlohnarbeiten zwar vereinbart worden, bestehen aber **mangels rechtzeitiger Vorlage der Stundenlohnzettel Zweifel über den Umfang der Stundenlohnleistungen,** so **kann** der Auftraggeber verlangen, daß für die **nachweisbar** ausgeführten Leistungen eine **Vergütung** vereinbart wird, die nach **Maßgabe von Nr. 1 Abs. 2** für einen **wirtschaftlich vertretbaren Aufwand** an Arbeitszeit und Verbrauch von Stoffen, für Vorhaltung von Einrichtungen, Geräten, Maschinen und maschinellen Anlagen, für Frachten, Fuhr- und Ladeleistungen sowie etwaige Sonderkosten **ermittelt** wird.

63 Diese Fassung in Nr. 5 stellt auf **zwei Kriterien** ab, nämlich durch **Zurückgreifen auf Nr. 1 Abs. 2** einmal auf den **Wertansatz** und durch **Festlegung des „wirtschaftlich vertretbaren Aufwandes an Arbeitsstunden"** usw., zum anderen auf den **Mengenansatz.** Insoweit **verbleibt** es also grundsätzlich bei der vereinbarten Berechnung der **Vergütung nach Stundenlöhnen.** Allerdings ist dadurch das Verlangen auf Abrechnung nach Einheitspreisen oder nach Pauschalpreisen nicht ausgeschlossen, wenn hierfür im Einzelfall geeignete „Vertragspreise", also Preisbestandteile, die für die Einheitspreis- oder Pauschalpreisberechnung brauchbar sind, vorliegen. Dazu bedarf es keiner besonderen Vereinbarung, da die Wendung in Nr. 5 **„eine Vergütung"** dem Auftraggeber auch die Möglichkeit zur Abrechnung auf der Basis von Einheits- oder Pauschalpreisen gibt, ihm insoweit also ein **Wahlrecht einräumt** (Heiermann/Riedl/Rusam/Schwaab Teil B § 15 Rdn. 52; wohl auch Daub/Piel/Soergel/Steffani Teil B § 15 ErlZ 15.98). Eine Abrechnung nach Einheitspreisen oder nach Pauschale wird auch häufig möglich sein, da hier die Leistung bereits erbracht, also auf der Grundlage von Einheits- oder Pauschalpreisberechnung nachvollziehbar ist (a. a. O.).

II. Nicht rechtzeitige Vorlage der Stundenlohnzettel

64 **Erste Voraussetzung** für die hier getroffene Regelung ist, **daß es der Auftragnehmer unterlassen hat, die Stundenlohnzettel rechtzeitig vorzulegen,** daß er also die für ihn nach Nr. 3 Satz 2 maßgebenden Fristen zur Vorlage der Stundenlohnzettel nicht eingehalten hat (vgl. Rdn. 43 f.). Dabei ist **nicht** erforderlich, daß dies **schuldhaft** unterblieben ist.

Zur erweiterten Anwendung der Nr. 5 vgl. nachfolgend Rdn. 65 ff.

III. Zweifel über Umfang der Stundenlohnleistung; Beweislast; entsprechende Anwendung auf andere Fälle

65 Des **weiteren** ist **Voraussetzung,** daß die nicht rechtzeitige – oder gar die Nichtvorlage – der Stundenlohnzettel die **Ursache dafür** ist, daß beim Auftraggeber berechtigte Zweifel über **den Umfang** der vom Auftragnehmer behaupteten **Stundenlohnarbeiten aufgetreten** sind. Ihm muß also die seinen berechtigten Interessen zuzubilligende Prüf- und Kontrollmöglichkeit **wesentlich erschwert oder gar vereitelt** worden sein, und **darauf** müssen sich Zweifel an

dem vom Auftragnehmer – insbesondere auch in seiner Rechnung – behaupteten Umfang seiner Stundenlohnleistung begründen. Insoweit ist also die entsprechende **Ursächlichkeit** zu fordern.

Für das Vorliegen der vorgenannten Voraussetzungen ist der **Auftraggeber grundsätzlich beweispflichtig.** Allerdings sind hier **keine zu strengen Anforderungen** zu stellen, weil zu berücksichtigen ist, daß die aufgetretene Meinungsverschiedenheit **in der Grundlage darauf beruht, daß der Auftragnehmer seiner vertraglichen Verpflichtung** zur rechtzeitigen Vorlage der Stundenlohnzettel zwecks deren Nachprüfung durch den Auftraggeber **nicht nachgekommen ist,** dieses also in erster Linie zu seinen Lasten geht. 66

Das gilt vor allem hinsichtlich der Frage, ob der Auftraggeber hier **Zweifel** hat, was allerdings eine **objektive Betrachtung** dahingehend erfordert, daß er sie bei **vernünftiger Beurteilung** durch einen Dritten im Einzelfall **auch haben kann,** daß sie also nicht bloß und vor allem nicht willkürlich behauptet werden. Dazu ist es auch erforderlich, daß der **Auftraggeber seine Zweifel im einzelnen bezeichnet;** bloß allgemeine Zweifel allein wegen der verspäteten Vorlage oder der Nichtvorlage der Stundenlohnzettel **genügen nicht.** Dagegen **kommt** es **nicht darauf an,** ob die Zweifel des Auftraggebers **auch tatsächlich begründet sind.** Sie müssen vielmehr **als solche** nur **sachlich eine als gerechtfertigt anzusehende Grundlage haben.** Diese Abgrenzung rechtfertigt sich aus dem vorgenannten Gedanken, daß es ja in erster Linie der **Auftragnehmer** ist, der durch die nicht rechtzeitige oder gar durch die Nichtvorlage der Stundenlohnzettel **vertragsuntreu** ist und daß er grundsätzlich schon deswegen die Folgen daraus zu tragen hat. 67

Die erwähnten Grundsätze können **nicht darauf beschränkt** sein, daß der Auftragnehmer die Stundenlohnzettel nicht rechtzeitig vorgelegt hat. Sie sind, zumindest für den Bereich der Schadensberechnung, **entsprechend auch auf jene Fälle anzuwenden, in denen die Stundenlohnzettel inhaltlich nicht den an sie zu stellenden Anforderungen genügen** (vgl. Rdn. 41 ff.) oder in denen der Auftragnehmer seiner Anzeigepflicht von dem Beginn der vereinbarten Stundenlohnarbeiten nicht nachgekommen ist (vgl. Rdn. 36 f.). Auch dort handelt es sich um die wesentliche Erschwerung oder die Vereitelung der für den Auftraggeber gebotenen Kontrollmöglichkeiten, wofür er einen **Ausgleich über Nr. 5** erhalten muß. 68

IV. Verlangen des Auftraggebers auf Berechnung nach Nr. 5; Rechtzeitigkeit

Weitere Voraussetzung für die in Nr. 5 festgelegte **anderweitige Berechnung** der Stundenlohnvergütung ist es allerdings, **daß der Auftraggeber diese verlangt,** wenn er sich darauf mit Recht berufen kann (vgl. Rdn. 64 f.). 69

Hierzu ist eine **eindeutige Erklärung** des Auftraggebers gegenüber **dem Auftragnehmer** erforderlich. Dabei gebietet es der Grundsatz von **Treu und Glauben,** daß der Auftraggeber diese **Forderung binnen angemessener Zeit** zu stellen hat, und zwar **spätestens bis zum Eintritt der Fälligkeit der jeweiligen Stundenlohnschlußrechnung bzw.-teilschlußrechnung** (vgl. dazu Rdn. 61). Es ist nämlich davon auszugehen, daß der Auftraggeber jedenfalls bis dahin Zweifel an der Richtigkeit der Stundenlohnforderung des Auftragnehmers **haben kann,** da er sie dann geprüft haben muß. Versäumt der Auftraggeber diesen Zeitpunkt, wird man von einer **Verwirkung** hinsichtlich der durch Nr. 5 eröffneten Rechte auf seiten des Auftraggebers sprechen müssen (so auch Daub/Piel/Soergel/Steffani Teil B § 15 ErlZ 15.94; Heiermann/Riedl/Rusam/Schwaab Teil B § 15 Rdn. 50).

V. Auftragnehmer muß auf berechtigtes Verlangen zur Neuberechnung eingehen

70 Wird vom Auftraggeber das Verlangen zur Neuberechnung nach Nr. 5 **berechtigt und auch rechtzeitig** gestellt, ist der **Auftragnehmer kraft** in Nr. 5 zum Ausdruck gekommener **vertraglicher Regelung verpflichtet, auf dieses Verlangen einzugehen.** Andernfalls ist es dem Auftraggeber gestattet, entsprechend Teil B § 14 Nr. 4 vorzugehen und eine „Selbstaufstellung" der Stundenlohnberechnung des Auftragnehmers vorzunehmen (ebenso LG Mannheim BauR 1982, 71). Diese ist dann nur nach den Grundsätzen des § 319 BGB überprüfbar, also auf der Grundlage offenbarer Unrichtigkeit (ebenso LG Mannheim a. a. O.), was allerdings voraussetzt, daß die in Nr. 5 geregelten Berechnungsgrundsätze (vgl. nachfolgend Rdn. 71 ff.) eingehalten worden sind.

VI. Neuberechnung der Stundenlohnvergütung

71 Die Neuberechnung der Vergütung nach Nr. 5 erfolgt grundsätzlich wiederum nach Stundenlöhnen (vgl. Rdn. 62 f.). Zunächst ist der **objektiv gerechtfertigte Leistungswert anzusetzen.** Hierfür gelten die **Grundsätze,** wie sie **in Nr. 1 Abs. 2** enthalten sind. Maßgebend ist also in erster Linie die **Ortsüblichkeit** (vgl. Rdn. 15). Läßt sich eine solche **nicht feststellen,** so gelten für die Ermittlung die Regeln in **Nr. 1 Abs. 2 Satz 2** (vgl. Rdn. 16–26). Liegen die Voraussetzungen für die Bezahlung einer **Aufsichtsvergütung** vor, gelten die für deren Berechnung maßgebenden Regeln (vgl. Rdn. 32 f.).

72 Des weiteren ist zu beachten, daß **hinsichtlich des Mengenansatzes** kraft ausdrücklicher Regelung **auf den wirtschaftlich vertretbaren Aufwand abzustellen** ist, und zwar innerhalb der einzelnen genannten Merkmale. Dieses deckt sich im wesentlichen mit dem in Nr. 1 Abs. 2 Satz 2 enthaltenen Begriff „wirtschaftlicher Betriebsführung" (vgl. Rdn. 21 ff.) sowie hinsichtlich der Zuschläge für Gemeinkosten und Gewinn einschließlich des allgemeinen Unternehmerwagnisses zuzüglich Umsatzsteuer mit dem a. a. O. gebrauchten Wort „angemessen" (vgl. Rdn. 24 f.).

73 Sollen anstelle einer Stundenlohnberechnung angemessene Einheitspreise oder Pauschalen auf Verlangen des Auftraggebers eingesetzt werden (vgl. Rdn. 62 f.), wird das einer Vereinbarung der Parteien im einzelnen bedürfen, es sei denn, es ergeben sich aus den bisherigen bzw. sonstigen Preisvereinbarungen im Vertrag hinreichende Anhaltspunkte für eine Berechnung nach diesen anderen Preisarten; notfalls gilt auch hier das in Rdn. 70 Gesagte entsprechend (a. A., jedoch nicht eindeutig hier wohl Daub/Piel/Soergel/Steffani Teil B § 15 ErlZ 15.99, die vor allem durch den bloßen Hinweis auf § 287 ZPO die Angabe der materiell-rechtlichen Prüfgrundlage vermissen lassen).

§ 16 Zahlung

1. (1) Abschlagszahlungen sind auf Antrag in Höhe des Wertes der jeweils nachgewiesenen vertragsgemäßen Leistungen einschließlich des ausgewiesenen, darauf entfallenden Umsatzsteuerbetrages in möglichst kurzen Zeitabständen zu gewähren. Die Leistungen sind durch eine prüfbare Aufstellung nachzuweisen, die eine rasche und sichere Beurteilung der Leistungen ermöglichen muß. Als Leistungen gelten hierbei auch die für die geforderte Leistung eigens angefertigten und bereitgestellten Bauteile sowie die auf der Baustelle angelieferten Stoffe und Bauteile, wenn dem Auftraggeber nach seiner Wahl das Eigentum an ihnen übertragen ist oder entsprechende Sicherheit gegeben wird.

(2) Gegenforderungen können einbehalten werden. Andere Einbehalte sind nur in den im Vertrag und in den gesetzlichen Bestimmungen vorgesehenen Fällen zulässig.

(3) Abschlagszahlungen sind binnen 12 Werktagen nach Zugang der Aufstellung zu leisten.

(4) Die Abschlagszahlungen sind ohne Einfluß auf die Haftung und Gewährleistung des Auftragnehmers; sie gelten nicht als Abnahme von Teilen der Leistung.

2. (1) Vorauszahlungen können auch nach Vertragsabschluß vereinbart werden; hierfür ist auf Verlangen des Auftraggebers ausreichende Sicherheit zu leisten. Diese Vorauszahlungen sind, sofern nichts anderes vereinbart wird, mit 1 v. H. über dem Lombardsatz der Deutschen Bundesbank zu verzinsen.

(2) Vorauszahlungen sind auf die nächstfälligen Zahlungen anzurechnen, soweit damit Leistungen abzugelten sind, für welche die Vorauszahlungen gewährt worden sind.

3. (1) Die Schlußzahlung ist alsbald nach Prüfung und Feststellung der vom Auftragnehmer vorgelegten Schlußrechnung zu leisten, spätestens innerhalb von 2 Monaten nach Zugang. Die Prüfung der Schlußrechnung ist nach Möglichkeit zu beschleunigen. Verzögert sie sich, so ist das unbestrittene Guthaben als Abschlagszahlung sofort zu zahlen.

(2) Die vorbehaltlose Annahme der als solche gekennzeichneten Schlußzahlung schließt Nachforderungen aus. Einer Schlußzahlung steht es gleich, wenn der Auftraggeber unter Hinweis auf geleistete Zahlungen weitere Zahlungen endgültig und schriftlich ablehnt. Auch früher gestellte, aber unerledigte Forderungen sind ausgeschlossen, wenn sie nicht nochmals vorbehalten werden. Ein Vorbehalt ist innerhalb von 12 Werktagen nach Eingang der Schlußzahlung zu erklären. Er wird hinfällig, wenn nicht innerhalb von weiteren 24 Werktagen eine prüfbare Rechnung über die vorbehaltenen Forderungen eingereicht oder, wenn das nicht möglich ist, der Vorbehalt eingehend begründet wird.

4. In sich abgeschlossene Teile der Leistung können nach Teilabnahme ohne Rücksicht auf die Vollendung der übrigen Leistungen endgültig festgestellt und bezahlt werden.

5. (1) Alle Zahlungen sind aufs äußerste zu beschleunigen.

(2) Nicht vereinbarte Skontoabzüge sind unzulässig.

(3) Zahlt der Auftraggeber bei Fälligkeit nicht, so kann ihm der Auftragnehmer eine angemessene Nachfrist setzen. Zahlt er auch innerhalb der Nachfrist nicht, so hat der Auftragnehmer vom Ende der Nachfrist an Anspruch auf Zinsen in Höhe von 1 v. H. über dem Lombardsatz der Deutschen Bundesbank, wenn er nicht einen höheren Verzugsschaden nachweist. Außerdem darf er die Arbeiten bis zur Zahlung einstellen.

6. Der Auftraggeber ist berechtigt, zur Erfüllung seiner Verpflichtungen aus Nr. 1 bis 5 Zahlungen an Gläubiger des Auftragnehmers zu leisten, soweit sie an der Ausführung der vertraglichen Leistung des Auftragnehmers auf Grund eines mit diesem abgeschlossenen Dienst- oder Werkvertrags beteiligt sind und der Auftragnehmer in Zahlungsverzug gekommen ist. Der Auftragnehmer ist verpflichtet, sich auf Verlangen des Auftraggebers innerhalb einer von diesem gesetzten Frist darüber zu erklären, ob und inwieweit er die Forderungen seiner Gläubiger anerkennt; wird diese Erklärung nicht rechtzeitig abgegeben, so gelten die Forderungen als anerkannt und der Zahlungsverzug als bestätigt.

Inhaltsübersicht

	Rdn.
A. Allgemeines	1–30
I. Gesetzliche Grundlage: § 641 BGB	1–5
1. Erfüllung des Vergütungsanspruches als Ziel	1–2
2. BGB-Vertrag: Zahlung bei Abnahme	3–5
II. Die besonderen Regelungen der VOB	6–8
III. Fälligkeit der Vergütung bei der VOB	9–23
1. Abschlagszahlungen	10
2. Vorauszahlungen	11
3. Schlußzahlung; auch beim BGB-Bauvertrag	12–21
a) Fälligkeit beim VOB-Vertrag	12
b) Fälligkeit beim BGB-Vertrag	13–14
c) Vorzeitige Fälligkeit beim VOB-Vertrag	15
d) Auch bei der VOB/B Abnahme erforderlich	16
e) Verweigerung der Abnahme	17–19
f) Zahlungsklage genügt	20
g) Darlegungs- und Beweislast	21
4. Teilschlußzahlungen	22
5. Stundenlohnvergütung	23
IV. Beginn der Verjährung des Vergütungsanspruches	24–27
V. Zahlung erst nach Erfüllung der Vorleistungspflicht des Auftragnehmers	28
VI. Beweislast für Zahlung hat Auftraggeber	29–30
B. Abschlagszahlungen (Nr. 1)	31–80
I. Voraussetzungen für Abschlagszahlungen (Absatz 1)	31–60
1. Entsprechende vertragsgemäße Leistungen erforderlich	31–38
2. Abschlagszahlungen grundsätzlich mit Mehrwertsteuerteilbeträgen	39–41
3. Abschlagszahlungen nur auf Antrag	42–43
4. Nachweis bisher erbrachter Leistung	44–47
5. Abschlagszahlungen für Stoffe oder Bauteile	48–60
a) Anfertigung und Bereitstellung von Bauteilen	49–51
b) Zur Baustelle angelieferte Stoffe oder Bauteile	52
c) Weitere Voraussetzungen für Abschlagszahlungen	53–54
d) Eigentumserwerb durch Auftraggeber	55–56
e) Sicherheitsleistung durch Auftragnehmer	57–59
f) Abschlagszahlungen bei öffentlichen Aufträgen	60
II. Einbehalte des Auftraggebers (Absatz 2)	61–69
1. Einbehalte von Gegenforderungen	62–63
2. Andere Einbehalte	64–69
a) Vertragliche Regelungen	65
b) Gesetzliche Bestimmungen	66–68
c) Anrechnung von Vorauszahlungen	69
III. Fälligkeit von Abschlagszahlungen (Absatz 3)	70–77
1. Fälligkeitsregelung	70–73
2. Nichtleisten fälliger Abschlagszahlungen	74–77
a) Ansprüche nach der VOB/B	74
b) Klagemöglichkeit	75–77
IV. Kein Einfluß der Abschlagszahlungen auf Haftung, Gewährleistung und Abnahme (Absatz 4)	78–80
C. Vorauszahlungen (Nr. 2)	81–92
I. Allgemeines	81–83
II. Regelung der VOB	84–86
III. Sicherheitsleistung und Verzinsung bei nachträglich vereinbarten Vorauszahlungen (Absatz 1)	87–88
1. Sicherheitsleistung	87
2. Verzinsung	88
IV. Anrechnung der Vorauszahlungen auf nächstfällige Zahlungen (Absatz 2)	89–91
V. Vorauszahlungen bei öffentlichen Bauaufträgen	92

D. Die Schlußzahlung (Nr. 3) ... 93–256
  I. Allgemeines ... 93–99
    1. Bedeutung ... 93–94
    2. Vorherige Erteilung der Schlußrechnung ... 95–99
  II. Fälligkeit der Schlußzahlung (Absatz 1) ... 100–117
    1. Grundsätzlich Fälligkeit zwei Monate nach Zugang der Schlußrechnung (Abs. 1 Satz 1) ... 100–103
    2. Auch Fälligkeit von in Schlußrechnung nicht aufgenommenen Forderungen ... 104
    3. Prüfung und Feststellung der Schlußrechnung ... 105–107
      a) Grundsätzlich Fälligkeitsvoraussetzung ... 105
      b) Befugnisse des Architekten ... 106
      c) Anerkennungsvermerk ... 107
    4. Bedeutung der Prüfung und Feststellung ... 108
    5. Beschleunigung der Prüfung ... 109
    6. Ausnahme: Objektiv erforderliche längere Prüfung und Feststellung ... 110–111
    7. Ausnahmsweise: Hinausschieben der Fälligkeit ... 112
    8. Auszahlung unbestrittenen Guthabens als Abschlagszahlung ... 113–115
    9. Zahlungspflicht bei vorzeitiger Beendigung von Prüfung und Feststellung ... 116
    10. Zusammenfassung ... 117
  III. Die Schlußzahlung selbst (Absatz 1) ... 118–129
    1. Begriff der Schlußzahlung ... 118–121
      a) Allgemeines ... 118
      b) Bezug auf konkreten Bauvertrag – Adressat der Schlußzahlung ... 119
      c) Grundsätzlich prüfbare Schlußrechnung erforderlich ... 120
      d) Übereinstimmung mit Schlußrechnung nicht erforderlich ... 121
    2. Einzelheiten ... 122–126
      a) Fallbeispiele ... 122
      b) Aufrechnung oder Verrechnung mit bestrittenen Gegenforderungen ... 123
      c) Entscheidend Wille des Auftraggebers, keine weiteren Zahlungen mehr zu leisten ... 124
      d) Vorbehalt von Ansprüchen des Auftraggebers unbeachtlich ... 125
      e) Laufende Rechnung ... 126
    3. Schlußzahlung durch Verweigerung weiterer Zahlung ... 127–128
    4. Reaktion des Auftragnehmers unbeachtlich ... 129
  IV. Folgen der Nichterfüllung der Zahlungspflicht des Auftraggebers ... 130
  V. Etwaige Rückzahlungsansprüche des Auftraggebers ... 131–157
    1. Bereicherungsanspruch ... 131–136
      a) Grundlage ... 131
      b) Darlegungs- und Beweislast ... 132
      c) Rückzahlungsanspruch bei vorbehaltloser Annahme der Schlußzahlung (Nr. 3 Abs. 2) ... 133
      d) Überzahlung bei mehreren Verträgen ... 134
      e) Überzahlung bei gekündigten Verträgen ... 135
      f) Bindung an fehlerhafte Rechnung ... 136
    2. Sonderfall: Rückzahlungsansprüche öffentlicher Auftraggeber ... 137–157
      a) Rechtsgrundlage aus Vertrag ... 138
      b) Gesetzliche Grundlage ... 139–140
      c) Etwaiger Verlust durch Anerkenntnis oder Verzicht ... 141
      d) Rückforderung nur bei Überzahlung insgesamt ... 142
      e) Mögliche Verwirkung des Rückzahlungsanspruches ... 143–149
      f) Beurteilung nach dem Einzelfall erforderlich ... 150–155
      g) Verzinsung ... 156
      h) Vereinbarung über Rückzahlung ... 157
  VI. Vorbehaltlose Annahme der Schlußzahlung: Verlust weitergehender Ansprüche des Auftragnehmers (Absatz 2) ... 158–256

B § 16

1. Überblick 158–162
   a) Grundlage 158–159
   b) Wirkung; Beurteilung nach AGB-Gesetz 160–162
2. Besondere vertragliche Ausnahmeregelung 163–166
   a) Eng umgrenzte Vermutung 163
   b) Voraussetzung: Schlußrechnung und Schlußzahlung 164–165
   c) Prüfbare Schlußrechnung als Voraussetzung? 166
3. Einrede 167–180
   a) Grundlagen 167–168
   b) Grenzen auf der Grundlage gesetzlicher Bestimmungen 169–174
   c) Begrenzter Bereicherungsanspruch des Auftraggebers . 175
   d) Anwendung des § 390 Satz 2 BGB 176–179
   e) Ausnahmsweise: Verstoß der Einrede gegen § 242 BGB . 180
4. Ausschlußwirkung erfaßt alle Ansprüche des Auftragnehmers aus Bauvertrag 181–188
   a) Alle unmittelbaren Ansprüche aus Bauvertrag 182–184
   b) Berechnungsfehler; Versehen im Bereich der Erfüllung 185
   c) Andere mit dem Bauvertrag zusammenhängende Ansprüche 186
   d) Nicht fällige Ansprüche – Sicherheitseinbehalt 187
   e) Lediglich bei Gelegenheit der Ausführung entstandene Ansprüche 188
5. Voraussetzung: Als solche gekennzeichnete Schlußzahlung 189–195
   a) Allgemeines 189
   b) Hinreichende Kennzeichnung 190–191
   c) Nicht ausreichende Kennzeichnung 192
   d) Zusammenfassung – Form 193–195
6. Annahme der Zahlung – Vorbehaltlose Annahme 196–200
   a) Annahme der Zahlung 197–198
   b) Vorbehaltlose Annahme – Begriff 199
   c) Keine Anfechtbarkeit 200
7. Endgültige schriftliche Ablehnung weiterer Zahlungen unter Hinweis auf geleistete Zahlungen 201–209
   a) Grundsätzliches 201–202
   b) Inhaltlich zweifelsfreie Erklärung erforderlich 203
   c) Schlußrechnung Voraussetzung 204
   d) Hinweis auf geleistete Zahlungen 205
   e) Begründung? 206
   f) Schriftform erforderlich 207–208
   g) Adressat 209
8. Ausschlußwirkung gilt auch bei vorbehaltloser Schlußrückzahlung des Auftragnehmers 210–211
9. Ausschluß auch bei früher gestellten, unerledigten Forderungen 212–214
   a) Zweck 212
   b) Umfang 213
   c) Nochmaliger Vorbehalt erforderlich 214
10. Ausnahme: Entbehrlichkeit des Vorbehalts 215–222
    a) Enger zeitlicher Zusammenhang mit Schlußzahlung bzw. Schlußzahlungserklärung 215–216
    b) Enge Auslegung geboten 217–218
    c) Bereits erfolgte gerichtliche Geltendmachung 219–221
    d) Streitverkündung vor Annahme der Schlußzahlung – Bloße Mahnung mit Klageandrohung 222
11. Vorbehaltserklärung 223–230
    a) Grundsätzlich nach Erhalt der Schlußzahlung bzw. Schlußzahlungserklärung – Zugangsbedürftigkeit 223–225
    b) Keine besondere Form erforderlich 226
    c) Notwendiger Inhalt der Vorbehaltserklärung – keine zu strengen Anforderungen 227–228
    d) Nähere Darlegung der Vorbehaltsgründe nicht erforderlich 229
    e) Ein Vorbehalt genügt grundsätzlich 230

12. Adressat der Vorbehaltserklärung- Architekt 231–234
13. Beweislast für Vorbehaltserklärung 235
14. Fristgerechte Vorbehaltserklärung 236–246
    a) Fristbeginn 237–243
    b) Fristberechnung 244
    c) Fristende 245
    d) Beweislast 246
15. Weiteres Erfordernis: Fristgemäße Vorbehaltsbegründung 247–255
    a) Grundsatz 247
    b) Fristberechnung 248
    c) Anforderungen an prüfbare Rechnung oder sonstige Vorbehaltsbegründung 249
    d) Ausnahmen als Regel 250-254
    e) Kein erneuter Vorbehalt erforderlich 255
16. Abweichende Vereinbarungen 256
E. Die Teilschlußzahlung (Nr. 4) 257–264
    I. Allgemeines 257
    II. Grundvoraussetzung: In sich abgeschlossene Teile der Leistung 258
    III. Vorausgegangene Teilabnahme notwendig 259
    IV. Aufstellung und Einreichung einer Teilschlußrechnung 260
    V. Fälligkeit; entsprechende Geltung der Ausschlußwirkung der Nr. 3 Abs. 2 261–262
    VI. Keine ohne weiteres gegebene vertragliche Verpflichtung zur Teilschlußzahlung 263–264
F. Beschleunigung von Zahlungen; Skontoabzüge; Folgen verzögerter Zahlung, insbesondere Zinsen, Arbeitseinstellung (Nr. 5) 265–313
    I. Allgemeines 265
    II. Beschleunigung von Zahlungen (Absatz 1) 266
    III. Skontoabzüge (Absatz 2) 267–275
        1. Begriffliches 267
        2. Besondere vertragliche Vereinbarung erforderlich 268
        3. Festlegung der Skontoart – Bedingungstheorie 269
        4. Bestimmungen im einzelnen 270–272
        5. AGB-Klauseln 273
        6. Unberechtigter Skontoabzug 274
        7. Skonto bei öffentlichen Aufträgen 275
    IV. Voraussetzungen und Folgen des Zahlungsverzuges des Auftraggebers (Absatz 3) 276–313
        1. Übersicht 276–277
        2. Erste Voraussetzung: Fälligkeit des Zahlungsanspruches 278
        3. Angemessene Nachfrist 279–284
        4. Nichtzahlung innerhalb der Nachfrist 285–286
        5. Zinsanspruch des Auftragnehmers 287–303
            a) Zinssatz 287–289
            b) Nachweis höheren Verzugsschadens 290–295
            c) Umsatzsteuer auf Verzugszinsen 296
            d) Kosten zur Herbeiführung des Zahlungsverzuges 297–298
            e) Berechnung des Verzugszeitraumes – Beweislast 299–300
            f) Verjährung 301
            g) Keine Fälligkeitszinsen – jedoch Prozeßzinsen 302–303
        6. Ausnahme: Entbehrlichkeit der Nachfristsetzung 304–306
        7. Recht zur Arbeitseinstellung 307–312
        8. Kündigungsrecht des Auftragnehmers 313
G. Zahlung der Vergütung des Auftragnehmers durch den Auftraggeber an Dritte (Nr. 6) 314–337
    I. Allgemeines 314–321
        1. Überblick – Wahlrecht des Auftraggebers 314–317
        2. Auch gesetzliche oder vertragliche Verpflichtung des Auftraggebers zur Zahlung an Dritte möglich 318–319

3. Auch sonstige Verpflichtung des Auftraggebers zur Zahlung an Dritte
　　　　möglich 320–321
　II. Nr. 6 im einzelnen 322–337
　　　1. Erfüllung der Zahlungspflicht aus Bauvertrag 322–323
　　　2. Fällige Forderung des Gläubigers des Auftragnehmers 324–327
　　　3. Erklärungspflicht des Auftragnehmers 328–331
　　　4. Entsprechende Erkundigungspflicht des Auftraggebers 332
　　　5. Erklärungsfrist 333–334
　　　6. Vermögensverfall beim Auftragnehmer 335–337
H. Pfändung oder Abtretung von Vergütungsansprüchen; Eigentumsvorbehalt des
　　Baustofflieferanten 338–359
　I. Pfändung oder Abtretung 338–349
　　　1. Überblick 338–339
　　　2. Pfändung 340–343
　　　3. Abtretung 344–349
　II. Abtretung bei öffentlichen Bauaufträgen 350
　III. Eigentumsvorbehalt des Baustofflieferanten 351–358
　IV. Aufrechnungsverbot 359
J. Die Bauhandwerkersicherungshypothek (§ 648 BGB) 360–411
　I. § 648 BGB findet auch auf VOB-Vertrag Anwendung – Allgemeines ... 360–363
　II. Bauwerksleistung als Voraussetzung 364–371
　　　1. Begriff 364
　　　2. Erdarbeiten – Bauschutt usw. 365–366
　　　3. Alle Arbeiten zur Errichtung, Änderung oder Ergänzung eines
　　　　Bauwerkes 367
　　　4. Bloße Vorbereitungsarbeiten – Abbrucharbeiten 368
　　　5. Noch nicht eingebaute Sachen 369
　　　6. Zerstörung oder Beschädigung erbrachter Teilleistungen 370
　　　7. Grundsätzlich Leistung auf im Eigentum des Auftraggebers
　　　　stehenden Grundstück 371
　III. Unternehmer eines Bauwerks 372
　IV. Auftraggeber muß grundsätzlich Grundstückseigentümer sein 373–375
　　　1. Grundsatz 373
　　　2. Ausnahmen vom Identitätserfordernis 374
　　　3. Mehrere Grundstücke – mehrere Auftraggeber 375
　V. Gesamthypothek – Wohnungseigentum 376–377
　　　1. Gesamthypothek – Einzelhypothek 376
　　　2. Wohnungseigentum 377
　VI. Eintragung von Sicherungshypothek in Grundbuch; Vormerkung;
　　　einstweilige Verfügung 378–384
　　　1. Sicherung durch Vormerkung 379
　　　2. Eintragung der Sicherungshypothek 380–381
　　　3. Abwendung durch anderweitige Sicherheit 382
　　　4. Sonstiges 383
　　　5. Streitwert – Kosten 384
　VII. Eintragung nur in Höhe der wirklichen Forderung des Auftragnehmers;
　　　Mängel der Leistung 385–400
　　　1. Tatsächlicher Forderungsumfang 385–394
　　　　a) Entstehung der Forderung maßgebend 385
　　　　b) Umfang 386–391
　　　　c) Glaubhaftmachung 392–393
　　　　d) Teil B § 16 Nr. 3 Abs. 2 kein Hinderungsgrund 394
　　　2. Erfüllungs- bzw. Gewährleistungsansprüche oder sonstige
　　　　Gegenansprüche des Auftraggebers 395–400
　　　　a) Grundsätzlich zu berücksichtigen 395
　　　　b) Insbesondere Erfüllungs- oder Nachbesserungsansprüche 396
　　　　c) Darlegungs- und Beweislast 397
　　　　d) Geringfügige Mängel 398

e) Erst nach der Eintragung der Vorbemerkung oder der
   Sicherungshypothek aufgetretene Mängel 399
f) Sonstige Aufrechnungsbefugnis 400
VIII. Vertraglicher Ausschluß des § 648 BGB 401–405
   1. Individualvertraglich grundsätzlich möglich 401
   2. Mögliche Unwirksamkeit 402
   3. Unwirksamer Ausschluß in AGB 403–405
IX. Sicherungshypothek für Architekten und Statiker usw. 406–411
K. Dinglicher Arrest in Vermögen des Auftraggebers 412–413
L. Unternehmerpfandrecht des Auftragnehmers (§ 647 BGB) 414–415

Aufsätze: Schmidt, „Abrechnung und Zahlung nach der VOB", MDR 1965, 621 ff.; Trinkl, „Die Schlußzahlung des Bauauftraggebers nach § 16 Nr. 2 VOB/B und der Vorbehalt weiterer Forderungen durch den Unternehmer", BB 1967, 1232; Schmidt, „Zum Beginn der Verjährungsfrist für die Schlußzahlung", MDR 1970, 469; Hochstein, „Zahlungsklage aus Zwischenrechnungen gemäß § 16 Nr. 1 VOB/B?", BauR 1971, 7; Schmalzl, „Zur Verjährung des Vergütungsanspruches der Bauhandwerker nach der VOB/B", NJW 1971, 2015; ebenfalls dazu sowie zur Verjährung der Werklohnforderung beim BGB-Bauvertrag Herde, Bauwirtschaft 1973, 795; Kaiser, „Bedeutung und Wirkung der vorbehaltlosen Annahme der Schlußzahlung des Bauherrn durch den Bauunternehmer", NJW 1973, 884; Hochstein, „Der Prüfvermerk des Architekten auf der Schlußrechnung – Rechtswirkungen; Bedeutung im Urkundsprozeß", BauR 1973, 333; Schultz, „Verjährung und Fälligkeit", JZ 1973, 718; Dähne, „Die Verwirkung von Rückzahlungsforderungen im Bauauftrag der öffentlichen Hand", BauR 1974, 1163; ders. „Zur Problematik des § 16 Nr. 6 VOB/B; Zahlungen an Dritte", BauR 1976, 29; dazu auch Siebeck, BauR 1976, 238; Duffek, „Fälligkeit der Schlußzahlung nach VOB/B", BauR 1976, 164; Hochstein, „Die Abnahme als Fälligkeitsvoraussetzung des Vergütungsanspruches beim VOB-Bauvertrag", BauR 1976, 168; Kaiser, „Die vorbehaltlose Annahme der als solche gekennzeichneten Schlußzahlung des Auftraggebers durch den Auftragnehmer", BlGBW 1975, 161; ders. „Rechtsfragen der vorbehaltlosen Annahme der Schlußzahlung", BauR 1976, 232; Jagenburg, „Die Bindung an die einmal erteilte Schlußrechnung", BauR 1976, 319; Kapellmann, „Einzelprobleme der Handwerkersicherungshypothek", BauR 1976, 323; Fehl, „Zur Identität von Besteller und Grundstückseigentümer als Voraussetzung für die Bestellung der Bauhandwerkersicherungshypothek i. S. von § 648 BGB", BB 1977, 69; Ratjen, „Sicherungshypothek des Bauunternehmers bei enger Verflechtung zwischen Besteller und Grundstückseigentümer", Betrieb 1977, 987; Bartmann, „Inwieweit macht eine Abnahme den Werklohn fällig?", BauR 1977, 16; Mohns, „Der Beginn der Vorbehaltsfrist bei der Schlußzahlung", NJW 1978, 2543; Trapp, „Die Aufrechnung mit ausgeschlossenen Gegenforderungen nach vorbehaltloser Annahme der Schlußzahlung", BauR 1979, 271; Heyers, „Die Veranlassung der einstweiligen Verfügung nach §§ 648, 885 BGB im Rahmen des § 93 ZPO", BauR 1980, 20; Locher, „Der Skontoabzug an Vergütungen für Bauleistungen", BauR 1980, 30; Weidemann, „Fälligkeit des Werklohnes trotz fehlender Abnahme beim VOB-Vertrag?", BauR 1980, 124; Hahn, „Neue Rechtsprechung zur Sicherung von Bauforderungen", BauR 1980, 310; Leineweber, „Die Grenzen der Ausschlußwirkung des § 16 Nr. 3 Abs. 2 VOB/B im Hinblick auf das Bestimmtheitserfordernis der Schlußzahlung und des Vorbehalts", BauR 1980, 303; Schmitz, „Abnahme, Schlußrechnung und Schlußzahlung nach der VOB", Betrieb 1980, 1009; Lenzen, „Bauhandwerker-Sicherungshypothek bei ‚wirtschaftlicher Identität' von Besteller und Grundstückseigentümer", BauR 1981, 434; Müller, „Der Schutz des Werkunternehmers bei Insolvenz des Bestellers", VersR 1981, 499; Lenzen, „Die vorbehaltlose Erteilung der Schlußrechnung im Baurecht", BauR 1982, 23; Kahlke, „Die Abnahme ist Fälligkeitsvoraussetzung auch beim VOB-Werkvertrag", BauR 1982, 27; Peters, „Die Bauhandwerkersicherheitshypothek bei Mängeln der Werkleistung", NJW 1981, 2550; Rixecker, „Die Sicherungshypothek des zur Sicherungsleistung verpflichteten Bauunternehmers", MDR 1982, 718; Hahn, „Verwirkung von Rückzahlungsansprüchen der öffentlichen Hand", ZfBR 1983, 139; Kaiser, „Fälligkeit und Verjährung des Vergütungsanspruches des Bauunternehmers nach BGB und VOB/B", ZfBR 1982, 231; Raudszus, „Rückwirkung der Zustellung beim Rückzahlungsvorbehalt durch Klage oder Mahnbescheid?", NJW 1983, 667; Peters, „Die vorbehaltlose Annahme der Schlußzahlung und das AGB-Gesetz", BauR 1983, 798; Bunte, „Das Verhältnis der VOB/B zum AGB-Gesetz", BB 1983, 732; Bronsch, „Abwendung der Vormerkung auf Eintragung einer Bauhandwerkersicherungshypothek durch Bürgschaft?", BauR 1983, 517; Weyer, „Die gefährdete Einrede aus § 16 Nr. 3 Abs. 2 Satz 1 VOB/B", BauR 1984, 553; Hundertmark, „Der Eingang der Schlußzahlung nach § 16 Nr. 3 Abs. 2 Satz 4 VOB/B", Betrieb 1984, 2444; Heiermann, „Die vorbehaltlose Annahme der Schlußzahlung im VOB-Bauvertrag", NJW 1984, 2489; Usinger, „Schlußzahlung gem. § 16 Nr. 3 II VOB/B im Bauträgervertrag", NJW 1985, 32; Kronenbitter, „Der Skontoabzug in der Praxis der VOB/B", BB 1984,

2030; dazu auch Kern BB 1985, 1494; Peters, „Die Fälligkeit der Werklohnforderung", Festschrift Korbion, 1986, 337; Dähne, „Der Rückforderungsanspruch des öffentlichen Bauherrn", Festschrift Korbion, 1986, 39; Schlechtriem, „Der rechtsgebundene Richter und die wirtschaftliche Betrachtungsweise", Festschrift Korbion, 1986, S. 359; Berkenbrock, „Vorbehaltserklärung nach § 16 Nr. 3 Abs. 2 VOB/B durch gerichtliche Geltendmachung der Mehrforderung und Folgen der Klagerücknahme", BauR 1985, 633; Grimme, „Rechnungserteilung und Fälligkeit der Werklohnforderung", NJW 1987, 468; Kaiser, „Der Vergütungsanspruch des Bauunternehmers nach Gesetz und VOB/B", ZfBR 1987, 171; Hahn, „Verzinsung von Rückforderungsansprüchen", BauR 1987, 269; Schelle, „Bindung an die Schlußrechnung auch beim VOB-Vertrag?", BauR 1987, 272; Sternberg, „Neuregelung der Bauhandwerkersicherung", BauR 1988, 33; Weyand, „Die Skontovereinbarung in einem der VOB unterliegenden Bauvertrag unter besonderer Berücksichtigung der VOB/A", BauR 1988, 58; Losert, „Der Adressat der Schlußzahlungserklärung nach § 16 Nr. 3 VOB/B bei einer abgetretenen Werklohnforderung", ZfBR 1988, 65.

A. Allgemeines

I. Gesetzliche Grundlage: § 641 BGB

1   1. Teil B § 16 befaßt sich **im Anschluß** an die grundlegenden Bestimmungen zur Vergütung in Teil B § 2 sowie zur Abrechnung in Teil B § 14 – hinsichtlich der Stundenlohnarbeiten in Teil B § 15 – mit der **Zahlung**, also mit der **Erfüllung der aus dem Bauvertrag geschuldeten Gegenleistung** des Auftraggebers. Die Zahlung erfolgt grundsätzlich in Geld (vgl. Teil B § 2 Rdn. 23). Dabei kommen als geldwerte Zahlungsmittel ebenso **grundsätzlich** nur solche in Betracht, die es dem Auftragnehmer ermöglichen, **sofort und endgültig** über das Geld zu verfügen (z. B. Überweisung, Scheck).

Enthalten AGB des Auftraggebers – insbesondere Zusätzliche Vertragsbedingungen – die Regelung, daß die Zahlung nach Wahl des Auftraggebers auch durch Wechsel erfolgen kann, so verstößt dies im allgemeinen gegen § 10 Nr. 1 AGB-Gesetz, da sich der Auftraggeber mindestens eine Stundung der Zahlung einseitig vorbehält, abgesehen von sonstigen Unwägbarkeiten, die eine Wechselbegebung sonst mit sich bringt. Für den kaufmännischen Verkehr dürfte hier ein Verstoß gegen die Generalnorm des § 9 AGB-Gesetz vorliegen (vgl. Frikell/Glatzel/Hofmann K 16.31 f.).

2   Andererseits stellt auch eine Zahlung „unter Vorbehalt" eine ordnungsgemäße Erfüllung dar; im allgemeinen hält sich der Zahlende dadurch – nur – die Möglichkeit offen, das Geleistete wieder zurückzufordern (BGH BauR 1982, 503 = SFH § 123 BGB Nr. 3 = MDR 1982, 1010 = NJW 1982, 2301 = WM 1982, 821 = LM § 123 BGB Nr. 59 zugleich zur Anfechtbarkeit der Anerkennung einer Schuld wegen widerrechtlicher Drohung).

3   2. Das **Werkvertragsrecht des BGB regelt im Ausgangspunkt** die Gegenleistung des Bestellers in **§ 631 Abs. 1, zweiter Halbsatz**; dort ist bestimmt, daß der Besteller zur Entrichtung der vereinbarten Vergütung verpflichtet ist; falls eine Vergütung nicht vereinbart ist, so erfüllt **§ 632 BGB eine Hilfsfunktion** (vgl. Teil B § 2 Rdn. 6 ff.).

Nach **§ 641 BGB** ist die **Vergütung** bei der **Abnahme** des Werkes zu leisten. Ist das Werk ausnahmsweise in Teilen abzunehmen und die Vergütung für die einzelnen Teile bestimmt, ist sie für jeden Teil bei dessen Abnahme zu zahlen. **Sofern nicht** die Vergütung **gestundet** ist, hat der Besteller eine in Geld zu entrichtende **Vergütung von der Abnahme** des Werkes **an zu verzinsen**.

Eine in AGB des Auftraggebers enthaltene Klausel, wonach 5 % des Werklohnes erst „60 Monate nach kompletter Fertigstellung aller . . . . Leistungen einschließlich evtl. Gewährleistungsansprüche" fällig werden, verstößt gegen § 9 AGB-Gesetz, zumal dadurch dem Auftragnehmer das Risiko etwaiger Insolvenz des Auftraggebers für die Dauer von 5 Jahren auferlegt werden soll, überdies eine solche Regelung auch den in Teil B § 16 Nr. 6 Abs. 1 Satz 4 Nr. 5 Satz 2 enthaltenen Grundgedanken widerspricht (OLG Hamm MDR 1988, 583 = BB 1988, 868 = NJW-RR 1988, 726).

Aus § 641 Abs. 1 Satz 1 BGB ist zu entnehmen, daß das gesetzliche Werkvertragsrecht **an sich** **4** nur die **endgültige** Zahlung der Vergütung **insgesamt oder für in sich abgeschlossene Leistungsteile** kennt und Vorschriften für **Abschlagszahlungen und Vorauszahlungen nicht enthält.** Diese kommen bei einem **BGB-Werkvertrag nur in Betracht, wenn sie** durch Zusätzliche oder Besondere Vertragsbedingungen (vgl. Teil A § 10 Nr. 4 Abs. 1 k) im betreffenden Vertrag **gesondert und ausdrücklich vereinbart** sind. Auch gibt es **keinen allgemeingültigen Satz** dahingehend, daß Abschlagszahlungen und Vorauszahlungen beim Bauvertrag **allgemein üblich** sind.

Sofern hier in AGB des Auftragnehmers Abschlagszahlungen **vereinbart** sind, müssen die einschlägigen Bestimmungen des AGB-Gesetzes beachtet werden. So ist es ein Verstoß gegen §§ 9, 11 Nr. 2 AGB-Gesetz, wenn nach einer AGB-Klausel für den Fall des Einschlusses der Montage in den Vertrag bei Anlieferung 90 % der Rechnungssumme fällig sind und weiter festgelegt ist, daß unter Anlieferung der Transport „der Ware" an die Baustelle ohne Abladen verstanden wird. Insofern wird dem Auftraggeber jedes hinreichende Prüfungsrecht, das ihm ein Leistungsverweigerungsrecht nach § 320 BGB oder ein Zurückbehaltungsrecht nach § 273 BGB geben könnte, genommen (BGH BauR 1985, 192 = NJW 1985, 855 = MDR 1985, 398 = BB 1985, 483 = Betrieb 1985, 1283 = SFH § 9 AGBG Nr. 20 = LM § 9 [Cb] AGBG Nr. 10 = ZfBR 1985, 134).

Bei Zahlungen für **Teile des hergestellten Werkes,** sofern es in Teilen abzunehmen ist und die **5** Vergütung für einzelne Teile fällig wird (§ 641 Abs. 1 Satz 2 BGB; vgl. dazu auch Grimme, S. 38 f.), handelt es sich **nicht um Abschlagszahlungen.** Vielmehr sind es Schlußvergütungen für in sich abgeschlossene Teile des Werkes, wie sie in Teil B § 16 Nr. 4 als **Teilschlußzahlungen** geregelt sind.

II. Die besonderen Regelungen der VOB

Im Gegensatz zum gesetzlichen Werkvertragsrecht kennt die VOB in Teil B § 16 mehrere **6** **Arten der Zahlung der Vergütung,** nämlich die **Abschlagszahlungen** (Nr. 1 in der weiterhin geltenden Fassung vom Oktober 1979), die **Vorauszahlungen** (Nr. 2), die **Schlußzahlungen** (Nr. 3) und die **Teilschlußzahlungen** (Nr. 4). Zur Vereinbarkeit von Abschlagszahlungen und Vorauszahlungen mit § 11 Nr. 2 a AGB-Gesetz vgl. Teil A § 10 Rdn. 122 ff. Die VOB **orientiert** die **Zahlungen am Baufortschritt** nach dem System einer gleitenden Zahlungsweise und rückt somit im Rahmen dispositiven Rechts vom Grundsystem des § 641 Abs. 1 Satz 1 BGB ab.

Auch ist die **Verzinsung** der geschuldeten Vergütung **anders geregelt** als im BGB (Nr. 5 **7** Abs. 3). Insbesondere kennt die VOB im Gegensatz zu § 641 BGB **keine Fälligkeitszinsen.**

Sind die Allgemeinen Vertragsbedingungen insoweit uneingeschränkt zum Inhalt des Bauvertrages gemacht worden, richtet sich die Zahlung der Vergütung **ausschließlich nach Teil B** **8** **§ 16.** Dies ergibt sich, abgesehen von der ausdrücklichen vertraglichen Vereinbarung, auch aus der besonderen Natur des Bauvertrages, der die VOB auch hinsichtlich der Vergütung Rechnung trägt.

III. Fälligkeit der Vergütung bei der VOB

Damit wird zugleich auch die Frage der **Fälligkeit** der Vergütung aufgeworfen. Die **VOB** **9** enthält hierüber **keine Bestimmung, in der das Wort „Fälligkeit" ausdrücklich gebraucht ist.** Damit ist aber nicht gesagt, daß statt dessen § 641 BGB insgesamt und allein entsprechend anzuwenden wäre. Das **Gegenteil** ergibt sich aus den **Einzelregelungen der VOB, die je nach der Art der in Betracht kommenden Zahlungen unterschiedliche Fälligkeitstermine ergeben.** Dies ist durch § 641 Abs. 1 Satz 1 BGB nicht untersagt (vgl. Rdn. 24 ff.).

1. Abschlagszahlungen

10 Bei **Abschlagszahlungen** ergibt sich die **Fälligkeit aus Nr. 1 Abs. 3** (vgl. Rdn. 70 ff.). Weitere Voraussetzung ist aber die Erfüllung der Voraussetzungen in Nr. 1 Abs. 1, dabei insbesondere auch die vorherige Einreichung einer **prüfbaren Aufstellung** durch den Auftragnehmer (vgl. Rdn. 31 ff. sowie Teil B § 14 Rdn. 7).

2. Vorauszahlungen

11 Ob und wann die Fälligkeit von **Vorauszahlungen** eintritt (vgl. dazu Rdn. 81 ff.), kann nach den Regeln der VOB Teil B nicht beantwortet werden, auch nicht nach § 271 BGB. Hierzu bedarf es einer **besonderen Absprache** in etwaigen Zusätzlichen oder Besonderen Vertragsbedingungen oder noch nach Vertragsabschluß. Dies folgt daraus, daß **Vorauszahlungen** eine **Ausklammerung der grundsätzlich zu fordernden Vorleistungspflicht des Auftragnehmers** bedeuten und deshalb überhaupt **nur in Betracht kommen, wenn sie im betreffenden Vertrag individuell unter Festlegung der dafür maßgeblichen Bedingungen ausdrücklich vereinbart sind.** Vgl. aber auch Rdn. 31 ff.

3. Schlußzahlung

12 a) **Die** Fälligkeit der **Schlußzahlung** ist aus Nr. 3 Abs. 1 zu entnehmen (vgl. Rdn. 100 ff.). **Voraussetzung** für den Beginn der zweimonatigen Frist ist die vorherige Einreichung einer **prüfbaren Rechnung** durch den Auftragnehmer (vgl. auch Teil B § 14 Rdn. 7 ff.).

13 b) Die Notwendigkeit der Vorlage einer prüfbaren Rechnung als Voraussetzung der **Fälligkeit zur Zahlung** gilt grundsätzlich auch für den beim BGB-Bauvertrag maßgebenden § 641 BGB, **sofern die Höhe der Forderung von einer Berechnung der tatsächlich erbrachten Leistung abhängig ist** und sie sich nicht schon **endgültig** aus den bisherigen Vertragsunterlagen ergibt, wie z. B. beim Einheitspreisvertrag, dem Stundenlohnvertrag, dem Pauschalvertrag, sofern sich dort bei der späteren Ausführung Veränderungen der Leistung ergeben haben, durch die die Voraussetzungen von Teil B § 2 Nr. 4–6 vorliegen und sich die Vertragspartner nicht auf eine den tatsächlichen Gegebenheiten entsprechende angepaßte neue Pauschale geeinigt haben. Jedenfalls muß dies für die **klagbare Durchsetzbarkeit des Vergütungsanspruches** des Auftragnehmers **im Wege einer Leistungsklage** gelten. **Anders** ist hier die **Fälligkeitsfrage i. S. des Verjährungsrechts** zu bewerten. Hier beginnt die Verjährung eines **allein nach den §§ 631 ff. BGB zu beurteilenden Werklohnanspruches eines Bauhandwerkers (generell: Auftragnehmers) auch dann mit dem Schluß des Jahres, in dem die Abnahme erfolgt ist, wenn der Bauhandwerker** bis dahin **die Rechnung nicht erteilt hat** (BGHZ 79, 176 = BauR 1981, 199 = JZ 1981, 223 = NJW 1981, 814 = BB 1981, 324 = MDR 1981, 487 = SFH § 16 Nr. 3 VOB/B Nr. 14 mit zutreffender Anm. von Hochstein = Betrieb 1981, 1133 = JZ 1981, 223 = LM § 16 VOB/B [A] Nr. 43 Anm. Girisch = ZfBR 1981, 79 = Anm. Schubert JR 1981, 235; auch LG Regensburg SFH § 641 BGB Nr. 6).

Sofern Weyer in einer Anmerkung (BauR 1981, 288) zur vorgenannten BGH-Entscheidung die Ansicht vertritt, die in § 641 BGB geregelte Fälligkeit **zur Zahlung** sei beim Einheitspreisvertrag oder in den Fällen des § 632 Abs. 2 BGB allgemein nicht von der Erteilung einer Schlußrechnung abhängig, kann ihm nicht gefolgt werden. Entgegen seiner Meinung kann man die Bedeutung der Rechnung nicht auf die Stufe der bloßen Erreichung einer Forderungsbestimmtheit ohne weiteren rechtlichen – über den Wortlaut des § 641 Abs. 1 BGB reichenden – Gehalt setzen. Vor allem würden dadurch **baubetriebswissenschaftliche** Grundsätze, die hier für die rechtliche Bewertung von **ausschlaggebender** Bedeutung sein müssen, völlig mißachtet. Es mag richtig sein, daß die Rechnung des Auftragnehmers noch nicht die endgültig ihm zustehende Vergütung ausweist, sondern es sich erst nach Prüfung herausstellt, daß diese höher oder niedriger ist. Immerhin ist die Rechnung aber in den genannten Fällen **grundlegende Voraussetzung, um die Prüfung der Forderung und damit die Auseinandersetzung mit ihr herbeizuführen. Auch das ist als Fälligkeitsvoraussetzung zu sehen.** In der Frage, ob der Auftraggeber eines besonderen Schutzes bedarf, stellt denn Weyer (a. a. O.) auch fest, der Auftraggeber könne mangels Vorliegens einer Rechnung die Zahlung verweigern, und es gehöre zum Anspruch des Auftragnehmers im Rahmen des § 641 Abs. 1 Satz 1 BGB, daß der Auftragnehmer seinen Anspruch darlege; damit bejaht er verklausuliert aber gerade die Rechnungserteilung als Fälligkeitsvoraussetzung. Wenn er diese erst aus der Sicht des Bauprozesses betrachtet, tut er den Vertragspartnern keinen Gefallen, weil sich die fehlende Durchsetzbarkeit des Vergütungsanspruches erst dann und wohl auch noch nicht endgültig ergeben würde. Aus den gleichen Gründen kann auch der gegenteiligen Ansicht von Grimme (NJW 1987, 469) nicht gefolgt werden, der vor allem – auch – nicht beachtet, daß es Sinn gesetzlicher Bestimmungen, wie hier des § 641 BGB, **nicht** sein kann, die Vertragspartner – hier vor allem den Auftraggeber – zunächst in einen Prozeß sozusagen hineinzutreiben, um erst dort Fragen der ordnungsgemäßen, vor allem der **Prüfbarkeit** (was Grimme insbesondere nicht hinreichend beachtet), der Forderung des Auftragnehmers, des Zahlungsverzuges des Auftraggebers, der Fälligkeitszinsen usw. nachprüfen zu lassen. Vielmehr sind die gesetzlichen Bestimmungen, die die besonderen Gegebenheiten bestimmter Fallgestaltungen nicht hinreichend beachten, solange sie nicht geändert sind, so auszulegen, daß Prozesse möglichst vermieden werden; vor allem ist es ein schwacher Trost für den Betroffenen, in erster Linie den Auftraggeber, im Rahmen eines Prozesses über § 93 ZPO eine ihm günstige Kostenentscheidung zu erlangen; die staatliche Gerichtsbarkeit sollte nur als **letztes Hilfsmittel** in Anspruch genommen werden müssen. Mit ähnlichem Ergebnis wie hier („aufschiebend bedingt durch Rechnungserteilung"), jedoch unklar in der Frage des Fälligkeitsbegriffes, Kaiser ZfBR 1982, 231, 232 sowie a. a. O. 1987, 171, 176; wie hier Rother AcP 164, 106; Peters NJW 1977, 552; Vygen, Bauvertragsrecht, Rdn. 722; Locher, Das private Baurecht, Rdn. 58; Werner/Pastor Rdn. 953 f.; wohl auch Weick in Nicklisch/Weick Teil B § 14 Rdn. 1 („stillschweigende Einigung der Parteien, daß vor Rechnungserteilung nicht fällig"); ferner OLG Hamm SFH § 641 BGB Nr. 8; uneinheitlich OLG Düsseldorf sowie OLG Köln (vgl. Werner/Pastor a. a. O. Fn. 47, 48, z. T. unveröffentlichte Entscheidungen); a. A. LG Regensburg SFH § 641 BGB Nr. 6 mit abl. Anm. von Hochstein; OLG Celle NJW 1986, 327 = MDR 1986, 56 = BauR 1986, 356 mit tiefgründiger abl. Anm. von U. Locher. Zutreffend weist Ulrich Locher entgegen OLG Celle (a. a. O.) darauf hin, daß durch die prüfbare Rechnung des Auftragnehmers auch beim BGB-Bauvertrag in den vorgenannten Fällen die Frage der Fälligkeit berührt ist, und dem Auftraggeber bei Nichtvorliegen der Rechnung nicht nur ein Leistungsverweigerungsrecht zusteht, da bei späterem Vorlegen der Rechnung nicht schon sofort ein Verzug des Auftraggebers eintreten kann, ihm vielmehr noch eine daran anschließende Zeit der Prüfung der Rechnung eingeräumt werden muß.

Die vorangehend für den Bereich des BGB-Bauvertrages erörterte Problematik tritt beim VOB-Vertrag **nicht** auf. Gegebenenfalls, und zwar unter den in Teil B § 14 Nr. 4 (vgl. Teil B § 14 Rdn. 55 ff.) geregelten Voraussetzungen, kann der Auftraggeber hier die Fälligkeit der Schlußzahlung dadurch herbeiführen, daß **er selbst die Schlußrechnung aufstellt** (vgl. BGH NJW 1971, 1455). Hier besteht also kein Grund, die Fälligkeit i. S. des Verjährungsbeginnes und die Fälligkeit i. S. des Eintritts der Zahlungsverpflichtung möglicherweise auseinanderfallen zu lassen.

14

Soweit das OLG Celle (BauR 1974, 413) auch für den Fall, daß der Auftragnehmer seine Schlußrechnung nicht innerhalb der in § 14 Nr. 3 VOB/B festgelegten Frist erstellt, eine vorzeitige Fälligkeit seiner Schlußvergütung nach Ablauf der in Nr. 3 a. a. O. geregelten Frist, zuzüglich der in VOB/B § 16 Nr. 3 Abs. 1 festgelegten Zeit von 2 Monaten, annimmt, kann dem nicht gefolgt werden. Sein Hinweis auf die §§ 198, 199 BGB und deren Entstehungsgeschichte betrifft lediglich den Fall der Kündigung, ohne daß

B § 16, Rdn. 15+16

eine ausdehnende Auslegung in Betracht kommt; vor allem übersieht es aber, ebenso wie Schultz JZ 1973, 718, daß die Vertragspartner durch Vereinbarung der VOB **eine besondere Regelung gewollt haben:** Wie sich aus § 14 Nr. 4 VOB/B ergibt, haben die Parteien ausdrücklich eine von den gesetzlichen Regelungen abweichende Absprache dahin gehend getroffen, daß sie es für den Fall der nicht rechtzeitigen Aufstellung der Schlußrechnung durch den Auftragnehmer dem Auftraggeber überlassen haben, dieses zu tun und damit von sich aus die Fälligkeit des Schlußvergütungsanspruches des Auftragnehmers herbeizuführen. Das wird auch der besonderen Sachlage bei Bauverträgen eher gerecht, da hierdurch spätere Streitigkeiten über die Berechtigung der Schlußvergütung des Auftragnehmers jedenfalls eingedämmt werden, vor allem auch im Hinblick auf die in § 16 Nr. 3 Abs. 2 VOB/B geregelten Ausschlußwirkungen nach erfolgter Schlußzahlung. So vor allem auch BGH BauR 1977, 354 = MDR 1978, 46 = BB 1977, 1324 = SFH Z 2.331 Bl. 100 = LM VOB/B Nr. 91.

15 c) Eine **Fälligkeit vor Ablauf von 2 Monaten nach Einreichung der Schlußrechnung** tritt ausnahmsweise unter den in Rdn. 116 angeführten Voraussetzungen ein, sie schiebt sich andererseits über die Zweimonatsfrist – unter streng zu prüfenden Ausnahmen – hinaus, wenn Fälle vorliegen, wie sie in Rdn. 113 ff. geschildert sind.

16 d) **Ebenso wie beim BGB-Werkvertrag ist jedoch auch für den Bereich des VOB-Vertrages die vorher erfolgte Abnahme der Bauleistung weitere Voraussetzung für die Fälligkeit der Schlußzahlung,** hier nach Maßgabe von Teil B § 12. Insoweit enthält die VOB keine von den gesetzlichen Vorschriften (§ 641 Abs. 1 Satz 1 BGB) abweichende Regelung (ebenso OLG Köln SFH § 641 BGB Nr. 2; OLG Hamm SFH § 16 Ziff. 2 VOB/B [a.F.] Nr. 10 = NJW 1978, 649 = BB 1978, 425 = MDR 1978, 404; zunächst nur beiläufig BGHZ 73, 140 = BauR 1979, 159 = BB 1979, 553 = MDR 1979, 393 = SFH § 16 Nr. 1 VOB/B Nr. 1 = NJW 1979, 650 = BlGBW 1979, 92 = LM § 322 BGB Anm. Girisch = ZfBR 1979, 66; dann **eindeutig** BGHZ 79, 180 = BauR 1981, 201 = NJW 1981, 822 = SFH § 16 Nr. 3 VOB/B Nr. 13 = MDR 1981, 487 = Betrieb 1981, 1134 = BlGBW 1981, 152 = Anm. Girisch LM § 16 [C] VOB/B Nr. 8 = ZfBR 1981, 82; OLG München SFH § 16 Nr. 3 VOB/B Nr. 4; Hochstein BauR 1976, 168; Brandt BauR 1972, 69; Locher, Das private Baurecht, Rdn. 204; Huhn, Vahlens Rechtsbücher, Zivilrecht Bd. 3, S. 140; Daub/Piel/Soergel/Steffani, ErlZ B 16.34 und 16.44; Weick in Nicklisch/Weick Teil B § 12 Rdn. 23; Soergel in Münchner Kommentar § 641 Rdn. 13; im Ergebnis zutreffend auch Weidemann BauR 1980, 124; anders dagegen Heiermann/Riedl/Rusam/Schwaab Teil B § 16 Rdn. 5 und Teil B § 12 Rdn. 10 a; Schmidt MDR 1965, 621; Fischer BauR 1973, 210; Schultz JZ 1973, 718, 719; Wussow, Rechtslexikon [Fälligkeit] S. 105; Duffek BauR 1976, 164; Schmalzl MDR 1978, 619). Kritisch und mit beachtlichen, jedoch der gegenwärtigen Rechtsprechung zum Teil nicht entsprechenden Erwägungen, zur Abnahme als Fälligkeitsvoraussetzung für den Bereich des § 641 Abs. 1 Satz 1 BGB Peters, Festschrift Korbion, 1986, 337 ff.

Zur Problematik und deren Lösung hier vor allem Hochstein, dem **uneingeschränkt zu folgen** ist (BauR 1976, 168): Zutreffend weist er darauf hin, daß die von ihm im einzelnen – im übrigen auch teilweise von Duffek (a. a. O.) – angeführte frühere BGH-Rechtsprechung die hier erörterte Frage noch nicht klar beantwortet hatte (ebenso Weidemann BauR 1980, 124). Besonders nach der Entscheidung vom 4. 6. 1973 (BGHZ 61, 42 = NJW 1973, 1792 = BauR 1973, 313 = SFH Z 2.414 Bl. 308) mußte mit Hochstein konsequenterweise davon ausgegangen werden, daß auch nach Auffassung des BGH in seiner jüngeren Rechtsprechung die Abnahme Fälligkeitsvoraussetzung ist. Davon abgesehen muß dies auch aus der VOB selbst geschlossen werden. Einmal läßt sich aus der Formulierung in Teil B § 16 Nr. 3 Abs. 1 keineswegs entnehmen, daß diese **vertragliche** Regelung weiter vom Gesetz abweichen soll und will, als unmittelbar aus ihrem Wortlaut zu entnehmen ist, sie also die Abnahme als Fälligkeitsvoraussetzung nicht entbehrlich macht. Zum anderen verlangt die VOB für andere, **weniger gewichtige, der Schlußzahlung sogar vorangehende Zahlungen ausdrücklich die Abnahme,** wie in Teil B § 16 Nr. 4. Ähnliches gilt auch für den Fall der vorzeitigen Kündigung durch den Auftraggeber – gleich aus welchem Grunde – nach Teil B § 8 Nr. 6. Hinzu kommt schließlich, daß bei anderer als der hier vertretenen Ansicht das Recht zur Verweigerung der Abnahme nach Teil B § 12 Nr. 3 praktisch leerlaufen würde, wenn für die Schlußzahlung nicht die Abnahme Voraussetzung wäre, wie Hochstein auch insoweit zutreffend hervorhebt.

Dabei spielt vor allem die Abnahme der Leistung als im **wesentlichen vertragsgerechte Erfüllung,** vor allem die Feststellung ihrer Identität mit der Bestellung, eine tragende Rolle, was zwangsläufig Voraussetzung für den Eintritt der Fälligkeit der Schlußvergütung ist (vgl. Kahlke BauR 1982, 27). Entgegen Schmalzl (MDR 1978, 619) kann für die gegenteilige Ansicht nichts daraus entnommen werden, daß § 14 Nr. 3 VOB/B die Einreichung der prüfbaren Schlußrechnung innerhalb bestimmter Fristen nach Fertigstellung und nicht nach Abnahme der Leistung verlangt. Das läßt sich schon damit rechtfertigen, daß die Abrechnung baldmöglichst in die Wege geleitet werden soll, ohne die Abnahme als Fälligkeitsvoraussetzung zu berühren, zumal **auch die Vorlage der prüfbaren Rechnung als solche ebenfalls eine – parallel zur Abnahme erforderliche – Fälligkeitsvoraussetzung ist.**

e) Auf das Vorerörterte kommt es aber letztlich entscheidend nur an, wenn die Abnahme zu Recht vom Auftraggeber wegen vorhandener Mängel verweigert und von ihm deswegen ein Zurückbehaltungsrecht geltend gemacht wird (vgl. dazu auch OLG Hamm NJW 1981, 131 = SFH § 16 Nr. 3 VOB/B Nr. 12 mit Anm. Hochstein).

Anders liegt es, und der Auftragnehmer muß die Schlußzahlung leisten, wenn die Leistungen des Auftragnehmers keine zur Verweigerung der Abnahme berechtigenden Mängel aufweisen oder sich der Auftraggeber auf etwaige Mängel nicht berufen durfte (BGHZ 79, 180 = BauR 1981, 201 = NJW 1981, 822 = SFH § 16 Nr. 3 VOB/B Nr. 13 = MDR 1981, 487 = BlGBW 1981, 152 = Betrieb 1981, 1134 = Anm. Girisch LM § 16 [C] VOB/B Nr. 8 = ZfBR 1981, 82 m. w. N.). Gleiches trifft zu, wenn der Auftraggeber nicht Beseitigung der Mängel verlangt und darauf sein Zurückbehaltungsrecht stützt, sondern Schadensersatz wegen Nichterfüllung nach Maßgabe von Teil B § 4 Nr. 7 Satz 2 und dieses Verlangen zu einem ganzen oder teilweisen Erlöschen des noch offenen Vergütungsanspruches des Auftragnehmers führt. Da dann eine weitere Vertragserfüllung durch den Auftragnehmer nicht mehr in Betracht kommt, entfällt seine Vorleistungspflicht. Nunmehr hat unabhängig von der Frage der Abnahme eine **endgültige Abrechnung** über die erbrachte Leistung des Auftragnehmers und den Schadensersatzanspruch des Auftraggebers stattzufinden (BGH BauR 1979, 152 = BB 1979, 134 = NJW 1979, 549 = SFH § 16 Ziff. 2 VOB/B Nr. 11 = Betrieb 1979, 742).

Die gegenteilige Ansicht von Weidemann (BauR 1980, 124), der auch hier die Abnahme für bedeutsam hält, weil er auch für diesen Fall den Wegfall der Vorleistungspflicht des Auftragnehmers leugnet, ist nicht geeignet, dieses in Zweifel zu ziehen. Durch den Schadensersatzanspruch wegen Nichterfüllung bringt der Auftraggeber entsprechend der Ansicht des BGH klar zum Ausdruck, nicht mehr die Leistung des Auftragnehmers, sondern einen Ersatz dafür zu verlangen. Daher gibt er ein etwaiges Zurückbehaltungsrecht wegen nicht erfolgter Erfüllung der Vorleistungspflicht des Auftragnehmers auf, und zwar im Sinne eines Verzichts, wenn auch zwangsweise aufgrund Verhaltens des Auftragnehmers, wie gerade die hier wesentliche werkvertragliche Fallgestaltung zeigt. Das Verlangen auf Schadensersatz anstelle von Mängelbeseitigung bzw. ordnungsgemäßer Herstellung liegt in der Tat **außerhalb des Erfüllungsbereiches,** wenn man bedenkt, daß der Auftraggeber im Falle der Beseitigungsverweigerung durch den Auftragnehmer **nicht unbedingt** und in jedem Fall darauf angewiesen ist, Schadensersatz zu verlangen oder den Vertrag zu kündigen und dann gegebenenfalls den ihm daraus entstehenden Schaden ersetzt zu verlangen. Vielmehr kann er den Auftragnehmer **auch dann noch** an seiner Nachbesserungspflicht bzw. Erfüllungsverpflichtung entsprechend § 633 Abs. 3 BGB bzw. § 13 Nr. 5 Abs. 2 VOB/B dergestalt festhalten, daß er – auch schon vor Abnahme – unter Aufrechterhaltung des Vertrages einen anderen Unternehmer mit der Mängelbeseitigung beauftragt und die dabei entstehenden Kosten von dem Auftragnehmer erstattet verlangt, wenn dafür die Voraussetzungen gegeben sind (vgl. dazu Teil B § 4 Rdn. 402). Hier hält er an der Vorleistungspflicht des Auftragnehmers fest, wodurch sein Zurückbehaltungsrecht fortbesteht. Verlangt er aber – nur – Schadensersatz wegen Nichterfüllung, so ergibt sich aus dieser Sachlage, daß der Auftraggeber seinen gegenüber diesem Auftragnehmer bestehenden Erfüllungsanspruch aufgibt, also dessen Vorleistungspflicht entfällt und es deshalb auf die Abnahme oder die Abnahmefähigkeit der Leistung für den

Vergütungsanspruch des Auftragnehmers nicht mehr ankommt. Dann kommt nur eine Verrechnung bzw. Aufrechnung beiderseits bestehender Geldforderungen in Betracht. Entgegen Weidemann (a. a. O.) kann dieser Schadensersatzanspruch des Auftraggebers nur in einem Geldanspruch bestehen, weil er Naturalrestitution, die der Erfüllung gleichzusetzen ist, in solchem Falle gerade ablehnt. Dieser Anspruch ist jetzt mit dem etwa bestehenden Vergütungsanspruch des Auftragnehmers, der ordnungsgemäß erbrachte Teilleistungen erfaßt, abzurechnen, weil der Auftraggeber auf weitergehende Erfüllung verzichtet hat.

20 f) Ist die **Abnahme noch nicht erfolgt oder ist sie zweifelhaft**, so ist der Auftragnehmer allerdings nicht gehalten, zunächst Klage auf Abnahme zu erheben, um die Fälligkeit seines Zahlungsanspruches herbeizuführen; vielmehr **genügt im allgemeinen die Zahlungsklage**, weil darin zugleich das Verlangen des Auftragnehmers auf Abnahme bzw. auf Feststellung der Abnahmevoraussetzungen liegt, es also letztlich für die Fälligkeit darauf ankommt, ob der Auftraggeber die Abnahme zu Recht verweigert (insoweit zutreffend Weidemann BauR 1980, 124 m. w. N.).

21 g) Grundsätzlich ist es **Aufgabe des Auftragnehmers**, die Erfüllung seiner Leistungspflicht, also die Abnahmereife der Leistung, im **einzelnen darzulegen und gegebenenfalls nachzuweisen**. Hier kann zu seinen Gunsten jedoch der Beweis des ersten Anscheins sprechen, wenn die Leistung erkennbar fertiggestellt ist; dann ist es zunächst Sache des Auftraggebers, diesen Anscheinsbeweis durch Vortrag gegen die Abnahmereife sprechender Tatsachen zu widerlegen.

4. Teilschlußzahlungen

22 Die Fälligkeit von **Teilschlußzahlungen** tritt nach Erfüllung aller in Rdn. 257 ff. angeführten Voraussetzungen ein. Ähnlich der Schlußzahlung ist auch hier entsprechend § 641 Abs. 1 Satz 2 BGB die **vorher erfolgte Teilabnahme Voraussetzung** für die Fälligkeit, wobei hier **nur eine solche nach Teil B § 12 Nr. 2 a in Betracht kommt**.

5. Stundenlohnvergütung

23 Die Fälligkeit der **Stundenlohnvergütung** ist in Teil B § 15 Nr. 4 Satz 2 durch **Verweisung auf Teil B § 16** festgelegt worden. Hiernach ist für die Fälligkeit von Stundenlohnrechnungen jeweils zu unterscheiden, welchen Charakter sie auf der Grundlage der in Teil B § 16 Nr. 1–4 enthaltenen Bestimmungen haben. Vgl. dazu Teil B § 15 Rdn. 37 ff.

IV. Beginn der Verjährung des Vergütungsanspruches

24 **Wichtig** ist der **Zeitpunkt der Fälligkeit** für den **Beginn der Verjährungsfrist** für den **Vergütungsanspruch** des Auftragnehmers, allerdings **unter Berücksichtigung** der in § 201 BGB getroffenen Regelung, wonach die Verjährung am **Schluß des Jahres beginnt, in dem die Fälligkeit** des Vergütungsanspruches **eingetreten ist** (vgl. BGH NJW 1969, 428 = MDR 1969, 299 = BB 1969, 294 = BauR 1970, 113 = LM VOB/B Nr. 33 = SFH Z 2.331 Bl. 69 ff.; BGH NJW 1968, 1962 = MDR 1968, 917 = BB 1968, 1013 = Betrieb 1968, 1619 = GrundE 1968, 798 = LM VOB/B Nr. 32 = SFH Z 2.331 Bl. 69 ff.; BGHZ 53, 222 = SFH Z 2.331 Bl. 80 = NJW 1970, 938 = MDR 1970, 500 = BauR 1970, 113 = BB 1970, 421/515 m. w. N.). **Das gilt jedoch nur für solche Vergütungen und Vergütungsteile, die den Charakter der abschließenden Zahlung begrifflich in sich vereinigen.** Deshalb sind für die Verjährung **nur die Fälligkeitszeitpunkte der Schlußzahlung** (vgl. dazu auch Rdn. 93 ff.), der etwaigen **Teilschlußzahlung** sowie – beim **Stundenlohnvertrag** – der **abschließenden Stundenlohnvergütung**

(vgl. dazu Teil B § 15 Rdn. 61) maßgebend, und zwar gleichgültig, ob die maßgebenden Forderungen in die abschließende Rechnung aufgenommen worden sind oder nicht (BGHZ 53, 322, 325 f. = BauR 1970, 113; BGH BauR 1987, 95 = NJW 1987, 382 = SFH § 16 Nr. 3 VOB/B Nr. 38 = ZfBR 1987, 38).

Unbeachtlich sind daher für die Frage der Verjährung des Vergütungsanspruches des Auftragnehmers die **Fälligkeitszeitpunkte für Abschlagszahlungen, für Vorauszahlungen sowie für Stundenlohnvergütungen, sofern sie nur den Charakter von Abschlagszahlungen tragen** (vgl. dazu Teil B § 15 Rdn. 61).

Über den Lauf und die Dauer der Verjährungsfrist hinsichtlich der Vergütung siehe Teil B § 2 Rdn. 56 ff.

25

Die sich aus den Bestimmungen der VOB ergebende, auch **für den Verjährungsbeginn wesentliche, von § 641 BGB abweichende Regelung der Fälligkeitstermine** (vgl. Rdn. 9 ff.) **verstößt nicht gegen § 225 Satz 1 BGB**. Diese Vorschrift betrifft nur Vereinbarungen, die **unmittelbar** eine Erschwerung der Verjährung bezwecken. Sie verbietet es nicht, Abreden über die Zeit der Leistung zu treffen. Das ergibt sich für die Stundung aus § 202 Abs. 1 BGB. Ebensowenig ist es durch § 225 Satz 1 BGB untersagt, die Fälligkeit des Vergütungsanspruches vertraglich abweichend von § 641 Abs. 1 Satz 1 BGB zu regeln (BGH SFH Z 2.331 Bl. 78 f.).

26

Zum Beginn der Verjährungsfrist bei der Schlußzahlung vgl. BGH BauR 1984, 182 = NJW 1984, 1757 = SFH § 16 Nr. 3 VOB/B Nr. 31 = ZfBR 1984, 74 = MDR 1984, 569 = Betrieb 1984, 825 = LM § 16 [B] VOB/B Nr. 5 m.w.N. sowie im einzelnen vorstehend Rdn. 12 ff.

27

V. Zahlung erst nach Erfüllung der Vorleistungspflicht des Auftragnehmers

Der Auftraggeber ist, mit Ausnahme etwaiger Vorauszahlungen (vgl. Nr. 2), erst zur Zahlung verpflichtet, wenn der Auftragnehmer die **Leistung** oder die Teile, für die gesondert eine Vergütung zu zahlen ist, **erstellt hat und sie** – für die Teilschlußzahlung oder Schlußzahlung – **abgenommen** (vgl. Rdn. 12 ff.) **worden ist**. Daraus folgt die **Vorleistungspflicht** des Auftragnehmers, was dem gesetzlichen Werkvertragsrecht entspricht. Die Ausnahmeregelung des **§ 321 BGB** gilt allerdings auch für die VOB-Bauverträge. Diese besagt, daß der **Auftragnehmer** bis zur Zahlung oder Sicherheitsleistung durch den Auftraggeber ein **Leistungsverweigerungsrecht hat, wenn in den Vermögensverhältnissen des Auftraggebers eine wesentliche Verschlechterung eintritt**. Das Vorliegen solcher Voraussetzungen hat der Auftragnehmer im einzelnen darzulegen und zu beweisen.

28

VI. Beweislast für Zahlung hat Auftraggeber

Auch bei einem VOB-Bauvertrag ist der **Auftraggeber** für die vollständige und richtige **Erfüllung** seiner Zahlungsverpflichtung im Streitfalle **beweispflichtig** (vgl. BGH SFH Z 2.400 Bl. 41 ff.). Die **Beweiskraft einer Quittung** unterliegt der freien richterlichen Beweiswürdigung und kann durch jeden Gegenbeweis entkräftet werden; hierfür ist nur erforderlich, daß die Überzeugung des Gerichts vom Empfang der Leistung erschüttert wird, der volle Beweis des Gegenteils ist nicht nötig (BGH BB 1978, 1232 = MDR 1978, 914 = LM § 286 ZPO Nr. 39 = WM 1978, 849 = Anm. Baumgärtel JR 1978, 417).

29

Im Bauprozeß ist bei einseitiger Erledigungserklärung des Klägers nach außerhalb des Prozesses erfolgter vorbehaltloser Erfüllung des Beklagten nicht § 307 ZPO entsprechend anwendbar; vielmehr muß das Gericht insoweit, als der Beklagte der Erledigung der Haupt-

30

sache widerspricht und Klageabweisungsantrag stellt, feststellen, ob dies sachlich berechtigt war bzw. ist (BGH BauR 1981, 210 = NJW 1981, 686 = SFH § 91 a ZPO Nr. 1 = MDR 1981, 399 = ZfBR 1981, 89).

B. Abschlagszahlungen (Nr. 1)

I. Voraussetzungen für Abschlagszahlungen (Absatz 1)

1. Entsprechende vertragsgemäße Leistungen erforderlich

31 **Abschlagszahlungen** kommen nur in Betracht, sofern **entsprechende** und **nachgewiesene vertragsgemäße Leistungen** des Auftragnehmers vorliegen, wie **Abs. 1 Satz 1** zeigt. Voraussetzung ist also grundsätzlich, daß der **Auftragnehmer die vergütet verlangten Teile der vertraglich vereinbarten Leistung bereits erbracht hat** (BGH BauR 1986, 361 = NJW 1986, 1681 = MDR 1986, 845 = ZIP 1986, 702 = LM § 125 BGB Nr. 43 = WM 1986, 520 = Jagenburg EWiR § 17 VOB/B 1/86, 937 = ZfBR 1986, 162 = SFH § 16 Nr. 1 VOB/B Nr. 4 = Betrieb 1986, 1384). Des weiteren ist **erforderlich, daß die vertraglichen Leistungen in ihrer Gesamtheit noch nicht fertiggestellt sind und daß der Auftragnehmer auch bereit und in der Lage ist, sie fortzuführen** (vgl. auch Rdn. 74 ff.). So hat eine zahlungsunfähige und nur noch als Liquidationsgesellschaft bestehende Auftragnehmerin für bereits erbrachte Leistungen keinen Anspruch auf Abschlagszahlungen; hier können und müssen die Arbeiten endgültig abgerechnet werden (vgl. OLG Frankfurt ZIP 1982, 322).

32 Andererseits besteht nach Nr. 1 ein **Anspruch des Auftragnehmers auf Abschlagszahlungen allein dadurch, daß die VOB/B** kraft Vereinbarung **Vertragsinhalt** geworden ist; insoweit bedarf es also nicht noch der gesonderten Festlegung des Anspruchs auf Abschlagszahlungen im jeweiligen Bauvertrag, wie es beim **BGB-Bauvertrag erforderlich wäre (§ 641 BGB)**. Ohne eine solche ausdrückliche Vereinbarung kann sich beim BGB-Bauvertrag ein Anspruch des Auftragnehmers auf Abschlagszahlungen **nur im Einzelfall aus Treu und Glauben (§ 242 BGB)** ergeben (BGH BauR 1985, 192 = WM 1985, 199 = SFH § 9 AGBG Nr. 20 = NJW 1985, 855 = BB 1985, 483 = MDR 1985, 398 = ZfBR 1985, 134; BGH BauR 1985, 565 = SFH § 321 BGB Nr. 1 = NJW 1985, 2696 = Betrieb 1985, 2503 = MDR 1985, 1016 = ZfBR 1985, 271), wie z. B. bei einem großen, über eine längere Ausführungszeit dauernden Bauvorhaben.

33 **Vertragsgemäße Leistungen** sind grundsätzlich alle Leistungselemente, die vom Auftragnehmer **im Rahmen des Bauvertrages geschuldet** werden und nach Teil B § 2 Nr. 1 **von der vereinbarten Vergütung erfaßt sind** (ebenso BGHZ 73, 140 = BauR 1979, 159 = BB 1979, 553 = SFH § 16 Nr. 1 VOB/B Nr. 1 = NJW 1979, 650 = MDR 1979, 393 = BlGBW 1979, 92 = Betrieb 1979, 692 = LM § 322 BGB Nr. 5 Anm. Girisch = ZfBR 1979, 140). Dabei ist es unerheblich, ob es sich technisch um selbständige oder von anderen abhängige Leistungsteile handelt. Daher kommen im Einzelfall – wenn dies auch eine Ausnahme sein dürfte – Abschlagszahlungen z. B. für das Einrichten der Baustelle, für Material- und Bodenprüfungen usw. in Frage, vorausgesetzt, es handelt sich um nach dem Bauvertrag besonders zu vergütende Leistungen.

34 **Erforderlich** ist allerdings, daß der Betrag der Abschlagszahlung **auch errechnet und vom Auftraggeber prüfbar (vgl. Rdn. 44 ff.) nachvollzogen werden kann.** Deshalb kommen nur solche Leistungselemente für Abschlagszahlungen in Betracht, für die entweder im Bauvertrag ein Preis festgelegt worden oder für die der Preis auf der Grundlage der vertraglichen Preisabsprache jedenfalls ohne Schwierigkeiten errechenbar ist. Ist das nicht möglich, können Abschlagszahlungen nicht gewährt werden, weil dann die erforderliche **Wertrelation zwischen**

erbrachtem Leistungsteil und darauf geschuldetem Vergütungsanteil gegenwärtig nicht ohne weiteres zu ermitteln ist.

Daraus ergibt sich zugleich, daß Abschlagszahlungen von der tatsächlich erbrachten **Leistung abhängig** sind, sie dürfen weder höher noch niedriger sein als der vertragsmäßig vereinbarte **Wert der nachgewiesenen Leistung.** Daraus darf jedoch **nicht** gefolgert werden, daß durch die Abschlagszahlungen die nachgewiesenen Leistungen **endgültig vergütet** sind. Vielmehr ist die Abschlagszahlung, ebenso wie die damit verbundene Aufstellung der erbrachten Leistungselemente durch den Auftragnehmer, nur eine **vorläufige Erledigung** der entsprechenden Gegenleistung des Auftraggebers. Das folgt daraus, daß bei Verträgen nach der VOB – ebenso wie bei BGB-Verträgen (vgl. dazu BGHZ 30, 176 = NJW 1959, 1681 = SFH Z 2.332 Bl. 35) – **die Werklohnforderung des Auftragnehmers eine einheitliche ist.** Eine Abschlagszahlung beinhaltet somit **noch nicht ein endgültiges Anerkenntnis des Vergütungsanspruches des Auftragnehmers;** dafür ist **grundsätzlich die Erstellung der prüfbaren Schlußrechnung erforderlich** (KG SFH Z 2.410 Bl. 64). Insofern sind daher folgerichtig sämtliche Abschlagszahlungen in die Schlußrechnung einzubeziehen und rechnerisch mit zu berücksichtigen (vgl. dazu Rdn. 131 ff.). 35

Wichtig ist, daß die **Abschlagszahlung in Höhe der jeweils nachgewiesenen vertragsgemäßen Leistung zu zahlen** ist. Das bedeutet, daß nach der VOB insoweit eine **volle Bezahlung** zu erfolgen hat, also zu 100 % und nicht nur zu 90 % oder weniger. Im übrigen: Ist in einem Bauvertrag vereinbart, daß von den Rechnungsbeträgen der Abschlagszahlungen 5 % einbehalten werden, dann stellt dies nicht die Vereinbarung einer Sicherheitsleistung dar, da eine solche mit hinreichender Klarheit und inhaltlich zweifelsfrei getroffen werden muß (BGH NJW-RR 1988, 851). Soll der Auftraggeber die Befugnis zu einer geringeren Zahlung haben, muß dies in Besonderen oder Zusätzlichen Vertragsbedingungen festgehalten werden, wäre aber – vor allem im Hinblick auf den öffentlichen Auftraggeber – nicht der Regelung der VOB gerecht. Dadurch würde der VOB/B die Ausgewogenheit genommen und es läge daher nicht mehr ihre nach § 25 Abs. 2 Nr. 5 AGB-Gesetz zu fordernde Vereinbarung „als Ganzes" vor; in einem solchen Fall könnte sich der Verwender von AGB – hier regelmäßig der Auftraggeber – nicht auf ihm sonst im Verhältnis zu den Regelungen des BGB günstige Bestimmungen, wie die vorbehaltlose Annahme der Schlußzahlung nach Teil B § 16 Nr. 3 Abs. 2, berufen (vgl. dazu BGHZ 101, 357 = BauR 1987, 694 = NJW 1988, 55 = Betrieb 1987, 2631 = SFH § 16 Nr. 3 VOB/B Nr. 44 = LM § 16 [D] VOB/B Nr. 23 = JZ 1988, 39 mit Anm. Peters = Heiermann EWiR § 16 Nr. 3 VOB/B 4/87, 1245 = MDR 1988, 135 = ZIP 1987, 1582 = ZfBR 1988, 22). Sofern auch sonst das AGB-Gesetz unmittelbar anzuwenden ist (vgl. Teil A § 10 Rdn. 77 ff.), können entsprechende Klauseln in Zusätzlichen Vertragsbedingungen durchaus gegen **§ 9 AGB-Gesetz verstoßen,** was allerdings nur sehr selten der Fall sein dürfte, weil das BGB – § 641 – grundsätzlich keine Abschlagszahlung für den Werkvertragsbereich vorsieht (vgl. auch OLG Düsseldorf BlGBW 1984, 18). 36
Nicht berührt ist das Recht des Auftraggebers zum Einbehalt etwaiger Gegenforderungen (vgl. Rdn. 61 ff.) **sowie zum etwaigen Sicherheitseinbehalt** nach Teil B 17 Nr. 6, sofern Sicherheitsleistung im Einzelfall vereinbart ist.

Wie sich aus dem in **Abs. 1 Satz 1** verwendeten Begriff „**vertragsgemäß**" ergibt, **setzt die Abschlagszahlung nicht nur voraus,** daß ein Teil der vereinbarten Leistung als solcher erbracht worden ist. Vielmehr muß diese auch **in ihrer Qualität den vertraglichen Erfordernissen entsprechen; sie darf also** nicht schon im gegenwärtigen Stadium **mangelhaft** sein. Andernfalls kann der Auftraggeber jedenfalls einen **angemessenen Betrag so lange einbehalten,** bis der Auftragnehmer seiner Mängelbeseitigungspflicht nach Teil B § 4 Nr. 7 Satz 1 nachgekommen ist (vgl. auch Rdn. 64 ff.). Das folgt außerdem auch aus der vertraglichen Regelung, daß Abschlagszahlungen **nur in Höhe des Wertes erbrachter Leistungen** zu entrichten sind; sind diese fehlerhaft, so ist auch ihr Wert gemindert. Der angemessene 37

Betrag, den der Auftraggeber hier einzubehalten berechtigt ist, wird nicht nur durch den wegen der mangelhaften Leistung bedingten Minderwert umgrenzt; vielmehr ist der Auftraggeber auch hier – ebenso wie nach erfolgter Abnahme während der Gewährleistungsfrist (vgl. Teil B § 13 Rdn. 593 ff.) – berechtigt, **als sogenanntes Druckmittel** einen den Minderwert erheblich **übersteigenden Teil der Vergütung des** Auftragnehmers (der Abschlagsforderung) einzubehalten, um den Auftragnehmer zur umgehenden Nachbesserung zu veranlassen; **auch insoweit ist daher § 320 BGB zu beachten** (BGHZ 73, 140 = BGH BauR 1979, 159 = NJW 1979, 650 = MDR 1979, 393 = BB 1979, 553 = Betrieb 1979, 692 = SFH § 16 Nr. 1 VOB/B Nr. 1 = BlGBW 1979, 92 = LM § 322 BGB Nr. 5 Anm. Girisch = ZfBR 1979, 66; auch noch BGH BauR 1988, 474 = SFH § 273 BGB Nr. 7). Dabei wird das **gerade während der Bauausführung gegebene besondere Interesse des Auftraggebers an alsbaldiger Mängelbeseitigung,** insbesondere im Hinblick auf eine zügige und ordnungsgemäße Leistungsfortführung, **bei der Bemessung des einzubehaltenden Betrages eine wesentliche Rolle** spielen.

Eine in AGB des Auftragnehmers enthaltene Klausel, die gegen diese genannten Grundlagen verstößt, ist nach §§ 9, 11 Nr. 2 AGB-Gesetz unwirksam, was z. B. für eine Bestimmung gilt, wonach der Auftragnehmer im Falle des Einschlusses der Montage in den Vertrag bei Anlieferung 90 % der Rechnungssumme verlangen kann, wenn dabei unter Anlieferung der Transport „der Ware" an die Baustelle ohne Abladen verstanden wird; hierdurch wird dem Auftraggeber jegliche Prüfungsmöglichkeit genommen, die ihm ein Leistungsverweigerungsrecht nach § 320 BGB oder ein Zurückbehaltungsrecht nach § 273 BGB geben könnte, abgesehen davon, daß auch sonst nicht die grundlegenden Voraussetzungen nach Teil B § 16 Nr. 1 (vgl. Rdn. 44 ff.) erfüllt sind (BGH BauR 1985, 192 = NJW 1985, 855 = MDR 1985, 398 = BB 1985, 483 = Betrieb 1985, 1283 = SFH § 9 AGBG Nr. 20 = LM § 9 [Cb] AGBG Nr. 10 = ZfBR 1985, 134). Ähnliches gilt für eine AGB in einem finanzierten Fertighausvertrag dahin, daß 14 Tage nach der (Roh-)Montage des Hauses 90 % der Vergütung zur Zahlung fällig sind, ohne daß es auf den Wert der tatsächlich erbrachten Leistungen ankommt; insofern ist die entsprechende Klausel nach § 9 AGB-Gesetz unwirksam; liegen die Voraussetzungen des Einwendungsdurchgriffes vor, kann der Auftraggeber dies auch der Bank entgegenhalten (BGH BauR 1986, 694 = Betrieb 1986, 2176 = BB 1986, 1808 = SFH § 9 AGBG Nr. 28 = WM 1986, 1054 = MDR 1987, 125 = NJW 1987, 3199 = LM § 7 AGBG Nr. 4 = ZIP 1986, 1121 = v. Westphalen EWiR 1986, 843 = ZfBR 1986, 224).

38 Es ist eine **vertragliche Pflicht des Architekten aus seinem Vertrag mit dem Auftraggeber,** im Rahmen der Rechnungsprüfung (§ 15 Abs. 2 Nr. 8 HOAI) **darauf zu achten, daß die Leistungen des Auftragnehmers nicht erheblich hinter den Zahlungen des Auftraggebers zurückbleiben,** oder umgekehrt, daß der Auftraggeber nicht Zahlungen leistet, denen der Baufortschritt nicht in etwa entspricht; verletzt der Architekt diese Verpflichtung, macht er sich seinerseits gegenüber dem Auftraggeber schadensersatzpflichtig.

2. Abschlagszahlungen grundsätzlich mit Mehrwertsteuerteilbeträgen

Über den Ansatz der Umsatzsteuer vgl. zunächst Teil B § 2 Rdn. 124 ff.

39 Teil B § 16 Nr. 1 Abs. 1 Satz 1 bestimmte in der **VOB-Fassung von 1973,** daß Abschlagszahlungen in Höhe der jeweils nachgewiesenen vertragsmäßigen Leistung **ohne die jeweiligen Teilbeträge in Höhe der Umsatzsteuer** zu leisten waren. Dies beruhte darauf, daß seit dem 1. 1. 1968 die Umsatzsteuer nicht mehr wie in der davorliegenden Zeit von den vereinnahmten Entgelten (also nicht nach sogenannter Ist-Besteuerung), sondern von den vereinbarten Entgelten (also nach sogenannter Soll-Besteuerung) berechnet und bei bewirkter Leistung, somit regelmäßig bei endgültiger Abnahme gemäß Teil B § 12, fällig wurde (vgl. dazu 8. Auflage an dieser Stelle).

Dazu mußte in der **Neufassung der VOB von 1979** eine auch jetzt noch maßgebende **Änderung** vorgenommen werden, indem **nunmehr nach Nr. 1 Abs. 1 Satz 1 Abschlagszahlungen einschließlich des ausgewiesenen, darauf entfallenden Umsatzsteuerbetrages** zu erbringen sind. Dies beruht auf der am **1. 1. 1980 in Kraft getretenen Änderung des Umsatzsteuerrechts,** wonach die sogenannte Ist-Besteuerung wiederum eingeführt wurde, also gerade auch bei Werkleistungen die Umsatzsteuer mit Empfang des Entgeltes bzw. Teilentgeltes fällig wird und an das Finanzamt abzuführen ist. Dafür ist vor allem **§ 13 Abs. 1 Nr. 1 a des Gesetzes zur Neufassung des Umsatzsteuergesetzes und zur Änderung anderer Gesetze (BGBl. I 1979, 1953) maßgebend,** der wie folgt lautet:

(1) Die Steuer entsteht1. für Lieferungen und sonstige Leistungena) bei der Berechnung der Steuer nach vereinbarten Entgelten (§ 16 Abs. 1 Satz 1) mit Ablauf des Voranmeldungszeitraums, in dem die Leistungen ausgeführt worden sind. Das gilt auch für Teilleistungen. Sie liegen vor, wenn für bestimmte Teile einer wirtschaftlich teilbaren Leistung das Entgelt gesondert vereinbart wird. Wird das Entgelt oder ein Teil des Entgelts vereinnahmt, bevor die Leistung oder die Teilleistung ausgeführt worden ist, so entsteht insoweit die Steuer mit Ablauf des Voranmeldungszeitraums, in dem das Entgelt oder das Teilentgelt vereinnahmt worden ist. Das gilt nicht, wenn das vereinnahmte Entgelt oder Teilentgelt weniger als 10 000 Deutsche Mark beträgt und der Unternehmer keine Rechnung mit gesondertem Ausweis der Steuer (§ 14 Abs. 1) erteilt hat.

Die jetzige Fassung von Teil B § 16 Nr. 1 Abs. 1 Satz 1 geht somit dahin, daß **Abschlagsrechnungen grundsätzlich** den auf den geforderten Betrag entfallenden **Mehrwertsteueranteil auszuweisen** haben, der der Steuergesetzgebung entsprechend mit der jeweiligen Abschlagszahlung an den Auftragnehmer zu zahlen ist, damit er diesen Anteil zum nächsten Fälligkeitstermin an das Finanzamt weiterleiten kann. Zu beachten ist aber, daß die vorgenannte Neufassung der VOB ihrem Wortlaut nach **nicht unbedingt** den Auftragnehmer für den Fall der Forderung einer Abschlagszahlung **verpflichtet, die Mehrwertsteuer mit gesondertem Ausweis auf der Abschlagsrechnung auch tatsächlich zu fordern.** Daher ist die **gesetzliche Regelung** hierzu letztlich **maßgebend.** Hiernach muß der Mehrwertsteueranteil in Abschlagsrechnungen gesondert ausgewiesen und gefordert werden, wenn der entsprechende Betrag der Abschlagszahlung – insoweit netto – **10 000 DM erreicht oder übersteigt.** Bleibt dieser darunter, dann bleibt es dem Auftragnehmer **überlassen,** den darauf entfallenden Mehrwertsteuerbetrag auf der Abschlagsrechnung auszuweisen; tut er es, so ist der entsprechende Mehrwertsteuerbetrag ebenfalls an den Auftragnehmer zu zahlen. Weist der Auftragnehmer in solchem Falle die Mehrwertsteuer nicht gesondert aus, fordert er sie also auf diese Weise nicht, dann braucht der Auftraggeber nur den sogenannten Nettobetrag der Abschlagsforderung zu entrichten. Hinsichtlich der Umsatzsteuer gilt dann die bisherige Regelung (vgl. dazu 8. Auflage an dieser Stelle).

40

Zwecks einheitlicher Handhabung ist sicher zu empfehlen, in Abschlagsrechnungen immer die Umsatzsteuer auszuweisen und damit zu fordern. Entsprechende Regelungen in Besonderen oder Zusätzlichen Vertragsbedingungen dürften demgemäß zur Vermeidung von Zweifeln angebracht sein. Das gilt auch deshalb, weil es im Hinblick auf die Grenze von 10 000 DM letztlich auf die Zahlung des Auftraggebers ankommt, also der Auftragnehmer die Mehrwertsteuer z. B. auch abzuführen hat, wenn der Auftraggeber gleichzeitig zwei oder mehrere Abschlagszahlungen, die unter 10 000 DM liegen, mit einer diese Grenze überschreitenden Zahlung ausgleicht. Zur Frage des Anzahlungs-(Abschlagszahlungs-)Splitting als umsatzsteuerlicher Mißbrauch vgl. Kottke Betrieb 1981, 135. Dem Gesagten entspricht auch der Erlaß des Bundesministers für Raumordnung, Bauwesen und Städtebau vom 22. 11. 1979 (vgl. Bauverwaltung 1980, 32). Vgl. dazu auch den in Bauverwaltung 1980, 322 = Hess. StAnz 1980, 522 abgedruckten gemeinsamen Runderlaß des Hessischen Ministerpräsidenten. **Vgl. dazu insbesondere auch Rdn. 60.**

41

Vgl. dazu auch das Merkblatt über die Umsatzbesteuerung in der Bauwirtschaft der OFD Düsseldorf, Köln und Münster (Betrieb 1982, 466). Über das Umsatzsteuergesetz 1980 vgl. Rutkowsky NJW 1980, 680; vgl. ferner Siegel BB 1980, 589 über unfertige Erzeugnisse, schwebende Leistungsgeschäfte und das Problem der Umsatzsteuer auf Anzahlungen. Zu erhaltenen Abschlagszahlungen nach dem UStG 1980 und dadurch bedingten organisatorischen Änderungen vgl. Bender und Bohnenstengel Betrieb 1980, 1362. Zur Anhebung der Umsatzsteuersätze zum 1. Juli 1983 nach dem Haushaltsbegleitgesetz vom 20. 12. 1982 (BGBl. I S. 1857) vgl. Teichgräber Bauwirtschaft 1983, 1025 sowie insbesondere über Besonderheiten bei der Mindest-Istbesteuerung von Abschlagszahlungen ders. a. a. O., 1054.

Vgl. auch Rdn. 60.

3. Abschlagszahlungen nur auf Antrag

42 Wie sich ebenfalls aus Nr. 1 Abs. 1 Satz 1 ergibt, kommen **Abschlagszahlungen nur auf Antrag des Auftragnehmers** in Frage. Eine besondere **Form** ist für den Antrag als solchen – unbeschadet des nach Satz 2 erforderlichen Nachweises (vgl. Rdn. 44 ff.) – **nicht vorgeschrieben**; er kann mündlich gestellt werden. Auf jeden Fall handelt es sich bei dem Antrag aber um eine **empfangsbedürftige Willenserklärung** (vgl. §§ 130 ff. BGB). Regelmäßig erfolgt die Beantragung mit Vorlage der Abschlagsrechnung.

43 Der Auftragnehmer ist nach der hier maßgebenden Regelung der VOB/B berechtigt, im Verlaufe der Bauausführung in möglichst **kurzen Zeitabständen** Abschlagszahlungen zu beantragen. Es ist seinem Ermessen überlassen, in welchen Abständen er das tun will.

Er ist allerdings gehalten, die Abstände so einzurichten, daß zwischen ihnen auch **wirklich beachtliche, d. h. vergütungsmäßig für sich eindeutig nachvollziehbare Leistungsteile fertiggestellt** worden sind. Vgl. auch Rdn. 31 ff. Zu empfehlen ist, im Bauvertrag entsprechend Teil A § 10 Nr. 4 Abs. 1 k nähere Bestimmungen zu treffen, durch die der zeitliche Abstand der Abschlagszahlungen genau festgelegt wird (vierteljährlich, monatlich, wöchentlich oder – noch besser und klarer – durch Festlegung eines genau bestimmten Leistungsstandes). Der Abstand wird sich jeweils nach dem Umfang und der Art der Bauleistung zu richten haben. Zu bedenken ist dabei immer, daß der **Auftragnehmer zur Vorleistung verpflichtet ist.**

4. Nachweis bisher erbrachter Leistung

44 Auf welche Weise die **bisher erbrachten Leistungselemente nachzuweisen** sind, ergibt sich aus Abs. 1 **Satz 2**. Hiernach ist der Auftragnehmer verpflichtet, bei jedem Verlangen auf eine Abschlagszahlung **eine prüfbare Aufstellung** vorzulegen. Das bedeutet, daß der Auftragnehmer die jeweils in dem betreffenden zeitlichen Abstand erbrachten Leistungselemente **schriftlich** aufzuführen und Angaben zu machen hat, die die Aufstellung **prüfbar** machen. Dabei wird man **Teil B § 14 Nr. 1 und 2 für entsprechend anwendbar** halten müssen, vgl. hierzu Teil B § 14 Rdn. 16 ff. Dort wie hier handelt es sich um den **gleichen Zweck**, nämlich die **Darlegung eines anhand der Vertragsunterlagen – insbesondere der Leistungsbeschreibung – ordnungsgemäß nachprüfbaren Leistungsbildes.** Wenn auch für die hier notwendige Aufstellung nicht alle Einzelheiten erfaßt zu werden brauchen und insofern eine gewisse Überschlägigkeit genügt, wie z. B. eine eindeutige Bezugnahme auf ausgeführte Teile eines detaillierten Leistungsverzeichnisses, da es sich nur um eine **vorläufige Aufstellung** handelt, muß der Auftragnehmer doch sorgfältig vorgehen. Jedenfalls muß sich aus der prüfbaren Aufstellung zweifelsfrei ergeben, welche Einzelleistungen gemäß dem Leistungsverzeichnis nach der – notfalls näher zu begründenden – Auffassung des Auftragnehmers erbracht sind und welchen Rechnungswert sie bei einwandfreier Ausführung haben (BGHZ 73, 140 = BauR 1979, 159 = BB 1979, 553 = SFH § 16 Nr. 1 VOB/B Nr. 1 = NJW 1979, 549 = BlGBW 1979, 92 = MDR 1979, 393 = Betrieb 1979, 692 = LM § 322 BGB Nr. 5 Anm. Girisch = ZfBR 1979, 66). Dies gilt **auch für Pauschalverträge,** weshalb es schwierig sein kann, einen für Abschlagszahlungen geeigneten Leistungsteil zu ermitteln, wenn dem Vertrag nicht eine detaillierte Leistungsbeschreibung mit entsprechenden Einzelansätzen der Preise zugrunde liegt. Möglich ist es hier allerdings, die Abschlagszahlungen prozentmäßig für bestimmte zu erreichende Leistungsstände zu vereinbaren, wobei dann aber auch hier vom Auftragnehmer in geeigneter

Weise nachzuweisen ist, daß er den für die betreffende Abschlagszahlung maßgebenden Leistungsstand tatsächlich erreicht hat.

Die Aufstellung muß inhaltlich auch so beschaffen sein, daß für den Auftraggeber **eine schnelle und sichere Beurteilung** der für die Abschlagszahlung maßgeblichen Leistung möglich ist. Um das zu erreichen, ist es in der Regel erforderlich, die Aufstellung mit **Hinweisen zu den jeweiligen Einzelpunkten der Vertragsunterlagen** (Leistungsbeschreibung usw.) zu versehen **oder diese** – was noch eindeutiger wäre – **zu wiederholen.**

Dagegen ist die Abnahme der Teilleistung, auf die die Abschlagszahlung geleistet werden soll, **nicht Fälligkeitsvoraussetzung,** zumal häufig diese Teilleistung nicht einer echten Teilabnahme nach Teil B § 12 Nr. 2 a (vgl. dazu Teil B § 12 Rdn. 72 ff.) zugänglich ist.

Grundsätzlich braucht sich die prüfbare Aufstellung nur auf Leistungselemente zu beziehen, für die nunmehr eine Abschlagszahlung verlangt wird. In Besonderen oder Zusätzlichen Vertragsbedingungen kann jedoch gefordert sein, in die Aufstellung sämtlicher bisher erbrachter Leistungen auch solche, für die bereits Abschlagszahlungen geleistet sind, aufzunehmen, damit der Auftraggeber in der Lage ist, ein umfassendes Bild über den gegenwärtigen Leistungs- und Zahlungsstand zu erhalten (vgl. z. B. Zusätzliche Vertragsbedingungen der Bundesbahn Nr. 31 Abs. 4).

5. Abschlagszahlungen für Stoffe oder Bauteile

Nach **Satz 3** gelten **auch die für die geforderte Leistung eigens angefertigten und bereitgestellten Bauteile sowie die auf der Baustelle angelieferten,** aber noch nicht eingebauten **Stoffe oder Bauteile** für die **Abschlagszahlungen** als insoweit erbrachte Leistungen. Also kann der Auftragnehmer **grundsätzlich auch hierfür Abschlagszahlungen** beanspruchen.

a) Der erste Teil dieser Regelung beruht darauf, daß dem Auftragnehmer im Rahmen der ihm obliegenden Vorleistungspflicht in zunehmendem Maße **vorgefertigte Bauelemente** erhebliche Kosten verursachen, hinsichtlich deren er ein berechtigtes Interesse hat, baldmöglichst den darauf entfallenden Vergütungsanteil zu erhalten. Dies betrifft sowohl solche Elemente, die in der eigenen Betriebsstätte des Auftragnehmers, als auch solche, die an anderer Stelle, wie z. B. auf der Grundlage eines Nachunternehmervertrages, angefertigt worden sind.

Erste **Voraussetzung** ist hier allerdings, daß diese Bauteile (über den Begriff vgl. Teil A § 1 Rdn. 54) einmal für die geforderte Leistung **eigens angefertigt** und zum anderen **dafür bereitgestellt** worden sind.

Ersteres setzt **nicht unbedingt** eine **Sonderanfertigung** oder ähnliches voraus; vielmehr **genügt** auch eine **Serienanfertigung** von Bauteilen – insbesondere auch von nach Typen ausgerichteten vorgefertigten Elementen – in einem größeren und über die betreffende vertragliche Leistung hinausgehenden Rahmen, sofern die Anfertigung **jedenfalls zum Teil auf dem erteilten Auftrag beruht.** Dagegen kann eine bloße, ohne konkreten, bereits vorhandenen vertraglichen Hintergrund vorgenommene **Vorratsfertigung noch nicht reichen,** um Abschlagszahlungen sogleich nach später erteiltem Auftrag zu verlangen. Das kommt hier nur **nach Anlieferung auf die Baustelle gemäß der zweiten Alternative des Satzes 3 in Betracht.**

Für die Entstehung des Rechtes auf Abschlagszahlungen muß hier hinzukommen, daß die eigens für die geforderte Leistung angefertigten Bauteile **bereitgestellt** worden sind. Damit wird nicht bereits die Anlieferung auf die Baustelle gefordert; vielmehr **genügt die räumli-**

che oder jedenfalls durch eindeutige Kennzeichnung erfolgte **Aussonderung** der Teile von anderen, die nicht zu der betreffenden vertraglichen Leistung gehören, an der betreffenden Lagerungsstelle, hier vor allem auch in der Werkstatt.

52 b) Neben den vorgenannten Bauteilen sind auch **solche Stoffe oder Bauteile** (vgl. Teil A § 1 Rdn. 53 ff.) Abschlagszahlungen zugänglich, **die auf die Baustelle** – lediglich – **angeliefert** worden sind, die sich also im Bereich der Baustelle befinden.

53 c) Damit allein sind aber **noch nicht alle Bedingungen erfüllt**, um bei Bereitstellung oder Anlieferung von Stoffen oder Bauteilen Abschlagszahlungen fordern zu können. Einmal ist es dafür – selbstverständlich – erforderlich, daß die **Voraussetzungen in Abs. 1 Satz 1 und 2** (vgl. Rdn. 31–47) **gegeben** sind. Vor allem müssen sich Stoffe oder Bauteile nach den dem Bauvertrag zugrundeliegenden Unterlagen preislich ermitteln und in dem für die jeweiligen Abschlagszahlungen maßgeblichen Wert feststellen lassen.

54 Zum anderen ist es **grundlegende weitere Voraussetzung** für den hier vertraglich festgelegten Anspruch des Auftragnehmers auf Abschlagszahlungen, **daß dem Auftraggeber nach seiner Wahl entweder das Eigentum an den betreffenden Stoffen oder Bauteilen übertragen worden ist oder ihm hinsichtlich der von ihm geforderten Abschlagszahlung eine entsprechende Sicherheit gegeben wird,** wobei die Sicherheit den vollen Betrag der Abschlagszahlung oder den entsprechenden Teil derselben erfassen muß. Ohne eine dieser weiteren Voraussetzungen kann der Auftragnehmer **keine Abschlagszahlung** verlangen. Dabei ist es im Einzelfall der Wahl des Auftraggebers, also einseitig **seiner Bestimmung**, überlassen, ob er die Eigentumsübertragung oder die Leistung einer Sicherheit fordert.

55 d) Der **Übergang des Eigentums** an den in Betracht kommenden Stoffen oder Bauteilen bestimmt sich **nach** den Vorschriften über den Eigentumserwerb bei beweglichen Sachen, **§§ 929 ff. BGB.** Voraussetzung ist, daß die Stoffe oder Bauteile noch nicht eingebaut und noch nicht schon auf diese Weise in das Eigentum des Auftraggebers übergegangen sind (vgl. § 950 BGB). Andernfalls kommt nur eine Abschlagszahlung nach Maßgabe der Sätze 1 und 2 in Betracht. Der Auftragnehmer hat ebenso wie umgekehrt der Auftraggeber einen notfalls im Klageweg durchsetzbaren **Anspruch auf Übertragung des Eigentums** auf den Auftraggeber an den eigens angefertigten und bereitgestellten Bauteilen oder an den zur Baustelle angelieferten Stoffen oder Bauteilen, sofern deren Verwertung (Einbau) **in Kürze zu erwarten** ist und der Auftragnehmer eine entsprechende Abschlagszahlung verlangt. Das entspricht der Billigkeit, um den Auftragnehmer alsbald in den Genuß der Abschlagszahlung zu setzen.

Die bloße Anlieferung der Stoffe oder Bauteile auf Bestellung des Auftragnehmers zur Baustelle bewirkt noch nicht den Eigentumserwerb des Auftraggebers daran (vgl. BGH SFH Z 3.13 Bl. 64 = Betrieb 1970, 294 = MDR 1970, 410). Nach den jeweils näher festzustellenden Umständen des Einzelfalles kann hier aber der Eigentumsübergang durch schlüssige Erklärungen erfolgen (a. a. O.).

56 Über den **Eigentumserwerb** nach den Vorschriften des BGB ist kurz festzuhalten: Immer muß eine **Einigung** zwischen den Vertragsparteien vorliegen, daß Eigentum übergehen soll. Hinzu kommen muß die **Übergabe der Sachen,** die aber ersetzt werden kann. Erfolgt die Übergabe tatsächlich, indem der Auftraggeber z. B. die Stoffe oder Bauteile selbst in Verwahrung nimmt, geht in diesem Zeitpunkt das Eigentum über, § 929 BGB. Bleibt der Auftragnehmer im Besitz der Sachen, kann die Übergabe dadurch ersetzt werden, daß er mit dem Auftraggeber einen Vertrag schließt, wonach er die Sachen für diesen **verwahrt**, § 930 BGB. Ist ein Dritter im Besitz der Sachen (der Lieferant), kann die Übergabe dadurch ersetzt werden, daß der Auftragnehmer an den Auftraggeber seinen **Herausgabeanspruch** gegen

den Dritten **abtritt**, § 931 BGB. Allgemein gilt jedoch der Rechtssatz, daß der Auftragnehmer grundsätzlich **kein Eigentum an Sachen auf den Auftraggeber übertragen kann, die ihm nicht oder noch nicht gehören.** Dabei ist besonders an die noch nicht eingebauten Stoffe oder Bauteile zu denken, die zwar geliefert, aber vom Auftragnehmer noch nicht bezahlt worden sind und an denen deshalb meist ein – weitgehend üblicher – **Eigentumsvorbehalt des Lieferanten** besteht. Vgl. dazu auch Rdn. 351 ff. Insoweit wird man dem **Auftraggeber** eine gewisse **Erkundigungspflicht** auferlegen müssen, um ihm die Gutgläubigkeit beim Eigentumserwerb gemäß § 932 BGB bescheinigen zu können. Danach geht in solchen Fällen Eigentum nur über, wenn der Auftraggeber gutgläubig war. Der Auftraggeber ist nicht in gutem Glauben, wenn ihm bekannt oder infolge grober Fahrlässigkeit unbekannt ist, daß die Sache nicht dem Veräußerer gehört. Der Auftragnehmer ist zur Weiterveräußerung von Stoffen oder Bauteilen **nicht befugt,** wenn er mit dem Lieferanten einen **verlängerten Eigentumsvorbehalt** abgesprochen, mit dem Auftraggeber im Widerspruch dazu vereinbart hat, daß die Forderung gegen den Auftraggeber nicht abtretbar sei (BGH Betrieb 1970, 344 = SFH Z 2.332 Bl. 56 ff.).

e) Soweit ein Eigentumserwerb an den von Satz 3 erfaßten Stoffen oder Bauteilen durch den Auftraggeber nicht erfolgt oder aus rechtlichen Gründen nicht möglich ist, kommt ein Anspruch des Auftragnehmers auf Abschlagszahlungen hierfür **nur** in Betracht, **wenn er entsprechende Sicherheit gibt.** Die Sicherheit richtet sich im allgemeinen nach **Teil B § 17** und sollte im Bauvertrag, spätestens vor Leistung der entsprechenden Abschlagszahlung, **im einzelnen vereinbart** werden. Sie ist grundsätzlich dem Auftraggeber vom Auftragnehmer zu gewähren. Sie kann aber auch, um den Sicherungszweck zugunsten des Auftraggebers zu erreichen, vom Auftragnehmer an den für die Bezahlung der Stoffe oder Bauteile forderungsberechtigten Dritten gegeben werden. Dieser Dritte kann alsdann auf seinen Eigentumsvorbehalt verzichten, so daß das Eigentum an den Auftraggeber übergehen kann, wodurch dann auch die Sicherheit wieder frei werden kann. Diese weitere Möglichkeit bedarf zu ihrer Wirksamkeit aber einer entsprechenden **besonderen Vereinbarung** der Bauvertragspartner im Wege Besonderer oder Zusätzlicher Vertragsbedingungen, wozu der Weg durch Teil A § 10 Nr. 4 l eröffnet ist. 57

Die Vereinbarung über die hier zu gewährende Sicherheit ist auslegungsfähig vor allem dann, wenn darin wegen ihres Zweckes anstelle von „Abschlagszahlung" das Wort „Vorauszahlung" gebraucht wird. Dafür, daß in Wirklichkeit eine Sicherheit für Abschlagszahlungen gemeint ist, spricht die Angabe des Betrages in der Bürgschaftserklärung, wenn er mit einer Forderung auf Abschlagszahlung identisch ist (vgl. dazu BGH BauR 1986, 361 = NJW 1986, 1681 = MDR 1986, 845 = ZIP 1986, 702 = LM § 125 BGB Nr. 43 = Betrieb 1986, 1384 = WM 1986, 520 = Jagenburg EWiR § 17 VOB/B 1/86, 937 = SFH § 16 Nr. 1 VOB/B Nr. 4 = ZfBR 1986, 162).

Der Zweck der hier erörterten Sicherheitsleistung entfällt, sobald der Auftragnehmer die betreffenden Stoffe oder Bauteile eingebaut hat. Sie ist dann grundsätzlich zurückzugewähren, es sei denn, daß die betreffenden Stoffe und/oder Bauteile nicht vertragsgemäß eingebaut sind (BGH a. a. O.). Vgl. dazu auch Rdn. 131 ff. 58

Verweigert der Auftragnehmer die von ihm zu leistende Sicherheit, so kann der Auftraggeber insoweit einen Einbehalt nach Abs. 2 Satz 2 machen (vgl. Rdn. 64 ff.). 59

f) Über Abschlagszahlungen **für Stoffe oder Bauteile** im Rahmen von öffentlichen Bauaufträgen enthält das VHB zu Teil B § 16 die folgenden Regelungen: 60

1. Abschlagszahlungen für angelieferte Stoffe und Bauteile.

1.1. Abschlagszahlungen dürfen nur für diejenigen auf der Baustelle angelieferten Stoffe und Bauteile geleistet werden, die unter Berücksichtigung der Grundsätze wirtschaftlicher Betriebsführung für einen reibungslosen Bauablauf notwendig sind.

Abschlagszahlungen dürfen ferner für eigens angefertigte und bereitgestellte Bauteile geleistet werden. Eigens angefertigt sind auch Bauteile aus einer Serienfertigung, wenn sie für die vertragliche Leistung hergestellt worden sind.

1.2. Für die Abschlagszahlung ist der Wert der Leistung mit 70 v. H. des Preises der Stoffe oder Bauteile anzusetzen; siehe Nr. 22.5. der Zusätzlichen Vertragsbedingungen – EVM (B) ZVB.

Dabei sind – soweit nicht Vertragspreise vereinbart sind – folgende Preise zugrunde zu legen: – bei Fremdbezug die Einkaufspreise, bei Entnahme aus dem Lager des Auftragnehmers die Wiederbeschaffungspreise; – bei Eigenfertigung die Herstellungskosten (Werkstoffkosten, Fertigungslohnkosten und Fertigungsgemeinkosten).

1.3. Der Auftragnehmer hat Aufstellungen einzureichen, aus denen Menge, Wert und Zeitpunkt der Anlieferung oder der Bereitstellung der zur Ausführung der Leistungen benötigten Stoffe und Bauteile hervorgehen.

1.4. Als Sicherheit ist ausschließlich eine selbstschuldnerische Bürgschaft eines Kreditinstituts oder eines in der Bundesrepublik Deutschland oder Berlin (West) zugelassenen und in der Liste (Teil IV) aufgeführten Kreditversicherers in Höhe der Abschlagszahlung nach vorgeschriebenem Formblatt EFB-Sich 4 (Teil III) zulässig.

Die Bürgschaftsurkunde ist zurückzugeben, wenn die Stoffe und Bauteile, für welche die Sicherheit geleistet worden ist, eingebaut sind.

1.5. Bei der Gewährung von Abschlagszahlungen für vertragsgemäße Leistungen ist der Wert für Stoffe und Bauteile, für die Abschlagszahlungen nach Nummer 1.1. und 1.2. geleistet worden sind, anteilig zu berücksichtigen.

II. Einbehalte des Auftraggebers (Absatz 2)

61 Absatz 2 gibt dem Auftraggeber **kraft vertraglicher Regelung das Recht,** bei der Leistung von Abschlagszahlungen zu seinen Gunsten bestehende **Gegenforderungen einzubehalten.** Dagegen sind **andere Einbehalte nur zulässig, wenn dieses ausdrücklich im Vertrag und/ oder in den gesetzlichen Bestimmungen vorgesehen ist.**

1. Einbehalte von Gegenforderungen

62 Abs. 2 Satz 1 erlaubt es dem Auftraggeber, bei der Leistung von Abschlagszahlungen etwaige **Gegenforderungen,** die er zu dieser Zeit gegenüber dem Auftragnehmer hat, **einzubehalten.** Hinsichtlich **des Grundes** dieser Gegenforderungen besteht **keine Beschränkung.** Der Gegenanspruch kann aus anderen Vertrags- oder sonstigen Rechtsverhältnissen (z. B. aus ungerechtfertigter Bereicherung, §§ 812 ff. BGB, oder aus einer gesamtschuldnerischen Rückzahlungspflicht des Auftragnehmers aus einer früheren Arbeitsgemeinschaft, vgl. dazu Anh. Teil A Rdn. 39 f.) stammen, er kann seine Grundlage in dem hier maßgebenden Bauvertrag haben, er kann auch auf einer unerlaubten Handlung (§§ 823 ff. BGB) außerhalb der vertraglichen Bindung beruhen. Allerdings ist zu fordern, daß die **Voraussetzungen der Aufrechnung** (§ 387 BGB) gegeben sind, also Gegenseitigkeit, Gleichartigkeit, Fälligkeit. Auch eine entsprechende Anwendung des § 390 BGB kommt in Betracht.

Damit ist aber **nicht** gesagt, daß durch das Einbehalten bereits die **Wirkungen der Aufrech-**

nung eintreten, § 389 BGB, weil der Begriff des Einbehaltens nur als eine **vorläufige oder vorsorgliche Maßnahme ohne endgültigen rechtlichen Charakter** angesehen werden kann. Da aber der hier angesprochene Einbehalt mit Gegenforderungen zwangsläufig bei der späteren Endabrechnung in der Aufrechnung enden soll, ist es gerechtfertigt, **deren Voraussetzungen bereits im Zeitpunkt der Fälligkeit von Abschlagszahlungen zu fordern.**

Wegen dieser Voraussetzungen können in Besonderen oder Zusätzlichen Vertragsbedingungen abweichende Vereinbarungen getroffen werden. So ist es möglich, auf das Erfordernis der Gegenseitigkeit zu verzichten (RGZ 72, 377, 378; BGH LM § 387 BGB Nr. 43; Börner NJW 1961, 1505). Der in Nr. 11.3 der Besonderen Vertragsbedingungen der Straßenverwaltung des Landes Rheinland-Pfalz (BVStra) enthaltene Verzicht auf die Gegenseitigkeit bei der Aufrechnung erfaßt alle auf der Ausführung von Straßenbauarbeiten für eine der dort bezeichneten öffentlich-rechtlichen Körperschaften beruhenden Forderungen gegen einen Auftragnehmer, gleichviel, ob dieser die Bauarbeiten allein übernommen hat oder als gesamtschuldnerisch haftendes Mitglied einer Arbeitsgemeinschaft (BGH SFH Z 2.224 Bl. 23 = BauR 1977, 361 = LM VOB/B Nr. 86). 63

2. Andere Einbehalte

Andere Einbehalte können nach Abs. 2 Satz 2 **nur** erfolgen, **wenn dies im Vertrag vorgesehen ist oder sich aus gesetzlichen Bestimmungen ergibt.** 64

a) **Vertragliche Bestimmungen** dieser Art finden sich bei den Allgemeinen Vertragsbedingungen im Rahmen der Sicherheitsleistung in Teil B § 17 Nr. 7 Satz 2, ferner in Teil B § 17 Nr. 6. Außerdem können auch sonstige Einbehalte in Besonderen oder Zusätzlichen Vertragsbedingungen festgelegt werden (vgl. Teil A § 10 Nr. 4 Abs. 1 k). Das kommt in der Praxis nicht selten durch eine Bestimmung zum Ausdruck, daß nur ein Teil der nachgewiesenen Leistung – z. B. 95 % – als Abschlag bezahlt werden soll bzw. muß. Eine solche Regelung verstößt aber gegen den nach § 23 Abs. 2 Nr. 5 AGB-Gesetz maßgebenden Grundsatz der Vereinbarung der VOB/B als Ganzes (vgl. dazu Teil A § 10 Rdn. 131 ff.), so daß dadurch der VOB/B die Ausgewogenheit genommen wird; dem Auftragnehmer steht die ihm berechtigt zukommende Abschlagszahlung **zu 100 %** zu (vgl. Rdn. 31 ff.), weshalb sich dann der Verwender – hier regelmäßig Auftraggeber – nicht auf ihm sonst im Verhältnis zu den Regelungen des BGB günstige Bestimmungen der VOB/B, wie z. B. die vorbehaltlose Annahme der Schlußzahlung nach Teil B § 16 Nr. 3 Abs. 2, berufen kann (vgl. BGHZ 101, 357 = BauR 1987, 694 = NJW 1988, 55 = Betrieb 1987, 2631 = SFH § 16 Nr. 3 VOB/B Nr. 44 = LM § 16 [D] VOB/B Nr. 23 = JZ 1988, 39 mit Anm. Peters = Heiermann EWiR § 16 Nr. 3 VOB/B 4/87, 1245 = MDR 1988, 135 = ZIP 1987, 1582 = ZfBR 1988, 22). 65

b) Eine auf **gesetzlicher Vorschrift** beruhende Befugnis zum Einbehalt kann auf den §§ 320 oder 273 BGB beruhen, insbesondere bei Bestehen eines **Zurückbehaltungsrechts** des Auftraggebers wegen vorhandener Leistungsmängel und eines darauf gestützten Nachbesserungsanspruches, vor allem auf der Grundlage von Teil B § 4 Nr. 7 Satz 1, gegeben sein (ebenso BGH BauR 1988, 474; vgl. auch Rdn. 31 ff.). 66

Formularmäßige – also unter das AGB-Gesetz fallende (vgl. dazu Teil A § 10 Rdn. 77 ff.) – Ausschlüsse von Zurückbehaltungs- und/oder Leistungsverweigerungsrechten verstoßen grundsätzlich gegen § 11 Nr. 2 AGB-Gesetz und sind daher unwirksam. Das gilt gerade auch für den Bereich von Abschlagszahlungen. Vgl. dazu Teil A § 13 Rdn. 25 ff.

So dient eine formularmäßige Bankgarantie für Abschlagszahlungen privater Bauherren nach Baufortschritt, deren Inanspruchnahme lediglich einen Bautenstandsbericht des Auftragnehmers voraussetzt, der Umgehung des Verbotes des formularmäßigen Ausschlusses des Leistungsverweigerungsrechtes gemäß § 320 BGB und des Zurückbehaltungsrechtes gemäß § 273 BGB und ist deshalb nach §§ 7, 11

Nr. 2 AGB-Gesetz unwirksam (BGH ZfBR 1986, 165 = SFH § 320 BGB Nr. 12 = NJW-RR 1986, 959 = BB 1986, 1872).

67 **Ein vereinbarter Sicherheitseinbehalt hindert den Auftraggeber grundsätzlich nicht, an sich zu leistende fällige Abschlagszahlungen wegen mangelhafter Werkausführung zu verweigern.** Der Auftragnehmer kann grundsätzlich nicht einwenden, der Auftraggeber dürfe das Leistungsverweigerungsrecht nur wegen eines den Sicherheitseinbehalt wertmäßig übersteigenden Mängelbeseitigungsanspruches geltend machen (BGH BauR 1981, 577 = NJW 1981, 2801 = SFH § 17 VOB/B Nr. 5 = MDR 1982, 133 = LM § 320 BGB Nr. 19 = ZfBR 1981, 265). Jedenfalls braucht sich der Auftraggeber nicht schon auf einen Sicherheitseinbehalt verweisen zu lassen, wenn die Beseitigungskosten dadurch gedeckt wären; er darf vielmehr einen Betrag zurückbehalten, der erforderlich ist, um den Auftragnehmer zur schleunigen Nachbesserung anzuhalten, wozu die bloße Nachbesserungsbereitschaft des Auftragnehmers noch nicht ausreicht (BGH a. a. O.). Die an dieser BGH-Entscheidung geübte Kritik von Trapp (BauR 1983, 318), der wohl generell das Leistungsverweigerungsrecht nur hinsichtlich des die Sicherheitsleistung übersteigenden Betrages zulassen möchte, überzeugt nicht. Er übersieht, daß hier ein **absolut vorrangiges Interesse des Auftraggebers** besteht, jetzt – endlich – **eine vertragsgerechte Leistung zu erhalten, weshalb** es durchaus im Einzelfall, je nach Schwere und Umfang der Mängel, gerechtfertigt sein kann, einen Einbehalt zu machen, der den Betrag der Sicherheitsleistung zwar mit einbezieht, jedoch darüber hinausgeht; vor allem ist dann auch keine Aufspaltung des Vergütungsanspruches des Auftragnehmers in einen durch Sicherheitsleistung gedeckten und einen davon nicht erfaßten Teil gerechtfertigt. Das gilt erst recht, wenn, wie hier für den Bereich der Abschlagszahlungen, noch nicht abzusehen ist, ob und inwieweit noch weitere Mängel auftreten können, die auch noch durch den Sicherheitseinbehalt abgedeckt werden sollen.

68 Macht der Auftraggeber wegen eines **Mangels** an der erbrachten Leistung, auf die sich die an sich fällige Abschlagsforderung bezieht, mit Recht ein **Zurückbehaltungsrecht** (§ 320 BGB) geltend, so ist die Klage auf Leistung der Abschlagszahlung nicht abzuweisen, sondern es **ist auf Zahlung Zug um Zug gegen Beseitigung des** Mangels zu verurteilen (vgl. Fischer BauR 1973, 210; ebenso BGHZ 73, 140 = BauR 1979, 159 = BB 1979, 553 = SFH § 16 Nr. 1 VOB/B Nr. 1 = NJW 1979, 650 = MDR 1979, 393 = Betrieb 1979, 692 = LM § 322 BGB Nr. 5 Anm. Girisch = BlGBW 1979, 92 = ZfBR 1979, 66). Im übrigen gelten auch hier die in Teil B § 13 Rdn. 582–600 angeführten Gesichtspunkte entsprechend.

Stellt sich später dennoch heraus, daß der nach Absatz 2 vorgenommene Einbehalt zu Unrecht erfolgt ist, so ist der betreffende Betrag unverzüglich auszuzahlen; gleiches gilt, wenn der Grund für den Einbehalt, z. B. ein Leistungsverweigerungsrecht des Auftraggebers wegen vorhandener Mängel, entfällt.

69 c) Zur Anrechnung von Vorauszahlungen vgl. Nr. 2 Abs. 2 (Rdn. 89 ff.).

III. Fälligkeit von Abschlagszahlungen (Absatz 3)

1. Fälligkeitsregelung

70 Nach Absatz 3, der eine **Fälligkeitsregelung** enthält (vgl. Rdn. 10), beträgt die Frist zur Leistung der jeweils geforderten **Abschlagszahlung** durch den Auftraggeber **12 Werktage nach Zugang der** ordnungsgemäß vom Auftragnehmer angefertigten prüfbaren Aufstellung. **Das bedeutet zugleich, daß die Abschlagszahlung spätestens am letzten Tag dieser Frist beim Auftragnehmer eingegangen sein muß** (ebenso OLG Frankfurt NJW-RR 1987, 979). Zwar sagt die VOB/B hier nur, die Abschlagszahlungen seien binnen 12 Werktagen nach Zugang der Abschlagsrechnungen „zu leisten", ohne zum Ausdruck zu bringen, ob

dies i. S. einer Erfüllung oder nur der Rechtzeitigkeit des Leistens gemeint sein soll. Im letzteren Fall könnte daher die Ansicht vertreten werden, daß es für die Rechtzeitigkeit der Leistung genüge, wenn der Auftraggeber z. B. einen Scheck an den Auftragnehmer abgesandt oder vor allem im Überweisungsverkehr als Leistungshandlung noch vor Ablauf der Frist den Überweisungsauftrag gegeben und sein Konto die erforderliche Deckung habe, ohne daß eine Gutschrift auf dem Konto des Auftragnehmers innerhalb der 12-Werktagsfrist zu erfolgen habe (vgl. dazu Palandt/Heinrichs § 270 BGB Anm. 2 m. w. N.; ferner OLG Düsseldorf Betrieb 1984, 2686). Dies trifft jedoch nicht zu, da die bloße Auslegungsregel des § 270 Abs. 1 BGB für den Bauvertrag nicht gilt, weil es sich hier nicht um eine sogenannte qualifizierte Schickschuld handelt, und zwar sowohl im Rahmen der Leistungspflicht des Auftragnehmers als auch im Bereich der Vergütungspflicht des Auftraggebers. Im Rahmen der Bestimmung des § 269 Abs. 1 BGB ist nämlich auch wegen der Vergütung Erfüllungsort der Ort des Bauwerkes (vgl. BGH BauR 1986, 241 = NJW 1986, 935 = JZ 1985, 252 = Betrieb 1986, 856 = BB 1986, 350 = MDR 1986, 409 = ZfBR 1986, 80). In einem solchen Fall ist daher die **Geldschuld Bringschuld** (vgl. Palandt-Heinrichs § 269 BGB Anm. 3 b sowie § 270 BGB Anm. 1 d). Daher muß die **Rechtzeitigkeit der Leistung mit der Erfüllung der Leistung gleichgesetzt** werden. Sofern der Sitz des Unternehmens des Auftragnehmers nicht mit dem Ort der Bauausführung zusammenfällt, gilt hier entsprechend § 270 Abs. 2 BGB, daß es für die Erfüllung auf den Sitz des Unternehmens des Auftragnehmers ankommt.

Reicht der Auftragnehmer unvollständige Unterlagen ein, läuft die Frist erst von dem Zeitpunkt ab, in dem er die an ihn zu stellenden Anforderungen erfüllt hat. Überhaupt kommt eine Fälligkeit von Abschlagszahlungen nur in Betracht, wenn die jeweils maßgebenden Voraussetzungen, wie sie insbesondere in Absatz 1 festgelegt worden sind (vgl. Rdn. 31–60), im Einzelfall **voll erfüllt** sind. Soweit der Auftraggeber mit Recht **Einbehalte** machen kann (vgl. Rdn. 61–69), kommt insofern auch **keine Fälligkeit** für eine Abschlagszahlung in Betracht. 71

Wird die Fälligkeit der Abschlagszahlung von strengeren Anforderungen als dem vom Auftragnehmer vorzulegenden Nachweis (vgl. Rdn. 44 ff.) abhängig gemacht, so kann, falls es sich um dem AGB-Gesetz unterliegende Bedingungen handelt, insbesondere Zusätzliche Vertragsbedingungen (vgl. dazu Teil A § 10 Rdn. 77 ff.), eine solche Regelung je nach Sachlage gegen §§ 10 Nr. 1, 9, u. U. auch gegen § 11 Nr. 16 AGB-Gesetz verstoßen, wie z. B. bei dem Verlangen auf Verwendung von vom Auftraggeber vorgedruckten „Zahlungsabforderungen", da jedenfalls für den Bereich der Verbandsklage nach § 13 AGB-Gesetz damit zu rechnen ist, daß es dann in der Hand des Auftraggebers liegt, wann er dem Auftragnehmer die entsprechenden Vordrucke zur Verfügung stellt (vgl. dazu OLG München NJW-RR 1987, 661).

Die Frist von 12 Werktagen, nach der die jeweils geforderte Abschlagszahlung zu leisten ist, berechnet sich **ab Zugang der Aufstellung** des Auftragnehmers – auf die er seine Abschlagsforderung stützt (vgl. Rdn. 44 ff.) – beim Auftraggeber bzw. seinem für die Rechnungsprüfung gegenüber dem Auftragnehmer **hinreichend erkennbar bevollmächtigten Vertreter** (z. B. bauleitenden Architekten; insoweit auch OLG Frankfurt NJW-RR 1987, 979). Gibt der Auftraggeber in den Verdingungs- bzw. Vertragsunterlagen eine bestimmte Stelle an, der die Abschlagsrechnung zuzuleiten ist, so hat sie der Auftragnehmer dorthin zu richten, um die Frist in Lauf zu setzen. Wird die Abschlagsforderung dem Auftraggeber per Post zugeleitet, so wird nach aller Erfahrung ein Zugang zwei Tage nach der Einlieferung zur Post anzunehmen sein, so daß die Frist dann am darauffolgenden Tag beginnt. Wesentlich ist auch hier, daß die Frist nach Werktagen ausgerichtet ist, daß also grundsätzlich Samstage in die Frist mit eingerechnet werden, es sei denn, daß der letzte Tag der Frist auf einen Samstag fällt (vgl. § 193 BGB). 72

Die VOB sieht **keine Verlängerung** der Frist von 12 Werktagen vor. Sie ist daher als fest 73 vereinbart anzusehen, falls nicht in Besonderen oder Zusätzlichen Vertragsbedingungen andere Regelungen getroffen sind, wobei eine Verlängerung der Fälligkeitsfrist, sofern sie in Zusätzlichen Vertragsbedingungen oder sonstigen als AGB geltenden vertraglichen Bestimmungen geregelt ist, sicher nicht länger als weitere 12 Werktage, also insgesamt 24 Werktage, betragen darf, um nicht gegen § 10 Nr. 1 und insbesondere § 9 AGB-Gesetz zu verstoßen, vor allem aber die nach § 23 Abs. 2 Nr. 5 AGB-Gesetz vorauszusetzende Vereinbarung der VOB/B „als Ganzes" zu gefährden. Die hier festgelegte kurze Fälligkeitsfrist bedeutet zugleich, daß der Auftraggeber die unbedingte Pflicht hat, seine innerbetriebliche bzw. innerbehördliche Organisation so einzurichten, daß Abschlagszahlungen innerhalb der genannten Frist geleistet werden.

2. Nichtleisten fälliger Abschlagszahlungen

74 a) Stehen dem Auftragnehmer Abschlagszahlungen zu und kommt der Auftraggeber seiner Zahlungsverpflichtung **nicht innerhalb der in Absatz 3 genannten Frist nach,** ist der Auftragnehmer wegen seiner dann bestehenden Rechte zunächst auf Teil B § 9 Nr. 1 b sowie auf Teil B § 16 Nr. 5 Abs. 3 hinzuweisen.

75 b) Im übrigen hat er **grundsätzlich einen im Wege der Klage durchsetzbaren Anspruch.** Dazu insbesondere Hochstein BauR 1971, 7. Schon begrifflich ist aber eine **Klage** aus Abschlagsrechnungen im allgemeinen **nicht mehr zulässig, sofern sie noch nicht anhängig ist, wenn sämtliche vertraglichen Leistungen** vom Auftragnehmer bereits **fertiggestellt** sind, weil er dann eine prüfbare Schlußrechnung vorlegen und nach Eintritt der Fälligkeit für die Schlußzahlung (Teil B § 16 Nr. 3 Abs. 1) den **Anspruch auf Schlußzahlung** geltend machen kann. Das trifft **erst recht** zu, wenn die Schlußrechnung bereits vorliegt (für diesen Fall BGH BauR 1985, 456 = NJW 1985, 1840 = MDR 1985, 750 = JZ 1985, 638 = Betrieb 1985, 1988 = LM § 16 [A] VOB/B Nr. 15 = SFH § 16 Nr. 1 VOB/B Nr. 3 mit Anm. Hochstein = ZfBR 1985, 174 = Locher EWiR § 16 VOB/B 1/85, 715 = WM 1985, 779; vgl. auch OLG Celle OLGZ 1975, 320; OLG Zweibrücken BauR 1980, 482; ebenso Locher, Das private Baurecht, Rdn. 201; Weick in Nicklisch/Weick Teil B § 16 Rdn. 25; Heiermann/Riedl/Rusam/Schwaab Teil B § 16 Rdn. 42). **Ausnahmsweise** ist eine **Klage** auf Abschläge auch nach Fertigstellung der Leistung aber noch möglich, wenn es sich nach Vorlage der Schlußrechnung um die **Auszahlung des unbestrittenen Guthabens nach Teil B § 16 Nr. 3 Abs. 1 Satz 3** handelt (von BGH a. a. O. offen gelassen), sowie **auch dann, wenn die Fälligkeit** von Abschlagszahlungen **bereits eingetreten und dieserhalb schon ein Rechtsstreit anhängig** ist, ohne daß damit allein der Zahlungsanspruch in einen solchen auf Schlußzahlung oder Teilschlußzahlung umgedeutet werden kann (BGH a. a. O.; vgl. dazu zutreffend Hochstein in Anm. zu OLG Köln BauR 1973, 324, 326 = SFH Z 2.330.1 Bl. 2; zustimmend u. a. Locher a. a. O.). Darüber hinaus ist eine Klage auch noch zulässig, wenn eine Abschlagsrechnung fällig ist, **bevor die Schlußrechnung unter Berücksichtigung der nach Fertigstellung der Leistung maßgebenden Frist** (Teil B § 14 Nr. 3) **vorgelegt werden kann** (zu weitgehend OLG Bremen BauR 1980, 579 = OLGZ 1980, 215, das es auf die tatsächliche Vorlage der Schlußrechnung, also unabhängig von den Fristen in Teil B § 14 Nr. 3, abstellt und dann die Geltendmachung einer Teilforderung annimmt, sofern der Auftraggeber die Abschlagsrechnung geprüft hat, wobei übersehen wird, daß diese nur eine prüfbare Aufstellung, nicht aber eine prüfbare Abrechnung ist; das gleiche gilt für Werner/Pastor Rdn. 873).

76 Eine Klage auf Abschlagszahlung **scheidet aus, nachdem der Vertrag durch Kündigung beendet worden ist;** denn gerade durch die Kündigung wird das Schlußabrechnungsverfahren eingeleitet. Auch dann kommt nur noch eine Klage auf Abschlagszahlung wegen des unbestrittenen Guthabens des Auftragnehmers in Betracht (Hochstein BauR 1973, 326; Weick in Nicklisch/Weick a. a. O.; Locher a. a. O.; BGH a.a.O.; dort jedenfalls für den Fall, daß die Schlußrechnung nach Kündigung erstellt und dem Auftraggeber eingereicht worden

ist; aber auch dann, wenn dies noch nicht der Fall ist, BGH BauR 1987, 453 = SFH § 16 Nr. 1 VOB/B Nr. 5 = NJW-RR 1987, 724 = ZfBR 1987, 200). Hat der Auftragnehmer bereits Klage auf Abschlagszahlung erhoben und ist er später zur Schlußabrechnung sowie deren klageweiser Geltendmachung in der Lage, so ist eine **entsprechende Umstellung der Klage keine Klageänderung nach § 263 ZPO, die regelmäßig auch sachdienlich wäre, sondern unterfällt lediglich der Ergänzungsregelung des § 264 Nr. 1 ZPO**, zu der es nicht der Zustimmung des Gegners bedarf. Hier handelt es sich um denselben Lebenssachverhalt, nämlich den Vergütungsanspruch des Auftragnehmers aus demselben Bauvertrag, was vor allem auch für den Bereich vorausgegangener Kündigung, insbesondere nach Teil B § 8 Nr. 1, § 649 BGB, zutrifft (BGH a. a. O.).

Zu der Geltendmachung eines Zurückbehaltungsrechts wegen vorhandener Mängel bei Klage auf Abschlagszahlung vgl. Rdn. 64 ff. 77

IV. Kein Einfluß der Abschlagszahlungen auf Haftung, Gewährleistung und Abnahme (Absatz 4)

Nr. 1 Abs. 4 enthält eine Regelung, die zur Vermeidung von Mißverständnissen an dieser 78 Stelle in die Allgemeinen Vertragsbedingungen hat aufgenommen werden müssen. Abschlagszahlungen haben nämlich **ausschließlich nur den Charakter der vorläufigen Erledigung eines Teils der Zahlungspflicht** durch den Auftraggeber. Deshalb ist zur **Klarstellung** bestimmt, daß **Abschlagszahlungen ohne Einfluß** sowohl **auf die Haftung** als auch auf die **Gewährleistung** des Auftragnehmers sind, also insbesondere auf Rechte des Auftraggebers aus Teil B §§ 10, 4 Nr. 7, 6 Nr. 6 und 13. Insoweit **verbleiben dem Auftraggeber trotz auf die Vergütung des Auftragnehmers geleisteter Abschläge alle Rechte**, so als ob noch keine Zahlung erfolgt wäre. Das gilt **auch hinsichtlich der Abnahme. Die Abschlagszahlung ist daher auch nicht als eine Abnahme von Teilen der Leistung oder gar der vertraglichen Gesamtleistung** anzusehen. Insbesondere können daraus keine Folgerungen im Hinblick auf Teil B § 12 Nr. 2 a gezogen werden.

Darüber hinaus kann die Abschlagszahlung auch **nicht als Anerkenntnis des darauf bezogenen Vergütungsanspruches** des Auftragnehmers angesehen werden, solange die Schlußrechnung noch nicht vorliegt (KG SFH Z 2.410 Bl. 64). 79

Hiernach **unterscheidet sich** die **Abschlagszahlung** in ihrem bloß vorläufigen Charakter 80 wesentlich **von den der endgültigen vollen oder teilweisen Erledigung des Vergütungsanspruches des Auftragnehmers dienenden Zahlungen** wie der **Schlußzahlung** (vgl. Rdn. 93 ff.) oder einer **Teilschlußzahlung** (vgl. Rdn. 257 ff.) oder einer durch Besondere oder Zusätzliche Vertragsbedingungen vereinbarten – als endgültig anzusehenden – **Teilzahlung** (z. B. auf eine Pauschalsumme, vgl. dazu BGH SFH Z 2.330 Bl. 7).

C. Vorauszahlungen (Nr. 2)

I. Allgemeines

Vorauszahlungen unterscheiden sich in ihrem rechtlichen Charakter von den übrigen in 81 **Teil B § 16 bestimmten Zahlungsarten** (Abschlagszahlungen nach Nr. 1, Schlußzahlung nach Nr. 3 und Teilschlußzahlungen nach Nr. 4) **grundlegend dadurch, daß sie im Gegensatz zu diesen nicht zur Voraussetzung haben, daß der Auftragnehmer die von ihm vertraglich geschuldete Leistung oder Teile derselben bereits erbracht hat** (BGH BauR 1986, 361 = NJW 1986, 1681 = MDR 1986, 845 = ZIP 1986, 702 = LM § 125 BGB Nr. 43 = Betrieb 1986, 1384 = WM 1986, 520 = Jagenburg EWiR § 17 VOB/B 1/86, 937 = SFH § 16

Nr. 1 VOB/B Nr. 4 = ZfBR 1986, 162). Vorauszahlungen weichen von dem das Bauvertragsrecht – vgl. insbesondere auch § 641 BGB – beherrschenden Grundsatz ab, daß der Auftragnehmer vorleistungspflichtig ist, also **zunächst die Leistung oder Teile derselben zu erbringen hat, bevor er** die ihm darauf zustehende **Vergütung beanspruchen kann.** Durch die Vereinbarung von Vorauszahlungen wird **praktisch** dem **Auftraggeber** eine **Vorleistungspflicht** auferlegt, allerdings mit der Maßgabe der Sicherstellung des Auftraggebers sowie der Verzinsung zu seinen Gunsten (vgl. Nr. 2 Abs. 1) sowie schnellstmöglicher Anrechnung auf erbrachte Leistungen (vgl. Nr. 2 Abs. 2).

82 Es liegt auf der Hand, daß der **Ausnahmecharakter** von Vorauszahlungen von vornherein zu einer gewissen **Vorsicht** auffordert, insbesondere **im wohlberechtigten Interesse des Auftraggebers.** Deshalb geht die VOB hier auch einen Weg, der dem Rechnung trägt: Sie gewährt dem **Auftragnehmer nicht ohne weiteres Ansprüche auf Vorauszahlungen,** also anders als bei den übrigen vorgenannten Zahlungsarten. Vielmehr eröffnet sie den Weg zu Vorauszahlungen **nur** dadurch, daß sie diese zwar nicht untersagt, sie aber **von einer besonderen vertraglichen Vereinbarung der Bauvertragspartner abhängig** macht, um dem Auftragnehmer **überhaupt einen Anspruch auf Vorauszahlungen zu geben.** Es ist daher **unbedingte Voraussetzung** für den Anspruch des Auftragnehmers auf Vorauszahlungen, **daß solche** zwischen den Bauvertragspartnern **im einzelnen Bauvertrag noch gesondert** in Besonderen oder Zusätzlichen Vertragsbedingungen **vereinbart worden sind.** Dazu ist es, insbesondere zur Vermeidung von Streitfällen, in jedem Fall **notwendig, die Voraussetzungen,** vor allem im Hinblick auf die Fälligkeit, **hinreichend genau festzulegen,** unter denen der Auftragnehmer Vorauszahlungen beanspruchen kann. Daher dürfte es sich **AGB-rechtlich** hier häufig um **zulässige Individualvereinbarungen** handeln (§ 1 Abs. 2 AGB-Gesetz). Ansonsten ist die hier in der VOB getroffene Regelung (vgl. Rdn. 87 ff.) **durchaus als im Bereich der §§ 11 Nr. 2 a und 9 AGB-Gesetz zulässig** zu betrachten (ebenso Kaiser BauR 1982, 205).

Zum möglichen **Ausschluß der Abtretbarkeit und Pfändbarkeit** von Ansprüchen auf Vorauszahlungen vgl. Teil B § 2 Rdn. 109.

83 Ist eine BGB-Gesellschaft (insbesondere Arbeitsgemeinschaft) Auftragnehmerin und erfüllt einer der Gesellschafter die vertragliche Bauleistung nicht, so kann er auf Rückzahlung einer ihm zugeflossenen Vorauszahlung erst in Anspruch genommen werden, wenn der Bauvertrag von keinem der Gesellschafter erfüllt wird (BGHZ 72, 267 = BauR 1979, 63 = NJW 1979, 308 = BB 1979, 136 = WM 1979, 1404 = SFH § 426 BGB Nr. 1 = MDR 1979, 305 = LM § 427 BGB Nr. 5 Anm. Merz = Betrieb 1979, 398 = ZfBR 1979, 64).

II. Regelung der VOB

84 Vorauszahlungen können **bereits bei Vertragsabschluß** vereinbart werden, insbesondere können deren Einzelheiten im Rahmen der Ausschreibung in Besonderen oder Zusätzlichen Vertragsbedingungen (vgl. Teil A § 10 Nr. 4 Abs. 1 k) festgelegt werden. **Möglich ist es aber auch,** eine entsprechende **Vereinbarung erst nach Abschluß des Bauvertrages** zu treffen, wenn **sachlich gerechtfertigte Gründe** dafür auftreten.

Diese zwei Möglichkeiten werden durch Nr. 2 dadurch beachtet, daß sich **Absatz 1 nur auf den zweiten Fall, die nach Vertragsabschluß erfolgte Absprache von Vorauszahlungen, bezieht.** Dagegen betrifft **Absatz 2 alle Fälle vereinbarter Vorauszahlungen,** gleichgültig, ob solche vor oder erst nach Vertragsabschluß abgesprochen worden sind.

85 Diese **Unterscheidung** ist durchaus **begründet.** Für den Bereich des Absatzes 1 muß es den Vertragspartnern überlassen bleiben, ob sie **bei schon im Zeitpunkt des Vertragsabschlusses**

vereinbarten Vorauszahlungen überhaupt die Leistung einer **Sicherheit sowie die Verzinsung** vereinbaren wollen. Dagegen erscheint die **grundsätzliche Verpflichtung des Auftragnehmers zur Sicherheitsleistung sowie zur Verzinsung** bei erst **nach** Vertragsabschluß erfolgter Festlegung von Vorauszahlungen durchaus angebracht. Wenn erst nachträglich Vorauszahlungen vereinbart werden, geschieht dieses in der Regel aufgrund erst später eingetretener oder erkannter Umstände, die allgemein sowohl ein **gesteigertes Sicherheitsbedürfnis** als auch ein **berechtigtes Interesse des Auftraggebers an der Verzinsung** ergeben. Dagegen folgt die Notwendigkeit der in Absatz 2 festgelegten **Anrechnungspflicht gleichermaßen** für die Vorauszahlungen, die bereits bei Vertragsabschluß und die erst nach Vertragsabschluß abgesprochen worden sind. Es entspricht in jedem Fall einem **berechtigten Anliegen des Auftraggebers, schnellstmöglich die Anrechnung** seiner ohnehin nicht den allgemeinen Grundsätzen des Werkvertragsrechts entsprechenden Vorleistung auf vom Auftragnehmer **inzwischen erbrachte Leistungen** zu erreichen.

Vorauszahlungen können grundsätzlich **mit** dem entsprechenden **Umsatzsteueranteil** gefordert werden, weil für deren Fälligkeit gegenüber dem Finanzamt § 13 Abs. 1 Nr. 1 a des Gesetzes zur Neufassung des Umsatzsteuergesetzes und zur Änderung anderer Gesetze (BGBl. I 1979, 1953) ebenso wie für Abschlagszahlungen gilt. Daher treffen hier die gleichen Erwägungen wie im Falle von Abschlagszahlungen zu (vgl. Rdn. 39 ff.). 86

Über vertragliche Konsequenzen der Besteuerung von Vorauszahlungen nach dem neuen Umsatzsteuerrecht vgl. Johannson Betrieb 1980, 148. Siehe auch das Merkblatt der OFD Düsseldorf, Köln und Münster über die Umsatzbesteuerung der Bauunternehmen (Betrieb 1982, 466).

III. Sicherheitsleistung und Verzinsung bei nachträglich vereinbarten Vorauszahlungen (Absatz 1)

1. Werden beim VOB-Vertrag erst **nach Vertragsabschluß** Vorauszahlungen vereinbart, so hat der **Auftraggeber die Befugnis, im Wege einseitigen, an den Auftragnehmer gerichteten Verlangens Sicherheit** hinsichtlich der vereinbarten und auch durch den Auftragnehmer geforderten Vorauszahlung zu verlangen (vgl. dazu auch BGH BauR 1986, 361 = NJW 1986, 1681 = MDR 1986, 845 = ZIP 1986, 702 = LM § 125 BGB Nr. 43 = Betrieb 1986, 1384 = WM 1986, 520 = Jagenburg EWiR § 17 VOB/B Nr. 4 = ZfBR 1986, 162 = SFH § 16 Nr. 1 VOB/B Nr. 4; insoweit insbesondere für den Bereich der Auslegung, wenn in Wirklichkeit nicht Sicherheit für eine Vorauszahlung, sondern für eine Abschlagszahlung vereinbart worden ist). Diese Sicherheit muß **ausreichend** sein, sie muß in ihrer Art und in ihrer Höhe das **Risiko wertmäßig abdecken,** das der Auftraggeber im konkreten Einzelfall durch die Verpflichtung zur Leistung von Vorauszahlungen und deren Hingabe eingeht. Es hängt von der **Lage des Einzelfalles** ab, was hier als ausreichende Sicherheit angesehen werden kann. Andererseits darf der Auftraggeber hier **nicht** so weit gehen und einen Druck auf den Auftragnehmer dadurch ausüben, daß er eine der Sachlage nicht entsprechende **unangemessen hohe Sicherheit** fordert. Er ist verpflichtet, den für seinen **Sicherungszweck angemessenen Rahmen** einzuhalten, was sich gleichfalls aus dem in der VOB verwendeten Begriff „ausreichende Sicherheit" ergibt. Hinsichtlich der Sicherheit selbst gilt das zu Nr. 1 Abs. 1 Satz 3 Gesagte (vgl. Rdn. 57 ff.). Vor allem sind für die Vorauszahlungsbürgschaft die sich aus Teil B § 17 Nr. 4 ergebenden Grundsätze maßgebend, wenn die Vertragspartner nichts anderes vereinbart haben (vgl. OLG Karlsruhe BauR 1986, 227). Der Zweck der Sicherheitsleistung endet mit dem Zeitpunkt, in dem die (Teil-)Leistung, für die die Vorauszahlung gewährt wurde, erbracht ist. Dann ist die dafür zur Verfügung gestellte Sicherheit grundsätzlich zurückzugewähren (OLG Karlsruhe a. a. O.). Vgl. dazu auch Rdn. 131 ff. sowie auch Heiermann BB 1977, 1575, 1579. Solange der Auftragnehmer die angemessene Sicherheit nicht leistet, ist die Vorauszahlung nicht fällig, und der Auftraggeber kann die Zahlung verweigern (§ 273 BGB). 87

Ist eine BGB-Gesellschaft (insbesondere Arbeitsgemeinschaft) Auftragnehmer, so wird der Vorauszahlungsbürge eines Gesellschafters von seiner Verpflichtung auch dann frei, wenn ein anderer Gesellschafter die geschuldete Leistung, für die die Vorauszahlung gewährt wurde, erbringt (BGHZ 72, 267 = BauR 1979, 63 = NJW 1979, 308 = BB 1979, 136 = WM 1978, 1404 = SFH § 426 BGB Nr. 1 = MDR 1979, 305 = LM § 427 BGB Nr. 5 Anm. Merz = Betrieb 1979, 398 = ZfBR 1979, 64).

88   2. Des weiteren **muß** der **Auftragnehmer** die ihm aufgrund nach Vertragsabschluß getroffener Vereinbarung geleistete **Sicherheit grundsätzlich verzinsen,** wie sich aus Abs. 1 Satz 2 ergibt. Ebenso **grundsätzlich** beläuft sich der **Zinssatz auf 1 v. H. über dem Lombardzinssatz der Bundesbank.** Es bleibt den Bauvertragspartnern allerdings überlassen, im Einzelfall eine hiervon **abweichende Vereinbarung** zu treffen, und zwar sowohl hinsichtlich der Verzinsung als solcher als auch wegen der Höhe des Zinssatzes. Dieser darf jedoch die Gebote der **Angemessenheit nicht überschreiten,** was von den jeweiligen Verhältnissen, nicht zuletzt auf dem Kreditmarkt, abhängt.

Die Verpflichtung zur **Verzinsung dauert von dem Empfang der jeweiligen Vorauszahlung bis zu deren Anrechnung auf die nächstfällige Zahlung.** In letzterer Hinsicht sind im **äußersten Fall** die dafür maßgebenden, sich aus der VOB ergebenden **Fälligkeitstermine,** zu denen der Auftraggeber Abschlagszahlungen, Teilschlußzahlungen oder die Schlußzahlung zu leisten hat, **ausschlaggebend.**
Zur Berücksichtigung von Zinsen auf Vorauszahlungen in der Kostenrechnung für Zwecke der Preisermittlung für öffentliche Aufträge vgl. Laßmann Betrieb 1987, 1599.

IV. Anrechnung der Vorauszahlungen auf nächstfällige Zahlungen (Absatz 2)

89   **Die in Nr. 2 Abs. 2 geregelte Anrechnungspflicht betrifft gleichermaßen Auftraggeber und Auftragnehmer.** Der Auftraggeber muß die Anrechnung bewirken oder zumindest dulden, damit der Auftragnehmer nicht noch weiter mit Zinsen sowie einer von ihm geleisteten Sicherheit belastet wird. Der Auftragnehmer muß die Anrechnung vornehmen, weil die Vorauszahlungen **möglichst bald in ein reales Verhältnis zu tatsächlich erbrachten vertraglichen Leistungen gebracht** werden müssen. Das sind Anliegen beider Seiten, die es rechtfertigen, die **Anrechnungspflicht für jeden Fall vereinbarter Vorauszahlungen** festzulegen, gleichgültig, ob die Vorauszahlungen bei oder erst nach Vertragsabschluß vereinbart worden sind (vgl. Rdn. 81 ff.).

90   Allerdings kommt kraft ausdrücklicher Regelung eine **Anrechnung der Vorauszahlungen nur** in Betracht, soweit diese **selbst leistungsmäßig abgedeckt** sind, also **darauf Leistungen** zwischenzeitlich **erbracht** worden sind, **für die die jeweilige Vorauszahlung geleistet worden ist.** Wird eine Vorauszahlung für die Anschaffung von Baustoffen geleistet, so ist diese auf die nächstfällige Zahlung anzurechnen, die die Vergütung für den Teil der Leistung betrifft, in dessen Rahmen die Baustoffe verarbeitet worden sind. Ist dagegen eine Vorauszahlung für die Beschaffung von vorgefertigten Fenstern erbracht worden, so kann diese nicht auf eine Abschlagszahlung für den erfolgten Einbau von Türen angerechnet werden.

91   Sofern hiernach die Voraussetzungen für eine Anrechnung gegeben sind, hat diese auf die **nächstfällige Zahlung** zu erfolgen. Auch hier sind die Fälligkeitstermine maßgebend, die sich für die **jeweils anstehende Zahlung** aus den Regelungen der VOB ergeben (vgl. Rdn. 9 ff.).

V. Vorauszahlungen bei öffentlichen Bauaufträgen

92   Hierzu bestimmt das VHB zu Teil B § 16 folgendes:

2. Vorauszahlungen

2.1. Vorauszahlungen bei Bauleistungen

2.1.1. Vorauszahlungen können bei Vergaben auf Grund eines Wettbewerbs in den Verdingungsunterlagen bei Verkehrsüblichkeit oder bei besonderen Umständen vorgesehen werden.

Von einer Verzinsung durch den Auftragnehmer ist abzusehen. Die Höhe der Vorauszahlung bzw. die Bemessungsgrundlagen sowie der Zeitpunkt der Auszahlung, die Sicherheitsleistung (siehe 2.4.) und die Art und Weise der Tilgung (siehe 2.5.) sind im Einzelfall in Nr. 10 der Besonderen Vertragsbedingungen – EVM (B) BVB – zu regeln.

2.1.2. Als verkehrsüblich sind Vorauszahlungen anzusehen, wenn in dem betreffenden Wirtschaftszweig regelmäßig, d. h. auch bei nicht öffentlichen Auftraggebern, Vorauszahlungen ausbedungen werden. In Zweifelsfällen können Auskünfte über die Verkehrsüblichkeit von Vorauszahlungen von den Industrie- und Handelskammern oder den Handwerkskammern eingeholt werden.

2.1.3. Besondere Umstände für Vorauszahlungen liegen beispielsweise vor, wenn die Ausführung der Leistungen infolge ihres Umfanges oder ihrer Eigenart für den Auftragnehmer mit einer nicht gewöhnlichen Kapitalinanspruchnahme verbunden ist.

2.1.4. Läßt sich bei Aufstellung der Verdingungsunterlagen nicht ausreichend übersehen, ob die Voraussetzungen der Nr. 2.1.2. und 2.1.3. für alle voraussichtlichen Bieter gleichmäßig gegeben sind, so können die Zahlungsbedingungen dem Wettbewerb unterstellt werden: In diesem Fall sind von den Bietern Angaben zu verlangen über die Höhe der Vorauszahlungen und die Zahlungstermine.

Bei der Wertung der Angebote ist auch die verlangte Zahlungsweise zu berücksichtigen.

2.1.5. Die Regelungen über die Vorauszahlungen sind von der Technischen Aufsichtsbehörde in der Mittelinstanz zu treffen.

2.1.6. Werden Bauleistungen ohne Wettbewerb zu Selbstkostenpreisen vergeben [§§ 8–10 und 14 der Verordnung PR Nr. 1/72 (Teil IV)], so ist im Hinblick auf Nr. 35 Abs. 5 der Leitsätze für die Ermittlung von Preisen für Bauleistungen auf Grund von Selbstkosten – LSP-Bau – (Teil IV) für Vorauszahlungen stets eine angemessene Verzinsung zu vereinbaren.

2.1.7. Nach Vertragsschluß dürfen Vorauszahlungen auf Antrag des Auftragnehmers nur ausnahmsweise und mit vorheriger Zustimmung der Technischen Aufsichtsbehörde in der Mittelinstanz unter Abwägung aller Umstände und unter Berücksichtigung der Grundsätze sparsamer Wirtschaftsführung vereinbart werden. Es ist stets auszubedingen, daß solche Vorauszahlungen verzinst werden, sofern nicht eine der Verzinsung entsprechende angemessene Preisermäßigung vereinbart wird.

2.2. Vorauszahlung bei sonstigen Leistungen

2.2.1. Bei Vergabe von sonstigen Leistungen zu Marktpreisen [marktgängige Erzeugnisse, vgl. Verordnung PR Nr. 30/53 (Teil IV)] können Vorauszahlungen vereinbart werden, wenn dies markt-(wirtschaftszweig-)üblich ist; hierbei ist zu beachten, daß hinsichtlich der Üblichkeit zeitliche Änderungen eintreten können und bezirksweise Unterschiede bestehen.

2.2.2. Sind Vorauszahlungen – z. B. 1/3 bei Auftragserteilung und 1/3 nach Fertigstellung im Werk – markt-(wirtschaftszweig-)üblich, so richtet sich die Verzinsung nach den markt-(wirtschaftszweig-)üblichen Bedingungen; in der Regel werden solche Vorauszahlungen zinslos gewährt.

2.2.3. Sind Vorauszahlungen nicht markt-(wirtschaftszweig-)üblich, erscheint es aber dem Auftraggeber in sorgfältiger Abwägung aller Umstände unter Wahrung des Grundsatzes sparsamer Wirtschaftsführung aus besonderer Veranlassung zweckmäßig, Vorauszahlungen zu gewähren, so ist auszubedingen, daß sie durch den Auftragnehmer verzinst werden.

2.2.4. Bei Vergabe von sonstigen Leistungen zu Selbstkostenpreisen – §§ 5–8 der Verordnung PR Nr. 30/53 (Teil IV) – können Vorauszahlungen bis zur Höhe von 30 v. H. des Wertes der Leistungen vereinbart werden. Sie sind in der Höhe des Zinsfußes für die kalkulatorische Kapitalverzinsung zu verzinsen [Nr. 43 Abs. 2 der Leitsätze für die Preisermittlung auf Grund von Selbstkosten in Verbindung mit der Verordnung PR Nr. 4/72 vom 17. April 1972 (BAnz Nr. 78 vom 24. April 1972)].

2.2.5. Für die Vereinbarung von Vorauszahlungen nach Vertragsabschluß gilt 2.1.7. entsprechend.

2.3. Verzinsung

Als Zins ist in der Regel ein Vomhundertsatz zu vereinbaren, der den jeweiligen amtlichen Diskontsatz der Deutschen Bundesbank um 4 Punkte übersteigt.

2.4. Sicherheitsleistung

Für Vorauszahlungen ist stets Sicherheit in Höhe der Vorauszahlung durch selbstschuldnerische Bürgschaft eines in der Europäischen Gemeinschaft zugelassenen Kreditinstitutes nach vorgeschriebenem Formblatt EFB – Sich 3 (Teil III) zu fordern.

2.5. Tilgung von Vorauszahlungen

Vorauszahlungen sind auf die nächstfälligen Zahlungen anzurechnen, soweit damit Leistungen abgegolten werden, für die die Vorauszahlungen gewährt worden sind. Vorauszahlungsbürgschaften sind insoweit freizugeben; dies kann durch Hergabe geeignet gestückelter Bürgschaften erleichtert werden.

Über die Auswirkungen des UStG 1980 auf die Verrechnung von Vorauszahlungen öffentlicher Auftraggeber bei der Selbstkostenpreisermittlung vgl. Schuler Betrieb 1980, 1281.

D. Die Schlußzahlung (Nr. 3)

I. Allgemeines

1. Bedeutung

93 Nr. 3 befaßt sich mit der **Schlußzahlung.** Der Begriff Schlußzahlung ist **kein üblicher Rechtsbegriff mit feststehendem Inhalt im allgemeinen Zahlungsverkehr** (Daub/Meierrose/Müller, § 17 VOL/B Ez. 8; vgl. auch BGH BauR 1983, 165 = NJW 1983, 816 = Betrieb 1983, 653 = SFH § 16 Nr. 3 VOB/B Nr. 26 = ZfBR 1983, 83 = MDR 1983, 572; Heiermann NJW 1984, 2489; Weyer BauR 1984, 553; Friehe BauR 1984, 562). Unter Schlußzahlung wird für das Bauvertragsrecht die **endgültige Begleichung der Vergütung des Auftragnehmers aus dem jeweiligen Bauvertrag** verstanden. Es wird der **gesamte Betrag** gezahlt, der dem Auftragnehmer nach den bauvertraglichen Bedingungen und Bestimmungen **noch zusteht**, also abzüglich etwaiger, jedoch nicht notwendig (vgl. OLG München OLGZ 1979, 234) vorausgegangener Abschlags-, Voraus- und Teilschlußzahlungen, jedoch ungeachtet einer etwa nach Teil B § 17 Nr. 8 noch nicht zurückzugewährenden Sicherheitsleistung.

94 Allerdings kommt dem in der **VOB** verwendeten Begriff der Schlußzahlung eine **Besonderheit** zu: **Die Schlußzahlung ist nicht objektiv, sondern subjektiv orientiert, und zwar aus der Sicht des Auftraggebers** (vgl. insbesondere nachfolgend Rdn. 118 ff.; ebenso u. a. OLG München BauR 1976, 61; Locher, Das private Baurecht, Rdn. 203). **Gemeint ist die letzte, im vorgenannten Umfang tatsächlich erfolgende Zahlung des Auftraggebers, und zwar desjenigen Betrages oder Restbetrages, der dem Auftragnehmer nach Ansicht des Auftraggebers noch zusteht.** Dies folgt aus der in Absatz 2 geregelten **besonderen Ausschlußwirkung** und wird von Brügmann (BB 1972, 942) nicht ausreichend beachtet.

Der vielfach verwendete Begriff „**Restzahlung**" ist **mit** dem hier gebrauchten der **Schlußzahlung grundsätzlich identisch**.

2. Vorherige Erteilung der Schlußrechnung

Die **Schlußzahlung setzt** grundsätzlich (Ausnahme Teil B § 14 Nr. 4) die **vorherige Aufstellung und Einreichung der prüfbaren Schlußrechnung** durch den Auftragnehmer **voraus** (dazu insbesondere Teil B § 14 Rdn. 47 ff., BGH BauR 1975, 282 = SFH Z 2.330.2 Bl. 22; BGH NJW 1975, 1833 = BB 1975, 1183 = Betrieb 1975, 1600 = MDR 1975, 921 = BauR 1975, 349 = SFH Z 2.330.2 Bl. 30; vor allem auch BGH BauR 1977, 354 = SFH Z 2.331 Bl. 100; BGH BauR 1979, 342 = SFH § 16 Ziff. 2 VOB/B Nr. 12 = ZfBR 1979, 159; BGH BauR 1979, 525 = SFH § 16 Ziff. 2 VOB/B Nr. 13 = WM 1979, 1046 = Betrieb 1979, 2369 = ZfBR 1979, 207 = MDR 1980, 136 = LM § 16 [B]VOB/B Nr. 3; BGH BauR 1981, 204 = SFH § 16 Ziff. 2 VOB/B Nr. 16 = NJW 1981, 1040 = MDR 1981, 575 = Betrieb 1981, 1774 = LM § 16 VOB/B [A]Nr. 12 = ZfBR 1981, 81; BGH BauR 1984, 182 = ZfBR 1984, 74; SFH § 16 Nr. 3 VOB/B Nr. 31; siehe auch Rdn. 118 ff.).

95

Unter dem **Begriff der Schlußrechnung** versteht man die **nach außen rechnungsmäßig zum Ausdruck kommende Äußerung des Auftragnehmers darüber, welche Vergütung er endgültig aus dem betreffenden Bauvertrag** gegenüber dem Auftraggeber **zu beanspruchen glaubt.** Dies kommt in der Regel durch den Gebrauch des Wortes „Schlußrechnung" zum Ausdruck (vgl. z. B. OLG Frankfurt NJW-RR 1988, 600), kann aber **auch auf andere Weise kenntlich gemacht werden**, sofern es **zweifelsfrei** geschieht, wie z. B. durch die Wendung „Rechnung betr. Auftrag vom ..." Darüber hinaus muß von einer Schlußrechnung immer dann gesprochen werden, wenn die nach der Fertigstellung der in Auftrag gegebenen Leistung überreichte Rechnung **alle vom Auftragnehmer übernommenen und ausgeführten Arbeiten enthält,** so daß sich eine weitere Rechnung **erkennbar** erübrigt (BGH BauR 1975, 344 = NJW 1975, 1701 = BB 1975, 990 = SFH Z 2.502 Bl. 8 = MDR 1975, 835 = LM VOB/B Nr. 76/77). Entscheidend ist immer, daß der **Auftragnehmer zu erkennen** gibt, welche Vergütung er **insgesamt** für seine Leistung aus dem betreffenden Vertrag fordert, und daß der Auftraggeber damit Gelegenheit erhält, die Rechnungsposten anhand der vertraglichen Leistungs- und Preisangaben zu prüfen und den nach seiner Ansicht von ihm noch zu zahlenden **Gesamtbetrag zu ermitteln.** Darauf, ob einzelne Teile der Schlußrechnung **erst später fällig** werden, wie z. B. der Sicherheitseinbehalt, **kommt es nicht an,** da der Auftraggeber auch hier feststellen kann, ob dieser erst später fällig werdende Teil zutreffend ermittelt worden ist, ob die Sicherheitssumme zur Deckung etwaiger Mängelbeseitigungskosten ausreicht oder ob gegenüber dem bereits fälligen Teil der Vergütung ein gesetzliches Leistungsverweigerungsrecht geltend gemacht werden soll (BGH BauR 1979, 525 = SFH § 16 Ziff. 2 VOB/B Nr. 13 = WM 1979, 1046 = Betrieb 1979, 2369 = ZfBR 1979, 207 = MDR 1980, 136 = LM § 16 [B] VOB/B Nr. 3).

96

Sofern eine hinreichende Kennzeichnung erfolgt oder sich aus ihrem eindeutig voneinander abgegrenzten Inhalt zweifelsfrei ergibt (vgl. dazu OLG Köln MDR 1985, 496), kann die Schlußrechnung durchaus aus mehreren Einzelrechnungen bestehen (BGH BauR 1987, 96 = NJW 1987, 493 = MDR 1987, 311 = BB 1987, 154 = Betrieb 1987, 429 = SFH § 16 Nr. 3 VOB/B Nr. 39 = LM § 16 [D] VOB/B Nr. 21 = ZfBR 1987, 39; vgl. auch BGH NJW-RR 1988, 1660; OLG Düsseldorf BauR 1973, 386). Eine **Schlußrechnung** ist es **dagegen** nicht, wenn der Auftragnehmer zunächst eine Rechnung über die erbrachten Leistungen nach den ursprünglich vereinbarten Preisen vorlegt und danach eine weitere Rechnung auf der Grundlage besonderer vertraglicher Vereinbarung, wie z. B. einer Lohn- und Materialpreisgleitklausel und der darauf beruhenden erhöhten Kosten, **sofern er die spätere Berechnung erkennbar** mündlich oder schriftlich **vorbehalten** oder sogar mit dem Auftrageber oder dessen befugtem Vertreter, wozu auch der mit der Rechnungsprüfung befaßte Architekt gehört, **verein-**

97

bart hat (BGH BauR 1978, 145 = NJW 1978, 994 = MDR 1978, 483 = BB 1978, 327 = SFH § 164 BGB Nr. 2 = Betrieb 1978, 1124). Gleiches gilt, wenn der Auftragnehmer zunächst nur die ursprünglich vereinbarte Pauschalvergütung abrechnet und ankündigt, zusätzliche Kosten aus dem **einheitlichen** Bauauftrag **gesondert** in Rechnung zu stellen. Dann ist nur die letztere Rechnung eine Schlußrechnung, während es sich bei der ersteren um eine – bloße – Zwischenrechnung handelt (BGH BauR 1982, 282 = SFH § 16 Nr. 3 VOB/B Nr. 20 = Betrieb 1982, 1320 = NJW 1982, 1594 = BB 1982, 1947 = MDR 1982, 746 = LM § 16 [B] VOB/B Nr. 4 = ZfBR 1982, 123).

98 Eine Schlußrechnung kann dagegen aber auch dann vorliegen, wenn sich dies erst aus dem späteren – eindeutigen – Verhalten des Auftragnehmers ergibt. So kann eine zunächst über eine Teilleistung erteilte Rechnung dadurch zur Schlußrechnung werden, daß der Auftragnehmer später aus dem betreffenden Bauauftrag **keine Forderungen mehr stellt.** Dies trifft selbst dann zu, wenn sich der Auftragnehmer bei Übersendung der nur Teilleistungen betreffenden Rechnung die Geltendmachung weiterer Ansprüche vorbehält, wie z. B. bei einer nach Kündigung gemäß Teil B § 8 Nr. 1 erfolgenden Abrechnung der erbrachten Leistungen unter gleichzeitigem Vorbehalt von Vergütungsansprüchen für die nicht geleisteten Arbeiten, und er in einer späteren Rechnung diesen Vorbehalt nicht mehr wiederholt. Das gilt vor allem auch, wenn der Auftragnehmer dann nur die Vergütung seiner Rechnung über die erbrachten Leistungen einklagt und im Verlauf des Prozesses auf die ursprünglich vorbehaltenen weiteren Ansprüche nicht mehr zurückkommt, vielmehr die eingeklagte Summe als Schlußrechnungsbetrag behandelt (BGH BauR 1975, 282 = SFH Z 2.330 Bl. 32 = WM 1975, 453; BGH BauR 1975, 349 = BB 1975, 1181 = NJW 1975, 1833 = SFH Z 2.330.2 Bl. 30 = MDR 1975, 921 = LM VOB/B Nr. 78; OLG München SFH § 8 VOB/B Nr. 6).

99 Andererseits verstößt eine Klausel in **AGB** – insbesondere Zusätzlichen Vertragsbedingungen – des Auftraggebers dahin, daß der Auftragnehmer mit Einreichung der Schlußrechnung auf weitere Forderungen aus dem betreffenden Bauvorhaben verzichtet, gegen **§ 10 Nr. 5 AGB-Gesetz** (Frikell/Glatzel/Hofmann K 14.9). Dagegen wird dies – für den Fall, daß der Auftragnehmer Kaufmann ist – **nicht unbedingt schon** für den Bereich des § 9 AGB-Gesetz zu gelten haben, zumal Schweigen im kaufmännischen Bereich üblicherweise in weit größerem Maße Erklärungswirkung hat, daher dem Auftragnehmer hier grundsätzlich zugemutet werden kann, in vollem Bewußtsein der Tragweite sämtliche Forderungen aus dem betreffenden Bauauftrag in die Schlußrechnung aufgenommen zu haben (vgl. Ulmer/Brandner/Hensen § 10 Nr. 5 Rdn. 18; a. A. Frikell/Glatzel/Hofmann K 14.10; Heiermann/Riedl/Rusam/Schwaab Teil B § 16 Rdn. 60). Allerdings wird eine entsprechende Klausel nur dann nicht gegen § 9 AGB-Gesetz verstoßen, wenn sie dem Auftragnehmer jedenfalls eine kurze Frist zur Nachprüfung seiner Berechnungsunterlagen läßt, um seine Schlußrechnung nochmals überprüfen und gegebenenfalls berichtigen zu können (ähnlich Ulmer/Brandner/Hensen a. a. O.).

II. Fälligkeit der Schlußzahlung (Absatz 1)

1. Grundsätzlich Fälligkeit zwei Monate nach Zugang der Schlußrechnung (Abs. 1 Satz 1)

100 Nach Abs. 1 Satz 1 ist die **Schlußzahlung alsbald nach Prüfung und Feststellung** der vom Auftragnehmer vorgelegten Schlußrechnung (Teil B § 14 Nr. 3) zu leisten, **spätestens innerhalb von zwei Monaten** nach ihrem **Zugang**. Die Frist von zwei Monaten ist eine **Fälligkeitsregel** im Rechtssinne, **und zwar neben der ebenfalls erforderlichen Einreichung einer prüfbaren** (vgl. Rdn. 118 ff., 163 ff.) **Schlußrechnung sowie der Abnahme der Leistung** (vgl. dazu Rdn. 12 ff.). **Dies gilt unabhängig von der im jeweiligen Vertrag vereinbarten**

Vergütungsart, ob es sich also um einen Einheitspreisvertrag, einen Pauschalvertrag, einen Stundenlohnvertrag oder um einen Selbstkostenvertrag handelt. Insoweit macht die VOB/B schon nach ihrem Wortlaut ersichtlich keinen Unterschied, so daß diese Vertragsbestimmung auch für den Fall gilt, in dem ein Pauschalpreis vereinbart wurde, der unverändert weitergilt, weil sich bei der Ausführung der bei Vertragsabschluß vorausgesetzte Leistungsinhalt nicht geändert hat (a. A. LG Stuttgart NJW 1988, 1036). Aber auch aus Gründen der Rechtssicherheit ist eine derartig einheitliche Fälligkeitsregelung angebracht. Einmal wird auch bei unveränderten Pauschalverträgen dem Auftraggeber die Gelegenheit gegeben nachzuprüfen, ob alle im Vertrag vereinbarten Leistungseinzelheiten erbracht sind, ob der in der Schlußrechnung noch verlangte Betrag sich unter Berücksichtigung schon erbrachter Zahlungen vereinbaren läßt. Zum anderen geht es bei der hier erörterten Fälligkeitsregelung nicht zuletzt darum, die für die Schlußzahlung noch benötigten Mittel zu beschaffen und pünktlich nach Ablauf der Frist zur Verfügung zu haben, um nicht in Zahlungsverzug (vgl. dazu Teil B § 16 Nr. 5 Abs. 3) zu geraten. **Verweigert der Auftraggeber zu Unrecht die Annahme der Schlußrechnung, so gilt sie ihm nach Maßgabe des § 130 BGB als zugegangen, ohne daß es dabei auf Arglist ankommt** (zutreffend Heiermann/Riedl/Rusam/Schwaab Teil B § 16 Rdn. 65 m. w. N.). In einem solchen Fall kann der Auftragnehmer dem Auftraggeber die Schlußrechnung auch durch Vermittlung des Gerichtsvollziehers zustellen lassen (§ 132 BGB a. a. O.; Weick in Nicklisch/Weick Teil B § 16 Rdn. 37).

Dies gilt unabhängig davon, ob die Rechnung tatsächlich geprüft und festgestellt worden ist. Das bedeutet, daß **grundsätzlich** (über Ausnahmen vgl. Rdn. 113 ff.) die Schlußrechnung zwei Monate nach ihrem **Zugang** zur Zahlung **fällig** wird (vgl. auch OLG Düsseldorf SFH Z 2.50 Bl. 19 ff.; ferner OLG Celle BauR 1979, 433). Damit tritt allerdings **nicht sogleich schon Verzug des Auftraggebers** ein; dazu bedarf es der **weiteren, in § 16 Nr. 5 Abs. 3 Satz 1 geregelten Voraussetzung** (vgl. Rdn. 279 ff.). 101

Der BGH hat zwar in seiner Entscheidung vom 25. 9. 1967 (SFH Z 2.331 Bl. 50, insoweit NJW 1967, 2353 nicht abgedruckt) zum Ausdruck gebracht, die Schlußzahlung werde erst „nach" Erteilung einer prüfbaren Schlußrechnung fällig. Damit hat er jedoch nicht gesagt (ebensowenig wie NJW 1967, 342 = SFH Z 2.330 Bl. 25 ff. = BB 1967, 12 = LM § 14 VOB/B Nr. 1), daß entgegen der vorangehend vertretenen Ansicht schon der Zugang der prüfbaren Schlußrechnung für den Eintritt der Fälligkeit ausreicht. Dies wird durch die spätere Entscheidung des BGH vom 16. 12. 1968 (NJW 1969, 428 = MDR 1969, 299 = BB 1969, 294 = LM VOB/B Nr. 33 = SFH Z 2.331 Bl. 71) bestätigt, in der es heißt, daß die Schlußzahlung **spätestens nach Ablauf der Zweimonatsfrist fällig** wird (ebenso BGH NJW 1971, 1455 = MDR 1971, 746 = BauR 1971, 203 = Betrieb 1971, 1251 = SFH Z 2.331 Bl. 89 = LM VOB/B Nr. 46; BGHZ 53, 222 = BauR 1970, 113 = NJW 1970, 938 = MDR 1970, 500 = SFH Z 2.331 Bl. 80 ff.). **Vorher** kann der Auftragnehmer also **grundsätzlich weder die Schlußzahlung noch die Verzinsung beanspruchen** (BGH a. a. O.); der Auftraggeber läuft vor allem keine Gefahr, mit seiner Zahlungspflicht in Verzug zu kommen, wenn er die Schlußrechnung **nach einer - nicht verzögerten - Prüfung** begleicht (BGH a. a. O.; vgl. auch BGHZ 83, 382 = BauR 1982, 377 = NJW 1982, 1815 = Betrieb 1982, 1927 = BB 1982, 1944 = SFH § 16 Nr. 3 VOB/B Nr. 21 = MDR 1982, 842 = LM § 16 VOB/B [C] Nr. 10 Anm. Obenhaus = ZfBR 1982, 154).

Das zur Fälligkeit Gesagte **trifft somit auch zu,** wenn der **Auftragnehmer** die Erteilung der 102 **Schlußrechnung über zwei Monate nach deren Zugang hinaus verzögert hat,** so zutreffend BGH SFH Z 2.331 Bl. 75 und Z 2.311 Bl. 42, insbesondere aber BauR 1971, 203 = NJW 1971, 1455 = MDR 1971, 746 = Betrieb 1971, 1251 = SFH Z 2.331 Bl. 89 = LM VOB/B Nr. 46 und BGHZ 56, 312 = NJW 1971, 1800 = SFH Z 2.414 Bl. 258 = MDR 1971, 835 = BB 1971, 1080 = LM § 472 BGB Nr. 5 = BauR 1971, 260; ferner OLG Karlsruhe MDR 1961, 53 und OLG Celle MDR 1970, 674 und BauR 1979, 433; a. A., jedoch unrichtig OLG Köln MDR 1969, 839, zumal der Auftraggeber nach Teil B § 14 Nr. 4 notfalls **selbst** die **Möglichkeit** hat, die **Schlußrechnung** auf Kosten des Auftragnehmers **aufzustellen.**

Vgl. aber auch Rdn. 109–116.

Besondere oder Zusätzliche Vertragsbedingungen dahin gehend, daß die Schlußrechnung durch ein Architekten- oder Ingenieurbüro geprüft werden müsse, oder auch, daß sie der Anerkennung durch den Auftraggeber bedürfe, bedeuten für sich allein noch nicht, daß damit die von der VOB festgelegte Fälligkeit der Schlußzahlung hinausgeschoben ist. Eine von der VOB abweichende andere vertragliche Festlegung eines Fälligkeitszeitpunktes liegt auch nicht schon in der Abrede: „Der Unternehmer haftet für die einwandfreie Ausführung der Arbeiten auf die Dauer von zwei Jahren vom Tag der Abnahme und hat während dieser Zeit ein Haftgeld von 10% der Abrechnungssumme zu hinterlegen"; eine solche Regelung hat nur Fragen der Gewährleistung und der Sicherheitsleistung, nicht aber die Fälligkeit der Vergütung zum Gegenstand (BGHZ 58, 103 = BauR 1972, 179 = NJW 1972, 525 = JZ 1972, 285 = BB 1972, 419 = LM § 208 BGB Nr. 7 Anm. Rietschel = Betrieb 1972, 527).

Eine Vertragsbedingung, durch die die Fälligkeit der Vergütung des Auftragnehmers davon abhängig gemacht wird, daß dieser dem Auftraggeber sogenannte **Mängelfreibescheinigungen** Dritter (z. B. Erwerber) vorlegt, ist **unangemessen und rechtsunwirksam**, weil diese Voraussetzung vom Auftragnehmer gegenüber dem Dritten nicht durchgesetzt werden kann, da er mit diesem nicht in einem Vertragsverhältnis steht. Insoweit kommt es nicht darauf an, ob die Bescheinigungen für verschiedene Hauseinheiten von mehreren oder von einem einzigen Dritten (z. B. Generalmieter) auszustellen wären (OLG Köln SFH § 641 BGB Nr. 2). Derartige Klauseln verstoßen insbesondere auch gegen **§ 9 AGB-Gesetz** und sind daher **unwirksam** (vgl. LG München I SFH § 9 AGB-Gesetz Nr. 1). Vgl. für Subunternehmerverträge auch Anh. Rdn. 139 ff. sowie Teil B § 12 Rdn. 1. **Ebenso** unter dem Aspekt des **§ 9 AGB-Gesetz** ist eine Klausel in Zusätzlichen Vertragsbedingungen zu beurteilen, wonach die in Abs. 1 Satz 1 festgelegte Fälligkeit um einen beachtlichen Zeitraum (z. B. auf 5 Monate) generell verlängert wird, da schon die VOB-Regelung im Verhältnis zu § 641 BGB ein Hinausschieben der gesetzlichen Fälligkeitsbestimmung enthält.

103 Der genannte Fälligkeitszeitpunkt gilt auch für solche Forderungen, für die der Auftraggeber schon vor Erreichung der Schlußrechnung erklärt hat, er werde sie nicht bezahlen (BGH BauR 1970, 116 = WM 1970, 524 = SFH Z 2.331 Bl. 83 ff.). Auch die Verjährungsfrist hinsichtlich dieser Forderungen beginnt am Schluß des Jahres, in dem die Fälligkeit der Schlußzahlung eintritt (BGH a. a. O.).

2. Auch Fälligkeit von in Schlußrechnung nicht aufgenommenen Forderungen

104 Darüber hinaus werden zu dem in Rdn. 100 ff. angeführten Zeitpunkt nicht nur solche Forderungen fällig, die in der Schlußrechnung enthalten sind, sondern **auch solche,** die in die Schlußrechnung – sei es bewußt, sei es aus Vergeßlichkeit – **nicht aufgenommen** worden sind (vgl. auch OLG Düsseldorf NJW 1977, 1298 = MDR 1977, 754; auch Weick in Nicklisch/Weick Teil B § 16 Rdn. 40; Heiermann/Riedl/Rusam/Schwaab Teil B § 16 Rdn. 63).

Insoweit gilt eine **einheitliche Fälligkeit**, was für den Beginn der Verjährungsfrist von **größter Bedeutung** ist (BGHZ 53, 222 = BauR 1970, 113 = NJW 1970, 938 = MDR 1970, 500 = SFH Z 2.331 Bl. 80; vgl. auch BGHZ 83, 382 = BauR 1982, 377 = NJW 1982, 1815 = Betrieb 1982, 1927 = BB 1982, 1944 = SFH § 16 Nr. 3 VOB/B Nr. 21 = MDR 1982, 842 = LM § 16 VOB/B [C] Nr. 10 Anm. Obenhaus = ZfBR 1982, 154). Selbstverständlich kann diese Folge nur für sämtliche Forderungen aus einem **einheitlichen Auftrag** gelten; sie geht also nicht darüber hinaus. Auch muß vorausgesetzt werden, daß die betreffenden Forderungen in der Schlußrechnung bereits **enthalten sein können** (BGH a. a. O.).

3. Prüfung und Feststellung der Schlußrechnung

105 a) Weitere grundsätzliche **Voraussetzung** für den **Eintritt der Zahlungspflicht** des Auftraggebers ist es nach dem Wortlaut in Nr. 3 Abs. 1 Satz 1, daß die vom Auftragnehmer aufgrund der Regelungen in Teil B § 14 Nr. 1–3 aufgestellte und vorgelegte prüfbare Schlußrechnung vom Auftraggeber oder dessen bevollmächtigtem Vertreter (in der Regel dem Architekten) **geprüft und festgestellt** worden ist. Es muß also dafür eine **Schlußrechnung vorliegen,** die den **Erfordernissen** von Teil B § 14 Nr. 1 entspricht (vgl. Teil B § 14 Rdn. 7 ff.). **Jedoch:**

Unterbleibt die Prüfung und Feststellung der prüfbaren Schlußrechnung innerhalb der Zweimonatsfrist, obwohl der Auftraggeber in dieser Zeit dazu in der Lage gewesen wäre (vgl. Rdn. 109 ff.), **wird sie dennoch nach Ablauf der Frist fällig** (vgl. wiederum Rdn. 100 ff.). Für den Fall der Selbstaufstellung der Schlußrechnung vgl. Teil B § 14 Rdn. 68.

b) Zu der Frage, ob ein **Architekt,** dem die technische und die geschäftliche Oberleitung bzw. die Objektüberwachung bei der Bauerrichtung übertragen ist (früher § 19 Abs. 1 g und Abs. 4 GOA; jetzt § 15 Abs. 2 Nr. 8 HOAI), **Vollmacht** hat, namens des Auftraggebers **Rechnungen der Auftragnehmer anzuerkennen,** BGH NJW 1960, 859 = MDR 1960, 488 = BB 1960, 345 = LM § 19 GOA Nr. 1 = SFH Z 2.330 Bl. 6; BGH SFH Z 2.414 Bl. 140 ff.; OLG Köln MDR 1962, 214. Eine derartige **Vollmacht** gibt es **weder nach der Verkehrssitte, noch wird sie vermutet.** Sie ergibt sich auch nicht schon aus dem bisher und auch jetzt noch üblichen sogenannten Architekten-Mustervertrag. Vgl. dazu eingehend und zutreffend Hochstein BauR 1973, 333. Eine solche Vollmacht ist allerdings anzunehmen, wenn der Architekt vom Auftraggeber nicht nur mit der Rechnungsprüfung, sondern auch mit der weiteren Abwicklung des Bauvorhabens beauftragt worden ist, er allein mit dem Auftragnehmer verhandeln sollte und verhandelt hat, vor allem dann, wenn er im Bauvertrag ausdrücklich als zur Vertretung des Auftraggebers ermächtigt bezeichnet ist (vgl. BGH BauR 1987, 218 = NJW 1987, 775 = Betrieb 1987, 685 = BB 1987, 436 = SFH § 16 Nr. 3 VOB/B Nr. 40 = MDR 1987, 489 = LM § 16 [C] VOB/B Nr. 12 = ZfBR 1987, 76). Die Vollmacht muß im Streitfall **vom Auftragnehmer bewiesen** werden. Siehe ferner BGH, Urt. vom 10. 10. 1968 – VII ZR 59/66 –: Entsprechendes gilt auch, falls nicht eine klare Bevollmächtigung zur Anerkennung – und nicht nur zur Prüfung – der Rechnungen vorliegt, für eine im Rahmen der Bauerrichtung für den Auftraggeber tätige **Baubetreuungsgesellschaft** oder den **Treuhänder.** Eine die Anerkennung von Unternehmerrechnungen erfassende Vollmacht eines Dritten sollte der Klarheit halber mit in den Bauvertrag aufgenommen werden.

106

c) Ein mit Vollmacht des Auftraggebers vom Architekten oder auch vom Auftraggeber selbst auf die Schlußrechnung – wie auch auf die übrigen Rechnungen – gesetzter **Anerkennungsvermerk** hat **nicht unbedingt die Wirkung eines Anerkenntnisses** im Rechtssinne (§ 781 BGB), wenn das im allgemeinen auch der Fall sein mag. Die Bedeutung des Vermerks kann sich im Einzelfall – je nach den Umständen – auch darin erschöpfen, eine für berechtigt gehaltene Forderung zu bestätigen und somit als Beweismittel zu dienen; dann tritt nur die Umkehr der Beweislast ein (zur Bedeutung des Anerkenntnisvermerks BGH SFH Z 2.223 Bl. 4; vgl. dazu auch BGH BauR 1974, 356 = SFH Z 3.010 Bl. 18 = BB 1974, 999 = WM 1974, 410 für den Fall des Anerkenntnisvermerks des Bauherrn auf der Rechnung des Architekten). Dagegen liegt ein Anerkenntnis vor, wenn der Auftraggeber dem Auftragnehmer durch den auf die Rechnung gesetzten Vermerk oder auf andere Weise **unzweideutig** zu erkennen gibt, daß seine Forderung ganz oder teilweise berechtigt ist. Soweit ein Architekt befugt ist, Rechnungen für den Bauherrn entgegenzunehmen, bedeutet der von ihm auf die Rechnungen gesetzte Vermerk „sachlich und rechnerisch richtig" zwar einen Nachweis für die erfolgte Prüfung und Feststellung, jedoch geht seine Bedeutung nicht darüber hinaus (vgl. OLG Köln MDR 1977, 404; Hochstein BauR 1973, 333). Insbesondere ergibt sich daraus **nicht schon, daß der Auftraggeber** damit das Prüfungsergebnis akzeptiert hat, auch liegt dies nicht schon in der Rücksendung der vom Architekten geprüften Schlußrechnung an den Auftragnehmer (OLG Köln MDR 1977, 404); anders liegt es nur, wenn der Architekt eine auf die Rechnungsanerkennung bezogene besondere Vollmacht des Auftraggebers hat. Auch ergibt sich aus dem Vermerk allein noch nicht, daß die Arbeiten im wesentlichen **auch vertragsgemäß** ausgeführt worden sind. Vor allem liegt in dem Richtigkeitsvermerk auf der Schlußrechnung **auch keine Abnahme** der Leistung (LG Köln MDR 1962, 821).

107

4. Bedeutung der Prüfung und Feststellung

108 **Prüfung und Feststellung** bedeuten die **inhaltliche Nachprüfung der Rechnungsangaben des Auftragnehmers** unter Beachtung der entsprechenden bauvertraglichen Vereinbarungen, insbesondere auch durch Gegenüberstellung der Leistungs- und Preisangaben im Leistungsverzeichnis oder den sonstigen Vertragsunterlagen mit der tatsächlich erbrachten Leistung. Es handelt sich bei der anzustellenden Prüfung im wesentlichen um **Ermittlungen im Wege des Vergleichens und Nachrechnens, ggf. auch des Korrigierens.** Feststellung gemäß Satz 1 bedeutet die **Zusammenfassung dieses Ermittlungsergebnisses im Sinne einer endgültigen Schlußziehung.**

5. Beschleunigung der Prüfung

109 Die Prüfung der Schlußrechnung, deren Prüfbarkeit hier zwangsläufig aus dem gegebenen Sachzusammenhang vorauszusetzen ist, ist, wie aus Abs. 1 Satz 2 hervorgeht, nach Möglichkeit **zu beschleunigen.** Dadurch ist dem **Auftraggeber die vertragliche Verpflichtung** auferlegt, **nach besten Kräften sofort nach Erhalt der Schlußrechnung deren Überprüfung vorzunehmen.** Der Auftraggeber muß bedenken, daß er vom Auftragnehmer die zügige und sachgerechte Erbringung der Leistung, unter Umständen innerhalb einer nach Teil B § 5 festgelegten verbindlichen Ausführungsfrist, verlangt hat. Dann muß er auch seiner **Vergütungspflicht baldigst nachkommen.** Dazu läßt ihm die VOB grundsätzlich zwei Monate nach Zugang der Schlußrechnung Zeit. **Diese muß er unbedingt nutzen, da sich aus Nr. 1 Satz 1 ergibt, daß die Schlußzahlung grundsätzlich nach Ablauf dieser Frist fällig wird, unabhängig davon, ob der Auftraggeber die ihm für die Prüfung und Feststellung gesetzte Frist ausgenutzt hat oder nicht** (vgl. Rdn. 100 ff., 105 ff.).

6. Ausnahme: Objektiv erforderliche längere Prüfung und Feststellung

110 Es ist aber denkbar, daß der **Auftraggeber** bei **aller Beschleunigung nicht in der Lage** ist, innerhalb von zwei Monaten nach Zugang die Prüfung der Schlußrechnung insgesamt und abschließend vorzunehmen. Dabei können jedoch nur **rein sachliche Hinderungsgründe** eine Rolle spielen, während **persönliche Behinderungen** des Auftraggebers oder seines Vertreters (wie z. B. sonstige übermäßige Beschäftigung, Urlaub) **grundsätzlich unbeachtlich** sind. Der Auftraggeber muß nämlich dafür sorgen, daß in seinem persönlichen Bereich **Vorsorge** getroffen ist, die Prüfung der Schlußrechnung **sogleich nach Zugang zu beginnen, zügig fortzusetzen und zu beenden.**

111 Anzuerkennende Gründe für die Verzögerung sind deshalb nur denkbar wegen des **Umfanges** der Bauleistung, wenn dieser z. B. zu groß ist und die Prüfung **objektiv zwangsläufig eine längere Dauer** in Anspruch nehmen muß. Dabei können auch umfangreiche Arbeiten im Rechnungsbereich selbst vorkommen, wenn z. B. eine erhebliche Anzahl von Abschlagszahlungen oder Teilschlußzahlungen rechnerisch zusammengestellt und in das notwendige Verhältnis zur Schlußrechnung gebracht werden muß. Auch kann es sein, daß die zur Prüfung benötigten **Unterlagen** aus vom Auftraggeber nicht zu vertretenden Gründen für einige Zeit **nicht zugänglich** sind, wie z. B. bei Verhaftung des Architekten und der Beschlagnahme seiner auf das Bauwerk bezogenen Unterlagen (vgl. BGH NJW 1969, 428 = MDR 1969, 299 = BB 1969, 299 = LM VOB/B Nr. 33 = SFH Z 2.331 Bl. 69 ff.). Schließlich kann eine **Verzögerung** der Rechnungsprüfung **auf Veranlassung des Auftragnehmers** in Betracht kommen, wenn Beanstandungen rechnerischer oder leistungsmäßiger Art notwendig werden oder wenn noch **zeitraubende Ermittlungen oder sonstige Aufklärungen** sich für den Auftraggeber als **objektiv notwendig** erweisen. Es bleibt jedoch im Ausgangspunkt die **grundsätzliche Verpflichtung** des Auftraggebers, **spätestens kurz vor Ablauf von zwei Monaten** nach Zugang der Schlußrechnung die Prüfung und Feststellung abzuschließen, um pflichtgerecht bis zum

Ende der Frist Schlußzahlung leisten zu können. Voraussetzung für den hier angesprochenen Ausnahmefall ist daher immer, daß der Auftraggeber aus im **Einzelfall von ihm nachzuweisenden objektiv berechtigten Gründen** nicht in der Lage war, eine fristgerechte Prüfung und Feststellung der Schlußrechnung vorzunehmen und demgemäß die Schlußzahlung zu leisten. Ist das nicht der Fall, können für den Auftragnehmer gegen den Auftraggeber **Schadensersatzansprüche aus positiver Vertragsverletzung** oder aus **Verzug** gegeben sein. Insoweit sind **strenge Anforderungen** an die Nachweispflicht des Auftraggebers zu stellen, um ihn entlasten zu können. Dazu genügen nicht die Einschaltung zusätzlicher Prüfungsinstanzen oder andere organisatorische Maßnahmen im Verantwortungsbereich des Auftraggebers, die zu einer Verzögerung der Rechnungsprüfung führen können (OLG Düsseldorf BauR 1981, 479).

7. Ausnahmsweise: Hinausschieben der Fälligkeit

Ergibt sich aus **objektiv anzuerkennenden sachlichen Gründen eine Verzögerung** der Prüfung und Feststellung der Schlußrechnung (vgl. Rdn. 110 f.), wird in aller Regel die dem Auftraggeber eingeräumte Frist von zwei Monaten zur Zahlung der Schlußrechnung nicht eingehalten werden können. **Schieben sich zwangsläufig die Prüfung und die Feststellung trotz aller dem Auftraggeber auferlegten und zuzumutenden Anstrengungen über zwei Monate hinaus,** ist damit auch die **Fälligkeit hinausgeschoben** (vgl. BGHZ 53, 222, 225 = NJW 1969, 428 = MDR 1969, 299 = BB 1969, 299 = LM VOB/B Nr. 33 = SFH Z 2.331 Bl. 69 ff.; OLG Düsseldorf BauR 1981, 479), und zwar so lange, bis die bestehenden Hindernisse bei der Prüfung und Feststellung **beseitigt sind oder bei objektiver Betrachtung beseitigt sein können.** Dann beginnt für den Auftraggeber **nicht** etwa eine **neue Zahlungsfrist von zwei Monaten.** Vielmehr muß er **unverzüglich seine Prüfung zu Ende führen und die Schlußzahlung leisten,** so daß **hier** deren **Fälligkeit in dem Zeitpunkt** eintritt, **in dem der Auftraggeber die Prüfung in zumutbarer Zeit erledigt hat oder hätte erledigen können.**

112

8. Auszahlung unbestrittenen Guthabens als Abschlagszahlung

In allen Fällen, in denen aus in dem **nicht vom Auftraggeber zu verantwortenden Bereich liegenden sachlichen Gründen** die Prüfung und Feststellung der Schlußrechnung nicht alsbald durchgeführt werden kann, darf der Auftraggeber **nicht insgesamt mit der Schlußzahlung so lange warten, bis die vollständige Prüfung und Feststellung der Schlußrechnung erfolgt ist.** Vielmehr hat er dann **nach Abs. 1 Satz 3 die vertragliche Pflicht,** das **unbestrittene,** also insoweit **feststehende Guthaben** des Auftragnehmers **sofort** an diesen **als Abschlagszahlung** zur Auszahlung zu bringen. **Entsprechendes gilt, wenn sich bei der Rechnungsprüfung Unklarheiten** ergeben.
Dies trifft vor allem auch zu, wenn sich überhaupt bei der Rechnungsprüfung Unklarheiten oder gar Meinungsverschiedenheiten über einzelne Rechnungsansätze des Auftragnehmers ergeben. Dies folgt aus dem Sinn der hier erörterten Vertragsbestimmung, den Vertrag soweit als möglich zügig abzuwickeln.

113

Zur Auszahlung des unbestrittenen Guthabens **bedarf** es **keines besonderen Antrages** des Auftragnehmers wie bei der normalen Abschlagszahlung nach Nr. 1 Abs. 1 Satz 1. Vielmehr hat der Auftraggeber **von sich aus** Zahlung an den Auftragnehmer zu leisten. Das hat **sofort** zu geschehen, zumal insoweit im allgemeinen von einer **Anerkenntniswirkung** zugunsten des Auftragnehmers auszugehen ist (vgl. auch LG Köln SFH Z 2.50 Bl. 28). Dabei ist es aber nicht Voraussetzung, daß von einem Anerkenntnis im Sinne des § 781 BGB gesprochen werden muß. Vielmehr genügt es für die Feststellung, daß es sich um ein unbestrittenes Guthaben handelt und damit die sofortige Zahlungspflicht des Auftraggebers gegeben ist, wenn der bauleitende Architekt **mit Vollmacht des Auftraggebers** oder der Auftraggeber selbst hin-

114

B § 16, 3, Rdn. 115-119

sichtlich des unbestrittenen Guthabens einen sogenannten **Anerkennungsvermerk** auf die Rechnung gesetzt hat, ohne daß damit zugleich von einem Anerkenntnis im Rechtssinne gesprochen werden müßte (vgl. dazu Rdn. 105 ff.).

115 Die Abschlagszahlung hat **nicht die rechtlichen Folgen einer Schlußzahlung,** wie sie in Nr. 3 Abs. 2 festgelegt sind. Diese treten nur bei einer **echten Schlußzahlung** ein.

9. Zahlungspflicht bei vorzeitiger Beendigung von Prüfung und Feststellung

116 Ist dagegen die Prüfung und Feststellung der **Schlußrechnung bereits vor dem Ablauf von zwei Monaten** seit Zugang beim Auftraggeber **abschließend beendet** und hat er den aus seiner Sicht berechtigten Rechnungsbetrag festgestellt und dem Auftragnehmer mitgeteilt, ist er verpflichtet, den **Schlußbetrag alsbald zu zahlen,** wie sich aus Abs. 1 Satz 1, insbesondere dem dort verwendeten Wort „spätestens", ergibt (vgl. auch OLG München SFH § 16 Nr. 3 VOB/B Nr. 4). Er kann sich dann **nicht auf die Zweimonatsfrist berufen.** Der Auftraggeber hat in einem solchen Falle alle Anstrengungen zu machen, die Schlußzahlung noch **vor dem Ablauf von zwei Monaten** zu erbringen.

10. Zusammenfassung

117 Daraus sowie aus Rdn. 110 ff. folgt zugleich, daß die **Fälligkeit der Schlußrechnung nicht immer erst zwei Monate** nach Einreichung eintritt. Die in Rdn. 100 ff. angeführte **Grundregel** gilt also **nicht ausnahmslos. Mitentscheidend** für die Fälligkeit der Schlußzahlung ist nach allem **auch die dem Auftraggeber zumutbare Beendigung der Prüfung und die Feststellung der Schlußrechnung innerhalb der zwei Monate bzw. spätestens nach zwei Monaten** (ebenso BGHZ 83, 382 = BauR 1982, 377 = NJW 1982, 1815 = Betrieb 1982, 1927 = BB 1982, 1944 = SFH § 16 Nr. 3 VOB/B Nr. 21 = MDR 1982, 842 = LM § 16 VOB/B [C] Nr. 10 Anm. Obenhaus = ZfBR 1982, 154). Die Zweimonatsfrist ist eine **Höchstfrist für den Eintritt der Zahlungspflicht** des Auftraggebers, **und zwar gerade für jene Fälle, in denen der Auftraggeber die Prüfung und Feststellung der Schlußrechnung bis zum Ablauf der zwei Monate noch nicht beendet hat.** Sie kann ausnahmsweise nur hinausgeschoben werden, wenn aus sachlich berechtigten Gründen die Prüfung und Feststellung innerhalb der zwei Monate nicht beendet sein kann, vgl. Rdn. 110 ff.

III. Die Schlußzahlung selbst (Absatz 1)

1. Begriff der Schlußzahlung

118 a) Die folgenden Ausführungen beziehen sich **nur auf den Begriff der Schlußzahlung als solchen im Rahmen von Teil B § 16 Nr. 3 Abs. 1;** sie betreffen also noch **nicht schon die Wirkungen einer etwaigen vorbehaltlosen Annahme der Schlußzahlung** nach Nr. 3 Abs. 2. Über diese Wirkungen verhalten sich die Rdn. 158 ff., insbesondere Rdn. 56 ff. (zutreffend Kaiser BauR 1976, 232).

Zwar ist der Begriff „Schlußzahlung" dem bürgerlichen Recht sonst nicht bekannt; auch hat er im allgemeinen Zahlungsverkehr keine feste Bedeutung; er ist **für die Abwicklung solcher Bauverträge maßgebend,** denen die VOB/B zugrunde liegt (BGH BauR 1983, 165 = NJW 1983, 816 = Betrieb 1983, 653 = SFH § 16 Nr. 3 VOB/B Nr. 26 = ZfBR 1983, 83 = MDR 1983, 572 = BB 1983, 1375 = LM § 16 [C] VOB/B 1973 Nr. 11).

119 b) Voraussetzung für eine Schlußzahlung in dem hier verstandenen Sinne ist es immer, daß sie sich auf einen **konkreten Bauvertrag** bezieht (ebenso BGH a. a. O.), also zum Ausgleich auf die Vergütung des Auftragnehmers aus einem **bestimmten,** in sich abgeschlossenen **Vertrag** erfolgt und der Auftragnehmer dies **klar zu erkennen vermag** (vgl. OLG Hamburg

BauR 1979, 163). Nicht begriffsnotwendig ist es dagegen für die Schlußzahlung, daß ihr aus dem betreffenden Vertrag andere Zahlungen (z. B. Vorauszahlungen nach Nr. 2, Abschlagszahlungen nach Nr. 1, Teilschlußzahlungen nach Nr. 4) vorausgegangen sind. **Auch die nur einmalige Zahlung,** die an sich auch für den Bauvertrag nach § 641 BGB grundsätzlich lediglich vorgesehen ist, erfüllt die begrifflichen Voraussetzungen einer **Schlußzahlung** (zutreffend OLG München BauR 1979, 436). Da Teil B § 16 Nr. 3 für die Abwicklung **konkreter Bauverträge,** denen die VOB/B zugrunde liegt, gilt, also allein für ein bestimmtes Vertragsverhältnis, scheiden die dortigen Regelungen aus, wenn der Auftraggeber aus seiner – hier maßgeblichen (s. u.) – Sicht **die Zahlung nicht im Rahmen des Vertrages, sondern auf außervertraglicher Grundlage,** z. B. aus dem Gesichtspunkt ungerechtfertigter Bereicherung, leistet (vom BGH a. a. O. offengelassen). **Erst recht gilt dies, wenn der Auftraggeber überhaupt eine Zahlungsverpflichtung aus Rechtsgründen verweigert,** etwa weil er das Bestehen einer wirksamen vertraglichen Bindung leugnet. Die Schlußzahlung ist **an den Auftragnehmer** zu leisten. Für den Fall der – nachgewiesenen – **Abtretung** ist der **Abtretungsempfänger** der richtige Adressat; bei laufendem **Konkursverfahren** über das Vermögen des Auftragnehmers hat die Schlußzahlung **an den Konkursverwalter** zu erfolgen.

c) Grundsätzlich **setzt die Schlußzahlung weiter voraus,** daß **vorher eine prüfbare Schlußrechnung erteilt** worden ist (vgl. Rdn. 95 ff. und Rdn. 16 3ff. sowie Teil B § 14 Rdn. 11 ff.). Dabei macht es keinen Unterschied, ob die prüfbare Schlußrechnung – regelmäßig – vom Auftragnehmer oder ob sie – ausnahmsweise – unter den Voraussetzungen von Teil B § 14 Nr. 4 vom Auftraggeber aufgestellt und vorgelegt worden ist (in letzterer Hinsicht im Ergebnis wohl wie hier BGH BauR 1984, 182 = SFH § 16 Nr. 3 VOB/B Nr. 31 = ZfBR 1984, 74; zu Unrecht zweifelnd OLG Hamm BauR 1980, 81). Entscheidend ist allein, daß eine ordnungsgemäße Schlußrechnung vorliegt, auf die – neben der Fälligkeitsvoraussetzung gemäß Nr. 3 Abs. 1 – die darauf geleistete Schlußzahlung den erforderlichen Bezug nehmen kann, ohne daß es letztlich entscheidend ist, von welcher Seite die Schlußrechnung kommt (ebenso u. a. Locher, Das private Baurecht, Rdn. 204; Schmitz Betrieb 1980, 1009, 1013; Kaiser ZfBR 1982, 231, 234). Haben die Vertragspartner vereinbart, daß die Schlußrechnung in ihrer bisherigen Fassung nicht mehr gelten und eine neue Rechnung erstellt werden soll, so ist eine ohne diese erfolgte Zahlung keine Schlußzahlung mehr (vgl. BGH BauR 1984, 645 = SFH § 16 Nr. 3 VOB/B Nr. 33 = ZfBR 1984, 286 m. w. N.). 120

d) Der **Charakter einer Zahlung als Schlußzahlung** ist ferner **nicht davon abhängig,** daß sie **betragsmäßig der prüfbaren Schlußrechnung entspricht** und daß sie **bei dem Zahlungsvorgang,** der hier allerdings grundsätzlich Voraussetzung ist (Ausnahme vgl. Rdn. 127 f.), **ausdrücklich im Wortlaut als solche bezeichnet** wird, (wie z. B. in dem vom BGH BauR 1987, 96 = NJW 1987, 493 = MDR 1987, 311 = BB 1987, 154 = Betrieb 1987, 429 = SFH § 16 Nr. 3 VOB/B Nr. 39 = LM § 16 [D] VOB/B Nr. 21 = ZfBR 1987, 39 entschiedenen Fall, nämlich mündlich, schriftlich auf der Überweisung oder in einem gesonderten Schreiben; vgl. dazu BGH NJW 1970, 1185, 1186 = BauR 1970, 240; BGH BauR 1975, 282 = SFH Z 2.330.2 Bl. 22 = WM 1975, 453). Vielmehr **genügt** es, wenn sich **aus den im Zusammenhang mit der Zahlung vorliegenden Umständen** – zweifelsfrei – ergibt, daß der Auftraggeber nicht nur eine Abschlagszahlung usw., sondern die **nach seiner Auffassung** (vgl. Rdn. 93 ff.) noch bestehende Schuld bzw. Restschuld zum Ausgleich bringen und **keine weiteren Zahlungen mehr leisten will und dies für den Auftragnehmer zweifelsfrei erkennbar ist.** 121
(Ebenso BGH BauR 1972, 56 = NJW 1972, 51 = MDR 1972, 135 = LM VOB/B Nr. 47; OLG Düsseldorf BauR 1973, 386; KG BauR 1973, 321; BGH BauR 1975, 282 = SFH Z 2.330.2 Bl. 22 = WM 1975, 453; OLG Köln BauR 1975, 351 mit Anm. Jagenburg; BGH BauR 1975, 349 = BB 1975, 1183 = NJW 1975, 1833 = SFH Z 2.330.2 Bl. 30 = MDR 1975, 921 = LM VOB/B Nr. 78; BGH BauR 1979, 525 = SFH § 16 Ziff. 2 VOB/B Nr. 13 = WM 1979, 1046 = Betrieb 1979, 2369 = ZfBR 1979, 207 = MDR 1980, 136 = LM § 16 [B] VOB/B Nr. 3; BGHZ 75, 307 = BauR 1980, 174 = NJW 1980, 455 = Betrieb 1980, 443 = MDR 1980, 304 = SFH § 16 Nr. 3 VOB/B Nr. 10 = ZfBR 1980, 34 = LM § 16 [D] VOB/B Nr. 12 Anm. Girisch;

BGH BauR 1982, 282 = SFH § 16 Nr. 3 VOB/B Nr. 20 = Betrieb 1982, 1320 = NJW 1982, 1594 = BB 1982, 1947 = MDR 1982, 746 = LM § 16 [B]VOB/B Nr. 3 = ZfBR 1982, 123; BGH BauR 1983, 165 = NJW 1983, 816 = Betrieb 1983, 653 = SFH § 16 Nr. 3 VOB/B Nr. 26 = MDR 1983, 572 = ZfBR 1983, 83 = BB 1983, 1375 = LM § 16 [C] VOB/B 1973 Nr. 11; OLG Celle SFH Z 2.330.2 Bl. 12; OLG Hamburg BauR 1983, 371.)

2. Einzelheiten

122 a) Als derartige **im Zusammenhang mit einer Zahlung stehende Umstände** können gelten:

die der dann folgenden Zahlung vorangehende schriftliche oder mündliche Ankündigung an den Auftragnehmer, der restliche Rechnungsbetrag werde alsbald bezahlt ebenso die Ankündigung, die Überweisung der dem Auftragnehmer nach Prüfung der Schlußrechnung zustehenden Beträge erfolge (OLG Köln BauR 1975, 351 mit Anm. Jagenburg); die Zahlung auf eine als Endabrechnung oder Schlußrechnung bezeichnete Rechnung des Auftragnehmers; der Vermerk auf dem Überweisungsformular „Betrifft Schlußrechnung vom..." (OLG Hamm SFH Z 2.330 Bl. 32 ff.); „Rechnung vom..." (OLG Hamburg BauR 1983, 371); „Kontoausgleich gemäß Schreiben vom...", wobei es sich bei dem Schreiben um die Mitteilung des Ergebnisses der Prüfung der Schlußrechnung handelt (BGH BauR 1975, 282 = SFH Z 2.330.2 Bl. 22 = WM 1975, 453, was erst recht gilt, wenn anstelle des Wortes „Kontoausgleich" der Ausdruck „Schlußzahlung" gewählt wird, vgl. OLG Köln MDR 1985, 496); die Bezeichnung der Zahlung als „Restzahlung" (OLG Hamburg BauR 1979, 163) oder als „Restbetrag" (OLG Düsseldorf BauR 1982, 383 = SFH § 16 Nr. 3 VOB/B Nr. 23) bzw. „Restguthaben" (BGH BauR 1987, 218 = NJW 1987, 775 = Betrieb 1987, 685 = BB 1987, 436 = Vygen EWiR § 16 Nr. 3 VOB/B 1/87, 195 = SFH § 16 Nr. 3 VOB/B Nr. 40 = MDR 1987, 489 = LM § 16 [C] VOB/B Nr. 12 = ZfBR 1987, 76), ohne daß es darauf ankommt, auf welche der vorliegenden Rechnungen die vorangegangenen Zahlungen geleistet worden sind, vor allem nach vorheriger Rechnungsprüfung durch den Architekten (BGH a. a. O.; OLG Düsseldorf BauR 1973, 386; vgl. auch OLG Stuttgart BauR 1976, 60; OLG München BauR 1976, 61); die Zahlung des Restbetrages der Schlußrechnung unter Bezugnahme auf die Rechnung nach vorheriger eindeutiger Ablehnung weiterer, in der Schlußrechnung noch nicht enthaltener Forderungen des Auftragnehmers; die Hingabe eines Wechsels auf die Schlußrechnung; die gleichzeitige Auszahlung einer Sicherheitsleistung, ohne daß allerdings der weitere Einbehalt einer Sicherheitsleistung als solcher oder die Erklärung, der einbehaltene Vergütungsanteil werde nach Vorlage einer Bankbürgschaft ausgezahlt (dazu OLG München BB 1984, 1706), das Vorliegen einer Schlußzahlung zu hindern vermögen (vgl. KG BauR 1973, 321 sowie BGH BauR 1979, 527 = NJW 1979, 2310 = BB 1979, 1528 = SFH § 16 Nr. 3 VOB/B Nr. 8 = Betrieb 1979, 2487 = LM § 16 [C]VOB/B Nr. 6 = ZfBR 1979, 206; OLG Frankfurt BauR 1983, 372 m. w. N.); ebensowenig wie die Zahlung unter Kürzung von gegen den Auftragnehmer gerichteten Haftpflichtansprüchen, die der Versicherung des Auftragnehmers zur Prüfung vorliegen (LG Köln SFH Z 2.330.2 Bl. 10, dazu auch OLG Köln BauR 1975, 351 mit Anm. Jagenburg); die Zahlung unter gleichzeitiger Zurücksendung aller dem Auftragnehmer zustehenden Unterlagen; die Zahlung eines Restbetrages nach der Ankündigung, es könnten darüber hinaus keine Zugeständnisse mehr gemacht werden, und es werde anheimgestellt, wegen des umstrittenen Restes sich nach § 18 Nr. 2 VOB/B an die der auftragvergebenden Stelle vorgesetzte Behörde zu wenden (OLG München BauR 1978, 491); die Übersendung eines Verrechnungsschecks mit dem Vermerk „Schlußzahlung lt. VOB".

Schlußzahlung ist ferner die Zahlung eines Betrages mit dem Bemerken des Auftraggebers, er wolle damit „die Sache aus der Welt schaffen" (OLG München BB 1975, 347 mit Anm. Nettesheim) bzw. „die Angelegenheit endlich erledigen".

b) **Schlußzahlung** ist darüber hinaus auch die Zahlung eines Betrages unter gleichzeitiger **Aufrechnung oder Verrechnung mit einer bestrittenen Gegenforderung** hinsichtlich des Restes (BGHZ 58, 103 = BauR 1972, 179 = NJW 1972, 51; BGH BauR 1987, 329 = NJW 1987, 2582 = MDR 1987, 663 = Betrieb 1987, 1348 = SFH § 16 Nr. 3 VOB/B Nr. 41 = LM § 16 [C] VOB/B Nr. 13 = Kraus EWiR § 16 Nr. 3 VOB/B 3/87, 717 = ZfBR 1987, 146, insoweit auch gegenüber dem Konkursverwalter bzw. zur Konkurstabelle), wie **überhaupt die Aufrechnung oder Verrechnung** mit bestrittenen Gegenforderungen (BGH BauR 1975, 282 = SFH Z 2.330.2 Bl. 22 = WM 1975, 453), auch aus einer **Vertragsstrafe,** selbst dann, wenn der Auftraggeber sich die Vertragsstrafe bei Abnahme nicht vorbehalten hat (BGH SFH Z 2.330.2 Bl. 42 = BauR 1977, 282 = NJW 1977, 1294 = MDR 1977, 832 = BB 1977, 815 = LM VOB/B Nr. 88 = BlGBW 1977, 219; BGHZ 75, 307 = BauR 1980, 174 = NJW 1980, 455 = Betrieb 1980, 443 = MDR 1980, 304 = SFH § 16 Nr. 3 VOB/B Nr. 10 = ZfBR 1980, 34 = LM § 16 [D] VOB/B Nr. 12 Anm. Girisch; OLG Hamburg BauR 1983, 371), **im übrigen auch unabhängig davon,** ob für den Rechtskundigen die Begründetheit oder Unbegründetheit erkennbar ist oder **ob nach erfolgter Aufrechnung oder Verrechnung noch ein Vergütungsrest offenbleibt und bezahlt wird, ob also überhaupt noch eine Zahlung geleistet wird** (BGH a. a. O.; BGH BauR 1980, 278 = SFH § 16 Nr. 2 VOB/B Nr. 15 = ZfBR 1980, 140; BGH BauR 1982, 499 mit Anm. von Dähne BauR 1983, 479 = NJW 1982, 2250 = SFH § 16 Nr. 3 VOB/B Nr. 22 = ZfBR 1982, 202 = BB 1982, 1884 = Betrieb 1982, 2455; OLG München BauR 1979, 436; OLG Frankfurt BauR 1983, 372); die abgerechnete **Gegenforderung braucht nicht aus demselben Vertragsverhältnis zu stammen** (OLG Stuttgart BauR 1976, 60, 61; BGHZ 68, 368 = MDR 1977, 741 = JZ 1977, 560 = SFH Z 2.330.2 Bl. 44 = BauR 1977, 287 = NJW 1977, 1293 = BB 1977, 91 = LM VOB/B Nr. 89 Anm. Doerry), auch **nicht aus demselben rechtlichen Verhältnis** (OLG Hamburg BauR 1979, 163). Da es nicht darauf ankommt, ob die vom Auftraggeber geltend gemachte Gegenforderung begründet ist, kann es für den Begriff der Schlußzahlung nicht maßgebend sein, ob der Auftraggeber sie hinreichend substantiiert dargelegt (BGH BauR 1987, 218 = NJW 1987, 775 = Betrieb 1987, 685 = BB 1987, 436 = Vygen EWiR § 16 Nr. 3 VOB/B 1/87, 195 = SFH § 16 Nr. 3 VOB/B Nr. 40 = MDR 1987, 489 = LM § 16 [C] VOB/B Nr. 12 = ZfBR 1987, 76 m. w. N.).

c) **Entscheidend** ist immer der sich **aus den Umständen ergebende, zweifelsfrei erkennbare Wille des Auftraggebers, daß er nach dieser jetzt erfolgenden Zahlung (bzw. Aufrechnung oder Verrechnung) fortan nicht noch mehr zahlen will.**

(Vgl. BGH SFH Z 2.330 Bl. 17 f.; BGH NJW 1970, 1185 = MDR 1970, 670 = BB 1970, 689 = LM VOB/B Nr. 41 = BauR 1970, 240 = BlGBW 1971, 10 = SFH Z 2.330 Bl. 40 f.; BGH BauR 1972, 56 = NJW 1972, 51 = MDR 1972, 135 = LM VOB/B Nr. 47 = SFH Z 2.330 Bl. 42; BGH BauR 1975, 282 = SFH Z 2.330.2 Bl. 22 = WM 1975, 453; BGH BauR 1975, 349 = BB 1975, 1183 = NJW 1975, 1833 = SFH Z 2.330.2 Bl. 30 = MDR 1975, 921 = LM VOB/B Nr. 78; BGHZ 68, 38 = BauR 1977, 135 = SFH Z 2.330.2 Bl. 39 = NJW 1977, 531 = BB 1977, 160 = Betrieb 1977, 493 = MDR 1977, 486 = LM VOB/B Nr. 94 a; BGH BauR 1979, 527 = NJW 1979, 2310 = BB 1979, 1528 = SFH § 16 Nr. 3 VOB/B Nr. 8 = MDR 1979, 1014 = Betrieb 1979, 2487 = LM § 16 [C] VOB/B Nr. 6 = ZfBR 1979, 206; BGH BauR 1979, 525 = SFH § 16 Ziff. 2 VOB/B Nr. 13 = WM 1979, 1046 = Betrieb 1979, 2369 = ZfBR 1979, 207 = MDR 1980, 136 = LM § 16 [B] VOB/B Nr. 3; OLG Celle SFH Z 2.330.2 Bl. 12; OLG Hamburg BauR 1979, 163; OLG München BauR 1979, 436.)

Dies wird von Brügmann in seiner Kritik (BB 1972, 942) nicht hinreichend beachtet.

d) **Unerheblich ist,** ob sich der Auftraggeber seinerseits bei der Zahlung Ansprüche vorbehält (BGH BauR 1972, 56 = NJW 1972, 51 = MDR 1972, 135 = LM VOB/B Nr. 47 = SFH Z 2.330 Bl. 42), was insbesondere auch für etwaige Rückforderungen gilt (vgl. OLG Stuttgart NJW-RR 1987, 83). Nicht ausgeschlossen wird daher der Wille zu einer Schlußzahlung allein durch die Ankündigung des Auftraggebers, wegen eines streitigen Teils der Forderung sei er überzeugt, daß eine gerichtliche Klärung zu seinen Gunsten ausfallen werde. Ebenso wird die

Schlußzahlung **als solche** ihres Charakters nicht dadurch entkleidet, daß der Auftraggeber bei Zahlung den **Vorbehalt einer nochmaligen Überprüfung der Schlußrechnung** macht, auch dann nicht, wenn sich der Auftragnehmer gegenüber einem öffentlichen Auftraggeber vertraglich verpflichtet hat, bei einer späteren Rechnungsprüfung etwa sich ergebende Überzahlungen an diesen zurückzuzahlen (OLG Hamm SFH Z 2.330 Bl. 32 ff.; OLG München BauR 1978, 436). Ferner werden **etwaige Haftungs- und Gewährleistungsansprüche des Auftraggebers davon nicht berührt** (vgl. BGH SFH Z 2.330 Bl. 17 f.). Deshalb gilt es auch als Schlußzahlung, wenn der Auftraggeber von der von ihm deutlich als Schlußbetrag bezeichneten, an sich anerkannten Restsumme einen Teilbetrag wegen eines geltend gemachten Schadensersatzanspruches einbehält (BGH BauR 1970, 117 = NJW 1970, 706 = MDR 1970, 708 = BB 1970, 421 = LM VOB/B Nr. 39 = SFH Z 2.330 Bl. 38 ff.; OLG München BauR 1976, 61 und BauR 1978, 436), auch bei Ankündigung einer späteren Abrechnung des einbehaltenen Schadensersatzbetrages (BGH a. a. O.). Gleiches gilt folgerichtig auch für andere in Geld bewertbare Gewährleistungsansprüche, wie die sozusagen hier als Erfüllungssurrogat anzusehende **Geltendmachung von Minderung oder eines Zurückbehaltungsrechts,** sofern sich in diesem Zusammenhang aus der Darlegung des Auftraggebers die nach seiner Ansicht dem Auftragnehmer noch zustehende Restforderung **zweifelsfrei ergibt** (OLG Stuttgart BauR 1976, 60 f.; unzutreffend Kaiser BauR 1976, 232).

126 **e) Dagegen:** Ebenso wie bei Abschlagszahlungen kann man auch dann **nicht** von einer **Schlußzahlung** sprechen, wenn es sich nur um die Festlegung und Auszahlung eines **Einzelpostens bzw. eines vorläufigen Saldos aus einer laufenden Rechnung** handelt, so daß auch hierbei erfolgte Fehlbuchungen nicht mit dem Begriff der Schlußzahlung in Zusammenhang gebracht werden können (vgl. BGH BauR 1978, 227 = SFH § 16 Nr. 2 VOB/B Nr. 4 = BB 1978, 426 = MDR 1978, 656 = LM VOB/B Nr. 95 = Betrieb 1978, 837).

3. Schlußzahlung durch Verweigerung weiterer Zahlung

127 Ist für den Begriff der Schlußzahlung allein der **eindeutig** gegenüber dem Auftragnehmer erklärte Wille **des Auftraggebers ausschlaggebend, daß er fortan nicht mehr zahlen will,** so ist es hierfür folgerichtig auch **nicht unbedingt entscheidend, ob tatsächlich noch eine Zahlung eines Vergütungsrestes erfolgt.**

Nach dem in Rdn. 118 ff. Gesagten **kann das allerdings nur gelten, wenn der Auftraggeber nicht zu dem Ergebnis gekommen ist, daß er dem Auftragnehmer auf dessen Restvergütung noch etwas zahlen muß.** Dann ist der Zahlungsvorgang mit Voraussetzung der Schlußzahlung (so auch BGH BauR 1983, 165 = NJW 1983, 816 = Betrieb 1983, 653 = SFH § 16 Nr. 3 VOB/B Nr. 26 = ZfBR 1983, 83 = BB 1983, 1375; MDR 1983, 572 = LM § 16 [C] VOB/B 1973 Nr. 11).

128 Sind aber **aus der Sicht des Auftraggebers bereits Überzahlungen** aus vorangegangenen Abschlagszahlungen erfolgt und erklärt er unter Hinweis darauf **eindeutig, er lehne eine weitere Zahlung ab,** so gilt dies **gleichfalls als Schlußzahlung** (BGH BauR 1972, 56 = NJW 1972, 51 = SFH Z 2.330 Bl. 42 = MDR 1972, 135 = LM VOB/B Nr. 47 = Betrieb 1971, 2304; vgl. auch OLG Köln SFH Z 2.330.2 Bl. 7; BGH BauR 1983, 476 = SFH § 16 Nr. 3 VOB/B Nr. 29 = ZfBR 1983, 234; BGH BauR 1987, 329 = NJW 1987, 2582 = MDR 1987, 663 = Betrieb 1987, 1348 = SFH § 16 Nr. 3 VOB/B Nr. 41 = LM § 16 [C] VOB/B Nr. 13 = Kraus EWiR § 16 Nr. 3 VOB/B 3/87, 717 = ZfBR 1987, 146). Gleiches trifft zu, wenn der Auftraggeber zum Ergebnis kommt, daß der Auftragnehmer zwar nicht überzahlt ist, daß er aber auch nichts mehr zu fordern hat. Voraussetzung ist aber immer, daß die **endgültige Weigerung weiterer Zahlungen** durch den Auftraggeber **klar zum Ausdruck** kommt. Dafür **reicht noch nicht der Widerspruch gegen** einen vom Auftragnehmer erwirkten **Mahnbescheid mit**

der Bemerkung, die Begründung des Widerspruches erfolge, sobald der Forderungsanspruch begründet worden sei (BGH BauR 1980, 177 = SFH § 16 Ziff. 2 VOB/B Nr. 14 = ZfBR 1980, 76 = WM 1980, 139). An der erforderlichen Bestimmtheit der Ablehnung fehlt es auch, wenn der Auftraggeber in einem Schriftwechsel mit dem Auftragnehmer, vor allem auch nach dessen Zusammenhang, den – evtl. auch – irreführenden Eindruck vermittelt, eine weitere Prüfung der Schlußrechnung stehe noch bevor, die dann erst zu einer weiteren Beurteilung der Sachlage führen werde (BGH BauR 1983, 476 = SFH § 16 Nr. 3 VOB/B Nr. 29 = ZfBR 1983, 234). Des weiteren lehnt der Auftraggeber weitere Zahlungen auf die Schlußrechnung nur dann endgültig ab, wenn seiner Erklärung unzweideutig zu entnehmen ist, daß er **nicht nur ein Zurückbehaltungsrecht** (etwa wegen vorhandener bzw. behaupteter Mängel) geltend machen will (vgl. OLG Düsseldorf MDR 1981, 228). Die Zahlungsablehnung muß vielmehr „unter Hinweis auf geleistete Zahlungen" oder auf ein Erfüllungssurrogat (wie Aufrechnung, Verrechnung, Hinterlegung) erfolgen; es reicht also nicht aus, wenn der Auftraggeber einen anderen Einwand geltend macht (BGH BauR 1984, 182 = SFH § 16 Nr. 3 VOB/B Nr. 31 = ZfBR 1984, 74).

4. Reaktion des Auftragnehmers unbeachtlich

Letztlich kommt es nicht darauf an, wie der Auftragnehmer auf die Schlußzahlung bzw. die dieser gleichzuachtende Erklärung des Auftraggebers reagiert, z. B. sie nur als Abschlagszahlung verbucht. Ob eine Zahlung als Schlußzahlung gelten soll, **bestimmt allein** der **Auftraggeber** (vgl. hierzu BGH NJW 1965, 536 = SFH Z 2.330 Bl. 14 = MDR 1965, 373 sowie Rdn. 118 ff.).

IV. Folgen der Nichterfüllung der Zahlungspflicht des Auftraggebers

Kommt der Auftraggeber seiner **insofern tatsächlich bestehenden Zahlungsverpflichtung** nach Absatz 1 **nicht oder nicht hinreichend** nach, vor allem auch, wenn er bereits die fristgerechte Prüfung der Schlußrechnung unterläßt (vgl. Rdn. 100 ff., 109–117); OLG München SFH Z 2.411 Bl. 63), bestimmen sich die **Rechte des Auftragnehmers zunächst nach Nr. 5 Abs. 3**. Er kann also die **Verzinsung** seiner berechtigten Forderung oder einen darüber hinausgehenden Verzugsschaden unter den dort aufgeführten Voraussetzungen beanspruchen. Ein **Kündigungsrecht** nach Teil B § 9 Nr. 1 b steht dem Auftragnehmer dagegen **nicht** zu, weil es sich dort nur um ein **vorzeitiges Kündigungsrecht vor Vollendung** der Bauleistung handelt, **das begrifflich nicht mehr in den Bereich der nach diesem Zeitpunkt liegenden Schlußzahlung hineinreicht.** Selbstverständlich kann der Auftragnehmer nach Fälligkeit seine **Schlußvergütung** – grundsätzlich durch bezifferte Leistungsklage – **einklagen.**

V. Etwaige Rückzahlungsansprüche des Auftraggebers

1. Bereicherungsanspruch

a) Hat der Auftragnehmer durch **Abschlagszahlungen, Vorauszahlungen oder Teilschlußzahlungen** schon **zu viel erhalten,** muß er den überzahlten Betrag auf Verlangen des Auftraggebers aus **ungerechtfertigter Bereicherung** (§§ 812 ff. BGB) zurückzahlen. Das gilt erst recht, wenn der Auftraggeber bisherige Zahlungen „unter Vorbehalt" geleistet hat, er also schon von sich aus zum Ausdruck gebracht hat, etwaige Zuvielzahlungen wieder zurückzufordern (vgl. dazu BGH BauR 1982, 503 = SFH § 123 BGB Nr. 3 = MDR 1982, 1010 = NJW 1982, 2301 = WM 1982, 821 = LM § 123 BGB Nr. 59 zugleich zur Anfechtbarkeit der Anerkennung einer Schuld wegen widerrechtlicher Drohung). Hier kommt es aber nicht – wie bei der bloßen Schlußzahlung – auf den Standpunkt des Auftraggebers allein an, sondern darauf, **ob die Überzahlung unter Zugrundelegung der vertraglichen Vereinbarungen tat-**

sächlich also zugunsten des Auftragnehmers unberechtigt, erfolgt ist. Der auf die §§ 812 ff. BGB gestützte Rückzahlungsanspruch **verjährt nach § 195 BGB in 30 Jahren.**

132 b) Die **Darlegungs- und Beweislast** für das Vorliegen der Überzahlung trägt der **Auftraggeber** (vgl. OLG Düsseldorf BauR 1977, 64). Für diesen Fall ist zu empfehlen, in den Bauvertrag in Besondere oder Zusätzliche Vertragsbedingungen eine Bestimmung aufzunehmen, daß sich der Auftragnehmer nicht auf einen etwaigen Wegfall der Bereicherung (**§ 818 Abs. 3 BGB**) soll berufen können, will der Auftraggeber keinen Schaden erleiden. Dagegen wird es **unzulässig** sein, in Besonderen oder Zusätzlichen Vertragsbedingungen auch noch andere – gewichtige – Einwendungen des Auftragnehmers, wie z. B. gegen die vom Auftraggeber festgestellte Überzahlung **als solche,** auch im Zusammenhang mit anderen Aufträgen (s. u.) oder im Hinblick auf für die Frage der Verwirkung maßgebende Gesichtspunkte, auszuschließen. **Derartige Klauseln dürften gegen § 242 BGB bzw. gegen § 9 AGB-Gesetz verstoßen.** Dies würde vor allem auch eine **völlige Ausklammerung des in Nr. 3 Abs. 2 zugunsten des Auftragnehmers vorgesehenen Vorbehalts bedeuten,** mit dem er sich weitergehende Ansprüche unter den dort genannten Voraussetzungen (vgl. Rdn. 143 ff.) aufrechterhalten kann, wodurch die **Ausgewogenheit der VOB/B gänzlich beseitigt würde** (vgl. dazu insbesondere BGHZ 86, 135 = BauR 1983, 161 = NJW 1983, 816 = ZIP 1983, 325 = Betrieb 1983, 819 = BB 1983, 599 = SFH § 16 Nr. 3 VOB/B Nr. 25 = MDR 1983, 393 = ZfBR 1983, 85 = Anm. Locher BauR 1983, 352; vgl. dazu insbesondere auch Rdn. 158 ff.).

133 c) Insofern gilt im übrigen auch: Soweit der Auftraggeber eine **Zahlung geleistet hat, die nach der Sonderregelung in Teil B § 16 Nr. 3 Abs. 2 wegen fehlenden Vorbehalts vom Auftragnehmer an sich nicht gefordert werden konnte** (vgl. Rdn. 158 ff..), kommt **allein deswegen** ein Rückzahlungsanspruch des Auftraggebers in entsprechender Anwendung der **§§ 813 Abs. 1 Satz 2, 222 Abs. 2 Satz 1 BGB nicht** in Betracht. Dies ergibt sich daraus, daß Teil B § 16 Nr. 3 Abs. 2 **nicht von selbst** – also im Prozeß auch nicht von Amts wegen – **zu beachten** ist, sondern **nur, wenn** sich der **Auftraggeber vor Zahlung darauf beruft,** da diese Regelung lediglich einen einredeähnlichen Charakter hat (BGHZ 62, 15 = BauR 1974, 132 = NJW 1974, 236 = BB 1974, 104 = SFH Z 2.330.2 Bl. 4 = MDR 1974, 304 = LM VOB/B Nr. 66 Anm. Schmidt); vgl. dazu auch OLG Celle SFH Z 2.330.2 Bl. 12; OLG Koblenz SFH Z 2.330.2 Bl. 15 sowie Hochstein BauR 1973, 333, 336, 339 f.; insofern von Peters NJW 1983, 799 – Fn. 13 – und 803 – Fn. 75 – unzutreffend interpretiert. Vgl. dazu auch Rdn. 167 ff.

134 d) Gelangen **zwei verschiedene Bauaufträge** desselben Auftragnehmers zur Abrechnung und ergibt sich aus einem, daß eine Überzahlung vorliegt, während hinsichtlich des anderen noch ein Anspruch des Auftragnehmers (auch z. B. aus dem Gesichtspunkt des Schadensersatzes) gegeben ist, ist die Frage der ungerechtfertigten Bereicherung **nicht nach jedem der beiden Aufträge (Bauverträge) getrennt zu beurteilen.** Vielmehr kommt es darauf an, ob dem Auftraggeber unter Berücksichtigung der Abrechnung **aus beiden Aufträgen im Ergebnis eine nicht gerechtfertigte Vermögensminderung** entstanden ist, der auf der anderen Seite eine **nicht begründete Bereicherung** des Auftragnehmers gegenübersteht. Ergibt sich, daß der Auftraggeber im Ergebnis bei Berücksichtigung **aller** Abrechnungsfakten an den Auftragnehmer nicht mehr bezahlt hat, als diesem **insgesamt** zusteht, scheidet für ihn ein Rückzahlungsanspruch aus ungerechtfertigter Bereicherung aus (vgl. dazu BGH, Urt. vom 5. 11. 1964 – VII ZR 249/62 – sowie Wussow IB 1965, 13). Das gilt auch, wenn nicht nur zwei, sondern noch mehr Einzelaufträge zwischen Auftraggeber und Auftragnehmer abzurechnen sind. Grundsätzlich ist es also so, daß **Rückzahlungsansprüche des Auftraggebers** gegen den Auftragnehmer aus ungerechtfertigter Bereicherung wegen Überzahlung einer Schlußrechnung **nicht** in Betracht kommen, **wenn der Auftraggeber** dem Auftragnehmer den fraglichen Betrag zwar nicht aus diesem betreffenden Vertrag, **jedoch aus einem anderen Grunde schuldet.**

e) **Bei vorzeitiger Kündigung** des Vertrages hat der Auftragnehmer Abschlagszahlungen für **135**
nicht erbrachte Leistungen nur bis zur Höhe einer Überzahlung zurückzugewähren, die
sich aus der Verrechnung der Gesamtvergütung für erbrachte Leistungen mit der Summe aller
Voraus- und Abschlagszahlungen ergibt; Bürgen, die sich für die Rückgewähr von Abschlagszahlungen verbürgt haben, haften höchstens bis zu diesem Betrag. Beruht die Überzahlung
auf mehreren Abschlagszahlungen für nicht erbrachte Leistungen, die verschieden verbürgt
sind, wird zur Feststellung der Teilbeträge, für die die einzelnen Bürgen haften, die Vergütung,
die in der Schlußrechnung auf bisher nicht erbrachte Teilleistungen entfällt, anteilig mit den
einzelnen Abschlagszahlungen für nicht erbrachte Leistungen entsprechend deren Höhe
verrechnet (BGH BauR 1986, 361 = NJW 1986, 1681 = MDR 1986, 845 = ZIP 1986, 702 = LM
§ 125 BGB Nr. 43 = Betrieb 1986, 1384 = WM 1986, 520 = Jagenburg EWiR § 17 VOB/B
1/86, 937 = SFH § 16 Nr. 1 VOB/B Nr. 4).

f) Zur Bindung des Auftragnehmers an eine fehlerhafte Rechnung vgl. Teil B § 2 Rdn. 28 und **136**
Teil B § 14 Rdn. 24 ff. sowie insbesondere Junker ZIP 1982, 1158.

2. Sonderfall: Rückzahlungsansprüche öffentlicher Auftraggeber

Eine eigene Betrachtung erfordert der **besondere Sachverhalt,** nach dem der **öffentliche** **137**
Auftraggeber – also im Falle eines behördlichen oder behördenähnlichen Bauauftrages (vgl.
dazu Einl. Rdn. 100 f.) – die Schlußrechnung des Auftragnehmers geprüft und festgestellt,
dem Auftragnehmer den festgestellten Betrag als **Schlußzahlung ausbezahlt** hat und dann,
nach erfolgter **Abwicklung** des Bauvertrages, die **Rechnungsprüfungsbehörde** eine **unbe-**
rechtigte Überzahlung feststellt, die vom Auftragnehmer nach Maßgabe der §§ 812 ff. BGB
zurückgefordert werden soll (zur Problematik im einzelnen vgl. auch Hahn, Rückforderungen im Bauvertragsrecht, Baurechtliche Schriften Band 4, 1986). Dazu ist unter Berücksichtigung des Urteils des BGH vom 3. 12. 1964 (SFH Z 2.212 Bl. 17 ff. = BB 1965, 927; vgl. auch
BGH BauR 1975, 424 = BB 1975, 990 = SFH Z 2.330.2 Bl. 26 LM FinBau [B] ZVB [1959]
Nr. 1) zu bemerken:

a) **Hat sich der Auftraggeber** für diesen Fall eine **Rückforderung im Bauvertrag ausdrück-** **138**
lich vorbehalten, kann er sie kraft wirksamer Vereinbarung mit dem Auftragnehmer **grund-**
sätzlich auch geltend machen. Insoweit muß allerdings der Rückforderungsanspruch **nach**
Inhalt und Umfang jeweils zweifelsfrei vereinbart worden sein (vgl. dazu vor allem auch
Dähne, Festschrift Korbion, 1986, S. 39, 41 ff. sowie BauR 1974, 163).

Das trifft z. B. nicht schon auf Fehler zu, die auf einer falschen Anwendung der dem Bauvertrag zugrundeliegenden Aufmaß- und Abrechnungsvorschriften der VOB/C beruhen, wenn nach dem Vertrag lediglich
Nr. 24 der „Zusätzlichen Vertragsbedingungen der Finanzverwaltungen für die Ausführung von Bauleistungen (Ausgabe 1959)" – vgl. auch Nr. 24 der Fassung 1978 – als vereinbart in Betracht kommt; denn die
dortige Wendung „Fehler in den Unterlagen der Abrechnung" erfaßt die genannten Unstimmigkeiten
nicht (BGH BauR 1975, 424 = BB 1975, 990 = SFH Z 2.330.2 Bl. 26 = LM FinBau [B]ZVB [1959] Nr. 1;
BGH BauR 1979, 249 = MDR 1979, 663 = LM § 16 VOB/B [A] Nr. 11 = SFH § 779 BGB Nr. 1 = ZfBR
1979, 109; vgl. auch OLG München NJW-RR 1987, 1500). **Anders** liegt es wiederum, wenn der Abrech-
nungsfehler auf eine Überschneidung einzelner Positionen des Leistungsverzeichnisses zurückgeht, da es
sich hier auch um „Abweichungen in Aufmaßlisten und Abrechnungszeichnungen von der tatsächlichen
Ausführung oder untereinander" i. S. der Nr. 24 Ziff. 2 a der genannten ZVB handelt (von BGH BauR
1980, 180 = NJW 1980, 880 = MDR 1980, 302 = WM 1980, 135 = SFH § 242 BGB Nr. 12 mit Anm.
Hochstein = ZfBR 1980, 22 = LM § 242 [Cc] BGB Nr. 36 offengelassen).
Die jetzige Fassung (Februar 1983) der **Nr. 24 der betreffenden ZVB** nennt im Gegensatz zu früher **nicht**
mehr, wann „Fehler in den Unterlagen der Abrechnung" vorliegen, sondern **begnügt sich mit der**
Feststellung in Nr. 24.1, daß bei Rückforderungen des Auftraggebers aus Überzahlungen (§§ 812 ff.
BGB) sich der Auftragnehmer **nicht auf Wegfall der Bereicherung** (§ 818 Abs. 3 BGB) **berufen**

B § 16, 3, Rdn. 139-141

kann. Daraus folgt, daß **aus dieser** jetzigen **Fassung noch nicht eine Vereinbarung der Rückforderung zu entnehmen ist.**

139 b) **Fehlt es an einer vertraglichen Rückzahlungsvereinbarung** oder wird der betreffende Fall hiervon nicht erfaßt, so kann nach der besonderen öffentlich-rechtlichen Situation des öffentlichen Auftraggebers grundsätzlich **nicht** davon ausgegangen werden, daß die frühere Prüfung und Feststellung der Schlußrechnung, aufgrund deren die Schlußzahlung erfolgt ist, ein **rechtlich bindendes Anerkenntnis** i. S. der **§§ 780, 781 BGB** dargestellt hat. Insoweit scheidet auch die Duldungs- oder die Anscheinsvollmacht allgemein aus. **Das ergibt sich in der Ausgangslage aus dem öffentlichen Recht,** das entgegen Weick in Nicklisch/Weick (Teil B § 16 Rdn. 71) sowie Hahn (ZfBR 1982, 139) in das auch hier bestehende zivilrechtliche Vertragsverhältnis zwischen öffentlichem Auftraggeber und Auftragnehmer in dem nachfolgend erörterten Punkt eingreift und dieses damit einbezieht oder auch umgekehrt (i. e. wie hier Dähne, Festschrift Korbion, 1986, S. 39, 42 ff.).

140 Handelt es sich z. B. um ein Bauvorhaben der Bundesrepublik Deutschland, so wird deren gesamte **Haushaltsführung nach dem Grundgesetz und weiteren Rechtsvorschriften vom Bundesrechnungshof überwacht** (vgl. Art. 114 Abs. 2 GG; §§ 88 ff. Bundeshaushaltsordnung vom 19. 8. 1969 = BGBl. I, S. 1284 und Gesetz über Errichtung und Aufgaben des Bundesrechnungshofes vom 27. 11. 1950 = BGBl. III-5). Danach sind Rechnungen und Belege zunächst von der zuständigen Behörde lediglich **vorzuprüfen.** Sie unterliegen dann einer **weiteren Überprüfung.** Zu entsprechendem Ergebnis führen die für Länder und Gemeinden maßgeblichen Vorschriften. Das ist grundsätzlich eine **gerechtfertigte Folge,** zu deren Einsicht auch die Auftragnehmerseite bei objektiver Betrachtung der besonderen Situation kommen muß. Es ist zu berücksichtigen, daß – im Gegensatz zu einem von privater Hand kommenden Bauauftrag – die hier zum Einsatz kommenden Gelder **als Steuerbeträge von der Allgemeinheit aufgebracht** werden und daher hinsichtlich ihrer ordnungsgemäßen Verwendung eher einer dreifachen als einer **doppelten Kontrolle unterliegen müssen** (ebenso Dähne, Festschrift Korbion, 1986, S. 39, 55). Dieser hier ausschlaggebende Gesichtspunkt wird von Hahn (ZfBR 1982, 139) in seiner Kritik nicht unerheblich unterbewertet. Aus diesen Gründen steht dem öffentlichen Auftraggeber bei später festgestellten Überzahlungen grundsätzlich ein **Rückforderungsanspruch aus ungerechtfertigter Bereicherung** zu (vgl. dazu auch BGH BauR 1975, 424 = BB 1975, 990 = SFH Z 2.330.2 Bl. 26 = LM FinBau [B] ZVB [1959] Nr. 1; vgl. auch OLG München NJW-RR 1987, 1500). Das gilt unabhängig von vertraglichen Rückzahlungsvereinbarungen (vgl. Rdn. 138). Allerdings gehen dann etwa bestehende vertragliche Vereinbarungen nach allgemeinen Grundsätzen vor, jedoch schließen sie daneben bestehende gesetzliche Bestimmungen hier nicht aus, da diese zwingenden Charakter haben; werden also vertragliche Regelungen von den gesetzlichen nicht abgedeckt und gehen letztere weiter, kommt auch dann ein Rückzahlungsanspruch aus ungerechtfertigter Bereicherung in Betracht (zutreffend Dähne, Festschrift Korbion, 1986, S. 39, 42).

141 c) Allerdings **schließt es das Gesagte nicht aus,** daß im Einzelfall infolge besonderer Umstände aufgrund eines **Anerkenntnisses oder Verzichtes** (Erlaßvertrages) oder eines Vergleiches dennoch eine **Rückforderung ausgeschlossen ist,** da die genannten öffentlich-rechtlichen Bestimmungen solche besonderen Absprachen und deren Wirksamkeit **nicht zwingend verbieten.** Dann müssen aber **ganz besondere Umstände vorliegen,** um eine der genannten Rechtsfolgen annehmen zu können. So genügt dafür nicht schon eine längere gemeinsame Prüfung der Schlußrechnung mit einer abschließenden mit dem Auftragnehmer erfolgten Einigung. Wesentlich ist hier nämlich die allgemein bekannte Tatsache, daß öffentliche Auftraggeber durch Rechnungsprüfungsbehörden überwacht werden und deshalb im Zusammenhang mit der Überprüfung von Rechnungen von Auftragnehmern und darauf erfolgenden Zahlungsanweisungen im allgemeinen keine Vergleiche oder Erlaßverträge schließen oder

Schuldanerkenntnisse abgeben wollen, so daß **allein daraus** ein dahin gehender objektiver Erklärungswert nicht schon entnommen werden kann. Daher sind **entweder klare ausdrückliche Erklärungen oder zumindest ganz eindeutige, zweifelsfreie Anzeichen für die Annahme einer der erwähnten Folgen notwendig** (BGH BauR 1979, 249 = SFH § 779 BGB Nr. 1 = NJW 1979, 1306 = LM § 16 [A] VOB/B Nr. 11 = MDR 1979, 663 = ZfBR 1979, 109; BGH BauR 1982, 283 = SFH § 242 BGB Nr. 17 = ZfBR 1982, 113). Dazu reicht auch noch nicht eine Bemerkung des Auftragnehmers nach Einigung über den Schlußzahlungsbetrag, mit der Zahlung des Restbetrages seien somit alle gegenseitigen Ansprüche aus dem betreffenden Vertrag abgegolten (BGH in der zuletzt genannten Entscheidung).

d) Das **Rückforderungsrecht** des öffentlichen Auftraggebers besteht **allerdings nur, wenn und soweit die Feststellung der Überzahlung auf einer Überprüfung der zuständigen Rechnungsprüfungsbehörde beruht, also ursächlich darauf zurückgeht** (ebenso Dähne, Festschrift Korbion, 1986, S. 39, 46) **und wenn die Überprüfung der Rechnung ihrem Gesamtergebnis nach die Überzahlung ergibt,** der Auftraggeber also **insgesamt** mehr gezahlt hat, als er an Leistungswert erhalten hat. Liegt es so, daß lediglich in einer oder in mehreren Positionen eine Überzahlung vorliegt, bei anderen Positionen – etwa wegen späterer Ausdehnung des Leistungsumfanges – nachträglich festgestellt wird, daß dem Auftragnehmer an sich noch eine Nachforderung zusteht, kommt eine **Rückforderung nur** in Betracht, **wenn auch unter Berücksichtigung des Betrages der Nachforderung noch ein Saldo zugunsten des Auftraggebers** bleibt (vgl. OLG Düsseldorf SFH Z 2.330 Bl. 21 ff.; BGH SFH Z 2.330 Bl. 35 in demselben Fall). Dies gilt über den hier entschiedenen Sachverhalt, nach dem dem öffentlichen Auftraggeber ein späteres Prüfungs- und Rückforderungsrecht ausdrücklich vertraglich vorbehalten war, hinaus, wie aus der in Rdn. 131 ff. angeführten BGH-Entscheidung vom 5. 11. 1964 (a. a. O.) zu folgern ist.

142

e) Daß die Ausübung der Kontrollfunktion durch die dazu berufenen Rechnungsprüfungsbehörden **nicht willkürlich und nur im Rahmen der maßgeblichen Rechtsvorschriften oder vertraglichen Vereinbarungen zu erfolgen hat, ist selbstverständlich.** Darüber hinaus ist zu beachten, daß es sich auch hier um einen **zivilrechtlichen Bauvertrag** handelt, daher auch die **berechtigten Belange des Auftragnehmers** gerade von der öffentlichen Hand im Rahmen der ihr obliegenden vertraglichen Sorgfaltspflicht **zu berücksichtigen sind. Vor allem geht es nicht an, im Einzelfall durch lange und unzumutbare Untätigkeit in dem Auftragnehmer den bei objektiver Betrachtung berechtigten Eindruck zu erwecken, die bisherige Schlußabrechnung und Schlußzahlung sei in Ordnung,** um dann eines Tages, sozusagen aus heiterem Himmel, dennoch Rückzahlungsansprüche zu stellen. Insoweit **bedarf** es im berechtigten Interesse des Auftragnehmers einer nach rechtlichen Gesichtspunkten zu bewertenden **Gegenkontrolle.** Das gilt umso mehr, als auch der Rückforderungsanspruch des öffentlichen Auftraggebers **der 30jährigen Verjährung** nach § 195 BGB unterliegt.

143

Diese kann entgegen Hahn (ZfBR 1982, 139) nicht schon dadurch angesetzt werden, daß in Zusätzlichen Vertragsbedingungen enthaltene **Ausschlüsse auf das Berufen des Wegfalls der Bereicherung (§ 818 Abs. 3 BGB) durch den Auftragnehmer nach § 9 AGB-Gesetz für unwirksam erklärt** werden. Abgesehen davon, daß eine solche Regelung auch bei Verträgen mit privaten Auftraggebern nicht schon ohne weiteres gegen § 9 AGB-Gesetz verstoßen würde (vgl. Rdn. 131 ff.), käme dies wegen der hier aufgezeigten besonderen Situation des öffentlichen Auftraggebers **ohnehin nicht zum Tragen.** Überdies wäre das nur eine Lösung für solche Fälle, in denen vertraglich das Rückforderungsrecht besonders festgelegt wäre. Daher muß schon eine für alle hier angesprochenen Fälle brauchbare Lösung gefunden werden.

144

145 Hierzu bietet das von der Rechtsprechung herausgearbeitete Rechtsinstitut der **Verwirkung aus dem Gesichtspunkt von Treu und Glauben** (§ 242 BGB) eine **ausreichende Handhabe**, das auch auf Rechtsbeziehungen zwischen Privaten und Behörden bei der Ausführung von öffentlichen Aufträgen anzuwenden ist (vgl. BGHZ 1, 32).

146 Für den **Beginn** des Zeitraumes, der für die Beurteilung der Frage der Verwirkung des Rückforderungsanspruches ausschlaggebend ist, ist grundsätzlich von dem Zeitpunkt des **Eingangs der Schlußzahlung** auszugehen (BGH BauR 1980, 180 = NJW 1980, 880 = MDR 1980, 302 = WM 1980, 135 = SFH § 242 BGB Nr. 12 mit Anm. Hochstein = ZfBR 1980, 22 = LM § 242 [Cc] BGB Nr. 36; BGH BauR 1982, 283 = SFH § 242 BGB Nr. 17 = OLG Celle BauR 1974, 418; OLG Köln SFH Z 3.022 Bl. 6 sowie OLG Köln BauR 1979, 252 = SFH § 242 BGB Nr. 8; OLG München, Urt. vom 2. 11. 1978 – 1 U 1449/78 –; jetzt auch Dähne, Festschrift Korbion, 1986, S. 39, 47 Fn. 38; mißverstanden von Hahn ZfBR 1982, 139, 142).

147 Allerdings **genügt bloßer Zeitablauf noch nicht** für eine Verwirkung. Vielmehr **muß hinzukommen, daß der Schuldner (hier: Auftragnehmer) sich infolge der Untätigkeit des Gläubigers (hier: Auftraggeber) im Einzelfall darauf hat einrichten dürfen und auch eingerichtet hat, dieser werde seinen Anspruch nicht mehr geltend machen,** und daß deswegen die dennoch erfolgende spätere Geltendmachung des Anspruches **gegen Treu und Glauben** verstößt, sich also als **Rechtsmißbrauch** darstellt (vgl. RGZ 155, 152; 158, 105; BGHZ 21, 78; BGHZ 25, 47, 52; BGH LM § 242 [Cc] BGB Nr. 6; BGH, Urt. vom 5. 2. 1962 – VII ZR 24/61 –; BGH Betrieb 1969, 302; BGH BauR 1980, 180 = NJW 1980, 880 = MDR 1980, 302 = WM 1980, 135 = SFH § 242 BGB Nr. 12 mit Anm. Hochstein = ZfBR 1980, 22 = LM § 242 [Cc] BGB Nr. 36; BGH BauR 1982, 283 = SFH § 242 BGB Nr. 17).

148 Da es sich hier um die **Feststellung des Eintritts eines besonderen Vertrauenstatbestandes** handelt, kann die **Bemessung nach etwaigen Verjährungsbestimmungen oder eine Orientierung danach noch nicht ausreichen.** Daher kommt es insbesondere nicht darauf an, ob der Vergütungsanspruch des Auftragnehmers inzwischen verjährt ist (BGH BauR 1982, 283 = SFH § 242 BGB Nr. 17 = ZfBR 1982, 113). Unzutreffend daher auch Hahn (ZfBR 1982, 139, 145 f.), der den tragenden Unterschied zwischen den bloßen Verjährungsregelungen und dem Ausnahmetatbestand der Verwirkung verwischt.

149 Vielmehr ist es **im Einzelfall** entscheidend, wie groß das betreffende Bauvorhaben nach Umfang und Wert war, und zwar grundsätzlich abgestellt auf den mit dem betreffenden Auftragnehmer abgeschlossenen Vertrag und nicht auf das Gesamtbauvorhaben und dessen Abrechnung (OLG Köln BauR 1979, 252 = SFH § 242 BGB Nr. 8; LG Köln SFH § 242 BGB Nr. 4; OLG München a. a. O.); wie viele Unternehmer, deren Rechnungen von der Aufsichtsbehörde insgesamt und gemeinsam zu überprüfen sind, beteiligt waren; welche Beanstandungen gegen die Abrechnung des betreffenden Auftragnehmers zu erheben sind (OLG Köln a. a. O.); wieweit der Auftragnehmer mit der Durchführung und Abwicklung von Behördenbauvorhaben vertraut ist, insbesondere mit den dort üblichen Prüfungsvorgängen (dazu OLG Köln SFH Z 3.022 Bl. 6); ob dem Auftragnehmer bekannt ist, wie die in Betracht kommende Prüfungsbehörde eingerichtet und personalmäßig besetzt ist (wobei allerdings fehlende personelle Besetzung der Prüfungsbehörden grundsätzlich unbeachtlich ist, da Organisationsschwächen beim Auftraggeber nicht dem Auftragnehmer angelastet werden können; ebenso Dähne BauR 1974, 163, 165 sowie OLG Köln BauR 1979, 252 = SFH § 242 BGB Nr. 8); ob der Auftragnehmer nach dem bisherigen Verhalten der Auftraggeberseite berechtigt war, eine Vorankündigung zu verlangen, daß seine Rechnungen nochmals überprüft würden, um im Falle der Rückforderung entsprechende Vorkehrungen zu treffen (wie z. B. Rückstellungen zu machen); ob der Auftragnehmer nach Sachlage infolge Zeitablaufs etwaige Rückstellungen aufzulösen berechtigt war, weil er darauf vertrauen konnte, die Auftraggeberseite werde

nichts mehr zurückfordern; in welchem Verhältnis der spätere Rückforderungsbetrag zu der an den Auftragnehmer gezahlten Gesamtvergütung steht; ob die jetzige Rückforderung den Auftragnehmer infolge Zeitablaufs in Beweisschwierigkeiten hinsichtlich ihrer Berechtigung gebracht hat; ob die Rückforderung auf jeden Fall noch in einer Zeit geschieht, in der der Auftragnehmer die hier maßgebenden Unterlagen etwa nach § 44 Abs. 1, 4 HGB, § 147 Abs. 1, 3 AO aufzubewahren hat (vgl. OLG München, Urt. vom 2. 11. 1978 – 1 U 1449/78 –), oder ob es ihm nicht zugerechnet werden kann, wenn er die für seine Beurteilung unumgänglichen Unterlagen vernichtet hat (vgl. BGH BauR 1980, 180 = NJW 1980, 880 = MDR 1980, 302 = WM 1980, 135 = SFH § 242 BGB Nr. 12 mit Anm. Hochstein = ZfBR 1980, 22 = LM § 242 [Cc] BGB Nr. 36; OLG Köln BauR 1979, 252 = SFH § 242 BGB Nr. 8). Ohne Bedeutung ist es für sich allein, wenn die auf Auftragnehmerseite tätig gewesene Arbeitsgemeinschaft nach Ausführung der Arbeiten aufgelöst und dies dem Finanzamt mitgeteilt wurde (BGH BauR 1980, 283 = SFH § 242 BGB Nr. 17 = ZfBR 1982, 113 m. w. N.). Für das Vorliegen von Tatsachen, die die Verwirkung rechtfertigen sollen, ist der **Auftragnehmer darlegungs- und beweispflichtig** (zutreffend Dähne, Festschrift Korbion, 1986, S. 39, 48).

f) Deshalb kommt es nach den angeführten Einzelumständen immer auf die **Beurteilung des Einzelfalles** an; vgl. dazu BGH SFH Z 2.212 Bl. 17. Nicht unbedenklich erscheint es im Hinblick auf die Beurteilung weiterer Fälle, wenn der BGH in dieser Entscheidung bei einem Bauvorhaben im Gesamtwert von 40 Millionen DM, an denen insgesamt 22 Unternehmer beteiligt waren, die Gesamtvergütung des später auf Rückzahlung in Anspruch genommenen Auftragnehmers 450 000 DM ausmachte, einen Zeitraum von etwas mehr als 4 Jahren zwischen Schlußzahlung und Rückforderung noch als angemessen angesehen hat. Diese weitgehende Billigung erscheint unter Berücksichtigung der gerade auch auf der Auftraggeberseite gegebenen Schwierigkeiten im Rahmen der Rechnungsüberprüfung doch als zu großzügig. Um so mehr gilt dies für die weitere Entscheidung des BGH vom 22. 5. 1975 (BauR 1975, 424 = BB 1975, 990 = SFH Z 2.330.2 Bl. 26 = MDR 1975, 836 = LM FinBau [B] ZVB [1959] Nr. 1), in der der BGH sogar noch 6 Jahre für einen angemessenen Zeitraum unter Verneinung einer Verwirkung angesehen hat, zumal es sich dort nur um einen Gesamtauftrag über 2,4 Millionen DM gehandelt hat; allerdings ist diese Entscheidung im Ergebnis dennoch zu billigen, weil die dortige Klägerin nichts Hinreichendes dafür vorgetragen hatte, daß sie sich darauf eingerichtet hatte, nichts mehr zurückzahlen zu müssen. Aus dem zuletzt genannten Grund ist auch der einen Zeitraum von 61/4 Jahren erfassenden Entscheidung des BGH BauR 1980, 180 = NJW 1980, 880 = MDR 1980, 302 = WM 1980, 135 = SFH § 242 BGB Nr. 12 mit Anm. Hochstein = ZfBR 1980, 22 im Ergebnis zuzustimmen: Hier hatte die Auftraggeberin wiederholt unmißverständlich zu verstehen gegeben, daß sie auf der Rückforderung bestehe, und zwar vor Vernichtung der Unterlagen durch die Auftragnehmerin, und es hatte wegen der Rückforderung ein umfangreicher Schriftwechsel stattgefunden.

150

Zutreffend hat dagegen das OLG Köln (Urt. vom 26. 3. 1965 – 9 U 111/63 –) einen Rückforderungsanspruch der Bundesrepublik nach einem Zeitraum von mehr als 3 Jahren nach den Umständen des dort gegebenen Falles als verwirkt angesehen, und zwar ungeachtet der Tatsache, daß sich der Auftragnehmer im Bauvertrag verpflichtet hatte, bei Feststellung einer Überzahlung den entsprechenden Betrag jederzeit zurückzuzahlen. Ebenso OLG Celle (Urt. vom 13. 7. 1965 – 11 U 33/65 –) für einen Zeitraum von mehr als 5 Jahren seit Schlußzahlung, sowie Urt. vom 24. 11. 1965 – 9 U 44/65 – ebenfalls für eine Zeit von mehr als 5 Jahren, auch LG Braunschweig, Urt. vom 7. 10. 1970 – 5 O 126/70 – (hier allerdings ohne Rückzahlungsklausel). Für denselben Zeitraum hat auch das BVerwG im Falle eines Requisitionsbauauftrages Verwirkung angenommen (BVerwG, Urt. vom 30. 6. 1965 – V C 4.63 –), und zwar ebenfalls ungeachtet einer vertraglichen „Rückzahlungsklausel"; weiterhin das Urteil gleichen Datums (V C 149.63); auch LG Berlin für einen Zeitraum von 33/4 Jahren (Urt. vom 23. 3. 1971 – 13 O 4/71 –). Ferner OLG Koblenz für den Zeitraum von fast 7 Jahren, zumal nach vor-

151

angegangener wiederholter Prüfung durch Prüfungsbehörden (Urt. vom 10. 7. 1973 – 11 U 1032/72 –); ebenso OLG Köln (BauR 1979, 252 = SFH § 242 BGB Nr. 8) sowie LG Köln (SFH § 242 BGB Nr. 4) für mehr als 7 Jahre. Zutreffend auch AG Hamburg (SFH § 242 BGB Nr. 16) für den Zeitraum von 53/4 Jahren bei einer Nettoauftragssumme von nicht ganz 65 000 DM und einem Rückforderungsanspruch von etwas über 2000 DM netto.

152 **Anders,** jedoch im Ergebnis nicht zu billigen, OLG Köln (Urt. vom 15. 1. 1968 – 10 U 168/67 –) – 7 Jahre –, selbst unter Berücksichtigung der Besonderheiten jenes Falles (dazu Dähne BauR 1974, 163, 167). Gleiches gilt für OLG Hamburg (MDR 1984, 14 mit krit. Anm. von Meinert) bei einer Auftragssumme von 1,2 Mio. DM und einem Zeitraum von 5 Jahren. Verfehlt dürfte es sein, wenn das OLG München (BauR 1982, 603 im Falle eines Architektenvertrages) einen Zeitraum von fast sieben Jahren noch nicht als ausreichend für eine Verwirkung hält, wobei es lediglich um die Rückforderung zuviel gezahlter Umsatzsteuer ging, der Auftraggeber das sicherlich weitaus früher bei der gebotenen und in angemessener Zeit vorzunehmenden Rechnungsprüfung feststellen konnte.

153 Zur Verwirkung des Rückforderungsanspruches des öffentlichen Auftraggebers siehe auch LG Saarbrücken JBl. Saar 1966, 187 (dort handelte es sich sogar um einen Zeitraum von fast 8 Jahren); weiter OLG Celle BauR 1974, 418. Zugunsten des Auftragnehmers ist auch zu berücksichtigen, ob und inwieweit der Auftraggeber nach schriftlicher Geltendmachung seines Rückforderungsanspruches und daraufhin geführter Korrespondenz später den **Eindruck vermittelt, er nehme von der Rückforderung Abstand** (vgl. OLG Köln SFH Z 3.022 Bl. 6 für den Zeitraum von etwa 3/4 Jahr zwischen der dem Auftragnehmer gesetzten letzten Zahlungsfrist und der Klagezustellung; ähnlich OLG München, Urt. vom 2. 11. 1978 – 1 U 1449/78 – für die weitere Zeit von drei Jahren, die zwischen endgültiger Ablehnung des Rückforderungsanspruches und dessen klageweiser Geltendmachung lagen).

154 Zu den hier erörterten Fragen vgl. auch Dähne BauR 1974, 163, 165 sowie Festschrift Korbion, 1986, S. 39, 50 ff., der mit Recht darauf verweist, daß der Auftragnehmer gegen einen Rückzahlungsanspruch des Auftraggebers unter Umständen mit einer noch nicht erledigten Forderung **aufrechnen** kann, und zwar in entsprechender Anwendung des § 390 Satz 2 BGB auch dann, wenn seine **Gegenforderung inzwischen verjährt ist oder nach Teil B § 16 Nr. 3 Abs. 2 nicht mehr geltend gemacht werden kann** (ebenso BGH BauR 1982, 499 = NJW 1982, 2250 = MDR 1983, 49 = SFH § 16 Nr. 3 VOB/B Nr. 22 = BB 1982, 1884 = Betrieb 1982, 2455 = ZfBR 1982, 202).

155 Der Rückforderungsanspruch des öffentlichen Auftraggebers, der an eine Arbeitsgemeinschaft gezahlt hat, besteht auch gegenüber den Mitgliedern der Arbeitsgemeinschaft, wenn die Arbeitsgemeinschaft aufgelöst ist; das gilt auch, wenn die Überzahlung nur einem Gesellschafter durch Manipulation zugeflossen ist. Dies rechtfertigt sich aus Billigkeitserwägungen durch entsprechende Anwendung des § 427 BGB (OLG Hamburg BB 1984, 14). Der ablehnenden Anmerkung von Meinert (a. a. O.) kann nicht gefolgt werden.

156 g) Der Auftraggeber kann **Verzinsung** des mit Recht zurückgeforderten Betrages von 4 % (§ 246 BGB) bzw. 5 % (§ 352 HGB) verlangen. Sicher ist dies ab **Eingang des Rückforderungsverlangens** beim Auftragnehmer gerechtfertigt. Fraglich ist dagegen, ob eine AGB des Auftraggebers, wonach die Pflicht zur Verzinsung auf den Zeitpunkt des Empfanges der Schlußzahlung zurückverlegt werden kann, wie es z. B. in Nr. 24.2 der EVM(B)ZVB (diese Bestimmung ist gemäß Rundschreiben des Bundesministers für Raumordnung, Bauwesen und Städtebau vom 26. 10. 1987 – B I 2-0 1082–216/60 – nicht mehr anzuwenden) der Fall war, wirksam ist. Entgegen der hier früher vertretenen Auffassung ist dies mit dem BGH (BauR 1988, 92 = NJW 1988, 258 = SFH § 9 AGBG Nr. 34 = Betrieb 1988, 109 = ZIP 1987, 1457 = MDR 1988, 221 = Kraus EWiR § 9 AGBG 4/88, 317 = LM § 9 [Bf]AGBG Nr. 12; vgl. auch

OLG München BauR 1986, 702) zu verneinen. Zwar liegt in einer solchen Klausel nicht schon ein Verstoß gegen § 11 Nr. 4, 5b, 15 AGB-Gesetz. Jedoch ist eine **Verletzung** der sich aus § 9 **AGB-Gesetz** ergebenden Grundsätze festzustellen: Maßgebender Vergleichsmaßstab zum gesetzlich vorgegebenen Rahmen ist § 818 Abs. 1 BGB, der den Bereicherungsgläubiger (Auftraggeber) nur zur Herausgabe tatsächlich gezogener Nutzungen berechtigt. Dabei erfaßt die erörterte Klausel auch Fälle, in denen eine tatsächliche Nutzung unterblieben ist, und zwar gerade auch durch den gutgläubigen Schuldner (Auftragnehmer), während sonst dafür die §§ 819, 818 Abs. 4 BGB die Grenze bilden. Dazu ist bei der nach § 9 Abs. 1 AGB-Gesetz vorzunehmenden Gesamtabwägung zu berücksichtigen: Die unterschiedliche Verjährung von Vergütungsanspruch des Auftragnehmers und des Rückzahlungsanspruches des Auftraggebers, die Unausgewogenheit der Nichtverzinsung von Nachforderungen des Auftragnehmers gegenüber der nach der Klausel geforderten Verzinsungspflicht für die Rückzahlung, die Verstärkung einer Unausgewogenheit der Bestimmung in Teil B § 16 Nr. 3 Abs. 2 als Einzelregelung durch die Zinsklausel, vor allem aber die Unmöglichkeit für den Auftragnehmer, auf die häufig erst nach Jahren stattfindende abschließende Rechnungsprüfung beim öffentlichen Auftraggeber Einfluß zu nehmen und einer Verzinsungspflicht vorzubeugen (in diesem Sinne u. a. auch Dähne, Festschrift Korbion, 1986, S. 39, 52 ff.; Hahn BauR 1987, 268).

h) Von dem in Rdn. 137 ff. erörterten Rückforderungsanspruch ist der Fall **zu unterscheiden, in dem beide Vertragsparteien** bei Unklarheit über die Forderung des Auftragnehmers **sich einverständlich** auf einen bestimmten Betrag **geeinigt** haben. Insofern liegt eine **besondere vertragliche Vereinbarung** vor, die es dem öffentlichen Auftraggeber **nicht gestattet,** später einseitig einen **Rückforderungsanspruch** geltend zu machen (vgl. dazu mit Recht OLG Celle, Urt. vom 26. 3. 1974 – 14 U 131/73 –).

VI. Vorbehaltlose Annahme der Schlußzahlung: Verlust weitergehender Ansprüche des Auftragnehmers (Absatz 2)

1. Überblick

a) Nr. 3 Abs. 2 regelt eine **mögliche Folge der Annahme der Schlußzahlung** des Auftraggebers (zur Schlußzahlung zunächst Rdn. 118–129) durch den Auftragnehmer. Dabei hat die hier erörterte Bestimmung **zwei mögliche Fälle** im Auge: Entweder der durch die Schlußzahlung vom Auftraggeber entrichtete oder (bei angeblicher Überzahlung) überhaupt nicht mehr entrichtete Betrag ist geringer als derjenige, der die Endsumme der Schlußrechnung des Auftragnehmers ausmacht (es werden also nicht alle dort aufgeführten Leistungsteile und darauf berechnete Vergütungsanteile bezahlt), **oder der Auftragnehmer hat noch nicht alle ihm – vermeintlich – zustehenden Ansprüche aus dem betreffenden Bauauftrag in seine Schlußrechnung aufgenommen,** möglicherweise deshalb, weil er bei Aufstellung seiner Schlußrechnung diese weitergehenden Forderungen vergessen hat. In allen Fällen könnte der Auftragnehmer bei einem auf der Grundlage der § 631 ff. BGB geschlossenen Vertrag Nachforderungen stellen, es sei denn, der Auftraggeber erhebt mit Erfolg die Einrede der Verjährung. Das ist **an sich auch bei einem VOB-Vertrag möglich** (vgl. auch Teil B § 2 Rdn. 28).

Die VOB enthält jedoch folgende Einschränkung: Die vorbehaltlose Annahme der als solche gekennzeichneten Schlußzahlung schließt Nachforderungen aus. Einer Schlußzahlung steht es gleich, wenn der Auftraggeber unter Hinweis auf geleistete Zahlungen weitere Zahlungen endgültig und schriftlich ablehnt. Auch früher gestellte, aber unerledigte Forderungen sind ausgeschlossen, wenn sie nicht nochmals vorbehalten werden. Ein Vorbehalt ist innerhalb von 12 Werktagen nach Eingang der Schlußzahlung zu erklären. Er wird hinfällig, wenn nicht innerhalb von weiteren 24 Werktagen eine prüfbare Rechnung über die vorbehaltenen

Forderungen eingereicht oder, wenn das nicht möglich ist, der Vorbehalt eingehend begründet wird.

Entgegen der vom Wortlaut und der Tragweite des Absatzes 2 weit entfernten Ansicht des OLG Köln (SFH Z 2.330.2 Bl. 32 mit zu Recht ablehnender Anm. von Hochstein a. a. O. sowie Jagenburg NJW 1976, 2321, 2324) setzen die an die vorbehaltlose Annahme der Schlußzahlung geknüpften Wirkungen **nicht voraus**, daß die **Schlußzahlung binnen zwei Monaten** nach Einreichung der Schlußrechnung **erfolgt** ist (ebenso OLG München BauR 1979, 436, ferner SFH § 16 Nr. 3 VOB/B Nr. 7; OLG Hamburg BauR 1979, 163). Das ist u. a. schon deswegen abwegig, weil grundsätzlich die Fälligkeit der Schlußzahlung erst **nach Ablauf von 2 Monaten eintritt** (vgl. Rdn. 12 ff., 93 ff.).

160 **b) Nr. 3 Abs. 2 bewirkt** kraft vertraglicher Vereinbarung, **daß bei vorbehaltloser Annahme der Schlußzahlung** durch den Auftragnehmer **angenommen wird, er mache keine weiteren Ansprüche über die erfolgte Schlußzahlung hinaus mehr geltend.** Entgegen Weick in Nicklisch/Weick Teil B § 16 Rdn. 42 unterfällt die Regelung in Nr. 3 Abs. 2 **nicht dem § 10 Nr. 5 AGB-Gesetz**, da sie **nicht** eine der von dem genannten gesetzlichen Verbot erfaßten **Erklärungsfiktionen**, sondern der **Einrede der Verjährung vergleichbar ist** (vgl. Rdn. 167 ff.), weil der umstrittene Anspruch nicht erlischt, sondern – wie bei der Verjährung – **nicht mehr durchsetzbar ist; § 16 Nr. 3 Abs. 2 VOB/B beruht daher auf einem vom Auftragnehmer geschaffenen Vertrauenstatbestand und nicht auf einer fingierten Erklärung** (vgl. des näheren BGHZ 86, 135 = BauR 1983, 161 = NJW 1983, 816 = ZIP 1983, 325 = Betrieb 1983, 819 = BB 1983, 599 = SFH § 16 Nr. 3 VOB/B Nr. 25 = MDR 1983, 393 = ZfBR 1983, 85 = LM § 16 [D] VOB/B 1973 Nr. 17 Anm. Recken; BGH BauR 1987, 329 = NJW 1987, 2582 = MDR 1987, 603 = Betrieb 1987, 1348 = SFH § 16 Nr. 3 VOB/B Nr. 41 = LM § 16 [C] VOB/B Nr. 13 = Kraus EWiR § 16 Nr. 3 VOB/B 3/87, 717 = ZfBR 1987, 146). **Auch ein Verstoß gegen § 9 AGB-Gesetz liegt hier nicht vor, sofern der betreffende Bauvertrag, der die Regelung des § 16 Nr. 3 Abs. 2 VOB/B enthält, in dem Sinne die VOB/B im ganzen zum Vertragsgegenstand hat, daß seine Bestimmungen einen einigermaßen ausgewogenen Ausgleich der beteiligten Interessen zum Ausdruck bringen** (vgl. dazu Teil A § 10 Rdn. 136 ff.), **was bei dem Gesamtvertragswerk der VOB/B wegen seiner Ausgewogenheit durchaus gesagt werden kann** (BGH a. a. O.; ebenso u. a. Ulmer/Brandner/Hensen § 10 Nr. 5 Rdn. 6). Vgl. auch Rdn. 256. Erst recht gilt dies für die Zeit vor Inkrafttreten des AGB-Gesetzes (zutreffend OLG München BauR 1978, 436).

Die von Peters (NJW 1983, 797) gegen die AGB-rechtliche Wirksamkeit der Nr. 3 Abs. 2 unter gleichzeitiger Kritik an der vorgenannten BGH-Entscheidung vertretene Auffassung ist nicht zu billigen. Einmal kann die Anwendung des **§ 10 Nr. 5 AGB-Gesetz** nicht entgegen BGH damit begründet werden, in der Schlußzahlung liege ein Angebot des Auftraggebers zu einem pactum de non petendo, das mit Schweigen angenommen werde. Damit wird die vom BGH angenommene Präklusionswirkung, die sich mit Recht auch darauf stützt, daß der Auftraggeber weitere – versehentliche – Zahlungen nicht aus ungerechtfertigter Bereicherung zurückfordern kann (vgl. Rdn. 131 ff. und 175), nicht dadurch beseitigt, daß Peters behauptet, der Auftraggeber könne irrtümlich geleistete Zahlungen doch noch nach Jahr und Tag zurückverlangen. Eben das ist nicht der Fall (zutreffend Locher BauR 1983, 362). Die besondere Situation bei öffentlichen Aufträgen (vgl. Rdn. 137 ff.) zwingt zu keiner anderen Beurteilung, da die dafür maßgebenden Grundlagen Ausnahmegesichtspunkte darstellen (vgl. Rdn. 139 ff.), die für die hier maßgebliche Beurteilung den letztlich ausschlaggebenden Allgemeinmaßstab nicht zu ändern vermögen bzw. einer anderen Beurteilung zugänglich machen können. Die weiteren Argumente von Peters, die sich gegen die Annahme richten, daß Nr. 3 Abs. 2 auch mit **§ 9 AGB-Gesetz zu vereinbaren** ist, vermögen ebenfalls nicht zu überzeugen. Locher (a. a. O.) weist mit Recht darauf hin, daß es sich bei der VOB/B um ein für die Baubranche bereitliegendes Gesamtvertragswerk handelt, das dazu führt, daß dieses Klauselwerk **als Ganzes**, nicht aber hinsichtlich einzelner Bestimmungen Prüfgegenstand ist, was Peters gerade nicht hinreichend beachtet. Insoweit ergibt sich für die VOB/B in ihrer Gesamtheit eine der besonderen Sachlage des Bauvertrages durchaus entsprechende Ausgewogenheit (vgl. dazu Teil A § 10 Rdn. 122 ff.). Allerdings darf diese Ausgewogenheit **durch den Verwender** von Allgemeinen Geschäftsbedingungen – hier der VOB/B – **nicht gestört werden, wie insbesondere durch davon beachtlich abweichende Zusätzliche Vertragsbedingungen**, was dann durchaus (so mit Recht BGH a. a. O.) auch eine

Unwirksamkeit der Nr. 3 Abs. 2 bewirken kann (zutreffend OLG München MDR 1987, 407 = NJW-RR 1987, 598 = SFH § 16 Nr. 3 VOB/B Nr. 42; zu den daraus sich ergebenden Folgen vgl. Teil B § 14 Rdn. 24 ff.). Schließlich ist Peters auch nicht in der Ansicht zu folgen, bei der Regelung in Nr. 3 Abs. 2 handele es sich um ein „Relikt aus einer Zeit, in der der (staatliche) Auftraggeber und der Auftragnehmer noch nicht als gleichberechtigte Vertragspartner verstanden wurden". Für jeden, der in Bauvertragssachen erfahren ist, leuchtet es ein, daß gerade Bauverträge eine schnelle und sachgerechte Abwicklung benötigen, um möglichst bald Klarheit und damit auch Rechtsfrieden zu schaffen und unerfreuliche, kostenträchtige, in die Länge gezogene und immer schwerer aufklärbare Auseinandersetzungen oder gar Prozesse zu vermeiden. Das gilt vornehmlich deshalb, weil hier nicht nur rechtliche, sondern gleichermaßen auch bautechnische und baubetriebswirtschaftliche Gesichtspunkte eine tragende Rolle spielen, somit „unter einen Hut" gebracht werden müssen. Gerade der schnellen Abwicklung dient neben einer Reihe anderer Bestimmungen des Teils B der VOB, die auch recht kurze Fristenregelungen enthalten, die hier erörterte Nr. 3 Abs. 2. Im wesentlichen wie hier auch Heiermann NJW 1984, 2489, 2493 f.

Bunte (BB 1983, 732) befürwortet demgemäß auch mit Recht in AGB-rechtlicher Hinsicht die vom BGH verlangte Gesamtbetrachtung des Regelwerkes der VOB/B, vor allem in richtiger Erkenntnis der Zweckbestimmung des § 23 Abs. 2 Nr. 5 AGB-Gesetz. Nicht zu teilen sind dagegen seine Bedenken gegen die vom BGH in dem von ihm entschiedenen Fall angenommene Einbeziehung des Teiles B der VOB im Hinblick auf § 2 AGB-Gesetz (vgl. dazu Einl. Rdn. 91).

Ist dagegen die **VOB/B nicht „als Ganzes"** (vgl. dazu Teil A § 10 Rdn. 131 ff.) **vereinbart** worden (z. B. dadurch, daß eine oder einige für die Ausgewogenheit der VOB/B maßgebende Regelungen, wie etwa hinsichtlich des Vergütungsanspruches des Auftragnehmers im Falle der Kündigung des Auftraggebers nach Teil B § 8 Nr. 1 oder in Bezug auf den Anspruch des Auftragnehmers, grundsätzlich ihm zustehende Abschlagszahlungen voll zu erhalten, abbedungen sind), so ist Teil B § 16 Nr. 3 Abs. 2 **unwirksam, da er dann – auch im kaufmännischen Verkehr – gegen § 9 AGB-Gesetz** verstößt. Die gesetzlichen Bestimmungen des BGB haben keine Regelungen, die ähnlich Teil § 16 Nr. 3 Abs. 2 dem Auftragnehmer die Durchsetzung weiterer Vergütungsansprüche abschneiden; außerdem enthalten die Regelungen der VOB/B zugunsten des Auftragnehmers keine – von der Gesamtheit her betrachteten – Bestimmungen, die dem Auftragnehmer einen hinreichend angemessenen Ausgleich gewähren, wenn sie nicht in ihrem für die Ausgewogenheit maßgebenden Umfang voll zum Tragen kommen (BGHZ 101, 357 = BauR 1987, 694 = NJW 1988, 55 = Betrieb 1987, 2631 = SFH § 16 Nr. 3 VOB/B Nr. 44 = LM § 16 [D] VOB/B Nr. 23 = JZ 1988, 39 mit Anm. Peters = MDR 1988, 135 = ZIP 1987, 1582 = ZfBR 1988, 22). In solchen Fällen kann sich also der Verwender – regelmäßig hier der Auftraggeber – nicht auf die Ausschlußwirkung von Teil B § 16 Nr. 3 berufen.

161

Aus dem Gesagten ergibt sich auch, daß **Teil B § 16 Nr. 3 Abs. 2 beim Bauträger-Erwerbervertrag nur in Betracht kommen kann, wenn die VOB/B als Ganzes und dies abgeschlossen nur für den die Bauerrichtung betreffenden Teil** (also nicht für die davon klar im Vertrag deutlich zu unterscheidenden anderen Teile, wie Grundstückserwerb, Architekten- und Ingenieurleistungen, wirtschaftliche Betreuung) **vereinbart ist und außerdem die Vergütung für den Teil der Bauerrichtung getrennt festgelegt ist.** Teil B § 16 Nr. 3 Abs. 2 ist ebenso wie die Gesamtregelungen der VOB/B durch § 23 Abs. 2 Nr. 5 AGB-Gesetz nur für die Bauerrichtung selbst, die allein durch die VOB/B geregelt wird, privilegiert. Entgegen Locher/Koeble/Frik Rdn. 344 kann daher jedenfalls in AGB (gerade auch in notariellen Verträgen) § 16 Nr. 3 Abs. 2 VOB/B nicht auf den ganzen Bauträgervertrag für anwendbar bestimmt werden. Das läßt sich angesichts der von § 23 Abs. 2 Nr. 5 AGB-Gesetz geschaffenen klaren Trennung auch nicht durch Auslegung so feststellen, wie Usinger (NJW 1985, 32) meint.

162

2. Besondere vertragliche Ausnahmeregelung

163 a) Bei Nr. 3 Abs. 2 handelt es sich um eine **durch vertragliche Absprache geregelte Ausnahme** von dem sonst **allgemein geltenden Grundsatz, daß eine Zahlung die Schuld nur in Höhe des gezahlten Betrages tilgt.** Die allgemeine Rechtfertigung der hier vorgesehenen **Ausschlußwirkung** liegt in der dem VOB-Vertrag zugrunde gelegten **Vermutung,** daß der Auftragnehmer mit der **vorbehaltlosen Annahme der Schlußzahlung sozusagen in Nichtausübung einer Obliegenheit zu erkennen** gibt, er wolle keine weiteren Forderungen aus dem Bauvertrag mehr stellen (vgl. dazu u. a. BGH NJW 1965, 536 = SFH Z 2.330 Bl. 14 = MDR 1965, 373; OLG Nürnberg NJW 1961, 925, vollständig abgedruckt bei SFH Z 2.331 Bl. 15; OLG Hamm SFH Z 2.330 Bl. 3; OLG Celle SFH Z 2.330.2 Bl. 12; OLG München BauR 1979, 436; ebenso u. a. Trapp BauR 1979, 271; Locher, Das private Baurecht, Rdn. 205). Jedoch ist der Auftragnehmer über die sich für Nachforderungen aus Nr. 3 Abs. 2 ergebenden **Beschränkungen hinaus grundsätzlich nicht an die von ihm erteilte Schlußrechnung gebunden;** vielmehr kann er dann weitere Forderungen geltend machen; erst in der vorbehaltlos gebliebenen Schlußzahlung bzw. ihr gleichgestellten Erklärungen liegt ein abschließender Tatbestand, durch den Nachforderungen grundsätzlich ausgeschlossen werden (BGH BauR 1988, 217 = NJW 1988, 910 = SFH § 16 Nr. 3 VOB/B Nr. 45 = MDR 1988, 401 = Betrieb 1988, 440 = Lenzen EWiR § 16 VOB/B 1/88, 201 = JZ 1988, 571; vgl. dazu auch Schelle BauR 1987, 272).

Nr. 3 Abs. 2 kommt deshalb nicht – auch nicht entsprechend – **zur Anwendung, wenn entweder die VOB/B nicht vereinbart oder diese Bestimmung ausdrücklich im Vertrag ausgeklammert ist oder die Voraussetzungen dieser VOB-Regelung nicht vorliegen.** Dann sind **Nachforderungen** des Auftragnehmers **grundsätzlich nicht ausgeschlossen,** da in der bloßen Erteilung der Schlußrechnung keine Bestimmung i. S. der §§ 315 f. BGB – für den Bereich des Bauvertrages – vorliegt. Lediglich im Einzelfall können einer Nachforderung Gesichtspunkte aus Treu und Glauben – insbesondere des venire contra factum proprium oder der Verwirkung – entgegenstehen (vgl. dazu Lenzen BauR 1982, 23).

164 b) **Unabweisbare Voraussetzung für den Eintritt der in Absatz 2 geregelten Ausschlußwirkung ist es, daß der Auftragnehmer vorher eine Schlußrechnung erteilt hat** (BGH BauR 1987, 329 = NJW 1987, 2582 = MDR 1987, 663 = Betrieb 1987, 1348 = SFH § 16 Nr. 3 VOB/B Nr. 41 = LM § 16 [C] VOB/B 3/87, 717 = ZfBR 1987, 146 m. w. N.) oder daß diese unter den in Teil B § 14 Nr. 4 geregelten Voraussetzungen durch Selbstaufstellung seitens des Auftraggebers „ersetzt" worden ist (vgl. dazu OLG Schleswig BauR 1980, 477) und daß auf der Grundlage der durch den Auftraggeber seinerseits geprüften Schlußrechnung (vgl. Teil B § 16 Nr. 2 Abs. 1) die **Schlußzahlung** an den Auftragnehmer bzw. den für diesen befugten Empfänger geleistet worden ist. Nach dem dargelegten Grundsatz der Nr. 3 **kommt der Erteilung der Schlußrechnung und der Leistung der Schlußzahlung gleich große Bedeutung zu** (BGH BauR 1975, 349 = BB 1975, 1183 = NJW 1975, 1833 = SFH Z 2.330.2 Bl. 30 = MDR 1975, 921 = LM VOB/B Nr. 78).

Hat der für den Auftragnehmer bestellte Sequester die Schlußrechnung aufgestellt und dem Auftraggeber zugeleitet, so ist er als Sequester und späterer Konkursverwalter der richtige Empfänger für eine Schlußzahlung und der richtige Adressat für die schriftliche Ablehnung weiterer Zahlungen (OLG Düsseldorf SFH § 16 Nr. 3 VOB/B Nr. 28 = ZIP 1983, 342).

165 Es kommt dabei auf den Zeitpunkt der Schlußzahlung nicht an; es ist also unerheblich, ob sie rechtzeitig bzw. alsbald nach Fälligkeit geleistet wird (OLG Hamburg BauR 1979, 163). Zwar muß die Leistung **fertig i. S. des § 14 Nr. 3 VOB/B** sein, da vorher die Aufstellung einer Schlußrechnung nicht in Betracht kommt, jedoch ist es **nicht erforderlich, daß die Leistung vorher abgenommen worden ist** (OLG Düsseldorf BauR 1982, 383 = MDR 1982, 407 = SFH § 16 Nr. 3 VOB/B Nr. 23).

166 c) Entgegen der hier bisher vertretenen Auffassung ist der BGH der Meinung, daß auch

dann, wenn der Auftragnehmer nur eine nicht den Anforderungen von Teil B § 14 Nr. 1 entsprechende Schlußrechnung erteilt hat, sich der Auftraggeber auf die Wirkungen der Nr. 3 Abs. 2 berufen könne (BauR 1987, 329 = NJW 1987, 2582 = MDR 1987, 663 = Betrieb 1987, 1348 = SFH § 16 Nr. 3 VOB/B Nr. 41 = LM § 16 [C] VOB/B Nr. 13 = Kraus EWiR § 16 Nr. 3 VOB/B 3/87 = ZfBR 1987, 146 m. w. N.; ferner OLG Frankfurt NJW-RR 1988, 600). Hiergegen bestehen **nach wie vor Bedenken:** Das vom BGH angeführte Argument, erst für die Begründung des Vorbehaltes werde eine prüfbare Rechnung gefordert (vgl. dazu Rdn. 247 ff.), ist zwar insofern richtig, als die vorbehaltlose Forderung – soweit überhaupt nötig – jetzt hinreichend dargelegt werden muß. Entscheidend dürfte aber nach wie vor sein, daß für die Fälligkeit der Schlußrechnung auch nach BGH (vgl. Rdn. 95 ff.) eine prüfbare Rechnung vorausgesetzt wird. Die Ansicht des BGH, für die Frage der Wirksamkeit der Schlußzahlung und deren vorbehaltlose Annahme komme es weder auf die Fälligkeit noch die Abnahme und demgemäß auch nicht auf die Prüfbarkeit der Schlußrechnung an, überzeugt nicht, weil dies der klar erkennbaren Systematik der VOB/B widerspricht. Zunächst hat der Auftragnehmer, um die Fälligkeit seiner Schlußvergütung zu erreichen, die in Teil B § 14 Nr. 1–3 festgelegten Erfordernisse zu erfüllen. Er hat die Leistung fertigzustellen (Nr. 3), dann – soweit erforderlich – das Aufmaß zu nehmen (Nr. 2), dann die prüfbare Rechnung aufzustellen (Nr. 1), dann sie innerhalb bestimmter Frist dem Auftraggeber vorzulegen (Nr. 3). Erst daran schließt sich die Regelung in Teil B § 16 Nr. 3 an, nämlich die eine prüfbare Schlußrechnung voraussetzende Fälligkeitsregelung in Nr. 1 und erst dann die etwaige vorbehaltlose Annahme nach erfolgter Schlußzahlung gemäß Nr. 2. Dabei durchbricht die Auffassung des BGH nicht nur die vorangehend aufgezeigte Systematik, sondern sie geht sogar soweit, der Nr. 3 Abs. 2 einen von dieser Systematik völlig losgelösten selbständigen Charakter zu geben. Das kann schon deshalb nicht richtig sein, weil Nr. 3 Abs. 2 ersichtlich den Abs. 1 a. a. O. voraussetzt, damit wohl zwangsläufig auch die dort enthaltenen Fälligkeitsvoraussetzungen. Überdies ist die vom BGH vertretene Ansicht entgegen seiner Meinung auch nicht unbedingt sach- und interessengerecht. Sicher ist es richtig, daß der Auftragnehmer für eine mangelnde Prüfbarkeit seiner Schlußrechnung selbst verantwortlich ist und er sonst den Vorteil ziehen könnte, seine sich aus Teil B § 14 ergebende Verpflichtung zur Aufstellung einer prüfbaren Rechnung zwecks Vermeidung der Wirkungen der Nr. 3 Abs. 2 zu umgehen. Man kann also durchaus unterschwellig sagen, der Auftragnehmer sei es selbst schuld, wenn er bei nicht prüfbarer Rechnung eine Schlußzahlung erhalte, an die er möglicherweise wegen vorbehaltloser Annahme gebunden sei. Diese Argumentation ist jedoch nur vordergründig. Im allgemeinen wird der Auftragnehmer mit der auf eine nicht prüfbare Schlußrechnung erhaltenen Schlußzahlung nicht zufrieden sein, den Vorbehalt erklären, eine prüfbare Schlußrechnung nachreichen, so daß Meinungsverschiedenheiten der Vertragspartner über die geschuldete Schlußzahlung bloß auf später verlagert werden, wodurch also gerade kein Rechtsfrieden herbeigeführt würde. Hier bietet die VOB/B sicher den sachgerechteren Weg für den Auftraggeber, nämlich eine nicht prüfbare Schlußrechnung dem Auftragnehmer zurückzureichen, ohne darauf Schlußzahlung leisten zu müssen, oder, wenn er eine Schlußzahlung leisten will oder muß, den Weg der Selbstaufstellung der Schlußrechnung auf Kosten des Auftragnehmers nach Teil B § 14 Nr. 4 zu beschreiten. Gerade letztere Sonderregelung der VOB/B, auf die der BGH in seiner hier erörterten Entscheidung nicht näher eingegangen ist, ermöglicht es dem Auftraggeber, die Fälligkeit der Schlußzahlung in die Wege zu leiten, weshalb kein Bedürfnis besteht, entsprechend BGH die Wirksamkeit der Schlußzahlung losgelöst von der Fälligkeit zu sehen. Dabei ist Kaiser (BauR 1976, 232) darin beizustimmen, daß die vom Auftraggeber nach **Teil B § 14 Nr. 4 aufgestellte Schlußrechnung dem Auftragnehmer mitgeteilt werden muß,** um bei dessen Schweigen auf die Schlußzahlung die Wirkung der vorbehaltlosen Annahme herbeizuführen. Denn dem Auftragnehmer muß es entgegen Dähne BauR 1981, 233, 238 und Werner/Pastor Rdn. 1640 zumindest ermöglicht werden, zu der vom Auftraggeber angefertigten Schlußrechnung und der darauf erfolgten Schlußzahlung Stellung zu nehmen. Vgl. dazu Teil B § 14 Rdn. 64 ff.

3. Einrede

a) Grundlagen

167 Bei vorbehaltloser Annahme der als solche gekennzeichneten Schlußzahlung **erlöschen weitere zu Recht bestehende Vergütungsansprüche zwar nicht, jedoch können sie vom Auftragnehmer nicht mehr gegenüber dem Auftraggeber geltend gemacht,** also gerichtlich nicht mehr durchgesetzt werden (ebenso Hereth/Ludwig/Naschold Teil B § 16 Ez. 39; Schmidt MDR 1965, 621, 624; ders. in: Die Vergütung für Bauleistungen, 1969, S. 76), **wenn sich der Auftraggeber darauf bezieht.** Es handelt sich hier um eine beim Bauvertrag nach der VOB im Wortlaut der Nr. 3 Abs. 2 nicht hinreichend deutlich zum Ausdruck gekommene **besondere Folge,** die rechtlich in etwa der Situation entspricht, **wie sie nach zu Recht erhobener Verjährungseinrede entsteht,** die also der Rechtsklarheit und dem Rechtsfrieden dienen soll.

Daraus folgt: Die vorbehaltlose Annahme der als solche gekennzeichneten Schlußzahlung schließt nicht von selbst Nachforderungen des Auftragnehmers aus. Vielmehr gibt diese dem Auftraggeber nur eine Einrede; der Auftraggeber muß sich also ausdrücklich auf die Ausschlußwirkung berufen.
(BGHZ 62, 15 = BauR 1974, 132 = NJW 1974, 236 = BB 1974, 107 = SFH Z 2.330.2 Bl. 4 = MDR 1974, 304 = LM VOB/B Nr. 66 Anm. Schmidt = Betrieb 1974, 133 = WM 1974, 57; KG BauR 1973, 249 in derselben Sache; BGHZ 75, 307 = BauR 1980, 174 = NJW 1980, 455 = MDR 1980, 304 = ZfBR 1980, 34; BGH BauR 1981, 374 = NJW 1981, 1509 = MDR 1981, 748 = LM GG [Bd]AGBG Nr. 1 = ZfBR 1981, 182 = BB 1981, 874 = ZIP 1981, 628 = WM 1981, 523 = SFH § 9 AGBG Nr. 3 = Betrieb 1981, 1663 = BlGBW 1981, 153; BGH BauR 1982, 499 = NJW 1982, 2250 = SFH § 16 Nr. 3 VOB/B Nr. 22 = BB 1982, 1884 = MDR 1983, 49 = Betrieb 1982, 2455 = LM § 16 [D] VOB/B Nr. 16 = ZfBR 1982, 202; ständig.)

Macht der **Auftraggeber** von diesem „Einrederecht" bei späterer Geltendmachung von im Verhältnis zur Schlußzahlung weiteren oder aufrechterhaltenen Vergütungsansprüchen des Auftragnehmers **keinen Gebrauch,** so **bleibt der sich aus Absatz 2 möglicherweise ergebende Ausschluß außer Betracht;** insbesondere im Rahmen eines Rechtsstreites kommt er dann nicht **zum Zuge.**

168 **Die Einrede** der vorbehaltlosen Annahme der vor Prozeßbeginn erfolgten Schlußzahlung kann im Laufe eines Prozesses auch **noch bis zum Schluß der mündlichen Verhandlung in der Tatsacheninstanz** geltend gemacht werden (ebenso BGH BauR 1981, 374 = NJW 1981, 1509 = BB 1981, 874 = ZIP 1981, 628 = WM 1981, 523 = SFH § 9 AGBG Nr. 3 = Betrieb 1981, 1663 = BlGBW 1981, 153 = MDR 1981, 748 = LM GG [Bd] AGBG Nr. 1 = ZfBR 1981, 182). Mit OLG Düsseldorf (NJW 1976, 1753 mit abl. Anm. Mauer) ist allerdings davon auszugehen, daß dem Auftraggeber nach § 97 Abs. 2 ZPO die Kosten der Berufungsinstanz aufzuerlegen sind, wenn er sich dort erst auf die vorbehaltlose Annahme der Schlußzahlung berufen hat und sich die dafür maßgebenden Tatsachen zweifelsfrei bereits aus dem früheren – erstinstanzlichen – Vorbringen ergeben oder hätten vorgebracht werden können, da es sich bei dem in § 97 Abs. 2 ZPO genannten neuen Vorbringen um alle möglichen Angriffs- und Verteidigungsmittel handelt (vgl. Thomas/Putzo, ZPO, § 97 Anm. 33 d aa), wozu auch die hier erörterte Einrede gehört. Anders liegt es dann, wenn es in erster Instanz zweifelhaft war, ob die Einrede durchgreift.

b) Grenzen auf der Grundlage gesetzlicher Bestimmungen

169 **Wegen des verjährungsähnlichen Charakters der Einrede kommen die gesetzlichen Bestimmungen über die Verjährung** im Falle der Versäumung des Vorbehaltes **entsprechend zur Anwendung,** wie z. B. die §§ 222 Abs. 2 Satz 1, 223 Abs. 1, 390 Satz 2 (vgl. dazu

Rdn. 176 ff.), 813 Abs. 1 Satz 2 BGB; § 270 Abs. 3 ZPO (BGH a. a. O.; BGH BauR 1978, 312 = NJW 1978, 1458 = MDR 1978, 745 = BlGBW 1978, 239 = SFH § 16 Ziff. 2 VOB/B Nr. 7 = LM VOB/B Nr. 98 = Betrieb 1978, 2261; vgl. auch BauR 1987, 329 = NJW 1987, 2582 = MDR 1987, 663 = Betrieb 1987, 1348 = SFH § 16 Nr. 3 VOB/B Nr. 41 = LM § 16 [C] VOB/B Nr. 13 = Kraus EWiR § 16 Nr. 3 VOB/B 3/87, 717 = ZfBR 1987, 146). Das gilt jedoch nur, soweit sich die betreffenden gesetzlichen Vorschriften mit Sinn und Zweck der Nr. 3 Abs. 2 vereinbaren lassen (BGH in der zuletzt genannten Entscheidung).

Deshalb **kann** zunächst ein **Verzicht** auf die Einrede der Verjährung durchaus auch ein Verzicht **auf die Einrede der vorbehaltlosen Annahme der Schlußzahlung** sein, wie in den beiden zuletzt genannten BGH-Entscheidungen (a. a. O.; ebenso BGH BauR 1981, 393 = JZ 1981, 533 = NJW 1981, 1784 = SFH § 16 Nr. 3 VOB/B Nr. 19 = Betrieb 1981, 1773 = MDR 1981, 1005 = LM § 16 [D] VOB/B Nr. 14 = ZfBR 1981, 181) mit Recht hervorgehoben worden ist, wobei auch ein zeitlich begrenzter Verzicht in Betracht kommen kann (BGH a. a. O.). Ob und inwieweit ein solcher Verzicht auch die Einrede der vorbehaltlosen Annahme der Schlußzahlung erfaßt, beurteilt sich im **Zweifelsfalle in gebotener enger Auslegung nach den Umständen, unter denen die betreffende Erklärung abgegeben worden ist.** So wird man gerade dann die Erstreckung der Verzichtserklärung auf den hier erörterten Fall annehmen können, wenn sie in einer Zeit abgegeben wird, in der die allgemeine Verjährung des Vergütungsanspruches noch nicht droht oder wenn in der betreffenden Zeit über die Berechtigung von Vergütungsansprüchen verhandelt wird (BGH a. a. O.).

170

Auch unabhängig von einem Verzicht auf die Geltendmachung der Verjährungseinrede kann ein solcher in Bezug auf die Einrede der vorbehaltlosen Annahme der Schlußzahlung vorliegen oder es kann eine Rücknahme der Einrede gegeben sein. Ein Verzicht kann von vornherein auf die Rechtsfolgen der Nr. 3 Abs. 2 oder nachträglich auf ihre Wirkungen gerichtet sein (BGH BauR 1987, 329 = NJW 1987, 2582 = MDR 1987, 663 = Betrieb 1987, 1348 = SFH § 16 Nr. 3 VOB/B Nr. 41 = LM § 16 [C] VOB/B Nr. 13 = Kraus EWiR § 16 Nr. 3 VOB/B 3/87, 717 = ZfBR 1987, 146). Ein solcher Verzicht oder eine solche Rücknahme sind jedoch nicht zu vermuten, zumal wenn es sich um eine einmal begründete Rechtsposition handelt; vielmehr bedarf es regelmäßig ausdrücklicher, jedenfalls eindeutiger Äußerungen; dies ergibt sich im allgemeinen nicht schon allein aus einer Klagerücknahme (BGH a. a. O.).

171

Selbst wenn der Auftraggeber sich zunächst auf die Ausschlußwirkung berufen hat, ist sie nur beachtlich, wenn er dabei **verbleibt.** Läßt er sich dagegen später **ernsthaft auf Verhandlungen über weitergehende Ansprüche des Auftragnehmers ein, ohne sich auf sein Ausschließungsrecht zu beziehen,** kann darin ein **Verzicht** auf dessen Geltendmachung liegen. Inwieweit dieser gegeben ist, hängt von der **Lage des Einzelfalles** ab, insbesondere davon, ob in den Erklärungen des Auftraggebers erkennbar ein **Verzichtswille** zu erblicken ist (dazu auch OLG München BauR 1976, 61; OLG Frankfurt BauR 1983, 480 = NJW 1983, 828 = MDR 1983, 576 = SFH § 16 Nr. 3 VOB/B Nr. 27).

172

Erst recht kann sich der Auftraggeber **nicht** auf die vorbehaltlose Annahme der Schlußzahlung berufen, wenn er sich vorher mit dem Auftragnehmer über den umstrittenen Betrag **verglichen** hat. Dies rechtfertigt sich nicht bloß aus Treu und Glauben (so LG Köln SFH Z 2.330.2 Bl. 35), sondern deswegen, weil dann eine Teil B § 16 Nr. 3 Abs. 2 **vorgehende besondere vertragliche Abrechnungsvereinbarung** vorliegt (zutreffend Anm. Hochstein a. a. O.); ebenso BGH BauR 1981, 204 = SFH § 16 Ziff. 2 VOB/B Nr. 16 = NJW 1981, 1040 = MDR 1981, 575 = Betrieb 1981, 1774 = LM § 16 VOB/B [A] Nr. 12 = ZfBR 1981, 81. Ebenso gilt dies, wenn die Vertragspartner vereinbart haben, daß die bisherige Schlußrechnung nicht mehr gelten und eine neue Rechnung erstellt werden soll (vgl. BGH BauR 1984, 645 = SFH § 16 Nr. 3 VOB/B Nr. 33 = ZfBR 1984, 286). Dagegen reichen **bloße Vergleichs-**

173

verhandlungen nicht, um die Einrede aus Treu und Glauben auszuschließen (BGHZ 68, 368 = MDR 1977, 741 = JZ 1977, 560 = BauR 1977, 287 = SFH Z 2.330.2 Bl. 44 = BB 1977, 919 = NJW 1977, 1293 = LM VOB/B Nr. 89 Anm. Doerry); vor allem genügen Vergleichsverhandlungen zur Beilegung des Streites über den umstrittenen Vergütungsteil noch nicht, um einen Verzicht auf die Einrede anzunehmen (vgl. OLG Hamburg BauR 1979, 163).

174 Des weiteren kommt **auch eine entsprechende Anwendung des § 223 Abs. 1 BGB** in Betracht, wenn der Auftragnehmer wegen der betreffenden Forderung die **Eintragung einer Bauhandwerkersicherungshypothek nach § 648 BGB erwirkt** hat. Dann kann er trotz vorbehaltloser Annahme der Schlußzahlung sich aus der Sicherungshypothek befriedigen, da auch hier die **Interessenlage nicht anders ist als bei der Verjährung.** Der Auftragnehmer hat hier für eine besondere Art der Durchsetzbarkeit seiner Forderung gesorgt, und er ist wesentlich besser gesichert als ein Gläubiger, der wegen seiner Forderung keine dingliche Sicherung besitzt. Deshalb muß auch der Auftraggeber davon ausgehen, daß der Auftragnehmer von seinem besonderen Sicherungsrecht Gebrauch macht, solange der Auftragnehmer die Sicherung noch nicht aufgegeben hat und die gesicherte Forderung ganz oder zum Teil noch besteht (BGH BauR 1981, 393 = JZ 1981, 533 = NJW 1981, 1436 = SFH § 16 Nr. 3 VOB/B Nr. 19 = Betrieb 1981, 1773 = MDR 1981, 1005 = LM § 16 [D] VOB/B Nr. 14 = ZfBR 1981, 181 entgegen OLG Köln SFH § 16 Nr. 3 VOB/B Nr. 11 mit abl. Anm. von Hochstein a. a. O.).

c) Begrenzter Bereicherungsanspruch des Auftraggebers

175 Da die widerspruchslose Entgegennahme einer Schlußzahlung oder einer Erklärung mit Schlußzahlungswirkung (vgl. Rdn. 201 ff.) nur Auswirkungen auf die Durchsetzbarkeit **weiteren** Vergütungsanspruches des Auftragnehmers hat und nicht zu einer Begrenzung des Vergütungsanspruches führt, kann der Auftraggeber einen **nach** Eintritt der Schlußzahlungswirkung gezahlten Betrag aus **§ 812 BGB nur zurückverlangen, soweit er damit mehr als den geschuldeten Werklohn bezahlt hat;** erst recht gilt das für Zahlungen, die bereits vor **Zugang einer Erklärung mit Schlußzahlungswirkung auf berechtigte Vergütungsansprüche geleistet worden sind;** die vorbehaltlose Hinnahme der Schlußzahlungserklärung hat nicht zur Folge, daß der Vergütungsanspruch rückwirkend der Höhe nach begrenzt wird; sie bewirkt allein, daß eine Werklohnforderung insoweit nicht mehr durchsetzbar ist, soweit sie über die bis dahin geleisteten Zahlungen hinausgeht (BGHZ 62, 15 = BauR 1974, 132 = NJW 1974, 236 = MDR 1974, 304 = BB 1974, 107 = SFH Z 2.330.2 Bl. 15; BGH BauR 1979, 63 = SFH § 16 Ziff. 2 VOB/B Nr. 9 = ZfBR 1978, 24; BGH BauR 1981, 393 = JZ 1981, 533 = NJW 1981, 1784 = SFH § 16 Nr. 3 VOB/B Nr. 19 = Betrieb 1981, 1773 = MDR 1981, 1005 = LM § 16 [D] VOB/B Nr. 14 = ZfBR 1981, 181; vgl. auch Rdn. 131 ff.).

d) Anwendung des § 390 Satz 2 BGB

176 Ist die Ausschlußwirkung eingetreten, so kommt allerdings **grundsätzlich § 390 Satz 2 BGB** entsprechend zum Zuge. Danach kann der **Auftragnehmer mit seiner einredebehafteten Forderung gegenüber noch bestehenden Ansprüchen des Auftraggebers** – z. B. Rückforderungsansprüchen wegen Überzahlung – **aufrechnen, sofern sich die Ansprüche aufrechenbar gegenübergestanden haben,** wie z. B. Nachforderungen, die schon in der Schlußrechnung hätten enthalten sein können, und Rückzahlungsansprüche des Auftraggebers (ebenso BGH BauR 1982, 499 = NJW 1982, 2250 = SFH § 16 Nr. 3 VOB/B Nr. 22 = BB 1982, 1884 = MDR 1983, 49 = Betrieb 1982, 2455 = LM § 16 [D] VOB/B Nr. 16 = ZfBR 1982, 202 mit Anm. Dähne BauR 1983, 479; ders. BauR 1974, 163, 167 f.; OLG Hamm NJW 1976, 1268 [L] = BauR 1976, 434 = MDR 1976, 664; dazu eingehend auch unter Erörterung anhand der Gesetzesmaterialien, Trapp BauR 1979, 271; BGH BauR 1981, 393 = JZ 1981, 533 = NJW 1981, 1784 = SFH § 16 Nr. 3 VOB/B Nr. 19 = Betrieb 1981, 1773 = MDR 1981, 1005 = LM § 16 [D]VOB/B Nr. 14 = ZfBR 1981, 181).

Der für den Fall der Hilfsaufrechnung geäußerten gegenteiligen Ansicht des OLG Düsseldorf (BauR 1977, 360) kann nicht gefolgt werden: Zwar ist es richtig, daß Teil B § 16 Nr. 3 Abs. 2 dazu dient, umgehend Rechtsklarheit und Rechtsfrieden zu schaffen. Gerade dieses wird aber schon dadurch nicht erreicht, daß dem Auftragnehmer Ansprüche des Auftraggebers entgegengehalten werden, die einer Aufrechnung fähig sind, abgesehen davon, daß der Auftraggeber seinerseits die Möglichkeit hat, etwaige Überzahlungen vom Auftragnehmer zurückzufordern. Es ist daher schon deswegen nicht einzusehen, warum hier § 390 Satz 2 BGB ausgeschlossen sein soll, zumal der Wortlaut der vertraglichen Regelung in § 16 Nr. 3 Abs. 2 keinen Anhalt dafür bietet, daß nach dem Willen der Vertragspartner die gesetzliche Regelung des § 390 Satz 2 BGB, die die Aufrechnungsmöglichkeit trotz an sich eingetretener Verjährung als vorrangig behandelt (vgl. u. a. BGHZ 26, 304, 309 sowie Trapp a. a. O.), nicht anwendbar sein soll (ebenso BGH BauR 1982, 499 = NJW 1982, 2250 = SFH § 16 Nr. 3 VOB/B Nr. 22 = BB 1982, 1884 = MDR 1983, 49 = Betrieb 1982, 2455 = LM § 16 [D] VOB/B Nr. 16 = ZfBR 1982, 202 mit Anm. Dähne BauR 1983, 479).

Die Möglichkeit der Aufrechnung scheidet aber aus, wenn sich die beiderseitigen Forderungen **zu keiner Zeit einredefrei** gegenübergestanden haben, wie z. B. bei einer Doppelzahlung, wovon die erste die Schlußzahlung ist und durch die spätere irrtümliche zweite Zahlung erst der Rückforderungsanspruch entstanden ist (OLG Celle SFH Z 2.330.2 Bl. 12). In letzterem Fall kommt auch eine entsprechende Anwendung des § 222 Abs. 2 Satz 1 BGB nicht in Betracht, da die Doppelzahlung nicht zur Befriedigung einer Forderung des Auftragnehmers erfolgt, sondern irrtümlich (OLG Celle a. a. O.).

Sofern § 390 Satz 2 BGB eingreift, ist eine formularmäßige oder sonst wiederholt verwendete Klausel in Vertragsbedingungen des Auftraggebers, wonach eine Aufrechnung nach vorbehaltloser Entgegennahme der Schlußzahlung durch den Auftragnehmer ausgeschlossen sein soll, der Auftraggeber sich jedoch nach wie vor Rückforderungsansprüche wegen Überzahlung vorbehält, nach § 9 AGB-Gesetz unwirksam (dazu für den Bereich öffentlicher Auftraggeber zutreffend Thomas Bauwirtschaft 1985, 478).

e) Ausnahmsweise: Verstoß der Einrede gegen § 242 BGB

Das Berufen auf die vorbehaltlose Annahme der Schlußzahlung kann im Einzelfall treuwidrig und daher **unbeachtlich** sein, wozu die allgemeinen, zu **§ 242 BGB** entwickelten Grundsätze gelten. Nicht reicht es für die Annahme einer Treuwidrigkeit i. S. der **Verwirkung** o. ä. aus, wenn der Auftraggeber erst einige Zeit nach Einreichung oder Fälligkeit der Schlußrechnung zu dieser Stellung nimmt, sofern dafür sachliche Gründe vorliegen, wie z. B. das Abwarten anderer mit der Leistung des Auftragnehmers zusammenhängender Arbeiten weiterer Auftragnehmer (OLG München BauR 1979, 436). Auch kann der Auftragnehmer grundsätzlich dem Auftraggeber nicht entgegenhalten, das Ergebnis der Rechnungsprüfung sei ihm von diesem in der allgemeinen Ferienzeit bekanntgegeben worden, so daß ein rechtzeitiger Vorbehalt nicht möglich oder auch nur zu erwarten gewesen sei (a. a. O.). Ferner handelt der Auftraggeber keineswegs schon treuwidrig, wenn die Prüfung der Schlußrechnung und auch die Schlußzahlung über den zeitlichen Rahmen des § 16 Nr. 3 Abs. 1 VOB/B hinaus verzögert worden sind, der Streit der Parteien aber allein um eine zusätzliche, in der Schlußrechnung noch nicht enthaltene Forderung geht (vgl. BGH BauR 1979, 527 = NJW 1979, 2310 = BB 1979, 1528 = SFH § 16 Nr. 3 VOB/B Nr. 8 = Betrieb 1979, 2487 = LM § 16 [C] VOB/B Nr. 6 = ZfBR 1979, 206). **Dagegen** liegt ein **Verstoß gegen Treu und Glauben** vor, wenn die Forderung des Auftragnehmers dem Grunde und der Höhe nach unbestritten und dem Auftraggeber bei Erhalt der Schlußrechnung offenkundig ist, daß der Auftragnehmer bei Aufstellung der Schlußrechnung einem Irrtum unterlegen ist, indem er eine noch ausstehende Abschlagszahlung von der Schlußrechnung abgezogen und darüber hinaus der Auftraggeber es trotz Mahnungen versäumt hat, die Abschlagszahlung fristgerecht (vgl. Teil B § 16 Nr. 1

Abs. 3) zu leisten, dadurch in Verzug gekommen ist, dann unverzüglich die als solche gekennzeichnete Schlußzahlung in ihm zuzurechnender Erkenntnis von dem irrtümlichen Abzug des Abschlagsbetrages ohne dessen Berücksichtigung leistet (OLG Celle BauR 1984, 535). Vgl. auch Rdn. 215 ff.

4. Ausschlußwirkung erfaßt alle Ansprüche des Auftragnehmers aus Bauvertrag

181 **Die Ausschlußwirkung bei vorbehaltloser Annahme der Schlußzahlung bezieht sich auf sämtliche etwaigen Forderungen des Auftragnehmers, die mit dem Bauvertrag im Zusammenhang stehen, wegen dessen der Auftraggeber die Schlußzahlung auf eine ihm erteilte Schlußrechnung geleistet hat**, was auch bei Vorliegen mehrerer Schlußrechnungen zutrifft (vgl. OLG Hamm NJW-RR 1987, 599 = SFH § 16 Nr. 3 VOB/B Nr. 43). Das gilt sowohl für Forderungen, die dem Auftraggeber bisher noch nicht bekanntgegeben wurden, als auch für Forderungen, die bereits ein- oder mehrmals dem Auftraggeber gegenüber gestellt worden sind. Letzteres folgt zweifelsfrei aus Satz 3. Dies ist auch bei der Abrechnung nach einem vorzeitig gekündigten Bauvertrag zu beachten (BGH BauR 1975, 282 = SFH Z 2.330.2 Bl. 22 = WM 1975, 453).

182 a) Zunächst werden vom Ausschluß **alle Leistungen** erfaßt, **für die gemäß dem Bauvertrag nach der VOB eine Vergütung gefordert werden kann** und die daher **Gegenstand der Schlußrechnung sein sollten,** gleichgültig, ob dies tatsächlich der Fall ist oder nicht, auch dann, wenn ihre Geltendmachung in der Schlußrechnung erst vorbehalten ist (vgl. auch Teil B § 2 Rdn. 28). Dazu zählen z. B. auch **Aufwendungen des Auftragnehmers** für die Bereithaltung von Arbeitskräften **während** einer von der Bauleitung (der Auftraggeberseite) verursachten **Arbeitsverzögerung.** Insoweit können vertragliche Ansprüche nach Teil B § 3 Nr. 1, § 6 Nr. 5, 6 zugunsten des Auftragnehmers bestehen. Auch durch eine **Gleitklausel** vereinbarte Lohnerhöhungskosten (vgl. OLG Celle SFH Z 2.330.2 Bl. 12) sowie zusätzliche **Materialkosten** werden **von der Ausschlußwirkung erfaßt.** Durch die Einrede der vorbehaltlosen Annahme der Schlußzahlung werden auch sonst Ansprüche des Auftragnehmers ausgeschlossen, die zwar im **Vertrag** und in den dazugehörigen Unterlagen (z. B. im Leistungsverzeichnis) **noch nicht vorgesehen** waren, die jedoch **im Vertrag ihre Grundlage haben** und mit der **Vertragsleistung im Zusammenhang** stehen. Das gilt vor allem auch für Rechnungen, die **Zusatz- und Nachtragsaufträge** betreffen (OLG Düsseldorf BauR 1973, 386).

183 Deshalb fallen **auch Forderungen nach Teil B § 2 Nr. 5 oder 6 unter die Ausschlußwirkung,** selbst wenn bis zur Schlußzahlung noch kein neuer Preis gemäß Teil B § 2 Nr. 5 oder Teil B § 2 Nr. 6 Abs. 2 Satz 2 vereinbart ist. Dann dienen, falls der Auftraggeber nicht auch die insoweit erhobene Forderung des Auftragnehmers begleicht, die durch den Vorbehalt des Auftragnehmers ausgelösten Verhandlungen dazu, endlich die längst fällige neue Preisabsprache nachzuholen.

184 Somit zunächst Ergebnis: Die Wirkungen von Teil B § 16 Nr. 3 Abs. 2 treten hinsichtlich aller Vergütungsbestandteile ein, die zu dem Bereich der Schlußrechnung gehören bzw. gehören müssen.

185 b) Hat der Auftragnehmer zwar alle Leistungen, für die ihm nach dem Vertrag eine Vergütung zusteht, in die Schlußrechnung aufgenommen, hat er sich aber – etwa wegen Multiplikations- oder Additionsfehler – zu seinem Nachteil **verrechnet,** ohne daß weder er noch der Auftraggeber dies bei der Schlußzahlung gemerkt haben, kann die **Ausschlußwirkung gleichfalls** eintreten. **Eine andere Beurteilung** kommt jedoch in Betracht, wenn vertraglich vereinbart ist, daß Fehler in den Abrechnungsunterlagen nachträglich berichtigt werden sollen, wie z. B. Übertragungsfehler in den Unterlagen der Abrechnung (vgl. OLG Hamburg BauR 1985,

578). Anders liegt es auch, wenn der Auftragnehmer versehentlich nur eine früher verlangte, vom Auftraggeber nie beanstandete, jedoch nicht geleistete Abschlagszahlung dem Auftraggeber in der Schlußrechnung gutbringt. Hier handelt es sich nicht um einen **Fehler bei der Berechnung** der auch für den betreffenden Rahmen vom Auftraggeber anerkannten Vergütung des Auftragnehmers, sondern **allein um ein Versehen im Bereich der Erfüllung.** Nur auf erstes kann sich aber die Schlußzahlung mit der Wirkung des § 16 Nr. 3 Abs. 2 VOB/B beziehen; insoweit ist dem Auftragnehmer die Nachforderung auch ohne Vorbehalt gestattet (so auch BGH BauR 1985, 458 = NJW 1986, 2050 = Betrieb 1985, 2448 = SFH § 16 Nr. 3 VOB/B Nr. 36 = MDR 1986, 225 = LM § 16 [D] VOB/B Nr. 19 = ZfBR 1985, 179; ähnlich OLG Frankfurt MDR 1982, 229). Auf die Ausschlußwirkung ist es wiederum ohne Einfluß, ob der Auftraggeber berechtigt ist, nach späterer Rechnungsprüfung sich herausstellende Überzahlungen wieder zurückzufordern (vgl. Rdn. 131 ff.; so OLG Hamm SFH Z 2.330 Bl. 32 f. entgegen OLG Düsseldorf SFH Z 2.330 Bl. 21 f.).

c) Darüber hinaus gilt die Ausschlußwirkung durch vorbehaltlose Annahme der Schlußzahlung auch für Ansprüche, die sonst im Vertrag ihre Grundlage haben und mit der Vertragsleistung im engen Zusammenhang stehen, wie z. B. Schadensersatzansprüche (BGHZ 62, 15, 16 f. = BauR 1974, 132; BGH BauR 1983, 165 = NJW 1983, 816 = Betrieb 1983, 653 = SFH § 16 Nr. 3 VOB/B Nr. 26 = ZfBR 1983, 83 = MDR 1983, 572 = BB 1983, 1375 = LM § 16 [C] VOB/B 1973 Nr. 11). Insbesondere gilt dies auch für Ansprüche des Auftragnehmers aus **positiver Vertragsverletzung.** Daß sie neben dem eigentlichen Vergütungsanspruch erwachsen und rechtlich als Schadensersatzansprüche wegen positiver Vertragsverletzung zu werten sind, ist nicht entscheidend. Auch einen solchen Anspruch muß sich der Auftragnehmer bei Entgegennahme der Schlußzahlung vorbehalten, wenn er ihn noch später geltend machen will. Eine Begrenzung der Ausschlußwirkung auf die nach dem Vertrag eigentlich zu erbringende Leistung und deren Vergütung ist aus Teil B § 16 Nr. 3 Abs. 2 Satz 3 nicht zu entnehmen (ebenso Kaiser NJW 1973, 884). **Gleiches gilt für Ansprüche aus Verzug des Auftraggebers** (OLG Celle SFH Z 2.330.2 Bl. 12), weswegen auch Verzugszinsen von der Ausschlußwirkung erfaßt sind (OLG München OLGZ 1976, 464). Wenn der Auftraggeber die Schlußzahlung um einen **bestrittenen Haftpflichtanspruch** gegen den Auftragnehmer kürzt, muß der Auftragnehmer auch dann der Kürzung widersprechen, wenn der Schadensfall seiner Versicherung zur Bearbeitung vorliegt, oder er muß seine Haftpflichtversicherung dazu veranlassen (LG Köln SFH Z 2.330.2 Bl. 10, ebenso OLG Köln BauR 1975, 351 mit Anm. Jagenburg).

d) **Anders** verhält es sich hingegen mit Ansprüchen, die der Auftraggeber hinsichtlich ihrer Berechtigung **nicht in Abrede** gestellt hat, die jedoch **zur Zeit noch nicht fällig** sind, wie z. B. **der Sicherheitseinbehalt** (vgl. OLG Düsseldorf ZIP 1983, 342 = SFH § 16 Nr. 3 VOB/B Nr. 28). Dies gilt jedoch nur, wenn der Sicherheitseinbehalt zugunsten des Auftragnehmers durch den Auftraggeber bei der Prüfung und Feststellung des Schlußzahlungsbetrages berücksichtigt und zu dessen Gunsten noch als offenstehend ausgewiesen ist. Anders liegt es, wenn der Auftraggeber Gegenforderungen zur Aufrechnung oder Verrechnung und eindeutig zum Ausdruck bringt, daß auch der Sicherheitseinbehalt davon ergriffen ist (OLG Frankfurt BauR 1985, 460).

e) **Anders ist es auch** mit solchen Ansprüchen, die zwar **bei Gelegenheit der Bauausführung** dem Auftragnehmer gegenüber dem Auftraggeber erwachsen sind, die aber **in keinem rechtlichen Zusammenhang mit dem Bauvertragsverhältnis stehen,** wie etwa bei außerhalb desselben liegenden **Ansprüchen aus unerlaubter Handlung (§§ 823 ff. BGB) oder aus ungerechtfertigter Bereicherung (§§ 812 BGB).**

Vgl. auch Rdn. 212 ff.

5. Voraussetzung: Als solche gekennzeichnete Schlußzahlung

189 a) Satz 1 setzt zunächst eine **als solche gekennzeichnete, tatsächlich oder durch Aufrechnung bzw. Verrechnung erfolgende Schlußzahlung** des Auftraggebers voraus. Entgegen der Fassung der VOB von 1952, die eine Schlußzahlung ohne ausdrückliche Kennzeichnung genügen ließ, wird seit der Fassung von 1973 eine **als solche gekennzeichnete Schlußzahlung** verlangt. Dies ist, wie aus den Erwägungsgründen ersichtlich ist, erfolgt, **um Mißverständnisse zu vermeiden**.

Im Ausgangspunkt ist auch hier der Begriff der Schlußzahlung so aufzufassen, wie vorangehend Rdn. 118 ff. dargelegt worden ist, und zwar als **einseitige empfangsbedürftige Willenserklärung** (insoweit zutreffend Hundertmark Betrieb 1984, 2444, 2445). Es ergibt sich aber zugleich, daß die in Absatz 2 geregelten Wirkungen nicht in allen Fällen eintreten, in denen von einer Schlußzahlung als solcher gesprochen werden kann. Vielmehr ist hier die Einschränkung „als solche gekennzeichneten" zu beachten.

Dazu ist Voraussetzung, daß die betreffende Zahlung **für den Auftragnehmer eindeutig als Schlußzahlung auf seine Schlußrechnung erkennbar gemacht ist** (vgl. auch OLG Celle SFH Z 2.330.2 Bl. 12; Kaiser BlGBW 1975, 161, auch BauR 1976, 232; Werner/Pastor Rdn. 1633; Weick in Nicklisch/Weick Teil B § 16 Rdn. 47). Hundertmark (Betrieb 1984, 2444, 2445), der die Kennzeichnung überhaupt zur Voraussetzung für eine Schlußzahlung erheben will, übersieht, daß es auch Schlußzahlungen aus der Sicht des Auftraggebers geben kann, die so seinem Willen entsprechen, der aber dem Auftragnehmer nicht mit der erforderlichen Eindeutigkeit klargemacht wird.

190 b) Dabei ist allerdings zu beachten, daß die Zahlung **nicht unbedingt unter Hinzufügung des Wortes „Schlußzahlung"**, wie z. B. auf dem Überweisungsträger (vgl. dazu BGH BauR 1984, 65 = NJW 1984, 368 m. w. N.; BGH BauR 1987, 96 = NJW 1987, 493 = MDR 1987, 311 = BB 1987, 154 = Betrieb 1987, 429 = SFH § 16 Nr. 3 VOB/B Nr. 39 = LM § 16 [D] VOB/B Nr. 21 = ZfBR 1987, 39), geleistet werden muß, was eine **übertriebene**, aus dem Wortlaut der VOB nicht erkennbare **Förmlichkeit** wäre (so auch BGH BauR 1979, 527 = NJW 1979, 2310 = BB 1979, 1528 = SFH § 16 Nr. 3 VOB/B Nr. 8 = MDR 1979, 1014 = Betrieb 1979, 2487 = LM § 16 [C] VOB/B Nr. 6 = ZfBR 1979, 206; a. A. Brügmann, Der Bauvertrag, S. 181; wie hier u. a. Heiermann/Riedl/Rusam/Schwaab Teil B § 16 Rdn. 75 a; auch Kaiser BlGBW 1975, 161 sowie BauR 1976, 232). Es heißt nämlich nicht „als solche bezeichnete", sondern nur „als solche gekennzeichnete". Dafür **genügt** es, wenn der Zahlung eine **inhaltlich zweifelsfreie Erklärung** beigefügt wird, **durch die die Zahlung eindeutig als Schlußzahlung ausgewiesen wird**, also dadurch der **erklärte Wille des Auftraggebers nach außen deutlich zum Ausdruck** kommt, er wolle in Zukunft auf die vom Auftragnehmer für den Bereich eines bestimmten Bauvertrages bereits verlangte oder möglicherweise noch beanspruchte Vergütung **keine weiteren Zahlungen** mehr leisten. Das trifft z. B. zu, wenn der Auftraggeber die Schlußrechnung mit seinem Vermerk über die anerkannten Positionen und Beträge versieht, den insgesamt aus seiner Sicht zu zahlenden Betrag berechnet, damit etwaige Gegenforderungen verrechnet, den verbleibenden Betrag dem Auftragnehmer überweist und ihm gleichzeitig seine Abrechnung mitteilt (BGH BauR 1982, 282 = SFH § 16 Nr. 3 VOB/B Nr. 20 = Betrieb 1982, 1320 = NJW 1982, 1594 = BB 1982, 1947 = MDR 1982, 746 = LM § 16 [B] VOB/B Nr. 4 = ZfBR 1982, 113; vgl. dazu auch OLG Köln MDR 1985, 496). Wenn es auch für den Auftraggeber aus Sicherheitsgründen **unbedingt angezeigt** ist, sich **das Wort „Schlußzahlung"** einzuprägen und es bei der nach seiner Ansicht letzten Zahlung **zu verwenden**, so **genügen** somit auch andere **Erklärungen**, aus denen der Wille, die letzte Zahlung zu leisten, für den **Auftragnehmer ganz eindeutig hervorgeht**. Selbstverständlich genügt dazu das Wort „Restzahlung" (OLG Düsseldorf BauR 1973, 386; OLG Hamburg BauR 1979, 163) bzw. „Restguthaben" (BGH BauR 1987, 218 = NJW 1987, 775 = Betrieb 1987, 685 = BB 1987, 436 = Vygen

EWiR § 16 Nr. 3 VOB/B 1/87, 195 = SFH § 16 Nr. 3 VOB/B Nr. 40 = MDR 1987, 459 = LM § 16 [C] VOB/B Nr. 12 = ZfBR 1987, 76) oder auch die Wendung „Ausgleich der Rechnung vom ...", wenn es sich hierbei um die Schlußrechnung des Auftragnehmers handelt. Ähnliches gilt auch für die Formulierung „Ausgleich für Bauarbeiten in der A-Straße" oder die Erklärung in einem die Schlußzahlung ankündigenden Schreiben, mit der restlichen Zahlung sei die Angelegenheit erledigt (BGH SFH § 16 Nr. 3 VOB/B Nr. 1 = ZfBR 1978, 18), bzw. weitere Ansprüche aus dem betreffenden Auftrag bestünden nicht (OLG Hamm NJW-RR 1987, 599 = SFH § 16 Nr. 3 VOB/B Nr. 43), oder eine im Abrechnungsschreiben des Auftraggebers enthaltene eindeutige und übersichtliche Rechnungsaufstellung, die zweifelsfrei ergibt, daß der Auftraggeber der Ansicht ist, die Vergütung des Auftragnehmers endgültig beglichen zu haben (vgl. dazu OLG München BauR 1979, 436; OLG Hamm BauR 1986, 460). Gleiches gilt bei einer Zahlung unter Hinweis auf die Schlußrechnung, wenn der überwiesene Betrag der Schlußrechnung entspricht und weitere Forderungen des Auftragnehmers, die in der Schlußrechnung nicht enthalten sind, eindeutig bereits vorher abgelehnt wurden (vgl. BGH BauR 1979, 527 = NJW 1979, 2310 = BB 1979, 1528 = SFH § 16 Nr. 3 VOB/B Nr. 8 = Betrieb 1979, 2487 = LM § 16 [C] VOB/B Nr. 6 = ZfBR 1979, 206; OLG Hamburg 1983, 371). Als solche gekennzeichnete Schlußzahlung kann es auch noch gelten, wenn der Überweisungsträger den Vermerk „à cto. bis zur völligen Klärung" enthält, in einem Schreiben vom gleichen Tage, das eine ins einzelne gehende Berechnung des Auftraggebers enthält, der Vorbehalt der Rückforderung eines bestimmten Betrages enthalten ist, da dann der Vermerk auf dem Überweisungsträger sich eindeutig nur auf etwaige Rückforderungsansprüche des Auftraggebers bezieht (OLG Stuttgart NJW-RR 1987, 82).

Soweit Leineweber (BauR 1980, 303; vgl. auch OLG Frankfurt NJW 1983, 459 = Betrieb 1983, 495) die Auffassung vertritt, für die Kennzeichnung der Schlußzahlung im vorbezeichneten Sinne genüge nicht schon ein entsprechender – klarer – Hinweis auf dem Scheck oder Überweisungsträger, vielmehr müsse außerdem von seiten des Auftraggebers noch ein zusätzlicher Hinweis in schriftlicher, mündlicher oder sonst eindeutig zurechenbarer Form erfolgen, übersieht sie die Tragweite der hier von der VOB geforderten Kennzeichnung der Schlußzahlung **als solche** (und nicht sonst- und/oder anderswo), die sicher nirgendwo deutlicher erfolgen kann als auf der **Unterlage selbst**, die der Auftragnehmer **über die Zahlung selbst** in die Hände bekommt, wobei es entgegen OLG Frankfurt (a. a. O.) nicht darauf ankommen kann, ob die Schlußzahlung innerhalb des Betriebes des Auftragnehmers in diejenige Abteilung gelangt, die die Schlußrechnung aufgestellt hat. Abgesehen davon, daß von jedem gewerblich tätigen Unternehmer nicht nur eine entsprechende Aufmerksamkeit im Rahmen seiner beruflichen Tätigkeit und ein Vertrautmachen seiner Mitarbeiter mit wesentlichen vertragsrechtlichen Gesichtspunkten zu erwarten ist, ist er ohne weiteres in der Lage, seine Schlußrechnung mit der den entsprechenden Vermerk enthaltenden Schlußzahlung zu vergleichen. Die von Leineweber (a. a. O.) geäußerten dogmatischen Bedenken, die sie daraus herleitet, daß es sich bei der Kennzeichnung um eine Willenserklärung handele, verfangen auch nicht: Der darin liegende Rechtsfolgewille tritt unter Berücksichtigung der §§ 130 ff. BGB sicher auch ein. Es ist nämlich zu bedenken, daß es sich bei der Überweisung oder beim Scheck nicht nur um eine Zahlungsanweisung an die Bank handelt. Sie ist nämlich vertragsrechtlich mit dazu bestimmt, dem Empfänger zu verdeutlichen, welche Zahlung, worauf und in welchem Umfang sie geleistet wird (arg. § 366 BGB). Was soll das dann anderes sein als die gegenüber dem letzten Erklärungsempfänger erfolgte Kennzeichnung der Schlußzahlung als solche? Überdies kommt es entgegen Leineweber (a. a. O.) nicht auf den Zahlungsvorgang i. S. einer Erfüllung an, sondern lediglich auf den Zahlungsvorgang oder dem Gleichstehendes als nach außen hervortretenden – eindeutigen und keinen Zweifel offenlassenden – Willen des Auftraggebers, die abschließende Zahlung aus dem betreffenden Bauvertrag leisten zu wollen. Wie hier auch BGH BauR 1981, 305 = SFH § 16 Nr. 3 VOB/B Nr. 15 = NJW 1981, 1218 = LM § 528 ZPO Nr. 20; OLG Frankfurt SFH § 16 Nr. 3 VOB/B Nr. 27 = NJW 1983, 828 = MDR 1983, 576 = BauR 1983, 480; ebenso Werner/Pastor Rdn. 1633; Heiermann NJW 1984, 2489, 2491 f.

Gerade das zuletzt Genannte führt dazu, daß auch Trapp (BauR 1979, 271, 272) nicht gefolgt werden kann, wenn er meint, der Auftraggeber sei bei Rechnungskürzungen verpflichtet, dem Auftragnehmer mitzuteilen, worauf die Kürzung im einzelnen beruht, damit sich der Auftragnehmer ordnungsgemäß überlegen könne, ob er einen Vorbehalt machen soll oder nicht. Dem ist entgegenzuhalten, daß die VOB nach ihrem Wortlaut lediglich die **als solche gekennzeichnete Schlußzahlung** bzw. den als solchen gekennzeichneten Zahlungsvorgang **verlangt, mehr aber nicht,** insbesondere **nicht eine nähere Begründung** des Auftraggebers, warum er nur noch so viel leisten will. Daher macht auch eine als solche gekennzeichnete Schlußzahlung, aus der die **Gründe für ihre Höhe nicht ersichtlich** sind oder aus deren Anlaß von dem Auftraggeber keine Begründung der Höhe gegeben worden ist, den **Vorbehalt nicht entbehrlich.** Allerdings wird man in einem solchen Falle vom Auftragnehmer nur den Vorbehalt **als solchen** innerhalb 12 Werktagen nach Empfang der Schlußzahlung verlangen dürfen, **nicht** aber auch dessen spätere **Begründung,** sofern ihm der Auftraggeber nicht zwischenzeitlich die Gründe für die von ihm bestimmte – geringere – Höhe der Schlußzahlung noch rechtzeitig mitgeteilt hat. Denn vom Auftragnehmer kann nicht mehr verlangt werden, als er selbst aus der ihm zuzumutenden Kenntnis zu ermitteln und demgemäß zu erklären vermag (vgl. auch Rdn. 250 ff.).

192 c) **Dagegen ist eine Schlußzahlung nicht als solche gekennzeichnet,** wenn der Überweisungsbeleg lediglich den Vermerk enthält: „Schlußrechnung, eingegangen am ...", da sich hieraus nicht schon die klare Äußerung des Willens des Auftraggebers ergibt, die letzte Zahlung leisten zu wollen (vgl. OLG Hamm SFH Z 2.310 Bl. 32). Gleiches gilt bei **Fehlen klar erkennbaren Bezuges der Zahlung zur Schlußrechnung,** wie z. B. bei unterlassener oder falscher Angabe des Rechnungsdatums oder der Rechnungs-Nr. auf dem Überweisungsträger, sofern zwischen den Vertragspartnern in örtlichem und zeitlichem Zusammenhang mehrere Verträge abzuwickeln sind. Keinesfalls kann es eine als solche gekennzeichnete Schlußzahlung sein, wenn es sich um eine Leistung bzw. Nichtleistung aufgrund einer Fehlbuchung im Rahmen einer laufenden Rechnung handelt, da die monatlichen Aufstellungen und Zahlungen noch nicht die unmißverständliche Erklärung des Auftraggebers ergeben, Fehlbuchungen – insbesondere unstreitige – und ihre Folgen nicht berichtigen zu wollen (BGH BauR 1978, 227 = SFH § 16 Ziff. 2 VOB/B Nr. 4 = BB 1978, 426 = MDR 1978, 656 = LM VOB/B Nr. 95 = Betrieb 1978, 837; vgl. dazu auch BGH BauR 1985, 458 = NJW 1986, 2050 = Betrieb 1985, 2448 = SFH § 16 Nr. 3 VOB/B Nr. 36 = MDR 1986, 225 = LM § 16 [D] VOB/B Nr. 19 = ZfBR 1985, 179). Entgegen OLG Frankfurt (Betrieb 1983, 495 = NJW 1983, 459) wird allerdings der Charakter einer als solche gekennzeichneten Schlußzahlung nicht schon genommen, wenn der Scheck selbst den Vermerk „Schlußzahlung, Rechnung Nr. ..." trägt, dagegen ein besonderer, für den Scheckempfänger bestimmter Abschnitt („dieser Abschnitt ist vom Empfänger abzutrennen") nicht ausgefüllt ist. Denn der Scheck geht dem Auftragnehmer insgesamt zu, und sein Gesamtinhalt ist für den Auftragnehmer zu dessen Kenntnisnahme bestimmt. Anderenfalls würde es hier zu unterschiedlichen Bewertungen, z. B. bei Barschecks, die üblicherweise einen gesonderten Abschnitt nicht enthalten, und Verrechnungsschecks, die häufig für den Empfänger bestimmte Abschnitte haben, kommen, die durch nichts gerechtfertigt sind.

193 d) Nach dem Gesagten ist es daher letztlich entscheidend, ob die ordnungsgemäße Auslegung der Erklärung des Auftraggebers ergibt, daß er auf die Schlußrechnung des Auftragnehmers zahlt und daß dies zugleich die abschließende Zahlung aus seiner Sicht sein soll. Hier ist sicher, wenn nicht das Wort „Schlußzahlung" gebraucht wird, eine **vorsichtige Auslegung** dahingehend am Platze, daß nur **ganz eindeutige Erklärungen des Auftraggebers** im genannten Sinne zu seinen Gunsten gehen können und daß **alle Zweifelsfälle zu seinen Lasten** zu rechnen sind, also nicht geeignet sind, die Wirkung des Absatzes 2 herbeizuführen.

Voraussetzung für eine als solche gekennzeichnete Schlußzahlung **ist nach dem bisher** 194
Erörterten grundsätzlich immer, daß nicht nur tatsächlich eine Zahlung bzw. Aufrechnung oder Verrechnung erfolgt (Ausnahme Rdn. 201 ff.), sondern daß dieser Zahlung eine entsprechende Erklärung des Auftraggebers beigefügt wird oder ihr unmittelbar vorangeht, die sie im vorerörterten Sinne **zweifelsfrei als die Schlußzahlung ausweist. Die Erklärung kann mündlich oder schriftlich** geschehen, weil **dafür keine besondere Form** vorgeschrieben ist. Es genügt also, wenn der Auftraggeber z. B. bei Barzahlung oder bei Überreichung eines Schecks oder Wechsels zweifelsfrei mündlich zum Ausdruck bringt, daß es sich um die endgültige bzw. letzte Zahlung auf die Schlußrechnung handelt, daß er also weitere Zahlungen nicht mehr leisten will. **Zu empfehlen ist aber hier aus Beweiszwecken unbedingt die Einhaltung der Schriftform** durch den Auftraggeber, **da er die Beweislast für das Vorliegen einer als solche gekennzeichneten Schlußzahlung trägt.** Die Schriftform kann in einem besonderen Begleitschreiben zur Schlußzahlung oder in einem diese unmittelbar ankündigenden Schreiben erfolgen, sie kann aber auch in einem entsprechenden Vermerk auf dem Überweisungsträger oder in einem anderen die Schlußzahlung herbeiführenden Papier enthalten sein.

Immer ist auf eine inhaltlich zweifelsfreie, dem Auftragnehmer spätestens mit der Schluß- 195
zahlung zugehende Erklärung zu achten. Die Schlußzahlungserklärung des Auftraggebers kann sich nur auf die Schlußrechnung aus einem bestimmten Bauvorhaben beziehen; nicht ergreift sie dagegen andere Schlußrechnungen aus anderen Bauvorhaben, auch wenn sie fällig und angemahnt sind; in letzterer Hinsicht fehlt es an einer als solche gekennzeichneten Schlußzahlung (BGH NJW-RR 1987, 978). **Eine erst später abgegebene Erklärung ist insofern wirkungslos, als sie die Ausschlußwirkung in Nr. 3 Abs. 2 nicht herbeizuführen geeignet** ist (auch Kaiser BlGBW 1975, 161; Weick in Nicklisch/Weick Teil B § 16 Rdn. 48). Das ergibt sich bereits daraus, daß die **Schlußzahlung als solche gekennzeichnet werden muß,** was zwangsläufig voraussetzt, daß diese Erklärung **zugleich mit der jetzt oder unverzüglich darauf erfolgenden Schlußzahlung** abgegeben wird, was Hundertmark (Betrieb 1984, 2244, 2246) nicht hinreichend beachtet. Hinzu kommt, daß es dem Auftraggeber nicht gestattet sein kann, sich erst später darauf zu besinnen, daß er eine Schlußzahlung geleistet hat, wenn andererseits dem Auftragnehmer die Erklärung innerhalb einer nach dem Erhalt der Schlußzahlung zu bemessenden Frist abgefordert wird, daß er mit dem Betrag der Schlußzahlung nicht einverstanden ist.

Vgl. jedoch Rdn. 201 ff.

6. Annahme der Zahlung – Vorbehaltlose Annahme

Satz 1 ergibt weiter, daß **die vorbehaltlose Annahme der Schlußzahlung Nachforderungen** 196
ausschließt. Über den Begriff der Nachforderungen vgl. Rdn. 181 ff. Hinsichtlich des Ausschlusses vgl. Rdn. 163–180.

a) Die Annahme der Zahlung setzt voraus, daß diese dem Auftragnehmer oder dem von 197
diesem oder sonst vertraglich bestimmten Empfänger (wie z. B. seiner Bank usw.) zugegangen ist. Anders ist es regelmäßig bei Zahlung auf ein Notaranderkonto, wie z. B. bei Zahlungen auf der Grundlage eines Bauträgervertrages, da der Notar im Zweifel nicht als Empfangsbevollmächtigter für die nach Teil B § 16 Nr. 3 Abs. 2 vorauszusetzende endgültige Zahlung, sondern insofern nur als Durchgangsstation zu gelten hat; anders dann, wenn er eine hinreichend klare Bevollmächtigung hat, die Zahlung als gewollte endgültige Erledigung entgegenzunehmen. Das ist aber im allgemeinen nicht der Fall, so daß die Schlußzahlungserklärung dem Auftragnehmer (insoweit vor allem auch Bauträger) gesondert zugehen muß (vgl. dazu Usinger NJW 1985, 32, 33). Zur Anwendbarkeit von Teil B § 16 Nr. 3 Abs. 2 auf Bauträgerverträge vgl. Rdn. 158 ff. Wegen des Sequesters als Empfänger der Schlußzahlung bzw. der

Schlußzahlungserklärung vgl. Rdn. 209. Auch der Konkursverwalter ist berechtigter Empfänger der Schlußzahlung bzw. Schlußzahlungserklärung; gleiches gilt im Hinblick auf eine zur Konkurstabelle angemeldete, zur Aufrechnung gestellte, als Schlußzahlung zum Ausdruck gebrachte Gegenforderung (BGH BauR 1987, 329 = NJW 1987, 2582 = MDR 1987, 603 = Betrieb 1987, 1348 = SFH § 16 Nr. 3 VOB/B Nr. 41 = LM § 16 [C] VOB/B Nr. 13 = Kraus EWiR § 16 Nr. 3 VOB/B 3/87, 717 = ZfBR 1987, 146).

198 Die Annahme der Zahlung liegt in der Entgegennahme dessen, was als Zahlung oder an deren Stelle bestimmt ist, und sei es auch nur zu deren endgültiger Herbeiführung. Also kommt es hier **nicht so sehr auf die wirkliche und endgültige Erfüllung** an. Die mit Nr. 3 Abs. 2 verbundene **Ausschlußwirkung** ist nämlich in der Grundlage **nicht an die tatsächliche Erfüllung** angebunden, **sondern an die Erklärung, die mit dem Zahlungsvorgang – auch dem unbaren – verbunden ist.** Deshalb genügt für die Annahme der Schlußzahlung die Entgegennahme eines Schecks (BGH BauR 1970, 117 = NJW 1970, 706 = SFH Z 2.330 Bl. 38 = MDR 1970, 421 = LM VOB/B Nr. 39) oder eines Tagesauszuges der Bank (BGH u. a. BauR 1972, 382 = NJW 1972, 2267 = SFH Z 3.330 Bl. 44 = BB 1972, 1342 = Betrieb 1972, 2156 = MDR 1973, 130 = LM VOB/B Nr. 55), oder eines Wechsels o. ä. Nicht stellt es sich dagegen schon als ein hier wesentlicher Zahlungsvorgang dar, wenn dem Auftragnehmer die geprüfte Schlußrechnung lediglich mitgeteilt wird mit dem Bemerken, die Zahlung erfolge erst, wenn die Sicherheitsbürgschaft beigebracht sei.

199 b) Vorbehaltlose Annahme bedeutet die **Hinnahme eines der vorangehend gekennzeichneten Zahlungsvorgänge, ohne Ausdruck des Willens, den Betrag, der durch die Zahlung ausgewiesen wird, nicht als endgültig hinzunehmen.** Über notwendigen Inhalt und die Art und Weise der Vorbehaltserklärung vgl. Rdn. 223 ff. **Sofern** es daran **fehlt, muß von vornherein** von einer **vorbehaltlosen Annahme der Schlußzahlung** gesprochen werden, so daß dann dem Auftragnehmer weitergehende Zahlungsansprüche gegen den Auftraggeber nicht mehr zustehen, **falls sich der Auftraggeber darauf beruft** (vgl. Rdn. 167 ff.).

200 c) Die **vorbehaltlose Annahme** der Schlußzahlung kann nicht **wegen Irrtums angefochten** werden. Hierbei handelt es sich nur um das Unterlassen einer Willenserklärung. Das Unterlassen einer Willenserklärung ist grundsätzlich nicht anfechtbar (OLG Hamm SFH Z 2.330 Bl. 32 ff.; OLG Köln SFH § 16 Nr. 3 VOB/B Nr. 11).

7. Endgültige schriftliche Ablehnung weiterer Zahlungen unter Hinweis auf geleistete Zahlungen

201 a) Nach Satz 2 steht es einer Schlußzahlung gleich, wenn der Auftraggeber unter Hinweis auf geleistete Zahlungen weitere Zahlungen endgültig und schriftlich ablehnt.

Dies ist eine weitere Konsequenz dessen, was vorangehend Rdn. 197 ff. gesagt ist, nämlich daß die hier wesentliche Entgegennahme der Schlußzahlung nicht so sehr mit der Erfüllung verbunden ist, sondern es entscheidend darauf ankommt, daß der Auftraggeber zweifelsfrei zum Ausdruck bringt, an den Auftragnehmer aus dem betreffenden Bauvertrag keine Zahlungen mehr leisten zu wollen (vgl. auch Rdn. 189 ff.). **Die hier erörterte Regelung dient also nur der Klarstellung und schafft keine eigene, neue Rechtsfolge.**

202 Daher ist es nur folgerichtig, daß es für den Begriff der Schlußzahlung nicht immer maßgebend ist, ob tatsächlich noch eine Zahlung an den Auftragnehmer erfolgt. Sind bereits **Überzahlungen** – allerdings auf solche beschränkt – aus vorangegangenen Abschlagszahlungen, Vorauszahlungen oder Teilschlußzahlungen nach Ansicht des Auftraggebers erfolgt und **erklärt er dies unter Hinweis darauf, er lehne weitere Zahlungen ab**, so

trägt dies ebenfalls Schlußzahlungscharakter in dem für § 16 Nr. 3 Abs. 2 maßgeblichen Sinne.

(BGH u. a. BauR 1972, 56 = NJW 1972, 51 = MDR 1972, 135 = LM VOB/B Nr. 47 = SFH Z 2.330 Bl. 42; BGH BauR 1977, 282 = NJW 1977, 1294, 1295 = SFH Z 2.330.2 Bl. 42; BGHZ 68, 368 = NJW 1977, 1293 = BauR 1977, 287 = MDR 1977, 741 = JZ 1977, 560 = BB 1977, 919 = SFH Z 2.330.2 Bl. 44 = LM VOB/B Nr. 89 Anm. Doerry; BGH BauR 1979, 342 = SFH § 16 Ziff. 2 VOB/B Nr. 12 = ZfBR 1979, 159; BGHZ 75, 307, 308 = NJW 1980, 455 = MDR 1980, 304 = BauR 1980, 174 = ZfBR 1980, 34; BGH BauR 1980, 278 = SFH § 16 Ziff. 2 VOB/B Nr. 15 = MDR 1980, 572 = Betrieb 1980, 2129 = LM § 16 [C] VOB/B Nr. 7 = ZfBR 1980, 140 m. w. N.; BGH BauR 1983, 476 = SFH § 16 Nr. 3 VOB/B Nr. 29 m. w. N.; vgl. auch OLG München SFH Z 2.411 Bl. 59 und Urt. v. 5. 3. 1980 – 15 U 2435/79 = BauR 1980, 476; Kaiser NJW 1973, 884 sowie OLG Koblenz SFH Z 2.330.2 Bl. 15.)

Einem derartigen Schlußzahlungscharakter steht nicht entgegen, wenn der Auftraggeber in seiner schriftlichen Mitteilung oder daneben zugleich Überzahlungen unter Hinweis darauf, es handele sich um Abschlagszahlungen, zurückfordert (OLG Koblenz a. a. O.). Den Bedenken von Hochstein (a. a. O. Anm.) kann nicht gefolgt werden, da das Bestehen eines Bereicherungsanspruches des Auftraggebers keinen Einfluß auf den Eintritt der Schlußzahlung bzw. auf deren Wirkungen hat, also davon unabhängig ist (so auch Jagenburg NJW 1975, 2041, 2044 und Kaiser BauR 1976, 232). Eine Erklärung nach Satz 2 liegt auch in einem **schriftsätzlichen Antrag auf Klageabweisung,** wenn der Auftraggeber auf die Schlußrechnung Abschlagszahlungen geleistet hat, die nach seiner Ansicht bereits eine Überzahlung des Auftragnehmers erbracht haben, sofern es sich um Mehrforderungen handelt, die erst in einer weiteren, bisher noch nicht mit eingeklagten Rechnung enthalten sind, also um **nach Klageerhebung nachgeschobene,** das gleiche Bauvorhaben betreffende Ansprüche (OLG Düsseldorf NJW 1978, 1387).

b) Voraussetzung, um hier eine Gleichstellung mit einer – eigentlichen – Schlußzahlung zu erreichen, ist allerdings eine **eindeutige, inhaltlich ganz zweifelsfreie Erklärung des Auftraggebers, daß bereits eine Überzahlung vorliegt.** Erforderlich ist deshalb ein „Hinweis auf geleistete Zahlungen" oder auf ein Erfüllungssurrogat (wie Aufrechnung, Verrechnung, Hinterlegung); andere Einwände des Auftraggebers reichen nicht aus (BGH, BauR 1984, 182 = SFH § 16 Nr. 3 VOB/B Nr. 31 = ZfBR 1984, 74). Aus der Erklärung des Auftraggebers muß weiter klar hervorgehen, daß **weitere Zahlungen** aus dem betreffenden Bauauftrag **unbedingt, somit endgültig, abgelehnt werden, der Auftraggeber also nicht bereit ist, sich auch nur auf Verhandlungen über die weiteren Forderungen des Auftragnehmers einzulassen.** Im Falle der Aufrechnung muß er entweder schon mit Gegenforderungen aufgerechnet haben oder dies jedenfalls in seinem Schreiben tun (vgl. KG NJW-RR 1988, 852). Den Erfordernissen entspricht daher noch nicht ein vom Auftraggeber gegen einen vom Auftragnehmer erwirkten Mahnbescheid erhobener Widerspruch mit der bloßen Begründung, der Widerspruch werde begründet, nachdem der Forderungsanspruch begründet sei (BGH BauR 1980, 177 = SFH § 16 Ziff. 2 VOB/B Nr. 14 = WM 1980, 139 = ZfBR 1980, 76). An der erforderlichen Bestimmtheit der Ablehnung fehlt es auch, wenn durch Schreiben des Auftraggebers der irreführende Eindruck erweckt wird, eine weitere Prüfung der Schlußrechnung stehe noch bevor, die dann erst zu einer weiteren Beurteilung der Sachlage führen werde, vor allem auch dann, wenn sich dieser Eindruck aus dem Zusammenhang dieser Schreiben ergibt (BGH BauR 1983, 476 = SFH § 16 Nr. 3 VOB/B Nr. 29 = ZfBR 1983, 436). Auch lehnt der Auftraggeber weitere Zahlungen auf die Schlußrechnung nicht schon ab, wenn aus seiner Erklärung unzweifelhaft zu entnehmen ist, daß er lediglich ein Zurückbehaltungsrecht bis zur Beseitigung vorhandener Mängel geltend machen will (OLG Düsseldorf MDR 1981, 228). Eine Schlußzahlungserklärung liegt dagegen vor, wenn der Auftraggeber eindeutig weitere Zahlungen ablehnt und außerdem zum Ausdruck bringt, falls dennoch Forderungen des Auftragnehmers bestünden, wären diese durch zur Aufrechnung gestellte Gegenforderungen erloschen (OLG Frankfurt NJW-RR 1988, 600).

204 c) **Außerdem** ist auch hier **grundlegende Voraussetzung,** daß der Auftragnehmer **vor** der schriftlichen Erklärung des Auftraggebers eine **Schlußrechnung** (vgl. dazu Rdn. 163 ff.) vorgelegt hat und die Erklärung auf diese Schlußrechnung hin erfolgt (vgl. BGH BauR 1979, 342 = SFH § 16 Ziff. 2 VOB/B Nr. 12 = ZfBR 1979, 159; BGH, BauR 1984, 182 = SFH § 16 Nr. 3 VOB/B Nr. 31 = ZfBR 1984, 74) oder – ausnahmsweise – der Auftraggeber unter den Voraussetzungen des § 14 Nr. 4 VOB/B **vorher** eine prüfbare Schlußrechnung aufgestellt hat. Insoweit gilt auch hier das in Rdn. 95 ff. und 163 ff. Gesagte. Eine **vor** Vorlage bzw. Aufstellung der Schlußrechnung zum Ausdruck gebrachte Äußerung des Auftraggebers, er werde nichts mehr zahlen, hat somit **nicht** schon die hier erörterte **Ausschlußwirkung** (BGH a. a. O.).

205 d) Nach Satz 2 ist es **weiter erforderlich, daß der Auftraggeber bei seiner Ablehnung auf bereits erfolgte Zahlungen hinweist.** Insoweit ist es notwendig, daß er **zumindest den Gesamtbetrag der erfolgten Zahlungen nennt, bei mehreren Abschlagszahlungen auch die jeweiligen Daten und Beträge, um dem Auftragnehmer die gebotene Überprüfung zu ermöglichen.** Bereits erfolgte Zahlungen liegen **auch** vor, wenn der Auftraggeber mit **Gegenforderungen,** wie z. B. aus nach seiner Ansicht vom Auftragnehmer verwirkter Vertragsstrafe, **aufgerechnet hat bzw. aufrechnet** (BGH, BauR 1984, 182 = SFH § 16 Nr. 3 VOB/B Nr. 31 = ZfBR 1984, 74; **dem stehen Verrechnung und Hinterlegung gleich**), erst recht, wenn vertraglich vereinbart ist, daß die etwa verwirkte Vertragsstrafe bei der Schlußabrechnung abzuziehen ist (OLG München SFH Z 2.411 Bl. 59). Ob derartige Gegenforderungen berechtigt sind, spielt auch hier keine Rolle (vgl. Rdn. 122 ff.).

206 e) Die **VOB sagt zwar nicht, daß der Erklärung** des Auftraggebers eine **Begründung beizugeben** ist, warum eine weitere Zahlung abgelehnt wird. Hiernach könnte es genügen, wenn der Auftraggeber den Auftragnehmer allgemein auf erfolgte Zahlungen – in der Regel Abschlagszahlungen – hinweist und dann nur sagt: „Sie bekommen nichts mehr!" Dies kann – **anders als in den von Satz 1 erfaßten Fällen (vgl. Rdn. 189 ff.;** dazu auch Anm. Hochstein in SFH § 16 Nr. 3 VOB/B Nr. 7, Nr. 9 und Nr. 24) **– jedoch bei der in Satz 2 geregelten besonderen Fallgestaltung angesichts der weiteren Regelungen in den Sätzen 3 ff. nicht richtig sein.** Wird nach Satz 3 dem Auftraggeber auch der Vorbehalt für früher gestellte, aber unerledigte Forderungen abverlangt, muß er nach Satz 4 rechtzeitig den Vorbehalt erklären und insbesondere nach Satz 5 eine Vorbehaltsbegründung abgeben, um den Vorbehalt aufrechterhalten zu können; so liegt es auf der Hand, daß er zunächst einmal **wissen muß, warum er entgegen seiner Schlußrechnung bereits überzahlt sein soll.** Insoweit besteht eine unabdingbare Verbindung zwischen der Schlußrechnung und allen bisher vom Auftraggeber geleisteten Zahlungen und daher auch dem Ergebnis der Rechnungsprüfung. Daher ist es **hier** notwendig, daß der **Auftraggeber dem Auftragnehmer** unter Gegenüberstellung seiner Rechnungsprüfung mit den betreffenden Ansätzen der Schlußrechnung **darlegt, in welchen Punkten er die Schlußrechnung für übersetzt hält** (A. A. dazu Kaiser BlGBW 1975, 161; Heiermann NJW 1984, 2489, 2492; Heiermann/Riedl/Rusam/Schwaab Teil B § 16 Rdn. 82, die den bloßen Hinweis des Auftraggebers auf bereits geleistete Zahlungen genügen lassen wollen, so auch OLG München SFH § 16 Nr. 3 VOB/B Nr. 7; KG BauR 1982, 594 = SFH § 16 Nr. 3 VOB/B Nr. 24; im wesentlichen wie hier zutreffend Hochstein Anm. a. a. O. Dabei muß die Begründung des Auftraggebers so sein, daß der Auftragnehmer **die Gründe,** warum er nichts mehr bekommen soll, **zweifelsfrei ersehen kann.** Hierzu kann im allgemeinen die **Rücksendung der mit den entsprechenden Prüfungsvermerken – insbesondere des Architekten, falls der Auftraggeber sich diesen angeschlossen hat – versehenen Schlußrechnung genügen,** ohne daß dem ein ausdrücklicher „Ablehnungshinweis" beizufügen ist, weil sich die hinreichend deutliche Erklärung der Ablehnung weiterer Zahlungen aus dem mit Prüfvermerken versehenen Zahlenwerk ergibt (a. A. LG Mainz SFH § 16 Nr. 3 VOB/B Nr. 35). Das gilt erst recht, wenn der Architekt mit der Prüfung der Schlußrechnung und zugleich der weiteren Abwicklung des Bauvorhabens beauftragt ist, dabei vor allem dann, wenn der Architekt

ausschließlich mit dem Auftragnehmer namens des Auftraggebers verhandelt hat und verhandeln sollte, er im Bauvertrag als zur Vertretung des Auftraggebers ermächtigt bezeichnet ist (vgl. BGH BauR 1987, 218 = NJW 1987, 775 = Betrieb 1987, 685 = BB 1987, 436 = Vygen EWiR § 16 Nr. 3 VOB/B 1/87, 195 = SFH § 16 Nr. 3 VOB/B Nr. 41 = MDR 1987, 489 = LM § 16 [C] VOB/B Nr. 12 = ZfBR 1987, 76). Falls dadurch der Standpunkt des Auftraggebers ausnahmsweise noch nicht hinreichend ersichtlich wird, ist es erforderlich, daß der Auftraggeber ihn dann auf andere Weise hinreichend klarlegt. Ob die Auffassung des Auftraggebers letztlich zutrifft, ist ebenso unwesentlich für den Eintritt der Schlußzahlungswirkung, wie es nicht darauf ankommt, ob die Überzahlung vom Auftraggeber auf die Kürzung von Teilen der Schlußrechnung oder auf sonstige Gegenforderungen gestützt wird (BGH BauR 1980, 278 = SFH § 16 Ziff. 2 VOB/B Nr. 15 = MDR 1980, 572 = Betrieb 1980, 2127 = LM § 16 [C] VOB/B Nr. 7 = ZfBR 1980, 140; insoweit auch zutreffend OLG München SFH § 16 Nr. 3 VOB/B Nr. 7).

f) Satz 2 bestimmt weiter, daß der Auftraggeber seine unter Hinweis auf geleistete Zahlungen erfolgende Ablehnung weiterer Zahlungen dem Auftragnehmer schriftlich mitzuteilen hat. Hier ist die **Schriftform unbedingte Wirksamkeitsvoraussetzung für den Eintritt der Folgen, die sich aus der vorbehaltlosen Annahme der Schlußzahlung ergeben.** Die Einhaltung der Schriftform, die hier auch durch Rücksendung der geprüften Schlußrechnung (vgl. vorstehend) gewahrt sein kann, ist in dem hier erörterten Fall angeblich erfolgter Überzahlung insbesondere notwendig, um eine **hinreichende Berechnung der Vorbehaltserklärungfrist** nach Satz 4 zu ermöglichen, um also klare Berechnungsmöglichkeiten zu schaffen, was bei den unter Satz 1 fallenden Vorgängen leichter ist.

207

Die Gesamtregelung in **Satz 2 muß auch von den Erfüllungsgehilfen des Auftraggebers besonders beachtet werden,** also solchen, die er mit der erforderlichen Eindeutigkeit beauftragt und bevollmächtigt hat, seine Interessen wahrzunehmen. Der mit der – **bloßen** – Bauabrechnung **als solcher** für den Auftraggeber nur intern befaßte Architekt ist im allgemeinen ohne besondere Vollmacht des Auftraggebers nicht befugt, für diesen eine wirksame Erklärung nach Satz 2 abzugeben (vgl. aber oben Rdn. 206).

208

g) Die **schriftliche Mitteilung** von der aus der Sicht des Auftraggebers erfolgten Überzahlung ist grundsätzlich **an** den **Auftragnehmer** zu richten. Richtiger Adressat ist auch der Anwalt, den der Auftragnehmer bereits mit der Geltendmachung seiner Werklohnforderung beauftragt hat (§ 164 Abs. 3 BGB; KG BauR 1982, 594 = SFH § 16 Nr. 3 VOB/B Nr. 24). Hat der Auftragnehmer den umstrittenen Zahlungsanspruch oder einen Teil desselben an einen Dritten **abgetreten,** kann es erforderlich sein, die **schriftliche Mitteilung von der Überzahlung an den Dritten** (Zessionar) zu richten. Das gilt einmal dann, wenn der Auftraggeber von der Abtretung Kenntnis hatte (§ 407 BGB), sowie auch, wenn die schriftliche Mitteilung von der Überzahlung erst nach der dem Auftraggeber bekannten Abtretung erfolgt (§ 404 BGB); vgl. dazu LG Köln BauR 1978, 493. Der Ansicht von Losert (ZfBR 1988, 65), daß die Schlußzahlungserklärung, um wirksam zu sein, sowohl an den Zedenten (Auftragnehmer) als auch den Abtretungsempfänger (Zessionar) zu richten sei, kann nicht gefolgt werden. Unter den vorangehend dargelegten Voraussetzungen muß es genügen, wenn die Schlußzahlungserklärung dem Abtretungsempfänger zugeht. Losert übersieht (ebenso LG Köln a. a. O.), daß es sich bei der Einrede der vorbehaltlosen Annahme der Schlußzahlung nicht um ein Gestaltungsrecht oder eine gestaltungsrechtsähnliche Erklärung handelt, sondern um eine verjährungsähnliche Einrede. Diese steht aber nicht nur dem Schuldner (Auftraggeber) zu, sondern sie ist, wie § 404 BGB ergibt, an den neuen Gläubiger zu richten (vgl. auch Palandt/Heinrichs § 404 BGB Anm. 2). Es mag zwar zweckmäßig sein, die Schlußzahlungserklärung sowohl an den Auftragnehmer als auch den Dritten als Abtretungsempfänger zu richten. Nötig ist dies aber nicht, zumal sich der neue Gläubiger beim bisherigen (Auftragnehmer) nach Erhalt der Schlußzahlungserklärung informieren kann, wozu er, um einen etwaigen Vorbehalt zu

209

erklären, jedenfalls eine Reihe von Werktagen Zeit hat, um die 12-Werktags-Frist zur Erklärung des Vorbehaltes ausnutzen zu können.

Hat der für den Auftragnehmer bestellte **Sequester** die Schlußrechnung erstellt und dem Auftraggeber zugeleitet, so ist er als Sequester und – etwaiger – späterer Konkursverwalter der berechtigte Empfänger für eine Schlußzahlung und somit der richtige Adressat für die schriftliche Ablehnung weiterer Zahlungen i. S. des § 16 Nr. 3 Abs. 2 VOB/B (OLG Düsseldorf ZIP 1983, 342 = SFH § 16 Nr. 3 VOB/B Nr. 28). Wegen des Konkursverwalters sowie bei Bauträgerverträgen vgl. Rdn. 196.

8. Ausschlußwirkung gilt auch bei vorbehaltloser Schlußrückzahlung des Auftragnehmers

210 **Nicht geregelt** ist in der VOB die Frage, ob die **in Satz 1** erwähnte Wirkung (vgl. Rdn. 189 ff.) auch gilt, wenn es **nicht** zu einer **Schlußzahlung des Auftraggebers, sondern aufgrund des Abrechnungsergebnisses** zu einer sogenannten **Schlußrückzahlung des Auftragnehmers** kommt, weil bereits Abschlagszahlungen oder sonstige Zahlungen auf die Vergütung aus dem betreffenden Bauvertrag geleistet worden sind, die die Gesamtforderung des Auftragnehmers übersteigen.

211 Zwar können Bedenken gegen eine gleiche Beurteilung vor allem deswegen bestehen, weil die VOB-Regelung eine erhebliche Tragweite zu Lasten des Auftragnehmers hat. Dennoch ist **aus ihrem Sinn,** nämlich schnellstmöglich Klarheit über das zu erlangen, was der Auftragnehmer im Ergebnis zu fordern hat, eine **entsprechende Anwendung** geboten (so auch BGHZ 68, 368 = MDR 1977, 741 = JZ 1977, 560 = SFH Z 2.330.2 Bl. 44 = BauR 1977, 287 = BB 1977, 919 = NJW 1977, 1293 = LM VOB/B Nr. 89 Anm. Doerry; so jetzt u. a. auch Kaiser, Mängelhaftungsrecht, Rdn. 17 m, entgegen früher BauR 1976, 232). Bedenkt man, daß es anstelle einer Schlußzahlung zu einer Schlußrückzahlung nur kommt, weil der Auftragnehmer aus der Sicht des Auftraggebers an Abschlagszahlungen zuviel bekommen – und in der Regel auch gefordert – hat, ist nicht einzusehen, warum er gerade hier bessergestellt sein soll als im Falle der vorbehaltlosen Annahme der Schlußzahlung unter den eigentlichen Voraussetzungen der Nr. 3 Abs. 2 Satz 1 und 2. **Voraussetzung** für eine Gleichstellung **ist allerdings unbedingt, daß die Schlußrückzahlung der endgültigen Bereinigung der Vergütungsfrage aus dem betreffenden Vertrag dient und dies anläßlich der Rückzahlung auch zweifelsfrei zum Ausdruck kommt** (vgl. BGH SFH Z 2.330 Bl. 35); diese Folgerung rechtfertigt sich um so mehr angesichts der jetzt in Satz 2 aufgenommenen Regelung.

9. Ausschluß auch bei früher gestellten, unerledigten Forderungen

212 a) Nach Satz 3 gilt die Ausschlußwirkung des Satzes 1 auch für früher gestellte, aber unerledigt gebliebene Forderungen des Auftragnehmers, wenn sie nicht nochmals vorbehalten werden.

Auch diese an sich nur **klarstellende** Bestimmung erklärt sich aus dem **Zweck** des Absatzes 2, baldmöglichst zu einem bestimmten Zeitpunkt **Klarheit über die Forderungen des Auftragnehmers zu schaffen.** Es handelt sich auch hier um eine **ähnliche** Regelung, wie sie für den Bereich des Vorbehalts der Vertragsstrafe sowie des Vorbehalts bekannter Gewährleistungsansprüche in Teil B § 11 Nr. 4 und in Teil B § 12 Nr. 4 Abs. 1 Satz 4 und Nr. 5 Abs. 3 getroffen worden ist. Auch dort müssen die Vorbehalte zu einem **bestimmten Zeitpunkt,** nämlich dem der Abnahme bzw. dem Eintritt der Abnahmewirkungen, erklärt werden; dort sind früher oder später erklärte Vorbehalte darüber hinaus sogar grundsätzlich wirkungslos (vgl. Teil B § 11 Rdn. 39 ff.; Teil B § 12 Rdn. 101 ff. und 124 sowie Rdn. 141). Der hier erörterte **Satz 3 geht** – allerdings **nur** im Wege einer **Einrede** (vgl. Rdn. 167) - **also in dieselbe Richtung** wie die vorgenannten Regelungen, die ihrerseits auf dem Gesetz (§ 341 Abs. 3 und § 640 Abs. 2 BGB) beruhen.

b) Hinsichtlich der früher gestellten, aber bisher **unerledigt gebliebenen Forderungen,** die nach Annahme der Schlußzahlung **nochmals vorbehalten** werden müssen, handelt es sich um **zwei Möglichkeiten:** Entweder die früher geltend gemachte Forderung ist in der Schlußrechnung des Auftragnehmers nicht enthalten, oder sie erscheint dort doch, war aber schon vor der Einreichung der Schlußrechnung gegenüber dem Auftraggeber erhoben worden, wie z. B. ein Schadensersatzanspruch des Auftragnehmers aufgrund von Teil B § 6 Nr. 6 oder Vergütungsansprüche nach Maßgabe von Teil B § 2 Nr. 3–7 oder ein Teilvergütungsanspruch in einer Abschlagsrechnung. **In beiden Fällen** muß der **Auftragnehmer** den **Vorbehalt erklären,** wenn er noch nach Erhalt der Schlußzahlung seinen bisher **unerledigten Anspruch aufrechterhalten** will. Er kann vor allem nicht sagen – und das ist der eigentliche Zweck dieser Regelung –, er habe die betreffende Forderung schon früher gestellt, so daß ihn der Auftraggeber nicht auf die zur Begleichung der Schlußrechnung geleistete Schlußzahlung mit deren in Teil B § 16 Nr. 3 Abs. 2 geregelten Folgen verweisen könne.

213

Hinzu kommt, daß der Auftragnehmer aus Gründen der übersichtlichen und endgültigen Abrechnung gezwungen werden soll, seine **gesamten Forderungen,** die er gegen den Auftraggeber aus demselben Bauvorhaben herzuleiten glaubt, **in einer Schlußrechnung zusammengefaßt geltend zu machen,** was durchaus billigenswert ist.

Daraus folgt zugleich, daß der nach Empfang der Schlußzahlung erforderliche **Vorbehalt** wegen noch nicht bereinigter, bereits früher gestellter Forderungen sich **auf alle Ansprüche zu beziehen hat, die als Nachforderungen zu kennzeichnen sind** (vgl. dazu Rdn. 181 ff.).

c) Die Bestimmung in Satz 3, daß der Vorbehalt **nochmals** zu erklären ist, bedeutet, daß **vor Eingang der Schlußzahlung bereits erklärte Vorbehalte nicht den nach Nr. 3 notwendigen Vorbehalt ersetzen, sondern daß er erneut erklärt werden muß,** um Rechtswirkungen zugunsten des Auftragnehmers entfalten bzw. aufrechterhalten zu können. Deshalb genügt es nicht schon, wenn der Auftragnehmer z. B. bei Übergabe der Schlußrechnung dem Auftraggeber erklärt, er müsse sich die Berechnung einer oder mehrerer in der Schlußrechnung noch nicht enthaltener Forderungen aus dem betreffenden Bauvorhaben vorbehalten (a. A. anscheinend OLG Hamm SFH Z 2.310 Bl. 32). Auch eine bedingt erlassene Forderung, die z. B. auf einer niedrigeren Rechnungsstellung mit der Abrede beruht, der Rest werde erlassen, wenn der Auftraggeber dem Auftragnehmer weitere Aufträge erteile, muß sich der Auftragnehmer bei der Annahme der Schlußzahlung nochmals ausdrücklich vorbehalten (vgl. BGH SFH Z 2.330 Bl. 17, dort offengelassen). Entgegen OLG Karlsruhe (Urt. vom 3. 11. 1976 – 13 U 217/75 –) kann im Falle einer auflösend bedingt erlassenen Forderung nicht entgegengehalten werden, der Erlaß sei – zunächst – voll wirksam, so daß es sich nicht um eine unerledigte Forderung handele. Abgesehen davon, daß hiernach ein Unterschied zwischen – keinesfalls erledigten – aufschiebend bedingten und auflösend bedingten Forderungen gemacht werden müßte, was kaum angängig ist, ist die hier erörterte VOB-Regelung im Sinne einer **bisher noch nicht erfolgten endgültigen Erledigung** zu interpretieren. Gerade aus dem Sinn des Absatzes 2 und dabei besonders auch des Satzes 3, nämlich baldmöglichst **endgültige** Klarheit über die Forderungen des Auftragnehmers zu schaffen, ergibt sich, daß er sich im Wege des Vorbehalts auch zu einer auflösend bedingten Forderung äußern muß, da anderenfalls die hier wesentliche Zielsetzung der erörterten VOB-Bestimmung ohne hinreichenden Grund mißachtet würde.

214

10. Ausnahme: Entbehrlichkeit des Vorbehalts

a) **Ausnahmen** von dem **grundsätzlich sehr streng zu handhabenden Erfordernis des Vorbehalts** sind aber aus **Treu und Glauben** geboten: Gerade weil der dem Auftragnehmer im Falle des Unterlassens der Vorbehaltserklärung drohende Rechtsverlust an **formelle Voraussetzungen** geknüpft ist, ist es im **Einzelfall noch hinzunehmen,** eine **kurz vor Erhalt**

215

der Schlußzahlung, **also in engem zeitlichem Zusammenhang damit**, erfolgte **klare Äußerung** des Auftragnehmers, daß er einen bestimmten Betrag mehr fordere, nachdem **hierüber schon längere Verhandlungen** mit dem Auftraggeber geführt wurden, noch als Vorbehalt in der Weise gelten zu lassen, **als sei er zugleich mit dem Eingang der Schlußzahlung erklärt worden**.

(So BGH NJW 1970, 1185 = MDR 1970, 670 = BB 1970, 689 = BlGBW 1971, 10 = BauR 1970, 240 = SFH Z 2.330 Bl. 41 = LM VOB/B Nr. 41; BGH NJW 1972, 2267 = BauR 1972, 382; dazu auch BGH BauR 1975, 282 = SFH Z 2.330.2 Bl. 22 = WM 1975, 453; BGH BauR 1980, 278 = Betrieb 1980, 2129 = MDR 1980, 572 = LM § 16 [C] VOB/B Nr. 7 = SFH § 16 Ziff. 2 VOB/B Nr. 15 = ZfBR 1980, 140 sowie BGH BauR 1979, 527 = NJW 1979, 2310 = BB 1979, 1528 = SFH § 16 Nr. 3 VOB/B Nr. 8 = MDR 1979, 1014 = Betrieb 1979, 2487 = LM § 16 [C] VOB/B Nr. 6 = ZfBR 1979, 206, auch für die Fassung der VOB von 1973.)

216 Überhaupt gilt dies, wenn der Auftragnehmer in engem zeitlichem Zusammenhang mit dem Eingang der Schlußzahlung oder der als Schlußzahlung anzusehenden Zahlungsverweigerung erklärt, er bestehe auf Bezahlung der vollen von ihm erhobenen Werklohnforderung und dem Auftraggeber deshalb bei der Schlußzahlung klar erkennbar war, daß der Auftragnehmer seine Forderung voll aufrechterhalten will (OLG Düsseldorf NJW 1981, 1455).

217 b) Eine solche **Ausnahme ist aber eng auszulegen und nur im Einzelfall nach Treu und Glauben gerechtfertigt** (ebenso BGH SFH § 16 Nr. 3 VOB/B Nr. 1 = ZfBR 1978, 18; OLG Köln BauR 1975, 351 mit Anm. Jagenburg; OLG München BauR 1976, 61 und BauR 1978, 278 = SFH § 16 Ziff. 2 VOB/B Nr. 15 = MDR 1980, 572 = ZfBR 1980, 140, wobei in der zuletzt genannten Entscheidung für den Zeitraum von zwei Monaten zwischen Schlußzahlung und vorheriger „Vorbehaltserklärung" der enge zeitliche Zusammenhang zutreffend verneint wurde; Kaiser NJW 1973, 884, 885).

218 So wäre es mit Treu und Glauben nicht zu vereinbaren, vom Auftragnehmer noch eine gesonderte Vorbehaltserklärung zu verlangen, wenn ihm der Inhalt eines einer Schlußzahlung nach Satz 2 (vgl. Rdn. 201 ff.) gleichstehenden Schreibens vor dessen kurze Zeit darauf erfolgtem Zugang bekanntgegeben worden ist und er der dabei mitgeteilten Kürzung seiner Werklohnforderung – z. B. um eine Vertragsstrafe – widersprochen hat (vgl. OLG München BauR 1975, 284). Gleiches gilt, wenn dem Auftragnehmer – z. B. durch Rücksendung der geprüften Schlußrechnung – mitgeteilt worden ist, daß er noch einen bestimmten Betrag zu fordern habe, er dem sogleich widerspricht und die der Mitteilung entsprechende Schlußzahlung kurz darauf bei ihm eingeht. Ebenso trifft das zu, wenn eine vorher telefonisch angekündigte Zahlung erst im letzten Zeitpunkt als Schlußzahlung bezeichnet wird, der Auftragnehmer jedoch nach Ankündigung und vor Zahlung unmißverständlich eine weitere Zahlung anfordert (OLG Düsseldorf BauR 1984, 185). Ein besonderer Vorbehalt ist auch nicht mehr erforderlich, wenn der Auftragnehmer wegen dreier verschiedener Bauvorhaben Schlußrechnungen gleichen Datums eingereicht, der Auftraggeber diese nacheinander kurzfristig geprüft und er den **gleichen Grund** für die Kürzung oder Nichtzahlung der Schlußrechnung angegeben hat, der Auftragnehmer aber einen fristgerechten Vorbehalt nur wegen **eines Vorhabens** erklärt; dann ergibt sich für den Auftraggeber aus den Umständen **hinreichend** deutlich, daß sich der Auftragnehmer auch wegen der Kürzung bzw. Nichtbezahlung der beiden anderen Schlußrechnungen nicht zufriedengibt (BGH BauR 1983, 476 = SFH § 16 Nr. 3 VOB/B Nr. 29 = ZfBR 1983, 234). Ferner ist eine Vorbehaltserklärung entbehrlich, wenn der Auftragnehmer dem Auftraggeber bereits vor der Schlußzahlung den Entwurf einer Klageschrift über die umstrittene Forderung zugeleitet hat, insbesondere dann, wenn die Klageschrift im Zeitpunkt der Schlußzahlung bereits dem Gericht vorliegt (OLG Hamm SFH Z 2.310 Bl. 32).

c) Erst recht gilt das, wenn die **betreffende Mehrforderung bereits gerichtlich anhängig** ist, wofür die Anhängigkeit im **Mahnverfahren genügt** (BGHZ 68, 38 = BauR 1977, 135 = SFH Z 2.330.2 Bl. 39 = NJW 1977, 531 = BB 1977, 166 = Betrieb 1977, 493 = MDR 1977, 486 = LM VOB/B Nr. 91 a = WM 1977, 371; vgl. auch Rdn. 223 ff.); anders, wenn der Mahnbescheid nur einen Teilbetrag betrifft und daraus nicht ersichtlich ist, welcher Teil der Klageforderung geltend gemacht wird, und der Antrag nach Einlegung des Widerspruchs durch den Auftraggeber auch nicht näher begründet wird (vgl. OLG Frankfurt BauR 1983, 372). Auch genügt nicht die Geltendmachung der Werklohnforderung in einem **früheren, seit längerem abgeschlossenen** Prozeß (vgl. OLG Frankfurt NJW-RR 1988, 600).

Insoweit kommt auch § 270 Abs. 3 ZPO entsprechend zur Anwendung (BGHZ 75, 307 = BauR 1980, 174 = NJW 1980, 455 = MDR 1980, 304 = ZfBR 1980, 34; BGH BauR 1982, 499 = NJW 1982, 2250 = SFH § 16 Nr. 3 VOB/B Nr. 22 = BB 1982, 1884 = MDR 1983, 49 = Betrieb 1982, 2455 = LM § 16 [D] VOB/B Nr. 16 = ZfBR 1982, 202 mit Anm. Dähne BauR 1983, 479).

Die gegenteilige Ansicht von Raudszus (NJW 1983, 667) verkennt, daß es sich bei Teil B § 16 Nr. 3 Abs. 2 **nicht um eine Ausschlußfrist im Rechtssinne handelt,** sondern der Ausschluß des Auftragnehmers mit weitergehenden Forderungen nur eintritt, **wenn sich der Auftraggeber darauf beruft,** weshalb der dem Auftragnehmer drohende Verlust erst auf Einrede des Auftraggebers mit verjährungsähnlicher Wirkung eintritt (vgl. Rdn. 167 ff.); dabei ist im Falle des Vorliegens solcher Einrede aus Treu und Glauben ein Vorbehalt entbehrlich, wenn der Auftragnehmer dem Auftraggeber bereits im engen zeitlichen Zusammenhang unzweifelhaft erklärt hat, daß er mit der ihm vorgenommenen bzw. angekündigten Schlußzahlung nicht einverstanden ist; klarer als durch eine dem Gericht vorliegende und dem Auftraggeber schon zugestellte Klage bzw. einen Mahnbescheid kann dies nicht geschehen; insoweit muß auch die demnächst zugestellte Klage sowie der demnächst zugestellte Mahnbescheid, die bzw. der rechtzeitig bei Gericht eingegangen ist, genügen, zumal der Auftragnehmer die Zeit bis zur Zustellung, sofern er deren Voraussetzungen geschaffen hat, nicht in der Hand hat, weswegen gegen eine entsprechende Anwendung der §§ 270 Abs. 3, 693 Abs. 2 ZPO keine Bedenken bestehen können; das gilt um so mehr, als es dem Auftragnehmer gestattet sein muß, die Frist zur Erklärung des Vorbehaltes voll auszunutzen.

Demgemäß reicht für einen Vorbehalt auch die in einem **anhängigen Prozeß bereits erklärte Aufrechnung mit der umstrittenen Forderung** des Auftragnehmers. Entgegen OLG Hamm BauR 1980, 81 trifft das auch bei Hilfsaufrechnungen zu, weil im Zweifel auch dort der klar erklärte Wille des Auftragnehmers, auf die umstrittene Forderung nicht verzichten zu wollen, zum Ausdruck gebracht wird, da die Hilfsaufrechnung lediglich darauf beruht, daß der Auftragnehmer noch andere, aus seiner Sicht rechtlich vorrangige Gründe hat, um die Forderung des Auftraggebers mit Gegenforderungen zu Fall zu bringen.

d) Dagegen macht eine vor Annahme der Schlußzahlung erfolgte Streitverkündung des Auftragnehmers an den Auftraggeber den Vorbehalt nicht entbehrlich (BGHZ 68, 368 = MDR 1977, 741 = JZ 1977, 560 = SFH Z 2.330.2 Bl. 44 = BauR 1977, 287 = BB 1977, 919 = NJW 1977, 1293 = LM VOB/B Nr. 89 Anm. Doerry); allein hieraus ist die **letztlich entscheidende Ansicht des Auftragnehmers noch nicht mit der erforderlichen Eindeutigkeit zu erkennen,** da diese in der Regel von dem Ausgang des Prozesses, in dem die Streitverkündung erfolgt, abhängig ist. Auch eine der Schlußzahlung vorausgehende **bloße Mahnung mit Klageandrohung macht den Vorbehalt nicht entbehrlich** (OLG Hamburg BauR 1979, 173), selbst wenn beides von einem Anwalt ausgeht (OLG München SFH § 16 Nr. 3 VOB/B Nr. 7).

Vgl. hier auch Rdn. 180.

11. Vorbehaltserklärung

223 a) Nach Satz 4 ist grundsätzlich (Ausnahme Rdn. 215 ff.) nur ein nach Eingang der Schlußzahlung oder der einer Schlußzahlung gleichstehenden Erklärung sozusagen als Antwort darauf **geäußerter Vorbehalt** des Auftragnehmers gegenüber dem Auftraggeber (vgl. Rdn. 231 ff.) von **Bedeutung,** um der Einrede des Auftraggebers (vgl. Rdn. 167) zu entgehen und um seine durch die Schlußzahlung noch nicht befriedigten Ansprüche aufrechtzuerhalten (vgl. auch OLG Hamm BauR 1980, 81). Dabei ist eine **einseitige empfangsbedürftige Willenserklärung** notwendig, die dem Auftraggeber zugehen muß und deren Inhalt auch vom Auftraggeber in dem vom Auftragnehmer gemeinten Sinne klar zu verstehen ist.

224 Die Notwendigkeit der Vorbehaltserklärung ergibt sich **auch für den mit der Beitreibung der Forderung des Auftragnehmers beauftragten Anwalt,** z. B. wenn der Auftraggeber **in der vorprozessualen Korrespondenz** behauptet, der Auftragnehmer sei bereits überbezahlt, falls nicht der Auftragnehmer mit seinem weitergehenden Anspruch ausgeschlossen werden will (vgl. OLG Köln SFH Z 2.330.2 Bl. 7, dazu Anm. Jagenburg BauR 1975, 351; OLG Hamburg BauR 1979, 163; OLG München BauR 1980, 476). Der Anwalt muß vor allem auch darauf bedacht sein, daß er ein Schreiben, das die Vorbehaltserklärung enthält – ebenso wie der Auftragnehmer selbst oder ein anderer Vertreter – so rechtzeitig absendet, daß es unter normalen Umständen den Auftraggeber erreicht (vgl. LG Berlin BauR 1982, 192, das zutreffend einen Zeitraum von 5 Tagen vor Fristablauf für ausreichend gehalten hat). Eine besondere Versendungsform ist grundsätzlich nicht erforderlich; somit genügt im allgemeinen ein einfacher Brief, um die Pflichten aus dem Anwaltsvertrag zu wahren (LG Berlin a. a. O.), es sei denn, der Anwalt ist im Einzelfall verpflichtet, das Zugangsrisiko zu beschränken (dazu vor allem auch OLG Köln a. a. O.).

225 **Anders** liegt es, wenn der Auftraggeber die Einrede der Überbezahlung des Auftragnehmers erst im Prozeß geltend macht, nachdem der Auftragnehmer die ihm nach seiner Ansicht zustehende Vergütung eingeklagt hat. Das ist nur folgerichtig, wenn berücksichtigt wird, daß die Vorbehaltserklärung nach Eingang der Klageschrift über die umstrittene Forderung entbehrlich ist (vgl. Rdn. 219 f). **Voraussetzung** für diese Folge ist aber, daß der Auftragnehmer **den Prozeß auch wirklich betreibt** und dieser z. B. nicht im Mahnverfahren „steckengeblieben" ist (vgl. OLG Frankfurt BauR 1983, 372 im Falle des Nichtbetreibens des Mahnverfahrens über fast 2 Jahre bei Erwirkung eines Mahnbescheides schon 8 Monate vor Schlußzahlungserklärung über einen runden Teil der Vergütung; dazu auch BGH BauR 1987, 329 = NJW 1987, 2582 = MDR 1987, 663 = Betrieb 1987, 1348 = SFH § 16 Nr. 3 VOB/B Nr. 41 = LM § 16 [C] VOB/B Nr. 13 = Kraus EWiR § 16 Nr. 3 VOB/B 3/87, 717 = ZfBR 1987, 146; ferner KG BauR 1982, 594 = SFH § 16 Nr. 3 VOB/B Nr. 24). Soweit Jagenburg (a. a. O.) dazu eine andere Auffassung vertritt, kann dieser nicht gefolgt werden. Auch genügt nicht schon die Geltendmachung der Werklohnforderung in einem **früheren, seit längerem abgeschlossenen Prozeß** (OLG Frankfurt NJW-RR 1988, 600).

226 b) Da für die Vorbehaltserklärung im übrigen die Einhaltung einer **besonderen Form nicht gefordert** wird, ist davon auszugehen, daß eine **mündliche Erklärung des Auftragnehmers genügt,** um seine weitergehenden, durch die Schlußzahlung noch nicht erledigten Ansprüche aufrechtzuerhalten. Dem Auftragnehmer muß aber die Einhaltung der **Schriftform dringend empfohlen** werden, damit er es später im Streitfall zumindest leichter hat, die erfolgte Vorbehaltserklärung, insbesondere auch in ihrem nachfolgend erörterten notwendigen Inhalt, zu beweisen.

227 c) Die **Vorbehaltserklärung** bedarf **nicht unbedingt des Gebrauches des Wortes „Vorbehalt"** (ebenso BGH BauR 1980, 178, 180 = ZfBR 1980, 33; BGH BauR 1983, 476 = SFH § 16 Nr. 3

VOB/B Nr. 29 = ZfBR 1983, 234), wenn es auch zur Vermeidung jeglichen Mißverständnisses durchaus ratsam ist und der Auftragnehmer sich dieses Wort einprägen sollte. Ansonsten **genügt** eine **Erklärung** des Auftragnehmers, die ihrem Inhalt nach den für den konkreten Fall gegebenen Umständen **zweifelsfrei als Äußerung dahin gehend aufzufassen** ist, daß er aus dem in der Abwicklung befindlichen Bauvertragsverhältnis **noch Forderungen** (vgl. Rdn. 181 ff., 212 ff.) **geltend macht,** die über die bisherigen Zahlungen des Auftraggebers einschließlich seiner Schlußzahlung hinausgehen. In jedem Fall **muß** die **Äußerung** aber **unbedingt und bestimmt** sein (ebenso OLG Köln BauR 1975, 351 mit Anm. Jagenburg; OLG Hamburg BauR 1983, 371). Insofern kann aus dem gegebenen Zusammenhang eine Zahlungsaufforderung genügen, auch im Hinblick auf andere, gleichzeitig abgerechnete Bauvorhaben (BGH BauR 1983, 476 = SFH § 16 Nr. 3 VOB/B Nr. 29 = ZfBR 1983, 234). Ebenso reicht es, wenn der Auftragnehmer die zur Begründung der Abrechnung des Auftraggebers beigefügten Rechnungen an diesen zurückschickt, an die Begleichung einer Zwischenrechnung erinnert und Verzugszinsen anmeldet (OLG Frankfurt NJW-RR 1988, 601). Nicht genügt aber die bloße Bitte um Prüfung, wer den entsprechenden Forderungsteil bezahlen soll (vgl. OLG Düsseldorf BauR 1975, 429), oder die lediglich Bitte um „Überprüfung der Belastungen" ohne Bestreiten der im einzelnen vom Auftraggeber aufgeschlüsselten Gegenforderungen (OLG Hamburg BauR 1983, 371).

Dem BGH (BauR 1970, 117 = NJW 1970, 706 = MDR 1970, 408 = BB 1970, 421 = LM VOB/B Nr. 30 = SFH Z 2.330 Bl. 38; u. a. BGH NJW 1977, 1634 = BauR 1977, 356 m. w. N.; ständig) ist darin beizutreten, daß an eine **Vorbehaltserklärung keine zu strengen Anforderungen** zu stellen sind, insbesondere wenn der Auftragnehmer aus der Schlußzahlung nicht erkennen kann, welche Positionen der Schlußrechnung vom Auftraggeber gekürzt wurden (vgl. dazu auch OLG Hamburg 1983, 371). Weniger als vorangehend umrissen, darf jedoch im Interesse der Rechtsklarheit nicht gefordert werden. Soweit aus der genannten Entscheidung Gegenteiliges zu entnehmen sein sollte, was angesichts der späteren Entscheidung des BGH BauR 1974, 349 = SFH Z 2.330.2 Bl. 20 kaum anzunehmen ist, kann dem aus den zutreffenden Gründen der Anmerkung von Jagenburg (BauR 1970, 118) nicht beigepflichtet werden. Insbesondere ist die Bezugnahme des BGH auf seine Entscheidung NJW 1965, 536 = MDR 1965, 373 = SFH Z 2.330 Bl. 14, die sich lediglich auf die Regelung in dem jetzigen Satz 5 bezieht, also auf die sogenannte Vorbehaltsbegründung (vgl. Rdn. 247 ff.), für den Bereich der hier erörterten Vorbehalts**erklärung** aus systematischen Gründen nicht zu billigen. 228

d) **Zu beachten ist aber besonders:** Von dem Auftragnehmer wird **nur eine zweifelsfreie Erklärung des Vorbehalts** im angegebenen Sinne verlangt, **nicht** dagegen **schon** eine nähere **Darlegung der Gründe** für seinen Vorbehalt (zu eng daher OLG Hamm BauR 1986, 460). Diese hat, soweit überhaupt erforderlich, erst **später im Rahmen der sogenannten Vorbehaltsbegründung nach Satz 5** (vgl. Rdn. 247 ff.) **zu erfolgen.** Daher möglicherweise schon zu weitgehend BGH BauR 1974, 349 = SFH Z 2.330.2 Bl. 20, wenn dort über bloße Bestimmtheit der Vorbehaltserklärung als solcher noch die Angabe ganz bestimmter Forderungen im einzelnen und im Sinne näherer Darlegung gefordert sein sollte (insoweit zutreffend Kaiser BauR 1976, 232). Daher dürfte entgegen OLG Hamburg (BauR 1983, 371) ein ausreichender Vorbehalt in der Bitte des Auftragnehmers zu sehen sein, die Gegenrechnungen zu übersenden, weil „wir auch schon Rechnungen an die erwähnten Firmen gezahlt haben", da der Auftragnehmer dadurch erkennbar macht, bisher nicht in der Lage zu sein, die Berechtigung der Gegenrechnungen zu überprüfen. Wird somit der Vorbehalt als solcher verlangt und nicht schon die Angabe des Grundes dafür, um eine rechtswirksame Aufrechterhaltung weiterer Ansprüche zu erreichen, so braucht sich der Grund auch nicht auf die eingereichte und vom Auftraggeber geprüfte und gekürzte Schlußrechnung selbst zu beziehen. Vielmehr wird durch einen solchen Vorbehalt, der aus Anlaß einer gekürzten Schlußrechnung gemacht wird, auch die Geltendmachung weiterer Ansprüche aus demselben Vertrag, die aber **noch nicht in der** 229

Schlußrechnung enthalten sind, eröffnet (von LG Köln SFH § 16 Nr. 3 VOB/B Nr. 3 mißverstanden, zutreffende Anm. von Hochstein a. a. O.).

230 e) Im übrigen **genügt ein einmal erklärter Vorbehalt**, um die Einrede der vorbehaltslosen Annahme der Schlußzahlung auszuschließen. Das gilt vornehmlich auch, wenn der Auftraggeber später einen Teil der vom Vorbehalt abgedeckten Forderung zahlt. Dann bedarf es **keines erneuten Vorbehaltes** des Auftragnehmers hinsichtlich des noch nicht ausgeglichenen Teils. **§ 16 Nr. 3 Abs. 2 VOB/B** ist wegen seiner gravierenden Wirkungen **eng auszulegen;** daher **genügt** insofern **ein Vorbehalt** (BGH BauR 1982, 282 = SFH § 16 Nr. 3 VOB/B Nr. 20 = Betrieb 1982, 1320 = NJW 1982, 1594 = BB 1982, 1947 = MDR 1982, 746 = LM § 16 [B] VOB/B Nr. 4 = ZfBR 1982, 123). Das trifft auch auf den Fall zu, in dem ein **Vorbehalt fristgerecht** (vgl. Rdn. 236 ff.) durch ein Mahngesuch und einen rechtzeitig (vgl. § 693 Abs. 2 ZPO) zugestellten Mahnbescheid (vgl. dazu auch Rdn. 245) erklärt, später die **Klage jedoch zurückgenommen** wird, was entsprechend **auch für eine rechtzeitig erhobene und zugestellte, jedoch später zurückgenommene Klage** (vgl. § 270 Abs. 3 ZPO) gilt, weil darin **allein noch kein Verzicht** auf den Vorbehalt erblickt werden kann. Eine **entsprechende Anwendung** des **§ 212 Abs. 1 BGB scheidet** einmal deshalb **aus**, weil dies der gebotenen zurückhaltenden Auslegung der Nr. 3 Abs. 2 widerspräche, woran auch der Zweck dieser Regelung, alsbald Rechtsklarheit und Rechtsfrieden zu schaffen, zu messen ist, weshalb nicht alle Vorschriften aus dem Verjährungsrecht hier anwendbar sind; zum anderen betreffen die §§ 211, 212 BGB die Unterbrechung der Verjährung durch Klageerhebung und den Wegfall der Unterbrechungswirkung bei Klagerücknahme, wobei es um den Einfluß gerichtlicher Geltendmachung auf die Verjährungs**frist** geht; dagegen läuft nach wirksam erklärtem und nicht zurückgenommenem Vorbehalt, abgesehen von der Begründungsfrist nach Nr. 3 Abs. 2 Satz 5, **keine weitere Vorbehaltsfrist, für deren Unterbrechung eine entsprechende Anwendung erforderlich wäre** (BGH BauR 1987, 329 = NJW 1987, 2582 = MDR 1987, 663 = Betrieb 1987, 1348 = SFH § 16 Nr. 3 VOB/B Nr. 41 = LM § 16 [C] VOB/B Nr. 13 = Kraus EWiR § 16 Nr. 3 VOB/B 3/87, 717 = ZfBR 1987, 146, zutreffend entgegen Berkenbrock BauR 1985, 633).

12. Adressat der Vorbehaltserklärung – Architekt

231 Die **Erklärung** des Vorbehalts muß **grundsätzlich gegenüber dem Auftraggeber selbst** geschehen. **Allerdings** ist der vom Auftraggeber bestellte **Architekt** mit Wirkung gegen den Auftraggeber **zur Entgegennahme des Vorbehalts befugt**, falls er mit der Bauabrechnung befaßt ist und mit Wissen und Wollen des Auftraggebers oder zumindest unter dessen Duldung unmittelbar mit den Auftragnehmern die Auseinandersetzung über deren Werklohnforderung führt; dann ist der Architekt die nach außen in Erscheinung getretene maßgebende Stelle für alle die Abrechnung des Bauvorhabens betreffenden Angelegenheiten, wozu auch die Entgegennahme der Erklärung des Vorbehalts des Auftragnehmers gehört (BGH NJW 1977, 1634 = BB 1977, 1020 = BauR 1977, 356 = MDR 1977, 1010 = SFH Z 2.330.2 Bl. 47 = LM VOB/B Nr. 90 = BlGBW 1978, 98). Das trifft besonders zu, wenn der Architekt die „typische Anlaufstelle" auch hinsichtlich der Bauabrechnung für die Auftragnehmer ist, wobei die Befugnis des Architekten, die Auftragnehmer unmittelbar über das Ergebnis der Rechnungsprüfung zu unterrichten, die Berechtigung einschließt, durch unmittelbare Verhandlungen mit den Auftragnehmern die beanstandeten Punkte zu klären; in solchen Fällen ist gerade auch der Architekt der befugte Empfänger der Vorbehaltserklärung (BGH BauR 1978, 314 = NJW 1978, 1631 = MDR 1978, 745 = BB 1978, 1436 = SFH § 16 Ziff. 2 VOB/B Nr. 5 = LM VOB/B Nr. 99 = Betrieb 1978, 1495 = ZfBR 1978, 18). Das gilt auch für spätere Verhandlungen, solange sich der Auftragnehmer gegen Rechnungsabzüge wehrt und mit der Durchsetzbarkeit nicht wegen vorbehaltloser Annahme der Schlußzahlung ausgeschlossen ist (a. a. O.).

In solchen Fällen macht es **keinen Unterschied,** ob der Auftragnehmer nur rechnerische 232
Einwände gegen den von dem Architekten vorgenommenen Abzug erhebt oder ob er sich auf
eine dem Abzug entgegenstehende Vereinbarung mit dem Auftraggeber beruft, an der der
Architekt nicht beteiligt war; denn der Architekt muß nicht selten bei der Bauabrechnung
Vorgänge berücksichtigen, von denen er keine eigene Anschauung hat, etwa bei der Geltendmachung von Verzugsschäden, beim Verfall von Vertragsstrafen, aber auch, wenn der Auftragnehmer unmittelbar mit dem Auftraggeber besondere Preise ausgehandelt hat (BGH a. a. O., entgegen OLG Düsseldorf BauR 1975, 431 und 429). Anderes gilt nur, wenn der **Auftraggeber unmißverständlich zu erkennen** gegeben hat, fortan die Mitwirkung des Architekten nicht mehr zu wünschen (BGH a. a. O.).

Darüber hinaus muß man den Architekten auch dann als für die Entgegennahme des Vorbehalts richtigen Adressaten ansehen, **wenn er im Rahmen seiner ihm gegenüber dem Auftraggeber obliegenden vertraglichen Aufgaben die Bauabrechnung vorgenommen und der Auftraggeber sich dieser ohne weiteres und für den Auftragnehmer zweifelsfrei erkennbar angeschlossen hat.** Denn dann kann der Auftragnehmer davon ausgehen, daß der Auftraggeber nicht nur weiterhin bewußt und gewollt den Architekten gemäß § 15 Abs. 2 Nr. 8 HOAI beschäftigt, sondern darüber hinaus dessen **fachkundiger Stellungnahme entscheidendes Gewicht auch nach außen gegenüber dem Auftragnehmer beilegt.** Das gilt auch für alle vom Auftraggeber vorgenommenen – auch weiteren – Abzüge, sofern der Architekt aus seinem Wissen und seiner vorauszusetzenden Kenntnis zur Abgabe einer Stellungnahme in der Lage ist. 233

Insgesamt ist es entscheidend, daß es **Sinn des Vorbehalts nur ist, die Nachforderungen – gegebenenfalls wiederum – anzumelden, sie aber nicht schon mit dem Auftraggeber zu klären.** Da hierdurch allein nicht schon Verbindlichkeiten zu Lasten des Auftraggebers begründet oder ihm sonstige Nachteile zugefügt werden, ist es im Interesse der Rechtsklarheit und des Rechtsfriedens geboten, den **Architekten in weitestmöglichem Rahmen als befugten Vertreter zum Empfang der Vorbehaltserklärung** anzusehen, zumal ohnehin an den Vorbehalt keine zu strengen Anforderungen zu stellen sind (BGH a. a. O.). 234

13. Beweislast für Vorbehaltserklärung

Die Beweislast für die ordnungsgemäße Erklärung des Vorbehalts und deren Zugang hat der Auftragnehmer (BGH BauR 1972, 382 = NJW 1972, 2267 = SFH Z 2.330 Bl. 44 = BB 1972, 1343 = Betrieb 1972, 2156 = MDR 1973, 130 = LM VOB/B Nr. 55 = BlGBW 1973, 155 = WM 1973, 151). Vgl. auch Rdn. 246. 235

14. Fristgerechte Vorbehaltserklärung

Satz 4 fordert aber nicht nur einen ordnungsgemäßen Vorbehalt, sondern darüber hinaus auch einen **fristgerecht erklärten Vorbehalt.** Die hier bestimmte **Frist von 12 Werktagen ist in die Fassung der VOB von 1973 aufgenommen und beibehalten worden,** um – wie es in den Erwägungsgründen heißt – die Auseinandersetzung über Vorbehalte (richtiger wohl: fristgerechte Vorbehalte) bei Annahme der Schlußzahlung zeitlich zu begrenzen (besser wohl: zu vermeiden). 236

Somit muß der Auftragnehmer den **Vorbehalt binnen 12 Werktagen nach Eingang der Schlußzahlung** erklären, wobei es ohne Bedeutung ist, wie lange der Auftraggeber zur Prüfung der Schlußrechnung, aufgrund deren gezahlt wird, benötigt hat (OLG München SFH Z 2.411 Bl. 59).

a) Für die **Feststellung des Fristbeginns** ist maßgebend, was im Einzelfall als **Eingang der** 237

B § 16, 3, Rdn. 238-240

Schlußzahlung zu gelten hat. Dabei ist zunächst das in Rdn. 196 ff. Gesagte zu beachten. Die dortige Feststellung, daß es für die Annahme der Schlußzahlung nicht so sehr auf die Erfüllung als vielmehr auf die mit dem Zahlungsvorgang verbundene Erklärung des Auftraggebers ankommt, daß er **fortan keine weiteren Zahlungen mehr leisten will** (vgl. auch Rdn. 189 ff., 201 ff.), muß konsequenterweise **auch hier** für die Auslegung des Begriffs „Eingang der Schlußzahlung" gelten. Mit Kaiser (BauR 1976, 232) ist davon auszugehen, daß hier die **allgemeinen Grundsätze über den Zugang von Willenserklärungen** (§ 130 BGB) zu gelten haben, insbesondere darauf abzustellen ist, wann der **Auftragnehmer in für ihn zumutbarer Weise in die Lage versetzt** ist, von der **Schlußzahlung** bzw. der ihr gleichzusetzenden endgültigen und schriftlichen **Zahlungsverweigerung** Kenntnis zu nehmen. Verlegt der Auftragnehmer nach Erteilung der Schlußrechnung seinen Geschäftsbetrieb, so muß er Vorkehrungen treffen, daß ihm Schreiben des Auftraggebers rechtzeitig zugehen, wie z. B. durch Postnachsendung, Bekanntgabe der neuen Anschrift; unterläßt er dies, muß er die an die bisherige Anschrift gerichtete Schlußzahlung des Auftraggebers als ihm zugegangen gelten lassen (OLG Hamm BauR 1986, 587 = NJW-RR 1986, 699 = BB 1986, 765 = MDR 1986, 497). Auch greift die Einrede der vorbehaltlosen Annahme der Schlußzahlung durch, wenn sich der Auftragnehmer zur Zeit des Einganges des Überweisungsträgers mit dem Schlußzahlungsvermerk bei seiner Bank in Untersuchungshaft befindet, der Auftraggeber bei Schlußzahlung hiervon keine Kenntnis hat und der Auftragnehmer erst 20 Monate (!) später den Vorbehalt geltend macht (LG Hanau SFH § 16 Nr. 3 VOB/B Nr. 46).

238   Hiernach ist für den Beginn der Frist z. B. die **Hingabe des als Schlußzahlung bestimmten Schecks oder Wechsels** ausschlaggebend, nicht aber der Tag seiner Einlösung bzw. Nichteinlösung (ebenso BGH NJW 1977, 1634 = BauR 1977, 356; BGH BauR 1983, 165 = NJW 1983, 816 = Betrieb 1983, 653 = SFH § 16 Nr. 3 VOB/B Nr. 26 = ZfBR 1983, 83 = BB 1983, 1375 = MDR 1983, 572 = LM § 16 [C] VOB/B 1973 Nr. 11).

Entgegen Mohns (NJW 1978, 2543) bleibt festzuhalten, daß für den hier wesentlichen Begriff der Schlußzahlung allein der einseitig vom Auftraggeber zum Ausdruck gebrachte Wille, keine weitere Zahlung mehr leisten zu wollen, maßgebend ist. Ob und was er dabei tatsächlich zahlt, ist insofern ohne Bedeutung. Überdies ist nicht zu ersehen, welcher Kausalzusammenhang zwischen der Nichteinlösung eines Schecks oder eines Wechsels und der Wirkung einer vorbehaltlosen Annahme der Schlußzahlung bestehen soll. Der im Scheck oder Wechsel angeführte Betrag gilt ja erklärtermaßen als noch vom Auftraggeber geschuldet, also regelmäßig als anerkannt. Insoweit kann eine vorbehaltlose Annahme der Schlußzahlung überhaupt nicht eintreten; vielmehr kommt sie nur in Betracht hinsichtlich solcher Beträge, die der Auftraggeber aus der Schlußrechnung gestrichen hat bzw. die in der Schlußrechnung überhaupt noch nicht enthalten sind. Derartige Beträge sind aber in der auf dem Scheck oder dem Wechsel aufgeführten Summe überhaupt nicht enthalten. Um diese geht es hier aber, so daß zwischen der Erfüllung anerkannter Beträge und der Nichtanerkennung von Forderungen ein grundlegender Unterschied besteht, was Mohns (a. a. O.) übersieht. Im Ergebnis so wohl auch Hundertmark Betrieb 1984, 2444, 2447.

239   Selbstverständlich ist bei **Barzahlungen** – die seltene Ausnahmen sein dürften – für den Eingang der Schlußzahlung die Übergabe des Geldes maßgebend.

240   Bei **unbaren Zahlungen** gelten die in Rdn. 198 genannten Beispiele auch hier hinsichtlich des Einganges der Schlußzahlung. Soweit es sich um **Bank- oder Sparkassenüberweisungen** handelt, ist als Zeitpunkt des Einganges die **Kenntnisnahme des Auftragnehmers von dem Zahlungseingang** auf seinem Konto maßgebend bzw. der Zeitpunkt, in dem er **bei objektiver Betrachtung ihm zumutbar davon hätte Kenntnis nehmen können,** wobei die Vorbehaltsfrist am Ende des betreffenden Tages beginnt. Das ist in der Regel der **Eingang des Tagesauszuges** mit dem Überweisungsbeleg bei ihm (ebenso BGH NJW 1981, 1218 = BauR 1981, 305 = ZfBR 1981, 185; BGH BauR 1983, 165 = NJW 1983, 816 = Betrieb 1983, 653 = SFH § 16 Nr. 3 VOB/B Nr. 26 = ZfBR 1983, 83 = BB 1983, 1375 = MDR 1983, 572 = LM § 16 [C]

VOB/B 1973 Nr. 11). Falls der Überweisungsbeleg fehlt, muß der Auftragnehmer hier nachforschen, und zwar unverzüglich (§ 121 BGB), wobei dann der Zeitpunkt, in dem er bei der erforderlichen Anspannung hätte Klarheit gewinnen müssen, als Eingang der Schlußzahlung gilt bzw. der Zeitpunkt, in dem er bei unverzüglichem Nachforschen Kenntnis erlangt hat. Hier hat der Auftragnehmer nicht nur die **Beweislast** dafür, daß er den Überweisungsträger nicht erhalten hat; vielmehr geht es auch zu seinen Lasten, wenn er nachweist, den Überweisungsträger nicht bekommen zu haben, sofern davon auszugehen ist, daß dieser in den Bereich seiner Bank gelangt ist (vgl. dazu LG Düsseldorf SFH § 16 Nr. 3 VOB/B Nr. 6 mit Anm. Hochstein).

Ist der Bankbeleg durch Versehen der Bank des Auftragnehmers nicht mitgeteilt worden, gilt der Zeitpunkt des Einganges des Bankauszuges schon als Eingang der Schlußzahlung, weil dieses – im Verhältnis zum Auftraggeber – zu dem vom Auftragnehmer zu verantwortenden Bereich gehört.

Alles zur Bank- oder Sparkassenüberweisung Ausgeführte **gilt auch** im Hinblick auf **Überweisungen** an den Auftragnehmer **über Postgirokonto**.

Das Gesagte setzt voraus, daß der Auftragnehmer sich die Tagesauszüge nebst den dazugehörigen Belegen auch von der Bank usw. zusenden läßt bzw. täglich abholt. Tut er dieses **nicht,** so ist derjenige Tag als Eingang der Schlußzahlung für den Beginn der nach Satz 4 maßgebenden Frist ausschlaggebend, an dem der **Tagesauszug** nebst Belegen für den Auftragnehmer bei dem betreffenden Institut **zur Abholung bereitgelegt wird.** 241
Zwar ist der BGH (BauR 1984, 65 = NJW 1984, 368 = ZfBR 1984, 39 = Betrieb 1983, 452 = MDR 1984, 308 = SFH § 16 Nr. 3 VOB/B Nr. 30 mit Anm. Hochstein = LM § 16 [D] VOB/B 1973 Nr. 18) der Auffassung, daß dann, wenn sich der Schlußzahlungsvermerk auf dem Überweisungsträger befinde, die Vorbehaltsfrist von 12 Werktagen auch dann erst nach Ablauf des Tages beginne, an dem der Auftragnehmer den Überweisungsträger erhalten habe, wenn er die Bankunterlagen nur einmal wöchentlich abhole. Dieser Ansicht kann jedoch aus den zutreffenden Gründen der Anm. von Hochstein (a. a. O.) nicht gefolgt werden: Einmal werden die allgemein anerkannten Grundlagen des Zuganges von Willenserklärungen i. S. des § 130 BGB, wonach eine solche zugegangen ist, wenn sie so in den Machtbereich des Empfängers gelangt ist, daß bei Annahme gewöhnlicher Verhältnisse damit zu rechnen war, daß er davon Kenntnis nehmen konnte, nicht hinreichend beachtet. Eine Verkehrssitte dahin, daß sich ein Bauunternehmer Kontoauszüge nebst Anlagen nicht von seiner Bank übermitteln läßt, sondern diese abholt, und darüber hinaus auch nur wöchentlich, dürfte kaum feststellbar sein; eher ist sicherlich das Gegenteil der Fall. Das gilt entgegen BGH („jedenfalls") auch nicht im Hinblick auf einen kleineren Bauunternehmer, wobei naturgemäß auch zu fragen ist, was „klein", „mittelgroß" und „groß" ist. Daher wird zum anderen durch diese Entscheidung Rechtsunsicherheit geschaffen. Sie hat mit dem hier als entscheidend hervorgehobenen – an sich zutreffenden – Argument, die Regelung des § 16 Nr. 3 Abs. 2 VOB/B sei mit Zurückhaltung anzuwenden, letztlich eine Bewertung auf der Grundlage von Treu und Glauben vorangestellt, was aber ohne Beachtung der vorangehend angeführten, **vorrangig** zu beachtenden Grundsätze der Rechtsgeschäftslehre kaum zulässig sein dürfte, vielmehr erst nachrangig in Betracht gekommen wäre (vgl. dazu auch OLG Hamm NJW 1986, 996 = Betrieb 1986, 535). Ferner kann entgegen BGH (a. a. O.) auch kaum ein Unterschied dahin gehend gemacht werden, ob sich die Schlußzahlungserklärung lediglich auf dem Überweisungsträger befindet oder im Zusammenhang damit in einem besonderen, dem Auftragnehmer übermittelten Schreiben, da es allein auf die als solche gekennzeichnete Schlußzahlung ankommt; schriftliche Mitteilungen haben nach dem eindeutigen Wortlaut von Teil B § 16 Nr. 3 Abs. 2 Satz 2 nur insoweit eine tragende Bedeutung, als es sich um den Fall sogenannter Überzahlungen handelt. Die angeführten Bedenken werden auch nicht dadurch ausgeräumt, daß der BGH

neuerdings zum Ausdruck gebracht hat, daß ein Auftragnehmer, der seine Bankunterlagen **in längeren Abständen als einer Woche abholt, sich so behandeln lassen muß, als hätte er vom Schlußzahlungsvermerk auf einem Überweisungsträger spätestens eine Woche,** nachdem der Beleg bei seiner Bank zur Abholung bereitlag, Kenntnis genommen (BGH BauR 1987, 96 = NJW 1987, 493 = MDR 1987, 311 = BB 1987, 154 = Betrieb 1987, 429 = SFH § 16 Nr. 3 VOB/B Nr. 39 = LM § 16 [D] VOB/B Nr. 21 = ZfBR 1987, 39). Zwar ist wenigstens in dieser Hinsicht eine von der erstgenannten Entscheidung geschaffene – weitere – Rechtsunsicherheit beseitigt worden; jedoch gelten die vorangehend angeführten Bedenken weiterhin.

242 In den Fällen des Satzes 2 beginnt die Frist mit dem **Zugang der schriftlichen Zahlungsablehnung** des Auftraggebers (ebenso BGH BauR 1983, 165 = NJW 1983, 816 = Betrieb 1983, 653 = SFH § 16 Nr. 3 VOB/B Nr. 26 = ZfBR 1983, 83 = BB 1983, 1375 = MDR 1983, 572 = LM § 16 [C] VOB/B 1973 Nr. 11). Ein Einschreibebrief ist dem Auftragnehmer nicht schon zugegangen, wenn die Post den Auslieferungsschein für die Sendung in das Postfach oder in den Briefkasten des Auftragnehmers gelegt hat, sondern wenn er dem Empfangsberechtigten vom Postbeamten ausgehändigt worden ist (vgl. BGH VersR 1984, 45). Vgl. dazu auch Teil B § 12 Rdn. 130.

243 Wird eine Schlußzahlung angekündigt **und auch geleistet,** diese Schlußzahlung in einem gesonderten Schreiben unter Ablehnung weiterer Zahlungen jedoch näher erläutert, ist für den Beginn der Vorbehaltsfrist **nicht der Zugang des Schreibens, sondern der Eingang der Zahlung maßgebend** (vgl. Rdn. 127 f.; so auch BGH BauR 1983, 165 = NJW 1983, 816 = Betrieb 1983, 653 = SFH § 16 Nr. 3 VOB/B Nr. 26 = ZfBR 1983, 83 = BB 1983, 1375 = MDR 1983, 572 = LM § 16 [C] VOB/B 1973 Nr. 11). Dies erklärt sich daraus, weil Teil B § 16 Nr. 3 Abs. 2 von der **Schlußzahlung** ausgeht; eine Zahlungsablehnung **ohne** gleichzeitige Zahlung wird der Schlußzahlung **lediglich gleichgesetzt.** Bei einer mit dem Ablehnungsschreiben verbundenen bzw. angekündigten Schlußzahlung kann für den Beginn der Vorbehaltsfrist somit **nur der spätere Eingang der Schlußzahlung maßgebend** sein (BGH a. a. O.).

244 b) Für die **Berechnung** der nach Satz 4 maßgebenden Frist gelten die Vorschriften der §§ 186 ff. BGB. Nach § 187 Abs. 1 BGB wird der Tag des Einganges der Schlußzahlung bzw. – bei behaupteter Überzahlung – der dieser gleichstehenden Erklärung noch nicht mitgerechnet, vielmehr beginnt die 12tägige Frist am nächsten Tag. Hinsichtlich des Fristendes ist auf § 188 Abs. 1 BGB zu verweisen, wonach eine nach Tagen bestimmte Frist mit dem Ablauf des letzten Tages der Frist endet. Dabei ist – vor allem deswegen, weil hier die **Frist, wie auch sonst in der VOB, nach Werktagen** bestimmt ist – **§ 193 BGB zu beachten,** wonach – was kaum befriedigend ist – **arbeitsfreie Samstage in den Fristenlauf mit eingerechnet** werden, es sei denn, es handelt sich bei dem letzten Tag der 12tägigen Frist um einen dieser Tage. Dann ist für das Fristende der nächste Werktag maßgebend, insbesondere bei einem auf einen Samstag oder Sonntag bzw. Feiertag fallenden letzten Tag der Frist der kommende Montag bzw. Werktag (ebenso BGH BauR 1979, 527 = NJW 1979, 2310 = BB 1979, 1528 = SFH § 16 Nr. 3 VOB/B Nr. 8 = Betrieb 1979, 2487 = LM § 16 [C] VOB/B Nr. 6 = ZfBR 1979, 206).

245 c) **Innerhalb** der hier festgelegten **Frist muß der Vorbehalt** vom Auftragnehmer erklärt werden. Er muß also **vor Fristablauf dem Auftraggeber zugehen,** was insbesondere auch für eine etwaige schriftliche Vorbehaltserklärung gilt; wegen des **Zuganges einer Einschreibesendung** vgl. Teil B § 12 Rdn. 130. Die bloße **Einreichung der Klageschrift oder eines Mahnbescheides** innerhalb der Frist bei Gericht **genügt** dazu **zunächst nicht.** Geschieht das aber und werden Klageschrift oder Mahnbescheid „demnächst" dem Auftraggeber **zugestellt,** so ergibt sich sowohl aus § 270 Abs. 3 als auch aus § 693 Abs. 2 ZPO, daß dann **auch der Vorbehalt rechtzeitig** erklärt worden ist (so auch BGHZ 75, 307, 314 = BauR 1980, 174 =

NJW 1980, 455 = Betrieb 1980, 443 = MDR 1980, 304 = SFH § 16 Nr. 3 VOB/B Nr. 10 = ZfBR 1980, 34 = LM § 16 [D] VOB/B Nr. 12 Anm. Girisch mit eingehender Begründung; ebenso BGH BauR 1981, 393 = JZ 1981, 533 = NJW 1981, 1784 = SFH § 16 Nr. 3 VOB/B Nr. 19 = Betrieb 1981, 1773 = MDR 1981, 1005 = LM § 16 [D] VOB/B Nr. 14 = ZfBR 1981, 181; ferner BGH BauR 1984, 65 = NJW 1984, 368 = ZfBR 1984, 39 = Betrieb 1984, 452 = MDR 1984, 308 = SFH § 16 Nr. 3 VOB/B Nr. 30; BGH BauR 1987, 329 = NJW 1987, 2582 = MDR 1987, 663 = Betrieb 1987, 1348 = SFH § 16 Nr. 3 VOB/B Nr. 41 = LM § 16 [C] VOB/B Nr. 13 = Kraus EWiR § 16 Nr. 3 VOB/B 3/87, 717 = ZfBR 1987, 146). Es ist nicht einzusehen, warum diese gesetzlichen Vorschriften für den Bereich von Teil B § 16 Nr. 3 Abs. 2 Satz 4 nicht gelten sollen, zumal sie **durch die VOB nicht ausgeschlossen** worden sind. Das gilt um so mehr, als es sich hier ebenso um eine Einrede handelt (vgl. Rdn. 167 ff.) wie bei der von den §§ 270 Abs. 3, 693 Abs. 2 ZPO ausdrücklich angeführten Verjährungseinrede (so mit Recht Hochstein Anm. zu LG Köln SFH Z 2.330.2 Bl. 24). Der gegenteiligen Ansicht des LG Köln (a. a. O.) sowie von Jagenburg BauR 1975, 351 kann nicht beigepflichtet werden.

Versäumt der Auftragnehmer eine fristgerechte Erklärung, muß er sich mit dem vom Auftraggeber durch die Schlußzahlung bestimmten Betrag zufriedengeben, wenn sich der Auftraggeber später auf den Ausschluß beruft (vgl. Rdn. 167 ff.).

d) Auch für die fristgerecht erfolgte Vorbehaltserklärung hat der **Auftragnehmer** die **Beweislast** (BGH BauR 1972, 382 = NJW 1972, 2267 = SFH Z 2.330 Bl. 44 = BB 1972, 1343 = Betrieb 1972, 2156 = MDR 1973, 130 = LM VOB/B Nr. 55 = BlGBW 1973, 155 = WM 1973, 151; OLG Hamm BauR 1986, 587 = NJW-RR 1986, 699 = BB 1986, 765 = MDR 1986, 497). 246

15. Weiteres Erfordernis: Fristgemäße Vorbehaltsbegründung

a) Aber selbst der **fristgerecht erklärte Vorbehalt** des **Auftragnehmers als solcher** genügt möglicherweise noch nicht, um ihm über die Schlußzahlung des Auftraggebers hinausgehende und unerledigte **Ansprüche** weiterhin **durchsetzbar zu erhalten**, wie sich aus **Satz 5** ergibt. Hiernach wird der ordnungsgemäß vom Auftragnehmer erklärte Vorbehalt wieder hinfällig, wenn nicht innerhalb von weiteren 24 Werktagen eine prüfbare Rechnung über die vorbehaltenen Forderungen eingereicht oder, wenn das nicht möglich ist, der Vorbehalt eingehend begründet wird. 247

b) Wegen der Berechnung und der Einhaltung der Frist gilt das in Rdn. 236 ff. Gesagte entsprechend. Entgegen Kaiser BlGBW 1975, 161; ZfBR 1982, 231, 234 sowie ZfBR 1987, 171, 179 Fn. 152; Heiermann/Riedl/Rusam/Schwaab Teil B § 16 Rdn. 102; Daub/Piel/Soergel/Steffani Teil B ErlZ 16.101; Weick in Nicklisch/Weick Teil B § 16 Rdn. 61 **beginnt die Frist von 24 Werktagen** nicht immer erst 24 Werktage nach Ablauf der Vorbehaltsfrist von 12 Werktagen, sondern **mit dem Tag, der auf den Eingang des Vorbehalts folgt** (§ 187 Abs. 1 BGB; ebenso Werner/Pastor Rdn. 1642; Strauß S. 217 f.). Dies ergibt sich aus dem Wortlaut des Satzes 5, wonach das Wort „weiteren" ersichtlich an den Eingang der Vorbehaltserklärung gemäß dem vorangehenden Satz 4 anschließt, wie sich insbesondere aus der vorangehenden Wendung „hinfällig" ergibt, die an den Vorbehalt anknüpft, also den Eingang der Vorbehaltserklärung. Dem kann auch nicht mit dem Argument begegnet werden, der Auftragnehmer könne nicht ohne weiteres feststellen, wann sein Vorbehalt beim Auftraggeber eingehe, da sich dieses unter Zugrundelegung normaler Laufzeit bei der Beförderung – vor allem bei der Post – unschwer festlegen läßt, wie es im übrigen allgemein für den Zugang fristgebundener Willenserklärungen zutrifft, der Auftragnehmer hier somit nicht schlechtergestellt wird als im sonstigen Rechts- und Geschäftsleben. Auch die von Kainz (BauR 1981, 239) für die gegenteilige Ansicht angeführten Argumente schlagen nicht durch: Zunächst läßt sich die hier 248 erörterte vertragliche Regelung nicht mit einzelnen – überdies außerhalb des Zivilrechts liegenden – verfahrensrechtlichen Vorschriften, die ebenfalls das Wort „weiteren" enthalten, vergleichen; vielmehr muß vorrangig der **Zusammenhang im Wortlaut der vertraglichen Regelung,** wie vorangehend erläutert, **maßgebend** sein. Auch läßt sich entgegen Kainz (a. a. O.) kein zwingendes Gegenargument aus § 16 Nr. 2 Abs. 3 der VOB-Fassung von 1952 herleiten, weil dort eine Frist für die Begründung des Vorbehalts unmittelbar an die Annahme der Schlußzahlung angebunden war, während der Vorbehalt selbst nach dem damaligen Wortlaut der VOB bei der Annahme zu erklären war, es also an der Festlegung einer Frist zur Vorbehaltserklärung überhaupt fehlte. Die Begründung von Weick (a. a. O.), anderenfalls würde derjenige Auftragnehmer benachteiligt, der den Vorbehalt schnell erkläre, überzeugt auch nicht, da es in einer Situation wie der vorliegenden das besondere Anliegen des Auftragnehmers sein muß, falls überhaupt erforderlich (vgl. Rdn. 250 ff.), möglichst schnell vorbehaltene Forderungen zu erläutern und notfalls durchzusetzen. Hat der Auftragnehmer den Vorbehalt geltend gemacht, bedingt es überdies gerade auch das berechtigte Interesse des Auftraggebers, daß die **notwendige Aufklärung über die noch offenen Punkte sowie deren Klärung in aller Kürze** erfolgt. Dieses ist Sinn der Regelung in Satz 5. Falls die Verfasser der VOB die hier erörterte Regelung anders verstanden wissen wollen, so mögen sie dies – endlich – durch eine eindeutige Fassung **klarstellen.**

249 c) Die hier grundsätzlich geforderte **prüfbare Rechnung** hat die **Voraussetzungen von Teil B § 14 zu erfüllen.** Wenn der Auftragnehmer **binnen 24 Werktagen nach Eingang der Erklärung des Vorbehalts nicht in der Lage ist,** eine prüfbare Rechnung über die vorbehaltenen Forderungen einzureichen, ist es ihm zur Wahrung seiner Rechte gestattet, **statt der Rechnung** den Vorbehalt **eingehend zu begründen.** Es muß sich um eine **aus objektiv vernünftiger, zu billigender Sicht sachlich begründete Unmöglichkeit** handeln. Daher ist es Voraussetzung, daß die prüfbare Rechnung **gegenwärtig nicht oder nur mit großen Schwierigkeiten aufgestellt werden kann, deren Behebung innerhalb von weiteren 24 Werktagen nicht möglich** ist, weil noch zeitlich länger dauernde Feststellungen zu treffen sind. Insoweit obliegt dem **Auftragnehmer** die **Beweislast.** Ist nur eine teilweise Einreichung der prüfbaren Rechnung möglich, weil über einzelne Punkte noch Unterlagen beschafft werden müssen, ist die Rechnung einzureichen, soweit es möglich ist. In der eingehenden Begründung ist dann darzulegen, warum die restliche Rechnung noch nicht vorgelegt werden kann. Nach Eingang sind die fehlenden Unterlagen nachzureichen, falls nicht inzwischen endgültig einvernehmlich abgerechnet ist. Die Begründung des Vorbehalts innerhalb der Frist von 24 Werktagen anstelle der Aufstellung einer prüfbaren Rechnung wird allgemein zulässig sein, wenn sich der Vorbehalt auf Fälle bezieht, die sich aus Satz 3 ergeben und die diesbezügliche Rechnung dem Auftraggeber bereits vorliegt.
Die eingehende Begründung des Vorbehalts erfordert eine inhaltlich ins einzelne gehende Darlegung, warum der Auftragnehmer noch Forderungen gegenüber dem Auftraggeber zu haben glaubt und worauf diese sich stützen.

250 d) Diese Grundsätze gelten allerdings nur in allgemeiner Hinsicht, und sie dienen vor allem zur Erläuterung der Anforderungen, **wie sie an die prüfbare Rechnung** nach Erklärung des Vorbehalts bzw. die eingehende Begründung des Vorbehalts in zeitlicher und sachlicher Hinsicht zu stellen sind. Demgegenüber ist es eine **andere Frage, ob und inwieweit nach erklärtem Vorbehalt wirklich noch die Einreichung einer prüfbaren Rechnung über den vorbehaltenen und durch die Schlußzahlung nicht ausgeglichenen Anspruch oder die eingehende Begründung des Vorbehalts erforderlich ist,** um keinen Verlust des Anspruches zu erleiden. Hierzu hat der **BGH** (NJW 1965, 536 = MDR 1965, 373 = SFH Z 2.330 Bl. 14 ff.; vgl. auch BGHZ 68, 38, 42 = BauR 1977, 135 = SFH Z 2.330.2 Bl. 39 = NJW 1977, 486 = BB 1977, 166 = Betrieb 1977, 493; BauR 1980, 178 = SFH § 16 Nr. 3 VOB/B Nr. 9 = WM 1980, 136 = ZfBR 1980, 33) **wesentliche und sorgfältig zu beachtende Grundsätze aufgestellt.**

Hiernach ist die **Bestimmung in Satz 5,** soweit sie an die Versäumung gewisser Handlungen einen Rechtsverlust knüpft, **mit Zurückhaltung auszulegen und anzuwenden.** Insbesondere dürfen an die Aufrechterhaltung des einmal erklärten Vorbehalts **keine übertriebenen und sachlich nicht gerechtfertigten Anforderungen** gestellt werden, vor allem ist bloßer **Formalismus zu vermeiden.** Vielmehr kann sinnvollerweise vom Auftragnehmer nur das verlangt werden, was dazu dient, dem **Auftraggeber die erforderliche und hinreichende, vor allem bisher noch fehlende Aufklärung** nach Art und Umfang über das zu geben, was der Auftragnehmer noch zu fordern berechtigt zu sein glaubt, ohne daß es dabei auf die Begründetheit des Standpunktes des Auftragnehmers ankommt.

Soweit der **Auftraggeber bereits hinreichend orientiert ist,** braucht der Auftragnehmer **keine weitere Aufklärung** mehr zu geben, um den Vorbehalt aufrechtzuerhalten. Ergibt sich **die streitige Forderung bereits deutlich aus der prüfbaren Rechnung,** die der Auftragnehmer als Schlußrechnung eingereicht hat, und hat der Auftraggeber nach Überprüfung diese Forderung nicht anerkannt und demgemäß von der Schlußzahlung ausgenommen, hat daraufhin der Auftragnehmer durch ordnungsgemäße Erklärung des Vorbehalts seinen **Anspruch aufrechterhalten,** kann man von ihm **nicht mehr verlangen, nochmals eine prüfbare Rechnung** über die umstrittene Forderung vorzulegen, nur um diesen Vorbehalt und damit seinen Anspruch nicht zu verlieren (BGH a. a. O.; BGH BauR 1983, 476 = SFH § 16 Nr. 3 VOB/B Nr. 29 = ZfBR 1983, 436; BGH BauR 1985, 576 = Betrieb 1985, 2142 = MDR 1985, 924 = SFH § 16 Nr. 3 VOB/B Nr. 37 = NJW 1986, 2049 = ZfBR 1985, 216 m. w. N.). Der Auftragnehmer müßte dann nämlich praktisch den streitigen Teil seiner Schlußrechnung abschreiben und dem Auftraggeber vorlegen, was **sinnwidrig** wäre. Dies gilt um so mehr, wenn die Vertragsparteien noch kurz vor der Schlußzahlung ihre gegenteilige Auffassung besprochen und aufrechterhalten haben (BGH BauR 1984, 645 = SFH § 16 Nr. 3 VOB/B Nr. 33 = ZfBR 1984, 286). Das Gesagte trifft auch auf in der Schlußzahlung enthaltene, vom Auftraggeber nicht ausgeglichene Teile der Schlußrechnung zu, wenn der Auftragnehmer in seiner Vorbehaltserklärung zum Ausdruck gebracht hat, seine Forderung aus dem betreffenden Projekt sei noch weitaus höher, er werde seine Forderung in den nächsten Tagen spezifizieren; gerade aus dieser Erklärung ergibt sich, daß der Auftragnehmer seine bisher in die Schlußrechnung aufgenommenen Forderungen aufrechterhält, so daß es **insoweit** keiner besonderen Vorbehaltsbegründung mehr bedarf (BGH BauR 1985, 576 = Betrieb 1985, 2142 = MDR 1985, 924 = SFH § 16 Nr. 3 VOB/B Nr. 37 = NJW 1986, 2049 = ZfBR 1985, 216).

251

Somit ist zur Aufrechterhaltung einer vorbehaltenen Forderung **nur dann die fristgerechte Vorlage einer prüfbaren Rechnung** erforderlich, wenn eine solche **nicht bereits dem Auftraggeber vorliegt.** Die Notwendigkeit einer prüfbaren Rechnung im Rahmen des Satzes 5 kommt daher regelmäßig nur in Betracht, wenn sich der Auftragnehmer bei dem Eingang der Schlußzahlung eine Forderung vorbehalten hat, die er **bis dahin noch nicht erhoben** (z. B. noch nicht in der Schlußrechnung enthalten war; vgl. dazu BGH in der zuletzt genannten Entscheidung) **oder zwar erhoben, aber darüber noch keine oder jedenfalls noch keine prüfbare Rechnung ausgestellt hatte.** Anders kann der Fall liegen, wenn sich aus dem Verhalten des Auftragnehmers, vor allem anläßlich seiner Vorbehaltserklärung, ergibt, daß er seinen Standpunkt noch einmal überdenken und nochmals zur vom Auftraggeber vertretenen Ansicht Stellung nehmen will (vgl. OLG München BauR 1975, 284).

252

Kommt nach diesen Grundsätzen die erneute **Einreichung einer prüfbaren Rechnung nicht mehr in Betracht,** ist es zur Aufrechterhaltung des Vorbehalts **auch nicht erforderlich, den Vorbehalt eingehend zu begründen.** Die **Begründung des Vorbehalts ist nur ein „Ersatzmittel,"** wenn es dem Auftragnehmer gegenwärtig nicht möglich ist, eine prüfbare Rechnung wegen der vorbehaltenen Forderung vorzulegen. Die Begründung des Vorbehalts ist also ein **Weniger** gegenüber der Erteilung einer prüfbaren Rechnung. In diesem Verhält-

253

nis gilt deshalb das **Erfordernis der eingehenden Begründung des Vorbehalts nur subsidiär.**

254 **Die Verpflichtung des Auftragnehmers zur Begründung des Vorbehalts kann auch entfallen,** wenn es ihm bei objektiver Wertung nicht möglich oder unzumutbar ist, eine prüfbare Rechnung über die vorbehaltene Forderung aufzustellen oder diese zu begründen. Das kann zutreffen, wenn der Auftragnehmer aufgrund einer vom Auftraggeber nach Satz 1 geleisteten Schlußzahlung **nicht weiß, warum und wo der Auftraggeber Kürzungen vorgenommen hat und dies auch nicht ohne weiteres nachvollziehen kann** (vgl. dazu Rdn. 189 ff.).

255 e) Hat der Auftraggeber aufgrund der erneuten bzw. weiteren prüfbaren Rechnung oder der dazu gegebenen Begründung des Auftragnehmers erneut die Berechtigung geprüft und gegenüber dem Auftragnehmer dazu – evtl. auch durch Zahlung eines Teilbetrages – Stellung genommen, bedarf es **nicht mehr eines erneuten Vorbehalts des Auftragnehmers.** Dann kann die Wirkung einer vorbehaltlosen Annahme der Schlußzahlung nicht mehr eintreten, weil die VOB nur von **einer** Schlußzahlung, **einem** Vorbehalt und **einer** Begründung desselben ausgeht, also eine mehrfache Wiederholung dieser Vorgänge mit etwa für den Auftragnehmer nachteiligen Folgen außer Betracht läßt. Was insofern für den Vorbehalt gilt (vgl. Rdn. 230), trifft auf die Vorbehaltsbegründung **erst recht** zu.

16. Abweichende Vereinbarungen

256 Es ist grundsätzlich zulässig, im Bauvertrag **durch auf den Einzelfall abgestellte – sich also nicht wiederholende – Individualvereinbarung** besondere, der Ausschlußwirkung des Absatzes 2 ähnliche, jedoch davon abweichende Regelungen zu treffen. So verstößt es unter den angegebenen, eng zu betrachtenden Voraussetzungen nicht gegen Treu und Glauben, im Bauvertrag zu bestimmen, daß etwaige Nachforderungen des Auftragnehmers, die nicht in der Schlußrechnung aufgeführt sind, ausgeschlossen sein sollen (vgl. BGH SFH Z 2.300 Bl. 31). **Soweit** es sich **allerdings** um **Formularverträge** (regelmäßig Zusätzlichen Vertragsbedingungen) handelt, **die zugunsten des Auftragnehmers dem AGB-Gesetz unterliegen** (vgl. Teil A § 10 Rdn. 77 ff., insbesondere auch Rdn. 151 ff.), sind derartige, den Auftragnehmer zusätzlich belastende Klauseln **nicht zulässig.** Hierdurch würde die **Ausgewogenheit des Vertragswerkes der VOB/B gefährdet** (a. a. O. Rdn. 122 ff.), wobei vor allem auch **die Generalklausel des § 9 AGB-Gesetz** einer solchen abweichenden Regelung entgegensteht. Dies folgt eindeutig aus der neueren Rechtsprechung des BGH (vgl. dazu näher Rdn. 158 ff.; ferner Teil A § 10 Rdn. 122 ff.). Daraus ergibt sich aber auch, daß im Falle einseitig **vom Auftragnehmer** gestellter Zusätzlicher Vertragsbedingungen, in denen Nr. 3 Abs. 2 ausgeschlossen ist, sich der Auftragnehmer dann **nicht mehr auf dem Auftraggeber im Verhältnis zu den gesetzlichen Bestimmungen nachteilige Regelungen in Teil B der VOB berufen kann, wie z. B. die fiktive Abnahme nach Teil B § 12 Nr. 5.** Unbedenklich ist es dagegen, wenn in Zusätzlichen Vertragsbedingungen des Auftraggebers zu seinen Lasten die Regelung der Nr. 3 Abs. 2 ausgeklammert ist. Die Ausgewogenheit der VOB/B wird im übrigen nicht dadurch beeinträchtigt, daß in Zusätzlichen Vertragsbedingungen die Gewährleistung nach den Regeln der §§ 633 ff. BGB vereinbart ist; dadurch ist § 16 Nr. 3 Abs. 2 VOB/B für den Bereich entsprechender Verträge nicht unwirksam (OLG Düsseldorf MDR 1984, 315).

E. Die Teilschlußzahlung (Nr. 4)

I. Allgemeines

257 Nr. 4 bezieht sich auf eine **besondere Art der endgültigen Abrechnung im Rahmen eines bestimmten Vertrages,** nämlich auf einen für sich beurteilbaren Teil der vertraglich geschul-

deten Leistung. Man spricht hier zutreffend von einer **Teilschlußrechnung bzw. Teilschlußzahlung**. Hiernach können in sich abgeschlossene Teile der Leistung nach Teilabnahme ohne Rücksicht auf die Vollendung der übrigen Leistungen endgültig festgestellt und bezahlt werden.

II. Grundvoraussetzung: In sich abgeschlossene Teile der Leistung

Die Erteilung einer Teilschlußrechnung setzt voraus, daß es sich um **in sich abgeschlossene Leistungsteile im Rahmen der bauvertraglichen Gesamtleistungsverpflichtung des Auftragnehmers handelt**. Dieses deckt sich mit Teil B § 12 Nr. 2 a (vgl. Teil B § 12 Rdn. 72 f.). In sich abgeschlossen ist eine Leistung, wenn sie nach allgemeiner Auffassung nicht lediglich Bestandteil einer Gesamtleistung ist, sondern auch **für sich als funktionell selbständig beurteilbare Bauleistung bestehen und vergeben werden kann.** Das trifft in erster Linie zu, wenn der Gesamtbauauftrag aus mehreren selbständigen Einzelwerken besteht, wie z. B. der Bau mehrerer Straßen, die Errichtung von mehreren Gebäuden, Rohbauten usw.; Leistungsteile, die erforderlich sind, um ein Bauwerk oder einen funktionell selbständigen Teil desselben erst zu einem solchen zu machen, wie Wände, Decken, Fenster, Türen usw., können **nicht als selbständige Teile der Leistung** in dem hier maßgebenden Sinne angesehen werden. **Nur die für sich abschließend beurteilbaren Leistungsteile** können Gegenstand einer Teilschlußrechnung sein, zumal es für diese und eine darauf erfolgende Teilschlußzahlung grundlegende **Voraussetzung ist, daß für die abzurechnenden Teile ein endgültiger Preis vereinbart oder jedenfalls auf der Grundlage der bauvertraglichen Vereinbarung bestimmbar ist.**

258

III. Vorausgegangene Teilabnahme notwendig

Für die Teilschlußzahlung ist es weitere Voraussetzung, daß wegen des selbständigen Teils der Gesamtleistung eine **Teilabnahme** im Sinne von Teil B § 12 Nr. 2 a möglich und auch tatsächlich **erfolgt** ist. Dazu gilt das in Teil B § 12 Rdn. 72 f. Gesagte, so daß darauf zu verweisen ist.

259

IV. Aufstellung und Einreichung einer Teilschlußrechnung

Weiterhin ist es notwendig, daß die abgenommenen selbständigen Leistungsteile **hinsichtlich ihres Vergütungswertes endgültig festgestellt sind.** Hierfür ist Nr. 3 Abs. 1 entsprechend heranzuziehen (vgl. Rdn. 100 ff.). Es muß aber vorher eine **Teilschlußrechnung aufgestellt und eingereicht** worden sein, die dann geprüft und festgestellt wird. Die Teilschlußrechnung muß den Anforderungen von Teil B § 14 Nr. 1 und 2 genügen, also **prüfbar** sein (vgl. Teil B § 14 Rdn. 7 ff. und Rdn. 27 ff.).

260

V. Fälligkeit; entsprechende Geltung der Ausschlußwirkung der Nr. 3 Abs. 2

Liegen alle vorgenannten Voraussetzungen vor, kann die Bezahlung des selbständigen Leistungsteils im Sinne einer **darauf bezogenen Schlußzahlung** erfolgen. Zur **Fälligkeit** der Teilschlußzahlung vgl. Rdn. 22; insoweit **gilt** die in **Nr. 3 Abs. 1 Satz 1** festgelegte Frist **entsprechend** (vgl. Rdn. 100 ff.).

261

Hinsichtlich der Wirkungen der Teilschlußzahlung gelten die Vorschriften in Nr. 3 Abs. 2 ebenfalls **entsprechend** (vgl. Rdn. 158 ff.; offengelassen von BGH BauR 1982, 282 = SFH § 16 Nr. 3 VOB/B Nr. 20 = Betrieb 1982, 1320 = NJW 1982, 1594 = BB 1982, 1947 = MDR 1982, 746 = LM § 16 [B] VOB/B Nr. 4 = ZfBR 1982, 123; wie hier OLG Köln MDR 1985, 496). Dies folgt daraus, daß eine Zahlung nach Nr. 4 von einer solchen nach Nr. 3 nur in

262

tatsächlicher Hinsicht abweicht, indem sie im Sinne endgültigen Ausgleichs nicht die gesamte vertragliche Leistung, sondern nur einen selbständigen Teil derselben erfaßt.

VI. Keine ohne weiteres gegebene vertragliche Verpflichtung zur Teilschlußzahlung

263 Nr. 4 enthält **nicht** eine **ohne weiteres gegebene vertragliche Verpflichtung** zur Bezahlung von selbständigen Teilen der Leistung. Es ist vielmehr in das **Belieben der Vertragspartner** gestellt, **ob sie von dieser Möglichkeit Gebrauch machen wollen** oder nicht. Dabei ist es **nicht erforderlich**, eine **entsprechende Verpflichtung** zur Teilschlußzahlung **in den Bauvertrag gesondert aufzunehmen**. Vielmehr **genügt** es, **wenn einer** der Vertragspartner bei Vorliegen der erörterten Voraussetzungen Teilschlußzahlungen **verlangt**. Dann ist der andere Vertragspartner gehalten, diesem Verlangen Folge zu leisten, vgl. dazu § 271 BGB. Die gegenteilige Ansicht von Weick in Nicklisch/Weick (Teil B § 16 Rdn. 72) übersieht, daß die so gewählte Formulierung in Nr. 4 **eine vertragliche Vereinbarung i. S. des § 641 Abs. 1 Satz 2 BGB enthält, falls ein Vertragspartner das Verlangen auf Teilschlußzahlung stellt** (so auch Heiermann/Riedl/Rusam/Schwaab Teil B § 16 Rdn. 106), wobei sich die Bestimmtheit bzw. Bestimmbarkeit des entsprechenden Vergütungsteils aus der jeweils vereinbarten Vergütungsart und der daraus anhand der erbrachten Teilleistung festzustellenden Vergütungshöhe (als Teil der Gesamtvergütung) ergibt.

264 Es ist auch möglich, daß die Parteien im Bauvertrag, und zwar in den Besonderen oder Zusätzlichen Vertragsbedingungen (vgl. Teil A § 10 Nr. 4 Abs. 1 k), eine uneingeschränkte Verpflichtung zur Teilschlußzahlung aufnehmen und die Bedingungen hierzu im einzelnen festlegen.

F. Beschleunigung von Zahlungen; Skontoabzüge; Folgen verzögerter Zahlung, insbesondere Zinsen, Arbeitseinstellung (Nr. 5)

I. Allgemeines

265 Nr. 5 bezieht sich auf alle vorerörterten Zahlungsarten gemäß Nr. 1–4, also auf Abschlagszahlungen, Vorauszahlungen, Schlußzahlungen und Teilschlußzahlungen. Absatz 1 enthält die Verpflichtung zur äußersten Beschleunigung von Zahlungen; Absatz 2 befaßt sich mit Skontoabzügen; Absatz 3 enthält Regelungen für den Fall, daß bei Eintritt der Fälligkeit von seiten des Auftraggebers keine Zahlung erfolgt.

II. Beschleunigung von Zahlungen (Absatz 1)

266 Bei der Regelung in Absatz 1, daß alle **Zahlungen aufs äußerste zu beschleunigen** sind, handelt es sich **nicht** um einen **bloßen Programmsatz, sondern** um die **dem Auftraggeber vertraglich besonders auferlegte Verpflichtung,** seinerseits alles in seiner Kraft Stehende zu tun, um seine Vergütungspflichten gegenüber dem Auftragnehmer **schnellstens zu erfüllen.** Auch hier verfolgt die VOB/B eindeutig das Ziel, Bauverträge so schnell als möglich abzuwickeln. Zwar können **unmittelbar** aus dieser Bestimmung vom Auftragnehmer **noch keine Rechte hergeleitet** werden, insbesondere kann darauf allein noch kein im Klageweg durchsetzbarer Anspruch des Auftragnehmers gestützt werden. Vielmehr müssen dann noch die **weiteren, in Absatz 3** näher **geregelten Voraussetzungen** vorliegen. Durch Absatz 1 wird der Auftraggeber aber daran erinnert, daß dem **bauvertraglichen Verhältnis ein besonderes Vertrauen** zwischen dem Auftraggeber und dem Auftragnehmer zugrunde liegen muß, um zur beiderseitigen Zufriedenheit abgewickelt werden zu können. Er muß das ihn nach Absatz 1 verpflichtende vertragliche Gebot daher **unbedingt beachten.**

III. Skontoabzüge (Absatz 2)

1. Nach Absatz 2 sind nicht vereinbarte Skontoabzüge unzulässig. Skonto bedeutet einen **prozentualen Abzug vom Rechnungsbetrag, der bei sofortiger oder kurzfristiger** (hinsichtlich des Zeitraumes im einzelnen festgelegter) **Zahlung** gewährt wird (vgl. OLG Köln SFH § 641 BGB Nr. 2). Er ist der Preis für die Kreditnutzung bzw. Vorfinanzierung, die dem Auftraggeber eingeräumt wird. Also **unterscheidet er sich von dem unabhängig vom Zahlungseingang eingeräumten Nachlaß bzw. Rabatt** (vgl. auch OLG Frankfurt, SFH § 11 VOB/B Nr. 9). Außer anteiligem Zins und Verwaltungskosten enthält der der Vergütung zugeschlagene Skonto auch eine Prämie für das Kreditrisiko (Locher BauR 1980, 30; ebenso Kronenbitter BB 1984, 2030; Grimme S. 161 f.; auch Weyand BauR 1988, 58). Grundsätzlich berechnet sich der Skonto von der **tatsächlich geschuldeten Vergütung,** also u. U. von einem geringeren nach Teil B § 2 Nr. 3 ff. oder § 15 Nr. 1, 2 zu bemessenden oder auch höheren Betrag, als er in der betreffenden Rechnung ausgewiesen ist (Locher a. a. O.; Kronenbitter a. a. O.). Im allgemeinen ist daher – auch was die Berechnung der Skontierungsfrist anbelangt – die vorherige Vorlage einer prüfbaren Rechnung bzw. – bei Abschlagszahlungen – einer prüfbaren Aufstellung erforderlich. Mangels entgegenstehender Vereinbarung erfaßt die Skontierung jedoch nur Vergütungsansprüche, nicht aber Schadensersatz- oder Entschädigungsansprüche des Auftragnehmers, wie z. B. nach Teil B § 6 Nr. 6 oder Teil B § 9 Nr. 3 Satz 2 (ähnlich Kronenbitter a. a. O.; Grimme S. 168). 267

2. Die vertragliche Regelung in Absatz 2 überläßt es **im Rahmen der Vertragsgestaltungsfreiheit** zunächst den Partnern des Bauvertrages, hier insbesondere dem Auftragnehmer, festzulegen, **ob und bei welchen** Zahlungen des Auftraggebers **Skontoabzüge gewährt werden sollen.** Dabei ergibt sich aus dem Wortlaut des Absatzes 2, daß es für die Gewährung oder vor allem für die **Inanspruchnahme von Skontoabzügen noch nicht genügt, wenn die Vertragspartner lediglich die VOB/B als solche vereinbart haben.** Vielmehr bedarf es hierzu noch einer **gesonderten Abmachung.** Ist eine besondere, Skontoabzüge gewährende **Vereinbarung nicht** getroffen worden, so kommt ein **Skontoabzug nicht** in Betracht, da es hier einen Handels- oder Gewerbegebrauch im Bauwesen nicht gibt. Insbesondere der **Auftraggeber kann also nicht einseitig für sich Skontoabzüge verlangen.** 268

3. Sofern Vereinbarungen dahin gehend getroffen werden bzw. werden sollen, daß Skontoabzüge zu gewähren sind, so ist zu deren Wirksamkeit **unerläßliche Voraussetzung, daß dieses hinreichend klar und insbesondere vollständig geschieht, indem die Bedingungen für Skontoabzüge im einzelnen festgelegt werden.** Dabei ist in erster Linie **die Art des eingeräumten Skontos** deutlich zu kennzeichnen. Insoweit kommen in Betracht: Barzahlungsskonto (wofür die Hingabe eines Wechsels im allgemeinen nicht genügt, OLG Hamm BauR 1987, 560 = ZfBR 1986, 284; OLG München ZfBR 1986, 284; anders bei Barschecks, Verrechnungsschecks, vgl. Grimme S. 169 f.), Vorauszahlungsskonto, Vorzielzahlungsskonto. Letzteres dürfte bei Bauverträgen hauptsächlich vorkommen, nämlich als Zahlung vor einem bestimmten Ziel, wobei zwischen Einheitsskonto (einheitlicher Skontosatz für eine Skontofrist), einfach gestaffeltem Skonto (zwei verschiedene Skontosätze für zwei hintereinanderliegende Zeitabschnitte in der Skontierfrist) sowie mehrfach gestaffeltem Skonto (mehrere verschiedene Skontosätze für mehrere hintereinanderliegende Zeitabschnitte in der Skontofrist) wiederum zu unterscheiden ist (vgl. Locher BauR 1980, 30; Kronenbitter BB 1984, 2030). Im allgemeinen wird man in der Skontoabrede eine die **Vergütung selbst betreffende (aufschiebende oder auflösende) Bedingung** sehen müssen, da sie der Kalkulation des Auftragnehmers zugrunde liegt und diese Basis auch für die spätere Skontovereinbarung gilt; man kann also nicht sagen, bei der Skontoabrede handele es sich um eine völlig außerhalb des Bauvertrages liegende Vereinbarung, die nur den Zahlungsverkehr betreffe, daher das Skontieren – lediglich – ein bindendes Angebot des Auftragnehmers bleibe, das durch die tatsächliche Skontierung innerhalb der Frist nach § 151 BGB angenommen werde (a. A. Kronenbitter a. a. O.; wie hier 269

Grimme S. 163 f.; auch Weyand BauR 1988, 58, 60). Daher muß eine Aufrechnungserklärung innerhalb der Skontierungsfrist eingehen, um im Rahmen des Skontos berücksichtigt werden zu können (a. A. Kronenbitter a. a. O.).

270 4. Zur ordnungsgemäßen Skontovereinbarung gehört ferner die Bestimmung, **auf welche Zahlungen** (Vorauszahlungen, Abschlagszahlungen, Teilschlußzahlungen, Schlußzahlung) ein Abzug gestattet ist. Fehlt es hieran, so ist im Zweifel anzunehmen, daß ein Skontoabzug **nur im Rahmen** der **Schlußzahlung** erfolgen soll, nicht aber bei den anderen Arten – vorheriger – Zahlung (OLG Düsseldorf SFH Z 2.310 Bl. 10; Locher a. a. O.; a. A. Kronenbitter a. a. O., der übersieht, daß es sich grundsätzlich bei Abschlagszahlungen nicht um Zahlungen endgültig feststehender Vergütungsansprüche des Auftragnehmers handelt). Werden in solchen Fällen zwar Abschlagszahlungen innerhalb der Skontofrist geleistet, nicht dagegen die Schlußzahlung, oder ist das umgekehrt der Fall, so muß unterschieden werden: Wird im letzteren Fall als Schlußzahlung nur ein Teil der dem Auftragnehmer tatsächlich zustehenden Vergütung geleistet, so ist ein Skontoabzug nicht zulässig, weil ein solcher grundsätzlich nur möglich ist, wenn dem berechtigten Zahlungsverlangen des Auftragnehmers im vollen Umfang Folge geleistet wird (Locher a. a. O. unter Hinweis auf RG Recht 1919 Nr. 2078). Das kann nach Treu und Glauben als eng zu sehende Ausnahme dann anders sein, wenn der Auftraggeber den weitaus größten Teil der Gesamtforderung rechtzeitig zahlt und nur wegen eines geringen Teils die Zahlung zurückbehält, weil er bei objektiver Betrachtung schlüssig mit dem Bestehen von Gegenrechten rechnet, auch wenn sich diese später nicht als gerechtfertigt erweisen (ähnlich OLG Karlsruhe MDR 1980, 933).

271 Leistet der Auftraggeber vertraglich nicht oder noch nicht geschuldete Vorauszahlungen oder Abschlagszahlungen, nicht dagegen die Schlußzahlung innerhalb der Skontofrist, so kommt ein Skontoabzug nicht in Betracht, da es in der Hand des Gläubigers der Vergütung liegen muß, ob und inwieweit er vorzeitige Zahlungen des Auftraggebers vereinbart oder – im Falle einer Vereinbarung – abruft. Hat dagegen der Auftragnehmer mit dem Auftraggeber Abschlagszahlungen (wie hier nach Nr. 1) oder Vorauszahlungen vereinbart und fordert er solche nach Erreichung der jeweiligen Fälligkeitserfordernisse an, dann kann der Auftraggeber auch von den Abschlagszahlungen Skontoabzüge berechnen, weil hierdurch das Kreditrisiko des Auftragnehmers – anteilig – ebenso vermindert worden ist wie bei einer Schlußzahlung innerhalb der Skontofrist (so zutreffend Locher a. a. O.). Allerdings können die jeweiligen **Skontoabzüge grundsätzlich nicht schon bei den Abschlagszahlungen oder den Vorauszahlungen** gemacht werden, sondern **erst bei der abschließenden Zahlung,** insbesondere der Schlußzahlung, da Abschlagszahlungen und erst recht Vorauszahlungen nur vorläufige Zahlungen sind und im Zweifel davon auszugehen ist, daß Skontoabzüge erst im Rahmen endgültiger Zahlung zu berücksichtigen sind, wenn im Vertrag nicht eine andere Regelung getroffen worden ist (so auch Locher a. a. O., vgl. dazu OLG Düsseldorf BauR 1981, 75 sowie BauR 1985, 333; a. A. Grimme S. 179 f., Werner/Pastor Rdn. 897; vgl. auch LG Konstanz BauR 1980, 79 sowie AG Donaueschingen BauR 1980, 79). Über die Berücksichtigung von Skontoabzügen und deren Berechnung bei **Rückforderungsansprüchen** des Auftraggebers zutreffend Kronenbitter a. a. O. entgegen Kern BB 1985, 1494, da hier Bereicherungsrecht grundsätzlich nicht in Betracht kommt, weil die Skontoabrede mit Rechtsgrund getroffen wurde (dazu auch Kronenbitter BB 1986, 224, 225).

272 Zur ordnungsgemäßen Vereinbarung eines Skontos muß weiter die Absprache kommen, **für welchen Zeitraum** einer Zahlung nach Fälligkeit oder einem sonst festzulegenden Zeitpunkt Skonto gewährt wird **und wie hoch** dieser dann ist. Fehlt es an der Angabe des **Beginns** des Zeitraumes, ist grundsätzlich nicht schon von dem maßgeblichen Fälligkeitszeitpunkt auszugehen, also bei Abschlagszahlungen nach Nr. 1 Abs. 3, bei Schlußzahlungen nach Nr. 3 Abs. 1, bei Stundenlohnarbeiten nach Teil B § 15 Nr. 4 Satz 4; darin kann nicht schon eine hinreichende Bestimmung des Fristbeginns liegen, weil Skonto grundsätzlich für eine Zah-

lung innerhalb einer bestimmten Frist **ab Eintritt der Fälligkeit** eingeräumt wird (LG Mainz SFH § 16 Nr. 3 VOB/B Nr. 35; LG Aachen NJW-RR 1986, 645 mit Anm. von Kronenbitter a. a. O., der hier unzutreffend von einem Preisbestandteil und nicht von einer Zahlungsmodalität ausgeht, daher § 316 BGB zur Anwendung bringen will; wie hier wohl Weyand BauR 1988, 58; 59; unklar LG Saarbrücken SFH § 16 Nr. 5 VOB/B Nr. 3). Also muß man insofern schon Bedenken gegen die Wirksamkeit der Skontovereinbarung mangels hinreichender Bestimmtheit haben. Die Höhe kann durch Nennung eines Vomhundertsatzes oder in einem bestimmten Betrag festgelegt werden. Fehlt es an einer solchen Festlegung, so wird im allgemeinen die Skontoabrede nach §§ 154 oder 155 BGB unwirksam sein, andernfalls wird die Bestimmung ausnahmsweise dem Auftraggeber nach §§ 315 ff. BGB zukommen, allerdings unter Beachtung von § 2 RabattG, falls sich ein entsprechender Parteiwille **eindeutig** feststellen läßt (insoweit ist Kronenbitter BB 1984, 2030 zu folgen). Fehlt es darüber hinaus auch noch an der Vereinbarung der Skontierungsfrist, ist ein unerläßliches Merkmal für eine wirksame Skontovereinbarung nicht vorhanden, so daß diese mangels hinreichender vertraglicher Einigung regelmäßig unwirksam sein dürfte (zutreffend LG Aachen NJW-RR 1986, 645 = BB 1986, 223: Zahlung „binnen angemessener Frist"; Weyand BauR 1988, 58 f.; Grimme S. 166 f.; a. A. Kronenbitter a. a. O.). Sind Mängel vorhanden, so bleibt die Skontierbarkeit für den berechtigt zurückbehaltenen Betrag erhalten; die Frist läuft wegen des betreffenden Betrages ab dem Zeitpunkt der Abnahme der Mängelbeseitigungsleistung gemäß Teil B § 13 Nr. 5 Abs. 1 Satz 3.

5. Vereinbarungen über Skontoabzüge gehören in Besondere oder Zusätzliche Vertragsbedingungen (vgl. Teil A § 10 Nr. 4 Abs. 1 k). Sie können auch noch nachträglich bis zur betreffenden Zahlung getroffen werden. Auch hier sind die Regelungen des AGB-Gesetzes zu beachten, sofern sie im betreffenden Fall zur Anwendung kommen (vgl. Teil A § 10 Rdn. 77 ff.). So verstößt eine AGB, die den Beginn einer für den Skontoanspruch maßgebenden Zahlungsfrist auf den Abschluß der Prüfung der Schlußrechnung durch den Auftraggeber festlegt, gegen § 9 Abs. 1 AGB-Gesetz, da sie den Beginn dieser Frist letztlich der Bestimmung durch den Auftraggeber überläßt (LG Berlin BauR 1986, 700 mit Anm. Meier).

6. Zieht der Auftraggeber von der Schlußzahlung Skonto ab, ohne dazu berechtigt zu sein, muß der **Auftragnehmer Nr. 3 Abs. 2 beachten,** um nicht seiner weitergehenden Ansprüche verlustig zu gehen (vgl. Rdn. 158 ff.).

7. Für **öffentliche Auftraggeber** bestimmt das VHB zu Teil B § 16 in Nr. 3:

3. Berücksichtigung von Skonto

Hat der Auftragnehmer allgemein im Angebot oder durch besondere Erklärung, z. B. durch besonderen Aufdruck auf der Rechnung, Skonto für die Einhaltung bestimmter Zahlungsfristen eingeräumt, und sind diese Fristen so bemessen, daß sie bei sorgfältiger Rechnungsprüfung unter Berücksichtigung des Zahlungsweges eingehalten werden können, ist Skonto auch dann abzuziehen, wenn das Skontoangebot bei der Wertung nicht berücksichtigt wurde. Die Rechnungen sind so zügig zu bearbeiten, daß die Zahlung fristgerecht erfolgt.

Vgl. z. B. Nr. 22.5 EVM(B)ZVB.

Über Skonto bei öffentlichen Aufträgen vgl. auch Koch Betrieb 1982, 1607.

IV. Voraussetzungen und Folgen des Zahlungsverzuges des Auftraggebers (Absatz 3)

1. Übersicht

276 In **Absatz 3** sind die Voraussetzungen und Folgen des **Schuldnerverzuges des Auftraggebers** geregelt. Zahlt der Auftraggeber bei Fälligkeit nicht, so kann ihm der Auftragnehmer eine angemessene **Nachfrist** setzen. Zahlt er auch innerhalb der Nachfrist nicht, so hat der Auftragnehmer vom Ende der Nachfrist an Anspruch auf Zinsen in Höhe von 1 v. H. über dem Lombardsatz der Deutschen Bundesbank, wenn er nicht einen höheren Verzugsschaden nachweist. Außerdem darf er die Arbeiten bis zur Zahlung einstellen. Ein Zahlungsverzug der Bauherren gegenüber dem Auftragnehmer ist nicht dadurch ausgeschlossen, daß sie dem Baubetreuer die Gelder zwar zur Verfügung gestellt, dieser sie aber an den Auftragnehmer nicht weitergeleitet hat (vgl. BGH BauR 1988, 492 = SFH § 133 BGB Nr. 3 = NJW 1988, 1982).

In der **Grundlage** handelt es sich hier um **eine dem § 326 BGB ähnliche Vorschrift: Sie geht also in ihren Anforderungen über die reinen Verzugsregelungen in den §§ 284 ff. BGB** (vgl. dazu auch Teil B § 9 Rdn. 26 ff.) **hinaus.** Abweichende vorformulierte Bedingungen sind an der **Verbotsklausel des § 11 Nr. 4 AGB-Gesetz** zu messen. Hiernach sind Vertragsbedingungen, durch die Mahnung und/oder Fristsetzung entbehrlich sein sollen, unwirksam, was auch für den Bereich des § 9 AGB-Gesetz gilt (vgl. dazu u. a. BGH NJW 1985, 2329 = MDR 1985, 930 = ZIP 1985, 1402 = BB 1985, 1418 = LM § 11 Ziff. 15 b AGBG Nr. 1 = WM 1985, 945; vgl. auch OLG Stuttgart NJW-RR 1988, 786, 788).

277 Hinsichtlich des hier festgelegten **Zinsanspruches als solchen ist besonders zu beachten,** daß es sich um eine **abschließende Regelung für die Verzinsung von Forderungen aus einem VOB-Vertrag handelt** und daher Zinsen nicht schon mit der Entstehung des Zahlungsanspruches, sondern erst von dem sich in Absatz 3 des näheren geregelten Zeitpunkt an geltend gemacht werden können (BGH SFH Z 2.311 Bl. 42 und Urt. vom 25. 2. 1971 – VII ZR 181/69 –). Insofern kennt die VOB/B auch **keine Fälligkeitszinsen,** wie sie in § 641 Abs. 2 BGB festgelegt sind. Eine Zinsklausel, wonach Zinsen bereits von einem Zeitpunkt vor Vertragsabschluß gezahlt werden sollen, ist so ungewöhnlich, daß der Vertragspartner des Verwenders mit einer solchen Klausel nicht zu rechnen braucht; sie wird nach § 3 AGB-Gesetz nicht Vertragsbestandteil (BGH BauR 1986, 452 = SFH § 3 AGBG Nr. 5 = MDR 1986, 746).

2. Erste Voraussetzung: Fälligkeit des Zahlungsanspruches

278 Nach Satz 1 ist es zunächst **grundlegendes Erfordernis,** daß der Auftraggeber bei **Fälligkeit** der betreffenden Forderung des Auftragnehmers **nicht zahlt.** Zu den einzelnen Fälligkeitszeitpunkten vgl. Rdn. 9–23.

3. Angemessene Nachfrist

279 Dem Auftraggeber muß vom Auftragnehmer nach Satz 1 bei Nichtzahlung trotz Fälligkeit **eine angemessene Nachfrist zur Zahlung** gesetzt werden, falls er wegen der Nichtzahlung Rechte gegen den Auftraggeber geltend machen will. Mit Recht weist der BGH (NJW 1961, 1968 = SFH Z 2.224 Bl. 15 = LM § 16 VOB/B Nr. 1; vgl. auch BGH Betrieb 1969, 1058 = WM 1969, 655 = LM VOB/B Nr. 36 = SFH Z 2.311 Bl. 31 ff.) darauf hin, daß **für den Eintritt der Verzugsfolgen das Setzen der angemessenen Nachfrist und deren fruchtloser Ablauf grundlegende Voraussetzungen** sind. Damit wird zugleich zum Ausdruck gebracht, daß der Auftraggeber **grundsätzlich gemahnt** (§ 284 Abs. 1 BGB) und ihm eine **weitere Zahlungsfrist** gesetzt werden muß, also eine **bloße Mahnung noch nicht genügt** (OLG Düsseldorf

BauR 1982, 593). **§ 284 Abs. 2 BGB,** wonach ein Schuldner ohne Mahnung und demgemäß auch ohne Nachfrist in Verzug kommt, wenn er an einem kalendermäßig festgelegten Zeitpunkt leisten mußte und nicht geleistet hat, **findet in dieser Form keine Anwendung,** da jedenfalls die Nachfristsetzung erforderlich ist.

Andererseits: Für den Normalfall des § 284 Abs. 1 BGB bedarf es hier allerdings auch nicht **noch einer besonderen Mahnung; vielmehr liegt diese mit in der Nachfristsetzung;** sie kommt dadurch zugleich zum Ausdruck (OLG Düsseldorf BauR 1979, 162). Hieraus folgt aber auch, daß an die Nachfristsetzung – neben der ohnehin notwendigen klaren Fristbestimmung – die **gleichen Anforderungen** gestellt werden müssen wie an die Mahnung: Es muß sich um eine in **bestimmter und unbedingter** Form an den Schuldner gerichtete Zahlungsaufforderung handeln, so daß der Schuldner (hier: Auftraggeber) zweifelsfrei erkennen kann, daß der Auftragnehmer die Leistung **jetzt ernsthaft und endgültig verlangt.** Dagegen ist ein besonderer Hinweis, daß das Ausbleiben der Zahlung Folgen haben werde, nicht erforderlich (vgl. OLG Hamburg MDR 1978, 577).

280

Als **Nachfrist** hat **auch** die in einem **Mahnbescheid** enthaltene Aufforderung, die Forderung binnen bestimmter Frist (§ 692 ZPO) zu begleichen, zu gelten, da dieser nicht nur prozessuale, sondern auch materiell-rechtliche Bedeutung zukommt (ebenso BGH BauR 1986, 585 = BB 1986, 1676 = JZ 1986, 1122 = NJW-RR 1986, 1346 = SFH § 16 Nr. 5 VOB/B Nr. 5 = MDR 1987, 48 = Betrieb 1986, 2124 = ZfBR 1986, 231). Daß die Aufforderung hier durch das Gericht ergeht, schadet nicht. Wählt der Auftragnehmer zur Durchsetzung seiner Forderung das Mahnverfahren, für das nach § 692 Abs. 1 Nr. 3 ZPO eine besondere Zahlungsaufforderung mit Fristsetzung vorgeschrieben ist, so wirkt diese auch für den Auftragnehmer (BGH a. a. O.).

281

Eine Nachfrist ist **angemessen,** wenn sie den Auftraggeber bei objektiver Betrachtung unter normalen Umständen in die Lage versetzt, **sogleich** nach Erhalt der Nachfristsetzung die erforderlichen Anstalten zur Zahlung zu treffen **und sie auszuführen.** Keine Beachtung zugunsten des Auftraggebers findet eine Zeitspanne, die er braucht, um noch nicht vorhandene Geldmittel flüssigzumachen (vgl. § 279 BGB). Es ist nämlich grundsätzlich davon auszugehen, daß es Aufgabe des Auftraggebers ist, die erforderlichen Geldmittel rechtzeitig bereits vor Fälligkeit des Vergütungsanspruches des Auftragnehmers zu beschaffen (vgl. dazu auch BGH BauR 1985, 688 = NJW 1985, 2640 = WM 1985, 1106 = SFH § 326 BGB Nr. 8 = Betrieb 1985, 2242, 2243 = MDR 1986, 302 = LM § 326 [Da] BGB Nr. 2/3 = MDR 1986, 302 = Medicus EWiR § 326 BGB 3/85, 647; OLG Frankfurt NJW-RR 1987, 979). Im Falle der **Abtretung des Vergütungsanspruches** steht das Recht auf **Nachfristsetzung dem Abtretungsempfänger** zu (vgl. BGH a. a. O.).

282

Die **Nachfrist** bedarf ansonsten **keiner besonderen Form,** sie kann auch mündlich festgelegt werden. Aus Beweisgründen sollte vom Auftragnehmer jedoch hier immer die Schriftform gewählt werden.

283

Über Ausnahmen von dem Erfordernis der Nachfristsetzung vgl. Rdn. 304 ff.

284

Die nach Ablauf der Nachfrist eingetretenen Verzugsfolgen können durch Vertrag (Verzicht, Erlaß), nicht aber durch einseitige Erklärung – hier des Auftragnehmers – rückwirkend beseitigt werden; vielmehr kann eine einseitige Erklärung nur bewirken, daß keine weiteren Verzugsfolgen mehr eintreten (vgl. dazu BGH Betrieb 1986, 2662 = JZ 1987, 50 = NJW 1987, 1546 = LM § 138 [Ca] BGB Nr. 16).

4. Nichtzahlung innerhalb der Nachfrist

285 Zahlt der Auftraggeber **auch innerhalb der Nachfrist nicht,** steht **grundsätzlich sein nach der VOB/B besonders geregelter Schuldnerverzug, dabei vor allem sein Verschulden** im Sinne von § 285 BGB fest, zumal, wie schon gesagt, § 279 BGB das Risiko des Vorhandenseins von Geldmitteln zu seinen Lasten regelt. Für das ausnahmsweise Nichtvorliegen des Verschuldens trifft den Auftraggeber die **Beweislast.**

286 Ein Verzug des Auftraggebers liegt **nicht** vor, wenn er wegen vorhandener Mängel der Leistung zu Recht ein **Zurückbehaltungsrecht** geltend macht (BGH WM 1966, 126; WM 1971, 1020; BGH WM 1974, 369; vgl. Teil B § 13 Rdn. 582 ff.).

5. Zinsanspruch des Auftragnehmers

287 a) Ist nach Ablauf der Nachfrist der in der VOB besonders geregelte **Schuldnerverzug des Auftraggebers** eingetreten, hat der Auftragnehmer nach Abs. 3 Satz 2 von diesem Zeitpunkt an grundsätzlich einen **Zinsanspruch in Höhe von 1 % über dem Lombardsatz der Deutschen Bundesbank,** wobei gegen die begriffliche Einordnung des Lombardsatzes unter den Zinsbegriff keine Bedenken bestehen (vgl. dazu Canaris NJW 1978, 1891. Es ist also auch zur Zinshöhe **vertraglich eine andere Regelung** getroffen als nach § 288 Abs. 1 Satz 1 BGB. Diese betrifft jedoch nur den sogenannten normalen Lombardsatz, nicht dagegen etwaige Sonder-Lombardzinssätze. Solche können nur im Rahmen eines – im einzelnen nachzuweisenden – höheren Verzugsschadens (vgl. Rdn. 290 ff.) geltend gemacht werden.

288 Die hier erörterte Zinsregelung der VOB ist für vom **AGB-Gesetz** erfaßte Fälle (vgl. Teil A § 10 Rdn. 77 ff.) **nicht wegen Verstoßes gegen § 11 Nr. 5** dieses Gesetzes **unwirksam.** Zunächst scheidet eine Mißachtung des **§ 11 Nr. 5 a** a. a. O. schon deswegen aus, weil der in der VOB pauschal festgelegte Zinsanspruch nicht den nach dem gewöhnlichen Lauf der Dinge zu erwartenden Schaden übersteigt, also dem Auftragnehmer erwachsende Verzugsschäden – dabei vornehmlich die Verzinsung von Kreditinanspruchnahmen – im allgemeinen keinesfalls unter dem in der VOB festgelegten Zinssatz liegen (vgl. dazu auch Gelhaar NJW 1980, 1372). § 11 Nr. 5 a AGB-Gesetz hat lediglich den allgemein zu erwartenden Durchschnittsschaden im Auge (vgl. Löwe/Graf v. Westphalen/Trinkner § 11 Nr. 5 Rdn. 44 ff.; Schlosser/Coester-Waltjen/Graba § 11 Rdn. 38; Ulmer/Brandner/Hensen § 11 Nr. 5 Rdn. 26 sowie Anh. §§ 9–11 Rdn. 912; Wolf/Horn/Lindacher § 23 Rdn. 264 m. w. N.). Ähnlich ist die Situation im Hinblick auf **§ 11 Nr. 5 b AGB-Gesetz.** Insoweit trägt der Auftraggeber die durch Abs. 3 Satz 2 an sich nicht ausgeschlossene (vgl. Wolf/Horn/Lindacher § 23 Rdn. 268 m. w. N.) Darlegungs- und Beweislast dafür, daß der in der Zinspauschale liegende Verzugsschaden entweder überhaupt nicht entstanden oder wesentlich niedriger als die Pauschale ist. Ersteres kommt hier nicht in Betracht, weil bereits das Gesetz 4% (§ 288 Abs. 1 BGB) bzw. 5% (§ 352 HGB) Zinsen im Falle des Verzuges ohne besonderen Nachweis durch den Gläubiger gewährt. Es kann sich daher bei § 11 Nr. 5 b AGB-Gesetz für den hier angesprochenen Rahmen nur um die Differenz zwischen 4% bzw. 5% und dem VOB-Zinssatz handeln. Insoweit ist aber zu berücksichtigen, daß der Verzugsschaden, der entweder in der Erforderlichkeit der Kreditinanspruchnahme durch den Auftragnehmer, der als Bauunternehmer weitgehend mit Krediten arbeiten muß, oder in dem durch den Verzug entgangenen Gewinn (verhinderte Geldanlage) besteht, selbst in Zeiten niedriger Verzinsung eine Höhe erreicht, die zumindest dem VOB-Zinssatz gleich ist (vgl. dazu auch BGH NJW 1982, 331, 332). Man kann daher gerade hier nicht von einem wesentlich niedrigeren Verzugsschaden, als ihn die Zinspauschale in Teil B § 16 Nr. 5 Abs. 3 Satz 2 ausmacht, sprechen (insoweit Ulmer/Brandner/Hensen a. a. O.; vgl. auch Schlosser/Coester-Waltjen/Graba § 11 Rdn. 39 ff.; Locher NJW 1977, 1801, 1803; jetzt auch Löwe/Graf v. Westphalen/Trinkner § 11 Nr. 5 Rdn. 46). Davon abgesehen, sollte vermieden werden, den hier als Vertragsgegner des Verwenders in Betracht kommenden Auftraggeber aus Gründen rechtstheoretischer Rechtfertigung in das insoweit überaus große Risiko

eines Prozesses zu bringen; vgl. auch OLG Köln Betrieb 1981, 688; gerade aus den zuletzt genannten Gründen abzulehnen Weick in Nicklisch/Weick Teil B § 16 Rdn. 82 a. Allgemein zur Schadenspauschalierung vgl. Teil A § 12 Rdn. 1.

Anders sieht es hingegen mit höheren Zinssätzen, als in der VOB festgelegt, in AGB – insbesondere Zusätzlichen Vertragsbedingungen – des Auftragnehmers aus. Das gilt z. B. für die Bestimmung, daß bei Nichteinhaltung der Zahlungsbedingungen Verzugszinsen von 4 % über dem jeweiligen Bundesbank-Diskontsatz erhoben werden, mindestens 7,5 % p. a. (vgl. dazu OLG Düsseldorf Betrieb 1982, 220; OLG Hamm MDR 1986, 675). Erst recht trifft dies auf die Bestimmung zu, es seien 6 % über dem jeweiligen Diskontsatz der Deutschen Bundesbank, mindestens 9 % p.a., an Verzugszinsen zu entrichten; eine solche Bestimmung ist auch im kaufmännischen Geschäftsverkehr nach § 9 AGB-Gesetz unwirksam (vgl. BGH Betrieb 1984, 2556). 289

b) Die besondere Zinsregelung der VOB gilt aber **nur grundsätzlich.** Der Auftragnehmer kann, was **§ 288 Abs. 2 BGB entspricht,** nach Abs. 3 Satz 2 zweiter Halbsatz einen **höheren Zinssatz** geltend machen, wenn er einen **höheren Verzugsschaden nachweist.** Eine „abstrakte Schadensberechnung" scheidet also insoweit aus, was auch von Gelhaar (NJW 1980, 1372 f. und 1981, 859) übersehen wird, wenn er der Anhebung des gesetzlichen Zinssatzes im Wege richterlicher Rechtsfortbildung das Wort redet, abgesehen davon, daß eine solche Anhebung angesichts der ohnehin vertraglich vereinbarten Zinssatzerhöhung beim VOB-Vertrag ausscheidet (vgl. dazu auch Peters ZRP 1980, 90 sowie zutreffend Bartsch NJW 1980, 2364 und 1981, 859; zu Verzugsschaden und Geldentwertung besonders Grunski, Gedächtnisschrift f. Rudolf Bruns, S. 19 ff., Vahlen, München). 290

Zum Zinsbegriff Canaris NJW 1978, 1891: gewinn- und umsatzunabhängige, laufzeitabhängige, in Geld oder anderen vertretbaren Sachen zu entrichtende Vergütung für die Möglichkeit des Gebrauchs eines Kapitals.

Ein höherer Verzugsschaden liegt meist vor, wenn der Auftragnehmer infolge des Verhaltens des Auftraggebers gezwungen ist, **Bankkredit** in Anspruch zu nehmen oder aufrechtzuerhalten. Um höhere Zinsen verlangen zu können, ist es aber nicht erforderlich, daß der Auftragnehmer **wegen** des Zahlungsverzuges des Auftraggebers tatsächlich Bankkredit in Anspruch nimmt, vielmehr genügt es, **daß ihm überhaupt** zum verlangten Zinssatz Bankkredit zumindest in Höhe seines Vergütungsanspruches gewährt worden ist, wenn er diesen bei rechtzeitiger Zahlung durch den Auftraggeber – ganz oder teilweise – hätte abdecken können (LG Bielefeld NJW 1972, 1995; vgl. auch BGH WM 1977, 172; BGH JZ 1984, 150 = NJW 1984, 371 = Betrieb 1984, 665 = WM 1983, 1335 = MDR 1984, 298 = LM § 287 ZPO Nr. 65; ebenso Werner/Pastor Rdn. 900). Folgerichtig kann der Auftraggeber nicht einwenden, auch andere Schuldner hätten den Auftragnehmer nicht bezahlt, so daß er ohnehin den geltend gemachten Verzugsschaden gehabt hätte; entscheidend ist vielmehr, daß der in Anspruch genommene Auftraggeber zur Aufrechterhaltung des Kredits beigetragen hat (vgl. OLG Hamburg MDR 1974, 930). Andererseits muß der Auftragnehmer gemäß **§ 254 Abs. 2 BGB** eine ihm etwa obliegende **Schadensminderungspflicht** beachten. So kann er nur die Zinsen für einen gewöhnlichen – billigeren – Bankkredit anstelle der infolge des Verzuges des Auftraggebers entstandenen Kosten für die Überziehung seines Bankkontos verlangen, wenn er ohne Beeinträchtigung seiner berechtigten Belange den Kredit hätte aufnehmen können (OLG Düsseldorf MDR 1983, 401). 291

Der Umstand, daß eine Tochtergesellschaft bei ihrer Muttergesellschaft Kredit aufgenommen hat, steht der Geltendmachung der Kreditzinsen als Verzugsschaden nicht entgegen, wenn nicht im Einzelfall Treu und Glauben entgegenstehen (BGH NJW 1975, 867).

Zinsen, die nach Konkurseröffnung angefallen sind, nehmen am Konkursverfahren nicht teil; ein Anerkenntnis solcher Zinsen durch den Konkursverwalter ist unwirksam und führt zu keinem Anerkenntnisurteil (OLG Düsseldorf BB 1974, 528). Leistungen des Schuldners werden nicht vorrangig auf Zinsen angerechnet, soweit diese verjährt sind, da hierauf § 367 Abs. 1 BGB nicht anwendbar ist; dies gilt auch, wenn der Schuldner bei seiner Leistung die Einrede der Verjährung nicht erhebt (OLG Hamm MDR 1981, 844).

292 Dem Auftragnehmer entsteht regelmäßig kein Verzugsschaden, wenn der Auftraggeber Beträge verspätet zahlt, die der Auftragnehmer unverzüglich an Dritte weiterzuleiten verpflichtet ist; jedoch kann der Auftragnehmer dann Prozeßzinsen (vgl. Rdn. 287 f.) verlangen (vgl. OLG Düsseldorf VersR 1974, 1074).

293 Der Anspruch auf Ersatz des Verzugsschadens wird andererseits nicht dadurch beeinträchtigt, daß der Vertragspartner – hier der Auftraggeber – nachträglich einen Anspruch auf Schadensersatz wegen Nichterfüllung gegen den anderen – hier den Auftragnehmer – erwirbt (vgl. dazu BGH NJW 1975, 1740 = MDR 1975, 1010 = LM § 286 BGB Nr. 10).

294 Die Behauptung des Auftragnehmers im Prozeß, er habe während des gesamten Zeitraumes des Verzuges „mindestens" einen Bankkredit zu einem in bestimmter Höhe bezeichneten Zinssatz in Anspruch nehmen müssen, kann als Verzicht auf die – spätere – Geltendmachung von über den als Teilanspruch verlangten Zinssatz hinausgehenden Zinsen aufgefaßt werden (vgl. BGH MDR 1978, 1641).

Über Zinsenzinsenverbot und Verzugsschadensersatz beachtlich Löwisch NJW 1978, 26.

295 **Ein höherer Verzugsschaden** des Auftragnehmers kann nicht nur bei Inanspruchnahme von Kredit entstehen, sondern **auch dann, wenn ihm durch Vorenthaltung der ihm geschuldeten Vergütung die Möglichkeit entgeht, das Geld gewinnbringend anzulegen.** Dazu reicht jedoch nicht schon der allgemeingehaltene Hinweis, ein Kaufmann lasse Geld nicht ungenutzt liegen. Vielmehr müssen hier die einzelnen Umstände, die eine Geldanlagemöglichkeit ergeben hätten, im Einzelfall dargelegt und gegebenenfalls nachgewiesen werden (vgl. dazu OLG Düsseldorf Betrieb 1985, 1103).

296 c) Zur **Mehrwertsteuer auf Verzugszinsen** zutreffend OLG Frankfurt (Betrieb 1983, 43 = NJW 1983, 394 = BB 1982, 2136 = MDR 1983, 225; ferner auch VersR 1983, 761 = NJW 1983, 459) unter Hinweis auf ein Urteil des Europäischen Gerichtshofes vom 1. 7. 1982 (UStR 1982, 159 = NJW 1983, 505), wonach **gesetzliche Verzugszinsen nicht mehr in die Besteuerungsgrundlage für die Umsatzsteuer nach § 10 Abs. 1 Satz 2 UStG einbezogen werden können,** und zwar aufgrund des Art. 8 Abs. 1 a der Zweiten EG-Umsatzsteuerrichtlinie. Nach dieser Auslegung des EuGH zum Entgeltbegriff sind Verzugszinsen nunmehr **auch umsatzsteuerrechtlich Schadensersatz, also nicht steuerpflichtig.** Dem hat der Bundesminister der Finanzen mit Schreiben vom 8. 2. 1983 durch entsprechende Anweisung an die Finanzämter, nämlich in **Zukunft auf Verzugszinsen keine Umsatzsteuer mehr zu erheben** (vgl. Betrieb 1983, 639), Rechnung getragen. Jedenfalls seitdem kann der Auftragnehmer auf die hier erörterten Zinsen keine Mehrwertsteuer mehr beanspruchen. **Anders** liegt es wiederum im Hinblick auf **Verzugszinsen aus dem Mehrwertsteuerbetrag;** diese sind durchaus dem Verzugsschaden zuzurechnen und können deshalb gefordert werden (vgl. dazu Ernst NJW 1986, 362). Zu deren Berechnung vgl. Delcker (NJW 1986, 2936) entgegen Ernst (NJW 1986, 2935), wonach der Auftragnehmer Verzugszinsen aus dem Mehrwertsteuerbetrag ohne zeitliche Beschränkung verlangen kann, ohne daß eine Vorteilsausgleichung stattfinden soll.

297 d) Die **Kosten für** die den nach der VOB besonderen **Zahlungsverzug** des Auftraggebers **herbeiführenden Handlungen** des Auftragnehmers hat der Auftraggeber aus dem Gesichts-

punkt einer **positiven Vertragsverletzung** zu ersetzen, wenn er den ihm bekannten fälligen Vergütungsanspruch des Auftragnehmers nicht erfüllt (vgl. OLG Köln MDR 1972, 606, zugleich zur Erstattung der Kosten für die Inanspruchnahme eines Inkassobüros).

Dem Grunde nach sind **Kosten** eines unter Beachtung des Rechtsberatungsgesetzes amtlich zugelassenen **Inkassobüros** als Verzugskosten erstattungsfähig, wenn der Gläubiger (hier Auftragnehmer) mit einer außergerichtlichen Beitreibbarkeit seiner Forderung rechnen durfte (OLG Hamm MDR 1973, 497). Dies gilt nicht, wenn es sich um eine vom Schuldner ernsthaft bestrittene Individualforderung mit einem höheren Streitwert handelt (OLG Nürnberg WM 1973, 795); das gilt auch dann nicht, wenn nicht erwartet werden kann, daß der Schuldner – hier Auftraggeber – ohne Einschaltung eines Rechtsanwalts oder gar des Gerichts zur Zahlung zu bewegen ist (OLG Düsseldorf MDR 1974, 226), wenn er offenbar zahlungsunwillig ist (OLG Düsseldorf OLGZ 1987, 494). Ähnlich auch OLG München BB 1975, 113 = NJW 1975, 832 = Betrieb 1975, 246, vor allem auch für den Fall der offenkundigen Zahlungsunfähigkeit des Schuldners. Sofern **auch** ein Anwalt beauftragt worden ist, sind die Kosten des Inkassobüros kein Verzugsschaden; das gilt auch über das Zwangsvollstreckungsverfahren (vgl. insoweit LG Berlin Rpfleger 1975, 373) hinaus, da solche Kosten nicht als notwendig, daher nicht als auf den Verzug bezogen ursächlich anzusehen sind. Zur Erstattungsfähigkeit der Gebühren von Inkassoinstituten als Verzugsschaden vgl. auch Finger WRP 1978, 785 sowie Löwisch NJW 1986, 1725, dazu zutreffend, weil mehr praxisbezogen, Jäckle NJW 1986, 2692.

Hier ist weiter zu beachten: 298

Eine Bestimmung in Zusätzlichen Vertragsbedingungen, wonach für die Bearbeitung im Rahmen der Beitreibung des Vergütungsanspruches durch einen Dritten oder durch eine Stelle beim Auftragnehmer (z. B. die Rechtsabteilung) ein bestimmter Prozentsatz der Schuld oder ein sonst festgelegter Betrag als sogenannte Bearbeitungsgebühr zu entrichten sei, ist als **Schadenspauschalierung** für den Bereich angeblichen Verzugsschadens unter dem Blickwinkel des **§ 11 Nr. 5** des **AGB-Gesetzes** zu beurteilen; gleiches gilt hinsichtlich einer in einem einzelnen Vertrag durch Besondere Vertragsbedingungen festgelegten entsprechenden Klausel in bezug auf **§ 242 BGB** (vgl. dazu OLG München VersR 1978, 772). Zur Schadenspauschale s. auch Teil A § 12 Rdn. 1.

e) Der **Verzugszeitraum** berechnet sich **vom Ablauf der gesetzten Nachfrist bis zur Verzugsbeseitigung durch Zahlung** seitens des Auftraggebers, wobei die §§ 186 ff. BGB zu beachten sind. Für den Zeitpunkt, in dem die Pflicht zur Zahlung der Verzugszinsen beginnt, ist § 187 Abs. 1 BGB maßgebend, so daß Zinsen ab dem Tage nach Ablauf der gesetzten Nachfrist zu entrichten sind (was auch von Göhner NJW 1980, 570 für den Fall einer Nachfristsetzung anerkannt wird; im übrigen gegen Göhner zutreffend Schneider NJW 1980, 1375). 299

Der **Auftraggeber, der sich im Verzug befunden hat, muß beweisen, daß er durch eine spätere Erfüllung die Verzugsfolgen wieder ausgeräumt hat** (BGH NJW 1969, 875 = MDR 1969, 377 = LM § 284 Nr. 17 BGB). 300

f) Auch Ansprüche auf Ersatz des Verzugsschadens **verjähren in derselben kurzen Frist wie die Ansprüche, aus denen sie herrühren;** dann beginnt die Verjährung allerdings nicht mit der Fälligkeit der zugrundeliegenden Zahlungsansprüche, sondern mit der **Entstehung des Verzugsschadens** (BGH Betrieb 1973, 915). 301

g) **Besonders zu beachten** ist, daß es sich bei Abs. 3 Satz 2 um eine **abschließende Regelung** in der Weise handelt, daß hier nicht nur eine andere Vereinbarung, als sie durch § 288 Abs. 1 Satz 1 BGB ausgewiesen ist, vorliegt, sondern daß darüber hinaus bei einer Vereinbarung der VOB/B **auch § 641 Abs. 2 BGB** – also die Regelung über **Fälligkeitszinsen** – **nicht** zum Zuge kommt. Abs. 3 Satz 2 ist somit nicht nur eine in sich **abgeschlossene Bestimmung** für den Schadensersatzanspruch aus Verzug (BGH LM VOB/B § 16 Nr. 1), sondern **für die Verzinsung von Bauforderungen allgemein** (BGH NJW 1964, 1223 = LM § 16 VOB/B Nr. 3 = MDR 1964, 478 = BB 1964, 448 = SFH Z 2.311 Bl. 12 ff.; BGH BauR 1984, 181 = NJW 1984, 302

1460 = LM § 16 [A] VOB/B Nr. 14 = ZIP 1984, 184 = Betrieb 1984, 716 = ZfBR 1984, 73; OLG Düsseldorf SFH Z 2.50 Bl. 19 ff.).

303 **Unberührt** von dieser VOB-Regelung ist allerdings grundsätzlich die **Befugnis des Auftragnehmers, im Falle eines Prozesses,** in dem er seine Vergütung gegen den Auftraggeber einklagt, **Prozeßzinsen** nach § 291 BGB **zu verlangen,** sofern die dort geregelten besonderen Fälligkeitsvoraussetzungen vorliegen. **Prozeßzinsen können nicht** beansprucht werden, **wenn** der Auftraggeber wegen eines Mangels der Leistung mit Recht ein **Zurückbehaltungsrecht** geltend macht und er zur Zahlung nur Zug um Zug gegen Vornahme von Nachbesserungsarbeiten durch den Auftragnehmer verurteilt wird. Dann liegt nämlich **noch keine Fälligkeit** i. S. des § 291 Satz 1 zweiter Halbsatz BGB vor (BGHZ 55, 198 = NJW 1971, 615 = BB 1971, 290 = Betrieb 1971, 425 = VersR 1971, 446 = SFH Z 2.301 Bl. 35 = BauR 1971, 124 = MDR 1971, 385 = LM VOB/B Nr. 44 Anm. Rietschel; ebenso KG MDR 1971, 134; vgl. auch Teil B § 13 Rdn. 582 ff.). In diesem Sinne auch OLG Düsseldorf für die Fälligkeits- und Prozeßzinsen im Rahmen eines BGB-Werkvertrages (NJW 1971, 2310).

Leistet der Auftraggeber eine Zahlung an den Auftragnehmer, so **endet** insoweit ein **Verzug mit der Geldschuld und die Verpflichtung zur Zahlung von Prozeßzinsen** auch dann, wenn die Zahlung **nur zur Abwendung der Zwangsvollstreckung** erfolgt und das Schuldverhältnis deshalb nicht erlischt, da **auch das als Zahlung** gilt (BGH NJW 1981, 2244 = Betrieb 1981, 1926 = MDR 1982, 37 = LM § 284 BGB Nr. 24).

6. Ausnahme: Entbehrlichkeit der Nachfristsetzung

304 **Ausnahmsweise** bedarf es für die Geltendmachung des Verzugsschadens **keiner Nachfristsetzung,** wenn sich der Auftraggeber **ernstlich weigert,** rechtzeitig seine Zahlungsverpflichtung zu erfüllen (so auch OLG München OLGZ 1966, 5). Grundsätzlich bedarf es nach der ständigen Rechtsprechung zur Geltendmachung der Rechte aus § 326 BGB **keiner Nachfristsetzung,** wenn sich der Schuldner **ernstlich** weigert, den Anspruch des Gläubigers zu erfüllen (vgl. u. a. BGH LM Nr. 2 zu § 326 [Dc] BGB). Sinn und Zweck der in § 326 BGB geforderten Fristsetzung ist es, den Schuldner vor die Frage zu stellen, ob er die Folgen des § 326 Abs. 1 BGB **auf sich nehmen oder** durch nachträgliche Erfüllung **von sich abwenden will.** Weigert sich der Schuldner **von vornherein ernstlich,** die Forderung des Gläubigers zu erfüllen, wird diese Fragestellung **zur leeren und überflüssigen Form.** Deshalb kann in solchen Fällen auf sie **verzichtet** werden. **Die Folgen des § 326 BGB treten dann auch ohne Fristsetzung ein.**

305 Dieser Grundsatz gilt entsprechend für Teil B § 16 Nr. 5 Abs. 3 VOB, da auch hier für die Geltendmachung eines Verzugsschadens bei ernstlicher Weigerung des Auftraggebers, rechtzeitig zu zahlen, eine Nachfristsetzung ebensowenig sinnvoll wäre (BGH NJW 1964, 820 = SFH Z 2.330 Bl. 10 ff. = MDR 1964, 409 = LM VOB/B § 16 Nr. 2; BGH, Urt. vom 29. 4. 1965 – VII ZR 121/63 –; BGH Betrieb 1969, 1058 = WM 1969, 1019 = MDR 1969, 655 = LM VOB/B Nr. 36 = SFH Z 2.311 Bl. 31 ff.; OLG Köln SFH § 16 Nr. 5 VOB/B Nr. 1; OLG Düsseldorf BauR 1982, 593). Dabei kommt es für die Geltendmachung des Verzugsschadens auf den Zeitpunkt an, in dem der Auftraggeber die Zahlung endgültig und ernsthaft verweigert (entsprechend BGH NJW 1985, 486).

306 Die Frage muß also sein, **ob** im betreffenden Einzelfall eine **ernstliche Zahlungsverweigerung** des Auftraggebers **vorliegt.** Hierfür ist Voraussetzung, daß der Auftragnehmer bei **objektiver Wertung** des Verhaltens des Auftraggebers die **Erkenntnis gewinnen muß,** daß dieser nicht willens oder in der Lage ist, Zahlungen aus seiner bauvertraglichen Verpflichtung zu leisten. **Nicht entscheidend** ist es, **ob** aus dem Verhalten des Auftraggebers auch hervorgeht, daß er sich **endgültig weigert** zu zahlen. Auf eine endgültige Weigerung könnte

es nur ankommen, wenn sich der Auftragnehmer wegen des Verzugs des Auftraggebers vom Bauvertrag lösen wollte (vgl. Rdn. 313). Darum geht es in dem der VOB zugrunde zu legenden, hier erörterten Normalfall jedoch nicht. Vielmehr handelt es sich um die Geltendmachung des **reinen Verzögerungsschadens,** für die in der VOB – anders als im allgemeinen bürgerlichen Recht (§ 284 BGB) – grundsätzlich eine Nachfristsetzung vorausgesetzt wird (BGH a. a. O.). Schließlich **kommt** es in der Frage der ernstlichen Zahlungsverweigerung **auch nicht darauf an, ob die Weigerung des Auftraggebers auf einem Verschulden** beruht, denn **auch eine unverschuldete Weigerung** würde die Fristsetzung zu einer „**leeren und überflüssigen Form"** machen (BGH a. a. O.). Eine ernstliche Zahlungsverweigerung des Auftraggebers ist in der Rechtsprechung z. B. in seiner Erklärung erblickt worden, es handele sich um eine Requisitionsleistung, und er sei zur Zahlung der Bauleistung so lange nicht verpflichtet, bevor nicht die entsprechenden Mittel bereitgestellt seien (BGH a. a. O.). Gleiches trifft auf die Ankündigung des – uneingeschränkten – Klageabweisungsantrages im Prozeß zu (OLG Düsseldorf BauR 1982, 593), soweit der Auftraggeber damit **nicht nur vorläufige Rechte,** wie z. B. wegen Beseitigung von Mängeln, verfolgt, sondern aus der Begründung seines Abweisungsantrages eindeutig hervorgeht, daß er **endgültig** nicht zahlen will und kein Raum für die Annahme bleibt, er werde durch Setzung der Nachfrist zu besserer Einsicht gelangen und „freiwillig" den Werklohnanspruch erfüllen, also der Auftragnehmer keinen Einfluß auf die Zahlungsbereitschaft des Auftraggebers nehmen kann (vgl. BGH BauR 1984, 181 = NJW 1984, 1460 = LM § 16 [A] VOB/B Nr. 14 = ZIP 1984, 184 = Betrieb 1984, 716 = ZfBR 1984, 73 = JZ 1984, 342 = MDR 1984, 569). Eine solche Annahme kann vor allem auch gerechtfertigt sein, wenn die Streitpunkte offen zutage liegen und längere vorprozessuale Auseinandersetzungen zu keinem Ergebnis geführt haben (BGH a. a. O.).

7. Recht zur Arbeitseinstellung

Abgesehen von dem Zinsanspruch, steht dem **Auftragnehmer nach Abs. 3 Satz 3** zusätzlich noch die **Befugnis zu, die Arbeiten** so lange **einzustellen, bis er die Zahlung** vom Auftraggeber erhält, **derentwegen** dieser in **Verzug** ist. Dies folgt aus **§ 320 BGB. Hieraus entstehende Kosten sind Verzugsschäden** im Sinne von § 288 Abs. 2 BGB. Daraus ergibt sich **zugleich ein Schadensersatzanspruch** des Auftragnehmers nach Teil B § 6 Nr. 6. Zu diesem zählen auch Lohn- und Materialpreiserhöhungen, die während der Stilliegezeit eintreten, selbst wenn an sich in Besonderen oder Zusätzlichen Vertragsbedingungen die Berücksichtigung von Lohn- und Materialpreiserhöhungen ausgeschlossen worden ist (Schmidt WM 1974, 294, 298 unter Hinweis auf BGH, Urt. vom 22. 11. 1973 – VII ZR 14/72 –).

307

Die **Arbeitseinstellung** kommt **allerdings** regelmäßig **nur** in Betracht, **solange** der Auftragnehmer die **vertragliche Leistung noch nicht vollständig erbracht,** sie also noch nicht fertiggestellt hat. Daher kommt im allgemeinen die **Arbeitseinstellung nicht mehr** zum Zuge, **wenn nur noch die Schlußzahlung ganz oder teilweise aussteht.** Darüber hinaus kann die Arbeitseinstellung **nur die noch nicht ausgeführten Teile** der Leistung **betreffen, nicht** bezieht sie sich dagegen auf **berechtigte Mängelbeseitigungsansprüche des Auftraggebers,** etwa nach Teil B § 4 Nr. 7. Denn insoweit ist der **Auftragnehmer** nach wie vor **vorleistungspflichtig,** und der Auftraggeber kann so lange einen entsprechenden Vergütungsteil einbehalten (vgl. dazu Teil B § 13 Rdn. 582 ff.), bis die Nachbesserung erfolgt ist.

308

Ob es dem Auftragnehmer aus Treu und Glauben verwehrt ist, wegen verhältnismäßig geringfügigem Zahlungsrückstand des Auftraggebers von einer Einstellung der Arbeiten Gebrauch zu machen, ist eine nach dem Einzelfall zu lösende Frage; sowohl das Ausbleiben der Zahlung als auch die Einstellung der Arbeiten kann **gleich schwerwiegend** sein, zumal die VOB grundsätzlich dem Auftragnehmer das Recht zur Arbeitseinstellung bei Zahlungsverzug des Auftraggebers einräumt; daher wird in der Arbeitseinstellung allgemein keine unange-

309

messene Maßnahme zu sehen sein (Schmidt WM 1974, 294, 299 unter Hinweis auf BGH, Urt. vom 22. 11. 1973 – VII ZR 14/72 –). Das kann anders zu beurteilen sein, wenn es sich um einen ganz geringen Zahlungsrückstand handelt oder sich der Auftragnehmer mit der Zusicherung des Auftraggebers, alsbald zahlen zu wollen, zufriedengibt, oder wenn nur ein ganz geringfügiger Zahlungsverzug vorliegt (OLG Düsseldorf BauR 1975, 428).

310 Überdies ist vom Auftragnehmer wegen der schwerwiegenden Folgen der Arbeitseinstellung zu verlangen, daß er diese **vorher dem Auftraggeber ankündigt** (OLG Düsseldorf a. a. O.), zumal es sich um eine **Ausnahme von der Grundregelung in Teil B § 18 Nr. 4** handelt, so daß die Ankündigung auch für den Bereich des VOB-Vertrages **aus Treu und Glauben erforderlich** erscheint (a. A. Weick in Nicklisch/Weick Teil B § 16 Rdn. 85, der diesen tragenden Gesichtspunkt nicht hinreichend beachtet; wie hier Heiermann/Riedl/Rusam/Schwaab Teil B § 16 Rdn. 116).

311 **Der Auftraggeber ist im Falle einer berechtigten Arbeitseinstellung des Auftragnehmers nicht befugt, den Bauvertrag nach Teil B §§ 5 Nr. 4, 8 Nr. 3 zu kündigen** (so auch OLG Frankfurt NJW-RR 1987, 979); ebenso nicht nach Teil B § 6 Nr. 7 (vgl. Teil B § 6 Rdn. 105 ff.).

312 In dem hier erörterten Bereich verstößt eine Klausel in AGB – insbesondere Zusätzlichen Vertragsbedingungen – des Auftraggebers, wonach dem Auftragnehmer ein Leistungsverweigerungsrecht bzw. Zurückbehaltungsrecht verwehrt sein soll, gegen § 11 Nr. 2 bzw § 9 AGB-Gesetz.

8. Kündigungsrecht des Auftragnehmers

313 **Dem Auftragnehmer ist auch das Kündigungsrecht nach Teil B § 9 Nr. 1 b zuzugestehen**, wobei er vor allem die in Nr. 2 a. a. O. festgelegten Voraussetzungen zu beachten hat. Er kann aber auch die Forderung, wegen der sich der Auftraggeber im Schuldnerverzug befindet, **einklagen**. Die Geltendmachung des **Kündigungsrechts** ist allerdings, ebenso wie in dem in Rdn. 307 ff. erörterten Fall der Arbeitseinstellung, nur sinnvoll, wenn die Bauleistung bis zu dem für die Kündigung in Betracht kommenden Zeitpunkt **noch nicht voll erbracht** worden ist. Die **Schlußzahlung** ist also **allgemein auszunehmen**.

G. Zahlung der Vergütung des Auftragnehmers durch den Auftraggeber an Dritte (Nr. 6)

I. Allgemeines

1. Überblick – Wahlrecht des Auftraggebers

314 Der Auftraggeber ist nach **Nr. 6 Satz 1 berechtigt,** zur Erfüllung seiner Verpflichtungen aus Nr. 1–5 Zahlungen **an Gläubiger des Auftragnehmers** zu leisten, **soweit sie an der Ausführung der vertraglichen Leistung** des Auftragnehmers aufgrund eines **mit diesem abgeschlossenen Dienst- oder Werkvertrages beteiligt** sind und der Auftragnehmer (ihnen gegenüber) in **Zahlungsverzug** gekommen ist. In einem solchen Fall ist der **Auftragnehmer nach Nr. 6 Satz 2 verpflichtet**, sich auf Verlangen des Auftraggebers innerhalb einer von diesem gesetzten Frist darüber zu erklären, ob und inwieweit er die Forderungen seiner Gläubiger anerkennt; wird diese Erklärung nicht rechtzeitig abgegeben, so gelten die Forderungen als anerkannt und der Zahlungsverzug als bestätigt.

Es handelt sich um die **vertraglich festgelegte Berechtigung** des Auftraggebers, seine aus dem Bauvertrag geschuldete Gegenleistung durch Zahlungen (Abschlagszahlungen, Vorauszahlungen, Schlußzahlung, Teilschlußzahlungen) an Dritte zu erfüllen, die **nicht Vertragspartner des Auftraggebers** sind, die aber an der Bauleistung **kraft eigenen Vertrages mit dem Auftragnehmer mitgewirkt** haben (in der Regel: Nachunternehmer bzw. Subunternehmer, auch Arbeitnehmer des Auftragnehmers; vgl. in letzterer Hinsicht OLG Celle ZIP 1983, 467 = JZ 1984, 247). Das Gesetz läßt eine Leistung durch dritte Personen an den Gläubiger für den Schuldner ohne dessen Einwilligung zu, wenn dieser nach dem Inhalt des zugrundeliegenden Verpflichtungsverhältnisses **nicht in Person zu leisten hat,** § 267 BGB.

315

Daraus, daß eine **unmittelbare vertragliche Beziehung zwischen dem Auftraggeber und dem Dritten fehlt, ergibt sich ein Recht, nicht aber eine Verpflichtung des Auftraggebers** zur Zahlung, aus der der Auftragnehmer oder der Dritte unmittelbar gegen den Auftraggeber vorgehen könnte (ebenso BGH BauR 1986, 454 = SFH § 16 Nr. 6 VOB/B Nr. 1 = Betrieb 1986, 2022 = NJW 1986, 2761 = JZ 1986, 911 = BB 1986, 1323 = ZIP 1986, 720 = MDR 1986, 1015 = LM § 16 [A] VOB/B Nr. 18 = Dempewolf EWiR § 8 KO 1/86, 601, kein bedingter Erlaß künftiger Forderungen). Daraus folgt, daß der **Auftraggeber,** ohne sich einer Vertragsverletzung schuldig zu machen, bei Vorliegen der Voraussetzungen der Nr. 6 die **Zahlung an Dritte verweigern kann.** Daher handelt es sich hier um ein **Wahlrecht des Auftraggebers ohne Verpflichtung zur Leistung** an den Dritten. Von diesem Wahlrecht wird der Auftraggeber in Wahrung seines berechtigten Interesses dann Gebrauch machen, wenn es ihm darum geht, den Baufortschritt sicherzustellen, z. B. bei berechtigter Arbeitseinstellung des Subunternehmers, weil dieser vom Haupt- bzw. Generalunternehmer nicht die fällige Abschlagszahlung erhalten hat.

316

In Nr. 6 ist bzw. wird der **Dritte,** an den der Auftraggeber mit befreiender Wirkung zu leisten berechtigt ist, **keineswegs Gläubiger des Auftraggebers,** sondern er **bleibt Gläubiger des Auftragnehmers.** Demnach entsteht im Rahmen der Nr. 6 **kein unmittelbares schuldrechtliches Verhältnis zwischen dem Auftraggeber und dem Dritten** (vgl. OLG Düsseldorf BauR 1973, 250). Deshalb hat insbesondere der Nachunternehmer grundsätzlich auch keine Möglichkeit, von dem Auftraggeber die Zahlung der ihm gegen den Haupt- bzw. Generalunternehmer zustehenden vertraglichen Vergütung aus Geschäftsführung ohne Auftrag oder ungerechtfertigter Bereicherung zu verlangen (vgl. LG Hamburg MDR 1965, 823).

317

2. Auch gesetzliche oder vertragliche Verpflichtung des Auftraggebers zur Zahlung an Dritte möglich

Diese Regelung in Teil B § 16 Nr. 6 **ist nicht mit den vom Gesetz vorgesehenen Fällen zu verwechseln,** nach denen der Schuldner sogar **verpflichtet** ist, zur Befreiung von seiner vertraglichen Pflicht gegenüber dem Gläubiger (hier: der Auftraggeber gegenüber dem Auftragnehmer) an einen Dritten zu leisten, der aufgrund eines rechtswirksamen Vorganges anstelle des Vertragspartners **Gläubiger der Leistung geworden** ist, z. B. durch **Abtretung** (§§ 398 ff. BGB) oder durch **Pfändung und Überweisung,** vgl. hierzu Rdn. 338 ff.

318

Abgesehen von der Abtretung sowie der Pfändung und Überweisung gibt es auch noch andere Fälle, in denen der Auftraggeber unter bestimmten Voraussetzungen dem Dritten gegenüber zur Zahlung verpflichtet sein kann. Dabei ist an die **Schuldmitübernahme** oder die **Bürgschaft** zu denken. Diese Fälle **werden auch nicht von Nr. 6 erfaßt,** sondern regeln sich nach den einschlägigen Vorschriften des BGB. Dabei ist es nach dem in Rdn. 314 ff. Gesagten nicht schon als eine Schuldübernahme oder Schuldmitübernahme anzusehen, wenn der Auftraggeber nach Maßgabe der Nr. 6 Zahlung leistet; auch wenn diese Leistung als eine Erfüllungsübernahme angesehen wird, ist davon ein vertragliches Abtretungsverbot nicht

319

berührt (Schmidt WM 1974, 294, 298 unter Hinweis auf BGH, Urt. vom 22. 11. 1973 – VII ZR 179/72 –).

Behauptet der Nachunternehmer, seine Nachunternehmerleistung sei durch spätere Vereinbarung mit dem Auftraggeber und dem Hauptunternehmer aus dem Aufgabenbereich des Hauptunternehmers herausgenommen und es seien unmittelbare vertragliche Beziehungen zwischen ihm und dem Auftraggeber entstanden, so hat er dafür die Beweislast (BGH SFH Z 2.10 Bl. 29).

3. Auch sonstige Verpflichtung des Auftraggebers zur Zahlung an Dritte möglich

320 Es sind auch sonst Fälle denkbar, in denen der Auftraggeber **verpflichtet** ist, an einen Unternehmer zu zahlen, der **an der Bauleistung mitgewirkt** hat, aber nicht unmittelbar Vertragspartner des Auftraggebers ist, wie z. B. der Nachunternehmer. So kann der Auftraggeber zur **unmittelbaren** Zahlung der dem Nachunternehmer zustehenden Vergütung verpflichtet sein, wenn er diesem gegenüber ein **Garantieversprechen zur Erledigung seiner Bauleistungsforderung abgegeben** hat. Ein solches Garantieversprechen liegt in der Erklärung des Auftraggebers an den Nachunternehmer, er werde **in jedem Fall dafür sorgen, daß dieser,** notfalls aus seinem – des Auftraggebers – Vermögen, für seine Arbeit **bezahlt werde** (BGH WM 1962, 576 = SFH Z 2.300 Bl. 22). Eine unmittelbare Zahlungsverpflichtung des Auftraggebers kann sich auch ergeben, wenn er gegenüber dem Nachunternehmer einen **Vertrauenstatbestand** geschaffen hat; das gilt z. B. bei der Zusicherung des Auftraggebers an den Nachunternehmer, er werde seine Forderung gegen den Hauptunternehmer aus dessen Guthaben bei ihm **direkt befriedigen,** und wenn er ihn deswegen veranlaßt, die Leistung auszuführen oder weiter auszuführen (BGH SFH Z 2.332 Bl. 65).

321 Andererseits gewinnt der in Vermögensverfall geratene Auftragnehmer durch die Ankündigung (Zusage) des Auftraggebers, er werde die Bauarbeiter wegen der rückständigen und der laufend entstehenden Lohnforderungen für Rechnung des Auftragnehmers befriedigen, in der Regel **keinen durchsetzbaren Anspruch auf Zahlung** der Löhne und der Lohnnebenkosten gegen den Auftraggeber (OLG Düsseldorf BauR 1973, 250).

II. Nr. 6 im einzelnen

Die Berechtigung des Auftraggebers, mit befreiender Wirkung Zahlungen an Dritte zu leisten, hat **folgende Voraussetzungen:**

1. Erfüllung der Zahlungspflicht aus Bauvertrag

322 Es muß sich um eine Zahlung **in Erfüllung** der Verpflichtungen des Auftraggebers gegenüber dem Auftragnehmer **aus dem Bauvertrag** handeln, und zwar um solche Zahlungen, die nach Nr. 1–5 **an den Auftragnehmer** zu erbringen sind. Insbesondere muß **Fälligkeit** des Zahlungsanspruches (vgl. dazu Rdn. 9 ff.) des Auftragnehmers gegeben sein.

323 **Sofern der Auftraggeber unter den Voraussetzungen der Nr. 6 Zahlungen an Dritte leistet, kann er diese mit dem ihm gegenüber noch offenen Vergütungsanspruch des Auftragnehmers verrechnen, ohne daß es dazu der Aufrechnung bedarf** (so aber OLG Celle ZIP 1983, 467 = JZ 1984, 247); dies folgt aus der besonderen vertraglichen Regelung der Nr. 6, die es dem Auftraggeber gestattet, mit Wirkung gegen den Auftragnehmer dessen Vergütungsanspruch ganz oder teilweise durch Zahlung an Dritte zu erfüllen. Daher kommt es auch nicht darauf an, ob der Ausgleichsanspruch des Auftraggebers gegen den Auftragnehmer auf der Grundlage der positiven Vertragsverletzung besteht, weil dieser allein schon die Folge der in Nr. 6 getroffenen besonderen vertraglichen Vereinbarung ist. Falls der gesamte Vergütungsanspruch in voller Höhe von einem anderen Gläubiger des Auftragnehmers

gepfändet und ihm zur Einziehung überwiesen wird, kann der Auftraggeber die Zahlungen, die zur Zeit der Pfändung fällig waren, diesem Gläubiger entsprechend § 404 BGB entgegenhalten (insoweit im Ergebnis gleichliegend OLG Celle a. a. O., das bei der von ihm angenommenen Aufrechnung von § 392 BGB ausgeht).

2. Fällige Forderung des Gläubigers des Auftragnehmers

Dem Gläubiger des Auftragnehmers **muß aufgrund eines zwischen ihm und dem Auftragnehmer bestehenden Rechtsverhältnisses eine fällige Geldforderung** gegen diesen zustehen, also müssen die dort maßgebenden Fälligkeitsvoraussetzungen gegeben sein. Dabei genügt keineswegs jedes irgendwie geartete Rechtsverhältnis. Vielmehr muß es sich um solche Gläubiger des Auftragnehmers handeln, die ihre Zahlungsansprüche gegen diesen aus einem **gegenseitigen Vertrag** herleiten, der **entweder ein Dienstvertrag (§§ 611 ff. BGB) oder ein Werkvertrag (§§ 631 ff. BGB) ist. Andere Vertragsverhältnisse** zwischen dem Auftragnehmer und dem Dritten **scheiden aus**. Das gilt **insbesondere** für **Kaufverträge** nach §§ 433 ff. BGB. 324

Deshalb kommen als Gläubiger des Auftragnehmers im wesentlichen nur zwei Gruppen in Betracht, nämlich **die Arbeitnehmer des Auftragnehmers und seine eventuellen Nachunternehmer** (vgl. hierzu Anhang zu Teil A Rdn. 116 ff.). Im Hinblick auf die letztgenannte Gruppe ist auch auf BGH BB 1961, 844 hinzuweisen. Vornehmlich beim sogenannten schlüsselfertigen Bauen, aber auch sonst, können ferner von einem Generalunternehmer beschäftigte selbständige Statiker, Architekten, Ingenieure zum Kreis der Begünstigten rechnen (Dähne BauR 1976, 29). **Nicht** dazu zählen dagegen die **Lieferanten** des Auftragnehmers, **soweit** ihr Rechtsverhältnis zum Auftragnehmer auf einem **Kaufvertrag** oder einem kaufähnlichen Verhältnis beruht. **Anders** ist dies wiederum, wenn ein Dritter auf Bestellung des Auftragnehmers für das Bauvorhaben **unvertretbare Sachen** hergestellt und geliefert hat, somit ein sich nach den **Vorschriften über den Werkvertrag** richtender **Werklieferungsvertrag** (§ 651 BGB) vorliegt, was z. B. bei eigens für dieses Bauvorhaben angefertigten Fertigteilen, individuell vor dem Einbau bearbeiteten Bauteilen, ganz spezieller Betonmischung usw. zutrifft (Dähne a. a. O.). 325

Gemäß ausdrücklicher Regelung in Nr. 6 muß ferner **hinzukommen,** daß die **Forderung des Dritten** aus Dienst- oder Werkvertrag **durch dessen Beteiligung an der Ausführung der Vertragsleistung des Auftragnehmers** entstanden ist. Nur derjenige Arbeitnehmer oder Nachunternehmer des Auftragnehmers kommt also als Empfänger von an sich dem Auftragnehmer zustehenden Vergütungsteilen in Betracht, der **an der Erfüllung** der aus dem Bauvertrag zwischen dem Auftraggeber und dem Auftragnehmer bestehenden **Leistungsverpflichtung mitgearbeitet** und **hieraus** eine noch nicht vom Auftragnehmer beglichene Forderung hat. Forderungen der Arbeitnehmer des Auftragnehmers oder sonstiger Dritter, die durch Arbeiten an einem anderen Bau entstanden sind, haben auszuscheiden (auch Dähne a. a. O.). 326

Sofern die erörterten Voraussetzungen vorliegen, darf der Auftraggeber an den Dritten **erst zahlen,** wenn sich der **Auftragnehmer im Zahlungsverzug gegenüber Dritten** befindet. Es müssen daher insoweit die Voraussetzungen des **Schuldnerverzuges** (§§ 284 ff. BGB) gegeben sein. 327

3. Erklärungspflicht des Auftragnehmers

Durch eine Zahlung auf der Grundlage der Nr. 6 tritt eine **Schuldbefreiung** aus der bauvertraglichen Zahlungspflicht des Auftraggebers **gegenüber** dem **Auftragnehmer grundsätzlich nur** ein, **wenn der Dritte** gegenüber dem Auftragnehmer in Höhe der vom Auftragge- 328 ber an ihn geleisteten Zahlung auch **forderungsberechtigt** ist. Diese weitere Voraussetzung kommt in Nr. 6 Satz 2 dadurch zum Ausdruck, daß der Auftragnehmer verpflichtet ist, sich auf Verlangen des Auftraggebers innerhalb einer von diesem gesetzten Frist darüber zu erklären, ob und inwieweit er die Forderungen seiner Gläubiger anerkennt. Gibt der **Auftragnehmer** diese von ihm geforderte **Erklärung nicht oder nicht rechtzeitig** ab, **gelten** kraft vertraglicher Vereinbarung die Forderungen als **anerkannt** und damit zugleich der Zahlungsverzug des Auftragnehmers als **bestätigt**.

329 **Diese Regelung ist notwendig, weil der Auftraggeber für den Auftragnehmer** an den Dritten **zahlt.** Der **Auftragnehmer** hat also ein wichtiges **Mitspracherecht.** Es wäre nicht angängig, wenn sich der Auftraggeber wegen des Nachweises der in Satz 1 geregelten Voraussetzungen allein mit dem Dritten in Verbindung setzen und lediglich mit diesem verhandeln würde. Er muß vielmehr, um sich selbst aus der Verpflichtung zur Zahlung aus seinem Bauvertrag mit dem Auftragnehmer befreien zu können, **auch diesen hören** und sich dessen **Einwendungen** gegen Grund und Höhe der Forderung des Dritten grundsätzlich **zu eigen machen;** sonst läuft er **Gefahr,** ganz oder teilweise eine **Nichtschuld** des Auftragnehmers an den Dritten zu begleichen. Dies würde zur Folge haben, daß insoweit **keine Schuldbefreiung** des Auftraggebers im Verhältnis zum Auftragnehmer aus seiner bauvertraglichen Zahlungspflicht nach Maßgabe der Nr. 1–5 eintritt.

330 Äußert sich der Auftragnehmer auf die Aufforderung des Auftraggebers und bestreitet er substantiiert die Berechtigung des Zahlungsanspruches des Dritten, wie etwa seinen Zahlungsverzug, so ist der Auftraggeber zwar nicht gehindert, eigene Nachprüfungen anzustellen und dennoch an den Dritten zu zahlen, falls er dessen Forderung gegen den Auftragnehmer für berechtigt hält (vgl. Dähne BauR 1976, 29). Dem Auftraggeber ist jedoch dringend zu raten, dies nur in ganz zweifelsfreien Fällen zu tun, da er insoweit das Risiko trägt. Dies ergibt sich deutlich auch aus den Ausführungen von Dähne a. a. O.

331 Soweit nach Nr. 6 Satz 2, zweiter Halbsatz, zu Lasten des Auftragnehmers die **Anerkennungswirkung** hinsichtlich des Zahlungsverzuges eintritt, wenn er trotz Aufforderung und angemessener Fristsetzung sich nicht erklärt, ist **an sich der Bereich des § 10 Nr. 5 AGB-Gesetz berührt.** Trotzdem ist die hier erörterte VOB-Regelung auch im Falle einer im Einzelfall gegebenen Anwendbarkeit des AGB-Gesetzes **wirksam, wie § 23 Abs. 2 Nr. 5 AGB-Gesetz zeigt** (vgl. dazu Teil A § 10 Rdn. 122 ff.). Auch ein Verstoß gegen § 9 AGB-Gesetz kann hier schon deswegen nicht vorliegen, weil es in der nach Nr. 6 Satz 2 vorgegebenen Situation ein **vordringliches Interesse des Auftraggebers** sein muß, die Weiterführung des Bauvorhabens sicherzustellen.

4. Entsprechende Erkundigungspflicht des Auftraggebers

332 Satz 2 legt **zwar nicht ausdrücklich** eine **Erkundigungspflicht des Auftraggebers** beim Auftragnehmer fest. Abgesehen davon, daß eine Erkundigung des Auftraggebers vor der Zahlung an den Dritten nach dem Gesagten nur den eigenen Interessen des Auftraggebers dient, muß sie **als Nebenpflicht** aus **der beiderseitigen Treuepflicht hergeleitet werden.** Daraus ist zu folgern, daß den Auftraggeber **vor der Zahlung an einen Dritten zunächst die Pflicht trifft,** den **Auftragnehmer zu befragen,** ob er gegen den Anspruch des Dritten dem Grunde oder der Höhe nach **Einwendungen** zu erheben hat. Dähne, der eine solche Erkundigungspflicht des Auftraggebers verneint, weil Nr. 6 dem Interesse nur des Auftraggebers diene, wofür er dann das Risiko im Falle der Zahlung an Dritte trage (BauR 1976, 29 Fn. 10), übersieht, daß der **Auftragnehmer immer noch der Vertragspartner des Auftraggebers** ist, letzterer sich also gerade auch im Vergütungsbereich nach wie vor an ersteren zu halten und mit diesem die Erledigung vertraglicher Pflichten abzustimmen hat (abzulehnen daher auch

die Ansicht von Weick in Nicklisch/Weick Teil B § 16 Rdn. 96, der sich der Auffassung von Dähne anschließt; wie hier wohl Heiermann/Riedl/Rusam/Schwaab Teil B § 16 Rdn. 118).

5. Erklärungsfrist

Der **Auftraggeber hat** dem Auftragnehmer eine **Frist zur Erklärung zu setzen.** Wenn der Auftragnehmer sich innerhalb dieser Frist **nicht erklärt,** trifft ihn im Verhältnis zum Auftraggeber die rechtliche Folge, **daß die von dem Dritten geltend gemachte Forderung sowohl dem Grunde als auch der Höhe nach zu Recht besteht.** In dem Schweigen des Auftragnehmers wird dann kraft vertraglicher Vereinbarung ein **Anerkenntnis** gesehen; **zugleich** gilt der behauptete **Zahlungsverzug** des Auftragnehmers als **bestätigt.** Durch die Zahlung wird der Auftraggeber dann in Höhe der an den Dritten erbrachten Leistung von seiner bauvertraglichen Zahlungspflicht gegenüber dem Auftragnehmer befreit.

333

Für **öffentliche Auftraggeber** sagt hier das VHB zu § 16 VOB/B unter Nr. 6:
Zahlungen an Gläubiger des Auftragnehmers nach § 16 Nr. 6 VOB/B

334

Fordert ein Gläubiger des Auftragnehmers Zahlung mit der Begründung, er sei an der Ausführung der vertraglichen Leistung des Auftragnehmers aufgrund eines mit diesem abgeschlossenen Dienst- oder Werkvertrages beteiligt und der Auftragnehmer sei ihm gegenüber in Zahlungsverzug gekommen, ist der Auftragnehmer unverzüglich schriftlich unter Fristsetzung aufzufordern, zu erklären, inwieweit er diese Forderung anerkennt.

Die Entscheidung über die Zahlung ist von der technischen Aufsichtsbehörde in der Mittelinstanz zu treffen.

Ferner heißt es in a. a. O. Nr. 7:
Kennzeichnung als Schlußzahlung bei Überzahlungen und Zahlungen an Dritte

Wird bei der Prüfung der Schlußrechnung eine Überzahlung festgestellt, ist der überzahlte Betrag schriftlich zurückzufordern. Dabei ist dem Auftragnehmer zu erklären, daß keine weiteren Zahlungen geleistet werden.

Wird das Restguthaben aufgrund von Pfändungen, Abtretungen oder nach § 16 Nr. 6 VOB/B an Dritte gezahlt, ist der Auftragnehmer schriftlich darüber zu unterrichten, daß dies die Schlußzahlung ist.

6. Vermögensverfall beim Auftragnehmer

Die in **Nr. 6** geregelte Möglichkeit des Auftraggebers, mit für ihn befreiender Wirkung an einen Dritten Zahlung zu leisten, **endet mit Eröffnung des Konkursverfahrens oder Anschlußkonkursverfahrens über das Vermögen des Auftragnehmers,** sofern jener in diesem Zeitpunkt noch Inhaber der Forderung ist. Dies folgt aus zwingenden konkursrechtlichen Vorschriften (ebenso BGH BauR 1986, 454 = SFH § 16 Nr. 6 VOB/B Nr. 1 = Betrieb 1986, 2022 = NJW 1986, 2761 = JZ 86, 911 = BB 1986, 1323 = ZIP 1986, 720 = MDR 1986, 1015 = LM § 16 [A] VOB/B Nr. 18 = Dempewolf EWiR § 8 KO 1/86, 601; OLG Düsseldorf BauR 1973, 250), wie den §§ 1, 7, 8 KO, die auch eine schuldbefreiende Zahlung für den Gemeinschuldner an Dritte in gleichzeitiger Erfüllung einer dem Gemeinschuldner gegenüber bestehenden Verbindlichkeit untersagen (Dähne a. a. O. S. 34). Dagegen **bleibt** dem Auftraggeber im Falle des **Vergleichsverfahrens** über das Vermögen des Auftragnehmers **grundsätzlich** die in **Nr. 6 geregelte Möglichkeit** der Zahlung an Dritte, da der Schuldner hier im allgemeinen in der Verfügung über sein Vermögen nicht beschränkt ist (Ausnahmen: §§ 57 ff. VerglO). Allerdings ist auch hier besondere Vorsicht geboten, weil der Auftraggeber, vor allem wenn es sich um Zahlungen an Subunternehmer handelt, vor Zahlung die Voraussetzungen des § 36 VerglO prüfen muß, wenn er nicht Schaden erleiden will (dazu im einzelnen zutreffend Dähne a. a. O.).

335

336 Führt der Konkursverwalter den Betrieb des Gemeinschuldners weiter, so ist § 82 KO zu beachten. Daraus folgt, daß er den Betrieb nur so lange weiterführen darf, als hinreichende Gewähr dafür besteht, daß die hierfür neu einzugehenden Verbindlichkeiten durch die Konkursmasse voll gedeckt sind, insbesondere die Liquidität der Masse Erfüllung dieser Verpflichtungen jedenfalls innerhalb den Gläubigern zumutbarer Zeit nach Fälligkeit zuläßt. Das folgt aus dem besonderen wirtschaftlichen Risiko, das mit der Weiterführung eines solchen Unternehmens unter den gegebenen Umständen verbunden ist und in das der Konkursverwalter neue Gläubiger – insbesondere auch Dritte als Lieferanten des Betriebes des Gemeinschuldners – nicht ohne entsprechende Aufklärung hineinziehen darf. Ein vom Konkursverwalter persönlich einem Massegläubiger nach § 82 KO zu ersetzender Ausfallschaden kann schon dann entstanden sein, wenn zwar eine Unzulänglichkeit der Masse (§ 60 KO) noch nicht eingetreten ist, weil in der Masse noch Außenstände vorhanden sind, jedoch ernste Zweifel bestehen, ob sich der Massegläubiger aus diesen in angemessener Zeit wird befriedigen können (BGH WM 1977, 847). Soweit ausnahmsweise die Fortführung des Betriebes bei sich abzeichnender Massenunzulänglichkeit noch verantwortet werden kann, muß der Konkursverwalter den Vertragspartner, vor allem auch Dritte als Lieferanten, zumindest über zu befürchtende Schwierigkeiten ins Bild setzen. Anderenfalls haftet der Konkursverwalter persönlich nach § 82 KO (vgl. BGH VersR 1973, 521; BGH VersR 1975, 767). Vgl. dazu näher Teil B § 9 Rdn. 48.

337 Für öffentliche Auftraggeber sagt das VHB zu § 16 VOB/B hier:

5. Zahlungseinstellung, Vergleichs- oder Konkursverfahren

Sofern der Auftragnehmer seine Zahlungen eingestellt hat oder die Eröffnung des Vergleichs- oder Konkursverfahrens über sein Vermögen beantragt worden ist, dürfen Zahlungen nur mit Zustimmung der technischen Aufsichtsbehörde in der Mittelinstanz geleistet werden.

H. Pfändung oder Abtretung von Vergütungsansprüchen; Eigentumsvorbehalt des Baustofflieferanten

I. Pfändung oder Abtretung

1. Überblick

338 Nr. 6 betrifft **nicht** die Fälle, in denen der **Dritte** rechtswirksam **an die Stelle des Auftragnehmers als Gläubiger** getreten ist, und in denen der Auftraggeber, wenn er sich von seiner Schuld befreien will, an den Dritten zu **leisten hat. Dann geht die gesetzliche Regelung der in der VOB festgelegten vertraglichen vor, weil diese von jener unberührt bleibt** (vgl. Rdn. 318 f). Insoweit richtig Dähne BauR 1976, 29, 33. Der dagegen von Siebeck BauR 1976, 238 erhobene Widerspruch greift nicht durch, weil Siebeck übersieht, daß die einzige von ihm auch erkannte Möglichkeit für den Auftraggeber, gegenüber dem neuen Gläubiger im Rahmen des § 404 BGB vorzugehen, hier nicht gegeben ist, da die in Nr. 6 festgehaltene Befugnis des Auftraggebers kein von § 404 BGB erfaßtes Recht, vor allem kein Gestaltungsrecht ist. Da dies dazu führt, daß die in Nr. 6 liegende Absprache im Hinblick auf den später durch Abtretung seitens des Auftragnehmers hinzutretenden neuen Gläubiger eine Vereinbarung zu Lasten dieses Dritten wäre, kann sie diesem gegenüber nicht wirksam sein. Abgesehen von den Fällen der §§ 117, 118 BGB ist für die Praxis allerdings denkbar, daß eine vorgenommene Abtretung im Einzelfall gegen § 242 BGB verstößt. Gerade dies könnte in dem von Siebeck ins Auge gefaßten Fall zutreffen, nämlich beim VOB-Vertrag zwischen General- oder Hauptunternehmer und dem Subunternehmer, in dem der eigentliche Auftraggeber ein vorrangiges Interesse an der Erstellung der vom Subunternehmer in Angriff genommenen Bauleistung hat, der General- bzw. Hauptunternehmer nur „Durchlaufstation" ist. In solchen Fällen könnte es im Einzelfall gegen § 242 BGB verstoßen, wenn der Auftragnehmer

(General- oder Hauptunternehmer) eine Bauforderung, die er ohnehin weitgehend an den Subunternehmer „weitergeben" müßte, zur Erledigung sonstiger und nicht mit dem Bauvorhaben zusammenhängender Schulden abtritt.

Für öffentliche Auftraggeber ordnet das VHB zu Teil B § 16 an: 339

4. Pfändungen und Abtretungen

Vor jeder Zahlung ist zu prüfen, ob Pfändungen oder Abtretungen vorliegen (vgl. Abschnitt K 8 RBBau).

2. Pfändung

Ein Gläubigerwechsel kann im Wege der **Zwangsvollstreckung** eintreten (**Pfändung** nach §§ 828 ff. 340 ZPO). Eine gepfändete Forderung ist schon dann ausreichend bezeichnet, wenn bei verständiger, nach objektiven Gesichtspunkten vorzunehmender Auslegung des Pfändungsbeschlusses die Forderung unzweifelhaft festgestellt werden kann, die Gegenstand der Zwangsvollstreckung sein soll; das Rechtsverhältnis, aus dem die Forderung hergeleitet wird, muß zwar in allgemeinen Umrissen angegeben werden; dabei sind aber Ungenauigkeiten unschädlich, wenn sie keinen Zweifel begründen, welche Forderung gemeint ist (BGH BauR 1980, 182 = NJW 1980, 585 = Betrieb 1980, 733 = MDR 1980, 303 = ZfBR 1980, 137 = SFH § 392 BGB Nr. 1 = LM § 392 BGB Nr. 4 m. w. N.; vgl. auch Rdn. 344 ff.).

Leistet bei mehrfacher Forderungspfändung der Drittschuldner irrtümlich an einen nachrangigen Voll- 341 streckungsgläubiger und muß er deshalb nochmals an den vorrangigen Gläubiger zahlen, so kann er den an den nachrangigen Gläubiger gezahlten Betrag von diesem aus ungerechtfertigter Bereicherung zurückverlangen und muß sich insoweit nicht an den Vollstreckungsschuldner halten (BGHZ 82, 28 = NJW 1982, 173 = BauR 1982, 71 = Betrieb 1982, 325 = JZ 1982, 24 = MDR 1982, 221). Der Inhaber eines Kontos kann, wenn das Guthaben aufgrund eines wirkungslosen Pfändungs- und Überweisungsbeschlusses an einen Dritten ausgezahlt wird, von diesem nach § 816 Abs. 2 BGB die Herausgabe des an ihn Geleisteten verlangen (BGH BauR 1986, 708 = ZfBR 1986, 282).

Dadurch, daß der Drittschuldner einer gepfändeten Forderung verbotswidrig an den Schuldner zahlt, 342 verliert er nicht seine Einwendungen gegen die gepfändete Forderung (BGH NJW 1972, 428). Dagegen Reinicke NJW 1972, 793 und NJW 1972, 1698, jedoch nicht überzeugend; der Ansicht des BGH und von Werner (NJW 1972, 1697) ist der Vorzug zu geben. Mit der Eröffnung des Anschlußkonkursverfahrens werden auch solche innerhalb der Sperrfrist des § 104 VerglO getroffenen Zwangsvollstreckungsmaßnahmen endgültig unwirksam, die infolge eines nach § 106 KO erlassenen allgemeinen Veräußerungsverbotes schon vorher relativ unwirksam waren (BGH BauR 1980, 184 = NJW 1980, 345 = MDR 1980, 394). Zur möglichen Unpfändbarkeit eines Vergütungsanspruches s. Teil B § 2 Rdn. 109. Hinsichtlich der Aufrechnung gegen eine gepfändete Forderung: Im Sinne des § 392 BGB ist eine zur Aufrechnung gestellte Forderung schon dann vor der Beschlagnahme der Hauptforderung „erworben", wenn sie zwar erst nach der Beschlagnahme entstanden ist, aber aus einer Rechtsgrundlage erwachsen ist, die schon vor der beschlagnahmenden Pfändung bestanden hat, wie z. B. ein Vertragsstrafenanspruch (vgl. OLG Köln BB 1977, 1735). Gleiches gilt im Hinblick auf einen Schadensersatzanspruch wegen Nichterfüllung, der sich aus einer Kündigung des Bauvertrages gemäß Teil B § 8 Nr. 2 Abs. 2 Satz 2 VOB/B ergibt (BGH BauR 1980, 182 = NJW 1980, 585 = Betrieb 1980, 733 = MDR 1980, 303 = ZfBR 1980, 137 = SFH § 392 BGB Nr. 1 = LM § 392 BGB Nr. 4).

Über die Forderungsabtretung des Auftragnehmers aus dem Bauvertrag in der Auswirkung auf den 343 erzielten Pfändungsbeschluß gegenüber dem Auftraggeber durch einen Dritten vgl. LG Berlin (SFH Z 2.332 Bl. 5 ff.).

3. Abtretung

Der Auftragnehmer kann seine Vergütungsansprüche oder Teile derselben auch **an den Dritten abtreten,** 344 §§ 398 ff. BGB. Bei der Abtretung bestehen **nicht die Beschränkungen,** wie sie in **Nr. 6 Satz 1** aufgeführt sind. Zwar muß es sich auch hier um einen Gläubiger des Auftragnehmers handeln, an den abgetreten wird, jedoch ist die **Ursache** der Gläubigerstellung **gleichgültig. Es ist nicht erforderlich, daß** dieser Gläubiger an der Bauleistung des Auftragnehmers mitgewirkt hat. Hierunter fallen also **auch** die **Lieferanten** des Auftragnehmers, die mit diesem kaufvertraglich verbunden sind (vgl. Rdn. 324 ff.).

345 Die zur Wirksamkeit der Abtretung (vgl. dazu auch Teil B § 2 Rdn. 101 ff.) erforderliche **Abtretungsanzeige** durch den Auftragnehmer oder den neuen Gläubiger ist **grundsätzlich an den Auftraggeber persönlich** zu richten. So ist auch der bauleitende **Architekt,** dem die Entgegennahme von Rechnungen und deren Prüfung auf ihre sachliche Richtigkeit obliegt, **in der Regel nicht bevollmächtigt,** mit Wirkung gegen den Auftraggeber von einer Abtretungsanzeige Kenntnis zu nehmen, vgl. BGH NJW 1960, 1805 = MDR 1960, 488 = SFH Z 2.332 Bl. 42.

346 Immer muß die **Abtretung hinreichend bestimmt** sein (BGH WM 1965, 562). Bestehen aus **demselben Rechtsverhältnis** – hier Bauvertrag – mehrere Forderungen, dann muß die abgetretene Forderung so **genau bezeichnet** sein, daß sie von anderen Forderungen **unterschieden** werden kann und ihre Identität unzweifelhaft feststeht, und zwar nicht nur für die unmittelbar Beteiligten (Gläubiger, Schuldner, Drittschuldner), sondern auch für Dritte, insbesondere für weitere Gläubiger (BGH LM § 829 ZPO Nr. 5; BGH MDR 1965, 738). Das gilt **erst recht,** wenn es sich um die Abtretung von **Forderungen aus mehreren Bauvorhaben** handelt. Dann muß das Bauvorhaben, auf das sich die Abtretung beziehen soll, in dieser hinreichend bestimmt sein (vgl. BGH SFH Z 2.332 Bl. 61 ff.). Die an die Bestimmtheit zu stellenden Erfordernisse gelten auch für die Bezeichnung in einem Pfändungs- und Überweisungsbeschluß (BGH SFH Z 2.332 Bl. 61).

347 Die „**Bestätigung**" oder „**Anerkennung**" der Abtretung **kann verschiedene Bedeutung** haben: Der Schuldner kann damit auf Einwendungen gegen die abgetretene Forderung verzichten (u. a. BGH NJW 1970, 321), aber zugleich auch auf Einwendungen gegen die Wirksamkeit der Abtretung (u. a. BGH WM 1959, 406). Ob der Fall ist und wie weit gegebenenfalls der Verzicht reicht, ist eine Frage der Auslegung der Erklärungen des Schuldners (vgl. BGH SFH Z 2.332 Bl. 61).

348 Zum vertraglichen **Abtretungsverbot** vgl. Teil B § 2 Rdn. 106–108; zum **Abtretungsausschluß** vgl. a. a. O. Rdn. 109. Hier ist auf BGH SFH Z 2.332 Bl. 1 ff. hinzuweisen, wo er sich mit der nachträglichen **Genehmigung** einer vertraglich an sich ausgeschlossenen Forderungsabtretung befaßt. Eine nachträgliche Genehmigung kann die Auslegung zulassen, daß der Auftraggeber nicht nur die Abtretung genehmigt, sondern auch auf die Geltendmachung der ihm gegenüber dem ursprünglichen Gläubiger (Auftragnehmer) zustehenden Einwendungen verzichtet. Wieweit eine nachträgliche Genehmigung der Abtretung reicht, richtet sich nach dem – notfalls nach §§ 133, 157 BGB auszulegenden – erklärten Willen des Auftraggebers (zum Fall der Auslegung einer Genehmigungserklärung mit der Wendung „falls Forderungen entstehen", insbesondere, ob dadurch bereits entstandene Forderungen erfaßt werden, sowie über den Vorrang bei einer Teilabtretung, vgl. BGH, Urt. vom 15. 11. 1965 – VII ZR 225/63 –).

349 Ganz besondere Bedeutung kommt auch BGH SFH Z 2.332 Bl. 30 = NJW 1958, 1915 = MDR 1958, 915, ferner MDR 1959, 437 zu: Macht der Auftraggeber gegenüber dem neuen Gläubiger, dem der Auftragnehmer seinen Werklohnanspruch abgetreten hat, **gemäß § 326 BGB einen Schadensersatzanspruch wegen Nichterfüllung des Bauvertrages durch** den Auftragnehmer – also auch im Falle von Teil B § 8 Nr. 2 Abs. 2 Satz 2 bzw. Teil B § 8 Nr. 3 Abs. 2 – geltend, **rechnet er nicht gemäß § 406 BGB auf, sondern setzt dem Gläubiger eine Einwendung nach § 404 BGB entgegen.** Dabei ist es unerheblich, wenn der Schadensersatzanspruch erst entstanden ist, als die Abtretung schon vorlag.

II. Abtretung bei öffentlichen Bauaufträgen

350 Hinsichtlich der Abtretung des Vergütungsanspruches bei öffentlichen Bauaufträgen sind die Bestimmungen in Nr. 23 der EVM (B) ZVB (1983) – vgl. VHB Teil II S. 7 – für den Rahmen der Vertragsgestaltung zu beachten:

23. **Abtretung** (zu § 16)

23.1. Forderungen des Auftragnehmers gegen den Auftraggeber können ohne Zustimmung des Auftraggebers nur unter folgenden Bedingungen abgetreten werden:

a) Die Abtretung erstreckt sich auf alle Forderungen aus einem genau zu bezeichnenden Auftrag. Sie umfaßt außer diesem Auftrag auch etwaige Nachträge, die als solche bezeichnet sind. Sie erstreckt sich nicht auf den in der Forderung enthaltenen Umsatzsteuerbetrag; es sei denn, daß die Forderung an das Finanzamt abgetreten wird. Abgetreten ist der noch ausstehende Betrag in voller Höhe.

b) Eine weitere Abtretung durch den neuen Gläubiger ist ausgeschlossen.

c) Die Abtretung wirkt gegenüber dem Auftraggeber – und zwar vom angezeigten Abtretungsdatum ab – erst, wenn sie dem Auftraggeber vom alten Gläubiger (Auftragnehmer) und vom neuen Gläubiger unter genauer Bezeichnung der auftraggebenden Stelle und des Auftrags unter Verwendung des vorgeschriebenen Formblattmusters – EFB – Abtr. 1 – schriftlich angezeigt worden ist. Sind Ansprüche aus mehreren Aufträgen abgetreten worden, so muß jede Abtretung auf einem gesonderten Formblatt angezeigt werden.

23.2. Abtretungen, die nicht unter Nr. 23.1 fallen (z. B. Teilabtretungen), sind nur mit schriftlicher Zustimmung des Auftraggebers wirksam. Für diese Abtretungen gilt Nr. 23.1 insoweit, als nichts anderes vereinbart ist.

23.3. Der neue Gläubiger muß Zahlungen, die der Auftraggeber nach der Abtretung an den Auftragnehmer leistet, gegen sich gelten lassen, wenn seit dem Eingang der Abtretungsanzeige (Nr. 23.1 c) beim Auftraggeber und dem Tag der Zahlung (Barzahlungen, Abgang des Überweisungsauftrags oder des Schecks aus der Kasse) noch nicht 6 Werktage verstrichen sind. Das gilt nicht, wenn der die Zahlung bearbeitende Kassenbeamte schon vor Ablauf dieser Frist von der Abtretungsanzeige Kenntnis hatte. Im übrigen bleiben die Vorschriften von § 407 BGB unberührt.

23.4. Der Auftraggeber bestätigt dem Auftragnehmer den Eingang der Abtretungsanzeige – EFB – Abtr. 2 –.

Soweit der Inhalt dieser Richtlinien auch für private Auftraggeber geeignet sein kann, ist zu empfehlen, entsprechende Bestimmungen in die Zusätzlichen oder Besonderen Vertragsbedingungen aufzunehmen, weil dadurch eine Reihe von Streitpunkten oder Zweifelsfragen im Rahmen von Abtretungen der Vergütungen weitgehend zu beseitigen ist.

Zur **Sittenwidrigkeit** einer Sicherungsabtretung bei einem öffentlichen Bauauftrag vgl. LG Ulm ZIP 1983, 293.

III. Eigentumsvorbehalt des Baustofflieferanten

Über die **Einwirkung des AGB-Gesetzes auf den Eigentumsvorbehalt** vgl. Graf v. Westphalen Betrieb 1977, 1637 und 1685 sowie ders., ZIP 1980, 726, BB 1980, 1405, Betrieb 1985, 425 sowie 475; dazu weiter Thamm BB 1978, 20; dagegen wiederum der Erstgenannte BB 1978, 281; vgl. ferner Mayer NJW 1978, 1037. Über die neue Rechtsprechung des BGH zu Übereignungstatbestand und Eigentumsvorbehalt siehe Kemper BB 1983, 94.

Die AGB-Klausel eines Lieferanten, wonach die gelieferten Waren u. a. bis zur vollständigen Bezahlung aller Forderungen aus den gesamten künftigen Geschäftsverbindungen Eigentum des Lieferanten bleiben, ist jedenfalls im nichtkaufmännischen Verkehr unwirksam, da für den Lieferanten eine so weitgehende Sicherung nicht geboten ist und zudem die Verwendung der Klausel zu einer unangemessenen Benachteiligung des Kunden führt, weil der Eigentumsübertragungstatbestand auf unbestimmte Zeit hinausgeschoben und durch den Vertragszweck nicht bedingt ist (OLG Frankfurt ZIP 1981, 70 und 1981, 393 = BB 1980, 1550 mit abl. Anm. Braun BB 1981, 632, der jedoch die Grenzen der Zulässigkeit im Bereich des § 9 AGB-Gesetz zu weit steckt; vgl. auch LG Braunschweig ZIP 1981, 876). Dem Lieferanten steht der in seinen AGB vorgesehene verlängerte Eigentumsvorbehalt nicht zu, wenn die AGB des Käufers eine Abwehrklausel enthalten (BGH NJW-RR 1986, 984). Zur Wirksamkeit eines einfachen Eigentumsvorbehalts trotz kollidierender AGB mit wechselseitigen Abwehrklauseln NJW 1982, 1749 = ZIP 1982, 447 = Betrieb 1982, 947 = BB 1982, 636 = MDR 1982, 844 = LM § 455 BGB Nr. 38; dieser ist hinsichtlich eines verlängerten Eigentumsvorbehaltes zu verneinen (BGH NJW 1985, 1838 = ZIP 1985, 544 = MDR 1985, 751); vgl. dazu de Lousanoff NJW 1985, 2921. Trotz kollidierender AGB ist ein sogenannter nachträglicher Eigentumsvorbehalt wirksam, wenn dem Vertragspartner aufgrund jahrelanger Geschäftsbeziehungen der Eigentumsvorbehalt bekannt ist (vgl. BGH NJW 1982, 1731 = BB 1982, 1140 = ZIP 1982, 845 = MDR 1982, 1011 = LM § 455 BGB Nr. 39). Vgl. dazu v. Westphalen ZIP 1987, 1361 und Graf Lambsdorff a. a. O., S. 1370. Der in AGB eines Baustofflieferanten enthaltene erweiterte und verlängerte Eigentumsvorbehalt ohne Freigabeklausel ist dahin auszulegen, daß die gesamte Werklohnforderung des Bauunternehmers abgetreten ist, woraus sich eine nach § 9 AGB-Gesetz unzulässige Übersicherung ergeben kann; die Umdeutung in eine Teilabtretung ist nicht möglich, wenn die für die Bestimmung der Teilforderung notwendigen Kriterien fehlen (BGHZ 98, 303 = NJW 1987, 487 = MDR 1987, 313 = WM 1986, 1545 = ZIP 1987, 85 = Betrieb 1987, 373 = BB 1987, 222 = LM § 9 [Ba] AGBG Nr. 12 = ZfBR 1987, 77 = Meyer-Cording EWiR § 9 AGBG 1/87, 5), abgesehen davon, daß dies grundsätzlich eine nicht zulässige geltungserhaltende Reduktion wäre (zutreffend Meyer-Cording a. a. O.).

352 Zur **Lieferung von Baustoffen** mit **verlängertem Eigentumsvorbehalt** des Lieferanten und gleichzeitiger Forderungsabtretung des Auftragnehmers aus dem Bauvertrag LG Hamburg SFH Z 3.13 Bl. 1 ff. Läßt sich der Lieferant im Wege des verlängerten Eigentumsvorbehalts die zukünftige Forderung seines Kunden gegen Dritte nur teilweise – z. B. in Höhe des Rechnungsbetrages – abtreten, so kann die Auslegung der AGB des Lieferanten ergeben, daß Zahlungen des Dritten zunächst diesen abgetretenen Teil der Forderung tilgen (OLG Karlsruhe MDR 1984, 579). Über gutgläubigen Erwerb bei Abtretungsverbot vgl. BGHZ 77, 274 = BB 1980, 1179 = ZIP 1980, 634 = NJW 1980, 2245 = JZ 1980, 572 = MDR 1981, 47; dazu U. Hübner ZIP 1980, 741 sowie Klamroth BB 1984, 1842; siehe auch BGH NJW 1985, 1838 = BB 1985, 1150 = MDR 1985, 751 = LM § 157 [Ga] BGB Nr. 32 = WM 1985, 605 = v. Westphalen EWiR § 9 AGBG 8/85, 523. Der Grundsatz, daß der Käufer unter verlängertem Eigentumsvorbehalt gelieferter Ware zu deren Weiterveräußerung (z. B. durch Einbau in ein Grundstück) im ordnungsgemäßen Geschäftsgang nur ermächtigt ist, wenn er nicht durch Vereinbarung mit seinem Abnehmer den Übergang der vorausabgetretenen Forderung aus der Weiterveräußerung auf den Vorbehaltsverkäufer vereitelt, gilt auch, soweit Abnehmer des Vorbehaltskäufers die öffentliche Hand ist, die häufig Abtretungsverbote oder -beschränkungen verlangt, wie der Vorbehaltsverkäufer weiß und wissen muß (BGH BauR 1988, 207 = NJW 1988, 1210 = SFH § 2 AGBG Nr. 5 = ZIP 1988, 175 = MDR 1988, 402 = JZ 1988, 720 m. w. N.; dazu beachtlich, weil rechtlich fundiert, Wagner JZ 1988, 698).

353 Wer sein Eigentum auf die **Vereinbarung eines Eigentumsvorbehaltes** stützt und eine aufschiebend bedingte Einigung über den Eigentumsübergang **behauptet, muß dies gegenüber dem unmittelbaren Besitzer einer Sache beweisen** (BGH MDR 1975, 659 = BB 1975, 674 = NJW 1975, 1269 = LM § 1006 BGB Nr. 14). Beruft sich der Käufer zu Recht auf Verjährung des Kaufpreises, kann der Verkäufer dennoch die Rückgabe der unter Eigentumsvorbehalt gelieferten Sache auch ohne besondere Vereinbarung über ein Rücknahmerecht verlangen (BGH Betrieb 1978, 292 = WM 1978, 122 = MDR 1978, 399). Vgl. dazu auch BGH NJW 1979, 2195 = JZ 1979, 724 mit Stellungnahme von Peters JZ 1980, 178. Der zugunsten eines Lieferanten von Baustoffen vereinbarte verlängerte Eigentumsvorbehalt, durch den die durch die Veräußerung der Baustoffe entstehenden Forderungen abgetreten werden, erstreckt sich auch auf den Vergütungsanspruch des Auftragnehmers, der unter Verwendung der ihm unter Eigentumsvorbehalt gelieferten Baustoffe ein Gebäude errichtet. Die **Vorausabtretung** ist aber **unwirksam**, wenn in der der Lieferung zugrundeliegenden Vereinbarung **nicht angegeben ist, in welchem Umfang der Vergütungsanspruch abgetreten wird**, so BGHZ 26, 178 = NJW 1958, 417 = BB 1958, 172 = MDR 1958, 230 = SFH Z 2.332 Bl. 21. Zur Bestimmbarkeit einer in AGB enthaltenen Vorausabtretung und zur Zulässigkeit des Verbots einer Teilabtretung BGHZ 79, 16 = JZ 1981, 224 = NJW 1981, 816 = MDR 1981, 308 = ZIP 1981, 153 mit Besprechung von Graf Lambsdorff a. a. O. S. 243 = Betrieb 1981, 634 = BB 1981, 326 = WM 1981, 167 = LM § 398 BGB Nr. 40; OLG Köln KTS 1979, 114. Allgemein zum verlängerten Eigentumsvorbehalt des Baustofflieferanten Neumann/Duesberg Betrieb 1965, 1845; zu Kollisionsfällen im Bereich der Verarbeitungsklauseln beachtlich Serick BB 1974, 381.

354 Zur Sittenwidrigkeit der **Vorausabtretung** einer Vergütungsforderung des Auftragnehmers aus einem Bauvertrag zur Abdeckung eines Kredits, den der Auftragnehmer zur Finanzierung seiner Bauleistung in Anspruch genommen hat, BGH LM § 138 (Bb) = SFH Z 2.332 Bl. 8 ff. und Bl. 16 ff. In diesem Zusammenhang ist auch auf BGH BB 1962, 732 = SFH Z 2.210 Bl. 4 ff. hinzuweisen, was für den Auftraggeber geradezu als warnendes Beispiel gelten muß.

355 Wer eine Forderung zur Sicherheit abgetreten hat – hier der Auftragnehmer –, bleibt grundsätzlich

zu deren gerichtlicher Geltendmachung befugt, jedoch muß er auf Leistung an den Abtretungsempfänger klagen (KG MDR 1975, 756). Stellt der Vorbehaltskäufer die ihm aus der Weiterveräußerung der Vorbehaltsware zustehende Kaufpreisforderung in ein mit seinem Abnehmer vereinbartes **Kontokorrent** ein, so ist diese nicht abtretbar, was entsprechend auch hinsichtlich der Saldoforderungen gilt; anders dagegen in bezug auf den bei Beendigung des Kontokorrentverhältnisses entstehenden Schlußsaldo (BGH WM 1978, 137 = BB 1978, 222 = NJW 1978, 538 = MDR 1978, 485), da der Eigentumsvorbehalt mit dem Ausgleich der beiderseitigen Forderungen erlischt (BGH NJW 1978, 633 = Betrieb 1978, 203 = MDR 1978, 487; siehe auch OLG Stuttgart BB 1978, 520). Zu konkursrechtlichen Fragen bei der sicherungsrechtlichen Vorausabtretung der Schlußsaldoforderung Serick BB 1978, 873.

Wenn die schriftliche **Globalabtretung** künftiger Kundenforderungen **keine ausdrückliche Regelung ihres Verhältnisses zu Ansprüchen von Lieferanten des Zedenten aus verlängertem Eigentumsvorbehalt enthält**, ist die Globalabtretung gleichwohl aus dem Gesichtspunkt der Konkurrenz mit den verlängerten Eigentumsvorbehalten rechtlich **nicht zu beanstanden, wenn** nach dem übereinstimmenden Willen der Vertragspartner **die verlängerten Eigentumsvorbehalte** der Lieferanten auf jeden Fall der Globalzession **vorgehen** sollen (BGH NJW 1974, 942 = BB 1974, 526; BGH NJW 1974, 944 = BB 1974, 669). Vgl. dazu auch Schwerdtner NJW 1974, 1785 sowie Graf Lambsdorff und Skora NJW 1977, 701; dieselben BB 1977, 922 zu BGH NJW 1977, 2261 = LM § 138 (Cb) BGB Nr. 23 = MDR 1977, 1011 = BB 1977, 617 = JZ 1977, 400; zutreffend ferner Graf Lambsdorff BB 1978, 635 zu OLG München a. a. O. Die Globalzession zugunsten einer Bank ist nicht deswegen unwirksam, weil sie den Vorrang eines später zustande gekommenen verlängerten Eigentumsvorbehalts des Warenkreditgläubigers auf Fälle des branchenüblichen Vorbehaltes – insoweit vor allem eine Freigabeklausel – beschränkt; die Globalzession eines Bauunternehmers führt nicht zur unangemessenen Übersicherung der Bank, wenn diese zur Freigabe verpflichtet ist, sobald der Nennbetrag der sicherungshalber abgetretenen Forderungen die Kreditsumme um 50 % übersteigt (BGHZ 98, 303 = NJW 1987, 487 = MDR 1987, 313 = Betrieb 1987, 373 = LM § 9 [Ba] AGBG Nr. 12 = ZfBR 1987, 77 = WM 1986, 1545 = ZIP 1987, 85 = Meyer-Cording EWiR § 9 AGBG 1/87, 5). Bei einer Globalzession muß die einzelne abgetretene Forderung immer so genügend bestimmt sein, daß es nur noch ihrer Entstehung bedarf, um die Übertragung ohne weiteres und zweifelsfrei wirksam werden zu lassen (vgl. BGH NJW 1978, 1050 = WM 1978, 370 = MDR 1978, 923). Zur nachträglichen einseitigen Begründung eines Globalvorbehalts: Braun BB 1978, 22.

356

Die Globalabtretung künftiger Kundenforderungen an eine Bank ist, soweit sie Forderungen erfaßt, die einem verlängerten Eigentumsvorbehalt unterliegen, auch dann sittenwidrig, wenn in den Abtretungsvertrag eine sogenannte schuldrechtliche Teilverzichtsklausel zugunsten der Warenlieferanten aufgenommen worden ist (BGHZ 72, 308 = NJW 1979, 365 = BB 1979, 70 = JZ 1979, 138 = MDR 1979, 304 = Anm. Rehbein JR 1979, 198). Hiernach ist es möglich, daß sich die Bank – unbeschadet der Wirkungen ihres Auftretens nach außen – gegenüber dem Vorbehaltslieferanten gemäß § 242 BGB so behandeln lassen muß, als hätte sie die Zahlungen von den Abnehmern des Kreditnehmers nicht als deren Zahlstelle entgegengenommen, sondern aufgrund einer nichtigen Globalzession. Andererseits kann eine Globalzession, die sich auch auf Forderungen bezieht, die einem verlängerten Eigentumsvorbehalt unterliegen, in bezug auf die sonstigen abgetretenen Forderungen wirksam sein (BGH Betrieb 1980, 682 = ZIP 1980, 186). Zur Kollision zwischen verlängertem Eigentumsvorbehalt und Bankenglobalzession als Lösungsversuch aufgrund des AGB-Gesetzes vgl. v. Westphalen Betrieb 1978, 68; zu Globalzessionsklauseln in den AGB der Banken vgl. Finger Betrieb 1982, 475. Über die nachträgliche einseitige Begründung eines Globalvorbehaltes BB 1978, 22. Zum verlängerten Eigentumsvorbehalt und Forderungseinzug durch Banken Canaris NJW 1981, 249; dazu Beise Betrieb 1981, 1272. Zur hier erörterten Problematik auch Frank JuS 1973, 373. Ob Zahlungen, die der Erwerber einer Eigentumswohnung zur Tilgung des Kaufpreises und der Kreditverpflichtungen des Herstellers auf dessen Konto bei der den Bau finanzierenden Bank leistet, der Bank zustehen, die sich gegenüber dem Hersteller durch Grundschulden und Globalzession gesichert hat, oder dem Baustoffhändler, der den Hersteller unter verlängertem Eigentumsvorbehalt beliefert hat, läßt sich nur durch tatsächliche und insbesondere rechtliche Bewertung der Umstände des Einzelfalles beurteilen (vgl. dazu BGH BauR 1983, 576 = NJW 1983, 2502 = ZIP 1983, 1044 = SFH § 816 BGB Nr. 1 = ZfBR 1983, 231 = MDR 1984, 483).

Zur Frage, inwieweit Vorbehaltslieferanten gegen eine Bank vorgehen können, die sich unter Verstoß gegen die guten Sitten global alle künftigen Kundenforderungen ihres Kreditnehmers hat abtreten lassen, wenn Zahlungen an die Bank nur als Zahlstelle des Kreditnehmers geleistet worden sind, vgl. BGH BB 1979, 72 = NJW 1979, 371.

Zu den Voraussetzungen, unter denen eine unbeschränkte Globalabtretung aller Forderungen eines Schuldners an einen Warenkreditgläubiger als zusätzliches Sicherungsmittel zu einem bestehenden Eigentumsvorbehalt wegen Gefährdung anderer (Geldkredit-)Gläubiger sittenwidrig ist, vgl. BGH NJW 1977, 2261.

357 Ein vom Verkäufer gewollter, im Kaufvertrag aber **nicht vereinbarter – vertragswidriger – Eigentumsvorbehalt muß spätestens bei der Besitzübergabe** der Kaufsache dem Empfänger gegenüber **deutlich erklärt werden;** an die Eindeutigkeit einer solchen Erklärung ist ein strenger Maßstab anzulegen (BGH BB 1975, 1037 = NJW 1975, 1699; BGH WM 1978, 1322 = NJW 1979, 213 = BB 1979, 14; BGH BB 1980, 1010).

Die Kenntnis einer Vorausabtretung steht der Kenntnis der Abtretung i. S. des § 406 BGB gleich (BGHZ 66, 384 = NJW 1976, 1351 = MDR 1976, 835 = BB 1976, 1384 = WM 1976, 663 = LM § 406 BGB Nr. 14 Anm. Hoffmann).

358 Über den Eigentumsvorbehalt bei Baustoffen, insbesondere auch nach deren Einbau, im Rahmen des § 46 KO vgl. BGHZ 30, 176; vgl. ferner BGHZ 30, 238 = BB 1959, 753 = NJW 1959, 1539; unter den dort genannten Voraussetzungen kommt auch eine Konkursanfechtung nach § 31 Abs. 1 KO in Betracht (BGH NJW 1975, 1226 = BB 1975, 809 = MDR 1975, 752 = WM 1975, 534). Die kurz vor Zahlungseinstellung erfolgte Abtretung eines Anspruches auf Rückübertragung des Sicherungsgutes durch den Sicherungsgeber und späteren Gemeinschuldner an einen Warenlieferanten unterliegt auch dann nicht der Konkursanfechtung, wenn der Sicherungsnehmer erst nach Zahlungseinstellung das zur Befriedigung seiner Ansprüche nicht mehr erforderliche Sicherungsgut freigibt, da es sich insoweit nicht um die Vorausabtretung eines zukünftigen, sondern um die Abtretung eines durch den Wegfall des Sicherungszweckes aufschiebend bedingten Anspruches handelt, der bereits mit Abschluß der Abtretungsvereinbarung entstanden ist (OLG Hamburg ZIP 1981, 1353). Die Vereinbarung in einem Bauvertrag, durch die die Abtretung des Vergütungsanspruches des Auftragnehmers beschränkt, vor allem von der Zustimmung des Auftraggebers abhängig gemacht wird, muß auch der Konkursverwalter über das Vermögen des Auftragnehmers nach den Regeln der §§ 13 KO, 399 BGB gegen sich gelten lassen (BGHZ 56, 228 = NJW 1971, 1750 = MDR 1971, 743 = BB 1971, 889; dazu Klamroth BB 1984, 1842).

Normalerweise geht der **Eigentumsvorbehalt** des **Baustofflieferanten unter,** wenn die gelieferten Baustoffe **wesentlicher Bestandteil des Grundstücks** geworden sind (§ 94 Abs. 2 BGB). Eine Ölfeuerungsanlage, die in die bisher mit Koks betriebene Warmwasser-Zentralheizung eingebaut wird, ist als wesentlicher Bestandteil des Wohnhauses anzusehen (BGH SFH Z 2.320 Bl. 40 f.). Dagegen können noch nicht fertig eingebaute Heizkörper in einem Rohbau Zubehör des Grundstückes sein (BGH NJW 1972, 1187 = MDR 1972, 685 = BB 1972, 633 = LM § 97 BGB Nr. 6 Anm. Mormann = BlGBW 1972, 191 = SFH Z 3.13 Bl. 66 = JZ 1972, 658 Anm. Kuchinke, zugleich auch dazu, wer Besitzer derartiger Heizkörper ist, sowie ob die Heizkörper im Zwangsversteigerungsverfahren durch den Zuschlag Eigentum des Erstehers werden, obwohl sie von dem Inhaber des Eigentumsvorbehalts vom Grundstück weggeholt worden waren, jedoch im Zeitpunkt des Zuschlages der Schuldner Besitz daran hatte).

Darüber, unter welchen Voraussetzungen der bisherige Eigentümer von Baumaterialien und Geräten, die von einem Unternehmer (Auftragnehmer) aufgrund eines mit dem Grundstückseigentümer (Auftraggeber) geschlossenen Vertrages in das Grundstück eingebaut worden sind, einen **Bereicherungsanspruch aus § 812 BGB** gegen den Grundstückseigentümer (Auftraggeber) hat, BGHZ 40, 272 = NJW 1964, 399 mit Besprechung von Berg NJW 1964, 720 = MDR 1964, 224 = BB 1964, 58 = LM BGB § 951 Nr. 18 Anm. Rietschel = SFH Z 2.320 Bl. 10 ff., zugleich auch zum Wegnahmerecht des Lieferanten nach § 951 BGB. Dazu auch LG Bad Kreuznach VersR 1972, 890. Entgegen Huber (NJW 1968, 1905) hat das LG Bad Kreuznach außerdem mit Recht hervorgehoben, daß dann, wenn der Grundstückseigentümer den Einbau von Vorbehaltsware nur duldet, keine Schadensersatzpflicht nach § 823 BGB gegenüber dem Vorbehaltseigentümer besteht (a. a. O.).

Zur Unzulässigkeit der Pfändung von zweckgebundenen Werklohnforderungen durch den Lieferanten vgl. LG Berlin SFH Z 2.330 Bl. 1 f.

Pfändet der Gläubiger des Sicherungseigentümers die diesem sicherungsübereignete bewegliche Sache, so hat der Sicherungsgeber ein Widerspruchsrecht nur bis zu dem Zeitpunkt, von dem an der Sicherungseigentümer die Sache verwerten darf (BGH NJW 1978, 1859 = WM 1978, 880).

IV. Aufrechnungsverbot

Die wegen drohenden Vermögensverfalls des Auftragnehmers zwischen dessen Lieferanten und dem Auftraggeber getroffene Vereinbarung, das Baumaterial an den Auftraggeber gegen Zahlung eines Abschlages auf die an den Lieferanten abgetretene Werklohnforderung zu liefern, enthält das stillschweigende Verbot der Aufrechnung mit gegen den Auftragnehmer gerichteten Forderungen des Auftraggebers (BGH BauR 1980, 277 = WM 1980, 214 = SFH § 157 BGB Nr. 3 = ZfBR 1980, 139). Zu Aufrechnungsproblemen bei sicherungsrechtlichen Vorausabtretungen – §§ 406, 404 BGB und §§ 53 ff. KO – vgl. Serick BB 1982, 873. Zum Aufrechnungsverbot in AGB siehe Teil A § 13 Rdn. 32 ff.

J. Die Bauhandwerkersicherungshypothek (§ 648 BGB)

I. § 648 BGB findet auch auf VOB-Vertrag Anwendung

Teil B § 16 befaßt sich lediglich mit der Erfüllung der Verpflichtung des Auftraggebers aus dem Bauvertrag durch Zahlung. **Nicht davon erfaßt** und auch sonst durch die Allgemeinen Vertragsbedingungen nicht berührt wird die im Gesetz vorgesehene **Sicherung der Bauforderungen** des Auftragnehmers nach § 648 BGB durch die **Bauhandwerkersicherungshypothek.** Danach kann der Unternehmer eines Bauwerks oder eines einzelnen Teils eines Bauwerks für seine Forderungen aus dem Vertrag die Einräumung einer Sicherungshypothek an dem Baugrundstück des Bestellers verlangen. Ist das Werk noch nicht vollendet, kann er die Einräumung einer Sicherungshypothek für einen der geleisteten Arbeiten entsprechenden Teil der Vergütung und für die in der Vergütung nicht inbegriffenen Auslagen beanspruchen. Diese gesetzliche **Möglichkeit** steht **auch dem Auftragnehmer eines Bauvertrages nach der VOB** zu, da sie durch anderweitige vertragliche Regeln nicht ausgeschlossen ist. Zu den Grundlagen vgl. Groß, Einleitung S. 1 ff. sowie RWS-Skript Nr. 78 S. 42 ff.; Motzke S. 95 ff.; Werner/Pastor Rdn. 146 ff.

Die gegenwärtig noch in Kraft befindliche Fassung des § 648 BGB hat sich in der Vergangenheit in der Baupraxis als in wesentlichen Bereichen unzulänglich erwiesen. Dies ergibt sich aus den verschiedensten Gründen im Hinblick auf die vor allem in der Zeit nach dem zweiten Weltkrieg in Erscheinung getretenen besonderen Formen der Bauvertragsgestaltung und deren Umfeld, gerade auf seiten der Auftraggeber, wie z. B. der Bauträgertätigkeit. Aber auch die Auftragnehmerseite ist in ihren verschiedenen Erscheinungsformen, beispielsweise im Falle des Nachunternehmereinsatzes, davon erfaßt. Insofern wird in weiten Bereichen die vom Gesetzgeber durch die jetzt noch gültige Fassung des § 648 BGB angestrebte Sicherung des Vergütungsanspruches der Auftragnehmerseite **nicht mehr hinreichend erreicht.** Das wird **besonders** in den Fällen von **Insolvenzen** auf der Auftraggeberseite deutlich. Mit Recht sind daher Bestrebungen im Gange, eine der gegenwärtigen Sachlage entsprechende bessere Sicherung der Auftragnehmerseite durch **gesetzgeberische Maßnahmen** zu erreichen. Vgl. dazu Sternberg BauR 1988, 33 im Zusammenhang mit dem zweiten Bericht der Kommission für Insolvenzrecht von 1986 sowie der Dokumentation des Kolloquiums Sicherung von Bauforderungen und Neuregelungen der Bauhandwerkersicherung des Zentralverbandes des Deutschen Handwerks und des Zentralverbandes des Deutschen Baugewerbes von 1987. Eine **Änderung** der gesetzlichen Regelungen – vor allem auch des § 648 BGB – ist schon deswegen **geboten,** weil die **Rechtsprechung** zu aufgetretenen Teilfragen **uneinheitlich** ist, insbesondere aber die jetzige Fassung des § 648 BGB der Rechtsprechung **Grenzen** setzt, die **nicht überschritten werden können.** Zu Problemen des § 648 BGB vgl. u. a. auch Ernst ZRP 1985, 276, dieser vor allem kritisch zum zweiten Bericht der Kommission für Insolvenzrecht BB 1988, 785, und Leue JuS 1985, 1176.

362 Die Erlangung einer **Bauhandwerkersicherungshypothek gegen den Eigentümer einer Heimstätte scheitert an fehlendem Rechtsschutzbedürfnis,** da nach § 20 Abs. 1 Halbsatz 2 Reichsheimstättengesetz die Zwangsvollstreckung in eine Heimstätte wegen einer dinglich nicht gesicherten Schuld unzulässig ist, was zur Folge hat, daß ein Anspruch gemäß § 648 BGB nicht im Wege der Zwangsvollstreckung durchgesetzt werden kann; etwas anderes läßt sich auch nicht aus § 17 Reichsheimstättengesetz entnehmen (LG Dortmund BauR 1982, 289).

363 Zum außerhalb des eigentlichen Rahmens des § 648 BGB liegenden **Gesetzes über die Sicherung von Bauforderungen** vgl. Teil B § 4 Rdn. 41 ff. und Teil B § 10 Rdn. 88.

II. Bauwerksleistung als Voraussetzung

364 1. Zunächst muß es sich um die **Errichtung, Ergänzung oder Veränderung eines Bauwerkes bzw. eines Teils desselben oder um sonstige Bauleistungen handeln, die für den Bestand des Bauwerkes wesentlich sind** (siehe dazu Teil A § 1 Rdn. 3 ff.; ferner auch Hahn BauR 1980, 310 sowie insbesondere Groß S. 15 ff.; Motzke S. 95 ff.; Werner/Pastor Rdn. 163 ff.). **Liegt eine dieser Voraussetzungen nicht vor,** kann die dafür geschuldete Vergütung **nicht** durch eine Bauhandwerkersicherungshypothek **gesichert werden.** So gelten einfache Malerarbeiten zur bloßen nicht für die Erhaltung in seinem Bestand bestimmten Instandsetzung eines Altbaus nicht als Bauwerksleistungen im angegebenen Sinne; vgl. hierzu BGH SFH Z 2.414 Bl. 106; OLG Celle NJW 1954, 1607; OLG Stuttgart NJW 1957, 1679. Die Frage, ob es sich um eine Bauwerksleistung handelt, **beurteilt sich nach dem jeweiligen Vertrag;** so kann es sein, daß ein Elektrounternehmer, der die Arbeiten eines anderen Unternehmers lediglich fertigstellt, wegen deren im betreffenden Fall gegebenen Geringfügigkeit keine Bauwerksleistungen mehr erbringt, obwohl dies hinsichtlich des zunächst tätig gewesenen Unternehmers bejaht werden muß (OLG Düsseldorf BauR 1976, 283; dazu mit Recht kritisch Hahn BauR 1980, 310; insoweit dürfte eher eine **Gesamtbetrachtung nach dem von Anfang an und letztlich verfolgten Leistungsziel aus der Sicht des Auftraggebers** angebracht sein). **Überhaupt ist entscheidend, ob die betreffende Leistung im Einzelfall nach Art, Umfang und Bedeutung für den Erhalt und den Bestand eines Bauwerkes von wesentlicher Bedeutung ist** (vgl. auch Teil A § 1 Rdn. 14 ff.; ähnlich Werner/Pastor Rdn. 169).

365 2. **Auch** sind zur Vorbereitung der eigentlichen Bauwerksherstellung dienende **bloße Erdarbeiten,** wie bei einem lediglich auf Ausschachtungsarbeiten beschränkten Auftrag, **einer Bauhandwerkersicherungshypothek zugänglich,** worauf Johlen (NJW 1974, 732) zutreffend hinweist (ebenso Groß S. 18; Werner/Pastor Rdn. 167; a. A. Oertmann ArchBR 38, 188 mit Fn. 11; Motzke S. 97 f.; KG OLGZ 13, 426). Johlen bezieht sich mit Recht auf die Rechtsprechung des BGH, die eine **Erweiterung des Bauwerksbegriffes** dahin gehend beinhaltet, daß es in erster Linie darauf abzustellen ist, ob die Leistung **wesentlicher Teil der zur Bauwerkserrichtung führenden Gesamtleistung ist und ob der Unternehmer mit dazu beiträgt, daß das Bauwerk nach Plan errichtet wird** (BGHZ 51, 190 = NJW 1969, 419). Es besteht kein Zweifel, daß auch der – bloße – Erdbauunternehmer in diesem Sinne zur Bauwerkserrichtung beiträgt, so daß § 648 BGB auch zu seinen Gunsten gelten muß (so auch OLG Düsseldorf SFH Z 2.321 Bl. 54). Das trifft um so mehr zu, als der BGH mit Recht (vgl. Teil A § 1 Rdn. 22 ff.) für sich allein, jedoch im Zusammenhang mit der Bauwerksleistung in Auftrag gegebene **Ausschachtungsarbeiten begrifflich als Arbeiten an einem Bauwerk i. S. des § 638 BGB** ansieht (vgl. BGHZ 68, 208 = BB 1977, 673 = SFH Z 1.1 Bl. 4 = BauR 1977, 203 = NJW 1977, 1146 = MDR 1977, 658 = LM § 638 BGB Nr. 31 Anm. Doerry; dazu auch Hahn BauR 1980, 310). Dann kann es nur folgerichtig sein, den Erdbauunternehmer ebenfalls als Unternehmer eines Bauwerks i. S. des § 648 BGB einzuordnen.

366 Zu den Bauwerksarbeiten i. S. des § 648 BGB gehört auch die Befreiung des Bauvorhabens von Bauschutt und anderen Rückständen, da auch dieses auf die Herstellung des Bauwerkes gerichtet ist, wie sich aus den maßgebenden DIN-Vorschriften ergibt (vgl. OLG Celle BauR 1976, 365 f.; RGRK-Glanzmann § 648 BGB Rdn. 5; Werner/Pastor Rdn. 164; dazu auch Hahn BauR 1980, 310; a. A. Groß S. 19).

3. Somit kommen für den Bereich des § 648 BGB **alle Leistungen in Betracht, die dazu beitragen, das Bauwerk in bezug auf seinen bestimmungsgemäßen Bestand ganz oder in seinen Teilen zu errichten, zu ändern oder zu ergänzen,** wobei es nicht Voraussetzung ist, daß diese Teile in sich geschlossen oder selbständig sind. Die Arbeiten der Maurer, Verputzer, Installateure, Maler (sofern diese für den Erhalt des Bauwerks wesentliche Leistungen erbringen), Schreiner, Dachdecker, Zimmerer usw. sind in diesem Sinne zu bewerten. 367

4. Dabei sind jedoch solche **Arbeiten auszuschließen, die für sich selbständig der bloßen Vorbereitung der späteren Bauerrichtung vor deren Beginn** dienen, wie z. B. die alleinige Anfuhr von Material, die Baustelleneinrichtung, das Aufstellen von Gerüsten (OLG Zweibrücken BauR 1981, 294; ebenso Werner/Pastor Rdn. 164), die Anlegung einer Baustraße usw. durch den Auftragnehmer oder einen von ihm beauftragten dritten Unternehmer (ebenso Groß S. 16). Gleiches gilt auch für sich allein in Auftrag gegebene **Abbrucharbeiten** (zutreffend Motzke S. 96; Groß S. 16). **Sofern** diese Arbeiten bzw. Vorkehrungen jedoch **im Rahmen eines einheitlichen Bauvertrages** in einzelnen Leistungsansätzen, die die Bauherstellung **selbst** betreffen, als **mit dazugehörige** Vorbereitungs- und Hilfsarbeiten preislich mit erfaßt sind, wie z. B. im Rahmen eines Einheitspreises, kommt eine entsprechende Sicherung auf der Grundlage des betreffenden Einheitspreises in Betracht, **sobald der darauf bezogene Leistungsteil, der der Bauerrichtung selbst dient, erbracht worden ist.** Gleiches gilt, wenn für diese Arbeiten bzw. Vorkehrungen besondere **Leistungsansätze in der Leistungsbeschreibung** mit einem besonders vereinbarten Preis enthalten sind, sie durchgeführt sind **und die eigentliche, unmittelbar darauf bezogene Vertragsleistung zumindest teilweise erbracht worden ist** (vgl. § 648 Abs. 1 Satz 2 BGB). Das Gesagte gilt entsprechend für Pauschalverträge und Stundenlohnverträge. 368

5. Auch besteht **kein Recht auf Erlangung einer Bauhandwerkersicherungshypothek für Sachen, die noch nicht eingebaut sind.** Also scheiden **Baustofflieferanten** als Anspruchsteller hier auch schon deswegen aus (Soergel/Siebert § 648 BGB Rdn. 1; Werner/Pastor Rdn. 159). 369

6. Ist die Leistung teilweise erbracht, wird sie aber vor der Abnahme zerstört oder beschädigt, so kommt es entscheidend darauf an, welcher der Vertragspartner die Vergütungsgefahr trägt, ob also die Zerstörung oder Beschädigung auf Umstände zurückzuführen ist, die nach Teil B § 7 den vorzeitigen Gefahrübergang bewirken. Trifft das nicht zu, hat der Auftragnehmer **noch keinen Vergütungsanspruch, der zu sichern wäre**; ist dies der Fall, kann der Auftragnehmer die Sicherung seines nach Teil B § 7 verdienten Vergütungsanspruches verlangen. Überdies: Ist die ganz oder teilweise zerstörte oder beschädigte Leistung auf eine schuldhafte Vertragsverletzung – insbesondere eine positive Vertragsverletzung – des Auftraggebers zurückzuführen und hat der Auftragnehmer demgemäß einen Anspruch nach Teil B § 6 Nr. 5 oder einen im Zusammenhang mit der Vergütung stehenden Schadensersatzanspruch nach Teil B § 6 Nr. 6, so ist der entsprechende, dem Auftragnehmer zustehende Vergütungsteil gleichfalls sicherungsfähig i. S. des § 648 BGB (vgl. dazu auch Hahn BauR 1980, 310, jedoch mit nicht hinreichend klarer Unterscheidung; vgl. auch Groß S. 43 ff. sowie Werner/Pastor Rdn. 185). 370

7. Voraussetzung für einen Anspruch aus § 648 BGB ist **weiter,** daß die betreffende Leistung des Auftragnehmers **auftragsgemäß auf dem grundsätzlich im Eigentum des Auftraggebers stehenden Grundstück** erfolgt (vgl. Rdn. 373 ff.). Daher kommt § 648 BGB nicht für solche Leistungen in Betracht, die sozusagen begleitend mit der Bauerrichtung auf anderen Grund- 371

stücken erfolgen, wie z. B. am Bürgersteig eines angrenzenden städtischen Grundstückes, um dort durch die eigentliche Bauausführung auf dem Grundstück des Auftraggebers entstandene Schäden zu beseitigen.

III. Unternehmer eines Bauwerks

372 Unternehmer eines Bauwerks ist jeder, der die Herstellung eines Bauwerks oder eines Teils eines solchen **durch Vertrag mit dem Grundstückseigentümer** übernommen hat. Für den **Begriff des Unternehmers** im Sinne dieser Bestimmung kommt es nur auf die **rechtlichen Beziehungen zu dem Besteller** an, nicht auf die technische oder wirtschaftliche Beteiligung an der Herstellung des Bauwerks, vgl. hierzu BGH LM Nr. 1 zu § 648 BGB; Werner/Pastor Rdn. 161 sowie Groß S. 13 ff. m. w. N.). Deshalb ist auch ein **Bauträger, der einem Erwerber oder mehreren Erwerbern gegenüber eine Bauerrichtungsverpflichtung** übernommen hat, Unternehmer eines Bauwerks i. S. des § 648 BGB (vgl. OLG Düsseldorf BauR 1985, 334; OLG Frankfurt BauR 1988, 343). Allerdings betrifft dies **nicht** Leistungen, die **außerhalb der eigentlichen Bauerrichtung** liegen, wie z. B. solche der **wirtschaftlichen Betreuung,** so die Beschaffung der Finanzierung sowie deren hypothekarische Sicherung (OLG Frankfurt a. a. O.). Ferner können z. B. **Nachunternehmer,** die nicht in unmittelbaren bauvertraglichen Beziehungen zum Auftraggeber stehen, nach der gegenwärtigen Fassung des § 648 BGB die Eintragung einer Bauhandwerkersicherungshypothek oder einer Vormerkung **nicht** fordern.

IV. Auftraggeber muß grundsätzlich Grundstückseigentümer sein

373 1. Der **Auftraggeber muß grundsätzlich Eigentümer des Baugrundstücks sein,** um Rechte aus § 648 BGB zur Auslösung zu bringen. § 648 BGB gewährt, wie der Wortlaut ergibt, **nur einen persönlichen Anspruch gegen den Auftraggeber als Grundeigentümer auf Hypothekenbestellung,** aber keine gesetzliche Hypothek (insofern grundsätzlich BGH BauR 1988, 88 = NJW 1988, 255 = MDR 1988, 220 = SFH § 648 BGB Nr. 10 = ZIP 1988, 244 = BB 1988, 998 mit Anm. Fehl = ZfBR 1988, 72 = Siegburg EWiR § 648 BGB 1/88, 44 = LM § 648 BGB Nr. 7 m. w. N.; dazu insbesondere Schlechtriem, Festschrift Korbion, S. 359, ferner u. a. Clemm Betrieb 1985, 1777; dazu auch Groß S. 57 f.; Locher, Das private Baurecht, Rdn. 433; Werner/Pastor Rdn. 207; Motzke S. 130).

374 2. Die Frage, ob von dem Grundsatz der **Identität zwischen Auftraggeber und Grundstückseigentümer Ausnahmen** anzunehmen sind, hat der BGH in seiner vorgenannten Entscheidung (a. a. O.) **grundsätzlich verneint,** wobei er sich im einzelnen mit dem bisherigen Meinungsstand zu dieser Frage auseinandergesetzt hat. Hiernach kann der Auftragnehmer die Einräumung einer Sicherungshypothek nach § 648 BGB nur verlangen, wenn Grundstückseigentümer und Auftraggeber **rechtlich dieselbe Person** sind; regelmäßig genügt nach dieser Auffassung eine Übereinstimmung nach **wirtschaftlicher Betrachtungsweise nicht. Trotzdem** schließt das nach BGH **nicht aus, daß sich der Grundstückseigentümer je nach Lage des Einzelfalles gemäß § 242 BGB wie ein Auftraggeber** behandeln lassen muß, soweit der Auftragnehmer wegen der ihm zustehenden Vergütung Befriedigung aus dem Grundstück sucht. Dabei ist dem BGH zuzugeben, daß der Wortlaut des § 648 BGB an sich gegen eine Auflockerung des Identitätsbegriffes spricht; auch läßt sich nicht mit der gebotenen Sicherheit sagen, daß hier eine unbeabsichtigte Gesetzeslücke besteht, wie u. a. Schlechtriem (a. a. O.) wohl überzeugend nachgewiesen hat. Richtig ist weiter, daß nach den vom VII. Zivilsenat angeführten Entscheidungen des BGH für das Unternehmerpfandrecht des § 647 BGB unter den Begriff „Sachen des Bestellers" nur solche gehören, die in seinem Eigentum stehen, nicht auch solche, die einem Dritten gehören; dieses Argument ist allerdings schwach, weil es, wie

der VII. Zivilsenat selbst sagt, mit der Problematik des § 648 BGB nicht ohne weiteres vergleichbar ist, da dem Unternehmer dann immer noch die Ansprüche aus §§ 994 ff., 1000 und 1003 BGB – sozusagen als Ausgleich – bleiben. Auch ist dem BGH zuzugeben, daß bei juristischen Personen über die rechtliche Verschiedenheit zwischen diesen und ihren Gesellschaftern nicht leichtfertig und schrankenlos hinweggegangen werden darf, was sicher bei einer bloß generalisierenden wirtschaftlichen Betrachtungsweise Platz greifen würde. Vergleiche mit dem Maklerrecht führen hier sicher auch nicht weiter.

Bemerkenswert ist aber immerhin, daß der BGH den **Grundsatz der Identität nicht ausnahmslos** aufrechterhalten wissen will, vielmehr für die Beurteilung des Einzelfalles eine andere Bewertung nach Maßgabe des § 242 BGB für zulässig hält. Zutreffend ist insoweit sicher, daß auch in dem hier erörterten Bereich entgegen Clemm (Betrieb 1985, 1777, 1778) der Grundsatz von Treu und Glauben (§ 242 BGB) Anwendung finden kann, was nicht viel anders ist als bei gesellschaftsrechtlicher Durchgriffshaftung. Die Ansicht von Clemm in seiner Kritik an dieser Entscheidung (BauR 1988, Heft 5), § 242 BGB sei nicht auf eine dingliche, sondern nur auf eine schuldrechtliche Durchgriffshaftung anzuwenden, überzeugt schon deswegen nicht, weil eben § 648 BGB eine dingliche Haftung des Eigentümers festlegt. Nach dem vom BGH entschiedenen konkreten Fall reicht zur Anwendung von § 242 BGB allerdings noch nicht die beherrschende Stellung des Grundstückseigentümers im Rahmen einer KG als Auftraggeberin; vielmehr sollen die vom BGH sonst entwickelten **Grundsätze der Durchgriffshaftung** gelten; auch soll es hiernach nicht schon ausreichen, wenn der Eigentümer den mit dem Auftragnehmer abgeschlossenen Vertrag kannte und billigte, da letzteres zwangsläufige Folge seiner Stellung im Bereich der juristischen Person (hier alleinvertretungsberechtigter Gesellschafter der Komplementär-GmbH) war. Dagegen kommt nach BGH die Anwendung des § 242 BGB in dem von ihm entschiedenen Fall deshalb in Betracht, weil dem Grundstückseigentümer **nicht nur die sogenannte Nutzungs- und Ausnutzungsmöglichkeit voll** zur Verfügung stand, sondern er davon auch „intensiv" **Gebrauch machte**, er also **tatsächlich Vorteil aus der Leistung der Auftragnehmerin** zog, er gerade dadurch in die Lage versetzt wurde, das ihm gehörende Grundstück **in erhöhtem Maße zu nutzen.** Das ist für den BGH der **entscheidende Gesichtspunkt,** um den Grundstückseigentümer nach § 242 BGB wie einen Besteller (Auftraggeber) zu behandeln. Sicher kann es dabei keine Rolle spielen, wenn die Auftraggeberin (eine KG) später in Konkurs fiel. Geht man hier – allein – von § 242 BGB als der möglichen Basis für eine Auflockerung des Identitätserfordernisses aus, so ist der Fall, so wie er dem BGH vorgelegen hat, mit Sicherheit zutreffend entschieden worden. Auch hat der BGH hier wesentliche Grundsätze für die Entscheidung anderer Fälle aufgestellt. Vorweg ist aber zu beachten, daß **neben** den **Grundsätzen der Durchgriffshaftung**, wie Siegburg (a. a. O.) zutreffend ausführt, **auch andere Haftungstatbestände** für den Eigentümer in Betracht kommen, wie **Verschulden bei Vertragsverhandlungen (culpa in contrahendo), Schuldübernahme, Vermögensübernahme, Bürgschaft sowie die §§ 128, 164 Abs. 2 HGB.** Wird dem Auftragnehmer bei den Vertragsverhandlungen und beim Vertragsabschluß der für ihn bei objektiver Betrachtung wohlberechtigte Eindruck vermittelt, der Grundstückseigentümer sei Auftraggeber und bediene sich dabei willentlich eines Dritten nur als Betreuer o. ä., so haftet der Eigentümer, wenn später zwischen ihm und dem Handelnden in der Frage der Auftraggeberstellung ein „Rollentausch" stattfindet, über den der Auftragnehmer keine hinreichende Aufklärung erhält (vgl. OLG Düsseldorf SFH Z 2.321 Bl. 54). Veräußert der Auftraggeber vor Geltendmachung des Sicherungsanspruches, vor allem vor Eintragung einer Vormerkung, das Grundstück, so kann der Erwerber dem Auftragnehmer wegen eines gegenüber dem Auftraggeber begründeten Vergütungsanspruches für diese Forderung (kraft Gesetzes oder Vertrages) persönlich haften, wie z. B. durch Vermögensübernahme, Schuldübernahme oder Schuldbeitritt (vgl. BGH, Urt. vom 16. 2. 1967 – VII ZR 260/64 –; dazu auch Groß S. 56 ff. sowie Werner/Pastor Rdn. 205). Läßt eine Personengesellschaft (OHG oder KG) auf dem Grundstück eines persönlich haftenden Gesellschafters bauen, und zwar in dessen Einverständnis, so ergibt sich die Möglichkeit der Eintragung einer Sicherungshypothek schon aus allgemeinen haftungsrechtlichen Gründen, nämlich § 128 bzw. §§ 161 Abs. 2, 128 HGB (OLG Dresden SeuffA 64, 257; OLG München OLGZ 34, 47; Fehl BB 1977, 69, 72 und BB 1987, 2039; Ratjen Betrieb 1977, 987, 988; Groß S. 59 f.; Werner/Pastor Rdn. 213; i. E. auch Motzke S. 132 f.).

Von diesen jedenfalls zum Teil auf anderen Grundlagen beruhenden Fällen abgesehen, muß es dagegen vorerst bei den vom BGH in seiner genannten Entscheidung aufgestellten Grundsätzen bleiben, die allein eine ausnahmsweise Auflockerung der Identität zwischen Grundstückseigentümer und Auftraggeber im Einzelfall nach Maßgabe des § 242 BGB zulassen. Sicher ist damit verstärkt der Gesetzgeber aufgerufen, alsbald eine den berechtigten Interessen der Auftragnehmerseite gerecht werdende befriedigende Lösung zu finden. Nach dem Gesagten dürfte es z. B. im Sinne der BGH-Entscheidung liegen, dem Auftragnehmer den Anspruch aus § 648 BGB zu gewähren, wenn einem Ehegatten das Baugrundstück gehört, der andere als Auftraggeber auftritt, die wesentlichen Vermögensbestandteile, die dem Zugriff von Gläubigern unterliegen können, dem Ehegatten gehören, der Grundstückseigentümer ist, und er zusammen mit dem als Auftraggeber auftretenden Ehegatten oder gar allein das bebaute Grundstück nutzt, wobei die Frage nach dem jeweiligen Güterstand keine maßgebende Rolle spielen kann.

Im übrigen ist Siegburg (a. a. O.) darin beizutreten, daß die Ansicht des BGH sich doch **in wesentlichen Bereichen der von ihm an sich abgelehnten wirtschaftlichen Betrachtungsweise nähert.** Darüber hinaus zielt die vom BGH vertretene, allein über § 242 BGB gefundene Lösung doch weitgehend auf **bereicherungsrechtliche Grundsätze** ab, wenn er es letztlich auf den **tatsächlich erzielten Vorteil** des Grundstückseigentümers durch die erbrachte Bauleistung abstellt. Fehl (BB 1988, 1000) hält dem mit Recht entgegen, daß die Bauhandwerkersicherungshypothek ihren ausschließlichen **Sicherungszweck darin hat, die Werklohnforderung des Auftragnehmers zu sichern,** und daß folglich ein eventueller bereicherungsrechtlicher Anspruch des Auftragnehmers vom **Schutzzweck des § 648 BGB nicht erfaßt** werden soll und kann. Hinzu kommt, daß die vom BGH über § 242 BGB gefundene Ausnahmelösung trotz bestimmter angegebener Richtpunkte für die Praxis nicht immer hilfreich sein dürfte, weil für die Beurteilung von Einzelfällen nach wie vor nicht hinreichend sicher abwägbare Grenzen aufgestellt sind. Deshalb scheint nach wie vor die auf Fehl (BB 1977, 69, 72; BB 1987, 2039) zurückgehende und hier bisher vertretene Lösung über das Modell des **Vertretungs- und Ermächtigungsrechtes, die sich als Treuhandproblematik in weiterem Sinne** darstellt, die für die Praxis **besser greifbare Lösungsmöglichkeit** zu sein. Insofern bleibt es im Ausgangspunkt bei der sicherlich nicht falschen Feststellung, daß der Auftragnehmer grundsätzlich **mit einem Auftraggeber kontrahieren will, der zugleich Grundstückseigentümer ist und dessen Grundvermögen er durch die durchzuführende Baumaßnahme erhöht hat.** Dadurch wird der Grundstückseigentümer, der sein Grundstück durch einen anderen Auftraggeber bebauen läßt, über das deutlicher abgrenzbare Ermächtigungs- bzw. Vertretungsmodell in den Bauvertrag mit einbezogen, woraus sich dann die Bauhandwerkersicherungshypothek des § 648 BGB als logische Folge ergibt (zutreffend Fehl BB 1988, 1000, 1001). Dies führt folgerichtig auch dazu, daß der Auftragnehmer die Eintragung einer Bauhandwerkersicherungshypothek nicht verlangen kann, wenn ihm nach dem Inhalt des Bauvertrages bekannt ist oder es ihm nach den Umständen bekannt sein muß, daß Auftraggeber und Grundstückseigentümer nicht identisch sind (vgl. OLG Köln BauR 1986, 703 = SFH § 648 BGB Nr. 9 = NJW-RR 1986, 960; dazu zutreffend Fehl BB 1987, 2039; vgl. auch den der Entscheidung des OLG Hamm NJW-RR 1986, 570 zugrundeliegenden Sachverhalt). Sicher ist wesentlich auf die **Umstände abzustellen, wie sie sich dem Auftragnehmer bei Vertragsabschluß nach seinem Empfängerhorizont dargestellt haben oder bei objektiver Betrachtung darstellen mußten.**

3. Sind **mehrere Auftraggeber** Grundstückseigentümer, so muß das Grundstück folgerichtig **insgesamt** mit der Sicherungshypothek **belastet** werden können. Wird das Bauwerk teilweise auf dem Grundstück des Auftraggebers und teilweise auf dem Grundstück eines Dritten errichtet, so kommt die **Sicherung auf dem Grundstück des Auftraggebers für die gesamte Vergütung** in Betracht (OLG Nürnberg NJW 1951, 155). Gehört das Grundstück nur zum Teil dem Auftraggeber, zum Teil einem Dritten, so kommt bei Bruchteilseigentum nur die Eintragung auf dem betreffenden Bruchteil, bei Gesamthandseigentum die Eintragung auf dem gesamten Grundstück in Betracht. Baut der Auftraggeber im **Erbbaurecht,** so ist zur Bestellung einer Handwerkersicherungshypothek die **Zustimmung des Grundstückseigentümers** erforderlich, soweit mit diesem eine Belastungsbeschränkung nach § 5 Abs. 2 ErbbauVO vereinbart ist (LG Tübingen SFH Z 2.321 Bl. 4; OLG Karlsruhe Rpfl. 1958, 221; Werner/Pastor Rdn. 202; a. A. OLG Köln NJW 1968, 505; OLG Nürnberg OLGZ 1967, 22; Groß S. 77 m. w. N.).

V. Gesamthypothek – Wohnungseigentum

1. Wird auf mehreren aneinandergrenzenden Grundstücken des Auftraggebers ein einheitliches Bauwerk errichtet, so kann der Auftragnehmer eine Gesamtsicherungshypothek an den Grundstücken beanspruchen (OLG Frankfurt OLGZ 85, 193 = SFH § 648 BGB Nr. 7). Anders dann, wenn auf mehreren Grundstücken des Auftraggebers jeweils ein Bauwerk errichtet wird; dann kann der Auftragnehmer eine Sicherungshypothek nur wegen der auf das jeweilige Bauwerk entfallenden Vergütung an dem jeweiligen Baugrundstück verlangen, und zwar auch dann, wenn die Bauwerke aufgrund eines einheitlichen Bauvertrages mit einer einheitlich festgelegten Vergütung errichtet werden (OLG Frankfurt a. a. O.).

2. Bildet der Eigentümer bzw. Auftraggeber **Wohnungseigentum,** so steht dem **Auftragnehmer an sich im Ausgangspunkt kein Anspruch nach § 648 BGB in Höhe des Gesamtbetrages der geleisteten Arbeiten, sondern nur in Höhe des auf die einzelne Wohnung entfallenden Anteils der Leistungen** zu (OLG Frankfurt NJW 1974, 62 mit zust. Anm. von Schmalzl a. a. O.; dazu ergänzend Brych NJW 1974, 483). Sinn und Zweck des Wohnungseigentumsgesetzes, kleines Kapital zur Wohnungsbeschaffung und zur Förderung der Bautätigkeit heranzuziehen, muß jedenfalls gedanklich zunächst Vorrang vor dem in § 648 BGB zum Ausdruck gekommenen Sicherungsbedürfnis des Bauunternehmers haben. Allerdings **gilt** dies **nicht ohne erhebliche Einschränkung. Denn das Sicherungsbedürfnis des Auftragnehmers muß wiederum dort vorrangig sein, wo die Zielsetzung des Wohnungseigentumsgesetzes jedenfalls vorerst in den Hintergrund tritt,** was bei dem sogenannten **Vorratsbau,** bei dem ein Wohnungsunternehmen Wohnungen mit dem Ziel erst späterer, bisher aber noch nicht gelungener Veräußerung nach Fertigstellung errichten läßt, der Fall ist (insoweit zutreffend OLG Düsseldorf BauR 1975, 62; OLG München BB 1974, 1553, 1554 = NJW 1975, 220; LG Frankfurt MDR 1975, 315; OLG Köln SFH Z 2.321 Bl. 37 = OLGZ 75, 20; OLG Frankfurt MDR 1975, 577 = Rpfleger 1975, 174; vgl. auch OLG Celle BauR 1976, 365, 366). **Gleiches muß gelten, wenn die Bauleistung zumindest teilweise sogenanntes Gemeinschaftseigentum betrifft,** wie z. B. Putzarbeiten im Treppenhaus, Keller und Dachgeschoß, auch Außenputzarbeiten, **da anderenfalls eine hinreichende Sicherung des Vergütungsanspruches des Auftragnehmers in einer für ihn zumutbaren Weise nicht möglich ist** (a. a. O.). In solchen Fällen muß die Eintragung einer Gesamthypothek zulässig sein (vgl. dazu auch LG Frankfurt BlGBW 1974, 200 = MDR 1974, 579). **Ebenso** kommt die Eintragung einer Gesamtsicherungshypothek nach Bildung von Wohnungseigentum in Betracht, **solange und soweit der Auftraggeber – zugleich Grundstückseigentümer – die Eigentumswohnungen noch in Händen hat** (OLG Frankfurt NJW 1975, 785; OLG Düsseldorf BauR 1983, 376; Werner/Pastor Rdn. 202; a. A. LG Köln SFH Z 2.321 Bl. 34). Ähnlich liegt es, wenn der Auftraggeber nach Beginn der Bauarbeiten sein Grundstück aufteilt oder Wohnungseigentum bildet, jedoch noch Eigentümer des Baugrundstückes ist; dann kann der Auftragnehmer eine Gesamt-

sicherungshypothek an den neugebildeten Grundstücken oder Wohnungseigentumsrechten beanspruchen (vgl. OLG Frankfurt OLGZ 85, 193 = SFH § 648 BGB Nr. 7).

Zum Anspruch auf Eintragung einer Sicherungshypothek gegenüber sogenannten Bauträgern vgl. auch Weimar BauR 1975, 308; vgl. auch insbesondere Groß S. 78 ff.

VI. Eintragung von Sicherungshypothek im Grundbuch; Vormerkung; einstweilige Verfügung

378 **Grundsätzlich** erfolgt die **Bestellung** der Sicherungshypothek **durch Einigung** der Parteien **und Eintragung** in das Grundbuch (§ 873 BGB), im Falle der Nichteinigung durch gerichtliche Entscheidung.

379 1. Der Auftragnehmer kann sich die **Rangstelle** im Grundbuch für die von ihm erstrebte Bauhandwerkersicherungshypothek **durch Eintragung einer Vormerkung sichern** lassen, vgl. §§ 883 ff. BGB. Die Eintragung der Vormerkung erfolgt nach § 885 BGB entweder aufgrund einer **Bewilligung des Auftraggebers** oder einer vom Auftragnehmer beim Gericht erwirkten **einstweiligen Verfügung.**

Die Frage, ob der Auftragnehmer vor Beantragung einer einstweiligen Verfügung auf Eintragung einer Vormerkung zur Sicherung des Anspruches auf Eintragung einer Bauhandwerkersicherungshypothek verpflichtet ist, den Auftraggeber neben einer Mahnung zur Zahlung – erfolglos – zur Bewilligung der Eintragung aufzufordern, vor allem um etwaige, sich aus § 93 ZPO ergebende Kostennachteile zu verhindern, ist mit Heyers (BauR 1980, 20; dort insbesondere auch zum Meinungsstand im einzelnen) grundsätzlich zu verneinen. Heyers (a. a. O.) legt überzeugend dar, daß die Aufforderung zur Bewilligung der Vormerkung jedenfalls bei einer einstweiligen Verfügung nach den §§ 648, 885 BGB keine geeignete Grundlage für die Beurteilung der Veranlassung im Bereich des § 93 ZPO abgibt. Vielmehr ist dazu eine Gesamtschau aller vorgetragenen und festgestellten Umstände anzustellen, wobei auch die Grundbuchgefahr und der Forderungsstreit wesentliche Erkenntnisquellen (insoweit auch offenkundige Tatsachen, § 291 ZPO) für die Beurteilung des betreffenden Falles sind. Die Darlegungs- und Beweislast für Tatsachen, die die Nichtveranlassung i. S. des § 93 ZPO ergeben, obliegt dem Auftraggeber; hiervon sind Ausnahmen nur zulässig und geboten, soweit sie auch sonst in der Lehre über die Beweislast Modifizierungen oder sogar eine Verlagerung auf die andere Seite ergeben (a. a. O.). Für die Veranlassung oder Nichtveranlassung ist auch das spätere Verhalten des Auftraggebers während des Verfügungsverfahrens rückschauend für die Beurteilung heranzuziehen, wie z. B. ein schriftsätzlich geführter Streit über die Begründetheit der einstweiligen Verfügung (vgl. OLG Düsseldorf BauR 1980, 92). Zu weitgehend – auch hinsichtlich der im Rahmen des § 648 BGB nur einengend zu berücksichtigenden Interessenlage des Auftraggebers – daher OLG Köln SFH § 93 ZPO Nr. 1. Vgl. dazu im einzelnen auch Werner/Pastor Rdn. 255 ff.

Eine Bauhandwerkersicherungshypothek für die Kosten der einstweiligen Verfügung auf Vormerkung der Hypothek ist nicht möglich (LG Lübeck SchlHA 1982, 150; Rixecker BlGBW 1984, 107; a. A. LG Tübingen BauR 1984, 309; Werner/Pastor Rdn. 186).

Ein Anspruch auf Bewilligung einer Vormerkung für eine Bauhandwerkersicherungshypothek besteht nicht mehr, wenn der streitige Werklohn aus einem vorläufig vollstreckbaren Urteil zur Abwendung der Zwangsvollstreckung unter Vorbehalt **bezahlt, also nicht nur eine Sicherheitsleistung** erbracht (vgl. auch Rdn. 382 f.) worden ist; das gilt auch, wenn der Auftraggeber gegen dieses Urteil Berufung eingelegt hat; zwar ist eine solche Zahlung noch nicht als Erfüllung anzusehen; jedoch ist es für das hier maßgebende Sicherungsbedürfnis des Auftragnehmers gegenwärtig maßgebend, daß der Zahlungsvorgang tatsächlich stattgefunden hat, daher keine Leistung des Auftraggebers noch aussteht, die abzusichern wäre (OLG Hamburg NJW-RR 1986, 1467 = MDR 1986, 756).

Ein Antrag auf Erlaß einer einstweiligen Verfügung darf grundsätzlich nicht ohne mündliche Verhandlung zurückgewiesen werden (OLG Frankfurt MDR 1979, 945 m. w. N.).

Entsprechend dem Sinn des § 648 BGB als einer dinglichen Sicherung steht dem Auftragnehmer ein zugunsten des Auftraggebers als Grundstückseigentümer bestehender **Rangvorbehalt** für seine Sicherungshypothek zu, LG Hamburg SFH Z 2.321 Bl. 8. Für den Konkursfall: Die Vormerkung zur Sicherung einer Bauhandwerkersicherungshypothek ist **nicht** als eine inkongruente Sicherung im Sinne des § 30 Nr. 2 KO anzusehen, BGH NJW 1961, 456.

Wird **nicht innerhalb** der **Vollziehungsfrist** der **Antrag auf Eintragung der Vormerkung** gestellt (§§ 936, 929 Abs. 2, 927 Abs. 2 ZPO), so muß die **einstweilige Verfügung auf Antrag des Auftraggebers wieder aufgehoben** werden. Sofern im Aufhebungsverfahren die Hauptsache erledigt ist, ist über die Kosten nach § 91 a ZPO durch Beschluß zu entscheiden, in Ausnahmefällen zugleich auch über die Kosten des Anordnungsverfahrens (LG Köln SFH Z 2.321 Bl. 51). Möglich ist der Erlaß einer gleichlautenden einstweiligen Verfügung auf Eintragung einer Vormerkung für eine Sicherungshypothek gemäß § 648 BGB, wenn der Auftragnehmer die Frist zur Vollziehung der ersten einstweiligen Verfügung versäumt hat (LG Köln SFH Z 2.321 Bl. 50).

Auch muß die **einstweilige Verfügung aufgehoben** werden, wenn der Auftragnehmer **entgegen der auf Antrag des Auftraggebers ergangenen Anordnung, Klage zur Hauptsache zu erheben**, dies **nicht befolgt** hat (zur rechtzeitigen Zustellung dieser Klage vgl. OLG Düsseldorf BauR 1986, 699). Hat der Antragsteller eine einstweilige Verfügung auf Eintragung einer Vormerkung für eine Bauhandwerkersicherungshypothek erwirkt, wahrt die Klage auf Zahlung des Werklohnes die Frist nach § 926 Abs. 1 ZPO nicht; Hauptsacheklage ist nur die Klage auf Eintragung einer Bauhandwerkersicherungshypothek (OLG Frankfurt BauR 1984, 535). Der Aufhebungsantrag kann durch den Auftraggeber auch noch im Berufungsverfahren gestellt werden, wenn die einstweilige Verfügung noch nicht rechtskräftig ist (OLG Düsseldorf SFH Z 2.321 Bl. 54). Allerdings kann die Löschung einer Auflassungsvormerkung nicht im Wege einstweiliger Verfügung durchgesetzt werden (vgl. KG NJW 1977, 1694 [L]).

Zur Ablehnung eines Sachverständigen im Verfügungsverfahren vgl. Teil A § 7 Rdn. 32 ff.

2. Die **Umschreibung der Vormerkung in eine Sicherungshypothek** kann wiederum nur durch **Bewilligung des Eigentümers oder** durch ein sie ersetzendes rechtskräftiges **Urteil** im **sogenannten Hauptsacheverfahren** (§ 926 ZPO) erfolgen, wobei im letzteren Fall Klage auf Einräumung der Sicherungshypothek erhoben werden muß (LG Mainz NJW 1973, 2294), was im dinglichen Gerichtsstand (§ 26 ZPO) erfolgen kann (OLG Braunschweig OLGZ 1974, 210 = BB 1974, 624; Werner/Pastor Rdn. 246; a. A. Groß S. 87 m. w. N. zum Meinungsstand). Insoweit genügt es nicht, wenn der Auftragnehmer lediglich Klage auf Zahlung des Werklohnes erhebt; die Hauptsacheklage ist nur die Klage auf Eintragung der Sicherungshypothek; sonst wird die Frist des § 926 Abs. 1 ZPO nicht gewahrt (zutreffend OLG Frankfurt NJW 1983, 1129 = SFH § 926 ZPO Nr. 1 = ZIP 1983, 629 m. w. N., wohl auch Motzke S. 268).

380

Die Eintragung der Sicherungshypothek ebenso wie die Zahlung selbst kann der Auftragnehmer nur **Zug um Zug gegen Löschung der Vormerkung bzw. der Sicherungshypothek** verlangen (vgl. Soergel/Siebert § 648 Rdn. 12; Werner/Pastor Rdn. 245). Bei dem Antrag auf Eintragung der Sicherungshypothek muß jedoch durch eine entsprechende Formulierung darauf geachtet werden, daß die Rangstelle der Vormerkung auch für die Sicherungshypothek gewahrt wird, daß also im Grundbuch die Vormerkung nur gerötet und daneben die Sicherungshypothek eingetragen wird (vgl. dazu LG Berlin und KG BauR 1987, 358, 359).

381

3. Allerdings hat der **Auftraggeber** eine **Möglichkeit**, die **Eintragung einer Vormerkung und darauf folgend auch einer Sicherungshypothek dadurch zu verhindern** oder auch deren Löschung herbeizuführen, daß er hinsichtlich des in Betracht kommenden Betrages eine Hinterlegung vornimmt (vgl. RGZ 55, 140; OLG Düsseldorf NJW 1972, 1676, 1677 m. w. N.). Dagegen dürfte angesichts der in § 939 ZPO festgelegten besonderen Vorausset-

382

zungen **zur Abwendung der Vormerkung** die bloße Stellung irgendeiner **Sicherheit durch Bürgschaft noch nicht genügen.** Zumindest (wobei grundsätzlich den Bedenken von Bronsch BauR 1983, 517 zu folgen ist) ist in Anbetracht des § 239 BGB eine **selbstschuldnerische Bankbürgschaft** zu fordern (ähnlich OLG Köln NJW 1975, 454: Geldinstitut muß in jeder Beziehung als Bürge tauglich sein; vgl. auch LG Koblenz SFH Z 2.321 Bl. 45; ebenso Groß S. 98 sowie Kapellmann BauR 1976, 323, 327), da die **Sicherheitsleistung den mit der Vormerkung verfolgten Sicherungszweck voll gewährleisten muß** (Baumbach/Lauterbach § 939 ZPO Anm. 1). Ganz davon abgesehen ist zur Anwendung des § 939 ZPO nicht schon Anlaß, wenn dem Auftraggeber die mit der Zwangsvollstreckung verbundenen normalen Folgen drohen; vielmehr müssen schon **besondere Härten** über die reinen Auftraggeberinteressen hinaus vorliegen (so im Ergebnis auch Bronsch a. a. O.), z. B. wenn der Auftraggeber bereits einen Teil der Wohnungen veräußert und dafür schon Geld von den Erwerbern erhalten hat. **Ist die Eintragung einer Vormerkung erfolgt, so kann die spätere Eintragung der Bauhandwerkersicherungshypothek durch Sicherheitsleistung grundsätzlich nicht mehr abgewendet werden,** zumal dann der durch die Vormerkung gesicherte Rangvorbehalt nicht in gleichwertiger Weise ersetzt würde (vgl. RGRK-Glanzmann § 648 Rdn. 19 und 22; dazu RGZ 55, 140, 143), was auch im Hinblick auf § 720 a ZPO in gleicher Weise zu beurteilen ist (OLG Düsseldorf BauR 1985, 334 sowie a. a. O. S. 580).

383 4. Hat sich der Auftraggeber in einem gerichtlichen Vergleich zur Bewilligung der Eintragung einer Sicherungshypothek verpflichtet, so ist der Auftragnehmer nicht auf die Zwangsvollstreckung aus dem Vergleich nach § 888 ZPO angewiesen; vielmehr kann er auch Leistungsklage auf Einwilligung zur Eintragung erheben, um den sich aus § 888 ZPO möglicherweise ergebenden Schwierigkeiten zu entgehen (vgl. BGH Betrieb 1986, 1971). Die Pfändung und Überweisung der durch eine Vormerkung gesicherten Bauhandwerkerforderung hat auf den Bestand der Vormerkung zunächst keinen Einfluß, da hiermit die Forderung auf den Pfändungsgläubiger noch nicht endgültig übergegangen ist; anders ist es, wenn die Forderung eingezogen ist oder sie durch Aufrechnung seitens des Pfändungsgläubigers getilgt und von ihm eine löschungsfähige Quittung erteilt worden ist; dazu ist jedoch die Angabe erforderlich, wer an den Gläubiger gezahlt hat und gegebenenfalls für wessen Rechnung die Zahlung erfolgt ist; dann kommt auch eine Berichtigung des Grundbuches in Betracht (vgl. OLG Hamm Rpfl. 1985, 187). Bezieht sich die eingetragene Vormerkung allein auf die Hauptforderung, so kann sie nicht – allein – wegen der Zinsen auf die Hauptforderung und wegen angeblich erwachsener Vollstreckungskosten aufrechterhalten werden (OLG Hamburg NJW-RR 1986, 1467 = MDR 1986, 756). Wird nach Eintragung einer Vormerkung zur Sicherung des Anspruches auf eine Bauhandwerkersicherungshypothek ein **Teil** der zu sichernden Forderung **bezahlt**, tritt insoweit eine (Teil-)Erledigung der Hauptsache ein, auch wenn die Vormerkung noch nicht gelöscht ist (OLG Köln BauR 1975, 213 = SFH Z 2.321 Bl. 30).

384 5. Nach der zutreffenden Ansicht des Kammergerichts beträgt der **Streitwert** der einstweiligen Verfügung auf Eintragung einer Vormerkung im allgemeinen 1/3 der zu sichernden Hauptforderung (BauR 1972, 259); vgl. dazu auch Groß S. 103 f. sowie Werner/Pastor Rdn. 264. Klagt dagegen der Auftragnehmer auf Zahlung der Vergütung und zugleich auf Eintragung einer Bauhandwerkersicherungshypothek, so bemißt sich der Streitwert nach der Höhe der Forderung (OLG Köln JMBl. NW 1974, 68 = Betrieb 1974, 429 = BlGBW 1974, 115; OLG Frankfurt JurBüro 1977, 1136; a. A. Werner/Pastor Rdn. 265, die hier noch einen Zuschlag wegen des Sicherungsinteresses des Auftragnehmers machen wollen, wobei sie verkennen, daß das entscheidende Interesse des Auftragnehmers im Erhalt der Vergütung liegt). Kosten des Verfahrens, auch aus Vorprozessen, bleiben bei der Streitwertbemessung außer Ansatz (vgl. LG Tübingen BauR 1984, 309).

Der im Verfügungsverfahren erfolglose Antragsteller (Auftragnehmer) hat dem Antragsgegner auch die diesem zu seiner Rechtsverteidigung notwendig entstandenen **Kosten** der Beweismittel – z. B. durch Hinzuziehung eines Sachverständigen, insoweit ohne Bindung an die Sätze des ZuSEG – zu erstatten (OLG Düsseldorf Betrieb 1981, 785).

VII. Eintragung nur in Höhe der wirklichen Forderung des Auftragnehmers; Mängel der Leistung

1. Tatsächlicher Forderungsumfang

a) Die Bauhandwerkersicherungshypothek kann nur in Höhe der aus dem betreffenden Bauvertrag **wirklich bestehenden** Forderung des Auftragnehmers eingetragen werden. Dabei ist es **nicht** unbedingt **erforderlich**, daß die zu sichernde **Forderung fällig ist; vielmehr kommt es darauf an, ob sie entstanden ist,** bei Vergütungsansprüchen des Auftragnehmers also, ob die betreffende Leistung oder der betreffende Leistungsteil erbracht ist (BGH BauR 1977, 208 = NJW 1977, 947; OLG Frankfurt BauR 1986, 343, 345; LG Köln SFH Z 2.321 Bl. 26; vgl. auch Groß S. 47 f. m. w. N.). Das gilt auch für vorzeitig gekündigte bzw. sonst beendete Bauverträge.

Jedoch: Macht der von dem Auftragnehmer mit dem Auftraggeber abgeschlossene Vertrag die Geltendmachung des Vergütungsanspruches von bestimmten, außerhalb der Erstellung der Leistung und der Fälligkeit der Vergütung liegenden besonderen Voraussetzungen abhängig, so müssen diese gegeben sein, anderenfalls noch kein Anspruch auf eine Vormerkung bzw. Eintragung einer Sicherungshypothek besteht (vgl. OLG Köln SFH § 648 BGB Nr. 5 für den Fall der vertraglichen Vereinbarung, daß die Bauherren einer Bauherrengemeinschaft nicht als Gesamtschuldner haften und nur gegen im Verzug befindliche Bauherren Zahlungsansprüche geltend gemacht werden können, wobei der Architekt die im Verzug befindlichen Bauherren zu benennen hatte und zur „Beifügung aller für eine Zwangsmaßnahme erforderlichen Unterlagen" verpflichtet war).

b) Im übrigen gehören zu den sicherbaren Forderungen des Auftragnehmers aus dem Bauvertrag **nicht nur bloße Vergütungsansprüche,** sondern **auch Schadensersatzansprüche** des Auftragnehmers **wegen verspäteter Lieferung** der vom Auftraggeber zu liefernden Materialien sowie wegen **sonstiger Verzugsschäden,** wie z. B. aus vergeblichen Beitreibungsversuchen, Gerichts- und Anwaltskosten (vgl. BGH NJW 1974, 1761 = BauR 1974, 419 = SFH Z 2.321 Bl. 28 = MDR 1974, 1007 = BlGBW 1975, 38 = BB 1975, 349 = LM § 648 BGB Nr. 4 = Betrieb 1974, 1719). **Hinzuzurechnen** sind auch Forderungen, die sich aus einem **Annahmeverzug des Auftraggebers** ergeben, ebenso z. B. solche für Arbeitslöhne, die der Auftragnehmer infolge der vom Auftraggeber zu verantwortenden Einstellung der Arbeiten zusätzlich bzw. vergeblich zahlen muß.

Auch der Anspruch auf Rückzahlung einer geleisteten Sicherheit wird durch § 648 BGB gedeckt (vgl. dazu auch Groß S. 42 ff.); gleiches gilt im Hinblick auf eine von der an sich verdienten Vergütung des Auftragnehmers **noch einbehaltene Sicherheitsleistung,** wie etwa nach § 17 Nr. 6 VOB/B (KG BauR 1971, 265; Werner/Pastor Rdn. 183). Entgegen Rixecker (MDR 1982, 718) handelt es sich bei der Sicherheitsleistung nicht bereits um eine erfüllungshalber erfolgende bzw. erfolgte Leistung, sondern insofern lediglich um eine teilweise **Stundung des Vergütungsanspruches** des Auftragnehmers, weshalb **gerade hier durch das teilweise Hinausschieben der Fälligkeit ein Sicherungsinteresse des Auftragnehmers gerechtfertigt ist** (a. a. O.). Da es sich insoweit nicht um eine erfüllungshalber erfolgende Leistung handelt, kommt entgegen Rixecker (a. a. O.) erst recht keine vergleichende Betrachtung auf der Grundlage der §§ 1169, 1184 BGB zum Zuge.

Entgegen der Ansicht des LG Zweibrücken (MDR 1982, 669) ist eine Sicherungshypothek **auch für Schadensersatzansprüche aus einem Bauvertrag möglich, dessen Erfüllung der Auftraggeber abgelehnt hat, ehe der Auftragnehmer mit den Leistungen begonnen hatte.** Hier kommt es nicht vorrangig auf die sonst durchaus wesentliche Frage der Sicherung wegen Werterhöhung des Grundstückes durch **erbrachte** Leistungen an als vielmehr auf die **durch das Verhalten des Auftraggebers verhinderte Werterhöhung,** also darauf, daß der Auftraggeber den Auftragnehmer so zu stellen hat, als hätte er den Auftrag ausgeführt, so daß hier die Gleichstellung nicht nur des Vergütungsanspruches, sondern auch für dessen Sicherung angebracht ist (vgl. RGRK-Glanzmann § 648 BGB Rdn. 10; BGHZ 51, 190 = NJW 1969, 419 = MDR 1969, 213).

389 Dagegen sind der Anspruch auf eine vereinbarte **Naturalvergütung,** der Anspruch auf ein für den Fall des Rücktritts vom Vertrag vereinbartes **Reugeld keine** nach § 648 BGB sicherungsfähigen **Forderungen aus einem Bauvertrag,** ebenso nicht der Anspruch auf Ersatz von Kosten eines künftig möglichen Prozesses.

390 Über Bauhandwerkersicherungshypothek und Mehrwertsteuer zutreffend Groß S. 43 sowie BauR 1971, 177.

391 **Soweit** sich nach dem Gesagten die **Handwerkersicherungshypothek auch auf über den reinen Werklohnanspruch hinausgehende Ansprüche erstrecken kann, muß dies allerdings bei der Eintragung der Sicherungshypothek inhaltlich zweifelsfrei zum Ausdruck kommen.** Dazu genügt nicht die Eintragung zur Sicherung der „Werklohnforderung" (BGH NJW 1974, 1761 = BauR 1974, 419 = SFH Z 2.321 Bl. 28 = MDR 1974, 1007 = BlGBW 1975, 38 = BB 1975, 349 = LM § 648 BGB Nr. 4 = Betrieb 1974, 1719). Das ist vor allem bei der Formulierung des Eintragungsantrages zu beachten.

392 c) Sämtliche für § 648 BGB in Betracht kommenden **Ansprüche müssen vom Auftragnehmer bewiesen bzw. – im Verfügungsverfahren – glaubhaft gemacht werden.** Sofern es sich um den Vergütungsanspruch für erbrachte Bauleistungen handelt, genügt es im Verfügungsverfahren für die Eintragung einer Vormerkung häufig, daß der Auftragnehmer **eine prüfbare Rechnung** (vgl. Teil B § 14 Nr. 1) mit dazugehörenden Unterlagen (z. B. Aufmaß) vorlegt und deren Richtigkeit an Eides Statt versichert, außerdem die notwendigen Urkunden, wie Bauvertrag mit den zur Beurteilung erforderlichen Anlagen (z. B. mit Preisen versehenes Leistungsverzeichnis, Besondere bzw. Zusätzliche Vertragsbedingungen oder Technische Vorschriften, Aufmaßlisten, evtl. notwendige Aufmaßzeichnungen, Rechnungen, geprüfte und/oder anerkannte Stundenlohnzettel usw.), vorlegt. Vor allem auch die Vorlage von **Sachverständigengutachten** kann zur Glaubhaftmachung ausreichen. Um die sich daraus ergebenden Folgerungen zu erschüttern, genügt im allgemeinen nicht schon allein die Vorlage der vom Architekten geprüften Rechnung und dessen darauf bezogene eidesstattliche Versicherung durch den Auftraggeber, zumal es nicht Sache dieses Eilverfahrens sein kann, den Hauptprozeß vorwegzunehmen (OLG Köln JMBl. NW 1975, 264 = SFH Z 2.321 Bl. 42 mit krit. Anm. von Hochstein; demzufolge auch ablehnend Werner/Pastor Rdn. 226 f.; zustimmend Groß S. 91; ebenso OLG Köln SFH § 648 BGB Nr. 1 mit Anm. Hochstein). Anders ist es jedoch zu beurteilen, wenn der Auftraggeber – vor allem im voraussichtlich anfallenden Widerspruchsverfahren – ein seinerseits aufgestelltes, ins einzelne gehendes, inhaltlich klares und sachlich zweifelsfreies, in seiner Richtigkeit versichertes Aufmaß seines Architekten, besser noch ein darauf bezogenes Gutachten eines vereidigten Sachverständigen vorlegt.

Das Gesagte **gilt** allerdings **nur, wenn es allein darum geht, im ohnehin vorläufigen Sicherungsverfahren die Höhe des Vergütungsanspruches als solche festzulegen,** vor allem, wenn es sich – unter Berücksichtigung vorausgegangener Abschlagszahlungen – lediglich um die Feststellung eines restlichen Vergütungsanspruches handelt (OLG Köln in der zuerst genannten Entscheidung). Letztlich lassen sich für den Bereich der Glaubhaftmachung keine generalisierenden Richtlinien festlegen, sondern deren Anforderungen müssen der Beurteilung im Einzelfall überlassen bleiben.

393 Sofern der Auftragnehmer Ansprüche aus einem vorzeitig – z. B. durch Kündigung nach Teil B § 8 Nr. 3 – beendeten Vertragsverhältnis geltend macht, muß er im einzelnen glaub-

haft machen, daß ihm aus dem durch die Kündigung entstandenen Abrechnungsverhältnis noch ein Anspruch zusteht.

d) Eine vorbehaltlose Annahme der Schlußzahlung nach Teil B § 16 Nr. 3 Abs. 2 hindert den Auftragnehmer nicht, sich aus der Sicherungshypothek zu befriedigen, da § 223 Abs. 1 BGB entsprechend anwendbar ist; vgl. dazu Teil B § 16 Rdn. 174.

2. Erfüllungs- bzw. Gewährleistungsansprüche oder sonstige Gegenansprüche des Auftraggebers

a) **Ist der Auftraggeber berechtigt,** die Forderung des Auftragnehmers **zu mindern** (§ 634 BGB; Teil B § 13 Nr. 6), oder kann er die **Erstattung von Mängelbeseitigungskosten oder Vorschuß für solche Kosten** (§ 633 Abs. 3 BGB; Teil B § 13 Nr. 5 Abs. 2), oder kann er **Schadensersatz verlangen** (§ 635 BGB; Teil B § 4 Nr. 7 oder § 13 Nr. 7), stehen ihm also **geldwerte Gegenansprüche** zu und macht er diese geltend, kann die Sicherungshypothek **grundsätzlich nicht den dadurch entfallenden Teil der Vergütung erfassen** (vgl. LG Oldenburg MDR 1971, 1008), so daß der Betrag der Vormerkung oder der Sicherungshypothek entsprechend zu reduzieren ist (so auch Peters NJW 1981, 2550). Auch das Verbot der Aufrechnung in AGB des Auftragnehmers hindert die Geltendmachung von Gegenansprüchen des Auftraggebers nicht, sofern es sich um unbestrittene oder rechtskräftig festgestellte Gegenforderungen handelt, da dies gegen § 11 Nr. 3 AGB-Gesetz verstoßen würde. Das gilt allgemein aber auch für bestrittene Gegenforderungen, sofern der Auftraggeber nachweist bzw. glaubhaft macht, daß diese bestehen, da auch insoweit eine Werterhöhung auf dem Grundstück des Auftraggebers nicht stattgefunden hat (vgl. OLG Frankfurt BauR 1988, 343, 345 m. w. N.).

b) Hat der Auftraggeber im Zeitpunkt der Eintragung der Vormerkung oder der Bauhandwerkersicherungshypothek noch **einen Erfüllungsanspruch oder ein Nachbesserungsrecht** (§ 633 BGB; § 13 Nr. 5 Teil B VOB) und macht er dies geltend, hat er nach Auffassung der OLG Frankfurt (SFH Z 2.321 Bl. 20) gegenüber dem entsprechenden Vergütungswert ein Leistungsverweigerungsrecht mit der Wirkung der Eintragung der Vormerkung oder der Sicherungshypothek nur Zug um Zug gegen Vornahme im einzelnen zu bezeichnender Nachbesserung entsprechend den §§ 274 Abs. 1, 322 Abs. 1 BGB (so noch Groß S. 50 ff.). Dies ist jedoch, insbesondere auch nach dem Urteil des BGH vom 10. 3. 1977 (BGHZ 68, 180 = SFH Z 2.321 Bl. 59 = NJW 1977, 947 = BauR 1977, 208 = MDR 1977, 659 = JZ 1977, 401 = BB 1977, 620 = LM § 648 BGB Nr. 5), nicht zu billigen. Abgesehen von praktischen Schwierigkeiten, die sich auch aus § 765 ZPO ergeben, ist es in diesem Falle angezeigt, eine um auch die Kosten der Nachbesserung (ohne sogenannten Druckzuschlag) verminderte Eintragung vorzunehmen. Das rechtfertigt sich deshalb, weil es sich hier nicht um die Durchsetzung von Gewährleistungsansprüchen des Auftraggebers oder um die endgültige Festsetzung des Vergütungsanspruches des Auftragnehmers handelt, sondern **lediglich um die grundbuchmäßige Sicherung der bis dahin verdienten Vergütung.** Diese besteht hier aber **nur in Höhe des Wertes der mängelfrei erbrachten Leistung,** da für das in § 648 BGB geregelte Sicherungsbedürfnis des Auftragnehmers die durch seine Leistung **erzielte Werterhöhung** des Grundstückes des Auftraggebers **ausschlaggebend** ist, die aber hinsichtlich des mangelhaft erbrachten Teils der Leistung noch nicht besteht (so zutreffend BGH a. a. O. sowie OLG Köln BauR 1975, 213 mit Anm. Jagenburg = SFH Z 2.321 Bl. 30; OLG Düsseldorf BauR 1976, 363, 365; OLG Frankfurt BauR 1988, 343, 345 f.; Werner/Pastor Rdn. 191 ff.; Locher, Das private Baurecht, Rdn. 436; ähnlich Motzke S. 112 ff.). Die hiergegen von Jagenburg (BauR a. a. O.) und Kapellmann (BauR 1976, 323, 324 f.) erhobenen Bedenken und die damit zusammenhängenden gegensätzlichen Entscheidungen des OLG Düsseldorf (BauR 1976, 211), des OLG Koblenz (SFH Z. 2.321 Bl. 45) und des LG Flensburg (MDR 1975, 841), die einen Nachbesserungsanspruch im Rahmen des § 648 BGB unbeachtet lassen wollen (so auch Peters NJW 1981,

2550; unklar dazu Joost NJW 1975, 1172), verkennen den Hintergrund der gesetzlichen Regelung: **Ein Sicherungsbedürfnis kann dem Auftragnehmer nur zuerkannt werden, soweit und solange der Auftraggeber durch die Leistung des Auftragnehmers auf seinem Grundstück einen Vermögensvorteil im Sinne eines Zuwachses seines Grundvermögens erhalten hat.** Davon kann bei einer mangelhaften Leistung nicht gesprochen werden. Insoweit kann daher auch der Kritik von Groß (S. 50 ff.) und auch von Barnickel BlGBW 1977, 195 nicht gefolgt werden. Es mag sein, daß es hier – zumal in einem Eilverfahren – in der Frage, ob und inwieweit ein Mangel vorliegt, praktische Schwierigkeiten gibt. Diese können in aller Regel überwunden werden; jedenfalls ist es nicht gerechtfertigt, die insoweit bestehende Vorleistungspflicht des Auftragnehmers teilweise sogar in das Umgekehrte zu verwandeln, auch wenn es sich nur um die Sicherung der Vergütung handelt, was insbesondere auch Peters (a. a. O.), der unberechtigt das Auftragnehmerinteresse zu hoch bewertet, verkennt. Der Anspruch des Auftragnehmers auf Eintragung einer Vormerkung oder Bauhandwerkersicherunghypothek besteht insoweit **auch dann nicht,** wenn der Auftragnehmer für aufgetretene Mängel **nur subsidiär haftet,** so z. B., wenn Gewährleistungsansprüche gegen Nachunternehmer abgetreten worden sind, da auch insoweit der tragende Gesichtspunkt einer Werterhöhung des Grundstückes durch erbrachte Bauleistungen nicht zum Zuge kommt (zutreffend OLG Celle BauR 1986, 588; vgl. dazu auch § 11 Nr. 10 a AGB-Gesetz). Ein etwaiger Ausschluß von Leistungsverweigerungs- oder Zurückbehaltungsrechten in AGB des Auftragnehmers ist nach § 11 Nr. 2 AGB-Gesetz unwirksam.

397 c) Auch für das Verfügungsverfahren gilt daher, daß für die Zeit vor der Abnahme der Auftragnehmer und für die Zeit nach der Abnahme der Auftraggeber die Mängelfreiheit bzw. die Mangelhaftigkeit der Leistung darzulegen und – hier – glaubhaft zu machen hat (BGH a. a. O.). Letzteres gilt auch bei einer auf Teil B § 8 Nr. 1 beruhenden Kündigung (OLG Köln SFH § 648 BGB Nr. 1 mit zutreffender krit. Anm. von Hochstein hinsichtlich der Beweiswürdigung). Anders ist es wiederum bei einer Kündigung aus sogenanntem wichtigem Grund nach Teil B § 8 Nr. 2–4. Hier hat der Auftragnehmer die Darlegungs- und Beweislast hinsichtlich der Mängelfreiheit.

398 d) Allerdings kann die Geltendmachung eines Erfüllungs- oder Gewährleistungsanspruches durch den Auftraggeber wegen eines Nachbesserungsrechts unter Umständen **gegen Treu und Glauben verstoßen,** wenn der **Mangel der Leistung ganz geringfügig ist** (dazu OLG Nürnberg BB 1965, 183 = OLGZ 65, 12; insoweit zutreffend auch Barnickel BlGBW 1979, 195).

399 e) Zeigen sich erst nach Eintragung der Vormerkung oder der Sicherungshypothek Mängel, hat der Auftraggeber wegen seiner damit zusammenhängenden Ansprüche einen **entsprechenden Löschungsanspruch auf der Grundlage des § 812 Abs. 1 Satz 2 BGB,** je nachdem, wie weit diese Ansprüche reichen (Motzke S. 121 f.; Werner/Pastor Rdn. 193).

400 f) Auch sonst kann der Auftraggeber mit Gegenansprüchen aufrechnen, sofern die Voraussetzungen des § 387 BGB gegeben sind. Haftet der Grundstückseigentümer für die gegen einen Dritten gerichtete Werklohnforderung, so kann er mit einer eigenen Forderung gegen den Werkunternehmer schon im Verfahren auf Bewilligung auf Eintragung einer Bauhandwerkersicherungshypothek aufrechnen; dies folgt aus §§ 1142 Abs. 2, 242 BGB (KG NJW-RR 1986, 826).

VIII. Vertraglicher Ausschluß des § 648 BGB

401 1. Es ist **grundsätzlich möglich, individual-vertraglich** die Anwendbarkeit des **§ 648 BGB** ganz oder zum Teil **auszuschließen** oder von dem Eintritt näher geregelter Bedingungen

abhängig zu machen, da es sich bei dieser gesetzlichen Regelung um **dispositives Recht** handelt (vgl. u. a.Palandt/Thomas § 648 BGB Anm. 1; Staudinger/Riedel § 648 Anm. 16; Münchner Kommentar-Soergel § 648 BGB Rdn. 2; Groß S. 8; Werner/Pastor Rdn. 154; Motzke S. 154 f.; OLG Köln BauR 1974, 282); **jedoch muß dies an übersichtlicher**, ohne weiteres erkennbarer **Stelle in den Vertragsunterlagen** und mit eindeutiger Klarheit **erfolgen**, da es sich um den Ausschluß von einem Vertragspartner – hier dem Auftragnehmer – sonst kraft Gesetzes zustehender Sicherungsrechte handelt (vgl. auch OLG München BB 1976, 1001; LG Köln SFH Z 2.321 Bl. 25 und 26 sowie Bl. 34). Die bloße Vereinbarung einer Sicherheitsleistung, insbesondere auf der Grundlage von Teil B § 17 Nr. 4–6, bedeutet weder einen ausdrücklichen noch einen stillschweigenden Verzicht auf die Sicherung nach § 648 BGB (zutreffend Rixecker MDR 1982, 718).

2. Überdies kann der **Verzicht** auf die Anwendbarkeit des § 648 BGB gemäß § 242 BGB **unwirksam** sein, wenn **nachträglich eine wesentliche Verschlechterung in den Vermögensverhältnissen des Auftraggebers eintritt** (was nach Motzke S. 155 durchaus auch mit § 321 BGB begründet werden kann). **Auch bei arglistigem Handeln des Auftraggebers** steht der vertragliche Ausschluß des § 648 BGB der **Eintragung** einer Sicherheitsleistung **nicht entgegen** (OLG Köln a. a. O.). Ein arglistiges Berufen auf den Ausschluß des § 648 BGB kann gegeben sein, wenn **an dem Bestand und der Fälligkeit** der zu sichernden Werklohnforderung kein Zweifel besteht und sich der Auftraggeber trotzdem auf nichts anderes als auf den vertraglichen Ausschluß des § 648 BGB bezieht, ohne jetzt zahlungswillig zu sein (u. a. Kapellmann BauR 1976, 323, 329; zu Unrecht zweifelnd Werner/Pastor a. a. O.). Darüber hinaus sind **auch sonst die Grundsätze von Treu und Glauben zu beachten,** wobei zu bedenken ist, daß der Auftragnehmer vertraglich auf ihm kraft Gesetzes an sich zustehende Rechte verzichtet hat. Deshalb **muß dann gerade von dem Auftraggeber als Begünstigtem Vertragstreue verlangt werden**. Daher kann sich der Auftraggeber über das Gesagte hinaus auch nicht auf den vereinbarten Ausschluß des Anspruches des Auftragnehmers auf Eintragung einer Sicherungshypothek berufen, wenn **er aus offensichtlich nicht stichhaltigen Gründen die Zahlung der Vergütung verweigert** (ähnlich LG Köln SFH Z 2.321 Bl. 25 und Bl. 26). Für das Vorliegen aller Ausnahmegesichtspunkte ist der **Auftragnehmer darlegungs- und beweispflichtig.**

3. Soweit das **AGB-Gesetz** zugunsten des Auftragnehmers eingreift (vgl. Teil A § 10 Rdn. 77 ff.), ist davon auszugehen, daß ein Ausschluß des § 648 BGB im allgemeinen gegen § 9 AGB-Gesetz verstößt, da es sich hier in der Tat regelmäßig um die einzig mögliche Sicherung des Vergütungsanspruches des vorleistenden Auftragnehmers handelt (BGHZ 91, 139 = BauR 1984, 413 = NJW 1984, 2100 = BB 1984, 1257 = Betrieb 1984, 1924 = SFH § 9 AGBG Nr. 12 = MDR 1984, 853 = LM § 9 [Bf] AGBG Nr. 4 = ZfBR 1984, 188; Motzke S. 156 f.; Werner/Pastor Rdn. 155; Groß S. 9 f.; Jagenburg BauR Sonderheft 1/77, 10 f.; Palandt/Thomas § 648 Anm. 1; Münchner Kommentar-Soergel § 648 BGB Rdn. 2; Schlosser/Coester-Waltjen/Graba § 9 Rdn. 69; Frikell/Glatzel/Hofmann K 17.5; OLG München BB 1976, 1001; a. A. Kapellmann BauR 1976, 323, 326). Das gilt **erst recht für einen VOB-Vertrag**, in dem durch andere AGB – insbesondere Zusätzliche Vertragsbedingungen – zu Lasten des Auftragnehmers die Ausgewogenheit der VOB/B nicht mehr gewahrt ist, wie z. B. durch Ausschlüsse oder einengende Bestimmungen im Bereich von Teil B § 2 Nr. 3–6 sowie durch Ausschluß von Teil B § 12 Nr. 5 (vgl. dazu Teil A § 10 Rdn. 131 ff.).

Ein **Ausschluß des § 648 BGB** in Allgemeinen Geschäftsbedingungen des Auftraggebers – vornehmlich in Zusätzlichen Vertragsbedingungen – ist **allerdings wirksam, wenn dem Auftragnehmer andere dem § 648 BGB gleichwertige Sicherungen vertraglich zugesagt werden** (BGH a. a. O.; Münchner Kommentar-Soergel § 648 BGB Rdn. 2; Groß S. 11 f.; Werner/Pastor Rdn. 155). Dazu rechnet eine vereinbarte, schuldbefreiende Hinterlegung

(Motzke S. 158 f.), ferner reicht insoweit auch die Vereinbarung einer Bankbürgschaft (Motzke S. 158 f.; Groß S. 11).

405 Die vorangehenden Erwägungen treffen auch auf eine Klausel in AGB – insbesondere Zusätzlichen Vertragsbedingungen – des Auftraggebers zu, wonach der Auftragnehmer eine bestimmte Zeit vor Beantragung der Eintragung der Sicherungshypothek oder einer Vormerkung dazu den Auftraggeber zu benachrichtigen habe.

IX. Sicherungshypothek für Architekten und Statiker usw.

406 Die Frage, **ob** ein **Architekt** wegen seiner Forderungen aus dem Architektenvertrag gegenüber dem Auftraggeber die **Eintragung einer Sicherungshypothek nach § 648 BGB verlangen kann,** ist vom BGH (BGHZ 51, 190 = NJW 1969, 419 = MDR 1969, 212 = BB 1969, 110 = WM 1969, 122 = LM § 648 Nr. 2/3 Anm. Rietschel) nach längerem Meinungsstreit in Literatur und Rechtsprechung für den Fall, daß der Architekt **sämtliche Leistungen von der Planung bis zur örtlichen Bauaufsicht (Objektüberwachung)** erbracht hat, mit überzeugender Begründung bejaht worden (vgl. dazu auch Groß S. 23 ff.). Allerdings kommt der maßgebende Gesichtspunkt der Werterhöhung auch hier insofern zum Tragen, als die Leistung des Architekten **mängelfrei** sein muß (vgl. dazu OLG Frankfurt BauR 1988, 343 ff.; siehe auch Rdn. 395 ff.). Ebenso trifft das Gesagte zu, wenn der Architekt **lediglich Teilleistungen gemäß § 15 HOAI in Auftrag** hat und er diese im übertragenen Auftragsumfang erfüllt hat; davon ist nach neuerer und zutreffender Rechtsprechung des BGH auch nicht der Fall ausgenommen, in dem dem Architekten **lediglich die Bauführung bzw. Objektüberwachung** übertragen worden ist, weil es sich **auch insoweit** um eine **werkvertragliche Leistung** mit einem entscheidenden Beitrag zur Herstellung des Gesamtbauwerkes handelt (BGHZ 82, 100 = BauR 1982, 79 = NJW 1982, 438 = SFH § 19 GOA Nr. 3 = MDR 1982, 313 = BB 1982, 518 = LM § 631 BGB Nr. 42 = Betrieb 1982, 898 = ZfBR 1982, 15). **Gleiches gilt, wenn sich der Auftraggeber während der Bauausführung entgegen den Bestimmungen des Architektenvertrages vom Vertrag lossagt;** dann steht dem Architekten nicht nur sowohl die verdiente Vergütung als auch die nicht verdiente Vergütung, letztere als Schadensersatz wegen positiver Vertragsverletzung, zu, sondern **hinsichtlich seines Gesamtanspruches auch ein Anspruch auf Eintragung einer Sicherungshypothek nach § 648 BGB** (BGH a. a. O.; vgl. dazu auch LG Nürnberg-Fürth BlGBW 1972, 138 = NJW 1972, 453; KG BauR 1979, 354 = OLGZ 1978, 449 = MDR 1978, 755 sowie Maser BauR 1975, 91).

407 Liegen **lediglich Teilleistungen** des Architekten im Rahmen eines ihm nach § 15 HOAI erteilten **Gesamtauftrages** (Planung und Objektüberwachung) oder eines umfassenden Planungsauftrages oder eines entsprechenden Auftrages über Bauführung bzw. Objektüberwachung bei entsprechend teilweiser Bauausführung vor und steht dem Architekten **nur hierfür** die Vergütung (also nicht die volle Vergütung nach § 649 BGB) zu, so **beschränkt sich der Anspruch auf Eintragung der Sicherungshypothek auf diesen Vergütungsteil.**

408 **Anders** liegt es aber, wenn der Architekt **lediglich die Planung** – ganz oder teilweise – angefertigt hat, es jedoch **nicht zur Bauausführung kommt.** Dann kommt eine **Sicherungshypothek** für den Architekten **nicht** in Betracht, weil insoweit die hier grundsätzlich immer zu fordernde **Werterhöhung des Grundstücks nicht eingetreten** ist (BGH a. a. O.; KG NJW 1963, 813 = SFH Z 3.01 Bl. 203 ff.; KG SFH Z 3.01 Bl. 282; LG Bielefeld MDR 1971, 393 = BlGBW 1971, 180; OLG Düsseldorf BauR 1972, 254 = NJW 1972, 1863 = BlGBW 1972, 226; LG Frankfurt MDR 1974, 578; OLG München NJW 1973, 289 [L], zugleich auch hinsichtlich vom Architekten erbrachter Dienstleistungen, wie Finanzierungsberatung und Hypothekenbeschaffung, so auch OLG Frankfurt BauR 1988, 343, 344; LG Dortmund JMBl. NW 1973, 283 = MDR 1974, 578; ebenso Locher, Das private Baurecht, Rdn. 438; Werner/Pastor Rdn. 170 ff.; a. A., jedoch unrichtig, LG Traunstein NJW 1971, 1460; dazu auch Hahn BauR 1980, 310; vgl. auch Durchlaub BB 1982, 1392, der die bilanzrechtlichen Begriffsmerkmale der Anschaffungs- und Herstellungskosten für maßgebend ansehen will, ohne hinreichend zu berücksichtigen, daß diese sich in den vertragsrechtlichen Rahmen des § 648 BGB kaum einpassen lassen; zu eng auch Motzke S. 160 ff.). Entgegen der Auffassung von Maser (BauR 1975, 91) wird man auch nicht sagen können, daß die Werterhöhung des Grundstücks eingetreten sei, sobald die Baugenehmigung vorliege; damit kann nicht schon von Werterhöhung gesprochen werden, weil noch keineswegs feststeht, ob die Baugenehmigung, die nur für eine bestimmte Art und Weise der Bebauung gilt, tatsächlich einen besonderen Wert darstellt, ob also ein etwaiger spä-

terer Erwerber nach dieser Genehmigung zu bauen wünscht; hinzu kommt, daß die Baugenehmigung zwar auf die planerischen Leistungen des Architekten zurückgeht, es jedoch nicht seinem unmittelbaren Einfluß unterliegt, ob und wann sie erteilt wird. Ein Beginn der Bauausführung in dem hier maßgebenden Sinne liegt auch nicht schon in dem Abriß eines bisher auf dem Grundstück stehenden Altbaues; gleiches gilt für nur die bloße Vorbereitung der Bauausführung betreffende Maßnahmen; allerdings muß man für den hier erörterten Rahmen entgegen LG Nürnberg-Fürth (BlGBW 1972, 138 = NJW 1972, 453) Ausschachtungsarbeiten nicht mehr zur Bauvorbereitung, sondern bereits zur Bauausführung selbst rechnen (vgl. dazu Rdn. 365).

Das hier grundlegende **Erfordernis der Werterhöhung gilt auch** in jenen Fällen, in denen sich der Auftraggeber grundlos vom Vertrag lossagt und dabei eine **positive Vertragsverletzung** begeht, weil im betreffenden Vertrag eine Kündigung nach § 649 BGB ausgeschlossen und nur im Falle des Vorliegens eines wichtigen Grundes zulässig ist. Der Architekt kann also auch in diesen Fällen nicht die Einräumung einer Sicherheitshypothek verlangen, wenn es nicht zur Bauausführung gekommen ist (KG BauR 1979, 354 = MDR 1978, 755). Insofern kommt eine Sicherungshypothek für den Architekten nur wegen des auf die ausgeführten Bauteile entfallenden Honorars in Betracht; darüber hinausgehende Ansprüche aus dem Gesichtspunkt des Schadensersatzes wegen Verzuges kann der Architekt dagegen nicht geltend machen und durch Bauhandwerkersicherungshypothek sichern lassen, weil der Auftraggeber nicht gehindert ist, sein Vorhaben aufzugeben, was auch im Falle der auf einen wichtigen Grund beschränkten Kündigung gilt (KG a. a. O.). 409

Für den Fall der ganzen oder teilweisen Zerstörung erbrachter Leistungen vor der Abnahme vgl. Hahn BauR 1980, 310, wozu das Rdn. 370 Gesagte entsprechend gilt. 410

Entgegen OLG München (OLGZ 1965, 143) hat der **Statiker** für die Erstellung der statischen Berechnung unter den vorgenannten Voraussetzungen **Anspruch** auf Einräumung einer Sicherungshypothek auf dem Baugrundstück, weil dieser ebenso wie der Architekt mit seiner Leistung zur Erstellung des Bauwerkes beiträgt (vgl. dazu BGHZ 48, 257 = MDR 1968, 41 = JZ 1967, 758 = BB 1967, 1222 = NJW 1967, 2259 = SFH Z 3.01 Bl. 373 = VersR 1967, 1074; OLG Frankfurt OLGZ 1979, 437; vgl. dazu auch Groß S. 29 ff.; Werner/Pastor Rdn. 174). Das gilt auch für die Leistungen **anderer Sonderfachleute**. 411

K. Dinglicher Arrest in Vermögen des Auftraggebers

Der Auftragnehmer ist zur Sicherung seiner Vergütung nicht unbedingt auf die Rechte aus § 648 Abs. 1 BGB angewiesen. Er kann auch den **dinglichen Arrest in das** bewegliche oder unbewegliche **Vermögen des Auftraggebers** beantragen, sofern sein Vergütungsanspruch – was regelmäßig zutrifft – in einer **Geldforderung** besteht (§ 916 ZPO). Es muß aber ein **Arrestgrund** nach § 917 ZPO vorhanden sein, d. h., es muß zu besorgen sein, daß ohne die Verhängung des dinglichen Arrestes die **Vollstreckung des Urteils vereitelt oder wesentlich erschwert** werden würde. Die bloße Veräußerung des Hausgrundstückes, auf dem die Bauleistung erbracht worden ist, reicht dazu aber noch nicht aus (OLG Hamm BauR 1975, 436 = MDR 1975, 587; KG BauR 1979, 354 = OLGZ 1978, 449 = MDR 1978, 755; Schwerdtner NJW 1970, 222; a. A. LG Berlin NJW 1955, 799). Gleiches gilt, wenn der Schuldner seine Vertragspflichten arglistig verletzt hat. **Vielmehr sind konkrete Anhaltspunkte dafür erforderlich, daß er auch sein Vermögen dem drohenden Zugriff des Gläubigers entziehen werde** (BGH WM 1975, 641; KG a. a. O.). 412

Nach § 917 Abs. 2 ZPO ist es dagegen als ein zureichender Arrestgrund anzusehen, wenn das **Urteil im Ausland vollstreckt werden müßte**.

Der Arrestgrund muß vom Auftragnehmer **glaubhaft** gemacht werden. Wegen weiterer Einzelheiten vgl. die Kommentierungen zu den §§ 916 ff. ZPO. **Gegenüber § 648 BGB hat die Erwirkung des dinglichen Arrestes Erleichterungen:** Bei dem Gläubiger braucht es sich nicht um einen Unternehmer eines Bauwerks zu handeln, vgl. Rdn. 372. Auch kommt eine Einschränkung der Sicherung auf das Baugrundstück selbst nicht in Betracht. 413

B § 16, 6, Rdn. 414+415; B § 17

L. Unternehmerpfandrecht des Auftragnehmers (§ 647 BGB)

414 Zu denken ist hinsichtlich der Sicherung der Vergütung des Auftragnehmers auch noch an das **Unternehmerpfandrecht des § 647 BGB**. Dieses wird jedoch bei **Bauleistungen fast niemals praktisch**. Es muß sich nämlich um **bewegliche Sachen** handeln, die vom Auftragnehmer hergestellt oder ausgebessert werden. Sie müssen bei der Herstellung oder zum Zwecke der Ausbesserung in den **Besitz des Auftragnehmers** gelangt sein. **Solange** er diesen **Besitz** hat, kann er daran ein **Pfandrecht** für seine Vergütungsforderung **ausüben**. Weitere Voraussetzung ist aber, daß die **Sachen dem Auftraggeber gehören,** also in dessen Eigentum stehen (BGHZ 34, 122, 126; BGHZ 87, 274, 280; vgl. dazu auch Fehl BB 1977, 69), was bei Bauverträgen häufig schon deshalb nicht zutrifft, weil oftmals der Auftraggeber vor dem Einbau von beweglichen Sachen – insbesondere Baumaterialien – noch nicht deren Eigentümer ist, dabei die Sachen häufig im Eigentum eines Dritten stehen. Allerdings verbleiben dem Auftragnehmer auch dann gegebenenfalls ein Verwendungsersatzanspruch nach §§ 994 ff. BGB, ein Zurückbehaltungsrecht nach § 1000 BGB und unter den Voraussetzungen des § 1003 BGB sogar ein Befriedigungsrecht (BGHZ 34, 122, 127 f.; vgl. auch BGH BauR 1988, 88 = NJW 1988, 255 = MDR 1988, 220 = SFH § 648 BGB Nr. 10 = ZIP 1988, 244 = BB 1988, 998 mit Anm. Fehl = Siegburg EWiR § 648 BGB 1/88, 44 = ZfBR 1988, 72 = LM § 648 BGB Nr. 7). Zum Unternehmerpfandrecht bei ständiger, zeitlich länger dauernder Geschäftsverbindung OLG Düsseldorf NJW 1978, 703.

Besteht ein Pfandrecht, so kann sich der Auftragnehmer nach den Vorschriften über den Pfandverkauf (§§ 1228 ff. BGB) befriedigen, falls seine Forderung fällig ist (§ 1257 BGB).

415 Zum gutgläubigen Erwerb eines Unternehmerpfandrechts vgl. BGHZ 68, 323 (dazu kritisch Müller VersR 1981, 499); BGH NJW 1981, 226; LG München II NJW 1957, 1237; LG Hamburg MDR 1957, 482; LG Berlin NJW 1973, 630 m. w. N., sowie Hohenneste NJW 1958, 212. Über den gutgläubigen Erwerb eines durch Bauarbeitsgemeinschaftsvertrag vereinbarten Pfandrechts vgl. BGHZ 86, 300 = BauR 1983, 268 = SFH § 1205 BGB Nr. 1 = NJW 1983, 1114 = MDR 1983, 483 = Betrieb 1983, 930 = BB 1983, 1248 = ZIP 1983, 438 = LM § 1205 BGB Nr. 1). Zum gutgläubigen Erwerb des gesetzlichen Pfandrechts und anderer Formen der Sicherung für den Auftragnehmer bei Aufträgen von Nichtberechtigten vgl. Riemenschneider, Sicherung des Werkunternehmers, 1967, Appel, Hamburg, Schriften des Europa-Kollegs 4. Über Unternehmerpfandrecht und Schadensberechnung beim Betrug (Vortäuschung des Bestellers über seine Zahlungsfähigkeit) Amelung NJW 1975, 624; ferner Meyer MDR 1975, 357 im Anschluß an BayObLG (JZ 1974, 189 = JR 1974, 336 Anm. Lenckner).

§ 17 Sicherheitsleistung

1. (1) Wenn Sicherheitsleistung vereinbart ist, gelten die §§ 232 bis 240 BGB, soweit sich aus den nachstehenden Bestimmungen nichts anderes ergibt.

(2) Die Sicherheit dient dazu, die vertragsgemäße Ausführung der Leistung und die Gewährleistung sicherzustellen.

2. Wenn im Vertrag nichts anderes vereinbart ist, kann Sicherheit durch Einbehalt oder Hinterlegung von Geld oder durch Bürgschaft eines *in den Europäischen Gemeinschaften* zugelassenen Kreditinstituts geleistet werden.

3. Der Auftragnehmer hat die Wahl unter den verschiedenen Arten der Sicherheit; er kann eine Sicherheit durch eine andere ersetzen.

4. Bei Sicherheitsleistung durch Bürgschaft ist Voraussetzung, daß der Auftraggeber den Bürgen als tauglich anerkannt hat. Die Bürgschaftserklärung ist schriftlich unter Verzicht auf die Einrede der Vorausklage abzugeben (§ 771 BGB); sie darf nicht auf bestimmte Zeit begrenzt und muß nach Vorschrift des Auftraggebers ausgestellt sein.

5. Wird Sicherheit durch Hinterlegung von Geld geleistet, so hat der Auftragnehmer den Betrag bei einem zu vereinbarenden Geldinstitut auf ein Sperrkonto einzuzahlen, über das beide Parteien nur gemeinsam verfügen können. Etwaige Zinsen stehen dem Auftragnehmer zu.

6. (1) Soll der Auftraggeber vereinbarungsgemäß die Sicherheit in Teilbeträgen von seinen Zahlungen einbehalten, so darf er jeweils die Zahlung um höchstens 10 v. H. kürzen, bis die vereinbarte Sicherheitssumme erreicht ist. Den jeweils einbehaltenen Betrag hat er dem Auftragnehmer mitzuteilen und binnen 18 Werktagen nach dieser Mitteilung auf ein Sperrkonto bei dem vereinbarten Geldinstitut einzuzahlen. Gleichzeitig muß er veranlassen, daß dieses Geldinstitut den Auftragnehmer von der Einzahlung des Sicherheitsbetrages benachrichtigt. Nr. 5 gilt entsprechend.

(2) Bei kleineren oder kurzfristigen Aufträgen ist es zulässig, daß der Auftraggeber den einbehaltenen Sicherheitsbetrag erst bei der Schlußzahlung auf Sperrkonto einzahlt.

(3) Zahlt der Auftraggeber den einbehaltenen Betrag nicht rechtzeitig ein, so kann ihm der Auftragnehmer hierfür eine angemessene Nachfrist setzen. Läßt der Auftraggeber auch diese verstreichen, so kann der Auftragnehmer die sofortige Auszahlung des einbehaltenen Betrages verlangen und braucht dann keine Sicherheit mehr zu leisten.

(4) Öffentliche Auftraggeber sind berechtigt, den als Sicherheit einbehaltenen Betrag auf eigenes Verwahrgeldkonto zu nehmen; der Betrag wird nicht verzinst.

7. Der Auftragnehmer hat die Sicherheit binnen 18 Werktagen nach Vertragsabschluß zu leisten, wenn nichts anderes vereinbart ist. Soweit er diese Verpflichtung nicht erfüllt hat, ist der Auftraggeber berechtigt, vom Guthaben des Auftragnehmers einen Betrag in Höhe der vereinbarten Sicherheit einzubehalten. Im übrigen gelten Nr. 5 und Nr. 6 außer Absatz 1 Satz 1 entsprechend.

8. Der Auftraggeber hat eine nicht verwertete Sicherheit zum vereinbarten Zeitpunkt, spätestens nach Ablauf der Verjährungsfrist für die Gewährleistung, zurückzugeben. Soweit jedoch zu dieser Zeit seine Ansprüche noch nicht erfüllt sind, darf er einen entsprechenden Teil der Sicherheit zurückhalten.

Inhaltsübersicht

	Rdn.
A. Allgemeines; insbesondere Unterschied zu Leistungsverweigerungsrecht und Vertragsstrafe	1–3
B. Tragweite der Regelungen in Teil B § 17 (Nr. 1 Abs. 2)	4–8
C. Sicherheitsleistung nur bei ausdrücklicher vertraglicher Vereinbarung (Nr. 1 Abs. 1)	9–11
D. Grundsätzliche Geltung der gesetzlichen Vorschriften (Nr. 1 Abs. 1)	12–19
E. Arten der Sicherheitsleistung (Nr. 2)	20–24
I. Gesetzliche Regelung	20–22
II. Regelung der VOB	23–24
F. Wahlrecht und Austauschrecht des Auftragnehmers (Nr. 3); Nachschußpflicht	25–27
I. Wahlrecht	25
II. Austauschrecht	26
III. Nachschußpflicht	27
G. Sicherheitsleistung durch Bürgschaft (Nr. 4)	28–70
I. Allgemeines	28–31
II. Tauglicher Bürge (Satz 1)	32–33
III. Schriftliche Bürgschaft unter Verzicht auf Einrede der Vorausklage gemäß Satz 2 (selbstschuldnerische Bürgschaft)	34–50
1. Schriftform	35–40

2. Selbstschuldnerische Bürgschaft – Schuldbeitritt – Garantie	41–44
3. Bürgschaft auf erstes Anfordern	45–50
IV. Keine zeitliche Begrenzung der Bürgschaft; Ausstellung nach Vorschrift des Auftraggebers	51–55
1. Abhängigkeit vom Bestehen der Hauptforderung	52
2. Ausstellen nach Vorschrift des Auftraggebers	53
3. Einzelfragen	54
4. Zeitbürgschaft	55
V. Verwertung – Einwendungen des Bürgen	56–68
1. Zulässige Einwendungen	56–58
2. Verpflichtung des Bürgen zur Abwehr von Ansprüchen	59
3. Wirkung der Bürgschaftsklage – Verjährung	60
4. Einzelfragen	61–67
5. Beendigung der Bürgschaftsverpflichtung	68
VI. Verfahrensrechtliches	69–70
H. Sicherheitsleistung durch Hinterlegung von Geld (Nr. 5)	71–73
J. Sicherheitsleistung durch Einbehalt von Zahlungen (Nr. 6)	74–96
I. Allgemeines	74–76
II. Einbehalt von Zahlungen in Teilbeträgen (Absatz 1)	77–89
1. Grundvoraussetzungen	77–83
a) Einbehalte nicht auf Abschlagszahlungen begrenzt	79–80
b) Kürzung der Zahlungen um höchstens 10 %	81
c) Grenze: Gesamtbetrag der vereinbarten Sicherheit	82
d) Abweichende Vertragsbedingungen	83
2. Mitteilungspflicht des Auftraggebers	84
3. Pflicht zur Einzahlung auf Sperrkonto	85
4. Benachrichtigung des Auftragnehmers	86
5. Schadensersatzpflicht des Auftraggebers bei schuldhafter Pflichtverletzung	87
6. Entsprechende Anwendung der Nr. 5	88
7. Wirkungen der Einzahlung auf Sperrkonto	89
III. Ausnahme: Einzahlung des einbehaltenen Betrages erst bei Schlußzahlung (Absatz 2)	90–91
IV. Nichteinzahlung des Sicherheitsbetrages durch Auftraggeber (Absatz 3)	92–95
V. Sonderbefugnis des öffentlichen Auftraggebers: Verwahrgeldkonto (Absatz 4)	96
K. Fristgerechte Leistung der Sicherheit durch Auftragnehmer (Nr. 7)	97–99
L. Rückgabe der Sicherheit (Nr. 8)	100–113
I. Rückgabe nach Ablauf der Gewährleistungsfrist (Satz 1)	100–104
II. Hinausgeschobene Rückgabepflicht (Satz 2)	105–110
1. Mängel der Leistung	106
2. Verwertung durch Auszahlung der Sicherheit	107
3. Besonderheiten bei selbstschuldnerischer Bürgschaft	108
4. Konkurs des Auftragnehmers	109
5. Bauhandwerkersicherungshypothek	110
III. Schuldnerverzug des Auftraggebers bei Nichtrückgabe; Klagebefugnis des Auftragnehmers	111
IV. Verjährung des Rückgabeanspruchs	112–113
M. Geltendmachung der Vergütung durch Auftragnehmer ohne Sicherheitsleistung	114

Aufsätze: Groß, „Die Ablösung des Garantierückbehalts durch Bankbürgschaft", BlGBW 1970, 191; Heiermann, „Die Sicherheitsleistung durch Einbehalt nach § 17 Nr. 6 VOB/B", BauR 1976, 73; dazu Kahle, BauR 1976, 329, insbesondere Daub BauR 1977, 24; Mormann sowie Merz, „Die Rechtsprechung des BGH zur Bürgschaft", WM 1974, 962; 1977, 1270; 1980, 230; 1982, 174; 1984, 1141; Heiermann, „Die Sicherheitsleistung durch Bürgschaft nach der Verdingungsordnung für Bauleistungen", BB 1977, 1575;

Hickl, „Die Bürgschaft auf erstes Anfordern zur Ablösung eines Gewährleistungseinbehaltes", BauR 1979, 463; Clemm, „Die Stellung des Gewährleistungsbürgen, insbesondere bei der Bürgschaft auf erstes Anfordern", BauR 1987, 123; Steinbach, „Ablösung des Sicherheitseinbehaltes durch Gewährleistungsbürgschaft nach Vorausabtretung der Gewährleistungsansprüche", WM 1988, 809.

A. Allgemeines

Teil B § 17 befaßt sich mit der Sicherheitsleistung. Bei ihr handelt es sich **nicht** um ein **Mittel der Erfüllung vertraglicher Leistungspflichten, sondern** um ein **Mittel zur Abwendung der Gefahr künftiger Rechtsverletzungen oder Benachteiligungen** im vertraglichen Verhältnis zwischen Auftraggeber und Auftragnehmer. Dem Vertragspartner wird ein Pfand in die Hand gegeben, um sich wegen seiner Ansprüche gegenüber dem anderen Partner zu sichern. Gerade dieser Grundgedanke der von Teil B § 17 erfaßten Sicherheit rechtfertigt die Annahme, daß im Falle der **Abtretung von Erfüllungs- und Gewährleistungsansprüchen** durch den ursprünglich nach dem Vertrag Sicherungsberechtigten **auch die Rechte aus der Sicherheitsleistung entsprechend § 401 BGB auf den neuen Gläubiger übergehen,** wie z. B. bei Abtretung vom Bauträger auf den Erwerber (zutreffend Fritz Rdn. 101 f.).

1

Da die Sicherheitsleistung der Sicherung zukünftiger Ansprüche dient, ist dadurch ein etwaiges **Leistungsverweigerungsrecht** eines Vertragspartners nach den §§ 273, 274 oder den §§ 320, 322 BGB, wie etwa des Auftraggebers hinsichtlich der Vergütung des Auftragnehmers bei mangelhafter Leistung (vgl. Teil B § 13 Rdn. 582 ff., auch a. a. O. Rdn. 800 ff.), **nicht ausgeschlossen.** Denn das **Leistungsverweigerungsrecht** dient **der Sicherung bereits entstandener Ansprüche.** Deshalb besteht es kraft Gesetzes, es ist also nicht – wie die Sicherheitsleistung – von der vorherigen Vereinbarung der Vertragspartner abhängig. **Allerdings** ist ein **Sicherheitseinbehalt** bei der Festsetzung der Höhe des Leistungsverweigerungsrechts im allgemeinen mit **zu berücksichtigen** (vgl. RG JW 1915, 1189; s. auch BGH NJW 1967, 34 = SFH Z 2.410 Bl. 40 sowie OLG Düsseldorf BauR 1975, 348), was auch für auf gleicher tatsächlicher und rechtlicher Basis beruhende Aufrechnungsansprüche des Auftraggebers gilt, da ihm im Zweifel keine doppelte Sicherheit verschafft werden soll (vgl. auch OLG Köln SFH § 17 VOB/B Nr. 1). Dabei kann es für das Leistungsverweigerungsrecht jedoch nicht nur auf die voraussichtlichen Kosten der Nachbesserung ankommen; vielmehr ist bei der Bewertung seiner Höhe ein sogenannter Druckzuschlag mit einzubeziehen, der erforderlich ist, um den Auftragnehmer mit Nachdruck zur Durchführung der Mängelbeseitigung anzuhalten; der Auftragnehmer kann also nicht geltend machen, der Auftraggeber dürfe das Leistungsverweigerungsrecht nur in Höhe des die Sicherheitsleistung übersteigenden Mängelbeseitigungsanspruches geltend machen (BGH BauR 1982, 579 = BB 1982, 1942 = SFH § 17 VOB/B Nr. 6 = NJW 1982, 2494 = Betrieb 1982, 2454 = ZfBR 1982, 253 = LM § 17 VOB/B Nr. 3; vgl. auch Teil B § 13 Rdn. 582 ff. sowie Teil B § 16 Rdn. 64 ff).

2

Von der **Sicherheitsleistung zu unterscheiden** ist **auch** die **Vertragsstrafe** (vgl. Teil B § 11). Diese ist zwar ebenso wie die Sicherheitsleistung vorher zu vereinbaren, um von dem jeweils Berechtigten in Anspruch genommen werden zu können. Aber die Vertragsstrafe wird auch erst **nach einer Rechtsverletzung** fällig und dient nicht nur der Sicherung gegen eingetretene oder etwa noch eintretende Verletzungsfolgen, sondern gleichzeitig auch zur Erleichterung des Schadensnachweises (vgl. §§ 341 Abs. 2, 340 Abs. 2 BGB). Daher ist es möglich, zur Absicherung einer – etwaigen – Vertragsstrafe eine Sicherheitsleistung zu vereinbaren (BGH BauR 1982, 506 = NJW 1982, 2305 = SFH § 767 BGB Nr. 3 = ZIP 1982, 940 = MDR 1983, 50 = Betrieb 1982, 2029 = BB 1982, 1388 = ZfBR 1983, 216). Zur Vertragsstrafe vgl. im einzelnen die Anm. zu Teil B § 11.

3

B. Tragweite der Regelungen in Teil B § 17 (Nr. 1 Abs. 2)

4   Teil B § 17 behandelt **nur** die **Ansprüche des Auftraggebers gegenüber dem Auftragnehmer,** nicht aber etwaige Ansprüche im umgekehrten Verhältnis. **Insbesondere** ist in **Nr. 1 Abs. 2** zum Ausdruck gebracht, daß die **Sicherheit dazu dient, die vertragsgemäße Ausführung der Leistung und die Gewährleistung sicherzustellen.** Daher fällt hierunter regelmäßig auch eine Ausführungs- oder Ausführungserfüllungsbürgschaft (OLG Hamburg VersR 1984, 48). **Gegenstand der** von Teil B § 17 erfaßten **Sicherheit** ist also die **Absicherung** der vertraglichen Interessen des Auftraggebers gegenüber dem Auftragnehmer mit dem Ziel der ordnungsgemäßen Erfüllung dessen, was nach dem Bauvertrag als Leistungspflicht des Auftragnehmers anzusehen ist, einschließlich der mangelfreien Leistungserstellung, insbesondere der Gewährleistung (vgl. dazu auch BGH BauR 1985, 461 = NJW 1985, 1694 = MDR 1985, 492 = ZIP 1985, 470 = LM § 765 BGB Nr. 39 = SFH § 765 BGB Nr. 4 = WM 1985, 511 = ZfBR 1985, 129). Letzteres gilt vor allem auch für etwaige sogenannte versteckte Mängel, die sich erst während der Gewährleistungsfrist zeigen (OLG Stuttgart BauR 1976, 435). Falls die Vereinbarung der Sicherheitsleistung bzw. diese selbst hinreichend deutlich die Nachbesserung erfaßt, ist davon auch der Vorschußanspruch des Auftraggebers auf die voraussichtlichen Mängelbeseitigungskosten ergriffen (BGH BauR 1984, 406 = NJW 1984, 2456 = Betrieb 1984, 2344 = MDR 1985, 45 = JZ 1984, 754 = LM § 633 BGB Nr. 50 = SFH § 633 BGB Nr. 43 = ZfBR 1984, 185). Andererseits erfaßt eine bloße Gewährleistungssicherheit, die das Erfüllungsstadium nicht einbezieht, nur Ansprüche aus der Zeit nach Abnahme, also z. B. nicht solche nach Teil B § 4 Nr. 7 oder solche aus vorzeitiger Vertragskündigung (Clemm BauR 1987, 125).

5   Dagegen erlaubt dieser durch Nr. 1 Abs. 2 abgesteckte, auf die Leistungs- bzw. Herstellungsverpflichtung bezogene Bereich nicht ohne weiteres die Annahme, daß durch eine solche Sicherheitsleistung generell auch **Ansprüche des Auftraggebers aus dem Vergütungsbereich** erfaßt sind, wie etwaige Ansprüche wegen Überbezahlung des Auftragnehmers (vgl. BGHZ 76, 187 = BB 1980, 703 = Betrieb 1980, 1256 = NJW 1980, 1459 = MDR 1980, 664 = LM § 765 BGB Nr. 30 = ZIP 1980, 354 = Anm. Rehbein JR 1980, 459; ebenso BGH BauR 1980, 574 = SFH § 633 BGB Nr. 24 = ZIP 1980, 637).

6   Allerdings kommen beim VOB-Vertrag kraft bereits durch Vereinbarung des Teils B getroffener Absprache besondere Sicherheiten gemäß Teil B § 16 Nr. 2 Abs. 1 Satz 1 sowie § 16 Nr. 1 Abs. 1 Satz 3 in Betracht. So erfaßt eine Vertragserfüllungsbürgschaft im allgemeinen auch diese Sicherheiten (im Hinblick auf die Vorauszahlung vgl. BGH BB 1988, 299).

7   Über den vorgenannten, durch Nr. 1 Abs. 2 gekennzeichneten Rahmen hinaus können auch Sicherheitsleistungen des Auftragnehmers aus anderen Gründen festgelegt werden, was jedoch im jeweiligen Einzelfall inhaltlich zweifelsfreier, ausdrücklicher und gesonderter vertraglicher Absprache in Besonderen oder Zusätzlichen Vertragsbedingungen bedarf und dann jedenfalls in der Grundlage weder gegen die Ausgewogenheit der VOB/B sprechen würde noch sonst AGB-rechtlich bedenklich wäre. So umfaßt eine Bürgschaft für die Ausführung **aller** in einem Bauvertrag übernommenen Verpflichtungen des Hauptschuldners (Auftragnehmers) auch einen Anspruch des Gläubigers (Auftraggebers) auf eine Vertragsstrafe, wenn der Hauptschuldner sich nicht nur zur Durchführung bestimmter Bauarbeiten, sondern auch zur Einhaltung fester Termine unter Versprechen einer Vertragsstrafe bei deren Nichteinhaltung verpflichtet hat (BGH BauR 1982, 506 = NJW 1982, 2305 = SFH § 767 BGB Nr. 3 = ZIP 1982, 940 = MDR 1983, 50 = Betrieb 1982, 2029 = BB 1982, 1388 = ZfBR 1982, 216). Gleiches gilt für Ansprüche des Auftraggebers auf Leistung von Schadensersatz nach Teil B § 10 Nr. 1 sowie auf Freistellung von Ansprüchen Dritter nach Teil B § 10 Nr. 6.

Andererseits kann nach dem Gesagten **nicht** angenommen werden, daß eine **Sicherheitsleistung des Auftraggebers** gegenüber dem Auftragnehmer im VOB-Bauvertrag **ausgeschlossen**, also nicht möglich ist. Im Gegenteil: Weder die VOB noch zwingende gesetzliche Vorschriften verbieten eine Sicherstellung des Auftragnehmers für **seine** Ansprüche aus dem Vertrag, insbesondere seiner Vergütungsansprüche. Daher ist es nach dem Grundsatz der Vertragsfreiheit durchaus **möglich,** eine entsprechende **Vereinbarung in den Bauvertrag** ausdrücklich **mit aufzunehmen.** Dazu kann im Einzelfall zur Sicherung des Vergütungsanspruches des Auftragnehmers – über die durch § 648 BGB gegebene Möglichkeit hinaus (vgl. dazu Teil B § 16 Rdn. 360 ff.) – bei nicht eindeutiger wirtschaftlicher Lage des Auftraggebers Anlaß bestehen. Allerdings werden dann nicht ohne weiteres die besonderen Regeln von Teil B § 17 Nr. 2–8 zur Anwendung gelangen können, da diese kraft vertraglicher Vereinbarung (Nr. 1 Abs. 2) nur für die Sicherheitsleistung des Auftragnehmers hinsichtlich der Erfüllung seiner vertraglichen Aufgaben gelten, nicht aber im umgekehrten Verhältnis. Es ist jedoch zulässig, im Bauvertrag nicht nur die Verpflichtung des Auftraggebers zur Sicherheitsleistung als solche festzulegen, sondern darin weiter zu bestimmen, daß auf diese Sicherheitsleistung des Auftraggebers die Vorschriften des Teils B § 17 **entsprechend** zur Anwendung kommen. Fehlt es an einer solchen Vereinbarung, sind für eine besonders festgelegte Sicherheitsleistung des Auftraggebers nur die **gesetzlichen Vorschriften der §§ 232 ff. BGB maßgebend,** wenn darüber nicht andere Einzelbestimmungen im Vertrag getroffen worden sind.

Der Anspruch des Auftragnehmers gegen den Auftraggeber auf Stellung einer **Vertragserfüllungsbürgschaft** ist einklagbar, da ihm weder mit einem Leistungsverweigerungsrecht gedient ist noch ihm eine hinreichende Sicherung nach § 648 BGB möglich ist, wenn – was die Regel ist – diese Bürgschaft bereits bei bzw. unmittelbar nach Vertragsabschluß bzw. vor Beginn der Ausführung bereitzustellen ist; hier handelt es sich um eine selbständig einklagbare „Nebenleistungspflicht" (OLG Düsseldorf BauR 1982, 592).

C. Sicherheitsleistung nur bei ausdrücklicher vertraglicher Vereinbarung (Nr. 1 Abs. 1)

Die von Teil B § 17 erfaßte Sicherheitsleistung des Auftragnehmers ist **noch nicht damit ausbedungen,** daß die Vertragspartner die Allgemeinen Vertragsbedingungen der VOB vereinbaren. Vielmehr ergibt sich aus Nr. 1 Abs. 1, erster Halbsatz, daß **Teil B § 17 erst** zum Zuge kommt, **wenn** durch **gesonderte vertragliche Absprache,** z. B. in Besonderen oder Zusätzlichen Vertragsbedingungen (Teil A § 10 Nr. 4 Abs. 1 l), eine **Verpflichtung** des Auftragnehmers **zur Sicherheitsleistung** vereinbart worden ist, wofür der Auftraggeber die Darlegungs- und Beweislast trägt. Solange eine solche **ausdrückliche Vereinbarung** fehlt, ist Teil B § 17 gegenstandslos. Dies **entspricht** nichts anderem als dem **Gesetz,** weil **auch** die in den **§§ 232 ff. BGB** enthaltenen Regeln **von der Abrede** einer **Sicherheitsleistung abhängig** sind. Allerdings muß die Vereinbarung nicht unbedingt schon bei Abschluß des Bauvertrages getroffen werden; vielmehr kann die Absprache auch noch später bis zur endgültigen Abwicklung des Vertrages erfolgen.

Daraus folgt, daß es, entgegen noch immer verbreiteter Auffassung, insbesondere auf Auftraggeberseite, eine **Üblichkeit** oder einen **Handelsbrauch zur Sicherheitsleistung** auch ohne vorherige vertragliche Absprache **nicht** gibt.

Die Vereinbarung einer Sicherheitsleistung muß hinreichend klar und als solche unmißverständlich bezeichnet sein. Dafür genügt nicht schon die Bestimmung in einem Bauvertrag, von den Rechnungsbeträgen der Abschlagszahlungen würden 5 % einbehalten (BGH NJW-RR 1988, 851).

10 Die VOB hält es nicht in jedem Fall für erforderlich, eine Verpflichtung des Auftragnehmers zur Sicherheitsleistung zu bestimmen. Vielmehr erscheint es ihr **nur** in den Fällen und unter den Voraussetzungen **nötig**, die sich bei richtiger Auslegung der in **Teil A § 14 enthaltenen Richtlinien** ergeben. Es empfiehlt sich, die dort gegebenen Richtpunkte als Maßstab zu nehmen, zumal sie auf Erfahrungssätzen des Baugeschehens aufgebaut sind, vgl. Teil A § 14 Rdn. 3 ff. Diese verdienen nicht nur Beachtung vor Vertragsabschluß, sondern auch danach, insbesondere im Hinblick auf die Frage, ob tatsächlich Sicherheit in Anspruch genommen werden soll (vgl. dazu Daub BauR 1977, 24).

11 Das Recht auf Sicherheit hat nach der VOB **nicht** wie das Leistungsverweigerungsrecht bzw. das Zurückbehaltungsrecht des BGB lediglich eine **Verurteilung Zug um Zug** zur Folge. Vielmehr bewirkt es, daß der Auftragnehmer die Freigabe des Sicherheitsbetrages, **solange** die Befugnis des Auftraggebers zum Behalt der Sicherheit besteht, überhaupt **nicht verlangen kann.** Besteht der Anspruch auf Sicherheit noch, so ist in der betreffenden Höhe eine etwaige Zahlungsklage des Auftragnehmers als **zur Zeit unbegründet abzuweisen.**

D. Grundsätzliche Geltung der gesetzlichen Vorschriften (Nr. 1 Abs. 1)

12 Enthält der Bauvertrag in seinen Besonderen oder Zusätzlichen Vertragsbedingungen eine Verpflichtung zur Sicherheitsleistung, wobei unbedingt der **Gegenstand (jeweiliger Bauvertrag)** sowie möglichst der **Zweck und die Höhe der Sicherheit anzugeben** sind, sind die **gesetzlichen Vorschriften der §§ 232–240 BGB maßgebend,** falls sich aus den Einzelbestimmungen in Nr. 2–8 nichts anderes ergibt (Nr. 1).

13 Während der **Zweck** der Sicherheitsleistung bei einem BGB-Bauvertrag angegeben sein muß, um dem Bestimmtheitsgrundsatz Rechnung tragen zu können, ist das bei dem VOB-Vertrag nicht unbedingt erforderlich. Fehlt es nämlich hier an der Zweckbestimmung, so folgt diese aus der Auslegungsregel in Nr. 1 Abs. 2, nämlich als **Sicherstellung der vertragsmäßigen Ausführung der Leistung einschließlich der Gewährleistung** (vgl. Rdn. 4). Dagegen ist die Zweckbestimmung auch bei einem VOB-Vertrag erforderlich, wenn ausnahmsweise nicht Sicherheitsleistung zugunsten des Auftraggebers, sondern zugunsten des Auftragnehmers vereinbart wird.

14 Zur Wirksamkeit der Vereinbarung einer Sicherheitsleistung ist es nicht unbedingt notwendig, daß diese vorher der **Höhe** nach festgelegt ist (vgl. Teil A § 14 Rdn. 11). Sicher ist den Vertragspartnern dringend anzuraten, auch die Höhe der Sicherheitsleistung zu bestimmen, um später Unzuträglichkeiten oder gar Streitigkeiten zu vermeiden. Bei der Festlegung der Höhe der Sicherheitsleistung ist es nicht Voraussetzung, daß diese in einem genauen Betrag bestimmt wird; vielmehr genügt die Angabe eines Richtpunktes; so ist es üblich, die Sicherheitsleistung in Höhe eines bestimmten Prozentsatzes der Vergütung des Auftragnehmers festzulegen (vgl. auch Teil A § 14 Nr. 2 Satz 2). Allerdings ist auch dieses häufig von Zweifeln begleitet, die man tunlichst vermeiden sollte. So kann die Frage auftauchen, ob sich der Prozentsatz der Sicherheitsleistung von der Vergütung des Auftragnehmers mit oder ohne **Mehrwertsteuer** berechnet. Ist darüber keine klare vertragliche Vereinbarung getroffen worden, so wird man es entsprechend der sich aus Teil A § 14 Nr. 2 Satz 2 ergebenden Üblichkeit, daß die **Auftragssumme** als Grundlage der Vereinbarung einer Sicherheitsleistung dient, auf die Auslegung des Begriffes der „Auftragssumme" im Einzelfall abstellen müssen. Ist – was heute die Regel ist – die Vergütung des Auftragnehmers einschließlich oder zuzüglich Mehrwertsteuer vereinbart worden, so wird man es für die Berechnung der Sicherheitsleistung auf den **Bruttobetrag mit Mehrwertsteuer** abstellen müssen (s. zum Begriff der Auftragssumme als Bruttosumme OLG Düsseldorf BauR 1972, 121 und OLG Karlsruhe BauR 1972, 243). Dies trägt durchaus dem Vertragswillen der Parteien im Einzelfall hinreichend Rechnung,

ohne daß es zusätzlich noch der – umständlichen – Ermittlung bedarf, etwa dahin gehend, wie es die Parteien bei früheren Aufträgen gehandhabt haben oder wie es am betreffenden Ort oder Geschäftszweig (welchem?) üblich ist. Soll nach den Vertragsbedingungen ein gewisser Prozentsatz der geprüften **Schlußrechnungssumme** einbehalten werden, so bemißt sich dieser nach dem Endbetrag, den der Auftraggeber bei der Prüfung der Schlußrechnung ermittelt hat. Ist nach den Vertragsbedingungen ohne jeglichen Bezug bloß ein Prozentsatz angegeben, so kann dies, falls es sich um AGB handelt (vgl. Teil A § 10 Rdn. 77 ff.), wegen Verstoßes gegen § 5 AGB-Gesetz unwirksam sein.

Hinsichtlich der Sicherheiten nach Teil B § 16 Nr. 2 Abs. 1 Satz 1 sowie Nr. 1 Abs. 1 Satz 3 sind diese ihrem Sinn und Zweck entsprechend mit 100 % der jeweiligen Vorauszahlung bzw. des entsprechenden Teils der Abschlagszahlung anzusetzen. 15

Ist vertraglich vereinbart, daß sich die Sicherheitsleistung nach der **Abrechnungssumme** richten soll, so ist für deren Bemessung der vom Auftraggeber nach Teil B § 16 Nr. 3 Abs. 1 festgestellte Schlußrechnungsbetrag ausschlaggebend. 16

Für öffentliche Bauaufträge vgl. MinBlFin. 1977, 279 (2. 8. 1977). 17

Es ist möglich, im Bauvertrag nicht nur die Verpflichtung zur Sicherheitsleistung durch den Auftragnehmer als solche sowie **Höhe und Zweck im einzelnen zu bestimmen,** sondern es steht den Vertragspartnern nach dem Grundsatz der Vertragsfreiheit auch **offen, andere Einzelregelungen zu treffen,** die von den §§ 232–240 BGB oder von Nr. 2–8 abweichen. Der Parteieinbarung sind **bei Individualverträgen** nur insoweit Schranken gesetzt, als sie weder gegen gesetzliche Verbote (§ 134 BGB) noch gegen die guten Sitten (§ 138 BGB) verstoßen darf. Die Parteien können z. B. das dem Auftragnehmer an sich nach § 232 BGB sowie speziell nach Teil B § 17 Nr. 2 gegebene **Wahlrecht** hinsichtlich der **Art** der Sicherheitsleistung **ausschließen,** indem sie diese bauvertraglich **fest oder auch anders bestimmen.** In allen Fällen, in denen über die Einzelheiten der Sicherheitsleistung abweichende Vereinbarungen getroffen worden sind, gehen diese Teil B § 17 vor (ebenso BGH BauR 1979, 525 = SFH § 16 Ziff. 2 VOB/B Nr. 13 = WM 1979, 1046 = Betrieb 1979, 2369 = MDR 1980, 136 = ZfBR 1979, 207 = LM § 16 [B] VOB/B Nr. 3). Dann gelten die Bestimmungen in Teil B § 17 nur als Auslegungs- und Ergänzungsregeln, wenn Unklarheiten oder Unvollständigkeiten in den abweichenden vertraglichen Einzelbestimmungen bestehen, falls sie dazu im Einzelfall geeignet sind. 18

Soweit das **AGB-Gesetz** eingreift – vor allem im Rahmen von **Zusätzlichen Vertragsbedingungen** (vgl. dazu Teil A § 10 Rdn. 77 ff.) –, ist jedoch zu beachten, daß die betreffende, von der VOB abweichende oder diese ergänzende vertragliche Regelung nicht gegen die **zwingenden Vorschriften jenes Gesetzes verstößt,** insoweit insbesondere im Hinblick auf § 9 AGB-Gesetz. Vor allem muß ein **Übermaß an Sicherheitsleistung** vermieden werden, wofür gerade Teil A § 14 Nr. 2 einen Anhaltspunkt liefert. Dabei sind die dort erwähnten 5 % nicht eine absolute Grenze nach oben, vor allem dann nicht, wenn die Sicherheitsleistung vereinbarungsgemäß sowohl der Absicherung etwaiger Rückzahlungsansprüche des Auftraggebers wegen Überzahlung als auch der Sicherung etwaiger Gewährleistungsansprüche des Auftraggebers dient. Allerdings wird man die Festlegung einer Rückerstattung bzw. Auszahlung des Teils der dem erstgenannten Zweck dienenden Sicherheitsleistung verlangen müssen, wenn die Abrechnung erledigt ist, nicht dagegen erst mit Ablauf der Gewährleistungsfrist. 19

E. Arten der Sicherheitsleistung (Nr. 2)

I. Gesetzliche Regelung

20 Hinsichtlich der **Arten der Sicherheitsleistung eröffnet das Gesetz in § 232 Abs. 1 BGB verschiedene Möglichkeiten.** Hiernach kann – soweit es für den Rahmen eines Bauvertrages von Interesse sein kann – der Auftragnehmer die Sicherheitsleistung bewirken a) durch Hinterlegung von Geld oder Wertpapieren, allerdings mit der Einschränkung des § 234 BGB (vgl. hierzu auch die Hinterlegungsordnung vom 10. 3. 1937 – RGBl. I S. 285 – und die dazu ergangenen Durchführungs-, Ausführungs- und Änderungsverordnungen); b) durch Verpfändung von Forderungen, die in das Schuldbuch der Bundesschuldenverwaltung oder in das Staatsschuldbuch eines Bundeslandes eingetragen sind; c) durch Verpfändung beweglicher Sachen; d) durch Bestellung von Hypotheken an inländischen Grundstücken; e) durch Verpfändung von Forderungen, für die eine Hypothek an einem inländischen Grundstück besteht, oder durch Verpfändung von Grundschulden oder Rentenschulden an inländischen Grundstücken, wobei allerdings die Einschränkung in § 238 BGB zu berücksichtigen ist.

21 Des weiteren ist **§ 232 Abs. 2 BGB** zu beachten, der bestimmt, daß die Sicherheit, wenn sie nicht auf eine der in Absatz 1 a. a. O. genannten Weisen geleistet werden kann, auch durch Stellung eines **tauglichen Bürgen zulässig** ist. Insoweit besteht, wie sich aus der gesetzlichen Regelung ihrem Wortlaut nach ergibt, eine gewisse Subsidiarität zu den in § 232 Abs. 1 BGB angeführten anderen Möglichkeiten der Sicherheitsleistung.

22 Die vorgenannten Möglichkeiten kommen in Betracht beim **BGB-Bauvertrag**, sofern davon keine abweichenden Regelungen getroffen werden. Ist auch keine besondere Art der Sicherheit festgelegt worden, so hat der Sicherungspflichtige im Rahmen der Sicherungsmöglichkeiten des § 232 Abs. 1 BGB die Wahl.

II. Regelung der VOB

23 Die **VOB** geht einen von den gesetzlichen Bestimmungen **abweichenden Weg insofern, als sie** in Teil B § 17 Nr. 2 **gleichwertig** (vgl. BGH BauR 1985, 461 = NJW 1985, 1694 = ZIP 1985, 470 = LM § 765 BGB Nr. 39 = SFH § 765 BGB Nr. 4 = WM 1985, 470 = ZfBR 1985, 129) **und wahlweise nebeneinander drei Arten von möglichen Sicherheitsleistungen festlegt,** die dann nachfolgend in Nr. 4–6 näher erläutert sind, nämlich:

a) Sicherheit durch Einbehalt von Geld (Nr. 6);
b) Sicherheit durch Hinterlegung von Geld (Nr. 5) und
c) Sicherheit durch Bürgschaft eines in den Europäischen Gemeinschaften zugelassenen Kreditinstitutes (Nr. 4).

24 Hier macht die VOB von der grundsätzlichen Möglichkeit der **Vertragsfreiheit** (vgl. oben Rdn. 18) Gebrauch. **Sinn dieser Regelung ist es nicht, die Bauvertragspartner von vornherein auf eine dieser drei aufgezeigten Möglichkeiten festzulegen.** Vielmehr beruht Nr. 2 lediglich auf den **Erfahrungen der täglichen Baupraxis,** die dahin gehen, daß andere Arten von Sicherheiten im Rahmen der Abwicklung von Bauverträgen im allgemeinen kaum vereinbart werden. Selbstverständlich ist es den **Bauvertragspartnern unbenommen,** im einzelnen **VOB-Vertrag auch andere Arten von Sicherheiten zu vereinbaren** (vgl. auch OLG Stuttgart BauR 1977, 139), was jedoch, wie im übrigen jede vertragliche Einzelabsprache, hinreichend genau und vollständig, vor allem aber unter unbedingter Einhaltung etwaiger zwingender gesetzlicher Grenzen geschehen muß, um wirksam zu sein.

F. Wahlrecht und Austauschrecht des Auftragnehmers (Nr. 3); Nachschußpflicht

I. Wahlrecht

Ist eine Verpflichtung des **Auftragnehmers** zur Sicherheitsleistung im Bauvertrag vereinbart, hat er nach Nr. 3 die **Wahl zwischen den einzelnen Arten der möglichen Sicherheitsleistungen.** Dieses Wahlrecht bezieht sich, da es in unmittelbarem Zusammenhang mit der vertraglichen Vereinbarung nach Nr. 2 steht, nur auf die dort genannten drei Arten der Sicherheitsleistung, es sei denn, der Bauvertrag würde eine darüber hinausgehende Regelung enthalten. Das Wahlrecht beinhaltet ein einseitiges **Bestimmungsrecht des Auftragnehmers,** das vom Auftraggeber nicht beeinflußt werden kann, wenn nicht in den Besonderen oder in den Zusätzlichen Vertragsbedingungen etwas anderes vereinbart, dieses unter Umständen durch Festlegung einer bestimmten Sicherheitsleistung (vgl. dazu LG Stuttgart BauR 1983, 481) sogar ausgeschlossen worden ist, was jedoch inhaltlich eindeutig, also zweifelsfrei zu erfolgen hat. Der Auftragnehmer muß das Wahlrecht jedoch **rechtzeitig ausüben,** um die in **Nr. 7 festgelegte Frist einhalten** zu können (vgl. Rdn. 97 ff).

25

II. Austauschrecht

Der **Auftragnehmer** ist darüber hinaus **befugt, eine bereits geleistete Sicherheit durch eine andere zu ersetzen** (vgl. auch BGH BauR 1985, 461 = NJW 1985, 1694 = ZIP 1985, 470 = LM § 765 BGB Nr. 39 = SFH § 765 BGB Nr. 4 = WM 1985, 511 = ZfBR 1985, 129). Dies ist eine Abweichung von den gesetzlichen Vorschriften, mit Ausnahme von § 235 BGB, wonach – nur – ein Austausch von hinterlegtem Geld gegen Wertpapiere und umgekehrt möglich ist. Nach den Allgemeinen Vertragsbedingungen ist die Austauschmöglichkeit **auf alle** in Nr. 2 erwähnten Arten der Sicherheitsleistung ausgedehnt. Dieser Austausch kann so lange erfolgen, wie zeitlich die Sicherheitsleistung nach dem Vertrag fortzubestehen hat. Allerdings kann auch hier die Befugnis zum Austausch der Sicherheitsleistung durch anderweitige Regelungen in den Besonderen oder Zusätzlichen Vertragsbedingungen (Teil A § 10 Nr. 4 Abs. 1) beschränkt werden, woran der Auftragnehmer dann gebunden ist (auch OLG Stuttgart BauR 1977, 64). Das gilt vor allem, wenn die Ablösung der Sicherheitsleistung – nur – durch Stellung einer Bankbürgschaft vorgesehen ist (vgl. Groß BlGBW 1970, 191; Clemm BauR 1987, 123, auch OLG Stuttgart BauR 1977, 65). Ein Austausch ist aber wirksam, wenn sich der Auftraggeber trotz entgegenstehender, eine Bürgschaft nicht vorsehender bzw. ausschließender Vertragsbedingungen später damit einverstanden erklärt, wie z. B. durch Entgegennahme einer Bürgschaftsurkunde (OLG Köln SFH § 17 VOB/B Nr. 1). Das Austauschrecht ist aber nicht schon dadurch ausgeschlossen, daß die Vertragspartner im Bauvertrag lediglich eine bestimmte Art der Sicherheitsleistung vereinbart haben, da dies nur den Ausschluß des Wahlrechtes, nicht aber des Austauschrechtes bedeutet (LG Stuttgart BauR 1983, 481). Zum Austausch einer Sicherheitsleistung durch Bürgschaft auf erstes Anfordern vgl. Rdn. 45 ff. Der Auftraggeber darf von einer Bankbürgschaft, die ihm der Auftragnehmer zur Ablösung des Sicherheitseinbehaltes überlassen hat, erst nach Auszahlung des Sicherheitseinbehaltes Gebrauch machen; die Aufrechnung mit einer bestrittenen Gegenforderung stellt keinen Erfüllungsersatz dar (KG BauR 1982, 386); anderenfalls würde sich der Auftraggeber einen nach Sinn und Inhalt der Ablösungsbefugnis des Auftragnehmers ungerechtfertigten Vorteil verschaffen. Macht der Auftragnehmer von seinem Ablösungsrecht Gebrauch, so kann der Auftraggeber in bezug auf die Herausgabe der bisherigen Sicherheit nicht ein Zurückbehaltungsrecht wegen etwa vorhandener Mängel entgegenhalten (OLG Köln SFH § 17 VOB/B Nr. 7 mit Anm. Hochstein). **Lehnt der Auftraggeber trotz Setzung angemessener Nachfrist ohne rechtfertigenden Grund** den vom Auftragnehmer verlangten **Austausch ab,** wie etwa die Auszahlung des Sicherheitseinbehaltes gegen ordnungsgemäße Bankbürgschaft, **verliert er den Anspruch auf Sicherheitsleistung** (vgl. OLG Stuttgart BauR 1987, 577 = SFH § 17 VOB/B Nr. 10). Insofern dürfte Nr. 6 Abs. 3 entsprechende Anwendung finden. Zur

26

Ablösung des Sicherheitseinbehaltes durch Gewährleistungsbürgschaft nach Vorausabtretung der Gewährleistungsansprüche vgl. Steinbach WM 1988, 809.

III. Nachschußpflicht

27 Hinzuweisen ist in diesem Zusammenhang aber auf die in § 240 BGB geregelte **Nachschußpflicht des Auftragnehmers.** Dieser hat, wenn eine geleistete Sicherheit ohne Verschulden des Auftraggebers unzureichend wird, die **Sicherheit zu ergänzen oder eine anderweitige ausreichende Sicherheit zu leisten.** Das kommt hauptsächlich beim Währungsverfall, ohne daß allerdings dafür die als normal zu bezeichnende, allgemein gewohnte und daher voraussehbare Geldwertminderung und der damit verbundene Kaufkraftschwund ausreichen können, oder bei übermäßigem Sinken des Wertes anderer Sicherheiten in Betracht. Es ist auch möglich, daß der Bürge in schlechte Vermögensverhältnisse geraten ist, so daß sein Vermögen zur Deckung der Sicherheit nicht mehr ausreicht. Das Vorliegen der Unzulänglichkeit der Sicherheit muß der **Auftraggeber darlegen und beweisen,** ein damit etwa verbundenes Verschulden oder Mitverschulden des Auftraggebers der Auftragnehmer.

Eine Wertminderung der mit einer Grundschuld – also kraft ausdrücklicher, von der VOB abweichender Vereinbarung – geleisteten Sicherheit tritt nicht schon dadurch ein, daß das für die Grundschuld haftende Grundstück zur Zwangsversteigerung gebracht wird, vgl. BGH LM § 240 BGB Nr. 1. Ist vertraglich vereinbart, daß die Sicherheit an einem bestimmten Gegenstand zu bestellen ist, besteht die Nachschußpflicht nur, falls sich diese aus dem Inhalt der getroffenen Vereinbarung ergibt, vgl. BGH a. a. O.

G. Sicherheitsleistung durch Bürgschaft (Nr. 4)

I. Allgemeines

28 Wenn nach Nr. 2 als eine in der Praxis sehr oft vorkommende Hauptart der Sicherheitsleistung eine solche durch Bürgschaft angesehen wird, so ist dieses eine **Erweiterung** im Verhältnis zu dem hierzu **vom Gesetz vorgegebenen Rahmen.** Nach § 232 Abs. 2 BGB ist nämlich die Bürgschaft durch Stellung eines tauglichen Bürgen nur zulässig, wenn der Verpflichtete die Sicherheit nicht auf die Arten zu leisten vermag, wie sie in § 232 Abs. 1 BGB genannt sind. Übernimmt ein Bürge die Bürgschaft aus einem bestimmten Bauvertrag, so ist dieser Vertrag für den Inhalt der Hauptforderung auch in dem Verhältnis zwischen dem Bürgen und dem Bürgschaftsnehmer maßgebend, wie z. B. hinsichtlich der vertraglichen Bestimmungen zur Gewährleistung (OLG Köln BauR 1987, 222 = MDR 1986, 409 = NJW-RR 1986, 510). Beim Bauvertrag sind hier im allgemeinen **Erfüllungs- und/oder Gewährleistungsbürgschaften** üblich. Die Erfüllungsbürgschaft soll grundsätzlich die Erfüllungspflicht des Auftragnehmers bis zur Abnahme abdecken, während die Gewährleistungsbürgschaft regelmäßig zur Absicherung von Gewährleistungsansprüchen des Auftraggebers nach der Abnahme dient. Die Gewährleistungsbürgschaft erfaßt alle während der Gewährleistungsfrist vorhandenen Mängel, gleichgültig, ob sie vor oder bei der Abnahme erkannt worden sind, wenn nicht die Bürgschaft eine klare dahin gehende Einschränkung enthält, wofür z. B. nicht schon die Wendung in der Bürgschaftserklärung reicht, die Leistung sei in Übereinstimmung mit den vertraglichen Bestimmungen fertiggestellt und unbeanstandet abgenommen worden (OLG Frankfurt BauR 1987, 101 = SFH § 17 VOB/B Nr. 11 = NJW-RR 1987, 82 = ZfBR 1986, 286). Auch erfaßt die Gewährleistungsbürgschaft grundsätzlich alle Gewährleistungsansprüche, so auch den Anspruch des Auftraggebers auf Vorschuß auf die Mängelbeseitigungskosten (ebenso Clemm BauR 1987, 123, 124), was nicht schon durch die Erklärung des Bürgen in der Bürgschaftsurkunde, er könne nur auf Bezahlung der Mängelbeseitigungskosten in Anspruch genommen

werden, ausgeschlossen ist (OLG Frankfurt a. a. O.). Eine Vertragserfüllungsbürgschaft umfaßt auch den Schadensersatz wegen Nichterfüllung und erstreckt sich im Zweifel auch auf die Rückgewähr der Vorauszahlungen des Auftraggebers (vgl. BGH BB 1988, 299 = ZIP 1988, 222 = JZ 1988, 262 = NJW 1988, 907 = Brink EWiR § 765 BGB 4/88, 253 = BauR 1988, 220 = MDR 1988, 404 = ZfBR 1988, 119).

Die Sicherheitsleistung durch Bürgschaft (vgl. hierüber die §§ 765 ff. BGB) ist für den Rahmen des VOB-Vertrages aber **nur gestattet, wenn gewisse Voraussetzungen vorliegen, wie sie in Nr. 4 festgelegt sind** (vgl. dazu auch Heiermann BB 1977, 1575). **29**

Zunächst ergibt sich eine **erste Einschränkung schon aus Nr. 2, wonach die VOB nur die Bürgschaft eines Kreditinstitutes vorsieht, sofern** das Kreditinstitut in den Europäischen Gemeinschaften zugelassen ist, wofür der Auftragnehmer den Nachweis bringen muß. Dieses ist vor den weiteren, in Nr. 4 enthaltenen Einzelregelungen **grundlegende Voraussetzung** für eine Bürgschaft durch Sicherheitsleistung. Zuzustimmen ist Heiermann/Riedl/Rusam/Schwaab (Teil B § 17 Rdn. 20) darin, daß die bloße, im Bauvertrag enthaltene Bestimmung, es solle Sicherheit durch „Bankbürgschaft" oder durch „Bürgschaft einer Großbank" geleistet werden, keine Einschränkung der Nr. 2 enthält; denn diese allgemeinen Floskeln bedeuten noch keine Einschränkung des Vertragsinhalts im Bereich der VOB. Das um so mehr, als es hier um eine zuverlässige Sicherstellung etwaiger Ansprüche des Auftraggebers geht. Will man eine Bürgschaft des einen oder anderen Institutes ausschließen, bedarf dies einer deutlicheren Festlegung im Vertrag. **30**

Hier hat die VOB in der Fassung von 1988 eine Änderung einmal dadurch erfahren, daß die früher geforderte Zulassung im Inland auf den Bereich der Europäischen Gemeinschaften ausgedehnt worden ist, was in Anpassung an den Gemeinsamen Markt und die damit verbundenen Richtlinien erfolgt ist. Es genügt also, wenn das bürgende Kreditinstitut in einem Staat zugelassen ist, welcher im Zeitpunkt der Bürgschaftsübernahme den Europäischen Gemeinschaften angehört. **Des weiteren wurde die früher auch gegebene Möglichkeit der Bürgschaftsübernahme durch einen Kreditversicherer gestrichen**; sie kommt also zukünftig nicht mehr in Betracht.

Zur steuerlichen Berücksichtigung von Bürgschaftsverlusten vgl. Klauser BB 1980, 1574. Über die Rechtsprechung des BGH zum Bürgschaftsrecht Merz WM 1984, 1141 sowie a. a. O. 1988, 241, ferner seit 1980 Tiedtke ZIP 1986, 69; ders. zur Anwendung des AGB-Gesetzes im Bürgschaftsrecht mit Recht kritisch ZIP 1986, 150. **31**

II. Tauglicher Bürge (Satz 1)

Nach **Nr. 4 Satz 1 ist weitere Voraussetzung** für die Sicherheitsleistung durch Bürgschaft, **daß der Auftraggeber** den **Bürgen als tauglich anerkannt hat.** Daß Tauglichkeit des Bürgen zu fordern ist, ergibt sich aus § 232 Abs. 2 BGB. Nach § 239 Abs. 1 BGB ist ein Bürge tauglich, wenn er ein der Höhe der zu leistenden Sicherheit angemessenes Vermögen besitzt und seinen allgemeinen Gerichtsstand im Inland (§§ 13 ff. ZPO) hat. Hierfür ist der Auftragnehmer oder der Bürge dem Auftraggeber nachweispflichtig. Dieser Nachweis genügt aber für sich allein noch nicht, sondern es muß nach den Allgemeinen Vertragsbedingungen noch hinzukommen, daß der **Auftraggeber den Bürgen** aufgrund dieses Nachweises auch **als tauglich anerkennt.** Hierbei muß sich der Auftraggeber von **objektiven Gesichtspunkten der Tauglichkeit** leiten lassen; sind diese gegeben, so ist er grundsätzlich zur Anerkennung der Tauglichkeit verpflichtet; andernfalls kann er keine Sicherheitsleistung – auch nicht anderer Art – verlangen. Daher hat der Auftraggeber bei objektiver Tauglichkeit des Bürgen auch nicht das Recht, nach Nr. 7 Satz 2 den Sicherheitsbetrag vom Guthaben des Auftragnehmers einzubehalten; dieser kann den zu Unrecht einbehaltenen Betrag vielmehr einklagen (zutreffend Locher, Das private **32**

Baurecht, Rdn. 429). Der Auftraggeber hat vor allem keinen Anspruch auf Auswahl eines bestimmten Kreditinstitutes, es sei denn, dies ist im Bauvertrag ausdrücklich **individuell** vereinbart. Die Auswahl obliegt vielmehr grundsätzlich dem Auftragnehmer, zumal dieser auch die Kosten der Bürgschaft zu übernehmen hat. Auch hat der Auftraggeber ohne besondere vertragliche Vereinbarung mit dem Auftragnehmer keinen Anspruch auf eine Bürgschaft auf erstes Anfordern (vgl. dazu Rdn. 45 ff.), da eine solche Einengung in der VOB/B nicht vorgesehen ist (vgl. dazu OLG Frankfurt BauR 1987, 577 = SFH § 17 VOB/B Nr. 10). Untauglich sind im allgemeinen sogenannte Konzernbürgschaften, zumal es in der Natur der Sache liegt, daß der Bürge von dem, für den er sich verbürgt, wirtschaftlich unabhängig sein muß, ferner oftmals die Voraussetzungen der Nr. 2 (in den Europäischen Gemeinschaften zugelassenes Kreditinstitut) nicht gegeben sind (zutreffend Schelle/Erkelenz Nr. 13.6).

33 Allgemein besteht keine Auskunftpflicht des Gläubigers (Auftraggebers) gegenüber dem Bürgen; der Hauptschuldner (Auftragnehmer) ist grundsätzlich nicht Erfüllungsgehilfe des Gläubigers (Auftraggebers) bei Verhandlungen mit dem Bürgen über die Bürgschaftsübernahme (BGH Betrieb 1974, 281).

III. Schriftliche selbstschuldnerische Bürgschaft (Satz 2)

34 Weiter wird nach Nr. 4 Satz 2 gefordert, daß die Bürgschaftserklärung **immer schriftlich unter Verzicht auf die Einrede der Vorausklage (§ 771 BGB) abzugeben ist.**

35 1. Die vorgeschriebene **Schriftlichkeit** der Bürgschaftserklärung – nicht dagegen der Bürgschaftsannahme durch den Auftraggeber – ist an sich nichts Besonderes, da **Schriftform** der Bürgschaft nach § 766 BGB ohnehin **Voraussetzung für deren Wirksamkeit** ist. Ist die Schriftform nicht eingehalten, so ist die Bürgschaft wegen Verletzung dieser zwingenden gesetzlichen Vorschrift unwirksam. Allerdings hat die in der VOB getroffene Regelung ihre besondere Bedeutung jedenfalls insoweit, als damit eine **eindeutige Vereinbarung** in **Abweichung von § 350 HGB** vertraglich festgelegt wird (was Kaiser, Mängelhaftungsrecht, Rdn. 215 nicht hinreichend beachtet). Nach dieser Vorschrift wäre die Schriftform des § 766 BGB entbehrlich, wenn der Bürge Vollkaufmann ist, was gerade bei Kreditinstituten zuträfe. Die nach Nr. 4 Satz 2 erforderliche Schriftform der Bürgschaftserklärung unterliegt dann jedoch nicht den Vorschriften des § 126 BGB; sie richtet sich als gewillkürte Schriftform nach § 127 BGB. Der Unterschied beider Regelungen liegt darin, daß nach § 126 BGB, also bei gesetzlich bestimmter Schriftform, wie nach § 766 BGB für den nicht vollkaufmännischen Bürgen gilt, eine Übermittlung der Bürgschaftserklärung per Telegraph oder Fernschreiber nicht genügt (BGHZ 24, 297); die Bürgschaftserklärung des Vollkaufmanns, die nur aufgrund der in Nr. 4 Satz 2 enthaltenen vertraglichen Vereinbarung der Schriftform bedarf, ist dagegen nach § 127 Satz 2 BGB der telegraphischen Übermittlung zugänglich, soweit nicht – aufgrund besonderer vertraglicher Übereinkunft oder nach den Umständen – ein anderer Wille der Parteien anzunehmen ist. Beruft sich eine – jedenfalls – rechtsunkundige Partei später auf den Mangel der Schriftlichkeit, so verstößt sie damit nicht schon gegen Treu und Glauben, obwohl sie sich dadurch in Widerspruch zu ihrem früheren Verhalten setzt (so mit Recht OLG Köln JMBl. NW 1974, 77).

36 Die Notwendigkeit der Schriftform gilt für alle wesentlichen Teile der Bürgschaftserklärung. Sie dient dem Bestimmtheitsgrundsatz i. S. einer Warnfunktion zugunsten des Bürgen. Dazu gehört grundsätzlich die Angabe des den Bürgen bindenden Verpflichtungsgrundes, etwa ob es sich um eine Vertragserfüllungsbürgschaft und/oder eine Gewährleistungsbürgschaft handelt. Allerdings brauchen Grund und Höhe der Bürgschaft bei Abschluß des Bürgschaftsvertrages noch nicht immer endgültig festzustehen, wie § 765 Abs. 2 BGB zeigt, wonach die Bürgschaft auch für künftige und bedingte Verbindlichkeiten (wie z. B. auf Rückzah-

lung von Abschlagszahlungen) möglich ist. Ferner muß auch die Person des Gläubigers – hier des Auftraggebers – aus der Bürgschaftsurkunde zu erkennen sein (RGZ 145, 229, 232; BGHZ 26, 142, 146). Dabei kann es unter Umständen genügen, wenn sich die Person des Gläubigers aus dem Inhalt der Urkunde zweifelsfrei im Wege der Auslegung ergibt (vgl. BGH NJW 1962, 1102). Das gilt naturgemäß auch für den übrigen Inhalt der Bürgschaft, vor allem auch zur Frage, ob überhaupt eine Bürgschaft gewollt ist. Zulässig ist es, außerhalb der Urkunde liegende Umstände zur Auslegung heranzuziehen, sofern dies mit dem Urkundeninhalt vereinbart werden kann, also die Bürgschaftserklärung hinreichend Anhaltspunkte liefert (BGH NJW 1967, 823; BGH ZIP 1987, 972 = WM 1987, 898 = Bülow EWiR § 765 BGB 6/87, 887). Lassen sich Person des Bürgen und/oder ein hinreichend klarer Bürgschaftswille nicht ermitteln, ist sie u. U. auch teilweise unwirksam. Auch bedarf der Verzicht des Bürgen auf die Einrede der Vorausklage der Schriftform (BGH NJW 1968, 2332), gleichgültig, ob der Verzicht (selbstschuldnerische Bürgschaft) bei oder nach der Bürgschaftsübernahme erklärt wird (a. a. O.).

Das in Nr. 4 Satz 2 festgelegte **Erfordernis der Schriftlichkeit gilt jedoch nur für das Verhältnis der Bauvertragspartner zueinander**, und zwar mit der Folge, daß der Auftraggeber eine nicht der Form entsprechende Bürgschaftserklärung zurückweisen kann. Nicht gilt dies jedoch für das **Verhältnis des Gläubigers (Auftraggebers) und des am Bauvertrag nicht beteiligten Bürgen**, weil insoweit die qualifizierte Schriftform des § 127 BGB nicht erforderlich ist. Dort sind die **gesetzlichen Formvorschriften** maßgebend, also auch § 350 HGB (BGH BauR 1986, 361 = NJW 1986, 1681 = MDR 1986, 845 = ZIP 1986, 702 = LM § 125 BGB Nr. 43 = Betrieb 1986, 1384 = WM 1986, 520 = Jagenburg EWiR 1986, 937 = ZfBR 1986, 162 = SFH § 16 Nr. 1 VOB/B Nr. 4). 37

Wird Sicherheit durch Bankbürgschaft geleistet, genügt es grundsätzlich, wenn dem Sicherungsberechtigten bei der Zustellung eine beglaubigte Abschrift der Bürgschaftsurkunde übergeben wird (RGZ 137, 1, 11). Das gilt allerdings nicht, und die Übergabe der Urschrift der Bürgschaftserklärung ist erforderlich, wenn das Erlöschen der Bürgschaft davon abhängig ist, daß das Original der Bürgschaftsurkunde an den Bürgen (Bank) zurückgelangt (vgl. KG NJW 1963, 661). 38

Auch der Bürgschaftsvorvertrag ist formbedürftig, nicht dagegen schon der Auftrag oder die Vollmacht zur Erklärung der Bürgschaft (RGZ 76, 304; RGZ 76, 99). Dagegen bedarf die Erfüllungsübernahme gegenüber einem Bürgen nicht der für die Bürgschaftserklärung vorgeschriebenen Form (BGH NJW 1972, 576 = MDR 1972, 412 = JZ 1972, 248 = LM § 766 BGB Nr. 15 = WM 1972, 287). 39

Eine Bürgschaft kann – ausnahmsweise – in der Weise übernommen werden, daß der Bürge seine Unterschrift auf ein leeres Blatt setzt, das der Gläubiger (hier regelmäßig Auftraggeber) später mit dem Text einer Bürgschaftserklärung versieht, auf deren Inhalt er den Bürgen vor der Unterschrift hingewiesen hat (vgl. OLG Düsseldorf MDR 1977, 754). Zur Wirksamkeit einer vom Bürgen blanko unterzeichneten, vom Gläubiger abredewidrig ausgefüllten Bürgschaftserklärung vgl. BGH JZ 1984, 295. Der Fortbestand eines formgültig geschlossenen Bürgschaftsvertrages ist nicht davon abhängig, daß die dem Bürgschaftsempfänger übergebene Bürgschaftsurkunde in dessen Händen bleibt; wird z. B. die Bürgschaftsurkunde mit der Maßgabe zurückgegeben, daß damit die Bürgschaft nicht erledigt sein soll, erlischt die Bürgschaftsverpflichtung nicht, da § 766 BGB nicht verlangt, daß die einmal dem Bürgschaftsempfänger übergebene Urkunde auch bei ihm verbleibt (BGH MDR 1976, 662 = JZ 1976, 317 = LM § 766 BGB Nr. 16). 40

2. Auch das Erfordernis der **selbstschuldnerischen Bürgschaft** (Verzicht auf Einrede der Vorausklage) **entspricht** nur der **zwingenden gesetzlichen Vorschrift in § 239 Abs. 2 BGB** 41

über die Tauglichkeit des Bürgen. Zur **Abgrenzung** zwischen selbstschuldnerischer Bürgschaft und dem der Schriftform nicht bedürftigen **Schuldbeitritt** vgl. BGH MDR 1962, 567; NJW 1968, 2332 = MDR 1969, 44 = JZ 1968, 795 = BB 1968, 1219. Von einem **Schuldbeitritt** (Schuldmitübernahme) kann nur gesprochen werden, wenn ein Dritter einem Gläubiger gegenüber eine **eigene unmittelbare Verbindlichkeit** als Gesamtschuldner neben dem bisherigen Schuldner mit übernimmt, wobei die Gesamtschuld zwar in ihrer Entstehung vom Vorhandensein der Schuld des bisherigen alleinigen Schuldners abhängig ist, die danach aber eigene Wege gehen kann, wie § 425 BGB zeigt (vgl. RGZ 135, 108; RGZ 143, 156). Es müssen **besondere Umstände** vorliegen, die den Willen des Dritten zur Begründung einer solchen unmittelbaren Verbindlichkeit deutlich machen (vgl. RGZ 90, 417; OLG Köln MDR 1957, 674; OLG München MDR 1965, 573 m. w. N.; BGH BB 1976, 1431). Besondere Umstände, die es gestatten können, anstelle einer Bürgschaft einen Schuldbeitritt anzunehmen, liegen grundsätzlich nur vor, wenn der Erklärende ein **unmittelbares eigenes sachliches (wirtschaftliches) Interesse an der Tilgung der Schuld hat** (BGH NJW 1981, 47 = ZIP 1980, 983 m. w. N.). Das kann z. B. der Fall sein, wenn der Geschäftsführer einer zahlungsunfähigen GmbH dem Auftraggeber eine Zahlungszusage macht, um das Vertrauen in eine inzwischen gegründete Nachfolge-GmbH nicht zu erschüttern, und nicht zu erwarten ist, daß die bisherige GmbH die Schuld tilgen würde (vgl. dazu BGH BauR 1986, 101 = ZIP 1985, 1485 = MDR 1986, 223 = NJW 1986, 580 = Tiedke EWiR § 414 BGB 1/85, 953 = ZfBR 1986, 273). Ein bloß persönliches Interesse genügt dagegen nicht, um die Annahme eines Schuldbeitritts zu rechtfertigen. Bei Zweifeln in der Auslegung ist die den Normalfall regelnde Sicherungsform der formbedürftigen (vgl. Rdn. 35 ff.) selbstschuldnerischen Bürgschaft anzunehmen. Auch steht die bereits eingetretene Fälligkeit der Schuld der Auslegung der Erklärung als – unwirksame – Übernahme einer Bürgschaft nicht entgegen (BGH BB 1976, 1431; RG JW 1921, 335). Hier kann auch eine Haftung aus einem sogenannten **Vertrauenstatbestand** in Betracht kommen, z. B., wenn ein Dritter gegenüber dem Auftragnehmer erklärt, er werde dessen Forderung gegen den Auftraggeber bezahlen und der Auftragnehmer erkennbar seine Leistung hiervon abhängig gemacht hat (vgl. BGH SFH Z 2.332 Bl. 65).

42 Zur Unterscheidung zwischen Bankbürgschaft und Bankgarantie OLG Stuttgart BauR 1977, 139. Zu Sonderformen der Bürgschaft und verwandten Sicherungsgeschäften Weber JuS 1972, 9. Keine Bürgschaft, sondern ein **Garantievertrag** ist die Abrede, daß sich der Bürge nicht auf einen Vergleich des Gläubigers mit dem Hauptschuldner berufen kann; der Abschluß eines solchen Garantievertrages neben der Bürgschaft ist zulässig; er hat den Inhalt, daß der Bürge verpflichtet sein soll, für den im Rahmen eines – etwaigen – Vergleichs nicht gezahlten bzw. erledigten Teil der Schuld aufzukommen (OLG Frankfurt Betrieb 1974, 2245 = BB 1975, 985 mit zutreffender Kritik von Marwede hinsichtlich der Begründung). Zur Bürgschaft für Gewährleistungsverbindlichkeiten des Auftragnehmers durch einen Garantieversicherer BGH VersR 1974, 1167. Verlangt der Auftragnehmer die Rückzahlung einer von ihm zur Sicherung von Gewährleistungsansprüchen gestellten und vom Auftraggeber in Anspruch genommenen Bankgarantie, trifft ihn die Beweislast für die Mängelfreiheit seiner Leistung, wenn es an einer Abnahme fehlt und die Garantiesumme den Betrag von Vorauszahlungen des Auftraggebers nicht übersteigt (BGH Vortmann EWiR § 631 BGB 2/88, 567; insoweit auch im Hinblick auf die vereinbarte Bindungswirkung eines zwischen einer Partei und einem Dritten ergangenen Schiedsspruches).

43 Allgemein ist zu beachten, daß aus einem Bürgschaftsvertrag als einseitig verpflichtendem Vertrag – also im Verhältnis zwischen Gläubiger und Bürgen – grundsätzlich für den Gläubiger **keine Sorgfaltspflichten,** auch nicht als Nebenpflichten, herzuleiten sind, jedenfalls soweit es die hier erörterte selbstschuldnerische Bürgschaft anbelangt. So kann der Gläubiger eine selbstschuldnerische Bürgschaft auch dann in Anspruch nehmen, wenn – nur – die **Möglichkeit** besteht, später – etwa im Wege der Zwangsversteigerung – eine volle

Befriedigung durch den Schuldner zu finden (vgl. BGH WM 1974, 1129 = MDR 1975, 135 = LM § 765 BGB Nr. 20). Die einseitige, wenn auch erkennbare Erwartung des Bürgen, er werde nicht in Anspruch genommen, weil er mit der Erfüllung der verbürgten Verbindlichkeiten durch den Hauptschuldner rechnet, ist weder Geschäftsgrundlage des Bürgschaftsvertrages noch ein rechtserheblicher Irrtum; der Gläubiger muß seine Einschätzung des Bürgschaftsrisikos dem allein vom Hauptschuldner unterrichteten Bürgen nicht erläutern, auch wenn er dessen günstigere Beurteilung des Risikos erkannt hat (BGH BB 1988, 231 = LM § 765 BGB Nr. 55). Umgekehrt treffen aber **auch den Bürgen keine besonderen Hinweispflichten.** So hat z. B. der Bürge, der die Bürgschaft unter einer aufschiebenden Bedingung übernommen hat, deren Eintritt vom Belieben des Gläubigers abhängt (also nicht den Fall des § 162 BGB betrifft), keine Pflicht, diesen darauf hinzuweisen, daß die Bedingung noch nicht eingetreten sei (BGH ZIP 1987, 564 = BB 1987, 921 = JZ 1987, 578 = Betrieb 1987, 1189 NJW 1987, 1631 = MDR 1987, 667 = LM § 765 BGB Nr. 52).

Aus der Übernahme einer selbstschuldnerischen Bürgschaft ergibt sich noch nicht, daß der Bürge auf die Einrede der Verjährung der Hauptschuld verzichtet (OLG Koblenz VersR 1981, 167 = KTS 1980, 105; vgl. auch Rdn. 56 ff.). **44**

3. Denkbar und möglich ist es auch, daß sich der **Bürge** kraft besonderer vertraglicher Vereinbarung der Bauvertragspartner (vgl. dazu OLG Frankfurt BauR 1987, 577 = SFH § 17 VOB/B Nr. 10) nicht nur selbstschuldnerisch verbürgt, sondern sich **darüber hinaus** durch ausdrückliche Erklärung in der Bürgschaftsurkunde **verpflichtet, an den Gläubiger „auf erste schriftliche Aufforderung" zu zahlen.** Daraus ergibt sich die Verpflichtung, als Bürge sofort nach Aufforderung durch den Gläubiger (Auftraggeber bei Erfüllungs- und/oder Gewährleistungssicherheit) Zahlung zu leisten und etwaige sonst auch bei der selbstschuldnerischen Bürgschaft mögliche Einwendungen lediglich durch spätere Rückforderung der erbrachten Zahlung (§ 812 BGB) geltend zu machen. Jedoch greift der Einredeverzicht gemäß § 242 BGB nicht, wenn ein Mißbrauch der Zahlungsanforderung vorliegt (OLG Hamburg VersR 1984, 170). Dies ist insbesondere der Fall, wenn offensichtlich oder liquide beweisbar ist, daß trotz Vorliegen der formellen Voraussetzungen (formeller Garantiefall) der Garantiefall im Valutaverhältnis (materieller Garantiefall) nicht eingetreten ist (BGHZ 90, 287 = Betrieb 1984, 1389; OLG Hamm NJW 1987, 1774; vgl. auch OLG München NJW-RR 1988, 950), z. B. durch ganz eindeutigen Verjährungseintritt (KG WM 1987, 129 = Alisch EWiR § 765 BGB 2/87, 147). Dies trifft jedoch nicht schon zu, wenn der Einwand, der materielle Garantiefall liege nicht vor, nur aufgrund einer allenfalls möglichen, aber nicht zwingenden Auslegung des Valutaverhältnisses zu ermitteln ist (BGH BauR 1987, 98 = BB 1986, 2230 = SFH § 242 BGB Nr. 31 = NJW-RR 1987, 115 = MDR 1987, 292 = ZIP 1986, 1450 = Bülow EWiR 1986, 1193 = LM § 305 BGB Nr. 5 = ZfBR 1987, 20 zu der Frage, ob sich im betreffenden Fall die Nachunternehmer nur für den Eintritt eigener Gewährleistungshaftung zu einer Garantie verpflichtet haben). Im Ergebnis steht hier dem Bürgen der Einwand der **unzulässigen Rechtsausübung nur zu, wenn die materielle Berechtigung des Gläubigers offensichtlich fehlt;** alle Streitfragen tatsächlicher, aber auch rechtlicher Art, deren Beantwortung sich nicht von selbst ergibt, sind nach der Zahlung in einem etwaigen Rückforderungsprozeß auszutragen (BGH WM 1988, 934 = Lauer EWiR § 765 BGB 5/88, 671 = BauR 1988, Heft 5); insoweit hat der BGH die Frage offen gelassen, ob die durch die Bürgschaft gesicherten Vorauszahlungen nur auf Abschlagszahlungen oder auch auf Forderungen aus einer Schlußrechnung über erbrachte Leistungen angerechnet werden können. **45**

In der genannten Vereinbarung liegt im allgemeinen eine **Bürgschaft** und keine vom Bestand der Hauptschuld unabhängige **Garantie** (so aber Heiermann BB 1977, 1575, 1577; zutreffend OLG Hamburg BB 1986, 834 mit zust. Anm. von Meinert a. a. O. = NJW 1986, 1690 = WM 1986, 62 = v. Stebut EWiR § 765 BGB 4/86, 779; Clemm BauR 1987, 123; OLG München NJW-RR 1988, 950; Heiermann/Riedl/Rusam/Schwaab Teil B § 17 Rdn. 23; Kaiser, Män- **46** gelhaftungsrecht Rdn. 216), durch die der Zweck verfolgt wird, dem Gläubiger sofort liquide Mittel unter Verzicht auf eine Aufrechnung zu verschaffen. Diese Annahme wird der Interessenlage der Bauvertragspartner insbesondere gerecht, wenn die Bankbürgschaft der Ablösung eines Sicherheitseinbehaltes nach Nr. 6 dient (vgl. BGHZ 74, 244 = BauR 1979, 442 = BB 1979, 907 = NJW 1979, 1500 = SFH § 17 VOB/B Nr. 3 = JZ 1979, 442 = LM § 765 BGB Nr. 27 = MDR 1979, 838; BGH BauR 1985, 461 = NJW 1985, 1694 = Betrieb 1985, 1074 = MDR 1985, 492 = ZIP 1985, 470 = LM § 765 BGB Nr. 39 = SFH § 765 BGB Nr. 4 = WM 1985, 511 = ZfBR 1985, 129 = Blaurock EWiR § 765 BGB 2/85, 285; vgl. auch LG Lübeck MDR 1978, 53 sowie OLG Celle SFH § 17 VOB/B Nr. 4; ferner den von demselben OLG entschiedenen besonderen Fall, in dem nach Ansicht des Gerichts einmal das Insolvenzrisiko, zum anderen die Haftungsverteilung auf mehrere Beteiligte eine maßgebende Rolle spielen, ZIP 1982, 43). Näher dazu besonders Hickl BauR 1979, 463, der sich zutreffend mit den rechtlichen Grundlagen derartiger Klauseln auseinandersetzt; ebenso Clemm BauR 1987, 123; dazu auch Rehbein JR 1980, 17; Horn BB 1980, 2153; Nielsen ZIP 1982, 253; vgl. auch Mülbert ZIP 1984, 1101). Zu den Anforderungen an die Inanspruchnahmeerklärung BGH NJW 1984, 923 = MDR 1984, 396 = ZIP 1984, 32 = Betrieb 1984, 769 = LM § 765 BGB Nr. 35. Dazu genügt die Angabe, daß Baumängel vorliegen, die einen Zahlungsanspruch in bestimmter Höhe begründen, und ein entsprechender Beleg, wie die Vorlage eines Sachverständigengutachtens (vgl. auch BGH BauR 1985, 461 = NJW 1985, 1694 = Betrieb 1985, 1074 = MDR 1985, 492 = ZIP 1985, 470 = LM § 765 BGB Nr. 39 = SFH § 765 BGB Nr. 4 = WM 1985, 511 = ZfBR 1985, 129; vgl. auch OLG Hamm NJW-RR 1987, 686). Bei einer dem Wortlaut der Urkunde unbefristeten Bürgschaft auf erstes Anfordern wird der vom Auftraggeber bestrittene Einwand des Bürgen, seine Verpflichtung sei zeitlich begrenzt, erst im Rückforderungsverfahren geprüft (BGH a. a. O.). Vgl. im übrigen auch Rdn. 26. Um gerade mittelständische Unternehmer vor zu großen Härten zu bewahren, kann es sich durchaus empfehlen, in Besonderen oder Zusätzlichen Vertragsbedingungen festzulegen, daß eine Bürgschaft auf erstes Anfordern nur für die Zeit der Ausführung als Vertragserfüllungsbürgschaft gestellt wird, für die Zeit danach – also nach Abnahme – dem Auftragnehmer jedoch zu gestatten, diese durch eine normale selbstschuldnerische Bürgschaft auszutauschen.

47 Bei einer Bürgschaft auf erstes Anfordern kann eine Bank gegenüber dem Zahlungsanspruch des Begünstigten nicht mit eigenen, nicht im Zusammenhang mit dem Grundgeschäft stehenden Gegenforderungen gegenüber dem Begünstigten aufrechnen; ausnahmsweise ist dies jedoch zulässig, wenn der Begünstigte zahlungsunfähig ist und die Bank ihre Forderung gegen den Begünstigten ohne Aufrechnung gegen die Garantieforderung des Begünstigten voraussichtlich nicht realisieren könnte (OLG Frankfurt WM 1984, 1021). Anders ist dies allerdings bei einer echten Zahlungsgarantie; jedoch ist dann die Aufrechnung auf liquide Ansprüche beschränkt (BGHZ 94, 167 = NJW 1985, 1829 = MDR 1985, 738 = JZ 1985, 997 = BB 1985, 1490 = LM § 305 BGB Nr. 33 = Betrieb 1985, 1689 = WM 1985, 684 = Köndgen EWiR § 387 BGB 2/85, 365). Fordert eine Bank, die aus einer von ihr im Auftrag eines Hauptunternehmers herausgelegten Garantie auf erstes Anfordern in Anspruch genommen worden ist, Erfüllungs- und Anzahlungsgarantien ein, die auf erstes Anfordern von der Bank eines Subunternehmers zu ihren Gunsten herausgelegt worden sind, so macht sie sich gegenüber dem Subunternehmer wegen vorsätzlicher sittenwidriger Schädigung schadensersatzpflichtig, wenn die abgesicherten Umstände (abredegemäße Anzahlungsverwendung und mängelfreie Werkherstellung im Verhältnis Subunternehmer/Auftraggeber) unstreitig vorliegen und die Inanspruchnahme der Garantien lediglich der Schadensminderung nach der eigenen Inanspruchnahme dient (OLG München, Urt. vom 31. 10. 1984 – 7 U 5190/83 – = Trost EWiR § 826 BGB 4/85, 161).

48 Eine Bürgschaft auf erstes Anfordern muß im Bauvertrag von den Parteien jeweils **vereinbart** sein, sie kann also **nicht einseitig** – insbesondere vom Auftraggeber – **durchgesetzt**

werden (ebenso Kaiser, Mängelhaftungsrecht, Rdn. 216; Clemm a. a. O.). Wegen der den Bürgen – gerade auch im Verhältnis zur selbstschuldnerischen Bürgschaft – jedenfalls zunächst treffenden Einschränkung in der Geltendmachung von Verteidigungsrechten muß die Bürgschaft auf erstes Anfordern **einen zweifelsfreien Wortlaut** dahin haben, daß sie tatsächlich als solche gewollt ist.

Dazu genügt nicht die Erklärung des Bürgen, er übernehme für den Auftragnehmer die selbstschuldnerische Bürgschaft und er verpflichte sich, jeden Betrag bis zur Gesamthöhe von ... DM zu zahlen, sofern der Auftragnehmer seiner Verpflichtung zur vertragsgemäßen Ausführung der Leistung einschließlich der Abrechnung nicht oder nicht vollständig nachgekommen ist; auf die Einrede der Anfechtung und Aufrechnung sowie der Vorausklage gemäß §§ 770, 771 BGB werde verzichtet; die Bürgschaft erlösche, wenn die Bürgschaftsurkunde zurückgegeben werde bzw. bei Entlassung aus der Gewährleistung, wenn er – Bürge – bis dahin nicht in Anspruch genommen werde. Hierdurch wird nicht schon auf die Rechte aus § 768 BGB verzichtet (BGHZ 95, 375 = NJW 1986, 310 = MDR 1986, 229 = BB 1986, 215 = BGH LM § 638 BGB Nr. 56 = SFH § 13 Nr. 5 VOB/B Nr. 14 = MDR 1986, 229 = Betrieb 1986, 323 = ZIP 1985, 1380 = WM 1985, 1387 = Horn EWiR § 768 BGB 1/85, 973 = ZfBR 1986, 28).

Bei einer Bürgschaft auf erstes Anfordern geht mit der Abtretung der gesicherten Hauptforderung auch das Recht, die zur Fälligstellung der Bürgschaft erforderlichen Erklärungen abgeben zu können, entsprechend § 401 BGB auf den neuen Gläubiger über (BGH Betrieb 1987, 1087 = WM 1987, 553 = Klaas EWiR 1987, 549 = MDR 1987, 665 = NJW 1987, 2075 = BB 1987, 1699 = LM § 401 BGB Nr. 11). 49

Klagt der Hauptschuldner, um die Inanspruchnahme einer Bürgschaft auf erstes Anfordern zu verhindern, gegen den Gläubiger, den Bürgen aus der Bürgschaft zu entlassen und die Bürgschaftsurkunde herauszugeben, so steht einer später aufgrund desselben Sachvortrages erhobenen Klage des Hauptschuldners gegen den Gläubiger, die Inanspruchnahme des Bürgen zu unterlassen, der Einwand anderweitiger Rechtshängigkeit oder – nach rechtskräftiger Entscheidung über die zuerst erhobene Klage – der rechtskräftig entschiedenen Sache entgegen; der Einwand wird nicht dadurch entkräftet, daß dem Hauptschuldner, der gegen den Gläubiger eine einstweilige Verfügung auf Unterlassung erwirkt hatte, gemäß § 926 Abs. 1 ZPO eine Frist zur Klage gesetzt worden ist, obwohl die Klage auf Entlassung des Bürgen aus der Bürgschaft bereits anhängig war (BGH ZIP 1987, 566 = Betrieb 1987, 732 = NJW-RR 1987, 683 = Grunski EWiR 1987, 145 = WM 1987, 367 = ZfBR 1987, 90 = MDR 1987, 492 = LM § 765 BGB Nr. 48 = BauR 1987, 353). 50

IV. Keine zeitliche Begrenzung der Bürgschaft; Ausstellung nach Vorschrift des Auftraggebers

Schließlich muß nach Nr. 4 Satz 2, letzter Halbsatz, hinzukommen, daß die selbstschuldnerische **Bürgschaft** des als tauglich anerkannten Bürgen **nicht auf bestimmte Zeit begrenzt sein darf** (vgl. § 777 BGB) **und nach der Vorschrift des Auftraggebers ausgestellt sein muß**. 51

1. Mit dem ersten kommt zum Ausdruck, daß die **Bürgschaft in ihrer Dauer von dem Bestehen bzw. der Durchsetzbarkeit der zu sichernden Forderung abhängig sein muß**. Die Bürgschaft darf also keinen Endzeitpunkt (vgl. dazu BGH Betrieb 1974, 1153 = MDR 1974, 830 = BB 1974, 858 = LM § 777 BGB Nr. 1) oder auch keinen über den Zeitpunkt ihrer Ausstellung hinausgehenden Anfangszeitpunkt enthalten. Dieses ergibt sich vor allem auch im Hinblick auf eine evtl. nach Nr. 8 Satz 2 hinausgeschobene Rückgabepflicht (vgl. dazu Rdn. 105 ff). Auch ist die Abgabe einer aufschiebend oder auflösend bedingten Bürgschaftserklärung unzulässig. Damit ist zugleich klargemacht, daß die **Bürgschaftsverpflichtung akzessorisch, also – nur – vom Bestehen bzw. der Durchsetzbarkeit der Hauptschuld,** hier des Auftragnehmers, **abhängig** ist. Daraus folgt auch, daß spätere rechtsgeschäftliche Er- 52

weiterungen der Hauptschuld, wie z. B. durch nach Bürgschaftsübernahme vom Auftragnehmer übernommene Zusatzaufträge, grundsätzlich nicht schon von der Bürgschaft erfaßt werden, wie sich auch aus § 767 Abs. 1 Satz 3 BGB ergibt. Ausnahmen dürften nach Treu und Glauben geringfügige Veränderungen sein, wie etwa im Hinblick auf kleinere Zusatzaufträge, die zur Fertigstellung der vorgesehenen vertraglichen Leistung ausgeführt werden müssen (vgl. z. B. Teil B § 1 Nr. 4). Anders liegt es auch, wenn sich die Hauptschuld aufgrund gesetzlicher Vorschriften, wie z. B. durch schuldhaftes Verhalten des Auftragnehmers, das den Auftraggeber zum Schadensersatz oder zur Vertragskündigung berechtigt, oder auch durch Verzug des Auftragnehmers verändert, insbesondere auch erweitert (vgl. § 767 Abs. 1 Satz 2 BGB). Wegen der Akzessorietät der Bürgschaft zur Hauptschuld geht die **Bürgschaft** (z. B. die des Nachunternehmers) **mit der Abtretung der Hauptschuld** (z. B. von Gewährleistungsansprüchen durch den Hauptunternehmer) **an einen Dritten**, etwa den Bauherren, **auf diesen über**, da es sich nach § 401 Abs. 1 BGB um ein Nebenrecht handelt (vgl. LG Tübingen BauR 1988, 232). Die Abhängigkeit der Bürgschaft von der Hauptforderung bewirkt, daß sie **nicht schon deswegen erlischt, weil der Auftragnehmer in Konkurs gefallen und im Handelsregister gelöscht worden ist.** § 767 BGB durchbricht die Akzessorietät in den Fällen, in denen es dem Sicherungszweck der Bürgschaft zuwiderlaufen würde. Daher erlischt die Bürgschaftsverpflichtung im Falle des gänzlichen Wegfalls des Hauptschuldners nicht, wenn der Wegfall gerade auf den Gründen beruht, die von dem typischen Sicherungszweck der Bürgschaft gedeckt waren, was der Fall ist, wenn eine juristische Person wegen des Konkurses aufgelöst wird; es ist gerade der Zweck der Bürgschaft, den Gläubiger vor einem solchen Vermögensverfall des Hauptschuldners zu schützen; hier verwandelt sich die Bürgschaft in einen selbständigen Anspruch (AG Frankfurt BauR 1988, 491).

53 2. Die Verpflichtung zur Ausstellung der Bürgschaft **nach Vorschrift des Auftraggebers** besagt, daß weder dem Bürgen noch dem Auftragnehmer freie Hand gelassen ist, sondern daß der Auftraggeber im zulässigen Rahmen (vgl. Nr. 1 Abs. 2) der von ihm zu beanspruchenden Sicherung den Zweck der Bürgschaft, deren Höhe usw. festlegt. Dabei muß sich der Auftraggeber in vernünftigem, ausschließlich dem Sicherungszweck dienenden Bereich halten, er darf also den Auftragnehmer nicht über die Grundsätze des § 242 BGB hinaus unzumutbar belasten (zutreffend Kaiser, Mängelhaftungsrecht, Rdn. 216). Daraus folgt auch, daß der Auftraggeber ohne besondere vertragliche Vereinbarung nicht das Recht hat, einseitig eine Bürgschaft auf erstes Anfordern (vgl. dazu Rdn. 45 ff.) zu verlangen (OLG Frankfurt SFH § 17 VOB/B Nr. 10). Überdies ist der Auftraggeber zur nachträglichen Änderung nur im Rahmen des § 240 BGB befugt (vgl. Rdn. 27). Eine Bürgschaft, die hinreichend deutlich den Nachbesserungsanspruch erfaßt, erstreckt sich auch auf den Anspruch des Auftraggebers auf Vorschuß für die voraussichtlichen Mängelbeseitigungskosten (BGH BauR 1984, 406 = NJW 1984, 2456 = Betrieb 1984, 2344 = MDR 1985, 45 = JZ 1984, 754 = LM § 633 BGB Nr. 50 = SFH § 633 BGB Nr. 43 = ZfBR 1984, 185).

54 3. Zur Frage, ob die Geschäftsgrundlage einer Bürgschaft weggefallen sein kann, weil der Hauptschuldner infolge eines Umstandes, der nicht voraussehbar war, leistungsunfähig geworden ist, BGH NJW 1965, 438 = MDR 1965, 375 = JZ 1965, 216 = BB 1965, 62 = LM § 765 BGB Nr. 7; ferner BGH Betrieb 1966, 149. Die Kosten der Bürgschaft trägt der Auftragnehmer, wenn nichts anderes vereinbart ist.

55 4. Bei einer selbstschuldnerischen Zeitbürgschaft – die wegen der Befristung nicht der VOB entsprechen würde – kann der Gläubiger schon vor dem Ablauftermin nach während der Bürgschaftszeit erfolgtem (vgl. BGHZ 91, 349 = NJW 1984, 2461 = ZIP 1984, 937 = Betrieb 1984, 1875 = BB 1984, 1875 = MDR 1984, 839 = LM § 777 BGB Nr. 6 = Anm. Rehbein JR 1985, 198) Eintritt der Fälligkeit der Hauptschuld dem Bürgen die Inanspruchnahme anzeigen, wobei eine unbezifferte Anzeige genügt (vgl. OLG Karlsruhe WM 1985, 770), um sich

die Rechte aus der Bürgschaft zu erhalten (BGHZ 76, 81 = ZIP 1980, 108 = Betrieb 1980, 537 = NJW 1980, 830 = BB 1980, 860 = JZ 1980, 190 = LM § 777 BGB Nr. 3 gegen RGZ 96, 133; Anm. Rehbein JR 1980, 281); dabei beschränkt sich seine Haftung nach § 777 Abs. 2 BGB auf den Umfang der Hauptschuld zur Zeit des Endtermins (BGH NJW 1983, 750 = BB 1983, 153 = ZIP 1983, 30 = Betrieb 1983, 763 = WM 1983, 33 = MDR 1983, 397 = LM § 777 BGB Nr. 5). Ist vereinbart, daß die Bürgschaft an einem bestimmten Tag erlösche, wenn bis dahin die Inanspruchnahme noch nicht erklärt sei, und fällt dieser Endtermin auf einen Sonntag, so kann die Inanspruchnahme auch noch am nächsten Werktag erklärt werden, wenn die Parteien nicht ausdrücklich das Fristende auf einen Sonntag gelegt haben (BGHZ 99, 288 = BauR 1987, 339 = BB 1987, 507 = JZ 1987, 475 = MDR 1987, 402 = Betrieb 1987, 733 = WM 1987, 227 = Heinrichs EWiR § 193 BGB 1/87, 225 = NJW 1987, 1760 = LM § 777 BGB Nr. 8 = ZfBR 1987, 144). Falls bei einer Bürgschaft auf Zeit in der Bürgschaftsurkunde bestimmt ist, daß die Bürgschaft erlischt, wenn der Bürge nicht bis zu einem festen Termin in Anspruch genommen worden ist, dann genügt ein am letzten Tag der Frist eingereichter Antrag auf Erlaß eines Mahnbescheides auch dann nicht zur Fristwahrung, wenn die Zustellung des Mahnbescheides demnächst erfolgt (BGH NJW 1982, 172 = ZIP 1981, 1310 = JZ 1982, 22 = WM 1981, 1302 = Betrieb 1982, 593 = MDR 1982, 315 = BB 1982, 1079 = LM § 777 BGB Nr. 4). Ergibt die Bürgschaftsurkunde bei einem auf der Grundlage der VOB/B beruhenden Bauvertrag nicht klar eine zeitliche Begrenzung, so ist der Bürge, der sich dennoch darauf beruft, darlegungs- und beweisbelastet (vgl. BGH BauR 1985, 461 = NJW 1985, 1694 = Betrieb 1985, 1074 = MDR 1985, 492 = ZIP 1985, 470 = LM § 765 BGB Nr. 39 = SFH § 765 BGB Nr. 4 = WM 1985, 511 = ZfBR 1985, 129 = Blaurock EWiR § 765 BGB 2/85, 285). Im übrigen ist bei einer Zeitbürgschaft hinreichend klar festzulegen, ob sie nach Ablauf eindeutig bestimmter Zeit ablaufen soll oder ob sie – unbefristet – nur für innerhalb bestimmter Zeit begründete Verbindlichkeiten des Hauptschuldners gelten soll (vgl. BGH BB 1988, 297 = ZIP 1988, 221 = Betrieb 1988, 698 m. w. N.).

V. Verwertung – Einwendungen des Bürgen

1. Die **Verwertung** der **Sicherheit** erfolgt hier durch **unmittelbare Inanspruchnahme** des selbstschuldnerisch verpflichteten Bürgen. Dem Anspruch des Auftraggebers kann der **Bürge die Einwendungen entgegensetzen, die dem Auftragnehmer als dem Hauptschuldner zustehen,** ohne daß dieser solche schon vorgebracht haben muß (§ 768 Abs. 1 Satz 1 BGB; siehe dazu Rdn. 100 ff.). So kann sich der Bürge dem Gläubiger gegenüber darauf berufen, daß die Forderung gegen den Hauptschuldner rechtskräftig abgewiesen ist (NJW 1970, 279 = MDR 1970, 229 = JZ 1970, 140 = BB 1970, 322 = LM § 768 BGB Nr. 4). In Betracht kommen vor allem auch Einwendungen wegen vorhandener Mängel und die Geltendmachung eines Zurückbehaltungs- oder Leistungsverweigerungsrechts gemäß § 320 bzw. § 273 BGB. Ein formularmäßiger Ausschluß solcher Rechte verstößt nicht nur zwischen den Vertragspartnern gegen § 11 Nr. 2 AGB-Gesetz, sondern auch im Verhältnis zwischen Bürgen und Gläubiger (Auftragnehmer), da sonst das Umgehungsverbot des § 7 AGB-Gesetz verletzt wäre (BGH BauR 1986, 455 = Betrieb 1986, 1616; insoweit entschieden für Abschlagszahlungen, jedoch gilt dies entsprechend auch für Teilschluß- und Schlußzahlungen). **56**

Zur Einrede der **Aufrechenbarkeit** nach § 770 Abs. 2 BGB vgl. Zimmermann JR 1979, 495. Andererseits: Ohne entgegenstehende Abreden im Bürgschaftsvertrag darf der Gläubiger (Auftraggeber) mit einer nicht verbürgten Forderung (wie z. B. auf Kostenerstattung nach Mängelbeseitigung durch einen Drittunternehmer) gegen den Anspruch des Hauptschuldners aufrechnen; anders nur dann, wenn er damit nur zum Schaden des Bürgen handelt (BGH NJW 1984, 2455 = ZIP 1984, 418 = LM § 396 BGB Nr. 2). **57**

Der formularmäßige Verzicht eines Bürgen auf die Aufrechnungseinrede hält insoweit der richterlichen Inhaltskontrolle stand, als die Forderung des Hauptschuldners gegen den Bürgschaftsgläubiger bestritten und ungeklärt ist (BGH NJW 1981, 761 = JZ 1981, 101 = ZIP 1981, 28 = Betrieb 1981, 986).

58 Ein Bürge, dem wie bei selbstschuldnerischer Bürgschaft die **Einrede der Vorausklage** nicht zusteht, kann sich gegenüber dem Gläubiger auf die Verjährung der Hauptschuld auch dann berufen, wenn diese erst nach Erhebung der Bürgschaftsklage eintritt; ist der Bürge zur Verjährungseinrede berechtigt, so verliert er diese Befugnis nicht, wenn aufgrund eines gegen den Hauptschuldner ergehenden rechtskräftigen Urteils gegen diesen eine neue 30jährige Verjährungsfrist in Lauf gesetzt wird, wie sich aus § 768 Abs. 2 BGB ergibt (BGHZ 76, 223 = NJW 1980, 1460 = MDR 1980, 664 = Betrieb 1980, 1255 = ZIP 1980, 355 = BB 1980, 1122 = WM 1980, 545 = LM § 767 BGB Nr. 14 Anm. Brunotte = JR 1980, 506 Anm. Rehbein).

59 2. Inwieweit eine Verpflichtung des Bürgen zur Abwehr der Ansprüche besteht, bemißt sich nach dem zwischen Bürgen und Hauptschuldner bestehenden Innenverhältnis (Groß BlGBW 1970, 191). Sofern der Bürge vereinbart hat, daß er sich durch Hinterlegung von seiner Verpflichtung befreien kann, geht die Forderung gegen den Hauptschuldner nicht auf ihn über, weil dann die Hinterlegung nur als Sicherheitsleistung anzusehen ist (OLG Frankfurt MDR 1977, 139). Eine solche Vereinbarung schließt die Klage des Gläubigers (Auftraggebers) gegen den Bürgen auf Zustimmung zur Auszahlung des hinterlegten Betrages nicht aus, weshalb eine entsprechende formularmäßige Klausel, die der Bürge verwendet, nach dem AGB-Gesetz nicht zu beanstanden ist (BGH BauR 1985, 462 = BB 1985, 2197 = ZIP 1985, 525 = SFH § 232 BGB Nr. 3 = MDR 1985, 575 = NJW 1986, 1038 = LM § 232 BGB Nr. 1 = WM 1985, 475 = Löwe EWiR § 232 BGB 1/85, 257).

60 3. Zu beachten ist, daß die Bürgschaftsklage nicht die Verjährung der Hauptforderung unterbricht; zwar ist der Bürgschaftsanspruch vom Bestand der Hauptforderung abhängig (§ 767 Abs. 1 Satz 1 BGB), jedoch ist er im übrigen ein selbständiger Anspruch, der einer anderen Verjährung unterliegt als die Hauptforderung; deshalb kann eine Klage gegen den Bürgen keine Wirkung gegen den Hauptschuldner haben (BGH NJW 1980, 1460). Da mit der Verjährung der Hauptforderung auch der Bürgschaftsanspruch hinfällig wird, ist eine Maßnahme zur Unterbrechung der ersteren geboten, wenn die Bürgschaft verwertet werden soll.

61 4. Zahlt der selbstschuldnerische Bürge aufgrund eines rechtskräftigen Vorbehaltsurteils an den Gläubiger, so geht dessen Forderung gegen den Hauptschuldner erst mit Abschluß des Nachverfahrens auf ihn über; er kann daher, sofern sich nichts anderes aus dem Innenverhältnis zum Hauptschuldner ergibt, gegen diesen erst nach Abschluß des Nachverfahrens Rückgriff nehmen (BGHZ 82, 267 = Betrieb 1983, 873 = ZIP 1983, 278 = NJW 1983, 1111 = JZ 1983, 446 = MDR 1983, 347 = JR 1983, 245 Anm. Rehbein = BB 1983, 401 = LM § 774 BGB Nr. 13).

62 Hat sich jemand lediglich für die Erfüllung der Leistungspflicht eines Mitgliedes einer Arbeitsgemeinschaft (vgl. dazu Anh. Rdn. 5 ff.) verbürgt, so wird er von seiner Bürgschaftsverpflichtung frei, wenn ein anderes Mitglied der Arbeitsgemeinschaft die Verpflichtung vertragsgerecht erfüllt (vgl. BGHZ 72, 267 = BauR 1979, 63 = NJW 1979, 308 = BB 1979, 136 = MDR 1979, 305 = Betrieb 1979, 308 = SFH § 426 BGB Nr. 1 = LM § 427 BGB Nr. 5 Anm. Merz = WM 1978, 1404 = ZfBR 1979, 64).

63 Ist in einem Vergleich zwischen Gläubiger und Bürgen vereinbart, daß eine Zahlung an einem bestimmten Termin zu leisten ist, widrigenfalls ein teilweiser Forderungserlaß in Wegfall kommt, dann liegt in der Geltendmachung der ganzen Forderung durch den Gläu-

biger auch nur bei geringfügigen Überschreitungen des Zahlungstermins in der Regel noch keine treuwidrige Wahrnehmung einer formalen Rechtsposition im Übermaß (BGH Betrieb 1980, 732).

Die formularmäßige Klausel, daß die Ansprüche des Gläubigers gegen den Hauptschuldner erst dann auf den Bürgen übergehen, wenn der Gläubiger voll befriedigt ist, ist – auch im Hinblick auf § 9 AGB-Gesetz – im Regelfall wirksam (vgl. OLG Celle ZIP 1980, 1077). 64

Wer sich zwecks Ablösung eines Garantieeinbehalts für den Auftragnehmer einem Bauträger gegenüber verbürgt, der seinerseits seine Gewährleistungsansprüche an den Erwerber des Bauwerks abgetreten hat, haftet, wenn der Bauträger selbst für die Gewährleistung einstehen muß, weil der Auftragnehmer zur Mängelbeseitigung nicht mehr in der Lage ist (BGH BauR 1982, 384 = ZIP 1982, 423 = BB 1982, 519 = NJW 1982, 1808 = Betrieb 1982, 1214 = WM 1982, 485; SFH § 765 BGB Nr. 1 = MDR 1982, 925 = ZfBR 1982, 124). 65

Die Beendigung einer zahlungsunfähigen Handelsgesellschaft führt nicht zum Erlöschen der für eine ihrer Verbindlichkeiten abgegebenen Bürgschaft; in einem solchen Fall ist die verselbständigte Bürgschaftsforderung als solche abtretbar (BGHZ 1982, 323 = NJW 1982, 875 = BB 1982, 331 = JZ 1982, 251 = ZIP 1982, 294 = Betrieb 1982, 593 = LM § 398 BGB Nr. 41 Anm. Wolf). 66

Nr. 20 der AGB der Sparkassen und Nr. 13 der AGB der Banken befreien die bürgenden Kreditinstitute nicht davon, dem Hauptschuldner die Inanspruchnahme aus der Bürgschaft anzuzeigen und ihm bei nicht auszuschließenden Zweifeln an dem Bestehen von Einwendungen gegen die Hauptschuld Gelegenheit zu geben, liquide Einwandstatsachen vorzubringen (BGHZ 95, 375 = NJW 1986, 310 = MDR 1986, 229 = BB 1986, 215 = LM § 638 BGB Nr. 56 = SFH § 13 Nr. 5 VOB/B Nr. 14 = MDR 1986, 229 = Betrieb 1986, 323 = ZIP 1985, 1380 = WM 1985, 1387 = EWiR 1985, 973). 67

5. Die Bürgschaftsverpflichtung endet mit Erlöschen der Hauptschuld (vgl. dazu Rdn. 100 ff.) **oder** ohne dieses mit einem **zwischen Bürgen und Gläubiger abgeschlossenen Erlaßvertrag**, nicht dagegen schon mit dem Wiedererwerb des bloßen Besitzes der Urkunde durch den Bürgen (OLG Hamburg BB 1986, 834 mit zutr. Anm. von Meinert a. a. O. = NJW 1986, 1690 = WM 1986, 62 = v. Stebut EWiR 1986, 779). Ebenso wie der Hauptschuldner trägt der Bürge die Beweislast für das Erlöschen bzw. die Erfüllung der Hauptverbindlichkeit (BGH BB 1988, 298 = ZIP 1988, 224 = NJW 1988, 906 = Betrieb 1988, 699 = JZ 1988, 262 = WM 1988, 209 = Tiedtke EWiR § 765 BGB 3/88, 251 = MDR 1988, 403; OLG Düsseldorf JZ 1988, 105 = BB 1988, 97). 68

VI. Verfahrensrechtliches

Verfahrensrechtlich ist zu beachten: Ein den Hauptschuldner verurteilendes Urteil bewirkt – anders als die Abweisung der Klage gegen den Hauptschuldner (§ 768 BGB; BGH WM 1970, 12) – keine Rechtskraft gegenüber dem Bürgen (BGH WM 1971, 614). Der Erlaß einer einstweiligen Verfügung gegen die Inanspruchnahme einer Bankbürgschaft ist nicht möglich (OLG Frankfurt BB 1974, 954; a. A. OLG Celle SFH § 17 VOB/B Nr. 4). 69

Der **Streitwert** einer Klage auf Herausgabe einer Bürgschaftsurkunde ist nach dem Interesse des Klägers an der Erlangung der Urkunde gemäß § 3 ZPO festzusetzen; dieses entspricht nicht dem Kostenaufwand, der für die Erlangung und den Fortbestand der Bürgschaft selbst anfällt; geht es aber darum, über die Herausgabeklage die Inanspruchnahme des Bürgen zu verhindern, so handelt es sich letztlich um die durch die Bürgschaft gesicherte Forderung, so daß in Anlehnung an § 6 ZPO der Streitwert nach der Höhe der Bürgschaft zu bestimmen ist 70

(OLG Frankfurt BauR 1981, 310; vgl. dazu auch OLG Hamm JurBüro 1981, 434; ferner OLG Düsseldorf JurBüro 1981, 1893, das es im wesentlichen auf den Beweiswert der Bürgschaftsurkunde abstellt).

H. Sicherheitsleistung durch Hinterlegung von Geld (Nr. 5)

71 Nr. 5 ergänzt die Bestimmungen über die nach § 232 Abs. 1 BGB als Sicherheitsleistung zulässige Hinterlegung von Geld. Wird – was verhältnismäßig selten vorkommt – im Bauvertrag vereinbart, daß die Hinterlegung von Geld erfolgen soll, so muß **der Auftragnehmer** dieses Geld **bei einem zu vereinbarenden Geldinstitut auf ein Sperrkonto** mit der Maßgabe einzahlen, daß nur **beide Parteien** hierüber **gemeinsam verfügen** können. Voraussetzung ist es, daß eine einverständliche Regelung zwischen den Bauvertragspartnern darüber getroffen wird, bei **welchem Geldinstitut** das Geld **zu hinterlegen** ist; es ist zweckmäßig, schon bei Vertragsabschluß das betreffende Institut zu bestimmen. Der Auftragnehmer hat gegen den Auftraggeber einen Anspruch auf Mitwirkung bei der Festlegung des betreffenden Geldinstitutes (KG SFH § 17 VOB/B Nr. 2), wobei ein Verzicht an der Mitwirkung möglich ist (LG Tübingen BauR 1977, 207). Falls der Auftraggeber gegen den Vorschlag des Auftragnehmers innerhalb einer ihm hierzu gesetzten Frist keine Einwendungen erhebt, ist der Auftragnehmer berechtigt, die Einzahlung bei dem vorgeschlagenen Geldinstitut vorzunehmen, was sich jedenfalls nach § 242 BGB rechtfertigt; macht der Auftraggeber keine hinreichend begründeten Einwände, so ist der Auftragnehmer entsprechend Teil B § 17 Nr. 3 befugt, die Einzahlung bei dem von ihm vorgeschlagenen Institut vorzunehmen (ebenso Weick in Nicklisch/Weick Teil B § 17 Rdn. 39; a. A., jedoch nicht zu folgen, Kaiser, Mängelhaftungsrecht Rdn. 218, der auch dann dem Auftraggeber das Bestimmungsrecht nach § 315 BGB einräumen will); anders nur dann, wenn die Bedenken des Auftraggebers berechtigt sind, wofür ihn die Darlegungs- und Beweislast trifft. Dann ist Teil B § 17 Nr. 4 Satz 2, zweiter Halbsatz, entsprechend heranzuziehen, also dem Auftraggeber das Bestimmungsrecht einzuräumen.

72 Der Begriff **Geldinstitut** entspricht dem allgemeinen Sprachgebrauch und umfaßt **alle Arten von Banken und Sparkassen, auch Bausparkassen, und sonstige Kreditinstitute.** Wesentlich bei dieser Regelung ist ferner, daß keiner der Partner **ohne Zustimmung des anderen** über das Geld verfügen kann und daß außerdem ein Geldinstitut gewählt wird, das **beiden** Vertragspartnern als **vertrauenswürdig** für die Hinterlegung dieser Sicherheitsleistung gilt bzw. gelten muß. Für den Fall, daß die Hinterlegung **Zinsen** erbringt, bestimmt Nr. 5 Satz 2, daß diese dem **Auftragnehmer** zustehen, was nicht ohne weiteres auch beim BGB-Bauvertrag gilt (vgl. § 101 BGB).

73 Mit der Hinterlegung erwirbt der **Auftraggeber** das **Pfandrecht** an dem hinterlegten Geld (§ 233 BGB). Da im allgemeinen das Geld in das Eigentum der Anstalt übergeht, erwirbt er ein Pfandrecht an der Forderung auf Rückerstattung, allerdings eingeschränkt durch das vertraglich vereinbarte gemeinsame Verfügungsrecht beider Partner. Da sie über das hinterlegte Geld nur gemeinsam verfügen können, setzt die **Verwertung** der Sicherheit **einverständliche Freigabe** von dem Sperrkonto voraus. Bei unberechtigter Weigerung eines Teils ist der andere gehalten, die **Freigabe im Wege der Klage** zu verfolgen. Insoweit kommt dann § 894 ZPO zur Anwendung.

J. Sicherheitsleistung durch Einbehalt von Zahlungen (Nr. 6)

I. Allgemeines

74 Wenn eine vereinbarte Sicherheitsleistung entweder kraft vertraglicher Absprache in Geld bestehen soll oder der Auftragnehmer wegen des ihm zustehenden Wahlrechts nach Nr. 3

die Sicherheitsleistung in Geld wählt, kann **statt der Zahlung** dieser Sicherheit **durch den Auftragnehmer die Sicherstellung auch auf andere Weise** erfolgen, wie sich aus **Nr. 6** ergibt. Insoweit handelt es sich um das vertraglich vereinbarte **Hinausschieben der Fälligkeit** eines Teils des Vergütungsanspruches des Auftragnehmers unter gleichzeitiger **Vereinbarung eines Zurückbehaltungsrechtes** des Auftraggebers (vgl. BGH BauR 1979, 525 = SFH § 16 Ziff. 2 VOB/B Nr. 13 = WM 1979, 1046 = Betrieb 1979, 2369 = MDR 1980, 136 = LM § 16 [B] VOB/B Nr. 3 = ZfBR 1979, 207).

Es kann zwischen den Vertragspartnern die Vereinbarung im Bauvertrag dahin gehend getroffen werden, daß **der Auftragnehmer den Geldbetrag der Sicherheit** weder auszahlt noch für ein Sperrkonto zur Verfügung stellt, sondern daß der **Auftraggeber von den von ihm nach Teil B § 16 zu leistenden Zahlungen bestimmte Beträge unter den nachfolgend erörterten Voraussetzungen einbehält**, die dann als Sicherheit zu gelten haben (vgl. BGH a. a. O.). Das ist dem gesetzlichen Recht über die Sicherheitsleistung (§§ 232 ff. BGB) an sich fremd und stellt daher eine im Rahmen der Vertragsfreiheit – auch für den Bereich des AGB-Gesetzes – zulässige Besonderheit der Allgemeinen Vertragsbedingungen der VOB dar. Sie ergibt sich aus dem Wesen des Bauvertrages und der praktischen Handhabung bei dessen Abwicklung.

Dabei ist hervorzuheben, daß Nr. 6 **für alle Einbehalte** gilt, die mit der erforderlichen Eindeutigkeit den **Charakter einer Sicherheitsleistung** tragen, unabhängig davon, ob in der betreffenden vertraglichen Abmachung das Wort „Sicherheitsleistung" ausdrücklich gebraucht wird oder nicht. Das trifft besonders zu, wenn gewisse Einbehalte im Wege Besonderer oder Zusätzlicher Vertragsbedingungen, insbesondere Allgemeiner Geschäftsbedingungen des Auftraggebers, festgelegt worden sind, was auch durch vereinbarte Zahlung geringerer Abschläge als üblich erreicht werden kann. Eine andere Auffassung würde der Schaffung von Umgehungstatbeständen zuviel Spielraum lassen (vgl. dazu auch BGH SFH Z 2.511 Bl. 1; Heiermann BauR 1976, 73 sowie Daub BauR 1977, 24). Zur Ablösung des Einbehalts durch Bürgschaft vgl. auch Rdn. 46.

II. Einbehalt von Zahlungen in Teilbeträgen (Absatz 1)

1. Voraussetzung für eine derartige Sicherheitsleistung ist nach Abs. 1 Satz 1 zunächst eine **vertragliche Vereinbarung** zwischen den Parteien, daß der Auftraggeber die Sicherheitsleistung sozusagen stellvertretend für den eigentlich zur Sicherheit verpflichteten Auftragnehmer im Wege der Vereinfachung von seinen an den Auftragnehmer zu leistenden, insoweit fälligen (vgl. dazu im einzelnen Teil B § 16 Rdn. 9 ff.) Zahlungen einbehalten kann. Eine solche Vereinbarung muß eindeutig aus den Besonderen oder Zusätzlichen Vertragsbedingungen hervorgehen (vgl. Teil A § 10 Nr. 4 Abs. 1 l).

Die weitere Regelung in Abs. 1 Satz 1, die sich mit dem **„Wie"** des Einbehalts befaßt, beruht auf der im Oktober 1979 veröffentlichten Änderung der Allgemeinen Vertragsbedingungen an dieser Stelle. Diese wurde veranlaßt durch die am 1. 1. 1980 in Kraft getretene Neuregelung des Umsatzsteuerrechts aufgrund des Gesetzes zur Neufassung des Umsatzsteuergesetzes und zur Änderung anderer Gesetze (BGBl. I 1979, 1953), und zwar hier speziell des § 13 Abs. 1 Nr. 1 a des Umsatzsteuergesetzes, wonach nunmehr die Umsatzsteuer für Lieferungen und sonstige Leistungen bei Berechnung der Steuer im Rahmen von vereinbarten Entgelten (§ 16 Abs. 1 Satz 1 UStG) – auch bei Teilleistungen – grundsätzlich mit Ablauf des Voranmeldungszeitraumes entsteht, in dem die Leistungen ausgeführt werden bzw. in dem – vorher – das Entgelt vereinnahmt wird (vgl. dazu näher Teil B § 16 Rdn. 39 ff.). Da die bisherige Regelung in Teil B § 17 Nr. 6 Abs. 1 Satz 1 vorsah, daß der Sicherheitseinbehalt – erst – bei der gemäß § 16 Nr. 1 Abs. 1 Satz 4 a. F. nach der Abnahme zu fordernden – letzten – Abschlagszahlung, die den Betrag der Umsatzsteuer betraf, vorzunehmen war (zur bisherigen Regelung vgl.

8. Aufl. an dieser Stelle), diese Abschlagszahlung aber entsprechend der Neuregelung des Umsatzsteuerrechts durch die Fassung 1979 der VOB entfallen ist (vgl. Teil B § 16 Rdn. 39 ff.), ergibt sich zwangsläufig, daß der Sicherheitseinbehalt jetzt von anderen Zahlungen des Auftraggebers erfolgen muß. Daher bestimmt nunmehr § 17 Nr. 6 Abs. 1 Satz 1 in der Neufassung, daß der Auftraggeber jeweils die Zahlung um höchstens 10 % kürzen darf, bis die vereinbarte Sicherheitssumme erreicht ist. Insoweit ist eine Änderung der VOB bezüglich des Sicherheitseinbehaltes in mehrfacher Hinsicht eingetreten:

79 a) Einmal muß der Sicherheitseinbehalt nicht mehr im Rahmen einer Abschlagszahlung erfolgen. Vielmehr ist durch die dem Auftraggeber im Falle der Vereinbarung, daß er die Sicherheit in Teilbeträgen einbehalten darf, eingeräumte Berechtigung, von seinen Zahlungen die Sicherheit einzubehalten, zum Ausdruck gekommen, daß der Einbehalt grundsätzlich von jeder seiner Zahlungen erfolgen darf, also – gesehen vom Bauablauf – sowohl von Vorauszahlungen (Teil B § 16 Nr. 2) als auch von Abschlagszahlungen (Teil B § 16 Nr. 1), als auch von Teilschlußzahlungen (Teil B § 16 Nr. 4), als schließlich – und insbesondere – auch von der Schlußzahlung (Teil B § 16 Nr. 3). Das setzt jedoch grundlegend voraus, daß in Besonderen oder Zusätzlichen Vertragsbedingungen festgelegt ist (Teil A § 10 Nr. 4 Abs. 1), daß der Auftraggeber die **Berechtigung ist, in Teilbeträgen und nicht nur in einem Betrag oder in bestimmten Beträgen die Sicherheit einzubehalten.** Ist, was wegen der erforderlichen Klarheit dringend zu empfehlen ist, darüber hinaus vertraglich festgelegt, daß der Einbehalt nur von bestimmten Zahlungen zu erfolgen hat, z. B. von Vorauszahlungen, Abschlagszahlungen und/oder der Schlußzahlung, so darf der Einbehalt nur von diesen Zahlungen erfolgen. Dann kann, falls individuell keine nähere vertragliche Regelung getroffen worden ist, der jeweilige Einbehalt aber auch nur in Höhe von **höchstens 10 %** der jeweiligen Zahlung erfolgen. Ist vertraglich geregelt, daß der Einbehalt nur von einer bestimmten Zahlung geschehen darf, so ergibt sich, daß der Auftraggeber den Einbehalt auch von dieser Zahlung – voll – machen darf und auch machen muß. Dann greift Teil B § 17 Nr. 6 Abs. 1 Satz 1 nicht ein, weil diese Regelung den **vereinbarten Einbehalt in Teilbeträgen vorsieht,** im übrigen aber der Vertragsfreiheit grundsätzlich freien Raum gibt. Findet sich im Bauvertrag lediglich eine Befugnis des Auftraggebers zum Sicherheitseinbehalt als solche und eine Regelung über deren Höhe (vgl. Teil A § 14 Nr. 2 !), so dürfte im Zweifel anzunehmen sein, daß der Auftraggeber zwar zum einmaligen Sicherheitseinbehalt befugt ist, diesen jedoch grundsätzlich nur von der Schlußzahlung machen darf, falls es sich um eine reine Gewährleistungssicherheit handelt, da erst dann ein berechtigtes Interesse an dem darauf beruhenden Sicherheitseinbehalt vorliegen kann. Handelt es sich dagegen – auch – um eine Vertragserfüllungssicherheit, wodurch die zeitgerechte und/oder die ordnungsgemäße Leistungserfüllung vor der Abnahme gesichert werden soll, so muß im Zweifel angenommen werden, daß der Sicherheitseinbehalt schon bei der ersten oder bei einer der ersten Zahlungen erfolgen darf. Insoweit kommt es also letztlich auf den Zweck der Sicherheit an. Davon unberührt bleiben die in den Allgemeinen Vertragsbedingungen besonders vorgesehenen Sicherheitsleistungen, wie bei der Vorauszahlung nach Teil B § 16 Nr. 2 Satz 1 (vgl. dazu Teil B § 16 Rdn. 87) sowie im Rahmen von Abschlagszahlungen nach Teil B § 16 Nr. 1 Abs. 1 Satz 3 (vgl. dazu Teil B § 16 Rdn. 57). Diese sind, sofern sie vereinbarungsgemäß durch Einbehalt erfolgen sollen, ohnehin bei den betreffenden Zahlungen, in deren Rahmen die Sicherstellung des Auftraggebers erfolgen soll, vorzunehmen.

80 Liegen aber die Dinge so, wie sie sich aus dem Wortlaut der Nr. 6 Abs. 1 Satz 1 ergeben, ist also dem Auftraggeber vertraglich die Befugnis eingeräumt, von seinen Zahlungen die Sicherheit in **Teilbeträgen** einzubehalten, **ohne daß darüber hinaus bestimmt ist, von welchen Zahlungen dies** geschehen kann bzw. darf, so hat der **Auftraggeber grundsätzlich die Wahl,** von welchen Zahlungen er den Einbehalt macht, sofern der vereinbarte Sicherungszweck dies gebietet. Insofern gilt das vorangehend zu dem Fall des einmaligen Sicherheitseinbehalts Gesagte auch hier: Bei bloßer Gewährleistungssicherheit kommt der Einbehalt erst bei

Zahlungen nach der Abnahme, insbesondere bei der Schlußzahlung, in Betracht. Handelt es sich dagegen – auch – um eine Vertragserfüllungssicherheit, so können die Einbehalte schon vorher erfolgen, beginnend mit Zahlungen ab Vertragsabschluß.

b) Wie sich aus der jetzigen Regelung in Nr. 6 Abs. 1 Satz 1 ergibt, ist der Auftraggeber im Falle des vertraglich abgesprochenen Einbehalts der Sicherheit in Teilbeträgen nur befugt, **die jeweilige Zahlung um höchstens 10 v. H. zu kürzen,** also nur insoweit den Einbehalt vorzunehmen. Hier wird von dem jeweils gezahlten **Bruttobetrag,** also einschließlich der Mehrwertsteuer, auszugehen sein, da die VOB es in ihrem Wortlaut auf die – erfolgte – Zahlung abstellt, also auf den effektiv zur Zahlung anstehenden Betrag. Sinn dieser Regelung ist es, ein gesundes Verhältnis zwischen der Zahlung in Teilbeträgen und dem darauf entfallenden Sicherheitseinbehalt herzustellen. Zahlungen vor der Schlußzahlung, insbesondere Abschlagszahlungen, dienen ihrem Sinn und Zweck nach dazu, dem Auftragnehmer, der in der Regel im Rahmen der Bauherstellung erhebliche Eigenaufwendungen hat, durch Entrichtung von Teilvergütungen einen alsbaldigen Ausgleich oder jedenfalls Teilausgleich zu verschaffen. Dieser Grundgedanke muß auch im Hinblick auf Sicherheitseinbehalte beibehalten werden, indem die Höchstgrenze von 10 % der jeweiligen Zahlungen festgelegt ist. Es besteht auch kein Anlaß, von dieser Höchstgrenze in jenen Fällen abzuweichen, in denen der Auftragnehmer entgegen seinem Zahlungsverlangen noch nicht berechtigt ist, Vergütungsanteile in der geltend gemachten Höhe zu beanspruchen. Einmal ist der Auftraggeber hinreichend durch die in Teil B § 16 Nr. 1–4 geregelten Voraussetzungen gesichert, unter denen der Auftragnehmer überhaupt – ganz oder teilweise – nur endgültige Zahlung beanspruchen kann. Zum anderen bestehen auch sonst Gegenrechte des Auftraggebers auf vertraglicher oder gesetzlicher Basis, wie z. B. im Falle bereits vorhandener Mängel entstandene Ansprüche (wie etwa nach Teil B § 4 Nr. 7, § 13 Nr. 5 ff.). Falls diese durch den jeweils gestatteten Sicherheitseinbehalt nicht bereits abgesichert sind, ist der Auftraggeber durchaus berechtigt, einen entsprechenden weiteren Vergütungsteil zurückzubehalten (§ 320 BGB), und zwar einschließlich eines etwaigen „Druckzuschlages" (vgl. dazu Teil B § 13 Rdn. 582 ff.). Im Hinblick auf Abschlagszahlungen ist in diesem Zusammenhang auf Teil B § 16 Nr. 1 Abs. 2 Satz 1 und 2 hinzuweisen. Auch kann der Auftraggeber den Eintritt der Fälligkeit der Schlußvergütung durch begründete Verweigerung der Abnahme (vgl. Teil B § 12 Nr. 3) verhindern.

c) An sich ist es selbstverständlich, daß der **Sicherheitseinbehalt** von Teilbeträgen bei Zahlungen **nur so lange** erfolgen kann, **bis der vereinbarte Gesamtbetrag der Sicherheitssumme erreicht ist.** Daher ist es mehr oder weniger nur eine Klarstellung, wenn die VOB in Teil B § 17 Nr. 6 Abs. 1 Satz 1 weiter bestimmt, daß die Kürzung von höchstens 10 % der jeweiligen Zahlungen nur so lange erfolgen darf, bis im Gesamtbetrag der Kürzung(en) der vereinbarte Sicherheitsbetrag erreicht ist. Danach haben Kürzungen zu unterbleiben, weil sonst ein Übermaß an Sicherheit erreicht würde, was über die jeweilige vertragliche Vereinbarung hinausginge.

d) Sollen von der erläuterten VOB-Regelung in Teil B § 17 Nr. 6 Abs. 1 Satz 1 abweichende Bedingungen für den Einbehalt durch den Auftraggeber gelten, so muß auch dieses in Besonderen oder Zusätzlichen Vertragsbedingungen (Teil A § 10 Nr. 4 Abs. 1 l) festgelegt werden. Sofern in solchen Bedingungen lediglich vereinbart ist, daß der Auftraggeber einen bestimmten Teil der Auftragssumme, u. U. auch von der Schlußzahlung, einbehalten darf, so gelten Teil B § 17 Nr. 6 Abs. 1 Satz 2 ff. sowie Nr. 6 Abs. 3 gleichwohl; also ist der Auftraggeber auch hier zur Einzahlung auf ein Sperrkonto verpflichtet, und er ist den in Nr. 6 Abs. 3 geregelten Folgen unterworfen, falls er seiner Verpflichtung nicht nachkommt (LG Tübingen BauR 1977, 207; OLG München BB 1983, 406 für einen ähnlich gelagerten Fall). **Sofern abweichende Vereinbarungen dem AGB-Gesetz unterliegen (vgl. dazu Teil A § 10 Rdn. 77 ff.), ist darauf zu achten, daß sie nicht in unzulässiger Weise das berechtigte Sicherungsbedürfnis des**

Auftraggebers überschreiten, andernfalls sie nach § 9 AGB-Gesetz unwirksam sind. So ist die Festlegung eines die grundlegende Richtlinie in Teil A § 14 Nr. 2 erheblich übersteigenden Satzes des Sicherheitseinbehalts von generell 20 % unzulässig (Bunte/Hensen S. 95). Gleiches gilt für die Bestimmung, der Auftragnehmer habe nach Vertragsabschluß eine Bürgschaft in Höhe von 10 % des Bruttoauftrages zu leisten, außerdem halte der Auftraggeber 10 % aller anerkannten Rechnungsbeträge ein (Bunte/Hensen a. a. O.). Auch darf die Sicherheitsleistung nicht mehr abdecken, als es den eigenen Leistungsumfang des Auftragnehmers betrifft; sie darf also nicht Verpflichtungen erfassen, die dem Auftragnehmer nicht obliegen und deren Erfüllung er nicht zu steuern vermag, was vor allem für Nachunternehmerverträge zu gelten hat.

84 2. Der **Auftraggeber** hat dem Auftragnehmer **mitzuteilen**, daß er den gemäß Satz 1 gekennzeichneten Betrag als Sicherheit **einbehalten hat, und wie hoch** er ist (Abs. 1 Satz 2). Hierbei ist der Auftraggeber verpflichtet, im Wege der empfangsbedürftigen Willenserklärung dem Auftragnehmer ein inhaltlich klares und zweifelsfreies Bild zu vermitteln. Dabei genügt an sich die mündliche Mitteilung, wenn auch aus Beweisgründen dringend die Einhaltung der Schriftform anzuraten ist.

85 3. Wie sich kraft ausdrücklicher Regelung in Satz 2 weiter ergibt, ist der **Auftraggeber nicht berechtigt, das einbehaltene Geld weiterhin als zu seinem Vermögen gehörig zu betrachten und damit zu arbeiten.** Vielmehr gilt auch dieser Betrag, dem Charakter der Sicherheitsleistung entsprechend, **als Fremdgeld.** Der **Auftraggeber muß** nämlich **binnen 18 Werktagen** nach Mitteilung von der Einbehaltung **den jeweiligen Betrag auf ein Sperrkonto bei dem vereinbarten Geldinstitut einzahlen.** Die Vereinbarung des Geldinstitutes, bei dem der einbehaltene Sicherheitsbetrag einzuzahlen ist, muß nicht bereits bei Vertragsabschluß oder bei Vereinbarung des Sicherheitseinbehaltes erfolgen; vielmehr genügt es, daß sie dem Zeitpunkt getroffen wird, in dem der Sicherheitsbetrag einzuzahlen ist (LG Tübingen BauR 1977, 207; KG SFH § 17 VOB/B Nr. 2). Eine Klausel in AGB, wonach der Auftraggeber **nicht verpflichtet** ist, den einbehaltenen Betrag auf Sperrkonto einzuzahlen, **verstößt gegen § 9 AGB-Gesetz,** weil sie dem Sinn und Zweck der Sicherheitsleistung grob zuwiderläuft, **wenn sich der Auftraggeber nicht zugleich zu Sicherstellung an dritter Stelle verpflichtet.** Im übrigen muß eine von Satz 2 abweichende Vertragsbestimmung inhaltlich klar und zweifelsfrei sein. So befreit die Bestimmung: „5 % Sicherheit auf 2 Jahre, Ablösung durch Bankbürgschaft möglich" den Auftraggeber nicht von seiner Verpflichtung zur Einzahlung auf Sperrkonto (OLG München BauR 1984, 188).

86 4. Ferner muß der Auftraggeber beim Geldinstitut **veranlassen**, daß dieses den **Auftragnehmer** von der erfolgten Einzahlung **benachrichtigt,** damit der Auftragnehmer von der Sicherheitsleistung unterrichtet ist (Satz 3), was z. B. auch durch Kontoauszug mit Gutschriftenbeleg erfolgen kann. Eine bloße Nachricht des Auftraggebers selbst genügt nicht, da es hier um die **zuverlässige Mitteilung durch den Dritten** geht, der das Geld verwahrt. Nur dadurch gewinnt der Auftragnehmer die nötige Gewißheit, daß das Geld tatsächlich hinterlegt ist. Allein das ist Sinn dieser Regelung.

87 5. Eine schuldhafte Verletzung der vorgenannten Verpflichtungen des Auftraggebers kann **Ansprüche des Auftragnehmers aus positiver Vertragsverletzung** ergeben.

88 6. Im übrigen gelten nach Satz 3 hier die Vorschriften der **Nr. 5 entsprechend.** Das trifft insbesondere hinsichtlich der **Einigung über das Geldinstitut,** bei dem der Auftraggeber einzuzahlen hat, sowie zur **gemeinsamen Verfügung** beider Partner über das Sperrkonto, das dementsprechend einzurichten ist, zu. Des weiteren ist die **Zinsregelung** zugunsten des Auftragnehmers nach Nr. 5 Satz 2 zu beachten (vgl. dazu Rdn. 72).

7. Die **Zahlung** der einbehaltenen Beträge **auf ein Sperrkonto bedeutet noch keine Zahlung des Auftraggebers** im Sinne von Teil B § 16 zum Zwecke der endgültigen Erfüllung seiner Vergütungspflicht aus dem Bauvertrag. Vielmehr stellt sie sich als eine **echte Sicherheitsleistung** dar. Als Erfüllung kann dieser Betrag erst gelten, wenn er in entsprechender Anwendung von Teil B § 17 Nr. 8 nach Ablauf der gemäß Teil B § 13 Nr. 4 maßgebenden oder sonst vereinbarten Gewährleistungsfristen oder nach dem jeweils abgesprochenen Endzeitpunkt der Sicherheitsleistung zur freien Verfügung des Auftragnehmers steht, vgl. LG Würzburg SFH Z 2.33 Bl. 1 ff. sowie Rdn. 100 ff.

Zur **Verwertung** der hier erörterten Sicherheit gilt das in Rdn. 73 Gesagte entsprechend.

III. Ausnahme: Einzahlung des einbehaltenen Betrages erst bei Schlußzahlung (Absatz 2)

Lediglich **bei kleineren oder kurzfristigen Aufträgen** ist es dem Auftraggeber nach Absatz 2 gestattet, den einbehaltenen Sicherheitsbetrag erst bei der Schlußzahlung auf ein Sperrkonto einzuzahlen. **Kleinere Aufträge** sind solche, die hinsichtlich der Vergütung so gering sind, daß es, vor allem auch im Hinblick auf den Kostenaufwand, nicht lohnt, den sich daraus nach Abs. 1 Satz 1 ergebenden Sicherheitsbetrag bereits im Rahmen von der Schlußzahlung vorausgehender Zahlungen auf Sperrkonto einzuzahlen. Diese Bestimmung gilt der Vereinfachung im Sinne der Vermeidung unnötigen Aufwandes. Dabei ist jedoch Voraussetzung, daß der Auftraggeber nach seiner Vermögenssituation **jederzeit in der Lage** ist, den Betrag der Sicherheit auf das Sperrkonto zu zahlen. Es hängt daher vom Einzelfall ab, wo die Grenze liegt; im allgemeinen wird sie mehrere hundert DM nicht überschreiten dürfen.

Kurzfristige Aufträge finden in aller Regel durch **eine** Schlußzahlung, der allenfalls eine Abschlagszahlung vorausgeht, ihre Erledigung. Daher ist es auch sinnvoll, den Sicherheitsbetrag aus Vereinfachungsgründen erst bei der Schlußzahlung auf Sperrkonto einzubezahlen, ohne daß es dabei – anders als bei kleineren Aufträgen – auf die Höhe der im Einzelfall geschuldeten Vergütung und demgemäß der einbehaltenen Sicherheit ankommt. Hier liegt der Zeitpunkt der Fälligkeit der Schlußzahlung und deren Leistung regelmäßig nahe bei den vorausgehenden Zahlungen, so daß es im allgemeinen nicht dem berechtigten Sicherstellungsinteresse des Auftragnehmers, dem die Einzahlung auf das Sperrkonto dienen soll, widerspricht, wenn sie auch hier erst mit der Schlußzahlung erfolgt. Vor allem ist in dem hier in Betracht kommenden verhältnismäßig kurzen Zeitraum die Gefahr der sachfremden Verwendung des einbehaltenen Geldes wesentlich geringer als in den in Abs. 1 Satz 1 zugrunde gelegten Fällen nicht nur kurzer Bauausführung.

IV. Nichteinzahlung des Sicherheitsbetrages durch Auftraggeber (Absatz 3)

Wenn der **Auftraggeber** den einbehaltenen Betrag **nicht rechtzeitig** auf das Sperrkonto einzahlt, kann der **Auftragnehmer** ihm hierfür eine **angemessene Nachfrist setzen.** Die Angemessenheit der Frist richtet sich nach den jeweiligen Verhältnissen. Im allgemeinen wird eine **kurze Frist** von etwa 8–10 Werktagen angebracht sein. Die Nachfristsetzung bedarf keiner besonderen Form, sie kann mündlich erfolgen (Abs. 3 Satz 1). Es liegt auf der Hand, daß sinnvollerweise zu Beweiszwecken eine schriftliche Nachfristsetzung erfolgt.

Läßt der Auftraggeber auch die **Nachfrist ungenutzt verstreichen,** so ist der **Auftragnehmer berechtigt,** die **sofortige Auszahlung** des einbehaltenen Betrages zu verlangen. Er braucht dann **keine Sicherheit mehr zu leisten** (Abs. 3 Satz 2). Damit **entfällt** in dem betreffenden Vertrag die **Verpflichtung zur Sicherheitsleistung** (so u. a. auch OLG München BauR 1984, 188), also auch im Hinblick auf andere Sicherheiten, wie z. B. die Bürgschaft.

94 Eine Nachfristsetzung ist **entsprechend** den zu **§ 326 BGB** entwickelten Grundsätzen entbehrlich, und der Auftragnehmer kann die sofortige Auszahlung des einbehaltenen Betrages verlangen, wenn sich aus entsprechender bestimmter Äußerung des Auftraggebers oder seiner sonst zutage getretenen Gesamteinstellung ergibt, daß er der Auszahlungsaufforderung nicht nachkommen wird, die Nachfristsetzung also eine bloße, nutzlose Förmlichkeit wäre (vgl. KG SFH § 17 VOB/B Nr. 2). Das kann sich z. B. aus der bestimmten Erklärung des Auftraggebers ergeben, er wolle entsprechend dem Grundsatz „Bargeld lacht" mit dem einbehaltenen Geld „wirtschaftlich arbeiten" (OLG Stuttgart BauR 1977, 64; vgl. auch LG Tübingen BauR 1977, 207). Für das Vorliegen eines solchen **Ausnahmetatbestandes** ist der **Auftragnehmer beweispflichtig.**

95 Kommt der Auftraggeber einer berechtigten Aufforderung des Auftragnehmers zur Auszahlung nicht nach, hat dieser die Rechte aus Teil B § 16 Nr. 5 Abs. 3 Satz 2 sowie aus Teil B § 9 Nr. 1 b. Dabei ist jedoch Voraussetzung, daß die vertragliche Leistung des Auftragnehmers noch nicht vollendet ist, weil sonst eine Arbeitseinstellung oder eine Kündigung des Vertrages begrifflich nicht in Betracht kommt. Auf jeden Fall kann der Auftragnehmer aber den Betrag einklagen.

V. Sonderbefugnis des öffentlichen Auftraggebers: Verwahrgeldkonto (Absatz 4)

96 Absatz 4 enthält eine Sonderregelung für **öffentliche Auftraggeber.** Diese dürfen den einbehaltenen **Sicherheitsbetrag auf ein eigenes Verwahrgeldkonto nehmen.** Sie sind nicht verpflichtet, Einzahlungen auf ein Sperrkonto bei einem Geldinstitut zu leisten. Der Betrag wird nicht verzinst. Will der Auftragnehmer den Zinsverlust vermeiden, kann er aufgrund des ihm nach Nr. 3 zustehenden Wahlrechts anderweitig Sicherheit leisten. Tut er das, kann er die Auszahlung des von der Behörde einbehaltenen Betrages verlangen. Der Ausschluß der Verzinsung verstößt nicht gegen § 9 AGB-Gesetz, da hierdurch allein die Gesamtausgewogenheit der VOB/B nicht beeinträchtigt wird, weil der Auftragnehmer auch hier das Ersetzungsrecht nach Nr. 3 hat. Anderes gilt jedoch dann, wenn dieses nach den AGB des Auftraggebers ausgeschlossen ist.

K. Fristgerechte Leistung der Sicherheit durch Auftragnehmer (Nr. 7)

97 Nach Nr. 7 ist der **Auftragnehmer** verpflichtet, die **Sicherheit binnen 18 Werktagen nach Vertragsabschluß** zu leisten (Satz 1), wenn vertraglich nichts anderes vereinbart ist. Diese Frist **gilt für sämtliche vereinbarten Sicherheiten,** wobei sie für den Fall der **Nr. 6** bereits dort in Abs. 1 Satz 2 geregelt ist. Dieser betrifft die Bereitstellung der Sicherheitsleistung ausnahmsweise **durch den Auftraggeber,** wird also **hier in Nr. 7 nicht angesprochen.** Die **Frist beginnt mit** dem **Abschluß des Bauvertrages** und ist unabhängig von dem Beginn der Leistungsdurchführung. Wird die Sicherheitsleistung nicht im Bauvertrag, sondern später vereinbart, beginnt die Frist bei Fehlen anderweitiger Absprache mit dem Tag, an dem die Vereinbarung getroffen worden ist. Die Verpflichtung zur Leistung der Sicherheit binnen 18 Werktagen seit Vertragsabschluß gilt auch nur, wenn der Bauvertrag hierüber nichts anderes bestimmt. In den Zusätzlichen oder Besonderen Vertragsbedingungen (Teil A § 10 Nr. 4 Abs. 1 l) kann eine andere Frist oder auch eine andere Fristberechnung (z. B. durch Ausklammerung von Samstagen) vereinbart werden.

98 Wenn der **Auftragnehmer** dieser **Verpflichtung** ganz oder teilweise **nicht nachkommt,** ist der **Auftraggeber berechtigt, vom Guthaben des Auftragnehmers einen Betrag in Höhe der vereinbarten Sicherheit einzubehalten** (Satz 2). Dann sind Nr. 5 und 6, letztere allerdings – naturgemäß – mit Ausnahme des Abs. 1 Satz 1, entsprechend anzuwenden, wie sich aus Satz 3 ergibt. Die hier erörterte Pflichtverletzung des Auftragnehmers ist eine **positive**

Vertragsverletzung, die ihn zum Ersatz des daraus dem Auftraggeber entstandenen Schadens verpflichtet, sofern dieser durch das jetzt bestehende Einbehaltungsrecht des Auftraggebers noch nicht ausgeglichen ist.

Das **Einbehaltungsrecht** nach Nr. 7 steht dem Auftraggeber nicht nur zu, wenn der Auftragnehmer Sicherheit in Geld zu leisten hat. Vielmehr **gilt es bei der Nichterfüllung aller Sicherheitsarten, die** nach §§ 232 ff. BGB in Verbindung mit Nr. 2, 4–6 zulässig bzw. **vereinbart sind,** daher auch im Falle der Vereinbarung einer Bürgschaft als Sicherheitsleistung (vgl. KG SFH § 17 VOB/B Nr. 2). Der Auftraggeber hat allerdings **kein Wahlrecht** in entsprechender Anwendung der Nr. 3, sondern er ist **auf die Sicherheit in Geld im Wege der Einbehaltung** aus dem **Guthaben** des Auftragnehmers **beschränkt.** Deshalb **verwandelt sich** eine ursprünglich ausdrücklich vereinbarte anderweitige Sicherheitsleistung bei Nichterfüllung durch den Auftragnehmer kraft vertraglicher Vereinbarung gemäß Nr. 7 **in eine** solche **in Geld,** falls der Auftraggeber von seiner Befugnis nach Nr. 7 Gebrauch macht (vgl. KG a. a. O.). Andererseits kann der Auftragnehmer den vorangehend gekennzeichneten Folgen durch rechtzeitige Stellung einer anderen Sicherheit, soweit dieses im Rahmen der Nr. 3 möglich ist, entgehen.

L. Rückgabe der Sicherheit (Nr. 8)

I. Rückgabe nach Ablauf der Gewährleistungsfrist (Satz 1)

Nr. 8 befaßt sich mit der **Rückgabe der Sicherheit an den Auftragnehmer,** falls sie – ganz oder teilweise – **nicht verwertet** worden ist. Nach Satz 1 ist der Auftraggeber grundsätzlich verpflichtet, eine nicht in Anspruch genommene Sicherheit **zum vereinbarten Zeitpunkt, spätestens nach Ablauf der Frist für die Gewährleistung,** zurückzugeben. In erster Linie ist daher der Zeitpunkt maßgebend, den die Parteien im Bauvertrag festgelegt haben (z. B. 2 Jahre nach Abnahme). Teil A § 14 Nr. 3 gibt einen Anhaltspunkt, ohne daß allerdings allein hieraus unmittelbar, also ohne besondere vertragliche Regelung zu diesem Punkt, ein Rechtsanspruch hergeleitet werden kann (ebenso OLG Stuttgart BauR 1976, 435). Hiernach ist es erwünscht, als Termin für die Rückgabe der ganzen Sicherheit oder eines Teils derselben einen **Zeitpunkt nach der Abnahme** der Bauleistung zu bestimmen, wenn bei der Abnahme die Leistung nicht beanstandet wird. Fehlt es an einer solchen Bestimmung oder werden bei der Abnahme Mängel gerügt, so muß die Sicherheit zurückgegeben werden, wenn die im Einzelfall geltende **Gewährleistungsfrist abgelaufen** ist. Auch eine sogenannte „Ausführungserfüllungsbürgschaft" fällt unter die Regelung der Nr. 8 (OLG Hamburg VersR 1984, 48). Zur Rückgabe bei **vorzeitiger Vertragskündigung** vgl. Teil B § 8 Rdn. 166.

Für den Ablauf der Gewährleistungsfrist sind Teil B § 13 Nr. 4, Nr. 5 Abs. 1 Satz 2 und 3 sowie Nr. 7 Abs. 3 maßgebend, wobei etwaige **Unterbrechungen** oder **Hemmungen** der Verjährungsfrist (vgl. Teil B § 13 Rdn. 342 ff. sowie Rdn. 318 ff.) zu berücksichtigen sind. Dabei genügt eine die Unterbrechung oder Hemmung auslösende Handlung gegenüber dem Auftragnehmer, nicht bedarf es einer solchen Handlung z. B. gegenüber dem Bürgen (vgl. OLG Düsseldorf MDR 1969, 665). Vgl. dazu auch Nr. 4. VHB zu Teil A § 14.

Im übrigen **darf die Rückgabe der Sicherheit nicht von Voraussetzungen abhängig gemacht werden, die der Auftragnehmer nicht kraft eigenen durchsetzbaren Rechts zu erfüllen vermag.** So ist eine – vor allem formularmäßige – Klausel dahin gehend, daß die Sicherheit nur ausgezahlt wird, wenn der Auftragnehmer „Mängelfreiheitsbescheinigungen" späterer Erwerber des Bauobjekts (oder sonstiger Dritter) beibringt, unwirksam, da der Auftragnehmer gegen diese keinen durchsetzbaren Anspruch hat (vgl. LG Köln SFH Z 2.50

Bl. 28). Das gilt vornehmlich auch im Hinblick auf § 9 AGB-Gesetz, soweit dieses auf den betreffenden Bauvertrag Anwendung findet (vgl. dazu Teil A § 10 Rdn. 77 ff.). Ebenso trifft dies auf andere Zeitpunkte der Rückgabe zu, auf die der Auftragnehmer keinen Einfluß nehmen kann.

103 Ist die Sicherheitsleistung **für einen anderen Zweck als zur Absicherung der Gewährleistungspflicht des Auftragnehmers vereinbart worden** und ist ein bestimmter Termin zur Rückgewähr der Sicherheit nicht vertraglich festgelegt, so hat die Rückgabe der nicht verwerteten Sicherheit unverzüglich (§ 121 BGB) nach Erledigung des Sicherungszweckes zu erfolgen. Für die Rückgabe und Berechnung von Sicherheiten für Voraus- und/oder Abschlagszahlungen, auch bei vorzeitiger Vertragskündigung, vgl. Teil B § 16 Rdn. 57, 87, 131.

104 Zum unmittelbaren Anspruch des Subunternehmers gegen den Auftraggeber auf Herausgabe der dem Auftraggeber vom Hauptunternehmer aus Anlaß der Abtretung von Gewährleistungsansprüchen gegen den Subunternehmer übergebenen Sicherheit (Bürgschaftsurkunde) des Subunternehmers vgl. Anh. A Rdn. 152; dazu auch LG Tübingen BauR 1988, 232.

II. Hinausgeschobene Rückgabepflicht (Satz 2)

105 Wenn im Zeitpunkt der vereinbarten Rückgabe oder des Ablaufs der Gewährleistungsfrist Ansprüche des Auftraggebers, auf die sich die Sicherung bezieht, **noch nicht erfüllt sind, darf der Auftraggeber einen entsprechenden Teil der Sicherheit zurückbehalten** (Satz 2). Dieser wird durch das Interesse des Auftraggebers bestimmt, das dieser bei **objektiver** Beurteilung an der richtigen Erfüllung des betreffenden Leistungsteils hat. Soweit die Sicherheitsleistung dieses berechtigte Interesse des Auftraggebers übersteigt, ist der freigewordene Teil dem Auftragnehmer zu dem nach Satz 1 maßgebenden Zeitpunkt zurückzuerstatten. Der **zurückbehaltene Teil ist zur Rückzahlung fällig, sobald die bisher noch nicht erfüllten Ansprüche des Auftraggebers erledigt sind.**

Hierzu:

106 1. Haften der Leistung des Auftragnehmers **Mängel** an, kann **vor Abnahme** und nach Fristablauf die Entlassung aus der Sicherheitsleistung – auch des Bürgen – in entsprechender Höhe verweigert werden. Dabei ist für den Bereich des Leistungsverweigerungsrechts im Rahmen des Nachbesserungsanspruches zugunsten des Auftraggebers auch ein sogenannter **Druckzuschlag einzubeziehen** (vgl. dazu Teil B § 13 Rdn. 582 ff. sowie oben Rdn. 1). **Nach** der **Abnahme** muß der Auftragnehmer aus der Sicherheit Zug um Zug gegen Erfüllung seiner Gewährleistungspflicht entlassen werden (vgl. Teil B § 13 Rdn. 582 ff.; Groß BlGBW 1970, 191).

107 2. Spätere **Verwertung durch Auszahlung** der Sicherheit – auch durch den Bürgen – kann der Auftraggeber nur verlangen, wenn ihm **Geldansprüche** zustehen, wie z. B. Vorschuß auf Mängelbeseitigungskosten, Kostenerstattungsansprüche wegen berechtigt erfolgter Mängelbeseitigung durch einen anderen Unternehmer (vgl. oben Teil B § 13 Rdn. 505 ff.) oder auf Schadensersatz nach Teil B § 13 Nr. 7 (vgl. Teil B § 13 Rdn. 662 ff.), oder nach Teil B § 4 Nr. 7 (vgl. Teil B § 4 Rdn. 354 ff); ebenso Groß BlGBW 1970, 191. Für die Verwertung gelten die §§ 639 Abs. 1, 479, 478 BGB sinngemäß; insoweit kommt es also auf die rechtzeitige – berechtigte – Mängelanzeige des Auftraggebers an.

108 3. Ist die Sicherheit durch **selbstschuldnerische Bürgschaft** gemäß den Allgemeinen Vertragsbedingungen geleistet worden und dient die Bürgschaft nach Teil B § 17 Nr. 3 der

Ablösung eines Gewährleistungsrückbehalts, der nach den getroffenen vertraglichen Vereinbarungen im Einzelfall nicht auf ein Sperrkonto einzuzahlen, sondern der alleinigen Verfügung des Auftraggebers verblieben war, muß wegen der erforderlichen Gleichwertigkeit der Sicherungsmittel die Einrede des nichterfüllten Vertrages wegen Mängeln gegenüber dem auf Auszahlung des Rückbehaltes gerichteten Anspruch des Auftragnehmers als **abbedungen** angesehen werden (ebenso OLG Stuttgart BauR 1977, 65). Eine Verpflichtung zur Leistung in der der Sicherheit entsprechenden Höhe besteht in einem solchen Fall für den Bürgen bereits bei Erhebung von Mängelrügen und bei Verlangen auf vertragsgemäße Leistung, ohne daß dies mit einer Bürgschaft auf erstes Anfordern gleichzusetzen ist. Die Leistung aus der Bürgschaft kann nicht mit dem Einwand verweigert werden, es seien keine Mängel vorhanden; mit dieser Begründung kann nur Rückzahlung der Sicherheit verlangt werden. Eine Ausnahme gilt bei offensichtlich unbegründeten Mängelrügen. Für die Höhe, in der der Bürge in Anspruch genommen bzw. die Entlassung aus der Bürgschaftsverpflichtung verweigert werden kann, gelten gegenüber dem Zahlungsrückbehalt keine Besonderheiten.

4. Soweit bei einer Erfüllungs- oder Gewährleistungsbürgschaft nach Ablauf der Gewährleistungsfrist keine Mängel aufgetreten sind, ist die Sicherheitsleistung zurückzugewähren. So ist es kein Grund zur Weigerung der Rückgewähr, wenn der Auftragnehmer zwischenzeitlich in Konkurs gefallen ist, jedoch noch keine Mängel seiner Leistung in Erscheinung getreten sind (vgl. OLG Hamm BauR 1984, 537 für den Fall, daß der Sicherheitseinbehalt für eine kürzere Frist als die Gewährleistungsfrist vereinbart war).

5. Die Eintragung einer **Bauhandwerkersicherungshypothek** oder einer Vormerkung hierauf wegen etwaiger vertragswidriger Abwicklung der Bürgschaft (§§ 648, 1113 Abs. 2, 1184, 1185 BGB) kann verlangt werden, wenn wegen Fehlens einer anderweitigen vertraglichen Vereinbarung der § 648 BGB nicht individualvertraglich abbedungen ist. § 648 BGB erfaßt nicht nur den Anspruch auf Zahlung des Werklohnes, sondern alle Ansprüche aus dem Vertrag einschließlich Schadensersatzansprüche aus Vertragsverletzung (so mit Recht Groß a. a. O. m. w. N.).

III. Schuldnerverzug des Auftraggebers bei Nichtrückgabe; Klagebefugnis des Auftragnehmers

Kommt der Auftraggeber seiner Verpflichtung zur Rückgabe der ganz oder teilweise nicht verwerteten Sicherheit nicht oder nicht rechtzeitig nach, muß der Auftragnehmer den Auftraggeber nach §§ 284 ff. BGB **in Schuldnerverzug setzen und gegebenenfalls den Betrag einklagen.** Verzugsfolgen, wie Zinsen und Verzugsschaden, kann der Auftragnehmer neben der zurückzuverlangenden Hauptsumme der Sicherheit **kraft gesetzlicher Regelung** geltend machen. Sofern der Auftragnehmer allerdings vorzeitig, also vor Ablauf der für Nr. 8 maßgebenden Frist, seinen Rückzahlungsanspruch geltend macht, was vor allem bei noch fortdauernden Mängeln zutreffen kann, ist die Klage als zur Zeit unbegründet abzuweisen.

IV. Verjährung des Rückgabeanspruchs

Sofern die Sicherheitsleistung durch **Einbehaltung eines Teils des Werklohnes** des Auftragnehmers erfolgt ist, also gemäß Nr. 6 oder Nr. 7 Satz 2, **verjährt sein Anspruch auf Auszahlung** im Falle ihrer ganzen oder teilweisen Nichtverwertung gemäß Nr. 8 **nach den für die Verjährung von Vergütungsansprüchen maßgebenden Vorschriften** in § 196 Abs. 1 Nr. 1 oder Absatz 2 BGB (vgl. dazu Teil B § 2 Rdn. 56 ff.). Allerdings beginnt die Verjährungsfrist hier abweichend von den übrigen, von der Sicherheitsleistung unabhängigen Vergütungsbestandteilen erst mit dem Schluß des Jahres, in das der **nach Nr. 8 maßgebende Zeitpunkt** fällt (vgl. § 201 BGB). Der zur Sicherheit verwendete Vergütungsteil gilt als von vornherein absprachegemäß gestundet (KG BauR 1971, 265). Insoweit ist § 198 BGB, nicht dagegen § 202 BGB maßgebend.

113 Sofern die Sicherheitsleistung unabhängig von dem Vergütungsanspruch des Auftragnehmers geleistet worden ist, sie also nicht einen Teil desselben ausmacht, es sich somit um eine Sicherheitsleistung nach Nr. 4 oder Nr. 5 handelt, gilt für die Rückgabe die Verjährungsfrist des § 195 BGB.

M. Geltendmachung der Vergütung durch Auftragnehmer ohne Sicherheitsleistung

114 Macht der Auftragnehmer nur einen Teil der Vergütung geltend und erklärt er dazu, daß er nur denjenigen Teil verlange, der den vom Auftraggeber vertragsgemäß einbehaltenen **Sicherheitsbetrag übersteigt,** kann dieser gegenüber der geltend gemachten Teilforderung mit einem **Schadensersatzanspruch aus dem Erfüllungs- bzw. Gewährleistungsbereich nur aufrechnen, soweit dieser den Betrag der Sicherheitsleistung übersteigt.** Dasselbe trifft auf einen etwaigen Minderungsanspruch zu. Dies folgt aus der Zweckbestimmung der Sicherheitsleistung, die dem Auftraggeber zur Schadloshaltung wegen etwaiger Mängelansprüche zur Verfügung steht (BGH NJW 1967, 34 = SFH Z 2.410 Bl. 40 ff. = MDR 1967, 36 = BB 1966, 1322 = WM 1966, 1283 = LM § 387 BGB Nr. 44). Gleiches gilt hinsichtlich eines Nachbesserungsanspruches insoweit, als bei der Bewertung des dem Auftraggeber zustehenden Zurückbehaltungsrechts die geleistete Sicherheit mit einzubeziehen ist (vgl. dazu Rdn. 1). Vor allem darf der Auftraggeber nicht von sich aus wegen des aufgetretenen Mangels oder wegen etwa noch zu erwartender Mängel den Betrag der Sicherheitsleistung erhöhen, da er insoweit durch das ihm außerdem zustehende Zurückbehaltungsrecht hinreichend gesichert ist (vgl. OLG Düsseldorf BauR 1975, 348).

§ 18 Streitigkeiten

1. Liegen die Voraussetzungen für eine Gerichtsstandsvereinbarung nach § 38 Zivilprozeßordnung vor, richtet sich der Gerichtsstand für Streitigkeiten aus dem Vertrag nach dem Sitz der für die Prozeßvertretung des Auftraggebers zuständigen Stelle, wenn nichts anderes vereinbart ist. Sie ist dem Auftragnehmer auf Verlangen mitzuteilen.

2. Entstehen bei Verträgen mit Behörden Meinungsverschiedenheiten, so soll der Auftragnehmer zunächst die der auftraggebenden Stelle unmittelbar vorgesetzte Stelle anrufen. Diese soll dem Auftragnehmer Gelegenheit zur mündlichen Aussprache geben und ihn möglichst innerhalb von 2 Monaten nach der Anrufung schriftlich bescheiden und dabei auf die Rechtsfolgen des Satzes 3 hinweisen. Die Entscheidung gilt als anerkannt, wenn der Auftragnehmer nicht innerhalb von 2 Monaten nach Eingang des Bescheides schriftlich Einspruch beim Auftraggeber erhebt und dieser ihn auf die Ausschlußfrist hingewiesen hat.

3. Bei Meinungsverschiedenheiten über die Eigenschaft von Stoffen und Bauteilen, für die allgemeingültige Prüfungsverfahren bestehen, und über die Zulässigkeit oder Zuverlässigkeit der bei der Prüfung verwendeten Maschinen oder angewendeten Prüfungsverfahren kann jede Vertragspartei nach vorheriger Benachrichtigung der anderen Vertragspartei die materialtechnische Untersuchung durch eine staatliche oder

staatlich anerkannte Materialprüfungsstelle vornehmen lassen; deren Feststellungen sind verbindlich. Die Kosten trägt der unterliegende Teil.

4. Streitfälle berechtigen den Auftragnehmer nicht, die Arbeiten einzustellen.

Inhaltsübersicht

	Rdn.
A. Überblick	1
B. Gerichtsstand für gerichtliche Streitigkeiten aus dem Bauvertrag (Nr. 1)	2–32
I. Grundsätzlich Verfahren nach der Zivilprozeßordnung	3–4
II. Nr. 1 erfaßt nur örtliche Zuständigkeit	5–7
III. Örtliche Zuständigkeit bei Streitigkeiten	8–26
1. Gesetzliche Regelung	8–12
a) Allgemeiner Gerichtsstand des Beklagten	8–9
b) Gerichtsstand des Erfüllungsortes	10
c) Klagen gegen die Konkursmasse	11
d) Gerichtsstandsbestimmung	12
2. Nr. 1 regelt umfassend örtliche Zuständigkeit nach Gerichtsstand des Auftraggebers	13–16
3. Gesetzliche Bestimmungen in den §§ 38 ff. ZPO als Grundlage und Grenze	17–26
a) Grundlagen – Beweislast	17–21
b) Ausnahme: § 38 Abs. 2 ZPO	22
c) Ausnahme: § 38 Abs. 3 ZPO	23
d) Ausnahme: § 39 ZPO	24
e) Einschränkung durch § 40 Abs. 1 und 2 ZPO	25
f) Mahnverfahren	26
IV. Teil B § 18 Nr. 1 selbst	27–32
1. Streitigkeiten aus bestimmtem Bauvertrag	27–28
2. Zuständige Stelle im Auftraggeberbereich	29–30
3. Abweichende Vereinbarung	31–32
C. Die Klärung von Meinungsverschiedenheiten bei Verträgen mit Behörden (Nr. 2)	33–47
I. Allgemeines	33–35
II. Anrufung der der auftragvergebenden Stelle vorgesetzten Behörde; Aussprache; schriftlicher Bescheid mit Rechtsfolgenbelehrung (Nr. 2 Satz 1 und 2)	36–41
1. Anrufung der vorgesetzten Stelle	36–38
2. Aussprache; schriftlicher Bescheid	39–41
III. Anerkenntniswirkung des Bescheides bei Unterlassen rechtzeitigen schriftlichen Einspruches des Auftragnehmers (Nr. 2 Satz 3)	42–46
IV. Hemmung der Verjährung	47
D. Einschaltung einer staatlich anerkannten Materialprüfungsstelle (Nr. 3)	48–71
I. Allgemeines	48
II. Eingeschränkter Rahmen	49–53
1. Meinungsverschiedenheiten über die Eigenschaft von Stoffen oder Bauteilen	50–52
2. Zulässigkeit oder Zuverlässigkeit der Prüfungshilfsmittel und Prüfungsverfahren	53
III. Materialtechnische Untersuchung durch staatliche oder staatlich anerkannte Materialprüfungsstelle	54–57
IV. Verbindlichkeit der Feststellungen der Materialprüfungsstelle	58–68
1. Schiedsgutachten	59
2. Ausnahmen von der Bindung an Schiedsgutachten	60–63
3. Unabhängigkeit des Schiedsgutachtens	64
4. Einzelfragen	65–68

V. Nr. 3 bezieht sich nur auf gütliche Beilegung von Meinungsverschiedenheiten	69
VI. Kostenregelung	70–71
E. Grundsätzlich keine Befugnis des Auftragnehmers zur Arbeitseinstellung (Nr. 4)	72–75
F. Exkurs: Der Bauprozeß	76–156
I. Allgemeines	76–79
II. Verfahrensrechtliche Ergänzungen zu den Einzelkommentierungen	80–156
1. Beweissicherungsverfahren	81–102
a) Allgemeines	81–82
b) Zulässigkeitsvoraussetzungen	83–84
c) Rechtliches Gehör des Antragsgegners	85
d) Förderungspflichten	86
e) Verwertung des Beweises	87
f) Keine Streitverkündung möglich	88
g) Sonstige Hinweise	89
h) Benennung des Sachverständigen	90
i) Ablehnung des Sachverständigen	91–93
j) Beweissicherungsantrag durch Antragsgegner	94
k) Anhörung des Sachverständigen	95
l) Kosten der Beweissicherung	96–101
m) Streitwert	102
2. Ordnungsgemäße Prozeßvorbereitung und -führung erforderlich	103–117
a) Ordnungsgemäße Vorbereitung	103–108
b) „Nachschieben von Gründen" – Verspätung	109–113
c) Bausache als Feriensache	114
d) Kosten zur Prozeßvorbereitung	115–117
3. Klageart (Leistungs- oder Feststellungsklage)	118–123
a) Grundsätzliches	118–120
b) Übergang von Feststellungs- zur Leistungsklage	121
c) Unbezifferte Leistungsklage	122
d) Klageänderung	123
4. Einzelfragen	124–156
a) Widerklage – Aufrechnung – sonstige Entgegenhaltungen	124–127
b) Entscheidung über Verjährungseinrede	128–129
c) Keine Verurteilung zu unmöglicher Leistung	130
d) Beweisfragen – Sachverständigenbeweis	131–142
e) Verurteilung zur Mängelbeseitigung	143–145
f) Prozeßvergleich	146–150
g) Streitwerterhöhung bei Einwendungen des Auftraggebers	151–152
h) Erstreckung der Rechtskraft	153–154
i) Abtretung nach Eintritt der Rechtskraft	155
j) Ablehnung eines Richters	156

Aufsätze: Löwe, „Das neue Recht der Gerichtsstandsvereinbarungen", NJW 1974, 473; Ganten, „Kriterien der Beweislast im Bauprozeß", BauR 1977, 162; Böhm, „Die Auswirkungen der Gerichtsstandsnovelle 1974 auf die Ausgestaltung von Bauverträgen", BlGBW 1975, 30; Schneider, „Die neuere Beweisrechtsjudikatur in Haftpflichtprozessen", VersR 1977, 593 ff.; Kaiser, „Die vertragsrechtliche Bedeutung des § 18 Nr. 2 Satz 3 VOB/B", BB 1978, 1548; Büchel, „Probleme des neu geregelten Mahnverfahrens", NJW 1979, 945; Hundertmark, „Einflußnahme des Antragstellers auf den Gerichtsstand im Mahnverfahren?", BB 1978, 1095; Lappe, „Gerichtsstand und Kostenerstattung im neuen Mahnverfahren", NJW 1978, 2379; Schiller, „Gerichtsstandsklauseln in AGB zwischen Vollkaufleuten und AGB-Gesetz", NJW 1979, 636; Duffek, „Gerichtsstand bei Bauverträgen", BauR 1980, 316; Schmitz, „Einzelne Probleme des gerichtlichen Beweissicherungsverfahrens in Bausachen", BauR 1981, 40; Völker, „Nochmals Gerichtsstand bei Bauverträgen", BauR 1981, 522; Döbereiner, „Anfechtung und Geltendmachung der Unwirksamkeit eines Schiedsgutachtens durch den/die Schiedsgutachter", VersR 1983, 712; Motzke, „Die Ablehnung des Sachverständigen im Beweissicherungsverfahren", BauR 1983, 500; dazu weiter Hesse ZfBR 1983, 247; Kamphausen BauR 1984, 31; Schulze NJW 1984, 1019; Hesse, „Feststellung von Mängelursachen im

Beweissicherungsverfahren", BauR 1984, 23; Weinkamm, „Die Zulässigkeit des Gegenantrages im Beweissicherungsverfahren", BauR 1984, 29; Mickel, „Beweissicherung und Streitverkündung", BB 1984, 438; Mickel, „Ansprüche des Bauunternehmers als Antragsgegner eines Beweissicherungsverfahrens auf Kostenersatz", BauR 1984, 584; Kamphausen, „Alternativbegutachtungen durch Sachverständige – Rechtliche Grundlagen und Besonderheiten bei Wertminderungsproblemen", BauR 1986, 151; Kürschner, „Zur Bedeutung des Erfüllungsortes bei Streitigkeiten aus Bauverträgen für die internationale Zuständigkeit und das nach IPR anzuwendende materielle Recht", ZfBR 1986, 259; Heyers, „Gedanken zum Verständnis des gerichtlichen Beweissicherungsverfahrens", BauR 1985, 613; Heyers, „Wirksame Beweisführung im Bauprozeß", Festschrift Korbion, 1986, S. 147; Wussow, „Zur Sachverständigentätigkeit im Ausland bei anhängigen (deutschen) Beweissicherungsverfahren", Festschrift Korbion, 1986, S. 493; Kürschner, „Zur Zulässigkeit eines Grundurteiles (§ 304 ZPO) über eine Klage auf künftige Leistung (§ 259 ZPO)", ZfBR 1987, 113; Pieper, „Die Regeln der Technik im Zivilprozeß", BB 1987, 273; Bischof, „Der Erfüllungseinwand in der Zwangsvollstreckung gem. §§ 887–890 ZPO", NJW 1988, 1957.

A. Überblick

Teil B § 18 befaßt sich mit **Streitigkeiten zwischen den Vertragspartnern,** die wegen der Erfüllung oder Nichterfüllung bauvertraglicher Rechte und Pflichten entstehen. In **Nr. 1** wird im Rahmen der Gerichtsstandsvereinbarung von Streitigkeiten im Sinne **gerichtlicher Auseinandersetzungen** gesprochen, während in **Nr. 2 und 3** von zunächst **außergerichtlich ausgetragenen Meinungsverschiedenheiten** die Rede ist. Nr. 4 gilt sowohl für Streitigkeiten als auch für Meinungsverschiedenheiten im vorgenannten Sinne.

B. Gerichtsstand für gerichtliche Streitigkeiten aus dem Bauvertrag (Nr. 1)

Nr. 1 betrifft den Fall, in dem ein **Zivilprozeß** zwischen den Vertragspartnern anhängig gemacht werden soll bzw. wird.

I. Grundsätzlich Verfahren nach der Zivilprozeßordnung

Das **gerichtliche Verfahren selbst** richtet sich **nach den Vorschriften der Zivilprozeßordnung** (ab 1. 7. 1977 i. d. F. des Gesetzes zur Vereinfachung und Beschleunigung gerichtlicher Verfahren – Vereinfachungsnovelle vom 3. 12. 1976, BGBl. I 3281 – sowie späterer Änderungen), die **zwingendes Recht** darstellen und grundsätzlich **nicht** durch anderweitige Vereinbarungen zwischen den Partnern, wie auch hier durch die Zugrundelegung der VOB/B, **abbedungen** werden können, **sofern dieses in dem genannten Gesetz nicht ausdrücklich zugelassen ist.**

Eine Ausnahme bildet das **Schiedsgerichtsverfahren** nach §§ 1025 ff. ZPO. Die Parteien können **vereinbaren,** daß über Streitigkeiten aus dem Bauvertrag nicht das ordentliche Gericht, sondern ein Schiedsgericht zu entscheiden hat, vgl. hierzu Teil A § 10 Rdn. 50 ff. Bei einem Schiedsgericht ist das Verfahren in seinem Gang im wesentlichen frei. Gemäß § 1034 Abs. 2 ZPO können die Parteien bzw. die Schiedsrichter in gewissem Umfang Einzelheiten über den Verfahrensgang festlegen, die von den Bestimmungen der ZPO abweichen.

II. Nr. 1 erfaßt nur örtliche Zuständigkeit

Nr. 1 legt unter den Voraussetzungen des § 38 ZPO als vertragliche Absprache für den Bereich des VOB-Vertrages fest, daß Gerichtsstand der Sitz der für die Prozeßvertretung des Auftraggebers zuständigen Stelle ist, wenn nichts anderes vereinbart ist. Diese vertragliche Regelung ist ihrem Wortlaut nach **deutlich auf die besonderen Verhältnisse öffentlicher Auftraggeber** und deren typische Organisation **abgestellt.**

6 Die so getroffene Absprache zwischen den Bauvertragspartnern, an deren Stelle nach Nr. 1 Satz 1, letzter Halbsatz, im Wege Besonderer oder Zusätzlicher Vertragsbedingungen auch eine davon abweichende Regelung gesetzt werden kann (vgl. Teil A § 10 Nr. 4 Abs. 1 m), beruht auf der Erwägung, daß es den Bauvertragspartnern – soweit es das Gesetz gestattet – erlaubt sein soll, die örtliche Zuständigkeit eines Gerichts für den jeweiligen Einzelfall frei zu bestimmen. Hierunter wird die Vereinbarung der Vertragsparteien verstanden, eine zwischen ihnen aus dem Bauvertrag entstehende, vor dem ordentlichen Gericht auszutragende Streitsache von einem für einen **bestimmten Ort oder Gerichtsbezirk zuständigen Gericht entscheiden zu lassen** (auch Kaiser, Die Bauverwaltung 1975, 499).

7 Davon streng zu unterscheiden ist die sachliche Zuständigkeit, die von Teil B § 18 Nr. 1 **unberührt** bleibt, wie dort der Wortlaut ergibt, und die sich **nach den dafür ausschlaggebenden gesetzlichen Vorschriften** richtet (vgl. §§ 1–11 ZPO, 32, 71 f., 94, 95, 119, 133 GVG). Demnach sind diese Bestimmungen auch bei einem VOB-Vertrag für die Frage maßgebend, **wann und unter welchen Voraussetzungen erstinstanzlich** ein Amtsgericht, eine Zivilkammer oder eine Kammer für Handelssachen beim Landgericht, im zweiten Rechtszug ein Landgericht oder ein Oberlandesgericht oder in der Revisionsinstanz der Bundesgerichtshof nach der jeweils gegebenen **sachlichen Entscheidungsbefugnis** über einen Rechtsstreit zu befinden hat. Zur sachlichen Zuständigkeit in Wohnungseigentumssachen vgl. Anh. Rdn. 288 ff.

Soweit es zulässig ist, über die **sachliche Zuständigkeit** vom Gesetz abweichende Vereinbarungen zu treffen, ist dies nach Eintritt der Rechtshängigkeit, also nach Beginn eines Prozesses, nicht mehr möglich (vgl. BGH NJW 1963, 585).

III. Örtliche Zuständigkeit bei Streitigkeiten

1. Gesetzliche Regelung

8 a) Nach § 12 ZPO ist das Gericht, bei dem eine Person ihren **allgemeinen Gerichtsstand** hat, für alle **gegen sie gerichteten Klagen** zuständig, sofern nicht für eine Klage ein ausschließlicher Gerichtsstand begründet ist. Letzteres kommt für Bauvertragssachen praktisch nicht in Betracht. Hiernach ist **grundsätzlich der Gerichtsstand des Beklagten maßgebend**, somit dessen, der **im Wege der Klage in Anspruch genommen** wird. Dabei **kann** es gerade auch in Bauvertragssachen **zu unterschiedlichen örtlichen Zuständigkeiten** kommen, je nachdem, ob der Auftraggeber gegen den Auftragnehmer oder umgekehrt der Auftragnehmer gegen den Auftraggeber Ansprüche aus dem Vertrag klageweise geltend macht. Das ist eine Folge, die sich auch bei anderen gegenseitigen Verträgen ergibt (vgl. auch OLG Nürnberg BauR 1977, 70).

9 Wo der allgemeine **Gerichtsstand des Beklagten** liegt, folgt aus den **§§ 13 ff. ZPO**. Hiernach kommt es **grundsätzlich** auf den **Wohnsitz des Beklagten** an (§ 13 ZPO). Für Bauvertragssachen können dabei die §§ 17 und 18 f. ZPO von Bedeutung sein, die sich über den **allgemeinen Gerichtsstand von juristischen Personen o. ä. sowie den allgemeinen Gerichtsstand des Fiskus** verhalten. In Betracht kommt weiter § 21 ZPO, wobei für das dort aufgestellte Erfordernis der **gewerblichen Niederlassung** entscheidend ist, daß die Klage, für die der Gerichtsstand in Anspruch genommen wird, eine **Beziehung** zum Geschäftsbetrieb der Niederlassung hat (BGH NJW 1975, 2142).

10 **b) Auch** der Gerichtsstand des Erfüllungsortes (§ 29 ZPO) ist – wahlweise für den Kläger (§ 35 ZPO) – bei Bauvertragssachen möglich, wie etwa für die Leistungspflichten des Auftragnehmers sowie die Bereitstellungspflichten des Auftraggebers der **Ort der Bauausführung** (vgl. Duffek BauR 1980, 316 sowie OLG Stuttgart BauR 1977, 72 mit Anm. Locher

a. a. O. für den Bereich des Architektenvertrages). Im Rahmen der Gewährleistung gilt dies nicht nur für die an Ort und Stelle der Bauausführung zu erledigenden Nachbesserungsarbeiten, sondern auch für im Bereich der Gewährleistung liegende Geldansprüche, wie Kostenerstattungs- und Vorschußansprüche nach Teil B § 13 Nr. 5 Abs. 2, Minderungsansprüche nach a. a. O. § 13 Nr. 6 sowie Schadensersatzansprüche nach a. a. O. §§ 4 Nr. 7, § 13 Nr. 7 (vgl. OLG Düsseldorf BauR 1982, 297 mit Anm. Brandt, der zutreffend darauf hinweist, daß solchen Prozessen regelmäßig ein Beweissicherungsverfahren vorangeht, wofür das Amtsgericht der belegenen Sache nach § 486 Abs. 3 ZPO zuständig ist). Entgegen der bisher hier (vgl. 10. Aufl. a. a. O.) vertretenen differenzierenden Ansicht muß **auch für Werklohnklagen** nicht nur für den Fall der Geltendmachung von Vergütungsansprüchen des Auftragnehmers gegen die Mitglieder einer Bauherrengemeinschaft (vgl. BayObLG BauR 1983, 390 = MDR 1983, 583), sondern grundsätzlich der **Ort der Bauleistung als Gerichtsstand maßgebend** sein, da auch hinsichtlich des Vergütungsanspruches der **Schwerpunkt des Vertrages in der besonderen Ortsbezogenheit** liegt; dort muß der Auftraggeber seine Verpflichtung zur Abnahme (§ 640 BGB; Teil B § 12) erfüllen; ferner hängen entscheidende Gesichtspunkte der Vergütungspflicht sowie der Fälligkeit (vgl. z. B. Teil B § 2 Nr. 3, 4, 5, 6, 7; Teil B § 14 Nr. 1, 2; Teil B § 15 Nr. 3) von an Ort und Stelle der Leistung zu treffenden Feststellungen ab; anders nur dann, wenn die Vertragspartner hinreichend klar im Vertrag etwas anderes vereinbart haben, wie z. B. hier nach Teil B § 18 Nr. 1 (vgl. Rdn. 13 ff.); dazu BGH BauR 1986, 241 = NJW 1986, 935 = JZ 1986, 252 = Betrieb 1986, 856 = BB 1986, 350 = MDR 1986, 469 = ZfBR 1986, 80 m. w. N.; a. A. LG Braunschweig BauR 1985, 721; vgl. auch BayObLG SFH § 269 BGB Nr. 1 = Hochstein EWiR § 269 BGB 1/85, 845 für den besonderen Fall des Gerichtsstandes einer Arbeitsgemeinschaft (dazu auch Anh. Rdn. 55). Dies trifft allerdings nicht zu, wenn sich der einheitlich geltend gemachte Vergütungsanspruch auf mehrere Bauvorhaben bezieht, die in verschiedenen Gerichtsbezirken liegen; dann fehlt es an der vorauszusetzenden Ortsbezogenheit zu einem bestimmten Bauvorhaben, und es ist der allgemeine Gerichtsstand des beklagten Auftraggebers maßgebend (LG Tübingen BauR 1988, Heft 5). Das Gesagte gilt im übrigen auch für Honorarklagen des Architekten, wenn ihm sowohl die Planung als auch die Objektüberwachung, evtl. auch die Objektbetreuung, also eine vertragliche Aufgabe nach § 15 Abs. 2 Nr. 1–8 bzw. 9, übertragen worden ist. Anders dann, wenn sich der Architektenvertrag in Planungsleistungen erschöpft. Dann ist für Honorarklagen der Wohnsitz des Auftraggebers maßgebend (LG Kaiserslautern NJW 1988, 652). Zur Bedeutung des Erfüllungsortes bei Streitigkeiten aus Bauverträgen für die internationale Zuständigkeit und das nach internationalem Privatrecht anzuwendende materielle Recht siehe den von Kürschner ZfBR 1986, 259 behandelten Fall.

c) Für Klagen, die sich materiell gegen die Konkursmasse richten, ist – sofern kein ausschließlicher Gerichtsstand gegeben ist – der allgemeine Gerichtsstand am Wohnsitz des Konkursverwalters begründet (BGH Betrieb 1984, 1090). **11**

d) Zur Bestimmung des Gerichtsstandes durch das im Rechtszug höhere Gericht vgl. § 36 ZPO. Eine solche Bestimmung (insoweit nach § 36 Nr. 3 ZPO) ist auch möglich, wenn der Rechtsstreit durch Konkurseröffnung unterbrochen und vom Konkursverwalter noch nicht aufgenommen wurde (BayObLG SFH § 269 BGB Nr. 1). **12**

2. Nr. 1 regelt umfassend örtliche Zuständigkeit nach Gerichtsstand des Auftraggebers

Teil B § 18 Nr. 1 engt die nach den genannten gesetzlichen Bestimmungen mögliche **13** örtliche Zuständigkeit ein, geht dabei u. a. auch über § 18 ZPO hinaus, weil für den Fall der Vergabe von Bauaufträgen **öffentlicher Auftraggeber** der Sitz der Prozeßvertretung der für den Auftraggeber zuständigen Stelle nicht nur dann als örtlicher Gerichtsstand gilt, wenn der öffentliche Auftraggeber Beklagter ist, sondern **auch dann, wenn er selbst im Klageweg vorgeht.** Durch die Regelung in Nr. 1 soll dem Auftraggeber die Prozeßführung erleichtert werden (BGHZ 94, 156 = BauR 1985, 475 = NJW 1985, 2090 = SFH § 18 VOB/B Nr. 1 = MDR 1985, 835 = LM § 18 VOB/B Nr. 1 = ZfBR 1985, 180).

14 **Zu beachten ist,** daß die an sich nach dem Wortlaut der Nr. 1 auf die Bauvergabe durch öffentliche Auftraggeber bezogene Regelung **auch maßgebend ist, wenn Auftraggeber ein privater Bauherr ist,** der im Rahmen seines Bauvertrages mit dem Auftragnehmer vereinbarungsgemäß die **VOB zur Vertragsgrundlage** gemacht hat, **ohne** zur Frage des Gerichtsstandes mit dem Auftragnehmer von Nr. 1 **abweichende vertragliche Vereinbarungen** zu treffen.

15 **Hieraus folgt:** Es kommt **beim VOB-Vertrag immer** auf den **Wohnsitz des Auftraggebers** bzw. – bei öffentlichen und größeren privaten Bauaufträgen – auf den Sitz der für die Prozeßvertretung des Auftraggebers maßgebenden Stelle an. Dadurch **kann der Auftragnehmer** im Verhältnis zur gesetzlichen Regelung **benachteiligt sein,** wenn er aus dem Bauvertragsverhältnis vom Auftraggeber in Anspruch genommen wird, ohne daß damit schon gegen zwingende gesetzliche Bestimmungen – Ausnahme der Sonderfall des § 14 AGB-Gesetz – verstoßen wird.

16 Die Regelung der **Nr. 1 erfaßt** nur die örtliche Zuständigkeit, **nicht** aber **die internationale Zuständigkeit,** da eine entsprechende Erweiterung über den von der VOB angestrebten Interessenausgleich hinausginge; daher gelten für einen im Ausland ansässigen Auftraggeber die §§ 12 ff. ZPO (BGHZ 94, 156 = BauR 1985, 475 = NJW 1985, 2090 = SFH § 18 VOB/B Nr. 1 = MDR 1985, 835 = LM § 18 VOB/B Nr. 1 = ZfBR 1985, 180; vgl. auch Rdn. 8 ff.). Andererseits gilt sie auch dann, wenn die Vertragspartner eine unwirksame Schiedsgerichtsvereinbarung getroffen haben und es nunmehr darum geht, welches staatliche Gericht als ordentliches Gericht für den Streitfall zuständig ist (vgl. dazu BGH Betrieb 1984, 825).

3. Gesetzliche Bestimmungen in den §§ 38 ff. ZPO als Grundlage und Grenze

17 a) Die vertragliche Regelung in **Teil B § 18 Nr. 1 beruht auf** der Fassung der §§ 38–40 ZPO aufgrund des am 1. 4. 1974 in Kraft getretenen Gesetzes zur Änderung der Zivilprozeßordnung vom 21. 3. 1974 – sogenannte Gerichtsstandsnovelle – (BGBl. I, 753). Insoweit wurde damals Teil B § 18 Nr. 1 geändert und in seiner Neufassung im BAnz. vom 13. 7. 1974 (Nr. 127 S. 3) veröffentlicht. **Inzwischen** sind die **§§ 38 Abs. 3 Nr. 2 und 39 Satz 2 ZPO** durch das **Gesetz zur Vereinfachung und Beschleunigung gerichtlicher Verfahren (Vereinfachungsnovelle) vom 3. 12. 1976** (BGBl. I, S. 3281) wiederum **geändert** worden. Das ist **auch für den Bereich der VOB zu beachten,** ohne daß dadurch nochmals eine Neufassung von Teil B § 18 Nr. 1 erforderlich wurde. Da es sich hier um eine vertragliche Bestimmung handelt, die einer **zwingenden gesetzlichen Regelung folgt,** gilt sie ab Inkrafttreten der genannten Änderungsgesetze am 1. 4. 1974 bzw. 1. 7. 1977, sofern ab da gerichtliche Streitigkeiten anhängig gemacht worden sind bzw. werden; unerheblich ist es dabei, wann der betreffende Bauvertrag, auf dem die Streitigkeit beruht, abgeschlossen wurde.

18 Nach § 38 Abs. 1 ZPO sind **von dem allgemeinen Gerichtsstand** (vgl. Rdn. 9) **abweichende Regelungen nur zulässig, wenn die Vertragspartner entweder Kaufleute sind, die nicht zu den in § 4 HGB bezeichneten Gewerbetreibenden (Minderkaufleute) gehören, oder wenn sie juristische Personen des öffentlichen Rechts oder öffentlich-rechtliche Sondervermögen, sind.** Hier handelt es sich um eine **zwingende,** also unverzichtbare **Regelung,** die nicht abbedungen werden kann (vgl. OLG Nürnberg BauR 1977, 20). Daher kann **Teil B § 18 Nr. 1** kraft ihm vorgehender gesetzlicher Regelung grundsätzlich **nur Wirkung** entfalten, wenn Bauvertragspartner **entweder zwei Vollkaufleute,** insbesondere Handelsgesellschaften, sind **oder** wenn es sich **beiderseits** – was kaum zutrifft – um **juristische Personen** des

öffentlichen Rechts oder um öffentlich-rechtliche Sondervermögen (Körperschaften, Anstalten oder Stiftungen des öffentlichen Rechts sowie als Sondervermögen z. B. Bundesbahn oder Bundespost) handelt **oder** – was wiederum vor allem bei öffentlichen Bauaufträgen häufig vorkommt – um **juristische Personen** des öffentlichen Rechts oder öffentlich-rechtliche Sondervermögen **auf der einen und Vollkaufleute auf der anderen Seite.** In allen **anderen Fällen** kommt **grundsätzlich Teil B § 18 Nr. 1 als Gerichtsstandsvereinbarung nicht in Betracht.** Ähnliches gilt auch für den Gerichtsstand des Erfüllungsortes gemäß § 29 Abs. 2 ZPO. **Dem kraft Gesetzes eingeschränkten Geltungsbereich trägt die Fassung in Nr. 1 Rechnung.**

Für das Vorliegen vorgenannter Voraussetzungen ist der jeweilige Kläger, der sich auf Teil B § 18 Nr. 1 beruft, beweispflichtig; das gilt auch bei Säumnis des Beklagten (OLG Frankfurt WM 1974, 1082). Dabei ist vor allem wesentlich, daß nicht nur das Bauhauptgewerbe, sondern auch das Baunebengewerbe als solche nicht schon als Kaufmann nach § 1 Abs. 2 Nr. 1 HGB gelten (zutreffend dazu LG Dortmund BauR 1978, 414), es daher darauf ankommt, ob die betreffenden Unternehmen nach § 2 HGB eingetragen sind oder den §§ 5, 6 HGB unterfallen. Gleiches gilt im Hinblick auf § 1 Abs. 2 Nr. 2 HGB (vgl. auch BGHZ 59, 182 = BauR 1972, 375; RGZ 129, 403 sowie OLG Frankfurt BB 1975, 1319).

19

Wer allerdings im Rechtsverkehr den **Anschein** erweckt, er sei Vollkaufmann, kann sich gutgläubigen Dritten gegenüber, die auf den Rechtsschein vertraut haben, nicht darauf berufen, die von ihm getroffene Gerichtsstandsvereinbarung sei unwirksam, weil er Minderkaufmann sei (so mit Recht OLG Frankfurt a. a. O.).

20

Wer im geschäftlichen Verkehr Briefbogen mit dem Aufdruck „Gerichtsstand X" (X = Ortsangabe) benutzt, verwendet i. S. des § 13 Abs. 1 AGB-Gesetz eine unwirksame Gerichtsstandsklausel; dabei kommt es nicht auf etwa wechselnde Ortsangaben an, weil für die Auslegung das Wort „Gerichtsstand" maßgebend ist; hier wird kein Unterschied zwischen Aktiv- und Passivprozessen gemacht, insbesondere aber nicht dahin, ob es sich bei dem Empfänger der Geschäftsbriefe um einen Kaufmann oder einen Nichtkaufmann handelt (BGH ZIP 1987, 1185 = BB 1987, 1908 = Betrieb 1987, 2198 = NJW 1987, 2198 = Hensen EWiR § 9 AGBG 15/87, 1047 = MDR 1988, 33 = JZ 1987, 1134 = LM § 9 [Cd] AGBG Nr. 4). Über Gerichtsstandsklauseln in AGB zwischen Vollkaufleuten und das AGB-Gesetz zutreffend Schiller NJW 1979, 636. Insofern kann ein Verstoß gegen § 9 AGB-Gesetz vorliegen, wenn der Verwender in seinen Bedingungen lediglich aus Bequemlichkeit nach seiner Wahl Gerichtsstände bestimmt (vgl. Schlosser/Coester-Waltjen/Graba § 9 Rdn. 88; Frikell/Glatzel/Hofmann Rdn. K 18.7). Auch kann eine solche Klausel gegen § 3 AGB-Gesetz verstoßen, wenn sie sich auf einen Gerichtsstand bezieht, der nach den betreffenden vertraglichen Verhältnissen vernünftigerweise überhaupt nicht in Betracht zu ziehen wäre (vgl. LG Konstanz BB 1983, 1372 m. w. N.). Soll in Allgemeinen Geschäftsbedingungen oder in Formularverträgen eine von § 32 ZPO abweichende Regelung getroffen werden, so muß diese hinreichend klar aus den vertraglichen Bestimmungen hervorgehen; dazu genügt nicht die allgemeine Formel „Erfüllungsort und Gerichtsstand ist..." (vgl. OLG Stuttgart BB 1974, 1270). Im übrigen liegt im **nichtkaufmännischen** Verkehr bei Nichtbeachtung des § 38 ZPO regelmäßig ein Verstoß gegen § 9 AGB-Gesetz vor (vgl. dazu OLG Düsseldorf Betrieb 1982, 220).

21

Eine wirksam getroffene Gerichtsstandsvereinbarung hat auch Wirkung gegenüber dem nicht prorogationsberechtigten Rechtsnachfolger (a. A. LG Trier mit zutreffender Anm. von Ackmann ZIP 1982, 460 = NJW 1982, 286). Haben die Parteien nach Rechtshängigkeit die Zuständigkeit eines anderen Gerichts vereinbart, so ist dies zulässig und zu beachten (LG Waldshut-Tiengen MDR 1985, 941).

22 b) **Eine Ausnahme** von dem sich aus § 38 Abs. 1 ZPO ergebenden Grundsatz findet sich zunächst in **§ 38 Abs. 2 ZPO**, wenn nämlich mindestens eine der Parteien keinen allgemeinen Gerichtsstand im Inland hat. Die Funktion des § 38 Abs. 2 ZPO ist es, internationale Gerichtsstandsvereinbarungen über die innerdeutsche Zuständigkeit, soweit sie nicht nach § 38 Abs. 1 ZPO zugelassen sind, vom Grundsatz des Prorogationsverbotes auszunehmen und in der Form (schriftlich oder schriftlich bestätigt) dem Art. 17 des Europäischen Gerichtsstand-Übereinkommens anzugleichen (Katholnigg BB 1974, 395).

23 c) Im übrigen – also in allen von § 38 Abs. 1 und 2 ZPO **nicht** erfaßten Fällen – ist **nach § 38 Abs. 3 ZPO** eine Gerichtsstandsvereinbarung nur zulässig, wenn sie ausdrücklich und schriftlich nach Entstehen der Streitigkeit oder für den Fall geschlossen wird, daß entweder die im Klageweg in Anspruch zu nehmende Partei nach Vertragsabschluß ihren Wohnsitz oder gewöhnlichen Aufenthaltsort aus dem Geltungsbereich der ZPO (also außerhalb der Bundesrepublik) verlegt oder ihr Wohnsitz oder gewöhnlicher Aufenthalt im Zeitpunkt der Klageerhebung nicht bekannt ist. Für das Mahnverfahren ist dagegen § 689 Abs. 2 ZPO zu beachten, wonach im Grundsatz für die örtliche Zuständigkeit ausschließlich der allgemeine Gerichtsstand des Antragstellers des Mahnbescheides maßgebend ist.

d) Außerdem:

24 Nach § 39 ZPO wird die Zuständigkeit eines Gerichts des ersten Rechtszuges ferner dadurch begründet, daß der Beklagte, ohne die Unzuständigkeit geltend zu machen, zur Hauptsache mündlich verhandelt, es sei denn, daß die nach § 504 ZPO vorgeschriebene **Belehrung unterblieben ist.** § 504 ZPO bestimmt, daß dann, wenn ein Rechtsstreit vor einem Amtsgericht anhängig ist, es jedoch örtlich oder sachlich unzuständig ist, das Gericht den Beklagten vor der Verhandlung zur Hauptsache auf die Folgen der rügelosen Einlassung zur Hauptsache hinzuweisen hat. Diese Belehrungspflicht des Amtsgerichts besteht auch bei nachträglicher Unzuständigkeit nach § 506 Abs. 1 ZPO (zutreffend Müller MDR 1981, 11).

25 e) Weiter:

§ 40 Abs. 1 und Abs. 2 ZPO bezieht sich auf die möglicherweise nach § 38 ZPO zulässige Gerichtsstandsvereinbarung und **schränkt** diese **Ausnahmetatbestände noch weiter ein.** Absatz 1 legt fest, daß eine **Gerichtsstandsvereinbarung keine rechtliche Wirkung** hat, **wenn sie sich nicht auf ein bestimmtes Rechtsverhältnis und die aus ihm entspringenden Rechtsstreitigkeiten bezieht.** Dies wird jedoch für den Rahmen der Vereinbarung aus Teil B § 18 Nr. 1, sofern diese nach § 38 ZPO zulässig ist, nicht praktisch, weil in der VOB ausdrücklich von Streitigkeiten **aus dem Vertrag, also dem betreffenden einzelnen Bauvertrag,** dem die VOB zugrunde gelegt worden ist, die Rede ist, somit von einem **bestimmten Rechtsverhältnis.** Schließlich ist nach § 40 Abs. 2 Satz 1 ZPO eine nach § 38 ZPO an sich zulässige Gerichtsstandsvereinbarung dann unzulässig, wenn der Rechtsstreit **andere als vermögensrechtliche Streitigkeiten** betrifft **oder** wenn für Klagen ein **ausschließlicher Gerichtsstand** begründet ist, was in Bauvertragssachen ebenfalls kaum in Betracht kommt. Dazu bestimmt weiter § 40 Abs. 2 Satz 2 ZPO, daß dann die Zuständigkeit eines Gerichts auch nicht durch rügeloses Verhandeln zur Hauptsache begründet wird.

26 f) Über Probleme des durch die sogenannte Vereinfachungsnovelle vom 3. 12. 1976 (BGBl. I S. 3281) u. a. neu geregelten **Mahnverfahrens,** insbesondere auch Zuständigkeitsfragen, vgl. Büchel NJW 1979, 945. Zum Einfluß des Antragstellers auf den Gerichtsstand im Mahnverfahren Hundertmark BB 1978, 1095. Zur Bindung des Abgabegerichts an eine Gerichtsstandsvereinbarung im Mahnverfahren vgl. LG Landau BauR 1982, 406 mit zutreffender Anm. von Brandt. Über Gerichtsstand und Kostenerstattung im Mahnverfahren vgl. auch Lappe NJW 1978, 2379. Zur Verfassungsgemäßheit des § 696 Abs. 1 Satz 1 ZPO Fleckenstein VersR 1978,

698, dazu zutreffend Riedmaier VersR 1980, 118. Hat der Antragsteller im Mahnantrag als sachlich zuständiges Gericht gemäß § 690 Abs. 1 Nr. 5 ZPO offensichtlich irrtümlich statt des Landgerichts das Amtsgericht angekreuzt, so kann der Rechtspfleger das von Amts wegen berichtigen; unterläßt er es, obgleich es den Umständen nach geboten ist, so geht eine durch Rückfrage beim Antragsteller hervorgerufene Verzögerung der Zustellung des Mahnbescheides (vgl. § 693 Abs. 2 ZPO) grundsätzlich nicht zu Lasten des Antragstellers (BGH BauR 1984, 89 = NJW 1984, 242 = ZIP 1983, 1511 = MDR 1984, 223 = SFH § 690 ZPO Nr. 1 = WM 1983, 1317).

IV. Teil B § 18 Nr. 1 selbst

Soweit nach dem Gesagten (vgl. Rdn. 16–26) eine Anwendung von **Teil B § 18 Nr. 1 überhaupt in Betracht kommt,** ist zu beachten:

1. Streitigkeiten aus bestimmtem Bauvertrag

Die in Nr. 1 getroffene Vereinbarung betrifft **Streitigkeiten** aus dem Vertrag, also aus **dem konkreten Bauvertrag, dem die VOB zugrunde gelegt** worden ist. Durch die allgemeine Fassung ist deutlich gemacht, daß sich die Vereinbarung der örtlichen Zuständigkeit **schlechthin** auf Streitigkeiten aus dem **Bauvertragsverhältnis** bezieht, die **hierin** ihre **Grundlage oder** ihren **Ausgangspunkt** haben. Hiervon sind nicht nur Streitigkeiten über die eigentlichen vertraglichen Rechte oder Pflichten der Bauvertragspartner erfaßt. Vielmehr ist eine **wirtschaftliche Betrachtungsweise** geboten. Unter Nr. 1 fallen daher **auch** solche **Streitigkeiten, die aus ungerechtfertigter Bereicherung** herzuleiten sind, **sofern ein Zusammenhang mit dem Bauvertrag** besteht (LG Frankfurt, Urt. vom 8. 3. 1962 – 2/4 O 83/61 –). Dagegen **gilt dies nicht ohne weiteres für Streitigkeiten aus unerlaubter Handlung,** da insoweit mangels hinreichend klarer Regelung der VOB die Bestimmungen des **§ 32 ZPO vorrangig** sein dürften. 27

Die Zuständigkeit für Klagen aus unerlaubter Handlung begründet nicht zugleich die Zuständigkeit des angerufenen Gerichts zur Entscheidung über weitere Ansprüche, die aus dem Schadensfall hergeleitet werden, wie z. B. aus Verschulden bei Vertragsabschluß (BGH VersR 1980, 846).

Sonstige Verfahren, die nicht als Rechtsstreit gelten können, wie z. B. das **vorprozessuale Beweissicherungsverfahren,** fallen nicht unter Nr. 1; insoweit ist auch hier § 486 Abs. 3 ZPO maßgebend; vgl. dazu Rdn. 81 ff. 28

2. Zuständige Stelle im Auftraggeberbereich

Für die **örtliche Zuständigkeit** bei Rechtsstreitigkeiten der Bauvertragspartner ist der **Sitz der für die Prozeßvertretung des Auftraggebers zuständigen Stelle** maßgebend. Wie schon hervorgehoben (vgl. Rdn. 5), zeigt der hier gewählte Wortlaut der VOB, daß man **in erster Linie an den Auftraggeber der öffentlichen Hand gedacht** hat, sich also die örtliche Zuständigkeit danach richten soll, wo die für die Prozeßvertretung des Auftraggebers **zuständige staatliche Stelle** ihren Sitz hat (AG Bonn, Beschluß vom 27. 9. 1968 – 7 C 519/68 –). Wo sich diese befindet, richtet sich nach den Gegebenheiten des Einzelfalles. Sonst kommt, **vor allem bei Bauverträgen mit privaten Auftraggebern,** im allgemeinen der Wohnsitz des Auftraggebers oder sein sonstiger Gerichtsstand (vgl. Rdn. 8 ff.) in Betracht. 29

Den **Auftraggeber** trifft nach **Satz 2** eine **Unterrichtungspflicht,** falls der Auftragnehmer von ihm Aufklärung verlangt. Verweigert der Auftraggeber dem Auftragnehmer die Auskunft und klagt dieser daraufhin bei einem **örtlich unzuständigen Gericht,** hat der Auftrag- 30 geber dem Auftragnehmer aus dem Gesichtspunkt der **positiven Vertragsverletzung** die dadurch entstehenden **Mehrkosten oder auch sonstige Schäden zu ersetzen.**

3. Abweichende Vereinbarung

31 Für eine **von der örtlichen Zuständigkeit gemäß Nr. 1 abweichende Gerichtsstandsvereinbarung** im Bauvertrag, **sofern eine solche nach dem in Rdn. 8–26 Ausgeführten überhaupt zulässig ist,** sind die Zusätzlichen oder Besonderen Vertragsbedingungen vorgesehen, wie sich aus Teil A § 10 Nr. 4 Abs. 1 m ergibt. Dazu enthält das VHB zu Teil A § 10 unter 2.1. folgende Regelung:
„Nach § 18 VOB/B ist als Gerichtsstand der Sitz der für die Prozeßvertretung des Auftraggebers zuständigen Stelle vereinbart, soweit eine solche Vereinbarung nach § 38 ZPO zulässig ist.

Sofern ein anderer Gerichtsstand vereinbart werden soll, ist unter Nr. 10 bzw. Nr. 8 der Besonderen Vertragsbedingungen – EVM (B/K/Z) BVB – aufzunehmen:

‚Als Gerichtsstand wird ... vereinbart, sofern die Voraussetzungen des § 38 ZPO vorliegen.'"

32 Gerade bei **privaten Bauverträgen** wird dabei nicht selten abweichend von Teil B § 18 Nr. 1 VOB vereinbart, daß für den Gerichtsstand der Sitz der Auftragnehmerseite maßgebend sein soll. Widerspricht der Auftraggeber dem nicht bei der Auftragserteilung oder setzt er nicht durch, daß Teil B § 18 Nr. 1 zum Vertragsgegenstand wird, ist Gerichtsstand der des Auftragnehmers. Das gilt auch, wenn der Auftraggeber vorher in den Verdingungsunterlagen auf die VOB, also auch deren Teil B § 18 Nr. 1, als beabsichtigten Vertragsgegenstand hingewiesen, der Auftragnehmer aber ein davon abweichendes Angebot auf der Grundlage seiner Geschäftsbedingungen gemacht und der Auftraggeber dann ohne Widerspruch diesem Angebot den Zuschlag erteilt hat. Der Auftraggeber muß sich nach Treu und Glauben so behandeln lassen, als hätte er sich mit dem Vorschlag des Unternehmers, nach dessen Geschäftsbedingungen zu leisten, einverstanden erklärt. Das gilt auch, wenn der Auftraggeber abweichend vom Angebot des Auftragnehmers bei der Zuschlagserteilung auf die Allgemeinen Vertragsbedingungen der VOB Bezug nimmt, der Auftragnehmer in einem den Auftrag bestätigenden Schreiben **wiederum** auf seine Geschäftsbedingungen hinweist und der Auftraggeber daraufhin **schweigt** (vgl. BGH BB 1963, 496 = Betrieb 1963, 652 = SFH Z 2.13 Bl. 14).

C. Die Klärung von Meinungsverschiedenheiten bei Verträgen mit Behörden (Nr. 2)

I. Allgemeines

33 Nr. 2 greift **nur** ein, **wenn** es sich bei dem **Auftraggeber** um **eine Behörde** handelt. Vor allem, um auch der öffentlichen Hand Gelegenheit zu geben, **Prozeßkosten,** die letztlich aus Steuergeldern genommen werden, **zu vermeiden,** ist diese Regelung in die Allgemeinen Vertragsbedingungen aufgenommen worden. Zu beachten ist, daß es sich um eine „Sollvorschrift" handelt, die es dem **Auftragnehmer freistellt, ob er diesen Weg wählt** oder sogleich den Klageweg beschreitet. Falls nicht triftige Gegengründe vorliegen, ist ihm unbedingt anzuraten, eine **gütliche Beilegung der aufgetretenen Meinungsverschiedenheiten mit Hilfe der in Nr. 2 eingeräumten Möglichkeit zu versuchen.** Auch er hat in aller Regel ein berechtigtes Interesse daran, eine prozessuale Auseinandersetzung zu vermeiden, schon mit Rücksicht auf die damit erreichte Zeitersparnis. Hinzu kommt, daß ein Auftragnehmer, der mit einer Behörde abschließt, auch das notwendige Vertrauen zu dieser und der ihr vorgesetzten Behörde aufbringen sollte. Das setzt allerdings andererseits unbedingt eine ernsthafte, allein von sachlichen Gesichtspunkten und in objektiver Betrachtungsweise ausgerichtete Verhandlungsbereitschaft des öffentlichen Auftraggebers voraus.

Das Verfahren nach Nr. 2 hat eine **gewisse Ähnlichkeit mit** demjenigen, wie es im Rahmen des **öffentlichen Rechts im vorprozessualen Rahmen** üblich ist. **Es darf aber nicht damit verwechselt werden,** da es sich hier um eine **rein zivilrechtliche Angelegenheit** mit dem Ziel der gütlichen Beilegung einer Meinungsverschiedenheit **zwischen gleichberechtigten Partnern** handelt (so auch Kaiser BB 1978, 1548). 34

Die im Land Nordrhein-Westfalen bestehenden Landschaftsverbände sind Behörden i. S. von Teil B § 18 Nr. 2; sie sind öffentlich-rechtliche Körperschaften mit dem Recht der Selbstverwaltung durch ihre gewählten Organe (§ 2 der Landschaftsverbandsordnung); sie gelten als Gemeindeverbände. Die Behördenbezeichnung lautet: „Der Direktor des Landschaftsverbandes ... (Rheinland oder Westfalen-Lippe)". 35

II. Anrufung der der auftragvergebenden Stelle vorgesetzten Behörde; Aussprache; schriftlicher Bescheid mit Rechtsfolgenbelehrung (Nr. 2 Satz 1 und 2)

1. Anrufung der vorgesetzten Stelle

Entstehen bei Bauverträgen mit Behörden Meinungsverschiedenheiten, so **soll der Auftragnehmer** zunächst die **der auftragvergebenden Stelle unmittelbar vorgesetzte Stelle anrufen.** Diese Stelle ist der Auftraggeberseite zuzurechnen, also nicht Dritter i. S. des § 317 BGB (ebenso Kaiser BB 1978, 1548). Die Anrufung der vorgesetzten Stelle kommt selbstverständlich nur in Betracht, wenn der Auftragnehmer nicht schon mit der auftragvergebenden Stelle selbst zu einer zufriedenstellenden Klärung kommt. **Voraussetzung** ist, daß es sich um **eine auf das bauvertragliche Verhältnis bezogene Meinungsverschiedenheit** handelt; dazu gilt das in Rdn. 27 Gesagte entsprechend. Der Auftragnehmer soll der unmittelbar vorgesetzten Stelle den Sachverhalt der Meinungsverschiedenheit und seine eigene Auffassung vortragen. Nach dem Wortlaut der VOB muß dieses nicht unbedingt schriftlich geschehen; es liegt aber auf der Hand, daß hier die **Einhaltung der Schriftlichkeit dringend zu raten** ist. 36

Wer als unmittelbar vorgesetzte Stelle anzusehen ist, richtet sich nach dem Verwaltungsaufbau, der im jeweiligen Einzelfall maßgebend ist. Hierüber muß der **Auftraggeber erforderlichenfalls Auskunft erteilen, andernfalls er aus positiver Vertragsverletzung haftbar sein kann.** Bei Gemeinden und Gemeindeverbänden sowie den Landkreisen ist unmittelbar vorgesetzte Stelle im hier maßgebenden Sinne die deren Tätigkeit überwachende Aufsichtsbehörde, wobei es nicht darauf ankommen dürfte, ob und inwieweit hier ein Weisungsverhältnis besteht. Andernfalls wäre die erörterte Regelung der VOB/B für den genannten Auftraggeberbereich ohne Wirkung, so daß die Vertragspartner sogleich auf den Prozeßweg angewiesen wären, was ja zunächst vermieden werden soll. 37

Hinsichtlich der im Land Nordrhein-Westfalen bestehenden Landschaftsverbände ist unmittelbar vorgesetzte Stelle der Innenminister des Landes, vgl. § 26 Abs. 1 LVerbO NW. 38

2. Aussprache; schriftlicher Bescheid

Hat der Auftragnehmer die unmittelbar vorgesetzte Stelle angerufen, soll diese ihm **Gelegenheit zur mündlichen Aussprache** geben **und** ihn möglichst innerhalb **von zwei Monaten** nach der Anrufung **schriftlich bescheiden,** wobei naturgemäß verschiedene Möglichkeiten sachlicher Entscheidung bestehen (vgl. dazu Kaiser BB 1978, 1548, 1549). Wie sich aus der Formulierung in Satz 2 ergibt, handelt es sich bei der Empfehlung zur schriftlichen Bescheidung des Auftragnehmers innerhalb von zwei Monaten **nicht um eine echte Fristsetzung.** Vielmehr ist dies als ein Hinweis auf die berechtigten Interessen des Auftragnehmers aufzufassen, mit möglichster Beschleunigung den Fall zu prüfen und sich dazu zu erklären. Es ist 39 nicht angängig, den Auftragnehmer eine wesentlich längere Zeit warten zu lassen. Darüber hinaus: Ein **vertraglicher Anspruch** auf Erhalt eines schriftlichen Bescheides besteht für den Auftragnehmer bei dieser Formulierung der VOB **nicht**. Die gegenteilige Ansicht von Heiermann/Riedl/Rusam/Schwaab (Teil B § 18 Rdn. 21) verfängt nicht, da sie ohne überzeugende Begründung unzulässig verwaltungsrechtliche Gesichtspunkte mit dem allein hier maßgebenden zivilen Vertragsrecht vermengt (wie hier wohl Nicklisch in Nicklisch/Weick Teil B § 18 Rdn. 16). Dagegen besteht ein vertraglicher Anspruch des Auftragnehmers auf fristgerechten Bescheid, wenn sich eine entsprechende Verpflichtung des Auftraggebers aus Besonderen oder Zusätzlichen Vertragsbedingungen entnehmen läßt. Hält der Auftraggeber seine Verpflichtung dann nicht ein, haftet er dem Auftragnehmer für entstehende Mehrkosten oder wegen sonst dadurch herbeigeführte Schäden aus positiver Vertragsverletzung.

40 **Wird** jedoch der Auftraggeber **schriftlich beschieden, was für eine Behörde ohnehin allgemein üblich ist,** bestimmt die VOB weiter, daß in dem **schriftlichen Bescheid** nicht nur die Antwort auf das vom Auftragnehmer Vorgetragene enthalten sein soll, sondern außerdem **auf die Rechtsfolgen, wie sie in Satz 3 geregelt sind, hingewiesen werden soll** (vgl. Rdn. 42 ff.). Der **Auftraggeber muß dieses tun, wenn er sich später auf diese Folgen berufen will,** wie sich aus dem letzten Halbsatz des Satzes 3 ergibt. Insofern ist also diese Rechtsfolgenbelehrung zwingend. Der Bescheid muß dem Auftragnehmer gemäß bzw. entsprechend den §§ 130 ff. BGB **zugehen.**

41 **Erhält der Auftragnehmer innerhalb angemessener, auf der Grundlage von zwei Monaten zu berechnender Zeit keinen schriftlichen Bescheid** und ist auch eine mündliche Aussprache erfolglos verlaufen oder hat sie nicht stattgefunden, muß der Auftragnehmer das als **negative Antwort** auf sein Vorbringen auffassen. Ihm steht es dann, **wie überhaupt,** frei, seine aus seiner Sicht gegebenen **Rechte im Klagewege geltend** zu machen. In solchen Fällen kann sich der **Auftraggeber nicht auf die in Satz 3** genannten **Folgen** (vgl. Rdn. 42 ff.) berufen, **weil diese einen vorausgegangenen schriftlichen Bescheid** mit der genannten Rechtsfolgenbelehrung voraussetzen. Dabei muß es sich um einen Bescheid i. S. einer **endgültigen Entschließung,** nicht etwa nur um eine bloße Empfehlung, wie etwa, sich auf einen bestimmten Betrag zu einigen, handeln. Vor allem ist auch die **Einhaltung der Schriftlichkeit** des Bescheides **Wirksamkeitsvoraussetzung.**

III. Anerkenntniswirkung des Bescheides bei Unterlassen rechtzeitigen schriftlichen Einspruches des Auftragnehmers (Nr. 2 Satz 3)

42 **Bescheidet die unmittelbar vorgesetzte Stelle** des Auftraggebers den Auftragnehmer **schriftlich und rechtzeitig, gilt diese „Entscheidung" als vom Auftragnehmer anerkannt, falls er nicht innerhalb von zwei Monaten nach Eingang des Bescheides beim Auftraggeber schriftlich „Einspruch" einlegt.** Gleiches trifft aber auch für die Auftraggeberseite zu, die sich durch den „Bescheid" **endgültig** entschieden hat.

43 Diese **Folgen** treten aber **nur unter den in Rdn. 39 ff. erläuterten Voraussetzungen** ein: Der dem Auftragnehmer ordnungsgemäß zugegangene **Bescheid** muß **schriftlich** sein und **auf die Folgen des Satzes 3** im Sinne einer Rechtsfolgenbelehrung **hinweisen; ferner muß zusätzlich ein ausdrücklicher Hinweis auf die zweimonatige Ausschlußfrist im Bescheid enthalten sein** (so auch VHB zu § 18 VOB/B Nr. 2). **Fehlt eines dieser** insofern **zwingend** vorgeschriebenen **Merkmale, ist es dem Auftraggeber versagt, sich auf die in Satz 3 geregelten Folgen zu berufen.**

44 **Der dann etwa zu erhebende Einspruch muß schriftlich** erfolgen, um beachtlich zu sein. Dies ist **Wirksamkeitsvoraussetzung.** Für die Fristberechnung gelten die §§ 187 ff. BGB, insbesondere auch § 193 BGB. Der schriftliche Einspruch kann auch bei der vorgesetzten

Stelle eingereicht werden, da sie als Vertreter des Auftraggebers anzusehen ist. Es ist **nicht erforderlich,** daß der Auftragnehmer in seiner schriftlichen Antwort das **Wort „Einspruch"** wählt. **Es genügt** vielmehr, wenn er seinen Willen, die getroffene Entscheidung nicht hinnehmen zu wollen, auf **eine andere, jedoch unmißverständliche Weise** zum Ausdruck bringt.

Vertragsrechtlich ist die Bescheidung durch die unmittelbar vorgesetzte Stelle regelmäßig (vgl. dazu Kaiser BB 1978, 1548, 1549) als ein auch für den Auftraggeber verbindliches rechtsgeschäftliches und empfangsbedürftiges **Angebot** (§§ 130, 145 ff. BGB) dahin aufzufassen, die **Meinungsverschiedenheit in dem vorgeschlagenen Sinne zu erledigen.** Das von dem Auftragnehmer hierzu etwa erklärte **Einverständnis** gilt als Beilegung der Meinungsverschiedenheit, möglicherweise – je nach Sachlage – als außergerichtlicher **Vergleich** (§ 779 BGB). Die **gleiche Wirkung** hat die **Unterlassung des ordnungsgemäßen „Einspruchs".** Rechtlich läuft die Bestimmung in Nr. 2 Satz 3 auf die Herbeiführung der Wirkungen, wie sie in § 151 Satz 1 BGB geregelt sind, hinaus, indem kraft vertraglicher Regelung das Fehlen eines ordnungsgemäßen Einspruches des Auftragnehmers als **vorweg erklärter Verzicht auf die Annahme des Angebots des Auftraggebers** gelten soll, sofern dessen Bescheid sowohl in der Form als auch im Inhalt die vorangehend und in Rdn. 39 ff. dargelegten Voraussetzungen erfüllt. **Sofern das AGB-Gesetz zugunsten des Auftragnehmers Anwendung findet (vgl. Teil A § 10 Rdn. 77 ff., insbesondere auch a. a. O. Rdn. 153 ff.), steht diese Regelung in Teil B § 18 Nr. 2 Satz 3 mit § 10 Nr. 5 AGB-Gesetz im Einklang.** 45

Die Ansicht von Kaiser (BB 1978, 1548, 1550), bei Nr. 2 Satz 3 handele es sich um eine (besondere) Rechtsfolgenvereinbarung, leuchtet schon deswegen nicht ein, weil nicht ersichtlich ist, warum eine Notwendigkeit bestehen soll, von dem normalen – vor allem durch § 151 Satz 1 BGB gekennzeichneten – Rahmen, also von normaler gesetzlicher Regelung, abzuweichen. Das gilt um so mehr, als die möglichen, von Kaiser aufgeführten Entscheidungen der vorgesetzten Behörde durchaus in den Bereich der §§ 145 ff., 151 BGB gebracht werden können, es also nicht gebieten, eine besondere und außerhalb des Normalen liegende Rechtskonstruktion zu wählen.

Für den Fall, daß der Auftragnehmer **schriftlich und rechtzeitig „Einspruch"** eingelegt hat, sind die Versuche zur **Beilegung der Meinungsverschiedenheit als gescheitert anzusehen.** Es bleibt den Vertragspartnern überlassen, eine erneute gütliche Einigung zu versuchen oder den Streit im Prozeßwege auszutragen. 46

IV. Hemmung der Verjährung

Zwischen dem Zeitpunkt der Anrufung der vorgesetzten Stelle durch den Auftraggeber und dem Eintritt der Anerkenntniswirkung des Bescheides bzw. der Weigerung des Auftragnehmers zur Anerkennung bzw. dem Ablauf einer für einen schriftlichen Bescheid angemessenen Zeit (vgl. dazu Rdn. 41) tritt zwar **nicht eine Unterbrechung der Verjährung** eines etwa noch offenen Vergütungsanspruches des Auftragnehmers ein. Gleiches trifft auf einen vom Auftraggeber gegen den Auftragnehmer aus dem Vertrag erhobenen Anspruch zu. Eine – auch nur – entsprechende Anwendung des § 209 Abs. 2 Nr. 1 a BGB verbietet sich, da es sich bei der angerufenen vorgesetzten Stelle nicht um eine Gütestelle der in § 794 Abs. 1 Nr. 1 ZPO bezeichneten Art handelt. Andererseits würde es dem **Sinn und Zweck der beiderseits vereinbarten** Regelung in Teil B § 18 Nr. 2 (vgl. Rdn. 33 ff.) widersprechen, wollte man annehmen, daß hier der Lauf der Verjährungsfrist nicht gehindert wird. Vielmehr ist die Annahme gerechtfertigt, daß in **§ 18 Nr. 2 zugleich die Absprache eines pactum de non petendo mit der Wirkung der Hemmung der Verjährung** liegt. Dazu gilt das in Teil B § 13 Rdn. 224 ff. Gesagte entsprechend. 47

D. Einschaltung einer staatlich anerkannten Materialprüfungsstelle (Nr. 3)

I. Allgemeines

48 Nr. 3 gibt den Vertragspartnern die **Möglichkeit, eine Meinungsverschiedenheit durch Überprüfung und Entscheidung von dritter Seite bereinigen zu lassen.** Im Gegensatz zu Nr. 2 ist sie **nicht dahin gehend beschränkt, daß es sich** auf der Auftraggeberseite **um einen öffentlichen Auftraggeber handeln muß.**

II. Eingeschränkter Rahmen

49 Es muß sich hier um **Meinungsverschiedenheiten besonderer Art** handeln, die in Nr. 3 **abschließend** behandelt sind. **Nr. 3 gilt** also kraft vertraglicher Vereinbarung **nur für diesen** im einzelnen aufgeführten **eingeschränkten Rahmen**.

1. Meinungsverschiedenheiten über die Eigenschaft von Stoffen oder Bauteilen

50 **Der Streit** muß **über die Eigenschaft von Stoffen und/oder Bauteilen** bestehen. Über Stoffe oder Bauteile vgl. Teil A § 1 Rdn. 53 ff. Die Meinungsverschiedenheiten müssen sich auf **das Vorhandensein oder das Fehlen von Eigenschaften beziehen, ohne** daß daß diese im einzelnen Vertrag auch **zugesichert** worden sein müssen. Andererseits muß es sich aber um **Eigenschaften** handeln, **deren Vorhandensein für eine ordnungsgemäße Leistungserstellung** i. S. von Teil B §§ 4 Nr. 2 und 13 Nr. 1 **unumgänglich notwendig ist,** um eine Mängelfreiheit der Vertragsleistung herbeizuführen.

51 Damit können **nur Sacheigenschaften** gemeint sein. Hierbei handelt es sich um die Stoffbeschaffenheit, den Stoffbestand und die Größe (RGZ 101, 68), die Herkunft (RGZ 124, 116) sowie die wertbildenden Faktoren, soweit sie die Sache selbst betreffen (RGZ 61, 86). Keine Eigenschaft in diesem Sinne ist dagegen der Wert der Sache (vgl. BGH LM § 779 BGB Nr. 2) sowie der Anschaffungspreis oder der Marktpreis.

52 Weiter ist Voraussetzung, daß für die Feststellung der Eigenschaft der Stoffe und/oder Bauteile **allgemeingültige Prüfungsverfahren** bestehen. Dafür sind die **Erfahrung und die Anerkennung in dem jeweils in Betracht kommenden bautechnischen Bereich maßgebend.** Das kann im allgemeinen angenommen werden, wenn entsprechende DIN-Normen über einschlägige Prüfungsverfahren bestehen. Auskunft hierüber wird gegebenenfalls die prüfende Stelle erteilen können, gegebenenfalls auch in Betracht kommende Institute Technischer Universitäten.

2. Zulässigkeit oder Zuverlässigkeit der Prüfungshilfsmittel und Prüfungsverfahren

53 Es kann sich aber **auch um Meinungsverschiedenheiten** handeln, die sich auf die **Zulässigkeit oder Zuverlässigkeit der bei der Prüfung verwendeten Maschinen oder angewendeten Prüfungsverfahren** beziehen. Hier wird vorausgesetzt, daß **bereits eine Prüfung stattgefunden hat.** Dabei muß es zu **Uneinigkeiten** entweder über die Zulässigkeit oder die Zuverlässigkeit der bei der vorangegangenen Prüfung verwendeten Maschinen oder über das Prüfungsverfahren **selbst** gekommen sein, letztlich also den **Prüfungshergang und das daraus gewonnene Ergebnis.**

III. Materialtechnische Untersuchung durch staatliche oder staatlich anerkannte Materialprüfungsstelle

54 Sind die Voraussetzungen gemäß Rdn. 79 ff. gegeben, kann jeder Vertragsteil **nach vorheriger Benachrichtigung** des anderen Vertragsteils die **materialtechnische Untersuchung**

durch eine staatliche oder staatlich anerkannte **Materialprüfungsstelle** vornehmen lassen. Dies darf nicht mit den auf anderen Grundlagen beruhenden Baustellenprüfungen durch die Bauaufsichtsämter verwechselt werden (vgl. BGH SFH Z 3.13 Bl. 27).

Die **Befugnis** zur Anrufung der Materialprüfungsstelle steht **jedem der Vertragspartner zu.** 55
Dabei muß sich der Prüfungsauftrag auf die in Rdn. 79 ff. dargelegten Streitfälle beschränken.

Die **Pflicht zur Benachrichtigung** des anderen Teils besteht deshalb, weil dieser das Recht 56
haben muß, der Prüfungsstelle die ihm wichtig erscheinenden Aufklärungen zu geben, insbesondere sich selbst an den einzelnen Verfahrensvorgängen, wie der Entnahme von Proben, beobachtend und erläuternd zu beteiligen. Insoweit handelt es sich um das allgemeingültige **Recht auf Einhaltung rechtlichen Gehörs,** vor allem im Hinblick auf die nachfolgend (Rdn. 96) erläuterten Rechtswirkungen der Untersuchung. Wird die **Benachrichtigungspflicht verletzt, entfällt die Verbindlichkeit der Prüfung** durch das Materialprüfungsamt (BGH, Urt. vom 5. 10. 1967 – VII ZR 64/65 –).

Welche Prüfungsstelle angerufen werden kann, richtet sich nach dem Einzelfall. Im Zweifel 57
werden über das Vorhandensein von staatlichen oder staatlich anerkannten Materialprüfungsstellen die zuständigen Industrie- und Handelskammern sowie Handwerkskammern Auskunft erteilen können. Eine wertvolle Hilfe bietet hier das Verzeichnis der amtlichen Materialprüfungsämter (sowie privater Prüfstellen) „Wer prüft was?", herausgegeben vom Verband der Materialprüfungsämter e. V. in der Bearbeitung von Czech, Bauverlag Wiesbaden.

IV. Verbindlichkeit der Feststellungen der Materialprüfungsstelle

Die **Feststellungen dieser Prüfungsstelle sind** kraft ausdrücklicher vertraglicher Regelung 58
für beide Vertragspartner verbindlich, es sei denn, daß die Benachrichtigung des Gegners unterblieben ist (vgl. BGH a. a. O.). Durch sie werden nach dem vertraglichen Willen der Parteien die Meinungsverschiedenheiten grundsätzlich beigelegt.

1. Rechtlich handelt es sich bei dieser Regelung in Nr. 3 um einen **Schiedsgutachtervertrag,** 59
desgl. Christoffel S. 43; auch Nicklisch in Nicklisch/Weick Teil B § 18 Rdn. 21; Heiermann/Riedl/Rusam/Schwaab Teil B § 18 Rdn. 36. **Im Gegensatz zum Schiedsgericht** (zur Abgrenzung von Schiedsgericht und Schiedsgutachten BGH WM 1975, 1043; BGH KTS 1977, 42; BGH VersR 1981, 882 = WM 1981, 1056 = ZIP 1981, 1097 = Betrieb 1981, 2534 = MDR 1982, 36 = BB 1982, 1077; ferner OLG Zweibrücken NJW 1971, 943 mit beachtlicher Anm. von Dahlen NJW 1971, 1756; vgl. ferner ebenfalls OLG Zweibrücken BauR 1980, 482; siehe auch Teil A § 10 Rdn. 69) ist der **Schiedsgutachter nicht mit der Entscheidung eines Rechtsstreits, sondern mit der Feststellung von Tatsachen befaßt,** die für die Entscheidung eines Rechtsstreits **erheblich** sind (vgl. u. a. BGH SFH Z 8.3 Bl. 1), wie z. B. einem an den anerkannten Regeln der Technik zu bemessenden Befund. Denkbar ist dabei allerdings, daß die Tatsachenfeststellungen ohne Beantwortung einer vorgreiflichen Rechtsfrage nicht möglich sind (BGH WM 1975, 770; BGH WM 1975, 1043; dazu auch Wolf ZIP 1981, 235, 241).

2. Das Gericht ist bei einer späteren Auseinandersetzung **grundsätzlich an die Tatsachenfest-** 60
stellungen des Schiedsgutachters gebunden. Das ist **ausnahmsweise nicht** der Fall, wenn die vom Schiedsgutachter getroffenen Feststellungen **offenbar unrichtig** sind, wie sich aus der entsprechenden Anwendung des § 319 BGB ergibt (vgl. dazu BGH LM § 317 BGB Nr. 7; BGHZ 43, 374, 376; BAG NJW 1958, 315; BGH Betrieb 1970, 827; BGH BauR 1973, 60 = Betrieb 1973, 129 = MDR 1973, 210 = BB 1973, 65 = WM 1973, 311 = LM § 319 BGB Nr. 13),

wobei im Streitfall die Feststellungen durch gerichtliches Urteil ersetzt werden (BGH WM 1984, 64 m. w. N.). **Offenbar unrichtig** ist ein Schiedsgutachten, **wenn sich** der **Fehler dem sachkundigen und unbefangenen Beobachter** – wenn auch möglicherweise erst nach eingehender Prüfung – **aufdrängt** (BGH VersR 1963, 390; BB 1968, 316; ferner BGH NJW 1958, 2067; LM § 317 BGB Nr. 8; Betrieb 1970, 827; BGH BauR 1973, 60 = Betrieb 1973, 129 = MDR 1973, 210 = BB 1973, 65 = WM 1973, 311 = LM § 319 BGB Nr. 13; vgl. auch OLG Düsseldorf BauR 1984, 178 zur Frage der offenbaren Unrichtigkeit eines Schiedsgutachtens zum Trittschallschutz). Nach der zuletzt genannten BGH-Entscheidung liegt z. B. eine offenbare Unrichtigkeit des Schiedsgutachtens vor, wenn es einen Konstruktionsfehler als gegeben ansieht, in Wirklichkeit aber der „Mangel" auf einem Bedienungsfehler beruht. Von einer **offenbaren Unrichtigkeit** muß **auch** ausgegangen werden, **wenn die Feststellungen** des Schiedsgutachters **nicht nachprüfbar** sind, weil die dem Schiedsgutachten zugrunde gelegten Faktoren für die Bestimmung der Leistung überprüfbar sein müssen (BGH NJW 1977, 801 = MDR 1977, 660 = BB 1977, 415 = LM § 317 BGB Nr. 18). Gleiches trifft zu, wenn die Ausführungen des Sachverständigen so **lückenhaft** sind, daß selbst der Fachmann das Ergebnis aus dem Zusammenhang des Gutachtens nicht überprüfen kann (BGH Betrieb 1988, 752 = ZIP 1988, 162 = WM 1988, 276 = Schlosser EWiR § 319 BGB 1/88, 339 = MDR 1988, 381 = NJW-RR 1988, 506).

61 **Schiedsgutachter** selbst können ihr Gutachten **weder anfechten noch** deren **Unwirksamkeit geltend machen;** hierzu sind **nur die Parteien** befugt. Die Schiedsgutachter haben aber gegenüber den Parteien eine **nachvertragliche Pflicht** und auch das Recht **zur Aufklärung über von ihnen nachträglich erkannte Umstände,** die zu einer Anfechtung oder zu einer Unverbindlichkeit des Schiedsgutachtens führen können (zutreffend Döbereiner VersR 1983, 712).

62 Ob eine offenbare Unrichtigkeit vorliegt, beurteilt sich nach dem Sach- und Streitstand, der dem Schiedsgutachter unterbreitet worden ist (BGH NJW 1979, 1885 = BB 1979, 495 = LM § 319 BGB Nr. 23; BGH NJW-RR 1987, 21 = Sieben EWiR § 318 BGB 1/87, 227. Die Frage der offenbaren Unrichtigkeit beurteilt sich nach dem Gesamtergebnis des Gutachtens; wirken sich darin enthaltene Fehler teils wertmindernd und teils werterhöhend aus und heben sie sich weitgehend auf, kann nicht von einer offenbaren Unrichtigkeit gesprochen werden (BGH NJW-RR 1987, 21 = Sieben EWiR § 318 BGB 1/87, 227). **An die Voraussetzungen einer offenbaren Unrichtigkeit sind allerdings strenge Anforderungen zu stellen;** anderenfalls würde der mit der Bestellung eines Schiedsgutachters verfolgte Zweck, ein möglicherweise langwieriges und kostspieliges Prozeßverfahren zu vermeiden, in Frage gestellt (BGH BauR 1973, 60 = Betrieb 1973, 129 = MDR 1973, 210 = BB 1973, 65 = WM 1973, 311 = LM § 319 BGB Nr. 13). Beim Streit der Parteien über die offenbare Unrichtigkeit ist eine gerichtliche Beweiserhebung darüber nur geboten, wenn Tatsachen behauptet werden, die für das Gericht schlüssig Mängel an der Bestimmung des Schiedsgutachters ergeben (BGH NJW 1984, 43 = ZIP 1983, 1342 = WM 1983, 1206 = MDR 1984, 224 = BB 1984, 567 = LM § 319 BGB Nr. 26). Bei Vorliegen offenbarer Unrichtigkeit ist **für die Vertragspartner** die Feststellung der in Nr. 3 angeführten Prüfungsstelle **nicht verbindlich.** Die Leistung wird dann erst mit dem gerichtlichen Bestimmungsurteil fällig (OLGZ 66, 15).

63 Das Fehlen eines vereinbarten Schiedsgutachtens ist im Prozeß nicht von Amts wegen, sondern nur auf die Einrede des Gegners hin zu beachten (OLG Frankfurt VersR 1982, 759).

Zur gerichtlichen Nachprüfbarkeit von Schiedsgutachten s. auch Bulla NJW 1978, 397. Aus einer bauvertraglichen Bestimmung, daß das Gutachten eines Sachverständigen bzw. eines Schiedsgutachters für beide Vertragspartner verbindlich sein soll, läßt sich allein nicht entnehmen, daß sie eine **gerichtliche Nachprüfung** darüber, ob das Schiedsgutachten offenbar unrichtig ist, abweichend von den vorgenannten allgemeingültigen Grundsätzen **haben ausschließen wollen** (OLG Celle NdsRpfl. 1966, 105). Vielmehr müssen, um dies annehmen zu können, noch weitere, eindeutig in diese Richtung weisende Umstände hinzutreten.

3. Zum **rechtlichen Gehör bei Schiedsgutachten** vgl. Habscheid KTS 1970, 11 m. w. N. Die Schiedsgutachter müssen nicht nur rechtliches Gehör gewähren, sondern vor allem auch **unabhängig** sein, ihre Rechtsmacht als Schiedsgutachter ist durch Parteiauftrag begrenzt; alles dieses ist für die rechtsstaatliche Ausgestaltung des Schiedsgutachtervertrages unbedingt notwendig (Habscheid in Festschrift für Laufke 1971, 303). **Unverbindlich** sind die Feststellungen der Prüfungsstelle deshalb vor allem auch, wenn diese **einer der Vertragsparteien zugehört, sie also nicht Dritter im Sinne der §§ 317 ff. BGB** ist, es sei denn, daß die Parteien Abweichendes vertraglich vereinbart haben (vgl. BGH, Urt. vom 16. 3. 1970 – VII ZR 136 und 212/68 –). Im Falle vorwerfbarer Verletzung der Verpflichtung zur Neutralität durch den Schiedsgutachter kommt eine Kündigung des Schiedsgutachtervertrages aus wichtigem Grund in Betracht (vgl. BGH Betrieb 1980, 967). Eine Partei kann von dem im Schiedsgutachtervertrag vorgesehenen Recht, den Sachverständigen wegen Besorgnis der Befangenheit abzulehnen, rechtswirksam Gebrauch machen, wenn dieser während der Erarbeitung des Gutachtens als von der Gegenpartei bestellter Beisitzer in einem Schiedsgericht tätig wird (BGH NJW 1972, 827). Im ordentlichen Prozeßverfahren muß auch die etwaige Ablehnung eines Schiedsgutachters verfolgt werden, da die §§ 1032, 1045 ZPO hier nicht anwendbar sind (OLG München BB 1976, 1047).

4. Können sich die Parteien eines Schiedsgutachtervertrages über die Modalitäten bzw. Einzelheiten der Bestimmung durch den Schiedsgutachter nicht einigen, so können sie dies im Wege der Feststellungsklage vom ordentlichen Gericht klären lassen (BGH JZ 1982, 429 = Betrieb 1982, 1270 = WM 1982, 543 = MDR 1982, 928 = NJW 1982, 1879 = LM § 1027 a ZPO Nr. 2).

Fällt der ursprünglich vereinbarte Schiedsgutachter weg und vermögen sich die Beteiligten über die Person eines im Vertrag ersatzweise dafür vorgesehenen Dritten (z. B. eine „andere amtliche Schätzstelle") nicht zu einigen, so wird die geschuldete Leistung in entsprechender Anwendung des § 319 Abs. 1 Satz 2 Halbsatz 2 BGB durch gerichtliches Urteil bestimmt (BGHZ 57, 47 = NJW 1971, 1838 = MDR 1971, 832 = JZ 1971, 694 = WM 1971, 1018 = LM § 319 BGB Anm. Rothe). Ebenso trifft das zu, wenn ein Vertragspartner die Anrufung eines Schiedsgutachters verweigert, obwohl die Voraussetzungen dafür vorliegen (vgl. BGH NJW 1979, 1543). Gleiches gilt, wenn in einem Schiedsgutachtervertrag der Einholung des Gutachtens ein obligatorisches Sühneverfahren vorgeschaltet ist und der dabei als Vermittler Eingesetzte es ablehnt, einen Vergleichsvorschlag zu machen; dann ist die Tätigkeit des Vermittlers, wenn er die erforderliche umfassende Sachkunde für den Streitfall besitzt, grundsätzlich unerläßlicher Anknüpfungspunkt für die Tätigkeit des Schiedsgutachters; fehlt er, so ist das Schiedsgutachten von vornherein mit Risiken belastet, die einen Streit über seine offenbare Unrichtigkeit geradezu hervorrufen (vgl. BGH NJW 1978, 631 = BB 1978, 329 = MDR 1978, 659).

Werden zwei Schiedsgutachter bemüht und weichen deren Schätzungen so sehr voneinander ab, daß entweder eine der beiden oder beide Schätzungen offenbar unrichtig sein müssen, ist im allgemeinen nicht der Mittelwert maßgebend, sondern die Leistung gemäß § 319 BGB durch Urteil zu bestimmen (vgl. BGHZ JZ 1965, 59). Im übrigen können Parteien, die einen Schiedsgutachter bestellt haben, gegen ihn aus Fehlern des Gutachtens nur Ansprüche herleiten, wenn das Gutachten offenbar unrichtig ist, dem Schiedsgutachter also ein **grober Verstoß** gegen die anerkannten fachwissenschaftlichen Regeln vorzuwerfen ist (vgl. BGH VersR 1965, 619 = NJW 1965, 1523). Siehe dazu auch RG JW 1933, 217.

68 Zum Schiedsgutachten siehe auch Bleutge GewA 1978, 145; Volmer BB 1984, 1010; vgl. ferner Teil B § 4 Rdn. 311.

V. Nr. 3 bezieht sich nur auf gütliche Beilegung von Meinungsverschiedenheiten

69 Wie sich aus dem Wortlaut der **Nr. 3** ergibt, kommt diese Regelung **nur zum Zwecke einer gütlichen Beilegung von Meinungsverschiedenheiten zwischen den Vertragspartnern auf außergerichtlichem Wege** in Betracht. **Sie scheidet also aus, wenn es bereits zum Rechtsstreit in der streitigen Frage gekommen** ist (offengelassen vom BGH, Urt. vom 5. 10. 1967 – VII ZR 64/65 –). **Dann** sind für das Verfahren die **Vorschriften der Zivilprozeßordnung** allein **maßgebend,** insbesondere auch zur Beweiserhebung und zur Beweiswürdigung. Über den Streitstoff hat dann das Gericht zu befinden. Es geht z. B. nicht an, auf Antrag einer Partei das bereits schwebende Prozeßverfahren auszusetzen, um dieser Gelegenheit zu geben, das Schiedsgutachten **nach Nr. 3** einzuholen, zumal der hier erörterte Fall von den §§ 356, 431 ZPO nicht erfaßt ist. Geschieht das dennoch, handelt es sich um ein reines **Privatgutachten** der betreffenden Partei, an das **weder der Gegner noch das Gericht gebunden** sind. Andererseits ist das Gericht nicht gehindert, im Prozeßverfahren von sich aus ein Sachverständigengutachten einer staatlichen oder staatlich anerkannten Materialprüfungsstelle gemäß §§ 402 ff. ZPO einzuholen, dessen Ergebnis dann nach § 286 ZPO zu würdigen ist.

VI. Kostenregelung

70 Nach Nr. 3 Satz 2 hat der **unterliegende Vertragsteil die Kosten der Prüfungsstelle für deren im Rahmen des Satzes 1 erfolgte Tätigkeit zu tragen.** Das ist der Vertragspartner, dessen Behauptungen im Rahmen der Meinungsverschiedenheit durch die Feststellungen der Prüfungsstelle **nicht bestätigt** werden. Bei dieser **vertraglichen Kostenregelung** wird den Grundsätzen gefolgt, wie sie im Zivilprozeßrecht nach § 91 ZPO maßgebend sind. Man wird daher auch § 92 ZPO entsprechend zur Anwendung bringen und die Kosten aufteilen müssen, wenn die Feststellungen der Prüfungsstelle die Auffassungen des Vertragspartners nur teilweise bestätigen.

71 Andererseits gilt für das Prozeßverfahren selbst: Die Kosten eines Schiedsgutachtens sind keine erstattungsfähigen Kosten i. S. des § 91 ZPO; das gilt, wenn das Schiedsgutachten erst während des Rechtsstreits eingeholt wird (OLG Düsseldorf MDR 1982, 674).

E. Grundsätzlich keine Befugnis des Auftragnehmers zur Arbeitseinstellung (Nr. 4)

72 **Nach Nr. 4 ist der Auftragnehmer nicht berechtigt, bei Streitfällen die Arbeiten einzustellen.** In besonders gelagerten Einzelfällen sind jedoch **Ausnahmen** zuzulassen, **wenn bei objektiver Betrachtung die Leistungsfortführung nach den Grundsätzen von Treu und Glauben für den Auftragnehmer unzumutbar ist** (ebenso Locher, Das private Baurecht, Rdn. 472), was vor allem bei grob schuldhafter Pflichtverletzung des Auftraggebers in Betracht kommen kann.

73 Insoweit muß aber ein **strenger Maßstab** angelegt werden. Voraussetzung ist immer, daß ein auf grobes **Verschulden des Auftraggebers** zurückgehendes Vorkommnis vorliegt, das **bei objektiver Bewertung mit Recht zur völligen Zerstörung des** zwischen dem Auftraggeber und dem Auftragnehmer vorauszusetzenden **Vertrauensverhältnisses** geführt hat. Für das Vorliegen solcher Umstände ist der **Auftragnehmer beweispflichtig,** so daß schon insofern für ihn **besondere Vorsicht geboten** ist, will er nicht entscheidende, von ihm sicher nicht gewollte Rechtsnachteile erleiden.

Allerdings hat der Auftragnehmer kraft ausdrücklicher vertraglicher Vereinbarung ausnahmsweise eine Befugnis zur Arbeitseinstellung während der Ausführung der ihm vertraglich übertragenen Arbeiten, **wenn** der Auftraggeber **fällige Zahlungen trotz Inverzugsetzung durch den Auftragnehmer nicht leistet.** Dies ergibt sich aus **Teil B § 16 Nr. 5 Abs. 3 Satz 3** (vgl. dazu Teil B § 16 Rdn. 307 ff.).

Nr. 4 beschränkt sich nicht nur auf Meinungsverschiedenheiten nach Maßgabe der Nr. 2 und 3. Sie ist vielmehr **auf alle Fälle auszudehnen, in denen ein Streit besteht, auch wenn es sich um einen Rechtsstreit handelt.** Befolgt der Auftragnehmer dieses Gebot nicht, bestimmen sich die Rechte des Auftraggebers nach den sonstigen Regelungen der Allgemeinen Vertragsbedingungen, insbesondere nach Teil B § 5 Nr. 4 sowie § 8 Nr. 3.

F. Exkurs: Der Bauprozeß

I. Allgemeines

Die **VOB** trifft **keine Bestimmungen über Einzelheiten des Bauprozesses.** Dies ist auch durchaus verständlich, da sie – **vor allem ihr Teil B** – eine **rein materiellrechtlich-vertragliche Regelung** ist. Kommt es zu einem Bauprozeß, regeln sich die prozessualen Verhältnisse zwischen den Parteien, vor allem deren **Rechte und Pflichten,** dabei besonders auch die **Verfahrensvoraussetzungen und der Verfahrensgang,** im einzelnen **nach den Vorschriften der Zivilprozeßordnung (ZPO).** Diese sind hier genauso maßgebend wie in jedem anderen Zivilprozeß.

Allerdings wirft der **Bauprozeß** seine **besonderen Probleme** auf, die im wesentlichen darauf beruhen, daß bei bauvertraglichen Beziehungen **rechtliche und technische sowie baubetriebliche Probleme miteinander verknüpft** sind. Hier treffen sich **verschiedene Fachgebiete.** Der Techniker bzw. der Baubetriebswirt kennt im allgemeinen vor allem die verfahrensrechtlichen juristischen Fragen wenig, die juristische Denkweise ist ihm hier weitgehend fremd. Umgekehrt ist der Jurist – vornehmlich der Anwalt und der Richter – zu wenig mit technischen sowie baubetrieblichen Fragen und Einsichten vertraut, und es bereitet ihm Schwierigkeiten, sich hier hineinzufinden. Berücksichtigt man weiter die gerade für Bausachen bisher noch nicht hinreichend ausgeräumte Schwerfälligkeit unseres zivilprozessualen Verfahrens, ist oft genug die „Verwirrung komplett". Nicht selten kommen dabei für die Parteien (Auftraggeber und/oder Auftragnehmer) bei der ihnen eigenen Denkweise und daher verständlicherweise **überraschende Ergebnisse** heraus, durch die hin und wieder auch die eigentlichen, außerhalb des Juristischen liegenden Probleme im Einzelfall nicht hinreichend gelöst werden; außerdem können durch das gerichtliche Verfahren – möglicherweise durch mehrere Instanzen – **nicht unerhebliche Kosten** entstehen.

In **einzelnen Fällen,** ohne daß dieses jedoch die Regel sein sollte, kann die Durchführung eines **Schiedsgerichtsverfahrens** (vgl. dazu Teil A § 10 Rdn. 50 ff.), vor allem bei höheren Streitwerten, durchaus sinnvoller sein, wobei allerdings, sofern auch technische und/oder baubetriebliche Fragen zu beurteilen sind – ausgehend von drei Schiedsrichtern –, jedenfalls einer der Schiedsrichter (Beisitzer) ein hervorragender Techniker oder Baubetriebswirt (also kein Jurist) aus dem jeweiligen Sachgebiet sein sollte. Ob und inwieweit ein Schiedsgerichtsverfahren zum Erfolg führt, insbesondere auch im Hinblick auf die allgemeine Anerkennung der Zweckmäßigkeit und Sachgerechtheit eines Schiedsgerichtsverfahrens in Bausachen, hängt weitgehend von den beteiligten Vertragspartnern ab. Dazu ist nämlich die Einsicht erforderlich, daß nur völlig unabhängige Schiedsgerichte geeignet sind, eine den staatlichen Gerichten vergleichbare, von keinerlei Interessen beeinflußte Entscheidung zu treffen.

Dazu näher und eingehend Franzen NJW 1986, 299, dem voll zuzustimmen ist; ebenso Schlosser ZIP 1987, 492; ders. ZZP 1980, Bd. 93, 121. Besorgnis der Befangenheit eines Schiedsrichters ist in der Regel anzunehmen, wenn ein staatliches Gericht, ausgehend vom richtigen Sachverhalt, die Ablehnung des Schiedsrichters mit vertretbaren Erwägungen für begründet erklärt (vgl. OLG Düsseldorf SFH § 1045 ZPO Nr. 1). Ein hauptberuflich als Schiedsrichter tätiger Rechtsanwalt kann wegen Besorgnis der Befangenheit abgelehnt werden, wenn er den Bevollmächtigten einer Partei des Schiedsgerichtsverfahrens zuvor in einem anderen Rechtsstreit persönlich angegriffen und verletzt hat (LG Duisburg ZIP 1982, 279). Der Streitwert eines solchen Ablehnungsverfahrens entspricht in aller Regel dem Wert des Hauptsache (OLG Düsseldorf ZIP 1982, 225).

Über die durchaus zu begrüßenden Versuche zur Streitbeilegung in Bausachen durch **Bau-Schlichtungsstellen** vgl. Gottwald/Pfett/Schmidt-v. Rhein NJW 1983, 665.

79 Der Verfasser dieses Kommentars kann nach seiner Erfahrung sowohl der Auftraggeber- als auch der Auftragnehmerseite nur den gutgemeinten Rat geben, lediglich im äußersten Fall den Bauprozeß oder ein Schiedsgerichtsverfahren anzustrengen und zumindest zunächst zu versuchen, eine außergerichtliche Einigung mit dem Vertragspartner herbeizuführen. Dies hat allerdings zur grundlegenden Voraussetzung, daß sich Auftragnehmer- und Auftraggeberseite **vertrauensvoll gegenüberstehen, also füreinander Verständnis haben und „jedem das Seine zu geben" gewillt sind.** Das ist weitgehend u. a. davon abhängig, wieweit die finanziellen Voraussetzungen auf seiten des Auftraggebers und die notwendigen wirtschaftlichen und technischen sowie sonstigen baubetrieblichen Voraussetzungen auf seiten des Auftragnehmers gegeben sind. Niemand sollte ohne ausreichende Mittel bauen, kein Unternehmer sollte sich ohne hinreichende wirtschaftliche und technische Sicherung auf dem Baumarkt betätigen. Dies dürfte ein allgemeingültiger Erfahrungssatz sein. Nicht zuletzt hängt hier die Entwicklung in der Zukunft davon ab, ob und inwieweit das überkommene Bild des Auftraggebers als des an der Bauerstellung selbst interessierten Bauherrn und des Auftragnehmers als des an einer fachlichen Leistung interessierten selbständigen fachkundigen Technikers und Baukaufmanns erhalten bleibt.

II. Verfahrensrechtliche Ergänzungen zu den Einzelkommentierungen

80 Ist im Einzelfall ein Bauprozeß unvermeidlich, so ist zunächst darauf hinzuweisen, daß die **jeweils verfahrensrechtlich maßgebenden Gesichtspunkte bei den betreffenden Einzelkommentierungen des materiellen Rechts mitbehandelt worden sind,** so daß darauf zur Vermeidung von Wiederholungen verwiesen werden kann. Die verfahrensrechtliche Situation richtet sich nämlich grundsätzlich nach der jeweiligen materiellen Rechtslage und nicht umgekehrt. Daher genügt es, noch auf die nachfolgenden Gesichtspunkte hinzuweisen.

1. Beweissicherungsverfahren

81 a) Vielfach ist es richtig und angebracht, dem eigentlichen Prozeß ein sogenanntes **Beweissicherungsverfahren** voranzustellen, vor allem, um den gegenwärtigen Zustand des streitigen Objektes und dessen Auswirkungen in bezug auf die Verantwortlichkeit sowie die an Ort und Stelle zu treffenden Maßnahmen rechtzeitig feststellen zu lassen. Dies ist allerdings grundsätzlich auch noch während eines anhängigen Prozesses möglich; anders jedoch, wenn das Prozeßgericht die Erhebung der betreffenden Beweise bereits angeordnet hat (OLG Düsseldorf JurBüro 1981, 616). Das Vorgehen im Wege des Beweissicherungsverfahrens setzt aber sowohl bei dem Antragsteller (vor allem dessen Anwalt) als auch beim Richter die ausreichende **Kenntnis der Möglichkeiten und Grenzen** dieses Verfahrens im Rahmen der ZPO voraus. Hierzu sollte man sich zunächst die Ausführungen von Kroppen/Heyers/Schmitz, Beweissicherung im Bauwesen (1982, Bauverlag Wiesbaden), von Wussow, Das gerichtliche Beweissicherungsverfahren in Bausachen (1979, Verlagsgesellschaft R. Müller, Köln), ders. vorher

in NJW 1969, 1401 ff. sowie von Motzke, Die Vorteile des Beweissicherungsverfahrens in Baustreitigkeiten (1981, Weka-Verlag, Kissing) zu eigen machen. Dazu weiter Weyer NJW 1969, 2233, dessen Kritik beizutreten ist; grundlegend Heyers BauR 1985, 613; ferner Locher, Das private Baurecht, Rdn. 506 ff. sowie insbesondere Werner/Pastor, Der Bauprozeß, Rdn. 1 ff. m. w. N. Die gegenwärtige gesetzliche Regelung zum Beweissicherungsverfahren in den §§ 485 ff. ZPO **bedarf dringend der Reform** , da sie u. a. die gerade für Bausachen wichtigen Zulässigkeitsvoraussetzungen, die Sachverständigenbegutachtung sowie vor vorprozessualen Möglichkeiten gütlicher Beilegung von Meinungsverschiedenheiten oder Streitigkeiten nicht hinreichend berücksichtigt. Zu der in Vorbereitung befindlichen Änderung bzw. Ergänzung der §§ 485 ff. ZPO vgl. Koeble BauR 1988, 302 ff. sowie Lindemann ZRP 1988, 248.

Ist bereits ein Prozeß anhängig, für den der zu sichernde Beweis eine Rolle spielt, und hat das Gericht in diesem Prozeß noch keine Beweiserhebung angeordnet, ist das Beweissicherungsgesuch bei dem betreffenden Prozeßgericht anzubringen (§ 486 Abs. 1 ZPO). Ist ein Hauptprozeß noch nicht anhängig, so ist nach § 486 Abs. 2, 3 ZPO sowohl das Amtsgericht zuständig, in dessen Bezirk der vom Antragsteller benannte Sachverständige seinen Wohnsitz hat, als auch das Amtsgericht, in dessen Bezirk sich die von dem Sachverständigen zu besichtigende Sache (das Bauwerk) befindet (OLG München Rpfl. 1986, 263 = NJW-RR 1986, 1189). 82

b) Der zulässige Rahmen eines Beweissicherungsverfahrens ist durch die in § 485 ZPO aufgezeigten drei Möglichkeiten abgesteckt. Die zweite Möglichkeit (Besorgnis des Verlustes des Beweismittels oder der Erschwerung seiner Benutzung) liegt in Bausachen grundsätzlich auch vor, wenn der Auftraggeber selbst oder durch einen Dritten die Mängel beseitigen will und es ihm nicht zumutbar ist, damit länger zuzuwarten, was häufig der Fall ist (zutreffend u. a. Werner/Pastor Rdn. 15; Kroppen/Heyers/Schmitz Rdn. 147 ff.). Die teilweise vertretene Ansicht, daß von der zweiten Möglichkeit nicht die Feststellung der erforderlichen Kosten der Mängelbeseitigung erfaßt sei (so OLG Düsseldorf BauR 1978, 506 m. w. N.; vgl. auch LG Heilbronn BauR 1980, 93; LG Hamburg BauR 1986, 491; LG Stuttgart BauR 1988, 250; ferner Kroppen/Heyers/Schmitz Rdn. 612 ff. m. w. N.), zumal dies im späteren Hauptprozeß wesentlich zeitnäher erfolgen könne, kann so nicht mehr aufrechterhalten werden. Vielmehr sind **auch die Kosten der Mängelbeseitigung mit einzubeziehen, sofern der Antragsteller darlegt und glaubhaft macht, daß er die alsbaldige Mängelbeseitigung durch einen anderen Unternehmer vornehmen lassen will und dazu auch Tatsachen vorbringt und glaubhaft macht, aus denen sich ergibt, daß die Voraussetzungen für eine Nachbesserungsleistung durch einen anderen Unternehmer (vgl. Teil B § 13 Nr. 5 Abs. 2) vorliegen** (vgl. dazu auch Werner/Pastor Rdn. 21; Hesse BauR 1984, 23; OLG Frankfurt BauR 1987, 595). Nicht kommt dagegen der Einbezug von außerhalb der Mängelbeseitigung im angegebenen Rahmen liegenden Kosten bzw. Beträgen, wie z. B. zur Frage etwaiger Wertminderung, sei es für den Bereich der Minderung, sei es für den Rahmen von Schadensersatzansprüchen, in Betracht (zutreffend Werner/Pastor Rdn. 23; Motzke Rdn. 214 f.). Nicht in die zweite Möglichkeit läßt sich der Gesichtspunkt drohender Verjährung einordnen, da hierdurch nicht das Beweismittel als solches ergriffen ist, sondern nur dessen Benutzbarkeit (Kroppen/Heyers/Schmitz Rdn. 144 ff.; LG Amberg BauR 1984, 93; jetzt auch Werner/Pastor Rdn. 15). Die dritte Möglichkeit (Feststellung des gegenwärtigen Zustandes) ergreift nicht Fragen nach Verstößen gegen anerkannte Regeln der Bautechnik, notwendigen Mängelbeseitigungsmaßnahmen und Mängelbeseitigungskosten, sie erfaßt somit lediglich die tatsächliche Zustandsfeststellung – auch durch nähere Untersuchung im Inneren; a. A. insoweit Wussow a. a. O.; wie hier u. a. Weyer NJW 1969, 2233; Hesse BauR 1984, 23 m. w. N. – als solche (OLG Düsseldorf a. a. O.; LG Heilbronn a. a. O.; LG Amberg a. a. O.). Die Feststellung des gegenwärtigen Zustandes ergreift an sich vom Begrifflichen her nicht schon die Ermittlung von Mängelursachen. Dennoch wird diese weitgehend, und zwar zwangsläufig, durch die Zustandsfeststellung, vor allem im Rahmen näherer Untersuchung, erreicht (vgl. dazu Hesse BauR 1984, 23). 83

84 Zur Darlegungslast des Antragstellers vgl. LG Heilbronn a. a. O.; dabei kommt es für die Beurteilung auf den inneren Zusammenhang zwischen dem Beweissicherungsantrag und den Gründen des Antrages an. Zu diesen Fragen vgl. vor allem auch Schmitz (BauR 1980, 95, Anmerkung zur vorgenannten Entscheidung des LG Heilbronn), jedoch zu eng, soweit er die Anforderungen an zulässige Beweissicherungsanträge denjenigen an die Beweisanträge im ordentlichen Prozeß gleichsetzen will, da das Beweissicherungsverfahren lediglich der vorläufigen Feststellung von gegebenenfalls noch endgültig im Prozeß zu bewertenden Tatsachen dient. Daher: Im Beweissicherungsantrag dürfen an die Substantiierungspflicht des Antragstellers keine überspannten Anforderungen gestellt werden, weil der Sachverständige in diesem Verfahren die Aufgabe hat, die für einen bautechnischen Laien nicht erkennbaren Fehler zu ermitteln; jedoch muß er jedenfalls die äußere Erscheinungsform des Mangels darlegen (vgl. OLG Köln SFH § 640 BGB Nr. 13; OLG München SFH § 487 ZPO Nr. 4 mit zutreffender Anmerkung von Hochstein). Nicht zu folgen ist daher auch dem LG Frankenthal (MDR 1984, 854), wonach ein Beweissicherungsantrag auf Feststellung des gegenwärtigen Zustandes mangels rechtlichen Interesses unzulässig sein soll, wenn mit einer Veränderung der Sache nicht zu rechnen ist (was im Bereich einer Beweissicherung nicht ohne weiteres zwingend feststellbar ist) und der Antrag nur bezweckt, die Erfolgsaussichten einer Klage zu prüfen; insofern kann auch nicht von Ausforschungsbeweis gesprochen werden.

85 c) **Auch im Beweissicherungsverfahren hat der Antragsgegner Anspruch auf rechtliches Gehör** (vgl. auch OLG München Rpfl. 1986, 263 = NJW-RR 1986, 1189); falls ihm dieses – vor oder nach Erlaß des Beweissicherungsbeschlusses – versagt worden ist, ist seine dagegen gerichtete Beschwerde in einen Antrag auf Aufhebung bzw. Änderung des Beweissicherungsbeschlusses umzudeuten; insofern kann er sich jedoch nur darauf berufen, die Voraussetzungen für den Erlaß eines Beweissicherungsbeschlusses (§§ 485 ff. ZPO) seien nicht gegeben, vor allem auch, der Antrag des Antragstellers genüge nicht den Erfordernissen der Bestimmtheit (vgl. OLG Karlsruhe BauR 1983, 188 = SFH § 490 ZPO Nr. 1 = MDR 1982, 1026). Eine solche Beschwerde hat keine aufschiebende Wirkung (a. a. O.).

86 d) Über **Förderungspflichten** des Antragstellers und/oder des Antragsgegners im Zusammenhang mit der Durchführung der Beweisaufnahme, insbesondere die **Bereitstellung des Objektes** für den Augenschein und die Ortsbesichtigung durch den Sachverständen, zutreffend Heyers/Kroppen/Schmitz Rdn. 444 ff.

87 e) Zur Frage, unter welchen Voraussetzungen ein im Beweissicherungsverfahren erstattetes schriftliches Sachverständigengutachten verwertet werden kann, BGH VersR 1970, 857. Ist die Gewährung rechtlichen Gehörs wesentlicher Grundsatz eines Beweissicherungsverfahrens, so bewirkt die Nichtbenachrichtigung einer oder beider Parteien durch den Sachverständigen von dem vorgesehenen Ortstermin, daß sein Gutachten nicht gegen den dadurch Benachteiligten verwertet werden kann (OLG Köln Betrieb 1974, 1111 = VersR 1974, 1089 [L] = JMBl. NW 1974, 137). Im übrigen wirken die Feststellungen der Beweissicherung nur zwischen den am betreffenden Verfahren als Antragsteller und Antragsgegner Beteiligten, soweit es die unmittelbare Benutzung im – oftmals späteren – Prozeß angeht (§ 493 ZPO). Allerdings kann ein Beweissicherungsgutachten in einem Rechtsstreit zwischen anderen Parteien als Urkundenbeweis verwertet werden, und zwar im Wege der freien Beweiswürdigung (§ 286 ZPO), weswegen dann auch eine Ablehnung des Sachverständigen (vgl. Rnd. 22 b) grundsätzlich nicht in Betracht kommt (OLG Frankfurt MDR 1985, 853).

88 f) Dagegen ist auf der Grundlage der bisherigen gesetzlichen Regelung eine Streitverkündung (z. B. an den Nachunternehmer) nicht möglich, da § 72 ZPO einen anhängigen Rechtsstreit voraussetzt, der in einem Beweissicherungsverfahren als solchem nicht schon gesehen werden kann (vgl. LG Köln BauR 1980, 97; LG Bremen MDR 1984, 237; Postelt BauR 1980,

33; a. A. Mickel BB 1984, 438; Werner/Pastor Rdn. 39; Baden BauR 1984, 306). Jedoch ist es ohne weiteres möglich, von seiten sowohl des Antragstellers als auch des Antragsgegners einen Dritten in das Verfahren einzubeziehen (Baden a. a. O., Anm. zu LG Bonn a. a. O.).

g) Zum Beweissicherungsverfahren siehe auch Teil B § 4 Rdn. 311 und § 13 Rdn. 376 ff. Über die Antragsbefugnis des Wohnungseigentümers zur Beweissicherung im Hinblick auf Mängel des Gemeinschaftseigentums s. Teil A Anh. Rdn. 273 ff. Zur Beendigung der Zuständigkeit des Amtsgerichts im Beweissicherungsverfahren vgl. OLG München OLGZ 1982, 500.

h) Im Beweissicherungsverfahren findet gegenwärtig § 404 Abs. 1 Satz 1 ZPO grundsätzlich keine Anwendung, wonach im normalen Beweisaufnahmeverfahren die Auswahl des Sachverständigen vom Gericht erfolgt. Vielmehr muß das Gericht den vom Gesuchsteller gemäß § 487 Nr. 3 ZPO benannten Sachverständigen bestellen, was auch für einen etwaigen Wechsel des Sachverständigen gilt, falls das Gutachten noch nicht erstattet ist (LG Berlin BauR 1987, 241). Dabei muß der bei Gericht einzureichende Beweissicherungsantrag grundsätzlich den zu beauftragenden Sachverständigen bezeichnen; es ist ausnahmsweise aber auch hier möglich, die Auswahl des Sachverständigen ausdrücklich dem Gericht oder einer sonstigen dritten Stelle zu überlassen (zutreffend LG Köln NJW 1978, 1866 = MDR 1978, 235; auch Schmid JR 1982, 321). Der Antragsteller ist hinsichtlich der Benennung des Sachverständigen nicht an § 404 Abs. 2 ZPO gebunden; jedoch kann es für die Beweiswürdigung im späteren Prozeß eine Rolle spielen, wenn im Beweissicherungsverfahren ein nicht öffentlich bestellter und vereidigter Sachverständiger das Gutachten erstattet hat (OLG München ZSW 1980, 217).

i) An sich gäbe es für den Antragsgegner, legt man den für das Beweissicherungsverfahren jedenfalls mit ausschlaggebenden Gedanken der Beschleunigung zugrunde, keine Ablehnung des Sachverständigen wegen **Besorgnis der Befangenheit** (so OLG Frankfurt SFH Z 2.321 Bl. 19 ff.; OLG Oldenburg MDR 1977, 499). Daraus ergibt sich aber andererseits zugleich, daß eine **Ablehnung doch zulässig ist, wenn im konkreten Fall gegenwärtig eine Vereitelung des Zweckes der Beweissicherung nicht zu befürchten ist,** was in bauvertraglichen Angelegenheiten sogar regelmäßig so sein dürfte (wie hier OLG Düsseldorf BauR 1985, 725 = ZIP 1985, 1290 = SFH § 406 ZPO Nr. 4 = NJW-RR 1986, 63 = Vygen EWiR § 406 ZPO 1/85, 717; im Ergebnis jedenfalls ähnlich OLG Karlsruhe NJW 1958, 188; OLG Neustadt NJW 1964, 2425; OLG Frankfurt BauR 1978, 416, hier für den Fall der vordringlichen Nachbesserung; OLG Düsseldorf BauR 1982, 306, allerdings ohne eindeutige Grenzziehung; zu weitgehend wohl OLG München MDR 1976, 851 und LG Köln MDR 1977, 57; Müller ZSW 1981, 291, 292 ff.; ders. a. a. O. 1982, 21; ebenfalls Motzke BauR 1983, 500, der die generelle Zulässigkeit der Ablehnung aus der Verweisung des § 492 ZPO auf u. a. § 406 ZPO herleitet, ohne dabei den Gesichtspunkt der Beschleunigung, insoweit vor allem auch im Zusammenhang mit jenen Fällen, in denen offensichtlich unbegründete Ablehnungsgesuche gestellt werden, ausreichend in die Überlegung einzubeziehen; vgl. ferner Hesse ZfBR 1983, 247 mit wohl ähnlichem Ergebnis wie hier; in dieser Richtung wohl auch Schulze NJW 1984, 1019). Die Ablehnung muß auch möglich sein, wenn es sich um einen offenkundig ungeeigneten Sachverständigen handelt, etwa weil er für den Antragsteller schon ein Privatgutachten erstattet hat (OLG Köln OLGZ 1972, 474). Die generelle Verneinung der Ablehnung des Sachverständigen durch das LG Berlin (NJW 1971, 251), das OLG München (BauR 1978, 503), das LG Dortmund (SFH § 487 ZPO Nr. 1) und auch Werner/Pastor (Der Bauprozeß, Rdn. 50 f.) sowie Locher, Das private Baurecht, Rdn. 511, berücksichtigt diese Ausnahmegesichtspunkte nicht hinreichend. Vgl. dazu auch Schneider MDR 1975, 353; Müller NJW 1982, 1961. Allein der Umstand, daß ein Sachverständiger im Beweissicherungsverfahren durch eine Partei im Beweissicherungsantrag benannt worden ist, rechtfertigt in den Augen einer objektiven, verständigen Partei nicht ohne weiteres die Besorgnis, dieser Sachverständige könne im Hauptverfahren nicht mehr unvoreingenommen tätig werden (OLG Köln SFH § 406 ZPO Nr. 1). Das trifft erst recht zu, wenn sich beide Parteien auf einen bestimmten Sachverständigen geeinigt haben; dann verlieren sie die ihnen bis dahin bekannten Ablehnungsgründe; gleiches gilt für Ablehnungsgründe für diejenige Partei, die eine ergänzende Begutachtung durch diesen Sachverständigen beantragt (vgl. OLG Bamberg ZSW 1984, 136 mit Anm. Müller).

92 Auch für die Ablehnung des im Beweissicherungsverfahren tätigen Sachverständigen gilt § 406 Abs. 2 Satz 1 ZPO, wonach das Ablehnungsgesuch vor Einreichung des schriftlichen Gutachtens bzw. – bei mündlicher Begutachtung – vor Anhörung des Sachverständigen eingereicht werden muß, es sei denn, es wird vom Ablehnenden glaubhaft gemacht, daß der Ablehnungsgrund nicht vorher geltend gemacht werden konnte (a. a. O. S. 2). Daher ist eine von einer Partei erst im anschließenden Hauptprozeß angebrachte Ablehnung unzulässig, wenn ihr die behaupteten Ablehnungsgründe schon während des Beweissicherungsverfahrens bekannt gewesen sind (OLG Düsseldorf BauR 1985, 725 = ZIP 1985, 1290 = SFH § 406 ZPO Nr. 4 = NJW-RR 1986, 63 = Vygen EWiR § 406 ZPO 1/85, 717). Der Grundgedanke der genannten Vorschrift, daß das Verfahren prozeßökonomisch gestaltet ist und „taktische" Überlegungen – vor allem im Hinblick auf den nachfolgenden Hauptsacheprozeß – ausgeschlossen werden sollen, gilt auch hier, weil das Beweissicherungsverfahren und das Hauptsacheverfahren in enger Verbindung stehen, wie vor allem auch § 493 Abs. 1 ZPO zeigt (OLG Düsseldorf BauR 1982, 306 = MDR 1982, 414 = JurBüro 1982, 1090; ebenso OLG Karlsruhe JurBüro 1983, 236 = OLGZ 1983, 326; OLG München NJW 1984, 1048; ebenso BauR 1985, 241; KG BauR 1985, 722; a. A. OLG München BauR 1982, 299 = NJW 1981, 2309 = OLGZ 1982, 93 = MDR 1982, 414 = JurBüro 1982, 1090 mit eingehender und zutreffender abl. Anm. von Kamphausen BauR a. a. O., ders. auch BauR 1984, 31; in diesem Sinne vor allem auch Müller NJW 1982, 1961 sowie ZSW 1983, 212 f. zu ebenfalls OLG München a. a. O. S. 208 und Motzke BauR 1983, 500; Hesse ZfBR 1983, 247; Schulze NJW 1984, 1019). Ist jedoch über die Ablehnung des Sachverständigen im Beweissicherungsverfahren nicht – mehr – entschieden worden, obwohl das betreffende Gesuch bereits angebracht worden war, so ist darüber dann im Hauptprozeß zu entscheiden; dies setzt allerdings voraus, daß das Ablehnungsgesuch spätestens in der Klageerwiderung erneut vorgebracht wird (insoweit zutreffend OLG München ZIP 1983, 1515). Ist dagegen im Beweissicherungsverfahren über die Ablehnung des Sachverständigen entschieden worden, so kann im Hauptprozeß zwischen denselben Parteien eine Ablehnung des Sachverständigen nur auf neue, nach Beendigung des Beweissicherungsverfahrens bekannt gewordene Tatsachen gestützt werden (vgl. OLG Frankfurt MDR 1985, 853).

93 Zur Ablehnung des Sachverständigen vgl. auch Teil A § 7 Rdn. 32 ff.

94 j) Dem Antragsgegner ist es trotz Anhängigkeit eines vom Antragsteller eingeleiteten Beweissicherungsverfahrens gestattet, seinerseits als Antragsteller auch ein Beweissicherungsverfahren in die Wege zu leiten. Das gilt nicht nur wegen Beweisfragen, die ganz oder teilweise von dem durch den Antragsteller erwirkten Beweissicherungsbeschluß nicht erfaßt sind, sondern auch für solche mit gleichen Beweisthemen, sofern diese nach dem Antrag des Antragsgegners und insoweit – jetzt – Antragstellers von einem anderen Sachverständigen beantwortet werden sollen (zutreffend u. a. Werner/Pastor Rdn. 77; Wussow a. a. O. S. 47; Kroppen/Heyers/Schmitz Rdn. 353 m. w. N.). Die gegenteilige Ansicht von Motzke (BauR 1983, 500), Hesse (ZfBR 1983, 247) überzeugt nicht. Es ist nicht einzusehen, warum der bisherige Antragsgegner nicht auch unter den gleichen Voraussetzungen wie der Antragsteller ein Beweissicherungsverfahren in die Wege leiten können soll, zumal es sich hier nicht um ein eigentliches – vor allem streitiges – gerichtliches Verfahren handelt, es daher dem Antragsgegner auf die gleiche Weise gestattet sein muß, seine Beweise bzw. Gegenbeweise ebenso zu sichern wie der An-

tragsteller. Das rechtfertigt sich in erster Linie aus § 487 Nr. 3 ZPO, ohne daß es entgegen Motzke (a. a. O.) auf den seit dem Jahre 1924 weggefallenen § 488 ZPO ankommt. Zutreffend insoweit auch Weinkamm BauR 1984, 29. Ein berechtigtes Interesse des Antragsgegners ist allerdings dann zu verneinen, wenn bereits die Hauptsache anhängig ist und das Gericht in diesem Verfahren schon Beweiserhebung durch einen Sachverständigen angeordnet hat (OLG Hamm NJW-RR 1988, 384 = ZfBR 1987, 202).

k) Entgegen LG Kaiserslautern (SFH § 411 ZPO Nr. 1) ist ein Antrag auf Terminsbestimmung zur mündlichen Anhörung des Sachverständigen im Beweissicherungsverfahren auch noch nach Übersendung des schriftlichen Gutachtens an die Parteien zulässig (zutreffend LG Hanau BauR 1985, 482 = SFH § 411 ZPO Nr. 2; LG Frankfurt BauR 1985, 603 = MDR 1985, 150; LG Köln BauR 1985, 481 = SFH § 411 ZPO Nr. 3). Allerdings muß dieser Antrag binnen angemessener Frist nach Eingang des Gutachtens gestellt werden, was im allgemeinen wohl kaum eine Zeitspanne von etwa 4–6 Wochen übersteigen darf. Die Bemessung der Frist richtet sich im Einzelfall nach Umfang und Gehalt des Gutachtens (LG Frankfurt a. a. O. m. w. N.) sowie nach der Aufgabenstellung des Sachverständigen. Hat das Amtsgericht den Antrag eines Beteiligten, den Sachverständigen zur Erläuterung seines schriftlichen Gutachtens anzuhören, ohne sachliche Prüfung als unzulässig verworfen, weil der Antrag erst nach Beendigung des Verfahrens gestellt worden sei, so ist gegen diesen Beschluß die Beschwerde zulässig (LG Frankfurt a. a. O.). 95

Dagegen kommt die Anhörung des Sachverständigen zu einem anderen Sachverständigengutachten, das nicht im Rahmen des Beweissicherungsverfahrens erstattet worden ist, nicht in Betracht, weil es sich hier um die Behandlung des Beweisthemas selbst handelt, die dem Hauptverfahren vorbehalten ist (LG Bonn BauR 1987, 240).

l) Die **Kosten des Beweissicherungsverfahrens** sind grundsätzlich – außergerichtliche (vgl. OLG Frankfurt BauR 1982, 94 m. w. N.; auch für den Fall des gerichtlichen Vergleichs a. a. O.; ebenso u. a. OLG Hamm MDR 1982, 326 = JurBüro 1982, 920; JurBüro 1983, 1101; JurBüro 1987, 1409; OLG Düsseldorf VersR 1985, 645; OLG Koblenz BB 1987, 1845; a. A. OLG Köln SFH § 91 ZPO Nr. 2; OLG Stuttgart JurBüro 1982, 764; KG JurBüro 1982, 1078; OLG Hamburg JurBüro 1983, 1264 sowie 1983, 1257; OLG München MDR 1987, 326) – Kosten des nachfolgenden Hauptprozesses, sofern die Parteien des Hauptprozesses mit denen des Beweissicherungsverfahrens übereinstimmen, sich also auch dort als Verfahrensgegner gegenübergestanden haben (OLG Köln SFH § 91 ZPO Nr. 1 und 2; OLG Koblenz JurBüro 1981, 553; OLG München JurBüro 1981, 109; OLG Stuttgart Justiz 1982, 157), was auch in bezug auf den zwischenzeitlich eingesetzten Zwangsverwalter (OLG Hamburg JurBüro 1983, 1257) sowie den Konkursverwalter (OLG Köln JurBüro 1987, 433) gilt, und über den Gegenstand der Beweissicherung überhaupt sachlich entschieden (OLG München Rpfl. 1982, 196; OLG Nürnberg MDR 1982, 941) oder ein Vergleich abgeschlossen (KG Rpfl. 1982, 195; OLG Schleswig JurBüro 1983, 612), oder die Klage wegen fehlender Aktiv- oder Passivlegitimation abgewiesen worden ist (OLG München Rpfl. 1985, 503 = MDR 1986, 157). Das gilt auch im Hinblick auf eine gegenüber der Klageforderung zur Aufrechnung gestellte Gegenforderung (KG JurBüro 1982, 408; OLG München a. a. O.). Trifft das nicht zu (wie z. B. durch Klagerücknahme, vgl. dazu OLG Frankfurt Rpfl. 1982, 391 = MDR 1982, 942; OLG Koblenz ZIP 1984, 375 = JurBüro 1984, 924; OLG Celle NdsRpfl. 1984, 97 = JurBüro 1984, 1581; KG MDR 1979, 406; OLG München MDR 1987, 151, insoweit auch für eine nach Rechtshängigkeit durchgeführte Beweissicherung) oder kommt es nicht zu einem Hauptprozeß, können die Kosten des Beweissicherungsverfahrens nur durch selbständige Klage geltend gemacht werden, sofern die Voraussetzungen eines materiellen Schadensersatzanspruchs, wie z. B. aus Schadensersatz wegen Nichterfüllung, Verzug, positiver Forderungsverletzung oder unerlaubter Handlung gegeben sind, vor allem also Verschulden des Gegners vorliegt (vgl. insbesondere BGH BauR 1983, 391 = NJW 1983, 284 = MDR 1983, 204 = ZfBR 1983, 28; AG Mönchengladbach NJW 1972, 1055; AG Köln BauR 1979, 446; ebenso Wussow, Das gerichtliche Beweissicherungsverfahren in Bausachen S. 97; u. a. auch Locher, Das private Baurecht, Rdn. 513), das im Hinblick auf § 823 BGB aber nicht schon bei bloß fahrlässiger Fehleinschätzung der Lage durch den Auftraggeber gegeben ist (OLG Düsseldorf VersR 1982, 1147; LG Aachen JurBüro 1983, 1103). Keine Kosten des Hauptprozesses sind es, wenn darin der Anspruch, wegen dessen ein Beweissicherungsverfahren durchgeführt worden ist, nur hilfsweise geltend gemacht wird (z. B. durch Hilfsaufrechnung) und darüber dann im Hauptprozeß nicht mit Rechtskraftwirkung entschieden wird (LG Berlin JurBüro 1979, 1374) 96

97 Werden von einer **Partei** im Vergleich die Kosten des Rechtsstreits ganz oder teilweise übernommen, so gilt dies auch für die Kosten eines vorangegangenen Beweissicherungsverfahrens (OLG Hamburg JurBüro 1986, 1085 = MDR 1986, 592; entgegen wohl OLG Bamberg JurBüro 1986, 1090).

98 Wird das Beweissicherungsverfahren wegen eines den Wert des nachfolgenden Rechtsstreits übersteigenden Gegenstandswertes durchgeführt, sind die Kosten des Beweissicherungsverfahrens regelmäßig im Verhältnis seines Wertes zum Wert des Hauptsachenprozesses zu quoteln (OLG Hamburg MDR 1982, 326 = JurBüro 1982, 410 m. w. N.; OLG Hamm JurBüro 1983, 1101; vgl. auch OLG Bamberg JurBüro 1987, 911); gleiches gilt, wenn Beweissicherungsverfahren und Hauptverfahren ihrem Gegenstand nach nur teilweise identisch sind (OLG Hamburg JurBüro 1983, 1257); schließen sich dem Beweissicherungsverfahren mehrere Hauptprozesse an, sind die Kosten des Beweissicherungsverfahrens auf die einzelnen Hauptsachen regelmäßig im Verhältnis ihrer Streitwerte zu verteilen (OLG Düsseldorf NJW 1976, 115; vgl. auch OLG Frankfurt AnwBl. 1979, 431 = Anm. Mümmler JurBüro 1979, 1891; KG BauR 1987, 239). Ist das Beweissicherungsverfahren gegen eine Vielzahl von Bauherren durchgeführt worden und kommt es nur gegen einzelne von ihnen zu einem Hauptsacheprozeß, weil die übrigen freiwillig geleistet haben, sind die Kosten der Beweissicherung auf alle Bauherren anteilig umzulegen (OLG Hamburg JurBüro 1986, 1085 = MDR 1986, 592). Anders dann, wenn wegen des Ergebnisses der Beweissicherung im Hauptprozeß nur einer von mehreren Antragsgegnern verklagt wird; dann können die Kosten des Beweissicherungsverfahrens wie bei einer Beteiligung mehrerer Streitgenossen nur nach Kopfteilen in die Kostenerstattung gegen den Prozeßgegner einbezogen werden (OLG Köln MDR 1986, 764).

99 Die Kosten des Beweissicherungsverfahrens sind auch dann in vollem Umfang notwendig, wenn bei dessen Einleitung sich noch nicht übersehen läßt, wer für einen Schaden verantwortlich ist, und deshalb das Verfahren auf Personen erstreckt wird (z. B. Materiallieferanten), die in dem späteren Rechtsstreit nicht beteiligt sind (OLG Hamburg a. a. O.). Zu weitgehend Nickel (BauR 1984, 584), der die Kosten immer dem Auftraggeber auferlegen will, wenn sich herausstellt, daß der betreffende Auftragnehmer den betreffenden Mangel nicht verursacht hat; richtig dagegen bei schuldhafter Verursachung des Mangels durch den Auftraggeber oder einen seiner Erfüllungsgehilfen. Die Kosten des Beweissicherungsverfahrens sollen auch dann ein Teil der Kosten des Rechtsstreits sein, wenn der Antrag auf Beweissicherung als unzulässig zurückgewiesen (OLG Düsseldorf NJW 1972, 295) oder zurückgenommen (LG Frankenthal MDR 1981, 940) wird. Dagegen beachtlich und jedenfalls wohl sachgerecht und zutreffend Altenmüller NJW 1976, 92; LG Kassel AnwBl. 1981, 448; OLG München NJW-RR 1986, 1442; LG Köln JurBüro 1986, 599; OLG Celle JurBüro 1984, 1581; OLG Hamm (MDR 1985, 415) für den Fall, daß ohne Anhängigkeit eines Hauptprozesses das Beweissicherungsverfahren in der Hauptsache für erledigt erklärt wird und der Antrag als unzulässig hätte abgewiesen werden müssen; LG Wuppertal (AnwBl 1986, 156) bei sofortiger Rücknahme des Beweissicherungsantrages nach Entdeckung des Irrtums, daß sich der Antrag gegen den falschen Antragsgegner gerichtet habe. Vgl. dazu insbesondere BGH BauR 1983, 391 = NJW 1983, 284 = MDR 1983, 204 = ZfBR 1983, 28; ferner LG Aachen SFH § 91 ZPO Nr. 3.

Die Kosten eines Beweissicherungsverfahrens sind aber nicht erstattungsfähig, wenn die Befürchtung, daß die zu sichernden Beweise verlorengehen oder erschwert werden können, objektiv nicht gerechtfertigt war (OLG Köln VersR 1973, 91; a.A. OLG München JurBüro 1981, 1091).

100 Wird im Rahmen des Beweissicherungsverfahrens selbst der Beweissicherungsantrag zurückgenommen, so sind dem Antragsteller entsprechend § 269 Abs. 3 ZPO die Kosten aufzuerlegen (LG Hanau SFH § 269 ZPO Nr. 2; LG Hamburg MDR 1986, 945; LG Gießen JurBüro 1987, 1421; LG Marburg BauR 1986, 730; LG Memmingen BauR 1988, Heft 5, für den Fall der Beteiligung des Antragsgegners am Beweissicherungsverfahren). Gleiches dürfte für eine Entscheidung nach § 91 ZPO gelten (a. A. LG Essen NJW-RR 1986, 487), auch wenn der Antragsteller zunächst das Beweissicherungsverfahren zum Ruhen bringt und dieses dann auf Antrag des Antragsgegners mangels weiterer Eilbedürftigkeit aufgehoben wird (a. A. AG Köln SFH § 269 ZPO Nr. 3).

101 Die Kosten eines unter Beteiligung des ursprünglichen Gläubigers vor der späteren Abtretung geführten Beweissicherungsverfahrens werden von der Kostenentscheidung in dem vom neuen Gläubiger gegen den Schuldner geführten Rechtsstreit erfaßt (vgl. KG BauR 1982, 198; OLG Düsseldorf MDR 1985, 1032; LG Bayreuth JurBüro 1985, 1550). Hat ein Stellvertreter in der irrigen Annahme, selbst Vertragspartner eines Unternehmers geworden zu sein, im eigenen Namen gegen diesen ein Beweissicherungsverfahren durchgeführt, so werden die Kosten des Beweissicherungsverfahrens von der Kostenentscheidung eines später

zwischen dem Vertretenen und dem Unternehmer geführten Rechtsstreits nicht ergriffen (KG Rpfl. 1985, 251).

Für einen nach den §§ 485 ZPO zulässigen Antrag auf Beweissicherung ist unter den Voraussetzungen der §§ 114 f. ZPO Prozeßkostenhilfe zu gewähren (LG Köln MDR 1985, 1033 = ZIP 1985, 1355; LG Aurich MDR 1986, 504; LG Düsseldorf MDR 1986, 857; LG Saarbrücken BauR 1985, 607; a. A., jedoch unzutreffend, LG Bonn MDR 1985, 415).

m) Der **Streitwert** eines Beweissicherungsverfahrens ist in der Regel an einem Bruchteil des dadurch zu sichernden Interesses des Antragstellers zu schätzen (LG Mannheim MDR 1975, 1511; OLG Frankfurt NJW 1976, 1325; OLG Celle JurBüro 1982, 123 mit Anm. Mümmler a. a. O.; LG Braunschweig JurBüro 1986, 560; so jetzt LG Bayreuth JurBüro 1988, 106 unter Hinweis auf seine ständige Rechtsprechung). Siehe dazu Heintzmann NJW 1970, 2097. Dem LG Köln (MDR 1978, 231), das den vollen wirtschaftlichen Wert auch hier schon ansetzen möchte, wenn die Entscheidung eines Rechtsstreits ersichtlich mit dem Ergebnis des Beweissicherungsverfahrens steht und fällt, kann allein deshalb nicht gefolgt werden, weil es eine unzulässige Verbindung zwischen dem Beweissicherungsverfahren und dem Hauptverfahren herstellt, die dem Beweissicherungsverfahren als lediglich vorbereitendem Verfahren nicht zukommt, insbesondere der – vorweggenommene – Kern des Hauptverfahrens in die Betrachtung mit einbezogen wird. Dies übersieht auch das LG Bayreuth (JurBüro 1980, 605 m. w. N.); ebenso OLG Düsseldorf (Rpfl. 1985, 503); LG Krefeld (JurBüro 1984, 1397 mit Anm. Mümmler) sowie Werner/Pastor Rdn. 115 ff. Auch der Ansicht von Knacke, der für eine Beweissicherung nach den ersten beiden Alternativen des § 485 ZPO den vollen Wert, nach der dritten Alternative einen geminderten Wert ansetzen möchte (NJW 1986, 36), kann nicht beigepflichtet werden, da auch sie nicht beachtet, daß das Beweissicherungsverfahren generell lediglich der Information des Antragstellers im Rahmen der Vorbereitung eines Angriffs oder einer Verteidigung im Hauptprozeß dient. Im Ergebnis wie hier Schneider, Streitwert-Kommentar für den Zivilprozeß, S. 155 f.; Zöller/Schneider ZPO § 3 Anm. 16; Thomas/Putzo ZPO § 3 Anm. 2; Kroppen/Heyers/Schmitz Rdn. 927.

2. Ordnungsgemäße Prozeßvorbereitung und -führung erforderlich

a) Für den **eigentlichen Bauprozeß ist Voraussetzung**, daß dieser **ordnungsgemäß und** in der Sache **erschöpfend vorbereitet** wird. Das gilt vor allem für die **Klageschrift**, die einmal die Streitpunkte umfassend und so dargestellt enthalten muß, daß nicht nur der Richter sie versteht, sondern daß sie vor allem den in diesem Kommentar im einzelnen angezeigten **materiellen Erfordernissen** des geltend gemachten Anspruchs in sich folgerichtig **voll entspricht**. In gleicher Weise gilt das für die **Klageerwiderung.**

Zu den Anforderungen an die Darlegungslast gerade auch für den Bereich des Bauprozesses vgl. BGH BauR 1984, 667 = NJW 1984, 2288 = MDR 1985, 315 = JZ 1985, 183 mit Anm. Stürner = LM § 282 BGB Nr. 41 = SFH § 284 ZPO Nr. 1 = ZfBR 1984, 289; dazu zutreffend kritisch Lange DRiZ 1985, 247. In allgemeiner Hinsicht gilt: In Zivilprozessen, in denen beide Parteien anwaltlich vertreten sind, ist das Gericht nicht verpflichtet, den Kläger darauf hinzuweisen, daß sein Klagevorbringen nicht substantiiert und nicht schlüssig ist (BGH NJW 1984, 310 = MDR 1984, 485 = JZ 1984, 191 = LM § 139 ZPO Nr. 16 = WM 1984, 111).

Wertvolle Hinweise und Erläuterungen bietet dazu Locher in Locher/Mes, Becksches Formularbuch, 4.. Aufl., S. 330 ff.; vgl. auch ders., Das private Baurecht, Rdn. 471 ff.; u. a. BGH VersR 1979, 784. Zu Einzelfragen des Bauprozesses siehe vor allem Werner/Pastor Rdn. 318 ff.; Locher, Taktik im Bauprozeß, Rdn. 1 ff.

Über Auslegung und Ordnungsgemäßheit einer Klage (hier: zur Verjährungsunterbrechung), in der als Beklagte die Wohnungseigentümergemeinschaft bezeichnet ist, ohne daß deren Mitglieder namentlich angegeben sind (BGH NJW 1977, 1686 = BauR 1977, 341 = WM 1977, 902 = MDR 1977, 924). Für die Zustellung der Klageschrift an die Bauherren einer Bauherrengemeinschaft genügt die Übergabe nur einer Ausfertigung oder Abschrift an den mit umfassender Vollmacht ausgestatteten Verwalter bzw. „Treuhänder" der Bauherrengemeinschaft (OLG München Rpfl. 1987, 335). Zur Hinweispflicht des Gerichts nach § 139 ZPO in der

Frage der Aktivlegitimation des Klägers vgl. OLG Düsseldorf NJW 1983, 634; ebenso im Falle der ersichtlich versehentlichen Nichtvorlage von Beweisurkunden (§ 420 ZPO), BGH BauR 1986, 103 = SFH § 13 Nr. 7 VOB/B Nr. 7 = JZ 1986, 154 = MDR 1986, 311 = NJW 1986, 428 = BB 1986, 764 = LM § 13 [E] VOB/B Nr. 12 = VersR 1986, 159 = ZfBR 1986, 27; über die Möglichkeit der Berichtigung einer ungenauen Parteibezeichnung in der Klageschrift BGH NJW 1983, 2448. Zu wesentlichen Gesichtspunkten des rechtlichen Gehörs in Bausachen vgl. OLG Düsseldorf BauR 1984, 185.

105 Macht der Auftragnehmer selbständige Forderungen aus verschiedenen Bauvorhaben mit einer einheitlichen Zahlungsklage geltend, ohne daß ersichtlich ist, wie die Restansprüche auf die verschiedenen Bauvorhaben aufzuteilen sind, so kann die Klage wegen Verstoßes gegen § 253 Abs. 2 Nr. 2 ZPO unzulässig sein; die Umstände können jedoch ergeben, daß die Parteien die verschiedenen Forderungen zu einer Gesamtforderung zusammenfassen wollten; dann liegt ein Abrechnungsvertrag nach Art eines Kontokorrents vor (BGH SFH Z 8.41 Bl. 2). Auf der anderen Seite: Ein Verstoß gegen § 253 Abs. 2 Nr. 2 ZPO ist es auch, wenn der Kläger einen Kostenvorschußanspruch auf Mängelbeseitigung in zwei Prozesse aufteilt, dadurch mit derselben Angelegenheit zwei Gerichte beschäftigt, höhere Kosten verursacht und mögliche widersprechende Entscheidungen herbeiführt (LG Hamburg BauR 1988, 249). Einer überschuldeten, vermögenslosen GmbH oder GmbH & Co KG, die keine Aussicht hat, die Geschäfte fortzuführen, fehlt in aller Regel das schutzwürdige Interesse daran, abgetretene Forderungen nach Offenlegung der Abtretung im eigenen Namen und auf eigene Kosten mit Ermächtigung des neuen Gläubigers zu dessen Gunsten einzuklagen (BGHZ 96, 151 = BauR 1986, 121 = SFH § 51 ZPO Nr. 2 = NJW 1986, 850 = Betrieb 1986, 320 = ZfBR 1986, 34).

106 Zur „wechselseitigen" oder unklaren Geltendmachung von Schadensersatzansprüchen sowie von Vorschuß auf Mängelbeseitigung im Baumängelprozeß und zu einer damit etwa verbundenen richterlichen Fragepflicht vgl. Teil B § 13 Rdn. 561 f. Über die Entscheidungspflicht des Gerichtes bei einer Regreßklage, wenn der vom Kläger geführte Prozeß, der dem Regreß zugrunde liegt, noch nicht beendet ist (BGH BauR 1986, 486).

107 Über die Unwirksamkeit einer sogenannten **Musterprozeßklausel** eines Bauträgers nach § 9 AGB-Gesetz siehe Anh. Rdn. 247 ff.

108 Eine mißbräuchliche Verweigerung der Zustimmung zum Parteiwechsel auf der Beklagtenseite in der Berufungsinstanz liegt vor, wenn dem neuen Beklagten nach der gesamten Sachlage zuzumuten ist, in den bereits im Berufungsrechtszug schwebenden Rechtsstreit einzutreten, was der Fall ist, wenn sich der neue Beklagte nicht anders verteidigen würde als der bisherige (BGH BauR 1987, 351 = SFH § 263 ZPO Nr. 2 = NJW 1987, 1946 = MDR 1987, 752 = ZfBR 1987, 151, im Falle der ursprünglichen Verklagung des Geschäftsführers der Komplementär-GmbH und des späteren Wechsels auf die KG). Zur Auslegung von Prozeßanträgen, wenn das Gericht einen Parteiwechsel anregt, die darin liegende Klageänderung nach Widerspruch des Gegners dann doch nicht für sachdienlich hält (BGH BauR 1988, 119 = NJW 1988, 128 = ZfBR 1988, 36).

109 b) Ein „**Nachschieben von Gründen**" bringt gerade in Bauprozessen entweder eine erhebliche Verzögerung der Entscheidung – vor allem, weil der Richter immer wieder zum „Umdenken" und zur Erfassung neuen Streitstoffes und dessen Prüfung auf seine Erheblichkeit gezwungen ist – mit sich oder die Gefahr (vgl. zur Abgrenzung BGH SFH Z 8.42 Bl. 1) für die jeweilige Partei, daß ihr neues Vorbringen als **verspätet zurückgewiesen** wird, daher für die Entscheidung **unbeachtet** bleibt. **Diese Gefahr besteht besonders nach den durch das Gesetz zur Vereinfachung und Beschleunigung gerichtlicher Verfahren (Vereinfachungsnovelle) vom 3. 12. 1976 (BGBl. I S. 3281) mit Wirkung vom 1. 7. 1977 neu eingeführten bzw. neugefaß-**

ten §§ 296 ff., 527 ff. ZPO. Das sich daraus möglicherweise abzeichnende Ergebnis wird vielfach den tatsächlichen Gegebenheiten dann nicht gerecht. Dafür kann aber nicht der Richter verantwortlich gemacht werden. Vielmehr muß sich die betreffende Partei das **selbst zur Last rechnen.** Es ist deshalb vornehmliche Aufgabe des eine Partei (Auftraggeber oder Auftragnehmer) vertretenden Anwalts, sich hier den notwendigen Überblick durch eingehende Erörterung mit seiner Partei **vor Prozeßbeginn** zu verschaffen und diese richtig zu beraten. Dabei versteht es sich von selbst, daß der Anwalt die erschöpfenden Kenntnisse auf bauvertraglichem Gebiet hat, daß er vor allem mit der einschlägigen Rechtsprechung vertraut ist. Gleiches gilt selbstverständlich für den Richter, der eine Bausache zu entscheiden hat. Zum Erfordernis der Beachtung erstinstanzlicher Beweisantritte des Berufungsbeklagten im zweiten Rechtszug vgl. BGH BauR 1981, 598. Zur Information über bauprozessuale Fragen vgl. insbesondere auch Werner/Pastor, Der Bauprozeß, Rdn. 453 ff.

Über die formellen Voraussetzungen für die **Nichtzulassung von Angriffs- und Verteidigungsmitteln** grundlegend BGHZ 76, 236, 241 = BauR 1980, 387 = MDR 1980, 572 = BB 1980, 653 = SFH § 296 ZPO Nr. 1 = ZfBR 1980, 143; BGH BauR 1981, 304 = JZ 1981, 402 = NJW 1981, 1217 = MDR 1981, 664 = LM § 528 ZPO Nr. 19 m. w. N.; BGH VersR 1983, 33; vgl. ferner BGH NJW 1980, 1102 sowie BGH BauR 1980, 471 = MDR 1980, 749 = SFH § 296 ZPO Nr. 2; BGH BauR 1981, 577 = NJW 1981, 2801 = SFH § 17 VOB/B Nr. 5 = MDR 1982, 133 = LM § 320 BGB Nr. 19 sowie BGH NJW 1983, 822. Die Zurückweisung verspäteten Vorbringens kommt auch in Betracht, wenn die zur Vorbereitung des frühen ersten Termins gesetzten Fristen versäumt werden (BGHZ 86, 31 = BauR 1983, 183 = NJW 1983, 575 = ZIP 1983, 366 = WM 1983, 243 = JZ 1983, 309 = MDR 1983, 393 = LM § 275 ZPO Nr. 9 Anm. Bliesener = ZfBR 1983, 135; dazu krit. Deubner NJW 1983, 1026; insoweit ist jedoch den überzeugenden Argumenten des BGH zu folgen). Allerdings kommt eine Zurückweisung nach § 296 Abs. 2 ZPO nicht in Betracht, wenn es sich erkennbar nur um einen sogenannten Durchlauftermin handelt, also das Gericht eine zur Streitentscheidung geeignete Verfahrensvorbereitung nicht getroffen hat, da dies einen Verstoß gegen Art. 103 Abs. 1 GG bedeuten würde (BVerfG NJW 1985, 1149 = MDR 1985, 551; dazu Deubner NJW 1985, 1140 sowie OLG Frankfurt NJW 1987, 506 = MDR 1986, 593, die dies auch auf § 296 Abs. 1 ZPO übertragen wollen, was jedoch angesichts der zwingenden Fassung dieser letztgenannten Bestimmung kaum zutreffen dürfte; dazu weiter BVerfG MDR 1987, 904). Zu diesen Fragen beachtlich Lange NJW 1986, 3043; weiter nochmals Deubner NJW 1987, 1583. Daher darf auch ein verspätetes Vorbringen im frühen ersten Termin nicht zurückgewiesen werden, wenn nach der Sach- und Rechtslage des Streitfalles eine Streiterledigung in diesem Termin von vornherein ausscheidet, vor allem, wenn die Notwendigkeit einer Beweiserhebung gerade durch Sachverständigentätigkeit auch ohne das an sich verspätete Vorbringen gegeben ist (BGHZ 98, 368 = NJW 1987, 500 = MDR 1987, 225 = JZ 1987, 416 mit zutreffender Anm. von Wolf = BB 1987, 438 = LM § 275 ZPO Nr. 11). Die Pflicht zur Wahrung rechtlichen Gehörs auch bei verspätetem Vorbringen erfordert es aber nicht, schon vor Eingang der Klageerwiderung aufgrund des in der Klageschrift geschilderten vorprozessualen Streitstandes die hierzu benannten Zeugen für den frühen ersten Termin zu laden oder die Ladung ausdrücklich vorzubehalten (BGH NJW 1987, 499). Eine Zurückweisung wegen Verspätung ist des weiteren nur möglich, wenn der Beklagte gemäß § 277 Abs. 2 ZPO ordnungsgemäß belehrt worden ist, wobei die bloße Mitteilung des Wortlautes des § 296 Abs. 1 ZPO nicht genügt (BGH LM § 277 ZPO Nr. 1 = NJW 1983, 822); das gilt auch, wenn der Beklagte bei der Zustellung der Fristbestimmung schon anwaltlich vertreten ist (BGH BauR 1983, 588 = ZIP 1983, 1244 = SFH § 296 ZPO Nr. 3) oder alsbald nach Fristsetzung einen Anwalt beauftragt (BGH NJW 1986, 133). Beruht die Verspätung eines Vorbringens oder das Unterlassen ihrer Entschuldigung auch auf der Verletzung der richterlichen Fürsorgepflicht, etwa in der Unterlassung der Klärung ordnungsgemäßer anwaltlicher Vertretung einer Partei, schließt die rechtsstaatlich gebotene faire Verhandlungsführung einen Ausschluß gemäß § 296 Abs. 1 ZPO aus (BVerfG NJW 1987, 2003 = MDR 1987, 814). Unentschuldigt verspätetes Vorbringen darf nach § 296

Abs. 1 ZPO erst zurückgewiesen werden, wenn die Gewährung einer Schriftsatzfrist für den Gegner gemäß § 283 ZPO erfolgt ist (OLG Frankfurt MDR 1987, 330 = NJW 1987, 1089; vgl. auch OLG Düsseldorf NJW 1987, 507; a. A. OLG Stuttgart NJW 1984, 2538). Zur Feststellung der Verzögerung i. S. von §§ 296, 528 ZPO vgl. BGH NJW 1980, 945 = MDR 1980, 393 = JZ 1980, 322. Eine solche ist nur erlaubt, wenn das Gericht die ihm im Einzelfall obliegende Mitwirkung nicht mißachtet hat (dazu Deubner NJW 1987, 1583, 1585 f.). § 528 Abs. 3 ZPO verstößt nicht gegen das Grundgesetz (a. a. O. sowie insbesondere BVerfG NJW 1981, 271). Allerdings darf § 528 Abs. 3 ZPO nicht allein wegen des Sachverhaltes, der sich dem Landgericht bei seiner Verspätungsentscheidung dargeboten hat, angewendet werden; stellen sich später die der Würdigung des Landgerichts zugrundeliegenden Tatsachen als unrichtig heraus, sind diese vom Berufungsgericht zugunsten der Partei zu berücksichtigen, zu deren Lasten das Landgericht Verspätung angenommen hat (vgl. BGH NJW 1986, 134; vgl. dazu auch OLG Hamm NJW 1987, 1207). Außerdem ist § 528 Abs. 3 ZPO verfassungskonform dahin auszulegen, daß eine in erster Instanz schuldlos unterbliebene Entschuldigung für das verspätete Vorbringen mit der Berufung nachgeholt werden kann (BVerfG NJW 1987, 2003 = MDR 1987, 814). Verspätete Angriffs- und Verteidigungsmittel dürfen nicht durch Teilurteil zurückgewiesen werden (BGHZ 77, 306 = NJW 1980, 2355 = MDR 1980, 927 = BB 1980, 1608 = JZ 1980, 617; BGH NJW 1981, 1217 = BauR 1981, 92 = ZfBR 1981, 31; BGH NJW 1981, 2801 = BauR 1981, 577 = SFH § 17 VOB/B Nr. 5 = MDR 1982, 133 = LM § 320 BGB Nr. 19 = ZfBR 1981, 265). § 528 Abs. 2 ZPO erfaßt nur Angriffs- und Verteidigungsmittel, nicht dagegen die Klageänderung oder Klageerweiterung, die den Angriff selbst darstellen (BGH JurBüro 1986, 1350). Eine Zurückweisung nach § 528 Abs. 2 ZPO ist in den Gründen der Entscheidung des Berufungsgerichts näher zu begründen (vgl. BVerfG 1987, 904). Angriffs- und Verteidigungsmittel, die nach Erlaß eines Versäumnisurteils erstmals in der Einspruchschrift vorgetragen werden, sind zuzulassen, sofern sich dadurch die Erledigung des Rechtsstreits nicht verzögert (BGH JZ 1980, 614 mit Anm. Hoyer a. a. O.). Jedoch: Bei der Bestimmung des Termins zur mündlichen Verhandlung über Einspruch und Hauptsache ist der Vorsitzende nicht verpflichtet, den Termin so weit hinauszuschieben, daß in ihm auch verspätetes Vorbringen noch in vollem Umfang ohne Verzögerung in der Erledigung des Rechtsstreits berücksichtigt werden kann (BGH BauR 1981, 92 = MDR 1981, 309 = NJW 1980, 286 = LM § 216 ZPO Nr. 3 = ZfBR 1981, 31).

111 Eine entsprechende Anwendung des § 528 Abs. 1 ZPO ist grundsätzlich nicht möglich (BGH BauR 1981, 304 = JZ 1981, 402 = NJW 1981, 1217 = MDR 1981, 664 = LM § 528 ZPO Nr. 19 = ZfBR 1981, 185); gleiches gilt im Hinblick auf § 528 Abs. 3 ZPO (BGH BauR 1981, 305 = SFH § 16 Nr. 3 VOB/B Nr. 15 = NJW 1981, 1218 = MDR 1981, 638 = LM § 528 ZPO Nr. 20 = ZfBR 1981, 238). Ist in erster Instanz Parteivorbringen nach § 296 Abs. 1 ZPO zu Unrecht zurückgewiesen worden, so kann das Berufungsgericht die Zurückweisung nicht auf § 296 Abs. 2 ZPO gestützt nachholen (BGH JZ 1981, 351 = NJW 1981, 2255). Beanstandet eine Partei erstmals in der Berufungsbegründung ein im ersten Rechtszug eingeholtes Sachverständigengutachten, um das Berufungsgericht zur Einholung eines weiteren Gutachtens zu veranlassen, so ist ihr Vorbringen nicht zuzulassen, wenn sie es im ersten Rechtszug versäumt hatte, ihre Angriffe gegen das Gutachten anzukündigen und notfalls Vertagung zu beantragen; unerheblich ist in diesem Fall, ob die Partei bis zur Schlußverhandlung im ersten Rechtszug genügend Zeit hatte, um das Gutachten abschließend zu überprüfen (OLG Hamburg MDR 1982, 60). Die Erledigung des Rechtsstreits wird auch dann verzögert, wenn der vom Berufungskläger verspätet erst in der mündlichen Verhandlung benannte Zeuge zwar präsent ist und deshalb vernommen werden könnte, seine Vernehmung aber bei einer dem Berufungskläger günstigen Aussage die Vernehmung nicht präsenter Gegenzeugen erforderlich machen würde (BGHZ 83, 371 = BauR 1982, 403 = NJW 1982, 1535 = MDR 1982, 658; ebenso LG Frankfurt NJW 1981, 2266). Gleiches gilt, wenn ein verspätet benannter Zeuge trotz ordnungsgemäßer Ladung aus in seiner Person liegenden Gründen (z. B. Urlaub) zur ersten

mündlichen Verhandlung vor dem Berufungsgericht nicht erscheint (LG Koblenz NJW 1982, 289). Anders liegt es hingegen, wenn sich eine Partei im ersten Rechtszug auf die in einem vorhergegangenen Strafverfahren protokollierten Aussagen berufen hatte und erhoffen konnte, daß diese das Gericht von der Richtigkeit ihrer Behauptung überzeugen würden und sie erst in der Berufungsinstanz entsprechenden Zeugenbeweis antritt; dann liegt in der Regel keine grobe Nachlässigkeit vor (BGH BauR 1983, 186). Über die Rechtsprechung des BGH und des Bundesverfassungsgerichts zur Zurückweisung von verspätetem Vorbringen im Zivilprozeß vgl. Hermisson NJW 1983, 2229.

§ 530 ZPO geht als Sonderbestimmung dem § 528 ZPO vor, weshalb zunächst über eine erst in der Berufungsinstanz geltend gemachte Aufrechnung oder Hilfsaufrechnung hinsichtlich der Sachdienlichkeit zu entscheiden ist, falls der Gegner nicht zustimmt; ist die Sachdienlichkeit zugelassen, so kann das entsprechende Vorbringen dann nicht als verspätet zurückgewiesen werden (BGH BauR 1987, 476 = JZ 1987, 992 = NJW-RR 1987, 1196 = MDR 1987, 1019 = LM § 530 ZPO Nr. 2 = ZfBR 1987, 201). 112

Zu den Anforderungen gemäß § 519 Abs. 3 Nr. 2 ZPO an den Inhalt einer Berufungsbegründung im Bauprozeß vgl. BGH BauR 1984, 209 = SFH § 519 ZPO Nr. 1 = ZfBR 1984, 87. Haben die Partei und ihr Streithelfer selbständig Berufung eingelegt, so handelt es sich gleichwohl um ein einheitliches Rechtsmittel, das der Streithelfer nicht fortsetzen kann, wenn es von der Partei zurückgenommen worden ist, weil sie sich mit dem Gegner ohne Beteiligung des Streithelfers verglichen hat (BGH BauR 1987, 594 = ZfBR 1987, 244). 113

c) Über die Frage, wann eine **Bausache kraft Gesetzes (§ 200 Abs. 2 Nr. 8 GVG) Feriensache** ist, vgl. BGH VersR 1977, 429 = BlGBW 1977, 177: Es muß sich um den Streit über die Fortsetzung eines angefangenen Baues im eng zu verstehenden Wortsinn handeln; der Streit um die ordnungsgemäße Erfüllung eines Bauvertrages oder dessen Umfang reicht dafür nicht aus. 114

d) Im Rahmen des § 91 Abs. 1 Satz 1 ZPO sind nur solche Kosten für die Prozeßvorbereitung notwendig, die unumgänglich zu diesem Zweck anfallen müssen. Das ist nicht der Fall, wenn der Auftraggeber die Schlußrechnung des Auftragnehmers durch einen Sachverständigen nachprüfen läßt, weil es zwischen ihm und seinem Architekten zu einem Zerwürfnis gekommen war (vgl. OLG Frankfurt Betrieb 1980, 1022). Andererseits sind die Kosten für ein Privatgutachten erstattungsfähig, wenn es objektiv erforderlich und geeignet war, das im Streit stehende Recht zu verfolgen oder zu verteidigen; das trifft zu, wenn einer Partei die Sachkunde fehlt, ihre Ansprüche schlüssig zu begründen oder sich gegen die geltend gemachten Ansprüche sachgemäß zu verteidigen; dabei ist es nicht so sehr entscheidend, ob das Gutachten vor oder während des Prozesses eingeholt wird (OLG München JurBüro 1980, 609; vgl. auch OLG Bremen JurBüro 1979, 1711 = ZSW 1982, 67 mit Anm. Müller; OLG Koblenz JurBüro 1981, 1394 mit Anm. Mümmler = ZSW 1982, 177 mit Anm. Müller im Hinblick auf die Substantiierung eines Schadens durch eine technisch unkundige Partei; OLG Hamburg ZSW 1982, 237 mit Anm. Müller; OLG Bamberg JurBüro 1983, 273; OLG Koblenz ZSW 1986, 46 mit Anm. Müller; OLG Stuttgart JurBüro 1985, 122, wonach dies auch gilt, wenn das Gutachten von dem Haftpflichtversicherer einer Partei eingeholt wird und sich zumindest ein Prozeß konkret abzeichnet (so auch OLG Düsseldorf VersR 1984, 556), ferner auch, wenn im konkreten Fall durch das Gutachten eine gerichtliche Beweisaufnahme durch Sachverständigenbeweis erspart wird; zu eng OLG Hamburg JurBüro 1982, 287). Wird das Gutachten später vom Gericht nicht als entscheidungserheblich angesehen, so kann eine Erstattungsfähigkeit nur in Betracht kommen, wenn die Partei lediglich mit Hilfe dieses Gutachtens ihre Rechtsverfolgung oder Rechtsverteidigung begründen konnte; dabei genügt es nicht, wenn sie sich anstelle der Einholung eines Gutachtens bei einem relativ leichten technischen Problem selbst oder durch Auskünfte bei zuständigen Behörden und Berufsstandsvereinigungen die Kenntnisse 115 verschaffen konnte, die zur Substantiierung ihres Vorbringens ausreichten und als Grundlage für die Einholung eines gerichtlichen Gutachtens genügten (OLG Frankfurt JurBüro 1987, 896). Andererseits kann die Erstattungsfähigkeit der Gutachterkosten regelmäßig nicht mit der Begründung verneint werden, die Partei hätte ein Beweissicherungsverfahren nach den §§ 485 ff. ZPO durchführen können (OLG Stuttgart Justiz 1980, 328). Gleiches gilt für den etwaigen und durch den Gebührenrahmen des § 15 HOAI (insoweit Grundleistungen) nicht gedeckten Aufwand, den der bauplanende und/oder bauaufsichtsführende Architekt zur erforderlichen technischen Information des Auftraggebers, insbesondere in Spezialfragen, gehabt und diesem in Rechnung gestellt hat (zu eng OLG Hamburg MDR 1985, 237 = JurBüro 1985, 926). Sofern eine Partei nach dem Gesagten Kosten des von ihr hinzugezogenen Sachverständigen erstattet verlangen kann, besteht keine Bindung an die Sätze des ZuSEG; jedoch müssen sich die Gebühren des Sachverständigen im angemessenen Rahmen halten (OLG Köln ZfBR 1988, 85).

116 Notwendige außergerichtliche Kosten einer Partei sind es auch, wenn sie Aufwendungen gemacht hat, die der Sachverständige zur Vorbereitung seines Gutachtens anderenfalls durch Hinzuziehung von Hilfspersonen hätte machen müssen, wie z. B. durch Aufbau eines Baugerüstes (vgl. OLG Düsseldorf JurBüro 1970, 1108; OLG Schleswig SchlHA 1980, 221; OLG Köln JurBüro 1983, 1088). Auch im Verfahren der einstweiligen Verfügung hat der Erfolglose dem Gegner die von diesem zu seiner Rechtsverteidigung notwendig entstandenen Kosten der Beweismittel – auch eines Sachverständigen – zu erstatten (OLG Düsseldorf Betrieb 1981, 785).

117 Zu den gegenseitigen Informationspflichten zwischen Anwalt und der von ihm vertretenen Partei im Rahmen einer Bausache vgl. BGH BauR 1982, 189 = NJW 1982, 437 = Betrieb 1982, 327 = VersR 1982, 143.

3. Klageart (Leistungs- oder Feststellungsklage)

118 a) Zur **Leistungs- und Feststellungsklage** in Baumängelprozessen Wussow NJW 1969, 481 ff. sowie Werner/Pastor, Der Bauprozeß, Rdn. 340 ff.; Locher, Das private Baurecht, Rdn. 483 ff. Eine Leistungsklage kann auch in Bausachen im **Urkundenprozeß** geführt werden, wenn sich die für den Klageanspruch maßgebenden Tatsachen sämtlich urkundlich belegen lassen, was in erster Linie beim Werklohnprozeß der Fall sein kann; das trifft ebenfalls für den auch hier wesentlichen Bereich der Abnahme nach Teil B § 12 Nr. 5 VOB/B zu, sofern die danach maßgebenden Voraussetzungen urkundlich nachgewiesen werden (OLG Stuttgart NJW-RR 1986, 898 = Siegburg EWiR § 12 VOB/B 1/86, 515, der mit Recht Bedenken hinsichtlich des der Entscheidung konkret zugrunde liegenden Sachverhalts, vor allem zur Darlegungs- und Beweislast, äußert).

119 Grundsätzlich ist ein **Feststellungsinteresse** (§ 256 ZPO) **nur anzunehmen, wenn sich der Streit der Parteien nicht auf einem einfacheren prozessualen Weg klären läßt** und die Klage nicht zu einer unerfreulichen Häufung von Prozessen führt (BGH, Urt. vom 27. 11. 1973 – VI ZR 171/72 –). Das ist immer der Fall, wenn sich ein anspruchsbegründender Sachverhalt, insbesondere der Schaden, noch in der Entwicklung befindet (BGH NJW 1984, 1552, 1554; BGH NJW-RR 1988, 445). Für eine Feststellungsklage besteht dagegen **kein Rechtsschutzbedürfnis, wenn dasselbe Ziel durch eine Leistungsklage erreicht werden kann und die Feststellungsklage weder zu einer abschließenden noch zu einer prozeßökonomisch sinnvollen Entscheidung der Streitigkeit der Parteien führt** (BGH WM 1974, 905). Das ist z. B. hinsichtlich des Betrages eines Kostenvorschußanspruches auf die Mängelbeseitigungskosten (vgl. Teil B § 13 Rdn. 551 ff.) der Fall, da dieser auch später noch erhöht werden kann, ohne daß wegen des Erhöhungsbetrages die Feststellungsklage erhoben werden muß, um insoweit

der Verjährungseinrede zu begegnen (vgl. u. a. BGH BauR 1976, 205; OLG Frankfurt BauR 1987, 595). Anderes gilt aber, wenn es sich nicht um die Unterbrechung der Verjährung, sondern darum handelt, daß der Auftragnehmer zum Ersatz der weiteren – über den bisher geltend gemachten Vorschußanspruch hinausgehenden – Nachbesserungskosten verpflichtet ist. Dann ist auch eine Feststellungsklage zulässig, sofern der Auftraggeber noch nicht überblicken kann, ob der von ihm verlangte Vorschuß für die Mängelbeseitigung ausreicht (BGH BauR 1986, 345 = SFH § 633 BGB Nr. 56 = NJW 1986, 1026 = MDR 1986, 839 = Betrieb 1986, 1215 = LM § 633 BGB Nr. 59 = ZfBR 1986, 120). Auch ist dem Kläger ein Feststellungsinteresse zuzuerkennen, wenn er bereits zwei Gutachten über die durchzuführenden Mängelbeseitigungsmaßnahmen und die dazu erforderlichen Kosten eingeholt hat, ohne eine Klärung erreicht zu haben, und wenn die Verjährung der Gewährleistungsansprüche droht (OLG Düsseldorf BauR 1981, 502). Allerdings setzt dies die begründete Erwartung voraus, daß das Feststellungsverfahren streitbeilegenden Charakter hat, also im allgemeinen die Notwendigkeit einer darauf folgenden Leistungsklage nicht mehr zu erwarten ist (vgl. OLG Düsseldorf BauR 1984, 91; ähnlich OLG Hamm zur Zulässigkeit der Feststellung der Abnahme BauR 1984, 92). Ferner ist eine Verbindung von Feststellungs- und Leistungsklage zulässig, wenn z. B. ein Teil des Schadens gegenwärtig noch nicht erfaßt werden kann, vor allem in bezug auf die zukünftige Entwicklung, z. B., wenn der Schaden in einem laufenden Beweissicherungsverfahren erst festgestellt werden soll (vgl. OLG Koblenz NJW-RR 1988, 532), ein anderer Teil jedoch bereits feststeht; zwar muß der Kläger in einem solchen Fall nicht beide Klagearten in einem Prozeß einschlagen, und er kann durchaus allein die Feststellungsklage wählen, jedoch ist der Weg einer Kombination sinnvoller, weil prozeßwirtschaftlicher (vgl. dazu BGH BauR 1987, 702 = SFH § 13 Nr. 4 VOB/B Nr. 14 = Betrieb 1988, 41 = NJW 1988, 142 = ZfBR 1988, 33 = LM § 11 Ziff. 10 f AGBG Nr. 8). Zur materiellen Begründung einer auf Feststellung der Schadensersatzpflicht gerichteten Klage gehört die Wahrscheinlichkeit einer Schadensentstehung (BGH NJW 1972, 198). Bei Gewährleistungsansprüchen ist eine Klage auf Feststellung, daß der Vertragspartner hinsichtlich bestimmter Mängel gewährleistungspflichtig ist, unzulässig, da ein solcher Klageantrag nicht auf Feststellung des Bestehens oder Nichtbestehens eines Rechtsverhältnisses gerichtet ist; zulässig ist hingegen die Klage auf Feststellung, daß der Vertragspartner hinsichtlich bestimmter Mängel nachbesserungspflichtig, hilfsweise minderungspflichtig, hilfsweise schadensersatzpflichtig ist (OLG Düsseldorf a. a. O.). In einem solchen Falle ist das Gericht berechtigt und verpflichtet, auf die Stellung sachdienlicher Anträge gemäß § 139 ZPO hinzuweisen (OLG Düsseldorf BauR 1981, 502).

Die Rechtskraft eines Feststellungsurteils läßt die Berücksichtigung von Einwendungen, die das Bestehen des festgestellten Anspruches betreffen und sich auf vorgetragene Tatsachen stützen, die schon zur Zeit der letzten Tatsachenverhandlung vorgelegen haben, nicht zu (BGH BauR 1982, 604), was insbesondere für die nachfolgende Leistungsklage gilt. Dies bedeutet, daß gerade im Feststellungsprozeß auf einen erschöpfenden Sachvortrag zu achten ist. Andererseits: Berücksichtigt ein Feststellungsurteil, das sich mit der Ersatzpflicht von Mängelbeseitigungskosten befaßt, sogenannte „Sowieso-" oder „Ohnehinkosten", so ergreift die Rechtskraft des Urteils nicht auch diese hier festgestellte Anspruchsminderung endgültig, da über die Höhe der anzurechnenden Kosten erst dann endgültig befunden werden kann, wenn die Mängel- oder Schadensbeseitigung erfolgt, also der eigentliche Zweck der Feststellung erreicht ist, soweit feststeht, ob das der Entscheidung im Feststellungsurteil zugrunde gelegte Sanierungskonzept tatsächlich greift; deshalb ist es dem zur Mängelbeseitigung oder zur Schadensbeseitigung Verpflichteten unbenommen, sich später auf wirklich anzusetzende „Sowieso-" oder „Ohnehinkosten" zu berufen (BGH BauR 1988, 468).

b) Der Übergang **von der Feststellungs- zur Leistungsklage ist dann keine Klageänderung,** wenn der bisher zugrundegelegte Lebenssachverhalt sich nicht ändert, sondern lediglich die Rechtsfolge, was häufig auch zu einer Klageerweiterung führt. So ist es keine Klageänderung, wenn der Kläger zunächst die Feststellung begehrt, daß der Beklagte die Kosten der Beseitigung bestimmter Mängel zu tragen hat und dann Vorschuß auf die Mängelbeseitigungskosten, hilfsweise Schadensersatz verlangt (vgl. BGH BauR 1985, 112 = Betrieb 1985, 808 = NJW 1985, 1784 = MDR 1985, 487 = BB 1984, 2227 = JZ 1985, 146 = LM § 264 ZPO 1976 Nr. 5 = SFH § 264 ZPO Nr. 1 = ZfBR 1985, 43), was auch für die Berufungsinstanz gilt (vgl. dazu auch OLG Frankfurt NJW-RR 1987, 1536). Der Übergang ist bis zur letzten mündlichen Verhandlung in der Tatsacheninstanz zulässig und kann nicht als verspätet zurückgewiesen werden (BGH WM 1975, 827).

122 c) Eine **unbezifferte Leistungsklage** ist nur zulässig, wenn die genaue Festlegung der Forderung entscheidend von der Ausübung richterlichen Ermessens oder einer richterlichen Schätzung abhängig ist (BGH NJW 1970, 281 = VersR 1970, 127) und die Klage zugleich die erforderlichen ausreichenden Grundlagen für die Feststellung oder Schätzung des geltend gemachten Schadens wenigstens in seiner ungefähren Größenordnung (vgl. BGH NJW 1982, 340 = VersR 1982, 96 = MDR 1982, 313 = ZIP 1982, 112 = LM § 253 ZPO Nr. 66) enthält. Das kommt nicht nur für Schadensersatzansprüche in Betracht, soweit es sich um die Feststellung der Höhe nach § 287 ZPO handelt, sondern z. B. auch im Bereich der Herabsetzung einer Vertragsstrafe (§ 343 BGB) oder im Rahmen hypothetischer Schadensberechnung (§ 252 BGB). Unter den genannten Voraussetzungen ist es auch möglich, einen Sachverständigen im Rahmen der Schadensermittlung zu beauftragen (vgl. OLG Zweibrücken ZSW 1980, 36). In jedem Fall kann die klagende Partei auch bei dem unbezifferten Klageantrag nicht von der Last entbunden werden, die tatsächlichen Feststellungs- und Schätzungsgrundlagen und den Größenbereich des geltend gemachten Anspruchs so genau wie möglich anzugeben (BGH MDR 1975, 741 = WM 1975, 599 = VersR 1975, 856 = SFH Z 2.415.2 Bl. 11; dazu auch Werner/Pastor, Der Bauprozeß, Rdn. 359 ff.; Locher, Das private Baurecht, Rdn. 498).

Allgemein zum unbezifferten Klageantrag gemäß § 253 Abs. 2 Nr. 2 ZPO Röhl ZZP 85 (1972, 52) und insbesondere zur einschränkenden Rechtsprechung des BGH dazu Dunz NJW 1984, 1734.

Der Streitwert bei der unbezifferten Leistungsklage richtet sich nach dem Sachvortrag und der Betragsvorstellung des Klägers (OLG Celle NJW 1977, 343).

123 d) Die **Sachdienlichkeit einer Klageänderung** im zweiten Rechtszug ist aus **objektiven Gesichtspunkten der Prozeßwirtschaftlichkeit** zu beurteilen, insbesondere im Hinblick auf die Vermeidung eines weiteren Prozesses, und darauf, ob und inwieweit das Ergebnis der bisherigen Prozeßführung verwertet werden kann. Das trifft im allgemeinen zu, wenn der neue Klagegrund lediglich auf Abtretung oder Rückabtretung gestützt wird (vgl. dazu BGH BauR 1983, 485 = ZfBR 1983, 237 = SFH § 263 ZPO Nr. 1; BGH WM 1983, 605).

Zum Bauprozeß in der Praxis vgl. auch Bender DRiZ 1969, 205.

4. Einzelfragen

124 a) Erhebt ein Baubeteiligter Vergütungsklage gegen den Auftraggeber, kann dieser im Wege der **Widerklage Gewährleistungsansprüche** wegen bestehender Baumängel nicht nur gegen den Kläger, sondern **gleichzeitig gegen gesamtschuldnerisch mitverantwortliche andere Baubeteiligte geltend machen** – Architekt, Statiker – (BGHZ 40, 185). Die bloße **Aufrechnung** mit einer Forderung im Prozeß macht diese hingegen noch nicht rechtshängig, BGH BauR 1972, 127 = NJW 1972, 450 = JR 1972, 337 Anm. Zeiss = WM 1972, 196.

Dazu kritisch und mit Recht teilweise ablehnend Heckelmann NJW 1972, 1350: Rechtshängigkeitswirkungen begründet die Prozeßaufrechnung in der Hinsicht, daß einem Zweitprozeß über die Aufrechnungsforderung entsprechend den §§ 263 Abs. 2 Nr. 1, 274 Abs. 2 Nr. 4 ZPO die „Einrede" der Rechtshängigkeit entgegensteht (vgl. dazu jetzt §§ 261 Abs. 3 Nr. 1, 282 Abs. 3 ZPO); dagegen scheiden für alle anderen materiellen und prozessualen Folgen der Rechtshängigkeit Analogien bei der Prozeßaufrechnung aus.

Wird durch **Teilurteil** erster Instanz bei unstreitiger Werklohn-Klageforderung ein Teil wegen Aufrechnung mit Gegenforderungen, die mit der Bauleistung nicht zusammenhängen, abgewiesen und dabei die Entscheidung über weitere, den Klagerest möglicherweise übersteigende aufgerechnete Ersatzansprüche aus Gewährleistung dem Schlußurteil vorbehalten, so ist das **Teilurteil unzulässig,** sofern durch die Aufspaltung des Prozesses in zwei Teile der Zusammenhang der Gesamtverteidigung mit der Klageforderung zerrissen wird und der im Teilurteil entschiedene Teil in der zweiten Instanz bei anderer Beurteilung durch das Berufungsgericht berührt werden kann (OLG Düsseldorf NJW 1972, 1474). Gleiches gilt, wenn der Auftragnehmer eine aus zahlreichen streitigen Einzelpositionen und unter Berücksichtigung von Abschlagszahlungen errechnete restliche Vergütung einklagt (vgl. OLG Zweibrücken MDR 1982, 1026). Anders ist es, wenn in einem Teilurteil über den Feststellungsantrag entschieden wird, obwohl die Aufrechnung mit einer den bezifferten Teil der Klage übersteigenden Gegenforderung erklärt, darüber im Teilurteil noch nicht befunden wird und sowohl Feststellungs- als auch Leistungsantrag auf demselben Schadensereignis beruhen (vgl. OLG Koblenz NJW-RR 1988, 532).

Ein **Urteil unter Vorbehalt der Aufrechnung** kommt nur in Betracht, wenn die Aufrechnung bereits erklärt ist; dies ist nicht möglich, wenn die Klage auf Feststellung der Verpflichtung gerichtet ist, erst künftig entstehende Schäden zu ersetzen; der Beklagte braucht sich in diesem Fall daher nicht die Aufrechnung vorzubehalten, um sie künftig geltend machen zu können (BGH BauR 1988, 374 = WM 1988, 916 = Betrieb 1988, 1317 = v.Feldmann EWiR § 302 ZPO 1/88, 725).

Bei gerichtlicher Geltendmachung eines Teils der Werklohnforderung erstrecken sich die **Minderung und die Einrede des nichterfüllten Vertrages** nicht nur auf diese, sondern auf die gesamte noch offene Werklohnforderung (BGHZ 56, 316 = NJW 1971, 1800 = SFH Z 2.414 Bl. 258 = BauR 1971, 260 = MDR 1971, 835 = BB 1971, 1080 = LM § 472 BGB Nr. 5).

Die Erlangung eines **Kostenvorschusses** für die Mängelbeseitigung durch den Auftraggeber im Wege einstweiliger Verfügung ist grundsätzlich nicht möglich (OLG Düsseldorf BauR 1972, 323). Ein Urteil ist verfahrensfehlerhaft, wenn es offenläßt, ob es einen Vorschuß- oder einen Schadensersatzanspruch zubilligen will (OLG München BauR 1986, 729).

b) Die Entscheidung über die **Verjährungseinrede** kann dem Betragsverfahren vorbehalten bleiben (§ 404 ZPO = Grundurteil), wenn sie sich nur gegen einen Teil des Klageanspruchs richtet und zu erwarten ist, daß dem Kläger aus dem übrigen Teil des Klageanspruchs im Nachverfahren ein Betrag zuzusprechen sein wird (BGH VersR 1968, 799). Zum Aufschub des Verjährungseintritts bei Musterprozessen, insbesondere Bauprozessen, vgl. Bülow NJW 1971, 2254.

Beruft sich der Beklagte gegenüber einer Werklohnforderung des Klägers auf Verjährung und macht er darüber hinaus Minderungs- und Schadensersatzansprüche teils im Wege der Aufrechnung, teils durch Widerklage geltend, so kann das Prozeßgericht die Klageforderung wegen Verjährung durch Teilurteil abweisen (OLG Düsseldorf NJW 1972, 1928).

Andererseits: Hat das Gericht erster Instanz die Klage wegen Verjährung **abgewiesen** und beschäftigen sich Berufungsbegründung und Berufungserwiderung im wesentlichen nur mit der Verjährung, dann ist es eine **unzulässige Überraschungsentscheidung,** wenn das Berufungsgericht ohne einen Hinweis aufgrund eines in erster Instanz eingeholten Beweissicherungsgutachtens abschließend zur Sache entscheidet (BGH NJW 1987, 781).

c) Besonders auch für den Bereich von Bauprozessen ist zu beachten, daß zu einer Leistung, die unstreitig nicht möglich ist, nicht verurteilt werden kann (vgl. BGH WM 1972, 103).

d) Zur wirksamen Beweisführung im Bauprozeß eingehend und tiefgreifend Heyers, Festschrift Korbion. S. 147 ff. Über die Regeln der Technik im Zivilprozeß im wesentlichen zutreffend Pieper BB 1987, 273. Der Zusammenhang zwischen einem vorwerfbaren Fehler des Vertragspartners und dem ersten Verletzungserfolg ist nicht nach § 287 ZPO, sondern nach § 286 ZPO **zu beweisen** (vgl. BGH NJW 1969, 1708 zur Frage, ob die Kausalität zwischen einem technischen Fehler und einem eingetretenen Sachschaden nach § 287 ZPO beweisbar ist). Zum Beweis des ersten Anscheins für den Ursachenzusammenhang, wenn bei Arbeiten mit einem Propangasbrenner in der Nähe gestapelte Poresta-Platten in Brand geraten, vgl. BGH BauR 1980, 381 = SFH § 286 ZPO Nr. 2 = VersR 1980, 532).

Die Anwendbarkeit des § 287 ZPO setzt voraus, daß das Gericht hinreichende Anhaltspunkte für den Kausalzusammenhang hat, von deren Richtigkeit es überzeugt ist; durch § 287 ZPO ist es nur insofern freier gestellt, als es in einem der jeweiligen Sachlage angemessenen Umfang andere, wenig wahrscheinliche Verlaufsmöglichkeiten nicht mit der sonst gebotenen, an Sicherheit grenzenden Wahrscheinlichkeit ausschließen muß (vgl. OLG Bamberg VersR 1976, 997 m. w. N.). Ob eine Vertragsverletzung einen Vermögensschaden verursacht hat, ist nach § 287 Abs. 1 ZPO zu beurteilen (BGH ZIP 1982, 742 = MDR 1982, 918 = VersR 1982, 756 = NJW 1983, 998 = LM § 286 [A] ZPO Nr. 40). § 287 Abs. 2 ZPO ist nicht nur anwendbar, wenn eine selbständige Aufklärung schwierig, sondern auch, wenn sie unmöglich ist (BGH SFH Z 3.00 Bl. 191). In der Frage, ob in einem umfangreichen Bauprozeß nach § 287 ZPO ohne Erweiterung der Beweisaufnahme zu schätzen ist, muß unter anderem auch die Unmöglichkeit eines Teilurteils über entscheidungsreife Positionen sowie eine – etwaige – angespannte finanzielle Lage des Baumarktes berücksichtigt werden (OLG Köln Betrieb 1973, 2343 = BB 1973, 1512 = JMBl. NW 1974, 45 = BlGBW 1974, 117 = VersR 1974, 673). Stellt sich nach Erlaß des Beweisbeschlusses heraus, daß die vorgesehene Beweisaufnahme, durch die die Höhe eines Schadens ermittelt werden soll, unverhältnismäßig hohe Kosten verursachen wird, so kann das Gericht – nach mündlicher Verhandlung hierüber – von der Durchführung des Beweisbeschlusses absehen und den Schaden nach § 287 ZPO schätzen, auch wenn die beweispflichtige Partei dem widerspricht und sich zur vorschußweisen Zahlung der Kosten bereit erklärt (LG Hamburg MDR 1973, 942). Sofern es sich um die Geltendmachung von **entgangenem Gewinn** handelt, ist auch für den Bereich des § 287 ZPO die Beweiserleichterung des **§ 252 Satz 2 BGB zu beachten,** wonach die bloße Wahrscheinlichkeit einer Gewinnerwartung nach dem gewöhnlichen Lauf der Dinge oder nach den besonderen Umständen genügt (vgl. BGH BauR 1981, 598).

Zur Dogmatik und Praxis der Schadensschätzung nach § 287 ZPO Arens ZZP 1975, 1; über die Grenzen richterlicher Schadensschätzung BGH VersR 1973, 782 = NJW 1973, 1283, dazu Henckel JuS 1973, 221; OLG Hamm ZSW 1982, 209 mit Anm. Müller.

133 Zu den Kriterien der **Beweislast im Bauprozeß** beachtlich Ganten BauR 1977, 162; allgemein über die Rechtsprechung zum zivilprozessualen Beweisrecht Schneider MDR 1975, 444 und 538; ders. zur Beweisrechtsjudikatur in Haftpflichtprozessen VersR 1977, 593 ff. Zur Beweislast im Bereich des Vergütungsanspruches des Auftragnehmers vgl. Teil B § 2 Rdn. 13 ff.

134 Beachtenswert die Ausführungen von Karwat (DRiZ 1972, 203) zum **Beweisbeschluß** in Bauprozessen aus der Sicht des Sachverständigen, denen in ihrem juristischen Kern beizutreten ist. Vgl. ferner Rudolph, Zur Formulierung der Beweisfrage im richterlichen Sachverständigenbeweis, ZSW 1980, 208. Über Beweisbeschlüsse zu Fragen unzureichenden Wärmeschutzes vgl. Mantscheff BauR 1982, 435.

135 Gerade für Bauprozesse gilt der Grundsatz: Entscheidet das Gericht nicht einfach liegende – insbesondere technische oder baubetriebliche – Sachverhalte ohne Hinzuziehung eines **Sachverständigen,** so ist es regelmäßig verpflichtet, näher darzutun, worauf seine Sachkunde beruht (BGH SFH Z 4.10 Bl. 19; vgl. auch BGH LM § 286 [E] Nr. 1; ferner BGH ZSW 1980, 33). Wird ein Sachverständiger hinzugezogen, so darf das Gericht jedoch dem Gutachten nur aufgrund eigener Würdigung folgen; es muß, vor allem auch aufgrund etwaiger Einwendungen der Parteien (vgl. dazu auch BGH NJW 1986, 1928), das Gutachten im Rahmen der Beweiswürdigung erkennbar auf seinen sachlichen Gehalt, seine logische Schlüssigkeit und daraufhin prüfen, ob es von dem vom Gericht selbst als erwiesen angesehenen Sachverhalt ausgeht (vgl. dazu auch BGH Betrieb 1986, 1272; BGH ZSW 1988, 45 mit Anm. Müller) das Gutachten hat keinen Beweiswert, wenn es nicht erkennen läßt, aufgrund welcher Wahrnehmungen (Tatsachen) der Sachverständige zu seinem gutachterlichen Schluß gekommen ist (BayObLG ZSW 1983, 16 mit Anm. Müller). Ist der Sachverständige von einem anderen Sachverhalt ausgegangen als demjenigen, den das Gericht seiner Entscheidung zugrunde legen will, so ist in der Regel eine Ergänzung des Gutachtens oder dessen mündliche Erläuterung geboten; ein Verhalten des Sachverständigen, das objektiv Zweifel an seiner Unvoreingenommenheit rechtfertigt, kann den Beweiswert seines Gutachtens beeinträchtigen, was bei der Beweiswürdigung zu berücksichtigen ist (BGH VersR 1981, 546 = NJW 1981, 2009 = MDR 1981, 739 = ZSW 1981, 274 mit Anm. Müller = LM § 286 [B]ZPO Nr. 43). Ein außerhalb des Prozesses von dritter Seite (z. B. einer Gutachter- oder Schlichtungsstelle) eingeholtes Gutachten über die gleiche Beweisfrage kann der Richter auch ohne Einholung eines gerichtlichen Gutachtens im Wege des Urkundenbeweises verwerten, jedoch muß er einer Rüge der mangelnden Sachkunde, vor allem im Hinblick auf den gegenwärtigen Stand der Technik sowie die erforderliche Ausbildung auf einem Spezialgebiet, sorgfältig nachgehen und bei sich daraus ergebenden Zweifeln eine neue Begutachtung anordnen (vgl. BGH ZSW 1988, 43 mit Anm. Müller). Der Vortrag eines Privatgutachtens macht als bloßes Parteivorbringen die Einholung einer vom Gericht für erforderlich angesehenen sachverständigen Beratung durch gerichtliches Sachverständigengutachten auch dann nicht entbehrlich, wenn der Inhalt des Gutachtens den Richter überzeugt (BGH VersR 1981, 576).

Im Einzelfall kann es für den Sachverständigen geboten sein, eine alternative Begutachtung abzugeben, **136** wenn verschiedene mögliche Varianten oder Umstände des Einzelfalles dies als geboten erscheinen lassen; das ist grundsätzlich zulässig und kann u. U. sogar zur besseren Rechtsfindung führen; allerdings muß gerade hier die Begutachtung sehr sorgfältig sein (vgl. dazu Kamphausen BauR 1986, 151). Sind bei mehreren einander widersprechenden Sachverständigengutachten die jeweiligen Gutachten inhaltlich klar, so stellt es nicht immer einen Ermessensfehler dar, sich ohne mündliche Erläuterung oder Einholung eines Obergutachtens mit der schriftlichen Begutachtung zu begnügen; im Einzelfall kann es gute Gründe geben, einem der Gutachten den Vorzug zu geben (BGH VersR 1980, 533 = ZSW 1981, 18). Kommen mehrere Sachverständige bei der Beantwortung der Beweisfrage zu entgegengesetzten Ergebnissen, muß das Gericht jedoch zunächst aufzuklären versuchen, von welchen verschiedenen tatsächlichen Grundlagen und von welchen verschiedenen Wertungen sie ausgehen; erst wenn sich die danach bestehenden Widersprüche nicht ausräumen lassen, ist Raum für eine abschließende Beweiswürdigung widerstreitender Gutachten (BGH NJW 1987, 442 = MDR 1987, 226 = Betrieb 1987, 44 = LM § 412 ZPO Nr. 5 = ZSW 1988, 40 mit Anm. Müller). In den Rahmen der Verpflichtung des Tatrichters, entscheidungserhebliche Umstände erschöpfend zu würdigen, gehört es, daß Äußerungen von Sachverständigen, die einen für die Entscheidung wesentlichen Tathergang betreffen, in ihrem Gesamtzusammenhang gesehen und gewertet werden (BGH VersR 1981, 352). Von einem ihm unvollständig erscheinenden Gutachten kann das Gericht, ohne von der Möglichkeit der Ergänzung oder mündlichen Erläuterung des Gutachtens Gebrauch zu machen, nur abweichen, wenn es seine Zweifel ohne weitere sachverständige Hilfe zur Grundlage seiner Entscheidung machen kann (BGH NJW 1981, 2578 = MDR 1982, 45 = ZSW 1982, 64 mit Anm. Müller; vgl. auch BGH ZSW 1983, 109 mit Anm. Müller).

Wer im Auftrag einer Partei ein Gutachten erstattet hat, ist **sachverständiger Zeuge** und nicht Sachverständiger, wenn er im Rechtsstreit nur darüber vernommen wird, welche tatsächlichen Feststellungen er **137** bei Besichtigung des Streitobjekts aufgrund seiner besonderen Sachkunde getroffen hat; Umstände, die seine Ablehnung hätten rechtfertigen können, wenn er Sachverständiger wäre, sind bei der Prüfung des Beweiswertes seiner Aussage zu berücksichtigen (BGH WM 1974, 239; vgl. auch OLG Hamm VersR 1980, 855 = ZSW 1981, 221). Anders liegt es, wenn er auf Befragen des Gerichts oder der Parteien aufgrund seiner besonderen Fachkunde aus den festgestellten Tatsachen Schlußfolgerungen zieht; dann ist er insoweit als Sachverständiger vernommen worden (vgl. OLG Hamburg JurBüro 1985, 1217). Zur Abgrenzung zwischen sachverständigen Zeugen und Sachverständigen vgl. auch BVerwG 1986, 2268.

Der ernannte **Sachverständige** darf nach Ansicht des BGH bei der Vorbereitung und der Abfassung seines **138** schriftlichen Gutachtens hinreichend geschulte und geeignete Hilfskräfte hinzuziehen; er hat aber die Verantwortung für das Gutachten erkennbar zu übernehmen; vgl. dazu Teil A § 7 Rdn. 11 ff. Hat aber statt des im gerichtlichen Beweisbeschluß bestimmten Sachverständigen ein anderer Sachverständiger das schriftliche Gutachten erstattet und will das Gericht in Abweichung vom Beweisbeschluß dieses Gutachten verwerten, so muß es dies den Parteien rechtzeitig vor der mündlichen Verhandlung zu erkennen geben, damit sie noch Gelegenheit zur Stellungnahme haben, anderenfalls ist das rechtliche Gehör verletzt (BGH VersR 1978, 1105 = MDR 1979, 126 = LM § 360 ZPO Nr. 1 = WM 1978, 1418 mit wohl zutreffender krit. Anm. von Friederichs VersR 1979, 661; BGH NJW 1985, 1399; vgl. auch OLG Frankfurt ZSW 1983, 239 mit Anm. Müller a. a. O.).

Zur Tätigkeit des gerichtlichen Sachverständigen vgl. Teil A § 7 Rdn. 29 ff. Das Betreten einer Wohnung **139** durch den Sachverständigen, der vom Gericht im Rahmen eines zwischen dritten Personen schwebenden Zivilprozesses bestellt worden ist, darf mit Rücksicht auf Art. 13 GG nur nach vorheriger Anhörung der Wohnungsinhaber angeordnet werden (BVerfG NJW 1987, 2500 = MDR 1987, 903 für den Fall einer im Nachbarhaus angeordneten Schallmessung). Ergibt sich erst durch das Gutachten eines gerichtlichen Sachverständigen in rechtserheblicher Weise die Möglichkeit einer bestimmten Mängelursache zu Lasten des Auftragnehmers und richtet der Auftraggeber seinen Sachvortrag hierauf aus, so ist das Gericht zur Wiedereröffnung einer inzwischen geschlossenen mündlichen Verhandlung verpflichtet, anderenfalls überschreitet es das ihm nach § 156 ZPO eingeräumte Ermessen (BGH BauR 1985, 355 = SFH § 633 BGB Nr. 50).

Der Geschäftsführer einer GmbH und Co KG kann im Prozeß seiner Gesellschaft nicht als Zeuge **140** aussagen (LG Oldenburg BB 1975, 983).

141 Rechnungen mit dem Prüfvermerk des Architekten stellen im **Urkundenprozeß** kein taugliches Beweismittel dar; mit dem bloßen Prüfvermerk allein kann der Umfang der erbrachten Werkleistung nicht nachgewiesen werden (so mit Recht Hochstein BauR 1973, 333).

142 Der Tatbestand der **Beweisvereitelung** kommt in Betracht, wenn eine Partei unstreitig eine Auftragsbestätigung erhalten hat und es darum geht, ob **Allgemeine Geschäftsbedingungen** (Besondere oder Zusätzliche Vertragsbedingungen) der Gegenseite darauf aufgedruckt waren, die betreffende Partei die von ihr empfangene Auftragsbestätigung aber nicht mehr vorlegen kann; dann trägt sie die zu ihren Lasten gehenden beweisrechtlichen Folgen (OLG Köln BB 1974, 1227). Eine Beweisvereitelung entsprechend § 444 ZPO kann auch darin liegen, daß eine Partei in Kenntnis der erforderlichen Beweiserhebung über Mängel und deren Auswirkungen (z. B. durch Sachverständigenbeweis) durch einen Dritten weiterbauen bzw. die Mängel beseitigen läßt (vgl. OLG Düsseldorf BauR 1980, 289), zumal sie die Möglichkeit eines Beweissicherungsverfahrens hätte. Ähnliches gilt, wenn dem sachkundigen Vertreter einer Partei aus Anlaß der Ortsbesichtigung durch einen gerichtlichen Sachverständigen der Zutritt zum Grundstück verweigert wird (OLG München BauR 1985, 209 = NJW 1984, 807 = Betrieb 1984, 1615); falls der Weigernde die Beweislast trägt, ist er als beweisfällig zu behandeln (a. a. O.). Allgemein zur Beweisvereitelung vgl. Stürner ZZP 1985 Bd. 98, 237).

143 e) Beginnt der Auftragnehmer ungeachtet des Widerspruchs des Auftraggebers mit einer **vertragswidrigen Bauausführung**, so ist zu besorgen, daß der bestehende Zustand seines Grundstückes dahin verändert wird, daß die Verwirklichung des Rechtes des Auftraggebers auf vertragsgerechte Herstellung wesentlich erschwert wird, so daß dem Auftragnehmer die Ausführung durch **einstweilige Verfügung** untersagt werden kann (OLG München BauR 1987, 598 = BB 1986, 2296 = ZfBR 1986, 285). Da der Auftraggeber keinen Anspruch auf **Mängelbeseitigung** in bestimmter Weise hat, erfordert die Verurteilung des Auftragnehmers zur Mängelbeseitigung grundsätzlich nur die Bezeichnung des Mangels der Leistung, den der Auftragnehmer zu beseitigen hat; die Beifügung von Anordnungen, wie die Beseitigung technisch vorzunehmen ist, hat in der Regel zu unterbleiben, es sei denn, daß der Auftragnehmer mit der Beseitigung auf diese Weise einverstanden ist (BGH BauR 1973, 313 = BB 1973, 1002 = NJW 1973, 1792 = VersR 1973, 937 = MDR 1973, 842 = SFH Z 2.414 Bl. 308). Macht der Auftraggeber geltend, die ihm in einem Urteil zuerkannte **Art der Nachbesserung entspreche nicht der** vom Auftragnehmer **geschuldeten Leistung und sei ihr auch nicht im wesentlichen gleichzustellen**, vielmehr müsse, um das zu erreichen, **in anderer Weise nachgebessert** werden, so wird er durch das Urteil in dem **vollen Wert der gesamten Mängelbeseitigungskosten beschwert;** sein Interesse an vertragsgerechter und deshalb allein ordnungsgemäßer Nachbesserung erstreckt sich dann auch dem Wert nach auf die ganze anderweitige Mängelbeseitigung (BGH BauR 1986, 120 = SFH § 511 a ZPO Nr. 1).

144 Der Einwand der Erfüllung einer titulierten Forderung – Vornahme von Nachbesserungsarbeiten – ist nicht im Zwangsvollstreckungsverfahren nach § 887 ZPO, sondern im Wege der Klage nach § 767 ZPO geltend zu machen (OLG Düsseldorf BauR 1982, 196 mit überzeugender, eingehender Begründung; ebenso OLG Bamberg Rpfl. 1983, 79; OLG Hamm BauR 1984, 547 = OLGZ 1984, 254 = MDR 1984, 591; OLG München BauR 1988, 377 = MDR 1987, 945 = NJW-RR 1988, 22; ebenso Bischof NJW 1988, 1957 m. w. N.). Besonders in Bausachen ist dies allein sach- und interessengerecht, da gerade hier in besonderem Maße die Gefahr der Verschleppung der Erfüllung besteht. In aller Regel handelt es sich um die Verurteilung des Auftragnehmers zur Mängelbeseitigung, die er sich selbst zuzuschreiben hat: Einmal hat er seine Leistungspflicht nicht erfüllt, zum anderen hat er sich trotz Rüge des Auftraggebers vor seiner Verurteilung nicht zur Mängelbeseitigung bereit gefunden, was Bischof (a. a. O.) nicht hinreichend beachtet (a. A. OLG Stuttgart NJW-RR 1989, 1501 für den Bereich des § 888 ZPO). Anders ist dies nur dann, wenn der Schuldner Erfüllung schon für die Zeit vor Erlaß des Ermächtigungsbeschlusses behauptet, weil es dann an einem Rechtsschutzbedürfnis des Gläubigers für ein Vollstreckungsverfahren fehlt; in diesem Fall kann der Schuldner nicht auf die Vollstreckungsgegenklage nach § 767 ZPO verwiesen werden (OLG Köln JMBl. NW. 1982, 153; insoweit zu weitgehend daher OLG München a. a. O.). Hängt die Zwangsvollstreckung des Gläubigers – hier Auftragnehmers – von der von ihm Zug-um-Zug zu bewirkenden Nachbesserung ab, so sind die Kosten für einen Sachverständigen, der im Auftrag des Gläubigers die ordnungsgemäße Nachbesserung begutachtet, nicht erstattungsfähig (OLG Köln MDR 1986, 1033). Der Schuldner werkvertraglicher Nachbesserungsleistungen verliert auch im Bereich des § 887 ZPO das Recht, die Arbeiten noch selbst auszuführen, wenn aufgrund seines Verhaltens das Vertrauen des Gläubigers auf eine ordnungsgemäße und zuverlässige Mängelbeseitigung nachhaltig erschüttert ist (OLG Düsseldorf MDR 1982, 61). Im übrigen braucht der Ermächtigungsbeschluß nach § 887 Abs. 1 ZPO nicht die Bezeichnung der einzelnen zur ordnungsgemäßen Nachbesserung erforderlichen Maßnahmen zu enthalten; er muß nicht genauer gefaßt werden als der Klageantrag und der Urteilstenor im Erkenntnisverfahren (vgl. OLG Hamm BauR 1984, 547 = OLGZ 1984, 254 = MDR 1984, 591; OLG München BauR 1988, 377 = MDR 1987, 945 = NJW-RR 1988, 22). Anders, wenn die vorhandenen Mängel nur durch ganz bestimmte Maßnahmen beseitigt werden können (OLG Stuttgart BauR 1986, 490). Ist zur Ersatzvornahme die Zustimmung eines Dritten (z. B. des Nachbarn) erforderlich, dann muß diese schon bei Erlaß des Ermächtigungsbeschlusses vorliegen (OLG Frankfurt JurBüro 1983, 143). Der Vorschußantrag des Gläubigers nach § 887 Abs. 2 ZPO darf nicht mit der Begründung zurückgewiesen werden, der Gläubiger könne sich aus einer Gegenforderung des Schuldners befriedigen, sofern diese Gegenforderung erst nach Durchführung der vertretbaren Handlung (Nachbesserung) fällig wird (OLG Hamm BauR 1984, 547 = OLGZ 1984, 254 = MDR 1984, 591). Andererseits kann aus einem auf Nachbesserung gerichteten Vornahmetitel nach § 887 Abs. 2 ZPO keine Vorauszahlung mehr beansprucht werden, wenn der Gläubiger nach § 283 Abs. 1 Satz 2 BGB jetzt Schadensersatz wegen Nichterfüllung verlangt (OLG Düsseldorf BauR 1986, 217). Da es sich um Kosten der Zwangsvollstreckung handelt, richtet sich die erstinstanzliche Kostenentscheidung eines Verfahrens nach § 887 ZPO nach den Grundsätzen des § 788 ZPO (OLG Bamberg JurBüro 1987, 785). Notwendige Kosten der Zwangsvollstreckung im Bereich des § 887 ZPO sind dagegen auch Sachverständigenkosten, die erforderlich werden, um die voraussichtlichen Mängelbeseitigungskosten im Rahmen einer Verurteilung des Schuldners (Auftragnehmers) zur Vorauszahlung dieser Kosten festzustellen (OLG Frankfurt Betrieb 1983, 495). Auch rechnen hierher Finanzierungskosten der Ersatzvornahme (OLG Düsseldorf BauR 1984, 298 = MDR 1984, 323). Über die Ersatzvornahme von Mängelbeseitigung im Rahmen der Zwangsvollstreckung nach §§ 887 ZPO vgl. auch Rdn. 146. Trotz Ermächtigung zur Mängelbeseitigung im Wege der Ersatzvornahme ist eine Klage des Auftraggebers ausnahmsweise zulässig, wenn vom Auftragnehmer Einwendungen erhoben werden, bei denen es nicht um die Kosten der Ersatzvornahme im eigentlichen Sinn geht, der Auftragnehmer z. B. Abzüge wegen behaupteter Wertverbesserung (Vorteilsausgleich) geltend macht (vgl. OLG Düsseldorf BauR 1985, 602).

145 Zur **Kostenentscheidung** im Falle einer Verurteilung des Auftraggebers zur Zahlung von Vergütung **Zug um Zug gegen Beseitigung vorhandener Mängel** vgl. Teil B § 13 Rdn. 593 ff.

146 f) Der **Prozeßvergleich** hat eine rechtliche Doppelnatur; er ist sowohl eine Prozeßhandlung als auch ein Rechtsgeschäft, für das die Regeln des materiellen Rechts gelten. Durch den Abschluß eines gerichtlichen Vergleichs endet die Rechtshängigkeit der Streitsache nur dann, wenn der Vergleich unwirksam ist (BGH NJW 1959, 532; BGH Betrieb 1978, 2314). Entsteht unter den Parteien **Streit über die Rechtswirksamkeit eines Prozeßvergleichs**, so ist hierüber in von den Parteien zu betreibender Fortsetzung des bisherigen **Verfahrens durch Urteil zu entscheiden** (vgl. BGHZ 28, 171; 41, 310; 46, 277, 278; BGH NJW 1966, 1658; 1967, 2014; 1971, 467; 1972, 159). Besteht jedoch – nur – Streit über die **Auslegung** eines Prozeßvergleichs, so kann dieser im Wege der **Vollstreckungsgegenklage** ausgetragen werden; die Fortsetzung des Verfahrens, das durch den Vergleich beendet worden ist, kommt dann nicht in Betracht (BGH WM 1977, 204). Die Berichtigung des mit dem Vermerk „v. u. g." abschließenden Vergleichstextes ist unzulässig, soweit Erklärungen der Parteien eingefügt werden, die tatsächlich nicht vorgelesen und genehmigt worden sind (OLG Hamm OLGZ 1983, 89).

147 Entgegen OLG München (BB 1981, 1487 mit zutreffender abl. Anm. von Nettesheim a. a. O.) erfaßt ein in einem Prozeß, in dem der Auftragnehmer seine Vergütung eingeklagt und der Auftraggeber Gegenansprüche aus mangelhafter Ausführung geltend gemacht hat, abgeschlossener Vergleich mit der Regelung „Mit diesem Vergleich sind alle gegenseitigen Ansprüche abgegolten" nicht schon beim Vergleichsabschluß unbekannte, noch nicht aufgetretene Mängel. Anders dann, wenn auch diese nach dem klaren Wortlaut in den Vergleich mit einbezogen sind.

148 Zur Ersatzvornahme von Mängelbeseitigung nach § 887 ZPO im Rahmen der Zwangsvollstreckung nach gerichtlichem Vergleich vgl. OLG Düsseldorf BauR 1978, 503. Eine Ermächtigung hierzu ist ausgeschlossen, wenn der Schuldner die von ihm geforderte Handlung ordnungsgemäß erbracht hat (vgl. dazu OLG München Rpfl. 1978, 388).

149 Im Anwaltsprozeß braucht der lediglich einem Prozeßvergleich beitretende Dritte, z. B. der Architekt, nicht durch einen zugelassenen Rechtsanwalt vertreten zu sein, um auch gegen ihn einen zur Zwangsvollstreckung nach § 794 Abs. 1 Nr. 1 ZPO geeigneten Titel herbeizuführen (BGHZ 86, 160 = BauR 1983, 294 = ZfBR 1983, 133 = SFH § 78 ZPO Nr. 1).

150 Die Kosten der Streithilfe folgen der Kostenregelung des Vergleichs der Hauptparteien (OLG Celle AnwBl. 1983, 176; OLG Karlsruhe, Die Justiz 1979, 17 sowie OLGZ 1986, 383), wie sich aus der Verweisung auf § 98 ZPO in § 101 ZPO ergibt (a. A. BGH NJW 1961, 460 und NJW 1967, 983).

151 g) Verteidigt sich der Auftraggeber gegenüber dem Vergütungsanspruch des Auftragnehmers hilfsweise mit einem **Schadensersatzanspruch wegen Nichterfüllung** (bei der VOB nach Teil B § 4 Nr. 7 Satz 2 oder nach Teil B § 13 Nr. 7), so führt dies **nicht** zu einer **Streitwerterhöhung** nach § 19 Abs. 3 GKG, weil der Schadensersatzanspruch dahin geht, den Auftraggeber ganz oder teilweise von seiner Vergütungspflicht zu befreien; dies ist keine Hilfsaufrechnung. **Anders** liegt es, **wenn** hilfsweise Schadensersatzansprüche wegen **positiver Vertragsverletzung** des Auftragnehmers seinem Vergütungsanspruch entgegengehalten werden, insbesondere wegen Verletzung von Nebenpflichten; dann handelt es sich um eine streitwerterhöhende Hilfsaufrechnung (vgl. OLG Düsseldorf BauR 1979, 178).

152 Auch wirkt die verteidigungsweise Geltendmachung von Minderungsansprüchen nicht streitwerterhöhend, da hierdurch im Falle des Erfolges der Vergütungsanspruch des Auftragnehmers dergestalt herabgesetzt wird, daß er in Höhe des Minderungsbetrages als von Anfang nicht entstanden gilt; dies ist keine Aufrechnung; es wird dann lediglich zur Klage erkannt; Rechtswirkungen nach § 322 Abs. 2 ZPO treten nicht ein (OLG Köln Betrieb 1978, 2314).

153 h) Den aufgrund einer **Abtretung** mit einer **neuen Klage** geltend gemachten **Gewährleistungsansprüchen** steht die **Rechtskraft** eines dieselben Gewährleistungsansprüche betreffenden – wegen fehlender Aktivlegitimation – klageabweisenden Urteils dann **nicht entgegen,** wenn die Abtretung erst **nach Schluß der letzten mündlichen Verhandlung im Vorprozeß** erklärt worden ist (BGH BauR 1986, 117 = Betrieb 1986, 109 = NJW 1986, 1046 = SFH § 322 ZPO Nr. 3 = MDR 1986, 312 = ZfBR 1985, 284). Die **Rechtskraft einer Verurteilung auf Mängelbeseitigung** erstreckt sich nicht auf Sanierungsmaßnahmen, die sowohl im Klageantrag als auch im Urteilsausspruch lediglich deskriptiv bezeichnet sind; anders, wenn sich aus dem Vorbringen und demgemäß der Entscheidung ergibt, daß die im einzelnen bezeichneten Mängelbeseitigungsmaßnahmen – allein – begehrt und demgemäß geschuldet werden. Auch erstreckt sich die Verurteilung zur Mängelbeseitigung nicht auf solche Schäden, die zu dieser Zeit noch nicht vorhanden sind. Andererseits steht die Rechtskraft des Vorurteils entgegen, wenn es darauf beruht, daß die mit ihm angeordneten bestimmten Mängelbeseitigungsmaßnahmen – etwa infolge Fehleinschätzung durch den Sachverständigen – nicht ausreichen. Vgl. dazu OLG Düsseldorf BauR 1981, 307.

154 Wird der zum Schadensersatz wegen Nichterfüllung eines Vertrages verpflichtete Beklagte zur Zahlung eines Betrages verurteilt, der nach dem Vorbringen des Klägers zur Ausführung der geschuldeten Leistung durch einen Dritten erforderlich ist, so steht die Rechtskraft dieses Urteils einer neuen Klage entgegen, mit der der Kläger geltend macht, die Leistung des Dritten sei teurer ausgefallen, als er zunächst habe annehmen können, es sei denn, der Kläger hatte ersichtlich nur eine Teilklage erhoben (vgl. AG Landstuhl MDR 1981, 234).

155 i) Hat der Kläger den eingeklagten Anspruch nach Eintritt der Rechtshängigkeit abgetreten und hat er den Rechtsstreit in gesetzlicher Prozeßstandschaft für den neuen Gläubiger gemäß § 265 Abs. 2 ZPO fortgeführt, wirkt das Urteil gemäß § 325 ZPO für und gegen den Rechtsnachfolger. Dann hat der Rechtsnachfolger ein Recht auf die Vollstreckungsklausel gemäß § 727 ZPO oder, wenn dessen Voraussetzungen nicht gegeben sind, nach § 731 ZPO. Das gilt jedenfalls dann, wenn der alte Gläubiger nicht auch seinerseits eine vollstreckbare Ausfertigung beansprucht, daher der Schuldner nicht der Gefahr der Doppelvollstreckung ausgesetzt ist. Daneben ist für eine vollstreckbare Ausfertigung zugunsten des neuen Gläubigers aufgrund der §§ 724, 725 ZPO kein Raum (BGH Betrieb 1984, 979).

156 j) Ein Richter kann gemäß § 42 ZPO wegen Besorgnis der Befangenheit abgelehnt werden, wenn er den Auftraggeber auf die Möglichkeit hinweist, gegenüber der Klageforderung des Auftragnehmers die Einrede der vorbehaltlosen Annahme der Schlußzahlung nach § 16 Nr. 3 Abs. 2 VOB/B zu erheben; dadurch setzt er sich bei objektiver Betrachtung dem Verdacht der Voreingenommenheit aus (zutreffend LG Berlin NJW 1986, 1000).

*Die bewährte systematische Einführung
in das private Baurecht – in 4. Auflage!*

VOB-VERTRAG

Handbuch zum System der VOB-Vertragsbedingungen

Von **Prof. Hermann Korbion**,
Vorsitzender Richter am OLG Düsseldorf
Dr. Reiner Hochstein,
Ministerialrat in der Staatskanzlei Nordrhein-Westfalen, Düsseldorf

4., neubearbeitete und erweiterte Auflage 1986. 384 Seiten 14,8 x 21 cm, gebunden DM 86,-

Das in 4. Auflage vorliegende Buch besitzt wieder besondere Aktualität. Es erläutert die VOB-Vertragsbestimmungen in systematischem Zusammenhang unter Berücksichtigung der jüngsten Rechtsprechung und Literatur.

- Mit Text der VOB (Teile A und B), des AGB-Gesetzes und BGB-Werkvertragsrechts
- Erläuterung der zur VOB-Auslegung wichtigen Bestimmungen des AGB-Gesetzes
- Gesamtliteraturverzeichnis
- Erweiterte Literaturübersicht vor jedem Kapitel
- Erweitertes Stichwortverzeichnis und Abkürzungsverzeichnis

Damit ist die Neuauflage wieder die aktuelle systematische Einführung in das Bauvertragsrecht. Gleichzeitig ist sie für die tägliche Praxis das unentbehrliche Handbuch zur Lösung aller wichtigen Fragen des VOB-Vertrages.

Unentbehrlich für: Juristen, Architekten, Bauunternehmungen, Sachverständige, Bauwirtschaftler, Bauträgergesellschaften, Bibliotheken und nicht zuletzt für alle staatlichen, kommunalen und industriellen Bauvergabestellen.

Erhältlich im Buchhandel!

Werner-Verlag

Postfach 85 29 · 4000 Düsseldorf 1

Korbion/Locher   *Neuerscheinung!*

AGB-Gesetz und Bauerrichtungsverträge

Von Prof. Hermann Korbion, Vorsitzender Richter am OLG Düsseldorf, und Rechtsanwalt Prof. Dr. Horst Locher, Reutlingen

1987. 320 Seiten 14,8 x 21 cm, gebunden DM 92,-

Die Bauvertragspraxis arbeitet überwiegend, vor allem bei mittleren und größeren Bauvorhaben, mit Klauseln, die das Werkvertragsrecht des BGB und das Recht der VOB zugunsten des Verwenders abändern und die der Inhaltskontrolle des AGB-Gesetzes unterliegen. Die Rechtsprechung zum AGB-Gesetz ist im Fluß, so daß in der Praxis erhebliche Unsicherheit darüber besteht, wo die Inhaltskontrolle des AGB-Gesetzes mit der Folge der totalen Nichtigkeit der Klauseln zur Unwirksamkeit führt und welche Vertragsbestimmungen dem AGB-Gesetz standhalten.

Das Buch bietet für Rechtsprechung und Praxis eine Orientierungshilfe. Es behandelt das Verhältnis des AGB-Gesetzes zur VOB und die häufig in der Praxis vorkommenden Bauerrichtungsklauseln in VOB-/Architekten-/Baubetreuungs-/Bauträger- und Fertighausverträgen. Ein besonderer Schwerpunkt der Arbeit liegt in der Überprüfung der Gewährleistungseinschränkungs-/Vergütungs-/Rücktritts- und Vertragsstrafeklauseln. Bei der Einarbeitung der Rechtsprechung und Literatur haben die Verfasser sich bemüht, für die Praxis Hinweise auf die AGBG-konforme Gestaltung der Verträge zu geben. Die Autoren haben versucht, gestützt auf ihre Arbeiten zum Bauvertrags- und AGB-Recht und aufgrund ihrer praktischen Erfahrungen, eine an den Leitfaden der Rechtsprechung orientierte Arbeit vorzulegen und zu ausgewogenen Ergebnissen zu kommen, welche die beachtenswerten Interessen der Vertragsparteien berücksichtigen.

Aus dem Inhalt:

Teil I – A. Grundlage: § 1 Abs. 1 und 2 AGB-Gesetz · B. Grundsätzliche Einordnung der bauvertraglichen Einzelbestandteile in den Bereichen des § 1 Abs. 1 AGB-Gesetz · C. Einbeziehungsvoraussetzungen (§ 2 AGB-Gesetz) · D. VOB/B und die Verbotsnormen des AGB-Gesetzes · E. Persönlicher Geltungsbereich des AGB-Gesetzes · F. Schlüsselfunktion des § 9 AGB-Gesetz · G. AGB-Gesetz und in der Praxis häufig vorkommende Bauvertragsklauseln (insbesondere Zusätzliche Vertragsbedingungen) · Teil II – H. AGB-Gesetz und Architektenverträge · I. AGB-Gesetz und Baubetreuungsverträge i. e. S. · Teil III – K. Bauträgervertrag und AGB-Gesetz · Teil IV – L. Fertighausvertrag und AGB-Gesetz.

Erhältlich im Buchhandel!

Werner-Verlag

Postfach 85 29 · 4000 Düsseldorf 1

Stichwortverzeichnis

(Das Register ist alphabetisch geordnet; die angeführten Zahlen bezeichnen in Fettdruck den Teil der VOB nebst Paragraphen, in Normaldruck die Randnote zum Paragraphen. - **Einl.** = Einleitung; **Anh.** = Anhang zu Teil A; **Einl.** B = Einleitung zu Teil B.)

A
Abbrucharbeiten
- Bauleistungen **A 1**, 55 ff.
- Einsturz **B 10**, 91 ff.
- Gewährleistungsfrist **B 13**, 251
- Verkehrssicherungspflicht **B 10**, 117

Abgaben, Nichtzahlung von **A 8**, 70
Abgebotsverfahren A 6, 3; **A 6**, 6
abgeschlossene Teile der Leistung B 16, 258
Abgrenzung zum Kaufvertrag A 1, 1; **Anh.** 214
Abhilfe bei Verzögerungen in der Bauausführung B 5, 21 ff.
Ablaufplanung und Ablaufsteuerung A 9, 131 f.; **A 9**, 146; **A 9**, 152 f.; **B 3**, 1 ff.; **B 4**, 8 f.
Ablehnung
- Richter **B 18**, 156
- Sachverständiger **A 7**, 32 ff.; **B 18**, 91 ff.
- Schiedsrichter **A 10**, 64
- schriftliche, weiterer Zahlungen des Auftraggebers **B 16**, 201 ff.

Abnahme der Leistung
B 7, 32 f.; **B 12**, 1 ff.
- Abnahmeprotokoll **B 12**, 101 ff.
- Abnahmereife, Beweislast **B 16**, 21
- abweichende Vertragsbestimmung **A 10**, 31 ff.
- AGB-Gesetz **B 12**, 119
- Anfechtung der A. **B 12**, 20 ff.
- Anscheinsvollmacht **B 12**, 15
- Architekt, Befugnis zur A. **B 12**, 13 f.
- Architektenwerk **B 13**, 9 ff.
- ausdrücklich erklärte A. **B 12**, 54
- Beginn der Gewährleistungsfrist **B 13**, 304 ff.
- Begriff (BGB) **B 12**, 1 ff.
- Begriff (VOB) **B 12**, 7
- behördliche A. **B 13**, 115
- bei Abschlagszahlungen **B 16**, 78
- Benutzung der Leistung **B 12**, 131 ff.
- Beweislastumkehr **B 12**, 24
- Bezeichnung der bekannten Mängel **B 12**, 101
- Bodengutachten **B 13**, 20
- der Auftragnehmerleistung durch Architekt **B 12**, 13 f.
- des Statikerwerks **B 13**, 20
- erklärte A. **B 12**, 53 ff.
- Fälligkeit der Vergütung **B 12**, 42; **B 14**, 11 ff.; **B 14**, 27; **B 16**, 16 ff.
- fiktive A. **B 12**, 112 ff.
- förmliche A. **B 12**, 88 ff.
- Frist zur A. **B 12**, 63 ff.
- Geltendmachung von Gewährleistungsansprüchen **B 12**, 11
- Gemeinde, Abnahme durch G. **B 13**, 16
- Gemeinschaftseigentum **B 12**, 6
- Gerüstarbeiten **B 12**, 19
- Grundlage für Gefahrübergang **B 12**, 30; **B 12**, 142
- grundsätzliche Voraussetzungen der A. **B 12**, 9 ff.
- in sich abgeschlossenen Teilen, A. von **B 12**, 72 ff.; **B 13**, 305
- Kenntnis von Mängeln, A. trotz **B 12**, 32 ff.; **B 12**, 125; **B 13**, 105; **B 13**, 458; **B 13**, 673
- Klage auf A. **B 16**, 20
- Kosten der A. **B 12**, 62
- Nachunternehmervertrag **Anh.** 139 ff.
- nach Vertragskündigung durch Auftraggeber **B 8**, 160 f.
- positive Vertragsverletzung des Auftragnehmers nach der A. **B 13**, 213; **B 13**, 282
- Rücktrittsrecht, Grenze für gesetzliches **Vor B 8**, 25 ff.
- schlüsselfertige Leistung, Abnahmereife **B 12**, 18
- schriftliche Niederlegung des Abnahmebefundes **B 12**, 99 f.
- Sondereigentum **B 12**, 6
- stillschweigende A. **B 12**, 55 ff.
- „stillschweigende" (fiktive) A. **B 12**, 112 ff.
- Teilleistungen, A. von **B 12**, 68 ff.; **B 13**, 305
- Termin zur A. **B 12**, 95 ff.
- Vergütung **B 16**, 3
- Verlangen auf A. **B 12**, 49 f.
- Verweigerung der A. bei wesentlichen Leistungsmängeln **B 12**, 82
- Verweigerung der A., endgültige **B 12**, 29; **B 12**, 82 ff.; **B 13**, 111; **B 13**, 307 f.
- Verzug des Auftraggebers (Annahmeverzug) **B 12**, 63
- von Teilleistungen **B 12**, 28
- Voraussetzung für Fälligkeit der Vergütung **B 16**, 3
- Vorbehalte von Mängeln und Vertragsstrafen **B 12**, 31 ff.; **B 12**, 117; **B 12**, 125; **B 12**, 141
- Vorbereitungsarbeiten **B 12**, 19
- Wirkungen der A. **B 12**, 23 ff.; **B 13**, 102 ff.; **B 13**, 304
- Zurückbehaltungsrecht wegen Mängel und Fälligkeit der Vergütung **B 16**, 18
- Zuziehung von Sachverständigen **B 12**, 97 f.

Abnutzung der Leistung B 13, 147
Abrechnung s. Rechnung
- Abrechnungsbestimmungen, Einhaltung **B 14**, 44 f.

noch: **Abrechnung**

- Aufrechnung, Verhältnis zur A. **A 13**, 32 ff.; **B 13**, 726; **B 13**, 800 ff.
- bei Vertragsstrafe **B 11**, 58
- fehlende Abrechnungsvereinbarung (Stundenlohnarbeiten) **B 15**, 14 ff.
- nach Vertragskündigung durch Auftraggeber **B 8**, 154 ff.
- von Stundenlohnarbeiten **B 15**, 7 ff.
- zu Vertragspreisen **B 6**, 96 f.; **B 9**, 50 ff.

Abrechnungseinheiten A 9, 67
Abrufpflicht des Auftraggebers B 5, 17
Abschlagszahlungen B 16, 31 ff.
- Einbehalt von **B 17**, 77 f.
- Fälligkeit **B 16**, 10; **B 16**, 70 ff.
- kein Anerkenntnis vor Schlußrechnung **B 16**, 78 ff.
- Klage auf A. **B 16**, 74 ff.
- Mehrwertsteuer **B 16**, 39 ff.
- Recht auf **B 16**, 31 ff.
  (s. auch Zahlung)

Abschreibung A 20, 5
absolute Erfüllungsverweigerung des Auftragnehmers Vor B 8 , 31 ff.
Absprachen im Vergabeverfahren A 25, 15 ff.
Abstecken der Hauptachsen der baulichen Anlage B 3, 21 f.; **B 9**, 6 ff.; **B 13**, 9 ff.

Abtretung
- Abtretungsausschluß **B 2**, 109
- Abtretungsverbot **B 2**, 106
- Beschränkung der A. **B 2**, 101 ff.
- Genehmigung der A. **B 2**, 107 f.
- Globalabtretung **B 16**, 351 ff.
- Kostenerstattungsanspruch **B 13**, 78 ff.; **B 13**, 572 ff.
- Kostenvorschußanspruch **B 13**, 78 ff.; **B 13**, 572 ff.
- Minderung bei Teilabtretung **B 13**, 646 f.
- Minderungsanspruch **B 13**, 78 ff.
- Schadensersatzanspruch **B 13**, 24
- Verjährung bei abgetretenen Gewährleistungsansprüchen **B 13**, 82 ff.
- Vollstreckungsklausel **B 18**, 33
- von Ansprüchen gegen Nachunternehmer **Anh. 151**; **B 13**, 78 ff.
- von Gewährleistungsansprüchen **A 13**, 4 ff.; **B 13**, 78 ff.; **Anh. 151** (bei Generalunternehmer-); **Anh. 197 ff.** (bei Baubetreuungsverträgen)
- von Vergütungsansprüchen **B 2**, 101 ff.; **B 16**, 344 ff.
- Vorausabtretung **B 2**, 101 ff.; **B 16**, 279 ff.; **B 16**, 351 ff.
- Vorauszahlungen **B 2**, 109
- vorbehaltlose Annahme der Schlußzahlung bei A. **B 16**, 201 ff.

Abwässerschäden B 10, 178 ff.; **B 13**, 762 ff.
Abweichungen von DIN 18 299 A 9, 65
Abweichungen von VOB, vereinbarte Einl. 18 ff.; **B 13**, 231 ff.

Abwerbung von Arbeitskräften Anh. 49 ff.; **A 2**, 26; **A 25**, 31 ff.; **B 8**, 143
Abzahlungsgesetz A 1, 33 f.; **Anh. 173 ff.**
Adäquanz, Verursachung B 10, 29 ff.
Adressat
- der Anzeige nach Teil B § 4 Nr. 3 **B 4**, 258 f.
- der Anzeige nach Teil B § 6 Nr. 1 **B 6**, 15 f.
- der Vorbehaltserklärung nach Teil B § 16 Nr. 3 Abs. 2; **B 16**, 231 ff.

Änderung
- der Angebotsgrundlagen **A 26**, 8
- der Geschäftsgrundlage (s. auch Geschäftsgrundlage) **A 5**, 32 f.; **A 15**, 1 ff.; **A 15**, 8 ff.; **A 15**, 16; **A 26**, 8; **B 2**, 150 ff.; **B 2**, 338 ff.; **Vor B 8**, 16; **B 8**, 61; **B 9**, 18; **B 13**, 97 ff.
- - Allgemeines **B 2**, 150 ff.
- - bei Pauschalvertrag **B 2**, 338 ff.
- - bei zusätzlichen Leistungen **B 2**, 295 f.
- der Mengen beim Einheitspreisvertrag **B 2**, 202 ff.
- der Preisabsprache **A 5**, 21
- der Preisgrundlagen **A 15**, 3 ff.; **B 2**, 256 ff.
- der Verdingungsunterlagen, Unzulässigkeit **A 21**, 6 ff.; **A 25**, 9
- der Vergütung **A 15**, 1 ff.; **B 2**, 196 ff.
- des Angebots **A 21**, 6 ff.; **A 28**, 30 ff.
- des Angebots, als Ausschlußtatbestand bei der Wertung **A 25**, 67 ff.
- des Angebots, Verbot von Verhandlungen über **A 24**, 19 ff.
- des Angebotsinhalts **A 28**, 30 ff.
- des Auftrages **B 1**, 37 ff.; **B 4**, 85 ff.
- des Bauentwurfs durch Auftraggeber **B 1**, 29 ff.
- des Bauvertrages, Schriftform **A 5**, 21; **A 29**, 6
- des Bieters an seinen Eintragungen im Angebot **A 21**, 10
- des Leistungsinhalts beim Einheitspreisvertrag **B 2**, 196 ff.; **B 4**, 85 f.
- des Leistungsinhalts bei Pauschalverträgen **A 5**, 12 ff.; **B 2**, 188 ff.; **B 2**, 244
- Kennzeichnung von Ä. in der Abrechnung **B 14**, 22 f.

Änderungskündigung B 6, 102 f.
Änderungsverbot, Urheberrecht A 20, 45 ff.
Änderungsvorschläge
- als Grund für die Aufhebung der Ausschreibung **A 26**, 7
- als Voraussetzung für Verhandlungen mit Bietern **A 24**, 7
- Begriff **A 17**, 67
- im Angebot **A 9**, 108; **A 20**, 5; **A 21**, 20
- Vergütung von Ä. **A 20**, 15 ff.
- Verlesung von Ä. im Eröffnungstermin **A 22**, 21
- Wertung von Ä. **A 25**, 67 ff.
- Zulassung von Ä. **A 17**, 47; **A 17**, 66 ff.

AGB-Gesetz Einl. 99; **A 10**, 77 ff.
- Abtretung von Gewährleistungsansprüchen **Anh. 151 ff.**; **Anh. 193**; **B 13**, 78 ff.

noch: AGB-Gesetz

- Allgemeine Technische Vertragsbedingungen als AGB **A 10**, 115 ff.
- Allgemeine Vertragsbedingungen als AGB **A 10**, 113 f.
- Allgemeines **A 10**, 77 ff.
- Anwendung des AGB-Gesetzes auf Bauverträge **A 10**, 93 ff.
- Architektenleistungen **A 10**, 134
- Aufrechnung **A 13**, 32 ff.
- Ausführungsfristen **B 5**, 8 ff.
- Aushandeln von AGB **A 10**, 97 f.
- Ausnahmen nach § 24 Satz 2 und § 9 AGB-Gesetz **A 10**, 170 ff.
- Baubetreuungsverträge **Anh.** 173 ff.
- Bauhandwerkersicherungshypothek **B 16**, 401 ff.
- Bauten der öffentlichen Hand **A 10**, 169
- Bauträger, Vereinbarung der VOB **A 1**, 31 f.
- „Bescheid" des öffentlichen Auftraggebers bei Teil B § 18 Nr. 2 Satz 3 **B 18**, 42 ff.
- Besondere Vertragsbedingungen als AGB **A 10**, 111 f.
- Beweislast **A 9**, 59; **B 10**, 43 ff.; **B 13**, 163 ff.
- Beweislastregeln **A 13**, 42
- culpa in contrahendo **Einl.** 62 ff.; **A 19**, 1
- Einbeziehungsvoraussetzungen **Einl.** 92 ff.
- Einstweilige Verfügung **A 10**, 86 f.
- Fertighaushersteller **A 11**, 4
- fiktive Abnahme **A 10**, 123 ff.; **B 12**, 119
- Formerfordernisse **B 8**, 148 ff.
- Freizeichnungsklauseln **A 13**, 8 ff.; **B 13**, 816 ff.; **B 13**, 836 ff.
- Fristsetzung bei Leistungsverzug **B 5**, 8 ff.
- geltungserhaltende Reduktion **A 10**, 82
- Generalklausel (§ 9 AGB-Gesetz) **A 10**, 170 ff.
- Gerichtsstand **B 18**, 16 ff.
- gesetzliches Verbot **Einl.** 85 f.
- Gewährleistungsansprüche **A 10**, 141 ff.; **A 13**, 3 ff.; **B 13**, 75; **B 13**, 76 f.; **B 13**, 207 ff.; **B 13**, 835
- Haftungsabwälzung auf Auftragnehmer **B 4**, 341 ff.
- Ingenieurleistungen **A 10**, 134
- Irrtumsanfechtung **A 19**, 21 ff.; **B 2**, 148; **B 10**, 223
- Kaufleute, AGB gegenüber K. **A 10**, 163 ff.
- kaufmännisches Bestätigungsschreiben **A 28**, 11 ff.
- Kontrollklage **A 10**, 86 ff.
- Kündigung **Vor B 8**, 5 ff.; **B 8**, 38 f.; **B 8**, 67 ff.; **B 8**, 148 ff.; **B 9**, 1 ff.; **B 9**, 39; **B 9**, 41 ff.
- Leistungsbeschreibungen **A 10**, 115 ff.
- Leistungsverweigerungs- und Zurückbehaltungsrechte **A 13**, 25 ff.; **B 9**, 34
- Mängelfreibescheinigungen Dritter **B 12**, 1 ff.; **B 16**, 100 ff.
- Mengenänderungen **B 2**, 205 f.
- Minderung und AGB-Gesetz **B 13**, 653 ff.
- Nachbesserungskosten **B 4**, 346 ff.

- notarielle Verträge **A 10**, 97
- pauschalierter Schadensersatz **A 12**, 1; **B 16**, 287 ff.
- Preisänderungsklausel **A 15**, 22; **B 2**, 124 ff.; **B 2**, 171 ff.; **B 2**, 205 f.
- Preise **A 10**, 120
- Prüfungs- und Hinweispflicht des Auftragnehmers **B 4**, 182 ff.
- Rücktritt **Vor B 8**, 25 ff.
- Schadensersatzansprüche **A 13**, 13; **B 6**, 118 ff.; **B 8**, 25 ff.; **B 8**, 38 f.; **B 8**, 67 ff.; **B 8**, 98 ff.; **B 13**, 58 ff.; **B 13**, 812 ff.
- Schlußzahlung, vorbehaltlose Annahme der A. **A 10**, 125; **B 16**, 158 ff.; **B 16**, 256
- Schriftformklausel **A 29**, 2 ff.
- Sicherheitsleistung **A 14**, 12 ff.
- Stundenlohnarbeiten **B 15**, 52 ff.
- subsidiäre Haftung **B 13**, 50 ff.
- teilweise Vereinbarung der VOB **A 10**, 131 ff.; **A 10**, 141 ff.
- Treuhandvertrag **Anh.** 258 ff.
- überraschende Klausel **A 10**, 80; **B 2**, 56 ff.; **B 13**, 235 ff.
- unerlaubte Handlungen **B 13**, 816 ff.
- Unklarheitenklausel **A 10**, 80
- Unmöglichkeit der Leistung **Vor B 8**, 12 f.
- Vereinbarung der VOB **Einl.** 91 ff.
- Vergütung des Auftragnehmers **B 2**, 251 ff.; **B 2**, 256 f.; **B 2**, 289 f.; **B 2**, 298 ff.; **B 8**, 25 ff.; **B 18**, 48
- Verjährung von Gewährleistungsansprüchen **A 10**, 122 ff.; **B 13**, 231 ff.; **B 13**, 312 f.; **B 13**, 413
- Verschulden **B 10**, 51 f.; **B 10**, 57 ff.
- Versicherungsbedingungen **B 13**, 743 ff.
- versteckte Mängel **A 13**, 8 ff.
- Vertragsstrafen **A 12**, 9 ff.; **B 11**, 8 ff.
- Verwender von AGB **A 10**, 95 ff.; **A 10**, 153 ff.
- VOB und AGB **A 10**, 113 f.; **A 10**, 131 ff.
- Wandelungsausschluß (Bauträgervertrag) **B 13**, 657 ff.
- Wechsel des Vertragspartners **A 28**, 28 f.
- Wiederholungsgefahr **A 10**, 89
- Wohnungseigentum **Anh.** 270 ff.
- Zinsanspruch **B 16**, 287 ff.
- zugesicherte Eigenschaften **A 13**, 15 ff.
- Zusätzliche Technische Vertragsbedingungen als AGB **A 10**, 152
- Zusätzliche Vertragsbedingungen **A 10**, 20
- Zusätzliche Vertragsbedingungen als AGB **A 10**, 151
- Zuschlags- und Bindefrist **A 19**, 1; **B 2**, 170

aliud B 13, 138 f.
Alleinunternehmer A 5, 25; **Anh.** 2 ff.
Allgemeines Einl. 1 ff.
- Bedeutung der VOB **Einl.** 91 ff.; **Vor A 2**, 1
- historische Entwicklung der VOB **Einl.** 6 ff.
- rechtliche Einordnung der VOB **Einl.** 18 ff.
- rechtliche Tragweite Teile A und B **Einl.** 18 ff.

noch: **Allgemeines**

- rechtliche Tragweite Teil A VOB **Einl.** 38 ff.; **Vor A 2,** 1 ff.
- rechtliche Tragweite Teil B VOB **Einl.** 72 ff.
- rechtliche Unterscheidung zw. Teil A und Teil B VOB **Einl.** 37 ff.
- Vorrang des BGB **Einl.** 35 f.

allgemeine Bauwagnisse **A 9,** 31 f.

Allgemeine Deutsche Spediteurbedingungen A 1, 45; **B 2,** 6 ff.

allgemeine Fürsorge- und Obhutspflichten **B 10,** 15 ff.; **B 10,** 22 ff.

Allgemeine Geschäftsbedingungen **A 10,** 77 ff.; **A 13,** 3 ff.; **B 13,** 835; **B 18,** 31 f.; **B 18,** 128 f., s. auch AGB-Gesetz
- Gerichtsstand **B 18,** 31 f.
- und VOB **Einl.** 91 ff.

allgemeine Geschäftskosten **B 2,** 243

allgemeine Ordnung auf der Baustelle **B 4,** 2 ff.

Allgemeine Technische Vertragsbedingungen **Einl.** 15 f.; **A 9,** 93; **A 10,** 5; **A 10,** 44 ff.; **B 1,** 7 ff.; **B 2,** 132 ff.
- als AGB **A 10,** 115 ff.
- Übersicht über die ATV **Einl.** 17

Allgemeine Vertragsbedingungen **Einl.** 14; **A 10,** 5; **A 10,** 19; **B 1,** 7 ff.; **B 2,** 132 ff.
- als AGB **A 10,** 113 f.

allgemeine Verwaltungskosten **A 2,** 13 f.

Alternativangebote **A 17,** 68

Alternativpositionen, Vertragsinhalt **A 28,** 30 ff.; **B 1,** 7 ff.; **B 3,** 9

Altertumswert, Gegenstände von **B 4,** 430 f.

Amtshaftung **B 4,** 36 ff.; **B 10,** 162 ff.

Amtspflicht – Verkehrssicherung **B 10,** 151

Amtspflichtverletzung bei der Bauvergabe **Einl.** 44 ff.

andere Unternehmen, Bedenken gegen die Leistungen **B 4,** 234 ff.; **B 13,** 195 ff.

anderem Namen, Auftrag unter **Anh.** 115

anerkannte Regeln der Bautechnik **B 4,** 144

anerkannte Regeln der Technik **A 10,** 43; **A 13,** 1; **B 13,** 133 ff.; **B 13,** 739 ff.

Anerkenntnis
- angemessene Förderung der Bauausführung **B 5,** 20
- angemessene Vergütung **A 2,** 9 ff.; **A 20,** 15 ff.; **B 2,** 372 ff.
- bei Abschlagszahlungen **B 16,** 78 ff.
- bei Leistungsabweichungen des Auftragnehmers **B 2,** 372 ff.
- bei unbestrittenem Teil der Schlußrechnung **B 16,** 112
- des Aufmaßes durch Architekten **B 14,** 33 ff.
- des Bescheides bei Unterlassung rechtzeitigen schriftlichen Einspruches des Auftragnehmers **B 18,** 42 ff.
- des Gewährleistungsanspruches **B 13,** 343 ff.
- des Vergütungsanspruches **B 2,** 73 ff.
- nichtbestellter Leistungen **B 2,** 372 ff.
- Prüfungsvermerk des Architekten als A. **B 14,** 22 f.; **B 16,** 105 ff.; **B 18,** 70 f.
- Unterbrechung der Verjährung **B 2,** 73 ff.; **B 13,** 319 ff.; **B 13,** 343 ff.
- von Rechnungen, Vollmacht **B 16,** 105 ff.
- von Stundenlohnzetteln **B 15,** 47 ff.; **B 15,** 52 ff.
- von Zahlungen an Dritte **B 16,** 328 ff.

Anerkenntnisvermerk **B 16,** 105 ff.; **B 16,** 112

Anfangstermin **B 5,** 13 f.

Anfechtung **A 19,** 21 ff.; **Vor B 8,** 17
- Allgemeine Geschäftsbedingungen **Einl.** 91 ff.
- Allgemeines **Vor A 2,** 1
- bei arglistiger Täuschung **Einl.** 80 ff.; **A 8,** 74; **A 24,** 4 f.
- bei Aufmaß **B 14,** 33 ff.
- bei Drohung **B 12,** 20 ff.; **B 16,** 1 f.; **B 16,** 131 ff.
- bei Erklärungsirrtum **A 19,** 24 ff.; **A 23,** 16 f.; **B 2,** 138 ff.
- bei falscher Rechnung **B 2,** 28; **B 14,** 24 ff.
- bei Kalkulationsirrtum **A 19,** 21 ff.; **B 2,** 138 ff.
- bei Pauschalpreisabweichung **B 2,** 210 ff.
- beiderseitiger Irrtum **B 2,** 142
- Berechnungsirrtum **A 19,** 21 ff.
- der Abnahme **B 12,** 20 ff.
- der Preisabrede **B 2,** 137 ff.
- der Unterlassung des Vorbehalts bei **B § 16 Nr. 3 B 16,** 196
- des Angebots **A 19,** 15 ff.
- des Bauvertrages **Vor B 8,** 17
- kaufmännisches Bestätigungsschreiben **A 28,** 7 ff.; **B 2,** 354
- unverzügliche A. **A 19,** 22; **B 2,** 145 f.

Angaben im Leistungsverzeichnis **A 9,** 68 ff.
- zur Ausführung **A 9,** 42
- zur Baustelle **A 9,** 85 ff.

Angebot **A 6,** 1 ff.; **A 21,** 1 ff.
- abgeändertes Angebot **A 21,** 4 ff.
- Abschrift, vom Bieter selbstgefertigte **A 21,** 14 ff.
- Änderung der Angebotsgrundlagen **A 26,** 7 f.
- Änderung des A., Verbot von Verhandlungen über **A 24,** 19 ff.
- Änderungsvorschläge im A. **A 17,** 66 ff.; **A 21,** 20; **A 22,** 21
- Alternativangebote **A 17,** 68
- Anfechtung des A. **A 19,** 15 ff.
- Angebotsverfahren **A 6,** 1 ff.
- Arbeitsgemeinschaften beim A. **A 21,** 7; **A 21,** 21 ff.
- Aufbewahrung der A. **A 22,** 38 ff.
- Aufforderung zur Angebotsabgabe **A 17,** 33 ff.
- Aufschrift des A. **A 17,** 43
- Ausschluß bei der Wertung der A. **A 25,** 5 ff.
- Benutzung nicht berücksichtigter A. **A 28,** 7 ff.
- Betrug beim A. **A 25,** 29

noch: **Angebot**

- Datenverarbeitung **A 21**, 14 ff.
- Eingang der A. **A 22**, 12 f.
- Einsetzen der Preise in das A. **A 21**, 2 f.
- Ergänzungen, Erweiterungen, Einschränkungen des A. **A 6**, 2; **A 21**, 5 ff.
- Eröffnungstermin, s. dort
- Fernschreiben als A. **A 21**, 10
- „garantierter Kostenvoranschlag" **A 21**, 2; **Vor B 8**, 5 ff.
- Geheimhaltung der A. **A 22**, 38
- gemeinschaftliche Bieter **A 21**, 21 ff.
- Hauptunternehmer, Angebot des H. **A 21**, 26
- Inhalt des A., s. dort
- inhaltliche Nachprüfung des A. **A 6**, 5
- Kennzeichnung der A. **A 22**, 11
- Klarheit und Zweifelsfreiheit des A. **A 21**, 2
- Koppelungsangebote **A 21**, 6 ff.
- Kosten des A. **A 20**, 11 ff.
- Kurzfassung des A. **A 21**, 14 ff.
- Mehrwertsteuer **A 21**, 2
- mündliche A. **A 21**, 11
- Nachtragsangebot **A 21**, 1
- – bei außervertraglichen Leistungen **B 2**, 385 ff.
- Nebenangebote **A 9**, 108; **A 21**, 20; **A 22**, 21
- Nebenunternehmer, Angebote von N. **A 21**, 26
- Neuangebot **A 17**, 12
- nicht berücksichtigte A. **A 24**, 17 f.; **A 27**, 1 ff.
- Öffnung der A. **A 22**, 2 ff.; **A 25**, 6 f.
- Preisnachlaß **A 21**, 4
- Proben der Bieter **A 21**, 19; **A 22**, 23
- Prüfung der A., s. dort
- Rechenmaschinen **A 21**, 13
- Spekulationsangebote **A 25**, 21 ff.
- telefonische A. **A 21**, 11
- unter Bedingung **A 21**, 6 ff.
- Unternehmervereinigungen, Angebote von **A 21**, 27
- Unterschrift unter A. **A 21**, 11
- Verlesung der A. **A 22**, 2 ff.; **A 22**, 20
- verspätete A. **A 22**, 8; **A 22**, 28 ff.; **A 23**, 4 f.
- verspätete Annahme **A 28**, 30 ff.
- Verwahrung der A. **A 22**, 7 f.; **A 22**, 40
- Vorbemerkungen, Bedeutung **B 1**, 28
- Wertung der A. **A 23**, 3; **A 25**, 1 ff.
- Zurückziehung der A. **A 18**, 16 ff.
- zusätzliche Erklärungen im A. **A 21**, 4

Angebotsfrist A 18, 1 ff.
- AGB-Gesetz **A 19**, 1
- Begriff und Bedeutung **A 18**, 1 f.
- Bemessung der A.; Mindestangebotsfrist **A 18**, 5 ff.
- Mindestangebotsfrist für den EG-Bereich **A 18**, 13 ff.
- Zurückziehung des Angebots innerhalb der A. **A 18**, 20 ff.

Angebotsmeldeverfahren A 2, 27
Angebotsprüfung A 6, 5; **A 23**, 1 ff.

Angebotsunterlagen A 23, 7 ff.
- abzugebende A. **A 17**, 75 ff.
- Einsicht in A. **A 17**, 77
- Rechenfehler **A 23**, 8 ff.
- Rücksendung **A 27**, 8 ff.

Angebotsverfahren A 6, 1 ff.
Angebotsverschluß, Unversehrtheit des A. **A 22**, 15 f.
Angebotswertung A 23, 3; **A 25**, 1 ff.
angemessene Änderung der Vergütung **A 15**, 23
angemessene Frist
- zur Mängelbeseitigung **B 4**, 380 ff.; **B 13**, 508 ff.
- zur Rechnungsaufstellung **B 14**, 58 f.

angemessene Nachfrist zur Zahlung B 16, 279 ff.; **B 16**, 304 ff.
Angemessenheit des Preises A 2, 9 ff.; **A 3**, 33; **A 5**, 2 f.; **A 6**, 4; **A 24**, 10 ff.; **B 2**, 24 ff.
angrenzende Grundstücke, Betreten oder Beschädigen B 10, 203 ff.
Angriffs- oder Verteidigungsmittel, verspätete B 18, 103 ff.
Anhörung, des gerichtlichen Sachverständigen A 7, 44 ff.
Ankündigung des zusätzlichen Vergütungsanspruches B 2, 301 ff.
Anlage, bauliche Vor B, 1 f.; **B 13**, 703 ff.
Anlagenvertrag Anh. 135
Anlieger, Verkehrssicherungspflicht B 10, 100 ff.
Annahme der Schlußzahlung, vorbehaltlose B 16, 158 ff.; s. Schlußzahlung
Annahme des Angebotes A 28, 1 ff.
Annahmeverzug des Auftraggebers B 6, 5; **B 7**, 32 ff.; **B 9**, 22 f.; **B 12**, 63 ff.
annehmbarstes Angebot A 25, 61 ff.
Annullierung des Vertrages Vor B 8, 1
Anordnungen des Auftraggebers, s. u. Ausführung
Anordnungen, Verantwortlichkeit bei behördlichen A. B 4, 164 ff.
Anrechnung
- anderweitigen Erwerbs **B 8**, 34
- böswillig unterlassenen anderweitigen Erwerbs **B 8**, 36 f.
- ersparter Kosten **B 8**, 29 ff.
- von Vorauszahlungen **B 16**, 89 ff.

Anscheinsbeweis B 4, 162 f.; **B 10**, 33 ff.; **B 18**, 131 ff.
Anscheinsvollmacht B 2, 41 ff.; **B 4**, 41 ff.
- Architekt **B 2**, 41 ff.

Anschläge, gewaltsame B 6, 47
Anschlußaufträge A 3, 45
Anschlußgleise B 4, 273
Anschlußkonkurs B 16, 335 ff.
Antrag auf Abschlagszahlung B 16, 42 f.
Anweisung, Recht zur B 4, 49
Anwendung
- der VOB **Einl.** 18 ff.

noch: **Anwendung**
- des BGB und des HGB **Vor B**, 11 f.

Anzeige, schriftliche, des Auftraggebers von Mängeln B 13, 396 ff.

Anzeigepflicht
- bei Behinderung der Ausführung **B 6**, 9 ff.
- bei der Entdeckung **B 4**, 431 ff.
- des Auftragnehmers bei nichtbestellten Leistungen (B § 2 Nr. 8) **B 2**, 381 f.; **B 2**, 385 ff.
- des Auftragnehmers (B § 4 Nr. 3) **B 4**, 182 ff.
- des Auftragnehmers (B § 15 Nr. 3 Satz 1) **B 15**, 35 ff.
- von der Wiederaufnahme der Arbeiten **B 6**, 72 ff.

Arbeit, gefahrgeneigte B 10, 122 ff.

Arbeiten am Grundstück A 1, 14 ff.; **B 13**, 250; **B 16**, 364 ff.

Arbeiten, Einstellung B 16, 307 ff.

Arbeitnehmerüberlassungsgesetz Anh. 107 ff.

Arbeitseinstellung, Recht auf B 4, 265; **B 9**, 39; **B 16**, 307 ff.; **B 18**, 72 ff.

Arbeitsgemeinschaften (s. auch Unternehmereinsatzformen) **A 25**, 74; **Anh.** 5 ff.
- Auftrag unter anderem Namen **Anh.** 115
- Begriff **Anh.** 5 ff.
- bei der Angebotswertung **A 25**, 74
- bei der Vergabe **A 4**, 16
- Beihilfegemeinschaft **Anh.** 105 f.
- beim Angebot **A 21**, 12; **A 21**, 21 ff.
- Beteiligungsgemeinschaft **Anh.** 105 f.
- Dienstverschaffungsvertrag **Anh.** 107 ff.
- Gerichtsstand **Anh.** 49 ff.
- im Rahmen der Leistungsbeschreibung **A 9**, 88
- Leiharbeitsverhältnis **Anh.** 107 ff.
- Losarbeitsgemeinschaft **Anh.** 143 ff.
- Maschinenarbeitsgemeinschaft **Anh.** 114 f.
- öffentliche Aufträge an A. **Anh.** 10 ff.
- Organe **Anh.** 23 ff.
- Rechtslage bei der A. **Anh.** 16 f.
- steuerrechtliche Behandlung von A. **Anh.** 22
- Teilnahme am Wettbewerb **A 8**, 18 ff.
- Vertrag zur Bildung einer A. **Anh.** 26 ff.
- – Abtretung und Pfändung der Forderung des Gesellschafters an die Arge **Anh.** 70 ff.
- – Änderung des Arge-Vertrages **Anh.** 104
- – Auflösung durch Tod oder Konkurs eines Gesellschafters; Auseinandersetzung mit ausscheidendem Gesellschafter **Anh.** 86 ff.
- – Bestimmungen des VHB zur Arge **Anh.** 105 ff.
- – Bestimmungen über Beendigung der Arge **Anh.** 98 ff.
- – Beteiligung an der Arge und Haftung **Anh.** 46 ff.
- – Folgen der Nichtbeitragszahlung **Anh.** 41 ff.
- – Form des Vertrages, Sitz, Gerichtsstand und Name der Arge **Anh.** 26 ff.
- – Fragen der Gesellschafter- und Gläubigerkündigung **Anh.** 80 ff.
- – Geschäftsführung und Vertretungsmacht **Anh.** 56 ff.
- – weitere Zuschüsse oder Zubußen **Anh.** 39
- – Zahlung der öffentlichen Beiträge, Steuern usw. der Arge **Anh.** 66 ff.
- – Zweck der Arge und Beiträge **Anh.** 30 ff.
- – Vertragsstrafe **Anh.** 31 ff.
- – Zurückbehaltungsrecht eines Gesellschafters **Anh.** 90 ff.

Arbeitskosten A 20, 5

Arbeitskräfte
- Abwerbung von A. **A 25**, 30; **Anh.** 49 ff.; **B 8**, 143
- illegale A. **A 2**, 4; **A 8**, 70 ff.
- Überlassung von A. **Anh.** 107 ff.

Arbeitsplätze, Bereitstellung der B 4, 273 ff.
- Zutrittsrecht des Auftraggebers **B 4**, 44; **B 4**, 53 f.

Arbeitsraum B 4, 12

Arbeitsschluß, Verkehrssicherungspflicht nach B 10, 100 ff.

Arbeitsstättenverordnung B 4, 177 f.

Architekt
- Abnahme des A.-Werkes **B 13**, 9 ff.
- Abnahme des Unternehmerwerkes **B 12**, 13 ff.
- Absteckungs- und Einmeßarbeiten **B 13**, 9 ff.
- AGB-Gesetz **A 10**, 134
- als Bauleiter **B 4**, 110 ff.; **B 10**, 56
- als Erfüllungsgehilfe des Auftraggebers **B 3**, 1 ff.; **B 4**, 110 ff.; **B 10**, 63 ff.; **B 13**, 9 ff.; **B 13**, 676 ff.
- als Vertreter des Auftraggebers **A 28**, 7 ff.; **B 2**, 17 ff.
- Anerkenntnis nichtbestellter Leistungen **B 2**, 373 ff.
- Angebotskosten **A 20**, 14; **A 20**, 22
- Anscheinsvollmacht **B 2**, 41 ff.
- Architektenbindungsgesetz und Baubetreuung **Anh.** 173 ff.
- Aufsichtsfehler des A. **B 4**, 133 ff.; **B 13**, 9 ff.
- Ausführungszeichnungen **A 9**, 1; **A 9**, 64; **B 3**, 9; **B 4**, 118 ff.; **B 4**, 205 ff.; **B 13**, 9 ff.

Auskunftsvertrag des A. B 13, 291 ff.
- Bauarbeiten, Architektenleistung als B.? **A 1**, 30
- Baugrundverhältnisse, Untersuchung **B 4**, 116 f.
- Befugnis zum Vorbehalt der Vertragsstrafe **B 11**, 48 ff.
- Befugnis zur Anerkennung des Aufmaßes **B 14**, 33 ff.
- Befugnis zur Anerkennung von Schlußrechnungen **B 16**, 105 ff.
- Befugnis zur Anerkennung von Stundenlohnzetteln **B 15**, 47 ff.
- Befugnis zur Entgegennahme des Vorbehalts bei nicht voller Zahlung der Schlußrechnung **B 16**, 223 ff.
- Befugnis zur Vereinbarung der VOB **Einl.** 19 ff.

Aufhebung der Ausschreibung

- Befugnis zur Vergabe von Aufträgen **B 2**, 29 ff.
- Beratungspflicht des bauaufsichtsführenden Architekten **B 4**, 323; **B 4**, 403 f.; **B 13**, 530 ff.
- Beweislast bei Mängeln des A.-Werkes **B 13**, 9 ff.
- culpa in contrahendo des A. **Einl.** 58 ff.
- Dehnungsfugen, Planung von **B 4**, 116 f.
- Duldungsvollmacht **B 2**, 46
- Flachdächer, Planung von **B 4**, 116 f.
- Gesamtschuldner **B 13**, 27 ff.
- – neben dem Auftragnehmer **B 10**, 63 ff.; **B 13**, 27 ff.
- – neben dem Statiker **B 4**, 116 f.
- Geschäftsführung ohne Auftrag **B 2**, 47 ff.
- Gewährleistung **B 13**, 291 ff.
- Grundwasserstand, Untersuchung von **B 4**, 116 f.
- Haftung für Zahlungsfähigkeit des Auftraggebers **B 2**, 24 ff.
- Haftung wegen unwahrer geschäftsschädigender Behauptungen in bezug auf Bieter bzw. Auftragnehmer **Einl.** 44 ff.
- Inanspruchnahme des A. bei Nachbesserung, Kosten **B 13**, 487 f.
- Koordinationspflicht **B 3**, 1 ff.; **B 4**, 2 ff.; **B 13**, 33 ff.
- Mitverschulden des A. **B 3**, 1 ff.; **B 4**, 133 ff.; **B 13**, 9 ff.; **B 13**, 676 ff.
- Nachbesserungskosten, Vergütung des A.? **B 13**, 487 f.; **B 13**, 539 f.
- Nachbesserungsrecht des A. **B 13**, 9 ff.
- Planungsfehler des A. **A 9**, 1; **B 4**, 118 ff.; **B 13**, 9 ff.
- positive Vertragsverletzung des A. **B 13**, 9 ff.
- Prüfungsvermerk des A. auf Rechnungen **B 2**, 373 ff.; **B 14**, 33 ff.; **B 16**, 105 ff.; **B 18**, 128 f.
- Rechnungsprüfung durch A. **B 14**, 15; **B 16**, 31 ff.
- Rechtsnatur des Architektenvertrages **B 13**, 9 ff.
- Schadensersatzansprüche gegen A. **B 13**, 9 ff.
- Sicherungshypothek für A. **B 16**, 406 ff.
- Statiker, Haftungsverhältnisse des A. zum St. **B 4**, 116 f.
- subsidiäre Haftung des A. **B 13**, 50 ff.
- technische und geschäftliche Oberleitung **B 13**, 9 ff.
- unzulässige Rechtsberatung **B 13**, 9 ff.
- Urheberrecht **A 20**, 35 ff.
- Verantwortlichkeit des A. **B 4**, 116 f.
- Vereinbarung der VOB/B für Architektenleistungen? **A 1**, 30
- Verjährung von Gewährleistungsansprüchen gegen A. **A 9**, 71 ff.
- Verkehrssicherungspflicht des A. **B 10**, 148 ff.
- Vollmacht des A. **B 2**, 29 ff.; **B 13**, 679
- Zuschlag durch A. **A 28**, 18 f.

Arglist Einl. 80 ff.; **A 16**, 11; **B 4**, 420 ff.; **B 13**, 260 ff.

- Architekt **B 13**, 260 ff.
- arglistiges Berufen auf die Verjährungseinrede **B 13**, 230; **B 13**, 340
- arglistiges Verschweigen, Mangel **B 13**, 129 f.; **B 13**, 260 ff.
- arglistiges Vorspiegeln, Mangel **B 13**, 260 ff.
- Erfüllungsgehilfe **B 13**, 260 ff.
- – Nachunternehmer **B 13**, 260 ff.
- Haftungsbeschränkung nach B § 6 Nr. 6 **B 6**, 116 f.
- Schadensersatzanspruch **B 13**, 800 ff.

Arrest, dinglicher B 16, 412 f.

Art
- der Anzeigepflicht des Auftragnehmers **B 4**, 250 ff.
- der Ausführung, Bedenken gegen **B 4**, 187 f.; **B 4**, 205 ff.
- der Durchführung **A 24**, 8
- der Mängelbeseitigung **B 18**, 143 ff.
- der Vergütung **B 2**, 23; **B 2**, 178 ff.
- des Schadensersatzes nach B § 13 Nr. 7 **B 13**, 721 ff.

Arten der Sicherheitsleistung B 17, 20 ff.

Arten der Vergabe A 3, 1 ff.; **A 17**, 41

Art und Umfang der Leistung A 5, 14; **A 17**, 36 f.; **B 1**, 4 ff.
- Änderung des Bauentwurfs durch den Auftraggeber **B 1**, 29 ff.
- Allgemeine Technische Vertragsbedingungen als Vertragsbestandteil **B 1**, 6
- B § 1 als Generalklausel **B 1**, 1
- Bedeutung von Art und Umfang der L. **B 1**, 4 ff.
- Begriff **B 1**, 4 ff.
- beim Pauschalpreisvertrag **A 5**, 12 ff.
- keine Rangfolge bei B § 1 Nr. 2 **B 1**, 25
- Selbstkostenerstattungsverträge **A 5**, 31
- Stundenlohnverträge **A 5**, 26 ff.
- Verpflichtung des Auftragnehmers zur Ausführung nicht vereinbarter L. **B 1**, 43 ff.
- Widersprüche im Vertrag und deren Auslegung **B 1**, 14 ff.

Aufbau der Leistungsbeschreibung A 9, 40 ff.

Aufbewahrung der Angebote A 22, 38 ff.

Aufforderung
- öffentliche A. **A 3**, 13 ff.
- zum Beginn der Ausführung **A 28**, 30 ff.; **B 5**, 13 f.
- zur Angebotsabgabe **A 17**, 39
- zur Beseitigung nichtbestellter Leistungen **B 2**, 360
- zur Beseitigung von Mängeln **B 4**, 379 ff.

Aufgebotsverfahren A 6, 3 f.; **A 6**, 6 ff.

aufgedrängte Bereicherung B 2, 47 ff.

Aufhebung der Ausschreibung A 26, 1 ff.
- andere schwerwiegende Gründe für die Aufhebung der Ausschreibung **A 26**, 9 ff.
- Bedeutung **A 26**, 1 ff.

1719

noch: **Aufhebung der Ausschreibung**

- Benachrichtigungspflicht **A 26**, 15 f.
- Voraussetzungen, besondere **A 26**, 7 ff.
- Voraussetzungen, grundsätzliche **A 26**, 4 f.
- wesentliche Änderungen der Angebotsunterlagen **A 26**, 8

Aufhebung des Bauvertrages Vor B 8, 18 ff.; **B 8**, 76 f.; **B 8**, 148 ff.
Aufklärung, Rechtspflicht zur Einl. 81
Aufklärungen über die geforderte Leistung oder die Grundlagen der Preisermittlung A 17, 87 ff.
Aufklärungspflichten Einl. 53
- des Architekten **B 4**, 323; **B 4**, 403 f.; **B 10**, 43 ff.; **B 13**, 530 ff.
- des Auftragnehmers **B 10**, 43 ff.; **B 13**, 159 ff.

Auflagerung von Boden außerhalb der dafür angewiesenen Flächen B 10, 218 f.
Auflösung (Arge) Anh. 80 ff.
Aufmaß s. Rechnung
Aufrechnung
- Abrechnung **A 13**, 41; **B 13**, 726; **B 13**, 800 ff.
- Aufrechnungsverbot **A 13**, 32 ff.; **B 8**, 72 ff.; **B 13**, 800 ff.; **B 16**, 359
- bei Sicherheitsleistung **B 13**, 800 ff.; **B 17**, 114
- bei Vertragsstrafe **B 11**, 58
- gegen gepfändete Forderung **B 16**, 340 ff.
- im Konkursfall **A 13**, 33
- im Prozeß **B 18**, 124 ff.
- Kündigung **B 8**, 17 ff.
- mit Kostenerstattungsanspruch des Auftraggebers **B 13**, 572 ff.
- mit Schadensersatzansprüchen des Auftraggebers aus Gewährleistung **A 13**, 34; **B 13**, 726; **B 13**, 800 ff.
- mit Vorschußanspruch des Auftraggebers **B 13**, 572 ff.
- unerlaubte Handlung **A 13**, 41
- Unterbrechung der Verjährung **B 13**, 361 ff.
- Wirkung der A. im Prozeß **B 18**, 128 f.

Aufrechterhaltung der allgemeinen Ordnung auf der Baustelle B 4, 2 ff.
Aufruhr B 7, 17 ff.
Aufschrift des Angebots A 17, 43
Aufsichtsfehler des Architekten B 4, 118 ff.; **B 13**, 9 ff.
Aufsichtsstelle bei Arbeitsgemeinschaft Anh. 23 ff.
Aufsichtsvergütung, zusätzliche B 15, 27 ff.
Aufstellung einer prüfbaren Rechnung B 14, 7
Aufstellung, prüfbare (Abschlagszahlungen) B 16, 11
Aufträge, Kleinstaufträge A 6, 7
Aufträge, öffentliche
- AGB-Gesetz **A 10**, 169; **A 13**, 33 ff.
- der EG **A 8**, 9
- Stundenlohnarbeiten **B 15**, 10 ff.
- Zuständigkeit bei der Vergabe **Einl.** 40 ff.; **Einl.** 104; **Vor A 2**, 10

Auftraggeber
- als Grundstückseigentümer **B 16**, 373 ff.
- Anordnungen des A., Mangel **A 13**, 58
- Begriff **Vor A 2**, 3
- Behörden als A., s. Behörden als Verhandlungs- und Vertragspartner
- Haftungsverhältnis zu Auftragnehmer – Architekt – Sonderfachmann **B 13**, 9 ff.
- mehrere A. **B 2**, 1
- Sitz der Prozeßvertretung **B 18**, 29 f.
- ständig vergebende A. **A 17**, 62 ff.
- Tod des A. **Vor B 8**, 38

Auftragnehmer
- als Kaufmann **Vor B**, 11
- als Vergleichsgläubiger **B 2**, 24 ff.
- Aufwendungen (Stundenlohnarbeiten) **B 15**, 17 ff.
- Begriff **Vor A 2**, 3
- Beratungspflicht des A. **B 13**, 159 ff.
- Einstellung der Arbeiten **B 16**, 307 ff.
- Gesamtschuldner neben Architekt **B 10**, 56; **B 13**, 27 ff.
- Haftung des A. **B 2**, 332 ff.; **B 4**, 267 f.; **B 7**, 13
- Haftungsverhältnis zu Auftraggeber – Architekt – Sonderfachmann **B 13**, 9 ff.
- mehrere A. **B 10**, 55
- Pfandrecht **B 16**, 414 f.
- Recht zur Kündigung **B 16**, 313
- Tod des A. **Vor B 8**, 38

Auftragssperre Vor A 21, 10
Auftrag unter anderem Namen Anh. 115
Aufwand
- besonderer Art **A 3**, 24; **A 8**, 32
- unverhältnismäßiger **B 4**, 346 f.; **B 8**, 92; **B 13**, 621 ff.

Aufwendungen
- bei Mängelbeseitigung durch Dritten **B 13**, 539
- besondere bei der Vergabe **A 3**, 24
- des Auftragnehmers (Stundenlohnarbeiten) **B 15**, 17 ff.
- des Sachverständigen **A 7**, 20 f.; **A 7**, 27
- erforderliche A. bei Nachbesserung **B 13**, 537 ff.

Aufwendungsersatz Anh. 179; **B 8**, 29 ff.
Aufzugsanlagen A 9, 16
Ausarbeitung der Bieter, Benutzung nicht berücksichtigter A. **A 27**, 6 f.
Ausbesserungsarbeiten A 1, 14
Ausbildungsbetriebe A 8, 27 ff.
Ausdrucksweise bei der Leistungsbeschreibung A 9, 105
Auseinandersetzung (Arge) Anh. 75 ff.; **Anh.** 98 ff.
Ausfalltage B 6, 52 ff.
Ausfertigung, Vertragsurkunde A 29, 7 ff.
Ausführung der Bauleistung B 4, 1 ff.

noch: **Ausführung der Bauleistung**

- allgemeine Ordnung auf der Baustelle **B 4**, 2 ff.
- Allgemeines **B 4**, 2 ff.
- Anordnungsrecht des Auftraggebers **B 1**, 29 ff.; **B 4**, 65 ff.; **B 5**, 20; **B 13**, 184 ff.
- – Adressat der Anordnungen **B 4**, 74 ff.
- – Änderungen des Leistungsinhalts **B 1**, 29 ff.; **B 4**, 85
- – Ausgleich für entstehende Mehrkosten **B 4**, 92 ff.
- – Bedenken des Auftragnehmers **B 4**, 8 f.
- – Begriff und Umfang **B 4**, 65 ff.
- – Haftungsverhältnisse **B 4**, 98 f.; **B 10**, 173 ff.; **B 13**, 174 ff.
- – Mehrkosten, Ausgleich **B 4**, 86 ff.
- – Prüfung der Bedenken des Auftragnehmers durch den Auftraggeber **B 4**, 82 ff.
- – unberechtigte oder unzweckmäßige A. des Auftraggebers **B 4**, 78 ff.
- – Unzumutbarkeit der Befolgung von A. **B 4**, 85 ff.
- – Verstoß gegen gesetzliche oder behördliche Bestimmungen **B 4**, 85
- – Voraussetzungen **B 4**, 68 ff.
- Anweisung, Recht zur **B 4**, 49
- Anzeigepflicht und Prüfungspflicht des Auftragnehmers und ihre Auswirkungen **B 4**, 182 ff.
- – Art und Form der Anzeige **B 4**, 247
- – Bedenken gegen die Güte der vom Auftraggeber gelieferten Stoffe oder Bauteile **B 4**, 50; **B 4**, 225 f.
- – Bedenken gegen die Leistungen anderer Unternehmer **B 4**, 182 ff.; **B 4**, 234 ff.
- – Bedenken wegen der Sicherung gegen Unfallgefahren **B 4**, 182 ff.; **B 4**, 220 f.
- – Bedeutung **B 4**, 187 f.
- – verbleibende Verantwortlichkeit des Auftraggebers **B 4**, 261 ff.
- – vorangehende Prüfungspflicht des A. **B 4**, 193 f.
- – Voraussetzungen der Mitteilungspflicht des Auftragnehmers **B 4**, 202; **B 4**, 246 ff.
- Arbeitsraum **B 4**, 12
- Aufforderung zur A. **B 5**, 13 f.
- Ausführungsart und Ausführungsumfang **A 5**, 14; **A 17**, 36 f.; **B 1**, 4 ff.
- Ausführungsfristen, s. Fristen
- Ausführungsunterlagen, s. dort
- Ausführungszeichnungen **A 9**, 1; **B 3**, 9; **B 4**, 118 ff.; **B 4**, 205 ff.; **B 13**, 9 ff.
- Ausführungszeit **A 17**, 11
- Bauforderungen, Sicherung von **B 4**, 41 ff.
- Baustellenordnungsplan **B 4**, 13
- Bautagebuch **B 4**, 51 f.
- Bauzeitenplan, s. Fristen
- Beginn der Ausführung **A 11**, 5 f.; **A 16**, 6 ff.; **B 2**, 317 f.; **B 5**, 13 f.; **B 5**, 40 ff.
- Behinderung oder Unterbrechung der A., s. Behinderung der A.
- Bereitstellungspflicht des Auftraggebers nach B § 4 Nr. 4 **B 4**, 273 ff.
- Bereitstellungs- und Überwachungsrechte und -pflichten des Auftraggebers nach B § 4 Nr. 1 **B 4**, 2 ff.; **B 4**, 273 ff.; **B 9**, 6 ff.
- Beschädigung und Diebstahl, Schutz vor Beschädigung usw. **B 4**, 280 f.
- – Beschränkung der Erhaltungspflicht auf die ausgeführte Leistung und die übergebenen Gegenstände **B 4**, 284 ff.
- – besondere Vergütung des Auftragnehmers **B 4**, 294; **B 4**, 299
- – Erhaltungspflicht **B 4**, 279 ff.
- – Grundwasser, Schutz vor **B 4**, 296 ff.
- – Schnee und Eis, Schutz vor **B 4**, 296 ff.
- – Verletzung der Erhaltungspflicht durch den Auftragnehmer **B 4**, 247
- – Winterschäden, Schutz vor **B 4**, 296 ff.
- – zeitliche Dauer der Erhaltungspflicht **B 4**, 282 f.
- Entdeckung von Gegenständen von Altertums-, Kunst- oder wissenschaftlichem Wert **B 4**, 430 ff.
- – Anzeigepflicht **B 4**, 431 ff.
- – Ausgleich der Mehrkosten **B 4**, 435
- – Entdeckerrechte für Auftraggeber **B 4**, 435
- – Förderung der Ausführung **B 5**, 20
- – Genehmigungen, öffentlich-rechtliche **B 4**, 17 ff.
- – Geschäftsgeheimnisse, Wahrung **B 4**, 59 ff.
- – Gesetz über die Sicherung von Bauforderungen **B 4**, 41 ff.
- – Mängelbeseitigungspflicht des Auftragnehmers während der Ausführung **B 4**, 324 ff.
- – – Bedeutung **B 4**, 325 ff.
- – – Entziehung des Bauauftrages **B 4**, 387 ff.
- – – Mängelbeseitigungspflicht im besonderen **B 4**, 346 f.
- – – Schadensersatzpflicht des Auftragnehmers **B 4**, 354 ff.
- – – Voraussetzungen **B 4**, 328 ff.
- – Maßnahmen zum Schutz gegen Winterschäden und Grundwasser **B 4**, 296 ff.
- – öffentlich-rechtliche Genehmigungen **B 4**, 17 ff.
- – Ordnung auf der Baustelle **B 4**, 7 ff.
- – Prüfungspflicht des Auftragnehmers **B 4**, 182 ff.
- – Schweigepflicht **B 4**, 59 ff.
- – Selbstausführung der Leistung, Verpflichtung des Auftragnehmers zur **B 4**, 405 ff.
- – – Ausnahmen **B 4**, 413 ff.
- – – Bedeutung **B 4**, 405 ff.
- – – Bekanntmachung der Nachunternehmer an Auftraggeber **B 4**, 427 ff.
- – – Umfang **B 4**, 410 f.

noch: **Ausführung der Bauleistung**

- – Weitergabe von Leistungen an Nachunternehmer **B 4**, 411 ff.
- – Sicherung von Bauforderungen **B 4**, 41 ff.
- – Überwachungsrecht des Auftraggebers im besonderen **B 4**, 44 ff.
- – Recht auf Auskunftserteilung **B 4**, 58
- – Recht auf Einsicht in die Ausführungsunterlagen **B 4**, 55 ff.
- – Wahrung von Geschäftsgeheimnissen des Auftragnehmers **B 4**, 59 f.
- – Zutrittsrecht **B 4**, 53 f.
- – Verantwortlichkeit des Auftragnehmers, grundsätzliche **B 4**, 103 ff.
- – Art und Umfang **B 4**, 138 ff.
- – Beachtung anerkannter Regeln der Bautechnik **B 4**, 141 ff.
- – Beachtung gesetzlicher und behördlicher Vorschriften **B 4**, 164 ff.; **B 4**, 117 f.
- – Bedeutung **B 4**, 103 ff.
- – Beschränkung **B 4**, 108 f.
- – Leitung der Bauausführung **B 4**, 167 ff.
- – Sorge für Ordnung auf der Baustelle **B 4**, 167; **B 4**, 173 ff.
- – Verhältnis der Bauvertragspartner zu Dritten **B 4**, 108 ff.
- – Vertreter des Auftragnehmers (Bauleiter) **B 4**, 169 ff.
- – Verantwortung des Auftraggebers (B § 4 Nr. 3) **B 4**, 261 ff.
- – vertragswidrige Stoffe oder Bauteile, Pflicht zur Beseitigung von **B 4**, 303 ff.
- – – Bedeutung **B 4**, 304
- – – Fristsetzung **B 4**, 313 f.
- – – Selbsthilfe des Auftraggebers **B 4**, 315 ff.
- – – Umfang **B 4**, 305 f.
- – – Voraussetzungen **B 4**, 309 ff.
- – Vertreter des Auftragnehmers **B 4**, 74 ff.
- – Verzögerung des Ausführungsbeginns **B 5**, 40 ff.
- – Verzug des Auftragnehmers **B 5**, 34 ff.
- – Wahrung von Geschäftsgeheimnissen, Schweigepflicht **B 4**, 59 ff.
- – zusätzliche Leistungen **B 1**, 43 f.
- – Zusammenwirken der verschiedenen Unternehmer **B 4**, 10

Ausführungsart, andere B 2, 112 ff.; **B 6**, 91; Vor **B 8**, 14 f.
Ausführungsbeginn B 5, 13 f.
Ausführungs- bzw. Ausführungserfüllungsbürgschaft B 17, 4 ff.; **B 17**, 100 ff.
Ausführungsfristen A 11, 10 ff.; **A 16**, 6 ff.; **B 5**, 1 ff., siehe Fristen
Ausführungsort A 17, 36 f.
Ausführungsunterlagen B 3, 1 ff.
- Abstecken der Hauptachsen der baulichen Anlage und der Grenzen des Geländes **B 3**, 21 ff.
- Ausführungszeichnungen **A 9**, 1; **B 3**, 9; **B 4**, 118 ff.; **B 4**, 205 ff.; **B 13**, 9 ff.
- Begriff **B 3**, 9
- bei zusätzlicher Vergütung nach B § 2 Nr. 9 **B 2**, 393 ff.
- Beschaffungspflicht Auftragnehmer **B 3**, 52 ff.
- Eigentum an den A. **B 3**, 60 ff.
- Einsichtsrecht des Auftraggebers **B 4**, 55 ff.
- Herausgabe nach Kündigung **B 3**, 60 ff.; **B 8**, 1 ff.; **B 9**, 58 ff.
- Hinweispflicht des Auftragnehmers **B 3**, 38 ff.
- Höhenfestpunkte, Schaffung von **B 3**, 23 ff.
- Niederschrift des Zustandes der Straßen und Geländeoberfläche, der Vorfluter und Vorflutleitungen und der Baulichkeiten im Baubereich **B 3**, 45 ff.
- offensichtliche Fehler der Ausführungsunterlagen **B 3**, 42
- Prüfungspflicht des Auftragnehmers **B 3**, 33 ff.
- rechtzeitige Übergabe **B 3**, 14
- Übergabepflicht des Auftraggebers, Art und Umfang der **B 3**, 10 ff.; **B 9**, 25
- unentgeltliche Übergabe **B 3**, 10 ff.
- Urheberrecht an den A. **B 3**, 60 ff.
- Verbindlichkeit der A. **B 3**, 31 ff.
- Verletzung der Übergabepflicht, Rechtsfolgen **B 3**, 16 ff.
- vermutete Mängel **B 3**, 41
- Verpflichtung des Auftragnehmers zur Ausführung nicht vereinbarter Leistungen **B 1**, 43 ff.
- Vorlage von Zeichnungen, Berechnungen, Nachprüfung von Berechnungen oder anderer Unterlagen gemäß B § 3 Nr. 5 **B 3**, 52 ff.

Ausführungszeichnungen A 9, 1; **B 3**, 9; **B 4**, 118 ff.; **B 4**, 205 ff.; **B 13**, 9 ff.
Ausführungszeit A 17, 38
Ausfüllen der Leistungsbeschreibung A 6, 3
ausgeübter Gewerbebetrieb Vor A 21, 10; **B 10**, 69 ff.; **B 10**, 207 ff.
Ausgleich
- bei gesamtschuldnerischer Haftung von Architekt und Auftragnehmer **B 13**, 41 ff.
- Schadensausgleich im Innenverhältnis **B 10**, 61 f.; **B 10**, 91 ff.

Ausgleichsregeln, anderweitige vertragliche A. B 10, 162 ff.
Aushändigung der Verdingungsunterlagen A 8, 8 ff.
Aushandeln, AGB A 10, 97 f.
Auskünfte an Bewerber A 17, 81 ff.
Auskunftserteilung, Recht des Auftraggebers auf B 4, 58
Auskunftspflicht
- des Auftraggebers über Beginn der Ausführung **B 5**, 15 f.
- des Betreuers und des Auftragnehmers bei Abtretung von Gewährleistungsansprüchen **Anh.** 193; **B 13**, 78 ff.

Auslegung von Widersprüchen im Vertrag B 1, 14 ff.

Ausnahmebefugnisse des Auftraggebers, nach Verjährung der Gewährleistungsansprüche B 13, 434 ff.
Ausschachtungsarbeiten
– Bauwerksarbeiten A 1, 4 ff.; B 13, 250; B 16, 364 ff.
– Verkehrssicherungspflicht B 10, 100 ff.
Ausschluß
– der Abtretung B 2, 109
– der Aufrechnung A 13, 32 ff.
– der Bauhandwerkersicherungshypothek B 16, 401 ff.
– der Gewährleistung A 13, 4 ff.; A 13, 51 ff.
– von Angeboten A 25, 5 ff.
– von Bewerbern A 8, 3 ff.
– von Leistungsverweigerungs- und Zurückbehaltungsrechten A 13, 25 ff.
– von Schadensersatzansprüchen A 13, 13 f.
– von Teilnahme am Wettbewerb A 8, 63 ff.
– von zugesicherten Eigenschaften A 13, 15 ff.
Ausschlußfristen A 11, 1; A 18, 1
Ausschlußklausel, Haftpflichtversicherungsbestimmungen B 13, 743 ff.
Ausschlußklauseln A 13, 3 ff.; B 2, 175 ff.
Ausschlußwirkung der vorbehaltlosen Annahme der Schlußzahlung B 16, 181 ff.
Ausschreibung A 16, 1 ff.
– Anschreiben und dessen Inhalt A 17, 33 ff.
– Aufhebung der Ausschreibung, s. dort
– Aufklärung über die geforderte Leistung oder die Grundlagen der Preisermittlung A 17, 81 ff.
– Bekanntgabe der Ausschreibung A 3, 12 ff.; A 17, 1 ff.; A 20, 6 ff.
– Beschränkte A. A 3, 36 f.; A 8, 32 ff.; A 17, 23 ff.; A 20, 3; A 26, 4
– Freihändige Vergabe A 3, 4; A 3, 32 ff.; A 17, 23 ff.; A 20, 3
– Grundsätze der A. A 3, 1 ff.; A 16, 1 ff.
– Kontrolle der Beteiligung bei Beschränkter A. A 8, 40
– mehrere A. A 4, 9
– Öffentliche A. A 3, 6 f.; A 3, 9 ff.; A 8, 26 ff.; A 20, 3; A 26, 4
– – Kreis der Bewerber bei Ö. A. A 3, 16 ff.; A 8, 8 ff.
– öffentliche Bekanntmachung der A. A 3, 16; A 17, 3 ff.
– Sinn der A. A 3, 2
– vergabefremde Zwecke A 16, 10
– Voraussetzungen der A. A 16, 1 ff.
– Wettbewerbsbeschränkungen A 3, 18
Ausschreibungsunterlagen, Urheberrecht A 20, 40 ff.
Außenflächen, Abrechnung von A. mit Fenstern B 14, 27 f.
Äußerung, gutachtliche A 7, 11 ff.; A 7, 28
außergerichtliche Meinungsverschiedenheiten B 18, 69

außerordentliche Kündigungsrechte
– des Auftraggebers B 8, 49 ff.
– des Auftragnehmers B 9, 1 ff.
Aussperrung B 6, 38 ff.
Aussprache, bei Meinungsverschiedenheiten mit öffentlichem Auftraggeber B 18, 39 ff.
Austausch, Sicherheitsleistung B 17, 25
Auswahl
– der Bieter bei Beschränkter Ausschreibung A 8, 37 ff.
– des Verrichtungsgehilfen B 10, 173 ff.
Automation bei der Abrechnung von Bauleistungen B 14, 44 f.

B

Bankbürgschaft B 17, 20 ff.
Basistreuhänder Anh. 258 ff.
Bauarbeiten A 1, 3 ff.; A 1, 46 ff.; Vor B, 13
Bauaufsichtsführender Architekt, Beratungspflicht B 4, 323; B 4, 402 ff.
Bauauftrag
– Entziehung des B. B 4, 387 ff.
Baubereich, Baulichkeiten im B 3, 45 ff.
Bauberufsgenossenschaften, s. Berufsgenossenschaften
Baubeschreibung A 9, 38 ff.
Baubetreuungsvertrag bzw. Bauträgervertrag Anh. 173 ff.
– Abzahlungsgesetz Anh. 173 ff.
– AGB-Gesetz Anh. 173 ff.
– Allgemeines Anh. 173 ff.
– Architektenbindungsgesetz Anh. 173 ff.
– Baukostengarantie Anh. 258 ff.
– Baubetreuungsvertrag Anh. 179 ff.
– Bauträgervertrag Anh. 189 ff.
– Finanzierungsbestätigung Anh. 186; Anh. 253
– Haftung für Zahlungsfähigkeit des Betreuten Anh. 185
– Koppelungsverbot Anh. 173 ff.
– Musterprozeßklausel Anh. 247
– notarielle Beurkundung Anh. 232 ff.
– Rechtsberatungsgesetz Anh. 176
– Sonderwunschvertrag, selbständiger Anh. 193
– Treuhand Anh. 186 ff., 258 ff.
– Verjährung von Gewährleistungsansprüchen Anh. 214 ff.
– Verjährung von Vergütungsansprüchen Anh. 240 ff.
– Vollmacht des Baubetreuers im engeren Sinn Anh. 179
– wesentliche Rechte und Pflichten Anh. 214 ff.
– wirtschaftliche Betreuung Anh. 186 ff.
Baubetrieb, rationeller A 25, 59 f.
Baubetriebe-Verordnung A 2, 33
Baucontrolling-Vertrag A 1, 30
Bauen mit Fertigteilen A 9, 8 ff.

Bauentwurf

Bauentwurf
- Änderungen des B. **B 1**, 29 ff.; **B 2**, 268 ff.
- Begriff **B 1**, 29 ff.
- Neuanfertigung **B 1**, 37

Bauerhaltungsarbeiten A 1, 27 ff.
Bauforderungen, Sicherung von B 4, 41 ff.; **B 10**, 88 ff.
Baufortschrittsplan A 11, 22
Baufristenplan A 11, 18 ff.; **B 5**, 20
Baugenehmigung B 4, 17 ff.; **B 5**, 13 ff.; **B 5**, 39; **Vor B 8**, 31 ff.
- Mitverschulden bei fehlender B. **B 4**, 31 ff.
- nicht Voraussetzung für wirksamen Bautrag **A 18**, 18; **B 4**, 31 ff.

Baugeräte, Miete von A 1, 42
Baugeräteliste B 2, 231 ff.; **B 6**, 141 ff.
Baugerüst
- Einsturz **B 10**, 91 ff.
- Verkehrssicherungspflicht **B 10**, 116

Bauglieder A 1, 10
Baugruben, unverkleidete, Aufmaß und Abrechnung von B 14, 27 f.
- Bearbeitungsschadenklausel **B 13**, 766 f.
- Verkehrssicherungspflicht **B 10**, 116

Baugrund, Untersuchungs- und Prüfungspflicht B 4, 116 f.; **B 4**, 203
Baugrundrisiko A 9, 85; **B 6**, 31 ff.
Baugrundverhältnisse, Erkundungspflicht B 2, 116 ff.; **B 4**, 116 f.; **B 4**, 203 f.
Bauhandwerkersicherungshypothek B 16, 360 ff.
- AGB-Gesetz **B 16**, 403 ff.
- Architekt; Statiker **B 16**, 406 ff.
- Ausschluß **B 16**, 403 ff.
- Bauträger **B 16**, 373 ff.; **B 16**, 378 ff.
- Bauwerksleistungen **B 16**, 364 ff.
- Durchgriffshaftung **B 16**, 373 ff.
- einstweilige Verfügung **B 16**, 378 ff.
- Erdbauunternehmer **B 16**, 364 ff.
- Erfüllungs- bzw. Gewährleistungsansprüche des Auftraggebers **B 16**, 395 ff.
- Forderungsumfang, tatsächlicher **B 16**, 385 ff.
- Gemeinschaftseigentum **B 16**, 378 ff.
- Gesamthypothek **B 16**, 376 f.
- Hauptsacheverfahren **B 16**, 378 ff.
- Identität zwischen Auftraggeber und Grundstückseigentümer **B 16**, 373 ff.
- Sicherheitsleistung des Auftragnehmers **B 16**, 385 ff.
- Streitwert **B 16**, 378 ff.
- Unternehmer eines Bauwerks **B 16**, 372
- Vormerkung, Eintragung einer V. **B 16**, 378 ff.
- Vorratsbau **B 16**, 378 ff.
- Wohnungseigentum **B 16**, 376 f.

Bauherr, Begriff Vor A 2, 3
Bauherrenmodelle Anh. 193 ff.
Bauingenieur, s. Ingenieur
Bauleistungen A 1, 1 ff.
- Allgemeines **A 1**, 1; **Vor B**, 1 f.
- Art und Umfang **A 5**, 14; **A 17**, 10; **B 1**, 4 ff.
- Auftraggeber – Grundstückseigentümer **B 16**, 373 ff.
- Ausführung **B 4**, 1 ff.
- Ausschachtungsarbeiten **A 1**, 4 ff.
- B. geringeren Umfanges **A 5**, 24
- B. größeren Umfanges **A 5**, 31
- Begriff für VOB/B **Vor B**, 6
- nach Probe **B 13**, 168 ff.
- Neuherstellung **A 1**, 12
- Schutz der B. **B 4**, 279 ff.
- Umfang der B. **A 1**, 3 ff.; **A 5**, 12 ff.
- Vorbereitungsarbeiten **A 1**, 27 f.

Bauleistungsversicherung B 7, 8; **B 7**, 38 ff.; **B 12**, 143 ff.
Bauleiter B 4, 110 ff.; **B 4**, 169 f.; **B 10**, 56 f.
- i. S. v. § 330 (jetzt § 223) StGB **B 10**, 72
- verantwortlicher B. **B 4**, 138 ff.; **B 4**, 169; **B 10**, 148 ff.

Bauleitung
- bei Arbeitsgemeinschaft **Anh.** 23 ff.
- Kosten der B. **B 2**, 231 ff.

bauliche Anlage Vor B, 8; **B 13**, 703 ff.
Baumaschinen
- Maschinenarbeitsgemeinschaft **Anh.** 114
- Miete von B. **A 1**, 42

Baumaterial, Handwerkszeug; Beschädigung oder Zerstörung von B 4, 176
- Baumaterial, Lieferung von B. **A 1**, 37 ff.; **B 4**, 232 f.
- Verkehrssicherungspflicht **B 10**, 100

baupolizeiliche Bestimmungen Einl. 86; **A 16**, 7
Baupreiskalkulation A 2, 13 ff.
Baupreisverordnung (VO PR 1/72) A 5, 29; **A 5**, 36; **A 15**, 31 ff.; **A 25**, 59 f.; **Anh.** 148; **B 2**, 96 ff.; **B 15**, 10 ff.
- Baupreisprüfung nach der B. **A 19**, 19 f.

Bauprozeß B 18, 76 ff.
- Allgemeines **B 18**, 76 ff.
- Art der Mängelbeseitigung **B 18**, 143 ff.
- Aufrechnung **B 18**, 124 ff.
- Beweisfragen **B 18**, 131 ff.
- Beweissicherungsverfahren **B 18**, 81 ff.
- Erstreckung der Rechtskraft **B 13**, 78 ff.; **B 18**, 153 ff.
- Mahnverfahren **B 13**, 361 ff.; **B 18**, 26
- Musterprozeßklausel **Anh.** 247; **B 2**, 91 ff.; **B 13**, 323 ff.
- Prozeßvergleich **B 18**, 146 ff.
- Prozeßvorbereitung **B 18**, 103 ff.
- Schadensschätzung **B 18**, 128 f.
- Urkundsprozeß **B 18**, 118 ff.
- Verjährungseinrede, Entscheidung über V. **B 18**, 128 f.
- Verurteilung zur Mängelbeseitigung **B 18**, 143 ff.
- Widerklage **B 18**, 124 ff.

Bausatzverträge A 1, 6 33 f.

Bauschild **B 4**, 41 ff.
– Vollmacht des Architekten **B 2**, 46
Bau-Schlichtungsstellen **B 18**, 76 ff.
Baustatik, Prüfingenieur für B. **B 4**, 26 f.
Baustelle **B 4**, 7 f.; **B 4**, 173
Baustelleneinrichtung, keine Abnahme **B 12**, 19
Baustelleneinrichtungskosten **B 2**, 231 ff.
Baustellengemeinkosten **B 2**, 231 ff.
Baustellenordnungsplan **B 4**, 13
Baustellenräumung **B 5**, 28 ff.; **B 6**, 115
Baustoffe **B 4**, 286
– neuartige **B 4**, 110 ff.; **B 13**, 9 ff.
– vorgeschriebene **B 4**, 205 ff.; **B 4**, 225; **B 13**, 190 ff.
Baustoffhersteller (Produzent), Garantie des B. **B 4**, 232 f.; **B 13**, 295 ff.; **B 13**, 842 ff.
Baustofflieferant
– als Erfüllungsgehilfe? **B 4**, 232 ff.
– als Gesamtschuldner? **B 13**, 27 ff.
– Aufrechnungsverbot **B 8**, 72 ff.; **B 16**, 359
– Beratung durch B. **B 10**, 43 ff.
– Bereicherungsanspruch des **B 16**, 351 ff.
– Eigentumsvorbehalt **B 2**, 101 ff.; **B 16**, 351 ff.
– Garantie des B. **B 4**, 232 ff.; **B 13**, 842 ff.
– Lieferung von Baustoffen **A 1**, 37 ff.; **B 4**, 232 ff.
– unerlaubte Handlung des B. **B 13**, 295 ff.
– Wegnahmerecht des **B 16**, 351 ff.
Baustrecke, Abstecken der **B 3**, 21 ff.
Bautätigkeit, ganzjährige **A 2**, 32 f.
Bautagebuch **B 4**, 51
Bautechnik, Regeln der **B 4**, 144 ff.
Bauteile **A 1**, 10; **A 1**, 46 ff.; **A 24**, 9; **B 4**, 286; **B 7**, 11 f.; **B 8**, 123 ff.
– Abschlagszahlungen **B 16**, 48 ff.
– Bedenken gegen die Güte der B. **B 4**, 182 ff.; **B 4**, 225 f.
– Eigenschaften von B., Meinungsverschiedenheiten **B 18**, 49
– Lieferung von B. **A 1**, 46 ff.
– Mängel an vom Auftraggeber gelieferten B. **B 13**, 189
– Meinungsverschiedenheiten über B. **B 18**, 50 ff.
– Versicherung von B. **B 7**, 38 ff.
– vertragswidrige B. **B 4**, 303 ff.
– vorgeschriebene **B 4**, 205 ff.; **B 4**, 225; **B 13**, 184 ff.
Bauträgerverordnung **Anh.** 189
Bauträgervertrag **Anh.** 189 ff.
– Abnahme **B 12**, 1 ff.
– Ausschluß der Teilkündigung **Anh.** 214 ff.
– Bauhandwerkersicherungshypothek **B 16**, 373 ff.; **B 16**, 378 ff.
– Bauherrenmodelle **Anh.** 193 ff.
– Finanzierungsbestätigung **Anh.** 186 ff.; **Anh.** 253
– Gesamtschuldner mit Treuhänder **Anh.** 258 ff.

– notarielle Beurkundung **Anh.** 232 ff.
– Prospekthaftung **Anh.** 194 ff.
– Sonderwunschvertrag, selbständiger **Anh.** 193 ff.
– Treuhänder **Anh.** 258 ff.
– Vereinbarung der VOB **A 1**, 6 31 f.
– Verjährung von Vergütungsansprüchen **Anh.** 240 ff.
– Wandelung beim B. **B 13**, 657 ff.
Bauvergabe, s. Vergabe
Bauverträge
– Abschluß des Bauvertrages **A 28**, 7 ff.
– Änderung oder Ergänzung des B., Schriftform **A 29**, 2 ff.
– Allgemeines **Einl.** 1
– Anfechtung von B. **Vor B 8**, 17
– Aufhebung von B. **Vor B 8**, 18 ff.; **B 8**, 81
– fehlender B., Bereicherung **A 28**, 20 f.
– Form **A 28**, 24 ff.; **Anh.** 232 ff.; **Anh.** 288 ff.
– Grundlage der geschuldeten Leistung **B 1**, 1 ff.
– Nichtigkeit des Bauvertrages **B 2**, 96 ff.
– Rücktritt von **B 8**, 15
– Vertragsstrafe im B. **B 10**, 57 ff.; **A 12**, 1 ff.; **B 11**, 1 ff.
Bauvorbereitungsarbeiten **A 1**, 27 ff.
Bauwagnisse **A 9**, 31 f.
Bauwerk **A 1**, 3; **B 4**, 232 ff.; **B 7**, 37; **B 13**, 244 ff.; **B 16**, 372
Bauzaun
– Genehmigung **B 14**, 27 f.
– Verkehrssicherungspflicht **B 10**, 116
Bauzeitenplan **A 11**, 18; **B 4**, 14; **B 5**, 7 ff.
Bearbeitungsschadenklausel (Tätigkeitsklausel) bei Haftpflichtversicherung **B 13**, 750 ff.
Beaufsichtigung von Stundenlohnarbeiten **B 15**, 27 ff.
Bedenken
– gegen die Anordnung des Auftraggebers **B 4**, 78 ff.; **B 13**, 199
– gegen die Güte der Stoffe oder Bauteile **B 4**, 182 ff.; **B 4**, 225 f.; **B 13**, 199
– gegen die Leistungen anderer Unternehmer **B 4**, 182 ff.; **B 4**, 234 ff.; **B 13**, 199
– gegen die vorgesehene Art der Ausführung **B 4**, 182 ff.; **B 4**, 205 ff.; **B 13**, 199
– wegen der Sicherung gegen Unfallgefahren **B 4**, 182 ff.; **B 4**, 220 ff.; **B 13**, 199
Bedeutung
– der Gewährleistung **B 13**, 1 ff.
– der VOB **Einl.** 91 ff.; **Vor A 2**, 1 ff.
– des Vergabehandbuches **Einl.** 102 ff.
bedingte Angebote **A 21**, 6 ff.
Bedingungen der Leistungsbeschreibung, grundlegende **A 9**, 36 ff.
Beeinträchtigung der Gebrauchsfähigkeit **B 13**, 687 ff.
Beendigung (Arge) **Anh.** 98 ff.

Befangenheit

Befangenheit, Ablehnung Sachverständiger A 7, 29 ff.
Befreiung von Gewährleistungspflicht B 13, 174 ff.
Befugnis des Auftragnehmers zur Arbeitseinstellung B 16, 307 ff.; B 18, 72 ff.
Befugnisse des Auftraggebers nach B § 8 Nr. 3 Abs. 3 B 8, 120 ff.
Beginn
– der Ausführung A 11, 5 f.; A 16, 6; B 2, 317 f.; B 4, 282 f.
– der Gewährleistung B 13, 4 ff.
– der Verjährungsfrist bei Gewährleistung B 13, 304 ff.
– von Stundenlohnarbeiten B 15, 35 ff.
Beglaubigung, Vertragsurkunde A 29, 7 ff.
Begleiterscheinungen, ungesunde A 2, 26 ff.
Begriff
– der Gewährleistung B 13, 1 ff.
– der Mängelbeseitigung B 13, 474 ff.
Begriffsbestimmungen zum Leistungsgegenstand Vor B, 1 ff.
Begründung des Vorbehalts nach Erhalt der Schlußzahlung B 16, 247 ff.
Behauptung ehrverletzender Tatsachen, Widerruf Einl. 45 f.
Behauptung unwahrer kreditschädigender Tatsachen A 2, 28; A 25, 18; B 8, 143
Behinderung und Unterbrechung der Ausführung B 3, 20; B 6, 1 ff.
– Abrechnung nach Vertragspreisen B 6, 96 ff.; B 6, 113 f.
– Adressat der Behinderungs- oder Unterbrechungsanzeige B 6, 15 f.
– Ansprüche bei gleichzeitiger Änderung der Vergütung B 2, 196 ff.
– Anzeige von der Wiederaufnahme der Arbeiten B 6, 72 ff.
– Anzeigepflicht des Auftragnehmers bei Behinderung B 6, 9 ff.
– Begriff B 6, 1 ff.
– bekannte Mängel B 12, 101 ff.; B 12, 120 ff.; B 12, 138
– besondere Fürsorgepflichten des Auftragnehmers nach Teil B § 6 Nr. 3 Satz 1 B 6, 65 ff.
– höhere Gewalt B 6, 47
– Offenkundigkeit der Behinderung oder Unterbrechung B 6, 17 f.
– rechtliche Hinderungsgründe B 6, 5
– Schadensersatz nach B § 6 Nr. 6 B 6, 116 ff.
– Schlechtwettertage B 6, 52 ff.
– unabwendbarer Umstand B 6, 48
– Unmöglichkeit oder Unvermögen zur Leistung B 6, 4; B 6, 85 ff.
– Unterbrechung der Ausführung B 6, 2 f.; B 6, 85 ff.
– Verlängerung der Ausführungsfrist B 6, 24 ff.; B 6, 77 ff.
– – höhere Gewalt B 6, 47
– – Streik und Aussperrung B 6, 38 f.
– – vom Auftraggeber zu vertretender Umstand B 6, 28 ff.; B 6, 68
– – Verschulden des Auftragnehmers B 6, 6 ff.; B 6, 67
– – voraussichtlich längere Dauer der Unterbrechung B 6, 85 ff.
– – Begriff B 6, 86 ff.
– – Kündigung B 6, 102 ff.
– – Unmöglichkeit der Leistung B 6, 88 ff.
– – Unvermögen zur Leistung B 6, 92
– – Vergütung der Kosten und Abrechnung zu Vertragspreisen B 6, 96 f.; B 6, 113 f.
– Wegfall der Hindernisse B 6, 72 ff.
– Weiterführung der Arbeiten, Pflicht zur B 6, 65 ff.
– Witterungseinflüsse B 6, 49 ff.
– Zusammenfallen der Unterbrechung mit anderen Ursachen als nach B § 6 Nr. 2 Abs. 1 B 6, 93 ff.
Behörden als Verhandlungs- und Vertragspartner Einl. 1; Einl. 40 ff.
– Begriff Einl. 100
– Dienstanweisungen bei B. Einl. 40; Vor A 2, 11
– Meinungsverschiedenheiten mit B. B 18, 33 ff.
– öffentlicher Auftraggeber, Begriff Einl. 100
– Rechtsmißbrauch und unzulässige Rechtsausübung Einl. 1; Einl. 49; Einl. 105; Vor A 2, 1; Vor A 21, 10
behördliche Anordnungen, Verantwortlichkeit bei B 4, 164 ff.
behördliche Bauabnahmen B 13, 113 ff.
behördliche Genehmigungen B 4, 17 ff.
Beihilfegemeinschaft Anh. 105 f.
Beiträge (Arge) Anh. 31 ff.
– Baustellenräumung, Kosten der B 6, 115
Bekanntgabe der Ausschreibung
– Anschreiben A 17, 33 ff.
– Anzahl der abzugebenden Angebotsunterlagen A 17, 75 ff.
– Auskünfte und Aufklärung an Bewerber A 17, 81 ff.
– bei Beschränkter Ausschreibung und Freihändiger Vergabe A 17, 23 ff.
– bei Öffentlicher Ausschreibung A 17, 3 ff.
– – Änderungsvorschläge und Nebenangebote A 17, 66 ff.
– – Beispielsfälle A 17, 66 ff.
– – besondere Angaben für EG-Bereich A 17, 50 ff.
– – Sonderregelung bei öffentlichem Teilnahmewettbewerb A 17, 74
– – ständig Bauleistungen vergebende Auftraggeber A 17, 62 ff.
– Geheimhaltung der Namen der Bewerber A 17, 78 ff.
Bekanntmachung der Nachunternehmer an den Auftraggeber B 4, 427 ff.

Beseitigung

Belastungen, vorauszusetzende **B 4**, 118 ff.
Belehrung über Rechtsfolgen bei Meinungsverschiedenheiten **B 18**, 36 ff.
Bemessung der Angebotsfrist **A 18**, 5 ff.
Bemessung der Zuschlagsfrist **A 19**, 8 ff.
Benachrichtigung nicht berücksichtigter Bieter **A 27**, 1 ff.
Benachrichtigungspflicht bei Aufhebung der Ausschreibung **A 26**, 15 f.
Benennung des bevollmächtigten Vertreters **A 21**, 12 f.; **B 4**, 74 ff.
Benennung von Sachverständigen **A 7**, 15; **A 7**, 22 ff.
Benutzung der Leistung **B 12**, 131 ff.
Benutzung nicht berücksichtigter Angebote **A 27**, 7 ff.
Benutzungsgebühr **B 4**, 275
– Beschaffung von Berechnungen **B 3**, 52 ff.
Benutzungsrechte des Auftraggebers nach Vertragskündigung **B 8**, 120 ff.
Beratung, Baustofflieferant **B 10**, 43 ff.
Beratungspflicht des Auftragnehmers, Verletzung der **B 10**, 43 ff.; **B 13**, 159
Beratungspflicht des bauaufsichtsführenden Architekten **B 4**, 323; **B 4**, 403 ff.
Beratungsstellen, VOB/B Einl. 41
Berechnung
– der Minderung **B 13**, 642 ff.
– der Schadensquote bei Mitverschulden **B 4**, 118 ff.; **B 4**, 267; **B 10**, 63 ff.; **B 10**, 178 ff.; **B 13**, 33 f.; **B 13**, 41 ff.; **B 13**, 600 ff.
– der Vergütung **B 2**, 24 ff.
– der Vergütung (Pauschalpreis) **B 2**, 130; **B 2**, 187 ff.
– der Vergütung (Stundenlohn) **B 2**, 130; **B 2**, 214 ff.; **B 15**, 7 ff.
– der zusätzlichen Vergütung nach B § 2 Nr. 5 **B 2**, 275 ff.
– der zusätzlichen Vergütung nach B § 2 Nr. 6 **B 2**, 311 ff.
Berechnungen, Nachprüfung von **B 2**, 371 f.
Berechnungen, Vorlage von **B 2**, 393 ff.
Berechnungsirrtum **A 15**, 14; **A 19**, 21 ff.; **B 2**, 138 ff.; **B 2**, 170
Bereicherung, ungerechtfertigte
– Arbeitnehmerüberlassung **Anh**. 107 ff.
– aufgedrängte **B 2**, 47 ff.
– bei fehlendem Bauvertrag **A 28**, 20 f.
– bei Nachbesserung trotz Abtretung von Gewährleistungsansprüchen **B 13**, 78 ff. b; **Anh**. 193 ff.
– bei Wegfall oder Änderung der Geschäftsgrundlage **B 2**, 167 ff.
– Bereicherungsansprüche bei Verjährung von Gewährleistungsansprüchen **B 13**, 295 ff.; **B 13**, 431 ff.
– Ersparnisbereicherung **B 2**, 381 f.

– keine B. bei voreiliger Nachbesserung **B 13**, 464 ff.
– keine B. neben Minderung **B 13**, 656
– keine B. neben verjährten Gewährleistungsansprüchen **B 13**, 431 ff.
– Rückforderungsrecht des Auftraggebers bei Überzahlung **B 8**, 164 f.; **B 14**, 24 ff.; **B 16**, 131 ff.
– Schwarzarbeit **B 4**, 36 ff.
– Verjährung von vergütungsgleichen Ansprüchen **A 28**, 18 f.; **B 2**, 51; **B 2**, 381
Bereitstellungsrechte und -pflichten des Auftraggebers, s. auch unter Ausführung der Leistung **B 4**, 2 ff.; **B 4**, 273 ff.; **B 9**, 6 ff.
Berufsgenossenschaften
– Ausschluß von Bewerbern **A 8**, 75 ff.
– Unfallverhütungsvorschriften der B. **B 10**, 152 ff.
Berufsvertretungen, Mitwirkung von B. bei Sachverständigenbeauftragung **A 7**, 4
Beschädigung
– angrenzender Grundstücke **B 10**, 203 ff.
– Schutz vor B. **B 4**, 279 f.
– von Baumaterial oder Handwerkszeug **B 4**, 176
– von Versorgungsleitungen **B 10**, 63 ff.; **B 13**, 762 ff.
Beschaffung von Ausführungsunterlagen durch Auftragnehmer **B 3**, 52 ff.
Bescheid, bei Meinungsverschiedenheiten **B 18**, 36 ff.
Bescheinigung des Auftraggebers (Stundenlohnarbeiten) **B 15**, 47 ff.
Beschleunigung
– Prüfung der Schlußrechnung, Beschleunigung der **B 16**, 109
– von Zahlungen **B 16**, 266
Beschränkte Ausschreibung **A 3**, 36 f.; **A 20**, 3; **A 26**, 4
– Bekanntmachung **A 17**, 23 ff.
– Bewerber bei B. A. **A 3**, 37; **A 8**, 32 ff.
– Kontrolle der Beteiligung bei B. A. **A 8**, 47 f.
– Kosten **A 20**, 3
– umfangreiche Vorarbeiten bei B. A. **A 3**, 24 ff.; **A 8**, 37 ff.
– Wechsel der Teilnehmer **A 8**, 47 f.
Beschränkung der Gewährleistung **A 13**, 3 ff.
Beschreibung der Boden- und Wasserverhältnisse **A 9**, 85 f.
Beschreibung der Leistung **A 5**, 15 ff.
Beschwer, Art der Mängelbeseitigung **B 18**, 143 ff.
Beseitigung
– nichtbestellter Leistungen **B 2**, 358 ff.
– vertragswidriger Stoffe oder Bauteile **B 4**, 303 ff.

noch: **Beseitigung**
- von Mängeln, Hemmung der Verjährung **B 13**, 326 ff.
- von Mängeln, Verurteilung zur **B 13**, 474 ff.; **B 18**, 72 ff.
- von Mängeln während der Bauausführung **B 4**, 324 ff.
- von Schnee und Eis **B 4**, 296 ff.
- von Schwierigkeiten bei der Bauausführung **B 5**, 20

Besitzverhältnis A 20, 30
Besitzverletzung B 7, 32 ff.
besondere Bauwagnisse A 9, 31 f.
Besondere Leistungen, Einzelangaben A 9, 66
Besondere Vertragsbedingungen A 10, 10; **A 10**, 14; **A 10**, 26 ff.
- an sich keine AGB **A 10**, 111 f.

Besonderheiten des Vergabeverfahrens beim Nebenunternehmer Anh. 164 ff.
Bestätigungsschreiben
- des Auftragnehmers **A 28**, 7 ff.
- kaufmännisches **A 28**, 11 ff.; **B 2**, 373 ff.

Bestimmungen
- baupolizeiliche und baurechtliche **Einl.** 86
- wasserrechtliche und wasserpolizeiliche **A 9**, 99

Beteiligung
- bei Beschränkter Ausschreibung **A 8**, 40
- von Handelsunternehmen **A 8**, 17

Beteiligung (Arge) Anh. 46 f.
Beteiligungsgemeinschaft Anh. 105 f.
Betreten angrenzender Grundstücke B 10, 203 ff.
Betriebe, öffentliche A 8, 23 ff.
Betriebsführung, wirtschaftliche (Stundenlohnarbeiten) B 15, 21 ff.
Betriebshaftpflichtversicherung B 13, 762 ff.
Betrug beim Angebot A 25, 29
Beurkundung, notarielle B.
- des Bauvertrages **A 28**, 24 ff.; **Anh.** 232 ff.; **Anh.** 288 ff.
- des Treuhandvertrages **Anh.** 258 ff.

Bevollmächtigter, Vertreter
- bei Arbeitsgemeinschaften **A 21**, 21 ff.
- bei den Vertragsverhandlungen **Einl.** 62 ff.; **A 21**, 13; **B 2**, 29 ff.
- bei der Zuschlagserteilung **A 28**, 18 f.
- bei Vertragsschluß **B 2**, 29 ff.
- Bezeichnung des B. im Angebot **A 21**, 21 ff.
- des Auftraggebers **B 2**, 29 ff.
- des Auftragnehmers **B 4**, 74 ff.; **B 4**, 169
- des Bieters **A 21**, 13
- Geschäft, wen es angeht **B 2**, 29
- im Eröffnungstermin **A 22**, 2 ff.
- Verschulden bei Vertragsabschluß **Einl.** 62 ff.
- vollmachtsloser Vertreter **B 2**, 47

bevorzugte Bewerber A 8, 12 ff.
Bevorzugung bestimmter Personengruppen bei der Vergabe Einl. 40 ff.; **A 8**, 12 ff.;

bewegliche Sachen als Bauarbeiten A 1, 15 ff.: **A 1**, 7
Beweis des ersten Anscheins B 4, 162 f.; **B 10**, 33 ff.; **B 12**, 79 f.; **B 18**, 131 ff.
Beweisfragen, Bauprozeß B 18, 103 ff.
Beweiskraft, Quittung B 16, 29 f.
Beweislast
- AGB-Gesetz **A 9**, 59; **A 13**, 42 ff.; **B 10**, 43 ff.
- bei Abweichungen in der Preisvereinbarung **B 2**, 178 f.
- bei als solcher gekennzeichneter Schlußzahlung **B 16**, 189 ff.
- bei Ausschluß vom Wettbewerb **A 8**, 79
- bei Beteiligung mehrerer Unternehmer **B 13**, 163 ff.
- bei Eigennachbesserung durch den Auftraggeber **B 13**, 527 ff.
- bei Einrede des nichterfüllten Vertrages **B 5**, 55 f.
- bei Erhaltungspflicht des Auftragnehmers **B 4**, 290 ff.
- bei Kündigung des Vertrages nach B § 6 Nr. 7 **B 6**, 105 f.
- bei Kündigung nach B § 8 Nr. 3 **B 8**, 81
- bei Mängeln **B 13**, 163 ff.; **B 13**, 698 ff.
- bei Minderung der Vergütung des Auftragnehmers im Rahmen von B § 8 Nr. 1 Satz 2 **B 8**, 28
- bei Mitverschulden des anderen Vertragspartners **B 13**, 33 ff.
- bei positiver Vertragsverletzung **B 10**, 43 ff.
- bei Prüfungs- und Mitteilungspflicht nach B § 4 Nr. 3 **B 4**, 204; **B 4**, 260; **B 13**, 206
- bei Rückforderung wegen Überzahlung des Auftragnehmers **B 8**, 164 f.; **B 14**, 24 ff.; **B 16**, 131 ff.
- bei Rücktrittsvorbehalt **Vor B 8**, 25 ff.
- bei Schadensersatzansprüchen des Auftraggebers nach B § 13 Nr. 7 **B 13**, 698 ff.; **B 13**, 799
- bei Schadensersatzansprüchen gegen Architekt **B 13**, 21 ff.
- bei Schadensersatzansprüchen nach B § 6 Nr. 6 **B 6**, 132
- bei Schadensminderungspflicht **B 8**, 92; **B 13**, 537 f.; **B 13**, 676 ff.; **B 13**, 727 ff.
- bei Schutzgesetzverletzung **B 10**, 72 und 73 ff.
- bei Urheberrechtsverletzung **A 20**, 49 f.
- bei Verhinderung des Auftragnehmers an der Teilnahme bei der förmlichen Abnahme **B 12**, 106 ff.
- bei Vertragsstrafe **B 11**, 57
- bei Vorbehaltserklärung nach B § 16 Nr. 3 Abs. 2 **B 16**, 235
- bei vorzeitigem Vergütungsanspruch nach B § 6 Nr. 5 **B 6**, 86 f.; **B 6**, 99 f.
- bei Zweifeln über Umfang der Stundenlohnarbeiten **B 15**, 65 ff.
- des Architekten bei Mängeln des A.-Werkes **B 13**, 9 ff.

Bürgschaft, Sicherheitsleistung

- des Bürgen **B 17**, 56 ff.
- für Abnahmereife **B 16**, 12 ff.
- für mangelfreie Erfüllung **B 13**, 163 ff.
- für Zahlung der Vergütung **B 16**, 29 f.
- hinsichtlich Art und Höhe der Vergütung **B 2**, 12 ff.; **B 2**, 180 f.
- Wirkungen der Abnahme für die Beweislast **B 12**, 23 ff.
- zur Gewährleistung **B 13**, 163 ff.; **B 13**, 698 ff.

Beweissicherung B 4, 309 ff.; **B 13**, 216 ff.; **B 13**, 376 ff.

Beweissicherungsverfahren B 3, 48; **B 18**, 81 ff.
- Antragsbefugnis des Wohnungseigentümers **Anh.** 273 ff.
- Kosten **B 18**, 81 ff.
- Streitverkündung **Anh.** 159; **B 18**, 81 ff.
- Streitwert **B 18**, 81 ff.
- Unterbrechung der Verjährung **B 13**, 376 ff.
- Verwertbarkeit im Hauptprozeß **B 18**, 81 ff.
- zulässiger Rahmen **B 18**, 81 ff.
- Zuständigkeit **B 18**, 27 f.; **B 18**, 81 ff.

Beweisvereitelung B 13, 163 ff.; **B 18**, 131 ff.
Beweiswürdigung im Prozeß B 18, 128 f.
- bei Mitverschulden des anderen Vertragspartners **B 13**, 33 ff.

Bewerber
- Aufklärungen an B. **A 17**, 87 ff.
- aus Notstandsgebieten **A 8**, 12 ff.
- Auskünfte an B. **A 17**, 81 f.
- Ausschluß von **A 8**, 63 ff.
- Begriff **Vor A 2**, 2
- bei Beschränkter Ausschreibung **A 8**, 32 ff.
- bei Öffentlicher Ausschreibung **A 3**, 16 ff.; **A 8**, 26 ff.
- bevorzugte B. **A 8**, 12 ff.; **A 25**, 76
- Chancengleichheit der B. **Einl.** 56
- Eignung **A 17**, 45
- fachkundiger B. **A 2**, 4 f.; **A 8**, 26 ff.; **A 25**, 42 ff.
- Geheimhaltung der Namen der B. **A 17**, 78 ff.
- Gleichbehandlung aller B. **B 8**, 12 ff.
- leistungsfähiger B. **A 2**, 7; **A 8**, 26 ff.; **A 25**, 42 ff.
- vorsätzlich unzutreffende Erklärungen des B. **A 8**, 74
- Wechsel unter den B. **A 8**, 47 f.
- zuverlässiger B. **A 2**, 6; **A 8**, 26 ff.; **A 25**, 42 ff.

Bewertungsmaßstab bei der Vergabe A 3, 28
Bezeichnung der Mängel
- bei der Abnahme **B 12**, 101 ff.
- beim Verlangen auf Nachbesserung **B 13**, 460 ff.

Bezeichnung des Bevollmächtigten im Angebot A 21, 21 ff.
Bezeichnungen in der Leistungsbeschreibung A 9, 92 ff.
Beziehungen, vertragliche, zum Sachverständigen A 7, 16 ff.; **A 7**, 27
Bezugsquellen A 9, 94 ff.; **A 24**, 9

BGB, Anwendbarkeit Vor B, 11 f.
Bieter
- Ausschluß von B. **A 25**, 6 ff.
- Auswahl der B. bei Beschränkter Ausschreibung **A 8**, 37 ff.
- Begriff **Vor A 2**, 2
- Benachrichtigung nicht berücksichtigter B. **A 27**, 1 ff.
- Eignung, persönliche und sachliche **A 25**, 41 ff.
- geistiges Eigentum des B. **A 20**, 27 ff.
- gemeinschaftliche Bieter **A 21**, 21
- Gleichbehandlung der B. **Einl.** 56
- Leistungsfähigkeit des B. **A 24**, 4 f.
- ortsansässige B. **A 8**, 11; **A 8**, 27
- Proben der B. **A 21**, 19; **A 22**, 23
- Verhandlungen mit B., s. dort
- Verständigung der B. **A 27**, 1 ff.

Bietergemeinschaften A 21, 21 ff.
Bietungsbürgschaft A 2, 1; **A 25**, 42 ff.
Bildung einer Arbeitsgemeinschaft Anh. 26 ff.
billiges Ermessen, bei Bestimmung der Vergütung B 2, 6 ff.
Billigpreise B 13, 140 ff.
Bindefrist
- AGB-Gesetz **A 19**, 1; **B 2**, 170
- Anfechtung des Angebots **A 19**, 21 ff.
- Angabe der B. **A 17**, 49
- Bedeutung **A 19**, 15 ff.
- Begriff **A 19**, 1 f.
- Kalkulationsirrtum **A 19**, 21 ff.

Bindung an fehlerhafte Rechnung B 2, 28; **B 14**, 24 ff.
Boden, Entnahme und Auflagerung von B 10, 203 ff.
Bodengutachten B 13, 14 ff.; **B 13**, 287 ff.; **B 13**, 291 ff.
Bodenverhältnisse, Beschreibung der A 9, 85 f.; **B 2**, 116 ff.
- Risiko **A 9**, 85; **B 6**, 31 ff.

böswillig unterlassener anderweitiger Erwerb B 8, 36 f.
Brandschutzbestimmungen B 4, 107; **B 10**, 100 ff.
Bruch der Geheimhaltungspflicht des Auftraggebers A 24, 16
Bürge
- Beweislast **B 17**, 56 ff.
- tauglicher B. **B 17**, 32 f.

Bürgschaft, Sicherheitsleistung B 17, 28 ff.
- auf erstes Anfordern **B 17**, 45 ff.; **B 17**, 51 ff.
- Ausführungs- bzw. Ausführungserfüllungsbürgschaft **B 17**, 4 ff.; **B 17**, 28 ff.; **B 17**, 100 ff.
- Bietungsbürgschaft **A 2**, 1; **A 25**, 42 ff.
- Gewährleistungsbürgschaft **B 17**, 28 ff.
- Hauptunternehmer, B. durch H. **Anh.** 162 f.
- Mängelbeseitigungshaftung **B 13**, 397 ff.
- Schuldbeitritt **B 17**, 41 ff.
- Verfahrensrechtliches **B 17**, 69 f.

1729

noch: **Bürgschaft, Sicherheitsleistung**

- Vertragserfüllungsbürgschaft **A 14**, 9; **A 14**, 12 ff.; **A 14**, 18; **B 17**, 4 ff.
- Verwertung **B 17**, 56 ff.
- Vorauszahlungsbürgschaft **Anh.** 46 ff.; **B 16**, 92

Bundesentschädigungsgesetz (BEG) Einl. 40; **A 8**, 12 ff.

Bundesfernstraßengesetz, Schutzgesetz (?) **B 10**, 88 ff.

C

Ca.-Preis Einl. 24
Chancengleichheit der Bewerber Einl. 56
culpa in contrahendo (Verschulden bei Vertragsschluß) Einl. 51 ff.; **Einl. Vor A 2**, 1 und 11; **B 2**, 47 ff.; **B 4**, 420 ff.
- Abweichung von der geforderten Vergütungsart im Angebot **A 5**, 2 f.
- Allgemeines **Einl.** 51 ff.
- bei der Aufstellung des Leistungsverzeichnisses **A 9**, 7; **A 9**, 48; **B 2**, 205 f.
- bei der Auftragserteilung durch den Architekten **B 2**, 53 ff.
- bei der Bildung einer Arbeitsgemeinschaft **Anh.** 8 ff.
- bei der Verwahrung der Angebote **A 22**, 8; **A 22**, 38
- bei gleichzeitigem Vorliegen von Gewährleistungsansprüchen **B 13**, 97 ff.; **B 13**, 129 f.
- bei grundloser Verweigerung der Zuschlagserteilung **A 26**, 2
- beim Baubetreuungsvertrag **Anh.** 252
- beim Bruch der Geheimhaltungspflicht des Auftraggebers **A 24**, 16
- bei Nichtbenachrichtigung nichtberücksichtigter Bieter **A 27**, 6
- bei Rücktritt **Vor B 8**, 25 ff.
- bei unzulässigen Verhandlungen mit Bietern **A 24**, 19 ff.
- bei unzulässiger Aufhebung der Ausschreibung **A 26**, 3
- bei unzulässiger Wertung von Angeboten **A 25**, 6
- bei verbotener Preisabsprache des Auftragnehmers **A 25**, 21 ff.; **B 8**, 154 f.
- bei verbotswidriger Benutzung von Unterlagen nichtberücksichtigter Bieter **A 27**, 7
- bei Wahl der Vergabeart **A 3**, 9 f.
- bei zugesicherter Eigenschaft **B 13**, 129 f.
- des Architekten **Einl.** 58 ff.
- Mitverschulden **Einl.** 65
- Rechenfehler **A 23**, 9 ff.
- Treuhänder **Anh.** 258 ff.
- Umfang des Schadensersatzanspruches aus culpa in contrahendo **Einl.** 66 ff.
- Verjährung eines Anspruches aus culpa in contrahendo **Einl** 69; **B 13**, 303

D

Darstellung der Leistung A 9, 93 ff.
Datenverarbeitung, beim Angebot A 21, 14 ff.
Datenverarbeitungsanlagen, elektronische B 14, 8 ff.
Dauer
- der Erhaltungspflicht **B 4**, 282 f.
- der Gewährleistungspflicht **B 13**, 7
- der Zuschlagsfrist **A 19**, 9 f.
- voraussichtlich längere D. der Unterbrechung **B 6**, 86 ff.

Dehnungsfugen, Planung von B 4, 118 ff.
Diebstahl, Schutz vor B 4, 280 ff.
Dienstanweisungen bei Behörden Einl. 40 ff.; **Einl.** 91 ff.; **Vor A 2**, 11
Dienstaufsichtsbeschwerde Einl. 43; **A 3**, 9
dienstliche Äußerungen, unwahre Einl. 44 ff.
Dienstverschaffungsvertrag A 1, 42; **Anh.** 107 ff.
Dienstvertrag (Bauleiter) B 4, 170
DIN-Bezeichnungen A 9, 93
dinglicher Arrest B 16, 412 f.
dinglicher Gerichtsstand B 16, 378 ff.
Dissens A 9, 50
Dringlichkeit der Leistung, besondere A 3, 46
Dritte, Zahlung an B 16, 314 ff.
Dritten, Nachbesserung durch D. B 13, 505 ff.
Dritter
- Mängelfreibescheinigungen D. **B 12**, 1 ff.; **B 16**, 100 ff.
- Schaden des D. **B 10**, 66
- Schadensersatzanspruch eines D. bei Vertragsverletzung des Auftragnehmers **B 10**, 22 ff.
- Vertrag zugunsten D. **B 13**, 842 ff.

Drittschadensliquidation, Auftraggeber gegen Unternehmer als Schädiger B 6, 141 ff.; **B 10**, 15 ff.; **B 13**, 210
Drittschadensliquidation (Generalunternehmer) Anh. 125; **B 13**, 58 ff.; **B 13**, 210
Drohung, Anfechtung wegen B 12, 20 ff.; **B 16**, 1 f.; **B 16**, 131 ff.
Druckbehälterverordnung B 4, 164 ff.
Druckmittel, Zurückbehaltungsrecht als D. B 13, 593 ff.
Duldung, Nachbesserung B 13, 474 ff.
Duldungsvollmacht B 2, 46
Durchführungsart, bei Verhandlungen mit Bietern A 24, 8
Durchgriffshaftung, bei Bauhandwerkersicherungshypothek B 16, 373 ff.

E

echter Wettbewerb **A 25**, 13 ff.
EG (Europäische Gemeinschaft) **A 3**, 59 ff.
- Ausschreibung, Bekanntmachung **A 17**, 1; **A 17**, 20 ff.; **A 17**, 74
- Gleichstellung ausländischer Bewerber mit inländischen **A 3**, 59 ff.
- Mindestangebotsfrist **A 18**, 13 ff.
  EG-Richtlinie **A 3**, 59 ff.; **A 18**, 13 ff.
- Vergabe öffentlicher Aufträge im Rahmen der EG **A 3**, 59 ff.
Ehegatte, als Vertragspartner **A 28**, 24 ff.
ehrverletzende Behauptungen, Widerruf von Einl. 45 f.
Eigenaufwand des Unternehmers **A 2**, 14 ff.
Eigenleistungsverpflichtung des Auftragnehmers **B 4**, 410
eigenmächtige Leistungsabweichungen **B 2**, 351 ff.
Eigenschaften, von Stoffen oder Bauteilen, Meinungsverschiedenheiten **B 18**, 50 ff.
Eigenschaften, zugesicherte **A 13**, 1; **A 13**, 22 ff.; **B 13**, 116 ff.; **B 13**, 693; **B 13**, 741; **B 13**, 841 f.
Eigentum an den Ausführungsunterlagen **A 20**, 1; **A 20**, 27 ff.; **B 3**, 60 ff.
Eigentumsverletzung **B 10**, 69 ff.; **B 13**, 63 ff.; **B 13**, 295 ff.; **B 13**, 803 ff.
Eigentumsvorbehalt
- des Baustofflieferanten **B 16**, 351 ff.
- Kontokorrent **B 16**, 351 ff.
- verlängerter **B 2**, 101 ff.; **B 16**, 351 ff.
Eignung der Bewerber **A 17**, 45
Eignung der Bieter **A 25**, 42 ff.
Einbehalte des Auftraggebers (Abschlagszahlungen) **B 16**, 61 ff.
Einbehalten der Sicherheitsleistung (Zahlungen) **B 17**, 74 ff.
Einbeziehungsvoraussetzungen, VOB und sonstige AGB Einl. 91 ff.
Eindeutigkeit der Leistungsbeschreibung **A 9**, 16 ff.
Eingang der Angebote, rechtzeitiger **A 23**, 4
eingerichteter und ausgeübter Gewerbebetrieb Vor **A 21**, 6; **B 10**, 69 ff.
Einhaltung der Abrechnungsbestimmungen **B 14**, 44 f.
einheitliche Ausführung **A 4**, 1
einheitliche Verdingungsmuster **A 10**, 49; **B 16**, 350
einheitliche Vergabe **A 4**, 1 ff.
Einheitspreise **A 5**, 7 ff.
Einheitspreisvertrag **A 5**, 7 ff.; **A 23**, 12 ff.; **B 6**, 98
- Abrechnung beim E. **B 2**, 180 ff.; **B 14**, 1 ff.
- Änderung der Mengen **B 2**, 202 ff.
- Aufmaß **B 14**, 27 ff.

einstweilige Verfügung

- Beweislast bei Schadensersatzanspruch wegen Abweichungen vom E. **B 2**, 180 f.
- geänderte und zusätzliche Leistungen **B 2**, 185 ff.
- Leistungsabweichungen beim E. **B 2**, 196 ff.
- Teilkündigung **B 2**, 251 ff.
- Vergütung beim E. **B 2**, 130; **B 2**, 178 ff.
- Vordersätze **A 5**, 7 ff.
- Wesen des E. **A 5**, 7 ff.
Einigungsmangel **A 9**, 13
Einklagbarkeit, von Abschlagszahlungen **B 16**, 70 ff.
Einmeßarbeiten, Architekt **B 13**, 9 ff.
Einordnung, rechtliche E. der VOB Einl. 12 ff.; Vor **A 2**, 1 ff.
Einrede
- der Arglist, s. Arglist
- der Verjährung **B 2**, 56 ff.; **B 13**, 227 ff.; **B 18**, 128 f.
- der Vorausklage **B 18**, 31 f.
- der vorbehaltlosen Annahme der Schlußzahlung **B 16**, 167 ff.
- des nicht erfüllten Vertrages **B 5**, 55 f.; **B 13**, 93 ff.; **B 13**, 591
- des Schiedsvertrages **A 10**, 51 ff.
Einreichung der Schlußrechnung, Zeitpunkt **B 14**, 47 ff.
Einreißarbeiten, Versicherbarkeit **B 13**, 784
Einrichtungen, maschinelle **A 1**, 59 ff.
Einrichtungskosten der Baustelle **B 2**, 231 ff.
Einschaltung staatlicher oder staatlich anerkannter Materialprüfungsstelle **B 18**, 48 ff.
Einschränkung
- der Gewährleistung **A 13**, 8 ff.
- der Schadensersatzhaftung **A 10**, 31 ff.; **B 13**, 65 ff.; **B 13**, 812 ff.
- des Angebots **A 6**, 2; **A 28**, 30 ff.
- für öffentliche Auftraggeber bei Stundenlohnarbeiten **B 15**, 10 ff.
Einschreibesendungen, Zugang **B 12**, 130; **B 16**, 236
Einsetzen der Preise in die Leistungsbeschreibung **A 6**, 5
Einsicht in die Ausführungsunterlagen **B 4**, 55 ff.
Einsicht in die Niederschrift vom Eröffnungstermin **A 22**, 34 f.
Einsicht in die Verdingungsunterlagen **A 17**, 40; **A 17**, 77
Einspruch des Auftragnehmers, bei Bescheid des Auftraggebers **B 18**, 42 ff.
Einstellung der Arbeiten **B 9**, 39; **B 16**, 49 ff.; **B 18**, 72 ff.
Einsturz **B 10**, 91 ff.
- Abbrucharbeiten **B 10**, 91 ff.
- Baugerüst **B 10**, 91 ff.
- Turmdrehkran **B 10**, 91 ff.
einstweilige Verfügung
- Ablehnung eines Sachverständigen **A 7**, 32

1731

noch: **einstweilige Verfügung**
- Bauhandwerkersicherungshypothek B 16, 378 ff.
- bei Kostenvorschußanspruch des Auftraggebers B 13, 563 ff.
- gegen Verwendung unwirksamer AGB-Klauseln A 10, 86 ff.
- Herausgabe von Ausführungsunterlagen B 3, 60 ff.; B 8, 1 ff.; B 9, 58 ff.
- Untersagung vertragswidriger Arbeiten B 4, 325 ff.

Eintragung, Bauhandwerkersicherungshypothek B 16, 378 ff.
einverständliche Aufhebung des Bauvertrages B 4, 395 ff.; Vor B 8, 18 ff.; B 8, 76 f.; B 8, 148 ff.; B 8, 171 ff.
Einwendungen des Auftraggebers gegen Stundenlohnzettel B 15, 51
Einwendungsdurchgriff gegen finanzierende Bank Anh. 253
Einzelangaben A 9, 66
- zu Besonderen Leistungen A 9, 66
- zu Nebenleistungen A 9, 66

Einzelfristen A 11, 18 f.; B 5, 4 ff.
Einzelkosten der Teilleistungen A 9, 42
Elektroindustrie, Allgemeine Lieferbedingungen A 10, 42
Elektroinstallation, fehlerhafte B 10, 118 ff.
Empfänger der Vergütung B 2, 24 ff.
Empfehlungen zur Anwendung der VOB Einl. 91 ff.
endgültige Verweigerung der Abnahme B 13, 307 f.
Endtermin A 11, 11
engere Wahl A 25, 59 ff.
Entbehrlichkeit von Leistungsangaben in der Leistungsbeschreibung A 9, 89 ff.
Entdeckung von Gegenständen von Altertums-, Kunst- oder wissenschaftlichem Wert, s. auch Ausführung der Leistung B 4, 430 ff.
entferntere Mängelfolgeschäden B 13, 274 ff.; B 13, 803 ff.
entgangener Gewinn Einl. 66 ff.; B 4, 357 ff.; B 5, 40 ff.; B 6, 132 ff.; B 8, 98 ff.; B 13, 687 ff.; B 18, 131 ff.
Entnahme von Boden B 10, 218 f.
Entschädigung
- des Auftraggebers für Verdingungsunterlagen A 20, 3 ff.
- des Auftragnehmers bei Kündigung nach B § 9 B 9, 54 ff.
- des Bewerbers für Bearbeitung des Angebots A 20, 11 ff.
- des gerichtlichen Sachverständigen A 7, 29 ff.

Entschließungsfreiheit des Auftragnehmers B 4, 73
Entwicklung, historische E. der VOB Einl. 6 ff.
Entwurfsbearbeitung, Kosten der B 2, 393 ff.

Entziehung des Bauauftrages, s. auch Kündigung B 4, 377 ff.
Erdarbeiten
- Abrechnung von B 14, 44 f.
- Bauhandwerkersicherungshypothek B 16, 360 ff.

Erdrutschung, Versicherbarkeit B 13, 766 f.
Erfahrung des Bieters A 25, 48
erfolgloser Nachbesserungsversuch des Auftraggebers B 13, 472; B 13, 546 f.
erforderliche Aufwendungen bei Mängelbeseitigung B 13, 537 f.
Erfüllung der Zahlungspflicht, Beweislast B 16, 29 f.
Erfüllungsanspruch, Gewährleistung als B 13, 163 ff.
- Bauhandwerkersicherungshypothek und E. B 16, 395 ff.
- nach Kündigung durch Auftraggeber B 8, 32 f.; B 8, 64; B 8, 97

Erfüllungsbürgschaft B 17, 4 ff.; B 17, 28 ff.; B 17, 100 ff.
Erfüllungsgehilfe
- AGB-Gesetz B 10, 57 ff.
- Architekt oder Bauleiter als E. B 3, 1 ff.; B 4, 1 ff.; B 10, 63 ff.
- arglistiges Verschweigen eines Mangels B 13, 259.
- Auftraggeber als E.? Anh. 123 ff.
- Baustofflieferant als E.? B 4, 232 ff.
- Begriff B 10, 53 ff.
- Haftung für E. B 10, 53 ff.
- Haftungsbefreiung für E. B 10, 227 f.
- Nachunternehmer als E. Anh. 124, B 4, 413 ff.; B 5, 34 ff.; B 5, 40 ff.
- Schadensausgleich im Innenverhältnis B 10, 201 f.
- Statiker als E. B 3, 1 ff.
- vorleistender Unternehmer als E. B 6, 28 ff.; B 13, 195 ff.

Erfüllungsort, Gerichtsstand B 18, 8 ff.
Erfüllungsverweigerung des Auftragnehmers
- Kündigung Vor B 8, 23 und 31 ff.
- Rücktritt B 6, 116 f.; Vor B 8, 9 und 12
- Schadensersatz B 6, 116 f.

ergänzende gesetzliche Vorschriften Vor B, 11 f.
Ergänzung des Angebotes A 6, 2; A 28, 30 ff.
Ergänzung des Bauvertrages, Schriftform A 5, 21; A 29, 2 ff.
Ergänzungen des Auftrages B 14, 22 f.
Ergänzungsaufträge, Vereinbarung der VOB Vor B, 10
Erhaltungsaufwand als Schadensersatz B 13, 710 ff.
Erhaltungspflicht des Auftraggebers Einl. 54
Erhaltungspflicht des Auftragnehmers B 4, 279 ff.

Fälligkeit

erheblicher Mangel B 13, 682 ff.
Erklärung des Vorbehalts nach Empfang der Schlußzahlung B 16, 223 ff.
Erklärungen, vorsätzlich unzutreffende, des Bewerbers A 8, 74 ff.
Erklärungsirrtum A 19, 24 ff.; A 23, 16 f.; B 2, 138 ff.
Erkundigungspflicht
– Baugrundverhältnisse B 4, 116 f.
– bei Zahlungen an Dritte B 16, 328 ff.
– Grundwasserverhältnisse B 4, 116 f.
Erledigung der Hauptsache B 16, 29 f.
Ermessen, billiges
– bei Bestimmung der Vergütung B 2, 6 ff.
– bei Selbstkostenerstattungsvertrag A 5, 31
Erneuerungsarbeiten B 13, 65 ff.
Eröffnungstermin A 22, 1 ff.
– Änderungsvorschläge, Verlesung von A 22, 21
– Angabe des E. im Anschreiben A 17, 44
– Aufbewahrung der Angebote A 22, 38 f.
– Begriff A 22, 1
– Bevollmächtigter im E. A 22, 2 ff.
– Eingang der Angebote A 22, 12 f.
– Einsicht in die Niederschrift A 22, 34 f.
– Einzelvorgänge im E. A 22, 7 ff.
– Geheimhaltung der Angebote A 22, 38
– keine Veröffentlichung der Niederschrift A 22, 36 f.
– Kennzeichnung der geöffneten Angebote A 22, 17 f.
– Kennzeichnung der ungeöffneten Angebote A 22, 11
– Mitteilung der Bieter usw. A 22, 34 f.
– Niederschrift A 22, 24 f.; A 22, 29; A 23, 19
– Öffnung und Verlesung der Angebote A 22, 2 ff.
– Ort des E. A 17, 44
– Proben der Bieter A 22, 23
– Prüfung der Vollständigkeit der eingereichten Angebote A 23, 7 ff.
– Unterschrift unter die Niederschrift A 22, 26
– Unversehrtheit des Angebotsverschlusses A 22, 15 f.
– Verbot der Veröffentlichung der Niederschrift A 22, 36 f.
– Verhandlungsleiter A 22, 13 f.
– Verlesung der Angebote A 22, 20
– Verlesung von Änderungsvorschlägen und Nebenangeboten A 22, 21
– verspätete Angebote A 22, 12; A 22, 30
– Verwahrung der Angebote A 22, 7 ff. A 22, 40
– „Wiedereinsetzung in den vorigen Stand" A 22, 32
– Zeit des E. A 17, 44
– Zweck A 22, 1
Ersatzvornahme
– bei der Beseitigung nichtbestellter Leistungen B 2, 361

– bei Kündigung durch Auftraggeber B 8, 86 ff.
– im Rahmen der Zwangsvollstreckung B 18, 143 ff.; B 18, 146 ff.
Erschließungskosten Anh. 242; B 2, 122 ff.
erschöpfende Leistungsbeschreibung A 9, 16 ff.
Erschwerung, ungerechtfertigte B 4, 92 ff.
Ersparnisbereicherung B 2, 359
Erstattung von Nachbesserungskosten B 13, 536 ff.
Erweiterung
– der Gewährleistung A 13, 8 ff.
– der Schadensersatzhaftung A 10, 31 ff.; B 13, 65 ff.; B 13, 812 ff.
– des Angebots A 6, 2
– des Angebotsinhalts A 28, 30 ff.
Erwerb, anderweitiger B 8, 34 f.
Erzeugnisse,
Bezeichnung bestimmter A 9, 94 ff.
Etwa-Preis Einl. 24
Eventualaufrechnung, Unterbrechung der Verjährung B 13, 361 ff.
Eventualpositionen, Vertragsinhalt A 28, 30 ff.; B 1, 7 ff.; B 3, 9

F

Fachausdrücke A 9, 105
fachkundiger Bewerber A 2, 4 f.; A 8, 47 ff.; A 25, 42 ff.
Fachlose, Vergabe nach A 4, 11 f.
Fachlosgruppen A 4, 17
Fahrlässigkeit
– Begriffe B 10, 36 ff.
– grobe F. B 10, 36 ff.; B 13, 738
– leichte F. B 10, 38 ff.
Fälligkeit
– Abnahme als Voraussetzung B 12, 42; B 16, 12 ff.
– Beginn der Verjährungsfrist für Vergütungsanspruch B 16, 24 ff.
– Grundlagen B 16, 9 ff.
– Mängelfreibescheinigungen Dritter B 16, 100 ff.
– nach Bauträgerverordnung Anh. 189 ff.
– Nichtzahlung bei F. B 16, 278
– Rückzahlung der Sicherheitsleistung B 2, 73 ff.; B 17, 112 f.
– Schlußrechnung (Schlußzahlung) B 14, 11 ff.; B 14, 27 f.; B 14, 47 ff.; B 16, 12 ff.; B 16, 100 ff.
– von Abschlagszahlungen B 16, 10; B 16, 70 ff.
– von Stundenlohnleistungen B 15, 57 ff.; B 16, 23
– von Teilschlußzahlungen B 16, 22; B 16, 261 f.
– von Vorauszahlungen B 16, 11
– von Zahlungen des Auftraggebers B 9, 26 ff.; B 12, 42; B 14, 11 ff.; B 16, 9 ff.

noch: **Fälligkeit**

- Zurückbehaltungsrecht und F. **B 16**, 12 ff.
Fälligkeitszinsen B 16, 287 ff.
Falschlieferung B 13, 138 f.
Fassung 1988 der VOB , Anwendung Einl. 106 ff.
fehlende Abrechnungsvereinbarung (Stundenlohnarbeiten) B 15, 14 ff.
fehlende Baugenehmigung A 28, 37; **B 4**, 31 ff.
fehlender Bauvertrag, Bereicherung A 28, 20 ff.
Fehler
- Ausführungsunterlagen, offensichtliche F. der **B 3**, 42
- der Leistung **A 13**, 1; **B 13**, 138 ff.
- rechnerische **A 23**, 9 ff.; **B 2**, 28; **B 14**, 24 ff.
Fernschreiben
- Angebote durch F. **A 21**, 11
- Zurückziehung der Angebote durch F. **A 18**, 23
Fertigbau – Fertigteilbau
- Begriffe **A 1**, 35; **A 9**, 8 ff.
- besondere Gewährleistungsfristen **A 10**, 40
- Fertighaushersteller, AGB **A 11**, 4
- Fertigteile, Bauen mit **A 9**, 8 ff.
- Hinweise Bundesministerium **A 9**, 9
- Leistungsbeschreibung beim F. **A 9**, 46
- Minderung der Prüfungspflicht des Auftragnehmers **A 10**, 39 ff.
- Montagebau **A 9**, 10
- notarielle Beurkundung **A 28**, 24 ff.
- Rechtsnatur **A 9**, 9
- schlüsselfertiges Bauen **A 9**, 11
- Schutzfähigkeit, urheberrechtliche, von Fertighäusern und Fertighausbauteilen **A 20**, 41; **B 3**, 64 ff.
- Überwachungsrecht des Auftraggebers **B 4**, 44
- Vergütung von Plänen bei F. **A 20**, 14; **B 2**, 369
Fertigstellung mit Fristablauf, Pflicht zur B 5, 28 ff.
Festpreisgarantie B 13, 847 ff.
Festpreisvertrag A 5, 6; **A 15**, 8 ff.; **B 2**, 162 f.; **B 2**, 171 ff.; **B 2**, 175 ff.; **B 2**, 340 f.
Feststellung
- der die Preisermittlung beeinflussenden Umstände **A 9**, 47 ff.
- der Rechnungsgrundlagen **B 14**, 27 ff.
- der Schlußrechnung **B 16**, 105 ff.
- der Unversehrtheit des Angebotsverschlusses **A 22**, 15 f.
- entsprechend dem Fortgang der Leistung **B 14**, 43
Feststellungsklage B 18, 118 ff.
- Kostenerstattung **B 13**, 568 f.
- Kostenvorschuß **B 13**, 570 f.; **B 18**, 118 ff.
- negative F. **B 13**, 354 ff.
- Übergang zur Leistungsklage **B 18**, 118 ff.
Feuergefahr, Versicherung gegen B 7, 37
Feuerungsanlagen B 13, 225 ff.

FIDIC-Bauvertragsbedingungen Einl. 109
Finanzierungsbestätigung, Baubetreuungsverträge Anh. 186 ff.; **Anh.** 253
Flachdächer, Planung von B 4, 118 ff.
Förderung der Ausführung B 5, 20
förmliche Abnahme B 12, 88 ff.
Folgen
- der Kündigung durch Auftragnehmer **B 9**, 50 ff.
- der Möglichkeit der Prüfung von Stundenlohnzetteln **B 15**, 45 ff.
- der Nichterfüllung der Zahlungspflicht des Auftraggebers **B 16**, 130
Forderung zusätzlicher Leistung B 2, 289 ff.
Forderungen, frühere und unerledigte B 16, 212 ff.
Forderungsabtretung (Arge) Anh. 70 ff.
Form
- der Anzeige des Auftragnehmers **B 4**, 247
- des Bauvertrages **A 28**, 24 ff.
- des Schiedsvertrages **A 10**, 65 f.
- des Zuschlages **A 28**, 7 ff.; **A 28**, 24 ff.
- Erwerb von Wohnungseigentum **Anh.** 232 ff.; **Anh.** 288 ff.
Formularvertrag A 13, 3 ff.; **A 29**, 6; **B 13**, 835; **B 18**, 31 f.
Fortgang der Leistung, Feststellungen entsprechend dem B 14, 43
Freihändige Vergabe A 3, 4; **A 3**, 16; **A 3**, 38 ff.; **A 8**, 47 f.; **A 17**, 23 ff.; **A 20**, 3; **A 26**, 4
Freistellungsanspruch B 6, 141 ff.; **B 10**, 112 ff.; **B 10**, 229 ff.; **B 13**, 546 f.
Freizeichnungsklauseln A 13, 8 ff.; **B 13**, 816 ff.; **B 13**, 836 ff.
„Freundschaftspreis", Gewährleistung **A 13**, 4
Fristen A 11, 1 ff.; **B 5**, 1 ff.
- Abnahmefrist **B 12**, 44 ff.
- Allgemeines **A 11**, 1 ff.
- Angebotsfrist, s. dort
- angemessene Nachfrist zur Zahlung **B 16**, 279 f.; **B 16**, 304 ff.
- Ausführungsfristen **A 11**, 4 ff.; **A 16**, 6; **B 5**, 1 ff.
- – Abhilfe bei auftretenden Verzögerungen **B 5**, 21 ff.
- – AGB **B 5**, 8 ff.
- – Anfangstermin **B 5**, 13 ff.
- – angemessene Förderung der Ausführung **B 5**, 20
- – Anordnungs- und Weisungsrecht des Auftraggebers **B 5**, 20
- – Ausführungsfristen als Vertragsfristen **B 5**, 8 ff.
- – Auskunftspflicht des Auftraggebers **B 5**, 15 f.
- – Baufortschrittsplan **A 11**, 22
- – Baufristenplan **A 11**, 18 ff.; **B 5**, 20
- – Baustellenräumung **B 5**, 28 ff.
- – Bauzeitenplan **A 11**, 18; **B 4**, 15 f.; **B 5**, 7
- – Begriff **A 11**, 1 f.; **B 5**, 1 ff.

– – Beseitigung von Schwierigkeiten **B 5**, 20
– – Einrede des nicht erfüllten Vertrages **B 5**, 55 f.
– – Folgen von Pflichtverletzungen bei nicht zeitgerechter Herstellung **B 5**, 39 ff.
– – Grundvoraussetzungen für Pflichtverletzungen nach B § 5 Nr. 1-3 **B 5**, 32 ff.
– – kein Rücktrittsrecht nach § 326 BGB **B 5**, 58
– – kein Rücktrittsrecht nach § 636 BGB **B 5**, 57
– – Klage des Auftraggebers auf Vertragserfüllung **B 5**, 54
– – Pflicht zur Fertigstellung mit Fristablauf **B 5**, 28 ff.
– – Rechtsbehelfe außerhalb B § 5 Nr. 3 **B 5**, 53 ff.
– – Rechtsfolgen bei Nichteinhaltung der Ausführungsfristen **B 5**, 32 ff.
– – Verlängerung der Ausführungsfrist **B 5**, 28 ff.; **B 6**, 24 ff.; **B 6**, 77 ff.
– – Verlangen des Auftraggebers auf Leistung des Verzugsschadens **B 5**, 40 ff.
– – Verletzung des Anordnungs- und Weisungsrechts des Auftraggebers **B 5**, 21 ff.
– – Verzögerung des Ausführungsbeginns **B 5**, 32 f.
– – Verzug des Auftragnehmers **B 5**, 34 ff.
– – Vollendung der Leistung mit Fristablauf **B 5**, 28 ff.
– Ausschlußfristen **A 11**, 1; **B 8**, 164
– Baufortschrittspläne **A 11**, 22
– Baufristenpläne **A 11**, 18 ff.; **B 5**, 20
– Begriff der Fristen **A 11**, 1 f.; **B 5**, 1 f.
– Einzelfristen **A 11**, 18 ff.; **B 5**, 4 ff.
– Endtermin **A 11**, 11
– Fristablauf **B 11**, 28
– Fristversäumnis **B 8**, 76 f.
– Garantiefristen **B 13**, 842 ff.
– Gewährleistungsfristen **B 13**, 211 ff.; **B 13**, 304 ff.
– Grundregel **B 5**, 7 ff.
– Nachfrist **B 9**, 24; **B 9**, 41 ff.; **B 16**, 279 ff.; **B 16**, 304 ff.
– Vertragsfristen **A 11**, 3 ff.; **B 5**, 4 ff.; **B 11**, 4 f.
– zur Mängelbeseitigung **B 4**, 380 ff.; **B 13**, 508 ff.
– zur Rechnungsaufstellung **B 14**, 58 f.
– zur Vorlage von Stundenlohnrechnungen **B 15**, 57 ff.
– Zuschlagsfrist, s. dort
fristgerechte Erklärung des Vorbehalts nach Erhalt der Schlußzahlung B 16, 236
fristgerechte Rückgabe bescheinigter Stundenlohnzettel B 15, 50
fristgerechte Sicherheitsleistung B 17, 97 ff.
Fristsetzung
– bei Zahlungsverzug des Auftraggebers **B 16**, 279 ff.; **B 16**, 304 ff.

– zur Beseitigung nichtbestellter Leistungen **B 2**, 360
– zur Nachbesserung **B 4**, 380 ff.; **B 13**, 508 ff.
Fristversäumnis durch Auftragnehmer, Kündigung B 8, 81
frühere Forderungen B 16, 212 ff.
Fürsorgepflichten des Auftraggebers B 10, 22 ff.
Fürsorgepflichten des Auftragnehmers nach B § 6 Nr. 3 Satz 1 B 6, 65 ff.; **B 10**, 15 ff.; **B 10**, 18
Fürsorgepflichten nach § 618 BGB B 10, 57 ff.; **B 10**, 28
Fund, Anzeigepflicht B 4, 431 ff.
funktionale Leistungsbeschreibung A 9, 109 ff.
– Ablaufplanung **A 9**, 131 f.; **A 9**, 146; **A 9**, 152 f.
– Anforderung an Leistungsbeschreibung **A 9**, 131 ff.
– Anforderungen an Angebote der Bieter **A 9**, 148 ff.
– grundsätzlich nur Beschränkte Ausschreibung **A 3**, 24
– grundsätzliche Voraussetzungen **A 9**, 118 ff.
Funktionsgarantie B 13, 842 ff.

G

ganzjährige Bautätigkeit A 2, 32 f.
Garantie
– bei Bürgschaft **B 17**, 51 ff.
– des Baustoffherstellers **B 4**, 232 ff.; **B 13**, 842 ff.
– Funktionsgarantie **B 13**, 842 ff.
– Jahresmietertrag, G. **B 13**, 847 ff.
– selbständige **B 13**, 847 ff.
– unselbständige **B 13**, 842 ff.
Garantiefristen
– bei der Gewährleistung **B 13**, 842 ff.
– bei der Vertragsstrafe **B 11**, 22 ff.
Garantieverpflichtungen A 9, 34 f.
Garantieverträge A 4, 3; **A 9**, 34 f.; **A 13**, 8 ff.; **A 28**, 7 ff.; **B 13**, 840 ff.
Gasanschlüsse B 4, 276 f.
Gebrauchsabnahmeschein, keine Abnahme B 12, 3
Gebrauchsfähigkeit, Beeinträchtigung B 13, 687 ff.
Gebrauchsmustergesetz B 10, 88 ff.
Gebrauchsvorteil, entgangener B 8, 98 ff.; **B 4**, 357 ff.; **B 13**, 687 ff.
Gefahr
– Grundlage für Gefahrübergang **B 7**, 1 ff.
– Leistungsgefahr **B 12**, 23 ff.
– Übergang der G. bei Abnahmeverzug des Auftraggebers **B 9**, 25
– Verteilung der G. **B 7**, 1 ff.
– Abnahme der Leistung **B 7**, 32 ff.; **B 12**, 139 ff.

noch: **Gefahr**

- – abweichende Bestimmungen im Bauvertrag **B 7**, 35 ff.
- – Begriff **B 7**, 3 f.
- – höhere Gewalt, Krieg, Aufruhr und andere unabwendbare Umstände **B 7**, 17 ff.
- – keine gegenseitige Ersatzpflicht für andere Schäden **B 7**, 32 ff.
- – sachlicher Bezug **B 7**, 11 ff.
- – teilweiser Gefahrübergang **B 7**, 31
- – Unterschied zur Haftung **B 7**, 13; **B 10**, 1 f.

gefahrgeneigte Arbeit B 10, 112 ff.
Gefahr im Verzuge B 4, 74 ff.
Gefahr, Verteilung der, s. auch unter Gefahr **B 7**, 1 ff.
Gegenansprüche des Auftraggebers aus Gewährleistung, Aufrechnung mit A 13, 32 ff.
Gegenrechnung des Auftraggebers nach B § 8 Nr. 3 Abs. 4 B 8, 131 ff.
Gegenstände, übergebene B 4, 279 ff.
Gegenstände von Altertums-, Kunst- oder wissenschaftlichem Wert B 4, 430 ff.
Gegenvorstellung Einl. 41
Geheimhaltung bei der Vergabe A 3, 34 f.
- G. der Angebote **A 22**, 38 f.
- G. der Namen der Bewerber **A 17**, 78 ff.
- G. der Verhandlungen mit Bietern **A 24**, 16

Geheimhaltungspflicht, Bruch der G. des Auftraggebers A 24, 16
geistiges Eigentum (Urheberrecht) A 20, 1; **A 20**, 27 ff.
- des Bieters **A 20**, 27 ff.; **A 27**, 3 ff.
- geistiges E. des Urhebers an den Ausführungsunterlagen **A 20**, 27 ff.; **B 3**, 60 ff.
- Sacheigentum **A 20**, 27 ff.

gekennzeichnete Schlußzahlung B 16, 189 ff.
Geländeoberfläche, Niederschrift über Zustand der B 3, 45 f.
Geld
- als Regelvergütung **B 2**, 23; **B 9**, 29
- als Schadensersatz **B 13**, 721 ff.
- Hinterlegung von **B 17**, 71 ff.

Gemeinkosten, Zuschläge für B 15, 24 f.
gemeinsame Feststellung der Rechnungsgrundlagen B 14, 29 ff.
gemeinschaftliche Bieter, Angebote von **A 21**, 21 ff.
gemeinschaftliches Aufmaß B 14, 33 ff.
Gemeinschaftseigentum
- Bauhandwerkersicherungshypothek **B 16**, 378 ff.
- Gewährleistungsansprüche **Anh.** 273 ff.

gemischte Verträge, Vergütung B 2, 131
Genehmigung, Abtretung B 2, 107 f.
Genehmigungen, öffentlich-rechtliche A 16, 7 f.; **B 4**, 2 ff.; **B 4**, 17 ff.; **B 4**, 332 ff.; **B 5**, 13 ff.; **B 5**, 12; **Vor B 8**, 31 ff.; **B 9**, 6 ff.

Generalklausel
- in § 9 AGB-Gesetz **A 10**, 170 ff.
- in B § 1 **B 1**, 1
- in B § 2 Nr. 1 **B 2**, 110 ff.
- in B § 4 Nr. 2 Abs. 1 Satz 1 **B 4**, 103
- in B § 8 Nr. 3 **B 8**, 76 f.

Generalübernehmer Anh. 129 ff.
Generalunternehmer A 5, 25; **Anh.** 116 ff.
- Abtretung von Gewährleistungsansprüchen **Anh.** 151 ff.
- Begriff **Anh.** 116 ff.
- Drittschadensliquidation **Anh.** 125
- Erfüllungsgehilfe? **Anh.** 124; **B 4**, 413 ff.
- Merkblatt für Generalunternehmer **Anh.** 142
- Obhuts- und Treuepflichten des G. **Anh.** 125; **Anh.** 151 ff.
- Streitverkündung an Nachunternehmer **Anh.** 154 ff.
- Verjährung des Vergütungsanspruches des G. **B 2**, 41 ff.
- Vertrag mit Nachunternehmer **Anh.** 139 ff.; **Anh.** 143 ff.
- Voraussetzungen **Anh.** 123 ff.
- zusätzliche Vergütung des G. **Anh.** 143

Gerätekosten B 2, 234
Gerätevorhaltung B 6, 144 ff.; **B 9**, 54
Gerechtigkeitsgehalt und VOB Einl. 99
gerichtliche Streitigkeiten B 18, 3 ff.
gerichtlicher Sachverständiger A 7, 29 ff.; **B 18**, 131 ff.
gerichtlicher Vergleich B 18, 146 ff.
gerichtliches Vergleichsverfahren des Auftragnehmers B 8, 56 ff.
Gerichtsstand B 18, 3 ff.
- AGB-Gesetz **B 16**, 11
- bei fehlendem Bauvertrag **A 28**, 7 ff.
- Bauhandwerkersicherungshypothek **B 16**, 378 ff.
- Beweissicherungsverfahren **B 18**, 27 f.; **B 18**, 81 ff.
- des Beklagten **B 18**, 8 ff.
- des Erfüllungsortes **B 18**, 8 ff.

Gerichtsstandsmitteilung B 18, 27 ff.
Gerichtsstandsvereinbarung B 18, 8 ff.
geringer Umfang, Bauleistungen A 5, 24
Gerüste
- Abnahme **B 12**, 19
- Einsturz **B 10**, 91 ff.
- Verkehrssicherung **B 10**, 116

Gesamtgläubiger bei Arbeitsgemeinschaft Anh. 46 ff.
Gesamthypothek, Bauhandwerkersicherungshypothek B 16, 376 f.
Gesamtpreis A 5, 7 ff.
Gesamtschuldner
- anderer Unternehmer als G.? **B 13**, 32
- Architekt und Auftragnehmer als G. **B 10**, 63 ff.; **B 13**, 27 ff.

Gewährleistung

- Ausgleichsanspruch **B 13**, 41 ff.
- Baustofflieferant als G.? **B 13**, 27 ff.
- Bauträger und Bautreuhänder **Anh.** 258 ff.
- Haftung als G. **Anh.** 46 ff.; **B 10**, 178 ff.; **B 13**, 27 ff.
- mehrere Auftraggeber als G. **B 2**, 1
- mehrere Unternehmer als G. **B 4**, 244 f.
- Statiker und Architekt **B 4**, 116 f.
- Statiker und Auftragnehmer **B 13**, 27 ff.
- Streitverkündung **B 13**, 361 ff.

geschäftliche Oberleitung, Architekt **B 13**, 9 ff.
Geschäftsbedingungen
- Allgemeine **A 13**, 3 ff.; **B 13**, 835; **B 18**, 31 f.; **B 18**, 128 f.
- Gerichtsstand **B 18**, 31 f.

Geschäftsführung (Arge) **Anh.** 23 ff.; **Anh.** 56 ff.
Geschäftsführung ohne Auftrag
- Arbeitsgemeinschaft **Anh.** 49 ff.
- bei Haftung mehrerer Unternehmer **B 4**, 244
- bei Minderung **B 13**, 656
- bei Nachbesserung durch Auftraggeber **B 13**, 464 ff.
- bei Nachbesserung trotz Abtretung von Gewährleistungsansprüchen **Anh.** 193 ff.; **B 13**, 93 ff.
- durch Architekt **B 2**, 47 ff.
- mehrere Unternehmer (Alleinunternehmer) **Anh.** 2 ff.
- Vergütung nicht bestellter Leistungen **B 2**, 47 ff.; **B 2**, 366 ff.; **B 2**, 381 ff.

Geschäftsgeheimnis, Wahrung von G. des Auftragnehmers bei der Ausführung der Leistung **B 4**, 59 ff.
Geschäftsgrundlage, Wegfall bzw. Änderung der G. **A 26**, 8
- Begriff **B 2**, 150 ff.
- bei beiderseitigem Irrtum **B 2**, 150 ff.
- bei zusätzlichen Leistungen **B 2**, 295 f.
- beim Festpreisvertrag **A 15**, 8 ff.; **B 2**, 162 ff.; **B 2**, 170; **B 2**, 175 ff.
- beim Pauschalvertrag **B 2**, 338 ff.
- beim Selbstkostenerstattungsvertrag **A 5**, 32
- Bereicherungsanspruch **B 2**, 167 f.
- hinsichtlich der Preisvereinbarung **A 15**, 1 ff.; **A 15**, 16; **B 2**, 150 ff.
- Kündigung **B 2**, 167 ff.; **B 8**, 61; **B 9**, 18
- Rücktritt vom Vertrag **Vor B 8**, 7
- Verhältnis zur Gewährleistung **B 13**, 97 ff.

Geschäftskosten, allgemeine **B 2**, 231 ff.
geschäftsschädigende Tatsachen, unwahre **A 25**, 33; **B 8**, 143
Geschäft, wen es angeht **B 2**, 29 ff.
Geschichte der VOB Einl. 6 ff.
Gesetz, betreffend das Urheberrecht an Werken der bildenden Künste und der Fotografie **A 20**, 36 f.
Gesetz, betreffend das Urheberrecht an Werken der Literatur und der Tonkunst **A 20**, 36 f.; **B 3**, 64 ff.

Gesetz gegen Wettbewerbsbeschränkungen Einl. 70 f.; **A 2**, 26; **A 25**, 17 ff.; **Anh.** A, 105 f.; **B 2**, 100 ff.; **B 8**, 138 ff.
Gesetz über die Mindestanforderungen an Unterkünfte für Arbeitnehmer **B 4**, 177 f.
Gesetz über die Sicherung von Bauforderungen **B 4**, 41 ff.; **B 10**, 88
Gesetz über Urheberrecht und verwandte Schutzrechte (Urheberschutzgesetz) **A 20**, 38 ff.
Gesetz zur Änderung und Ergänzung beurkundungsrechtlicher Vorschriften **Anh.** 232 ff.
Gesetz zur Bekämpfung von Schwarzarbeit **A 2**, 4; **A 25**, 49; **B 4**, 31 ff.
Gesetz zur Regelung der gewerbsmäßigen Arbeitnehmerüberlassung (Arbeitnehmerüberlassungsgesetz) **Anh.** 107 ff.
Gesetz zur Regelung des Rechts der Allgemeinen Geschäftsbedingungen Einl. 99; **A 10**, 77 ff.
Gesetz zur Regelung von Ingenieur- und Architektenleistungen **Anh.** 173 ff.; **Anh.** 288 ff.
gesetzliche Haftpflichtbestimmungen **B 10**, 67 ff.
gesetzliche Preisvorschriften **B 2**, 96 ff.
gesetzliche Vorschriften
- Beachtung **B 4**, 107; **B 4**, 141 ff.
- ergänzende **Vor B**, 1 f.

gesetzlicher Vertreter **B 10**, 55; **B 10**, 227 f.
gesetzliches Verbot, Verstoß gegen Einl. 85 f.; **B 2**, 136; **B 4**, 85
Gestaltung des Preises bei der Vergabe **A 3**, 33
Gesundes Mittelmaß beim Preis **A 2**, 21
Gesundheits- und Körperschäden, Schadensersatz **B 13**, 727 ff.
Gewaltsame Anschläge **B 6**, 47
Gewährfristen **B 13**, 842 ff.
Gewährleistung
 A 13, 1 ff.; **B 13**, 1 ff.
- Abnahme in Kenntnis des Mangels **B 12**, 32 ff.; **B 12**, 120 ff.; **B 13**, 105 ff.; **B 13**, 457; **B 13**, 608 ff.; **B 13**, 673 ff.
- Abnahme oder Teilnahme als Beginn der Gewährleistungsfrist **B 13**, 304 ff.
- Abnahme, Zeitpunkt **B 13**, 105 ff.
- Abschlagszahlungen **B 16**, 78 ff.
- Abtretung von Gewährleistungsansprüchen **A 13**, 4 ff.; **Anh.** 151 ff. (bei Generalunternehmer); **Anh.** 193 ff. (bei Baubetreuungsverträgen); **B 13**, 78 ff.
- abweichende Bestimmungen **B 13**, 76 f.
- AGB-Gesetz **A 10**, 77 ff.; **A 13**, 3 ff.; **B 13**, 76 f.; **B 13**, 231 ff.; **B 13**, 812 ff.; **B 13**, 835
- Allgemeines **A 4**, 1; **A 10**, 39 ff.; **A 13**, 1 ff.; **B 4**, 324; **B 13**, 1 ff.
- Änderung der G. **A 13**, 4 ff.; **A 13**, 51 ff.
- anerkannte Regeln der Technik **B 13**, 133 ff.

1737

noch: **Gewährleistung**

- Anerkenntnis des Gewährleistungsanspruches **B 13**, 343 ff.
- Anordnungen des Auftraggebers **B 13**, 184 ff.
- Arbeiten am Grundstück **B 13**, 250
- Architekt **B 13**, 291 ff.
- Architekt, G. bei gleichzeitigen Schadensersatzansprüchen gegen A. **B 13**, 9 ff.
- Arglist **B 13**, 230; **B 13**, 259
- Aufforderung zur Mängelbeseitigung **B 13**, 508 ff.
- Aufrechnung mit Gegenansprüchen des Auftraggebers aus Gewährleistung **A 13**, 32 ff.; **B 13**, 726
- Auftraggeber, Haftungsverhältnis **B 13**, 9 ff.
- Auftragnehmer, Haftungsverhältnis **B 13**, 9 ff.
- Ausnahmebefugnisse des Auftraggebers nach Verjährung der G. **B 13**, 434 ff.
- Ausnahmen von der Gewährleistungspflicht des Auftragnehmers **B 13**, 174 ff.
- Ausschluß der G. **A 13**, 4 ff.; **A 13**, 51 ff.
- Bauhandwerkersicherungshypothek und G. **B 16**, 395 ff.
- Bauleistungen nach Probe **B 13**, 168 ff.
- Bauwerke **B 13**, 244 ff.
- Bedenken des Auftragnehmers **B 13**, 199
- Bedeutung der G. **B 13**, 1 ff.
- Befreiung von Gewährleistungspflicht **B 13**, 174 ff.
- Beginn der Ansprüche nach B § 13 Nr. 1 **B 13**, 4 ff.
- Begriff **A 13**, 1 ff.; **B 13**, 1 ff.
- behördliche Bauabnahme **B 13**, 113 ff.
- bekannte Mängel **B 12**, 101 ff.; **B 12**, 120 ff.; **B 12**, 138
- Beratungspflicht des Auftragnehmers **B 13**, 159 ff.
- Beschränkungen von Gewährleistungspflichten, vertragliche **A 13**, 3 ff.
- Beseitigung von Mängeln, Hemmung der Verjährung **B 13**, 326 ff.
- Besonderheiten für gerichtliches Verfahren **B 13**, 101
- Beweislast **B 13**, 163 ff.
- Bodengutachter **B 13**, 14 ff.
- culpa in contrahendo und G. **B 13**, 97 ff.
- Dauer der G. **B 13**, 7
- Duldung der Nachbesserung **B 13**, 474 ff.
- Eigenschaft, zugesicherte **A 13**, 22; **B 13**, 116 ff.
- Einschränkungen oder Erweiterungen der G. **A 13**, 8 ff.
- endgültige Verweigerung der Abnahme **B 13**, 307 f.
- – Freizeichnungsklauseln **B 13**, 836 ff.
- – Garantiefristen **B 13**, 842 ff.
- – Gewähr- und Garantieverträge **A 13**, 2; **B 13**, 840 ff.
- Erfüllungsanspruch, G. als **B 13**, 163 ff.
- Erneuerungsarbeiten, Verhältnis zu Nachbesserungsarbeiten **B 13**, 69
- Fehler **B 13**, 138 ff.
- Fertigbau **A 10**, 40
- Feuerungsanlagen, vom Feuer berührte Teile **B 13**, 840 ff.
- Freizeichnungsklauseln **A 13**, 8 ff.; **B 13**, 816 ff.; **B 13**, 836 ff.
- Garantieverträge **A 13**, 8 ff.; **B 13**, 840 ff.
- Geltendmachung von Gewährleistungsansprüchen als Abnahme **B 12**, 9 ff.
- Gemeinschaftseigentum **Anh.** 273 ff.
- geringere Wohnfläche **B 13**, 148 f.; **B 13**, 614 ff.; **B 13**, 642 ff.
- gesamtschuldnerische Haftung von Auftragnehmer und Architekt **B 13**, 27 ff.
- Gewährleistung bei Bauleistungen nach Probe **B 13**, 168 ff.
- Gewährleistung bei Gemeinschaftseigentum **Anh.** 270 ff.
- Gewährleistungsfristen **B 13**, 211 ff.
- grundlegende G. des Auftragnehmers **B 4**, 324 ff; **B 13**, 102 ff.
- – anerkannte Regeln der Technik **A 13**, 1; **B 13**, 102 ff.; **B 13**, 133 ff.
- – Fehler der Leistung **A 13**, 1; **B 13**, 138 ff.
- – gesetzliche Regelung in § 633 Abs. 1 BGB im Vergleich zu B § 13 Nr. 1 **B 13**, 74 f.
- – zugesicherte Eigenschaften **A 13**, 1; **B 13**, 116 ff.
- – Zweck des Gewährleistungsanspruches **B 13**, 1 ff.
- Grundsätze der VOB für die G. **A 13**, 47 ff.
- Grundurteil, Möglichkeit der Geltendmachung neuer Gewährleistungsansprüche nach Gr. **B 13**, 101
- Haftungsausschlußtatbestände **B 13**, 176 ff.; **B 13**, 206
- Haftungsverhältnis Auftraggeber – Auftragnehmer – Architekt – Sonderfachmann **B 13**, 9 ff.; **B 13**, 291 ff.
- Hemmung der Verjährung **B 13**, 318 ff.
- Holzerkrankungen **B 13**, 248 f.
- Kostenerstattungsanspruch bei Nachbesserung durch Dritten **B 13**, 536 ff.
- Kostenvorschußanspruch bei Nachbesserung durch Dritten **B 13**, 354 ff.; **B 13**, 548 ff.; **B 18**, 124 ff.
- Kündigung durch Auftraggeber, G. nach K. **B 8**, 32 f.; **B 8**, 64; **B 8**, 97
- Lauf der Gewährleistungsfristen **B 13**, 304 ff.
- Leistungsverweigerungsrecht des Auftraggebers **B 13**, 582 ff.
- Mangel der Leistungsbeschreibung **B 13**, 181 f.
- Mängelanzeige, schriftliche **B 13**, 397 ff.
- Mängelbeseitigung durch Dritten **B 13**, 505 f.
- Mängelbeseitigung, Verurteilung zur **B 18**, 143 ff.
- Mängelbeseitigungsleistung **B 13**, 416 ff.
- Mängelfolgeschäden **B 13**, 279 ff.
- mehrere Unternehmer, Verantwortlichkeit,

noch: **Gewährleistung**

Beweislast **B 13**, 163 ff.
- Minderungsanspruch des Auftraggebers **B 4**, 348 ff.; **B 13**, 608 ff.
- – AGB-Gesetz und M. **B 13**, 653 ff.
- – Allgemeines **B 13**, 608 ff.
- – Berechnung der Minderung **B 13**, 642 ff.
- – erneute Minderung wegen weiteren Mangels **B 13**, 651
- – Geschäftsführung ohne Auftrag **B 13**, 656
- – Minderung als solche **B 13**, 638 ff.
- – Minderung bei anderer Vergütung als Geld **B 13**, 649
- – Minderung bei Beteiligung mehrerer **B 13**, 650
- – Minderung bei Pauschalvertrag **B 13**, 648
- – Mitverschulden des Auftraggebers **B 13**, 652
- – Regeltatbestände der M. **B 13**, 612 ff.
- – Schadensersatz bei M. **B 13**, 718
- – Schönheitsfehler **B 13**, 152 f.; **B 13**, 621 ff.
- – Streitwert **B 13**, 640 f.; **B 18**, 152
- – Teilminderung **B 13**, 646 f.
- – ungerechtfertigte Bereicherung neben Minderung **B 13**, 656
- – Unmöglichkeit der Mängelbeseitigung **B 13**, 614 ff.
- – unverhältnismäßig hoher Aufwand **B 13**, 621 ff.
- – Unzumutbarkeit der Mängelbeseitigung **B 13**, 632 ff.
- – Verhältnis zu § 634 Abs. 1 und 2 BGB **B 13**, 608 ff.
- – Verlangen der Minderung als Voraussetzung **B 13**, 636 f.
- – Vollziehung der M. **B 13**, 640 f.
- – Voraussetzungen des M. **B 13**, 612 f. Mitteilungspflicht des Auftragnehmers **B 13**, 200 ff.
- Mitverschulden des Auftraggebers **B 4**, 133 ff.; **B 13**, 603 ff.; **B 13**, 652; **B 13**, 676 ff.
- Nachbesserungsanspruch des Auftraggebers **B 13**, 442 ff.
- – Allgemeines **B 13**, 442 ff.
- – Bezeichnung der Mängel, genaue **B 13**, 460 ff.
- – Duldung der Nachbesserung **B 13**, 474 ff.
- – erforderliche Aufwendungen bei Nachbesserung **B 13**, 537 f.
- – Fristsetzung zur Nachbesserung **B 13**, 508 ff.
- – Hervortreten von Mangel **B 13**, 457 ff.
- – Kosten der Inanspruchnahme des Architekten **B 13**, 487 f.
- – Kostenerstattungsanspruch bei Mängelbeseitigung durch Dritten **B 13**, 536 ff.
- – Leistungsverweigerungsrecht des Auftraggebers **B 13**, 582 ff.
- – Mängelbeseitigung, Begriff **B 13**, 474 ff.
- – Mitverschulden des Auftraggebers **B 13**, 603 ff.; **B 13**, 652
- – Nachbesserung durch Dritten **B 13**, 505 ff.
- – Nachbesserungsrecht des Architekten **B 13**, 9 ff.
- – Neuherstellung, Ansprüche auf **B 13**, 477 ff.
- – Rechtskraft der Verurteilung zur Nachbesserung **B 18**, 153 ff.
- – Reparaturarbeiten **B 13**, 69
- – Schriftform **B 13**, 397 ff.; **B 13**, 492 ff.
- – Selbsthilfe des Auftraggebers **B 13**, 464 ff.; **B 13**, 505 ff.
- – Umfang der Mängelbeseitigung **B 13**, 484 ff.
- – Ursächlichkeit für Nachbesserungsanspruch **B 13**, 453 ff.
- – Vergleich zu gesetzlichen Bestimmungen **B 13**, 447 ff.
- – Verhältnis des N. zu anderen Gewährleistungsansprüchen **B 13**, 500 ff.
- – Verlangen der Mängelbeseitigung **B 13**, 460 ff.
- – Verlust des Nachbesserungsanspruches **B 13**, 464 ff.
- – Verurteilung zur N. **B 18**, 143 ff.
- – Voraussetzungen des N. **B 13**, 450 ff.
- – voreilige Selbstnachbesserung durch Auftraggeber **B 13**, 464 ff.
- – Vorrang des N. **B 13**, 446
- – Vorschuß für Mängelbeseitigung durch Dritte **B 13**, 548 ff.
- – Zug-um-Zug-Verurteilung **B 13**, 582 ff.
- – Zurückbehaltungsrecht als Druckmittel **B 13**, 593 ff.
- Nachbesserungsarbeiten, Verhältnis zu Erneuerungsarbeiten **B 13**, 69
- Nachbesserungskosten, Architekt **B 13**, 487 f.; **B 13**, 539 ff.
- Nachbesserungskosten, Auftragnehmer **B 4**, 346 f.; **B 13**, 474 ff.
- neuartige Baustoffe und Baukonstruktionen **B 4**, 116 f.; **B 13**, 9 ff.
- positive Vertragsverletzung und G. **B 13**, 274 ff.; **B 13**, 431 ff.
- Probe, Bauleistungen nach **B 13**, 168 ff.
- Prüfung von Mängeln, Hemmung der G. **B 13**, 326 ff.
- Prüfungs- und Hinweispflicht **B 13**, 174 ff.
- qualitativ bessere Leistung **B 13**, 162
- Rechtsfolgen **A 13**, 1 ff.
- Regeln der Technik, anerkannte **B 13**, 133 ff.
- Reparatur, Unterschied zur Gewährleistung **B 13**, 69
- Sachverständigengutachten **A 7**, 16 ff.
- Schadensersatzanspruch, s. unter zusätzlicher Schadensersatzanspruch des Auftraggebers
- Schadensminderungspflicht des Auftraggebers **B 13**, 676 ff.; **B 13**, 703 ff.; **B 13**, 727 ff.
- schriftliche Mängelanzeige des Auftraggebers **B 13**, 396 ff.
- Sicherungshypothek **B 16**, 385 ff.
- Sichtbeton **B 13**, 102 f.

noch: **Gewährleistung**

- Sondereigentum, Gewährleistungsansprüche **Anh.** 273 ff.
- Sonderfachmann, Haftungsverhältnis **B 13,** 9 ff.
- Sondervereinbarung im Rahmen der Gewährleistung **B 13,** 76 f.; **B 13,** 835 ff.
- Stoffe oder Bauteile, vom Auftraggeber gelieferte **B 13,** 189 ff.
- Stoffe oder Bauteile, vom Auftraggeber vorgeschriebene **B 13,** 190 ff.
- subsidiäre Haftung des Architekten **B 13,** 50 ff.
- System der Gewährleistungsansprüche **B 13,** 70 ff.
- Technik, Regeln der **B 13,** 133 ff.
- Teilabnahme **B 12,** 77 f.
- Treu und Glauben **A 13,** 32 ff.
- unerlaubte Handlung, Ansprüche aus **B 13,** 63 ff.; **B 13,** 295 ff.; **B 13,** 431 ff.
- ungerechtfertigte Bereicherung und G. **B 13,** 431 ff.
- Unmittelbarkeitsklausel **B 13,** 50 ff.
- Unmöglichkeit der Mängelbeseitigung **B 13,** 614 ff.
- Unterscheidung zwischen den einzelnen Gewährleistungsansprüchen **B 13,** 155 ff.
- unverhältnismäßig hoher Aufwand **B 13,** 621 ff.
- Ursächlichkeit des Mangels **B 13,** 453 ff.
- Vergleich zu gesetzlichen Gewährleistungsansprüchen **B 13,** 74 f.
- Verhältnis
  - – von Gewährleistungsansprüchen zu Ansprüchen aus unerlaubter Handlung **B 13,** 63 ff.; **B 13,** 295 ff.
  - – von Gewährleistungsansprüchen zu Ansprüchen aus Verschulden bei Vertragsabschluß (culpa in contrahendo) **B 13,** 97 ff.
  - – von Gewährleistungsansprüchen zu positiver Vertragsverletzung **B 13,** 274 ff.
  - – zu gesetzlichen Vorschriften **B 13,** 102 ff.
- Verjährung des Gewährleistungsanspruches **A 13,** 25 ff.; **B 13,** 211 ff.
  - – abweichende Vereinbarung der Verjährungsfrist **B 13,** 231 ff.
  - – Allgemeines **A 13,** 25 ff.; **B 13,** 214 ff.
  - – Anerkenntnis des Gewährleistungsanspruches **B 13,** 343 ff.
  - – Ansprüche aus unerlaubter Handlung, positiver Vertragsverletzung und ungerechtfertigter Bereicherung bei Verjährung des Gewährleistungsanspruchs **B 13,** 274 ff.
  - – Arglist **B 13,** 230; **B 13,** 259
  - – Ausnahmebefugnisse des Auftraggebers nach Verjährung der Gewährleistungsansprüche **B 13,** 434 ff.
  - – Baubetreuer, Ansprüche gegen B. **Anh.** 214 ff.
  - – Beginn der Gewährleistungsfristen **B 13,** 304 ff.
  - – Berechnung der Verjährungsfrist **B 13,** 311
  - – die vertraglichen Verjährungsfristen in B § 13 Nr. 4 Satz 1 **B 13,** 211 ff.
  - – Hemmung der Verjährung **B 13,** 224 ff.; **B 13,** 318 ff.
  - – Kenntnis des Mangels **B 13,** 309 f.
  - – Kostenerstattungsanspruch **B 13,** 568 ff.
  - – Kostenvorschußanspruch **B 13,** 568 ff.
  - – Mängelbeseitigungsleistung **B 13,** 416 ff.
  - – Unterbrechung der Verjährung **B 13,** 342 ff.; **B 13,** 495 ff.
  - – Verweigerung der Abnahme **B 13,** 307 f.
  - – Vollendung der Verjährung **B 13,** 429 f.
  - – zeitlicher Lauf von Verjährungsfristen **B 13,** 304 ff.
- Verlust des Leistungsverweigerungsrechts des Auftraggebers **B 13,** 450 ff.; **B 13,** 600 ff.
- Versicherung **B 13,** 743 ff.
- vertragliche Gewährleistungsfristen **B 13,** 243 ff.
- vertraglicher Haftungsausschluß **B 13,** 176 ff.; **B 13,** 206
- Verwirkung der Gewährleistungsansprüche **B 13,** 215
- Verzicht auf Gewährleistung **A 13,** 47 ff.; **B 13,** 216 ff.
- von VOB abweichende Bestimmungen **B 13,** 76 f.
- Vorbehalt von G. **B 12,** 32 ff.; **B 12,** 120 ff.; **B 12,** 141
- Vorleistungen anderer Unternehmer **B 13,** 195 ff.
- Vorteilsausgleich **B 13,** 825 ff.
- Wandelung beim Bauvertrag **Vor B 8,** 35 ff.; **B 13,** 657 ff.
- zeitlicher Lauf der Verjährungsfristen **B 13,** 304 ff.
- Zeitpunkt der Abnahme **B 13,** 102 ff.
- zugesicherte Eigenschaft **A 13,** 22 ff.; **B 13,** 116 ff.
- zusätzlicher Schadensersatzanspruch des Auftraggebers **B 13,** 662 ff.
  - – Ansprüche Dritter **B 13,** 811
  - – Art **B 13,** 721 ff.
  - – Aufrechnung mit zusätzlichem Schadensersatzanspruch **B 13,** 726 ff.; **B 13,** 800 ff.1
  - – Ausschluß **A 13,** 13 f.
  - – Bedeutung **B 13,** 662 ff.
  - – bei Minderung **B 13,** 718
  - – bei Verstoß gegen anerkannte Regeln der Technik **B 13,** 739 ff.
  - – bei zugesicherten Eigenschaften **B 13,** 693; **B 13,** 741
  - – Beweislast **B 13,** 698; **B 13,** 799
  - – Einschränkung oder Erweiterung der Schadensersatzhaftung **B 13,** 812 ff.
  - – grobe Fahrlässigkeit **B 13,** 738
  - – kein Kostenvorschußanspruch **B 13,** 551 ff.
  - – Klageantrag **B 13,** 680 f.

– – Mitverschulden des Auftraggebers oder Architekten **B 13**, 676 ff.
– – Schaden an baulicher Anlage **B 13**, 703 ff.
– – Umfang **B 13**, 672; **B 13**, 812 ff.; **B 13**, 727 ff.; **B 13**, 794 ff.
– – Verjährung des Schadensersatzanspruches **B 13**, 720; **B 13**, 803 ff.
– – Verrechnung von Schadensersatzanspruch mit Vergütungsanspruch **B 13**, 726; **B 13**, 800 ff.
– – Verschulden des Auftragnehmers als Voraussetzung **B 13**, 694 ff.
– – versicherter oder versicherbarer Schaden **B 13**, 743 ff.
– – Verzicht auf Sch. durch Architekten **B 13**, 679
– – Voraussetzungen **B 13**, 662 ff.; **B 13**, 682 ff.; **B 13**, 694 ff.; **B 13**, 703 ff.; **B 13**, 727 ff.
– – Vorsatz **B 13**, 738
– – weitergehender Schaden nach B § 13 Nr. 7 Abs. 2 **B 13**, 727 ff.
– – wesentlicher Mangel **B 13**, 682 ff.
Gewährleistungsbürgschaft **B 17**, 28 ff.
Gewährverträge **A 9**, 34 f. ; **A 13**, 8 ff.; **B 13**, 840 ff.
Gewalt, höhere **B 6**, 47; **B 7**, 17 ff.; **B 13**, 323 ff.
Gewalt, öffentliche, Ausübung bei Bauarbeiten **B 10**, 125
Gewerbebetrieb
– eingerichteter und ausgeübter G. **B 10**, 69 ff.
– Verjährung der Vergütung **B 2**, 60 ff.
gewerbliche Schutzrechte **B 10**, 223 f.
gewerbliche Verkehrssitte **B 1**, 7 ff.; **B 2**, 122 f.; **B 2**, 369
Gewerbeordnung **B 4**, 36 ff.
Gewerbeüblichkeit Einl. 32; **A 10**, 12; **B 10**, 177
Gewinn **A 3**, 29; **A 5**, 35; **A 25**, 63 f.
– entgangener Einl. 68; **B 4**, 357 ff.; **B 5**, 40 ff.; **B 6**, 132 ff.; **B 8**, 98; **B 13**, 687 ff.; **B 18**, 131 ff.
– Zuschläge für G. (Stundenlohnarbeiten) **B 15**, 24 f.
Gewohnheitsrecht, VOB als G. Einl. 18; **A 10**, 12
Gläubigerverzug **B 6**, 118 ff.; **B 9**, 4 ff.
Gleichbehandlung der Bewerber **A 8**, 3 ff.
Gleichbehandlung der Bieter Einl. 56
Gleitklauseln, Lohn- und Materialgleitklauseln **A 6**, 7; **A 15**, 13 ff.; **B 2**, 171 ff.
Gliederung d. Leistungsverzeichnisses **A 9**, 99 ff.
Globalabtretung **B 16**, 351 ff.
GmbH u. Co KG, Haftung **Anh.** 2 ff.
Grenzen des Geländes, Abstecken der **B 3**, 21 f.
grobe Fahrlässigkeit **B 10**, 36 ff.
– Begriff **B 10**, 36 ff.
– bei Schadensersatzanspruch nach B § 13 Nr. 7 Abs. 2 **B 13**, 738
– bei Verstoß gegen Unfallverhütungsvorschriften **B 10**, 152
Grundbuch, Eintragung der Bauhandwerkersicherungshypothek **B 16**, 378 ff.

Grundlagen der Preisermittlung **A 17**, 39 ff.; **B 2**, 170; **B 2**, 268 ff.; **B 2**, 312 ff.
Grundsätze bei der Abfassung des Angebots **A 6**, 1 ff.; **A 21**, 1
Grundsätze der Ausschreibung **A 3**, 1 ff.; **A 16**, 1 ff.
Grundsätze der Leistungsbeschreibung **A 9**, 36 ff.
grundsätzliche Verantwortlichkeit des Auftragnehmers **B 4**, 103 ff.
grundsätzliche Voraussetzungen bei der Abnahme **B 12**, 9 ff.
Grundstücke, Arbeiten an **B 13**, 250
Grundstücke, unbefugtes Betreten oder Beschädigung **B 10**, 203 ff.
Grundstückseigentümer, Bauhandwerkersicherungshypothek **B 16**, 373 ff.
Grundstücksvertiefung **B 10**, 73 ff.; **B 10**, 214
Grundurteil, Möglichkeit der Geltendmachung von neuen Gewährleistungsansprüchen nach G. **B 13**, 101
Grundwasser, Maßnahmen zum Schutz gegen **B 4**, 296 ff.
Grundwassergefährdung **B 10**, 118 ff.
Grundwasserverhältnisse, Erkundigungspflicht **B 2**, 116 ff.; **B 4**, 116 f.
Gutachterkosten, Erstattung **B 13**, 287 ff.; **B 13**, 710 ff.
gutachterliche Äußerung (Sachverständiger) **A 7**, 11 ff.; **A 7**, 28
Güte, Bedenken gegen G. der vom Auftraggeber gelieferten Stoffe oder Bauteile **B 4**, 182 ff.; **B 4**, 225 f.; **B 13**, 248 f.
Gütezeichen, Verwendung von **A 9**, 97 f.; **B 4**, 226 ff.
gute Sitten, Verstoß gegen Einl. 87 ff.; **A 12**, 27

H

Haftpflichtbestimmungen **B 10**, 178 ff.
Haftpflichtbestimmungen, gesetzliche **B 10**, 67 ff.
Haftpflichtgesetz **B 10**, 88 ff.
Haftpflichtversicherung **B 13**, 743 ff.
Haftung
– als Gesamtschuldner **B 13**, 27 ff.
– Bearbeitungsschadenklausel bei H. **B 13**, 750
– Betriebshaftpflichtversicherung **B 13**, 750
– der Gesellschaft (Arge) **Anh.** 46 ff.
– des Sachverständigen **A 7**, 16 ff.; **A 7**, 26; **A 7**, 48 ff.
– des Treuhänders **Anh.** 258 ff.
– Einschränkungen oder Erweiterungen der H. **A 10**, 32 ff.; **B 13**, 65 ff.; **B 13**, 812 ff.
– Schiedsverfahren über H. **B 13**, 793
– subsidiäre H. des Architekten **B 13**, 50 ff.
Haftung des Architekten **B 10**, 56; **B 13**, 9 ff.

noch: **Haftung des Architekten**

- subsidiäre Haftung des A. **B 13**, 50 ff.

Haftung des Auftragnehmers B 4, 267
- Abschlagszahlungen **B 16**, 78 ff.
- für andere Schäden bei nichtbestellter Leistung **B 2**, 332 f.
- H. mehrerer Unternehmer **B 10**, 55
- Unterschied zur Gefahr **B 7**, 13

Haftung der Vertragsparteien B 10, 1 ff.
- anderweitige vertragliche Ausgleichsregeln **B 10**, 194 ff.
- Ausgleich im Innenverhältnis nach den gesetzlichen Bestimmungen **B 10**, 66 ff.; **B 10**, 184 ff.
- Ausnahmeregelung hinsichtlich des Schadensausgleichs im Innenverhältnis nach B § 10 Nr. 3 **B 10**, 201 ff.
- Bedeutung **B 10**, 1 ff.
- Beweis des ersten Anscheins **B 10**, 33 ff.
- Beweislast bei positiver Vertragsverletzung **B 10**, 43 ff.
- die schuldrechtliche vertragliche Haftung der Bauvertragspartner **B 10**, 8 ff.
- Diebstähle **B 4**, 290 ff.
- Dritter, Schaden **B 10**, 66
- Einsturz **B 10**, 91 ff.
- Erhaltungspflicht des Auftragnehmers **B 4**, 290 ff.
- Freistellungsanspruch **B 10**, 229 ff.
- für Mehrleistungen **B 4**, 98 ff.
- gesetzliche Haftpflichtbestimmungen **B 10**, 67 ff.
- gesetzliche Vertreter und Erfüllungsgehilfen **B 10**, 53 ff.; **B 10**, 227 f.
- grobe Fahrlässigkeit **B 10**, 36 ff.
- Grundpflichten des Bauvertragspartners bei Inanspruchnahme durch einen geschädigten Dritten **B 10**, 229 ff.
- Haftung beider Vertragspartner als Gesamtschuldner **B 10**, 178 ff.
- Haftung mehrerer Auftragnehmer **B 10**, 63 ff.
- Haftungsbefreiung (§ 831 BGB) **B 10**, 173 ff.
- Haftungsbefreiung (VOB/B § 4 Nr. 3) **B 10**, 194 ff.
- leichte Fahrlässigkeit **B 10**, 38 ff.
- Obhutspflichten, allgemeine **B 10**, 15 ff.
- objektive Haftungsvoraussetzungen **B 10**, 10 ff.; **B 10**, 67 ff.
- Schadensausgleich der Bauvertragspartner im Innenverhältnis nach B § 10 Nr. 2 **B 10**, 197 ff.
- Schadensausgleich im Verhältnis zu den gesetzlichen Vertretern oder Erfüllungsgehilfen **B 10**, 227 f.
- Schadensvoraussetzung **B 10**, 29 ff.
- Schutzgesetze **B 10**, 72
- Schutzmaßnahmen (§ 618 BGB) **B 10**, 10 ff.
- Staatshaftung, Ausschluß **B 10**, 162 ff.
- subjektive Haftungsvoraussetzungen **B 10**, 9; **B 10**, 36 ff.
- Unfallverhütungsvorschriften **B 10**, 152

- Unterschied zur Gefahrtragung **B 7**, 13; **B 10**, 1 f.
- Verkehrssicherungspflichten **B 10**, 100 ff.
- Verrichtungsgehilfen, Haftung für **B 10**, 173 ff.; **B 10**, 221
- Versicherbarkeit des Schadens **B 10**, 197 ff.
- Verzugsvoraussetzungen **B 10**, 177
- Vorsatz **B 10**, 36
- weitere Ausnahmeregelung in B § 10 Nr. 4 **B 10**, 223 f.

Haftungsausschlußtatbestände, Gewährleistung B 13, 176 ff.; **B 13**, 206

Haftungsbefreiung (§ 831 BGB) B 10, 173 ff.

Haftungsbefreiung (VOB/B § 4 Nr. 3) B 10, 194 ff.; **B 13**, 179 ff.

Haftungsverhältnisse bei Anordnungen des Auftraggebers B 4, 98 ff.

Handeln, hoheitlich B 10, 162 ff.

Handelsbrauch bei VOB Einl. 29 ff.; **A 10**, 9; **B 2**, 6 ff.

Handelsgesetzbuch
- und VOB **Vor B**, 11 f.
- Untersuchungs- und Rügepflicht **B 12**, 9 ff.

Handelsunternehmer, Beteiligung von H. bei handwerklichen Leistungen A 8, 17

Handlungen, unerlaubte Einl. 76 ff.; **Vor A 2**, 1 und 11; **B 10**, 63 ff.; **B 10**, 184 ff.; **B 13**, 63 ff.; **B 13**, 295 ff.; **B 13**, 815 ff.; vgl. auch unerlaubte Handlungen
- Einschränkungen oder Erweiterungen der Haftung **B 13**, 65 ff.; **B 13**, 815

Handwerkersicherungshypothek B 16, 360 ff.

Handwerksordnung A 8, 17

Handwerksrolle B 4, 31 ff.

Handwerkszeug, Baumaterialien; Beschädigung oder Zerstörung von B 4, 176

Hauptachsen, Abstecken der H. B 3, 21 f.; **B 9**, 6 ff.

Hauptsache, Erledigung bei vorbehaltloser Zahlung? B 16, 29 f.

Hauptunternehmer Anh. 160 ff.; **B 4**, 411 f.
- Angebote von H. **A 21**, 26
- Begriff **Anh.** 161 f.
- Besonderheiten des Vergabeverfahrens **Anh.** 164 ff.
- Rechtsverhältnisse **Anh.** 170 ff.
- selbstschuldnerische Bürgschaft **Anh.** 162 f.
- Verhältnis zum Nebenunternehmer **Anh.** 160 ff.
- Vertrag mit Nachunternehmer **Anh.** 139 ff.; **Anh.** 143 ff.
- zusätzliche Vergütung des H. **Anh.** 143 ff.

Hemmung der Verjährung B 2, 29 ff.; **B 13**, 318 ff.
- bei unerlaubter Handlung **B 13**, 295 ff.
- Musterprozeßklausel **B 13**, 323 ff.
- Prozeßkostenhilfeantrag **B 13**, 323 ff.
- Schiedsgutachten **B 13**, 224 ff.

– Stillhalteabkommen **B 2**, 73 ff.; **B 13**, 224 ff.; **B 18**, 47
– Stundung **B 2**, 73 ff.; **B 13**, 319 ff.
Herabsetzung der Vertragsstrafe **A 12**, 19 ff.; **B 12**, 44 ff.
Herausgabe
– nicht berücksichtigter Angebotsunterlagen **A 25**, 10 ff.
– von Ausführungsunterlagen **B 3**, 60 ff.; **B 8**, 1 ff.; **B 9**, 58 ff.
Herstellkosten **A 2**, 14
Hervortreten von Mangel **B 13**, 457 ff.
HGB, Anwendbarkeit **Vor B**, 11 f.
Hinderungsgründe, rechtliche, bei der Ausführung **B 6**, 5 f.
Hinfälligwerden des Vertragsstrafenversprechens **B 11**, 33 ff.
Hinnahme eines Bestätigungsschreibens des Auftragnehmers **A 28**, 7 ff.
Hinterlegung von Geld **B 17**, 71 ff.
Hinweispflicht des Auftragnehmers **B 3**, 38 ff.; **B 4**, 182 ff.; **B 10**, 194 ff.; **B 13**, 174 ff.
historische Entwicklung der VOB **Einl.** 6 ff.
Höhe
– der Abschlagszahlung **B 16**, 31 ff.
– der Sicherheitsleistung **A 14**, 11 f.
– der Vergütung **B 2**, 6 ff.; **B 2**, 402 f.
– der Vertragsstrafe **A 12**, 17 ff.; **B 11**, 54 ff.
Höhenfestpunkte, Schaffen der H. **B 3**, 23 ff.
höhere Gewalt **B 6**, 47; **B 7**, 17; **B 13**, 323 ff.
höherer Gerechtigkeitsgehalt und VOB **Einl.** 99
hoheitliches Handeln **B 10**, 162
Holzerkrankungen **B 13**, 248 ff.
Honorarordnung für Architekten und Ingenieure (HOAI) **A 20**, 14; **B 2**, 402

I

Illegale Arbeitskräfte **A 2**, 4; **A 8**, 70 ff.
Immissionen **B 10**, 207 ff.
Inanspruchnahme des Architekten bei Mängelbeseitigung **B 13**, 487 f.
Inanspruchnahme durch geschädigten Dritten **B 10**, 203 ff.
Inbenutzungnahme der Leistung, Abnahme **B 12**, 131 ff.
Ingenieur **A 1**, 30; **A 10**, 132; **A 20**, 14; **B 3**, 1 ff.; **B 3**, 21 f.; **B 4**, 116 f.; **B 13**, 9 ff.; **B 13**, 291 ff.
Inhalt
– der Leistungsbeschreibung **A 9**, 36 ff.
– der Mängelrüge **B 13**, 460 ff.
– der Vertragsstrafe **A 12**, 11 ff.; **B 11**, 6 ff.

– des Anschreibers bei der Ausschreibung **A 9**, 37; **A 17**, 1 ff.; **A 20**, 6 ff.
– des Arbeitsgemeinschaftsvertrages **Anh.** 26 ff.
– des Schiedsvertrages **A 10**, 67 ff.
Inhalt des Angebots **A 21**, 1 ff.
– Änderung des A. **A 21**, 10
– Änderung des Angebotsinhalts **A 28**, 30 ff.
– Änderungsvorschläge und Nebenangebote **A 21**, 20; **A 22**, 21; **A 24**, 7; **A 25**, 35 ff.
– Allgemeines **A 21**, 1 ff.
– Angebote von Arbeitsgemeinschaften und anderen gemeinschaftlichen Bietern **A 9**, 88; **A 21**, 21 ff.
– Benennung des bevollmächtigten Vertreters **A 21**, 25 f.
– der Kündigungserklärung nach B § 8 **B 8**, 1 ff.
– eindeutiges A. **A 21**, 2 ff.
– Einschränkungen des Angebotsinhalts **A 28**, 30 ff.
– Einsetzen der Preise in das A. **A 21**, 2 f.
– Erklärungen im A. **A 21**, 4
– Erweiterungen des Angebotsinhalts **A 28**, 8
– Grundsätze bei der Abfassung des A. **A 21**, 1 ff.
– Kennzeichnung von Proben der Bieter **A 21**, 19
– Muster **A 21**, 19
– Proben **A 21**, 19
– rechtsverbindliche Unterschrift **A 21**, 11
– unabänderliches A. **A 21**, 2 ff.
– Unterschrift unter A. **A 21**, 11 ff.
– Unzulässigkeit von Änderungen an den Verdingungsunterlagen **A 21**, 6 ff.; **A 25**, 9
inhaltliche Nachprüfung der Angebote **A 6**, 5
Inhaltskontrolle, Allgemeine Geschäftsbedingungen **A 10**, 77 ff.; **A 13**, 3; **B 13**, 835
Inkassobüro, Kosten der Inanspruchnahme **B 16**, 287 ff.
Innenverhältnis, Schadensausgleich im I. **B 10**, 66 ff.
in sich abgeschlossene Teile der Leistung **B 16**, 258
Instandsetzungsarbeiten **A 1**, 14 ff.; **Anh.** 288 ff.
Interesse
– negatives **Einl.** 68
– positives **Einl.** 66 f.; **B 8**, 112 ff.
Irrtumsanfechtung
– bei Allgemeinen Geschäftsbedingungen **Einl.** 92 ff.; **A 19**, 30; **B 2**, 148; **B 10**, 77 ff.
– bei Aufmaß **B 14**, 33 ff.
– bei falscher Rechnung **B 14**, 24 ff.
– beiderseitiger I. **B 2**, 142
– beim Angebot **A 20**, 12 f.
– Berechnungsirrtum **A 15**, 14; **A 19**, 21 ff.; **B 2**, 138 ff.; **B 2**, 170
– Erklärungsirrtum **A 19**, 24 ff.; **B 2**, 138 ff.
– Identitätsirrtum **A 3**, 5

noch: **Irrtumsanfechtung**
- in bezug auf die Pauschalpreisvereinbarung B 2, 210 ff.
- in bezug auf die Preisabrede B 2, 138 ff.
- Kalkulationsirrtum A 15, 14; A 19, 21 ff.; B 2, 138 ff.; B 2, 170
- kaufmännisches Bestätigungsschreiben A 28, 11
- Wegfall der Geschäftsgrundlage B 2, 150 ff.

Istbestimmungen Vor A 2, 5 ff.

J

Jahresmietvertrag, Garantie eines B 13, 847 ff.
Justizvollzugsanstalten A 8, 23 ff.

K

Kabelklausel B 13, 769 ff.
Kabelschäden
- Verkehrssicherungspflicht B 10, 133 ff.; B 10, 169 ff.

Kalkulation A 2, 14 ff.
Kalkulationsirrtum A 15, 14; A 19, 21 ff.; B 2, 138 ff.; B 2, 170; B 2, 215 f.
Kartellvorschriften s. Gesetz gegen Wettbewerbsbeschränkungen
Kaufleute, AGB gegen über K. A 10, 163 ff.
kaufmännisches Bestätigungsschreiben A 28, 11 ff.; B 2, 373 ff.
Kaufvertrag, Abgrenzung zu Werkvertrag A 1, 47 f.; Anh. 179
Kausalität B 10, 29 ff.
Kenntnis der VOB Einl. 91
Kenntnis des Mangels, Abnahme in B 12, 32 ff.; B 12, 120 ff.; B 13, 105 ff.; B 13, 116 ff.; B 13, 309 f.; B 13, 673 ff.
Kennzeichnung
- der geöffneten Angebote A 22, 17 ff.
- der ungeöffneten Angebote A 22, 11
- von Änderungen und Ergänzungen des Vertrages in der Abrechnung B 14, 22 f.
- von Proben der Bieter A 21, 19

Kinder auf der Baustelle B 10, 145 ff.
kinetische Energie B 10, 91 ff.
Klage
- Änderung der K. B 18, 118 ff.
- auf Abnahme B 16, 12 ff.
- des Auftraggebers auf Vertragserfüllung B 5, 54
- des Auftragnehmers auf Abschlagszahlungen B 16, 74 ff.
- des Auftragnehmers auf Vertragsabschluß Einl. 66 ff.
- Feststellungsklage B 18, 118 ff.
- Kostenvorschuß zur Mängelbeseitigung B 13, 354 ff.
- Leistungsklage B 18, 118 ff.
- Schadensersatzklage B 13, 680 f.
- unbezifferte Leistungsklage B 18, 124 ff.

Klageart B 18, 118 ff.
Klagebefugnis des Auftragnehmers, bei Nichtrückgabe der Sicherheitsleistung B 17, 111
Klageerhebung, Unterbrechung der Verjährung durch K. B 13, 351 ff.
Klarheit und Zweifelsfreiheit des Angebots A 21, 2 f.
Knebelungsvertrag Einl. 87
Körper- und Gesundheitsschäden, Schadensersatz B 13, 727 ff.
Konditionenkartelle Einl. 40 ff.
Konkurs
- des Auftragnehmers Anh. 87 ff.; B 2, 73 ff.; B 8, 56 ff.; B 16, 335 ff.
- des Baubetreuers Anh. 186 ff.
- des Bewerbers bzw. Bieters A 8, 66
- Fortführung des Geschäftes durch Konkursverwalter B 8, 56 ff.; B 16, 335 ff.
- Mehrwertsteuer, bei K. des Auftraggebers B 2, 122 ff.
- Pfändung von Forderungen B 16, 340 ff.

Konkurs des Auftraggebers, Zinsen B 16, 290 ff.
Konkursanfechtung, Vorausabtretung B 16, 351 ff.
Konkursfall, Aufrechnungsverbot A 13, 33
Konstruktionen, neuartige B 4, 110 ff.; B 13, 9 ff.
Kontokorrent (Eigentumsvorbehalt) B 16, 351 ff.
Kontotreuhänder Anh. 258 ff.
Kontrahierungszwang B 1, 43 f.
Kontrolle
- der Beteiligung bei Beschränkter Ausschreibung A 8, 43
- von Stundenlohnarbeiten durch Auftraggeber B 15, 34 ff.

Kontrollklage, AGB-Gesetz A 10, 86 ff.
Koordinationspflicht, des Auftraggebers B 3, 1 ff.; B 4, 2 ff.; B 4, 133 ff.; B 13, 33 ff.
Koordinierungsrichtlinie der EG Einl. 13
- Bekanntmachung von Ausschreibungen A 17, 22; A 17, 27; A 17, 61

Koppelungsangebote A 21, 6 ff.
Koppelungsverbot Anh. 173 ff.; Anh. 288 ff.
Kosten A 20, 1 ff.
- allgemeine Geschäftskosten B 2, 243
- allgemeine Verwaltungskosten A 2, 14
- Angabe der K. in der Bekanntmachung und im Anschreiben A 20, 6
- Arbeitskosten A 20, 5
- Ausgleich bei gesamtschuldnerischer Haftung von Auftragnehmer und Architekt B 13, 41 ff.
- Ausschreibung A 20, 3 ff.
- Baustelleneinrichtungskosten B 2, 231 ff.
- bei der Entdeckung B 4, 435 ff.
- Beweissicherungsverfahren B 18, 81 ff.
- der Anordnungen des Auftraggebers B 4, 92 ff.

Kündigung des Bauvertrages durch Auftraggeber

- der Anrufung der Materialprüfungsstelle **B 18**, 70 f.
- des Gas-, Wasser- und Elektrizitätsverbrauchs **B 4**, 276 f.
- Einzelkosten der Teilleistungen **A 2**, 14; **A 9**, 42
- Erschließungskosten **B 2**, 122 f.
- ersparte Kosten **B 8**, 29 ff.
- Gerätekosten **B 6**, 144 ff.
- Gutachterkosten **B 13**, 287 ff.; **B 13**, 710 ff.
- Herstellkosten **A 2**, 14
- Inanspruchnahme des Architekten bei Nachbesserung **B 13**, 487 f.
- Inanspruchnahme von Inkassobüro **B 16**, 74 ff.
- Kosten der Abnahme **B 12**, 62
- Kosten der Bauleitung **B 2**, 231 ff.
- Kosten der Baustellenräumung **B 6**, 115
- Kosten der Bearbeitung der Angebote durch Bieter **A 19**, 15 ff.
- Kosten der Entwurfsbearbeitung **B 2**, 393 ff.
- Kosten der Nachbesserung **B 2**, 116 ff.; **B 4**, 346 f.; **B 13**, 474 ff.
- Kosten der Rechnungsaufstellung durch Auftraggeber **B 14**, 62 f.
- Kosten der Selbsthilfe des Auftraggebers bei der Nachbesserung **B 4**, 317 f.; **B 13**, 536 ff.
- Kosten der Verdingungsunterlagen **A 20**, 3 ff.
- Kosten der Vertragsbeglaubigung **A 29**, 7 ff.
- Kosten der Vertragsurkunde **A 29**, 7 ff.
- Kosten des Angebots **A 20**, 11 ff.
- Kosten des Leistungsverzeichnisses **A 20**, 3 ff.
- Lohnkosten **A 5**, 25
- Sachverständigenkosten **B 13**, 287 ff.; **B 13**, 710 ff.; **B 18**, 103 ff.
- Selbstkosten **A 20**, 5
- Stoffkosten **A 20**, 5
- Vergütung der K. **A 20**, 3; **B 6**, 96 f.

Kostenanschlag, s. Angebot
- „garantierter Kostenvoranschlag" **A 21**, 2 f.; **Vor B 8**, 5 ff.
- „unverbindlicher" K. **Vor B 8**, 5 ff.

Kostenerstattungsanspruch des Auftraggebers **B 13**, 536 ff.

Kostenregelung, bei Meinungsverschiedenheiten **B 18**, 70 f.

Kostenvorschußanspruch des Auftraggebers **B 2**, 362; **B 13**, 354 ff.; **B 13**, 548 ff.; **B 18**, 124 ff.

Kreditinstitut, Bürgschaft **B 17**, 30

kreditschädigende Tatsachen, Behauptung von Einl. 44 ff.

Krieg **B 7**, 17 ff.

Kündigung (Arge) Anh. 81 ff.

Kündigung des Bauvertrages
- Abgrenzung: Annullierung, Stornierung, Sistierung **Vor B 8**, 1
- Änderungskündigung **B 6**, 102 f.
- AGB-Gesetz **Vor B 8**, 5 ff.
- Allgemeines **Vor B 8**, 1 f.
- bei Änderung oder Wegfall der Geschäftsgrundlage **B 2**, 167 ff.; **B 8**, 61; **B 9**, 18
- bei längerer Unterbrechung der Ausführung nach B § 6 Nr. 6 **B 6**, 102 ff.
- bei positiver Vertragsverletzung **B 9**, 29; **B 9**, 58 ff.
- bei Selbstkostenerstattungsvertrag **A 5**, 32 f.
- bei Verweigerung der Übergabe der Ausführungsunterlagen **B 3**, 17 ff.
- Nachschieben von Kündigungsgründen **Vor B 8**, 18 ff.; **B 8**, 1 ff.; **B 8**, 80
- Prüfungs- und Hinweispflicht des Auftragnehmers bei Kündigung oder Teilkündigung **B 4**, 195 ff.; **B 4**, 234 f.
- Zugang der K. **B 8**, 148 ff.

Kündigung des Bauvertrages durch Auftraggeber **B 1**, 39 f.; **B 3**, 17 ff.; **B 8**, 1 ff.
- Abnahme und Aufmaß sowie Abrechnung erbrachter Leistung **B 8**, 154 ff.
- AGB-Gesetz **B 8**, 25 ff.; **B 8**, 38 f.; **B 8**, 67 ff.; **B 8**, 148 ff.
- allgemeines Kündigungsrecht des A. **B 8**, 1 ff.
- – Anrechnung anderweitigen Erwerbs **B 8**, 34 f.
- – Anrechnung böswillig unterlassenen anderweitigen Erwerbs **B 8**, 36 f.
- – Anrechnung ersparter Kosten **B 8**, 29 ff.
- – Aufrechnung mit Schadensersatzansprüchen **B 8**, 17 ff.
- – Begriff **B 8**, 10 ff.
- – die an den Auftragnehmer zu zahlende vereinbarte Vergütung **B 8**, 17 ff.
- – Herabsetzung der Vergütung **B 8**, 28
- – keine anderen Ansprüche **B 8**, 38 f.
- – Teilkündigung **B 2**, 240 ff.; **B 8**, 40 ff.; **B 8**, 81
- – Umsatzsteuer **B 8**, 29 ff.
- Behandlung von Vertragsstrafen **B 8**, 17 ff.; **B 8**, 171 ff.
- bei beiderseitigem Verschulden **B 8**, 43-45
- bei Erfüllungsverweigerung des Auftragnehmers **Vor B 8**, 23 und 25 ff.
- bei gestörtem Vertrauensverhältnis **Vor B 8**, 5 ff.
- bei Nichteinhaltung eines Kostenvoranschlages (§ 650 BGB) **Vor B 8**, 5 ff.
- bei Vertragsbrüchigkeit des Auftragnehmers **B 8**, 76 f.
- Berechtigung zur Leistungsausführung durch Dritte **B 8**, 86 ff.
- die außerordentlichen Kündigungsrechte des Auftraggebers **B 8**, 43 ff.
- die Gegenrechnung des Auftraggebers nach B § 8 Nr. 3 Abs. 4 **B 8**, 131 ff.
- Erfüllungsanspruch nach K. **B 8**, 32 f.
- fortdauernde Befugnisse des Auftraggebers nach B § 8 Nr. 3 Abs. 3 **B 8**, 120 ff.
- Gewährungsleistungsansprüche nach K. **B 8**, 32 f.; **B 8**, 64; **B 8**, 97

noch: **Kündigung des Bauvertrages durch Auftraggeber**

- Inhalt der Kündigungserklärung **B 8**, 1 ff.
- Kündigung infolge wettbewerbswidrigen Handelns des Auftragnehmers insbesondere bei verbotener Preisabrede **B 8**, 138 ff.
- – Abwicklung des gekündigten Vertrages **B 8**, 146 ff.
- – Kündigungsfrist **B 8**, 144 f.
- – Voraussetzungen **B 8**, 138 ff.
- Mehrkosten des Auftraggebers **B 8**, 86 f.
- Nachschieben von Kündigungsgründen **B 8**, 1 ff.
- Schadensersatzanspruch des Auftraggebers **B 8**, 65 f.; **B 8**, 98 ff.; **B 8**, 131
- Schadensminderungspflicht des Auftraggebers **B 8**, 92; **B 8**, 120
- Schriftform der Kündigung nach B § 8 **B 8**, 148 ff.
- Teilkündigung **B 2**, 240 ff.; **B 8**, 41 f.; **B 8**, 81
- – Bauträgervertrag **Anh.** 214 ff.
- – Vergütungsanspruch des nach B § 8 Nr. 3 Abs. 1 gekündigten Auftragnehmers **B 8**, 154 ff.
- Vertragsbrüchigkeit des Auftragnehmers **B 8**, 76 ff.
- – Benutzungsrechte und Verwendungsbefugnisse durch Auftraggeber **B 8**, 62 ff.
- – Ersatzvornahme durch Dritten **B 8**, 86 ff.
- – Fristversäumnis durch Auftragnehmer **B 8**, 81
- – Grundlagen **B 8**, 76 f.
- – Rechnungsaufstellung durch Auftraggeber **B 8**, 131 ff.
- – Wahlrecht des Auftraggebers **B 8**, 103 ff.
- – Vertragsstrafen, Behandlung **B 8**, 17 ff.; **B 8**, 171 ff.
- Vorschuß auf Mehrkosten **B 8**, 86 f.
- Zahlungseinstellung, Konkurs oder Vergleichsverfahren über das Vermögen des Auftragnehmers **B 8**, 46 ff.
- – Allgemeines **B 8**, 46 ff.
- – gerichtliches Vergleichsverfahren **B 8**, 55
- – Konkurs **B 8**, 56 ff.
- – Schadensersatz für nicht ausgeführten Leistungsteil **B 8**, 65 ff.
- – Vergütung des Auftragnehmers **B 8**, 62 f.
- – Wegfall oder Änderung der Geschäftsgrundlage **B 8**, 61
- – Zahlungseinstellung **B 8**, 53 f.

Kündigung des Bauvertrages durch Auftragnehmer B 9, 1 ff.; **B 16**, 304 ff.
- AGB-Gesetz **B 9**, 34; **B 9**, 41 ff.
- Annahmeverzug des Auftraggebers **B 9**, 22 f.
- B § 9 als außerordentliches Kündigungsrecht des Auftragnehmers **B 9**, 1 ff.
- bei Nichteinholen behördlicher Genehmigungen und Erlaubnisse **B 4**, 31 ff.; **B 9**, 6 ff.
- bei Nichterfüllung der Auskunfts- und Abrufpflicht des Auftraggebers **B 5**, 17 ff.
- bei Nichtvorlage der Ausführungsunterlagen **B 3**, 10 f.
- bei Nichtzahlung durch Auftraggeber **B 9**, 26 ff.; **B 16**, 285 f.
- bei Unterlassen der Mitwirkung beim Abstecken der Hauptachsen **B 3**, 30; **B 9**, 6 ff.
- bei Unterlassen der Mitwirkung zur allgemeinen Ordnung auf der Baustelle und zum Zusammenwirken der verschiedenen Unternehmer **B 4**, 15 f.; **B 9**, 6 ff.
- bei Unterlassen der Mitwirkung zur Zustandsfeststellung von Straßen usw. **B 3**, 47; **B 9**, 6 ff.
- bei Unterlassen der Sicherung der Fortführung der Arbeiten **B 6**, 70
- bei Unterlassung von Mitwirkungspflichten des Auftraggebers **B 9**, 26 ff.
- bei Verletzung von Prüfungspflichten des Auftraggebers nach vom Auftragnehmer geäußerten Bedenken **B 4**, 83; **B 4**, 266; **B 9**, 6 ff.
- bei Verletzung von Zurverfügungsstellungspflichten des Auftraggebers nach Teil B § 4 Nr. 4 **B 4**, 278
- Folgen der Kündigung **B 9**, 50 ff.
- Gläubigerverzug des Auftraggebers **B 9**, 4 ff.
- keine Kündigung nach B § 9 bei Leistungsunterbrechung von mehr als drei Monaten **B 9**, 49
- Leistungsverweigerungs- bzw. Zurückbehaltungsrecht des Auftraggebers **B 9**, 33
- Mitverschulden des Auftragnehmers **B 9**, 54 ff.
- Mitwirkungspflicht des Auftraggebers **B 9**, 4 ff.
- Nachfristsetzung durch Auftragnehmer **B 9**, 24; **B 9**, 41 ff.
- Schriftform der Kündigung **B 9**, 48
- Schuldnerverzug des Auftraggebers **B 9**, 26 ff.
- Teilkündigung durch Herausnahme von Leistungsteilen **B 2**, 240 ff.
- Verjährung des Entschädigungsanspruches des Auftragnehmers **B 9**, 54 ff.
- Wegfall oder Änderung der Geschäftsgrundlage **B 9**, 18

Kündigung des Schiedsvertrages A 10, 76
Kündigung (Teil-)
- bei Einheitspreisvertrag **B 2**, 245 ff.
- bei Pauschalvertrag **B 2**, 245 ff.

Künste, bildende A 20, 35
Kürzung der Vergütung B 4, 346 f.
Kunstwerk A 20, 37
Kunstwert, Gegenstände von B 4, 430 ff.

L

Ladung des Sachverständigen zum Termin A 7, 29 ff.
längere Unterbrechung der Ausführung B 6, 85 ff.

Leistungsbeschreibung

Lärm, Sicherungsmaßnahmen gegen L. **B 10**, 128 ff.
Lärmschutz, Baubetreuung **Anh.** 214 ff.
Lagerplätze, Bereitstellung der **B 4**, 273
Landesbauordnungen **B 4**, 164 ff.
– Schutzgesetze **B 10**, 87
Lastannahmen **B 4**, 118 ff.
Lauf der Verjährungsfristen **B 2**, 73 ff.; **B 13**, 304 ff.
Leiharbeitsverhältnis **Anh.** 107 ff.
Leistung
– Abnahme der L. **A 14**, 12 ff.; **B 7**, 5 ff.; **B 12**, 1 ff.
– Abnutzung der L. **B 13**, 453 ff.
– anderer Unternehmer, Bedenken gegen L. **B 4**, 182 ff.; **B 4**, 234 ff.; **B 13**, 179 ff.
– Art und Umfang der L. **A 5**, 14; **A 17**, 36 f.
– Aufklärung über die geforderte L. **A 17**, 40 ff.
– Ausführung der L. **B 4**, 103 ff.
– Ausführungsort **A 17**, 36 f.
– Bauvertrag als Grundlage **B 1**, 1 ff.
– Begriff **Vor B**, 3 ff.
– Benutzung der L., Abnahme **B 12**, 131 ff.
– Beschreibung der L. **A 5**, 15 ff.; **A 9**, 1 ff.
– Fehler der L. **A 13**, 1; **B 4**, 332 ff.; **B 13**, 138 ff.
– Fortsetzung der L. **B 6**, 72 ff.
– geringen Umfangs **A 5**, 24
– Geschäftsgeheimnis, Wahrung des **B 4**, 59 ff.
– L. nach Probe **B 13**, 168 ff.
– Nebenleistungen **B 4**, 92 ff.; **B 4**, 274; **B 4**, 280 f.
– nichtbestellte L., Beseitigung von **B 2**, 328 ff.
– nichtbestellte L., Haftung **B 2**, 323 ff.
– nichtvereinbarte L., Verpflichtung zur Ausführung **B 1**, 43 ff.
– schlüsselfertige L., Abnahme **B 12**, 17 ff.
– Selbstausführung durch Auftragnehmer **B 2**, 245 ff.
– Teilleistung, Begriff **Vor B**, 7
– Teilleistungen, Abnahme von **B 12**, 68 ff.; **B 13**, 304 ff.
– Umfang der L. **A 5**, 14; **B 1**, 1 ff.
– Unmöglichkeit der L. **B 4**, 303; **B 6**, 4; **B 6**, 88 ff.; **Vor B 8**, 11 f.; **B 13**, 614 ff.
– Unvermögen zur L. **B 6**, 4; **B 6**, 88 ff.; **Vor B 8**, 11 f.
– Verzugsschaden, Leistung des **B 5**, 55 f.
– Weitergabe von L. an Nachunternehmer **B 4**, 411 ff.
– zusätzliche L. **B 1**, 43 ff.; **B 2**, 289 ff.
Leistungen, vermögenswirksame, Lohngleitklausel **A 15**, 30; 18; **B 2**, 171 ff.
Leistungsabweichung im Pauschalvertrag **B 2**, 237 ff.; **B 2**, 319 ff.
Leistungsabweichungen beim Einheitspreisvertrag **B 2**, 196 ff.
Leistungsabweichungen, eigenmächtige **B 2**, 351 ff.

Leistungsbeginn, Aufforderung zum L., Vertragsabschluß **A 28**, 30 ff.
Leistungsbeschreibung (Leistungsverzeichnis) **A 9**, 1 ff.; **A 10**, 47 f.; **A 16**, 5; **B 1**, 27; **B 1**, 35; **B 2**, 112 ff.
– Abrechnungseinheiten **A 9**, 67
– Abweichungen von DIN 18 299 **A 9**, 65
– Änderungsvorschläge **A 9**, 108
– AGB-Gesetz **A 10**, 116 ff.
– allgemeine Grundsätze **A 9**, 1 ff.
– Allgemeines **A 9**, 13 ff.
– Alternativpositionen **A 28**, 30 ff.; **B 1**, 7 ff.; **B 3**, 10
– Angabe des Zwecks der Leistung **A 9**, 81 ff.
– Angaben zur Ausführung **A 9**, 42
– Angaben zur Baustelle **A 9**, 85
– Aufbau der L. **A 9**, 99 ff.
– Ausdrucksweise bei der L. **A 9**, 92 ff.
– Baubeschreibung **A 9**, 38 ff.
– Beanspruchung, vorgesehene **A 9**, 81 ff.
– bei Pauschalverträgen **A 5**, 15 ff.
– Beschränkung der L. auf Angaben der Leistungsanforderungen **A 9**, 47 ff.
– Beschreibung der Boden- und Wasserverhältnisse **A 9**, 85 f.
– Besondere Leistungen **A 9**, 66
– Bezeichnungs- und Ausdrucksweise **A 9**, 92 ff.
– Bezugsquellen **A 9**, 94 ff.
– Bodenverhältnisse, Beschreibung **A 9**, 85 f.
– Darstellung der Leistung, zeichnerisch oder durch Probestücke **A 9**, 68 ff.
– DIN 18 299 **A 9**, 61 ff.
– DIN-Bezeichnungen **A 9**, 93
– Eindeutigkeit der L. **A 9**, 16 ff.
– Einsetzen der Preise in die L. **A 6**, 5
– Einzelangaben zu Nebenleistungen und Besonderen Leistungen **A 9**, 66
– Entbehrlichkeit von Leistungsangaben **A 9**, 89 ff.
– erschöpfende L. **A 9**, 16 ff.
– Eventualleistungen **A 9**, 103
– Eventualpositionen **A 28**, 30 ff.; **B 1**; **B 3**, 9
– Fertighausbau **A 9**, 8 ff.; **A 9**, 46
– Fertigteilbau **A 9**, 8 ff.; **A 9**, 46
– Feststellung aller die Preisermittlung beeinflussenden Umstände **A 9**, 47 ff.
– Gliederung des Leistungsverzeichnisses **A 9**, 99 ff.
– grundlegende Bedingungen der L. **A 9**, 13 ff.
– Kosten der L. **A 17**, 20 ff.; **A 20**, 3
– Leistungsprogramm, L. mit **A 9**, 109 ff.
– – Ablaufplanung **A 9**, 131; **A 9**, 146; **A 9**, 152 f.
– – Anforderungen an die Angebote der Bieter **A 9**, 148 ff.
– – Anforderungen an Leistungsbeschreibung mit L. **A 9**, 131 ff.
– – grundsätzlich nur Beschränkte Ausschreibung **A 3**, 24

noch: **Leistungsbeschreibung**

- – grundsätzliche Voraussetzungen **A 9**, 118 ff.
- Leistungsverzeichnis, L. mit **A 9**, 36 ff.
- – Baubeschreibung **A 9**, 38 ff.
- – Bauen mit Fertigteilen **A 9**, 46
- – Grundlagen **A 9**, 37 ff.
- Mangel der L. **B 13**, 181 ff.
- Massenübersetzungen **A 9**, 28
- Maßgeblichkeit der L. für Vergütung **B 2**, 112 ff.
- Mitverschulden des Auftraggebers **B 13**, 603 ff.
- Nebenangebote **A 9**, 108
- Nebenleistungen **A 9**, 66
- notwendiger Inhalt der L. **A 9**, 47 ff.
- Positionen **A 9**, 92 ff.
- Probestücke **A 9**, 68 ff.
- Schaupositionen **A 9**, 28
- statische Berechnungen **A 9**, 70
- Technische Vertragsbedingungen **A 9**, 92 ff.
- ungewöhnliches Wagnis **A 9**, 29 ff.
- unmögliche L., keine Verurteilung zur **B 18**, 130
- Urheberschutz **A 9**, 1; **A 20**, 40 ff.
- Ursprungsorte **A 9**, 94 ff.
- Verfahren, Bezeichnung von **A 9**, 94 ff.
- verkehrsübliche Bezeichnungen **A 9**, 93
- Verschulden bei Vertragsabschluß (culpa in contrahendo), unrichtiges Leistungsverzeichnis **A 9**, 7; **A 9**, 49; **B 2**, 205 f.
- Vorarbeiten, Abschluß **A 9**, 51 f.
- Vorbemerkung in der L. **A 9**, 38 ff.; **A 9**, 105
- vorgesehene technische Beanspruchung der Leistung **A 9**, 81 ff.
- Wagnis, ungewöhnliches **A 9**, 29 ff.
- Wasserverhältnisse, Beschreibung der **A 9**, 85 f.
- Zeichnung, Darstellung durch **A 9**, 68 ff.
- Zweck der L. **A 9**, 81 ff.

Leistungsfähigkeit
- des Bieters als Voraussetzung für Verhandlungen mit Bietern **A 24**, 4 f.
- leistungsfähiger Bewerber **A 2**, 7; **A 8**, 47 ff.; **A 25**, 42 ff.

Leistungsgefahr B 12, 23 ff.
Leistungsgegenstand, Begriffsbestimmungen Vor **B**, 1 ff.
Leistungsinhalt, Änderung bei Pauschalverträgen **B 2**, 188 f.
Leistungsklage B 18, 124 ff.
- unbezifferte L. **B 18**, 118 ff.

Leistungsprogramm, Leistungsbeschreibung mit L., s. Leistungsbeschreibung
Leistungsvertrag A 5, 1 ff.; **A 5**, 32 ff.; **A 15**, 7
Leistungsverweigerungsrecht B 1, 39 f.; **B 9**, 33; **B 13**, 319 ff.; **B 13**, 582 ff.; **B 16**, 31 ff.; **B 16**, 64 ff.
- AGB-Gesetz **A 13**, 25 ff.
- bei Mitverschulden des Auftraggebers **B 13**, 603 ff.
- des Auftraggebers vor Abnahme **B 4**, 325 ff.; **B 4**, 357 ff.

- des Auftragnehmers bei Schuldnerverzug des Auftraggebers **B 9**, 39; **B 16**, 307 ff.
- des Auftragnehmers nach Mitteilung von Bedenken an den Auftraggeber **B 4**, 265
- Druckmittel, L. als **B 13**, 593 ff.
- keine Prozeßzinsen **B 13**, 582 ff.
- Unterschied zur Sicherheitsleistung **B 17**, 1 ff.; **B 17**, 114
- Verlust des L. **B 13**, 600 ff.
- Zug-um-Zug-Verurteilung **B 13**, 582 ff.; **B 16**, 64 ff.

Leistungsverzeichnis, s. Leistungsbeschreibung
Leistungswert A 2, 13; **A 3**, 27
Leitung der Vertragsausführung durch Auftragnehmer B 4, 167
Lieferant
- als Erfüllungsgehilfe **B 4**, 225
- als Gesamtschuldner? **B 13**, 32

Lieferungen
- Baumaterial **A 1**, 37 ff.; **B 4**, 232 ff.
- Baustofflieferant, s. dort.
- beweglicher Sachen als Bauarbeiten **A 1**, 15 ff.
- gemeinsame Vergabe von Lieferungen mit der Bauleistung **A 4**, 4
- maschinelle Einrichtungen **A 1**, 59 ff.
- von Stoffen oder Bauteilen **A 1**, 46 ff.

Lieferverträge, Haftungsausschlüsse bei L. über Baumaterialien **B 13**, 256
Liquidation des Bewerberbetriebes A 8, 67
Liste der Bewerber A 17, 44
Literatur, Urheberrecht **A 20**, 35; **B 3**, 64 ff.
Lohnkosten (Stundenlohnvertrag) **A 5**, 25
Lohn- und Stoffpreisgleitklauseln A 6, 7; **A 15**, 13 ff.; **A 25**, 53 ff.; **B 2**, 171 ff.
Lombardzinssatz B 16, 287 ff.
Losarbeitsgemeinschaft Anh. 143 ff.
Lose A 4, 6 ff.
- Fachlose **A 4**, 10 ff.
- Fachlosgruppen **A 4**, 17
- Teillose **A 4**, 7 f.
- Vergabe nach L. **A 4**, 6 ff.; **A 17**, 48
- Verhandlungen mit Bietern bei der Vergabe nach Losen **A 24**, 22 ff.

M

Mahnsachen, örtliche Zuständigkeit **B 18**, 26
Mahnung B 9, 35 f.
- Begriff **B 16**, 279 ff.

Mahnverfahren B 18, 26
Mangel
- Anordnungen des Auftraggebers als Ursache **B 13**, 184 ff.
- Arglist **B 13**, 230; **B 13**, 259
- der Leistungsbeschreibung **B 13**, 181 ff.
- der vom Auftraggeber gelieferten Stoffe oder Bauteile **B 13**, 189 f.

- Hervortreten von M. **B 13**, 457 ff.
- Kenntnis des M., Abnahme in **B 12**, 32 ff.; **B 12**, 120 ff.; **B 13**, 105 ff.; **B 13**, 309 f.; **B 13**, 673 ff.
- Schönheitsmangel **B 13**, 152 f.; **B 13**, 621 ff.
- Ursächlichkeit **B 13**, 453 ff.
- versteckter M. bei Probe **B 13**, 172
- wesentlicher M. **B 13**, 682 ff.

Mangelfolgeschäden, Abgrenzung und Verjährung B 13, 274 ff.; **B 13**, 803 ff.

mangelhafte Leistungsbeschreibung A 9, 13 ff.

Mängel
- Ausführungsunterlagen, vermutete M. **B 3**, 41
- bekannte M. **B 12**, 101 ff.; **B 12**, 120 ff.; **B 12**, 138
- Beweislast **B 13**, 163 ff.
- Mitteilung über zu befürchtende M. **A 4**, 5
- Prüfung von Mängeln, Hemmung der Verjährung **B 13**, 326 ff.
- unwesentliche M. **B 12**, 82 ff.
- versteckte Mängel **A 13**, 8 ff.
- Vorbehalt von M. **B 12**, 112 f.; **B 12**, 124; **B 12**, 141

Mängelanzeige B 13, 527 ff.

Mängelbeseitigung
- Anerkenntnis des Mängelbeseitigungsanspruches **B 13**, 343 ff.
- Art der M., Beschwer **B 18**, 143 ff.
- Begriff **B 13**, 474 ff.
- durch andere Unternehmer schon vor der Abnahme **B 4**, 402
- durch Veranlassung des Auftraggebers nach B § 13 Nr. 5 Abs. 2 **B 13**, 505 ff.
- Ersatzvornahme im Rahmen der Zwangsvollstreckung **B 18**, 143 ff.; **B 18**, 146 ff.
- Kosten der Inanspruchnahme des Architekten bei M. **B 13**, 487 f.
- Mitverschulden des Auftraggebers **B 13**, 603 ff.
- Mitwirkung des Auftraggebers bei M. **B 13**, 504
- Neuherstellung als M. **B 13**, 477 ff.
- Rechtskraft der Verurteilung zur M. **B 18**, 116 ff.
- Selbsthilfe des Auftraggebers **B 4**, 315; **B 13**, 505 ff.
- Umfang **B 13**, 484 ff.
- Unmöglichkeit **B 13**, 614 ff.
- unverhältnismäßig hoher Aufwand **B 13**, 505 ff.
- Unzumutbarkeit der M. **B 13**, 632 ff.
- Verlangen auf M. **B 13**, 460 ff.
- Verurteilung zur M. **B 13**, 477 ff.; **B 18**, 143 ff.
- Verweigerung **B 13**, 621 ff.
- Vorschuß für M. durch Dritte **B 13**, 548 ff.

Mängelbeseitigungsaufforderung B 13, 441; **B 13**, 460 ff.
- gegenüber Bürgen **B 13**, 397 ff.
- schriftliche **B 13**, 396 ff.

Mengengarantie

Mängelbeseitigungsleistung, Verjährung A 13, 51 ff.; **B 13**, 416 ff.

Mängelbeseitigungspflicht des Auftragnehmers während der Ausführung B 4, 324 ff.

Mängelfreibescheinigungen Dritter B 12, 1 ff.; **B 13**, 304 ff.; **B 16**, 100 ff.

Mängelrüge, Inhalt B 13, 460 ff.

Makler- und Bauträgerverordnung (MaBV) Anh. 189 ff., **Anh.** 247 ff.

Markennamen A 9, 97

marktbeherrschendes Unternehmen Einl. 70

marktgerechter Preis A 2, 10 f.

Marktinformation, s. Preismeldeverfahren

maschinelle Einrichtungen, Lieferung und Montage A 1, 59 ff.

Maschinen
- Meinungsverschiedenheiten über bei Prüfung verwendete M. **B 18**, 53
- Miete von M. **A 1**, 42

Maschinenarbeitsgemeinschaft Anh. 114 f.

Maschinenschutzgesetz B 10, 88 ff.

Maßnahmen zum Schutz gegen Winterschäden und Grundwasser B 4, 296 ff.

Maßnahmen zur Unfallverhütung B 4, 182 ff.; **B 4**, 220 f.

Materialgleitklausel, s. Stoffpreisgleitklausel

Materialprüfungsstelle, Einschaltung B 18, 48 ff.

materialtechnische Untersuchung B 18, 54 ff.

mehrere Auftraggeber als Gesamtschuldner B 2, 1

mehrere Unternehmer, Haftung B 10, 43 ff.; **B 13**, 163 ff.

Mehrkosten
- bei Anordnungen des Auftraggebers **B 4**, 92 ff.
- bei der Entdeckung **B 4**, 435
- des Auftraggebers bei der Kündigung nach B § 8 Nr. 3 **B 8**, 86 f.; **B 8**, 139

Mehrleistungen B 2, 310; **B 4**, 98 ff.

Mehrwertsteuer (s. auch Umsatzsteuer)
- AGB-Gesetz **B 2**, 124 ff.
- auf Verzugszinsen **B 16**, 287 ff.
- bei Abschlagszahlungen **B 16**, 39 ff.
- bei Angebot **A 2**, 20
- bei Baupreisänderung **B 2**, 231 ff.
- bei Baupreiskalkulation **A 2**, 20
- bei Konkurs des Auftraggebers **B 2**, 124 ff.
- bei Kündigung des Bauvertrages **B 8**, 29 ff.
- beim Bauvertrag **B 2**, 124 ff.
- Erhöhung des Mehrwertsteuersatzes **B 2**, 124 ff.
- im Angebot **A 21**, 2 f.

Meinungsverschiedenheiten, s. Streitigkeiten

Mengenänderung beim Einheitspreisvertrag B 2, 202 ff.
- AGB-Gesetz **B 2**, 205 f.

Mengenberechnungen B 14, 15

Mengengarantie B 2, 271 ff.

Mengenübersetzungen bei der Leistungsbeschreibung

Mengenübersetzungen bei der Leistungsbeschreibung A 9, 28
merkantiler Minderwert B 13, 642 ff.; B 13, 687 ff.
Merkblatt für Generalunternehmer Anh. 142
Mietausfall B 6, 141 ff.; B 13, 284
Miete von Maschinen und Baugeräten A 1, 42
Mietgarantie Anh. 256
Minderleistungen bei Pauschalverträgen B 2, 188 ff.
Minderung als solche B 13, 638 ff., s. vor allem auch Gewährleistung
– Abtretbarkeit des Minderungsanspruchs B 13, 78 ff.
– Gemeinschaftseigentum Anh. 273 ff.
Minderung beim Pauschalvertrag B 13, 648
Minderung der Vergütung des Auftragnehmers im Falle von B § 8 Nr. 1 Satz 2 B 8, 28 ff.
Minderung, Schadensersatz bei M. B 13, 718
Minderungsanspruch des Auftraggebers, s. Gewährleistung
Minderwert, merkantiler B 13, 642 ff.; B 13, 687 ff.
Mindestangebotsfrist A 18, 5 ff.; A 18, 13 ff.
Mindestinhalt von Bekanntmachungen bei Ausschreibungen A 17, 5 ff.; A 17, 25 f.
Mißverhältnis bei der Vergabe A 3, 25; A 3, 25
Mißverhältnis des Preises zur Leistung A 25, 52 ff.
Mitarbeiter, Zahlung an B 16, 314 ff.
Mitteilung über den Zuschlag A 28, 7 ff.
Mitteilungspflicht des Auftragnehmers B 4, 246 ff.; B 13, 200 ff.
Mitteilungspflichten Einl. 53
Mittelmaß, gesundes M. beim Preis A 2, 21
Mittelständische Wirtschaft, Vergabe an A 8, 18 ff.
Mitverschulden Einl. 65; A 2, 1 und 5; A 9, 49; A 16, 7 f.; Anh. 154 ff.; B 3, 1 ff.; B 4, 2 ff.; B 4, 31 ff.; B 4, 116 ff.; B 4, 203; B 4, 205 ff.; B 4, 217; B 4, 222 ff.; B 4, 268 ff.; B 6, 128 ff.; B 8, 67 ff.; B 9, 22 ff.; B 9, 54 ff.; B 9, 58 ff.
– Schadensquote bei M. B 4, 118 ff.; B 4, 267; B 10, 63 ff.; B 10, 178 ff.; B 13, 33 ff.; B 13, 41 ff.; B 13, 603 ff.
Mitverursachung B 10, 29 ff.
Mitwirkung von Sachverständigen A 7, 1 ff.
Mitwirkungspflichten des Auftraggebers B 9, 4 ff.
– Abstecken der Hauptachsen des Bauwerks und der Baustrecke sowie der Grenzen des Geländes B 3, 21 ff.
– allgemeine Ordnung auf der Baustelle B 4, 2 ff.; B 9, 6 ff.
– als Folge der Teilkündigung des Bauvertrages B 2, 254 f.
– Auskunfts- und Abrufpflicht des Auftraggebers B 5, 17 f.
– Bereitstellungspflichten nach B § 4 Nr. 4 B 4, 1 ff.; B 4, 273 ff.; B 9, 6 ff.
– Duldung der Nachbesserung B 13, 474 ff.
– Einholen behördlicher Genehmigungen und Erlaubnisse B 4, 17 ff.; B 9, 6 ff.
– Feststellung des Zustandes von Straßen usw. B 3, 47
– Mängelbeseitigung B 13, 504
– Regelung des Zusammenwirkens der verschiedenen Unternehmer B 4, 2 ff.; B 9, 6 ff.
– Sicherung der Fortführung der Arbeiten nach B § 6 Nr. 3 B 6, 65 ff.
– Übergabe der Ausführungsunterlagen B 3, 9 ff.
– Überprüfungspflicht nach Bedenken des Auftragnehmers B 4, 83; B 4, 266; B 9, 6 ff.
– Verletzung von M. des A. als Kündigungsgrund B 3, 16; B 9, 4 ff.
– zur Niederschrift nach B § 3 Nr. 4 B 3, 47
Modernisierungsarbeiten A 3, 23; A 4, 13; A 5, 14; A 7, 10
Möglichkeit zur Prüfung der Stundenlohnzettel, Folgen B 15, 45 ff.
Montage maschineller Einrichtungen A 1, 59 ff.
Montagebau A 9, 10
Montageversicherung B 7, 43
Muster
– bei Angeboten A 21, 19
– Rückgabe von Mustern A 27, 12 ff.
Musterprozeß, Verjährung bei B 2, 91 ff.; B 13, 224 ff.
Musterprozeßklausel (Bauträger) Anh. 247; B 2, 91 ff.; B 13, 323 ff.
mutmaßlicher Wille B 2, 343 ff.

N

nach Probe, Bauleistungen B 13, 168 ff.
Nachbarparzellen, Verkehrssicherungspflicht B 10, 128 ff.
Nachbarrechte B 10, 216 f.
Nachbesserung (B § 13 Nr. 5**),** s. Gewährleistung B 13, 442 ff.
Nachbesserungsarbeiten, Verhältnis zu Erneuerungsarbeiten B 13, 69
Nachbesserungskosten
– Architekten B 13, 487 f.; B 13, 539 ff.
– im Preis inbegriffen B 2, 116 ff.; B 4, 346 f.; B 13, 474 ff.
Nachbesserungsrecht
– des Architekten B 13, 9 ff.
– des Auftragnehmers B 13, 464 ff.
Nachbesserungsversuch, erfolgloser, des Auftraggebers B 13, 472

nachfolgende Unternehmer, Prüfungs- und Hinweispflicht hinsichtlich der Leistungen B 4, 234 f.
Nachforderungen, Ausschluß von B 16, 196
Nachfristsetzung durch Auftragnehmer B 9, 8; B 9, 41 ff.; B 16, 279 ff.; B 16, 304 ff.
Nachprüfung technischer Berechnungen B 2, 393 ff.; B 3, 52 ff.
Nachprüfung von Angeboten, inhaltliche A 6, 5
Nachprüfung von Berechnungen anderer B 2, 399 f.
Nachschieben von Kündigungsgründen Vor B 8, 18 ff.; B 8, 1 ff.; B 8, 80
Nachschußpflicht des Auftragnehmers, Sicherheitsleistung B 17, 25
Nachtragsangebot A 21, 1
– bei nichtbestellten Leistungen B 2, 385 ff.
Nachtragsaufträge, VOB Vor B, 10
Nachunternehmer A 4, 18; A 24, 14 f.; Anh. 116 ff.; B 16, 322 ff.
– Abnahme Anh. 139 ff.
– Abtretung von Gewährleistungsansprüchen gegen N. Anh. 151 ff.; B 13, 78 ff.
– arglistiges Verschweigen von Mängeln durch N. B 13, 259
– Baupreisverordnung, Anwendbarkeit Anh. 147 ff.
– Begriff Anh. 116 ff.
– Bekanntmachung der N. an Auftraggeber B 4, 427 ff.
– benannte N. Anh. 151 ff.; B 13, 184 ff.
– Drittschadensliquidation Anh. 125
– Erfüllungsgehilfe des Generalunternehmers Anh. 124; B 4, 413 ff.; B 5, 34 ff.; B 5, 40 ff.
– Obhuts- und Treuepflichten des Generalunternehmers Anh. 125; Anh. 151 ff.
– Schadensersatzanspruch des Generalunternehmers Anh. 154 ff.
– Streitverkündung gegen N. Anh. 155 f.
– unmittelbare Vergütungsforderung an Auftraggeber Anh. 126
– Vergütungsanspruch des N. Anh. 126; B 16, 322 ff.
– Vertrag mit Generalunternehmer Anh. 139 ff.; Anh. 143 ff.
– Verzug des N. B 5, 55 f.
– Weitergabe von L. an Nachunternehmer durch den Auftragnehmer Anh. 136 ff.; B 4, 405 ff.
Nachweis bei Abschlagsrechnungen B 16, 44 ff.
Namen, Auftrag unter anderem N. Anh. 115
Namen der Bewerber, Geheimhaltung A 17, 78 f.
NATO-Bauten Einl. 103
Naturalersatz B 13, 721 ff.
Naturallohn B 9, 30

Nebenangebote
– als Grund für die Aufhebung der Ausschreibung A 26, 7
– als Voraussetzung für Verhandlungen mit Bietern A 24, 7
– Begriff A 17, 66 ff.
– im Angebot A 9, 108; A 20, 5; A 21, 20
– in der Leistungsbeschreibung A 9, 108
– Vergütung von N. A 20, 15 ff.
– Wertung von N. A 25, 67 ff.
– Zulassung von N. A 17, 47; A 17, 66 ff.
Nebenleistungen B 4, 92 ff.; B 4, 274; B 4, 280 f.
– bei Stundenlohnverträgen A 5, 24
– Vergütung von N. B 2, 132 ff.
Nebenpflichten B 4, 187 ff.; B 4, 431 ff.; B 6, 65 ff.; B 9, 19 ff.; B 12, 79 f.
Nebenunternehmer A 4, 18; Anh. 160 ff.; B 4, 410
– Angebote von N. A 21, 26
– Begriff Anh. 161 f.
– Besonderheiten des Vergabeverfahrens Anh. 164 ff.
– Rechtsverhältnisse Anh. 170 ff.
– Verhältnis zum Hauptunternehmer Anh. 160 ff.
– Voraussetzungen Anh. 161 f.
negative Feststellungsklage, Unterbrechung der Verjährung B 13, 354 ff.
negatives Interesse Einl. 68
Neuanfertigung des Bauentwurfs B 1, 37
Neuangebot A 28, 7 ff.; A 28, 30 ff.
neuartige Baustoffe oder Bauteile B 4, 110 ff.; B 13, 9 ff.
Neuberechnung der Stundenlohnvergütung B 15, 69 ff.
Neufassung der VOB, Anwendung Einl. 106 ff.
Neuherstellung
– als Bauleistung A 1, 12 ff.
– im Rahmen der Mängelbeseitigung B 13, 77 ff.
nicht berücksichtigte Angebote A 27, 1 ff.
– Benachrichtigung nicht berücksichtigter Bieter A 27, 1 ff.
– Benutzung nicht berücksichtigter Angebote und Ausarbeitungen der Bieter A 27, 7 ff.
– Herausgabe nicht berücksichtigter Angebotsunterlagen A 27, 12 ff.
– Rücksendung nicht berücksichtigter Angebotsunterlagen A 27, 12 ff.
– Verständigung der Bieter A 27, 1 ff.
nichtbestellte Leistungen B 2, 351 ff.; B 13, 162
Nichteinhaltung der Ausführungsfristen B 5, 32 ff.
Nichterfüllung
– Schadensersatz wegen N. B 4, 354 ff.; B 5, 39; B 6, 68; B 6, 116 f.; B 8, 65; B 8, 103 ff.; B 13, 662 ff.; B 18, 151 f.

noch: **Nichterfüllung**

- Vertragsstrafe wegen N. **B 11**, 13 ff.; **A 12**, 11 f.
- Zahlungspflicht des Auftraggebers **B 16**, 130

nicht erfüllter Vertrag, Einrede des B 5, 55 f.; **B 13**, 93 ff.; **B 13**, 591

nicht vereinbarte Leistungen, Ausführung von B 1, 43 ff.

Nichtigkeit
- Allgemeines **B 2**, 147 f.
- bei fehlender Baugenehmigung **B 4**, 31 ff.
- bei Formmangel **Anh.** 232 ff.
- bei unzulässiger Preisabsprache **B 2**, 96 ff.
- der Preisabrede **B 2**, 136
- des Angebots **A 20**, 14
- Teilnichtigkeit **A 20**, 14

Nichtzahlung, bei Fälligkeit B 16, 278

Nichtzulassung verspäteter Angriffs- oder Verteidigungsmittel B 18, 103 ff.

Niederlegung, Schiedsspruch A 10, 60

Niederschrift
- des Verhandlungsergebnisses **A 25**, 18
- Einsicht in die N. vom Eröffnungstermin **A 22**, 34 f.
- im Eröffnungstermin **A 22**, 24 f.; **A 22**, 29 ff.; **A 23**, 19
- nach B § 3 Nr. 4 **B 3**, 47
- über das Ergebnis der Abnahme **B 12**, 99 f.
- über den Zustand der Straßen- und Geländeoberfläche, der Vorfluter und Vorflutleitungen sowie der Baulichkeiten im Baubereich **B 3**, 45 ff.

notarielle Beurkundung
- des Bauvertrages **A 28**, 24 ff.; **Anh.** 232 ff.; **Anh.** 288 ff.
- des Treuhandvertrages **Anh.** 258 ff.

notarielle Verträge, AGB-Gesetz A 10, 97 ff.

Notstandsgebiete, Bewerber aus A 8, 12 ff. **notwendiger Inhalt der Leistungsbeschreibung A 9**, 47 ff.

Notwendigkeit der Vertragsurkunde A 29, 2 ff.

Nutzungsausfall B 4, 357 ff.; **B 8**, 98 ff.; **B 13**, 287 ff.; **B 13**, 687 ff.

O

Oberleitung, technische und geschäftliche, durch Architekt B 13, 9 ff.

Obhutspflichten
- allgemeine, des Auftraggebers **B 10**, 22 ff.; **B 10**, 28
- allgemeine, des Auftragnehmers **B 10**, 15 ff.; **B 10**, 22 ff.; **B 10**, 57 ff.
- Erfüllungsgehilfe **B 10**, 57 ff.
- Generalunternehmer **Anh.** 123 ff.

offenbare Unrichtigkeit, Schiedsgutachten B 18, 58 ff.

offenbares Mißverhältnis des Preises zur Leistung A 25, 53 ff.; **A 25**, 63 f.

Offenbarungspflicht Einl. 81

Offenkundigkeit der Behinderung der Ausführung B 6, 18 ff.

öffentliche Aufforderung bei der Vergabe A 3, 16

öffentliche Aufträge; s. auch Behörden als Verhandlungs- und Vertragspartner
- Abtretung von Vergütungsansprüchen **B 16**, 350
- AGB-Gesetz **A 10**, 169
- Arbeitsgemeinschaften **Anh.** 10 ff.
- öffentlicher Auftraggeber, Begriff **Einl.** 100
- Rechtsmißbrauch und unzulässige Rechtsausübung **Einl.** 1; **Einl.** 49; **Einl.** 105; **Vor A 2**, 1; **Vor A 21**, 10
- Stundenlohnarbeiten **B 15**, 10 ff.
- Vorauszahlungen **B 16**, 92
- Zuständigkeit bei der Vergabe **Vor A 2**, 12; **Einl.** 104

Öffentliche Ausschreibung A 3, 6 f.; **A 3**, 12 ff.; **A 8**, 26 ff.; **A 20**, 3; **A 26**, 4
- Bekanntmachung **A 17**, 3 ff.
- Kreis der Bewerber **A 3**, 17 f.; **A 8**, 26 ff.

öffentliche Betriebe A 8, 23 ff.

öffentliche Gewalt, Ausübung bei Bauarbeiten B 10, 151

öffentliche Mittel Einl. 18

öffentlicher Teilnahmewettbewerb A 3, 48 ff.; **A 17**, 74

öffentlich-rechtliche Genehmigungen B 4, 17 ff.

Öffnung der Angebote A 22, 2 ff.; **A 25**, 6

Ohnehinkosten B 13, 825 ff.

örtliche Zuständigkeit B 18, 5 ff.

ortsansässige Bieter A 8, 11; **A 8**, 43

Opfergrenze B 2, 170

Ordnung auf der Baustelle B 4, 7 ff.; **B 4**, 167 ff.

Organe der Arbeitsgemeinschaft Anh. 23 ff.

Organe, Haftung B 10, 55

Organe zur Veröffentlichung von Ausschreibungen A 17, 4; **A 17**, 24

Ortbeton A 9, 10

Ortsbesichtigung A 17, 42

ortsübliche Vergütung (Stundenlohnarbeiten) B 15, 10 ff.

P

pactum de non petendo B 2, 73 ff.; **B 13**, 216 ff.; **B 13**, 224 ff.; **B 13**, 319 ff.; **B 18**, 47

Parteigutachten A 7, 11 ff.; **B 13**, 284

Patentgesetz, Schutzgesetz B 10, 88 ff.

pauschalierter Schadensersatz A 12, 1; **B 8**, 38 f.; **B 16**, 287 ff.

Pauschalvertrag A 5, 4; **A 5**, 12 ff.; **A 23**, 18; **B 2**, 188 ff.; **B 6**, 98

- Abrechnung sowie Aufmaß beim P. **B 2**, 188 ff.; **B 14**, 1 ff.
- Änderung der Preisvereinbarung **B 2**, 319 ff.
- Anfechtung **B 2**, 188 f.
- Berechnung der Vergütung **B 2**, 188 ff.; **B 13**, 648
- Geschäftsgrundlage **B 2**, 170
- Irrtum **B 2**, 188 f.; **B 2**, 210 ff.
- Minderung beim P. **B 13**, 648
- Wegfall oder Änderung der Geschäftsgrundlage **B 2**, 338 ff.

Person des Vertragspartners A 28, 28 f.
Personenschäden, Verjährung B 13, 803 ff.
Pfändung, des Vergütungsanspruches B 2, 73 ff.; **B 16**, 338 f.
Pfandrecht des Auftragnehmers B 16, 414 f.
Pflicht
- zur Anzeige **B 4**, 246 ff.
- zur Ausführung nicht vereinbarter Leistungen **B 1**, 43 ff.
- zur Beseitigung vertragswidriger Stoffe oder Bauteile **B 4**, 303 ff.
- zur Fertigstellung der Leistung mit Fristablauf **B 5**, 28 ff.
- zur Geheimhaltung, des Auftraggebers **A 24**, 16

Planungsfehler des Architekten A 9, 1; **B 4**, 118 ff.; **B 13**, 9 ff.
polizeiliche Bestimmungen Einl. 86; **B 4**, 85; **B 4**, 107
polizeiliche Genehmigungen A 16, 7 ; **B 4**, 17 ff.
Positionen A 9, 44 f.
Positionspreis A 5, 7 ff.
positive Vertragsverletzung
- bei Auftragserteilung durch Architekten **B 2**, 53 ff.
- bei B § 7 Nr. 1 **B 7**, 32 ff.
- bei eigenmächtigen Leistungsabweichungen durch Auftragnehmer **B 2**, 326
- bei Leistungsabweichungen **B 2**, 354; **B 2**, 365
- bei mangelhafter Leistungserbringung durch Auftragnehmer **B 12**, 62
- bei Nichtanzeige der Behinderung oder Unterbrechung der Leistung **B 6**, 12 ff.
- bei Nichtanzeige von Stundenlohnarbeiten **B 15**, 36 f.
- bei Nichtbescheidung des Auftragnehmers nach Teil B § 18 Nr. 2 **B 18**, 36 ff.
- bei Nichterfüllung der Pflichten des Auftraggebers im Rahmen des Sicherheitseinbehalts **B 17**, 77 f.
- bei Nichtmitwirken des Auftragnehmers im Rahmen der Erfüllung der Koordinationspflicht des Auftraggebers **B 3**, 1 ff.; **B 4**, 1 ff.
- bei nicht rechtzeitiger Sicherheitsleistung durch Auftragnehmer **B 17**, 97 f.
- bei Unterlassen der Aufstellung einer prüfbaren Rechnung **B 8**, 143; **B 14**, 7
- bei Verletzung der Anzeigepflicht anläßlich der Behinderung der Ausführung **B 6**, 12 ff.
- bei Verletzung der Anzeigepflicht anläßlich einer Entdeckung **B 4**, 431 ff.
- bei Verletzung der besonderen Verpflichtungen in B § 6 Nr. 3 **B 6**, 70
- bei Verletzung der Eigenleistungsverpflichtung des Auftragnehmers **B 4**, 405 ff.
- bei Verletzung der Erhaltungspflicht durch Auftragnehmer **B 4**, 290 ff.
- bei Verletzung geistigen Eigentums **B 3**, 64 ff.
- bei Verletzung des Geschäftsgeheimnisses **B 4**, 63
- bei Verletzung von Mitwirkungspflichten des Auftraggebers **B 9**, 19
- bei Verletzung des Selbsthilferechts des Auftraggebers **B 4**, 316
- bei Verletzung der Überprüfungspflicht durch Auftraggeber **B 4**, 83
- bei Verletzung der Verantwortlichkeit des Auftragnehmers **B 4**, 103 ff.
- bei Verletzung der Verpflichtung aus B § 10 Nr. 6 Satz 2 **B 10**, 221
- bei Verletzung der Verpflichtung aus B § 12 Nr. 2 b **B 12**, 79 f.
- bei Verletzung der Versicherungspflicht **B 7**, 38
- bei Verletzung des Überwachungsrechts des Auftraggebers **B 4**, 47 f.
- bei Verletzung von Fürsorge- und Obhutspflichten **B 10**, 29 ff.
- bei Verweigerung der Gerichtsstandsmitteilung **B 18**, 29 f.
- Beweislast bei p. V. **B 10**, 43 ff.
- Dritter, Ansprüche bei p. V. des Auftragnehmers **B 10**, 10 ff.; **B 13**, 811
- durch Architekten **B 13**, 9 ff.
- im Rahmen der Festlegung von Mehrvergütung für Zusatzleistungen **B 2**, 312
- Kündigung des Bauvertrages bei p. V. **B 9**, 30 f.; **B 9**, 58 ff.
- nach Abnahme, Verjährung **B 13**, 211 ff.; **B 13**, 279 ff.
- Nachunternehmer **Anh.** 154 ff.
- Rücktrittsrecht bei p. V. **Vor B 8**, 31 ff.
- Schadensersatzanspruch nach Teil B § 6 Nr. 6 **B 6**, 128 ff.
- Streitwert bei p. V. **B 18**, 151 f.
- Verhältnis von Ansprüchen aus p. V. zu den Gewährleistungsansprüchen **B 13**, 274 ff.; **B 13**, 431 ff.
- Verjährung von Ansprüchen aus p. V. **B 13**, 274 ff.

positives Interesse Einl. 66 f.; **B 8**, 112 ff.
Preis
- Änderung der Preisabrede **A 5**, 21; **B 15**, 27 ff.; **B 2**, 171

noch: **Preis**

- Änderung der Preisgrundlagen **B 2**, 256 ff.
- Anfechtung des P. **B 2**, 137 ff.
- angemessener P. **A 2**, 9 ff.; **A 3**, 33; **A 5**, 2 f.; **A 6**, 4; **A 24**, 20 ff.
- Auskömmlichkeit des P. **A 25**, 59 f.
- Baupreisverordnung, s. dort
- Ca.-Preis **Einl.** 24
- Einheitspreis **A 5**, 7 ff.
- Einsetzen d. P. in die Leistungsbeschreibung **A 6**, 5; **A 21**, 2 ff.
- Ermittlung des P. **A 9**, 47 ff.; **A 17**, 40 ff.; **B 2**, 256 ff.
- Festpreis **A 5**, 6; **A 15**, 8 ff.; **B 2**, 162 f.; **B 2**, 171 ff.; **B 2**, 340
- Gesamtpreis **A 5**, 7 ff.
- marktgerechter Preis **A 2**, 10 ff.
- Nichtigkeit der Preisabrede **B 2**, 136; **B 2**, 147
- Pauschalpreis **A 5**, 12 ff.
- Positionspreis **A 5**, 7 ff.
- Preisabrechnung, s. Rechnung
- Preisänderung, AGB-Gesetz **B 2**, 205 f.
- Preiserhöhungsklausel, AGB-Gesetz **A 15**, 22
- Preisvereinbarung bei Pauschalverträgen **A 5**, 15 ff.
- Richtlinienpreis **B 2**, 96 ff.
- Richtpreis, verbindlicher **Einl.** 24; **B 2**, 175 ff.
- Selbstkostenerstattungsvertrag **A 5**, 31
- Stundenlohnvergütung **A 5**, 22 ff.
- Taxe **A 2**, 10
- üblicher Preis **A 2**, 10 ff.
- Wegfall der Geschäftsgrundlage **A 26**, 8; **B 2**, 150 ff.

Preisabreden A 2, 26; **A 5**, 20
- Anfechtung der P. **B 2**, 137 ff.
- Ausschluß von Angeboten **A 24**, 14 f.; **A 25**, 13 ff.
- Beweislast **B 2**, 6 ff.
- Grund zur Vertragskündigung **B 8**, 138 ff.
- Sittenwidrigkeit **B 2**, 3 ff.; **B 2**, 100 ff.; **B 2**, 136
- „Vertragsstrafe" bei P. **A 12**, 11 f.

Preisermittlung
- bei Verhandlungen mit Bietern **A 24**, 20 ff.
- einwandfreie P. in der Leistungsbeschreibung **A 9**, 47 ff.

Preisermittlungsgrundlagen A 17, 40 ff.; **B 2**, 256 ff.
- Änderung der P. **B 2**, 150 ff.; **B 2**, 256 ff.
- Begriff **B 2**, 271 ff.
- bei zusätzlichen Leistungen **B 2**, 256 ff.; **B 2**, 289 ff.

Preisgestaltung bei der Vergabe A 3, 33
Preisgrundlagen, Änderung der A 15, 7; **B 2**, 256 ff.; **B 2**, 289 ff.
Preismeldeverfahren, Vertrag über A 2, 27
Preisnachlässe
- im Angebot **A 21**, 4
- Verlesung von Angeboten **A 22**, 20

Preisprüfung bei öffentlichen Aufträgen A 19, 19 f.
Preisvorbehalte A 15, 1 ff.; **B 2**, 171 ff.
Preisvorschriften, gesetzliche B 2, 96 ff.
Privatgutachten, Kosten B 13, 287 ff.; **B 18**, 103 ff.
Privathaftpflichtversicherung B 13, 762 ff.
Proben A 9, 68 ff.
- der Bieter im Angebot **A 21**, 19
- der Bieter im Eröffnungstermin **A 22**, 23
- Gewährleistung bei Leistung nach Probe **B 4**, 305 f.; **B 13**, 168 ff.
- Leistung nach P. **B 13**, 168 ff.
- Rücksendung der P. **A 27**, 12 ff.

Probestücke, Darstellung der Leistung A 9, 68 ff.
Produktionsänderung, Gewährleistung bei B 13, 474 ff.
Produzentenhaftung B 13, 295 ff.
Projektant
- als Sachverständiger **A 7**, 7
- Beteiligung an Bauvergabe **A 2**, 26 ff.; **A 8**, 41 f.

Projektarbeiten, Ingenieur A 9, 70; **A 20**, 14; **B 3**, 1 ff.
Prospekthaftung Anh. 260
Protokoll, Abnahme B 12, 101 ff.
Prozeß (Bauprozeß) B 18, 1 ff.; **B 18**, 76 ff., s. auch Bauprozeß
Prozeßkostenhilfe B 13, 323 ff.
Prozeßvergleich B 18, 146 f.
Prozeßvertretung, Sitz B 18, 29 f.
Prozeßvorbereitung und -führung, ordnungsgemäße B 18, 103 ff.
Prozeßzinsen B 13, 582 ff.; **B 16**, 287 ff.
prüfbare Aufstellung (Abschlagszahlungen) B 16, 44 ff.
prüfbare Rechnung B 8, 164; **B 14**, 7 ff.
Prüfingenieur, Rechtsstellung und Haftung B 4, 26 f.
Prüfung
- der Bedenken des Auftragnehmers **B 4**, 78 ff.
- von Bauteilen **B 13**, 189 f.
- von Mängeln, Hemmung der Verjährung **B 13**, 326 ff.
- von Rechnungen **B 14**, 15
- von Schlußrechnung **B 16**, 105 ff.; **B 16**, 112 f.
- von Stoffen **B 4**, 225; **B 13**, 189 f.
- von Stundenlohnzetteln **B 15**, 45 ff.

Prüfung der Angebote A 6, 5; **A 23**, 1 ff.
- Aufnahme der Angebotssummen in die Niederschrift über den Eröffnungstermin **A 23**, 19
- Begriff **A 23**, 1 ff.
- der Vollständigkeit **A 23**, 7 ff.
- rechnerische Prüfung **A 23**, 9 ff.
- rechtzeitiger Eingang **A 23**, 4
- technische Prüfung **A 23**, 21 ff.
- wirtschaftliche Prüfung **A 23**, 24 f.

Prüfungspflicht des Auftragnehmers
- Abgrenzung zwischen Teil B § 3 Nr. 3 Satz 2 und Teil B § 4 Nr. 3 **B 3**, 43 f.
- AGB-Gesetz **B 4**, 182 ff.
- bei Kündigung oder Teilkündigung **B 4**, 198 ff.; **B 4**, 234 f.
- bei Prüf- und Gütezeichen **B 4**, 226 ff.
- beim Fertigbau **B 4**, 182 ff.
- hinsichtlich der Ausführungsunterlagen **B 3**, 33 ff.
- hinsichtlich des Baugrundes **B 4**, 203
- im Rahmen von B § 4 Nr. 3 **B 4**, 182 ff.
- im Rahmen von B § 10 Nr. 2 Abs. 1 Satz 2 **B 10**, 194 ff.
- im Rahmen von B § 13 Nr. 3 **B 13**, 174 ff.

Prüfungsverfahren, Meinungsverschiedenheiten über B 18, 53

Prüfvermerk des Architekten auf Rechnungen B 2, 373 ff.; **B 14**, 33 ff.; **B 16**, 105 ff.
- im Urkundenprozeß **B 18**, 131 ff.

Prüfzeichen B 4, 226 ff.

Q

qualitativ bessere Leistung B 13, 162
Quittung, Beweiskraft B 16, 29 f.

R

Rangfolge, keine, bei B § 1 Nr. 2 B 1, 25
rationeller Baubetrieb A 25, 59 f.
Räumung der Baustelle B 5, 28 ff.; **B 6**, 115
Rechenfehler in den Angebotsunterlagen B 2, 141
- culpa in contrahendo **A 23**, 9 ff.

rechnerische Prüfung der Angebote A 23, 8
Rechnung – Abrechnung B 14, 1 ff.
- Abrechnung, Begriff **B 14**, 1 ff.
- Abrechnung nach Vertragspreisen nach Teil B § 6 Nr. 5 **B 6**, 96 ff.
- Änderungen oder Ergänzungen des ursprünglichen Auftrages **B 14**, 22 f.
- Anerkenntnis des Aufmaßes durch Architekten **B 14**, 33 ff.
- Anerkenntnis von Rechnungen durch Architekt oder Baubetreuer **B 16**, 105 ff.
- Anerkennungsvermerk **B 16**, 105 ff.
- Anfechtung bei Aufmaß **B 14**, 33 ff.
- Anfechtung der Rechnung **B 2**, 28; **B 14**, 24 ff.
- Aufmaß **B 14**, 33 ff.
- – Anerkenntnis **B 14**, 33 ff.
- – Anfechtung **B 14**, 33 ff.
- – Fälligkeitsvoraussetzung **B 14**, 27 f.
- – gemeinsames Aufmaß **B 14**, 33 ff.
- – nach Kündigung durch Auftraggeber **B 8**, 157 ff.
- – Vergleich **B 14**, 33 ff.

rechtliche Einordnung der VOB

- Aufstellung durch Auftraggeber **B 14**, 55 ff.
- Automation bei der Abrechnung **B 14**, 68
- Einhaltung der Abrechnungsbestimmungen **B 14**, 44 f.
- Einreichung der Schlußrechnung, Zeitpunkt **B 14**, 47 ff.
- elektronische Datenverarbeitungsanlage **B 14**, 68
- Fälligkeit der Vergütung **B 14**, 11 ff.; **B 14**, 27 f.
- Gesamtrechnung des Auftraggebers nach Kündigung **B 8**, 131 ff.
- gemeinsame Feststellung der Rechnungsgrundlagen **B 14**, 27 f.
- – Außenflächen, Abrechnung von A. mit Fenstern **B 14**, 44 ff.
- – Erdarbeiten, Abrechnung **B 14**, 44 ff.
- – Feststellung entsprechend dem Fortgang der Leistung **B 14**, 43
- – gemeinsame Feststellung **B 14**, 29 ff.
- – insbesondere das Aufmaß **B 8**, 154 ff.; **B 14**, 22 ff.
- – keine Irrtumsanfechtung bei falscher Rechnung **B 14**, 24 ff.
- – nach Vertragskündigung durch Auftraggeber **B 8**, 154 ff.
- – öffentliche Auftraggeber, Sonderbestimmungen **B 14**, 68
- – Pauschalvertrag, Rechnung, Abrechnung sowie Aufmaß beim P. **B 14**, 1 ff.
- – Prüfbarkeit der Rechnungen **B 14**, 7 ff.
- – Voraussetzungen **B 14**, 7 ff.
- – Prüfvermerk des Architekten **B 2**, 373 ff.
- – Rechnungsaufstellung durch Auftraggeber nach Vertragskündigung **B 8**, 131 ff.
- – Rechnungsprüfung **B 14**, 15
- – Richtigkeitsvermerk des Architekten **B 12**, 112 f.; **B 16**, 105 ff.
- – Schlußrechnung **B 14**, 47 ff.
- – Begriff **B 16**, 95 ff.
- – Selbstaufstellen der R. durch Auftraggeber **B 14**, 55 ff.
- – Stundenlohnrechnungen **B 15**, 57 ff.
- – Teilabnahme, Beantragung von **B 14**, 46
- – Übersichtlichkeit der R. **B 14**, 17 ff.
- – Unterlagen zum Nachweis **B 14**, 19 ff.
- – vorläufige Rechnung **B 8**, 164 f.
- – Zeitpunkt der Einreichung der Schlußrechnung **B 14**, 47 ff.

Recht
- auf Abschlagszahlungen **B 16**, 31 ff.
- auf Arbeitseinstellung **B 4**, 267; **B 9**, 39; **B 16**, 307 ff.; **B 18**, 72 ff.
- auf Auskunftserteilung **B 4**, 58
- auf Einsicht in die Ausführungsunterlagen **B 4**, 55 ff.
- zur Anweisung **B 4**, 49 ff.; **B 4**, 69 ff.
- zur Kündigung **B 16**, 313

rechtliche Einordnung der VOB Einl. 12 ff.

1755

noch: **rechtliche Einordnung der VOB**

rechtliche Hinderungsgründe B 6, 5 f.
rechtliche Tragweite Teil A VOB Einl. 37 ff.;
  Vor A 2, 1
rechtliche Tragweite Teil B VOB Einl. 72 ff.
rechtliche Unterscheidung zwischen Teil A
  und Teil B VOB Einl. 37 ff.
Rechtsausübung
– Schadensersatzanspruch B 13, 800 ff.
– unzulässige des Auftraggebers B 13, 800 ff.
– unzulässige des Auftragnehmers A 13, 32 ff.;
  B 2, 170
– unzulässige des öffentlichen Auftraggebers
  Einl. 1; Einl. 44 ff.; Einl. 102 ff.; Vor A 2, 1;
  Vor A 21, 10
Rechtsberatung, unzulässige, durch Architekt
  Anh. 176; B 13, 9 ff.
Rechtsberatungsgesetz Anh. 176; B 13, 9 ff.
Rechtsfolgenbelehrung bei Meinungsverschiedenheiten mit öffentlichem Auftraggeber B 18, 36 ff.
Rechtskraft
– Verurteilung zur Mängelbeseitigung B 18, 153 ff.
– Vorprozeß B 13, 78 ff.; B 18, 153 ff.
Rechtslage bei der Arbeitsgemeinschaft Anh. 16 ff.
Rechtsmißbrauch öffentlicher Auftraggeber
  Einl. 1; Einl. 49; Einl. 105; Vor A 2, 1; Vor A 21, 10
Rechtsschein B 2, 41 ff.
rechtsverbindliche Unterschrift im Angebot
  A 21, 11; A 25, 9
rechtzeitiger Eingang der Angebote A 23, 4 f.
rechtzeitiges Vorbringen im Prozeß B 18, 103 ff.
Regeln der Bautechnik B 4, 141 ff.
Regeln der Technik A 10, 43; A 13, 1; B 4, 141 ff.; B 13, 102 ff.; B 13, 133 ff.; B 13, 739 ff.
Regenwasser, Wasserschäden B 13, 762 ff.
Regiekosten B 4, 357 ff.
Reihenfolge der Vertragsbestimmungen B 1, 14 ff.
Reparatur (Bauleistung?) A 1, 14
Reparaturarbeiten, Unterschied zur Nachbesserung B 13, 63
Richtigkeitsvermerk des Architekten auf Rechnungen des Auftragnehmers B 12, 112 f.; B 16, 105 ff.
Richtlinienpreis B 2, 96 ff.
Richtpreis Einl. 24; B 2, 175 ff.
Risiko, Boden- und Wasserverhältnisse A 9, 85 f.
Risikozuschlag A 2, 19
Rückforderung von Zahlungen durch Auftraggeber B 16, 131 ff.
Rückgabe
– der Sicherheitsleistung A 14, 16 ff.; B 17, 100 ff.
– der Stundenlohnzettel B 15, 46 ff.

Rücknahme von Angeboten A 18, 20 ff.
Rücksendung nicht berücksichtigter Angebotsunterlagen A 27, 12 ff.
Rücktritt bei erheblicher Änderung der Geschäftsgrundlage Vor B 8, 16
Rücktritt und Ansprüche wegen Verschuldens bei Vertragsabschluß Vor B 8, 25 ff.
Rücktritt vom Bauvertrag B 5, 57 f.; Vor B 8, 10 ff., Vor B 8, 23 ff.
– Abtretbarkeit des Anspruchs auf Rücktritt B 13, 78 ff.
– AGB-Gesetz Vor B 8, 25 ff.
– bei Erfüllungsverweigerung durch Auftragnehmer B 6, 116 f.; Vor B 8, 23 und 31 ff.
– bei positiver Vertragsverletzung Vor B 8, 31 ff.
– bei Selbstkostenerstattungsvertrag A 5, 32
Rücktrittsrecht, kein R. nach § 636 BGB B 5, 57
Rücktrittsvorbehalt Vor B 8, 24 f.
Rückzahlungsansprüche des Auftraggebers B 14, 24 ff.; B 16, 131 ff.

S

Sabotageakt, Verantwortlichkeit des Auftragnehmers bei B 4, 286; B 7, 21 ff.
Sacheigentum an Unterlagen A 20, 29 ff.; A 27, 3 ff.; B 3, 60 ff.
Sachen, bewegliche, als Bauarbeiten A 1, 14 ff.; A 1, 37 ff.
Sachkenntnis des Bieters A 25, 48
Sachverständiger A 7, 1 ff.; A 7, 22 ff.; A 23, 21 ff.
– Ablehnung des S. im Beweissicherungsverfahren B 18, 81 ff.
– Ablehnung des S. im gerichtlichen Verfahren A 7, 29 ff.
– anderer Sachverständiger, Gutachten durch A 7, 29 ff.; B 18, 131 ff.
– Anhörung des gerichtlichen S. A 7, 44 ff.
– Aufgaben A 7, 1 f.; A 7, 29 ff.
– Aufwendungen des S. A 7, 16 ff.; A 7, 27
– Bedeutung des Sachverständigengutachtens A 7, 28
– Benennung des S. von Berufsvertretungen A 7, 15
– gerichtlicher Sachverständiger A 7, 29 ff.
– gutachtliche Äußerung des S. A 7, 11
– Haftung A 7, 16 ff.; A 7, 26; A 7, 48 ff.
– Hilfspersonen, Hinzuziehung von H. A 7, 11 ff.; A 7, 29 ff.; B 18, 131 ff.
– im Schiedsverfahren A 7, 29 ff.
– Kosten, Erstattung bei Baumängeln B 13, 287 ff.; B 13, 710 ff.; B 18, 103 ff.
– Ladung des S. A 7, 44 ff.
– Mitwirkung von S. A 7, 1 ff.
– Parteigutachten A 7, 11 ff.

– persönliche Voraussetzungen des S. **A 7**, 8 f.
– Rechtsnatur des Sachverständigenvertrages **A 7**, 16 ff.
– Sachverständiger der Berufsvertretung **A 7**, 22 ff.
– Sachverständiger einer Vertragspartei **A 7**, 7 ff.
– Sachverständiger im Prozeß **A 7**, 29 ff.; **B 18**, 131 ff.
– Schadensersatzverpflichtung des S. **A 7**, 11 ff.
– Schiedsgericht **A 7**, 51 f.
– Umfang der Tätigkeit des S. **A 7**, 1
– Vergütung des S. **A 7**, 20; **A 7**, 27; **A 7**, 53 ff.
– Verschiedenartigkeit der Sachverständigentätigkeit nach A § 7 **A 7**, 2 ff.
– vertragliche Beziehungen zum S. **A 7**, 16 ff.; **A 7**, 26 ff.; **A 7**, 53 ff.
– Zuziehung von Sachverständigen **B 12**, 97 f.
sachverständiger Zeuge A 7, 68; **B 18**, 131 ff.
Sachwerte als Vergütung B 2, 23
Sachwertversicherung, Bauwesenversicherung als S. B 7, 38 ff.
Sammelaufträge A 4, 19
Sanierungsträger Anh. 175
selbständige Garantieverträge B 13, 847 ff.
Selbstaufstellen der Rechnung durch Auftraggeber B 14, 55 ff.
Selbstausführung der Leistung B 2, 258 f; **B 4**, 405 ff.
Selbsthilfe des Auftraggebers bei der Mängelbeseitigung B 4, 315 ff.; **B 13**, 464 ff.; **B 13**, 505 ff.
Selbstkosten A 5, 35; **A 20**, 4 f.
Selbstkostenerstattungsvertrag A 5, 1; **A 5**, 30 ff.; **A 15**, 7; **B 6**, 98
– Baupreisverordnung **A 5**, 36
– Berechnung der Vergütung bei S. **B 2**, 195
selbstschuldnerische Bürgschaft Anh. 162 ff.; **B 17**, 34 f.
Selbstübernahme von Leistungsteilen durch Auftraggeber B 2, 240 ff.; **B 9**, 6 ff.
Sicherheitsleistung A 14, 1 ff.; **B 17**, 1 ff.
– Abgrenzung **B 17**, 9 ff.
– Abschlagszahlungen **B 16**, 57 ff.
– AGB-Gesetz **A 14**, 15
– Angabe im Anschreiben **A 17**, 17; **A 17**, 46
– Arten der S. **A 14**, 2; **B 17**, 20 ff.
– auf erstes Anfordern **B 17**, 45 ff.
– Aufrechnung **B 13**, 800 ff.; **B 17**, 114
– ausdrückliche Vereinbarung als Voraussetzung **B 17**, 9 ff.
– Austauschrecht des Auftragnehmers **B 17**, 25
– Bauhandwerkersicherungshypothek **B 16**, 385 ff.
– Begriff der S. **B 17**, 1 ff.
– bei Aufrechnung des Auftraggebers mit Schadensersatzansprüchen **B 17**, 114
– Besondere oder Zusätzliche Vertragsbedingungen **A 10**, 22
– Bürgschaft **B 17**, 28 ff.
– Einbehalt der S. (Zahlungen) durch Auftraggeber **B 17**, 74 ff.
– fristgerechte Sicherheitsleistung **B 17**, 97 ff.
– grundsätzliche Anwendung der gesetzlichen Bestimmungen **B 17**, 12 ff.
– Hinterlegung von Geld **B 17**, 71 ff.
– Höhe der S. **A 14**, 11 ff.
– Leistungsverweigerungsrecht, Unterschied zum **B 17**, 1 ff.
– Nachschußpflicht des Auftragnehmers **B 17**, 25
– nicht als Regel **A 14**, 3
– positive Vertragsverletzung des Auftraggebers bei Sicherheitseinbehalt **B 17**, 77 f.
– positive Vertragsverletzung des Auftragnehmers bei nicht rechtzeitiger Sicherheitsleistung **B 17**, 97 ff.
– Rückgabe der S. **A 17**, 12 ff.; **B 17**, 100 ff.
– Sicherheitsleistung f. Vertragsstrafe **B 11**, 4 f.; **B 17**, 1 ff.; **B 17**, 4 ff.
– tauglicher Bürge **B 17**, 28 ff.
– Tragweite der Regelungen in Teil B § 17 **B 17**, 4 ff.
– Vereinbarung der S. **B 17**, 9 ff.
– Verhältnis zur Vertragsstrafe **B 17**, 1 ff.
– Verjährung des Anspruches auf Rückgabe der S. **B 2**, 73 ff.; **B 17**, 112 f.
– Vertragsstrafe, Unterschied zur **B 17**, 1 ff.
– Verzicht auf S. **A 14**, 7 f.
– Vorausklage, Einrede **B 17**, 34 f.
– Voraussetzungen der S. **B 17**, 1 ff.
– Vorauszahlungen **B 16**, 87 f.
– Wahl- und Ersetzungsrecht des Auftragnehmers **B 17**, 25
– Zeitpunkt der S. **B 17**, 97 ff.
Sicherung gegen Unfallgefahren B 4, 182 ff.; **B 4**, 220 ff.
Sicherung von Bauforderungen B 4, 41 ff.; **B 10**, 88 ff.
Sicherungshypothek B 16, 360 ff.
s. auch Bauhandwerkersicherungshypothek
Sicherungsrechte des Auftragnehmers, weitere B 16, 412 ff.
Sistierung des Vertrages Vor B 8, 1
Sitten, gute Einl. 87 ff.; **A 25**, 17
Sittenwidrigkeit
– Ausschlußklausel **B 2**, 175 ff.
– Preisvereinbarung **B 2**, 3 ff.; **B 2**, 136
Skontoabzüge B 16, 267 ff.
– keine Änderungsvorschläge oder Nebenangebote **A 17**, 66 ff.
– Verhandlungen über **A 24**, 19 f.
– Verlesung bei Angebotseröffnung **A 22**, 20
– Wertung von Angeboten **A 25**, 59 f.
Sollvorschriften Vor A 2, 5 ff.
Sonderfachmann, Haftungsverhältnis zu Auftraggeber – Auftragnehmer – Architekt B 13, 9 ff.

1757

Sondereigentum

Sondereigentum, Gewährleistungsansprüche Anh. 273 ff.
Sonderwunschvertrag, selbständiger Anh. 193
Sorge für Ordnung auf der Baustelle durch Auftragnehmer B 4, 167 ff.
Sowiesokosten s. Ohnehinkosten
Sozialabgaben, Nichtzahlung von A 8, 70 ff.
Sozialeinrichtungen, Bereitstellung von Flächen für B 4, 273
Spekulationsangebote A 25, 40
Sprengarbeiten, Verkehrssicherung B 10, 118 ff.
Submissionsabsprachen A 12, 12; A 25, 13 ff.
subsidiäre Haftung B 13, 50 ff.
Subunternehmer Anh. 116 ff.; s. Nachunternehmer
– subjektive Haftungsvoraussetzungen B 10, 9
System der Gewährleistungsprüche B 13, 70 ff.

Sch

Schaden
– Abtretung des Schadensersatzanspruches B 13, 78 ff.
– an baulicher Anlage B 13, 703 ff.
– eines Dritten B 10, 10 ff.; B 10, 66; B 13, 811
– unmittelbarer Schaden, Beschränkung auf B 13, 58 ff.
– Versicherbarkeit B 10, 197 ff.; B 13, 283; B 13, 743 ff.

Schadensausgleich im Innenverhältnis B 10, 61 ff.; B 10, 100 ff.; B 10, 201 f.
– Mitverschulden, s. Verschulden

Schadensersatz
– AGB-Gesetz B 8, 25 ff.; B 8, 38 f.; B 8, 67 ff.; B 8, 98 ff.
– Anspruch auf Ersatz des Schadens nach Teil B § 5 Nr. 4 B 5, 40 ff.
– Anspruch auf Ersatz des Schadens nach Teil B § 6 Nr. 6 B 6, 67 f.; B 6, 116 ff.
– Anspruch auf Ersatz des Schadens nach Teil B § 8 Nr. 3 Abs. 2 B 8, 103 ff.
– Anspruch des Hauptunternehmers gegen Nachunternehmer Anh. 154 ff.
– Ansprüche eines Dritten bei positiver Vertragsverletzung des Auftragnehmers B 10, 22 ff.
– Architekt gegen B 13, 21 ff.
– Arglist B 13, 800 ff.
– Art des Sch. B 13, 721 ff.
– Aufrechnung (Verrechnung) mit Schadensersatzansprüchen bei Gewährleistung B 13, 800 ff.
– Aufrechnung mit Schadensersatzansprüchen bei Kündigung B 8, 17 ff.
– Aufrechnung mit Schadensersatzansprüchen bei Sicherheitsleistung B 17, 114
– Ausschluß der Schadensersatzhaftung bei Gewährleistung A 13, 13 f.
– Bauschild B 4, 41 ff.
– bei Besitzverletzung durch Dritte B 7, 32 ff.
– bei Erfüllungsverweigerung des Auftragnehmers B 6, 116 f.
– bei fehlendem Vorbehalt der Vertragsstrafe B 11, 53
– bei Minderung B 13, 718
– bei Preisgabe eines Geschäftsgeheimnisses durch den Auftraggeber B 4, 63
– bei verbotener Preisabsprache des Auftragnehmers A 25, 21 ff.; B 8, 154 f.
– Beweislast B 10, 43 ff.; B 13, 21 ff.; B 13, 163 ff.; B 13, 698; B 13, 799
– Einschränkung der Schadensersatzhaftung A 10, 31 ff.; B 7, 32 ff.; B 13, 812 ff.
– entferntere Mängelfolgeschäden B 13, 274 ff.; B 13, 803 ff.
– entgangener Gewinn B 6, 132 ff.
– Erhaltungsaufwand B 13, 710 ff.
– Erweiterung der Schadensersatzhaftung A 10, 31 ff.; B 13, 812 ff.
– Freizeichnungsklauseln B 13, 816 ff.
– Klageantrag bei Ansprüchen nach B § 13 Nr. 7 B 13, 680 f.
– Körper- und Gesundheitsschäden B 13, 727 ff.
– Mangelfolgeschäden B 13, 279 ff.
– negatives Interesse Einl. 68
– pauschalierter Schadensersatz A 12, 1; B 16, 287 ff.
– positives Interesse Einl. 66 ff.; B 8, 112 ff.
– Regiekosten B 4, 357 ff.
– Schadensersatz des Auftragnehmers nach Teil B § 4 Nr. 7 B 4, 354 ff.
– Schadensersatz des Sachverständigen A 7, 11 ff.
– Schadensersatz nach A § 27 A 27, 13
– Schadensersatz wegen Nichterfüllung anstelle von Rücktritt Vor B 8, 12 f.
– Schadensersatz wegen Nichterfüllung im Falle von Teil B § 5 Nr. 4 B 5, 40 ff.
– Schadensersatz wegen Nichterfüllung im Falle von Teil B § 8 Nr. 2 Satz 3 B 8, 65 f.
– Schadensersatz wegen Nichterfüllung im Falle von Teil B § 8 Nr. 3 Abs. 2 Satz 2 B 8, 103 ff.
– Schadensersatz wegen Verletzung der Abruf- und Auskunftspflicht des Auftraggebers B 5, 15 ff.
– wegen Verletzung des Verwertungsverbotes nach Teil B § 3 Nr. 6 B 3, 64 ff.
– Streitwert B 18, 151 f.
– unerlaubte Handlung, Einl. 76 ff.; Einl. A 2, 1 und 11; A 9, 99; B 10, 63 ff.; B 13, 63 ff.; B 13, 295 ff.; B 13, 815
– Unterlassung der Mitwirkung des Auftragnehmers bei Erfüllung der Koordinationspflicht des Auftraggebers B 3, 1 ff.; B 4, 1 ff.
– Verjährung von Schadensersatzansprüchen nach Teil B § 13 Nr. 7 B 13, 720; B 13, 803 ff.

Schlußzahlung

- Verschulden bei Sch. **B 4**, 319 ff.; **B 13**, 694 ff.
- Verzicht auf Schadensersatz **B 13**, 679
- Verzugsschaden **B 5**, 40 ff.; **B 16**, 287 ff.
- wegen Abweichungen vom vereinbarten Leistungsinhalt **B 2**, 363 ff.
- zusätzlicher Schadensersatzanspruch des Auftraggebers nach Teil B § 13 Nr. 7 **B 13**, 673 ff.; s. unter Gewährleistung

Schadensausgleich, Innenverhältnis B 10, 66 ff.

Schadensminderungspflicht des Auftraggebers
- bei Gewährleistung **B 13**, 537 f.; **B 13**, 676 ff.; **B 13**, 703 ff.; **B 13**, 727 ff.
- nach Vertragskündigung **B 8**, 92; **B 8**, 120

Schadenspauschale, Vereinbarung A 12, 1

Schadensquote, Berechnung bei Mitverschulden B 4, 118 ff.; **B 4**, 267; **B 10**, 63 ff.; **B 10**, 178 ff.; **B 13**, 33 ff.; **B 13**, 41 ff.; **B 13**, 603 ff.

Schadensschätzung im Prozeß B 18, 131 ff.

Schadensverursachung B 10, 29 ff.

Schadenszufügung, vorsätzliche B 13, 746 ff.

Schaffen der Höhenfestpunkte B 3, 23 ff.

Schallschutz B 4, 144 ff.; **B 4**, 153 ff.; **B 4**, 205 ff.; **B 13**, 14 ff.; **B 13**, 136 f.

Schallschutzbestimmungen B 4, 164 ff.

Schaupositionen bei der Leistungsbeschreibung A 9, 28

Scheinzusammenschlüsse A 25, 74

Schiedsgericht B 18, 76 ff.

Schiedsgerichtsordnung für das Bauwesen A 10, 70; **B 18**, 76 ff.

Schiedsgutachten B 3, 48; **B 4**, 309 ff.; **B 18**, 58 ff.
- Hemmung der Verjährung **B 13**, 224 ff.

Schiedsvereinbarung – Schiedsvertrag A 10, 50 ff.
- Ablehnung eines Schiedsrichters **A 10**, 64
- Einrede der Sch. **A 10**, 51
- Form des Schiedsvertrages **A 10**, 65 f.
- Inhalt des Sch. **A 10**, 67
- Kündigung des Sch. **A 10**, 76
- Niederlegung des Schiedsspruchs **A 10**, 57 ff.
- Sachverständige im Schiedsgerichtsverfahren **A 7**, 51 f.
- Schiedsverfahren über Haftpflichtversicherungsschutz und Haftpflichtansprüche **B 13**, 793
- Schiedsvergleich **A 10**, 58
- Undurchführbarkeit des Sch. **A 10**, 76
- Verbot der Tätigkeit in eigener Sache **A 10**, 63

Schlechterfüllung B 6, 4

Schlechtwettertage, Behinderung durch Sch. B 6, 52 ff.

schlüsselfertiges Bauen A 9, 8 ff.; **Anh.** 247 ff.; **B 2**, 332 ff.; **B 12**, 17 ff.

Schlußrechnung
- Anerkenntnis des unbestrittenen Teils der Sch. **B 16**, 112
- Begriff der Sch. **B 16**, 95 ff.
- Einreichung der Sch. **B 14**, 47 ff.
- Fälligkeit **B 16**, 100 ff.
- Prüfung und Feststellung **B 16**, 105 ff.

Schlußrückzahlung des Auftragnehmers B 16, 131 ff.

Schlußzahlung B 16, 12 ff.; **B 16**, 93 ff.
- Abnahme als Fälligkeitsvoraussetzung **B 12**, 42; **B 16**, 12 ff.
- Abnahmeverweigerung – Zurückbehaltungsrecht **B 16**, 12 ff.
- Adressat der Vorbehaltserklärung **B 16**, 231 ff.
- Allgemeines **B 16**, 93 f.
- als solche gekennzeichnete Schl. **B 16**, 189 ff.
- Anfechtung der Unterlassung des Vorbehalts **B 16**, 196
- Aufrechterhaltung oder Wegfall des Vorbehalts **B 16**, 247 ff.
- Bedeutung **B 16**, 93 f.
- Befugnis des Architekten zur Entgegennahme des Vorbehalts **B 16**, 231 ff.
- Begriff **B 16**, 118 ff.
- Beweislast hinsichtlich des Vorbehalts **B 16**, 235
- Einrede der vorbehaltlosen Annahme der Sch. **B 16**, 167 ff.
- Fälligkeit **B 16**, 12 ff.; **B 16**, 100 ff.; **B 16**, 113 ff.
- Folgen der Nichterfüllung der Zahlungspflicht des Auftraggebers **B 16**, 130
- gekennzeichnete Sch. **B 16**, 189 ff.
- Rückforderungsanspruch des öffentlichen Auftraggebers **B 16**, 137 ff.
- Rückzahlungsansprüche des Auftraggebers **B 16**, 131 ff.
- Schlußrückzahlung **B 16**, 210 f.
- Sicherheitsleistung bei Sch. **B 17**, 90 f.
- ungerechtfertigte Bereicherung **B 16**, 131 ff.
- vorbehaltlose Annahme der Sch. **B 16**, 158 ff.
- – Ablehnung weiterer Zahlungen **B 16**, 201 ff.
- – Adressat der Vorbehaltserklärung **B 16**, 231 ff.
- – AGB-Gesetz **B 16**, 158; **B 16**, 256
- – Allgemeines **B 16**, 158 ff.
- – Ausschluß von Nachforderungen **B 16**, 196
- – Ausschlußwirkung **B 16**, 181 ff.
- – bei Abtretung des Vergütungsanspruches **B 16**, 201 ff.
- – Beweislast **B 16**, 189 ff.; **B 16**, 235
- – Einrede **B 16**, 167 ff.
- – Entbehrlichkeit des Vorbehalts **B 16**, 215 ff.
- – Erklärung des Vorbehalts **B 16**, 223 ff.
- – fristgerechte Vorbehaltserklärung **B 16**, 236
- – früher gestellte, aber unerledigte Forderungen **B 16**, 212 ff.
- – gekennzeichnete Schlußzahlung **B 16**, 189 ff.
- – Rechtsanwalt, Pflichten **B 16**, 223 ff.
- – Schlußrückzahlung der Auftragnehmers **B 16**, 210 f.

noch: **Schlußzahlung**
- – schriftliche Ablehnung weiterer Zahlungen durch Auftraggeber **B 16**, 201 ff.
- – Überblick **B 16**, 158 ff.
- – Umfang **B 16**, 181 ff.
- – Verlust weitergehender Ansprüche des Auftragnehmers **B 16**, 158 ff.
- – Verzicht auf Einrede **B 16**, 167 ff.
- – vorbehaltlose Annahme **B 16**, 196
- – Vorbehaltsbegründung **B 16**, 247 ff.
- – Vorbehaltserklärung **B 16**, 223 ff.
- – Zulässigkeit ähnlicher vertraglicher Regelungen **B 16**, 256

Schmiergelder Einl. 90; **A 25**, 31 f.; **B 8**, 143
Schnee und Eis, Schutz gegen B 4, 296 ff.
Schönheitsmangel B 13, 152 f.; **B 13**, 621 ff.
Schriftform
- der Ablehnung weiterer Zahlungen des Auftraggebers **B 16**, 201 ff.
- der Änderung oder Ergänzung des Bauvertrages **A 5**, 21; **A 29**, 2 ff.
- der Anzeige nach Teil B § 6 Nr. 1 **B 6**, 9 ff.
- der Bürgschaft **B 17**, 34 f.
- der Kündigung nach Teil B § 6 Nr. 6 **B 6**, 102 f.
- der Kündigung nach Teil B § 8 **B 8**, 148 ff.
- der Kündigung nach Teil B § 9 **B 9**, 48
- der Mitteilung nach Teil B § 4 Nr. 3 **B 4**, 250 ff.
- des Bescheides des öffentlichen Auftraggebers bei Teil B § 18 Nr. 2 Satz 2 **B 18**, 42 ff.
- des Nachbesserungsanspruches **B 13**, 396
- des Schiedsvertrages **A 10**, 65 f.
- des Stundenlohnvertrages **B 2**, 394
- des Zuschlages **A 28**, 7 ff.; **A 28**, 24 ff.
- für die Übertragung von Leistungen an Nachunternehmer **B 4**, 413 ff.
- für die Zurückziehung des Angebots **A 19**, 16

schriftliche Mängelanzeige nach Teil B § 13 Nr. 5 B 13, 396 ff.; **B 13**, 492 ff.
schriftliche Niederlegung des Verhandlungsergebnisses, bei Verhandlungen mit Bietern A 25, 18
schriftlicher Einspruch, des Auftragnehmers bei Meinungsverschiedenheiten B 18, 42 ff.
Schuldanerkenntnis B 10, 43 ff.
Schuldbefreiung des Auftraggebers B 16, 328 ff.
Schuldbeitritt B 1, 1; **B 2**, 24 ff.; **B 17**, 41 ff.
Schuldnerverzug bei unerlaubter Handlung B 10, 177
Schuldnerverzug (Zahlungsverzug) des Auftraggebers B 9, 26 ff.; **B 16**, 265 ff.
- bei Leistungsverweigerungsrecht **B 13**, 582 ff.
- bei Nichtrückgabe der Sicherheit **B 17**, 111
schuldrechtliche vertragliche Haftung der Bauvertragspartner B 10, 8 ff.
Schuldversprechen B 10, 43 ff.

Schutz der vom Auftragnehmer beschafften Unterlagen B 3, 59 ff.
Schutz der vom Bieter ausgearbeiteten Unterlagen A 20, 27 ff.
Schutz gegen Winterschäden und Grund- und Hochwasser; Schnee und Eis B 4, 296 ff.
Schutz vor Diebstahl B 4, 279 ff.
Schutzfähigkeit, urheberrechtliche B 3, 64 ff.
Schutzgesetz (§ 823 Abs. 2 BGB) B 4, 41 ff.; **B 10**, 72
- Beweislast **B 10**, 72 ff.
- Gesetz gegen Wettbewerbsbeschränkungen **A 25**, 21 ff.; **B 10** 24 f.
- Gesetz zur Sicherung von Bauforderungen **B 4**, 41 ff.
- Grundstücksvertiefung **B 10**, 73 ff.
- Landesbauordnungen **B 10**, 87
- Schutzgesetze für Bereich der Bauausführung **B 10**, 72
- Strafbestimmungen **B 10**, 86

Schutzgesetz (VOB) Einl. 79; **B 13**, 431 ff.
Schutzmaßnahmen (§ 618 BGB) B 10, 10 ff.
Schutzrechte, gewerbliche B 10, 223 f.
Schutzwirkung zugunsten Dritter, Verträge mit Anh. 116 ff.; Anh. 151 ff.; **B 10**, 22 ff.
Schwammbildung, Versicherbarkeit B 13, 792
Schwarzarbeit A 2, 4; **A 25**, 49; **B 4**, 36 ff.
Schweigen als Vertragsannahme A 28, 33 ff.
Schweigen des Auftragnehmers vor Zahlung des Auftraggebers an Dritte B 16, 328 ff.
Schweigepflicht des Auftraggebers B 4, 62 ff.
Schweißarbeiten, Verkehrssicherungspflicht B 10, 112 ff.; **B 10**, 118 ff.
Schweißschadensklausel B 13, 779 ff.
Schwerbehindertengesetz A 8, 12 ff.
schwere Verfehlung des Bewerbers A 8, 68 f.
Schwierigkeiten bei der Bauausführung, Beseitigung von B 5, 20
Schwimmbäder
- Nutzungsausfall **B 4**, 357 ff.; **B 8**, 98 ff.; **B 13**, 287 ff.; **B 13**, 687 ff.
- Verkehrssicherung **B 10**, 100 ff.

St

staatlich anerkannte Materialprüfungsstelle, Einschaltung B 18, 48 ff.
Staatshaftung B 10, 162 ff.
Standardleistungsbuch A 9, 43
Statiker, Werkvertrag A 9, 72 ff.
- Abnahme des Statikerwerkes **B 13**, 9 ff.
- als Erfüllungsgehilfe **A 9**, 78; **B 3**, 1 ff.
- Gesamtschuldner neben Architekt? **B 4**, 116 f.
- Gesamtschuldner neben Auftragnehmer **B 13**, 27 ff.
- Gewährleistung **B 13**, 9 ff.
- Haftungsverhältnis unter Berücksichtigung der Aufgaben des Architekten **B 4**, 118 ff.
- Sicherungshypothek **B 16**, 406 ff.

Stundenlohnvertrag

- Verantwortlichkeit **B 4**, 118 ff.
- Vereinbarung der VOB **A 1**, 30 ff.

Stelle, zuständig für Prozeßvertretung B 18, 29 f.

Steuern, Nichtzahlung von A 8, 70 ff.

steuerrechtliche Behandlung von Arbeitsgemeinschaften Anh. 22

Stillhalteabkommen (pactum de non petendo) B 2, 73 ff.; **B 13**, 216 ff.; **B 13**, 319 ff.; **B 18**, 47

„stillschweigende" Abnahme B 12, 112 ff.

Stillstand des Prozesses B 13, 369 ff.

Stoff- und Lohngleitklauseln A 6, 7; **A 15**, 29 f.; **B 2**, 171 ff.

Stoffe A 1, 46 ff.; **A 24**, 9; **B 4**, 179; **B 7**, 11 f.; **B 8**, 123 f.
- Bedenken gegen die Güte von St. **B 4**, 225 f.
- Meinungsverschiedenheiten über Eigenschaft von St. **B 18**, 50 ff.
- neuartige St. **B 4**, 110 ff.; **B 13**, 9 ff.
- Prüfung von St. **B 4**, 225
- Versicherung von St. **B 7**, 37 ff.
- vertragswidrige St. **B 4**, 303 ff.
- vom Auftraggeber gelieferte St. **B 13**, 189
- vorgeschriebene St. **B 4**, 205 ff.; **B 4**, 225; **B 13**, 184 ff.

Stoffkosten A 20, 5

Stoffpreisgleitklauseln A 6, 7; **A 15**, 22 ff.; **B 2**, 171 ff.

Stornierung des Vertrages Vor B 8, 1

Strafgesetze, Verstöße gegen Einl. 86
- Schutzgesetze **B 10**, 86

Straßenbauarbeiten, Verkehrssicherungspflicht B 10, 136 ff.

Straßenverkehrsgesetz B 10, 88 ff.

Straßenverkehrsordnung B 10, 88 ff.

Straßenzustand, Niederschrift über den B 3, 45 ff.

Streik und Aussperrung B 6, 38 ff.

Streithilfe
- Kosten der St. bei Vergleich der Hauptparteien **B 18**, 146 ff.

Streitigkeiten B 18, 1 ff.
- Anerkenntniswirkung, mögliche **B 18**, 42 ff.
- Anrufung vorgesetzter Behörde **B 18**, 36 ff.
- Arbeitseinstellung, grundsätzlich kein Recht zur A. **B 18**, 72 ff.
- Bauprozeß **B 18**, 76 ff., s. auch Bauprozeß
- bei Verträgen mit Behörden **B 18**, 33 ff.
- Beweissicherung **Anh.** 159; **B 18**, 81 ff.
- Gerichtsstand **B 18**, 3 ff.
- keine Befugnis zur Arbeitseinstellung **B 18**, 72 ff.
- Kostenregelung **B 18**, 70 f.
- Materialprüfungsstelle, Anrufung der **B 18**, 48 ff.
- materialtechnische Untersuchung **B 18**, 54 ff.
- Meinungsverschiedenheiten, Klärung von **B 18**, 33 ff.
- örtliche Zuständigkeit **B 18**, 8 ff.
- Schiedsgutachten **B 18**, 58 ff.
- über Eigenschaft von Stoffen oder Bauteilen **B 18**, 49
- über Zulässigkeit oder Zuverlässigkeit der bei Prüfung verwendeten Maschinen oder angewendeten Prüfungsverfahren **B 18**, 53
- zuständige Stelle im Auftraggeberbereich **B 18**, 29 f.

Streitverkündung, Unterbrechung der Verjährung durch B 13, 361 ff.
- Gesamtschuldner **B 13**, 361 ff.
- Nachunternehmer **Anh.** 155 f.

Streitwert
- Beweissicherungsverfahren **B 18**, 81 ff.
- Minderung der Vergütung **B 13**, 640 f.; **B 18**, 152
- Schadensersatz wegen Nichterfüllung **B 18**, 151
- Schadensersatz wegen positiver Vertragsverletzung **B 18**, 151
- Vormerkung für Hypothek nach § 648 BGB **B 16**, 378 ff.

Stromabnehmer, Schutzgesetz B 10, 87

Stromanschlüsse B 4, 273

Stundenlohnarbeiten
- AGB-Gesetz **B 15**, 52 ff.

Stundenlohnvertrag A 5, 1; **A 5**, 22 ff.; **A 15**, 7; **B 2**, 192 ff.; **B 6**, 98; **B 15**, 1 ff.
- Abrechnung **B 15**, 7 ff.
- Anerkenntnis von Stundenlohnarbeiten **B 15**, 47 ff.; **B 15**, 52 ff.
- Anzeige vom Beginn der Stundenlohnarbeiten **B 15**, 35 ff.
- Aufsichtsvergütung, zusätzliche **B 15**, 27 ff.
- Aufwendungen des Auftragnehmers **B 15**, 17 ff.
- Berechnung der Vergütung **B 2**, 192 ff.; **B 15**, 6 ff.
- Bescheinigung des Auftraggebers bzw. Architekten **B 15**, 47 ff.
- Einschränkung für öffentlichen Auftraggeber (BaupreisVO) **A 5**, 29; **B 15**, 10 ff.
- Einwendungen des Auftraggebers gegen Stundenlohnzettel **B 15**, 51
- Fälligkeit von Stundenlohnrechnungen **B 15**, 57 ff.; **B 16**, 23
- fehlende Abrechnungsvereinbarung **B 15**, 14 ff.
- Folgen der Möglichkeit zur Prüfung von Stundenlohnzetteln **B 15**, 45 ff.
- Folgen nicht rechtzeitiger Rückgabe der Stundenlohnzettel **B 15**, 52 ff.
- Fristen zur Einreichung von Stundenlohnrechnungen **B 15**, 58 ff.
- fristgerechte Rückgabe bescheinigter Stundenlohnzettel **B 15**, 50
- Kontrolle der Stundenlohnleistungen durch Auftraggeber **B 15**, 34 ff.

1761

noch: **Stundenlohnvertrag**

- Lohnkosten bei St. **A 5**, 23 ff.; **B 2**, 192 ff.
- Neuberechnung der Stundenlohnvergütung **B 15**, 69 ff.
- nicht rechtzeitige Vorlage von Stundenlohnzetteln **B 15**, 64
- Nichtanzeige von Stundenlohnarbeiten **B 15**, 35 ff.
- ortsübliche Vergütung **B 15**, 15
- ortsübliche Vergütung, Fehlen **B 15**, 16 ff.
- Rückgabe der Stundenlohnzettel **B 15**, 46 ff.
- Vergütung im besonderen **A 5**, 22 ff.; **B 2**, 192 ff.; **B 15**, 6 ff.
- – Abrechnung bei Zweifeln über Umfang der Stundenlohnarbeiten **B 15**, 62 ff.
- – Anerkenntnis von Stundenlohnzetteln **B 15**, 47 ff.; **B 15**, 52 ff.
- – Aufsichtsvergütung des Auftragnehmers **B 15**, 27 ff.
- – Befugnis des Auftraggebers zur Abrechnung nach angemessenen Stundenlöhnen **B 15**, 62 ff.
- – Berechnungsgrundlage **B 2**, 192 ff.; **B 15**, 7 ff.
- – Mehrleistungen **B 2**, 192 ff.
- – Neuberechnung der Stundenlohnvergütung **B 15**, 69 ff.
- – nicht rechtzeitige Vorlage von Stundenlohnzetteln **B 15**, 64
- – Rückgabe der Stundenlohnzettel **B 15**, 46 ff.
- – Stundenlohnrechnungen **B 15**, 57 ff.
- – Stundenlohnzettel **B 15**, 35 ff.; **B 15**, 64
- Vergütungsanspruch des Auftragnehmers als solcher **B 2**, 404 ff.
- Vorlage von Stundenlohnzetteln **B 15**, 39 ff.
- Wettbewerbspreis **B 15**, 10 ff.
- wirtschaftliche Betriebsführung **B 15**, 21 ff.
- Zahlung von Stundenlohnrechnungen **B 15**, 57 ff.
- Zuschläge für Gemeinkosten und Gewinn **B 15**, 24 f.
- Zweifel über Umfang der Stundenlohnarbeiten **B 15**, 65 ff.

Stundung
- der Mängelbeseitigung **B 13**, 319 ff.
- der Vergütung **B 2**, 73 ff.

Sturm, Begriff **B 6**, 52 ff.
subsidiäre Haftung des Architekten B 13, 50 ff.
System der Gewährleistungsansprüche B 13, 70 ff.

T

Tätigkeitsklausel bei der Haftpflichtversicherung B 13, 746 ff.
Täuschung, arglistige Einl. 80 ff.; **A 16**, 11; **B 4**, 420 ff.; **B 13**, 129 f.; **B 13**, 260 ff.
Tatsachen, unwahre geschäftsschädigende A 25, 18; **B 8**, 143

tauglicher Bürge **B 17**, 32 f.
taxmäßige Vergütung **A 2**, 10; **B 2**, 6 ff.
Technik, Regeln der **A 13**, 1; **B 13**, 102 ff.; **B 13**, 133 f.; **B 13**, 739 ff.
technische Beanspruchung der Leistung **A 9**, 18; **A 9**, 81 ff.
technische Berechnungen, Nachprüfung von **B 2**, 393 ff.
technische Leistungsfähigkeit **A 24**, 4 f.
technische Oberleitung, Architekt **B 13**, 9 ff.
technische Prüfung der Angebote **A 23**, 21 ff.
Technische Vertragsbedingungen Einl. 15 ff.; **A 10**, 4 ff.; **A 10**, 43 ff.; **B 1**, 10 ff.
- Übersicht über die Technischen Vertragsbedingungen **Einl.** 17
Teilabnahme B 12, 27 ff.; **B 12**, 68 ff.; **B 13**, 304 ff.; **B 14**, 46; **B 16**, 259
- Gewährleistungsansprüche **B 12**, 77 f.
- Vertragsstrafe **B 11**, 38 ff.
Teilanerkenntnis B 2, 378
Teile der Leistung, in sich abgeschlossene **B 13**, 304 ff.; **B 16**, 258
Teilkündigung, s. Kündigung
Teilleistungen A 4, 6; **A 5**, 7 ff.; **Vor B**, 5; **B 4**, 405 ff.; **B 4**, 420 ff.; **B 6**, 98; **B 12**, 68 ff.; **B 13**, 304 ff.
- Einzelkosten der T. **A 2**, 14 ff.; **A 9**, 42
- technische T. **A 9**, 42; **A 9**, 100 ff.
Teillose **A 4**, 7 f.
Teilminderung B 13, 646 f.
Teilnahmewettbewerb, öffentlicher A 3, 48 ff.; **A 17**, 74
Teilnehmer am Wettbewerb A 8, 1 ff.
- Ausschluß von Bewerbern aus dem Bereich öffentlicher Betriebe **A 8**, 23 ff.
- Ausschluß von Teilnahme am W. **A 8**, 63 ff.
- bei Beschränkter Ausschreibung **A 8**, 32 ff.
- bei Öffentlicher Ausschreibung **A 8**, 26 ff.
- Beteiligung an Handelsunternehmen **A 8**, 17
- bevorzugte Bewerber **A 8**, 12 ff.
- Gleichbehandlung aller Bewerber **A 8**, 3 ff.
- keine Beschränkung auf Wettbewerber aus bestimmten Gebieten **A 8**, 9 ff.
- Nachprüfung von Fachkunde, Leistungsfähigkeit und Zuverlässigkeit **A 8**, 49 ff.
- und VOB **Einl.** 92 ff.
- Unternehmereinsatzformen beim Wettbewerb **A 8**, 18 ff.
- Wechsel der Teilnehmer **A 8**, 47 f.
Teilnichtigkeit A 20, 14
Teilschlußrechnung B 16, 260
Teilschlußzahlungen B 16, 257 ff.
- Allgemeines **B 16**, 257
- Fälligkeit **B 16**, 22; **B 16**, 261 f.
- in sich abgeschlossene Teile der Leistung als Voraussetzung **B 16**, 258
- keine ohne weiteres gegebene Verpflichtung zur Teilschlußzahlung **B 16**, 263 f.
- Teilabnahme als Voraussetzung **B 16**, 259

Unfallverhütung

- Teilschlußrechnung **B 16**, 260
teilweiser Gefahrübergang **B 7**, 31
Telefon, Angebote durch **A 21**, 11
Temperatureinwirkungen, Versicherbarkeit **B 13**, 768
Termin zur Abnahme **B 12**, 95 f.
Tiefbauarbeiten, Verkehrssicherungspflicht **B 10**, 133 ff.
Tod des Auftraggebers **Vor B 8**, 38
Tod des Auftragnehmers **Vor B 8**, 38
Totalunternehmer **Anh.** 121 ff.; **Anh.** 234
Treu und Glauben **A 12**, 27; **A 13**, 33; **B 2**, 112 ff.; **B 2**, 301 f.; **B 4**, 85; **B 4**, 265; **B 4**, 387 ff.; **B 4**, 431 ff.; **B 5**, 28 ff.; **B 6**, 96 f.; **B 6**, 104; **B 7**, 25; **B 8**, 92; **B 9**, 19; **B 9**, 46 f.; **B 12**, 95 f.; **B 16**, 401 ff.
- VOB und Tr. u. Gl. **Einl.** 5; **Einl.** 91 ff.
Treuepflichten (Generalunternehmer) **Anh.** 125; **Anh.** 151 ff.
Treuhänder **Anh.** 258 ff.
- AGB-Gesetz **Anh.** 258 ff.
- Basistreuhänder **Anh.** 258 ff.
- Begrenzung des Vergütungsanspruchs **Anh.** 258 ff.
- Einwendungsdurchgriff gegen finanzierende Bank **Anh.** 258 ff.
- Gesamtschuldnerische Haftung **Anh.** 258 ff.
- Haftung für Verschulden bei Vertragsverhandlungen **Anh.** 258 ff.
- Haftung gegenüber ausführenden Unternehmern **Anh.** 258 ff.
- Kontotreuhänder **Anh.** 258 ff.
- Notarielle Beurkundung **Anh.** 258 ff.
- Pflichten des Treuhänders – Abgrenzung **Anh.** 258 ff.
- Überwachung im Rahmen der Finanzierung **Anh.** 258 ff.
- Verjährung von Ansprüchen gegen Treuhänder **Anh.** 258 ff.
- Zurückzahlung nicht verbrauchter Gelder **Anh.** 258 ff.
Turmdrehkran
- Einsturz **B 10**, 91 ff.
- Genehmigung **B 4**, 23 ff.

U

Überbau **B 10**, 216 f.
Übergabe der Ausführungsunterlagen **B 3**, 10 ff.
Übergang der Gefahr **B 7**, 1 ff.; **B 9**, 25; **B 12**, 139 f.
übergebene Gegenstände, Beschränkung der Erhaltungspflicht auf **B 4**, 286
überholende Kausalität **B 10**, 29 ff.
Übernahme von Leistungsteilen durch Auftraggeber **B 2**, 240 ff.
überraschende Klausel, AGB **A 10**, 80; **B 2**, 56; **B 13**, 235 ff.

Überschwemmungsschäden **B 10**, 136 ff.; **B 13**, 762 ff.
Übersendungspflicht der Bekanntmachung von Ausschreibungen **A 17**, 30 f.
Übersichtlichkeit der Rechnung **B 14**, 17 f.
Überwachungsrechte und -pflichten des Auftraggebers **B 4**, 46 ff.
Überzahlung **B 8**, 164 f.; **B 14**, 24 ff.; **B 16**, 131 ff.
übliche Vergütung **A 2**, 10; **B 2**, 6 ff.
Umfang
- der Mängelbeseitigung **B 13**, 484 ff.
- der Stundenlohnleistungen, Zweifel über **B 15**, 65 ff.
- des Schadensersatzanspruches nach Teil B § 13 Nr. 7 **B 13**, 672
Umfang der Leistung, s. Art und Umfang der L.
Umsatzsteuer (s. auch Mehrwertsteuer) **A 2**, 20
- Abschlagszahlungen **B 16**, 39 ff.
- Vereinbarung **B 2**, 124 ff.
- Vorauszahlungen **B 16**, 84 ff.
Umstand, vom Auftraggeber zu vertretender **B 6**, 28 ff.
Umstände der Preisermittlung **A 9**, 47 ff.
Umweltschutz
- Erzeugnisse, Verfahren **A 9**, 92
- Regeln der Technik **B 4**, 144 ff.
unabwendbare Umstände **B 6**, 48; **B 7**, 17 ff.
Unbedenklichkeitsbescheinigung der Finanzbehörde **A 8**, 80
unbefugtes Betreten oder Beschädigung angrenzender Grundstücke **B 10**, 203 ff.
unberechtigte Anordnungen des Auftraggebers **B 4**, 78 ff.
unbezifferte Leistungsklage **B 18**, 118 ff.
Undurchführbarkeit des Schiedsvertrages **A 10**, 76
unerlaubte Handlungen **Einl.** 76 ff.; **Einl. Vor A 2**, 1 und 11; **A 9**, 99; **B 10**, 67 ff.; **B 10**, 184 ff.; **B 13**, 63 ff.; **B 13**, 295 ff.; **B 13**, 803 ff.
- AGB **A 13**, 13 f.; **B 13**, 816 ff.
- Ausschluß der Aufrechnung **A 13**, 41
- Baustoffhersteller **B 13**, 295 ff.
- Baustofflieferant **B 13**, 295 ff.
- Eigentumsverletzung **B 10**, 69 ff.
- Einschränkungen oder Erweiterungen der Haftung **B 13**, 65 ff.; **B 13**, 803 ff.
- Schuldnerverzug **B 10**, 177
- und Gewährleistung **B 13**, 63 ff.; **B 13**, 295 ff.; **B 13**, 431 ff.
- Verjährung von Ansprüchen aus u. H. **B 10**, 69 ff.; **B 10**, 162 ff.; **B 13**, 295 ff.
unerledigte Forderungen **B 16**, 212 ff.
Unfallgefahren, Bedenken wegen Sicherung gegen **B 4**, 220 f.
Unfallverhütung, Sicherungsmaßnahmen zur **B 4**, 173; **B 4**, 220 f.

1763

noch: **Unfallverhütung**

Unfallverhütungsvorschriften der Berufsgenossenschaften B 4, 164 ff.; B 4, 177 f.; B 10, 152 ff.; B 15, 28 ff.
ungeöffnete Angebote, Kennzeichnung A 22, 11
ungerechtfertigte Bereicherung (s. auch Bereicherung) A 28, 20 ff.; Anh. 107 ff.; Anh. 193 ff.; B 2, 1; B 2, 17 ff.; B 2, 148; B 2, 167 ff.; B 2, 381 f.; B 4, 244 f.; B 13, 93 ff.; B 13, 431 ff.; B 13, 464 ff.; B 13, 656; B 14, 24 ff.; B 16, 131 ff.
ungesunde Begleiterscheinungen A 2, 26 ff.
ungewöhnliches Wagnis A 9, 29 ff.
unklare Leistungsbeschreibung A 9, 16 ff.
unklare Vertragsbedingung Einl. 21 ff.
Unklarheitenklausel, AGB A 10, 80
unlauterer Wettbewerb A 25, 13 ff.
Unmittelbarkeitsklausel B 13, 58 ff.
Unmöglichkeit
– AGB-Gesetz Vor B 8, 12 f.
– der Leistung B 4, 31 ff.; B 4, 303; B 6, 4; B 6, 88 ff.; Vor B 8, 11 ff.; B 18, 130
– der Mängelbeseitigung B 13, 614 ff.
Unrichtigkeit, offenbare, bei Schiedsgutachten B 18, 58 ff.
unselbständige Garantieverträge B 13, 842 ff.
Untätigkeitsklage Einl. 40 ff.
Unterbrechung der Ausführung, s. Behinderung und Unterbrechung der Ausführung
Unterbrechung der Verjährung B 2, 73 ff.; B 13, 342 ff.
– Allgemeines B 13, 326 ff.
– Anerkenntnis B 2, 73 ff.; B 13, 319 ff.; B 13, 343 ff.
– Anrufung der vorgesetzten Stelle nach Teil B § 18 Nr. 2 B 18, 47
– Aufrechnung, Eventualaufrechnung B 13, 361 ff.
– Beweissicherung B 13, 376 f.
– Dauer B 13, 369 ff.
– Klageerhebung B 13, 351 ff.
– negative Feststellungsklage B 13, 354 ff.
– Quasi-Unterbrechung nach Teil B § 13 Nr. 5 Abs. 2 Satz 2 B 13, 396 ff.
– Streitverkündung B 13, 361 ff.
– Wirkung der U. B 13, 387 ff.
Unterbrechung, voraussichtlich längere Dauer der B 6, 85 ff.
Unterfangungsarbeiten B 13, 136 f.; B 13, 769 ff.
Unterhaltungsarbeiten A 6, 7
Unterlagen zum Rechnungsnachweis B 14, 19 ff.
Unterlassen von Mitwirkungspflichten B 3, 16; B 9, 4 ff.
unterlassener anderweitiger Erwerb B 8, 36
Unterlassungsklage B 3, 64 ff.
Unternehmen, marktbeherrschendes, Einl. 70

Unternehmer
– Begriff Vor A 2, 2
– Eigenaufwand des U. A 2, 14 ff.
– eines Bauwerks B 16, 372
– Leistungen anderer U. B 4, 182 ff.; B 4, 234 ff.; B 13, 195 ff.
– mehrere Unternehmer, Verantwortlichkeit, Beweislast B 10, 43 ff.; B 13, 163 ff.
– Pfandrecht B 16, 414 f.
– Unternehmervereinigungen, Angebote von A 21, 27; A 25, 74
– Zusammenwirken der U. B 4, 2 ff.
Unternehmereinsatzformen Anh. 1 ff.
– Alleinunternehmer Anh. 2 ff.
– Allgemeines Anh. 1
– Anlagenvertrag Anh. 135
– Arbeitsgemeinschaft A 25, 74; Anh. 5 ff.
– Arbeitsgemeinschaftsvertrag Anh. 26 ff.
– – Änderung des Arbeitsgemeinschaftsvertrages Anh. 104
– – Anschrift der A. Anh. 28 f.
– – Auflösung und Kündigung Anh. 80 ff.
– – Auseinandersetzung Anh. 75 ff.; Anh. 98 ff.
– – Beendigung Anh. 98 ff.
– – Beteiligung und Haftung der Gesellschafter Anh. 46 ff.
– – Forderungsabtretung an Dritte Anh. 70 ff.
– – Form Anh. 27
– – Gebrauchsüberlassungen Anh. 36 ff.
– – Geschäftsführung und Vertretungsmacht Anh. 56 ff.
– – Lohn- und Gehaltsfragen Anh. 31
– – Name Anh. 28 f.
– – öffentliche Aufträge Anh. 10 ff.
– – Rechtsform Anh. 16 f.
– – Rechtsübertragung an Dritte Anh. 70 ff.
– – Sitz der A. Anh. 28 f.
– – Sonderregelungen im Hinblick auf die VOB Anh. 105 ff.
– – Verteilung des Gewinns Anh. 16 ff.
– – Zahlungsverpflichtung Anh. 66 f.
– – Zweck und Beiträge Anh. 7 ff., 30 ff.
– Auftrag unter anderem Namen Anh. 116 ff.
– Beihilfegemeinschaft Anh. 105 f.
– Beteiligungsgemeinschaft Anh. 105 f.
– Dienstverschaffungsvertrag Anh. 107 ff.
– Generalübernahme Anh. 129 ff.
– Generalunternehmer, s. unter G.
– Hauptunternehmer, s. unter H.
– Leiharbeitsverhältnis Anh. 107 ff.
– Maschinenarbeitsgemeinschaft Anh. 114
– Mischformen Anh. 132 ff.
– Nachunternehmer, s. unter N.
– Nebenunternehmer, s. unter N.
– Totalunternehmer Anh. 121 ff.; Anh. 134
– Wettbewerb, Unternehmereinsatzformen beim W. A 8, 18 ff.
Unternehmerpfandrecht des Auftragnehmers B 16, 414 f.

Unternehmervereinigungen, Angebote von A 21, 27; A 25, 74
Unterscheidung
- rechtliche zwischen Teil A und Teil B Einl. 37 ff.
- zwischen Nachbesserungs- und Erneuerungsarbeiten B 13, 69
Unterschrift
- fehlende U. als Ausschlußtatbestand A 21, 11; A 25, 9
- U. unter dem Angebot A 21, 11
- U. unter die Niederschrift vom Eröffnungstermin A 22, 26 f.
Untersuchung der Materialprüfungsstelle, Verbindlichkeit B 18, 58 ff.
Untersuchungs- und Prüfungspflicht des Auftragnehmers B 4, 182 ff.; B 13, 179 ff.
Unterzeichnung, Vertragsurkunde A 29, 7 ff.
unverhältnismäßiger Aufwand B 4, 346 f.; B 8, 92; B 13, 621 ff.
Unvermögen zur Leistung B 6, 4; B 6, 92; Vor B 8, 11
Unversehrtheit des Angebotsverschlusses A 22, 15 f.
unverzüglich (Definition) B 2, 385 ff.; B 4, 256 f.
unverzügliche Anfechtung A 9, 37; B 2, 145 f.
unwahre dienstliche Äußerungen Einl. 44 ff.
unwahre kreditschädigende Tatsachen, Behauptungen von A 25, 33; A 25, 18; B 8, 143
Unwirksamkeit der Preisabrede B 2, 136
Unwirksamkeit der Vereinbarung der VOB? Einl. 92 ff.
unzulässige Preisabsprache A 24, 11 ff.; A 25, 13 ff.; B 2, 136 ff.; B 8, 138 ff.
unzulässige Rechtsausübung
- bei Schadensersatzanspruch B 13, 800 ff.
- des Auftraggebers Einl. 1; Einl. 44 ff.; Einl. 102 ff.; Vor A 2, 1; Vor A 21, 10; B 13, 800 ff.
- des Auftragnehmers A 13, 32 ff.; B 2, 170
- Einwand gegenüber Verjährungseinrede des Auftragnehmers B 13, 429 f.
Unzulässigkeit von Änderungen an den Verdingungsunterlagen A 21, 6 ff.
Unzumutbarkeit der Mängelbeseitigung, für Auftraggeber B 13, 632 ff.
unzutreffende Erklärungen des Bewerbers A 8, 74
unzweckmäßige Anordnungen des Auftraggebers B 4, 79
Unzweckmäßigkeit Öffentlicher Ausschreibung A 3, 34
Urhebergesetz A 3, 42 f.; A 20, 35 ff.; B 10, 88 ff.
Urheberrecht
- Änderungsverbot A 20, 45 ff.
- Architekt A 20, 41 ff.
- Ausführungsunterlagen B 3, 60 ff.

- Ausschreibungsunterlagen A 20, 40 ff.
- Beweislast A 20, 49 f.
- des Bieters an den von ihm ausgearbeiteten Unterlagen A 20, 27 ff.
- keine Benutzung nicht berücksichtigter Angebote A 27, 3 ff.
- Leistungsbeschreibungen A 9, 1; A 20, 40 ff.
- Wahl der Vergabeart A 3, 42 f.
Urkunde (Vertragsurkunde) A 29, 1 ff.
- als Besondere Vertragsbedingung B 1, 18 ff.
- Ausfertigung A 29, 7 ff.
- Bedeutung A 28, 24 ff.; A 29, 1
- Beglaubigung A 29, 7 ff.
- bei Schiedsvereinbarung A 10, 65 f.
- Bereinigung von Widersprüchen B 1, 5
- Formularvertrag A 29, 6
- Kosten A 29, 7 ff.
- Notwendigkeit der U. A 29, 2 ff.
- Unterzeichnung A 29, 7 ff.
- Urkundsprozeß B 18, 118 ff.
Ursächlichkeit, Mangel B 13, 453 ff.
ursprünglicher Auftrag, Änderungen oder Ergänzungen B 1, 37 ff.; B 4, 85 f.; B 14, 16
Ursprungsorte A 9, 94 ff.; A 24, 9

V

Veräußerung von Gegenständen bei Selbsthilfe des Auftraggebers B 4, 319 ff.
verantwortlicher Bauleiter B 4, 138 ff.; B 4, 169; B 10, 148 ff.
Verantwortlichkeit
- bei behördlichen Anordnungen B 4, 164 ff.
- des Architekten und des Statikers B 4, 116 f.
- des Auftraggebers B 4, 261 ff.
- des Auftragnehmers bei Sabotageakt B 4, 286
- des Auftragnehmers für die Leistung B 4, 103 ff.
Verarbeitungsklausel A 1, 55
verbindlicher Richtpreis Einl. 24
Verbindlichkeit
- der Ausführungsunterlagen B 3, 31 ff.
- der Untersuchung der Materialprüfungsstelle B 18, 58 ff.
Verbot
- der Abtretung des Vergütungsanspruches B 2, 106
- der Aufrechnung A 13, 41
- der Benutzung nicht berücksichtigter Angebote A 27, 3 ff.
- gesetzliches V. Einl. 85; B 2, 136
- von Preisabreden A 25, 13 ff.
- von Verhandlungen über Angebotsänderung A 24, 1 ff.; A 24, 22 ff.
- von Veröffentlichungen der Niederschrift vom Eröffnungstermin A 22, 36 f.
Verdingungsmuster, einheitliche A 10, 49

Verdingungsunterlagen

Verdingungsunterlagen, Vorbem. vor **A 9**;
A 9, 1 ff.;
A 9, 100 ff.; **A 10**, 1 ff.
- Abkürzungen in den V. **A 10**, 49
- Anschreiben zu den V. **A 17**, 33 ff.
- Aushändigung der V. bei Öffentlicher Ausschreibung **A 8**, 8 ff.
- Einsicht in V. **A 17**, 40; **A 17**, 77
- Kosten der V. **A 20**, 3 ff.
- Leistungsbeschreibung, s. unter Leistungsbeschreibung
- Schiedsvereinbarungen **A 10**, 50 ff.
- Unbedenklichkeitsbescheinigung der Finanzbehörde **A 8**, 80
- V. im Angebot, Unzulässigkeit der Änderung der V. **A 21**, 6 ff.; **A 25**, 9
- Vergütung für V. **A 20**, 3 ff.
- Vertragsbedingungen, s. unter Vertragsbedingungen

Vereinbarung der VOB Einl. 18 ff.
- abweichende Absprache **Einl.** 18 ff.
- AGB-Gesetz **Einl.** 92 ff.
- Anwendung der Neufassung **Einl.** 106 ff.
- Architekt, Befugnis zur **Einl.** 28
- Architektenvertrag **A 1**, 30
- Bauträgervertrag **A 1**, 31 f.
- Ergänzungs- und Zusatzaufträge (Nachtragsaufträge) **Vor B**, 10
- Ingenieurvertrag **A 1**, 30
- Statikervertrag **A 1**, 30

Verfahren, Bezeichnung bestimmter **A 9**, 94 ff.

Verfallklausel A 12, 1; **B 11**, 17 ff.

Verfehlung, schwere, des Bewerbers **A 8**, 68 f.

Verfolgte als Bewerber A 8, 12 ff.

Vergabe
- Amtspflichtverletzung b. V. **Einl.** 44 ff.
- Arten der V. **A 3**, 2; **A 17**, 15
- Ausgangspunkt **A 3**, 1
- Beschränkte Ausschreibung **A 3**, 36 f.; **A 20**, 3
- Bevorzugung bestimmter Personengruppen bei der V. **Einl.** 40; **A 8**, 12 ff.
- Bewertungsmaßstab bei der V. **A 3**, 28
- einheitliche V. **A 4**, 1
- Europäische Gemeinschaft, s. EG
- Freihändige V. **A 3**, 4; **A 3**, 38 ff.; **A 20**, 3; **A 26**, 4
- Geheimhaltung bei der V. **A 3**, 34
- Grundlegendes zur V. **A 3**, 3; **A 3**, 4
- Grundsatz der V. **A 3**, 1 ff.
- Mißverhältnisse bei der V. **A 3**, 25; **A 3**, 25
- öffentliche Aufträge **Einl.** 40; **Einl.** 102 ff.
- öffentliche Aufträge in der EG **A 8**, 3
- Öffentliche Ausschreibung **A 3**, 6 f.; **A 3**, 12 ff.; **A 8**, 2 ff.; **A 20**, 3; **A 26**, 4
- Preisgestaltung bei der V. **A 3**, 33
- Projektant, Beteiligung an V. **A 2**, 29; **A 8**, 41
- Reihenfolge der Vergabearten **A 3**, 6 f.
- Sammelaufträge **A 4**, 19
- umfangreiche Vorarbeiten bei der V. **A 8**, 37
- Unzweckmäßigkeit Öffentlicher Ausschreibung **A 3**, 34
- V. nach Losen **A 4**, 1 ff.; **A 4**, 6 ff.; **A 17**, 48; **A 24**, 22 ff.
- vergabefremde Zwecke **A 16**, 10
- Verhältnis zum BGB **A 3**, 8
- Verstöße gegen Vergaberegeln **A 3**, 9 f.
- Wahl der Vergabeart **A 3**, 4
- Wettbewerb, echter **A 3**, 18
- Zuständigkeit **Vor A 2**, 10

Vergabehandbuch (VHB), Bedeutung **Einl.** 102 ff.

Vergabeverfahren, grundsätzliches **Vor A 21**, 1 ff.

Vergleich
- bei gemeinsamem Aufmaß **B 14**, 33 ff.
- im Prozeß **B 18**, 146 ff.
- zur VOB-Gewährleistung **B 13**, 74 f.

Vergleichsverfahren A 8, 66; **B 2**, 24 ff.; **B 8**, 55; **B 16**, 335 ff.

Vergleichsverhandlungen
- arglistige Verjährungseinrede **B 13**, 230
- Hemmung der Verjährung **B 13**, 326 ff.
- Unterbrechung der Verjährung **B 13**, 369 ff.

Vergütung
- Abnahme als Fälligkeitsvoraussetzung für Schlußvergütung **B 12**, 42; **B 16**, 12 ff.
- Abtretung des Vergütungsanspruches **Anh.** 189 ff.; **B 2**, 101 ff.; **B 16**, 279 ff.; **B 16**, 344 ff.
- Abtretungsverbot **B 2**, 106
- Änderung der Geschäftsgrundlage **B 2**, 150 ff.; **B 2**, 338 ff.
- Änderung der Preisgrundlagen **A 15**, 1 ff.; **B 2**, 256 ff.
- Änderung der V. **A 15**, 1 ff.; **B 2**, 196 ff.
- AGB-Gesetz **B 2**, 251 ff.; **B 2**, 256 f.; **B 2**, 289 f.; **B 2**, 298 ff.
- Allgemeines zur Berechnung der V. **B 2**, 110 ff.
- Allgemeines zur Vergütungspflicht **B 2**, 1 ff.
- Anerkenntnis **B 2**, 73 ff.; **B 2**, 372 ff.
- Anfechtung **B 2**, 137 ff.
- angemessene V. **A 2**, 9 ff.; **A 20**, 15 ff.; **B 8**, 127 ff.
- Anscheinsvollmacht **B 2**, 41 ff.
- Architekt, Vergütung des A. **B 2**, 68 f.
- Aufrechnung mit Kostenerstattungsanspruch oder Kostenvorschußanspruch **B 13**, 572 ff.
- Aufsichtsvergütung **B 15**, 27 ff.
- außervertragliche Leistungen **B 2**, 371 ff.
- Ausschlußklauseln **B 2**, 175 ff.
- Baugrundverhältnisse **B 2**, 116 ff.
- Bauhandwerkersicherungshypothek **B 16**, 360 ff., s. Bauhandwerkersicherungshypothek
- Baupreisrecht **A 15**, 31 f.; **B 2**, 96 ff.
- Begriff der V. **B 16**, 1 ff.
- Berechnung der V.

noch: **Vergütung**

- – Abweichen von der geforderten Berechnung im Angebot **A 5**, 2 f.
- – bei Selbstkostenerstattungsverträgen **B 2**, 195
- – bei Stundenlohnverträgen **B 2**, 192 ff.; **B 2**, 404 ff.
- – grundsätzliche B. der V. **B 2**, 3 ff.
- – nach Einheitspreisen als Regel **B 2**, 178 ff.
- – nach Pauschalpreisen, insbesondere bei späterer Änderung des Leistungsinhalts **B 2**, 237 ff.; **B 2**, 319 ff.
- Bereicherung, ungerechtfertigte **B 2**, 1
- Beschleunigungsvergütung **A 12**, 25 ff.
- Beseitigung nichtbestellter Leistungen **B 2**, 358 ff.
- besondere V. für die Nachprüfung technischer Berechnungen **B 2**, 393 ff.
- besondere V. von Zeichnungen, Berechnungen oder anderen Unterlagen **A 20**, 11 ff.; **B 2**, 393 ff.
- Bevollmächtigte bei Vertragsverhandlungen und Vertragsabschluß **B 2**, 29 ff.
- Beweislast hinsichtlich Art und Höhe der V. **B 2**, 13 ff.; **B 2**, 180 f.
- billiges Ermessen bei Bestimmung der V. **B 2**, 6 ff.
- dinglicher Arrest für Auftragnehmer **B 16**, 412 f.
- Duldungsvollmacht **B 2**, 46
- Empfänger der V. **B 2**, 24 ff.
- Fälligkeit der V. **B 14**, 11 ff.; **B 16**, 9 ff.
- Festpreis **A 15**, 8 ff.; **B 2**, 175 ff.
- für die Angebotsbearbeitung **A 20**, 11 ff.
- Geld als Regelleistung **B 2**, 23
- gemischte Verträge, Vergütung **B 2**, 131
- Generalklausel für die V. in Teil B § 2 Nr. 1 **B 2**, 110 ff.
- Geschäftsgrundlage, Änderung oder Wegfall **B 2**, 150 ff.; **B 2**, 328
- Gesetz gegen Wettbewerbsbeschränkungen **B 2**, 100
- gesetzliches Verbot, Verstoß gegen **B 2**, 136
- grundsätzliche Ausnahmen von der Bindung an vereinbarten Preis, insbesondere Anfechtungsmöglichkeiten **B 2**, 136 ff.
- Grundwasserverhältnisse **B 2**, 116 ff.
- Haftung für andere Schäden infolge nichtbestellter Leistung **B 2**, 363 ff.
- Handelsbrauch **B 2**, 6 ff.
- Hemmung der Verjährung des Vergütungsanspruches **B 2**, 73 ff.
- Höhe der V., allgemein **B 2**, 3 ff.
- Höhe der V. nach Teil B § 2 Nr. 9 **B 2**, 402 f.
- Kalkulationsirrtum **A 15**, 14; **B 2**, 138 ff.
- Kürzung der V. **B 4**, 346 f.; **B 8**, 28 ff.
- Lauf der Verjährungsfrist **B 2**, 73 ff.
- Leistungsabweichungen bei Einheitspreisen und zugleich bei Pauschalpreisen **B 2**, 237 ff.
- Leistungsabweichungen beim Einheitspreisvertrag **B 2**, 202 ff.
- Leistungsbeschreibung, Maßgeblichkeit **B 2**, 112 ff.
- Lohn- und Stoffpreisgleitklauseln **A 15**, 29 f.
- Mehrwertsteuer **B 2**, 86 ff.; **B 2**, 124 ff.
- Mengenänderung beim Einheitspreisvertrag **B 2**, 202 ff.
- Minderung der Vergütung des Auftragnehmers im Rahmen von Teil B § 8 Nr. 1 Satz 2 **B 8**, 28 ff.
- Nebenleistungen, V. von **B 2**, 132 ff.
- nicht vereinbarter Leistungen **B 1**, 48 f.; **B 2**, 351 ff.; **B 13**, 162
- nicht zurückgegebener Muster, Abbildungen, Warenproben **A 27**, 13
- ortsübliche V. (Stundenlohnarbeiten) **B 15**, 15
- Pauschalpreisberechnung **B 2**, 188 ff.
- Pfändung des Vergütungsanspruches **B 16**, 340 ff.
- Preisgrundlagen, Änderung **B 2**, 256 ff.
- Preisvorschriften, gesetzliche **B 2**, 96 ff.
- Projektierungsarbeiten **A 20**, 14
- Prüfingenieur für Baustatik, Vergütung des **B 4**, 26 f.
- Rechenfehler in den Angebotsunterlagen **B 2**, 141
- „Risikobereich" **B 2**, 116 ff.
- Sachverständige, Vergütung **A 7**, 20; **A 7**, 27
- Sachwerte als Vergütung **B 2**, 23
- Schadensersatz des Auftraggebers bei Leistungsabweichungen **B 2**, 363 ff.
- Selbstkostenerstattungsverträge **B 2**, 195
- stillschweigende Vereinbarung einer V. **A 20**, 22 ff; **B 2**, 3 ff.
- Stundenlohnvertrag **B 2**, 192 ff.; **B 2**, 404 ff.
- taxmäßige V. **A 2**, 10; **B 2**, 6 ff.
- Teilkündigung **B 2**, 240 ff.
- Treuhänder **Anh.** 258 ff.
- Übernahme von Leistungsteilen durch Auftraggeber **B 2**, 240 ff.
- übliche V. **A 2**, 10; **B 2**, 6 ff.; **B 2**, 178 ff.
- Umfang der Regelung in Teil B § 2 Nr. 1 **B 2**, 130 f.
- ungerechtfertigte Bereicherung **B 2**, 1
- Unterbrechung der Verjährung des Vergütungsanspruches **B 2**, 73 ff.
- V. nichtbestellter Leistungen **B 2**, 351 ff.
- V. zusätzlicher Leistungen **B 2**, 289 ff.
- Vereinbarung der V. **B 2**, 3 ff.
- Vergleichsverfahren **B 2**, 24 ff.
- Vergütung für die Verdingungsunterlagen **A 20**, 3 ff.
- Verjährung des veränderten Vergütungsanspruches des Auftragnehmers **B 2**, 196 ff.
- Verjährung des Vergütungsanspruches des Auftragnehmers **B 2**, 56 ff.; **B 16**, 24 ff.
- Verjährung des Vergütungsanspruches des Baubetreuers bzw. Bauträgers **Anh.** 240 ff.
- Verjährung des Vergütungsanspruches des Generalunternehmers **B 2**, 57 ff.

noch: **Vergütung**

- Verkehrssitte **B 2**, 122 f.; **B 2**, 132 ff.
- Verrechnung von Schadensersatzanspruch mit Vergütung **B 13**, 800 ff.
- versteckter Mangel bei Probe **B 13**, 172
- Vertragsbedingungen, Maßgeblichkeit **B 2**, 116 ff.
- Verwirkung der Verjährungseinrede **B 2**, 56 ff.
- Verzicht auf Einrede der Verjährung des Vergütungsanspruches **B 2**, 86 ff.
- VOB-Vertrag **B 2**, 17 ff.; **B 2**, 178 ff.; **B 16**, 6 ff.
- Vollmacht **B 2**, 29 ff.
- Wahlschuld **B 2**, 112 ff.
- Wegfall der Geschäftsgrundlage **B 2**, 150 ff.; **B 2**, 338 ff.
- Wertsicherungsklauseln **B 2**, 23
- Wettbewerbspreis **B 15**, 10 ff.
- wirtschaftliches Wagnis **B 2**, 170
- Wirtschaftsstrafgesetz **B 2**, 99
- Wucher **B 2**, 3 ff.; **B 2**, 136
- Zeichnungen **B 2**, 112 ff.
- Zurückbehaltungsrecht des Auftraggebers **B 13**, 434 ff.
- zusätzliche Leistungen **B 2**, 289 ff.

Verhandlungen mit Bietern A 24, 1 ff.
- Änderungsvorschläge oder Nebenangebote **A 24**, 7; **A 24**, 19 ff.
- Begriff (Ausnahmecharakter) **A 24**, 1
- Geheimhaltungspflicht **A 24**, 16
- Grenzen der Verhandlungsbefugnis **A 24**, 3; **A 24**, 22 f.
- schriftliche Niederlegung des Verhandlungsergebnisses **A 24**, 29
- über die geplante Art der Durchführung **A 24**, 8
- Unterrichtung über die Angemessenheit der Preise **A 24**, 10 ff.
- Unterrichtung über die geplante Art der Ausführung **A 24**, 8
- Unterrichtung über die technische und wirtschaftliche Leistungsfähigkeit des Bieters **A 24**, 4 f.
- Unterrichtung über Ursprungsorte oder Bezugsquellen von Stoffen oder Bauteilen **A 24**, 9
- Verdacht von Preisabreden **A 24**, 14 f.
- Verweigerung der Unterrichtung durch B. **A 24**, 17
- Voraussetzungen von Verhandlungen mit B. **A 24**, 2 ff.; **A 24**, 22 ff.

Verhandlungsleiter A 22, 17 f.

Verjährung
- AGB-Gesetz **A 10**, 122 ff.; **B 13**, 231 ff.; **B 13**, 312 f.
- Amtshaftungsansprüche **B 10**, 162 ff.
- anderweitige vertragliche Regelung der Verjährungsfrist **B 13**, 231 ff.
- Anerkenntnis **B 2**, 73 ff.; **B 13**, 343 ff.
- Angebotskosten, Vergütung **A 20**, 14; **A 20**, 22
- Ansprüche gegen Treuhänder **Anh.** 258 ff.
- arglistiges Berufen auf V. **B 13**, 230; **B 13**, 259; **B 13**, 340
- Ausnahmebefugnisse des Auftraggebers nach Verjährung der Gewährleistungsansprüche **B 13**, 434 ff.
- Beginn der V. des Gewährleistungsanspruches **B 13**, 304 ff.
- bei abgetretenen Gewährleistungsansprüchen **B 13**, 82 ff.
- Beweissicherung **B 13**, 216 ff.; **B 13**, 376 f.
- culpa in contrahendo, Anspruch aus **Einl.** 69; **B 6**, 152 ff.; **B 13**, 97 ff.; **B 13**, 303
- der Gewährleistungsansprüche **A 13**, 62; **B 13**, 211 ff.; **B 13**, 304 ff.
- der Gewährleistungsansprüche gegen Baubetreuer **Anh.** 214 ff.
- der Gewährleistungsansprüche gegen Bodengutachter **B 13**, 14 ff.
- der Mängelbeseitigungsleistung **A 13**, 51 ff.; **B 13**, 416 ff.
- des Entschädigungsanspruches des Auftragnehmers entsprechend § 642 BGB **B 9**, 54 ff.
- des Kostenerstattungsanspruches und des Kostenvorschußanspruches nach Teil B § 13 Nr. 5 Abs. 2 **B 13**, 563 ff.
- des Rückgabeanspruches bei Sicherheitsleistung **B 17**, 112 f.
- des Schadensersatzanspruches nach Teil B § 4 Nr. 7 **B 4**, 346 f.; **B 4**, 354 ff.
- des Schadensersatzanspruches nach Teil B § 6 Nr. 6 **B 6**, 152 ff.
- des Schadensersatzanspruches nach Teil B § 13 Nr. 7 Abs. 1 und 2 **B 13**, 720
- des Schadensersatzanspruches wegen unerlaubter Vertiefung **B 10**, 73 ff.
- des Vergütungsanspruches des Auftragnehmers **B 2**, 56 ff.; **B 14**, 11 ff.; **B 18**, 47
- des Vergütungsanspruches des Baubetreuers bzw. Bauträgers **Anh.** 240 ff.
- des Vergütungsanspruches des Generalunternehmers **B 2**, 57 ff.
- Erschließungskosten **Anh.** 240 ff.
- Grundgedanke und Grundlagen der V. **B 13**, 227 ff.
- Hemmung oder Unterbrechung der V. **B 2**, 73 ff.; **B 13**, 224 ff.; **B 13**, 318 ff.; **B 13**, 342 ff.
- höhere Gewalt **B 13**, 323 ff.
- Lauf der Verjährungsfristen **B 2**, 73 ff.; **B 13**, 304 ff.
- Mangelfolgeschäden **B 13**, 279 ff.; **B 13**, 803 ff.
- Musterprozeß **B 2**, 91 ff.; **B 13**, 224 ff.
- negative Feststellungsklage **B 13**, 354 ff.
- positive Vertragsverletzung **B 13**, 211 ff.; **B 13**, 274 ff.
- Prüfung und Beseitigung von Mängeln, Hemmungen der V. **B 13**, 326 ff.

- Schiedsgutachten **B 13**, 216 ff.
- schriftliche Mängelanzeige, Unterbrechung der V. **B 13**, 397 ff.
- Stillhalteabkommen (pactum de non petendo) **B 2**, 86 ff.; **B 13**, 224 ff.; **B 13**, 319 ff.; **B 18**, 47
- Stundung **B 13**, 319 ff.
- unerlaubte Handlung **B 10**, 69 ff.; **B 13**, 295 ff.
- Unterbrechung der V. **B 2**, 73 f.; **B 13**, 342 ff.
- veränderte Vergütungsansprüche **B 2**, 196 ff.
- Verjährungseinrede im Prozeß **B 18**, 128 f.
- Verlängerung der Gewährleistungsfrist **B 2**, 91 ff.; **B 13**, 215
- Verschulden bei Vertragsabschluß **B 13**, 303
- Verschweigen von Mängeln, arglistiges **B 13**, 259
- Versicherbarkeit des Schadens **B 13**, 283
- Vertragsstrafenanspruch **B 11**, 59
- Verweigerung der Abnahme **B 13**, 307 f.
- Verwirkung der Verjährungseinrede **B 2**, 56 ff.; **B 13**, 230
- Verzicht auf Verjährungseinrede **B 2**, 86 ff.; **B 13**, 224 ff.
- Verzugsschaden **B 16**, 301
- Vollendung der V. **B 13**, 429 f.
- von Ansprüchen aus positiver Vertragsverletzung **B 13**, 274 ff.
- von Ansprüchen aus unerlaubter Handlung **B 10**, 69 ff.; **B 10**, 162 ff.; **B 13**, 295 ff.
- von Ansprüchen aus ungerechtfertigter Bereicherung **A 28**, 20 f.; **B 2**, 47 ff.; **B 2**, 381 f.
- von Ansprüchen gegen vollmachtlosen Vertreter **B 2**, 47 ff.
- Wirkung der Verjährungseinrede **B 13**, 429 f.

Verkehrssicherung B 4, 164 ff.; **B 4**, 177 f.; **B 10**, 100 ff.
- Amtspflicht **B 10**, 162 ff.
- Architekt **B 10**, 148 ff.
- Baugerüst **B 10**, 116
- Baumaterialien **B 10**, 125 ff.
- Bauzaun **B 10**, 116
- Begriff **B 10**, 100 ff.
- Brandschutzbestimmungen **B 10**, 100 ff.; **B 10**, 118 ff.
- Gasleitungen **B 10**, 118 ff.
- Kabelschäden **B 10**, 133 ff.
- Kinder **B 10**, 145 ff.
- Lärmbelästigungen **B 10**, 128 ff.
- nach Arbeitsschluß **B 10**, 112 ff.
- Nachbarparzellen **B 10**, 128 ff.
- Schweißarbeiten **B 10**, 118 ff.
- Schwimmbäder **B 10**, 100 ff.
- Sprengarbeiten **B 10**, 118 ff.
- Straßenbauarbeiten **B 10**, 136 ff.
- Tiefbauarbeiten **B 10**, 136 ff.
- Vermessungsingenieur **B 10**, 169 ff.
- Versorgungsleitungen **B 10**, 133 ff.
- Wasserstraßen **B 10**, 112 ff.

Verkehrssitte Einl. 32; **A 19**, 5; **A 29**, 8
- bei den Ausführungsunterlagen **B 2**, 396 f.
- bei der Vergütung **B 5**, 45 ff.
- verkehrsübliche Bezeichnungen in der Leistungsbeschreibung **A 9**, 93

Verlangen
- auf Abnahme **B 12**, 49 ff.
- auf Mängelbeseitigung **B 13**, 460 ff.
- auf Minderung **B 13**, 636 f.

verlängerter Eigentumsvorbehalt B 2, 101 ff.; **B 16**, 351 ff.

Verlängerung
- der Ausführungsfrist **B 5**, 28 ff.; **B 6**, 24 ff.
- der Gewährleistungsfrist **B 2**, 91 ff.; **B 13**, 214 ff.

Verleih von Arbeitskräften Anh. 107 ff.
Verlesen der Angebote A 22, 2 ff.; **A 22**, 20
Verlesen von Änderungsvorschlägen A 22, 21
Verlust des Nachbesserungsanspruches B 13, 464 ff.
Verlustgeschäft bei Kündigung B 8, 21 ff.
Vermessungsingenieur, Werkvertrag
- als Erfüllungsgehilfe des Auftraggebers **B 3**, 1 ff.
- Gewährleistung **B 3**, 21 f.; **B 13**, 14 ff.; **B 13**, 291 ff.
- Verantwortlichkeit **B 3**, 21 f.; **B 4**, 116 f.; **B 13**, 9 ff.
- Verkehrssicherungspflicht **B 10**, 169 ff.

vermögenswirksame Leistungen, Lohngleitklausel A 15, 30; **B 2**, 171 ff.
Vermögenszuwachs A 3, 27
vermutete Mängel B 3, 41
Veröffentlichungsorgane bei Ausschreibungen A 17, 4; **A 17**, 24
Verordnung über Arbeitsstätten B 4, 177 f.
Verpflichtung des Auftragnehmers zur Ausführung nicht vereinbarter Leistungen B 1, 43 ff.
Verrechnung von Schadensersatzanspruch mit Vergütung A 13, 41; **B 13**, 726; **B 13**, 800 ff.
Verrechnungssätze A 5, 28
Verrichtungsgehilfe B 10, 173 ff.; **B 10**, 221; **B 13**, 65 ff.
Verschluß der Angebote A 22, 15 f.
Verschmutzung, Sicherungsmaßnahmen gegen V. B 10, 125 ff.
Verschulden Einl. 51 ff.; **B 5**, 34 ff.; **B 6**, 128 ff.; **B 13**, 694 ff.
- AGB-Gesetz **B 10**, 51 f.; **B 10**, 61 f.
- Arten und Begriff des V. **B 10**, 15 ff.
- bei Schadensersatzanspruch **B 4**, 354 ff.; **B 6**, 128 ff.; **B 13**, 694 ff.
- beiderseitiges V., Kündigung **B 8**, 43 ff.
- beim Vertragsabschluß, s. auch culpa in contrahendo Einl. 51 ff.; **A 9**, 7; **A 17**, 38; **A 22**, 4; **A 22**, 38 f.; **A 23**, 9 ff.; **A 24**, 16; **A 26**, 2; **A 26**, 3; **A 27**, 6; **Anh.** 8 f.; **B 13**, 97 ff.; **B 13**, 303

noch: **Verschulden**
- Beweislast **B 10**, 43 ff.; **B 13**, 21 ff.; **B 13**, 163 ff.; **B 13**, 698 ff.; **B 13**, 799
- Mitverschulden **A 16**, 2 ff.; **B 4**, 212; **B 4**, 267; **B 10**, 56; **B 13**, 603 ff.; **B 13**, 652; **B 13**, 676 ff.
- Mitverschulden beim Schadensausgleich im Innenverhältnis **B 10**, 152 ff.
- Nichtzahlung der Vergütung **B 16**, 285 f.

Verschweigen eines Mangels, arglistiges B 13, 259
- Architekt **B 13**, 259
- Erfüllungsgehilfe **B 13**, 259
- Nachunternehmer **B 13**, 259

Verschwiegenheit bei der Bauvergabe Einl. 55

Versicherbarkeit des Schadens B 13, 283; **B 13**, 743 ff.

Versicherung B 4, 289; **B 7**, 38 ff.; **B 13**, 743 ff.
- AGB-Gesetz **B 13**, 743 ff.
- Bauleistungsversicherung **B 7**, 38
- Bearbeitungsschadenklausel **B 13**, 750 f.
- bei Gewährleistung **B 13**, 743 ff.
- Betriebshaftpflichtversicherung **B 13**, 750
- der Leistung **B 13**, 746 ff.
- Schiedsverfahren über Haftpflichtversicherungsschutz **B 13**, 793

Versorgungsleitungen, Beschädigung B 10, 133 ff.; **B 13**, 762 ff.

verspätete Angebote **A 22**, 12; **A 22**, 30 f.; **A 23**, 4 f.

verspätete Angebotsannahme **A 28**, 30 ff.

Versperren von Wegen und Wasserläufen B 10, 220

Verständigung der Bieter A 27, 1 ff.

versteckte Mängel **A 13**, 8 ff.

Verstoß gegen gesetzliche oder polizeiliche Bestimmungen B 2, 136 ff.; **B 4**, 85

Verstoß gegen gute Sitten Einl. 87 ff.; **A 12**, 27

Verteidigungsmittel, Nichtzulassung verspäteter V. B 18, 103 ff.

Verteilung der Gefahr A 10, 39; **B 7**, 1 ff.

Vertiefung, Nachbargrundstück B 10, 733 ff.; **B 10**, 214

Vertrag mit Schutzwirkung zugunsten Dritter B 10, 22 ff.; **Anh.** 151 ff.

Vertrag zugunsten Dritter, Garantie des Baustoffherstellers B 13, 842 ff.

Verträge mit Behörden, Meinungsverschiedenheiten B 18, 33 ff.

vertragliche Ausgleichsregeln **B 10**, 184 ff.

vertragliche Haftungsausschlußtatbestände **B 13**, 176 ff.; **B 13**, 206

Vertragsabschluß A 28, 7 ff.
- auch mit Ehegatten? **A 28**, 28 f.
- Bevollmächtigter bei V. **B 2**, 29 ff.
- durch Aufforderung zum Leistungsbeginn **A 28**, 30 ff.
- Klage auf V. **Einl.** 66 ff.
- Verschulden bei, s. culpa in contrahendo

vertragsähnliches Vertrauensverhältnis **Einl.** 51 ff.

Vertragsaufhebung, einverständliche B 4, 395 ff.; **Vor B 8**, 18 ff.; **B 8**, 76 f.; **B 8**, 148 ff.; **B 8**, 171 ff.

Vertragsbedingungen A 10, 1 ff.; **B 2**, 116 ff.
- Allgemeine Technische Vertragsbedingungen **A 10**, 5; **A 10**, 43 ff.
- Allgemeine Vertragsbedingungen **Einl.** 14; **A 9**, 104; **A 10**, 5; **A 10**, 19
- bei Widersprüchen **B 1**, 14 ff.
- Besondere Vertragsbedingungen **A 10**, 10; **A 10**, 14; **A 10**, 26 f.
- Maßgeblichkeit der V. für Vergütung **B 2**, 116 ff.
- Schiedsvereinbarung **A 10**, 50 ff.
- unklare Vertragsbedingungen **Einl.** 22
- Zusätzliche Technische Vertragsbedingungen **A 10**, 6; **A 10**, 45 f.
- Zusätzliche Vertragsbedingungen **A 10**, 6; **A 10**, 20

Vertragserfüllung, Klage auf B 5, 54

Vertragserfüllungsbürgschaft A 14, 9; **A 14**, 12 ff.; **A 14**, 18; **B 17**, 4 ff.

Vertragsfristen A 11, 3

Vertragsgrundlage, VOB als V. Einl. 18 ff.

Vertragspartner
- Person des V. **A 28**, 28 f.
- Wechsel des V. **A 28**, 28 f.

Vertragspreise, Abrechnung nach B 6, 96 ff.

Vertragsstrafen A 10, 22; **A 12**, 1 ff.; **B 11**, 1 ff.
- Arbeitsgemeinschaft **Anh.** 31 ff.
- Architekt, Befugnis zum Vorbehalt von V. **B 11**, 48 ff.
- Aufrechnung – Abrechnung **B 11**, 58
- Begriff **A 12**, 1 ff.
- bei Abwerbung von Arbeitskräften in Arbeitsgemeinschaft **Anh.** 49 ff.
- bei einverständlicher Vertragsaufhebung **Vor B 8**, 18 ff.; **B 8**, 171 ff.
- bei Preisabsprachen **A 12**, 11 f.
- bei Teilabnahme **B 11**, 38 ff.; **B 12**, 77 f.
- bei vorzeitiger Kündigung des Vertrages durch Auftraggeber **B 8**, 17 ff.; **B 8**, 171 ff.
- Besondere oder Zusätzliche Vertragsbedingungen **A 10**, 22; **B 11**, 6 f.; **B 11**, 17 ff.
- Beweislast **B 11**, 57
- Festsetzung durch Dritten oder Gericht **A 12**, 24
- Herabsetzung der V. **A 12**, 17 ff.; **B 11**, 54 ff.
- Hinfälligwerden des Vertragsstrafenversprechens **B 11**, 33 ff.
- Höhe der V. **A 12**, 17 ff.; **B 11**, 54 ff.
- Inhalt der V. **A 12**, 17 ff.; **B 11**, 6 ff.
- Schadenspauschale, Vereinbarung von **A 12**, 1
- Sicherheitsleistung für Vertragsstrafen **B 11**, 4 f.; **B 17**, 1 ff.; **B 17**, 4 ff.
- Sicherheitsleistung, Unterschied zur **B 17**, 1 ff.
- Verfallklausel **A 12**, 1; **B 11**, 17 ff.

- Verjährung **B 11**, 59
- V. im Bauvertrag **B 11**, 1 ff.
- – Anwendung der gesetzlichen Bestimmungen **B 11**, 6 ff.
- – Einzelregelungen **B 11**, 13 ff.
- – Fristberechnung nach Teil B § 11 Nr. 3 **B 11**, 28 ff.
- – Grundlagen **A 12**, 1 ff.; **B 11**, 6 ff.
- – Herabsetzung der V. **A 12**, 17 ff.; **B 12**, 44 ff.
- – Schadensersatzanspruch bei fehlendem Vorbehalt **B 11**, 53
- – Veränderung der Vertragsstrafenfristen **B 11**, 33 ff.
- – Voraussetzungen **A 12**, 17 ff.; **B 11**, 6 ff.
- – Vorbehalt der V. **B 11**, 38 ff.; **B 12**, 112 ff.; **B 12**, 124; **B 12**, 141
- V. bei Vollkaufleuten **A 12**, 17 ff.
- Wesen der V. **B 8**, 171 ff.

Vertragsurkunde, s. Urkunde

Vertragsverhandlungen, Bevollmächtigter bei V. B 2, 29 ff.

Vertragsverletzung, positive, s. positive Vertragsverletzung

vertragswidrige Stoffe oder Bauteile B 4, 303 ff.

Vertrauensinteresse (bei Schadensersatz) Einl. 68

Vertrauensverhältnis, gestörtes, als Kündigungsgrund Vor B 8, 5 ff.

Vertrauensverhältnis, vertragsähnliches Einl. 51 ff.

Vertreter, s. Bevollmächtigter

Vertriebene als Bewerber A 8, 12 ff.

Verursachung, Haftung B 10, 29 ff.

Verwahrgeldkonto B 17, 96

Verwahrung der Angebote A 22, 7 ff.

Verwahrungspflicht des Auftraggebers (Angebote und Angebotsunterlagen) A 20, 30; **A 27**, 11

Verwaltungskosten, allgem. A 2, 13 ff.

Verweigerung
- der Abnahme, s. folgend sowie **B 13**, 307 f.
- der Leistung **B 1**, 39 f.; **Vor B 8**, 31 ff.
- der Mängelbeseitigung durch Auftraggeber **B 13**, 450 ff.
- der Mängelbeseitigung durch Auftragnehmer **B 13**, 627 ff.
- der Übergabe der Ausführungsunterlagen **B 3**, 16 ff.
- der Unterrichtung von Bietern **A 24**, 17

Verweigerung der Abnahme B 12, 27 ff.; **B 12**, 82 ff.; **B 13**, 307 f.

Verwender von AGB A 10, 95 ff.; **A 10**, 153 ff.

Verwendungsbefugnisse des Auftraggebers nach Vertragskündigung B 8, 120 ff.

Verwirkung
- von Gewährleistungsansprüchen **B 13**, 215
- von Rückzahlungsansprüchen des öffentlichen Auftraggebers **B 16**, 143 ff.

- von Verjährungseinrede **B 2**, 91 ff.; **B 13**, 215

Verzicht
- auf Einrede der Vorausklage **B 17**, 34 f.
- auf Einrede der vorbehaltlosen Annahme der Schlußzahlung **B 16**, 167 ff.
- auf Gewährleistungsansprüche **A 13**, 47 ff.; **B 13**, 216 ff.
- auf Prüfungs- und Mitteilungspflicht des Auftragnehmers **B 4**, 218
- auf Schadensersatzansprüche **B 13**, 679
- auf Sicherheitsleistung **A 14**, 3 ff.
- auf Verjährungseinrede **B 2**, 86 ff.; **B 13**, 224 ff.; **B 13**, 343 ff.

Verzinsung (s. auch Zinsen)
- Rückzahlungsansprüche des öffentlichen Auftraggebers **B 16**, 156
- Vorauszahlungen **B 16**, 87 f.

Verzögerung, s. auch Behinderung oder Unterbrechung der Ausführung
- der Ausführung **B 3**, 20
- der Prüfung der Schlußrechnung **B 16**, 113 ff.
- des Ausführungsbeginns **B 5**, 40 ff.

Verzug
- Annahmeverzug des Auftraggebers **B 6**, 5; **B 7**, 32 ff.; **B 9**, 22 f.; **B 12**, 63 ff.
- bei unerlaubter Handlung **B 10**, 177
- des Auftragnehmers bei der Ausführung **B 4**, 315; **B 5**, 34 ff.; **B 6**, 5; **B 6**, 38 ff.; **Vor B 8**, 23
- des Auftragnehmers bei fehlender Baugenehmigung **B 5**, 13 ff.; **B 5**, 12; **Vor B 8**, 31 ff.
- des Gläubigers **B 6**, 118
- des Nachunternehmers **B 5**, 40 ff.
- Inkassobüro, Kosten der Inanspruchnahme **B 16**, 287 ff.
- Mahnung, Begriff **B 16**, 279 ff.
- Mehrwertsteuer **B 16**, 287 ff.
- pauschalierter Schadensersatz **B 16**, 287 ff.
- Schuldnerverzug (Zahlungsverzug) des Auftraggebers, s. auch Zahlungsverzug des Auftraggebers **B 13**, 582 ff.; **B 16**, 276 ff.; **B 18**, 72 ff.
- Verjährung von Verzugsschaden **B 16**, 301
- Verzugsschaden **B 5**, 40 ff.; **B 16**, 287 ff.
- Verzugszinsen **B 16**, 287 ff.
- Vorsatz **B 10**, 37
- Vorteilsausgleich **B 4**, 357 ff.; **B 6**, 141 ff.; **B 8**, 98 ff.; **B 13**, 727 ff.

VOB
- als AGB? **A 10**, 113 f.; **A 10**, 131 ff.
- Anwendung der Fassung 1988 **Einl.** 106 ff.
- Bauträgervertrag und VOB **A 1**, 31 f.
- Befugnis des Architekten zur Vereinbarung der VOB **Einl.** 19 ff.
- bei Erwerb von Wohnungseigentum **Anh.** 270 ff.
- bei Öffentlicher Bauvergabe **Einl.** 100
- die drei Teile der VOB **Einl.** 12 ff.
- Ergänzungs- und Zusatzaufträge (Nachtragsaufträge) **Einl. B** 10

noch: **VOB**

- Geschichte der VOB **Einl.** 6 ff.
- kein Schutzgesetz **Einl.** 79; **B 13**, 431 ff.
- Kenntnis der VOB **Einl.** 91
- öffentliche Mittel **Einl.** 18 ff.
- „stillschweigende" Vereinbarung der VOB **Einl.** 26 ff.
- Treu und Glauben **Einl.** 5; **Einl.** 91 ff.
- und Handelsgesetzbuch **Einl. B 11** f.
- **Unwirksamkeit? Einl.** 92 ff.
- Vereinbarung, AGB-Gesetz **Einl.** 92 ff.
- Vergabehandbuch (VHB) **Einl.** 102 ff.
- Vergütung **B 2**, 17 ff.; **B 2**, 178 ff.
- Werkvertrag **Vor B**, 1

VOB-Beratungsstellen bzw. VOB-Prüfstellen Einl. 41

VOB-Konditionenkartelle Einl. 40 ff.

VOL A 1, 37

Vollendung
- der Leistung **B 14**, 53
- der Verjährung **B 13**, 429 f.

Vollmacht
- Anscheinsvollmacht **B 2**, 41 ff.; **B 4**, 41 ff.
- des Architekten **B 2**, 29 ff.
- des Baubetreuers im engeren Sinn **Anh.** 180 ff.
- Duldungsvollmacht **B 2**, 46
- zum Verzicht auf Schadensersatzansprüche **B 13**, 679
- zur Anerkennung von Rechnungen **B 16**, 105 ff.
- zur Anerkennung von Stundenlohnzetteln **B 15**, 47 ff.

vollmachtloser Vertreter B 2, 47 ff.

Vollziehung der Minderung B 13, 640 f.

vom Feuer berührte Teile von Feuerungsanlagen B 13, 255 ff.

Vorarbeiten
- Abschluß **A 9**, 51
- umfangreiche Vorarbeiten bei Beschränkter Ausschreibung **A 3**, 24; **A 8**, 37 ff.

Vorausabtretungen B 16, 351 ff.

Vorausklage, Einrede der B 17, 34 f.

Vorauszahlungen, s. auch unter Zahlung **B 16**, 11; **B 16**, 81 ff.
- Anrechnung auf fällige Zahlungen **B 16**, 89 ff.
- Ausschluß der Abtretung **B 2**, 109
- öffentliche Bauaufträge **B 16**, 92
- Sicherheitsleistung **B 16**, 87 f.
- Umsatzsteuer **B 16**, 84 ff.
- Verzinsung **B 16**, 87 f.

vorauszusetzende Belastungen (Lastannahmen) B 4, 118 ff.

Vorbehalt
- bei Schlußzahlung **B 16**, 158 ff.
- der Vertragsstrafen **B 11**, 38 ff.; **B 12**, 101 ff.; **B 12**, 112 ff.; **B 12**, 124; **B 12**, 141
- von Gewährleistungsansprüchen **B 12**, 32 ff.; **B 12**, 101 ff.; **B 12**, 112 ff.; **B 12**, 124; **B 12**, 141
- Zahlung unter V. **B 16**, 1 f.; **B 16**, 131 ff.

vorbehaltlose Annahme der Schlußzahlung **B 16**, 158 ff., s. Schlußzahlung

vorbehaltlose Zahlung, Erledigung der Hauptsache? **B 16**, 29 f.

Vorbehaltsbegründung, nach Vorbehalt auf Schlußzahlung **B 16**, 247 ff.

Vorbemerkungen in der Leistungsbeschreibung A 9, 38 ff.; **A 9**, 105; **B 1**, 28

Vorbereitungsarbeiten (Bauleistungen?) A 1, 27 f.; **B 3**, 23 ff.
- keine Abnahme **B 12**, 19

Vorbringen im Prozeß, rechtzeitiges B 18, 103 ff.

Vordersätze A 5, 7 ff.

voreilige Selbstnachbesserung durch Auftraggeber B 13, 464 ff.

Vorfluter, Niederschrift über Zustand der B 3, 45

vorgeschriebene Baustoffe B 4, 205 ff.; **B 4**, 226 ff.; **B 13**, 184 ff.

vorgesehene Art der Ausführung, Bedenken gegen B 4, 182 ff.; **B 4**, 205 ff.

vorgesetzte Behörde, Meinungsverschiedenheiten B 18, 36 ff.

Vorkalkulation, Vorlage A 15, 31; **B 2**, 96 ff.

vorläufige Rechnung B 8, 131 ff.

Vorlage
- der Vorkalkulation **A 15**, 31; **B 2**, 96 ff.
- von Stundenlohnrechnungen **B 15**, 57 ff.
- von Stundenlohnzetteln **B 15**, 39 ff.; **B 15**, 64
- von Zeichnungen und Berechnungen **B 3**, 52 ff.

Vorleistende Unternehmer, Erfüllungsgehilfen B 6, 28 ff.; **B 13**, 195 ff.

Vorleistungen anderer Unternehmer, Prüfungspflicht des Auftragnehmers B 4, 234 ff.; **B 13**, 195 ff.

Vorleistungspflicht
- des Auftraggebers, Zahlung und Gewährleistung **A 13**, 32 ff.
- des Auftragnehmers **B 16**, 28

Vormerkung, Bauhandwerkersicherungshypothek B 16, 378 ff.
- Vorauszahlungsbürgschaft **Anh.** 46 ff.; **B 16**, 92

Vorratsbau, Bauhandwerkersicherungshypothek B 16, 378 ff.

Vorratseigenheime, Erwerb von Anh. 194 ff.

vorsätzlich unzutreffende Erklärungen des Bewerbers A 8, 74 ff.

Vorsatz B 10, 36; **B 13**, 738
- Schadenszufügung **B 13**, 746 ff.

Vorschriften, gesetzliche Vor B, 11 f.

Vorschuß
- auf die Kosten zur Beseitigung nichtbestellter Leistungen **B 2**, 362
- auf die Mehrkosten bei Kündigung des Bauvertrages nach Teil B § 8 Nr. 3 **B 8**, 90

- Aufrechnung mit Kostenerstattungsanspruch gegen Vergütungsanspruch des Auftragnehmers B 13, 572 ff.
- Aufrechnung mit Vorschußanspruch gegen Vergütungsanspruch des Auftragnehmers B 13, 434 ff.; B 13, 572 ff.
- für Mängelbeseitigung durch Dritte B 13, 548 ff.
- Unterbrechung der Verjährung, Vorschußklage B 13, 351 ff.; B 13, 548 ff.; B 18, 124 ff.

Vorspiegeln, arglistiges V. des Vorhandenseins der Leistung B 13, 259

Vorteilsausgleich B 4, 357 ff.; B 6, 141 ff.; B 8, 98 ff.; B 13, 727 ff.; B 13, 825 ff.

W

Wärmeschutz B 4, 153 ff.; B 13, 102 f.; B 13, 136 f.; B 13, 642 ff.; B 13, 687 ff.; B 18, 131 ff.
Wärmeschutz (DIN 4108) B 4, 118 ff.
Wärmeschutzverordnung B 4, 164
Wagnis
- Bauleistungsversicherung B 7, 38 ff.
- Montageversicherung B 7, 43
- ungewöhnliches W. A 9, 29 ff.
- Wagniszuschlag B 2, 170
- wirtschaftliches Wagnis B 2, 170

Wahl, engere A 25, 59 f.
Wahlrecht
- des Auftraggebers nach Vertragskündigung B 8, 103 ff.
- des Auftragnehmers bei Sicherheitsleistung B 17, 25

Wahlschuldverhältnis B 2, 112 ff.; B 2, 271 ff.
Wahrheit der Leistungsbeschreibung A 9, 16 ff.
Wahrung von Geschäftsgeheimnissen B 4, 59 ff.
Wandelung beim Bauvertrag Vor B 8, 35 ff.; B 13, 657 ff.
- beim Bauträgervertrag B 13, 657 f.

Wasseranschlüsse B 4, 273
Wasserhaltungsanlage B 4, 153 ff.
Wasserhaushaltsgesetz B 4, 23 ff.
Wasserläufe, Versperren von B 10, 220
wasserrechtliche Bestimmungen A 9, 85 f.
Wasserschäden B 13, 762 ff.
Wasserstraßen, Verkehrssicherungspflicht B 10, 112 ff.
Wasserverhältnisse, Beschreibung der A 9, 85 f.
- Risiko A 9, 86

Wechsel des Vertragspartners A 28, 28 f.
Wege, Versperren von B 10, 220
Wegfall der Geschäftsgrundlage (s. auch Geschäftsgrundlage) A 15, 1 ff.; A 15, 8 ff.; A 15, 16; A 26, 8; B 2, 150 ff.; B 2, 338 ff.; Vor B 8, 16; B 8, 61; B 9, 18; B 13, 97 ff.
- Allgemeines B 2, 150 ff.

- bei Pauschalvertrag B 2, 338 ff.
- bei zusätzlichen Leistungen B 2, 295

Wegfall des Hindernisses B 6, 72 ff.
Wegnahmerecht des Baustofflieferanten B 16, 351 ff.
Weigerung
- des Auftraggebers zur Zahlung der Vergütung B 16, 276 ff.

Weisungsrecht des Auftraggebers B 5, 21 ff.
Weiterführung der Arbeiten, Pflicht zur B 6, 65 ff.
Weitergabe von Leistungen an Nachunternehmer B 4, 411 ff.
Werkvertrag – Architektenvertrag B 13, 9 ff.
Werkvertrag – Kaufvertrag A 1, 47 f.; Anh. 180 ff.
Werkvertrag, VOB/B Vor B, 1
Werkvertrag – Werklieferungsvertrag A 1, 47 f.
Wert der Leistung A 2, 13 ff.; A 3, 27
Wertsicherungsklauseln B 2, 23
Wertung der Angebote A 23, 3; A 25, 1 ff.
- Arbeitsgemeinschaften A 25, 74
- Ausschluß von Angeboten ohne nähere inhaltliche Prüfung A 25, 5 ff.
- – bei Änderung der Verdingungsunterlagen durch den Bieter A 25, 9
- – bei Angebotsänderungen durch den Bieter A 25, 9
- – bei der Gewährung von Schmiergeldern A 25, 30
- – bei Fehlen rechtsverbindlicher Unterschrift A 25, 9
- – bei Nichtanmeldung des Bieters bei der Berufsgenossenschaft A 8, 75 ff.
- – bei Nichtvorliegen des Angebots bei Öffnung des ersten Angebots A 25, 6 f.
- – bei Preisabreden A 25, 13 ff.
- – bei unzulässiger Wettbewerbsbeschränkung A 25, 13 ff.
- – bei Verstoß gegen A § 21 Nr. 1 A 25, 8
- – bei zusätzlichen Preisangaben oder Erklärungen A 25, 10 f.
- Bedeutung der Angebotswertung A 25, 1 f.
- Behandlung von Unternehmervereinigungen A 25, 74
- bei zu spät eingereichten Angeboten A 25, 6 f.
- Betrug bei Angebotsabgabe A 25, 29
- inhaltliche Angebotswertung A 25, 52 ff.
- – einwandfreie Ausführung A 25, 59 f.
- – Lohngleitklauseln A 25, 53 ff.
- – Verhältnis des Preises zur Leistung A 25, 53 ff.
- – Voraussetzungen der engeren Wahl A 25, 59 f.
- persönliche Eignung der Bieter A 25, 42 ff.
- sachliche Eignung der Bieter A 25, 48

1773

noch: **Wertung der Angebote**

- steuerliche Verpflichtungen des Bieters **A 25**, 51
- Unterscheidung zur Prüfung der Angebote **A 24**, 1
- Vereinigung von Unternehmern **A 25**, 74
- Wertung von Änderungsvorschlägen und Nebenangeboten **A 25**, 67 ff.

wesentliche Änderung der Angebotsgrundlagen A 26, 8
wesentlicher Mangel B 13, 682 ff.
Wettbewerb A 3, 48 ff.; **A 25**, 15 ff.
- Abwerbung von Arbeitskräften **A 25**, 31 f.; **B 8**, 143
- als Regel **A 2**, 24 f.
- Angebotsmeldeverfahren **A 2**, 27
- Aushändigung der Verdingungsunterlagen bei Öffentlicher Ausschreibung **A 3**, 18; **A 8**, 26 ff.
- Ausschluß von Angeboten bei Preisabreden **A 24**, 14 f.; **A 25**, 13
- Ausschluß von Teilnahme am W. **Einl.** 70 f.; **A 8**, 63 ff.
- Auswahl der Bieter bei der Ausschreibung **A 8**, 2 ff.
- – bei Beschränkter Ausschreibung **A 8**, 32 ff.
- – bei Öffentlicher Ausschreibung **A 8**, 26 ff.
- Begriff **A 2**, 25
- Beteiligung von Handelsunternehmen **A 8**, 17
- bevorzugte Bewerber **A 8**, 12 ff.
- echter W. **A 25**, 15 ff.
- Gesetz gegen Wettbewerbsbeschränkungen, s. dort
- Gleichbehandlung der Bewerber **A 8**, 3 ff.
- keine Beschränkung auf Bewerber aus bestimmten Gebieten **A 8**, 9 ff.
- Kreis der Bewerber bei Öffentlicher Ausschreibung **A 25**, 13 ff.; **A 8**, 26 ff.
- öffentliche Betriebe, Ausschluß vom W. **A 8**, 23 ff.
- öffentlicher Teilnahmewettbewerb **A 3**, 23 ff.
- Prüfung von Fachkunde, Leistungsfähigkeit und Zuverlässigkeit **A 8**, 49 ff.
- Schmiergelder, Zahlung von **A 25**, 30; **B 8**, 143
- Teilnehmer am W. **A 8**, 1 ff.; siehe dort
- umfangreiche Vorarbeiten bei Beschränkter Ausschreibung **A 3**, 24; **A 8**, 32 ff.
- unlauterer W. **A 25**, 13 ff.
- Unternehmereinsatzformen beim W. **A 8**, 18 ff.
- unwahre, geschäftsschädigende Behauptungen **A 25**, 18; **B 8**, 143
- unzulässige Preisabreden **A 8**, 68; **A 24**, 14 f.; **A 25**, 15; **B 8**, 138 ff.
- Verletzung gewerblicher Schutzrechte **B 10**, 223
- Wechsel der Teilnehmer am W. **A 8**, 47 f.
- wettbewerbswidriges Verhalten als Grundlage zur Kündigung des Bauvertrages **B 8**, 138 ff.

Wettbewerbsbeschränkungen, Gesetz gegen W. Einl. 70 f.; **A 2**, 26; **Vor A 21**, 5 ff.; **A 25**, 17 ff.; **Anh.** 105; **B 2**, 100; **B 8**, 138 ff.

Wettbewerbspreis B 15, 10 ff.
Wettbewerbsregeln der Bauindustrie A 25, 18
Widerklage B 18, 124 ff.
Widerruf ehrverletzender Behauptungen Einl. 45
widerspruchslose Hinnahme eines Bestätigungsschreibens des Auftragnehmers A 28, 7 ff.
Widersprüche im Vertrag und deren Auslegung B 1, 14 ff.; **B 2**, 110 f.
Wiederaufnahme der Arbeiten B 6, 72 ff.; **B 6**, 29
Wiederholungsgefahr, AGB-Gesetz A 10, 86 ff.
Wille, mutmaßlicher B 2, 381 f.
Winterbau A 2, 32 **Winterschäden, Maßnahmen gegen B 4**, 296
Wirkung der Verjährungseinrede B 13, 429 f.
Wirkungen der Abnahme B 12, 23 ff.; **B 13**, 304 ff.
wirtschaftliche Betriebsführung (Stundenlohnarbeiten) B 15, 21 ff.
wirtschaftliche Leistungsfähigkeit A 24, 4 f.
wirtschaftliche Prüfung der Angebote A 23, 24 f.
wirtschaftliches Wagnis B 2, 170
Wirtschaftsstrafgesetz B 2, 99
wissenschaftlicher Wert, Gegenstände von B 4, 430 f.
Witterungseinflüsse B 6, 49 ff.; **B 7**, 21 ff.
Wohnfläche, geringere, Gewährleistung B 13, 148 f.; **B 13**, 614 ff.; **B 13**, 642 ff.
Wohnungseigentum, Anwendung der VOB bei Erwerb von W. Anh. 270 ff.
- Bauhandwerkersicherungshypothek **B 16**, 376 f.
- Zuständigkeit **Anh.** 288 ff.

Wucher Einl. 87 f.
- hinsichtlich Vergütungsanspruch **B 2**, 3 ff.; **B 2**, 136

Wünsche des Auftraggebers B 4, 65 f.

Z

Zahlung B 16, 1 ff.
- Abschlagszahlungen **B 16**, 10; **B 16**, 78 ff.
- – Anerkenntnis? **B 16**, 78 ff.
- – Antrag erforderlich **B 16**, 42 f.
- – Einbehalte des Auftraggebers **B 16**, 61 ff.
- – Einklagbarkeit **B 16**, 70 ff.
- – Fälligkeit **B 16**, 70 ff.
- – für angelieferte Stoffe oder Bauteile **B 16**, 48 ff.
- – Höhe **B 16**, 31 ff.
- – kein Einfluß auf Haftung, Gewährleistung und Abnahme **B 16**, 78 ff.

– – Nachweis durch prüfbare Aufstellungen B 16, 44 ff.
– – Umsatzsteuer B 16, 39 ff.
– – Zahlung unbestrittenen Guthabens als A. B 16, 112
– Allgemeines B 16, 1 ff.
– Aufrechnung mit Gegenansprüchen des Auftraggebers aus Gewährleistung A 13, 32 ff.
– Bauhandwerkersicherungshypothek B 16, 360 ff.
– Begriffe B 16, 1 ff.
– Beschleunigung der Z. B 16, 266
– Beweislast B 16, 29 f.
– Dritte als Gläubiger des Auftragnehmers B 16, 314 ff.
– Erledigung der Hauptsache B 16, 29 f.
– Fälligkeit, s. dort
– gesetzliche Grundlage B 16, 1 ff.
– Nichterfüllung der Zahlungspflicht des Auftraggebers, Folgen B 16, 130
– Nichtzahlung bei Fälligkeit B 16, 278
– Schlußzahlung B 16, 12 ff.; B 16, 93 ff., s. Schlußzahlung
– Schmiergelder, Zahlung von Einl. 90; A 25, 30; B 8, 143
– Schuldnerverzug des Auftraggebers B 16, 276 ff.
– Skontoabzüge B 16, 278
– Stundenlohnrechnungen B 15, 57 ff.
– Teilschlußzahlungen B 16, 257 ff., s. auch Teilschlußzahlung
– Teilzahlungen B 16, 78 ff.
– Überzahlung B 16, 131 ff.
– ungerechtfertigte Bereicherung B 16, 131 ff.
– Verjährung B 16, 24 ff.
– VOB-Regelungen, Überblick B 16, 6 ff.
– Vorauszahlungen B 16, 81 ff.
– – Allgemeines B 16, 81 ff.
– – Anrechnung B 16, 89 f.
– – Ausschluß von Abtretbarkeit und Pfändbarkeit B 2, 109; B 16, 81 ff.
– – bei öffentlichen Bauaufträgen B 16, 92
– – Fälligkeit B 16, 11
– – Sicherheitsleistung B 16, 87 f.
– – Verzinsung B 16, 87 f.
– – VOB -Regelung B 16, 84 ff.
– – Vorbehalt, Z. unter V. B 16, 1 f.; B 16, 131 ff.
– Vorbehalt des Auftragnehmers bei der Schlußzahlung B 16, 158 ff., s. auch Schlußzahlung
– Vorleistungspflicht des Auftragnehmers, Zahlung und Gewährleistung B 16, 28
– weitere Sicherungsrechte des Auftragnehmers B 16, 412 ff.
– Zahlung an Dritte B 16, 314 ff.
Zahlungen, Einbehalt von B 17, 74 ff.
Zahlungseinstellung des Auftragnehmers B 8, 53 f.

Zahlungsfähigkeit des Auftraggebers, Haftung des Architekten oder Betreuers B 2, 24 ff.
Zahlungsklage des Auftragnehmers
– Abschlagszahlungen B 16, 74 ff.
Zahlungsverzug des Auftraggebers B 9, 26 ff.; B 16, 276 ff.
– Befugnis des Auftragnehmers zur Einstellung der Arbeiten B 16, 307 ff.
– Fälligkeitszinsen B 16, 287 ff.
– Grundlagen B 16, 276 f.
– Kündigung, Recht zur B 16, 313
– Nachfrist, Setzung angemessener B 16, 279 ff.; B 16, 304 ff.
– Nichtzahlung bei Fälligkeit B 16, 278
– Prozeßzinsen B 16, 287 ff.
– Verschulden des Auftraggebers B 16, 285 f.
– Verzugszinsen B 16, 287 ff.
zeichnerische Darstellung der Leistung A 9, 68 ff.; B 1, 27; B 1, 35; B 2, 112 ff.; B 2, 393 ff.; B 3, 52 ff.; B 14, 15
Zeichnungen, Vergütung B 2, 112 ff.
zeitlicher Lauf der Verjährungsfristen B 13, 304 ff.
Zeitpunkt
– der Abnahme B 13, 102 ff.
– der Einreichung der Schlußrechnung B 14, 47 f.
Zeitverträge A 6, 7 f.
Zerstörung von Baumaterial oder Handwerkszeug B 4, 176
Zeuge, sachverständiger A 7, 68; B 18, 131 ff.
Zinsen
– AGB-Gesetz B 16, 287 ff.
– Begriff B 16, 287 ff.
– bei Kostenvorschußanspruch B 13, 561 f.
– Fälligkeitszinsen B 16, 287 ff.
– keine Z. bei Leistungsverweigerungsrecht B 13, 582 ff.
– Lombardzinssatz B 16, 287 ff.
– Mehrwertsteuer auf Verzugszinsen B 16, 287 ff.
– nach Konkurseröffnung B 8, 62 f.; B 16, 287 ff.
– Prozeßzinsen B 13, 582 ff.; B 16, 287 ff.
– Rückzahlungsanspruch des öffentlichen Auftraggebers B 16, 156
– Verzugszinsen B 16, 287 ff.
– Vorauszahlung B 16, 87 f.
Zivilprozeßordnung, Maßgeblichkeit bei Streitigkeiten B 18, 3 f.; B 18, 13 ff.
Zufahrtswege B 4, 273
Zufall
– Haftung für A 9, 29 ff.
– unabwendbarer B 6, 48
– Zug-um-Zug-Verurteilung (Nachbesserung) B 13, 582 ff.
Zugang
– der Kündigung B 8, 148 ff.
– der Mitteilung über den Zuschlag A 28, 7 ff.

noch: **Zugang**
- von Einschreibesendungen **B 12**, 130; **B 16**, 237 ff.

zugesicherte Eigenschaften A 13, 1; **A 13**, 22 ff.; **B 13**, 116 ff.; **B 13**, 693; **B 13**, 741; **B 13**, 841 f.

Zug-um-Zug-Verurteilung bei Leistungsverweigerungsrecht B 13, 582 ff.

Zulässigkeit von bei Prüfung verwendeten Maschinen oder angewendeten Prüfungsverfahren B 18, 53

Zulassung von Änderungsvorschlägen und Nebenangeboten A 17, 47; **A 17**, 66 ff.

Zulieferungen von Material B 2, 183

Zurückbehaltungsrecht
- AGB-Gesetz **A 13**, 25 ff.
- des Auftraggebers hinsichtlich der Vergütung bei Gewährleistungsanspruch **A 13**, 32 ff.; **B 13**, 582 ff.; **B 16**, 31 ff.; **B 16**, 64 ff.
- des Auftraggebers hinsichtlich der Vergütung trotz verjährtem Gewährleistungsanspruch **B 13**, 434 ff.
- des Auftraggebers vor Abnahme **B 4**, 325 ff.; **B 4**, 357 ff.
- des Auftragnehmers bei Schuldnerverzug des Auftraggebers **B 9**, 39; **B 16**, 307 ff.
- Druckmittel, Z. als **B 13**, 593 ff.
- eines Gesellschafters bei Auseinandersetzung einer Arge **Anh.** 90 ff.
- Verhältnis zur Sicherheitsleistung **B 17**, 114

Zurückzahlung nicht verbrauchter Gelder durch Treuhänder Anh. 258 ff.

Zurückziehung der Angebote A 18, 20 ff.

Zusammenwirken der verschiedenen Unternehmer B 4, 10

zusätzliche Aufsichtsvergütung (Stundenlohnarbeiten) B 15, 27 ff.

zusätzliche Leistungen B 1, 43 ff.; **B 2**, 289 ff.

Zusätzliche Technische Vertragsbedingungen A 10, 43 ff.
- als AGB **A 10**, 152

zusätzliche Vergütung des Hauptunternehmers Anh. 143 ff.

Zusätzliche Vertragsbedingungen A 10, 6; **A 10**, 20; **A 13**, 45 f.
- AGB-Gesetz **A 10**, 20; **A 10**, 151
- im Straßen- und Brückenbau **A 10**, 21

zusätzlicher Schadensersatzanspruch des Auftraggebers B 13, 662 ff.

Zusatzaufträge, Vereinbarung der VOB Vor B, 10

Zuschläge für Gemeinkosten und Gewinn (Stundenlohnarbeiten) B 15, 24 f.

Zuschlag A 22, 40 f.; **A 28**, 1 ff.
- baldmöglicher **A 28**, 2 ff.
- Baugenehmigung nicht Voraussetzung für wirksamem Z. **A 28**, 37
- Begriff **A 28**, 1
- Bereicherung, ungerechtfertigte B. bei fehlendem wirksamem Z. **A 28**, 20 f.
- durch Vertreter **A 28**, 18 f.
- Erweiterungen, Änderungen oder Einschränkungen der Angebotsannahme **A 28**, 30 ff.
- Erweiterungen, Änderungen oder Einschränkungen in Bestätigungsschreiben **A 28**, 7 ff.
- Form des Z. **A 28**, 7 ff.; **A 18**, 13
- kaufmännisches Bestätigungsschreiben **A 28**, 11 ff.
- verspätete Angebotsannahme **A 28**, 30 ff.
- Vertragsabschluß **A 28**, 24 ff.
- Zeitpunkt des Z. **A 28**, 7 ff.

Zuschlagsfrist A 19, 1 ff.; **A 28**, 2
- AGB-Gesetz **A 19**, 1; **B 2**, 170
- Angabe der Z. im Anschreiben **A 17**, 49; **A 19**, 3 f.
- Bedeutung **A 19**, 5
- Beginn der Z. **A 19**, 11 ff.
- Begriff **A 19**, 1 f.
- Bemessung der Z. **A 19**, 9 f.
- Bindefrist **A 19**, 1 ff.; **A 19**, 15 ff.; **A 28**, 4 ff.
- Dauer der Z. **A 19**, 9 f.
- zuschlagserteilende Stelle **A 17**, 39

Zustand
- der Straßen- und Geländeoberfläche, der Vorfluter usw., Niederschrift über **B 3**, 45 ff.
- Feststellung gegenwärtigen Z. in Beweissicherungsverfahren **B 18**, 81 ff.

zuständige Stelle für Prozeßvertretung B 18, 29 f.

Zuständigkeit
- Beweissicherungsverfahren **B 18**, 27 f.
- örtliche Z. bei Streitigkeiten **B 18**, 5 ff.
- Wohnungseigentumssachen **Anh.** 288 ff.

Zuständigkeit bei der Vergabe öffentlicher Aufträge Einl. 104; **Vor A 2**, 12

Zutrittsrecht des Auftraggebers zu den Arbeitsplätzen usw. B 4, 44; **B 4**, 53 ff.

zuverlässige Bewerber A 2, 6; **A 8**, 32; **A 25**, 33 ff.

Zuverlässigkeit der bei Prüfung verwendeten Maschinen oder angewendeten Prüfungsverfahren B 18, 53

Zwangsvollstreckung
- Ersatzvornahme nach § 887 ZPO **B 18**, 143 ff.; **B 18**, 146 ff.

Zweck der Leistung A 9, 81 ff.

Zweifel über Umfang der Stundenlohnarbeiten B 15, 65 ff.